CANADA
UNITED STATES OF AMERICA
MEXICO
CUBA
BAHAMAS
ROCKY MOUNTAINS
APPALACHIAN MOUNTAINS
CASCADE RANGE
SIERRA NEVADA
PACIFIC OCEAN
ATLANTIC
GULF OF MEXICO
Gulf of California
Baja California Peninsula
Mississippi Delta
Straits of Florida
Florida Keys
Chesapeake Bay
St. Lawrence
Prince Edward Island
Nova Scotia
Vancouver Island
Cape Flattery
Cape Medocino
Pt. Arguello
Cape Cod
Cape Hatteras
Cape Fear
Cape Canaveral
Andros
Key West
Mt. Rainier
Mt. Whitney
Mt. Elbert
Lake Superior
Lake Huron
Lake Michigan
Great Salt Lake
Okeechobee
Missouri
Mississippi
Ohio
Red
Red River
Rio Grande
Colorado
Snake
Columbia
Klamath
Pecos
Conchos
WASHINGTON
OREGON
CALIFORNIA
NEVADA
IDAHO
MONTANA
WYOMING
UTAH
ARIZONA
COLORADO
NEW MEXICO
NORTH DAKOTA
SOUTH DAKOTA
NEBRASKA
KANSAS
OKLAHOMA
TEXAS
MINNESOTA
IOWA
MISSOURI
ARKANSAS
LOUISIANA
WISCONSIN
ILLINOIS
MICHIGAN
INDIANA
OHIO
KENTUCKY
TENNESSEE
MISSISSIPPI
ALABAMA
GEORGIA
FLORIDA
SOUTH CAROLINA
NORTH CAROLINA
VIRGINIA
WEST VIRGINIA
PENN.
NEW YORK
NJ
DE
MD
WASHINGTON D.C.
CT
RI
MA
VERMONT
NEW HAMPSHIRE
MAINE
Vancouver
Calgary
Regina
Winnipeg
Quebec
Montreal
Ottawa
Toronto
St. John
Halifax
Seattle
Olympia
Spokane
Portland
Salem
Helena
Bismarck
Pierre
Minneapolis
St Paul
Milwaukee
Madison
Lansing
Detroit
Buffalo
Rochester
Albany
Montpelier
Augusta
Concord
Boston
Providence
Hartford
New York
Trenton
Philadelphia
Dover
Baltimore
Annapolis
Harrisburg
Pittsburgh
Cleveland
Toledo
Chicago
Columbus
Indianapolis
Cincinnati
Charleston
Richmond
Norfolk
Raleigh
Charlotte
Columbia
Charleston
Atlanta
Savannah
Jacksonville
Tallahassee
Orlando
Tampa
West Palm Beach
Miami
Nassau
Havana
Louisville
Frankfort
Nashville
Memphis
Birmingham
Montgomery
Mobile
Jackson
New Orleans
Baton Rouge
Little Rock
St. Louis
Jefferson City
Springfield
Des Moines
Omaha
Lincoln
Kansas City
Topeka
Wichita
Tulsa
Oklahoma City
Dallas
Fort Worth
Austin
Houston
San Antonio
Galveston
Corpus Christi
Monterrey
El Paso
Ciudad Juárez
Hermosillo
Santa Fe
Albuquerque
Denver
Cheyenne
Salt Lake City
Carson City
Las Vegas
Phoenix
Tucson
Sacramento
San Francisco
San José
Los Angeles
Long Beach
San Diego
Tijuana
0 500 1000 1500 kilometers
0 200 400 600 800 miles

Engelsk blå ordbok

Engelsk-norsk / norsk-engelsk

Willy A. Kirkeby

KUNNSKAPSFORLAGET

AV SAMME FORFATTER / *BY THE SAME AUTHOR:*

Norsk-engelsk ordbok.
Kunnskapsforlagets blå ordbøker,
5. utg. 1988.
ISBN *82-573-0301-3.*

Norsk-engelsk ordbok, stor utgave.
Kunnskapsforlaget,
2. rev. utgave 1986.
ISBN *82-573-0275-9.*

Bil- og trafikkteknisk ordbok,
norsk-engelsk/engelsk-norsk.
Kunnskapsforlaget 1979.
ISBN *82-573-0079-9.*

Norsk-engelsk supplementsordbok.
Universitetsforlaget 1983.
ISBN *82-00-06647-9.*

Engelsk-norsk ordbok.
Universitetsforlaget A/S 1988.
ISBN *82-00-07769-1.*

Engelsk-norsk ordbok, stor utgave
Kunnskapsforlaget 1991.
ISBN *82-573-0727-0.*

Norsk-engelsk ordbok for handel og næringsliv.
Grøndahl og Dreyers Forlag AS, 1992.
ISBN *82-504-1982-0.*

Engelsk-norsk ordbok for handel og næringsliv.
Grøndahl og Dreyers Forlag AS, 1993.
ISBN *82-504-1985-5.*

Engelsk-norsk ordbok.
Kunnskapsforlagets blå ordbøker, 1996.
ISBN *82-573-0570-7.*

Tredje utgave, tredje opplag

Printed in Norway

Skrift: 7/7 Times New Roman
Papir: 60 gr. Modo
Bind: Scandinavian Design Group
Innbindingsmateriale: Setalux
Sats: Elanders Publishing/T-O Grafisk as
Trykkeri: AIT Gjøvik AS, 2000

ISBN 82-573-1029-8

Oslo, 2000

FORORD TIL ENGELSK-NORSK ORDBOK

Tospråklige ordbøker er normalt – og nødvendigvis – siktet inn mot den gruppe som har det ene språket som morsmål. Av praktiske grunner er det umulig å tilgodese begge grupper av brukere i like høy grad. I denne engelsk-norske ordboken har jeg imidlertid redusert antallet uoversatte engelske eksempler til et absolutt minimum, slik at eksemplene nå stort sett er tospråklige. Dette skulle i betydelig grad gjøre det lettere for nybegynnere å bruke boken.

Mine mange år i skolen har vist meg betydningen av at ordbokens opplysninger ikke er til å misforstå. Jeg har derfor gjort mitt ytterste for å presentere en bok som jeg mener er skreddersydd for skolens behov. Typografien er klar og oversiktlig og de forskjellige betydninger nummerert.

Ikke minst ser jeg det som viktig å gjøre oppmerksom på når et ord og uttrykk er på vei ut, og å antyde hva de kan erstattes med. Derfor er ordboken utstyrt med et stort antall etiketter som markerer stilnivå, samt gode moderne alternativer. Er et uttrykk oppgitt å være *meget stivt* eller *stivt,* vil man inne i en parentes, kursivert og med likhetstegn foran seg, finne alternative gangbare uttrykk der hvor slike finnes. Men også i andre tilfeller oppgis synonymer. Slår man opp på f.eks. **high hat,** vil man finne at dette også kan hete **top hat.** Under **pay off 4** får man vite at dette er dagligtale og at det kan erstattes med **bribe.**

Som en liten håndsrekning til dem av våre landsmenn som ikke har norsk som morsmål, har jeg innført den nyhet at alle intetkjønnsord nå er merket *n* – for eksempel **house** hus *n* – første gang de forekommer i en artikkel. Men kjønnet markeres ikke i de tilfeller hvor det fremgår av anvendt artikkel eller bøyd adjektiv, f. eks. **beauty spot** naturskjønt sted, eller i alminnelighet heller ikke for sammensatte ords vedkommende.

Amerikanismer er ofte tatt med der hvor de avviker sterkt fra britisk engelsk. Under oppslaget **main subject** opplyses det f.eks. at amerikansk-engelsk her har 'major (subject)', under **pedestrian crossing** opplyses det at man i USA sier 'crosswalk'. Under **(pedestrian) subway** opplyses det at det amerikanske ordet er 'underpass', osv. osv. Slike opplysninger mangler i andre ordbøker fra engelsk til et europeisk språk.

Uttalen. Der hvor det forekommer vesentlige avvik i amerikansk-engelsk, er dette vist (se f.eks. *hostile, illustrative, inculcate, incursion, nomenclature).* Men også alternative engelske uttaler er oppgitt der hvor disse er høyfrekvente (se f. eks. *despicable, formidable*). Men noe som virkelig kan volde stort besvær for den som vil tilegne seg en sikker engelsk uttale, er plasseringen av trykket i sammensatte adjektiver. Skal det forskyves til første stavelse når det står attributivt? Dette spørsmålet berøres overhodet ikke i eksisterende engelsk-engelske ordbøker eller i bilingvale ordbøker fra engelsk, ikke engang for så alminnelig kjente ords vedkommende som *afternoon* og *good-looking*. Dette problemet har jeg viet stor oppmerksomhet i min bok, og det må være riktig å si at jeg her går lenger enn noen annen ordbok fra engelsk til et europeisk språk.

Som alltid skylder jeg Joan M. Tindale, MA (Oxon) en takk. Med sin allsidige erfaring som universitetslektor og oversetter og sin sikre språksans har hun vært, og er fortsatt, en uvurderlig hjelp.

Til slutt vil jeg rette en særlig takk til en eksepsjonelt dyktig fagmann, Bjørn Jensen i Alfabeta as, Halden. Hans råd og hjelp med datatekniske problemer har betydd svært mye for fremdriften og et tilfredsstillende resultat.

Willy A. Kirkeby

1996

I tredje utgave er boken forsynt med tipsrammer. Det vil si tekstrammer som forklarer språklige problemer og gir kulturopplysninger, samt illustrasjonsrammer med norske og engelske betegnelser på begreper innen forskjellige emner som frukt, grønnsaker, verktøy, kjøretøyer, matlaging m.m. Tekstrammene er skrevet av Synnøve Holand og Gerd Åse Hartvig og illustrasjonsrammene er tegnet av Thomas Minker og Lena Akopian.

Midtsidene har fått nye brevoppsett. Dessuten er det satt inn nye, detaljerte kart foran og bak i boken.

Juni 1999

KUNNSKAPSFORLAGET

PREFACE

Bilingual dictionaries are normally – and of necessity – aimed at the people whose mother tongue is one of the two. For practical reasons it is impossible to cater for both categories to the same extent. However, in this English-Norwegian dictionary I have reduced the number of untranslated English examples to an absolute minimum, so that most of the examples are now in both languages. This should make it considerably easier for beginners to use the dictionary.

My many years of working in school have shown me how important it is that dictionary information cannot be misunderstood. For this reason I have done my best to present a book that I believe to be tailor-made for use in schools. The typography is clear and well set out, and the various meanings are numbered.

Not least, I consider it important to point out when a word or phrase is on its way out, and to suggest substitutes. For this reason, the dictionary provides a large number of labels indicating style and good up-to-date alternatives. If a term is described as "meget stivt" (very formal) or "stivt" (formal), alternatives are given whenever possible. These are in italics within brackets and preceded by an equation sign. But synonyms are provided in other cases too. If **high hat** is looked up, for instance, it will be seen that this may also be called **top hat**. Under **payoff 4** it says that this is colloquial and may be replaced by **bribe.**

To help those of our fellow countrymen whose mother tongue is not Norwegian, all neuter nouns have been marked with an *n* – for example **house** hus *n* – the first time they occur in an entry. But gender is not indicated when it is shown by an article or declined adjective, e.g. **beauty spot** naturskjønt sted. Nor is it usually indicated in the case of compounds.

Americanisms are often included in cases where they differ greatly from British English. Under the item **main subject**, for instance, it states that this is "major (subject)" in American English; under **pedestrian crossing** it gives "crosswalk" as the American version. Under **(pedestrian) subway** "underpass" is given as the American word, etc. This kind of information is absent in other dictionaries from English to a European language.

Pronunciation. In cases of significant deviations in American English, these are reported (see *hostile, illustrative, inculcate, incursion, nomenclature*). But variants in British pronunciation are also shown when these occur frequently (see *despicable, formidable*). But what may really cause great difficulty to those wishing to be sure of their English pronunciation is the position of stress in compound adjectives. Is the stress to be shifted to the first syllable when the adjective is attributive? This question is not touched on at all in existing English-English dictionaries or in bilingual dictionaries from English, not even in the case of such common words as *afternoon* and *good-looking*. I have paid great attention to this problem in my book, and can justifiably claim more thoroughness in this respect than any other dictionary from English to a European language.

I am indebted, as always, to Joan M. Tindale, MA (Oxon). With her long and varied experience as lecturer and translator and her unfailing feeling for language she has been, and still is, of inestimable help to me.

Finally, I should like to express my particular gratitude to one exceptionally skilled in his field – Björn Jensen of Alfabeta as, Halden. His advice and help with computer problems has meant a great deal in securing progress and a satisfactory result.

1996 *Willy A. Kirkeby*

BRUKERVEILEDNING
USER'S GUIDE

Hvis et bindestreksord, f. eks. **absent-minded,** må deles, settes bindestreken først på neste linje for å vise at den er en del av selve ordet, f. eks.
absent
-minded

If a hyphenated word, e.g. **absent-minded,** *has to be divided, the hyphen is placed at the beginning of the next line to show that it is part of the word, e.g.*
absent
-minded

(-ing) brukes for å markere at man på engelsk i angjeldende uttrykk bruker verbets ingform, f. eks. **gain by (-ing)** stå seg på å.

(-ing) *is used to show that in English the ing-form of the verb is used in the expression concerned, e.g.* **gain by (-ing)** *stå seg på å.*

Parentes () om en oversettelse vil si at denne kan tas med eller utelates, f. eks. **that's about (the size of) it.** Komma og parentes benyttes også for å vise den amerikanske formen eller stavemåten, f. eks. **declare oneself in favour** *(,***US:** *favor)* **of something.** Komma foran **US** indikerer i slike tilfeller alltid at bare det umiddelbart foranstående britisk-engelske ord byttes ut.

Brackets () are used to indicate that the word or words enclosed in them may be included or left out of the translation, e.g. **that's about (the size of) it.** *A comma and brackets are also used to show the American form or spelling, e.g.* **declare oneself in favour** *(,***US:** *favor)* **of something.** *In such cases a comma before* **US** *always indicates that only the British English word immediately before it is replaced.*

I den engelske teksten vil foreslåtte alternativer stå kursivert i parentes med likhetstegn foran seg. I de aller fleste tilfeller vil parentesens innhold erstatte det umiddelbart foranstående ord. Der hvor det ellers lett kunne oppstå misforståelser, vil man imidlertid finne at hele, eller større deler av, den foranstående engelsk tekst gjentas. Når likhetstegnet mangler, dreier det seg om en forklaring eller definisjon.

In the English text, suggested alternatives are bracketed, italicized and preceded by an equation sign. In the vast majority of cases, the contents of the brackets can replace the word immediately preceding them. Where misunderstandings may easily arise, however, it will be seen that the whole, or a large part, of the preceding English text is repeated. The absence of an equation sign indicates an explanation or definition.

Kolon etter en parentes som angir ny betydningsvalør angir at konnotasjonen bare har gyldighet i et begrenset antall faste forbindelser, slik det vil fremgå av eksemplene:

I. acccount .... 10 *(=importance):* **of little account** av liten betydning; **of no account** uten betydning.

A colon after brackets enclosing an additional shade of meaning indicates that such connotations are valid in only a limited number of set phrases, as shown by the examples:

I. acccount .... 10 *(=importance):* **of little account** av liten betydning; **of no account** uten betydning.

UTTALE
PRONUNCIATION

ɑ:	f**ar**m	ŋ	si**ng**
æ	b**a**ck	ɔ	t**o**p
ʌ	b**u**t	ɔ:	t**a**ll
ai	p**i**pe	ɔi	b**oy**
aiə	f**ire**	ou	h**o**me
au	h**ou**se	ouə	l**ower**
auə	h**our**	s	**s**ome
e	b**e**d	z	**z**oo
ə	**a**fraid	ð	**th**en
ə:	b**ir**d	θ	**th**ink
εə	h**air**	ʒ	plea**s**ure
ei	st**a**te	dʒ	**j**ust
i	s**i**t	ʃ	**sh**ort
i:	s**ea**t	tʃ	**ch**op
iə	h**ere**	v	**v**i**v**id
j	**y**es	w	**w**e

x i ord som 'loch' og 'ugh' uttales som tysk ch i 'nach'.
x *in words like 'loch' and 'ugh' is pronounced like ch in the German word 'nach'.*

ˈ betegner hovedtrykk, plassert foran den trykksterke vokalen.
ˈ denotes main stress, placed before the stressed vowel.

ˌ betegner sekundært trykk, plassert foran den trykksterke vokalen.
ˌ denotes secondary stress, placed before the stressed vowel.

~ over en vokal markerer nasalering (bare i noen franske ord).
~ above a vowel indicates nasalisation (only in some French words).

TEGN OG FORKORTELSER
SYMBOLS AND ABBREVIATIONS

RS *rimslang* rhyming Cockney slang
S *slang*
T *talespråk* colloquial speech
UK *britisk engelsk* British English; *i Storbritannia* in the United Kingdom
US *amerikansk engelsk* American English; *i USA* in the USA
= *brukt for å vise at etterfølgende ord ville være et godt alternativ* used to indicate that the following word or words would be a good alternative
* *står foran uoversatt, etteranstilt engelsk stoff* placed before untranslated English material following entry

adj *adjektiv* adjective
adv *adverb* adverb
anat *anatomi* anatomy
arkeol *arkeologi* archaeology
arkit *arkitektur* architecture
art *artikkel* article
astr *astronomi* astronomy
bankv *bankvesen* banking
best *bestemt* definite
bibl *bibelsk* biblical
biol *biologi* biology
bl. a. *blant annet* inter alia
bokb *bokbinding* bookbinding
bokf *bokføring* bookkeeping
bot *botanikk* botany
bygg *byggteknikk* civil engineering
dial *dialekt* dialect
EDB edp
el. *eller* or
elekt *elektrisk, elektrisitet* electric(al), electricity
eng. *engelsk* English
etc etcetera
evf *evfemistisk* euphemistic(ally)
farm. *farmasi* pharmacy
fig *figurlig* figuratively
fil *filosofi* philosophy
fin *finansvesen* finance
fisk *fisk(e)* fish(eries), fishing term
fjellsp *fjellsport* mountaineering
fk *forkortet* abbreviated
fkf *forkortet for* abbreviated for
flyv *flyvning* aviation
fon *fonetikk* phonetics
forb *forbindelse(r)* compound(s), collocation(s)
fors *forsikringsvesen* insurance
forst *forstvesen, skogbruk* forestry
fot *fotografering* photography
fotb *fotball* football
fx *for eksempel, f. eks.* for instance, e.g.
fys *fysikk* physics
fysiol *fysiologi* physiology
gart *gartneruttrykk, hagebruk* gardening term
geogr *geografi* geography
geol *geologi* geology
geom *geometri* geometry
glds *gammeldags* archaic
gram *grammatikk* grammar
gym *gymnastikk* gymnastics, physical education
her *heraldikk* heraldry
hist *historisk* historical
int *interjeksjon, utropsord* interjection
intet tilsv *intet tilsvarende* no equivalent
jernb *jernbaneteknisk uttrykk* railway term
jur *juridisk uttrykk* legal term
jvf *jevnfør* cf.
kan gjengis possible rendering
kat. *katolsk* Roman Catholic
keram *keramikk* ceramics
kjem *kjemi* chemistry
komp *komparativ* the comparative (degree)
konj *konjunksjon* conjunction
kort/kortsp *kortspill* card game
kul *kulinarisk* culinary
landbr *landbruk* agriculture
litt. *litterært* literary
m *med* with
mar *maritimt uttrykk* nautical term
mask *maskinteknisk uttrykk* engineering
mat. *matematikk* mathematics
med. *medisin, legevitenskap* medicine, medical science
merk *merkantilt uttrykk* business term
met *metallurgi* metallurgy
meteorol *meteorologi* meteorology
mht. *med hensyn til* regarding
mil *militært uttrykk* military term

min	*mineralogi & bergverksdrift* mineralogy & mining
mots	*motsatt* in contrast to, the opposite of
mus	*musikk* music
myt	*mytologi* mythology
ndf	*nedenfor* below
neds	*nedsettende* disparaging(ly)
NEO	*norsk-engelsk ordbok, stor utgave, W.A. Kirkeby, Kunnskapsforlaget, 1986* Norwegian-English Dictionary, complete edition, W.A. Kirkeby, Kunnskapsforlaget, 1986
oljeind	*oljeindustri* oil industry
omtr	*omtrent* approximately
ovf	*ovenfor* above
parl	*parlamentsvesen* Parliament
part.	*partisipp* participle
perf.	*perfektum* perfect
perf.part.	*perfektum partisipp* past participle
pers	*personlig* personal
pl	*flertall* plural
poet	*poetisk, dikterisk* poetical
polit	*politikk, politisk* politics, political
post	*postvesen* postal term
prep	*preposisjon* preposition
pres	*presens* present
pret	*preteritum* preterite, past tense
pron	*pronomen* pronoun
psykol	*psykologi* psychology
radio	*radiouttrykk* radio term
rel	*religion* religion
rørl	*rørleggeruttrykk* plumbing term
s	*substantiv* substantive
sby	somebody
seilsp	*seilsport* sailing
sing	*entall* singular
sj	*sjelden* rare
ski	*skiuttrykk* skiing
skolev	*skolevesen* education
sms	*sammensetning(er)* compound(s)
sosiol	*sosiologi* sociology
språkv	*språkvitenskap* linguistics
spøkef	*spøkefull(t)* jocular(ly)
sth	something
superl	*superlativ* the superlative (degree)
tannl	*tannlegevesen* dentistry
teat	*teater* theatre
tekn	*teknisk uttrykk* technical term
teol	*teologi* theology
tilsv	*tilsvarer, tilsvarende* corresponds to, corresponding
tlf	*telefoni* telephony
tlgr	*telegrafi,* telegraphy
tollv	*tollvesen* customs
TV	*fjernsyn, TV* television, TV
typ	*typografisk uttrykk* printing term
tøm	*tømmermannsuttrykk* carpentry
ubest	*ubestemt* indefinite
univ	*universitet* university
vb	*verb* verb
vet	*veterinæruttrykk* veterinary term
vi	*intransitivt verb* intransitive verb
vt	*transitivt verb* transitive verb
vulg	*vulgært* vulgar
zo/zool	*zoologi* zoology
økon	*økonomi* economics

a

A, a [ei] **1.** A, a; *tlf:* ***A for Andrew*** A for Anna; ***capital A*** stor A; ***small a*** liten a; ***from A to Z*** fra a til å; ***he knows it from A to Z*** han kan det ut og inn;
2. *mus: (the note)* **A** (noten) a.
A 1. *skolev:* svarer til tallkarakteren 6; **2.** *skolev(fk f Advanced Level, fx GCE (A)): se A-level.*
a [ei; *trykksvakt:* ə], **an** [æn; *trykksvakt:* ən] **1.** *ubest art:* en, ei, et; ***a cup and saucer*** kopp og skål; ***a book of John's****(=one of John's books)* en av Johns bøker; ***a friend of my father's****(=one of my father's friends)* en venn av min far; ***a friend of his*** en venn av ham; ***a friend of the couple('s)*** en venn av paret; ***a (certain) Mr Brown*** en (viss) Brown;
2. *tallord(=one)* en; ett; ***at a blow*** med ett slag;
3. *prep:* pr.; per; om *(fx £10 a day);* i *(fx once a week).*
a- [ə] *forstavelse* **1.:** *se ablaze; aboard; ashore;*
2 [ei' ə; **US:** ei] ***aseptic*** aseptisk; ***asocial*** asosial.
a 1, A-1, A-one ['ei,wʌn] **1.** *mil:* stridende A;
2. T*(=super; great; first-class)* flott; tipp topp; super.
AA *(fk f Automobile Association) svarer til:* NAF *(fk f Norges Automobil-Forbund).*
AB 1. *mar(fk f able-bodied)* fullbefaren; helbefaren; *(se able 3);* **2. US:** *fk f Bachelor of Arts; se bachelor.*
aback [ə,bæk] *adv; mar:* bakk; ***brace aback*** brase bakk; ***be taken aback*** 1. få bakk seil; 2. *fig:* bli forbløffet.
abaft [ə,bɑ:ft] *adv & prep; mar:* akter; akterut; aktenfor; akterlig; *(jvf aft & astern).*
I. abandon [ə,bændən] *s:* løssluppenhet; overgivenhet; ***with abandon*** overgivent; uhemmet; *spøkef:* ***with gay abandon*** helt uhemmet.
II. abandon *vb* **1.** forlate *(fx a sinking ship; one's wife);* la i stikken; **2***(=give up)* oppgi; skrinlegge.
abandonment [ə,bændənmənt] *s:* oppgivelse.
abase [ə,beis] *vb* **1.** *glds:* ***abase oneself****(=humiliate oneself)* ydmyke seg; **2.** *glds: se debase.*
abashed [ə,bæʃt] *adj:* beskjemmet; forvirret; tafatt.
abate [ə,beit] *vb* **1.** avta; minke; *om vind:* løye;
2*(=fight):* ***abate the smoke nuisance*** bekjempe røykplagen.
abatement [ə,beitmənt] *s* **1.** reduksjon; det å avta;
2. bekjempelse (av støv, støy, etc).
abattoir [,æbə'twɑ:] *s:* slakteri *n.*
abbacy [,æbəsi] *s:* abbeds embete *n.*
abbatial [ə,beiʃəl] *adj:* abbed-; abbedisse-; abbedi-.
abbess [,æbis] *s; rel:* abbedisse.
abbey [,æbi] *s* **1.** abbedi *n;* **2.** klosterkirke.
abbot [,æbət] *s; rel:* abbed.
abbreviate [ə,bri:vi'eit] *vb:* forkorte *(fx a word).*
abbreviation [ə'bri:vi,eiʃən] *s:* forkortelse *(of* av).
abdicate [,æbdi'keit] *vb:* abdisere; frasi seg tronen.
abdication ['æbdi,keiʃən] *s:* abdikasjon.
abdomen [,æbdəmən; æb,doumən] *s* **1.** *anat:* ***(lower) abdomen*** underliv; **2.** *zo; på insekt:* bakkropp.
abdominal [æb,dɔminl] *adj* **1.** buk-; underlivs-;
2. *zo:* bakkropps-.
abduct [æb,dʌkt] *vb:* bortføre *(fx a woman).*
abduction [æb,dʌkʃən] *s:* bortførelse.
abeam [ə,bi:m] *adv; mar:* tvers; ***abeam (of)*** (på) tvers av.
aberration ['æbə,reiʃən] *s* **1.** avvik *n* (fra norm, etc);
2. *litt. el. spøkef:* villfarelse.
abet [ə,bet] vb: aid and abet være delaktig i forbrytelse.
abeyance [ə,beiəns] *s:* ***in abeyance*** (stilt) i bero.
abhor [əb,hɔ:] *vb; stivt(=detest)* avsky; nære avsky for.
abhorrence [əb,hɔrəns] *s:* avsky.
abhorrent [əb,hɔrənt] *adj; stivt:* avskyelig.
abide [ə,baid] *vb* **1.:** ***abide by the rules****(=obey the rules)* overholde reglene; ***abide by one's promise****(=keep one's promise)* holde sitt løfte; **2.** *glds el. litt.(=stay)* (for)bli; ***abide with sby*** bli hos en; **3.** *især med can/could i nektende og spørrende setninger; stivt:* ***how can you abide****(=stand)* ***him?*** hvordan kan du utstå ham?
abiding [ə,baidiŋ] *adj; litt.(=lasting)* varig; blivende.
ability [ə,biliti] *s:* dyktighet; evne; ***of great ability*** meget dyktig; ***make use of one's abilities*** bruke sine evner; ***the ability to …****(=the capability of (-ing))* evnen til å …; ***to the best of one's ability*** etter beste evne.
abject [,æbdʒekt] *adj* **1.** ynkelig; foraktelig; krypende; servil; ***an abject****(=a very humble)* ***apology*** en ydmyk unnskyldning; ***abject****(=servile)* ***behaviour*** krypende oppførsel;
2. *om omstendigheter:* ussel; elendig; ***in abject misery****(=in the utmost misery)* i den største elendighet; *(se II. humble; miserable; wretched).*
ablaze [ə,bleiz] *adj(=in flames)* i lys lue.
able [eibl] *adj* **1.** dyktig; flink; **2.** *mar:* fullbefaren;
3.: ***be able to*** kunne *(fx he's able to do it).*
able-bodied ['eibl,bɔdid; *attributivt:* ,eibl'bɔdid] *adj* **1***(=fit and strong)* sunn og sterk; **2.:** *se able 2.*
ably [,eibli] *adv(=competently)* på en dyktig måte.
abnegate [,æbni'geit] *vb; litt.* **1***(=renounce)* gi avkall *(n)* på; **2***(=deny)* fornekte *(fx one's God).*
abnegation ['æbni,geiʃən] *s* **1.** *litt.(=renunciation)* avkall *n;* oppgivelse; **2***(=denial)* fornektelse *(of* av).
abnormal [æb,nɔ:ml] *adj* **1.** abnormal; **2.** uvanlig.
abnormality ['æbnɔ:,mæliti] *s:* abnormitet.

abbreviations

Slang:

FATALE FELLER

AC/DC	transvestite (alternating/direct current)
CEO	Chief Executive officer
DOA	Dead On Arrival
DOB	date of birth
OD	overdose

aboard [əˌbɔ:d] *adv & prep(=on board)* om bord (på *(el.* i)); ***get aboard*** komme (seg) om bord; gå på.
abode [əˌboud] *s* **1.** *litt. el. glds(=dwelling)* bolig; *spøkef:* ***my humble abode*** min ringe bolig;
2. *jur; glds(=address)* adresse.
abolish [əˌbɔliʃ] *vb:* avskaffe; oppheve.
abolition [ˈæbəˌliʃən] *s:* avskaffelse; opphevelse.
abominable [əˌbɔminəbl] *adj; stivt* **1***(=detestable; appalling)* avskyelig; motbydelig; redselsfull; **2. T***(= disagreeable)* fæl; gyselig; ufyselig *(fx weather).*
abominate [əˌbɔmiˈneit] *vb; litt.(=loathe)* avsky.
abomination [əˈbɔmiˌneiʃən] *s; litt.* **1***(=detestation)* avsky; **2.:** ***be an abomination to sby*** være en en vederstyggelighet.
I. aboriginal [ˈæbəˌridʒinl] *s(=original inhabitant; aborigine)* opprinnelig beboer; urinnvåner; innfødt.
II. aboriginal *adj:* ur-; opprinnelig.
aborigine [ˈæbəˌridʒini] *s: se I. aboriginal.*
abort [əˌbɔ:t] *vb* **1.** *med.(=miscarry)* abortere; **2.** *stivt (=fail)* mislykkes; **3.** *EDB; flyv; mil:* avbryte; ***abort****(= abandon)* ***the landing*** avbryte landingen.
aborticide [əˌbɔ:tiˈsaid] *s:* fosterdrap.
abortion [əˌbɔ:ʃən] *s:* ***(induced) abortion*** svangerskapsavbrytelse; ***abortion on demand****(,***US:** *abortion on call)* selvbestemt abort.
abortive [əˌbɔ:tiv] *adj(=unsuccessful)* feilslått.
abound [əˌbaund] *vb; stivt:* ***fish abound in the lake, the lake abounds in fish****(=there's plenty of fish in the lake)* det er en overflod av fisk i sjøen.
I. about [əˌbaut] *prep* **1.** om *(fx he told me about it);* med hensyn til; når det gjelder; ***what's he so angry about?*** hva er det han er så sint for? ***I was wrong about John*** jeg tok feil av John; ***I made a mistake about the price*** jeg tok feil med hensyn til prisen; ***they know what they're about****(=doing)* de vet hva de gjør; ***and while you're about it …*** og med det samme du holder på …; ***what about (taking) a little walk?*** hva med en liten spasertur?
2*(=round)* rundt *(fx the fields about Oxford);*
3. omkring i; rundt i *(fx walk about the streets);* ***have a man about the house*** ha en mann i huset;
4.: ***about one****(=in one's pockets)* på seg;
5. *om person:* ved; over; ***there's something nervous about him*** det er noe nervøst ved ham.
II. about *adv* **1.** omkring *(fx run about; papers lying about);* rundt (omkring); i nærheten *(fx there was no one about);* ***leave litter about*** legge igjen avfall *(n)* etter seg; forsøple naturen;
2. omtrent; nesten; ***about here*** omtrent her; ***about the worst I've ever seen*** noe av det verste jeg har sett (noen gang); **T:** ***that's about (the size of) it*** det kan stemme; ***(at) about six (o'clock)*** omtrent klokken seks; ***it's about time*** det er på tide;
3. *mar:* ***ready about!*** klar til å vende!
4.: ***it's the other way about****(=round)* det er akkurat omvendt (*el.* motsatt);
5. blant folk *n (fx there's plenty of money about); om sykdom:* ***there's a lot of it about now*** det er noe som går nå; ***get about*** 1. komme ut (blant folk); 2*(=be rumoured)* ryktes; *om nyhet:* komme ut; bli kjent;
6.: ***be about to****(=be going to)* (akkurat) skulle til å.
I. about-turn [əˈbautˌtə:n] *s* **1.** *mil(,***US:** *about-face)* helomvending; **2.** *fig(=U-turn; about-face; turnabout)* helomvending; kuvending.
II. about-turn *vb(,***US:** *about-face)* gjøre helomvending.
I. above [əˌbʌv] *prep* **1.** over *(fx the stars above us);* ***the floor above us*** etasjen over oss; ***a door with an inscription above****(=over)* ***it*** en dør med en inskripsjon over; ***the branch above****(=over)* ***his head*** grenen over hodet hans; ***on the wall hung a clock and above****(= over)* ***it a picture*** på veggen hang en klokke og over den et bilde; ***on the wall above the table*** på veggen over bordet;
2. *om lydstyrke:* over;
3. ovenfor *(fx the waterfall);* ***above water*** 1*(=afloat)* over vannet; 2. *fig:* oven vanne; flytende;
4. ovenpå;
5. over; mer enn; ***he can't count above ten*** han kan ikke telle lenger enn til ti; ***above the age of fifty****(=over fifty)* over femti (år *n*);
6. *på kart:* nord for;
7. *fig:* over (ens fatteevne); ***above all*** fremfor alt; først og fremst; ***she loved her children above****(=most of)* ***all*** hun elsket barna *(n)* sine høyest av alt; ***above average*** over gjennomsnittet; over middels; ***be above*** stå over; ha høyere rang enn; være hevet over; holde seg for god til; ***don't get above yourself!*** ikke tro at du er noe! ***above reproach*** hevet over (enhver) kritikk.
II. above *adv:* over; ovenpå; *i bok, etc:* ovenfor *(fx as stated above); (se III. above);* ***£200 and above****(=upwards)* £200 og derover; ***from above*** 1. ovenfra; 2*(= from on high)* ovenfra; ***by order from above*** etter ordre fra høyere hold *n.*
III. above *adj:* ovennevnt; ***the above*** det ovennevnte.
above board *adj & adv; om transaksjon:* ***(open and) above board*** regulær; uten knep *n;* åpen(t) og ærlig.
above-the-knee amputee *(=above-knee amputee)* person med ben *(n)* amputert over kneet.
above-mentioned [əˈbʌvˌmenʃənd; *attributivt også:* əˌbʌvˈmenʃənd] *adj:* ovennevnt; førnevnt.
abrade [əˌbreid] *vb:* slite av; skrape av; slite ned.
abrasion [əˌbreiʒən] *s* **1.** avsliting; avskraping; nedsliting; **2.** *med.:* skrubbsår.
I. abrasive [əˌbreisiv] *s:* slipemiddel.
II. abrasive *adj:* som sliper; slipe- *(fx paper).*
abreact [ˈæbriˌækt] *vb; psykol:* avreagere.
abreaction [ˈæbriˌækʃən] *s; psykol:* avreagering.
abreast [əˌbrest] *adj & adv:* side om side; ved siden av hverandre; ***walk three abreast*** gå tre i bredden; ***abreast of*** 1. *mar (=abeam of)* tvers av; 2*(=up to date on)* à jour med.
abridge [əˌbridʒ] *vb(=condense)* forkorte *(fx a book).*
abridg(e)ment [əˌbridʒmənt] *s* **1.** forkortelse;
2*(=shortened edition)* forkortet utgave.
I. abroad [əˌbrɔ:d] *s* **T***(=foreign countries)* utlandet; ***from abroad*** fra utlandet.
II. abroad *adv:* i (*el.* til) utlandet; ***go abroad*** dra utenlands.
abrupt [əˌbrʌpt] *adj* **1***(=sudden)* brå; abrupt; ***an abrupt ending*** en brå slutt; **2.** kort; brysk; abrupt.
abscess [ˌæbses; ˌæbsis] *s; med.:* abscess; byll.
abscond [əbˌskɔnd] *vb; stivt el. spøkef(=run away)* stikke av.
absence [ˌæbsəns] *s* **1.** fravær *n;* ***during his absence*** mens han var fraværende; ***lawful absence*** lovlig forfall; ***absence of mind*** åndsfraværenhet; distraksjon;
2.: ***in the absence of****(=for lack of)* i mangel av.
I. absent [ˌæbsənt] *adj* **1.** fraværende; ***absent from home*** hjemmefra; bortreist;
2. *fig(=absent-minded)* åndsfraværende;
3*(=lacking):* ***be absent*** mangle; ikke finnes.
II. absent [æbˌsent] *vb:* ***absent oneself from school****(= stay away from school)* holde seg hjemme fra skolen.
absentee [ˈæbs(ə)nˌti:] *s:* fraværende (person).
absent-minded [ˈæbsəntˌmaindid; *attributivt:* ˌæbsəntˈmaindid] *adj:* åndsfraværende; distré.
absent-mindedness [ˈæbsəntˌmaindidnəs] *s:* åndsfraværenhet; distraksjon.
absinth(e) [ˌæbsinθ] *s* **1.** absint; **2.** *bot(=wormwood)* malurt.
absolute [ˌæbsəlu:t] *adj* **1.** absolutt; ubetinget; ***have absolute trust in sby****(=have complete confidence in sby)* ha full tillit til en;
2*(=indisputable)* uomtvistelig; uomstøtelig;
3*(=unrestricted)* absolutt; uinnskrenket.
absolutely [ˌæbsəlu:tli] *adv* **1.** absolutt; helt *(fx impossible);* helt og holdent; **2.** *int* **T:** ja, absolutt!

absolute monarchy absolutt (*el.* eneveldig) monarki *n.*
absolute pitch *mus* **1.** absolutt tonehøyde;
2.: ***have absolute pitch*** ha absolutt gehør *n.*
absolution ['æbsəˌlu:ʃən] *s; rel:* absolusjon; syndsforlatelse.
absolve [əbˌzɔlv] *vb* **1.:** ***absolve sby*** 1*(=acquit sby of guilt)* frita en for skyld; 2*(=clear sby of suspicion)* fri en for mistanke; 3. *rel:* absolvere en; gi en syndsforlatelse; **2.:** ***absolve from****(=release from)* løse fra *(fx sby from a vow).*
absorb [əbˌsɔ:b] *vb* **1.** suge (*el.* trekke) til seg; absorbere; **2***(=assimilate)* oppta (i seg); absorbere.
absorbed [əbˌsɔ:bd] *adj:* ***become (deeply) absorbed in****(=lose oneself in)* fordype seg i.
absorbent [əbˌsɔ:bənt] *adj:* absorberende.
absorbing [əbˌsɔ:biŋ] *adj:* fengslende *(fx story);* spennende; altoppslukende *(fx of absorbing interest).*
absorption [əbˌsɔ:pʃən] *s* **1.** oppsuging; absorpsjon; absorbering *(fx of light);* **2.** *fysiol:* opptak; **3.** oppslukthet; opptatthet; ***his absorption in sports*** det at han er (,var) så opptatt av sport.
abstain [əbˌstein] *vb* **1.** unnlate å stemme; **2.:** ***abstain from*** avstå fra; avholde seg fra *(fx comment).*
abstainer [əbˌsteinə] *s* **1.** en som ikke stemmer;
2.: ***(total) abstainer****(=teetotaller)* totalavholdsmann.
abstemious [əbˌsti:mjəs] *adj:* avholdende; nøysom.
abstention [əbˌstenʃən] *s* **1.** unnlatelse av å stemme; ***with 20 abstentions*** idet 20 lot være å stemme;
2. avholdenhet (mht. alkohol); *(se abstinence).*
abstinence [ˌæbstinəns] *s:* avholdenhet; ***total abstinence*** totalavhold; *(se abstention 2).*
abstinent [ˌæbstinənt] *adj:* avholdende.
I. abstract [ˌæbstrækt] *s* **1.** abstrakt *n;* abstrakt begrep *n;* **2***(=summary)* sammendrag *n;* **3***(=extract)* utdrag *n;* ekstrakt *n.*
II. abstract [ˌæbstrækt; *især:* **US:** æbˌstrækt] *adj*
1. abstrakt *(fx art; word);* **2.** *mat.:* ubenevnt.
III. abstract [æbˌstrækt; əbˌstrækt] *vb* **1.** *meget stivt(=extract)* fjerne; utvinne; **2.** abstrahere *(from* fra);
3. *spøkef* **T***(=pinch)* kvarte; rappe.
abstracted [æbˌstræktid] *adj; stivt(=preoccupied; absent-minded)* atspredt; distré.
abstraction [æbˌstrækʃən] *s* **1.** abstraksjon; **2.** *stivt(=absent-mindedness)* atspredthet; distraksjon.
abstruse [æbˌstru:s] *adj; stivt(=difficult)* dunkel.
absurd [əbˌsə:d] *adj:* absurd; meningsløs; urimelig.
absurdity [əbˌsə:diti] *s:* absurditet; urimelighet.
abundance [əˌbʌndəns] *s:* overflod *(of* av).
abundant [əˌbʌndənt] *adj:* rikelig.
abundantly [əˌbʌndəntli] *adv:* rikelig; ***it's abundantly clear that …*** det er til overmål klart at …
I. abuse [əˌbju:s] *s* **1***(=misuse)* misbruk *n (fx sexual abuse of a child);* ***abuses*** misligheter; ***abuse of office*** embetsmisbruk; ***the system is open to abuse*** systemet kan lett misbrukes; **2.:** ***(word of) abuse*** ukvemsord; ***a hail(=flow) of abuse*** en strøm av skjellsord.
II. abuse [əˌbju:z] *vb* **1.** misbruke; ***abuse sby's trust*** misbruke ens tillit; **2***(=scold)* skjelle ut.
abusive [əˌbju:siv] *adj:* grov (i munnen); ***abusive language*** skjellsord; ***be racially abusive*** bruke rasistiske skjellsord.
abut [əˌbʌt] *vb:* ***abut on*** grense til; støte opp til.
abysm [əˌbizəm] *s; poet:* avgrunn; *(se abyss).*
abysmal [əˌbizməl] *adj:* avgrunnsdyp; bunnløs.
abyss [əˌbis] *s:* avgrunn; *(jvf abysm).*
AC, ac, A.C., a.c. ['eiˌsi:] *elekt(fk f alternating current)* vekselstrøm; *(jvf DC).*
I. academic ['ækəˌdemik] *s* **1.** medlem *(n)* av et college el. universitet; **2.** *ofte neds(=university graduate)* akademiker.
II. academic *adj:* akademisk; ***a purely academic question*** et rent akademisk spørsmål; ***academic subject*** teoretisk fag *n.*
academy [əˌkædəmi] *s:* akademi *n.*
accede [ækˌsi:d] *vb; stivt:* ***accede to*** **1***(=agree to)* gå med på; **2***(=come to):* ***accede to the throne*** bestige tronen.
accelerate [ækˌselə'reit] *vb:* akselerere; fremskynde.
acceleration [æk'seləˌreiʃən] *s:* akselerasjon.
accelerator [ækˌselə'reitə] *s; mask:* ***accelerator (pedal)****(,US: gas pedal)* gasspedal.
accent [ˌæks(ə)nt] *s* **1.** aksent *(fx without a foreign accent);* uttale; ***have an extremely pleasing accent*** ha en aldeles nydelig uttale; **2.** *fon & mus:* aksent.
accentuate [ækˌsentju'eit] *vb(=stress)* fremheve.
accept [əkˌsept] *vb* **1.** akseptere; godta; gå med på;
2. ta imot; si ja (takk) til; takke ja til *(fx an invitation);*
3. påta seg *(fx a task);*
4*(=put up with)* finne seg i.
acceptability [ək'septəˌbiliti] *s:* antagelighet.
acceptable [əkˌseptəbl] *adj:* akseptabel; antagelig.
acceptance [əkˌseptəns] *s* **1.** akseptering; godtagelse; ***meet with general acceptance*** bli alminnelig godtatt; **2.** *merk:* aksept; ***blank acceptance*** aksept in blanko.
accepted [əkˌseptid] *adj* **1.** alminnelig anerkjent *(fx truth; rule);* gjengs; ***be widely accepted*** få (,ha) bred tilslutning;
2. *merk:* akseptert; ***accepted bill*** akseptert veksel.
access [ˌækses] *s* **1.** adgang; adkomst; ***access was difficult*** adkomsten var vanskelig; ***easy access to*** lett adkomst til; ***easy of access*** lett tilgjengelig; lett å få i tale; ***gain access to*** skaffe seg adgang til;
2. *EDB:* tilgang; aksess.
accessibility [æk'sesiˌbiliti] *s* **1***(=availability)* tilgjengelighet; **2.** mottagelighet.
accessible [ækˌsesəbl] *adj* **1***(=available)* tilgjengelig; ***easily accessible*** lett tilgjengelig; *(jvf 2);* ***knowledge accessible to everyone*** kunnskaper som er tilgjengelige for enhver; **2.** *om sted:* ***easily accessible****(=easy to get to (,at); easy of access)* lett å komme til; *(jvf 1);* **3.** *stivt:* ***accessible****(=amenable)* ***to reason*** mottagelig for fornuft.
accession [ækˌseʃən] *s:* tiltredelse; *(se accede 2).*
accessories [ækˌsesəriz] *s; pl:* rekvisita; tilbehør *n.*
I. accessory [ækˌsesəri] *s* **1.** rekvisitt *n; (se accessories);* **2.** *jur:* ***accessory after (,before) the fact*** medskyldig (som ikke fysisk er til stede).
II. accessory *adj; jur:* delaktig; medskyldig.
access road 1. adkomstvei; tilkjørselsvei;
2. **US***(=slip road)* påkjøringsvei (til motorvei).
accident [ˌæksidənt] *s* **1.** tilfeldighet; ***it's no accident****(=coincidence)* ***that …*** det er ingen tilfeldighet at …; ***I met her by accident****(=chance)* jeg traff henne tilfeldigvis; **2.** ulykke(stilfelle); ***motoring****(=road)* ***accident*** bilulykke; trafikkulykke; ***accidents will happen*** det kan så lett gå galt; ***have an accident*** bli utsatt for en ulykke.
accidental ['æksiˌdentl] *adj:* tilfeldig; uvesentlig; ***accidental death*** død ved et ulykkestilfelle.
accidentally ['æksiˌdentəli] *adv:* tilfeldigvis.
accident-prone [ˌæksidənt'proun] *adj:* som har lett for å bli utsatt for ulykker.
acclaim [əˌkleim] *vb; stivt* **1***(=cheer)* hilse med bifallsrop; **2***(=applaud)* applaudere; **3***(=proclaim)* utrope til *(fx king).*
acclamation ['ækləˌmeiʃən] *s:* bifallsrop; ***elected by acclamation*** valgt ved akklamasjon.
acclimatize, acclimatise [əˌklaimə'taiz] *vb:* akklimatisere; ***get****(=become)* ***acclimatized*** bli akklimatisert.
acclivity [əˌkliviti] *s; stivt(=rise)* stigning.
accolade [ˌækə'leid; 'ækəˌleid] *s* **1.** ridderslag; **2.** *fig:* anerkjennelse; **3.** *mus:* akkolade; klamme.
accommodate [əˌkɔmə'deit] *vb* **1.** huse; gi husly *n;* innkvartere; romme; ha plass til *(fx 200 guests);*
2. *stivt(=adapt)* tilpasse; tillempe; ***accommodate oneself to sth*** tilpasse seg noe.
accommodating [əˌkɔmə'deitiŋ] *adj; stivt(=obliging; forthcoming)* imøtekommende; forekommende.

accommodation [əˈkɔməˌdeiʃən] *s* **1.** husly *n;* plass; innkvartering(smulighet); overnattingssted(er); ***hotel accommodation*** hotellplass; innkvartering på hotell; ***(some) overnight accommodation*** en overnattingsmulighet; ***be given accommodation with a family in the town*** bli innkvartert hos en familie i byen; ***all accommodation will be heavily guarded*** alle innkvarteringssteder vil bli strengt bevoktet;
2. *meget stivt(=adjustment)* tilpasning; tillempning.
accommodation platform *oljeind:* boligplattform.
accompaniment [əˌkʌmpənimənt] *s* **1.** *mus:* akkompagnement *n;* ***play one's own accompaniments*** akkompagnere seg selv; **2.** tilbehør *n;* noe som hører med; ***roast pork and its accompaniments*** svinestek med tilbehør; ***some slices of bread with various accompaniments*** noen brødskiver med variert pålegg *n.*
accompanist [əˌkʌmpənist] *s; mus:* akkompagnatør.
accompany [əˌkʌmpəni] *vb* **1.** *mus:* akkompagnere *(fx sby on the piano);* **2.** *også fig; stivt:* ledsage *(fx the pictures that accompany(=go with) the text);* ***he was accompanied by an officer****(=he was in the company of an officer)* en offiser ledsaget ham.
accompanying *adj:* ledsagende; ***accompanying circumstances*** ledsagende omstendigheter.
accomplice [əˌkʌmplis] *s:* medskyldig.
accomplish [əˌkʌmpliʃ] *vb; stivt* **1***(=carry out)* utføre; fullføre *(fx a task);* **2***(=achieve)* få utrettet; ***we accomplished very little*** vi fikk utrettet svært lite.
accomplished [əˌkʌmpliʃt] *adj* **1***(=skilled; proficient)* dyktig; (meget) flink *(fx dancer);*
2*(=completed)* fullført; ***an accomplished fact*** en fullbyrdet kjensgjerning.
accomplishment [əˌkʌmpliʃmənt] *s* **1.** *stivt(=carrying out)* utførelse; fullførelse; **2.** *stivt(=achievement)* prestasjon; **3.** *stivt:* ***(social) accomplishment****(=social skill)* selskapelig talent *n.*
I. accord [əˌkɔ:d] *s* **1.** *stivt(=agreement)* overensstemmelse; samsvar; ***in accord****(=accordance)* ***with*** i overensstemmelse med;
2. *polit:* overenskomst; avtale;
3*(=consent):* ***by general accord*** etter alles samstemmige mening;
4. *stivt:* ***of one's own accord****(=on one's own initiative)* av seg selv; av egen drift;
5. *stivt:* ***with one accord****(=unanimously)* alle som én; enstemmig.
II. accord *vb* **1.** *stivt(=bestow on)* tildele *(fx sby an honorary title);* **2.** *stivt(=grant):* ***rights not accorded to foreigners*** rettigheter som ikke innrømmes utlendinger; **3.** *stivt(=agree):* ***accord (with)*** stemme overens (med); stemme (med).
accordance [əˌkɔ:dəns] *s:* ***in (strict) accordance with*** i (nøye) overensstemmelse med; i nøye samsvar med.
according [əˌkɔ:diŋ] *adj:* ***according as*** (alt) etter som; ***according to*** alt etter; ifølge; ***it went according to plan*** det gikk etter planen.
accordingly [əˌkɔ:diŋli] *adv* **1***(=consequently)* følgelig; av den grunn; derfor; **2.** i overensstemmelse med dette; ***plan accordingly*** legge planer deretter.
accordion [əˌkɔ:diən] *s; mus:* trekkspill.
accost [əˌkɔst] *vb; stivt el. spøkef* **1***(=speak to; stop)* tilsnakke; **2.** *glds(=solicit)* oppfordre til utukt.
I. account [əˌkaunt] *s* **1.** konto; ***bank account*** bankkonto; ***withdraw money from an account*** ta penger ut av en konto;
2. tilgodehavende; ***our account with*** vårt tilgodehavende hos;
3.: ***account(s)*** regnskap(er) *n;* ***building accounts*** byggeregnskap; ***keep accounts*** føre regnskap;
4*(=statement (of account))* kontoutskrift; (av)regning; nota; mellomregning; ***itemized account*** spesifisert nota *(el.* regning); ***settle****(=pay)* ***an account*** betale en regning; ***on account*** a konto; i løpende regning;
5. *også fig:* ***account(s)*** mellomværende *n;* ***have an account to settle with sby****(=have a bone to pick with sby)* ha noe uoppgjort med en; ***square accounts with sby*** 1*(=settle (up) with sby)* gjøre opp med en; 2. *fig(=have it out with sby)* gjøre opp med en; 3. *fig(=get even with sby)* bli skuls med en;
6. redegjørelse; beretning; fremstilling; historie; ***his account of what happened*** hans fremstilling av det som skjedde; ***give an account of*** gjøre rede for; gi en forklaring på; ***by all accounts, he must be a good worker*** etter alt hva man hører, må han være flink til å arbeide;
7.: ***on account of*** 1*(=because of)* på grunn av; pga.; 2. av hensyn til; på grunn av; ***he was angry on that account****(=because of that)* han var sint av den grunn; ***on no account****(=not on any account; not for any reason)* ikke under noen omstendighet;
8.: ***to good account****(=profitably)* på en fordelaktig måte *(fx invest money to good account);* ***turn****(=put)* ***sth to (good) account****(=make good use of sth)* gjøre god bruk av noe; nyttiggjøre seg noe;
9.: ***leave out of account****(=disregard; ignore)* ikke ta hensyn *(n)* til; se bort fra; ***take account of****(=take into account)* ta hensyn til;
10*(=importance):* ***of little account*** av liten betydning;
11. *forskjellige forb med vb:* ***call sby to account****(=take sby to task)* kreve en til regnskap; gå i rette med en; ***charge it to my account****(,**T:** put it down to me)* før det på min regning; ***close an account*** oppløse en konto; ***give a good (,bad) account of oneself*** gjøre sine saker godt (,dårlig); skille seg godt (,dårlig) fra oppgaven; klare seg godt (,dårlig); ***keep an account of*** holde regnskap *(n)* med; føre regnskap over.
II. account [əˌkaunt] *vb:* ***account for*** **1.** forklare; gjøre rede for; avlegge regnskap for; ***that accounts for it*** det forklarer det *(el.* saken); ***how do you account for that?*** hvordan forklarer du *(el.* vil du forklare) det? **2.** *især i jaktspråk:* skyte; nedlegge; felle.
accountability [əˈkauntəˌbiliti] *s:* ansvarlighet.
accountable [əˌkauntəbl] *adj(=responsible):* ***accountable to sby for sth*** ansvarlig for noe overfor en; ***he is not accountable for his actions*** han er ikke ansvarlig for sine handlinger.
accountancy [əˌkauntənsi] *s:* regnskapsførsel; regnskapsvesen; regnskapslære.
accountant [əˌkauntənt] *s* **1.** bokholder; regnskapsfører; **2.** revisor; ***chartered****(,**US:** certified public)* ***accountant*** statsautorisert revisor.
account-balancing [əˌkauntˈbælənsiŋ] *s(=balancing of accounts)* regnskapsavslutning; saldering.
account holder kontoinnehaver.
accounting [əˌkauntiŋ] *s(=keeping of accounts)* regnskapsførsel; ***false accounting*** regnskapsfusk.
accredit [əˌkredit] *vb:* akkreditere.
accreditation [əˈkrediˌteiʃən] *s:* akkreditering.
accrue [əˌkru:] *vb:* ***with accrued interest*** med påløpne renter.
accumulate [əˌkju:mjuˈleit] *vb* **1.** akkumulere; samle *(fx dust);* samle sammen; ***accumulate****(=earn)* ***interest*** trekke renter; **2.** *stivt(=pile up)* hope seg opp.
accumulation [əˈkju:mjuˌleiʃən] *s* **1.** samling *(fx of data);* oppsamling; opphopning; ***accumulation of energy*** lagring av energi; **2.:** ***accumulation of capital*** kapitaloppsparing; ***accumulation of interest*** påløping av renter; *(jvf accrue 1).*
accumulative [əˌkju:mjuˈleitiv] *adj:* kumulativ.
accumulator [əˌkju:mjuˈleitə] *s:* akkumulator.
accuracy [ˌækjurəsi] *s:* nøyaktighet; presisjon.
accurate [ˌækjurit] *adj:* nøyaktig; presis; omhyggelig *(fx take accurate aim);* ***quick and accurate at figures*** rask og nøyaktig når det gjelder tall *(n) (el.* regning).
accursed, accurst [əˌkə:sid; əˌkə:st] *adj:* forbannet.
accusation [ˈækjuˌzeiʃən] *s:* anklage; beskyldning; ***make****(=bring)* ***an accusation against sby*** fremsette en

beskyldning mot en; *(se I. charge & indictment).*

accusative [ə͵kju:zətiv] *s; gram:* akkusativ.

accuse [ə͵kju:z] *vb* **1.** beskylde; ***accuse sby of sth*** beskylde en for noe; **2.** *jur:* anklage; ***accuse sby of sth*** anklage en for noe; ***the accused*** (den) tiltalte; *(jvf II. charge; indict).*

accustom [ə͵kʌstəm] *vb; stivt:* ***accustom oneself to, get accustomed to****(=get used to)* venne seg til; bli vant til.

AC/DC [͵eisi:͵di:si:] *adj* **T***(=bisexual)* bifil.

I. ace [eis] *s* **1.** *kortsp:* ess *n;* ***the ace of clubs*** kløveress;

2. *på terning:* ener;

3. *tennis:* serveess;

4. *om person:* stjerne; ener;

5.: ***within an ace of (-ing)*** på nippet til å; like ved å.

II. ace *adj:* førsteklasses; stjerne- *(fx reporter).*

acetate [͵æsi'teit] *s; kjem:* acetat *n;* eddiksurt salt.

acetic [ə͵si:tik; ə͵setik] *adj:* eddiksur; eddiksyre-; eddik-; ***acetic acid*** eddiksyre.

acetone [͵æsitoun] *s; kjem:* aceton *n.*

acetyl [͵æsitil] *s; kjem:* acetyl *n.*

acetylene [ə͵setili:n] *s; kjem:* acetylen *n.*

acetyl-salicylic ['æsitil'sæli͵silik] *adj:* acetylsalicyl-; ***acetyl-salicylic acid*** acetylsalicyl(syre).

I. ache [eik] *s(=pain)* smerte; verk(ing).

II. ache *vb:* gjøre vondt; være øm; verke; ***my arms are aching*** jeg har vondt i armene; ***my ear's aching*** jeg har øreverk.

achieve [ə͵tʃi:v] *vb:* få gjort; få til; utrette; oppnå; ***we*** achieved very little vi fikk ikke utrettet stort; vi oppnådde svært lite; ***achieve one's aim****(=reach one's goal)* nå sitt mål; ***achieve****(=gain)* ***one's end*** oppnå sin hensikt; nå det mål man har satt seg; ***achieve great triumphs*** feire store triumfer.

achievement [ə͵tʃi:vmənt] *s:* prestasjon; bedrift; ***a great achievement*** en stor bedrift; en fin prestasjon.

achievement test *(=assessment test)* standpunktprøve.

achiever [ə͵tʃi:və] *s; skolev:* ***average achiever****(=average performer)* gjennomsnittselev.

Achilles [ə͵kili:z] Akilles; *anat:* ***Achilles tendon*** akillessene.

I. aching [͵eikiŋ] *s:* verking; (verkende) smerte.

II. aching *adj:* verkende; ***aching tooth*** verketann.

achromatic ['ækrə͵mætik] *adj:* akromatisk; fargeløs.

I. acid [͵æsid] *s* **1.** syre; **2. S:** LSD.

II. acid *adj; også fig:* sur; syre-; syrlig; ***acid rain*** surt regn; ***acid criticism*** sur (*el.* sviende) kritikk.

acidic [ə͵sidik] *adj; kjem:* sur.

acidity [ə͵siditi] *s; også fig:* surhet; syrlighet.

acid test 1. *kjem:* syreprøve; **2.** *fig:* prøvestein (*of* på).

acknowledge [ək͵nɔlidʒ] *vb* **1***(=admit)* erkjenne; innrømme; vedgå; ***refuse to acknowledge defeat*** nekte å innrømme at man er slått; ***I acknowledge the necessity of this step****(=I admit that this is a necessary step)* jeg erkjenner nødvendigheten av dette skrittet; ***acknowledge the other person's point of view****(=admit that the other person's point of view is valid)* erkjenne at den andres synspunkter har noe for seg;

2. *stivt(=recognise)* anerkjenne; ***acknowledge sby as one's chief*** anerkjenne en som sin sjef;

3. *merk:* ***acknowledge receipt of*** bekrefte mottagelsen av *(fx a letter);*

4. *som tegn på gjenkjennelse:* ***she acknowledged me with a nod*** hun nikket til meg;

5. *mar; om signal:* bekrefte at man har forstått;

6.: ***acknowledge a gift****(=(write and) say thank you for a gift)* takke for en gave; ***acknowledge the applause*** takke for applausen.

acknowledged *adj; stivt(=recognised)* anerkjent *(fx authority).*

acknowledg(e)ment [ək͵nɔlidʒmənt] *s* **1.** innrømmelse; erkjennelse; vedkjennelse;

2. *stivt(=recognition)* anerkjennelse;

3. *om mottagelse av noe:* bekreftelse; ***we have had no acknowledg(e)ment of our letter*** vi har ikke fått noen bekreftelse på at vårt brev er mottatt;

4. takk; påskjønnelse; ***a small acknowledg(e)ment****(=a small token of appreciation)* en liten påskjønnelse; ***in acknowledg(e)ment****(=appreciation)* ***of*** som en påskjønnelse av (*el.* for).

acme [͵ækmi] *s; stivt(=peak)* høydepunkt; toppunkt; ***attain the acme of perfection****(=reach a peak of perfection)* nå det mest fullkomne.

acne [͵ækni] *s; med.:* akne; ***(acne) pimple*** kvise.

acolyte [͵ækə'lait] *s* **1.** *kat.:* ministrant; korgutt;

2. følgesvenn; hjelper.

acorn [͵eikɔ:n] *s; bot:* eikenøtt.

acoustic [ə͵ku:stik] *adj:* akustisk; høre- *(fx nerve).*

acoustic perfume T*(=white noise)* støykulisse; nøytral lydeffekt.

acoustics [ə͵ku:stiks] *s:* akustikk.

acquaint [ə͵kweint] *vb:* ***acquaint****(=familiarize)* ***(oneself) with*** gjøre (seg) kjent med; sette (seg) inn i; ***there's a lot to acquaint oneself with****(,***T:*** find out about)* ***in the new job*** det er mye å sette seg inn i i den nye jobben; ***we're acquainted*** vi kjenner hverandre; ***acquainted with*** kjent med; ***become acquainted with****(=get to know)* bli kjent med; ***when I have become better acquainted with him*** *(=when I know him better)* når jeg er blitt bedre kjent med ham.

acquaintance [ə͵kweintəns] *s* **1.** bekjentskap *n;* ***improve on acquaintance*** vinne seg ved nærmere bekjentskap; ***make sby's acquaintance****(=become acquainted with sby)* stifte bekjentskap med en; ***have a nodding acquaintance with sby*** være på hilsefot med en; **2.** bekjent; bekjentskap *n;* ***he's an acquaintance, nothing more*** han er bare en bekjent; ***have a wide circle of acquaintances*** ha en stor bekjentskapskrets; ***acquire useful acquaintances*** skaffe seg nyttige bekjentskaper.

acquaintanceship [ə͵kweintəns'ʃip] *s:* bekjentskapskrets; bekjente; *(se acquaintance 2).*

acquiesce ['ækwi͵es] *vb:* samtykke uten protest; føye seg; ***acquiesce in*** ikke gjøre innsigelser mot.

acquiescence ['ækwi͵esəns] *s:* føyelighet.

acquiescent ['ækwi͵esənt] *adj:* føyelig.

acquire [ə͵kwaiə] *vb(=obtain)* erverve (seg); skaffe seg; ***acquire a taste for*** få smak for; lære å like.

acquired *adj:* ervervet; tillært; som man har lagt seg til; ***an acquired taste*** en ervervet smak.

acquisition ['ækwi͵ziʃən] *s* **1.** ervervelse; ***new acquisition*** nyervervelse; ***he's an acquisition to the firm*** han er en vinning for firmaet. **2.** *fors:* akkvisisjon; tegning.

acquisitive [ə͵kwizitiv] *adj:* glad i å erverve ting.

acquit [ə͵kwit] *vb* **1.** *jur:* frikjenne; frifinne;

2.: ***acquit oneself well****(=with credit)* skille seg bra fra oppgaven.

acquittal [ə͵kwitl] *s:* frifinnelse; frikjennelse.

acre [͵eikə] *s* **1.** *flatemål (4047 m^2)* acre;

2.: ***acres*** 1. *især om større område:* jord; jorder *n;* 2. **T:** ***have acres of space*** ha massevis av plass.

acreage [͵eikəridʒ] *s:* areal *(n)* målt i acres.

acrid [͵ækrid] *adj; litt.* **1.** *om lukt el. smak(=pungent; sharp)* skarp; bitter; besk; **2.** *fig(=caustic; cutting; sharp)* besk; bitende; skarp.

acrimonious ['ækri͵mounjəs] *adj; fig; stivt(=sharp; caustic; bitter)* skarp; bitter.

acrimony [͵ækriməni] *s; fig; stivt(=sharpness; bitterness)* skarphet; bitterhet.

acrobat [͵ækrəbæt] *s:* akrobat.

acrobatic ['ækrə͵bætik] *adj:* akrobatisk; ***acrobatic feat*** akrobatisk trick *n;* akrobats kunststykke; *(se I. stunt).*

acrobatics ['ækrə͵bætiks] *s:* akrobatikk.

acronym [͵ækrənim] *s(=initial word)* akronym *n;* bokstavord; kortord *(fx NATO is an acronym).*

across [ə͵krɔs] **1.** *prep:* på den andre siden av; (tvers) over; ***a bridge across****(=over)* ***the river*** ei bru over elva; ***across the desert*** gjennom ørkenen;

2. *adv:* over; tvers over; på tvers; ***cut (right) across(=** over)* skjære (tvers) over; ***with arms across(=folded)*** med armene i kors *n; om mål:* ***six inches across*** seks tommer tvers over (*el.* i diameter); ***the river is half a mile across(=wide)*** elva er en halv *mile* bred;
3. *s; i kryssord:* vannrett.

across-the-board [əˌkrɔsðəˌbɔ:d] **1.** *adj:* generell; som gjelder for alle; **2.** *adv:* ***a wage increase of ten per cent across-the-board*** et lønnstillegg på 10% for alle.

I. act [ækt] *s* **1.** handling; gjerning; ***official act*** embetshandling; ***an act of charity*** en velgjørenhet; ***an act of despair*** en fortvilet handling; ***caught in the act (of stealing)*** grepet på fersk gjerning (i å stjele);
2. *parl:* **Act (of Parliament)** lov;
3. *teat:* akt; ***act one(=the first act)*** første akt;
4. *på varieté, sirkus, etc:* nummer *n;* ***he appears as a solo act on TV*** han opptrer solo på TV;
5. *fig:* komedie; ***put on an act*** spille komedie;
6. T: ***get in on the act(=get in on it)*** få bli med (på det);
7. T: ***get one's act together*** 1. forberede seg; 2. ta seg sammen; ***get the party's act together (=get the party organized)*** få skikk på partiet.

II. act *vb* **1.** handle; ***we must act(=take action) at once*** vi må handle med én gang; ***think before acting*** tenke før man handler; ***you have acted generously*** du har vært generøs; *neds* **T:** ***act at one's own sweet will(=use one's own discretion)*** handle etter eget forgodtbefinnende;
2. oppføre seg; opptre; ***act like a fool*** bære seg dumt at; ***act tactfully*** opptre taktfullt;
3. virke; fungere; reagere *(fx his mind acted(=reacted) quickly; this poison acts slowly);*
4*(=intervene)* gripe inn *(fx refuse to act);*
5. *teat & fig:* spille; opptre; ***act stupid*** spille dum;
6. *forskjellige forb m adv & prep:* ***act accordingly*** handle deretter; ***act against one's better judgment*** handle mot bedre vitende *n;* ***act as*** 1. virke som; gjøre tjeneste som *(fx this sofa acts as a bed);* 2. fungere som *(fx interpreter);* ***act on*** 1. rette seg etter; følge; ***he acted on my advice*** han fulgte mitt råd; 2.: ***act on one's own*** handle på egen hånd; ***act on a principle*** handle etter et prinsipp; 3. virke på *(fx the heart);* 4. handle ut fra; reagere på; ***it was not enough to act(=take action) on*** det var ikke nok til at man kunne foreta seg noe (med det); ***act up*** 1*(=play up)* lage vanskeligheter *(fx the engine began to act up);* ***his injured knee's acting up*** han har problemer med kneskaden sin; 2.: ***act(=live) up to one's reputation*** leve opp til sitt rykte.

act curtain *teat(=drop (curtain))* mellomaktteppe.

I. acting [ˌæktiŋ] *s:* skuespilleryrket; skuespillerkunst; ***straight acting*** karakterskuespill.

II. acting *adj* **1.** fungerende; konstituert; stedfortredende; vikarierende; **2.** stående *(fx an acting order);*
3. -virkende; ***single-acting*** enkeltvirkende.

action [ˌækʃən] *s* **1.** handling; aksjon; ***firm action*** fast opptreden; ***joint action*** felles opptreden; ***freedom of action*** handlefrihet; ***a man of action*** en handlingens mann; ***radius of action*** aksjonsradius; ***judge him by his actions*** dømme ham ut fra det han gjør (,gjorde); ***go into action(=take action)*** gå til aksjon; ***put a plan into action(=carry out a plan)*** sette en plan ut i livet; ***refuse to take action*** nekte å foreta seg noe; ***suit the action to the word*** la handling følge på ord *n;* ***rouse sby to action*** få en til å foreta seg noe; ***take appropriate action*** gjøre det som bør gjøres;
2. virksomhet; virkning; virkemåte; funksjon; ***in full action(=activity)*** i full aktivitet;
3. *jur(=legal action; (law)suit)* søksmål; sak(sanlegg); prosess; ***bring an action against sby(=sue sby)*** gå til sak(sanlegg) mot en; saksøke en; ***action for damages*** erstatningssøksmål;
4. *mil:* kamp; kamphandling; trefning; *også fig:* ***plan of action*** slagplan; ***ready for action*** kampklar; ***put out of action*** gjøre kampudyktig; *også fig:* sette ut av spillet;
5. S: ***be where the action is*** være der hvor tingene foregår; ***let's have a bit of action!*** la oss nå få litt fart på tingene!
6. *i roman, etc:* gang; handling;
7. *tekn:* bevegelige deler; mekanisme.

action-packed [ˌækʃən'pækt] *adj:* handlingsmettet.

action replay *TV(=replay)* repitisjon (i langsom kino).

activate [ˌækti'veit] *vb:* aktivisere; aktivere.

activation ['æktiˌveiʃən] *s:* aktiv(is)ering.

active [ˌæktiv] *adj* **1.** aktiv; ***take an active part in*** delta aktivt i;
2. *merk:* aktiv; ***active(=working) capital*** aktivkapital; ***active(=working) partner*** aktiv deltager.

activist [ˌæktivist] *s(=militant)* aktivist.

activity [ækˌtiviti] *s:* aktivitet; virksomhet; liv *n;* ***business(=trade) activity*** forretningsvirksomhet; ***in full activity*** i full aktivitet; ***there wasn't much activity*** det var ikke stort som foregikk (der); ***fringe activities*** noe man holder på med ved siden av noe annet; ***outdoor activities*** utendørs sysler; livet utendørs.

actor [ˌæktə] *s:* skuespiller.

actress [ˌæktrəs] *s:* skuespillerinne.

actual [ˌæktʃuəl; ˌæktjuəl] *adj:* virkelig *(fx in actual life);* faktisk; egentlig; selve *(fx the actual loss);* ***actual interest*** effektiv rente; ***give me the actual figures*** gi meg tallene *n;* ***in (actual) fact, he's forty*** han er faktisk førti.

actuality ['æktʃuˌæliti; 'æktjuˌæliti] *s(=reality)* virkelighet.

actualize, actualise [ˌæktʃuə'laiz; ˌæktjuə'laiz] *vb; meget stivt(= realize)* virkeliggjøre; realisere.

actually [ˌæktʃuəli; ˌæktjuəli] *adv* **1***(=really; in truth)* egentlig; sant å si; formelig *(fx he could actually feel the tension);* ***those actually in power*** de som har den egentlige makt; ***actually Bob's older than Jack*** egentlig er Bob eldre enn Jack; ***not actually*** ikke egentlig; ikke i og for seg;
2*(=really)* virkelig;
3. faktisk; ***he actually won that race*** han vant faktisk det løpet; ***I don't know, actually*** jeg vet faktisk ikke; ***actually, I rather like it*** jeg liker det faktisk;
4. reelt; ***nominally but not actually*** nominelt, men ikke reelt.

actuate [ˌæktʃu'eit; ˌæktju'eit] *vb* **1.** *mask:* bevege; drive; **2.** *fig:* tilskynde; drive; ***be actuated by*** bli drevet av.

acuity [əˌkju:iti] *s; meget stivt(=shrewdness; acuteness)* skarpsindighet; skarpsinn.

acumen [əˌkju:mən] *s:* skarpsindighet; ***business acumen*** forretningssans.

I. acupuncture [ˌækju'pʌŋktʃə] *s:* akupunktur.

II. acupuncture *vb:* akupunktere.

acute [əˌkju:t] *adj* **1.** spiss(vinklet);
2. skarp; skarpsindig; ***an acute mind*** en skarp hjerne;
3.: ***cause acute pain*** gi heftig smerte;
4. *med. & fig:* akutt.

acuteness [əˌkju:tnəs] *s:* skarphet; skarpsinn.

I. ad [æd] *s(fk f advertisement)* annonse; ***small ads*** rubrikkannonser.

II. ad *s; tennis* **US (,UK:** *van (fk f advantage))* fordel; ***ad in (,out)*** fordel inne (,ute).

AD ['eiˌdi:] *(fk f Anno Domini)* e. Kr. (*fk f* etter Kristi fødsel); ***in (the year) 500 AD(=AD 500)*** 500 e. Kr.

adage [ˌædidʒ] *s:* ordtak; munnhell.

Adam [ˌædəm] Adam; ***I don't know him from Adam*** jeg aner ikke hvem han er.

adamant [ˌædəmənt] *adj; fig; stivt(=unyielding; unbending)* ubøyelig *(fx he was adamant).*

Adam's apple *anat:* adamseple.

adapt [əˌdæpt] *vb* **1.** tilpasse (*to* til); avpasse (*to* etter); gjøre egnet (*to* til); ***adapted to the needs of beginners*** tilpasset begynnertrinnet; **2.:** ***adapt (oneself) (to new customs)*** tilpasse seg (andre skikker).

adaptability [ə'dæptə,biliti] *s:* tilpasningsevne.
adaptable [ə,dæptəbl] *adj* **1.** som kan tilpasses;
2. *om person:* som kan tilpasse seg; smidig.
adaptation ['ædæp,teiʃən] *s:* tilpasning; avpasning; bearbeidelse (og oversettelse); tilretteleggelse.
adapter, adaptor [ə,dæptə] *s* **1.** *tekn(=adapter fitting)* adapter; tilslutningsstykke; forlenger; overgang(sstykke); **2.** *elekt: (multiple) adapter* tjuvkontakt.
ADC ['eidi:,si:] *(fk f aide-de-camp)* **S:** (generals *el.* kongelig) adjutant.
add [æd] *vb* **1.** addere; legge sammen; summere; ***add and subtract*** legge sammen og trekke fra; *(se også 4: add to & 5: add up);*
2. tilføye; føye til; ***I should add that …*** jeg bør kanskje tilføye at …; ***add insult to injury****(=make bad worse)* gjøre galt verre;
3. tilsette; blande i; ha på (*el.* i); ***add sugar to taste*** tilsett sukker *(n)* etter smak; ***add some sugar to it*** tilsett det noe sukker;
4.: ***add to*** 1. *mat.:* legge sammen *(fx add 5 to(=and) 5);* 2. øke; gjøre større; ***this adds to our difficulties*** dette gjør det enda vanskeligere for oss; 3. bygge på; ***the house has been added to several times*** huset har blitt påbygd flere ganger;
5.: ***add up*** 1. addere; legge sammen; regne sammen; summere; ***it adds up right*** regnestykket stemmer; det stemmer; ***the bill doesn't add up*** regningen stemmer ikke; 2. *fig* **T:** gi mening; stemme; ***it just doesn't add up****(=it just doesn't make sense)* det gir ingen mening; det stemmer ikke; det rimer ikke; ***it all adds up*** alt sammen stemmer; ***all that this adds up to is that he doesn't want to help*** dette betyr bare at han ikke vil hjelpe.
added [,ædid] *adj(=additional)* ytterligere; ***this was an added pleasure*** denne gleden kom i tillegg *n.*
added times *sport(=total time)* sammenlagt tid.
addend [,ædənd] *s; mat.:* addend.
addendum [ə,dendəm] *s(pl: addenda)* tilføyelse; tillegg *n.*
adder [,ædə] *s zo(=viper)* hoggorm.
I. addict [,ædikt] *s* **1.:** ***(drug) addict*** narkoman;
2. *fig:* ***he's a football addict*** han har fotballdilla.
II. addict [ə,dikt] *vb* **1.** gjøre henfallen til; skape tilvenning; **2.:** ***addict oneself to*** bli henfallen til.
addicted [ə,diktid] *adj:* henfallen (*to* til (å)).
addiction [ə,dikʃən] *s* **1.** *med.:* avhengighet (*to* av);
2. henfallenhet; sykelig trang (*to* til).
addiction problem *med.:* avhengighetsproblem.
addictive [ə,diktiv] *adj; med.:* vanedannende.
addition [ə,diʃən] *s* **1.** *mat.:* addisjon; addering; addisjonsstykke *(fx do an addition);*
2*(=extension)* tilbygg; utvidelse;
3. tilføyelse; tilsetning; iblanding; tillegg *n;* forøkelse; påplussing; ***a recent addition*** noe som nylig er kommet til; ***addition to the family*** familieforøkelse;
4.: ***in addition*** dessuten; i tillegg *n;* ***in addition to*** i tillegg til.
additional [ə,diʃənəl] *adj:* i tillegg; tilleggs-; ekstra-; mer-; ytterligere; enda en; til *(fx an additional bottle);* ***for an additional sum****(=for an extra charge)* mot (et) tillegg i prisen; mot (et) pristillegg.
additionally [ə,diʃənəli] *adv:* ytterligere; i tillegg.
additive [,æditiv] *s:* tilsetningsstoff; additiv *n.*
I. address [ə,dres; **US:** ,ædres] *s* **1.** adresse; ***fixed****(=permanent)* ***address*** fast bopel; ***give an address*** oppgi en adresse; ***leave me your address*** legg igjen adressen din hos meg;
2. *stivt(=talk)* foredrag *n;*
3. *stivt:* adresse; henvendelse;
4. *glds:* ***(form of) address*** opptreden; vesen *n;* ***polite forms of address****(=educated speech)* dannet omgangstone;
5*(=skilfulness; tact)* behendighet; takt.
II. address [ə,dres] *vb* **1.** adressere;
2. henvende; rette; stile *(fx a letter to sby);*
3. tale til; ***address the meeting*** tale til forsamlingen;
4. titulere (*as* som);
5. *stivt(=deal with; tackle)* behandle; ta seg av *(fx a problem);* ***address oneself to****(=apply oneself to)* ta fatt på; vie seg *(fx address oneself to a task).*
addressee ['ædre,si:] *s:* adressat.
I. adept [,ædept] *s:* mester; ekspert (*in* i).
II. adept [ə,dept] *adj:* (meget) dyktig; flink; ***be adept at (-ing)*** være flink til å …
adequacy [,ædikwəsi] *s:* tilstrekkelighet; ***he doubts his adequacy as a father*** han tviler på om han strekker til som far.
adequate [,ædikwət] *adj:* tilstrekkelig; fullgod.
adhere [əd,hiə] *vb:* ***adhere to*** **1***(=cling to)* henge fast på (*el.* ved); *(=stick to)* klebe til; **2.** *fig(=stick to)* holde fast ved *(fx a plan);* overholde *(fx the diet).*
adherence [əd,hiərəns] *s* **1.** det å henge fast ved (*el.* klebe til);
2. *fig:* fastholdelse (*to* av); overholdelse (*to* av).
adherent [əd,hiərənt] *s(=supporter)* tilhenger (*of* av); ***win adherents*** vinne tilhengere.
adhesion [əd,hi:ʒən] *s* **1.** fastklebing; sammenklebing;
2. adhesjon(sevne); evne til god kontakt med underlaget.
I. adhesive [əd,hi:siv] *s:* klebemiddel; klebebånd.
II. adhesive *adj:* som henger ved; klebrig; klebe-.
adhesiveness [əd,hi:sivnəs] *s:* klebeevne.
adhesive plaster *(=sticking plaster)* heftplaster.
adhesive tape *(=sticky tape)* klebebånd; limbånd; tape.
ad infinitum [æd'infi,naitəm] *adv(=endlessly)* i det uendelige *(fx he went on talking ad infinitum).*
I. adipose [,ædi'pous] *s(=animal fat)* animalsk fett *n.*
II. adipose *adj(=fatty)* fett-; ***adipose tissue*** fettvev.
adjacent [ə,dʒeisənt] *adj* **1.** tilgrensende; tilstøtende;
2. *geom:* ***adjacent****(=contiguous)* ***angle*** nabovinkel.
adjectival ['ædʒik,taivl] *adj; gram:* adjektivisk.
adjective [,ædʒiktiv] *s; gram:* adjektiv *n.*
adjoin [ə,dʒɔin] *vb:* grense opp til.
adjoining [ə,dʒɔiniŋ] *adj:* tilgrensende; tilstøtende.
adjourn [ə,dʒə:n] *vb* **1.** heve; ***adjourn the meeting*** heve møtet;
2. *stivt; om møte(=postpone)* utsette;
3. *spøkef* **T:** ***let's adjourn to the kitchen*** la oss forflytte oss til kjøkkenet.
adjournment [ə,dʒə:nmənt] *s* **1.** *stivt(=postponement)* utsettelse; **2.** tidsrom mellom to parlamentsmøter.
adjudge [ə,dʒʌdʒ] *vb; vanligvis brukt i passiv* **1.** erklære for; **2.** *jur:* ***be adjudged bankrupt*** bli erklært konkurs; **3.** *jur(=award)* tilkjenne *(fx costs).*
adjudicate [ə,dʒu:di'keit] *vb* **1.** *jur:* pådømme; felle dom (*on* i); **2.** *i konkurranse, etc:* være dommer.
adjudication [ə'dʒu:di,keiʃən] *s* **1.** *jur:* pådømmelse;
2. *i konkurranse, etc:* dom.
adjunct [,ædʒʌŋ(k)t] *s* **1.** tilbehør *n;* supplement *n;*
2. *meget stivt(=assistant)* assistent; medhjelper.
adjure [ə,dʒuə] *vb; meget stivt(=implore)* bønnfalle.
adjust [ə,dʒʌst] *vb* **1.** justere; regulere; stille inn (riktig); ***adjust****(=set)* ***sth finely*** fininnstille noe; ***adjust downwards*** nedjustere;
2*(=adapt)* tilpasse; ***adjust to*** tilpasse seg; ***ability to adjust*** tilpasningsevne;
3*(=settle)* ordne; bilegge;
4. *om klær:* rette på *(fx one's tie).*
adjustable [ə,dʒʌstəbl] *adj:* regulerbar; stillbar; justerbar; ***adjustable spanner*** skiftenøkkel.
adjusting 1. *s: se adjustment;* **2.** *adj:* innstillings-; stille- *(fx screw);* regulerings-; juster-.
adjustment [ə,dʒʌstmənt] *s* **1.** justering; regulering; innstilling; ***adjustment downwards*** nedjustering; ***fine adjustment****(=fine setting)* fininnstilling;
2. tilpasning;
3. *tekn:* innstilling(smekanisme);
4. ordning; bileggelse.

adjutant [ˌædʒutənt] *s; mil:* adjutant; *(jvf aide-de -camp).*
I. ad lib [ædˌlib] *s:* improvisasjon.
II. ad-lib *vb:* improvisere *(fx a speech).*
III. ad-lib, ad lib *adj(=impromptu)* improvisert.
IV. ad lib *adv:* etter behag *n;* i fleng *(fx he borrows books ad lib from his friends).*
adman [ˌæd'mæn; ˌædmən] *s* **T:** reklametekstforfatter; reklamemann.
admass [ˌædmæs] *s:* ***the admass*** det publikum som massemediene henvender seg til.
administer [ədˌministə] *vb* **1.** administrere; forvalte; **2***(=give)* gi; foreskrive *(fx medicine to sby);* **3.** *stivt:* ***administer justice*** *(=act as judge)* være dommer.
administration [əd'miniˌstreiʃən] *s* **1.** administrasjon; forvaltning; embetsverk; **2***(=term of office)* (presidents *el.* regjerings) embetstid; **3.** *især* **US:** regjering *(fx the Clinton administration).*
administrative [ədˌministrətiv] *adj:* administrativ.
administrator [ədˌmini'streitə] *s:* administrator.
admirable [ˌædmərəbl] *adj:* beundringsverdig; utmerket.
admirably [ˌædmərəbli] *adv:* på en utmerket måte.
admiral [ˌædmərəl] *s:* admiral.
admiralty [ˌædm(ə)rəlti] *s* **1.** admiralsembete;
2.: ***the Admiralty (Board)*** Admiralitetet (ɔ: flåtens øverste ledelse).
admiration ['ædməˌreiʃən] *s:* beundring *(of* av; for; *for* for); ***arouse admiration*** vekke beundring; ***look at sby with admiration*** se beundrende på en.
admire [ədˌmaiə] *vb:* beundre *(sby for sth* en for noe).
admirer [ədˌmaiərə] *s:* beundrer *(of* av).
admiring [ədˌmaiəriŋ] *adj:* beundrende.
admissible [ədˌmisəbl] *adj* **1***(=acceptable)* antagelig; **2.** *jur; om bevis:* tilstedelig.
admission [ədˌmiʃən] *s* **1.** adgang; entré; *skolev(= entry)* opptak; inntak; ***application for admission to …*** søknad om opptak ved …; ***admission free*** gratis adgang; ***admission to hospital*** innleggelse på sykehus; **2.** innrømmelse *(of* av); ***admission of failure*** fallitterklæring; ***by(=on) his own admission*** ifølge det han selv har innrømt; **3.** *tekn:* tilførsel.
admissions office *ved skole:* opptakskontor.
admission ticket inngangsbillett.
admit [ədˌmit] *vb* **1.** la komme inn; gi adgang; (la) slippe inn; ***each ticket admits two persons*** det kommer inn to personer på hver billett; ***refuse to admit sby****(= refuse sby entrance)* nekte en adgang *(to* til); ***admit sby to hospital*** legge en inn på sykehus; ***be admitted****(=be allowed to enter)* få adgang; få slippe inn; ***be admitted to hospital*** bli innlagt på sykehus; ***be admitted to a school (,university)*** komme inn ved en skole (,et universitet);
2. ha plass til; romme;
3. innrømme; vedgå; ***no one would admit (to) having done it****(=no one would admit that they had done it)* ingen ville innrømme at de hadde gjort det;
4. *om krav; stivt(=allow)* godkjenne;
5.: ***admit of*** tillate; gi mulighet for; ***it admits of no doubt*** det er ingen tvil mulig; ***a certainty that admits of no doubt*** en visshet som ikke tillater tvil;
6. *stivt:* ***admit to****(=give access to):* ***that gate admits to the garden*** den porten gir adgang til hagen.
admittance [ədˌmitəns] *s* **1.** *meget stivt: se admission;* **2.:** ***no admittance (except on business)*** adgang forbudt (for uvedkommende); ***strictly no admittance*** adgang strengt forbudt.
admittedly [ədˌmitidli] *adv:* riktignok.
admixture [ədˌmikstʃə] *s* **1.** tilsetning;
2. *i gips, etc(=additive)* tilsetning(sstoff);
3.: *se mixture.*
admonish [ədˌmoniʃ] *vb; stivt(=warn)* formane.
admonition ['ædməˌniʃən] *s; stivt(=warning)* formaning.
ad nauseam [ædˌnɔ:siəm] *adv:* til kjedsommelighet.
adolescence ['ædəˌlesəns] *s:* pubertetsalder; ungdomstid; oppvekst.
I. adolescent ['ædəˌlesənt] *s:* ung mann (,pike); tenåring.
II. adolescent *adj* **1.** i pubertetsalderen; pubertets-; halvvoksen; **2.** *stivt(=childish)* barnslig.
adopt [əˌdɔpt] *vb* **1.** *om barn; også fig:* adoptere; *(se adopted & adoptive);* adoptere bort; ***adopt sby as one's son*** adoptere en som sin sønn;
2. innføre; ta i bruk; innta *(fx a neutral position);* anslå *(fx a friendly tone);* legge seg til *(fx a patronizing tone);* knesette *(fx a new principle);* ***the course to adopt*** den fremgangsmåte man bør følge; ***adopt*** *(= take)* ***stern measures*** ta strenge forholdsregler;
3. *polit, etc(=pass; carry)* vedta *(fx a resolution);*
4. *om regnskap:* godkjenne.
adopted [əˌdɔptid] *adj:* ***adopted daughter*** adoptivdatter; *(jvf adoptive).*
adoption [əˌdɔpʃən] *s* **1.** *også fig:* adopsjon;
2. innføring; knesetting;
3. vedtagelse;
4. *av regnskap:* godkjenning.
adoptive [əˌdɔptiv] *adj:* adoptiv- *(fx father; parents); (jvf adopted).*
adorable [əˌdɔ:rəbl] *adj:* henrivende; yndig *(fx child).*
adoration ['ædəˌreiʃən] *s:* tilbedelse; forgudelse.
adore [əˌdɔ:] *vb:* tilbe; forgude; **T:** elske.
adorer [əˌdɔ:rə] *s:* tilbeder.
adorn [əˌdɔ:n] *vb* **1.** *stivt(=decorate)* smykke; utsmykke; **2.** *fig; stivt(=be an embellishment to)* pryde.
adornment [əˌdɔ:nmənt] *s* **1.** *stivt(=decoration)* utsmykning; **2.** *fig; stivt(=embellishment)* pryd.
adrenal [əˌdri:nl] *adj:* binyre-; ***adrenal gland*** binyre.
adrenalin(e) [əˌdrenəli:n] *s:* adrenalin *n.*
Adriatic ['eidriˌætik] *adj; geogr:* ***the Adriatic (Sea)*** Adriaterhavet.
adrift [əˌdrift] *adj & adv* **1***(=drifting)* i drift; ***cut the boat adrift****(=loose)* kappe båtfestet; **2.** *fig:* ***be adrift in London*** drive omkring i London.
adroit [əˌdrɔit] *adj(=skilful; dexterous)* dyktig; behendig.
adsorption [ədˌsɔ:pʃən; ədˌzɔ:pʃən] *s:* adsorpsjon.
adulation ['ædjuˌleiʃən] *s; stivt(=unashamed flattery)* grov smiger.
I. adult [ˌædʌlt; *især:* **US:** əˌdʌlt] *s:* voksen.
II. adult *adj:* voksen; *(se adult life).*
adult education *(,US & Canada: continuing education)* voksenopplæring.
adulterate [əˌdʌltə'reit] *vb; om levnetsmidler:* forfalske; fortynne; blande opp *(fx wine).*
adulteration [ə'dʌltəˌreiʃən] *s:* forfalskning; fortynning; oppblanding; ***food adulteration*** levnetsmiddelforfalskning.
adulterer [əˌdʌltərə] *s:* ekteskapsbryter.
adulterous [əˌdʌltərəs] *adj:* ***an adulterous****(=extramarital)* ***relationship*** et utenomekteskapelig forhold.
adultery [əˌdʌltəri] *s:* ekteskapsbrudd; *bibl:* hor *n.*
adult life livet som voksen; ***she's lived here all her adult life*** hun har bodd her i hele sitt voksne liv.
I. advance [ədˌvɑ:ns] *s* **1***(=progress)* fremskritt; fremgang;
2. fremrykning;
3. forskudd; forskuttering; *(se 6: in advance);*
4. *på auksjon:* høyere bud *(n) (on* enn);
5.: ***advances*** tilnærmelser;
6.: ***in advance*** 1*(= beforehand)* på forhånd; 2*(= ahead)* i forveien; 3. på forskudd.
II. advance *vb* **1***(=make progress)* gjøre fremskritt;
2. rykke frem;
3. forskuttere *(fx sby some money);*
4. føre i marken; komme med; fremsette;
5*(=further)* fremme *(fx sby's interests);*
6. *om dato(=move forward)* skyte frem.

advanced [əd͵vɑ:nst] *adj* **1.** fremskreden; ***at an advanced age*** i en fremskreden alder;
2. videregående; viderekommen;
3. fremskutt *(fx position);*
4. ultramoderne.
advancement [əd͵vɑ:nsmənt] *s* **1***(=promotion)* forfremmelse; **2***(=encouragement)* fremme.
advantage [əd͵vɑ:ntidʒ] *s:* fordel; ***take advantage of*** benytte seg av; misbruke *(fx sby's kindness);* ***an advantage over*** en fordel fremfor; ***show to best advantage*** vise seg fra sin beste side.
advantageous [ˈædvən͵teidʒəs] *adj:* fordelaktig.
advent [͵ædvent] *s; stivt(=coming; approach)* komme *(fx the advent of spring).*
Advent *rel:* advent; ***the first Sunday in Advent****(=Advent Sunday)* første søndag i advent.
adventure [əd͵ventʃə] *s* **1.** vågestykke; **2.** eventyr *n;* ***go in search of adventure*** dra ut på eventyr.
adventurer [əd͵ventʃərə] *s:* eventyrer; lykkeridder.
adventurous [əd͵ventʃərəs] *adj:* eventyrlysten.
adverb [͵ædvə:b] *s; gram:* adverb *n.*
adverbial [əd͵və:biəl] *adj:* adverbial; adverbiell.
adversary [͵ædvəs(ə)ri] *s(=opponent)* motstander.
adverse [͵ædvə:s] *adj(=unfavourable)* uheldig; ugunstig.
adversity [əd͵və:siti] *s; stivt:* motgang.
advert [͵ædvə:t] *s* **T***(=advertisement)* annonse.
advertise *(,***US** *også: advertize)* [͵ædvətaiz] *vb* **1.** reklamere (for); ***advertise oneself*** drive reklame for seg selv; ***advertise for*** drive reklame for;
2. annonsere; avertere (*for* etter);
3*(=make known)* bekjentgjøre; **T:** utbasunere.
advertisement *(,***US** *også: advertizement)* [əd͵və:tizmənt; **US:** ˈædvə͵taizmənt] *s* **1.** reklame(annonse) (*for* for); publisitet; ***bad(=poor) advertisement*** dårlig reklame; ***it's not a good advertisement for him*** det er ingen (god) reklame for ham; **2.** annonse; ***put an advertisement in the paper*** sette en annonse i avisen.
advertiser *(,***US:** *også: advertizer)* [͵ædvəˈtaizə] *s:* annonsør.
advertising *(,***US** *også: advertizing)* [͵ædvəˈtaiziŋ] *s:* reklame; reklamearbeid; reklamevirksomhet.
advertising leaflet *(,***US:** *throwaway)* reklamebrosjyre.
advice [əd͵vais] *s:* råd *n;* ***a piece of good (,bad) advice*** et godt (,dårlig) råd; ***a great deal of useful advice*** mange nyttige råd; ***ask sby's advice*** spørre en til råds; ***take advice*** innhente råd; ***take sby's advice*** følge ens råd.
advisability [ədˈvaizə͵biliti] *s:* tilrådelighet.
advisable [əd͵vaizəbl] *adj:* tilrådelig.
advise [əd͵vaiz] *vb:* råde; ***advise sby against doing sth****(=advise sby not to do sth)* fraråde en å gjøre noe.
adviser, advisor [əd͵vaizə] *s:* rådgiver; konsulent.
advisory [əd͵vaizəri] *adj:* rådgivende; veiledende; ***in an advisory capacity*** i egenskap av rådgiver; som rådgiver.
advocacy [͵ædvəkəsi] *s* **1***(=support)* støtte (*of* for, til); **2.** *stivt(=recommendation)* anbefaling.
I. advocate [͵ædvəkət] *s:* forkjemper (*of* for).
II. advocate [͵ædvəˈkeit] *vb:* forfekte; forsvare.
aerial [͵ɛəriəl] *s(,* **US:** *antenna)* antenne.
aerobatics [ˈɛərou͵bætiks] *s; pl:* kunstflyvning.
aeronautical [ˈɛərə͵nɔ:tikl] *adj:* luftfarts-; fly-.
aeroplane [͵ɛərəˈplein] *s(=plane;* **US:** *airplane)* fly.
I. aerosol [͵ɛərəsɔl] *s* **1.** aerosol; **2***(=air spray)* aerosol; **3***(=spray can)* aerosolflaske; **T:** sprutflaske.
II. aerosol *vb(=spray with an aerosol)* male med aerosolflaske (,**T:** sprutflaske).
aerosol pack aerosolemballasje; aerosolpakning.
aerospace [͵ɛərəˈspeis] *s:* atmosfæren og det ytre rom.
aerospace industry romfartsindustri.
aesthete *(,***US:** *esthete)* [͵i:sθi:t] *s:* estetiker.
aesthetic(al) *(,***US:** *esthetic(al))* [i:s͵θetik(l)] *adj:* estetisk.
affability [ˈæfə͵biliti] *s; glds(=courtesy)* høflighet; belevenhet.
affable [͵æfəbl] *adj; glds(=courteous)* høflig; beleven.
affair [ə͵fɛə] *s* **1.** sak; anliggende *n;* ***Ministry of Foreign Affairs****(,***UK:** *Foreign (and Commonwealth) Office;* **US:** *State Department)* utenriksdepartement; ***private affairs*** private forhold *n;* ***the whole affair****(=thing)* ***lasted only two minutes*** det hele varte bare i to minutter *n;*
2*(=thing):* ***the machine is a weird-looking affair*** maskinen ser nifs ut;
3.: ***(love) affair*** kjærlighetshistorie; ***have an affair with sby*** stå i forhold *(n)* til en.
affect [ə͵fekt] *vb* **1***(=have an effect on)* virke (inn) på; berøre; ***it affects me personally*** det berører meg personlig;
2. *med.; om sykdom:* angripe;
3. *stivt:* foregi; ***she affected grief****(=she pretended to feel grief)* hun forega sorg.
affectation [ˈæfek͵teiʃən] *s:* affektasjon; affekterthet; tilgjorthet; jåleri *n;* ***affectation of ignorance*** *(=pretended ignorance)* påtatt uvitenhet.
affected [ə͵fektid] *adj* **1.** affektert; jålete; **2.** *med.:* angrepet; ***the affected part*** det angrepne stedet.
affection [ə͵fekʃən] *s:* kjærlighet; ømhet; hengivenhet; ***win sby's affection(s)*** vinne ens kjærlighet; ***play on sby's affections*** spille på ens følelser.
affectionate [ə͵fekʃənət] *adj:* kjærlig; hengiven.
affiliated [ə͵filiˈeitid] *adj:* ***affiliated (to)*** tilsluttet.
affiliation [əˈfili͵eiʃən] *s* **1.** tilslutning; **2***(=connection)* forbindelse; tilknytning.
affinity [ə͵finiti] *s* **1.** affinitet; slektskap; **2.** *fig(=similarity)* likhet; beslektethet; slektskap.
affirm [ə͵fə:m] *vb; stivt* **1***(=assert)* hevde; erklære (bestemt); **2***(=protest):* ***affirm one's innocence*** bedyre sin uskyld; **3.** *stivt(=confirm)* bekrefte; ***affirm by oath*** bekrefte med ed.
affirmation [ˈæfə͵meiʃən] *s; meget stivt* **1***(=assertion; statement; declaration)* erklæring; forsikring (*that* om at); **2.** *stivt(=confirmation)* bekreftelse.
I. affirmative [ə͵fə:mətiv] *s:* bekreftende svar *n;* ***answer in the affirmative*** svare bekreftende.
II. affirmative *adj:* bekreftende; ***an affirmative answer*** et bekreftende svar *n;* ***give an affirmative nod*** nikke bekreftende.
affix [ə͵fiks] *vb; stivt:* påklebe; vedhefte.
afflict [ə͵flikt] *vb; meget stivt* **1.** volde sorg (*el.* smerte); **2.** plage; hjemsøke; *(se afflicted).*
afflicted [ə͵fliktid] *adj; stivt* **1***(=sorrowing)* sørgende; **2***(=hard hit)* hardt rammet.
affliction [ə͵flikʃən] *s; stivt(=grief; suffering)* sorg; lidelse.
affluence [͵æfluəns] *s; stivt(=wealth)* rikdom.
I. affluent [͵æfluənt] *s(=tributary)* bielv.
II. affluent *adj; stivt(=wealthy)* rik; velstående.
afford [ə͵fɔ:d] *vb* **1.** ha råd til; ***we can't afford it, but we shall have to*** vi har ikke råd, men vi må ta oss råd; ***we can't afford the time (to do it)*** vi kan ikke avse tid til det; **2.** *med 'can' el. 'could':* tillate seg *(fx I can't afford to be rude to him);* **3.** *stivt(=give)* gi *(fx it afforded him little pleasure).*
affordable [ə͵fɔ:dəbl] *adj; om pris* **T:** overkommelig; ***at an affordable price*** til en overkommelig pris.
afforestation [əˈfɔris͵teiʃən] *s:* skogplanting.
affray [ə͵frei] *s; stivt el. jur(=fight)* slagsmål *n.*
I. affront [ə͵frʌnt] *s(=deliberate insult)* (åpenlys) fornærmelse (*to* mot).
II. affront *vb(=insult openly)* fornærme (åpenlyst).
I. Afghan [͵æfgæn] *s:* afghaner.
II. Afghan *adj:* afghansk.
Afghanistan [æf͵gæniˈstɑ:n; æf͵gæniˈstæn] *s; geogr:* Afghanistan.
afloat [ə͵flout] *adj; adv; mar* **1.** flott; **2.** flytende; ***stay(,fig: keep) afloat*** holde seg flytende.

afraid [ə'freid] *adj* **1**(*=frightened*) redd; (*NB attributivt må 'frightened' brukes, fx 'a frightened boy'*); ***be(=feel) afraid*** være redd;
2.: ***afraid for(=anxious about; uneasy about)*** engstelig for; bekymret for (*fx sby's safety*);
3.: ***afraid of*** redd for; ***I'm afraid of what might have happened to him*** jeg er redd for hva som kan ha hendt ham;
4.: ***afraid of (-ing)*** 1(*=afraid to*) redd for å (*fx I'm afraid of flying; I'm afraid to fly*); 2. *mht. ubehagelig eventualitet:* redd for at; redd for å; ***I'm afraid of making mistakes*** jeg er redd for å gjøre feil; (*NB i slike tilfeller er 'afraid to' ikke mulig*);
5. *beklagende:* ***I'm afraid he's had an accident*** jeg er redd han har vært utsatt for en ulykke; ***I'm afraid ...*** dessverre (*fx I'm afraid I must go now*);
6. *i beklagende svar:* ***I'm afraid not*** nei, dessverre; ***I'm afraid so*** ja, jeg er redd for det.
afresh [ə'freʃ] *adv:* på nytt; ***start afresh(=start all over again)*** begynne forfra (igjen).
Africa ['æfrikə] *s; geogr:* Afrika.
I. African ['æfrikən] *s:* afrikaner.
II. African *adj:* afrikansk.
aft [ɑ:ft] *adv; mar* **1**(*=abaft*) akter; akterut; akterlig; **2**(*=from astern*) akterinn (*fx sail with the wind aft*).
after ['ɑ:ftə] **1.** *prep:* etter; (*=à la*) à la; etter (*fx a painting after Rembrandt*); ***after that*** og så; deretter; ***after you!*** du (,De) først! ***the day after tomorrow*** i overimorgen; *fig:* ***be after*** være ute etter; ***she's always after me(=she's always picking on me)*** hun er alltid etter meg; ***after all*** når alt kommer til alt; likevel; tross alt; ***after all, he is your father*** han er nå engang (*el.* tross alt) din far;
2. *prep; ved klokkeslett* **US**(*= past*): ***two after three*** to over tre;
3. *adv(=afterwards)* etter; etterpå; senere; ***soon after*** kort (*el.* straks) etter;
4. *konj:* etter at; ***after he had left*** etter at han var dratt.
after-effect ['ɑ:ftəri'fekt] *s:* ettervirkning.
aftermath ['ɑ:ftə'mɑ:θ; 'ɑ:ftə'mæθ] *s; fig(=consequence)* ettervirkning; følger (*fx of war*).
I. afternoon ['ɑ:ftə'nu:n] *s:* ettermiddag; ***this afternoon*** i ettermiddag; ***in the afternoon*** om ettermiddagen; ***in the early (,late) afternoon*** tidlig (,sent) på ettermiddagen; ***at 4 o'clock on Saturday afternoon*** klokken fire lørdag ettermiddag.
II. afternoon ['ɑ:ftə'nu:n] *adj:* ettermiddags- (*fx tea*).
afters ['ɑ:ftəz] *s; pl* **T**(*=dessert; sweet*) dessert.
aftershave lotion etterbarberingsvann.
aftertaste ['ɑ:ftə'teist] *s:* ettersmak.
afterthought ['ɑ:ftə'θɔ:t] *s* **1.** ettertanke; **2.** *spøkef; om barn:* attpåsleng; attpåklatt.
afterwards ['ɑ:ftəwədz] *adv:* etterpå; senere; ***soon afterwards(=soon after)*** kort etter.
afterword ['ɑ:ftə'wə:d] *s:* etterord; etterskrift.
again [ə'ge(i)n] *adv:* igjen; om igjen; ***again and again*** igjen og igjen; gang på gang; ***now and again*** av og til; ***over again(=once more)*** en gang til; ***as much again*** dobbelt så mye; én gang til så mye; ***half as much again*** en halv gang til så mye; ***but then again he may be right*** men på den annen side kan det være at han har rett.
against [ə'ge(i)nst] *prep* **1.** mot;
2. inntil (*fx against the wall*);
3. ut for; overfor (*fx put a cross against his name*);
4. med henblikk på; ***provide against a rainy day*** spare med henblikk på vanskelige tider;
5.: ***as against*** sammenlignet med;
6.: ***come up against difficulties*** støte på vanskeligheter.
agate ['ægət] *s; min; smykkesten:* agat.
I. age [eidʒ] *s* **1.** alder; ***at the age of six*** i en alder av seks år *n;* ***at my age*** i min alder; ***he's my age*** han er på min alder; ***be your age!(=don't be so childish!)*** ikke vær så barnslig! ***people of all ages*** folk (*n*) i alle aldre;
2. tidsalder; tid; alder; ***it was the wonder of the age*** det var den tids under *n;* ***over the ages(=through the ages)*** (opp) gjennom tidene;
3: ***(old) age*** 1. alderdom; 2. elde;
4.: ***age of majority*** myndighetsalder; ***be (fully) of age*** være (full)myndig; ***come of age*** bli myndig; ***under age*** under aldersgrensen; for ung; umyndig;
5. T: ***it's ages since I saw him*** jeg har ikke sett ham på lange tider.
II. age *vb:* bli gammel; gjøre gammel; få til å se gammel (*el.* eldre) ut; ***he has aged a lot*** han har blitt mye eldre.
I. aged [eidʒd] *adj:* ***aged 9(=9 years old)*** 9 år (*n*) gammel.
II. aged ['eidʒid] *adj:* gammel; alderstegen (*fx man*).
I. ageing, aging ['eidʒiŋ] *s:* eldning; elding.
II. ageing, aging *adj:* aldrende; som får en til å virke gammel (*fx that dress is really ageing on her*).
ageless ['eidʒləs] *adj:* tidløs; upåvirket av tiden.
age limit aldersgrense.
agency ['eidʒənsi] *s* **1.** agentur *n;* representasjon;
2. organ *n* (*fx a UN agency*);
3. *i sms:* -kontor; -byrå; ***ticket agency*** privat billettkontor;
4. formidling; ***it was arranged through the agency of ...*** det ble arrangert gjennom ...;
5. *fig(=force)* kraft; ***there's some supernatural agency at work*** her går det ikke naturlig til.
agenda [ə'dʒendə] *s:* dagsorden; saksliste; møtekart; møteprogram; ***item on the agenda*** punkt (*n*) på dagsordenen.
agenda papers *pl; til møte:* saksdokumenter.
agent ['eidʒənt] *s* **1.** agent; representant; forhandler; ***they are the agents of this firm(=they are agents for this firm)*** de er agenter for dette firmaet; ***I'm not (entirely) a free agent*** jeg står ikke (helt) fritt;
2. *jur:* befullmektiget;
3. *i sms:* -middel *n* (*fx cleaning agent*);
4. *stivt(=origin; cause)* opphav *n;* den som er årsak (*of* til).
I. agglomerate [ə'glɔmərət] *s:* agglomerat *n.*
II. agglomerate *adj:* sammenhopet; sammenklumpet.
III. agglomerate [ə'glɔmə'reit] *vb:* hope seg sammen.
agglomeration [ə'glɔmə'reiʃən] *s:* sammenhopning.
aggravate ['ægrə'veit] *vb* **1**(*=worsen*) forverre (*fx the situation*); **2. T**(*=annoy; irritate*) ergre; irritere.
aggravating ['ægrə'veitiŋ] *adj* **1.** skjerpende; ***aggravating circumstances*** skjerpende omstendigheter;
2. T(*=irritating*) ergerlig; irriterende (*fx child*).
aggravatingly ['ægrə'veitiŋli] *adv:* ***he's aggravatingly smug*** han er utålelig selvtilfreds.
aggravation ['ægrə'veiʃən] *s* **1**(*=worsening*) forverring; **2. T**(*=annoyance*) ergrelse; irritasjon.
I. aggregate ['ægrigət] *s:* totalsum; samlet sum.
II. aggregate *adj:* samlet; sammenlagt.
aggregation ['ægrə'geiʃən] *s:* sammenhopning.
aggression [ə'greʃən] *s:* aggresjon.
aggressive [ə'gresiv] *adj:* aggressiv; stridbar; pågående; ***be aggressive to(wards)*** være aggressiv overfor.
aggressively [ə'gresivli] *adv:* aggressivt; **T:** ***he looks aggressively healthy*** han ser uforskammet sunn og frisk ut.
aggressiveness [ə'gresivnəs] *s:* aggressivitet; stridbarhet; pågåenhet.
aggressor [ə'gresə] *s:* angriper; angripende part.
aggrieved [ə'gri:vd] *adj; spøkef:* forurettet; ***he was (,felt) very aggrieved*** han var (,følte seg) meget forurettet.
aghast [ə'gɑ:st] *adj:* forferdet; fælen (*at* over).
agile ['ædʒail] *adj* **1**(*=nimble*) kvikk; rask; **2.** *fig(=quick; acute)* skarp; kvikk (*fx an agile mind*).
agility [ə'dʒiliti] *s:* raskhet; kvikkhet.
agitate ['ædʒi'teit] *vb* **1**(*=make uneasy*) gjøre urolig;

a

2. agitere (*for* for); 3. *stivt(=shake)* ryste.
agitated [ˌædʒi'teitid] *adj(=uneasy; excited)* urolig; nervøs; opphisset.
agitation ['ædʒiˌteiʃən] *s* 1*(=uneasiness)* sinnsbevegelse; uro; 2. agitasjon; 3. *stivt(=shaking)* rystelse.
agitator [ˌædʒi'teitə] *s:* agitator.
ago [əˌgou] *adv:* for … siden; ***long ago*** for lenge siden; ***how long ago was that?*** hvor lenge er det siden? ***as long ago as 1969*** så langt tilbake som i 1969.
agog [əˌgɔg] *adj:* ivrig (og opphisset); ***they were agog for news****(=they were agog to hear the news)* de var meget spente på å få høre nyheten(e).
agonize, agonise [ˌægə'naiz] *vb; glds* 1*(=suffer agony)* lide kval; pines;
2.: ***agonize over****(=struggle desperately with)* ***a problem*** kjempe fortvilet med et problem.
agonized [ˌægə'naizd] *adj:* forpint *(fx expression).*
agonizing [ˌægə'naiziŋ] *adj* 1. *om smerte(=excruciating)* intens;
2. *fig:* pinefull; ***agonizing scenes*** opprivende scener.
agony [ˌægəni] *s* 1. pine;
2.: ***an agony of suspense*** en uutholdelig spenning.
agrarian [əˌgrεəriən] *adj:* agrar-; landbruks-.
agree [əˌgri:] *vb* 1. bli (,være) enig(e) (*with* med; *about, on* om); ***I entirely agree*** jeg er helt enig; ***it was agreed that*** man ble enig om at; ***let's agree to differ*** la oss ha hver vår mening;
2. stemme overens (*with* med);
3: ***both copies agree*** 1*(=both copies are identical)* de to eksemplarene *(n)* er identiske; 2*(=the two copies correspond)* de to eksemplarene stemmer overens;
4.: ***agree to sth*** gå med på noe;
5.: ***agree with*** 1.: *se 1 & 2 ovf;* 2. *om mat, etc:* ***cheese doesn't agree with me*** jeg tåler ikke ost.
agreeable [əˌgri:əbl] *adj; stivt(=pleasant)* behagelig; hyggelig.
agreed [əˌgri:d] *adj* 1. enig *(fx are we agreed?);* ***be agreed on sth*** være enige om noe; ***they were agreed on doing it*** de var enige om å gjøre det; ***agreed!****(=I agree)* enig! 2. avtalt; ***it's all agreed now*** alt er avtalt nå; ***as agreed on****(=as arranged)* som avtalt; ***as previously agreed on*** som tidligere avtalt; ***unless otherwise agreed on*** hvis ikke noe annet er avtalt; ***at an agreed time*** til avtalt tidspunkt; ***at the time agreed on*** til avtalt tid.
agreement [əˌgri:mənt] *s* 1. enighet; ***we are all in agreement*** vi er alle enige; ***there is wide(spread) agreement that …*** det hersker bred enighet om at …; ***reach (an) agreement*** komme til enighet;
2. avtale; kontrakt; overenskomst; ***by mutual agreement****(=consent)* ved felles overenskomst; ***come to****(=reach)* ***an agreement*** få i stand en avtale;
3*(=correspondence)* samsvar; overensstemmelse.
agricultural ['ægriˌkʌltʃərəl] *adj:* landbruks-; ***agricultural college****(=college of agriculture)* landbruksskole; jordbruksskole.
agriculture [ˌægri'kʌltʃə] *s(=farming)* landbruk; jordbruk.
aground [əˌgraund] *adv; mar:* på grunn.
ah [ɑ:] *int* 1. ah; å(h);
2. *beklagende(=alas)* akk;
3. *triumferende(=I thought so!)* ah! tenkte jeg det ikke!
4. *når man leter etter ord(=er)* øh; æh.
aha [ɑ:ˌhɑ:] *int:* aha.
ahead [əˌhed] *adv* 1. foran; fremover; forut; i forveien *(fx he's gone on ahead);* ***further ahead****(=further on)* lenger fremme; ***in the years ahead*** i årene som ligger foran oss; ***go straight ahead*** gå (,kjøre) rett frem; *fig:* ***go ahead*** gå i gang; ***go ahead with*** gå i gang med; ***look ahead*** 1. se fremover; 2. *fig:* være forutseende; ***ahead of*** foran *(fx ahead of all the others);* ***he went on ahead of me*** han gikk før meg; ***ahead of time****(=ahead of schedule)* før tiden; før avtalt tid;
2*(=in advance)* i forveien; ***send (on) ahead*** sende i forveien; ***plan ahead*** planlegge på sikt.
I. aid [eid] *s* 1. hjelp; bistand; ***(development) aid, foreign aid*** bistand; u-hjelp; ***emergency aid*** nødhjelp; ***with the aid****(=help)* ***of*** ved hjelp av;
2. hjelpemiddel; ***hearing aid*** høreapparat; ***teaching aid*** læremiddel;
3.: ***in aid of*** til inntekt for.
II. aid *vb; stivt:* bistå; *jur:* ***aid and abet*** medvirke til (en) forbrytelse; være delaktig i (en) forbrytelse.
aide [eid] *s* 1. *mil: fk f aide-de-camp;* 2. *polit(=assistant)* medarbeider *(fx a senior party aide; a White House aide);* ***top-level aides*** medarbeidere på topplanet; ***his top aide*** hans nærmeste medarbeider.
aide-de-camp [ˌeiddəˌkæmp] *s; mil:* adjutant (ɔ: generals el. kongelig).
AIDS [eidz] *s (fk f acquired immune deficiency syndrome)* AIDS.
aileron [ˌeilərɔn] *s; flyv:* balanseror.
ailing *adj:* skrantende; sykelig; ***be ailing*** skrante.
ailment [ˌeilmənt] *s:* (mindre alvorlig) sykdom; lidelse *(fx a kidney ailment).*
I. aim [eim] *s* 1. sikte *n;* ***take aim*** (ta) sikte;
2. *fig:* mål *n;* hensikt; *for eksperiment, etc:* mål; formål; ***achieve one's aim****(=reach one's goal)* nå sitt mål.
II. aim *vb* 1. sikte (*at* på); rette inn (*at* mot); *fig:* ***aimed at*** myntet på;
2.: ***aim at (-ing), aim to*** ha til hensikt å;
3.: ***aim for*** ta sikte på *(fx a good job).*
aimless [ˌeimləs] *adj:* ørkesløs; formålsløs.
aimlessly [ˌeimləsli] *adv:* uten mål *(n)* og med.
I. air [εə] *s* 1. luft; ***free as air*** fri som fuglen; ***change of air*** luftforandring; *fig:* ***castles in the air*** luftslott; *fig:* ***that's all in the air*** det er helt i det blå; ***is there sth in the air?*** er det noe på gang? *fig:* ***clear the air*** rense luften; ***go by air*** reise med fly *n;* fly; ***disappear into thin air*** forsvinne som dugg for solen; ***out of thin air*** ut av luften; av ingenting; ***he appeared out of thin air*** han dukket opp som lyn *(n)* fra klar himmel; ***be walking on air*** befinne seg oppe i skyene;
2. luftning; bris *(fx a light air);*
3. *stivt(=appearance):* ***the house had an air of neglect*** huset bar preg *(n)* av å være forsømt;
4. mine; ***an air of mystery*** en hemmelighetsfull mine; ***give oneself airs****(=put on airs)* gjøre seg til;
5. *radio:* ***go off the air*** avslutte sendingen; ***go on the air*** begynne sendingen; **T:** gå på lufta.
II. air *vb; også fig:* lufte; ***air a room*** lufte ut i et rom.
air ambulance 1. luftambulanse; 2. ambulansefly.
air baggage *flyv:* flybagasje.
air bed *(,US: air mattress)* luftmadrass.
airborne [ˌεə'bɔ:n] *adj* 1. *mil(fk a/b)* flybåren;
2. *om fly:* ***be airborne*** være i luften; *om skihopper:* være i svevet.
airborne traffic flytrafikk.
airbridge *mil:* luftbru; *(jvf airlift).*
airbrush [ˌεə'brʌʃ] *s:* sprøytepistol (for maling).
Air Chief Marshal *(fk ACM) flyv* **UK:** general.
air conditioning klimaanlegg; air conditioning.
air-cooled [ˌεə'ku:ld] *adj; mask:* luftkjølt.
aircraft [ˌεə'krɑ:ft] *s(pl: aircraft)* fly *n.*
aircraftman [ˌεə'krɑ:ftmən] *s; mil(,US: airman basic)* menig flysoldat.
air crash *(=plane crash)* flystyrt; flyulykke.
aircrew [ˌεə'kru:] *s(=flight crew)* flybesetning.
I. airdrop [ˌεə'drɔp] *s:* flyslipp *n.*
II. airdrop *vb:* slippe ned fra fly *n (fx supplies).*
airfield [ˌεə'fi:ld] *s; flyv:* flyplass.
airfoil [ˌεə'fɔil] *s; flyv* **US***(=aerofoil)* bæreflate.
air force *mil; flyv:* flyvåpen.
airfreight [ˌεə'freit] *s:* flyfrakt; flysending; ***by airfreight*** som luftfraktgods.
air gun 1. luftgevær; 2.: *se airbrush.*
air hole 1. lufthull; 2. *flyv* **T***(=air pocket)* luftlomme;

3(=hole (in the ice)) råk (i isen).
air hostess *flyv; hist el.* **T:** *se flight attendant.*
air house boblehall.
airily [ˌɛərili] *adv(=lightly; nonchalantly)* lett henkastet; nonchalant.
airiness [ˌɛərinəs] **1.** luftighet; god utlufting (*el.* ventilasjon); **2**(=*unconcern)* ubekymrethet; sorgløshet.
airing [ˌɛəriŋ] *s* **1.** (ut)lufting; ***give the blankets an airing*** lufte ullteppene; **2**(=*short walk)* luftetur; **3.** *fig:* ***he gave his views an airing*** han luftet synspunktene sine.
air letter *(=aerogram)* aerogram *n.*
I. airlift [ˌɛə'lift] *s:* luftbru; transport luftveien.
II. airlift *vb:* transportere luftveien.
airline [ˌɛə'lain] *s* **1.** flyselskap *n;* ***which airline are you travelling by?*** hvilket flyselskap reiser du med? **2**(=*air route)* luftrute.
airline pilot trafikkflyver.
airliner [ˌɛə'lainə] *s:* passasjerfly; rutefly.
airline ticket *(=air ticket)* flybillett.
airmail [ˌɛə'meil] *s:* luftpost; ***by airmail*** med luftpost.
airman [ˌɛəmən] *s; mil* **1.**: ***he's an airman*** han er i flyvåpenet; han er flyver; **2. US:** ***airman basic***(=*aircraftman)* menig flysoldat.
air marshal *(,***US:** *lieutenant-general (fk LTG)) flyv:* generalløytnant.
air mattress US *(=air bed)* luftmadrass.
air-minded [ˌɛə'maindid] *adj* **1.** flyinteressert; **2.** flyminded; som foretrekker fly *(n)* som transportmiddel.
air-mindedness [ˌɛə'maindidnəs] *s* **1.** flyinteresse; **2.** det å være flyminded.
air passage *anat(=airway)* luftvei.
airplane [ˌɛə'plein] *s* **US**(=*aeroplane)* fly *n.*
air pocket *flyv(,***T:** *air hole)* luftlomme.
air pollution luftforurensning.
airport [ˌɛə'pɔ:t] *s; flyv:* lufthavn.
airport bus *(=airbus;* **US** *som befordrer passasjerene gratis, også: courtesy airport bus)* flybuss.
airport landing charge *flyv(=airport service charge)* landingsavgift; lufthavnavgift.
air pressure lufttrykk.
air raid *mil:* flyangrep; luftangrep.
air-raid shelter *mil:* tilfluktsrom.
air-renewal plant luftfornyingsanlegg.
air rifle luftgevær.
air route *flyv(=airway)* flyrute; luftlinje.
airscrew [ˌɛə'skru:] *s(=aircraft propeller)* propell.
air-sea rescue flyredning.
air-sea rescue service flyredningstjeneste.
air service *om befordringstjeneste:* flyrute; ***operate an air service*** drive en flyrute.
airsick [ˌɛə'sik] *adj; med.:* luftsyk.
air sickness *med.:* luftsyke.
airspace [ˌɛə'speis] *s; nasjons:* luftrom.
air space 1. luftrom; **2.** luftmellomrom; hulrom (mellom to lag *n*); luftspalte; *(jvf airspace).*
air spray *(=aerosol)* aerosol.
airstrip [ˌɛə'strip] *s; flyv:* flystripe.
air taxi *flyv:* taxifly.
air terminal *flyv:* flyterminal.
air ticket *(=airline ticket)* flybillett.
airtight [ˌɛə'tait] *adj* **1.** lufttett; **2.** *fig:* vanntett.
airtime [ˌɛə'taim] *s; radio & TV* **1.** (tilmålt) sendetid; **2.** *tidspunkt:* sendetid; *(jvf viewing time).*
air tool trykkluftverktøy.
air traffic control *(fk ATC) flyv; i lufthavn:* flyledelse; fly(ge)kontrolltjeneste.
air trap *rørl:* vannlås; *(jvf water seal).*
air vent *(=air ventilation)* luftventilasjon.
air vice marshal *(fk AVM) mil* **UK:** generalmajor.
airway [ˌɛə'wei] *s* **1**(=*air route)* flyrute; luftvei; **2.** *anat(=air passage; respiratory passage)* luftvei.
airworthy [ˌɛə'wə:ði] *adj; flyv:* flydyktig.
airy [ˌɛəri] *adj* **1.** luftig; **2.** luft-; lik luft; lett som luft; luftig; **3.** uhåndgripelig; uvirkelig *(fx airy spirits);* **4.** *fig:* flyktig; luftig *(fx plan);* **5**(=*nonchalant)* nonchalant *(fx have an airy manner).*
airy-fairy [ˌɛəriˌfɛəri; *attributivt:* ˌɛəri'fɛəri] *adj* **T**(=*fanciful; unrealistic)* fantasifull; urealistisk.
aisle [ail] *s* **1.** *i kirke:* sideskip; midtgang; ***walk up the aisle*** gå oppover kirkegulvet; **2.** *i kino, etc(=gangway)* midtgang; ***on the aisle*** ved midtgangen.
aitch [eitʃ] *s:* bokstaven h; ***drop one's aitches*** unnlate å uttale h i begynnelsen av ord *n.*
aitchbone [ˌeitʃ'boun] *s; av okse:* halestykke.
ajar [əˌdʒɑ:] *adv:* på klem; på gløtt.
akimbo [əˌkimbou] *adv:* ***with arms akimbo*** med hendene i siden.
akin [əˌkin] *adj; fig; stivt:* ***akin to***(=*related to)* beslektet med.
à la [ˌɑ:'lɑ:; ˌælə] *prep:* à la.
alacrity [əˌlækriti] *s; stivt; spøkef:* beredvillighet; ***he obeyed with alacrity***(=*he was quick to obey)* han adlød beredvillig; han var snar til å adlyde.
I. alarm [əˌlɑ:m] *s* **1.** alarm; alarmapparat; ***call alarm*** trygghetsalarm; ***fire alarm*** brannalarm; ***if the alarm goes, dress in preparation for leaving the ship*** hvis alarmen lyder, kle på deg med tanke på å forlate skipet;
2(=*alarm clock)* vekkerklokke; ***the alarm didn't go off*** vekkerklokken ringte ikke; ***set the alarm for 7*** stille klokken på sju;
3. engstelse; uro; ***give***(=*sound; raise)* ***the alarm*** slå alarm; ***there is no cause for alarm***(=*there is no need for anxiety)* det er ingen grunn til engstelse.
II. alarm *vb(=frighten; startle)* skremme (opp).
alarm button *(=panic button)* alarmknapp.
alarm clock vekkerklokke; vekkerur; *(se I. alarm 2).*
alarmed [əˌlɑ:md] *adj:* (opp)skremt.
alarming [əˌlɑ:miŋ] *adj:* alarmerende; urovekkende; foruroligende; ***alarming news***(=*startling news)* alarmerende nyheter; ***to an alarming degree*** i foruroligende grad.
alarmist [əˌlɑ:mist] *s:* ulykkesprofet; svartseer.
alarm signal alarmsignal; ***in case of danger, the alarm signal will be heard over the ship's radio*** i tilfelle av fare høres alarmsignalet over skipets radio; *(se I. alarm 1).*
alas [əˌlæs] *int:* akk; akk og ve.
Alaska [əˌlæskə] *s; geogr:* Alaska.
alb [ælb] *s; kat.:* messeserk; messeskjorte.
Albania [ælˌbeiniə] *s; geogr:* Albania.
I. Albanian [ælˌbeiniən] *s:* **1.** albaner; **2.** *språk:* albansk.
II. Albanian *adj:* albansk.
album [ˌælbəm] *s:* album *n.*
albumen [ˌælbjumin] *s(=white of an egg)* eggehvite.
albumin [ˌælbjumin] *s:* albumin *n;* eggehvitestoff.
alchemy [ˌælkimi] *s:* alkymi.
alcohol [ˌælkəhɔl] *s:* alkohol; sprit.
alcohol abuse *(=abuse of alcohol)* alkoholmisbruk.
I. alcoholic ['ælkəˌhɔlik] *s:* alkoholiker.
II. alcoholic *adj:* alkoholisk; alkoholholdig; alkohol-.
alcoholism [ˌælkəhɔ'lizəm] *s:* alkoholisme.
alcove [ˌælkouv] *s:* alkove; ***dining alcove*** spisekrok.
alder [ˌɔ:ldə] *s; bot:* or.
alderman [ˌɔ:ldəmən] *s* **1.** *hist:* formannskapsmedlem; **2. US** *& Canada:* kommunestyremedlem.
ale [eil] *s(=beer)* øl *n.*
I. alert [əˌlə:t] *s(=alarm)* alarm; *(se I. alarm 1).*
II. alert *vb* **1.** alarmere; varsle *(fx the police);* ***alert sby to sth*** 1(=*warn sby of sth)* varsle en om noe; 2. gjøre en oppmerksom på noe; **2.** *mil:* sette i beredskap.
III. alert *adj:* våken; kvikk; ***alert to*** årvåken overfor; oppmerksom på; ***alert to the problems*** (i høy grad) oppmerksom på problemene *n.*

A-level [ˌei'levl] *s; skolev(fk f advanced level)* allmennfaglig studieretningsfag; ***take one's A-levels****(=sit for A-levels;* **US:** *graduate at school)* ta allmennfaglig studieretning.
A-level course kurs som fører frem til eksamen ved allmennfaglig studieretning.
alfresco ['ælˌfreskou] *adj & adv; stivt(=open-air)* i det fri.
alga [ˌælgə] *s; bot(pl: algae* [ˌælgei; ˌældʒi:]*)* alge.
algebra [ˌældʒibrə] *s:* aritmetikk; algebra.
Algeria [ælˌdʒiəriə] *s; geogr:* Algerie.
I. Algerian [ælˌdʒiəriən] *s:* algirer.
II. Algerian *adj:* algirsk.
Algiers [ælˌdʒiəz] *s; geogr:* Alger.
alias [ˌeiliəs] **1.** *s(=cover name)* alias *n;* dekknavn;
2. *adv:* alias *(fx John Smith, alias Peter Jones).*
alibi [ˌælibai] *s* **1.** alibi *n;* ***watertight alibi*** vanntett alibi;
2. T*(=excuse)* unnskyldning.
I. alien [ˌeiliən] *s* **1.** *jur & offisielt:* utlending; utenlandsk statsborger; ***resident (,non-resident) alien*** utlending med fast (,midlertidig) opphold *(n)* i landet;
2. *fra fremmed miljø:* fremmed; romvesen.
II. alien *adj* **1.** utenlandsk; fremmed *(fx custom);*
2.: ***alien to****(=not in keeping with)* i strid med; fremmed for; ***treachery was alien to his nature****(=treachery was not in his nature)* forræderi *(n)* var ham fremmed.
alienable [ˌeiljənəbl] *adj; jur:* avhendelig.
alienate [ˌeiljə'neit] *vb(=estrange)* støte fra seg; ***feel alienated from society*** føle at man ikke hører til i samfunnet.
alienation ['eiljəˌneiʃən] *s:* det å støte fra seg; fremmedgjørelse; det å føle seg fremmed.
Aliens Division of the Home Office: ***the Aliens Division of the Home Office*** *svarer til:* Utlendingsdirektoratet; UDI; *(jvf immigration department (of the police)).*
aliens registration form fremmedkontrollskjema.
aliens registration office *ved politiet:* fremmedkontor.
alien substance *(=foreign body)* fremmedlegeme.
I. alight [əˌlait] *vb; meget stivt(=get down)* stige ned; stige ut *(from* av, fra).
II. alight *adj & adv:* ***set sth alight****(=set fire to sth)* sette fyr på noe.
align [əˌlain] *vb; tekn:* rette inn; regulere; justere.
alignment [əˌlainmənt] *s* **1.** *tekn:* oppretting; justering;
2. *polit:* gruppering.
alike [əˌlaik] **1.** *adj:* ens; lik; ***they are very much alike*** de er meget like; ***they look alike to me*** for meg ser de like ut;
2. *adv* 1. på samme måte *(fx treat them all alike);* 2.: ***summer and winter alike*** sommer som vinter; 3.: ***share and share alike*** dele likt; dele broderlig.
alimentary ['æliˌmentəri] *adj:* fordøyelses- *(fx canal).*
alimony [ˌæliməni] *s; jur(=maintenance)* underholdsbidrag; *(se maintenance 2).*
alive [əˌlaiv] *adj* **1.** i live; leve; ***be alive*** være i live; leve; ***be burnt alive*** bli brent levende; **T:** ***alive and kicking*** i beste velgående;
2. *fig:* levende; full av liv *n;*
3. *etter superl:* ***I'm the happiest man alive*** jeg er den lykkeligste mann på denne jord;
4. *elekt:* strømførende *(fx wire); (jvf II. live 2);*
5.: ***alive to****(=aware of)* oppmerksom på;
6.: ***be alive with*** vrimle av;
7.: ***come alive****(=come to life)* 1. våkne til liv *n;* 2. *fig:* bli levende; få liv *(fx only then did the play come alive).*
I. all [ɔ:l] *s; med foranstilt 'my', 'his', etc; stivt:* ***give your all****(=give everything you've got)* gi alt du har; gi hele deg; ***you are my all****(=you mean everything to me)* du betyr alt for meg.
II. all 1. *pron & adj:* all; alt; alle; hele; alt sammen; ***beyond all doubt*** hevet over enhver tvil; ***all he said was …*** alt han sa var …; ***all of it*** alt sammen; det hele; ***all of you (,us)*** alle (sammen); ***all of two million dollars*** hele to millioner dollar;
2. *adv:* helt; ***it's all wrong*** det er helt galt; ***all too*** altfor; ***all too fast*** altfor fort;
3.: ***all along****(=all the time)* hele tiden;
4. *sport:* ***the score at half time was four all*** stillingen etter første omgang var 4-4;
5.: ***above all*** fremfor alt;
6.: ***after all*** når alt kommer til alt; likevel;
7. *etteranstilt; nordengelsk:* ***and all*** også; ***and you can take that smile off your face and all!*** og stå ikke der og flir heller!
8.: ***and all that*** og så videre *(fx coffee, tea, and all that will be served in the garden);* ***she was sweet and pretty and all that, but …*** hun var nok både søt og pen, men …;
9. T: ***he isn't all that good either*** så god er han nå heller ikke;
10.: ***at all*** i det hele tatt; ***if I know him (at all)*** hvis jeg kjenner ham rett; ***not at all*** 1. slett ikke; 2*(=don't mention it)* ingen årsak! ikke noe å takke for! ***I'm not at all sure*** jeg er slett ikke sikker; ***nothing at all*** slett ingenting; ikke noe i det hele tatt;
11.: ***all at once*** 1*(=all at the same time)* alle på én gang; 2*(=suddenly)* plutselig;
12.: ***all but****(=almost)* nesten *(fx I'm all but certain of it);*
13.: ***I'm all for doing it*** jeg er helt stemt for at vi skal gjøre det;
14.: ***for all anyone knows*** for alt hva man vet; ***for all that****(=in spite of that)* tross alt;
15.: ***in all****(=altogether)* i alt; ***all in all*** alt i alt;
16. T: ***all in*** 1. *etteranstilt(=exhausted)* utkjørt; utmattet; **T:** helt ferdig; 2. alt iberegnet *(fx is that the price all in?);*
17.: ***one and all*** alle som en;
18.: ***it's all one*** det kommer ut på ett;
19.: ***all over*** 1*(=over)* over *(fx the excitement);* 2. over det hele *(fx dirty all over);* 3. over hele *(fx all over Norway);* 4*(=everywhere)* overalt *(fx look all over for sby);* 5*(=typical of)* typisk for;
20.: ***all over with****(=finished with)*: ***that problem's all over with now*** vi er ferdige med det problemet nå;
21.: ***all the*** (så meget) desto *(fx all the better);*
22. T: ***all there*** våken; kvikk i oppfattelsen; ***not all there*** ikke riktig klok;
23.: ***that's all there is to it*** 1. det er det hele; verre er det ikke; 2. og så snakker vi ikke mer om den saken.
I. all-American ['ɔ:ləˌmerikən] *s* **US***(=a typical American)* typisk amerikansk person.
II. all-American *adj* **1. US***(=typically American)* typisk amerikansk; **2.** med bare amerikanske medlemmer *n (fx club);* **3.** *sport:* ***an all-American team*** et amerikansk landslag.
allay [əˌlei] *vb* **1.** *meget stivt & litt.; om frykt, etc(=reduce)* dempe; **2.** *stivt(=ease)* døyve *(fx the pain).*
allegation ['æliˌgeiʃən] *s:* påstand; beskyldning; ***make an allegation****(=accusation)* fremsette *(el.* komme med) en beskyldning; ***allegations of*** påstander om *(fx child abuse).*
allege [əˌledʒ] *vb* **1.** *stivt(=maintain)* påstå; hevde;
2. *stivt(=claim)* anføre; hevde; fremsette påstand om;
3. *stivt(=plead)* påberope seg; *(se alleged).*
alleged [əˌledʒd] *adj:* påstått; angivelig.
allegedly [əˌledʒidli] *adv(=supposedly)* angivelig.
allegiance [əˌli:dʒəns] *s:* troskap *(to* mot).
allegorical, allegoric ['æliˌgɔrik(l)] *adj:* allegorisk.
allegory [ˌæligəri] *s:* allegori.
All-England team: ***the All-England team*** det engelske landslaget.
allergic [əˌlə:dʒik] *adj:* allergisk *(to* overfor).
allergy [ˌælədʒi] *s; med.:* allergi.
alleviate [əˌli:vi'eit] *vb; meget stivt(=ease; relieve)* lindre; dulme; døyve *(fx the pain).*

alleviation [ə'li:vi͵eiʃən] *s; stivt(=relief)* lindring; lettelse.
alley [͵æli] *s* **1.** bakgate; smug; *også fig:* ***blind alley*** blindgate; *(se cul-de-sac);*
2.: ***(skittle) alley*** kjeglebane.
alleyway [͵æli'wei] *s* **1.** trang passasje;
2*(=alley)* bakgate; smug.
All Fools' Day *(=April Fools' Day)* 1. april.
Allhallows ['ɔ:l͵hælouz] *s:* allehelgensdag (1. november).
alliance [ə͵laiəns] *s* **1.** *polit:* allianse (*with* med);
2. *fig:* allianse; giftermål; forbindelse.
I. allied [ə͵laid] *adj(=related)* beslektet; ***allied to*** beslektet med *(fx English is allied to German).*
II. allied [͵ælaid] *adj:* alliert *(fx the allied forces).*
alligator [͵æli'geitə] *s; zo:* alligator.
all-important ['ɔ:lim͵pɔ:tənt; *attributivt:* ͵ɔ:lim'pɔ:tənt] *adj:* av største viktighet.
all in ['ɔ:l͵in; *attributivt:* ͵ɔ:l'in] **1.** *adj; etteranstilt* **T***(=exhausted)* utkjørt; **T:** helt ferdig;
2. *adj & adv(som attributivt adj: all-in)* alt iberegnet.
alliteration [ə'litə͵reiʃən] *s:* alliterasjon; bokstavrim.
all-night ['ɔ:l͵nait] *adj* **1.** som varer hele natten;
2. som er åpen hele natten *(fx an all-night café).*
allocate [͵ælə'keit] *vb:* ***allocate to*** **1***(=assign to)* tildele; sette til side til (et bestemt formål);
2*(=set aside for)* sette av; avsette *(fx £500 to a project).*
allocation ['ælə͵keiʃən] *s* **1.** tildeling; ***allocation of money*** pengetildeling;
2. *merk:* allokering; disponering; bevilgning; avsetning; *(jvf provision 5);*
3. *stivt(=quota)* kvote; det en får seg tildelt;
4.: ***allocation by sex quota(s)*** kjønnskvotering.
allot [ə͵lɔt] *vb* **1.** *stivt(=give)* tildele; **2***(=set aside)* avsette; sette av *(fx money);* **3.** *merk(=allocate)* avsette *(fx £500 to a project).*
allotment [ə͵lɔtmənt] *s* **1***(=allocation)* tildeling;
2. UK: parsell(hage); kolonihage.
all-out [͵ɔ:l͵aut; *attributivt:* ͵ɔ:l'aut] *adj:* ***make an all-out effort*** ta et skippertak.
allow [ə͵lau] *vb* **1.** tillate; la;
2*(=set aside)* sette av *(fx an hour to do the job);*
3*(=give)* la få; gi *(fx sby credit);*
4.: ***allow (to enter), allow in*** la komme inn; slippe inn;
5. *om tidsfrist(=give)* gi *(fx they allowed him till Monday);*
6. *på pris:* trekke fra *(fx 5% for cash payment);*
7. *stivt(=admit)* innrømme;
8. *om krav(=admit)* godkjenne;
9.: ***allow for*** regne med; ***allowing for*** 1. når man tar hensyn til; når man regner med; 2. når man trekker fra;
10.: ***allow of****(=admit of)* tillate; ***the situation allows of no delay*** situasjonen tåler ikke utsettelse.
allowable [ə͵lauəbl] *adj(=permissible)* tillatelig; tillatt.
allowance [ə͵lauəns] *s* **1.** tildeling; kvote; ***duty and tax-free allowance(s)*** det som tillates innført toll- og avgiftsfritt; ***weekly allowance*** ukepenger;
2*(=discount)* rabatt;
3. godtgjørelse; underhold; ***allowance for board(,*** **US:** *per diem)* kostgodtgjørelse; ***travel and meals allowance*** reise- og kostgodtgjørelse; ***a good spending allowance****(=adequate pocket money)* gode lommepenger;
4. *tekn:* monn;
5.: ***make allowance for****(=take into consideration)* ta i betraktning; ta hensyn til; ***make allowances for sby*** ikke dømme en så strengt; unnskylde en.
I. alloy [͵ælɔi] *s:* legering.
II. alloy [ə͵lɔi] *vb:* legere.
all right [ɔ:l͵rait] **1.** *adj:* i orden; all right; ***it's quite all right*** det er helt i orden; ***it'll be all right*** det skal nok ordne seg; *i forretning, etc* **T:** ***are you all right?****(=are you being served?* **T:** *are you OK?)* får du? blir du ekspedert? ***he's all right*** han er helt i orden; *mht. helsen:* det feiler ham ingenting; ***it's all right with me*** gjerne for meg;
2. *adv:* bra; godt; ***he's doing all right*** han klarer seg fint; ***the car goes all right*** bilen går bra;
3. *adv:* ***he'll come tomorrow all right*** han kommer nok i morgen;
4. *int:* all right; ***all right, I'll do it then*** all right, jeg får gjøre det, da.
I. all-round [͵ɔ:l'raund] *adj* **1.** allsidig; **2.** generell.
II. all round ['ɔ:l͵raund] *adv:* overalt; over det hele.
all-roundness ['ɔ:l͵raundnəs] *s:* allsidighet.
All Saints' Day *s:* allehelgensdag (1. november).
allspice [͵ɔ:l'spais] *s; krydder:* allehånde.
all-time [͵ɔ:l'taim] *adj* **T:** enestående; alle tiders *(fx an all-time record);* ***an all-time low*** en bunnrekord.
allude [ə͵lu:d] *vb:* ***allude to*** hentyde til.
alluring [ə͵luəriŋ] *adj:* forlokkende; besnærende.
allusion [ə͵lu:ʒən] *s:* hentydning (*to* til).
all-wool ['ɔ:l͵wul; *attributivt:* ͵ɔ:l'wul] *adj:* helull-; helulls-.
I. ally [͵ælai] *s:* forbundsfelle; alliert.
II. ally [ə͵lai] *vb:* ***ally oneself with*** alliere seg med.
almanac [͵ɔ:lmə'næk] *s:* almanakk.
almighty [ɔ:l͵maiti] *adj:* allmektig *(fx God).*
almond [͵ɑ:mənd] *s:* mandel.
almond cream *(=almond mousse)* mandelfromasj.
almond paste mandelmasse; råmarsipan.
almost [͵ɔ:lmoust] *adv:* nesten.
alms [ɑ:mz] *s; sing & pl:* almisse.
alone [ə͵loun] **1.** *adj & adv:* alene; ***leave well alone*** det er bra nok som det er; la det være med det;
2. *adv:* bare; alene; ***in Oslo alone****(=only in Oslo)* i Oslo alene.
along [ə͵lɔŋ] **1.** *prep:* langs; langs med;
2. *adv:* av sted; ***come along*** bli med; ***bring (,take) along (with one)*** ta med seg; ***move along please!*** fortsett videre! ***all along*** hele tiden.
alongshore [ə'lɔŋ͵ʃɔ:] *adv; etteranstilt* **1***(=along the shore)* langs kysten;
2*(=close to the shore)* nær kysten.
alongside [ə'lɔŋ͵said; ə͵lɔŋ'said] *adv; prep:* langs med; langs siden av; ***come(=go) alongside (the jetty)****(=go(=put) in to the jetty)* legge til (ved bryggen).
aloof [ə͵lu:f] *adj(=reserved)* reservert.
aloud [ə͵laud] *adv:* høyt; ***read aloud*** lese høyt; ***think aloud****(=think out loud)* tenke høyt.
alphabet [͵ælfə'bet] *s:* alfabet *n.*
alphabetic(al) ['ælfə͵betik(l)] *adj:* alfabetisk.
alphabetically ['ælfə͵betikəli] *adv:* alfabetisk.
alphabetize, alphabetise [͵ælfə'betaiz] *vb:* alfabetisere.
alpine [͵ælpain] *adj:* alpe-; alpin.
Alps [ælps] *s; pl; geogr:* ***the Alps*** Alpene.
already [ɔ:l͵redi] *adv:* allerede.
Alsace [æl͵sæs] *s; geogr:* Elsass.
I. Alsatian [æl͵seiʃən] *s:* elsasser; ***Alsatian (dog)*** schæferhund.
II. Alsatian *adj:* elsassisk.
also [͵ɔ:lsou] *adv:* også.
altar [͵ɔ:ltə] *s:* alter *n.*
altar wine *(=communion wine)* altervin.
alter [͵ɔ:ltə] *vb:* endre; foreta endringer ved; sy om; ***that alters the case*** det forandrer saken.
alteration ['ɔ:ltə͵reiʃən] *s:* endring; omsying.
altercation ['ɔ:ltə͵keiʃən] *s; stivt el. spøkef:* krangel; krangling; ***a noisy altercation*** høymælt krangling.
I. alternate [͵ɔ:ltə'neit] *vb:* (la) veksle; skifte på.
II. alternate [ɔ:l͵tə:nit] *adj* **1.** vekslende; avvekslende;
2. annenhver; ***free (on) alternate Saturdays*** fri annenhver lørdag.
alternately [ɔ:l͵tə:nitli] *adv:* skiftevis; avvekslende.
alternating current *elekt(fk AC)* vekselstrøm.
alternation ['ɔ:ltə͵neiʃən] *s:* veksling; skifte *n.*

I. alternative [ɔ:lˌtə:nətiv] *s:* alternativ *n;* valg *n;* ***a suitable (= good; useful) alternative*** et brukbart alternativ; ***I see no alternative*** jeg ser ingen annen utvei.
II. alternative *adj:* alternativ *(fx plan).*
alternatively [ɔ:lˌtə:nətivli] *adv:* alternativt.
alternator [ˌɔ:ltəˈneitə] *s:* vekselstrømsdynamo.
although [ɔ:lˌðou] *konj:* skjønt; selv om; ***although I got a bit irritated at first*** selv om jeg ble litt irritert med det samme; *(se IV. even 7: even if & 8: (even) though).*
altimeter [ælˌtimitə; ˌæltiˈmi:tə] *s:* høydemåler.
altitude [ˌæltiˈtju:d] *s:* høyde (over havet).
alto [ˌæltou] *s; mus:* alt; altsanger.
altogether [ˈɔ:ltəˌgeðə] *adv* **1***(=in all)* alt i alt; **2***(=on the whole)* i det hele tatt; **3***(=completely)* helt; ***I don't altogether agree with him*** jeg er ikke helt enig med ham.
aluminium [ˈæljuˌminiəm] *s:* aluminium.
always [ˌɔ:lweiz; ˌɔ:lwiz] *adv* **1.** alltid; ***nearly always*** nesten alltid; **2.** hele tiden; **3.** *med can/could:* bare; ***if you don't like it, you can always go home*** hvis du ikke liker det, kan du bare gå hjem.
am [æm; *trykksvakt:* (ə)m] *1. pers sing pres av 'to be': **I am**(=I'm)* jeg er.
a.m., am*(,* **US** *også:* ***A.M., AM****)* [ˌei ˌem] *fk f ante meridiem:* om formiddagen *(fx at 10am).*
amalgamation [əˈmælgəˌmeiʃən] *s* **1.** *kjem:* amalgamering; **2.** *merk(=merger)* sammenslutning; fusjon.
amass [əˌmæs] *vb:* samle sammen.
amateur [ˌæmətə; ˌæmətʃə] *s:* amatør.
amateurish [ˌæmətəriʃ; ˌæmətʃəriʃ] *adj:* amatørmessig.
amateurism [ˌæmətərizəm] *s; sport:* amatørstatus.
amateur status rules *sport; pl:* amatørregler.
amaze [əˌmeiz] *vb:* forbløffe.
amazement [əˌmeizmənt] *s:* forbløffelse.
ambassador [æmˌbæsədə] *s:* ambassadør *(to* i).
amber [ˌæmbə] *s* **1.** rav *n;* **2.** *trafikklys:* gult.
ambience [ˌæmbiəns] *s; stivt(=atmosphere)* stemning; atmosfære *(fx the ambience of French cafés).*
ambiguity [ˈæmbiˌgju:iti] *s:* tvetydighet.
ambiguous [æmˌbigjuəs] *adj:* tvetydig; flertydig; uklar.
ambition [æmˌbiʃən] *s:* ambisjon; ærgjerrighet; mål *n.*
ambitious [æmˌbiʃəs] *adj; også om prosjekt:* ærgjerrig.
ambivalence [æmˌbivələns] *s:* ambivalens.
amble [æmbl] *vb* **1.** gå i passgang; **2.:** ***amble along*** rusle av sted.
ambulance [ˌæmbjuləns] *s:* ambulanse; sykebil.
ambulate [ˌæmbjuˈleit] *vb:* ambulere.
I. ambush [ˌæmbuʃ] *s:* bakhold(sangrep) *n;* ***fall into an ambush*** falle i bakhold; ***stage an ambush*** legge seg i bakhold.
II. ambush *vb:* legge seg i bakhold *n;* ligge i bakhold.
ameliorate [əˌmi:ljəˈreit] *vb; stivt(=improve)* forbedre.
amen [ˈeiˌmen; ˈɑ:ˌmen] *int:* amen *n.*
amenability [əˈmi:nəˌbiliti] *s; stivt:* medgjørlighet.
amenable [əˌmi:nəbl] *adj* **1.** *stivt:* medgjørlig;
2.: ***amenable to****(=open to)* åpen *(el.* mottagelig) for.
amend [əˌmend] *vb:* endre; forandre på *(fx a text).*
amendment [əˌmendmənt] *s:* rettelse; endring.
amends [əˌmendz] *s:* ***make amends*** gjøre det godt igjen.
amenity [əˌmi:niti] *s; stivt(=facility)* fasilitet.
America [əˌmerikə] *s; geogr:* Amerika *n.*
I. American [əˌmerikən] *s:* amerikaner.
II. American *adj:* amerikansk.
amiability [ˈeimiəˌbiliti] *s:* elskverdighet; vennlighet.
amiable [ˌeimiəbl] *adj(=friendly; pleasant)* elskverdig; vennlig; godlynt *(fx John's a very amiable young man).*
amicable [ˌæmikəbl] *adj; stivt(=friendly)* vennlig.
amicable settlement minnelig ordning.
amid, amidst [əˌmid(st)] *prep; ofte litt.(=in the middle of; among; in)* blant; midt iblant; i.
amidships [əˌmidʃips] *adj & adv; mar:* midtskips.
amiss [əˌmis] **1.** *adj; litt.(=wrong)* i veien; **2.** *adv:* ***take sth amiss****(=take offence at sth)* ta noe ille opp.
amity [ˌæmiti] *s; meget stivt(=friendship)* vennskap *n.*
ammeter [ˌæmitə] *s; elekt:* ampèremeter *n.*
ammonia [əˌmouniə] *s; kjem:* ammoniakk.
ammunition [ˈæmjuˌniʃən] *s:* ammunisjon.
I. amnesty [ˌæmnisti] *s:* amnesti *n.*
II. amnesty *vb:* gi amnesti *n.*
amoeba *(,***US:** *ameba)* [əˌmi:bə] *s(pl: amoebae* [əˌmi:bi:]*) zo:* amøbe.
among(st) [əˌmʌŋ(st)] *prep:* blant; mellom; imellom; ***we must agree among ourselves*** vi må bli enige oss imellom; ***among other things*** 1. blant annet; 2. blant andre ting.
amoral [eiˌmɔrəl; əˌmɔrəl] *adj:* amoralsk.
amorous [ˌæmərəs] *adj:* elskovssyk; elskovsvarm.
I. amount [əˌmaunt] *s* **1***(=sum)* beløp; ***the full amount*** hele beløpet; ***a large amount****(=a big sum)* et høyt *(el.* stort) beløp;
2*(=quantity)* mengde;
3*(=extent)* omfang *n (fx the amount of help given);*
4.: ***a certain amount of influence*** en viss innflytelse;
T: ***any amount of****(=lots of)* masser av; ***the amount of trouble involved*** det bry som følger med.
II. amount *vb:* ***amount to*** **1.** beløpe seg til; *fig:* ***it doesn't amount to much*** 1. det blir ikke noe større beløp; 2*(=it's not very important)* det er uten større betydning;
2.: ***that amounts to …*** det ville være det samme som å …
amp. [æmp] *s* **1.** *fk f amperage;* **2.** *fk f ampere;* **3. T***(= amplifier)* forsterker.
amperage [ˌæmpəridʒ] *s:* strømstyrke; ampèretall.
ampere [ˌæmpεə] *s; elekt:* ampère.
amphibian [æmˌfibiən] *s:* amfibium *n.*
amphibious [æmˌfibiəs] *adj:* amfibisk.
ample [æmpl] *adj* **1.** (mer enn) nok; rikelig; ***this is ample****(=plenty)* ***for three people*** dette er rikelig til tre personer;
2. *om plagg(=wide)* vid;
3. fyldig; drøy.
amplification [ˈæmplifiˌkeiʃən] *s* **1.** *elekt, fys, mus:* forsterkning; **2.** *av rapport, etc:* utdypning.
amplifier [ˌæmpliˈfaiə] *s; elekt:* forsterker.
amplify [ˌæmpliˈfai] *vb* **1.** *elekt, fys, mus:* forsterke; **2.** *fig:* utdype; presisere; behandle utførligere.
amplitude [ˌæmpliˈtju:d] *s:* amplityde.
amply [ˌæmpli] *adv:* rikelig.
ampoule [ˌæmpu:l; ˌæmpju:l] *s; med.:* ampulle.
amputate [ˌæmpjuˈteit] *vb; med.:* amputere.
amputation [ˈæmpjuˌteiʃən] *s; med.:* amputasjon.
amuck [əˌmʌk] *adv:* ***run amuck*** gå amok.
amulet [ˌæmjulit] *s:* amulett.
amuse [əˌmju:z] *vb* **1.** more *(fx sby);*
2*(=entertain)* underholde;
3.: ***amuse oneself*** 1. underholde seg (selv); 2. more seg (selv).
amusement [əˌmju:zmənt] *s* **1.** underholdning;
2. fornøyelse; ***not for amusement only*** ei blott til lyst.
amusement arcade *(=amusement centre;* **US:** *penny arcade)* spillehall (med spilleautomater).
amusing [əˌmju:ziŋ] *adj:* underholdende; morsom.
an [æn; *trykksvakt:* ən] *ubest art:* en; ei; et; *(se a).*
anachronism [əˌnækrəˈnizəm] *s:* anakronisme.
anaemia *(,***US:** *anemia)* [əˌni:miə] *s; med.:* anemi.
anaesthesia *(,***US:** *anesthesia)* [ˈænisˌθi:ziə] *s; med.:* anestesi; bedøvelse; ***general anaesthesia*** narkose.
I. anaesthetic *(,***US:** *anesthetic)* [ˈænisˌθetik] *med.; subst:* bedøvelse(smiddel).
II. anaesthetic *(,***US:** *anesthetic) adj:* bedøvende.
anaesthetize, anaesthetise*(,***US:** *anesthetize)* [əˌni:sθətaiz] *vb; med.:* bedøve.

anglicism

Mange engelske uttrykksmåter har funnet veien inn i norsk. Det er nok lurt ikke å gi etter for denne tendensen. Husk: Norsk er et rikt språk!

NYTTIGE UTTRYKK

Norske uttrykk	Engelske uttrykk	Anglisisme
å gå inn for noe	**to go for**	å gå for noe
jeg føler meg vel/trives	**I feel comfortable**	jeg føler meg komfortabel
blikkfang	**catch**	catch
finne på, frembringe	**come up with**	komme opp med
idémyldring	**brainstorm**	brainstorm
stil	**image**	image

anagram [ˌænəˈgræm] *s:* anagram *n.*
anal [einl] *adj; anat:* anal; endetarms-.
analogic(al) [ˈænəˌlɔdʒik(l)] *adj:* analogisk; analogi-.
analogy [əˌnælədʒi] *s:* analogi; overensstemmelse.
analyse *(,US: analyze)* [ˌænəˈlaiz] *vb:* analysere.
analysis [əˌnælisis] *s(pl: analyses* [əˌnæliˈsi:z]*)* analyse; ***make a close analysis of*** analysere nøye; ***in the final analysis*** i siste instans; når alt kommer til alt.
analyst [ˌænəlist] *s:* analytiker.
analytical [ˈænəˌlitikl] *adj:* analytisk.
anarchy [ˌænəki] *s:* anarki *n.*
anathema [əˌnæθəmə] *s; rel:* bannlysing.
anatomical [ˈænəˌtɔmikl] *adj:* anatomisk.
anatomy [əˌnætəmi] *s:* anatomi.
ancestor [ˌænsistə] *s:* stamfar; ***ancestors*** forfedre; aner.
ancestral [ænˌsestrəl] *adj:* fedrene.
ancestry [ˌænsestri] *s* **1.** ætt; slekt; **2.** forfedre.
I. anchor [ˌæŋkə] *s* **1.** *mar:* anker *n;* **2.** *arkit:* anker *n;* **3.** *fig:* feste *n;* hold *n.*
II. anchor *vb* **1.** *mar:* ankre (opp); **2.** *især* **US** *TV(=serve as a linkman on)* være ankermann i.
anchorage [ˌæŋkəridʒ] *s* **1.** oppankring; **2.** ankerplass.
anchorage point *i bil:* festepunkt for bilbelte.
anchorman [ˌæŋkəmən] *s; TV & sport:* ankermann.
anchovy [ˌæntʃəvi] *s; zo:* ansjos.
I. ancient [ˌeinʃənt] *s:* ***the ancients*** de gamle (om oldtidens mennesker).
II. ancient *adj:* (eld)gammel; ***ancient history*** oldtidshistorie.
ancient monument fortidsminnesmerke.
ancillary [ænˌsiləri] *adj:* hjelpe- *(fx engine).*
and [ænd; *trykksvakt:* (ə)nd; ən] *konj:* og.
anecdote [ˌænikˈdout] *s:* anekdote.
anemone [əˌneməni] *s; bot:* anemone; ***blue anemone*** blåveis.
angel [ˌein(d)ʒəl] *s:* engel; ***good angel*** reddende engel.
angelic [ænˌdʒelik] *adj:* engleaktig; engle-.
I. anger [ˌæŋgə] *s:* sinne *n;* ***in anger*** i sinne.
II. anger *vb:* gjøre sint *(fx his words angered her).*
I. angle [æŋgl] *s* **1.** *geom:* vinkel; ***acute (,obtuse) angle*** spiss (,stump) vinkel; **2.** *fig:* innfallsvinkel; vinkling; **3. T:** baktanke *(fx that's his angle).*
II. angle *vb* **1.** fiske (med snøre); ***angle for trout****(=fish for trout)* fiske ørret; *(jvf II. fish 1);* **2.** *fig(=fish):* ***angle for*** fiske etter *(fx an invitation).*
angler [ˌæŋglə] *s(=fisherman)* sportsfisker.
angleworm [ˌæŋglˈwə:m] *s; zo:* meitemark.
I. Anglican [ˌæŋglikən] *s; rel:* anglikaner.
II. Anglican *adj:* anglikansk *(fx the Anglican Church).*
Anglo- [ˌæŋglou] engelsk- *(fx Anglo-Norse).*
angry [ˌæŋgri] *adj:* sint (*about, over* for; *at* over; *with* på); ***he was angry at being kept waiting*** han ble sint over å måtte vente; ***get angry over*** bli sint for.
anguish [ˌæŋgwiʃ] *s:* kval; pine.
angular [ˌæŋgjulə] *adj* **1.** kantet; **2.** vinkel-; vinkeldannet; **3.** *fig(=categorical)* firkantet; ***very angular in what one says*** svært firkantet i sine uttalelser.
angularity [ˈæŋgjuˌlæriti] *s:* kantethet.
I. animal [ˌænimәl] *s; zo:* dyr *n;* ***domestic animal*** husdyr; ***utility animal*** nyttedyr; ***wild animal*** vilt dyr.
II. animal *adj:* animalsk *(fx oil);* dyre-; ***the animal kingdom*** dyreriket.
I. animate [ˌæniˈmeit] *vb; stivt* **1***(=enliven; give life to)* animere; gjøre levende; gi liv *n;* **2***(=inspire)* besjele; ***animated by the best intentions*** besjelet av de beste hensikter; **3.** lage tegnefilm av.
II. animate [ˌænimət] *adj; stivt(=alive; living)* levende; ***is the object animate or inanimate?****(=is the object alive or dead?)* er gjenstanden levende eller død?
animated [ˌæniˈmeitid] *adj(=lively)* levende; livlig; ***animated doll*** levende dukke; ***an animated party*** et livlig selskap.
animated cartoon *(=cartoon (film))* tegnefilm.
animation [ˈæniˌmeiʃən] *s* **1***(=liveliness)* livlighet; **2.** fremstilling av tegnefilm.
animosity [ˈæniˌmɔsiti] *s; stivt(=strong dislike; enmity)* fiendskap *n;* antipati.
anise [ˌænis] *s; bot:* anis.
aniseed [ˌæniˈsi:d] *s; bot:* anisfrø.
anisette [ˈæniˌzet] *s:* anislikør.
ankle [æŋkl] *s; anat:* ankel; ***she twisted her ankle*** hun fikk vridd ankelen sin.
ankle boot støvlett.
annalist [ˌænəlist] *s:* årbokforfatter; annalist.
annals [ˌænəlz] *s; pl* **1.** *hist:* annaler; **2.** *fig:* ***the annals of crime*** forbrytelsens historie.
annex [əˌneks] *vb; om land:* annektere.
annexation [ˈænikˌseiʃən] *s:* anneksjon.
annexe [ˌæneks] *s:* anneks *n;* tilbygg.
annihilate [əˌnaiəˈleit] *vb; stivt(=destroy completely)* tilintetgjøre.
annihilation [əˈnaiəˌleiʃən] *s; stivt(=total destruction)* tilintetgjørelse.
anniversary [ˈæniˌvə:səri] *s:* årsdag (*of* for).
Anno Domini [ˌænouˌdɔminai] etter Kristi fødsel.
annotation [ˈænouˌteiʃən] *s; til tekst:* merknad; kommentar; kommentering.
announce [əˌnauns] *vb* **1.** bekjentgjøre; kunngjøre; gjøre kjent; meddele; **2.** melde *(fx a guest);* annonsere *(fx a programme);* **3.** *fig:* gi varsel *(n)* om; bebude.

announcement [əˌnaunsmənt] *s* **1.** bekjentgjørelse; kunngjøring; meddelelse; **2.** melding; ***a broadcast announcement*** en melding over radio.
announcer [əˌnaunsə] *s; radio:* hallomann.
annoy [əˌnɔi] *vb:* ergre; irritere; plage.
annoyance [əˌnɔiəns] *s:* irritasjon; ergrelse.
annoyed [əˌnɔid] *adj:* ergerlig (*at* over; *with* på).
I. annual [ˌænjuəl] *s* **1.** bok, etc som utkommer en gang i året; ***Christmas annual*** julehefte;
2. *bot:* ettårig plante.
II. annual *adj:* årlig; års-; ***annual fee*** årsavgift.
annually [ˌænjuəli] *adv:* årlig; hvert år.
annuity [əˌnjuiti] *s; fors:* annuitet.
annul [əˌnʌl] *vb:* annullere; mortifisere; erklære ugyldig.
annular [ˌænjulə] *adj:* ringformet; ring-.
annulment [əˌnʌlmənt] *s:* annullering.
anoint [əˌnɔint] *vb; rel:* salve.
anomalous [əˌnɔmələs] *adj:* anomal; avvikende.
anomaly [əˌnɔməli] *s:* anomali; avvik *n.*
anonymity ['ænəˌnimiti] *s:* anonymitet.
anonymous [əˌnɔniməs] *adj:* anonym; ikke navngitt.
another [əˌnʌðə] *pron* **1.** en annen (en); et annet (et); ***one after another*** den ene etter den andre; ***one another(=each other)*** hverandre;
2. en (,ei, et) til; ***have another cake!*** ta en kake til!
I. answer [ˌɑːnsə] *s:* svar; ***a plain answer*** 1. et klart svar; 2. *fig:* klar beskjed; ***in answer to*** som svar på; ***be at a loss for an answer*** bli svar skyldig; ***the short answer to that is no!*** svaret på det er kort og godt nei! ***he made no answer*** han kom ikke med noe svar.
II. answer *vb* **1.** svare; besvare; svare på; ***answer back*** svare (igjen); svare frekt;
2.: ***answer the door*** lukke opp; se hvem det er som ringer på; ***answer the phone*** ta telefonen;
3. *mar:* ***answer the helm*** lystre roret;
4.: ***answer (to) a description*** svare til en beskrivelse;
5.: ***answer for*** svare for; stå til regnskap for;
6.: ***answer to*** 1. svare til *(fx a description);* 2. være ansvarlig overfor; 3.: ***the dog answers to his name*** hunden lyder navnet sitt;
7.: ***answer up****!(=speak up!)* svar tydelig!
answerable [ˌɑːnsərəbl] *adj* **1***(=responsible)* ansvarlig;
2.: ***answerable to****(=accountable to)* ansvarlig overfor.
answering machine *(,T: answerphone)* telefonsvarer.
ant [ænt] *s; zo:* maur; ***red ant*** tuemaur; **T: *have ants in one's pants*** ha lopper i blodet.
antagonistic [æn'tægəˌnistik] *adj; stivt(=hostile)* fiendtlig.
antagonize, antagonise [ænˌtægə'naiz] *vb:* støte fra seg.
antarctic [æntˌɑːktik] *adj:* antarktisk; sydpols-; ***the Antarctic*** Antarktis *n.*
antecedent ['æntiˌsiːdənt] *s* **1.** *stivt(=preceding event)* forutgående begivenhet; **2.:** ***his antecedents****(=his past history)* hans tidligere liv *n.*
antedate [ˌænti'deit; 'æntiˌdeit] *vb:* tilbakedatere.
antenatal ['æntiˌneitəl] *adj:* under svangerskapet.
antenatal clinic *(=maternity clinic):* ***go to the antenatal clinic*** gå til svangerskapskontroll.
antenna [ænˌtenə] *s* **1.** *zo(pl: antennae* [ænˌteniː]*)* følehorn; **2***(pl: antennas)* **US***(=aerial)* antenne.
anterior [ænˌtiəriə] *adj* **1.** forrest; **2.** *zo:* for-; fremre;
3. *bot:* lengst unna hovedstengelen.
anthem [ˌænθəm] *s:* hymne; ***national anthem*** nasjonalsang.
anther [ˌænθə] *s; bot:* støvknapp.
anthill [ˌænt'hil] *s:* maurtue.
anthology [ænˌθɔlədʒi] *s:* antologi.
I. anthropoid [ˌænθrəpɔid] *s:* menneskeape.
II. anthropoid *adj(=manlike)* antropoid.
anthropology ['ænθrəˌpɔlədʒi] *s:* antropologi.
anti- [ˌænti; **US:** ˌæntai] *forstavelse:* anti-; som er imot.
I. antibiotic ['æntibaiˌɔtik] *s:* antibiotikum *n;*
II. antibiotic *adj:* antibiotisk.
antibody [ˌænti'bɔdi] *s; med.:* antistoff.
antic [ˌæntik] *s:* ***antics*** krumspring *n;* narrestreker.
anticipate [ænˌtisi'peit] *vb* **1***(=expect)* vente (seg); regne med; **2.** forutse;
3. foregripe; ***...but let's not anticipate*** men la oss ikke foregripe begivenhetenes gang;
4. *stivt(=forestall)* komme i forkjøpet.
anticipation [æn'tisiˌpeiʃən] *s* **1.** forventning; ***in anticipation of*** i forventning om;
2. det å forutse (*el.* foregripe).
anticlockwise ['æntiˌklɔk'waiz] *(,US: counterclockwise) adv:* mot urviseren.
antidote [ˌænti'dout] *s; også fig:* motgift.
antifreeze [ˌænti'friːz] *s:* frostvæske; frysevæske.
antipathy [ænˌtipəθi] *s:* antipati; motvilje (*for, to, towards* overfor).
I. antiquarian ['æntiˌkwɛəriən] *s:* antikvar.
II. antiquarian *adj:* antikvarisk; ***antiquarian bookshop*** (finere) antikvariat *n; (jvf second-hand bookshop);* ***he has antiquarian interests*** han interesserer seg for antikviteter.
antiquated [ˌænti'kweitid] *adj:* antikvert.
I. antique [ænˌtiːk] *s:* antikvitet.
II. antique *adj:* antikk *(fx an antique chair).*
antique car *Canada(=veteran car; vintage car)* veteranbil.
antiquity [ænˌtikwiti] *s* **1.** oldtiden; antikken;
2.: ***monument of antiquity*** oldtidsminne;
3.: ***antiquities*** 1*(=antiques)* antikviteter; 2. oldsaker.
antiseptic ['æntiˌseptik] *adj:* antiseptisk.
antisocial ['æntiˌsouʃəl] *adj:* asosial.
anti-theft alarm*(=burglar alarm)* tyverialarm.
antler [ˌæntlə] *s; zo:* takk (på gevir *n*); hjortetakk.
antonym [ˌæntənim] *s:* antonym *n.*
Antwerp [ˌæntwəːp] *s; geogr:* Antwerpen.
anus [ˌeinəs] *s; anat:* anus; *hos fisk:* gatt.
anvil [ˌænvil] *s:* ambolt.
anxiety [æŋˌzaiəti] *s* **1.** engstelse; bekymring;
2*(=eagerness):* ***anxiety to please*** iver etter å behage.
anxious [ˌæŋkʃəs] *adj* **1***(=worried)* engstelig; bekymret; ***anxious about*** engstelig for; **2***(=worrying)* angstfylt; **3***(=eager)* ivrig; ***anxious to do sth*** ivrig etter å gjøre noe.
any [ˌeni] *pron; adj; adv* **1.** *i spørrende el. nektende utsagn:* noe; noen; ***hardly any*** nesten ingenting; nesten ingen; ***any more*** 1. mer *(fx is there any more tea left?);* 2. flere *(fx are there any more cigars?);* ***not any more*** 1. ikke noe mer; 2. ikke flere; 3. ikke nå lenger; ***it hasn't improved any*** det har ikke blitt noe bedre; ***he's not any the wiser*** han er ikke det minste klokere; ***this doesn't work any too well*** dette virker ikke særlig godt;
2. (en) hvilken som helst; ***any amount*** så mye det skal være; så mye du (etc) vil; ***any number*** så mange det skal være; så mange du (etc) vil; utallige ganger; ***at any price*** for enhver pris; ***in any case*** i hvert fall; under enhver omstendighet; ***any time*** når som helst;
3. eventuell(e); eventuelt; ***any****(=possible)* ***mistakes*** eventuelle feil.
anybody [ˌeni'bɔdi; ˌenibədi] *pron:* noen (som helst); ***she's not just anybody*** hun er ikke en hvem som helst; ***anybody who*** den som; ***if anybody brings their children with them****(=if any of them bring their children)* hvis noen har med seg barna *(n)* sine; ***that's anybody's guess*** det er det ingen som vet sikkert.
anyhow [ˌeni'hau] *adv* **1***(=anyway; in any case)* i hvert fall *(fx anyhow, you can try);* ***it's too late now, anyhow*** det er for sent nå i hvert fall;
2*(=anyway)* forresten *(fx it's not my business anyhow);* ***anyhow it doesn't matter*** det kan forresten være det samme;
3*(=by any means whatever)* på noen som helst måte *(fx we couldn't get in anyhow);*

NYTTIGE UTTRYKK

anything

anything but	far from: He is anything but fat.
anything like	to any extent: They aren't anything like last year's team.
if anything	if there is any difference: If anything, I like the old car better than the new one.
like anything	very fast/very much: He ran like anything.

4*(=carelessly)* skjødesløst; ***the work was done (just) anyhow*** arbeidet gikk som best det kunne.
anyone [ˌeni'wʌn; ˌeniwən] *pron: se anybody.*
anything [ˌeni'θiŋ] **1.** *pron:* noe (som helst); hva som helst; hva det skal være; ***I wouldn't have missed it for anything*** jeg ville ikke ha unnvært det for noen pris; **2.** *adv:* på noen som helst måte; ***he wasn't anything like his father*** han lignet slett ikke sin far; ***anything but*** alt annet enn; **T:** ***like anything*** som bare det.
anyway [ˌeni'wei] *adv: se anyhow.*
anywhere [ˌeni'wɛə] *adv* **1.** noen steder; *(se else 1);*
2. hvor som helst; hvor det skal være; ***anywhere you like*** hvor du vil;
3.: ***get anywhere*** komme noen vei *(fx he didn't get anywhere);*
4.: ***anywhere from 40 to 50*** hva som helst mellom 40 og 50;
5.: ***do we get anywhere near Rowde?*** kommer vi i nærheten av Rowde? ***not anywhere near enough*** ikke på langt nær nok; ***don't go anywhere near that place*** hold deg langt unna det stedet.
aorta [eiˌɔ:tə] *s; anat:* aorta; den store livpulsåren.
apace [əˌpeis] *adv* **1.** *glds(=quickly)* hurtig;
2. *ordspråk:* ***ill weeds grow apace*** ukrutt forgår ikke.
apart [əˌpɑ:t] *adj(etteranstilt); adv* **1***(=to pieces; in pieces)* i stykker; i sine enkelte bestanddeler; ***come apart*** 1*(=break into pieces)* falle fra hverandre; 2. *fig:* ***their marriage came apart*** ekteskapet deres gikk i stykker;
2. hver for seg *(fx live apart);*
3. fra hverandre *(fx towns miles apart);* ***keep them apart*** holde dem fra hverandre; ***I can't tell them apart*** jeg ser ikke forskjell på dem;
4.: ***take apart*** 1. ta fra hverandre *(fx an engine);* 2. *fig(=cut to pieces)* sønderflenge *(fx sby's book);*
5.: ***apart from*** 1. et lite stykke unna; 2. bortsett fra;
6.: ***joking apart*** spøk til side.
apartment [əˌpɑ:tmənt] *s* **1. US***(=flat)* leilighet;
2.: ***apartment(s)*** værelse(r) (som del av suite).
apartment building US *(=block of flats)* boligblokk.
apartment hotel US *(=block of service flats)* appartementshus.
apartment motel US *(=motel and flats)* leilighetsmotell.
apathetic ['æpəˌθetik] *adj:* apatisk; sløv.
apathy [ˌæpəθi] *s:* apati; sløvhet.
I. ape [eip] *s; zo:* ***(anthropoid) ape*** menneskeape.
II. ape *vb:* etterape; ape etter.
aperture [ˌæpətʃə] *s* **1.** åpning; hull *n;*
2. *fot:* blenderåpning.
apex [ˌeipeks] *s(pl: apexes, apices* [ˌæpi'si:z; ˌeipi'si:z]*)* **1.** toppunkt; **2.** *anat & bot:* spiss; **3.** *fig; stivt(=height)* høydepunkt *(fx of sby's career).*
aphorism [ˌæfə'rizəm] *s:* aforisme.
apiece [əˌpi:s] *adv; stivt(=each)* **1.** hver *(fx two apples apiece);* **2.** pr. stk *(fx they cost 50p apiece).*
aplomb [əˌplɔm] *s; stivt(=assurance)* sikkerhet.
apologetic [ə'pɔləˌdʒetik] *adj:* unnskyldende.
apologize, apologise [əˌpɔlə'dʒaiz] *vb:* be om unnskyldning; ***apologize to sby*** be en om unnskyldning.
apology [əˌpɔlədʒi] *s* **1.** unnskyldning; **2. T:** ***an apology for*** noe som skal forestille *(fx a car).*
apoplectic ['æpəˌplektik] *adj:* apoplektisk.
apoplexy [ˌæpə'pleksi] *s; med.:* apopleksi.
apostasy [əˌpɔstəsi] *s; rel:* frafall.
apostate [əˌpɔsteit] *s & adj:* frafallen.
apostle [əˌpɔsl] *s:* apostel.
apostrophe [əˌpɔstrəfi] *s; gram:* apostrof.
apotheosis [ə'pɔθiˌousis] *s; stivt* **1***(=deification)* apoteose; **2***(=quintessence)* innbegrep *(fx of manhood).*
appal (,**US:** *appall)* [əˌpɔ:l] *vb* **1***(=dismay)* forferde; **2***(=shock)* sjokkere; ***appalled by*** sjokkert over.
appalling [əˌpɔ:liŋ] *adj:* forferdelig; sjokkerende; skremmende; ***an appalling tragedy*** en rystende tragedie.
appanage [ˌæpənidʒ] *s:* apanasje.
apparatus ['æpəˌreitəs] *s; også fig:* apparat *n.*
apparel [əˌpærəl] *s; glds el. litt.:* klesdrakt.
apparent [əˌpærənt; əˌpɛərənt] *adj* **1.** tydelig (*to* for); klar; åpenbar; ***as is apparent from what has been said*** som det fremgår av det som er blitt sagt;
2. tilsynelatende; ***for no apparent reason*** uten tilsynelatende grunn.
apparently [əˌpærəntli] *adv:* tilsynelatende.
apparition ['æpəˌriʃən] *s* **1.** syn *n;* spøkelse *n;* gjenferd *n;* **2.** *om person(=sight)* syn *n;* fremtoning.
I. appeal [əˌpi:l] *s* **1.** *jur:* appell; anke; **2***(=request)* appell; bønn; ***make an appeal for help*** be om hjelp; **3***(=attraction)* appell; tiltrekning; ***audience appeal*** publikumstekke *n.*
II. appeal *vb* **1.** *jur:* appellere *(fx a sentence);* anke (*to* til);
2. appellere (*to* til); bønnfalle; be (*for* om);
3. tiltale; ***it appeals to me*** det tiltaler meg;
4. *parl:* ***appeal to the country*** skrive ut nyvalg.
appealing [əˌpi:liŋ] *adj* **1.** bønnfallende; bedende; **2***(=attractive)* tiltalende.
appear [əˌpiə] *vb* **1.** komme til syne; dukke opp; ***appear out of the blue*** komme helt uventet; komme som lyn *(n)* fra klar himmel;
2. utkomme;
3. opptre; vise seg;
4. *jur:* ***appear (in court)*** møte (i retten);
5*(=seem)* synes; virke; ***he appears to be wrong****(=it seems as if he's wrong)* det ser ut til at han tar feil; *iron el. spøkef:* ***it appears not*** 1*(=no, it doesn't seem so)* nei, det ser ikke slik ut; 2*(=no, that isn't so)* nei, det er ikke tilfelle *n;* ***it appears to me that …****(=it seems to me that …)* jeg har inntrykk av at …;
6.: ***appear from*** fremgå av;
7. stå *(fx my name must not appear on the cases).*

appearance [əˌpiərəns] *s* **1.** tilsynekomst; ***make one's appearance*** vise seg; komme inn; ***put in an appearance*** stikke innom;
2. utgivelse;
3. *teat:* opptreden;
4. *jur:* fremmøte (i retten);
5. utseende *n;* ***appearances are deceptive*** skinnet bedrar; ***by(=from) all appearances*** etter alt å dømme; ***keep up appearances*** bevare skinnet; redde ansiktet.
appease [əˌpi:z] *vb; stivt* **1***(=satisfy)* tilfredsstille;
2. *stivt(=calm; pacify)* berolige; pasifisere; stagge.
appeasement [əˌpi:zmənt] *s:* **1.** *stivt(=pacification)* pasifisering;
2.: ***policy of appeasement*** forsoningspolitikk.
appellation [ˈæpəˌleiʃən] *s; stivt(=name)* benevnelse.
append [əˌpend] *vb; stivt:* tilføye; vedlegge.
appendage [əˌpendidʒ] *s* **1.** *stivt(=addition)* tillegg *n;*
2. *anat & zo:* vedheng *n.*
appendicitis [əˈpendiˌsaitis] *s; med.:* blindtarmsbetennelse.
appendix [əˌpendiks] *s (pl: appendixes el. appendices* [əˌpendiˈsi:z]*)* **1.** appendiks; **2.** *anat:* blindtarm.
appertain [ˈæpəˌtein] *vb; stivt:* ***appertain to(=belong to)*** tilhøre; høre med til.
appetite [ˌæpiˈtait] *s:* appetitt (*for* på); ***get(=work) up an appetite*** opparbeide appetitt; ***spoil one's appetite*** ødelegge appetitten.
appetizer, appetiser [ˌæpiˈtaizə] *s:* appetittvekker.
appetizing, appetising [ˌæpiˈtaiziŋ] *adj:* appetittvekkende.
applaud [əˌplɔ:d] *vb* **1.** applaudere; klappe (for);
2*(=approve of)* bifalle.
applause [əˌplɔ:z] *s:* applaus; bifall; ***prolonged applause*** langvarig applaus; ***rouse the audience to thunderous applause*** høste stormende applaus.
apple [æpl] *s* **1.** *bot:* eple; ***cooking apple*** mateple;
2. T: ***the Big Apple*** New York City;
3.: ***an apple of discord*** et stridens eple;
4.: ***the apple of his eye*** hans øyensten.
applecart [ˌæplˈkɑ:t] *s* **T:** ***upset sby's applecart*** stikke kjepper i hjulene *(n)* for en; ødelegge opplegget for en.
apple core epleskrott.
apple pie eplepai.
apple-pie order: ***in apple-pie order*** i (den) skjønneste orden.
apple sauce eplemos.
apple tart: ***(open) apple tart(=apple flan;*** **US:** ***apple cake)*** eplekake.
apple turnover *(=apple puff)* epleterte.
appliance [əˌplaiəns] *s:* innretning; apparat *n;* instrument *n;* ***fire-fighting appliance*** brannslokkingsapparat.
applicable [ˌæplikəbl; əˌplikəbl] *adj:* anvendelig; som kan anvendes (*to* på).
application [ˈæpliˌkeiʃən] *s* **1.** søknad (*for* om); ***put in (an application) for(=apply for)*** søke på; ***application in person*** personlig fremmøte;
2.: ***on application to*** ved henvendelse til;
3. *om regel:* gyldighet; ***this rule is of general application*** *(=applies generally)* denne regelen har allmenn gyldighet;
4. *om metode, etc(=use)* bruk *(fx of a new remedy);*
5. *om maling, etc:* påføring;
6. *med.(=putting on)* anbringelse *(fx of a bandage);*
7. *meget stivt(=implementation)* iverksettelse *(fx of sanctions).*
application form søknadsskjema; *(se I. form 3).*
applied [əˌplaid] *adj:* anvendt *(fx science).*
applied art kunstindustri; *mest i museumssammenheng(=hand-crafted articles)* brukskunst.
I. appliqué [æˌpli:kei] *s:* applikasjonsbroderi.
II. appliqué *vb:* applikere.
apply [əˌplai] *vb* **1.** søke (*for* om, på); ***apply for*** søke om; søke på *(fx a post);*
2. *stivt(=use)* anvende; bruke;
3. påføre; smøre på;
4*(=put on)* legge på *(fx a bandage);*
5*(=concern)* angå; gjelde; *om regel:* gjelde; ***apply to*** gjelde for;
6.: ***apply to*** henvende seg til; ***apply within*** henvend Dem innenfor;
7.: ***apply oneself to sth(=concentrate on sth)*** konsentrere seg om noe.
appoint [əˌpɔint] *vb* **1.** utnevne; ansette (*to a post* i en stilling); ***appoint a committee*** oppnevne (*el.* sette ned) et utvalg;
2. *om tid; stivt(=fix; agree on)* beramme; avtale; ***appoint(=fix) a time for a meeting*** beramme et møte.
appointed [əˌpɔintid] *adj; stivt* **1.** avtalt; ***at the appointed time (and place)*** til avtalt tid (og sted); **2***(=fixed; stated)* fast; bestemt; ***at appointed times*** til faste tider.
appointment [əˌpɔintmənt] *s* **1.** utnevnelse; ansettelse;
2. *stivt(=post)* stilling; ***appointment for a term of years*** åremålsstilling;
3. avtale (om møte); *hos lege, etc:* time; ***I have a dental appointment for two o'clock*** jeg har tannlegetime klokken to; ***make an appointment*** 1. treffe en avtale; 2. *hos lege, etc:* bestille time (*with* hos);
4.: ***appointments(=equipment)*** utstyr *n;* utrustning.
apportion [əˌpɔ:ʃən] *vb; stivt(=share out)* fordele.
apposition [ˈæpəˌziʃən] *s; gram:* apposisjon.
appraisal [əˌpreizl] *s; stivt(=assessment)* vurdering.
appraise [əˌpreiz] *vb; stivt(=assess)* vurdere.
appreciable [əˌpri:ʃiəbl; əˌpri:ʃəbl] *adj; stivt(=noticeable)* merkbar; *(=considerable)* betydelig.
appreciate [əˌpri:ʃiˈeit] *vb* **1.** verdsette; sette pris på; ***I appreciate the thought, but*** det er pent tenkt av deg, men;
2. *stivt(=understand)* forstå *(fx sby's difficulties);*
3. *om sanseinntrykk:* fornemme; oppfatte;
4.: ***appreciate (in value)*** stige (i verdi).
appreciation [əˈpri:ʃiˌeiʃən; əˈpri:siˌeiʃən] *s* **1***(=gratitude)* takknemlighet;
2. anerkjennelse; påskjønnelse; ***in appreciation of*** som en påskjønnelse for;
3*(=increase in value)* verdistigning;
4. *stivt(=understanding)* forståelse; sans (*of* for).
appreciative [əˌpri:ʃiətiv] *adj* **1***(=grateful)* takknemlig; **2.** anerkjennende *(fx words).*
apprehend [ˈæpriˌhend] *vb* **1.** *stivt(=arrest)* pågripe;
2. *stivt(=understand)* forstå; oppfatte;
3. *stivt(=fear)* frykte.
apprehension [ˈæpriˌhenʃən] *s; stivt* **1***(=arrest)* pågripelse;
2*(=understanding)* forståelse; oppfatning; ***be slow of apprehension*** være langsom i oppfatningen;
3. *stivt(=anxiety)* engstelse.
apprehensive [ˈæpriˌhensiv] *adj; stivt(=anxious)* engstelig.
I. apprentice [əˌprentis] *s:* ***(craft) apprentice*** lærling.
II. apprentice *vb:* ***apprentice to*** sette i lære hos.
apprenticeship [əˌprentisˈʃip] *s:* læretid.
appro [ˌæprou] *s* **T***(=approval)* godkjenning; *om bok:* ***on appro*** til gjennomsyn; *(se approval: on approval).*
I. approach [əˌproutʃ] *s* **1.** det å nærme seg; komme; ***they ran off at the approach of a policeman*** de løp sin vei da en politimann nærmet seg; ***this is the nearest approach to the truth*** dette kommer sannheten nærmest;
2. adkomst;
3. adkomstvei; innfartsvei;
4. *flyv:* innflyvning; innflyging;
5. *mar(=entrance)* innseiling; innløp;
6. *fig:* måte å gripe noe an på; betraktningsmåte; innfallsvinkel; ***adopt another method of approach(=use a different method)*** bruke en annen fremgangsmåte;
7*(=attitude)* innstilling;

8. henvendelse; ***make an approach to***(*=approach*) gjøre en henvendelse til (*fx to the Government*);
9.: ***approaches***(*=advances*) tilnærmelser.
II. approach *vb* **1.** nærme seg; **2.** *om problem, etc:* gripe an; **3.** *stivt:* henvende seg til (*about* angående).
approachable [ə͵proutʃəbl] *adj* **1.** tilgjengelig; **2.** *om person:* omgjengelig.
approaching [ə͵proutʃiŋ] *adj* **1.** forestående; **2.** som nærmer (,nærmet) seg.
approbation ['æprə͵beiʃən] *s; stivt(=approval)* bifall; godkjenning.
I. appropriate [ə͵proupri'eit] *vb* **1.** *stivt(=steal; take)* tilvende seg (*fx he appropriated the club funds*);
2. *stivt(=occupy)* legge beslag (*n*) på;
3. *stivt(=assume)* tilrive seg.
II. appropriate [ə͵proupriit] *adj* **1**(*=suitable*) passende (*to* for); ***some appropriate words*** noen passende ord *n;* ***at some appropriate time*** på et dertil egnet tidspunkt; **2**(*=relevant*) vedkommende; angjeldende.
appropriately [ə͵proupriitli] *adv(=suitably)* passende.
appropriation [ə'proupri͵eiʃən] *s:* tilvending.
approval [ə͵pru:vəl] *s:* godkjenning; billigelse; ***meet with approval***(*=be approved*) bli godkjent; vinne bifall *n;* ***on approval*** 1. *om bøker(=on appro)* til gjennomsyn; 2. på prøve (*fx buy goods on approval*); ***with his full approval*** med hans fulle billigelse; (*se appro*).
approve [ə͵pru:v] *vb* **1**(*=sanction*) godkjenne; **2.**: ***approve (of)*** bifalle; godkjenne; godta; gutere; ***her father didn't approve (of it)*** hennes far godtok det ikke.
I. approximate [ə͵prɔksi'meit] *vb:* ***approximate to*** nærme seg; komme nær.
II. approximate [ə͵prɔksimit] *adj:* tilnærmelsesvis; tilnærmet.
approximately [ə͵prɔksimitli] *adv:* tilnærmelsesvis.
approximation [ə'prɔksi͵meiʃən] *s; også mat.:* tilnærmelse.
apricot [͵eipri'kɔt] *s; bot:* aprikose.
April [͵eiprəl] *s:* april; (*se June*).
April fool aprilsnarr; ***April Fools' Day***(*=All Fools' Day*) 1. april.
apron [͵eiprən] *s* **1.** forkle *n;* **2.** *teat:* forscene; **3.** *sport; i skibakke(=flat)* hestesko; slette; ***on***(*=in*) ***the apron***(*= on the flat*) på sletta.
apron string forklebånd; ***be tied to one's mother's apron strings*** henge i skjørtene (*n*) på mor.
apropos ['æprə͵pou] **1.** *adj:* beleilig; **2.** *adv; stivt:* ***apropos of***(*=with regard to*) angående; med hensyn til.
apt [æpt] *adj* **1.** *stivt(=suitable)* passende; *om bemerkning:* treffende;
2(*=relevant*) relevant;
3(*=clever*) flink (*fx an apt pupil*);
4.: ***be apt to*** 1(*=be likely to*) være tilbøyelig til å; 2(*= tend to; have a tendency to*) ha lett for å; ha en tendens til å.
aptitude [͵æpti'tju:d] *s; stivt* **1**(*=suitability*) egnethet; **2**(*=ability*) dyktighet; evne; ***show great aptitude*** vise stor dyktighet.
aptly [͵æptli] *adv:* treffende; på en treffende måte.
aqualung [͵ækwə'lʌŋ] *s; for sportsdykker(=scuba)* pressluftapparat.
aquamarine ['ækwəmə͵ri:n] *s; min & farge:* akvamarin.
aquaplane [͵ækwə'plein] *vb; om motorkjøretøy:* akvaplane.
aquarium [ə͵kwɛəriəm] *s:* akvarium *n.*
Aquarius [ə͵kwɛəriəs] *s; astr(=the Water Carrier)* Vannmannen.
aquatic [ə͵kwætik] *adj:* vann-.
aquavit, akvavit [͵ækvə'vit] *s:* akevitt.
aqueduct [͵ækwi'dʌkt] *s:* akvedukt; vannledning.
Arab [͵ærəb] **1.** *s:* araber; araber(hest); **2.** *adj:* arabisk (*fx the Arab nations; an Arab sheikh*); ***the Arab world*** araberverdenen; (*jvf Arabic*).
Arabia [ə͵reibiə] *s; geogr; hist:* Arabia.
Arabian [ə͵reibiən] *adj:* arabisk; ***the Arabian peninsula*** Den arabiske halvøy; ***the Arabian Nights*** Tusen og én natt.
Arabic [͵ærəbik] **1.** *s; språk:* arabisk; **2.** *adj; om språk, alfabet, tall:* arabisk.
arable [͵ærəbl] *adj; landbr(=tillable)* dyrkbar.
arbitrarily [͵ɑ:bitrərili] *adv:* vilkårlig; egenmektig.
arbitrary [͵ɑ:bitrəri] *adj:* vilkårlig; egenmektig.
arbitrate [͵ɑ:bi'treit] *vb; jur:* (la) avgjøre ved voldgift.
arbitration ['ɑ:bi͵treiʃən] *s; jur:* voldgift.
arbitrator [͵ɑ:bi'treitə] *s; jur:* voldgiftsmann.
arbour [͵ɑ:bə] *s(,*US: *arbor)* lysthus; løvhytte.
I. arc [ɑ:k] *s:* bue; ***(electric) arc*** lysbue.
II. arc *vb(=describe an arc)* beskrive en bue.
arcade [ɑ:͵keid] *s* **1.** buegang; **2.**: ***(shopping) arcade***(*,*US *& Canada: shopping mall*) (shopping)arkade.
I. arch [ɑ:tʃ] *s* **1.** bue; **2.** *sport; i ski:* spenn; **3.** *med.:* ***have fallen arches*** være tverrplattfot.
II. arch *vb* **1.** hvelve seg (over); danne en bue (over); **2.** krumme; *om dyr:* ***arch its back*** skyte rygg.
III. arch *adj:* skjelmsk (*fx she gave him an arch look*).
IV. arch erke- (*fx an arch liar*).
archaeological ['ɑ:kiə͵lɔdʒikl] *adj:* arkeologisk.
archaeologist ['ɑ:ki͵ɔlədʒist] arkeolog.
archaeology ['ɑ:ki͵ɔlədʒi] *s:* arkeologi.
archaic [ɑ:͵keiik] *adj:* arkaisk; gammeldags.
archangel [͵ɑ:k'ein(d)ʒəl] *s; rel:* erkeengel.
archbishop [͵ɑ:tʃ͵biʃəp] *s:* erkebiskop.
archbishopric [͵ɑ:tʃ͵biʃəprik] *s:* erkebispedømme.
archdeacon [͵ɑ:tʃ͵di:kən] *s; i den anglikanske kirke:* erkediakon; erkedegn (ɔ: geistlig umiddelbart under en biskop).
archdiocese [͵ɑ:tʃ͵daiəsis] *s:* erkebispedømme.
archduke [͵ɑ:tʃ͵dju:k] *s:* erkehertug.
arched [ɑ:tʃt] *adj* **1.** med bue(r); buet; bueformet; bue-; **2.** krummet; krum (*fx an arched back*); **3.** ***have an arched foot***(*=have a high instep*) ha høy vrist.
archenemy [͵ɑ:tʃ͵enəmi] *s:* erkefiende.
archer [͵ɑ:tʃə] *s* **1.** bueskytter; **2.** *astr:* ***the Archer*** Skytten.
archery [͵ɑ:tʃəri] *s:* bueskyting.
architect [͵ɑ:ki'tekt] *s* **1.** arkitekt; **2.** *ordspråk:* ***everybody is the architect of his own future***(*=life is what you make it*) enhver er sin egen lykkes smed.
architectural ['ɑ:ki͵tektʃərəl] *adj:* arkitektonisk.
architecture [͵ɑ:ki'tektʃə] *s:* arkitektur.
archives [͵ɑ:kaivz] *s; pl* **1.** *om bygning:* arkiv; **2.** *om dokumenter:* arkivalier.
archivist [͵ɑ:kivist] *s:* arkivar.
arch support *i sko:* innlegg; (*jvf insole 2*).
archway [͵ɑ:tʃ'wei] *s* **1.** buegang; **2.** porthvelving.
arctic [͵ɑ:ktik] *adj:* arktisk; nordpols-.
Arctic Circle *geogr:* ***the Arctic Circle*** den nordlige polarsirkel.
arctic fox *zo(,merk: blue fox)* fjellrev; *merk:* blårev.
Arctic Ocean *s; geogr:* ***the Arctic Ocean*** Nordishavet.
ardent [͵ɑ:dənt] *adj; fig:* brennende (*fx desire; faith*); glødende (*fx admirer; hatred*); ivrig (*fx supporter*).
ardour (*,*US: *ardor*) [͵ɑ:də] *s; fig:* glød; varme.
arduous [͵ɑ:djuəs] *adj; stivt* **1**(*=difficult*) besværlig; **2**(*=steep*) steil; bratt (*fx mountain path*).
I. are [ɑ:] *s:* ar; 100m∑.
II. are [ɑ:; *trykksvakt:* ə] 2. *person sing, 1. 2. & 3. person pl pres av 'to be':* ***you are, we are, they are*** du (,dere) er, vi er, de er.
area [͵ɛəriə] *s* **1.** *også fig:* område *n;* **2.** areal *n;* flateinnhold.
area code *tlf* US *& Canada(=dialling code; code number)* retningsnummer; (*se country code*).
arena [ə͵ri:nə] *s; også fig:* arena; kampplass.
Argentina ['ɑ:dʒən͵ti:nə] *s; geogr:* Argentina.
Argentine [͵ɑ:dʒən'tain] **1.** *s(,T: Argy)* argentiner; **2.** *adj:* argentinsk.

argentine [ˌɑ:dʒən'tain] *adj; stivt(=silvery)* sølvaktig.
Argentinian ['ɑ:dʒənˌtiniən] **1.** *s(=Argentine)* argentiner; **2.** *adj(=Argentine)* argentinsk.
arguable [ˌɑ:gjuəbl] *adj* **1***(=debatable)* som kan diskuteres; **2***(=possible): **it's arguable that …*** det er mulig at …
arguably [ˌɑ:gjuəbli] *adv* **1***(=possibly)* muligvis; kanskje;
2*(=it can be argued that)* det kan hevdes at …
argue [ˌɑ:gju:] *vb* **1.:** ***argue with sby about sth*** krangle med en om noe; strides med en om noe; ***I'm not going to argue*** jeg har ikke tenkt å krangle; **2.** argumentere; diskutere; gjøre gjeldende; hevde; fremføre; legge frem; ***he's always arguing!*** han protesterer alltid! ***don't argue!*** ikke diskuter! ingen protester, takk!
argument [ˌɑ:gjumənt] *s* **1.** argument *n;*
2*(=quarrel; disagreement)* trette; krangel; uenighet; ***have an argument*** trette; krangle (*about* om);
3*(=discussion)* diskusjon; meningsutveksling; argumentasjon; ***get the best of an argument*** gå seirende ut av en diskusjon.
argumentation ['ɑ:gjumənˌteiʃən] *s:* argumentasjon.
argumentative ['ɑ:gjuˌmentətiv] *adj:* stridslysten.
aria [ˌɑ:riə] *s; mus:* arie.
arid [ˌærid] *adj:* regnfattig; tørr.
Aries [ˌɛəri:z] *s; astr(=the Ram)* Væren.
arise [əˌraiz] *vb(pret: arose; perf. part.: arisen)* **1.** oppstå; ***if the question(=point) arises*** hvis spørsmålet blir aktuelt;
2. *stivt(=get up; rise; stand up)* stå opp;
3.: ***arise from(=out of)*** skyldes; være et resultat av.
aristocracy ['æriˌstɔkrəsi] *s:* aristokrati *n.*
aristocrat [ˌæristə'kræt; **US:** əˌristə'kræt] *s:* aristokrat.
aristocratic ['æristəˌkrætik] *adj:* aristokratisk.
arithmetic [əˌriθmətik] *s:* regning; ***mental arithmetic*** hoderegning; ***simple arithmetic*** praktisk regning.
ark [ɑ:k] *s; bibl:* ark; ***Noah's ark*** Noas ark.
I. arm [ɑ:m] *s* **1.** *anat:* arm;
2*(=sleeve)* erme; arm;
3. *på stol:* arm(lene);
4. *fig: **the (long) arm of the law*** lovens lange arm;
5.: ***hold (,lift) sth at arm's length*** holde (,løfte) noe på strak arm; *fig: **keep sby at arm's length*** holde en på avstand.
II. arm *s* **1***(=weapon)* våpen *n; **small arms*** håndvåpen;
2. *mil; del av våpengren:* våpenart; ***the Fleet Air Arm*** marinens flyvåpen;
3.: ***(coat of) arms*** våpen(skjold);
4.: ***in -s*** kampklar; *fig: **up in arms*** i krigshumør.
III. arm *vb* **1.** væpne (seg);
2. *fig:* væpne; utruste.
armament [ˌɑ:məmənt] *s; mil* **1.** bestykning;
2.: ***armaments(=military strength)*** militær styrke.
armature [ˌɑ:mətʃə] *s; elekt:* anker *n.*
armband [ˌɑ:m'bænd] *s* **1***(=brassard)* armbind;
2. armstrikk.
armchair [ˌɑ:m'tʃɛə] *s(=easy chair)* lenestol.
armed [ɑ:md] *adj; også mil:* bevæpnet; væpnet.
Armenia [ɑ:ˌmi:niə] *s; geogr:* Armenia.
Armenian [ɑ:ˌmi:niən] **1.** *s:* armener; **2.** *adj:* armensk.
armhole [ˌɑ:m'houl] *s; i klesplagg:* armhull.
armistice [ˌɑ:mistis] *s; mil:* våpenstillstand.
armlet [ˌɑ:mlit] *s(=armband)* armbind.
armorial [ɑ:ˌmɔ:riəl] *adj:* heraldisk; ***armorial bearings*** våpen *n.*
I. armour [ˌɑ:mə] *s(,**US:** armor)* **1.** rustning; **2.** *mar; mil; zo:* panser; **3.** *mil:* panservåpen; stridsvogner.
II. armour *(,**US:** armor) vb* **1.** *mil:* pansre; **2.** *elekt(=sheathe)* armere *(fx a cable).*
armourer *(,**US:** armorer)* [ˌɑ:mərə] *s; mil:* børsemaker.
armourplate glass [ˌɑ:mə'pleit'glɑ:s] *s:* panserglass.
armoury *(,**US:** armory)* [ˌɑ:məri] *s; mil* **1.** våpenkammer; **2.** *kollektivt:* våpen *n.*
armpit [ˌɑ:m'pit] *s; anat(=axilla)* armhule.
arm rest *(=elbow rest)* armlene *n.*
army [ˌɑ:mi] *s* **1.** *mil:* hær; **2.** *mil:* armé; **3.** *fig:* hær *(fx an army of workmen).*
army corps [ˌɑ:mi ˌkɔ:] *s(pl: army corps* [ˌɑ:mi ˌkɔ:z]*) mil:* armékorps.
Army Headquarters *mil:* Hærstaben *(fk HST).*
aroma [əˌroumə] *s:* aroma; (krydret) duft.
aromatic ['ærəˌmætik] *adj:* aromatisk.
I. around [əˌraund] *prep* **1***(=round)* rundt (om); omkring; *fig: **there's no getting around it*** det er ikke til å komme utenom;
2*(=round)* som beskriver en bue utenom; rundt;
3*(=round)* like rundt *(fx the corner);*
4 *mht. akse, sentrum(=round)* om; rundt *(fx the earth's motion around its axis);*
5. *om bakgrunnsstoff(=round)* rundt *(fx built around a good plot);*
6*(=about)* rundt omkring i *(fx around the house);*
7*(=about)* (et eller annet sted) i; like ved *(fx stay around the house);*
8. *ved bevegelse(=about)* fra sted til sted; rundt omkring (i) *(fx travel around in Africa).*
II. around *adv* **1***(=about)* rundt; omkring;
2*(=about)* rundt omkring i rommet (,huset, etc); rundt omkring; både her og der;
3. *ved omtrentlighet(=about)* omkring;
4*(=about; somewhere near)* til stede; i nærheten *(fx there was no one around; if you need me, I'll be (somewhere) around);*
5. T*(=about): **be around*** 1. *om person i underholdningsbransjen:* kjent; fremme (i rampelyset); 2.: ***he's been around (a lot)*** han har sett seg om her i verden;
6. *ved hjuls, etc bevegelse(=round)* rundt *(fx turn around);*
7. *om helomvending(=round)* rundt *(fx turn around!);*
8. *om omkrets(=round)* rundt; i omkrets;
9. *ved bordet(=round)* rundt *(fx pass the food around);*
10*(=round)* bortom; innom *(fx he came around to see us); (jvf 13);*
11*(=in use)* i bruk; kjent;
12.: ***all around*** 1*(=all round; all over the place)* overalt; over det hele; 2*(=all round)* rundt det hele *(fx the garden is fenced all around);* 3. *fig(=all round): **that would be a lot better all around*** det ville være langt bedre for alle parter;
13. *om omvei: **around by**(=round by)* rundt; bortom;
14. T: ***around here somewhere****(=somewhere hereabouts)* et sted her i nærheten;
15.: ***gather around****(=gather round; assemble)* samle seg;
16.: ***get around****(=about)* komme mye omkring;
17. *neds: **sleep around*** ha forskjellige seksualpartnere;
18. *om uvirksomhet: **stand around**(=stand round; stand about)* stå og henge; stå uvirksom; stå omkring; ***wait around****(=wait about;* **T:** *hang about; hang around)* stå og vente.
arouse [əˌrauz] *vb* **1.** *stivt; især fig(=awaken; rouse)* vekke;
2. *fig:* vekke; ***arouse admiration*** vekke beundring.
arrange [əˌreindʒ] *vb* **1.** ordne; arrangere; **2.** avtale *(fx arrange to meet);* **3.** *mus:* bearbeide; utsette.
arrangement [əˌreindʒmənt] *s* **1.** ordning; arrangement *n; **come to an arrangement*** komme til en ordning;
2. avtale;
3. *mus:* arrangement; bearbeidelse; utsettelse.
I. array [əˌrei] *s; litt.* **1.:** ***battle array*** fylking; **2.** (imponerende) rekke; (imponerende) arrangement *n; **an impressive array of facts*** en imponerende rekke fakta.
II. array *vb* **1.** *mil:* fylke *(fx soldiers for battle);*
2. ordne; stille opp;
3. *især i passiv: **be arrayed in fine clothes*** bli iført fine klær.

arrears [əˌriəz] *s; pl* **1.** restanse; **2.:** ***in arrears*** på etterskudd; ***be in arrears with*** være på etterskudd med.

I. arrest [əˌrest] *s* **1.** arrestasjon; ***make an arrest*** foreta en arrestasjon; **2.** *tekn; med.:* stans; stopp; ***cardiac arrest*** hjertestans; **3.** *jur; av eiendom:* arrest.

II. arrest *vb* **1.** arrestere; ***be arrested*** bli arrestert;
2. *stivt(=stop)* stoppe; stanse;
3. *jur:* ***arrest chattels*** ta arrest i løsøre;
4. *stivt(=attract):* ***arrest one's attention*** tiltrekke (seg) ens oppmerksomhet.

arrest warrant *jur:* arrestordre.

arrival [əˌraivl] *s* **1.** ankomst; ***arrival at****(,til land el. større by: in)* ankomst til; ***time of arrival*** ankomsttid; ***on his arrival*** ved hans ankomst; da han kom;
2.: ***new arrival*** nyankommen; ***he was a late arrival*** han kom sent.

arrival hall ankomsthall.

arrive [əˌraiv] *vb* **1.** (an)komme; ***arrive early*** komme tidlig; være tidlig ute; ***arrive at****(,om større by el. land: in)* ankomme til; ***arrive in town*** komme til byen;
2. *fig:* ***we both arrived at****(=came to)* ***the same conclusion*** vi kom begge til samme konklusjon;
3. T*(=succeed)* gjøre lykke.

arrogance [ˌærəgəns] *s:* arroganse; overlegenhet.

arrogant [ˌærəgənt] *adj:* arrogant; overlegen.

arrow [ˌærou] *s:* pil; ***(a) bow and arrows*** pil og bue.

arrowhead [ˌærouˈhed] *s:* pilespiss.

I. arse [ɑ:s] *(,***US:** *ass* [æs]*)* *s; vulg(=buttocks; bum)* ræv; *(se short arse).*

II. arse *vb; vulg(,***US:** *ass):* ***arse about, arse around****(= fool around)* vimse omkring; tulle omkring.

arsenal [ˌɑ:sənl; ˌɑ:snəl] *s:* arsenal.

arsenic [ˌɑ:snik] *s; kjem:* arsenikk.

arson [ˌɑ:sən] *s:* brannstiftelse; ildspåsettelse.

arson attack (tilfelle av) brannstiftelse (*on* i, på).

arsonist [ˌɑ:sənist] *s:* brannstifter; ildspåsetter.

art [ɑ:t] *s* **1.** kunst; kunsten; ***work of art*** kunstverk; ***academy of fine arts*** *(=college of art and design)* kunstakademi; ***college of arts and crafts*** kunst- og håndverksskole; *(se applied art);* **2.** *om metode, system, etc:* kunst; ***the art of government*** kunsten å regjere; **3.** *skolev:* forming; *(se Arts).*

artefact, artifact [ˌɑ:tiˈfækt] *s:* kulturgjenstand.

arterial [ɑ:ˌtiəriəl] *adj* **1.** *med.:* arteriell; arterie-; pulsåre-; **2.:** ***arterial road****(=traffic artery)* trafikkåre.

artery [ˌɑ:təri] *s; anat:* arterie; pulsåre.

art faker kunstforfalsker.

artful [ˌɑ:tful] *adj; som regel neds:* lur; slu.

arthritis [ɑ:ˌθraitis] *s; med.:* ***(articular) arthritis*** leddgikt; ***rheumatoid arthritis*** revmatisk leddgikt.

artichoke [ˌɑ:tiˈtʃouk] *s; bot:* artisjokk.

article [ˌɑ:tikl] *s* **1.** gjenstand; artikkel; vare;
2. *i avis:* artikkel;
3. *gram:* artikkel; ***the (in)definite article*** den (u)bestemte artikkel;
4. *rel:* ***article (of faith)*** (tros)artikkel.

I. articulate [ɑ:ˌtikjuˈleit] *vb:* artikulere.

II. articulate [ɑ:ˌtikjulit] *adj* **1.** *om tale:* tydelig; klar;
2. *om person:* i stand til å uttrykke seg tydelig;
3. *anat:* leddelt; leddet.

articulated lorry semitrailer.

articulation [ɑ:ˈtikjuˌleiʃən] *s* **1.** tydelig uttale; artikulasjon; **2.** *anat:* leddforbindelse.

artifice [ˌɑ:tifis] *s; stivt(=trick)* knep *n;* kunstgrep.

artificial [ˈɑ:tiˌfiʃəl] *adj:* kunstig; tilgjort.

artillery [ɑ:ˌtiləri] *s; mil:* artilleri *n.*

artist [ˌɑ:tist] *s:* kunstner.

artiste [ɑ:ˌti:st] *s:* artist *(fx a circus artiste).*

artistic [ɑ:ˌtistik] *adj:* kunstnerisk; kunstner-; kunst-.

artless [ˌɑ:tləs] *adj:* naturlig; ukunstlet.

art object kunstgjenstand.

Arts, arts [ɑ:ts] *s; pl (jvf art 3)* **1.:** ***the Arts*** åndsvitenskapene;
2. *univ:* filologi; filologiske fag *n;* ***the Arts Faculty*** Det historisk-filosofiske fakultet; **T:** HF; ***Bachelor of Arts****(fk BA;* **US:** *AB)* universitetsgrad tilsvarende norsk cand. mag.; ***Master of Arts****(fk MA;* **US:** *AM)* universitetsgrad tilsvarende norsk cand. philol.

arts centre kulturhus.

arts degree *univ(=Arts degree)* embetseksamen i filologiske fag; *(jvf honours degree).*

arts subject *univ(=Arts subject)* filologisk fag; *(jvf art subject).*

arts teacher *skolev(=Arts teacher)* lærer i filologiske fag; filolog; *(jvf art teacher).*

art subject 1. kunstfag; **2.** *skolev:* formingsfag; *(jvf arts subject).*

art teacher *skolev:* formingslærer; *(jvf arts teacher).*

artwork [ˌɑ:tˈwə:k] *s:* illustrasjonsmateriale; layout.

arty [ˌɑ:ti] *adj* **T** *om person(=affectedly artistic)* tilgjort kunstnerisk *(fx he's an arty type).*

as [æz; *trykksvakt:* əz; z] *konj & adv* **1.** *om tid:* idet; da; etter hvert som; mens *(fx we'll be able to talk as(= while) we go);*
2. *om årsak:* siden; ettersom; da;
3. som; i egenskap av; *ved sammenligninger:* like (så) … som; så … som;
4. slik som; som; ***I did as I was told*** jeg gjorde som jeg fikk beskjed om; ***as you know*** som du (,dere) vet; ***as it is*** slik som det ligger an; ***it's bad enough as it is*** det er galt (*el.* ille) nok som det er;
5*(=like):* ***(such) as*** som for eksempel *(fx cities, (such) as Leeds);*
6*(=although; even though)* skjønt; hvor … enn; ***absurd as it may sound*** enda så absurd det lyder; ***much as I want to, I cannot go*** jeg kan ikke reise (,dra), hvor gjerne jeg enn ville;
7.: ***as it were****(=in a way; so to speak)* liksom; på en måte;
8. *stivt:* ***such … as****(=those … who(m))* de … som *(fx such women as knew Tom thought he was charming);*
9.: ***so as to****(=in order to)* for å;
10.: ***as against*** sammenlignet med; i motsetning til;
11.: ***as can (,could) be*** som det (bare) går (,gikk) an; som bare det *(fx she was as happy as could be);*
12.: ***as far as*** 1. (så langt som) til; 2. så vidt *(fx as far as we know);* ***as far as I am concerned*** hva meg angår; for mitt vedkommende;
13.: ***as for****(=as regards)* hva angår; ***as for me*** hva meg angår; ***as for myself****(=speaking for myself)* hva meg selv angår; for min egen del; ***as for that****(=as to that)* hva det angår;
14. *i tidsuttrykk:* ***as from*** fra og med; f.o.m. *(fx as from today);*
15.: ***as regards****(=with regard to)* med hensyn til; hva angår;
16.: ***as though****(=as if)* som om;
17.: ***as to****(= as regards)* hva angår; med hensyn til; ***as to that*** hva det angår; ***so as to:*** *se 9;*
18.: ***as yet****(=so far)* ennå; enda; hittil.

asbestos [æsˌbestɔs; æsˌbestəs] *s:* asbest.

ascend [əˌsend] *vb* **1.** *stivt(=climb)* klatre opp på; bestige; **2.** *om røyk el. tåke; stivt(=rise)* stige opp; **3.** *om hellingsvinkel:* stige; helle oppover.

ascendance, ascendency [əˌsendəns(i)] *s:* herredømme; overtak *(fx have the ascendancy over sby).*

I. ascendant, ascendent [əˌsendənt] *s* **1.** *astr:* ascendent; **2.** *fig; om makt, innflytelse; stivt:* ***be in****(=on)* ***the ascendant****(=be rising)* være for oppadgående.

II. ascendant, ascendent *adj* **1.** *astr:* på vei oppover; stigende; **2.** *bot(=ascending)* oppstigende.

ascending [əˌsendiŋ] *adj* **1.** *astr, etc:* stigende;
2. *fig(=rising)* oppadgående *(fx star);*
3. *jur:* ***in ascending line*** *(=in line of ascent)* i oppadstigende linje.

Ascension [əˌsenʃən] *s; rel:* himmelfart.

Ascension Day *rel:* Kristi himmelfartsdag.

ascent [əˌsent] *s* **1.** oppstigning; bestigning; **2.** oppstigning; vei oppover; stigning.
ascertain ['æsəˌtein] *vb; stivt(=find out)* konstatere.
ascetic [əˌsetik] **1.** *s:* asket; **2.** *adj:* asketisk.
asceticism [əˌseti'sizəm] *s:* askese.
ascribable [əˌskraibəbl] *adj; meget stivt:* ***it is ascribable to****(=it can be attributed to)* det kan tilskrives.
ascribe [əˌskraib] *vb; stivt:* ***ascribe to****(=attribute to)* tilskrive; tillegge *(fx a play ascribed to NN).*
aseptic [əˌseptik; eiˌseptik] *med.* **1.** *s:* aseptisk middel; **2.** *adj:* aseptisk; bakteriefri.
asexual [eiˌseksjuəl; eiˌsekʃuəl] *adj* **1.** kjønnsløs; **2.** *biol:* ukjønnet; ***asexual reproduction*** ukjønnet formering.
I. ash [æʃ] *s; bot:* ***ash (tree)*** ask(etre).
II. ash *s* **1.** aske *(fx cigar ash);*
2.: ***ashes*** aske; ***rise from the ashes*** stige opp av asken;
3.: ***ashes*** jordiske levninger; aske;
4. *i cricketlandskamp mellom UK og Australia:* ***bring back the Ashes*** få revansj over Australia.
ashamed [əˌʃeimd] *adj:* skamfull; ***be ashamed*** skamme seg (*of* over); ***I'm ashamed to say that …*** jeg må med skam melde at …; ***I'm ashamed of you!*** jeg skammer meg over deg!
ashbin [ˌæʃ'bin] *s* **1. US***(=dustbin)* søppeldunk; søppelspann; **2***(=ashpan)* askeskuff.
ashore [əˌʃɔ:] *adv; mar:* i land; fra borde; ***put ashore*** 1. legge til land; 2*(=set ashore)* sette i land.
ashtray [ˌæʃ'trei] *s:* askebeger.
Asia [ˌeiʃə] *s; geogr:* Asia; ***Asia Minor*** Lilleasia.
Asian [ˌeiʃən; ˌeiʒən] **1.** *s:* asiat; *ofte(=Indian)* inder; **2.** *adj:* asiatisk; *ofte(=Indian)* indisk.
aside [əˌsaid] *adv:* til side; ***put aside*** legge til side.
ask [ɑ:sk] *vb* **1.** spørre; ***ask a question*** stille et spørsmål; ***ask sby's advice*** spørre en til råds; spørre en om råd *n;* ***ask the time*** spørre hvor mange klokken er; ***ask the way*** spørre om veien; ***ask one's way*** spørre seg frem; ***ask sby the way*** *(=ask the way of sby)* spørre en om veien;
2. be (*for* om); *(se for øvrig 5: ask for);* ***he asked to be excused*** han ba seg unnskyldt; ***my father asks to be remembered to you*** min far ber meg hilse; ***ask nicely*** be pent; ***ask****(=invite)* ***sby for****(=to)* ***dinner*** be en til middag; ***he had asked her (to come out with him) to a dance*** han hadde bedt henne ut på dans; ***I would ask you to …*** jeg vil be Dem (,deg) om å …; ***he did not have****(=need)* ***to be asked twice****(=he didn't need telling twice)* han lot seg ikke be to ganger;
3.: ***ask about*** spørre om; forhøre seg om; spørre etter *(fx she was asking about you);*
4. *mht. velbefinnende:* ***ask after*** spørre etter;
5.: ***ask for*** 1. spørre etter; 2. be om; 3. *om prisforlangende:* forlange for; ***ask for trouble*** 1. være ute etter (å lage) bråk *n;* 2. *fig:* utfordre skjebnen;
6.: ***ask if****(=ask whether)* spørre om;
7.: ***ask a favour of sby*** be en om en tjeneste.
askance [əˌskɑ:ns] *adv:* ***look askance at*** se skjevt til.
askew [əˌskju:] **1.** *adj(=crooked)* skjev;
2. *adv(=awry)* på skrå; skjevt.
asking [ˌɑ:skiŋ] *s:* ***it's to be had for the asking****(=you get it if you ask for it)* det er bare å be om det.
asking price prisforlangende.
aslant [əˌslɑ:nt] **1.** *adv(=at a slant)* på skrå;
2. *prep(=across)* på skrå tvers over.
asleep [əˌsli:p] **1.** *adj:* ***be asleep*** sove; ***be fast asleep****(=sleep soundly)* sove fast;
2. *adv:* ***fall asleep*** sovne; falle i søvn.
asparagus [əˌspærəgəs] *s; bot:* asparges(hode).
aspect [ˌæspekt] *s:* utseende *n;* aspekt *n;* side.
asperity [æsˌperiti] *s; stivt* **1***(=harshness)* skarphet;
2. *stivt:* ***the asperities****(=rigours)* ***of a cold winter*** påkjenningene ved en kald vinter.
aspersions [əˌspə:ʃənz] *s; pl; glds el. spøkef:* ***cast aspersions on****(= run down)* snakke nedsettende om.
I. asphalt [ˌæsfælt] *s:* asfalt.
II. asphalt *vb:* asfaltere *(fx a road surface).*
asphyxia [æsˌfiksiə] *s; med.:* kvelning.
asphyxiate [æsˌfiksi'eit] *vb; med røyk el. gass:* kvele; (røyk)forgifte *(fx be asphyxiated by dense smoke).*
aspic [ˌæspik] *s:* aspik; kjøttgelé; ***fish in aspic*** fiskekabaret; ***vegetables in aspic*** grønnsakkabaret.
aspirant [ˌæspirənt; əˌspaiərənt] *s:* aspirant.
aspirate [ˌæspi'reit] *vb* **1.** *fon:* aspirere; **2.** aspirere; suge inn; suge opp.
aspiration ['æspiˌreiʃən] *s* **1.** aspirasjon; streben;
2*(=breathing)* åndedrett *n;*
3. *med.:* aspirasjon; innånding; oppsuging.
aspire [əˌspaiə] *vb:* ***aspire to*** strebe etter; trakte etter; aspirere til.
aspirin [ˌæsp(i)rin] *s:* aspirin.
ass [æs] *s* **1.** *zo:* esel *n; (se hinny);* **2.** *fig:* fe *n;* fjols *n;* **3. US** *vulg(=arse)* ræv.
assail [əˌseil] *vb; stivt; også fig(=attack)* angripe.
assassin [əˌsæsin] *s; polit:* morder; attentatmann.
assassinate [əˌsæsi'neit] *vb* **1.** *polit:* myrde; **2.** *fig; stivt(=destroy)* ødelegge *(fx a person's good name).*
assassination [ə'sæsiˌneiʃən] *s* **1.** *polit:* mord;
2. *fig; meget stivt(=destruction)* ødeleggelse *(fx of sby's reputation).*
I. assault [əˌsɔ:lt] *s* **1.** *også fig(=attack)* angrep *n;*
2. *jur: se battery 4: assault (and battery).*
II. assault *vb* **1.** *også fig(=attack)* angripe; gå løs på;
2. *jur:* ***be sexually assaulted*** bli utsatt for seksuelt overgrep.
assay [əˌsei] *vb; malm el. edelt metall:* analysere.
assemble [əˌsembl] *vb* **1.** samle; samle seg; **2.** montere.
assembly [əˌsembli] *s* **1.** *av mennesker:* forsamling; samling; *skolev:* møte *(n)* i aulaen før dagens undervisning; **2.** montering; **3.** aggregat *n;* noe som er ferdig satt sammen.
assembly hall *skolev:* aula.
assembly line samlebånd.
assembly point samlingspunkt; oppsamlingssted; ***go****(=make your way)* ***to the assembly point, following the crew's instructions*** begi deg til oppsamlingsstedet idet du følger anvisninger fra skipets besetning.
assembly shop *(=assembly bay)* monteringsavdeling.
I. assent [əˌsent] *s; stivt(=consent)* samtykke *n;* ***give one's assent to*** gi sitt samtykke til; samtykke i.
II. assent *vb; stivt(=consent):* ***assent to*** samtykke i.
assert [əˌsə:t] *vb* **1***(=insist on)* hevde; forfekte; ***assert one's right to sth*** hevde sin rett til noe; ***assert oneself****(=prove oneself; hold one's own)* hevde seg; ***assert****(=defend)* ***an opinion*** hevde (*el.* forfekte) en mening;
2*(=maintain; allege)* påstå; hevde; ***assert one's innocence****(=assert that one is innocent)* påstå (*el.* hevde) at man er uskyldig; fastholde at man er uskyldig.
assertion [əˌsə:ʃən] *s* **1***(=asserting)* hevdelse; forfektelse (*of* av); *(jvf assert 1);* **2.** påstand; ***baseless****(=ill-founded)* ***assertion*** løs påstand; ***refute an assertion*** gjendrive en påstand; *(se self-assertion).*
assertive [əˌsə:tiv] *adj* **1***(=self-confident)* selvsikker; **2***(=dogmatic)* dogmatisk.
assess [əˌses] *vb* **1***(=value)* taksere (*at* til); **2.** *om skatt:* iligne; ligne; **3.** vurdere *(fx assess(=estimate) the damage; assess(=judge) the results);* ***each case will be assessed separately****(=each case will be judged(=decided) on its merits)* hvert tilfelle vil bli vurdert for seg.
assessed attainment *skolev:* standpunktkarakter.
assessment [əˌsesmənt] *s* **1***(=valuation)* taksering;
2. (skatte)ligning;
3. vurdering.
assessment test *skolev:* standpunktprøve.
assessor [əˌsesə] *s; jur:* teknisk sakkyndig; ***nautical assessor*** sjøkyndig bisitter; *(jvf claims inspector).*
asset [ˌæset] *s (se også assets)* **1.** *jur:* formuesgjen-

stand; **2.** aktivum *n; **social asset*** samfunnsgode.
assets [ˌæsets] *s; pl* **1.** verdier; **2.** *merk:* aktiva *n.*
asseverate [əˌsevə'reit] *vb; meget stivt(=solemnly assert; protest)* høytidelig forsikre; bedyre.
assiduity ['æsiˌdju:iti] *s; stivt(=keenness)* iver.
assiduous [əˌsidjuəs] *adj; stivt(=hard-working)* flittig.
assign [əˌsain] *vb* **1.** *stivt(=give): **assign to*** tildele; gi; **2***(=select)* velge ut (*to a job* til en jobb).
assignment [əˌsainmənt] *s* **1***(=mission)* oppdrag *n;*
2. *stivt(=job)* oppgave;
3. *stivt(=appointment)* utnevnelse (*to* til);
4. *stivt(=assigning)* tildeling *(fx of work).*
assimilate [əˌsimi'leit] *vb* **1.** assimilere; oppta (i seg); **2.** *fig:* assimilere; bli assimilert.
assimilation [ə'simiˌleiʃən] *s:* assimilasjon.
assist [əˌsist] *vb:* hjelpe; assistere.
assistance [əˌsistəns] *s; stivt(=help)* assistanse; hjelp; bistand; ***give assistance*** yte hjelp (*el.* assistanse); ***be of assistance****(=be of help)* være til hjelp.
I. assistant [əˌsistənt] *s:* assistent; hjelper; ***(shop) assistant*** ekspeditør; ***assistant to*** assistent for.
II. assistant *adj:* assisterende; hjelpe-.
assistant professor *univ* **US***(=senior lecturer)* førstelektor.
I. associate [əˌsouʃiit] *s:* partner; ***business associate*** *(= business partner)* forretningspartner.
II. associate [əˌsouʃi'eit] *vb* **1.** assosiere; forbinde (*with* med); **2.** *stivt: **associate with**(=mix with)* omgås.
III. associate [əˌsouʃiit] *adj:* assosiert.
associate director meddirektør.
associate member assosiert medlem *n;* støttemedlem.
associate professor **US:** professor; *(NB **UK** har ikke noe tilsvarende); * An 'associate professor' ranks above an 'assistant professor' and below a '(full) professor'.*
association [ə'sousiˌeiʃən; ə'souʃiˌeiʃən] *s* **1.** forening; ***trade association*** bransjeforening; ***touring association*** reiselivsforening; ***travel association*** turistforening;
2. assosiasjon (*with* med);
3. *stivt(=friendship)* vennskap *n;*
4. *stivt(=connection)* forbindelse;
5.: ***in association with*** 1. i samarbeid med; 2. i sammenheng med; ***seen in association with*** sett i sammenheng med.
association football *(,T: soccer;* **US:** *soccer)* fotball.
assonance [ˌæsənəns] *s:* assonans; halvrim.
assorted [əˌsɔ:tid] *adj:* assortert; ***assorted herrings****(= herring titbits)* sildeanretning.
assortment [əˌsɔ:tmənt] *s:* assortiment *n;* utvalg *n.*
assuage [əˌsweidʒ] *vb; meget stivt el. litt.(=ease)* lindre *(fx the pain).*
assume [əˌsju:m] *vb* **1***(=think; suppose)* anta; forutsette; ***it is assumeed****(=thought)* ***that*** det antas at; ***assuming that*** 1. hvis man antar at; 2*(=provided (that); providing (that))* forutsatt at;
2. *stivt(=take over)* overta *(fx the command);*
3*(=take over; appropriate)* overta; tilta seg *(fx all important decisions);*
4*(=undertake)* påta seg; ***assume responsibility for sth*** påta seg ansvar(et) for noe;
5. *om ansiktsuttrykk, form, etc; stivt(=put on)* anta; legge seg til;
6*(=take): **assume another name*** ta et annet navn.
assumed [əˌsju:md] *adj* **1.** påtatt *(fx name);* **2***(=generally accepted)* antatt.
assumption [əˌsʌmpʃən] *s* **1.** antagelse; formodning; forutsetning; ***we're working****(,T: going)* ***on the assumption****(=understanding)* ***that …*** vi arbeider ut fra den forutsetning at …;
2. *stivt(=take-over)* overtagelse.
assurance [əˌʃɔ:rəns; əˌʃuərəns] *s* **1.** forsikring; tilsagn; **2.** *fors: **(life) assurance**(=life insurance)* livsforsikring; **3***(=self-assurance)* selvsikkerhet.
assure [əˌʃɔ:; əˌʃuə] *vb* **1.** forsikre (*of* om);
2. *stivt: **assure oneself of**(=make sure of)* forvisse seg om; ***assure oneself that****(=make sure that)* forvisse seg om at;
3. *stivt(=secure)* sikre *(fx this assured the victory).*
assured [əˌʃɔ:d; əˌʃuəd] *adj* **1***(=secure)* sikker; ***an assured income*** en sikker inntekt; **2.:** ***you can rest assured that****(=you can be quite sure that)* du kan være forvisset om at; **3.** *stivt(=self-assured)* (selv)sikker.
aster [ˌæstə] *s; bot:* asters.
asterisk [ˌæstərisk] *s; typ:* stjerne.
astern [əˌstə:n] *adv; mar:* akter (utabords); akterut; akterlig; aktenom.
asthma [ˌæsmə] *s; med.:* astma.
asthmatic [æsˌmætik] *adj; med.:* astmatisk.
astir [əˌstə:] *adj(=up and about)* på bena *n (fx the whole family (,town) was astir).*
astonish [əˌstɔniʃ] *vb(=amaze)* forbløffe.
astonishing [əˌstɔniʃiŋ] *adj(=amazing)* forbløffende.
astonishment [əˌstɔniʃmənt] *s(=amazement)* forbløffelse.
astound [əˌstaund] *vb(=amaze; astonish)* forbløffe.
astounding *adj(=amazing; astonishing)* forbløffende.
astray [əˌstrei] *adv: **go astray*** komme bort; komme på avveier; ***lead astray*** føre på villspor (*el.* gale veier).
astride [əˌstraid] **1.** *adv:* overskrevs; med skrevende ben *n;*
2. *prep:* overskrevs på *(fx sit astride a chair).*
astrologer [əˌstrɔlədʒə] *s:* astrolog.
astrological ['æstrəˌlɔdʒikl] *adj:* astrologisk.
astrology [əˌstrɔlədʒi] *s:* astrologi.
astronaut [ˌæstrə'nɔ:t] *s:* astronaut.
astronautics ['æstrəˌnɔ:tiks] *s:* romfart(svitenskap).
astronomer [əˌstrɔnəmə] *s:* astronom.
astronomic(al) ['æstrəˌnɔmik(l)] *adj; også fig:* astronomisk *(fx an astronomical figure).*
astronomy [əˌstrɔnəmi] *s:* astronomi.
astrophysics ['æstrouˌfiziks] *s:* astrofysikk.
astute [əˌstju:t] *adj(=shrewd)* kløktig; skarp.
asunder [əˌsʌndə] *adv* **1.** *stivt(=to pieces)* i stykker; ***tear asunder*** rive i stykker;
2. *glds(=apart)* fra hverandre;
asylum [əˌsailəm] *s:* asyl *n;* fristed; ***seek political asylum*** søke politisk asyl; ***right of asylum*** asylrett.
asylum seeker *polit:* asylsøker.
asymmetric(al) ['æsiˌmetrik(l); 'eisiˌmetrik(l)] *adj:* asymmetrisk.
at [æt; *trykksvakt:* ət] *prep* **1.** *om sted:* på; i; ved *(fx at the window); **at the other end*** i den andre enden; ***at home*** hjemme; ***at school*** på skolen; ***at the table****(,om måltidet: at (the) table)* ved bordet; ***wait at table*** varte opp ved bordet;
2. *om adresse:* i *(fx he lives at no. 4);*
3. *om avstand:* på; ***at a distance*** på avstand; ***at a distance of a metre*** i en meters avstand; ***at a safe distance*** på trygg avstand;
4*(=through)* gjennom *(fx look in at the window);*
5. *om beskjeftigelse el. tilstand:* på *(fx at work);* ved *(fx at dinner); **children at play*** barn *(n)* som leker; **T:** ***what does he think he's playing at?*** hva er det han tror han holder på med? ***now he's at it again!*** nå holder han på igjen! ***they've been at him again*** de har vært etter (,på) ham igjen; ***be at one's most charming*** vise seg fra sin mest sjarmerende side; ***the two countries are at war*** de to landene er (*el.* ligger) i krig;
6. *om retning el. bevegelse:* i; på; mot *(fx they rushed at him);* til *(fx shout at sby); **arrive at*** ankomme til; komme til; *(se arrive);*
7. *om pris:* til; ***at a****(=the)* ***price of*** til en pris av; ***two (tickets) at 50p (each)*** to (billetter) til 50p (pr. stk.);
8. *om hastighet:* i *(fx at full speed); **at high speeds*** i store hastigheter;
9. *om tid:* ved *(fx at daybreak);* i *(fx at that moment); **at the beginning of June**(=early in June)* i begynnelsen av juni; ***at night*** om natten; ***at all times*** til enhver

tid; til alle tider; ***at ten (o'clock)*** klokken ti; ***at the same moment****(=just then)* i det samme; i samme øyeblikk; akkurat da;
10. *om høytid:* i *(fx at Easter);*
11. *om følelser:* over *(fx shocked at);* på *(fx be angry at(=with) sby);* av *(fx laugh at sby);*
12.: ***at best (,worst)*** i beste (,verste) fall; ***be at one's best (,worst)*** være på sitt beste (,verste);
13.: ***at last*** til slutt; ***at long last*** omsider; til syvende og sist;
14.: ***at once*** med én gang;
15.: ***at this he said nothing*** til dette sa han ingenting; ***let's leave it at that*** la det være nok med det;
16.: ***at a time*** om gangen *(fx two at a time).*
atheism [ˌeiθi'izəm] *s:* ateisme.
atheist [ˌeiθiist] *s:* ateist.
atheistic ['eiθiˌistik] *adj:* ateistisk.
Athens [ˌæθinz] *s; geogr:* Aten.
athlete [ˌæθli:t] *s* **1***(=well-built man)* atlet; kraftkar;
2. *sport:* idrettsutøver*(=track and field athlete)* friidrettsutøver.
athlete's foot *med.:* fotsopp.
athletic [æθˌletik] *adj* **1.** atletisk; **2.** friidretts-; idretts-.
athletics [æθˌletiks] *s(=athletic sports)* idrett; ***(track and field) athletics****(,****US:*** *track sports)* friidrett; ***branch of athletics*** idrettsgren; ***go in for athletics*** drive idrett.
athletics meeting *sport(=sports meeting;* **US:** *track meet)* (fri)idrettsstevne.
athletic support *(=jockstrap;* **US:** *især:* suspensory) suspensorium *n;* skrittbind.
at-home [ətˌhoum] *s:* mottagelse; åpent hus.
athwart [əˌθwɔ:t] **1.** *adv:* på tvers;
2. *prep:* tvers over; på tvers av; *mar:* tvers på *(fx a ship's course).*
atishoo [əˌtiʃu:] *int; når man nyser:* atisj.
Atlantic [ətˌlæntik] *s & adj; geogr:* ***the Atlantic (Ocean)*** Atlanterhavet.
atlas [ˌætləs] *s:* atlas *n.*
atmosphere [ˌætməs'fiə] *s* **1.** atmosfære;
2. *fig:* atmosfære; stemning; ***a friendly****(=cheerful)* ***atmosphere*** en hyggelig (*el.* lys) stemning.
atmospheric ['ætməsˌferik] *adj:* atmosfærisk.
atom [ˌætəm] *s:* atom *n.*
atomic energy *fys(=nuclear energy)* atomenergi.
atomize, atomise [ˌætə'maiz] *vb:* forstøve.
atomizer, atomiser [ˌætə'maizə] *s:* forstøver.
atomic power *fys(=nuclear power)* atomkraft; kjernekraft.
atom-powered [ˌætəm'pauəd] *adj(=nuclear-powered)* atomdrevet *(fx submarine).*
atone [əˌtoun] *vb; stivt(=make amends):* ***atone (for)*** **1.** gjøre godt igjen;
2. *rel:* sone; ***atone for one's sins****(=pay the penalty of one's sins)* sone for sine synder.
atonement [əˌtounmənt] *s; rel(=penance)* soning.
atrium [ˌeitriəm; ˌɑ:triəm] *s(pl: atria* [ˌeitriə; ˌɑ:triə]*)* **1.** *anat:* atrium *n;* **2.** *arkit; hist:* atrium *n.*
at-risk group [ətˌrisk'gru:p] *s:* risikogruppe.
atrocious [əˌtrouʃəs] *adj* **1.** avskyelig; grusom;
2*(=horrifying)* forferdelig; skrekkelig;
3*(=appalling; terrible)* redselsfull; forferdelig.
atrocity [əˌtrɔsiti] *s:* grusom handling; grusomhet.
attach [əˌtætʃ] *vb* **1.** *stivt:* feste; vedhefte; sette på;
2.: attach oneself to slutte seg til;
3.: ***attach importance to*** tillegge betydning;
4.: ***attach to*** knytte til; ***no blame attaches to her*** hun kan ikke bebreides for noe; ***be attached to sby*** være knyttet til en.
attaché [əˌtæʃei] *s:* attaché *(fx military attaché).*
attaché case dokumentmappe; *(se briefcase).*
attachment [əˌtætʃmənt] *s* **1.** feste *n;* fastgjøring;
2. *anat:* feste *n;* ***tendon attachment*** senefeste;
3. anordning (på verktøymaskin); tilbehørsdel; ***attachments*** tilbehørsdeler; utstyr *n;*
4. hengivenhet *(for* for); *for sted:* forkjærlighet *(for* for);
5. *jur:* ***attachment (of property)*** utlegg *n.*
I. attack [əˌtæk] *s* **1.** angrep *n (on* på); **2.** *med.:* anfall *n (fx a heart attack).*
II. attack *vb* **1.** angripe; gå løs på; **2.** *om problem:* angripe.
attain [əˌtein] *vb* **1.** *stivt(=gain)* oppnå (å få);
2. *meget stivt(=reach)* nå; ***attain old age*** oppnå høy alder.
attainable [əˌteinəbl] *adj:* oppnåelig.
attainment [əˌteinmənt] *s* **1***(=attaining)* oppnåelse;
2*(=achievement)* prestasjon;
3. *stivt:* ***a person of many attainments****(=a very gifted person)* en person med mange kvalifikasjoner.
I. attempt [əˌtempt] *s:* forsøk *(at* på; *to* på å); ***make an attempt*** gjøre et forsøk; ***at the first attempt*** ved første forsøk; ***the attempt is worth making****(=it's worth trying)* det er et forsøk verdt.
II. attempt *vb:* forsøke; *om oppgave:* prøve seg på; besvare; *skolev:* ***all sections of the paper should be attempted*** kandidaten må forsøke å besvare alle deler av oppgaven.
attend [əˌtend] *vb* **1.** *stivt(=be at; go to)* være til stede ved; gå på;
2.: ***fail to attend*** la være å møte opp;
3. *om lege, etc(=care for)* ta seg av; se til;
4*(=serve)* betjene;
5. *meget stivt(=accompany)* ledsage;
6.: ***attend to*** 1*(=listen to)* høre etter; 2. passe på; være nøye med *(fx the details);* 3*(=see to)* ta seg av; 3. *stivt:* ***are you being attended to?****(=are you being served?)* blir du ekspedert? får du?
7.: ***attend on****(=wait on)* oppvarte;
8. *meget stivt:* ***it was attended with danger****(=it was dangerous)* det var forbundet med fare.
attendance [əˌtendəns] *s* **1.** nærvær *n;* tilstedeværelse;
2. fremmøte; besøk *n;* ***compulsory attendance*** møteplikt;
3.: ***medical attendance*** legetilsyn;
4. *stivt:* oppvartning; ***dance attendance on sby****(=be at sby's beck and call)* stå på pinne for en;
5.: ***in attendance*** tjenstgjørende *(fx the Customs officer in attendance);* ***there were two doctors in attendance*** to leger hadde tilsyn med pasienten.
I. attendant [əˌtendənt] *s* **1.** ledsager;
2. oppsynsmann; *teat:* billettkontrollør; *ved idrettsstevne; etc:* ***ticket attendant*** billettør; ***cloakroom attendant*** *(,****US:*** *checkroom girl; checker)* garderobevakt; ***flight attendant*** flyvert(inne); ***parking-lot attendant*** parkeringsvakt; ***attendants*** betjening.
II. attendant *adj; stivt* **1***(=accompanying)* ledsagende;
2. som har tilsynet *(fx the attendant nurse).*
attending physician (,surgeon) 1. behandlende lege;
2. US*(=consultant)* avdelingsoverlege.
attention [əˌtenʃən] *s* **1.** oppmerksomhet; ***attract unfavourable attention*** gjøre seg ufordelaktig bemerket; ***be the centre of attention*** stå sentralt; ***call****(=draw)* ***sby's attention to sth*** gjøre en oppmerksom på noe; *om taler:* ***call for attention*** be om oppmerksomheten; ***get the teacher's attention*** bli lagt merke til av læreren; ***pay sby attention*** gjøre en sin oppvartning; ***pay attention to your teacher*** hør på læreren din; ***he showed her little attentions*** han viste henne små oppmerksomheter; ***his attention wanders*** han klarer ikke å konsentrere seg; ***with close attention to detail*** idet man er meget nøye med detaljene;
2. *mil:* ***attention!*** giv akt! ***stand to attention*** stå i giv akt;
3*(=care)* tilsyn *n;* pleie.
attentive [əˌtentiv] *adj:* oppmerksom; ***be attentive to detail****(=be particular about the details)* være nøye med detaljene.

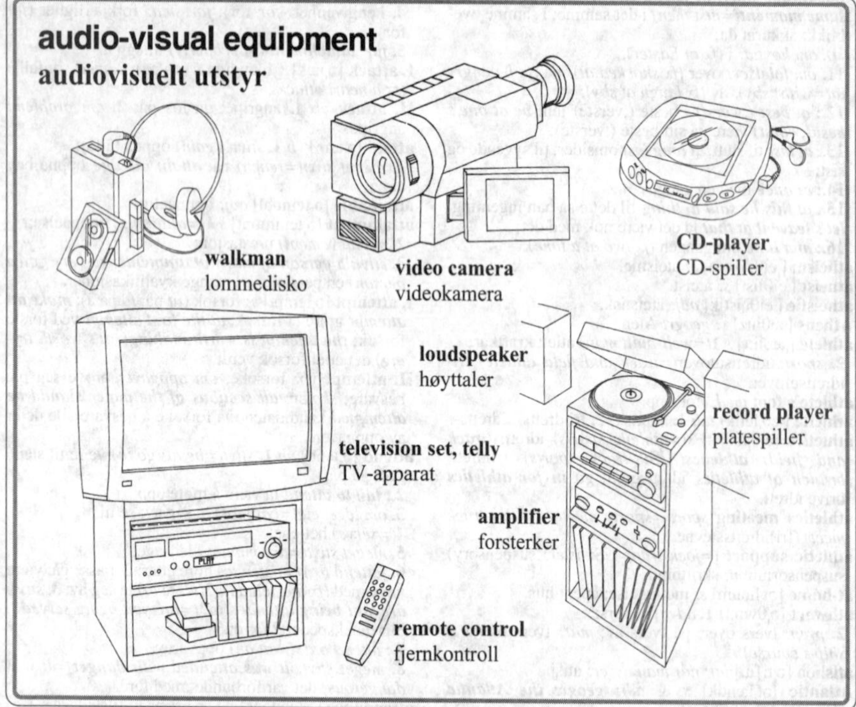

attenuate [əˌtenju'eit] *vb; kjem(=dilute)* fortynne.
attest [əˌtest] *vb(=certify)* attestere; bevitne.
attestation ['ætəˌsteiʃən] *s:* attestering; attestasjon; bevitnelse.
attic [ˌætik] *s(=loft)* loft *n.*
attic flat kvistleilighet; loftsleilighet.
I. attire [əˌtaiə] *s; meget stivt(=clothes; dress)* påkledning; antrekk *n;* ***a strange attire****(=get-up)* et underlig antrekk.
II. attire *vb; meget stivt(=dress)* iføre; kle.
attitude [ˌæti'tju:d] *s* **1***(=posture)* (legems)stilling;
2. *fig:* innstilling; holdning (*to, towards* til, overfor); ***harden one's attitude****(=toughen one's stand)* innta en hardere holdning.
attitudinize, attitudinise ['ætiˌtju:di'naiz] *vb:* posere; stille seg i positur; skape seg.
attorney [əˌtə:ni] *s* **1.** *jur:* fullmektig;
2. US: ***(public) attorney****(,yrkestittel: attorney-at-law)* advokat; ***district attorney****(fk DA)(=public prosecutor)* statsadvokat;
3.: ***power of attorney*** skriftlig fullmakt.
Attorney General 1. regjeringsadvokat; *(jvf Solicitor General);*
2. US*(=Home Secretary)* justisminister.
attract [əˌtrækt] *vb; også fig:* tiltrekke; trekke til seg; ***attract sby's attention*** tiltrekke seg ens oppmerksomhet; ***opposites attract each other*** motsetninger tiltrekker hverandre.
attraction [əˌtrækʃən] *s* **1.** tiltrekning(skraft);
2. *fig:* tiltrekning; ***one of the attractions was a free car*** blant det som lokket, var fri bil; ***the attraction of opposites*** det at motsetninger tiltrekker hverandre;
3. attraksjon; ***chief attraction*** hovedattraksjon;
4*(=draw)* trekkplaster.
attractive [əˌtræktiv] *adj* **1.** *fys:* som tiltrekker;
2. *fig:* attraktiv; tiltrekkende; ***an attractive appearance*** et tiltalende ytre; ***show one's less attractive side****(=show oneself to disadvantage)* vise seg fra en uheldig side.
attributable [əˌtribju:təbl] *adj:* ***it is attributable to*** det skyldes; det må tilskrives.
I. attribute [ˌætri'bju:t] *s:* attributt *n.*
II. attribute [əˌtribju:t] *vb:* ***attribute to*** tilskrive.
attrition [əˌtriʃən] *s* **1***(=wearing down)* nedsliting;
2*(=natural wastage)* naturlig avgang.
attune [əˌtju:n] *vb* **1.** *mus(=tune)* stemme;
2. *fig:* bringe i harmoni (*to* med); ***attuned to*** avstemt etter.
aubergine [ˌoubə'ʒi:n] *s; bot(,***US:*** eggplant)* eggfrukt; aubergine.
auburn [ˌɔ:bən] *adj:* rødbrun; *om hår:* kastanjebrun.
I. auction [ˌɔ:kʃən] *s(=public auction)* auksjon; ***buy at an auction*** kjøpe på auksjon; ***sell by auction*** selge på auksjon.
II. auction *vb(=sell by auction)* selge på auksjon.
auctioneer ['ɔ:kʃəˌniə] *s:* auksjonarius.
audacious [ɔ:ˌdeiʃəs] *adj* **1***(=daring)* dristig;
2*(=bold; cheeky)* dristig; freidig.
audacity [ɔ:ˌdæsiti] *s* **1***(=daring)* dristighet;
2*(=boldness; cheek)* dristighet; freidighet.
audible [ˌɔ:dibl] *adj:* hørbar; hørlig.
audience [ˌɔ:diəns] *s* **1.** publikum *n;* tilhørere; tilskuere; *TV:* seere; ***speak before an audience*** snakke til en forsamling; **2.** audiens.
audience appeal publikumsappell; publikumstekke *n.*
audiology ['ɔ:diˌɔlədʒi] *s:* lære om hørselen.
audiology centre høresenter.
audiosecretary [ˌɔ:diou'sekrətəri] sekretær som skriver etter diktafon.
audiovisual ['ɔ:diouˌviʒuəl; ɔ:diouˌvizjuəl] *adj:* audio-visuell; ***audiovisual aids*** audio-visuelle hjelpemidler.

I. audit [ˌɔ:dit] *s:* bokettersyn.
II. audit *vb:* revidere.
auditing [ˌɔ:ditiŋ] *s* **1.** revidering; **2***(=supervision of accounts)* regnskapskontroll.
I. audition [ɔ:ˌdiʃən] *s* **1.** *for sanger, etc:* prøve; **2***(=hearing power)* høreevne.
II. audition *vb; om sanger, etc:* (la) avlegge prøve.
audition test *med.:* høreprøve.
Audit Office: ***the National Audit Office****(fk: the NAO;* **US:** *the United States General Accounting Office)* Riksrevisjonen; *(se Auditor-General).*
auditor [ˌɔ:ditə] *s:* revisor; *(NB dennes yrkestittel: accountant).*
Auditor-General riksrevisor; *(se Audit Office).*
auditorium [ˈɔ:diˌtɔ:riəm] *s* **1.** *i konsertsal, etc:* tilskuerplasser; sal; **2.** *univ:* auditorium *n.*
auditory [ˌɔ:ditəri] *adj; anat:* høre- *(fx nerve);* øre-.
auger [ˌɔ:gə] *s:* naver.
augment [ɔ:gˌment] *vb; stivt(=increase)* øke; forøke.
augmentation [ˈɔ:gmenˌteiʃən] *s* **1.** *stivt(=increase)* økning; forøkelse; **2.** *mus:* augmentasjon.
au gratin [ouˌgrætin; ouˌgrætæŋ] *kul; adj(=gratinated)* gratinert; ***fish au gratin*** fiskegrateng.
augur [ˌɔ:gə] *vb; stivt:* ***her doubts augured ill for the enterprise****(=her doubts didn't promise well for the enterprise)* hennes tvil lovet ikke godt for foretagendet.
August [ˌɔ:gəst] *s:* august; *(se June).*
august [ɔ:ˌgʌst] *adj; stivt(=dignified)* (ær)verdig.
auk [ɔ:k] *s; zo:* alkefugl; ***great auk*** geirfugl.
aunt [ɑ:nt] *s:* tante.
auntie [ˌɑ:nti] *s; kjæleform: se aunt.*
Aunt Sally 1. *på tivoli, etc:* kvinnehode med krittpipe i munnen, som det kastes til måls etter med baller; **2.** *fig(=butt)* skyteskive.
au pair [ouˌpɛə] *s:* au pair; ***she's staying with them au pair*** hun er au pair hos dem.
au pair post stilling som au pair.
aura [ˌɔ:rə] *s:* aura; utstråling; nimbus.
aural [ˌɔ:rəl] *adj; anat:* øre-; *(jvf oral).*
auricle [ˌɔ:rik(ə)l] *s; anat* **1.** *i hjerte; ikke-faglig(=atrium)* forkammer *n;* atrium *n;* **2.** øremusling; ytre øre *n.*
Aurora [ɔ:ˌrɔ:rə] **1.** *myt:* Aurora; **2.:** ***Aurora borealis****(=northern lights)* nordlys.
auscultate [ˌɔ:skəlˈteit] *vb; med.:* lytte; auskultere.
auspices [ˌɔ:spisiz] *s; pl:* auspisier; ***under his auspices*** i hans regi; under hans auspisier.
auspicious [ɔ:ˌspiʃəs] *adj; stivt(=promising)* lovende.
Aussie [ˌɔzi] *s* **T***(=Australian)* australier.
austere [ɔˌstiə] *adj* **1.** *stivt(=stern)* streng; **2***(=serious)* alvorlig *(fx expression);* **3.** *om stil(=simple)* enkel *(fx design).*
austerity [ɔˌsteriti] *s* **1.** strenghet; **2.** alvor *n;* **3.** *om stil:* enkelhet; **4.** knapphet på luksus- og forbruksvarer.
Australia [ɔˌstreiliə] *s; geogr:* Australia.
I. Australian [ɔˌstreiliən] *s:* australier.
II. Australian *adj:* australsk.
Austria [ˌɔstriə] *s; geogr:* Østerrike.
I. Austrian [ˌɔstriən] *s:* østerriker.
II. Austrian *adj:* østerriksk.
authentic [ɔ:ˌθentik] *adj; stivt(=genuine)* autentisk; ekte.
authenticate [ɔ:ˌθentiˈkeit] *vb; stivt* **1***(=establish as genuine)* bevise ektheten av; **2***(=verify)* bekrefte; verifisere; ***officially authenticated document*** dokument *(n)* bekreftet av offentlig myndighet.
authentication [ɔ:ˈθentiˌkeiʃən] *s; om dokuments ekthet; stivt(=verification)* bekreftelse.
authenticity [ˈɔ:θenˌtisiti] *s; stivt(=genuineness)* autentisitet; ekthet.
author [ˌɔ:θə] *s* **1.** forfatter; ***the author of*** forfatter av; **2.** *stivt(=originator)* opphavsmann.
authoress [ˌɔ:θərəs] *s:* forfatterinne.
authoritarian [ɔ:ˈθɔriˌtɛəriən] **1.** *s:* autoritær person; **2.** *adj:* autoritær.
authoritative [ɔ:ˌθɔritətiv] *adj:* autoritativ.
authority [ɔ:ˌθɔriti] *s* **1.** autoritet (*on* når det gjelder); **2.** myndighet; instans; ***public authority*** offentlig myndighet; ***who's in authority here?*** hvem er det som har ansvaret her? ***final authority*** avgjørende myndighet; ***act with authority*** opptre med myndighet; ***speak with authority*** uttale seg med myndighet; **3.** fullmakt; myndighet; bemyndigelse; ***conflict of authority*** kompetansestrid; ***legal authority*** lovhjemmel; ***give sby authority to do sth****(=authorize sby to do sth)* gi en fullmakt til å gjøre noe; ***do you have authority to sign this?*** har du fullmakt til å undertegne dette? **4.** hold *n;* kilde; ***on good authority*** fra pålitelig kilde.
authorization, authorisation [ˈɔ:θəraiˌzeiʃən] *s* **1.** autorisasjon; fullmakt; bemyndigelse; **2***(,jur: warrant of attorney)* fullmaktserklæring.
authorize, authorise [ˌɔ:θəˈraiz] *vb* **1.** bemyndige; gi fullmakt; **2.** gi tillatelse til; **3.** autorisere.
authorized, authorised *adj:* autorisert *(fx translation);* ***state authorized (public) accountant****(,***UK:** *chartered accountant;* **US:** *certified public accountant)* statsautorisert revisor.
authorship [ˌɔ:θəˈʃip] *s:* forfatterskap *n.*
auto [ˌɔ:tou] *s* **US***(fk f automobile)(=car)* bil.
autobiographical [ˌɔ:təˈbaiəˌgræfikl] *adj:* selvbiografisk.
autobiography [ˈɔ:təbaiˌɔgrəfi] *s:* selvbiografi.
autocue [ˌɔ:touˈkju:] *s; TV:* lesemaskin; ***read the news from the autocue*** lese nyhetene fra maskinen.
autodidact [ˌɔ:touˈdaidækt] *s; stivt(=self-taught person)* autodidakt; selvlært person.
I. autograph [ˌɔ:təˈgrɑ:f] *s:* autograf.
II. autograph *adj; stivt:* ***an autograph letter****(=a letter written in his (,her) own hand)* et egenhendig brev.
III. autograph *vb:* skrive sin autograf på.
automat [ˌɔ:təˈmæt] *s* **US***(cafeteria in which food is obtained from vending machines)* automatkafé.
automate [ˌɔ:təˈmeit] *vb:* automatisere.
automated teller US*(=cash dispenser)* minibank.
automatic [ˈɔ:təˌmætik] *adj:* automatisk; ***(automatic) ticket machine*** billettautomat.
automation [ˈɔ:təˌmeiʃən] *s:* automatisering.
automobile [ˌɔ:təməˈbi:l] *s* **US***(=car)* bil.
automobile industry US*(=car industry)* bilindustri.
autonomous [ɔ:ˌtɔnəməs] *adj; stivt(=self-governing)* autonom; selvstyrt.
autonomy [ɔ:ˌtɔnəmi] *s; stivt(=self-government)* autonomi; selvstyre *n.*
autopsy [ɔ:ˌtɔpsi; ˌɔ:təpsi] *s; med.:* obduksjon.
autumn [ˌɔ:təm] *s:* høst; ***this autumn*** 1. denne høsten; 2*(=this coming autumn; in the autumn)* (nå) i høst; ***in the autumn*** 1*(=in autumn)* om høsten; 2*(=next autumn)* til høsten; neste høst; 3. *om nær fortid(=this autumn)* nå i høst; 4*(=during the autumn)* i løpet av høsten; *(se I. spring 2).*
autumnal [ɔ:ˌtʌmnəl] *adj:* høstaktig; høstlig; høst-.
I. auxiliary [ɔ:gˌziljəri; ɔ:gˌziləri] *s* **1***(=helper)* hjelper; ***nursing auxiliary****(=nursing assistant)* pleieassistent; **2.** *gram(=auxiliary verb)* hjelpeverb; ***modal auxiliary*** modalt hjelpeverb; **3.** *mil:* ***auxiliaries*** hjelpetropper.
II. auxiliary *adj:* hjelpe-.
I. avail [əˌveil] *s; stivt(=use)* nytte; ***to****(=of)* ***no avail*** til ingen nytte.
II. avail *vb; stivt(=be of use)* være til nytte; ***avail oneself of****(=make use of)* benytte seg av.
availability [əˈveiləˌbiliti] *s* **1.** tilgjengelighet; **2.** *om billett(=validity)* gyldighet.
available [əˌveiləbl] *adj* **1.** disponibel; som står til rådighet; tilgjengelig; ***the plans are available for***

inspection planene er utlagt; ***all the available money has been used*** alle disponible midler *(n)* er oppbrukt; ***make available*** stille til rådighet;
2. *om billett(=valid)* gyldig *(fx available for one month).*
avalanche [ˌævəˈlɑːnʃ; **US:** ˌævəlæntʃ] *s:* snøskred; lavine.
avalanche barrier skredvern.
avalanche cord lavinesnor; skredsnor.
avalanche probe skredsøkerstang; *(se I. probe 2).*
avarice [ˌævəris] *s; stivt* **1***(=miserliness)* gjerrighet; **2***(=greed)* griskhet.
avaricious [ˈævəˌriʃəs] *adj; stivt* **1***(=miserly)* gjerrig; **2***(=greedy)* grisk; grådig.
avenge [əˌvendʒ] *vb; stivt(=revenge)* hevne.
avenue [ˌævinjuː; ˌævənjuː] *s* **1.** aveny; allé;
2. *fig; stivt(=road)* vei *(fx to success).*
aver [əˌvəː] *vb; meget stivt(=assert)* påstå; forsikre.
I. average [ˌævəridʒ] *s* **1.** gjennomsnitt *n;* ***above (,below) average*** over (,under) gjennomsnittet; ***on (the) average*** 1*(=on an average)* i gjennomsnitt; 2*(=on the whole)* jevnt over;
2. middeltall; middelverdi; ***strike an average*** bestemme middeltallet;
3. *mar:* havari *n.*
II. average *vb* **1.** utgjøre i gjennomsnitt; **2.** beregne gjennomsnittsverdien av.
III. average *adj* **1.** gjennomsnittlig; gjennomsnitts-; ***of average height*** middels høy; **2.** *mar:* havari-.
averse [əˌvəːs] *adj; stivt: **I'm not averse to working hard**(=I don't mind working hard)* jeg har ikke noe imot å arbeide hardt.
aversion [əˌvəːʃən] *s* **1.** *stivt(=dislike)* aversjon; motvilje;
2. T: ***he's my pet aversion*** han er det verste jeg vet.
avert [əˌvəːt] *vb; stivt* **1***(=turn away)* vende bort *(fx one's eyes);* **2***(=prevent)* forhindre; avverge.
aviary [ˌeivjəri] *s:* stort fuglebur.
aviation [ˈeiviˌeiʃən] *s:* flyvning; luftfart.
avid [ˌævid] *adj; stivt(=eager)* ivrig.
avidity [əˌviditi] *s(=eagerness; greed)* iver; begjærlighet.
avocado [ˈævəˌkɑːdou] *s; bot:* avokado.
avoid [əˌvɔid] *vb:* unngå; ***avoid (-ing)*** unngå å;
avoidable [əˌvɔidəbl] *adj:* unngåelig.
avoidance [əˌvɔidəns] *s:* unngåelse.
avow [əˌvau] *vb; stivt:* innrømme; si åpent fra om.
avowal [əˌvauəl] *s; stivt:* (åpen) innrømmelse.
avowed [əˌvaud] *adj; stivt(=(openly) declared)* erklært; åpent uttalt.
avuncular [əˌvʌŋkjulə] *adj; meget stivt:* onkel-; onkelaktig; *fig(=fatherly)* (beste)faderlig.
await [əˌweit] *vb; stivt* **1***(=wait for)* vente på; ***the fate that awaited him*** den skjebne som ventet (på) ham; **2.** avvente; ***await developments****(=events)* avvente begivenhetenes gang.
I. awake [əˌweik] *vb(pret: awoke, awaked; perf. part.: awoken, awaked)* **1***(=wake (up))* vekke; **2***(=wake (up))* våkne; **3.:** ***awake to*** få øynene *(n)* opp for.
II. awake *adj:* våken; ***be awake*** være våken; ***awake to****(=aware of)* oppmerksom på.
awaken [əˌweikən] *vb; litt.(=awake)* vekke; våkne.
I. award [əˌwɔːd] *s* **1.** premie; pris; ***film award*** filmpris; **2.** tildeling *(fx of a prize);*
3. *jur:* (til)kjennelse;
4. *sport:* ***give an erroneous award*** dømme feil.
II. award *vb* **1.** gi; tildele; **2.** *jur:* tilkjenne.
aware [əˌwɛə] *adj* **1***(=alert)* våken; bevisst; **2.:** ***aware that*** klar over at; ***aware of*** klar over; ***aware (of) how*** klar over hvor.
awareness [əˌwɛənəs] *s* **1***(=knowledge; consciousness)* viten; bevissthet; **2***(=alertness)* våkenhet.
awash [əˌwɔʃ] *adv* **1.** *mar:* overskylt (av vann *n*); under vann *(fx the deck was awash);*
2.: ***float awash*** flyte i vannskorpen;
3. *også fig(=flooded)* oversvømt.
away [əˌwei] *adv* **1.** borte; fraværende; ***away from home*** hjemmefra; bortreist; ***be away*** 1. være borte; 2*(=be on holiday)* være på ferie;
2. *sport:* ***play away*** spille på bortebane;
3. *om avstand:* borte; unna *(fx a few miles away);* ***far away*** langt borte; ***keep away*** 1. holde borte; 2. holde seg borte; ***what kept you away?*** *(=why didn't you come?)* hvorfor kom du ikke? ***stay away*** utebli; la være å komme;
4. *om avstand i tid:* ***his arrival is still six hours away*** det er ennå seks timer til han kommer;
5. *om bevegelse:* bort; vekk; av sted; unna; ***call away*** kalle bort; ***clear away*** rydde bort; ***go away*** reise bort; ***go away!*** *(,***T:** *hop it!)* forsvinn! vekk med deg! ***take sth away*** *(=remove sth)* fjerne noe;
6. *om lyd:* bort; hen *(fx the noise died away);*
7. *om gavmildhet el. ødselhet:* bort *(fx give away money);*
8. *forsterkende:* løs; i vei; ***fire away*** fyre løs.
away fixture *sport(=away match)* bortekamp.
away ground *sport:* bortebane.
I. awe [ɔː] *s:* ærefrykt; ***be in awe of sby****(=fear and respect sby)* nære ærefrykt for en; være litt redd for en.
II. awe *vb:* fylle med ærefrykt; imponere; skremme *(fx they were awed into silence).*
aweigh [əˌwei] *adv; mar; om anker:* lett.
awe-inspiring [ˌɔːinˈspaiəriŋ] *adj; stivt(=very impressive)* ærefryktinngytende; meget imponerende.
awful [ˌɔːful] *adj* **1.** *stivt(=terrible)* fryktelig; **2. T***(=terrible)* fryktelig *(fx have an awful headache);* ***an awful lot*** en hel masse; ***I'm in an awful rush today*** jeg har det veldig travelt i dag; ***how awful!*** det var da forferdelig!
awfully [ˌɔːfəli; ˌɔːfli] *adv* **T***(=terribly)* fryktelig; ***thanks awfully!*** tusen takk!
awkward [ˌɔːkwəd] *adj* **1***(=clumsy)* klosset *(fx translation);*
2. *om person(=clumsy; ungainly)* klossete; klønete; keitete;
3*(=delicate)* delikat; kilden; kjedelig *(fx business); (jvf 4);*
4*(=difficult)* vanskelig; vrien *(fx question);*
5. *om redskap, etc:* upraktisk; uegnet;
6*(=embarrassing)* pinlig; *(fx it would be awkward if we met);* ***how very awkward!*** tenk så flaut! så pinlig! ***he felt awkward****(=embarrassed)* ***about leaving*** han syntes det var flaut å gå.
awl [ɔːl] *s:* syl.
awn [ɔːn] *s; bot; på korn:* snerp *n.*
awning [ˌɔːniŋ] *s* **1.** markise; **2.** *mar:* solseil.
awry [əˌrai] *adj & adv:* skjev(t); ***his plans went awry*** det gikk galt med planene hans.
I. axe *(,US: ax)* [æks] *s* **1.** øks;
2. *i budsjett:* ***apply the axe*** bruke sparekniven;
3. T: ***get the axe*** falle for sparekniven; **T:** få sparken;
4.: ***have an axe to grind*** ha sine svin *(n)* på skogen.
II. axe *(,US: ax) vb* **1***(=reduce)* redusere; skjære ned på;
2. *om programpost* **T:** gå ut;
3. *om plan, etc på budsjettstadiet:* oppgi;
4. T*(=sack)* gi sparken.
axis [ˌæksis] *(pl: axes* [ˌæksiːz]*) s:* akse.
axle [æksl] *s:* (hjul)aksel.
ay(e) [ai] **1.** *adv; dial el. glds; bortsett fra ved avstemning:* ja; *mar:* ***aye, aye, sir!*** javel! **2.** *int; muntert uttrykk for overraskelse når man finner sine anelser bekreftet:* heisan! **3.** *s; parl:* ja-stemme.
azure [ˌeiʒə; ˌæʒə] **1.** *s:* asurblått; himmelblått;
2. *adj:* asurblå; himmelblå.

B, b [bi:] **1.** B, b; *tlf:* ***B for Benjamin*** B for Bernhard; **2.** *mus: (the note)* ***B*** (noten) h; ***B flat*** b.
BA ['bi:ˌei] *fk f Bachelor of Arts; British Airways.*
I. baa [bɑ:] *s:* brek *n.*
II. baa *vb:* breke; *int:* bæ; mæ.
I. babble [bæbl] *s:* plapring; babling.
II. babble *vb(=chatter; jabber)* skravle; bable.
babe [beib] *s; litt.(=baby)* spedbarn; baby.
babel [beibl] *s:* babelsk forvirring.
baboon [bəˌbu:n] *s; zo:* bavian.
baby [ˌbeibi] *s(pl: babies)* **1.** baby; **2. T:** ***be left holding the baby*** bli sittende med skjegget i postkassen.
baby carriage US *(=pram)* barnevogn.
baby grand *s; mus:* kabinettflygel.
babyish [ˌbeibiiʃ] *adj* **1.** som en baby; barnaktig; **2.** stakkarslig; pysete *(fx he's so babyish!).*
baby listener babycalling.
baby-minder [ˌbeibi'maində] *s:* dagmamma.
baby-sit [ˌbeibi'sit] *vb:* sitte barnevakt.
baby-sitter [ˌbeibi'sitə] *s:* barnevakt.
Baby Small *barnespråk:* lille Petter spillemann.
baby-snatching [ˌbeibi'snætʃiŋ] *s; fig:* barnerov.
baby-walker [ˌbeibi'wɔ:kə] *s:* gåstol; lær-å-gåstol.
baccalaureate ['bækəˌlɔ:riit] *s; univ; især* **US***(=bachelor's degree)* bachelor-graden.
bachelor [ˌbætʃələ] *s* **1.** ungkar; **2.** *univ:* person med bachelor-graden; *(se Arts; commerce 3; science).*
bachelor flat*(=bachelor pad)* ungkarsleilighet.
bachelor girl*(=bachelor woman)* ungkarskvinne.
bachelorhood [ˌbætʃələ'hud] *s:* ungkarsstand; ugift stand; ungkarstilværelse.
bachelor's degree *(fk BA degree) univ:* bachelor-graden; ***bachelor's degree in Arts (,Science)*** adjunkteksamen; *(se Arts; commerce 3; science).*
bacillus [bəˌsiləs] *(pl: bacilli* [bəˌsilai]*) s(=rod-shaped bacterium)* stavbakterie; basill.
I. back [bæk] *s* **1.** *anat:* rygg; ***lower back****(=small of the back)* korsrygg; ***the back of one's hand*** håndbaken; *fig:* ***he knows it like the back of his hand*** han kjenner det som sin egen bukselomme; ***break one's back*** 1. brekke ryggen; 2. *fig:* overanstrenge seg; ***break the back of a job*** få gjort unna det verste (ved en jobb); ***get off sby's back*** holde opp med å plage en; ***put one's back into it*** ta et krafttak; *fig:* ***turn one's back on sby*** vende en ryggen; ***put****(=get)* ***sby's back up*** få en til å reise bust; ***with one's back to the wall*** med ryggen mot veggen; ***sit with one's back to sby*** sitte med ryggen til en;
2. bakside; vrange; bakerste del; bakstykke;
3. *på bok(=spine)* rygg; ***tight back*** fast rygg;
4. *fotb:* back;
5. *i lek:* ***make a back*** stå bukk; ***the back*** den som står bukk;
6.: ***at the back*** bak; bakerst; ***those at the back*** de som står (,sitter) bakerst; ***at the back of the book*** bak(erst) i boka; ***at the back of the house*** bak huset; ***at the back of one's mind*** i underbevisstheten;
7.: ***in the back*** baki; bakerst; ***in the back of*** bakerst i; baki *(fx the car).*
II. back [bæk] *vb* **1.** gå (,kjøre) baklengs; rygge;
2. *mar:* ***back (the oars), back water, back down*** skåte;
3. *fig(=support)* stå bak; støtte;
4.: ***back a horse*** *(=bet on a horse)* spille på en hest;
5. *mar:* ***the wind backs*** vinden dreier (mot sola); *(jvf II. veer 2);*
6. *forb med prep:* ***back down*** 1. trekke seg ut; 2.: ***back down on sth*** trekke seg ut av noe; ***back off*** trekke seg tilbake; ***back out*** trekke seg ut; ***back up****(=support)* støtte.
III. back [bæk] *adv* **1.** tilbake; ***back and forth*** frem og tilbake;
2. bakover; bak; ***move back!*** tilbake med deg (,dere)! ***back to front*** bak frem;
3. hjem(me) (igjen); ***there and back*** bort og hjem; turretur;
4. igjen; ***hit back*** slå igjen; ***take the goods back*** ta igjen varene;
5.: ***a few years back****(=ago)* for noen få år *(n)* siden; ***back in the 40's*** tilbake i 40-årene.
backache [ˌbæk'eik] *s:* ryggsmerter; vondt i ryggen.
backbencher [ˌbækˌbentʃə] *s:* menig parlamentsmedlem.
backbite [ˌbæk'bait] *vb(=slander)* bakvaske; baktale.
backbone [ˌbæk'boun] *s; fig:* ryggrad; ***have backbone*** ha ben *(n)* i nesen; ***British to the backbone*** helt igjennom engelsk.
backbreaker [ˌbæk'breikə] *s:* virkelig slitsom jobb.
back burner *fig:* ***on the back burner****(=in cold storage)* på is.
back channel *polit:* bakkanal; ***the Norwegian back channel****(=the Norway channel)* den norske bakkanalen.
backchat [ˌbæk'tʃæt] *s* **T:** ***give backchat*** gi nesevise svar *n.*
backcomb [ˌbæk'koum] *vb(,især* **US:** *tease)* tupere.
backdate [ˌbæk'deit; 'bækˌdeit] *vb:* gi tilbakevirkende kraft *(fx backdated to May 1st); (jvf antedate).*
back door *s; også fig:* bakdør; ***use back doors*** gå bakveier.
backer [ˌbækə] *s* **1.** kapitalinnskyter; bakmann; **2.** *ved veddeløp, etc:* som satser penger; **3.** støtte; ***powerful backers*** støtte fra innflytelsesrike personer.
I. backfire [ˌbæk'faiə] *s; mask:* tilbakeslag.
II. backfire *vb* **1.** *mask:* slå tilbake; **2.** *fig:* slå feil.
back frame bæremeis.
backgammon [ˌbæk'gæmən] *s; brettspill:* triktrak.
back garden *(,***US:** *backyard)* bakhage.
background [ˌbæk'graund] *s* **1.** bakgrunn *(to, for* for); **2***(=ground)* bunn; ***five interlocking rings on a white background*** fem sammenlenkede ringer på hvit bunn; **3.** *fig:* bakgrunn; miljø *n;* ***have a very mixed background*** ha en meget broket bakgrunn; ***children from deprived backgrounds*** barn *(n)* fra ressurssvake hjem *n;* ***he has a background in computers****(=he has had experience of computers)* han har erfaring fra databransjen; ***keep****(=stay)* ***in the background*** holde seg i bakgrunnen; ***push sby into the background*** skyve en i bakgrunnen; ***recede into the background*** *(,***T:** *take a back seat)* tre i bakgrunnen.
backhand [ˌbæk'hænd] *s* **1.** steilskrift; **2.** *tennis:* backhand.
backhander [ˌbæk'hændə] *s* **1.** *tennis:* backhandslag; **2. T***(=bribe)* bestikkelse.
backing [ˌbækiŋ] *s:* **1.** rygging; **2.** *fig:* støtte; **3.** *mus:* akkompagnement *n.*
backlash [ˌbæk'læʃ] *s* **1.** *tekn(=(free) play)* dødgang; tannhjulsklaring; **2.** negativ reaksjon *(against* på); ***if the backlash does come****(=if there is to be a negative reaction)* hvis det likevel blir en baksmell.
backlight [ˌbæk'lait] *s; fot:* motlys.
backlog [ˌbæk'lɔg] *s:* ***a backlog of work*** arbeid *(n)* som venter på å bli gjort.
back number *s* **1.** *av tidsskrift, etc:* gammelt nummer; **2. T:** person som tiden har løpt fra.

backpack [ˌbæk'pæk] *s* **1.** oppakning;
2. pakkrammesekk.
backpacker [ˌbæk'pækə] *subst:* ryggsekkturist.
back pay *s:* etterbetaling (av lønn).
back-payment [ˌbæk'peimənt] *s:* betaling på etterskudd.
back-pedal [ˌbæk'pedl] *vb* **1.** *om syklist:* bremse;
2. *fig:* gjøre retrett.
backroom boys: ***the backroom boys*** de som arbeider bak kulissene.
back seat *s* **1.** baksete; ***in the back seat*** i baksetet; **2. T:** underordnet stilling; ***take a back seat*** tre i bakgrunnen.
backside [ˌbæk'said; ˌbækˌsaid] *s* **1.** bakside;
2. T*(=buttocks)* bakdel; bak; rumpe.
backslide [ˌbæk'slaid] *vb* **1.** slå inn på forbryterbanen igjen; **2.:** ***there will be no backsliding on election promises*** det vil ikke bli gått tilbake på valgløftene.
backspace [ˌbæk'speis] *s; typ(=backspace key)* returtast; *EDB:* tilbake(stegs)tast (med sletting); *(jvf delete key).*
backstage [ˌbæk'steidʒ] *adj* **1.** bak scenen *(fx job);*
2. *fig:* **T:** som foregår bak kulissene *(fx dealings).*
backstairs [ˌbækˌstɛəz] *s; pl:* baktrapp; kjøkkentrapp; *også fig:* ***by the backstairs*** kjøkkenveien.
back straight *sport:* bortre langside.
back stretch *sport; hesteveddeløp:* bortre langside.
backstroke [ˌbæk'strouk] *s; sport:* ryggcrawl.
back tooth 1. *anat:* jeksel; **2.:** ***I'm fed up to the (back) teeth with that!*** det har jeg fått mer enn nok av!
backtrack [ˌbæk'træk] *vb* **1.** gå samme vei tilbake; ***backtrack sby*** følge ens spor *(n)* tilbake;
2. *fig:* gjøre retrett.
backup [ˌbæk'ʌp] *s(=support)* støtte; oppbakking.
back-up copy *EDB:* sikkerhetskopi; reservekopi.
back-up light *s* **US***(=reversing light)* ryggelys.
backward [ˌbækwəd] *adj* **1.** baklengs; **2***(=retarded)* tilbakestående *(fx country);* evneveik; **3.** *adv: se backwards.*
backwards [ˌbækwədz] *adv(=backward)* **1.** baklengs; bakover; ***lean over backwards to help*** være altfor ivrig etter å hjelpe; ***swing backwards and forwards*** svinge frem og tilbake; **2.** *om rekkefølge:* bakfra; **3. T:** ***know sth backwards****(=know sth inside out)* kunne noe ut og inn.
backwash [ˌbæk'wɔʃ] *s* **1.** dragsug; **2.** *etter skip:* kjølvannsbølger; **3.** *fig(=aftermath)* etterdønning.
backwater [ˌbæk'wɔ:tə] *s* **1.** stillestående vann *n;*
2. *fig:* dødvanne; stagnasjon; **3.** *om sted:* bakevje.
back way bakvei; bakdør; ***by a back way*** ad bakveien.
backyard [ˌbæk'jɑ:d] *s* **1.** bakgård; **2. US***(=back garden)* bakhage; **3.** *fig:* ***in one's own backyard*** like utenfor ens egen stuedør.
bacon [ˌbeikən] *s* **1.** bacon *n;*
2. *fig:* ***bring home the bacon*** 1. klare brasene; 2. tjene til maten; ***save one's bacon*** redde skinnet.
bacteriological [bæk'tiəriəˌlɔdʒikl] *adj:* bakteriologisk.
bacteriology [bæk'tiəriˌɔlədʒi] *s:* bakteriologi.
bacterium [bækˌtiəriəm] *s(pl: bacteria* [bækˌtiəriə]*) biol:* bakterie.
bad [bæd] *adj(komp: worse; superl: worst)* **1.** *mots god:* dårlig; vond *(fx finger);* **T:** ***have a bad****(=hard)* ***time*** ha det vondt; *fig:* ***make the best of a bad job*** gjøre det beste ut av det; ***it's as bad as (bad) can be*** det er så ille som det kan få blitt; ***bad at spelling*** ikke flink i ortografi; ***take the good with the bad*** ta det onde med det gode; ***it's bad for the eyes*** øynene *(n)* har ikke godt av det;
2*(=poor)* dårlig *(fx have a bad pronunciation);*
3*(=unpleasant)* ubehagelig; dårlig *(fx smell);*
4*(=wicked; evil)* ond; slett;
5*(=naughty)* slem; uskikkelig *(fx boy);*
6*(=severe)* lei; slem; stygg *(fx have a bad headache);*
7. *om sjekk(=not covered;* **T:** *dud)* dekningsløs;
8. *om fordring(=not recoverable)* uerholdelig;
9*(=unwell)* dårlig; ***feel bad*** føle seg dårlig;
10. *om matvarer:* dårlig; bedervet; ***go bad*** bli dårlig; *(se bad egg);*
11.: ***feel bad about*** være lei seg for;
12.: ***go from bad to worse*** bli verre og verre;
13.: ***in a bad way*** 1. dårlig *(fx he's in a bad way);* 2*(=in trouble)* ille ute; **T:** ute å kjøre;
14.: ***too bad*** 1. for dårlig; 2. leit; synd; 3. *int: (it's just)* ***too bad*** ikke noe å gjøre ved! dessverre! ***I'm sorry I can't come, but it's just too bad!*** det er synd jeg ikke kan komme, men det er (det) dessverre ikke noe å gjøre ved!
bad blood *fig:* vondt blod; ***make bad blood between them*** sette vondt blod mellom dem.
baddie, baddy [ˌbædi] *s* **T:** (film)skurk.
bad egg 1. råttent egg; **2.** *fig:* ***treat sby as a bad egg*** behandle en som et råttent egg.
BA degree: *se bachelor's degree.*
bad faith: ***in bad faith*** **1.** i ond hensikt; **2.** mot bedre vitende.
bad feeling misstemning; uvennlig stemning.
badge [bædʒ] *s* **1.** merke *n;* emblem *n;* ***policeman's badge*** politiskilt; **2.** kjennetegn; tegn *n.*
I. badger [ˌbædʒə] *s; zo:* grevling.
II. badger *vb(=pester; harass)* plage; trakassere; ergre.
bad lot *om person* **T:** dårlig papir *(fx he's a bad lot).*
badly [ˌbædli] *adv:* dårlig; slett; ***badly needed*** hardt tiltrengt; ***badly wounded*** hardt såret; ***take it badly****(,***T:** *hard)* ta det tungt *(el.* hardt); ***badly off*** dårlig stilt; ***we're badly off for*** vi er dårlig stilt når det gjelder.
bad-tempered ['bædˌtempəd; *attributivt:* ˌbæd'tempəd] *adj:* gretten; i dårlig humør.
I. baffle [bæfl] *s* **1.** lydskjerm; ***noise baffle*** støyskjerm;
2. *mask:* oljeplate; oljering; blindplate.
II. baffle *vb* **1***(=puzzle)* forvirre; forbløffe;
2*(=frustrate)* forpurre *(fx sby's hopes).*
baffling *adj:* forvirrende; desorienterende; vanskelig å bli klok på *(fx mystery; situation).*
I. bag [bæg] *s* **1.** sekk; pose; veske; koffert; ***bivouac bag*** vindsekk; ***evening bag*** selskapsveske; ***(hand)bag****(,***US:** *purse)* (hånd)veske; ***sleeping bag*** sovepose; ***sheet sleeping bag*** lakenpose; ***have bags under one's eyes*** ha poser under øynene;
2. utbytte; fangst *(fx did you get a good bag?);*
3. S: ***old bag*** gammel hurpe;
4. T: ***in the bag*** i orden; i lås; i garnet *(fx he would have NN in the bag before long); (se sewn up);*
5. S: ***the whole bag of tricks****(=the whole lot)* alt sammen; alt til faget henhørende;
6. *fig:* ***a mixed bag of people*** en broket forsamling;
7.: ***pack one's bags*** 1*(=pack one's things)* pakke; 2. **T***(=pack up)* pakke sammen; dra sin vei.
II. bag *vb* **1.** legge i sekk *(el.* pose);
2. *jaktuttrykk:* nedlegge;
3. T*(=occupy)* legge beslag *(n)* på;
4. T*(=keep)* holde av *(fx a seat for sby);*
5. T: ***he bagged all the profits*** han løp av med hele fortjenesten; ***bag the whole lot*** ta det hele;
6*(=hang loosely)* henge og slenge *(fx her dress bagged about her).*
bagel [beigl] *s* **US** *& Canada(=ring-shaped bread roll)* slags rundstykke med hull i midten.
baggage [ˌbægidʒ] *s* **1.** *flyv &* **US***(=luggage)* bagasje; ***air baggage*** flybagasje; **2.:** ***bag and baggage*** med pikk og pakk *(fx she left him bag and baggage).*
baggage allowance *flyv:* ***free baggage allowance*** fribagasje.
baggage check-in *flyv:* bagasjeinnlevering.
baggage (re)claim *flyv:* bagasjeutlevering.
bag lady US: uteliggerkvinne.
bagpipe [ˌbæg'paip] *s; pl:* sekkepipe.
bag snatcher *s:* veskenapper.
bah [bɑ:; bæ] *int; uttrykk for avsky(=ugh)* uff; æsj.

b

I. bail [beil] *s* **1.** *jur; for tiltalt:* kausjon *(fx £300 bail); go(=stand)* ***bail for*** kausjonere for; ***break bail*** *(,***US:** *jump bail)* flykte når man er løslatt mot kausjon; ***be released on bail*** bli løslatt mot kausjon; *(jvf surety 1);* **2.** *cricket:* overligger; **3***(=bale)* bøyle; *på kjele el. bøtte:* hank.

II. bail *vb* **1.:** ***bail sby out*** få en løslatt mot kausjon; **2.** *fig:* ***they bailed the company out*** de reddet selskapet.

III. bail *vb(=bale)* **1.** øse; ***bail the boat out*** øse tom båten;
2. *flyv:* ***bail out*** hoppe ut (i fallskjerm); *fig:* ***he bailed out*** han reddet seg unna.

Bailey [ˌbeili] *s:* ***the Old Bailey****(=the Central Criminal Court)* Old Baily (ɔ: rettsbygning i London).

I. bait [beit] *s* **1.** lokkemat; **2.** agn *n;* ***spinning bait*** sluk *n;* ***spoon bait*** skjesluk; **3.** *fig:* ***rise to the bait*** bite på kroken; ***swallow the bait*** gå på limpinnen.

II. bait *vb* **1.** sette agn *(n)* på; plassere lokkemat (i felle); **2.** *stivt(=tease; needle)* erte; tirre; plage.

baize [beiz] *s; slags tøy:* boi.

bake [beik] *vb* **1.** bake; ***bake****(=make)* ***bread*** bake brød *n;* **2***(=roast)* steke (i ovn); **3.** *fig:* ***I'm baking in this heat!*** jeg blir stekt i denne varmen! ***bake (oneself) in the sun*** steke seg i sola.

baked beans *pl; kul:* bønner i tomatsaus.

baked potatoes *pl; kul:* bakte poteter.

bakelite [ˌbeikəˈlait] *s:* bakelitt.

baker [ˌbeikə] *s* **1.** baker; **2.:** ***baker('s)*** bakeri *n.*

bakery [ˌbeikəri] *s:* bakeri *n;* bakerbutikk.

baking [ˌbeikiŋ] *s* **1.** baking; **2.** bakst.

baking powder bakepulver.

baking tin*(=cake tin;* **US:** *cake pan)* kakeform.

balaclava [ˈbæləˌkla:və] *subst(=balaclava helmet)* finlandshette.

I. balance [ˌbæləns] *s* **1.** balanse; ***keep (,lose) one's balance*** holde (,miste) balansen; ***throw sby off balance*** bringe en ut av likevekt;
2. (skål)vekt; vektstang; *fig:* ***be****(=hang; lie)* ***in the balance*** være uviss(t); ***hold the balance*** være tungen på vektskålen; ***the balance may well tip in his favour*** det kan godt være han trekker det lengste strå; ***on balance*** alt i alt; stort sett;
3. *merk & økon:* balanse; ***balance of trade*** handelsbalanse;
4. *merk:* saldo; ***the balance in our favour*** saldoen i vår favør; vårt tilgodehavende;
5*(=bank balance)* banksaldo; ***I have a balance of £100 in my bank account*** jeg har £100 (innestående) på min bankkonto;
6*(=difference)* rest; differanse; ***you will be given the balance as a cash payment*** differansen får du utbetalt kontant.

II. balance *vb* **1.** være i likevekt; balansere; ***be balanced*** balansere; **2.** bringe i balanse; **3.** *merk:* saldere; vise balanse; avslutte (regnskap); gjøre opp (bøker).

balanced *adj* **1.** som er i balanse *(fx budget);* i likevektstilling; **2.** *fig:* (vel) avbalansert; likevektig; ***a balanced diet*** allsidig kost.

balance sheet *merk:* balanse; *lett glds:* statusoppgjør; ***annual balance sheet*** årsbalanse; ***draw up a balance sheet*** gjøre opp status.

balancing act *også fig:* balansegang.

balcony [ˌbælkəni] *s:* balkong; altan.

bald [bɔ:ld] *adj* **1.** skallet; ***go bald*** bli skallet; **2.** *om bildekk(=slick)* blankslitt; **3.** *fig* 1. likefrem; usmykket; svært direkte *(fx question);* 2. fargeløs *(fx account).*

baldachin [ˌbɔ:ldəkin] *s:* baldakin.

baldly [ˌbɔ:ldli] *adv:* uten omsvøp; like ut; ***to put it baldly , …*** for å si det rett ut, (så) …

baldness [ˌbɔ:ldnəs] *s* **1.** skallethet; **2.** *fig:* likefremhet *(fx the baldness of his statement).*

I. bale [beil] *s:* vareballe.

II. bale *vb:* pakke i baller.

III. bale *vb: se III. bail.*

baleen [bəˌli:n] *s(=whalebone)* barde.

balk [bɔ:k] *vb* **1.** *om hest:* bråstoppe; refusere;
2*(=avoid)* unngå *(fx a question);*
3.: ***balk at sth*** vegre seg for noe; steile over noe *(fx balk at the price).*

Balkan [ˌbɔ:lkən] *s geogr:* ***the Balkans*** Balkan.

I. ball [bɔ:l] *s* **1.** ball; kule; nøste *n;* -bolle *(fx meatball);*
2. *fig:* ***keep the ball rolling*** holde det hele i gang; ***start****(=set)* ***the ball rolling*** 1*(=get (sth) started)* dra i gang (noe); begynne (med noe); 2*(=get the conversation going)* få samtalen i gang;
3. T: ***play ball*** samarbeide; være med på leken;
4. T: ***you have the ball at your feet*** nå har du sjansen; **T:** ***the ball's in your court*** neste trekk er ditt;
5.: ***on the ball*** 1. *fotb, etc:* ***the man on the ball*** den som har ballen; 2. **T:** ***be on the ball****(=be mentally alert)* være kvikk (*el.* våken); **T** *også:* oppegående.

II. ball *s* **1***(=dance)* ball; **2. T:** ***have a ball****(=have a good time)* ha det riktig fint.

ballad [ˌbæləd] *s:* folkevise; ballade.

ballast [ˌbæləst] *s; også fig:* ballast.

ball bearing *mask:* kulelager.

ball catch kulelås.

ballet [ˌbælei] *s:* ballett.

ballet dancer ballettdanser(inne).

ball game 1. ballspill; **2. US***(=baseball match)* baseballkamp; **3.** *især* **US** ***T: a whole new ball game****(=something entirely different)* noe helt annet.

balloon [bəˌlu:n] *s* **1.** ballong; ***blow up a balloon*** blåse opp en ballong;
2. glassballong; *(jvf carboy);*
3. *i tegneserie:* boble;
4. *spøkef* **T:** ***when the balloon goes up****(=when the action starts)* når moroa begynner.

balloon glass *(=brandy glass)* konjakkglass.

I. ballot [ˌbælət] *s* **1***(=ballot paper)* stemmeseddel; *(jvf voting slip);*
2*(=voting by ballot)* hemmelig avstemning; ***ballot (among the members)****(=referendum)* uravstemning; ***put to a ballot*** sette under avstemning;
3*(=number of votes cast)* stemmetall.

II. ballot *vb* **1.** foreta skriftlig avstemning blant;
2.: ***ballot for*** velge ved skriftlig avstemning.

ballot box stemmeurne; valgurne.

ballot paper *især parl:* stemmeseddel; *(jvf voting slip).*

ballpoint (pen) kulepenn.

ballroom dancing selskapsdans.

balls-up [ˌbɔ:lzˈʌp]*(,***US:** *ball-up) s; vulg(=mess)* rot *n;* ***make a balls-up of sth*** lage bare rot av noe.

balm [bɑ:m] *s* **1***(=balsam)* balsam; **2.** *fig:* balsam.

balmy [ˌbɑ:mi] *adj:* balsamisk; lindrende.

baloney*(=boloney)* [bəˌlouni] *s* **T***(=foolish talk)* tullprat; vrøvl *n;* sludder *n.*

balsa [ˌbɔ:lsə] *s; bot(=balsawood)* balsa(tre).

balsam [ˌbɔ:lsəm] *s:* balsam; *(jvf balm 1).*

I. Baltic [ˌbɔ(:)ltik] *s; geogr:* ***the Baltic (Sea)*** Østersjøen.

II. Baltic *adj:* baltisk.

balustrade [ˌbæləˈstreid] *s; arkit:* balustrade.

bamboo [bæmˌbu:] *s; bot:* bambus.

bamboo shoots *s; pl:* bambusskudd.

bamboozle [bæmˌbu:zl] *vb* **T 1***(=cheat)* lure; snyte; **2***(=confuse)* forvirre.

I. ban [bæn] *s* **1.** forbud *n;* ***a ban on*** forbud mot; ***travel ban*** reiseforbud; ***lift the ban*** oppheve forbudet; ***a ban (=embargo) on*** eksportforbud når det gjelder;
2. idømmelse av fredløshet; (lands)forvisning;

II. ban *vb* **1***(=forbid)* forby; utstede forbud mot; ***ban smoking*** forby røyking;
2.: ***be banned from driving****(=be disqualified from driving)* miste førerkortet.

banal [bəˌnɑ:l; **US:** ˌbeinl] *adj:* banal.

bank

Did you know that

many of the public holidays in Britain are called bank holidays?
The reason why is that the banks are closed on these days.

banality [bəˌnæliti] *s:* banalitet.
banana [bəˌnɑ:nə; **US:** bəˌnænə] *s; bot:* banan; ***a bunch of bananas*** en bunt bananer; *(se bananas).*
banana plug *(=jack plug) elekt:* bananstikker.
bananas [bəˌnɑ:nəz] *adj* **S***(=crazy; mad):* ***go bananas*** bli gal; ***he went absolutely bananas*** han ble helt sprø.
banana skin *(,US: banana peel)* bananskall; **T:** ***he's got one foot on a banana skin and the other in the grave*** han står på gravens rand.
I. band [bænd] *s* **1.** bånd *n; (se elastic (rubber) band);* **2.** *radio:* bånd *n;* ***the medium-wave band*** mellombølgebåndet;
3. *om ring:* ***band (of gold)*** glatt (gull)ring;
4. stripe *(fx a cup with a blue band round it);*
5. linning; *(jvf neckband; waistband);*
6. flokk; ***a band of outlaws*** en flokk fredløse;
7*(=group; bracket)* gruppe.
II. band *s; mus:* band *n;* ***big band*** storband; ***brass band*** hornorkester; musikkorps; ***dance band*** danseorkester; ***wind band*** blåseorkester; *(se steel band).*
banda [ˌbændə] *s; i Afrika:* banda; hytte.
I. bandage [ˌbændidʒ] *s:* bandasje; forbinding; ***gauze bandage*** gasbind; ***hernial bandage****(=truss)* brokkbind.
II. bandage *vb:* forbinde; bandasjere.
bandbox [ˌbæn(d)'bɔks] *s:* hatteeske.
banderole [ˌbændə'roul] *s* **1***(=pasted-on label)* banderole; **2.** *mar(=pennant)* mastevimpel.
bandit [ˌbændit] *s:* banditt.
bandleader [ˌbæn(d)'li:də] *s; for lite orkester, fx danseorkester:* dirigent; *(jvf conductor; bandmaster).*
bandmaster [ˌbæn(d)'mɑ:stə] *s; for hornorkester el. militærorkester:* dirigent; *(jvf conductor; bandleader).*
bandolier, bandoleer ['bændəˌliə] *s:* bandolær *n.*
bandsman [ˌbæn(d)zmən] *s; mus:* korpsmedlem.
bandstand [ˌbæn(d)'stænd] *s:* musikkpaviljong.
bandwagon [ˌbæn(d)'wægən] *s* **1.** *i opptog:* vogn med orkester *n;* **2.** *fig:* ***jump****(=climb; get)* ***on the bandwagon*** slenge seg på lasset; hive seg på bølgen; hyle med ulvene; ***the bandwagon has started to roll****(=things have started to move)* tingene har begynt å komme på gli.
I. bandy [ˌbændi] *s; sport* **1.** bandy; **2.** bandykølle.
II. bandy *vb* **1.** kaste (frem og tilbake); **2.:** ***bandy statistics about*** slå om seg med statistikk; **3.:** ***bandy words with sby****(=argue with sby)* krangle med en.
bandy-legged [ˌbændi'legd] *adj:* hjulbent.
baneful [ˌbeinful] *adj; meget stivt(=destructive; seriously harmful)* ødeleggende; meget skadelig.
I. bang [bæŋ] *s* **1.** brak *n;* smell *n;* knall *n;* ***loud bang*** drønn *n;* ***go bang*** smelle; si bang; **2***(=bhang)* indisk hamp; hasj(isj); **3.:** ***with a bang*** 1. med et smell (*el.* brak); 2. plutselig; 3. *om gjenstand* **T:** ***the party went with a bang*** selskapet var en kjempesuksess; 4. **T:** ***he fell for her with a bang*** han falt pladask for henne.
II. bang *vb* **1.** slå (hardt); ***he banged the book down on the table*** han slo boken i bordet; *fig:* ***bang one's head against a brick wall*** renne hodet i veggen;
2. smelle; smelle igjen; smelle med *(fx the door!);* få til å smelle; slå (*el.* hamre) på *(fx a drum);*
3. *om gjenstand* **T:** ***bang about:*** behandle uvørent;
4. T: ***bang****(=clatter)* ***away on a typewriter*** klapre på en skrivemaskin.
III. bang *adv; forsterkende* **T***(=right):* ***bang up to date*** helt à jour; helt moderne; ***bang on*** 1. nøyaktig; like på; rett på; 2. *adj & adv:* helt fin(t); absolutt topp.
IV. bang *int:* bang; bom.
banger [ˌbæŋə] *s* **1. T***(=sausage)* pølse;
2. T: ***(old) banger****(=ramshackle car)* (gammel) skramlekasse;
3. *om fyrverkeri:* kasteknall;
4. S*(=dachshund)* grevlinghund.
Bangkok [ˌbæŋkɔk; 'bæŋˌkɔk] *s; geogr:* Bangkok.
Bangladesh ['bæŋgləˌdeʃ] *s; geogr:* Bangladesh.
bangle [bæŋgl] *s:* armring; ankelring.
banish [ˌbæniʃ] *vb(=expel)* landsforvise; forvise.
banishment [ˌbæniʃmənt] *s; meget stivt(=exile)* landsforvisning.
banisters [ˌbænistəz] *s; pl:* trappegelender.
banjo [ˌbændʒou] *s(pl: banjo(e)s) mus:* banjo.
I. bank [bæŋk] *s* **1.** bank; ***at****(=in)* ***the bank*** i banken; ***deposit at the bank*** 1. deponere i banken; 2*(=put into the bank)* sette i banken; ***withdraw from the bank*** *(= take out of the bank)* ta ut av banken;
2. *kortsp:* bank; ***break the bank*** sprenge banken;
3.: ***grassy bank*** gressvoll; ***bank of snow****(,***US** *& Canada: snowbank)* brøytekant; ***(river) bank*** (elve)bredd;
4. banke; ***fishing bank*** fiskebanke;
5. *flyv(=banking)* krengning; *(jvf body roll);*
6*(=row)* rad; batteri *n (fx of instruments).*
II. bank *vb* **1***(=put into the bank)* sette i banken;
2. *flyv:* krenge;
3. T: ***bank on****(=count on)* stole på; regne med;
4.: ***bank up*** hope seg opp; ***snow always banks up quickly against our back door*** snøen hoper seg alltid fort opp foran bakdøren vår.
bank account bankkonto.
bank bill 1*(=bank(er's) bill)* bankveksel;
2. US*(=bank note)* pengeseddel.
bankbook [ˌbæŋk'buk] *s(=passbook)* bankbok.
bank card*(=banker's card; cheque card)* bankkort.
bank deposit bankinnskudd.
bank draft*(=banker's draft)* bankremisse.
banker [ˌbæŋkə] *s* **1.** bankier; **2.** *kortsp:* bankør.
bank giro bankgiro.
bank holiday UK: offentlig fridag.
banking [ˌbæŋkiŋ] *s* **1.** bankvesen; **2.** *flyv:* krengning.
bank interest bankrente; *(se I. interest 2).*
bank note *(,***US:** *bank bill)* pengeseddel; *(jvf bank bill).*
Bank of England: ***the Bank of England****(,***US:** *the Federal Reserve) svarer til:* Norges Bank.
bank rate *bankv:* diskonto; *(se I. discount 3).*
I. bankroll [ˌbæŋk'roul] *s* **US 1.** rull med pengesedler; **2.** *fig(=funds)* kapital.
II. bankroll *vb; især* **US T***(=finance; find the money for)* finansiere; skaffe penger til.
I. bankrupt [ˌbæŋkrʌpt] *s:* fallent; person som er konkurs.
II. bankrupt *adj:* fallitt; fallert; bankerott; ***go bankrupt*** gå konkurs; gå fallitt; fallere.
III. bankrupt *vb:* ***bankrupt sby*** slå en konkurs.
bankruptcy [ˌbæŋkrʌptsi] *s:* konkurs; fallitt.

bankrupt estate *jur:* konkursbo; *(se estate 3).*
bank share*(=banking share)* bankaksje.
banner [ˌbænə] *s* **1.** *også fig:* banner *n;* fane;
2.: ***(transparent) banner*** transparent;
3. *i avis:* ***banner (headline)*** flerspaltet overskrift.
bannock [ˌbænək] *s:* flat kake av hvete el. bygg, ofte fylt med korinter, rosiner, etc.
banns [bænz] *s; pl:* lysing; ***give notice of the banns*** bestille lysing; ***publish the banns*** lyse til ekteskap; *fra prekestolen:* ***read the banns*** lyse til ekteskap.
banquet [ˌbæŋkwit] *s:* bankett; festmiddag.
bantam [ˌbæntəm] *s* **1.** *zo:* bantamhøne; dverghøne
2. *boksing(=bantamweight)* bantamvekt.
I. banter [ˌbæntə] *s(=friendly teasing)* godmodig erting; småerting.
II. banter *vb:* småerte; erte på en godmodig måte.
Bantu [bænˌtu:; ˌbæntu:] *s & adj:* bantu.
baptism [ˌbæptizəm] *s:* dåp; *(jvf christening).*
baptismal ['bæpˌtizməl] *adj:* dåps-; døpe-.
Baptist [ˌbæptist] *s:* baptist.
baptist(e)ry [ˌbæptistri] *s* **1.** dåpskapell;
2. *hos baptister:* dåpsbasseng; baptisterium *n.*
baptize [ˌbæptaiz] *vb:* døpe; *(jvf christen 1).*
I. bar [bɑ:] *s* **1.** stang; ***iron bar*** jernstang; ***behind bars*** bak lås og slå;
2. barre *(fx gold bar);*
3. (avlangt) stykke; ***a bar of chocolate*** en sjokolade;
4. bom; slå; ***there's a bar on the door*** det er slå for døren;
5. bar; bardisk; ***pick-up bar*** sjekkested; ***in the bar*** i baren;
6. *jur:* ***at the bar*** 1. for rettens skranke; 2*(=in the dock)* på tiltalebenken; 3.: ***be called to the Bar****(=go to the Bar)* få advokatbevilling; *(jvf barrister);*
7. *elekt; i varmeovn(=element)* element *n;*
8. *mus:* takt; *(=bar line)* taktstrek;
9. *søm; ved knapphull:* stolpe;
10. *av lys el. farge(=stripe)* stripe;
11. *fig(=obstacle)* hinder *n (to* for).
II. bar *vb (se også barred & barring)* **1.** sette bom *(el.* slå) for; sette sprinkler for; ***be barred out*** bli stengt ute;
2. sperre; ***he barred my way*** han sperret veien for meg;
3.: ***bar sby from*** 1. stenge en ute fra; nekte en adgang til; ***bar sby from membership*** nekte en medlemskap; 2.: ***bar****(=prevent)* ***sby from (-ing)*** hindre en i å;
4.: ***no holds barred*** alle knep *(n)* gjelder.
III. bar *prep(=except (for))* unntatt *(fx all bar one of them had flu last winter);* ***bar none****(=without exception)* uten unntak *n.*
barb [bɑ:b] *s* **1.** mothake; *på piggtråd:* pigg;
2. *zo:* skjeggtråd; haketråd; *på fjær:* (fjær)stråle.
barbarian [bɑ:ˌbɛəriən] **1.** *s:* barbar; **2.** *adj:* barbarisk.
barbarism [ˌbɑ:bə'rizəm] *s:* barbari *n.*
barbarous [ˌbɑ:bərəs] *adj* **1.** barbarisk; usivilisert;
2. brutal; grusom; vill; ***a barbarous act*** en grusomhet.
I. barbecue [ˌbɑ:bi'kju:] *s* **1.** utendørs grillselskap; grillfest;
2. hagegrill *(fx cook it on a barbecue).*
II. barbecue *vb(=cook on a barbecue)* grille.
barbed [bɑ:bd] *adj:* med mothake *(fx a barbed arrow).*
barbed wire *(,US: barbwire)* piggtråd; *(jvf razor wire).*
barber [ˌbɑ:bə] *s* **1.** (herre)frisør; barber;
2*(=barber's (shop))* herrefrisersalong.
bar chart*(=bar graph)* søylediagram; stolpediagram.
bar code *EDB:* strekkode.
I. bare [bɛə] *adj* **1.** bar; naken; ***the bare facts*** (de) nakne kjensgjerninger; ***with one's bare hands*** med bare hendene; ***lay sth bare****(=expose sth)* blottlegge noe; blottstille noe; **2***(=empty)* tom *(fx bare shelves);* **3.:** ***earn the bare minimum*** så vidt tjene til livets opphold; ***the bare necessities of life*** de viktigste livsfornødenheter.
II. bare *vb(=uncover)* blotte *(fx one's head).*
bareback [ˌbɛə'bæk] *adj & adv:* ***ride bareback*** ri uten sal.
barefaced [ˌbɛə'feist] *adj; især om løgn:* frekk; skamløs.
barefoot(ed) [ˌbɛə'fut(id)] *adj & adv:* barfot; barbent.
barely [ˌbɛəli] *adv* **1***(=not quite)* knapt; ***barely old enough*** i yngste laget; **2***(=hardly):* ***he had barely opened the door before*** *(=when)* ***they rushed in*** ikke før hadde han åpnet døren, før de stormet inn.
I. bargain [ˌbɑ:gin] *s* **1.** handel; kjøp *n;* forretning; ***chance bargain*** leilighetskjøp; ***make****(=strike)* ***a good bargain*** gjøre en god handel;
2.: ***a bargain*** et godt kjøp; en god handel; en tilbudsvare;
3. avtale; ***a bargain's a bargain*** en avtale er en avtale; ***make the best of a bad bargain*** gjøre det beste ut av det; ***make****(=strike)* ***a bargain*** bli enige (om betingelsene); ***drive a (hard) bargain*** tvinge igjennom harde betingelser; ***into****(,US: in)* ***the bargain*** på kjøpet.
II. bargain *vb* **1***(=haggle)* kjøpslå; prute; **2***(=negotiate)* forhandle; **3.:** ***bargain away*** selge; gi fra seg billig; **4.:** ***bargain for****(=anticipate)* regne med (i forveien).
bargain counter billigdisk; utsalgsdisk.
bargain price 1. spottpris; **2.** nedsatt pris.
I. barge [bɑ:dʒ] *s* **1.** flatbunnet lekter; (laste)pram; *oljeind:* ***drilling barge*** borelekter; **2.** *mar:* sjalupp.
II. barge *vb* **1.:** ***barge in*** buse inn; komme busende inn; ***barge in on sby*** trenge seg inn på en; avbryte en (uten å avvente et passende øyeblikk); ***I'm sorry to barge in on you like this*** jeg er lei for å trenge meg på slik; **2.:** ***barge into*** 1. buse inn i; 2. løpe på; møte tilfeldig.
bargee [bɑ:ˌdʒi:] *s(,US: bargeman)* pramdrager.
barge pole 1. pramstake; stang som det stakes med;
2. *fig:* ***I wouldn't touch it with a barge pole*** jeg ville ikke ta i det med en ildtang.
baritone [ˌbæri'toun] *s; mus:* baryton.
I. bark [bɑ:k] **1.** *s; bot:* bark; **2.** *vb:* barke.
II. bark 1. *s* bjeffing; gjøing; *fig:* skarp tone; ***his bark is worse than his bite*** han er ikke så ille som han høres ut til; **2.** *vb:* bjeffe; gjø; ***bark out an order*** bjeffe en ordre; *fig:* ***you're barking bark up the wrong tree*** du er på villspor; din bemerkning har feil adresse.
barkeeper [ˌbɑ:'ki:pə] *s* **US***(=barman)* bartender.
barley [ˌbɑ:li] *s; bot:* bygg *n.*
barley broth *kul:* grynsodd.
barley groats *bot(=pearl barley)* byggryn.
bar line *mus:* taktstrek.
barmaid [ˌbɑ:'meid] *s:* barpike; servitrise i en pub.
barman [ˌbɑ:mən] *s(,US: barkeeper)* bartender.
barmy [ˌbɑ:mi] *adj* **S***(=crazy)* sprø; skrullete; ***barmy on the crumpet*** sprø på nøtta.
barn [bɑ:n] *s* **1.** *landbr(,US: hay barn; grain barn)* låve; **2.** *landbr* **US***(=stable)* stall; ***cow barn****(=cowshed)* fjøs *n;* **3. US: *go all around the barn to find the door****(=take unnecessary trouble)* gjøre seg unødvendig bry *n;* gå over bekken etter vann *n.*
barnacle [ˌbɑ:nəkl] *s; zo:* andeskjell.
I. barnstorm [ˌbɑ:n'stɔ:m] *s; især* **US 1.** *teat:* omreisende teater *(n)* som drar på turné i utkantstrøkene;
2. *polit:* valgkampanje i utkantstrøkene;
II. barnstorm *vb; især* **US 1.** *teat:* dra på turné i utkantstrøkene;
2. *polit:* drive valgkampanje i utkantstrøkene.
barnyard [ˌbɑ:n'jɑ:d] *s:* tun *n.*
barnyard humour grovkornet humor.
barometer [bəˌrɔmitə] *s(,***T:** *glass)* barometer *n.*
baron [ˌbærən] *s* **1.** baron; **2.** magnat; finansfyrste; *(se magnate; tycoon).*
baroness [ˌbærənəs] *s:* baronesse.
baronet [ˌbærənət] *s:* baronett.
barony [ˌbærəni] *s:* baroni *n.*
baroque [bəˌrɔk] *s; adj:* barokk.

barque [bɑ:k] *s; mar:(,især* **US:** *bark)* bark.
barracks [ˌbærəks] *s; pl; mil & fig:* kaserne.
barrage [ˌbærɑ:ʒ] *s* **1.** *mil:* sperreild; **2.** *fig:* trommeild *(fx of questions).*
barrel [ˌbærəl] *s* **1.** tønne; *fig:* ***scrape (the bottom of) the barrel*** skrape bunnen; **2***(=gun barrel)* (gevær)løp *n;* kanonløp; **3.** *mask:* trommel; sylinder.
barrel organ*(=street organ)* lirekasse; *(se organ 3).*
barren [ˌbærən] *adj* **1.** *også om kvinne:* ufruktbar; gold; **2.** *fig(=unproductive)* uproduktiv *(fx period);* **3***(=futile)* nytteløs *(fx speculations).*
barricade ['bæriˌkeid; ˌbæri'keid] **1.** *s:* barrikade; **2.** *vb:* barrikadere.
barrier [ˌbæriə] *s* **1.** barriere; sperring; **2.** *jernb; om stedet:* billettkontroll; **3.** *fig(=obstacle)* barriere; skranke; hindring (*to* for).
barrier cream beskyttende hudkrem.
barring [ˌbɑ:riŋ] *prep(=except)* unntatt.
barrister [ˌbæristə] *s:* advokat (som prosederer i retten); *(jvf 'solicitor', som forbereder saker for 'barristers'); (se I. brief 1 & 2 & inn 2: Inn of Court).*
barrow [ˌbærou] *s* **1.** (gateselgers) dragkjerre; **2***(=wheelbarrow)* trillebår; *(se også handbarrow);* **3.** *arkeol(=(grave) mound)* gravhaug.
Bart. *fk f baronet.*
bartender [ˌbɑ:'tendə] *s* **US***(=barman)* bartender.
I. barter [ˌbɑ:tə] *s:* byttehandel; tuskhandel.
II. barter *vb:* drive byttehandel.
barter economy *økon:* naturalhusholdning.
basalt [ˌbæsɔ:lt] *s:* basalt.
I. base [beis] *s(pl: bases* [ˌbeisi:z]*)* **1.** basis; fundament *n;* fot; grunnflate; endeflate *(fx of a cylinder);* **2.** *kjem:* base; **3.** *mil, etc:* base; **4.** *kul:* hovedingrediens; **5.** *for maling, etc:* underlag; **6.:** ***the base (of a layer cake)*** en kakebunn; **7.** *fig:* basis; utgangspunkt.
II. base *vb* **1.** basere (*on* på); **2.** forlegge; ***based in Paris*** forlagt i Paris.
III. base *adj* **1.** *stivt(=vile)* nedrig; nederdrektig; **2***(=low; mean)* lav; **3***(=shameful):* ***base desires*** skammelige lyster; **4.** *om metall:* uedel; **5***(=bad):* ***a base coin*** en falsk mynt.
basement [ˌbeismənt] *s:* underetasje; kjelleretasje.
I. bash [bæʃ] *s* **T 1.** (kraftig) slag *n (fx on the nose);* **2***(=dent)* bulk; bule; **3***(=party;* **T:** *do)* selskap; fest; **4***(=go):* ***have a bash (at)*** gjøre et forsøk (på); prøve (på).
II. bash *vb* **T 1.** slå (hardt); slå til (av all kraft); **2***(=dent)* lage bulk(er) (*el.* bule(r)) i; få bulk(er); **3***(=attack;* **T:** *knock)* angripe; hamre løs på; **4.:** ***bash sth about*** være uvøren med noe; **T:** herje med noe; **5.:** ***bash into****(=crash into)* brase inn i *(fx a lamppost);* **6.:** ***bash in****(=smash)* slå inn; slå i stykker; **7.:** ***bash up*** 1*(=smash)* slå i stykker; 2*(=beat up)* gi juling.
bashful [ˌbæʃful] *adj:* sjenert; unnselig.
basic [ˌbeisik] *adj* **1.** grunn- *(fx price);* **2.** *kjem:* basisk.
basically [ˌbeisikəli] *adv:* innerst inne; i grunnen; prinsipielt; ***basically****(=in principle)* ***I have nothing against it but …*** prinsipielt har jeg ingenting imot det, men …; ***basically, I think that …*** i utgangspunktet mener jeg at ….
basic course *univ:* grunnfag; ***basic English (course)*** engelsk grunnfag; *(jvf intermediate subject & main subject).*
basil [ˌbæzəl] *s; bot(=sweet basil)* basilikum *n.*
basin [ˌbeisən] *s* **1.** (vaskevanns)fat *n;* balje; **2***(=bowl)* bolle; ***sugar basin*** sukkerskål; **3.:** ***harbour basin*** havnebasseng.
basis [ˌbeisis] *s(pl: bases* [ˌbeisi:z]*)* basis; grunnlag; ***form the basis of*** danne grunnlaget for; ***on a (purely) business basis*** på (helt) forretningsmessig basis; ***on a shaky(=unsound) basis*** på sviktende grunnlag; ***on the basis of*** på grunnlag av; ***on the basis of what he said*** på grunnlag av hva (*el.* det) han sa.
bask [bɑ:sk] *vb* **1.:** ***bask in the sun*** sole seg; slikke sol; **2.** *fig:* ***bask in the knowledge that …*** sole seg i bevisstheten om at …
basket [ˌbɑ:skit] *s* **1.** kurv; ***make a basket*** flette en kurv; *(jvf punnet);* **2. T:** ***put all one's eggs in one basket*** *(= stake everything on one card)* sette alt på ett kort.
basketry [ˌbɑ:skitri] *s* **1***(=basketwork)* kurvmakeri *n;* kurvfletning; **2.** *kollektivt(=baskets)* kurver.
I. Basque [bæsk] *s* **1.** basker; **2.** *språk:* baskisk.
II. Basque *adj:* baskisk.
bas-relief [ˌbæsri'li:f; ˌbɑ:ri'li:f] *s:* basrelieff.
I. bass [beis] *s; mus:* bass; ***figured bass*** besifret bass.
II. bass [bæs] *s; zo:* havåbor; *(se sea perch).*
bass clef [ˌbeis'klef] *s; mus(=F clef)* bassnøkkel; F-nøkkel.
bass drum [ˌbeis'drʌm] *s; mus:* stortromme.
bassoon [bəˌsu:n] *s; mus:* fagott.
bast [bæst] *s; bot:* bast.
I. bastard [ˌbæstəd] *s* **1.** bastard; **2. T:** jævel *(fx he's a bastard!);* **3. T** *med 'lucky' el. 'old' foran seg; rosende el. spøkef:* ***you old bastard!****(=you're a good sort!)* du er en bra kar (,ei bra jente)! ***he's a lucky bastard*** han er en heldiggris; **4. T:** ***that job's a real bastard*** det er en jævlig jobb.
II. bastard *adj:* født utenfor ekteskap *n;* uekte.
baste [beist] *vb* **1.** *kul:* dryppe (en stek); **2.** *søm(=tack)* tråkle; ***baste (together)*** tråkle sammen.
bastion [ˌbæstiən] *s:* bastion; skanse.
I. bat [bæt] *s* **1.** balltre; **2.** *cricket(=batsman)* forsvarer; **3.** *zo:* flaggermus; **4.:** ***off one's own bat*** på egen hånd; uten hjelp; *(se belfry).*
II. bat *vb* **1.** *cricket:* slå; være inne som forsvarer; **2.** *fig* **T:** ***without batting an eye(lid)*** uten å blunke.
batata [bəˌtɑ:tə] *s; bot:* søtpotet; batate.
batch [bætʃ] *s* **1.** bakst *(fx a batch of cakes);* **2.** porsjon; sending; ***in this batch*** i denne sendingen; **3***(=group)* gruppe *(fx arrive in batches of four).*
batch freezer porsjonsfryser; *(se freezer).*
bated [ˌbeitid] *adj:* ***with bated breath*** med tilbakeholdt åndedrett *n;* i åndeløs spenning.
I. bath [bɑ:θ] *s(pl: baths* [bɑ:ðz]*)* **1.** bad *n (fx give a baby a bath);* ***have(=take) a bath*** bade; *(se II. bathe 1);* **2.** badekar; ***run the bath*** fylle vann *(n)* i badekaret; **3. US***(=bathroom)* badeværelse; **4.:** ***(public) baths*** (offentlig) bad; badeanstalt.
II. bath *vb* **1.** bade; vaske *(fx the baby);* **2***(=take a bath)* bade *(fx she bathed in cold water).*
Bath bun *bakverk:* søt bolle (inneholdende krydder *(n)* og tørrede frukter); *(se bun 1).*
bath cube parfymert badesalt i terningform.
I. bathe [beið] *s:* bad *(n)* (i det fri); *(=swim)* svømmetur; ***go for a bathe*** gå for å bade.
II. bathe *vb* **1.** *i det fri:* bade; ***go bathing****(=swimming)* dra for å bade; **2.** *sår:* vaske; *kroppsdel:* bade *(fx a swollen finger);* **3. US** 1*(=take a bath)* bade; 2*(=bath)* vaske i et badekar *(fx bathe the baby).*
bathed [beiðd] *adj:* ***bathed in*** badet i *(fx sunlight);* ***bathed in perspiration*** badet i svette.
bather [ˌbeiðə] *s:* badende; badegjest; ***the bathers*** de badende.
bathing [ˌbeiðiŋ] *s:* bading; badeliv; ***there's bathing from the beach*** det bades fra stranden.
bathing cap badehette; *(se I. cap 1).*
bathing facilities *pl:* bademuligheter.

b

bathing place badeplass; badested.
bathing ring: ***inflatable bathing ring****(=swim ring)* badering.
bathing suit badedrakt.
bathing things *pl(,merk: swimwear)* badetøy.
bathing*(=swimming)* **trunks***(=swim briefs)* badebukse.
bathmat [ˌbɑ:θ'mæt] *s:* badematte.
bathrobe [ˌbɑ:θ'roub] *s* **1.** badekåpe; **2. US***(=dressing gown)* slåbrok; morgenkåpe.
bathroom [ˌbɑ:θ'ru(:)m] *s* **1***(,***US:** *bath)* baderværelse; baderom; bad *n;* **2. US***(=toilet)* toalett *n;* wc *n.*
bathroom scales *pl:* badevekt.
bath salts *pl:* badesalt.
bath towel badehåndkle; *(jvf beach towel).*
bathtub [ˌbɑ:θ'tʌb] *s* **1.** *lett glds(=bath)* badekar; **2.** badebalje.
bath water badevann; ***throw out the baby with the bath water*** kaste barnet ut med badevannet.
batik [ˌbætik; **US:** bəˌti:k] *s:* batikk; ***do batik*** lage batikk.
batiste [bəˌti:st] *s; tekstil:* batist.
baton [ˌbætən] *s* **1.** *mus:* taktstokk; tamburstav;
2. (stafett)pinne;
3. (politi)kølle;
4. *mil:* kommandostav.
batphone [ˌbæt'foun] *s* **T***(=personal walkie-talkie radio)* bærbar politiradio.
batsman [ˌbætsmən] *s; cricket:* forsvarer.
battalion [bəˌtæliən] *s; mil:* (infanteri)bataljon.
I. batten [ˌbætən] *s* **1.** *tøm:* labank; (grov) lekt; **2.** *mar:* skalkelist; **3.** *teat(=row of lights)* lysrad.
II. batten *vb* **1.** meske seg (*on* på);
2. *mar:* ***batten down the hatches*** skalke lukene.
I. batter [ˌbætə] *s* **1.** *i ballspill:* den som slår;
2. vaffelrøre; pannekakerøre; røre.
II. batter *vb* **1.** slå løs på; hamre løs på; ***he was battering****(=hammering)* ***on the wall*** han stod og hamret løs på veggen; ***batter****(=break)* ***down a door*** slå inn en dør; **2.** *barn el. kvinne:* slå; mishandle; **3.** *også fig:* gi en hard medfart.
battered [ˌbætəd] *adj:* ramponert; medtatt *(fx old hat);* mishandlet *(fx baby).*
battering [ˌbætəriŋ] *(se II. batter 2)* **S: *baby (,wife) battering*** barnemishandling (,konemishandling).
battery [ˌbætəri] *s* **1.** batteri *n;* ***flat****(=run-down)* ***battery*** flatt batteri; ***boost a battery*** hurtiglade et batteri; ***check the battery*** sjekke batteriet; ***discharge a battery*** utlade (*el.* tappe) et batteri; ***disconnect the battery*** kople fra batteriet; **T: *flog the battery*** utsette batteriet for sterk belastning; ***recharge a battery*** lade opp et batteri; ***top up the battery*** (etter)fylle vann *(n)* på batteriet;
2. *landbr:* rekke av fjærfebur; *(jvf battery eggs);*
3. *mus:* batteri *n;*
4. *jur:* ***assault (and battery)****(,***US:** *simple battery)* overfall; legemsfornærmelse.
battery egg egg *(n)* produsert ved forsert egglegging; *(jvf free-range egg).*
battery hen burhøne; *(jvf battery 2).*
I. battle [bætl] *s* **1.** *mil:* slag *n;* kamp; **2.** *fig:* kamp; ***do battle*** begynne å slåss; ta kampen opp; ***do battle with the city council****(=cross swords with the city council)* krysse klinge med byrådet; ***fight a battle*** utkjempe et slag; ***that's only half the battle*** det er bare et skritt på veien; ***that's half the battle*** 1. det er halve seieren; 2. det er det viktigste.
II. battle *vb; stivt; også fig(=fight)* kjempe (*for* for).
battle axe 1. stridsøks; **2.** arrig kvinnfolk.
battle fatigue *mil(=combat fatigue)* kamptretthet.
battlefield [ˌbætl'fi:ld] *s:* slagmark.
battlement [ˌbætlmənt] *s; på borgtårn med tinder og skyteskår:* brystvern.
battle order *mil:* slagorden; *spøkef:* ***he showed up in full battle order*** han troppet opp i full krigsmundur.
battle royal 1. alminnelig slagsmål *n;* drabelig kamp; holmgang; **2.** voldsom trette.
battleship [ˌbætl'ʃip] *s:* slagskip.
batty [ˌbæti] *adj* **S***(=crazy)* sprø; (små)rar; tullete.
bauble [bɔ:bl] *s; hist:* ***(fool's) bauble****(=court jester's staff)* narrestav; *(jvf I. rattle 2: fool's rattle).*
Bavaria [bəˌvɛəriə] *s; geogr:* Bayern.
Bavarian [bəˌvɛəriən] *adj:* bayersk.
bawdy [ˌbɔ:di] *adj:* lidderlig; slibrig *(fx joke).*
I. bawl [bɔ:l] *s:* skrål *n;* brøl *n;* vræl *n.*
II. bawl *vb:* skrike; skråle; vræle.
I. bay [bei] *s* **1.** bukt;
2. *i bokreol:* kassett;
3. *bygg; i bindingsverksvegg:* fag *n;*
4. lite rom; avlukke *n;* bås; nisje; ***bus bay*** busslomme; ***loading bay*** lasteplass; lasterampe; *(se sick bay).*
II. bay *s; bot(=bay laurel)* laurbær(tre).
III. bay *s; zo(=bay horse)* fuks; rødbrun hest.
IV. bay *s* **1.: *at bay*** med front mot forfølgerne;
2. *fig:* ***bring sby to bay*** trenge en opp i et hjørne; ***hold at bay*** holde i sjakk; holde seg fra livet.
V. bay *vb:* gjø; bjeffe; halse; ***bay at*** gjø mot.
VI. bay *adj:* rødbrun *(fx a bay horse).*
bay leaf *bot:* laurbærblad.
bayonet [ˌbeiənit] *s:* bajonett.
bay window 1. karnappvindu; *(jvf bow window);*
2. T: mage; vom; alderstillegg.
bazaar [bəˌzɑ:] *s:* basar.
BBC *fk f British Broadcasting Corporation.*
B.C., BC *(fk f before Christ)* før Kristi fødsel *(fx in 545 B.C.).*
be [bi:] *vb(pres: am, are, is; pret: was, were; perf.part.: been)* **1.** være; befinne seg; ***that may be*** det kan være; det er mulig; ***be oneself*** være seg selv;
2. *hjelpevb i passiv:* bli; ***be killed*** bli drept; ***the house is being built*** huset er under oppførelse; ***it's nowhere to be seen*** det er ikke å se noe sted; ***he was seen to enter the shop*** man så at han gikk inn i butikken;
3. *foran ing-form:* ***he is****(=he's)* ***reading*** han sitter (,ligger, står) og leser; ***I'm going to London next week*** jeg skal (reise) til London neste uke; ***I shall****(=I'll)* ***be seeing him tomorrow*** jeg treffer ham i morgen;
4. *danner perf. ved enkelte bevegelsesvb:* ***the train is gone****(=the train's gone)* toget er gått;
5. bli *(fx he wants to be an actor);* ***it was****(=proved)* ***a success*** det ble en suksess; ***they were (greatly) surprised*** de ble (svært) overrasket; ***come to be known*** *(= become known)* bli kjent;
6. *om alder:* bli *(fx he'll be fifty next week);*
7. foreligge; ***there is nothing to show that …*** det foreligger ingenting som tyder på at …;
8*(=happen)* skje *(fx there was an accident);* ***it was all so sudden*** alt skjedde så plutselig;
9*(=take place)* finne sted *n;*
10. *om tid:* vare *(fx it won't be long now);* ***I'm going out but I won't be long*** jeg går ut, men jeg blir ikke lenge (borte);
11. *om pris:* koste *(fx how much is this?);* bli *(fx that'll be £5);*
12. *foran infinitiv:* skulle; ***what am I to do?*** hva skal jeg gjøre? ***what's to be done about it?*** hva skal man gjøre med det? ***if he were****(=was)* ***to do it*** hvis han skulle gjøre det; ***it was never to be*** det skulle aldri bli noe av;
13. *konjunktiv:* være; ***be that as it may*** det får nå være som det (være) vil; ***if I were to do it*** hvis jeg skulle gjøre det; ***as it were****(=so to speak)* så å si; faktisk; liksom; på en måte; ***that was as it were part of the job*** det var liksom en del av jobben;
14. *forskjellige uttrykk:* ***his wife to be*** hans tilkommende kone; ***I must be off*** jeg må av sted; jeg må gå; ***here you are!*** vær så god! ***here we are*** her er vi; (se) her har vi det; ***how is he?*** hvordan står det til med ham? ***there's a bus at twenty to*** det går en buss tjue på;

T: ***we may be in for a bit of trouble****(=we can expect some trouble)* vi kan vente bråk *n;* **T:** ***I think they're on to us****(=I think they suspect us)* jeg tror de har fått mistanke til oss; **T:** ***you're on to sth there****(=you have a point there)* du er inne på noe der; **T:** ***he's on to a very good thing****(=he's got sth there)* der er han inne på noe som kan bli lønnsomt (,fordelaktig).

I. beach [bi:tʃ] *s:* strand; strandbredd.

II. beach *vb:* sette på land *n;* sette på grunn.

beach buggy*(=dune buggy)* strandbil; *(se I. buggy).*

beachcomber [ˌbi:tʃ'koumə] *s:* (strand)boms; (hvit) dagdriver (på Stillehavskysten).

beach towel*(=bathing towel)* badehåndkle; strandhåndkle; *(jvf bath towel).*

beach umbrella strandparasoll; *(jvf umbrella 2).*

beacon [ˌbi:kən] *s* **1.** *mar:* båke; sjømerke; **2.** *flyv:* ***airway beacon*** luftfyr; **3.** *på utrykningsvogn:* ***rotating beacon*** *(=rotating light)* roterende blinklys.

bead [bi:d] *s* **1.** glassperle; liten kule; ***string of beads*** perlesnor; ***string beads*** træ perler; *kat.:* ***say(=tell) one's beads*** lese sin rosenkrans; **2.** *på skytevåpen:* (sikte)korn *n;* ***draw a bead on****(=aim at)* sikte på; ta på kornet.

I. beadwork [ˌbi:d'wə:k] *s; som dekorasjon:* perlebroderi; *(jvf pearl embroidery);*

II. beadwork *adj:* perlebrodert; med perlebroderi på.

beady [ˌbi:di] *adj; om øyne:* ***his eyes were small and beady*** øynene hans var små, runde og blanke.

beady eye T *(=watchful eye)* vaktsomt blikk *n;* ***he's got his beady eye on you*** du har hans vaktsomme blikk på deg.

beagle [bi:gl] *s; zo:* beagle (ɔ: liten harehund).

beak [bi:k] *s* **1.** *zo:* nebb *n;* **2. T***(=nose)* nese.

beaker [ˌbi:kə] *s:* beger *n.*

be-all and end-all T: ***the be-all and end-all*** alfa og omega; det viktigste av alt *(fx providing help for others is the be-all and end-all of this group);* hovedformål.

I. beam [bi:m] *s* **1.** *bygg:* bjelke;
2. *gym & på vev:* bom;
3*(=ray of light)* (lys)stråle; *i billys:* ***the high beam*** fjernlyset;
4. *mar:* dekksbredde; ***abaft the beam*** aktenfor tvers; *spøkef* **T:** ***broad in the beam*** bred over baken.

II. beam *vb* **1.** stråle; ***beam on(=at) sby*** smile strålende til en; **2.** *radio:* sende (*at* i retning av); rette inn.

beam-ends ['bi:mˌendz; ˌbi:m'endz] *s; pl* **1.** *mar:* ***on her beam-ends*** med slagside (på 90°); **2.** *fig:* ***be on one's beam-ends*** være på knærne.

bean [bi:n] *s* **1.** *bot:* bønne; **2. S***(=money):* ***I haven't got a bean*** jeg har ikke en rød øre; **3. T:** ***spill the beans****(=give the game away)* røpe det hele.

I. bear [bɛə] *s; zo: bjørn.*

II. bear *vb(pret: bore; perf.part.: born(e))* **1.** holde ut; bære; *i nektende setninger:* tåle *(fx the pain);* ***it's hard to bear*** det er hardt å bære; ***it won't bear repeating*** det tåler ikke å gjentas; ***bear a close examination*** stå for en nøyere undersøkelse;
2*(=be able to support)* tåle *(fx sby's weight);*
3*(=produce)* bære *(fx fruit);*
4*(=give birth to)* føde; ***she was born on July 10*** hun ble (,er) født den 10. juli; ***she was born with it*** det er medfødt hos henne; *(se born);*
5. *om retning:* ***bear to the right****(=turn right)* dreie mot høyre; *mar:* ***bear away*** dreie av; falle av; *(se 9: bear down on 2);*
6.: ***bear sby a grudge****(=have a grudge against sby)* bære nag *(n)* til en; ha et horn i siden til en;
7.: ***bear in mind****(=remember)* huske;
8.: ***bring to bear*** gjøre gjeldende (*on* overfor); ***bring pressure to bear on him****(=put pressure on him)* utsette ham for press;
9.: ***bear down on*** 1*(=press (down) on)* trykke ned; 2. *mar & fig(=head straight for)* styre like mot;
10.: ***the terrible truth was borne in on him****(=he realized the terrible truth)* den forferdelige sannheten gikk opp for ham;
11.: ***bear out*** bekrefte; ***John will bear me out*** John vil bekrefte riktigheten av det jeg har sagt; ***this is borne out by actual facts*** dette har støtte i virkelige forhold *n;*
12.: ***bear up*** holde motet oppe; klare seg *(fx she bore up well after her shock);*
13.: ***bear with*** bære over med; ha tålmodighet med.

bearable [ˌbɛərəbl] *adj:* utholdelig; til å holde ut.

beard [ˌbiəd] *s* **1.** skjegg *n;* ***full beard*** helskjegg;
2. *bot(=awn)* snerp *n;* skjegg *n (fx on barley).*

bearded [ˌbiədid] *adj* **1.** skjegget; **2.** *bot:* med snerp *n.*

beardless [ˌbiədləs] *adj:* skjeggløs.

bearer [ˌbɛərə] *s* **1***(=pallbearer)* kistebærer;
2. overbringer; **3***(=holder)* ihendehaver.

bearing [ˌbɛəriŋ] *s* **1.** holdning;
2. forbindelse; ***it has no bearing on the matter*** det har ingenting med saken å gjøre;
3. *mar:* peiling; ***take a bearing*** peile;
4.: ***he'll soon find his bearings in his new job*** han vil snart finne seg til rette i den nye jobben sin; ***lose one's bearings*** ikke lenger være i stand til å orientere seg; ***I've lost my bearings*** jeg kan ikke orientere meg lenger; ***take(=get; find) one's bearings*** orientere seg;
5. *mask(fk BRG)* lager *n.*

beast [bi:st] *s* **1.** dyr *n;* ***wild beast*** villdyr; **2.** *landbr:* ***beasts*** krøtter; dyr *n;* **3.** *fig:* dyr *n (fx the beast in him).*

beastliness [ˌbi:stlinəs] *s:* dyriskhet; bestialitet.

beastly [ˌbi:stli] **1.** *adj:* dyrisk; bestialsk; **2. T:** ufyselig *(fx weather);* vemmelig; ***what a beastly thing to do!*** det var vemmelig gjort! **3.** *adv(=terribly)* forferdelig.

I. beat [bi:t] *s* **1.** slag *n;* ***heart beats*** hjerteslag;
2. *mus:* (takt)slag;
3. runde; distrikt *n;*
4. *fig:* ***that's off my beat*** det ligger utenfor mitt område.

II. beat *vb(pret: beat; perf.part.: beaten)* **1.** *også fig:* slå; banke; ***beat time*** slå takten;
2.: ***beat sby up*** jule en opp;
3. piske *(fx eggs);*
4. *mar:* krysse; ***beat to windward*** krysse opp mot vinden; *(jvf beating 3);*
5. *fig; i konkurranse:* slå; **T:** ***beat sby hollow****(=wipe the floor with sby)* slå en sønder og sammen; ***if you can't beat them, join them!*** man må hyle med ulvene!
6.: ***beat about the bush*** gå som katten om den varme grøten;
7.: ***beat down*** prute ned;
8. S: ***beat it!****(=hop it!)* forsvinn!
9.: ***beat a (hasty) retreat*** slå (en hastig) retrett;
10.: ***beat up*** pryle; *(se også III. beat; beaten).*

III. beat *adj* **S:** ***(dead) beat****(=knackered)* helt utkjørt.

beaten [ˌbi:tən] *adj; perf. part.* **1.** hamret *(fx gold);*
2. *fig:* slått;
3.: ***a beaten egg*** et pisket egg;
4.: ***off the beaten track*** utenfor allfarvei.

beater [ˌbi:tə] *s* **1.** *jaktuttrykk:* klapper;
2.: ***carpet beater*** teppebanker;
3.: ***panel beater*** bilopprettet;
4.: ***rotary beater*** hjulvisp.

beating [ˌbi:tiŋ] *s* **1.** banking; hamring; **2.** juling; nederlag *n;* ***be given a beating*** få en omgang juling; ***take a beating*** 1. bli slått; ***that takes some beating*** den prestasjonen er ikke god å slå; 2*(=get a beating)* få juling;
3. *mar:* kryssing; *(jvf II. beat 4).*

beau [bou] *s(pl: beaus, beaux* [bouz]*) glds* **1.** laps; motelaps; **2.** *spøkef(=boyfriend)* kavaler; *(jvf belle).*

beautician [bju:ˌtiʃən] *s(=beauty specialist)* skjønnhetsekspert.

beautiful [ˌbju:tiful] *adj:* vakker; meget pen.

beautifully [ˌbju:tifuli] *adv:* vakkert; meget pent; ***beautifully done****(=made)* forseggjort.

beautify [ˌbju:ti'fai] *vb:* forskjønne; forskjønnes.

beauty [ˌbju:ti] *s* **1.** skjønnhet; **2.:** ***the beauty of it is that …*** det fine (*el.* gode) ved det er at ….
beauty parlour*(=beauty salon)* skjønnhetssalong.
beauty spot 1. skjønnhetsplett; **2.** naturskjønt sted; perle.
I. beaver [ˌbi:və] *s* **1.** *zo:* bever; beverskinn;
2. *fig:* ***eager beaver*** flittig maur;
3. *Canada* **T:** femcentstykke.
II. beaver *vb* **T:** ***beaver away at sth*** arbeide flittig med noe.
becalmed [biˌkɑ:md] *adj; mar:* ***be becalmed*** få vindstille.
because [biˌkɔz; biˌkəz] *konj* **1.** fordi; ***this is because*** dette er fordi; dette kommer av at;
2*(=since)* siden *(fx because it's so cold we'll go home);*
3*(,stivt: for)* for; ***she'll certainly be a success, because she's got what it takes*** hun kommer til å gjøre lykke, for hun har alt som skal til;
4.: ***because of****(=on account of)* på grunn av; pga.
beck [bek] *s* **1.** *i Nord-England:* (fjell)bekk; **2.:** ***be at sby's beck and call*** stå på pinne for en.
beckon [ˌbekən] *vb:* vinke til; gjøre tegn *(n)* til; ***he beckoned me over*** han gjorde tegn til meg at jeg skulle komme bort til ham; *(se II. wave 3).*
become [biˌkʌm] *vb(pret: became; perf.part.: become)* **1.** bli *(fx become a doctor);* ***become known*** bli kjent; ***become of*** bli av; **2***(=suit)* kle *(fx it becomes you);*
3.: ***become sby****(=befit sby)* passe seg for en.
becoming [biˌkʌmiŋ] *adj(=attractive)* kledelig.
I. bed [bed] *s* **1.** seng; ***go to bed*** legge seg; ***keep one's bed****(,***T:** *be laid up)* holde sengen; ***make a bed*** re (opp) en seng; ***as you make your bed, so you must lie in it*** som man reder, så ligger man; ***strip a bed*** ta av sengetøyet; ***strip and make a bed*** skifte på en seng;
2. bed *n;* ***bed of flowers*** blomsterbed;
3.: ***bed and breakfast*** værelse *(n)* med frokost.
II. bed *vb* **1.:** ***bed down*** legge seg (for natten); **2***(=embed)* legge *(fx bricks in mortar);* **3.:** ***bed out*** plante ut.
bedazzle [biˌdæzl] *vb; stivt(=dazzle)* blende; forvirre.
bedbug [ˌbed'bʌg] *s; zo:* sengetege; veggelus.
bedclothes [ˌbed'klou(ð)z] *s; pl:* sengeklær.
bed couch*(=studio couch; sofa bed)* sovesofa.
bedcover [ˌbed'kʌvə] *s(=bedspread)* sengeteppe.
bedding [ˌbediŋ] *s:* sengetøy; sengeklær.
bedevil [biˌdevəl] *vb* **1.** *stivt(=torment)* plage;
2*(=confuse)* forvirre;
3*(=complicate)* forkludre *(fx sby's plans);*
4.: ***bedevilled*** forhekset.
bedfellow [ˌbed'felou] *s* **1***(=bedmate)* sengekamerat; sovekamerat; *(jvf bedmate);* **2***(=ally)* forbundsfelle.
bedlam [ˌbedləm] *s; fig:* galehus; hurlumhei; lurveleven; spetakkel *n.*
bed linen *om laken, putevar, etc:* sengetøy; ***change the bed linen*** skifte rent på sengen.
bedmate [ˌbed'meit] *s:* sengekamerat (især om seksualpartner); *(jvf bedfellow 1).*
bedpan [ˌbed'pæn] *s:* (stikk)bekken *n.*
bedraggled [biˌdrægəld] *adj:* tilsølt; sjasket(e).
bedridden [ˌbed'ridən] *adj:* sengeliggende.
bedrock [ˌbed'rɔk] *s* **1.** grunnfjell; *fig:* ***they're all alike when you get down to bedrock*** innerst inne er de alle like;
2. *fig:* ***touch bedrock*** nå bunnen; nå laveste nivå *n.*
bedroom [ˌbed'ru(:)m] *s:* soveværelse; ***spare bedroom*** gjesteværelse.
bed settee*(=bed couch; sofa bed)* sovesofa.
bedside [ˌbed'said] *s* sengekant.
bedside manner *om lege:* oppførsel overfor pasienten.
bedside rug sengeforlegger.
bed-sit(ter) [ˌbed'sit(ə)] *s:* hybel.
bedsore [ˌbed'sɔ:] *s:* liggesår.
bedspread [ˌbed'spred] *s(=bedcover)* sengeteppe.
bed wetter sengevæter.
bee [bi:] *s* **1.** *zo:* bie; **2.:** ***(as) busy as a bee*** flittig som en bie; ***he has a bee in his bonnet on many things*** han har mange fikse idéer.
beech [bi:tʃ] *s; bot:* bøk; ***copper beech*** blodbøk.
beef [bi:f] *s* **1.** *kul:* storfekjøtt; oksekjøtt;
2*(pl: beeves)* okse (som slaktedyr).
beef cube*(=bouillon cube)* buljongterning.
beefeater [ˌbi:f'i:tə] *s(=yeoman warder of the Tower of London)* oppsynsmann ved Tower of London.
beef roll *pålegg:* okserull.
beefsteak [ˌbi:f'steik] *s; kul:* **1***(=steak)* biff; *på meny:* ***beefsteak à la tartare****(=tartar steak)* biff tartar;
2.: ***beefsteak (on the bone)*** oksekotelett; *(jvf I. chop 3 & cutlet).*
beef(steak) tomato *bot* bifftomat.
beef stew lapskaus på oksekjøtt; *(se I. stew 1).*
beef tea *(=meat broth; clear soup; bouillon)* buljong.
beefy [ˌbi:fi] *adj* **T:** kraftig; tykk.
beehive [ˌbi:'haiv] *s:* bikube.
beeline [ˌbi:'lain] *s:* ***make a beeline for****(=head straight for)* stile rett mot; styre rett løs på.
beep [bi:p] *om lyd* **1.** *s:* bipp *n;* tut *n;* **2.** *vb:* bippe; tute; *(jvf beeper & bleep).*
beeper [ˌbi:pə] *s* **T***(=phone pager)* personsøker.
beer [biə] *s:* øl *n.*
beet [bi:t] *s; bot:* bete; **US:** ***(red) beet****(=beetroot)* rødbete; ***sugar beet*** sukkerroe.
I. beetle [bi:tl] *s; zo:* bille.
II. beetle *vb* **T***(=scurry):* ***beetle off*** pile av sted.
beetle crushers *pl; om store sko:* flytebrygger.
beetroot [ˌbi:t'ru:t] *s; bot(,***US:** *(red) beet)* rødbete.
beet sugar *bot:* roesukker.
befall [biˌfɔ:l] *vb(pret: befell; perf.part.: befallen) meget stivt* **1***(=come to pass)* tildra seg;
2*(=happen to)* vederfares; ramme.
befit [biˌfit] *vb; stivt(=be right for)* passe for.
I. before [biˌfɔ:] *adv & konj* **1.** *adv:* før; ***I know from before that*** jeg vet fra før at; ***neither before nor since*** hverken før eller siden; **2.** *konj:* før *(fx before I go I must phone him);* heller enn; før; ***it will be two years before we meet again*** det er to år *(n)* til vi ses igjen.
II. before *prep* **1.** før; ***the day before yesterday*** i forgårs; ***before long*** om kort tid; **2***(=in front of)* foran; ***not before the children!*** ikke mens barna *(n)* er til stede! **3.** fremfor; ***put friendship before money*** sette vennskap *(n)* høyere enn penger.
beforehand [biˌfɔ:'hænd] *adv:* på forhånd; i forveien.
before-mentioned [biˌfɔ:'menʃənd] *adj:* førnevnt.
befoul [biˌfaul] *vb; meget stivt(=make dirty)* tilsmusse.
befriend [biˌfrend] *vb; stivt(=make friends with)* gjøre seg til venns med.
befuddled [biˌfʌdəld] *adj:* omtåket (*with* av).
beg [beg] *vb* **1.** tigge (*for* om);
2. be inntrengende; be pent; ***I beg you not to do it*** jeg ber deg (så pent) om ikke å gjøre det; ***begging and pleading won't help you!*** her hjelper ingen kjære mor!
3. *glds:* tillate *(fx we beg to inform you that …); stivt:* ***I beg to differ****(=I don't agree)* jeg tillater meg å være uenig;
4*(=evade):* ***beg the real problem*** gå utenom selve problemet; ***beg the question*** 1*(=evade the issue)* gå utenom (selve) spørsmålet; 2*(=argue in a circle)* gjøre seg skyldig i sirkelbevis;
5.: ***beg off*** 1*(=cry off)* melde avbud; 2. be seg fritatt (*from* fra);
6.: ***go begging*** 1. gå og tigge; 2. *fig:* være vanskelig å avsette (,bli kvitt); ***it's going begging*** det er ingen som vil ha det (,den);
beget [biˌget] *vb(pret: begot; perf. part.: begotten)* **1.** *glds:* avle; **2.** *stivt(=cause)* forårsake.
I. beggar [ˌbegə] *s* **1.** tigger; ***beggars can't be choosers*** man kan ikke velge og vrake; **2.** *spøkef:* ***cheeky beggar!*** den (lille) frekkasen! ***lucky beggar*** heldiggris.

II. beggar *vb* **1**(*=ruin*) ruinere;
2. *stivt: **it beggars description**(=it's beyond description)* det trosser enhver beskrivelse.
beggarly [ˌbegəli] *adj:* ussel; fattigslig.
beggary [ˌbegəri] *s:* armod; ***reduce sby to beggary*** bringe en til tiggerstaven.
begin [biˌgin; bəˌgin] *vb(pret: began; perf.part.: begun)* begynne; ***begin sth***(*=start on sth*) begynne på noe; ***begin by (-ing)*** begynne med å; ***begin to eat***(*= begin eating*) begynne å spise; ***to begin with*** til å begynne med; ***begin at the beginning*** begynne med begynnelsen; ***well begun is half done*** godt begynt er halvt fullendt; ***when did you begin English?*** når begynte du med engelsk? *bare i nektelse:* ***he couldn't begin to compete with her*** han var ikke på noen måte i stand til å ta opp konkurransen med henne; *(se også II. start).*
beginner [biˌginə; bəˌginə] *s:* begynner; nybegynner.
beginning [biˌginiŋ; bəˌginiŋ] *s:* begynnelse; ***a good beginning is half the battle*** med en god begynnelse er halve slaget vunnet; ***at****(,især* **US** *& bibl: in)* ***the beginning*** i begynnelsen; ***begin at the beginning*** begynne med begynnelsen; ***at the beginning of*** i begynnelsen av; ***from beginning to end*** fra begynnelse til slutt; ***from the beginning*** fra begynnelsen av; ***from modest*** beginnings fra en beskjeden begynnelse.
begrudge [biˌgrʌdʒ] *vb; stivt(=envy)* misunne.
beguile [biˌgail] *vb* **1.** *stivt(=trick)* forlede *(fx sby into doing sth);*
2. *litt.:* ***beguile (away) the time***(*=pass the time*) fordrive tiden.
behalf [biˌhɑ:f] *s:* ***on****(,***US:** *in)* ***sby's behalf*** på ens vegne; ***on behalf of the company*** på selskapets vegne; ***act on one's own behalf*** opptre på egne vegne.
behave [biˌheiv] *vb* **1.** oppføre seg; opptre *(fx with dignity);* ***behave unfairly towards sby*** behandle en urettferdig;
2.: ***behave (oneself)*** oppføre seg ordentlig.
behaviour *(,***US:** *behavior)* [biˌheiviə] *s* **1.** oppførsel; ***be on one's best behaviour*** oppføre seg så pent man kan; vise seg fra sin beste side; **2.** atferd; adferd.
behead [biˌhed] *vb:* halshogge.
behest [biˌhest] *s; glds el. spøkef(=bidding)* befaling; ***at his behest*** på hans befaling.
I. behind [biˌhaind] *s* **T**(*=buttocks*) bak; ende; rumpe; ***fall on one's behind***(*=seat*) falle på baken.
II. behind *prep:* bak; bakenfor; ***behind my back*** bak ryggen på meg; ***be behind*** stå bak *(fx who's behind this plan?);* ***I'm right behind you in your application*** jeg skal støtte godt opp om søknaden din; ***run behind schedule*** ligge etter ruten.
III. behind *adv* **1.** bak; baketter;
2.: ***leave behind*** legge igjen; ***he left his books behind*** han la igjen bøkene sine; ***stay behind*** bli igjen;
3(*=behindhand*)*:* ***be behind with one's work*** være på etterskudd med arbeidet (sitt); ***we're behind with****(,***T:** *on)* ***our clerical work*** vi er på etterskudd med kontorarbeidet (*el.* skrivearbeidet).
behindhand [biˌhaind'hænd] *adj & adv:* ikke à jour; på etterskudd *(fx he's behindhand with his work).*
behold [biˌhould] *vb(pret: beheld; perf.part.: beheld) glds & litt.:* skue; ***what a sight (to behold)!*** for et syn (å skue)!
beige [beiʒ] *adj:* beige *(fx a beige skirt).*
I. being [ˌbi:iŋ] *s* **1**(*=existence*) eksistens; ***come into being*** bli til; **2.** vesen *n;* ***human being*** menneske *n.*
II. being *pres part.:* ***being your aunt I must ...*** da jeg er tanten din, må jeg ...; ***this being so*** siden det forholder seg slik.
Beirut [beiˌru:t; ˌbei'ru:t] *s; geogr:* Beirut.
belabour *(,***US:** *belabor)* [biˌleibə] *vb; meget stivt(=lay into)* slå løs på *(fx sby with a big stick).*
belated [biˌleitid] *adj:* forsinket; som kommer for sent.
belatedly [biˌleitidli] *adv:* for sent; ***please congratulate them for me, if belatedly*** vær så snill å gratulere dem for meg – post festum.
belay [biˌlei] *vb; mar:* belegge; gjøre fast.
I. belch [beltʃ] *s:* rap *n;* ***give a loud belch*** rape høyt.
II. belch *vb:* rape.
beleaguered [biˌli:gəd] *adj(=under attack)* beleiret.
belfry [ˌbelfri] *s* **1.** klokketårn; **2.** *fig* **T:** ***have bats in the belfry*** ha rare idéer; være litt rar (av seg).
Belgian [ˌbeldʒən] **1.** *s:* belgier; **2.** *adj:* belgisk.
Belgium [ˌbeldʒəm] *s; geogr:* Belgia.
Belgrade [ˌbelgreid; belˌgreid] *s; geogr:* Beograd.
belie [biˌlai] *vb; stivt* **1**(*=give a false idea of*) gi et galt inntrykk av; ***the old inn belies its humble exterior*** det beskjedne ytre gir en et galt inntrykk av det gamle vertshuset; **2**(*=disprove*) motbevise.
belief [biˌli:f] *s* **1**(*=faith*) tro (*in* på);
2. lære; trossetning;
3(*=view of life*) livssyn;
4. tro; mening; ***in the belief that***(*=thinking that*) i den tro at; ***to the best of my belief***(*=in my sincere opinion*) etter beste overbevisning.
believe [biˌli:v] *vb* **1.** tro; mene; tenke; ***I believe you*** jeg tror deg; ***it's believed to be gold*** man mener det er gull;
2.: ***believe in*** tro på *(fx God; sby);* ***I don't believe in reading in bed*** jeg er ikke tilhenger av å lese på sengen.
believer [biˌli:və] *s* **1.** *rel:* troende; ***true believer*** sann troende; **2.:** ***a great believer in having breakfast in bed*** en varm tilhenger av frokost på sengen.
belittle [biˌlitl] *vb(=make little of; play down)* bagatellisere (betydningen av) *(fx sby's achievements).*
I. bell [bel] *s* **1.** klokke; ***church bell*** kirkeklokke;
2. *sport; skøyter:* klokke; *boksing:* gong; *skøyter:* ***he's coming up to the bell*** det ringes for ham om et øyeblikk; ***take****(=get)* ***the bell*** bli ringt for; ***as they both take the bell*** idet det ringes for begge (to);
3. *mar:* skipsklokke; glass *(fx strike eight bells);*
4.: ***bell, book, and candle*** med alt som hører til; etter alle kunstens regler;
5.: ***his reply was as clear as a bell***(*=crystal clear*) svaret hans var tindrende klart;
6. *lett glds:* ***(as) sound as a bell*** *(,***T:** *bursting with health)* kjernesunn;
7.: ***ring a bell*** 1. ringe på en klokke; 2(*=sound familiar*) høres kjent ut; minne en om noe; ***this rang a bell with****(=for)* ***me*** dette minnet meg om noe; ***does that word ring any bell (with you)?*** minner det ordet deg om noe?
II. bell *vb:* henge bjelle på; **T:** ***bell the cat*** henge bjella på katten.
bellboy [ˌbel'bɔi] *s* **US**(*=page (boy)*) pikkolo.
bell button(*=bell push*) ringeknapp.
belle [bel] *s; glds:* skjønnhet; vakker kvinne.
belles-lettres [ˌbelˌletrə] *s:* skjønnlitteratur.
bellicose [ˌbeli'kous; ˌbeli'kouz] *adj; litt.(=aggressive)* stridbar; krigersk; aggressiv.
belligerence [biˌlidʒərəns] *s; litt.(=hostility)* fiendtlig innstilling; fiendtlighet.
belligerent [biˌlidʒərənt] *adj* **1.** krigførende;
2. krigersk; ***in a belligerent tone (of voice)*** i en krigersk tone.
bellow [ˌbelou] **1.** *s:* brøl *n;* **2.** *vb:* brøle.
bellows [ˌbelouz] *s:* ***a (pair of) bellows*** en blåsebelg.
bell-ringer [ˌbel'riŋə] *s; i kirke:* ringer.
I. belly [ˌbeli] *s* **1**(*=abdomen*) underliv; *hos dyr:* buk; **2.** **T**(*=stomach*) mage; vom *(fx beer belly).*
II. belly *vb:* bule ut; (få til å) svulme.
bellyache [ˌbeli'eik] *s* **T**(*=stomach ache*) mageknip.
bellybutton [ˌbeli'bʌtən] *s* **T**(*=navel*) navle.
belly dance magedans.
belly flop **1.** mageplask; **2.** **T:** *se belly landing.*
belly-land [ˌbeli'lænd] *vb; flyv:* buklande.
belly landing *flyv(=wheels-up landing)* buklanding.
belly laugh skrallende latter.

belong [biˌlɔŋ] *vb:* høre til (*in* i); høre hjemme; ***belong to*** 1. tilhøre *(fx it belongs to me);* 2. være medlem *(n)* av; tilhøre *(fx a club); 3(=belong under)* høre inn under; sortere under; ***belong with*** høre sammen med.

belonging [biˌlɔŋiŋ] *s: **a sense of belonging*** en følelse av samhørighet.

belongings [biˌlɔŋiŋz] *s; pl:* eiendeler; saker.

I. beloved [biˌlʌvid] *s; glds(=sweetheart)* kjæreste.

II. beloved *adj; litt.* **1.** [biˌlʌvd] *(=much loved)* elsket; avholdt; ***beloved by all*** elsket (*el.* avholdt) av alle; **2.** *attributivt* [biˌlʌvid] avholdt; elsket; ***his beloved wife****(=his dear wife)* hans elskede kone; ***his beloved country****(=his much-loved country)* hans elskede land *n.*

I. below [biˌlou] *adv* **1.** nedenunder; under oss (,etc); ***the family (on the floor) below****(=the family downstairs)* familien nedenunder; ***down below*** nedenunder; ***from below*** nedenfra;
2. *mar:* ned; nede; under dekk; ***go below (deck)*** gå under dekk;
3. *på bokside, etc:* nedenfor; ***mentioned below*** nevnt nedenfor;
4.: ***here below*** her nede; her på jorden.

II. below *prep* **1.** under *(fx the knee; the window; below in rank);* nedenfor *(fx the waterfall);*
2. *om alder el. pris(=under)* under; ***below six (years of age)*** under seks (år *n*);
3. *fig(=beneath)* under *(fx sby's dignity);*
4. *kan ikke erstattes med 'beneath': **his work is below average*** arbeidet hans ligger under gjennomsnittet; *(se beneath; under; underneath).*

I. belt [belt] *s* **1.** belte; livre(i)m; ***tighten one's belt*** stramme inn livremmen; **2.** *mask:* drivre(i)m; ***fan belt*** viftere(i)m; **3.** *geogr; om område:* sone; belte.

II. belt *vb* **1.** feste med belte; ***he belted his trousers on*** han spente på seg buksene; **2. S:** kjøre (,løpe) veldig fort; **3. T:** ***belt up****(=fasten one's seat belt)* spenne seg fast.

belt conveyor *mask; om hele maskinen:* transportbånd; *(jvf conveyor belt).*

beltway [ˌbelt'wei] *s* **US***(=ring road)* ringvei.

belvedere [ˌbelvi'diə; 'belviˌdiə] *s(=gazebo)* utsiktspaviljong; utsiktsbalkong.

bemoan [biˌmoun] *vb; stivt(=moan about)* sukke over; beklage seg over *(fx one's loss; one's fate).*

bemused [biˌmju:zd] *adj; stivt(=puzzled; confused)* forvirret; ***his face had a bemused look*** han så forvirret ut.

I. bench [bentʃ] *s* **1.** benk;
2. *sport: **be on the (substitutes') bench*** sitte på reservebenken;
3. *parl: **the opposition benches*** opposisjonen;
4. *jur: **the bench*** domstolen; dommerne; dommerembetet; ***sit on the bench*** være dommer.

I. bend [bend] *s* **1.** sving; kurve; ***he came off in****(=on)* ***the bend*** han falt av i svingen; *også om skiløper: **hold the bend*** greie svingen;
2. bøy; bøyning;
3. rørbøy;
4. *mus:* sløyfe;
5. T: ***round the bend****(=crazy)* sprø.

II. bend *vb(pret & perf.part.: bent)* **1.** bøye; bøye seg (*over* over);
2. *om vei, etc:* svinge;
3. *litt.: **bend one's mind to sth****(=concentrate on sth)* konsentrere seg om noe;
4.: ***bend before****(=submit to)* bøye seg for *(fx superior force);*
5. T: ***bend over backwards*** gjøre seg store anstrengelser;
6. T: ***bend the rules (slightly)*** synde (litt) mot reglene.

bender [ˌbendə] *s* **T***(=drinking spree)* rangel; ***go on a bender*** gå på rangel.

beneath [biˌni:θ] **1.** *adv; stivt(=below; under(neath))* under; ***the white paint beneath****(=underneath)* den hvite malingen under;
2. *prep; stivt(=under; below)* under; nedenfor; ***beneath****(=under)* ***her coat*** under kåpen; ***a camp beneath****(=below)* ***a hill*** en leir innunder en åsside; ***the grass beneath****(=under)* ***your feet*** gresset under føttene dine; ***from beneath****(=below)* nedenfra;
3. *prep; fig; kan ikke erstattes med 'below' el. 'under': **beneath contempt*** under all kritikk; ***beneath one's dignity*** under ens verdighet; ***it's beneath him*** det er under hans verdighet.

benediction ['beniˌdikʃən] *s* **1.** *stivt(=blessing)* velsignelse; *(se blessing 1);* **2.** *kat.:* benediksjon.

benefaction ['beniˌfækʃən] *s; stivt* **1***(=good deed; charity)* velgjerning; velgjørenhet; godgjørenhet; **2***(=charitable gift)* gave til veldedig formål.

benefactor [ˌbeni'fæktə; 'beniˌfæktə] *s:* velgjører; velynder; donator; ***pose as a benefactor*** agere velgjører.

benefice [ˌbenifis] *s(=living)* (preste)kall *n.*

beneficence [biˌnefisəns] *s; stivt: se benefaction.*

beneficent [biˌnefisənt] *adj; stivt(=charitable)* velgjørende; gavmild.

beneficial ['beniˌfiʃl] *adj:* gagnlig; gunstig; heldig.

I. benefit [ˌbenifit] *s* **1***(=advantage)* fordel; nytte; gagn *n; **fringe benefit*** frynsegode; ***gifts for the public benefit*** allmennyttige gaver; ***give him the benefit of the doubt*** la tvilen komme ham til gode; ***have the benefit of*** nyte godt av; ha fordel av;
2. *i sms:* -trygd; ***child benefit*** barnetrygd; *(se social benefits; social security benefit).*

II. benefit *vb* **1.** gagne *(fx sby); **it won't benefit him*** det vil ikke gagne hans sak; **2.:** ***benefit by, benefit from*** ha fordel av; ha nytte (*el.* glede) av; ***he would benefit more from a long holiday*** han ville ha bedre av en lang ferie.

benefit claimant sosialklient.

benefit(s) system trygdesystem.

benevolence [biˌnevələns] *s; stivt(=kindness; charitableness)* velvilje; vennlighet; menneskekjærlighet.

benevolent [biˌnevələnt] *adj; stivt(=kind; charitable; loving)* velvillig; vennlig; kjærlig.

benighted [biˌnaitid] *adj:* åndsformørket; uopplyst.

benign [biˌnain] *adj* **1.** *stivt(=kind; gentle)* vennlig; mild; **2.** *stivt(=mild; favourable)* mild; gunstig *(fx climate);* **3.** *med.:* godartet *(fx tumour).*

benignity [biˌnigniti] *s* **1.** *stivt(=kindness; gentleness)* vennlighet; mildhet; **2.** *stivt(=mildness)* mildhet; gunstighet; **3.** *med.:* godartethet.

I. bent [bent] *s; meget stivt:* tilbøyelighet; hang.

II. bent *(pret & perf.part. av II. bend) adj* **1.** bøyd; krumbøyd; skjev; **2.** *stivt: **bent on (-ing)****(=determined to)* oppsatt på å; **3. T***(=corrupt)* korrupt.

benumb [biˌnʌm] *vb* **1.** lamme *(fx sby's feelings);* **2.:** ***benumbed with cold*** forfrossen.

benzene [ˌbenzi:n; benˌzi:n] *s; kjem:* benzen.

benzine [ˌbenzi:n; benˌzi:n] *s; kjem(=cleaning fluid)* rensevæske; rensebensin.

benzol(e) [ˌbenzɔl] *s; kjem:* bensol.

bequeath [biˌkwi:ð] *vb; jur(=leave)* testamentere bort.

bequest [biˌkwest] *s:* testamentarisk gave.

berate [biˌreit] *vb; meget stivt* **1***(=criticize severely)* kritisere sterkt; **2***(=scold harshly)* skjelle kraftig ut.

bereaved [biˌri:vd] *adj: **a bereaved mother*** en sørgende mor; ***the bereaved*** de etterlatte; de sørgende; *(se også bereft).*

bereft [biˌreft] *adj; fig; stivt: **bereft of hope****(=deprived of hope)* berøvet håpet; *(se også bereaved).*

beret [ˌberei; **US:** bəˌrei] *s:* beret; alpelue.

Berlin [bə:ˌlin] *s; geogr:* Berlin.

Berliner [bə:ˌlinə] *s:* berliner.

Bermuda [bəˌmju:də] *s: **the Bermudas*** Bermudaøyene.

I. berry [ˌberi] *s* **1.** *bot:* bær *n;* **2.** *zo:* egg *(n)* (av hummer, etc).

II. berry *vb: go berrying* gå på bærtur.
berserk [bə,zə:k; bə,sə:k] *s: go berserk* gå berserk.
I. berth [bə:θ] *s* **1.** køye(plass); lugarplass; soveplass; **2.** *mar: quay berth* kaiplass; **3.** *fig: give a wide berth(= keep clear of)* unngå; holde seg langt unna.
II. berth *vb* **1.** skaffe soveplass (,lugarplass); ***berthed passengers*** lugarpassasjerer; **2.** klappe til kai.
beseech [bi,si:tʃ] *vb(pret & perf.part.: besought) litt.(= implore)* bønnfalle; be innstendig.
beset [bi,set] *vb(pret & perf.part: beset) vanligvis i passiv:* ***beset by thieves*** helt omgitt av tyver; ***beset with great difficulties*** forbundet med store vanskeligheter.
beside [bi,said] *prep* **1.** ved siden av; ***that's beside the point*** det er saken uvedkommende; **2.** sammenlignet med *(fx his work is poor beside yours);* **3.:** ***be beside oneself with jealousy*** være fra seg av sjalusi.
besides [bi,saidz] **1.** *adv:* dessuten; i tillegg *n (fx she has two sons and an adopted one besides);* ***and a lot more besides*** og mye mer også; og mer(e) til;
2. *prep:* foruten; i tillegg *(n)* til; ***besides costing too much, the scheme is impractical*** i tillegg til at planen koster for mye, er den også ugjennomførlig.
besiege [bi,si:dʒ] *vb; også fig:* beleire.
besmear [bi,smiə] *vb; også fig* **1***(=dirty)* tilsvine; **2.** *fig(=sully):* ***besmear sby's name*** besudle ens navn *n.*
besmirch [bi,smə:tʃ] *vb; fig; litt.: se besmear.*
besom [,bi:zəm] *s(=broom)* sopelime.
besotted [bi,sɔtid] *adj; stivt:* ***besotted with****(=very much in love with)* forgapet i.
bespeak [bi,spi:k] *vb(pret: bespoke; perf.part.: bespoken) stivt(=order)* bestille; tinge på; reservere.
bespoke [bi,spouk] *adj(=made to measure)* sydd etter mål *n.*
bespoke tailor (,**US:** *custom tailor)* skredder som syr etter mål *n.*
bespoke tailoring *(,***US:** *custom tailoring)* målsøm.
I. best [best] *s; sport(=best performance; record)* bestenotering; besteprestasjon; rekord; ***his personal best*** hans personlige rekord; ***a club best*** klubbrekord.
II. best [best] *adj(superl av good); adv(superl av well)* best; ***what I like best*** det jeg liker best; ***like best****(= most)* ***of all*** like best av alt; ***which method is (the) best?*** hvilken metode er best? ***the best I can do*** det beste jeg kan gjøre; ***much the best*** langt den (,det) beste; ***at best*** i beste fall; i heldigste fall; ***at one's (,its) best*** på sitt beste; ***she's the best looking of the sisters*** hun er den peneste av søstrene; *avskjedshilsen:* ***all the best!*** ha det bra (*el.* godt)! ***it was all for the best*** det var best slik; ***they're the best of friends*** de er de beste venner av verden; ***to the best of my ability*** etter beste evne; ***to the best of my knowledge****(=as far as I know)* så vidt jeg vet; ***do one's best****(=do the best one can)* gjøre sitt beste; ***make the best of a bad bargain****(= make the best of it)* gjøre det beste ut av det.
III. best *vb; stivt(=defeat)* slå; ***he was bested in the argument*** han trakk det korteste strå i diskusjonen.
best man [,best'mæn] forlover; *(jvf bridesmaid: chief bridesmaid).*
bestow [bi,stou] *vb; stivt:* ***bestow sth on sby****(=give sth to sby)* skjenke en noe; gi en noe.
bestowal [bi,stouəl] *s; stivt(=giving)* det å gi *(fx the bestowal of sth on sby); (se bestow).*
best seller ['best,selə] *s* **1.** bestselger; **2***(=best-selling author)* forfatter som skriver bestselgere.
I. bet [bet] *s* **1***(=wager)* veddemål; ***make a bet that*** vedde om at; ***make a bet with sby*** inngå et veddemål med en; ***lose one's bet*** tape veddemålet; **2.** *i spill:* innsats; ***that's a safe bet*** det er helt sikkert; **3.:** ***your best bet is to*** det beste du kan gjøre, er å …
II. bet *vb(pret & perf.part.: bet(ted))* **1.** vedde; ***bet with sby*** vedde med en; ***"I bet you £50." – "OK, I'll take you on!"*** "Jeg vedder £50 med deg." – "OK, jeg slår til!"; ***bet on sth****(=have a bet on sth)* vedde om noe; **2.** *fig:* ***you bet!*** det kan du være trygg på! ***you (can) bet your life (on that)!*** det kan du ta gift på!
betoken [bi,toukən] *vb; stivt* **1***(=signify)* betegne; bety; **2***(=be a sign of; spell)* varsle (om); bebude.
betray [bi,trei] *vb* **1.** forråde; **2.** røpe *(fx a secret);* avsløre; ***he betrayed himself*** han røpet seg.
betrayal [bi,treiəl] *s:* forræderi *n.*
I. better *(,***US:** *bettor)* [,betə] *s:* en som vedder.
II. better *adj(komp av good); adv(komp av well);* **1.** *substantivisk bruk:* ***he's the better****(,***T:** *best)* ***of the two*** han er den beste av de to; ***which is the better****(,***T:** *best)* ***of the two?*** hvilken er best av de to? ***something better*** noe bedre; ***someone better*** en som er bedre; *spøkef:* ***one's betters*** ens overordnede; de som står over en (i rang, etc); ***a change for the better*** en forandring til det bedre; ***get the better of*** 1*(=defeat)* slå; ***he got the better of the argument*** han gikk seirende ut av diskusjonen; 2.: ***his temper got the better of him*** hissigheten løp av med ham;
2. *adj & adv:* bedre; ***that's better!*** det var bedre! ***he has a better car than I do****(=have)(,***T:** *he has a better car than me)* han har en bedre bil enn jeg (*el.* meg); ***his better self*** hans bedre jeg; ***appeal to his better nature*** appellere til hans bedre jeg; *i vielsesritual:* ***for better for worse*** i gode og onde dager; ***you'll be (all the) better for it*** det vil du ha (bare) godt av; ***go one better*** gjøre det et hakk bedre; ***we had better****(=we'd better;* **T:** *we better)* ***go home now*** det er best vi går hjem nå; ***hadn't we better be starting?*** er det ikke best vi kommer av sted? ***you'd better not****(,***T:** *you better not)* det vil jeg ikke rå(de) deg til; ***better off*** *også fig:* bedre stilt; ***I'm better off where I am*** jeg har det best her jeg er; *(se better-off);* **T:** ***the better part of****(=a large part of)* størstedelen av; ***the sooner the better*** jo før jo heller; ***think better of it*** ombestemme seg.
III. better *vb:* bedre; forbedre; ***better****(=beat)* ***a record*** forbedre (*el.* slå) en rekord.
better-class [,betə'klɑ:s] *adj:* ***better-class customers*** mer velstående kunder.
better-looking ['betə,lukiŋ; *attributivt:* ,betə'lukiŋ] *adj:* penere *(fx her sister's better-looking).*
betterment [,betəmənt] *s* **1.** *stivt(=improvement)* forbedring;
2. *jur:* eiendomsforbedring (som øker verdien).
better-off ['betə,rɔf] *s:* ***the better-off*** de bedrestilte; de mer velstående.
betting shop*(=bookmaker's shop)* spillelokale.
I. between [bi,twi:n] *adv:* (i)mellom; ***in between*** innimellom; ***the towns in between*** de mellomliggende byene; ***they're few and far between*** det er langt mellom dem.
II. between *prep* **1.** mellom; ***between you and me*** oss imellom; **2.:** ***we did it between us*** vi gjorde det sammen; ***they had only five pounds between them*** de hadde bare fem pund *(n)* til sammen; ***between****(=what with)* ***his job and his studies there was very little time for fun*** med både arbeid *(n)* og studier *(n)* ble det lite tid til fornøyelser.
betweentimes [bi,twi:n'taimz] *adv* **1***(=once in a while)* av og til;
2.: ***(in) betweentimes****(=in between)* innimellom.
betwixt [bi,twikst] *adv:* ***betwixt and between*** midt imellom; hverken det ene eller det andre.
I. bevel [bevl] *s* **1***(=bevel edge)* skråkant; fas; **2***(=bevel square)* svaivinkel; smygvinkel.
II. bevel *vb:* avfase; skråhøvle; *om glass:* fasettskjære.
beverage [,bev(ə)ridʒ] *s:* drikk; ***alcoholic beverages*** alkoholholdige drikkevarer; ***mixed beverage*** blandingsdrikk.
bevy [,bevi] *s* **1***(=flock of quails)* flokk vaktler;
2. *fig:* ***a bevy of girls*** en flokk jenter.
bewail [bi,weil] *vb; litt.(=wail about; bemoan)* klage; ***bewail one's lot*** beklage seg over sin skjebne.
beware [bi,wɛə] *vb:* ***beware of*** vokte seg for.

bewilder [biˌwildə] *vb(=confuse)* forvirre.
bewilderment [biˌwildəmənt] *s(=confusion)* forvirring.
bewitch [biˌwitʃ] *vb; også fig:* forhekse.
I. beyond [biˌjɔnd] *s* **1.:** ***the beyond*** det hinsidige;
2.: ***at the back of beyond*** i en avkrok; utenfor folkeskikken.
II. beyond *adv:* på den andre siden.
III. beyond *prep* **1***(=on the other side of)* på den andre siden av; bortenfor;
2. utenfor; ***beyond my reach*** utenfor min rekkevide; ***beyond good and evil*** hinsides godt og ondt;
3*(=further than)* lenger enn *(fx don't go beyond the last house);*
4. *forskjellige uttrykk:* ***beyond belief*** ikke til å tro; utrolig; ***go beyond one's instructions*** gå ut over instruksen; ***it's not beyond the bounds of possibility*** det er ingen umulighet; ***beyond all criticism****(=beneath contempt)* under all kritikk; under lavmålet; ***beyond doubt*** hevet over tvil; ***beautiful beyond expression*** ubeskrivelig vakker; ***that's beyond a joke*** det er ikke morsomt lenger; ***borrow beyond one's means*** låne over evne; ***it's beyond me*** det går over min forstand; ***beyond that nothing was done*** ellers (*el.* ut over det) ble ingenting gjort.
bezel [bezl] *s* **1.** *på edelsten:* krone; **2.** skråslipt flate;
3. *for edelsten, klokkeglass, etc:* innfatning (med fals); *på bil:* lyktering.
bhang*(=bang)* [bæŋ] *s:* indisk hamp; hasj(isj).
bi- [bai] *forstavelse:* bi-; to-.
biannual [baiˌænjuəl] *adj:* som skjer to ganger årlig; halvårs-; halvårlig; *(jvf biennial).*
I. bias [ˌbaiəs] *s* **1.** skråsnitt; ***a tie cut on the bias*** et slips med skråstriper; **2.** *fig:* partiskhet; forutinntatthet; skjevhet; tendens; ***the story was presented with a bias*** historien ble gitt en skjev vinkling; ***have a bias against sby*** være forutinntatt mot en; ***have a bias in favour of sby*** være forutinntatt i en; ***a bias towards*** 1*(=a bias in favour of)* en tilbøyelighet til å foretrekke; 2. en tendens i retning av.
II. bias *vb:* gi en skjev (*el.* tendensiøs) fremstilling; forutinnta; påvirke.
bias(s)ed [ˌbaiəst] *adj:* forutinntatt; partisk; ***his attitude is bias(s)ed*** hans holdning viser at han er forutinntatt; ***take a bias(s)ed view of sth*** ha en forutfattet mening om noe.
biathlete [baiˌæθli:t] *s; sport:* skiskytter.
biathlon [baiˌæθlən] *s; sport:* skiskyting.
bib [bib] *s:* smekke; spisesmekke.
bib and brace arbeidsoverall.
bib and tucker *spøkef* **T:** ***in one's best bib and tucker*** i sin fineste stas; stivpyntet.
bible [baibl] *s:* bibel; ***the Bible*** Bibelen.
biblical [ˌbiblikl] *adj:* bibelsk.
bibliographic [ˈbibliouˌgræfik] *adj:* bibliografisk.
bibliography [ˈbibliˌɔgrəfi] *s:* bibliografi; ***special bibliography*** fagbibliografi.
bibliomania [ˈbibliouˌmeiniə] *s:* bibliomani.
bibliomaniac [ˈbibliouˌmeiniæk] *s:* biblioman.
bicarb [ˌbaiˈkɑ:b] *s; kjem(=bicarbonate of soda)* natriumbikarbonat; natron.
bicentenary [ˈbaisenˌti:nəri] *(,***US:** *bicentennial* [ˈbaisenˌteniəl] *)* **1.** *s(=200th anniversary)* tohundreårsdag (*of* for);
2. *adj:* tohundreårs-; som markerer at det er 200 år siden; som varer i 200 år.
biceps [ˌbaiseps] *s; anat:* overarmsmuskel; biceps.
bicker [ˌbikə] *vb(=squabble)* småkjekle; krangle.
I. bicycle [ˌbaisikl] *s(,***T:** *bike)* sykkel.
II. bicycle *vb(=cycle; ride a bicycle;* **T:** *bike)* sykle.
I. bid [bid] *s* **1.** bud *n; på auksjon:* ***make a bid for it*** by på det; ***win the bid****(=have it knocked down to one)* få tilslaget;
2. *kortsp:* melding;
3*(=attempt)* forsøk *n;* ***make a bid for freedom*** forsøke å rømme.
II. bid *vb(pret: bade, bid; perf.part.: bid; bidden)* **1.** by (*for sth* på noe);
2. *kortsp:* melde;
3. *stivt:* ***bid sby farewell****(=say goodbye to sby)* si farvel *(n)* til en;
4. *litt.:* ***he bade me sit down*** han ba meg sette meg;
5.: ***bid sby defiance*** sette seg opp mot en.
bidder [ˌbidə] *s* **1.** en som byr; **2.** *kortsp:* melder.
bidding [ˌbidiŋ] *s* **1.** *på auksjon:* det å by; **2.** *kortsp:* det å melde; **3.:** ***at sby's bidding*** på ens befaling.
bide [baid] *vb:* ***bide one's time*** se tiden an; vente og se.
I. biennial [baiˌeniəl] *s; bot:* toårig plante.
II. biennial *adj* **1.** som skjer hvert annet år;
2. *bot:* toårig *(fx plant).*
biennium [ˈbaiˌeniəm] *s:* toårsperiode.
bier [biə] *s:* likbåre.
I. biff [bif] *s* **T***(=punch)* slag *n.*
II. biff *vb* **T***(=hit)* slå *(fx I biffed him on the chin).*
bifocal [baiˌfoukl] **1.** *s:* ***bifocals*** bifokalbriller;
2. *adj:* bifokal-; ***bifocal lens*** bifokalglass.
I. bifurcate [ˌbaifəˈkeit] *vb(=divide into two branches)* dele seg i to grener.
II. bifurcate [ˌbaifəˈkeit; ˌbaifəˈkit] *adj:* togrenet.
big [big] *adj(komp: bigger; superl: biggest)* **1.** stor; ***he's big in publishing*** han driver stort i forlagsbransjen; ***a big*** *(=important)* ***decision*** en stor (*el.* viktig) avgjørelse;
2. *sagt til el. om barn:* stor; ***when you're big you can stay up later*** når du blir stor, kan du få være oppe lenger;
3. *iron* **T***(=magnanimous)* storsinnet *(fx that's very big of you!);*
4. *brukt forsterkende:* ***a big cheat*** en ordentlig snytepave;
5. T: ***be big on*** satse stort på;
6. *adv* **T:** ***talk big*** slå på stortromma; ***think big*** tenke stort; ***win big****(=hands down)* vinne stort.
bigamist [ˌbigəmist] *s:* bigamist.
bigamy [ˌbigəmi] *s:* bigami *n.*
Big Apple T: ***the Big Apple*** New York City.
big business 1. stor forretning; **2.** storkapitalen.
big deal *int* **S:** det var ikke rare greiene!
big dipper *s(=roller coaster)* berg-og-dalbane.
big drum 1. *mus(=bass drum)* stortromme;
2. T: ***bang****(=beat)* ***the big drum****(=talk big)* slå på stortromma.
big gun T 1 *(=big shot)* stor kanon; storkar; **2.:** ***use one's big guns on sth*** bruke storslegga på noe.
bighead [ˌbigˈhed] *s* **T:** innbilsk person; innbilsk fyr.
bight [bait] *s* **1.** *på slakt tau:* bukt; **2.** (hav)bukt.
big jobs *om barn:* ***do big jobs****(=do number two)* gjøre stort.
big money store penger; ***there's big money in professional golf*** det ligger store penger i profesjonell golf.
bigmouth [ˌbigˈmauθ] *s* **T***(=loudmouth)* person som er stor i kjeften; ***he's a bigmouth*** han er stor i kjeften.
bigmouthed [ˌbigˈmauðd; ˌbigˈmauθt] *adj(=loudmouthed)* **T:** stor i kjeften.
big noise T: *se big gun; big shot.*
bigot [ˌbigət] *s:* bigott (*el.* sneversynt) person; person som er helt intolerant.
bigoted [ˌbigətid] *adj:* bigott; sneversynt; helt intolerant (overfor andres meninger).
bigotry [ˌbigətri] *s:* bigotteri *n.*
big shot *om person* **T***(=big gun)* stor kanon; storkar.
big stick T: (trussel om) maktbruk; ***use the big stick*** svinge pisken.
big-timer [ˌbigˈtaimə] *s; i underholdningsbransjen:* person som står på (,har nådd) toppen.
bigwig [ˌbigˈwig] *s; lett glds* **T***(=big shot)* kakse.
I. bike [baik] *s* **T***(=bicycle)* sykkel.
II. bike *vb(=cycle; ride a bicycle)* sykle.

bikini briefs bikinitruser.
bilateral [baiˌlætərəl] *adj:* tosidig; bilateral.
bilberry [ˌbilbəri] *s; bot(,***US:** *blueberry; huckleberry)* blåbær; *(jvf whortleberry 1, 2 & 3).*
bile [bail] *s; anat & fig:* galle.
bilge [bildʒ] *s; mar:* kimming.
bilingual [baiˌliŋgwəl] *adj* **1.** bilingval; tospråklig; **2.** forfattet på to språk; tospråklig.
bilious [ˌbiliəs] *adj* **1.** gallesyk; **2.** *fig:* irritabel.
I. bill [bil] *s; zo(=beak)* nebb *n.*
II. bill *s* **1**(, **US** & *Canada: check)* regning; nota; ***put it down in the bill*** skrive det på regningen;
2. plakat; ***show bill*** teaterplakat; ***'stick no bills'*** plakatklistring forbudt;
3. *teat:* program *n;*
4.: ***bill of fare****(=menu)* meny; spiseseddel;
5. *parl(=Bill)* lovforslag; ***introduce a bill*** foreslå en lov; ***steer****(=pilot)* ***a bill through Parliament*** lose et lovforslag gjennom Parlamentet;
6. US & *Canada:* ***(bank) bill****(=(bank) note)* pengeseddel;
7. *merk:* ***bill (of exchange)****(=også* **US:** *draft)* veksel.
III. bill *vb* **1.** *teat:* sette på plakaten; **2.** nebbes; ***bill and coo*** kysse og kjæle; **3. US***(=invoice)* fakturere.
billboard [ˌbil'bɔ:d] *s* **US***(=hoarding)* plakattavle.
billfold [ˌbil'fould] *s* **US***(=wallet)* lommebok.
billiard cue biljardkø.
billiards [ˌbiljədz] *s:* biljard.
billion [ˌbiljən] *s(pl: billion(s))* milliard.
bill of health 1. *mar:* helseattest;
2. T: ***a clean bill of health*** fin helseattest;
3. *fig* **T:** ***get a clean bill of health in the investigation*** komme godt fra granskningen.
bill of lading *merk:* konnossement (*for* over; på).
bill of parcels *merk:* varefortegnelse.
I. billow [ˌbilou] *s* **1.** *litt.(=big wave)* båre; stor bølge; **2.** *fig(=swirl):* ***billows of smoke*** bølger av røyk.
II. billow *vb:* bølge; ***her skirt billowed****(=blew)* ***out in the breeze*** skjørtet hennes stod rett ut i vinden; ***billow up****(=swirl up)* stige til værs.
billposter [ˌbil'poustə] *s(=billsticker)* plakatklistrer.
billy [ˌbili] *s* **1. US***(=policeman's truncheon)* politikølle; **2.:** *se billycan.*
billycan [ˌbili'kæn] *s:* kokekar; leirspann.
billy goat *zo* **T***(=he-goat)* geitebukk; *(jvf nanny goat).*
biltong [ˌbil'tɔŋ] *s:* strimler av tørket, saltet kjøtt *n.*
bimbette [bimˌbet] *s* **S** *om moteglad tenåringspike:* ungfrø; ung skreppe.
bimbo [ˌbimbou] *s; neds* **S:** deilig, men uintelligent skreppe; ***she's a bimbo*** hun er deilig og dum.
bimonthly [baiˌmʌnθli] *adj & adv:* hver annen måned.
bin [bin] *s* **1.** beholder; **2.** lagerplass for vinflasker; **3.:** ***bread bin*** brødboks; ***kitchen bin*** søppelbøtte; ***litter bin*** avfallskurv; papirkurv; *(se dustbin).*
binary [ˌbainəri] *adj:* binær; binær-; dobbelt.
I. bind [baind] *s* **T 1.** knipe; vanskelig situasjon;
2. sur jobb *(fx they considered it a bind).*
II. bind *vb(pret & perf.part.: bound)* **1.** binde; ***bind (= make) sheaves*** binde nek; ***bind sby hand and foot*** binde en på hender og føtter; *også fig:* ***bind together*** binde sammen;
2. *fig:* forplikte; binde; ***bind oneself****(=commit oneself)* binde seg; forplikte seg; ***bound by convention*** bundet av konvensjonene;
3. holde sammen; binde *(fx the roots bind the sand);* ***egg binds fat and flour*** egg binder fett *(n)* og mel *n;*
4. *bokb:* binde inn *(fx a book);*
5. *jur; i forhørsrett; for mindre forseelse:* ***bind sby over (to keep the peace)*** gi en en betinget dom; *(jvf binding over & suspended sentence).*
binder [ˌbaində] *s:* samleperm; ***ring binder*** ringperm.
I. binding [ˌbaindiŋ] *s* **1.** binding; det å binde;
2. (bok)bind; *n;* innbinding; **3.:** ***(ski) binding*** skibinding.
II. binding *adj:* bindende *(fx promise);* ***legally binding*** juridisk bindende.
binding over *jur; i forhørsrett for mindre forseelse:* betinget dom; *(jvf II. bind 5).*
binge [bindʒ] *s* **T***(=bender)* rangel; ***go on a (monumental) binge*** gå på (en drabelig) rangel.
bingo [ˌbiŋgou] *s:* bingo; ***go to bingo*** gå på bingo.
binnacle [ˌbinəkl] *s; mar:* kompasshus; natthus.
binocular [biˌnɔkjulə] *adj:* binokulær; ***binocular vision*** samsyn.
binoculars [biˌnɔkjuləz] *s; pl(=field glasses)* kikkert; ***a pair of binoculars*** en kikkert.
biochemical ['baiouˌkemikl] *adj:* biokjemisk.
biochemistry ['baiouˌkemistri] *s:* biokjemi.
biodegradable ['baioudiˌgreidəbl] *adj:* biologisk nedbrytbar.
biodiversity [baioudaiˌvə:siti] *s:* biologisk mangfold *n.*
bioengineer ['baiou'endʒiˌniə] *s:* bioingeniør.
biographer ['baiˌɔgrəfə] *s:* biograf.
biography ['baiˌɔgrəfi] *s:* biografi.
biological ['baiəˌlɔdʒikl] *adj:* biologisk.
biologist [baiˌɔlədʒist] *s:* biolog.
biology [baiˌɔlədʒi] *s:* biologi.
biopsy [ˌbaiɔpsi] *s:* biopsi.
biorhythm [ˌbaiou'riðm] *s:* biorytme.
biotechnology ['baioutekˌnɔlədʒi] *s:* bioteknologi.
biotype [ˌbaiə'taip] *s; biol:* biotop.
biovular [baiˌɔvjulə] *adj; biol:* toegget *(fx twin).*
biped [ˌbaiped] *s:* tobent dyr *n.*
bipedal [baiˌpi:dl; baiˌpedl] *adj(=two-legged)* tobent.
birch [bə:tʃ] *s; bot:* bjerk, bjørk.
bird [bə:d] *s* **1.** *zo:* fugl;
2. T: ***a clever bird*** en luring; ***a cunning old bird*** en slu gammel rev;
3. T: kjei; jente;
4.: ***be an early bird*** stå tidlig opp; ***the early bird catches the worm*** morgenstund har gull *(n)* i munn;
5.: ***a bird in the hand (is worth two in the bush)*** en fugl i hånden (er bedre enn ti på taket);
6. *neds:* ***birds of a feather flock together*** like barn *(n)* leker best;
7. T: ***the bird has flown*** fuglen er fløyet;
8. T: ***get the bird****(=be booed)* bli pepet ut; ***give sby the bird*** 1. pipe en ut; 2. be en forsvinne;
9.: ***kill two birds with one stone*** slå to fluer i én smekk;
10. T: ***(strictly) for the birds*** ikke rare greiene;
11.: ***tell a child about the birds and the bees*** fortelle et barn hvor det kommer fra.
bird cherry *bot:* hegg(bær); *(jvf cherry 1).*
bird fancier fugleoppdretter; en som samler på fugler.
bird of passage *zo:* trekkfugl.
bird of prey *zo:* rovfugl.
bird sanctuary fuglereservat.
birdseed [ˌbə:d'si:d] *s:* fuglefrø.
bird's-eye view: ***a bird's-eye view of*** i fugleperspektiv; *fig:* ***get a bird's-eye view of the situation*** få et overblikk over situasjonen.
bird's nest fuglerede; fuglereir.
bird watcher fugleiakttager.
biro [ˌbairou] *s(=ball(point) pen)* kulepenn.
birth [bə:θ] *s* **1.** fødsel; ***a British subject by birth*** britisk statsborger av fødsel; ***date of birth*** fødselsdato; fødselsår og dato; ***she gave birth to a son*** hun fødte en sønn; **2.** herkomst; ***of noble birth*** av edel byrd; adelig.
birth certificate fødselsattest.
birth control prevensjon; barnebegrensning; ***practise birth control*** bruke prevensjon.
birthday [ˌbə:θ'dei] *s:* fødselsdag; ***happy birthday!*** gratulerer med dagen! ***for my birthday I got a bicycle*** jeg fikk sykkel til fødselsdagen min.
birthday card fødselsdagskort.
birthday present fødselsdagspresang.
birthmark [ˌbə:θ'mɑ:k] *s:* føflekk.
birthplace [ˌbə:θ'pleis] *s:* fødested.

birthrate [ˌbə:θ'reit] *s:* fødselsrate.
birthright [ˌbə:θ'rait] *s:* (første)fødselsrett.
Biscay [ˌbiskei] *s; geogr:* ***the Bay of Biscay*** Biskaiabukta.
biscuit [ˌbiskit] *s* **1(US:** *cracker)* kjeks;
2.: ***(sweet) biscuit*(,US:** *cookie)* tørr flat kake; småkake;
3. US*(=scone)* scone (ɔ: liten, flat kake);
4. T: ***that takes the biscuit!*** det er toppen! det tar kaka!
biscuit tin kakeboks.
bisect [baiˌsekt] *vb:* dele i to; halvere *(fx an angle).*
bisexual [baiˌseksjuəl] *adj* **1.** biseksuell; bifil;
2. *biol:* tvekjønnet.
bishop [ˌbiʃəp] *s* **1.** biskop; **2.** *i sjakk:* løper.
bishopric [ˌbiʃəprik] *s:* bispedømme; bispestol.
bismark [ˌbismɑ:rk] *s* **US***(=doughnut)* berlinerbolle.
bison [ˌbaisən] *s; zo:* bison; bisonokse.
I. bit [bit] *s* **1.** bit *(fx bits of wood);* ***a nice bit of work*** et pent stykke arbeid;
2. *om mynt:* stykke *n (fx a fivepenny bit);*
3. US *1/8 dollar, men omtales bare i toerenheter:* ***four bits*** 50 cent;
4. *EDB(=binary digit)* bit;
5*(=bit part)* liten rolle *(fx in a film);*
6. *teat* **T:** ***she's doing the prima donna bit*** hun spiller rollen som primadonna;
7. T*(=(fair) share):* ***do one's bit*** gjøre sitt;
8. *barnespråk:* ***bits****(=girl's genitals)* (jente)tiss; *(jvf willie).*
9. T: ***a bit*** 1*(=a little)* litt *(fx wait a bit; walk a bit further);* **T:** ***have a bit on the side*** være utro; 2*(= rather)* litt *(fx a bit tired);* ***a bit****(=something)* ***of a fool*** litt av en tosk; ***you're a bit late, aren't you?*** du er litt sent ute, ikke sant?
10.: ***bit by bit*** litt etter litt; gradvis;
11.: ***every bit as good as*** minst like god som;
12. T: ***not a bit (of it)****(=not at all)* (nei,) langt ifra; slett ikke; ikke det spor; ***not a bit better*** ikke det spor bedre;
13.: ***quite a bit****(=lot)* en hel del; ***I've spent quite a bit of time reading all this*** jeg har brukt en hel del tid på å lese alt dette;
14. T: ***a bit of all right*** 1*(=very good):* ***this is a bit of all right!*** dette er fine saker! 2. en bra kar; 3. ei flott jente; ei skreppe; 4.: ***a nasty bit of work*** en vemmelig person (,fyr);
15.: ***to bits*** 1*(=to pieces)* i (stumper og) stykker; fra hverandre *(fx it fell to bits);* 2.: ***she was thrilled to bits*** hun holdt på å dø av spenning; *(se også II. bit).*
II. bit *s* **1.** *del av bissel(=bar bit)* munnbitt;
2.: ***(drill) bit*** metallbor; borstål; *(jvf I. drill 1).*
I. bitch [bitʃ] *s* **1.** *zo:* tispe;
2. *neds om kvinne:* tispe; merr *(fx she's a real bitch);*
3. US S: ***a son of a bitch****(=a twerp)* drittsekk;
4. S*(=complaint)* klage.
II. bitch *vb* **1. S***(=complain; moan)* klage; jamre seg;
2.: ***bitch up****(=botch; bungle)* forkludre; ***bitch it up*** forkludre det.
bitchy [ˌbitʃi] *adj:* ondskapsfull; spydig.
I. bite [bait] *s* **1.** bitt *n;*
2. *tannl:* bitt *n;*
3. (insekt)stikk *n;*
4. *fisk.:* napp *n;* bitt *n;* ***get a bite****(=get a rise)* få napp; *(jvf I. nibble 2);*
5. bit *(fx take a bite from the apple);* **T:** ***have a bite to eat*** få seg en matbit;
6. *fig(=edge):* ***a sauce with a bit of bite to it*** en saus som det smaker litt av;
7.: ***his bark is worse than his bite*** han er ikke så ille som han kan høres ut til.
II. bite *vb(pret: bit; perf.part.: bitten)* **1.** *også om insekt:* bite;
2*(=grip)* bite; ta *(fx the screw won't bite);*
3. etse;
4. *fig; om sanksjoner, etc:* virke;
5. *fig:* ***be bitten by*** bli bitt av *(fx the bug of photography);*
6. T: ***bite off more than one can chew****(=attempt more than one can cope with)* ta seg vann *(n)* over hodet;
7. T: bite the dust 1. bite i gresset; dø; 2. *spøkef:* ***my vacuum cleaner's bitten the dust*** støvsugeren min har meldt pass; 3. *om plan, etc:* mislykkes;
8. T: ***bite the hand that feeds you*** vise seg utakknemlig;
9. *ordspråk:* ***once bitten, twice shy*** brent barn *(n)* skyr ilden;
10.: ***(it's a case of) biter bit*** han (,hun) er fanget i sitt eget garn; han (,hun) har falt for eget grep.
biting [ˌbaitiŋ] *adj* **1.** skarp; bitende; **2***(=scathing; cutting)* bitende; sviende *(fx attack).*
bit of work T: ***he's a nasty bit of work*** han er en vemmelig fyr.
bitt [bit] *s; mar:* puller; fortøyningspæl.
I. bitter [ˌbitə] *s; om alminnelig type fatøl:* bitter.
II. bitter *adj:* bitter; ***feel bitter towards****(=about)* ***sby*** være bitter på en.
bitter end *fig:* ***to the bitter end*** til den bitre slutt.
bitterness [ˌbitənəs] *s:* bitterhet.
bitumen [ˌbitjumin] *s:* bitumen; asfalttjære.
bivouac [ˌbivu'æk] *mil 1. s:* bivuakk; **2.** *vb:* bivuakere.
bivouac bag *sport:* vindsekk.
bivouac boots *pl; sport:* fotposer.
I. biweekly ['baiˌwi:kli] *s:* publikasjon som utkommer annenhver uke.
II. biweekly *adv:* annenhver uke; hver annen uke.
biz [biz] **T:** ***the show biz*** underholdningsbransjen.
bizarre [biˌzɑ:] *adj(=odd; unusual)* bisarr; underlig.
blab [blæb] *vb:* sladre *(fx he blabbed to the enemy).*
blabber [ˌblæbə] *s(=blabbermouth)* løsmunnet person.
I. black [blæk] *s* **1.** svart (farge);
2. neger; svart;
3.: ***I'm in the black*** jeg har ikke overtrukket min konto; jeg ***operate in the black*** drive med overskudd;
4.: ***in black and white*** svart på hvitt; *(se også black-and-white).*
II. black *adj* **1.** *også fig:* svart; **2. T***(=dirty)* skitten; **3. T:** ***beat sby black and blue*** slå en både gul og blå.
III. black *vb* **1.:** *se blacken;* **2***(=clean with black polish)* sverte; **3.:** ***black out*** miste bevisstheten.
black-and-white *adj* **1.:** ***a black-and-white photo*** et bilde i svart og hvitt; et svart/hvitt bilde; **2***(=clear-cut)* enkel og ukomplisert *(fx solution);* **3.:** ***see everything in black-and-white terms*** se alt i svart og hvitt.
blackberry [ˌblækbəri] *s; bot:* bjørnebær.
blackbird [ˌblæk'bə:d] *s; zo:* svarttrost.
blackboard [ˌblæk'bɔ:d] *s; skolev:* tavle.
black book 1. svarteliste; svartebok;
2. *fig:* ***be in sby's black books****(=be in sby's bad books)* stå seg dårlig med en.
black box *flyv* **T***(=flight recorder)* ferdskriver.
blackcock [ˌblæk'kɔk] *s; zo(=heath cock)* orrhane; *(jvf black grouse).*
black currant *bot:* solbær; *(se currant).*
black economy: ***work in the black economy*(,T:** *moonlight)* arbeide svart; *(jvf black money).*
blacken [ˌblækən] *vb; også fig:* sverte.
black eye *etter slag(,S: shiner)* blått øye.
black frost barfrost.
black grouse *zo(=black game)* orrfugl; ***the black grouse are calling*** orrfuglen spiller; *(jvf blackcock; greyhen; heath hen).*
black ice *om tynn ishinne:* svarthålke.
blacking [ˌblækiŋ] *s:* sverte; blanksverte.
blackleg [ˌblæk'leg] *s(=scab)* streikebryter.
black letter *typ(=Gothic type)* fraktur; gotisk skrift.
I. blacklist [ˌblæk'list] *s:* svarteliste.
II. blacklist *vb(=place on a blacklist)* svarteliste.
black magic svartekunst; ***book of black magic*** svartebok.

I. blackmail [ˌblæk'meil] *s:* (penge)utpressing.
II. blackmail *vb* **1.** drive (penge)utpressing mot; **2***(=threaten)* true; presse.
blackmailer [ˌblæk'meilə] *s:* (penge)utpresser.
black market svartebørs.
black marketeer svartebørshandler; svartebørshai.
black money svarte penger; *(se black economy).*
blackout [ˌblæk'aut] *s* **1.** mørklegging;
2. momentan bevisstløshet; blackout;
3. *fig:* jernteppe *(fx I had a blackout);*
4*(=ban):* ***there has been a blackout of news about it*** det er ikke sendt ut nyheter om it.
black pudding*(=blood sausage)* blodpølse.
Black Rod *parl:* ***the Black Rod****(=the Gentleman Usher of the Black Rod)* overhusets seremonimester.
Black Sea *s; geogr:* ***the Black Sea*** Svartehavet.
blacksmith [ˌblæk'smiθ] *s:* grovsmed.
black spot *mht. ulykkesfrekvens:* utsatt sted *n.*
blackthorn [ˌblæk'θɔ:n] *s; bot:* slåpetorn.
black whale *zo(=pilot whale)* grindhval.
bladder [ˌblædə] *s; også anat:* blære; ***air bladder****(= swim bladder)* svømmeblære.
bladder-stretched [ˌblædə'stretʃt] *adj(=with an urgent need to urinate)* med blærespreng.
blade [bleid] *s* **1.** *på kniv, etc:* blad *n; på sverd:* klinge; ***razor blade*** barberblad; ***blade of grass*** gresstrå;
2. *neds(=woman):* ***the old blade*** den gamle røya.
blah [blɑ:] *(=blah blah) s:* bla-bla; tullprat.
I. blame [bleim] *s:* skyld; ***put the blame on sby*** legge skylden på en; ***take the blame*** ta skylden.
II. blame *vb:* kritisere; klandre; bebreide; ***blame it on me****(=blame me)* legg skylden på meg; ***blame oneself*** ta selvkritikk; bebreide seg selv.
blameless [ˌbleimləs] *adj; stivt(=innocent)* skyldfri.
blameworthy [ˌbleim'wə:ði] *adj:* kritikkverdig.
blanch [blɑ:ntʃ] *vb* **1.** bleke; **2.** forvelle; skålde.
blancmange [bləˌmɔnʒ] *s(,***US:** *cornstarch pudding)* pudding; ***chocolate blancmange*** sjokoladepudding.
bland [blænd] *adj* **1***(=dull; uninteresting)* kjedelig; uinteressant *(fx music);* **2***(=unemotional; calm)* uberørt; rolig; ***give a bland account of the atrocities*** fortelle rolig og uanfektet om grusomhetene. **blandish** [ˌblændiʃ] *vb; stivt(=flatter; coax)* smigre; godsnakke med.
blandishments [ˌblændiʃmənts] *s; pl; stivt(=flattery)* smiger.
blandly [ˌblændli] *adv:* rolig (og uanfektet).
I. blank [blæŋk] *s* **1***(=empty space)* tom plass; tomrom; *på skjema; etc:* åpen plass; ***fill in all the blanks*** fylle ut alle steder *(n)* hvor det er satt av plass til det; ***leave a blank for the name****(=leave the name blank)* la plass stå åpen til navnet; ***in blank*** blanko;
2. *typ(=blank page)* blank side; *(jvf 9);*
3. *EDB:* blankfelt;
4. **US***(=form)* skjema *n;* formular *n;* blankett; *(se I. form 3);*
5. *i stedet for utelatt ord:* tankestrek *(fx Mr – Smith* leses: *Mr Blank Smith);*
6. *met:* (rå)emne *n;*
7*(=blank cartridge)* løspatron;
8. lodd *(n)* som det ikke er gevinst på; ***draw a blank*** 1. trekke et lodd som det ikke er gevinst på; ikke vinne; 2. *fig:* ikke ha hellet med seg; ***I drew a blank with him*** jeg kom ingen vei med ham;
9. *fig(=blank page; blank slate)* ubeskrevet blad *n (fx he was a blank then); (jvf 2);*
10. *fig:* ***my mind went a complete blank*** jeg ble helt tom i hodet; **T:** jeg fikk fullstendig hetta.
II. blank *adj* **1.** ubeskrevet; blank; ikke utfylt; ***give me a blank sheet*** gi meg et rent ark; ***leave the name blank*** la plass til navnet stå åpen; ***leave that space blank*** la den plassen stå åpen;
2*(=expressionless)* uttrykksløs;
3*(=confused):* ***he looked blank*** han så helt forvirret ut;
4.: ***my mind went blank*** det stod plutselig stille for meg; **T:** plutselig fikk jeg hetta.
III. blank *vb* **1.:** ***blank out*** 1. *typ:* slutte ut; 2. *mask(= punch out)* stanse ut; 3*(=delete)* slette; stryke ut *(fx a line); 4. TV; om bildesignalet(=efface)* viske ut; **2.** *om åpning:* ***blank off****(=seal off)* stenge av for.
blank cartridge løspatron.
blank cheque *merk(,***US:** *blank check)* blankosjekk.
I. blanket [ˌblæŋkit] *s* **1.** ullteppe; **2.** *fig:* teppe *n;* **3.** *fig:* ***wet blanket*** gledesdreper.
II. blanket *vb* **1.** dekke til; **2.** *seilsp:* ta vinden fra.
I. blare [blɛə] *s:* høy, skingrende lyd; skrall *n;* ***the blare of pop music*** øredøvende pop-musikk.
II. blare *vb* **1.** *om ubehagelig høyt støynivå:* skingre; skralle; ***they could hear a radio blaring away****(=going full blast)* de kunne høre en radio som stod på for fullt;
2. *fig(=advertise)* utbasunere.
I. blarney [ˌblɑ:ni] *s* **T** **1***(=flattery; smooth talk)* smiger; glatte fraser; **2***(=nonsense)* tøys *n;* tull *n.*
II. blarney *vb* **T***(=flatter)* smigre.
blasé [ˌblɑ:sei] *adj:* blasert.
blaspheme [blæsˌfi:m] *vb:* være blasfemisk.
blasphemer [blæsˌfi:mə] *s:* gudsbespotter.
blasphemous [ˌblæsfiməs] *adj:* blasfemisk; bespottelig.
I. blast [blɑ:st] *s* **1.** eksplosjon;
2*(=blast pressure)* eksplosjonstrykk; trykkbølge;
3. gufs *n;* ***icy blasts*** iskalde gufs;
4. *om høy lyd:* støt *n;* tuting; ***a prolonged blast*** lang tone; ***(at) full blast*** 1. *om lydstyrke:* for fullt *(fx have the radio on full blast);* 2. *om arbeid, etc:* for fullt *(fx work was going full blast).*
II. blast *vb* **1***(=blow)* sprenge *(fx a hole);*
2. *om høy lyd: se II. blare 1;*
3. T *int(=damn)* pokker; ***blast him!*** pokker ta ham!
3. *avisspråk(=attack)* angripe;
4. *sport* **T***(=beat hollow)* slå sønder og sammen;
5. *om rakett(=take off)* gå til værs; starte.
blasted [ˌblɑ:stid] *adj(=confounded)* fordømt.
blatant [ˌbleitənt] *adj; stivt* **1***(=very obvious)* åpenbar *(fx lie);* **2***(=noisy)* larmende; **3.** *om farge(=loud)* skrikende.
I. blaze [bleiz] *s* **1.** flammende lys *n;*
2. *især i avisspråk(=fire)* brann;
3. *fig:* ***a blaze of lights*** et lyshav;
4. *fig(=outburst)* utbrudd *(fx of fury);*
5. *forst:* blinkmerke;
6. *på dyr:* bles *n.*
II. blaze *vb* **1.** lyse; skinne; ***the fire was blazing all night*** det brant livlig hele natten;
2. *forst(=mark)* blinke *(fx trees);*
3.: ***blaze a trail****(=lead the way)* vise vei; ***blaze one's own trail****(=go one's own way)* gå sin egen vei;
4.: ***blaze away*** 1. *om bål:* brenne riktig godt; 2. plaffe løs (*at* på);
5. *om bål; også fig:* ***blaze up*** blusse opp; flamme opp;
6.: ***blaze with*** 1. lyse (,flamme) av; 2. *fig:* ***blaze with anger****(=flare up)* plutselig fór han opp (i sinne).
blazer [ˌbleizə] *s:* blazer; skolejakke.
blazes [bleisiz] **S***(=hell):* ***what the blazes is he doing?*** hva fanden er det han gjør?
blazing [ˌbleiziŋ] *adj* **1.** *fig(=baking)* brennende *(fx hot);* **2.** som brenner godt *(fx a blazing fire).*
I. blazon [ˌbleizən] *s:* våpenmerke.
II. blazon *vb* **1.** påføre våpenmerke;
2. *litt.:* ***blazon abroad****(=proclaim)* utbasunere; forkynne vidt og bredt.
bleach [bli:tʃ] **1.** *s:* blekemiddel; **2.** *vb:* bleke.
bleachers [ˌbli:tʃəz] *s; pl* **US** **1***(=terraces)* ståtribune; **2.** folk *(n)* på ståtribunene.
bleak [bli:k] *adj:* kald; forblåst; ødslig; trist; ***it's a bleak prospect*** det ser ikke lyst ut.
bleat [bli:t] *vb* **1.** breke; **2***(=whimper)* klynke; **3***(=moan)* klage; jamre seg.

bleb [bleb] *s(=blister)* blemme (med væske i).
bleed [bli:d] *vb(pret & perf.part.: bled)* **1.** blø; ***bleed to death*** blø i hjel;
2. *med.; hist:* årelate;
3. *fig* **T:** ***bleed sby*** presse penger av en; ***bleed sby white*** loppe en for alt han har;
4. *tekn:* lufte; ***bleed the brakes*** lufte bremsene.
bleeder [ˌbli:də] *s* **1***(=haemophiliac)* bløder; **2.** *mask:* lufteventil; **3.** *neds* **S:** stakkar; ***a rotten bleeder*** en jævla stakkar; *(jvf blighter).*
I. bleeding [ˌbli:diŋ] *s* **1.** blødning;
2. *med.; hist:* årelating;
3. det å presse penger av en;
4. *tekn:* lufting (av væskesystem).
II. bleeding *adj; adv* **S:** *se blooming.*
I. bleep [bli:p] *s* **1.** kort lydsignal; pip *n;* kallesignal; *tlf:* ***long bleeps*** lange toner; **2. T***(=phone pager;* **T:** *bleeper; beeper)* personsøker; ***call him on his bleep*** *(=give him a bleep)* kalle på ham.
II. bleep *vb:* pipe; ringe; sende radiosignal; ***her name was bleeped out*** navnet hennes ble erstattet med et pip.
bleeper [ˌbli:pə] *s* **T:** *se I. bleep 2.*
blemish [ˌblemiʃ] **1.** *s:* lyte; feil; **2.** *vb:* skjemme.
I. blend [blend] *s; også fig:* blanding *(fx of tea).*
II. blend *vb* **1.** *sj(=mix)* blande;
2. *om farger(=match)* avstemme; ***delicately blended colours*** vakkert avstemte farger;
3. *stilmessig:* ***blend (in) with*** stå til;
4. *fig:* ***blend*** *(=merge)* ***into*** blande seg med; gå i ett med.
blende [blend] *s; min:* blende; sinkblende.
blessed 1. *adj* [blest] velsignet (*with* med); **2.** *adj; attributivt* [ˌblesid] velsignet *(fx freedom).*
blessedness [ˌblesidnəs] *s; rel(=bliss)* lykksalighet.
blessing [ˌblesiŋ] *s* **1.** velsignelse; ***give sby one's blessing*** gi en sin velsignelse; **2.** *fig:* ***a blessing in disguise*** hell *(n)* i uhell; noe som tross alt viser seg å være til det gode.
blight [blait] *s:* sykdom som får plantene til å visne.
blighter [ˌblaitə] *s; neds, men også når man vil uttrykke sympati* **T:** fyr; ***you lucky blighter!*** din heldiggris! ***do you poor blighters have to put up with this?*** stakkars dere, må dere virkelig finne dere i dette? *(jvf bleeder 3).*
blimey [ˌblaimi] *int; kraftuttrykk* **T:** gudbevaremegvel.
blimp [blimp] *s* **S:** ***baby blimp*** feit jente.
I. blind [blaind] *s* **1.** rullegardin; ***Venetian blind****(,***US:** *(window) shade))* persienne; **2***(=cover)* skalkeskjul; **3. T***(=excuse)* unnskyldning.
II. blind *adj* **1.** blind; ***deaf and blind*** døvblind; både døv og blind; ***a blind man (,woman)*** en blind; ***the blind*** de blinde; ***blind in****(=of)* ***one eye*** blind på ett øye; **2.** *fig:* blind *(fx love);* ***blind to*** blind for *(fx sby's faults);*
3*(=blank):* ***blind wall*** vegg uten dører el. vinduer *n;*
4. T: ***not take a blind bit of notice*** ikke høre etter i det hele tatt.
III. blind *adv:* ***fly blind*** fly blindt; *(jvf blindly).*
IV. blind *vb* **1***(=make blind)* gjøre blind; bli blind; *fig:* ***blind sby to sth*** gjøre en blind for noe; **2***(=dazzle)* blende; **3. T***(=swear):* ***they were cursing and blinding*** de bannet og svertet; *(jvf eff).*
blind alley 1*(=cul-de-sac)* blindgate; blindvei;
2. *fig(=dead end)* blindgate.
blind date 1. stevnemøte med en ukjent; ***she met him on a blind date*** hun hadde aldri truffet ham før;
2. *spøkef(=blind purchase)* usett kjøp *n.*
blind eye: ***turn a blind eye to sth*** se gjennom fingrene med noe.
I. blindfold [ˌblain(d)'fould] *s:* bind *(n)* for øynene *n.*
II. blindfold *vb:* ***blindfold sby*** binde et bind for øynene *(n)* på en.
blindfolded *adv:* med bind *(n)* for øynene *n;* i blinde.
blindly [ˌblaindli] *adv:* blindt; i blinde; *(se III. blind).*
blindman's buff *lek:* blindebukk.
blind man's dog*(=guide dog)* blindehund.
blind spot 1. blind flekk; **2.** dødvinkel; **3.** *fig:* blindt punkt *(fx have a blind spot about physics).*
blindworm [ˌblaind'wə:m] *s; zo:* stålorm.
I. blink [bliŋk] *s* **1.** blunk *n;* **2.:** ***a blink of bright light*** et lysblink; **3. T:** ***on the blink****(=not working properly)* i uorden *(fx the switch is on the blink).*
II. blink *vb* **1.** blunke; **2.** *om signallys:* blinke; **3.:** ***blink at*** 1*(wink at; ignore)* ignorere; 2. *fig(=raise one's eyebrows at)* sperre øynene *(n)* opp overfor.
blinker [ˌbliŋkə] *s:* skylapp; *også fig:* ***wear blinkers*** gå med skylapper.
blinking [ˌbliŋkiŋ] *adj:* pokkers.
bliss [blis] *s:* lykksalighet; intens lykke.
blissful [ˌblisful] *adj:* lykksalig; ***in blissful ignorance of*** *(=blissfully unaware of)* lykkelig uvitende om.
I. blister [ˌblistə] *s* **1.** blemme; vable; ***blisters on one's feet*** skognag; **2.** *i maling:* blære; blemme.
II. blister *vb* **1.** få blemmer; ***blistered feet*** skognag;
2. lage blemmer i.
blistering [ˌblistəriŋ] *adj* **1***(=scorching)* brennende varm; **2.** *fig(=scathing)* bitende *(fx criticism).*
blithe [blaið] *adj* **1***(=cheerful)* glad; munter;
2*(=carefree)* ubekymret; **3***(=casual)* nonchalant.
blithering [ˌbliðəriŋ] *adj* **T:** erke- *(fx idiot).*
I. blitz [blits] *s* **1.** *mil(=air attack)* luftangrep;
2. *fig(=sudden attack)* lynangrep; **3.** *fig* **T:** krafttak.
II. blitz *vb* **1.** gjennomføre et luftangrep mot;
2. *fig (=make a sudden attack on)* gjennomføre et lynangrep på.
blizzard [ˌblizəd] *s:* snøstorm.
bloated [ˌbloutid] *adj* **1***(=swollen)* oppsvulmet;
2. *etter måltid:* oppblåst.
bloater [ˌbloutə] *s; kul:* røykesild.
blob [blɔb] *s* **1.** liten blære; liten klatt; **2.** *om noe som ses utydelig:* flekk.
bloc [blɔk] *s* **1.** *polit:* blokk; **2.** *merk:* ***buy en bloc*** *(=buy in the lump)* kjøpe en bloc.
I. block [blɔk] *s* **1.** blokk; kloss; ***building blocks****(=bricks)* byggeklosser; *sport:* ***starting block*** startblokk;
2. *mar:* (talje)blokk;
3*(=blockage)* blokkering *(fx in a pipe); (se road block);*
4*(=block of flats)* (bolig)blokk;
5. *især* **US:** ***block (of houses)*** kvartal.
II. block *vb* **1.** blokkere; sperre; ***block the view*** sperre utsikten;
2. *om rør; nedløp, etc:* ***get blocked****(=get clogged up)* bli tilstoppet;
3.: ***block off*** barrikadere;
4. *psykol:* ***block out****(=keep out)* stenge ute;
5.: ***block up*** 1. sperre; 2*(=clog up)* stoppe til; bli tilstoppet; *(se blocked).*
I. blockade [blɔˌkeid] *s:* blokade; ***run the blockade*** bryte blokaden.
II. blockade *vb:* blokkere.
blockade runner blokadebryter.
blockage [ˌblɔkidʒ] *s* **1.** blokkering *(fx in a pipe);*
2. *psykol:* ***emotional blockage*** følelsesmessig blokkering.
blocked [blɔkt] *adj:* blokkert; tilstoppet; tett; ***my nose is blocked*** jeg er tett i nesen.
block letters*(=block capitals) s; pl:* store, trykte bokstaver.
bloke [blouk] *s* **T***(=chap)* fyr.
blond(e) [blɔnd] *adj:* blond *(fx he's blond; she's blonde).*
blonde [blɔnd] *s:* blondine.
I. blood [blʌd] *s* **1.** blod *n;* ***in cold blood*** med kaldt blod; ***related by blood*** blodsbeslektet; ***his blood boiled****(=was up)* hans blod kom i kok; ***it's in their blood*** det ligger dem i blodet; *fig:* ***he's out for blood*** han vil se blod; ***you can't get blood out of a stone*** man

bloody

Bloody Mary ...

is not a nasty expression, but a tasty drink! The rude word **bloody** is found in many expressions like bloody awful, bloody soon, bloody well. The use of these expressions is considered impolite.

We guess you will recognise these words

bastard	heck	Jesus Christ
bitch	hell	bullshit
bugger	you asshole	fuck off

Be careful about using them!

kan ikke få talg av en trebukk; ***give blood****(=be a blood donor)* gi blod; ***it froze my blood****(=it made my blood run cold)* mitt blod ble til is; ***make****(= cause)* ***bad blood between them*** sette vondt blod mellom dem; **T:** ***sweat blood*** slite livet av seg *(for sth* for noe);
2*(=descent)* byrd *(fx of royal blood); (jvf descent).*

II. blood *vb* **1.** *jaktspråk:* la hundene lukte blod *n;* **2.:** ***blood sby*** 1. *jaktspråk:* smøre blod *(n)* fra nedlagt vilt *(n)* på kinnene *(n)* el. pannen til en; 2. *fig:* innvie en.

bloodbath [ˌblʌd'bɑ:θ] *s(=slaughter)* blodbad.

blood blister *med.:* blodblemme.

blood cell *biol:* ***red blood cell*** rødt blodlegeme; ***white blood cell*** hvitt blodlegeme; leukocytt.

blood clot *med.:* blodpropp; *(jvf thrombosis).*

(blood) corpuscle: *se blood cell.*

blood-curdling [ˌblʌd'kə:dliŋ] *adj; fig:* bloddryppende.

blood donor blodgiver.

blood group*(=blood type)* blodgruppe; blodtype.

bloodhound [ˌblʌd'haund] *s; zo:* blodhund.

bloodless [ˌblʌdləs] *adj; også fig:* blodløs.

blood-letting [ˌblʌd'letiŋ] *s* **1.** *hist; med.:* årelating; **2***(=bloodshed)* blodsutgydelse.

blood poisoning *med.(=sepsis)* blodforgiftning.

blood pressure *med.:* blodtrykk; ***the blood pressure's a bit raised*** blodtrykket er litt høyt.

blood relation kjødelig slektning.

blood revenge*(=blood vengeance; vendetta)* blodhevn.

blood sample *med.(=specimen of blood)* blodprøve; *(jvf blood test).*

blood screening blodundersøkelse; masseundersøkelse av blod *n.*

bloodshed [ˌblʌd'ʃed] *s:* blodsutgytelse.

bloodshot [ˌblʌd'ʃɔt] *adj; om øye:* blodskutt.

blood stain blodflekk.

blood-stained [ˌblʌd'steind] *adj:* blodig; blodflekket.

blood stream *fysiol:* blodbane.

bloodsucker [ˌblʌd'sʌkə] *s; zo & fig:* blodsuger.

blood sugar *med.:* blodsukker; ***high blood sugar****(= raised (level of) blood sugar)* for høyt blodsukker.

blood test *med.:* blodprøve; ***take a blood test of sby*** ta en blodprøve av en; *(jvf blood sample).*

bloodthirsty [ˌblʌd'θə:sti] *adj:* blodtørstig.

blood transfusion *med.:* blodoverføring.

blood vessel *anat:* blodkar *n.*

bloody [ˌblʌdi] *adj* **1***(=blood-stained)* blodig; *(= bleeding)* blodig; blødende; **2.** *stivt el. litt.:* blodig *(fx battle; revenge);* **3.** *vulg:* fa(nd)ens; satans *(fx fool);* jævla *(fx that's bloody good);* ***he's a bloody genius!*** han er et jævla geni! ***not bloody likely!*** nei, så faen heller!

bloody-minded ['blʌdiˌmaindid; *attributivt:* ˌblʌdi'maindid] *adj* **T:** sta; vanskelig å ha med å gjøre.

I. bloom [blu:m] *s* **1.** *litt. el. faglig(=flower)* blomst;
2. *litt.(=flowering)* blomstring;
3. *om roser, etc:* ***in bloom****(=flower)* i blomst; ***in full bloom*** i full blomstring;
4. *fig:* ***in the bloom of youth*** i ungdommens (fagreste) vår.

II. bloom *vb* **1.** *om roser, etc(=be in bloom; be in flower; flower)* blomstre; **2.** *fig(=flourish)* blomstre; **3.** *fig(=blossom)* blomstre; utvikle seg.

bloomer [ˌblu:mə] *s* **1.** grislet loff med tverrstriper; **2.** *lett glds* **T***(=howler)* bommert; brøler.

blooming [ˌblu:miŋ] *adj* **T***(=flipping)* pokkers *(fx idiot).*

I. blossom [ˌblɔsəm] *s; bot:* (frukt)blomst; ***be in blossom****(=blossom)* blomstre; ***shed its blossoms*** blomstre av.

II. blossom *vb* **1.** *bot; om tre:* blomstre; *om blomst(= flower; bloom)* blomstre; folde seg ut; ***a blossoming flower*** en blomst som er i ferd med å folde seg ut; **2.** *fig(=bloom)* blomstre *(fx into a real beauty).*

blossom bud *bot; på frukttre:* blomsterknopp.

I. blot [blɔt] *s* **1.** flekk; klatt; **2.** *fig(=stain)* plett *(fx on sby's reputation);* **3.** *fig(=eyesore)* noe som skjemmer *(fx a blot on the landscape).*

II. blot *vb* **1.** lage flekk(er) (, klatt(er)) på *(el.* i);
2. T: ***blot one's copybook****(=put one's foot in it)* gjøre en tabbe; begå overtramp; tråkke i spinaten;
3.: ***blot out*** 1. skjule *(fx the view);* 2*(=wipe out)* utslette; 3. *fig(=eclipse; wipe out)* slette ut; viske ut.

blotch [blɔtʃ] *s* **1.** flekk; klatt; **2.** *på hud(=patch)* flekk.

blotched [blɔtʃt] *adj(=stained)* skjoldet; flekket.

blotting pad skriveunderlag.

blotting paper trekkpapir.

blouse [blauz; **US:** blaus] *s:* bluse.

I. blow [blou] *s* **1.** slag *n;*
2. *fig:* slag; ***a blow to*** et slag for; ***strike a blow for*** slå et slag for;
3.: ***come to blows (with)*** komme i slagsmål *(n)* med.

II. blow *vb(pret: blew; perf.part.: blown)* **1.** blåse; ***it's*** blowing hard det blåser hardt;
2. blåse; puste; ***blow bubbles*** blåse såpebobler; ***blow hot and cold*** hele tiden skifte mening; ***blow sby a kiss*** sende en et slengkyss; ***blow one's nose*** pusse nesen; ***blow one's own trumpet*** slå på tromme for seg selv; reklamere for seg selv;
3. *om eksplosjon:* ***blow a hole in the wall*** lage et hull

i veggen; ***it was blown to pieces*** det ble sprengt i stumper og stykker *n;*
4. *om sikring:* ***the fuse has blown*** sikringen er gått;
5. *fig(=spoil)* spolere; ødelegge *(fx a chance);*
6. *om penger:* bruke (opp);
7. T: ***blow one's top*** eksplodere; bli aldeles rasende;
8.: ***blow up*** 1. sprenge (i luften); 2.: ***it's blowing up for a gale*** det blåser opp til storm; 3. *om ballong:* blåse opp; 4. *om dekk(=pump up)* pumpe opp; 5. *fot:* forstørre; 6. *fig:* ***blow oneself up*** blåse seg opp; 7. *fig* **T:** ***blow sby up****(=scold sby)* gi en kjeft; 8. *fig* **T:** ***a furious discussion blew up*** det ble en rasende diskusjon; 9. **T:** ***the whole thing blew up in his face*** det hele slo fullstendig feil for ham.
blow-dry [ˌblou'drai] *vb:* føne; tørke med føn.
blower [ˌblouə] *s* **1.** blåsemaskin; kompressor;
2.: ***snow blower*** snøfreser; **3. S***(=telephone)* telefon; ***get on the blower to sby*** slå på tråden til en.
blowfly [ˌblou'flai] *s; zo:* spyflue; *(se I. fly 1).*
blowout [ˌblou'aut] *s* **1.:** ***(tyre) blowout*** (dekk)eksplosjon; **2.** *oljeind:* utblåsning; **3. S:** etegilde.
blowpipe [ˌblou'paip] *s* **1.** *våpen(,***US:** *blowgun)* pusterør; **2.** *glassblåsers:* pusterør.
blow-style [ˌblou'stail] *vb(=blow-wave)* føne.
blowtorch [ˌblou'tɔ:tʃ] *s(=blowlamp)* blåselampe.
I. blubber [ˌblʌbə] *s:* spekk *n.*
II. blubber *vb(=cry noisily)* tute.
I. bludgeon [ˌblʌdʒən] *s:* kølle.
II. bludgeon *vb* **1.** slå (med kølle);
2. *fig(=bulldoze)* tvinge *(fx she bludgeoned me into doing it).*
I. blue [blu:] *s* **1.** blå farge; blåfarge; blått *n;*
2. blått fargestoff;
3.: ***Danish blue*** roquefort(ost);
4. T*(=Tory)* konservativ;
5. *univ; sport:* en som representerer el. har representert Oxford el. Cambridge;
6.: ***the blues*** dårlig humør *(fx he's got the blues);*
7.: ***like a bolt from the blue*** som lyn *(n)* fra klar himmel;
8.: ***the news came out of the blue*** nyheten slo ned som et lyn.
II. blue *adj* **1.** blå; ***blue with cold*** blåfrossen;
2. *fig(=dejected)* nedtrykt;
3. T*(=obscene)* pornografisk *(fx film);* ***blue jokes*** stygge *(el.* uanstendige) vitser; stygge skrøner;
4.: ***in a blue funk*** livredd;
5.: ***once in a blue moon*** én gang hvert jubelår.
blue anemone *bot:* blåveis.
bluebell [ˌblu:'bel] *s* bot **1***(=wood hyacinth)* klokkeblåstjerne; **2.** *i Skottland(=harebell)* blåklokke.
blueberry [ˌblu:bəri] *s; bot* **US** *& Canada(=bilberry)* blåbær.
bluebottle [ˌblu:'bɔtl] *s; zo(=blowfly)* spyflue.
blue cheese *(=Danish blue)* roquefort(ost).
blue chip 1. blå jetong; jetong av høyeste verdi;
2. *børsuttrykk:* trygg investering; **T:** godt papir.
bluecollar ['blu:ˌkʌlə] *adj:* ***bluecollar workers*** arbeidere (motsatt funksjonærer).
blue-eyed [ˌblu:'aid] *adj* **1.** med blå øyne; blåøyd;
2. *neds* **T:** ***blue-eyed boy****(=favourite)* yndling.
blue fox *merk(=blue fox-fur)* blårev; *(jvf arctic fox).*
blue murder T: ***cry****(=scream)* ***blue murder*** skrike opp; gjøre anskrik.
blueprint [ˌblu:'print] *s* **1.** blåkopi;
2. *fig:* ***a blueprint for success*** en oppskrift på suksess.
blueprint stage*(=planning stage)* planleggingsstadium.
bluestocking [ˌblu:'stɔkiŋ] *s; om kvinne:* blåstrømpe.
I. bluff [blʌf] *s* **1.** klippeskrent; **2.** *kortsp; poker; også fig:* bløff *(fx they thought it was a bluff);* ***call sby's bluff*** avsløre at en bløffer.
II. bluff *adj* **1.** steil; **2.** *om person:* (ubehøvlet, men hjertelig og) liketil; bramfri.
III. bluff *vb; kortsp; poker; også fig:* bløffe; føre bak lyset; ***he bluffed his way*** han bløffet seg igjennom.
bluish [ˌblu:iʃ] *adj:* blåaktig.
bluish grey *adj(=blue-grey)* blågrå.
I. blunder [ˌblʌndə] *s:* bommert.
II. blunder *vb* **1.** gjøre en bommert; **2.:** ***blunder about****(=stumble about)* vakle omkring; ***blunder into*** komme bort i; snuble over; ***he blundered into the door*** han gikk rett på døren; ***blunder on*** finne tilfeldig; *fig:* snuble over; **3.:** ***blunder****(=blurt)* ***out sth*** buse *(el.* plumpe) ut med noe.
blunderer [ˌblʌndərə] *s(=bungler)* klossmajor.
blundering [ˌblʌndəriŋ] *adj(=clumsy)* klossete.
I. blunt [blʌnt] *adj* **1.** *om redskap:* sløv;
2. *fig:* likefrem; som går rett på sak; ***blunt criticism*** utvetydig kritikk.
II. blunt *vb:* sløve; ***a blunted conscience*** en sløvet samvittighet; ***a blunted taste*** en avstumpet smak.
bluntly [ˌblʌntli] *adv(=straight out)* like ut; ***to put it bluntly****(=to be quite frank)* for å si det like ut.
I. blur [blə:] *s:* noe man ser uklart; ***after that things were rather a blur*** og så ble alt nokså uklart.
II. blur *vb:* gjøre uklar; sløre.
blurb [blə:b] *s* **1.:** ***(publisher's) blurb*** forlagsreklame; vaskeseddel; omslagstekst; **2. T:** reklamemateriell.
blurt [blə:t] *vb:* ***blurt out*** buse *(el.* plumpe) ut med.
I. blush [blʌʃ] *s* **1.** rødme; **2.:** ***at first blush*** *(=sight)* ved første blikk *n;* **3.:** ***spare sby's blushes****(=be tactful)* vise hensyn; være taktfull.
II. blush *vb:* rødme; bli rød; ***blush deeply*** rødme dypt.
I. bluster [ˌblʌstə] *s* **1***(=boasting; boastful talk)* brauting; skryt *n;*
2*(=empty protests)* tomme protester; buldring.
II. bluster *vb* **1.** *om vinden(=blow in stormy gusts)* storme; **2***(=boast;* **T:** *talk big)* skryte; bruke store ord *n;* **3***(=protest loudly)* skrike (opp); buldre.
blusterer [ˌblʌstərə] *s:* buldrebasse.
blustery [ˌblʌstəri] *adj; om vind:* som kommer i sterke kast *n; om været(=windy)* blåsete; surt.
b.o. [ˌbi:ˌou] *(fk f body odour)* svettelukt; kroppslukt.
boa [ˌbouə] *s; zo(=boa constrictor)* kvelerslange.
boar [bɔ:] *s; zo* **1.** villsvin *n;* **2.** galte.
I. board [bɔ:d] *s* **1.** *trevirke:* bord *n;*
2*(=noticeboard;* **US:** *bulletin board)* (oppslags)tavle;
3.: ***drawing board*** tegnebrett; *fig:* ***it's still on the drawing board*** det er fremdeles på tegnebrettet;
4. kost; ***board and lodging*** kost og losji *n;*
5*(=committee)* nemnd; utvalg; komité; *ved skole, sykehus, etc:* ***board of governors*** styre *n; merk:* ***board (of directors)*** styre;
6.: ***boards*** 1. (papp)kartonasje; 2. *bokb:* perm; ***in boards*** i stivt bind; 3. *teat:* ***the boards*** de skrå bredder; 4. *sport; ishockey:* ***the boards*** vantet;
7. *fig:* ***above board*** åpent og ærlig; uten at det blir lagt skjul *(n)* på noe;
8. *fig:* ***across the board*** over hele linjen; ***an across-the-board increase in wages*** lønnsøkning over hele linjen;
9. *fig:* ***go by the board*** bli til intet; **T:** gå i vasken *(fx all his plans went by the board);*
10. *også mar:* ***on board*** om bord.
II. board *vb* **1.:** ***board up*** spikre igjen (ved å sette bord *(n)* foran) *(fx a window);* **2.** gå om bord i *(el.* på); **3.** ha i kosten; ***board with*** ha kost og losji *(n)* hos.
boarder [ˌbɔ:də] *s* **1.** kostelev; **2.** pensjonær.
board game brettspill.
boarding card *flyv(=boarding pass)* boarding card *n.*
boarding-house [ˌbɔ:diŋ'haus] *s:* pensjonat *n.*
boarding school kostskole.
board meeting styremøte; *(se pre-board briefing).*
boardsailing [ˌbɔ:d'seiliŋ] *s(=windsurfing)* brettseiling; *(se sailboard).*
boardsailor [ˌbɔ:d'seilə] *s (,***US** *& Canada: sailboarder)* brettseiler; *(se sailboard).*

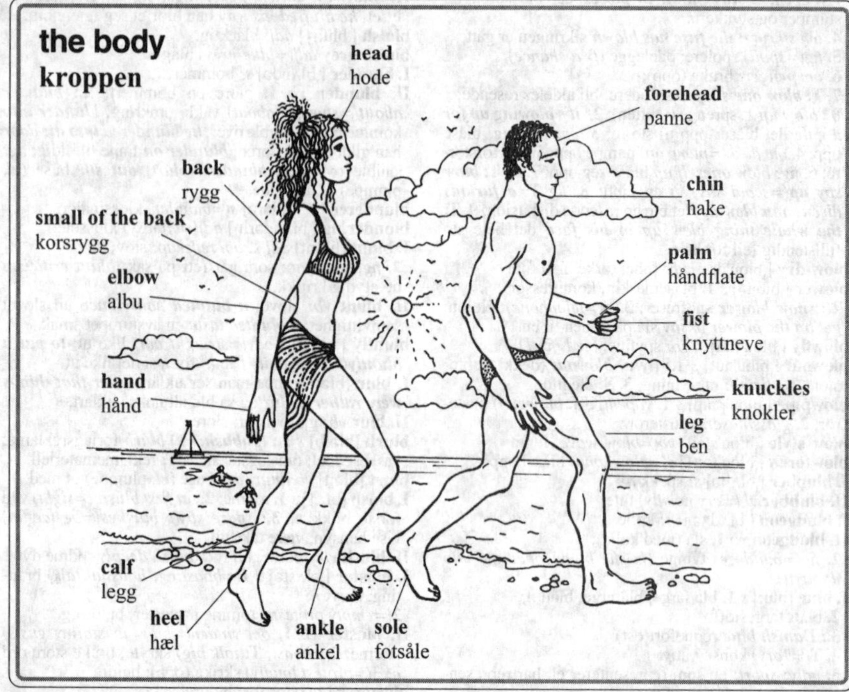

I. boast [boust] *s* **1.** skryt *n;* **2.** *stivt(=pride)* stolthet *(fx the church was the boast of the town).*
II. boast *vb* **1.** skryte *(about* av, med; *of* av);
2. *stivt:* kunne rose seg av (å ha).
boaster [ˌboustə] *s:* skrytepave; skrythals.
boastful [ˌboustful] *adj:* skrytende; skrytete.
boat [bout] *s* **1.** båt;
2. *fig:* ***burn one's boats*** brenne sine skip *n;*
3. *fig:* ***in the same boat*** i samme båt;
4.: ***miss the boat*** 1. komme for sent til båten; 2. **T** *fig:* la sjansen gå fra seg;
5. T: ***push the boat out*** flotte seg; bruke mange penger (på selskap, etc);
6.: ***rock the boat*** 1. få båten til å vippe; 2. *fig* **T:** ødelegge det hele;
7. S: ***who steers the boat?****(=who wears the trousers in that marriage?)* hvem er det som bestemmer i det ekteskapet?
boat drill *mar:* redningsøvelse.
boatel *(=botel)* [bouˌtel] *s* **1.** hotellskip;
2. havnehotell; hotell *(n)* for båtfolk.
boater [ˌboutə] *s(=flat straw hat)* flat stråhatt.
boat harbour båthavn.
boat hire service båtutleie.
boat hitch US *& Canada(=boat trailer)* båttilhenger.
boathook [ˌbout'huk] *s:* båtshake.
boathouse [ˌbout'haus] *s:* naust *n;* båthus.
boating [ˌboutiŋ] *s* **1.** båtsport; **2.:** ***go boating*** dra på båttur.
boat keeper 1. vaktmann i båthavn; **2.:** *se boatman.*
boatman [ˌboutmən] *s:* båtutleier.
boat person *(pl: boat people)* båtflyktning.
boat race kapproing.
boat's crew 1. båtmannskap; **2***(=party of boats)* båtlag.
boat's length *mar:* båtlengde.
boatswain*(=bosun)* [ˌbousən] *s; mar:* båtsmann.
boat trailer *(,US & Canada: boat hitch)* båttilhenger.
boat train båttog.
boat varnish båtlakk.
boatyard [ˌbout'jɑ:d] *s:* båtbyggeri *n.*
I. bob [bɔt] *s* **1.** *på loddesnor:* lodd *n;* **2.** *fisk(=bobfloat)* dupp; **3.** *slags frisyre:* bobbet hår *n.*
II. bob *vb:* vippe opp og ned; duppe opp og ned.
bobbin [ˌbɔbin] *s:* (tråd)snelle; spole.
bobby [ˌbɔbi] *s* **T:** politimann.
bobfloat [ˌbɔb'flout] *s; fisk:* dupp.
bobsleigh [ˌbɔb'slei] *s (,US: bobsled)* bobsleigh.
bock (beer) bokkøl.
bode [boud] *vb; meget stivt el. spøkef:* ***this bodes ill for the future****(=this isn't too promising for the future)* dette lover dårlig for fremtiden; ***bode well****(=promise well)* love godt *(fx this bodes well for the future).*
bodice [ˌbɔdis] *s:* kjoleliv *n.*
bodily [ˌbɔdili] **1.** *adj:* legemlig; kroppslig; fysisk; ***bodily needs*** fysiske behov *n;*
2. *adv:* ***they lifted him bodily*** de løftet hele ham.
bodily functions *pl:* ***the bodily functions*** kroppsfunksjonene.
bodily harm legemsfornærmelse; ***grievous bodily harm*** alvorlig legemsfornærmelse.
bodily search*(=body search)* kroppsvisitasjon.
body [ˌbɔdi] *s* **1.** *anat:* kropp; ***the lower part of one's body*** underlivet;
2*(=corpse)* lik; ***over my dead body!*** (det blir i så fall) over mitt lik!
3. skrog *n; flyv(=fuselage)* kropp; ***body (of a motor car)*** (bil)karosseri *n;*
4. *typ(=shank)* (type)legeme *n;*
5. *om vin:* fylde;
6*(=main part)* hoveddel (av noe);
7. *fig:* organ *n (fx decision-making bodies);* ***professional body*** yrkesorganisasjon;

b

8. mengde; ***a huge body of evidence*** en stor mengde bevismateriale;
9.: ***in a body*** samlet; i sluttet tropp; i flokk og følge *n.*
body blow 1. *boksing(=body punch)* slag *(n)* mot kroppen; **2.** *fig:* hardt slag.
body clock biologisk klokke; ***my body clock went completely awry*** min biologiske klokke kom helt i ulage.
bodyguard [ˌbɔdi'gɑ:d] *s(,***T:** *minder)* livvakt.
body odour *(fk b.o.; B.O.)* svettelukt; kroppslukt.
body search*(=strip search)* kroppsvisitasjon.
body snatcher likrøver.
bodywork [ˌbɔdi'wɔ:k] *s* **1.** (bil)karosseri *n;* **2***(=coachwork)* karosseriarbeid.
I. bog [bɔg] *s* **1.** myr; **2. S***(=toilet;* **T:** *loo)* wc *n;* do.
II. bog *vb:* ***be bogged down in the mud*** synke ned i søla; ***let's not get bogged down in details*** ikke la oss hefte oss ved detaljer.
bogey [ˌbougi] *s* **1***(=bogeyman)* busemann; **2.** *fig:* skremmebilde; ***the bogey of inflation*** inflasjonsspøkelset.
boggle [bɔgl] *vb; fig:* steile (*at* over).
boggy [ˌbɔgi] *adj(=marshy; swampy)* myrlendt; myraktig.
bog moss*(=peat moss)* torvmose.
(bog) whortleberry *s; bot:* skinntryte; mikkelsbær.
bogus [ˌbougəs] *adj(=false; phoney)* falsk; uekte.
I. boil [bɔil] *s; med.:* byll.
II. boil *s:* kok; ***the kettle****(=the water)* ***is on the boil*** vannet holder på å koke; ***bring to the boil*** la koke opp; ***it's coming to the boil*** den (,det) holder på å koke.
III. boil *vb* **1.** koke; ***the kettle's boiling*** vannet koker; ***boil fast*** fosskoke; ***boil over*** koke over; ***boil up*** koke opp; **2.** koke (av sinne); *om vannmasser(=foam)* fråde; **3.** *fig; i sola:* ***be boiled****(=baked)* ***alive*** bli stekt levende; **4.:** ***boil down*** 1. koke ned; 2*(=condense)* forkorte *(fx a report);* 3*(=amount to)* gå ut på; dreie seg om.
boiled shirt T*(=dress shirt)* smokingskjorte; stiveskjorte.
boiled sweet(s) sukkertøy *n.*
boiler [ˌbɔilə] *s:* (fyr)kjele.
boiler suit *(,***US:** *coveralls)* kjeledress.
I. boiling [ˌbɔiliŋ] *s* **1.** koking; **2. T:** ***the whole boiling*** hele rasket; hele sulamitten.
II. boiling *adj; adv* **1.** kokende; ***boiling hot****(=piping hot)* kokhet; **2.:** ***keep the pot boiling*** holde det gående.
boiling point *også fig:* kokepunkt; ***be at boiling point*** være på kokepunktet; ***reach boiling point*** nå kokepunktet.
boilproof [ˌbɔil'pru:f] *adj; om tøy:* kokeekte.
boisterous [ˌbɔistərəs] *adj:* støyende; høyrøstet.
I. bold [bould] *adj* **1.** dristig *(fx plan); stivt:* ***make so bold as to****(=venture to)* driste seg til å …;
2. *glds(=impudent)* frekk; freidig;
3. *lett glds* **T: *(as) bold as brass****(=cheeky as a monkey)* freidig som bare det;
4. *stivt:* ***would you think me bold****(=impertinent)* ***if …?*** synes du det ville være frekt av meg om …?
5. *typ(=in boldface)* fet; ***printed in bold*** satt med fete typer; ***bold headlines*** store overskrifter.
II. bold *vb; typ & EDB:* skrive med fete typer; utheve; ***bold the word*** uthev ordet; ***a bolded word*** et uthevet ord.
boldface [ˌbould'feis] *s; typ:* fete typer; fet sats.
bole [boul] *s; bot(=trunk)* (tre)stamme.
Bolivia [bəˌliviə] *s; geogr:* Bolivia.
I. Bolivian [bəˌliviən] *s:* bolivianer.
II. Bolivian *adj:* boliviansk.
bollard [ˌbɔlɑ:d] *s* **1.** *mar:* fortøyningspæl; puller; **2.:** ***(traffic) bollard*** trafikkstolpe.
boloney [bəˌlouni] *s* **S:** vrøvl *n;* tøys *n;* tull *n.*
I. bolster [ˌboulstə] *s:* bolster *n;* underpute.
II. bolster *vb* **1.** støtte opp med puter; **2.** *fig(=boost)* øke *(fx sby's ego);* **3.:** ***bolster (up)****(=back up)* støtte.
I. bolt [boult] *s* **1.** *mask* bolt;
2. *på gevær:* sluttstykke;
3. *fjellsp(=expansion bolt)* ekspansjonsbolt;
4. *liten, for armbrøst:* pil;
5. *sport:* ***he's shot his bolt*** han har tatt seg helt ut;
6.: ***like a bolt from the blue****(=out of the blue)* som lyn fra klar himmel.
II. bolt *vb* **1.** bolte; skyve slåen for;
2. *mel:* sikte; ***bolted flour*** siktemel;
3*(=swallow hastily):* ***he bolted his food*** han slukte maten;
4. *om hest:* løpe løpsk;
5. T: løpe (sin vei); rømme.
III. bolt *adv:* ***bolt upright*** rett opp og ned.
bolthole [ˌboult'houl] *s(=hiding-place)* gjemmested; smutthull; *(jvf loophole).*
I. bomb [bɔm] *s* **1.** *mil:* bombe; **2. T: *the car goes like a bomb*** bilen går som et skudd (*el.* ei kule); **3. T:** en masse penger; ***it cost a bomb*** det kostet flesk *n.*
II. bomb *vb; mil:* bombe; ***be bombed out*** bli bombet ut; bli bombet fra hus *(n)* og hjem *n.*
bombard [bɔmˌbɑ:d] *vb; mil; også fig:* bombardere.
bombardment [bɔmˌbɑ:dmənt] *s; mil; også fig:* bombardement *n.*
bombast [ˌbɔmbæst] *s:* svulstighet.
bombastic [bɔmˌbæstik] *adj:* bombastisk; svulstig.
bombe [bɔmb] *s(=bombe glacée)* iskake.
bomber [ˌbɔmə] *s* **1.** *mil; flyv:* bombefly;
2. person som plasserer bomber.
bomber jacket flyverjakke.
bombshell [ˌbɔm'ʃel] *s* **1.** *fig:* bombe; ***his resignation was a real bombshell*** hans oppsigelse kom som en bombe; ***spring****(=drop)* ***the bombshell*** la bomben falle;
2.: ***a blonde bombshell*** en blond sexbombe.
bona fide ['bounəˌfaidi] *stivt* **1.** *adj(=genuine)* bona fide; ekte; **2.** *adj(=made in good faith)* inngått i god tro *(fx agreement);* **3.** *adv(=in good faith):* ***act bona fide*** handle i god tro; **4.** *adv:* ***he travelled bona fide*** han reiste legalt (ɔ: ikke inkognito).
bona fides ['bounəˌfaidi:z] *s; stivt(=honest intentions)* ærlige hensikter *(fx check on sby's bona fides);* ***my bona fides was questioned*** mine hensikter ble dratt i tvil.
bonanza [bəˌnænzə] *s* **1.** rikt malmfunn; **2.** *fig:* gullalder; gode tider; ***enjoy a bonanza*** ha gode tider; **3.:** ***the play was a box-office bonanza*** stykket var en kassasuksess.
I. bond [bɔnd] *s* **1.** *fig:* bånd *n;* ***the bonds of matrimony*** de ekteskapelige bånd;
2. *litt.; også fig:* ***bonds*** bånd *n (fx release the prisoner from his bonds);* ***the bonds of slavery*** slaveriets lenker;
3. *tollv:* frilager; ***in bond*** på frilager; *(jvf bonded: bonded goods);*
4. obligasjon; ***premium bond*** premieobligasjon; ***redeem a bond*** innløse en obligasjon;
5. *mar:* ***average bond*** havarierklæring;
6. *fors(=surety bond; guarantee)* kausjon;
7. *jur; ved løslatelse mot kausjon:* ***bail bond*** kausjonserklæring.
II. bond *vb* **1.** binde; forbinde (*to* med) *(fx this glue will bond plastic to wood);*
2. US*(=bail):* ***be bonded out of jail*** bli løslatt mot kausjon.
bondage [ˌbɔndidʒ] *s:* trelldom.
bonded [ˌbɔndid] *adj:* ***bonded goods****(=goods in bond)* frilagervarer; *(jvf I. bond 3: in bond).*
I. bone [boun] *s* **1.** *anat:* ben *n;* knokkel;
2. (meaty) bone kjøttben;
3*(=whalebone)* korsettstiver;
4.: ***bones*** ben *n;* knokler;
5. T: *bones* 1*(=human skeleton):* ***they laid his bones to rest*** de la hans ben *(n)* til hvile; 2.: ***come and rest your (weary) bones*** kom og hvil deg litt;
6.: ***the (bare) bones****(=the essentials)* det vesentlige;

7. T: ***I feel it in my bones*** jeg føler det på meg;
8.: ***it's bred in the bone*** det ligger i blodet;
9.: ***a bone of contention*** et stridens eple;
10.: ***I've (got) a bone to pick with you*** jeg har en høne å plukke med deg;
11.: ***they made no bones about (telling us) how they felt*** de la ikke skjul på hvordan de følte det;
12.: ***near****(=close to)* ***the bone*** vovet; grovkornet; **T:** på streken *(fx joke);*
13.: ***he's nothing but skin and bones*** han er bare skinn *(n)* og ben *n;*
14.: ***to the (bare) bone****(=to a(n absolute) minimum)* til et (absolutt) minimum; ***cut one's expenses to the bone*** redusere utgiftene til et minimum.
II. bone *vb* **1.** ta bena *(n)* ut av *(fx a fish);* renskjære; *(jvf boned);* **2. S***(=steal)* kvarte; rappe.
boned [bound] *adj:* benfri; renskåret *(fx sirloin of beef);* ***skinned and boned*** skinn- og benfri.
bone dry *(,attributivt:* ***bone-dry****)* [ˈbounˌdrai; *attributivt:* ˌbounˈdrai] *adj:* knusktørr.
bonehead [ˌbounˈhed] *s* **T:** dumrian; stabeis.
bone idle *adj:* lutdoven.
boner [ˌbounə] *s* **S***(=blunder)* brøler; tabbe.
bonfire [ˌbɔnˈfaiə] *s:* (stort) bål; ***build a massive bonfire*** lage et kjempebål.
bonhomie [ˌbɔnəˈmi(:); ˈbɔnəˌmi:] *s(=exuberant friendliness)* overstrømmende vennlighet; gemyttlighet.
bonkers [ˌbɔŋkəz] *adj* **T***(=crazy)* sprø.
bon mot [ˈbɔnˌmou] *s(pl:* ***bons mots*** [ˈbɔnˌmouz]*)* treffende *(el.* rammende) bemerkning.
bonne bouche [ˈbɔnˌbu:ʃ] *s(=titbit)* godbit.
bonnet [ˌbɔnit] *s* **1.** skottelue; **2.** kyse; ***poke bonnet*** kysehatt; **3***(,***US:** *hood) på bil:* (motor)panser *n;*
4.: ***have a bee in one's bonnet*** ha en fiks idé.
I. bonny [ˌbɔni] *adj; skotsk el. nordengelsk* **1***(=beautiful; handsome)* vakker *(fx a bonny lass);*
2*(=lively; merry)* livlig;
3*(=good; fine)* fin *(fx house);*
4. *om baby(=healthy-looking (and plump))* god (og rund);
5. T: ***it'll cost a bonny****(=pretty)* ***penny*** det vil koste en god slump penger.
II. bonny *adv; skotsk:* ***speak bonny****(=speak well; talk posh)* snakke pent.
bonus [ˌbounəs] *s* **1.** bonus; gratiale *n;* ***Christmas bonus*** julegratiale; ***individual bonus*** personlig tillegg *n;*
2. fordel; ***that's a bonus****(=a good thing)* det er fint; ***that would be an added bonus*** det ville være ekstra fint.
bony [ˌbouni] *adj* **1.** benet; full av ben; **2.** radmager; knoklete.
I. boo [bu:] *s* **1.** fyrop; mishagsytring;
2. bø *n;* ***he wouldn't say boo to a goose*** han gjør ikke en katt fortred.
II. boo *vb* **1.** rope fy til; pipe ut; bue; **2.** si bø til.
III. boo *int:* bø *(fx say 'Boo!').*
I. boob [bu:b] *s* **T 1***(=fool; twit)* fjols *n;* dust;
2*(=blunder)* brøler; tabbe; **3***(=tit)* pupp.
II. boob *vb* **S***(=make a blunder)* lage en brøler; gjøre en tabbe *(fx you've boobed again!).*
booby [ˌbu:bi] *s* **1.** *glds:* dumrian; **2.** den som taper i et spill; sistemann; **3.:** ***beat booby****(=goose)* slå floke;
4. S*(=tit)* pupp; ***big boobies*** store pupper.
booby prize jumbopremie; *(jvf booby 2).*
I. booby trap 1. dødsfelle; **2.** ubehagelig overraskelse; ***walk into a booby trap*** få seg en ubehagelig overraskelse.
II. booby-trap *vb:* ***booby-trap sth*** gjøre om noe til en dødsfelle.
boohoo [ˈbu:ˌhu:] *vb:* hulke; tute.
I. book [buk] *s* **1.** bok;
2. hefte *n (fx of stamps);*
3.: ***(phone) book*** (telefon)katalog;
4.: ***according to the book****(=the rules)* i overensstemmelse med reglene *(el.* regelverket); ***go by the book*** følge reglene nøye; gå frem på forskriftsmessig måte;
5.: ***keep books****(=accounts)* føre bøker; ***keep the books*** føre bøkene;
6*(=opinion):* ***in my book*** etter min mening;
7.: ***be in sby's bad****(=black)* ***books****(=be out of favour with sby)* være i unåde hos en; stå seg dårlig med en; ***be in sby's good books****(=be in favour with sby)* ha en høy stjerne hos en; stå seg godt med en;
8.: ***talk like a book*** snakke som en bok;
9.: ***on the books*** oppført (i kartoteket); registrert; ***your name's not on my books*** jeg har deg ikke i mitt kartotek;
10.: ***take a leaf out of sby's book****(=imitate sby)* ta en som forbilde;
11.: ***throw the book at sby*** 1. beskylde en for alt mulig; 2. la en få gjennomgå;
12.: ***bring sby to book for****(=call sby to account for)* kreve en til regnskap *(n)* for;
13. *om person el. ting:* ***an open (,closed) book*** en åpen (,lukket) bok *(to* for);
14.: ***it suits his book****(=it suits him fine)* det passer ham bra;
15.: ***one for the book*** noe som er verdt å merke seg.
II. book *vb* **1.** *billett, plass(=reserve;* **US:** *reserve)* bestille *(el.* kjøpe) billett; ***book a seat for the concert*** kjøpe billett til konserten; ***book a ticket*** bestille *(el.* kjøpe) billett *(to* til); *(se også ticket);* ***book a flight to Paris*** kjøpe flybillett til Paris; ***I'm booked on that plane*** jeg har billett til det flyet; jeg er booket med det flyet; ***we're booked through to London*** vi har billett (helt frem) til London;
2. *hotellrom:* ***book a room for sby at a hotel*** *(=book sby in at a hotel)* bestille rom *(n)* for en på et hotell; ***book****(=check)* ***into****(=in at)* ***a hotel*** sjekke inn på et hotel; ta inn på et hotell; ***have you booked****(=checked)* ***in?*** har du sjekket inn? ***book out****(=check out)* sjekke ut; reise fra hotellet; *(jvf 9);* ***be booked up*** 1. være fulltegnet; 2. *om hotell:* ha fullt belegg *n;*
3. *foredragsholder, etc:* bestille; engasjere; *mht. arbeid(soppdrag), etc:* ***I'm booked up till August*** jeg har nok å gjøre frem til august;
4. *tlf:* ***book a call*** bestille en samtale;
5. *reise, utflukt, etc:* ***book for*** kjøpe billett til; melde seg på til; ***I'm booked on a trip to X next week*** jeg har meldt meg på *(el.* har kjøpt billett) til X neste uke;
6. *bokf(=enter)* bokføre;
7. *om politimann:* notere (navnet på); bøtlegge;
8. *sport; fotb:* gi advarsel; ***he was booked for hacking*** han fikk advarsel for brutalt spill; *(jvf booking 3);*
9. *i bibliotek:* ***book out****(=sign for)* kvittere for; låne.
bookable [ˌbukəbl] *adj:* ***bookable (in advance)*** som kan forhåndsbestilles; ***'tables (are) bookable (in advance)'*** "bordbestillinger mottas".
bookbinder [ˌbukˈbaində] *s:* bokbinder.
bookcase [ˌbukˈkeis] *s:* bokreol; ***glass-fronted bookcase*** *(=closed bookcase)* bokskap.
(book) cover bokbind.
bookend [ˌbukˈend] *s:* bokstøtte; *(jvf book rest).*
book fair bokmesse.
book form: ***in book form*** i bokform.
bookie [ˌbuki] *s* **T***(=bookmaker)* bookmaker.
booking [ˌbukiŋ] *s* **1***(=reservation)* bestilling; ***make a booking*** foreta en bestilling; **2.** *om foredragsholder, etc:* oppdrag; engasjement; **3.** *sport; fotb:* advarsel; ***the player received a booking****(=the player was booked)* spilleren fikk en advarsel; *(jvf II. book 8);*
4. *merk(=entering)* bokførsel; postering.
booking office *(=ticket office)* billettkontor; *(jvf box office).*
bookish [ˌbukiʃ] *adj:* boklig; boklig interessert.
bookkeeper [ˌbukˈki:pə] *s(=accountant)* bokholder.
bookkeeping [ˌbukˈki:piŋ] *s:* bokføring; bokholderi *n.*
book-learned [ˌbukˈlə:nid] *adj:* boklærd.

book-learning [ˌbukˈlə:niŋ] *s:* boklig lærdom.
booklet [ˌbuklit] *s:* brosjyre; hefte *n;* liten bok.
bookmaker [ˌbukˈmeikə] *s:* bookmaker.
bookmark(er) [ˌbukˈmɑ:k(ə)] *s:* bokmerke.
bookmobile [ˌbukməˈbi:l] *s* **US***(=mobile library)* bokbuss.
bookplate [ˌbukˈpleit] *s:* ex libris; bokeiermerke.
book publishers bokforlag.
book rest bokstøtte; bokstativ (for oppslått bok).
bookseller [ˌbukˈselə] *s:* bokhandler.
bookshop [ˌbukˈʃɔp] *s:* bokhandel.
bookstall [ˌbukˈstɔ:l] *s; på jernbanestasjon, etc:* aviskiosk; *(jvf newsagent; newsstand).*
book trade **1***(=bookselling trade)* bokhandel;
2.: ***the book trade*** 1. bokbransjen; 2*(=the printing trade)* de grafiske fag.
bookworm [ˌbukˈwə:m] *s:* bokorm; lesehest.
I. boom [bu:m] **1.** *mar; til seil:* bom; ***cargo boom****(= derrick)* lastebom; **2.** *i næringslivet:* oppsving *n;*
3. drønn *n (fx of the sea);* **4.: *(log) boom*** tømmerlense.
II. boom *vb* **1.** *merk:* ta et oppsving; ***business is booming****(=flourishing)* ***this week*** forretningen går godt denne uken; **2.** drønne; dundre; **3.: *boom out*** 1*(=ring out)* gjalle; runge; 2*(=shout)* rope *(fx 'Good morning, everybody!' he boomed out).*
I. boomerang [ˌbu:məˈræŋ] *s; også fig:* bumerang.
II. boomerang *vb:* virke som en bumerang.
boon [bu:n] *s:* noe som er meget nyttig; velsignelse (*to* for) *(fx the car was a boon to him).*
boon companion *stivt(=close friend)* nær venn.
boor [buə] *s; neds:* ubehøvlet fyr.
boorish [ˌbuəriʃ] *adj; neds:* ubehøvlet; tverr; trumpete.
I. boost [bu:st] *s* **1***(=help; encouragement):* ***this will give our sales a real boost*** dette vil hjelpe godt på omsetningen; ***a boost to morale*** en styrkning av moralen; **2***(=rise)* stigning *(fx a boost in salary).*
II. boost *vb* **1***(=increase)* øke (effekten av); forsterke; ***boost sales*** øke omsetningen; **2***(=puff)* drive reklame for; oppreklamere; **3.** *fig:* hjelpe på; styrke; ***boost sby's morale*** styrke ens moral; gi en moralsk støtte.
booster [ˌbu:stə] *s* **1.** *om person el. ting:* hjelp; støtte; ***a morale booster*** noe som styrker moralen; **2.** *med.(= booster shot)* påfyll av vaksine; booster; **3.** *mask:* forsterker; *i bilmotor:* kompressor.
I. boot [bu:t] *s* **1.** støvel; ***ankle boot*** støvlett; *sport:* ***bivouac boot*** fotpose; ***a pair of boots*** et par støvler;
2. *i bil(,***US:** *trunk)* bagasjerom;
3. *fig:* ***the boot*** sparken *(fx get the boot; give sby the boot);*
4.: *boots* hotellgutt;
5.: *now the boot is on the other foot**(=leg)* situasjonen er nå en helt annen; rollene er nå byttet om;
6. T: *he's too big for his boots* han er stor på det.
II. boot *s; dial:* noe som gis attpå for å avslutte en handel *(fx a ten-pound boot to settle the bargain);* ***to boot*** oven i kjøpet; attpåtil.
III. boot *vb* **1***(=kick)* sparke; **2. T***(=dismiss)* gi sparken;
3. T: *boot out**(=kick out)* sparke ut *(fx he was booted out of his job);* **4.** *EDB:* ***boot up*** starte opp.
bootee [ˌbu:ti:] *s:* strikket babysokk.
booth [bu:ð; **US:** bu:θ] *s* **1.** bu; (marked)sbod;
2.: *polling booth**(=voting booth)* stemmeavlukke; stemmebås; *især* **US: *phone booth****(=call box)* telefonboks.
bootjack [ˌbu:tˈdʒæk] *s:* støvelknekt.
bootlace [ˌbu:tˈleis] *s:* støvellisse.
bootleg [ˌbu:tˈleg] *vb:* gauke; smugle sprit.
bootlegger [ˌbu:tˈlegə] *s:* gauk; spritsmugler.
bootleg whisky smuglerwhisky.
bootlicker [ˌbu:tˈlikə] *s:* spyttslikker.
boots [bu:ts] *s:* hotellgutt.
bootstrap [ˌbu:tˈstræp] *s* **1.** støvelstropp; **2.: *pull oneself up by one's own bootstraps****(=manage entirely on one's own)* klare det helt på egen hånd.
booty [ˌbu:ti] *s:* bytte *n;* ***burglar's booty*** tyvegods.
I. booze [bu:z] *s* **T 1.** brennevin; rangel;
2.: *go on a booze* gå på rangel.
II. booze *vb* **T:** drikke; supe.
boozer [ˌbu:zə] *s* **T 1.** drukkenbolt; **2***(=pub)* vertshus; pub.
booze-up [ˌbu:zˈʌp] *s* **S***(=drinking spree; boozing session)* rangel; drikkekalas.
boozy [ˌbu:zi] *adj* **T:** drikkfeldig; ***boozy party*** fyllefest.
bo-peep [ˈbouˌpi:p] *s:* tittelek.
borax [ˌbɔ:ræks] *s; kjem:* boraks.
I. border *s* **1.** kant; rand; bord; **2.** grense; grenseområde; ***on the Italian border****(=frontier)* på den italienske grense; ***the border with Sweden*** grensen mot Sverige; **3.** blomsterbed (langs plen); kantbed.
II. border *vb* **1.** kante; forsyne med bord (*el.* kant);
2.: *border on* 1. grense til; 2. *fig(=verge on)* grense til; ***this borders on the ridiculous*** dette grenser til det latterlige.
border district grenseland; grenseområde.
borderland [ˌbɔ:dəˈlænd] *s; også fig:* grenseland.
borderline [ˌbɔ:dəˈlain] *s; også fig:* grense(linje).
borderline case *fig:* grensetilfelle.
I. bore [bɔ:] *s* **1.** borehull; boret hull *n;* **2.** *mask:* sylinderdiameter; boring; **3.** innvendig rørdiameter; *på skytevåpen:* kaliber.
II. bore *s* **1.** kjedelig fyr; **2***(,***T:** *drag)* kjedelig ting; noe som er kjedelig.
III. bore *vb* **1.** grave hull *n;* bore hull; **2.** *mask:* utvide diameteren i; bore (opp); *(se rebore).*
IV. bore *vb (se II. bore)* kjede *(fx sby);* ***be bored*** kjede seg; **T: *be bored stiff****(=to death)* kjede seg i hjel.
borecole [ˌbɔ:koul] *s; bot(=kale)* grønnkål (som dyrefôr); *(se kale: curly borecole).*
boredom [ˌbɔ:dəm] *s:* kjedsomhet.
boric [ˌbɔ:rik] *adj; kjem:* bor-; ***boric acid*** borsyre.
boring [ˌbɔ:riŋ] *adj(=dull)* kjedelig.
born [bɔ:n] **1.** *perf.part. av II. bear;* **2.** *adj:* født; - født; ***a lady born in Norway*** en norskfødt dame; **T: *she's Canadian born****(=she was born in Canada)* hun er født i Canada.
borne [bɔ:n] *perf.part. av II. bear.*
-borne *i sms:* ***airborne troops*** luftlandetropper.
boron [ˌbɔ:rɔn] *s; kjem:* bor *n.*
borough [ˌbʌrə] *s* **1.** *hist:* by med kjøpstadsrettigheter;
2.: *county borough* bykommune; **3. US:** bykommune.
borrow [ˌbɔrou] *vb:* låne *(fx £20 from a friend).*
borrower [ˌbɔrouə] *s:* låntager.
borstal [bɔ:stl] *s; for lovovertredere mellom 15 og 21; hist el.* **T***(=youth custody centre)* ungdomsfengsel; *(jvf community home).*
bosh [bɔʃ] *s* **T***(=nonsense)* tøys *n;* sludder *n.*
bosom [ˌbuzəm] *s* **1.** barm; bryst *n;* **2.** *fig:* skjød *n.*
bosom friend hjertevenn(inne).
I. boss [bɔs] *s* **1.** sjef; ***overall boss****(=overall head)* toppsjef; **2.** knast; knott; fremspring *n.*
II. boss *vb:* være sjef; bestemme; regjere; ***don't let him boss you around****(=about)* ikke la ham kommandere deg; ***he wants to boss the show*** han vil spille sjef.
bossiness [ˌbɔsinəs] *s* **T:** det å være sjefete.
bossism [ˌbɔsizəm] *s* **US***(=tyranny of party bosses)* pampevelde.
boss rule US: *se bossism.*
bossy [ˌbɔsi] *adj* **T:** dominerende; sjefete.
bosun [ˌbousən] *s; mar: se boatswain.*
botanic(al) [bəˌtænik(l)] *adj:* botanisk.
botanist [ˌbɔtənist] *s:* botaniker.
botany [ˌbɔtəni] *s:* botanikk.
I. botch [bɔtʃ] *s:* ***make a botch of sth*** slurve med noe; gjøre en dårlig jobb med noe.
II. botch *vb:* ***botch a job****(=really make a mess of a job)* gjøre en jobb virkelig dårlig.
botcher [ˌbɔtʃə] *s:* en som gjør dårlig arbeid *n.*
botfly [ˌbɔtˈflai] *s; zo(=gadfly)* brems.

both [bouθ] **1.** *adj & pron:* begge; ***I want both*** jeg vil ha begge (‚begge deler); ***both (of them) are dead*** begge (to) er døde; ***we both went*** vi dro begge to;
2. *konj:* ***both … and*** både … og.

I. bother [ˌbɔðə] *s* **1.** bry *n;* besvær *n;* ***what a bother all this is!*** så mye bry det er med alt dette! ***isn't it a bother!*** er det ikke ergerlig? ***it's no bother (to me)*** 1. det er ikke noe bry (for meg); 2*(=it's no effort)* jeg gjør ikke noe av det; ***if it's no bother we'll come tomorrow*** hvis det er i orden, kommer vi i morgen; ***Did you get the money? – Yes, no bother!*** Fikk du pengene? – Ja, uten videre!
2. T*(=trouble)* bråk *n;* ***a spot of bother*** litt bråk.

II. bother *vb* **1***(=worry)* plage; sjenere; forstyrre; ***stop*** bothering me! hold opp med å plage meg! ***it bothers me that …*** det bekymrer meg at …; **2***(=take the trouble):* ***don't bother to write*** du behøver ikke å skrive; ***don't bother about that*** ikke gjør deg noe bry med det; ***I can't be bothered (to)*** jeg gidder ikke (å); **3.** *int:* ***oh, bother !*** søren også!

bothersome [ˌbɔðəsəm] *adj; stivt(=troublesome)* brysom; besværlig; plagsom.

Bothnia [ˌbɔθniə] *s:* ***the Gulf of Bothnia*** Bottenvika.

I. bottle [bɔtl] *s* **1.** flaske; ***feeding bottle*** tåteflaske; ***squeezy bottle*** plastflaske;
2. S*(=nerve)* mot *n (fx lose one's bottle).*

II. bottle *vb* **1.** fylle på flasker; ***bottled beer*** flaskeøl;
2. hermetisere; legge ned på glass;
3.: ***bottle up*** holde tilbake *(fx one's anger).*

bottle-feed [ˌbɔtl'fi:d] *vb:* gi av flasken *(fx a baby).*

bottleneck [ˌbɔtl'nek] *s; også fig:* flaskehals.

bottle opener flaskeåpner.

bottle top flaskekapsel.

I. bottom [ˌbɔtəm] *s* **1.** bunn; havbunn; ***touch bottom*** 1. nå bunnen (med føttene); 2*(=run aground)* gå på grunn;
2. underside; nederste del; *av plagg:* ***bottoms*** nederdel; ***tracksuit bottoms*** joggebukse;
3. T*(=buttocks)* ende; bakdel; rumpe; ***a kick in the bottom*** et spark bak;
4. *på stol(=seat)* sete;
5. *fig:* bunn; ***from the bottom of one's heart*** av hele sitt hjerte; ***knock the bottom out of his arguments*** plukke argumentene *(n)* hans fra hverandre; ***at bottom*** på bunnen; innerst inne;
6.: ***at the bottom of*** 1. på bunnen av *(fx the lake);* 2. nederst på *(fx the page);* nederst i *(fx the hill);* 3. *fig:* ***he's (at) the bottom of the class*** han er den svakeste i klassen; 4. *fig:* ***there's something at the bottom of this*** her ligger det noe under; 5. **T:** ***get to the bottom of*** komme til bunns i;
7.: ***bottom up*** 1. med bunnen i været; 2. *int:* drikk ut!

II. bottom *adj* **1.** lavest; nederst; underst;
2. sist; ***put one's bottom dollar on sth*** sette sin siste daler på noe.

III. bottom *vb* **1.** sette bunn i; **2.** *mar:* ta bunnen.

bottom drawer *(,US: hope chest) glds:* nederste kommodeskuff (hvor piker samler utstyr *n*); utstyrskiste.

bottomless [ˌbɔtəmləs] *adj* **1.** bunnløs; uten bunn;
2. *fig(=inexhaustible)* uuttømmelig; bunnløs; uten bunn.

bottom line 1. *merk:* status; *(jvf balance sheet);*
2. *fig:* ***the bottom line****(=the essential point; the most important thing)* det vesentlige; det det kommer an på; det som teller; ***the bottom line for the President seems to be …****(=the most important thing for the President seems to be …; it seems vital for the President to …)* det viktigste for presidenten synes å være …; **T***(= fact):* ***the bottom line was, I didn't fancy him*** faktum *(n)* var at jeg ikke likte ham.

bouffant [ˌbu:fɔŋ] *adj; om hår(=back-combed)* tupert; høyt; ***a bouffant hairdo*** tupert hår *n;* høy frisyre.

bough [bau] *s; litt.(=branch)* (stor) gren.

bouillon [ˌbu:jɔŋ] *s(=meat broth)* buljong.

bouillon cube*(=beef cube)* buljongterning.

boulder [ˌbouldə] *s:* kampestein; rullestein.

boulevard [ˌbulvɑ:(d)] *s:* bulevard.

I. bounce [bauns] *s* **1.** sprett; ***hit the ball on the bounce*** *(,T: hit the ball on the up)* treffe ballen på spretten;
2. *fig* **T***(=vitality):* ***she has a lot of bounce*** hun er svært så vital; hun er full av liv *n.*

II. bounce *vb* **1.** *om ball, etc:* sprette; få til å sprette;
2. *om sjekk* **T:** bli avvist av banken pga. manglende dekning;
3.: ***bounce back*** 1. *om ball:* sprette tilbake; 2. *fig; etter sykdom, skuffelse, etc:* komme seg igjen;
4.: ***bounce(=jolt) sby into action*** få en til å foreta seg noe;
5.: ***bounce off*** prelle av;
6.: ***bounce up*** sprette opp.

bouncer [ˌbaunsə] *s;* **1.** *også* **US***(=chucker-out)* utkaster; *(jvf door tout);* **2. T:** dekningsløs sjekk.

bouncy [ˌbaunsi] *adj* **T 1.** *om ball:* med sprett i; **2***(= springy)* fjærende; som fjærer; **3.** *fig(=exuberant; buoyant)* i overstrømmende humør *n;* livlig.

I. bound [baund] *s(=limit):* ***go beyond all bounds*** sette seg ut over alle grenser; ***her joy knew no bounds*** hennes glede kjente ingen grenser; *mil:* ***out of bounds to all ranks*** forbudt for befal *(n)* og menige; ***within the bounds of possibility*** innenfor det muliges grenser.

II. bound 1. *s:* hopp *n;* byks *n;* sprett; ***in(=at) one bound*** med ett hopp (*el.* byks); ***by leaps and bounds*** raskt; med stormskritt; **2.** *vb:* hoppe; bykse; sprette.

III. bound 1. *perf.part. av II. bind;*
2. *adj; også kjem:* bundet;
3. innbundet *(fx book);* ***bound in leather****(=leather-bound)* i skinnbind;
4. *glds:* ***I'll be bound****(=I bet)* det skal jeg vedde på;
5.: ***bound to*** 1*(=sure to):* ***his plan is bound to fail*** planen hans er dømt til å mislykkes; ***he's bound to lose*** han kan ikke unngå å tape; 2. forpliktet til å; ***I felt bound to mention it*** jeg syntes jeg måtte nevne det; ***I'm bound to say that …*** jeg må nok si at …;
6. *mar:* ***bound for*** med kurs for; på vei til; ***I'm bound for Africa*** jeg skal (reise) til Afrika;
7.: ***be bound up in one's work*** være svært opptatt av arbeidet sitt;
8.: ***be bound up with*** ha sammenheng med; ***be closely bound up with*** ha nær sammenheng med.

boundary [ˌbaundəri] *s* **1.** grense; ***international boundary*** riksgrense; **2.** *fig:* grense; grenselinje.

bounden [ˌbaundən] *adj:* ***my bounden duty*** min simple plikt.

boundless [ˌbaundləs] *adj; fig:* grenseløs.

bounteous [ˌbauntiəs] *adj; litt.* **1***(=generous)* gavmild; **2***(=plentiful)* rikelig.

bounty [ˌbaunti] *s* **1.** skuddpenger; skuddpremie;
2. *meget stivt(=generosity)* gavmildhet; **3.** *meget stivt(=generous gift)* rik (*el.* rundhåndet) gave.

bounty hunter person som er ute etter å sko seg (fx ved å inngå ekteskap *(n)* med velstående gammel el. syk person).

bouquet [bu:ˌkei] *s* **1.** bukett; **2.** *vins:* bouquet.

bourbon [ˌbə:bən] *s:* Bourbon whisky.

bourgeois [ˌbuəʒwɑ:] **1.** *s(pl: bourgeois)* spissborger;
2. *adj:* spissborgerlig.

bout [baut] *s* **1***(=spell)* anfall *n;* **2.** *bryting & boksing:* kamp; **3.:** ***a bout of fighting*** litt slåssing.

boutique [bu:ˌti:k] *s:* liten moteforretning.

bovine [ˌbouvain] *adj* **1.** okse-; kveg-; fe-; **2.** sløv; dum.

bovver [ˌbɔvə] *s* **T***(=fight)* slagsmål *n;* (bande)bråk *n.*

I. bow [bou] *s* **1.** bue; ***a bow and arrows*** pil og bue; *fig:* ***have two strings to one's bow*** ha (noe) mer i bakhånden; ha flere strenger å spille på; **2.** *på hengelås:* bøyle; **3***(=bow tie)* sløyfe; sløyfeslips.

II. bow [bau] *s; mar(=bows)* baug; forstavn; ***on the port bow*** på babord baug; *fig* **T:** ***fire a shot across sby's bows****(=give sby a warning)* gi en et skudd for baugen.

III. bow [bau] *s:* bukk *n; **make a bow to*** bukke til (*el.* for).

IV. bow [bau] *vb* **1.** bukke; ***bow one's head*** bøye hodet; ***bow and scrape*** bukke og skrape; **2.: *bow out*** 1. følge bukkende til døren; 2. *fig(= withdraw)* trekke seg tilbake; **3.: *bow to*** 1. bukke til (*el.* for); 2. *fig(=submit to)* bøye seg for *(fx I bow to your superior knowledge).*

bowed [baud] *adj; om rygg; stivt(=bent)* bøyd.

bowel [ˌbauəl] *s* **1.** *anat(=intestine)* tarm; ***have your*** bowels moved? *(=have you had a bowel movement? how are the bowels?)* har du hatt avføring?

2. *fig: **the bowels of the earth*** jordens indre.

bowel movement avføring; ***have you had a bowel movement?****(=how are the bowels? have your bowels moved?)* har du hatt avføring? ***are your bowel movements regular?*** har du regelmessig avføring?

bower [ˌbauə] *s* **1***(=arbour)* lysthus; **2.** *litt.; poet:* jomfrubur; **3.** *mar(=bower anchor)* bauganker.

I. bowl [boul] *s* **1.** bolle; skål; ***sugar bowl****(=sugar basin)* sukkerskål; **2***(=basin)* kum; fat *n;* **3.** uthulet (*el.* den hule) del av noe.

II. bowl *s* **1.** bowlingkule; **2.** *spill: **bowls*** bowling.

III. bowl *vb* **1.** kaste; bowle; **2.** *cricket(=bowl out)* slå ut; **3.: *bowl sby over*** 1. løpe en over ende; 2. *fig: **be bowled over*** bli behagelig overrasket; 3.: ***he was completely bowled over by her*** hun tok ham med storm; **4.: *bowl along*** trille av sted.

I. bowler [ˌboulə] *s; cricket:* bowler; kaster.

II. bowler *s(,***US:** *derby)* skalk; bowlerhatt.

bowshot [ˌbou'ʃɔt] *s:* pileskudd.

bow tie*(=bow)* sløyfe; sløyfeslips.

bow window *arkit:* rundt karnappvindu.

I. bow-wow [ˌbau'wau; ˌbauˌwau] *s; barnespråk(=dog; wow-wow)* vovvov.

II. bow-wow *vb(=wow-wow)* **1.** gjø; si vov-vov; **2.** *int:* vov-vov.

box [bɔks] *s* **1.** kasse; ***letter box*** (privat) postkasse;

2.: *(cardboard) box* (papp)eske; ***a box of chocolates*** en konfekteske;

3. skrin *n;* boks; ***safe-deposit box*** bankboks;

4. avlukke *n;* bås; ***(horse) box*** spiltau *n;*

5*(=witness box;* **US:** *witness stand)* vitneboks;

6. *teat:* losje;

7. *i tegneserie:* bilde *n;*

8. *til postbud, etc: **Christmas box*** juleklapp;

9. T: *the box**(=the telly)* TV-apparatet; ***on the box****(= on the telly;* **US:** *on the tube)* på TV;

10. *i annonse: **apply Box 1144*** Bm 1144 (*fk f* billett merket 1144); *(jvf box number ad);*

11.: *a box on the ear* en ørefik *(fx get a box on the ear).*

III. box *vb* **1.** bokse; ***box sby's ears*** gi en noen ørefiker;

2. *stivt(=put into boxes)* legge i esker (,kasser);

3.: *box in* 1. kle inn; bygge inn *(fx a bath);* 2. sperre inne *(fx his car boxed me in);* 3.: ***feel boxed in****(=feel shut up)* føle seg innestengt;

4.: *box up* 1. stenge inne *(fx be boxed up in the office all day);* 2. *fig: **keep one's feelings boxed up*** beholde sine følelser for seg selv.

boxer [ˌbɔksə] *s* **1.** *sport:* bokser; **2.** *zo; hund:* bokser.

box horse *gym:* kasse.

boxing [ˌbɔksiŋ] *s; sport:* boksing.

Boxing Day annen juledag.

box number ad Bm. mrk.-annonse.

box office *film & teat* **1.** billettkontor; **2.: *the play was bad box office*** stykket gikk dårlig; *(jvf booking office).*

box-office draw *om skuespiller:* som trekker publikum *n.*

box-office success *(=hit; bonanza) teat:* kassasuksess.

box-office takings *pl; film & teat:* billettinntekter

box pew lukket kirkestol; *(se pew 1).*

boxroom [ˌbɔks'ru(:)m] *s:* kott *n; ved kostskole:* lagerrom for elevenes eiendeler.

box seat 1. *teat:* losjeplass; **2.** (kuske)bukk.

boy [bɔi] *s* **1.** gutt; ***boys will be boys*** gutter er gutter;

2. T*(=lad): **the boys at the office*** gutta på kontoret;

3. *til hund: **good boy!*** flink bisk!

4*(=boyfriend)* venn; ***her boy*** gutten hennes;

5. *int; uttrykk for begeistring; især* **US:** ***oh boy****(=wow)* å; Gud; ***oh boy, was that some party!*** det var litt av et selskap, skal jeg si deg!

boycott [ˌbɔikɔt] **1.** *s:* boikott(ing); **2.** *vb:* boikotte.

boyfriend [ˌbɔi'frend] *s: **her boyfriend*** vennen hennes; gutten hennes; kjæresten hennes.

boyhood [ˌbɔi'hud] *s:* gutts barndom; guttedager; ***his boyhood was happy*** han hadde en lykkelig barndom.

boyish [ˌbɔiiʃ] *adj:* guttaktig *(fx a boyish smile).*

Boy Scout: *se I. scout 1.*

bra [brɑ:] *s:* behå; bysteholder.

I. brace [breis] *s* **1***(=bit brace)* borvinde; ***ratchet brace*** borskralle;

2. støtte(bjelke); stiver;

3. *tannl:* bøyle;

4. *jaktuttrykk:* to; par *(fx a brace of partridges);*

5.: *braces* *(,***US:** *suspenders)* bukseseler.

II. brace *vb* **1.** støtte; stive av; **2.** *mar: **brace aback*** brase bakk; **3.: *brace oneself*** forberede seg (*for* på).

bracelet [ˌbreislət] *s* **1.** armbånd *n;*

2. S: *bracelets**(=handcuffs)* håndjern.

bracing 1. *s:* avstivning; støtte;

2. *adj:* styrkende; forfriskende *(fx sea air).*

bracken [ˌbrækən] *s; bot(=brake)* ørnebregne.

I. bracket [ˌbrækit] *s* **1.** hylleknekt; brakett;

2.: *bracket (shelf)* vegghylle;

3. *arkit:* konsoll;

4. *typ: **brackets*** klammer; parentes; ***square brackets*** hakeparentes;

5. gruppe; kategori; ***in the lower income brackets*** i de lavere inntektsgrupper.

II. bracket *vb* **1.** understøtte (med brakett, konsoll, etc);

2. sette i parentes; ***a bracketed figure*** et tall som står i parentes;

3. *fig:* sette i samme bås; sidestille.

bracket lamp*(=sconce)* lampett; *(se lamp).*

brackish [ˌbrækiʃ] *adj:* brakk; ***brackish water*** brakkvann.

bradawl [ˌbræd'ɔ:l] *s:* spikersyl.

I. brag [bræg] *s* **1.** skryt *n;* skryting; **2.** det man skryter av; **3***(=braggart; boaster)* skrythals.

II. brag *vb(=boast)* skryte; ***brag about****(=of)* skryte av.

braggart [ˌbrægət] *s(=boaster)* skrythals.

I. braid [breid] *s* **1.** flettet bånd *n;* pyntebånd; besetning(sbånd); snor; *på uniform:* tresse; galon; ***gold braid*** gulltresse; **2.** *glds(=plait)* (hår)flette.

II. braid *vb:* flette; pynte med snorer (,tresser, etc).

braided [ˌbreidid] *adj:* flettet; besatt med snorer (,tresser, etc); besatt med pyntebånd.

brail [breil] *s; mar:* gitau *n; **throat brail*** kverkgitau.

braille [breil] *s:* blindeskrift; brailleskrift.

brain [brein] *s* **1.** *anat; også fig:* hjerne; **2.: *brains*** hjerne *(fx he's got plenty of brains); **the brains behind the project*** hjernen bak prosjektet; ***pick sby's brains*** utnytte ens viten; **T:** pumpe en; ***rack****(=puzzle)* ***one's brains*** bry hjernen sin; **3. T: *have sth on the brain*** ha noe på hjernen.

brain box T *(=skull)* hjerneskalle; hjernekiste.

brainchild [ˌbrein'tʃaild] *s* **T:** yndlingsteori; åndsprodukt; oppfinnelse.

brain drain ekspertflukt; forskerflukt; hjerneflukt.

brainstorm [ˌbrein'stɔ:m] *s* **1.** anfall *(n)* av sinnsforvirring; **2. US***(=brainwave)* lys idé.

brainstorming [ˌbrein'stɔ:miŋ] *s:* intens diskusjon for å komme frem til nye idéer; ***a brainstorming session*** en idédugnad.

brainwash [ˌbrein'wɔʃ] *vb:* hjernevaske.

brainwave [ˌbrein'weiv] *s:* lys idé.

brainwork [ˌbrein'wə:k] *s:* åndsarbeid.

brainy [ˌbreini] *adj* **T**(*=intelligent*) intelligent.
braise [breiz] *vb:* braisere; grytesteke.
I. brake [breik] *s; bot(=bracken)* ørnebregne.
II. brake *s* **1.** *mask:* brems; ***disc brake*** skivebrems; ***apply the brake(s)****(=put the brake(s) on)* bremse; sette på bremsen; **2.** *fig:* ***put a brake on inflation****(=curb inflation; check inflation)* bremse på inflasjonen.
III. brake *vb:* bremse; bremse av (*el.* opp); ***brake to avoid a lorry*** bremse opp for en lastebil; ***brake to a halt****(=stop)* bremse opp (og stoppe).
brake light bremselys.
brake lining *mask(=shoe lining)* bremsebelegg.
brake overhaul *mask:* bremseoverhaling; *(se I. overhaul).*
brake pad *mask:* bremsekloss.
brake pedal *mask:* bremsepedal.
brake pipe *mask:* bremserør; bremseledning.
brake power *mask(=braking power)* bremseevne; ***there's very little brake power left*** bremseevnen er blitt svært dårlig.
brake shoe *mask:* bremsesko.
brake switch *elekt:* bremselyskontakt; *(se I. switch 1).*
brake test *mask:* bremseprøve; *(se I. test).*
brake van *jernb(=guard's van;* **US:** *caboose)* konduktørvogn; *(se van 2).*
brake wire *mask:* bremsekabel; *(se I. wire).*
braking [ˌbreikiŋ] *s:* bremsing.
braking distance bremselengde; bremsestrekning; *(jvf stopping distance).*
braking effect bremseeffekt; *(jvf braking power; braking effort).*
braking effort bremseeffekt; ***the braking effort is unequal*** bremsene tar ujevnt.
braking power bremseevne; ***the braking power is poor*** bremseevnen er dårlig; ***there's very little braking power left*** bremseevnen er blitt svært dårlig; *(se I. power 3).*
braking surface bremseflate; *(se I. surface 1).*
braking system bremsesystem; ***dual circuit braking system*** tokrets bremsesystem; ***drain the braking system*** tappe ut bremsevæsken.
bra-less [ˌbrɑ:ləs] *adj:* uten behå.
bramble [bræmbl] *s; bot* **1.** klunger; tornet busk; **2.** bjørnebærbusk; **3.** *i Skottland(=blackberry)* bjørnebær.
bramble bush *bot:* klungerkjerr.
brambling [ˌbræmbliŋ] *s; zo(=bramblefinch)* bergfink; bjørkefink; *(se finch).*
bran [bræn] *s:* kli *n; (se oatbran).*
I. branch [brɑ:ntʃ] *s* **1.** *bot:* gren; **2.** *fig:* gren; filial.
II. branch *vb* **1.** forgrene seg; skyte grener; dele seg; **2. T:** ***branch out*** utvide sitt virkefelt (*into* til å gjelde).
branch bank filialbank.
branch office filialkontor.
I. brand [brænd] *s* **1.** merke *n (fx of tea);* **2.** *fig(=variety)* type; slag *n;* **3.** *på kveg:* svimerke.
II. brand *vb* **1.** merke med svijern; **2.** *fig(=label)* stemple; ***brand sby as a liar*** stemple en som løgner.
branded goods *pl:* merkevarer.
brand image *i reklame:* bumerke.
branding iron *landbr:* svijern.
brandish [ˌbrændiʃ] *vb(=wave)* vifte med.
brand name *merk(=trade name)* merkenavn; varebetegnelse.
brand-new [ˈbræn(d)ˌnju:; *attributivt:* ˌbræn(d)'nju:] *adj:* splinter ny; fabrikkny.
brandy [ˌbrændi] *s:* brandy; konjakk.
brash [bræʃ] *adj; neds* **1**(*=loud(-mouthed); cocky*) frekk (og stor i kjeften); i freidigste laget; **2**(*=rash; hasty*) brå (av seg); ubesinding.
brass [brɑ:s] *s* **1.** messing; **2. T:** ***the top brass****(=the big guns)* de store gutta.
brassard [ˌbræsɑ:d] *s(=armband)* armbind.
brasserie [ˌbræsəri] *s:* restaurant.
brass tacks T: ***get down to brass tacks*** komme til saken.
bravado [brəˌvɑ:dou] *s:* utfordrende opptreden.
brave [breiv] *adj:* modig; tapper; ***be brave about it****(=put a brave face on it)* ta det tappert.
bravery [ˌbreivəri] *s:* tapperhet.
bravo [ˌbrɑ:'vou] **1.** *s:* bravorop; **2.** *int:* bravo.
brawl [brɔ:l] *s:* slagsmål *n;* bråk *n.*
brawn [brɔ:n] *s* **1.** muskler; fysisk styrke; **2.** *kul:* grisesylte.
brawny [ˌbrɔ:ni] *adj(=muscular and strong)* muskelsterk.
I. brazen [ˌbreizən] *vb:* ***brazen it out*** være frekk og late som ingenting; være frekk og spille uskyldig.
II. brazen *adj* **1.** messing-; messinglignende; **2**(*=impudent*) frekk; uforskammet.
Brazil [brəˌzil] *s; geogr:* Brasil.
Brazilian [brəˌziliən] **1.** *s:* brasilianer; **2.** *adj:* brasiliansk.
breach [bri:tʃ] *s* **1.** revne; brudd *n;* hull *n;* **2.** *fig:* brudd; ***a breach of*** et brudd på; **3.** *mil:* bresje; gjennombruddssted; *fig:* ***step into the breach for sby*** gå i bresjen for en; ta støyten for en; vikariere for en (i en ubehagelig jobb); *spøkef:* holde skansen for en.
breach of confidence(*, jur: breach of trust*) tillitsbrudd.
I. bread [bred] *s* **1.** brød *n;* ***a loaf of bread*** et brød; ***a loaf of white bread****(=a white loaf)* en loff; **2**(*=living*): ***earn one's (daily) bread*** tjene til livets opphold; **3. T**(*=money*) penger; **S:** gryn; ***I don't make enough bread in this job*** jeg tjener ikke nok i denne jobben; **4.:** ***know which side one's bread is buttered*** ha næringsvett.
II. bread *vb:* panere *(fx breaded cutlets).*
bread and butter 1. brød med smør *(n)* på; **2.** *fig:* levebrød.
bread-and-butter item *merk:* brødartikkel.
bread-and-butter job jobb man gjør for å ha noe å leve av.
bread-and-butter letter(*=thank-you letter*) takkebrev (for utvist gjestfrihet).
breadbasket [ˌbred'bɑ:skit] *s* **1.** brødbakke; **2.** brødkurv; **3. S**(*=stomach*) mage.
bread bin (*,* **US:** *bread box*) brødboks.
breadboard [ˌbred'bɔ:d] *s(=bread plate)* brødfjel.
breadline [ˌbred'lain] *s* **1.** matkø; **2.** *fig:* ***live on the breadline****(=live at subsistence level)* leve på eksistensminimum.
bread slicer brødskjærer.
breadth [bredθ; bretθ] *s* **1**(*=width*) bredde; **2.** *fig; stivt:* bredde; ***breadth of mind****(=broad-mindedness)* frisinn; frisinnethet; ***breadth of vision*** vid horisont.
breadwinner [ˌbred'winə] *s:* (familie)forsørger.
I. break [breik] *s* **1.** *elekt:* brudd *(n)* (i strømkrets); **2**(*=crack; breach; hole*) sprekk; brudd *n;* åpning; hull *n;* **3.** *fig(=breach)* brudd *n;* ***there was a break between the two friends*** det ble (*el.* kom til) brudd mellom de to vennene; **4.** pause; opphold *n;* avbrekk *n (fx a break of the journey);* ***tea break*** tepause; ***give it a break****(=hold off for a bit)* holde opp litt; ta en pause; **5**(*,* **US:** *recess*) frikvarter; **6**(*=change*) forandring; omslag *n (fx in the weather);* **7**(*=dash*): ***make a break for freedom*** gjøre et rømningsforsøk; **8.** *tennis:* ***(service) break*** (*=break of serve*) det å bryte motstanderens serve; **9. T**(*=chance*) sjanse *(fx this is your big break);* ***a bad break*** uflaks; ***have a lucky break*** være heldig.
II. break *vb(pret: broke; perf.part.: broken)* **1.** brekke; knekke; bryte av; gå i stykker; ***she broke an arm*** hun

brakk armen; ***break in the middle*** gå av på midten; **2.** slå i stykker; knuse; ødelegge; ***break a window*** knuse et vindu;
3. *pengeskap, etc(=blow)* sprenge;
4. *om fall, støt, etc:* dempe; ta av for;
5. *også fig:* bryte; *ski:* ***break a (,the) track*** brøyte løype;
6. *om stemme:* sprekke; knekke;
7. *fig:* knekke; bryte sammen; ***it'll break his heart*** det vil knuse hjertet hans;
8. *om vær:* slå om; *om uvær:* bryte løs;
9. *om nyhet:* ***I shall have to break it to her tomorrow*** jeg må fortelle henne det (ɔ: den sørgelige nyheten) i morgen;
10. avbryte *(fx one's journey);* ***break for tea*** ta tepause;
11. *om uvane:* ***break (oneself of) a bad habit*** legge av (seg) en uvane;
12*(=split up)* dele; ***can you break this ten-pound note?*** kan du dele denne tipundseddelen?
13. *forb m s:* ***break one's back*** 1. brekke ryggen; knekke ryggen; 2. *fig:* overanstrenge seg; knekke nakken; ***break the back of a job*** gjøre unna det vanskeligste ved en jobb; ***break the bank*** sprenge banken; *fig:* ***break new ground*** skape noe nytt; *fig:* ***break the ice*** bryte isen; ***break wind*** fjerte; prompe;
14. *forb m prep, adj, adv:* ***break away*** rive seg løs; ***break down*** 1. bryte ned *(fx the wall);* 2. gå i stykker; havarere; ***my car broke down*** jeg fikk motorstopp; 3. *fig:* bryte sammen; svikte; falle i fisk; ***his health broke down*** helsen hans sviktet; ***our plans have broken down*** planene våre har falt i fisk; 4. demontere; ta fra hverandre; 5. dele opp; *kjem:* spalte opp; *(jvf breakdown 2);* 6. analysere *(fx the results);* ***break down expenditure*** analysere utgiftene; spesifisere utgiftene; *(jvf breakdown 4);* 7. *om farge:* dempe; tone ned;
break even hverken vinne eller tape; klare seg uten tap *n; merk:* få regnskapet til å balansere; *(jvf break-even);*
break in 1. bryte inn; bryte seg inn; 2. *om hest:* temme; venne til seletøyet; ri (,kjøre) inn; *om sko:* gå til; *om person:* lære opp; venne til; 3. avbryte *(fx he broke in with a rude remark);*
break into 1. bryte (seg) inn i; 2. begynne å bruke av; ta hull *(n)* på *(fx one's capital);*
break loose 1. slite seg; 2. bryte løs; 3. løsne *(fx a stone broke loose);*
break sby of sth venne en av med noe;
break off 1. bryte av; brekke av; bli brukket av *(fx the handle has broken off);* 2. bryte; avbryte; ***break off (the connection) with sby****(=break with sby)* bryte (forbindelsen) med en;
break open bryte opp; brekke opp;
break out 1. bryte ut *(fx panic broke out);* 2. bryte seg ut *(fx from the prison));* 3. *om sykdom, utslett, etc:* bryte ut; 5*(=exclaim)* utbryte;
break through *også fig:* bryte gjennom;
break up 1. brekke (*el.* bryte) opp; slå i stykker; *om bil el. skip:* hogge opp; 2. brytes i stykker; 3. splitte; spre *(fx a crowd);* 4. *fig:* skille lag *n;* gå fra hverandre; gå i stykker *n (fx their marriage has broken up);* oppløse *(fx a home);* 5. avslutte; slutte *(fx the meeting broke up at 5.30);*
break with bryte med; ***break with a habit*** bryte med en vane; ***break with old ties*** bryte over gamle bånd *n.*
breakable [ˌbreikəbl] *s:* gjenstand som lett går i stykker *n.*
breakage [ˌbreikidʒ] *s:* brekkasje.
breakaway [ˌbreikə'wei] *s:* løsrivelse.
breakdown [ˌbreik'daun] *s* **1.** (maskin)skade; (motor)stopp; havari *n;* driftsuhell; ***a traffic breakdown*** sammenbrudd i trafikken; ***I've had a breakdown with my car*** jeg har hatt et uhell med bilen;
2. *kjem:* nedbrytning;
3. *fig:* sammenbrudd; ***have a (nervous) breakdown*** få nervøst sammenbrudd;
4. analyse (*of* av);
5. spesifisering (*of* av).
breakdown truck*(=breakdown recovery vehicle;* **US:** *wrecker; tow truck)* servicebil; kranbil.
breaker [ˌbreikə] *s* **1.** bilopphogger; **2.** *mar:* brottsjø; styrtsjø; *mot kyst:* ***breakers****(=surf)* brenning.
break-even ['breikˌi:vən] *s:* break-even; *(se II. break 14: break even).*
breakfast [ˌbrekfəst] *s:* frokost; ***self-service breakfast*** frokostbuffet; ***have breakfast*** spise frokost.
breakfast cereal frokostkorn.
breakfast mixture*(=cereal for breakfast)* frokostblanding; kornfrokost.
breaking point 1. bruddpunkt;
2. *fig:* bristepunkt; ***at breaking point*** på bristepunktet; ***reach breaking point*** nå bristepunktet.
breakneck [ˌbreik'nek] *adj:* halsbrekkende *(fx speed).*
breakthrough [ˌbreik'θru:] *s* **1.** *mil:* gjennombrudd;

2. *i forhandlinger, etc:* avgjørende vending; gjennombrudd.

break-up [ˌbreik'ʌp] *s* **1.** oppløsning *(fx of a marriage);* sammenbrudd; **2.** oppdeling; utstykking.

breakwater [ˌbreik'wɔ:tə] *s:* bølgebryter; molo.

bream [bri:m] *s; zo, fisk:* brasme.

I. breast [brest] *s; også fig:* bryst *n;* ***make a clean breast of it(,*T:** *come clean)* tilstå det hele; **T:** pakke ut.

II. breast *vb* **1***(=come to the top of)* komme til toppen av *(fx a hill);*

2. *sport:* ***breast(=break) the tape*** bryte (mål)snoren.

breastfeed [ˌbrest'fi:d] *vb:* gi bryst *n.*

breaststroke [ˌbrest'strouk] *s; sport:* ***breaststroke (swimming)*** brystsvømming.

breastwork [ˌbrest'wə:k] *s; mil:* brystvern.

breath [breθ] *s* **1.** pust; ånde; åndedrett *n;* åndedrag *n;* ***in the same breath*** i samme åndedrag; ***have bad breath*** ha dårlig ånde; ***catch one's breath*** 1. snappe etter pusten; holde pusten (et øyeblikk); 2*(=get one's breath back)* få igjen pusten; ***hold one's breath*** holde pusten; ***take a deep breath*** puste dypt (inn); ***out of breath****(=breathless)* andpusten; ***get out of breath*** bli andpusten; miste pusten; ***under one's breath*** halvhøyt; ***with bated breath*** med tilbakeholdt åndedrett;

2. pustepause *(fx take a breath);*

3*(=suggestion):* ***a breath of scandal*** en antydning til skandale;

4.: ***breath of wind****(=faint breeze)* et vindpust;

5. *fig:* ***take sby's breath away*** ta pusten fra en;

6. *fig:* ***waste one's breath*** snakke for døve ører.

breathalyse *(,***US:** *breathalyze)* [ˌbreθə'laiz] *vb:* ***breathalyse sby****(=breath-test sby)* la en ta alkotesten.

breathalyser *(,***US:** *breathalyzer)* [ˌbreθə'laizə] *s:* apparat som benyttes til alkotesting.

breathalyser test*(=breath test)* alkotest; ***take the breathalyser test*** ta alkotesten.

breathe [bri:ð] *vb* **1.** puste; trekke pusten; ***breathe (freely) again*** puste ut; puste fritt igjen; ***breathe****(=draw)* ***a sigh of relief****(=sigh with relief)* puste lettet ut;

2*(=whisper)* hviske;

3*(=breathe in)* puste inn; ***breath clean air*** puste inn ren luft;

4.: ***he lives and breathes chess****(=chess is his whole life)* han lever og ånder for sjakk;

5.: ***breathe down sby's neck*** 1. *for å kontrollere:* henge over en; 2. *i konkurranse:* være like i hælene på en; 3. *fig(=lean on sby)* øve press på en;

6.: ***breathe in*** puste inn *(fx clean air);*

7.: ***breathe out*** puste ut;

8. T: ***don't breathe a word of this to anyone*** ikke si et ord om dette til noen.

breather [ˌbri:ðə] *s* **1.** lufteanordning; **2. T:** pustepause; ***take a breather*** ta en pustepause.

breathing [ˌbri:ðiŋ] *s* **1.** pust; det å puste;

2*(=whispering)* hvisking.

breathing apparatus *(fk BA)* surstoffapparat.

breathing space 1. *om plassforhold:* pusterom;

2*(=breather)* pustepause.

breathless [ˌbreθləs] *adj* **1***(=out of breath)* andpusten; forpustet; ***become breathless****(=get out of breath)* bli andpusten; bli kortpustet; **2.** *fig:* åndeløs; ***breathless suspense*** åndeløs spenning.

breathlessly [ˌbreθləsli] *adv:* andpustent; kortpustet.

breathtaking [ˌbreθ'teikiŋ] *adj; fig:* som (rent) tar pusten fra en *(fx a breathtaking view).*

breath test*(=breathalyser test;* **T:** *B-test)* alkotest; ***take the breath test*** ta alkotesten.

breath-test [ˌbreθ'test] *vb(=breathalyse):* ***breath-test sby*** la en ta alkotesten; *(se breathalyse).*

breech [bri:tʃ] *s* **1.** *på gevær:* låskasse;

2.: ***breeches*** [ˌbritʃiz] knebukser.

breechblock [ˌbri:tʃ'blɔk] *s; på gevær:* sluttstykke; *(jvf breech 1).*

I. breed [bri:d] *s* **1.** rase; ***breed of dog*** hunderase; **2***(=kind)* type; slag *n (fx a new breed of salesmen).*

II. breed *vb(pret & perf.part.: bred)* **1.** formere seg; yngle;

2. *landbr(=raise)* ale opp;

3. *bot & zo:* ***breed (to improve the strain)*** foredle;

4. *fig:* avle(s); oppstå; ***it's bred in the bone*** det ligger i blodet.

breeder [ˌbri:də] *s* **1.** oppdretter;

2. *landbr:* avlsdyr;

3. dyr som formerer seg raskt.

breed improvement *landbr:* foredling; *(jvf II. breed 3).*

breeding [ˌbri:diŋ] *s* **1.** formering; yngling; **2.** *landbr:* avl; oppdrett; **3.** *bot & zo:* foredling; **4***(=upbringing; good manners)* pene manerer; dannelse.

breeding animal *landbr:* avlsdyr; *(se brood mare; stud);*

breeze [bri:z] *s:* bris; ***fresh (,moderate) breeze*** frisk (,laber) bris; ***gentle breeze*** lett bris; *fig* **US:** ***free as the breeze****(=free as air)* fri som fuglen.

breeze block *bygg:* byggeblokk (av slaggbetong); *svarer til:* Leca-blokk.

brethren [ˌbreðrin] *s: se brother.*

breviary [ˌbrevjəri; ˌbri:vjəri] *s; kat.:* breviar *n.*

brevity [ˌbreviti] *s; stivt(=briefness)* **1.** korthet;

2. kortfattethet.

I. brew [bru:] *s:* brygg *n;* ***the best brews of beer*** de beste typer øl *n;* ***a good, strong brew of tea*** en sterk, god te.

II. brew *vb* **1.** brygge *(fx beer); (=make)* lage *(fx tea);* **2***(=plan)* pønske på; **3.** *fig:* være i anmarsj.

brewer [ˌbruə] *s:* brygger.

brewery [ˌbruəri] *s:* bryggeri *n.*

briar, brier [ˌbraiə] *s; bot* **1***(=tree heath)* treaktig lyng; bruyère(tre); (vill) nypetorn; **2***(=thorny bush)* tornebusk; vill rosenbusk; *(se sweetbrier; wild briar).*

I. bribe [braib] *s(,***T:** *sweetener)* bestikkelse; ***take a bribe*** ta imot en bestikkelse.

II. bribe *vb:* bestikke *(fx sby).*

bribery [ˌbraibəri] *s:* bestikkelse.

bric-a-brac [ˌbrikə'bræk] *s; oftest neds:* krimskrams; (verdiløse) nipsgjenstander.

I. brick [brik] *s* **1.** murstein; teglstein; ***lay bricks****(=build with bricks)* mure; *(jvf masonry work: do masonry work);* **2.** *leketøy:* ***(building) bricks*** byggeklosser;

3. T: ***drop a brick*** begå overtramp; trampe i klaveret; tråkke i salaten.

II. brick *vb:* ***brick in, brick up*** mure igjen *(fx a door);* ***brick over a patio*** legge mursteinsgulv i et atrium.

III. brick *adj:* murssteins- *(fx building).*

bricklayer [ˌbrik'leiə] *s:* murer.

brick wall 1. murvegg; **2.** *fig:* ***run one's head against a brick wall*** renne hodet mot veggen.

brickwork [ˌbrik'wə:k] *s* **1.** murverk *n;* **2.** muring.

brickworks [ˌbrik'wə:ks] *s(=brickyard)* teglverk.

bridal [ˌbraidəl] *adj:* brude-; *(se sms med wedding).*

bridal bouquet brudebukett.

bridal wreath 1. brudekrans; **2.** *bot:* brudekrans.

bride [braid] *s:* brud; ***bride and bridegroom****(=bride and groom)* brudepar.

bridegroom [ˌbraid'gru(:)m] *s:* brudgom.

bridesmaid [ˌbraidz'meid] *s:* brudepike; ***chief bridesmaid*** brudens forlover; *(jvf best man).*

I. bridge [bridʒ] *s* **1.** bru;

2*(=overpass)* veiovergang;

3. *mar:* (kommando)bru;

4. *tannl:* bru;

5. *mus; på fiolin:* stol;

6. *kortsp:* bridge;

7. *fig:* ***burn one's bridges****(=boats)* brenne bruene bak seg; brenne sine skip;

8. *fig:* ***we'll cross that bridge when we come to it*** la oss ta det problemet når det oppstår;

9. *fig:* ***much water has flowed under the bridges since***

then det har rent mye vann *(n)* i havet siden da; ***that's water under the bridge*** det som er skjedd, er skjedd (og ikke noe mer å tenke på).

II. bridge *vb; også fig:* ***bridge (over)*** slå (*el.* bygge) bru over; ***let's bridge our differences*** la oss slå bru over våre motsetninger; ***bridge the gap*** slå bru over kløften.

I. bridle [braidl] *s* **1.** bissel *n;* **2.** *fig:* tøyle.

II. bridle *vb* **1.** legge bissel *(n)* på; **2.** *fig:* tøyle; legge bånd *(n)* på; **3.** *fig:* kaste på nakken; bli ergerlig.

bridle path ridesti.

I. brief [bri:f] *s* **1.** *jur:* saksresymé; **2.** *jur; om 'barrister':* oppdrag; sak; **3***(=instructions)* instruks; **4.:** ***in brief****(=in short)* kort sagt; i korthet; *(se briefs).*

II. brief *vb* **1.** *også mil:* briefe; orientere; instruere; ***brief him about the job****(=fill him in on the job)* sette ham inn i jobben; orientere ham om jobben; ***brief him on it****(=fill him in on it)* sette ham inn i det; orientere ham om det;
2.: ***brief a barrister*** engasjere en advokat.

III. brief *adj* **1.** kort(varig); **2.** kort(fattet); ***in brief outline****(=briefly)* i korte trekk *n;* ***be brief*** fatte seg i korthet; ***be brief with****(=be short with)* være kort mot.

briefcase [ˌbri:f'keis] *s:* dokumentmappe; ***executive briefcase*** stresskoffert.

briefing [ˌbri:fiŋ] *s:* orientering.

briefing conference orienteringsmøte; *(se conference).*

briefly [ˌbri:fli] *adv:* kort; i korthet; kort og godt; i all korthet *(fx the facts, briefly, are these).*

briefness [ˌbri:fnəs] *s* **1.** korthet; kortvarighet; **2***(,stivt: brevity)* kortfattethet; *(se III. brief 2).*

briefs [bri:fs] *s; pl; merk:* **(*pair of*) *briefs****(=(pair of) (short) underpants;* **US:** *((pair of) panties)* truse; kort(e) underbukse(r); sommerunderbukse.

brier [ˌbraiə] *s; bot: se briar.*

brig [brig] *s; mar:* brigg.

brigade [briˌgeid] *s* **1.** *også mil:* brigade; *(se fire brigade);* **2.** *spøkef; om person med et sterkt syn på noe(= lot):* ***the health food brigade*** helsekostfolket.

brigadier ['brigəˌdiə] *s; mil(fk Brig)* oberst I; *hist:* brigadegeneral.

bright [brait] *adj* **1.** skinnende; strålende; blank(pusset); klar; lys;
2. *fig(=promising)* lys *(fx a bright future);*
3*(=clever)* oppvakt; (meget) flink; ***a bright idea*** en lys idé; ***he's not on the bright side*** han er ikke blant de mest oppvakte;
4.: ***a bright red*** en sterk rød farge;
5. T: bright and early tidlig; tidlig ute; **T:** tidlig på'n;
6.: ***see the bright side of things*** se lyst på tilværelsen; ***look on the bright side (of it)*** ikke se altfor mørkt på det.

brighten [ˌbraitən] *vb* **1.** bli lysere; **2.** gjøre lysere; **3.** *fig:* ***they brightened up as soon as she arrived*** de lyste opp med det samme hun kom.

bright lights *pl* **T***(=places of entertainment; high life)* fornøyelsessteder; high life *n (fx the bright lights of Paris).*

brilliance [ˌbriljəns] *s* **1.** sterkt lys; glans; **2.** lysstyrke; **3.** fremragende dyktighet; **4.** *fig(=splendour)* prakt.

I. brilliant [ˌbriljənt] *s; edelstein:* briljant.

II. brilliant *adj* **1.** *også fig:* strålende *(fx idea);*
2. fremragende dyktig.

I. brim [brim] *s* **1.** kant; rand; ***filled to the brim*** fylt til randen; **2.** *på hatt:* brem.

II. brim *vb; stivt el. litt.:* ***brim over with****(=overflow with)* være breddfull av; være fylt til randen av; *spøkef:* ***he was brimming****(=bursting)* ***with self-confidence*** han var breddfull av selvtillit.

brimful, brimfull [ˌbrim'ful] *adj(=full to overflowing)* breddfull *(fx cup).*

I. brine [brain] *s* **1.** saltlake; saltvannsoppløsning;
2. *poet:* ***the brine****(=the briny)* salten hav; havet;

II. brine *vb:* legge i saltlake.

brine-cured salmon *kul:* gravlaks.

bring [briŋ] *vb(pret & perf.part.: brought)* **1.** bringe; komme med; ta med; ***have you brought your records?*** har du (tatt) med deg platene dine? ***bring sby sth*** bringe en noe; komme med noe til en; ***bring sby luck*** bringe en lykke; ***see what I've brought you!*** se hva jeg har (tatt) med til deg! *(se også 3: bring (along); 12: bring in; bring to);*
2. hente; ta hit *(fx bring me that book);*
3.: ***bring (along), bring along with one*** ta med seg (til et sted); bringe med seg; medbringe; ***bring your umbrella*** ta med deg paraplyen (når du kommer); ***he brought his wife along*** han hadde med seg sin kone (hit); ***will you bring Jane to the party?*** tar du med deg Jane (hit) i selskapet? ***I'll bring plenty of food with me*** jeg skal ta med rikelig med mat; ***kindly****(=please)* ***bring this card*** dette kortet bes medbrakt; vær vennlig å ta dette kortet med;
4*(=result in)* resultere i; føre med seg; føre til; medføre; ***it brought protests from the workers*** det førte til protester fra arbeiderne;
5. bevirke; ha til følge; ***the punch brought him to his knees*** slaget fikk ham til å gå i kne;
6. *om pris; sj(=fetch)* innbringe *(fx his painting brought £200); (se for øvrig 12 ndf: bring in);*
7. *om beskjed(=deliver)* overbringe; ***bring bad news*** komme med dårlige nyheter; *(se også 1. ovf);*
8*(=persuade):* ***I couldn't bring myself to do it*** jeg kunne ikke få meg til å gjøre det;
9. *om argument, bevis(=advance)* fremføre;
10. *jur:* ***bring an action****(=case)* ***against sby****(=take sby to court)* anlegge sak mot en; ***bring criminal charges against sby*** sette en under tiltale;
11.: ***bring sth home to sby****(=make sby realise sth)* få en til å innse noe;
12. *forb m adv & prep:* ***bring about*** 1*(=cause)* forårsake; bevirke *(fx what brought it about?);* ***bring about a change in the law*** få til en lovendring; ***succeed in bringing sth about*** oppnå at noe blir gjort; 2. *mar:* ***bring a ship about****(=turn a ship around)* vende et skip;
bring along *se 3 ovf;*
bring back 1*(=return)* bringe tilbake; komme tilbake med; komme igjen med *(fx May I borrow your pen? – I'll bring it back tomorrow);* 2. *fig(=reintroduce)* gjeninnføre; ***bring back capital punishment*** gjeninnføre dødsstraffen; 3. *fig:* ***her stay in the mountains brought her back to health****(=restored her health)* oppholdet på fjellet ga henne helsen tilbake; 4. *fig; om minner:* ***it brought back many memories*** det vakte mange minner *(n)* til live (hos oss, dem, etc); ***that brings it all back*** nå husker jeg alt sammen;
bring down 1*(=cause to fall)* få til å falle; velte; 2. *mil:* skyte ned *(fx an aircraft);* 3. *jaktuttrykk:* felle; skyte; 4*(=reduce)* redusere; sette ned *(fx the price);* 5*(=overthrow)* styrte *(fx the dictator);* 6. *teat:* ***bring down the house, bring the house down*** høste stormende bifall *(n) (el.* applaus);
bring forward *om tidspunkt for noe(=advance)* fremskynde; fremskyte; skyte frem;
bring in 1. hente inn; ta inn; 2. *om inntekt(=earn)* innbringe *(fx his book is bringing in thousands of pounds);* 3*(=introduce)* innføre *(fx a new fashion);* ***bring in a new topic*** bringe et nytt tema på bane; 4. *om lovforslag(=introduce)* fremsette; 5. *om jury:* ***bring in a verdict****(=return a verdict)* avgi en kjennelse;
bring off*(=manage)* klare; greie *(fx he brought it off);*
bring on 1. *med., etc:* fremkalle *(fx a heart attack);* 2. *sport:* trene opp;
bring out 1*(=publish)* utgi *(fx a new book);* 2. vise; få frem; ***bring out the contrast*** fremheve kontrasten; 3. få til å åpne seg *(fx bring him out of himself);*
bring over få til å skifte side; ***bring him over to our side*** få ham over på vår side;
bring round 1*(=restore to consciousness)* bringe til

bevissthet; bringe til seg selv; 2. **T:** få til å skifte mening; overtale;
bring to 1. bringe til; hente *(fx they brought it to him);* 2.: ***bring to light*** bringe for en dag; ***bring a matter to a successful issue*** bringe en sak vel i havn; ***bring sby to his senses*** bringe en til fornuft; 3.: *se bring round 1;* 4. *mar(=heave to)* dreie bi;
bring together bringe sammen *(fx two people);*
bring up 1. oppdra; ***bringing up children****(=the bringing up of children)* barneoppdragelse; ***badly (,well) brought up*** som har fått en dårlig (,god) oppdragelse; med dårlig (,god) oppdragelse; ***be brought up on sth*** bli flasket opp på noe; få noe inn med morsmelken; 2. *om tema:* bringe på bane; ta opp; 3: ***bring up one's dinner*** kaste opp det man har spist til middag; 4.: ***it brought him up short*** det fikk ham til å bråstoppe; 5.: ***bring sth up to date****(=update sth)* oppdatere noe; 6.: ***bring up the rear****(=come last)* danne baktroppen.
bringing-up [ˈbriŋiŋˌʌp] *s(=upbringing)* oppdragelse; det å oppdra; ***the bringing-up of children****(=bringing up children)* barneoppdragelse; *(se upbringing).*
brink [briŋk] *s; også fig:* kant; rand; ***on the brink of war*** på randen av krig.
brinkmanship [ˌbriŋkmənˈʃip] *s; polit:* det å ta farlige sjanser; **T:** farlig sjanseseilas.
I. briny [ˌbraini] *s* **T:** ***the briny*** havet; *(se I. brine 2).*
II. briny *adj:* salt.
brisk [brisk] *adj* **1.** livlig *(fx trade);* **2.** rask *(fx walk).*
brisket [ˌbriskit] *s; av storfe:* bryst *n;* bibringe; bogstykke; *(jvf I. shoulder 2).*
brisling [ˌbrisliŋ] *s; zo; fisk(=sprat)* brisling.
I. bristle [brisl] *s; også zo:* bust; ***pig's bristles*** grisebust.
II. bristle *vb* **1.** *også fig:* reise bust; **2.** *fig:* ***bristle with*** vrimle av; være proppfull av; strutte av; ***the office was bristling****(=bursting)* ***with activity*** det var travel virksomhet på kontoret.
bristly [ˌbrisli] *adj* **1.** *zo:* med børster; med bust;
2. strittende *(fx moustache);*
3. *fig(=touchy)* irritabel; amper; nærtagende.
bristols [ˌbristəlz] *s; pl* **S***(=breasts)* pupper.
Britain [ˌbritən] *s; geogr(=Great Britain)* Storbritannia.
I. British [ˌbritiʃ] *s:* ***the British*** britene.
II. British *adj:* britisk.
Britisher [ˌbritiʃə] *s* **US:** brite; *(jvf Briton 1 & 2).*
British Industries Fair *(fk BIF):* ***the British Industries Fair*** Den britiske varemesse.
British Rail *(fk: BR)* De britiske statsbaner.
British Telecom *(fk f British Telecommunications)* Telenor.
Briton [ˌbritən] *s* **1.** *hist:* brite; **2.** *stivt el. avisspråk:* brite; ***some Britons****(=some British people)* noen briter; *(jvf Britisher).*
Brittany [ˌbritəni] *s; geogr:* Bretagne.
brittle [britl] *adj* **1.** sprø; skjør; *fig:* ***a brittle alliance*** en skjør allianse; ***a brittle West End accent*** en slepen vestkantaksent; **2***(=irritable):* ***he has a brittle temper*** han er irritabel av seg; ***a brittle reply*** et irritabelt svar.
I. broach [broutʃ] *s* **1.** *tekn:* brosj; **2.** stekespidd.
II. broach *vb* **1.** *tekn:* brosje;
2. *vinfat, etc:* ta hull *(n)* på; brekke;
3. *om tema(=bring up)* bringe på bane.
broad [brɔ:d] *adj* **1.** *især i faste forb:* bred; ***broad shoulders*** brede skuldre *(se I. wide 1);*
2. vidstrakt;
3. *om dialekt el. aksent:* bred; ***he spoke with a broad country accent*** han snakket en bred landsens dialekt;
4*(=obvious):* ***a broad hint*** et tydelig vink;
5.: ***a broad distinction*** et grovt skille; ***in broad outlines*** i store (*el.* grove) trekk *n;*
6.: ***in broad daylight*** midt på lyse dagen;
7.: ***it's as broad as it's long*** det er hipp som happ.
broad bean *bot(=horse bean)* hestebønne; bønnevikke.
I. broadcast [ˌbrɔ:dˈkɑ:st] *s:* (radio)sending; radioprogram; ***live broadcast****(=live transmission)* direkte sending; ***school broadcast*** skolesending.
II. broadcast *vb* **1.** *radio & TV:* sende; kringkaste;
2. *fig(=shout from the housetops)* utbasunere.
broadcaster [ˌbrɔ:dˈkɑ:stə] *s(=announcer)* hallomann.
I. broadcasting [ˌbrɔ:dˈkɑ:stiŋ] *s* **1.** kringkasting; radioutsendelse; det å sende opptak *(n)* av; ***director of broadcasting*** kringkastingssjef; **2.** *fig:* utbasunering.
II. broadcasting *adj:* radio-; kringkastings-.
broadcasting system: ***state broadcasting system*** rikskringkasting; ***the Norwegian Broadcasting System*** Norsk rikskringkasting; NRK; *(NB 'the British Broadcasting Corporation'; 'the BBC').*
broaden [ˌbrɔ:dən] *vb* **1.** gjøre bredere; bli bredere;
2. *fig:* ***broaden one's mind*** utvide sin horisont.
broadly [ˌbrɔ:dli] *adv(=generally):* ***broadly speaking*** i det store og hele; i videste forstand.
broad-minded [ˈbrɔ:dˌmaindid; *attributivt:* ˌbrɔ:dˈmaindid] *adj:* tolerant; frisinnet; liberal; som ser stort på det.
broad-mindedly [ˈbrɔ:dˌmaindidli] *adv:* tolerant.
broad-mindedness [ˈbrɔ:dˌmaindidnəs] *s:* toleranse; frisinn *n;* liberalitet; evne til å se stort på tingene.
broadside [ˌbrɔ:dˈsaid] *s; mar, mil & fig:* bredside; ***give him a broadside*** gi ham inn; gi ham det glatte lag.
brocade [brouˌkeid] *s:* brokade.
broccoli [ˌbrɔkəli] *s; bot:* aspargeskål; broccoli.
brochure [ˌbrouʃjuə; ˌbrouʃə] *s:* brosjyre *(about* om).
I. brogue [broug] *s:* ***Irish brogue*** irsk aksent.
II. brogue *s:* sportssko.
broil [brɔil] *vb* **1. US***(=grill)* grillsteke; **2.** *fig:* ***broiling hot*** stekende hett.
broiler [ˌbrɔilə] *s* **1. US***(=(grilling) grid; grill)* grillrist; *(jvf I. barbecue 2);* **2.:** ***broiler (chicken)*** stor kylling (beregnet på å grilles).
broke [brouk] *adj* **T:** ***(stony) broke*** (helt) blakk.
broken [ˌbroukən] *adj* **1.** i stykker; ***be broken*** være i stykker; ***broken window*** istykkerslått vindu *n;*
2*(=uneven):* ***broken ground*** ujevnt terreng;
3*(=interrupted):* ***broken sleep*** urolig søvn;
4. brukket *(fx leg);*
5. *fig:* ***a broken home*** et oppløst hjem;
6. *om språk:* ***in broken English*** på gebrokkent engelsk;
7.: ***broken promise*** brutt løfte *n;*
8. *fig:* ***broken in body and mind*** nedbrutt på sjel og legeme;
9. *økon:* fallitt; ruinert *(fx industry).*
broken-down [ˈbroukənˌdaun; *attributivt:* ˌbroukənˌdaun] *adj* **1.** ødelagt; forfallen; ***a broken-down fence*** et forfallent gjerde;
2. *mask:* i uorden *(fx tractor);*
3. *fig:* nedbrutt; *(jvf broken 8).*
broken-hearted [ˈbroukənˌhɑ:tid; *attributivt:* ˌbroukənˈhɑ:tid] *adj:* sønderknust; dypt fortvilet.
brokenly [ˌbroukənli] *adv* **1.** med brutt stemme;
2*(=fitfully):* ***sleep brokenly (through fear of oversleeping)*** sove dårlig (av frykt for å forsove seg).
I. broker [ˌbroukə] *s* **1.** megler; **2***(=stockbroker)* børsmegler; aksjemegler.
II. broker *vb:* formidle; ***he brokered the sale of her story*** han formidlet salget av historien hennes.
brokerage [ˌbroukəridʒ] *s* **1***(=broking)* meglervirksomhet; **2.** meglerprovisjon; kurtasje.
brolly [ˌbrɔli] *s* **T***(=umbrella)* paraply.
brome [broum] *s; bot(=brome grass)* faksgress.
bromide [ˌbroumaid] *s; kjem:* bromid *n.*
bromine [ˌbroumi(:)n] *s; kjem:* brom *n.*
bronchitis [brɔŋˌkaitis] *s; med.:* bronkitt.
bronze [brɔnz] *s* **1.** bronse; **2.** bronsefarge; **3.** bronsefigur.
brooch [broutʃ] *s:* brosje; brystnål.

b

I. brood [bru:d] *s* **1.** *zo:* kull *n;* ungekull;
2. *neds el. spøkef:* barn *n;* unger; avkom *n.*

II. brood *vb* **1.** ruge; ruge ut; sitte på egg *n;* **2.** *fig:* ruge; ***there's no point in brooding about what happened*** det har ingen hensikt å ruge over det som skjedde; **3.** *litt.:* ***brood over*** henge truende over.

brooder [ˌbru:də] *s* **1**(*=brood hen*) liggehøne; **2.** rugemaskin; **3.** *fig:* grubler.

brood mare stohoppe; avlshoppe; føllhoppe.

broody [ˌbru:di] *adj* **1.** *om høne:* verpesyk; **2.** *fig:* tungsindig; **3.** *om kvinne* **T:** syk etter å få barn *n.*

I. brook [bruk] *s; litt.(=(small) stream)* bekk; ***mountain brook****(=mountain stream)* fjellbekk.

II. brook *vb; stivt; i nektende setning(=tolerate):* ***he will brook no interference with his plans*** han vil ikke finne seg i noen innblanding i planene hans.

brooklime [ˌbruk'laim] *s; bot:* bekkeveronika.

brook trout *zo(=speckled trout)* bekkørret.

broom [bru(:)m] *s* **1.** sopelime; **2.** *bot:* gyvel; **3.** *fig:* ***a new broom*** en ny kost.

broom cupboard bøttekott; kosteskap.

broomstick [ˌbru(:)m'stik] *s:* kosteskaft.

bros., Bros*(fk f brothers):* ***Smith Bros.*** brødrene Smith.

broth [brɔθ] *s* **1.** *kul:* ***barley broth*** grynsodd; ***(meat) broth*** kjøttsuppe; **2**(*=stock*) sjy; (kjøtt)kraft; **3.** *ordspråk:* ***too many cooks spoil the broth*** jo flere kokker desto mer søl *n.*

brothel [brɔθl] *s:* bordell; horehus.

brother [ˌbrʌðə] *s* **1.** bror; ***they are brother and sister*** de er søsken; ***brothers and sisters*** søsken; **2.** *rel; kat.(=Brother)* frater; medbro(de)r *(pl: brothers, brethren);* ***brothers of charity*** barmhjertige brødre; **3.:** ***brother officer*** offiserskollega; ***brothers in arms*** våpenbrødre.

brotherhood [ˌbrʌðə'hud] *s* **1.** faglig sammenslutning; brorskap *n;* **2.** det å være brødre (,bror); brorskap *n;* **3.** brodersamfunn.

brother-in-law [ˌbrʌðərin'lɔ:] *s:* svoger.

brotherliness [ˌbrʌðəlinəs] *s:* broderlighet.

brotherly [ˌbrʌðəli] *adj:* broderlig; ***brotherly love*** broderkjærlighet.

brow [brau] *s* **1**(*=eyebrow*) (øyen)bryn *n;* **2.** *litt. el. stivt(=forehead)* panne; **3.** *meget stivt(=expression)* mine; **4.:** ***the brow of a hill*** en bakkekam; **5.** *ski; i hoppbakke(,***US:*** knoll)* kul.

browbeat [ˌbrau'bi:t] *vb(=bully)* herse med; ***browbeat sby into (-ing)*** true en til å.

I. brown [braun] *s:* brunt *n;* brunfarge.

II. brown *adj* **1.** brun; ***done brown*** brunstekt; ***go brown*** bli brun; ***you're as brown as a berry!****(=you've got quite a colour!)* du er fin og brun! **2.** *fig* **T:** ***be done brown****(=be properly had)* bli ordentlig lurt.

III. brown *vb:* brune; brunes; ***browned butter*** brunet smør *n;* ***you'll brown nicely in the sun today*** du vil bli fin og brun i sola i dag; *(se også browned off).*

brown ale mørkt øl.

brown bear *zo:* brun bjørn; landbjørn.

brown Betty *kul:* ***brown Betty with whipped cream*** tilslørte bondepiker.

brown coal brunkull.

browned off T 1 *(=bored):* ***I feel browned off*** jeg kjeder meg; **2**(*=fed up; annoyed):* ***I'm browned off with his behaviour*** jeg er sur på den oppførselen hans.

brown goods *pl:* brune varer (ɔ: radio, TV, video).

brownie [ˌbrauni] *s:* (vennligsinnet og hjelpsom) nisse; tuftekall; tomtegubbe; *(jvf goblin).*

Brownie (Guide) *om småspeiderpike:* meise; *(jvf Cub Scout).*

brownish [ˌbrauniʃ] *adj:* brunaktig; ***brownish yellow*** gulbrun.

brown owl *zo:* kattugle.

brown rat *zo(=Norway rat)* brun rotte.

brown study T: ***in a brown study****(=lost in thought)* i dype tanker.

I. browse [brauz] *s* **1.** unge skudd *(n)* og nytt løv (som dyr spiser); **2.** *fig:* det å bla (*el.* lese) planløst i bøker; det å se i bøker *(fx he had a good browse);* ***a browse through a magazine*** en rask titt på et tidsskrift.

II. browse *vb* **1.** *om dyr:* småspise (unge skudd *(n),* etc); gresse; **2.** *fig; i forretning:* se seg om *(fx "I'm only browsing!");* ***browse in a book*** smålese i en bok; ***browse through the dictionary*** lese litt her og der i ordboken.

I. bruise [bru:z] *s* **1.** *på frukt:* flekk; støtskade; **2.** blått merke (etter slag *n*)); *(se stone bruise).*

II. bruise *vb* **1.** *om frukt:* støte; ***these apples are bruised*** disse eplene *(n)* har fått støt *(n)* (*el.* er skadde); ***tomatoes bruise easily*** tomater blir lett skadd;
2. få blå merker; få et blått merke; ***she bruises easily*** hun har lett for å få blå merker;
3. *fig(=hurt):* ***feel bruised*** føle seg såret;
4. *fig:* ***his image has been badly bruised****(=damaged)* han har fått noen stygge riper i lakken.

bruiser [ˌbru:zə] *s* **T**(*=big and strong chap)* litt av en bryter; en kraftig plugg.

bruising [ˌbru:ziŋ] *adj(=merciless)* nådeløs; ***with such bruising sincerity that …*** med en slik nådeløs oppriktighet at …

brunch [brʌntʃ] *s; især* **US:** forsinket, solid frokost.

brunette [bru:ˌnet] **1.** *s:* brunette;
2. *adj(=brunet)* brunett *(fx brunette hair).*

brunt [brʌnt] *s:* hovedtyngde; ***bear the brunt*** bære hovedbyrden; ta støyten; ta imot det verste.

I. brush [brʌʃ] *s* **1.** børste; ***wire brush*** stålbørste; ***give one's shoes a brush*** pusse skoene sine;
2.: ***(paint) brush*** (maler)kost; pensel; *kunstmalers:* ***oil-colour brush*** pensel;
3. *elekt:* børste; ***carbon brush*** kullbørste;
4(*=brushwood; broken twigs)* kvist og kvas *n;*
5. US(*=scrub; undergrowth)* kratt *n;* småkratt; underskog; *(jvf I. bush 2);*
6 1(*=light touch)* streif *n;* lett berøring; 2. *fig:* ***a near brush with death had left her shaken*** hun var så vidt unnsluppet døden og hadde fått en støkk;
7. *mil & fig(=brief encounter; skirmish)* sammenstøt;
8. *jaktuttrykk:* revehale (som jakttrofé).

II. brush *vb* **1.** børste *(fx one's shoes);* koste; feie;
2(*=touch lightly; graze)* streife; ***he brushed against me*** han kom borti meg;
3.: ***brush aside*** 1. feie til side; 2. *fig(= wave aside; make light of)* feie til side; blåse av *(fx sby's protests);*
4.: ***brush away*** 1(*=wipe off)* viske bort *(fx a tear);* 2.: *se brush off;*
5.: ***brush down*** børste *(fx one's skirt);*
6.: ***brush off*** 1. børste av; koste av; 2. **T**(*=be very short with)* avfeie;
7.: ***brush past*** feie forbi *(fx he brushed past me);*
8.: ***brush up (on)*** forbedre; pusse på *(fx one's French; one's tennis).*

brush-off [ˌbrʌʃ'ɔf] *s* **T:** avslag *n (fx she gave him the brush-off).*

brush-paint [ˌbrʌʃ'peint] *vb:* lakkere (*el.* male) med kost; påføre med kost; *(jvf spray-paint).*

brush-up [ˌbrʌʃ'ʌp] *s* **1.** *om kunnskaper:* gjenoppfriskning; **2. T:** det å få stelt seg *(fx "Wash and brush-up, 50p");* ***have a wash and brush-up****(=have a wash and clean-up)* vaske og stelle seg; fiffe seg.

brushwood [ˌbrʌʃ'wud] *s* **1.** krattskog; småkratt; kjerr *n;* **2**(*=brush)* kvist og kvas *n.*

brusque [bru:sk; brusk; brʌsk] *adj:* brysk; kort; ***be brusque with sby*** være brysk overfor en.

Brussels [ˌbrʌsəlz] *s; geogr:* Brussel.

Brussels sprout, brussels sprout *bot:* rosenkålhode.

(Brussels) sprouts *bot; kollektivt:* rosenkål.

brutal [bru:tl] *adj* **1**(*=cruel, savage)* brutal; rå;
2.: ***brutal cold****(=severe cold)* streng kulde.

brutality [bru:ˌtæliti] *s(=cruelty; savagery)* brutalitet; råhet; råskap.

brutalize, brutalise [ˌbru:təˈlaiz] *vb:* brutalisere; forråe.
I. brute [bru:t] *s* **1**(*=beast*) dyr *n;* **2.** brutal fyr; *spøkef: **you're a brute not to take me to the party!*** fy deg, som ikke tar meg med i selskapet!
II. brute *adj:* rå; ***brute force*** rå makt; ***brute strength*** rå styrke.
brutish [ˌbru:tiʃ] *adj* **1**(*=coarse*) ubehøvlet; **2.** *stivt el. litt.(=stupid; primitive)* dum; **3.** *stivt el. litt.(=beastly; animal-like):* ***brutish behaviour***(*=brutishness*) dyrisk (*el.* bestialsk) oppførsel.
brutishness [ˌbru:tiʃnəs] *s:* dyriskhet; bestialitet; dyrisk (*el.* bestialsk) oppførsel.
BSc (,**US:** *BS) (fk f Bachelor of Science): se science.*
I. bubble [bʌbl] *s* **1.** boble; ***soap bubble*** såpeboble; **2.** *fig:* såpeboble; ***the bubble burst*** såpeboblen brast; ***prick the bubble*** stikke hull *(n)* på byllen.
II. bubble *vb* **1.** boble; **2.:** ***bubble over*** 1(*=boil over*) koke over; 2. *fig:* ***bubble over with joy*** være jublende glad.
bubble bath 1. skumbad; *(jvf Jacuzzi & whirlpool);* **2.** pulver *(n)*, etc som får badevannet til å skumme.
bubble gum ballongtyggegummi.
bubbling [ˌbʌbliŋ] *adj:* sprudlende; ***he was in bubbling spirits*** han var i perlehumør.
I. bubbly [ˌbʌbli] *s* **T**(*=champagne*) sjampis.
II. bubbly *adj:* sprudlende *(fx a bubbly personality).*
Bucharest [ˈb(j)u:kəˌrest] *s; geogr:* Bukarest.
I. buck [bʌk] *s* **1.** *zo:* bukk; råbukk; *av hare, kanin, etc:* han(n); *(jvf doe);*
2. *gym:* bukk;
3. US(*=sawhorse*) sagkrakk;
4. US(*,Canada: loonie*) dollar; ***a fast buck***(*=easy money*) lettjente penger;
5. T(*=responsibility*) ansvar; **T:** ***pass the buck***(*=pass on the responsibility*) spille ballen videre; ***the buck stops with me***(*=it's my responsibility*) ansvaret er mitt.
II. buck *vb* **1.** *om hest, etc:* skyte rygg; ***buck a rider*** kaste av en rytter;
2. *især om bil* **US T**(*=jerk; move forward jerkily*) rykke; bevege seg rykkevis;
3. T *især* **US:** ***buck (against)*** hardnakket motsette seg;
4(*=butt*) stange;
5.: ***buck up*** 1(*=hurry*) skynde seg; 2(*=cheer up*) kvikke opp; ***buck up!*** opp med humøret!
bucket [ˌbʌkit] *s* **1.** bøtte; spann *n;* pøs; **2.** skovl; grabb; **3. T:** ***kick the bucket*** pigge av; krepere; **4. T:** ***it's raining (in) buckets*** det pøsregner.
bucketful [ˌbʌkitful] *s:* bøttefull; spannfull.
I. buckle [bʌkl] *s* **1.:** ***(belt) buckle*** (belte)spenne;
2. bule; bulk.
II. buckle *vb* **1.** spenne; ***buckle (on)*** spenne på seg;
2. slå bulk på seg;
3.: ***buckle down to a job*** ta fatt på et arbeid for alvor *n.*
buck rabbit han(n)kanin.
buckshot [ˌbʌkˈʃɔt] *s:* dyrehagl.
buckskin [ˌbʌkˈskin] *s* **1.** hjorteskinn; ***buckskins*** hjorteskinnsbukser; **2.** grågult semsket skinn.
buckteeth [ˌbʌkˈti:θ] *s; pl; neds:* hestetenner; utstående tenner.
buckthorn [ˌbʌkˈθɔ:n] *s; bot:* ***(alder) buckthorn*** trollhegg.
buckwheat [ˌbʌkˈwi:t] *s; bot:* bokhvete.
bucolic [bju:ˌkɔlik] *s(=pastoral poem)* hyrdedikt.
I. bud [bʌd] *s* **1.** *bot:* knopp; ***be in bud*** stå i knopp;
2. *fig:* ***nip sth in the bud*** kvele noe i fødselen.
II. bud *vb(=put forth buds)* skyte knopper.
Budapest [ˈbju:dəˌpest] *s; geogr:* Budapest.
Buddha [ˌbudə; **US:** ˌbu:də] Buddha.
Buddhism [ˌbudizəm; **US:** ˌbu:dizəm] *s:* buddhisme.
I. budding [ˌbʌdiŋ] *s; bot:* knoppskyting.
II. budding *adj:* vordende; in spe *(fx author).*
buddy [ˌbʌdi] *s* **US** *T(=mate)* kamerat.
budge [bʌdʒ] *vb* **T**(*=move*) bevege; rikke (på); rikke seg *(fx it won't budge!);* ***he refused to budge from the sofa*** han rikket seg ikke fra sofaen.
budgerigar [ˌbʌdʒəriˈgɑ:] *s; zo(,***T:** *budgie)* undulat.
I. budget [ˌbʌdʒit] *s* **1.** budsjett *n;* ***a tight budget*** et stramt budsjett; **2.:** ***on a budget*** med beskjedne midler; på et sparsomt budsjett; ***we're on a budget***(*=we haven't much to spend*) vi har lite penger å rutte med.
II. budget *vb* **1.** budsjettere; sette opp et budsjett;
2.: ***budget for*** 1. ta med i budsjettet; 2(*=put money aside for*) legge til side penger til.
III. budget *adj:* billig-; ***a budget holiday*** en billigferie.
budgetary [ˌbʌdʃitəri] *adj:* budsjettmessig.
budgie [ˌbʌdʒi] *s; zo* **T**(*=budgerigar*) undulat.
Buenos Aires [ˌbweinɔs ˌairiz] *s; geogr:* Buenos Aires.
I. buff [bʌf] *s* **1.** bøffellær; **2**(*=buffer*) polérskive;
3. brungul farge; brungult *n.*
II. buff *adj* **1.** bøffellær(s)-; **2.** brungul *(fx envelope);*
3. *i sms:* ***a cine buff*** en smalfilmamatør.
buffalo [ˌbʌfəˈlou] *s; zo:* bøffel.
buffer [ˌbʌfə] *s* **1.** *også fig:* støtpute; **2**(*=buff*) polérskive; **3.** *EDB:* buffer; **4.:** ***an old buffer*** 1. en gammel krok; 2. *neds(=an old fogey)* en gammel knark.
I. buffet [ˌbʌfit] **1.** *s; stivt(=blow (with the hand or fist))* (knyttneve)slag *n;* slag med hånden.
II. buffet *vb; stivt:* ***the boat was buffeted***(*=knocked about*) ***by the waves*** båten ble slengt hit og dit av bølgene.
III. buffet [ˌbufei] *s* **1**(*=refreshment bar*) sted *(n)* hvor det selges forfriskninger; *jernb:* liten restaurant;
2. (stående) anretning.
buffet lunch (**,supper**) koldtbord; kald anretning.
buffet party selskap *(n)* med stående buffet.
buffoon [bəˌfu:n] *s; glds(=clown)* bajas; klovn.
I. bug [bʌg] *s* **1.** *zo:* tege; ***bed bug*** veggedyr; sengetege;
2. US(*=insect*) insekt *n;*
3(*=bugging device*) avlyttingsinnretning; skjult mikrofon; *(jvf I. tap 4);*
4. T *i maskin, etc:* feil;
5. T: mikroorganisme som forårsaker sykdom; ***tummy bugs*** omgangssyke;
6. T(*=craze*): ***get the bug*** bli smittet (med begeistring for noe); ***get the travel bug*** bli helt vill med å reise.
II. bug *vb* **1.** plassere avlyttingsutstyr i; avlytte; *(jvf II. tap 5);*
2. T(*=bother; irritate*) plage; ***I don't know what's bugging her*** jeg vet ikke hva som plager henne.
bugbear [ˌbʌgˈbɛə] *s* **1.** *kan gjengis:* busemann; *(se goblin);*
2. *fig:* skremmebilde;
3(*=nuisance*) plage.
I. bugger [ˌbʌgə] *s* **1.** *vulg:* satans fyr *(fx that bugger spilled my milk!);*
2. *spøkef el. kjærlig om mann el. barn:* ***a friendly little bugger*** en hyggelig liten fyr; ***a silly old bugger*** en gammel tøysebukk;
3. *int* **S:** ***oh, bugger !***(*=oh, bugger it!*) faen også! faen ta det!
4. *int* **S:** ***bugger all***(*=nothing*) ikke en jævla ting.
II. bugger *vb (se også buggered)*
1. S(*=ruin*) ødelegge;
2.: ***I'll be buggered!*** nei, så pokker!
3.: ***I'll be buggered***(*=damned*) ***if I'll do it!*** nei, så pokker om jeg vil gjøre det!
4. *vulg:* ***bugger off!*** dra til helvete!
buggered [ˌbʌgəd] *adj* **S 1**(*=exhausted*) (helt) ferdig *(fx I'm buggered!);* **2**(*=completely ruined*): ***it's buggered*** det er helt ødelagt.
bugging [ˌbʌgiŋ] *s; mil:* avlytting.
bugging device *mil:* avlyttingsinnretning; skjult mikrofon; *(jvf I. bug 3 & II. bug 1).*
buggy [ˌbʌgi] *s* **1.** *om hestekjøretøy:* liten vogn (med to el. fire hjul); **2.:** ***(baby) buggy*** 1(*=pushchair*) sportsvogn; 2. **US** & *Canada* **T**(*=pram*) barnevogn; *(se beach buggy).*

bugle [ˌbju:gəl] *s:* (signal)horn.
bugler [ˌbju:glə] *s:* hornblåser.
I. build [bild] *s:* (kropps)bygning; ***a man of heavy build*** en mann med kraftig kroppsbygning.
II. build *vb(pret & perf.part.: built)* **1.** bygge;
2. anlegge *(fx a road);*
3. *fig:* bygge (*on* på); ***build castles in the air*** bygge luftslott; *(se også 5);*
4.: build in 1. bygge (*el.* mure) inn; 2. omgi med bygninger; 3. *fig:* bygge inn *(fx safety features);*
5.: *build on* 1. bygge på; bebygge *(fx a site);* 2. bygge til; bygge på; ***build on to a house*** bygge på et hus; 3. *fig(=base on)* bygge på; basere på; *(jvf 3 ovf);*
6.: build over*(=build up)* bebygge *(fx an area);*
7.: *build up* 1. bygge opp; 2. *om kroppsbygger:* bygge seg opp; 3. *fig:* bygge opp *(fx a library);* bygge seg opp; ***build sby up*** bygge en opp; lage forhåndsreklame for en; ***they built her up into a star*** de bygde henne opp til stjerne; ***tension had been building up for a considerable time*** spenningen hadde bygd seg opp gjennom lenger tid.
builder [ˌbildə] *s* **1.: *(master) builder*** byggmester;
2*(=building contractor)* bygningsentreprenør;
3*(=skilled builder; house carpenter)* bygningssnekker;
4*(=building worker)* bygningsarbeider;
5. T: *we're having the builders(=workmen) in this week* vi har håndverkere i huset denne uken.
building [ˌbildiŋ] *s* **1.** bygning; **2.** bygging; byggevirksomhet; bygningsvesen.
building association byggelag; *(se building society).*
building contractor bygningsentreprenør.
building crafts: *the building crafts* byggefagene.
building craftsman bygningshåndverker.
building cubes*(=building bricks)* byggeklosser.
building inspector *i kommune:* byggekontrollør; ***chief building inspector*** bygningssjef.
building land*(=large building site)* byggefelt.
building operations *pl:* byggearbeid; byggevirksomhet; ***building operations are expected to take 12-14 months*** byggetiden er anslått til 12-14 måneder.
building owner*(=builder)* byggherre.
building paper bygningspapp; isolasjonspapp.
building regulations *pl;* byggeforskrifter; bygningslov.
building set*(=construction set)* byggesett.
building site*(=construction site)* byggegrunn; byggetomt; byggeplass.
building society*(,***US:** *co-operative bank; savings and loan association)* boligselskap; byggeselskap.
building surveyor bygningskyndig takstmann.
building technology byggteknikk.
building trade byggebransje; byggefag.
building worker*(=construction worker)* bygningsarbeider.
build-up [ˌbild'ʌp] *s* **1.** økning; ***a build-up of traffic*** en økning i trafikktettheten; **2.: *(publicity) build-up*** (overdreven) forhåndsreklame (*el.* publisitet); **3.** *mil:* oppbygging.
built-in ['biltˌin; *attributivt:* ˌbilt'in] *adj:* innbygd *(fx a built-in cupboard).*
built-up ['biltˌʌp; *attributivt:* ˌbilt'ʌp] *adj:* bebygd; ***densely built-up areas*** tettbebygde områder.
bulb [bʌlb] *s* **1.** *bot:* (blomster)løk; **2.** *elekt:* ***(light) bulb*** (lys)pære; **3.** (glass)kolbe.
bulbous [ˌbʌlbəs] *adj:* løkformet; kuleformet.
Bulgaria [bʌlˌgɛəriə] *s; geogr:* Bulgaria.
I. Bulgarian [bʌlˌgɛəriən] *s* **1.** bulgar; **2.** *språk:* bulgarsk.
II. Bulgarian *adj:* bulgarsk.
I. bulge [bʌldʒ] *s* **1.** utbuling; bule; **2***(=sudden increase):* ***the birthrate bulge*** den sterke stigningen i antall fødsler.
II. bulge *vb(=swell outwards)* bule ut; bue seg utover; svulme *(fx his muscles bulged);* trutne.
bulimia [bju:ˌlimiə] *s; med.:* bulimi.
bulimic [bju:ˌlimik] *s; med:* person som lider av bulimi.
I. bulk [bʌlk] *s* **1.** omfang *n;* volum *n;*
2*(=main part)* mesteparten; størsteparten (*of* av);
3. korpus; (stor) skikkelse; ***he eased his bulk out of the chair*** han fikk den svære kroppen sin opp av stolen;
4. *mar(=bulk cargo)* styrtegods;
5.: *buy in bulk**(=buy in large quantities)* kjøpe inn i stort; kjøpe i store partier.
II. bulk *adj:* løs; upakket.
bulk buying storinnkjøp; det å kjøpe inn i stort.
bulk cargo *mar:* styrtegods.
bulkhead [ˌbʌlk'hed] *s; mar:* skott *n.*
bulk market *merk:* ***the bulk market*** bulkmarkedet.
bulk order *merk:* stor ordre; ordre på stort parti.
bulky [ˌbʌlki] *adj:* omfangsrik; stor *(fx parcel);* ***bulky goods*** sperregods.
I. bull [bul] *s* **1.** *zo:* okse; *om elefant, sjiraff, etc:* han(n);
2. *astr:* ***the Bull****(=Taurus)* Tyren; ***he's (a) Bull*** han er Tyr;
3. *fig:* ***take the bull by the horns*** ta tyren ved hornene;
4*(=bull's eye)* blink;
5. *børsuttrykk:* haussist.
II. bull *s:* (pavelig) bulle; ***bull of excommunication*** bannbulle; bannbrev.
bulldog [ˌbul'dɔg] *s* **1.** *hunderase:* bulldogg;
2. *ved Oxford; ledsager 'the proctor':* ordensbetjent.
bulldoze [ˌbul'douz] *vb* **1.** bruke bulldoser på; planere; rydde; **2.** *fig:* ***bulldoze one's way*** brøyte seg frem; ***bulldoze sby into doing sth*** tvinge en til å gjøre noe.
bulldozer [ˌbul'douzə] *s; også fig:* bulldoser.
bullet [ˌbulit] *s:* kule; prosjektil *n.*
bulletin [ˌbulitin] *s:* bulletin.
bulletin board*(=noticeboard)* oppslagstavle.
bulletproof [ˌbulit'pru:f] *adj:* skuddsikker.
bullfight [ˌbul'fait] *s:* tyrefektning.
bullfinch [ˌbul'fintʃ] *s; zo:* dompap.
bullock [ˌbulək] *s(=gelded bull)* gjeldokse.
bullring [ˌbul'riŋ] *s; for tyrefektning:* arena.
bull's-eye [ˌbulzai] *s* **1.** *sport:* sentrum *(n)* (i blinkskive); blink; blinkskudd; **2.** *mar:* skylight; **3.** *fig:* blink; ***hit the bull's-eye with a question*** treffe blinken med et spørsmål.
bullshit [ˌbulʃit] *s; vulg:* tullprat *n; vulg:* drittprat.
I. bully [ˌbuli] *s:* bølle; brutal fyr.
II. bully *vb:* tyrannisere; herse med; mobbe; ***he was bullied into doing it*** han ble tvunget til å gjøre det.
bully boy T*(=bully)* bølle; brutal fyr.
bullying [ˌbuliiŋ] *s:* tyrannisering; mobbing; ***school bullying*** mobbing på skolen.
bullyrag [ˌbuli'ræg] *vb(=bully)* plage.
bulrush [ˌbul'rʌʃ] *s* **1.** *bot:* sivaks; **2.** *bot:* ***(false) bulrush****(=reed mace)* bred dunkjevle; **3.** *bibl:* papyrus.
bulwark [ˌbulwək] *s* **1.** *mil:* (festnings)voll; **2.** *mar:* skansekledning; **3.** *fig:* bolverk; vern *n.*
I. bum [bʌm] *s* **1. T***(=buttocks)* rumpe; ***get off your bum!*** løft på rumpa! **2. US T***(=tramp)* boms; ***be on the bum*** gå på bommen; **3. US T***(=loafer; no-good)* dagdriver; person som det ikke er noe ved; **4. US T** *i sms(=freak):* ***beach bums*** folk som elsker å ligge på stranden.
II. bum *vb* **1***(=scrounge)* bomme *(fx a cigarette; a lift);*
2.: *bum around**(=tramp around)* farte omkring.
III. bum *især* **US 1***(=useless)* ubrukbar; dårlig *(fx advice);* **2***(=disagreeable)* ubehagelig *(fx job).*
bum bag T*(=hip bag)* magebelte; rumpetaske.
bumble [bʌmbl] *vb(=buzz; drone; hum)* summe; brumme.
bumblebee [ˌbʌmbl'bi:] *s; zo:* humlebie.
bumf, bumph [bʌmf] *s* **1. S***(=toilet paper)* dopapir;
2. T*(=stuff)* papirer *n (fx send us all the bumf about it).*

I. bump [bʌmp] *s* **1.** dunk *n (fx we heard a loud bump);* støt *n;* slag *n; fig:* ***this brought her down to earth with a bump*** dette fikk henne brått ned på jorda igjen; **2.** *på kroppen(=lump)* kul; **3.** *i veibanen:* kul; ujevnhet; **4.** *i skiterreng(=mogul)* kul; ***hollows and hard bumps*** *(= bumps and hollows)* kuler og staup *n.*

II. bump *vb* **1.** dunke; støte; slå *(fx one's head on the ceiling);* støte på; komme bort i;
2.: ***bump along*** skumpe av sted;
3. *fig:* ***bump into*** løpe på *(fx sby);*
4. S: ***bump off****(=kill)* rydde av veien.

I. bumper [ˌbʌmpə] *s* **1.** *på bil:* støtfanger; **2.** stort, fint eksemplar; (stor) deising; **3.** breddfullt glass.

II. bumper *adj:* (rekord)stor; rekord-.

bumper car *(=dodgem)* radiobil (i fornøyelsespark).

bumptious [ˌbʌmpʃəs] *adj:* skittviktig; brautende.

bumpy [ˌbʌmpi] *adj; om vei:* ujevn; humpete.

I. bunch [bʌntʃ] *s* **1.** knippe *n;* bukett *n;* klase *(fx of grapes);* tust *(fx of grass);* **2.:** ***a bunch of queries*** en del spørsmål; **3.** flokk; klikk; ***a bunch of friends*** en venneklikk; **T:** ***the best of the bunch****(=lot)* den beste av dem alle; ***a nice bunch of lads*** noen kjekke gutter.

II. bunch *vb:* ***bunch (up)****(=bundle up)* bunte (sammen).

I. bundle [bʌndl] *s* **1.** bunt; knippe *n (fx of firewood; of suggestions);* bylt *(fx of clothes);* ***a bundle of contradictions*** en samling motsigelser;
2. S*(=a lot of money)* stor pengesum;
3. S: ***go a bundle on****(=be extremely fond of)* like veldig godt!

II. bundle *vb* **1***(=bundle up)* bunte sammen; bylte sammen; *(se 5 & 6);*
2.: ***bundle sth into a drawer*** dytte noe ned i en skuff; ***he was bundled into the car*** han ble stuet inn i bilen;
3.: ***bundle off****(=pack off)* skysse av sted;
4.: ***bundle out*** få ut; kvitte seg med *(fx sby out of the house);*
5.: ***bundle together****(=bundle up)* bunte sammen;
6.: ***bundle up*** 1. bunte sammen; pakke sammen *(fx one's knitting);* 2*(=wrap up)* kle seg varmt; kle godt på.

bun fight *s* **S***(=tea party; coffee party)* teselskap; kaffeslabberas.

I. bung [bʌŋ] *s:* spuns.

II. bung *vb* **1.** spunse; **2.:** ***bunged up****(=blocked; clogged up)* tilstoppet; tett *(fx with mud).*

bungalow [ˌbʌŋgəlou] *s(=one-storey house)* enetasjes hus.

bungee [ˌbʌndʒi] *s(=bungee rope)* elastisk stropp; *til takgrind:* bagasjestropp.

bungee jump *sport:* strikkhopp.

bungee-jumping *sport:* strikkhopping.

I. bungle [bʌŋgl] *s:* dårlig jobb; slurvet utført jobb.

II. bungle *vb:* forkludre; gjøre feil; ***someone has bungled*** en eller annen har gjort en feil.

bungler [ˌbʌŋglə] *s(=blunderer)* klodrian; ***a useless bungler*** en udugelig fyr.

bungling [ˌbʌŋgliŋ] *adj(=clumsy)* klossete.

I. bunk [bʌŋk] *s* **1.** køye; **2. T***(=bed)* seng; **T:** loppekasse; **3. S:** ***do a bunk****(=run away;* **T:** *decamp)* stikke av; **4. T***(=nonsense)* sludder *n;* tøys *n;* tull *n.*

II. bunk *vb:* ***bunk down****(=bed down)* legge seg (på provisorisk natteleie) *(fx on the floor).*

bunk bed køyeseng; etasjeseng.

bunker [ˌbʌŋkə] *s* **1.** *mar & mil:* bunker;
2. *golf(,***US:** *sand trap)* bunker.

II. bunker *vb* **1.** *mar:* bunkre; **2.** *golf(=drive into a bunker)* slå inn i en bunker *(fx bunker the ball).*

bunkum [ˌbʌŋkəm] *s(=nonsense)* sludder *n;* tøys *n;* tull *n;* ***all the bunkum that goes down these days*** alt det sludderet som folk lar seg proppe med nå for tiden.

bunny [ˌbʌni] *s* **1.** *barnespråk:* ***bunny (rabbit)*** kanin;
2.: ***bunny (girl)*** nattklubbvertinne (med drakt som har kaninører og kaninhale).

I. bunting [ˌbʌntiŋ] *s:* flaggduk; *kollektivt:* flagg *n.*

II. bunting *s; zo:* buskspurv; ***yellow bunting*** *(=yellowhammer)* gulspurv; *(se sparrow 1).*

I. burrow [ˌbʌrou] *s:* ***fox burrow*** revehi.

II. burrow *vb:* grave gang(er) under jorda; grave hi *n.*

bursar [ˌbə:sə] *s* **1.** *univ:* kvestor;
2. *i Skottland:* stipendiat.

bursary [ˌbə:səri] *s* **1.** *univ:* kvestur *n;*
2. *i Skottland; univ(=scholarship; grant)* stipend *n.*

I. burst [bə:st] *s* **1.** sprengning; brudd *n;* ***pipe burst*** *(= burst pipe)* brudd på ledningen;
2. *mil(=volley)* salve;
3. *fig:* ***a burst****(=round)* ***of applause*** en bifallssalve;
4*(=spurt)* anfall *(n) (of* av) *(fx of energy).*

II. burst *vb(pret & perf.part.: burst)* **1.** briste; sprekke; få til å sprekke; smelle *(fx a paper bag); om dekk:* eksplodere; ***the bag burst*** posen (,sekken) sprakk; ***the bubble burst****(=broke)* boblen brast;
2. *bot:* ***the buds are bursting*** knoppene springer ut; *(se også 5, 3);*
3.: ***burst at the seams*** 1. revne (*el.* gå opp) i sømmene; 2. **T:** ***the place is bursting at the seams*** stedet er proppfullt;
4.: ***burst in on sby*** trenge seg inn til en;
5.: ***burst into*** 1. komme farende inn i *(fx a room);* 2.: ***he burst****(=broke)* ***into song*** han begynte plutselig å synge; *(se også 6: burst out 2);* 3. *om busker el. trær:* ***burst into leaf*** springe ut; få løv *n; (se også 2 ovf);*
6.: ***burst out*** 1*(=exclaim)* utbryte; 2.: ***burst out laughing*** plutselig begynne å le; briste i latter; *(jvf 5: burst into 2);* 3.: ***he burst out of the room*** han fór ut av rommet;
7.: ***burst through*** bryte gjennom *(fx the sun burst through);*
8. *stivt:* ***the truth burst upon him****(=he suddenly realised the truth)* plutselig gikk sannheten opp for ham;
9.: ***be bursting to*** være sprekkferdig av iver etter å …

bury [ˌberi] *vb* **1.** begrave; **2.** *også fig:* grave ned; begrave; ***she buried****(=hid)* ***her face in her hands*** hun skjulte ansiktet i hendene; ***he was buried in a book*** *(,in his work)* han var begravd i en bok (,i arbeidet sitt); *fig:* ***bury the hatchet*** begrave stridsøksen.

I. bus [bʌs] *s(pl: buses;* **US:** *busses)* **1.** buss; ***change buses*** bytte buss; ***he came by bus****(=on the bus)* han kom med bussen; ***get on (,off) the bus*** gå av (,på) bussen; ***miss the bus*** 1. komme for sent til bussen; 2*(= miss the boat)* la sjansen gå fra seg; ***which bus do I take for X?****(=which is the right bus for X?)* hvilken buss skal jeg ta når jeg skal til X? ***is this (bus) all right for X?*** er dette den riktige bussen når jeg skal til X?
2. *om gammel bil el. fly* **T:** kjerre; **3.** *EDB:* databuss.

II. bus *vb* **1.** frakte med buss; ***the bussing of children to school*** skoleskyss; **2. T:** ***bus it*** ta bussen.

bus bay *(=bus layby; bus pull-in)* busslomme.

I. bush [buʃ] *s* **1.** *bot(=shrub)* busk;
2. krattskog; buskas *n;* ***the bush*** 1. udyrket og tynt befolket område; *n;* bushen; 2. *spøkef(=the countryside)* landsbygda *(fx live in the bush);*
3.: ***a bush of black hair*** en svart hårmanke;
4. *fig:* ***beat about the bush*** komme med utenomsnakk; gå som katten om den varme grøten;
5.: ***beat the bushes for*** lete med lys *(n)* og lykte etter;
6. *fig:* ***they don't grow on every bush*** de vokser ikke på trær *n.*

II. bush *s; tekn:* bøssing.

bushel [ˌbuʃəl] *s; hist:* skjeppe (ɔ: 36,4 liter); *bibl:* ***hide one's light under a bushel****(=be modest about one's abilities)* sette sitt lys under en skjeppe.

bushing [ˌbuʃiŋ] *s(=bush)* bøssing; hylse; muffe.

bushy [ˌbuʃi] *adj* **1.** krattbevokst; **2.** buskete.

business [ˌbiznis] *s* **1.** forretning *(fx he has two businesses);* ***it's just business now*** det er gått forretning (,**T:** butikk) i det; ***be in business****(=carry on (a) business; run a business)* drive forretning; ***he's in business***

for himself han driver egen forretning;
2. forretninger; forretningsvirksomhet; ***do business with****(=trade with)* handle med; gjøre forretninger med; ***go into business*** gå forretningsveien; ***he has a good head for business****(=he has a flair (,****T:*** *nose) for business)* han har forretningssans; ***on business*** i forretninger; ***on business or (for) pleasure*** i forretninger eller for sin fornøyelses skyld; ***he's made a lot of money in business*** han har tjent mange penger på forretninger;
3*(=trade): (line of)* ***business*** bransje; ***we're in the same line of business*** vi er i samme bransje;
4*(=trade; sales):* ***business is poor today*** det er dårlig omsetning i dag; ***it's bad for business*** det går ut over omsetningen;
5*(=task; job)* oppgave *(fx it's our business to ...);* ***he made it his business to help me*** han satte seg fore å hjelpe meg;
6*(=matter)* sak *(fx a serious business);* affære *(fx this business is making me ill);* ***it's not just anybody's business to*** det er ikke enhvers (*el.* hvermanns) sak å; ***this matter is the business of****(=belongs to)* ***a different forum*** denne saken hører hjemme i et annet forum; ***an awkward****(=bad)* ***business*** en kjedelig sak; ***an ugly business*** en stygg historie (*el.* sak); ***get down to business*** komme til saken; begynne med det man egentlig skulle gjøre; ***meddle in other people's business*** blande seg i andres saker; ***mind one's own business*** passe sine egne saker;
7.: ***the business of the meeting****(=day)* de saker som står på dagsordenen; ***the business before the meeting****(=the question before us)* foreliggende sak; ***and that completes the business of today's meeting*** og dermed er vi ferdig med de saker som står på dagsordenen; ***proceed with the business of the day*** gå over til dagsordenen; ***any other business****(fk a.o.b.) på dagsorden:* eventuelt;
8. *forskjellige forb:* ***go about one's business*** passe sine (egne) saker; **T:** ***send sby about their business****(= send sby packing)* sette en på porten; jage en på dør; slå opp med en; **T:** gi en på båten; **T:** ***now we're back in business*** 1. nå begynner det å flaske seg igjen; 2. nå har vi noe å henge fingrene i igjen; ***business before pleasure*** arbeid *(n)* (går) foran fornøyelser; ***that's nobody's business*** det vedkommer ingen; ***what I do after work is my own business*** hva jeg gjør etter arbeidstid, er min egen sak (*el.* en privatsak); ***what business is that of yours?*** hva angår (,**T:** raker) det deg? ***what's your business here?*** hva gjør du her? ***it's none of your business to give me orders!****(=it's not for you to give me orders!)* du har ikke noe med å gi meg ordrer! ***you've no business****(=right)* ***to be here*** du har ikke noe med å være her; ***he has no business coming here*** han har ikke noe med å komme hit; ***mean business*** mene det alvorlig.

business administration *(=science of industrial management) skolev:* bedriftsøkonomi; ***the Institute of Business Administration*** Bedriftsøkonomisk institutt *n;* ***Master of Business Administration*** *(fk MBA)* handelskandidat.

business college UK: handelsskole (med sekretærkurs og økonomiske fag); *(jvf commercial college).*

business connection forretningsforbindelse; ***take up business connections with a firm*** tre i forretningsforbindelse med et firma.

business deal *(=business transaction)* forretning; handel; forretningstransaksjon.

business economy *merk:* driftsøkonomi; *(jvf business administration; business management).*

business education*(=business training)* handelsutdannelse.

business end: ***the business end*** **1***(=the business side (of it))* den forretningsmessige side av saken;
2. T: den skarpe enden (av et verktøy).

business enterprise forretningsforetagende.

business executive ledende forretningsmann; ledende forretningskvinne; ***business executives*** ledende forretningsfolk.

business hours *pl:* forretningstid; åpningstid; ***during business hours*** i forretningstiden; *(se office hours).*

business job jobb i forretningslivet; ***top business job*** toppstilling i forretningslivet.

business letter forretningsbrev.

businesslike [ˌbiznis'laik] *adj:* forretningsmessig.

businessman [ˌbiznis'mən] *s:* forretningsmann.

business management 1 *(=running a business)* forretningsdrift; **2.** bedriftsøkonomi; *(jvf business administration; works management).*

business manager 1. bedriftsleder;
2. *for artist, etc:* forretningsfører.

business partner forretningspartner.

business practice forretningspraksis; ***conform to the usual business practice*** følge vanlig forretningspraksis.

business premises *pl* **1.** forretningseiendom;
2. forretningslokale(r).

business purposes *pl:* ***for business purposes*** i forretningsøyemed.

business sense*(=a good head for business)* forretningssans.

business side: ***the business side of it*** den forretningsmessige side av saken.

business studies *pl; skolev* **1.** *pl(=commercial subjects)* handelsfag;
2. *ved yrkesfaglig studieretning:* yrkesøkonomi.

business studies teacher handelsfaglærer.

business trip forretningsreise.

(business) tycoon næringslivstopp.

busker [ˌbʌskə] *s; i London:* gatemusikant; gatesanger.

bus pull-in*(=bus layby; bus bay)* busslomme.

bus service *om tjenesten:* bussforbindelse; bussrute; busslinje; ***there's a good bus service into the city*** det er god bussforbindelse inn til byen.

bus stop bussholdeplass; *(jvf request stop).*

I. bust [bʌst] *s* **1.** byste; **2.** bystemål; byste.

II. bust *s* **T 1.** politirazzia; **2***(=arrest)* arrestasjon; **3.** narko(tika)beslag; ***the bust is analysed*** narkobeslaget analyseres.

III. bust *adj & adv* **T 1***(=broke)* blakk;
2. ruinert; ***go bust*** gå nedenom; gå fallitt.

buster [ˌbʌstə] *s* **US** *i tiltale(=mate)* kamerat.

I. bustle [ˌbʌsəl] *s* **1.** travelhet; ***hustle and bustle*** liv og røre; stor travelhet; **2.** *på kjole:* kø.

II. bustle *vb:* ***bustle about*** være travelt beskjeftiget.

bustling [ˌbʌsliŋ] *adj:* travel; geskjeftig.

bust-up [ˌbʌst'ʌp] *s* **T 1***(=quarrel)* krangel; **2***(=fight)* slagsmål; **3.** *om forhold:* slutt; ***the bust-up of their marriage*** slutten på deres ekteskap *n.*

busty [ˌbʌsti] *adj* **T***(=bosomy)* med store bryster *n.*

I. busy [ˌbizi] *adj* **1.** travel; travelt opptatt; ***busy as a bee*** maurflittig; ***busy with*** (travelt) opptatt med; ***keep sby busy*** sørge for at en er opptatt med noe; sørge for at en har noe å henge fingrene i; holde en i ånde; ***I'm very busy just now*** jeg har det meget travelt akkurat nå;
2. *tlf* **US***(=engaged)* opptatt;
3*(=much used)* (sterkt) trafikkert.

II. busy *vb:* beskjeftige; ***busy oneself (-ing)*** beskjeftige seg med å; ***he busied himself about****(=in)* ***the house*** han fant seg noe å gjøre i huset.

busybody [ˌbizi'bɔdi] *s:* geskjeftig person.

busy signal *tlf* **US** *& Canada(=engaged tone)* opptattsignal.

I. but [bʌt] *s:* men *n;* ***I won't have any ifs or buts!*** jeg vil ikke ha noen om og men!

II. but [bʌt; *trykksvakt:* bət] *konj, adv, prep* **1.** men; ***yes, but ...*** ja, men ...; ***but just what is ...?*** men hva er egentlig ...? *(fx forgive my ignorance, but just what is a 'boma'?);*

2. *i utrop:* ***my, but you're nice!*** nei, så søt du er!
3. *i nektende setninger:* ***it hurt nobody but himself****(=it only hurt him(self))* det skadet ingen andre enn ham selv; ***no-one but you****(=only you)* ingen annen enn du; ***we can't do anything but wait****(=there's nothing we can do except wait; the only thing we can do is wait)* vi kan ikke gjøre annet enn å vente; ***the truth, however, is anything but*** sannheten er imidlertid en helt annen; ***I couldn't but admit****(=I could only admit)* ***that he was right*** jeg kunne ikke annet enn innrømme at han hadde rett; ***it's no one's fault but your own****(=you've only (got) yourself to thank(=blame) for it)* du har bare deg selv å takke for det;
4. *stivt(=just; only)* bare *(fx he was but a child);*
5. *stivt(=only):* ***I can but try*** jeg kan ikke gjøre annet enn å forsøke;
6. *stivt; etter nektelse el. med implisitt nektelse:* ***we never go out but it rains****(=when we go out it invariably rains)* vi kan aldri gå ut uten at det regner; ***no man is so old but he may learn****(=no one is too old to learn)* ingen er for gammel til å lære;
7. *i sammenligninger sammen med superl:* ***the biggest but one****(=the second biggest; the next biggest)* den nest største; den neststørste; ***the highest but one****(=the second highest)* den nest høyeste; ***the last but one*** den nestsiste; ***the last but two*** den tredje siste; ***the next road but one****(=the road after the next one)* den andre veien (herfra);
8. *stivt:* ***but that****(=except that)*: ***nothing is impossible but that we live for ever*** ingenting er umulig, bortsett fra at vi skulle kunne leve evig;
9. *stivt:* ***but for****(=without)* hvis det ikke hadde vært for; uten *(fx but for your help we would have been late);*
10. *stivt:* ***all but*** 1. alle unntatt; alle bortsett fra; 2*(=almost)* nesten; så godt som;
11.: ***but then****(=however)* men *(fx she's very beautiful, but then so are her sisters).*

I. butch [butʃ] *s* **S 1.** mannhaftig kvinnfolk *n;*
2. lesbisk kvinne som er tydelig maskulin.

II. butch *adj* **S 1.** *neds; om lesbisk kvinne(=mannish)* mannhaftig;
2. *om homofil mann:* maskulin;
3. *om mann, også beundrende(=macho; very masculine)* utpreget maskulin; ***he's interesting, he's exciting, he's butch!*** han er interessant, han er spennende, han er et ordentlig mannfolk!

I. butcher [ˌbutʃə] *s* **1.** slakter; **2.** *fig:* slakter; bøddel; morder.

II. butcher *vb* **1.** slakte *(fx a pig);* **2.** *fig:* slakte (ned); drepe.

butler [ˌbʌtlə] *s:* hovmester.

butlery [ˌbʌtləri] *s:* anretningsrom.

I. butt [bʌt] *s* **1.** tykk ende; skaft *n;* ***pistol butt*** pistolkolbe; ***rifle butt****(=gunstock)* geværkolbe;
2.: ***(cigarette) butt****(=stub)* (sigarett)stump;
3. US S*(=cigarette)* røyk; sigarett;
4. US T*(=buttocks;* **T:** *bum)* rumpe *(fx move your butt!);*
5. *fra dyr med horn:* støt *n; fra menneske:* skalle; ***give sby a butt*** gi en en skalle;
6. *fig(=target)* skyteskive; ***they were the butt of jokes*** man slo vitser på deres bekostning;
7. stor tønne; ***water butt*** vanntønne.

II. butt *vb* **1***(=head-butt)* stange; *om menneske:* skalle; ***butt sby****(=give sby a butt)* skalle en;
2.: ***butt in****(=interrupt; interfere)* avbryte; blande seg inn *(fx don't butt in while I'm speaking!);* ***butt into a conversation****(=interrupt a conversation)* blande seg inn i en samtale.

butt end 1. tykk ende; **2.** *av stokk:* rotende.

I. butter [ˌbʌtə] *s* **1.** smør *n;* ***dairy butter*** meierismør; ***farm butter*** bondesmør; ***herb butter*** kryddersmør; ***melted butter*** smeltet smør; ***spread (the) butter lavishly on the bread*** ha tykt med smør på brødet;
2.: ***she looks as if butter wouldn't melt in her mouth*** hun ser ut som om hun ikke kunne gjøre en katt fortred.

II. butter *vb* **1***(=spread butter on)* ha smør *(n)* på;
2.: ***butter sby up****(=flatter sby)* smigre en (for å oppnå noe).

buttercream [ˌbʌtə'kri:m] *s:* smørkrem.

buttercup [ˌbʌtə'kʌp] *s; bot* **1.:** ***(meadow) buttercup*** engsoleie; smørblomst; **2.:** ***bulbous buttercup*** knollsoleie.

butterfingered [ˌbʌtə'fiŋgəd] *adj(=apt to drop things)* slepphendt.

butterfingers [ˌbʌtə'fiŋgəz] *s:* klossmajor.

butterfly [ˌbʌtə'flai] *s* **1.** *zo:* (dag)sommerfugl;
2. *svømming:* ***butterfly (stroke)*** butterfly;
3.: ***have butterflies in the stomach*** ha sommerfugler i magen.

buttermilk [ˌbʌtə'milk] *s:* kjernemelk.

butterscotch [ˌbʌtə'skɔtʃ] *s:* fløtekaramell.

buttery [ˌbʌtəri] *s* **1.** proviantrom; **2.** *univ:* sted *(n)* hvor studentene får (kjøpt) matvarer.

buttock [ˌbʌtək] *s* **1.** *mar:* akterspeil; **2.** *anat:* seteball; rumpeballe.

buttocks *pl:* rumpe *(fx smack a child on the buttocks).*

I. button [ˌbʌtən] *s:* knapp; ***push button*** trykknapp; ***he opened****(=undid)* ***the top two buttons of his shirt*** han kneppet opp de to øverste skjorteknappene.

II. button *vb* **1***(=button up)* kneppe igjen; **2.:** ***button on*** kneppe på; **3.:** ***button up*** 1. kneppe igjen; 2. **T:** avslutte (på en tilfredsstillende måte).

I. buttonhole [ˌbʌtən'houl] *s* **1.** knapphull; **2.** knapphullsblomst.

II. buttonhole *vb:* ***buttonhole sby*** oppholde en med snakk *n;* hake seg fast i en (for å snakke).

button mushroom *bot:* liten sjampinjong.

button-on ['bʌtənˌɔn] *adj:* til å kneppe på.

buttons [ˌbʌtənz] *s* **T***(=page)* pikkolo.

I. buttress [ˌbʌtris] *s; arkit(=pier)* støttepilar.

II. buttress *vb* **1.** støtte opp (med støttepilar);
2. *fig(= support)* styrke.

butty [ˌbʌti] *s* **1.** *dial(=workmate)* arbeidskamerat;
2. *nordengelsk(=sandwich)* brødskive.

buxom [ˌbʌksəm] *adj:* trivelig *(fx she's small and buxom);* frodig *(fx a buxom lass).*

I. buy [bai] *s* kjøp *n;* ***a good (,bad) buy*** et godt (,dårlig) kjøp.

II. buy *vb(pret & perf. part.: bought)* **1.** kjøpe; ***buy me one****(=buy one for me)* kjøp en til meg; ***buy back*** kjøpe tilbake; ***what have you bought with the money?*** hva har du kjøpt for pengene? ***buy for cash*** kjøpe kontant; ***buy from*** kjøpe av; kjøpe hos; ***buy in*** 1. kjøpe inn; 2. kjøpe seg inn; ***buy into*** kjøpe seg inn i; ***buy oneself off*** kjøpe seg fri; ***buy out*** kjøpe ut; ***buy up*** kjøpe opp; **2.:** ***buy (off)****(=bribe)* kjøpe; bestikke; **3. T:** tro (på); godta; akseptere; ***I'll never buy that*** det tror jeg ikke på; **T:** den går jeg ikke på.

buyer [ˌbaiə] *s* **1.** kjøper; **2.** *merk:* innkjøpssjef.

buying [ˌbaiiŋ] *s:* det å kjøpe; kjøp *n;* oppkjøp; ***buying and selling*** kjøp og salg; ***buying (up)*** oppkjøp.

I. buzz [bʌz] *s* **1***(=buzzing sound)* summing *(fx a low buzz of conversation);* **2. T***(=telephone call):* ***give me a buzz sometime*** ring til meg en gang; **3. T***(=kick):* ***I get a buzz from it****(=I get a kick out of it)* jeg nyter det; jeg synes det er veldig morsomt.

II. buzz *vb* **1.** surre; summe;
2. ringe på; tilkalle (ved hjelp av ringeapparat);
3.: ***buzz about, buzz around*** fare omkring; være stadig på farten; ***buzz off****(=go away)* dra av sted; ***buzz off!*** forsvinn (med deg)!

buzzard [ˌbʌzəd] *s; zo:* ***(common) buzzard*** musvåk.

buzzer [ˌbʌzə] *s:* lydsignal; akustisk signal *n.*

buzzword [ˌbʌz'wə:d] *s* **T:** moteord.

I. by [bai] *adv* **1.:** ***close by****(=near by)* like ved *(fx I was*

standing close by); ***they stood by and watched*** de stod der og så på; *(jvf II. by 6);*
2(*=past*) forbi *(fx a car drove by);*
3.: ***put money by***(*=aside*) legge penger til side;
4.: ***by and by*** litt senere; litt etter;
5.: ***by and large***(*=mostly; all things considered*) i det store og hele; stort sett;
6. *især* **US:** ***stop by***(*=drop in*) stikke innom.

II. by *prep* **1.** *i passiv:* av; ***a symphony by Mozart*** en symfoni av Mozart;
2. med *(fx what did he mean by that?);*
3. *om reisemåte, etc:* med; ***come by air*** komme med fly; ***come by***(*=on the*) ***bus*** komme med buss(en); ***travel to Paris by Dover and Calais*** reise til Paris via (*el.* over) Dover og Calais;
4. *etter samliv:* med *(fx he had a son by her);*
5. pr. per; ***be paid by the hour*** bli betalt pr. time; få timebetaling; ***he's going to contact us by letter*** han vil kontakte oss pr. brev *n;* ***can we pay by the week?*** kan vi få betale på ukesbasis?
6(*=near*) ved *(fx by the door);* hos *(fx I kept him by me);* ***right by the road*** like ved veien; *(jvf I. by 1);*
7(*=past*) forbi *(fx I saw him going by the house);*
8.: ***it's all right by me*** det er i orden for meg;
9.: ***by oneself*** 1. alene; for seg selv; 2. på egen hånd; 3.: ***he's in a class by himself*** han er i en klasse for seg;
10. *om midlet:* ved *(fx earn one's living by writing);* ***by force*** med makt; ***seize it by the handle*** gripe det i håndtaket; ***by means of***(*=with the aid of*) ved hjelp av; ***he frightened her by hiding behind the door*** han skremte henne ved å gjemme seg bak døren;
11. *om tilfeldighet:* ***meet by chance*** møtes tilfeldig;
12. *om lyskilde:* i *(fx read by lamplight);* ***by candlelight*** i stearinlys; med levende lys *n;* ***see it by daylight*** se det i dagslys;
13. *om tid* 1. om; ***work by night*** arbeide om natten; ***travel by night*** reise om natten; 2. senest; ikke senere enn; innen; til *(fx you must come by(=not later than) nine);* ***by then***(*=by that time*) innen da; ***by Friday***(*= not later than Friday*) innen fredag; senest (på) fredag; ***by now*** nå *(fx he should be there by now);*
14. *ved besvergelse:* ved *(fx he swore by all that he held sacred that ...);*
15. *ved angivelse av kjennetegn; ved sammenligninger:* ***judge by appearances*** dømme etter utseende *n;* ***I know him by sight*** jeg kjenner ham av utseende; ***better by far***(*=far better*) langt bedre; ***longer by ten centimetres***(*=ten centimetres longer*) 10 cm lengre; ***win by two metres*** vinne med to meter;
16. *ved angivelse av dimensjoner, mål, enheter:* ***multiply it by three*** gang det med tre; ***10 metres by 4 (metres)*** 10 ganger 4 meter; ***divided by*** dividert med; ***multiplied by*** multiplisert med; ***by the dozen*** (i) dusinvis; ***one by one*** en etter en; en for en; enkeltvis; ***two by two*** to og to (sammen); to om gangen; *om mål:* to ganger to; ***by twos and threes*** to og tre om gangen; i grupper på to og tre;
17. *ved fødsel, yrke, navn:* ***English by birth*** engelsk av fødsel; ***a teacher by profession*** (en) lærer av yrke; ***he goes by the name of Plug*** han går under navnet Plug;
18. *ved kompassretning:* til; ***north by east*** nord til øst; ***north-east by north*** nordnordøst;
19. *mht. overensstemmelse el. noe man bygger på:* etter; ***by all accounts*** etter alt å dømme; ***have sth to go by*** ha noe å gå (*el.* rette seg) etter; ***that's nothing to go by*** det er ikke noe å gå etter; ***by my watch it's two o'clock*** klokken er to etter min klokke; ***sell by sample*** selge etter prøve; ***by***(*=on*) ***request*** på oppfordring; etter anmodning;
20.: ***by degrees***(*=little by little*) gradvis; litt etter litt; ***day by day*** dag for dag;
21.: ***learn sth by heart*** lære noe utenat;
22.: ***by the way***(*=incidentally*) for øvrig; forresten;
23(*=according to*) ifølge *(fx by her I'm no writer).*

by- *forstavelse:* bi-; side-.

bye(-bye) [ˌbai(ˌbai)] **T**(*=goodbye*) ha det; morna; ***bye for now*** ha det (så lenge).

by-election [ˌbaiiˈlekʃən] *s:* suppleringsvalg; utfyllingsvalg.

I. bygone [ˌbaiˈgɔn] *s:* ***let bygones be bygones*** la oss bli enige om å la gjemt være glemt.

II. bygone *adj:* forgangen; svunnen; ***in bygone days***(*= in days gone by*) i svunne tider; ***you're thinking in terms of a bygone age*** din måte å tenke på er preget av en svunnen tid.

bylane [ˌbaiˈlein] *s*(*=side lane*) sidevei.

by-law, bye-law [ˌbaiˈlɔ:] *s:* ***(local) by-laws*** (kommunale) vedtekter; ***building by-laws*** bygningsforskrifter.

by-line [ˌbaiˈlain] *s* **1.** *fotb*(*=goal line*) mållinje; **2.** *i avis:* forfatterangivelse (mellom overskriften og selve artikkelen).

byname [ˌbaiˈneim] *s* **1**(*=nickname*) tilnavn; økenavn; **2**(*=secondary name*) tilnavn.

I. bypass, by-pass [ˌbaiˈpɑ:s] *s:* omkjøringsvei; ringvei.

II. bypass, by-pass *vb* **1.** føre (*el.* lede) utenom; **2.** *fig:* omgå; gå utenom; ***bypass***(*=avoid*) ***the problems***(*= pass the problems by*) gå utenom problemene *n.*

by-product [ˌbaiˈprɔdəkt] *s; også fig:* biprodukt.

byroad [ˌbaiˈroud] *s*(*=bylane*) sidevei.

bystander [ˌbaiˈstændə] *s:* tilskuer; en som står i nærheten, men ikke deltar; ***the bystanders*** de omkringstående.

bystreet [ˌbaiˈstri:t] *s:* (liten) sidegate.

byte [bait] *s; EDB:* ***(8-bit) byte*** byte; bitgruppe.

byway [ˌbaiˈwei] *s:* (liten) sidevei.

byword [ˌbaiˈwə:d] *s* **1.** *person, sted el. ting som anses som typisk eksempel på noe:* ***their name is a byword for good service*** navnet deres står for god service; **2**(*= common saying*) munnhell *n;* ordtak *n.*

C

C, c [si:] **1.** C, c; *tlf:* ***C for Charlie*** C for Cæsar; ***capital C*** stor C; ***small c*** liten c; **2.** *mus:* ***C major*** C-dur; ***middle C*** liten c; ***take top C*** ta den høye c.

C *skolev:* karakter som svarer til 4.

cab [kæb] *s* **1**(*=taxi*) drosje; **2.:** ***(driver's) cab*** førerhus (i lastebil, etc).

cabal [kəˌbæl] *s; litt.; polit*(*=plot; scheme; intrigue*) renkespill; kabale; intrige.

cabaret [ˌkæbəˈrei] *s*(*=cabaret show*) kabaret.

cabaret performer(*=cabaret entertainer*) kabaretartist; kabaretsanger.

cabbage [ˌkæbidʒ] *s* **1.** *bot:* ***(common) cabbage*** (hvit)kål; hodekål; ***(head of) cabbage*** kålhode; ***red cabbage*** rødkål;
2. T *om hjelpeløs pasient*(*=vegetable*) grønnsak.

cabbage turnip *bot:* turnips; *(jvf turnip).*

cabby [ˌkæbi] *s* **T**(*=taxi-driver*) drosjesjåfør.

cabin [ˌkæbin] *s* **1.** *mar:* lugar; kahytt; ***double***(*=twin*)

cabin dobbeltlugar; ***four-berth cabin*** firemannslugar; ***single cabin*** enkeltlugar;
2.: *(log)* ***cabin*** (tømmer)hytte.
cabin crew *flyv:* kabinpersonale.
cabin cruiser *mar:* kabinkrysser.
cabinet [ˌkæbinət] *s* **1.** skap *n;* ***china cabinet*** vitrine;
2. *polit; forsamling(=Cabinet)* statsråd *n.*
Cabinet crisis regjeringskrise.
cabinet maker møbelsnekker.
cabinet meeting *polit:* statsråd.
cabinet minister*(=secretary of state;* **US:** *cabinet member) polit:* statsråd; departementssjef.
I. cable [keibl] *s* **1.** kabel; kabeltau; **2.** *mar* 1. ankertau; 2. trosse; **3***(=cablegram)* kabeltelegram.
II. cable *vb:* telegrafere.
cable car stol (i taubane); *(jvf lift car).*
cablegram [ˌkeiblˈgræm] *s:* kabeltelegram.
cable launching *flyv:* linestart; kabelstart.
cable release *fot:* snorutløser.
cablevision [ˌkeiblˈviʒən] *s(=cable television)* kabelfjernsyn; kabel-TV.
cableway [ˌkeiblˈwei] *s:* taubane; kabelbane.
cable winch kabelvinsj.
caboodle [kəˌbu:dl] *s* **T:** ***the whole (kit and) caboodle*** *(=the whole lot)* hele sulamitten; alt sammen.
caboose [kəˌbu:s] *s; mar:* bysse (på dekk); *(jvf galley 1).*
cab rank*(=cab stand)* drosjeholdeplass.
cacao [kəˌkɑ:ou] *s; bot:* kakaotre.
cacao bean *bot(=coco bean)* kakaobønne.
I. cache [kæʃ] *s* **1.** (hemmelig) skjulested;
2. *stivt el. spøkef:* hemmelig forråd *n* (*of* av).
II. cache *vb:* gjemme unna (på et hemmelig sted).
cachet [ˌkæʃei] *s* **1.** *med.(=capsule)* kapsel;
2. *post:* reklame i frankeringsstempel;
3. *fig:* preg *n;* særpreg; prestisje *(fx it gives you a certain cachet).*
I. cackle [kækl] *s* **1.** *om høne:* kakling; *om gås:* snadring;
2*(=noisy chatter)* høymælt skravl; **T:** ***cut the cackle!*** hold kjeft!
3. kvekkende latter.
II. cackle *vb* **1.** *om høne:* kakle; *om gås:* snadre;
2. skravle; **3.** le kvekkende.
cacophonous [kəˌkɔfənəs] *adj; stivt(=discordant; jarring)* kakofonisk; disharmonisk.
cacophony [kəˌkɔfəni] *s; stivt(=dissonance)* kakofoni; mislyd; dissonans.
cactus [ˌkæktəs] *s(pl: cactuses, cacti* [ˌkæktai]*)* kaktus.
caddie [ˌkædi] *s; golf:* caddie.
caddy [ˌkædi] *s* **1.**: *se caddie;* **2.** (liten) teboks.
cadence [ˌkeidəns] *s* **1.** *mus:* kadens; **2.** rytme; **3.** tonefall
cadet [kəˌdet] *s* **1.** *mil:* kadett; **2.** yngre sønn (*el.* bror).
I. cadge [kædʒ] *s* **T:** ***on the cadge*** som tigger (*el.* snylter på andre).
II. cadge *vb:* tigge (seg til); snylte på andre.
cadi [ˌkɑ:di] *s(judge in a Muslim community)* kadi.
cadmium [ˌkædmiəm] *s; kjem:* kadmium *n.*
cadre [ˌkɑ:də] *s; polit:* kader *n;* stampersonell.
caecum *(,***US:** *cecum)* [ˌsi:kəm] *s; anat:* blindtarm.
Caesar [ˌsi:zə] *s:* Cæsar; keiser; *bibl:* ***render unto Caesar the things which are Caesar's*** gi da keiseren hva keiserens er.
Caesarean *(,***US:** *Cesarean)* [siˌzɛəriən] *adj; med.:* ***Caesarean operation*** keisersnitt.
café [ˌkæfei; ˌkæfi] *s* **1. UK:** lite, billig bevertningssted;
2. *utenfor* **UK:** kafé; ***open-air café*** friluftskafé.
cafeteria [ˈkæfəˌtiəriə] *s:* kafeteria.
caff [kæf] *s* **S:** *se café 1.*
caffein(e) [ˌkæfi:n] *s; kjem:* koffein *n.*
cage [keidʒ] *s:* bur *n;* ***(sea) cage*** mære.
cagey, cagy [ˌkeidʒi] *adj* **T:** (meget) forsiktig.
cahoots [kəˌhu:ts] *s; pl* **T:** ***be in cahoots with****(=be in league with)* stå i ledtog med.
cairn [kɛən] *s:* varde.
cairned route *i fjellet:* varderute.
caisson [ˌkeisən] *s* **1.** senkekasse; ***(compressed air) caisson*** trykkluftcaisson; **2.** *i tørrdokk:* dokkport.
caisson disease *med.:* dykkersyke.
cajole [kəˌdʒoul] *vb; stivt(=coax)* godsnakke med; overtale (ved godsnakking).
I. cake [keik] *s* **1.** kake; **US:** ***apple cake****(=apple flan)* eplekake; ***cream cake****(=cream gâteau)* bløtkake; ***layer cake*** stor bløtkake (med fyll og overtrekk); ***sponge cake*** sukkerbrød; ***tea cakes*** småkaker; *(se tea fancy);*
2.: ***he can't have his cake and eat it****(=he can't have it both ways)* han kan ikke få både i pose og sekk; **T:** ***sell like hot -s*** gå som varmt hvetebrød; **T:** ***that's a piece of cake****(=that's very easy)* det er en smal sak; **T:** ***that takes the cake!*** det er det verste jeg har hørt! **T:** det tar kaka! *(jvf biscuit 4);* ***the (overall national) cake*** (samfunns)kaken; ***a bigger slice****(=share)* ***of the cake*** en større del av kaken.
II. cake *vb:* klumpe seg; størkne til en hard masse; ***caked with mud*** med et tykt lag søle på.
cake tin 1*(=baking tin;* **US:** *cake pan)* kakeform; **2***(=biscuit tin)* kakeboks.
calabash [ˌkæləˈbæʃ] *s* **1.** *bot:* ***calabash (tree)*** kalebasstre; **2.** *bot(=bottle gourd)* flaskegresskar; **3.** *drikkekar:* kalebass.
calamitous [kəˌlæmitəs] *adj; stivt el. spøkef(=disastrous)* katastrofal.
calamity [kəˌlæmiti] *s; stivt el. spøkef(=disaster; great misfortune)* katastrofe.
calcification [ˈkælsifiˌkeiʃən] *s:* forkalkning.
calcify [ˌkælsiˈfai] *vb:* forkalke; forkalkes.
calcium [ˌkælsiəm] *s; kjem:* kalsium *n;* kalk.
calcium deficiency *med.:* kalkmangel.
calculate [ˌkælkjuˈleit] *vb* **1.** beregne; regne ut; kalkulere; **2***(=design):* ***a car calculated to appeal to women*** en bil beregnet på å skulle appellere til kvinner.
calculated [ˌkælkjuˈleitid] *adj & perf. part.* **1.** beregnet; utregnet; **2***(=deliberate)* bevisst *(fx insult);* **3.**: ***a calculated risk*** en risiko man har regnet med.
calculating [ˌkælkjuˈleitiŋ] *adj:* beregnende.
calculation [ˈkælkjuˌleiʃən] *s* **1.** beregning; utregning; kalkulasjon; ***calculation of points*** poengberegning; ***his calculations are never accurate*** de regnestykkene han setter opp, stemmer aldri;
2. *fig:* beregning; *neds:* kald beregning; ***be out in one's calculations*** ha forregnet seg.
calculator [ˌkælkjuˈleitə] *s* **1.**: ***(pocket) calculator*** (lomme)kalkulator; **2.** kalkulatør; **3.** regnetabell.
calculus [ˌkælkjuləs] *s* **1.** *med.(pl: calculi)* ste(i)n;
2. *mat.:* ***integral calculus*** integralregning.
calendar [ˌkæləndə] *s* **1.** kalender; **2.** tidsregning *(fx the Roman calendar).*
calf [kɑ:f] *s(pl: calves)* **1.** *zo:* kalv; **2.** *anat(=lower part of the leg)* legg.
calf love ungdomsforelskelse; pubertetsforelskelse.
calfskin [ˌkɑ:fˈskin] *s:* kalveskinn.
calibrate [ˌkæliˈbreit] *vb:* kalibrere.
calibration [ˈkæliˌbreiʃən] *s:* kalibrering.
calibre *(,***US:** *caliber)* [ˌkælibə] *s; også fig:* kaliber.
calico [ˌkæliˈkou] *s; tekstil:* bomullslerret.
California [ˈkæliˌfɔ:niə] *s; geogr:* California.
I. Californian [ˈkæliˌfɔ;niən] *s:* kalifornier.
II. Californian *adj:* kalifornisk.
caliper US: *se calliper.*
calk [kɔ:k] *vb; om kopiering(=trace)* kalkere.
I. call [kɔ:l] *s* **1.** rop *n;* skrik *n; flyv:* opprop *(fx this is the final call);* vekking; ***can you give me a call tomorrow morning?*** kan jeg få bestille vekking til i morgen tidlig? ***I ordered a call at 7a.m.****(=I asked to be called at 7am)* jeg bestilte vekking til klokken 7; *(jvf II. call 9 & roll call);*
2*(=visit)* besøk; ***pay sby a call*** avlegge en et besøk;

3. *mar:* anløp; ***port of call*** anløpshavn;
4. *tlf:* samtale; oppringning *(fx I've just had a call from the police);* ***there's a call for you*** det er telefon til deg; ***make a call*** ta en telefon; telefonere; ***take the call****(= answer the call)* ta telefonen;
5. *i nektende setning(=demand)* etterspørsel *(fx we don't get much call for stockings these days);*
6. *i nektende setning(=need; reason):* ***you've no call to say such things*** det er ingen grunn for deg til å si slikt; ***there's no call to shout*** du behøver ikke å rope; det er ingen grunn for deg til å rope;
7. *kortsp(=bid)* melding; *poker:* krav om at kortene vises (*el.* legges opp);
8.: ***that was a close call!*** det var på nære nippet! det var nære på!
9.: ***on call*** 1. i beredskap; *om lege, etc:* på vakt; ***take early calls*** ha tidligvakt; 2. *om lån(=at call)* oppsigelig; 3. **US:** ***abortion on call****(=demand)* selvbestemt abort;
10.: ***within call*** innen hørevidde; på praiehold.

II. call *vb* **1.** rope *(fx I heard him calling);* rope på; ***call sby bad names*** skjelle en ut; ***they came when he called*** de kom når (,da) han ropte (på dem); ***duty calls*** plikten kaller; ***he called (out) her name*** han ropte navnet hennes;
2. kalle *(fx my friends call me Drew);* ***do you call that working hard?*** kaller du det å jobbe hardt? ***call a witness*** kalle inn et vitne; *(jvf 12: call sby as a witness);*
3. *om dyr:* skrike; *om fugl:* fløyte; synge;
4. tilkalle *(fx a policeman);*
5. innkalle til; kalle sammen *(fx a meeting);*
6. lese (*el.* rope) opp *(fx sby's name); flyv:* kalle opp *(fx a flight number); (jvf I. call 1);*
7.: ***call sby*** 1. rope på en; kalle på en; rope en opp; ***call sby on his beeper*** kalle på en (med personsøker); 2*(= call on sby to speak)* gi en ordet; gi ordet til en; ***I haven't called you!*** du har ikke blitt bedt om å ta ordet! du har ikke fått ordet! *(jvf 27: call on 3);*
8*(=visit)* komme innom (*el.* på besøk *n); besøke;* ***has he called?*** har han vært innom? *(jvf 27: call on 1);*
9. vekke; *mar:* ***call the watch*** purre vakten; ***I asked to be called at 7am and have breakfast in my room at 8am*** jeg bestilte vekking til klokken 7 og frokost på rommet til klokken 8; *(jvf I. call 1);*
10*(=telephone)* ringe (til); *(se 19: call back 2; 31: call up 4);* ***call sby a taxi*** ringe etter drosje for en;
11. *kortsp(=bid)* melde;
12. *jur:* ***call sby as a witness*** føre en som vitne; *(jvf 2: call a witness);*
13. *om lån:* si opp;
14*(=expose):* ***I called his bluff*** jeg avslørte bløffen hans;
15.: ***call a strike*** erklære streik;
16.: ***be called to the Bar:*** *se I. bar 6;*
17.: ***call at*** 1. *mar:* anløpe; gå innom; 2. besøke; henvende seg *(fx I called at their office);*
18.: ***call away*** kalle ut *(fx the doctor was called away);*
19.: ***call back*** 1. rope (*el.* kalle) tilbake; *diplomat, etc:* kalle hjem; 2. ringe tilbake; *(jvf 10);*
20.: ***call for*** 1. rope på; rope om; *fig:* ***call for revenge*** rope på hevn; ***it calls for caution*** det maner til forsiktighet; 2*(=collect; get)* hente; komme og hente *(fx I'll call for you at eight);* ***to be called for*** til avhenting; *post:* poste restante; 3*(=require)* kreve; ***this calls for quick action*** her kreves det at man handler raskt;
21.: ***be called for****(=be necessary)* være nødvendig; ***was your rudeness really called for?*** var det virkelig nødvendig å være så uhøflig?
22. *litt.:* ***call forth*** 1*(=arouse)* vekke; gi *(fx associations);* 2*(=summon (up))* mobilisere; mønstre *(fx all one's courage);* 3*(=give rise to)* fremkalle *(fx it called forth applause);* 4*(=provoke)* fremkalle *(fx this called forth smiles among his audience);*
23.: ***call forward*** rope opp; kalle frem; ***'please wait until you are called forward'*** 'vennligst vent til De blir bedt om å komme frem til skranken';
24.: ***call in*** 1. stikke innom; 2. tilkalle *(fx a doctor); (jvf 4 ovf);* 3. rope inn *(fx call him in (here));* 4. *om mynter el. sedler:* inndra (til innløsning); 5. *om lån:* si opp; 6. **US:** ***call in sick****(=ring work to report illness)* ringe (til arbeidsstedet) og si man er syk;
25.: ***call into being****(=existence)* kalle til live;
26.: ***call off*** 1*(=cancel)* avlyse *(fx a match);* ***the engagement has been called****(=broken)* ***off*** forlovelsen er hevet; 2. gi avbud; 3. *om aksjon, streik:* avblåse;
27.: ***call on*** 1*(=visit)* besøke; 2. *stivt:* ***I called on****(= asked)* ***him for help*** jeg ba ham om hjelp; ***I feel called on to warn you****(=I feel I ought to warn you)* jeg synes det er min plikt å advare deg; 3.: ***call on sby to speak*** gi en ordet; ***I now call on Mr Jones to address the meeting*** jeg gir nå ordet til Jones; *(jvf 7, 2 ovf);*
28.: ***call out*** 1. rope; ***he called out in a loud voice*** han ropte høyt; ***she called out his name*** hun ropte navnet hans; ***she called him out to see it*** hun ropte ham ut for at han skulle (få) se det; 2. *mar:* purre; ***call out the watch*** purre vakten; 3. ta ut i streik; 4. utkalle; kalle ut; utkommandere; ***the fire brigade was called out twice*** brannvesenet måtte rykke ut to ganger;
29.: ***call everyone over here*** be alle komme hit;
30.: ***call to arms*** kalle til våpen; *fig; stivt:* ***call to mind****(=remember)* huske;
31.: ***call up*** 1. *mil:* innkalle; 2. *fig(= evoke)* vekke til live *(fx old memories);* 3. *om forsterkninger, etc:* tilkalle; 4. ringe til; *(jvf* **10***).*

calla [ˌkælə] *s; bot:* kala; ***calla lily*** stuekala.

call alarm trygghetsalarm; *(se I. alarm 1).*

call-back [ˌkɔ:lˌbæk] *s* **T:** ***give sby a call-back*** ringe en opp igjen *(fx I'll give him a call-back).*

call box: ***(public) call box*** telefonkiosk; offentlig telefonautomat.

callboy [ˌkɔ:l'bɔi] *s; teat:* regiassistent.

call deposit *bankv(,***US:** *demand deposit)* brukskonto.

caller *s* **1.** besøkende; gjest; ***callers*** gjester; folk som stikker innom; **2.** *tlf:* ***the caller*** den som ringer opp.

calligraphy [kəˌligrəfi] *s:* kalligrafi; skjønnskrift.

calling [ˌkɔ:liŋ] *s* **1***(=vocation)* kall *n;* **2.** *stivt(=trade; profession)* yrke *n;* **3.** kalleanlegg.

calling card US*(=visiting card)* visittkort.

calling distance hørevidde; ***out of calling distance****(= out of earshot)* utenfor hørevidde; ***within calling distance****(=within earshot)* innenfor hørevidde; på praiehold.

calling signal ringesignal.

calliper *(,***US:** *caliper)* [ˌkælipə] *s* **1.** *forst:* tømmerklave; **2.** *geom:* ***calliper (compasses)*** målepasser.

callosity [kəˌlɔsiti] *s* **1***(=hard-heartedness)* hardhjertethet; **2.** *med.: se callus.*

callous [ˌkæləs] *adj* **1.:** *se calloused;* **2.** *fig(=hard; unfeeling)* hard; ufølsom; hardhjertet; **3.** *fig(=cruel)* brutal.

calloused [ˌkæləst] *adj:* med træl(er) *(fx hands).*

call-over [ˌkɔ:l'ouvə] *s(=roll call)* navneopprop.

callow [ˌkælou] *adj; stivt; neds(=young and inexperienced)* rå; fersk; grønn; ung og uerfaren.

call-up [ˌkɔ:l'ʌp] *s; mil:* innkallelse; innkalling.

callus [ˌkæləs] *s(=callosity)* **1.** *med.:* hard hud; hornhud; træl; **2.** *bot & fysiol:* erstatningsvev; kallus.

I. calm [kɑ:m] *s* **1.** stillhet; ro; sinnsro;
2. vindstille; ***dead calm*** havblikk.

II. calm *adj:* rolig; ***keep calm!*** ta det rolig! ***he stayed calm*** han bevarte roen (*el.* sin sinnsro).

III. calm *vb:* ***calm (down)*** berolige; bli rolig; roe seg; ***calm the waves*** dempe bølgene.

calmly [ˌkɑ:mli] *adv:* rolig; ***take it calmly*** ta det rolig.

calmness [ˌkɑ:mnəs] *s:* ro; stillhet.

calorie [ˌkæləri] *s(=gram calorie; small calorie)* (gram)kalori; ***burn calories*** forbrenne kalorier.

Canada

is a constitutional monarchy in North America and a member of the Commonwealth. Like Norway the country has two different official languages and probably as many arguments about it. It started with Canada being a French colony and later, from 1763, British.

The country is divided into ten provinces and Ontario and Québec are the most important ones. The main language in Ontario is English. In 1992 82,1% of the inhabitants of Québec said French was their mother tongue.

calorific ['kælə,rifik] *adj:* varmeproduserende; varme-.
calumniate [kə,lʌmni'eit] *vb; meget stivt(=run down)* baktale.
calumnious [kə,lʌmniəs] *adj; meget stivt(=slanderous)* baktaler(i)sk.
calumny [,kæləmni] *s; meget stivt(=slander)* baktalelse.
calve [kɑ:v] *vb; også om bre og isfjell:* kalve.
calyx [,keiliks; ,kæliks] *s; bot:* (blomster)beger *n.*
cam [kæm] *s; mask:* kam; kamskive; knast.
I. camber [,kæmbə] *s* **1.** dossering; **2.** *mask: se wheel camber.*
II. camber *vb; om vei:* dossere.
cambric [,kæmbrik] *s:* kammerduk; ***downproof cambric*** dunlerret.
camel [kæml] *s; zo:* kamel; ***the last straw (that breaks the camel's back)*** dråpen som får begeret til å flyte over.
cameo [,kæmi'ou] *s:* kamé; utskåret edelsten.
camera [,kæmərə] *s* **1.** kamera *n;* fotoapparat; ***video camera*** videokamera;
2. *jur:* ***in camera****(=in private)* for lukkede dører.
cameraman [,kæm(ə)rə'mæn] *s:* kameramann.
camomile [,kæmə'mail] *s; bot:* kamille; gåseblom.
I. camouflage [,kæmə'flɑ:ʒ] *s:* kamuflasje.
II. camouflage *vb:* kamuflere.
I. camp [kæmp] *s; også fig:* leir; ***break camp*** bryte leir; ***set up camp*** slå leir; ***(try to) have a foot in both camps*** ha et ben i hver leir.
II. camp *vb:* slå leir; ligge i leir; kampere.
III. camp *adj* **T 1.** overdrevent feminin *(fx behaviour);* **2***(=homosexual)* homoseksuell; homofil; **3***(=so overdone that the effect is comic)* så overdrevet *(el.* oppstyltet) at det virker komisk.
IV. camp T *s:* noe som er 'camp'; *(se III. camp);*
V. camp *vb* **1.** oppføre seg overdrevent feminint;
2.: ***camp it up*** 1*(=focus on oneself (by overacting, etc))* fokusere på seg selv (ved overspill, etc); 2*(=flaunt one's homosexuality)* stille sin homoseksualitet åpent til skue.
campaign [kæm,pein] *s* **1.** felttog; **2.** kampanje; ***get a campaign going****(=start a campaign)* sette i gang en kampanje; ***they have a campaign going*** de har satt i gang en kampanje; ***run a campaign against*** drive en kampanje mot *(fx smoking).*
campaigner [kæm,peinə] *s:* forkjemper; ***peace movement campaigner*** medlem *(n)* av en fredsbevegelse.
camper [,kæmpə] *s* **1.** teltturist; person som ligger i telt, campingvogn, etc;
2. US *& Canada(=motor caravan)* campingbil.
camper van minibuss innredet som campingbil.
campground [,kæmp'graund] *s* **US** *& Canada(=camp(ing) site)* campingplass; leirplass; teltplass.
camphor [,kæmfə] *s; kjem:* kamfer.
camphor essence *kjem:* kamferdråper.
camping [,kæmpiŋ] *s:* camping; leirliv; leirsport; ***go camping*** dra på campingtur; dra på telttur.
camping ethic leirmoral.
camping site *(,***US** *& Canada: campground)* campingplass; leirplass; teltplass.
camping table*(=picnic table)* campingbord.
campion [,kæmpiən] *s; bot:* smelle.
camp site*(=camping site)* campingplass; leirplass; teltplass.
camp stool feltstol; campingstol.
campus [,kæmpəs] *s* **1.** universitetsområde (med bygninger); universitet *n;* **2.** *især* **US:** friluftsområde tilknyttet college *(n)* el. universitet.
campus university UK: universitet *(n)* hvor alle bygninger befinner seg på ett område.
camshaft *mask:* registeraksel; kamaksel.
I. can [kæn] *s* **1.** kanne *(fx a petrol can);* spann *n;*
2. *især* **US***(=tin)* (hermetikk)boks; ***beer can*** ølboks; ***a can of beer*** en boks øl;
3. S*(=jail)* **S:** spjeld *n;*
4. US S*(=loo)* wc *n;*
5. T: ***in the can*** 1. *om film, lydopptak, etc:* ferdig; 2. *om avtale, etc(=in the bag)* i orden; **T:** i lås;
6. T: ***carry the can****(=take the rap)* ta støyten.
II. can *vb:* hermetisere *(fx raspberries).*
III. can [kæn; kən] *vb; pres av 'be able to' (pret: could; perf. part.: been able to)* kan; ***can you drive a car?*** kan du kjøre bil? *om tillatelse:* ***can I go now?*** kan jeg gå nå? får jeg lov til å gå nå? ***I can go, can't I?*** jeg får vel lov (til) å gå (,dra), vel? *ved høflig forespørsel:* ***could I speak to you for a minute?*** kunne *(el.* kan) jeg få snakke litt med deg? ***could you possibly …?*** kunne du (være så snill å) …? ***that could very well be (the case)*** det kan meget godt tenkes; *ved indignasjon:* ***how could you do a thing like that!*** hvordan kunne du finne på å gjøre noe slikt!
Canada [,kænədə] *s; geogr:* Canada.
Canadian [kə,neidiən] **1.** *s:* kanadier; **2.** *adj:* kanadisk.
canal [kə,næl] *s* **1.** *om kunstig vannvei:* kanal; *(jvf channel);* **2.** *anat:* ***alimentary canal*** fordøyelseskanal.
canalize, canalise [,kænə'laiz] *vb* **1.** bygge kanal gjennom; **2.** *fig(=channel)* kanalisere.
canapé [,kænəpei; ,kænəpi] *s; også kul:* kanapé.
canard [kæ,nɑ:d] *s:* avisand; skrøne.
Canaries [kə,nɛəri:z] *s; pl; geogr:* ***the Canaries****(=the Canary Islands)* Kanariøyene.
canary [kə,nɛəri] *s; zo:* kanarifugl.
cancel [kænsl] *vb* **1***(=call off)* avlyse; kansellere;
2. *om kontrakt:* heve; kansellere;
3. *ordre(=annul)* annullere;
4. *billett:* avbestille;
5. *frimerke:* stemple;
6*(=cross out; delete)* stryke over *(el.* ut); slette;
7.: ***cancel out*** 1*(=make up for)* oppveie; 2.: ***the assertion is so unreasonable as to cancel itself out*** påstanden faller på sin egen urimelighet;
8.: ***they cancel each other out*** 1. *mat.(=they cancel*

out) de opphever hverandre; 2. *fig:* de nøytraliserer hverandre.
cancellation ['kænsəˌleiʃən] *s* **1.** avlysning; kansellering; **2.** heving; kansellering;
3. annullering;
4. avbestilling; avbestilt billett;
5. *av frimerke:* stempling;
6*(=crossing out)* sletting; strykning.
cancer [ˌkænsə] *s; med.:* kreft; cancer.
cancer-causing [ˌkænsə'kɔ:ziŋ] *adj(=carcinogenic)* kreftfremkallende.
cancerous [ˌkænsərəs] *adj:* kreft-; som er angrepet av kreft.
candelabra ['kændiˌlɑ:brə] *s:* kandelaber; flerarmet lysestake.
candid [ˌkændid] *adj(=frank)* oppriktig; som sier hva man mener; åpen (*about sth* når det gjelder noe).
candidacy [ˌkændidəsi] *s(=candidature)* kandidatur *n.*
candidate [ˌkændidət] *s; også fig:* kandidat.
candidness [ˌkændidnəs] *s(=candour)* oppriktighet; åpenhet.
candied [ˌkændid] *adj:* kandisert; ***candied fruits*** kandiserte frukter; ***candied peel*** sukat.
candle [kændl] *s:* (stearin)lys; levende lys *n;* ***burn the candle at both ends*** brenne sitt lys i begge ender; **T:** ***the game's not worth the candle*** det er ikke bryet verdt.
candlelight [ˌkændl'lait] *s:* levende lys *n;* ***by candlelight*** med levende lys.
candlelit [ˌkændl'lit] *adj:* med levende lys *n.*
candlestick [ˌkændl'stik] *s:* lysestake; ***branched candlestick*** armstake.
candour [ˌkændə] *s:* oppriktighet; åpenhet.
I. candy [ˌkændi] *s; især* **US:** sukkertøy; godter;
II. candy *vb:* kandisere; *(se candied).*
candy floss *(,US: cotton candy)* sukkervatt.
candy store US*(=sweetshop)* sjokoladeforretning.
I. cane [kein] *s* **1.** (spansk)rør; **2***(=walking stick)* spaserstokk; spanskrørstokk.
II. cane *vb:* bruke spanskrøret på; pryle.
cane chair kurvstol.
cane sugar rørsukker.
I. canine [ˌkeinain; ˌkænain] *s; zo:* ***canine (tooth)*** hjørnetann;
II. canine *adj:* hunde-; som tilhører hundefamilien.
canister [ˌkænistə] *s:* boks; blikkboks.
canker [ˌkæŋkə] *s* **1.** *vet:* hovkreft; **2.** *bot:* kreft.
cannabis [ˌkænəbis] *s; bot:* cannabis; ***hooked on(= addicted to) cannabis*** avhengig av cannabis.
canned [kænd] *adj* **1.** hermetisk; hermetisert; på boks; ***canned(=tinned) meat*** kjøtthermetikk; ***canned(= tinned) peas*** erter på boks; **2. T:** ***canned music*** hermetisert musikk; **3. S***(=drunk;* **S:** *pissed)* full.
cannibal [ˌkænibəl] *s:* kannibal; menneskeeter.
cannibalize, cannibalise [ˌkænibə'laiz] *vb; om bil el. motor:* slakte (for å bruke delene om igjen).
I. cannon [ˌkænən] *s* **1.** *mil:* kanon (på vogn);
2. *biljard:* karambolasje.
II. cannon *vb* **1.** *i biljard:* karambolere;
2.: ***cannon into*** løpe rett i armene på; brase inn i.
cannula [ˌkænjulə] *s; med.; til dren:* kanyle.
canny [ˌkæni] *adj* **1***(=shrewd)* skarp; **2.** *nordengelsk & skotsk(=good; nice)* bra; fin; grei.
canoe [kəˌnu:] *s* **1.** kano; **2.** *spøke* **T:** ***canoes*** flytebrygger; *(se II. paddle 3: paddle one's own canoe).*
canoeist [kəˌnu:ist] *s:* kanoroer.
canon [ˌkænən] *s* **1.** *rel:* kirkelov;
2. *fig:* lov; regel;
3. kannik; *hist:* domherre; korherre;
4. *mus:* kanon;
5. *bibl; om ekte skrift:* kanon;
6. *meget stivt:* ***the Chaucer canon****(=the works we know for certain are from Chaucer's hand)* Chaucers forfatterskap.
canonic(al) [kəˌnɔnik(əl)] *adj:* kanonisk; kirkerettslig.
canonize, canonise [ˌkænə'naiz] *vb:* kanonisere; erklære for helgen.
canon law kirkerett; kanonisk rett; kirkelov.
canoodle [kəˌnu:dl] *vb* **S***(=pet)* (kysse og) kline.
can opener *(=tin opener)* bokseåpner.
canopy [ˌkænəpi] *s* **1.** sengehimmel; tronhimmel; baldakin;
2. *flyv:* (selve) fallskjermen;
3. *flyv:* cockpittak;
4. *fig; poet:* tak *n;* himmel.
I. cant [kænt] *s; stivt* **1***(=pious platitudes)* fromme fraser (*el.* plattheter); **2.** *om tigger:* messing; monoton jamring; **3.** *især neds(=jargon)* fagsjargong; ***thieves' cant*** tyvespråk.
II. cant *s; stivt* **1***(=inclination)* helling *(fx this table has a definite cant);* **2***(=tilt)* støt *(n)* (som bevirker at noe blir brakt i skjev stilling).
III. cant *vb; stivt* **1***(=tilt)* stille på kant; gi helling; støte til (og bringe ut av rett stilling);
2. *om tigger:* messe; jamre seg; *(jvf I. cant 2).*
IV. cant *adj* **1***(=oblique; slanting)* skråttstilt; skrånende; hellende; **2.:** ***cant phrase*** fagsjargonguttrykk.
Cantab [ˌkæntæb], ***Cantabrigian*** ['kæntəˌbridʒiən] **1.** *s:* person som studerer (,har studert) ved Cambridge Universitet;
2. *adj:* som hører Cambridge Universitet til.
cantankerous [kænˌtæŋkərəs] *adj; stivt(=quarrelsome)* kverulantisk; trettekjær; krakilsk.
cantata [kænˌtɑ:tə] *s; mus:* kantate.
canteen [kænˌti:n] *s* **1.** *også mil:* kantine;
2. *mil:* feltflaske;
3. *mil(=mess tin)* kokekar;
4.: ***a canteen of cutlery*** et sett spisebestikk (i eske).
I. canter [ˌkæntə] **1.** *s:* kort galopp; **2.** *fig:* ***he won at(= by) a canter*** han vant med letthet.
I. canter *vb:* ri i kort galopp; *(jvf gallop).*
cantilever [ˌkænti'li:və] **1.** *s:* utkraging; *mask:* utligger;
2. *adj:* frittbærende.
canto [ˌkæntou] *s; del av epos:* sang.
I. canton [ˌkæn'tɔn; kænˌtɔn] *s:* kanton.
II. canton [ˌkæntən] *s; her.; på skjold:* firkant.
cantor [ˌkæntɔ:] *s; rel:* kantor.
Canuck [kəˌnʌk] *s* **US S***(=French-Canadian)* franskkanadier.
I. canvas [ˌkænvəs] *s* **1.** lerret *n;* seilduk; teltduk;
2. *om maleri:* lerret *n (fx paint a few canvases);*
3.: ***under canvas*** 1. *om speidere, etc:* i telt *n;* 2. *mar:* under seil *n.*
II. canvas *adj:* lerrets-; seilduks-.
I. canvass [ˌkænvəs] *s:* husbesøk (i forbindelse med meningsmåling, stemmeverving, etc).
II. canvass *vb; polit:* drive stemmeverving (*for* for); ***canvass for votes*** verve stemmer.
canvasser [ˌkænvəsə] *s:* person som driver stemmeverving.
canyon [ˌkænjən] *s* **US***(=gorge; ravine)* dyp elvedal (med bratte sider); slukt; (elve)gjel *n;* juv *n.*
caoutchouc [ˌkautʃu(:)k] *s:* kautsjuk.
I. cap [kæp] *s* **1.** lue; ***nurse's cap*** sykepleierkappe; ***flat cap****(=cloth cap)* skyggelue; ***peaked cap****(,***US:** *cap with a visor)* skyggelue (med stiv skygge); ***skull cap*** kalott; *fig:* ***cap in hand****(=humbly)* med luen i hånden; ydmykt;
2. *tekn:* deksel *n;* hylse; topp; ***filler cap*** påfyllingsdeksel; ***hub cap*** hjulkapsel; ***lens cap*** objektivlokk; ***screw cap*** skrulokk; skrukork;
3. *tannl(=crown)* krone;
4. *for leketøyspistol:* kruttlapp;
5. *med.(=Dutch cap)* pessar *n;*
6. *sport:* plass på landslaget;
7. *om kvinne:* ***set one's cap at****(=for)* legge an på.
II. cap *vb* **1.** sette deksel *(n)* på; ***screw-capped*** med skrulokk; med skrukork;

C

2. *tannl:* ***have a tooth capped*** få satt krone på en tann; **3.** *sport:* ***be capped*** få plass på landslaget;
4(*=outdo*) overgå; ***to cap it all***(*=on top of it all*) på toppen av det hele; attpåtil.
capability [ˈkeipəˌbiliti] *s* **1.** dyktighet; **2.** evne; ***he has great capabilities*** han har meget gode evner; ***the capability of (-ing)***(*=the ability to*) evnen til å ...
capable [ˌkeipəbl] *adj* **1**(*=able; competent*) dyktig; flink (*fx she's so capable*); ***a very capable***(*=able*) ***man*** en meget dyktig mann; **2.:** ***capable of*** 1. *om person*(*= able to*) i stand til; 2.: ***a passage capable of misinterpretation*** et avsnitt som lett kan feiltolkes.
capacious [kəˌpeiʃəs] *adj; stivt*(*=roomy; spacious*) romslig; rommelig (*fx handbag*).
capacitor [kəˌpæsitə] *s; elekt:* kondensator; (*jvf condenser*).
capacity [kəˌpæsiti] *s* **1.** evne; evner; ***intellectual capacity*** intellektuelle evner; ***he has a great capacity for remembering facts*** han er meget flink til å huske fakta; ***he shows great capacity***(*=talent*) ***for giving realistic details*** han viser stor evne til å gi realistiske detaljer;
2. *også elekt:* kapasitet;
3.: ***in the capacity of*** i egenskap av; ***in an official capacity*** i embets medfør;
4. *jur:* ***(legal) capacity***(*=(legal) competence*) habilitet;
5.: ***seating capacity*** antall sitteplasser;
6.: ***have a capacity of*** (*=take; hold*) romme (*fx it has a capacity of 200 litres*);
7.: ***to capacity*** for fullt (*fx work to capacity*); ***filled to capacity*** helt fullt.
cap and gown(*=academic dress*) akademisk drakt.
cape [keip] *s* **1.** (sleng)kappe; **2.** nes *n;* odde.
Cape *s; geogr:* ***the Cape*** **1**(*=the Cape of Good Hope*) Kapp det gode håp; **2**(*=the Cape Province*) Kapp-provinsen; Kapplandet.
capelin(*=caplin*) [ˌkæp(ə)lin] *s; zo; fisk:* lodde; ***roe of capelin*** løyrom.
I. caper [ˌkeipə] *s; bot* **1.** kapersbusk; **2.:** ***capers*** kapers.
II. caper *s* **1.** (lekent) hopp (*el.* sprang); bukkesprang; **2**(*=prank*) skøyerstrek;
3.: ***cut a caper, cut capers*** hoppe og sprette.
capercaillie [ˈkæpəˌkeilji], **capercailzie** [ˈkæpəˌkeilzi] *s; zo*(*=wood grouse*) tiur.
capercaillie mating game tiurleik.
Cape Town *geogr:* Cape Town; Kappstaden.
capillarity [ˈkæpiˌlæriti] *s; fys:* kapillaritet; hårrørsvirkning; kapillarkraft.
I. capillary [kəˌpiləri] *s; anat*(*=capillary (blood) vessel*) kapillar *n;* hårkar; hårrør.
II. capillary *adj* **1.** *fys:* kapillar-; kapillær; hårrørs-; **2.** *anat:* kapillar-; kapillær-; hårkar-; (*se I. capillary*).
I. capital [ˌkæpitl] *s* **1**(*=capital city*) hovedstad; **2**(*= capital letter*) stor bokstav; ***write your name in capitals*** skriv navnet ditt med store bokstaver; ***it's written with an initial capital*** det skrives med stor forbokstav; **3.** *arkit:* kapitél *n;* **4.** kapital; ***break into one's capital*** ta av kapitalen (*el.* formuen); *fig:* ***make capital (out) of*** utnytte; slå mynt på; ***idle capital*** ledig kapital; ***injection of capital*** kapitalinnsprøytning.
II. capital *adj* **1.** som straffes med døden; **2.** *stivt*(*=very serious*) meget alvorlig (*fx error*); **3.** *stivt*(*=chief*) viktigst; ***our capital concern*** vår største bekymring.
capital-demanding [ˌkæpitəldiˈmɑːndiŋ] *adj:* kapitalkrevende (*fx industry*).
capital goods *pl; økon:* kapitalvarer; kapitalgoder.
capital investment kapitalplassering.
capitalism [ˌkæpitəˈlizəm] *s:* kapitalisme.
I. capitalist [ˌkæpitəlist] *s:* kapitalist; ***the big capitalists*** 1. storkapitalistene; 2(*=the moneyed interest*) storkapitalen;
II. capitalist *adj:* kapitalistisk.
capitalization, capitalisation [ˈkæpitəlaiˌzeiʃən] *s* **1.** *merk:* kapitalisering; kapitalverdi; **2.** det å skrive (*el.* trykke) med stor(e) bokstav(er).
capitalize, capitalise [ˌkæpitəˈlaiz] *vb* **1.** kapitalisere; **2.** *bokf:* aktivere;
3. *fig:* ***capitalize on*** slå mynt på; utnytte;
4. skrive (*el.* trykke) med stor(e) bokstav(er).
capital letter stor bokstav; (*jvf I. capital 2*).
capital punishment(*=death penalty*) dødsstraff.
capital tax(*=wealth tax*) formuesskatt.
capitulate [kəˌpitjuˈleit] *vb; stivt*(*=surrender*) kapitulere (*to* for).
capitulation [kəˈpitjuˌleiʃən] *s; stivt*(*=surrender*) kapitulasjon.
caprice [kəˌpriːs] *s; stivt*(*=whim*) lune *n;* innfall.
capricious [kəˌpriʃəs] *adj; stivt*(*=unpredictable*) lunefull; ustadig; ***in a capricious mood*** i det lunefulle hjørnet.
Capricorn [ˌkæpriˈkɔːn] *s; astr*(*=the Goat*) Steinbukken.
capsize [kæpˌsaiz] *vb; mar:* kantre; ***stay alongside the boat if it capsizes, and call for help*** bli ved båten hvis den kantrer og rop på hjelp.
capstan [ˌkæpstən] *s; mar:* gangspill; ankerspill med loddrett aksel; (*jvf windlass*).
capsule [ˌkæpsjuːl] *s* **1.** kapsel; ***space capsule*** romkapsel; **2.** *med.:* kapsel; pille; **3.** *bot:* kapselfrukt.
I. captain [ˌkæptin] *s* **1.** kaptein; *i marinen:* kommandørkaptein; **2.** *flyv:* kaptein; **3.** *sport:* ***(team) captain*** lagkaptein; **4.:** ***captain of industry*** industrileder.
II. captain *vb* **1.** *sport:* være (lag)kaptein for; **2.** lede; stå i spissen for.
I. caption [ˌkæpʃən] *s* **1.** billedtekst;
2(*=(chapter) heading*) (kapittel)overskrift;
3. *film*(*=subtitle(s)*) tekst.
II. caption *vb:* skrive tekst til (bilde (*n*) *el.* film).
captious [ˌkæpʃəs] *adj; meget stivt* **1**(*=hard to please*) vanskelig å gjøre til lags;
2(*=quarrelsome*) kranglevoren.
captivate [ˌkæptiˈveit] *vb; stivt*(*=charm; fascinate*) fortrylle; sjarmere; fengsle.
captivating *adj:* vinnende; sjarmerende; fengslende.
I. captive [ˌkæptiv] *s* **1.** *stivt & litt.*(*=prisoner*) fange; **2.** *fig; litt.:* fange (*fx a captive of love*).
II. captive *adj:* fanget; ***a captive audience*** tvungne tilhørere.
captivity [kæpˌtiviti] *s; litt.*(*=imprisonment*) fangenskap *n.*
captor [ˌkæptə] *s; litt.:* person som holder en fanget.
I. capture [ˌkæptʃə] *s* **1.** erobring (*of* av); (*jvf conquest*); **2.** tilfangetagelse (*of* av).
II. capture *vb* **1.** erobre (*fx a town*); **2.** ta til fange;
3. *fig:* fengsle; fange (*fx the attention of readers*); ***capture customers***(*=rope in customers*) kapre kunder; **4.** *motiv; stemning:* fange inn; **5.** *i sjakk:* slå.
car [kɑː] *s* **1**(*,***US:** *auto(mobile)*) bil; **2.** *jernb* **US**(*= carriage; coach*) vogn; ***vestibule car***(*=corridor carriage*) gjennomgangsvogn; **3. UK** *jernb; i sms:* ***buffet car*** vogn hvor man kan få kjøpt mat; ***dining car***(*= restaurant car*) spisevogn; ***sleeping car*** sovevogn.
carafe [kəˌræf; kəˌrɑːf] *s:* karaffel.
caramel [ˌkærəməl; ˌkærəmel] *s:* karamell.
caramel cream *kul*(*,på meny: crème caramel*) karamellpudding.
carapace [ˌkærəˈpeis] *s* **1.** *zo:* ryggskjold;
2. *litt.; fig*(*=cloak*) kappe (*fx under the carapace of civilisation*).
carat [ˌkærət] *s* (*,***US:** *karat*) karat.
caravan [ˌkærəˈvæn] *s* **1**(*,***US:** *trailer*) campingvogn; ***motor caravan*** (,**US** & *Canada: camper*) campingbil; **2.** karavane.
caraway [ˌkærəˈwei] *s; bot:* karve(plante).
caraway seeds *pl:* karvefrø; karve.
carb [kɑːb] *s; mask* **T**(*=carburettor*) forgasser.
carbide [ˌkɑːbaid] *s; kjem:* karbid.

carbine [ˌkɑ:bain] *s; mil:* karabin.
carbohydrate ['kɑ:bouˌhaidreit] *s; kjem:* karbohydrat; kullhydrat.
carbolic [kɑ:ˌbɔlik] *adj; kjem:* karbol-.
carbon [ˌkɑ:bən] *s* **1.** *kjem:* kullstoff; karbon *n;* **2.** *i motor(=soot)* sot.
carbonate [ˌkɑ:bə'neit] *s; kjem:* karbonat *n.*
carbon copy karbonkopi; gjennomslag; *fig:* ***he's a carbon copy of his brother*** han ligner sin bror på en prikk.
carbon dioxide *kjem:* kulldioksyd.
carbon dioxide snow *kjem(=dry ice)* tørris.
carbonic [kɑ:ˌbɔnik] *adj; kjem:* ***carbonic acid*** kullsyre.
carbonize, carbonise [ˌkɑ:bə'naiz] *vb:* karbonisere; forkulle.
carbon monoxide *kjem:* kulloksyd; kullos.
carbon (paper) karbonpapir; blåpapir.
carboy [ˌkɑ:'bɔi] *s:* glassballong.
car breaker bilopphogger.
carburettor *(,***US:** *carburetor)* ['kɑ:bjuˌretə] *s; mask:* forgasser.
carcase *(,især* **US:** *carcass)* [ˌkɑ:kəs] *s:* kadaver *n;* åtsel *n.*
car cover bilpresenning.
I. card [kɑ:d] *s* **1.** kort *n;* ***playing card*** spillekort; ***a pack of cards*** en kortstokk; ***his plans collapsed like a house of cards*** planene hans falt sammen som et korthus;
2. *fig:* ***have a card up one's sleeve*** ha noe i bakhånd; ***play one's best (,last) card*** spille ut sitt beste (,siste) kort; ***stake everything on one card*** sette alt på ett kort; *(se også cards).*
II. card *vb:* karde *(fx wool).*
cardamom, cardamum [ˌkɑ:dəməm] *s; bot:* kardemommeplante; ***cardamom (seeds)*** kardemomme(frø).
cardboard [ˌkɑ:d'bɔ:d] *s:* kartong; papp; *(se millboard).*
cardboard box pappeske.
card-carrying [ˌkɑ:d'kæriiŋ] *adj:* som er medlem *n;* ***be a card-carrying member*** ha medlemskapet i orden.
car dealer bilforhandler.
I. cardiac [ˌkɑ:di'æk] *s; med.* **1.** person med hjertelidelse; **2.** hjertestyrkende middel *n.*
II. cardiac *adj; med.:* hjerte-.
cardiac arrest *med.:* hjertestans.
cardiac infarction *med.:* hjerteinfarkt.
cardiac insufficiency *s; med.:* hjertesvikt.
cardialgia ['kɑ:diˌældʒiə] *s; med.(=heartburn)* kardialgi.
cardigan [ˌkɑ:digən] *s:* cardigan; strikkejakke.
I. cardinal [ˌkɑ:dinl] *s* **1.** *kat:* kardinal; **2.:** *se cardinal number.*
II. cardinal *adj; stivt(=chief):* ***cardinal virtue*** kardinaldyd.
cardinal point *på kompass:* hovedstrek.
cardiogram [ˌkɑ:diou'græm] *s; med.(=electrocardiogram)* (elektro)kardiogram *n.*
cardiovascular ['kɑ:diouˌvæskjulə] *adj:* ***cardiovascular disease*** hjerte-karsykdom; hjerte- og karsykdom.
cards [kɑ:dz] *s; pl* **1.** kortspill; ***cheat at cards*** jukse i kortene; **2.** *fig:* ***hold all the cards*** sitte med alle (de beste) kortene; ***play one's cards right*** spille sine kort riktig; ***put****(=lay)* ***one's cards on the table****(=show one's cards)* legge kortene på bordet; **3.:** ***on****(,***US:** *in)* ***the cards*** sannsynlig.
cardsharp(er) [ˌkɑ:d'ʃɑ:p(ə)] *s:* falskspiller.
I. care [kɛə] *s* **1.** forsiktighet; ***they must show the greatest care*** de må utvise den største forsiktighet; ***take care*** være forsiktig;
2. omhu; ***done with a lot of care*** gjort med stor omhu; ***with the utmost care****(=with the greatest possible care)* med den største omhu; ***do your work with more care*** vær omhyggeligere med arbeidet ditt;
3. omsorg; *(=nursing)* pleie; ***in need of care*** som trenger pleie (*el.* omsorg); ***lack of (sufficient) care*** omsorgssvikt; ***suffer from lack of care*** lide pga. av omsorgssvikt;
4. varetekt; ***in my care*** i min varetekt; ***in the care of a doctor*** under legetilsyn; ***the child was left in its sister's care*** barnet ble overlatt i søsterens varetekt; ***her children have been taken into care*** man har tatt barna *(n)* fra henne; *(jvf care order);*
5*(=worry)* bekymring *(fx I haven't a care in the world!);* ***freedom from care(s)*** sorgfrihet;
6.: ***care of****(fk c/o)* c/o; adr.;
7.: ***take care of*** 1*(=look after)* ta seg av; passe på; 2. være forsiktig med *(fx take care of your health);* 3. klare; ordne; ta seg av; **T:** ***I'll take care of him****(=I'll handle him)* ham skal jeg ta meg av; ***that takes care of that*** dermed er det spørsmålet løst.
II. care *vb* **1.** bry (*el.* bekymre) seg om; ***he doesn't seem to care*** det ser ikke ut til at han bryr seg om det; det ser ikke ut til at han lar det gå innpå seg; ***he's dying and she doesn't care*** han ligger for døden, men det bryr hun seg ikke om; ***you must show them that you care*** du må vise dem at det betyr noe for deg;
2. *i uttrykk for manglende interesse:* ***I don't care what you do*** jeg bryr meg ikke om hva du gjør; ***I couldn't care less*** det gir jeg (fullstendig) blaffen i; **T:** ***he doesn't care****(=give)* ***a damn*** det gir han fullstendig blaffen i; ***well, who cares?*** men hvem bryr seg vel om det? *iron* **S:** ***a fat lot you care!*** det bryr du deg mye om! ***I don't care to be seen in his company*** jeg vil helst ikke bli sett sammen med ham; ***I don't care*** gjerne for meg (ɔ: jeg er likeglad); *uhøflig:* ***you may go for what I care*** for meg kan du gjerne reise (,dra);
3. *stivt; ved spørsmål:* ***would you care for some tea?*** *(=would you like some tea?)* kunne du ha lyst på litt te? ***would you care to have dinner with me?*** kunne du tenke deg å spise middag (sammen) med meg?
4.: ***care about*** være interessert i; bry seg om; *(jvf 5: care for 3);*
5.: ***care for*** 1*(=look after)* ta seg av; 2*(=nurse)* pleie; stelle; 3*(=care about)* bry seg om; ***I don't much care for that sort of thing****(=I don't think much of that kind of thing)* jeg bryr meg ikke mye om den slags.
careen [kəˌri:n] *vb; mar* **1.** kjølhale; *(jvf keelhaul);* **2.** krenge.
I. career [kəˌriə] *s* **1.** levnetsløp; livsløp; løpebane;
2. karriere; ***build (up) a career (for oneself)*** skape seg en karriere; ***make a career*** gjøre karriere; ***at the peak of one's career*** på toppen av sin karriere;
3. levevei; yrke *n;* ***careers*** yrkesmuligheter; yrker *(fx careers open to women);* ***professional career*** akademisk yrke; ***change career*** skifte yrke; ***his choice of a career*** hans yrkesvalg; ***choose a career*** velge et yrke; ***return to a career outside the home*** vende tilbake til et yrke utenfor hjemmet.
II. career *vb* **1.** *om hest el. kjøretøy:* rase av sted;
2. S: ***go careering****(=crashing)* ***on*** fare frem (uten å ta hensyn).
careerist [kəˌriərist] *s:* karrierejeger.
careerism [kəˌriə'rizəm] *s:* karrierejag.
careers guidance *(=vocational guidance)* yrkesveiledning.
careers master (,mistress) *skolev:* yrkesveileder; *(jvf counsellor 1: school counsellor).*
careers office yrkesveiledningskontor for ungdom.
careers officer leder av et yrkesveiledningskontor for ungdom.
career terms: ***in career terms****(=in terms of career)* i yrkesmessig sammenheng.
career training*(=vocational training; professional training)* yrkesopplæring.
carefree [ˌkɛə'fri:] *adj* 1*(=free from care)* sorgløs; **2***(= irresponsible)* uansvarlig; ***he's carefree with his money*** han er raus (*el.* slepphendt) med pengene sine.

careful [ˌkɛəful] *adj* **1**(*=cautious)* forsiktig; varsom; ***she's a careful driver*** hun kjører forsiktig; **2**(*=thorough)* omhyggelig; nøye; grundig *(fx make a careful study of the problem);* **3.: *be careful of one's reputation*** være forsiktig med ryktet sitt.

carefulness [ˌkɛəfulnəs] *s:* forsiktighet; varsomhet.

careless [ˌkɛələs] *adj:* skjødesløs; likeglad; slurvete; uforsiktig (*about; sjeldnere: of* med); ***a careless mistake*** en slurvefeil; ***a careless worker*** en som slurver i arbeidet; ***this work is careless*** dette arbeidet er slurv; ***he's careless about(=with; in) everything he does*** han er skjødesløs med alt han gjør.

carelessness [ˌkɛələsnəs] *s:* skjødesløshet; slurv *n;* slurvethet; likegladhet.

car engine bilmotor.

car engineering *(=motor engineering)* bilmekanikk.

care order dokument *(n)* som fratar foreldre retten til å ha barnet (,barna) hos seg.

care profession omsorgsyrke.

carer [ˌkɛərə] *s:* omsorgsperson.

I. caress [kəˌres] *s:* kjærtegn.

II. caress *vb:* kjærtegne.

caressing [kəˌresiŋ] *adj:* kjælen.

caretaker [ˌkɛə'teikə] *s, fx ved skole:* vaktmester.

care worker omsorgsarbeider; *(jvf carer).*

careworn [ˌkɛə'wɔ:n] *adj:* forgremmet *(fx face).*

car (excise) licence*(=vehicle excise licence;* **T:** *tax disc)* motorvognavgift.

car ferry bilferje.

cargo [ˌkɑ:gou] *s(pl: cargoes; især* **US:** *cargos)* last; frakt; ***refrigerated cargo*** kjølelast.

car hire (service) *(,***US:** *car rental (service))* bilutleie.

I. Caribbean ['kæriˌbiən] *s:* kariber.

II. Caribbean *adj:* karibisk; ***the Caribbean (Sea)*** Det karibiske hav.

caribou [ˌkæri'bu:] *s; zo:* caribou; nordamerikansk reinsdyr.

I. caricature [ˌkærikə'tjuə] **1.** *s:* karikatur.

II. caricature *vb:* karikere *(fx sby's face).*

caricaturist [ˌkærikə'tjuərist] *s:* karikaturtegner.

caries [ˌkɛərii:z] *s; tannl:* tannråte; karies.

carillon [kəˌriljən] *s; mus* **1**(*set of bells hung in a tower)* klokkespill; **2.** *om det spilte:* klokkespill.

I. caring [ˌkɛəriŋ] *s:* omsorg.

II. caring *adj:* omsorgsfull; myk; ***the more caring aspects of society*** de myke linjer i samfunnet.

car licence motorvognavgift; *(se car excise licence).*

carload [ˌkɑ:'loud] *s:* billass.

car-mad [ˌkɑ:'mæd] *adj:* bilgal.

carmine [ˌkɑ:main] **1.** *s:* karminrødt *n;* **2.** *adj:* karminrød.

carnage [ˌkɑ:nidʒ] *s; stivt(=slaughter)* blodbad.

carnal [kɑ:nl] *adj:* kjødelig; sanselig; ***carnal desires*** sanselige lyster.

carnation [kɑ:ˌneiʃən] *s; bot(=clove pink)* hagenellik.

carnival [ˌkɑ:nivəl] *s:* karneval *n.*

carnivore [ˌkɑ:ni'vɔ:] *s; zo:* kjøtteter.

carnivorous [kɑ:ˌnivərəs] *adj; zo:* kjøttetende.

carob [ˌkærəb] *s; bot* **1.** johannesbrødtre; **2.** *frukten(=Saint John's bread)* johannesbrød.

carol [ˌkærəl] *s:* ***Christmas carol*** julesang.

carotene [ˌkærə'ti:n], **carotin** [ˌkærətin] *s; kjem:* karotin *n.*

carotid [kəˌrɔtid] *s; anat(=carotid artery)* halspulsåre.

carousal [kəˌrauzəl] *s; lett glds(=merry drinking party)* svirelag.

carouse [kəˌrauz] *vb; lett glds:* svire; ture.

carousel ['kærəˌsel] *s* **1. US**(*=merry-go-round)* karusell; **2.** *flyv:* ***(baggage) carousel*** bagasjekarusell.

car owner bileier; ***owner-driver*** bileier som kjører selv.

I. carp [kɑ:p] *s; zo; fisk:* karpe.

II. carp *vb; neds:* ***carp at*** hakke på; gnåle med (*el.* om) mase med (*el.* om).

car park *(,***US:** *parking lot)* parkeringsplass *(fx a short term car park);* ***multistorey car park*** parkeringshus.

carpenter [ˌkɑ:pintə] *s:* tømmermann; ***master carpenter*** tømmermester.

carpentry [ˌkɑ:pintri] *s* **1.** tømring; **2.** tømrerhåndverk; **3.** tømmermannsarbeid.

I. carpet [ˌkɑ:pit] *s* **1.** gulvteppe; ***we have fitted carpets in our house*** i huset vårt har vi vegg-til-vegg-tepper; ***lay carpets(=put down carpets)*** legge på gulvtepper; **2.** *fig* **T: *on the carpet*** på teppet *(fx you'll be on the carpet for that);* ***sweep sth under the carpet*** feie noe under teppet.

II. carpet *vb* **1.** legge teppe på *(fx the floor);* **2. T**(*=scold)* skjenne på.

carpet beater teppebanker.

carpeted floor teppegulv.

carpet sweeper teppefeier.

car pool kameratkjøring; deling av bil.

car-pool *vb:* ***car-pool with sby*** dele bil med en (for å komme til arbeidet); *(se car pool).*

carport [ˌkɑ:'pɔ:t] *s:* carport.

car race billøp.

car rally billøp; rally *n.*

car rental (service) *især* **US:** *se car hire (service).*

carriage [ˌkæridʒ] *s* **1.** vogn; **2.** *jernb(=coach;* **US:** *car)* vogn; *(se car 2);* **3.** *jernb(,også* **US:** *freight)* frakt; **4.** *stivt(=bearing)* holdning.

carriageway [ˌkæridʒ'wei] *s(=roadway;* **US:** *pavement)* kjørebane; **UK: *dual carriageway*** vei med to kjørebaner i hver retning og midtrabatt (men uten status som motorvei).

carrier [ˌkæriə] **1.** transportfirma; **2.** *mar:* bortfrakter; **3.** *på sykkel:* ***(luggage) carrier*** bagasjebrett; **4. US**(*=roof rack)* takgrind; **5.** *jernb* **US**(*=porter)* bærer; **6.** *med.:* ***carrier (of infection)*** smittebærer.

carrier bag bærepose.

carrier pigeon brevdue.

carrion [ˌkæriən] *s:* åtsel *n.*

carrion bird *zo:* åtselfugl.

carrot [ˌkærət] *s* **1.** *bot:* gulrot; **2.** *fig(=incentive)* gulrot; lokkemiddel.

car rug bilpledd.

carry [ˌkæri] *vb* **1.** *også fig:* bære; ***carry a loss*** bære et tap; ***fetch and carry for sby*** være løpegutt for en; ***carry one's life in one's hands*** gå med livet i hendene; **2.** *bygg(=support)* bære; ***carry the weight of*** bære vekten av; **3.** *om gravid kvinne:* gå med *(fx a child);* **4.** *om lyd, stemme:* bære; **5.** frakte; transportere; ***carry coal(s) to Newcastle*** gi bakerens barn *(n)* brød *n;* **6.** *om nyhet, etc(=bring)* bringe; ***carry news*** bringe nyheter; **7.** *om avis:* bringe *(fx the papers carried the news);* **8**(*=take)* gå med; ***I carried my complaints to his superior*** jeg gikk til hans overordnede med klagene mine; **9.** ha med seg *(fx carry a lot of money with one);* **10**(*=have):* ***carry all the information in one's head*** ha alle opplysningene i hodet; **11**(*,stivt: convey)* føre *(fx the pipe carries water);* **12.** *stivt(=sell; stock)* selge; føre *(fx I'm afraid that's a line we no longer carry);* **13.** *om holdning:* ***carry one's head high*** gå med hodet høyt hevet; **14.** *om rekkevidde:* ***this rifle carries for 1200 metres*** denne riflen har en rekkevidde på 1200 meter; **15.** *i konkurranse:* ***carry the day*** hale seieren i land; **16.** *jur:* ***this crime carries a heavy penalty*** denne forbrytelsen straffes strengt; **17.** *bankv:* ***the loan carries 10% interest*** det er 10% rente på lånet; lånerenten er 10 %;

18. *fig:* medføre; føre med seg *(fx the post carries certain privileges); **does this carry VAT?*** er det merverdiavgift (*el.* moms) på dette?
19. *om alkohol:* tåle *(fx drink more than one can carry);*
20. *om argument: **carry conviction*** virke overbevisende; ***his word carries weight*** hans ord *(n)* har vekt;
21. *også parl:* vedta; ***be carried*** bli vedtatt;
22. *skolev: **all questions carry equal marks**(=equal weighting)* alle spørsmålene teller likt;
23.: ***carry a joke too far*** drive en spøk for langt; ***don't carry modesty too far!*** vær nå ikke (alt)for beskjeden!
24. *om overtalelse: **carry**(=gain) **one's point*** sette sin vilje gjennom; få det som man vil (ha det);
25.: ***carry the crowd*** rive mengden med seg; ***carry all before one*** rive (alt og) alle med seg; ta alle med storm; *(jvf* **31.** *6);*
26. T: ***carry the can**(=take the rap)* ta støyten;
27.: ***carry along*** rive (*el.* føre) med seg; ***be carried along by the current*** bli revet med av strømmen;
28.: ***carry away*** 1. bære bort; føre bort; 2. *fig:* løpe av med *(fx you let your prejudice carry you away); **be carried away*** 1. bli båret bort; bli ført bort; 2. *fig: **he was**(=got) **carried away (by the music)*** han ble revet med (av musikken); ***let oneself be carried away*** 1. la seg rive med; 2. forløpe seg; handle overilt;
29.: ***carry back*** 1. bære tilbake; føre tilbake; 2. *fig: **be carried back to*** føle seg hensatt til;
30. *bokf: **carry forward**(=bring forward)* overføre (til ny side); transportere;
31.: ***carry off*** 1*(=take away)* føre bort; 2*(=drain off)* lede bort (vann *n*); 3*(=win)* vinne; 4.: ***he was carried off by pneumonia**(=he died of pneumonia)* han ble revet bort av lungebetennelse; 5. *om situasjon(=cope with): **he carried it off well*** han greide det fint; 6. *fig: **carry sby off his feet*** ta en med storm; *(jvf 25);*
32.: ***carry on*** 1. gå (,kjøre) videre; ***carry straight on**(= go straight on!)* fortsett rett frem! 2*(=continue)* fortsette *(fx you must carry on with your work);* 3. gjøre seg til; ta på vei; oppføre seg underlig; bråke; 4.: ***carry on a conversation*** føre en samtale; 5.: ***carry on a business**(=run a business)* drive forretning; 6.: ***carry on war**(=wage war)* føre krig;
33.: ***carry on with**(=have an affair with)* ha et forhold til;
34.: ***carry out*** 1*(=carry into effect)* utføre; sette ut i livet *(fx a plan);* 2*(=execute)* utføre *(fx an order); 3. gjennomføre (fx a long foot safari);* 4*(=fulfil): **carry out a promise*** oppfylle et løfte; 5. *jur: **carry out a sentence*** fullbyrde en dom;
35.: ***carry over*** 1. *bokf:* fremføre; 2. **T:** ***we'll have to carry this discussion over into tomorrow*** denne diskusjonen må vi fortsette i morgen;
36.: ***carry through*** 1. gjennomføre; 2. føre gjennom *(fx the railway is to be carried through to X);* 3. hjelpe gjennom;
37.: ***carry with it*** føre med seg.
carryall [ˌkæri'ɔ:l] *s* **US***(=holdall)* bag; reiseveske.
carry-cot [ˌkæri'kɔt] *s:* (barnevogns)bag; ***pram with detachable carry-cot*** bagvogn.
carrying [ˌkæriiŋ] *s:* transport; frakt.
carrying case bæreveske.
carrying-on ['kæriiŋˌɔn] *s(pl: carryings-on)* **T 1.** upassende oppførsel;
2. leven *n;* bråk *n; **queer carryings-on next door*** underlige ting som skjer hos naboene; *(jvf carry 32: carry on 3).*
carrying frame bærestativ; *(jvf back frame).*
carrying trade *mar:* fraktfart.
carry-on ['kæriˌɔn] *s* **1***(=fuss)* leven *n; (jvf carry 32: carry on 6);*
2*(=love affair)* (kjærlighets)affære; forhold *n.*
carryout [ˌkæri'aut] *s* **US***(=takeaway)* gatekjøkken.
car salesman*(=motor salesman)* bilselger.
car sharing (to work)*(=car pool)* kameratkjøring.
car shark T: bilhai; person som svindler med brukte biler.
carsick [ˌkɑ:'sik] *adj:* bilsyk.
carsickness [ˌkɑ:'siknəs] *s:* bilsyke.
I. cart [kɑ:t] *s* **1.** kjerre; **2***(=handcart)* håndkjerre; **3.:** ***put the cart before the horse*** begynne i den gale enden; gripe det forkjært an.
II. cart *vb* **1.** kjøre (med kjerre); **2. T:** frakte *(fx children to school).*
cartel [kɑ:ˌtel] *s; økon:* kartell *n.*
carter [ˌkɑ:tə] *s:* kjørekar; vognmann.
car thief biltyv.
cartilage [ˌkɑ:tilidʒ] *s; anat:* brusk.
cartilage operation *med.: **cartilage operation on the knee*** meniskoperasjon.
carton [ˌkɑ:tən] *s:* kartong *(fx of cigarettes).*
I. cartoon [kɑ:ˌtu:n] *s* **1.** vittighetstegning; karikaturtegning (i avis); **2.:** ***(strip) cartoon**(=comic strip)* tegneserie; **3.:** ***cartoon (film)**(=animated cartoon)* tegnefilm.
II. cartoon *vb:* tegne vittighetstegninger (*el.* karikaturer).
cartoonist [kɑ:ˌtu:nist] *s:* vittighetstegner; karikaturtegner (i avis).
cartridge [ˌkɑ:tridʒ] *s* **1.** patron; **2.:** ***film cartridge*** filmkassett.
cartridge gun *redskap(,Canada: ramset gun; staple gun)* boltepistol.
cartwheel [ˌkɑ:t'wi:l] *s* **1.** kjerrehjul; **2.:** ***turn cartwheels*** slå hjul *n.*
cartwright [ˌkɑ:t'rait] *s:* vognmaker.
carve [kɑ:v] vb **1.** skjære (ut); hogge (ut); ***carve wood*** skjære i tre; **2.** skjære for (*el.* opp); **3.:** ***carve up*** 1. skjære opp; 2*(=divide)* dele; ***we're going to carve up the profits between ourselves*** vi skal dele fortjenesten mellom oss.
carver [ˌkɑ:və] *s* **1***(=carving knife)* forskjærkniv;
2.: ***(pair of) carvers**(=carving set)* forskjærbestikk;
3. UK: spisestuestol med armlene;
4.: ***wood carver*** treskjærer.
carvery [ˌkɑ:vəri] *s:* restaurant (hvor man for en fast pris kan spise så meget man vil).
carve-up [ˌkɑ:v'ʌp] *s* **S***(=sharing-out (of the loot))* deling (av byttet).
carving [ˌkɑ:viŋ] *s* **1.** det å skjære for; **2.** billedskjærerarbeid; ***wood carving*** treskjærerarbeid; treskurd.
carving knife forskjærkniv.
carving set forskjærsett; forskjærbestikk.
car wash bilvask.
car washing bilvask(ing).
car wax bilvoks.
casanova ['kæsəˌnouvə] *s; spøkef(=Don Juan)* casanova; donjuan; kvinnebedårer; kvinneforfører.
I. cascade [kæsˌkeid] *s* **1.** *litt.(=waterfall)* foss; **2.** *fig:* kaskade; brus *n; **a cascade of lace*** brusende kniplinger; ***a cascade**(=roar)* ***of applause*** brusende applaus.
II. cascade *vb; litt.* **1***(=stream)* strømme; bruse *(fx water cascaded over the rock);* **2.** *fig; litt.(=flow): **her hair was cascading down her back*** håret hennes falt i viltre bølger nedover ryggen.
I. case [keis] *s* **1.** sak; spørsmål; tilfelle *n; **in my case*** i min sak; i mitt tilfelle; ***process**(=deal with) **a case*** behandle en sak; ***an isolated case**(=instance)* et isolert tilfelle; ***a very special case*** et helt spesielt tilfelle; en helt spesiell sak; ***a case in point**(=a relevant example)* et godt (*el.* illustrerende) eksempel; ***I don't think that's really the case*** jeg tror ikke at det egentlig er tilfelle; ***no, that's not the case**(=no, that isn't so)* nei, det er ikke tilfelle; *sist i setningen: **as the case may be**(=according to the circumstances)* alt etter omstendighetene; ***in case**(=if)* hvis; i tilfelle (av at); for det tilfelle at *(fx in case he should come; take your coat in case it rains); **just in case*** for alle tilfellers

skyld; ***in case of difficulties****(=trouble)* hvis det oppstår vanskeligheter; ***in case of fire*** hvis det bryter ut brann; ***in all cases of …*** i alle tilfeller av …; i alle tilfeller hvor det dreier seg om …; ***in any case****(=at all events)* i alle tilfeller; under enhver omstendighet; ***in both cases*** i begge tilfeller; i begge sakene; ***in certain cases*** i visse tilfeller; ***in either case*** i begge tilfeller (*el.* sakene) (ɔ: i enten det ene eller det andre tilfellet); ***in each****(=every)* ***case*** i hvert tilfelle; i hver sak; ***in every single case*** i hvert enkelt tilfelle; i hver enkelt sak; ***in the individual cases*** i de enkelte tilfeller; i de enkelte sakene; ***in nine cases out of ten*** 1*(=nine times out of ten)* i ni av ti tilfeller; 2. i ni av ti saker; ***in no case*** ikke under noen omstendighet *(fx in no case should you fight back)*; ***in some cases****(=in a few cases)* i noen (*el.* enkelte) tilfeller (*el.* saker); ***in a very few cases*** i noen enkelte tilfeller (*el.* saker); ***in such a case*** i et slikt tilfelle; in en slik sak; ***in that case****(=if so)* i så fall; i så tilfelle *(fx You're leaving? In that case, I'm leaving too!)*; ***in that (,this) kind of case****(=in such cases; in cases like that (,this))* i slike tilfeller (*el.* saker); i tilfeller som dette; i saker som denne; ***in this case*** i dette tilfellet; i denne saken; ***in this particular case*** i dette spesielle (*el.* konkrete) tilfellet; i denne spesielle saken;

2. *jur:* sak *(fx a murder case)*; ***make out a case against sby*** skaffe beviser *(n)* mot en; ***there is a strong case against him*** det er sterke beviser mot ham; *også fig:* ***have a strong case*** stå sterkt; ***he hasn't a case at all*** han har ingen ting å fare med (i saken);

3. *mht. argumentasjon el. påstand:* ***prove one's case*** bevise sin påstand; ***make out****(=put up)* ***a case for sth*** argumentere for noe;

4. *gram:* kasus *(fx the nominative case)*;

5. *med.:* kasus; tilfelle *(n)* *(fx a case of polio)*; pasient *(fx the doctor has many cases to see today)*.

II. case *s* **1.** kasse; ***packing case*** pakkasse; **2***(=suitcase)* koffert; **3.** etui *n*; futteral *(n)* *(fx spectacle case)*; ***a case of drawing instruments*** et tegnebestikk.

III. case *vb* **1.** legge i kasse(r); **2. S** *som ledd i planlegging av forbrytelse:* rekognosere i; ta en rekognoseringstur til *(fx they cased the bank)*.

case document saksdokument; ***case documents*** *pl(=case papers)* underlagsmateriale; saksdokumenter.

case-hardened [ˌkeis'hɑ:dənd] *adj* **1.** overflateherdet; **2.** *fig:* herdet; forherdet.

casein [ˌkeisiin] *s(,***US:** *også: paracasein)* kasein; ostestoff.

casein glue*(=cold glue)* kaldtvannslim.

case load *saksbehandlers:* arbeidsbyrde; saksmengde;

case record *med.(=medical record)* legejournal; sykejournal; *(se case sheet)*.

case sheet *med.; den enkelte pasients(=medical record card (,***US:** *chart))* sykejournal; legejournal; journal; *(se case record)*.

case study kasusstudie; studie (og analyse) av et enkelt, konkret tilfelle.

casework [ˌkeis'wə:k] *s; i sosialtjenesten:* saksbehandling; *(jvf case load)*.

caseworker [ˌkeis'wə:kə] *s:* ***(social) caseworker*** saksbehandler (i sosialtjenesten).

I. cash [kæʃ] *s & adj:* kontant; kontante penger; kontanter; ***hard cash*** klingende mynt; kontante penger; ***buy for cash*** kjøpe kontant; ***pay (by) cash****(=pay cash down)* betale kontant; ***sell for cash*** selge mot kontant (betaling); *i bank:* ***draw cash*** heve kontanter.

II. cash *vb* **1.** heve *(fx a cheque)*; innløse *(fx the bank cashed the cheque)*; **2. T:** ***cash in on*** dra fordel av *(fx he cashes in on other people's misfortunes)*; **3.:** ***cash up*** gjøre opp kassen (for dagen).

cash amount kontantbeløp.

cash-and-carry store ['kæʃənˌkæri'stɔ:] *s:* billigforretning (hvor man selv henter frem varene fra hyllene og frakter dem hjem).

cashbook [ˌkæʃ'buk] *s; merk:* kassabok.

cash box*(=till)* kassaskuff; pengeskuff.

cash card*(=cash dispenser card)* minibankkort.

cash desk *i forretning(=cash point)* kasse.

cash discount *merk:* kontantrabatt.

cash dispenser *(,***US:** *automated teller; cashomat; Canada: automated teller; instant teller)* minibank; *(se cashline; cashpoint; service till)*.

cash (dispenser) card minibankkort.

cashew [ˌkæʃu:; kæˌʃu:; kəˌʃu:] *s; bot:* **1.** acajoutre; **2***(=cashew nut)* acajounøtt; cashewnøtt.

cash funds *pl(=liquid assets)* likvide midler *n*.

cashier [kæˌʃiə] *s* **1.** kasserer; ***chief cashier*** hovedkasserer; **2.** *bankv(=teller)* kasserer.

cashier's office *(=pay office)* kassakontor.

cashline [ˌkæʃ'lain] *s; Bank of Scotland:* minibank; *(jvf cash dispenser)*.

cashmere [ˌkæʃ'miə] *s:* kasjmirull; kasjmirstoff.

cashomat [ˌkæʃou'mæt] *s* **US:** *se cash dispenser.*

cash on delivery *merk:* kontant ved levering.

cash payment kontantbetaling; kontant betaling.

cash point *i supermarked(=check-out point)* kasse *(fx pay at the nearest cash point)*.

cashpoint [ˌkæʃ'pɔint] *s; bankv; Lloyd's Bank(=cash dispenser)* minibank; *(se cash dispenser)*.

cashpoint card: *se cash card.*

cash prize pengepremie; ***a cash prize was offered*** det ble satt opp en pengepremie.

cash purchase kontantkjøp.

cash register *lett glds(=cash till)* kassaapparat.

cash sale kontantsalg.

cash voucher *merk:* kasseanvisning.

casing [ˌkeisiŋ] *s:* hylster *n*; kappe (fx om maskindel); ***clutch casing****(=housing)* kløtsjhus; clutchhus.

casino [kəˌsi:nou] *s:* kasino *n*; spillekasino.

cask [kɑ:sk] *s:* fat *n (fx wine cask)*; tønne.

casket [ˌkɑ:skit] *s* **1***(=jewel box)* smykkeskrin;
2. US*(=coffin)* (lik)kiste.

Caspian [ˌkæspiən] *adj; geogr:* kaspisk; ***the Caspian Sea*** Det kaspiske hav.

casserole [ˌkæsə'roul] *s* **1.** ildfast fat *(n)* (*el.* gryte);
2. gryterett; ***chicken casserole*** kyllinggryte.

cassette [kəˌset] *s:* kassett.

cassette player *bare for avspilling:* kassettspiller.

cassette recorder kassettspiller.

cassock [ˌkæsək] *s; slags prestekjole:* sutan.

I. cast [kɑ:st] *s* **1.** *stivt(=throw)* kast *n*;
2. *på fiskesnøre:* sene (med flue el. krok på); *(se I. trace 3)*;
3. støp *n*; avstøp; avstøpning;
4*(=mould)* støpeform;
5. *teat:* rollebesetning; ***the whole cast of the play*** alle skuespillerne i stykket.

II. cast *vb(pret: cast; perf. part.: cast)* **1.** *stivt; også fig(=throw)* kaste;
2. støpe *(fx metal)*;
3. *teat:* sette opp rollelisten; ***be cast as Lady Macbeth*** få rollen som Lady Macbeth;
4. *stivt:* ***cast one's vote****(=vote)* avgi stemme;
5.: ***cast a spell on****(=spellbind)* trollbinde;
6.: ***cast one's mind back to*** tenke tilbake på;
7. *om idé; stivt:* ***cast about for****(=try to think of)* forsøke å komme på *(fx the right word)*;
8.: ***cast off*** 1. *mar:* kaste loss; 2*(=cast aside)* kaste vrak *(n)* på; 3. *i strikking:* felle av;
9. *i strikking:* ***cast on*** legge opp *(fx a stitch)*.

castanets [kæstəˌnets] *s; pl:* kastanjetter.

castaway [ˌkɑ:stə'wei] *s* **1.** *mar:* strandet sjømann;
2.: ***castaway (of society)****(=social outcast)* utstøtt (fra samfunnet); paria.

caste [kɑ:st] *s:* kaste.

caster [ˌkɑ:stə] *s: se castor.*

casting [ˌkɑ:stiŋ] *s* **1.** støping;
2. avstøp; stykke *(n)* støpegods; *(jvf I. cast 2)*.

casting vote avgjørende stemme; dobbeltstemme.
cast iron støpejern.
cast-iron alibi vanntett (*el.* uangripelig) alibi *n.*
cast-iron pan jerngryte.
castle [ˌkɑ:səl] *s* **1.** borg; befestet slott *n;*
2. *i sjakk:* tårn *n;*
3. *fig: castle in the air* luftslott.
cast list *teat:* rolleliste.
castoffs [ˌkɑ:st'ɔfs] *s* **T***(=cast-off clothes)* avlagte klær.
castor [ˌkɑ:stə] *s* **1.** *på møbel:* trinse;
2. styrehjul;
3. bøsse; strøboks; ***sugar castor*** sukkerbøsse.
castor oil amerikansk olje.
castor sugar*(=caster sugar)* farin.
castrate [kæˌstreit] *vb:* kastrere.
casual [ˌkæʒjuəl] *adj:* flyktig; nonchalant; tilfeldig *(fx a casual meeting);* ***a casual remark*** en henkastet bemerkning; ***casual clothes (,shoes)*** klær (,sko) til daglig bruk; dagligklær (,dagligsko); ***they're incredibly casual about these things*** de er utrolig nonchalante når det gjelder dette; ***in a casual tone (of voice)*** i en lett henkastet tone.
casual job*(=odd job)* leilighetsjobb; strøjobb.
casual leave velferdspermisjon.
casual theft leilighetstyveri.
casual thief *(,***T:** *walk-in thief)* leilighetstyv.
casualty [ˌkæʒjuəlti] *s* **1.** *i ulykke:* såret el. drept; tilskadekommet; ***other British casualties included …*** blant de briter som kom til skade, var også …;
2.: ***casualties*** 1. *mil:* tap *n (fx heavy casualties);* ***civilian casualties*** sivile tap; 2. skader; ***most casualties were caused by flying glass (splinters)*** de fleste skader skyldtes glassplinter.
casual wear*(=casual clothes)* klær til dagligbruk.
casual work leilighetsarbeid; løsarbeid.
casual worker*(=occasional worker; odd-job man)* leilighetsarbeider; person som tar strøjobber.
casualty clinic legevakt; *(se casualty department).*
casualty department*(=casualty unit; casualty ward) ved sykehus:* skadeavdeling; akuttavdeling; legevakt.
casualty list *mil:* tapsliste.
casualty unit, casualty ward: *se casualty department.*
cat [kæt] *s* **1.** *zo:* katt; kattedyr; ***she cat****(=tabby cat)* hun(n)katt; ***tomcat*** han(n)katt;
2. *fig* **T:** ***let the cat out of the bag****(=let the secret slip out)* forsnakke seg; røpe det hele; **T:** ***it's raining cats and dogs*** det pøsregner; det styrtregner; ***be like a cat on hot bricks*** gå som på glør; ***see which way the cat jumps****(=see which way the wind blows)* se hvilken vei vinden blåser; ***put****(=set)* ***the cat among the pigeons*** gi støtet til voldsomt spetakkel; ***all cats are grey in the dark*** i mørket er alle katter grå; ***when the cat's away the mice will play*** når katten er borte, danser musene på bordet; ***lead a cat-and-dog life*** leve som hund og katt; ***play cat and mouse with sby*** leke med en som katten med musen.
cataclysm [ˌkætə'klizəm] *s:* voldsom omveltning.
catacomb [ˌkætə'koum; ˌkætə'ku:m] *s:* katakombe.
I. catalogue *(,***US:** *catalog)* [ˌkætə'lɔg] *s* **1.** katalog *(of over);*
2. *fig:* lang liste; ***he recited a catalogue of my faults*** han regnet opp alle feilene mine.
II. catalogue *(,***US:** *catalog) vb:* katalogisere.
catalyse *(,***US:** *catalyze)* [ˌkætə'laiz] *vb:* katalysere.
catalysis [kəˌtælisis] *s(pl: catalyses* [kəˌtæli'si:z]*) s; kjem:* katalyse.
catalyst [ˌkætə'list] *s; også fig:* katalysator.
catalytic [kætəˌlitik] *adj; kjem:* katalytisk; ***catalytic (exhaust) converter*** *i bil(,***T:** *cat)* katalysator.
I. catapult [ˌkætə'pʌlt] *s* **1.** *flyv:* katapult; **2***(=sling;* **US:** *slingshot)* sprettert.
II. catapult *vb:* slynge (med stor kraft).
cataract [ˌkætə'rækt] *s* **1.** *stivt(=waterfall)* vannfall; foss; **2.** *med.:* grå stær; *(jvf glaucoma).*
catarrh [kəˌtɑ:] *s; med.:* katarr; ***catarrh of the bladder****(=cystorrhea)* blærekatarr.
catastrophe [kəˌtæstrəfi] *s(=disaster)* katastrofe.
catastrophic [kætəˌstrɔfik] *adj(=disastrous)* katastrofal.
cat burglar innstigningstyv; fasadeklatrer.
catcall [ˌkæt'kɔ:l] *s:* mishagsytring; ***catcalls*** *også:* pipekonsert *(fx the catcalls of the audience).*

C

I. catch [kætʃ] *s* **1.** fangst; *fig(=match)* parti;
2. *fotb(=save)* redning;
3. *på håndveske, etc(=snap)* lås; *på dør el. vindu(=hasp)* haspe; krok;
4. aber *n;* skjult felle *(fx there's a catch in it);* ***a catch question*** et spørsmål med en felle i;
5. T: ***be in a Catch-22 situation****(=be in a no-win situation)* sitte i saksen.
II. catch *vb(pret: caught; perf. part.: caught)* **1.** gripe (fatt i); ta *(fx the wind caught her hat); int:* ta imot!
2. fange; fange opp; *for å snakke med:* få tak i *(fx I've been trying to catch you); fig:* ***catch sby's attention*** fange ens oppmerksomhet; ***it caught my eye*** jeg ble oppmerksom på det; ***catch the sun*** bli solbrent;
3. overraske; ***he was****(=got)* ***caught red-handed*** han ble grepet på fersk gjerning; *i passiv:* ***be caught in the rain*** bli overrasket av regnet;
4. *om transportmiddel:* nå *(fx the 9.45 (train) to Oslo);* ***I've got a bus to catch*** jeg har en buss jeg må nå;
5. bli smittet med; få; ***catch (a) cold****(,***T:** *get a cold)* bli forkjølet;
6. legge seg ved; svi seg *(fx the milk has caught);*
7. *ved uhell:* komme bort i; bli sittende fast i; bli hengende i; ***she caught her fingers in the car door*** hun fikk klemt fingrene i bildøren;
8*(=hit)* treffe *(fx the stone caught him on the head);*
9. oppfatte; høre; få tak i; ***I didn't (quite) catch his meaning*** jeg fikk ikke (riktig) tak i hva han mente;
10*(=get a chance to see)* få sett; ***I'll try to catch that film*** jeg skal prøve å få sett den filmen;
11.: ***catch (fire)*** begynne å brenne; fenge; ta fyr;
12. *om kunstner:* få frem *(fx one's model's beauty);*
13.: ***he caught his breath (in surprise)*** han snappet etter pusten (av overraskelse);
14.: ***catch at****(=try to grasp)* gripe etter; ***he caught at the chance*** han grep begjærlig sjansen;
15. *passiv* **T:** ***be caught*** 1*(=be made pregnant)* bli på vei; 2.: ***get caught in sth*** bli hengende fast i noe;
16: catch it*(=get it in the neck)* få på pukkelen; *truende:* ***he'll catch it (from me)!****(=I'll give it him!)* han skal få!
17.: ***catch oneself (-ing)*** gripe seg i å;
18.: ***catch hold of****(=get hold of)* få tak i;
19. T: ***catch sby on the hop*** komme uforvarende på en;
20.: ***catch sight of*** 1*(=see)* få øye på; 2*(=catch a glimpse of; get a brief look at)* få et glimt av;
21. *om noe helt usannsynlig:* ***catch me doing that!*** aldri i verden om noen skal få 'meg til å gjøre det! ***catch me doing that again!*** jeg skal passe meg for å gjøre det én gang til!
22.: ***catch on*** 1*(=become popular)* slå an; 2*(=become fashionable)* bli moderne; 3*(=understand)* forstå *(fx he's a bit slow to catch on);* 4.: ***he has caught on to the work here and should do well*** han har fått tak *(n) på arbeidet her og kommer nok til å gjøre det bra;*
23.: ***catch out*** 1. *cricket:* ta ute *(fx he was caught out);* 2*(=catch making a mistake)* gripe i feil; 3. *med vanskelig spørsmål:* sette fast;
24.: ***catch up*** 1. snappe (opp) *(fx a ball);* gripe (tak *(n)* i) *(fx one's suitcase);* 2. *i passiv:* ***she was caught up in her reading*** hun ble oppslukt av det hun leste; 3. *også fig:* innhente; ta igjen; ***he'll soon catch up*** 1. han tar oss (,dere, etc) snart igjen; 2. han tar snart igjen det forsømte;
25. *fig:* ***catch up on*** ta igjen; ***I was just trying to catch up on my sleep*** jeg prøvde bare å få tatt igjen litt søvn;
26. *også fig:* ***catch up with sby*** ta en igjen; innhente

en; ***catch up with one's work*** komme à jour med arbeidet; ***catch up with arrears of work*** ta igjen det forsømte.
I. catch-as-catch-can *s: **catch-as-catch-can** (wrestling)* fribryting.
II. catch-as-catch-can *adj & adv; især* **US***(=with no hold(s) barred)* hvor alle midler *(n)* *(el.* knep *n)* er tillatt.
catching [ˌkætʃiŋ] *adj* **1***(=infectious)* smittsom; **2.** *fig:* smittende *(fx I find his enthusiasm catching).*
catch phrase slagord.
catchword [ˌkætʃ'wə:d] *s* **1.** slagord; **2.** *teat:* stikkord.
catchy [ˌkætʃi] *adj* **1.** fengende *(fx tune);* **2.** som inneholder en felle *(fx question);* **3.** *om åndedrett:* støtvis; **4.** *om vind:* som kommer i kast *n.*
catechism [ˌkæti'kizəm] *s:* katekisme.
categorical [kætiˌgɔrikəl] *adj:* kategorisk; bestemt.
category [ˌkætigəri] *s:* kategori; klasse.
cater [ˌkeitə] *vb: **cater for*** 1*(=provide food for; feed)* levere mat til; beverte; 2. *merk(=cover)* dekke; ***cater for the foreign market*** dekke det utenlandske marked; ***cater to the demands of the masses*** søke å tilfredsstille massenes behov *n.*
caterer [ˌkeitərə] *s:* selskapsarrangør; leverandør av selskapsmat.
catering [ˌkeitəriŋ] *s* **1***(=feeding)* bevertning; ***catering for 50 people****(=feeding 50 people)* bevertning av 50 mennesker; **2.** (levering av) selskapsmat; mat (som blir servert i selskapet); **3.** *ved institusjon, etc:* kosthold; **4.:** *se catering business.*
catering business*(=restaurant business)* restaurantvirksomhet.
catering trade 1. restaurantfaget; **2***(=catering industry; restaurant industry)* restaurantnæring; ***the hotel and catering trade*** hotell- og restaurantnæringen.
caterpillar [ˌkætə'pilə] *s* **1.** *zo:* sommerfugllarve; kålorm; **2.** *mask: **caterpillar (tractor)*** beltetraktor.
caterwaul [ˌkætə'wɔ:l] *vb; om katt(=yowl)* hyle; skrike; jamre.
catfish [ˌkæt'fiʃ] *s; zo; fisk(=wolffish)* gråsteinbit; havkatt; kattfisk; dvergmalle.
catgut [ˌkæt'gʌt] *s:* tarmstreng; katgut.
cathedral [kəˌθi:drəl] *s:* katedral; domkirke.
catheter [ˌkæθitə] *s; med.:* kateter *n.*
cathode [ˌkæθoud] *s:* katode.
I. Catholic [ˌkæθəlik] *s:* katolikk.
II. Catholic *adj:* katolsk *(fx the Catholic Church).*
Catholicism [kəˌθɔli'sizəm] *s:* katolisisme.
catkin [ˌkætkin] *s; bot:* hanrakle; gjesling.
catnap [ˌkæt'næp] *s:* liten lur; liten blund.
cat-o'-nine-tails [kætəˌnain'teilz] *s:* nihalet katt; knutepisk.
cat's-eye [ˌkæts'ai] *s* **1.** kattøye; **2.** refleksmerke.
cat's-paw [ˌkæts'pɔ:] *s* **1.** *på vann:* krusning; iling; **2.** *fig:* redskap *n; **be sby's cat's-paw*** rake kastanjene ut av ilden for en.
cat's whiskers T: ***it's the cat's whiskers*** det er kjempefint; det er rosinen i pølsen.
Cattegat, Kattegat [ˌkæti'gæt] *s; geogr: **the Cattegat*** Kattegat.
cattle [kætl] *s:* kveg *n; **dairy cattle*** melkekveg.
cattle breeder *landbr:* kvegoppdretter.
cattleman [ˌkætlmən] *s* **1.** fjøsrøkter; **2***(=cattle breeder)* kvegoppdretter; **3. US***(=owner of a cattle ranch)* kvegrancheier.
cattle rustler US*(=cattle thief)* kvegtyv.
catty [ˌkæti] *adj* **1.** katteaktig; **2***(=spiteful)* ondskapsfull.
catwalk [ˌkæt'wɔ:k] *s:* løpebru; *på stillas:* gangplanke; *ved mannekengoppvisning:* podium *n.*
Caucasia [kɔ:ˌkeiziə] *s; geogr:* Kaukasia.
Caucasian [kɔ:ˌkeiziən; kɔ:ˌkeiʒən] *s:* kaukasier; *især* **US***(=white person)* hvit person.
Caucasus [ˌkɔ:kəsəs] *s; geogr: **the Caucasus*** Kaukasus.
cauldron [ˌkɔ:ldrən] *s; litt.; også fig(=caldron)* gryte; ***witches' cauldron*** heksegryte.
cauliflower [ˌkɔli'flauə] *s; bot:* blomkål.
causal [ˌkɔ:zəl] *adj:* kausal-; årsaks-.
causal connection*(=causal relation; causality)* årsakssammenheng; årsaksforhold.
I. cause [kɔ:z] *s* **1.** årsak; grunn *(of* til); ***without any cause whatsoever*** uten den minste foranledning; **2.** sak; ***fight a just cause*** kjempe for en rettferdig sak; ***make common cause with****(=join forces with)* gjøre felles sak med.
II. cause *vb:* forårsake; være årsak til; ***cause bitterness*** skape bitterhet; *stivt: **cause sby to do sth****(=make sby do sth)* få en til å gjøre noe.
caustic [ˌkɔ:stik] *adj* **1.** *kjem:* kaustisk; **2.** *fig:* bitende; skarp.
cauterize, cauterise [ˌkɔ:tə'raiz] *vb:* etse; brenne; ***cauterize a wound*** brenne ut et sår.
I. caution [ˌkɔ:ʃən] *s* **1.** forsiktighet; ***it calls for caution*** det maner til forsiktighet; **2***(=warning)* advarsel; ***give sby a caution*** gi en en advarsel; **3.** *på skilt:* forsiktig.
II. caution *vb:* advare *(fx be cautioned for speeding).*
cautious [ˌkɔ:ʃəs] *adj:* forsiktig; varsom.
cavalcade ['kævəlˌkeid] *s:* kavalkade.
I. cavalier ['kævəˌliə] *s; hist* **1.** ryttersoldat; **2.** ridder.
II. cavalier *adj; neds(=offhand)* overlegen; nonchalant.
cavalry [ˌkævəlri] *s; mil:* kavaleri *n.*
cavalryman [ˌkævəlrimən] *s:* kavalerist.
I. cave [keiv] *s:* hule.
II. cave *vb: **cave in*** **1***(=collapse)* falle sammen; **2.** *fig:* styrte i grus.
caveman [ˌkeiv'mæn] *s* **1***(=cave dweller)* huleboer; steinaldermann; **2.** *spøkef:* primitiv type.
cavern [ˌkævən] *s* **1.** *litt.(=large cave)* stor hule; **2.** *med.:* kaverne.
cavernous [ˌkævənəs] *adj; stivt* **1***(=large (and deep))* meget stor (og dyp) *(fx cavernous eyes; a cavernous hole);* **2.** *med.:* kavernøs.
caviar(e) [ˌkævi'ɑ:; 'kæviˌɑ:] *s:* kaviar.
cavity [ˌkæviti] *s* **1***(=hollow space)* hulrom; ***oral cavity*** munnhule; **2.** *tannl:* kavitet.
cavort [kəˌvɔ:t] *vb; spøkef(=dance): **cavort about*** danse omkring.
I. caw [kɔ:] *s:* kråkeskrik; (skjære)skvatring.
II. caw *vb:* skrike; skvatre.
caw-caw *int; om skjære:* kra-kra!
cay [kei; ki:] *s(=key)* liten koralløy.
cayenne [keiˌen]: ***cayenne pepper*** kajennepepper.
cease [si:s] *vb* **1.** opphøre; slutte; **2.** opphøre med; slutte med; holde opp med; ***cease to do it****(=cease doing it)* holde opp med å gjøre det; *(jvf cessation).*
cease-fire [ˌsi:s'faiə] *s; mil:* våpenhvile.
ceaseless [ˌsi:sləs] *adj(=incessant)* uopphørlig.
cedar [ˌsi:də] *s; bot:* seder.
cede [si:d] *vb; stivt; om land(=surrender)* avstå; *(jvf cession).*
ceiling [ˌsi:liŋ] *s* **1.** *innvendig:* tak; himling; ***this room has a high ceiling*** det er høyt under taket i dette rommet; **2.** *fig:* øvre grense.
celebrate [ˌseli'breit] *vb:* feire; ***we intend to celebrate this****(=we'll make this an occasion)* dette (,denne dagen) har vi tenkt å feire.
celebrated [ˌseli'breitid] *adj:* berømt *(fx actor).*
celebration ['seliˌbreiʃən] *s:* feiring; fest *(fx birthday celebrations); **they had a big celebration on his eightieth birthday*** 80-årsdagen hans ble feiret stort.
celebrity [siˌlebriti] *s* **1.** berømthet; **T:** kjendis; **2***(=fame)* berømmelse.
celerity [siˌleriti] *s; stivt(=rapidity)* raskhet.
celery [ˌseləri] *s; bot:* bladselleri.
celery stick(s) *bot:* stangselleri.

celestial [siˌlestiəl] *adj; stivt(=heavenly)* himmelsk.
celibacy [ˌselibəsi] *s:* sølibat *n.*
celibate [ˌselibət] **1.** *s:* person som lever i sølibat *n;* **2.** *adj:* som lever i sølibat *n (fx priest).*
cell [sel] *s; også fig:* celle.
cellar [ˌselə] *s:* kjeller; ***(wine) cellar*** vinkjeller; *(jvf basement).*
cellist [ˌtʃelist] *s; mus(=violoncellist)* cellist.
cello [ˌtʃelou] *s; mus(=violoncello)* cello.
cellophane [ˌselə'fein] *s:* cellofan.
cellular [ˌseljulə] *adj:* celle-; som består av celler.
celluloid [ˌselju'lɔid] *s:* celluloid.
cellulose [ˌselju'louz; ˌselju'lous] *s:* cellulose.
Celsius [ˌselsiəs] *adj(=centigrade)* Celsius *(fx 20 degrees Celsius; 20°C).*
I. cement [siˌment] *s* **1.** sement; **2.** bindemiddel; klebemiddel; **3.** *fig; stivt(=bond)* bånd *n.*
II. cement *vb* **1.** sementere; **2.** *fig(=strengthen)* styrke.
cementation ['si:menˌteiʃən] *s:* sementering.
cemetery [ˌsemitri; **US:** ˌseməteri] *s:* gravlund.
censer [ˌsensə] *s(=thurible)* røkelseskar; *(jvf joss stick).*
I. censor [ˌsensə] *s:* sensor; ***film censor*** filmsensor.
II. censor *vb:* sensurere; ***heavily censored*** sterkt sensurert.
censorious [senˌsɔ:riəs] *adj; stivt(=harshly critical)* dømmesyk; kritikksyk.
censorship [ˌsensə'ʃip] *s(=censoring)* sensur (*of* av).
I. censure [ˌsenʃə] **1.** *s; stivt(=harsh criticism)* streng kritikk; **2.** *polit:* ***vote of censure****(=vote of no confidence)* mistillitsvotum.
II. censure *vb; stivt(=criticize harshly; blame)* laste; klandre; kritisere sterkt.
censure motion *polit(=motion of no confidence)* mistillitsforslag; ***table a censure motion*** fremme mistillitsforslag.
censure vote *polit(=vote on a censure motion)* avstemning i spørsmål om mistillitsvotum.
census [ˌsensəs] *s* **1.** folketelling; manntall; **2.:** ***traffic census*** trafikktelling.
cent [sent] *s:* cent.
I. centenarian ['sentiˌnɛəriən] *s:* hundreåring.
II. centenarian *adj:* hundreårig.
I. centenary [senˌti:nəri; senˌtenəri] *s:* hundreårsdag; hundreårsjubileum.
II. centenary *adj:* hundreårs-; som forekommer én gang hvert hundrede år; hundreårig.
center [ˌsentə] *s* **US:** *se centre.*
centering [ˌsentəriŋ] *s* **US:** *se centring.*
centigrade [ˌsenti'greid] *adj(=Celsius)* Celsius.
centipede [ˌsenti'pi:d] *s; zo:* skolopender; tusenben.
central [ˌsentrəl] *adj* **1.** sentral; ***central heating*** sentralvarme;
2*(=chief)* viktigst; hoved- *(fx the central point of his argument);* ***be central*** stå sentralt *(fx in the negotiations);* ***that is central to his argument*** det står sentralt i hans argumentasjon; ***be a central factor in ensuring the quality of the teaching*** stå sentralt når det gjelder å sikre kvaliteten i undervisningen.
central bank sentralbank *(fx the US central bank).*
Central Criminal Court *i London:* ***the Central Criminal Court****(,***T:** *the Old Bailey)* lagmannsrett i straffesaker; *(jvf crown court; county court).*
Central Electricity Generating Board*(fk CEGB):* ***the Central Electricity Generating Board*** De britiske statskraftverker; *(jvf electricity board).*
centralization, centralisation ['sentrəlaiˌzeiʃən] *s:* sentralisering.
centralize, centralise [ˌsentrə'laiz] *vb:* sentralisere.
central reservation *på 'dual carriageway':* midtrabatt.
central reserve *på motorvei(,***US:** *median strip)* midtrabatt; *(jvf central reservation & centre strip).*
central station *jernb:* sentralbanestasjon.
central vacuum (cleaner) sentralstøvsuger.

I. centre *(,***US:** *center)* [ˌsentə] *s* **1.** sentrum *n;* midtpunkt; senter *n;* -sentral; -senter *(fx shopping centre);* ***centre of amusements*** fornøyelsessenter; ***at the centre*** i sentrum; i (,på) midten; ***at****(=in)* ***the centre of*** i sentrum av; midt i (,på);
2. *i konfekt, etc:* fyll *(fx soft centres);*
3. *fotb; hockey(=pass)* sentring.
II. centre *vb* **1.** plassere i midten;
2. *fotb; hockey(=pass)* sentre;
3.: ***centre on*** konsentrere seg om.
III. centre *adj:* sentrums-; senter-; midt-.
centrefold [ˌsentə'fould] *s(=centre spread):* ***the centrefold*** midtsidene (i en avis).
centre of gravity **1.** *fys(=centre of mass)* tyngdepunkt; massemiddelpunkt; **2.** *fig:* tyngdepunkt.
centre spread *i avis(=centrefold):* ***the centre spread*** midtsidene.
centre strip *på vei:* midtrabatt; *(jvf central reservation & central reserve).*
centrifugal ['senˌtrifjugəl; ˌsentri'fju:gəl] *adj; fys:* sentrifugal; sentrifugal-.
I. centrifuge [ˌsentri'fju:dʒ] *s:* sentrifuge.
II. centrifuge *vb:* sentrifugere.
centring *(,***US:** *centering)* [ˌsentriŋ] *s* **1.** sentrering; **2.** *fotb:* sentring.
centripetal [senˌtripitl; ˌsentri'pi:tl] *adj; fys:* sentripetal; sentripetal-.
I. centuplicate [senˌtju:plikit; senˌtju:pli'keit] *adj; stivt(=increased a hundredfold)* hundre ganger så mye (,mange); hundrefold; hundredobbelt.
II. centuplicate [senˌtju:pli'keit] *vb; stivt(=increase a hundred times)* hundredoble.
century [ˌsentʃəri] *s* **1.** århundre *n;* ***in the 15th and 16th centuries*** i det 15. og 16. århundre; **2.** *cricket:* hundre poeng.
ceramic [siˌræmik; səˌræmik] *adj:* keramisk.
ceramics [siˌræmiks] *s; stivt* **1***(=pottery)* keramiske arbeider *n;* **2***(=(the art of) pottery)* keramikk.
ceramist [ˌserəmist] *s; stivt(=potter)* keramiker.
I. cereal [ˌsiəriəl] *s:* kornslag; *kul:* kornblanding.
II. cereal *adj:* korn-.
cerebral [ˌseribrəl; **US:** səˌribrəl] *adj; anat:* cerebral; hjerne-.
cerebration ['seriˌbreiʃən] *s:* hjernevirksomhet.
cerebrum [ˌseribrəm] *s; anat:* cerebrum; storhjernen.
I. ceremonial ['seriˌmouniəl] *s:* seremoniell *n.*
II. ceremonial *adj:* seremoniell; høytidelig.
ceremonial hall*(=assembly hall)* festsal; aula.
ceremonious ['seriˌmouniəs] *adj:* meget formell; høytidelig.
ceremony [ˌseriməni] *s:* seremoni; seremoniell *n;* ***closing ceremony*** avslutningsseremoni; ***marriage ceremony****(=wedding ceremony)* vielsesseremoni; ***medal ceremony*** premieutdeling; ***stand on ceremony*** være formell; holde på formene; ta det nøye; ***without (any further) ceremony*** uten videre.
cert [sə:t] *s* **T***(=certainty):* ***it's a dead cert*** det er helt sikkert.
certain [ˌsə:tən] *adj* **1***(=sure)* sikker; ***he's certain to forget*** han kommer sikkert til å glemme det; ***are you certain of it?*** er du sikker på det? ***I don't know for certain*** jeg vet ikke sikkert (*el.* bestemt);
2. viss *(fx a certain Mrs Smith);* ***certain of the things he said*** enkelte av de tingene han sa.
certainly [ˌsə:tənli] *adv* **1***(=without doubt; definitely)* absolutt; sikkert *(fx I can't come today, but I'll certainly come tomorrow);* ***most certainly*** helt sikkert; ***...but she most certainly could talk!*** men snakke kunne hun, det var sikkert (og visst)!
2. *int:* ja, absolutt; javisst; ***certainly not*** slett ikke; absolutt ikke; ikke tale om.
certainty [ˌsə:tənti] *s:* sikkerhet; visshet; ***with certainty*** med sikkerhet; ***it's a certainty that he'll win*** det er helt sikkert at han vinner.

certifiable [ˌsə:ti'faiəbl] *adj:* bevislig; som kan attesteres.

I. certificate [səˌtifikit] *s:* attest; bevis *n; **death certificate*** dødsattest; ***doctor's certificate*** legeattest; ***exam(ination) certificate*** eksamensvitnemål; ***firearms certificate****(=licence)* bæretillatelse for våpen *n; **school certificate*** vitnemål (fra skole); ***leaving certificate*** avgangsvitnemål; *(jvf diploma); **certificate of residence*** bostedsbevis.

II. certificate [səˌtifi'keit] *vb(=authorize)* attestere *(fx a document); **a certificated teacher**(=a qualified teacher)* en ferdig utdannet lærer.

Certificate of Secondary Education *(fk CSE)* **UK:** eksamen etter 5 år i 'comprehensive school' som et alternativ til O-level i faget; *(se CSE; GCE; GCSE).*

certification ['sə:tifiˌkeiʃən] *s:* attestering; attestasjon.

certified [ˌsə:ti'faid] *adj:* godkjent; attestert; autorisert; ***certified copy*** bekreftet avskrift; ***'certified correct'*** rett avskrift bekreftes; ***lifeboats certified to carry 50 passengers*** livbåter godkjent for 50 personer.

certified electrician autorisert installatør.

certified public accountant **US***(=chartered accountant)* statsautorisert revisor.

certify [ˌsə:ti'fai] *vb;* attestere; bekrefte; ***I certify this to be a true copy*** rett avskrift bekreftes.

certitude [ˌsə:ti'tju:d] *s(=certainty)* visshet.

cervelat [ˌsə:və'læt] *s:* servelat(pølse).

cervical [ˌsə:vikəl] *adj; anat* **1.** hals-; **2.** livmorhals-.

cervical cancer *med.(=cancer in the cervix)* kreft i livmorhalsen; livmorhalskreft; *(se cancer & cervix).*

cervical vertebra *anat:* halsvirvel.

cervix [ˌsə:viks] *s(pl: cervixes; cervices* [sə:ˌvaisi:z]*) anat: **cervix (of the womb)**(=neck of the womb)* livmorhals.

cessation [seˌseiʃən] *s; stivt(=stop)* stans; opphør *n.*

cession [ˌseʃən] *s; om territorium; stivt(=ceding)* avståelse; ***cession of territory*** landavståelse.

cesspit [ˌses'pit] *s(=cesspool)* kloakkum

cesspool [ˌses'pu:l] *s(=cesspit)* kloakkum.

I. chafe [tʃeif] *s* **1.** sårhet i huden pga. friksjon; **2.** *vet:* gnagsår.

II. chafe *vb* **1***(=rub; pinch; make sore)* gnage; gjøre sår; irritere (huden); **2.** *stivt(=become angry; become impatient)* bli ergerlig; bli utålmodig.

chafer [ˌtʃeifə] *s; zo(=cockchafer)* oldenborre.

I. chaff [tʃɑ:f] *s* **1.** agner; **2.** hakkelse; **3.** godmodig erting; **4.:** ***separate the wheat from the chaff*** skille klinten fra hveten.

II. chaff *vb:* småerte; skjemte med.

chaffinch [ˌtʃæfintʃ] *s; zo:* bokfink; *(se finch).*

chagrin [ˌʃægrin] *s; stivt(=annoyance)* skuffelse; ergrelse.

I. chain [tʃein] *s* **1.** kjede; kjetting; ***keep the door on the chain*** benytte dørlenken; **2.** *fig:* rekke *(fx of events);* kjede *(fx a chain of shops); **chain of evidence*** beviskjede; ***chain of thought*** tankerekke.

II. chain *vb; også fig:* lenke; ***please lock and chain your door****(=please lock your door and put the chain on)* vær vennlig å låse døren og sette sikkerhetslenken på.

chain bracelet armlenke; *(jvf bracelet).*

chain letter kjedebrev.

chain reaction *også fig:* kjedereaksjon.

chain saw*(=power saw)* motorsag.

I. chair [tʃɛə] *s* **1.** stol; ***desk chair****(=office chair)* skrivebordsstol; kontorstol; ***easy chair*** lenestol; ***folding chair*** klappstol; **2.:** ***be in the chair*** være ordstyrer; være møteleder; ***who's in the chair?*** hvem er ordstyrer? ***take the chair*** være ordstyrer; **3.** *univ:* lærestol; professorat *n.*

II. chair *vb* **1.:** ***chair a meeting*** være ordstyrer (*el.* møteleder); **2.:** ***chair sby****(=carry sby in triumph)* bære en på gullstol.

chair lift stolheis; *(se I. lift 1).*

chairman [ˌtʃɛəmən] *s (NB om kvinne: chairwoman; chairlady; kjønnsnøytralt: chairperson)* **1.** formann; forkvinne; ***chairman of the board (of directors)*** styreformann;

2. *på møte:* ordstyrer; møteleder; ***be elected chairman*** bli valgt til møteleder.

chairmanship [ˌtʃɛəmən'ʃip] *s:* formannsverv.

chairperson [ˌtʃɛə'pə:sən] *s:* formann; forkvinne; *(jvf chairman).*

chairwoman [ˌtʃɛə'wumən] *s:* forkvinne; *(jvf chairman).*

chalet [ˌʃælei] *s:* sveitserhytte; hytte.

chalice [ˌtʃælis] *s* **1.** *poet(=goblet)* beger; **2.** (alter) -kalk; **3.** *bot(=cup-shaped flower)* begerformet blomst.

I. chalk [ˌtʃɔ:k] *s* **1.** kritt *n; **drawing chalk*** tegnekritt;

2.: ***as different as chalk from****(=and)* ***cheese*** vidt forskjellige;

3.: ***not by a long chalk****(=by no means)* ikke på langt nær *(fx you haven't finished yet by a long chalk);*

4.: ***traditional chalk-and-talk teachers*** lærere av den gamle skolen.

II. chalk *vb* **1.** kritte; skrive med kritt *n;* **2.:** ***chalk up*** 1. skrive med kritt *n (fx the answer on the blackboard);* 2. *noe det senere skal betales for:* skrive opp; ***chalk it up to me*** skriv det på meg; 3. *seier, etc(=score)* oppnå; kunne notere *(fx chalk up three wins in a row);* 4. tilskrive; si (at noe) skyldes; ***you'll just have to chalk it up to experience*** du får trøste deg med at du i hvert fall er en erfaring rikere.

chalk crayon fargekritt.

chalkface [ˌtʃɔ:k'feis] *s* **T:** ***those at the chalkface*** de som står på kateteret.

chalky [ˌtʃɔ:ki] *adj* **1.** krittaktig; **2.** *om ansikt:* kritthvitt.

I. challenge [ˌtʃælindʒ] *s* **1.** *også fig:* utfordring; ***accept****(=take up; take on; meet)* ***the challenge*** ta imot utfordringen; møte utfordringen; ***issue****(,***T:** *throw out)* ***a challenge*** komme med en utfordring; *sport: **weather a tough challenge*** komme godt fra en krevende utfordring; ***withstand a strong challenge from*** motstå en sterk utfordring fra;

2. *mil; fra vaktpost:* anrop *n;*

3. *jur:* protest (*el.* innvending) mot jurymedlem (*el.* avgjørelse).

II. challenge *vb* **1.** *også fig:* utfordre; **2.** *mil:* anrope; **3.** *jur:* protestere mot jurymedlem (*el.* avgjørelse).

challenge cup *sport(,***US:** *traveling trophy)* vandrepokal.

challenger [ˌtʃælindʒə] *s:* utfordrer.

challenging [ˌtʃælindʒiŋ] *adj:* utfordrende.

chamber [ˌtʃeimbə] *s* **1.** kammer *n;* **2.** *jur:* ***(barrister's)*** chambers advokatkontor; **US:** ***judge's chambers*** dommers privatkontor.

chamberlain [ˌtʃeimbəlin] *s:* kammerherre.

chamber maid **1.** *i hotell(=room attendant;* **T:** *maid)* stuepike; værelsespike; **2.** *hist; i herskapshus:* stuepike.

chameleon [kəˌmi:liən] *s; zo:* kameleon.

I. chamfer [tʃæmfə] *s:* skråkant.

II. chamfer *vb:* skråfase; skråslipe; skråskjære.

I. chamois [ˌʃæmwɑ:] *s; zo:* gemse.

II. chamois [ˌʃæmi] *s: **chamois****(=shammy)* ***leather*** vaskeskinn; *(jvf suede).*

champ [ˌtʃæmp] *vb* **1.** *især om hest:* gumle; knaske; **2. T:** ***champ****(=chafe)* ***at the bit*** være utålmodig etter å komme i gang; være utålmodig (og irritert).

champagne [ʃæmˌpein] *s:* champagne; *(jvf champers).*

champagne bucket champagnekjøler.

champers [ˌʃæmpəz] *s* **S***(=champagne;* **T:** *bubbly)* sjampis.

I. champion [ˌtʃæmpiən] *s* **1***(,***T:** *champ)* mester; **2.** forkjemper (*of* for); forsvarer *(fx of a lost cause).*

II. champion *vb:* være forkjemper for; kjempe for.

championship [ˌtʃæmpiən'ʃip] *s* **1.** konkurranse om

mesterskapet; mesterskap; ***open championship*** åpent mesterskap; **2***(=title of champion)* (mesterskaps)tittel.

I. chance [tʃɑ:ns] *s* **1.** sjanse; vinnersjanse; mulighet; ***chances are even*** sjansene står likt; **T:** ***not a chance!*** *(=certainly not!)* ikke tale om! ***not the ghost of a chance*** ikke et fnugg av en sjanse; ***there's little chance that the situation will improve*** det er liten sjanse (*el.* mulighet) for at situasjonen vil bedre seg; ***what do you think their chances are like?*** hva tror du om (vinner)sjansene deres? ***chances are that you'll win****(=you're likely to win)* sannsynligheten taler for at du vinner; ***have an even chance of success*** ha en fifty-fifty sjanse til å vinne; ***he hasn't got a chance*** han har ikke en sjanse; ***a chance of (-ing)****(=a chance to)* en sjanse til å; en mulighet for å; ***is there any chance of you having a holiday this year?*** er det noen mulighet for at du får ferie i år *(n)*? ***what are her chances of getting the job?*** hvilke sjanser har hun til å få jobben? ***you stand****(=have)* ***a good chance of winning*** du har god sjanse til å vinne; *stivt:* ***stand small chance against****(=have little chance against)* ha liten sjanse mot; ***a sporting****(=reasonably good)* ***chance*** en rimelig (god) sjanse;
2*(=opportunity)* anledning; sjanse; ***a chance in a thousand****(=a unique opportunity;* **T:** *the chance of a lifetime)* en enestående sjanse; **T:** alle tiders sjanse; ***there's your chance*** der har du sjansen; **T:** ***this is your big chance*** dette er din store sjanse; ***you can't let that chance go****(=you mustn't miss that chance)* du kan (*el.* må) ikke la den sjansen gå fra deg; ***he had****(=got)* ***the chance of a lift to Paris*** han fikk leilighetsskyss til Paris;
3. tilfeldighet; tilfelle; sammentreff; ***leave it to chance*** la tilfellet råde; ***he left nothing to chance*** han overlot ingenting til tilfeldighetene; ***that was quite a chance finding him here*** det var litt av et tilfelle å finne ham her; ***by chance****(=by accident)* ved et tilfelle; tilfeldigvis; tilfeldig; ***more or less by chance*** på en mer eller mindre tilfeldig måte; mer eller mindre tilfeldig; ***by a lucky chance*** ved et heldig sammentreff; ***it was by sheer chance that I found out the truth*** det var et rent tilfelle at jeg fant ut sannheten; ***did you by any chance meet my father on your way home?*** du møtte vel ikke tilfeldigvis min far på hjemveien?
4*(=risk)* sjanse; risiko; ***take a chance*** ta en sjanse; ***she took a chance on the train being late in leaving*** hun tok sjansen på at toget ville komme til å gå sent; ***taking chances****(=chancing it)* det å ta sjanser; sjansekjøring; ***I'm not taking any chances*** jeg tar ingen sjanser; jeg vil ikke risikere noe; ***take one's chance(s)*** ta sjansen *(fx take your chance when it comes along)*; ***you'll just have to wait and take your chance like everybody else*** du må bare vente og se hvordan det går, slik som alle andre må gjøre;
5.: ***have an eye to the main chance*** være om seg.

II. chance [tʃɑ:ns] *vb* **1.:** ***chance it****(=risk it)* ta sjansen på det; **2.** *stivt(=happen):* ***I chanced to see him last week*** jeg traff ham tilfeldigvis i forrige uke; ***...who, as it chanced, was a friend of Mary's*** som tilfeldigvis var en venn av Mary; **3.:** ***chance (up)on*** 1*(=stumble on):* ***he chanced on the solution to his problem*** han slumpet til å finne løsningen på problemet sitt; 2*(=meet by accident)* treffe på; møte tilfeldig.

III. chance *adj:* tilfeldig; ***a chance meeting*** et tilfeldig møte.

chance bargain leilighetskjøp.

chancel [tʃɑ:nsl] *s; arkit; i kirke:* kor *n.*

chancellery, chancellory [ˌtʃɑ:nsləri] *s* **1.** kanselli *n;*
2. kanslerembete;
3. *ved ambassade, etc; også* **US***(=chancery)* sekretariat *n.*

chancellor [ˌtʃɑ:nslə] *s* **1.** kansler; **2.** *univ:* nominelt overhode; *(se vice-chancellor);* **3. US** *univ:* rektor; **4***(=first secretary)* førstesekretær (ved ambassade).

Chancellor of the Exchequer *(,***US:** *Secretary of the Treasury)* finansminister; *(se finance minister).*

chancery [ˌtʃɑ:nsəri] *s* **1.** *jur(=Chancery Division)* kansellirett; **2.** *jur* **US:** ***(court of) chancery****(=court of equity)* billighetsrett; **3.** *ved ambassade, etc:* sekretariat *n.*

chancy [ˌtʃɑ:nsi] *adj(=risky; uncertain)* usikker; sjansepreget; ***you might get a seat but it's a bit chancy*** det kan tenkes at du får en plass, men det er litt usikkert.

chandelier [ˈʃændiˌliə] *s:* lysekrone.

chandler [ˌtʃɑ:ndlə] *s; i sms:* -handler; ***ship('s) chandler*** skipshandler.

I. change [tʃeindʒ] *s* **1.** forandring; ***a complete change*** en fullstendig forandring; ***a change of address*** adresseforandring; ***notice of change of address*** flyttemelding; ***a change of trains*** togbytte; ***a change of underwear*** et undertøyskift; ***the change of life****(=the menopause)* overgangsalderen; ***a welcome change*** en kjærkommen forandring; ***we could do with a change*** en forandring skulle ikke vært av veien; ***a change for the better*** en forandring til det bedre; ***for****(=as)* ***a change*** som en avveksling; til (*el.* som) en forandring; ***for the sake of change*** for forandringens skyld; ***there's a change in the programme*** det er en forandring i programmet; ***it'll make a change*** det blir en avveksling; ***it makes a delightful change to discover that ...*** det er herlig for en gangs skyld å oppdage at ...;
2. *sport: se changeover;*
3. småpenger; vekslepenger; ***there's some change to come on that*** du får penger igjen på den (seddelen); ***give change*** gi igjen (vekslepenger); ***you gave me the wrong change*** du ga meg galt igjen; ***can you give me change for a ten-pound note?*** kan du gi meg igjen på en tipundseddel? *oppslag:* ***no change given*** det gis ikke vekslepenger;
4. S*(=information):* ***I got no change out of him*** jeg fikk ingenting ut av ham;
5.: ***ring the changes*** variere; bytte på *(fx I only have three shorts and two ties, but I ring the changes with them);* komme med variasjoner over samme tema *n.*

II. change *vb* **1.** forandre (på); endre; gjøre om; legge om *(fx a system);* bli forandret; forandre seg; ***nothing has changed*** ingenting er forandret;
2. skifte (ut); bytte; *om klær:* skifte; kle seg om *(fx change for dinner);* ***change the bed****(=sheets)* skifte på sengen; ***change hands*** skifte eier; ***change one's job****(=change jobs)* skifte jobb; ***change one's mind*** skifte mening; forandre mening; ombestemme seg; ***change places*** bytte plass; ***change round*** bytte plass; bytte om på; *fotb* **T***(=change ends)* bytte banehalvdel; ***change trains*** bytte tog *n;*
3. *om penger:* veksle *(fx could you change a ten-pound note?);* veksle inn *(fx he changed his Italian money before he left);* ***can you change a £10 note for twenty 50p pieces?*** kan du veksle en tipundseddel i tjue 50-pence stykker *(n)*? *(jvf II. exchange 2);*
4.: ***change gear*** gire; ***change down (,up)*** gire ned (,opp).

changeability [ˈtʃeindʒəˌbiliti] *s; stivt(=changeableness)* foranderlighet; omskiftelighet.

changeable [ˌtʃeindʒəbl] *adj:* foranderlig; omskiftelig.

changeableness [ˌtʃeindʒəblnəs] *s:* foranderlighet; omskiftelighet.

changeover [ˌtʃeindʒˈouvə] *s* **1.** omstilling; overgang *(to* til); **2.** *sport* 1. *i stafett(=change; exchange; takeover)* veksling; 2. *skøyter:* ***(lane) changeover*** *(=crossing)* veksling; 3. *fotb(=changing ends)* bytte *(n)* av banehalvdel.

changeover straight *skøyter(=back straight)* vekslingsside.

changing [ˌtʃeindʒiŋ] *adj:* foranderlig.

changing room omkledningsrom; ***men's changing room*** herregarderobe.

channel

new compounds

brunch a meal that is taken at a time between the normal hours of breakfast and lunch, replacing these.

the Chunnel the Channel Tunnel, the sub-sea tunnel between Dover and Calais.

Oxbridge a word used to denote the two oldest and most prestigious universities in Britain: Oxford and Cambridge.

stagflation an unusual combination of an economic situation which combines stagnation with inflation (known in the US in the 1970's in connection with economic difficulties caused by the Vietnam War).

I. channel [tʃænl] *s* **1.** kanal; ***the English Channel*** Den engelske kanal;
2. *mar:* ***(navigation) channel*** led; lei;
3. *radio, TV, fig:* kanal; ***she doesn't get her information through the usual channels*** hun får ikke sine informasjoner gjennom de vanlige kanalene; *(se shopping channel);*
4. *fig:* spor *n (fx turn the debate into another channel).*
II. channel *vb:* kanalisere; ***channel sth properly****(=get sth going on the right lines)* få noe inn på riktig spor *n.*
I. chant [tʃɑ:nt] *s* **1.** *rel:* messing; **2.** *sport, etc:* motto *n;* heiarop, etc fremført på en messende måte; tilrop (fra heiagjeng, etc).
II. chant *vb* **1.** messe; **2.** *sport, etc; om monotont tilrop (fra fx heiagjeng):* rope; *(se chanting).*
chanterelle ['ʃæntəˌrel] *s; bot:* kantarell; *(se mushroom).*
chanting [ˌtʃɑ:ntiŋ] *s* **1.** *rel:* messing; **2.** *sport, etc fra fx heiagjeng:* (det å komme med) tilrop.
chaos [ˌkeiɔs] *s:* kaos *n;* virvar *n.*
chaotic [keiˌɔtik] *adj:* kaotisk.
I. chap [tʃæp] *s* **1. T:** fyr; **2.** *i huden:* sprekk.
II. chap *vb; om hud:* sprekke; ***chapped lips*** sprukne lepper.
I. chapel [tʃæpl] *s* **1.** kapell *n; ved institusjon:* kirke; **2***(=Nonconformist church)* frikirke; dissenterkirke.
II. chapel *adj:* frikirkelig.
chapel of ease annekskirke.
I. chaperon(e) [ˌʃæpə'roun] *s:* chaperone; anstand.
II. chaperon(e) *vb:* være anstand for.
chapfallen [ˌtʃæp'fɔ:lən] *adj(=crestfallen)* slukkøret.
chaplain [ˌtʃæplin] *s:* ***prison chaplain*** fengselsprest.
chaplet [ˌtʃæplit] *s; kat.:* tredjedel av en rosenkrans; *(jvf rosary).*
chapped [tʃæpt] *adj; om hud:* sprukket; ***chapped hands*** sprukne hender; *(jvf II. chap).*
chapter [ˌtʃæptə] *s* **1.** *også fig:* kapittel *n;* **2.** *rel:* ***(cathedral) chapter*** domkapittel.
I. char [tʃɑ:] *s* **1.** *zo; fisk:* røye; **2. T***(=charwoman)* vaskekone; **3. S***(=tea)* te.
II. char *vb* **1.** forkulle; **2.** gjøre rent; vaske.
character [ˌkæriktə] *s* **1.** karakter; lynne *n;* ***a man of character*** en karakterfast mann; ***strength of character*** karakterstyrke;
2. beskaffenhet; egenart;
3*(=reputation)* ry *n;* rykte *n;* navn *n;*
4*(=testimonial)* attest;
5. skikkelse; ***character in a novel*** romanfigur;
6. *om person* **T:** original *(fx he's quite a character);*
7. *typ:* (skrift)tegn *n;* type;
8.: ***in character (for sby)****(=typical (of sby))* typisk (for en); ***out of character (for sby)****(=untypical of sby)* utypisk for en; ***act out of character*** falle ut av rollen.
character actor karakterskuespiller.
I. characteristic ['kæriktəˌristik] *s:* eiendommelighet; karakteregenskap.
II. characteristic *adj:* karakteristisk; ***a characteristic feature*** et karakteristisk trekk; ***characteristic of*** karakteristisk for.
characterize, characterise [ˌkæriktə'raiz] *vb:* karakterisere.
character set *EDB:* tegnsett; ***coded character set*** kodet tegnsett.
character sketch karaktertegning.
charade [ʃəˌrɑ:d; **US:** ʃəˌreid] *s* **1.** *selskapslek:* ordgåte; stavelsesgåte; **2.** *fig(=farce)* farse; spill *n.*
charcoal [ˌtʃɑ:'koul] *s:* trekull.
I. charge [tʃɑ:dʒ] *s* **1.** prisforlangende; pris *(fx what is the charge for a telephone call?);* ***free of charge*** gratis; ***there is no charge*** det er gratis;
2. gebyr *n;* avgift; ***bank charges*** bankgebyrer; ***site charge*** leiravgift;
3. pant *n;* ***register of (charges on) personal property*** løsøreregister;
4. (opp)ladning; strøm *(fx in the battery);*
5*(=attack)* angrep;
6. *jur:* siktelse; tiltale; ***bring a charge against sby****(=indict sby)* reise tiltale mot en;
7. *jur:* ***charge to the jury****(=directions to the jury)* rettsbelæring; *(jvf II. charge 7);*
8.: ***be in charge*** ha ansvaret; ***be in charge of*** ha ansvaret for; ***put sby in charge of sth*** gi en ansvaret for noe; ***take charge of*** 1. overta kontrollen med; 2. overta; ta i forvaring.
II. charge *vb* **1.** *om pris:* forlange; beregne seg; ***they charge extra for that*** det beregner de seg ekstra for; ***she hardly charged us anything*** hun tok seg nesten ikke betalt av oss;
2. *merk:* ***charge to account*** føre i regning; belaste konto; ***charge it to his account*** belaste hans konto med beløpet;
3. *elekt:* lade opp; *fig:* ***charge one's batteries*** lade opp ***she charged her mental and physical batteries*** hun ladet opp fysisk og psykisk;

4(*=attack*) angripe;
5. *stivt(=order)* befale; pålegge;
6.: ***charge sby with sth*** 1(*=accuse sby of sth*) beskylde en for noe; 2. *jur:* tiltale en for noe;
7. ***jur: charge the jury*** belære juryen om dens plikter; *(jvf I. charge 7).*
chargeable [ˌtʃɑ:dʒəbl] *adj* **1.** *jur:* straffbar; som det kan reises tiltale for *(fx this is a chargeable offence);* **2.** *merk:* som kan debiteres; **3**(*=chargeable with tax*) som det må svares skatt av.
charge card *bankv(=credit card; account card)* kredittkort.
charged [tʃɑ:dʒd] *adj; også fig:* ladet (*with* med); ***emotionally charged***(*=charged with emotion*) følelsesladet.
chargé d'affaires [ˌʃɑ:ʒei daˌfɛə] *s:* chargé d'affaires.
charge nurse(*,***US:** *shift supervisor)* avdelingssykepleier.
charger [ˌtʃɑ:dʒə] *s* **1.** *hist:* stridshest;
2.: ***(battery) charger*** batterilader;
3. *glds(=platter)* fat *n.*
chariot [ˌtʃæriət] *s* **1.** *hist:* stridsvogn; **2.** *poet:* vogn.
charisma [kəˌrizmə] *s:* karisma; utstråling.
charitable [ˌtʃæritəbl] *adj* **1.** nestekjærlig; overbærende; ***that wasn't a very charitable remark*** det var ikke videre hyggelig sagt; ***a more charitable explanation might be that …*** en hyggeligere forklaring kunne være at …; ***put a charitable***(*=good*) ***interpretation on it*** oppta det i beste mening; **2.** veldedig; ***charitable donations*** gaver til veldedige formål *n; (se charity 4);* ***charitable***(*=public*) ***trust*** velgjørende stiftelse.
charity [ˌtʃæriti] *s* **1.** nestekjærlighet; mildhet; overbærenhet; ***faith, hope and charity*** tro, håp *(n)* og kjærlighet; *ordspråk:* ***charity begins at home*** enhver er seg selv nærmest;
2(*=alms*) almisser; ***accept charity*** ta imot almisser; ***live on charity*** leve av almisser; leve på andres nåde;
3. veldedighet; velgjørenhet; ***large-scale work for charity*** storstilt veldedighet;
4(*=charitable organization*) veldedighetsforening.
charity bazaar *(,***US:** *kermess)* veldedighetsbasar.
charity concert støttekonsert; ***charity concert for the benefit of*** støttekonsert til inntekt for.
charity event veldedighetstilstelning.
charlatan [ˌʃɑ:lətən] *s:* sjarlatan; humbugmaker.
I. charm [tʃɑ:m] *s* **1.** sjarm; ***a bundle of charm*** et (lite) sjarmtroll; ***have the charm of novelty*** ha nyhetens interesse; ***it has a charm of its own*** det har sin egen sjarm; ***he fell a victim to her charms*** han ble offer *(n)* for hennes sjarm; **2.** trylleformular; ***it worked like a charm*** det gikk strykende; **3**(*=amulet*) amulett.
II. charm *vb* **1.** sjarmere; **2.** (for)trylle; ***bear a charmed life*** være usårlig.
charmer [ˌtʃɑ:mə] *s* **1.** *spøkef:* ***she's a real charmer!*** hun er virkelig søt! **2.**: ***snake charmer*** slangetemmer.
charming [ˌtʃɑ:miŋ] *adj* **1.** sjarmerende;
2(*=picturesque*) malerisk.
I. chart [tʃɑ:t] *s* **1.** *mar:* draft *n;* sjøkart (*of* over);
2. *geol & meteorol:* kart *n;* ***weather chart*** værkart;
3. diagram *n;* kurve *(fx temperature chart);* plansje; ***key chart*** oversiktsdiagram; ***pie chart*** sektordiagram;
4. *radio:* ***the (pop) charts***(*=the hit parade*) hitlisten; *(se I. pop 3: top of the -s in Norway).*
II. chart *vb* **1.** lage draft *(n)* (*el.* sjøkart) over;
2. *på kart:* tegne inn;
3. fremstille grafisk;
4. *fig:* kartlegge.
I. charter [ˌtʃɑ:tə] *s* **1.** charter *n;* frihetsbrev; pakt; ***city charter*** kjøpstadsrettigheter;
2(*=charter party*) certeparti; befraktningskontrakt;
3. *flyv:* charter; ***fly south by charter***(*=go south on charter flights*) fly sydover på charter.
II. charter *vb* **1.** gi charter (*el.* frihetsbrev) til;
2. chartre; leie.
chartered accountant*(,***US:** *certified public accountant)* statsautorisert revisor.
charterer [ˌtʃɑ:tərə] *s:* chartrer; *mar:* befrakter.
charter flight *flyv:* charterflyvning.
charter party *merk* **1.** befraktningskontrakt; certeparti; **2.** *om person el. gruppe:* chartrer(e).
charter plane *flyv:* charterfly.
charwoman [ˌtʃɑ:ˈwumən] *s(,***T:** *char)* vaskekone; vaskehjelp.
I. chase [tʃeis] *s* **1.** jakt *(fx after a long chase we caught the thief);* ***give chase***(*=start in pursuit*) oppta forfølgelsen; **2. UK:** inngjerdet viltreservat; **3.** jaktrett (over annen manns eiendom).
II. chase *vb* **1.** løpe etter; forfølge; jage; ***chase off*** jage vekk (*el.* bort *el.* ned (fra)); *sport:* ***he's chasing***(*= trying to beat*) ***the lap time of NN*** han prøver å slå rundetiden til NN; ***he's always chasing after women*** han er en ordentlig kvinnejeger; ***chase around Europe*** farte omkring i Europa; ***chase***(*=track*) ***down*** oppspore; **2.** *merk:* ***chase sby up*** purre på en; **3.** siselere; ***chased bracelet*** siselert armbånd.
chaser [ˌtʃeizə] *s* **1.** forfølger; ***skirt chaser*** skjørtejeger; **2.** siselør; **3. T:** drikk til å skylle ned med.
chasm [ˌkæzəm] *s; også fig:* kløft.
chassis [ˌʃæsi] *s(pl: chassis* [ˌʃæsiz]*)* **S:** chassis *n.*
chaste [tʃeist] *adj* **1**(*=virginal*) kysk; **2.** ærbar.
chasten [ˌtʃeisən] *vb* **1.** *glds(=discipline)* tukte; **2**(*= scold*) refse *(fx be chastened by the headmaster).*
chastise [tʃæsˌtaiz] *vb* **1.** *glds(=discipline)* tukte; **2**(*= scold*) refse.
chastisement [ˌtʃæstizmənt; tʃæsˌtaizmənt] *s* **1.** *glds:* tukt; **2.** refselse; *(se chastise).*
chastity [ˌtʃæstiti] *s* **1.** kyskhet; **2.** ærbarhet.
chasuble [ˌtʃæzjubl] *s; rel:* messehagel.
I. chat [tʃæt] *s:* prat; ***have a chat*** slå av en prat.
II. chat *vb* **1.** prate; snakke; **2. T: *chat up sby*** slå an på en; **T:** sjekke en; *(jvf chat-up place).*
chat show *radio; TV(=talk show)* prateprogram.
chattels [ˌtʃætlz] *s; pl; jur:* ***goods and chattels*** løsøre.
I. chatter [ˌtʃætə] *s* **1.** skravling; **2.** *om fugl:* skravling; *om skjære:* skvatring; skratting; sladring.
II. chatter *vb* **1.** skravle; **2.** *om fugl:* skravle; *om skjære:* skvatre; skratte; sladre; **3.** *om tenner:* klapre.
chatterbox [ˌtʃætəˈbɔks] *s* **T:** skravlebøtte.
chatty [ˌtʃæti] *adj:* pratsom; snakkesalig.
chat-up place [ˌtʃætˈʌpˈpleis] *s* **T:** sjekkested.
I. chauffeur [ˌʃoufə] *s:* privatsjåfør.
II. chauffeur *vb:* være privatsjåfør (*for* for).
chauffeur-driven [ˌʃoufəˈdrivən] *adj:* ***a chauffeur-driven car*** en bil med privatsjåfør.
chauvinism [ˌʃouviˈnizəm] *s:* sjåvinisme; ***male chauvinism*** mannssjåvinisme.
chauvinist [ˌʃouvinist] *s:* sjåvinist; ***male chauvinist*** (*= sexist man*) mannssjåvinist.
I. cheap [tʃi:p] *s* **T: *on the cheap***(*=cheaply*) billig; ***do it on the cheap*** gjøre det så billig som mulig.
II. cheap *adj* **1.** billig;
2. *neds:* billig *(fx her dress looks rather cheap);* ***cheap workmanship*** billig håndverksmessig utførelse; ***feel cheap*** føle seg ussel (*el.* skamfull) *(fx he felt cheap about his treatment of her).*
III. cheap *adv:* ***buy (,sell) cheap*** kjøpe (,selge) billig; ***I'll get it for you cheap*** jeg skal skaffe deg det billig; ***we're selling these books off cheap*** vi selger ut disse bøkene billig; **T: *get sth dirt cheap*** få noe for en slikk og ingenting; få noe spott billig; *(jvf cheaply).*
cheapen [ˌtʃi:pən] *vb* **1**(*=reduce the price of*) sette ned prisen på; gjøre billig(ere); **2.** *fig:* forsimple; få til å se billig ut; ***cheapen oneself*** gjøre seg billig.
cheap-jack [ˌtʃi:pˈdʒæk] *adj; neds* **T**(*=cheap and inferior*) billig og dårlig.
cheaply [ˌtʃi:pli] *adv* **1.** billig; ***buy cheaply*** kjøpe (inn) billig; *(jvf III. cheap);* **2.** *fig:* ***get off cheaply*** slippe billig.

I. cheat [tʃi:t] *s* **T 1.** snyteri *n;* juks *n;* svindel; ***that was a cheat!*** det var juks!
2. snytepave; juksemaker; bedrager.
II. cheat *vb* **1.** snyte; svindle; jukse; ***cheat at cards*** jukse i kortspill; ***he was cheated out of £100*** han ble snytt for £100;
2. T: ***cheat on****(=be unfaithful to)* være utro mot.
cheater [ˌtʃi:tə] *s:* juksemaker; bedrager.
I. check [tʃek] *s* **1.** sjekk; kontroll (for å påse at alt er i orden); *(=security check)* sikkerhetskontroll; ***make a routine check*** foreta en rutinekontroll (*el.* rutinesjekk); sjekke rutinemessig (*with* med); ***spot check*** stikkprøve; ***keep a check on*** føre kontroll med; passe på;
2. US*(=tick)* sjekkemerke;
3. US: ***coat check, hat check*** *(=cloakroom ticket)* garderobemerke;
4. US*(=cheque)* sjekk;
5. US*(=bill)* regning *(fx the check, please, waiter);*
6. US*(=chip; counter)* spillemerke;
7*(=sales slip)* kassalapp;
8. *også fig:* sjakk; ***keep sby in check*** holde en i sjakk;
9. rutemønster; rute (i et rutemønster); *(se III. check);*
10. hinder *n;* hindring; (midlertidig) stans.
II. check *vb* **1.** sjekke; kontrollere;
2. *sjakk(=put in check)* sette sjakk;
3. lage rutemønster; *(jvf III. check);*
4. *for oppbevaring; især* **US***(=check in; hand in)* levere inn; levere fra seg *(fx one's coat); (jvf 6.: check in 2);*
5. stanse; stoppe; bremse; tøyle; legge bånd *(n)* på *(fx one's passion);* ***check oneself*** ta seg i det;
6.: ***check in*** 1. *på hotell:* sjekke inn (*at* på); ***check sby in at a hotel*** bestille rom *(n)* for en på et hotell; *på arbeidsplass:* ***check in (for work)*** sjekke inn; 2. *i flyhavn, etc:* sjekke inn;
7. *især* **US:** ***check into a hotel****(=check in at a hotel)* ta inn på et hotell;
8.: ***check on*** sjekke; kontrollere; undersøke;
9.: ***check up (on)*** *når man har en mistanke:* sjekke *(fx I checked him up; I checked up on him); (jvf 8: check on);*
10.: ***check out*** 1. *på hotell:* sjekke ut; (betale regningen og) reise; gå; sjekke ut; 2. kvittere for; låne *(fx a library book);* 3. *etter kontroll:* vise seg å være i orden;
11.: ***check with*** 1. spørre; høre med *(fx I must check with Peter first);* 2. *især* **US***(=agree with)* stemme overens med.
III. check *adj: se checked.*
checkbook [ˌtʃek'buk] *s* **US***(=chequebook)* sjekkhefte.
checked [tʃekt] *adj:* med rutemønster; rutet; ***pin-checked*** smårutet; *(se check-patterend).*
checker [ˌtʃekə] *s; især* **US 1***(=cloakroom attendant)* garderobevakt;
2*(=check-out girl)* kasserer (i supermarked).
checkerboard [ˌtʃekə'bɔ:d] *s* **US***(=draughtboard)* dambrett.
checkers [ˌtʃekəz] *s* **US***(=draughts)* dam.
I. check-in [ˌtʃek'in] *s(=checking-in)* innsjekk(ing); *flyv:* ***baggage check-in*** innsjekking av bagasjen.
II. check-in ['tʃekˌin] *adj:* innsjekk-; ***check-in desk*** innsjekkskranke *(fx the check-in desk of BA).*
check-in time innsjekkingstid; innsjekktid.
I. checkmate [ˌtʃek'meit] *s* **1.** sjakkmatt; trekk *(n)* som gjør sjakkmatt;
2. *fig(=utter defeat)* sjakkmatt;
3*(=deadlock)* situasjon som har låst seg.
II. checkmate *vb* **1.** gjøre sjakkmatt;
2. *fig; om person(=defeat)* gjøre sjakkmatt;
3. *om plan, etc:* forhindre; sette en stopper for.
I. check-out [ˌtʃek'aut] *s* **1.** utsjekking; utsjekk;
2*(=check-out time)* utsjekktid;
3. *i supermarked(=check-out point)* kasse.
II. check-out ['tʃekˌaut] *adj:* utsjekkings-; utsjekk-.
check-out girl *(,***US:** *checker)* kassadame (i supermarked).
check-out time utsjekktid.
check-patterned [ˌtʃek'pætənd] *adj:* med rutemønster.
checkpoint [ˌtʃek'pɔint] *s:* kontrollpost.
checkroom [ˌtʃek'rum] *s* **US 1***(=left-luggage office)* bagasjeoppbevaring; **2***(=cloakroom)* garderobe.
check-up [ˌtʃek'ʌp] *s* **1.** undersøkelse; oppsjekking;
2.: ***(medical) check-up*** legeundersøkelse.
I. cheek [tʃi:k] *s* **1.** *anat:* kinn *n;* ***fat cheeks*** bollekinn; *fig:* ***cheek by jowl*** side om side; tett sammen; *fig:* ***he said it with his tongue in his cheek*** han sa det for spøk; *fig:* ***turn the other cheek*** vende det andre kinnet til;
2. *på skrustikke:* bakke;
3. *anat* **T***(=buttock)* rumpeballe;
4. T: frekkhet; nesevishet; ***he had the cheek to say that …*** han var frekk nok til å si at …; ***the cheek of the Devil*** frekkhetens nådegave.
II. cheek *vb(=be cheeky to)* være frekk mot.
cheekbone [ˌtʃi:k'boun] *s; anat:* kinnben.
cheeky [ˌtʃi:ki] *adj* **T:** frekk; nesevis; frekk i munnen; ***cheeky blighter*** frekk fyr; ***be cheeky to sby*** være frekk mot en.
I. cheep [tʃi:p] *s* **1.** kvidring; kvidder *n;* **2.:** ***not a cheep*** ikke et ord; ikke en lyd.
II. cheep *vb; om fugl:* pipe; kvidre.
I. cheer [tʃiə] *s* **1.** hurrarop; heiarop; bifallsrop; bravorop; ***call three cheers for sby*** utbringe et leve for en; ***they gave three cheers*** de ropte tre ganger tre hurra; ***join in the cheers*** være med å rope heia (*el.* hurra); **T:** ***they'll say three cheers to****(=for)* ***that*** det vil de applaudere;
2. munterhet; godt humør;
3.: ***be of good cheer*** være ved godt mot; *(se cheers).*
II. cheer *vb* **1.** rope hurra (for); *sport:* heie (på); ***cheer sby on*** heie en frem; ***give them sth to cheer about*** gi dem noe å rope hurra for;
2. hylle; ***all those who could drag themselves along, (of) all ages and sizes, had come to cheer the Queen****(=queen)* alt som kunne krype og gå, smått og stort, var møtt frem for å hylle dronningen;
3.: ***cheer up*** 1. bli i bedre humør; 2. sette i bedre humør; muntre opp.
cheerful [ˌtʃiəful] *adj* **1.** glad; fornøyd; i godt humør;
2. munter; gledelig *(fx news);* ***a cheerful room*** et lyst og vennlig rom; et hyggelig rom; ***let's try to be cheerful about it*** la oss forsøke å ta det med godt humør.
cheerfully [ˌtʃiəfuli] *adv:* med glede; uten sure miner; med godt humør.
cheering [ˌtʃiəriŋ] *s:* hurrarop; heiarop.
cheering gang *(=cheering crowd;* **US:** *cheer leaders;* **T:** *pep squad)* heiagjeng.
cheerio ['tshiəriˌou] *int* **T:** morn så lenge; ha det.
cheerless [ˌtʃiələs] *adj; stivt(=gloomy)* trist; lite hyggelig *(fx room).*
cheers [tʃiəz] *int* **T 1.** skål; **2***(=cheerio; goodbye)* morn så lenge; ha det.
cheery [ˌtʃiəri] *adj(=cheerful)* munter.
cheese [tʃi:z] *s* **1.** ost; ***cream cheese*** eskeost; ***crumbled cheese*** revet ost; ***processed cheese*** smelteost;
2. T: ***there's cheese and cheese*** ost og ost, fru Blom;
3.: ***say cheese!*** smil pent (til fotografen)!
cheeseboard [ˌtʃi:z'bɔ:d] *s; kul:* osteanretning.
cheeseburger [ˌtʃi:z'bə:gə] *s:* varmt ostesmørbrød.
cheesecake [ˌtʃi:z'keik] *s* **1.** engelsk ostekake;
2. S: pin-up bilde; *(jvf beefcake).*
cheese dish ostefat; ***cheese dish with cover*** osteklokke.
I. cheeseparing [ˌtʃi:z'pɛəriŋ] *s; neds(=stinginess)* gnieraktighet; smålighet.
II. cheeseparing *adj:* gjerrig; gnieraktig; smålig.
cheese rind osteskorpe.
cheese slicer ostehøvel; osteskjærer.
cheese straw *bakverk:* ostepinne.

cheetah [ˌtʃi:tə] *s; zo:* gepard.
chef [ʃef] *s: (head) chef* overkokk; kjøkkensjef.
I. chemical [ˌkemikl] *s:* kjemikalie.
II. chemical *adj:* kjemisk.
chemical engineer kjemiingeniør (vesentlig med kjemiteknikk); *(jvf chemical scientist).*
chemical engineering kjemiteknikk.
chemical pulp cellulose; kjemisk masse.
chemical science *univ:* kjemi.
chemical scientist kjemiingeniør (vesentlig med allmenn og teoretisk kjemi); *(jvf chemical engineer).*
chemical symbol *fys:* atomtegn.
chemical technician: ***(graduate) chemical technician*** kjemitekniker.
chemist [ˌkemist) *s* **1.** kjemiker; **2.:** ***dispensing chemist*** *(,* **US:** *druggist)* apoteker; farmasøyt.
chemist's shop *(,***US:** *drugstore)* apotek *n.*
chemistry [ˌkemistri] *s:* kjemi.
chemotherapy [ˈkemouˌθerəpi] *s:* kjemoterapi.
cheque *(,US især: check)* [tʃek] *s:* sjekk; ***a cheque for £50*** en sjekk på £50; ***bad cheque*** dekningsløs sjekk; ***open(=uncrossed) cheque*** kontantsjekk; ukrysset sjekk; ***traveller's cheque*** reisesjekk; ***cash a cheque*** heve en sjekk; ***draw a cheque (on a bank)*** utstede en sjekk (på en bank); ***a cheque drawn in favour of NN*** en sjekk utstedt til NN; ***pay by cheque*** betale med sjekk; ***write(=make) out a cheque*** skrive ut en sjekk (*to sby* til en); ***the cheque has bounced*** sjekken er avvist i banken pga. manglende dekning.
chequebook *(,***US:** *checkbook)* [ˌtʃekˈbuk] *s:* sjekkhefte.
cheque card *(=banker's card)* bankkort.
I. chequer [ˌtʃekə] *s* **1.** rutemønster; **2.** rute (i rutemønster); *(se chequered 1).*
II. chequer *vb:* lage rutemønster.
chequered [ˌtʃekəd] *adj* **1.** rutet; sjakkmønstret; **2.** *fig:* broket; ***a chequered career*** en omtumlet tilværelse.
chequers [ˌtʃekəz] *s; brettspill(=draughts;* **US:** *checkers)* dam.
cherish [ˌtʃeriʃ] *vb; stivt* **1***(=hold dear; love)* holde av; elske; sette høyt;
2*(=value)* verdsette; sette pris på; sette høyt;
3*(=treasure)* bevare minnet om;
4*(=preserve)* verne om *(fx old traditions);*
5. *meget stivt el. spøkef(=have):* ***cherish ambitions*** nære ambisjoner.
cherished [ˌtʃeriʃt] *adj; stivt* **1***(=valued)* avholdt; som det settes pris på *(fx privileges);* **2***(=treasured):* ***cherished memories*** kjære minner *n.*
cherry [ˌtʃeri] *s* **1.** *bot:* ***(sour) cherry*** kirsebær; ***heart(=sweet) cherry*** søtkirsebær; ***they're selling like ripe cherries*** de går som varmt hvetebrød; **2. US S***(=virginity)* dyd; **3. US S** 1*(=virgin)* jomfru; 2. *også om mann; spøkef:* uskyld *(fx has he lost his cherry yet?).*
cherub [ˌtʃerəb] *s:* kjerub.
chervil [ˌtʃə:vil] *s; bot:* kjørvel.
chess [tʃes] *s:* sjakk; ***a game of chess*** et parti sjakk; ***play chess*** spille sjakk.
chessboard [ˌtʃesˈbɔ:d] *s:* sjakkbrett.
chessman [ˌtʃesˈmæn; ˌtʃesmən] *s:* sjakkbrikke; ***set of chessmen*** sett sjakkbrikker; sjakkspill.
chesspiece [ˌtʃesˈpi:s] *s; om sjakkbrikke:* offiser.
chessplayer [ˌtʃesˈpleiə] *s:* sjakkspiller.
chest [tʃest] *s* **1.** *anat:* bryst *n;* brystkasse; **2.** kiste; skrin *n;* ***tool chest*** verktøykasse; ***chest of drawers*** kommode; **3.:** ***get it off one's chest*** lette sitt hjerte.
chest freezer fryseboks; *(se freezer).*
I. chestnut [ˌtʃesˈnʌt] *s* **1.** *bot:* kastanje; ***horse chestnut*** hestekastanje; **2.** kastanjebrunt; **3.** *om hest:* fuks;
4.: ***an old chestnut(=joke)*** en gammel traver.
II. chestnut *adj:* kastanje-; ***chestnut hair*** kastanjebrunt hår.
chevron [ˌʃevrən] *s* **1.** *mønster:* vinkel; **2.** *mil; ermedistinksjon:* vinkel; **T:** stripe.
I. chew [tʃu:] *s* **1.** tygg; **2.** noe å tygge på.
II. chew *vb* **1.** tygge; *fig:* ***bite off more than one can chew*** ta seg vann *(n)* over hodet;
2. *fig* **T:** ***chew on*** tygge på; tenke nøye over; ***chew it over****(=turn it over in one's mind)* tenke over det; tygge på det;
3.: ***chew up*** tygge i stykker.
chewing gum *(,***T:** *gum)* tyggegummi; **S:** tyggis.
chewy [ˌtʃu:i] *adj:* seig og klebrig.
I. chic [ʃi(:)k] *s:* eleganse; chic;
II. chic *adj:* chic; elegant; fiks *(fx look very chic).*
chick [tʃik] *s* **1.** *zo:* kylling; fugleunge; **2. S:** kjei *n;* skreppe.
I. chicken [ˌtʃikin] *s* **1.** (ung) høne;
2. *kul:* kylling;
3. S*(=coward)* feiging;
4. S*(=greenhorn)* grønnskolling;
5. S: ***she's no (spring) chicken*** hun er ingen ungsau lenger;
6. *ordspråk:* ***count one's chickens before they are hatched*** selge skinnet før bjørnen er skutt.
II. chicken *vb:* ***chicken out*** trekke seg (fordi man er redd).
chickenfeed [ˌtʃikinˈfi:d] *s; fig* **T***(=small amount;* **T:** *peanuts)* småpenger.
chicken-hearted [ˈtʃikinˌhɑ:tid; *attributivt:* ˌtʃikinˈhɑ:tid] *adj:* ***be chicken-hearted*** være en reddhare.
chickenpox [ˌtʃikinˈpɔks] *s; med.:* vannkopper.
chicken-run [ˌtʃikinˈrʌn] *s:* hønsegård.
chicken wire hønsenetting.
chickweed [ˌtʃikˈwi:d] *s; bot:* vassarve.
chicory [ˌtʃikəri] *s; bot:* sikori.
chide [tʃaid] *vb; stivt(=scold)* skjenne på.
I. chief [tʃi:f] *s* **1.** *også spøkef som tiltale:* sjef;
2*(=chieftain)* høvding; ***paramount chief*** overhøvding;
3. *i sms:* ***(-)in(-)chief*** sjef-; øverst-.
II. chief *adj* **1.** viktigst; **2.** *ofte(=main)* hoved-; ***chief cause*** hovedårsak; ***chief constituent*** hovedbestanddel.
chief accountant hovedbokholder.
chief buyer *(,***US:** *purchasing manager)* innkjøpssjef.
chief cashier 1. hovedkasserer; **2.** kommunekasserer; kemner.
chief constable *(,***US:** *police commissioner)* politimester; ***deputy chief constable****(,***US:** *deputy police commissioner)* visepolitimester.
chief editor sjefredaktør; hovedredaktør.
(chief) education officer*(=director of education)* skolesjef; *(se education officer).*
chief engineer 1. sjefingeniør; overingeniør;
2. *mar:* maskinsjef.
chief executive 1. *i aksjeselskap(=managing director;* **US:** *president)* administrerende direktør; ***group chief executive****(=managing director and chief executive;* **US:** *president and chief executive officer)* konsernsjef; konserndirektør; **2.** *i sms:* ***chief sales executive****(=sales manager)* salgssjef; **3.:** ***chief executive (officer)****(,også* **US:** *city manager)* byrådsleder.
chief executive officer *se chief executive 1.*
chief financial officer*(=city (,borough) treasurer)* finansrådmann; *(se chief officer).*
chief (fire) officer *(,***US:** *fire marshal)* brannsjef.
chief inspector politiførstebetjent; politistasjonssjef.
chief justice 1. *i Commonwealth-land:* høyesterettsjustitiarius; **2. US:** ***Chief Justice of the United States*** høyesterettsjustitiarius; *(se Lord Chief Justice).*
chiefly [ˌtʃi:fli] *adv:* hovedsakelig; først og fremst.
Chief of Defence *mil:* ***the Chief of Defence*** Forsvarssjefen.
chief officer rådmann; *(jvf chief financial officer).*
chief of state US*(=head of state)* statsoverhode.
chief of the course *sport; ski:* løypesjef; sjef for løype (,bane, bakke).

child

Did you know that

Norway is the only country in the world organising its Independence Day as a day for the children? Many other countries have a military parade.

chief park warden *i østafrikansk land:* øverste sjef for nasjonalparkene og reservatene; *(se park warden).*
chief press officer pressesjef; informasjonssjef.
chief radio officer *mar:* sjeftelegrafist.
chief *(=senior)* **resident US***(=senior registrar)* assistentlege; *hist:* reservelege.
chief scientific officer*(=chief scientist; director of research; head of research)* forskningssjef.
chief security officer sikkerhetssjef.
chief stewardess *mar:* oldfrue; ***assistant chief stewardess*** oldfrueassistent; *(jvf housekeeper 2; stewardess).*
chief superintendent *intet tilsv; svarer omtrent til:* politiadjutant; politifullmektig; *(se superintendent 1).*
chieftain [ˌtʃiːftən] *s: se I. chief 2.*
chieftainship [ˌtʃiːftənˈʃip] *s:* høvdingverdighet.
chiffon [ʃiˌfɔn; ʃifɔn] *s; tekstil:* chiffon.
chiffon(n)ier [ˈʃifəˌniə] *s:* chifonniere.
chilblain [ˌtʃilˈblein] *s; med.:* frostknute.
child [tʃaild] *s(pl: children* [ˌtʃildrən]) **1.** barn *n;* ***young children****(=little children)* små barn; småbarn; ***be with child*** være med barn; ***ever since one was a child*** helt fra barndommen av; helt fra barnsben av;
2. *fig:* barn; ***a child of God*** et Guds barn.
child abuse *jur(,***T:** *baby battering; child battering)* barnemishandling.
child-bearing [ˌtʃaildˈbɛəriŋ] *s:* barnefødsel; det å føde barn *n;* ***past child-bearing*** for gammel til å få barn.
childbed [ˌtʃaildˈbed] *s:* barselseng.
child care 1. barnevern; barnevernsarbeid;
2. barneomsorg; ungestell; ***split the child care*** dele på ungestellet.
child care department barnevernsnemnd.
child care officer barnevernsarbeider.
child-centred [ˌtʃaildˈsentəd] *adj:* barnesentrert; som setter barnet i sentrum *n.*
childhood [ˌtʃaildˈhud] *s* **1.** barndom; ***from childhood (onwards)****(=from a child)* fra barndommen av; fra barnsben av; ***the home of one's childhood****(=one's home as a child)* ens barndomshjem; ***in (my) early childhood*** i min tidlige barndom; ***in my childhood and youth*** i min barndom og ungdom;
2.: ***be in one's second childhood*** gå i barndommen.
childhood friend barndomsvenn.
childhood playmate*(=playmate of one's childhood)* lekekamerat fra barndommen.
childish [ˌtʃaildiʃ] *adj:* barnslig; barnaktig.
childishness [ˌtʃaildiʃnəs] *s:* barnslighet; barnaktighet.
child labour barnearbeid.
childlike [ˌtʃaildˈlaik] *adj:* barnlig; barnslig.
childminder [ˌtʃaildˈmaində] *s:* dagmamma.
child molester en som forgriper seg på barn *n.*
child-proud [ˌtʃaildˈpraud] *adj:* ***she's very child-proud*** hun er en ordentlig myrsnipe.
children's clothes *pl:* barneklær.
children's nurse barnepleier; **UK,** *ikke i Norge:* ***sick children's nurse*** barnesykepleier; ***registered sick children's nurse****(fk RSCN)* barnesykepleier med offentlig godkjenning.
children's officer UK: tilsynsverge for barn *(n)* (under 14 år *n); (se probation officer).*
children's specialist*(=paediatrician)* barnelege; barnespesialist.
child safety lock lås med barnesikring.
child's bottom barnerumpe.
child's face barneansikt.
child's game barnelek.
child's play *om noe som er lett:* barnemat.
child's voice barnestemme; barnerøst.
Chile [ˌtʃili] *s; geogr:* Chile.
I. Chilean [ˌtʃiliən] *s:* chilener.
II. Chilean *adj:* chilensk.
I. chill [tʃil] *s* **1.** kjølighet; **2.** lett forkjølelse.
II. chill *vb* **1.** avkjøle *(fx the wine);* bli kald;
2. *fig:* legge en demper på *(fx sby's enthusiasm).*
chilli [ˌtʃili] *s; bot:* chilipepper; hel kajennepepper.
chilly [ˌtʃili] *adj* **1.** kjølig; **2.** *fig:* kjølig; uvennlig; ***a chilly stare*** et kjølig blikk.
I. chime [tʃaim] *s* **1.** klokkespill; ringing;
2*(,***US:** *glockenspiel)* (sett) klokker; klokkespill.
II. chime *vb* **1.** kime; ringe; **2.** slå *(fx the grandfather clock chimed 9 o'clock);* **3.:** ***chime in with****(=agree with)* stemme med *(fx what I've heard from other people).*
chimney [ˌtʃimni] *s* **1.** skorstein(spipe); **2.** *især gammelt og stort:* ildsted; **3.** lampeglass.
chimneypiece [ˌtʃimniˈpiːs] *s(=mantelpiece)* kaminhylle.
chimneypot [ˌtʃimniˈpɔt] *s:* røykhatt.
chimney stack skorsteinspipe.
chimney sweep(er) skorsteinsfeier.
chimp [tʃimp] *s; zo* **T***(=chimpanzee)* sjimpanse.
chimpanzee [ˈtʃimpænˌziː] *s; zo:* sjimpanse.
chin [tʃin] *s; anat:* hake; ***keep your chin up!*** opp med humøret! **T:** ***he took it on the chin*** han tok det tappert.
China [ˌtʃainə] *s* **1.** *geogr:* Kina; **2. T:** ***not for all the tea in China****(=not for anything in the world)* ikke for alt i verden.
I. china [ˌtʃainə] *s:* porselen *n;* ***household china*** bruksporselen.
II. china *adj:* porselens- *(fx china cups).*
china cabinet vitrine; *(se cabinet 1).*
Chinaman [ˌtʃainəmən] *s; neds(=Chinese)* kineser; *neds:* kinamann.
chinaware [ˌtʃainəˈwɛə] *s:* porselensvarer.
chine [tʃain] *s; på slakt:* ryggben.
I. Chinese [tʃaiˌniːz] *s* **1.** kineser; **2.** *språk:* kinesisk.
II. Chinese *adj:* kinesisk.
Chinese cabbage *bot:* kinakål.
(Chinese) pancake roll *kul:* vårrull.
I. chink [tʃiŋk] *s* **1***(=crack)* sprekk; *fig:* ***a chink in one's armour****(=a weak spot)* akilleshæl; **2***(=loophole)* smutthull *(fx in the law);* **3***(=clink)* klirring.
II. chink *vb(=clink)* klirre.
chintz [tʃints] *s:* møbelsirs.
chin-up [ˌtʃinˈʌp] *s; gym:* armheving i bom; *(jvf press -up).*
I. chip [tʃip] *s* **1.** flis; skall *n;* skår *n;*
2. *EDB:* brikke;
3*(=counter)* spillemerke; sjetong;

4.: ***chips***(,**US:** *French fries)* stekte poteter; pommes frites; ***fish and chips*** stekt fisk og pommes frites;
5. US: ***chips***(=*crisps)* potetgull;
6. US & T: ***be in the chips***(=*be in clover)* være på den grønne gren;
7.: ***he's a chip off the old block*** han ligner på opphavet;
8.: ***when the chips are down*** når det virkelig blir alvor *n;* når det kommer til stykket;
9. T: ***he has a chip on his shoulder***(=*he's terribly touchy)* han tåler ikke å snakkes til; han reiser bust for et godt ord; han er hårsår; ***they have a chip on their shoulder about the police*** de er hårsåre når det gjelder politiet.
II. chip *vb* **1.** hogge en flis av; slå et skall av; lage skår *n)* i;
2. *fotb:* lobbe;
3.: ***chip in*** 1. *i samtale:* bryte inn *(fx with a remark)*; 2. *om penger:* bidra *(fx with five pounds);*
4.: ***chip off***(=*remove)* fjerne; skrape av.
chipmunk [ˌtʃip'mʌŋk] *s; zo* **US:** chipmunk; nordamerikansk jordekorn; *(jvf squirrel).*
chipolata ['tʃipəˌlɑ:tə] *s; kul:* såsiss.
chiropodist [kiˌrɔpədist] *s:* fotpleier.
chiropody [kiˌrɔpədi] *s:* fotpleie.
chiropractic ['kairəˌpræktik] *s:* kiropraktikk.
chiropractor [ˌkairə'præktə] *s:* kiropraktor.
I. chirp [tʃə:p] *s; om fugl:* pip *n;* kvidder *n.*
II. chirp *vb:* pipe; kvidre.
I. chirrup [ˌtʃirəp] *s:* intens kvidring.
II. chirrup *vb:* kvidre intenst.
I. chisel [ˌtʃizəl] *s:* hoggjern; meisel.
II. chisel *vb* **1.** meisle; hogge ut; skjære ut; **2. S**(=*cheat)* snyte; **3.** *fig:* ***his finely chiselled features*** hans rene trekk *n.*
chit [tʃit] *s* **1. T**(=*brief note; memo; chitty)* lapp; lite notat;
2(=*requisition)* rekvisisjon;
3(=*receipt)* kvittering;
4. *i forbindelse med bargjeld, etc:* skyldseddel; gjeldsbevis; regning; ***put it on my chit*** sett det på min regning;
5. *neds:* ***a mere chit of a girl*** en (frekk) liten jentunge.
I. chitchat [ˌtʃit'tʃæt] *s:* småprat; småsladder.
II. chitchat *vb:* småprate; småsladre.
chivalrous [ˌʃivəlrəs] *adj; stivt*(=*gallant)* ridderlig; gallant.
chivalry [ˌʃivəlri] *s; stivt*(=*gallantry)* ridderlighet; galanteri *n.*
chives [tʃaivz] *s; bot*(=*chive garlic)* gressløk; ***a bunch of chives*** en bunt gressløk.
chiv(v)y [ˌtʃivi] *vb* **T 1.** plage; herse med; **2.:** ***chiv(v)y sby about*** jage på en; ***chiv(v)y things along***(=*give things a push)* få fart på tingene.
chloric [ˌklɔ:rik] *adj; kjem:* klor-; som inneholder klor.
chloric acid *kjem:* klorsyre.
chloride [ˌklɔ:raid] *s; kjem:* klorid *n;* ***sodium chloride*** natriumklorid.
chlorine [ˌklɔ:ri:n] *s; kjem:* klor *n.*
I. chloroform [ˌklɔrə'fɔ:m] *s; kjem:* kloroform.
II. chloroform *vb:* kloroformere.
chlorophyll *(,***US:** *chlorophyl)* [ˌklɔrəfil] *s; bot:* bladgrønt; klorofyll *n.*
choc-ice [ˌtʃɔk'ais] *s:* is med sjokoladetrekk.
I. chock [tʃɔk] *s:* (tre)kloss; (tre)kile.
II. chock *vb:* klosse opp; støtte opp med klosser.
choc bun *kul; bakverk:* vannbakkelsbolle med sjokoladetrekk.
chock-full ['tʃɔkˌful] *adj; etteranstilt*(=*crammed)* proppfull *(fx pockets chock-full of rubbish).*
I. chocolate [ˌtʃɔk(ə)lit] *s* **1.** sjokolade; ***chocolate (for eating)*** spisesjokolade;
2. konfekt; ***a box of (assorted) chocolates*** en eske konfekt;
3.: ***drinking chocolate*** 1. sjokoladepulver; 2. sjokolade(drikk); ***a cup of hot chocolate*** en kopp sjokolade.
II. chocolate *adj* sjokolade- *(fx cake).*
(chocolate) éclair [ˌtʃɔklitəˌklɛə] *s; kul:* avlang vannbakkels med sjokoladetrekk og eggekremfyll.
chocolate-iced [ˌtʃɔklit'aist] *adj*(=*with chocolate icing)* med sjokoladetrekk.
chocolate icing *(,***US:** *chocolate frosting)* sjokoladetrekk; melisglasur med sjokoladesmak.
chocolate mousse sjokoladefromasj; *(se mousse).*
I. choice [tʃɔis] *s* **1.** valg *n;* ***the choice is yours*** 1. valget er ditt; 2. det er bare å velge; det er bare å forsyne seg (av utvalget); ***the choice fell on him*** valget falt på ham; ***they haven't much choice*** de har ikke stort å velge mellom; ***have the choice of two careers*** ha valget mellom to yrker; ***make a choice*** foreta (*el.* gjøre) et valg; ***make a choice between values*** gjøre et verdivalg; **2**(=*alternative)* alternativ *n;* valgmulighet; ***what choice did I have?*** hvilken annen mulighet hadde jeg? ***you have several choices available*** du har flere mulige valg; *(se også 1);* **3**(=*selection)* utvalg; ***a large choice in hats*** et godt utvalg i hatter.
II. choice *adj* **1**(=*excellent)* utsøkt *(fx wine);* **2.** *fig; ofte spøkef:* velvalgt *(fx make some choice remarks).*
choir [kwaiə] *s* **1.** kor *n;* sangkor; ***the church choir*** kirkekoret; *(se male choir & women's choir);* **2.** *del av kirke*(=*chancel)* kor *n;* **3**(=*choir organ)* kor *n;* annet manual.
choir leader forsanger; *(jvf community singing).*
choirmaster [ˌkwaiə'mɑ:stə] *s:* korleder.
I. choke [tʃouk] *s* **1.** *mask; i forgasser:* choke; **2**(=*gasp)* gisp *n.*
II. choke *vb* **1.** holde på å kveles *(fx I'm choking!); fig; pga. sinne, etc:* kvele; *også fig:* ***choke on sth*** få noe i vrangstrupen (*el.* vrangen);
2.: ***choke sby to death***(=*strangle sby)* kvele en;
3. *om rør, etc*(=*block)* blokkere; stoppe til *(fx the pipe was choked with dirt)*;
4. S(=*die)* krepere; dø;
5. *fig:* ***choke back*** kvele *(fx I choked back my anger);*
6. S: ***choke sby off***(=*give sby a dressing-down)* gi en en ordentlig overhaling;
7.: ***choke up*** 1. *om rør, etc*(=*block; choke)* blokkere; stoppe til; 2. *i passiv:* ***be choked up*** 1. være tilgrodd (*el.* gjengrodd) (*with* med); 2. **T** *(=be overcome)* bli overveldet (av følelser).
choker [ˌtʃoukə] *s:* tettsluttende halstørkle (*el.* halsbånd) *(fx she wore a black velvet choker).*
choker chain tettsluttende halskjede.
choking [ˌtʃoukiŋ] *adj* **1.** kvelende; **2.** halvkvalt; ***choking with rage*** halvkvalt av raseri *n.*
cholera [ˌkɔlərə] *s; med.:* kolera.
choleric [ˌkɔlərik] *adj; stivt*(=*bad-tempered)* kolerisk.
cholesterol [kəˌlestərɔl] *s; med.:* kolesterol *n.*
choo-choo [ˌtʃu:'tʃu:] *s; barnespråk*(=*train)* tøff-tøff; *(jvf chuff-chuff).*
choose [tʃu:z] *vb(pret: chose; perf.part.: chosen)*
1. velge; velge (seg) ut; ***pick and choose*** velge og vrake; ***choose between two evils*** velge mellom to onder *n;* ***jobs to choose from*** jobber å velge blant (*el.* mellom);
2. finne det for godt å; gidde *(fx when he chooses to work);* ***if you choose***(=*like)* hvis du vil;
3.: ***there's not much to choose between them*** de er omtrent like; ***there's nothing to choose between the two wretched countries*** de to stakkars landene *(n)* er like dårlig stilt.
choosy [ˌtʃu:zi] *adj* **T**(=*fussy)* kresen *(fx don't be so choosy);* nøye *(fx I'm choosy about my whisky).*
I. chop [tʃɔp] *s* **1.** hogg *n;* **2.** *kul:* kotelett; ***pork chop*** svinekotelett; **3. S:** ***get the chop***(=*sack)* få sparken.
II. chop *vb* **1.** hogge *(fx wood);* hakke (*into pieces* i stykker); ***coarsely chopped*** grovhakket; ***chop down*** hogge ned; ***chop up*** hakke opp;

2.: ***chop and change****(=keep changing (one's mind))* skifte mening hele tiden.
chopper [ˌtʃɔpə] *s* **1.** liten øks; ***wood-chopper*** vedøks; **2. T***(=helicopter)* helikopter *n.*
chopping block hoggestabbe.
choppy [ˌtʃɔpi] *adj; om sjø:* krapp.
chops [tʃɔps] *s; pl* **1.** *om dyr:* kjeft; **2. T:** ***lick one's chops*** slikke seg forventningsfullt om munnen.
chopsticks [ˌtʃɔp'stiks] *s; pl:* spisepinner.
I. choral [kɔ:ˌrɑ:l] *s: se choral(e).*
II. choral *adj:* beregnet på kor *n;* sunget av kor; kor-.
choral(e) [kɔˌrɑ:l] *s; mus:* koral; salmemelodi.
choral singing korsang.
choral society sangforening; ***male (,women's) choral society*** mannskor (,kvinnekor).
chord [kɔ:d] *s* **1.** *mus:* akkord;
2. *geom(=chord line)* korde;
3. *fig:* streng; ***strike a chord****(=ring a bell)* minne en om noe; ***touch a chord*** røre ved en streng.
chore [tʃɔ:] *s:* arbeidsoppgave i huset; kjedelig jobb; ***it mustn't become a chore****(=duty)* det må ikke bli ulystbetont; *(jvf pleasurable 2).*
choreography ['kɔriˌɔgrəfi] *s:* koreografi.
chorister [ˌkɔristə] *s(=choirboy; adult male singer in a church choir)* korgutt; korsanger.
I. chortle [tʃɔ:tl] *s:* klukklatter.
II. chortle *vb:* klukkle *(fx the baby chortled happily).*
I. chorus [ˌkɔ:rəs] *s* **1.** *gruppe sangere:* kor *n (fx a festival chorus);* ***in chorus*** i kor;
2. *gruppe sangere el. dansere:* kor *n;*
3. omkved *n;* refreng *n;*
4. sang med refreng *n;* ***they sang choruses round the camp fire*** de sang (sanger) i kor rundt leirbålet;
5. *fig:* kor *n (fx of protest);*
II. chorus *vb:* si i kor *n;* rope i kor *(fx the children chorused 'Goodbye, Miss Smith!').*
chorus girl korpike; dansepike.
chosen [ˌtʃouzən] **1.** *vb; perf.part. av choose;*
2. *adj:* utvalgt.
chough [tʃʌf] *s; zo:* alpekråke; ***alpine chough*** alpekaie.
choux [ʃu:] *s; kul(=cream puff)* vannbakkels.
choux paste *kul:* vannbakkelsdeig.
Christ [kraist] *s:* Kristus; ***Jesus Christ*** Jesus Kristus; ***before Christ****(fk BC)* før Kristus; før Kristi fødsel.
christen [ˌkrisən] *vb* **1.** døpe *(fx a baby); (jvf baptize);* **2.** *spøkef* **T:** innvie *(fx let's have a drink to christen our new whisky glasses!).*
Christendom [ˌkrisəndəm] *s:* kristenheten; den kristne verden.
christening [ˌkrisəniŋ] *s:* dåp.
christening robe dåpskjole.
I. Christian [ˌkristʃən] *s* **1.** kristen; ***a committed Christian*** en aktiv kristen; ***a practising Christian*** en personlig kristen; **2.** *egennavn:* Kristian.
II. Christian *adj:* kristen; ***the school is Christian by denomination*** skolen er tuftet på kristen grunn.
Christian faith kristentro; ***adopt the Christian faith****(=convert to Christianity)* gå over til kristendommen.
Christianity ['kristiˌæniti] *s:* kristendommen; ***convert to Christianity*** gå over til kristendommen; ***convert sby to Christianity*** omvende en til kristendommen.
Christianize, Christianise [ˌkristʃə'naiz] *vb:* kristne.
Christian name*(=first name;* **US:** *given name)* fornavn.
Christmas *(,***T:** *Xmas)* [ˌkrisməs] *s:* jul; ***Father Christmas*** *(,***US:** *Santa Claus)* julenisse(n); ***at Christmas*** i julen; ***celebrate****(=keep)* ***Christmas*** feire jul; ***wish sby a merry Christmas*** ønske en god (*el.* gledelig) jul; ***our very best wishes to you all, and may you have a happy Christmas and New Year****(=our very best wishes to you all for a happy Christmas and New Year)* våre varmeste jule- og nyttårshilsener til dere alle.
Christmas atmosphere julestemning; *(se Christmas spirit).*
Christmas ball juleball; juletrefest.
Christmas bonus julegratiale.
Christmas box *til postbud, etc:* juleklapp.
Christmas cakes (and biscuits) julebakst; ***he simply had to sample her Christmas cakes (and biscuits)*** han måtte endelig smake på julebaksten hennes.
Christmas candle julelys.
Christmas card julekort.
Christmas carol (ofte flerstemmig, folkeviselignende) julesang; *(jvf Christmas song).*
Christmas celebrations *pl:* julefest.
Christmas Day første juledag; *(jvf Boxing Day).*
Christmas dinner julemiddag; julebord; ***go to a Christmas dinner*** gå på julebord.
Christmas display juleutstilling.
Christmas Eve julaften; julekveld; ***the night before Christmas Eve*** lille julaften.
Christmas feeling*(=Christmas spirit)* julestemning; ***I've got the Christmas feeling*** jeg er i julestemning.
Christmas gaiety*(=Christmas joy)* juleglede; julens gleder.
Christmas gift *stivt(=Christmas present)* julegave; julepresang; *(jvf Christmas box).*
Christmas gospel juleevangelium.
Christmas greeting julehilsen.
Christmas holidays *pl:* juleferie.
Christmas hymn julesalme.
Christmas period: ***over the Christmas period*** i julen.
Christmas present*(=Christmas gift)* julepresang; julegave; *(jvf Christmas box).*
Christmas pudding*(=plum pudding)* julepudding.
Christmas rush julerush; juletravelhet; julestri; ***in the Christmas rush*** i julerushet; i juletravelheten; i julestria.
Christmas sheaf julenek *(fx a Christmas sheaf of oats hung out for the birds to feed on).*
Christmas song julesang; *(jvf Christmas carol).*
Christmas spirit julestemning; ***it was as if we couldn't really get the Christmas spirit that year*** det ble liksom ingen julestemning for oss det året; *(se Christmas feeling).*
Christmas stocking strømpe som barn *(n)* henger opp julaften for at julenissen skal legge gaver i den.
Christmassy [ˌkrisməsi] *adj:* jule-; som minner om jul; **T:** ***feel Christmassy*** være i julestemning; *(se Christmas spirit).*
Christmas term(inal) exam(ination) *skolev:* juleteniamen.
Christmas time juletid; ***at Christmas time*** ved juletider.
Christmas tree juletre; ***decorate****(,***T:** ***do) the Christmas tree*** pynte juletreet; ***strip the Christmas tree****(=take the decorations off the Christmas tree)* høste juletreet.
Christmas tree decorations *pl:* juletrepynt.
Christmas tree stand juletrefot.
Christmas wrapping paper julepapir.
chromatic [krəˌmætik] *adj:* kromatisk.
chrome [kroum] *s; kjem(=chromium)* krom *n.*
chrome yellow kromgul.
chromium [ˌkroumiəm] *s; kjem:* krom.
chromosome [ˌkroumə'soum] *s; biol:* kromosom *n.*
chronic [ˌkrɔnik] *adj* **1.** *også fig:* kronisk; **2. T***(=very bad)* elendig *(fx the play was chronic);* **3. T***(=very serious)* meget alvorlig *(fx in a chronic condition).*
chronically [ˌkrɔnikəli] *adv:* kronisk *(fx ill);* ***be chronically short of staff*** ha kronisk personalmangel.
I. chronicle [ˌkrɔnikl] **S:** krønike.
II. chronicle *vb:* nedtegne; skrive ned (i kronologisk rekkefølge).
chronicler [ˌkrɔniklə] *s:* krønikeskriver.
chronological ['krɔnəˌlɔdʒikəl] *adj:* kronologisk; ***in chronological order*** i kronologisk rekkefølge.

chronologically [ˈkrɔnəˌlɔdʒikəli] *adv:* kronologisk; kronologisk ordnet.
chronology [krəˌnɔlədʒi] *s:* kronologi.
chronometer [krəˌnɔmitə] *s:* kronometer *n.*
chrysalis [ˌkrisəlis] *s; zo:* (sommerfugl)puppe; *(jvf pupa).*
chrysalis stage *zo:* puppestadium; ***pass into the chrysalis stage*** forpuppe seg; gå inn i puppestadiet.
chub [tʃʌb] *s; zo; fisk:* årbuk.
chubby [ˌtʃʌbi] *adj(=plump)* lubben; god og rund; rund (og trivelig).
I. chuck [tʃʌk] *s* **1***(=throw)* kast *n;* **2.** *mask:* kjoks; patron; **3. S:** ***get the chuck****(=be sacked)* få sparken.
II. chuck *vb* **T 1***(=finish with)* gjøre slutt med; gi på båten *(fx she's chucked her boyfriend);* **2***(=throw)* kaste *(fx sby out of the house);* ***chuck away*** kaste; kassere; ***chuck in, chuck up****(=give up)* oppgi; slutte med; **3. S:** ***get chucked****(=get sacked)* få sparken.
chucker-out [ˈtʃʌkəˌraut] *s* **S***(=bouncer)* utkaster.
I. chuckle [tʃʌkl] *s:* klukklatter; lav, klukkende latter.
II. chuckle *vb:* klukkle; le lavt og klukkende.
I. chuff [tʃʌf] *s; om lyden av lokomotiv, etc(=puffing; chugging)* tøffing.
II. chuff *vb(=puff)* tøffe.
chuff-chuff [ˌtʃʌf ˌtʃʌf] *int(=puff-puff)* tøff-tøff; *(jvf choo-choo).*
chuffed *adj* **S***(=very pleased)* meget fornøyd.
I. chug [tʃʌg] *s:* putring; tøffing; *om dieselmotor:* dunking.
II. chug *vb:* putre; tøffe; *om dieselmotor:* dunke.
I. chum [tʃʌm] *s; lett glds* **T 1***(=friend);* **T:** *mate)* venn; kamerat *(fx a school chum);* **2.** *ofte lett aggressivt(= mate):* ***you've had it, chum!*** nå er du ferdig, kamerat!
II. chum *vb; lett glds* **T:** ***chum up with****(=make friends with)* bli (god)venner med.
chummy [ˌtʃʌmi] *adj; lett glds* **T***(=friendly;* **T:** *matey)* kameratslig; ***be chummy with*** være kamerat med.
chump [tʃʌmp] s **1***(=heavy chunk of wood)* svær trekubbe; **2.** *mildt bebreidende* **T***(=clot)* tosk; **3. S***(= head)* knoll.
chunk [tʃʌŋk] *s* **1.** tykk skive; stykke *n;* ***chunk of wood*** trekubbe; **2.** *om mengde:* ***a chunk of*** en god porsjon.
chunky [ˌtʃʌŋki] *adj* **1***(=thick and short)* kort og tykk; firskåren; **2.** solid; som ruver; som er noe å bite i *(fx chunky dog food);* **3.** *om klær, især strikkevarer(=of thick, bulky material)* av grovt stoff (,garn).
church [tʃə:tʃ] *s* **1.** kirke; ***independent church*** frimenighetskirke; ***the Roman Catholic Church****(=the Church of Rome)* den romersk-katolske kirke; ***the Church of England*** den anglikanske kirke; ***at church*** i kirken; ***go to church*** gå i kirken; ***going to church*** det å gå i kirke; kirkebesøk; ***I've been to church*** jeg har vært i kirken; ***it was as silent as in a church*** det var stille som i en kirke;
2. kirketid; ***after church*** etter kirketid;
3. *stivt:* ***enter the Church****(=become a clergyman)* bli prest.
church attendance *(=churchgoing)* kirkebesøk; ***church attendances have dropped*** kirkebesøket har gått tilbake.
Church and Education: ***the Ministry of Church and Education****(,***UK:** *the Department of Education and Science(fk DES))* *svarer til:* kirke-, utdannings- og forskningsdepartementet; ***Minister of Church and Education****(,***UK:** *Secretary of State for Education and Science;* **T:** *Education Secretary)* undervisningsminister.
church bell kirkeklokke.
church choir kirkekor.
church clock kirkeur.
church concert*(=sacred concert)* kirkekonsert.
church festival kirkefest.
church floor kirkegulv; *(se aisle 1: walk up the aisle).*
churchgoer [ˌtʃə:tʃˈgouə] **S:** kirkegjenger.
churchgoing [ˌtʃə:tʃˈgouiŋ] *s:* kirkegang; kirkebesøk; ***regular churchgoing*** regelmessige kirkebesøk.
church green kirkebakke.
churchman [ˌtʃə:tʃmən] *s* **1***(=clergyman)* geistlig; prest;
2*(=practising member of a church)* kirkemedlem; ***he's a (keen) churchman*** han er en (ivrig) kirkens mann.
church music*(=sacred music)* kirkemusikk.
church offering gave til kirken(s drift).
church register*(=parish register)* kirkebok.
church service kirkegudstjeneste.
church singing kirkesang.
church social menighetssammenkomst.
church spire kirkespir.
church tower*(=steeple)* kirketårn.
churchwarden [ˈtʃə:tʃˌwɔ:dən] *s:* kirkeverge.
church wedding kirkebryllup; kirkelig vielse; ***have a church wedding****(=get married in church)* gifte seg i kirken.
churchy [ˌtʃə:tʃi] *adj; neds(=obtrusively pious)* påtrengende from; hellig.
churchyard [ˌtʃə:tʃˈjɑ:d] *s:* kirkegård; *(jvf burial ground; cemetery; graveyard).*
churlish [ˌtʃə:liʃ] *adj(=bad-tempered; rude; surly)* tølperaktig; ubehøvlet; uhøflig; sur.
I. churn [tʃə:n] *s* **1.** smørkjerne; **2.** (stort) melkespann *(fx collect the milk from the farms in churns).*
II. churn vb **1.** kjerne *(fx butter);*
2. *om propell, etc:* gå rundt; kverne *(el.* male) rundt;
3.: ***churning****(=boiling)* ***waters*** frådende vannmasser;
4. *fig:* gå rundt *(fx ideas were churning in his head);* ***my stomach's churning with anxiety*** jeg er så engstelig at jeg får sommerfugler i magen;
5. *ofte neds* **T:** ***churn out*** masseprodusere *(fx novels);* ***churn out ideas*** produsere idéer på løpende bånd *n;* ***churn out a song*** lire av seg en sang;
6.: ***churn up*** 1. rote opp *(fx churn up the roads);* 2. *fig:* ***churned up****(=upset)* oppskaket.
I. chute [ʃu:t] *s* **T***(=parachute)* fallskjerm.
II. chute *s* **1.** transportrenne; (styrt)sjakt; ***rubbish chute****(,***US:** *garbage chute; garbage shoot)* søppel sjakt;
2. *på lekeplass:* rutsjebane;
3*(=rapid)* (elve)stryk *n.*
cicada [siˌkɑ:də] *s; zo:* sikade; sangsikade.
cicatricial [ˈsikəˌtriʃəl] *adj:* arrlignende.
cicatrix [ˌsikətriks] *s(pl: cicatrices* [ˈsikəˌtraisi:z]*) med. & bot(=scar)* arr *n.*
cicely [ˌsisəli] *s; bot:* ***(sweet) cicely*** spanskekjørvel; *(se chervil).*
CID [ˌsi:ˈaiˌdi:] *(fk f Criminal Investigation Department)* kriminalpoliti; ***head of the CID*** kriminalsjef.
CID inspector*(=detective inspector) ikke gradsbetegnelse; kan gjengis:* kriminalbetjent.
cider [ˌsaidə] *s* **1***(,***US:** *hard cider)* sider; **2. US:** ***(sweet) cider****(=apple juice)* eplesaft.
cider apple mosteple.
cider brandy eplebrennevin.
c.i.f., CIF [sif] *(fk f cost, insurance, and freight)* cif (ɔ: levert omkostnings-, forsikrings- og fraktfritt til mottagerstedet); *(jvf f.o.b.).*
cigar [siˌgɑ:] *s:* sigar.
cigarette [ˈsigəˌret] *s:* sigarett; ***plain cigarette*** sigarett uten munnstykke; ***tipped cigarette*** sigarett med munnstykke; ***a packet of cigarettes*** en pakke sigaretter; ***stub that cigarette out!*** stump den røyken!
cigarette butt*(=cigarette end(=stub))* sigarettstump.
cilium [ˌsiliəm] *s(pl: cilia)* cilie; flimmerhår; svingtråd; svømmehår.
cinch [sintʃ] *s* **1. S***(=easy task)* lett sak *(fx it's a cinch);* **2. S***(=certainty):* ***it's a cinch that he'll get the job*** han får helt sikkert jobben.
cinder [ˌsində] *s* **1***(=ember)* glo;
2. sinders; slagg *(n)* (av kull);

C

3.: ***cinders***(*=ashes*) aske (*fx she searched among the cinders for her missing ring*).

Cinderella ['sindəˌrelə] *s; i eventyret:* Askepott.

cine film smalfilm.

cinema [ˌsinimə] *s* **1.** kino; kinosal; ***first-night cinema*** premierekino; ***second-run cinema***(*=repertory cinema*) reprisekino; ***go to the cinema***(*,***US:*** *go to the movies*) gå på kino; **2.:** ***the cinema*** filmkunsten; ***the Norwegian cinema*** norsk film; norsk filmkunst.

cinema film kinofilm.

cinemagoer [ˌsinəmə'gouə] *s*(*=filmgoer;* **US:** *moviegoer*) kinogjenger; ***cinemagoers*** *også:* kinopublikum.

cinema performance(*=cinema show(ing); film show;* **US:** *movie performance; movie show(ing)*) kinoforestilling.

cinema poster(*=film poster*) kinoplakat.

cinerary [ˌsinərəri] *adj*(*=funeral*) aske-; ***cinerary urn*** askeurne.

cinnabar [ˌsinə'bɑ:] *s:* sinnober *n;* sinnoberrødt.

cinquefoil [ˌsiŋk'fɔil] *s; bot:* mure.

cipher, cypher [ˌsaifə] *s* **1.** (chiffer)skrift; (siffer)skrift; siffer *n;* kode; **2.** *mat.:* siffer *n;* talltegn; **3.** *fig:* null *n* (*fx he's a mere cipher*).

cipher code (*=secret code*) chifferkode; sifferkode.

cipher key chiffernøkkel; siffernøkkel.

cipher machine kryptograf; kodemaskin.

ciphertext [ˌsaifə'tekst] *s:* siffertekst; chiffertekst; (*jvf plaintext*).

circa [ˌsə:kə] *prep; foran årstall(fk c.; ca.)* circa; ca. (*fx circa 188 BC; c. 1800*).

I. circle [sə:kl] *s* **1.** sirkel;
2. *i stedsnavn:* plass (ɔ: om rund plass);
3. *teat* 1(*=dress circle*) balkong; balkongplass; 2(*=upper circle*) øverste galleri *n;*
4. *også fig:* ring (*fx surrounded by a circle of admirers*); ***the wheel has come full circle*** ringen er sluttet; ***run***(*=go*) ***round in circles*** løpe rundt i ring (uten å få utrettet noe); ***argue in circles*** føre sirkelbevis;
5. krets; miljø *n;* ***he moves in circles where this is quite usual*** han vanker i et miljø hvor dette er ganske vanlig; ***because friends and acquaintances in their circle do it*** fordi venner og miljøet rundt dem gjør det.

II. circle *vb:* kretse; sirkle; gå (,kjøre, *etc*) i ring; ***we circled the town by car*** vi kjørte rundt byen i bil; ***please circle the word which you think is wrong*** vær så snill å lage en ring rundt det ordet du mener er galt.

circlet [ˌsə:klit] *s; stivt*(*=ornamental headband*)*:* ***the bridesmaid wore a circlet of flowers*** brudepiken hadde en krans av blomster om hodet.

circling [ˌsə:kliŋ] *s:* kretsing; sirkling.

circlip [ˌsə:klip] *s:* låsering; fjærring; (*jvf snap ring*).

circuit [ˌsə:kit] *s* **1.** kretsløp (*fx the earth's circuit round the sun*);
2. *sport* 1. bane (*fx that circuit is very flat*); 2. gang rundt banen; runde; ***he ran three circuits of the track*** han løp tre ganger rundt banen;
3. *flyv:* landingsrunde; ***on the circuit*** i landingsrunden;
4. *elekt*(*=electrical circuit*) strømkrets; krets; kurs;
5. *jur:* tingreisedistrikt.

circuit breaker *elekt:* avbryter; strømbryter.

circuit judge *dommer i 'county court' eller 'crown court'; svarer til:* byrettsdommer; (*jvf magistrate 2 & 3 & recorder 4*).

circuitous [səˌkju:itəs] *adj; stivt*(*=roundabout*)*:* ***a circuitous route*** en omvei.

circuitry [ˌsə:kitri] *s; elekt* **1.** elektroniske kretser;
2. elektroniske komponenter.

I. circular [ˌsə:kjulə] *s:* rundskriv; sirkulære *n.*

II. circular *adj* **1.** (sirkel)rund; krets-; sirkel-;
2. *om argumentasjon:* som kjører rundt i ring; ***a circular argument*** et sirkelbevis.

circularize, circularise [ˌsə:kjulə'raiz] *vb* **1.** sende rundskriv til; **2.** sende vervemateriell (etc) til.

circular letter(*=circular*) rundskriv; sirkulære *n.*

(circular) tour(*=round trip*) rundreise; rundtur; ***a (circular) tour of Norway***(*=a trip round Norway*) en rundtur i Norge.

circulate [ˌsə:kju'leit] *vb* **1.** sirkulere;
2. *om rykte, etc*(*=spread*) spre; ***there's a rumour circulating***(*=going about*) ***that*** det går rykte (*n*) om at;
3. *i selskap:* sirkulere; (*se socialize 2*);
4. *om verv:* gå på omgang.

circulation ['sə:kjuˌleiʃən] *s* **1.** sirkulasjon; omløp; ***circulation of money*** pengeomløp; **2.** *om avis:* opplag;
3.: ***in circulation*** 1. *om penger:* i omløp; 2. *om person:* ute blant folk *n* (*fx she's been ill but is now back in circulation*).

circulatory [ˌsə:kju'leitəri] *adj; med.:* sirkulasjons-; kretsløps-; ***circulatory collapse*** sirkulasjonssvikt.

circumcise [ˌsə:kəm'saiz] *vb:* omskjære.

circumcision ['sə:kəmˌsiʒən] *s:* omskjæring.

circumference [səˌkʌmfərəns] *s:* omkrets; mål (*n*) i omkrets.

circumflex [ˌsə:kəm'fleks] *s:* cirkumfleks; accent circonflexe.

circumlocution ['sə:kəmləˌkju:ʃən] *s; meget stivt*(*=roundabout speech*) omsvøp *n.*

circumlocutory ['sə:kəmˌlɔkjutəri] *adj; meget stivt*(*=roundabout*)*:* ***circumlocutory speech*** tale full av omsvøp *n.*

circumnavigate ['sə:kəmˌnævi'geit] *vb*(*=sail (,fly) round*) seile (,fly) rundt (*fx the world*).

circumnavigation ['sə:kəm'næviˌgeiʃən] *s:* ***circumnavigation of the globe*** jordomseiling; jordomflyvning.

circumscribe [ˌsə:kəm'skraib] *vb; geom:* omskrive.

circumspect [ˌsə:kəm'spekt] *adj; stivt*(*=cautious; prudent*) (klok og) forsiktig.

circumspection ['sə:kəmˌspekʃən] *s; stivt*(*=caution*) forsiktighet; omtanke.

circumstance [ˌsə:kəmstəns] *s* **1.** omstendighet; forhold *n;* ***as soon as circumstances permit*** så snart forholdene tillater det; ***if circumstances make it necessary*** hvis forholdene krever det; ***in***(*=under*) ***the circumstances*** slik som forholdene er (,var); ***in the present circumstances***(*=as things are at present*) som forholdene nå ligger an; ***a victim of circumstances*** et offer for omstendighetene; ***under***(*=in*) ***existing circumstances*** under de foreliggende omstendigheter; ***under***(*=in*) ***no circumstances (whatever)***(*=on no account*) ikke under noen omstendighet;
2. *om pengeforhold:* ***circumstances*** omstendigheter; kår *n;* ***financial circumstances*** økonomiske forhold *n;* formuesforhold; ***be in poor***(*=bad; straitened*) ***circumstances***(*=be badly off*) sitte trangt i det; ***be in easy***(*=comfortable*) ***circumstances***(*=be well off*) sitte godt i det.

circumstantial ['sə:kəmˌstænʃəl] *adj* **1.** omstendelig; detaljert; utførlig; ***a circumstantial account of*** en utførlig beretning om;
2(*=incidental*) tilfeldig;
3. som avhenger av omstendighetene;
4. *jur:* ***circumstantial evidence*** indisiebevis.

circumvent ['sə:kəmˌvent] *vb; stivt* **1**(*=get round*) omgå (*fx the rules*); **2**(*=outwit*) overliste.

circumvention ['sə:kəmˌvenʃən] *s; stivt*(*=getting round*) omgåelse (*fx of the rules*).

circus [ˌsə:kəs] s **1.** sirkus(forestilling); **2.** *i by:* plass (ɔ: når den er rund) (*fx Oxford Circus*).

circus performer sirkusartist.

circus ring manesje.

cirrhosis [siˌrousis] *s; med.:* ***cirrhosis of the liver*** skrumplever; levercirrhose.

cissy [ˌsisi] *s; neds*(*=sissy; mummy's boy; namby-pamby*) mammadalt; jentete gutt; bløtfisk.

cissyish [ˌsisi'iʃ] *adj*(*=sissyish; namby-pamby*) bløtaktig; jentete.

cistern [ˌsistən] *s:* cisterne.

citation [saiˌteiʃən] *s* **1.** sitat *(n)* (som støtte for påstand); **2.** *jur(=summons to appear in court)* stevning (for å møte i retten).

cite [sait] *vb* **1.** sitere; anføre som eksempel *n;* **2.** *i skilsmissesak:* ***be cited (as co-respondent)*** bli nevnt (som den man har begått ekteskapsbrudd sammen med).

citizen [ˌsitizən] s **1.** borger; samfunnsborger; ***citizen of the world*** verdensborger;
2. statsborger *(fx a British citizen).*

citizens' advice *(=advice to citizens)* sosialrådgivning.

citizens' advice bureau sosialrådgivningskontor.

citizenship [ˌsitizənˈʃip] *s* **1.** statsborgerskap; statsborgerforhold; ***acquire(=obtain) Norwegian citizenship (=nationality)*** få norsk statsborgerskap; *(jvf naturalization);*
2. *skolev:* samfunnskunnskap; samfunnslære.

citizenship papers US *(=naturalization papers)* statsborgerbrev.

citric [ˌsitrik] *adj; kjem:* ***citric acid*** sitronsyre.

citron [ˌsitrən] *s; bot:* ekte sitron; *(jvf lemon & II. lime).*

citrus [ˌsitrəs] *s; bot:* sitrus.

citrus fruit *bot:* sitrusfrukt.

city [ˌsiti] *s* **1.** by; **2. UK:** *ofte med bispesete og særlig status:* by; bykommune; **3.** forretningsstrøk; city.

city council *i by med status som 'city':* kommunestyre; *(jvf county borough council & town council).*

city dweller byboer.

city hall *i engelsk 'city' &* **US:** rådhus.

city life 1. storbyliv(et); **2.** storbymiljø(et).

city manager *(=chief executive (officer);* **US:** *city manager)* byrådsleder.

city ward *administrativ enhet:* bydel.

city ward council bydelsutvalg.

civic [ˌsivik] *adj* **1.** by-; kommune-; **2.** borger-.

civic centre *i by* **1.** administrasjonssentrum;
2. US *også:* kultursenter.

civic life samfunnsliv(et).

civic worker US*(=council worker)* kommunearbeider.

civics [ˌsiviks] *s; skolev(=citizenship)* samfunnslære; samfunnskunnskap.

civil [ˌsivil] *adj* **1.** borger-; samfunns-; ***civil rights and duties*** rettigheter og plikter som samfunnsborger; ***civil marriage*** borgerlig vielse; **2.** sivil; ***in civil life*** i det sivile (liv); **3***(=polite)* høflig; *(jvf polite).*

civil aviation trafikkflyvning; sivil luftfart.

Civil Aviation Authority *(fk CAA)(,***US:** *Federal Aviation Agency(fk FAA)):* ***the Civil Aviation Authority*** Luftfartsverket.

civil damages *pl; jur:* erstatning ved sivilt søksmål *n.*

civil disobedience sivil ulydighet.

civil dispute *jur:* tvistemål *n.*

civil engineer anleggs- eller bygningsingeniør.

civil engineering *s; fag:* byggteknikk.

I. civilian [siˌviljən] *s:* sivilist.

II. civilian *adj:* sivil; ***civilian casualties*** sivile drepte og sårede; ***a civilian job*** en jobb i det sivile.

civility [siˌviliti] *s(=politeness; act of politeness)* høflighet; høflig handling; *(jvf politeness).*

civilization, civilisation [ˈsivilaiˌzeiʃən] *s* **1.** sivilisasjon; **2.** *univ:* ***American (,British) civilization****(=American (,British) background)* amerikansk (,britisk) kulturkunnskap.

civilize, civilise [ˌsiviˈlaiz] *vb:* sivilisere.

civil law *jur:* sivilrett.

civil list årlig bevilgning til det engelske kongehusets løpende utgifter; *(jvf privy purse).*

civil marriage borgerlig vielse; *(se marriage 2).*

civil proceedings *pl; jur:* sivilprosess; sivilt søksmål *n.*

civil servant ansatt i statsadministrasjonen; ***senior civil servant*** *kan gjengis:* embetsmann; ***junior civil servant*** *kan gjengis:* statstjenestemann; *(jvf government official).*

civil service: ***the civil service*** **1.** statsadministrasjonen;
2. embetsstanden.

civil war borgerkrig.

civvy [ˌsivi] *s* **T 1***(=civilian)* sivilist;
2.: ***civvies*** sivilt tøy; sivile klær.

civvy street T*(=civilian life):* ***in civvy street*** **T** i det sivile liv.

I. clabber *s* **US***(=curdled milk)* surnet melk; sammenløpet melk.

II. clabber *vb* **US***(=curdle)* løpe sammen; surne.

clad [klæd] *vb; bygg:* kle; *(jvf cladding 1).*

cladding [ˌklædiŋ] *s* **1.** *bygg(,***US** *& Canada: siding)* kledning; **2.** *på rør, etc(=lagging)* kledning.

I. claim [kleim] *s* **1.** krav *n;* fordring; ***outstanding claims*** utestående fordringer; ***dismiss a claim*** avvise en fordring; ***make good one's claim to sth*** godtgjøre sitt krav på noe; ***put in a claim for sth*** gjøre krav på noe; ***recover a claim*** inndrive en fordring;
2. *fors(=insurance claim)* forsikringskrav; erstatning(skrav); ***settlement of a claim*** skadeoppgjør;
3. påstand; ***make a claim*** fremsette en påstand; ***have you heard his claim?*** har du hørt hva han påstår?
4. *merk:* reklamasjon(sbrev); ***allow a claim*** godta en reklamasjon; ***repudiate a claim*** avvise en reklamasjon; ***we have received a claim on these six cases*** vi har fått en reklamasjon på disse seks kassene;
5. *stivt:* ***prior claim*** *(=first claim)* førsterett; fortrinnsrett; ***give sby a prior claim*** gi en fortrinnsrett; gi en førsterett(en).

II. claim *vb* **1.** kreve; ***claim attention*** kreve oppmerksomhet; ***claim damages*** kreve skadeserstatning; ***claim against sby*** reise krav *(n)* mot en; *(jvf 3 & 4);*
2. påstå; hevde; ***he claims****(=pretends)* ***to be*** han påstår seg å være;
3. *fors(=claim insurance)* fremme krav *(n)* overfor et forsikringsselskap; ***he may claim for any loss he has suffered*** han kan reise krav for eventuelt tap;
4.: ***claim (on sth)*** reklamere (på noe); ***this must be a good enough reason to claim*** dette må være reklamasjonsgrunn god nok.

claim advice *fors(=advice of claim)* skademelding.

claimant [ˌkleimənt] *s* **1.** fordringshaver; *fors:* skadelidt; **2.:** ***(benefit) claimant*** sosialklient.

claim check US*(=receipt for registered luggage)* kvittering for innlevert reisegods.

claim form *fors:* skademeldingsskjema.

claim-free [ˌkleimˈfri:] *adj; fors:* skadefri.

claims inspector *fors:* takstmann.

clairvoyance [kleəˌvɔiəns] *s:* synskhet; clairvoyance.

I. clairvoyant [kleəˌvɔiənt] *s:* synsk person; clairvoyant person.

II. clairvoyant *adj:* synsk; clairvoyant.

I. clam [klæm] *s:* spiselig musling; *(jvf clam shell).*

II. clam *vb:* ***clam up*** bli taus; bli stum som en østers.

I. clamber [ˌklæmbə] *s:* klatring; klyving; kravling.

II. clamber *vb:* klatre; klyve; kravle.

clammy [ˌklæmi] *adj:* klam.

clamorous [ˌklæmərəs] *adj; stivt(=noisy)* larmende; ***clamorous demands*** høylytte krav *n.*

I. clamour *(,***US:** *clamor)* [ˌklæmə] *s; stivt* **1.** skrik *(n)* (og skrål *(n)*); larm; støy;
2. høylytt krav *(n) (for* om).

II. clamour *(,***US:** *clamor) vb; stivt* **1.** skrike (og skråle); larme; støye; **2.:** ***clamour for revenge*** kreve hevn.

I. clamp [klæmp] *s* **1.** skrutvinge; **2.** klemme; **3.** kloss; klamp; **4***(=wheel clamp;* **US:** *Denver boot)* hjullås (for feilparkert bil).

II. clamp *vb* **1.** spenne fast; ***clamp two pieces together*** spenne to stykker *(n)* sammen;
2*(=put a wheel clamp on)* sette hjullås på;
3. *fig:* ***clamp down on*** slå ned på.

clampdown, clamp-down [ˌklæmpˈdaun] *s:* plutselig innstramning; hardere tiltak (*on* overfor).

clam shell 1. *zo:* muslingskall; **2.** *på bil:* takboks.

clan [klæn] *s:* klan.

clandestine [klænˌdestin] *adj; stivt(=secret)* hemmelig.

I. clang [klæŋ] *s:* klang (av metall *n*); klirring.

II. clang *vb:* klirre; gi fra seg en metallisk lyd.

clanger [ˌklæŋə] *s* **T:** ***drop a clanger*** gjøre en ordentlig brøler; trampe i klaveret; tråkke i spinaten.

clangour, clangor [ˌklæŋgə; ˌklæŋə] *s:* klirring; (metall)klang; larm.

I. clank [klæŋk] *s; om metallisk lyd:* klirr *n;* ***the clank of metal on stone*** lyden av metall *(n)* mot stein.

II. clank *vb:* klirre; rasle.

clansman [ˌklænzmən] *s:* medlem *(n)* av en klan.

I. clap [klæp] *s* **1.** klapp *(fx a clap on the back);*
2. applaus *(fx give him a clap);*
3. *med.(=gonorrhoea)* gonorré;
4.: ***a clap of thunder*** et tordenskrall.

II. clap *vb* **1.** klappe *(fx clap loudly);* ***clap one's hands in time to the music*** klappe i takt med musikken;
2. *om lett slag:* klappe;
3. *om plutselig handling:* ***clap sby in(to) jail*** kaste en i fengsel *n;*
4. *især i nektende setning* **T:** ***clap eyes on****(=catch sight of; see)* få øye *(n)* på; se *(fx he had never clapped eyes on her before).*

clapboard [ˌklæpˈbɔ:d] *s; bygg* **US:** panelbord (uten not og fjær); *(jvf weather board).*

clapper [ˌklæpə] s **1.** en som klapper; **2.** *i klokke(= tongue)* knebel; kolv; **3.:** ***like the clappers*** lynraskt.

clapperboards [ˌklæpəˈbɔ:dz] *s; pl; film:* klapper.

claptrap [ˌklæpˈtræp] *s(=nonsense;* **T:** *hot air; waffle)* tøys *n;* talemåter; tørrprat; svada.

claret [ˌklærət] *s:* rødvin (især fra Bordeaux).

clarification [ˈklærifiˌkeiʃən] *s* **1.** klaring; **2.** *fig:* avklaring.

clarify [ˌklæriˈfai] *vb* **1.** *om væske:* klare; **2.** *fig:* klargjøre; presisere.

clarinet [ˈklæriˌnet] *s; mus:* klarinett.

clarion [ˌklæriən] *s; mus* **1.** *i orgel(=clarion stop)* trompetregister; **2.** *hist:* trompet (med skingrende tone).

clarion call *fig; litt.:* fanfare; ***there was a clarion call for action*** *(=there was a strong, clear call for action)* det ble blåst til kamp.

clarity [ˌklæriti] *s; stivt(=clearness)* klarhet; ***in moments of clarity****(=in bright(=lucid) moments)* i klare øyeblikk.

I. clash [klæʃ] *s* **1.** klirring; klang *(fx of swords);* ***the clash of metal on metal*** lyden av metall *(n)* mot metall;
2. *fig:* sammenstøt; slagsmål *n;* ***a clash of colours*** farger som slett ikke står til hverandre; ***a clash of interests*** en interessekonflikt; ***a clash of points of view*** helt motsatte syn *n.*

II. clash *vb* **1.** klirre; skramle (med); **2.** støte sammen; **3.** *fig:* tørne sammen; ryke i tottene på hverandre; **4.:** ***the colours clash*** fargene står slett ikke til hverandre.

I. clasp [klɑ:sp] *s; på håndveske, etc:* lås; hekte; ***hooked clasp****(=agraffe)* agraff.

II. clasp *vb:* omfavne; holde tett inntil seg.

clasp knife foldekniv.

I. class [klɑ:s] *s* **1.** klasse; ***travel****(=go)* ***first class*** reise på første klasse;
2. *skolev:* klasse *(fx they're in the same class);*
3. *skolev:* time; ***a weekly class*** 1. en ukentlig time; 2. en ukentlig gruppetime; *(se lecture);* ***during class (time)****(=in class)* i timen(e); ***a French class*** en fransktime; *om lærer:* ***take a class*** ha time; gå til time;
4. *univ:* ***first class (honours degree)****(,***T:** *first)* laud(abilis); ***second class (honours degree)****(,***T:** *second)* haud (illaudabilis); ***third class (honours degree)****(,***T:** *third)* non (condemnendus); ***a high class of degree****(=a good degree)* en god (universitets)eksamen;
5. US *high school:* årskull *(fx the class of '86);*
6. T: stil *(fx the girl's got class);*
7.: ***in a class by oneself****(=in a class of its own)* i en klasse for seg;
8.: ***he's not in the same class with B*** han er ikke i samme klasse som B; han kan ikke sammenlignes med B.

II. class *vb* **1.** klassifisere; ordne i klasser;
2.: ***class as****(=consider to be)* regne som *(fx I class her as one of the nicest people I know);*
3.: ***class with*** sette i klasse med.

class distinction klasseskille; ***fight class distinctions in society*** bekjempe klasseskillet i samfunnet; *(jvf class gap).*

classed books *i bibliotek:* faglitteratur.

class gap klasseskille; ***the country's class gap is widening****(=the country's class distinctions are on the increase)* klasseforskjellen i landet blir stadig større.

I. classic [ˌklæsik] *s* **1.** klassiker; **2.** *univ:* ***classics*** klassiske språk; klassisk litteratur.

II. classic *adj* **1***(=standard; well known)* klassisk; velkjent *(fx example);* **2.:** *se classical.*

classical [ˌklæsikəl] *adj* **1.** klassisk; ***a classical scholar*** en som har studert latin og gresk; **2.** *om stil, etc:* enkel.

classification [ˈklæsifiˌkeiʃən] *s:* klassifisering.

classified [ˌklæsiˈfaid] *adj* **1.** klassifisert; **2.** *om dokument(=graded)* sikkerhetsgradert.

classified advertisement *(=small ad)* rubrikkannonse.

classified newspaper UK: avis som inneholder sportsresultater, især fotballresultater.

classified telephone book *(=yellow pages) tlf:* gule sider; fagfortegnelse.

classify [ˌklæsiˈfai] *vb* **1.** klassifisere; ordne; **2.** *dokument(=grade)* sikkerhetsgradere.

classing [ˌklɑ:siŋ] *s:* klassifisering.

class prejudice klassefordom; standsfordom.

classroom [ˌklɑ:sˈru(:)m] *s:* klasseværelse.

classy [ˌklɑ:si] *adj:* fin; flott; som har klasse.

I. clatter [ˌklætə] *s(=clattering)* klapring; klirring.

II. clatter *vb:* klapre; klirre (med) ***clatter around****(,***T:** *bang about)* ***in the kitchen*** romstere i kjøkkenet.

clause [klɔ:z] *s* **1.** *jur:* klausul; paragraf; ***escape clause****(=get-out clause)* forbeholdsklausul; **2.** *gram:* ***subordinate clause*** bisetning.

claustrophobia [ˈklɔ:strəˌfoubiə] *s; med.:* klaustrofobi.

clavicle [ˌklævikl] *s; anat(=collarbone)* krageben.

I. claw [klɔ:] *s; zo:* klo.

II. claw *vb*: krafse; klore; bruke klørne på.

clay [klei] *s* **1.** leire; **2.** *fig(=wax)* voks.

clayey [ˌkleii] *adj* **1.** leiraktig; **2.** leirholdig.

I. clean [kli:n] *vb* **1.** gjøre ren; gjøre rent (i); pusse *(fx a window);* rense *(fx a chicken); (=dry-clean)* rense; ***how will this fabric clean?*** hvordan tåler dette stoffet å bli vasket (,renset)?
2.: ***clean down*** vaske *(fx the walls);* gjøre grundig rent i;
3.: ***clean out*** 1*(=clean thoroughly)* gjøre grundig rent (i) *(fx a room);* 2. *om pasient* **T***(=detoxify)* få giften ut av kroppen på; avvenne; 3. **T:** ribbe; ***they cleaned him out*** de ribbet ham til skinnet;
4.: ***clean up*** 1. gjøre rent (i); 2. **S:** tjene grovt (*on* på); 3. **T** *&* **US:** ***go and get cleaned up!****(=go and get washed!)* gå og vask deg!

II. clean *adj* **1.** ren; ***clean as a new pin****(=spotlessly clean)* gullende ren; ***nice and clean*** pen og ren;
2. renslig *(fx a clean animal);* ***a person of clean habits*** en person som er renslig av seg; *(jvf I. cleanly);*
3*(=blank)* ubeskrevet; ren; ***a clean sheet*** et rent ark;
4. *fig:* plettfri; ren; ***have a clean record*** ha rent rulleblad;
5. *om korrektur, etc:* relativt feilfri; lett å lese;
6. ikke usømmelig; pen *(fx joke);*
7*(=neat and even):* ***make a clean cut*** skjære pent;
8. *om linjeføring:* ren; ***a clean design*** (en konstruksjon med) rene linjer;
9*(=complete):* ***a clean break with the past*** et full-

stendig brudd med fortiden;
10. *sport, etc:* på forskriftsmessig måte; ren; ***a clean throw*** et rent kast;
11. UK *om førerkort:* uten prikkbelastning;
12. S(*=innocent*) uskyldig;
13. S: ***he's clean*** 1. han er stoffri; 2. han har ingenting (ulovlig) på seg;
14.: ***make a clean breast of it***(,**T:** *come clean*) tilstå det hele; **T:** pakke ut;
15.: ***make a clean sweep*** gjøre rent bord;
16.: ***have a clean bill of health*** være frisk(meldt);
17.: ***start with a clean slate*** begynne på et nytt blad (etter å ha sonet for tidligere forbrytelse(r)).
III. clean *adv:* fullstendig; helt; ***I clean forgot about it*** det glemte jeg helt.
clean-cut ['kli:nˌkʌt; *attributivt:* ˌkli:n'kʌt] *adj* **1**(*=clean*) ren;
2. renskåret; ***clean-cut features*** rene trekk *n;*
3(*=clear*) tydelig; helt klar (*fx answer; outline*).
clean-down [ˌkli:n'daun; 'kli:nˌdaun] *s:* rengjøring; ***give the room a thorough clean-down*** gjøre grundig rent i rommet.
cleaner [ˌkli:nə] *s* **1.** rengjøringshjelp; vaskehjelp; renholdsassistent; (*jvf charwoman; cleaning lady*);
2. rensemiddel; renser; ***air cleaner*** luftfilter;
3.: ***cleaner's, cleaners', cleaners***(*=dry-cleaner's; dry-cleaners'; dry-cleaners*) renseri *n;* ***same day cleaners*** renseri som renser på dagen;
4.: ***firm of industrial cleaners*** rengjøringsfirma;
5. T: ***take sby to the cleaners***(*=clean sby out*) ribbe en til skinnet.
cleaning [ˌkli:niŋ] *s* **1**(*=clean-up*) rengjøring; renhold;
2. rensing; ***items for cleaning*** rensetøy.
cleaning agent rengjøringsmiddel.
cleaning compound(*=cleansing agent*) rensemiddel.
cleaning lady rengjøringshjelp; (*jvf cleaner 1*).
cleanliness [ˌklenlinəs] *s*(*=clean habits*) renslighet; ***scrupulous cleanliness*** pinlig renslighet; ***(a) lack of cleanliness***(*=dirtiness*) urenslighet; ***these people's lack of cleanliness***(*=the dirtiness of these people*) urensligheten hos disse menneskene; ***she's obsessed with the idea of cleanliness*** hun har renslighetsmani; *ordspråk:* ***cleanliness is next to godliness*** renslighet er en dyd; ren i skinn (*n*), ren i sinn *n.*
I. cleanly [ˌklenli] *adj; om menneske:* renslig; (*jvf II. clean 2*).
II. cleanly [ˌkli:nli] *adv:* rent.
cleanse [klenz] *vb* **1.** *også fig:* rense; **2.** *polit*(*=purge*) renske; utrenske.
cleanser [ˌklenzə] *s:* rensemiddel.
clean-shaven ['kli:nˌʃeivən; *attributivt:* ˌkli:n'ʃeivən] *adj:* glattbarbert.
cleansing [ˌklensiŋ] *s; polit*(*=purging*) utrenskning; ***ethnic cleansing*** etnisk utrenskning; (*se I. purge*).
cleansing agent(*=cleaning compound*) rensemiddel.
cleansing cream rensekrem; (*se I. cream 2*).
clean-up [ˌkli:n'ʌp] *s* **1.** rengjøring; opprenskning;
2. T: ***have a wash and clean-up***(*=have a wash and brush-up*) vaske og stelle seg; fiffe seg (litt);
3. T *især* **US**(*=great profit*) kjempefortjeneste.
I. clear [kliə] *s:* ***in clear***(*=in clear text; in the clear*) i klartekst; ***in the clear*** 1(*=in clear text*) i klartekst; 2. ikke lenger mistenkt; 3. *om pasient:* utenfor fare.
II. clear *vb* **1.** klarne (*fx the sky cleared*); bli klar; ***wait until the water clears*** vent til vannet klarner; ***the fog cleared*** tåken lettet;
2. klare; rense; ***clear one's head*** klare tankene; ***clear one's throat*** harke; kremte; *fig:* ***clear the air*** rense luften;
3. frikjenne; renvaske (*fx clear oneself*);
4. komme over (uten å berøre); klare (*fx he cleared six feet*); gå klar av;
5. *merk:* klarere; klargjøre (før levering til kunden);
6(*=make (a profit)*) tjene (*on* på);
7. *om arbeid*(*=finish*) gjøre ferdig (*fx clear the work by tomorrow*);
8. *også om vegetasjon:* rydde; ***clear the hall*** rydde salen; ***clear the table*** ta (*el.* rydde) av bordet; ***clear the road of snow*** rydde veien for snø; brøyte veien;
9.: ***clear away*** 1. rydde bort; ***clear away (after the meal)*** rydde bort (etter måltidet); ***we should be grateful if you would help us to clear away*** vi vil sette pris på at du hjelper oss å rydde bort; 2. forsvinne (*fx the clouds cleared away*);
10.: ***clear off*** 1. rydde bort fra; 2. **T:** gå (sin vei); ***he shouted at us to clear off*** han ropte til oss at vi skulle forsvinne;
11.: ***clear out*** 1. *bod, etc:* rydde ut (av); 2. gå (sin vei); stikke av; 3. **S:** ***they cleared him out***(*=they took him to the cleaners*) de ribbet ham til skinnet;
12.: ***clear up*** 1. rydde opp i; 2. *om forbrytelse & fig:* oppklare (*fx a misunderstanding*); 3. bringe klarhet i; 4. *om været:* klarne; 5. *med.:* ***his infection has cleared up now*** betennelsen hans er gått tilbake nå.
III. clear *adj* **1.** klar; ***on a clear day*** i klarvær; ***a clear majority*** et klart flertall; ***he's a clear thinker*** han er klar i hodet;
2. fri; uhindret; klar; *fig:* ***the coast is clear*** kysten er klar; ***tonight's clear*** i kveld er jeg ledig;
3. *om hud:* ren (*fx a clear skin*);
4. *etter sykdom:* frisk (*fx stay in until you're clear*);
5. *om samvittighet*(*=good*) god;
6(*=complete*) fullstendig; klar (*fx victory*);
7. *om lyd, note, etc:* klar; lys; tydelig;
8(*=net*): ***a clear profit of £10*** en nettofortjeneste på £10;
9(*=whole*): ***three clear days*** tre hele dager;
10. *mht. forståelse, etc:* klar; tydelig; ***is that clear?*** er det klart? ***it's as clear as day***(*=it's quite obvious*) det er klart som dagen; det er helt klart; ***it's clear***(*=plain*) ***that*** det er klart at; ***clear about, clear as to*** sikker med hensyn (*n*) til; sikker på (*fx are you quite clear about what you mean?*); ***it's clear from his letter that*** det går klart frem av brevet hans at; ***I'm not quite clear about***(*=as to*) ***the meaning of that word*** jeg er ikke helt klar over hva det ordet betyr; ***let me get this absolutely clear***(*=straight*) la meg få dette helt klart;
11.: ***make oneself clear*** uttrykke seg tydelig; gjøre seg forstått; ***do I make myself clear?*** forstår du (,dere) hva jeg mener? ***have I made myself clear?*** har jeg uttrykt meg tydelig nok? ***they made it clear that …*** de gjorde det klart at …; ***make clear one's wishes*** gjøre det klart hva man ønsker; ***he made his meaning quite clear*** det var helt tydelig hva han mente;
12.: ***clear of*** 1. klar av (*fx the rocks*); 2. fri for (*fx obstacles*); 3(*=free from*): ***clear of debt***(*=out of debt*) gjeldfri.
IV. clear *adv:* ***cry loud and clear*** rope høyt og tydelig; ***he got clear away*** han kom seg helt unna; ***keep clear of the gate!*** hold deg klar av porten!
clearance [ˌkliərəns] *s* **1.** rydding; opprydding; ***slum clearance*** sanering;
2. klaring (*of* på) (*fx half a metre*);
3. klarering (*fx obtain (a) clearance to sail*); ***(customs) clearance*** tollbehandling; tollklarering.
clearance sale *merk:* opphørssalg; utsalg.
clear-cut ['kliəˌkʌt; *attributivt:* ˌkliə'kʌt] *adj:* klar; tydelig; skarp; ***a clear-cut division*** en skarp deling; *fig:* ***a clear-cut issue*** (en sak med) rene linjer; ***a clear-cut plan*** en klar plan.
clear-headed ['kliəˌhedid; *attributivt:* ˌkliə'hedid] *adj:* klartenkt; klar i hodet.
clear-headedness ['kliəˌhedidnəs] *s:* klartenkthet.
clearing-up ['kliəriŋˌʌp] *s* **1**(*=tidying-up*) opprydding;
2. *av forbrytelse:* oppklaring;
3. *om været:* oppklarning;
4. det at betennelse (etc) går tilbake.
clearing-up operations *pl:* oppryddingsarbeid.

clearly [ˌkliəli] *adv* **1.** klart *(fx see clearly); **think clearly**(=straight)* tenke klart; **2.** klart; utvetydig; ***a clearly defined point of view*** et markert standpunkt; **3***(=obviously): **we clearly need to think again*** det er klart at vi må tenke om igjen; ***the statement is clearly unfounded***(,**T:** *the statement hasn't a leg to stand on)* påstanden er helt klart ubegrunnet.

clear-sighted ['kliəˌsaitid; *attributivt:* ˌkliə'saitid]*) adj:* klarsynt.

clearway [ˌkliə'wei] *s* **UK:** veistrekning med stoppforbud; ***urban clearway*** gate med stoppforbud.

cleavage [ˌkli:vidʒ] *s* **1.** *fig(=split)* splittelse *(fx in a party);* **2.** utringning; ***she's showing a lot of cleavage in that dress!*** hun skjuler ikke stort i den kjolen!

cleave [kli:v] *vb(pret: cleft, cleaved, clove; perf.part.: cleft, cleaved, cloven) stivt el. glds* **1***(=split)* kløyve; **2.:** ***they were cleaving****(=making)* ***a way through the jungle*** de hogg seg vei gjennom jungelen.

cleaver [ˌkli:və] *s(=butcher's knife)* slakterkniv.

clef [klef] *s; mus:* nøkkel; ***bass clef****(=F clef)* bassnøkkel; F-nøkkel.

I. cleft [kleft] *s:* kløft; spalte.

II. cleft *perf.part. av cleave.*

cleft stick *fig* **T:** ***be in a cleft stick*** sitte i klemme; **T:** være ute å kjøre.

clemency [ˌklemənsi] *s* **1.** *stivt(=leniency)* barmhjertighet; ***plead for clemency for him*** be om barmhjertighet for ham; **2.** *om vær:* mildhet.

clement [ˌklemənt] *adj; litt.* **1***(=lenient)* barmhjertig; mild *(fx a clement ruler);* **2.** *om vær(=mild)* mild.

clench [klentʃ] *vb:* presse sammen; ***clench one's teeth*** bite tennene sammen; ***clench one's fist*** knytte neven.

clergy [ˌklə:dʒi] *s:* geistlighet; geistlige; prester.

clergyman [ˌklə:dʒimən] *s:* prest; geistlig; *(jvf I. minister 2; parson; priest; vicar).*

cleric [ˌklerik] *s; stivt(=clergyman)* geistlig.

clerical [ˌklerikl] *adj* **1.** geistlig;
2. kontor-; skrive-.

clerical collar *(,***T:** *dog collar)* prestekrage.

clerk [klɑ:k; **US:** klə:rk] *s* **1.** kontorist; ***bank clerk*** bankfunksjonær
2. *rel:* ***parish clerk*** klokker;
3.: **US:** ***(sales)clerk****(=shop assistant)* ekspeditør;
4. US *i hotell:* ***(desk) clerk, room clerk****(=receptionist)* resepsjonist;
5.: ***clerk of works*** byggeleder; *(jvf site engineer).*

clever [ˌklevə] *adj* **1.** flink; som lærer raskt;
2*(=skilful)* dyktig; flink;
3. *om person; neds* **T:** lur; (altfor) smart; ***he was too clever by half*** han var altfor smart;
4. *om ting:* smart; fiks *(fx a clever idea).*

clever Dick, cleverdick [ˌklevə'dik] *s; neds (=wiseacre)* **T:** bedreviter; viktigper.

cleverly [ˌklevəli] *adv:* smart; ***that was cleverly done*** det var smart *(el.* fikst) gjort.

clevis [ˌklevis] *s; tekn:* gaffel.

cliché [ˌkli:ʃei] *s* **1.** *typ:* klisjé *n;* **2.** *fig:* klisjé *n;* forslitt frase.

I. click [klik] *s* **1.** klikk *n;* knepp *n;* **2.** *tekn(=pawl)* pal; sperrehake.

II. click *vb* **1.** klikke; rasle; ***I heard a door click shut*** jeg hørte at en dør ble lukket; ***click through the turnstile*** gå gjennom telleapparatet;
2. T: ***the play clicked with the audience right away*** stykket slo an hos publikum *(n)* med én gang; ***things are suddenly beginning to click*** det begynner plutselig å flaske seg;
3. T: ***it finally clicked when her name was mentioned*** da navnet hennes ble nevnt, husket jeg omsider; ***it's just clicked what you meant me to do*** jeg har nettopp forstått hva du ville jeg skulle gjøre;
4. T: ***they clicked from their first meeting*** de fant hverandre fra første stund; ***he's clicked (with a girl)*** han har fått kjangs (med ei jente).

client [ˌklaiənt] *s:* klient; kunde.

clientele ['kli:ɔnˌtel] *s:* klientell *n;* klienter; kundekrets.

cliff [klif] *s:* (fjell)skrent; klippe.

cliffhanger [ˌklif'hæŋə] *s* **1.** *om film:* ***be a cliffhanger*** være spennende;
2.: ***cliffhanger (situation)*** dramatisk situasjon.

clifftop [ˌklif'tɔp] *s:* toppen av en klippe *(el.* skrent); ***fall over a clifftop*** falle utfor en (fjell)skrent.

I. climacteric ['klaimækˌterik] *s(=menopause)* klimakterium *n;* overgangsalder.

II. climacteric *adj:* klimakterisk.

climate [ˌklaimit] *s; også fig:* klima *n.*

climatic [klaiˌmætik] *adj:* klimatisk.

I. climax [ˌklaimæks] *s:* klimaks *n;* høydepunkt; ***(sexual) climax****(=orgasm)* orgasme.

II. climax *vb(=reach a climax)* **1.** nå et klimaks;
2. få orgasme.

I. climb [klaim] *s* **1.** klatring; oppstigning; klatretur; klatrerute; **2.** stigning.

II. climb *vb:* klatre; klatre opp i *(fx a tree);* ***climb down*** 1. klatre ned; 2. *fig:* gi seg; kapitulere.

climb-down [ˌklaim'daun] *s; fig:* retrett; kapitulasjon.

climber [ˌklaimə] *s* **1.** klatrer; **2.:** ***social climber*** sosial streber; **3.** *bot:* klatreplante.

climbing*(=rambler)* ***rose*** *bot:* klatrerose; slyngrose.

clime [klaim] *s; poet:* ***in distant climes****(=under distant skies)* i fjerne himmelstrøk.

I. clinch [klintʃ] *s:* clinch.

II. clinch *vb* **1.** *også fig:* gå i clinch; **2.:** ***clinch a nail*** neie en spiker; **3.:** ***that clinched the matter*** det avgjorde saken.

clincher [ˌklintʃə] *s* **T 1.** person som går i clinch;
2. avgjørende argument *n;* siste ord *(n)* i saken; ***as a clincher, he made particular reference to …*** som et avgjørende argument viste han særlig til …

cling [kliŋ] *vb(pret & perf.part.: clung)* **1.** henge fast; henge ved; *om barn, etc:* klenge; være påhengelig;
2.: ***cling to*** 1. henge fast på; klynge seg til; *om lukt:* henge igjen i; ***cling desperately to*** klamre seg fortvilet til; 2. *fig:* klynge seg til; ***cling to life*** klynge seg til livet;
3.: ***cling together*** henge sammen.

clinger [ˌkliŋə] *s:* påhengelig person.

clinging [ˌkliŋiŋ] *adj* **1***(=tight-fitting)* ettersittende;
2. klengete; ***she's the clinging sort*** hun er klengete av seg.

clinic [ˌklinik] *s* **1.** klinikk *(fx eye clinic);* **2.** *med.:* klinisk undervisning; klinikk; **3***(=surgery (hours))* konsultasjonstid; kontortid.

clinical [ˌklinikl] *adj* **1.** *med.:* klinisk; **2.** *fig; stivt(=objective)* klinisk; objektiv; **3.** *fig(=cold)* kald.

clinically [ˌklinikəli] *adv* **1.** klinisk; **2.** *fig(=coldly)* kaldt.

I. clink [kliŋk] *s(=jingle; jingling)* klirr *n;* klirring; skrangling.

II. clink *vb(=jingle)* klirre; skrangle.

I. clip [klip] *s* **1.** klemme; klype; klips *n;* ***paper clip*** binders; **2.** klips *n (fx a diamond clip).*

II. clip *s* **1.** *med saks:* klipp *n;*
2. avklipp; avisutklipp; ***film clip*** filmklipp;
3. T*(=sharp blow)* kraftig smekk.

III. clip *vb* **1.** *dyr, hekk, etc:* klippe; *fig:* ***clip his wings*** stekke vingene hans;
2. T*(=hit)* smekke til;
3. S*(=cheat; overcharge)* snyte; ta overpris av.

clipboard [ˌklip'bɔ:d] *s:* notatbrett (med klype på).

clip-clop [ˌklipˌklɔp] *s:* klipp-klapp *n.*

clip joint S: nattklubb, etc hvor man snyter på prisene.

I. clip-on [ˌklip'ɔn] *s:* noe beregnet på å festes til noe.

II. clip-on *adj:* med klips *(n)* på; ***a clip-on badge*** et merke som festes med klips.

clippers [ˌklipəz] *s:* saks *(fx nail clippers).*

clippie [ˌklipi] *s* **T***(=bus conductress)* kvinnelig konduktør.

I. clipping [ˌklipiŋ] *s* **1.** klipping; **2***(=cutting)* avklipp; utklipp; avisutklipp.
II. clipping *adj; attributivt(=fast)* rask; ***at a clipping (=spanking) pace*** i strykende fart.
clique [kli:k] **1.** *s:* klikk; **2.** *vb:* danne klikk(er).
cliquish [ˌkli:kiʃ] *adj:* med tendens til å holde sammen i klikk(er).
cliquism [ˌkli:kizəm] *s:* klikkevesen.
clitoris [ˌklitəris; ˌklaitəris] *s; anat:* klitoris.
I. cloak [klouk] *s* **1.** kappe; **2.** *fig:* kåpe.
II. cloak *vb; stivt:* ***discussions cloaked(=shrouded) in secrecy*** diskusjoner omgitt av hemmelighetsfullhet.
cloakroom [ˌklouk'ru(:)m] *s* **1***(,US: checkroom)* garderobe; **2. UK** *evf(=lavatory)* toalett *n.*
cloakroom attendant *(,US: checkroom girl)* garderobedame.
cloakroom service garderobetjeneste; ***compulsory cloakroom service*** garderobeplikt; *(NB Dette er ukjent i UK).*
cloakroom ticket *(,US: coat check)* garderobemerke; garderobenummer.
I. clobber [ˌklɔbə] *s* **T 1***(=clothes)* klær; **2***(=bits and pieces)* småting; småtteri *n;* **3***(=things)* saker.
II. clobber *vb* **T 1***(=hit)* slå til; **2.** *fig:* gi stryk *n.*
I. clock [klɔk] *s* **1.** klokke; ur *n;* ***alarm clock*** vekkerur; ***time clock*** stemplingsklokke; kontrollur; ***round the clock*** døgnet rundt; ***put the clock back*** stille klokken tilbake; ***it takes time to get your biological clock running smoothly again*** det tar tid å få den biologiske klokken i orden igjen; **2. T***(=taximeter)* taksameter *n;* **3. T:** ***the clock*** *(=the speedometer)* speedometeret *n.*
II. clock *vb* **1.** *sport:* ta tiden på; ***what time did he clock?*** hvilken tid fikk han? **2.:** ***clock in, clock on****(,***US:** *punch in)* stemple inn; ***clock out, clock off****(,***US:** *punch out)* stemple ut.
clockwise [ˌklɔk'waiz] *adv:* med urviserne; med sola.
I. clockwork [ˌklɔk'wə:k] *s* **1.** urverk; **2.** opptrekksmotor; klokkemotor; **3.** *fig:* ***like clockwork*** som smurt *(fx everything went like clockwork).*
II. clockwork *adj* **1.** til å trekke opp; **2.:** ***with clockwork regularity*** regelmessig som et urverk.
clod [klɔd] *s* **1.** *kul(=brisket):* ***clod of beef*** bogstykke; **2. T***(=stupid bloke)* dum fyr.
clodhopper [ˌklɔd'hɔpə] *s* **T 1.** klossmajor; **2.** *om store sko el. støvler:* ***clodhoppers*** flytebrygger.
I. clog [klɔg] *s:* tresko *(fx Dutch clogs);* sko med tresåle; *(jvf sabot).*
II. clog *vb:* ***clog (up)*** **1.** *om rør, etc:* tette til; tette igjen; tetne; bli tilstoppet; bli blokkert; **2.:** ***clog (up)*** hindre; *fig:* ***too many laws can clog (up) the running of a country*** altfor mange lover kan få landet til å gå i stå.
cloister [ˌklɔistə] *s* **1.** buegang; klostergang; **2.** *stivt(=monastery; nunnery)* kloster *n.*
clone [kloun] *s; biol:* klon *n.*
I. close [klouz] *s:* slutt; ***bring to a close*** avslutte.
II. close [klous] *s* **1.** privateid stykke land (med gjerde, mur el. hekk rundt); løkke;
2. gårdsplass omgitt av bygninger el. passasje som fører inn til en slik gårdsplass;
3. jord og bygninger som omgir og tilhører en katedral;
4.: ***Close****(fk Clo.): del av gatenavn i stille boligstrøk (fx Orchard Close).*
III. close [klouz] *vb* **1.** lukke; stenge;
2*(=finish)* avslutte *(fx a discussion); merk:* ***close the books*** avslutte regnskapet; ***close a transaction*** avslutte en handel;
3. *bankv:* ***close an account*** gjøre opp en konto;
4.: ***close down*** legge ned *(fx a firm);*
5.: ***close in*** 1*(=come nearer):* ***the enemy are closing in on us*** fienden rykker oss stadig nærmere inn på livet; 2. *fig:* ***we feel closed(=hedged) in by fear*** vi føler oss omgitt av frykt; 3. *om dagene:* bli kortere;
6.: ***close ranks*** slutte geleddene;
7.: ***close with*** 1. komme i kamp med; 2. *om tilbud:* akseptere; godta.
IV. close [klous] *adj & adv* **1.** nær; ***a close friend*** en nær venn; ***close at hand*** like ved; like i nærheten; ***close behind*** like bak; like etter *(fx follow close behind);* ***close by*** like ved; *fig:* ***he's always been close to his father*** han har alltid stått sin far nær;
2. tett *(fx handwriting); om tekstil:* tett(vevd); *mil:* ***in close order*** i sluttet orden;
3. *om været(=sultry)* lummert; *om luften(=stuffy)* kvalm; innestengt;
4. *om utfall av konkurranse:* (svært) jevnt; ***it was a close finish*** de gikk omtrent samtidig i mål *n;* ***the result was close*** det var (,ble) et svært jevnt resultat.
close call *især* **US***(=close shave):* ***that was a close call*** det var nære på; det var på et hengende hår.
closed [klouzd] *adj* **1.** lukket; **2.:** ***we consider the case (as) closed*** vi betrakter saken som opp- og avgjort.
closed circuit *elekt:* hvilestrømkrets; sluttet strømkrets; *(se circuit 4).*
closed-circuit television *(fk cc TV)* internt fjernsyn.
close-cropped ['klousˌkrɔpt; *attributivt:* ˌklous'krɔpt] *adj:* kortklipt; snauklipt.
closed shop *hist:* bedrift som bare bruker organiserte arbeidere; organisasjonstvang; *(jvf open shop).*
close-fisted ['klousˌfistid; *attributivt:* ˌklous'fistid; 'klousˌfistid] *adj(=mean)* gjerrig; påholdende.
close-knit ['klousˌnit; *attributivt:* ˌklous'nit] *adj; fig:* fast sammensveiset *(fx community).*
closely [ˌklousli] *adv* **1.** nær; ***closely related*** nær beslektet; **2.** nøye *(fx look closely at him);* ***she resembles her father closely*** hun er svært lik sin far.
closeness [ˌklousnəs] *s:* nærhet.
close quarters: ***at close quarters*** på nært hold; ***live in close quarters*** bo trangt; være trangbodd.
close season [ˌklous'si:sən] *s:* fredningstid.
close-set ['klousˌset; *attributivt:* ˌklous'set] *adj; om øyne:* tettsittende *(fx close-set eyes).*
close shave T*(=close thing; near thing):* ***that was a close shave*** **T** det var nære på; det var på et hengende hår.
close-shaven ['klousˌʃeivən; *attributivt:* ˌklous'ʃeivən] *adj(=clean-shaven)* glattbarbert.
I. closet [ˌklɔzit] *s* **1. US***(=cupboard)* skap *n;* kott *n;* ***clothes closet****(=wardrobe)* kleskott;
2. T: ***come out of the closet****(=stand up)* stå frem.
II. closet *vb; stivt:* ***they're closeted in his office*** de sitter og rådslår på hans kontor *n.*
closet alcoholic skapdranker.
close thing T *(=close shave; near thing):* ***it was a close thing*** **T** det var nære på; det var på et hengende hår.
close-up [ˌklous'ʌp] *s; fot:* nærbilde; *film(=close shot)* næropptak; *fot:* ***big close-up*** ultranært bilde.
close-up lens *fot:* nærlinse.
close-up view [ˌklous'ʌp'vju:] *s:* nærbilde; det å se på nært hold; ***I had a close-up view of the procession*** jeg så opptoget på meget nært hold.
closing ceremony avslutningsseremoni.
closing date frist; ***when is the closing date for entries?*** når er siste frist for påmelding?
closing time lukketid; stengetid.
closure [ˌklouʒə] *s:* lukning; stenging.
I. clot [klɔt] *s* **1.** klump; klyse;
2. *mildt bebreidende* **T***(=chump)* tosk.
II. clot *vb:* klumpe seg; danne klumper; *om blod:* størkne; levre seg; *(se også clotted).*
cloth [klɔθ] *s(pl: cloths)* **1.** stoff *n;* tøy *n; ordspråk:* ***cut one's coat according to one's cloth*** sette tæring etter næring; **2.** *bokb:* sjirting.
cloth binding *bokb:* ***(full) cloth binding*** (hel)sjirtingsbind.
cloth cap*(=flat cap)* skyggelue; sikspenslue.
clothes [klou(ð)z] *s; pl:* klær.
clothes-brush [ˌklou(ð)z'brʌʃ] *s:* klesbørste.

clothesline [ˌklou(ð)z'lain] *s(=washing line)* klessnor.
clothes-peg [ˌklou(ð)z'peg]*(,***US:** *clothespin)* **S:** klesklype.
clothes shop [ˌklou(ð)z'ʃɔp] *s:* klesforretning.
clothing [ˌklouðiŋ] *s(=clothes)* klær.
clotted cream*(=Devonshire cream)* tykk fløte skummet av melk som er brakt til kokepunktet.
I. cloud [klaud] *s* **1.** *også fig:* sky; ***be in the clouds*** sveve oppe i skyene;
2*(=cloud cover)* skydekke;
3. *av insekter:* sverm;
4.: ***under a cloud*** 1*(=under suspicion)* under mistanke; mistenkt; 2*(=out of favour)* i unåde; ***come under a cloud*** falle i unåde.
II. cloud *vb* **1.:** ***cloud over*** skye over; skye til; bli overskyet;
2. *stivt(=damage):* ***it clouded his judgment*** det hindret ham i å dømme klart;
3. *litt. el. stivt(=become blurred):* ***her eyes clouded with tears*** blikket hennes ble sløret av tårer;
4. *litt.(=become gloomy):* ***his face clouded*** han ble mørk i ansiktet.
cloudberry [ˌklaudbəri] *s; bot:* molte; multe.
cloudburst [ˌklaud'bə:st] *s:* skybrudd.
cloud-cuckoo(-)land ['klaudˌkuku:'lænd] *s:* drømmeland; fantasiverden *(fx live in cloud-cuckoo land).*
cloudless [ˌklaudləs] *adj:* skyfri.
cloudy [ˌklaudi] *adj* **1.** skyet; overskyet;
2. *om væske, fx vin:* uklar.
I. clout [klaut] *s* **1. T***(=blow)* slag; ***a clout on the neck*** et slag over nakken;
2*(=influence)* innflytelse *(fx he has a lot of clout).*
II. clout *vb* **T***(=hit)* slå til; dra til.
clout nail *bygg:* spiker med stort, flatt og tynt hode; takpappspiker.
clove [klouv] *s* **1.** *bot:* kryddernellik; **2.:** ***a clove of garlic*** et fedd hvitløk.
cloven hoof*(=cloven foot)* **1.** *zo:* spaltet hov;
2. *fig:* ***show the cloven hoof****(=reveal one's real nature)* stikke hestehoven frem; avsløre sitt virkelige jeg.
clover [ˌklouvə] *s* **1.** *bot:* kløver; ***four-leaf(ed) clover*** firkløver; **2.** *fig:* ***be****(=live)* ***in clover*** ha det som kua i ei grønn eng; ***he's in clover in his brief spells at home*** i den korte tiden han er hjemme, går han (bare) på gress.
clover leaf *bot:* kløverblad.
I. clown [klaun] *s* **1.** klovn;
2. *fig:* klovn; bajas; klossete fyr; tåpelig fyr.
II. clown *vb:* ***clown (around)*** oppføre seg som en bajas; oppføre seg tåpelig *(fx stop clowning around!).*
clownish [ˌklauniʃ] *adj:* bajasaktig; klossete; tåpelig.
cloy [klɔi] *vb; stivt* **1***(=satiate)* overmette; gjøre overmett; **2.** *fig(=grow stale):* ***the pleasure of travelling abroad cloys after a few trips*** gleden ved å reise utenlands fortar seg etter noen få turer.
cloying [ˌklɔiiŋ] *adj; stivt(=sickly; sickly-sweet)* vammel; søtladen.
I. club [klʌb] *s* **1***(=heavy stick)* klubbe;
2. *sport, fx golf:* kølle;
3. klubb;
4. *kortsp:* kløver; ***clubs are trumps*** kløver er trumf.
II. club *vb* **1.** slå med klubbe *(fx club sby to death);*
2.: ***club together*** slå seg sammen; spleise.
club sandwich tre skiver toast ovenpå hverandre med pålegg *(n)* imellom.
club strip*(=colours) sport* **T:** ***the club strip*** klubbfargene.
club sweater *sport:* klubbgenser.
club woman *spøkef(=club lady):* ***she's a typical club woman*** hun er et typisk foreningsmenneske.
I. cluck [klʌk] *s:* klukk *n.*
II. cluck *vb* **1.** klukke; **2.** *misbilligende:* smatte med tungen *(fx she clucked disapprovingly).*
clue [klu:] *s:* spor *n (fx follow up a clue);* ledetråd; holdepunkt; ***a clue to the identity of the murderer*** en nøkkel til morderens identitet; **T:** ***I haven't a clue*** jeg aner ikke.
I. clump [klʌmp] *s; om trær el. busker:* klynge; ***clump of trees*** skogholt *n;* skogsnar *n;* treklynge.
II. clump *vb:* ***clump around*** trampe omkring *(fx in boots).*
clumsy [ˌklʌmzi] *adj* **1.** *også fig:* klossete; klønete;
2. klumpete *(fx the chair is a clumsy shape).*
I. cluster [ˌklʌstə] *s* **1.** klynge;
2. *om bær, etc:* klase.
II. cluster *vb* **1.** flokke seg (*round* om); **2.** vokse i klaser; henge i klaser.
I. clutch [klʌtʃ] *s* **1.** fast grep *n; fig:* ***get into sby's clutches*** komme i klørne på en; **2.** *mask:* kløtsj; clutch.
II. clutch *s; om fugleunger el. egg:* kull *n.*
III. clutch *vb:* gripe (hardt) tak *(n)* i; ***clutch at*** gripe etter; *fig:* ***clutch at straws*** gripe etter et halmstrå.
I. clutter [ˌklʌtə] *s:* virvar *n;* rot *n.*
II. clutter *vb:* skape rot *(n)* i *(fx a room); neds:* ***clutter up with*** fylle med.
cluttered [ˌklʌtəd] *adj:* overfylt; overmøblert.
c/o *(fk f care of)* adr.; ***please write to us c/o(=at) the above address*** vær så snill å skrive til oss til adressen som er oppgitt ovenfor.
co- *forstavelse:* med- *(fx coauthor; coeditor).*
I. coach [koutʃ] *s* **1.** *jernb(=carriage)* vogn;
2. (turist)buss; rutebil;
3. trener; instruktør;
4*(=private tutor)* privatlærer.
II. coach *vb:* ***coach sby*** **1.** trene en; instruere en;
2. lese privat med en; gi en privattimer.
coach builder*(=body builder)* karosserimaker.
coaching [ˌkoutʃiŋ] *s* **1.** trening; instruksjon;
2*(=private tuition)* privatundervisning.
coaching house *hist(=coaching inn)* skysstasjon.
coachman [ˌkoutʃmən] *s:* kusk.
coach service bussforbindelse.
coach station rutebilsentral.
coachwork [ˌkoutʃ'wə:k] *s(=bodywork)* **1.** karosseri *n;*
2. karosseriarbeid.
coagulate [kouˌægju'leit] *vb; om blod:* koagulere.
coagulation [kou'ægjuˌleiʃən] *s:* koagulering.
coal [koul] *s* **1.** kull *n;* **T:** ***white coal****(=water power)* hvite kull; ***(burning) coal****(=live coal)* glo; stykke *(n)* brennende kull;
2. *fig:* ***heap coals of fire on sby's head*** sanke gloende kull *(n)* på ens hode *n.*
coal cellar kullkjeller.
coal deposit kullforekomst.
coalface [ˌkoul'feis] *s:* bruddsted; *fig:* ***those at the coalface*** de som virkelig sliter; *(jvf chalk face).*
coalfield [ˌkoul'fi:ld] *s:* kullfelt.
coalfish [ˌkoul'fiʃ] *s; zo; fisk(=saithe; coley)* sei.
coalition ['kouəˌliʃən] *s:* koalisjon; ***the coalition will keep****(=stay)* ***together*** koalisjonen vil holde sammen; ***this brittle****(=fragile; shaky)* ***coalition will crack****(=fall apart;* **T:** *blow apart)* denne skrøpelige koalisjonen vil sprekke.
coal mine *s(=coalpit; colliery)* kullgruve.
coal miner*(=collier)* kullgruvearbeider; *(jvf pitman).*
coal-mining [ˌkoul'mainiŋ] *s(=the working of coal mines)* kullgruvedrift.
coaming [ˌkoumiŋ] *s; mar:* lukekarm.
coarse [kɔ:s] *adj* **1.** grov *(fx sand);* **2***(=rude)* grov *(fx coarse jokes; don't be so coarse).*
coarse fish *zo:* fisk som ikke tilhører laksefamilien.
coarse-grained [ˌkɔ:s'greind] *adj:* grovkornet.
coarse-spun *adj:* *om tekstil:* grovspunnet.
I. coast [koust] *s* **1.** kyst; **2. US***(=toboggan run)* akebakke; **3.** *fig:* ***the coast's clear*** kysten er klar.
II. coast *vb* **1.** trille; rulle; gli; *om syklist, også:* kjøre på frihjul; **2.** *fig:* ***he coasted to victory****(=he won hands down)* han vant med letthet; **3.:** ***coast along****(=not make much of an effort)* ta det lett(vint).

coastal [koustl] *adj:* kyst-; ***coastal trade*** kystfart.
coaster [ˌkoustə] *s* **1.** *mar:* skip *(n)* i kystfart;
2. US*(=beer mat; drip mat)* ølbrikke; brikke;
3. US*(=roller coaster; big dipper)* berg-og-dalbane.
coastguard [ˌkoust'gɑ:d] *s:* kystvakt.
coastline [ˌkoust'lain] *s:* kystlinje.
coastwise [ˌkoust'waiz] **1.** *adj:* kyst-;
2. *adv:* langs kysten.
I. coat [kout] *s* **1.** frakk; kappe; kåpe; *(jvf overcoat; greatcoat); (white)* ***coat*** kittel;
2*(=jacket)* jakke *(fx a coat and trousers);*
3. *zo:* pels; ***a smoooth coat*** (en) glatt pels;
4. *om maling, etc:* strøk *n;* lag *n.*
II. coat *vb:* overtrekke *(fx pills with sugar);* ***she coated the biscuits with chocolate*** hun hadde sjokoladetrekk på kjeksen; ***the wood was coated with a special paint*** treverket hadde fått et strøk med spesialmaling.
coated [ˌkoutid] *adj:* belagt; *optikk:* ***coated lens*** antirefleksbehandlet linse.
coat hanger kleshenger.
coating [ˌkoutiŋ] *s* **1.** overtrekk; lag; *n;* **2.** *optikk:* antirefleksbehandling.
coat of arms våpen(skjold) *n.*
coat of mail *hist(=chain mail)* (ring)brynje.
coat rack *(=coat stand)* garderobestativ.
coat tail frakkeskjøt.
I. coax [ˌkoæks] *s(=coaxial cable)* koaksialkabel.
II. coax [kouks] *vb:* ***coax sby*** godsnakke med en; prøve å overtale en; ***coax sth out of sby*** lokke noe ut av en; ***coax sby into doing sth*** overtale en til å gjøre noe; ***coax sby out of doing sth*** få en fra å gjøre noe.
coaxial ['kouˌæksiəl] *adj:* koaksial- *(fx cable).*
cob [kɔb] *s; zo(=male swan)* hansvane.
cobalt [ˌkoubɔ:lt] *s; min:* kobolt.
I. cobble [kɔbl] *s(=cobblestone)* brustein.
II. cobble *vb:* lappe sammen; flikke sammen; reparere på.
cobbler [ˌkɔblə] *s:* lappeskomaker.
cobra [ˌkoubrə] *s; zo:* kobra; ***spitting cobra*** spyttende kobra.
cobweb [ˌkɔb'web] *s:* spindelvev; kingelvev.
cobwebby [ˌkɔb'webi] *adj:* spindelvevaktig.
cocaine [kəˌkein] (,**S:** *coke* [kouk]) **S:** kokain.
I. cock [kɔk] *s* **1.** *zo:* hane;
2. *zo:* han(n)fugl;
3. *zo; av visse andre dyr, fx hummer:* han(n);
4. *på våpen:* hane;
5*(=(water) tap)* kran;
6. *vulg:* pikk;
7. *lett glds:* ***be cock of the walk*** føre det store ord; være eneste hane i kurven;
8.: ***that cock won't fight!*** den går ikke!
II. cock *vb* **1.** spenne hanen på *(fx a gun);*
2.: ***the dog cocked its ears*** hunden spisset ører; ***the dog cocked its hind leg*** hunden løftet på bakbenet;
3. *om hatt, etc:* sette på en snurr;
4. T: ***cock up*** 1. tabbe seg ut; 2.: ***cock sth up****(=botch sth)* forkludre noe.
cockade [kəˌkeid] *s; mil:* kokarde.
cock-a-doodle-doo ['kɔkə'du:dlˌdu:] *int:* kykeliky.
cock-a-hoop [ˌkɔkəˌhu:p] *adj; etteranstilt* **1***(=in very high spirits)* i strålende humør *n;* **2***(=boastful; triumphant)* skrytete; triumferende.
cock-and-bull story røverhistorie; skipperskrøne.
cockchafer [ˌkɔk'tʃeifə] *s; zo:* oldenborre.
cockcrow [ˌkɔk'krou] *s(=daybreak)* hanegal; daggry *n;* ***at cockcrow*** ved hanegal.
cocked hat tresnutet hatt.
cockerel [ˌkɔk(ə)rəl] *s; zo:* hanekylling.
cockeye [ˌkɔk'ai] *s* **T:** skjelende øye *n.*
cockeyed [ˌkɔk'aid] *adj* **T 1.** skjeløyd; blingsete;
2*(=crazy)* sprø *(fx idea);* **3***(=drunk)* på en snurr.
cockiness [ˌkɔkinəs] *s:* kjepphøyhet.
I. cockle [kɔkl] *s* **1.** *zo: (edible)* ***cockle*** hjertemusling;
2. *bot(=corncockle)* klinte;
3. *i papir el. stoff:* bulk; rynke;
4.: ***it warmed the cockles of my heart*** det varmet meg helt inn til hjerterøttene.
II. cockle *vb* **1.** *om papir:* slå bulker; krølle seg *(fx the wallpaper cockled);* **2.** *om stoff:* slå rynker.
cockleshell [ˌkɔkl'ʃel] *s* **1.** *zo:* skall *(n)* av hjertemusling; muslingskall; **2.** *om liten båt:* nøtteskall.

C

cockney, Cockney [ˌkɔkni] **1.** *s:* ekte londoner; cockney; *språket:* londondialekt; cockney; **2.** *adj:* londoner-; londonsk; østkant- *(fx accent).*
cockpit [ˌkɔk'pit] *s* **1.** *flyv; mar, etc:* cockpit; **2.** hanekampplass.
cockroach [ˌkɔk'routʃ] *s; zo:* kakerlakk.
cockscomb, coxcomb [ˌkɔks'koum] *s* **1.** *zo:* hanekam; **2.** *glds(=fop)* spradebasse; viktigper.
cocksure [ˌkɔk'ʃuə] *adj; neds(=over-confident)* skråsikker.
cocktail [ˌkɔk'teil] *s:* cocktail.
cocktail cabinet barskap.
cocktail mat brikke (til å sette under glass).
cocktail stick *kul:* ***salted cocktail sticks*** saltstenger.
cock-up [ˌkɔk'ʌp] *s* **S***(=mix-up; mess)* mislykket greie; rot *n;* tabbe; *(se computer cock-up).*
cocky [ˌkɔki] *adj:* kjepphøy; kry.
coco [ˌkoukou] *s(pl: cocos)* **1***(=coconut)* kokosnøtt; **2***(=coco(nut) palm)* kokospalme.
cocoa [ˌkoukou] *s* **1.** *bot:* kakao; **2.** *drikk:* kakao *(fx a cup of cocoa).*
cocoa bean *bot:* kakaobønne.
coconut, cocoanut [ˌkoukou'nʌt] *s; bot:* kokosnøtt.
I. cocoon [kəˌku:n] *s* **1.** *zo:* puppehylster; kokong;
2. *fig:* ***she keeps that child in a cocoon****(=she overprotects that child)* hun overbeskytter det barnet.
II. cocoon *vb* **1.** *zo(=wrap in a cocoon)* spinne inn i en kokong; spinne seg inn; **2.** *fig(=overprotect)* overbeskytte *(fx a child).*
coco palm *bot(=coconut palm)* kokospalme.
I. cod [kɔd] *s; zo:* torsk; *kul:* ***creamed cod****(=cod in white sauce)* plukkfisk.
II. cod *vb; lett glds* **T***(=tease; make fun of)* erte; drive gjøn med.
C.O.D., COD, c.o.d. *(fk f cash on delivery;* **US:** *collect on delivery)* mot etterkrav; mot (post)oppkrav; ***send sth C.O.D.*** sende noe mot postoppkrav.
C.O.D. packet (,parcel) oppkravssending (,oppkravspakke).
coddle [kɔdl] *vb:* degge med; forkjæle.
code number *tlf(=dialling code;* **US:** *area code)* retningsnummer *(fx the code number for London).*
I. code [koud] *s* **1.** kode; ***in code*** i kode; *(se area code; code number; country code; dialling code; international code);* **2.** *jur:* ***(legal) code*** kodeks; lovbok; ***the Highway Code*** trafikkreglene; **3.** kodeks; ***moral code*** moralkodeks; ***professional code (of ethics)*** yrkesetikk.
II. code *vb:* kode; omsette til kode.
code-marking [ˌkoud'mɑ:kiŋ] *s:* ***code-marking of goods*** *(=code symbols on goods)* varekoding.
code number *tlf(=dialling code;* **US:** *area code)* retningsnummer *(fx the code number for London).*
codetermination ['koudi'tə:miˌneiʃən] *s; i bedrift:* medbestemmelse.
codfish [ˌkɔd'fiʃ] *s; zo; fisk(=cod)* torsk.
codfishing [ˌkɔd'fiʃiŋ] *s:* torskefiske.
codger [ˌkɔdʒə] *s; spøkef* **T:** ***old codger*** gammel stabeis.
codicil [ˌkɔdisil] *s; jur:* tilføyelse; ***add a codicil to one's will*** gjøre en tilføyelse i sitt testament.
codify [ˌkɔdi'fai] *vb; jur:* kodifisere; samle og ordne.
co-director ['kodiˌrektə; ˌkou'direktə] *s:* meddirektør.
codling [ˌkɔdliŋ] *s* **1.** *zo:* småtorsk; **2***(=unripe apple)* eplekart.
cod-liver oil (torskelever)tran.

cod's roe *zo:* torskerogn.
codswallop [ˌkɔdzˈwɔləp] *s* **S**(*=nonsense*) tøys *n.*
I. co-ed [ˌkouˈed] *s* **1. T**(*=coeducational school*) skole med fellesundervisning; (*jvf single-sex school*); **2. US:** kvinnelig elev i skole med fellesundervisning.
II. co-ed *adj*(*=coeducational*) med fellesundervisning.
coedit [kouˌedit] *vb:* utgi sammen.
coeditor [ˈkouˌeditə; ˌkouˈeditə] *s*(*=joint editor*) medutgiver.
coeducation [ˈkouˈedjuˌkeiʃən] *s*(*=unisex education*) fellesundervisning.
coeducational [ˈkouˈedjuˌkeiʃənəl] *adj:* for begge kjønn; med fellesundervisning; (*jvf single-sex school*).
coefficient [ˈkouiˌfiʃənt] *s; mat.:* koeffisient.
coerce [kouˌəːs] *vb; stivt*(*=force*) tvinge.
coercion [kouˌəːʃən] *s; stivt*(*=force*) tvang; makt.
coercive [kouˌəːsiv] *adj; meget stivt:* tvangs-; ***coercive measure***(*=compulsory measure*) tvangsforanstaltning.
coexist [ˈkouigˌzist] *vb:* leve side om side.
coexistence [ˈkouigˌzistəns] *s:* sameksistens.
coffee [ˌkɔfi] *s:* kaffe; ***black coffee*** svart kaffe; ***make filtered***(*=percolated*) ***coffee*** lage traktekaffe; ***percolating coffee*** kaffe for trakting; traktekaffe; ***white coffee*** kaffe med fløte (*el.* melk) i.
coffee bag(*=filter bag*) traktepose (for filterkaffe).
coffee bean *bot*(*=coffee berry*) kaffebønne.
coffee break kaffepause.
coffee cup kaffekopp.
coffee grounds *pl:* kaffegrut.
coffee maker(*=machine*) kaffemaskin; kaffetrakter.
coffee mill kaffekvern.
coffeepot [ˌkɔfiˈpɔt] *s*(,**US:** *coffee server*) kaffekanne; kaffekoker; ***electric coffeepot*** elektrisk kaffekoker.
coffee service(*=set*) kaffeservise.
coffee shop kaffebar.
coffee table kaffebord.
coffer [ˌkɔfə] *s:* pengekiste; ***the nation's coffers are empty*** det er ikke mer penger i statskassen.
coffin [ˌkɔfin] *s*(,**US:** *casket*) (lik)kiste.
cog [kɔg] *s* **1.** *mask:* tann; **2.** *fig:* ***cog (in the wheel)*** liten brikke.
cogent [ˌkoudʒənt] *adj; stivt*(*=convincing*) overbevisende (*fx argument*).
cogitate [ˌkɔdʒiˈteit] *vb; stivt*(*=think deeply; ponder*) fundere; tenke alvorlig.
cognac [ˌkɔnjæk] *s:* konjakk.
cognate [ˌkɔgneit] *adj*(*=related*)*:* ***cognate languages*** beslektede språk.
cognizance, cognisance [ˌkɔgnizəns] *s; stivt:* ***take cognizance of***(*=take notice of*) ta til etterretning; bemerke.
cognizant, cognisant [ˌkɔgnizənt] *adj; også jur:* ***be cognizant of*** (*=be fully aware of; have knowledge of*) være bekjent med; være fullt vitende om.
cogwheel [ˌkɔgˈwiːl] *s; mask*(*=gearwheel*) tannhjul.
cohabit [kouˌhæbit] *vb; jur*(*=live together*) være samboere.
cohabitation [kouˈhæbiˌteiʃən] *s; jur*(*=living together; live-in relationship*) samboerforhold.
co-habitee [ˈkouˈhæbiˌtiː] *s; jur*(*=common-law wife* (*,husband*)*; live-in girlfriend* (*boyfriend*)) samboer.
coheir [ˈkouˌɛə] *s:* medarving.
cohere [kouˌhiə] *vb; stivt*(*=stick together*) henge sammen.
coherence [kouˌhiərəns] *s:* sammenheng.
coherent [kouˌhiərənt] *adj; stivt*(*=clear and logical*) sammenhengende (*fx give a coherent account of what has happened*); ***she's not very coherent on the telephone*** det er ikke så mye sammenheng i det hun sier i telefonen.
cohesion [kouˌhiːʒən] *s; stivt*(*=coherence*) sammenheng.
cohost [ˌkouˌhoust] *vb:* ***cohost a party***(*=give a party together*) gå sammen om å holde et selskap; ***a farewell party cohosted by the Harkers and the Taylors***(*=a farewell party given by the Harkers and the Taylors together*) et avskjedsselskap som familiene Harker og Taylor har gått sammen om å holde.
I. coil [kɔil] *s* **1.** *elekt:* spiral; spole; *mask:* coil; **2.:** ***a coil of thick rope*** en tykk taukveil; **3.** *med.*(*=intrauterine coil; IUD coil*) spiral; ***have a coil fitted*** få satt inn spiral.
II. coil *vb:* kveile; vikle; *om slange:* sno seg.
I. coin [kɔin] *s:* mynt; ***what is the coin of that country?*** hvilken myntenhet bruker man i det landet? ***pay sby back in their own coin***(*=give sby a taste of their own medicine*) gi en igjen med samme mynt; *fig:* ***the other side of the coin*** den andre siden av saken.
II. coin *vb* **1.** mynte; prege; **2.:** ***coin it in***(*=rake in money*) håve inn penger; **3.** *om ord el. uttrykk:* finne på; *sagt iron etter å ha brukt et klisjé:* ***to coin a phrase*** for å si det på en litt original måte.
coinage [ˌkɔinidʒ] *s* **1.** mynting; myntpreging; **2**(*=monetary system*) myntsystem; **3.** nydannet ord (*n*) (*el.* uttrykk (*n*)).
coin box *tlf:* mynttelefon.
coincide [ˈkouinˌsaid] *vb:* falle sammen; stemme overens; ***coincide with*** 1(*=agree with*) stemme overens med; 2. inntreffe samtidig med; falle sammen med.
coincidence [kouˌinsidəns] *s:* sammentreff (av omstendigheter); tilfelle *n.*
coiner [ˌkɔinə] *s*(*=counterfeiter*) falskmynter.
coitus [ˌkouitəs] *s; stivt*(*=sexual intercourse*) coitus; samleie.
coke [kouk] *s* **1.** koks; **2. S**(*=cocaine*) kokain; **3. T:** coca-cola.
colander [ˌkɔləndə; ˌkʌləndə] *s:* dørslag.
I. cold [kould] *s* **1.** kulde; **2.** forkjølelse; ***catch (a) cold***(,**T:** *get a cold*) bli forkjølet; ***he never catches colds*** han blir aldri forkjølet; ***a cold that dragged***(*=hung*) ***on all spring*** en forkjølelse som hang igjen hele våren; ***you've given me your cold*** du har smittet meg med forkjølelsen din; ***stop a cold*** ta knekken på en forkjølelse; ***nip a cold in the bud***(*=cut a cold short*) ta knekken på en begynnende forkjølelse; ***feel (really) ill with a cold*** kjenne seg (ordentlig) syk av forkjølelse; **T:** ***I've got a stinking***(*=rotten*) ***cold coming on*** jeg brygger på en vemmelig forkjølelse.
II. cold *adj* **1.** kald; ***I feel cold*** jeg fryser; jeg synes det er kaldt;
2. *fig:* kald; uvennlig; ***a cold welcome*** en kald velkomst; ***cold comfort*** (en) mager trøst; ***in cold blood*** med kaldt blod; ***it left him cold*** det gjorde ikke noe inntrykk på ham; **T:** ***throw cold water on sby***(*=damp sby's enthusiasm*) slå kaldt vann (*n*) i blodet på en.
cold-blooded [ˈkouldˌblʌdid; *attributivt:* ˌkouldˈblʌdid] *adj:* kaldblodig.
cold buffet (*=cold lunch* (*,supper*)) koldtbord.
cold cuts *pl* **US**(*=cooked meats*) oppskjær *n.*
cold dish *kul*(*=cold plate*) kaldrett.
cold feet *fig:* kalde føtter; betenkeligheter; ***get cold feet*** få kalde føtter; bli betenkt.
cold-meat fork [ˈkouldˌmiːtˈfɔːk] *s:* koldgaffel.
coldness [ˌkouldnəs] *s:* kjølighet; kjølig forhold *n.*
cold room: ***(walk-in) cold room*** kjølerom.
I. cold shoulder: ***give sby the cold shoulder*** behandle en kjølig.
II. cold-shoulder [ˈkouldˌʃouldə] *vb:* ***cold-shoulder sby*** behandle en kjølig; ***be cold-shouldered*** møte en kald skulder; bli kjølig behandlet.
cold sore [ˌkouldˈsɔː] *s; med.:* forkjølelsessår.
cold storage 1(*=cold storage room*) kjølelager; kjølerom; **2.** *fig:* ***put an idea into cold storage*** legge en idé på is.
cold storage and deep-freeze plant kjøle- og fryselager.
cold sweat kaldsvette; ***be in a cold sweat*** kaldsvette.

cold table *kul:* koldtbord; *(jvf cold buffet).*

cold turkey US S 1. brå avvenningskur fra narkotika (med derav følgende kraftige abstinenssymptomer); ***go through cold turkey*** gjennomgå en brå avvenningskur; **2.** kraftige abstinenssymptomer; **T:** kraftig abstinens.

coleslaw [ˌkoul'slɔ:] *s:* sommersalat.

coley [ˌkouli; ˌkɔli] *s; zo(=coalfish)* sei.

colic [ˌkɔlik] *s; med.:* kolikk; mageknip.

coliseum ['kɔliˌsiəm], **colosseum** ['kɔləˌsiəm] *s:* colosseum *n.*

colitis [kɔˌlaitis], **colonitis** ['kɔləˌnaitis] *s; med.:* colitt; tykktarmbetennelse.

collaborate [kəˌlæbə'reit] *vb* **1.** samarbeide; ***agreement to collaborate*** samarbeidsavtale; **2.** *neds:* kollaborere; samarbeide.

collaboration [kə'læbəˌreiʃən] *s* **1.** samarbeid; samarbeidsforhold; ***work in collaboration with others*** samarbeide med andre; ***their collaboration didn't go too smoothly*** samarbeidet (deres) knirket litt; **2.** *neds:* kollaborasjon; samarbeid *(fx with the enemy).*

collaborative [kəˌlæbərətiv] *adj:* samarbeids-; som skjer ved samarbeid; ***this book is the outcome of a collaborative effort by X and Y*** denne boken er et resultat av samarbeid mellom X og Y.

collaborator [kəˌlæbə'reitə] *s* **1.** samarbeidspartner; medarbeider; ***they were collaborators on this book****(= they collaborated on this book)* de laget denne boka sammen; **2.** *neds:* kollaboratør; medløper; samarbeidsmann.

collage [kəˌlɑ:ʒ; kɔˌlɑ:ʒ] *s; fot:* collage; fotomontasje.

collagen [ˌkɔlədʒən] *s; kjem:* kollagen *n.*

I. collapse [kəˌlæps] *s* **1***(=falling down; caving in):* ***the collapse of the building*** det at bygningen falt (,faller) sammen;

2. *fig(=breakdown)* sammenbrudd; kollaps;

3*(=failure)* feilslagning *(fx of sby's plans);*

4. *merk(=sharp fall)* skarpt fall *(fx of the pound rate).*

II. collapse *vb* **1***(=fall down; cave in)* falle ned; falle sammen;

2*(=fold up)* slå sammen *(fx a chair);*

3*(=fail)* slå feil *(fx our plans collapsed);*

4*(=give way)* svikte; ***his right leg collapseed****(=gave way)* ***under him*** det høyre benet sviktet under ham;

5. *om person:* falle sammen; få sammenbrudd; få kollaps;

6. *om forhandlinger:* bryte sammen;

7. *merk; om marked:* bryte sammen; svikte;

8. *om historie, bevis, etc:* ikke holde.

collapsible [kəˌlæpsibl] *adj(=that can be folded up)* til å slå (,legge) sammen; sammentrykkbar.

collapsible hood *på bil(=hood; også* **US:** *folding top)* kalesje.

I. collar [ˌkɔlə] *s* **1.** krage; ***what size (of) collar does he take?*** hvilken snippstørrelse bruker han? *fig:* ***hot under the collar*** varm under snippen; sint;

2. halsbånd; ***spiked collar*** pigghalsbånd;

3. *tekn:* flens; krage;

4. *på okseslakt:* ***collar of beef*** halsstykke.

II. collar *vb* **1.** sette halsbånd på; **2.** *fig(=buttonhole)* slå kloen i (for å snakke med); **3.** *merk(=capture)* erobre; slå til seg *(fx a market).*

collarbone [ˌkɔlə'boun] *s; anat(=clavicle)* krageben.

collate [kɔˌleit] *vb; meget stivt* **1***(=(examine and) compare)* sammenligne (og kontrollere); **2***(=collect)* samle inn *(fx ideas).*

I. collateral [kɔˌlætərəl; kəˌlætərəl] *s; fin:* ***collateral (security)****(=financial security)* gjeldssikkerhet; sikkerhet.

II. collateral *adj:* underordnet; side-; bi-; ***collateral circumstance*** biomstendighet.

collation [kɔˌleiʃən] *s* **1.** meget *stivt:* sammenligning (og kontroll); **2.** *stivt el. spøkef om lett, oftest kaldt måltid:* ***a cold collation****(=a cold dish)* kald anretning.

colleague [ˌkɔli:g] *s:* kollega; ***her teaching colleagues*** hennes lærerkolleger; *(jvf counterpart 2 & opposite number).*

I. collect [ˌkɔlekt] *s; rel:* (kort) bønn; kollekt.

II. collect [kəˌlekt] *adv; tlf* **US:** ***I'll call my parents collect*** jeg skal ta en noteringsoverføring til foreldrene mine; *(se collect call).*

III. collect [kəˌlekt] *vb* **1.** samle (på); samle seg *(fx people are collecting(=gathering) in front of the house);* samle inn *(fx clothes for the jumble sale);*

2*(=fetch)* hente *(fx the children from school);*

3. *om beløp:* kreve inn; innkreve;

4. US: ***collect on delivery****(=cash on delivery)* mot oppkrav; *(se C.O.D.);*

5. *fig:* samle *(fx one's thoughts);*

6.: ***collect oneself*** samle seg; gjenvinne fatningen; komme seg litt;

collect call *tlf* **1. US***(=reverse call; reverse-charge call)* noteringsoverføring; **2. UK** *bare om utenlandssamtaler:* noteringsoverføring.

collected [kəˌlektid] *adj* **1.** samlet; ***the collected works of Dickens*** Dickens' samlede verker; **2.:** ***calm and collected*** rolig og fattet.

collection [kəˌlekʃən] *s* **1.** innsamling *(of* av); *rel:* kollekt; ***make a collection*** foreta innsamling;

2. samling *(fx of stamps);*

3. (mote)kolleksjon;

4. ansamling; opphopning *(fx of rubbish);*

5. avhenting;

6. oppkreving; innkassering;

7. *post:* tømming; ***there are four collections a day*** postkassen(e) tømmes fire ganger daglig.

collection fee inkassogebyr.

I. collective [kəˌlektiv] *s* **1.** *gram:* ***collective (noun)*** kollektiv *n;* **2.** kollektiv(bruk) *n.*

II. collective *adj(=combined)* felles; kollektiv.

collective title samletittel; fellestittel.

collectivize [kəˌlekti'vaiz] *vb:* kollektivisere.

collector [kəˌlektə] *s* **1.** samler; ***art collector*** kunstsamler; ***collectors for raffles*** folk som samler inn ting til utlodning; **2.** inkassator; *(se tax collector & ticket collector).*

college [ˌkɔlidʒ] *s* **1.** college; universitetsavdeling; fakultet; college-bygning; lærere og studenter ved et college;

2. skole; fagskole; høyskole; ***business college*** handelsskole med sekretærkurs og økonomiske fag; ***commercial college*** handelsskole; ***advanced commercial college*** handelshøyskole; ***technical college****(,***US:** *technical institute)* teknisk skole; yrkesfaglig studieretning ved videregående skole; *hist:* yrkesskole; ***college of adult education*** ikke-yrkesrettet skole for voksenopplæring; ***college of education****(,***US:** *teachers college)* pedagogisk høyskole; *hist:* lærerskole; ***college of further education*** skole som tilbyr videreutdanning på et nivå under høyskole og universitet; ***college of higher education*** 1. *=college of education;* 2. *=technical college;* ***college of engineering*** ingeniørskole; ***college of social studies*** sosialhøyskole; ***college of technology*** *=technical college;* ***college of advanced technology****(fk CAT)(=technological university;* **US:** *institute of technology; polytechnic institute)* teknisk høyskole;

3. US: ***junior college, community college*** 2-årig høyere skole, som avsluttes med en 'associate degree' (Associate in Arts, *fk* AA, eller Associate in Science, *fk* AS, eller Associate in Applied Arts, *fk* AAS); *(NB det første året kalles 'freshman year', det andre 'sophomore year');*

4. US: ***college of arts and sciences, liberal arts college*** 4-årig skole, hvor de to siste årene ('junior year' og 'senior year') fører frem til en bachelor's degree (Bachelor of Arts, *fk* AB, eller Bachelor of Science, *fk* SB), som ligger et sted mellom cand. mag. og cand.

philol/ cand. real.; *(NB 'Bachelor's degree' avslutter 'undergraduate studies'. 'Graduate studies' finner i regelen sted ved et universitet, men se 5 ndf);*
5. US: *ved enkelte universiteter = '(graduate) school' eller '(professional) school':* universitetsavdeling som avsluttes med en 'master's degree' (Master of Arts, *fk* AM, eller Master of Science, *fk* SM) etter minimum *(n)* ett år eller en 'doctor's degree' (Doctor of Philosophy, *fk* Ph.D., Doctor of Science, *fk* D.Sc.) etter minimum 3 år; *(NB Enkelte institusjoner benevnes 'college', selv om de egentlig er universiteter og gir undervisning på graduate-nivå).*

College of Cardinals *kat.(=the Sacred College)* Kardinalkollegiet.

collegial [kəˌli:dʒiəl] *adj:* college-.

I. collegiate [kəˌli:dʒiit] *s; i Canada(=collegiate institute)* en 'high school' som i hovedsak tilbyr teoretiske fag; *(jvf composite school).*

II. collegiate *adj* **1***(=collegial)* college-; **2.** *om univ:* som består av flere likeverdige colleges.

collegiate spirit*(=professional loyalty)* kollegialitet.

collide [kəˌlaid] *vb; også fig:* kollidere (*with* med).

collie [ˌkɔli] *s; zo:* skotsk fårehund; collie.

collier [ˌkɔliə] *s* **1***(=coal miner)* kullgruvearbeider; **2.** *mar:* kullbåt.

colliery [ˌkɔljəri] *s(=coal mine)* kullgruve.

collision [kəˌliʒən] *s* **1.** kollisjon; ***head-on collision*** frontkollisjon; ***he was in collision with a lorry*** han kolliderte med en lastebil;
2. *fig:* sammenstøt.

collocate [ˌkɔlə'keit] *vb(=group together)* sammenstille.

collocation ['kɔləˌkeiʃən] *s(=grouping together)* **1.** sammenstilling; **2.** *gram:* ordforbindelse.

colloquial [kəˌloukwiəl] *adj:* som brukes i dagligtale; ***colloquial****(=informal)* ***expression*** hverdagsuttrykk; ***his speech was very colloquial*** han var svært uhøytidelig i sin måte å snakke på.

colloquialism [kəˌloukwiə'lizəm] *s:* ord *(n)* (,uttrykk *n)* fra hverdagsspråket (*el.* dagligtalen).

colloquially [kəˌloukwiəli] *adv:* i dagligtalen; ***colloquially he's known as …*** i hverdagslaget omtales han som …

collude [kəˌlu:d] *vb; stivt:* ***collude with****(=act in collusion with)* spille under dekke *(n)* med.

collusion [kəˌlu:ʒən] *s; stivt(=conspiracy)* hemmelig forståelse; maskepi; sammensvergelse.

collusive [kəˌlu:siv] *adj; jur:* avtalt; ***the evidence is collusive*** *(=has been conspired)* beviset er avtalt spill *n.*

collywobbles [ˌkɔli'wɔblz] *s; pl* **S:** ***the collywobbles*** **1***(=a stomach upset)* noe galt med fordøyelsen; **2***(=acute diarrhoea)* voldsom diaré; *(=tummy bugs)* omgangssyke.

Cologne [kəˌloun] *s; geogr:* Køln.

cologne: ***(eau de) cologne****(=Cologne water)* eau de cologne.

colon [ˌkoulən] *s* **1.** *gram:* kolon *n;* **2.** *anat:* tykktarm; colon.

colon cancer *med.:* kreft i tykktarmen.

colonel [ˌkə:nəl] *s; mil:* oberst.

I. colonial [kəˌlouniəl] *s(=native of a colony)* koloniboer; innbygger i koloni.

II. colonial *adj:* koloni-; kolonial-.

colonialism [kəˌlouniə'lizəm] *s:* kolonialisme.

colonialist [kəˌlouniəlist] *s:* kolonialist.

colonist [ˌkɔlənist] *s* **1.** kolonist; nybygger; **2***(=colonial)* koloniboer; innbygger i koloni.

colonization, colonisation ['kɔlənaiˌzeiʃən] *s:* kolonisering (*of* av); *hist:* landnåm *n.*

colonize, colonise [ˌkɔlə'naiz] *vb:* kolonisere.

colonizer, coloniser [ˌkɔlə'naizə] *s:* kolonisator.

colonnade ['kɔləˌneid] *s:* søylegang; kolonnade.

colony [ˌkɔləni] *s:* koloni.

color US: *se colour.*

coloration ['kʌləˌreiʃən] *s* **1.** kolorering; koloritt; **2.** *zo:* farge(tegning); farger.

coloratura ['kɔlərəˌtuərə] *s; mus:* koloratur.

colossal [kəˌlɔsəl] *adj* **T***(=very big; enormous)* kolossal; kjempe- *(fx a colossal meal).*

colossus [kəˌlɔsəs] *s(pl: colossuses, colossi* [kəˌlɔsai]) kolosss; kjempestatue; ***he's a colossus of a man*** han er en koloss av en mann.

I. colour *(,***US:** *color)* [ˌkʌlə] *s* **1.** *også fig:* farge; ***clear*** colours rene farger; ***exuberant colours*** frodige farger; ***fast colour*** ekte farge; ***gaudy****(=loud)* ***colours*** skrikende farger; ***what colour is it?*** hvilken farge er det på den (,det)? ***change colour*** skifte farge; *fig:* ***with flying colours*** med flyvende faner; ***come out with flying colours*** klare seg med glans; ***in colour*** i farger; ***in delicately blended****(=matched)* ***colours*** i vakkert avstemte farger; ***in vivid colours*** i sterke farger; ***choice of colours*** fargevalg; ***a dazzling play of colours*** et forrykende fargespill; ***a riot of colours*** en fargeorgie; en overdådig fargeprakt; ***a sense of colour*** fargesans *(fx have a good sense of colour);* ***a glorious show of colours*** en strålende (*el.* yppig) fargeprakt; *fig:* ***add colour to*** sette farge på;
2.: ***colours*** farger; flagg *n;* ***club colours*** klubbfarger; ***sail under false colours*** føre falskt flagg; ***sail under Norwegian colours*** seile under norsk flagg; *fig:* ***nail one's colours to the mast*** vise tydelig hvor man står (*el.* hva man står for); tone helt klart flagg; stå fast på sitt; ***show oneself in one's true colours*** tone flagg; vise sitt sanne jeg;
3. T: ***off colour****(=not feeling very well)* ikke helt i form;
4. T: ***I haven't seen the colour of his money*** jeg har ikke sett noe til pengene hans.

II. colour *(,***US:** *color)* *vb* **1.** farge; male; *(=colour in)* fargelegge; farge; **2***(=exaggerate)* overdrive; fargelegge; **3***(=blush)* rødme.

colour bar*(=racial segregation)* raseskille.

colour-blind [ˌkʌlə'blaind] *adj:* fargeblind.

colour-blindness [ˌkʌlə'blaindnəs] *s:* fargeblindhet.

colour chart*(=colour card)* fargekart.

colour coding fargemerking.

colour-conscious [ˌkʌlə'kɔnʃəs] *adj:* ***be colour-conscious*** være fargebevisst; legge vekt på riktig fargevalg.

I. Coloured [ˌkʌləd] *s(pl: Coloured(s))* **1.** farget; **2.** *i Sør-Afrika(=Cape Coloured)* person av blandingsrase; farget; **3.** *om vasketøy:* ***the coloureds*** det kulørte; de kulørte plaggene *n.*

II. coloured *adj* **1.** farget; kulørt; fargelagt; ***coloured chalk*** fargekritt; ***coloured pencil*** fargeblyant; ***coloured people*** fargede; folk av blandingsrase; **2.** *fig(=bias(s)ed)* farget; ***a highly coloured report*** en sterkt farget rapport.

colourfast [ˌkʌlə'fɑ:st] *adj; om stoff:* fargeekte.

colour film fargefilm.

colourful [ˌkʌləful] *adj; også fig:* fargerik; ***a very colourful sight*** et fargesprakende syn.

colouring [ˌkʌləriŋ] *s* **1.** farge(stoff);
2. farging; fargelegging;
3. farger; koloritt; ***rich colouring*** fargerikdom;
4*(=complexion)* hudfarge; teint.

colourless [ˌkʌlələs] *adj; også fig:* fargeløs.

colourman [ˌkʌləmən] *s:* ***(oil and) colourman*** fargehandler.

colour print fargetrykk.

colour range*(=colour scale)* fargeskala.

colour sense: ***a colour sense****(=a sense of colour)* fargesans.

colour shade fargenyanse.

colour shop: ***(oil and) colour shop****(=paint shop)* fargehandel.

colour television*(=TV)* fargefjernsyn; farge-TV.

come

verb + preposition

NYTTIGE UTTRYKK

come across	to meet with
come about	to arrive in due course
come again	to return
come into	to get, inherit
come out with	to tell, publish, blurt out

C

colt [koult] *s* **1.** *zo:* hingstføll; **2.** colt(revolver).
coltsfoot [ˌkoultsˈfut] *s; bot:* hestehov.
columbine [ˌkɔləmbain] *s; bot:* akeleie.
column [ˌkɔləm] *s* **1.** søyle; ***a column of smoke*** en røyksøyle;
2. *anat:* ***spinal column****(=spine; vertebral column)* ryggsøyle; virvelsøyle;
3. *typ:* spalte; kolonne; ***column (of figures)*** (tall)kolonne;
4. lang rekke; kolonne.
columnist [ˌkɔləm(n)ist] *s:* spaltist.
coma [ˌkoumə] *s; med.:* coma *n;* dyp bevisstløshet; ***go****(=fall; slip off)* ***into coma*** falle i coma.
I. comb [koum] *s* **1.** kam; *fig:* ***go over with a fine -tooth comb*** lete grundig gjennom; finkjemme;
2.: ***(carding) comb*** karde;
3. *zo; på hane(=cockscomb)* kam.
II. comb *vb* **1.** kjemme;
2. *fig(=search thoroughly)* finkjemme;
3.: ***comb out*** 1. kjemme ut; 2. *fig:* luke ut.
I. combat [ˌkɔmbæt] *s:* kamp; *mil:* kamp(innsats).
II. combat *vb; oftest fig; stivt(=fight against)* kjempe mot; bekjempe; *spøkef:* ***she combated her cold with large doses of vitamin C*** hun bekjempet forkjølelsen med store doser C-vitamin.
I. combatant [ˌkɔmbətənt] *s:* stridende; kjempende; *mil:* ***combatants and non-combatants*** stridende og ikkestridende.
II. combatant *adj:* kjempende; stridende.
combat order *mil:* kampformasjon; ***in combat order*** i kampformasjon.
combination [ˈkɔmbiˌneiʃən] *s* **1.** kombinasjon; **2.** *til lås:* kode; kombinasjon.
combination lock kombinasjonslås; kodelås.
combinaton suit *for barn:* kjeledress; *(jvf boiler suit).*
I. combine [ˌkɔmbain] *s* **1***(=combine harvester)* skurtresker; **2***(=group of companies)* sammenslutning;
3. US: syndikat *n;* trust; konsortium *n.*
II. combine [kəmˌbain] *vb* **1.** kombinere; forene; ***with*** combined efforts med forente krefter (*el.* anstrengelser); ***combine business with pleasure****(=combine the pleasant with the useful)* forene det nyttige med det behagelige; **2.** *kjem:* ***combine with*** inngå forbindelse med; **3.:** ***everything combined against him*** alt gikk ham imot.
I. combustible [kəmˌbʌstibl] *s:* brennbart stoff.
II. combustible *adj(=inflammable)* lettantennelig.
combustion [kəmˌbʌstʃən] *s; mask:* forbrenning.
come [kʌm] *vb(pret: came; perf.part.:come)* **1.** komme; ***just before we came here*** like før vi dro hit; ***don't come here and lie to me!*** kom ikke her og lyv for meg! *også fig:* ***come to stay*** komme for å bli; *også fig:* ***I saw it coming*** jeg så det komme; ***come walking*** komme gående; ***in days to come*** i dagene som kommer; ***wait for sby to come*** vente på at en skal komme; ***Easter is coming soon*** det er snart påske;
2*(=be sold):* ***they come in packets*** de selges i pakker;
3. *om rekkefølge:* stå *(fx the letter 'd' comes between 'c' and 'e' in the alphabet);*
4*(=happen):* ***come what may****(=whatever happens)* hva som enn skjer; ***now that I come to think of it, he was late yesterday too*** når jeg tenker over det, så var han sen i går også; **T:** ***how come?****(=how did it happen?)* hvordan gikk det til? *(jvf 8: come about 1 & 43: come to pass);*
5. T*(=play the part of)* spille rollen som; ***come the great man*** spille stor mann;
6. S*(=have an orgasm;* **S:** *come off)* få orgasme;
7. *int:* ***come, come! That was very rude of you!*** Fy (deg)! Det var veldig uhøflig av deg!
8.: ***come about*** 1*(=happen)* skje; hende; ***how did it come about?*** hvordan gikk det til? 2. *om vind:* slå om; snu;
9.: ***come across*** 1*(=find (,meet) by chance)* komme over; treffe på; 2*(=be understood; be appreciated)* bli forstått; bli satt pris på *(fx it came across well);* 3.: ***come across as*** virke som; gi inntrykk av å være;
10.: ***come across with*** komme med *(fx money);*
11.: ***come along*** 1*(=come)* komme *(fx then we came along);* bli med *(fx come (along) with me; who's coming (along)?);* ***Do come along! I'm in a hurry!*** Skynd deg, da! Jeg har det travelt! 2*(=come; turn up)* dukke opp *(fx another buyer came along);* 3. **T***(=progress):* ***how's your French coming along?*** hvordan går det med fransken din? ***your son's really coming along*** det går virkelig fint med sønnen din;
12.: ***come apart:*** *se apart 1;*
13.: ***come away*** 1*(=become detached)* falle av; 2.: ***come away from there!*** gå vekk derfra! ***they came away from the conference feeling that …*** de forlot konferansen med det inntrykk at …; 3.: ***he came away with nothing****(=he came away empty-handed)* han måtte gå med uforrettet sak; han fikk ikke med seg noe;
14.: ***come back*** 1. komme tilbake; vende tilbake; 2. *fig:* ***come back at*** gå løs på (igjen) *(fx he came back at the speaker with some sharp questions);*
15: come back to 1. komme tilbake til; 2. *om tema, etc:* komme tilbake til; ***I'd like to come back to sth you said yesterday*** jeg vil gjerne komme tilbake til noe du sa i går; ***can I come back to you on that?*** får jeg lov til å komme tilbake til det? får jeg lov til å minne deg om det (ved en senere anledning)? 3. *om noe man husker:* ***then it all came back to me*** da husket jeg det hele;
16.: ***come between*** komme imellom *(fx we shouldn't let a little thing like this come between us);*
17.: ***come by*** 1*(=pass by)* komme forbi; 2. komme med *(fx come by train);* 3*(=obtain)* få tak i; komme over *(fx jobs are hard to come by);* ***was the money honestly come by?*** var pengene ervervet på hederlig vis *n*? 4*(=get)* få *(fx how did you come by that black eye?);*

18.: *come down* 1*(=collapse)* falle sammen; falle ned; 2*(=fall)* falle *(fx he came down with a crash);* 3. *i retning den talende: **he came down last year and settled in the village**(=he moved and settled in our village last year)* han kom flyttende hit ut til landsbyen i fjor og har slått seg ned; 4*(=leave university after taking a degree)* ha tatt sin eksamen *(fx he came down from Oxford last year)*; 5. *fig(=fall)* falle; gå ned *(fx the price of tea has come down);* 6. *om tap av status el. formue: **he has come down in the world*** det er gått tilbake med ham; han har sett bedre dager; 7. *om avgjørelse: **the report came down**(=out) **in favour of a pay increase*** rapporten konkluderte med å anbefale lønnsforhøyelse; *(jvf 35,9);*

19. T: *come down on sby* 1. slå ned på en; 2*(=scold sby)* bruke munn på en; **T:** gi en inn;

20.: *come down to* 1*(=reach to)* nå til *(fx her hair comes down to her waist);* 2*(=boil down to)* innskrenke seg til *(fx it comes down to two choices);* 3. *også fig:* gå i arv (*to* til); 4. *fig: **I suppose in the end it comes down to taste**(=when all's said and done, I think it's a matter of taste)* jeg antar det har med smak og behag *(n)* å gjøre, når det kommer til stykket;

21.: *come for* komme for å hente;

22.: *come forward* 1*(=offer one's services; volunteer)* tilby sine tjenester; tilby seg; 2*(=present oneself)* melde seg; stå frem *(fx too frightened to come forward);*

23.: *come from* 1. komme fra; ***we've just come from Paris*** vi kommer nettopp fra Paris; 2. *om bakgrunn: **she comes from a good family*** hun er av god familie; ***he doesn't come from the right background*** han har ikke den rette bakgrunnen; 3*(=be due to)* komme av;

24.: *come in* 1. komme inn; 2. *parl:* bli valgt; 3.: ***where do I come in?*** hva skal jeg gjøre? hvilken rolle er tiltenkt meg? ***I don't see where the joke comes in*** jeg forstår ikke hva som er så morsomt;

25.: *come in for* 1*(=get)* få *(fx a lot of criticism);* 2. *: se 27: come into 2;*

26.: *come in on**(=join; take part in)* bli med på;

27.: *come into* 1. komme inn i; ***the train from X is now coming into****(=in to; in on)* ***platform 8*** toget fra X kommer nå inn på spor *(n)* 8; 2*(=inherit)* arve;

28.: *come into flower* begynne å blomstre; ***come into leaf*** få løv *n;* springe ut;

29. *jur:* ***come into force****(=take effect)* tre i kraft;

30.: *come into one's own* få vise hva man duger til; komme til sin rett;

31. T: *come it strong**(=overstate (the case))* overdrive; ta for hardt i;

32.: *come of* 1. *stivt(=come from): **she comes of a good family*** hun er av god familie; 2.: ***nothing came of it****(=it came to nothing)* det ble ikke noe av;

33.: *come off* 1. falle av; brekke av; 2*(=come loose)* løsne; 3. *mar(=get off)* komme av (grunnen); 4*(=be detachable)* være til å ta av; 5. **T***(=happen; take place)* bli noe av; finne sted; 6. **T***(=succeed; have the intended effect): **his jokes didn't come off*** han var ikke heldig med vitsene sine; ***the gamble didn't come off*** spekulasjonen slo feil; ***he came off the winner*** han gikk av med seieren; 7. *om reduksjon: **will anything come off income tax?*** blir det noen reduksjon i inntektsskatten? 8. **S***(=have an orgasm)* få orgasme; 9.: ***come off it!****(=stop pretending! stop trying to fool me!)* hold opp (med det der)! ikke gjør deg til!

34.: *come on* 1. *om strøm el. vannforsyning: **the water came on*** vannet kom; vannet ble satt på; 2*(=begin): **she felt a cold coming on*** hun følte at hun holdt på å bli forkjølet; ***night came (on)****(=night fell)* natten falt på; 3*(=follow)* komme etter; 4. *teat(=appear on the stage)* komme inn (på scenen); 5. *teat; om skuespill(=be performed)* bli oppført; 6. *jur; om sak:* komme opp; 7. *om prosjekt, etc: **my new book's coming on quite well*** den nye boken min går det bra med; 8. *om utfordring:* kom igjen! 9*(=hurry up)* skynd deg! 10*(=cheer up)* opp med humøret! 11*(=pull yourself together)* ta deg sammen da! 12*(=make an effort)* prøv da vel! 13. *bebreidende el. irritert(=don't be ridiculous)* (nei,) gi deg da! 14. **T: *don't come*(, US: *pull*) *that one on me!*** prøv ikke på å innbille meg det!

35.: *come out* 1. *også fig:* komme ut; ***he came out of the affair rather well*** han kom ganske bra fra det; **T: *come out on top****(=carry the day)* gå av med seieren; 2. *om blomst:* springe ut; 3. *om farge el. flekk:* gå av; 4*(=become known)* komme ut; ***it has come out*** det har kommet ut blant folk *n;* 5*(=be published)* komme ut; 6*(=come out on strike)* streike; 7. *om regnestykke(=come right; work out)* gå opp; *om divisjonsstykke: **come out even*** gå (helt) opp; 8.: ***come out in spots*** få utslett *n;* 9. *om rapport: **the report came out in favour of a pay increase*** rapporten konkluderte med å anbefale en lønnsforhøyelse; 10. *om stillingtagen(=declare oneself): **come out against abortion*** erklære at man er imot abort;

36. *fot:* ***come out well*** 1. *om foto:* bli vellykket; 2. *om person:* være heldig *(fx in the photo);*

37.: *come out with* si; komme med;

38.: *come over* 1. komme over *(fx won't you come over to England for a holiday?); **he'd met her on the plane coming over*** han hadde truffet henne på flyet underveis hit; *fig: **he'll never come over to our side*** han vil aldri komme over til oss; 2*(=come round; drop in)* stikke innom; 3.: ***what's come over him?****(=what's the matter with him?)* hva går det av ham?

39.: *come round* 1*(=drop in)* stikke innom; 2*(=come to)* komme til bevissthet; 3*(=change one's mind)* ombestemme seg (etter først å ha vært imot); 4*(=come)* komme; ***when spring comes round*** når våren kommer; 5.: ***come round by*** ta en omvei om (,over) *(fx they came round by the fields);*

40.: *come through* 1. *også fig(=get through)* komme gjennom *(fx a crisis);* 2*(=recover)* klare seg; komme seg;

41.: *come to* 1. *også fig:* komme til *(fx a conclusion);* 2. *med trykk på prep(=come round)* komme til bevissthet; 3. *om beløp(=amount to)* komme på *(fx it came to £30);* 4. *om arv(=pass to)* tilfalle *(fx £10,000 came to him from his uncle);* 5. *om noe som skjer gradvis: **I came to like him*** jeg kom til å like ham; 6.: ***come to that****(=after all): **why not, come to that?*** hvorfor ikke i grunnen?

42.: *come to light* *stivt(=be discovered)* komme for en dag; bli oppdaget; ***the truth came to light*** sannheten kom for en dag;

43. *glds el. litt.:* ***come to pass****(=happen)* hende; skje;

44.: *it comes to the same thing* det kommer ut på ett;

45.: *come unbuttoned* gå opp i kneppingen;

46.: *come under* 1. bli utsatt for; 2. *ved arkivering:* stå (*el.* høre til) under; 3. være underlagt; sortere under;

47. *om knute:* ***come undone*** gå opp;

48.: *come up* 1. *også om plante:* komme opp; 2. *om person:* komme bort *(fx he came up to greet them); (se 51: come up to);* 3. *om sola(=rise)* stå opp; 4. *om spørsmål(=arise; be discussed)* komme opp; 5. komme på; bli bestemt *(fx the trip came up very suddenly);* 6. *univ:* begynne å studere; begynne på universitetet; 7. *jur; om sak(=come on)* komme opp;

49.: *come up against**(=be faced with)* bli stilt overfor; støte på *(fx a problem);*

50.: *come up for sale**(=be offered for sale)* bli frembudt for salg;

51.: *come up to* 1. komme bort til; 2*(=reach)* nå (opp) til; 3*(=approach)* nærme seg; ***it was just coming up to ten o'clock*** klokken nærmet seg ti; 4*(=equal)* (kunne) måle seg med; ***this piece of work doesn't come up to your usual high standard*** dette arbeidet er ikke av din vanlige høye standard; ***come up to expectations*** innfri forventningene;

52.: *come up with* 1. *om beløp, etc:* komme med;

punge ut med; 2(*=think of*) få (*fx a great idea*); komme med (*fx the right answer*);
53.: *come upon* *stivt el. litt.*(*=meet by chance; discover by chance*)*:* ***I came upon a strange man in the park*** jeg møtte en fremmed mann i parken; ***she came upon a solution to the problem*** hun fant tilfeldigvis en løsning på problemet;
54.: *come with* komme med; følge med (*fx he came with me in the car*);
55.: *come within*(*=fall under*) høre inn under (*fx another chapter*).

comeback [ˌkʌm'bæk] *s* **1.** comeback; ***have a comeback*** få et comeback; bli populær igjen; ***stage a comeback*** gjøre comeback;
2. *fors:* ***no comeback***(*=no claim to compensation*) ikke noe krav på erstatning;
3. US & *Canada* **T:** ***you'll have no comeback if …***(*= you can't complain if …*) da kan du ikke beklage deg hvis …;
4. T(*=reply; retort*) svar *n;* replikk.

comedian [kəˌmi:diən] *s:* komiker; komisk skuespiller.

comedown [ˌkʌm'daun] *s* **1.** tilbakeskritt; **2. T**(*=disappointment*) skuffelse.

comedy [ˌkɔmədi] *s* **1.** komedie; lystspill; ***high comedy*** (*=comedy of manners*) karakterkomedie; ***low comedy*** lavkomisk farse; **2.** komikk; ***the comedy of the situation*** det komiske ved situasjonen; (*jvf sitcom*).

comely [ˌkʌmli] *adj; stivt el. litt.*(*=pleasant to look at*) pen; tiltalende.

come-on [ˌkʌm'ɔn] *s* **T:** lureri *n;* agn *n;* lokkemat; *til sex*(*=invitation*) invitasjon (*fx he thought he was getting a come-on*).

comer [ˌkʌmə] *s* **1**(*=potential success*) en som vil nå langt; **2.: *all comers*** alle som kommer; alle som innfinner seg; ***the first comer*** den første som kommer.

comestibles [kəˌmestiblz] *s; pl; stivt*(*=food*) matvarer; *lett glds:* fødevarer.

comet [ˌkɔmit] *s:* komet.

come-uppance ['kʌmˌʌpəns] *s* **T**(*=well-deserved punishment*) velfortjent straff (*fx get one's come-uppance*).

I. comfort [ˌkʌmfət] *s* **1.** trøst; ***cold comfort***(*=poor consolation*) (en) mager trøst; **2.** komfort; velvære *n;* ***the comforts of life*** livets bekvemmeligheter; ***live in comfort*** leve i velstand; ***enjoy comfort and security*** ha det trygt og godt.

II. comfort *vb:* trøste.

comfortable [ˌkʌmfətəbl] **1.** komfortabel; behagelig; makelig; *også fig:* bekvem; ***be comfortable*** sitte (,etc) bekvemt (*el.* godt); ***are you comfortable there?*** sitter du bra der? har du det bra der? ***they are in hospital and are said to be comfortable*** de befinner seg på sykehus og sies å ha det bra; ***I don't feel comfortable at formal dinners*** jeg føler meg ikke vel i store middager; ***make oneself comfortable*** gjøre seg det bekvemt; ***make sby comfortable*** sørge for at en har det bekvemt;
2. *om inntekt* **T**(*=adequate*) romslig; ***be comfortable***(*=have an adequate income*) ikke ha noen økonomiske bekymringer; ***a comfortable standard of living*** en skikkelig levestandard.

comfortably [ˌkʌmfətəbli] *adv:* bekvemt; ***be comfortably off*** sitte godt i det; være velsituert.

comfort-eating [ˌkʌmfət'i:tiŋ] *s:* trøstespising.

comforter [ˌkʌmfətə] *s*(*=dummy;* **US:** *pacifier*) narresmokk; narresutt; koseklut.

comforting [ˌkʌmfətiŋ] *adj:* som skaper velvære *n;* som trøster (*fx that's a comforting thought*).

comfort station US(*=public lavatory*) offentlig toalett *n.*

comfy [ˌkʌmfi] *adj* **T:** *se comfortable.*

I. comic [ˌkɔmik] *s* **1**(*=comic actor*) komiker; **2. US**(*= comic book*) tegneseriehefte; **3.: *comics***(*=comic strips*) tegneserier.

II. comic *adj* **1.** komedie-; ***comic writer*** komedieforfatter; **2.** komisk; ***what's comic about it is that …*** (*=the joke about it is that …*) det komiske ved det er at …

comical [ˌkɔmikl] *adj:* komisk; ***the problem has its comical side*** problemet har sin komiske side.

comic book(*,***US:** *comic*) tegneseriehefte.

comic opera opera comique; operette.

comic strip(*=strip cartoon*) tegneserie.

I. coming [ˌkʌmiŋ] *s* **1**(*=arrival*) komme *n;* ankomst;
2.: *the coming and going of travellers* reisetrafikken; ***keep tabs on their comings and goings*** holde øye med bevegelsene deres.

II. coming *adj:* kommende; ***the coming year*** året som kommer; ***in the coming weeks*** i de kommende uker; ***this coming Thursday***(*=next Thursday*) førstkommende torsdag; ***the coming man*** en mann man vil få høre mer om; ***the coming thing*** fremtidens løsen; noe som kommer (*fx that's the coming thing*); ***have it coming to one***(*=deserve it*) få det man har fortjent.

coming(-)of(-)age (oppnåelse av) myndighetsalder.

comma [ˌkɔmə] *s; gram:* komma *n;* ***inverted commas***(*=quotation marks*) anførselstegn.

I. command [kəˌmɑ:nd] *s* **1**(*=order*) ordre; befaling; ***they all stood up as if by command*** som på kommando reiste alle sammen seg;
2. *mil:* kommando; ***word of command*** kommandoord; ***be in command*** ha kommandoen; ***under his command***(*=orders*) under hans kommando;
3(*=control*)*:* ***he was in command of the whole situation*** han hadde hele situasjonen under kontroll;
4(*=knowledge*)*:* ***a command of French*** kjennskap (*n*) til fransk; franskkunnskaper.

II. command *vb* **1**(*=order*) befale; **2.** *mil:* ha kommandoen over; **3.** *stivt*(*=excite*)*:* ***command admiration*** avtvinge beundring.

commandant [ˌkɔmən'dænt] *s:* kommandant.

commandeer ['kɔmənˌdiə] *vb:* rekvirere (for militært bruk).

commander [kəˌmɑ:ndə] *s* **1.** *mil:* -sjef; ***battalion commander*** bataljonssjef;
2. *mar; mil:* orlogskaptein;
3. *ved London-politiet: sjef for en 'division'; kan gjengis:* politiinspektør;
4. *av ridderorden:* kommandør.

commander-in-chief [kəˌmɑ:ndərinˌtʃi:f] *s; mil:* øverstbefalende; øverstkommanderende.

commanding [kəˌmɑ:ndiŋ] *adj* **1**(*=imperious*) bydende; ***a commanding voice*** en bydende stemme;
2(*=impressive; imposing*) imponerende (*fx manner*);
3. *mil:* kommanderende (*fx officer*);
4. *om beliggenhet*(*=dominating*) dominerende (*fx position*).

commanding officer *mil:* befalshavende.

commandment [kəˌmɑ:ndmənt] *s; bibl:* bud *n;* ***the fifth commandment*** *svarer til:* det fjerde bud; ***the sixth commandment*** *svarer til:* det femte bud.

commando [kəˌmɑ:ndou] *s*(*pl: commando(e)s*) **1**(*= commando soldier*) kommandosoldat; ***Royal Marine commando*** marinejeger; **2**(*=commando unit*) gruppe kommandosoldater.

command performance *teat:* privat forestilling for kongehuset.

commemorate [kəˌmemə'reit] *vb:* feire (minnet om); minnes.

commemoration [kə'meməˌreiʃən] *s* **1.** minnefest; **2.: *in commemoration of***(*=in memory of*) til minne om.

commemoration service(*=commemorative service*) minnegudstjeneste.

commemorative [kəˌmemərətiv] *adj:* minne-.

commemorative ceremony minnehøytidelighet.

commemorative coin(*=medal*) minnemynt.

commemorative performance *teat:* minneforestilling.

commence [kəˌmens] *vb; stivt*(*=begin*) begynne.

commencement [kəˌmensmənt] *s; stivt*(*=beginning*) begynnelse.

commend [kə'mend] *vb; stivt* **1***(=praise)* rose;
2. *stivt (=recommend)* anbefale; ***a book that will commend itself to youthful readers*** en bok som vil appellere til unge lesere;
3*(=entrust):* ***I commend him to your care*** jeg overlater ham i din varetekt;
4. *bibl:* ***Father, into thy hands I commend my spirit*** Far, i dine hender overgir jeg min ånd.

commendable [kə'mendəbl] *adj; stivt(=praiseworthy)* prisverdig; rosverdig; ***highly commendable*** meget rosverdig; ***a commendable act*** en prisverdig (*el.* rosverdig) handling; ***with commendable modesty*** med prisverdig beskjedenhet.

commendatory [kə'mendətəri] *adj; meget stivt(= complimentary; approving)* rosende; bifallende.

commensurable [kə'menʃərəbl] *adj:* kommensurabel.

commensurate [kə'menʃərət] *adj; stivt:* ***be commensurate with****(=be in proportion to)* stå i et rimelig forhold til; være i forhold til; være i samsvar med.

I. comment ['kɔment] *s* **1.** kommentar; ***make a comment*** komme med en kommentar (*on* til); **2.** kritikk; lite smigrende omtale; ***be the subject of comment*** være gjenstand for kritikk; ***he made several comments about her untidy appearance*** han kom med flere kritiske uttalelser om hennes sjuskete utseende.

II. comment *vb:* kommentere; ***comment on*** 1. kommentere; 2. skrive kommentar til; 3. uttale seg om; si noe om; ***comment favourably on*** uttale seg rosende om.

commentary ['kɔməntəri] *s* **1.** *skolev:* (trykt) kommentar; **2.** *radio & TV:* ***running commentary*** direkte overføring; reportasje *(fx broadcast a running commentary on the match);* **3.** *til film:* kommentar.

commentate ['kɔmən'teit] *vb; radio & TV:* referere; være referent (*el.* reporter); ***who is commentating on the football match?*** hvem refererer fotballkampen?

commentator ['kɔmən'teitə] *s; radio & TV:* kommentator; referent; reporter.

commerce ['kɔməs; 'kɔmə:s] *s* **1***(=business (on a large scale))* handel; forretninger; *stivt:* ***he's in commerce****(=he's in business)* han er forretningsmann;
2. *skolev(=commercial science)* handelslære; **3.** *univ:* ***Bachelor of Commerce****(fk BCom)* siviløkonom; *(jvf I. master 4: Master of Business Administration).*

I. commercial [kə'mə:ʃəl] *s:* reklamefilm; TV-annonse; reklame (i radio el. TV); reklameinnslag.

II. commercial *adj:* kommersiell; merkantil; handels-; forretnings-; ***put sth to commercial use*** utnytte noe kommersielt.

commercial artist reklametegner; *(jvf art director).*

commercial attaché handelsattaché.

commercial bank handelsbank; forretningsbank.

commercial break *TV:* pause med reklameinnslag.

commercial college handelsskole.

commercial*(=business)* ***correspondence*** handelskorrespondanse.

commercialism [kə'mə:ʃə'lizəm] *s:* kommersiell verdimålestokk; kjøpmannsånd.

commercialize, commercialise [kə'mə:ʃə'laiz] *vb:* kommersialisere; utnytte kommersielt.

commercial pilot sivilflyger.

commercial science *skolev(=commerce)* handelslære.

commercial television reklamefjernsyn.

commère ['kɔmɛə] *s:* kvinnelig konferansier.

commiserate [kə'mizə'reit] *vb; stivt(=express sympathy)* uttrykke medfølelse (*with* med).

I. commission [kə'miʃən] *s* **1.** *merk:* provisjon; ***commission on sales*** salgsprovisjon; ***be on commission*** være lønnet på provisjonsbasis;
2. *merk:* kommisjon(sgebyr); ***on commission****(=on consignment)* i kommisjon; ***goods on commission****(= consigned goods)* kommisjonsvarer;
3. kommisjon; ***commission of inquiry*** undersøkelseskommisjon;
4. *til kunstner, etc:* bestilling; oppdrag *n;*
5. *mil:* bestalling; offisersutnevnelse;
6. *mar:* ***in (,out of) commission*** tjenesteklar (,ikke tjenesteklar).

II. commission *vb* **1.** bestille *(fx a portrait);* ***be commissioned to write an article*** få bestilling på en artikkel; **2.:** ***commission sby to do sth*** gi en i oppdrag å gjøre noe; **3.** *mil:* ***be commissioned*** bli utnevnt til offiser.

commissionaire [kə'miʃə'nɛə] *s:* uniformert dørvakt.

commissioner [kə'miʃənə] *s* **1.** kommissær; ***the High Commissioner for Canada*** den kanadiske høykommissær (i London); **2.:** ***(police) commissioner*** politimester; ***deputy commissioner*** visepolitimester; *(jvf chief constable);* **3.** *jur* **UK:** ***commissioner for oaths*** advokat for hvem man kan avgi beedigede erklæringer.

commit [kə'mit] *vb* **1.** *om forbrytelse:* begå *(fx murder);*
2. *med.:* tvangsinnlegge; (*to* på) *(fx to a mental hospital);*
3.: ***commit oneself****(=bind oneself)* forplikte seg; binde seg; ***commit oneself to (-ing)*** forplikte seg til å; ***without committing oneself*** uforbindtlig; uten å binde seg; *(se også committed);*
4. *stivt:* ***commit to memory****(=learn by heart)* memorere; lære utenat;
5. *stivt:* ***commit to paper****(=put on paper)* sette på papiret.

commitment [kə'mitmənt] *s* **1.** forpliktelse (*to* overfor); (bindende) avtale (*to* med) *(fx have a commitment to sby);*
2*(=financial obligation)* (økonomisk) forpliktelse; ***meet one's heavy commitments*** overholde sine store forpliktelser;
3. *stivt:* ***the commitment to paper****(=committing to paper)* det å få skrevet ned på papiret;
4. *fig:* engasjement *n;* ***social commitment*** sosialt engasjement.

committal [kə'mitəl] *s* **1.** *jur:* ***committal for trial*** (det å avsi) fengslingskjennelse; **2.** *med.:* tvangsinnleggelse (*to* på); ***committal of a patient to a mental hospital*** tvangsinnleggelse av en pasient på psykiatrisk sykehus.

committed [kə'mitid] *adj* **1.** engasjert *(fx socialist);* ***he's too committed to turn back*** han har gått for langt til å kunne snu om; **2.:** ***committed to*** forpliktet til (å).

committee [kə'miti:] *s* **1.** komité; utvalg *n;* nemnd; ***a committee of five*** et femmannsutvalg; ***standing committee*** fast komité; ***working committee*** arbeidsutvalg; ***be on a committee*** sitte i en komité; ***the committee meet(s) today*** det er komitémøte i dag; ***be voted on to a committee****(=be elected a member of a committee)* bli valgt inn i et utvalg (*el.* en komité); **2.** *i forening:* ***(executive) committee*** styre *n; (jvf executive committee);* ***election of committee****(=election of officers)* valg *(n)* av styre *n.*

committee meeting 1. komitémøte; **2.** styremøte.

committee member 1. komitémedlem; **2.** styremedlem.

commodious [kə'moudiəs] *adj; stivt(=spacious)* romslig.

commodity [kə'mɔditi] *s:* vare; ***household commodities*** husholdningsvarer.

commodity dealer *merk:* råvarehandler.

commodore ['kɔmə'dɔ:] *s* **1.** *mar:* kommandør I;
2. formann i båt- eller seilklubb.

I. common ['kɔmən] *s:* allmenning *(fx village common);* ***right of common*** allmenningsrett; *(se commons).*

II. common *adj* **1***(=usual; quite normal)* alminnelig; (helt) vanlig *(fx expression);*
2. felles; ***common ancestors*** felles forfedre; ***have sth in common*** ha noe felles; *(jvf III. joint & mutual);*

3. *neds(=vulgar; low-class)* simpel *(fx she looks very common);*
4. *om mennesker(=ordinary)* vanlig *(fx common people);*
5. *gram:* ***common gender*** felleskjønn;
6. T: ***common or garden****(=ordinary)* ganske alminnelig *(fx a common or garden businessman).*
common coin *fig:* noe alle kjenner til.
common denominator *mat.:* fellesnevner.
Common Entrance opptaksprøve til en "public school" (tas vanligvis i en alder av 13 år *n*).
commoner [ˌkɔmənə] *s* **1.** vanlig borger *(fx the princess married a commoner);* **2.** *univ(=student not on a scholarship)* vanlig student; **3.** en som har allmenningsrett.
common fraction *mat.:* alminnelig brøk.
common ground: ***that's common ground*** på det punktet hersker det enighet.
common knowledge noe alle vet.
common law *jur:* sedvanerett.
common-law [ˌkɔmən'lɔ:] *adj:* ***she has a common-law husband*** hun har en samboer.
common-law marriage samboerforhold; papirløst ekteskap.
common-law wife samboer; ***he has a common-law wife*** han har en samboer.
common loon *zo* **US***(=great northern diver)* islom.
commonly [ˌkɔmənli] *adv:* vanligvis; i alminnelighet.
common multiple *mat.:* ***the lowest****(=least)* ***common multiple*** minste felles multiplum *n.*
I. commonplace [ˌkɔmən'pleis] *s(=trite remark)* triviell bemerkning.
II. commonplace *adj:* triviell; uinteressant; ***commonplace person*** dusinmenneske.
common property 1. *jur(=joint estate;* **US:** *community property)* felleseie; **2.** *samfunns el. stammes(=communal property)* felleseie.
common puffin *zo* **US***(=puffin)* lundefugl.
common room *skolev:* oppholdsrom (for elever eller lærere).
commons *pl; parl:* ***the (House of) Commons*** Underhuset.
common sense sunn fornuft; folkevett; ***act in accordance with common sense*** handle som fornuften tilsier; ***if he has any common sense he'll change jobs*** hvis han eier sunn fornuft, skifter han jobb; ***she has sound common sense*** hun har en god porsjon sunn fornuft.
common-sense, commonsense ['kɔmənˌsens; *attributivt:* ˌkɔmən'sens] *adj(=rational; based on common sense)* fornuftig; rasjonell *(fx decision).*
common syllabus *skolev:* fellesstoff.
commonwealth [ˌkɔmən'welθ] *s:* ***the British Commonwealth (of Nations)*** Det britiske samveldet.
commotion [kəˌmouʃən] *s:* støy; bråk *n;* oppstyr *n.*
communal [ˌkɔmjunl; kəˌmju:nl] *adj:* felles; felles-.
communal work dugnad; ***join in communal work*** være med på dugnad.
commune [ˌkɔmju:n] *s* **1.** *om ikke-engelske forhold:* kommune; **2.** kollektiv *n;* ***men's commune*** mannskollektiv.
communicable [kəˌmju:nikəbl] *adj; med.(=transmittable)* overførbar *(fx disease).*
communicant [kəˌmju:nikənt] *s:* nattverdsgjest.
communicate [kəˌmju:ni'keit] *vb* **1.** *stivt(=make known; tell)* meddele;
2. *om frykt el. sykdom(=pass on)* overføre;
3. *stivt(=be connected):* ***the rooms communicate*** det er dør mellom rommene *n;*
4. 1. kommunisere; 2*(=be in touch):* ***we hadn't communicated for years*** vi hadde ikke hatt forbindelse med hverandre på flere år *n;*
5.: ***communicate with*** 1. kommunisere med; ***communicate in English, orally or in writing, with foreign connections*** uttrykke seg skriftlig eller muntlig på engelsk til utenlandske forbindelser; 2*(=get in touch with)* komme i forbindelse med; 3*(=be in touch with)* ha forbindelse med; ha radioforbindelse med;
6. *spøkef(=indicate)* antyde (ved minespill); meddele *(fx he communicated that he wanted a drink).*
communicating door forbindelsesdør; mellomdør.
communication [kə'mju:niˌkeiʃən] *s* **1.** kommunikasjon; forbindelse; samband *n;* kontakt *(fx between staff and pupils);* ***communication between the islands was difficult*** forbindelsen mellom øyene var vanskelig; ***means of communication*** samferdselsmiddel; ***radio communication*** radiosamband;
2. *med.(=transmission)* overføring *(fx of disease);*
3.: ***communications*** kommunikasjoner; samferdselsmidler; transportforhold; ***communications had broken down*** samferdselen var gått i stå;
4. *stivt(=message)* beskjed; meddelelse;
5.: ***power of communication*** meddelelsesevne.
communication cord *jernb:* nødbremssnor.
communications engineer teleingeniør.
communications satellite sambandssatellitt.
communicative [kəˌmju:nikətiv] *adj; stivt(=talkative)* meddelsom; ***she was very communicative with him*** hun var svært meddelsom overfor ham.
communion [kəˌmju:niən] *s; rel(=Holy Communion)* kommunion; altergang; nattverd(deltagelse); ***go to communion*** *(=take Holy Communion)* gå til alters.
communism [ˌkɔmju'nizəm] *s:* kommunisme.
I. communist [ˌkɔmju'nist] *s:* kommunist.
II. communist *adj:* kommunistisk.
community [kəˌmju:niti] *s* **1.** samfunn *n;* ***local community*** lokalsamfunn; **2.** folkegruppe; samfunn *n;* koloni *(fx an Italian community in Brooklyn);* ***live in a closed community*** leve i et lukket samfunn; **3.:** ***(spirit of) community*** fellesskap *n;* ***a real feeling****(=sense)* ***of community*** en virkelig følelse av fellesskap; en virkelig fellesskapsfølelse.
community centre samfunnshus.
community police bydelspoliti.
community school skole som også er fritids- og aktivitetssenter utenom vanlig skoletid.
community service *som alternativ til fengsel(=community work)* samfunnstjeneste.
community spirit*(=public spirit)* samfunnsånd.
community singing allsang; ***leader of the (community) singing*** forsanger.
community station *radio & TV:* lokalstasjon.
commutation ['kɔmjuˌteiʃən] *s* **1.** kommutasjon; omgjøring; ombytting; **2.** *jur(=reduction):* ***commutation of a sentence*** nedsettelse av en straff.
commute [kəˌmju:t] *vb* **1.** *om trafikant:* pendle; ***he commutes to work*** han pendler til arbeidsstedet;
2. *jur; om straff(=reduce)* nedsette; redusere.
commuter [kəˌmju:tə] *s; om trafikant:* pendler.
commuter belt område med forstadstog; ***within the commuter belt*** på lokalstrekningene.
commuter train lokaltog; pendlertog.
commuter village soveby.
commuting 1. pendling; **2.** småkjøring; ***the car was used for normal commuting duties*** bilen ble brukt til vanlig småkjøring.
I. compact [ˌkɔmpækt] *s* **1.** *glds(=contract; pact)* pakt *(fx a compact with the devil);*
2. liten pudderdåse.
II. compact [kəmˌpækt] *adj* **1.** kompakt; fast; tett; **2***(=brief; condensed)* sammentrengt; kortfattet.
III. compact [kəmˌpækt] *vb; stivt(=compress; press together)* presse(s) sammen.
compact disc *(fk CD)* CD-plate; kompaktplate.
companion [kəmˌpænjən] *s* **1.** ledsager; venn; ***he's no companion for a young girl*** han er ikke noe (passende) selskap for en ung pike; ***companion in misfortune****(=fellow sufferer)* lidelsesfelle;
2*(=partner in life)* livsledsager(inne);

3.: ***(lady's) companion*** selskapsdame; ***(companion) help*** kombinert selskapsdame og hushjelp;
4. *av orden:* ridder;
5. *når to ting hører sammen:* den andre *(fx here's one glove, but where's the companion?);* ***the companion volume*** det andre bindet; det bindet som hører til; ***a companion volume to ...*** en parallell til.
companionable [kəmˌpænjənəbl] *adj(=sociable; easy to get along with)* omgjengelig; selskapelig.
companion ladder *mar(=companionway)* lugartrapp.
companionship [kəmˌpænjən'ʃip] *s(=company)* selskap *n;* ***she enjoys the companionship of young people****(=she likes to be with young people)* hun liker å være sammen med unge mennesker *n.*
companionway [kəmˌpænjən'wei] *s; mar:* lugartrapp.
company [ˌkʌmpəni] *s* **1.** *merk:* selskap *n;* ***limited (liability) company****(,****US:*** *joint-stock company)* aksjeselskap;
2*(=guests)* gjester *(fx I'm expecting company);*
3. selskap *n;* samvær *n;* ***for company*** for selskaps skyld; ***I enjoy her company*** jeg liker å være sammen med henne; ***keep sby company*** holde en med selskap; ***part company****(=separate)* skille lag; ***I'd rather not be seen in his company*** jeg vil helst ikke bli sett sammen med ham; ***it's inconsiderate to smoke when one's in the company of others*** det er hensynsløst å røyke når man er sammen med andre; ***miss company****(=miss someone to be with)* savne selskap; ***I miss his company*** jeg savner ham (å være sammen med);
4. *mil:* kompani *n;* ***A company****(fk A Coy)* 1. kompani.
company car firmabil.
company logo firmamerke; *(se logo).*
company officer person i ledende stilling i et firma.
comparable [ˌkɔmpərəbl] *adj:* sammenlignbar; ***comparable to*** som kan (*el.* tåler å) sammenlignes med.
I. comparative [kəmˌpærətiv] *s; gram:* ***the comparative*** komparativ.
II. comparative *adj* **1.** sammenlignende; **2.** forholdsvis; ***he was a comparative stranger*** han var forholdsvis fremmed; ***and then we had comparative quiet*** og så hadde vi det forholdsvis rolig; ***the quiet was only comparative*** stillheten var bare relativ.
comparative literature *univ:* litteraturvitenskap.
comparatively [kəmˌpærətivli] *adv:* forholdsvis.
compare [kəmˌpɛə] *vb* **1.** sammenligne; ***compare notes****(=exchange opinions)* utveksle synspunkter (*el.* erfaringer); ***she compared him to a monkey*** hun sammenlignet ham med en apekatt; ***compared with*** sammenlignet med; ***he just can't compare with Mozart*** han kan bare ikke sammenlignes med Mozart; ***A compares favourably with B*** A kommer godt fra en sammenligning med B;
2. *gram:* komparere; gradbøye.
comparison [kəmˌpærisən] *s:* sammenligning; ***by comparison*** til sammenligning; ***in****(=by)* ***comparison with****(=compared with)* sammenlignet med; ***the comparison of X and****(=with)* ***Y*** sammenligningen av X og Y; ***the comparison of the heart to a pump*** sammenligningen av hjertet med en pumpe.
compartment [kəmˌpɑ:tmənt] *s* **1.** avdeling; rom *n;* **2.** *mar:* skott *n;* **3.** *jernb:* kupé.
compartment wall *bygg(,****US:*** *fire wall)* brannmur; brannvegg; *(jvf division wall).*
I. compass [ˌkɔmpəs] *s* **1.** kompass *n;* **2***(=(pair of) compasses)* passer; ***board compasses*** krittpasser; **3.** *fig; stivt(=scope)* rekkevidde; område *n.*
compassion [kəmˌpæʃən] *s(=pity)* medlidenhet; *stivt:* ***have compassion on sby****(=have pity on sby)* ha medlidenhet med en; forbarme seg over en.
compassionate [kəmˌpæʃənət] *adj(=sympathetic)* medfølende (*towards* overfor); ***compassionate qualities*** myke verdier.
compassionate leave*(=emergency leave)* velferdspermisjon (pga. dødsfall, etc); *(jvf casual leave).*
compatibility [kəm'pætəˌbiliti] *s:* forenlighet; kompatibilitet.
compatible [kəmˌpætəbl] *adj:* forenlig (*with* med); *EDB:* kompatibel; *om mennesker:* ***they're quite compatible****(=they get on quite well together)* de går godt sammen; *(jvf incompatible).*
compatriot [kəmˌpætriət] *s; stivt(=country(wo)man)* landsmann(inne).
compel [kəmˌpel] *vb(=force)* tvinge; *stivt:* ***compel*** *(= command)* ***admiration (,respect)*** avtvinge beundring (,respekt).
compelling [kəmˌpeliŋ] *adj* **1.** tvingende *(fx reasons);* **2***(=extremely interesting)* fengslende *(fx book).*
compellingly [kəmˌpeliŋli] *adv:* ***compellingly written*** drivende skrevet.
compensate [ˌkɔmpen'seit] *vb* **1.** erstatte; gi erstatning (*for* for); **2.** *psykol:* kompensere; **3.:** ***compensate for*** oppveie.
compensation ['kɔmpenˌseiʃən] *s* **1.** erstatning; ***as****(=by way of)* ***compensation*** som erstatning; **2.** *psykol:* kompensasjon.
I. compère [ˌkɔmpɛə] *s:* konferansier.
II. compère *vb:* være konferansier ved *(fx the show).*
compete [kəmˌpi:t] *vb:* konkurrere; delta i konkurransen; ***compete against*** konkurrere med; ***they competed as to who made (the) fewest mistakes*** de konkurrerte om hvem som gjorde færrest feil; ***are you competing with her for the job?*** konkurrerer du med henne om jobben? ***you can't compete with him in that****(=you can't match him in that)* det kan du ikke gjøre ham etter; ***take part without competing*** delta utenfor konkurranse.
competence [ˌkɔmpitəns] *s* **1***(=skill)* dyktighet;
2. kompetanse;
3. *jur:* habilitet; kompetanse; myndighet.
competent [ˌkɔmpitənt] *adj* **1.** *stivt:* dyktig; kompetent; flink; ***he's very competent in what he does, but ...*** han er flink (nok) til det han gjør, men ...; ***he is not competent to drive such a big car*** han er ikke flink nok til å kjøre en så stor bil; **2.** *jur; om vitne(=legally qualified)* habil; **3.:** ***competent to transact business*** beslutningsdyktig; *(jvf quorum).*
competition ['kɔmpəˌtiʃən] *s:* konkurranse; ***cutthroat*** *(=reckless)* ***competition*** hensynsløs konkurranse; ***keen competition*** (en) hard (*el.* skarp) konkurranse; ***beat the competition*** slå ut konkurrentene; ***enter a competition*** melde seg på til en konkurranse; ***enter into competition with*** ta opp konkurransen med; ***the competition for sth*** konkurransen om noe.
competitive [kəmˌpetitiv] *adj* **1.** konkurransepreget; **2.** konkurransedyktig *(fx in price);* **3***(=enjoying competition)* konkurranseminded.
competitiveness [kəmˌpetitivnəs] *s* **1.** konkurransepreg; **2.** konkurransedyktighet.
competitive spirit konkurranseånd; kappelyst.
competitive sport(s) konkurranseidrett.
competitor [kəmˌpetitə] *s* **1.** konkurrent; **2.** (konkurranse)deltager.
compilation ['kɔmpiˌleiʃən] *s; stivt; om litterært arbeid, etc:* kompilering; innsamling (av materiale); utarbeidelse; *fx om ordbok:* ***in course of compilation*** *(=preparation)* under utarbeidelse.
compile [kəmˌpail] *vb; stivt; om litterært arbeid, etc:* samle; sette sammen; kompilere; ***compile****(=draw up)* ***a list of names*** utarbeide en navneliste; ***compile****(= write)* ***a dictionary*** utarbeide (*el.* skrive) en ordbok.
complacency [kəmˌpleisənsi] *s(=self-satisfaction)* selvtilfredshet.
complacent [kəmˌpleisənt] *adj* **1***(=self-satisfied; smug)* selvtilfreds;
2*(=over-confident; careless)* overlegen; likeglad *(fx about the possible dangers).*
complain [kəmˌplein] *vb:* klage (*to* til); ***complain about sth*** klage på noe; beklage seg over noe.

complaint [kəmˌpleint] *s* **1.** klage; ***have cause for complaint*** *(=have reason to complain)* ha grunn til å klage; ***make a complaint against*** levere inn en klage på; ***we've had a complaint against you*** vi har fått en klage på deg;
2. *merk:* reklamasjon; ***letter of complaint*** reklamasjonsbrev; ***a complaint about*** en reklamasjon på; ***settle*** *(=deal with)* ***a complaint*** ordne en reklamasjon;
3. *med.:* lidelse.
I. complement [ˌkɔmplimənt] *s* **1.** komplement *n;*
2. *gram: (predicative)* ***complement*** predikativ *n;* predikatsord;
3. bemanning *(fx of a police station).*
II. complement [ˌkɔmpliment; ˈkɔmpliˌment] *vb:* supplere; utfylle.
complementary [ˈkɔmpliˌmentəri] *adj:* supplerende; utfyllende; komplementær(-).
I. complete [kəmˌpli:t] *vb* **1***(=finish)* gjøre ferdig;
2. gjøre komplett *(fx a collection);* gjøre fullstendig;
3. *skjema, etc(=fill in;* **US:** *fill out)* fylle ut.
II. complete *adj* **1***(=whole)* komplett; fullstendig;
2*(=thorough)* fullstendig *(fx overhaul).*
completely [kəmˌpli:tli] *adv:* fullstendig; helt.
completeness [kəmˌpli:tnəs] *s:* fullstendighet.
completion [kəmˌpli:ʃən] *s; stivt:* fullførelse; avslutning; ***bring sth to completion*** *(=finish sth)* gjøre noe ferdig; avslutte noe.
I. complex [ˌkɔmpleks] *s* **1.** kompleks *n;* ***housing complex*** boligkompleks; **2.** *psykol:* kompleks *n.*
II. complex [ˌkɔmpleks; **US:** kəmˌpleks] *adj*
1. komplisert; svært sammensatt; **2.** *stivt(=difficult)* komplisert; innviklet; vanskelig.
complexion [kəmˌplekʃən] *s* **1.** hudfarge; teint; ***her complexion is rather dark*** hun er nokså mørk i huden;
2. *fig:* ***this puts a new complexion on the whole story*** dette stiller hele historien i et nytt lys.
complexity [kəmˌpleksiti] *s:* innviklet beskaffenhet.
compliance [kəmˌplaiəns] *s* **1.** føyelighet; ettergivenhet; **2.:** ***in compliance*** *(=accordance)* ***with your wishes*** i overensstemmelse med Deres ønsker *n.*
compliant [kəmˌplaiənt] *adj:* føyelig; ettergivende.
complicate [ˌkɔmpliˈkeit] *vb(=make difficult)* komplisere; gjøre innviklet; ***complicate matters even more*** gjøre saken enda mer innviklet.
complicated [ˌkɔmpliˈkeitid] *adj(=difficult to understand; involved)* komplisert; innviklet.
complication [ˈkɔmpliˌkeiʃən] *s:* komplikasjon; ***complications*** forviklinger; komplikasjoner; ***cause complications*** skape forviklinger.
complicity [kəmˌplisiti] *s; stivt(=being an accomplice)* medskyld; delaktighet *(in* i).
I. compliment [ˌkɔmplimənt] *s* **1.** kompliment *n;* ***pay sby a compliment*** gi en et kompliment; **2.:** ***compliments*** *når liten gave følger med:* hilsen *(fx 'with the compliments of the author').*
II. compliment [ˌkɔmpliment; ˈkɔmpliˌment] *vb:* ***compliment on*** *(=congratulate on)* komplimentere med; gratulere med.
comply [kəmˌplai] *vb:* ***comply with a request*** etterkomme en anmodning; ***comply with sby's wishes*** imøtekomme ens ønsker *n.*
component [kəmˌpounənt] *s(=component part)* komponent; (bestand)del; ***car components*** bildeler.
compose [kəmˌpouz] *vb* **1.** *mus:* komponere;
2. *spøkef(=write)* forfatte; skrive;
3. *typ(=set (up))* sette;
4.: ***compose oneself*** fatte seg; ***compose yourself!*** *(=pull yourself together!)* ta deg sammen!
composed [kəmˌpouzd] *adj* **1***(=calm)* fattet; rolig;
2.: ***be composed of*** *(=consist of)* bestå av; være sammensatt av.
composer [kəmˌpouzə] *s* **1.** komponist; **2.:** *se compositor.*
I. composite [ˌkɔmpəzit; **US:** kəmˌpɔzit] *adj; stivt:* sammensatt; ***a composite*** *(=communal)* ***effort by all of them*** noe de alle sammen hadde vært sammen om.
II. composite *adj; bot:* kurvblomstret.
composition [ˈkɔmpəˌziʃən] *s* **1.** *mus; kunst:* komposisjon;
2. sammensetning; ***the personal composition of the team*** lagets sammensetning;
3. *typ(=matter)* sats;
4. *skolev; lett glds(=essay)* stil;
5. *jur(=arrangement (with one's creditors))* akkord.
compositor [kəmˌpɔzitə] *s; typ:* setter.
I. compost [ˌkɔmpɔst] *s:* kompost.
II. compost *vb:* lage kompost; gjødsle med kompost.
composure [kəmˌpouʒə] *s(=calmness (of mind))* fatning; ***she kept her composure*** hun bevarte fatningen; ***with composure*** *(=composedly)* med fatning; fattet.
compote [ˌkɔmpout] *s(=stewed fruit)* kompott.
I. compound [ˌkɔmpaund] *s* **1.** sammensetning;
2. *kjem:* forbindelse;
3.: ***grinding compound*** slipepasta; ***jointing compound*** tetningsmiddel;
4*(=walled-in area; enclosure)* inngjerdet område *n;*
5. *gram:* ***compound (word)*** sammensatt ord *n.*
II. compound [kəmˌpaund] *vb* **1.** *meget stivt(=mix; put together)* blande; sette sammen; ***be compounded of*** *(=consist of)* bestå av; **2.** *stivt; især om vanskeligheter:* ***be compounded*** *(=be made worse)* bli forverret.
III. compound [ˌkɔmpaund] *adj* **1.** sammensatt; *bot:* ***compound leaf*** sammensatt blad; ***compound name*** dobbeltnavn; **2.** *gram & mus:* sammensatt *(fx tense; word).*
compound fracture *med.:* komplisert brudd.
compound interest *merk:* rentes rente; ***at compound interest*** med rente og rentes rente.
comprehend [ˈkɔmpriˌhend] *vb; stivt(=understand)* forstå.
comprehensible [ˈkɔmpriˌhensəbl] *adj:* forståelig; *(to* for).
comprehension [ˈkɔmpriˌhenʃən] *s* **1.** forstand; fatteevne; **2***(=understanding)* forståelse *(of* av);
3. *skolev:* forståelse; comprehension; ***reading comprehension*** leseforståelse.
comprehension exercise *skolev:* øvelse i forståelse av en tekst; comprehension.
comprehensive [ˈkɔmpriˌhensiv] *adj:* omfattende; innholdsrik; ***a comprehensive*** *(=overall)* ***solution*** en helhetsløsning.
comprehensive (motor) insurance *fors:* kaskoforsikring.
comprehensive school ungdomsskole og videregående skole.
I. compress [ˌkɔmpres] *s; med.:* kompress; ***cold compress*** kaldt omslag.
II. compress [kəmˌpres] *vb* **1.** komprimere; presse sammen; **2.** *fig:* komprimere *(fx a lecture).*
compressed air *tekn:* komprimert luft.
compression [kəmˌpreʃən] *s* **1.** sammenpressing;
2. *mask:* kompresjon.
compression bandage *med.(=pressure bandage)* trykkbandasje.
compressor [kəmˌpresə] *s; mask:* kompressor.
comprise [kəmˌpraiz] *vb(=consist of)* omfatte; bestå av.
I. compromise [ˌkɔmprəˈmaiz] *s:* kompromiss *n.*
II. compromise *vb* **1***(=make a compromise)* inngå et kompromiss;
2. kompromittere *(fx he refused to compromise her; his position was compromised);*
3. sette på spill *n;* gå på akkord med; ***safety cannot be compromised in any circumstances*** ikke under noen omstendighet kan man gå på akkord med sikkerheten; *fig:* ***compromise with one's conscience*** gå på akkord med sin samvittighet.

compromising [ˌkɔmprə'maiziŋ] *adj:* kompromitterende.
comptroller [kənˌtroulə; 'kɔm(p)ˌtroulə] *s; som tittel: (Comptroller and) Auditor General (of Public Accounts)* riksrevisor.
compulsion [kəmˌpʌlʃən] *s* **1.** tvang; **2.** *psykol:* trang.
compulsive [kəmˌpʌlsiv] *adj:* ***compulsive drinker*** vanedranker; en som ikke kan la være å drikke.
compulsory [kəmˌpʌlsəri] *adj:* obligatorisk; ***compulsory education****(=compulsory school attendance)* skoleplikt; tvungen skolegang; ***compulsory measure*** tvangstiltak.
compulsory auction*(=sale)* tvangsauksjon; ***the house was sold by compulsory auction*** huset ble solgt på tvangsauksjon.
compulsory purchase ekspropriasjon.
compunction [kəmˌpʌŋkʃən] *s:* samvittighetsnag; skrupler; betenkeligheter (*about* når det gjelder; *in (-ing)* med å) *(fx I had no compunction in reporting him to the police);* ***without the slightest compunction*** uten å føle seg det aller minste skyldig.
computation ['kɔmpjuˌteiʃən] *s(=calculation)* beregning; utregning.
compute [kəmˌpju:t] *vb; stivt(=calculate; estimate)* beregne; anslå.
computer [kəmˌpju:tə] *s; EDB:* datamaskin; computer; ***personal computer****(fk PC)(=home computer)* personlig datamaskin; PC; ***he wanted to learn computers*** han ville lære EDB.
computer-aided [kəmpˌpju:tər'eidid] *adj; EDB:* datamaskinassistert.
computer-based ['kəmˌpju:tə'beist] *adj; EDB:* basert på EDB.
computer cock-up *EDB* **S***(=computer fault)* feil ved dataanlegget.
computer crime datakriminalitet.
computer fault *EDB:* feil ved dataanlegget.
computer graphics *EDB:* infografi.
computerize, computerise [kəmˌpju:tə'raiz] *vb* **1.** installere datamaskin i *(fx a plant);* **2.** *EDB:* datastyre.
computerized, computerised [kəmˌpju:tə'raizd] *adj; EDB:* datastyrt.
computerized system datasystem.
computer language *EDB:* maskinspråk.
computer literacy *EDB:* det å kunne betjene en datamaskin.
computer literate *adj; EDB:* ***be computer literate*** kunne betjene en datamaskin.
computer operator *EDB:* (datamaskin)operatør.
computer-oriented [kəmˌpju:tər'ɔ:ri'entid] *adj; EDB:* ***computer-oriented language*** maskinorientert språk.
computer printout *EDB:* datautskrift.
computer science *EDB:* informatikk; *universitetsfag:* ***computer science for the arts****(=humanities)* EDB for humanister.
computer screen dataskjerm; *(jvf visual display unit).*
computer surveillance dataovervåking.
computer word *EDB:* maskinord.
computing [kəmˌpju:tiŋ] *s; EDB* **1.** databehandling; ***contemporary computing*** moderne databehandling; **2.** databransjen; ***keen to get into a career in computing*** ivrig etter å begynne i databransjen; **3.** dataarbeid.
computing dictionary*(=information technology dictionary)* dataordbok.
computing term *EDB:* dataterm.
comrade [ˌkɔmreid] *s* **1.** *stivt(=close companion)* kamerat; **2.** *om kommunist:* kamerat.
I. con [kɔn] *s(=confidence trick)* bondefangerknep.
II. con *vb* **T***(=cheat)* lure; snyte; svindle.
concave [ˌkɔnkeiv; kɔnˌkeiv] *adj:* konkav; buet innover; hul.
concavity [kɔnˌkæviti] *s(=concaveness)* konkavitet; hulhet.
conceal [kənˌsi:l] *vb(=hide)* skjule.
concealment [kənˌsi:lmənt] *s* **1.** *stivt(=hiding)* det å gjemme; **2***(=cover; cover-up)* skalkeskjul; fasade.
concede [kənˌsi:d] *vb; meget stivt(=admit)* innrømme; medgi; ***concede defeat*** innrømme at man er slått.
conceit [kənˌsi:t] *s(=conceitedness)* innbilskhet.
conceited [kənˌsi:tid] *adj:* innbilsk; ***get conceited*** bli innbilsk.
conceitedness [kənˌsi:tidnəs] *s(=conceit)* innbilskhet.
conceivable [kənˌsi:vəbl] *adj:* tenkelig; ***any other reason is hardly conceivable*** noen annen grunn kan knapt tenkes; ***are there other conceivable reasons (for this)?*** kan det tenkes andre grunner (til dette)? *(jvf inconceivable).*
conceivably [kənˌsi:vəbli] *adv(=possibly)* muligvis; ***he is conceivably the best writer we have today*** det er godt mulig at han er den beste forfatter vi har i dag.
conceive [kənˌsi:v] *vb* **1***(=become pregnant)* bli gravid; **2.** *stivt; om idé(=have)* få; *spøkef:* ***conceive a plan*** klekke ut en plan; **3.** *stivt(=imagine)* forestille seg.
I. concentrate [ˌkɔnsən'treit] *s* **1.** konsentrat *n;* **2.** *landbr:* kraftfôr.
II. concentrate *vb:* konsentrere; ***concentrate on*** konsentrere seg om.
concentration ['kɔnsənˌtreiʃən] *s* **1.** konsentrering; konsentrasjon; ***power of concentration****(=ability to concentrate)* konsentrasjonsevne; ***if you do that it'll break your concentration*** hvis du gjør det, vil du ikke kunne konsentrere deg; ***play with concentration*** spille konsentrert; **2.** *mil:* ***troop concentrations*** troppekonsentrasjoner.
concentration camp konsentrasjonsleir.
concentric [kənˌsentrik] *adj:* konsentrisk.
concept [ˌkɔnsept] *s; stivt(=idea)* begrep *n;* prinsipp *n;* forestilling *(fx his concept of a woman's place in society);* ***a totally new concept*** et helt nytt prinsipp.
conception [kənˌsepʃən] *s* **1.** det å bli gravid; **2.** *stivt(=idea)* begrep *n;* idé *(fx he has no conception of how stupid she is);* forestilling *(fx our conception of the universe);* ***fundamental conception*** grunnbegrep; ***form a conception****(=an idea)* ***of*** gjøre seg en forestilling om.
conceptual [kənˌseptjuəl] *adj:* begrepsmessig.
I. concern [kənˌsə:n] *s* **1.** *stivt(=business; firm)* bedrift; firma *n;* ***a going concern*** en igangværende bedrift; **2***(=business; task)* sak; oppgave; ***his main concern was to …*** hans hovedoppgave var å …; ***that's no concern of mine****(=that's not my business)* det er ikke min sak; **3***(=anxiety; alarm)* bekymring; uro *(fx there is no cause for concern);* ***this is the patient who gives us most cause for concern*** dette er den pasienten som volder oss størst bekymring; ***there is (also) concern about*** man er (også) bekymret for; ***it's a matter of deep****(=considerable)* ***concern to all of us****(=it's something that we're all very worried about)* det er noe som vi alle er svært bekymret for.
II. concern *vb* **1.** angå; vedkomme; ***so far as I'm concerned*** hva meg angår; **2.:** ***concern oneself with*** bry seg med; bekymre seg om.
concerned [kənˌsə:nd] *adj* **1***(=worried)* bekymret; ***concerned for****(=worried about)* bekymret for *(fx sby's safety);*
2.: ***concerned about****(=worried about)* bekymret for *(fx a lot of us are concerned about it);*
3.: ***concerned at****(=worried at; worried about)* bekymret over (*el.* pga.);
4.: ***concerned with****(=preoccupied with)* opptatt av *(fx we're more concerned with efficiency than expansion);* ***they're very concerned with their appearance*** de er svært opptatt av utseendet sitt;
5.: ***the firm concerned*** vedkommende firma *n;* ***the person chiefly concerned*** den det først og fremst angår;
6.: ***where … are (,is) concerned*** når det gjelder *(fx*

she's very difficult to please where men are concerned).

concerning [kən͵sə:niŋ] *prep; stivt(=about; regarding)* angående; vedrørende; om.

concert [͵kɔnsə(:)t] *s* **1.** *mus:* konsert; ***church concert*** *(=sacred concert)* kirkekonsert; ***give a concert*** holde en konsert; **2.** *stivt(=harmony)* harmoni; **3.** *stivt:* ***act in concert****(=act jointly)* opptre samlet; stå samlet.

concerted [kən͵sə:tid] *adj; stivt(=joint)* samlet; ***concerted action*** samlet opptreden.

concert grand *mus:* konsertflygel.

concertina ['kɔnsə͵ti:nə] *s; mus:* konsertina (ɔ: lite, sekskantet trekkspill).

concerto [kən͵tʃə:tou] *s; mus; stykke for soloinstrument med orkesterledsagelse:* konsert; ***piano concerto*** pianokonsert.

concession [kən͵seʃən] *s* **1.** innrømmelse; ***make a concession*** gjøre en innrømmelse; ***make concessions to*** gjøre innrømmelser overfor; **2.** *jur:* konsesjon.

concessionaire [kən'seʃə͵nɛə] *s(=concessionary)* konsesjonshaver; *(jvf licensee).*

concessionary [kən͵seʃənəri] *s: se concessionaire.*

concessive [kən͵sesiv] *adj;* innrømmende; innrømmelses-; *gram:* ***concessive conjunction*** innrømmelseskonjunksjon.

conch [kɔŋk; kɔntʃ] *s; zo:* konkylie.

conchie, conchy [͵kɔntʃi] *s(=conscientious objector)* militærnekter.

conciliate [kən͵sili'eit] *vb:* forsone.

conciliation [kən'sili͵eiʃən] *s* **1***(=reconciliation)* forsoning; ***policy of conciliation****(=appeasement)* forsoningspolitikk; **2.** megling.

conciliation board meglingskommisjon.

conciliatory [kən͵siljətəri] *adj:* forsonlig; ***be conciliatory*** vise forsonlighet; ***be in a conciliatory mood*** være forsonlig stemt.

conciliatory spirit forsonlighet.

concise [kən͵sais] *adj:* konsis; kortfattet *(fx report).*

concisely [kən͵saisli] *adv:* konsist; kortfattet.

conclude [kən͵klu:d] *vb* **1***(=end)* avslutte; slutte; ***conclude a speech*** avslutte en tale;
2. *om handel, kontrakt, etc:* (av)slutte; inngå; ***conclude****(=enter into)* ***an agreement*** inngå en avtale; ***conclude****(=close)* ***a bargain****(=deal)* avslutte en handel *(el.* transaksjon); ***conclude****(=close)* ***a sale*** (av)slutte et salg;
3*(=decide)* konkludere; slutte seg til *(fx we concluded that you weren't coming);*
4*(=finally arrange; decide):* ***it was concluded that he should go*** det ble omsider bestemt at han skulle dra.

conclusion [kən͵klu:ʒən] *s* **1.** avslutning; slutning; det å avslutte; ***conclusion of a contract*** kontraktinngåelse; ***in conclusion, I'd like to thank Mr Smith*** til slutt vil jeg gjerne få takke Smith; **2.** slutning; konklusjon; ***come to a conclusion*** komme til en konklusjon; ***draw a conclusion*** trekke en slutning; ***jump to conclusions*** trekke forhastede slutninger.

conclusive [kən͵klu:siv] *adj:* avgjørende *(fx proof).*

concoct [kən͵kɔkt] *vb; spøkef(=think up; make up;* **T:** *cook up)* pønske ut; tenke ut *(fx a story).*

concoction [kən͵kɔkʃən] *s* **1.** *spøkef:* brygg *n;* drikk; ***a pill of his own concoction****(=invention)* en pille av (hans) egen oppfinnelse;
2. oppkok *n;* oppdiktet historie; falsum *n;*
3*(=making up;* **T:** *cooking up)* utpønsking; utklekking.

concomitant [kən͵kɔmitənt] *adj; meget stivt(=accompanying)* ledsagende *(fx circumstance).*

concord [͵kɔŋ'kɔ:d; ͵kɔn'kɔ:d] *s* **1.** *stivt(=agreement)* enighet; **2***(=harmony (between people or nations))* harmoni; **3.** *gram:* kongruens; samsvarsbøyning.

concordance [kən͵kɔ:dəns] *s; stivt(=agreement)* samsvar *n;* overensstemmelse.

concourse [͵kɔn'kɔ:s; ͵kɔŋ'kɔ:s] *s* **1.** *stivt(=crowd):* ***a concourse of people*** en folkemengde; en tilstrømning av mennesker;
2. *litt.(=concurrence)* sammenfall *(fx of events);*
3. stor, åpen plass hvor folk *(n)* samles; *flyv:* ***arrivals concourse****(=arrivals hall)* ankomsthall; ***the station concourse*** selve stasjonshallen *(fx on the concourse of Victoria Station);*
4. US*(=stadium)* idrettsplass; stadion.

I. concrete [͵kɔnkri:t] *s:* betong.

II. concrete *adj:* konkret.

concupiscence [kən͵kju:pisəns] *s; glds el. litt.(= lasciviousness)* lidderlighet.

concupiscent [kən͵kju:pisənt] *adj; glds el. litt.(=lascivious)* lidderlig.

concur [kən͵kə:] *vb* **1.** *stivt(=agree)* være enig *(with* med); **2.** være sammenfallende; ***concurring****(=corresponding)* ***interests*** sammenfallende interesser; **3.** *meget stivt(=happen together; act together)* inntreffe samtidig; virke sammen.

concurrence [kən͵kʌrəns] *s; stivt* **1***(=agreement)* sammenfall; ***the concurrence of our views*** våre sammenfallende synspunkter; **2***(=simultaneous occurrence)* sammenfall; ***the concurrence of events*** de sammenfallende begivenheter.

concurrent [kən͵kʌrənt] *adj* **1.** *om linjer:* som løper sammen; **2.** *om synspunkter:* sammenfallende.

concussion [kən͵kʌʃən] *s:* hjernerystelse; ***he was whisked off to hospital with concussion*** han ble i all hast kjørt til sykehuset med hjernerystelse.

condemn [kən͵dem] *vb* **1.** fordømme; **2.** *stivt(=sentence)* dømme *(fx sby to death);* **3.** *bygning el. matvare:* kondemnere.

condemnation ['kɔndem͵neiʃən] *s* **1.** fordømmelse;
2. domfellelse;
3. kondemnering.

condensation ['kɔnden͵seiʃən] *s* **1.** kondensering;
2. kondens;
3. *fig:* sammentrengning.

condense [kən͵dens] *vb* **1.** *fys:* kondensere(s); fortette(s); **2.** *om væske:* gjøre tykkere; kondensere; **3.** *fig; om stoff:* trenge sammen; forkorte *(fx a book).*

condenser [kən͵densə] *s; mask:* kondensator.

condescend ['kɔndi͵send] *vb:* oppføre seg nedlatende; ***condescend to do sth*** 1. være så elskverdig å; 2. nedlate seg til å; ***no girl likes to think she's been condescended to*** ingen pike liker tanken på at man (,en mann) har forbarmet seg over henne.

condescending ['kɔndi͵sendiŋ] *adj(=patronizing)* nedlatende.

condescension ['kɔndi͵senʃən] *s(=behaving in a patronizing way)* nedlatenhet.

condiment [͵kɔndimənt] *s; stivt(=spice)* krydder *n.*

I. condition [kən͵diʃən] *s* **1.** tilstand; forfatning; ***a heart condition*** en hjertelidelse; ***he's in no condition to drive*** han er ikke i den forfatning at han kan kjøre bil; ***in good condition*** i god stand; i en god forfatning; ***the books were in a very poor condition*** bøkene var i en svært dårlig forfatning;
2. kondisjon; form; *stivt:* ***keep oneself in condition****(= keep fit)* holde seg i form; ***out of condition*** ute av form;
3. betingelse; forutsetning; ***make a condition*** stille en betingelse; ***on no condition*** ikke under noen omstendighet; ***on condition that*** på betingelse av at;
4.: ***conditions*** forhold *n;* betingelser; ***in spite of changed conditions*** til tross for de endrede forhold; ***external conditions*** rammebetingelser; ***appalling****(= dreadful; terrible)* ***living conditions*** forferdelige leveforhold; ***conditions are on the mend*** forholdene er i ferd med å bedre seg; ***under existing conditions****(=as things are at present)* som forholdene nå ligger an; ***under favourable conditions*** når forholdene ligger godt til rette.

II. condition *vb* **1.** *stivt(=determine)* bestemme; betinge; ***be conditioned by*** være betinget av;

C

2(=*improve)* forbedre; ***condition the soil*** forbedre jorda;
3. *stivt(=affect)* påvirke;
4. *stivt:* ***condition to****(=adapt to)* tilpasse til;
5. *stivt:* ***condition sby to****(=accustom sby to)* venne en til.
I. conditional [kən,diʃənəl] *s; gram(=conditional mood)* kondisjonalis.
II. conditional *adj* **1.** betinget *(fx promise);* **2.** *gram:* ***conditional clause*** betingelsessetning.
conditioned [kən,diʃənd] *adj* **1.** *psykol:* betinget;
2. kondisjonert *(fx air);* **3.** *litt.(=accustomed)* tilvant.
conditioner [kən,diʃənə] *s:* krem; balsam; ***hair conditioner*** hårbalsam.
condition training *sport:* kondisjonstrening.
condo [,kɔndou] *s* **T:** *se condominium.*
condole [kən,doul] *vb; stivt:* ***condole with sby****(=sympathize with sby)* kondolere en.
condolence(s) [kən,douləns(iz)] *s(=sympathy)* kondolanse; ***letter of condolence(s)*** kondolansebrev; ***offer sby one's condolences****(=sympathy)* kondolere en (*on* i anledning av).
condom [,kɔndəm; ,kɔndɔm] *s(=sheath;* **T:** *French letter;* **S:** *rubber)* kondom *n.*
condominium ['kɔndə,miniəm] *s* **US** *& Canada*
1*(=block of owner-tenant flats)* blokk med selveierleiligheter;
2*(=owner-tenant flat)* selveierleilighet.
condone [kən,doun] *vb; stivt(=pardon; overlook; shut one's eyes to)* tilgi; overse; se gjennom fingrene med.
conducive [kən,dju:siv] *adj; stivt:* ***conducive to*** som bidrar til.
I. conduct [,kɔndʌkt] *s* **1.** *stivt(=behaviour)* oppførsel; adferd; **2***(=handling):* ***the government's conduct of the affair was not satisfactory*** regjeringens måte å behandle saken på var ikke tilfredsstillende.
II. conduct [kən,dʌkt] *vb* **1.** *også fys:* lede;
2. *mus(,især* **US:** *direct)* dirigere;
3. *om forretning; stivt(=manage)* lede *(fx a business);*
4. *stivt:* ***conduct oneself****(=behave (oneself))* oppføre seg;
5. *stivt:* ***conduct a funeral****(=officiate at a funeral)* forrette ved en begravelse; ***conduct a course****(=run a course)* drive et kurs.
conductance [kən,dʌktəns] *s; elekt:* konduktans.
conducted party reiseselskap; gruppe turister med guide.
conducted tour **1***(=(guided) tour)* omvisning med guide; **2***(,US: guided tour)* selskapsreise; fellesreise med reiseleder.
conduction [kən,dʌkʃən] *s; fys:* ledning.
conductive [kən,dʌktiv] *adj; fys:* ledende.
conductivity ['kɔndək,tiviti] *s; fys:* ledningsevne.
conductor [kən,dʌktə] *s* **1.** (buss)konduktør; **US** *jernb (=guard)* konduktør;
2. *mus(,især* **US:** *director)* dirigent; kapellmester;
3. *fys:* leder; *elekt:* ***bare conductor****(=uncovered wire)* uisolert ledning; blank ledning.
conductor's rostrum *mus:* dirigentpult.
conduit [,kɔnd(w)it; ,kɔndjuit] *s:* ledningsrør.
cone [koun] *s* **1.** *geom:* kjegle;
2. *for is(=cornet)* kjeks; ***ice-cream cone*** 1. kjeksis; 2. (is)kjeks;
3. *bot:* kongle; ***spruce****(,T: fir)* ***cone*** grankongle;
4. *tekn:* konus.
confectioner [kən,fekʃənə] *s;* konditor; konfekthandler.
confectioner's sugar **US***(=icing sugar)* melis.
confectionery [kən,fekʃənəri] *s:* konditorvarer.
confederacy [kən,fedərəsi] *s:* (kon)føderasjon.
I. confederate [kən,fedərit] *s:* forbundsfelle.
II. confederate *adj:* konføderert; forbunds-.
confederation [kən'fedə,reiʃən] *s:* (kon)føderasjon.
confer [kən,fə:] *vb* **1.** *stivt(=consult together)* konferere; **2.** *om utmerkelse:* ***confer on****(=bestow on)* gi; tildele *(fx a degree on sby).*
conference [,kɔnfərəns] *s:* konferanse.
confess [kən,fes] *vb* **1.** tilstå; ***he confessed to the crime*** han tilstod forbrytelsen; *spøkef:* ***confess to a certain weakness for whisky*** vedkjenne seg en viss svakhet for whisky; **2.** *rel:* skrifte; ***confess sby*** motta ens skriftemål.
confession [kən,feʃən] *s* **1.** tilståelse; ***make a confession*** avlegge tilståelse; **2.** skriftemål *n;* **3.:** ***confession of faith****(=creed)* trosbekjennelse; **4***(=religious community)* trossamfunn.
I. confessional [kən,feʃənəl] *s; rel:* ***confessional (box)*** skriftestol.
II. confessional *adj:* konfesjonell; bekjennelsestro.
confessor [kən,fesə] *s:* skriftefar.
confetti [kən,feti] *s; pl:* konfetti.
confidant(e) [,kɔnfi'dænt; 'kɔnfi,dænt] *s:* fortrolig venn(inne).
confide [kən,faid] *vb* **1.:** ***confide in sby*** betro seg til en; **2.:** ***confide sth to sby*** 1. betro en noe; 2*(=entrust sth to sby)* betro en noe; overgi noe i ens varetekt.
confidence [,kɔnfidəns] *s* **1.** tillit; tiltro; sikkerhet; ***self-confidence****(=self-assurance)* selvsikkerhet; ***vote of (no) confidence*** (mis)tillitsvotum; **T:** ***that gave my confidence a bit of a knock****(=that shook my confidence)* det ga selvtilliten min en knekk; ***confidence in him is seriously impaired now*** tilliten til ham er nå alvorlig svekket; ***inspire confidence*** skape tillit; ***sap sby's confidence*** undergrave ens selvtillit;
2*(=optimism)* optimisme; ***confidence is growing*** det er voksende optimisme;
3. fortrolighet; ***in (strict) confidence*** i (all) fortrolighet; ***take sby into one's confidence****(=confide in sby)* betro seg til en;
4. betroelse; ***exchange confidences*** utveksle betroelser (*about* om); ***give away a confidence****(=betray a confidence)* røpe noe som er blitt betrodd en.
confidence man *(,T: con-man)* bondefanger; svindler.
confidence trick *(,T: con-trick)* bondefangerknep.
confident [,kɔnfidənt] *adj* **1.** sikker; ***he has a confident manner****(=he seems sure of himself)* han har en sikker fremtreden; ***feel quite confident about****(=in) (-ing)* føle seg ganske sikker når det gjelder;
2. fortrøstningsfull; trygg; tillitsfull (*about* når det gjelder); ***be confident with*** 1. ha tillit til *(fx one's training);* 2. være fortrolig med *(fx one's equipment).*
confidential ['kɔnfi,denʃəl] *adj* **1.** fortrolig; konfidensiell; **2.** betrodd *(fx secretary).*
confidentiality ['kɔnfi'denʃi,æliti] *s* **1.** konfidensiell art (*el.* beskaffenhet); **2.** evne til å å holde konfidensielle opplysninger for seg selv.
confidentially ['kɔnfi,denʃəli] *adv:* fortrolig.
confiding [kən,faidiŋ] *adj(=trusting)* tillitsfull; ***too confiding*** godtroende.
configuration [kən'figju,reiʃən] *s* **1***(=shape)* form; ***the configuration of the ground*** terrengets beskaffenhet;
2. *EDB:* konfigurasjon.
I. confine [,kɔnfain] *s:* ***confines*** **1.** *stivt(=boundaries)* grenser; ***within the confines of the city*** innenfor byens grenser; **2.** *fig(=limits)* ***within the confines of one's income*** innenfor de grenser som ens inntekt setter.
II. confine [kən,fain] *vb* **1***(=limit)* begrense (*to* til);
2. sperre inne (*to* i, på) *(fx sby to their room);*
3. *med.:* ***be confined****(=give birth)* føde.
confinement [kən,fainmənt] *s* **1.** innesperring; ***solitary confinement*** enecelle; isolat *n;*
2. *med.(=birth)* fødsel; ***her third confinement*** hennes tredje fødsel.
confirm [kən,fə:m] *vb* **1***(=verify)* bekrefte (riktigheten av); stadfeste;
2. *om bestilling, etc:* bekrefte;
3. bestyrke *(fx sby in his opinion);*
4. *rel:* konfirmere.

confirmand [ˌkɔnfə'mænd] *s; rel:* konfirmant.
confirmation ['kɔnfəˌmeiʃən] *s* **1.** bekreftelse; stadfestelse; **2.** bestyrkelse; **3.** *rel:* konfirmasjon.
confirmed [kənˌfə:md] *adj(=inveterate):* ***confirmed bachelor*** inngrodd ungkar.
confiscate [ˌkɔnfi'skeit] *vb(=seize)* konfiskere.
I. conflict [ˌkɔnflikt] *s* **1.** *stivt(=struggle)* kamp; strid; **2.** konflikt; uenighet.
II. conflict [kənˌflikt] *vb(=contradict each other):* ***the two accounts of what happened conflicted (with each other)*** de to beretningene om hva som skjedde, var motstridende.
conflicting [kənˌfliktiŋ] *adj:* motstridende; ***conflicting views*** motstridende synspunkter.
confluence [ˌkɔnfluəns] *s:* sammenløp; ***the confluence of two rivers*** der hvor to elver møtes (*el.* løper sammen).
conform [kənˌfɔ:m] *vb* **1.** tilpasse seg; ***pressure to conform*** konformitetspress;
2.: ***conform to*** 1*(=act according to)* handle i samsvar med; ***conform to his wishes*** føye seg etter ham; 2.: ***conform to a pattern*** passe inn i et mønster.
I. conformist [kənˌfɔ:mist] *s* **1.** konformist (ɔ: medlem av den engelske statskirke);
2. person som tillemper (*el.* tilpasser) seg.
II. conformist *adj:* konform; som tillemper (*el.* tilpasser) seg.
conformity [kənˌfɔ:miti] *s* **1.** konformitet; **2***(=accordance):* ***in conformity with her wishes*** i overensstemmelse med hennes ønsker *n.*
confound [kənˌfaund] *vb* **1***(=bewilder)* forvirre; forbløffe; **2.** *int:* ***confound it!*** pokker også!
confounded [kənˌfaundid] *adj:* ulykksalig; forbasket *(fx where is that confounded letter?).*
confront [kənˌfrʌnt] *vb* **1.** konfrontere; ***be confronted with*** bli stilt overfor *(fx a problem);* **2.** gjøre front mot; stå overfor *(fx the enemy).*
confrontation ['kɔnfrʌnˌteiʃən] *s:* konfrontasjon (*with* med).
confuse [kənˌfju:z] *vb* **1.** forvirre; ***to confuse matters still further*** for å gjøre saken enda mer forvirrende; **2.** forveksle; ***confuse with****(=mix up with; mistake for)* forveksle med *(fx I confused him with his brother).*
confused [kənˌfju:zd] *adj:* forvirret.
confusing [kənˌfju:ziŋ] *adj:* forvirrende.
confusion [kənˌfju:ʒən] *s:* forvirring.
confute [kənˌfju:t] *vb; meget stivt(=prove wrong; refute)* gjendrive; tilbakevise.
con-game [ˌkɔn'geim] *s* **US***(=con-trick)* bondefangerknep.
congeal [kənˌdʒi:l] *vb:* størkne *(fx the fat congealed).*
congenial [kənˌdʒi:niəl] *adj; stivt* **1***(=friendly; pleasant)* hyggelig *(fx atmosphere);*
2. som virker sympatisk på en; åndsbeslektet.
congeniality [kən'dʒi:niˌæliti] *s* **1.** hyggelig atmosfære; **2***(=community of spirit)* åndsfellesskap.
congenital [kənˌdʒenitəl] *adj:* medfødt *(fx disease).*
conger [ˌkɔndʒə] *s; zo:* ***conger (eel)*** havål.
congested [kənˌdʒestid] *adj* **1.** *stivt(=overcrowded)* overfylt; **2.** *med.:* med for sterk blodtilstrømning.
congestion [kənˌdʒestʃən] *s* **1***(=overcrowding)* overfylling; ***a congestion of traffic*** (en) trafikkopphopning; **2.** *med.:* økt blodtilførsel.
conglomerate [kənˌglɔmərit] *s:* konglomerat *n.*
I. Congo [ˌkɔŋgou] *s; geogr* **1.:** ***the (Republic of the) Congo*** Kongo(republikken); **2.:** ***the Congo*** Kongo(elven).
II. Congo *adj:* kongo-; kongolesisk.
I. Congolese ['kɔŋgəˌli:z] *s:* kongoleser.
II. Congolese *adj:* kongolesisk.
congrats [kənˌgræts] *int; spøkef* **T***(=congratulations)* gratulerer *(fx congrats on the new tie!).*
congratulate [kənˌgrætu'leit] *vb:* gratulere; lykkønske (*on* med).
congratulations [kən'grætjuˌleiʃən] *s; pl:* gratulasjon(er); lykkønskning(er); ***congratulations on …*** til lykke med …; gratulerer med …; ***I should like to add my congratulations to those of the others*** jeg vil få slutte meg til de øvrige gratulantene.
congregate [ˌkɔŋgri'geit] *vb(=come together)* samle seg.
congregation ['kɔŋgriˌgeiʃən] *s:* menighet; ***independent congregation****(=free-church congregation)* fri(kirke)menighet.
congress [ˌkɔŋgres] *s* **1.** kongress; **2. US:** ***the Congress*** Kongressen.
Congressman [ˌkɔŋgresmən] *s* **US:** kongressmedlem; medlem av Representantenes hus.
congruence [ˌkɔŋgruəns] *s; geom & gram;* kongruens.
congruent [ˌkɔŋgruənt] *adj; geom:* kongruent.
conic [ˌkɔnik] *adj:* kjegle-; ***conic section*** kjeglesnitt.
conical [ˌkɔnikəl] *adj(=cone-shaped)* kjegleformet; kjegledannet; ***conical surface*** kjegleflate.
conicity [kɔˌnisiti] *s(=taper)* konisitet.
conifer [ˌkounifə; ˌkɔnifə] *s; bot:* nåletre.
coniferous [kəˌnifərəs] *adj; bot:* konglebærende.
I. conjecture [kənˌdʒektʃə] *s; stivt(=guess; guesswork)* gjetning; ***that's pure conjecture****(=that's mere guesswork)* det er ren gjetning.
II. conjecture *vb; stivt(=guess)* gjette.
conjugal [ˌkɔndʒugəl] *adj; stivt(=marital)* ekteskapelig.
conjugate [ˌkɔndʒu'geit] *vb; gram:* bøye (et verb).
conjugation ['kɔndʒuˌgeiʃən] *s; gram:* konjugasjon.
conjunction [kənˌdʒʌŋkʃən] *s* **1.** *gram:* konjunksjon; **2.** *stivt:* ***in conjunction with****(=together with)* sammen med.
I. conjure [ˌkʌndʒə] *vb* **1.** trylle; gjøre tryllekunster;
2.: ***conjure up*** 1. trylle frem; 2. mane frem.
II. conjure [kənˌdʒuə] *vb; meget stivt(=implore)* bønnfalle *(fx sby to help).*
conjurer, conjuror [ˌkʌndʒərə] *s:* tryllekunstner; illusjonist.
conjuring trick tryllekunst; illusjonsnummer.
I. conk [kɔŋk] *s* **S***(=nose)* snyteskaft.
II. conk *vb* **1. S:** ***conk sby*** gi en en på snyteskaftet;
2. T: ***conk out*** *om motor, etc:* svikte; **T:** pakke sammen.
conker [ˌkɔŋkə] *s* **T***(=horse chestnut)* hestekastanje.
con-man, conman [ˌkɔnmən] *s:* bondefanger.
connect [kəˌnekt] *vb* **1***(=join)* forbinde;
2. *elekt; mask:* kople sammen; kople til; ***connect up differently*** kople om;
3. *tlf:* ***be connected****(=be put through)* få forbindelse;
4.: ***connect with*** 1*(=associate with)* forbinde med; 2. *jernb:* korrespondere med; 3. *tlf(=put through to)* sette over til.
connected [kəˌnektid] *adj* **1.** forbundet;
2. sammenhengende *(fx a connected whole);*
3. som hører (*el.* henger) sammen;
4. *elekt; mask:* tilkoplet;
5.: ***he's very well connected*** han har meget gode forbindelser.
connection, connexion [kəˌnekʃən] *s* **1.** forbindelse (*with* med); sammenheng; ***in this connection*** i denne forbindelse; i denne sammenheng; ***in a professional connection*** i jobbsammenheng; i yrkessammenheng;
2. *elekt & mask:* forbindelse; kopling; tilkopling; *elekt, også:* tilslutning;
3.: ***(business) connection*** forretningsforbindelse; ***our foreign connections****(=contacts)* våre utenlandske forbindelser; våre kontakter i utlandet;
4. *om transportmulighet:* forbindelse; ***onward connection*** forbindelse videre; ***passengers with connections on domestic flights*** passasjerer som skal videre med innenlands fly; ***have a connection on BA*** skulle videre med BA.
connector [kəˌnektə] *s* **1.** skjøtemunnstykke; **2.** *elekt:*

C

porcelain connector(=two-way connecting block) sukkerbit.

connivance [kəˌnaivəns] *s; stivt:* medviten (om noe klanderverdig); det å se gjennom fingrene med; ***the crime was committed with the connivance of his parents*** foreldrene var medvitende om at han begikk forbrytelsen.

connive [kəˌnaiv] *vb; neds; stivt:* ***connive at*** være medvitende om (noe klanderverdig); se gjennom fingrene med.

connoisseur ['kɔniˌsə:] *s:* kjenner; kunstskjønner.

connotation ['kɔnəˌteiʃən] *s* **1.** *språkv:* konnotasjon; betydningsvariant; **2***(=implication)* bibetydning *(fx the word 'intercourse' has strong sexual connotations).*

connote [kəˌnout] *vb; stivt; om ord(=suggest (in addition to the literal meaning); mean)* ha bibetydning av *(fx the word 'snow' connotes cold);* bety *(fx for her, 'home' connoted only misery).*

conquer [ˌkɔŋkə] *vb* **1.** erobre; legge under seg; seire (over); beseire; overvinne; **2.** *fig:* få bukt med; bli herre over *(fx one's fear of the dark).*

conqueror [ˌkɔŋkərə] *s:* erobrer; seierherre.

conquest [ˌkɔŋkwest] *s; også fig:* erobring.

conscience [ˌkɔnʃəns] *s:* samvittighet; ***an accommodating conscience*** en romslig samvittighet; ***have a bad****(=guilty)* ***conscience about sth****(=feel badly about sth)* ha dårlig samvittighet mht. noe; ***a clear****(=good)* ***conscience*** (en) god (*el.* ren) samvittighet; ***pricks of conscience*** små stikk *(n)* av dårlig samvittighet; litt dårlig samvittighet; ***pangs of conscience*** samvittighetsnag; ***a twinge of conscience*** et stikk av dårlig samvittighet; ***ease one's conscience*** lette sin samvittighet; ***I don't have the conscience to do it*** jeg har ikke samvittighet til å gjøre det; ***have sth on one's conscience*** ha noe på samvittigheten; ***my conscience is pricking me*** samvittigheten min plager meg litt; ***how do you square****(=reconcile)* ***that with your conscience?*** hvordan kan du forsvare det overfor din samvittighet? ***stifle the voice of conscience*** overdøve samvittighetens stemme; ***his conscience is beginning to stir*** hans samvittighet er i ferd med å våkne; ***weigh on one's conscience*** tynge ens samvittighet.

conscience-stricken [ˌkɔnʃəns'strikən] *adj:* skyldbetynget.

conscientious ['kɔnʃiˌenʃəs] *adj:* samvittighetsfull.

conscientiously ['kɔnʃiˌenʃəsli] *adv:* samvittighetsfullt.

conscientiousness ['kɔnʃiˌenʃəsnəs] *s:* samvittighetsfullhet.

conscious [ˌkɔnʃəs] *adj* **1.** ved bevissthet; bevisst; ***he was conscious to the end*** han var ved bevissthet til det siste; **2***(=aware)* klar over *(fx he was conscious that they disapproved);* ***conscious of*** seg bevisst; klar over; ***they were conscious of his disapproval*** de var klar over (*el.* var seg bevisst) at han stilte seg avvisende; ***become conscious of*** bli seg bevisst; merke; fornemme; **3***(=deliberate)* bevisst *(fx make a conscious effort to please).*

consciousness [ˌkɔnʃəsnəs] *s:* bevissthet; *stivt:* ***regain consciousness****(=come to)* komme til bevissthet; ***slip in and out of consciousness*** stadig miste bevisstheten.

consciousness-raising *s:* bevisstgjøring.

I. conscript [ˌkɔnskript] *s; mil:* vernepliktig.

II. conscript [kənˌskript] *vb; mil:* innkalle.

conscription [kənˌskripʃən] *s; mil* **1.** innkalling; **2.** verneplikt; ***general conscription*** alminnelig verneplikt.

consecrate [ˌkɔnsi'kreit] *vb* **1.** *rel:* innvie; vigsle; **2.** *stivt(=devote):* ***consecrate oneself to art*** vie seg til kunsten.

consecration ['kɔnsiˌkreiʃən] *s; rel:* innvielse; vigsling *(fx of a church);* vielse *(fx of a bishop).*

consecutive [kənˌsekjutiv] *adj; stivt:* ***three consecutive days****(=three days in a row)* tre dager etter hverandre; tre dager i trekk; ***we had five consecutive****(= straight)* ***wins****(=we had five wins in a row)* vi vant fem ganger på rad.

consecutively [kənˌsekjutivli] *adv:* fortløpende; ***numbered consecutively****(=numbered in succession)* fortløpende nummerert.

consensus [kənˌsensəs] *s:* ***the consensus (of opinion) is that …*** det er full enighet om at …

I. consent [kənˌsent] *s* **1.** samtykke *n;* ***give one's consent to sth****(=agree to sth)* samtykke i noe; ***obtain sby's consent*** (oppnå å) få ens samtykke; ***by mutual consent****(=agreement)* ved felles overenskomst; ***the age of consent*** den kriminelle (*el.* seksuelle) lavalder *(fx have sex with a girl before she reaches the age of consent);* *(jvf responsibility 2: the age of criminal responsibility);* **2.** *bygg; faglig:* ***(general) consent****(= building licence)* byggetillatelse.

II. consent *vb:* samtykke; ***consent to (-ing)*** samtykke i (å); ***sexual intercourse between consenting adults*** seksuell omgang mellom voksne mennesker på frivillig basis.

consequence [ˌkɔnsikwəns] *s* **1.** følge; konsekvens; ***spreading economic consequences*** økonomiske ringvirkninger; ***take****(=face)* ***the consequences*** ta følgene; ***as a consequence*** som en følge av det; ***in consequence****(=as a result; consequently)* følgelig; ***regardless of the consequences*** uten hensyn til følgene; **2.** *stivt(=importance)* betydning; ***it's of no consequence****(=it's unimportant)* det er uten betydning; det er uviktig.

consequent [ˌkɔnsikwənt] *adj* **1.** *stivt(=resulting)* (derav) følgende; ***with all the consequent advantages*** med alle de fordeler det(te) innebærer; **2.** *meget stivt:* ***consequent (up)on****(=as a result of)* som et resultat av.

consequential ['kɔnsiˌkwenʃəl] *adj* **1.** *meget stivt(= important)* viktig; **2.** *stivt(=resulting)* derav følgende.

consequently [ˌkɔnsikwəntli] *adv, stivt(=therefore; so)* følgelig; derfor; så.

conservancy [kənˌsə:vənsi] *s:* ***nature conservancy****(= nature conservation)* naturvern.

conservation ['kɔnsəˌveiʃən] *s* **1.** bevarelse (*of* av); **2.:** ***nature conservation society*** naturvernforening.

conservation area: ***nature conservation area*** naturfredet område.

conservationist ['kɔnsəˌveiʃənist] *s:* naturverner.

conservatism [kənˌsə:və'tizəm] *s:* konservatisme.

I. Conservative [kənˌsə:vətiv] *s:* konservativ.

II. conservative *adj:* konservativ; ***that's a conservative estimate*** det er lavt regnet.

conservatory [kənˌsə:vətəri] *s:* vinterhage; drivhus.

I. conserve [ˌkɔnsə:v] *s:* hermetisert frukt; syltetøy *n.*

II. conserve [kənˌsə:v] *vb* **1.** bevare; ***conserve one's energy*** spare på kreftene;
2. konservere; hermetisere; lage syltetøy *(n)* av.

consider [kənˌsidə] *vb* **1***(=think about)* tenke over; tenke på; overveie; ***he must urgently consider whether to*** han må ta under alvorlig overveielse om han skal; ***it's worth considering****(=it's worth thinking about(=over))* det er verdt å overveie;
2. *stivt(=think)* tenke (seg om) *(fx consider carefully before doing anything);*
3*(=take into consideration; make allowance for)* ta i betraktning; ta hensyn til; ***consider sby's interests*** ta hensyn til ens interesser; tilgodese ens interesser;
4*(=regard)* anse; anse for; ***I consider****(=find)* ***it necessary*** jeg anser det for å være nødvendig; ***they considered him (to be) a fool****(=they regarded him as a fool)* de anså ham for å være en tosk; ***I consider you very foolish****(=I think you're (being) very foolish)* jeg synes du oppfører deg dumt; jeg synes du bærer deg dumt ad;
5*(=discuss; deal with)* diskutere; behandle *(fx an application);* ***we can consider the details later*** vi kan se på detaljene siden.

considerable [kən,sidərəbl] *adj:* betydelig; vesentlig; ***a considerable number of people*** et betydelig antall mennesker *n;* ganske mange mennesker; ***a man of considerable influence*** en mann med atskillig innflytelse; ***this will lead to considerable****(=significant)* ***delays*** dette vil føre til betydelige forsinkelser; *(NB ikke 'considerable' i nektet setning:* ***no significant delay*** ingen vesentlig forsinkelse).
considerably [kən,sidərəbli] *adv:* betydelig; vesentlig; betraktelig; atskillig; ***considerably more*** 1*(=a great(= good) deal more; much more;* **T:** *a lot more)* atskillig mer; en god del mer; 2*(=a great(=good) many more;* **T:** *a lot more)* atskillig flere.
considerate [kən,sidərət] *adj:* hensynsfull (*to* overfor).
consideration [kən'sidə,reiʃən] *s* **1.** overveielse; ***after careful consideration****(=after a great deal of thought)* etter moden overveielse; ***it needs careful consideration*** det krever nøye overveielse; ***the matter is under consideration*** vi har saken under overveielse; **2.** hensyn; ***economic considerations*** økonomiske hensyn (*el.* faktorer); ***our main consideration*** det viktigste hensyn vi har å ta; *stivt:* ***a paramount****(=supreme)* ***consideration*** et ytterst viktig hensyn; et altoverskyggende hensyn; ***personal considerations****(=one's own interests)* ***must take precedence*** hensynet til egne interesser må gå foran; ***ulterior considerations*** utenforliggende hensyn; ***out of consideration for his mother*** av hensyn til sin (,hans) mor; ***he had no consideration for his brother*** han tok ikke hensyn til sin bror; ***show consideration for****(=towards)* ***sby****(=show sby consideration)* ta hensyn til en; ***show human consideration****(=take human factors into consideration)* vise menneskelige hensyn; ***take into consideration****(=account)* ta i betraktning; ***be taken into consideration****(=account)* komme i betraktning; **3.** *evf:* godtgjørelse; ***I'll do what you ask for a small consideration*** jeg skal gjøre det du ber om mot en liten godtgjørelse.
considered [kən,sidəd] *adj* **1.** *om mening:* veloverveid; **2.** *med gradsadverb foran seg:* ***highly considered*** høyt aktet.
considering [kən,sidəriŋ] *prep(=taking into account)* når man tar i betraktning; ***she's very well considering*** etter omstendighetene står det meget bra til med henne.
consign [kən,sain] *vb* **1.** *stivt:* ***be consigned to the wastepaper basket*** havne i papirkurven; **2.:** ***consign it to oblivion****(=forget it)* la det gå i glemmeboken.
consignee ['kɔnsai,ni:] *s:* varemottager.
consignment [kən,sainmənt] *s; merk* **1**(,**US:** *shipment)* vareparti; varesending; forsendelse; *(jvf shipment);* **2***(=commission)*: ***goods on consignment*** kommisjonsvarer.
consignment note*(=waybill;* **US:** *freight bill)* fraktbrev.
consignor ['kɔnsai,nɔ:], **consigner** [kən,sainə] *s; merk:* vareavsender; *(jvf shipper).*
consist [kən,sist] *vb:* ***consist in (-ing)*** bestå i å; ***consist of*** bestå av *(fx the house consists of six rooms).*
consistency [kən,sistənsi] *s* **1.** konsistens; ***of the consistency of dough*** av samme beskaffenhet som deig; **2.** konsekvens; følgeriktighet; *(jvf inconsistency);* **3***(=compatibility)* forenlighet; samsvar *n.*
consistent [kən,sistənt] *adj* **1.** konsekvent; følgeriktig; gjennomført; **2.:** ***be consistent****(=agree)* stemme overens (*with* med).
consistently [kən,sistəntli] *adv; stivt(=regularly)* konsekvent; ***his work is consistently good*** arbeidet hans er alltid godt.
consistory [kən,sistəri] *s* **1.** kirkeråd; **2. UK:** ***consistory (court)****(=Church of England court)* kirkedomstol; **3.** *kat:* (pavens) konsistorium *n.*
consolation ['kɔnsə,leiʃən] *s:* trøst; ***by way of consolation****(=as a consolation)* som en trøst; som et plaster på såret; ***a few words of consolation****(=comfort)* noen få trøstens ord; ***poor consolation****(=cold comfort)* mager trøst.
consolation prize trøstepremie.
I. console [,kɔnsoul] *s* **1.** konsoll; kontrollbord; **2.** *mus:* orgelbord.
II. console [kən,soul] *vb(=comfort)* trøste.
consolidate [kən,sɔli'deit] *vb:* konsolidere; ***consolidate one's position*** befeste (*el.* konsolidere) sin stilling.
consolidation [kən'sɔli,deiʃən] *s:* konsolidering.
consonance [,kɔnsənəns] *s; mus:* konsonans; harmoni.
I. consonant [,kɔnsənənt] *s; gram:* konsonant.
II. consonant *adj; stivt:* ***be consonant with****(=be in agreement with)* harmonere med; være i samklang med.
I. consort [,kɔnsɔ:t] *s:* gemal(inne); ***prince consort*** prinsgemal.
II. consort [kən,sɔ:t] *vb; stivt:* ***consort with****(=associate with)* omgås.
consortium [kən,sɔ:tiəm] *s; merk:* konsortium *n.*
conspicuous [kən,spikjuəs] *adj(=very noticeable)* lett å få øye *(n)* på; påfallende; iøynefallende; ***make oneself conspicuous*** gjøre seg bemerket; ***be conspicuous by one's absence*** glimre ved sitt fravær.
conspiracy [kən,spirəsi] *s:* sammensvergelse.
conspirator [kən,spirətə] *s:* konspiratør; ***the conspirators*** de sammensvorne.
conspiratorial [kən'spirə,tɔ:riəl] *adj:* konspiratorisk.
conspire [kən,spaiə] *vb; stivt* **1***(=make secret plans)* konspirere; sammensverge seg (*with* med); ***conspire against sby***(,**T:** *gang up on sby)* sammensverge seg mot en; **2.** *om begivenheter:* ***events conspired to make him a rich man*** begivenhetene gjorde ham til en rik mann.
constable [,kʌnstəbl] *s:* konstabel; ***beat constable***(,**T:** *beat bobby)* patruljerende konstabel.
constabulary [kən,stæbjuləri] *s(=police force)* politikorps.
Constance [,kɔnstəns] *s; geogr:* Konstanz; ***Lake Constance*** Bodensjøen.
constancy [,kɔnstənsi] *s* **1.** uforanderlighet; **2.** *stivt(= faithfulness)* trofasthet.
I. constant [,kɔnstənt] *s:* konstant.
II. constant *adj* **1***(=unchanging)* konstant; **2.** vedvarende; stadig; ***constant****(=continual)* ***changes*** stadige forandringer; **3.** *litt.(=faithful)* trofast.
constantly [,kɔnstəntli] *adv* **1***(=continually; all the time)* stadig; **2***(=always)* hele tiden; uten avbrudd.
constellation ['kɔnstə,leiʃən] *s:* konstellasjon.
consternation ['kɔnstə,neiʃən] *s; stivt(=dismay)* bestyrtelse.
constipated *adj:* forstoppet; ***be constipated*** ha forstoppelse.
constipation ['kɔnsti,peiʃən] *s:* forstoppelse.
constituency [kən,stitjuənsi] *s:* valgkrets.
constituent [kən,stituənt] *s* **1***(=component part)* bestanddel; **2.** *polit(=voter)* velger.
constituent assembly grunnlovgivende forsamling.
constituent part bestanddel.
constitute [,kɔnsti'tju:t] *vb* **1***(=make up; form)* utgjøre; **2.** *stivt(=represent):* ***this constitutes a health hazard*** dette er helsefarlig; **3.** *stivt(=appoint)* utnevne; oppnevne; ***legally constituted*** lovlig oppnevnt (i et embete); **4.:** ***constitute oneself*** konstituere seg.
constitution ['kɔnsti,tju:ʃən] *s* **1.** konstitusjon; forfatning; **2.:** ***a strong constitution*** en sterk konstitusjon; **3***(=make-up; structure)* sammensetning; struktur.
constitutional ['kɔnsti,tju:ʃənl] *adj:* konstitusjonell; forfatningsmessig.
constrain [kən,strein] *vb* **1.** *stivt(=force)* tvinge; **2.** *litt.(=restrain)* legge bånd *(n)* på.
constrained [kən,streind] *adj; stivt; om stemme, etc (= forced; strained)* tvungen; anstrengt.

constraint [kən͵streint] *s; stivt(=compulsion)* tvang.
constrict [kən͵strikt] *vb; stivt* **1***(=make tight; press together)* stramme; presse sammen;
2*(=inhibit)* hemme.
constriction [kən͵strikʃən] *s:* sammensnøring.
constrictor [kən͵striktə] *s* **1.** *anat:* ringmuskel;
2. *zo:* kvelerslange.
construct [kən͵strʌkt] *vb* **1.** bygge; bygge opp; anlegge; oppføre; **2.** *geom; gram, etc:* konstruere.
construction [kən͵strʌkʃən] *s* **1.** bygging; oppførelse; **2.** *geom; gram, etc:* konstruksjon; **3.** *fig:* ***put a good construction on sth*** oppfatte (*el.* utlegge) noe i god mening.
constructional [kən͵strʌkʃənəl] *adj:* bygnings-; konstruksjons-.
constructional kit*(=construction kit)* byggesett.
construction worker anleggsarbeider.
constructive [kən͵strʌktiv] *adj(=helpful)* konstruktiv.
construe [kən͵stru:] *vb; stivt(=interpret)* oppfatte; fortolke; utlegge; ***construe kindness as weakness*** utlegge vennlighet som svakhet.
consul [͵kɔnsəl] *s:* konsul; ***consul general*** generalkonsul.
consular [͵kɔnsjulə] *adj:* konsular-; konsulær-.
consulate [͵kɔnsjulit] *s:* konsulat *n.*
consult [kən͵sʌlt] *vb* **1***(=ask for advice)* be om råd; konsultere; **2.** konsultere *(fx the map; a dictionary);* konferere; **3.** *om lege:* ***he consults(=has surgery) on Mondays*** han har kontortid på mandager.
consultancy [kən͵sʌltənsi] *s:* rådgivning.
consultancy work*(=consultant work)* konsulentarbeid; konsulentvirksomhet.
consultant [kən͵sʌltənt] *s* **1.** konsulent;
2. *med.:* spesialist; *sykehuslege(=consultant physician (,surgeon))* avdelingsoverlege;
3.: ***consultant engineer*** rådgivende ingeniør.
consultant specialist*(=specialist consultant)* fagkonsulent.
consultation ['kɔnsəl͵teiʃən] *s* **1.** konsultasjon; samråd; ***work in close consultation with****(=work closely with)* arbeide i nær kontakt med; **2.** *polit; om forslag:* ***go out to consultation****(=be circulated for comment)* bli sendt ut til høring.
consultative [kən͵sʌltətiv] *adj:* konsultativ; rådgivende.
consulting [kən͵sʌltiŋ] *adj:* rådgivende.
consulting engineer teknisk konsulent; *(jvf consultant 3).*
consume [kən͵sju:m] *vb* **1.** konsumere; **2***(=use)* bruke; forbruke; **3***(=destroy)* fortære.
consumer [kən͵sju:mə] *s:* forbruker; konsument.
consumer association: *se consumers' association.*
Consumer Council: ***the National Consumer Council*** Forbrukerrådet.
consumer protection forbrukervern.
consumers' association*(=consumer association)* forbrukerforening.
consuming [kən͵sju:miŋ] *adj; om tidkrevende aktivitet:* ***his consuming interest in life was his garden*** hans store interesse i livet var hagen; ***all consuming****(=absorbing)* altoppslukende; ***time-consuming*** tidkrevende.
I. consummate [͵kɔnsə'meit] *vb; stivt:* fullbyrde; ***consummated rape*** fullbyrdet voldtekt.
II. consummate [kən͵sʌmit] *adj; stivt(=perfect)* fullendt; ***consummate skill*** fullendt dyktighet.
consummation ['kɔnsə͵meiʃən] *s; stivt* **1***(=completion)* fullførelse *(fx of a life's work);* **2.:** ***the consummation of a marriage*** fullbyrdelsen av et ekteskap.
consumption [kən͵sʌmpʃən] *s:* forbruk *(n)* *(of* av); ***unfit for human consumption*** uegnet som menneskeføde; ***for private consumption*** til eget forbruk.
I. contact [͵kɔntækt] *s* **1.** kontakt; berøring;
2. *fig:* kontakt; ***our contacts abroad*** våre kontakter i utlandet; ***get in contact(=touch) with*** sette seg i forbindelse med; ***establish contact with*** formidle (*el.* etablere) kontakt med; ***keep contacts open*** holde kontaktene åpne; ***come into contact with*** 1. komme i berøring med; 2*(=get in touch with)* komme i forbindelse med; ***lose contact with*** miste kontakten med; ***make contact*** få kontakt; ***difficulty (in) making contact*** kontaktproblem; ***he makes contacts easily****(=he's a sociable person)* han har lett for å få kontakt; ***make contact with*** 1. få kontakt med *(fx a friend);* 2*(=get in touch with)* ta kontakt med.
II. contact [kən͵tækt] *vb:* kontakte.
contact lens *optikk:* kontaktlinse.
contagion [kən͵teidʒən] *s; stivt(=infection)* smitte.
contagious [kən͵teidʒəs] *adj* **1.** *stivt(=infectious)* smittsom; **2.** *fig(=infectious)* smittsom; smittende.
contain [kən͵tein] *vb* **1.** inneholde; romme; **2.** *stivt(=control)* få kontroll med; ***contain one's anger*** styre sinnet sitt; ***contain(=control) onself*** beherske seg; **3.** *mat.(=be divisible by)* være delelig med; *geom(=enclose):* ***the angle contained by AB and AC*** vinkelen AB-AC.
container [kən͵teinə] *s* **1.** beholder; **2.** container.
containment [kən͵teinmənt] *s* **1***(=containing)* det å få kontroll med; det å begrense; **2.** *polit:* ***policy of containment*** oppdemmingspolitikk.
contaminant [kən͵tæminənt] *s:* forurensende stoff.
contaminate [kən͵tæmi'neit] *vb:* kontaminere; forurense.
contamination [kən'tæmi͵neiʃən] *s:* kontaminasjon.
contemplate [͵kɔntem'pleit] *vb* **1.** *stivt(=think seriously about; consider)* tenke på; overveie; **2.** *litt.(=look thoughtfully at)* se ettertenksomt på; betrakte.
contemplation ['kɔntem͵pleiʃən] *s* **1.** overveielse;
2. kontemplasjon; ettertanke; ***religious contemplation(=meditation)*** religiøs kontemplasjon.
contemplative [kən͵templətiv; **US:** ͵kɔntem'pleitiv] *adj(=thoughtful)* kontemplativ; tankefull; ettertenksom.
contemporaneous [kən'tempə͵reiniəs] *adj; meget stivt; helst om fortiden:* samtidig; ***a production of Hamlet in contemporaneous dress****(=in historically correct costume)* en oppsetning av Hamlet med tidsriktige drakter; ***contemporaneous with*** samtidig med; *(se for øvrig II. contemporary 1).*
I. contemporary [kən͵tempərəri] *s; om person:* samtidig; ***his contemporaries*** hans samtidige; ***he was a contemporary of****(=he lived at the same time as)* han var en samtidig av; han levde samtidig med.
II. contemporary *adj* **1.** samtidig; dalevende; ***he was contemporary with****(=he lived at the same time as)* han levde på samme tid som; han levde samtidig med;
2. moderne *(fx art; fashion);* ***contemporary computing*** moderne databehandling; *(jvf contemporaneous).*
contemporary novel samtidsroman.
contemporary studies *pl:* samtidsstudier.
contempt [kən͵tem(p)t] *s:* forakt; ***beneath contempt*** under all kritikk; under lavmålet; ***thinly veiled****(=disguised)* ***contempt*** dårlig skjult forakt; *jur:* ***contempt (of court)*** forakt for retten.
contemptible [kən͵tem(p)təbl] *adj(=despicable)* foraktelig; som fortjener forakt; ussel; *(jvf contemptuous).*
contemptuous [kən͵tem(p)tjuəs] *adj:* hånlig; foraktelig; som viser forakt; ***she gave a contemptuous sneer*** hun smilte hånlig; *(jvf contemptible).*
contend [kən͵tend] *vb; stivt:* ***contend for power*** kjempe om makten; ***contend for the world title*** kjempe om verdensmesterskapet.
contender [kən͵tendə] *s* **1.** *sport:* utfordrer; (mesterskaps)kandidat (*for* til); **2.** *fig; stivt(=candidate)* kandidat (*for* til) *(fx a contender for the chairmanship).*
contending [kən͵tendiŋ] *adj; stivt:* ***the (two) contending(=opposing) parties*** de (to) stridende parter.

I. content [ˌkɔntent] *s* **1.** *det kvantum som finnes i noe:* innhold *n;* ***fat content*** fettinnhold;
2. *stivt(=contents)* innhold;
3.: ***contents*** innhold *(fx the contents were damaged);* ***table of contents*** innholdsfortegnelse.
II. content [kənˌtent] *s* **1.** *litt.(=contentment):* ***live in peace and content*** leve i fred og fordragelighet;
2.: ***to one's heart's content****(=as much as one likes)* av hjertens lyst.
III. content [kənˌtent] *adj(=contented; satisfied)* tilfreds.
contented [kənˌtentid] *adj:* tilfreds; veltilfreds.
contentedness [kənˌtentidnəs] *s(=contentment)* tilfredshet; veltilfredshet.
contention [kənˌtenʃən] *s* **1.** *i debatt:* påstand; **2.** *stivt:* strid; ***a bone of contention****(=an apple of discord)* et stridens eple; ***this is an issue of great contention at the moment****(=there's a great deal of disagreement about this issue at the moment)* dette er et spørsmål det står stor strid om for øyeblikket; **3.** *sport; i mesterskap:* ***three players are in contention to win the title*** tre spillere kjemper om tittelen; ***out of contention*** ute av konkurransen.
contentious [kənˌtenʃəs] *adj; stivt* **1***(=quarrelsome)* stridbar; **2***(=controversial)* kontroversiell; omstridt; ***a contentious issue*** et stridsspørsmål.
contentment [kənˌtentmənt] *s:* tilfredshet; veltilfredshet.
I. contest [ˌkɔntest] *s* **1***(=struggle))* kamp; strid;
2. kappestrid; tevling; konkurranse *(fx a beauty contest);* ***a fishing contest*** en fiskekonkurranse.
II. contest [kənˌtest] *vb* **1.** *polit:* ***contest the election*** stille opp til valg *n;* **2.** *stivt(=call in question)* bestride; ***contest a will*** bestride et testament.
contestant [kənˌtestənt] *s; sport(=competitor)* deltager (i konkurranse).
context [ˌkɔntekst] *s* **1.** sammenheng *(fx try and guess what it means from the context);* ***a quotation detached from its context*** et løsrevet sitat; ***in a school context*** i skolesammenheng; ***see the oil issue in context*** se oljespørsmålet i sammenheng; ***quote sby out of context*** sitere en i gal sammenheng; ***quotations out of context*** sitatfusk; ***briefly refer this extract to its context and explain …*** sett i korthet dette utdraget inn i sin sammenheng og forklar …; **2.** *fig(=surroundings)* omgivelser.
contiguity [ˈkɔntiˌgju:iti] *s* **1.** *meget stivt(=nearness)* nærhet; **2.** *meget stivt:* ***contiguity (of borders)****(=common borders)* grensefellesskap; felles grense; **3.** *geom:* ***the contiguity of circles*** det at sirkler berører hverandre.
contiguous [kənˌtigjuəs] *adj* **1.** *meget stivt(=adjacent)* tilstøtende; ***contiguous****(=neighbouring)* ***states*** nabostater; **2.** *geom(=adjacent)* hosliggende; ***contiguous angles*** nabovinkler.
continent [ˌkɔntinənt] *s:* kontinent *n;* verdensdel.
continental [ˈkɔntiˌnentəl] *adj:* kontinental(-); fastlands-.
continental breakfast kontinental frokost; lett frokost med rundstykker og kaffe.
continental quilt*(=duvet)* vatteppe; dyne.
continental sausage*(=German sausage)* påleggpølse.
continental shelf kontinentalsokkel.
contingency [kənˌtindʒənsi] *s(=possibility)* eventualitet; ***we're prepared for any contingency****(=we're prepared for anything)* vi er forberedt på enhver eventualitet.
contingency-fee lawyer*(=attorney)* **US:** advokat som tar saken uten honorar *(n),* men krever en prosentvis andel av en eventuell erstatningssum.
I. contingent [kənˌtindʒənt] *s:* (troppe)kontingent.
II. contingent *adj; stivt* **1***(=possible)* eventuell; mulig; **2***(=accidental)* tilfeldig; **3***(=conditional)* betinget; ***contingent on*** betinget av; avhengig av.
continual [kənˌtinjuəl] *adj(=very frequent)* stadig.
continually [kənˌtinjuəli] *adv(=all the time; constantly)* til stadighet; stadig; ***he complained continually*** han klagde stadig.
continuance [kənˌtinjuəns] *s; stivt(=continuation)* fortsettelse.
continuation [kənˈtinjuˌeiʃən] *s:* fortsettelse; videreføring; ***a continuation of good old traditions*** en videreføring av gode, gamle tradisjoner; ***a continuation of NN's work*** en videreføring av NNs arbeid.
continue [kənˌtinju:] *vb:* fortsette; ***continue at school*** fortsette på skolen; ***to be continued*** fortsettes (i neste nummer *n*).
continued *adj:* vedvarende.
continuing education US *& Canada(=adult education)* voksenopplæring; *(se adult education).*
continuity [ˈkɔntiˌnju:iti] *s:* kontinuitet.
continuity girl *film:* scriptgirl.
continuous [kənˌtinjuəs] *adj:* uavbrutt; sammenhengende; vedvarende *(fx rain);* fortløpende *(fx series).*
contort [kənˌtɔ:t] *vb:* fordreie *(fx contorted with pain).*
contortion [kənˌtɔ:ʃən] *s:* fordreining.
contortionist [kənˌtɔ:ʃənist] *s:* slangemenneske.
contour [ˌkɔntuə] *s:* kontur; omriss *n.*
contour map kart *(n)* med høydekurver.
contrabass [ˌkɔntrəˈbeis] *s; mus(=double bass)* kontrabass.
contraception [ˈkɔntrəˌsepʃən] *s(=birth control)* fødselskontroll; prevensjon.
I. contraceptive [ˈkɔntrəˌseptiv] *s:* befruktningshindrende middel *n.*
II. contraceptive *adj:* befruktningshindrende.
I. contract [ˌkɔntrækt] *s* **1.** *jur:* kontrakt; ***signed contract*** undertegnet kontrakt (*el.* avtale); avtaledokument; **T:** ***a fat contract*** en fet kontrakt; ***a breach of contract*** et kontraktbrudd; ***break****(,stivt: breach)* ***a contract*** bryte en kontrakt; ***cancel a contract*** heve en kontrakt; ***carry out the contract we have entered into*** oppfylle den kontrakten vi har inngått; ***conclude****(=sign)* ***a contract*** slutte (*el.* inngå) en kontrakt (*for* om); ***draw up a contract*** sette opp en kontrakt; sette opp en (skriftlig) avtale; ***if the contract goes elsewhere*** hvis noen andre får kontrakten; ***work by contract*** *(,om lønnsmottager: be on piecework)* arbeide på akkord;
2. *merk* 1*(=contract work)* (større) akkordarbeid; ***we have placed the contract with …*** vi har satt arbeidet bort til …; ***put a job out to contract*** sette bort et arbeid;
3.: ***(piecework) contract*** akkordarbeid.
II. contract [ˌkɔnˈtrækt; kənˌtrækt] *vb* **1.** inngå avtale (*with* med; *for* om); ***contract for a piece of work*** overta et arbeid på akkord; ***contract out*** sette bort; ***contract out security to a private firm*** sette bort vaktholdet til et privat firma;
2. *mar:* kontrahere.
III. contract [kənˌtrækt] *vb* **1.** *om sykdom:* pådra seg; **2.** *om gjeld; stivt(=incur; run into; get into; run up)* pådra seg *(fx heavy debts);* **3.** trekke seg sammen *(fx muscles contract);* trekke sammen *(fx 'I am' is contracted to 'I'm').*
contraction [kənˌtrækʃən] *s:* sammentrekning.
contract killer *(,***T:** *hit man)* leiemorder; *(jvf hired assassin).*
contract killing leiemord.
contractor [kənˌtræktə] *s* **1.** leverandør; ***specialist contractor*** leverandørspesialist; **2.** *jur(=contracting party)* kontrahent; **3***(=building contractor)* entreprenør.
contract parcel *post:* bedriftspakke; *(se I. parcel 1).*
contradict [ˈkɔntrəˌdikt] *vb:* motsi; ***the two statements contradict each other*** de to uttalelsene motsier hverandre; ***he didn't like to be contradicted*** han likte ikke å bli motsagt.
contradiction [ˈkɔntrəˌdikʃən] *s:* motsigelse.
contradictory [ˈkɔntrəˌdiktəri] *adj:* selvmotsigende;

innbyrdes motstridende; ***the evidence is contradictory*** vitneutsagnene står mot hverandre.

contralto [kən,træltou; kən,trɑ:ltou] *s; mus:* kontralto; kontraalt.

contraption [kən,træpʃən] *s* **T**(*=device*) innretning; tingest (*fx it was a home-made contraption*).

contrariness [kon,trɛərinəs] *s*(*=unwillingness*) vrangvilje.

I. contrary [,kɔntrəri] *s:* ***the contrary***(*=the opposite*) det motsatte; ***on the contrary***(*=quite the reverse; not at all*) tvert imot; ***evidence to the contrary*** bevis (*n*) på det motsatte; ***orders to the contrary*** kontraordre.

II. contrary *adj:* motsatt (*fx idea*); ***contrary to*** i strid med.

III. contrary [kən,trɛəri] *adj*(*=unwilling*) vrangvillig.

I. contrast [,kɔntrɑ:st] *s:* motsetning; kontrast; ***the contrast between X and Y*** kontrasten mellom X og Y; ***by***(*=in*) ***contrast with*** i motsetning til; ***be in sharp***(*= strong; stark*) ***contrast to***(*=with*) stå i skarp (*el.* grell) kontrast til; ***bring out the contrast*** fremheve kontrasten; ***form a contrast to*** danne en kontrast til.

II. contrast [kən,trɑ:st; *også* **US:** kən'træst] *vb* **1**(*= compare*) sammenholde; sammenligne; **2.:** ***contrast with*** stå i motsetning til; ***his words contrast with his actions*** hans ord (*n*) står i motsetning til hans handlinger.

contrasting effect(*=contrast*) kontrastvirkning.

contravene ['kɔntrə,vi:n] *vb; jur:* overtre; ***contravene a law***(*=break a law*) overtre (*el.* bryte) en lov.

contravention ['kɔntrə,venʃən] *s:* overtredelse; ***in contravention***(*=breach*) ***of the regulations*** i strid med bestemmelsene.

contribute [kən,tribju:t] *vb:* bidra; ***contribute sth*** bidra med noe; ***contribute to*** bidra til; ***contribute to a newspaper*** skrive for en avis; ***it's the will to contribute that counts*** det er innsatsviljen det kommer an på.

contributing cause medvirkende årsak.

contributing factor medvirkende faktor.

contribution ['kɔntri,bju:ʃən] *s* **1.** bidrag *n;* ***make a contribution*** gi (*el.* komme med) et bidrag; bidra; **2.:** ***(national insurance) contribution*** trygdepremie; **3.:** ***employer's contribution*** arbeidsgiverandel.

contributor [kən,tribjutə] *s:* bidragsyter.

contributory [kən,tribjutəri] *adj*(*=contributing*) **1.** bidragsytende; **2.** medvirkende (*fx cause*).

con trick T(*=confidence trick*) bondefangerknep.

contrite [kən,trait; ,kɔntrait] *adj; stivt*(*=penitent; deeply sorry*) angerfull; botferdig; meget lei seg.

contrition [kən,triʃən] *s; stivt*(*=(deeply felt) remorse; penitence*) anger; botferdighet.

contrivance [kən,traivəns] *s* **1**(*=device*) innretning; tingest; **2**(*=scheme*) påfunn.

contrive [kən,traiv] *vb* **1.** *om noe vanskelig*(*=manage*) klare; greie (*fx contrive to remove it from her bag*); **2.** *om noe vanskelig*(*=arrange*) arrangere; få i stand.

I. control [kən,troul] *s* **1.** kontroll; ***frontier control*** grensekontroll (*fx get through the frontier control*); ***circumstances beyond our control*** omstendigheter vi ikke rår over; ***for reasons beyond my control*** av grunner som jeg ikke er (,var) herre over; ***I'm in control here*** 1. her er det jeg som har kontrollen; 2(*=I'm in charge here*) her er jeg ansvarlig (*el.* ansvarshavende); ***who's in control?*** 1. hvem har kontrollen? 2(*=who's in charge?*) hvem er ansvarshavende? hvem har ansvaret? ***be in full control*** ha full kontroll; **T:** ha bukten og begge endene; ***control of*** kontroll med (*fx British control of oil supplies*); ***be in control of sth*** ha kontroll med noe; ha noe under kontroll (*fx he's in control of the whole project; she's very much in control of the situation*); ***his control of the ball is very good*** hans ballkontroll er meget god; ***lose control (of sth)*** miste kontrollen (med noe); miste kontrollen (over noe) (*fx he lost control of his car on the bend*); ***lose control of oneself***(*=lose one's self-control*) miste selvbeherskelsen; ***he completely lost control (of himself)*** han ble (,var) meget ubehersket; ***control on, control over*** kontroll med (*fx the report highlights the lack of control on(=over) the way EU money is spent; she has no control over how the money is spent; she has control over all decisions in that department*); ***exercise strict control on***(*=over*) ***expenditure***(*=keep a tight control on(=over) expenditure*) føre streng kontroll med utgiftene; ***they have no real control over their children*** de har ingen egentlig kontroll over barna (*n*) sine; ***out of control*** ute av kontroll; ***the class was quite out of control*** det var helt umulig å holde styr på klassen; ***get out of control*** komme ut av kontroll; ***under control*** under kontroll; ***under British control*** under britisk overhøyhet; ***have the class well under control*** ha et godt grep på klassen; ***get the fire (,situation) under control*** bli herre over ilden (,situasjon); ***the car went out of her control***(*=she lost control of her car*) hun mistet kontrollen over bilen;

2. *sport; i orienteringsløp:* kontrollpost; ***manned control*** bemannet kontrollpost;

3. *mask:* ***controls*** betjeningshåndtak; betjeningsknapper.

II. control *vb:* kontrollere; ***control oneself*** beherske seg.

control column (*,***T:** *stick*) *flyv:* spak; **T:** stikke.

controlled crossing lysregulert (gate)kryss *n.*

controlling interest *merk; også* **US**(*=share majority*) aksjemajoritet.

control panel kontrollpanel.

control tower *flyv:* kontrolltårn.

controversial ['kɔntrə,və:ʃəl] *adj:* omstridt; kontroversiell; ***controversial public figure*** omstridt offentlig skikkelse.

controversial issue stridsspørsmål.

controversy [,kɔntrə'və:si; kən,trɔvəsi] *s; i media, etc*(*=dispute*) strid; kontrovers; ***a subject of controversy*** gjenstand for strid.

contumely [,kɔntjum(i)li; **US:** kən,tu:məli] *s; sj; meget stivt*(*=scorn*) forakt; forhånelse.

contusion [kən,tju:ʒən] *s*(*=bruise*) kvestelse.

conundrum [kə,nʌndrəm] *s; lett glds* **1.** gåte, hvis løsning er et ordspill; **2.** *fig:* gåte; problem *n.*

conurbation ['kɔnə,beiʃən] *s*(*,***US:** *megalopolis*) sammensmelting av flere byer; bydannelse.

convalesce ['kɔnvə,les] *vb; stivt*(*=recover*) komme seg igjen (etter sykdom).

convalescence ['kɔnvə,lesəns] *s; stivt*(*=recovery*) rekonvalesens; bedring.

I. convalescent ['kɔnvə,lesənt] *s:* rekonvalesent.

II. convalescent *adj:* rekonvalesent-; i bedring; ***he's convalescent now***(*=he's recovering now*) han er i bedring nå.

convalescent home rekonvalesenthjem.

convene [kən,vi:n] *vb; stivt* **1**(*=call*) sammenkalle; kalle inn til (*fx a meeting*); **2.** *om komité:* ha møte *n.*

convenience [kən,vi:niəns] *s* **1.** bekvemmelighet; ***at your convenience*** når det passer for Dem; ***with every modern convenience*** med alle moderne bekvemmeligheter; ***marriage of convenience*** fornuftsekteskap;

2. *evf:* ***public convenience***(*=public lavatory*) offentlig toalett.

convenience food ferdigmat.

convenience store døgnbutikk.

convenient [kən,vi:niənt] *adj* **1**(*=suitable*)*:* ***be convenient***(*=be suitable*) passe; ***it was very convenient that*** det passet veldig fint at; **2**(*=easy to use*) lettstelt (*fx kitchen*); **3**(*=easy to reach*)*:* ***keep this in a convenient place*** oppbevar dette på et sted hvor det er lett å få tak i det.

convent [,kɔnvənt] *s:* nonnekloster.

conventicle [kən,ventikl] *s; rel:* konventikkel.

convention [kən,venʃən] *s:* konvensjon; skikk og bruk;

social conventions sosiale omgangsformer.

conventional [kən͵venʃənl] *adj:* konvensjonell; tradisjonell; tradisjonsbundet.

converge [kən͵və:dʒ] *vb* **1.** *om linjer etc; stivt(=meet)* konvergere; møtes; **2.:** ***converge on****(=move towards from different directions)* bevege seg mot fra forskjellige retninger *(fx they converged on the town hall).*

convergence [kən͵və:dʒəns] *s; stivt:* konvergens; sammenløping; ***the convergence****(=meeting)* ***of two rivers*** det at to elver løper sammen (*el.* møtes).

convergent [kən͵və:dʒənt] *adj:* sammenløpende.

conversant [kən͵və:sənt] *adj; stivt:* ***be conversant with*** **1***(=be familiar with)* være (vel) kjent med; kjenne til; være fortrolig med;
2. *stivt(=be well versed in; be at home with)* være vel bevandret i.

conversation ['kɔnvə͵seiʃən] *s:* konversasjon; samtale; ***make conversation*** konversere; samtale; ***carry on****(=have; hold)* ***a conversation*** føre en samtale; ***get into conversation with*** komme i snakk med; ***get the conversation going****(,også: start the ball rolling)* få samtalen i gang.

conversational ['kɔnvə͵seiʃənl] *adj;* konversasjons-; samtale-; uformell *(fx conversational English);* ***he's in a conversational mood today*** han er i pratehjørnet i dag.

conversationalist ['kɔnvə͵seiʃənəlist] *s:* konversasjonstalent *(fx he's a conversationalist).*

I. converse [͵kɔnvə:s] *s; stivt(=opposite):* ***the converse*** det motsatte.

II. converse [kən͵və:s] *vb; stivt(=talk)* snakke; samtale (*with* med).

conversion [kən͵və:ʃən] *s* **1.** forandring; omdannelse (*into* til);
2. *stivt(=change(-over))* omlegning; omstilling; overgang (*to* til);
3. ombygning (*of* av);
4. *mat.:* omregning (*into* til);
5. *økon:* konvertering;
6. *rel & fig:* omvendelse (*to* til).

conversion factor *mat.:* omregningsfaktor.

conversion loan *økon:* konverteringslån.

conversion table *mat.:* omregningstabell.

I. convert [͵kɔnvə:t] *s* **1.** *rel:* konvertitt; omvendt; ***a convert to Islam*** en som er gått over til islam; ***become a convert to sth*** bli omvendt til noe; ***make a convert of sby****(=convert sby)* omvende en; **2.** *fig:* ***I'm a convert to this new system*** jeg er omvendt til dette nye systemet.

II. convert [kən͵və:t] *vb* **1.** gjøre om; regne om (*into* til); ***convert into Norwegian kroner****(=work out in Norwegian kroner)* omregne til norske kroner; ***the sofa converts into a bed*** sofaen kan gjøres om til seng;
2. bygge om (*into* til);
3. *økon:* konvertere;
4. *elekt:* omforme;
5. *rel:* omvende; ***be converted*** omvende seg; la seg omvende.

I. converted [kən͵və:tid] *s; spøkef:* ***you're preaching to the converted!*** jeg er allerede omvendt (,så du kan spare dine anstrengelser)!

II. converted *adj:* omvendt; ***converted heathen*** hedningekristen.

converter [kən͵və:tə] *s; elekt:* omformer.

convertibility [kən'və:ti͵biliti] *s; økon:* konvertibilitet; ***convertibility into gold*** gullinnløselighet.

I. convertible [kən͵və:tibl] *s(=drophead coupé)* kabriolet.

II. convertible [kən͵və:tibl] *adj:* **1.** som kan gjøres om; som kan omdannes; **2.** *økon:* konvertibel.

convex [͵kɔnveks; kən͵veks] *adj:* konveks.

convey [kən͵vei] *vb* **1.** *stivt(=carry; take)* føre *(fx pipes convey hot water to the building);*
2. *stivt(=carry)* frakte;
3. *jur:* overdra; tilskjøte;
4. *stivt(=give)* overbringe *(fx regards to sby);*
5. bibringe; gi; formidle; ***convey****(=give)* ***the impression that ...*** gi det inntrykk at ...; ***convey the impression of being****(=seem to be)* gi inntrykk av å være; ***it conveyed nothing to me****(=it meant nothing to me)* jeg forbandt ingenting med det; det sa meg ingenting.

I. conveyance [kən͵veiəns] *s* **1.** befordring; transport; ***(means of) conveyance****(=means of transport)* transportmiddel; ***a bus is a public conveyance*** bussen er et offentlig (*el.* kollektivt) transportmiddel; **2.** *jur:* overdragelse; tilskjøting; ***deed of conveyance*** skjøte.

II. conveyance *vb: se convey 3.*

conveyer, conveyor [kən͵veiə] *s* **1.** *stivt(=bearer)* overbringer (*of bad news* av dårlige nyheter); **2.:** *se conveyor belt.*

conveyor belt transportbånd; *(jvf belt conveyor).*

I. convict [͵kɔnvikt] *s* **1.** soningsfange; fange; **2.** *jur:* domfelt.

II. convict [kən͵vikt] *vb; jur:* erklære skyldig; dømme; *om bevisene:* felle; ***the convicted spy NN****(=NN, (who was) convicted of spying)* den spiondømte NN; ***convicted of****(=for)* ***spying*** spiondømt; dømt for spionasje.

conviction [kən͵vikʃən] *s* **1.** *jur:* dom(fellelse); ***he had no previous convictions*** han var ikke tidligere straffet; ***appeal against the conviction*** anke over skyldsspørsmålet; **2.** overbevisning; forvissning; ***by conviction*** av overbevisning; ***carry conviction****(=seem convincing)* virke overbevisende; ***she said it with complete conviction****(=she said it very convincingly)* hun hørtes helt overbevist ut (da hun sa det); ***my firm conviction*** min faste overbevisning; ***act according to one's convictions*** handle i overensstemmelse med sine overbevisninger; ***act from conviction*** handle ut fra overbevisning; ***act on a conviction*** handle ut fra en overbevisning; ***have the courage of one's convictions*** ha sine meningers mot *n.*

convince [kən͵vins] *vb:* overbevise (*of* om); ***convince sby of the contrary*** overbevise en om det motsatte; ***convince sby that*** overbevise en om at; ***convince oneself of the truth of sth*** overbevise seg selv om sannheten i noe; ***allow oneself to be convinced****(=let oneself be convinced)* la seg overbevise.

convinced *adj:* overbevist (*of* om); ***I'm convinced that*** jeg er overbevist om at; ***I'm fairly****(=reasonably)* ***convinced that*** jeg er temmelig overbevist om at; ***I'm firmly convinced that*** jeg er (fullt og) fast overbevist om at; ***she seemed deeply convinced of the truth of what she was saying*** hun virket inderlig overbevist om at det hun sa var sant.

convincing [kən͵vinsiŋ] *adj:* overbevisende; slående.

convincingly [kən͵vinsiŋli] *adv:* overbevisende; med overbevisning; ***he's got ahead convincingly*** han har skaffet seg et overbevisende forsprang.

convivial [kən͵viviəl] *adj; stivt(=jolly)* lystig; munter; festlig.

conviviality [kən'vivi͵æliti] *s; stivt(=jollity)* lystighet; munterhet; festlighet.

convocation ['kɔnvə͵keiʃən] *s* **1.** *meget stivt(=summoning)* sammenkallelse;
2*(=(large) assembly)* (stor) forsamling.

convoke [kən͵vouk] *vb; stivt; til fx kirkemøte(=summon)* sammenkalle.

convolution ['kɔnvə͵lu:ʃən] *s; anat:* ***convolutions of the brain****(=cerebral convolutions)* hjernevindinger.

I. convoy [͵kɔnvɔi] *s:* konvoi; ***convoy****(=column)* ***of motor vehicles****(,især* **US:** *motorcade)* bilkolonne; ***sail under convoy*** seile i konvoi.

II. convoy *vb:* konvoiere; eskortere.

convulse [kən͵vʌls] *vb* **1.** få krampetrekninger; **2.** *stivt:* ***be convulsed with****(=be shaken by)* bli rystet av *(fx civil war);* **3. T:** ***be convulsed with laughter****(=shake with laughter; roll about (with laughter))* vri seg av latter.

C

convulsion [kən,vʌlʃən] *s* **1.** *med.:* ***convulsion*** krampetrekning; krampe; **2.** *fig:* ***her jokes had us all in convulsions (of laughter)*** vitsene hennes fikk oss alle sammen til å vri oss av latter.
convulsive [kən,vʌlsiv] *adj:* krampaktig.
I. coo [ku:] *s:* kurring.
II. coo *vb* **1.** *om due:* kurre;
2. *om menneske:* småpludre; ***bill and coo*** kysse og kjæle; **3.** *int* **S:** jøss; oi.
I. cook [kuk] *s:* kokk; ***be a good cook*** være flink til å lage mat; ***too many cooks spoil the broth*** jo flere kokker desto mer søl *n.*
II. cook *vb* **1.** lage mat; ***cook sth by steam****(=steam sth)* dampkoke noe; ***cook one's own meals*** lage maten sin selv; ***cook a chicken for dinner*** ha kylling til middag;
2. T: cook the books*(=doctor the accounts)* forfalske regnskapet; *spøkef:* pynte på regnskapet;
3. T: ***cook****(=bake)* ***oneself on the beach*** ligge og steke seg på stranden;
4. T: ***you've cooked your goose!*** nå sitter du fint i det!
5. T: ***cook up*** finne på; **T:** koke sammen *(fx a story);*
6. T: ***something's cooking****(=brewing)* det er noe i gjære.
cookbook [,kuk'buk] *s* **US***(=cookery book)* kokebok.
cooked meats *(,***US:** *cold cuts)* kjøttpålegg.
cooker [,kukə] *s* **1.** komfyr; ***(electric) cooker****(,***T:** *stove)* (elektrisk) komfyr; **2***(=cooking apple)* mateple.
cookery [,kukəri] *s:* matlaging.
cookery book *(,***US:** *cookbook)* kokebok.
cookie [,kuki] *s* **1. US***(=(sweet) biscuit)* tørr kake; småkake; **2.** *skotsk(=bun)* bolle; **3. T:** ***that's the way the cookie crumbles****(=that's the way things are)* slik er det nå engang; ***we'll see how the cookie crumbles****(=we'll see how things work out)* vi får se hvordan det går.
cookfire [,kuk'faiə] *s:* bål til matlaging.
cooking [,kukiŋ] *s:* matlaging.
cooking fat stekefett.
cooking foil stekefolie.
cooking oil matolje.
cooking pan kokekar; ***a set of cooking pans*** et sett kokekar.
cooking salt kokesalt; kjøkkensalt.
I. cool [ku:l] *s* **1.:** ***in the cool of the evening****(=in the cool evening air)* i den kjølige kveldsluften; **2. S:** ***keep your cool!****(=keep your shirt on!)* ta det rolig!
II. cool *vb* **1.** kjøle; avkjøle; *fig:* kjølne; avkjøle *(fx the economy);* ***cool one's temper a bit*** avkjøle seg litt;
2.: ***cool down*** 1. avkjøle; ***I need sth to cool me down****(=off)* jeg trenger noe å avkjøle meg på;
3*(=calm down)* falle til ro; roe seg;
4.: ***cool off*** 1*(=cool down)* avkjøle seg; 2. *fig:* kjølne;
5.: ***cool****(=kick)* ***one's heels*** vente utålmodig.
III. cool *adj* **1.** *også fig:* kjølig;
2*(=calm)* rolig; ***keep cool****(=stay calm)* bevare fatningen;
3. usjenert; frekk; **T:** ***play it cool*** ta det iskaldt;
4. T: ***a cool ten thousand*** ti tusen raske;
5. *især* **US T:** super(t); flott; kul(t).
coolant [,ku:lənt] *s:* kjølevæske; kjølemiddel.
cool customer *lett glds* **T 1.** kaldblodig fyr; **2.** frekk fyr.
cooler [,ku:lə] *s* **1.** vinkjøler; **2. US***(=fridge)* kjøleskap; **3. S***(=prison):* ***in the cooler*** i buret.
cool-headed ['ku:l,hedid; *attributivt:* ,ku:l'hedid]) *adj:* besindig; rolig.
cooling fan *mask; i bil:* (kjøle)vifte.
cooling-off ['ku:liŋ,ɔf] *s; i forhandlinger, etc:* tenkepause; betenkningstid.
cooling-off period *jur:* ***(statutory) cooling-off period*** angrefrist; ***a 14-day cooling-off period*** en angrefrist på 14 dager.
cooling water *mask:* kjølevann.
coolly [,ku:li] *adv* **1***(=calmly)* rolig; **2.** usjenert; frekt.
coolness [,ku:lnəs] *s* **1.** *også fig:* kjølighet; **2.** sinnsro; ro; besindighet; **3***(=impudence)* frekkhet; usjenerthet.
coon [ku:n] *s* **1.** *zo* **T***(=racoon)* vaskebjørn; **2.** *neds* **S***(=Negro)* svarting; *(jvf darkie).*
I. coop [ku:p] *s:* bur *n;* ***chicken coop*** kyllingbur.
II. coop *vb:* ***coop up****(=shut up)* stenge inne; ***we've been cooped up in this tiny room for hours*** vi har sittet innemurt her i dette bittelille rommet i timevis.
co-op [,kou'ɔp] *s* **T:** *se co-operative.*
co-operate, cooperate [kou,ɔpə'reit] *vb:* samarbeide; ***he refused to co-operate*** han nektet å samarbeide; ***co-operate with****(=work (together) with)* samarbeide med.
co-operation, cooperation [kou'ɔpə,reiʃən] *s:* samarbeid; samarbeidsforhold; ***we count on your co-operation*** vi regner med samarbeid fra Deres side.
I. co-operative, cooperative [kou,ɔpərətiv] *s(=co-operative society)* kooperativ *n.*
II. co-operative, cooperative *adj* **1.** kooperativ; samarbeidende; **2.** samarbeidsvillig; medgjørlig; ***unwilling to adopt a co-operative attitude*** lite samarbeidsvillig.
co-operative shop *(=store)(,***T:** *co-op)* samvirkelag.
co-operative society andelslag; samvirkelag.
co-opt [kou,ɔpt] *vb; om komité:* supplere seg selv med *(fx a new member);* ***she was co-opted on to the committee*** hun ble innvalgt i komitéen.
I. coordinate [kou,ɔ:dinit] *s; mat.:* koordinat *n.*
II. coordinate [kou,ɔ:dinit] *adj* **1.** sidestilt; koordinert; ***two coordinate departments*** to sidestilte avdelinger; **2.** *mat.:* koordinat-; ***coordinate axis*** koordinatakse.
III. coordinate [kou,ɔ:di'neit] *vb:* koordinere; samordne.
coordination [kou'ɔ:di,neiʃən] *s:* koordinering; koordinasjon; sideordning; samordning.
coordinator [kou,ɔ:di'neitə] *s:* koordinator.
coot [ku:t] *s; zo(=bald coot)* blisshøne; sothøne; ***bald as a coot*** skallet som et egg.
co-owner [,kou'ounə; 'kou,ounə] *s(=joint owner)* medeier.
I. cop [kɔp] *s* **S***(=policeman)* purk.
II. cop *vb* **1***(=catch)* ta *(fx cop (hold of) this cup of coffee, will you?);* **2***(=steal)* rappe; kvarte. **3. S:** ***cop it*** få juling; ***you'll cop a clout if you do that!*** jeg rapper til deg hvis du gjør det!
copacetic ['koupə,setik] *adj* **S US** *& Canada(=just fine)* kjempefin(t); helt topp; ***things are copacetic*** alt er helt topp.
co-partner ['kou,pɑ:tnə] *s(=partner)* kompanjong.
co-partnership [kou,pɑ:tnəʃip] *s(=partnership)* kompaniskap.
cope [koup] *vb(=manage)* klare; greie; ***let me know if you can't cope*** si fra til meg hvis du ikke greier (*el.* klarer) det; ***are you coping?*** klarer du deg? ***cope with sth*** klare noe; greie noe.
Copenhagen ['koupən,heigən] *s:* København.
copier [,kɔpiə] *s(=copying machine)* kopieringsmaskin.
co-pilot [,kou'pailət] *s; flyv:* annenflyger.
copious [,koupiəs] *adj:* fyldig; rikholdig; rikelig.
copper [,kɔpə] *s* **1.** *min:* kopper; **2. T:** kopperslant *(fx he gave the beggar a few coppers);* **3. T***(=policeman)* politimann; **T:** purk.
copper coin koppermynt; *(jvf copper 2).*
copperplate [,kɔpə'pleit] *s* **1.** kopperplate; **2.** kopperstikk.
copper rust*(=verdigris)* irr *n.*
co-proprietor ['kouprə,praiətə] *s; stivt(=co-owner)* medeier.
coppice [,kɔpis] *s(=copse)* krattskog; småskog.
copra [,kouprə] *adj:* kopra (ɔ: tørrede kokoskjerner).
copse [kɔps] *s(=coppice)* krattskog; småskog.
Copt [kɔpt] *s; rel:* kopter.
copter [,kɔptə] *s* **T***(=helicopter;* **T:** *chopper)* helikopter.
Coptic [,kɔptik] *adj; rel:* koptisk.
copula [,kɔpjulə] *s; gram(=link verb)* kopula; uselvstendig verb.

copulate [ˌkɔpju'leit] *vb* **1.** *om dyr:* pare seg; **2.** *om mennesker; neds(=have sex)* pare seg; kopulere.
copulation ['kɔpjuˌleiʃən] *s:* paring; kopulasjon.
I. copy [ˌkɔpi] *s* **1.** kopi;
2. avskrift; ***certified copy*** bekreftet avskrift;
3. *skolev:* ***final copy****(=final version)* renskrift; innføring; ***rough copy*** kladd;
4. *av avis, bok, etc:* eksemplar *n;*
5. *typ; som skal settes:* manuskript *n;*
6. *i reklamebransjen:* tekst *(fx write copy for television advertisements);*
7. (nyhets)stoff *n (fx murders are always good copy);*
8. *EDB; mots skjermbilde:* ***hard copy*** utskrift; fast kopi; tekst; ***soft copy*** skjermbilde.
II. copy *vb* **1.** kopiere;
2*(=imitate)* etterligne;
3. *skolev:* skrive av; ***copy each other's work*** skrive av etter hverandre;
4. *skolev:* ***copy out****(=write out)* 1. føre inn *(fx copy it out nicely);* 2. skrive av.
copybook [ˌkɔpi'buk] *s* **1.** skjønnskriftsbok;
2. T: ***blot one's copybook****(=put one's foot in it)* trampe i klaveret; tråkke i spinaten.
copybook example*(=textbook example)* skoleeksempel.
copycat [ˌkɔpi'kæt] *s; neds* **T:** apekatt; papegøye.
copying error avskriftsfeil.
copying machine kopieringsmaskin.
copy paper *skolev:* innføringspapir.
copy-protect [ˌkɔpiprə'tekt] *vb; EDB:* kopibeskytte.
copy protection *EDB:* kopibeskyttelse.
I. copyright [ˌkɔpi'rait] *s:* opphavsrett; copyright; rett til åndsverk; forfatterrett; forlagsrett; enerett; ***artistic copyright*** kunstnerisk enerett (*el.* eiendomsrett); ***world copyright*** eneretten for alle land; ***protected by copyright*** beskyttet av opphavsretten; copyrightbeskyttet; ***this book is our copyright*** vi har opphavsretten til denne boken; ***the publishers have the copyright on the book*** forlaget har copyright på boken; ***copyright reserved*** ettertrykk forbudt.
II. copyright *adj:* opphavsrettslig beskyttet; ***his book is still copyright*** det er fremdeles copyright på boken hans.
copyright act *jur:* ***the copyright act*** åndsverkloven.
copyright holder copyrightinnehaver.
copy sheet *skolev:* innføringsark.
copyshop [ˌkɔpi'ʃɔp] *s:* kopieringsanstalt.
copywriter [ˌkɔpi'raitə] *s; i reklamebyrå:* tekstforfatter.
coquetry [ˌkɔkitri; ˌkoukitri] *s; stivt(=flirtation)* flørting; koketteri *n.*
coquette [kɔˌket; kouˌket] *s; stivt(=flirt)* flørt; kokette.
coquettish [kɔˌketiʃ; kəˌketiʃ] *adj; stivt(=flirtatious)* kokett.
cor [kɔ:] *int* **S***(=good heavens)* jøss.
coral [ˌkɔrəl] *s; zo:* korall.
cord [kɔ:d] *s* **1.** snor; ***curtain cord*** gardinsnor;
2. *elekt(=flex)* ledning;
3. *anat:* ***spinal cord*** ryggmarg; ***vocal cord*** stemmebånd;
4*(=corduroy)* kordfløyel; ***a pair of cords*** en kordfløyelsbukse.
I. cordial [ˌkɔ:diəl; **US:** ˌkɔ:dʒəl] *s* **1.** *om medisin, etc:* (hjerte)styrkende middel *n;* **2***(=fruit drink)* fruktdrikk *(fx lime-juice cordial).*
II. cordial *adj* **1.** *meget stivt el. glds(=hearty; very friendly)* hjertelig;
2. *stivt(=hearty):* ***she developed a cordial dislike of the place*** hun begynte i høy grad å mislike stedet.
cordiality ['kɔ:diˌæliti], **cordialness** [ˌkɔ:diəlnəs] *s; stivt(=warmth of feeling)* hjertelighet.
cordially [ˌkɔ:diəli] *adv; meget stivt el. glds(=heartily)* hjertelig.
cordless [ˌkɔ:dləs] *adj:* ***cordless telephone*** trådløs telefon.
I. cordon [ˌkɔ:dən] *s* **1.** *av politi, etc:* sperring;
2. *arkit(=string course; table)* murbånd; båndgesims;
3. (pynte)snor; (ordens)bånd *n.*
II. cordon *vb:* ***cordon off****(=close (off))* sperre av.
I. cordon bleu ['kɔ:dənˌblə:] *s* **1.** høyeste utmerkelse i kokekunst; **2***(=cordon-bleu cook)* mesterkokk.
II. cordon-bleu *adj; kul:* av aller ypperste kvalitet *(fx cordon-bleu cooking);* ***a cordon-bleu cook*** en mesterkokk.
corduroy [ˌkɔ:də'rɔi] *s:* kordfløyel; ***corduroys*** kordfløyelsbukser.
I. core [kɔ:] *s* **1.** kjerne; ***apple core*** kjernehus; epleskrott; **2.** *tøm:* blindtre (til finéring); **3.** *fig:* kjerne; kjernepunkt; ***get to the core of the problem*** komme til kjernen i problemet; ***rotten to the core*** bunnråtten.
II. core *vb:* ta ut kjernehuset av *(fx core an apple).*
core curriculum *skolev:* kjernepensum (om faggruppen).
co-regent [ˌkou'ri:dʒənt] *s:* medregent.
core syllabus *skolev; i enkelt fag:* kjernepensum; *(jvf core curriculum).*
Corfu [ˌkɔ:fju:] *s; geogr:* Korfu.
coriander ['kɔriˌændə] *s; bot:* koriander.
I. cork [kɔ:k] *s:* kork; flaskekork; ***take the cork out of the bottle*** ta korken av flasken.
II. cork *vb:* ***cork (up)*** korke; sette kork i.
corked [kɔ:kt] *adj; om vin:* med korksmak.
corkscrew [ˌkɔ:k'skru:] *s:* korketrekker.
cormorant [ˌkɔ:mərənt] *s; zo:* storskarv.
I. corn [kɔ:n] *s; bot* **1**(,**US:** *grain)* korn; hvete; ***sheaf of corn*** kornnek; ***spike of corn*** kornaks;
2. US*(=maize)* mais; ***sweet corn****(=sugar corn)* søtmais; ***corn on the cobs*** kokte maiskolber;
3*(=grain; seed):* ***peppercorn*** pepperkorn;
4. *med.:* liktorn; **T:** liktå; *fig:* ***tread on sby's corns*** tråkke en på liktærne.
II. corn *vb:* lettsalte; ***corned beef*** sprengt oksekjøtt; corned beef.
corn bread US*(=maize bread)* maisbrød.
corncob [ˌkɔ:n'kɔb] *s; bot:* maiskolbe.
corncockle [ˌkɔ:n'kɔkl] *s; bot:* klinte.
corncrake [ˌkɔ:n'kreik] *s; zo:* åkerrikse.
cornea [ˌkɔ:niə] *s; anat:* hornhinne.
I. corner [ˌkɔ:nə] *s* **1.** hjørne *n;* gatehjørne; ***at the corner*** på hjørnet; *fig:* ***cut corners*** ta snarveier; *også fig:* ***(just) round the corner*** like rundt hjørnet;
2. krok; hjørne *n;* ***in the corner*** i hjørnet; ***look in every nook and corner*** se i alle kriker og kroker;
3. *i vei:* kurve; sving; ***on a blind corner****(=bend)* i en uoversiktlig sving; ***take****(=negotiate)* ***a corner*** greie en sving;
4. *sport; fotb:* hjørnespark; corner;
5. *fig:* ***drive him into a corner*** trenge ham opp i et hjørne;
6. *fig; om pasient:* ***have turned the corner*** være over det verste.
II. corner *vb* **1.** trenge opp i et hjørne; **2.** *om kjøretøy:* ta et hjørne; **3. T***(=gain control of)* få kontroll over *(fx they've cornered the market).*
cornerstone [ˌkɔ:nə'stoun] *s; også fig:* hjørnestein.
cornet [ˌkɔ:nit] *s* **1.** *mus:* kornett; **2.** *mus:* kornettist;
3. kremmerhus; ***ice-cream cornet*** 1. iskremkjeks; isvaffel; 2. kjeksis.
cornfield [ˌkɔ:n'fi:ld] *s*(,**US:** *grain field)* kornåker.
cornflour [ˌkɔ:n'flauə] *s*(,**US:** *cornstarch)* (fint) maismel.
cornflower [ˌkɔ:n'flauə] *s; bot(=bluebottle)* kornblomst.
cornice [ˌkɔ:nis] *s* **1.** *arkit:* (del av) gesims;
2. *arkit:* (ornamentert) taklist;
3. *om snøskavl:* ***(overhanging) cornice*** hengeskavl; *på bre:* ***snow cornice*** snøkam.
corniche [ˌkɔ:niʃ] *s:* ***corniche (road)*** kystvei hogd ut i fjellsiden.

Cornish [ˌkɔ:niʃ] *adj:* fra (,i) Cornwall; kornisk.
Cornish pasty rund pai fylt med kjøtt *(n),* potet, løk (og ofte andre grønnsaker); *(jvf pasty).*
corn marigold *bot:* marigull; *(jvf marigold).*
corn poppy *bot(=red poppy)* kornvalmue.
corn salad *bot(=lamb's lettuce)* vårsalat.
corn snow kornsnø.
cornstarch [ˌkɔ:n'stɑ:tʃ] *s* **US***(=cornflour)* (fint) maismel.
cornucopia ['kɔ:njuˌkoupiə] *s; litt.(=horn of plenty)* overflødighetshorn.
Cornwall [ˌkɔ:nwəl] *s; geogr:* Cornwall.
corny [ˌkɔ:ni] *adj* **T***(=trite)* forslitt *(fx joke).*
corolla [kəˌrɔlə] *s; but:* blomsterkrone.
corollary [kəˌrɔləri] *s; stivt* **1***(=obvious deduction)* naturlig slutning;
2*(=consequence)* følge; konsekvens.
corona [kəˌrounə] *s* **1.** *bot:* bikrone; **2.** *astr:* korona.
coronal [ˌkɔrənəl] *adj; bot:* ***coronal leaf*** bikronblad.
I. coronary [ˌkɔrənəri] *s(=coronary thrombosis)* koronartrombose; blodpropp i en kransarterie.
II. coronary *adj:* koronar-.
coronary artery *anat:* kransarterie.
coronation ['kɔrəˌneiʃən] *s:* kroning.
coroner [ˌkɔrənə] *s:* embetsmann som forestår likskue.
coroner's inquest likskue.
coronet [ˌkɔrənit] *s:* (liten) krone.
I. corporal [ˌkɔ:pərəl] *s; mil(fk Cpl)* korporal; ***lance corporal****(fk Lance-Cpl)(,***US:** *private first class)* visekorporal.
II. corporal *adj:* korporlig; legemlig; ***corporal punishment*** korporlig avstraffelse.
corporate [ˌkɔ:pərit] *adj* **1.** *stivt(=joint)* felles; ***corporate spirit****(=feeling of community)* fellesskapsfølelse; **2.** *jur:* korporativ.
corporate*(=institutional)* ***advertising*** fellesannonser.
corporate jet *flyv:* firmajet.
corporation ['kɔ:pəˌreiʃən] *s* **1.** korporasjon; **2***(=municipal corporation; town council)* kommunestyre; bystyre.
corps [kɔ:] *s(pl: corps* [kɔ:z]*)* **1.** *mil:* korps; ***the Royal Army Medical Corps****(fk the RAMC)(,***US:** *the Medical Corps)* Hærens sanitet; **2.:** ***the diplomatic corps*** det diplomatiske korps.
corpse [ˌkɔ:ps] *s(=dead body)* lik *n.*
corpulence [ˌkɔ:pjuləns] *s; stivt(=fatness)* korpulens; fedme.
corpulent [ˌkɔ:pjulənt] *adj; stivt(=fat)* korpulent; fet.
corpus [ˌkɔ:pəs] *s* **1.** *stivt(=main part)* hoveddel;
2. *språkv:* basismateriale; basistekst; **3.** *meget stivt:* ***the corpus of Dickens' works****(=the complete works of Dickens)* Dickens' samlede verker.
corpuscle [ˌkɔ:pʌsəl] *s; fysiol:* ***(blood) corpuscle****(= blood cell)* blodlegeme; ***red corpuscle****(=erythrocyte)* rødt blodlegeme; ***white corpuscle****(=leucocyte)* hvitt blodlegeme.
corral [kɔˌrɑ:l] *s; især* **US:** innhegning for kveg *n.*
I. correct [kəˌrekt] *vb:* rette (på); rette opp; korrigere.
II. correct *adj* **1***(=right)* korrekt; riktig; ***you're correct in thinking …*** du har rett når du tror …; **2.:** ***correct behaviour*** korrekt oppførsel; ***he was always very correct with us*** han var alltid meget korrekt overfor oss.
correcting fluid rettelakk.
correction [kəˌrekʃən] *s:* rettelse; korreksjon.
I. corrective [kəˌrektiv] *s:* korrektiv *n.*
II. corrective *adj:* korrigerende.
correctly [kəˌrektli] *adv:* korrekt; ***it all went off (nicely and) correctly*** det (hele) gikk pent og pyntelig for seg.
I. correlate [ˌkɔri'leit; ˌkɔrilət] *s:* korrelat *n.*
II. correlate [ˌkɔri'leit] *vb; stivt(=show a correlation between)* korrelere.
correlation ['kɔriˌleiʃən] *s:* korrelasjon.
correlative [kəˌrelətiv] *adj:* korrelativ; samsvarende.
correspond ['kɔriˌspɔnd] *vb* **1.** *stivt(=write to one another)* korrespondere; brevveksle; ***correspond with*** *(=write to)* brevveksle med; skrive med; korrespondere med; **2.:** ***correspond to*** svare til; **3.:** ***correspond with*** *stivt(=be in agreement with)* stemme overens med.
correspondence ['kɔriˌspɔndəns] *s* **1.** brevveksling; korrespondanse; **2***(=agreement)* overensstemmelse; samsvar.
correspondence clerk *merk:* korrespondent; ***foreign correspondence clerk*** utenlandskorrespondent.
correspondence column *i avis:* spalte for leserbrev.
I. correspondent ['kɔriˌspɔndənt] *s* **1.** (utenlands)korrespondent *(fx foreign correspondent for 'The Times');* **2.** *stivt:* brevskriver; ***a poor correspondent*** en dårlig brevskriver; ***he has correspondents all over the world****(=he corresponds with(=writes to) people all over the world)* han brevveksler med folk over hele verden.
II. correspondent *adj; stivt* **1.:** *se corresponding;* **2.:** ***be correspondent with****(=to)(=correspond to)* svare til.
corresponding ['kɔriˌspɔndiŋ] *adj:* tilsvarende.
correspondingly ['kɔriˌspɔndiŋli] *adv* **1***(=similarly)* på tilsvarende måte; **2.** tilsvarende; ***a big car and a correspondingly big garage*** en stor bil og en tilsvarende stor garasje.
corridor [ˌkɔri'dɔ:] *s* **1.** gang; korridor; **2.** *fig:* ***the corridors of power*** maktens korridorer.
corridor carriage *(,***US:** *vestibule car) jernb:* gjennomgangsvogn.
corroborate [kəˌrɔbə'reit] *vb; stivt(=confirm)* bekrefte.
corroboration [kə'rɔbəˌreiʃən] *s; stivt(=confirmation)* bekreftelse.
corrode [kəˌroud] *vb* **1.** ruste; korrodere; **2.** *om syre:* etse; **3***(=crumble)* forvitre.
corrosion [kəˌrouʒən] *s* **1.** korrosjon; rust; **2.** etsing; **3***(=crumbling)* forvitring.
I. corrosive [kəˌrousiv] *s:* etsende stoff *n.*
II. corrosive *adj* **1.** korroderende; som forårsaker rust; **2.** etsende; **3.** *fig; stivt(=damaging)* skadelig *(fx the corrosive effects of inflation).*
corrugate [ˌkɔrə'geit] *vb:* korrugere; rifle; bølge.
corrugated cardboard *bygg:* bølgepapp.
corrugated iron bølgeblikk.
I. corrupt [kəˌrʌpt] *vb* **1***(=make bad)* forderve; korrumpere; **2.** *stivt; fig(=ruin)* ødelegge.
II. corrupt *adj:* korrupt; fordervet; korrumpert.
corruptible [kəˌrʌptibl] *adj:* bestikkelig.
corruption [kəˌrʌpʃən] *s* **1.** korrupsjon; **2.** fordervelse; korrumpering.
corsage [kɔ:ˌsɑ:ʒ] *s:* pyntebukett (til kjole, jakkeoppslag, etc).
corsair [ˌkɔ:sɛə] *s* **1***(=pirate)* korsar; sjørøver;
2*(=privateer)* sjørøverskip.
corset [ˌkɔ:sit] *s* **1.** korsett *n;* **2.** snøreliv.
Corsica [ˌkɔ:sikə] *s; geogr:* Korsika.
I. Corsican [ˌkɔ:sikən] *s:* korsikaner; *språket:* korsikansk.
II. Corsican *adj:* korsikansk.
cortège, cortege [kɔ:ˌteiʒ] *s; stivt(=procession)* prosesjon; kortesje.
cortex [ˌkɔ:teks] *s; anat:* bark.
cortisone [ˌkɔ:ti'soun; ˌkɔ:ti'zoun] *s:* kortison *n.*
I. cosh [kɔʃ] *s(,***US:** *blackjack)* gummibatong; blykølle.
II. cosh *vb:* slå ned (med kølle el. batong).
cosignatory ['kouˌsignətəri] *s(=joint signer)* medunderskriver *(fx of a document).*
cosiness [ˌkouzinəs] *s:* lunhet; hygge.
cos (lettuce) *bot:* romersalat.
I. cosmetic [kɔzˌmetik] *s:* kosmetisk preparat *n;* skjønnhetsmiddel; ***cosmetics*** kosmetikk; kosmetika.
II. cosmetic *adj:* kosmetisk.
cosmetic bag toalettveske.
cosmetic holdall *(=spongebag)* (større) toalettveske.

cosmetic purse liten toalettveske.
cosmetic *(=aesthetic)* ***surgery*** kosmetisk kirurgi.
cosmic [ˌkɔzmik] *adj:* kosmisk.
cosmonaut [ˌkɔzməˈnɔ:t] *s(=Soviet astronaut)* kosmonaut.
I. cosmopolitan [ˈkɔzməˌpɔlitən] *s:* kosmopolitt; verdensborger.
II. cosmopolitan *adj:* kosmopolitisk.
cosmos [ˌkɔzmɔs] *s:* ***the cosmos****(=the universe)* kosmos *n;* universet; verdensaltet.
cosset [ˌkɔsit] *vb; stivt(=pamper; mollycoddle)* forkjæle.
I. cost [kɔst] *s* **1***(=price)* pris *(fx what's the cost of this coat?);*
2. omkostning; ***cost of repair(s)*** reparasjonsomkostninger; ***force****(=press)* ***costs down*** drive omkostningene ned; ***free of cost to you*** omkostningsfritt for Dem;
3. *merk:* kostnad; ***fixed costs*** faste kostnader; ***sell at cost (price)*** selge til kostpris;
4. *jur:* ***costs*** saksomkostninger; ***be awarded costs of 10,000 kroner*** bli tilkjent 10.000 kroner i saksomkostninger;
5. *fig:* pris; ***the cost of human life*** prisen på menneskeliv; ***at any cost****(=at any price; at all costs)* for enhver pris; ***at the cost****(=expense)* ***of*** på bekostning av; ***I know it to my cost*** det har jeg fått erfare (*el.* føle).
II. cost *vb* **1.** *også fig:* koste; ***it cost me dear*** det kom meg dyrt å stå; ***it doesn't cost the earth, you know*** det koster ikke all verden, vet du; **2.** omkostningsberegne.
costal [ˌkɔstəl] *adj; anat:* ribbens-; bryst-.
I. co-star [ˌkouˈstɑ:] *s:* innehaver av en av hovedrollene.
II. co-star *vb:* ***he was co-starred with X*** han og X hadde hovedrollene; ***co-starring X and Y*** med X og Y i hovedrollene.
cost-conscious [ˌkɔstˈkɔnʃəs] *adj:* kostnadsbevisst.
cost favourable *adj; merk:* kostnadsvennlig.
cost free *adj & adv:* omkostningsfritt.
costing [ˌkɔstiŋ] *s; merk:* kostnadsberegning.
costly [ˌkɔstli] *adj(=expensive)* dyr; kostbar; *fig:* ***a costly victory*** en dyrekjøpt seier.
cost of living leveomkostninger.
cost-of-living bonus **1.** indekstillegg; **2***(=weighting)* stedstillegg..
cost-of-living index levekostnadsindeks.
cost price *merk(=calculated price)* kalkulasjonspris; kostpris.
costume [ˌkɔstju:m] *s* **1.** drakt; ***national costume*** nasjonaldrakt; bunad; **2.** kostyme *n.*
costume ball **US***(=costume party)* kostymeball.
costume jewellery bijouteri *n.*
costumier [kɔˌstju:miə] *s:* kostymeutleier.
I. cosy *(,***US:** *cozy)*[ˌkouzi] *s:* ***tea cosy*** tevarmer.
II. cosy *(,***US:** *cozy) adj:* koselig; hyggelig; varm og bekvem *(fx this sweater will keep you cosy);* ***a cosy little job*** en fin liten jobb.
cot [kɔt] *s* **1***(,***US:** *crib)* barneseng; **2. US** *s(=camp bed)* feltseng.
cot death *med.(,***US:** *sudden infant death; SID [sid])* krybbedød.
cote [kout] *s:* skur *n;* kve *n; (jvf dovecote).*
cottage [ˌkɔtidʒ] *s* **1.** lite hus; *(se country cottage);* **2.:** ***holiday cottage, weekend cottage*** feriested; hytte; *(jvf country cottage & country house).*
cottage cheese *(,***US** *også: clabber cheese)* hytteost; surost; cottage cheese.
cottage industry hjemmeindustri.
cottage pie*(=shepherd's pie)* kjøtt- og potetmospai.
cottager [ˌkɔtidʒə] *s* **1.** person som bor i en 'cottage'; **2***(=rural labourer)* gårdsarbeider; **3.** *hist: se I. cotter 2; cottier.*
I. cotter [ˌkɔtə] *s* **1.** *hist(=cottier)* husmann; **2.** *i Skottland(=cottar)* småbonde med 'cottage' og inntil to dekar jord; **3***(=cottager)* person som bor i en 'cottage'.
cotter pin *mask(=split pin)* låsesplint; låsepinne.
cottier [ˌkɔtiə] *s* **1.** *hist(=cotter)* husmann; **2.** *i Irland:* småbonde med 'cottage' og inntil to dekar jord.
I. cotton [ˌkɔtən] *s* **1.** *bot(=cotton plant(s))* bomullsplante(r);
2. *tekstil:* bomull;
3*(=cotton wool)* vatt; ***a wad of cotton*** en vattdott; en bomullsdott;
4*(=cotton yarn)* bomullsgarn.
II. cotton *vb* **1. T:** ***cotton on to*** 1*(=begin to understand)* bli klar over; ***he'll soon cotton on (to what you mean)*** det vil snart gå opp for ham (hva du mener); 2*(=make use of)* gjøre bruk av; nyttiggjøre seg;
2. US T: ***cotton up to sby****(=try to make friends with sby)* prøve å gjøre seg til venns med en.
cotton candy **US***(=candy floss)* sukkervatt.
cotton interlock underwear makkoundertøy.
cotton print mønstret bomullstøy; kattun.
cotton waste pussegarn; *(jvf waste cotton).*
cotton wool **1***(=cotton)* bomull; vatt; ***medicated cotton wool****(=purified cotton;* **US:** *absorbent cotton)* renset bomull;
2. *fig:* ***bring a child up in cotton wool****(=cocoon a child; overprotect a child)* la et barn vokse opp i bomull; overbeskytte et barn; ***she's been wrapped in cotton wool all her life****(=she's been cocooned all her life)* hun har vært pakket inn i bomull hele livet.
cotton-wool existence*(=cocooned life)* beskyttet tilværelse.
cotton-wool swab *(,varemerke: Q-tip)* vattpinne.
I. couch [kautʃ] *s* **1.** sofa; *hos lege, etc:* behandlingsbenk; ***studio couch****(=sofa bed)* sovesofa; **2.** *bot:* ***(common) couch****(=couch grass; twitch (grass);* **US:** *quack grass)* vanlig kveke.
II. couch *vb; stivt & litt.* **1***(=express)* uttrykke *(fx one's thoughts in words);* **2***(=draw up; word)* avfatte; ***such a letter should be couched****(=worded)* ***in a sharper tone*** et slikt brev bør skrives (*el.* avfattes) i en skarpere tone; **3.** *med.:* ***couch a cataract*** operere for grå stær.
couchette [ku:ˌʃet] *s; jernb, etc:* couchette.
cougar [ku:gə] *s; zo(=puma; mountain lion)* kuguar; puma.
I. cough [kɔf] *s* **1.** hoste; **2***(=coughing)* hosting.
II. cough *vb* **1.** hoste; **2.:** ***cough up*** 1. hoste opp; 2. **S***(=pay)* betale; **T:** punge ut.
could [kud; kəd] *vb; pret av 'be able to'; se II. can.*
coulter [ˌkoultə] *landbr; på plog(,***US:** *colter)* ristel.
I. council [ˌkaunsəl] *s* **1.** råd *n;* rådsforsamling; ***emergency council*** kriseråd;
2. *rel:* konsil *n;* kirkemøte;
3*(=local council; county council)* kommune; kommunestyre.
II. council *adj:* kommune-; kommunal-; ***council housing*** kommunale boliger; ***the council offices*** kommunekontorene; de kommunale kontorene *n.*
council estate kommunalt boligfelt.
council-funded [ˌkaunsəlˈfʌndid] *adj:* som finansieres av kommunen *(fx a council-funded school).*
councillor *(,***US:** *councilor)* [ˌkaunsələ] *s:* kommunestyremedlem.
council meeting kommunestyremøte.
Council of Europe *(fk C of E):* ***the Council of Europe*** Europarådet.
council solicitor kommuneadvokat.
council tax kommuneskatt.
council worker *(,***US:** *civic worker)* kommunearbeider.
I. counsel [ˌkaunsəl] *s* **1.** *stivt(=advice)* råd *n;* ***take counsel with a friend****(=ask a friend's advice)* rådføre seg med en venn; **2.** *stivt:* ***keep one's own counsel****(=tell no one; keep it a secret)* holde det for seg selv; holde tann for tunge; **3.** *jur(pl: counsel)* prosessfullmektig; advokat (i retten); ***counsel for the defence*** forsvarer; ***counsel for the defendant*** saksøktes pro-

sessfullmektig; ***counsel for the plaintiff*** saksøkerens prosessfullmektig; ***counsel for the prosecution****(= counsel for the Crown;* **US:** *state attorney)* aktor.
II. counsel *vb; stivt(=advise)* råde; tilrå.
counselling [ˌkaunsəliŋ] *s:* rådgivning.
counsellor *(,***US:** *counselor)* [ˌkaunsələ] *s* **1.** rådgiver; ***marriage guidance counsellor*** familierådgiver; ***sexual counsellor*** *(,***T:** *sexpert)* seksualrådgiver; ***school counsellor*** skolerådgiver; **2.:** ***counsellor (of embassy)*** ambassaderåd; **3. US:** ***counsellor(-at-law)*** advokat.
I. count [kaunt] *s; ikke-engelsk:* greve; *(jvf earl).*
II. count *s* **1.** opptelling; ***make a final count of the votes*** fintelle stemmene; ***what was the count at the meeting last night?*** hvor mange var til stede i går kveld? **2.** *boksing:* telling; ***he went down to a count of eight*** han tok telling til åtte; **3.** *jur:* ***count (of indictment)*** tiltalepunkt *(fx he was found guilty on all 15 counts).*
III. count *vb* **1.** telle; ***he can't count above ten*** han kan ikke telle lenger enn til ti; ***count (up) to ten*** telle til ti; ***when I've counted to ten*** når jeg har talt til ti; ***not counting the chairman*** formannen ikke medregnet;
2. *fig:* telle; ha betydning; ***the job counts****(=means)* ***a lot*** arbeidet betyr mye; *skolev:* ***this question counts (as) 3*** dette spørsmålet teller tre; ***all these essays count towards your exam results*** alle disse stilene teller med i eksamensresultatet;
3*(=consider; think):* ***count yourself lucky*** pris deg lykkelig; ***I count him among my best friends*** jeg regner ham med blant mine beste venner; ***I count you as my best friend*** jeg regner deg som min beste venn;
4.: ***I don't like him but I won't count that against him*** jeg liker ham ikke, men jeg skal ikke la det telle i hans disfavør;
5.: ***count in*** regne med; ***you can count me in*** du kan regne med meg; ***count on****(=rely on; reckon with)* regne med; ***count out*** 1. telle opp; ***he counted out a hundred kroner*** han talte opp hundre kroner; 2. ikke regne med *(fx count me out);* ***count over*** telle etter; ettertelle; ***count the money over****(=re-count the money)* ettertelle pengene.
countdown [ˌkaunt'daun] *s:* nedtelling.
I. countenance [ˌkauntinəns] *s; stivt* **1***(=face)* ansikt *n;* **2.:** ***give countenance to****(=encourage; support)* oppmuntre; støtte; ***give countenance to the rumours*** oppmuntre ryktene *n;* **3***(=self-control):* ***keep (,lose) one's countenance*** bevare (,tape) fatningen.
II. countenance *vb; stivt(=support; accept)* støtte; godta; akseptere *(fx we cannot countenance this).*
I. counter [ˌkauntə] *s* **1.** disk; bardisk; skranke; ***sell sth under the counter*** selge noe under disken;
2. telleverk;
3. spillemerke; spillebrikke; *fig:* ***negotiating counter*** forhandlingskort.
II. counter *vb; stivt(=oppose; meet)* imøtegå; møte; slå tilbake; slå kontra.
III. counter *adv:* ***counter to****(=contrary to)* i strid med.
counteract ['kauntərˌækt] *vb:* motvirke.
counteraction [ˌkauntər'ækʃən; 'kauntərˌækʃən] *s:* motvirkning.
counter-attack [ˌkauntərə'tæk] *s:* motangrep.
I. counterbalance [ˌkauntə'bæləns] *s:* motvekt.
II. counterbalance ['kauntəˌbæləns] *vb:* danne motvekt til; oppveie.
countercharge [ˌkauntə'tʃɑ:dʒ] *s:* motbeskyldning.
counterclaim [ˌkauntə'kleim] *s* **1.** *jur:* motklage (fra den saksøkte); **2.** imøtegåelse; ***claims and counterclaims*** påstander og imøtegåelser.
counterclockwise ['kauntəˌklɔk'waiz] *adj & adv(= anticlockwise)* mot urviserne.
counterespionage ['kauntərˌespiə'nɑ:ʒ] *s:* kontraspionasje.
counter-evidence [ˌkauntər'evidəns] *jur(=proof to the contrary)* motbevis; gjendrivelse.
I. counterfeit [ˌkauntəfit] *s:* forfalskning.
II. counterfeit *vb:* forfalske.
III. counterfeit *adj:* forfalsket; falsk; ***counterfeit tears*** falske tårer.
counterfoil [ˌkauntə'fɔil] *s(=især* **US:** *stub)* talong (i sjekkhefte); kupong (på postanvisning, etc); billettstamme.
I. countermand [ˌkauntə'mɑ:nd] *s:* kontraordre.
II. countermand ['kauntəˌmɑ:nd] *vb(=cancel; revoke)* tilbakekalle *(fx an order).*
countermeasure [ˌkauntə'meʒə] *s:* mottiltak; motforholdsregel.
countermove [ˌkauntə'mu:v] *s:* mottrekk.
counterpane [ˌkauntə'pein] *s(=bedspread)* sengeteppe.
counterpart [ˌkauntə'pɑ:t] *s* **1.** motstykke; pendant; **2***(=duplicate; copy)* duplikat; kopi;
3. *teat:* motspiller;
4. *om person:* kollega *(fx I'm managing director of Smith's, and he's my counterpart at Brown & Co.).*
counterplot [ˌkauntə'plɔt] *s:* motkomplott; motintrige.
counterpoint [ˌkauntə'pɔint] *s; mus:* kontrapunkt.
counterproposal [ˌkauntəprə'pouzəl] *s:* motforslag.
I. countersign [ˌkauntə'sain] *s; mil:* feltrop; parole; stikkord.
II. countersign *vb:* kontrasignere; medunderskrive.
countersignature ['kauntəˌsignitʃə] *s:* kontrasignatur; medunderskrift.
counterstroke [ˌkauntə'strouk] *s; fig:* motstøt; ***he made a quick counterstroke*** han satte inn et raskt motstøt.
countersuit [ˌkauntə'su:t] *s; jur(=cross action)* motsøksmål.
counterweight [ˌkauntə'weit] *s:* motvekt.
countess [ˌkauntəs] *s; gift med en 'earl' el. en 'count':* grevinne; *(jvf I. count & earl).*
countless [ˌkauntləs] *adj(=innumerable)* talløs; utallig; ***a countless number of****(=no end of)* et utall av; ***on countless occasions*** ved utallige anledninger.
countrified [ˌkʌntri'faid] *adj* **1***(=rural)* landlig; **2***(=rustic)* landsens; bondsk *(fx manners).*
country [ˌkʌntri] *s* **1.** land *n;* ***civilized country*** kulturstat; ***developing country*** utviklingsland; ***donor country*** giverland;
2. *mots by(=countryside)* land *n;* ***in the country*** på landet; ***go into the country*** dra på landet;
3*(=terrain; ground)* terreng *n;* lende *n;* ***very hilly country*** bratt terreng; ***rolling country*** kupert terreng; ***across country*** utenom veien(e); (tvers) over jordene *n;* ***we'll have to cut across country here*** her må vi ut i terrenget og ta en snarvei;
4. *fig:* ***new country*** nytt land;
5. *polit:* ***appeal to the country*** skrive ut nyvalg.
country boy landsens gutt; gutt fra landet; ***he was a good-hearted country boy*** han var en snill landsens gutt.
country-bred ['kʌntriˌbred; *attributivt:* ˌkʌntri'bred]*) adj(=born and bred in the country)* født og oppvokst på landet.
country bumpkin *neds(=clodhopper)* bondeknoll.
country club (finere) klubb i landlige omgivelser.
country code *tlf(=international code; international access number)* landsnummer.
country cottage 1. *som fast bolig:* lite hus på landet; **2.** lite landsted; *(jvf country house).*
country cousin *neds:* gudsord fra landet.
country dance (slags) folkedans.
country dancing gammeldans.
country fashion bondeskikk.
country girl landsens jente; jente fra landet.
country house 1. landsted; **2***(=country seat)* herregård; *(jvf country cottage & country place).*
country living det å bo på landet; ***I love country living*** jeg synes det er deilig å bo på landet.
countryman [ˌkʌntrimən] *s* **1.** mann som bor på landet;

C

country

Did you know that

the **United Kingdom** is made up of the countries of England, Scotland, Wales and Northern Ireland? Its full name is the United Kingdom of Great Britain and Northern Ireland.

Great Britain includes only England, Scotland and Wales. Great Britain is the largest island of the British Isles.

landsens menneske *n; **I'm a countryman now*** jeg bor på landet nå; **2.:** ***(fellow) countryman*** landsmann.

countrypeople [ˌkʌntri'pi:pl] *s; pl:* landsens mennesker *n;* bygdefolk; folk *(n)* som bor på landet.

country place*(=place in the country)* sted *(n)* på landet; landsted; ***large country place*** stort landsted; *(jvf country house).*

countryside [ˌkʌntri'said] *s: **the countryside*** landsbygda; landet; naturen; ***dumping litter in the countryside****(=leaving litter about)* forsøpling; ***in the countryside****(=in the country)* på landet; ***the countryside is beautiful at this time of year*** det er vakkert på landet på denne tiden av året.

country town innlandsby.

country wedding bondebryllup.

countrywide ['kʌntriˌwaid; *attributivt:* ˌkʌntri'waid] *adj(=nationwide) adj & adv:* landsomfattende; over hele landet.

countrywoman [ˌkʌntri'wumən] *s* **1.** kvinne som bor på landet; ***she's a countrywoman*** 1. hun er et landsens menneske *n;* 2. hun bor på landet;
2.: ***(fellow) countrywoman*** landsmann(inne).

county [ˌkaunti] *s* **1.** fylke *n; hist:* grevskap *n;*
2. *administrativ enhet:* ***(administrative) county*** kommune; ***county borough*** bykommune; ***non-county borough****(=municipal borough)* mindre bykommune uten fullstendig selvstyre.

county college *svarer omtr til:* folkehøyskole.

county council kommunestyre; ***the county council****(,**T:** the council)* kommunestyret.

county court *jur; første instans i sivile saker:* byrett; herredsrett; *(jvf crown court; stipendiary magistrate's court).*

county family godseierfamilie.

county town administrasjonssenter i et 'county'.

coup [ku:] *s* **1.** kupp; ***pull off a coup*** gjøre et kupp;
2. *polit(=coup d'état)* (stats)kupp *n.*

coup d'état [ˌku:deiˌtɑ:] *s(pl: coups d'état* [ˌku:z deiˌtɑ:]) statskupp.

coup de théatre [ku də teˌɑ:tr] *s; teat* **1.** virkningsfull scene; **2***(sensational device of stagecraft)* knalleffekt; **3***(=stage success)* spillesuksess.

coupé [ˌku:pei; **US:** kuˌpei] *s; biltype:* kupé.

I. couple [ˌkʌpl] *s* **1.** *om antall:* par *n; **a couple of*** et par; **2.** *om to personer:* par *n; **an engaged couple*** et forlovet par; ***a married couple, both teachers****(=a husband and wife, both teachers)* et lærerektepar; ***working couple*** yrkesektepar; ***in couples*** parvis; to og to;
3. *om to jakthunder:* koppel *n.*

II. couple *vb* **1***(=combine)* forbinde; kombinere;
2. *også fig:* kople sammen; **3.** *om dyr el. neds:* pare seg *(with* med).

couplet [ˌkʌplit] *s; to rimede verselinjer:* kuplett.

coupling [ˌkʌpliŋ] *s* **1.** *tekn:* kopling; koplingsstykke; ***spring coupling*** fjærkopling;
2. det å forbinde, kombinere, etc;
3. *om dyr el. neds:* paring; det å pare seg *(with* med).

coupon [ˌku:pɔn] *s* **1.** kupong; **2.** *hist:* rasjoneringsmerke.

courage [ˌkʌridʒ] *s:* mot *n; **the courage of despair*** fortvilelsens mot; ***courage to live****(=courage to go on living)* livsmot; ***their courage failed them*** motet sviktet dem; *stivt: **take courage****(=pick up courage)* fatte mot; ***take one's courage in both hands*** ta mot til seg.

courageous [kəˌreidʒəs] *adj:* modig.

courgette [kuəˌʒet] *s; bot (,**US:** zucchini)* buskgresskar.

courier [ˌkuriə] *s* **1.:** **(travel) courier***(=tour conductor)* reiseleder; **2***(=special messenger)* kurér.

I. course [kɔ:s] *s* **1.** *skolev:* kurs *(n) (in* i); kursopplegg; studieopplegg; ***advanced course*** kurs for viderekomne; *univ: **basic English (course)****(=primary English (course))* engelsk grunnfag; ***degree course*** kurs som fører frem til universitetseksamen; universitetsstudium; ***elementary course****(=course for beginners)* elementærkurs; begynnerkurs; ***a three-year general course*** et 3-årig allmennfaglig kurs; ***standard course*** fast kursopplegg; ***course of lectures*** forelesningsrekke; ***course of study*** studium; ***this course of study has attracted very many applicants*** det er stor søkning til dette studiet; ***do a course in****(=take a course in)* ta et kurs i; ***enrol****(=enter)* ***for a course****(,**T:** go in for a course)* melde seg på til et kurs; ***he was sent on a course*** han ble sendt (av sted) på (et) kurs; ***run a course*** drive et kurs; *(se crash course; exam course; foundation course; further education course; induction course; management course; supportive course);*
2. *med.:* ***course (of treatment)*** behandling *(fx he's having a course of antibiotics);*
3. *kul:* (mat)rett; *(se course plate); **a three-course dinner*** en tre retters middag;
4. *flyv, mar, etc:* kurs; ***off course*** ute av kurs; ***on course*** 1. på rett kurs *(fx we're on course for Nairobi);* 2. *fig(= in line for; due for): **we're on course for tax cuts*** vi ligger an til skattelettelser; ***get****(=put)* ***the economy back on course****(=track)* få økonomien tilbake på rett kurs igjen; ***keep****(=stay)* ***on the course*** holde kursen; ***set one's course toward(s)*** sette kursen for;
5. *sport:* bane; *(se golf course; racecourse);* (ski)løype; ***downhill course****(=piste)* utforløype; *også fig: **stay the course*** fullføre løpet;
6. *bygg:* laft *n; av teglstein:* skift *n;*
7. *fig: **the smooth course of (the) work*** arbeidets jevne gang; ***his illness took a dangerous course*** sykdommen hans tok en alvorlig vending; ***(the course of) justice*** rettens gang; ***take a normal course*** forløpe normalt; ***in the normal course of events*** normalt; hvis alt forløper normalt;
8.: ***course (of action)*** fremgangsmåte; utvei; ***it's the only course open to me*** jeg har ingen annen utvei; ***the danger (of such a course) is that …*** faren (ved en slik fremgangsmåte) er at …;

court

The court is in session.

In a courtroom you will meet different representatives of the law and the public. Who will appear depends on the kind of case presented.

You will meet judges, sometimes a jury, lawyers, solicitors (BE)/attorneys (AmE) and barristers. And of course there must be a defendant. Some trials are closed to the public and the press, others are not. If you like, you can watch the proceedings. Court ushers (AmE: bailiffs) will guide and help you.

9.: ***as a matter of course*** som en selvfølge;
10.: ***in the course of****(=during)* i løpet av;
11.: ***in due course****(=in due time)* når den tiden kommer; i rett tid; med tiden *(fx we'll do it in due course);*
12.: ***of course****(=naturally)* selvfølgelig; naturligvis.
II. course *vb* **1.** *om jakthund:* jage; **2.** *litt.(=run)* løpe *(fx tears were coursing down her cheeks).*
course assignment *skolev:* kursoppgave; *(jvf coursework).*
course diploma kursbevis.
course member kursdeltager.
course plan *skolev(=organization of the (a) course; course design)* kursopplegg.
course plate *kul:* tallerkenrett.
courser [ˌkɔ:sə] *s; zo; om forskjellige fugler:* løper.
course unit *skolev:* kursenhet (som gir poeng); *(jvf I. credit 12).*
coursework [ˌkɔ:s'wə:k] *s; skolev:* hjemmeoppgave(r) i forbindelse med kurset; *(jvf course assignment).*
I. court [kɔ:t] *s* **1.** *jur(=court of justice; courtroom)* rett; domstol; rettssal; ***in court****(=before the court)* i retten; for retten; ***summon sby to appear in court*** 1. stevne en for retten; 2. la en innkalle som vitne *n;* ***settle the matter out of court*** avgjøre saken i minnelighet; ***take the matter to court****(=take court action)* gå rettens vei;
2. *badminton, squash, tennis:* bane; felt *n (fx service court);*
3. hoff *n;* ***the Court of St. James's*** det britiske hoff;
4. (kongelig) slott *n (fx Hampton Court);*
5*(=courtyard)* gårdsplass;
6. *fig:* ***the ball's in your court*** neste trekk *(n)* er ditt; nå er det du som har ballen; nå er det opp til deg.
II. court *vb* **1.** *lett glds:* ***John and Mary are courting*** John og Mary har følge *n;* **2.** *fig:* fri til *(fx the voters);* vinne for seg; **3.** *fig; litt.:* ***court danger****(=expose oneself to danger; ask for trouble)* utsette seg for fare; utfordre skjebnen.
court card *kortsp (,US: face card)* billedkort.
court case *jur:* sak som avgjøres i retten; rettssak; ***become a court case*** havne i retten;
courteous [ˌkə:tiəs] *adj(=polite; considerate and respectful)* høflig; elskverdig; forekommende; beleven.
courtesan [kɔ:tiˌzæn] *s; hist:* kurtisane.
courtesy [ˌkə:tisi] *s* **1.** høflighet; elskverdighet; forekommenhet; belevenhet; ***treat with every courtesy*** behandle med den største elskverdighet; **2.** *stivt:* ***pay her little courtesies****(=attentions)* vise henne små oppmerksomheter; ***diplomatic courtesies*** diplomatisk etikette.
courtesy car bil man får stilt gratis til disposisjon.
courtesy lamp *i bil(=courtesy light)* innvendig lys *n.*
courtesy phone telefon som det er gratis å benytte.
court hearing *jur:* rettslig avhør *n.*
courthouse [ˌkɔ:t'haus] *s:* rettsbygning; tinghus.
courtier [ˌkɔ:tiə] *s:* hoffmann.
I. courting [ˌkɔ:tiŋ] *s; lett glds:* kjæresteri *n.*
II. courting *adj:* ***a courting couple*** et forelsket par.
court injunction *jur: se court order.*
court martial ['kɔ:tˌmɑ:ʃəl] *s:* krigsrett.
court mourning hoffsorg.
court of appeal *jur:* appelldomstol.
court of inquiry granskningskommisjon.
court order *jur(=injunction)* rettsforføyning; midlertidig (rettslig) forføyning (i form av pålegg el. forbud).
court reporter rettsstenograf.
courtroom [ˌkɔ:t'ru(:)m] *s:* rettssal.
court ruling *jur:* rettskjennelse; uttalt rettsoppfatning.
courtship [ˌkɔ:tʃip] *s* **1.** *lett glds:* frieri *n;* det å ha følge *n;* ***after a brief period of courtship they married*** de giftet seg etter å ha hatt følge en kort tid;
2. *zo:* ***(game of) courtship*** paringslek.
court shoes *pl:* pumps.
court usher *(,US:* ***bailiff****)* rettsbetjent; *(jvf bailiff).*
courtyard [ˌkɔ:t'jɑ:d] *s:* gårdsplass.
courtyard house*(=house (built) round a courtyard)* atriumhus; *(jvf patio).*
cousin [ˌkʌzən] *s* **1***(=first cousin)* fetter; kusine; ***first cousin once removed*** fetters (,kusines) barn; **2.:** ***second cousin*** tremenning; **3.:** ***a distant cousin*** en fjern slektning.
coven [ˌkʌvən] *s* **1.** hekseforsamling; **2.** hekseflokk.
covenant [ˌkʌvənənt] *s* **1.** *bibl:* pakt; ***the Ark of the Covenant*** paktens ark;
2. *jur; i forb m gave til veldedige formål:* avtaledokument.
I. cover [ˌkʌvə] *s* **1.** lokk *n;* deksel *n;*
2.: ***(dust) cover*** bokomslag; smussomslag; ***(book) cover*** perm; ***from cover to cover*** fra perm til perm;
3. varetrekk; ***quilt cover****(=duvet cover)* dynetrekk;
4*(=bedspread)* sengeteppe;
5. dekning; ***take****(=seek)* ***cover*** søke dekning;
6. *fin & fors (=coverage)* dekning; ***(insurance) cover*** (forsikringsmessig) dekning;
7. *fig(=blind)* skalkeskjul;
8. *fig:* ***under cover as*** under dekke av å være; ***under cover of so-called objectivity*** under dekke av påstått objektivitet;
9. kuvert;
10.: ***under plain cover*** i nøytral konvolutt; ***under separate cover*** separat (ɔ: som egen forsendelse).
II. cover *vb* **1.** dekke; dekke til (*with* med); ***cover oneself with a blanket*** bre over seg et ullteppe; *(se covered 1);* **2.** *ved paring:* bedekke;
3. *fors & merk:* dekke; ***are you fully covered by insurance?****(=are you fully insured?)* er du fullt dekket?
4. være tilstrekkelig; dekke; ***cover our costs*** dekke våre omkostninger; ***the cheque is (not) covered*** det er (ikke) dekning for sjekken; ***the market is well covered*** markedet er godt dekket;

5(=*apply to)* dekke; gjelde for *(fx the rule covers all cases);*
6. *om emne(=deal with)* behandle; dekke;
7. *mil, sport, sjakk, om journalist:* dekke;
8. *om tidsrom:* dekke *(fx his diary covered two years);*
9(=*point a gun at)* dekke;
10. *om distanse(=travel)* tilbakelegge;
11.: ***cover for****(=stand in for)* vikariere for;
12.: ***cover up*** 1*(=cover)* dekke; 2. *fig:* skjule; dekke over; 3.: ***cover up for sby*** dekke en.
coverage [ˌkʌvəridʒ] *s* **1.** *fin, fors, merk(=cover)* dekning; ***market coverage*** markedsdekning; **2.** *om emne i bok, presse, radio, TV:* omtale; dekning; ***a wide coverage of modern written and spoken Norwegian*** en fyldig dekning av moderne norsk språk *(n)* i skrift og tale.
coveralls [ˌkʌvər'ɔ:lz] *s; pl* **US***(=boiler suit)* kjeledress.
cover charge kuvertpris.
cover design *til bok:* omslagstegning.
covered [ˌkʌvəd] *adj* **1.** dekket; overdekket; overbygd; ***covered parking*** parkering under tak *n;*
2. med lokk *n (fx dish);*
3. omviklet; ***a covered wire*** en omviklet (metall)tråd;
4. *om person* **T:** ***well covered****(=stout)* i godt hold;
5.: ***covered in*** 1*(=covered with)* dekket av; dekket til med; tilsølt med; 2.: ***covered in mist*** innhyllet i tåke; 3. *fig:* ***he was covered in confusion****(=he was very embarrassed)* han var (,ble) meget brydd.
cover girl forsidepike; covergirl.
covering [ˌkʌvəriŋ] *s* **1.** dekke *n;* deksel *n;*
2. noe å dekke seg til med (*el.* ha over seg);
3. *bokb:* overtrekk.
covering letter *(,stivt: accompanying letter)* følgeskriv.
coverlet [ˌkʌvəlit] *s; glds(=bedspread)* sengeteppe.
cover name*(=alias)* dekknavn; alias *n.*
cover plate*(=side plate;* **US:** *service plate)* kuverttallerken.
cover story dekkhistorie.
I. covert [ˌkʌvət] *s* **1.** *jaktuttrykk:* standplass; skjul *n;* gjemmested; **2.** *zo:* dekkfjær.
II. covert *adj; stivt(=secret; concealed)* hemmelig; som foregår i det skjulte *(fx covert activities);* ***a covert****(=furtive)* ***glance*** et stjålent blikk.
cover title omslagstittel.
I. cover-up [ˌkʌvər'ʌp] *s; fig:* fasade; dekkhistorie.
II. cover-up *adj:* dekk-; ***cover-up story*** en dekkhistorie; ***cover-up scandal*** skandale i forbindelse med en dekkhistorie.
covet [ˌkʌvit] *vb* **1.** *bibl:* begjære; **2.** *spøkef(=want very much to have; fancy):* ***Mary covets your fur coat*** Mary har kastet sine øyne *(n)* på skinnkåpen din.
covetous [ˌkʌvitəs] *adj:* ***covetous of*** begjærlig etter.
covey [ˌkʌvi] *s; om ryper el. rapphøner:* liten flokk.
I. cow [kau] *s* **1.** *zo:* ku; ***cow in calf****(=cow about to calve)* ku som skal kalve; *fig:* ***sacred cow*** hellig ku;
2. *zo; hunnen av visse dyr:* ***cow elephant*** hun(n)elefant;
3. *neds(=bitch)* merr; **T:** ***a silly cow*** et tåpelig kvinnfolk; ***a spiteful old cow*** ei arrig gammel merr;
4. *iron* **T:** ***it's a good job cows can't fly!*** alt godt kommer ovenfra!
5. T: ***till the cows come home****(=for a very long time)* i det uendelige; til dommedag; ***we could cheerfully sit here talking till the cows come home!*** her kunne vi gladelig sitte og prate til dommedag!
II. cow *vb; stivt(=subdue; scare)* kue; ***cow sby into doing sth****(=force sby to do sth)* tvinge en til å gjøre noe.
coward [ˌkauəd] *s:* feiging.
cowardice [ˌkauədis] *s(=cowardliness)* feighet.
cowardliness [ˌkauədlinəs] *s:* feighet.
cowardly [ˌkauədli] *adj:* feig; redd av seg.
cowberry [ˌkaub(ə)ri] *s; bot(=red whortleberry)* tyttebær.
cowboy [ˌkau'bɔi] *s* **1. US:** cowboy; **2.** *om person i byggebransjen* **T:** ufaglært svindler; uhederlig operatør.
cowboy contractors *pl; neds* **T:** uhederlig entreprenørfirma.
cowcalf [ˌkau'kɑ:f] *s:* kvigekalv.
cower [ˌkauə] *vb(=crouch; cringe)* dukke seg; krype sammen.
cowhand [ˌkau'hænd] *s (,***US:** *barnman)* sveiser.
cowhide [ˌkau'haid] *s:* kuhud.
cowhouse [ˌkau'haus] *s(=cowshed;* **US:** *cow barn)* fjøs *n;*
cowl [kaul] *s* **1.** munkekutte; munkekappe; **2.** *på skorstein:* røykhette; **3.** *flyv(=cowling)* motordeksel.
cowman [ˌkaumən] *s* **1***(=cowherd)* gjeter; **2. US:** kvegeier; kvegoppdretter.
co-worker [ˌkou'wə:kə] *s(=fellow worker)* arbeidskollega *(fx she was snubbed by her co-workers).*
cow parsley *bot(=keck)* hundekjeks.
cowpat [ˌkau'pæt] *s:* kuruke.
cowpox [ˌkau'pɔks] *s; med.:* kukopper.
cowshed [ˌkau'ʃed] *s(=cowhouse;* **US:** *cow barn)* fjøs *n.*
cowslip [ˌkau'slip] *s; bot* **1***(=paigle)* (maria)nøkleblom;
2. US*(=marsh marigold; kingcup; May blobs)* soleihov; bekkeblom.
cowsmilk, cow's milk [ˌkauz'milk] *s:* kumelk.
coxswain [ˌkɔksən; ˌkɔk'swein] *s; mar(=cox)* styrmann (i kapproingsbåt).
coy [kɔi] *adj(=shy; pretending to be shy)* sjenert; (påtatt) blyg; kokett.
coyote [ˌkɔiout; kɔiˌout; kɔiˌouti] *s; zo:* prærieulv.
I. crab [kræb] *s* **1.** *zo:* krabbe; ***edible crab*** taskekrabbe; ***stone crab*** trollkrabbe; **2***(=grumbler; crosspatch)* grinebiter.
II. crab *vb* **1.** fange krabber;
2*(=move sideways)* gå (,bevege seg) sidelengs;
3*(=be grumpy)* surmule;
4. *fig(=sour)* gjøre sur;
5. T*(=complain)* klage.
crab apple *bot:* villeple.
crabby [ˌkræbi] *adj(=cross; sour)* sur.
crabwise [ˌkræb'waiz] *adj:* ***move crabwise****(=move sideways)* gå (, bevege seg) sidelengs.
I. crack [kræk] *s* **1.** sprekk; klem; gløtt; glipe; ***the door opened a crack*** døra ble åpnet på gløtt; ***through the crack in the door*** 1. gjennom dørsprekken; 2. i dørgløtten; **2.** knall *n;* smell *n (fx of a whip; of a gun);*
3*(=blow)* slag *n (fx give sby a crack on the head);*
4. T*(=joke)* vits; ***make a crack about*** slå en vits om;
5. T: ***have a crack****(=try)* ***at*** forsøke seg på;
6.: ***at the crack of dawn****(=at daybreak)* ved daggry;
7.: ***the crack of doom*** (lyden av) dommedagsbasunene.
II. crack *vb* **1.** sprekke; *fig:* slå sprekker; trenge gjennom; ***crack under the strain*** bryte sammen under presset;
2. *i bjelkeverk, etc:* knake;
3. *også fig:* knekke *(fx a nut; a code); problem el sak:* løse *(fx a murder case);*
4*(=break):* ***crack a safe*** sprenge (*el.* bryte opp) et pengeskap;
5. *om stemme(=break):* ***his voice cracked*** stemmen hans knakk; *om gutt:* ***his voice is beginning to crack*** han er i stemmeskiftet;
6. slå hull *(n)* på *(fx an egg); om flaske:* åpne; ta hull på;
7*(=hit)* slå; ***crack sby over the head*** slå en i hodet;
8.: ***crack a joke about sth*** slå en vits om noe;
9.: ***crack a whip*** smelle med en pisk;
10: crack down on*(=take strong action against)* slå ned på;

C

11. T: ***crack up*** *1(=break down)* bryte sammen; 2. *om oppskrytthet:* ***it's not all it's cracked up to be*** det er ikke fullt så fint som man vil ha det til.
III. crack *adj* **T:** førsteklasses; mester-.
crackbrained [ˌkræk'breind] *adj; lett glds* **T***(=crazy)* sprø.
crackdown [ˌkræk'daun] *s:* det å slå ned på; det å slå til; ***the police crackdown came at 2pm*** politiet slo til klokken to om ettermiddagen.
cracked [ˌkrækt] *adj* **1.** sprukket; gissen; **2. S***(=crazy)* sprø.
cracker [ˌkrækə] *s* **1***(=party cracker;* **US:** *party favor)* knallbonbon; smellbonbon; **2. US***(=biscuit)* kjeks; **3.** tynn, sprø smørbrødkjeks *(fx crackers and cheese).*
crackers [ˌkrækəz] *adj(=crazy; mad)* sprø; gal; ***it's crackers!*** det er sprøtt!
cracking [ˌkrækiŋ] *adj; lett glds* **T 1***(=rattling):* ***go at a cracking pace*** kjøre i full fart; **2.:** ***get cracking****(=get moving)* få opp farten; skynde seg.
I. crackle [krækl] *s(=crackling)* knitring; knasing; spraking; knatring; ***the crackle****(=rat-tat)* ***of machine-gun fire*** knatringen av maskingevær.
II. crackle *vb* **1.** knitre; knake; sprake; knase; knatre; ***a crackling fire*** et sprakende bål; **2.** krakelere.
I. crackling [ˌkrækliŋ] *s:* stekt fleskesvor.
II. crackling *s:* knitring; knaking; spraking; knasing; *radio, tlf:* spraking; knitring.
crackly [ˌkrækli] *adj:* sprakende.
I. crackpot [ˌkræk'pɔt] *s* **T***(=crank; nutter)* sprø type; skrulling; tulling.
II. crackpot *adj* **T***(=daft; crazy)* sprø; skrullete; tullete *(fx a crackpot letter).*
crackshot [ˌkræk'ʃɔt] *s(=marksman)* mesterskytter; skarpskytter.
cracksman [ˌkræksmən] *s* **S 1***(=safe-breaker; safe-cracker)* skapsprenger; **2***(=burglar)* innbruddstyv.
crack-up [ˌkræk'ʌp] *s* **T***(=nervous breakdown)* nervøst sammenbrudd.
I. cradle [kreidl] *s* **1.** *også fig:* vugge;
2. *bygg & mar:* hengestillas;
3. *liten plattform på ruller(=garage creeper)* liggebrett.
II. cradle *vb:* vugge.
cradle snatching *spøkef(=baby-snatching)* barnerov; ***that's cradle snatching!*** det er jo (det rene) barnerov!
craft [krɑ:ft] *s* **1.** håndverk *n;* ***ancient crafts*** gamle håndverk; ***arts and crafts*** kunst og håndverk; ***the craft of wood-carving*** treskjæring;
2. *stivt(=skill (of an artist))* (kunstnerisk) dyktighet;
3. *flyv & mar(pl: craft)* fartøy *n;* fly *n;* skip *n;*
4. *stivt(=cunning)* list; ***craft and deceit*** list og svik *n.*
craft certificate *svarer til:* svennebrev.
crafts centre salgsutstilling for kunsthåndverk.
craftsman [ˌkrɑ:ftsmən] *s:* håndverker.
craftsmanship [ˌkrɑ:ftsmən'ʃip] *s(=workmanship)* faglig dyktighet; fagmessig utførelse; ***first-class craftsmanship*** førsteklasses fagmessig utførelse; ***skilled craftsmanship*** fagmessig utførelse.
craft union *(,hist: guild)* laug *n.*
crafty [ˌkrɑ:fti] *adj; stivt(=cunning)* listig.
crag [kræg] *s:* klippe; bratt fjellskrent.
craggy [ˌkrægi] *adj* **1.** bratt og ujevn; forreven;
2. *om ansikt(=rugged)* med grove trekk *n.*
crake [kreik] *s; zo:* ***little crake*** liten myrrikse; ***spotted crake*** myrrikse; *(jvf corncrake).*
cram [kræm] *vb* **1.** proppe; stappe; stoppe; ***be crammed into a small room*** bli stuet sammen i et lite rom;
2*(=force-feed)* tvangsfôre *(fx fowls);*
3. T: pugge; ***cram for an exam*** pugge til en eksamen.
crammed [kræmd] *adj(=crammed full; chock-full)* proppfull; ***crammed with****(=crammed full of)* proppfull av.
cramming [ˌkræmiŋ] *s* **1.** det å proppe; **2***(=force-feeding)* tvangsfôring; **3. T:** pugging; sprenglesing.

I. cramp [kræmp] *s* **1.** *med.:* krampe; ***get cramp*** få krampe; **2***(=iron cramp)* muranker; stor jernkrampe; **3***(=sash cramp; clamp)* skrutvinge.
II. cramp *vb* **1***(=cram)* stue *(fx people into a tiny room);* **2.** *fig:* ***cramp sby's style*** hemme en.
cramped [kræmpt] *adj* **1.** uten nok plass; ***be cramped for room*** ha det for trangt; være trangbodd;
2. *om skrift:* gnidret.
crampon [ˌkræmpən] *s; under støvel:* brodd.
cranberry [ˌkrænbəri; **US:** ˌkræn'beri] *s; bot:* ***wild cranberry*** tranebær; ***northern cranberry*** småtranebær.
I. crane [krein] *s* **1.** (heise)kran; ***derrick crane*** stor byggekran; ***quayside crane*** havnekran; **2.** *zo:* trane; ***crested****(=crowned)* ***crane*** krontrane.
II. crane *vb(=stretch out):* ***crane one's neck in order to see*** strekke hals for å se.
crane fly *zo(,***T:** *daddy-longlegs)* stankelben.
cranesbill [ˌkreinz'bil] *s; bot:* storkenebb.
crane truck *(,***US:** *tow truck)* kranbil.
cranial [ˌkreiniəl] *adj; anat:* kranie-.
cranium [ˌkreiniəm] *s; anat(pl: craniums; crania)* kranium *n;* hodeskalle.
I. crank [kræŋk] *s* **1***(=crank handle)* (starter)sveiv;
2. *om person:* underlig fyr; forskrudd type;
3. US*(=grumbler)* grinebiter.
II. crank *vb* **1.** sveive (opp); **2.** *fig:* ***crank up****(=revive)* gjenopplive *(fx an old feud).*
crankshaft [ˌkræŋk'ʃɑ:ft] *s; mask:* krumtapp; veivaksel.
cranky [ˌkræŋki] *adj:* forskrudd; underlig.
cranny [ˌkræni] *s; sj(=crevisse; chink)* sprekk; ***they looked in every nook and cranny*** de så etter i alle krinkelkroker.
I. crap [kræp] *s* **1.** *vulg; også* **US***(=shit)* dritt;
2. S*(=nonsense; rubbish)* tull *n;* skrot *n;*
3. US*(=craps; crap game)* slags terningspill.
II. crap *vb; vulg; også* **US***(=shit)* drite.
craquelure [ˌkrækəluə] *s; på maleri:* krakelering.
I. crash [kræʃ] *s* **1.** brak *n;* skrall *n;* ***a crash of thunder*** et tordenbrak; ***it came****(=fell)* ***down with a crash*** det falt ned med et brak;
2*(=collision)* kollisjon; ***plane crash*** flyhavari;
3. *fin(=collapse)* krakk *n;* ***bank crash*** *(=failure)* bankkrakk;
4. *EDB; i system:* sammenbrudd.
II. crash *vb* **1.** skralle; brake; falle med et brak; ***a tile came crashing****(=hurtling)* ***down from the roof*** en takstein kom farende ned fra taket;
2. *om kjøretøy:* smadre; kjøre i stykker; ***crash into*** kjøre inn i;
3.: ***crash in****(=barge in)* brase (*el.* buse) inn; ***he crashed through the barrier*** han braste gjennom sperringen;
4. T*(=fold up; collapse)* gå nedenom *(fx the firm crashed);*
5. T*(=gatecrash):* ***crash a party*** gå ubedt i et selskap;
6. T: ***crash out****(=sleep;* **T:** *shake down)* 1. sove *(fx can I crash out on the floor?);* 2*(=pass out)* svime av.
crash barrier*(=guard rail)* skrenserekkverk; autovern.
crash charge *elekt:* hurtigladning.
crash course *skolev:* intensivkurs.
crash helmet styrthjelm.
crash job*(=rush job)* hastverksarbeid.
crash-land [ˌkræʃ'lænd] *vb; flyv:* styrtlande.
crash landing *flyv(=emergency landing)* styrtlanding.
crashpad [ˌkræʃ'pæd] *s* **T:** lite krypinn hvor man kan overnatte.
crash programme intensivt opplegg.
crass [kræs] *adj; stivt(=gross)* krass; grov *(fx insult);* ***a crass mistake*** en grov feil.
crassly [ˌkræsli] *adv:* grovt; ***crassly****(=immensely)* ***ignorant*** grovt uvitende; utrolig uvitende.
I. crate [kreit] *s:* sprinkelkasse; pakkasse.

II. crate *vb; stivt el. merk(=pack in a crate; pack in crates)* pakke i kasse(r).
crater [ˌkreitə] *s:* krater *n.*
cravat [krəˌvæt] *s:* halstørkle; *for damer: **fur cravat*** skinnskjerf.
crave [kreiv] *vb* **1.** *stivt & litt.(=beg humbly for)* be innstendig om *(fx forgiveness);* **2.** *stivt(=long for)* lengte etter; *spøkef: **I crave a cigarette*** jeg må ha en sigarett.
I. craven [ˌkreivən] *s; glds(=coward)* kujon.
I. craven *adj; glds(=cowardly)* feig.
craving [ˌkreiviŋ] *s: **a craving for*** en sterk trang til.
crawfish [ˌkrɔ:ˈfiʃ] *s; zo* **US***(=(freshwater) crayfish)* kreps; *(se crayfish).*
I. crawl [krɔ:l] *s* **1.** crawl; **2.** krabbing; kravling; ***at a crawl****(=at a snail's pace)* i sneglefart.
II. crawl *vb* **1.** *i svømming:* crawle;
2. krabbe; kravle; krype;
3.: ***crawl along*** 1. krabbe av sted; 2. bevege seg svært langsomt; snegle seg av sted;
4.: ***it made his flesh crawl*** det fikk ham til å grøsse;
5.: ***crawl with*** myldre av;
6. *fig: **crawl to**(=cringe before)* krype for.
crawler [ˌkrɔ:lə] *s* **1***(=toady)* spyttslikker; **2.** langsomt kjøretøy; **3. T:** lusekjører; **4.:** ***kerb crawler*** bilist som kjører langsomt på utkikk etter prostituert.
crawler lane *på motorvei:* krabbefelt.
crayfish [ˌkreiˈfiʃ] *s; zo* **1***(=freshwater crayfish;* **US:** *crawfish)* kreps; **2.:** ***(sea) crayfish****(=spiny lobster)* langust.
crayon [ˌkreiən] *s* **1***(=coloured pencil)* fargeblyant; **2.:** ***chalk crayon*** fargekritt; ***pastel crayon*** pastellkritt; ***wax crayon*** fettstift; oljekritt; **3.:** ***timber crayon*** tømmermannsblyant.
I. craze [kreiz] *s* **1.** mani; dille; mote; ***she has a craze for chocolate*** hun er helt vill med sjokolade; ***the latest craze*** siste skrik *n;* **2.** *i glasur el. på malt flate(=crackle)* krakelering; *(jvf craquelure).*
II. craze *vb* **1.** *stivt(=drive crazy)* gjøre gal; **2.** *om glasur el. malt flate(=crackle)* krakelere.
crazy [ˌkreizi] *adj* **1. T:** sprø; gal; ***a crazy idea*** en sprø idé; ***the crazier the better*** jo galere (det er) desto bedre; **2.** *om sterk begeistring: **crazy about*** gal etter.
crazy bone **US***(=funny bone)* albuspiss.
crazy paving (hellelegging med) bruddheller.
crazy quilt*(=patchwork quilt)* lappeteppe (med mange farger av forskjellige stoffbiter).
I. creak [kri:k] *s:* knirking; knirkende lyd.
II. creak *vb:* knirke; ***the snow was creaking****(=squeaking)* ***under foot*** snøen knirket under føttene.
I. cream [kri:m] *s* **1.** fløte; ***double*** *(,***US:** *heavy cream)* meget tykk fløte; ***full cream****(=whipping cream)* kremfløte; ***single cream*** *(,***US:** *light cream; thin cream)* kaffefløte; ***whipped cream*** pisket kremfløte; krem; ***whipping cream****(=full cream)* piskefløte; kremfløte; *(se clotted cream);*
2. hudkrem; ***suntan*** solkrem;
3. *fig: **the cream of**(=the best of)* kremen av *(fx the cream of the medical profession).*
II. cream *vb* **1.** *om melk:* sette fløte;
2. ta (*el.* skumme) fløten av;
3. smøre inn med krem *(fx cream one's face);*
4. røre sammen *(fx eggs and butter);*
5. *kul:* lage mos av;
6. *fig: **cream off*** skumme fløten av.
III. cream *adj:* krem-; som inneholder krem (*el.* fløte).
cream cake*(=cream gâteau)* bløtkake.
cream cheese eskeost.
cream-coloured [ˌkri:mˈkʌləd] *adj:* kremfarget.
creamed potatoes potetpuré; *(jvf mashed potatoes).*
creamed rice *kul(=cream rice)* riskrem; ***creamed rice with red fruit sauce*** riskrem med rød saus.
creamed vegetables *kul:* grønnsakstuing.
creamery [ˌkri:məri] *s(=dairy)* meieri *n.*
cream horn*(=French horn)* fløtehorn.
cream of tartar *kjem:* vinstein; cremor tartari.
cream puff **1***(=choux)* vannbakkelsbolle;
2. US: *se sissy.*
cream sauce fløtesaus.
cream tea ettermiddagste med boller el. brød med syltetøy *(n)* og 'clotted cream'; *(jvf clotted cream).*
creamy [ˌkri:mi] *adj:* kremaktig; fløteaktig; krem-; fløte-.
I. crease [kri:s] *s* **1.** *i bukser:* press; **2.** rynke; krøll *(fx a dress full of creases);* **3.** *i ansiktet(=wrinkle)* rynke.
II. crease *vb:* krølle; bli krøllete.
creasy [ˌkri:si] *adj(=creased;* **US** *& Canada: wrinkled)* krøllete.
create [kri(:)ˌeit] *vb* **1.** skape; kreere; **2***(=cause)* forårsake; skape *(fx difficulties);* **3.** *stivt: **be created a peer**(=be raised to the peerage)* bli opphøyd i adelsstanden; ***be created a knight****(=be knighted)* bli utnevnt til ridder.
creation [kri:ˌeiʃən] *s* **1.** skapelse; ***work of creation*** skaperverk; **2.** kreasjon; modell.
creative [kri:ˌeitiv] *adj:* skapende; kreativ; ***creative abilities*** skapende evner.
creativeness [ˈkri:ˌeitivnəs], ***creativity*** [ˈkri:eiˌtiviti] *s:* skapende evne; skaperevne; kreativitet.
creator [kri:ˌeitə] *s:* skaper; ***the Creator*** skaperen.
creature [ˌkri:tʃə] *s* **1.** (levende) vesen *n;* skapning; ***the dumb creatures****(=our silent friends)* våre umælende medskapninger (ɔ: dyrene); ***a creature from outer space*** et vesen fra det ytre (verdens)rom; ***she's a lovely creature****(=woman)* hun er en deilig skapning; ***look at that poor creature****(=thing)* ***sitting in the doorway*** se på den stakkaren (*el.* det stakkars mennesket) som sitter i døren; ***he's a creature****(=slave)* ***of habit*** han er et vanemenneske; **2.** *neds: **that silly creature!**(=that silly cuckoo! that silly thing!)* det dumme nautet! ***don't let that filthy creature into the house!*** ikke la den grisen komme inn! ***I'll never speak to that creature again!*** jeg vil aldri snakke med det mennesket igjen!
creature comforts *pl; litt.(=the comforts of life; material comforts; the good things in life)* materielt velvære *n;* livets bekvemmeligheter.
crèche [kreʃ; kreiʃ] *s* **1***(=day nursery)* daghjem;
2. julekrybbe.
credence [ˌkri:dəns] *s; meget stivt: **give credence** (=credit)* ***to*** feste lit til *(fx sby's story);* ***his statements no longer have any credence****(=credibility)* det er ikke lenger noen som fester lit til det han sier.
credentials [kriˌdenʃəlz] *s; pl:* (legitimasjons)papirer; *diplomats:* akkreditiver.
credibility [ˈkrediˌbiliti] *s:* troverdighet; ***lose one's credibility*** miste sin troverdighet.
credibility gap avstand mellom påstand(er) og de faktiske forhold *n;* troverdighetskløft.
credible [ˌkredibl] *adj:* troverdig; som man kan tro på.
I. credit [ˌkredit] *s* **1.** kreditt; ***on credit*** på kreditt; ***allow sby credit*** gi en kreditt;
2. *merk; mots debet:* kredit; postering på kreditsiden; ***enter an amount to sby's credit****(=credit sby with(=for) an amount)* kreditere en (for) et beløp;
3. *merk(=creditworthiness)* kreditt(verdighet);
4. *på konto:* innestående beløp *n;* saldo;
5. *om det beløp kunden får disponere ut over innestående beløp:* kreditt;
6. *bankv & merk: **banker's credit**(=commercial (letter of) credit; documentary credit)* remburs;
7. *stivt: **give credit to sth**(=believe sth)* feste lit til noe; tro noe *(fx a story);*
8*(=honour)* ære; ***be a credit to one's country*** gjøre ære på landet sitt; ***it does him great credit****(=it's greatly to his credit)* han har stor ære av det; ***one must give credit where credit is due*** æres den som æres bør; ***take credit for sth*** ta æren for noe; ***he came out of it with credit*** han kom fra det med æren i behold; ***it reflects***

credit on him det tjener ham til ære;
9(*=praise)* ros; anerkjennelse; ***deserve credit (for)*** fortjene anerkjennelse (for); ***be given credit for****(=be praised for)* bli rost for;
10. *film:* ***credits****(=credit titles)* fortekster;
11. *skolev:* credit (ɔ: én av de tre karakterer – pass, credit, distinction – som gis ved eksamen på S-level);
12. *ved college* **US:** poeng (for gjennomført kurs *(n)* som ledd *(n)* i et studium); vekttall; ***German gives three credits****(=German counts (as) 3)* tysk har vekttallet tre; tysk gir tre poeng; *(jvf course unit).*

II. credit *vb* **1.** *merk:* kreditere; ***credit sby with****(=for)* ***an amount*** kreditere en (for) et beløp; **2.** feste lit til; tro på; ***I don't credit her with much intelligence*** jeg anser henne ikke for å være videre intelligent; **3. T***(=believe)* tro *(fx would you credit that?).*

creditable [ˌkreditəbl] *adj* **1***(=praiseworthy; commendable)* prisverdig; rosverdig; **2***(=honest):* ***make a creditable attempt*** gjøre et hederlig forsøk.

credit card *bankv(=charge card)* kredittkort.

credit limit *merk:* kredittgrense; ***go over one's credit limit*** overskride sin kreditt.

credit note *(fk C/N) merk:* kreditnota (*for* på).

creditor [ˌkreditə] *s:* kreditor; fordringshaver.

credit squeeze *bankv; fin(=credit restriction; tightening of credit facilities)* kredittilstramning.

creditworthiness [ˌkredit'wə:ðinəs] *s:* kredittverdighet.

creditworthy [ˌkredit'wə:ði] *adj(=worthy of credit)* kredittverdig.

credo [ˌkri:dou; ˌkrei'dou] *s(pl: credos) stivt(=belief; creed)* credo *n;* tro; overbevisning.

credulity [kriˌdju:liti; kreˌdju:liti; krəˌdju:liti] *s:* godtroenhet; lettroenhet.

credulous [ˌkredjuləs; **US:** ˌkredʒuləs] *adj:* godtroende; lettroende.

creed [kri:d] *s* **1.** trosbekjennelse; **2.** tro; overbevisning; ***his religious creed****(=his religion)* hans religiøse overbevisning.

creek [kri:k] *s* **1***(=narrow inlet; bay)* vik; **2. US***(=stream)* bekk; **3. T:** ***up the creek****(=in real trouble)* i et uføre; **T:** ute å kjøre.

creel [kri:l] *s* **1.** flettet fiskekurv; **2***(=lobster pot)* hummerteine; krabbeteine.

I. creep [kri:p] *s* **1. S***(=unpleasant, servile person)* kryp *n;*
2. *jernb:* ***rail creep*** skinnevandring;
3. *geol:* ***soil creep*** jordsig;
4. S: ***he gives me the creeps*** han er nifs.

II. creep *vb(pret & perf.part.: crept)* **1.** krype; *også fig:* ***creep along*** krype av sted;
2.: ***creep in*** snike seg inn; ***an error has crept in*** det har sneket seg inn en feil;
3*(=crawl; cringe)* krype;
4. *om metall:* krype;
5.: ***creep up on*** 1. snike seg innpå; 2. *fig:* ***things tend to creep up on you*** ting har en tendens til å komme overraskende på en;
6.: ***it made her flesh creep*** det fikk henne til å grøsse.

creeper [ˌkri:pə] *s* **1.** *bot(=creeping plant)* slyngplante; krypende plante; **2***(=garage creeper)* liggebrett; **3.** *cricket(=daisycutter)* markkryper.

creeping [ˌkri:piŋ] *adj* **1.** krypende; **2***(=lurking)* snikende *(fx fear).*

creeping buttercup *bot:* krypsoleie; *(jvf crowfoot).*

creepy [ˌkri:pi] *adj* **T***(=weird)* nifs; uhyggelig.

I. creepy-crawly ['kri:piˌkrɔ:li] *s* **T***(=small creeping insect)* lite kryp; småkryp; ***these poor creepy-crawlies*** disse stakkars småkrypene.

II. creepy-crawly *adj* **T:** *se creepy.*

cremation [kriˌmeiʃən] *s:* kremasjon; kremering.

cremate [kriˌmeit] *vb:* kremere.

crematorium ['kreməˌtɔ:riəm] *s (,US: crematory)* krematorium *n.*

crème [krem; kri:m; kreim] *s; kul(=cream)* krem.

crème caramel ['kremkærəˌmel] *s; kul; på meny(=caramel cream)* karamellpudding.

Creole [ˌkri:oul] *s:* kreol; kreoler(inne).

creosote [ˌkriəsout] *s:* kreosot.

crepe*(=crape)* [ˌkreip] *s:* krepp.

crepe sole rågummisåle.

crepitation ['krepiˌteiʃən] *s; især med.(=crackling)* knitring; krepitasjon.

crept [krept] *pret & perf.part. av II. creep.*

I. crescent [ˌkresənt] **1.** *s:* halvmåne; **2.** *del av navn på halvrund gate el. plass, fx Pelham Crescent.*

II. crescent *adj:* halvmåneformet.

crescent moon månesigd.

cress [kres] *s; bot:* karse; ***curled cress*** vinterkarse.

I. crest [krest] *s* **1.** kam; ***the crest of a hill*** en åskam; en bakkekam;
2. *zo:* (fjær)topp; *på hest:* halskam;
3. hjelmpryd;
4*(=coat of arms)* våpenskjold; ***family crest****(=family coat of arms)* familievåpen;
5. *fig; stivt(=peak)* høydepunkt *(fx at the crest of his fame).*

II. crest *vb* **1.** *om bølge:* toppe seg; **2.** *litt.(=reach the top of)* nå toppen av *(fx crest the hill).*

crested [ˌkrestid] *adj* **1.** *zo; om fugl:* toppet; *(jvf tufted);* **2.:** ***crested waves****(=foam-capped waves)* bølger med skumtopper på; **3.** med våpenskjold.

crested tit *zo:* toppmeis.

crestfallen [ˌkrest'fɔ:lən] *adj:* slukkøret; motfallen.

Crete [kri:t] *s; geogr:* Kreta.

cretonne [ˌkretɔn; **US:** ˌkri:tɔn] *s:* kretong.

crevasse [kriˌvæs] *s:* bresprekk.

crevice [ˌkrevis] *s* **1.** *(=crack)* sprekk; **2.** fjellsprekk.

crew [kru:] *s:* mannskap *n;* besetning; *flyv:* ***cabin crew*** *(=flight attendants)* kabinpersonale.

I. crib [krib] *s* **1***(=manger)* krybbe;
2. *især* **US***(=cot)* barneseng;
3. nøkkeloversettelse (av fremmedspråklig pensumtekst);
4. plagiering; lån *n (fx cribs from textbooks);*
5. *skolev:* fuskelapp.

II. crib *vb* **1.** plagiere; **2.** *skolev:* fuske; skrive av (*from* etter).

crib death US: *se cot death.*

I. crick [krik] *s:* kink *n;* ***a crick in the back*** et kink i ryggen.

II. crick *vb:* forstrekke (nakkemuskel).

cricket [ˌkrikit] *s* **1.** *zo:* siriss;
2. *sport:* cricket;
3. T: ***not cricket****(=unfair)* unfair; urealt.

cricketer [ˌkrikitə] *s; sport:* cricketspiller.

crime [kraim] *s* **1.** forbrytelse; ***capital crime*** forbrytelse som straffes med døden; ***commit a crime*** begå en forbrytelse; ***crime of gain****(=crime for profit)* vinningsforbrytelse; **2.** kriminalitet; ***violent crime*** voldsforbrytelse; ***crime is on the increase*** kriminaliteten er økende; **3.** *fig:* stor synd *(fx it's a crime that he died young);* forbrytelse; ***it's not really a crime*** det er ingen (stor) forbrytelse.

Crimea [kraiˌmi:ə] *s; geogr:* ***the Crimea*** Krim.

Crimean [kraiˌmi:ən] *adj:* krim-; krimsk.

crime detection*(=clearing up (of) crimes)* oppklaring av forbrytelser.

crime fiction kriminallitteratur.

crime of passion *jur; især om sjalusidrama(=crime passionnel)* forbrytelse begått som affekthandling.

crime prevention*(=prevention of crime)* kriminalvern.

crime prevention measure kriminalitetsforebyggende tiltak *n.*

crime rate: ***a rising crime rate****(=rising crime rates; increased criminality)* økende kriminalitet.

crime reporter kriminalreporter.

crime writer kriminalforfatter.

C

FALSE FRIENDS

crime
kriminalitet eller forbrytelse

English	Norsk
The **crime rate** in New York has fallen in recent years.	*Kriminaliteten har gått ned i New York i de siste årene.*
She has committed a **crime**.	*Hun har gjort/begått en forbrytelse.*

I. criminal [ˌkriminəl] *s:* forbryter; ***budding criminal*** forbryterspire; ***habitual criminal*** vaneforbryter; ***violent criminal*** voldsforbryter.
II. criminal *adj* **1.** kriminell; forbrytersk; ***have a criminal record*** ha et rulleblad hos politiet; være tidligere straffet; **2.** *fig:* ***it was criminal to cut that tree down*** det var en forbrytelse å felle det treet.
criminal case *jur:* straffesak; ***there will be a criminal case against NN*** det vil bli reist offentlig straffesak mot NN.
criminal damage *jur:* skadeverk; hærverk; ***five acts of criminal damage*** fem tilfeller *(n)* av hærverk.
criminal investigation department *(fk CID)* kriminalavdeling.
criminality [ˈkrimiˌnæliti] *s(=crime)* kriminalitet.
criminal justice *jur(=criminal law administration)* strafferettspleie.
criminal justice act *jur:* straffelov.
criminal justice system *jur(=judicial system)* rettsvesen.
criminal law *jur:* straffelov; strafferett.
criminal law administration *jur:* strafferettspleie.
criminal liability *jur:* strafferettslig ansvar *n;* straffansvar; ***involve criminal liability****(=be a criminal offence)* medføre straffansvar; være straffbart.
criminally [ˌkriminəli] *adv* **1.** kriminelt; **2.** *fig* **T:** ***he behaved quite criminally*** han oppførte seg helt kriminelt.
criminal offence *jur(=punishable offence; indictable offence)* straffbar forseelse; noe man (kan) straffes for; ***it's a criminal offence*** det er straffbart.
criminal proceedings *pl; jur(=criminal prosecution)* straffeforfølgning; ***institute****(=take)* ***criminal proceedings against*** innlede straffeforfølgning av.
criminal prosecution *jur:* straffeforfølgning; *(se criminal proceedings).*
criminal trial *jur:* straffeprosess.
criminology [ˈkrimiˌnɔlədʒi] *s:* kriminologi.
crimp *vb* **1.** *om lær(=shape)* bøye til; forme til (sko); **2.** *om stoff el. papir:* kreppe; gi en kruset overflate.
crimple [krimpl] *vb; om tøy(=crinkle)* krølle.
crimson [ˌkrimzən] *adj:* karmosinrød; høyrød; rød i ansiktet *(fx he was crimson with embarrassment).*
cringe [krindʒ] *vb* **1***(=cower)* krype sammen; **2.** *fig:* ***cringe before sby****(=crawl to sby)* krype for en.
cringing [ˌkrindʒiŋ] *adj:* ***have a cringing manner****(=be servile)* være krypende; være servil *(el.* underdanig).
I. crinkle [kriŋkl] *s(=wrinkle)* krøll.
II. crinkle *vb* **1.** *sj(=wrinkle)* rynke på *(fx one's nose in disapproval);*
2. *om papir, tøy, etc(=crumple)* krølle seg;
3. *om silkestoff, etc(=rustle)* knitre;
4.: ***his face crinkled****(=crumpled; broke)* ***into a smile*** ansiktet hans rynket seg til et smil.
crinkly [ˌkriŋkli] *adj; om hår; sj(=frizzy)* krusete.
cripes [kraips] *int; lett glds* **T***(=coo)* jøss.
I. cripple [kripl] *s:* krøpling.
II. cripple *vb* **1.** gjøre til krøpling; gjøre krøpling av; lemleste; **2.** *fig:* sette ut av funksjon; lamme.
crippling [ˌkripliŋ] *adj:* knusende; lammende; ødeleggende.
crisis [ˌkraisis] *s(pl: crises* [ˌkraisi:z]*)* krise; vendepunkt; ***in time of crisis*** når det er krise; i en krise(situasjon); ***crisis of confidence*** tillitskrise; ***cause a crisis*** forårsake en krise; ***end a crisis*** gjøre slutt på en krise; ***go(=pass) through a crisis*** gjennomgå en krise.
crisis situation*(=crisis)* krisesituasjon; krise.
I. crisp [krisp] *s* **1.:** ***done to a crisp*** sprøstekt; **2.:** ***burnt to a crisp*** 1. forkullet, 2. *spøkef:* helt oppbrent *(fx I was burnt to a crisp).*
II. crisp *adj* **1.** sprø *(fx biscuit; lettuce);*
2*(=firm)* fast og fin *(fx pear);* stiv *(fx the crisp pages of a new book); om stoff:* ikke sjasket; med appreturen i behold; fast;
3. *om stil el. svar(=terse)* kort og knapp;
4*(=clear)* klar; ***crisp and clear****(=clear and distinct)* klar og tydelig;
5*(=neat)* nett; sirlig *(fx uniform); om persons ytre:* velpleid *(fx a crisp appearance);*
6*(=lively; brisk)* livlig; frisk *(fx conversation);*
7. *om hår:* kort og småkrøllet;
8. *om luften(=briskly cold; invigorating)* kjølig og forfriskende; frisk;
9. *om snø:* som knirker under føttene.
crispbread [ˌkrispˈbred] *s:* ***rye crispbread*** knekkebrød.
crisply [ˌkrispli] *adv:* ***she answered crisply****(=she gave a short answer)* hun svarte kort.
crispness [ˌkrispnəs] *s* **1.** sprøhet;
2*(=firmness)* fasthet; *om stoff:* ***lose its crispness*** bli sjasket; miste appreturen;
3. *om stil el. svar(=terseness)* (korthet og) knapphet;
4*(=liveliness; briskness)* livlighet; friskhet;
5*(=neatness)* netthet; sirlighet; *om persons ytre:* ***the crispness of his appearance****(=his well-groomed appearance)* hans velpleide ytre *n;*
6. *om luften:* ***the crispness of the morning air*** den kjølige og forfriskende morgenluften;
7. *om snø:* det at den knirker under føttene.
crisps [krisps] *s; pl(,***US:** *chips)* potetgull; *(jvf I. chip 4 & 5).*
crispy [krispi] *adj* **1.** sprø; **2.** *om hår(=curly)* krøllet.
I. crisscross [ˌkrisˈkrɔs] *s(=network)* nettverk *(fx a crisscross of footpaths; a crisscross of wires).*
II. crisscross *vb; om linjer, etc:* løpe på kryss *(n)* og tvers.
III. crisscross *adj; om linjer, etc:* som løper på kryss *(n)* og tvers; ***a crisscross pattern*** et kryss- *(n)* og tversmønster.
IV. crisscross *adv*: på kryss *(n)* og tvers; *fig:* på tverke *(fx everything went crisscross from the start).*
criterion [kraiˌtiəriən] *s(pl: criteria* [kraiˌtiəriə]*)* kriterium *n.*

critic [ˌkritik] *s:* kritiker; ***literary critic*** litteraturanmelder; ***music critic*** musikkanmelder; ***his critics*** hans kritikere; *(jvf reviewer).*

critical [ˌkritikəl] *adj* **1.** kritisk; ***a critical attitude*** en kritisk holdning; ***critical remarks****(=criticisms)* kritiske bemerkninger; ***be critical about****(=of)* være kritisk overfor;
2*(=very serious)* kritisk; ***there's a critical shortage of food*** det er alvorlig matmangel;
3*(=crucial)* avgjørende *(fx at the critical moment);*
4*(=all-important; crucial)* meget viktig; livsviktig.

critical list *om pasient:* ***she's off the critical list****(=her condition is no longer critical)* hun er utenfor livsfare.

critically [ˌkritikəli] *adv:* kritisk; ***critically ill*** livsfarlig syk; ***look critically at sth*** se kritisk på noe.

critical stage kritisk stadium *n;* ***reach a critical stage in one's life*** nå et kritisk stadium i livet.

criticism [ˌkriti'sizəm] *s* **1.** kritikk; ***acid criticism*** sur kritikk; ***be above criticism****(=be beyond reproach)* være hevet over kritikk; ***be beyond criticism****(=be beneath contempt)* være under all kritikk; ***invite criticism*** friste til kritikk; ***I don't mean this as criticism*** jeg sier ikke dette for å kritisere; ***lay oneself open to criticism*** legge seg åpen for kritikk; ***the theory is open to criticism*** teorien kan kritiseres; ***stand up to criticism*** *(=stand the test of criticism)* stå for kritikk; **2***(= critical remark)* kritisk bemerkning; ***he has made many useful criticisms of the work*** han har kommet med mye nyttig kritikk av verket; ***these aren't really serious criticisms, just quibbles*** dette er ikke egentlig noen alvorlig kritikk, bare mindre innvendinger.

criticize, criticise [ˌkriti'saiz] *vb:* **1.** kritisere; ***without in any way wishing to criticize*** uten på noen måte å ville kritisere; ***he criticized****(=blamed)* ***himself for not having checked whether …*** han tok selvkritikk for ikke å ha sjekket om …; **2.** vurdere; bedømme *(fx an essay).*

critic teacher **US***(=teaching supervisor; Canada: sponsor teacher)* øvingslærer.

critique [kriˌti:k] *s; meget stivt* **1***(=review; critical essay)* anmeldelse *(fx of a play);* kritisk artikkel;
2. kunsten å kritisere; kritikk.

I. croak [krouk] *s:* kvekk *n;* kvekking.

II. croak *vb:* kvekke *(fx I heard the frogs croaking).*

croaky [ˌkrouki] *adj; om stemme:* hes.

Croat [ˌkrouæt] *s* **1.** kroat; **2.:** *se I. Croatian.*

Croatia [krouˌeiʃə] *s; geogr:* Kroatia.

I. Croatian [krouˌeiʃən] *s(=Croat)* kroat; *språket:* kroatisk.

II. Croatian *adj:* kroatisk.

croc [krɔk] *s; zo* **T***(=crocodile)* krokodille.

I. crochet [ˌkrouʃei] *s:* hekletøy; noe som er heklet.

II. crochet *vb:* hekle.

crochet hook heklenål.

crocheting [ˌkrouʃeiiŋ] *s* **1.** hekling; **2.** hekletøy.

crock [krɔk] *s* **1***(=(earthen) pot; jar)* (leir)krukke;
2. potteskår; *(jvf potsherd);*
3. T: ***that car's an old crock*** den bilen er en gammel kjerre.

crockery [ˌkrɔkəri] *s:* steintøy; servise *n;* ***crockery and cutlery*** servise og bestikk *n;* ***please put your crockery on the trolley after eating*** plasser serviset på trallen når du er ferdig med å spise.

crocodile [ˌkrɔkə'dail] *s; zo(,***T:** ***croc)*** krokodille.

crocodile tears *pl(=false tears)* krokodilletårer.

crocus [ˌkroukəs] *s; bot:* krokus.

crofter [ˌkrɔftə] *s; i Skottland & Nord-England:* småbonde; leilending.

croissant [ˌkwɑ:sɔŋ] *s; bakverk:* horn *n.*

crone [kroun] *s; neds; glds(=ugly old woman)* stygt gammelt kvinnfolk; stygg (gammel) kjerring.

crony [ˌkrouni] *s; ofte neds* **T***(=mate)* kamerat; venn.

I. crook [kruk] *s* **1.** gjeterstav; krumstav; **2.** kjeltring;
3.: ***in the crook of one's arm*** i armkroken.

II. crook *vb; især om finger:* kroke.

crooked [ˌkrukid] *adj* **1.** kroket; krumbøyd; **2***(=not straight)* skjev; som henger skjevt; **3***(=dishonest)* uærlig; uhederlig.

crookedly [ˌkrukidli] *adv* **1.** skjevt; **2***(=in a dishonest way; by crooked means)* på en uærlig måte.

croon [kru:n] *vb* **1.** nynne *(fx a lullaby);* **2***(=sing):* ***croon romantic songs*** synge romantiske sanger.

crooner [ˌkru:nə] *s; om popsanger; lett glds(=vocalist)* vokalist; *(jvf croon 2).*

I. crop [krɔp] *s* **1.** *landbr:* avling; høst; ***cereal crops*** kornavlinger;
2. *landbr(=crop plant)* (nytte)vekst;
3. (kortklipt) hår *n;* ***an abundant crop of hair*** en hårmanke;
4. *zo(=craw)* kro;
5.: ***(riding) crop*** ridepisk;
6. *fig:* ***crop of books*** bokhøst; bokavl; ***this year's crop of books****(=the literary output of the year)* årets bokhøst; ***a new crop of students*** et nytt studentkull.

II. crop *vb* **1.** gnage *(fx the grass short);*
2*(=cut very short)* kortklippe;
3. *øre på dyr:* kupere;
4. T: ***crop up****(=turn up)* dukke opp.

cropper [ˌkrɔpə] *s* **1.** *landbr:* ***poor (,good) cropper*** tre som bærer lite (,mye) frukt; **2.** *zo:* kroppdue; *(jvf dove & pigeon 1);* **3. T:** ***come a cropper*** 1*(=fall)* falle; 2. *om ting:* bli ødelagt; 3. *skolev(=fail)* stryke; 4. *fig(=burn one's fingers)* komme galt av sted.

croquet [ˌkroukei] *s; spill:* krokket.

croquet mallet krokketkølle; *(se mallet).*

croquette [krouˌket] *s; kul:* krokett.

crosier, crozier [ˌkrouʒə; ˌkrouziə] *s:* bispestav; krumstav.

I. cross [krɔs] *s* **1.** kryss *n;*
2. *også fig:* kors *n;* ***the British Red Cross Society*** Det britiske Røde Kors;
3. *biol; bot, etc:* krysning;
4. *gjennom bokstav el. tallet 7:* tverrstrek;
5. *fig:* mellomting *(fx between a cycle and a motorcycle).*

II. cross *vb* **1.** krysse;
2. møtes; krysse; krysse hverandre *(fx our letters must have crossed in the post);*
3. gå tvers over; krysse *(fx the street);*
4. sette tverrstrek på *(fx cross a 7);*
5. T: ***cross sby*** gjøre en imot; gå imot en; ***when he's crossed*** når noe går ham imot; ***be crossed in love*** ha motgang i kjærlighet;
6.: ***let's not cross that bridge until we come to it****(= we'll cross that bridge when we come to it; we'll worry about that when the time comes)* den tid, den sorg; ikke la oss ta sorgene på forskudd;
7.: ***keep one's fingers crossed for sby*** tenke med sympati på en (i en vanskelig el. avgjørende situasjon); ***keep your fingers crossed for me!*** tenk på meg! ***I'm crossing my fingers that I get the job*** jeg håper inderlig at jeg får jobben;
8.: T: ***cross my heart!*** kors på halsen! **T:** ***I can't, cross my heart, say that …*** *(=I can't honestly say that …)* jeg kan ikke med hånden på hjertet si at …;
9.: ***cross the line*** gå over ekvator; krysse linjen;
10.: ***it crossed my mind that …*** det falt meg inn at …;
11.: ***be crossed in love*** være uheldig i kjærlighet;
12.: ***cross off*** stryke *(fx cross a name off the list);*
13.: ***cross out*** sette strek over; stryke over (*el.* ut).

III. cross *adj* **1***(=angry)* sint; ***be (,get) cross with sby*** være (,bli) sint på en; **2***(=bad-tempered)* gretten; *(jvf crosspatch).*

crossbar [ˌkrɔs'bɑ:] *s* **1.** tverrstang; **2.** *sport; fotb (= bar)* tverrligger; overligger; **3.** *på sykkel:* stang.

crossbones [ˌkrɔs'bounz] *s; pl; under dødningehode:* korslagte knokler; ***skull and crossbones*** dødningehode med korslagte knokler under.

crossbow [ˌkrɔs'bou] *s:* armbrøst.
crossbred [ˌkrɔs'bred] *adj:* fremkommet ved krysning.
crossbreed [ˌkrɔs'bri:d] *s; biol:* krysningsavkom.
I. cross-check [ˌkrɔs'tʃek] *s:* kryssjekk.
II. cross-check *vb:* kryssjekke.
cross-country ['krɔsˌkʌntri; *attributivt:* ˌkrɔs'kʌntri] *adj; sport:* i terrenget; terreng-.
cross-country (skiing) race *ski:* langrenn.
crosscurrent [ˌkrɔs'kʌrənt] *s* **1.** *i elv:* tverrstrøm; **2.** *fig:* krysstrømning *(fx political crosscurrents).*
crosscut saw *tøm* **1.** tverrvedsag; kappsag; **2**(*=felling saw)* tømmersag.
cross-dresser [ˌkrɔs'dresə] *s(=transvestite)* transvestitt.
crossed skis *ski(=scissors)* saks (under svevet).
cross-examination [ˌkrɔsigˈzæmiˌneiʃən] *s:* kryss-eksaminasjon; kryssforhør.
cross-examine [ˌkrɔsigˌzæmin] *vb:* krysseksaminere; kryssforhøre.
cross-eye [ˌkrɔs'ai] *s; glds(=squint)* skjeling.
cross-eyed [ˌkrɔs'aid] *adj* **T**(*=squint-eyed)* skjeløyd.
cross fertilization **1.** *biol:* kryssbefruktning; **2.** *bot(=cross-pollination)* kryssbestøvning; fremmedbestøvning; *(se pollination).*
cross-fertilize [ˌkrɔsˌfə:ti'laiz] *vb* **1.** *biol:* kryssbefrukte; **2.** *bot(=cross-pollinate)* kryssbestøve.
crossfire [ˌkrɔs'faiə] *s; mil & fig:* kryssild.
cross-grained [ˌkrɔs'greind] *adj* **1.** med tverrgående fibrer; ***cross-grained wood*** tverrved; **2**(*=difficult; bad-tempered)* vrang; gretten.
cross hairs *s(=cross-hair sight)* trådkors.
cross-hatch [ˌkrɔs'hætʃ] *vb:* krysskravere.
cross-headed [ˌkrɔs'hedid] *adj:* ***cross-headed screw-driver*** stjerneskrutrekker.
crossing [ˌkrɔsiŋ] *s* **1.** (gate)kryss *n;* ***controlled crossing*** lysregulert kryss;
2.: ***(pedestrian) crossing*** fotgjengerovergang;
3.: ***(level) crossing*** jernbaneovergang;
4. overfart *(fx a Channel crossing);*
5. *sport; skøyter & stafett:* veksling.
cross-legged [ˌkrɔs'legd] *adj:* med bena *(n)* i kors *n.*
cross-party [ˌkrɔs'pɑ:ti] *adj(=all-party)* tverrpolitisk.
crosspass [ˌkrɔs'pɑ:s] *s; fotb:* krysning.
crosspatch [ˌkrɔs'pætʃ] *s* **T**(*,***US:** *sourpuss)* tverrbukk; tverrpomp.
cross-pollination [ˌkrɔs'pɔliˌneiʃən] *s; bot(=cross fertilization)* kryssbestøvning; *(se pollination).*
crosspiece tverrstykke.
cross-ply [ˌkrɔs'plai] *adj:* ***cross-ply tyre*** diagonaldekk.
cross-purposes ['krɔsˌpə:pəsiz] *s; pl:* ***talk at cross-purposes*** snakke forbi hverandre.
cross-reference [ˌkrɔs'refərəns] *s:* krysshenvisning.
crossroad [ˌkrɔs'roud] *s:* tverrgående vei; tverrvei.
crossroads [ˌkrɔs'roudz] *s* **1**(*=road junction; road intersection)* veikryss; **2.** *fig:* korsvei; veiskille; ***be at a crossroads*** stå ved et veiskille.
cross-ruled [ˌkrɔs'ru:ld] *adj:* ***cross-ruled paper***(*=squared paper)* rutepapir.
cross section ['krɔsˌsekʃən] *s* **1.** tverrprofil; **2.** *også fig:* tverrsnitt; ***in cross section*** i tverrsnitt.
cross spider *zo(=garden spider)* korsedderkopp.
cross-stitch [ˌkrɔs'stitʃ] *s; søm:* korssting.
crosswalk [ˌkrɔs'wɔ:k] *s* **US**(*=pedestrian crossing)* fotgjengerovergang.
crosswind [ˌkrɔs'wind] *s:* sidevind.
cross-wind [ˌkrɔs'waind] *vb; elekt:* kryssvikle.
crosswise [ˌkrɔs'waiz] *adj & adv:* på kryss *n;* på tvers; over kors *n.*
crossword [ˌkrɔs'wə:d] *s:* ***crossword (puzzle)*** kryssord.
crotch [krɔtʃ] *s(=crutch)* **1.** *anat:* skritt *n;* skrev *n; (jvf groin);* **2.** *i benklær:* skritt *n.*
crotchet [ˌkrɔtʃit] *s; mus(,***US:** *quarter note)* kvartnote; fjerdedels note.
I. crouch [krautʃ] *s:* sammenkrøket stilling.
II. crouch *vb:* krøke seg sammen; *om dyr:* ***crouch (for a spring)*** ligge på spranget.
croup [kru:p] *s* **1.** *med.:* krupp; **2.** *på hest: se crupper 1.*
croupier [ˌkru:piə] *s:* croupier.
croustade [kru:ˌstɑ:d] *s; kul(=pasty (,pie) with short crust)* krustade.
crouton [ˌkru:tɔn] *s; kul:* crouton; ristet brødterning.
I. crow [krou] *s* **1.** *zo:* kråke;
2(*=cockcrow)* hanegal *n;*
3.: ***as the crow flies*** i luftlinje;
4. *int:* ***stone the crows!*** jøss! *(jvf II. coo 3).*
II. crow *vb* **1.** gale;
2. *neds(=boast)* skryte; hovere;
3. *om baby:* gi fra seg små gledesskrik.
crowbar [ˌkrou'bɑ:] *s(=nail bar)* brekkjern; kubein.
crowberry [ˌkroubəri] *s; bot:* krekling.
I. crowd [kraud] *s* **1.** menneskemengde; flokk; sammenstimling; publikum *n;* ***this brought cheers from the crowd*** dette resulterte i hurrarop fra publikum; ***I caught sight of him among the crowd*** jeg fikk øye på ham i mengden; **2. T:** gjeng *(fx the crowd from the office);* venner *(fx I've met most of John's crowd); spøkef:* ***the same old crowd***(*=gang)* den samme gamle gjengen; ***be with a bad crowd*** vanke i en dårlig gjeng; **3.:** ***follow the crowd***(*=run with the herd)* følge strømmen; tute med ulvene.
II. crowd *vb* **1.** stue sammen; **T:** ***don't crowd me!*** ikke dytt! ***they crowded him out*** de presset ham ut;
2. overfylle; overlesse *(fx a room with furniture);*
3. stimle sammen; trenge seg sammen (*round* om); ***crowd together*** stimle sammen; trenge seg sammen; ***they crowded into the square*** de strømmet inn på plassen;
4. *fig:* ***the memories came crowding back*** minnene *(n)* trengte seg på.
crowded [ˌkraudid] *adj:* overfylt; overlesset (med møbler *n*); *teat:* ***play to crowded houses*** spille for fulle hus *n.*
crowd controller(*=steward)* ordensvakt.
crowd violence publikumsvold.
crowfoot [ˌkrou'fut] *s; bot:* (en av flere arter) soleie; ***meadow crowfoot***(*=(upright) meadow buttercup)* engsoleie.
I. crown [kraun] *s* **1.** *også fig:* krone; **2.:** ***the Crown*** kronen; kongemakten; ***counsel for the Crown***(*=prosecution)* aktor; **3.** *anat:* ***the crown of the head*** issen.
II. crown *vb; også fig:* krone; ***his efforts were crowned with success*** hans anstrengelser ble kronet med hell; ***and to crown it all I lost my ticket!***(*=and on top of everything else I lost my ticket!)* og på toppen av det hele mistet jeg billetten min!
Crown attorney(*=Crown prosecutor) jur; Canada(=public prosecutor)* statsadvokat.
crown cap kronekork.
crown court *jur; i straffesaker:* lagmannsrett.
crowned crane *zo(=crested crane)* krontrane.
crowning glory *fig:* ***the crowning glory*** kronen på verket.
crown jewels *pl:* kronjuveler.
Crown Office *ved Queen's Bench Division of the High Court:* ***the Crown Office*** administrasjonskontoret.
crown prince(ss) kronprins(esse).
crown wheel *mask:* kronhjul.
crow's-feet [ˌkrouz'fi:t] *s; pl:* smilerynker.
crozier [ˌkrouʒə; ˌkrouziə] *s(=crosier)* bispestav.
crucial [ˌkru:ʃəl] *adj:* (helt) avgjørende; ***at the crucial moment*** i det avgjørende (*el.* kritiske) øyeblikk.
crucian [ˌkru:ʃən] *s; zo; fisk(=crucian carp)* karuss.
crucible [ˌkru:sibəl] *s:* smeltedigel.
crucifer [ˌkru:sifə] *s; bot:* korsblomstret plante.
cruciferous [kru:ˌsifərəs] *adj; bot:* korsblomstret.
crucifix [ˌkru:sifiks] *s:* krusifiks *n.*
crucifixion ['kru:siˌfikʃən] *s:* korsfestelse.
cruciform [ˌkru:si'fɔ:m] *adj:* korsformet.

crucify [ˌkru:si'fai] *vb* **1.** korsfeste; **2.** *fig:* hudflette; *om kritiker(=slaughter)* slakte.
crude [kru:d] *adj* **1***(=vulgar)* vulgær; grov; plump; ***don't be crude!*** ikke vær grov!
2*(=rough; primitive)* primitiv; grov *(fx sketch);*
3*(=blunt): **the crude facts*** de brutale fakta *n; **a crude statement of facts*** en brutal påpeking av fakta;
4*(=unrefined)* uraffinert; *(se crude oil).*
crudeness [ˌkru:dnəs], **crudity** [ˌkru:diti] *s:* grovhet; vulgaritet; plumphet; primitivitet; *(se crude).*
crude oil*(=crude petroleum)* råolje.
cruel [ˌkru:əl] *adj* **1***(=merciless)* grusom; **2.** *fig:* grusom; fryktelig.
cruelty [ˌkru:əlti] *s:* grusomhet.
cruet [ˌkru:it] *s* **1.** *rel: **(altar) cruet*** vinkanne; **2.:** ***cruet (stand)*** bordoppsats.
I. cruise [kru:z] *s; mar:* cruise.
II. cruise *vb* **1***(=go cruising)* dra (*el.* være) på cruise; **2.** *flyv:* holde marsjhastighet; **3.** *om kjøretøy:* kjøre (med moderat fart).
cruise car US*(=patrol car)* patruljebil; politibil.
cruise ship *mar:* cruiseskip.
cruising altitude *flyv:* marsjhøyde.
cruller [ˌkrʌlə] *s; kul: **(fried) cruller** svarer til:* fattigmann.
I. crumb [krʌm] *s* **1.** smule; ***crumbs of bread*** brødsmuler; **2.** *fig:* smule; ***crumbs of information****(=bits (= fragments) of information)* fragmentariske opplysninger.
II. crumb *vb:* smule opp.
I. crumble [krʌmbl] *s: **apple crumble*** slags eplekompott med smuldret smør *(n)* og mel *(n)* på.
II. crumble *vb* **1.** bryte i småstykker; smule opp; *fig* **T:** ***we'll see how the cookie crumbles*** vi får se hvordan det går; **2.** *om bygning(=collapse)* falle sammen;
3. *fig:* falle sammen; falle i grus; ***her hopes crumbled*** *(=were crushed)* hennes forhåpninger falt i grus.
crumbly [ˌkrʌmbli] *adj:* som lett smuler seg.
crummy [ˌkrʌmi] *adj* **S:** dårlig; utrivelig *(fx flat).*
crumpet [ˌkrʌmpit] *s* **1***(=muffin; Canada: English muffin)* slags rund bløt bolle, som spises ristet med smør *(n)* på; **2.** *neds om jente* **S:** ***a nice bit of crumpet*** et fint støkke; **3. S:** ***balmy on the crumpet*** sprø på nøtta.
crumple [krʌmpl] *vb* **1.** *om stoff(=crinkle)* krølle (seg); bli krøllete;
2. *om stoff(=crease; crush;* **US** *& Canada: wrinkle)* gjøre krøllete; krølle; ***crumple one's clothes by packing them badly*** krølle klærne sine ved å pakke dem dårlig;
3.: ***her face crumpled and she began to cry*** ansiktet hennes fortrakk seg, og hun begynte å gråte;
4.: ***crumple up*** 1*(=crush up)* krølle sammen *(fx a letter);* 2. *mil; om front:* bryte sammen.
crumpled [krʌmpld] *adj* **1.** *om stoff(=creased; crushed;* **US** *& Canada: wrinkled)* krøllete *(fx your dress is all crumpled);* **2.** *om bilder, etc(=bent)* krøllete; ***crumpled pictures*** krøllete bilder.
crumple zone *(i karosseri)* deformasjonssone.
I. crunch [krʌntʃ] *s* **1.** knasing; en knasende lyd;
2. T: ***when it comes to the crunch****(=push)* når det kommer til stykket; når det virkelig gjelder.
II. crunch *vb* **1***(=crush; squash)* knuse; **2.** knase; **3***(= munch)* knaske på.
crunchy [ˌkrʌntʃi] *adj:* som knaser; sprø.
crupper [ˌkrʌpə] *s* **1.** *på hest(=croup)* kryss *n;*
2. *på ridesal:* bakre(i)m.
I. crusade [kru:ˌseid] *s* **1.** korstog; **2.** *fig:* kampanje *(fx against drugs).*
II. crusade *vb* **1***(=go on a crusade)* dra på korstog;
2. *fig: **crusade for*** kjempe for *(fx women's rights).*
crusader [kru:ˌseidə] *s:* korsfarer.
I. crush [krʌʃ] *s* **1.** knusing; knusende favntak;
2.: ***crush (of people)*** trengsel;
3. *om fruktdrikk: **lemon crush*** presset sitronsaft;
4. T: ***have a crush on*** sverme for.
II. crush *vb* **1.** knuse; mase i stykker; ***crush sby (to death)*** knuse en; klemme en ihjel; ***crushed ice*** knust is;
2*(=hug tightly): **he crushed her to him*** han knuget henne inntil seg;
3. klemme; presse; *om frukt:* kryste; presse *(fx the juice from a lemon); **we were crushed**(=pressed; squashed) **up against the other passengers*** vi ble presset opp mot de andre passasjerene;
4*(=crowd): **we can't crush any more people into this room*** vi kan ikke presse flere mennesker *(n)* inn i dette rommet;
5*(=crumple)* krølle *(fx crush the dress; this material crushes very easily; a crushed piece of paper);*
6. *fig; om motstand(=put down)* knuse;
7. *fig(=defeat)* slå (helt) ut; knuse; ***her hopes were crushed*** hennes forhåpninger falt i grus; *(se også crushed).*
crushed [krʌʃt] *adj* **1***(=squashed)* flatklemt;
2*(=crumpled;* **US** *& Canada: wrinkled)* krøllete; ***your dress is all crushed*** kjolen din er helt krøllete;
3*(=crowded)* tett sammenpresset;
4. *fig:* (helt) knust *(fx he was hurt and crushed).*
I. crushing [ˌkrʌʃiŋ] *s:* knusing.
II. crushing *adj(=overwhelming)* knusende *(fx defeat).*
I. crust [krʌst] *s* **1.** skorpe; ***bread crust*** brødskorpe; ***open sandwiches with the crusts cut off*** smørbrød med skorpene skåret bort;
2. *med.(=scab)* skorpe; ***a crust has formed on****(=over)* ***the wound*** det har dannet seg skorpe på såret;
3. *på snø:* skare *(fx the snow had a fine crust on it);*
4. *i portvin:* bunnfall;
5. US*(=pastry)* kake(r) *(fx she makes excellent crust).*
II. crust *vb* **1.** danne skorpe; skorpe seg; ***the wound has*** crusted over det har dannet seg skorpe på såret; **2.** *om snø: **the snow has crusted over*** det er blitt skareføre;
3. *om portvin:* danne bunnfall.
crustacean [krʌsˌteiʃən] *s; zo; stivt(=shellfish)* skalldyr.
crusted [ˌkrʌstid] *adj:* med skorpe på; ***crusted****(=hard)* ***snow*** skaresnø; skareføre.
crust wax *ski:* skarevoks.
crusty [ˌkrʌsti] *adj* **1.** skorpeaktig; med skorpe *(fx bread);* **2***(=surly; irritable)* sur; grinete.
crutch [krʌtʃ] *s* **1.** krykke; ***walk on crutches*** gå med krykker;
2. *i gren el. tre:* kløft;
3. *anat(=crotch)* skritt *n;* skrev *n; (jvf groin);*
4. *i benklær(=crotch)* skritt *n; **tight around the crutch*** trang i skrittet;
5. *mar(=rowlock)* tollegang;
6. *fig:* støtte *(fx use religion as a crutch for one's insecurity);*
7. *språkv:* klisjé *n;* stereotyp vending.
crux [krʌks] *s: **the crux of the matter**(=the main point)* det springende punkt; ***that's the crux****(=core)* ***of the problem*** det er det som er problemets kjerne.
I. cry [krai] *s* **1***(=shout)* skrik *n;* rop *n; **a cry for help*** et rop om hjelp; ***she gave a little cry*** hun ga fra seg et lite skrik; ***have a cry*** gråte; ***have a good cry!*** gråt ordentlig ut!
2*(=slogan)* slagord;
3.: ***a far cry from****(=very different from)* noe helt annet enn;
4.: ***in full cry*** 1*(=in hot pursuit)* i vill jakt; 2. *fig(=in midstream)* i full gang; 3. *fig: **they rushed into the shop in full cry for the bargains*** de stormet inn i butikken for å sikre seg tilbudsvarene;
5. *ordspråk: **much cry and little wool*** mye skrik og lite ull.
II. cry *vb* **1.** gråte; ***cry oneself to sleep*** gråte seg i søvn;
2. rope; ***cry****(=call)* ***for help*** rope om hjelp; **S:** ***cry*** (=

scream; yell) ***blue murder****(=scream like mad)* skrike opp; skrike som besatt;
3.: ***cry down*** 1. **T***(=belittle)* snakke nedsettende om; 2. overdøve med rop *(fx cry down opposition);*
4.: ***cry off*** 1. **T***(=cancel)* avlyse; 2. melde avbud;
5.: ***cry out*** 1. rope; ***she cried****(=shouted)* ***out for help****(= she cried(=called) for help)* hun ropte om hjelp; ***cry out in pain*** skrike av smerte; 2. *fig:* be (*for* om) *(fx the whole system cries out for change);* 3. *int* **T:** ***for crying out loud****(=good grief)* du store min;
6.: ***it's no use crying over spilt milk*** det nytter ikke å gråte over spilt melk;
7.: ***cry wolf****(=raise a false alarm)* slå falsk alarm.
crybaby [ˌkrai'beibi] *s:* skrikerunge; **T:** sutrekopp.
crying [ˌkraiiŋ] *adj:* himmelropende; stor *(fx it's a crying shame).*
crypt [kript] *s:* krypt.
cryptic [ˌkriptik] *adj; stivt* **1***(=secret)* hemmelig; kryptisk;
2*(=mysterious; puzzling)* hemmelighetsfull; kryptisk *(fx remark);*
3*(=in code)* i kode *(fx message);*
4. *zo:* med beskyttelseslikhet; kryptisk.
cryptically [ˌkriptikəli] *adv; stivt(=mysteriously)* hemmelighetsfullt.
crypto [ˌkriptou] *s(pl: cryptos)* hemmelig tilhenger (av parti, sekt, etc).
cryptogram [ˌkriptou'græm] *s:* kryptogram *n;* meddelelse i sifferspråk.
cryptography [kripˌtɔgrəfi] *s* **1***(=secret writing)* hemmelig skrift; **2***(=study of codes and ciphers)* kryptografi; **3***(=deciphering cryptograms)* omsetting av kryptogram *(n)* til klarspråk; dechiffrering.
crystal [ˌkristəl] *s:* krystall *n; i lysekrone:* prisme; ***clear as crystal****(=crystal clear)* krystallklar.
crystal ball krystallkule.
crystal chandelier krystallysekrone; prismelysekrone.
crystal clear (*attributivt:* ***crystal-clear***) ['kristəlˌkliə; *attributivt:* ˌkristəl'kliə] *adj:* krystallklar; tindrende klar.
crystalline [ˌkristə'lain] *adj:* krystallaktig; krystallisk; krystallinsk.
crystal(l)ize, crystal(l)ise [ˌkristə'laiz] *vb* **1.** *også fig:* krystallisere (seg); ta form; **2.** kandisere.
I. cub [kʌb] *s; av visse dyr:* unge; *av hund:* valp.
II. cub *vb:* få unger; få valper.
Cuba [ˌkju:bə] *s; geogr:* Cuba.
I. Cuban [ˌkju:bən] *s:* kubaner.
II. Cuban *adj:* kubansk.
cubbyhole [ˌkʌbi'houl] *s* **T:** lite rom; avlukke *n; ofte:* koselig liten krok; **T:** hule *(fx in my cubbyhole).*
I. cube [kju:b] *s* **1.** terning; **2.** *mat.* 1. kubus; 2. tredje potens.
II. cube *vb* **1.** skjære i terninger; **2.** *mat.:* opphøye i tredje potens.
cube root *mat.:* kubikkrot.
cube sugar*(=lump sugar)* raffinade.
cubic [ˌkju:bik] *adj* **1***(=cubical)* kubisk; **2.** kubikk-.
cubic capacity *(fk cc) mask:* sylindervolum.
cubic content rominnhold.
cubicle [ˌkju:bikl] *s:* lite avlukke; ***(changing) cubicle*** skifterom.
cubic measure rommål.
cubism [ˌkju:'bizəm] *s:* kubisme.
Cub (Scout) *om småspeider:* ulveunge.
cuckold [ˌkʌkəld] *glds, litt. el.* **US 1.** *s(=deceived husband)* hanrei; **2.** *vb:* ***cuckold sby****(=cheat on sby)* gjøre en til hanrei.
I. cuckoo [ˌkuku:] *s* **1.** *zo:* gjøk; **2.** *neds:* ***that silly cuckoo!****(=that silly thing!)* det dumme nautet!
II. cuckoo *adj; etteranstilt* **S***(=crazy; batty; loony)* sprø.
cuckoo clock gjøkur.
cuckooflower [ˌkuku:'flauə] *s; bot* **1***(=lady's-smock)* engkarse; **2***(=ragged robin)* hanekam.
cucumber [ˌkju:'kʌmbə] *s* **1.** *bot:* slangeagurk; **2.** *fig:* ***be as cool as a cucumber*** være kald som is; ha is i magen.
I. cuddle [kʌdl] *s(=affectionate hug)* (kose)klem; god klem.
II. cuddle *vb* **1.** klemme; kose med *(fx one's baby);*
2.: ***cuddle up to****(=snuggle up to)* smyge seg inntil; krype inntil.
cuddly [ˌkʌdli] *adj* **1.** til å kose med *(fx cuddly bear);* **2***(=affectionate)* kjærlig; som liker å bli kost med.
I. cudgel [kʌdʒl] *s* **1.** *stivt(=heavy stick)* stokk; knortekjepp; **2.** *fig:* ***take up the cudgels for*** gå i bresjen for; slå et slag for.
II. cudgel *vb* **1.** gi stokkepryl; **2.:** ***cudgel****(=rack)* ***one's brains*** bry hjernen sin; tenke hardt.
cue [kju:] *s* **1.** *teat:* stikkord; **2.:** ***take one's cue from sby*** rette seg etter en; ***as if on cue*** som på stikkord.
cuff [kʌf] *s* **1***(=shirt cuff)* mansjett;
2. US: ***(trouser) cuff****(=turn-up)* buksebrett;
3. T: ***cuffs****(=handcuffs)* håndjern;
4.: ***off the cuff****(=improvised)* på stående fot; på sparket.
cuff button knapp (i skjorteerme); mansjettknapp.
cufflink [ˌkʌf'liŋk] *s:* mansjettknapp.
cuisine [kwiˌzi:n] *s* **1.** kokekunst; matlaging; **2***(=food)* mat *(fx I'm fond of the French cuisine).*
cul-de-sac [ˌkʌldə'sæk] *s; også fig:* blindgate.
culinary [ˌkʌlinəri] *adj:* kulinarisk.
I. cull [kʌl] *s:* frasortering; *om dyrebestand:* uttynning; selektiv avlivning.
II. cull *vb* **1.** *stivt el. litt.(=gather)* samle (sammen) *(fx knowledge from a number of sources);* **2.** tynne ut blant *(fx the seals).*
culminate [ˌkʌlmi'neit] *vb:* kulminere.
culmination ['kʌlmiˌneiʃən] *s:* kulminasjon; høydepunkt; toppunkt.
culpability ['kʌlpəˌbiliti] *s; stivt el. jur(=guilt)* (straffe)skyld.
culpable [ˌkʌlpəbl] *adj; stivt el. jur(=guilty)* skyldig.
culprit [ˌkʌlprit] *s; stivt(=offender)* delinkvent; ***the culprit****(=the offender)* den skyldige; *også spøkef:* ***look for the culprit*** se seg om etter synderen.
cult [kʌlt] *s:* kultus; kult; dyrkelse.
cultic [ˌkʌltik] *adj:* kultisk; kult-.
cultivate [ˌkʌlti'veit] *vb* **1.** *landbr(=grow)* dyrke; *(=till)* dyrke *(fx the soil);* **2.** *biol:* dyrke; rendyrke; **3.** *fig:* dyrke *(fx sby's friendship);* kultivere; utvikle *(fx she cultivates good manners).*
cultivated countryside*(=area)* kulturlandskap.
cultivation ['kʌltiˌveiʃən] *s* **1.** dyrking; kultivering; *biol:* ***pure cultivation*** rendyrking; **2.:** ***a woman of cultivation*** *(=a cultured woman)* en kultivert kvinne.
cultivator [ˌkʌlti'veitə] *s; landbr:* ***rotary cultivator****(= soil miller)* jordfreser.
cult object kultgjenstand.
cultural [ˌkʌltʃərəl] *adj:* kulturell; kultur-.
cultural entertainment kunstnerisk underholdning.
cultural history kulturhistorie.
culturally [ˌkʌltʃərəli] *adv:* kulturelt; ***culturally deprived*** kulturfattig *(fx area).*
cultural monument kulturminne(smerke); ***preservation of cultural monuments*** kulturminnevern.
cultural treasure kulturskatt.
I. culture [ˌkʌltʃə] *s* **1.** *biol:* dyrking; kultur; ***pure culture*** renkultur (om resultatet); ***streak culture*** utstrykskultur; **2.** kultur; ***of wide culture*** med vid kulturell horisont.
II. culture *vb; biol:* dyrke; kultivere.
cultured *adj:* kultivert; dannet.
culture shock kultursjokk.
culvert [ˌkʌlvət] *s:* kulvert; stikkrenne under vei.
cumbersome [ˌkʌmbəsəm] *adj(awkward because of weight, size, etc)* uhåndterlig; tung å dra på.

cumulate [ˌkju:mjuˈleit] *vb: se accumulate.*
cumulative [ˌkju:mjulətiv] *adj:* kumulativ.
cumulus [ˌkju:mjuləs] *s; meteorol:* cumulus; haugsky.
cuneiform [ˌkju:niˈfɔ:m] *adj; stivt(=wedge-shaped)* kileformet.
cuneiform writing kileskrift.
I. cunning [ˌkʌniŋ] *s:* sluhet; list; utspekulerthet.
II. cunning *adj* **1***(=sly)* slu; listig; utspekulert; ***he was very cunning****(=crafty)* ***about it*** der var han meget utspekulert; **2. US***(=pretty)* pen *(fx dress).*
cunt [kʌnt] *s; vulg* **1***(,***US:** *beaver)* fitte; kuse;
2. *som skjellsord:* ***you stupid cunt!*** din jævla idiot!
cup [kʌp] *s* **1.** kopp; ***a cup and saucer*** kopp og skål;
2*(=cupful)* kopp *(fx two cups of tea);*
3. *fig; litt.:* beger *n;* kalk; ***drain the cup of bitterness*** tømme smertens bitre kalk;
4. *sport* 1*(=sporting cup)* cup; pokal; 2. *konkurranse:* cup *(fx play in the cup);*
5. T: ***not my cup of tea*** ikke noe for meg.
cupboard [ˌkʌbəd] *s (,***US:** *closet)* skap *n;* ***a skeleton in the cupboard*** en ubehagelig familiehemmelighet; *(jvf cabinet & wardrobe).*
cupboard love matfrieri.
cup cake muffin; *(jvf fairie cake & muffin).*
Cupid [ˌkju:pid] *s; myt; romersk gud:* Amor.
cupidity [kju:ˌpiditi] *s; stivt(=greed)* griskhet.
cupola [ˌkju:pələ] *s:* kuppel.
cup-shaped [ˌkʌpˈʃeipt] *adj:* begerformet.
cup tie *sport:* pokalkamp; pokalturnering.
cupular [ˌkju:pjulə] *adj; bot* **1.** skålformet;
2. med fruktskåler; ***cupular fruit*** skålfrukt.
cupule [ˌkju:pju:l] *s; bot:* fruktskål.
cur [kə:] *s; glds(=mongrel)* kjøter; bastard.
curable [ˌkjɔ:rəbl; ˌkjuərəbl] *adj:* helbredelig; som kan helbredes.
curaçao [ˈkjɔ:rəˌsou; ˈkjuərəˌsou] *s; slags likør:* curaçao *(NB uttales: kyra'så:).*
curacy [ˌkjɔ:rəsi; ˌkjuərəsi] *s:* kapellani *n.*
curate [ˌkjɔ:rət; ˌkjuərət] *s:* kapellan; hjelpeprest.
curative [ˌkjɔ:rətiv; ˌkjuərətiv] *adj:* helbredende.
curator [ˈkjɔ:ˌreitə; kjuˌreitə] *s; ved mindre museer og samlinger (,***US:** *chief curator)* førstekonservator.
I. curb [kə:b] *s* **1.** demper; ***put a curb on*** legge en demper på;
2*(=curb bit)* stangbissel;
3. US *(=kerb(stone))* fortauskant.
II. curb *vb:* tøyle; styre; dempe; legge bånd *(n)* på; styre *(fx one's tongue).*
curbstone [ˌkə:bˈstoun] *s* **US***(=kerbstone)* kantstein.
curd cheese skjørost.
curd(s) [kə:d(z)] *s:* ostemasse; skjørost; dravle.
curdle [kə:dl] *vb* **1.** *om melk(=turn into curd)* (få til å) løpe sammen; ***curdled milk*** surmelk; **2.** *fig:* ***it made my blood curdle*** det fikk blodet til å stivne i mine årer.
I. cure [kjɔ:; kjuə] *s* **1.** helbredelse;
2. legemiddel; middel *n (fx for cancer);*
3. *rel:* ***the cure of souls*** sjelesorg;
4. *ved salting, røyking, etc:* konservering.
II. cure *vb* **1***(=restore to health)* helbrede (*of* for); **2.** *om reparasjon el. fig:* ***if that doesn't cure the trouble*** hvis det ikke hjelper; **3.** *ved salting, etc:* konservere.
cure-all [ˌkjɔ:rˈɔ:l; ˌkjuərˈɔ:l] *s:* universalmiddel.
cured leg of mutton fenalår.
curfew [ˌkə:fju:] *s:* portforbud; ***impose a dusk-to-dawn curfew*** innføre portforbud om natten.
curio [ˌkjɔ:riˈou; ˌkjuəriˈou] *s:* kuriositet.
curiosity [ˈkjɔ:riˌɔsiti; ˈkjuəriˌɔsiti] *s* **1.** nysgjerrighet; **2***(=curio)* kuriositet.
curiosity shop*(=antique shop)* antikvitetshandel.
curious [ˌkjɔ:riəs; ˌkjuəriəs] *adj* **1***(=strange)* merkelig; underlig; pussig; **2.** nyssgjerrig; **3***(=interested):* ***I'm curious to find out whether*** jeg skulle like å vite om.
curiously [ˌkjɔ:riəsli; ˌkjuəriəsli] *adv* **1.** underlig; merkelig; **2.** nysgjerrig *(fx he looked curiously at us).*
I. curl [kə:l] *s:* krøll; ***my hair has very little curl in it*** det er veldig lite krøll (*el.* fall) i håret mitt.
II. curl *vb* **1.** krølle; **2.:** ***curl up*** 1*(=curl)* krølle seg; 2*(=curl)* sno seg; 3. krølle seg sammen *(fx on the sofa);* ***she curled up among the blankets****(=she nestled down among the blankets)* hun krøp godt ned blant ullteppene.
curled cress *bot:* vinterkarse.
curled parsley *bot:* kruspersille.
curler [ˌkə:lə] *s:* krøllspenne; papiljott.
curlew [ˌkə:lju:] *s; zo:* (stor)spove; ***stone curlew*** triell.
curlicue [ˌkə:liˈkju:] *s:* krusedull; snirkel.
curling tongs*(=curling iron(s))* krølltang.
curly [ˌkə:li] *adj:* krøllet; kruset.
curly kale *bot:* grønnkål; *(se kale).*
currant [ˌkʌrənt] *s; bot* **1.** korint; **2.:** ***black currants*** solbær; **3.:** ***(red) currants*** rips; ***white currants*** hvit rips.
currency [ˌkʌrənsi] *s* **1.** *fin:* valuta;
2. *merk; for veksel(=term)* løpetid;
3. gangbarhet *(fx the currency of these coins);* ***such words have only a short currency****(=such words are only current for a short time)* slike ord *(n)* har bare en kort levetid;
4. *stivt:* utbredelse; ***words in common currency****(=words in general use)* ord *(n)* i alminnelig bruk; *om rykte:* ***gain currency****(=spread)* bre seg.
currency control *av turisters valuta:* valutakontroll; *(jvf exchange control).*
currency speculation valutaspekulasjon; ***stave off currency speculation on the krone*** forhindre spekulasjon mot kronen.
currency transfer *bankv:* valutaoverføring.
I. current [ˌkʌrənt] *s* **1.** strøm; **2.** *elekt:* strøm; elektrisitet; **3.** *fig:* strømning *(fx political currents).*
II. current *adj* **1***(=generally accepted)* alminnelig utbredt; alminnelig godtatt *(fx story; theory);* kurant; gangbar; ***a current coin*** en gangbar mynt; ***a current expression*** et kurant (*el.* gangbart) uttrykk; **2.** *fig(=of current interest)* (dags)aktuell; ***current events*** dagsaktuelle begivenheter; ***the current scandal*** den skandalen som nå verserer; **3.** *stivt:* ***the current month****(=this month)* inneværende måned; denne måneden; ***the current issue of the magazine*** siste nummer av magasinet; ***at the price current in Norway****(=at today's price in Norway)* til gjeldende norsk pris.
current account *bankv (,***US:** *checking account)* brukskonto.
current affairs 1. *radio & TV; programpost:* aktuelt; **2.** *skolev:* samtidskunnskap.
current-affairs programme *radio & TV:* aktueltprogram.
current leakage *elekt(=leakage current; sneak current)* overledning; snikstrøm.
currently [ˌkʌrəntli] *adv(=at present)* for øyeblikket.
curriculum [kəˌrikjuləm] *s:* undervisningsplan; leseplan; studieordning; fagkrets; *om faggruppen:* ***core curriculum*** kjernepensum; ***a national curriculum*** en felles leseplan for hele landet; ***history is part of our curriculum*** historie er et av våre pensumfag; *(jvf syllabus).*
curriculum vitae [kəˌrikjuləm ˌvi:tai; kəˌrikjuləm ˌvaiti:] *s; ved søknad om stilling(fk CV)* personlige opplysninger.
curried [ˌkʌrid] *adj:* i karri *(fx curried chicken).*
I. curry [ˌkʌri] *s* **1.** karri; **2.** *kul:* karrirett; ***chicken curry****(=curried chicken)* kylling i karri.
II. curry *vb* **1.** tilberede med karri; **2.** *om hest; glds (=groom)* strigle; **3.:** ***curry favour with****(=ingratiate oneself with)* innsmigre seg hos; innynde seg hos.
I. curse [kə:s] *s* **1.** forbannelse; *fig:* forbannelse; sann plage; **2***(=obscenity)* ed.
II. curse *vb* **1.** forbanne; ***he cursed at his own stupidity*** forbannet sin egen dumhet; **2***(=swear)* banne.

cursed *adj* **1** [kə:st] forbannet *(fx be cursed with a cruel husband);* **2** [ˌkə:sid] *glds el. litt.; attributivt:* forbannet *(fx she's a cursed idiot!).*
cursive [ˌkə:siv] *adj: **cursive handwriting*** 1. skråskrift; kursiv; 2. *typ(=script face)* skrivestil.
cursor [ˌkə:sə] *s* **1.** *på regnestav:* skyver; **2.** *EDB:* markør.
cursorial [kə:ˌsɔ:riəl] *adj; zo:* tilpasset for løp; ***cursorial leg*** løpeben.
cursorily [ˌkə:sərili] *adv:* flyktig; ***he mentioned it cursorily*** han nevnte det flyktig.
cursory [ˌkə:səri] *adj; stivt(=fleeting; casual; quick)* flyktig *(fx glance); **on a cursory**(=hasty) **reading*** ved en flyktig gjennomlesning.
curst [kə:st] *adj; glds: se cursed.*
curt [kə:t] *adj(=short; brusque)* brysk; kort (og avvisende); ***his reply was curt****(=his reply was short (and to the point))* svaret hans var kort (og saklig).
curtail [kə:ˌteil] *vb;* stivt **1***(=limit; cut back)* begrense; skjære ned på *(fx expenditure);* **2***(=reduce; limit)* beskjære; innskrenke *(fx sby's powers);* **3.** *fig(=cut short)* korte inn på; forkorte; ***curtail one's visit*** korte inn på besøket sitt.
curtailment [kə:ˌteilmənt] *s* **1.** *stivt(=reduction; cutting back)* reduksjon; beskjæring; innskrenkning; **2.** *meget stivt(=cutting short)* forkortelse *(fx of a visit);* **3***(=limitation)* begrensning (*of* av).
I. curtain [ˌkə:tən] *s* **1.** gardin; ***a pair of curtains*** et fag gardiner; ***door curtain*** portière; ***the curtains are closed*** gardinene er for; ***draw the curtains*** trekke for gardinene; ***draw the curtains back****(=pull back the curtains)* trekke fra gardinene;
2. *teat:* teppe; ***the last****(= final)* ***curtain*** (det at teppet går ned for) siste akt; ***after the last curtain*** etter forestillingen; ***the curtain falls****(=comes down)* teppet går ned; ***the curtain rises*** teppet går opp;
3. *fig:* teppe *(fx hide behind a curtain of smoke);*
4. T: ***curtains****(=the end)*: ***if they see us, it'll be curtains for us*** hvis de ser oss, er vi solgt.
II. curtain *vb* **1***(=put up curtains in)* henge opp gardiner i *(fx a room);* **2.**: ***curtain off*** henge et forheng foran.
curtain call *teat:* fremkallelse; ***the actors took ten curtain calls*** skuespillerne ble kalt frem ti ganger.
curtain cord gardinsnor.
curtain raiser *teat:* forspill.
curtain speech *teat:* tale etter teppefall.
curtain-up [ˈkə:tənˌʌp] *s; teat:* forestillingens begynnelse; ***ten minutes before curtain-up*** ti minutter før forestillingen begynner.
I. curts(e)y [ˌkə:tsi] *s:* neiing; kniks *n.*
II. curts(e)y *vb:* neie *(fx she curtsied deeply).*
curvaceous [kə:ˌveiʃəs] *adj; spøkef om kvinne(=curvy)* med kurvene på de riktige stedene *n;* velskapt.
curvature [ˌkə:vətʃə] *s:* krumning; ***the curvature of the earth*** jordens krumning.
I. curve [kə:v] *s* **1.** *geom:* kurve;
2. krumning; buet linje; kurve; ***her ample curves*** hennes yppige former; **3.** (vei)sving; kurve *(fx in the road).*
II. curve *vb:* krumme seg; bøye seg; svinge i en bue.
curved [kə:vd] *adj:* krum; buet; bueformet.
curvy [ˌkə:vi] *adj; spøkef om kvinne(=curvaceous)* med kurvene på de riktige stedene *n;* velskapt.
I. cushion [ˌkuʃən] *s* **1.** pute; ***scatter cushions*** sofaputer; pynteputer; **2.** støtpute; dempekloss; **3.** *fig:* støtpute.
II. cushion *vb* **1.** ta av for *(fx sby's fall);* **2***(=soften)* dempe; ***cushion the effects of*** dempe virkningene av.
cushy [ˌkuʃi] *adj; neds* **T:** lett; makelig *(fx job).*
cusk [kʌsk] *s; zo; fisk* **US** *& Canada(=torsk)* brosme.
cusp [kʌsp] *s* **1***(=point)* spiss; spiss ende; **2.** *månens: **cusp (of the moon)**(=horn)* spiss; **3.** *arkit:* utskjæring der hvor to buer møtes.
cuspidor [ˌkʌspiˈdɔ:] *s; især* **US***(=spittoon)* spyttebakke.
cuss [kʌs] *s* **1.** *især* **US T***(=curse; oath)* ed; **2.** *glds; neds:* fyr *(fx a bad-tempered old cuss!).*
cussword [ˌkʌsˈwə:d] *s* **US:** *se swearword.*
custard [ˌkʌstəd] *s; svarer omtr til:* vaniljesaus; ***vanilla custard****(=pastry custard; pastry cream)* vaniljekrem (som kakefyll).
custard slice*(=vanilla slice;* **US** *& Canada: napoleon)* napoleonskake.
custard tart *bakverk:* linse.
custodial sentence [kʌˌstoudiəl ˌsentəns] *s; jur(=imprisonment)* fengselsstraff.
custodian [kʌsˌtoudiən] *s* **1.** person som har noe i sin varetekt *(fx of an art collection);* **2. US***(=caretaker)* vaktmester; ***school custodian****(=school caretaker)* vaktmester ved skole.
custody [ˌkʌstədi] *s* **1.** varetekt; ***in the custody of the mother*** i morens varetekt; **2.** *jur: **(legal) custody (of a minor)*** foreldrerett; foreldremyndighet; ***she was awarded custody of the children*** hun ble tilkjent foreldretten til barna; **3.** *jur(=imprisonment)* fengsling; forvaring; ***hold sby in custody****(=detain sby)* holde en i fengslig forvaring.
custody case *jur:* barnefordelingssak.
custom [ˌkʌstəm] *s* **1.** skikk; ***preserve****(=keep up)* ***a custom*** holde en skikk i hevd; **2.** skikk og bruk; ***custom demands that …*** skikk og bruk krever at …; **3.** *merk:* kunder; ***all my custom*** alle kundene mine; *oppslag: **thank you for your custom!*** takk for besøket!
customary [ˌkʌstəməri] *adj; stivt(=usual)* sedvanlig; vanlig.
custom-built [ˌkʌstəmˈbilt] *adj* **1.** spesialbygd; bygd på bestilling; **2.** *fig: **this job is custom-built for you*** denne jobben er som skreddersydd for deg.
customer [ˌkʌstəmə] *s* **1.** kunde; **2.** *ofte neds* **T:** fyr; ***funny****(=strange)* ***customer*** rar fyr; ***ugly customer*** skummel type.
customer parking kundeparkering.
custom-house [ˌkʌstəmˈhaus] *s:* tollsted; tollbu.
custom-made [ˌkʌstəmˈmeid] *adj(=made to order)* lagd på bestilling; sydd på bestilling.
customs [ˌkʌstəmz] *s; pl* **1.** toll(vesen); ***he works for the customs*** han arbeider i tollvesenet; ***I was searched when I came through customs at the airport*** jeg ble tollvisitert da jeg kom gjennom tollen på flyplassen; ***take one's luggage through customs*** få bagasjen sin tollbehandlet; **2***(=customs duty; duty)* tollavgift; toll *(fx pay customs on sth).*
customs check tollettersyn.
(customs) clearance tollklarering; tollbehandling.
customs declaration *post:* tollangivelse; tolldeklarasjon.
customs documents *pl:* tolldokumenter.
(customs) duty tollavgift; toll; *(se customs 2).*
customs examination tollvisitasjon.
customs officer tolltjenestemann; tollbetjent; toller.
customs official tollembetsmann.
customs patrol-boat tollkrysser.
custom-special ombygd bil; bil som eieren selv har bygd om eller forandret.
customs permit tollpass.
customs port*(=bonded port)* tollhavn.
customs search tollkontroll.
customs station tollstasjon.
customs surcharge tilleggstoll.
custom tailor US: *se bespoke tailor.*
custom-tailoring US: *se bespoke tailoring.*
I. cut [kʌt] *s* **1.** kutt *n;* hogg *n;* snitt *n;* snittsår; *(=edge of a cut)* snittflate;
2. *film:* klipp *n; (=jump cut)* kutt *n;*
3. *fra slakt:* stykke *n (fx a cut of beef);*
4. snitt *n; **the cut of his clothes*** snittet i klærne hans;
5*(=share)* andel *(fx your cut'll be £100);*

NYTTIGE UTTRYKK

cut
verb + preposition

Cutting down on smoking is no use, you must quit. — *Å **kutte ned på** røykingen hjelper ikke, du må slutte.*

6*(=reduction)* reduksjon; nedskjæring; ***a cut in prices*** en prisreduksjon; ***since the cuts*** siden nedskjæringene;
7. *fig:* ***a cut above*** et hakk bedre enn.
II. cut *vb(pret & perf. part.: cut)* **1.** *med kniv el. sag:* skjære; *med øks:* hogge; felle *(fx a tree);* ***he cut his head open****(=he got a great cut on his head)* han fikk en stor flenge i hodet;
2. *mask(=mill)* frese;
3*(=reduce)* beskjære; ***prices have been cut drastically*** prisene er skåret drastisk ned;
4. *fra film(=remove)* kutte; fjerne;
5. *kortsp:* ***cut (the cards)*** ta av;
6. US*(=switch off):* ***cut the engine*** skru av tenningen;
7. S*(=stop):* ***cut the talking!*** hold kjeft!
8. *når man tar en snarvei:* ***cut along a side road*** stikke (,løpe, kjøre) ned en sidevei; *fig:* ***cut corners*** ta snarveier; *(se også 22, 2);*
9. *om kanal el. tunnel:* grave;
10*(=ignore):* ***cut sby dead*** behandle en som luft; la være å hilse på en;
11. *skolev:* ***cut a class*** skulke en time;
12. *om linje:* skjære; krysse;
13. *om barn:* ***cut one's first tooth*** få sin første tann;
14.: ***it cut no ice with him****(=it was lost on him)* det gjorde ikke noe inntrykk på ham;
15. T: ***cut and dried*** 1. fastlåst *(fx cut-and-dried opinions);* 2. avgjort på forhånd; fiks ferdig;
16.: ***cut it fine*** beregne for knapp tid (,for lite penger, etc);
17.: ***that argument cuts both ways*** det argumentet er et tveegget sverd; det argumentet slår begge veier;
18. *om tapsforetagende:* ***cut one's losses*** trekke seg ut (før man taper mer); gi opp;
19.: ***cut sby to the quick*** såre en dypt;
20.: ***cut short*** 1. avbryte *(fx cut sby short);* 2. forkorte; avbryte *(fx one's holiday);* 3.: ***to cut a long story short*** for å si det kort; kort fortalt; kort sagt;
21. *fig:* ***cut all ties*** skjære over alle bånd *n;*
22.: ***cut across*** 1*(=pass in front of)* passere foran; 2. ta snarveien tvers over; *(se også 8);* 3*(=be contrary to)* gå på tvers av;
23.: ***cut away*** 1. hogge bort; kutte bort; klippe bort; skjære bort; 2.: ***cut the ground away from under sby's feet*** slå bena *(n)* vekk under en;
24.: ***cut back*** 1. *gart(=prune)* beskjære; 2*(=reduce considerably)* skjære ned på; beskjære; ***cut back (on):*** *se 25: cut down on 2;*
25.: ***cut down*** 1. felle; hogge ned *(fx a tree);* 2. *om forbruk(=reduce)* redusere; ***cut down(=back) on sugar if you want to lose weight*** skjær ned på sukkerforbruket hvis du vil gå ned i vekt; 3. *fig:* ***cut sby down to size*** jekke en ned litt; sette en på plass;
26.: ***cut in*** 1*(=interrupt)* avbryte *(fx with a remark);* 2. *om bilist:* svinge inn *(in front of* like foran); 3. **T:** la en få være med (på noe som er lønnsomt);
27.: ***cut into*** 1. begynne å skjære av *(fx a birthday cake);* 2*(=interfere with)* gå ut over *(fx it'll cut into our weekends);*
28.: ***cut off*** 1. skjære av; hogge av; kutte av; 2*(=separate)* avskjære; 3. stenge av *(fx the water);* stoppe; 4. *i testament(=leave nothing)* gjøre arveløs; 5*(=interrupt)* avbryte *(fx we were cut off);* 6. avskjære *(fx be cut off from civilization);* 7*(=die):* ***he was cut off in his prime*** han ble revet bort i sin beste alder;
29.: ***cut out*** 1. skjære ut; klippe ut; 2*(=omit; leave out)* sløyfe; 3. *om motor:* stoppe; kutte ut; 4. **T***(=stop):* ***cut out all that noise!*** hold opp med alt det bråket! 5. *om uønsket forbruk(=stop)* kutte ut *(fx smoking);* 6. *fig(=by-pass)* gå forbi *(fx I cut out my boss and went straight to his boss);* 7. *fig; om rival* **T:** jekke ut (*with* hos) *(fx he's trying to cut me out with my girl);*
30.: ***be cut out for*** passe til *(fx I'm not cut out to be an athlete);*
31. T: ***have one's work cut out****(=be faced with a difficult task)* ha sin fulle hyre (*to* med å) *(fx you'll have your work cut out to beat him);*
32.: ***cut through*** 1*(=slice through)* skjære gjennom; 2. *fig:* ***cut through it all*** skjære gjennom det hele;
33.: ***cut up*** 1. skjære (opp) i stykker; skjære opp; partere; 2. *person, med kniv, etc:* maltraktere; rispe opp; 3. *om kritikk(=criticize severely)* kritisere voldsomt; 4.: ***be (badly) cut up*** **1***(=be (very) upset)* ta (svært) på vei; 2. *om vei:* være stygt oppkjørt; 5. **T:** ***cut up rough*** lage bråk *n.*
cut and dried *se II. cut 15.*
cutaway [ˌkʌtəˈwei] *s* **1***(=cutaway coat)* sjakett; **2.** illustrasjon (*el.* modell) der en del er avdekket, slik at det indre er synlig; *(jvf exploded view).*
cutback [ˌkʌtˈbæk] *s* **1.** (kraftig) nedskjæring; innskrenkning; ***job cutbacks*** nedskjæringer i arbeidsstokken; **2. US** *i film(=flashback)* tilbakeblikk.
cut-cake [ˌkʌtˈkeik] *s:* formkake.
cute [kju:t] *adj; især* **US***(=sweet)* søt *(fx baby).*
cut glass krystallglass.
cuticle [ˌkju:tikl] *s; anat* **1***(=epidermis)* overhud;
2. neglebånd.
cutlass [ˌkʌtləs] *s:* huggert.
cutlery [ˌkʌtləri] *s:* kniver, skjeer og gafler; spisebestikk; ***a canteen of cutlery*** et sett spisebestikk (i etui *n*).
cutlet [ˌkʌtlət] *s:* (liten) kotelett; ***lamb cutlet*** lammekotelett.
cutoff [ˌkʌtˈɔf] *s* **1***(=cutting off)* avskjæring; avkapping; **2. US***(=shortcut)* snarvei.
cut-price [ˌkʌtˈprais] *adj(,især* **US:** *cut-rate)* til nedsatt pris *(fx a cut-price offer).*
cut-price shop lavprisbutikk; lavprisforretning.
cutter [ˌkʌtə] *s* **1***(=tailor's cutter)* tilskjærer;
2. *mask(=miller)* fresemaskin; fres; **3.** *mar:* kutter.
I. cutthroat [ˌkʌtˈθrout] *s* **1.** *glds(=murderer)* (leie)morder; **2.:** *se cutthroat (razor).*
II. cutthroat *adj; om konkurranse, etc(=ruthless)* hard; hensynsløs; ***cutthroat prices*** bunnpriser.
cutthroat (razor) *(,US: straight razor)* barberkniv.
I. cutting [ˌkʌtiŋ] *s* **1.** skjæring; klipping; hogging; kutt *n;*
2. *mask:* fresing;
3. *gart:* stikling;

4*(=clipping)* (avis)utklipp *n;*
5. *jernb(=railway cutting)* (jernbane)skjæring.
II. cutting *adj* 1. sårende *(fx remark);*
2. *om vind(=sharp)* skarp.
cuttle [kʌtl] *s; zo(=cuttlefish)* blekksprut.
CV ['si:ˌvi:] *s(fk f curriculum vitae); ved stillingssøknad:* personlige opplysninger; ***write one's CV*** gi personlige opplysninger.
cyanide [ˌsaiə'naid] *s; kjem(=cyanid)* cyanid *n;* ***potassium cyanide*** cyankalium *n.*
cyclamen [ˌsikləmən] *s; bot:* alpefiol.
I. cycle [saikl] *s* **1***(=bicycle)* sykkel;
2. syklus; kretsløp; ***the cycle of nature*** naturens kretsløp; ***the water cycle****(=the hydrologic cycle)* vannets kretsløp;
3. *mask:* arbeidssyklus; takt;
4. sagnkrets; syklus; ***song cycle*** sangsyklus.
II. cycle *vb:* sykle.
cycle lane *(,US:* ***bikeway****)* sykkelsti; sykkelvei.
cycler [ˌsaiklə] *s* **US***(=cyclist)* syklist.
cyclical [ˌsaiklikl] *adj; økon:* konjunkturfølsom; konjunkturbestemt *(fx unemployment); (se sensitive 3).*
cyclist [ˌsaiklist] *s (,US: cycler)* syklist; ***cyclists and pedestrians*** syklister og fotgjengere; myke trafikanter.
cyclone [ˌsaikloun] *s:* syklon.
cygnet [ˌsignit] *s; zo(=young swan)* svaneunge.
cylinder [ˌsilində] *s* **1.** *mask:* sylinder; **2***(=roller)* valse;
3.: ***(gas) cylinder*** gassflaske; gassbeholder.
cylindrical [siˌlindrikəl] *adj:* sylindrisk.
cymbal [ˌsimbəl] *s; mus:* bekken *n;* ***high-hat cymbal*** etterslagsbekken.
cynic [ˌsinik] **1.** *s:* kyniker; **2.** *adj: se cynical.*
cynical [ˌsinikəl] *adj* **1.** kynisk; **2***(=pessimistic)* pessimistisk.
cynicism [ˌsini'sizəm] *s:* kynisme.
cynosure [ˌsinə'sjuə; ˌsinə'ʃuə] *s:* ***the cynosure of all eyes*** midtpunktet for alles oppmerksomhet.
cypress [ˌsaiprəs] *s; bot:* sypress.
I. Cypriot [ˌsipriət] *s:* kypriot.
II. Cypriot *adj:* kypriotisk.
Cyprus [ˌsaiprəs] *s; geogr:* Kypros.
cyst [sist] *s; anat; zo:* cyste.
cystitis [sisˌtaitis] *s; med.:* blærebetennelse.
cystorrhea ['sistəˌriə] *s; med.(=catarrh of the bladder)* blærekatarr.
czar [zɑ:] *s* **US***(=tsar)* tsar.
I. Czech [tʃek] *s:* tsjekker; *språk:* tsjekkisk.
II. Czech *adj:* tsjekkisk.
Czechoslovakia ['tʃekouslouˌvækiə] *s; geogr; hist:* Tsjekkoslovakia.
I. Czechoslovakian ['tʃekouslouˌvækiən] *s:* tsjekkoslovak.
II. Czechoslovakian *adj:* tsjekkoslovakisk.

d

D, d [di:] D, d; *tlf:* ***D for David*** D for David; ***capital D*** stor D; ***small d*** liten d.
D *skolev; svarer omtrent til tallkarakteren:* 3.
DA *(fk f District Attorney)* **US***(=public prosecutor)* statsadvokat; *(jvf Director of Public Prosecutions).*
I. dab [dæb] *s* **1.** klatt; klump; **2.** lite dask; **3. S***(=fingerprint)* fingeravtrykk; **4.** *zo; fisk:* ***(common) dab*** ising; sandflyndre.
II. dab *vb:* daske; klaske *(fx paint on sth);* ***he dabbed his face with a towel*** han tørket seg fort i ansiktet med et håndkle; **T:** ***dab it on thick*** 1. legge på tykt med pudder; 2. *fig:* smøre tykt på.
dabble [dæbl] *vb* **1***(=dip)* dyppe; **2.:** ***dabble in*** fuske litt med *(fx painting).*
dabbler [ˌdæblə] *s(=dilettante)* dilettant; ***a dabbler in black magic*** en som fusker litt med svart magi.
dab hand T: ***be a dab hand at sth****(=be good at sth)* være flink til *(el.* i) noe.
dace [deis] *s; zo; fisk:* gullbust.
dachshund [ˌdæks'hund] *s; zo* **T***(=dachsie;* **S:** *banger)* grevlinghund.
dad [dæd], **daddy** [ˌdædi] *s* **T***(=father)* pappa.
daddy-longlegs ['dædiˌlɔŋlegz] *s; zo* **1. T***(=crane fly)* stankelben; myhank; **2. US***(=harvest spider; harvestman)* vevkjerring; vever; *dial:* langbein.
dado [ˌdeidou] *s; arkit* **1.** brystpanel; **2.** sokkelflate.
daffodil [ˌdæfədil] *s; bot(=lent lily)* påskelilje; *(jvf Easter lily).*
daft [dɑ:ft] *adj* **T***(=silly; foolish; stupid)* tåpelig; dum; **S:** teit; ***what a daft business!*** **S:** det er teite greier! ***don't be daft!*** ikke vær dum! ***be daft****(=crazy)* ***about sby*** være gal etter en; ***be daft****(=crazy)* ***about sth*** ha dilla med noe; ***as daft as they come****(=as daft as they make them)* så dum som det går an å bli; ***go daft****(=crazy)* ***over sth*** bli helt sprø pga. noe.
dagger [ˌdægə] *s* **1.** *hist:* dolk; **2.** *stivt:* ***be at daggers drawn*** være bitre fiender.
dago [ˌdeigou] *s(pl: dagoes) neds:* dego.
dahlia [ˌdeiljə] *s; bot:* georgine.
I. daily [ˌdeili] **1***(=daily newspaper)* dagblad; **2***(=daily help; charwoman)* daghjelp.
II. daily *adj; adv:* daglig.
daily allowance 1. *om lønn, trygd, etc:* dagpenger;
2. *om kostgodtgjørelse, etc:* dagpenger; diettpenger.
daintily [ˌdeintili] *adv* **1.** delikat; **2***(=elegantly)* elegant.

d

'My name is Bond, James Bond ...'

Make sure you pronounce the **d** when you say the word ENGLAND!
– and when you say AND
UTTALE – and when you say BOND!

daintiness [ˌdeintinəs] *s; glds(=fastidiousness)* kresenhet.

I. dainty [ˌdeinti] *s(=delicacy)* lekkerbisken; delikatesse.

II. dainty *adj* **1.** *om person:* fin og tander; **2.** lekker; raffinert *(fx underwear);* **3.:** ***a dainty eater****(=a small eater)* en finspist person.

dairy [ˌdɛəri] *s* **1***(=creamery)* meieri *n;* **2***(=farm dairy)* melkebu; **3***(=dairy shop)* melkebutikk; melkeutsalg.

dairy farming *landbr(=dairying)* meieridrift.

dairymaid [ˌdɛəri'meid] *s* **1.** meierske; **2***(=milkmaid)* budeie.

dairyman [ˌdɛərimən] *s* **1.** meierist; **2.** sveiser.

dais [ˌdeiis; ˌdeis] *s:* podium *n;* forhøyning.

daisy [ˌdeizi] *s* **1.** *bot:* tusenfryd; *(=oxeye daisy; moon daisy; marguerite)* prestekrage; **2. T:** ***be pushing up daisies*** ligge under torven.

daisycutter [ˌdeizi'kʌtə] *s; sport:* markkryper.

dale [deil] *s; litt. el. nordeng.(=valley)* dal.

dalesman [ˌdeilzmən] *s; litt. el. nordeng:* døl.

dalliance [ˌdæliəns] *s; stivt(=dawdling; waste of time)* sommel *n;* tidsspille.

dally [ˌdæli] *vb* **1***(=dawdle)* somle *(fx don't dally!);* **2.** *glds el. litt.:* ***dally with****(=play with)* leke med *(fx he dallied with the idea of asking her to marry him).*

I. dam [dæm] *s* **1.** *om visse (hus)dyr:* mor *(fx the cubs with their sires and their dams);* **2.:** ***the devil and his dam*** fanden og hans oldemor.

II. dam *s; vann:* demning; dam(anlegg).

III. dam *vb:* ***dam up a river*** demme opp en elv.

I. damage [ˌdæmidʒ] *s* **1.** *også fysisk:* skade; ***do****(=cause)* ***a lot of damage to*** gjøre stor skade på; ***damage caused by user*** bruksskade; ***a case of damage*** en skade; et skadetilfelle; ***damage of limited extent*** (en) begrenset skade; ***he suffered serious knee damage*** han fikk en alvorlig kneskade;
2. *jur:* ***criminal damage*** skadeverk; hærverk; ***five acts of criminal damage*** fem tilfeller *(n)* av hærverk; ***a case of criminal damage*** et hærverk; et skadeverk;
3. *jur:* ***damages*** skadeserstatning *(fx pay damages);* ***action for damages*** erstatningssøksmål; ***claim damages*** kreve skadeserstatning; ***recover damages*** bli tilkjent skadeserstatning;
4. *spøkef* **T***(=cost):* ***what's the damage?*** hva koster det?

II. damage *vb* **1.** skade; beskadige; **2.:** ***his image has been badly damaged*** han har fått noen stygge riper i lakken.

damaged *adj:* skadd; i skadd tilstand; ***damaged beyond repair****(=completely destroyed)* fullstendig ødelagt; totalskadd.

damask [ˌdæməsk] *s; tekstil:* damask.

Damascus [dəˌmæskəs; dəˌmɑ:skəs] *s; geogr:* Damascus.

dame [deim] *s* **1.** *hist:* adelsdame; **2.** *tittel for kvinnelig medlem av visse ridderordener;* **3. US S***(=woman)* kvinnfolk; **4.:** ***Dame Fortune*** fru Fortuna.

dammit [ˌdæmit] *int* **T:** ***it was as near as dammit!*** det var pokker så nær! det var pokker så nære på!

I. damn [dæm] *s* **T:** ***it's not worth a damn*** det er ingenting verdt; ***I don't give a damn!*** det gir jeg blaffen i!

II. damn *vb* **1.** *rel & fig:* fordømme; **2.** *int:* pokker.

III. damn 1. *adj; forsterkende:* ***he's a damn fool*** han er en fordømt tosk;
2. *adv; forsterkende*: ***he's a damn good pianist*** han er en fordømt flink pianist.

damnable [ˌdæmnəbl] *adj; stivt(=abominable)* som fortjener å bli fordømt.

damnation [dæmˌneiʃən] *s* **1.** *rel:* fordømmelse;
2. *ed; svakere enn 'damn':* ***Oh, damnation! I've dropped it!*** Søren også! Der slapp jeg det!

damned [dæmd] *adj* **1.** *rel:* fordømt; **2.** *forsterkende* **T:** ***a damned liar*** en fordømt løgner; ***I'll be damned!*** nei, nå har jeg aldri sett på maken! ***I'll be damned if I will!*** nei, så pokker om jeg det vil!

damnedest [ˌdæmdist] *s* **T***(=best):* ***do one's damnedest*** gjøre sitt beste.

damning [ˌdæmiŋ] *adj; om bevis:* fellende.

I. damp [dæmp] *s; især i luften:* fuktighet.

II. damp *adj:* fuktig *(fx towel; weather).*

III. damp *vb* **1***(=dampen)* fukte; **2.:** ***damp down*** 1. dempe *(fx the fire);* 2. *fig(=dampen)* dempe; legge en demper på *(fx their enthusiasm).*

damp-dry [ˌdæmp'drai] *adj; om tøy:* rulletørr.

dampen [ˌdæmpən] *vb* **1.** fukte; **2.** *fig:* dempe.

damper [ˌdæmpə] *s* **1.** trekkventil; *i peis:* spjeld *n;* **2.** *mask:* demper; ***steering damper*** styringsdemper; **3.** *fig:* demper; ***put a damper on*** legge en demper på.

damsel [ˌdæmsəl] *s; glds & litt.(=young girl):* ***a damsel in distress*** en jomfru i nød.

I. dance [dɑ:ns] *s* **1.** dans; **2.** dansetilstelning; dans(efest) *(fx go to a dance);* **3.:** ***lead sby a pretty dance*** skaffe en en masse bry *n.*

II. dance *vb* **1.** danse; **2.** *fig:* ***he danced up and down in rage*** han stod og hoppet av raseri; ***dance to sby's pipe****(=tune)* danse etter ens pipe.

dance hall: ***(public) dance hall*** danselokale; dansested.

dancer [ˌdɑ:nsə] *s* **1.** danser(inne); **2.** dansende *(fx the dancers).*

dance restaurant: ***(dine and) dance restaurant*** danserestaurant.

dancing [ˌdɑ:nsiŋ] *s; om handlingen:* dans; ***country dancing*** gammeldans.

dancing partner dansekavaler.

dancing party dansemoro; dansefest; fest med dans.

dandelion [ˌdændi'laiən] *s; bot:* løvetann.

dandle [dændl] *vb:* ***dandle a child on one's knee*** la et barn huske (*el.* ride ranke) på kneet.

dandruff [ˌdændrʌf] *s:* flass *n.*

dandy [ˌdændi] *s:* spradebasse; laps.

Dane [dein] *s* **1.** danske;
2. *zo:* ***great Dane*** grand danois.

danger [ˌdeindʒə] *s:* fare; ***imminent danger*** overhengende fare; ***mortal danger*** dødsfare; ***a public danger****(=a menace)* en fare for den offentlige sikkerhet; ***be in great danger*** være i stor fare; ***his life was in danger****(=be in mortal danger)* han var i dødsfare; ***his life is no longer in danger*** han er utenfor livsfare; ***be in danger of (-ing)*** stå i fare for å; ***the danger of*** faren ved; ***out of danger*** utenfor fare; ***put sby in danger*** bringe en i fare.

dangerous [ˌdeindʒərəs] *adj:* farlig; ***deadly dangerous*** dødsfarlig.

danger money risikotillegg.

danger point *langs vei, etc(=danger spot)* utsatt punkt *n;* farlig punkt.

danger zone faresone.

dangle [ˌdæŋgəl] *vb* **1.** henge og slenge; dingle; **2.** *fig:* vifte med; *spøkef:* ***she kept him dangling*** hun holdt ham på pinebenken.

I. Danish [ˌdeiniʃ] *s* **1.** *språk:* dansk; **2. US***(=Danish pastry)* wienerbrød.

II. Danish *adj:* dansk.

Danish blue *s; av dansk type:* roquefort(ost).

Danish pastry *(,***US:** *Danish)* wienerbrød.

dank [dæŋk] *adj; stivt(=clammy; damp)* klam; fuktig.

Danube [ˌdænju:b] *s; geogr:* ***the Danube*** Donau.

dapper [ˌdæpə] *adj; stivt(=neat; small and neat)* sirlig; liten og nett.

dappled [ˌdæpəld] *adj; om hest:* skimlet.

daps [dæps] *s; pl* **T***(=plimsolls)* joggesko.

I. dare [dɛə] *vb* **1.** våge *(fx I don't dare (to) go; I daren't go; she daren't go; he wouldn't dare do a thing like that);* ***I simply wouldn't dare*** jeg ville ganske enkelt ikke våge det; ***dare she tell him that?*** våger hun å si det til ham? ***don't you dare say such a thing again!*** du

kan bare våge å si noe slikt en gang til! ***how dare you speak to me like that!*** hvordan kan du våge å snakke til meg på den måten!
2(*=challenge): **I dare you to do it*** du kan bare prøve å gjøre det;
3. T: ***I dare say***(*=I daresay*)*:* ***I dare say you're right***(*= I suppose you're right*) jeg antar at du har rett.
daredevil [ˌdɛə'devəl] *s:* våghals.
I. daring [ˌdɛəriŋ] *s:* vågemot; dristighet.
II. daring *adj* **1.** dristig (*fx young and daring*);
2(*=cheeky*) frekk.
I. dark [dɑ:k] *s:* mørke *n;* ***be completely in the dark about*** ikke ane noe om; ***keep sby in the dark about*** ikke informere en om; holde en utenfor når det gjelder.
II. dark *adj* **1.** mørk; ***it's getting dark*** det begynner å bli mørkt; *fig:* ***don't look on the dark side*** ikke se på skyggesiden; ikke vær pessimistisk;
2. *om farge:* mørk; ***she has rather a dark complexion*** hun er nokså mørk i huden;
3. *fig*(*=evil (and secret)*) mørk; ***dark deeds*** mørkets gjerninger; ***a dark secret*** en dyster hemmelighet;
4. *fig:* ***keep it dark***(*=keep it a secret*) holde det hemmelig; ***dark horse*** outsider; konkurrent om hvem man ingenting vet.
darken [ˌdɑ:kən] *vb:* bli mørkere; gjøre mørkere.
darkly [ˌdɑ:kli] *adv:* mørkt; ***he hinted darkly that …*** han antydet på en hemmelighetsfull måte at …
darkness [ˌdɑ:knəs] *s:* mørke *n;* ***the house was in darkness*** huset lå i mørke.
darky (*=darkie*) [ˌdɑ:ki] *s; neds* **T**(*=Negro*) svarting.
I. darling [ˌdɑ:liŋ] *s* **1.** *kjæleord:* vennen min; elskede (*fx is that you, darling?*); **2**(*=favourite*) yndling (*fx she's her father's darling*); **3. T:** ***Mary really is a darling!*** Mary er virkelig alle tiders!
II. darling *adj*(*=lovable; pretty*) yndig; henrivende.
I. darn [dɑ:n] *int; evf for 'damn': se II. damn.*
II. darn 1. *s:* stoppet sted *n;* **2.** *vb:* stoppe.
I. dart [dɑ:t] *s* **1.** (liten) pil; **2.:** ***darts*** pilespill (*fx play darts in the pub*).
II. dart *vb* **1.** pile (*fx the mouse darted into a hole*);
2. *stivt:* ***she darted a look at him across the table*** hun sendte ham et blikk over bordet.
I. dash [dæʃ] *s* **1.** byks *n;* sprang *n; fig*(*=trip*)*:* ***a quick dash to London*** en snartur til London;
2. *typ:* tankestrek;
3. *om lite kvantum av en væske:* skvett;
4. *glds*(*=style; elegance*) stil; eleganse;
5. *sport; om distanse t.o.m. 400 m:* sprint;
6. *lett glds:* ***cut a dash*** gjøre en god figur;
7.: ***make a dash for it***(*=run for it*) komme seg unna.
II. dash *vb* **1**(*=rush*) styrte; storme; fare;
2. T(*=leave*) gå; **T:** stikke (*fx I've got to dash*);
3. *stivt*(*= smash*) knuse;
4(*=fling*) kaste;
5. *fig*(*=shatter*)*:* ***our hopes were dashed*** vårt håp brast;
6.: ***dash off*** 1. **T:** stikke (av sted); 2. *stivt*(*=scribble*)*:* ***I dashed off a couple of letters*** jeg rablet ned et par brev *n;*
7. *glds; int:* ***dash it!*** søren (også)! (*se damnation 2*).
dashboard [ˌdæʃ'bɔ:d] *s*(*=facia panel*) dashbord.
dashing [ˌdæʃiŋ] *adj:* flott (*fx a dashing young man*).
dash lamp *i bil*(*=instrument lamp*) dashbordlampe.
dastardly [ˌdæstədli] *adj; glds*(*=cowardly*) feig.
data [ˌdeitə; ˌdɑ:tə] *s; også EDB:* materiale *n;* data; ***key in data*** taste inn data.
data bank *EDB*(*=data base*) databank; database.
data collection datainnsamling.
data file *EDB*(*=file; logic file*) datasett; fil.
data processing *EDB:* databehandling.
data processing centre *EDB:* datasentral.
data protection *EDB:* datasikring.
Data Protection Act *jur:* ***the Data Protection Act*** personregisterloven.
Data Protection Registrar: ***the Data Protection Registrar*** *svarer til:* Datatilsynet.
data safety *EDB:* datasikkerhet.
I. date [deit] *s; bot:* daddel(palme).
II. date *s* **1.** dato; ***date of birth*** fødselsdato; *stivt:* ***at some remote future date***(*=(some time) in the distant future*) i en fjern fremtid; ***to date*** til dags dato;
2. årstall (*fx a coin bearing the date 1701*);
3. T: avtale (med person av motsatt kjønn *n*); stevnemøte; ***he had never asked her for a date*** han hadde aldri bedt henne ut; ***blind date*** 1. stevnemøte med en ukjent; ***she met him on a blind date*** hun hadde aldri truffet ham før; 2. *spøkef*(*=blind purchase*) usett kjøp;
4. US T: person (av motsatt kjønn *n*) som man har en avtale med; ***who's your date (for) tonight?*** hvem skal du ut med i kveld?
5.: ***out of date*** 1(*=old-fashioned*) gammeldags; 2(*=no longer valid*) ugyldig (*fx ticket*);
6.: ***up to date*** 1. à jour; ***be up to date*** være à jour; 2(*= modern*) moderne (*fx an up-to-date method*).
III. date *vb* **1.** datere; sette dato på;
2. tidfeste;
3(*=go out of fashion*) bli umoderne; gå av mote;
4.: ***his ideas date him*** idéene hans viser hvor gammel han er;
5. T: gå ut med (person av motsatt kjønn *n*); ***he dated her last week*** han var ute med henne i forrige uke; ***they've been dating for years*** de har hatt følge (*n*) i årevis;
6.: ***date from, date back to*** skrive seg fra.
dated [ˌdeitid] *adj* **1.** med dato på; datert; **2**(*=out of date*) umoderne; gammeldags; foreldet.
dating agency kontaktformidlingsbyrå.
dative [ˌdeitiv] *s; gram:* dativ; ***in the dative*** i dativ.
I. daub [dɔ:b] *s* **1.** *om dårlig maleri:* smøreri *n;* **2.** klatt; ***a daub of glue*** en limklatt.
II. daub *vb* **1.** smøre; kline til; ***daub a wall with paint*** smøre maling på en vegg; **2.** klattemale (*fx he can't paint – he just daubs*).
daughter [ˌdɔ:tə] *s:* datter.
daughter-in-law [ˌdɔ:tərin'lɔ:] *s:* svigerdatter.
daunt [dɔ:nt] *vb; stivt*(*=frighten*) skremme.
daunting [ˌdɔ:ntiŋ] *adj:* skremmende; ***a daunting task*** en skremmende oppgave.
davit [ˌdævit] *s; mar:* davit.
dawdle [dɔ:dl] *vb:* somle (*fx don't dawdle!*).
dawdler [ˌdɔ:dlə] *s:* somlekopp.
dawdling [ˌdɔ:dliŋ] *s:* sommel; somling.
I. dawn [dɔ:n] *s*(*=daybreak*) daggry; dagrenning; ***at the crack of dawn***(*=at daybreak*) ved daggry; i grålysningen; ***the dawn of a new hope*** et demrende håp.
II. dawn *vb:* gry (av dag); *fig:* demre; ***it dawned on him*** det demret for ham; det gikk opp for ham; ***the truth is dawning on him***(*=he's waking up to the truth*) sannheten begynner å gå opp for ham.
day [dei] *s* **1.** dag; ***a day***(*=per day*) pr. dag; ***three times a day*** tre ganger daglig; tre ganger pr. dag; tre ganger om dagen; ***day after day***(*=day in, day out*) dag etter dag; dag ut og dag inn; ***all day***(*=the whole day*) hele dagen; ***all day long*** hele dagen lang; ***all day today***(*= all (of) today*) hele dagen i dag; ***a black day*** en svart dag; ***by day*** om dagen; ***day by day*** fra dag til dag; ***by the day***(*=every day*) for hver dag; dag for dag (*fx waiting lists for operations are growing longer by the day*); ***paid by the day*** daglønnet; *fig:* ***dying day*** dødsdag (*fx I shall remember it till my dying day*); ***during the day*** om dagen; ***end one's days***(*=end one's life; meet one's death*) ende sine dager; *radio, TV:* ***enjoy your day!***(*=have a nice day!*) ha en god dag! ***every day*** hver dag; ***every other day*** annenhver dag; hverannen dag; ***the following day***(*=(the) next day*) neste dag; den følgende dag; dagen etter; ***she ought to have an adult with her for the first few days*** hun burde ha en voksen med seg de første dagene; ***from day to day***(*=

from one day to the next) fra dag til dag; ***from that day onwards*** fra og med den dagen; fra den dagen av; ***in a day or two****(=in a couple of days)* om et par dager; ***in a few days*** om noen dager; om et par dager; ***in (the) days to come*** i dagene som kommer; ***one day*** 1. en dag; en vakker dag; 2*(=some day; one fine day)* en (vakker) dag; en dag (i fremtiden); ***one of these days*** en av dagene; en dag med det første; ***at this time of day*** på denne tiden av dagen (,døgnet); ***that's the order of the day*** det hører til dagens orden; ***the other day*** forleden dag; ***per day****(=a day)* pr. dag; ***(on) the same day*** samme dag; ***early the same day****(=earlier that day)* tidlig(ere) samme dag; ***these days*** *(=nowadays)* nå om dagen; nå for tiden; nå til dags; ***this day****(=today's date; this date)* dags dato; ***to a****(=the)* ***day*** på dagen *(fx five years to the day)*; ***a good start to the day*** en god begynnelse på dagen; ***up to this day****(=to date)* til dags dato; ***what time of day is it?*** hvilken tid på dagen er det? ***which day (of the week) is it?*** hvilken (uke)dag er det? ***within a couple of days****(=within a few days)* i løpet av et par dager; ***I'm working days this week****(,***T:** *I'm on days this week)* jeg arbeider om dagen denne uken; ***in my young days****(=when I was young(er))* i mine unge dager; ***he's 50 if he's a day*** han er minst 50;
2. tid *(fx his day will soon come)*; ***in our day and age****(=nowadays)* i vår tid; nå for tiden;
3.: ***carry****(=win)* ***the day*** vinne; hale seieren i land;
4.: the day's lost slaget er tapt;
5.: ***it'll make his day if you …*** han blir henrykt hvis du …; ***that made his day*** det var dagens høydepunkt for ham;
6.: ***it's all in a day's work:*** *se day's work;*
7.: ***at the end of the day****(=in the final analysis; when all's said and done)* når alt kommer til alt; når det kommer til stykket;
8.: ***call it a day****(=knock off work)* ta kvelden;
9.: ***it's early days (yet)*** det er litt tidlig enda;
10.: ***late in the day*** 1. sent på dagen; 2. *fig(=very late)* svært sent; altfor sent (til å kunne få utrettet noe);
11. T: ***that'll be the day!*** 1. det ser jeg frem til! 2. jeg synes jeg ser det! det vil aldri i verden skje! ***that'll be the day when he offers to pay!*** den dagen han tilbyr seg å betale, skal jeg sette kryss *(n)* i taket!
12.: ***a day off*** en fridag;
13. T: ***have an off day*** ha en svart dag.

daybook [ˌdei'buk] *s; bokf(=journal)* dagbok.

daybreak [ˌdei'breik] *s(=dawn)* daggry; ***at daybreak*** ved daggry *n.*

daycare [ˌdei'kɛə] *s:* ***daycare (service)****(=home help (service))* hjemmehjelp(stjeneste).

daydream [ˌdei'dri:m] *s:* dagdrøm.

day dress *til selskap(=informal dress)* daglig antrekk *n; (jvf dress informal).*

daylight [ˌdei'lait] *s:* dagslys; ***in broad daylight*** midt på lyse dagen.

daylight robbery **T***(=exorbitant price)* helt ublu pris; (det rene) opptrekkeri.

day mother US, *Canada & Sør-Afrika(=childminder)* dagmamma.

day nursery*(=crèche)* daghjem.

day of event *sport:* konkurransedag.

Day of Judgment *rel:* ***the Day of Judgment****(=Judgment Day)* dommedag.

day placement *i institusjon:* dagplass.

day return returbillett som gjelder for en dag.

day school 1. *mots kveldsskole:* dagskole; **2.** *mots kostskole:* (privat) dagskole; *(jvf boarding school).*

day's work 1. dagsverk; én dags arbeid; **2.:** ***it's all in a day's work*** det hører med til jobben.

day-to-day [ˌdeitə'dei] *adj(=everyday)* daglig; ***day-to-day chores*** daglige gjøremål *n;* daglige plikter.

I. daze [deiz] *s(=haze):* ***in a daze*** fortumlet.

II. daze *vb:* gjøre fortumlet.

I. dazzle [ˌdæzəl] *s* **1***(=glare)* skarpt lys; lys som blender; **2.** *fig:* glans *(fx the dazzle of fame).*

II. dazzle *vb; også fig:* blende.

dazzling [ˌdæzliŋ] *adj* **1.** som blender *(fx headlights);* **2.** *fig:* blendende; ***a dazzling****(=brilliant)* ***career*** en blendende (*el.* strålende) karriere.

DC, dc; D.C, d.c. *(fk f direct current)* likestrøm; *(jvf AC).*

deacon [ˌdi:kən] *s* **1.** diakon; **2.** *i den anglikanske kirke:* hjelpeprest.

I. dead [ded] *s:* ***the dead*** de døde; ***(the) dead and wounded****(=(the) casualties)* (de) døde og sårede.

II. dead *adj* **1.** død; ***the dead man (,woman)*** den døde; ***as dead as a doornail****(=dead as mutton)* død som ei sild; ***he dropped (down) dead*** han falt død om; *(se dead body);*
2. vissen; død; ***dead leaves*** vissent løv;
3. *om motor, etc:* ***a dead engine*** en motor som står; ***the phone's dead*** telefonen er død;
4. *om planet(=barren)* gold; død;
5. *om vulkan(=extinct)* død;
6. *fig* **T:** ***he was dead to the world****(=he was fast asleep)* han lå i sin dypeste søvn;
7.: ***come to a dead stop****(=stop dead)* bråstoppe;
8.: ***my leg's gone dead****(=numb)* benet mitt har dovnet;
9.: ***they left him for dead*** de etterlot ham som død;
10. T: ***I wouldn't be seen dead in that dress*** den kjolen kunne jeg ikke tenke meg å gå i.

III. dead *adv:* dødsens *(fx tired);* uendelig *(fx slow);* fullstendig; helt *(fx I'm dead broke; you're dead right);* ***dead****(=straight)* ***ahead*** rett frem; ***be dead certain****(=be positive)* være skråsikker; ***it's dead easy*** det er meget lett; ***he's dead against it****(=he's absolutely against it)* han er absolutt imot det; ***be dead set against sth*** være absolutt imot noe; ***dead****(=absolutely)* ***straight*** snorrett; ***be dead on time*** komme helt presis; ***stop dead****(=stop short)* bråstoppe.

dead-beat ['dedˌbi:t] *adj* **T***(=dead tired)* dødstrett.

dead body 1*(=corpse)* lik *n;*
2.: ***over my dead body!*** det blir i så fall over mitt lik!

dead calm: ***there was a dead calm*** det var blikk stille.

dead-drunk [ˌdedˌdrʌŋk] *adj:* døddrukken.

dead duck *om noe som ikke har en sjanse* **T***(=non-starter):* ***that plan's a dead duck*** den planen er dømt til å mislykkes; den planen er dødfødt.

deaden [ˌdedən] *vb* **1.** dempe *(fx the sound);* **2.** *smerte(=ease; relieve)* døyve *(fx the pain);* **3.** *fig:* sløve *(fx sby's feelings).*

dead end 1*(=cul-de-sac)* blindgate; **2.** *fig:* blindgate *(fx this job's a dead end).*

dead letter *post:* ubesørgelig brev *n.*

deadline [ˌded'lain] *s:* (siste) frist; ***when is the deadline*** *(=closing date)* ***for entries?*** når er siste frist for påmelding? ***fix a deadline****(=fix a time limit)* sette en frist; ***meet the deadlines given*** overholde de fastsatte tidsfrister; ***fail to meet the deadline*** ikke overholde fristen; oversitte fristen.

deadlock [ˌded'lɔk] *s:* fastlåst situasjon; ***break the deadlock*** få en bevegelse i situasjonen; **T:** få hull på byllen; *om forhandlinger:* ***reach a deadlock*** kjøre seg fast; ***a deadlock over the proposed peace agreement*** en fastlåst situasjon når det gjelder den foreslåtte fredsavtale.

dead loss T: ubrukbar; ***he's a dead loss as far as mending things is concerned*** han er helt håpløs når det gjelder å reparere ting.

deadly [ˌdedli] *adj & adv* **1.** dødelig; dødbringende; ***deadly dangerous*** dødsfarlig; **2***(=unerring):* ***with deadly accuracy*** med drepende nøyaktighet; **3.:** ***deadly boring*** dødsens kjedelig; ***it's deadly****(=desperately)* ***serious*** det er dødsens alvorlig; ***a remark made in deadly****(=deathly)* ***earnest*** en bemerkning fremsatt i dødsens alvor.

deadly amanita [ˌdedli 'æməˌnaitə] *s; bot(=death cap; death angel)* grønn fluesopp.

deal
Hong Kong

Hong Kong was British until 30. June 1997. Then the territory was handed back to China as part of an old deal.

Before Britain took over, Hong Kong was inhabited by fishermen and pirates. During a number of wars, among them the so-called Opium Wars, Britain gained more and more of the area, and by 1898 the colony was leased to Britain for 99 years. The relationship was solemnly ended in 1997 with representatives from the British royal family present.

deadly sin*(=mortal sin)* dødssynd.
deadpan [ˌded'pæn] *adj; for å oppnå komisk virkning:* gravalvorlig; ***deadpan humour*** gravalvorlig humor; ***he has a deadpan face*** han har pokeransikt.
Dead Sea *s; geogr: **the Dead Sea*** Dødehavet.
dead set T: *be dead set on* være oppsatt på.
dead silence*(=deathly silence)* dødsens stillhet.
dead spit T: *he's the dead spit of his father* han ligner sin far på en prikk.
dead tired *adj(,**T:** dead-beat; whacked)* dødstrett.
dead weight [ˌded'weit; 'dedˌweit] *s* **1.: *this bag of cement is a dead weight*** denne sementsekken er tung; **2.** *mar(=deadweight (tonnage))* dødvekt(tonnasje); **3.** *fig: **the party is carrying a lot of dead weight**(= there's a lot of deadwood in the party)* partiet seiler med lik *(n)* i lasten.
deadwood [ˌded'wud] *s* **1.** tørrved; visne grener; **2.** person som ikke gjør nytte for seg; **3.** *fig: se dead weight 3.*
deaf [def] *adj:* døv; ***deaf and blind*** døvblind; ***deaf and dumb*** døvstum; ***go deaf*** bli døv; ***turn a deaf ear*** vende det døve øret til; ***deaf of**(=in)* ***both ears*** døv på begge ører; ***teacher for the deaf*** døvelærer.
deaf-aid [ˌdef'eid] *s* **T***(=hearing aid)* høreapparat.
deafen [ˌdefən] *vb:* gjøre døv; ***I was deafened by the noise in there*** jeg ble helt døv av larmen der inne.
deafening [ˌdefəniŋ] *adj:* øredøvende.
deaf-mute ['defˌmju:t; *attributivt:* ˌdef'mju:t] *s(=deaf -and-dumb person)* døvstum.
deaf-muteness [ˌdef'mju:tnəs] *s:* døvstumhet.
deafness [ˌdefnəs] *s:* døvhet.
I. deal [di:l] *s* **1***(=red deal; pinewood)* furu; **2***(=white deal)* gran.
II. deal *s* **1.** *merk:* forretning; forretningsavtale; handel; ***shady deals*** forretninger som ikke tåler dagens lys *n;* ***that's a deal**(=bargain)* det er en avtale; ***bring off a deal**(=close a deal; close a bargain)* avslutte en handel; ***bring off a deal*** få en handel i stand; ***do a deal*** gjøre en handel; **2.** *kortsp:* giv; tur til å gi; **3.: *a good**(= great)* ***deal*** en god del; **4.** *fig* **T: *get a raw deal***(*=be treated unfairly)* bli urettferdig behandlet; bli forfordelt.
III. deal *vb(pret & perf. part.: dealt)* **1***(=do business)* handle *(with* med);
2. *kortsp:* gi *(fx will you deal (the cards)?);*
3. *stivt: **deal sby a blow**(=hit sby)* slå til en; **4.: *deal with*** 1. behandle; 2. ta seg av; ***deal urgently with an application*** ekspressbehandle en søknad.
dealer [ˌdi:lə] *s* **1.** forhandler; **2.** *kortsp:* giver.
dealer's workshop *for biler:* merkeverksted.
dealfish [ˌdi:l'fiʃ] *s; zo; fisk:* sølvkveite.
dealing [ˌdi:liŋ] *s: **I have no dealings with him*** jeg har ingenting med ham å gjøre.

dean [di:n] *s* **1.** domprost; ***rural dean*** *svarer til:* prost; **2.** *univ(=head of a faculty)* dekanus.
deanery [ˌdi:nəri] *s:* prosti *n;* domprostembete.
I. dear [diə] *s(=lovable person): **he's such a dear!*** han er så søt (og snill)! ***drink your tea, Peter, there's a dear*** drikk nå teen din, Peter, så er du snill.
II. dear *adj* **1.** *om pris:* dyr; **2***(=lovable)* søt *(fx a dear little boy); **she's dear to me*** jeg holder av henne; ***those dear to me**(=my dear ones)* mine kjære; ***all that was dear to him*** alt hva han hadde kjært; **3.** *høflig i brev:* ***Dear Mrs Brown, …*** kjære fru Brown, …
4. *tiltale:* kjære (deg) *(fx come in, dear).*
III. dear *adv; meget stivt el. glds; ofte fig:* dyrt; ***it cost him dear**(=it cost him a lot)* det kom ham dyrt å stå.
dearly [ˌdiəli] *adv* **1***(=very much): **love dearly*** elske høyt; **2.** *stivt: **the battle was dearly won**(=it was a costly victory)* seieren var dyrekjøpt.
dear times *(=expensive times)* dyrtid.
death [deθ] *s* **1.** død; ***cause of death*** dødsårsak; ***he died a most horrible death*** han fikk en forferdelig død; ***a fight to the death**(=a life-and-death struggle)* en kamp på liv *(n)* og død; ***freeze to death**(=die of cold (and exposure))* fryse i hjel;
2. dødsfall *(fx there were several deaths);* dødsoffer; ***the number of deaths**(=the death toll)* tallet på dødsofre;
3. *fig: **be at death's door*** være døden nær;
4.: *that was the death of him* det kostet ham livet; ***it was the death of him*** han tok sin død av det; ***he'll be the death of me!*** han plager livet av meg!
5. T: *catch one's death of cold* fryse på seg en stygg forkjølelse;
6.: *be bored to death* kjede seg i hjel; ***be scared to death of*** være livredd for;
7.: *he jumped(=leaped)* ***to his death from**(=out of)* ***a window**(=he jumped out of a window and was killed)* han hoppet ut av et vindu og slo seg i hjel;
8.: *put sby to death(=kill sby)* drepe en;
9.: *work sby to death* drive en altfor hardt;
10. T: *feel like death warmed up(=feel miserable;* **T:** *feel awful)* føle seg helt elendig; ***he looks like death warmed up*** han ser helt forferdelig ut!
deathbed [ˌdeθ'bed] *s:* dødsleie.
deathblow [ˌdeθ'blou] *s; fig:* dødsstøt; grunnskudd; ***deal a deathblow to the project*** gi prosjektet et grunnskudd.
death cap *bot(=deadly amanita)* grønn fluesopp.
death certificate dødsattest.
death duty*(,**US:** death tax)* arveavgift.
death knell*(=death bell; passing bell)* dødsklokke.
deathlike [ˌdeθ'laik] *adj:* dødlignende.
deathly [ˌdeθli] *adj* **1***(=deadly)* dødelig; **2***(=deathlike)* dødlignende.

death notice dødsannonse.
death penalty*(=capital punishment)* dødsstraff.
death row US: fengselsavdeling for dødsdømte.
deaths column *avisspalte:* dødsannonsespalten.
death sentence dødsdom (*on* over).
death struggle*(=death throes)* dødskamp.
death tax US: *se death duty.*
death throes*(=death struggle)* dødskamp.
deathtrap [ˌdeθ'træp] *s; om bygning, etc:* dødsfelle.
death warrant 1. ordre om å foreta henrettelse; **2.** *fig:* dødsdom; *(jvf death sentence).*
debar [diˌbɑ:] *vb; stivt:* ***debar from****(=bar from)* utelukke fra *(fx people under 18 are debarred from voting).*
debase [diˌbeis] *vb; stivt(=degrade)* fornedre.
debasement [diˌbeismənt] *s(=degradation)* fornedrelse.
debatable [diˌbeitəbl] *adj* **1***(=open to question)* diskutabel; tvilsom; **2.** *jur(=in dispute)* omtvistet.
I. debate [diˌbeit] *s; stivt(=discussion)* debatt; diskusjon; diskusjonsmøte; ***debate on fundamental values*** livssynsdebatt; ***make sth the subject of a debate****(= bring sth up for discussion)* sette noe under debatt.
II. debate *vb; stivt(=discuss)* debattere; diskutere.
debater [diˌbeitə] *s:* debattant.
I. debauch [diˌbɔ:tʃ] *s; glds(=orgy)* orgie.
II. debauch *vb; glds* **1***(=corrupt; deprave)* korrumpere; forderve; **2***(=seduce)* forføre *(fx a woman).*
debauchery [diˌbɔ:tʃəri] *s; litt.(=excesses)* utsvevelser.
debenture [diˌbentʃə] *s(=debenture bond)* langsiktig obligasjon til fast rente.
debilitate [diˌbili'teit] *vb; meget stivt(=weaken)* svekke.
debility [diˌbiliti] *s; meget stivt(=(bodily) weakness)* svakhet.
I. debit [ˌdebit] *s; merk:* debet.
II. debit *vb; merk:* debitere; ***debit sby('s account) with an amount*** debitere en(s konto) for et beløp.
debit side 1. *bokf:* debetside; ***enter on the debit side*** oppføre på debetsiden; **2.** *fig:* minusside.
debonair ['debəˌnɛə] *adj; stivt(=suave; urbane)* urban; elskverdig.
debrief [di:ˌbri:f] *vb; etter endt oppdrag:* intervjue.
debris [ˌdeibri; **US:** dəˌbri:] *s; pl:* murbrokker; (mur)rester.
debt [det] *s:* gjeld; ***small****(=petty)* ***debts*** klattegjeld; smågjeld; ***clear of debt****(=out of debt; free from debt(s))* gjeldfri; fri for gjeld; uten gjeld; ***burden of debt*** gjeldsbyrde; ***we owe a great debt to NN*** vi skylder NN en stor takk; ***debt of honour*** æresgjeld; ***be in debt****(=have a debt; have debts)* ha gjeld; *stivt:* ***contract a debt (,debts)*** *(=get into debt; run up debts)* pådra seg gjeld; sette seg i gjeld; stifte gjeld; ***recovery of a debt (,of debts)*** gjeldsinndrivelse; ***release from debt (,debts)*** gjeldsettergivelse; ***rescheduling of debt*** gjeldssanering.
debt-collecting agency inkassobyrå.
debt collector inkassator.
debtor [ˌdetə] *s; jur:* debitor; skyldner.
debug [di:ˌbʌg] *vb* **T 1.** fjerne skjulte mikrofoner fra; **2.** fjerne insekter fra *(fx a room);* **3.** *EDB:* fjerne og rette feil.
debunk [di:ˌbʌŋk] *vb* **T:** detronisere; rive glorien av; avsløre; latterliggjøre; ***debunk****(=deflate)* ***a pompous politician*** jekke ned en pompøs politiker.
début [ˌdeibju:] *s:* debut; ***stage début*** debut på scenen.
decade [ˌdekeid; diˌkeid] *s:* tiår; decennium *n.*
decadence [ˌdekədəns] *s; stivt:* dekadanse; forfall *n.*
decadent [ˌdekədənt] *adj; stivt:* dekadent; moralsk fordervet.
decamp [diˌkæmp] *vb; stivt el. spøkef:* stikke av.
decanter [diˌkæntə] *s:* (pynte)karaffel; *(jvf carafe).*
decapitate [diˌkæpi'teit] *vb; stivt(=behead)* halshogge.
decare [ˌdekɛə; deˌkɛə] *s(=1000 square metres)* dekar *n.*
decathlon [diˌkæθlɔn] *s; sport:* tikamp.
I. decay [diˌkei] *s* **1***(=decomposition)* forråtnelse; dekomposisjon; ***smell of decay*** råtten lukt; **2.** *også fig:* forfall *n;* ***urban decay*** forfall i byene; ***in a state of decay*** i forfall; **3.** *tannl:* ***tooth decay****(=caries)* karies; tannråte.
II. decay *vb* **1***(=decompose; rot)* gå i forråtnelse; råtne; **2.** *også fig:* forfalle; **3.** *tannl:* råtne; få til å råtne.
I. deceased [diˌsi:st] *s; jur:* ***the deceased*** (den) avdøde; ***deceased's estate*** dødsbo.
II. deceased *adj; jur(=dead)* avdød; død.
deceit [diˌsi:t] *s* **1***(=deception; duplicity)* falskhet; det å føre bak lyset; bedrag *n;* svik *n;* **2***(=deceitfulness)* svikaktighet; svikefullhet.
deceitful [diˌsi:tful] *adj:* svikefull; løgnaktig.
deceive [diˌsi:v] *vb:* lure; narre; ***be deceived*** la seg lure.
decelerate [di:ˌselə'reit] *vb:* saktne farten.
December [diˌsembə] *s:* desember.
decency [ˌdi:sənsi] *s:* sømmelighet; anstendighet; ***he had the decency to admit that it was his fault*** han var ærlig nok til å innrømme at det var hans feil; ***he couldn't in decency refuse****(=he couldn't decently refuse)* han kunne ikke for skams skyld si nei; ***has he no sense of decency****(=shame)?* eier han ikke skam i livet? ***offence against public decency*** krenkelse av bluferdigheten.
decent [ˌdi:sənt] *adj* **1.** sømmelig; anstendig; **2. T***(= good)* skikkelig *(fx meal; standard of living);* **3. T:** kjekk; grei; ***she's been very decent****(=good)* ***about the whole affair*** hun har tatt det hele på en veldig grei måte; ***it was decent of you to look after the children*** det var snilt av deg å se etter barna *n;* ***he was very decent****(=nice)* ***to me*** han var veldig hyggelig mot meg;
decently [ˌdi:səntli] *adv:* anstendig; anstendigvis.
deception [diˌsepʃən] *s:* falskhet; bedrag *n;* ***obtain money by deception*** svindle til seg penger.
deceptive [diˌseptiv] *adj:* villedende; ***appearances may be deceptive*** skinnet kan bedra.
decide [diˌsaid] *vb* **1.** avgjøre; ***that's for you to decide*** det må du avgjøre; ***decide the match*** avgjøre kampen; **2.** bestemme; beslutte; bestemme seg; ***we decided against it****(=we decided not to do it)* vi bestemte oss for ikke å gjøre det; ***what decided me was that …*** det avgjørende for meg var at ….
decided [diˌsaidid] *adj:* avgjort.
decidedly [diˌsaididli] *adv:* avgjort *(fx that's decidedly better).*
deciding [diˌsaidiŋ] *adj:* avgjørende; ***the deciding factor*** den avgjørende faktor.
deciduous [diˌsidjuəs] *adj:* ***a deciduous tree*** et løvtre.
I. decimal [ˌdesiməl] *s:* desimal.
II. decimal *adj:* desimal- *(fx system).*
decimal fraction *mat.(=decimal)* desimalbrøk.
decimal point *mat.; i desimalbrøk:* komma *n.*
decimate [ˌdesi'meit] *vb; stivt:* desimere.
decimetre *(,US: decimeter)* [ˌdesi'mi:tə] *s:* desimeter.
decipher [diˌsaifə] *vb; om kode* **1.** tyde; dechiffrere; desiffrere; **2***(=decode)* omsette (til vanlig språk *n).*
decision [diˌsiʒən] *s* **1.** avgjørelse; beslutning; ***make****(= take)* ***a decision*** ta en beslutning (*el.* avgjørelse); ***come to a decision about*** komme frem til en avgjørelse når det gjelder; ***they have to make a decision about allowing him to go*** de må bestemme seg for om de vil la ham dra; **2***(=firmness)* fasthet; bestemthet; ***act with decision*** være bestemt.
decision-making [diˌsiʒən'meikiŋ] *s:* beslutningsprosess; ***take part in decision-making*** ta del i beslutningsprosessen.
decisive [diˌsaisiv] *adj:* avgjørende; utslagsgivende; ***the decisive factor*** den avgjørende faktor; ***this was undoubtedly decisive in getting me the job*** det var nok

helt sikkert dette som gjorde at jeg fikk jobben.

I. deck [dek] *s* **1.** *mar:* dekk *n;* ***on deck*** på dekk; **T:** ***hit the deck****(=fall flat)* gå over ende; **T:** gå i dørken; ***clear the decks*** 1. gjøre klart skip; 2. *fig* **T:** rydde opp og gjøre klart for neste oppgave;
2. *i buss:* etasje; ***on the top deck*** øverst;
3. US*(=pack of cards)* kortstokk;
4*(=tape deck)* kassettspiller (uten høyttaler og forsterker).

II. deck *vb; stivt el. spøkef:* ***deck out*** pynte; smykke; ***deck oneself out****(=rig oneself out)* spjåke seg ut.

deck chair*(=reclining chair)* fluktstol; liggestol.

declaim [diˌkleim] *vb* **1.** *spøkef(=recite)* deklamere;
2. *stivt el. spøkef:* ***he declaimed his views on****(=he put forward his views on)* han redegjorde for sitt syn på.

declamation [ˈdekləˌmeiʃən] *s* **1***(=recital)* deklamasjon; **2.** *stivt:* protesttale; følelsesladet tale.

declaration [ˈdekləˌreiʃən] *s* **1.** erklæring; deklarasjon *(fx customs declaration);* ***declaration of war*** krigserklæring; ***make****(=give)* ***a declaration****(=make a statement)* avgi en erklæring; **2.** *kortsp: bridge(=contract)* kontrakt; melding.

declare [diˌklɛə] *vb* **1.** erklære; ***I the undersigned N.N. (do) hereby declare …*** undertegnede N.N. erklærer hermed …; ***declare (oneself) against****(=come out against)* erklære at man er imot; ***declare (oneself) for****(=come out in favour of)* erklære at man er for; erklære seg for;
2. *kortsp; bridge:* melde;
3. *til beskatning:* oppgi; ***he bought the house with money he had not declared****(,T: he bought the house under the taxman's nose)* han kjøpte huset med svarte penger;
4. oppgi til fortolling; ***have you anything to declare?*** har De noe å fortolle?

declared [diˌklɛəd] *adj* **1.** erklært *(fx it was his declared intention to go to the USA);* **2.** oppgitt til beskatning; **3.** oppgitt til fortolling.

declarer [diˌklɛərə] *s; kortsp; bridge:* melder.

declassify [di:ˌklæsiˈfai] *vb; om sikkerhetsgradert stoff:* frigi.

declension [diˌklenʃən] *s; gram:* deklinasjon.

declination [ˈdekliˌneiʃən] *s:* deklinasjon; *om kompass:* misvisning.

I. decline [diˌklain] *s* **1.** nedgang (*in* i) *(fx a decline in living standards; a decline in share prices);*
2*(=downward slope)* helling nedover; skråning; fall *n;*
3. forfall *n (fx the decline of the Roman Empire);*
4.: ***on the decline*** i tilbakegang; på retur.

II. decline *vb* **1.** *stivt(=refuse)* avslå; si nei takk;
2. *stivt(=grow smaller)* avta *(fx demand has declined);*
3. *stivt(=deteriorate)* bli dårligere; **4.** *gram:* deklinere; bøye i kasus.

declivity [diˌkliviti] *s(=downward slope)* helling nedover; skråning; fall *n.*

decoct [diˌkokt] *vb:* avkoke; koke ut.

decode [diˌkoud] *vb; om kode:* omsette (til vanlig språk *n).*

décolletage [ˈdeikɔlˌtɑ:ʒ] *s(=very low neckline)* dyp utringning.

décolleté [deiˌkɔltei; ˈdeikɔlˌtei] *adj(=very low-necked)* dypt utringet *(fx blouse).*

decommission [ˈdi:kəˌmiʃən] *vb:* ta ut av aktiv tjeneste *(fx a ship).*

decompose [ˈdi:kəmˌpouz] *vb; stivt* **1***(=decay; rot; be broken down)* gå i oppløsning; brytes ned; råtne; gå i forråtnelse; **2.** *kjem(=break down)* spalte; **3.:** ***be decomposed****(=be in a state of decomposition)* være i oppløsning.

decomposition [ˈdi:kɔmpəˌziʃən] *s:* nedbrytning; forråtnelse; forvitring; oppløsning; spalting.

decompression [ˈdi:kəmˌpreʃən] *s:* dekompresjon.

decompression sickness *med.(=caisson disease)* dykkersyke.

decontaminate [ˈdi:kənˌtæmiˈneit] *vb:* dekontaminere; rense (for gass radioaktivt støv, etc).

decontrol [ˈdi:kənˌtroul] *vb(=end control of)* oppheve kontrollen med; ***decontrol prices*** oppheve priskontrollen.

décor, decor [ˌdeikɔ:] *s* **1.** *teat:* dekorasjon;
2. dekor; *stivt el. spøkef:* interiør *n.*

decorate [ˌdekəˈreit] *vb* **1.** dekorere; pynte;
2. pusse opp *(fx a room).*

decoration [ˈdekəˌreiʃən] *s* **1.** dekorasjon; pynt; utsmykking; ***decoration(s)*** ornamentikk; **2.** dekorasjonsarbeid; oppussing; **3.:** ***decorations*** ordener; ***diplomats wearing their decorations*** ordensprydede diplomater.

decorative [ˌdekərətiv] *adj:* dekorativ; dekorasjons-; pynte-; *spøkef:* ***are you working or just being decorative?*** arbeider du, eller står du bare der til pynt?

decorative art dekorasjonskunst.

decorative painter dekorasjonsmaler.

decorator [ˌdekəˈreitə] *s* **1.** dekoratør; **2.** maler og tapetserer; **3.:** ***interior decorator****(=designer)* interiørarkitekt.

decorous [ˌdekərəs] *adj:* sømmelig; tekkelig.

decorum [diˌkɔ:rəm] *s; stivt(=correct behaviour)* anstand *(fx behave with decorum).*

I. decoy [ˌdi:kɔi] *s:* lokkedue.

II. decoy [diˌkɔi] *vb(=lure)* lokke; lure.

I. decrease [ˌdi:kri:s; diˌkri:s] *s* **1.** nedgang; reduksjon; tilbakegang; **2.** *i strikking:* felling.

II. decrease [diˌkri:s] *vb* **1.** avta; minke; gå ned; gå tilbake; være i tilbakegang; **2.** *i strikking:* felle.

I. decree [diˌkri:] *s:* dekret *n;* forordning.

II. decree *vb:* forordne; bestemme; påby.

decree absolute *jur:* skilsmissebevilling.

decree nisi [diˌkri: ˌnaisai] *s: jur:* foreløpig skilsmissedom.

decrepit [diˌkrepit] *adj* **1.** *neds(=doddering)* avfeldig; **2***(=rickety)* skrøpelig; avfeldig *(fx chair).*

decrepitude [diˌkrepiˈtju:d] *s; stivt* **1.** *neds(=weakness of old age)* avfeldighet; **2***(=ricketiness)* skrøpelighet; avfeldighet.

decry [diˌkrai] *vb; stivt(=disparage)* uttale seg sterkt nedsettende om.

dedicate [ˌdediˈkeit] *vb* **1.** tilegne; dedisere *(fx a book to sby); (jvf inscribe 2);* **2.** *stivt(=consecrate)* innvie *(fx a chapel to sby's memory);* vie (*to* til) *(fx a temple to God);* **3.** *stivt:* ***dedicate to****(=devote to)* vie til *(fx one's life to good works).*

dedicated [ˌdediˈkeitid] *adj:* hengiven; trofast (*to* overfor); ***a dedicated nurse*** en sykepleier som går sterkt inn for oppgaven; ***to become a top-class dancer you have to be really dedicated*** for å bli en danser i toppklasse må man virkelig gå fullt og helt inn for det; ***he is completely dedicated and thinks of nothing but his work*** han tenker ikke på annet enn arbeidet sitt; ***be dedicated****(=devoted)* ***to a cause*** brenne for en sak; ***he was dedicated****(=committed)* ***to the overthrow of the government*** han hadde satt seg som oppgave å styrte regjeringen.

dedication [ˈdediˌkeiʃən] *s* **1.** tilegnelse; dedikasjon;
2. *stivt(=consecration)* innvielse *(fx of a church);*
3*(=devotion)* hengivenhet (*to* overfor) *(fx an artist's dedication to his work);* ***dedication (to duty)****(=devotion to duty)* pliktroskap.

deduce [diˌdju:s] *vb; stivt(=conclude)* slutte; ***from this I deduced that …*** av dette sluttet jeg at …

deduct [diˌdʌkt] *vb:* trekke fra.

deductible [diˌdʌktibl] *adj:* som kan trekkes fra; ***tax -deductible*** fradragsberettiget; som kan trekkes fra på skatten.

deduction [diˌdʌkʃən] *s:* fradrag; trekk *n.*

deed [di:d] *s* **1.** gjerning; handling; ***dark deeds*** mørkets gjerninger; ***a good deed*** en god gjerning; ***however, the deed was done*** men gjort var gjort (og stod ikke til å endre); ***take the will(=thought) for the deed*** ta hensyn til at viljen i hvert fall var til stede; ***in word and deed*** med råd *(n)* og dåd *(fx help sby in word and deed);* **2.** *jur:* ***deed (of conveyance)*** skjøte; ***deed of gift*** gavebrev.

deed poll: ***change one's name by deed poll*** forandre navn *n.*

deem [di:m] *vb; meget stivt el. spøkef(=think):* ***he deemed it unwise to tell me*** han holdt det for uklokt å si det til meg.

I. deep [di:p] *s; litt.:* ***the deep(=the sea)*** dypet; havet.

II. deep *adj* **1.** *også fig:* dyp; ***a deep bass*** en dyp bass ***take a deep breath*** puste dypt; ***deep disappointment*** dyp skuffelse; **T:** ***in deep water(=in trouble)*** på dypt vann; ***he's deep in debt*** han sitter i gjeld til oppover ørene *n;* ***she was deep in a book*** hun var fordypet i en bok; ***deep in thought*** i dype tanker;
2. *tennis; om serve:* lang *(fx his serve was deep);*
3.: ***deep down*** 1. langt nede; 2. *fig:* innerst inne;
4.: ***they stood three deep along the street*** de stod i tre rekker langs gaten.

deepen [ˌdi:pən] *vb* **1.** gjøre (*el.* bli) dypere. **2.** *fig; om vanskeligheter, etc:* bli verre; forverres.

deep fat frityr; ***fry in deep fat(=deep-fry)*** frityrsteke.

deepfreeze [ˌdi:pˌfri:z; ˌdi:p'fri:z] *s(=freezer)* fryser; dypfryser.

deep-freeze [ˌdi:p'fri:z] *vb:* dypfryse.

deep-frozen ['di:pˌfrouzən; *attributivt:* ˌdi:p'frouzən] *adj:* dypfryst.

deep-fry [ˌdi:p'frai] *vb(=fry in deep fat)* frityrsteke.

deeply [ˌdi:pli] *adv:* dypt *(fx she sighed deeply).*

deeply felt *adj:* dypfølt.

deeply laden *adj:* dypt lastet.

deep-rooted ['di:pˌru:tid; *attributivt også:* ˌdi:p'ru:tid] *adj(=deep-seated)* inngrodd; rotfestet *(fx belief; loyalty; tradition);* ***she has (a) deep-rooted hatred of …*** hun nærer et inngrodd hat til …

deep-sea [ˌdi:p'si:] *adj:* dyphavs-; hav-.

deep-set [ˌdi:p'set] *adj:* ***deep-set eyes*** dyptliggende øyne *n.*

deer [diə] *s; zo:* hjortedyr; ***fallow deer*** dådyr; ***red deer*** kronhjort; ***roe deer*** rådyr.

de-escalate [di:ˌeskə'leit] *vb(=step down; scale down)* trappe ned.

deface [diˌfeis] *vb* **1.** *om inskripsjon, etc:* utviske; gjøre uleselig; **2.** *stivt(=spoil)* ødelegge; ***deface with red paint*** kline til med rød maling.

de facto [deiˌfæktou] *adj:* de facto; faktisk; i realiteten; ***his de facto wife*** hun som faktisk var (,er) hans kone.

defalcate [ˌdi:'fælkeit] *vb; jur(=embezzle)* underslå.

defalcation ['di:fælˌkeiʃən] *s; jur(=embezzlement)* underslag.

defamation ['defəˌmeiʃən] *s* **1.** ærekrenkelse; **2.** *jur:* injurie; ***oral defamation(=slander)*** muntlig injurie.

defamatory [diˌfæmətəri] *adj:* ærekrenkende.

defame [diˌfeim] *vb* **1.** *stivt(=run down)* snakke ondt om; ærekrenke; **2.** *jur:* injuriere.

I. default [diˌfɔ:lt] *s* **1.** *jur:* uteblivelse fra retten; ***judgment by default*** uteblivelsesdom; **2.** *stivt el. jur:* misligholdelse; manglende betaling; **3.** *sport:* ***win by default*** vinne fordi konkurrenten ikke møter opp; **4.** *stivt:* ***in default of(=for lack of)*** i mangel av.

II. default *vb;* **1.** *jur:* utebli fra retten; **2.** *stivt el. jur:* misligholde; ***default (in payment)*** unnlate å betale; ***default on a loan(=not honour a loan)*** misligholde et lån.

I. defeat [diˌfi:t] *s* **1.** nederlag; ***suffer defeat*** lide nederlag; **2.** *fig:* ***the defeat of all our hopes*** kullkastingen av alle våre håp *n.*

II. defeat *vb* **1.** beseire; vinne over; **2.** *parl:* forkaste *(fx a motion);* **3***(=be too difficult for)* være for vanskelig for; **4:** ***defeat its own end(=aim)*** virke mot sin hensikt.

defeatism [diˌfi:tizəm] *s:* defaitisme; nederlagspolitikk.

defeatist [diˌfi:tist] *s:* defaitist.

defecate [ˌdefə'keit] *vb; stivt(=have a motion)* ha avføring.

defecation ['defəˌkeiʃən] *s; stivt(=motion)* avføring.

I. defect [diˌfekt] *s:* defekt; feil; ***human defect*** menneskelig svakhet; ***structural defect*** konstruksjonsfeil.

II. defect *vb* **1.** falle fra; **2.** *polit:* hoppe av *(to* i).

defection [diˌfekʃən] *s* **1.** frafall; **2.** *polit:* avhopping.

defective [diˌfektiv] *adj:* defekt; mangelfull.

defector [diˌfektə] *s; polit:* avhopper.

defence *(,US: defense)* [diˌfens] *s* **1.** forsvar *n;* ***in one's defence*** til sitt forsvar; **2.** *jur:* forsvar *n;* ***appear for the defence*** møte som forsvarer; **3.** *mil:* forsvar *n;* ***overall defence*** totalforsvar; **4.:** ***defences*** 1. forsvarsverker; 2.: ***the body's defences*** kroppens forsvarsmekanisme.

defence barrister *yrkesbetegnelse:* forsvarsadvokat; *(jvf defence counsel; defence lawyer).*

defence counsel *i retten:* forsvarsadvokat; *(jvf defence barrister; defence lawyer).*

defence lawyer *i løst språkbruk:* forsvarsadvokat; *(jvf defence barrister; defence counsel).*

defenceless [diˌfensləs] *adj:* forsvarsløs.

defencelessness [diˌfensləsnəs] *s:* forsvarsløshet.

Defence Secretary T*(=Secretary of State for Defence;* **US:** *Secretary of Defense)* forsvarsminister.

defend [diˌfend] *vb:* forsvare *(against* mot); ***defend oneself*** forsvare seg.

defendant [diˌfendənt] *s; jur:* saksøkt.

defender [diˌfendə] *s* **1.** forsvarer; **2.** *sport:* forsvarsspiller.

defense [diˌfens] **US:** *se defence.*

I. defensive [diˌfensiv] *s:* defensiv; ***on the defensive*** på defensiven.

II. defensive *adj:* defensiv; forsvars-.

defensive weapon *mil:* forsvarsvåpen.

defer [diˌfə:] *vb* **1.** *stivt(=postpone)* utsettte; **2.** *stivt:* ***defer to(=yield to)*** bøye seg for.

deference [ˌdefərəns] *s; meget stivt(=respect)* respekt; aktelse; ***in(=out of) deference to(=out of respect for)*** av respekt for; ***in deference to his wishes(=in compliance with his wishes)*** av hensyn *(n)* til hans ønsker.

deferential ['defəˌrenʃəl] *adj; stivt(=respectful)* ærbødig.

deferment [diˌfə:mənt] *s; stivt(=postponement)* utsettelse.

deferred [diˌfə:d] *adj; stivt(=postponed)* utsatt.

deferred payment (system) *(=hire purchase (system))* avbetaling(ssystem).

defiance [diˌfaiəns] *s:* tross; trass; ***in (sheer) defiance*** på trass.

defiant [diˌfaiənt] *adj:* trassig; trossig; ***he was very defiant about it*** han var meget trassig på det punktet.

deficiency [diˌfiʃənsi] *s* **1***(=shortage)* mangel *(of* på) *(fx a deficiency of vitamin B);* **2***(=fault)* feil; mangel *(fx her deficiencies as a teacher).*

deficiency disease *med.:* mangelsykdom.

deficient [diˌfiʃənt] *adj:* mangelfull; utilstrekkelig; ***he's deficient in vitamins*** han mangler vitaminer.

deficit [ˌdefisit; ˌdefəsit] *s:* underskudd; ***cover(=meet) a deficit*** dekke et underskudd.

I. defile [ˌdi:fail; diˌfail] *s(=narrow pass; gorge)* trangt pass; slukt; skar *n;* ***rocky defile*** fjellkløft.

II. defile [diˌfail] *vb* **1.** *glds el. meget stivt(=dirty)* skitne til; besudle; **2.** *meget stivt(=desecrate)* vanhellige; skjende; **3.** *mil(=march in single file)* defilere.

defilement [diˌfailmənt] *s* **1.** *meget stivt(=dirtying)* besudling; **2.** *meget stivt(=desecration)* vanhelligelse; skjending *(of* av).

definable [diˌfainəbl] *adj:* definerbar.

define [diˌfain] *vb* **1.** definere; forklare; **2.** avtegne; ***clearly defined(=sharp)*** skarp.

definite [ˌdefinit] *adj* **1.** bestemt *(fx date; plan); gram:* ***the definite article*** den bestemte artikkel; ***she was very definite about having seen him*** hun hevdet meget

bestemt at hun hadde sett ham; **2**(*=noticeable*) merkbar; tydelig (*fx improvement*).
definitely [ˌdefinitli] *adv:* bestemt; definitivt; merkbart; tydelig; *int:* ***definitely!*** absolutt! ***he didn't definitely promise to do it*** han lovte ikke bestemt å gjøre det.
definition ['defiˌniʃən] *s* **1.** definisjon (*of* av); **2.** *fot; optikk:* skarphet.
definitive [diˌfinitiv] *adj:* definitiv; endelig.
deflate [diˌfleit] *vb* **1.** *stivt(=let the air out of)* slippe luften ut av (*fx a balloon*); **2.** *fig; spøkef(=debunk)* jekke ned (*fx a pompous man*); **3.** *økon:* deflatere (*fx the economy*).
deflated [diˌfleitid] *adj; fig(=crestfallen)* motløs.
deflation [diˌfleiʃən] *s; økon:* deflasjon.
deflationary [diˌfleiʃənəri] *adj; økon:* deflatorisk; inflasjonshemmende.
deflect [diˌflekt] *vb* **1**(*=turn aside*) gi en annen retning; bøye av; avbøye (*fx rays*); **2.** *om viser:* ***be deflected****(=move)* gjøre utslag; **3**(*=divert*) avlede (*fx sby's attention*); **4.** *stivt(=fend off)* avfeie (*fx criticism*).
deflection [diˌflekʃən] *s* **1.** *av viser:* utslag; **2.** *fys:* avbøyning.
deflector [diˌflektə] *s:* deflektor.
deforest [di:ˌfɔrist] *vb:* avskoge; rydde for trær *n.*
deform [diˌfɔ:m] *vb:* deformere.
deformation ['di:fɔ:ˌmeiʃən] *s; fys:* deformasjon.
deformed [diˌfɔ:md] *adj:* deformert; vanskapt; misdannet.
deformity [diˌfɔ:miti] *s:* misdannelse; vanskapthet; deformitet.
defraud [diˌfrɔ:d] *vb; stivt:* ***defraud sby of sth****(=cheat sby out of sth)* bedra en for noe; snyte en for noe.
defray [diˌfrei] *vb; stivt(=pay)* betale; dekke; bestride.
defrock ['di:ˌfrɔk] *vb; rel(=unfrock)* dømme fra kappe og krage.
defrost [di:ˌfrɔst] *vb:* avrime (*fx a fridge*).
defroster [di:ˌfrɔstə] *s:* defroster.
deft [deft] *adj* **1**(*=nimble*) rask; behendig; **2.** *fig(=skilful)* behendig; dyktig; **3**(*=handy*) fingernem; fingerferdig; hendig.
deftness [ˌdeftnəs] *s* **1**(*=nimbleness*) raskhet; behendighet; **2**(*=handiness*) fingernemhet; fingerferdighet; hendighet.
defunct [diˌfʌŋkt] **1.** *s; jur:* ***the defunct****(=the deceased)* (den) avdøde; **2.** *adj; stivt el. spøkef(=no longer operative)* ikke lenger i bruk; som er gått av bruk; ***the defunct laundry*** vaskeriet som har opphørt å eksistere.
defuse [di:ˌfju:z] *vb* **1**(*=make safe*) uskadeliggjøre (*fx a bomb*); **2.** *fig(=neutralize)* nøytralisere; avdramatisere (*fx the situation*); ***defuse the crisis****(=take the sting out of the crisis)* ta brodden av krisen.
defy [diˌfai] *vb* **1.** sette seg opp mot; trosse; motsette seg; ***defy****(=disobey)* ***the order of the Court*** sette seg opp mot rettens påbud; ***it defies description*** 1(*=it's impossible to describe*) det lar seg ikke beskrive; 2(*=it beggars description*) det er ubeskrivelig (dårlig); **2**(*=challenge*) utfordre; ***I would defy anyone to come here and not be shocked*** jeg skulle gjerne se den som kunne komme hit uten å bli sjokkert; **3**(*=dare*)*:* ***I defy you to try and stop me!*** du kan bare prøve å stoppe meg!
I. degenerate [diˌdʒenərit] *s:* degenerert individ *n.*
II. degenerate [diˌdʒenərit] *adj:* degenerert; vanslektet.
III. degenerate [diˌdʒenə'reit] *vb:* degenerere; utarte.
degeneration [di'dʒenəˌreiʃən] *s:* degenerering; utarting.
degenerative [diˌdʒenərətiv] *adj:* degenerativ; degenerasjons-.
degradation ['degrəˌdeiʃən] *s* **1**(*,litt svakere: debasement*) fornedrelse; ***the degradation of these people*** disse menneskenes fornedrelse; **2.** *mil(=demotion)* degradering.
degrade [diˌgreid] **1**(*,litt svakere: debase*) fornedre; degrade ***oneself****(=lower oneself)* nedverdige seg; **2** [di:ˌgreid] *mil(=demote)* degradere.
degrading [diˌgreidiŋ] *adj:* nedverdigende.
degrease [di:ˌgri:s] *vb(=remove the grease from)* avfette.
degree [diˌgri:] *s* **1.** grad; ***by degrees****(=gradually)* gradvis; ***at 10 degrees Celsius****(=centigrade)* ved 10 grader Celsius; ***8 degrees below zero****(=freezing)* 8 kuldegrader; ***in greater or less degree*** i større eller mindre grad; *stivt:* ***to an alarming degree****(=extent)* i en foruroligende grad; **2.** *univ:* grad; akademisk grad; universitetseksamen; **3.** *mus; i skala:* trinn *n;* **4.** *gram:* grad; ***the comparative degree*** komparativ; ***the positive degree*** positiv; grunnform.
degree course *univ:* kurs som fører frem til universitetseksamen (*el.* akademisk grad).
degree day *univ(,***US:** *commencement)* promosjonsdag.
degree-giving [diˌgri:'giviŋ] *s; univ; om seremonien:* promosjon.
dehumidify ['di:hju:ˌmidi'fai] *vb:* avfukte.
dehydrate [di:ˌhaidreit; 'di:haiˌdreit] *vb:* dehydrere.
dehydration ['di:haiˌdreiʃən] *s:* dehydrering.
de-ice [di:ˌais] *vb; flyv:* avise; (*jvf defrost*).
deification ['di:ifiˌkeiʃən] *s:* guddommeliggjørelse.
deify [ˌdi:i'fai] *vb; stivt* **1**(*=make a god of*) gjøre til gud; guddommeliggjøre; **2.** *fig(=idolize)* forgude.
deign [dein] *vb; stivt(=condescend)* nedlate seg; ***she did not deign to reply*** hun nedlot seg ikke til å svare.
deity [ˌdi:iti] *s:* guddom.
déjà vu [ˌdeiʒæ ˌvu:] *s:* déja-vu; følelsen av å ha opplevd det samme tidligere; erindringsillusjon.
dejected [diˌdʒektid] *adj:* nedslått.
dejection [diˌdʒekʃən] *s:* nedslåtthet.
I. delay [diˌlei] *s* **1.** forsinkelse; ***delay in delivery****(=delayed delivery)* forsinket levering; ***because of the delay in the train(s)****(=because of the delayed train)* pga. togforsinkelsen; ***a delay has occurred*** det har oppstått en forsinkelse; ***catch up on a delay****(=make up for a delay)* ta igjen en forsinkelse; kjøre inn en forsinkelse; ***without delay*** straks; uten opphold; ***without any significant delay*** uten noen vesentlig(e) forsinkelse(r); **2.** *merk:* ***ask for delay*** be om utsettelse med betalingen.
II. delay *vb* **1.** forsinke; hefte; ***delay things****(=drag things out)* trenere saken; trekke ut tiden; **2**(*=postpone*) utsette.
delaying tactics(*=stalling tactics*) forhalingstaktikk.
delectable [diˌlektəbl] *adj; stivt* **1**(*=delicious*) deilig; **2.** *fig(=delightful)* deilig.
I. delegate [ˌdeligit; ˌdeli'geit] *s:* delegert.
II. delegate [ˌdeli'geit] *vb* **1.** delegere; overlate; **2.** *spøkef:* ***I was delegated to do the washing-up*** jeg ble betrodd oppvasken; (*jvf depute*).
delegation ['deləˌgeiʃən] *s* **1.** overdragelse; delegering (*of* av); **2.** delegasjon.
delete [diˌli:t] *vb; stivt(=cross out)* slette; stryke (ut); ***delete as required*** stryk det som ikke passer.
delete key *EDB:* slettetast; (*jvf I. backspace*).
deleterious ['deliˌtiəriəs] *adj; meget stivt(=harmful)* skadelig.
deletion [diˌli:ʃən] *s; stivt(=crossing out)* sletting; stryking.
I. deliberate [diˌlibə'reit] *vb; stivt(=consider)* overveie.
II. deliberate [diˌlib(ə)rət] *adj* **1.** veloverveid; tilsiktet; ***a deliberate lie*** en bevisst løgn; **2.** rolig og sindig.
deliberately [diˌlib(ə)rətli] *adv:* med (vitende (*n*) og) vilje; med velberådd hu.
deliberation [di'libəˌreiʃən] *s; stivt(=careful thought)* overveielse; ***speak with deliberation****(=speak slowly and thoughtfully)* snakke rolig og sindig.
delicacy [ˌdelikəsi] *s* **1.** delikatesse; **2**(*=touchiness*)*:* ***the delicacy of the situation*** den delikate situasjonen; **3.** *stivt(=fragility)* skjørhet;

d

4(=*tact*) takt; finfølelse;
5. finhet; ynde; sarthet; ***the delicacy(=tenderness) of her skin*** hennes sarte hud;
6. *om utførelse:* finhet; ***the delicacy of craftsmanship*** den fine utførelsen;
7. *stivt(=feeling)* følelse (*fx play with great delicacy);*
8. *glds(=poor health)* svak helbred.
delicate [ˌdelikət] *adj* **1.** delikat;
2(=*difficult*) vanskelig; delikat (*fx operation);*
3(=*fragile*) skjør;
4(=*touchy*) ømfintlig; delikat (*fx situation*); ***a delicate (=sensitive) instrument*** et ømfintlig instrument;
5. *stivt(=cautious; diplomatic)* forsiktig; diplomatisk;
6. fin; sart (*fx skin; shade of blue*); ***a delicate(=fine) pattern of leaves*** et fint bladmønster;
7. *om helse; lett glds(=poor)* dårlig; svak.
delicatessen ['delikəˌtesən] *s:* ***delicatessen (shop)*** delikatesseforretning.
delicious [diˌliʃəs] *adj* **1.** deilig (*fx meal*); **2.** *fig:* herlig; ***a delicious joke*** en herlig spøk.
I. delight [diˌlait] *s(=joy)* glede; ***delight in life*** livsglede; ***a delight to the eye*** en fryd for øyet; ***to the great delight of*** til stor glede for.
II. delight *vb:* glede; ***delight in*** finne glede i; føle glede ved.
delighted [diˌlaitid] *adj(=greatly pleased)* meget glad; ***be absolutely delighted at sth*** være henrykt over noe; ***be delighted by sth(=go into raptures over sth)*** bli henrykt over sth; ***I'm delighted to tell you that …*** jeg har den store glede å fortelle deg (,dere) at …; ***I shall be(=I'm) delighted to accept the invitation*** jeg sier med glede ja takk til innbydelsen.
delightful [diˌlaiful] *adj:* herlig; deilig (*fx she looks delightful in that hat! a delightful holiday*); ***it makes a delightful change to discover that …*** det er herlig for en gangs skyld å oppdage at …
delightfully [diˌlaitfuli] *adv:* deilig; herlig; ***the grass was delightfully soft*** gresset var deilig og bløtt.
delimit [di(:)ˌlimit] *vb:* avgrense.
delimitation ['di:limiˌteiʃən] *s:* avgrensning.
delineate [diˌlini'eit] *vb* **1**(=*draw; sketch*) skissere; streke opp; **2.** *stivt(=outline)* avtegne (*fx clearly delineated against the sky).*
delineation [di'liniˌeiʃən] *s* **1.** *stivt(=drawing; sketching)* skissering; **2.** *stivt(=outlining)* avtegning.
delinquency [diˌliŋkwənsi] *s; stivt el. jur:* ***act of delinquency*** lovovertredelse; ***juvenile delinquency(=juvenile crime)*** ungdomskriminalitet.
delinquent [diˌliŋkwənt] *s; stivt el. jur:* ***juvenile delinquent(=juvenile offender)*** ungdomsforbryter.
delirious [diˌliriəs] *adj* **1.** som snakker i villelse; **2.** *fig* **T:** ***be delirious with joy*** være helt vill av glede.
deliriously [diˌliriəsli] *adv:* ***deliriously happy*** overlykkelig.
delirium [diˌliriəm] *s; med.:* delirium *n;* febervillelse.
deliver [diˌlivə] *vb* **1.** levere; overlevere;
2. *merk:* levere; ***deliver goods*** levere varer;
3. *om lege ved fødsel:* ta imot; *meget stivt:* ***she was delivered of a boy(=she gave birth to a boy)*** hun fødte en sønn;
4. *stivt(=give):* ***deliver a speech*** holde en tale;
5. *glds el. bibl(=rescue)* redde; frelse;
6. *fig* **T:** ***deliver the goods*** gjøre som man har lovet; holde det man har lovet.
deliverance [diˌlivərəns] *s; glds el. bibl(=rescue; salvation)* befrielse; frelse.
delivery [diˌlivəri] *s* **1.** *merk:* levering; *(=supply)* leveranse; ***delay in delivery(=late delivery; overdue delivery)*** forsinket levering; ***make delivery as agreed*** levere som avtalt;
2. overlevering; levering; *sport:* avlevering;
3. *merk; post:* ***delivery (of mail)*** postombæring; ***cash on delivery(fk c.o.d.; COD)*** betaling ved levering; ***the amount will be collected on delivery*** varen(e) blir sendt mot oppkrav *n;*
4. *med.(=birth)* fødsel (*fx at the delivery of the twins);* ***underwater delivery*** fødsel under vann *n;*
5. *skuespillers, etc:* fremførelse; foredrag *n.*
delivery driver budsjåfør.
delivery note *merk(=advice note)* følgeseddel; (*jvf packing slip).*
delivery room fødestue.
delivery van(=*van;* **US:** *delivery truck; pick-up truck*) varebil; varevogn.
delouse [di:ˌlaus; di:ˌlauz] *vb:* avluse.
Delphi [ˌdelfai] *s; geogr:* Delfi.
Delphic oracle: ***the Delphic oracle*** oraklet i Delfi.
delta [ˌdeltə] *s:* delta *n.*
delude [diˌlu:d] *vb; stivt(=deceive; mislead)* narre; føre bak lyset (*fx delude parents).*
I. deluge [ˌdelju:dʒ] *s* **1.** *rel:* syndflod; **2.** *fig; stivt(=flood)* flom (*fx of new knowledge).*
II. deluge *vb; stivt; også fig(=flood)* oversvømme.
delusion [diˌlu:ʒən] *s:* illusjon; vrangforestilling; ***delusions of grandeur(=megalomania)*** stormannsgalskap; ***she's under the delusion(=illusion) that …*** hun lider av den vrangforestilling at …;(*se illusion & self-delusion).*
delusive [diˌlu:siv] *adj:* illusorisk; villedende.
delve [delv] *vb; stivt el. spøkef(=dig)* grave (*in* i).
demagogic ['deməˌgɔgik] *adj:* demagogisk.
demagogue (,**US** *også: demagog*) [ˌdemə'gɔg] *s:* demagog.
demagoguery [ˌdemə'gɔgəri] *s(=demagogy)* demagogi.
I. demand [diˌmɑ:nd] *s* **1.** krav *(n)* (*for* om; *on sby* til en); ***the demands of the situation*** situasjonens krav; ***fail to fulfil the demands of society*** komme til kort overfor samfunnets krav; ***great (,severe) demands*** store (,strenge) krav; ***comply with a demand(=meet a demand)*** etterkomme et krav; ***make demands on*** stille krav til;
2. fordring; ***modest demands*** beskjedne fordringer;
3. *merk:* etterspørsel (*for* etter); ***these goods are in great demand*** disse varene er meget etterspurt; ***meet (=supply) the demand*** dekke etterspørselen;
4(=*need*) behov *n* (*fx for teachers).*
II. demand *vb* **1.** kreve; forlange; ***demand sth*** gjøre krav *(n)* på noe; ***demand sth of(=from) sby*** kreve noe av en; **2.** *litt.(=ask)* spørre; ***demand the time of(=from) sby*** spørre en hvor mange klokken er.
demand deposit *bankv(=deposit at call)* innskudd på brukskonto.
demanding [diˌmɑ:ndiŋ] *adj:* (arbeids)krevende.
demand note: ***income tax demand note***(,**T** & **US:** *tax bill*) skatteseddel.
demarcation ['di:mɑ:ˌkeiʃən] *s* **1.** avgrensning; **2.** *polit:* demarkasjon.
démarche, demarche [ˌdei'mɑ:ʃ] *s; stivt(=(diplomatic) move)* démarche; ***make a démarche to*** foreta en démarche overfor.
demean [diˌmi:n] *vb; meget stivt* **1**(=*bring into discredit*) bringe i vanry; **2**(=*lower*)**:** ***such conduct demeans you in my eyes*** en slik oppførsel gir meg en ringere mening om deg; **3.:** ***demean oneself(=lower oneself)*** nedverdige seg.
demeanor [diˌmi:nə] *s; stivt(=manner; conduct)* oppførsel; adferd.
demented [diˌmentid] *adj; stivt* **1**(=*mad; insane*) gal; **2.** *fig:* gal; avsindig.
dementia [diˌmenʃ(i)ə] *s; med.:* sløvsinn; ***senile dementia*** alderdomssløvsinn.
demerara ['deməˌrɛərə] *s:* ***demerara (sugar)(=brown sugar)*** brunt sukker.
demerit [di:ˌmerit] *s; stivt(=disadvantage)* ulempe; ***the merits and demerits of*** fordeler og ulemper ved.
demijohn [ˌdemi'dʒɔn] *s:* vinballong; kurvballong.
demimonde ['demiˌmɔnd] *s; hist:* demimonde; lettlive-

de kvinner som lar seg underholde av velstående elskere.
demise [di¸maiz] *s; stivt* **1**(*=death*) bortgang; død; **2.** *fig:* død (*fx the demise of the student movement*).
demisec [¸demi'sek] *adj; om vin:* halvtørr.
demist [di:¸mist] *vb:* fjerne dugg (fx fra bilvindu).
demister [di:¸mistə] *s; i fx bil:* defroster.
demitasse [¸demi'tæs] *s:* mokkakopp.
demo [¸demou] *s* **T**(*=demonstration*) demonstrasjon.
demobilize, demobilise [di:¸moubi'laiz] *vb:* demobilisere.
democracy [di¸mɔkrəsi] *s:* demokrati; ***democracy in local affairs*** nærdemokrati.
democrat [¸demə'kræt] *s:* demokrat.
democratic ['demə¸krætik] *adj:* demokratisk.
democratize, democratise [di¸mɔkrə'taiz] *vb:* demokratisere.
démodé ['deimou¸dei] *adj; stivt*(*=old-fashioned; out -of-date*) foreldet; umoderne.
demolish [di¸mɔliʃ] *vb* **1**(*=pull down*) rive ned (*fx a building*); **2.** *om argument; spøkef*(*=disprove; refute*) motbevise; tilbakevise; **T:** plukke fra hverandre; **3.** *fig; spøkef:* gjøre ende på (*fx the food in no time*).
demolition ['demə¸liʃən] *s* **1.** nedrivning; **2.** *mil:* sprengningsarbeid.
demolition derby US(*=stock-car race*) olabilløp; (*se Derby*).
demolitions expert *mil:* sprengningsekspert.
demon [¸di:mən] *s:* demon; djevel.
demonic [di¸mɔnik] *adj*(*=diabolic*) demonisk; djevelsk.
demonstrable [di¸mɔnstrəbl; ¸demənstrəbl] *adj:* påviselig; bevislig.
demonstrably [di¸mɔnstrəbli] *adv:* påviselig.
demonstrate [¸demən'streit] *vb* **1.** demonstrere (*sth to sby* noe for en); vise; *polit:* demonstrere; **2**(*=display; show*) vise; legge for dagen; **3**(*=prove*) bevise; vise; ***demonstrate***(*=show*) ***the probability of*** føre sannsynlighetsbevis for.
demonstration ['demən¸streiʃən] *s* **1.** demonstrasjon; ***give a demonstration*** holde en demonstrasjon; **2.** *polit* (**T:** *demo*) demonstrasjon; ***stage a demonstration*** arrangere en demonstrasjon; **3**(*=proof*) bevis (*n*) (*of* på) (*fx a demonstration of his great power*).
demonstrative [di¸mɔnstrətiv] *adj* **1.** demonstrativ; som viser sine følelser; **2.** *gram:* påpekende (*fx pronoun*).
demonstrator [¸demən'streitə] *s* **1.** demonstrant; **2.** person som demonstrerer; demonstrasjonsdame; **3**(*=demonstration model*) demonstrasjonsmodell.
demoralize, demoralise [di¸mɔrə'laiz] *vb:* demoralisere.
demote [di¸mout] *vb*(*=degrade*) degradere.
demount [di:¸maunt] *vb*(*=detach*) demontere; ta av.
demountable [di¸mauntəbl] *adj*(*=detachable*) avtagbar; demonterbar; (*se detachable*).
I. demur [di¸mə:] *s; stivt*(*=objection*) innsigelse.
II. demur *vb; stivt:* ***demur at***(*=object to*) gjøre innsigelser mot (*fx she demurred at having to leave so early*).
demure [di¸mjuə] *adj; glds el. spøkef* **1**(*=decorous; shy*) anstendig; sjenert; bluferdig; **2.** *om oppførsel*(*= prim*) dydsiret; påtatt ærbar.
demurely [di¸mjuəli] *adv*(*=primly*) dydsiret; dydig; korrekt.
demystify [di:¸misti'fai] *vb:* avmystifisere.
den [den] *s* **1.** *zo*(*=lair*) tilfluktssted; leie *n;* hi *n; fig:* ***walk into the lion's den*** gå like i løvens gap; **2.** *fig:* lite (arbeids)rom *n;* hule.
denationalize, denationalise [di:¸næʃənə'laiz] *vb:* oppheve nasjonaliseringen av; avnasjonalisere.
denaturalize, denaturalise [di:¸nætʃrə'laiz] *vb:* denaturalisere; frata de retter og plikter man har som innfødt.
denatured [di¸neitʃəd] *adj:* denaturert (*fx spirits*).
deniable [di¸naiəbl] *adj:* som kan bestrides; bestridelig; (*jvf undeniable*).
denial [di¸naiəl] *s* **1.** benektelse; nektelse; **2**(*=disclaimer*) dementi *n;* **3**(*=disavowal*) fornektelse (*fx of Christ*); ***self-denial*** selvfornektelse; **4.** *meget stivt*(*= refusal*) avslag; ***an emphatic denial*** et bestemt avslag.
denigrate [¸deni'greit] *vb; meget stivt* **1**(*=disparage*) nedvurdere; **2.:** ***denigrate sby***(*=blacken sby; run sby down*) rakke ned på en; baktale en.
denigration ['deni¸greiʃən] *s; meget stivt* **1**(*=disparagement*) nedvurdering; **2**(*=blackening; running down*) nedrakking; baktaling.
denim [¸denim] *s:* denim (ɔ: kraftig bomullsstoff).
denims [¸denimz] *s; pl*(*=jeans*): ***(a pair of) denims*** (en) olabukse.
denizen [¸denizən] *s; stivt el. spøkef:* beboer; innvåner; ***the denizens of the deep*** havets innvånere.
Denmark [¸denmɑ:k] *s; geogr:* Danmark.
I. denominate [di¸nɔmi'neit] *vb*(*=designate*) benevne.
II. denominate [di¸nɔminət] *adj; mat.:* benevnt.
denomination [di'nɔmi¸neiʃən] *s* **1.** pålydende verdi; ***banknotes of all denominations*** pengesedler i alle størrelser; **2.** *meget stivt*(*=name*) navn *n;* benevnelse; **3.** *mat.:* benevnelse; (*jvf denominator*); **4.** trosretning; ***school that is Christian by denomination*** skole med kristen formålsparagraf.
denominational [di'nɔmi¸neiʃənl] *adj:* som tilhører en bestemt trosretning; livssyns-.
denominational education livssynsundervisning.
denominational kindergarten livssynsbarnehage.
denominational school livssynsskole; skole drevet av et religiøst samfunn.
denominator [di¸nɔmi'neitə] *s; mat.:* nevner; ***reduce to a common denominator*** gjøre om til fellesnevner.
denote [di¸nout] *vb*(*=mean*) bety; betegne.
denouement, dénouement [dei¸nu:mɔn] *s* **1.** *i drama, teaterstykke, etc:* (intrigens) oppklaring; *i drama:* (gåtens) løsning; **2.** *fig*(*=outcome; solution*) slutt; løsning; ***I was away that weekend and so missed the denouement of the whole affair*** jeg var bortreist den helgen og gikk derfor glipp av slutten på saken.
denounce [di¸nauns] *vb* **1**(*=inform on*) angi; **2.** *i presse, etc*(*=condemn*) fordømme; **3**(*=deny*) avvise; benekte.
denouncer [di¸naunsə] *s*(*=informer*) angiver.
dense [dens] *adj* **1.** tett (*fx fog; forest*); **2.** *om pels:* tykk; **3. T**(*=thick-headed*) dum; **T:** teit.
density [¸densiti] *susbt* **1.** tetthet; **2. T**(*=thick-headedness*) dumhet.
density check *av ledning:* tetthetskontroll.
I. dent [dent] *s* **1.** fordypning; bulk; **2.** *fig:* innhugg; ***make a dent in*** gjøre et innhugg i (*fx it made a dent in his pocket money*).
II. dent *vb:* lage en fordypning i; lage bulk i; bulke.
dental [dentl] *adj:* dental-; tann-; tannlege-.
dental care tannpleie.
dental check tannettersyn.
dental decay(*=tooth decay; caries*) tannråte.
dental floss *tannl:* tanntråd.
dental nurse T(*=dental surgery assistant*) tannlegeassistent.
dental plaque *tannl*(*=(bacterial) plaque*) tannbelegg.
dental plate(*=denture*) tannprotese.
dental surgeon(*=dentist; dental practitioner*) tannlege; (*jvf oral surgeon*).
dental surgery tannlegekontor; *på skilt:* tannlege.
dental technician tanntekniker.
dentate [¸denteit] *adj:* tannet; takket.
dentifrice [¸dentifris] *s:* tannpasta; tannpulver.
dentist [¸dentist] *s:* tannlege; ***when are you due to see the dentist next?*** når skal du til tannlegen neste gang? (*se dental surgeon*).
dentition [den¸tiʃən] *s; tannl* **1.** tannsystem; ***primary dentition*** melketannsett; ***secondary dentition*** blivende

d

deport

The Australian prison

James Cook took possession of the country on behalf of the British king. The British had up till then deported prisoners to the USA which they could no longer do. In 1788 the English started to send prisoners to Australia and the first 750 went ashore in Port Jackson. The British colonisation of Australia had begun.

During the Napoleonic Wars many prisoners were sent to Australia. When the deportees had served their sentences, they settled down in the rich agricultural areas as free citizens.

tenner; **2**(*=position of the teeth*) tannstilling; **3**(*=teething*) tannfrembrudd; det å få tenner.

denture(s) [ˌdentʃə(z)] *s(=dental plate)* tannprotese.

denuclearize, denuclearise ['di:ˌnju:kliə'raiz] *vb:* gjøre atomvåpenfri; ***a denuclearized zone*** en atomvåpenfri sone.

denude [diˌnju:d] *vb; stivt:* ***denude of****(=strip of)* ribbe for.

denunciation [di'nʌnsiˌeiʃən] *s* **1.** angiveri; **2.** (åpen) fordømmelse; **3.** kategorisk avvisning; bestemt benektelse; *(se denounce).*

deny [diˌnai] *vb* **1.** benekte; nekte; ***he denied****(=refused to accept)* ***any responsibility for it*** han fraskrev seg ethvert ansvar for det; **2.** *stivt(=refuse)* nekte *(fx be denied admission to the house);* ***she denies that child nothing*** hun nekter ikke det barnet noenting; **3**(*=disclaim)* dementere; **4.** *rel:* fornekte; ***deny God*** fornekte Gud.

deodorant [di:ˌoudərənt] *s:* ***(underarm) deodorant*** deodorant.

deodorize, deodorise [di:ˌoudə'raiz] *vb:* gjøre luktfri; fjerne ubehagelig lukt fra.

depart [diˌpɑ:t] *vb; stivt* **1**(*=leave)* dra av sted; ***the train departed at nine*** toget gikk klokken ni; **2.** *fig:* ***depart from****(=deviate from)* avvike fra; ***depart from a rule*** avvike fra en regel; fravike en regel; **3.:** ***depart this life*** avgå ved døden.

departed [diˌpɑ:tid] *s; evf:* ***the departed*** den (,de) avdøde; den (,de) døde.

department [diˌpɑ:tmənt] *s* **1.** avdeling; **2.** *polit:* departement *n; (se også ministry);* **3.** *skolev & univ:* seksjon *(fx the German Department); skolev:* ***head of department*** hovedlærer; **4.** *fig(=field)* område *n;* felt *n.*

departmental ['di:pɑ:tˌmentl] *adj* **1.** departemental; **2.** avdelings- *(fx manager).*

Department of Education and Science *(fk DES):* ***the Department of Education and Science*** *svarer til:* Kirke-, utdannings- og forskningsdepartementet.

Department of Health and Social Security *(fk DHSS):* ***the Department of Health and Social Security*** Sosialdepartementet.

Department of Trade and Industry *(fk DTI):* ***the Department of Trade and Industry*** Næringsdepartementet.

department store varemagasin.

departure [diˌpɑ:tʃə] *s* **1.** avreise; avgang; **2.** avvik *n (fx from the normal);* **3.** *fra embete:* avgang; ***his departure*** hans avgang; **4.** *fig:* ***a new departure*** noe nytt; en kursendring; **5.** *også fig:* ***point of departure*** utgangspunkt; *(se starting point).*

departure country utreiseland.

departure platform *jernb:* avgangsplattform.

departure point utreisested; ***demand visas at the departure point*** forlange visum *(n)* på utreisestedet.

depend [diˌpend] *vb* **1.:** ***depend on*** 1. avhenge av; 2(*=rely on)* stole på; regne med; **2.:** ***that depends*** det kommer (helt) an på; ***it depends whether you want a really good job or not*** det kommer an på om du vil ha en virkelig god jobb eller ei.

dependable [diˌpendəbl] *adj* **1.** pålitelig; **2.** *mask:* driftssikker.

dependant *(,især* **US:** *dependent)* [diˌpendənt] *s:* person man har forsørgelsesplikt overfor; ***he has no dependants*** han har ingen å forsørge.

dependence [diˌpendəns] *s* **1.** avhengighet *(on* av); ***mutual dependence*** gjensidig avhengighet; ***feeling of dependence*** avhengighetsfølelse; **2.** *stivt:* ***place dependence on sby****(=trust sby)* feste lit til en.

dependency court **US**(*=child care department)* barnevernsnemnd.

I. dependent [diˌpendənt] *s; især* **US:** *se dependant.*

II. dependent *adj:* ***dependent on*** avhengig av.

depict [diˌpikt] *vb; stivt* **1**(*=portray)* avbilde; **2**(*=describe)* skildre; beskrive.

depiction [diˌpikʃən] *s; stivt* **1**(*=portrayal)* avbildning; **2**(*=description)* skildring; beskrivelse.

depilation ['depiˌleiʃən] *s(=removal of superfluous hair(s))* hårfjerning.

I. depilatory [diˌpilətəri] *s(=superfluous-hair remover)* hårfjerningsmiddel.

II. depilatory *adj:* hårfjernings- *(fx cream).*

deplete [diˌpli:t] *vb; stivt* **1**(*=draw too heavily on)* tappe; tynne ut; beskatte sterkt; **2.** *fig:* ***deplete his strength****(=drain him of strength)* tappe ham for krefter.

depletion [diˌpli:ʃən] *s:* tømming; tapping; uttynning *(of* av).

deplorable [diˌplɔ:rəbl] *adj; stivt* **1**(*=very regrettable)* meget beklagelig; ytterst uheldig; **2**(*=appalling)* slett; forferdelig; ***a deplorable lack of taste*** en skremmende mangel på smak.

deplorably [diˌplɔ:rəbli] *adv; stivt(=appallingly; dreadfully (badly))* forferdelig *(fx behave deplorably);* ***deplorably ignorant children*** forferdelig uvitende barn *n.*

deplore [diˌplɔ:] *vb; stivt(=regret very much; disapprove of)* beklage dypt; i høy grad mislike.

deploy [diˌplɔi] *vb; også mil:* bringe i stilling; utplassere; plassere; ***deploy a satellite*** plassere en satellitt i bane.

deployment [diˌplɔimənt] *s; mil:* utplassering.

depopulate [diˌpɔpju'leit] *vb:* avfolke.

deport [diˌpɔ:t] *vb* **1.** deportere; **2.** *utlending:* utvise *(fx an alien); (jvf expel 3).*

deportation ['di:pɔ:ˌteiʃən] *s* **1.** deportasjon; **2.** *av ut-*

lending: utvisning; ***expulsion is a milder form of deportation*** bortvisning er en mildere form for utvisning.
deportee ['di:pɔ:ˌti:] *s* **1.** deportert (person); person som skal deporteres; **2.** *om utlending:* utvist (person).
deportment [diˌpɔ:tmənt] *s; stivt(=bearing)* holdning.
depose [diˌpouz] *vb* **1.** *fra høyt embete(=remove)* avsette; **2.** *jur; under ed:* avgi forklaring.
I. deposit [diˌpɔzit] *s* **1.** *i bank:* innskudd; ***demand deposit****(=deposit at call)* innskudd på brukskonto; ***giro deposit*** innbetaling på girokonto; ***the bank is paying 10% on deposits of more than £10,000*** banken gir 10% rente på beløp over £10.000; **2.** depositum *n;* deponert beløp *n;* pant *n;* ***bottle deposit****(=deposit on the bottle)* flaskepant; **3.** *geol; min:* avleiring.
II. deposit *vb* **1.** *i bank:* sette inn; betale inn (på konto); **2.** deponere; **3.** *geol; min:* avleire; avsette.
deposit account *bankv:* innskuddskonto.
deposition ['depəˌziʃən; 'di:pəˌziʃən] *s* **1.** *fra høyt embete:* avsettelse; **2.** *jur(=testimony on oath)* vitneforklaring under ed.
depositor [diˌpɔzitə] *s; bankv:* innskyter.
depository [diˌpɔzit(ə)ri; **US:** diˌpɔzi'tɔ:ri] *s; stivt(=storehouse)* oppbevaringssted; lager *n.*
deposit rate *(=interest on deposits)* innlånsrente.
depot [ˌdepou] *s* **1.** depot *n;* magasin *n;* **2. US***(=railway station)* (jernbane)stasjon.
depraved [diˌpreivd] *adj; stivt(=corrupt)* fordervet.
depravity [diˌpræviti] *s; stivt(=corruption; baseness; wickedness)* fordervelse; nederdrektighet; ondskap.
deprecate [ˌdepri'keit] *vb; meget stivt* **1***(=disapprove of; strongly regret)* misbillige; klandre; sterkt beklage; **2***(=disparage)* nedvurdere; snakke nedsettende om; **3.** *glds(=avert by prayer)* avverge ved bønn; **4.** *sj(=oppose):* ***deprecate hasty action*** motsette seg at det handles overilt.
deprecatory [ˌdepri'keitəri] *adj; stivt* **1***(=deprecating; disapproving)* misbilligende; **2***(=apologetic)* avvergende; unnskyldende; ***he made a deprecatory gesture*** han gjorde en avvergende håndbevegelse.
depreciable [diˌpri:ʃəbl] *adj:* avskrivningsberettiget.
depreciate [diˌpri:ʃi'eit] *vb* **1***(=fall in value)* synke i verdi; **2.** forringe (i verdi); **3.** *fig:* nedvurdere.
depreciation [di'pri:ʃiˌeiʃən] *s:* verdiforringelse.
depreciative [diˌpri:ʃətiv], **depreciatory** [diˌpri:ʃjətri] *adj; stivt(=disparaging)* nedsettende.
depredations ['depriˌdeiʃənz] *s; pl; stivt (=plundering)* plyndring(er); herjinger.
depress [diˌpres] *vb* **1***(=press down)* trykke ned; **2.** *fig(=sadden)* gjøre nedtrykt; gjøre trist.
depressant [diˌpresənt] *s; med.(=depressing)* deprimerende *(fx drug).*
depressed [diˌprest] *adj* **1.** *med.:* deprimert; *(se V. down 9);* **2.** *merk; om marked:* trykket.
depressing [diˌpresiŋ] *adj; også med.:* deprimerende; nedslående; forstemmende.
depression [diˌpreʃən] *s* **1.** det å trykke ned; **2.** *med. & økon:* depresjon; **3.** *meteorol(=low)* lavtrykk.
depressive [diˌpresiv] *adj; med.:* depressiv
deprivation ['depriˌveiʃən] *s; stivt* **1***(=depriving)* det å berøve; berøvelse *(of* av); **2.** *jur:* fradømmelse; ***deprivation of Norwegian citizenship*** fradømmelse av norsk statsborgerskap; **3.** *jur:* avsavn *n;* **4.** nød; ***social deprivation*** sosial nød.
deprive [diˌpraiv] *vb; stivt* **1.:** ***deprive sby of sth****(=rob sby of sth)* frata en noe; *stivt:* berøve en noe; **2.** *jur:* ***deprive of****(=sentence to lose)* fradømme.
deprived [diˌpraivd] *adj* **1.** fattig *(fx deprived inner-city areas);* ***culturally deprived*** kulturfattig; **2.:** ***the socially deprived*** de ressurssvake; ***he had a deprived childhood*** han kom fra et ressurssvakt hjem.
depth [depθ] *s; også fig:* dybde; ***in depth*** i dybden; inngående; *fig:* ***go into things in depth*** gå i dybden; ***be out of one's depth*** 1. *i vannet:* ikke kunne nå bunnen; 2. *fig:* befinne seg på dypt vann.
deputation ['depjuˌteiʃən] *s:* deputasjon.
depute [diˌpju:t] *vb; stivt el. spøkef:* overlate; ***she was deputed to do the shopping for the party*** hun ble overlatt å ta seg av innkjøpene til selskapet.
deputize, deputise [ˌdepju'taiz] *vb:* ***deputize for sby*** *(=stand in for sby)* vikariere for en.
I. deputy [ˌdepjuti] *s:* stedfortreder; vikar.
II. deputy *adj:* vise-; assisterende; nest-.
deputy secretary *i departement(,den fulle tittel: deputy undersecretary of state) svarer til:* ekspedisjonssjef; *(se undersecretary).*
derail ['di(:)ˌreil] *vb; jernb:* gå av sporet.
derailment [di(:)ˌreilmənt] *s; jernb:* avsporing.
deranged [diˌreindʒd] *adj; stivt:* ***mentally deranged*** sinnsforvirret.
Derby [ˌdɑ:bi] *s* **1.** *hesteveddeløp:* derby *n;* **2.** *sport:* ***local Derby*** lokaloppgjør mellom to lag *n; (se demolition derby).*
derelict [ˌderilikt] *adj; stivt* **1***(=no longer in use)* ikke lenger i bruk; **2***(=abandoned; uninhabited)* forlatt; ubebodd; **3***(=dilapidated)* forfallen *(fx building).*
dereliction ['deriˌlikʃən] *s; meget stivt(=decay)* forfall *n.*
derestriction ['di:riˌstrikʃən] *s:* opphevelse av fartsgrensen (på en veistrekning).
derestriction sign skilt *(n)* som angir at fartsgrensen opphører.
deride [diˌraid] *vb; stivt(=mock)* spotte; håne.
derision [diˌriʒən] *s, stivt(=mockery)* spott; hån.
derisive [diˌraisiv] *adj; stivt(=mocking)* spottende; hånlig.
derisory [diˌraisəri] *adj; stivt* **1***(=mocking)* spottende; hånlig; **2***(=ridiculous)* latterlig *(fx attempt).*
derivation ['deriˌveiʃən] *s; språkv:* avledning.
I. derivative [diˌrivətiv] *s* **1.** derivativ *n;* avledning; **2.** *språkv:* avledning; avledet ord *n;* **3.** *kjem:* derivat *n.*
II. derivative *adj* **1.** derivativ; avledet; utledet; **2.** uoriginal *(fx work);* sekundær.
derivative poetry epigondiktning.
derive [diˌraiv] *vb:* avlede; utlede; *om ord:* ***be derived from*** stamme fra; *stivt:* ***derive advantage from****(=benefit by)* dra fordel av.
derma [ˌdə:mə] *s* **1.** *anat(=corium)* lærhud; **2.** *kul; jødisk:* ***(stuffed) derma*** slags pølse uten kjøtt *n.*
dermabrasion ['də:məbˌreiʒən] *s; med.:* hudsliping.
dermatologist ['də:məˌtɔlədʒist] *s(=skin specialist)* hudspesialist; dermatolog.
dermatology ['də:məˌtɔlədʒi] *s; med.:* dermatologi.
derogate [ˌderə'geit] *vb; meget stivt(=deviate)* avvike *(from* fra) *(fx a principle).*
derogation ['derəˌgeiʃən] *s; meget stivt el. jur* **1***(=deviation; departure)* avvik *(n) (from* fra); **2***(=exemption)* fritak *n;* fritagelse *(from* fra).
derogative [diˌrɔgətiv] *adj; glds: se derogatory.*
derogatory [diˌrɔgətəri; **US:** diˌrɔgə'tɔ:ri] *adj:* nedsettende *(fx remark).*
derrick [ˌderik] *s* **1.** *mar(=cargo boom)* lastebom; **2.** *oljeind(=oil derrick)* boretårn.
de-rust ['di:ˌrʌst] *vb(=remove rust)* fjerne rust.
dervish [ˌdə:viʃ] *s:* dervisj.
desalinate [di:ˌsæli'neit] *vb(=desalinize; desalinise)* avsalte.
descale ['di:ˌskeil] *vb:* fjerne kjelestein (fra)
I. descant [ˌdeskænt] *s; mus(=discant)* diskant.
II. descant [desˌkænt] *vb* **1.** *mus(=discant)* komponere (*el.* fremføre) en diskantstemme; **2.** *meget stivt:* ***descant on****(=expand on)* utbre seg om.
descend [diˌsend] *vb* **1.** *stivt(=go down; climb down)* gå ned; stige ned;
2*(=slope downwards)* skråne nedover *(to* mot);
3. *stivt:* ***descend from****(=get off)* gå av; stige av;
4.: ***descend from sby on the male side*** stamme fra en på mannssiden; stamme fra en i like linje; ***be de-***

***scended from**(=be a descendant of)* nedstamme fra;
5.: ***descend on*** 1*(=make a sudden attack on)* overfalle; kaste seg over *(fx they descended on the village); fig:* kaste seg over *(fx the food);* 2. *fig:* ***visitors descend on us every weekend****(=visitors turn up every weekend)* vi blir invadert av gjester hver helg;
6.: ***descend to*** 1*(=pass to)* gå i arv til; 2. *stivt(=stoop to)* nedverdige seg til.

descendant [di͵sendənt] *s:* etterkommer.

descending [di͵sendiŋ] *adj* **1.** fallende; som går nedover; ***a descending stretch of the road*** en nedoverbakke; **2.** nedadstigende; ***in a descending scale*** i nedadstigende rekkefølge.

descent [di͵sent] *s* **1.** *også flyv:* nedstigning;
2.: ***(parachute) descent*** (fallskjerm)utsprang *n;*
3*(=slope)* nedoverbakke;
4*(=ancestry)* avstamning;
5.: ***descent on*** 1*(=sudden attack on)* plutselig overfall på; 2. *stivt el. spøkef:* ***they made a sudden descent on us****(=they turned up unexpectedly)* de dukket opp helt uventet hos oss.

describe [di͵skraib] *vb* **1.** skildre; beskrive; ***would you describe her as beautiful?*** ville du kalle henne vakker? **2.** *stivt; geom(=draw)* tegne *(fx a circle).*

description [di͵skripʃən] *s* **1.** beskrivelse; skildring; salgsoppgave; **2.** signalement *n;* **3.** beskaffenhet; art; slags; ***goods of every description****(=all kinds of goods)* alle slags varer; **4.** *om mengde:* ***beyond****(=past)* ***description*** ubeskrivelig; som ikke kan beskrives.

descriptive [di͵skriptiv] *adj* **1.** beskrivende *(fx poem);* **2.** deskriptiv *(fx anatomy; geometry).*

descry [di͵skrai] *vb; stivt(=(just) see)* se; skjelne.

desecrate [͵desi'kreit] *vb:* vanhellige; skjende.

desecration ['desi͵kreiʃən] *s:* vanhelligelse; skjending; ***desecration of a grave*** skjending av en grav.

desegregate [di:͵segrə'geit] *vb; hist:* oppheve raseskille i (,på, ved).

desensitize, desensitise [di͵sensi'taiz] *vb* **1***(=harden; make insensitive)* gjøre ufølsom; **2.** desensibilisere.

I. desert [͵dezət] *s:* ørken.

II. desert [di͵zə:t] *s; stivt; fig:* ***deserts*** lønn som fortjent; ***he got his just deserts****(=he got what he deserved)* han fikk det (slik) som han hadde fortjent.

III. desert [di͵zə:t] *vb* **1.** *mil:* desertere; **2***(=abandon)* forlate; ***be deserted by one's beloved*** være (,bli) forlatt av sin elskede; *spøkef:* ***you don't mind us deserting you tonight, do you?*** du har vel ikke noe imot at vi lar deg i stikken i kveld, vel? **3.** svikte; ***my courage deserted me*** motet sviktet meg.

deserted [di͵zə:tid] *adj* **1***(=abandoned)* forlatt; **2.** folketom *(fx street).*

deserter [di͵zə:tə] *s; mil:* desertør; overløper.

desertion [di͵zə:ʃən] *s* **1.** *mil:* desertering; **2.:** ***be granted a divorce on the grounds of desertion*** få innvilget skilsmisse fordi ens ektefelle har forlatt en.

deserve [di͵zə:v] *vb:* fortjene.

deservedly [di͵zə:vidli] *adv(=justly)* med rette.

deserving [di͵zə:viŋ] *adj:* fortjenstfull; ***deserving cause*** fortjenstfull sak; *stivt:* ***be deserving****(=worthy)* ***of*** fortjene.

desiccant [͵desikənt] *s(=drying agent)* tørremiddel.

desiccation ['desi͵keiʃən] *s:* tørking (av frukt, etc); uttørking.

I. design [di͵zain] *s* **1***(=drawing)* tegning;
2. mønster *n;* motiv *n;*
3. formgivning; design *n;*
4. konstruksjon; ***fault in the design*** konstruksjonsfeil;
5.: ***by design*** fordi det er (,var) planlagt (slik);
6.: ***he has designs on my job****(=he's after my job)* han er ute etter jobben min.

II. design *vb* **1.** tegne; formgi; **2.** konstruere *(fx a bridge);* **3.** utvikle *(fx a product);* **4.** *stivt(=intend):* ***designed to****(=intended to)* beregnet på å.

I. designate [͵dezig'neit] *vb; stivt* **1***(=call)* benevne; **2***(=point out)* peke ut; **3***(=nominate)* utpeke.

II. designate [͵dezignit; ͵dezig'neit] *adj(=newly appointed)* nyutnevnt; ***the ambassador designate*** den nyutnevnte ambassadøren.

designation ['dezig͵neiʃən] *s; stivt* **1.** benevnelse; betegnelse; ***designation of type*** typebetegnelse; **2***(=title)* tittel *(fx his designation has been changed recently from Area Manager to District Organizer);* **3.** utpeking.

design consultant 1. *teat:* dekorkonsulent; **2.:** ***interior design consultant*** dekorkonsulent.

designedly [di͵zainidli] *adv; stivt(=intentionally)* med vilje.

designer [di͵zainə] *s* **1.** tegner; ***poster designer*** plakatkunstner; **2.** formgiver; designer; ***craftsman designer*** kunsthåndverker.

designing [di͵zainiŋ] *adj; neds(=scheming; crafty)* utspekulert *(fx she's a designing woman).*

desirability [di'zaiərə͵biliti] *s:* ønskelighet; ***look into the desirability of (-ing)*** se på om det skulle være ønskelig å.

desirable [di͵zaiərəbl] *adj:* ønskelig.

I. desire [di͵zaiə] *s* **1.** ønske *n;* ***a strong desire*** et sterkt ønske; **2.** seksuell interesse; begjær *n;* ***arouse sby's desire****(,T: turn sby on)* vekke ens begjær; **T:** få en til å tenne; **3.** *i nektende setning:* ***I have no desire to*** jeg har ikke noe ønske *(n)* om å.

II. desire *vb* **1.** *stivt(=want (to have))* ønske (seg); ***it leaves a great deal to be desired*** det er langt fra hva det burde være; **2***(=want to have sex with)* begjære; føle seg seksuelt tiltrukket av; **3.** *glds el. meget stivt(=ask)* be *(fx Her Majesty desires you to enter).*

desirous [di͵zaiərəs] *adj; meget stivt:* ***he is desirous*** *(=anxious)* ***that no one else should learn of****(=get to know about)* ***this*** han ønsker ikke at noen andre skal få kjennskap til dette.

desist [di͵zist] *vb; meget stivt(=abstain; refrain)* avstå; la være; ***desist from****(=abstain from; stop)* holde opp med; avstå fra.

desk [desk] *s* **1.** pult; ***conductor's desk*** dirigentpult; ***(writing) desk*** skrivebord; **2.** *i hotell:* ***reception desk*** resepsjon; **3.:** ***the information desk*** informasjonen; ***please come to the information desk*** vennligst henvend Dem i informasjonen; **4.** *radio; avis:* ***at the news desk*** i nyhetsredaksjonen.

desk calendar bordkalender.

desk chair*(=office chair)* skrivebordsstol; kontorstol.

desk clerk US*(=receptionist)* resepsjonist.

desk lamp skrivebordslampe.

desktop [͵desk'tɔp] *adj:* ***desktop publishing*** skrivebordstrykking.

desk work*(=paper work)* kontorarbeid; skrivearbeid.

desolate [͵desələt; ͵dezələt] *adj* **1.** øde; ødslig; **2.** fortapt; ensom og forlatt; ***be left desolate*** bli sittende ensom og forlatt.

desolation ['desə͵leiʃən] *s* **1.** øde landskap *n;* **2.** ensomhet; forlatthet; ***a feeling of desolation*** en følelse av forlatthet.

I. despair [di͵spɛə] *s:* fortvilelse; ***an act of despair*** *(=a despairing act)* en fortvilet handling; ***the courage of despair*** fortvilelsens mot; ***in despair*** fortvilet; oppgitt; ***give way to despair*** gi seg helt over av fortvilelse; ***be seized with despair*** bli grepet av fortvilelse; *(jvf desperation).*

II. despair *vb:* fortvile; gi seg over.

despairing [di͵spɛəriŋ] *adj:* fortvil(e)t; *(jvf desperate & despondent).*

despatch [di͵spætʃ]: *se dispatch.*

desperate [͵despərit] *adj:* fortvil(e)t; desperat; ***a desperate remedy*** en fortvilet utvei; **T:** ***be desperate for sth****(=need sth urgently)* være opprådd for noe; ***if you're really desperate for it*** hvis du absolutt må ha det; *ordspråk:* ***desperate ills need desperate remedies*** med ondt skal ondt fordrives.

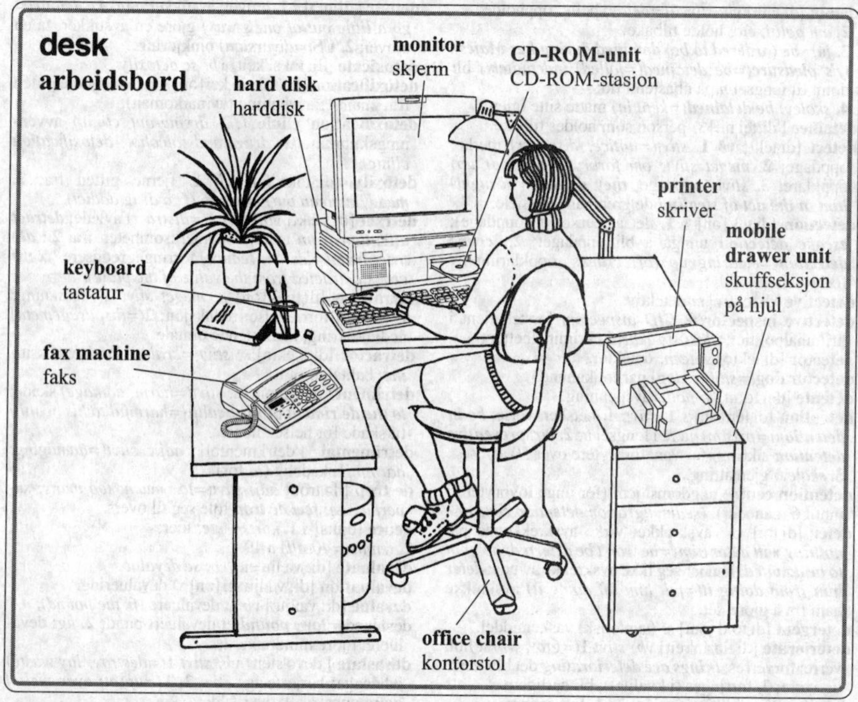

desperately [ˌdespəritli] *adv:* fortvil(e)t; desperat; ***desperately poor*** fortvilt fattig.
desperation ['despəˌreiʃən] *s:* fortvilelse; desperasjon; ***with a strength born of desperation*** med fortvilelsens kraft.
despicable [ˌdespikəbl; diˌspikəbl] *adj; stivt(=contemptible)* foraktelig; ussel.
despise [diˌspaiz] *vb:* forakte.
despite [diˌspait] *prep(=in spite of)* til tross for.
despondency [diˌspɔndənsi] *s:* håpløshet; forvilelse; ***deep despondency*** selvoppgivelse.
despondent [diˌspɔndənt] *adj; stivt(=unhappy)* ulykkelig; fortvilet; ***don't look so despondent!*** ikke se så fortvilet ut!
despot [ˌdespɔt] *s:* enehersker; despot.
despotic [desˌpɔtik; **US:** diˌspɔtik] *adj:* despotisk; tyrannisk.
despotism [ˌdespə'tizəm] *s:* enevelde; despoti *n.*
des res *s* **S**(*=desirable residence)* ettertraktet bolig; ***the des res in the area*** den mest ettertraktede boligen i området.
dessert [diˌzə:t] *s(=sweet;* **T:** *pudding)* dessert.
dessert plate desserttallerken; *(se I. plate 5).*
dessertspoon [diˌzə:t'spu:n] *s:* dessertskje.
destination ['destiˌneiʃən] *s:* bestemmelsessted; destinasjon; reisemål.
destined [ˌdestind] *adj; stivt(=predestined; intended)* forutbestemt; ***this was destined to happen****(=this was foreseeable)* det var forutbestemt at dette skulle skje; ***he was destined****(=intended)* ***for great things*** det skulle bli noe stort av ham; *stivt:* ***freight destined for Paris*** frakt som skal til Paris.
destiny [ˌdestini] *s; stivt(=fate)* skjebne; ***be in control of one's own destiny*** være herre over sin egen skjebne.
destitute [ˌdesti'tju:t] *adj; stivt* **1**(*=poor)* nødlidende; på bar bakke; ***be left destitute*** bli satt på bar bakke; **2.** *stivt: **destitute of**(=deprived of)* blottet for.
destitution ['destiˌtju:ʃən] *s; stivt(=extreme poverty; deprivation)* nød; fattigdom.
destroy [diˌstrɔi] *vb* **1**(*=ruin)* ødelegge; **2.** *om dyr(=put to death)* avlive.
destruct [diˌstrʌkt] *vb(=destroy for safety)* destruere.
destruction [diˌstrʌkʃən] *s* **1.** ødeleggelse; **2.** destruksjon; **3.** *fig:* undergang; ***be on the road to destruction*** gå sin undergang i møte; **4**(*=putting to death)* avlivelse; avliving *(fx of an animal).*
destructive [diˌstrʌktiv] *adj:* ødeleggende; destruktiv.
desultory [ˌdesəltəri] *adj;* stivt **1.** springende *(fx discussion);* **2**(*=half-hearted)* halvhjertet *(fx attempt).*
detach [diˌtætʃ] *vb:* ta av; kople fra; *(jvf disconnect; uncouple; unhitch).*
detachable [diˌtætʃəbl] *adj:* til å ta av; avtagbar; demonterbar; løs; *(se removable).*
detached [diˌtætʃt] *adj* **1.** *om hus:* frittliggende; frittstående; ***detached house*** enebolig; **2.** uhildet *(fx attitude to the problem);* uengasjert.
detachment [diˌtætʃmənt] *s* **1**(*=detaching)* løsgjøring; **2.** *mil:* avdeling; ***by detachments*** avdelingsvis; **3**(*=impartiality)* uhildethet; mangel på engasjement; ***view sth with detachment****(=view sth objectively)* se helt objektivt på noe; distansere seg fra noe.
I. detail [ˌdi:teil; **US:** diˌteil] *s* **1.** detalj; enkelhet; ***in detail*** i detalj; ***in some detail****(=at some length)* temmelig detaljert; temmelig utførlig; ***go into detail(s)*** gå i detaljer; ***go too much into detail*** gå for meget i detaljer; ***the details of the accident are not yet available*** enkeltheter om ulykken foreligger ikke enda; **2.** *mil:* mannskap *n;* gjeng (avgitt til leirtjeneste, etc).
II. detail *vb* **1.** gi en detaljert redegjørelse for; **2.** *mil:* avgi *(fx he was detailed for guard duty);* **3.** *stivt: **be detailed to**(=be set to)* bli satt til å.
detailed [ˌdi:teild; **US:** diˌteild] *adj:* detaljert; utførlig.

detain [di'tein] *vb; stivt* **1***(=delay)* hefte; oppholde; **2.** *om politi, etc:* holde tilbake; **3.** *jur:* ***be (ordered to be) detained during her Majesty's pleasure****(=be detained(=jailed) indefinitely)* bli dømt til fengsel *n* på ubestemt tid; **4.** *skolev:* ***be detained****(=kept in)* måtte sitte igjen.

detainee ['di:tei'ni:] *s:* person som holdes tilbake.

detect [di'tekt] *vb* **1.** *stivt(=notice; discover)* merke; oppdage; **2.** *meget stivt; om forbrytelse(=clear up)* oppklare; **3.** *stivt:* oppdage; ***they detected****(=caught)* ***him in the act of stealing*** de grep ham i å stjele.

detection [di'tekʃən] *s* **1.** det å merke (*el.* oppdage); ***escape detection*** unngå å bli oppdaget; **2.:** ***crime detection****(=clearing up (of) crimes)* oppklaring av forbrytelser.

detective [di'tektiv] *s:* detektiv.

detective inspector*(fk CID inspector)* førstebetjent i kriminalpolitiet; *i løst språkbruk:* kriminalbetjent.

detector [di'tektə] *s; tekn:* detektor.

detector dog*(=sniffer dog)* narkotikahund.

détente [dei'tɑ:nt] *s; polit:* avspenning.

detention [di'tenʃən] *s* **1.** *stivt:* frihetsberøvelse; ***be in detention****(=prison)* være i fengsel *n;* **2.** *jur:* ***preventive detention*** sikring (for vaneforbrytere over 30 år); **3.** *skolev:* gjensitting.

detention centre ungdomshjem (for unge lovbrytere i inntil 6 måneder); *(se immigration detention centre).*

deter [di'tə:] *vb:* avskrekke; virke avskrekkende på; ***nothing will deter him****(=he won't be deterred; he's not to be daunted)* han lar seg ikke avskrekke av noe; ***deter him from doing it****(=put him off doing it)* avskrekke ham fra å gjøre det.

detergent [di'tə:dʒənt] *s:* (syntetisk) vaskemiddel.

deteriorate [di'tiəriə'reit] *vb; stivt* **1***(=grow worse)* bli verre; forverres; ***things are deteriorating*** det blir verre og verre; **2.** forringes (i kvalitet); bli dårligere.

deterioration [di'tiəriə'reiʃən] *s* **1.** forverring; **2.** forringelse; kvalitetsforringelse.

determent [di'tə:mənt] *s* **1.** avskrekkelse; **2***(=deterrent factor)* avskrekkende faktor.

determinable [di'tə:minəbl] *adj:* som lar seg bestemme.

I. determinant [di'tə:minənt] *s* **1.** *mat. & biol:* determinant; **2.** *stivt(=determining factor)* bestemmende faktor.

II. determinant *adj* **1.** *meget stivt(=determining)* bestemmende; **2.** *med.; psykol(=contributing factor)* medbestemmende faktor.

determination [di'tə:mi'neiʃən] *s* **1.** fasthet; besluttsomhet; bestemthet; ***grim determination*** fast besluttsomhet; **2.** bestemmelse; ***the determination of the cause of death*** bestemmelse av dødsårsaken.

determine [di'tə:min] *vb* **1***(=decide)* bestemme; **2***(=find out)* fastslå; konstatere; bestemme; finne ut.

determined [di'tə:mind] *adj* **1.** fast; bestemt; ***determined to*** fast bestemt på å; **2.** målbevisst.

determining [di'tə:miniŋ] *adj(=deciding)* bestemmende; ***a determining factor*** en bestemmende faktor.

I. deterrent [di'terənt] *s* **1.** avskrekkingsmiddel; ***mosquito deterrent*** myggolje; myggmiddel; ***act as a deterrent on****(=have a deterrent effect on)* virke avskrekkende på; **2.** *mil:* avskrekkelsesvåpen.

II. deterrent *adj:* avskrekkende; ***deterrent effect*** avskrekkende virkning (*on* på).

detest [di'test] *vb(=loathe)* avsky.

detestable [di'testəbl] *adj(=hateful)* avskyelig.

detestation ['di:tes'teiʃən] *s; meget stivt(=loathing)* avsky (*of* for).

detested [di'testid] *adj; stivt(=hated)* forhatt; avskydd.

detonate ['detə'neit] *vb:* detonere; eksplodere.

detonating gas *(=oxyhydrogen gas)* knallgass.

detonation ['detə'neiʃən] *s:* detonasjon.

detonator ['detə'neitə] *s(=detonator capsule)* sprengkapsel; ***fused detonator*** tennsats med lunte.

detour ['di:tuə] *s* **1.** omvei; avstikker; ***make a detour****(=go a little out of one's way)* gjøre en avstikker; ta en omvei; **2. US***(=diversion)* omkjøring.

detoxicate [di:'tɔksi'keit] *vb: se detoxify.*

detoxification [di:'tɔksifi'keiʃən] *s* **1.** det å fjerne giften fra; **2.** *med.:* avvenning (av narkoman).

detoxification clinic *(,***T:** *drying-out clinic)* avvenningsklinikk *(fx drug and alcohol detoxification clinic).*

detoxify [di:'tɔksi'fai] *vb* **1.** fjerne giften fra; **2.** *med.(,***T:** *clean out)* avvenne *(fx a drug addict).*

detract [di'trækt] *vb; stivt* **1***(=distract)* avlede; ***detract attention from*** avlede oppmerksomheten fra; **2.:** ***detract from****(=lessen; reduce)* forringe; redusere *(fx the crack detracted from the value of the plate).*

detraction [di'trækʃən] *s; meget stivt* **1***(=lessening; reducing)* forringelse; reduksjon; **2***(=disparagement)* nedvurdering; nedsettende omtale.

detractor [di'træktə] *s; stivt(=critic; slanderer)* kritiker; baktaler.

detriment ['detrimənt] *s; stivt(=harm; damage)* skade; ***to the detriment of his health****(=harmful to his health)* til skade for helsen hans.

detrimental ['detri'mentəl] *adj; stivt(=damaging; harmful)* skadelig (*to* for).

de trop [də'trou] *adj; stivt(=too much; too many; superfluous):* ***feel de trop*** føle seg til overs.

deuce [dju:s] *s* **1.** *kortsp, etc:* toer; **2.** *tennis(=40-all)* a 40.

devaluate [di:'vælju'eit] *vb: se devalue.*

devaluation [di:'vælju:'eiʃən] *s:* devaluering.

devalue [di:'vælju:] *vb* **1.** devaluere *(fx the pound);* ***a*** devalued*(=low)* ***pound*** et devaluert pund; **2.** *fig:* devaluere; gjøre mindre verdt.

devastate ['devə'steit] *vb; stivt* **1***(=destroy; lay waste)* ødelegge; herje; legge øde; **2. T***(=upset; overwhelm)* gjøre oppskaket; overvelde.

devastated ['devə'steitid] *adj* **1.** lagt øde; *også fig:* ødelagt; **2.** *fig* **T***(=very upset)* svært oppskaket; ***absolutely devastated****(=shattered)* helt ute av seg.

devastating ['devə'steitin] *adj; også fig:* ødeleggende; ***devastating criticism*** knusende kritikk.

devastatingly ['devə'steitiŋli] *adv:* ødeleggende; **T:** ***she was devastatingly beautiful*** hun var en fantastisk skjønnhet.

devastation ['devə'steiʃən] *s:* ødeleggelse.

develop [di'veləp] *vb* **1.** utvikle; ***develop a new technique*** utvikle en ny teknikk; ***develop further*** videreutvikle; ***we could develop this idea further****(=we could improve on this idea)* denne idéen kunne vi utvikle videre; **2.** utvikle seg; ***develop into*** utvikle seg til; **3.** få; ***develop a taste for wine*** få smaken på vin; **4.** *bygg; om større prosjekt:* bebygge *(fx a site);* **5.** *organisasjon:* bygge ut; **6.** *ressurs:* utnytte; ***develop water power*** utnytte vannkraften; **7.** *fot:* fremkalle *(fx a film);* ***let the Photo Expert develop your holiday memories*** la Fotoeksperten fremkalle dine ferieminner.

developer [di'veləpə] *s* **1.** *fot:* fremkallervæske; **2.** *om person:* ***a late developer*** en som er sent utviklet.

developing country bistandsland; utviklingsland; ***aid to developing countries*** bistand; utviklingshjelp.

development [di'veləpmənt] *s* **1.** utvikling; ***go through a process of development*** gjennomgå en utviklingsprosess; **2.** bebyggelse; **3.** utnyttelse (*of* av) *(fx of our water power);* **4.** *fot:* fremkalling (*of a film* av en film).

development aid *(=(foreign) aid)* bistand; u-hjelp.

development aid officer *(=(foreign) aid officer)* bistandsarbeider; u-hjelper.

I. deviant ['di:viənt] *s:* avviker; ***sexual deviant*** seksuell avviker; *(jvf deviationist).*

II. deviant *adj:* avvikende.

deviate [ˌdi:vi'eit] *vb:* avvike (*from* fra); ***deviate(=depart) from a rule*** avvike fra en regel.
deviation ['di:viˌeiʃən] *s* **1.** avvik *n;* avvikelse;
2. *mar(=drift)* avdrift; **3.** *om kompassnålen* **US: *(magnetic) deviation***(*=magnetic declination)* misvisning.
deviationist ['di:viˌeiʃənist] *s; polit:* avviker; *(jvf I. deviant).*
device [diˌvais] *s* **1.** anordning; innretning; mekanisme; ***every modern technical device*** det mest moderne tekniske utstyr; ***safety device*** sikkerhetsanordning;
2. plan; system *(fx a device for avoiding income tax);*
3.: *leave him to his own devices*(*=leave him to look after himself)* la ham seile sin egen sjø.
devil [devl] *s* **1.** *også fig:* djevel;
2. *neds:* ***she's a lazy devil*** hun er et dovent dråk; ***he's a bit of a devil with girls*** han er stygg mot jentene;
3. *medfølende:* ***the poor devil(=bugger) died of heart failure*** den stakkaren døde av hjertesvikt; ***poor devils!*** stakkars kroker!
4.: *give the devil his due* rett skal være rett;
5.: *between the devil and the deep blue sea*(*=between wind and water)* mellom barken og veden;
6.: *(let) the devil take the hindmost!* redde seg den som kan!
7.: *go to the devil* gå pokker i vold; gå vest;
8.: *talk*(*=speak)* ***of the devil!*** når man snakker om sola, så skinner den!
9. T: *then there'll be the devil to pay!* da er selve fanden løs!
10. *forsterkende:* ***the devil you did!***(*=the hell you did!)* så pokker om du gjorde! *om noe vanskelig el. ergerlig:* **T: *that's the devil of it!*** det er det som er pokker! ***a devil of a fine horse*** en pokker så fin hest; ***we got into a devil of a muddle*** vi kom opp i noe verre rot *n;* ***he had the luck of the devil***(*=he had the devil's own luck)* han hadde pokker til flaks; ***he's a lucky devil!*** han er en heldiggris!
11.: *the devil looks after his own*(*=ill weeds grow apace)* ukrutt *(n)* forgår ikke (så lett).
devilfish [ˌdevəl'fiʃ] *s; zo(=devil ray)* kjemperokke; djevlerokke; *(jvf I. ray).*
devilish [ˌdeviliʃ] *adj* **1.** djevelsk; **2.** pokkers.
devilment [ˌdevəlmənt] *s; spøkef(=mischief; pranks)* spilloppmakeri *n;* spillopper.
devilry [ˌdevəlri] *s* **1.** djevelskap; **2.:** *se devilment.*
devious [ˌdi:viəs] *adj* **1***(=roundabout):* ***a devious route***(*=numerous detours)* mange omveier; *fig:* ***by devious means***(*=in devious ways; by roundabout methods)* ad omveier (*el.* krokveier); på omveier; **T:** bak mål; **2.** *fig; neds:* underfundig; fordekt; ***play a devious***(*= an underhand)* ***game*** drive et fordekt spill; ***he used devious***(*=underhand)* ***methods to get what he wanted*** han benyttet tvilsomme metoder for å oppnå det han ville.
devise [diˌvaiz] *vb(=contrive)* tenke ut *(fx a plan).*
devoid [diˌvɔid] *adj:* ***devoid of*** blottet for; fri for; ***devoid of air***(*=empty of air)* lufttom; ***devoid of charm*** blottet for sjarm; ***devoid of sense*** meningsløs.
devolution ['di:vəˌlu:ʃən] *s* **1.** økt selvstyre *(fx Scotland demanded devolution);* **2.** *jur:* ***devolution of property*** arvefall.
devolve [diˌvɔlv] *vb* **1.** *stivt:* ***devolve on***(*=fall on)* falle på *(fx this duty devolved on me);* **2.** *jur:* ***devolve to***(*= fall to)* tilfalle.
devote [diˌvout] *vb:* ***devote to*** vie til; ***devote one's efforts to*** vie sine krefter til; ***he devoted himself to his studies*** han viet seg sine studier; *(se devoted).*
devoted [diˌvoutid] *adj* **1.** trofast *(fx friend);* ***I'm devoted to him*** jeg setter stor pris på ham; **2.: *devoted to one's work*** engasjert i sitt arbeid.
devotee ['devəˌti:] *s; stivt(=keen follower; enthusiast):* ***a devotee of Beethoven*** en Beethovenelsker.
devotion [diˌvouʃən] *s; stivt* **1***(=great love)* hengivenhet (*to* for);
2. begeistring (*to* for);
3*(=piety)* fromhet; andakt;
4.: *devotions*(*=prayers)* andakt(søvelser);
5.: *his devotion to duty* hans plikttroskap;
6.: *the devotion of his energies to the cause of peace* det at han vier (,viet) sine krefter til fredssaken.
devotional [diˌvouʃənəl] *adj:* andakts- *(fx book).*
devour [diˌvauə] *vb; stivt el. spøkef(=eat greedily)* sluke.
devout [diˌvaut] *adj:* from *(fx a devout Christian).*
devoutly [diˌvautli] *adv:* fromt; ***pray devoutly***(*=pray fervently)* be inderlig.
I. dew [dju:] *s:* dugg; ***the dew is falling*** det dugger.
II. dew *vb:* dugge.
dewdrop [ˌdju:'drɔp] *s(=drop of dew)* duggdråpe; duggperle.
dewlap [ˌdju:'læp] *s zo:* kjøttlapp; hudlapp; *(jvf I. wattle 2).*
dexterity [dekˌsteriti] *s* **1.** *stivt(=skill)* behendighet; dyktighet; *meget stivt:* ***his manual dexterity***(*=his handiness)* håndlaget hans; **2.** *fig(=nimbleness)* kvikkhet; ferdighet; behendighet.
dexterous [ˌdekstərəs] *adj:* behendig; fingerferdig.
dextrose [ˌdekstrouz; ˌdekstrous] *s; kjem(=grape sugar)* druesukker.
diabetes ['daiəˌbi:tis] *s; med.:* sukkersyke.
I. diabetic ['daiəˌbetik] *s:* diabetiker.
II. diabetic *adj:* diabetisk; sukkersyke-.
diabetic food diabetikerkost.
diabolic(al) ['daiəˌbɔlik(əl)] *adj:* diabolsk; djevelsk.
diadem [ˌdaiə'dem] *s:* diadem *n.*
diagnose [ˌdaiəg'nouz] *vb; med.:* stille en diagnose; diagnostisere.
diagnosis ['daiəgˌnousis] *s; med.(pl: diagnoses* ['daiəgˌnousi:z]*)* diagnose; ***make a diagnosis***(*=diagnose)* stille en diagnose.
diagnostic ['daiəˌgnɔstik] *adj:* diagnostisk.
I. diagonal [daiˌægənl] *s:* diagonal.
II. diagonal *adj:* diagonal-; skrå-.
diagonally [daiˌægənəli] *adv:* diagonalt; ***diagonally built*** diagonalbygd.
diagram [ˌdaiə'græm] *s(=graph; chart)* diagram *n; elekt:* ***diagram of connections*** koplingsskjema.
I. dial [ˌdaiəl] *s* **1.** urskive;
2. *tlf:* nummerskive;
3. skala; skive;
4. S*(=face)* **T:** fjes *n;* **S:** tryne *n.*
II. dial *vb; tlf:* dreie; slå *(fx a number);* ***dial 999*** slå 000; ***dial London direct***(*=dial straight through to London)* ringe London direkte; ***you can dial straight through to a number back home*** du kan ringe direkte til et nummer der hjemme.
dialect [ˌdaiəlekt] *s:* dialekt; ***speak a dialect*** snakke dialekt.
dialectal ['daiəˌlektəl] *adj:* dialekt-; dialektisk.
dialling code *tlf(=code (number);* **US:** *area code)* retningsnummer; *(se I. code 1).*
dialling tone *tlf(,*US *& Canada: dial tone)* summetone.
diameter [daiˌæmitə] *s:* diameter; ***in diameter*** i diameter.
diametral [daiˌæmətrəl] *adj:* diametral.
diametrical ['daiəˌmetrikl] *adj:* diametrisk; diametral; ***we are diametrical opposites of each other*** vi er diametrale motsetninger.
diametrically ['daiəˌmetrikəli] *adv:* diametralt; ***a diametrically opposed view*** et diametralt motsatt syn.
diamond [ˌdaiəmənd] *s* **1.** diamant;
2. *geom:* rombe;
3. *kortsp:* ***diamonds*** ruter; ***the king of diamonds*** ruterkongen;
4. *fig:* ***diamond cut diamond*** hauk over hauk;
5. *fig:* ***he's a rough diamond*** han er en uslepen diamant; han har et barskt ytre, men er god som gull på bunnen.

diamond anniversary sekstiårsdag.
diamond cutter diamantsliper.
diamond wedding anniversary diamantbryllup.
diaper [ˌdaiəpə] *s* **US***(=nappy)* bleie.
diaphanous [daiˌæfənəs] *adj; om stoff; stivt(=sheer; gauzy)* gjennomskinnelig; flortynn *(fx nightdress).*
diaphragm [ˌdaiəˈfræm] *s* **1.** *anat:* mellomgulv; **2.** *med.(=cap)* pessar *n;* **3.** *fot(=stop)* blender.
diapositive [ˈdaiəˌpɔzitiv] *s; fot(=slide)* diapositiv *n;* dias *n.*
diarist [ˌdaiərist] *s:* dagbokforfatter.
diarrhoea *(,især* **US:** *diarrhea)* [ˈdaiəˌriə] *s; med.(,***T:** *the runs)* diaré.
diary [ˌdaiəri] *s:* dagbok; ***keep a diary*** føre dagbok.
diaspora [daiˌæspərə] *s* **1***(dispersion of people originally coming from the same country)* diaspora; **2.** *jødenes:* ***the Diaspora*** Diaspora.
diastolic [ˈdaiəˌstɔlik] *adj; med.:* diastolisk; ***diastolic pressure*** diastolisk blodtrykk; *(jvf systolic).*
diathermy [ˌdaiəˈθə:mi] *s:* diatermi.
diatribe [ˌdaiəˈtraib] *s; meget stivt(=lengthy critical attack)* lengre, heftig angrep *(n) (el.* kritikk).
dibs [dibz] *s* **S***(=money)* penger; **S:** gryn *n.*
I. dice [dais] *s(pl: dice)* terning; ***throw (of the dice)*** terningkast.
II. dice *vb* **1.** spille med terninger; **2.** skjære opp i terninger; **3.:** ***dice with death****(=gamble with one's life)* spille med livet som innsats.
dicey [ˌdaisi] *adj* **S***(=risky)* risikabel.
dick [dik] *s* **1. S***(=chap)* fyr; **2. US S***(=detective)* detektiv.
dickens [ˌdikinz] *s; evf etter 'what', 'where', 'why'(= devil):* ***what the dickens?*** hva pokker?
dick(e)y [ˌdiki] *adj* **S***(=shaky)* dårlig.
I. dictate [ˌdikteit] *s:* maktbud; diktat *n.*
II. dictate [dikˌteit] *vb* **1.** diktere; ***dictate a letter to one's secretary*** diktere et brev til sin sekretær; **2.** *stivt(=lay down)* bestemme; diktere; ***dictate sth to sby*** diktere en noe; **3.** *neds:* ***be dictated to by sby****(=take orders from sby)* bli diktert av en; ta imot ordrer av en.
dictating machine*(=dictaphone)* diktafon.
dictation [dikˌteiʃən] *s; også skolev:* diktat.
dictator [dikˌteitə] *s:* diktator; ***they're the dictators of fashion*** det er de som bestemmer motene.
dictatorial [ˈdiktəˌtɔ:riəl] *adj:* diktatorisk.
dictatorship [dikˌteitəˈʃip] *s:* diktatur.
diction [ˌdikʃən] *s* **1***(=speech)* måte å snakke på; ***clear diction*** klar tale; **2.** diksjon; foredrag *n;* fremføring.
dictionary [ˌdikʃənəri] *s:* ordbok; ***English-Norwegian dictionary*** engelsk-norsk ordbok; ***compiler of a dictionary*** ordboksforfatter; ***publishers of dictionaries****(= dictionary publishers)* ordboksforlag; ***consult a dictionary****(=look it up in a dictionary)* slå (det) opp i en ordbok.
didactic [diˌdæktik; daiˌdæktik] *adj:* belærende.
diddle [didl] *vb* **T***(=cheat)* snyte (*out of* for).
I. die [dai] *s* **1.** *mask:* stanse; presse; pregeplate; **2.** *for utvendige gjenger(=threading die)* gjengeskjærer; **3.** *glds el.* **US***(=dice)* terning; *fig:* ***the die is cast*** loddet er kastet.
II. die *vb* **1.** *også fig:* dø (*of, from* av); ***die by one's own hand****(=take one's own life)* dø for egen hånd; ta sitt eget liv; *fig:* ***die in harness*** dø stående; dø mens man står midt i livet; ***die of starvation****(=starve to death)* sulte i hjel; ***I'm dying to see her again*** jeg lengter etter å se henne igjen; ***die with laughter*** le seg i hjel;
2.: ***die away*** dø hen *(fx the sound died away);*
3.: ***die down*** 1. *gart:* visne ned; 2. *om bål:* brenne ned; 3. *om vind(=drop)* løye (av); 4. *om lyd(=cease)* forstumme;
4.: ***old habits die hard*** gammel vane er vond å vende;
5. *raskt el. i stort antall:* ***die off*** dø *(fx herds of cattle were dying off because of the drought);*
6.: ***die out*** 1. dø ut; 2. *om samtale:* stilne av; dø hen;
7.: ***never say die !****(=cheer up!)* friskt mot! opp med humøret!
die-cast [ˌdaiˈkɑ:st] *vb:* presstøpe.
I. die-hard [ˌdaiˈhɑ:d] *s(=diehard)* stokkonservativ.
II. die-hard *adj:* stokkonservativ.
diesel [ˌdi:zəl] *s:* diesel.
I. diet [ˌdaiət] *s; hist:* riksdag.
II. diet *s* **1.** diett; ***be (,live) on a diet*** være (,leve) på diett; ***break the diet****(=break out)* bryte dietten; skeie ut; ***keep a strict diet*** holde streng diett; **2.** kost; kosthold; ***a balanced diet*** allsidig kost; ***a low-calorie diet*** en kalorifattig kost; ***a diet of fish and oatmeal*** en kost som består av fisk og havremel.
III. diet *vb:* sette på diett; holde diett.
dietary [ˌdaiət(ə)ri] *adj:* diett-; kost-.
dietary fibre*(=roughage)* fiber i kosten; kostfiber.
dietary supplement kosttilskudd.
diet chart kostplan.
dietetic(al) [ˈdaiəˌtetik(əl)] *adj; med.:* diett-; kost-; kostholds-.
dietetics [ˈdaiəˌtetiks] *s:* dietetikk; kostholdsvitenskap.
dietetics consultant*(=nutrition consultant)* kostholdskonsulent.
dietician [ˈdaiiˌtiʃən] *s(=dietitian)* ernæringsfysiolog.
differ [ˌdifə] *vb* **1.** være forskjellig (*from* fra); ***it differs from what it was before*** det er forskjellig fra hva det var før;
2*(=disagree)* være uenig(e); ha en annen mening; ***I think we'll have to agree to differ*** jeg tror vi må bli enige om at vi har hver vår mening; *stivt:* ***I beg to differ****(=I don't agree)* jeg tillater meg å være uenig; ***differ about****(=over)* ***sth*** være uenige om noe.
difference [ˌdif(ə)rəns] *s* **1.** forskjell; ***the difference between them*** forskjellen på dem; ***can you tell the difference between them?*** ser du forskjell på dem? ***distinct difference*** tydelig forskjell; ***essential difference*** vesensforskjell; ***difference in age*** aldersforskjell; ***difference in****(=of)* ***degree*** gradsforskjell; ***difference in treatment*** forskjellsbehandling;
2. uenighet; ***difference of opinion*** meningsforskjell; splittethet; uenighet; ***this difference of opinion on the question of …*** denne splittethet når det gjelder spørsmålet om …; ***have they settled their differences?****(= have they stopped arguing?)* har de bilagt striden?
3. differanse; ***I'll give you £20 now and make up the difference later*** jeg gir deg £20 nå og betaler resten siden; *fig:* ***split the difference*** møtes på halvveien;
4.: ***make a difference*** gjøre forskjell; ***that makes all the difference*** det er en helt annen sak.
different [ˌdif(ə)rənt] *adj* **1.** forskjellig; ***be different from****(,især* **US:** *be different than)* være forskjellig fra; ***they're as different as chalk from cheese*** de er så forskjellige som natt og dag; ***on three different****(= separate)* ***occasions*** ved tre forskjellige anledninger; **2.** annerledes *(fx "Do you like it?" – "No, but it's different.").*
I. differential [ˈdifəˌrenʃəl] *s* **1.** *stivt; om lønns- el. prisforskjell:* forskjell; **2.** *mat.:* differensial; **3.** *mask:* ***differential (gear)****(=final drive)* differensial.
II. differential *adj:* differensial; differensial-.
differentiate [ˈdifəˌrenʃiˈeit] *vb* **1.** *mat.:* differensiere; **2.** *stivt(=distinguish)* differensiere; ***differentiate between A and B*** differensiere (*el.* skjelne) mellom A og B;
3. *stivt(=distinguish between)* se forskjell på *(fx I can't even differentiate a blackbird and a starling);*
4. *stivt:* ***differentiate between****(=treat differently)* behandle forskjellig; gjøre forskjell på; ***she doesn't differentiate between her two children*** hun gjør ikke forskjell på de to barna *(n)* sine.
differentiation [ˈdifəˈrenʃiˌeiʃən] *s* **1.** differensiering; sondring; skjelning (*of* mellom);
2. *zo; bot:* differensiering.
differently [ˌdif(ə)rəntli] *adv:* forskjellig; annerledes;

på en annen måte; ***differently shaped*** med forskjellig form; ***he made me feel differently*** han fikk meg til å føle (meg) annerledes.

difficult [ˌdifikəlt] *adj:* vanskelig; ***he's a difficult man to deal with****(=he's difficult)* han er en vanskelig mann å ha med å gjøre; ***difficult****(=hard)* ***to get at*** vanskelig tilgjengelig; ***the difficult thing is to get there in time****(=the trouble is that it's difficult to be there in time)* vanskeligheten består i å komme dit tidsnok; ***this makes it difficult for me*** dette gjør det vanskelig for meg.

difficulty [ˌdifikəlti; **US:** ˌdifiˈkʌlti] *s:* vanskelighet; ***great difficulty*** store vanskeligheter *(fx he had great difficulty keeping up in French);* ***no difficulty*** ingen vanskeligheter *(fx we had no difficulty (in) finding the house);* ***make difficulties*** 1*(=cause difficulties)* lage vanskeligheter; 2*(=raise objections)* komme med innvendinger; ***overcome****(=get round)* ***the difficulties*** klare (*el.* mestre) vanskelighetene; ***be in difficulties****(=trouble)* være i vanskeligheter; ***that's where the difficulty comes in****(=that's the difficult point)* det er der vanskeligheten ligger (*el.* kommer inn); ***I have difficulty in understanding him*** jeg har vanskelig for å forstå ham; ***did you have much difficulty (in) finding the house?*** var det vanskelig (for deg (,dere)) å finne huset? ***the difficulty of (-ing)*** vanskeligheten ved å; ***with difficulty*** med vanskelighet; ***without much difficulty*** uten større vanskeligheter.

diffidence [ˌdifidəns] *s; stivt(=shyness; timidity)* forsagthet; forknytthet; usikkerhet.

diffident [ˌdifidənt] *adj(=shy; timid)* forsagt; forknytt; usikker; ***he's diffident****(=modest; shy)* ***about his achievements****(=he's unwilling to talk about his achievements)* han er beskjeden når det gjelder å snakke om sine prestasjoner.

diffract [diˌfrækt] *vb; optikk:* bryte; bøye av; avlede.

diffraction [diˌfrækʃən] *s* **1.** *fys:* diffraksjon; **2.** *optikk:* avledning.

I. diffuse [diˌfjuːz] *vb* **1.** *fys:* spre *(fx light);* **2.** *stivt(=spread; disseminate)* spre *(fx knowledge).*

II. diffuse [diˌfjuːs] *adj* **1.** diffus; spredt; ***diffuse*** *(=softly spreading)* ***light*** diffust lys; **2***(=vague)* diffus; vag.

diffusion [diˌfjuːʒən] *s:* diffusjon; spredning.

I. dig [dig] *s* **1***(=jab; poke)* dytt; puff; *n;* **2.** sted *(n)* hvor det foregår utgravning(er); utgraving; **3.** *fig:* hint *n;* hipp *n (fx that was a dig at you);* **4. T :** ***infra dig****(=beneath one's dignity)* under ens verdighet; ***behave infra dig****(=be undignified)* oppføre seg uverdig.

II. dig *vb(pret & perf. part.: dug)* **1.** grave; grave i;
2. T*(=have lodgings)* bo på hybel;
3.: ***dig in*** 1. spa ned *(fx compost);* 2. *mil, etc(=dig oneself in)* grave seg ned; 3. *om måltid* **T***(=tuck in)* gå i gang; sette i gang; 4. *om kjøretøy; i søle, etc:* ***dig itself in*** grave seg ned; 5. **T:** ***dig oneself in*** installere seg; ***we'll never get rid of her now – she's dug herself in*** vi blir aldri kvitt henne nå – hun er kommet for å bli;
4.: ***dig out*** 1. grave ut; grave frem; 2*(=hunt out)* lete frem; rote frem; finne;
5.: ***dig up*** 1. grave opp; 2*(=dig over)* spa om; 3*(=hunt out)* lete frem; rote frem; finne; 4. *fig; spøkef om tema(=bring up again)* grave frem; bringe på bane igjen.

I. digest [ˌdaidʒest] *s; stivt(=summary)* sammendrag.

II. digest [diˌdʒest; daiˌdʒest] *vb; også fig:* fordøye.

digestibility [diˈdʒestəˌbiliti; daiˈdʒestəˌbiliti] *s:* (lett)fordøyelighet.

digestible [diˌdʒestəbl; daiˌdʒestəbl] *adj:* (lett)fordøyelig; ***pleasant and digestible*** godt og lettfordøyelig.

digestion [diˌdʒestʃən; daiˌdʒestʃən] *s:* fordøyelse; ***have (a) good digestion*** ha god fordøyelse.

I. digestive [diˌdʒestiv; daiˌdʒestiv] *s:* fordøyelsesfremmende middel *n.*

II. digestive *adj:* fordøyelses- *(fx trouble).*

digestive trouble*(=indigestion)* fordøyelsesbesvær.

digger [ˌdigə] *s:* ***ditch digger*** grøftegraver; ***mechanical digger*** gravemaskin.

digit [ˌdidʒit] *s* **1.** *anat:* finger; tå; **2.** *mat.:* ensifret tall *n;* **3.** *EDB:* ***check digit*** kontrollsiffer.

digital [ˌdidʒitl] *adj:* digital-; finger-.

dignified [ˌdigniˈfaid] *adj:* verdig; ærverdig.

dignify [ˌdigniˈfai] *vb; meget stivt(=adorn)* pryde.

dignitary [ˌdignitəri] *s:* standsperson; rangsperson.

dignity [ˌdigniti] *s* **1.** verdighet; ***beneath one's dignity*** under ens verdighet; ***stand on one's dignity*** holde på sin verdighet; **2.** *ofte spøkef:* opphøyd stilling; ***he had risen to the dignity of an office of his own*** han var steget i gradene og fått (sitt) eget kontor.

digress [daiˌgres] *vb:* komme bort fra emnet.

digression [daiˌgreʃən] *s:* digresjon; sidesprang.

digs [digz] *s; pl* **T***(=lodgings)* hybel.

dilapidated [diˌlæpiˈdeitid] *adj; stivt(=rundown)* falleferdig; i en elendig forfatning *(fx building).*

dilapidation [diˈlæpiˌdeiʃən] *s:* forfall *n;* forfallen tilstand; forsømt tilstand.

dilatable [daiˌleitəbl; diˌleitəbl] *adj; stivt(=expandable)* utvidbar; som kan utvides.

dilatation [ˈdailəˌteiʃən] *s; stivt(=expansion)* utvidelse.

dilate [daiˌleit; diˌleit] *vb; stivt(=expand)* utvide seg; bli større *(fx eyes dilated in terror).*

dilemma [diˌlemə; daiˌlemə] *s:* dilemma *n;* ***be in a dilemma , be on the horns of a dilemma*** være i et dilemma; stå overfor et vanskelig valg.

dilettante [ˈdiliˌtænti] *s:* dilettant.

diligence [ˌdilidʒəns] *s, stivt(=willingness to work)* flid; arbeidsomhet.

diligent [ˌdilidʒənt] *adj; glds(=hard-working)* flittig; arbeidsom.

dill [dil] *s; bot:* ***(garden) dill*** dill.

dilly-dally [ˌdiliˈdæli] *vb(=dawdle)* somle.

dilute [daiˌluːt] *vb* **1***(=thin)* fortynne; tynne ut;
2. *fig(=water down)* vanne ut.

dilution [daiˌluːʃən] *s* **1.** fortynning; oppblanding; uttynning; **2.** *fig(=watering down)* utvanning.

diluvial [daiˌluːviəl] *adj* **1.** *geol:* diluvial-; **2.** syndflods-: *(jvf deluge).*

I. dim [dim] *adj* **1.** svak; ***a dim light*** et svakt lys;
2*(=badly illuminated; dimly lit)* dårlig opplyst;
3. uklar *(fx a dim figure by the door; a dim shape);* ***with a dim****(=vague)* ***awareness of …*** *(=vaguely aware that …)* med en uklar fornemmelse av at …;
4. T: langsom i oppfattelsen; **S:** teit;
5. T: ***take a dim view of****(=disapprove of)* ikke se med blide øyne *(n)* på; misbillige; mislike.

II. dim *vb* **1***(=blur)* gjøre (*el.* bli) uklar; bli sløret;
2. *om lys(=fade)* dempe; viskes ut *(fx outlines);*
3. *om bilist* **US***(=dip)* blende;
4. *fig(=dampen)* dempe *(fx his hopes were dimmed);*
5. *fig(=dull)* sløve *(fx sby's sense of humour).*

dime [daim] *s* **US 1***(=ten cents; ten-cent coin; Canada: blue nose)* ti cent; ticentstykke;
2.: ***they're a dime a dozen****(=they're two a penny)* det går ti på dusinet av dem.

dimension [daiˌmenʃən; diˌmenʃən] *s:* dimensjon.

dimensional [daiˌmenʃənəl; diˌmenʃənəl] *adj:* dimensjonal.

diminish [diˌminiʃ] *vb; stivt* **1***(=make smaller)* forminske; **2***(=dwindle)* forminskes; bli mindre; minke.

diminished responsibility *jur:* nedsatt bevissthet i gjerningsøyeblikket; *(se responsibility 2).*

diminution [ˈdimiˌnjuːʃən] *s* **1.** *stivt(=reduction; decrease)* reduksjon; minsking; **2.** *mus:* diminusjon.

diminutive [diˌminjutiv] *adj; stivt(=tiny)* diminutiv; ørliten.

dimly [ˌdimli] *adv:* svakt; uklart; ***a dimly lit room*** et dårlig opplyst rom; ***I dimly****(=vaguely)* ***remember him*** jeg husker ham så vidt.

d

I. dimple [dimpl] *s* **1.** liten fordypning; **2.** smilehull.
II. dimple *vb; litt.:* **1.** lage små fordypninger i; **2.** vise smilehullene sine *(fx she dimpled prettily).*
dimwit [ˌdim'wit] *s* **T***(=fool; twit)* tosk.
I. din [din] *s:* bråk *n;* larm *(fx an infernal din).*
II. din *vb* **1.** bråke; larme; **2.:** ***din sth into sby's head*** banke noe inn i hodet på en.
dine [dain] *vb* **1.** *stivt(=have dinner)* spise middag; **2.:** ***wine and dine sby*** beverte en meget godt; ***he wined and dined his way to the top*** han klatret helt til topps ved å dyrke et utstrakt selskapsliv.
diner [ˌdainə] *s* **1.** *jernb(=dining car)* spisevogn; **2.** *på restaurant, etc:* middagsgjest; **3. US***(small, inexpensive restaurant)* (lite, billig) spisested.
dinette [daiˌnet] *s(=dining alcove)* spisekrok.
I. ding-dong [ˌdiŋ'dɔŋ] *s & int:* ding-dang; klingklang.
II. ding-dong *adj; om diskusjon, etc(=lively)* livlig.
dinghy [ˌdiŋgi] *s; mar:* jolle.
dingy [ˌdindʒi] *adj* **1***(=dirty; discoloured)* skitten; falmet *(fx dingy curtains at the windows);* **2***(=sordid)* snuskete *(fx a dingy hotel room).*
dining alcove *s(=dinette)* spisekrok.
dining car *jernb(=diner)* spisevogn.
dining room [ˌdainiŋ'ru(:)m] *s:* spisestue.
dining-room suite spisestuemøblement.
dinner [ˌdinə] *s:* middag; middagsmat; middagsmåltid; ***at dinner*** ved middagen; ved middagsbordet; ***he didn't eat his dinner*** han spiste ikke middagsmaten sin.
dinner dance [ˌdinə'dɑ:ns] *s:* middag med dans.
dinner jacket *(fk DJ;* **US:** *tuxedo)* smoking; ***change*** *(,***T:** *get)* ***into a dinner jacket*** trekke i smoking; kle seg i smoking; *(se I. tie 1: black tie).*
dinner-jacket shirt *(,***US:** *tuxedo shirt)* smokingskjorte.
dinner partner bordkavaler; borddame.
dinner sausage *kul(=boiling sausage)* middagspølse.
dinner set*(=service)* middagsservise.
dinner table *om måltidet:* middagsbord.
dint [dint] *s; stivt:* ***by dint of****(=by means of)* ved hjelp av *(fx by dint of hard work).*
diocese [ˌdaiəsi(:)s] *s:* bispedømme.
I. dip [dip] *s* **1.** fordypning; ***the car was hidden by a dip in the road*** bilen var skjult av en bakkekam; **2. T***(=short swim)* dukkert; **3.** *landbr; for kveg:* vaskeanlegg.
II. dip *vb* **1.** dyppe; duppe;
2*(=slope downwards)* skråne nedover;
3. *om kjole, etc(=hang down on one side)* lepe;
4*(=sink)* synke; ***rise and dip*** stige og falle;
5. *om priser(=fall)* falle; gå ned *(fx prices dipped);*
6. *om bilist:* ***dip****(,***US:** *dim)* ***one's (head)lights*** blende; ***I drove with my lights dipped*** jeg kjørte på nærlys;
7. *landbr:* vaske (i vaskeanlegg) *(fx dip sheep);*
8.: ***dip the flag*** hilse med flagget;
9.: ***dip into*** 1*(=look briefly at)* se litt på; ta en (liten) titt på; 2. ta av *(fx one's savings);* ***dip into one's own pocket for personal expenses*** dekke personlige utgifter av sin egen lomme.
diphtheria [difˌθiəriə] *s; med.:* difteri.
diphthong [ˌdifθɔŋ] *s; gram:* diftong.
diploma [diˌploumə] *s:* diplom *n;* eksamensbevis; ***course diploma*** kursbevis.
diplomacy [diˌplouməsi] *s* **1.** diplomati *n;* **2.** diplomatisk virksomhet.
diplomat [ˌdiplə'mæt] *s:* diplomat.
diplomatic ['dipləˌmætik] *adj* **1.** diplomatisk; **2***(=tactful)* diplomatisk; taktfull.
diplomatic bag kurerpost; diplomatpost.
diplomatic channels: ***through diplomatic channels*** ad diplomatisk vei.
diplomatic corps *(=body):* ***the diplomatic corps****(=the corps diplomatique)* det diplomatiske korps.
diplomatic gallery diplomatlosje.
diplomatic immunity *(=diplomatic cover)* diplomatisk immunitet; ***claim diplomatic immunity*** kreve diplomatisk immunitet; ***have diplomatic immunity*** ha diplomatisk immunitet.
diplomatic relations *pl:* diplomatiske forbindelser; ***a break in diplomatic relations*** et brudd i de diplomatiske forbindelser.
diplomatic service *(,***US:** *foreign service)* tjeneste i diplomatiet; utenrikstjeneste.
dipper [ˌdipə] *s* **1.** øse; **2***(=dipper switch)* nedblendingskontakt; **3.** *zo(=water ouzel)* fossekall.
dipsomania ['dipsouˌmeiniə] *s; med.:* periodefyll.
dipsomaniac ['dipsouˌmeini'æk] *s(,***S:** *dipso)* periodedranker.
dipstick [ˌdip'stik] *s; mask(=oil dipper rod)* olje(måle)pinne.
dire [ˌdaiə] *adj; stivt el. spøkef* **1***(=serious)* alvorlig; **2***(=urgent)* inntrengende *(fx warnings);* ***be in dire need of help*** trenge øyeblikkelig hjelp;
3.: ***out of dire****(=sheer)* ***necessity*** av bitter nød.
I. direct [diˌrekt; daiˌrekt] *vb* **1***(=show the way)* vise vei(en) (*to* til);
2. *stivt(=address)* adressere; skrive adresse på;
3. *om bemerkning, ord, etc(=aim)* henvende; adressere (*at* til); rette (*against* mot) *(fx I thought her words were directed against me);*
4. lede; ha oppsyn med;
5. *film & teat; under prøve el. innspilling:* regissere; instruere; iscenesette; *(se director 1);*
6. *mus(=conduct)* dirigere;
7.: ***direct****(=call)* ***sby's attention to*** henlede ens oppmerksomhet på; ***direct****(=turn)* ***one's attention to*** vende sin oppmerksomhet mot;
8. *stivt:* ***direct sby to****(=tell sby to)* gi en ordre om å; ***we will do as you direct****(=say)* vi skal gjøre som du (,De) sier.
II. direct [diˌrekt; *attributivt også:* dai'rekt] *adj* **1.** direkte; ***the direct road****(=route)* rette veien; ***be a direct descendant of****(=be directly descended from)* være en direkte etterkommer av; ***a direct link*** en direkte forbindelse; ***that was a direct result of the accident*** det var et direkte resultat av ulykken;
2*(=straightforward)* direkte; ***he was very direct about it*** han var meget direkte;
3. *gram:* ***direct speech*** direkte tale.
III. direct [diˌrekt] *adv:* direkte; *(jvf I. directly).*
direct current *(fk DC, D.C., d.c.) elekt:* likestrøm; *(jvf alternating current).*
direction [diˌrekʃən; daiˌrekʃən] *s* **1.** retning; ***in what direction?*** i hvilken retning? ***in the direction of*** i retning av; ***in the opposite direction to that in which one means to turn*** i motsatt retning av den man har tenkt å svinge; ***I have very little sense of direction*** jeg har dårlig retningssans (*el.* stedsans);
2. *stivt(=management; control)* ledelse;
3. *film & teat:* iscenesettelse; instruksjon;
4. *mus(=conducting)* dirigering; ledelse;
5.: ***directions*** 1. *post(=address)* adresse; 2*(=instructions)* retningslinjer; instrukser; ***directions (for use)****(=instructions (for use))* bruksanvisning *(fx I've lost the directions for this washing-machine).*
directive [diˌrektiv; daiˌrektiv] *s:* direktiv *n.*
I. directly [diˌrektli; daiˌrektli] *adv* **1.** direkte *(fx directly or indirectly; you can pay directly from your bank account; I went directly(=direct) to the office; the road runs directly(=direct) to London; sell oil directly(=direct) to the government);*
2*(=just):* ***directly above the waterfall*** like ovenfor fossen; ***directly after*** like etter;
3 [diˌrektli] *(=at once)* straks; *(=in a moment)* om et øyeblikk.
II. directly [diˌrektli] *konj(=as soon as)* så snart; straks; ***directly the money arrived*** straks pengene kom.
directness [diˌrektnəs] *s* **1.** direkte måte (å gå frem på);

2(*=straightforwardness)* likefremhet.
director [di,rektə; dai,rektə] *s* **1.:** ***(film) director*** regissør; ***(stage) director*** regissør; (scene)instruktør; **2.** *for offentlig institusjon:* direktør; **3.** *merk:* styremedlem (i aksjeselskap); ***managing director****(fk Man. Dir.;* **US:** *Mgn Dir)* administrerende direktør; adm. dir.; ***he's on the Board of Directors*** han sitter i styret; han er styremedlem.
directorate [di,rektərət] *s:* direktorat *n.*
director general generaldirektør.
Director of Public Prosecutions *(fk DPP)* riksadvokat; *(NB i ikke-engelsktalende land: 'public prosecutor').*
directorship [di,rektə'ʃip] *s:* direktørstilling.
I. directory [di,rektəri; dai,rektəri] *s:* ***(telephone) directory****(=phone book)* telefonkatalog.
directory enquiries *tlf:* (nummer)opplysningen *(fx call Directory Enquiries on 192).*
dirge [də:dʒ] *s:* klagesang.
dirt [də:t] *s* **1.** skitt; søle; ***wash to get the dirt off*** vaske av seg skitten;
2*(=loose earth; soil)* jord;
3. *om pornografisk stoff, sladder, etc:* skitt;
4. T: ***eat dirt****(=take everything lying down)* la seg by hva som helst;
5.: ***his name is dirt*** han er dårlig likt; han er i unåde;
6. T: ***treat sby like dirt*** behandle en som skitt.
dirt-cheap ['də:t,tʃi:p] **T***(=very cheap)* veldig billig; spott billig; ***get it dirt-cheap*** få det spott billig.
dirtiness [,də:tinəs] *s* **1.** skittenhet; **2***(=lack of cleanliness)* urenslighet.
dirt road US *(=earth road; unmade road)* grusvei.
I. dirty [,də:ti] *adj* **1.** skitten; ***his hands are dirty*** han er skitten på hendene;
2*(=unhygienic)* urenslig;
3*(=obscene)* stygg; umoralsk *(fx books);* ***a dirty word*** et stygt ord;
4*(=mean; unfair)* simpel *(fx a dirty trick);*
5. US S*(=corrupt)* korrupt;
6. *om sladder, etc(=scandalous)* stygg;
7. T: ***do the dirty on sby*** behandle en sjofelt.
II. dirty *vb:* skitne til; ***dirty one's hands*** gjøre seg skitten på hendene; ***dirty one's pants****(=mess one's pants; make a mess in one's pants)* gjøre i buksen.
disability ['disə,biliti] *s* **1.** (arbeids)uførhet; invaliditet; **2.** *jur:* inhabilitet.
disable [dis,eibl] *vb* **1.** gjøre arbeidsufør; **2.** *jur:* gjøre inhabil.
disabled [dis,eibld] *adj:* (arbeids)ufør.
disablement [dis,eiblmənt] *s* **1.** invaliditet; (arbeids)uførhet; ***complete disablement*** full invaliditet; ***permanent disablement*** varig arbeidsuførhet;
2. det å bli gjort ufør.
disablement benefit uførhetstrygd; ***he receives disablement benefit*** han er uføretrygdet; *(jvf invalidity benefit).*
disablement pension *(,US: disability pension)* invalidepensjon.
disabuse ['disə,bju:z] *vb; fig; meget stivt el. spøkef(= undeceive)* rive ut av villfarelsen; ***disabuse sby of****(= rid sby of)* befri en for *(fx a delusion).*
disadvantage [disəd,vɑ:ntidʒ] *s* **1***(=drawback)* ulempe; minus *n;* mangel; ***there are several disadvantages to****(=about)* ***this plan*** det er flere ulemper ved denne planen;
2*(=unfavourable circumstance)* uheldig omstendighet; ***under every (possible) disadvantage*** under så uheldige omstendigheter som vel mulig;
3.: ***be (placed) at a disadvantage*** være uheldig stilt; ***he had us all at a disadvantage*** han hadde overtaket på oss alle sammen; ***put sby at a disadvantage*** sette en i en vanskelig stilling; gjøre det vanskelig for en; ***be at a disadvantage against the opposing team*** ha et handikap i forhold til laget man spiller mot;
4.: ***it's to my disadvantage****(=it works to my disadvantage)* det er uheldig for meg;
5.: ***show oneself to disadvantage*** vise seg fra en uheldig side.
disadvantageous ['disædvɑ:n,teidʒəs] *adj(=unfavourable)* ufordelaktig; ugunstig.
disaffected ['disə,fektid] *adj: stivt(=discontented; resentful; rebellious)* utilfreds; misfornøyd.
disagree ['disə,gri:] *vb* **1.** ikke stemme overens;
2. være uenig; ***disagree with sby about****(=on)* ***sth*** være uenig med en om (*el.* når det gjelder) noe; ***this is where I'm afraid I have to disagree*** her må jeg nok dessverre si (*el.* erklære) meg uenig; ***this is where I have to disagree in all modesty*** her må jeg (nok) i all beskjedenhet si meg uenig; ***venture to disagree*** driste seg til å være uenig;
3. *evf(=quarrel)* krangle; komme opp i en krangel;
4. *om mat:* ***curry disagrees with me*** jeg tåler ikke karri.
disagreeable ['disə,gri:əbl] *adj(=unpleasant)* ubehagelig.
disagreement ['disə,gri:mənt] *s* **1.** uoverensstemmelse;
2. uenighet; ***signs of disagreement*** tegn til uenighet;
3*(=quarrel)* krangel *(fx we had a violent disagreement).*
disallow ['disə,lau] *vb* **1.** *stivt(=prohibit)* forby;
2. *stivt(=dismiss)* forkaste; avvise *(fx an appeal);*
3. *sport:* erklære ugyldig; annullere *(fx a goal).*
disappear ['disə,piə] *vb:* forsvinne.
disappearance ['disə,piərəns] *s:* forsvinning.
disappoint ['disə,pɔint] *vb:* skuffe.
disappointed ['disə,pɔintid] *adj:* skuffet; ***I was disappointed to hear that …*** jeg var skuffet over å få vite at …; ***disappointed at not having been invited*** skuffet over ikke å ha blitt invitert; ***I'm disappointed for them*** jeg er skuffet for deres skyld; ***be disappointed with sth*** være skuffet over noe; ***be disappointed with****(=in)* ***sby*** være skuffet over en.
disappointing ['disə,pɔintiŋ] *adj:* skuffende.
disappointment ['disə,pɔintmənt] *s:* skuffelse; ***a great disappointment to*** en stor skuffelse for; ***to my disappointment, she didn't turn up*** til min skuffelse kom hun ikke.
disapproval ['disə,pru:vl] *s:* misbilligelse.
disapprove ['disə,pru:v] *vb:* mislike; ikke like; ***disapprove of sth*** mislike noe; misbillige noe.
disarm [dis,ɑ:m; di,zɑ:m] *vb* **1.** avvæpne;
2. nedruste;
3. *fig(=pacify)* gjøre blidere stemt;
4*(=neutralize)* nøytralisere; ta brodden av.
disarmament [dis,ɑ:məmənt; di,zɑ:məmənt] *s* **1.** avvæpning; **2.** nedrustning.
disarming [dis,ɑ:miŋ; di,zɑ:miŋ] *adj; fig:* avvæpnende.
disarrange ['disə,reindʒ] *vb(=mess up)* bringe uorden i.
disarrangement ['disə,reindʒmənt] *s(=mess)* uorden.
I. disarray ['disə,rei] *s(=disorder)* uorden; forvirring; ***throw into disarray*** skape forvirring hos.
II. disarray *vb; stivt(=throw into disorder)* skape uorden (*el.* forvirring) i.
disassemble ['disə,sembl] *vb:* demontere; ta fra hverandre.
disassembly ['disə,sembli] *s:* demontering.
disaster [di,zɑ:stə] *s* **1***(=catastrophe)* katastrofe; ***a great disaster*** en stor katastrofe; **2.** *fig; spøkef:* katastrofe; ulykke; noe elendig noe; ***his last day at work was a disaster*** hans siste arbeidsdag ble (litt av) en ulykke; ***it was a (great) disaster!*** det var den rene katastrofe! ***it ended in disaster****(=it ended disastrously)* det endte med katastrofe; ***invite****(=court)* ***disaster*** utfordre skjebnen.
disastrous [di,zɑ:strəs] *adj* **1.** katastrofal; **2.** *også spøkef:* ulykkelig; ulykksalig; skjebnesvanger *(fx deci-*

sion); a disastrous dinner party et ulykksalig middagsselskap.

disavow ['disəˌvau] *vb; meget stivt* **1***(=disclaim)* dementere; desavuere; **2***(=disown)* nekte å vedkjenne seg; fornekte; **3***(=refuse to believe in):* ***he disavowed my share in the plot*** han nektet å tro på min andel i komplottet.

disavowal ['disəˌvauəl] *s; meget stivt(=denial; disclaimer; repudiation)* dementi *n;* desavuering.

disband [disˌbænd] *vb:* oppløse *(fx an organization);* ***disband an army*** oppløse (*el.* sende hjem) en hær.

disbar [disˌbɑ:] *vb:* frata bevillingen som 'barrister'.

disbelief ['disbiˌli:f] *s:* vantro.

disbelieve ['disbiˌli:v] *vb:* ikke tro på.

disbeliever ['disbiˌli:və] *s:* vantro.

disburden [disˌbə:dən] *vb: se unburden.*

disburse [disˌbə:s] *vb; stivt(=pay out)* betale ut.

disc*(,især* **US:** *disk)* [disk] *s* **1.** skive; **2***(=record)* (grammofon)plate; **3.** *anat:* discus; ***slipped disc*** discusprolaps; **4.** *EDB: se disk.*

disc brake *mask:* skivebrems.

I. discard [ˌdiskɑ:d] *s* **1.** *stivt(=sth that has been scrapped)* noe som er vraket; **2.** *kortsp:* avkast.

II. discard [disˌkɑ:d] *vb* **1.** *stivt(=scrap)* kaste; kassere; vrake; *2. kortsp(=throw away)* sake.

discern [diˌsə:n] *vb* **1***(=just see)* skjelne; **2.** *fig; meget stivt(=see)* skjelne; se.

discernible [diˌsə:nəbl] *adj; stivt(=noticeable; distinguishable)* som kan skjelnes.

discerning [diˌsə:niŋ] *adj=discriminating)* skarp; forstandig *(fx discerning readers).*

I. discharge [ˌdis'tʃɑ:dʒ; disˌtʃɑ:dʒ] *s* **1.** *fra sykehus:* utskrivning;
2. *mil(=dismissal)* dimittering;
3. *stivt(=dismissal)* avskjedigelse;
4. *mar:* avmønstring;
5. *mar(=unloading)* lossing;
6. utslipp *n (fx of waste oil); (jvf effluent);*
7. *med.:* utsondring; utflod *(fx vaginal discharge);*
8. *elekt:* utladning; ***glow discharge*** glimutladning;
9. *av kanon el. salve:* avfyring;
10. *om plikter; meget stivt(=carrying out)* utførelse.

II. discharge [disˌtʃɑ:dʒ] *vb* **1.** skrive ut (*from* fra); ***be*** discharged from hospital bli skrevet ut fra sykehuset; **2.** *mil(=dismiss)* dimittere;
3. *mar:* avmønstre;
4. *mar(=unload)* losse;
5. *jur(=acquit)* frifinne; frikjenne;
6. *plikt; meget stivt(=carry out)* utføre;
7. avgi; slippe ut *(fx waste oil);*
8. *stivt:* avskjedige; ***be honourably discharged****(=dismissed)* få avskjed i nåde; ***be discharged with a pension****(=be pensioned off)* få avskjed med pensjon;
9. *jur:* ***discharge****(=dismiss)* ***the jury*** sende ut juryen;
10. *med.:* utskille *(fx hormones);* utsondre; avgi;
11. *elekt:* lade ut *(fx a battery);*
12. *om kanon, etc; glds(=fire)* avfyre; fyre av.

disciple [diˌsaipl] *s:* disippel.

I. disciplinarian ['disipliˌnɛəriən] *s:* ***be a poor disciplinarian*** holde dårlig disiplin.

II. disciplinarian *adj:* som bygger på streng disiplin.

disciplinary [ˌdisi'plinəri; 'disiˌplinəri] *adj:* disiplinær.

I. discipline [ˌdisiplin] *s:* disiplin; ***breach of discipline*** disiplinærforseelse; ***keep discipline*** holde disiplin.

II. discipline *vb* **1***(=bring under control)* disiplinere; **2***(=punish)* straffe *(fx the students were disciplined).*

disc jockey*(fk DJ) radio:* platepprater.

disclaim [disˌkleim] *vb* **1***(=deny)* dementere; desavuere; **2***(=disown)* nekte; fraskrive seg; ***disclaim responsibility for*** fraskrive seg ansvaret for; nekte å ta ansvaret for.

disclaimer [disˌkleimə] *s(=(official) denial)* dementi *n.*

disclose [disˌklouz] *vb* **1***(=reveal)* avsløre; røpe; **2***(=reveal; uncover)* avsløre; avdekke.

disco [ˌdiskou] *s* **T***(=discotheque)* disko(tek) *n.*

discoloration [dis'kʌləˌreiʃən] *s* **1***(=stain)* skjold; **2.** misfarging; skjolder; falmethet.

discolour *(,***US:** *discolor)* [disˌkʌlə] *vb:* farge av; falme; gjøre skjoldet; bli skjoldet; avfarges; misfarges.

discomfit [disˌkʌmfit] *vb; litt.* **1***(=disconcert; confuse)* forfjamse; forvirre; **2.** *om planer(=thwart; frustrate)* forpurre.

discomfiture [disˌkʌmfitʃə] *s; litt.(=confusion)* forvirring; forfjamselse.

I. discomfort [disˌkʌmfət] *s* **1.:** ***discomfort(s)*** ubehag *n;* det å føle seg ille til mote; **2.:** ***discomforts****(=lack of comforts; lack of facilities)* mangel på bekvemmeligheter; ulemper.

II. discomfort *vb; stivt(=inconvenience)* volde besvær *n;* volde ubehag; sjenere.

discompose ['diskəmˌpouz] *vb; stivt(=disconcert)* bringe ut av fatning.

discomposure ['diskəmˌpouʒə] *s:* mangel på fatning.

disconcert ['diskənˌsə:t] *vb(=confuse; upset)* bringe ut av fatning; gjøre urolig.

disconcerted ['diskənˌsə:tid] *adj(=confused)* brakt ut av fatning; forvirret; befippet.

disconcerting ['diskənˌsə:tiŋ] *adj(=confusing)* forvirrende; som virker forvirrende.

disconnect ['diskəˌnekt] *vb* **1.** kople fra; frakople; **2.** kople ut *(fx our telephone has been disconnected).*

disconnected ['diskəˌnektid] *adj* **1.** frakoplet; **2.** utkoplet; **3.** springende; usammenhengende.

disconnection ['diskəˌnekʃən] *s* **1.** frakopling; **2.** *elekt:* utkopling.

disconsolate [disˌkɔnsəlit] *adj; stivt(=inconsolable; unhappy)* utrøstelig; lei seg.

I. discontent ['diskənˌtent] *s(=dissatisfaction; discontentment)* misnøye; utilfredshet.

II. discontent *adj; stivt(=dissatisfied; discontented)* misfornøyd; utilfreds.

discontented ['diskənˌtentid] *adj(=dissatisfied)* misfornøyd; utilfreds.

discontinuation ['diskən'tinjuˌeiʃən] *s* **1***(=interruption)* avbrytelse; **2***(=cessation)* opphør *n;* stans.

discontinue ['diskənˌtinju:] *vb* **1***(=interrupt)* avbryte; **2***(=stop)* holde opp (med); opphøre; stanse.

discontinuous ['diskənˌtinjuəs] *adj* **1***(=intermittent)* som skjer med mellomrom; som skjer med avbrudd; **2.** *fys & mat.:* diskontinuerlig; avbrutt *(fx spectrum);* **3***(=incoherent)* usammenhengende.

discord [ˌdiskɔ:d] *s* **1.** *stivt(=disagreement; quarrel)* strid; splid; uenighet; **2.** *mus(=dissonance)* dissonans; disharmoni.

discordant [disˌkɔ:dənt] *adj:* uharmonisk.

I. discount [ˌdiskaunt] *s* **1***(=cash discount)* kontantrabatt; rabatt; ***a 5% discount, a discount of 5%*** 5% rabatt;
2*(=trade discount)* forhandlerrabatt;
3*(=discount rate; market discount; market rate)* (markedets) diskonto; diskontosats;
4.: ***bank discount*** forskuddsrente; uoppgjort diskonto;
5. *fors:* ***no-claim(s) discount****(fk NCD)(=no-claim bonus;* **T:** *claims allowance)* bonus (for skadefri kjøring);
6.: ***at a discount*** 1*(=below par)* under pari; 2. *fig:* lavt i kurs.

II. discount *vb* **1** [ˌdiskaunt] *merk(=deduct; knock off)* slå av *(fx I can discount ten per cent for you);*
2 [disˌkaunt] *bankv:* diskontere; **3** [disˌkaunt] *stivt(=ignore; neglect)* ikke ta hensyn til; se bort fra.

discountenance [disˌkauntənəns] *vb; meget stivt* **1***(=disapprove of)* være imot *(fx a plan);* **2***(=discourage)* ta motet fra.

discount store rabattforretning; lavprisforretning.

discourage [disˌkʌridʒ] *vb* **1.** ta motet fra; gjøre motløs; **2.** ikke oppmuntre *(fx they discouraged visitors).*

discouragement [disˌkʌridʒmənt] *s* **1.** nedtrykthet;

2. motarbeidelse; det at man ikke oppmuntrer (til at noe blir gjort).
discouraging [disˈkʌridʒiŋ] *adj(=depressing)* nedslående; forstemmende.
I. discourse [ˌdiskɔ:s; disˈkɔ:s] *s; meget stivt el. spøkef* **1**(*=long speech)* lengre foredrag *n;* **2.** *litt. el. glds(=conversation)* samtale; ***hold discourse with sby****(=converse with sby)* samtale med en.
II. discourse [disˈkɔ:s] *vb; stivt:* ***discourse on****(=enlarge on; expand on)* utbre seg om.
discourteous [disˈkə:tiəs] *adj; stivt(=rude)* uhøflig.
discourtesy [disˈkə:təsi] *s; stivt(=rudeness)* uhøflighet.
discover [disˈkʌvə] *vb* **1.** oppdage; **2**(*=find)* finne *(fx the solution of a puzzle); (=find out)* finne ut *(fx try to discover what's going on);* **3.** *meget stivt(=uncover; reveal)* avsløre.
discoverer [disˈkʌvərə] *s:* oppdager.
discovery [disˈkʌvəri] *s:* oppdagelse.
disc recording plateinnspilling.
I. discredit [disˈkredit] *s* **1**(*=disgrace)* skam (*to* for); **2**(*=disrepute)* vanry; miskreditt; ***bring into discredit*** bringe i miskreditt.
II. discredit *vb* **1**(*=reject; refuse to believe)* avvise; ikke ville tro på; **2.:** ***be discredited****(=be put to shame)* miste anseelse.
discreditable [disˈkreditəbl] *adj(=shameful)* beskjemmende; kritikkverdig *(fx action).*
discreet [disˈkri:t] *adj(=tactful)* diskré; diskret; taktfull; ***at a discreet distance*** på diskré avstand; ***they were being very discreet about it*** de var meget diskré (*el.* diskrete) (når det gjaldt dette).
discrepancy [disˈkrepənsi] *s:* uoverensstemmelse; mangel på samsvar.
discretion [diˈskreʃən] *s* **1**(*=discreetness)* diskresjon; **2.** forgodtbefinnende *n;* skjønn *n;* ***act at one's own discretion*** handle etter eget skjønn; *ordspråk:* ***discretion is the better part of valour*** forsiktighet er en dyd; ***reach the age of discretion****(=grow up)* komme til skjels år *(n)* og alder; ***use your own discretion****(=judgment)* bruk ditt eget skjønn.
discretionary [diˈskreʃənəri] *adj:* ***full discretionary power*** uinnskrenket myndighet.
I. discriminate [diˌskrimiˈneit] *vb* **1.** diskriminere (*against* mot);
2.: ***discriminate between****(=distinguish between)* skjelne mellom.
II. discriminate [diˈskriminit] *adj:* skjønnsom.
discriminating [diˌskrimiˈneitiŋ] *adj* **1**(*=judicious)* kresen; med fint skjønn; som viser innsikt;
2(*=discerning; fastidious)* kresen;
3. *om tollsatser, etc:* diskriminerende.
discrimination [diˈskrimiˌneiʃən] *s* **1**(*=judiciousness; judgment)* kresenhet; skjønnsomhet; skjønn *n;*
2. diskriminering (*against* av); ***job discrimination*** diskriminering på arbeidsplassen; ***sex discrimination*** kjønnsdiskriminering.
discursive [diˈskə:siv] *adj; stivt(=rambling; digressive)* vidløftig; springende.
discus [ˌdiskəs] *s; sport:* diskos.
discuss [disˈkʌs] **1.** diskutere; drøfte; ***discuss sth over and over*** diskutere noe frem og tilbake;
2(*=negotiate)* forhandle; ***they're discussing it****(=they're having talks about it)* de holder på å forhandle om det;
3.: ***start discussing*** 1. begynne å diskutere (*el.* drøfte); 2. begynne å forhandle.
discussion [disˈkʌʃən] *s* **1.** diskusjon; drøfting; ***contribution to a (,the) discussion*** diskusjonsinnlegg; ***be under discussion*** 1. bli diskutert; 2. bli behandlet; være oppe til behandling; ***it's open to discussion*** det kan diskuteres; ***cut off****(=put a stop to; prevent)* ***all further discussion*** avskjære all videre diskusjon; ***we don't seem to be getting anywhere in this discussion*** det ser ikke ut til at vi kommer noen vei med denne diskusjonen; ***open the discussion*** åpne diskusjonen;
2.: ***discussions****(=negotiations)* forhandlinger; ***start discussions*** begynne forhandlinger; ***the discussions ended in stalemate*** drøftingene låste seg.
I. disdain [disˈdein] *s; stivt(=scorn)* forakt.
II. disdain *vb; stivt;(=scorn)* forakte.
disdainful [disˈdeinful] *adj(=scornful)* foraktelig.
disease [diˈzi:z] *s; med.:* sykdom; ***occupational disease*** yrkessykdom; ***women's disease*** kvinnesykdom; *(jvf illness & sickness).*
disease carrier *med.:* smittebærer.
diseased [diˈzi:zd] *adj; med.:* ikke frisk; syk *(fx kidney).*
disembark [ˈdisimˌbɑ:k] *vb* **1.** gå i land; gå fra borde; **2.** utskipe; **3.** *mil:* landsette; *(se disembarking).*
disembarkation [ˈdisembɑ:ˌkeiʃən] *s* **1.** landgang; **2.** utskipning; **3.** *mil:* landsetting.
disembarking [ˈdisimˌbɑ:kiŋ] *adj:* ***disembarking passengers*** avstigende passasjerer; passasjerer som går i land.
disembodied [ˈdisimˌbɔdid] *adj* **1.** uten kropp *(fx a disembodied head);* **2.** *om ånd el. sjel:* frigjort fra legemet; herreløs.
disembowel [ˈdisimˌbauəl] *vb* **1.** ta innvollene ut av; **2.** sprette magen opp på.
disenchant [ˈdisinˌtʃɑ:nt] *vb(=disillusion)* desillusjonere.
disenchanted [ˈdisinˌtʃɑ:ntid] *adj(=disillusioned)* desillusjonert; ***I'm completely disenchanted****(=fed up)* ***with politics*** jeg er lut lei politikk.
disenfranchise [ˈdisinˌfræntʃaiz] *vb(=disfranchize) polit(=deprive of the vote)* ta stemmeretten fra.
disengage [ˈdisinˌgeidʒ] *vb* **1.** gjøre fri; frigjøre; ***disengage oneself****(=extricate oneself)* komme seg løs (*from* fra); **2.** *mil:* trekke ut (tropper av kampen); **3.** *tekn:* ***disengage the clutch*** kople ut clutchen.
disengaged [ˈdisinˌgeidʒd] *adj; om person:* ledig; ikke opptatt.
disengagement [ˈdisinˌgeidʒmənt] *s* **1.** løsgjøring; frigjøring;
2. *mil:* det at styrkene trekkes ut (av kampen);
3. *polit:* redusert engasjement *n(fx American disengagement in Europe);*
4. *tekn:* utkopling.
disentangle [ˈdisinˌtæŋgl] *vb* **1.** vikle opp; greie ut *(fx a piece of string from the heap in the drawer);*
2.: ***disentangle oneself*** løsgjøre seg; komme seg løs.
disestablish [ˈdisiˌstæbliʃ] *vb:* ***disestablish the Church*** skille stat og kirke.
I. disfavour *(,US: disfavor)* [disˈfeivə] *s; stivt* **1**(*=disapproval; dislike)* mishag *n;* **2**(*=disgrace)* unåde; ***fall into disfavour*** falle i unåde.
II. disfavour *(,US: disfavor) vb; meget stivt(=disapprove of; dislike)* mislike; ikke like.
disfigure [disˈfigə] *vb:* vansire; skjemme.
disgorge [disˈgɔ:dʒ] *vb; stivt* **1**(*=vomit)* kaste opp; **2.** *om fabrikkpipe, etc(=belch forth)* spy ut; **3.** *fig; stivt(=pour out)* gi fra seg.
I. disgrace [disˈgreis] *s* **1.** vanære; ***disgrace and shame*** vanære og skam; ***a public disgrace****(=outrage; scandal)* en offentlig skandale; **2.** unåde; ***be in disgrace*** være i unåde; ***fall into disgrace*** falle i unåde; ***be dismissed in disgrace*** få avskjed i unåde; **3**(*=discredit)* skam; noe man bør skamme seg over *(fx your clothes are a disgrace);* ***the service you get here is a disgrace*** det er en skam hvor dårlig service man får her; ***be a disgrace to one's parents*** gjøre skam på sine foreldre.
II. disgrace *vb* **1.** vanære; **2.** bringe skam over; skjemme ut.
disgraceful [disˈgreisful] *adj(=shameful)* skammelig.
disgruntled [disˈgrʌntəld] *adj:* utilfreds; mellomfornøyd; sur; ***he's very disgruntled at the way things are going*** han er veldig sur over den måten tingene utvikler seg på.

I. disguise [dis͵gaiz] *s:* forkledning; ***assume a disguise*** anlegge forkledning; ***a blessing in disguise*** hell i uhell; ***in the disguise of*** forkledd som; ***see through sby's disguise*** gjennomskue ens forkledning.
II. disguise *vb* **1.** forkle; kle ut; ***disguise oneself as*** kle seg ut som; ***disguise one's voice*** fordreie stemmen; **2.** *fig:* skjule *(fx one's feelings);* ***badly disguised satisfaction*** dårlig skjult tilfredshet;
I. disgust [dis͵gʌst] *s* **1.** vemmelse; avsky; ***disgust with*** avsky for; **2.** *fig:* sterk misnøye; forargelse.
II. disgust *vb* **1.** virke frastøtende på; **2.** *fig:* ***your attitude disgusts me*** jeg er opprørt over holdningen din.
disgusted [dis͵gʌstid] *adj:* ***she was disgusted by your behaviour*** hun ble meget forarget over oppførselen din; ***I feel quite disgusted at the idea of walking about naked*** bare tanken på å gå omkring naken byr meg imot; **T:** ***be absolutely disgusted with(=by) sby(=be*** *strongly repelled by sby)* føle sterk avsky for en.
disgustedly [dis͵gʌstidli] *adv:* med vemmelse; med avsky; ***look disgustedly at*** betrakte med avsky (*el.* vemmelse).
disgusting [dis͵gʌstiŋ] *adj:* vemmelig; avskyelig; ***ugh, how disgusting!*** fy pokker, så uappetittlig!
I. dish [diʃ] *s* **1.** fat *n;* ***dishes*** fat; servise *n;* ***do the dishes*** vaske opp; **2.** *kul:* rett; ***fish dish*** en fiskerett; ***dish of the day*** *(*,**T:** *today's special)* dagens rett.
II. dish *vb* **1.** legge på fat *n;*
2. S*(=ruin)* ødelegge *(fx one' chances);*
3. T: ***dish out*** 1. dele ut; *fig:* ***dish out jobs*** dele ut jobber; 2. slå fra seg;
4. T: ***dish up*** 1. *om mat:* servere; legge på tallerknene; 2. *om fakta, etc:* diske opp med; 3. få til å se lekkert ut.
dishabille ['disæ͵bi:l; 'disə͵bi:l] *s:* ***in dishabille*** i negligsjé.
disharmonious ['dishɑ:͵mouniəs] *adj:* disharmonisk.
disharmony ['dis͵hɑ:məni] *s(=discord)* disharmoni.
dishcloth [͵diʃ'klɔθ] *s:* oppvaskklut.
dishearten [dis͵hɑ:tən] *vb:* gjøre motløs (*el.* forstemt).
disheartened [dis͵hɑ:tənd] *adj:* forstemt; motløs.
disheartening [dis͵hɑ:təniŋ] *adj:* nedslående; forstemmende.
dishevelled*(*,**US:** *disheveled)* [di͵ʃevəld] *adj* **1.** pjusket; ustelt; **2.** *om håret:* pjusket.
dishonest [dis͵ɔnist] *adj:* uærlig; uhederlig.
dishonestly [dis͵ɔnistli] *adv:* uærlig; på uærlig (*el.* uhederlig) måte; ***be dishonestly inclined*** ha uærlige tilbøyeligheter.
dishonesty [dis͵ɔnisti] *s:* uærlighet; uhederlighet.
I. dishonour*(*,**US:** *dishonor)* [dis͵ɔnə] *s; stivt(=disgrace; shame)* vanære.
II. dishonour *(*,**US:** *dishonor) vb* **1.** vanære; **2.** *merk; om veksel(=fail to meet)* misligholde.
dishonourable*(*,**US:** *dishonorable)* [dis͵ɔnərəbl] *adj:* vanærende; skammelig.
dishtowel [͵diʃ'tauəl] *s* **US***(=tea cloth)* glasshåndkle.
dishwasher [͵diʃ'wɔʃə] *s* **1.** oppvaskhjelp; oppvasker; **2***(=dishwashing machine)* oppvaskmaskin.
dishwashing [͵diʃ'wɔʃiŋ] *s; især* **US***(=washing-up)* oppvask.
dishwashing liquid oppvaskmiddel.
dishwater [͵diʃ'wɔ:tə] *s:* oppvaskvann.
dishy [͵diʃi] *adj* **S***(=good-looking)* kjekk; søt.
disillusion ['disi͵lu:ʒən] *vb:* desillusjonere.
disillusionment ['disi͵lu:ʒənmənt] *s:* desillusjonering.
I. disincentive ['disin͵sentiv] *s; stivt(=discouragement)* hemsko; hindring.
II. disincentive *adj; stivt(=discouraging; negative)* hemmende; negativ *(fx have a disincentive effect on).*
disinclination ['disinkli͵neiʃən; 'disiŋkli͵neiʃən] *s; stivt(=reluctance)* utilbøyelighet; ulyst; ***there was a disinclination to admit that …*** man var uvillig til å innrømme at..; man var lite stemt for å innrømme at …
disinclined ['disin͵klaind; 'disiŋ͵klaind] *adj; stivt(= reluctant; unwilling)* utilbøyelig (*to* til); ***children disinclined to go to school*** barn *(n)* som ikke har lyst til å gå på skolen.
disinfect ['disin͵fekt] *vb:* desinfisere.
I. disinfectant ['disin͵fektənt] *s:* desinfeksjonsmiddel; ***sanitary disinfectant*** sanitærvæske.
II. disinfectant *adj:* desinfiserende.
disinfection ['disin͵fekʃən] *s:* desinfeksjon.
disingenuous ['disin͵dʒenjuəs] *adj; meget stivt(=insincere; not straightforward)* uoppriktig; falsk.
disingenuousness ['disin͵dʒenjuəsnəs] *s; meget stivt (=insincerity)* uoppriktighet; falskhet.
disinherit ['disin͵herit] *vb:* gjøre arveløs.
disinhibit ['disin͵hibit] *vb:* frata hemningene.
disintegrate [dis͵inti'greit] *vb* **1.** *geol(=break down)* nedbryte(s); forvitre; **2***(=fall to pieces)* falle fra hverandre; oppløses i sine enkelte bestanddeler; gå i oppløsning; **3.** *fig:* gå i oppløsning.
disintegration [dis'inti͵greiʃən] *s* **1.** *geol(=breaking down)* nedbrytning; forvitring; **2.** *fig:* oppløsning; nedbrytning.
disinter ['disin͵tə:] *vb* **1.** *stivt(=exhume; dig up)* grave opp *(fx a dead body);* **2.** *spøkef; fig; om tema(=bring up again; dig up again)* bringe på bane igjen; grave frem.
disinterest [dis͵intrist] *s; meget stivt(=lack of interest)* manglende interesse; ***it's a matter of complete disinterest to me*** *(=the matter's of no interest whatsoever to me)* jeg er fullstendig uinteressert i saken.
disinterested [dis͵intristid] *adj* **1***(=impartial; objective)* uhildet; objektiv; uten egne interesser i saken; ***he's not entirely disinterested*** han gjør det ikke for dine blå øynes skyld; han er ikke helt uten egne motiver *n;*
2. US*(=uninterested)* uinteressert.
disinterestedness [dis͵intristidnəs] *s: se disinterest.*
disinterment ['disin͵tə:mənt] *s; stivt(=exhumation; digging up)* ekshumasjon; oppgraving (av et lik).
disjointed [dis͵dʒɔintid] *adj* **1.** *med.:* av ledd *n;* **2.** *fig:* usammenhengende *(fx a few disjointed remarks).*
disk [disk] **1.** *især* **US:** *se disc;* **2.** *EDB:* disk; *(se hard disk).*
(disk) drive *EDB:* diskettstasjon.
diskette [dis͵ket] *s; EDB(=floppy disk)* diskett.
I. dislike [dis͵laik] *s:* motvilje; antipati; ***likes and dislikes*** [͵dislaiks] sympatier og antipatier; ***his dislike of authority*** hans motvilje mot myndigheter; ***he has few real dislike s*** det er svært få ting han ikke liker; ***take a dislike to sby*** få imot en; fatte motvilje mot en; få antipati for en.
II. dislike *vb:* mislike; ikke like; ha imot *(fx sby);* ***she*** disliked the idea hun likte ikke tanken; ***I dislike him intensely*** *(=I thoroughly dislike him)* jeg liker ham slett ikke; jeg har i høyeste grad imot ham; ***I dislike having to …*** jeg liker ikke å måtte …
dislocate [͵dislə'keit] *vb* **1.** få av ledd; ***a dislocated joint*** et lem som er ute av ledd *n;* **2.** *om trafikk:* ***be dislocated*** bryte sammen.
dislodge [dis͵lɔdʒ] *vb(=loosen; shift)* løsne på; rive løs; flytte på.
disloyal [dis͵lɔiəl] *adj:* troløs; illojal.
disloyalty [dis͵lɔiəlti] *s:* troløshet; illojalitet.
dismal [͵dizməl] *adj* **1***(=glum)* dyster; **2***(=dreary)* trist.
dismantle [dis͵mæntl] *vb* **1***(=take apart; disassemble)* ta fra hverandre; demontere; **2***(=do away with)* avskaffe; avvikle.
I. dismay [dis͵mei] *s(=consternation; alarm)* bestyrtelse; forferdelse; skrekk; ***he looked at them in dismay*** han så bestyrtet på dem.
II. dismay *vb(=alarm)* gjøre bestyrtet; forskrekke.
dismember [dis͵membə] *vb; sj(=cut up)* partere.
dismiss [dis͵mis] *vb* **1.** avskjedige; si opp; ***be dismissd with a pension*** *(=be pensioned off)* få avskjed med pensjon;
2. la gå; sende av sted;
3. *mil; kommando:* ***dismiss!*** tre av!

4(*=reject*) avferdige; avvise (*fx an idea*);
5. *jur:* ***dismiss an appeal*** avvise en anke.
dismissal [disˌmisəl] *s* **1**(*=notice (to quit)*) oppsigelse; avskjedigelse; ***notice of dismissal***(*=dismissal notice*) skriftlig oppsigelse; ***claim unfair dismissal*** påstå seg oppsagt på usaklig grunnlag; **2.** avferdigelse; avvisning (*fx of an application*); **3.** *jur:* avvisning (*fx of an appeal*).
I. dismount [ˌdismaunt] *s; gym:* avhopp.
II. dismount [disˌmaunt] *vb* **1.** *stivt*(*=get off*) stige av; gå av; **2.** *mil; om kanon, etc:* demontere (*fx a gun*).
disobedience [ˈdisəˌbi:diəns] *s:* ulydighet.
disobedient [ˈdisəˌbi:diənt] *adj:* ulydig (*to* mot).
disobey [ˈdisəˌbei] *vb:* ikke adlyde; være ulydig mot.
disobliging [ˈdisəˌblaidʒiŋ] *adj:* lite forekommende.
I. disorder [disˌɔ:də] *s* **1.** *stivt*(*=mess*) uorden;
2(*=confusion; disarray*) forvirring;
3. *stivt:* ***throw into disorder*** 1. bringe noe i uorden; skape uorden i; 2. bringe forvirring i;
4. *med.:* forstyrrelse (*fx a kidney disorder*); ***mental disorder*** sinnslidelse.
II. disorder *vb; stivt*(*=throw into disorder*) bringe noe i uorden; bringe uorden (*el.* forvirring) i.
disorderly [disˌɔ:dəli] *adj* **1.** uordentlig; i uorden;
2. *jur:* uregjerlig; ***disorderly conduct*** gateuorden.
disorganization, disorganisation [disˈɔ:gənaiˌzeiʃən] *s:* desorganisasjon; desorganisering; oppløsning.
disorganized, disorganise [disˌɔ:gəˈnaiz] *vb:* desorganisere; oppløse; bringe i uorden; ***the meeting was very disorganized*** det var et dårlig organisert møte; ***a disorganized person*** person som ikke har noen orden på tilværelsen sin.
disorient [disˌɔ:riənt] *vb: se disorientate.*
disorientate [disˌɔ:riənˈteit] *vb:* desorientere; forvirre.
disown [disˌoun] *vb* **1.** nekte å kjennes ved; fornekte; ikke ville vite av; **2**(*=refuse to acknowledge*) nekte å anerkjenne (*fx they disowned their king*).
disparage [disˌpæridʒ] *vb; stivt* **1**(*=underestimate; belittle*) nedvurdere; forkleine; ***not disparaging to any of them*** ikke til forkleinelse for noen av dem; **2**(*=speak slightingly of*(*=about*)) snakke nedsettende om.
disparagement [disˌpæridʒmənt] *s; stivt*(*=underestimation; belittling*) nedvurdering; forkleinelse.
disparate [ˌdispərit] *adj; meget stivt*(*=essentially different*) vesensforskjellig; helt forskjellig.
disparity [diˌspæriti] *s; stivt*(*=inequality; difference*) ulikhet; forskjell.
dispassionate [disˌpæʃənit] *adj* **1**(*=unemotional*) lidenskapsløs; **2**(*=impartial*) upartisk; objektiv.
I. dispatch(*=despatch*) [diˌspætʃ] *s* **1.** *fra journalist til avis:* rapport; *om soldat:* ***be mentioned in dispatches*** bli nevnt i dagsbefalingen (for tapperhet); **2.** *stivt*(*= sending*) avsendelse (*of* av); *merk:* ***advice of dispatch*** forsendelsesadvis; ***method of dispatch*** forsendelsesmåte.
II. dispatch(*=despatch*) *vb; stivt*(*=send; send off*) sende; sende av sted;
dispatch note *post:* følgebrev; ***substitute dispatch note*** nødfølgebrev.
dispel [diˌspel] *vb* **1.** *stivt*(*=scatter*) spre (*fx the fog*);
2. *fig:* fjerne; jage på flukt; ***dispel the impression that …***(*=do away with the impression that …*) fjerne det inntrykk at …
dispensable [diˌspensəbl] *adj:* unnværlig.
dispensableness [diˌspensəblnəs] *s:* unnværlighet.
dispensary [diˌspensəri] *s* **1.** *i apotek:* reseptur *n;* **2.** *ved sykehus:* apotek *n; mar:* skipsapotek.
dispensation [ˈdispenˌseiʃən] *s* **1.** utdeling (av medisin); **2.:** ***by a divine dispensation*** ved forsynets styrelse.
dispense [diˌspens] *vb* **1.** dele ut (*fx medicine; money*);
2.: ***dispense***(*=make up*) ***a prescription*** ekspedere en resept; ***dispense drugs*** lage og selge medisiner;
3.: ***dispense justice*** avsi dom(mer); være dommer;
4.: ***dispense with*** 1(*=do without*) unnvære; klare seg uten; 2(*=get rid of*) kvitte seg med.
dispenser [diˌspensə] *s* **1.** *om liten beholder:* dispenser;
2. person som lager i stand medisiner; ***head dispenser*** provisor; (*jvf dispensing technician*).
dispensing chemist apoteker.
dispensing technician reseptar.
dispersal [diˌspə:səl] *s*(*=spreading*) spredning.
disperse [diˌspə:s] *vb*(*=spread*) spre; spre seg.
dispersion [diˌspə:ʃən] *s: se dispersal.*
dispirited [diˌspiritid] *adj:* forstemt; motløs.
displace [disˌpleis] *vb* **1**(*=shift*) forskyve;
2(*=move*) flytte på;
3. forflytte (pga. sanering, etc);
4. *fys:* fortrenge;
5. *fig*(*=supplant*) erstatte; skifte ut.
displacement [disˌpleismənt] *s* **1**(*=shifting*) forskyvning;
2. *mar:* deplasement;
3. *mask:* ***piston displacement*** slagvolum;
4. (for)flytning;
5. *fys:* fortrengning (*fx of water*);
6. *fig*(*=supplanting*) erstatning; utskifting.
I. display [diˌsplei] *s* **1.** utfoldelse (*of* av) (*fx of power*); ***make a display of one's knowledge*** skilte med sine kunnskaper;
2. oppvisning; ***military display*** militærparade; ***a grand display of fireworks*** et stort festfyrverkeri;
3. utstilling; ***window display*** vindusutstilling; ***on display***(*=on show; displayed*) utstilt;
4. oppsett; ***an advertising display*** et reklameoppsett;
5. *EDB:* skjermvisning; fremvisning (på skjerm).
II. display *vb* **1.** utvise (*fx tact*); legge for dagen; røpe (*fx criminal tendencies*);
2. *også EDB*(*=show*) vise;
3. stille ut; vise frem; ***the book has been very prominently displayed in the bookshops*** boken er blitt meget gunstig eksponert hos bokhandlerne; ***display one's ignorance*** stille sin uvitenhet til skue *n.*
display advertising annonsering med iøynefallende layout.
display artist(*=window dresser*) vindusdekoratør.
display type *typ; mots brødskrift:* tittelskrift; displayskrift.
display unit *EDB:* ***(visual) display unit***(*fk VDU*) dataskjerm.
displease [disˌpli:z] *vb; stiv*(*=annoy*) ergre; vekke misnøye hos.
displeasure [disˌpleʒə] *s; stivt*(*=annoyance; dissatisfaction*) ergrelse; misnøye.
I. disposable [diˌspouzəbl] *s:* noe som kastes etter bruk.
II. disposable *adj* **1.** som kastes etter bruk; ***disposable syringe*** engangssprøyte;
2. *stivt*(*=available*) disponibel (*fx leisure time*);
3. *økon:* ***real disposable income*** disponibel realinntekt.
disposal [diˌspouzəl] *s* **1**(*=disposing of; getting rid of*) fjerning; det å kvitte seg med;
2. disposisjon; rådighet; ***have sth at one's disposal*** disponere over noe; ***it's at your disposal*** det står til din (,Deres) disposisjon.
dispose [diˌspouz] *vb* **1.** *stivt*(*=arrange*) ordne;
2.: ***dispose of*** 1(*=get rid of*) kvitte seg med; 2. avfeie;
3. *stivt:* ***be disposed to***(*=be inclined to*) være innstilt på å;
4. *stivt:* ***be favourably***(*=well*) ***disposed to(wards)*** (*= be favourably inclined towards*) være velvillig innstilt til;
5.: ***those similarly disposed*** likesinnede.
disposition [ˈdispəˌziʒən] *s* **1.** sinn *n;* sinnelag; lynne *n;* gemytt *n;* **2.** *stivt*(*=arrangement*) plassering.
dispossess [ˈdispəˌzes] *vb:* ***be dispossessed of sth*** bli fratatt noe.

dispossession ['dispəˌzeʃən] *s:* fratagelse.
disproportion ['disprəˌpɔ:ʃən] *s:* misforhold.
disproportionate ['disprəˌpɔ:ʃənit] *adj:* uforholdsmessig.
disprove [disˌpru:v] *vb:* motbevise.
disputable [diˌspju:təbl; ˌdispjutəbl] *adj; stivt(=questionable)* omtvistelig; diskutabel.
I. dispute [diˌspju:t] *s:* strid; stridighet; tvist; ***civil dispute*** tvistemål; ***beyond dispute*** uomtvistelig; ubestridelig.
II. dispute *vb* **1.** bestride *(fx the truth of sth);* **2***(=argue about)* strides om; **3***(=rival):* ***dispute sby's position*** gjøre en rangen stridig.
disputed [diˌspju:tid] *adj:* omstridt.
disqualification [dis'kwɔlifiˌkeiʃən] *s* **1.** diskvalifikasjon; diskvalifisering; **2.** *meget stivt(=reason for disqualification)* diskvalifiseringsgrunn; **3.:** ***disqualification of driving licence*** inndragelse av førerkortet.
disqualify [disˌkwɔli'fai] *vb* **1.** diskvalifisere; **2.:** ***disqualify sby from driving*** inndra ens førerkort.
I. disquiet [disˌkwaiət] *s; stivt(=uneasiness)* uro.
II. disquiet *vb; stivt(=worry)* forurolige.
disquieting [disˌkwaiətiŋ] *adj; stivt(=worrying)* foruroligende *(fx news).*
I. disregard ['disriˌgɑ:d] *s; stivt(=ignoring)* ignorering; manglende hensyn; ***his disregard for****(=neglect of)* hans manglende respekt for *(fx the rules).*
II. disregard *vb; stivt(=ignore)* ignorere; ikke ta hensyn til *(fx sby's warnings).*
disrepair ['disriˌpɛə] *s:* ***be in (bad) disrepair*** være forfallen; ***fall into disrepair*** forfalle.
disreputable [disˌrepjutəbl] *adj(=dubious)* med dårlig rykte *n.*
disrepute ['disriˌpju:t] *s; meget stivt(=bad reputation)* vanry.
disrespect ['disriˌspekt] *s:* mangel på respekt; uærbødighet; ***no disrespect intended*** jeg sier ikke dette for å være uhøflig; ***no disrespect to you, of course!*** ikke for å kritisere deg, naturligvis!
disrespectful ['disriˌspektful] *adj:* uærbødig; respektløs.
disrupt [disˌrʌpt] *vb* **1***(=disturb; interrupt)* forstyrre; avbryte *(fx a meeting by shouting abuse);*
2. bringe forstyrrelse i; få til å bryte sammen;
3. få til å gå i oppløsning *(fx family life).*
disruption [disˌrʌpʃən] *s* **1***(=disturbance; interruption)* forstyrrelse; avbrytelse; **2.** sammenbrudd *(fx of traffic);* ***social disruption*** sosial oppløsning;
3. sprengning; splittelse.
disruptive [disˌrʌptiv] *adj:* nedbrytende *(fx forces);* oppløsende; splittende.
dissatisfaction ['dissætisˌfækʃən] *s:* misnøye; utilfredshet.
dissatisfactory ['dissætisˌfæktəri] *adj:* utilfredsstillende.
dissatisfied [disˌsætis'faid] *adj:* misfornøyd; utilfreds *(with* med).
dissect [diˌsekt; daiˌsekt] *vb* **1.** *med.:* dissekere;
2. *fig(=analyse)* dissekere; analysere.
dissection [diˌsekʃən; daiˌsekʃən] *s* **1.** *med.:* dissekering; **2.** *fig(=analysis)* dissekering; analyse *(of* av).
dissemble [diˌsembl] *vb; litt.* **1***(=simulate)* forstille seg; **2***(=hide):* ***dissemble one's feelings*** skjule sine følelser.
disseminate [diˌsemi'neit] *vb(=spread)* spre; ***disseminate knowledge*** spre kunnskaper.
dissemination [di'semiˌneiʃən] *s(=spreading)* spredning; ***dissemination of knowledge*** spredning av kunnskaper.
dissension [diˌsenʃən] *s; stivt(=strong disagreement)* sterk uenighet; ***internal dissension*** sterk innbyrdes uenighet.
I. dissent [diˌsent] *s; stivt(=disagreement; difference of opinion)* avvikende mening; dissens; ***there was a murmur of dissent*** det var røster som protesterte; ***without dissent*** uten dissens.
II. dissent *vb; stivt* **1***(=disagree)* dissentere; være uenig; ***I dissent strongly from what has been said****(=I strongly disagree with what has been said)* jeg er dypt uenig i det som er blitt sagt; **2.** *jur:* avgi dissenterende votum *n;* ***with dissenting votes*** under dissens.
dissenter [diˌsentə] *s* **1.** person som dissenterer;
2.: ***Dissenter*** *rel(=Nonconformist)* dissenter.
dissertation ['disəˌteiʃən] *s:* dissertasjon; avhandling.
disservice [disˌsə:vis] *s:* bjørnetjeneste; ***do sby a disservice*** gjøre en en bjørnetjeneste.
I. dissident [ˌdisidənt] *s; polit:* ***(political) dissident*** systemkritiker.
II. dissident *adj; stivt(=disagreeing; dissenting)* dissenterende; som er uenig.
dissimilar [disˌsimilə; diˌsimilə] *adj:* ulik.
dissimilarity ['disimiˌlæriti] *s:* ulikhet.
dissipate [ˌdisi'peit] *vb; stivt* **1***(=dispel)* spre; jage på flukt *(fx sby's fears);* **2***(=squander)* ødsle bort.
dissipated *adj; stivt(=dissolute)* utsvevende; forranglet.
dissipation ['disiˌpeiʃən] *s* **1.** *stivt(=spreading)* spredning; det å jage på flukt; **2***(=squandering)* bortødsling; sløsing; ***dissipation of valuable resources*** sløsing med verdifulle ressurser; **3.** utsvevelser.
dissociate [diˌsouʃi'eit] *vb* **1.** *kjem:* dissosiere; **2.** atskille; holde fra hverandre; **3.:** ***dissociate oneself from*** ta avstand fra.
dissociation [di'sousiˌeiʃən] *s* **1.** *kjem:* dissosiasjon;
2. atskillelse; **3.** avstandtagen.
dissolute [ˌdisə'lu:t] *adj:* utsvevende.
dissolution ['disəˌlu:ʃən] *s* **1.** *kjem:* oppløsning;
2. oppløsning *(fx of a marriage).*
I. dissolve [diˌzɔlv] *s; film:* overtoning.
II. dissolve *vb* **1.** løses opp; løse seg opp; løse opp *(fx water dissolves sugar);* ***it dissolved into nothingness*** det løste seg opp i ingenting; **2.** *fig:* oppløse *(fx a marriage);* **3.** *film:* overtone; ***one scene dissolves into another*** den ene scenen går over i den andre.
dissonance [ˌdisənəns] *s* **1.** mislyd; misklang; **2.** *mus & fig:* dissonans; disharmoni.
dissonant [ˌdisənənt] *adj:* skurrende; disharmonisk; *mus:* ***be dissonant*** dissonere.
dissuade [diˌsweid] *vb; stivt(=persuade not to; advise against)* fraråde *(fx sby from doing sth).*
dissuasion [diˌsweiʒən] *s, stivt:* det å fraråde.
I. distance [ˌdistəns] *s* **1.** avstand; distanse; strekning; ***indication of distance*** avstandsangivelse; ***judging distance*** avstandsbedømmelse; ***at a distance*** på avstand; ***from a distance*** på lang avstand; ***half the distance*** halve veien; ***in the (remote) distance*** i det fjerne; ***keep one's distance*** holde seg på avstand; ***in the distance*** i det fjerne; ***within easy distance****(=reach)* ***of the town*** i passende avstand fra byen; ***it's within walking distance of the town*** byen er ikke lenger unna enn at man kan gå dit;
2. *fig(=coldness)* fjernhet; kulde;
3. *også fig* **T:** ***go the distance****(=stay the course)* fullføre løpet; stå løpet ut.
II. distance *vb* **1.:** *se outdistance;*
2.: ***distance oneself from sth*** ta avstand fra noe.
distant [ˌdistənt] *adj* **1.** *også fig:* fjern; ***a few miles distant****(=away)* noen få miles unna; ***we live a few miles (distant) from****(=away from)* ***one another*** vi bor noen få miles fra hverandre; **2.** *fig(=reserved; cold)* reservert; kald; avmålt; ***his distant****(=formal)* ***manner*** hans avmålte vesen *n;* hans avmålthet.
distaste [disˌteist] *s:* avsmak; ***acquire a distaste for*** få avsmak for.
distasteful [disˌteistful] *adj; stivt(=disagreeable; unpleasant)* usmakelig; ubehagelig *(fx job);* ***the whole subject is distasteful to me*** det hele byr meg imot.
distemper [disˌtempə] *s* **1***(=colour wash)* limfarge;

2. *vet: (canine) distemper* hvalpesyke.
distend [di͵stend] *vb:* spile ut; utvide seg.
distension [di͵stenʃən] *s:* utspiling; utvidelse.
distil *(,US:* **distill)** [di͵stil] *vb:* destillere.
distillate [͵distilit] *s:* destillat *n.*
distillation [ˈdisti͵leiʃən] *s:* destillering.
distiller [di͵stilə] *s* **1.** spritfabrikant; **2.:** ***illicit distiller*** hjemmebrenner.
distillery [di͵stiləri] *s:* spritfabrikk; whiskyfabrikk.
distinct [di͵stiŋkt] *adj* **1**(*=clear)* tydelig; ***a distinct difference*** en tydelig forskjell; **2**(*=different)* forskjellig *(fx they are quite distinct);* ***be distinct from*** være forskjellig fra; ***keep distinct from*** holde atskilt fra; ***as distinct from****(=unlike)* til forskjell fra.
distinction [di͵stiŋkʃən] *s* **1**(*=difference)* forskjell; skille *n;* ***make a distinction between X and Y*** gjøre forskjell på X og Y; skille (*el.* skjelne) mellom X og Y; ***make a hairline distinction*** skille hårfint; ***without distinction of sex or age****(=without regard for sex or age)* uten å gjøre forskjell på kjønn *(n)* eller alder;
2. særpreg; ***books without distinction*** bøker uten særpreg;
3.: ***a writer of distinction*** en høyt ansett forfatter;
4. utmerkelse *(fx pass an exam with distinction);*
5. hedersbevisning *(fx military distinctions).*
distinctive [di͵stiŋ(k)tiv] *adj:* karakteristisk; ***distinctive mark*** kjennemerke; ***a distinctive stamp of its own*** sitt eget særpreg.
distinctively [di͵stiŋktivli] *adv:* karakteristisk; ***distinctively Norwegian****(=particularly Norwegian)* særnorsk.
distinctly [di͵stiŋktli] *adv:* klart; tydelig.
distinguish [di͵stiŋgwiʃ] *vb* **1**(*=make out)* skjelne; **2.:** ***distinguish between*** skjelne mellom; skille mellom; se forskjell på; ***distinguish from*** skille fra; **3.:** ***distinguish oneself*** utmerke seg.
distinguishable [di͵stiŋgwiʃəbl] *adj:* som kan skjelnes; ***they are hardly distinguishable*** man kan nesten ikke se forskjell på dem.
distinguished [di͵stiŋgwiʃt] *adj* **1.** høyt anerkjent;
2. fornem; fin *(fx lady); (jvf grand).*
distinguishing badge *mil(=badge (of rank))* distinksjon.
distinguishing mark kjennetegn; ***no special distinguishing mark*** ingen særlige kjennetegn.
distort [di͵stɔ:t] *vb* **1.** *fx om metall:* vri seg; **2.** *også fig:* fordreie; ***a distorted map*** et fortegnet kart; ***distort the sound*** forvrenge lyden; ***distort the truth****(=twist the truth; twist the facts)* fordreie sannheten.
distortion [di͵stɔ:ʃən] *s* **1.** fortegning; **2.** fordreining; forvrengning; forvanskning.
distract [di͵strækt] *vb:* distrahere.
distracted [di͵stræktid] *adj* **1.:** ***while her attention was distracted*** mens hennes oppmerksomhet var et annet sted; **2.** *stivt(=troubled; distressed)* forstyrret; urolig; **3.** *stivt(=mad)* gal.
distraction [di͵strækʃən] *s* **1.** distraksjon; noe som distraherer; ***in a moment of distraction*** i et uoppmerksomt øyeblikk; **2.** *stivt(=anxiety; confusion)* engstelse; forvirring; **3.:** ***he loved her to distraction*** han elsket henne til vanvidd *n.*
distrain [di͵strein] *vb; jur:* foreta utpanting; ta utlegg *(n) (on* i); ***distrain on his flat*** ta utlegg i leiligheten hans.
distraint [di͵streint] *s; jur:* utlegg *n;* utpanting.
distraint court *jur; herreds- el. byrett når den medvirker ved tvangsfullbyrdelse:* namsrett.
distraint sale *jur(=compulsory auction)* tvangsauksjon.
distraught [di͵strɔ:t] *adj; meget stivt(=very agitated)* forstyrret; urolig.
I. distress [di͵stres] *s; stivt* **1.** *fig(=pain)* smerte; sorg; ***be in great distress*** være meget oppskaket; ha det svært vondt;
2(*=deprivation; poverty)* nød; *flyv & mar:* ***in distress*** i nød; ***distress (at sea)*** havsnød; ***relieve the distress among the poor*** avhjelpe nøden blant de fattige;
3(*=discomfort)* ubehag *n;* noe som plager; ***is your leg causing you any distress ?*** er benet ditt plagsomt?
4. *jur: se distraint.*
II. distress *vb; stivt* **1.** volde smerte (*el.* bekymring);
2. *jur: se distrain.*
distressed [di͵strest] *adj* **1**(*=worried; upset)* bekymret; urolig *(fx she was distressed by his having to leave);* ***I'm distressed****(=worried)* ***by your lack of interest*** det bekymrer meg at du er så lite interessert; **2.** i nød; nødlidende; **3.** *evf(=impoverished)* nødstedt.
distressing [di͵stresiŋ] *adj; stivt(=upsetting; worrying)* foruroligende; sørgelig; *stivt:* smertelig; ***it was most distressing*** det var meget foruroligende.
distressingly [di͵stresiŋli] *adv:* sørgelig *(fx inadequate);* ***distressingly****(=desperately)* ***poor*** fortvilt fattige.
distress signal *radio:* nødsignal.
distribute [di͵stribju:t] *vb* **1.** distribuere; dele ut;
2. fordele; ***distribute among****(=between)* fordele på;
3. omsette *(fx heroin);* **4.** *om film:* leie ut.
distributed [di͵stribju:tid] *adj:* fordelt.
distribution [ˈdistri͵bju:ʃən] *s* **1.** fordeling; distribusjon; ***bad****(=poor)* ***distribution*** dårlig fordeling; **2.** *bot & zo:* utbredelse; **3.** omsetning *(fx of heroin);* **4.** *av film:* utleie.
distributor [di͵stribju:tə] *s* **1.** *merk:* forhandler; ***sole distributor*** eneforhandler; **2.:** ***film distributor*** filmutleier; **3.** *mask:* ***(ignition) distributor*** (tennings)fordeler.
district [͵distrikt] *s* **1.** distrikt *n;* område *n;* **2**(*,US: block (of houses))* kvartal *n.*
district attorney*(fk DA)* **US**(*=public prosecutor)* statsadvokat; *(jvf Director of Public Prosecutions & public prosecutor).*
district general hospital sentralsykehus; *(se hospital).*
district heating fjernvarme.
district stipendiary magistrate *svarer til:* sorenskriver.
district tax inspector *(,ofte: Inspector)* ligningssjef; *(jvf Inland Revenue; Inspector of Taxes; tax inspector).*
I. distrust [dis͵trʌst] *s:* mistro; ***have a distrust of*** ha mistro til; være skeptisk innstilt til.
II. distrust *vb:* ha mistillit til; mistro.
distrustful [dis͵trʌstful] *adj:* mistroisk (*of* overfor).
disturb [di͵stə:b] *vb* **1.** forstyrre; ***I didn't like to disturb him*** jeg syntes ikke jeg ville forstyrre ham;
2(*=worry; make anxious)* bekymre; gjøre urolig;
3. bringe uorden i; flytte på.
disturbance [di͵stə:bəns] *s* **1.** forstyrrelse; **2.:** ***disturbances****(=tumults)* tumulter; opptøyer.
disturbed [di͵stə:bd] *adj* **1.** *stivt(=upset)* urolig;
2. *med.(=unbalanced)* i mental ubalanse.
disturbing [di͵stə:biŋ] *adj; stivt(=worrying; alarming)* foruroligende.
disuse [dis͵ju:s] *s; stivt:* ***fall into disuse****(=cease to be used)* ikke lenger bli brukt; gå av bruk.
disused [dis͵ju:zd] *adj(=abandoned)* forlatt; ikke lenger i bruk; nedlagt *(fx factory; farm).*
I. ditch [ditʃ] *s* **1.** grøft; **2.** *fig:* ***die in the last ditch*** dø som siste mann på skansen.
II. ditch *vb* **1.** grave grøft(er); ***ditch a car*** kjøre en bil i grøfta; ***ditch a plane*** nødlande på vannet; **2.** *fig* **T**(*=drop)* gjøre slutt med *(fx one's boyfriend);* kvitte seg med.
ditchwater [͵ditʃˈwɔ:tə] *s* **1.** grøftevann; **2.** *fig:* ***dull as ditchwater*** dødsens kjedelig.
I. dither [͵diðə] *s* **T:** ***be all in****(=of)* ***a dither*** være helt oppkavet.
II. dither *vb* **T**(*=hesitate)* nøle.
ditty [͵diti] *s; glds el. spøkef(=little song)* vise.

diuretic ['daiju,retik] *adj(=urinative)* vanndrivende.
diurnal [dai,ə:nəl] *adj; stivt* **1***(=daily)* daglig; **2***(=daytime)* dag-; ***diurnal noises*** lyder som hører dagen til.
diurnal rhythm døgnrytme.
diva [,di:və] *s:* diva.
divan [di,væn] *s:* divan.
I. dive [daiv] *s* **1.** stup *n*, ***spring dive*** sviktstup; ***do(=make) a dive*** stupe; ***he made a dive for the ball(=he dived for the ball)*** han kastet seg etter ballen; ***he took a headlong dive*** han stupte uti; **2.** *neds:* bule; kneipe; ***a low dive*** en simpel bule.
II. dive *vb* **1.** dykke; *(jvf diver 1);*
2*(=surface dive)* dukke (under); ***he dived in after the drowning man*** han dukket ned etter mannen som holdt på å drukne;
3. stupe *(from, off* fra); ***he dived for the ball*** han kastet seg etter ballen; *om rovfugl:* ***dive on*** stupe ned på;
4. *mar; om ubåt(=submerge)* dukke; dykke;
5. T ***dive in!****(=please, help yourself!)* vær så god og forsyn deg!
6. *om bevegelse:* ***dive into****(=rush into)* fare inn i; skynde seg inn i *(fx a shop).*
diver [,daivə] *s* **1.** dykker; *(jvf scuba diver; skin diver);*
2. *zo:* dykker; ***great northern diver****(,***US:** *common loon)* islom.
diverge [dai,və:dʒ] *vb; stivt* **1***(=part)* skilles; gå hver sin vei *(fx the roads diverge further on);* **2***(=differ)* avvike; divergere; fjerne seg fra hverandre; ***diverging interests*** divergerende interesser.
divergence [dai,və:dʒəns], **divergency** [dai,və:dʒənsi] *s; stivt:* divergens; avvik *n.*
divergent [dai,və:dʒənt] *adj; stivt(=different)* forskjellig; divergerende; avvikende; ***divergent views*** divergerende oppfatninger.
diverse [dai,və:s; ,daivə:s] *adj; stivt* **1***(=different)* forskjellig; **2***(=various)* diverse.
diversion [dai,və:ʃən] *s* **1***(,***US:** *detour)* omkjøring;
2. avledning *(fx create a diversion while I slip out);*
3. *mil:* avledningsmanøver;
4. *lett glds(=amusement)* atspredelse; fornøyelse.
diversity [dai,və:siti] *s:* mangfold *n;* mangfoldighet; ***the diversity of nature*** naturens mangfold.
divert [dai,və:t] *vb* **1.** *trafikk:* omdirigere; ***diverted traffic****(=diversion)* omkjøring; **2.** *fig:* bortlede; avlede *(fx sby's attention);* **3.** *lett glds(=amuse)* more; forlyste, underholde.
divest [dai,vest] *vb; stivt:* ***divest of****(=strip of; deprive of)* berøve; frata.
I. divide [di,vaid] *s* **1.** *især* **US** *(=watershed)* vannskille; **2.** *stivt(=split)* skille *n;* kløft.
II. divide *vb* **1.** dele *(in, into* i); dele seg *(into* i);
2.: ***divide it evenly among them*** dele det likt mellom dem;
3.: ***divide it between us*** dele det mellom oss;
4.: ***divide (up)*** dele opp; dele inn; ***they divided it up between them*** de delte det seg imellom;
5. *mat.:* dividere; dele *(fx divide 6 into 24);*
6. *parl:* ***divide the House*** gå til avstemning; stemme.
divided *adj* **1.** delt; *(=in two parts)* todelt;
2. splittet; ***divided families*** splittede familier; ***scientists are divided*** vitenskapsmennene er ikke enige seg imellom.
dividend [,divi'dend; ,dividənd] *s; merk:* utbytte *n;* dividende.
dividers [di,vaidəz] *s; pl:* stikkpasser.
divination ['divi,neiʃən] *s; stivt(=guess; presentiment)* gjetning; forutanelse.
I. divine [di,vain] *vb; stivt(=guess; perceive (by intuition))* ane *(fx he divined the truth).*
II. divine *adj* **1.** guddommelig *(fx wisdom);* **2. T***(=excellent)* herlig; ***what divine weather!*** for et herlig vær!
divine service *s; rel(=service)* gudstjeneste.
diving board*(=springboard)* stupebrett; ***the 10-metre board****(=the highboard)* 10-meteren.
divining rod *for vannleting:* ønskekvist.
divinity [di,viniti] *s* **1***(=god)* gud; **2.** guddommelighet *(fx the divinity of God);* **3.** teologi; ***study divinity*** studere teologi.
divinity student teologisk student.
divisible [di,vizəbl] *adj:* delelig.
division *s* **1.** deling *(of* av);
2. inndeling; oppdeling;
3. skille *n;* dele *n;*
4. *mat & mil:* divisjon;
5. *del av departement:* kontor *n.*
division sign *mat.:* divisjonstegn; *(NB Det engelske divisjonstegnet ser slik ut: , fx 217=3).*
division wall *bygg:* brannhemmende skillevegg; *(jvf compartment wall).*
I. divorce [di,vɔ:s] *s:* skilsmisse; ***ground(s) for divorce*** skilsmissegrunn; ***get(=obtain) a divorce*** få skilsmisse.
II. divorce *vb:* skille seg fra; la seg skille fra; la seg skille *(fx her parents divorced);* ***they were divorced a year ago*** de ble skilt for et år siden.
divorcé [di,vɔ:sei] *s; jur(=divorced man)* fraskilt mann; *(jvf divorcée).*
divorced [di,vɔ:st] *adj:* fraskilt; skilt.
divorcée [divɔ,si:] *s; jur(=divorced woman)* fraskilt kvinne; *(jvf divorcé).*
divorce proceedings *pl:* skilsmisseprosess; ***they have entered into divorce proceedings*** de ligger i skilsmisse(forhandlinger).
divulge [dai,vʌldʒ] *vb; stivt(=disclose; betray)* røpe.
Dixieland [,diksi'lænd] *s* **US:** sørstatene.
DIY, D.I.Y.['di:ai,wai] *(fk f Do It Yourself) adj:* ***DIY kit*** byggesett for amatører; ***DIY shop*** hobbyforretning; *(se do it yourself).*
I. dizzy [,dizi] *adj* **1***(=giddy)* svimmel; **2.** *fig(=giddy)* svimlende *(fx heights);* **3.:** ***at a dizzy pace****(=speed)* i forrykende fart; **4***(=foolish; flighty)* fjollete *(fx young girl).*
II. dizzy *vb* **1***(=make dizzy)* gjøre svimmel; **2.** *fig(=confuse)* forvirre.
I. do [du:] *s(pl: do's)* **1. T***(=party)* selskap *n;* fest; tilstelning; **2. S***(=swindle)* svindel; **3.:** ***do's and don'ts*** regler (for hva man bør og hva man ikke bør gjøre).
II. do [du:; *trykksvakt:* du; də] *vb(pret: did; perf. part.: done)* **1.** *hjelpevb:* ***do you smoke?*** røyker du? ***I don't know him*** jeg kjenner ham ikke; ***you don't smoke, do you?*** du røyker ikke, vel? ***don't do it!*** la være! ikke gjør det! ***he saw it and so did I*** han så det, og det samme gjorde jeg; ***do you like it? – yes, I do*** liker du det? – ja, det gjør jeg; ***do shut that door, will you?*** lukk den døra, da!
2. *stivt; etter ordene 'little', 'only then', 'not till then', 'rarely', 'seldom':* ***only then did he realize that …*** *(=he only realized then that …)* først da forstod han at …; ***little did he know what was in store for him****(=he little knew what was in store for him)* lite ante han hva som ventet ham;
3. gjøre *(fx what shall I do? do one's best; we did it in three hours; do as you're told);* ***it's easier said than done*** det er lettere sagt enn gjort; ***by all means, do!*** det må du gjerne gjøre! ja, gjør endelig det! ja, for all del!
4. *om arbeidsoppgave:* ta (seg av); gjøre i stand; ***will you do the beds while I do the windows?*** vil du ta sengene mens jeg tar (meg av) vinduene*(n)*? ***who's going to do the garden?*** hvem skal ta (seg av) hagen?
5. *om tilvirkning:* ***do a portrait*** male (,tegne) et portrett;
6. *mht. helse, økonomi, prestasjon, ytelse:* gå *(fx how is it doing(=going)?);* klare; greie *(fx I can't do this sum);* gjøre *(fx do a good job);* ***how's your son doing?*** hvordan går det med sønnen din? ***he's doing better now*** det går bedre med ham nå;
7. *mht. beskjeftigelse, studier, etc:* ***what do you do for a living?*** hvilket yrke har du? ***be doing*** holde på med;

she's doing sums hun sitter og regner;
8. *om mat mht. kvalitet el. tidsfaktor:* steke *(fx the meat isn't done enough; put it in the oven and do it a little longer);* ***done to a crisp*** sprøstekt; ***done to a turn*** passe stekt; *(se overdone; half-done; underdone);*
9. *om fange:* sone *(fx do six years for manslaughter);*
10. *om hår:* ***do one's hair*** stelle seg på håret; ***her hair is always very well done*** hun er alltid meget velstelt på håret; ***do(=put) one's hair up*** sette opp håret;
11. *om skuespill:* ***they're doing "Hamlet" next week*** de spiller (*el.* oppfører) "Hamlet" neste uke;
12. *om turist:* bese; gjøre *(fx do Paris in two days);*
13. *ved presentasjon; med likelydende svar:* ***how do you do?*** god dag!
14*(=be good enough)* være bra (*el.* godt) nok *(fx will a blue one do? yes, that'll do);*
15. T*(=be sufficient; be enough)* være nok; greie seg; klare seg; ***that'll do*** det greier seg;
16.: ***do or die*** seire eller dø;
17. T*(=swindle; cheat)* snyte *(fx the baker did him);*
18. S*(=rob)* gjøre innbrudd i *(fx they did a shop);*
19. T*(=imitate)* etterligne; imitere;
20.: ***do away with*** 1*(=abolish)* avskaffe; 2. **T***(=kill)* rydde av veien; ta livet av;
21.: ***do by: he felt he'd been badly****(=hard)* ***done by****(=he felt he'd been treated unfairly)* han syntes han var blitt dårlig behandlet; *ordspråk:* ***do as you would be done by*** gjør mot andre som du vil at de skal gjøre mot deg;
22. T: ***do down*** 1*(=cheat)* snyte; 2*(=humiliate)* ydmyke; **T:** tråkke på;
23. T: ***do for*** 1*(=mean for)* bety for *(fx what will it do for your career?);* 2. stelle huset for; 3. ta knekken på; 4*(=convict):* ***they did him for manslaughter*** de fikk ham dømt for drap; **T:** de fikk et drap på ham; 5.: ***what do you do for water?****(=how do you get water?)* hvordan får dere tak i vann *n*? 6.: ***he did well for himself****(=he was successful)* han gjorde det bra;
24. T: ***done for*** fortapt; **T:** ferdig; solgt *(fx we're done for if that bomb goes off);*
25. T: ***do sby in****(=kill sby)* ta en av dage;
26. T: ***done in*** utmattet; utkjørt; helt ferdig;
27.: ***do into*** 1*(=translate into)* oversette til; 2.: ***do a book into a play*** lage skuespill av en bok;
28.: ***now you've done it!****(=that's done it!)* nå er skaden (allerede) skjedd! ***that did it*** dermed var det gjort;
29. T: ***do sby out of*** snyte en for;
30. T: ***do over****(=redecorate)* pusse opp *(fx a room);*
31.: ***do to*** gjøre med *(fx what's he done to you?);*
32.: ***do up*** 1*(=wrap up)* pakke inn *(fx a parcel);* 2. **T***(=redecorate)* pusse opp *(fx a room);* 3*(=button up)* kneppe igjen *(fx do up all the buttons);* 4.: ***she did****(=put)* ***up her hair*** hun satte opp håret; 5. **T:** ***done up****(=done in)* utkjørt; helt ferdig;
33.: ***do well*** gjøre det bra *(fx he did well at school);*
34.: ***do sby well*** 1.: ***this will do me very well*** dette vil passe fint for meg; 2.: ***they do you well at that hotel*** det er god service på det hotellet; 3. *om vellevnet:* ***he does himself well*** han nekter seg ingenting;
35.: ***do well to …*** gjøre klokt i å *(fx she'd do well to steer clear of him);*
36.: ***do well out of*** tjene godt på; ***he did well out of the change of job*** det lønte seg for ham å skifte jobb;
37.: ***get to do with*** få å gjøre med; ***have to do with*** ha å gjøre med; ***make do with****(=manage with)* greie seg med;
38. *om avsluttet handling(=finished):* ***I haven't half*** done eating jeg er ikke halvferdig med å spise; ***have done with*** 1*(=have finished using)* være ferdig med (å bruke); 2. *fig:* ***I've done with him****(=I'm through with him)* jeg er ferdig med ham;
39.: ***do without*** 1*(=manage without)* greie seg uten; 2. *iron el. spøkef(=manage better without)* greie seg (bedre) uten *(fx I can do without your opinion).*

doc [dɔk] *s* **T***(=doctor)* doktor; lege.
docile [ˌdousail; **US:** ˌdɔsl] *adj:* føyelig; medgjørlig.
docility [douˌsiliti; dɔˌsiliti] *s:* føyelighet; medgjørlighet.
I. dock [dɔk] *s* **1.** *mar:* dokk; **2. US***(=wharf; quay)* brygge; kai; **3.** *jur:* ***in the dock*** på tiltalebenken.
II. dock *vb* **1.** *mar:* dokke; dokksette; gå i dokk; **2.** *romfart(=link together)* kople sammen; **3.** *hale:* kupere *(fx dock a dog's tail);* **4. T:** ***be docked*** få trekk *(n)* i lønnen.
dockage [ˌdɔkidʒ] *s:* dokkavgifter.
docker [ˌdɔkə] *s(=dock worker;* **US:** *longshoreman)* dokkarbeider; *(jvf flight handler).*
I. docket [ˌdɔkit] *s* **1***(=label (attached to goods))* merkelapp; **2. US** *jur:* ***(trial) docket*** liste over saker som skal opp; **3. US***(=agenda)* dagsorden.
II. docket *vb* **1***(=label (goods))* sette merkelapp på; **2. US** *jur(=put on the trial docket)* føre opp på listen over saker som skal opp for retten.
docking [ˌdɔkiŋ] *s; mar:* dokksetting.
dockland [ˌdɔk'lænd] *s:* dokkområde.
dock worker*(=docker;* **US:** *longshoreman)* dokkarbeider; *(jvf flight handler).*
dockyard [ˌdɔk'jɑ:d] *s:* ***(naval) dockyard*** orlogsverft; *(se shipyard).*
I. doctor [ˌdɔktə] *s:* doktor; lege.
II. doctor *vb* **1.** *ofte spøkef:* doktorere; kurere; **2.** *fig* **T:** forfalske; *evf:* pynte på *(fx the accounts);* **3.:** ***someone had doctored her drink and she was very ill*** en eller annen hadde hatt noe opp i drinken hennes, slik at hun ble syk.
doctorate [ˌdɔktərit] *s(=doctor's degree)* doktorgrad.
doctrinaire ['dɔktriˌnɛə] *adj:* doktrinær; dogmefast; prinsipptro.
doctrinairian ['dɔktriˌnɛəriən] *s:* prinsipprytter.
doctrine [ˌdɔktrin] *s:* doktrine; læresetning.
I. document [ˌdɔkjumənt] *s:* dokument *n;* ***the documents may be inspected****(=the documents are on view)* dokumentene er utlagt til gjennomsyn.
II. document [ˌdɔkju'ment] *vb:* dokumentere; ***well documented*** godt dokumentert.
I. documentary ['dɔkjuˌmentəri] *s:* dokumentarfilm.
II. documentary *adj:* dokumentarisk; dokumentar-.
documentation ['dɔkjumenˌteiʃən] *s:* dokumentasjon.
dodder [ˌdɔdə] *vb; især om eldre person(=walk unsteadily; totter)* vakle; gå ustøtt.
doddery [ˌdɔdəri] *adj; især om eldre person(=shaky)* skjelvende; *(=weak)* svak.
I. dodge [dɔdʒ] *s* **1.** (kvikk,) unnvikende bevegelse; **2. T***(=trick)* knep *n.*
II. dodge *vb* **1.** smette unna; unnvike; **2.** *fig:* ***dodge the issue*** gå utenom (saken).
dodgem [ˌdɔdʒəm] *s(=dodgem car)* radiobil (for barn*(n)*).
dodgy [ˌdɔdʒi] *adj* **T 1***(=risky; difficult)* risikabel; vanskelig *(fx a dodgy plan);* **2. T***(=unreliable; uncertain)* upålitelig; usikker *(fx business);* ***a dodgy car*** en dårlig bil.
doe [dou] *s; zo; om hun(n)dyr* **1.** *av dådyr:* då; dåkolle; **2.** *av hare el. kanin:* hunn.
DOE *(fk f Department of the Environment):* ***the DOE*** miljøverndepartementet.
doer [ˌdu:ə] *s:* ***he's a doer*** han er et handlingsmenneske.
does [dʌz; *trykksvakt:* dəz; **T:** s] *3. pers sing av II. do;* ***what does it mean?****(,T: what's it mean?)* hva betyr det?
I. dog [dɔg] *s* **1.** *zo:* hund; ***guide dog*** førerhund; ***sniffer dog****(=detector dog)* narkotikahund; ***she-dog*** *(=bitch)* hunhund; tispe;
2. *zo:* han(n) *(fx a dog fox);*
3. *om person:* ***you lucky dog****(=beggar)!* din heldiggris!
4.: ***things are going to the dogs*** det går den veien høna

sparker; *om person:* ***go to the dogs****(=go to the bad)* gå i hundene;
5.: ***love me, love my dog!*** du må ta meg som jeg er (med alle mine feil);
6.: ***give a dog a bad name*** har man først fått dårlig ord *(n)* på seg, blir det gjerne sittende;
7.: ***treat sby like a dog*** behandle en som en hund.
II. dog *vb* **1***(=follow)* følge etter *(fx she dogged his footsteps);* **2.** *fig:* forfølge *(fx bad luck dogged him).*
dog biscuit hundekjeks.
dogcart [ˌdɔgˈkɑ:t] *s:* lett tohjulet jaktvogn.
dog collar 1. hundehalsbånd; **2. T***(=clerical collar)* prestekrage.
dog-ear [ˌdɔgˈiə] **1.** *s: se dog's-ear;* **2.** *vb:* lage eselører (i).
dogfight [ˌdɔgˈfait] *s* **1.** bikkjeslagsmål; ***a political dogfight*** et politisk bikkjeslagsmål; **2.** *mil; flyv:* nærkamp.
dogfish [ˌdɔgˈfiʃ] *s; zo; om forskjellige typer småhai, fx:* ***black-mouthed dogfish*** hågjel; ***spiny dogfish*** hå.
dogged [ˌdɔgid] *adj(=stubborn)* stedig; ***dogged resistance*** seig (*el.* innbitt) motstand.
I. doggy*(=doggie)* [ˌdɔgi] *s; især i barnespråk:* bissevov; *sagt til hund:* bisk; ***nice doggy!*** snill bisk!
II. doggy *adj:* hunde-; ***a doggy smell*** hundelukt.
doggy bag pose beregnet på matrester til hunden.
dog handler hundefører.
doghouse [ˌdɔgˈhaus] *s* **1. US***(=kennel)* hundehus; **2.** *fig:* ***be in the doghouse*** være i unåde.
dogma [ˌdɔgmə] *s:* dogme.
dogmatic [dɔgˌmætik] *adj* **1.** dogmatisk; **2***(=categorical)* kategorisk.
do-gooder [ˈdu:ˌgudə] *s; neds:* velmenende, naiv person.
dogrose [ˌdɔgˈrouz] *s; bot:* steinnyperose; klungerrose.
dogsbody [ˌdɔgzˈbɔdi] *s:* løpegutt; altmuligmann; altmuligkvinne.
dog's-ear [ˌdɔgzˈiə] *s; i bok(=dog-ear)* eseløre.
dog sled hundeslede.
dog team hundespann.
dog-tired [ˌdɔgˈtaiəd] *adj* **T***(=exhausted)* utkjørt.
dogtrot [ˌdɔgˈtrɔt] *s:* luntetrav.
dogwatch [ˌdɔgˈwɔtʃ] *s; mar:* hundevakt.
doily [ˌdɔili] *s;* brikke; ***lace doily*** kniplingsbrikke.
doing [ˌdu:iŋ] *s* **1.:** ***whose doing is this?****(=who has done this?)* hvem har gjort dette? ***that takes some doing*** det skal noe til; det er ingen lett sak; **2.:** ***doings****(=activities)* virksomhet; ***he tells me about all your doings*** han forteller meg om alt det du holder på med; **3. T:** ***doings****(=things)* tingester; greie(r).
do-it-yourself [ˈdu:itˈjɔ:ˌself] *(fk DIY; D.I.Y) adj:* ***do-it-yourself kit*** byggesett for amatører; ***do-it-yourself shop*** hobbyforretning.
do-it-yourselfer [ˈdu:itˈjɔ:ˌselfə] *s:* hobbysnekker; person som liker å lage ting selv.
doldrums [ˌdɔldrəmz] *s; pl:* ***the doldrums*** **1.** *geogr:* kalmebeltet; **2.** *fig:* ***be in the doldrums*** være i dårlig humør *n.*
I. dole [doul] *s:* arbeidsledighetstrygd; ***be on the dole*** motta arbeidsledighetstrygd; være arbeidsledig; ***sign on for the dole*** melde seg (som) arbeidsledig.
II. dole *vb* **T:** ***dole out****(=share out)* dele ut.
doleful [ˌdoulful] *adj; stivt(=sad)* sørgmodig.
I. doll [dɔl] *s:* dukke.
II. doll *vb:* ***doll up*** pynte; stase opp.
doll house US: *se doll's house.*
dollop [ˌdɔləp] *s:* klump; klatt *(fx of jam).*
doll's house*(=dolls' house;* **US:** *doll house)* dukkehus.
dolly [ˌdɔli] *s* **1.** *film(=camera dolly)* kameravogn; **2.** *barnespråk(=doll)* dukke; **3. T***(=chick; bird)* skreppe; kjei *n.*
dolly bird: *se dolly 3.*
dolorous [ˌdɔlərəs] *adj; poet(=sorrowful; sad)* sørgmodig; bedrøvet.
dolphin [ˌdɔlfin] *s; zo:* delfin.
domain [dəˌmein] *s* **1.** *glds:* domene; land *n;* **2.** *fig; stivt(=field)* område *n;* felt *n.*
dome [doum] *s:* kuppel.
domesday [ˌdu:mzˈdei] *s: se doomsday.*
I. domestic [dəˌmestik] *s glds(=servant)* tjener.
II. domestic *adj* **1.** hus-; hjemme-; ***domestic industry****(=home (crafts) industry)* husflid;
2. innenriks; innenlandsk; ***domestic*** *(=home)* ***trade*** innenlandsk handel;
3. familie-; i hjemmet; ***domestic problems*** problemer *(n)* hjemme; familieproblemer; ***domestic violence*** vold i hjemmet;
4*(=domesticated)* huslig; ***he's not a very domestic sort of person*** han er ikke videre huslig av seg;
5*(=home-loving)* hjemmekjær.
domestic animal*(=farm animal)* husdyr.
domestic appliances *pl:* husgeråd *n;* husholdningsartikler.
domesticate [dəˌmestiˈkeit] *vb* **1.** *om dyr:* temme;
2. gjøre huslig; ***a domesticated husband*** en huslig ektemann.
domestic fowls *pl(=poultry)* fjærfe.
domestic help *(,***T:** *maid)* hushjelp.
domesticity [ˈdouməˌstisiti] *s; stivt* **1***(=home life)* hjemmeliv; **2.:** ***an atmosphere of domesticity****(=a homely atmosphere)* en hjemlig atmosfære.
domestic science *skolev: se home economics.*
domicile [ˌdɔmiˈsail] *s; jur:* (fast) bopel.
domiciled *adj; jur:* ***domiciled in*** med bopel i; bosatt i.
domiciliary [ˈdɔmiˌsiliəri] *adj:* hus-; som finner sted i hjemmet; ***domiciliary care*** tjenesteytelser i hjemmet.
dominance [ˌdɔminəns] *s:* dominans; ***male dominance*** mannsdominans.
dominant [ˌdɔminənt] *adj; også biol:* dominerende *(fx gene; group; theme).*
dominate [ˌdɔmiˈneit] *vb:* dominere; ***dominated by men****(=male-dominated)* mannsdominert.
dominating [ˌdɔmiˈneitiŋ] *adj:* dominerende *(fx influence).*
domineering [ˈdɔmiˌniəriŋ] *adj:* dominerende; herskesyk.
I. Dominican [dəˌminikən] *s:* dominikaner.
II. Dominican *adj:* dominikansk.
dominion [dəˌminjən] *s:* herredømme.
domino [ˌdɔmiˈnou] *s* **1.** *kostymeantrekk:* domino;
2. dominobrikke; **3.:** ***dominoes*** domino(spill).
don [dɔn] *s(=lecturer)* universitetslektor (især ved Oxford el. Cambridge).
donate [douˌneit] *vb:* donere.
donation [douˌneiʃən] *s:* donasjon; gave.
done [dʌn] *perf.part. av II. do.*
Don Juan [ˈdɔnˌdʒuən] *s; spøkef(=casanova)* casanova; donjuan; kvinnebedårer; kvinneforfører.
donkey [ˌdɔŋki] *s* **1.** *zo(=ass)* esel *n;* **2.:** ***talk the hind leg(s) off a donkey****(=talk endlessly)* snakke seg i hjel; snakke til ørene *(n)* faller av.
donkey bridge T *(=mnemonic)* huskeregle.
donkey's years T: ***I haven't seen her for donkey's years*** jeg har ikke sett henne på evigheter.
donkey-work [ˌdɔŋkiˈwə:k] *s* **T***(=drudgery)* grovarbeid; niggerarbeid; *(jvf spadework).*
donor [ˌdounə] *s:* giver; ***(blood) donor*** blodgiver.
donor country *polit(,***US** *foreign aid donor)* giverland.
donut [ˌdouˈnʌt] *s* **US:** *se doughnut.*
I. doodle [du:dl] *s:* krusedulle.
II. doodle *vb:* tegne kruseduller.
I. doom [du:m] *s:* dommedag; ***prophet of doom****(,***T:** *doom-monger;* **US T:** *doom merchant)* dommedagsprofet.
II. doom *vb; fig:* dømme; ***our plan is doomed*** vår plan er dømt til å mislykkes.
doomsday [ˌdu:mzˈdei] *s:* dommedag.
door [dɔ:] *s; også fig:* dør; ***back door*** bakdør; ***front door*** inngangsdør; entrédør; ***behind closed doors*** bak

lukkede dører; ***lay it at sby's door*** gi en skylden; ***next door*** i huset ved siden av; ***out of doors*** utendørs; i det fri.
door attendant *stivt(=doorman)* dørvakt; dørvokter.
door bell dørklokke.
door chain sikkerhetslenke; ***put the door chain on(= slip the door chain in)*** sette sikkerhetslenken på.
door chime dørklokke med klokkespill.
door closer dørpumpe.
door curtain*(=portière)* portière.
door handle dørhåndtak; ***interior door handle*** innvendig dørhåndtak.
doorkeeper [ˌdɔ:'ki:pə] *s(=doorman)* dørvakt; dørvokter; portner.
door knob rundt dørhåndtak.
door knocker dørhammer.
doorman [ˌdɔ:'mæn] *s:* dørvakt; dørvokter; portner.
doormat [ˌdɔ:'mæt] *s:* dørmatte.
doornail [ˌdɔ:'neil] *s:* ***(as) dead as a doornail*** død som en sild.
door panel *arkit:* dørfylling.
door plate 1. dørskåner; **2***(=name plate)* dørskilt; navneskilt.
doorpost [ˌdɔ:'poust] *s:* dørstolpe.
door sill *arkit:* dørterskel; dørtrinn; dørstokk.
doorspeak [ˌdɔ:'spi:k] *s(=entry phone)* dørtelefon.
doorstep [ˌdɔ:step] *s:* dørtram; *fig:* ***practically on our doorstep*** like utenfor stuedøren.
doorstep conman småsvindler som lurer folk til å kjøpe ting el. tjenester ved dørene.
doorstep delivery levering ved dørene.
doorstep salesman*(=door-to-door salesman)* dørselger.
doorstop [ˌdɔ:'stɔp] *s:* dørstopper.
door-to-door salesman*(=doorstep salesman)* dørselger.
door tout *utenfor nattklubb, etc:* innkaster.
door viewer*(=door spy)* kikkhull i dør; dørkikker.
doorway [ˌdɔ:'wei] *s:* døråpning; ***in the doorway*** i døren; i døråpningen.
I. dope [doup] *s* **1.** preparat *n;*
2. S*(=illegal drug)* stoff *n;*
3. *sport:* stimulerende middel *n;* ***test for dope(= test for drug(s))*** foreta dopingkontroll; *(se dope test; doping check);*
4. T*(=information;* **T:** *gen)* opplysninger; tips *n;*
5. T*(=fool; dumbo)* tosk.
II. dope *vb* **1. S***(=be a drug addict)* være stoffmisbruker; **2.:** ***dope sby's food (,drink)*** ha bedøvende middel *(n)* i ens mat (,drink); *(jvf Mickey (Finn));*
3. *også sport:* dope; dope seg; gi bedøvende middel *n.*
dope addict *især* **US***(=drug addict)* stoffmisbruker; narkoman.
dope test *sport(=drug(s) test)* dopingtest; dopingprøve; *(se doping check; drug(s) test).*
dopey [ˌdoupi] *adj* **T***(=groggy)* sløv (av narkotika, etc); groggy.
doping check T*(=drug(s) test)* dopingkontroll; ***he failed the doping check*** **T** han bestod ikke dopingkontrollen.
dorbeetle [ˌdɔ:'bi:tl] *s; zo:* tordivel.
dorm [dɔ:m] *s* **T***(=dormitory)* sovesal.
dormant [ˌdɔ:mənt] *adj; stivt el. faglig:* sovende.
dormer [ˌdɔ:mə] *s(=dormer window)* kvistvindu; takvindu.
dormitory [ˌdɔ:mitəri] *s(,***T:** *dorm)* sovesal.
dormitory suburb*(=commuter village)* soveby.
dormouse [ˌdɔ:'maus] *s(pl: dormice) zo:* ***(common) dormouse*** hasselmus.
dorsal [ˌdɔ:səl] *adj; anat; zo:* rygg-; ***dorsal fin*** ryggfinne.
dosage [ˌdousidʒ] *s(=dosing; dose)* dosering.
I. dose [dous] *s* **1.** *med.:* dose *(fx of medicine);* ***a good strong dose*** en riktig sterk dose;
2. *fig:* dose; porsjon; ***sun-bathing should take place in small doses*** soling bør skje i små doser; ***give him a dose of his own medicine*** la ham få prøve sin egen medisin;
3. *om noe ubehagelig:* omgang *(fx a dose of flu);*
4. S*(=gonorrhoea;* **S:** *clap)* gonoré; dryppert.
II. dose *vb:* dosere.
I. doss [dɔs] *s(=(makeshift) bed; bunk)* (provisorisk) seng; køye (især i et 'dosshouse').
II. doss *vb* **T:** ***doss down****(=bed down; bunk down)* slenge seg nedpå; legge seg ned(på).
dosser [ˌdɔsə] *s* **T***(=down-and-out;* **US:** *hobo)* uteligger; *i offisielt språkbruk:* herbergist.
dosshouse [ˌdɔs'haus] *s* **S***(=night shelter;* **US:** *flophouse)* nattherberge; billig nattelosji.
dossier [ˌdɔsi'ei] *s:* dossier *n;* saksmappe; saksdokumenter.
I. dot [dɔt] *s* **1.** prikk; *(se dot-and-dash line);* **2***(=speck; spot)* punkt *n(fx a dot of light on the roof);*
3. *mus:* punkt *n;*
4.: ***on the dot*** presis; på klokkeslaget;
5. *lett glds* **T:** ***way back in the year dot, we all ate with our fingers*** for lenge, lenge siden spiste vi alle med fingrene; ***since the year dot*** siden tidenes morgen.
II. dot *vb* **1.** prikke; ***a dotted line*** en prikket linje;
2. sette prikk over (,under); ***dot one's i's*** sette prikk over i'ene; *fig:* ***dot one's i's and cross one's t's*** være omhyggelig *(el.* nøyaktig); **3.** *fig:* ***dot with****(=intersperse with)* spekke med.
dotage [ˌdoutidʒ] *s:* alderdomssløvhet; ***be in one's dotage****(=be in one's second childhood)* lide av alderdomssløvhet; gå i barndommen.
dot-and-dash line*(=broken line)* stiplet linje.
dote [dout] *vb:* ***dote on sby*** forgude en; tilbe en.
doting [ˌdoutiŋ] *adj:* tilbedende; ***doting mothers*** mødre som forguder sine barn *n.*
dotted [ˌdɔtid] *adj:* prikket; ***on the dotted line*** på den prikkede linjen.
dotty [ˌdɔti] *adj* **T***(=nutty; crazy)* sprø; smårar.
I. double [ˌdʌbl] *s* **1.:** ***the double*** det dobbelte;
2*(,***T:** *twin)* dobbeltgjenger;
3. motpart; noe som er nøyaktig tilsvarende;
4. *kortsp; bridge:* dobling;
5. *teat:* skuespiller med to roller i samme stykke *n;*
6. *mil:* springmarsj; ***march at the double*** løpe i springmarsj;
7.: ***at(=on) the double*** i full fart.
II. double *vb:* doble; ***prices have doubled*** prisene har steget til det dobbelte; ***double in size*** gjøre dobbelt så stor; ***double back (on one's tracks)*** snu; ***double up*** 1. folde sammen; 2. krumme seg *(fx he doubled up);* ***doubled up*** 1. sammenbrettet; 2. krumbøyd; *(se doubling).*
III. double *adj & adv:* dobbel; dobbelt; ***do double work*** gjøre dobbelt arbeid *n;* ***double the number****(=twice as many)* dobbelt så mange; ***double the quantity****(=twice as much)* dobbelt så mye; ***see double*** se dobbelt.
double-bank ['dʌblˌbæŋk] *vb(=double park)* dobbeltparkere.
double-barrelled [ˌdʌbl'bærəld] *adj* **1.** dobbeltløpet;
2. *om navn:* med bindestrek; **3***(=ambiguous)* tvetydig *(fx remark).*
double bass *mus:* kontrabass.
double bed dobbeltseng.
double-bedded [ˌdʌbl'bedid] *adj:* ***double-bedded room*** værelse med dobbeltseng; *(se double room & single room).*
double bill *teat:* dobbeltforestilling; dobbeltprogram.
double blind: ***experiment with a double blind*** dobbeltblindforsøk.
double-breasted ['dʌblˌbrestid; *attributivt:* ˌdʌbl'brestid] *adj:* dobbeltspent *(fx jacket).*
double check dobbeltkontroll; dobbeltsjekk.
double-check [ˌdʌbl'tʃek] *vb:* dobbeltsjekke.

double chin dobbelthake.
double cream *(,US: heavy cream; thick cream)* meget tykk fløte; *(se I. cream & single cream).*
double cross *biol:* dobbeltkrysning.
double-cross [ˌdʌbl'krɔs] *vb* **T***(=cheat; betray)* snyte; forråde.
double-decker [ˌdʌbl'dekə] *s; om fx buss:* dobbeltdekker.
double door*(=folding door)* fløydør; dobbeltdør.
double doors dobbeltdør (ɔ: to dører innenfor hverandre).
double Dutch T *(=gibberish)* kaudervelsk; labbelensk.
double-edged ['dʌblˌedʒd; *attributivt:* ˌdʌbl'edʒd] *adj; også fig:* tveegget *(fx remark).*
double entendre ['dʌbl anˌta:ndrə] *s; stivt:* tvetydighet; dobbeltbunnethet.
double feature *film:* dobbeltprogram.
double-glazed ['dʌblˌgleizd; *attributivt:* ˌdʌbl'gleizd] *adj:* ***double-glazed windows*** dobbeltvinduer.
double glazing dobbeltvinduer.
double-jointed ['dʌblˌdʒɔintid; *attributivt:* ˌdʌbl'dʒɔintid] *adj:* ***be double-jointed****(=be loose-jointed)* være løs i leddene *n;* være lealaus.
double life: ***lead a double life*** føre en dobbelttilværelse; leve et dobbeltliv.
doubleness [ˌdʌblnəs] *s:* dobbelthet; *(jvf duplicity).*
double-park ['dʌblˌpɑ:k] *vb:* dobbeltparkere.
double room *på hotell:* dobbeltrom; dobbeltværelse.
double standard 1. *økon:* dobbeltmyntfot; **2.:** ***a double standard (of morality)****(=a double set of morals)* en dobbeltmoral.
double-stick [ˌdʌbl'stik] *vb; ski(,***US:** *double-pole)* ta dobbelte stavtak; stake; pigge; ***he's double-sticking up to the finish*** han går mot mål med dobbelte stavtak.
double-sticking *ski(,***US:** *double-poling)* det å ta dobbelte stavtak; dobbelttak; staking; pigging.
double stroke *ski:* ***double stroke (of one's sticks)*** dobbelttak; *(se double-stick).*
double talk tomme fraser.
doubling [ˌdʌbliŋ] *s:* dobling; fordobling.
doubly [ˌdʌbli] *adv:* dobbelt *(fx doubly difficult).*
I. doubt [daut] *s* **1.** tvil *(fx there is some doubt as to what happened);* ***I have doubts about that place*** jeg har mine tvil når det gjelder det stedet; ***all my doubts were justified****(=all my misgivings came true)* all min tvil var berettiget; jeg fikk rett i alle mine bange anelser; ***throw doubt on*** kaste tvil over; ***but with serious doubts****(=but with the greatest misgiving)* … men under stor tvil;
2.: ***beyond doubt*** 1. hevet over tvil; 2*(=certainly)* sikkert;
3.: ***in doubt*** 1. i tvil; ***if in doubt, ask*** hvis du er i tvil, så spør; 2*(=uncertain)* uviss; ***the result is still in doubt*** resultatet er fremdeles uvisst;
4.: ***no doubt****(=surely; probably):* ***no doubt you would like to see your bedroom*** du vil sikkert gjerne se soveværelset ditt; ***he'll be back tomorrow, no doubt*** han kommer nok igjen i morgen; ***I have no doubt that*** jeg tviler ikke på at
II. doubt *vb:* tvile; tvile på; betvile; ***I doubt whether****(,***T:** *I doubt if)* jeg tviler på om; ***I don't doubt that …*** jeg tviler ikke på at …; ***I doubt it*** det tviler jeg på.
doubter [ˌdautə] *s:* tviler.
doubtful [ˌdautful] *adj* **1.** tvilsom; uviss;
2*(=suspicious)* mistenkelig; tvilsom; ***a doubtful past*** en tvilsom fortid;
3.: ***be doubtful about*** være i tvil med hensyn til (*el.* når det gjelder); *(se også dubious).*
doubting Thomas vantro Tomas; skeptiker.
doubtless [ˌdautləs] *adv; stivt(=certainly; probably)* utvilsomt; ***as you doubtless know****(=as you no doubt know)* som du utvilsomt (*el.* sikkert) vet.
douche [du:ʃ] *s; med.:* utskylling.
dough [dou] *s* **1.** deig *(fx bread dough); (se yeast dough & pastry);* **2. S***(=money)* penger; **S:** gryn *n.*
doughnut [ˌdou'nʌt] *s; også* **US:** berlinerbolle; smultbolle; *(jvf bismark & dough ring).*
dough ring *(,***US:** *(cake) doughnut)* smultring.
dour [duə] *adj; stivt* **1***(=sullen)* mutt; innesluttet; **2***(=hard; stubborn)* hard; trassig.
douse [daus] *vb:* ***douse water on*** tømme (*el.* helle) vann *(n)* på; ***douse the fire*** tømme vann på ilden.
I. dove [dʌv] *s; zo & fig:* due.
II. dove [douv] **US** *pret & perf. part. av II. dive.*
dovecote [ˌdʌv'kout], **dovecot** [ˌdʌv'kɔt] *s* **1.** dueslag *n;* **2.** *fig:* ***flutter the dovecotes*** skape røre i andedammen.
I. dovetail [ˌdʌv'teil] *s* **1.** *for lås:* styretapp; **2.** *tøm:* sinketapp; ***dovetail (joint)*** sinkeskjøt.
II. dovetail *vb* **1.** *tøm:* sinke; **2.** *fig:* føye seg inn i hverandre; passe sammen *(fx our holidays dovetailed).*
dowager [ˌdauədʒə; ˌdauidʒə] *s:* rik, fornem enke; ***queen dowager*** enkedronning.
dowdy [ˌdaudi] *adj:* unett *(fx dress);* ufiks; *(se frump).*
dowel [ˌdauəl] *s; tøm:* dybbel; dømling.
dowel pin *mask* **1.** styretapp; **2***(=guide pin)* styrestift.
dower [ˌdauə] *s:* enkelodd.
dowitcher [ˌdauitʃə] *s; zo:* ***long-billed dowitcher*** bekkasinsnipe.
I. down [daun] *s* **1.** *zo:* dun *n;* **2.** *bot:* dun *n;* fnugg *n.*
II. down *s* **1.** *glds:* høydedrag; klitt; **2.:** ***downs****(=downland)* bakkelandskap.
III. down *s* **1***(=descent; downward movement)* nedgang; nedadgående bevegelse; **2.** *fig:* ***ups and downs*** medgang og motgang; ***the ups and downs of life*** livets tilskikkelser; **3. T:** ***have a down on sby*** ha et horn i siden til en.
IV. down *vb* **1.** *sport:* felle (ved takling); **2. T***(=drink quickly)* helle i seg; **3.:** ***down tools*** nedlegge arbeidet.
V. down *adj & adv* **1.** ned; nede; nedover *(fx he ran down the hill);* ***down below*** nedenunder; der nede; ***down by the harbour*** nede ved havnen; ***sit down*** sette seg; ***sit down!*** sett deg! ***up and down*** opp og ned; ***further down*** lenger ned; ***the price of milk is down*** melkeprisen har gått ned; ***the thermometer was down to minus 45*** termometeret var nede på minus 45 grader; ***down to the last detail*** ned til (den) minste detalj;
2. *om sted* **T***(=down to; down in)* i; ned i; ***go down the pub*** gå ned i (*el.* på) pub'en;
3. *sport; fx fotb:* ***be down*** ligge etter; ***we're two goals down*** vi ligger to mål *(n)* etter; ***they were 2 – 0 down*** *(=they were two to nil down)* ***at half-time*** stillingen var 2 – 0 i deres disfavør etter første omgang;
4. *kortsp; bridge:* ***be (,go) two down*** ha (,få) to beter;
5. *om pris:* ***be down by 10%*** ha falt med 10%;
6. *fig:* ***cut down*** beskjære; gjøre kortere;
7*(=cash):* ***I paid him half the money down*** jeg betalte ham halvparten av pengene kontant;
8. nedskrevet; notert *(fx I have your phone number down in my address book);* ***he's down for a speech at our next meeting*** han skal holde en tale på vårt neste møte;
9*(=depressed)* nedtrykt; nede *(fx feel a bit down);* ***be down in the dumps*** være nedtrykt; **T:** være molefunken; være deppa.
10.: ***be handed down*** gå i arv *(fx the recipe has been handed down in our family for years);*
11.: ***be down on****(=have a down on)* ha et horn i siden til; være etter;
12. T: ***be down on one's luck*** ha hatt motgang;
13.: ***down through the ages*** ned gjennom tidene;
14.: ***get down to it*** se til å få det gjort; ***get down to writing some letters*** se til å få skrevet noen brev *n;*
15. T: ***that arrangement will suit me down to the ground*** den ordningen vil passe meg helt fint;
16. *int:* ***down with the King!*** ned med kongen!
17.: ***be down with (the) flu*** ligge til sengs med influensa.

I. down-and-out ['daunən,aut] *s(=dosser)* uteligger; *i offisielt språkbruk:* herbergist.
II. down-and-out *adj:* helt på bar bakke; **T:** helt på knærne.
down-at-heel ['daunət,hi:l] *adj* **1.** nedtrådt; ***down-at-heel shoes*** nedtrådte sko; **2.** *fig(=shabby; untidy)* lurvet; nedslitt.
downcast [,daun'ka:st] *adj; stivt:* nedslått; ***with downcast eyes*** med blikket ned.
downdraught *(,US: downdraft)* [,daun'dra:ft] *s* **1.** *i pipe:* nedslag *n;* **2.** *mask; i forgasser:* fallstrøm; **3.** *flyv(=katabatic wind)* fallvind.
downfall [,daun'fɔ:l] *s* **1.** *fig:* fall *n;* undergang;
2. (plutselig og sterk) nedbør.
downfold [,daun'fould] *adj:* til å slå ned; ***downfold tailgate*** baklem til å slå ned.
I. downgrade [,daun'greid] *s* **1.** *om hellingsvinkel:* fall *n;* **2***(=downhill slope)* utforbakke.
II. downgrade *vb* **1.** nedvurdere; nedgradere *(fx a job);*
2. *om hemmelig dokument:* nedgradere.
downhearted ['daun,ha:tid; *attributivt også:* ,daun,ha:tid] *adj:* motløs.
I. downhill [,daun'hil] *s* **1***(=downhill slope)* nedoverbakke; utforbakke; **2.** *ski(=downhill race)* utforrenn.
II. downhill [,daun,hil; 'daun,hil; *attributivt:* ,daun'hil] *adj & adv* **1.** nedover; ***start while moving downhill*** starte i utforbakke;
2. *fig; om pasient:* ***go downhill*** bli dårligere;
3. *fig:* ***he was already going downhill*** han var allerede kommet ut på skråplanet.
downhill piste *ski(=downhill course; downhill track)* utforløype; ***on the downhill piste*** i utforløypa.
downhill (race) *ski:* utforrenn.
downhill racing *ski:* det å kjøre utforrenn.
downhill running *ski(=downhill skiing)* utforkjøring; ***practice in downhill running*** trening i utforkjøring.
downhill slope utforbakke.
downland [,daun'lænd] *s(=downs)* bakkelandskap.
downlight [,daun'lait] *s:* overlys.
I. download [,daun'loud] *s; EDB:* nedlasting (i egen maskin); *(jvf I. upload).*
II. download [,daun'loud; 'daun,loud] *vb* **1***(=unload)* lesse av;
2. *EDB:* laste ned (i egen maskin); *(jvf II. upload).*
Downing Street 1. Downing Street (hvor statsministeren bor i nr. 10);
2. T*(=the British government)* Den britiske regjering.
downmarket [,daun'ma:kit] *adj(=cheap; poor-quality)* billig; beregnet på det mindre fordringsfulle marked; av dårlig kvalitet; *(jvf up-market).*
down payment depositum *(n)* (som delbetaling); ***make a down payment on a house*** deponere på et hus; betale første avdrag *(n)* på et hus.
downpipe [,daun'paip] *s; bygg(=rainwater pipe)* nedløpsrør.
downpour [,daun'pɔ:] *s:* øsregn; kraftig regnskyll.
downproof [,daun'pru:f] *adj:* ***downproof cambric*** dunlerret.
downright [,daun'rait] **1.** *adj:* ***I think it would be a downright advantage to us*** jeg tror det rett og slett ville være en fordel for oss; ***a downright lie*** en loddrett løgn; ***it's downright nonsense*** det er det rene tøv;
2. *adv:* direkte *(fx he was downright rude).*
downside [,daun'said] *s* **1***(=debit side)* minusside;
2. *fig:* ***on the downside****(=on the minus side)* på minussiden.
I. downstage [,daun'steidʒ] *s; teat:* forgrunn; rampe.
II. downstage [,daun'steidʒ] *adj; teat:* forgrunns-; som befinner seg i forgrunnen; ***downstage (area)*** forgrunn; rampe.
III. downstage ['daun,steidʒ] *adv:* mot forgrunnen; ned mot rampen.
I. downstairs [,daun'stɛəz] *adj:* (som ligger) i etasjen under; ***the downstairs flat*** leiligheten i etasjen under.
II. downstairs [,daun,stɛəz] *adv* **1.** nedenunder; i etasjen under; **2.** nedover trappen.
I. downstream [,daun'stri:m] *adj:* som ligger lenger ned langs elven.
II. downstream ['daun,stri:m] *adv:* nedover elven; med strømmen; ***sail downstream****(=sail down the river)* seile nedover elven.
down time 1. dødtid; *oljeind:* borestans; dødtid;
2. *EDB:* unyttbar tid.
down to earth, down-to-earth ['dauntu,ə:θ; ,dauntu'ə:θ] *adj:* nøktern; realistisk; jordnær; ***he's down to earth****(=he's no flier)* han er jordnær.
I. downtown [,daun'taun] *adj* **US:** ***downtown Manhattan*** Manhattan sentrum *n.*
II. downtown [,daun,taun] *adv:* ned i byen; inn til byen.
downtrodden [,daun'trɔdən] *adj(=cowed)* underkuet.
downturn [,daun'tə:n] *s; økon(=downward trend)* nedadgående tendens.
down under T *(=Australia)* Australia.
downward [,daunwəd] *adj:* som skråner nedover.
downward(s) *adv:* nedad; nedover; *om tid:* og frem til vår tid *(fx from the Stuarts downwards).*
downwind ['daun,wind] *adv:* med vinden; *(se following wind).*
downy [,dauni] *adj:* dunet; fylt med dun *n;* dekket med dun *(el.* ørsmå hår *n)).*
dowry [,dauri] *s:* medgift.
dowse [daus] *vb* **1.:** *se douse;* **2.** lete etter vann *(n)* med ønskekvist.
dowsing rod*(=divining rod)* ønskekvist.
doyen [,dɔiən] *s:* doyen.
doz. [dʌz] *(fk f dozen)* dus. *(fk f* dusin); *(se dozen).*
I. doze [douz] *s:* døs; blund.
II. doze *vb:* døse; blunde; sitte og døse; ***doze away the time*** sitte og sove bort tiden; sitte og døse; ***doze off****(=drop off; fall asleep)* sovne; **T:** duppe av.
dozen [,dʌzən] *s:* dusin *n (fx two dozen eggs);* ***in dozens*** dusinvis; i dusin *(fx we sell eggs in dozens);* ***he's got dozens of records*** han har plater i dusinvis.
dozer [,douzə] *s(=bulldozer)* bulldozer.
dozy [,douzi] *adj(=drowsy; sleepy)* døsig; søvnig.
DPP *(fk f Director of Public Prosecutions)* riksadvokat.
drab [dræb] *adj* **1.** *om farge:* trist; **2.** *fig:* trist; grå.
drachma [,drækmə] *s; gresk mynt:* drakme.
Draconian [drei,kouniən; drə,kouniən], **Draconic** [drei,kɔnik; drə,kɔnik] *adj; om lov, etc(=harsh)* drakonisk; meget streng.
I. draft [dra:ft] *s* **1.** utkast; ***make****(=write)* ***a draft*** lage et utkast;
2. *skolev:* ***(rough) draft****(=rough copy)* kladd; ***make a rough draft*** kladde; ***write on top of the rough draft*** skrive over i kladden;
3. *merk:* tratte;
4. US *mil(=call-up)* innkallelse; *(jvf national service);*
5. US: *se draught.*
II. draft *vb* **1.** lage utkast til; **2.** *skolev:* kladde; ***draft sth****(=make a rough draft of sth)* kladde noe;
3. US *mil(=call up)* innkalle; ***liable to be drafted*** vernepliktig.
draft agreement avtaleutkast.
draft dodger US: en som unndrar seg militærtjeneste.
draftee [dra:f,ti:] *s* **US***(=conscript)* utskrevet soldat; vernepliktig.
drafting committee redaksjonskomité.
draft paper*(=rough paper;* **US:** *scratch paper)* kladdepapir; konseptpapir.
draft sheet *skolev(=rough sheet)* kladdeark.
draftsman [,dra:ftsmən] *s* **US:** *se draughtsman.*
draft stage: ***the list is in the draft stage*** listen foreligger som kladd.
I. drag [dræg] *s* **1.** hemsko *(on* for);
2. *flyv:* ***(air) drag*** luftmotstand;
3*(=puff)* drag *n (fx take a long drag at a cigarette);*
4. T *om person el. ting:* kjedelig; **T:** gørr;

5. *om mann: **in drag*** i kvinneklær.

II. drag *vb* **1.** dra; trekke; ***drag sby by the hair*** trekke en etter håret; *også fig:* ***drag out of****(=drag from)* trekke ut av *(fx we dragged the name out of him);* ***wild horses wouldn't drag it out of me!*** min munn er lukket med sju segl *(n)*!
2. slepe *(fx a heavy table across the doorway);* ***the dog was dragging a leg*** hunden slepte det ene benet etter seg;
3. *mask; om brems:* ligge på;
4. sokne i *(fx drag the river);*
5. *fig:* trekke i langdrag; være langtekkelig;
6.: ***if you can drag****(=tear)* ***yourself away from the television for a minute*** hvis du kan løsrive deg et lite øyeblikk fra fjernsynet;
7.: ***drag on*** trekke i langdrag; dra ut;
8. *fig:* ***drag out*** trekke ut *(fx a speech);* ***drag things out****(=delay things)* trenere saken; trekke ut tiden.

drag anchor *mar:* drivanker.

dragnet [ˌdræg'net] *s(=townet)* slepenot; dragnot.

dragon [ˌdrægən] *s:* drage.

dragonet [ˌdrægənit] *s; zo; fisk:* fløyfjesing; fløyfisk; *(se weever).*

dragonfly [ˌdrægən'flai] *s; zo:* øyenstikker; gullsmed.

dragoon [drəˌgu:n] *s; mil; hist:* dragon.

I. drain [drein] *s* **1.** avløpsrenne; avløpsgrøft;
2. rist; regnvannssluk; ***bathroom drain*** baderomssluk;
3. *med.(=drain tube)* dren *n;*
4.: ***that's money down the drain*** det er bortkastede penger;
5. *fig:* belastning *(fx a great drain on public funds);* ***this is a heavy drain on our funds*** dette tærer sterkt på vår pengebeholdning.

II. drain *vb* **1.** drenere *(fx wet land);*
2. *med.:* drenere *(fx a wound);*
3. tømme *(fx a glass; the petrol tank);* tømme vannet av *(fx the potatoes);*
4. *fig:* ta på *(fx this kind of work drains you(=takes it out of you));* tappe *(of* for) *(fx the country districts are drained of young men);* ***be drained of strength*** bli (,være) tappet for krefter;
5. *fig:* ***drain away*** forsvinne; slippe taket;
6.: ***drain out*** 1. tømme ut; 2*(=drain (off))* tappe (ut);
7.: ***drain out of*** 1. renne ut av; 2. *fig:* slippe taket *(fx the tension drained out of him).*

drainage [ˌdreinidʒ] *s* **1***(=draining (of the soil))* bortledning av spillvann; avløp;
2*(=sewerage system)* kloakksystem;
3. *med.(=draining)* drenering *(of* av).

drainage ditch drensgrøft; dreneringsgrøft.

drainage facilities *pl:* avløpsforhold.

drain cleaner: ***liquid drain cleaner*** avløpsrens.

drain cock tappekran.

drained [dreind] *adj(=exhausted)* utkjørt; **T:** pumpet.

drainpipe [ˌdrein'paip] *s:* avløpsrør; *(jvf soil pipe; waste pipe).*

drainpipe trousers *pl:* trange bukser.

drain plug spunstapp; propp; ***(oil) drain plug*** bunnpropp; oljeplugg.

drake [dreik] *s; zo:* andestegg; andrik.

dram [dræm] *s* **1.** *især skotsk(=tot)* dram; **2.** *vektenhet; hist* (1/16 *ounce)* dram (ɔ: 1,77 g).

drama [ˌdrɑ:mə] *s:* drama *n.*

dramatic [drəˌmætik] *adj:* dramatisk.

dramatically [drəˌmætikəli] *adv:* dramatisk.

dramatic art *teat(=acting)* scenekunst; skuespillerkunst.

dramatics [drəˌmætiks] *s* **1.** dramatikk; **2.:** ***amateur dramatics*** *(=amateur theatricals)* amatørteater.

dramatis personae [ˌdræmətis pəˌsounai] *s; pl:* de opptredende; rolleinnehaverne; de som er med.

dramatist [ˌdræmətist] *s:* dramatiker; skuespillforfatter.

dramatize, dramatise [ˌdræmə'taiz] *vb:* dramatisere.

drank [dræŋk] *pret av II. drink.*

I. drape [dreip] *s* **1.** den måten stoff *(n)* henger på;
2. US: ***drapes****(=curtains)* gardiner.

II. drape *vb:* drapere; henge (stoff *n*) over.

draper [ˌdreipə] *s(,***US:** ***dry-goods dealer****)* manufakturhandler.

drapery [ˌdreipəri] *s:* draperi *n;* ***the walls were hung with blue drapery*** det var blå draperier på veggene.

drastic [ˌdræstik] *adj:* drastisk.

drastically [ˌdræstikəli] *adv:* drastisk.

drastic treatment hestekur; ***undergo drastic treatment*** gjennomgå en hestekur.

draught *(,***US:** *draft)* [drɑ:ft] *s* **1.** trekk; ***there was a draught blowing in*** det trakk inn; ***sit in a draught*** sitte i gjennomtrekk;
2. drikk; ***sleeping draught*** sovedrikk;
3. *stivt el. litt.(=gulp)* drag *n;* slurk;
4. *mar:* dypgående *(fx a draught of half a metre);*
5. *bibl:* ***the miraculous draught of fishes*** Peters fiskefangst.

draught animal *(,***US:** *draft animal)* trekkdyr.

draught beer fatøl.

draughtboard [ˌdrɑ:ft'bɔ:d] *s(,***US:** *checkerboard)* dambrett; *(se draughts).*

draughts [drɑ:fts] *s(,***US:** *checkers)* dam(spill).

draughtsman [ˌdrɑ:ftsmən] *s* **1***(,***US:** *draftsman)* tegner (på ingeniørkontor, etc); **2***(,***US:** *checker)* dambrikke.

I. draw [drɔ:] *s* **1***(=drawn game)* uavgjort spill;
2. *sjakk:* remis; ***be a draw****(=be drawn)* være remis;
3*(=attraction)* trekkplaster;
4. *teat:* kassestykke;
5. trekning *(fx the draw will be held on June 2nd);*
6*(=prize draw; raffle)* utlodning;
7.: ***be quick on the draw*** være rask på avtrekkeren.

II. draw *vb(pret: drew; perf.part.: drawn)* **1.** tegne;
2. *sjakk:* spille remis; ***be drawn****(=be a draw)* være remis;
3. *sport(=tie)* spille uavgjort; ***draw against*** spille uavgjort mot; ***the teams drew for second place*** i kampen om annenplass spilte lagene uavgjort;
4. trekke *(fx she drew(=pulled) the chair towards her; the cart was drawn by a fat, brown pony; he drew(=pulled) a gun);* ***draw breath****(=take a breath)* trekke pusten; trekke været; ***the chimney draws well*** pipen trekker godt; ***draw a conclusion*** trekke en konklusjon *(from* av); ***draw an injection*** trekke opp en sprøyte; ***draw a parallel between X and Y*** trekke en parallell mellom X og Y; *(se også 6 & 30: draw on 3, 4);*
5. *om gardin:* 1. trekke for; ***a drawn curtain*** en fortrukket gardin; 2*(=draw back)* trekke fra;
6. *ved loddtrekning, i kortsp & fig:* trekke *(fx draw a card; draw lots); fig:* ***we drew (a) blank*** vi hadde ikke hellet med oss; det hele var resultatløst; ***draw for partners*** trekke partner; ***draw for tracks*** trekke bane; ***we've been drawn (to play) away (,at home)*** vi har blitt trukket ut til (å spille) bortekamp (,hjemmekamp); ***draw a prize*** vinne en premie; ***draw a winning number*** trekke et nummer som vinner; ***draw the winning ticket****(=draw the first prize)* trekke førstepremien; ***drawn tickets*** uttrukne lodder;
7. *tannl; stivt:* ***draw****(=extract)* ***a tooth****(=pull out a tooth)* trekke en tann;
8.: ***draw interest****(=earn interest)* trekke renter;
9. *gasje & penger:* heve *(fx draw money from a bank; draw a salary);* ***draw sickness benefit*** heve sykepenger; *(se sickness benefit);*
10*(=draw off)* tappe *(fx wine from a cask);* ***draw gas from a cylinder*** tappe gass fra en beholder; ***draw water from the well*** trekke vann *(n)* opp fra brønnen;
11. *om fugl:* ta innvollene ut av; rense *(fx a chicken);*
12. *om bue(=bend)* spenne; *(jvf 23: draw the longbow);*
13. *mar:* stikke *(fx a ship which draws up to six metres);*

14.: ***it drew blood*** 1. det forårsaket blødning; 2. *fig:* det krenket dypt;
15. *om inspirasjon:* hente (*from* fra);
16(*=attract*) tiltrekke seg; ***this drew a crowd*** dette tiltrakk seg mennesker *n;*
17(*=entice*) lokke (*fx draw him away from his work; draw him to say silly things);*
18. utlede (*fx what moral can be drawn from his story?);*
19. få til å uttale seg; pumpe; provosere;
20. *stivt(=receive)* få; oppnå (*fx he drew total loyalty from his staff);*
21.: ***draw a cheque*** utstede en sjekk (*on* på) (*fx on a bank); (se 30: draw on 3);*
22.: ***draw the line*** trekke grensen (*at* ved); ***a line has to be drawn somewhere*** ett sted må det trekkes en grense;
23. *fig:* ***draw the longbow****(=exaggerate)* overdrive;
24.: ***draw****(=pull)* ***sby aside*** trekke en til side (*fx he drew me aside, and whispered in my ear);*
25.: ***draw away*** 1. *stivt(=pull away)* trekke seg unna; 2. *om kjøretøy(=pull away)* kjøre fra; 3(*=pull out*) begynne å svinge ut (*from the kerb* fra fortauskanten);
26.: ***draw closer, draw nearer****(=approach)* nærme seg;
27.: ***draw from*** rekruttere fra;
28.: ***draw in*** 1. *om tog(=pull in)* kjøre inn (*at a station* på en stasjon); 2(*=sketch*) skissere (*fx the first outlines);* 3. *i diskusjon, etc:* trekke inn; ***draw sby into a discussion*** trekke en inn i en diskusjon; 4.: ***draw in breath*** trekke været; puste dypt inn;
29.: ***draw off*** tappe (*fx a pint of beer);*
30.: ***draw on*** 1. bruke av; ta av (*fx one's capital);* 2. røyke på; dampe på (*fx a cigarette);* 3. *merk:* trekke på (*for* for) (*fx we have drawn on you for £300);* ***draw a cheque on a bank*** utstede en sjekk på en bank; 4. *fig:* øse av (*fx a source);* trekke veksler på; ***draw on****(,* **US** *også: tap into)* ***their experience*** trekke veksler på deres erfaring(er); ***draw heavily on*** 1. belaste sterkt; 2. *fig:* trekke store veksler på; ***draw him on to talking about****(=on)(=get him to talk about)* få ham til å snakke om; bringe ham inn på;
31.: ***draw out*** 1. *fra bank:* ta ut; 2(*=drag out*) trekke ut (*fx an interview);* 3(*=pull out*) svinge ut (fra fortauskanten);
32.: ***draw sby out*** få i gang en samtale med en; få en på gli;
33.: ***draw to a close,*** *(=finish; come(=draw) to an end)* slutte; bli avsluttet (*fx the meeting drew to a close);*
34.: ***draw up*** 1(*=pull up*) stoppe; stanse (*fx outside a house);* 2. stille opp (*fx soldiers in line);* 3. trekke (*to* bort til); sette frem (*fx a chair);* 4. *om kontrakt; liste, etc:* sette opp; 5. trekke opp; ***draw up a frontier (on the map)*** trekke opp en grense (på kartet); 6.: ***he drew himself up to his full height*** han rettet seg opp til sin fulle høyde;
35.: ***draw****(=pull)* ***up alongside*** 1(*=draw level with*) kjøre opp på siden av (kjøretøy i fart); 2. stoppe ved siden av;
36.: ***draw level with*** 1. *sport:* komme opp på siden av; ta igjen; 2. *om kjøretøy i fart:* komme (*el.* kjøre) opp på siden av.
drawback [ˌdrɔ:'bæk] *s* **1**(*=disadvantage*) ulempe (*to* ved); minus *n;* ***the great drawback of (-ing)*** den store ulempe ved å; det store minus ved å; ***this is a great drawback with****(=about)* ***him*** dette er et stort minus ved ham; **2.** *tollv:* utførselsgodtgjørelse; tollgodtgjørelse ved reeksport; *(jvf export bounty).*
drawbridge [ˌdrɔ:'bridʒ] *s:* vindebru; klaffebru.
drawee [drɔ:ˌi:] *s; merk:* trassat.
drawer [ˌdrɔ:ə] *s* **1**(*=draughtsman*) tegner;
2. *merk:* trassent;
3.: ***the drawer of a cheque*** en sjekkutsteder;
4. skuff; ***chest of drawers*** kommode;
5. T: ***he's out of the top drawer*** han tilhører det sosiale toppsjikt.
drawers [ˌdrɔ:z] *s; pl; glds el. spøkef(=knickers)* underbukse.
drawer unit *møbel:* skuffseksjon.
drawing [ˌdrɔ:iŋ] *s* **1.** tegning; ***engineering drawing*** maskintegning; ***technical drawing*** teknisk tegning; ***working drawing****(=(work)shop drawing)* arbeidstegning; **2**(*=wiredrawing*) trådtrekking.
drawing board tegnebrett; ***it's still on the drawing board*** det er fremdeles (bare) på tegnebrettet.
drawing card US(*=draw; attraction*) trekkplaster.
drawing chalk tegnekritt.
drawing lots loddtrekning.
drawing pad(*=block*) tegneblokk.
drawing paper tegnepapir.
drawing pen rissepenn; rissefjær.
drawing pin *(,***US:** *thumbtack; pushpin)* tegnestift.
drawing room(*=(best) parlour;* **US:** *parlor)* stasstue; penstue; *(jvf sitting room).*
drawing-room comedy *teat:* salongkomedie.
I. drawl [drɔ:l] *s:* langsom, slepende måte å snakke på.
II. drawl *vb:* snakke med slepende tonefall.
drawn [drɔ:n] **1.** *perf.part. av II. draw;*
2. *adj; om gardin:* fortrukket *(fx a drawn curtain);*
3. *sport:* uavgjort;
4. *adj:* ***his face was drawn*** han var dradd i ansiktet.
draw sheet *s:* stikklaken.
dray [drei] *s:* ølvogn.
I. dread [dred] *s; litt. el. stivt(=fear)* frykt.
II. dread *vb; stivt(=fear)* frykte; grue for; ***I dread to think what might have happened*** jeg tør ikke tenke på hva som kunne ha hendt.
III. dread *adj; glds(=dreadful)* fryktelig *(fx disease).*
dreadful [ˌdredful] *adj:* fryktelig.
dreadfully [ˌdredfuli] *adv:* fryktelig *(fx tired).*
I. dream [dri:m] *s:* drøm (*about, of* om) *(fx he had a dream about his aunt; a dream of happiness (,success));* ***a bad dream*** en vond drøm; ***dreams and longings*** drømmer og lengsler; **T:** ***the cake was a dream!****(=the cake was delicious)* kaken var deilig; ***in a dream****(=in one's dreams)* i drømme; ***it's beyond my wildest dreams*** det er langt bedre enn jeg kunne ha drømt om; ***not in my wildest dreams*** ikke i min villeste fantasi; ***the dream came true*** drømmen gikk i oppfyllelse; ***she had a dream*** hun hadde en drøm; **T:** ***it went like a dream*** det gikk som en drøm; ***wake (up) from a dream*** våkne av en drøm.
II. dream *vb(pret & perf.part.: dreamed, dreamt)*
1. drømme (*about, of* om) *(fx what did you dream about? he dreamt of happiness);* ***one would think one was dreaming*** man skulle tro man drømte; ***you must have dreamt it****(=you must have been dreaming)* du må ha drømt det; ***dream away one's time*** drømme bort tiden; ***I wouldn't dream of doing such a thing!*** jeg kunne ikke drømme om å gjøre noe slikt!
2. T: ***dream up****(=invent)* finne på *(fx some silly plan).*
dreamer [ˌdri:mə] *s:* drømmer.
dreamily [ˌdri:mili] *adv:* drømmende.
dreamland [ˌdri:m'lænd] *s:* drømmeland.
dreamless [ˌdri:mləs] *adj:* drømmeløs.
dreamlike [ˌdri:m'laik] *adj:* drømmeaktig; uvirkelig.
dreamy [ˌdri:mi] *adj:* drømmende *(fx eyes);* drømmerisk.
dreary [ˌdriəri] *adj* **1**(*=gloomy*) trist *(fx what dreary weather);* **2. T**(*=dull*) kjedelig *(fx person; meeting).*
I. dredge [dredʒ] *s(=dredger)* muddermaskin.
II. dredge *vb* **1.** mudre; **2.** bunnskrape; **3.** dregge; ***dredge for*** dregge etter.
dregs [dregz] *s; pl* **1.** bunnfall; **2.** *fig:* berme; ***the dregs of humanity*** menneskehetens utskudd.
drench [drentʃ] *vb:* gjennombløte; gjøre gjennomvåt.
drenched [drentʃ] *adj(=soaked)* gjennomvåt; dyvåt.
I. dress [dres] *s* **1.** kjole; ***afternoon dress*** gåbortkjole;

d

evening dress aftenkjole; ***party dress*** selskapskjole; ***sweater dress*** genserkjole; *(se wedding dress);* **2.** antrekk; *på innbydelse:* ***dress informal*** daglig antrekk; ***fancy dress*** karnevalsdrakt; *mil:* ***field dress*** feltmessig antrekk; ***full dress uniform*** gallauniform; **3***(=clothes)* klær; ***a lot of money is spent on dress*** det brukes mange penger på klær.

II. dress *vb* **1.** kle på; kle på seg; ***get dressed*** kle på seg; få på seg klærne; ***dress for dinner*** kle seg om til middag;
2. pynte; dekorere *(fx a shop window);*
3. *med.:* bandasjere; forbinde *(fx a wound);*
4. *gart(=prune)* beskjære;
5. *gart:* ***top dress*** strø på gjødsel;
6. *om lær:* berede;
7. *tøm:* avrette; hogge til;
8. *glds; om fugl el. fisk før koking el. steking(=clean and trim)* gjøre i stand; *(jvf dressed crab; dressed meat);*
9. T: ***dress sby down****(=tick sby off)* overhøvle en;
10.: ***dress up*** 1. pynte seg; 2.: kle ut *(fx dress sby up);* ***dress up as*** kle seg ut som; 3. *også fig:* pynte på.

dress circle *teat:* balkong; første losjerad; *(jvf upper circle & stalls).*

dress coat snippkjole; livkjole.

dressed [drest] *adj* **1.** påkledd; ***fully dressed*** fullt påkledd; ***dressed in*** kledd i; ***be dressed in a grey suit*** ha en grå dress på seg; **2. T:** ***dressed to kill*** **T:** pyntet til trengsel.

dressed crab *kul:* renset krabbe.

dressed meat *kul:* gryteferdig kjøtt.

dresser [ˌdresə] *s* **1***(=kitchen dresser)* kjøkkenskap med tallerkenrekke; **2.** toalettkommode; **3.** *teat:* påkleder(ske); **4.:** ***be a fashionable dresser*** kle seg moderne.

dress hire shop forretning som leier ut selskapsklær.

dress informal *på innbydelse:* daglig antrekk *n; (jvf day dress).*

dressing [ˌdresiŋ] *s* **1.** påkledning;
2.: ***(salad) dressing*** (salat)dressing;
3. *med.:* forbinding; bandasje; ***change the dressing*** skifte bandasje;
4. *gart:* ***(top) dressing*** lag med kunstgjødsel øverst;
5. US *kul; i fugl(=stuffing)* fyll.

dressing-down [ˈdresiŋˌdaun] *s* **T***(=ticking-off)* overhøvling; påpakning.

dressing gown*(,US: bathrobe)* **1.** morgenkåpe; **2.** slåbrok.

dressing mirror toalettbordspeil.

dressing roll forbindingspakke; forbindingsrull.

dressing room *teat:* garderobe.

dressing table toalettbord.

dressmaker [ˌdresˈmeikə] *s:* sydame.

dressmaking [ˌdresˈmeikiŋ] *s:* kjolesøm.

dressmaking pattern*(=dress pattern)* kjolemønster.

dress material kjoletøy; kjolestoff.

dress parade *mil:* parade i gallauniform.

dress rehearsal *teat:* generalprøve; kost- og maskprøve.

dress-rehearse [ˈdresriˌhə:s] *vb:* holde generalprøve på.

dress shield *i kjole, etc:* preserve.

dress shirt*(,T: boiled shirt)* smokingskjorte; stiveskjorte.

dress suit*(=dress coat)* snippkjole; kjole og hvitt; livkjole.

dress sword *mil:* gallakårde; paradekårde.

dress uniform *mil:* gallauniform.

dressy [ˌdresi] *adj* **T 1.** glad i pene klær; velkledd; *neds:* pyntesyk; **2.** *om klesplagg:* elegant; smart; fiks; til penbruk; ***a bit (too) dressy*** litt for pen; ***simple but dressy****(=smart)* ***clothes*** enkle, men pene klær.

I. dribble [dribl] *s* **1.** sikkel; **2.:** ***there was only a dribble of water in the pipe*** det var bare så vidt det sildret og rant litt vann *(n)* i røret.

II. dribble *vb* **1.** sikle; **2.** dryppe; sildre; komme i dråper; **3.** *sport; fotb, etc:* drible.

dribs and drabs T: ***in dribs and drabs****(=a bit at a time)* i småporsjoner; litt om gangen.

dried [draid] *adj:* tørket; ***dried milk****(=milk powder)* tørrmelk.

dried-out [ˈdraidˌaut; *attributivt:* ˌdraidˈaut] *adj:* uttørket; ***dried-out watercourse*** uttørket elveleie.

drier, dryer [ˌdraiə] *s* **1.:** ***(hair) drier*** hårtørrer; **2.** *for tøy:* ***spin drier*** sentrifuge; *(jvf tumble drier).*

I. drift [drift] *s* **1.** noe som er føket sammen; haug; ***a snowdrift*** en snødrive; *(se drift net);*
2*(=drove):* ***a drift of cattle*** en bøling (med kveg *(n)*);
3. *flyv: & mar:* avdrift;
4. *fig:* det å drive (*el.* flyte); strøm; ***the drift from the country****(=the urban drift)* flukten fra landsbygda;
5. *fig:* retning; tendens; ***I saw the drift of his argument*** jeg forstod godt hvor han ville hen.

II. drift *vb* **1.** fyke (sammen); *(jvf drifting snow);*
2. drive; bli ført av sted; ***drift about the streets*** drive om i gatene; ***drift ashore****(=be washed ashore)* drive (*el.* bli skylt) i land; **3.** *fig:* ***let things drift*** la tingene drive; la det drive; ***he just let himself drift*** han lot seg bare drive; ***drift apart*** komme fra hverandre; ***we are drifting towards a disaster*** vi driver mot en katastrofe.

drift anchor *mar:* drivanker.

drifter [ˌdriftə] *s* **1.** *om båt:* drivgarnsfisker; **2. T:** løsgjenger; person som går fra jobb til jobb.

drift ice drivis.

drifting snow snøfokk; fokksnø.

drift net drivgarn.

drift-net fishing [ˌdriftˈnetˈfiʃiŋ] *s:* drivgarnsfiske.

drift timber *forst(=floating timber)* drivtømmer.

driftwood [ˌdriftˈwud] *s:* drivved; rekved.

I. drill [dril] *s* **1.** metallbor; drillbor; ***pneumatic drill*** *(,ofte: building drill)* pressluftbor; ***electric drill*** elektrisk drill;
2. dreiel; diagonalvevd tøy *n;*
3. *mil:* eksersis;
4. øvelse; ***fire drill*** brannøvelse; *mar:* ***boat drill*** redningsøvelse; livbåtøvelse;
5. T*(=correct procedure)* riktig fremgangsmåte; ***what's the drill for filling in this form?*** hvordan skal man fylle ut dette skjemaet?

II. drill *vb* **1.** bore (hull *(n)* i); gjennomhulle; ***drill out*** bore ut; **2.** øve inn; drille (*in* i); **3.** *mil:* eksersere; drive eksersis.

drill bit *mask* **1.** metallbor; borstål; **2***(=grooved bit; wood-boring bit)* trebor.

driller [ˌdrilə] *s; oljeind:* borer.

drill ground *mil(=parade ground)* ekserserplass.

drill gun *mask:* elektrisk hånddrill.

drill(ing) rig *oljeind:* borerigg.

drilling section leader *oljeind(=tool pusher)* boresjef.

drilling superintendent *oljeind:* boreavdelingssjef.

drill stem *oljeind(=drill column)* borestreng.

drily [ˌdraili] *adv:* tørt.

I. drink [driŋk] *s:* drikk; drink; ***alcoholic drink*** alkoholholdig drikk; drink; ***soft drink****(=non-alcoholic beverage(=drink))* alkoholfri drikk; ***drinks*** 1. drinker; 2*(=beverages)* drikkevarer; ***drinks don't make a party*** fyll er ikke fest; ***given to drink*** drikkfeldig; ***have a drink*** ta seg en drink; ***have a drink****(=have drinks)* ***before the party*** ha et (lite) vorspiel; ***have a drink of (cold) water*** drikke et glass (kaldt) vann; ***take to drink*** begynne å drikke; ***under the influence of drink*** påvirket (av alkohol); med promille; *jur:* ***driving or attempting to drive while under the influence of drink or drugs****(,T: driving under the influence)* promillekjøring.

II. drink *vb(pret: drank; perf.part.: drunk)* drikke; ***what are you drinking?****(=what would you like to drink? spøkef: what's yours?)* hva vil du ha å drikke?

we were given nothing to eat or drink vi fikk hverken vått eller tørt; *om noe som det koster overvinnelse å drikke:* ***drink down*** få i seg; ***drink sby's health, drink to (the health of) sby*** skåle for en ; ***let's drink to that!*** la oss skåle på det! *fig:* ***drink in*** suge inn; ***drink up*** drikke opp; drikke ut.
drinkable [ˌdriŋkəbl] *adj:* drikkelig.
drink-drive limit [ˈdriŋkˌdraivˈlimit] promillegrense; ***be over the drink-drive limit*** ha promille.
drink-driver [ˌdriŋkˈdraivə] *s(,US & Canada: impaired driver)* promillekjører, *(jvf drunken driver).*
drink-driving [ˌdriŋkˈdraiviŋ] *s(,***US:** *& Canada: impaired driving)* promillekjøring; *(jvf drunken driving).*
drinker [ˌdriŋkə] *s:* en som drikker; dranker; ***compulsive drinker*** vanedranker.
drinking chocolate 1*(=hot chocolate)* sjokolade;
2. sjokoladepulver *(fx Cadbury's drinking chocolate).*
drinking water drikkevann; ***what do you do for drinking water?*** hva gjør dere med drikkevann? hvordan får dere tak i drikkevann?
drink(ing) problem*(=alcohol problem)* alkoholproblem.
I. drip [drip] *s* **1.** drypp *n;* dråpe *(fx of water);*
2. drypp(ing);
3. *med.* **T:** ***be on the drip****(=be on intravenous feeding)* **T:** ligge med drypp *n;*
4. T: kjedelig fyr; en som det ikke er noe tak *(n)* i.
II. drip *vb:* dryppe.
drip-catcher [ˌdripˈkætʃə] *s:* dråpefanger.
I. drip-dry [ˌdripˈdrai] *vb:* drypptørke.
II. drip-dry *adj(=noniron)* strykefri *(fx shirt).*
I. drip-feed [ˌdripˈfi:d] *s; med.:* intravenøs ernæring; ***with the needle of a drip-feed stuck in his forearm*** med en kanyle i armen.
II. drip-feed *vb; med.:* gi intravenøs ernæring; **T:** gi intravenøst.
dripping [ˌdripiŋ] *s* **1.** drypping; **2.** stekefett.
I. drive [draiv] *s* **1.** kjøring; kjøretur;
2. oppkjørsel; innkjørsel;
3. *mask:* kraftoverføring; ***with front (-wheel) drive*** forhjulsdrevet;
4. *mask(=drive gear)* drivmekanisme;
5. *EDB:* ***(disk) drive*** diskettstasjon;
6. *merk(=campaign):* ***sales drive*** salgskampanje;
7. *fig(=go-ahead spirit;* **T:** *push)* pågangsmot; fremdrift; oppdrift.
II. drive *vb(pret: drove; perf.part.: driven)* **1.** kjøre;
2. drive *(fx a herd of cattle);* ***he won't be driven****(=he's easier led than driven)* han må tas med det gode;
3. *mask:* drive *(fx the mill is driven by water);*
4. slå *(fx a nail into the wall);*
5. *fig:* ***what are you driving at?*** hvor vil du hen? hva sikter du til?
6.: ***drive a hard bargain*** tvinge igjennom harde betingelser;
7.: ***drive away*** kjøre sin vei; ***drive away from sby*** kjøre fra en; etterlate en idet man kjører sin vei;
8.: ***drive off*** 1. kjøre sin vei; 2. jage vekk *(fx wasps);*
9.: ***drive on*** 1. kjøre videre; 2. drive frem; 3. *fig:* ***his ambition drove him on*** hans ærgjerrighet drev ham frem;
10.: ***drive up*** komme kjørende *(fx a car drove up).*
drive gear *mask:* drev *n;* drivmekanisme.
I. drivel [drivl] *s* **1***(=dribble)* sikkel *n;* sikling; **2. T***(=nonsense)* tull *n;* tøys *n;* sprøyt *n.*
II. drivel *vb* **1***(=dribble)* sikle; **2.** *neds* **T:** ***drivel (on)****(=rabbit on; talk nonsense)* prate tull *n;* prate og prate.
driveller [ˌdrivələ] *s* **T***(=silly fool;* **US:** *goof)* tullekopp.
driver [ˌdraivə] *s* **1.** sjåfør; bilfører; ***owner driver*** fører av egen bil; ***disqualified driver*** person som har fått førerkortet inndratt; ***professional driver*** yrkessjåfør; **2.** *jernb:* ***engine driver*** lokomotivfører; *på elektrisk tog(=motorman)* lokomotivfører.
Driver and Vehicle Licensing Centre *(fk DVLC): the* ***Driver and Vehicle Licensing Centre*** Hovedkontoret for det britiske biltilsyn (i Swansea).
driver('s) license US: *se driving licence.*
driver('s) test US: *se driving test.*
driver-training car [ˌdraivəˈtreiniŋˈkɑ:r] **US***(=learner car; L-car)* lærevogn (for øvelseskjøring).
drive shaft *mask* **1***(=axle shaft)* drivaksel; **2***(=propeller shaft)* mellomaksel; pinjongaksel.
driveway [ˌdraivˈwei] *s(=drive)* oppkjørsel; innkjørsel.
driving [ˌdraiviŋ] *s:* kjøring; ***drunken driving*** fyllekjøring; ***driving while disqualified*** kjøring uten gyldig førerkort; ***disqualification from driving****(=suspension of the licence)* inndragelse av førerkortet; ***disqualify sby from driving****(=suspend sby's licence)* inndra ens førerkort.
driving examiner inspektør i Biltilsynet.
driving force [ˌdraiviŋ ˌfɔ:s] *s; fig:* drivkraft.
driving instructor sjåførlærer.
driving lesson kjøretime.
driving licence*(,***US:** *driver('s) license)* førerkort; ***clean driving licence*** førerkort uten prikkbelastning; ***endorsement of a driving licence*** prikkbelastning av et førerkort; ***provisional driving licence****(=provisional licence;* **US:** *learner's permit))* midlertidig førerkort; ***valid driving licence****(=valid licence)* gyldig førerkort; ***get one's driving licence*** få førerkortet; ***suspend sby's (driving) licence*** inndra ens førerkort.
driving lights *pl; på kjøretøy:* fjernlys.
driving mirror *i bil:* sladrespeil; bakspeil (innvendig).
driving school*(=school of motoring)* kjøreskole.
driving test*(,***T:** *L-test;* **US:** *driver('s) test)* førerprøve; ***practical driving test*** kjøreprøve; ***pass the(=one's) driving test*** bestå førerprøven; ***when are you taking your driving test?*** når skal du opp til førerprøven?
I. drizzle [drizl] *s:* støvregn; duskregn.
II. drizzle *vb:* duskregne.
drizzly [ˌdrizli] *adj:* ***it's drizzly*** det duskregner.
droll [droul] *adj; glds(=funny)* rar; pussig.
dromedary [ˌdrɔməd(ə)ri] *s; zo:* dromedar.
I. drone [droun] *s* **1.** *zo:* drone; **2.** *fig(=lazybones; sponger)* lathans; snylter; **3.** dur *(fx the distant drone of traffic).*
II. drone *vb* **1.** dure; **2.** snakke monotont; ***I just switch off when he starts to drone*** jeg bare stenger av når han begynner med det kjedelige snakket sitt; ***the lecturer*** droned on and on foreleseren snakket og snakket.
I. drool [dru:l] *s(=drivel; dribble)* sikkel *n.*
II. drool *vb* **1***(=drivel; dribble)* sikle; **2.** *fig:* ***drool over sth*** nyte synet av noe; kose seg ved synet av noe.
droop [dru:p] *vb* **1.** *stivt(=hang down)* henge (slapt) ned; **2.** *fig* **T***(=grow faint)* bli matt.
droopy [ˌdru:pi] *adj:* som henger ned.
I. drop [drɔp] *s* **1.** dråpe; ***he didn't spill a drop*** han sølte ikke en dråpe; ***he's had a drop too much*** han har fått litt for mye å drikke; ***a drop in the bucket****(=ocean)* en dråpe i havet; ***put drops in his eyes*** dryppe øynene hans;
2. øredobb *(fx a pair of diamond drops);*
3. fall *(n) (fx in prices);*
4. stup *n;* fall *n;* ***a sharp drop*** et bratt stup; ***it's quite a drop to the ground*** det er langt ned til bakken;
5. *teat(=drop curtain; act curtain)* mellomaktteppe;
6*(=trap door)* falldør;
7. *mil; flyv:* ***(air) drop*** slipp *n;* fallskjermslipp;
8.: ***(fruit) drop****(,***US:** *piece of (hard) candy)* drops; ***acid drops*** syrlige drops;
9. *fig:* ***at the drop of a hat*** for et godt ord.
II. drop *vb* **1.** falle; falle om; ***drop dead****(=drop down dead)* falle død om; ***drop into a chair*** la seg falle ned i en stol;
2. la falle; miste; slippe; *fig:* ***he dropped one or two general remarks about the weather*** han lot falle et par alminnelige bemerkninger om været; *fig* **T:** ***drop a***

brick(=clanger) begå overtramp; **T:** trampe i klaveret; tråkke i salaten; ***drop hints****(=throw out hints)* komme med hentydninger; *fig:* ***he dropped what he was doing*** han slapp det han hadde i hendene;
3. *om vind:* løye;
4. *om venn, idé, vane, etc:* oppgi; droppe; **T:** kutte ut; ***let a matter drop halfway*** oppgi en sak på halvveien;
5. *sport(=lose)* tape *(fx he dropped the first set);*
6. T: ***drop sby a note, drop a note to sby*** sende en noen ord *n;*
7. *mar:* ***drop astern*** sakke akterut;
8.: ***drop away*** avta *(fx public interest dropped away);*
9. *fig:* ***drop behind****(=lag behind)* sakke akterut; bli liggende etter; ***drop behind sby*** bli liggende etter en;
10. *især* **US:** ***drop by****(=drop in)* stikke innom;
11.: ***drop down*** 1*(=fall down)* falle ned; 2. *sport:* ***drop (down)****(=move down)* rykke ned;
12: ***drop in*** stikke innom;
13.: ***drop off*** 1. falle av; 2. *mar:* falle av; 3. **T***(=doze off)* sovne; **T:** duppe av; 4. **T***(=decline)* avta; gå tilbake *(fx sales have dropped off);* 5. falle fra *(fx his customers dropped off);*
14.: ***drop out*** 1. melde frafall; 2. falle fra; falle av lasset; ***drop out of university*** forlate universitetet uten eksamen; 3. utebli helt (fra omgang med andre); 4. *sport:* ***drop out of the race*** bryte løpet.
drop curtain *teat(=act curtain)* mellomaktteppe.
drophead coupé kabriolet.
drop-out [ˌdrɔp'aut] *s* **1.:** ***(university) drop-out*** student som ikke fullfører; **2.:** ***social drop-out*** sosial taper.
drop-out rate frafallsprosent.
droppings [ˌdrɔpiŋz] *s; pl:* ***bird droppings*** fugleskitt.
drought [draut] *s; om manglende regn:* tørke.
drought-stricken [ˌdraut'strikən] *adj:* tørkerammet *(fx area).*
I. drove [drouv] *s* **1***(=drift):* ***a drove of cattle*** en bøling (med kveg *(n)*); **2.** flokk *(fx droves of shoppers).*
II. drove *pret av II. drive.*
drown [draun] *vb* **1.** drukne; ***be drowned*** drukne; **2.** overdøve; drukne *(fx his voice was drowned (out) by the roar of the traffic).*
drowse [drauz] *vb(=doze)* døse.
drowsiness [ˌdrauzinəs] *s:* døsighet.
drowsy [ˌdrauzi] *adj:* døsig; søvnig; søvndyssende.
I. drudge [drʌdʒ] *s:* (arbeids)slave.
II. drudge *vb(=work hard)* slite og streve.
drudgery [ˌdrʌdʒəri] *s:* slit *(n)* og strev *n; fig:* slavearbeid; ***it mustn't become a form of drudgery****(=it mustn't become a chore)* det må ikke bli ulystbetont.
I. drug [drʌg] *s* **1.** medikament *n;* legemiddel;
2.: ***(narcotic) drug*** narkotikum *n;* rusgift; **3.** *fig(=addiction):* ***work is a drug for him*** han er arbeidsnarkoman (*el.* henfallen til å arbeide); **4.:** ***drugs*** 1. medisinalvarer; legemidler; medisiner; 2*(=narcotic drugs)* narkotika *n;* ***be on drugs*** gå på narkotika; **S:** være på kjøret; ***high on drugs*** i narkorus; **S:** rusa; ***take****(=use)* ***drugs*** bruke narkotika.
II. drug *vb* **1.** gi bedøvende middel *n;* **2.** ha bedøvende middel i *(fx they drugged his drink).*
drug addict*(=drug user;* **US:** *dope addict)* stoffmisbruker; narkoman.
drug addiction stoffmisbruk; narkomani.
drug agent **US***(=undercover drug(s)-squad officer)* narkotikaspaner.
drug baron*(=drug lord)* narko(tika)hai.
drug dealer: ***undercover drug dealer****(=drug trafficker)* narko(tika)hai.
Drug Enforcement Administration*(fk DEA)* **US***(=drugs squad)* narkotikapoliti.
druggist [ˌdrʌgist] *s* **US***(=dispensing chemist)* apoteker.
drug pusher narkolanger.
drug scene: ***on the drug scene*** i narkotikamiljøet.
drug(s) squad narkotikapoliti; narkotikaavsnitt.
drug(s)-squad officer [ˌdrʌgz'skwɔd'ɔfisə] *s(,* **US:** *drug agent)* narkotikaspaner.
drugstore [ˌdrʌg'stɔ:] *s* **US:** drugstore (ɔ: slags apotek *n,* hvor det også selges mange andre varer, og hvor det vanligvis også serveres lette måltider).
drug test *av idrettsutøver(=drugs test* **T:** *doping check)* dopingkontroll; dopingtest; dopingprøve *(fx he failed the drug test).*
drug testing*(=drugs testing;* **T:** *doping check) av idrettsutøver:* (det å foreta) dopingkontroll.
drug trafficker*(=undercover drug dealer)* narko–(tika)hai.
drug user*(=drug addict)* stoff(mis)bruker; narkoman; ***injecting drug user****(=intravenous drug user; needle addict)* sprøytenarkoman.
drug withdrawal symptom abstinenssymptom.
I. drum [drʌm] *s* **1.** *mus:* tromme; ***bass drum*** stortromme; ***snare drum****(=side drum)* skarptromme; ***beat the drum*** slå på tromme; **2.** trommel; valse; ***wheel****(=brake)* ***drum*** bremsetrommel; **3.** fat *n;* ***oil drum*** oljefat.
II. drum *vb* **1.** slå på tromme; tromme;
2. *fig:* ***drum in*** banke inn *(fx you never remember anything unless I drum it in!);* ***drum****(=knock)* ***German into the boys(' heads)*** banke tysk inn i (hodet på) guttene;
3.: ***drum out a rhythm*** tromme en rytme; 2. *fig:* ***he was drummed out of the party*** han ble sparket ut av partiet;
4. *fig:* ***drum up support*** tromme sammen støtte; ***lavish entertaining to drum up business*** overdådig representasjon for å få fart på forretningene.
drumbeat [ˌdrʌm'bi:t] *s:* trommeslag; trommevirvel.
drum brakes *pl:* trommelbremser.
drum major *hist; mil:* tamburmajor.
drummer [ˌdrʌmə] *s:* trommeslager.
drum majorette *især* **US** *mus(=twirler)* drillpike.
drumstick [ˌdrʌm'stik] *s* **1.** *mus:* trommestikke; **2.** *av fugl(=leg)* lårstykke.
drum synth *mus(=pro-rhythm drum synth)* rytmeboks.
I. drunk [drʌŋk] *s* **1***(=drunkard)* fyllik; **2.** person som er full; **3. T***(=drunkenness)* fyll; ***be arrested for drunk*** bli arrestert for fyll.
II. drunk *adj:* full; *også fig:* beruset; ***he's going to get drunk*** han har tenkt å drikke seg full; han kommer til å bli full; ***get fighting drunk*** bli full og kranglete; drikke seg så full at man vil slåss; ***get sby drunk*** drikke en full.
drunkard [ˌdrʌŋkəd] *s:* dranker.
drunk cell *(,også* **US T:** *drunk tank)* fyllearrest.
drunken [ˌdrʌŋkən] *adj; attributivt* **1.** full *(fx a drunken soldier);* **2.** fordrukken; ***a drunken husband*** en drukkenbolt av en (ekte)mann; ***a drunken type*** en fordrukken type.
drunken brawl fylleslagsmål.
drunken brawling fyllebråk.
drunken bum fyllik; drukkenbolt.
drunken driver*(=drunk driver)* fyllekjører; *(jvf drink -driver).*
drunken driving fyllekjøring; *(jvf drink-driving).*
drunkenness [ˌdrʌŋkənnəs] *s:* fullskap; fordrukkenhet; drukkenskap; fyll; *(se I. drunk 3).*
drunken party*(=boozing session;* **T:** *boozy party;* **US:** *drunk party)* fyllefest.
drunken riotousness*(=drunken brawl)* fyllebråk.
drunken riots *pl:* fylleopptøyer.
drunk tank *også* **US T***(=drunk cell)* fyllearrest.
drunkometer [drʌŋˌkɔmitə] *s* **US***(=breathalyzer)* apparat *(n)* til bruk ved alkotesting.
dry [drai] *vb* **1.** tørke; ***dry oneself*** tørke seg;
2. *oppvask(=dry the dishes)* tørke opp;
3.: ***dry off*** tørke av *(fx dry oneself off);*
4.: ***dry out*** 1. bli (,få) ordentlig tørr; 2. *om alkoholiker:* ***be dried out*** bli tørrlagt; gjennomgå en avvenningskur; 3. *om narkoman:* trappe ned;
5.: ***dry up*** 1. tørke inn; tørke ut; 2. *om oppvask(=dry*

due or due to

NYTTIGE UTTRYKK

The train is **due at** ten tonight.	*Toget skal være inne kl. 10 i kveld.*
Due to delays, the train won't be in until eleven.	*På grunn av forsinkelser vil ikke toget være inne før klokken elleve.*
The project is **due to** be completed by 1 December.	*Prosjektet skal være sluttført innen 1. desember.*

(the dishes)) tørke opp; 3. *int* **S:** hold munn! 4. *fig:* gå tørr; løpe tørr; ***the funds dried up*** det ble slutt på pengene; 5. *om skuespiller, etc* **T:** gå i stå; glemme replikken sin.

III. dry *adj* **1.** tørr; ***dry bread*** tørt brød; ***piece of dry bread*** tørr brødskive; ***dry wine*** tørr vin;
2. *om person:* tørrlagt; *om land:* tørrlagt;
3. uinteressant; tørr *(fx book);*
4. *om humor, etc:* tørr; ***with a dry sense of humour****(=witty in a dry way)* tørrvittig;
5. *om elv:* ***run dry*** løpe tørr;
6. *fig:* ***we're home and dry*** vi har vårt på det tørre;
7. T: ***this is dry work*** dette er et arbeid man blir tørst av.

dry-clean [ˌdraiˈkli:n] *vb; om tøy:* rense.

dry-cleaner('s), dry-cleaners renseri *n.*

dry-cleaning [ˌdraiˈkli:niŋ] *s; av tøy:* rensing.

dry goods *pl; især* **US***(=soft goods)* manufakturvarer.

drying-up [ˈdraiiŋˌʌp] *s* **1.** det å tørke inn (,ut);
2. det å tørke opp (oppvask);
3. *om beholder:* det å gå (,løpe) tørr;
4. det å (måtte) holde munn;
5. *om skuespiller, etc:* det å gå i stå; det at man glemmer hva man skulle si.

dry measure hulmål (for tørre varer).

dryness [ˌdrainəs] *s:* tørrhet.

dry run T: tørrtrening; generalprøve; ***have a dry run*** tørrtrene; ha generalprøve; ***put him through a dry run*** la ham tørrtrene litt; gi ham litt tørrtrening.

dryshod [ˌdraiˈʃɔd] *adj:* tørrskodd.

dry stick*(=bore)* tørrpinne; meget kjedelig person.

dry-stone wall [ˌdraiˈstounˈwɔ:l] *s:* steingjerde.

dual [ˌdju:əl] *adj:* dobbelt.

dual carriageway*(,US: divided highway)* vei med midtrabatt og to kjørebaner i hver retning.

dualism [ˌdju:əˈlizəm] *s:* dualisme.

duality [dju:ˌæliti] *s:* dualitet; dobbelthet.

dual ownership *stivt:* ***my sister and I have dual ownership of the flat****(=my sister and I own the flat between us)* min søster og jeg eier leiligheten sammen.

dual-purpose [ˈdju:əlˌpə:pəs] *adj:* med et dobbelt formål.

dual-purpose tool verktøy som kan brukes til to ting.

dub [dʌb] *vb* **1.** *film:* ettersynkronisere; dubbe;
2. *stivt(=nickname):* ***they dubbed him Shorty*** de ga ham oppnavnet Shorty.

dubious [ˌdju:biəs] *adj* **1***(=doubtful)* tvilende; *(=uncertain)* usikker *(about* med hensyn til); **2.** *evf(=doubtful)* tvilsom *(fx experiment);* mistenkelig *(fx behaviour).*

duchess [ˌdʌtʃəs] *s:* hertuginne.

duchy [ˌdʌtʃi] *s:* hertugdømme.

I. duck [dʌk] *s* **1.** *zo:* and;
2. *kjæleord(=darling)* elskede;
3. det å dukke (*el.* bli dukket); dukkert;
4.: ***it's like water off a duck's back*** det er som å skvette vann *(n)* på gåsa;
5.: ***he took to it like a duck to water*** han lærte det på rekordtid.

II. duck *vb* **1.** *i vannet:* dukke; **2.** *for å unngå å bli sett el. rammet:* dukke; dukke seg; **3.** *kortsp:* smyge;
4. *fig(=evade):* ***duck the issue*** unngå spørsmålet.

duckboards [ˌdʌkˈbɔ:dz] *s; pl:* **1.** *over vått lende:* gangplanker; **2.** tremmegulv.

ducking [ˌdʌkiŋ] *s:* ufrivillig dukkert.

duckling [ˌdʌkliŋ] *s; zo(=young duck)* andunge.

ducks and drakes: ***play ducks and drakes*** kaste smutt; ***play ducks and drakes with one's money****(=splash one's money about)* slå om seg med penger.

ducky [ˌdʌki] *s; kjæleord(=dear)* kjære deg.

duct [dʌkt] *s* **1.** *anat:* kanal; gang; ***tear duct*** tårekanal;
2. *tekn:* kanal *(fx ventilation duct).*

ductile [ˌdʌktail] *adj; om metall:* strekkbar.

ductility [dʌkˌtiliti] *s:* strekkbarhet.

ductless [ˌdʌktləs] *adj; anat:* ***ductless gland****(=endocrine gland)* indresekretorisk kjertel; endokrin kjertel.

I. dud [dʌd] *s* **T 1.** *mil:* blindgjenger; **2.** noe ubrukelig noe *(fx my washing machine is a dud);* **3***(=failure)* fiasko *(fx the film was a box-office dud).*

II. dud *adj* **T***(=useless)* ubrukelig.

dud cheque T*(=bad cheque)* verdiløs sjekk.

dude [dju:d] *s* **US***(=city dweller)* byboer.

dude ranch US: ferieranch.

dudgeon [ˌdʌdʒən] *s; spøkef:* ***in high dudgeon****(=highly offended)* meget fortørnet.

I. due [dju:] *s* **1.:** ***give sby their due*** gi en det en har krav *(n)* på; ***I'm only taking what is my due*** jeg bare tar det som tilkommer meg; **2.:** ***dues*** avgifter; ***port dues*** havneavgifter.

II. due *adj* **1.** til gode; forfallen; forfalt; ***fall due*** forfalle; ***the amount due*** *(=owing)* ***to me*** det beløp jeg har til gode; ***pay when due****(=pay on the due date)* betale ved forfall *n;*
2*(=proper)* tilbørlig *(fx he was treated with all due respect);* ***take due care*** passe ordentlig på;
3. *i henhold til rute, etc:* ***the bus is due in three minutes*** bussen skal være her om tre minutter *n;*
4.: ***be due for*** stå for tur til *(fx be due for promotion);*
5.: ***be due to*** 1. skyldes *(fx the error was due to carelessness);* 2. *i løst språkbruk:* ***due to****(=because of; on account of)* på grunn av;
6.: ***in due course*** med tiden; i rett tid; når den tid kommer; når tiden er inne; i tidens fylde.

III. due *adv:* rett; ***due north*** rett nord.

due date *merk; jur:* forfallsdag.

I. duel [ˌdju:əl] *s:* duell.

II. duel *vb:* duellere.

duellist [ˌdju:əlist] *s:* duellant.

duet [ˌdju:et; dju:ˌet] *s; mus:* duett.

I. duff [dʌf] *s; kul:* melpudding (kokt i tøypose); ***plum duff*** melpudding med rosiner; *(se dumpling).*

II. duff *vb; golf:* ***duff a shot****(=bungle a shot (by hitting the ground))* bomme på et slag.

d

III. duff *adj(=bad; useless)* dårlig; elendig; ubrukelig.
duffel coat duffelcoat.
duffer [ˌdʌfə] *s* **T:** dumrian; en som ikke kan lære.
I. dug [dʌg] *s; zo(=teat)* patte; spene.
II. dug *pret & perf.part. av II. dig.*
dugout [ˌdʌg'aut] *s* **1.** kano lagd av uthult trestamme; **2.** *mil:* beskyttelsesgrav.
duke [dju:k] *s:* hertug.
dukedom [ˌdju:kdəm] *s:* hertugdømme.
dulcet [ˌdʌlsit] *adj; litt.; attributivt(=sweet)* søt; liflig; blid *(fx the dulcet tones of a flute).*
I. dull [dʌl] *vb* **1.** sløve; gjøre sløv; **2.** *fig:* sløve; **3.** lindre; døyve *(fx the drugs dulled the pain).*
II. dull *adj* **1***(=blunt)* sløv *(fx this knife is quite dull);* **2.** tungnem; sløv; ***grow dull*** sløves; **3.** kjedelig; **4.:** ***a dull day*** en gråværsdag; **5***(=muffled)* dempet; ***a dull boom*** et dumpt drønn; **6.** *om farge:* matt; **7.** *om blikk:* matt; **8.** *merk(=slack):* ***a dull market*** et matt (*el.* flaut) marked.
dullness [ˌdʌlnəs] *s* **1***(=bluntness)* sløvhet; **2.** tungnemhet; treghet i oppfatningen; sløvhet; **3.** gråhet; tristhet; kjedsommelighet; **4.** *om farge:* matthet; **5.** *merk; om marked(=slackness)* matthet.
dull-witted ['dʌlˌwitid; *attributivt:* ˌdʌl'witid] *adj:* dum; enfoldig.
duly [ˌdju:li] *adv:* i rett tid; som ventet *(fx the bus duly arrived);* på foreskreven måte; som seg hør og bør; ***duly signed*** undertegnet på foreskreven måte.
dumb [dʌm] *adj* **1.** døv; ***deaf and dumb*** døvstum; **2.** *fig:* målløs; stum; **3.** umælende *(fx poor dumb animals);* **4.** *især* **US T***(=stupid)* dum; tåpelig.
dumbbell [ˌdʌm'bel] *s* **1***(,også* **US:** *barbell)* manual; **2. T***(=stupid person)* dumrian.
dumbfounded [ˌdʌm'faundid] *adj:* stum av forbløffelse.
dumbly [ˌdʌmli] *adv:* stumt.
dumbo [ˌdʌmbou] *s* **T***(=dope; fool)* tosk.
dumbwaiter [ˌdʌm'weitə] *s* **1.** *om lite serveringsbord:* stumtjener; **2***(,***US:** *lazy Susan)* stort, dreibart brett (for plassering på spisebord); **3. US***(=dinner lift)* matheis.
I. dummy [ˌdʌmi] *s* **1.** attrapp; ***(shelf) dummy*** bokattrapp; ***display dummy*** utstillingsfigur; **2.** *buktalers:* dukke; **3.** *for baby(=comforter;* **US:** *pacifier)* narresmokk; **4.** stråmann; **5.** *mil(=blank round)* løspatron; **6.** *kortsp; bridge:* blindemann; **7. T:** person som hverken sier eller gjør noe; **8. S***(=fool)* tosk.
II. dummy *adj:* uekte; falsk; narre-.
dummy buyer person som spiller rollen som kjøper.
dummy pill *med.(=placebo pill)* lurepille.
dummy run prøve (for å se om alt går som det skal); ***take a dummy run at the interview*** tørrtrene før intervjuet.
I. dump [dʌmp] *s* **1.:** ***(rubbish) dump*** fylling; avfallsplass; ***car dump*** bilkirkegård; **2.** *mil:* (forsynings)depot *n;* **3.** *om sted* **T***(=hole)* hull *n.*
II. dump *vb* **1.** *om søppel, etc:* lesse av; tippe *(fx rubbish);* **2.** slenge ned; dumpe ned; sette (tungt) fra seg; **3.** selge til dumpingpris; **4. T:** ***she dumped****(=ditched)* ***him****(=she threw him over)* hun slo opp med ham.
dump body *på lastebil:* tipp.
dumping [ˌdʌmpiŋ] *s* **1.** avlessing; tømming (av avfall); **2.** *merk:* dumping.
dumping price *merk:* dumpingpris.
dumpling [ˌdʌmpliŋ] *s* **1.** melbolle; ***apple dumpling*** innbakt eple *n;* ***potato dumpling*** raspeball; *(se I. duff);* **2.** *om person* **T:** bolle.
dumps [dʌmps] *s; pl:* **T:** ***be down in the dumps*** være nedtrykt; være molefonken; **T:** være deppa.
dump truck*(=dumper truck)* lastebil med tipp.
dumpy [ˌdʌmpi] *adj(=short and plump)* liten og tykk.
dun [dʌn] *s* **1***(=brownish-grey colour)* gråbrunt; **2.** gråbrun hest.
dunce [dʌns] *s; stivt el. glds(=dimwit)* dumrian.
dunderhead [ˌdʌndə'hed] *s: se dunce.*
dune [dju:n] *s:* sandbanke; sanddyne; klitt.
I. dung [dʌŋ] *s:* naturgjødsel.
II. dung *vb:* gjødsle.
dungarees ['dʌngəˌri:z] *s; pl:* overalls (av dongeristoff).
dung beetle *zo; i løst språkbruk(=chafer)* gjødselbille.
dungeon [ˌdʌndʒən] *s:* underjordisk fangehull.
dung fork *landbr:* møkkgreip *n.*
dunghill [ˌdʌŋ'hil] *s(=heap of dung)* møkkdynge.
dunlin [ˌdʌnlin] *s; zo:* myrsnipe.
dunnage [ˌdʌnidʒ] *s; mar:* garnering.
dunno [dəˌnou] **S***(=don't know)* vet ikke.
duo [ˌdju:ou] *s; mus; også fig:* duo.
duodenum ['dju:ouˌdi:nəm] *s; anat:* tolvfingertarm.
I. dupe [dju:p] *s:* lettlurt person.
II. dupe *vb(=fool)* lure.
I. duplex [ˌdju:pleks] *s* **US 1.:** ***duplex (apartment)****(=flat on two floors)* leilighet i to etasjer; **2.:** ***duplex (house)****(=semi-detached house)* vertikaldelt enebolig.
II. duplex *adj(=double; dual)* dobbelt; som består av to deler.
I. duplicate [ˌdju:plikit] *s* **1.** dublett; **2***(=copy)* kopi; duplikat *n;* **3.** *EDB:* kopi; **4.** *merk; stivt:* ***in duplicate****(=in two copies)* i to eksemplarer *n.*
II. duplicate [ˌdju:pli'keit] *vb* **1***(=copy)* kopiere; ta gjenpart(er) av; **2.** *EDB:* kopiere; **3.** *fig:* kopiere *(fx sby's work);* gjenta *(fx one's former success);* ***duplicate one's own work*** gjøre det samme arbeidet to ganger.
duplication ['dju:pliˌkeiʃən] *s* **1.** kopiering; duplisering; **2***(=duplicate; copy)* duplikat *n;* kopi; dublett.
duplicity [dju:ˌplisiti] *s; stivt(=double-dealing; deception)* bedrag *n;* falskhet.
durability ['djɔ:rəˌbiliti; 'djuərəˌbiliti] *s:* holdbarhet.
durable [ˌdjɔ:rəbl; ˌdjuərəbl] *adj* **1.** varig *(fx peace);* **2.** holdbar; varig *(fx trousers of a durable material);* **3.** *økon:* ***durable consumer goods****(=consumer durables)* varige forbrukergoder.
duramen [djuˌreimən] *s; bot(=heartwood)* kjerneved; al.
durance [ˌdjuərəns] *s; glds & litt.(=imprisonment)* fangenskap *n;* ***in durance vile****(=in degrading imprisonment)* i forsmedelig fangenskap.
duration [djɔ:ˌreiʃən; dju(ə)ˌreiʃən] *s:* varighet; *stivt:* ***for the duration of the crisis****(=for as long as the crisis lasts(,lasted))* så lenge krisen varer (,varte); ***duration of life****(=length of life)* livslengde.
duress [djures] *s; jur:* ***under duress*** under tvang.
during [ˌdjɔ:riŋ; ˌdjuə:riŋ] *prep; om tid:* under; i løpet av; ***during his absence*** under hans fravær *n;* mens han var borte; ***during the initial stages*** i de første stadier *n;* i første fase; ***during the summer*** 1. i løpet av sommeren; 2. *fortidig(=this (past) summer)* (nå) i sommer; ***during the day*** 1*(=in the course of the day)* i løpet av dagen; 2*(=in the daytime)* om dagen; 3. *fortidig:* (nå) i dag; i løpet av dagen *(fx I saw him twice during the day).*
durra [ˌdʌrə] *s; bot(=Indian millet)* indisk hirse.
dusk [dʌsk] *s:* skumring; mørkning; tusmørke; ***at dusk*** *(=at twilight)* i skumringen; i mørkningen.
dusky [ˌdʌski] *adj; litt.(=swarthy)* mørk; mørkhudet.
I. dust [dʌst] *s* **1.** støv *n;* ***gold dust*** gullstøv; **2.** *om nederlag* **T:** ***bite the dust*** bite i gresset; ***their victory turned to dust****(=fell apart)* ***in their hands*** seieren smuldret opp i hendene på dem; **3. T** *fig:* ***raise a dust, kick up a dust, make a dust*** virvle opp støv *n;* ***throw dust in sby's eyes****(=mislead sby)* kaste en blår i øynene *n.*

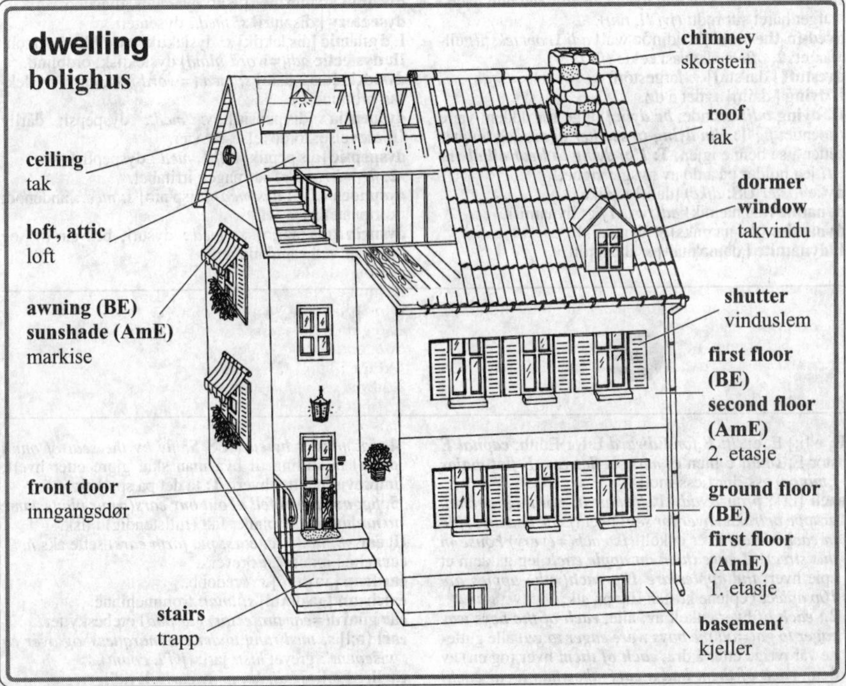

II. dust *vb* **1.** tørke støv *(n)* av; tørke støv; ***dust oneself down*** børste av seg støvet; **2.** pudre *(with* med); ***dust it with sugar*** strø sukker *(n)* på.

dustbin [ˌdʌst'bin] *s(*,**US:** *garbage can; trash can; ash can)* søppeldunk.

dustbin service*(=refuse collection)* søppeltømming.

dustcart [ˌdʌst'kɑ:t] *s(,faglig: refuse collection truck;* **US:** *garbage truck)* søppelbil; *faglig:* renovasjonsvogn.

dust cover 1. *til møbler(=dust sheet)* varetrekk; **2.** *på bok(=(dust) jacket; book jacket)* smussomslag; varebind.

duster [ˌdʌstə] *s* **1.** støvekost; pensel (til å børste av støvkorn med); **2***(*,**US:** *dust cloth)* støveklut.

dustman [ˌdʌs(t)mən] *s(*,**T:** *bin man;* **US:** *garbage man)* søppeltømmer; *faglig:* renovasjonsarbeider.

dustpan [ˌdʌst'pæn] *s:* feiebrett.

dust-up [ˌdʌst'ʌp] *s* **T***(=row; quarrel)* krangel; **T:** bråk *n;* ballade.

dusty [ˌdʌsti] *adj:* støvete.

I. Dutch [dʌtʃ] *s* **1.** *språket:* nederlandsk; hollandsk; **2.:** ***the Dutch*** nederlenderne; hollenderne; **3.:** ***double Dutch*** kaudervelsk; labbelensk.

II. Dutch *adj* **1.** nederlandsk; hollandsk; **2.:** ***go Dutch****(=dutch)* betale hver for seg; spleise.

Dutch barn slags utløe uten vegger og med buet tak *n.*

Dutch cap 1. hollenderkyse; **2.** *med.(=cap; diaphragm)* pessar *n.*

Dutch comfort det å bli trøstet med at noe verre kunne ha skjedd; ***that's Dutch comfort!*** det var dårlig trøst å få!

Dutch courage: ***get up Dutch courage*** drikke seg til mot *n.*

Dutch door US*(=stable door)* halvdør; stalldør.

Dutchman [ˌdʌtʃmən] *s:* nederlender; hollender.

Dutch treat spleiselag; selskap *(n)* der alle betaler hver for seg.

dutiable [ˌdju:tiəbl] *adj(=liable to duty)* tollpliktig.

dutiful [ˌdju:tiful] *adj:* pliktoppfyllende; plikttro.

dutifully *adv:* pliktskyldigst.

I. duty [ˌdju:ti] *s* **1.** plikt; ***do one's duty*** gjøre sin plikt; ***have a duty to appear*** ha møteplikt; ***my duty is to my wife and children*** jeg har først og fremst plikter overfor kone og barn *n;* **2.** vakt; tjeneste; *mil:* **US:** ***active duty****(fk AD)(=active service)* aktiv tjeneste; ***be off duty*** ha frivakt; ***be on duty*** ha vakt; ***be on early duty*** ha tidligvakt; **3***(=tax (on goods))* avgift; ***(customs) duty****(*,**T:** *customs)* toll; ***taxes, duties and licences*** skatter og avgifter; ***pay duty on*** betale toll på; ***how high is the duty?****(=what's the duty?)* hvor mye er det i toll? ***put a duty on*** legge toll på.

II. duty *adj* **1.** plikt-; **2.** tjenstgjørende; vakthavende; ***duty medical officer*** vakthavende lege.

duty dance pliktdans.

duty-free [ˌdju:ti'fri:] *adj:* avgiftsfri; tollfri; ***duty and tax-free allowances*** tollfrie kvoter.

duty pass *om tjenestebevis:* fribillett.

duty schedule turnus(liste); ***work out a duty schedule for the ward*** sette opp turnusliste for avdelingen; ***there's an eight-week duty schedule*** turnusen er utlagt på åtte uker. **duvet** [ˌdu:vei] *s(=continental quilt)* (dun)dyne.

duvet case*(=duvet cover; quilt cover)* dynetrekk.

I. dwarf [dwɔ:f] *s:* dverg.

II. dwarf *vb* **1.** hindre i veksten; **2.:** ***be dwarfed by*** virke liten i forhold *(n)* til.

dwell [dwel] *vb(pret & perf.part.: dwelt, dwelled)* **1.** *glds el. litt.(=live)* bo; **2.:** ***dwell on*** dvele ved.

dwelling [ˌdweliŋ] *s; glds(=housing; home)* bolig; *spøkef:* ***my humble dwelling*** min ringe bolig.

dwelling house beboelseshus; bolighus.

dwindle [dwindl] *vb:* svinne *(fx his hopes dwindled);* skrumpe sammen *(el.* inn); ***his fortune dwindled*** hans formue skrumpet inn.

I. dye [dai] *s:* farge; fargestoff.
II. dye *vb:* farge; ***she had dyed her hair red*** hun hadde farget håret sitt rødt; *(jvf II. tint).*
dyed-in-the-wool ['daidinðəˌwul] *adj* **1.** *om tekstil:* ullfarget; **2.** *ofte neds:* vaskeekte *(fx Tory).*
dyestuff [ˌdai'stʌf] *s:* fargestoff.
I. dying [ˌdaiiŋ] *s:* det å dø.
II. dying *adj:* døende; ***be dying*** ligge for døden; være døende; *fig* **T:** ***I'm dying to see her again*** jeg lengter etter å se henne igjen; **T:** ***I'm dying to hear all about it!*** jeg holder på å dø av nysgjerrighet!
dyke *(,især* **US:** *dike)* [daik] *s:* dike.
dynamic [daiˌnæmik] *adj; også fig:* dynamisk.
dynamics [daiˌnæmiks] *s:* dynamikk.
I. dynamite [ˌdainə'mait] *s:* dynamitt.
II. dynamite *vb:* sprenge (ved hjelp av dynamitt).
dynamo [ˌdainə'mou] *s(pl: dynamos)* dynamo.
dysentery [ˌdisəntri] *s; med.:* dysenteri.
I. dyslectic [disˌlektik] *s:* dyslektiker; ordblind person.
II. dyslectic *adj(=word-blind)* dyslektisk; ordblind.
dyslexia [disˌleksiə] *s; med.(=word-blindness)* dysleksi; ordblindhet.
dyspepsia [disˌpepsiə] *s; med.:* dyspepsi; dårlig fordøyelse; fordøyelsesbesvær.
dyspeptic [disˌpeptik] *adj* **1.** *med.:* dyspeptisk; **2.** *fig(=irritable)* surmaget; irritabel.
dyspnoea *(,***US:** *dyspnea)* [dispˌniə] *s; med.:* åndenød; kortpustethet.
dysuria [disˌjuəriə] *s; med.:* dysuri; besvær *(n)* og smerter ved vannlatingen.

e

E, e [i:] E, e; *tlf:* ***E for Edward*** E for Edith; ***capital E*** stor E; ***small e*** liten e; *mus:* ***E flat*** ess; ***E flat major (,minor)*** ess-dur (,ess-moll).
each [i:tʃ] *pron & adv* **1.** *foranstilt; om ting, person, gruppe betraktet hver for seg:* hver *(fx he had an apple in each hand);* hver enkelt *(fx each(=every) house in this street);* ***I gave them an apple each*** jeg ga dem et eple hver; ***the apples are 10p each****(=the apples are 10p apiece)* eplene koster 10p pr. stk;
2.: ***each of*** hver enkelt av; alle; ***each of the boys was eager to go****(=all the boys were eager to go)* alle guttene var ivrige etter å dra; ***each of them*** hver (og en) av dem; ***each of them had a car****(=they had a car each)* de hadde hver sin bil; ***a little of each please*** litt av hvert, takk;
3*(=everyone)* enhver; alle *(fx each gave according to their ability);*
4.: ***each other****(=one another)* hverandre; ***they were sorry for each other*** de syntes synd på hverandre; ***next to each other*** (like) ved siden av hverandre.
eager [ˌi:gə] *adj:* ivrig (*to* etter å) *(fx he was eager to go);* ***eager for knowledge*** kunnskapssøkende; ***eager for power*** maktsyk; ***I was eager for her to win*** jeg ville svært gjerne at hun skulle vinne.
eager beaver T: ***she's an eager beaver*** hun er en flittig maur.
eagerly [ˌi:gəli] *adv:* ivrig.
eagerness [ˌi:gənəs] *s:* iver.
eagle [i:gl] *s; zo:* ørn.
eagle eye *fig:* falkeblikk; skarpt blikk.
eagle owl *(,***US:** *(great) horned owl)* hubro.
eaglet [ˌi:glit] *s; zo:* ørnunge.
I. ear [iə] *s* **1.** *anat & fig:* øre *n;* ***internal ear*** indre øre; ***have sharp ears*** ha en skarp hørsel; *stivt:* ***have the king's ear*** ha innflytelse hos kongen; ***be all ears*** være lutter øre; ***it went in one ear and out the other*** det gikk inn av det ene øret og ut av det andre; ***have an ear for*** ha øre for; *(se også 3);* ***buzzing in the ears*** øresus; ***my ears popped*** jeg fikk dotter i ørene; ***have a word in sby's ear****(=tell sby sth confidentially)* hviske en noe (*el.* et ord) i øret; ***strain one's ears****(=prick up one's ears)* spisse ører; ***a box on the ear*** en ørefik; **T:** ***be out on one's ear*** få sparken; ***have (,put) one's ear to the ground*** stikke fingeren i jorda; ***head over ears in love*** opp over ørene forelsket; ***turn a deaf ear*** vende det døve øret til;
2. *bot:* aks *n;*
3. *mus:* ***have an ear for music*** ha gehør *n;* ha øre *(n)* for musikk; være musikalsk; ***play by ear*** spille etter gehør;
4. *fig:* ***play it by ear****(,***US S:** *fly by the seat of one's pants)* ta stilling til hva man skal gjøre etter hvert; improvisere etter hvert; **T:** ta det på sparket;
5. *fig:* ***our plans fell about our ears****(=our plans came to nothing)* våre planer falt (fullstendig) i fisk.
II. ear *vb; bot(=set ears; put forth ears)* sette aks *n.*
earache [ˌiər'eik] *s:* øreverk.
eardrop [ˌiə'drɔp] *s:* øredobb.
eardrum [ˌiə'drʌm] *s; anat:* trommehinne.
ear guard*(=ear protector; ear pad)* ørebeskytter.
earl [ə:l] *s; med rang under en 'marquess' og over en 'viscount':* greve; *hist:* jarl; *(jvf I. count).*
earlier [ˌə:liə] *adj; komp av early* **1.** tidligere;
2. eldre; ***valves of earlier models*** ventiler av eldre modeller;
3.: ***earlier (on)****(=before)* før; i forveien; tidligere.
earlobe [ˌiə'loub] *s; anat:* øreflipp.
I. early [ˌə:li] *adj* **1.** tidlig; ***it's too early to get up yet*** det er for tidlig å stå opp enda; ***his early youth*** hans tidligste ungdom; ***at an early age****(=early (in life))* i ung alder; ***at an early date****(=in the near future)* i nær fremtid; ***even at this early date****(= already)* allerede nå; ***at an early hour*** tidlig; ***keep early hours*** gå tidlig til sengs og stå tidlig opp; ***at that early period****(=even at that time; even in those days)* allerede den gang; ***from an early age*** allerede tidlig; allerede som liten; ***be an early riser*** stå tidlig opp om morgenen; *(se early bird);*
2. eldre *(fx the early Iron Age);* eldst *(fx the early history of England).*
II. early *adv:* tidlig; tidlig ute *(fx you're early!);* ***as early as possible*** så snart som mulig; ***as early as last June****(=as long ago as last June; as far back as last June)* allerede i juni; ***early in life*** tidlig i livet; ***he died early in life*** han døde i ung alder; ***early in May****(=in early May)* tidlig i mai; ***it was early in the morning*** det var tidlig på morgenen; ***early on*** på et tidlig tidspunkt; på et tidlig stadium; tidlig.
early bird T*(=early riser; morning person)* morgenfugl; morgenmenneske; ***the early bird catches the worm*** morgenstund har gull *(n)* i munn; *(jvf night owl).*
early days T*(=(too) early)* (for) tidlig; i tidligste laget.
early riser: *se early bird.*
earmark [ˌiə'mɑ:k] *vb:* øremerke; ***sum earmarked for contingencies*** sum som er forbeholdt uforutsette utgifter.
earmuff [ˌiə'mʌf] *s(=earflap)* ørevarmer.
earn [ə:n] *vb* **1.** tjene *(fx £90 a week);* ***now that you're earning*** nå da du tjener penger; ***earn a high salary*** ha en høy gasje; **2***(=deserve)* fortjene; **3***(=bring in)* innbringe *(fx the money his writing earned).*

earned income arbeidsinntekt; ***unearned income*** arbeidsfri inntekt.
earner [ˌə:nə] **1.:** ***(wage) earner*** lønnsmottager; ***the highest earners*** de med de høyeste inntektene;
2.: ***main earner*** hovedforsørger; ***sole earner****(=single provider)* eneforsørger.
I. earnest [ˌə:nist] *s:* ***in earnest*** **1***(=serious; not joking):* ***I'm in earnest when I say this*** jeg mener det alvorlig når jeg sier dette; ***be in deadly****(=deathly)* ***earnest*** være dødsens alvorlig; **2***(=seriously):* ***he set to work in earnest*** han tok fatt for alvor *n.*
II. earnest *adj:* alvorlig *(fx make an earnest attempt);* ***he's rather earnest*** han er nokså alvorlig av seg; ***I'm dead earnest****(=I was never more serious in my life)* det er mitt ramme alvor.
earnestness [ˌə:nistnəs] *s:* alvor *n.*
earnings [ˌə:niŋz] *s; pl:* inntekter; ***net earnings****(=net income)* nettoinntekt.
ear pad*(=ear guard; ear protector)* ørebeskytter.
earphone [ˌiə'foun] *s(=headphone)* hodetelefon.
earpiece [ˌiə'pi:s] *s:* øretelefon; høretelefon.
earplug [ˌiə'plʌg] *s:* ørepropp.
earring [ˌiə'riŋ] *s:* ørering.
earshot [ˌiə'ʃot] *s(=hearing)* hørevidde; ***within earshot*** innenfor hørevidde; ***out of earshot*** utenfor hørevidde.
ear-splitting [ˌiə'splitiŋ] *adj(=deafening)* ødedøvende.
I. earth [ə:θ] *s* **1.** jord *(fx heaven and earth);* jordart; ***the earth, (the) Earth*** jorda; *fig:* ***move heaven and earth*** sette himmel og jord i bevegelse;
2.: ***(fox) earth*** *(=burrow)* (reve)hi *n;* ***go to earth*** forsvinne i hullet sitt;
3. *elekt:* ***earth (lead)****(,***US:*** ground)* jord; jordledning;
4. *int:* ***what on earth ...?*** hva i all verden ...?
5. *fig:* ***bring sby back to earth*** få en ned på jorda igjen; ***let's come down to earth again*** la oss komme ned på jorda igjen.
II. earth *vb; elekt:* jorde.
earth closet tørrklosett.
earthenware [ˌə:θən'wɛə] *s:* steintøy; leirvarer; *(se pottery).*
earthenware pot leirkrukke.
earthing [ˌə:θiŋ] *s; elekt:* jordforbindelse.
I. earthly [ˌə:θli] *s* **T:** ***he hasn't an earthly*** han har ikke den minste sjanse.
II. earthly *adj:* jordisk; **T:** ***of no earthly use*** til ingen verdens nytte.
earthquake [ˌə:θ'kweik] *s:* jordskjelv *n.*
earth road *(,***US:*** dirt road)* ikke gruslagt vei.
earthworm [ˌə:θ'wə:m] *s; zo:* meitemark.
earthy [ˌə:θi] *adj* **1.** jordaktig; full av jord; **2.** *fig(=coarse)* grov *(fx an earthy sense of humour).*
earwax [ˌiə'wæks] *s; anat(,faglig: cerumen)* ørevoks.
earwig [ˌiə'wig] *s; zo:* saksedyr; øretvist.
I. ease [i:z] *s* **1.** letthet; ***with ease*** med letthet; ***he writes with ease*** han er meget pennefør; ***with effortless ease*** med lekende letthet;
2.: ***lead****(=live)* ***a life of ease*** ha et behagelig liv;
3. utvungenhet; ***speak with studied ease*** snakke tilgjort utvungent; ***his ease of manner*** hans utvungne måte å være på;
4*(=relief)* lindring; ***the medicine brought him some ease*** medisinen brakte ham litt lindring;
5.: ***at ease*** 1. rolig; ubesværet; ***feel at ease*** føle seg vel til mote; ***feel ill at ease*** føle seg ille til mote; 2. *mil:* hvilestilling; 3. *fig(=at home)* hjemmevant *(fx he seems so much at ease that one might think he's often been here before).*
II. ease *vb* **1.** lette; minske; avta; ***work has eased to a certain extent*** arbeidspresset har avtatt noe; ***ease one's conscience*** lette sin samvittighet;
2. lindre *(fx the pain);*
3. avhjelpe; råde bot på; ***ease the trouble*** avhjelpe den vanskelige situasjonen;
4. *mar:* ***ease her helm*** slakke på roret;
5. flytte (,skyve, bære, etc) forsiktig; ***ease the door shut*** lukke døra forsiktig;
6. innføre lettelser i *(fx the rationing);*
7.: ***ease off*** 1. *om smerte:* avta; 2. *om tau:* slakke på; 3*(=ease up)* slakke på farten; 4. *om været:* letne;
8.: ***ease up*** 1. minske; avta; ***the rain has eased up a bit now*** det regner ikke så fælt lenger nå; 2. slakke på farten; ***ease up a bit!*** kjør litt langsommere! 3.: ***ease up on****(=go easy on)* ikke være så streng mot.
easel [i:zl] *s:* staffeli *n;* ***field easel****(=portable easel)* feltstaffeli.
easily [ˌi:zili] *adv* **1***(=without difficulty)* lett; med letthet; ***easily digestible****(=easy to digest)* lettfordøyelig; ***be easily influenced*** være lettpåvirkelig; ***easily understood*** lettfattelig; som er lett å forstå; ***it's easily misunderstood****(=it's apt to be misunderstood)* det kan lett misforstås; ***more easily*** lettere; **2***(=clearly; beyond doubt; by far)* langt; klart; uten tvil *(fx this is easily the best book I've read);* **3***(=very likely)* lett; ***he may easily change his mind*** han kan lett (*el.* meget vel) komme til å skifte mening.
easiness [ˌi:zinəs] *s:* letthet.
I. east [i:st] *s* **1.** øst; ***he lives in the east****(=East)* ***of England*** han bor i Øst-England; ***the Far East*** Det fjerne østen; **2.** *om kompassretningen (fk E):* øst *(fx he took a direction 10° E of N).*
II. east 1. *adj:* østlig; Øst-; ***on the east coast*** på østkysten; ***an east wind*** en østavind; en østlig vind; **2.** *adv:* mot øst *(fx the house faces east);* østover; østpå; ***east of****(=to the east of)* øst for; ***east of north*** øst til nord.
eastbound [ˌi:st'baund] *adj:* østgående; på vei østover.
East End ['i:stˌend] *s:* East End; østkant.
East Ender ['i:stˌendə] *s:* person fra østkanten; ***East Enders*** østkantfolk.
Easter [ˌi:stə] *s:* påske; ***at Easter*** i påsken.
Easter Day*(=Easter Sunday)* første påskedag.
Easter Eve påskeaften; ***on Easter Eve*** (på) påskeaften.
Easter lily *bot:* trompetlilje; *(jvf daffodil).*
easterly [ˌi:stəli] *adj:* østlig; mot øst; ***in an easterly direction*** i østlig retning.
Easter Monday annen påskedag.
eastern [ˌi:stən] *adj; om område:* østlig; østre; Øst- *(fx Eastern Europe).*
Easter Sunday*(=Easter Day)* første påskedag.
Easter tan påskebrunt *n;* ***with an Easter tan*** påskebrun.
eastward [ˌi:stwəd] *adj:* østlig; *(se easterly).*
eastward(s) *adv:* østover *(fx travel eastwards);* mot øst.
I. easy [ˌi:zi] *adj* **1.** lett; ***as easy as falling off a log****(,***T:*** dead easy)* så lett som fot i hose; ***win an easy victory*** vinne en lett seier; ***he came in an easy first*** han kom inn som overlegen førstemann;
2. rolig; lett *(fx he had an easy day at the office);*
3. utvungen; uformell *(fx have an easy manner);*
4. uanstrengt *(fx he walked with an easy stride);*
5. rimelig; ***on easy terms*** på rimelige betingelser;
6. T*(=fast)* løsaktig; **T:** løs på tråden *(fx woman);*
7. lettjent; ***easy money*** lettjente penger;
8. T: ***I'm easy*** det er det samme for meg.
II. easy *adv* **1. T:** ***easy does it!****(=be careful!)* forsiktig nå! pass deg! pass på! vær forsiktig!
2. *mil; kommando:* ***stand easy! easy!*** på stedet hvil! hvil!
3.: ***go easy on*** 1. *om forbruk:* være forsiktig med *(fx go easy on the wine!);* 2. ta forsiktig (*el.* mildt) på; være lemfeldig med *(fx go easy on minor crimes);*
4. *ordspråk:* ***easy come, easy go*** snart fått er snart gått;
5.: ***take it easy*** 1. ta det med ro; 2. ikke bli hissig; ta det med ro.
easy chair ['i:ziˌtʃɛə; ˌi:zi'tʃɛə] *s:* lenestol.
easy game*(=an easy mark; a soft touch) om person* **T:** en lettlurt type *(fx he's easy game).*

economic or economical

NYTTIGE UTTRYKK

economic *økonomisk* (in a general sense)
economical *lønnsom, sparsommelig*

The country is making progress now, in an **economic** and political sense.
This way of doing business is the most **economical**, in my opinion.
My dad says my mother is much more economical than he is.

easy-going ['i:zi,gouiŋ; *attributivt:* ,i:zi'gouiŋ] *adj* **1.** avslappet; rolig (av seg); grei å ha med å gjøre; **2.** *om tempo(=comfortable)* bedagelig *(fx at an easy-going pace).*

easy-to-follow ['i:zitə,fɔlou] *adj; om beskrivelse, etc:* lettfattelig.

easy-to-read ['i:zitə,ri:d] *adj:* lettleselig *(fx print); **an easy-to-read scale*** en lett avlesbar skala.

I. eat [i:t] *s* **T:** ***eats****(=food)* mat.

II. eat *vb(pret: ate; perf.part.: eaten)* **1.** spise; ***a good place to eat*** et godt spisested; ***eat one's fill*** spise seg mett; ***suddenly unable to eat any more*** bråmett; ***eat like a horse****(=eat a lot)* ta godt for seg av maten; **T: *I'll eat my hat if it comes off!*** hvis det blir noe av, skal jeg spise hatten min! **US: *eat together****(=take meals together)* spise sammen (på kafé, etc); ***eat on the move*** spise på gaten *(fx there should be a complete ban on eating on the move); (se II. graze 2);* ***eat out*** spise ute; ***eat with relish*** spise med god appetitt; **2.** *fig:* ***eat humble pie*** krype til korset; ***eat sby out of house and home*** spise en ut av huset; ***eat one's words*** ta ordene *(n)* sine i seg igjen;
3.: ***eat into*** 1. tære på; 2. *fig:* gjøre et innhugg i; ***eat (=break) into the capital*** ta hull *(n)* på kapitalen;
4.: ***eat up*** 1. spise opp; 2. *fig:* ***the car eats up the miles*** bilen sluker kilometerne; ***he was eaten up with jealousy****(=he was consumed with jealousy)* han holdt på å forgå av sjalusi.

I. eatable [,i:təbl] *s:* ***eatables****(=food)* matvarer; mat.

II. eatable *adj:* spiselig.

eater [,i:tə] *s:* ***be a big****(=hearty)* ***eater*** ha god appetitt; ***be a small eater*** være finspist; ***be a natural eater*** være en matmons; ***be a poor eater*** spise dårlig (*el.* lite).

eatery [,i:təri] *s* **T***(=eating establishment)* spisested.

I. eating [,i:tiŋ] *s:* spising.

II. eating *adj:* spise-.

eating establishment *neds:* spisested; ***on-the-hoof eating establishment*** sted *(n)* hvor man kan stå og spise.

eating place bevertningssted.

eaves [i:vz] *s; pl:* takskjegg.

eavesdrop [,i:vz'drɔp] *vb:* tyvlytte; lytte ved dørene.

eavesdropper [,i:vz'drɔpə] *s:* tyvlytter.

I. ebb [eb] *s* **1.** ebbe; fjære; **2.** *fig:* ***at a low ebb*** i dårlig forfatning; ***his power is on the ebb*** han har ikke lenger så stor makt.

II. ebb *vb* **1.** ebbe; ***the tide began to ebb*** det begynte å ebbe; **2.** *fig:* ***ebb (away)*** ebbe ut.

ebb tide ebbe.

ebonite [,ebənait] *s:* ebonitt.

ebony [,ebəni] *s:* ibenholt.

ebullience [i,bʌljəns] *s; stivt(=exuberance)* livlighet; sprudlende humør *n.*

ebullient [i,bʌljənt] *adj; stivt* **1***(=exuberant)* sprudlende; livlig; ***in an ebullient mood*** i sprudlende humør *n.* **2***(=very cheerful)* meget glad.

EC *(fk f European Community) s; hist:* ***the EC****(=the EEC; the Common Market)* Fellesmarkedet; EF.

I. eccentric [ik,sentrik] *s:* eksentrisk person; særling.

II. eccentric *adj:* eksentrisk; eksenter-.

eccentricity ['eksen,trisiti] *s:* eksentrisitet; særhet.

ecclesiastic(al) [i'kli:zi,æstik(əl)] *adj:* kirkelig; kirke- *(fx year);* geistlig.

echelon [,eʃə'lɔn] *s:* sjikt *n;* ***the lower (,upper) echelons*** de nederste (, øverste) sjikt; ***the higher echelons*** ledersjiktet; toppsjiktet; ***top echelon*** øverste sjikt; toppsjikt.

I. echo [,ekou] *s; også fig:* ekko *n;* gjenlyd; gjenklang.

II. echo *vb:* gjenlyde; gi gjenlyd (*el.* gjenklang); gjalle; kaste tilbake; ***echo with laughter*** gjenlyde av latter.

éclair [ei,klɛə; i,klɛə] *s:* avlang vannbakkels med vaniljekremfyll og sjokoladeovertrekk.

I. eclipse [i,klips] *s* **1.** *astr:* formørkelse; ***lunar eclipse*** måneformørkelse; **2.** *fig; stivt:* ***in eclipse*** i tilbakegang.

II. eclipse *vb* **1.** *astr:* formørke; **2.** *fig:* stille i skyggen; *sport; stivt(=beat):* ***eclipse sby's record*** slå ens rekord.

ecological ['i:kə,lɔdʒikəl] *adj:* økologisk.

ecological policy økopolitikk; økologisk politikk.

ecology [i,kɔlədʒi] *s:* økologi.

economic ['i:kə,nɔmik; 'ekə,nɔmik] *adj:* økonomisk *(fx development);* som bærer seg *(fx the firm is barely economic); **an economic benefit*** et økonomisk gode.

economical ['i:kə,nɔmikəl; 'ekə,nɔmikəl] *adj:* sparsommelig; økonomisk *(fx she's very economical).*

economically ['i:kə,nɔmikəli; 'ekə,nɔmikəli] *adv(=financially)* i økonomisk henseende *n;* ***economically (speaking)*** økonomisk sett; fra et økonomisk synspunkt.

economic know-how næringsvett.

economic life næringsliv; arbeidsliv.

economic migrant økonomisk flyktning.

economics ['i:kə,nɔmiks; 'ekə,nɔmiks] *s; økon* **1.** *faget:* sosialøkonomi; økonomi; **2.:** ***the economics of****(=the financial aspects of)* den finansielle siden ved.

economist [i,kɔnəmist] *s:* økonom; sosialøkonom; ***business economist*** bedriftsøkonom.

economize, economise [i,kɔnə'maiz] *vb:* økonomisere; spare (*on* på).

economy [i,kɔnəmi] *s* **1***(=thrift)* sparsommelighet; besparelse; **2.** økonomi; ***a market-based economy*** en markedsbasert økonomi; ***real economy*** realøkonomi; ***the ailing (,stretched) economy of the country*** landets skrantende (,anstrengte) økonomi; **3.** næringsliv; ***the private sector of the economy*** det private næringsliv; ***in the black economy*** på det svarte arbeidsmarkedet; ***work full or part-time in the black economy*** arbeide svart på hel eller halv tid.

ecosystem [,i:kou'sistəm; ,ekou'sistəm] *s:* økosystem.

ecstasy [,ekstəsi] *s* **1.** ekstase; ***in ecstasy*** i ekstase; ***in an ecstasy of joy*** i gledesrus; **2.** *fig:* ***go into ecstasies over*** bli vilt begeistret for.

ecstatic [ek,stætik] *adj:* ekstatisk; vilt begeistret.

ECU [ˌeikju:] *(fk f European Currency Unit)* ECU.
Ecuador [ˌekwəˈdɔ:] *s; geogr:* Ecuador.
ecumenic(al) [ˈi:kjuˌmenik(l)] *adj; rel:* økumenisk.
eczema [ˌeksimə] *s; med.:* eksem.
I. eddy [ˌedi] *s:* virvel *(fx of dust); i vannet:* evje; ***back eddy*** bakevje.
II. eddy *vb:* virvle; virvle rundt.
edema [iˌdi:mə] *s;* **US** *med.(=oedema)* ødem *n;* væskeansamling.
I. edge [edʒ] *s* **1.** kant; rand; *også fig:* ***on the edge of*** på kanten av; ***on the edge of the law*** på kanten av loven; ***edge to edge*** kant i kant; ***he fell over the edge*** han falt utfor kanten (*el.* stupet);
2. *på kniv, etc:* egg;
3. *fig:* skarphet; ***his voice had an edge to it*** han var skarp i stemmen; ***the cheese has quite an edge to it*** osten er ganske skarp i smaken; ***the chocolate took the edge off his hunger*** sjokoladen døyvet den verste sulten;
4. *fig:* ***have the edge on****(=over)* ha et lite overtak på; ha en liten fordel over (*el.* fremfor);
5.: ***on edge*** 1. på kant; 2. *fig(=nervous; irritable)* nervøs; irritabel; 3.: ***cold water sets my teeth on edge*** det iser i tennene mine når jeg drikker kaldt vann.
II. edge *vb* **1.** kante; kantsette; ***be edged with*** være kantet med *(fx the lawn is edged with flowers);*
2. skjerpe *(fx a knife);*
3. skubbe; lirke; bevege seg forsiktig *(fx they edged forward gradually so as not to be seen);* ***edge away from*** fjerne seg litt etter litt fra; ***edge past*** smyge seg forbi.
edgeways [ˌedʒˈweiz] *(,især* **US:** *edgewise) adv (=sideways)* sidelengs; ***I can't get a word in edgeways*** jeg kan ikke få flettet inn et ord.
edging [ˌedʒiŋ] *s* **1.** kant; **2.** bord; **3.** kantebånd.
edgy [ˌedʒi] *adj* **T***(=irritable)* irritabel.
edible [ˌedibl] *adj:* spiselig.
edible crab *zo:* taskekrabbe.
edible snail vinbergsnegl(e).
edict [ˌi:dikt] *s:* edikt *n;* forordning.
edification [ˈedifiˌkeiʃən] *s; stivt el. spøkef:* oppbyggelse.
edifice [ˌedifis] *s(=large building)* byggverk.
edify [ˌediˈfai] *vb(=have an edifying effect on)* virke oppbyggelig på.
edifying [ˌediˈfaiiŋ] *adj:* oppbyggelig.
edit [ˌedit] *vb:* redigere; ***edit out*** redigere bort.
edition [iˌdiʃən] *s:* utgave.
editor [ˌeditə] *s:* redaktør; forlagsredaktør; ***news editor*** nyhetsredaktør; ***chief editor*** hovedredaktør; *ved avis:* ***editor-in-chief*** sjefredaktør.
I. editorial [ˈediˌtɔ:riəl] *s:* lederartikkel.
II. editorial *adj:* redaksjons-; redaktør-; redaksjonell.
editorial column lederspalte; lederplass.
editorial director *om avdelingssjef:* forlagssjef.
editorialize, editorialise [ˈediˌtɔ:riəˈlaiz] *vb* skrive på lederplass.
editorial offices *pl:* redaksjon.
editorial script *film:* klippemanuskript.
editorial staff: ***the editorial staff*** redaksjonspersonalet; redaksjonen.
editorship [ˌeditəˈʃip] *s(=editorial post)* redaktørstilling.
EDP, edp*(fk f electronic data processing)* EDB.
educate [ˌedjuˈkeit] *vb:* utdanne; gi utdanning.
educated [ˌedjuˈkeitid] *adj* **1.** med (høyere) utdanning; ***he's well educated*** han har en god utdannelse;
2. dannet.
educated guess gjetning som bygger på et visst kjennskap til fakta *n.*
education [ˈedjuˌkeiʃən] *s* **1.** utdanning; utdannelse; skolevesen; ***institution of higher education****(=learning)* høyere læreanstalt; ***a university education*** en universitetsutdanning; ***the standard of education****(=educational standards)* nivået i skolen; utdanningsnivået; ***with higher education****(=with a university training(=education; degree))* med høyere utdanning;
2.: ***(science of) education****(=educational science)* pedagogikk; ***college of education****(,***US:** *teachers college)* pedagogisk høyskole; ***college of education lecturer****(,***US:** *teachers college professor)* lektor ved pedagogisk høyskole; ***Diploma in****(=of)* ***Education****(fk DipEd)* 1. vitnemål om pedagogisk eksamen; 2*(=Post-Graduate Certificate in(=of) Education) svarer til:* eksamen fra Senter *(n)* for lærerutdanning og skoletjeneste; *hist:* eksamen fra Pedagogisk seminar *n;* ***University Department of Education****(fk UDE) svarer til:* Senter *(n)* for lærerutdanning og skoletjeneste; *hist:* Pedagogisk seminar *n; (se physical education & secondary education).*
educational [ˈedjuˌkeiʃənl] *adj* **1.** utdannings-; pedagogisk; oppdragende; utviklende; ***wrong from an educational point of view****(=educationally unsound)* pedagogisk uriktig; **2***(=instructive)* lærerik.
educational advertising*(=informative advertising)* informativ reklame.
educational establisment *skolev:* utdanningsinstitusjon.
educational facilities *pl; skolev:* skoletilbud; utdanningstilbud.
educational grant *skolev(=training grant)* støtte til utdanningsformål.
educational institution*(=educational establishment)* lærested; læreanstalt.
educationalist [ˈedjuˌkeiʃənəlist] *s; skolev(=educationist)* pedagog.
educational journal fagtidsskrift for skolefolk; *(jvf professional journal).*
educationally [ˈedjuˌkeiʃənəli] *adv:* utdannings-; som angår utdanning; når det gjelder utdanning; ***educationally wrong****(=unsound)* pedagogisk uriktig; ***that's not a very sound thing to do educationally*** det er ikke videre pedagogisk.
educationally subnormal*(fk ESN)(,Canada: educationally mentally handicapped (fk EMH) skolev:* evneveik (ɔ: med IQ under 70).
educational opportunities *pl; skolev:* utdanningsmuligheter; *(jvf educational facilities).*
educational psychologist *intet tilsv:* psykolog med pedagogisk psykologi som spesiale *n.*
educational psychology pedagogisk psykologi; *(se education & psychology).*
educational research pedagogisk forskning; ***institute for educational research*** institutt *(n)* for pedagogisk forskning; pedagogisk institutt.
educational science*(=science of education)* pedagogikk.
educational sociology utdanningssosiologi.
educational standards *pl; skolev(=standards of education)* utdanningsnivå; nivå *(n)* i skolen; ***raise Norway's educational standards*** heve nivået i norsk skole.
education authority *skolev:* ***local education authority****(fk LEA)* undervisningssektor; skolestyre; *(se education office).*
education grant *skolev: se educational grant.*
education office *skolev:* undervisningssektorens kontor; skolestyrets kontor.
education officer *skolev:* ***(chief) education officer****(=director of education)* sektorsjef for undervisning; skolesjef.
Education Secretary **T***(=Secretary of State for Education and Science)* undervisningsminister.
educator [ˌedjuˈkeitə] *s; skolev* **1***(=teacher; person who educates)* lærer; oppdrager; **2***(=educationalist)* pedagog.
eel [i:l] *s; zo:* ål.
eerie [ˌiəri] *adj(=weird; uncanny)* nifs; uhyggelig.

e

eff [ef] *vb* **S**(*=curse*) banne; ***he was effing and blinding*** han bannet og svertet.
efface [iˌfeis] *vb* **1.** *stivt(=rub out)* slette (*el.* viske) ut; **2.** *fig:* ***efface sth from one's memory*** slette noe fra sin hukommelse; **3.:** ***efface oneself*** 1. holde seg i bakgrunnen; 2(*=be self-effacing*) være selvutslettende.
effacement [iˌfeismənt] *s:* utviskelse; utslettelse.
I. effect [iˌfekt] *s* **1.** virkning; effekt; ***spreading effect*** ringvirkninger; ***for effect*** for å gjøre inntrykk; for effektens skyld; ***to good effect*** med god virkning; ***to little effect*** uten større virkning; ***he resigned his post with immediate effect*** han fratrådte sin stilling med øyeblikkelig virkning;
2.: ***effects*** effekter; ***personal effects*** personlige effekter;
3. *jur:* ***come into effect*** tre i kraft;
4.: ***take effect*** 1. begynne å virke (*fx when will the drug take effect?*); 2(*=come into force*) tre i kraft; gjelde (*fx this regulation takes effect on June 9th*);
5.: ***in effect*** 1(*=in operation*) i kraft; 2(*=actually*) faktisk; egentlig; i realiteten;
6.: ***carry into effect***(*=carry out*) utføre; sette ut i livet;
7.: ***a letter to the effect that …*** et brev som gikk ut på at …; ***or words to that effect*** eller noe i den retning.
II. effect *vb*(*=bring about*) få til; få i stand.
effective [iˌfektiv] *adj* **1.** som virker; virkningsfull; effektiv; ***take effective measures*** gripe til effektive tiltak; (*jvf efficient*);
2(*=actual*) virkelig; faktisk (*fx assume effective control*);
3. *jur:* ***become effective***(*=become operative*) tre i kraft.
effectively [iˌfektivli] *adv* **1.** effektivt; (*jvf. efficiently*) 2(*=in effect*) faktisk.
effectiveness [iˌfektivnəs] *s; om virkemiddel, legemiddel, etc:* effektivitet; (*jvf efficiency*).
effectual [iˌfektjuəl] *adj; stivt; oftest i nektende setning(=effective)* virkningsfull; effektiv.
effeminacy [iˌfeminəsi] *s; om mann; neds(=femininity)* femininitet.
effeminate [iˌfeminit] *adj; om mann; neds(=feminine)* feminin (*fx he's very effeminate*).
effervescent ['efəˌvesənt] *adj* **1.** sprudlende; **2.** *fig:* livlig; ***the class was effervescent*** klassen var svært livlig.
effete [iˌfi:t] *adj; stivt* **1.** *om organisasjon, etc(=ineffective)* ineffektiv; kraftløs; 2(*=affected*) affektert; 3(*=decadent*) dekadent; ***an effete aristocracy*** et utlevd aristokrati *n.*
efficacious ['efiˌkeiʃəs] *adj; stivt; især om medikament(=effective)* effektiv; virksom; ***an efficacious remedy*** et probat middel; (*jvf effective & efficient*).
efficacy [ˌefikəsi] *s; stivt; medikament(=efficaciousness; effectiveness)* effektivitet; virksomhet.
efficiency [iˌfiʃənsi] *s:* effektivitet; ***a high degree of efficiency*** stor effektivitet; en høy virkningsgrad; ***business efficiency*** rasjonell forretningsvirksomhet; (*jvf. effectiveness*).
efficiency apartment **US**(*=bed-sitter*) liten hybelleilighet.
efficiency expert rasjonaliseringsekspert.
efficient [iˌfiʃənt] *adj; om person, ting, metode:* effektiv; *om metode:* (effektiv og) rasjonell; ***I admire them for being efficient***(*=I admire them because they are efficient*) jeg beundrer dem fordi de er effektive; (*jvf. effective*).
efficiently [iˌfiʃəntli] *adv:* effektivt; rasjonelt; (*jvf. effectively*).
effigy [ˌefidʒi] *s* **1.** *i tre, stein, etc:* bilde *n;* **2.** dukke el. lignende som forestiller forhatt person; ***they hanged him in effigy*** en dukke av ham ble hengt.
effluent [ˌefluənt] *s:* utslipp *n.*
effort [ˌefət] *s* **1.** anstrengelse; kraftanstrengelse; ***collaborative effort*** samarbeid; ***this book is the outcome of a collaborative effort by X and Y*** denne boken er et resultat av samarbeid mellom X og Y; ***fresh efforts*** nye kraftanstrengelser; ***get sth without any effort of one's own*** komme sovende til noe; ***it was an effort to get up this morning*** det var et ork å stå opp i dag morges; ***intensify***(*=increase*) ***one's efforts*** forsterke sine anstrengelser; ***make an effort*** anstrenge seg; prøve ordentlig; ***make an all-out effort*** gjøre en kraftanstrengelse; ***make a great effort***(*=really exert oneself*) ta hardt i; virkelig anstrenge seg; ***it requires an effort*** man må anstrenge seg; det koster overvinnelse; ***that's so much wasted effort*** (*=that's a wasted effort; that's all for nothing*) det er spilt møye; ***it's no effort*** (*=it's no bother (to me); I don't find it tiring*) jeg synes ikke det er slitsomt; jeg gjør ikke noe av det;
2. prestasjon (*fx a good effort*); innsats (*fx war effort*); ***your drawing was a good effort*** tegningen din var fin; ***the wonderful effort you've made*** den strålende innsatsen du (,dere) har gjort; ***rather a hasty effort*** litt av et hastverksarbeid;
3(*=attempt*) forsøk *n;* ***his first effort at writing a novel*** hans første forsøk på å skrive en roman; ***make a final***(*=last*) ***effort*** gjøre et siste forsøk; ***I'll make every effort to be punctual***(*=I'll try my best to be punctual*) jeg skal gjøre så godt jeg kan for å være presis.
effortless [ˌefətləs] *adj:* uanstrengt; ***with effortless ease*** (*=effortlessly*) med lekende letthet; helt uanstrengt.
effortlessly [ˌefətləsli] *adv:* uanstrengt; med lekende letthet.
effrontery [iˌfrʌntəri] *s; stivt(=impudence)* uforskammethet.
effusion [iˌfju:ʒən] *s:* utgydelse.
effusive [iˌfju:siv] *adj; ofte neds(=too emotional)* overstrømmende; (*jvf gushing*).
e.g., eg [ˌi:ˌdʒi:] for eksempel; f. eks.
I. egalitarian [i'gæliˌtɛəriən] *s:* tilhenger av likhetsprinsippet; tilhenger av sosial likhet.
II. egalitarian *adj:* som er tilhenger av sosial likhet.
I. egg [eg] *s* **1.** egg *n;* ***the white of an egg***(*=an egg white*) en eggehvite; ***the yolk of an egg***(*=an egg yolk*) en eggeplomme; ***lay eggs*** legge egg; verpe; ***scrambled eggs*** eggerøre;
2. *biol(=egg cell)* eggcelle;
3.: ***put all one's eggs in one basket*** sette alt på ett kort;
4. *især* **US S:** ***lay an egg***(*=make a complete fool of oneself*) drite seg ut fullstendig;
5.: ***teach one's grandmother to suck eggs*** egget vil lære høna å verpe;
6.: ***treat sby like a bad egg*** behandle en som et råttent egg.
II. egg *vb* **T:** ***egg sby on***(*=urge sby*) tilskynde en.
eggbeater [ˌeg'bi:tə] *s(=eggwhisk; beater)* eggevisp.
egg cup eggeglass.
egg custard eggekrem; (*se custard*).
eggnog [ˌeg'nɔg] *s(=egg flip)* eggedosis.
eggplant [ˌeg'plɑ:nt] *s; bot; især* **US**(*=aubergine*) eggplante.
egg-shaped [ˌeg'ʃeipt] *adj(=oviform)* eggformet.
eggshell [ˌeg'ʃel] *s:* eggeskall.
egg slicer eggskjærer.
eggwhisk [ˌeg'wisk] *s(=eggbeater; beater)* eggevisp.
egg white(*=white of an egg*) eggehvite.
egg yolk(*=yolk of an egg*) eggeplomme.
ego [ˌi:gou; ˌegou] *s* **1.** ego *n;* jeg *n;* ***one's alter ego***(*=one's other self*) ens annet jeg;
2(*=self-respect*) selvfølelse; ***boost one's ego*** styrke sitt ego.
I. egocentric ['i:gouˌsentrik; 'egouˌsentrik; **US:** ˌi:gou'sentrik] *s:* egosentriker.
II. egocentric *adj:* egosentrisk; selvsentrert.
egoism [ˌi:gou'izəm; ˌegou'izəm; **US:** ˌi:gou'izəm] *s(=selfishness)* egoisme.
egoist [ˌi:gouist; ˌegouist; **US:** ˌi:gouist] *s:* egoist.
egoistic ['i:gouˌistik] *adj(=selfish)* egoistisk.

egotism ['i:gəˌtizəm; 'egəˌtizəm; **US:** ˌi:gə'tizəm] *s(=self-centredness)* selvopptatthet.
egotist: *se egoist.*
ego trip egotripp.
ego tripper egotripper.
egregious [iˌgri:dʒəs] *adj; stivt(=appalling)* sjokkerende.
Egypt [ˌi:dʒipt] *s; geogr:* Egypt.
I. Egyptian [iˌdʒipʃən] *s:* egypter.
II. Egyptian *adj:* egyptisk.
eh [ei] *int:* hva? ikke sant? *(fx that's good, eh?).*
eider [ˌaidə] *s; zo(=eiderduck)* ærfugl.
eiderdown [ˌaidə'daun] *s* **1.** ederdun; **2***(=eiderdown quilt)* ederdunsdyne.
eight [eit] **1.** *tallord:* åtte; **2***(=figure eight)* åttetall; ***an eight*** et åttetall; **3.** *kortsp, etc:* åtter; **4. T:** ***he's had one over the eight*** han har fått for mye å drikke.
eighteen ['eiˌti:n; ˌei'ti:n] *tallord:* atten.
eighth [eitθ] *s; tallord:* åttende; åtte(nde)del.
eighty [ˌeiti] *tallord:* åtti.
Eire [ˌɛərə] *s; geogr(=the Republic of Ireland)* Eire; Irland.
either [ˌaiðə; *især* **US:** ˌi:ðə] **1.** *pron; av to:* ***either of them is capable of doing this*** begge (to) er i stand til å gjøre dette; ***you may borrow either of these books*** du kan låne den ene av disse (to) bøkene; ***is*** *(,***T:** *are)* ***either of these books yours?*** er en av disse (to) bøkene din? ***either of you*** en av dere *(fx do either of you know anything about it?);* ***I offered him coffee or tea, but he didn't want either*** jeg tilbød ham kaffe eller te, men han ville ikke ha noen av delene; ***either is acceptable*** begge er akseptable; begge deler er akseptabelt; *(jvf one 3);*
2. *adj; av to:* den ene (eller den andre); begge; ***he can write with either hand*** han kan skrive med begge hender; ***you can borrow either book*** du kan låne hvilken du vil av disse (to) bøkene; *stivt:* ***on either bank of the river****(=on both banks of the river)* på begge elvebreddene; *stivt:* ***at either side of the garden*** *(=on both sides of the garden)* på begge sider av hagen;
3. *adv; etter nektelse:* heller *(fx I didn't see it either; I don't want this one, and I don't want that one either);*
4.: ***either ... or*** enten ... eller *(fx either you must improve your work or you will be dismissed; you must improve either your work or your appearance; either he or I am(,* **T:** *are) wrong; if either Janet or John come, they will want a drink);* ***either the whole lot or nothing at all*** enten alt eller ingenting; ***he's taller than either you or I*** han er høyere enn både du og jeg.
ejaculate [iˌdʒækju'leit] *vb* **1.** ejakulere; **2.** *stivt(=exclaim)* utbryte.
ejaculation [i'dʒækjuˌleiʃən] *s* **1.** ejakulasjon;
2. *stivt(=exclamation)* utbrudd.
eject [iˌdʒekt] *vb* **1.** kaste ut; støte ut; ejisere;
2. *flyv:* skyte seg ut;
3. *jur:* kaste ut *(fx sby from their house).*
ejection [iˌdʒekʃən] *s* **1.** utkasting; utstøting; ejisering; **2.** *flyv:* utskyting; **3.** *jur:* utkasting.
eke [i:k] *vb:* ***eke out*** drøye ut; få til å vare lenger; spare på; ***eke out one's income with evening work*** tjene litt ekstra på kveldsarbeid; ***eke out a living*** så vidt klare å overleve.
I. elaborate [iˌlæbə'reit] *vb* **1.** *stivt(=work out in detail)* utarbeide i detalj; utpensle; **2.** gå i detaljer; ***I needn't elaborate*** jeg trenger ikke (å) gå i detaljer; jeg trenger ikke (å) utdype det; **3.:** ***elaborate on*** gå i detaljer om; diskutere i detalj; utdype.
II. elaborate [iˌlæbərit] *adj:* kunstferdig (*el.* omhyggelig) utarbeidet; detaljert; forseggjort.
elaborately [iˌlæbəritli] *adv:* kunstferdig; omhyggelig.
elaboration [i'læbəˌreiʃən] *s:* omhyggelig utarbeidelse (*el.* utforming); utdyping.
elapse [iˌlæps] *vb; om tid; stivt(=pass)* gå.
I. elastic [iˌlæstik] *s:* elastikk; strikk.
II. elastic *adj* **1.** elastisk; tøyelig; **2.** *fig:* elastisk; fleksibel.
elasticate [iˌlæsti'keit] *vb:* utstyre med elastikk (*el.* strikk) *(fx an elasticated waistband); (se bungee rope).*
elasticity ['ilæˌstisiti] *s* **1.** elastisitet; tøyelighet; **2.** *fig:* elastisitet; fleksibilitet.
elasticize [iˌlæsti'saiz] *vb* **1***(=make elastic)* gjøre elastisk; **2.:** *se elasticate.*
elastic (rubber) band (gummi)strikk; elastikk.
elated [iˌleitid] *adj* **1***(=in high spirits; very happy)* opprømt; meget glad; **2.:** ***elated with victory****(=delighted about the victory)* seiersstolt; opprømt over seieren.
elation [iˌleiʃən] *s; meget stivt(=high spirits; delight; joy)* opprømthet; glede.
I. elbow [ˌelbou] *s* **1.** *anat:* albue; **2.** *fig:* ***at one's elbow*** *(=within reach)* for hånden; innen rekkevidde; **3.:** ***power to your elbow!*** lykke til! stå på!
II. elbow *vb:* skubbe *(fx sby out of the way);* ***elbow one's way*** skubbe seg frem.
elbow grease T: knokefett; ***use a bit of elbow grease*** bruke litt knokefett; jobbe litt (som monner).
elbow joint *anat:* albueledd.
I. elder [ˌeldə] *s; bot:* ***(common)*** svarthyll; ***redberried elder*** rødhyll.
II. elder *s* **1.** *i landsby el. stammesamfunn:* eldste; **2***(=presbyter)* menighetsforstander; **3.:** ***she was my elder by some two years*** hun var noe slikt som to år *(n)* eldre enn jeg; ***my elders*** de som er eldre enn jeg.
III. elder *adj (komp av old) om familieforhold:* eldre; *av to:* eldst *(fx my elder daughter; my eldest daughter);* ***he has two elder****(,***T:** *older)* ***sisters*** han har to eldre søstre; ***his elder****(,* **T** *ofte: older)* ***brother*** hans eldre bror; ***he has two brothers of whom the elder****(,* **T** *også: older)* ***one is a colleague of mine****(=he has two brothers – the elder(=older) is a colleague of mine)* han har to brødre, hvorav den ene er en kollega av meg; *(NB 'elder' kan ikke stå foran 'than': older than = eldre enn).*
elderberry [ˌeldə'bəri] *s; bot:* hyllebær.
elderly [ˌeldəli] *adj:* eldre *(fx an elderly lady);* ***the increase in the percentage of elderly people in Oslo*** forgubbingen av Oslo.
eldest [ˌeldist] *adj (superl av old)* eldst; *(jvf III. elder);* **T:** ***Jane's eldest (daughter) has just married*** Janes eldste (datter) har nettopp giftet seg.
I. elect [iˌlekt] *vb* **1.** *ved valg:* velge; ***be elected a member of a committee*** bli valgt inn i en komité;
2. *stivt(=choose)* velge.
II. elect *adj* **1.** *stivt(=select)* utvalgt; utkåret;
2. *til embete:* valgt (men enda ikke innsatt); ***the president elect*** tiltredende president.
III. elect *rel; pl:* ***God's elect****(=God's chosen few)* Guds utvalgte.
election [iˌlekʃən] *s; polit:* valg *n;* ***general election*** parlamentsvalg; stortingsvalg; ***hold an election*** holde et valg; ***when do the elections take place?*** når skal det være valg? ***stand for election*** stille til valg; ***seek****(=stand for)* ***election as president****(=run for the Presidency)* stille til valg som president; ***call an election****(=issue writs for a new election; appeal to the country)* skrive ut nyvalg; ***lose (,win) the election(s)*** tape (,vinne) valget; *(se by-election).*
election fraud *jur:* valgfusk; valgsvindel.
election issue *polit:* valgkamptema.
election programme *polit(=platform; især* **US:** *ticket)* valgprogram.
election promise valgløfte; *neds:* valgflesk.
(election) rally *polit:* valgmøte.
election turnout *(,***US:** *voter participation)* valgdeltagelse.
election victory *(=victory at the polls)* valgseier.
I. elective [iˌlektiv] *s; skolev* **US***(=optional subject)* valgfag; valgfritt fag.

II. elective *adj:* valg-; som besettes ved valg *n;* **US:** ***elective subject****(=optional subject)* valgfag; valgfritt fag.
elector *s* **1.** velger; **2. US** *polit:* valgmann.
electoral [iˌlektərəl] *adj:* valg- *(fx reform);* velger-.
electoral cake *polit* **T:** valgkake.
electoral campaign *polit; stivt(=election(eering) campaign)* valgkampanje.
electoral college 1. *polit* **US:** valgmannsforsamling; **2.** *polit:* valgkomité.
electoral register*(=voters' register;* **US:** *registration list)* manntallsliste; valgliste; *(jvf census paper).*
electoral vote *polit:* valgmannsstemme.
electorate [iˌlektərit] *s:* ***the electorate*** velgerne.
electric [iˌlektrik] *adj* **1.** elektrisk *(fx clock; cooker; power);* ***electric charge*** elektrisk ladning; *(se også sms);* **2.** *fig:* elektrisk; ladet *(fx an electric silence).*
electrical [iˌlektrikəl] *adj:* elektrisk; *(se sms).*
electrical appliance elektrisk apparat *n.*
electrical engineer elektroingeniør; ***graduate electrical engineer*** elektroingeniør med sivilingeniørstatus; *(NB en 'graduate engineer' kan av sin forening tildeles tittelen 'chartered engineer', fx 'chartered electrical engineer'); (se NEO sivilingeniør).*
electrical engineering *fag:* elektroteknikk.
electrical engineering (industry) *(=electrical industry)* elektroindustri.
electrical equipment elektrisk utstyr *n.*
electrical industry elektroindustri.
electrically [iˌlektrikəli] *adv:* ad elektrisk vei; elektrisk; ved hjelp av elektrisitet.
electrically charged elektrisk ladet.
electric cooker elektrisk komfyr.
electric drive *mask:* elektrisk drift.
electrician [ilekˌtriʃən] *s:* elektriker.
electric installation elektrisk installasjon.
electricity [ilekˌtrisiti] *s:* elektrisitet; ***generate electricity*** utvikle elektrisitet; ***log cabin with electricity laid on for lighting, cooking and heating*** tømmerhytte med elektrisk lys *(n),* elektrisk koking og oppvarming; ***wire a house for electricity*** legge inn strøm (*el.* elektrisitet) i et hus.
electricity authority: ***the Norwegian Water and Electricity Authority*** Norges vassdrags- og elektrisitetsverk; NVE.
electricity board elverk *n (fx London Electricity Board); (jvf Central Electricity Generating Board).*
electric light*(=lighting)* elektrisk lys *n;* ***we've had electric light put in*** vi har fått lagt inn elektrisk lys.
electric meter *elekt:* elektrisitetsmåler.
electric motor*(=electromotor)* elektromotor.
electric outlet *elekt(=electric point)* veggkontakt; stikkontakt.
electric power elektrisk kraft.
electric power station kraftverk; elverk *n; (jvf electricity board).*
electric shock elektrisk støt *n.*
electric sign*(=neon sign)* lysreklame.
(electric) switch elektrisk kontakt.
electric torch *(,***US:** *flashlight)* lommelykt.
electrification [i'lektrifiˌkeiʃən] *s:* elektrifisering.
electrify [iˌlektri'fai] *vb* **1.** elektrifisere; **2.** *fig:* elektrisere.
electro- [iˌlektrou] *forstavelse:* elektro-.
electroanalysis [i'lektrouəˌnælisis] *s:* elektroanalyse.
electrocardiogram [i'lektrouˌkɑ:diou'græm] *(fk ECG;* **T:** *heart race) s; med.:* elektrokardiogram.
electrochemical [i'lektrouˌkemikl] *adj:* elektrokjemisk.
electrocute [iˌlektrə'kju:t] *vb:* henrette ved elektrisitet.
electrode [iˌlektroud] *s; elekt:* elektrode.
electrolyse *(,***US:** *electrolyze)* [iˌlektrə'laiz] *vb:* elektrolysere.
electrolysis [ilekˌtrɔlisis] *s:* elektrolyse.
electrolyte [iˌlektrou'lait] *s:* elektrolytt.
electromagnet [i'lektrouˌmægnit] *s:* elektromagnet.
electromotor [iˌlektrou'moutə] *s(=electric motor)* elektromotor.
electron [iˌlektrɔn] *s; fys:* elektron *n.*
electronic [ilekˌtrɔnik; 'i:lekˌtrɔnik] *adj:* elektronisk; elektron- *(fx brain);* svakstrøms- *(fx engineer).*
electronic data processing *(fk EDP, edp)* elektronisk databehandling *(fk* EDB).
electronic engineer svakstrømsingeniør.
electronic engineering*(=electronic technique)* svakstrømteknikk.
electronic flash *fot:* elektronblitz.
electronics [ilekˌtrɔniks; 'i:lekˌtrɔniks] *s:* elektronikk.
elegance [ˌeligəns] *s:* eleganse; smakfullhet.
elegant [ˌeligənt] *adj:* elegant; smakfull.
elegy [ˌelidʒi] *s; litt.(=mournful song; lament)* elegi; klagesang.
element [ˌelimənt] *s* **1.** *kjem:* grunnstoff;
2. element *n;* ***he's in his element*** han er i sitt rette element;
3. *elekt:* element *n;*
4*(=trace)* snev *n;*
5*(=essential part)* bestanddel; element *n;*
6*(=factor)* faktor; moment *n;* ***an element of risk*** et risikomoment; et faremoment;
7. *om person:* element *n;* ***undesirable elements*** uønskede (*el.* uheldige) elementer *n.*
elemental ['eliˌmentl] *adj* **1***(=fundamental; basic)* elementær; **2.** som angår naturkreftene; **3***(=primitive):* ***elemental rites of worship*** primitive religiøse riter.
elementary ['eliˌmentəri] *adj:* elementær; ***if it gets too elementary for you …*** hvis det blir for elementært for deg …
elephant [ˌelifənt] *s* **1.** *zo:* elefant; ***bull elephant*** han(n)elefant; ***cow elephant****(=she-elephant)* hun(n)elefant; ***rogue elephant*** gammel han(n)elefant som er utstøtt fra flokken;
2. *fig:* ***white elephant*** dyr, men unyttig ting.
elephantine ['eliˌfæntain] *adj:* kjempestor; diger.
elevate [ˌeli'veit] *vb* **1.** *stivt(=raise)* heve; høyne *(fx the tone of the conversation);* **2.** *stivt el. spøkef(=raise)* opphøye *(fx sby to the peerage).*
elevated railway *jernb:* høybane.
elevation ['eliˌveiʃən] *s* **1***(=altitude)* høyde; høyt plan; **2.** *stivt(=height)* høyde; forhøyning i terrenget; **3.** *stivt(=raising)* hevning; høyning *(fx of the standards).*
elevator [ˌelə'veitə] *s* **1. US***(=lift)* heis; **2.** *flyv:* høyderor.
eleven [iˌlevən] **1.** *tallord:* elleve; **2.** *s:* ***a football eleven*** et fotballag.
elevenses [iˌlevənziz] *s* **T***(=light, mid-morning snack with tea or coffee)* formiddagsmat.
eleventh [iˌlevənθ] *tallord:* ellevte; ellevtedel; ellevedel; ***at the eleventh hour*** i ellevte time.
elf [elf] *s(pl: elves)* alv; ***elf of light*** lysalv.
elfin [ˌelfin] *adj:* alve-; alveaktig.
elfish [ˌelfiʃ] *adj* **1.** alveaktig; **2***(=mischievous; impish)* ertevoren; skøyeraktig.
elicit [iˌlisit] *vb* **1.** lokke frem *(fx the truth);* **2***(=provoke)* utløse *(fx a sharp reply).*
eligibility ['elidʒiˌbiliti] *s* **1.** valgbarhet; **2.** det å være berettiget til; berettigelse (*for* til).
eligible [ˌelidʒəbl] *adj* **1.** valgbar; **2***(=suitable)* eligibel; som er et passende parti; **3.** som er berettiget (*for* til); som har krav (*for* på); ***he's eligible for unemployment benefit*** han har krav på arbeidsledighetstrygd.
eliminate [iˌlimi'neit] *vb:* eliminere.
elimination [i'limiˌneiʃən] *s:* eliminering; eliminasjon.
elimination race *sport(=eliminating race)* uttakingsløp; kvalifiseringsløp; *(jvf qualifying heat; trial game).*
elite, élite [iˌli:t; eiˌli:t] *s:* elite.

elixir [iˌliksə; iˌliksiə] *s:* eliksir.
Elizabeth [iˌlizəbeθ] Elisabeth.
I. Elizabethan [iˈlizəˌbi:θən] *s:* elisabethaner; person som levde på Elisabeth I's tid (1558 – 1603).
II. Elizabethan *adj:* elisabethansk.
elk [elk] *s; zo* **1**(*,US: moose*) elg; **2.:** ***American elk****(= wapiti)* kanadisk hjort.
ell [el] *s* **1.** L-form; L; L-formet rørstykke; **2.** *hist:* alen.
ellipse [iˌlips] *s; geom:* ellipse.
elliptic(al) [iˌliptik(əl)] *adj; geom:* elliptisk; ellipseformet.
elm [elm] *s; bot:* alm.
elocution [ˈeləˌkju:ʃən] *s; som fag:* veltalenhet; talekunst (ɔ: stemmebruk, uttale og foredrag); *(jvf eloquence).*
elongated [ˌi:lɔŋˈgeitid] *adj:* forlenget; langstrakt; langaktig.
elongation [ˈi:lɔŋˌgeiʃən] *s:* forlengelse.
elope [iˌloup] *vb:* rømme (for å gifte seg).
elopement [iˌloupmənt] *s:* rømning (for å gifte seg); *om kvinne:* frivillig bortførelse.
eloquence [ˌeləkwəns] *s:* veltalenhet; *(jvf elocution).*
eloquent [ˌeləkwənt] *adj* **1.** veltalende; **2.** *fig:* talende.
El Salvador [elˌsælvəˈdɔ:] *s; geogr:* El Salvador; *(se Salvadorian).*
else [els] *adv* **1.** ellers; ***where else could he be?*** hvor kunne han ellers være? ***he can't live anywhere else*** han kan ikke bo noe annet sted; ***who else?*** hvem ellers? ***who else's can it be?****(=whose else can it be?)* hvem ellers kan det tilhøre?
2. annen; andre; ***anybody else would have laughed*** alle andre ville ha ledd; ***I couldn't think of anything else other than that …*** *(=all I could think of was that …)* jeg kunne ikke tenke på noe annet enn at …; ***nobody else*** ingen annen; ***nothing else*** ikke noe annet; ***nothing else, thank you*** ikke noe annet, takk; ***there was nothing else we could have done*** det var ikke noe annet vi kunne ha gjort; ***I've (got) nothing else to do****(= I've got nothing better to do)* jeg har ikke noe å forsømme med det; ***someone else's pencil*** en annens blyant;
3.: ***or else*** 1. ellers *(fx go away or else I won't finish my work today);* 2. *truende:* ellers *(fx sit down, or else!).*
elsewhere [ˈelsˌwɛə] *adv:* et annet sted; annetsteds; andre steder; ***in Africa and elsewhere*** i Afrika og andre steder; ***I shall go elsewhere*** jeg drar et annet sted; ***her thoughts were elsewhere*** tankene hennes var langt borte.
Elsinore [ˌelsiˈnɔ:; ˈelsiˌnɔ:] *s; geogr:* Helsingør.
elucidate [iˌlu:siˈdeit] *vb; stivt(=explain; make clear)* forklare; kaste lys over.
elucidation [iˈlu:siˌdeiʃən] *s; stivt(=explanation)* forklaring.
elude [iˌlu:d] *vb; stivt* **1**(*=escape; avoid*) unnvike; slippe fra; *spøkef:* ***my pen had eluded me*** pennen min hadde gjemt seg bort; **2**(*=be too difficult for*)*:* ***the meaning of this poem eludes me*** jeg får ikke tak i meningen med dette diktet.
elusion [iˌlu:ʒən] *s; stivt(=avoidance)* unnvikelse.
elusive [iˌlu:siv] *adj* **1**(*=hard to get hold of*) vanskelig å få tak i; **2**(*=evasive*) unnvikende *(fx answer);* **3**(*=fleeting*) flyktig *(fx thought).*
emaciated [iˌmeisiˈeitid] *adj; litt.(=worn to a shadow)* uttæret; utmagret; avpillet.
emaciation [iˈmeisiˌeiʃən] *s:* sterk avmagring.
emanate [ˌeməˈneit] *vb; stivt* **1**(*=give off*) gi fra seg *(fx dangerous radiation);* **2.** *fig(=radiate)* utstråle;
3.: ***emanate from****(=come from)* komme fra.
emanation [ˈeməˌneiʃən] *s:* utstrømning; utstråling.
emancipate [iˌmænsiˈpeit] *vb:* emansipere; frigjøre.
emancipation [iˈmænsiˌpeiʃən] *s:* emansipasjon; frigjøring; ***spiritual emancipation*** åndelig frigjøring.
I. emasculate [iˌmæskjuˈleit] *vb* **1**(*=castrate*) kastrere; **2.** *fig:* svekke.
II. emasculate [iˌmæskjulit] *adj* **1**(*=castrated*) kastrert; **2.** *fig:* svekket; kraftløs.
emasculation [iˈmæskjuˌleiʃən] *s:* kastrering.
embalm [imˌbɑ:m] *vb:* balsamere.
embankment [imˌbæŋkmənt] *s:* voll; demning; ***railway embankment*** jernbanefylling.
I. embargo [imˌbɑ:gou] *s:* embargo; eksportforbud; importforbud; ***oil embargo*** oljeboikott.
II. embargo *vb:* legge embargo på; forby eksport (,import) av.
embark [imˌbɑ:k; emˌbɑ:k] *vb* **1.** gå ombord;
2. *mil:* innskipe; ta ombord; innskipe seg; gå ombord;
3. *fig:* ***embark on*** begi seg ut på; gi seg i kast med *(fx a new project); (se embarking).*
embarkation [ˈembɑ:ˌkeiʃən] *s:* innskipning; ***port of embarkation*** innskipningshavn.
embarking *adj:* ***embarking passengers*** påstigende passasjerer.
embarrass [imˌbærəs] *vb:* gjøre flau; gjøre forlegen.
embarrassed [imˌbærəst] *adj* **1.** flau; brydd; pinlig berørt; **2.:** ***be financially embarrassed*** være i økonomiske vanskeligheter.
embarrassing *adj:* pinlig; flau; sjenerende; ***ask an embarrassing question*** stille et pinlig spørsmål.
embarrassment [imˌbærəsmənt] *s* **1.** forlegenhet; ***he was spared the embarrassment*** han ble spart for å komme i en slik forlegenhet; ***cause embarrassment*** være årsak til forlegenhet; gjøre det pinlig; ***cause sby embarrassment*** gjøre det pinlig for en; **2.:** ***(financial) embarrassment*** pengeforlegenhet.
embassy [ˌembəsi] *s:* ambassade.
embed [imˌbed] *vb:* legge ned i; støpe ned i; begrave i.
embellish [imˌbeliʃ] *vb* **1**(*=adorn*) forskjønne;
2. *fig(=embroider)* pynte på *(fx a story);* utbrodere.
embellishment [imˌbeliʃmənt] *s* **1.** forskjønnelse;
2. *fig:* utbrodering.
ember [ˌembə] *s:* ulmende glo; glødende kull *n;* ***the embers*** de siste glør.
embezzle [imˌbezl] *vb:* underslå; ***the embezzled money*** underslaget.
embezzlement [imˌbezlmənt] *s:* underslag.
embitter [imˌbitə] *vb(=make bitter)* gjøre bitter.
embitterment [imˌbitəmənt] *s:* forbitrelse; det å gjøre bitter.
emblazon [imˌbleizən] *vb* **1.** smykke med våpen *(n)* (*el.* heraldiske figurer); **2.:** ***his name was emblazoned on all the cars*** navnet hans stod tydelig å lese på alle bilene.
emblem [ˌembləm] *s:* emblem *n;* symbol *n;* ***a flaming torch is the emblem of the new Tanzania*** en lysende fakkel er det nye Tanzanias vartegn.
embodiment [imˌbɔdimənt] *s* **1**(*=personification*) legemliggjørelse; ***the embodiment of cruelty*** den personifiserte grusomhet; **2.** *stivt(=example):* ***embodiment of*** eksempel *(n)* på *(fx the embodiment of a Christian ideal);* **3.** *sj(=inclusion; incorporation)* innarbeidelse; innlemmelse; **4.** *stivt(=concretization)* konkretisering.
embody [imˌbɔdi] *vb* **1**(*=personify*) legemliggjøre;
2. *stivt(=be an example of)* være et eksempel på; uttrykke *(fx his gentleness embodies a Christian ideal);*
3. *sj(=work in(to); include; incorporate)* innarbeide; innlemme *(fx his notes were embodied in(=worked into) the book);* ***a book that embodies****(=includes)* ***…*** en bok hvor man har innlemmet …; **4.** *stivt(=concretize)* konkretisere; nedlegge *(fx the principles embodied in the treaty);* ***this embodies****(=represents)* ***an attempt to …*** dette representerer et forsøk på å …
embolden [imˌbouldən] *vb; glds el. spøkef; oftest i passiv(=encourage)* oppmuntre.
embolism [ˌembəˈlizəm] *s; med.:* emboli.
emboss [imˌbɔs] *vb* **1.** utføre som opphøyet arbeid *n;* prege i relieff *n;* **2.** *metall:* drive; **3.** *skjold:* bukle.
embossed [imˌbɔst] *adj* **1.** opphøyet; **2.** *om metall:* drevet; **3.** *typ:* ***embossed printing*** opphøyet trykk *n.*

e

I. embrace [im,breis] *s:* omfavnelse; favntak; ***the young couple were in a tight(=close) embrace*** det unge paret satt tett omslynget.
II. embrace *vb* **1.** omfavne; omfavne hverandre *(fx they embraced);* **2.** *stivt(=adopt)* gå over til *(fx Christianity);* **3.** *stivt(=include; comprise)* omfatte.
embrasure [im,breiʒə] *s* **1.** *i mur:* skyteskår; **2.** vindu *(n)* (,dør) med avskrådd smyg *n;* vindusnisje.
embroider [im,brɔidə] *vb* **1.** brodere; **2.** *fig:* pynte på; utbrodere *(fx a story).*
embroidery [im,brɔidəri] *s:* broderi *n.*
embroil [im,brɔil] *vb; stivt* **1***(=involve)* innvikle; ***I do not wish to get embroiled in their quarrels;*** **2.** *meget stivt(=throw into confusion)* skape forvirring i.
embryo [,embri'ou] *s* **1.** *biol:* embryo *n;* foster *(n)* (i tidlig stadium *(n)*); **2.** *bot:* embryo *n;* kim; spire; **3.** *fig:* ***in embryo*** in spe; ***artist in embryo*** kunstner in spe.
embryology ['embri,ɔlədʒi] *s:* embryologi; fosterlære.
emend [i,mend] *vb(=correct errors)* rette feil (i teksten).
emendation ['i:men,deiʃən] *s:* rettelse (i teksten).
emerald [,emərəld] *s* **1.** smaragd; **2.** smaragdgrønt.
Emerald Isle *geogr:* ***the Emerald Isle*** Den grønne øy (ɔ: Irland).
emerge [i,mə:dʒ] *vb* **1.** komme til syne; dukke opp; dukke frem fra;
2. *fig:* dukke opp; melde seg; ***kick the problem around for a while and see what ideas emerge*** tumle litt med problemet og se hvilke idéer som dukker opp; ***nothing of importance emerged (at the meeting)*** det kom ikke frem noe av betydning (på møtet);
3*(=become known; come out)* bli kjent; komme frem; komme for en dag;
4*(=become apparent)* bli tydelig.
emergence [i,mə:dʒəns] *s* **1.** tilsynekomst; fremkomst; **2.** *fig:* ***the emergence of the facts made a sensation*** da fakta *(n)* ble kjent, skapte det sensasjon; ***his emergence as a poet*** hans debut som dikter.
I. emergency [i,mə:dʒənsi] *s* **1.** kritisk situasjon; nødstilfelle; ***state of emergency*** unntakstilstand; ***in an emergency****(=in case of need)* i nødstilfelle;
2. *med.:* (tilfelle *(n)* av) øyeblikkelig hjelp; akuttilfelle; ***this is an emergency!*** dette gjelder øyeblikkelig hjelp!
II. emergency *adj:* nød-; nøds-; krise-; reserve-.
emergency accommodation kriseinnkvartering; midlertidig bolig; gjennomgangsbolig.
emergency aid nødhjelp.
emergency case *med.(=emergency)* akuttilfelle.
emergency cover *ved sykehus:* legevaktdekning.
emergency exit nødutgang.
emergency instructions *pl:* alarminstruks.
emergency landing*(=forced landing)* nødlanding.
emergency leave velferdspermisjon; *(jvf casual leave).*
emergency psychiatric care krisepsykiatri.
emergency vehicle utrykningskjøretøy.
emergency ward US*(=casualty department)* legevakt.
emergent [i,mə:dʒənt] *adj:* i ferd med å dukke frem; *om nasjon(=recently independent):* ***emergent nations*** nye nasjoner.
emery [,eməri] *s:* smergel.
emery cloth smergellerret.
emery paper smergelpapir.
emery wheel *mask:* smergelskive.
emetic [i,metik] *s; med.:* brekkmiddel.
I. emigrant [,emigrənt] *s:* emigrant.
II. emigrant *adj:* emigrant-.
emigrate [,emi'greit] *vb:* emigrere.
emigration ['emi,greiʃən] *s:* emigrasjon; utvandring.
emigré [,emi'grei] *s:* (politisk) emigrant.
eminence [,eminəns] *s* **1.** *stivt(=distinction; fame)* fremtredende stilling; høy verdighet; berømmelse; ***rise to eminence****(=become famous)* bli berømt; *til kardinal:* ***Your Eminence*** Deres Eminense;
2. *stivt(=rising ground)* forhøyning (i terrenget); bakketopp.
eminent [,eminənt] *adj; stivt(=outstanding; distinguished)* fremragende dyktig; fremtredende.
eminently [,eminəntli] *adv; stivt(=highly)* i høy grad.
emissary [,emisəri] *s; stivt(=envoy)* emissær; utsending.
emission [i,miʃən] *s* **1***(=radiation)* utstråling; **2.** *fys:* emisjon *(fx of electrons);* **3***(=discharge)* utslipp *n;* **4.** *stivt(=issue)* utstedelse *(fx of currency).*
emission controls *pl; tekn:* avgasskontroll; ***emission controls on cars*** avgasskontroll på biler.
emit [i,mit] *vb* **1***(=give off)* avgi; utstråle *(fx heat);* gi fra seg *(fx a curious smell);*
2. *stivt(=give)* utstøte *(fx a cry of horror).*
I. emollient [i,mɔljənt] *s; især for huden:* bløtgjøringsmiddel.
II. emollient *adj* **1.** *for huden(=soothing)* bløtgjørende; lindrende; **2.** *fig; stivt el. litt.(=smooth)* myk; ***emollient charm*** myk sjarm.
emoluments [i,mɔljumənts] *s; pl; stivt(=income; fees)* inntekt(er); honorar *n.*
emotion [i,mouʃən] *s:* (sterk) følelse; sinnsbevegelse; ***overcome by(=with) emotion*** overveldet av følelser; ***emotions*** 1. følelser; 2. følelsesliv; ***a person of strong emotions*** et menneske med et sterkt følelsesliv; ***his emotions are stunted*** han har et avstumpet følelsesliv; ***with conflicting emotions****(=with mixed feelings)* med blandede følelser; ***intellect and emotion(s)****(=reason and feeling)* fornuft og følelse; ***the poem is charged with emotion****(=the poem is full of feeling)* diktet er følelsesladet; ***she spoke with emotion about*** hun snakket beveget om; ***a voice touched with emotion*** en beveget stemme.
emotional [i,mouʃənl] *adj:* følelsesmessig; følelsesbetont; stemningsbetont; følelsesfull; ***emotional blockage*** følelsesmessig blokkering; ***emotional life*** følelsesliv; ***an emotional moment*** et gripende øyeblikk; ***with emotional overtones*** følelsesbetont;
emotionalist [i,mouʃənəlist] *s(=person of feeling)* følelsesmenneske.
emotionally [i,mouʃənəli] *adv:* følelsesbetont; følelsesfullt; med følelse; følelsesmessig; ***emotionally charged*** følelsesladet; ***become emotionally blunted****(=stunted)* bli følelsesmessig avstumpet.
emotive [i,moutiv] *adj; stivt(=emotionally charged)* følelsesladet; ***a highly emotive issue*** et meget følelsesladet spørsmål; ***an emotive word*** et følelsesladet ord.
empathy [,empəθi] *s:* innfølingsevne; empati; forståelse *(fx between an author and his readers).*
emperor [,empərə] *s:* keiser.
emphasis [,emfəsis] *s* **1.** ettertrykk; vekt; hovedtyngde; hovedvekt; ***lessen the emphasis on sth*** nedprioritere noe; **2.** *fon:* trykk *(n)* *(on* på).
emphasize, emphasise [,emfə'saiz] *vb* **1.** legge vekt på; understreke; betone; **2.** *fon:* legge trykk *(n)* på.
emphatic [im,fætik] *adj:* emfatisk; ettertrykkelig; meget bestemt; ***he was most emphatic about the importance of arriving on time*** han hevdet meget bestemt at det var viktig å komme presis.
emphatically [im,fætikəli] *adv:* ettertrykkelig; meget bestemt.
emphysema ['emfi,si:mə] *s; med:* emfysem *n.*
empire [,empaiə] *s; også fig:* imperium *n.*
empiric [em,pirik] *s:* empiriker.
empiric(al) [em,pirik(əl)] *adj:* empirisk; som bygger på erfaring og observasjon.
I. employ [im,plɔi] *s; stivt(=employment; service)* tjeneste *(fx when did he leave your employ?).*
II. employ *vb* **1.** ansette; gi arbeid *n;* skaffe arbeid til; beskjeftige; ***be employed*** 1. bli ansatt; 2*(=have a job)* ha arbeid; ***she's employed as a teacher*** hun er ansatt som lærer; **2.** *stivt(=make use of; use)* gjøre bruk av; benytte; bruke.

employee [em,plɔii:; 'emplɔi,i:] *s:* arbeidstager; medarbeider; ansatt; ***employee wanted for interesting post and pleasant working conditions in a computer firm*** medarbeider søkes til interessant stilling og hyggelige arbeidsforhold i datafirma.

employer [im,plɔiə] *s:* arbeidsgiver.

employers' association*(=federation)* arbeidsgiverforening.

employers' confederation: *the British Employers' Confederation* Arbeidsgiverforeningen i Storbritannia.

employment [im,plɔimənt] *s* **1.** arbeid *n; **be in employment**(=have a job)* ha arbeid; være i arbeid; ***be in regular employment****(=have a permanent job)* ha fast arbeid; ***return to paid employment*** gå tilbake til lønnet arbeid; *stivt: **take up employment**(=seek work)* ta arbeid; **2.** *om arbeid:* beskjeftigelse; sysselsetting; ***full employment*** full sysselsetting; ***provision of employment*** arbeidsformidling; **3.** *stivt(=use)* bruk *(fx the employment of cranes); stivt:* benyttelse.

employment agency privat arbeidsformidlingskontor; *(jvf job centre).*

Employment Department T*(=Department of Employment)* Arbeidsdepartement.

employment service arbeidsformidling.

Employment Service Agency avdeling av Arbeidsdepartementet som er ansvarlig for å skaffe arbeidsplasser, utbetale arbeidsledighetstrygd og samle inn statistisk materiale; *(se job centre; Manpower Services Commission).*

empower [im,pauə] *vb; meget stivt el. jur(=authorize)* bemyndige.

empress [,emprəs] *s:* keiserinne.

emptiness [,em(p)tinəs] *s:* tomhet.

I. empty [,emti; empti] *s:* tom emballasje; ***returned empties*** tomt returgods.

II. empty *adj* **1.** tom; ***on an empty stomach*** på tom mage; **2.** *fig:* tom; **3.:** ***empty of*** 1. tom for; 2. *fig:* tom for; blottet for; uten.

III. empty *vb* **1.** tømme; tømme ut; tømmes; løpe tom; ***he emptied out his pockets*** han vrengte lommene sine; **2.:** ***empty****(=flow)* ***into the sea*** renne ut i havet.

empty-handed ['em(p)ti,hændid] *adj:* med tomme hender; tomhendt *(fx he came back empty-handed).*

emulate [,emju'leit] *vb* **1.** *stivt(=imitate)* etterligne; gjøre etter *(fx sby's achievements);* **2.** *EDB:* emulere.

emulation ['emju,leiʃən] *s(=imitation)* etterligning.

emulator [,emju'leitə] *s* **1.** *stivt(=imitator)* etterligner; **2.** *EDB:* emulator.

emulsification [i'mʌlsifi,keiʃən] *s:* emulgering.

emulsifier [i,mʌlsi'faiə] *s:* emulgeringsmiddel.

emulsify [i,mʌlsi'fai] *vb:* emulgere.

emulsion [i,mʌlʃən] *s:* emulsjon.

enable [i,neibl] *vb:* sette i stand til.

enact [i,nækt] *vb* **1.** gi lovs kraft; bestemme ved lov; **2***(=act)* spille *(fx a role); **be enacted*** bli utspilt.

enactment [i,næktmənt] *s* **1.** *om lov:* vedtagelse; **2.** lov; forordning.

I. enamel [i,næməl] *s:* emalje; emaljelakk.

II. enamel *vb:* emaljere; *stein:* glassere.

enamelling [i,næməliŋ] *s* **1.** emaljering; **2.** emaljebelegg.

enamoured*(,US: enamored)* [i,næməd] *adj; stivt el. spøkef: **enamoured of**(=with)* 1*(=in love with)* forelsket i; 2*(=keen on)* begeistret for.

encampment [in,kæmpmənt] *s; især mil* **1***(=setting up camp)* leirslagning; **2***(=camp)* leir.

encapsulate [in,kæpsju'leit] *vb* **1.** *med.:* innkapsle; *(se encyst);* **2.** *fig; meget stivt(=condense)* sammenfatte *(fx a period of history);* **3.** *meget stivt(=contain): **much more than can be encapsulated in a questionnaire*** meget mer enn hva et spørreskjema kan inneholde.

encase [in,keis] *vb; stivt* **1***(=enclose)* innhylle; omslutte; **2.** *spøkef(=clothe)* innhylle *(fx encased in a sheepskin jacket).*

enchain [in,tʃein] *vb; stivt* **1***(=chain)* lenke; legge i lenker; **2.** *fig(=captivate)* fengsle.

enchant [in,tʃɑ:nt] *vb* **1.** *stivt(=delight); **be enchanted by*** bli fortryllet av; **2.** *glds(=cast a spell on)* trollbinde.

enchanting [in,tʃɑ:ntiŋ] *adj:* fortryllende.

enchantment [in,tʃɑ:ntmənt] *s* **1.** fortryllelse; **2.** *glds(=magic spell)* fortryllelse.

enchantress [in,tʃɑ:ntrəs] *s* **1.** *litt.(=sorceress)* trollkvinne; **2.** *stivt & glds(=enchanting woman)* fortryllende kvinne.

encircle [in,sə:kl] *vb; stivt(=surround)* omringe; omgi; gå i en bue utenom.

enclave [,enkleiv] *s:* enklave.

enclose [in,klouz] *vb* **1.** inneslutte; gjerde inn; omslutte; omgi; **2.** *merk:* vedlegge *(fx a cheque for £100).*

enclosed [in,klouzd] *adj* **1.** innesluttet; lukket *(fx community);* **2.** *merk:* vedlagt; ***as per enclosed sample****(=like the enclosed sample)* som vedlagte prøve.

enclosure [in,klouʒə] *s* **1.** innhegning; **2.** *merk:* vedlegg *n.*

encode [in,koud] *vb* **1.** kode; **2.** *EDB:* omkode.

encoder [in,koudə] *s; EDB:* omkoder.

encompass [in,kʌmpəs] *vb* **1.** *stivt(=include)* omfatte; **2.** *glds(=surround)* omgi.

encore [,ɔŋkɔ:; ɔ:ŋ,kɔ:] **1.** *s:* ekstranummer; **2.** *int:* dakapo.

I. encounter [in,kauntə] *s* **1.** *stivt(=meeting)* møte *n;* **2.** *mil(=fight)* trefning; sammenstøt.

II. encounter *vb; stivt* **1***(=meet (unexpectedly))* møte; støte på; **2.** *om vanskeligheter(=come up against)* møte; støte på *(fx difficulties).*

encourage [in,kʌridʒ] *vb* **1.** oppmuntre; sette mot i; **2***(=urge)* anspore *(fx sby to try again);* **3***(=work for; further)* fremme; arbeide for.

encouragement [in,kʌridʒmənt] *s* **1.** oppmuntring; ***she gave him no encouragement*** hun oppmuntret ham ikke; **2.** ansporing.

encroach [in,croutʃ] *vb: **encroach on*** **1.** forgripe seg på; gjøre inngrep i; **2.** *mht. rettigheter:* gjøre inngrep i; ***encroach on human rights*** begå brudd *(n)* på menneskerettighetene.

encroachment [in,kroutʃmənt] *s* **1.** inngrep *(on* i); inntrenging *(on* på); **2.** *mht. rettigheter:* inngrep; brudd *(n) (on* på).

en croûte [ɔŋ,kru:t] *adj; kul(=wrapped in pastry)* innbakt.

encrust [in,krʌst] *vb(=form a crust)* danne skorpe.

encrusted [in,krʌstid] *adj; fig; sj; meget stivt* **1***(=antiquated)* antikvert; mosegrodd; **2.:** ***encrusted with*** 1. *stivt(=overgrown with; covered in)* overgrodd med; dekket med; belagt med; 2. *litt.: **encrusted** (=bedecked) **with jewels*** behengt med smykker *(n).*

encumber [in,kʌmbə] *vb* **1.** *stivt(=hamper)* hefte; hindre; bebyrde; **2.** *jur:* behefte; legge heftelse(r) på.

encumbrance [in,kʌmbrəns] *s* **1.** *stivt(=burden)* byrde; klamp om foten; ***I don't want to be an encumbrance to you any longer*** jeg vil ikke ligge deg til last lenger; **2.** *jur:* heftelse; ***without encumbrances*** uten heftelser.

encyclop(a)edia [en'saiklou,pi:diə] *s:* konversasjonsleksikon.

encyclop(a)edic [en'saiklou,pi:dik] *adj:* encyklopedisk; omfattende *(fx an encyclopedic memory).*

encyst [en,sist] *vb: med.: **encyst itself*** innkapsle seg.

I. end [end] *s* **1.** ende; *(=final point)* endepunkt; ***cigarette end****(=butt)* sigarettstump; ***lower (,upper) end*** nederste (,øverste) ende; ***the ends of the earth*** verdens ende; ***the end of the world****(=the end of all things)* verdens ende; ***the end of it all*** enden på historien; enden på visen; ***the end of the story*** enden på historien; ***and what was the end of the story?*** og hva ble enden på det hele? ***start at the wrong end****(=put the cart before the horse)* begynne i gal ende; gripe saken

e

forkjært an; ***at the far end of the street****(=at the bottom of the street)* nederst i gaten; helt i enden av gaten; ***till the end of time****(=until the crack of doom)* til dommedag; til tidenes ende; ***from end to end****(=from one end to the other)* fra ende til annen; fra den ene ende til den andre; ***there's an end to everything*** alt har en ende; alt tar slutt en gang; ***he'll come to a bad end*** det vil gå galt med ham; *(se også 2, 3, 4);* **2.** slutt; *film:* ***'the end'*** 'slutt'; ***at an end*** slutt; forbi; ***at the end of August*** i slutten av august; ***be at the end of one's strength*** ikke ha flere krefter igjen; ***this means the end of the firm*** dette betyr slutten for firmaet; ***bring to an end*** avslutte; få en slutt på; ***that was the end of the matter*** det var slutten på den saken; ***from beginning to end*** fra begynnelse til slutt; fra ende til annen; ***in the end****(= finally; at last)* til slutt; til syvende og sist; ***I suppose in the end****(=at the end of the day)* ***it comes down to taste*** jeg antar det har med smak og behag å gjøre, når det kommer til stykket; **T:** ***I knew you'd catch on in the end*** jeg visste det ville gå et lys opp for deg til slutt; ***there's no end to it*** det tar aldri slutt; det er ingen ende på det; ***there's no end to the number he wants****(= there's no end to how many he wants)* det er ikke måte på hvor mange han vil ha; ***there's an end to everything*** alt tar slutt en gang; alt har en ende; ***come to an end*** ta en slutt; opphøre; ***to the bitter end*** til den bitre slutt; ***put an end to sth****(=stop sth)* få (en) slutt på noe; ***towards the end of the thirties****(=in the late thirties)* i slutten av trettiårene; **3.** *på møbel, etc:* kortside; ende; ***end on****(=with the end pointing towards one)* med kortsiden frem; ***end to end*** med kortsidene mot hverandre; ende mot ende;
4.: ***on end*** 1. på høykant *(fx stand the table on end);* 2. *fig:* ***it made my hair stand on end*** det fikk hårene *(n)* til å reise seg på hodet mitt; 3. i trekk; i ett strekk; på rad *(fx for three days on end);* ***for days on end we had hardly anything to eat*** i dagevis hadde vi nesten ingenting å spise;
5. *sport:* banehalvdel; ***change ends****(=change goals;* **T:** *change round)* bytte banehalvdel *fig:* ***play both ends against the middle****(=play one off against the other)* spille den ene ut mot den andre;
6. *fig; evf(=death)* død; ***a swift and clean end*** en rask og renslig måte å dø på; ***the end was mercifully swift*** slutten kom raskt og smertefritt;
7. *om avdeling av firma, etc; om del av markedet* **T:** ***the advertising end of a business*** reklamesektoren i et foretagende; ***look after the business end*** ta seg av det forretningsmessige; ***the young end of the market*** den yngre delen av markedet; de unge (kundene);
8. *stivt:* hensikt; mål *n;* ***it's not an end****(=aim)* ***in itself*** det er ikke noe mål i seg selv; ***gain one's end*** *(=reach one's goal)* nå sitt mål; ***the end justifies the means*** hensikten helliger midlet; ***for political ends****(=for a political purpose)* i politisk hensikt; ***it's only a means to an end*** det er bare et middel; *stivt:* ***to this end, with this end in view****(=for this purpose; with this in view)* i denne hensikt; med dette for øye *n; meget stivt:* ***to what end are you working so hard?****(=why are you working so hard?)* hvorfor arbeider du så hardt?
9. T: ***the end*** under enhver kritikk; (helt) forferdelig;
10. T: ***at a loose end****(,***US:*** at loose ends)* uten noe spesielt fore; uten noe å ta seg til; *(se loose end);*
11. T: ***fight crime at the sharp end*** bekjempe kriminaliteten med skarp lut;
12. T: ***no end****(=very much):* ***I liked it no end*** jeg likte det forferdelig godt; ***have no end of a good time****(= have the time of one's life)* ha det alle tiders;
13. T: ***no end of****(=very much like):* ***I feel no end of a fool*** jeg føler meg som en stor tosk;
14. *fig:* ***keep one's end up*** holde seg oppe; holde humøret oppe;
15. *fig:* ***make (both) ends meet*** få endene til å møtes; få pengene til å strekke til; ***we make ends meet and nothing more*** vi klarer oss økonomisk, men heller ikke mer;
16. T: ***go off the deep end*** 1*(=lose one's temper)* la sinnet løpe av med seg; bli hissig (*el.* rasende); gå fra konseptene; 2. *se 17: jump in at the deep end;*
17. T: ***jump in at the deep end*** kaste seg ut i det; ***throw sby in at the deep end*** kaste en rett ut i det.

II. end *vb(=bring to an end; come to an end)* avslutte; få en slutt på; ende; slutte; ***end one's days****(=life)* ende sine dager; ***where will it all end?****(=how is it all going to end?)* hva skal enden (på alt dette) bli? ***all's well that ends well*** når enden er god, er allting godt; ***this state of things must end****(=this can't go on; this has got to be stopped)* dette må det bli slutt på; ***end in*** 1. ende på *(fx the word ends in a t);* 2. ende med *(fx it ended in disaster);* ***it'll end in trouble*** det kommer til å gå ille (*el.* dårlig); ***how should I end (off) this letter?*** hvordan bør jeg avslutte dette brevet? ***he ended up in prison*** han havnet i fengsel *(n)* til slutt; ***we ended up without water*** til slutt hadde vi ikke vann *n;* ***he might end up thinking that …*** det kan ende med at han tror at ….

endanger [inˌdeindʒə] *vb:* utsette for fare; ***endangered species*** truede arter.

endear [inˌdiə] *vb:* ***endear oneself to sby*** gjøre seg avholdt av en.

endearment [inˌdiəmənt] *s(=word of love)* kjærlig ord *n;* ***term of endearment*** kjæleord.

I. endeavour *(,US: endeavor)* [inˌdevə] *s; stivt(= effort; attempt)* bestrebelse; forsøk *n.*

II. endeavour *(,***US:*** endeavor) vb; stivt(=attempt; try)* bestrebe seg på; forsøke; ***endeavour****(=try)* ***to get a good pronunciation*** forsøke å få en god uttale.

endemic [enˌdemik] *adj; med.:* endemisk; knyttet til bestemte områder *n;* ***endemic disease*** endemisk sykdom.

end house*(=house at the end of a terrace)* endehus; endeleilighet (i rekkehus); endeseksjon (i rekkehus).

ending [ˌendiŋ] *s* **1.** slutt; ***a happy ending*** en lykkelig slutt; **2.** *gram:* endelse; ending.

endive [ˌendaiv] *s; bot* **1.** endivie; **2.:** ***curly endive*** *(= wild chicory;* **US:** *chicory)* sikorisalat; julesalat;
3. US*(=chicory)* sikori.

endless [ˌendləs] *adj:* endeløs; uten ende; uendelig; ***endless complaints*** endeløse klager.

endocrine [ˌendou'krain] *adj; fysiol(=ductless)* endokrin; indresekretorisk; lukket *(fx gland).*

end-of-terrace house*(=house at the end of a terrace)* endeleilighet (i rekkehus); endeseksjon (i rekkehus) *(se I. terrace 3 & terrace house).*

end-of-year exam(ination) *skolev:* årseksamen; ***sit one's end-of-year exam(ination)*** være oppe til årseksamen.

endorse [inˌdɔ:s] *vb* **1.** *merk:* endossere; påtegne; **2.** *om førerkort:* prikkbelaste; påtegne; **3.** *stivt(=approve)* gi sin tilslutning til; bifalle.

endorsement [inˌdɔ:smənt] *s* **1.** *merk:* endossering; endossement; påtegning; **2.** *av førerkort:* prikkbelastning; **3.** *stivt(=approval)* tilslutning; bifall *n.*

endow [inˌdau] *vb* **1.** dotere; skjenke (legat *(n)*) til;
2. *stivt; i passiv:* ***well endowed by nature*** godt utrustet fra naturens hånd.

endowed school*(=foundation school)* legatskole.

endowment [inˌdaumənt] *s* **1.** legat(sum); stiftelse av legat *n;* dotasjon; gave; ***establish a trust for the endowment of*** stifte et legat til fordel for; **2.** *stivt:* ***endowments****(=natural talents)* evner.

endpiece [ˌend'pi:s] *s:* endestykke.

end product 1*(=final product)* sluttprodukt;
2. *fig(=end result)* sluttresultat.

endurable [inˌdjɔ:rəbl; inˌdjuərəbl] *adj; stivt(=bearable)* utholdelig.

endurance [inˌdjɔ:rəns; inˌdjuərəns] *s(=staying power; stamina)* utholdenhet; ***be irritated beyond endur-***

ance(=be exasperated; **T:** *be madly irritated)* være grenseløst *(el. fryktelig)* irritert.

endurance test utholdenhetsprøve.

endure [in,djɔ:; in,djuə] *vb* **1**(=*tolerate)* tåle *(fx great pain);* **2.** *stivt(=last; remain firm)* holde ut *(fx to the end);* ***his name will endure*** hans navn *(n)* vil leve.

enduring [in,djɔ:riŋ; in,djuəriŋ] *adj(=lasting)* varig.

end wall*(=short wall)* kortvegg; endevegg.

endways [,end'weiz] *(,især* **US:** *endwise) adv: **endways (on)*** med enden *(el.* kortsiden) frem; på langs.

enema [,enimə] *s; med.:* klyster *n.*

enema syringe *med.(=rectal syringe)* klysterspr øyte.

I. enemy [,enəmi; ,enimi] *s;* fiende; ***a public enemy****(= a menace to society)* en samfunnsfiende; ***he's nobody's enemy but his own****(=he's his own worst enemy)* han er verst mot seg selv; ***make enemies*** skaffe seg fiender; ***make an enemy of sby*** gjøre seg uvenner med en.

II. enemy *adj:* fiendtlig *(fx aircraft).*

enemy action *mil:* krigshandling; ***loss due to enemy action*** krigsforlis; ***killed by enemy action*** død i kamp med fienden.

enemy alien utlending som tilhører en fiendtligsinnet nasjon; fiendtligsinnet utlending.

enemy-occupied [,enəmi'ɔkju'paid] *adj:* besatt av fienden.

energetic ['enə,dʒetik] *adj:* energisk; iherdig.

energy [,enədʒi] *s:* energi; kraft; virketrang; ***muster the necessary energy to do sth*** samle energi til å gjøre noe; ***save one's energy****(=save one's strength)* spare på kreftene; ***use all one's energy*** bruke all sin energi.

energy demand(s)*(=power demand(s))* energibehov.

Energy Department T*(=Department of Energy) svarer til:* Olje- og energidepartement.

energy food energigivende mat.

energy-saving [,enədʒi'seiviŋ] *adj:* energibesparende.

Energy Secretary T*(=Secretary of State for Energy) svarer til:* olje- og energiminister.

energy source*(=source of energy)* energikilde.

enervate [,enə'veit] *vb:* enervere; svekke.

enervating [,enə'veitiŋ] *adj:* enerverende.

enfeeble [in,fi:bl] *vb; stivt(=weaken)* svekke.

enforce [in,fɔ:s] *vb* **1.** *jur:* håndheve; **2.** fremtvinge *(fx payment);* **3.** *stivt(=force): **enforce it on them*** påtvinge dem det.

enforceable [in,fɔ:səbl] *adj:* som kan håndheves.

enforced [in,fɔ:st] *adj:* påtvungen *(fx silence).*

enforcement [in,fɔ:smənt] *s* **1.** håndhevelse; ***enforcement of the law*** rettshåndhevelse; **2.** fremtvingelse; inndrivelse; **3.** påtvingelse.

enfranchise [in,frænt∫aiz] *vb; stivt(=give the vote to)* gi stemmerett.

engage [in,geidʒ] *vb* **1**(=*employ)* ansette; engasjere; *(= hire)* leie *(fx sby's services);*

2. *stivt(=book)* bestille; engasjere *(fx an entertainer);*

3. *mask:* kople til; sette i inngrep; ***engage the third gear****(=change into third gear)* skifte til tredje gir *n;*

4. *mil:* angripe *(fx a target); **engage the enemy in battle*** ta kampen opp med fienden;

5. *stivt(=occupy)* legge beslag *(n)* på; oppta; ***engage****(= hold; keep)* ***sby's attention*** legge beslag på ens oppmerksomhet; ***the book engaged****(=occupied)* ***his attention for hours*** boken opptok ham i timevis;

6. *stivt(=carry on)* drive *(in* med) *(fx engage in trade);*

7. *stivt: **engage in sth****(=go in for sth)* beskjeftige seg med; drive med *(fx gymnastics; politics);*

8. *stivt: **engage in conversation with sby****(=start a conversation with sby)* innlede en samtale med en.

engaged [in,geidʒd] *adj* **1.** forlovet *(to* med);

2. *stivt(=busy; not free)* opptatt; ***engaged in doing sth****(=busy doing sth)* opptatt med å gjøre noe;

3. *mask:* i inngrep;

4. *tlf: **(line) engaged*** *(,***US:** *(line) busy)* opptatt.

engaged tone *tlf (,***US:** *busy signal)* opptattsignal.

engagement [in,geidʒmənt] *s* **1.** forlovelse *(to* med); ***she broke off her engagement to him*** hun brøt forlovelsen med ham;

2. *stivt(=appointment)* avtale; ***I have a previous engagement*** jeg har allerede en avtale;

3. *stivt(=employment)* ansettelse; engasjement *n;*

4(=*commitment)* forpliktelse; *social engagements* sosiale forpliktelser;

5. *mil:* trefning; ***ground engagement*** trefning på bakken.

engaging [in,geidʒiŋ] *adj(=winning)* vinnende.

engender [in,dʒendə] *vb; stivt(=bring about)* skape; avføde.

engine [,endʒin] *s* **1.** maskin; motor *(fx a car engine);*

2.: ***(railway) engine****(=locomotive)* lokomotiv;

3. (fire) engine brannbil.

engine breakdown motorskade.

engine driver *(,***US:** *engineer)* lokomotivfører.

I. engineer ['endʒi,niə] *s* **1.** ingeniør; ***chemical engineer*** kjemiingeniør (med hovedvekt på kjemiteknikk); *(jvf chemical scientist); **civil engineer*** bygningsingeniør; **2.** tekniker; ***heating engineer*** varmetekniker; ***lift engineer*** heismontør;

3. maskinmester; maskinist;

4. *mar: **(ship's) engineer*** maskinist;

5. *mil(=sapper)* ingeniørsoldat.

II. engineer *vb; ofte neds(=arrange)* arrangere.

engineer corps *mil: **the engineer corps*** ingeniørvåpenet; *(NB* **UK:** *the (Corps of) Royal Engineers).*

I. engineering ['endʒi,niəriŋ] *s* **1**(=*science of engineering)* ingeniørvitenskap; ***college of engineering*** ingeniørhøyskole; ***study engineering*** gå på ingeniørhøyskole;

2. ingeniørvesen; ***county engineering*** kommunalt ingeniørvesen;

3. ingeniørarbeid *(fx a piece of engineering);*

4. *i sms:* -teknikk; ***chemical engineering*** kjemiteknikk; *(jvf chemical science); **civil engineering*** byggteknikk; ***heavy engineering****(=heavy industry)* tungindustri; ***mechanical engineering*** maskinlære; maskinteknikk; ***motor (vehicle) engineering*** bilmekanikk; ***municipal engineering*** kommunalteknikk; ***power engineering*** sterkstrømsteknikk; *EDB: **systems engineering*** systemarbeid.

II. engineering *adj:* ingeniør-; ingeniørteknisk; ***engineering problems*** ingeniørtekniske problemer.

engineering consultants: ***firm of engineering consultants****(=firm of consultant engineers)* rådgivende ingeniørfirma; *(se consultant 3).*

engineering drawing maskintegning.

engineering firm ingeniørfirma.

engineering industry verkstedindustri.

engineering plant maskinanlegg.

engineering products *pl:* verkstedprodukter.

engineering science *(=(science of) engineering)* ingeniørvitenskap.

engineering science department *univ:* teknisk-vitenskapelig fakultet *n.*

engineering subject *skolev:* ingeniørfag; ingeniørdisiplin.

engineering trades *pl:* maskinfag.

engineering worker metallarbeider.

engineering (work)shop*(=engine (work)shop; machine shop)* maskinverksted; mekanisk verksted *n.*

engineer officer *mar:* maskinoffiser.

engine failure *mask:* motorstopp.

engine fault *mask:* feil ved motoren.

engine fitter maskinmontør.

engine heater: ***(electric) engine heater*** (elektrisk) motorvarmer.

engine performance*(=engine output)* motorytelse.

engine room maskinrom.

engine shop*(=engineering shop)* maskinverksted.

engine trouble motorvanskeligheter.

England [ˌiŋglənd] *s; geogr:* England.
I. English [ˌiŋgliʃ] *s* **1.** *språk:* engelsk; ***speak English*** snakke engelsk; ***poor in English*** dårlig i engelsk; ***he has trouble with his English*** han har problemer med engelsken sin; **2.:** ***the English*** engelskmennene.
II. English *adj:* engelsk *(fx he's English, not Scottish);* ***the English Channel*** Den engelske kanal.
Englishman [ˌiŋgliʃmən] *s:* engelskmann.
English-speaking [ˌiŋgliʃ'spi:kiŋ] *adj:* engelsktalende.
Englishwoman [ˌiŋgliʃ'wumən] *s:* engelsk kvinne.
engrave [inˌgreiv] *vb* **1.** gravere; risse inn; **2.** *fig:* ***the scene would always be engraved****(=stamped)* ***on his memory*** scenen ville for alltid stå uutslettelig preget i hans erindring.
engraver [inˌgreivə] *s:* gravør.
engrossed [inˌgroust] *adj:* oppslukt; ***engrossed in*** oppslukt av.
engrossing [inˌgrousiŋ] *adj; om bok, etc:* fengslende.
engulf [inˌgʌlf] *vb; om bølger el. flammer; litt.(=swallow up)* sluke; ***be engulfed by the sea*** synke i havet.
enhance [inˌhɑ:ns] *vb* **1***(=increase)* øke *(fx the value of the house);* understreke *(fx this enhanced her beauty);* **2***(=improve)* forbedre; øke; ***this enhanced his reputation*** dette økte hans anseelse.
enhancement [inˌhɑ:nsmənt] *s* **1***(=increase)* økning *(fx of the value);* **2***(=improvement)* forbedring; økning; ***an enchancement of his prestige*** en økning av hans prestisje.
enigma [iˌnigmə] *s; stivt* **1***(=riddle)* gåte; **2***(=mystery)* mysterium *n;* gåte.
enigmatic(al) ['enigˌmætik(l)] *adj:* gåtefull.
enjoin [inˌdʒɔin] *vb; meget stivt* **1***(=tell; instruct)* pålegge *(fx sby to be silent);* **2***(=demand)* påby; ***she put a finger to her lips to enjoin silence*** hun la en finger på leppene for å påby stillhet; **3.:** ***enjoin sth on sby****(= impress sth on sby)* innskjerpe en noe.
enjoy [inˌdʒɔi] *vb* **1.** nyte; like; ***we enjoyed Paris*** vi likte Paris; ***they enjoyed his company*** de syntes det var hyggelig å være sammen med ham; ***he enjoys reading*** han liker å lese; ***enjoy oneself very much*** more seg godt; stortrives; ***enjoy yourself!*** ha det hyggelig! ***enjoy one's retirement*** nyte sitt otium; **2***(=have)* ha; nyte; innta; ***he enjoyed good health*** han hadde god helse; ***enjoy certain rights*** ha visse rettigheter.
enjoyable [inˌdʒɔiəbl] *adj* **1.** *om mat:* god; som man liker; ***it's quite enjoyable*** det er riktig godt; ***that was most enjoyable*** det var virkelig meget godt; **2.** hyggelig; koselig *(fx we spent an enjoyable afternoon at the zoo);* interessant *(fx book);* herlig *(fx we had an enjoyable game of tennis).*
enjoyment [inˌdʒɔimənt] *s* **1.** glede; fornøyelse; nytelse; ***it adds to the enjoyment*** det forhøyer nytelsen; det høyner gleden; det gjør gleden større; **2.** *jur; om rettighet(=possession)* det å nyte; besittelse; ***quiet enjoyment*** uforstyrret besittelse *(of* av) *(fx of one's property).*
enlarge [inˌlɑ:dʒ] *vb* **1.** *også fot:* forstørre; **2.:** ***enlarge on*** utbre seg om.
enlargement [inˌlɑ:dʒmənt] *s:* forstørrelse.
enlighten [inˌlaitən] *vb; stivt(=give information)* opplyse.
enlightened [inˌlaitənd] *adj:* opplyst; ***in this enlightened age*** i vår opplyste tidsalder.
enlightenment [inˌlaitənmənt] *s:* opplysning; ***enlightenment of the people*** folkeopplysning.
enlist [inˌlist] *vb* **1.** *mil:* la seg verve; melde seg til krigstjeneste; **2.** *om bevegelse, etc(=join)* slutte seg til; **3.** *om hjelp, støtte:* få; sikre seg *(fx sby's help).*
enlisted man *mil* **US***(=private)* menig (soldat).
enlistment [inˌlistmənt] *s* **1.** det å la seg verve; **2.** *om hjelp, støtte:* det å sikre seg.
enliven [inˌlaivən] *vb; stivt(=liven up)* muntre opp *(fx the party).*
en masse ['ɔnˌmæs; 'ɔmˌmæs] *adv(=all together; collectively; in a body)* samlet; i samlet flokk.
enmesh [inˌmeʃ] *vb; stivt(=entangle)* innvikle (som i et nett).
enmity [ˌenmiti] *s:* fiendskap *n.*
ennoble [iˌnoubl] *vb* **1.** adle; **2.** *fig:* foredle; lutre.
enormity [iˌnɔ:miti] *s* **1.** *stivt(=appalling nature)* uhyrlighet; **2***(=immensity):* ***the enormity of the task discouraged him*** den enorme oppgaven gjorde ham motløs.
enormous [iˌnɔ:məs] *adj:* enorm; uhyre stor; ***that makes an enormous****(,***T:** *a vast)* ***difference*** det forandrer saken fullstendig.
enormously [iˌnɔ:məsli] *adv:* enormt.
enough [iˌnʌf] *adj & adv* **1.** nok; mange nok; ***enough and to spare*** mer enn nok; rikelig; *ordspråk:* ***enough is as good as a feast*** for lite og for mye forderver alt; **2***(=rather)* ganske; nok; ***he did well enough*** han gjorde det bra nok (*el.* ganske bra); **3.** *forsterkende:* ***oddly enough*** underlig nok; pussig nok.
enquire [inˌkwaiə] *vb: se inquire.*
enquiry [inˌkwaiəri] *s: se inquiry.*
enrage [inˌreidʒ] *vb:* gjøre rasende.
enraged [inˌreidʒd] *adj(=furious)* rasende.
enrapture [inˌræptʃə] *vb(=enchant)* fortrylle; henrykke.
enrich [inˌritʃ] *vb* **1.** berike; ***enrich oneself*** berike seg; **2.** *stivt(=improve the quality of)* forbedre; ***enriched with vitamin B*** tilsatt B-vitaminer; **3.** anrike; ***enriched uranium*** anriket uran; **4.** *fig:* ***reading enriches the mind*** lesing er berikende.
enrichment [inˌritʃmənt] *s* **1.** berikelse; **2.** *stivt(=improvement)* forbedring *(fx of the soil).*
enrol *(,***US:** *enroll)* [inˌroul] *vb; til kurs, etc:* melde på; melde seg på; ***enrol for a course****(=enter for a course)* melde seg på til et kurs.
enrolment [inˌroulmənt] *s:* påmelding.
enrolment fee*(=registration fee)* påmeldingsgebyr.
en route [ɔnˌru:t] *adv:* underveis *(fx to Paris).*
ensconce [inˌskɔns] *vb; litt. el. spøkef(=settle comfortably)* slå seg ned; forskanse seg *(fx in the best chair).*
ensemble [ɔnˌsɔmbl; ¬a:nˌs¬ambl] *s* **1.** *mus:* ensemble *n;* besetning; samspill;
2*(=whole)* hele *(fx combined in an effective ensemble);*
3. *om kvinneantrekk:* ensemble *n.*
enshrine [inˌʃrain] *vb:* legge i helgenskrin.
ensign [ˌensain] *s; mar:* flagg *n.*
enslave [inˌsleiv] *vb* **1.** gjøre til slave; **2.** *fig:* slavebinde.
ensnare [inˌsnɛə] *vb; litt.; fig* **1***(=trap)* fange inn; ***be ensnared by her beauty*** bli fanget inn av hennes skjønnhet; **2***(=entice; lure):* ***ensnare sby into doing sth*** få lurt en til å gjøre noe.
ensue [inˌsju:] *vb; stivt; fig(=follow)* følge *(fx the panic that ensued).*
ensuing [inˌsju:iŋ] *adj; stivt; fig(=following)* påfølgende.
en suite ['ɔnˌswi:t] *adv:* på rekke; etter hverandre; ved siden av hverandre (slik at de danner en enhet); ***a bathroom en suite with the bedroom*** badeværelse i tilknytning til soveværelset.
ensure [enˌʃɔ:; enˌʃuə] *vb; stivt(=make sure)* sørge for; sikre *(fx sby enough to live on).*
entail [inˌteil] *vb; stivt(=involve)* medføre; føre til *(fx it entailed buying a new house).*
entangle [inˌtæŋgl] *vb* **1.** *stivt(=complicate)* komplisere; **2.** *stivt:* ***become entangled in****(=become involved in)* bli innviklet (*el.* involvert) i;
3.: ***it entangled itself in a thorn bush****(=it got caught in a thorn bush)* det ble hengende fast i en tornebusk.
entanglement [inˌtæŋglmənt] *s* **1.** innvikling; sammenfiltring; **2.** *fig:* forvikling; noe man roter seg opp i.
enter [ˌentə] *vb* **1***(=go in; come in)* gå inn; komme inn; gå inn i; *fig:* ***the thought never entered my head*** tanken falt meg aldri inn;

2. *om konkurranse:* delta i; melde på *(fx a horse in the Derby);* melde seg på (*for* til);
3.: ***did you enter(=write) your name in the visitors' book?*** skrev du deg inn i gjesteboken?
4. *bokf:* postere; føre inn *(an item* en post);
5. *om stilling; stivt:* ***enter sby's employment****(=begin to work for sby)* tiltre en stilling hos en;
6. *fig:* gå inn i; begynne på *(fx they are entering (= beginning) a new stage in their lives);*
7.: ***enter into*** 1. inngå (*an agreement with* en avtale med); 2. være en del av; inngå i *(fx the price did not enter into the discussion);* ***that doesn't enter into it*** det har ingenting med det å gjøre; 3. *om konkurranse:* ***enter into competition with****(=begin to compete with)* ta opp konkurransen med en; 4. leve seg inn i; gå opp i;
8. *stivt:* ***enter (up)on*** 1*(=begin)* begynne på *(fx a new career);* 2. *jur(=come into)* tiltre; ***enter upon an inheritance*** tiltre en arv.

enteritis ['entə͵raitis] *s; med.(=inflammation of the intestine)* enteritt; tarmbetennelse.

enterprise [͵entə'praiz] *s* **1.** foretagende; ***a completely new enterprise*** et helt nytt foretagende; **2.** *fig:* foretaksomhet; fremdrift; initiativ *n;* ***a woman of enterprise*** en initiativrik kvinne; ***spirit of enterprise*** foretaksomhetsånd.

enterprising [͵entə'praiziŋ] *adj:* foretaksom; initiativrik.

entertain ['entə͵tein] *vb* **1***(=amuse)* more; underholde;
2. ha som gjest(er); være vertskap *(n)* for; ***entertain sby to dinner****(=have sby for dinner)* ha en til middag; ha en som middagsgjest; ***they entertained another local couple at a quiet Sunday meal*** de hadde et par fra nabolaget hos seg i all enkelhet på søndag; ***we don't entertain very much*** vi har ikke ofte gjester;
3. *merk:* representere; *(se I. entertaining);*
4. *stivt(=consider)* reflektere på; ***entertain the offer*** reflektere på tilbudet;
5. *om idé, tvil, etc; meget stivt(=have)* nære; ha *(fx doubts).*

entertainer ['entə͵teinə] *s:* entertainer.

I. entertaining ['entə͵teiniŋ] *s* **1.** *merk:* representasjon; ***entertaining at home*** hjemmerepresentasjon; ***travelling and entertaining*** reiser og representasjon; *(jvf entertainment 3);*
2. det å ha gjester; ***they do a lot of entertaining*** de har ofte gjester.

II. entertaining ['entə͵teiniŋ] *adj:* underholdende; morsom.

entertaining rooms *pl:* selskapslokaler.

entertainment ['entə͵teinmənt] *s* **1.** underholdning *(fx the entertainment of the children exhausted him);* ***entertainment and dance*** (aften)underholdning med dans; ***popular entertainment*** folkeforlystelse; ***the world of entertainment*** fornøyelseslivet;
2. *ved fx varieté(=programme)* program *n (fx the entertainment at the new theatre changes weekly);*
3. *merk:* det å representere; representasjon; *(jvf I. entertaining & sms);*
4.: ***entertainment(s)*** fornøyelsesliv; ***there was a varied supply of entertainment(s) in X*** det var et rikt fornøyelsesliv i X.

entertainment allowance *merk:* representasjonsgodtgjørelse.

entertainment committee*(=organizing committee)* festkomité.

entertainment expenses *pl(=customer contact expenses)* representasjonsutgifter.

entertainment world: ***the entertainment world****(=the world of entertainment)* fornøyelseslivet.

enthral (**,US:** *enthrall*) [in͵θrɔ:l] *vb; stivt; vanligvis i passiv(=captivate)* fengsle; beta.

enthuse [in͵θju:z] *vb* **T:** ***enthuse about****(=be enthusiastic about)* begeistres over.

enthusiasm [in͵θju:zi'æzəm] *s:* begeistring (*for, about* for); ***wild enthusiasm*** vill begeistring; stormende begeistring; ***wave(=surge) of enthusiasm*** bølge av begeistring; ***there was a lot of enthusiasm at the meeting****(=the atmosphere at the meeting was enthusiastic)* det hersket en begeistret stemning på møtet; ***this failed to (a)rouse any enthusiasm*** dette vakte ingen begeistring; ***his enthusiasm is easily roused*** han blir lett begeistret; ***I can't work up(*****,T:** *get up)* ***any enthusiasm for the project*** jeg kan ikke opparbeide noen begeistring for prosjektet.

enthusiast [in͵θju:zi'æst] *s:* entusiast.

enthusiastic [in'θju:zi͵æstik] *adj:* begeistret (*about* for, over); ***he's very enthusiastic(=excited) about your idea*** han er svært begeistret for idéen din; ***become enthusiastic about sth*** bli begeistret for noe.

entice [in͵tais] *vb(=lure)* lokke; ***entice sby away*** lokke en bort; ***entice sby into doing sth*** lokke en til å gjøre noe.

enticement [in͵taismənt] *s(=lure; temptation)* fristelse; lokkemiddel.

enticing [in͵taisiŋ] *adj(=tempting)* fristende.

entire [in͵taiə] *adj(=whole)* hel *(fx the entire job).*

entirely [in͵taiəli] *adv(=completely)* helt.

entirety [in͵taiəti] *s:* helhet; ***in its entirety*** 1. i sin helhet; 2. i hele sin utstrekning.

entitle [in͵taitl] *vb* **1.** berettige (*to* til); ***you're quite entitled to do as you wish*** du har full rett til å gjøre som du vil; ***you're entitled to think what you like*** det står deg fritt å mene hva du vil; **2.** gi tittel; ***entitled*** med tittelen.

entitlement [in͵taitlmənt] *s:* berettigelse; ***his weekly entitlement*** det han har krav *(n)* på hver uke.

entomb [in͵tu:m] *vb; meget stivt(=bury)* begrave.

entomology ['entə͵mɔlədʒi] *s:* entomologi; insektlære.

entourage [ɔntu͵rɑ:ʒ] *s; stivt el. spøkef:* følge *n;* ***his entourage****(=the people round him)* følget hans.

entr'acte [ɔn͵trækt; ͵ɔntrækt] *s; teat* **1.** mellomakt;
2. mellomaktsmusikk; mellomaktsunderholdning.

entrails [͵entreilz] *s; pl(*,**T:** *innards)* innvoller *(fx a chicken's entrails); (jvf guts 1 & 2).*

I. entrance [͵entrəns] *s* **1.** inngang (*to* til);
2*(=carriage entrance)* innkjørsel; utkjørsel;
3*(=seaward approach)* innseiling; innløp;
4. entré; ***make one's entrance*** gjøre sin entré;
5. *skolev(=entry; admission)* opptak; ***apply for entrance to the university*** søke om opptak ved universitetet;
6*(=admission)* adgang; ***refuse sby entrance*** nekte en adgang;
7*(=access; entry):* ***gain entrance to the proceedings*** få adgang til forhandlingene.

II. entrance [in͵trɑ:ns] *vb(=enchant)* henrykke; fylle med begeistring.

entrance exam(ination) *skolev:* opptaksprøve; ***university entrance exam(ination)*** opptaksprøve ved universitetet.

entrance fee 1*(=admission (fee))* inngangspenger;
2. påmeldingsgebyr; *(jvf enrolment fee; entry fee).*

entrance ramp US*(=slip road)* innkjøringsvei (til motorvei).

entrance requirements: ***(minimum) entrance requirements****(=course entrance requirements)* opptakskrav.

entrant [͵entrənt] *s* **1.** *sport:* påmeldt deltager (*for* til);
2. *skolev:* søker; kandidat *(fx 4000 hopeful entrants sat university entrance exams);*
3. *jur:* ***illegal entrants into the country*** ulovlige immigranter.

entreat [in͵tri:t] *vb:* bønnfalle.

entreaty [in͵tri:ti] *s:* (innstendig) bønn.

entrecôte [͵ɔntrə'kout] *s; kul(=middle rib steak of beef)* indrefilet.

entrée [͵ɔntrei] *s(=main course)* hovedrett.

entrench [in͵tren(t)ʃ] *vb* **1.** forskanse;

e

2. *fig(=strengthen; consolidate)* styrke; befeste; ***entrenched(=firmly established)*** fast forankret.
entrenchment [in,tren(t)ʃmənt] *s; mil:* forskansning.
entrust [in,trʌst] *vb:* betro; ***entrust sth to sby, entrust sby with sth*** betro en noe.
entry [,entri] *s* **1.** det å gå (,komme, etc) inn; inntreden (*into* i); innreise (*into* i) *(fx entry into Norway); **No Entry*** Innkjørsel forbudt;
2. *mil:* inntog; ***make one's entry*** holde sitt inntog;
3*(=admission)* adgang *(fx to the club); **entry to that school is difficult**(=it's difficult to get into that school)* det er vanskelig å komme inn på (*el.* ved) den skolen;
4*(=entrance; small entrance hall)* inngang; inngangsparti; innkjørsel *(fx leave your bike in the entry);*
5. *bokf:* bokført post; postering; ***make an entry****(=enter an item)* foreta en postering;
6. innføring; ***make an entry in one's diary*** føre noe inn i dagboken (sin);
7. *i ordbok:* oppslag; artikkel;
8. *sport* 1*(=entrant)* påmeldt (deltager); ***late entry*** etteranmeldt deltager; 2. *kollektivt:* deltagere; deltagerantall; 3. påmelding; ***final date of entry****(=closing date for entries)* påmeldingsfrist;
9.: ***the rate of entry to the trade*** tilgangen til faget.
entry fee *sport:* påmeldingsgebyr; startkontingent.
entry form *(,***US:** *entry blank)* innmeldingsblankett.
entry permit*(=visa)* innreisetillatelse; innreisevisum.
entryphone [,entri'foun] *s(=doorspeak)* dørtelefon.
entwine [in,twain] *vb; litt.:* tvinne; sno; sno seg *(fx a snake entwined(=wound itself) round a pole); **they walked with arms entwined**(=linked)* de gikk med armene flettet i hverandre.
enumerate [i,nju:mə'reit] *vb:* regne opp.
enumeration [i'nju:mə,reiʃən] *s:* oppregning.
enunciate [i,nʌnsi'eit] *vb; sj; meget stivt* **1***(=pronounce)* uttale *(fx enunciate clearly);* **2***(=formulate)* formulere *(fx one's thoughts; a theory).*
enunciation [i'nʌnsi,eiʃən] *s; sj; meget stivt* **1***(=pronunciation)* uttale; diksjon; **2***(=formulation)* formulering.
envelop [in,veləp] *vb(=wrap up))* innhylle; ***enveloped in****(=wrapped in)* innhyllet i; omgitt av *(fx mystery).*
envelope [,envə'loup; ,ɔnvə'loup] *s:* konvolutt; ***stamped addressed envelope****(fk s.a.e.)* adressert og frankert svarkonvolutt.
enviable [,enviəbl] *adj:* misunnelsesverdig.
envious [,enviəs] *adj:* misunnelig (*of* på).
environment [in,vai(ə)rənmənt] *s:* miljø *n; **a healthy working environment*** et sunt arbeidsmiljø; *(se Department of the Environment & Secretary of State for the Environment).*
environmental [in'vai(ə)rən,mentl] *adj:* miljøbestemt; miljømessig; miljø-; ***built to a high standard of environmental sensitivity*** bygd for å møte meget høye miljømessige krav *n.*
environmentalist [in'vai(ə)rən,mentəlist] *s:* person som engasjerer seg i miljøvernarbeid.
environmentally [in'vai(ə)rən,mentəli] *adv:* miljømessig; ***environmentally beneficial*** *(=environment-friendly)* miljøvennlig.
environmentally deprived *adj(=culturally deprived)* miljøskadet; miljøskadd.
environmental pollution miljøforurensning.
environmental protection*(=protection of the environment)* miljøvern.
environmental studies *pl:* miljøstudier.
environmental work miljøvernarbeid.
environmental worker miljøarbeider.
environment-friendly [in,vairənmənt'frendli] *adj:* miljøvennlig; ***environment-friendly products*** miljøvennlige produkter *n.*
environs [in,vai(ə)rənz] *s; pl; stivt(=surroundings; outlying districts; suburbs)* omgivelser.
envisage [in,vizidʒ] *vb; stivt* **1***(=picture)* forestille seg; se for seg;
2*(=have in mind)* tenke seg; ***this was the plan that we envisaged*** dette var den planen vi hadde tenkt oss;
3*(=allow for)* regne med *(fx a 3-year period is envisaged for the training of personnel);*
4*(=presuppose)* forutsette; ***the plan envisages the employment of 100,000 people*** planen forutsetter at 100.000 mennesker blir sysselsatt;
5*(=expect): **it is envisaged that interviews will take place during the week commencing 27 April*** man regner med at intervjuene vil finne sted i den uken som begynner med 27. april;
6. *i løst språkbruk også i at-setning:* ***envisage that****(= think that; expect that)* regne med at; forvente at *(fx they envisage that there will be a high profit); (jvf envision 2).*
envision [in,viʒən] *vb* **1.** *stivt(=envisage; foresee)* forestille seg; forutse; regne med; **2. US** *i løst språkbruk også i at-setning(=envisage):* ***envision that****(=think that; expect that)* regne med at; forvente at; *(se envisage 6).*
envoy [,envɔi] *s; polit:* gesandt; utsending.
I. envy [,envi] *s:* misunnelse (*at* over); ***she could not conceal her envy of me*** hun kunne ikke skjule at hun var misunnelig på meg.
II. envy *vb:* misunne; ***envy sby (sth)*** misunne en (noe).
enzyme [,enzaim] *s; kjem:* enzym.
epaulette *(,især* **US:** *epaulet)* ['epə,let; ,epə'let; ,epou'let] *s; mil:* epålett.
ephemera [i,femərə] *s; zo(=mayfly)* døgnflue.
ephemeral [i,femərəl] *adj; stivt(=short-lived)* kortvarig; forgjengelig.
ephemeral literature døgnlitteratur.
I. epic [,epik] *s:* epos *n;* episk dikt *n.*
II. epic *adj* **1.** episk; **2.** *fig:* storslått.
epicure [,epi'kjuə] *s(=gourmet)* feinschmecker; gourmet.
I. epicurean ['epikju,ri:ən] *s(=epicure; gourmet)* feinschmecker; gourmet.
II. epicurean *adj:* epikureisk; nytelsessyk.
I. epidemic ['epi,demik] *s:* epidemi.
II. epidemic *adj:* epidemisk.
epigram [,epi'græm] *s* **1.** epigram *n;* **2.** fyndord.
epilepsy [,epi'lepsi] *s; med.:* epilepsi.
I. epileptic ['epi,leptik] *s:* epileptiker.
II. epileptic *adj:* epileptisk.
epilogue [,epi'lɔg] *s:* epilog; etterspill.
Epiphany [i,pifəni] *s:* helligtrekongersdag; trettendedag jul.
episcopal [i,piskəpl] *adj:* episkopal; biskoppelig.
I. Episcopalian [i'piskə,peiliən] *s:* medlem *(n)* av den episkopale (*el.* biskoppelige) kirke.
II. Episcopalian*(=episcopalian) adj:* episkopal; biskoppelig.
episode [,epi'soud] *s:* episode.
episodic ['epi,sɔdik] *adj:* episodisk.
epistle [i,pisl] *s:* epistel; brev *n.*
epistolary [i,pistələri] *adj:* i brevform.
epitaph [,epi'tɑ:f] *s:* gravskrift; epitaf.
epithet [,epi'θet] *s:* (karakteriserende) tilleggsord *(fx Alexander the Great);* stående tilnavn.
epitome [i,pitəmi] *s; stivt(=typical example; embodiment)* typisk eksempel *n;* legemliggjørelse; ***he's the epitome of selfishness*** han er den personifiserte egoisme.
epitomize, epitomise [i,pitə'maiz] *vb; stivt(=illustrate; show up)* illustrere; vise.
epoch [,i:pɔk] *s:* epoke; tidsalder; ***mark a new epoch*** innlede en ny epoke (*el.* tidsalder).
epoch-making [,i:pɔk'meikiŋ] *adj:* epokegjørende.
epos [,epɔs] *s(=epic)* heltedikt; epos *n.*
equability ['ekwə,biliti] *s* **1.** ro; likevektighet; **2.** *stivt; om klima(=uniformity)* jevnhet; ensartethet.
equable [,ekwəbl] *adj* **1.** *om person:* rolig; likevektig;

2. *stivt; om klima(=uniform)* ensartet; jevnt.

I. equal [ˌi:kwəl] *s* like; make; likemann; ***be among one's equals*** være blant likemenn.

II. equal *adj* **1.** like *(fx are these pieces equal in size?)*; ***two equal parts*** to like store deler; to like deler; ***other things being equal*** under ellers like forhold *n;* ***they are equal*** de er likestilte; ***equal status*** likestilling; ***to an equal degree****(=equally)* i like høy grad; ***consider equal*** anse for jevnbyrdige; sette likhetstegn mellom; ***on equal terms*** på like vilkår *n;* **2.:** ***equal to*** 1. jevnbyrdig med; 2*(=up to)*: ***be equal to a job*** være en oppgave voksen; ***I don't feel equal to telling him the truth*** jeg føler meg ikke i stand til å si ham sannheten.

III. equal *vb* **1.** kunne måle seg med; ***she equalled his score of twenty points*** han hadde tjue poeng *(n)*, og hun oppnådde det samme; **2.** *mat.:* ***five and five equals ten*** fem og fem er lik ti.

equality [iˌkwɔliti] *s:* likhet; likestilthet; jevnbyrdighet; likeverd *n;* ***sex equality*** likestilling mellom kjønnene *n;* ***equality of rights*** likeberettigelse; like rettigheter.

equality law *jur:* likestillingslov; *(se Sex Equality Act).*

equalization, equalisation [ˈi:kwəlaiˌzeiʃən] *s* **1.** *sport:* utligning; **2.:** ***tax equalization*** skatteutjevning.

equalizer, equaliser [ˌi:kwəˈlaizə] *s; sport:* utligningsmål *(fx who scored the equalizer?).*

equally [ˌi:kwəli] *adv:* likt *(fx he divided it equally between us);* like *(fx all are equally bad);* ***an equally good quality****(=just as good a quality)* en like god kvalitet; ***equally, you must remember that*** likeledes må du huske at.

Equal Opportunities Commission *(fk EOC):* ***the Equal Opportunities Commission*** Likestillingsrådet.

equal(s) sign *mat.(=sign of equation)* likhetstegn.

equanimity [ˈekwəˌnimiti; ˈi:kwəˌnimiti] *s(=mental balance)* sinnslikevekt; sinnsro.

equate [iˌkweit] *vb* **1.** sidestille; ***equate with*** sidestille med; sette likhetstegn mellom *(fx he equates money with happiness);* **2.** *mat.:* sette opp som ligning.

equation [iˌkweiʃən] *s* **1.** det å likestille; **2.** *mat.:* ligning; ***form an equation*** sette opp en ligning; ***simplify an equation*** løse opp en ligning; ***solve an equation*** løse en ligning; ***sign of equation****(=equal(s) sign)* likhetstegn.

equator [iˌkweitə] *s; geogr:* ekvator; ***at the equator*** ved ekvator; ***on the equator*** under ekvator.

I. equestrian [iˌkwestriən] *s; meget stivt(=show rider)* kunstrytter.

II. equestrian *adj:* ride-; rytter- *(fx statue).*

equidistant [ˈi:kwiˌdistənt; ˈekwiˌdistənt] *adj; stivt:* ***equidistant from****(=equally distant from)* i samme avstand fra.

equilateral [ˈi:kwiˌlætərəl; ˈekwiˌlætərəl] *adj; geom:* likesidet *(fx triangle).*

equilibrist [iˌkwilibrist] *s:* balansekunstner.

equilibrium [ˈi:kwiˌlibriəm; ˈekwiˌlibriəm] *s; stivt(=balance)* likevekt.

equine [ˌekwain] *adj; meget stivt(=like a horse; relating to horses)* hestelignende; heste-; *neds:* ***she has rather an equine face*** hun har litt av et hesteansikt.

equinox [ˌi:kwiˈnɔks; ˌekwiˈnɔks] *s:* jevndøgn.

equip [iˌkwip] *vb:* utstyre; utruste (*with* med).

equipage [ˌekwipidʒ] *s; glds el. spøkef(=elegant (horse-drawn) carriage)* ekvipasje.

equipment [iˌkwipmənt] *s:* utstyr *n;* utrustning; ***running equipment*** driftsutstyr.

equipped [iˌkwipt] *adj; også fig:* utrustet; utstyrt (*with* med); ***better equipped*** med bedre forutsetninger; bedre rustet (*to* til å); ***he was well equipped****(=able)* ***to deal with the audience's questions*** han var godt rustet til å besvare spørsmålene *(n)* fra forsamlingen.

equitable [ˌekwitəbl] *adj; stivt(=fair; just)* (rimelig og) rettferdig; *jur:* billig.

equity [ˌekwiti] *s* **1.** *stivt(=fairness; justice)* rettferdighet; **2. UK:** ***Equity****(=the Actors' Equity Association)* Skuespillerforbundet; **3.** *jur:* ***court of equity*** billighetsrett.

equity capital *merk(=equity; owner's equity;* **US:** *capital ownership)* egenkapital.

equity (share) *(=ordinary share)* stamaksje.

equivalence [iˌkwivələns] *s:* ekvivalens; likeverd.

I. equivalent [iˌkwivələnt] *s:* ekvivalent; motstykke; noe som svarer helt til; ***the word has no equivalent in French*** det fins ikke noe ord *(n)* i fransk som svarer til dette; ***money or its equivalent*** penger eller pengers verdi.

II. equivalent *adj:* ekvivalent; tilsvarende; likeverdig *(fx would you say that 'bravery' and 'courage' are exactly equivalent?);* ***do equivalent work*** gjøre tilsvarende arbeid *n;* ***be equivalent to*** svare til.

equivalent value motverdi; ***currency exceeding the equivalent value of 10,000 kroner*** valuta ut over motverdien av 10.000 kroner.

equivocal [iˌkwivəkəl] *adj(=ambiguous)* tvetydig.

equivocate [iˌkwivəˈkeit] *vb; stivt(=use ambiguous language)* ty til tvetydigheter.

equivocation [iˈkwivəˌkeiʃən] *s:* tvetydighet; tvetydig uttrykksmåte.

er [ə; ə:] *int:* øh; æh *(fx Do you want this one? – Er, yes).*

era [ˌiərə] *s:* æra; epoke; tidsalder.

eradicate [iˌrædiˈkeit] *vb; stivt(=stamp out)* utrydde.

eradication [iˈrædiˌkeiʃən] *s:* utrydding.

erase [iˌreiz] *vb; stivt* **1***(=rub out)* viske ut; *på lydbånd:* slette; **2.** *fig:* utslette; viske ut.

eraser [iˌreizə] *s(=india rubber)* viskelær.

erasure [iˌreiʒə] *s* **1.** radering; sted *(n)* hvor det er visket ut noe; **2.** *fig:* utslettelse; utvisking.

I. erect [iˌrekt] *vb; stivt* **1***(=put up)* reise; oppføre; **2.** *fysiol:* erigere(s); bli stiv.

II. erect *adj(=upright)* oppreist; ***he held his head erect*** han holdt hodet høyt; *stivt:* ***with head erect****(=high)* med hevet panne.

erection [iˌrekʃən] *s* **1***(=putting up)* oppførelse *(fx of a building; of a statue);* **2.** *fysiol:* ereksjon.

eremite [ˌeriˈmait] *s:* eneboer; eremitt.

ergometer [ə:ˌgɔmitə] *s(=dynamometer)* ergometer *n.*

Eritrea [ˈeriˌtreiə] *s; geogr:* Eritrea.

Eritrean [ˈeriˌtreiən] **1.** *s:* eritreer; **2.** *adj:* eritreisk.

ermine [ˌə:min] *s* **1.** *zo:* røyskatt i vinterdrakt; **2.** *skinnet:* hermelin *n.*

ERNIE [ˌə:ni] *s* **UK:** computer som brukes ved trekning av gevinster på premieobligasjoner.

erode [iˌroud] *vb* **1.** *geol:* erodere(s); bryte(s) ned; **2.** *fig:* underminere; hule ut; bryte ned *(fx this incident has eroded much of our goodwill).*

erogenous [iˌrɔdʒinəs], **erogenic** [ˈerəˌdʒenik] *adj:* erogen *(fx erogenous zones of the body).*

erosion [iˌrouʒən] *s* **1.** *geol:* erosjon; **2.** *fig:* undermine-ring; uthuling *(fx of moral standards).*

erotic [iˌrɔtik] *adj:* erotisk.

eroticism [iˌrɔtiˈsizəm] *s(=sex;* **T:** *sexiness)* erotikk.

err [ə:] *vb* **1***(=make a mistake)* feile; **2***(=do wrong)* gjøre galt; **3.:** ***err on the side of caution (,modesty)*** være for forsiktig (,beskjeden).

errand [ˌerənd] *s:* ærend *n (fx run errands for sby).*

errata [iˌrɑ:tə] *s; pl* trykkfeil; ***(list of) errata*** trykkfeilsliste.

erratic [iˌrætik] *adj(=unpredictable; irregular)* uberegnelig *(fx behaviour);* ujevn *(fx his work is erratic).*

erroneous [iˌrouniəs] *adj; meget stivt(=incorrect; wrong)* feilaktig; ukorrekt *(fx statement); sport:* ***give an erroneous award*** dømme feil.

error [ˌerə] *s(=mistake)* feil; *på frimerke:* feiltrykk; ***clerical error*** 1. feil fra kontorets side; 2*(=error in writing)* skrivefeil; *spøkef:* ***he saw the error of his ways*** han innså at han var på gale veier; ***margin of error*** feilmargin.

erudite [ˌeru'dait] *adj; stivt(=learned)* lærd.
erupt [iˌrʌpt] *vb* **1.** *om vulkan:* ha utbrudd;
2. *om utslett (=appear; break out)* slå ut;
3. *fig; stivt(=explode)* bryte ut; eksplodere; ***the town erupted****(=exploded;* **T:** *blew up)* ***in protest*** byen eksploderte i protest;
4. *fig; stivt(=break out)* bryte ut; bryte løs; ***will terrorism erupt again?*** vil det bli nye utbrudd av terrorisme?
eruption [iˌrʌpʃən] *s* **1.** *vulkans:* utbrudd;
2. *fig; stivt(=outbreak)* utbrudd *(fx of a war);*
3.: ***a skin eruption****(=a rash)* et utslett.
erysipelas ['eriˌsipələs] *s; med.(=Saint Anthony's fire)* rosen; ***facial erysipelas*** ansiktsrosen; *(jvf erythema).*
erythema ['eriˌθi:mə] *s; med.:* hudrødme; erytem *n;* ***erythema nodosum*** knuterosen; *(jvf erysipelas).*
erythrocyte [iˌriθrou'sait] *s; biol(=red blood cell)* rødt blodlegeme; *(jvf leucocyte).*
escalate [ˌeskə'leit] *vb:* opptrappe; trappe opp; trappes opp; tilta *(fx violence escalated);* ***escalate into a full strike*** utvikle seg til full streik.
escalation ['eskəˌleiʃən] *s:* opptrapping.
escalator [ˌeskə'leitə] *s(=moving staircase)* rulletrapp.
escalope [ˌeskə'lɔp] *s; kul:* schnitzel; ***veal escalope****(= veal schnitzel; Wiener (schnitzel))* wienerschnitzel.
I. escape [iˌskeip] *s* **1.** *også fig:* flukt; rømning; ***have a lucky escape*** slippe heldig fra det; ***have a narrow escape*** så vidt slippe heldig fra det; ***it was a narrow escape*** det var på nære nippet;
2. måte (*el.* middel *(n)* til) å slippe unna på; ***an escape from reality*** en flukt fra virkeligheten; ***there's no escape from it****(=there's no getting away from it)* det kan man ikke slippe (fra);
3. *om lekkasje:* ***escape of gas*** gasslekkasje.
II. escape *vb* **1.** rømme; flykte; unnslippe; slippe bort; slippe unna (fra); slippe fra det *(fx the other ship escaped more lightly);* ***not the slightest sound escaped him*** han ga ikke fra seg en lyd (*el.* et kny); ***escape from sby****(=get away from sby)* slippe fra en; ***escape with one's life*** slippe fra det med livet (i behold); *også fig:* ***he escaped with a few bruises*** han slapp med et par skrammer; ***an escaped prisoner*** en rømt fange;
2. *om gass, etc:* sive ut;
3. *fig; stivt:* slippe (unna); ***there's no escaping the fact that …*** *(=there's no getting away from the fact that …)* man kommer ikke bort fra at …;
4. unngå; ***escape observation****(=escape notice; avoid being seen)* unngå å bli sett; ***it had escaped his notice that …*** han hadde ikke lagt merke til at …; ***the fact escaped me****(=my notice)* jeg la ikke merke til det; ***it escaped me****(,***T:** *I didn't get the message)* det gikk meg hus *(n)* forbi; det fikk jeg ikke tak *(n)* i; ***his name escapes me****(=I can't think of his name)* jeg kan ikke komme på hva han heter; ***nothing escapes her (attention)****(=she misses nothing)* det er ingenting som unngår hennes oppmerksomhet; ***he narrowly escaped being killed*** det var så vidt han unngikk å bli drept.
escape attempt fluktforsøk.
escape clause *jur(=get-out clause)* forbeholdsklausul.
escapee [iskeiˌpi:] *s:* rømt fange.
escape plan fluktplan; rømningsplan.
escape-proof [iˌskeip'pru:f] *adj:* fluktsikker.
escape route fluktvei; rømningsvei.
escapism [iˌskeipizəm] *s; stivt:* eskapisme; virkelighetsflukt.
escarpment [iˌskɑ:pmənt] *s:* langstrakt brattheng *n.*
I. escort [ˌeskɔ:t] *s* **1.** *mil.* eskorte; **2.** ledsager *(fx he was her escort for the evening).*
II. escort [isˌkɔ:t] *vb:* eskortere; ledsage.
escort agency byrå *(n)* som skaffer ledsager for en kveld.
escutcheon [iˌskʌtʃən] *s* **1.** våpenskjold; **2.** nøkkelskilt.
I. Eskimo [ˌeski'mou] *s:* eskimo.
II. Eskimo *adj:* eskimoisk.
esophagus [iˌsɔfəgəs] *s; anat* **US***(=oesophagus)* spiserør.
esoteric ['esouˌterik] *adj; stivt(=secret; known by only a few)* esoterisk; kun kjent av innvidde.
espalier [iˌspæljə] *s:* espalier *n.*
especial [iˌspeʃəl] *adj; stivt(=special; particular)* særlig; spesiell.
especially [iˌspeʃəli] *adv(=particularly)* særlig; spesielt; ***and why just then, especially?*** og hvorfor akkurat da? ***I came especially to tell you the good news*** jeg kom ekstra for å fortelle deg den gode nyheten (,de gode nyhetene); *(se for øvrig particularly).*
espionage ['espiəˌnɑ:ʒ; ˌespiə'nɑ:ʒ] *s:* spionasje.
esplanade ['espləˌneid; *også* **US:** 'espləˌna:d] *s:* esplanade; promenade.
espouse [iˌspauz] *vb; stivt* **1***(=support)* støtte; gjøre seg til talsmann for *(fx a cause);* **2***(=adopt)* anta *(fx a new belief).*
espy [iˌspai] *vb; litt. el. spøkef(=catch sight of)* få øye på.
esquire [iˌskwaiə] *s* **1.** *hist:* væpner; **2***(fk Esq.) etterantstilt på brev; glds:* herr *(fx John Brown Esq.).*
essay [ˌesei] *s* **1.** essay *n;* **2.** *skolev(,***US:** *theme)* stil; ***expository essay*** resonnerende stil.
essayist [ˌeseiist] *s:* essayist; essayforfatter.
essence [ˌesəns] *s* **1.** essens *(fx vanilla essence);*
2. *stivt:* innerste vesen *n;* kjerne *(fx the essence(=core) of the problem);* ***tolerance is the essence*** *(=very nature)* ***of friendship*** toleranse er vennskapets innerste vesen; **3.:** ***in essence****(=essentially)* i hovedsak; i det vesentlige.
I. essential [iˌsenʃəl] *s; stivt:* vesentlig forutsetning; en absolutt nødvendighet *(fx is a TV set an essential?);* ***essentials*** livsnødvendige ting *(fx essentials such as food, clothing, etc);* ***the essentials of*** 1. de vesentlige momenter *(n)* ved *(fx a complicated case);* 2. det aller nødvendigste av; ***the bare essentials of life*** det aller mest nødtørftige til livets underhold *n;* ***in one essential****(=in one essential respect)* på et vesentlig punkt; ***in all essentials*** *(=in(=on) all essential points)* på alle vesentlige punkter; i alt vesentlig.
II. essential *adj* **1.** vesentlig; ***in one essential respect*** på ett vesentlig punkt; ***essential to*** vesentlig for; ***it's essential for me to find out whether****(=it's essential that I find out whether)* det er maktpåliggende for meg å få vite om; ***accuracy is essential*** nøyaktighet er helt avgjørende; ***it's essential to arrive early*** det er helt vesentlig at man ankommer tidlig;
2*(=basic; fundamental)* grunn-; vesens-; ***an essential feature*** et grunntrekk; ***an essential****(=basic)* ***difference*** en vesensforskjell; ***his essential kindliness is obvious to everyone*** hans vennlige vesen *(n)* er tydelig for enhver;
3*(=absolute; perfect):* ***essential beauty*** den absolutte skjønnhet;
4. eterisk; ***essential oils*** eteriske oljer.
essentially [iˌsenʃəli] *adv* **1***(=basically)* i bunn og grunn; i alt vesentlig; ***she's an essentially selfish person*** *(=she's a thoroughly selfish person)* hun er tvers igjennom egoistisk; ***they are essentially different*** de er vesensforskjellige;
2*(=in reality; in fact)* egentlig; i virkeligheten.
establish [iˌstæbliʃ] *vb* **1.** opprette; grunnlegge; etablere; ***young people (just) getting established*** unge i etableringsfasen; ***establish oneself (in business)****(=set up (for oneself) in business)* etablere seg (som næringsdrivende);
2*(=prove)* bevise; godtgjøre; ***he established his claim to*** han godtgjorde sitt krav på; ***establish his identity*** fastslå hans identitet;
3*(=consolidate)* befeste; ***establish one's reputation*** befeste sitt ry; ***establish sth firmly****(=consolidate sth)* grunnfeste noe;

4. *kortsp:* godspille; ***establish a suit*** godspille en farge;
5.: ***establish****(=set)* ***a precedent*** skape presedens; ***establish****(=make)* ***contact with*** knytte (*el.* skape) kontakt med.
established [iˌstæbliʃt] *adj* **1***(=accepted)* etablert; **2***(=acknowledged)* anerkjent *(fx author);* **3.:** ***well established*** veletablert *(fx firm);* **4.** *kortsp:* ***established card*** godspilt kort *n.*
established church statskirke.
establishment [iˌstæbliʃmənt] *s* **1.** etablering; opprettelse; grunnleggelse;
2. etablissement *n;* (forretnings)foretagende; institusjon; anstalt; ***the literary establishment*** det litterære etablissement; ***teaching establishment*** læreanstalt; ***the Establishment*** det etablerte samfunnssystem; *i løst språkbruk også:* myndighetene; ***the Norwegian establishment*** det offisielle Norge; de norske myndigheter; **T:** ***have a go at the establishment*** kritisere myndighetene;
3*(=proof)* bevis *n;* godtgjørelse; godtgjøring;
4. *mil(=installation)* anlegg *n;*
5. *stivt el. spøkef(=household)* husholdning.
estate [iˌsteit] *s* **1.** gods *n; (se family estate);* **2***(=housing estate;* **US:** *development area)* boligfelt; ***council estate*** kommunalt boligfelt;
3. *jur:* arvemasse; bo *n;* ***joint estate*** fellesbo; felleseie;
4. *hist:* ***the estates of the realm*** rikets stender; *spøkef:* ***the fourth estate*** den fjerde statsmakt (ɔ: pressen).
estate agent *(,***US** *& Canada: real-estate agent; realtor)* eiendomsmegler.
estate car *(,især* **US:** *station wagon)* stasjonsvogn.
estate duty*(=death duty;* **US:** *death tax)* arveavgift (på fast eiendom); *(jvf capital transfer tax).*
estate trustee *jur:* bobestyrer.
I. esteem [iˌsti:m] *s; meget stivt(=respect)* aktelse; ***high esteem****(=great respect)* stor aktelse; ***the high esteem you feel for her****(=the great respect you have for her; the high opinion you have of her)* den store aktelse du har for henne; ***hold sby in high****(=great)* ***esteem****(=respect sby very much)* høyakte en; ***he lowered himself in my esteem****(=opinion)* han sank i min aktelse; ***rise in sby's esteem****(=go up in sby's opinion)* stige i ens aktelse.
II. esteem *vb; meget stivt* **1***(=have a high opinion of)* høyakte; sette høyt; **2***(=consider to be)* anse for *(fx I would esteem it an honour); (jvf deem).*
ester [ˌestə] *s; kjem:* ester.
I. estimate [ˌestimit] *s* **1.** overslag; vurdering; beregning; ***estimate of the cost*** kostnadsberegning; ***form a correct estimate of sth****(=judge sth correctly)* bedømme noe riktig; ***a rough estimate*** et løst overslag; ***at a low estimate*** lavt regnet; **2***(,***T:** *quote)* anbud.
II. estimate [ˌesti'meit] *vb* **1.** anslå (*at* til); bedømme; vurdere; ***estimate for the cost*** beregne kostnadene;
2.: ***estimate for*** *(,***US:** *submit an estimate on)* gi anbud på.
estimation ['estiˌmeiʃən] *s; meget stivt(=opinion; view)* vurdering; mening; ***what is your estimation of the situation?*** hvordan vurderer du situasjonen? ***in our estimation****(=in our opinion; as we see it)* slik vi ser det.
Estonia [eˌstouniə] *s; geogr:* Estland.
I. Estonian [eˌstouniən] *s* **1.** ester; **2.** *språk:* estisk.
II. Estonian *adj:* estisk.
estrange [iˌstreindʒ] *vb(=alienate)* fremmedgjøre; støte fra seg.
estranged [iˌstreindʒd] *adj(=alienated):* ***his estranged wife*** hans kone, som han ikke lenger lever sammen med; ***estranged from life*** livsfremmed.
estrangement [iˌstreindʒmənt] *s:* kjølig forhold *n (fx between two people).*
estrogen [ˌestrədʒən; ˌi:strədʒən] **US:** *se oestrogen.*
estuary [ˌestjuəri] *s:* elvemunning.
etch [etʃ] *vb* **1.** etse; radere; **2.** *fig:* ***be etched on sby's mind****(=have etched itself on sby's mind)* ha etset seg inn i ens hukommelse.
etching [ˌetʃiŋ] *s:* etsing; radering.
eternal [iˌtə:nl] *adj* **1.** *stivt(=everlasting)* evig; **2.** *fig:* evinnelig; evig.
eternally [iˌtə:nəli] *adv:* evig *(fx grateful to sby).*
eternity [iˌtə:niti] *s:* evighet; ***it seemed like an eternity*** det føltes som en evighet.
ether [ˌi:θə] *s* **1.** *kjem:* eter *n;* **2.:** ***the ether*** eteren (ɔ: de øvre luftlag).
ethereal [iˌθiəriəl] *adj; fig:* eterisk; oversanselig.
ethic [ˌeθik] *s* **1.** etikk; **2.:** ***camping ethic*** leirmoral.
ethical [ˌeθikl] *adj:* etisk; moralsk forsvarlig.
ethical subject *skolev:* livssynsfag.
ethics [ˌeθiks] *s:* etikk.
Ethiopia ['i:θiˌoupiə] *s; geogr:* Etiopia.
I. Ethiopian ['i:θiˌoupiən] *s:* etioper.
II. Ethiopian *adj:* etiopisk.
ethnic [ˌeθnik] *adj:* etnisk; folke-.
ethnic cleansing etnisk utrenskning.
ethnic group etnisk gruppe; folkegruppe.
ethnic minority etnisk minoritet.
ethnology ['eθˌnɔlədʒi] *s:* etnologi.
ethos [ˌi:θɔs] *s:* etos *n;* livssyn.
ethyl [ˌi:θail; ˌeθil] *s; kjem:* etyl *n.*
etiquette [ˌeti'ket; 'etiˌket] *s:* etikette; skikk og bruk; takt og tone.
Eton [ˌi:tən] **1.** *s; geogr:* Eton (ɔ: by ved Themsen). **2***(=Eton College)* Eton College.
Etonian [i:ˌtouniən] *s:* elev ved Eton College.
etude [ˌeitju:d] *s; mus:* etyde.
etymological ['etiməˌlɔdʒikl] *adj; språkv:* etymologisk.
EU*(fk f European Union):* ***the EU;*** Europaunionen.
eucalyptus ['ju:kəˌliptəs] *s; bot:* eukalyptus.
Eucharist [ˌju:kərist] *s; rel:* ***the Eucharist****(=the Lord's Supper)* den hellige nattverd.
eugenics [ju:ˌdʒeniks] *s:* rasehygiene.
eulogize [ˌju:lə'dʒaiz] *vb; meget stivt el. spøkef(=praise very highly; speak in praise of)* lovprise.
eulogy [ˌju:lədʒi] *s; meget stivt el. spøkef(=high praise; panegyric)* lovtale; lovord.
eunuch [ˌju:nək] *s:* eunukk.
euphemism [ˌju:fi'mizəm] *s:* eufemisme; evfemisme.
euphemistic ['ju:fiˌmistik] *adj:* eufemistisk; evfemistisk.
euphony [ˌju:fəni] *s; meget stivt(=pleasing sound)* vellyd; velklang; *språkv:* eufoni.
euphoria [ju:ˌfɔ:riə] *s; stivt(=feeling of well-being; high spirits; great happiness)* eufori; følelse av velbefinnende *n;* (umotivert) oppstemthet.
euphoric [ju:ˌfɔrik] *adj; stivt:* euforisk; ***be in a euphoric mood*** *(=be in high spirits)* være oppstemt.
Eurasia [juəˌreiʃə; juəˌreiʒə] *s; geogr:* Eurasia.
I. Eurasian [juəˌreiʃən; juəˌreiʒən] *s:* eurasier.
II. Eurasian *adj:* eurasisk.
Eurocrat [ˌjuərə'kræt] *s:* eurokrat; EU-byråkrat.
Europe [ˌjuərəp] *s; geogr:* Europa.
I. European ['juərəˌpi:ən] *s:* europeer.
II. European *adj:* europeisk.
European championship *sport:* europamesterskap; EM.
European Economic Community*(fk E(E)C) hist:* ***the European Economic Community****(=the Common Market)* Fellesmarkedet; EF; *(se European Union).*
European Monetary System*(fk EMS):* ***the European Monetary System****(=the Exchange Rate Mechanism; the ERM;* **T:** *the Snake)* Det europeiske valutasamarbeidet; **T:** valutaslangen.
European plan US*(=room only; room without board)* værelse *(n)* uten måltider *n.*
European Union: ***the European Union****(=the EU)* Europaunionen; EU.

euthanasia ['ju:θəˌneiziə] *s(=mercy killing)* barmhjertighetsdrap; dødshjelp.
evacuate [iˌvækju'eit] *vb:* evakuere.
evacuee [i'vækjuˌi:] *s:* evakuert (person).
evade [iˌveid] *vb:* unnvike; unngå; ***evade(=get round) the law*** omgå loven; ***evade tax****(,***T:** *cheat the taxman)* snyte på skatten.
evaluate [iˌvælju'eit] *vb:* evaluere; vurdere.
evaluation [i'væljuˌeiʃən] *s:* evaluering; vurdering.
evangelical ['i:vænˌdʒelikl] *adj:* evangelisk.
evangelism [iˌvændʒi'lizəm] *s:* utbredelse av evangeliet; det å drive misjon.
evangelist [iˌvændʒilist] *s:* vekkelsespredikant.
Evangelist *s:* evangelieforfatter; evangelist.
evaporate [iˌvæpə'reit] *vb:* fordampe; dunste bort.
evaporation [i'væpəˌreiʃən] *s:* fordampning.
evasion [iˌveiʒən] *s:* unnvikelse; unngåelse; ***tax evasion*** *(,***T:** *tax dodging; cheating the taxman)* skattesnyteri.
evasive [iˌveisiv] *adj:* unnvikende *(fx answer);* ***take evasive action*** foreta en unnvikende manøver.
Eve [i:v] *s:* Eva.
eve *s* **1.** *før en høytid:* aften; ***Christmas Eve*** julaften; ***New Year's Eve*** nyttårsaften; **2.:** ***on the eve of****(=just before)* umiddelbart før.
I. even [ˌi:vən] *s; poet(=evening)* aften.
II. even *vb* **1.** *stivt(=level; make even)* jevne (ut);
2. *sport(=equal)* utligne *(fx the score);*
3.: ***even out*** 1*(=become level)* jevne seg ut; 2*(=level; make even)* jevne (ut);
3*(=become regular)* bli regelmessig; 4*(=make equal)* fordele jevnt (,jevnere); ***that evens it out****(=that makes it even)* det går opp i opp;
4.: ***even up*** 1*(=level; make even)* jevne (ut); planere ut *(fx the ground);* 2*(=make equal)* jevne ut.
III. even *adj* **1***(=flat; level)* jevn;
2*(=constant)* jevn *(fx temperature);*
3*(=equal)* jevnbyrdig; jevn; lik; ***an even chance*** en fifty-fifty sjanse; ***the teams are even*** lagene står likt;
4*(=smooth)* jevn; ***make more even*** jevne ut;
5*(=regular)* jevn; ***an even rate of progress*** jevn fremgang;
6. *mat.; om tall delelig med to:* like; ***even and odd*** par og odde;
7*(=of the same length):* ***are the table legs even?*** er bordbena like lange?
8.: ***he has an even temper*** han har et rolig gemytt;
9. skuls; ***get even with sby*** bli skuls med en;
10.: ***even with*** 1*(=on the same level as)* i nivå *(n)* med; på høyde med; i flukt med; 2.: *se 9;*
11. *mar & fig:* ***on an even keel*** på rett kjøl.
IV. even *adv* **1.** engang *(fx I haven't even started yet);* til og med;
2. selv; til og med; ***even now*** selv nå; ***even then*** selv da; ***even when*** selv når; også når; ***even without that*** selv uten det; også uten det;
3. *brukt sammen med komp(=still)* enda; ***that would be even worse*** det ville være enda verre;
4. *introduserer et mer presist utsagn:* ja; ja endog; ja enda; ja, til og med *(fx this filled them with respect, even admiration);*
5. *i nektende setning:* ***never even*** ikke så mye som *(fx he never even looked at her);* ***not even*** ikke engang;
6.: ***even as*** *stivt(=just as)* akkurat idet; nettopp idet; *(= while)* mens *(fx even as she spoke);*
7.: ***even if*** selv om;
8.: ***(even) though****(=although)* skjønt; selv om *(fx I like the job even though it's badly paid);*
9.: ***even so****(=in spite of that)* likevel; ikke desto mindre;
10.: ***even with****(=despite)* selv med; til tross for *(fx even with his head start she caught up with him).*
evening [ˌi:vniŋ] *s:* kveld; ***all (the) evening*** hele kvelden; ***this evening*** 1. denne kvelden; 2*(=tonight)* denne kvelden; i kveld; ***good evening!*** god kveld! ***in the evening*** om kvelden; ***on Tuesday evening*** tirsdag kveld; ***on the evening of the same day****(=on the same evening)* samme kveld; ***yesterday evening****(=last night)* i går kveld; i går aftes.
evening atmosphere: ***(quiet) evening atmosphere*** kveldsstemning.
evening bag selskapsveske.
evening coat*(=evening wrap)* aftenkåpe.
evening class(es)*(=evening school; night school)* kveldsskole.
evening dress 1. selskapskjole; aftentoalett;
2*(=evening clothes)* aftenantrekk; selskapsantrekk;
3.: ***(full) evening dress****(=tailcoat)* kjole og hvitt.
evening entertainment aftenunderholdning.
evening prayer 1. aftenbønn; ***say one's evening prayer(s)*** be sin aftenbønn; **2.** *i hjem, skole:* ***evening prayers*** aftenandakt; **3***(=evensong)* aftengudstjeneste.
even numbers *pl:* ***we can arrange for even numbers*** vi kan ordne det slik at det blir par *n.*
event [iˌvent] *s* **1.** begivenhet; hendelse; ***a happy event*** en lykkelig begivenhet; familieforøkelse; ***he's coming here for the event****(=occasion)* han kommer hit i den anledning; ***the event of the day*** dagens store begivenhet; ***wise after the event*** etterpåklok; ***the course of events*** begivenhetenes gang; ***in the ordinary course of events****(=as things usually are)* under normale forhold *(n)* (*el.* omstendigheter);
2. *sport:* ***(sports) event*** 1. idrettsarrangement; stevne *n (fx skating event);* 2. sportsbegivenhet; 3. idrettsgren; ***the events covered by the '94 Olympics*** de idrettsgrener som var representert i OL-94; 4. øvelse *(fx the long jump was the third event);* konkurranse *(fx in such events as discus throwing and jumping);* ***day of events*** konkurransedag;
3. tilstelning; ***a charity event*** en veldedighetstilstelning;
4.: ***at all events****(=in any event(=case))* i alle tilfeller *n;*
5.: ***in that event****(=if that happens)* i så fall;
6. in the event 1. **T***(=as it happens (,happened))* når det kommer (,kom) til stykket; 2. **US***(=if)* hvis *(fx in the event another hostage is killed ...);*
7. *meget stivt:* ***in the event of*** for det tilfelle at; ***in the event of his coming****(=in case he should come)* for det tilfelle at han skulle komme;
8.: ***keep abreast of events****(=keep abreast of the times)* følge med i det som skjer; være i pakt med tiden; holde seg à jour.
even-tempered ['i:vənˌtempəd; *attributivt:* ˌi:vəntempəd] *adj:* likevektig; rolig.
eventful [iˌventful] *adj:* begivenhetsrik.
eventual [iˌventʃuəl] *adj:* endelig; ***their quarrel and eventual reconciliation*** deres krangel og den forsoning som til slutt fant sted.
eventuality [i'ventʃuˌæliti] *s(=contingency)* eventualitet; ***in that eventuality****(=in that case)* i så fall; ***be ready for any eventuality*** være innstilt på enhver eventualitet.
eventually [iˌventʃuəli] *adv(=finally; at length)* omsider; til slutt.
ever [ˌevə] *adv* **1***(=at any time)* noen gang *(fx have you ever seen it?);* ***if ever I see him again*** hvis jeg ser ham igjen noen gang; ***better than ever*** bedre enn noen gang; bedre enn noensinne;
2*(=always):* ***they lived happily ever after*** de levde lykkelig til sine dagers ende; ***I've known her ever since she was a baby*** jeg har kjent henne helt siden hun var liten;
3*(=gradually)* gradvis *(fx she was growing ever weaker);*
4.: ***for ever****(=forever)* 1. for alltid; ***live for ever*** leve evig; 2. **T***(=for a very long time)* i det uendelige;
5. *brukt forsterkende:* ***come as quickly as ever you can*** kom så fort du bare kan; ***what ever shall I do?*** hva

i all verden skal jeg gjøre? ***he's ever such a nice person*** han er et så helt igjennom hyggelig menneske.
I. evergreen [ˌevəˈgri:n] *s:* eviggrønn plante (,tre *(n)*).
II. evergreen *adj:* eviggrønn.
everlasting [ˈevəˌlɑ:stiŋ; *attributivt:* ˌevəˈlɑ:stiŋ] *adj(= endless)* evig(varende); **T:** evinnelig.
everlastingly [ˈevəˌlɑ:stiŋli] *adv* **T:** ***she complains everlastingly about her health*** hun beklager seg støtt og stadig over helsen sin.
evermore [ˈevəˌmɔ:] *adv(=for all time)* for alltid.
evert [iˌvə:t] *vb; stivt(=turn inside out)* vrenge *(fx an eyelid).*
every [ˌevri] *pron* **1.** hver *(fx every day);*
2. all mulig *(fx I wish you every success);*
3. fullstendig *(fx I have every confidence in him);*
4. *for å betegne gjentagelse; foran tallord el. 'other' og 'few':* ***every few days*** med få dagers mellomrom; ***every other day*** hver annen dag; annenhver dag; ***every two hours*** hver annen time; annenhver time; ***every two or three hours*** med tre eller fire timers mellomrom;
5. T: ***every so often****(=every now and again)* rett som det er; ***every bit as clever as*** minst like flink som.
everybody [ˌevriˈbɔdi] *pron(=everyone)* alle; enhver; ***everybody in this street has a car*** alle i gaten har bil.
everyday [ˌevriˈdei] *adj:* hverdags-; daglig; ***that's an everyday occurrence****(=that happens every day)* det er noe som skjer daglig (*el.* hver dag); ***everyday coat*** hverdagsjakke.
everyone: *se everybody.*
everything [ˌevriˈθiŋ] *pron:* alt; ***everything English*** alt som er engelsk; ***she means everything to him*** hun betyr alt for ham; ***money isn't everything*** penger er ikke alt; ***he did everything possible*** han gjorde alt som det var mulig å gjøre.
everywhere [ˌevriˈwɛə] *adv:* overalt; ***from everywhere*** overaltfra; allestedsfra.
evict [iˌvikt] *vb; jur:* kaste ut *(fx sby because they have not paid their rent).*
eviction [iˌvikʃən] *s; jur:* utkastelse.
I. evidence [ˌevidəns] *s (jvf det ikke-jur I. proof 1)*
1. *jur:* bevis *n;* bevismidler; bevismateriale; ***a piece of evidence*** et bevis; et bevismiddel; ***a piece of circumstantial evidence*** et indisiebevis; ***a damning piece of evidence*** et fellende bevis; ***forensic evidence*** teknisk(e) bevis; ***the evidence against him is overwhelming*** bevisene mot ham er overveldende; ***this is of little or no value as evidence*** dette har liten eller ingen verdi som bevis; ***in evidence****(=as evidence)* som bevis *(fx this will be used in evidence);* ***evidence (to prove) that …*** bevis for at …; ***produce evidence****(=put forward evidence)* føre bevis; fremlegge bevis; ***produce evidence that …*** fremlegge bevis for at …; ***a large body of evid- ence*** et omfangsrikt bevismateriale; ***there is a danger that evidence may be tampered with*** det foreligger fare for bevisforspillelse; ***strong evidence that …*** sterke beviser på at …; ***on the basis of all the evidence****(=considering all the evidence)* ut fra en samlet vurdering; ***(a) lack of evidence*** mangel på bevis; ***the charge was withdrawn on account of insufficient evidence*** tiltale ble frafalt pga. manglende bevis; ***on account of the state of the evidence*** pga. bevisets stilling; ***evidence that won't stick*** bevis som ikke holder. **2.** *jur:* vitneutsagn; vitneforklaring; vitneprov; ***give evidence*** vitne; avgi vitneforklaring; ***take****(=hear)* ***sby's evidence*** avhøre en som vitne *n; (se også 7);*
3. *jur:* ***the taking****(=hearing)* ***of evidence*** bevisopptak; vitneavhør(ing); ***begin with the hearing of the evidence*** begynne med bevisopptaket; *(jvf 2: take sby's evidence);*
4. *jur:* ***turn Queen's (,King's) evidence*** bli kronvitne; vitne mot sine medskyldige (for å oppnå mildere straff);
5*(=sign)* tegn *n; stivt:* ***bear evidence of****(=show signs of)* tyde på; vitne om;
6.: ***in evidence*** 1. *jur:* som bevis *n (fx be used in evidence against you);* 2. *stivt:* ***sharks are in evidence along the coast****(=sharks are found along the coast)* det fins hai langs kysten; *spøkef:* ***he's not much in evidence today*** det er ikke stort å se (,høre) til ham i dag;
7.: ***on the evidence of*** 1. *jur:* på grunnlag av vitneforklaring fra; 2. *stivt(=to judge from)* hvis man skal dømme etter.
II. evidence *vb; meget stivt(=show)* levere bevis *(n)* på; vise; ***they evidenced a similar morality in the case of NN*** de leverte bevis på en lignende moral i tilfellet NN; ***be evidenced****(=be found)*: ***boredom is often evidenced among these students*** man finner ofte at disse studentene kjeder seg.
evident [ˌevidənt] *adj(=obvious)* tydelig; innlysende; åpenbar; ***with evident satisfaction*** med åpenbar tilfredshet; ***it is evident (to everyone) that …*** det er tydelig (for alle) at …; ***it was evident from his speech that …*** det fremgikk tydelig av hans tale at …; ***it is evident from the way he behaves*** det synes på den måten han oppfører seg på.
evidently [ˌevidəntli] *adv(=clearly; obviously)* tydeligvis; øyensynlig; åpenbart; ***quite evidently*** helt tydelig *(fx he was quite evidently furious);* ***evidently he can't come*** han kan tydeligvis ikke komme.
I. evil [ˌi:vəl] *s:* onde *n (fx crime, poverty and other evils);* ***choose the lesser of two evils*** velge det minste av to onder; ***all the evils in the world*** alt det onde i verden; ***the good and the evil*** det gode og det onde.
II. evil *adj:* ond *(fx he's an evil(=wicked) man);* ***an evil****(=foul)* ***smell*** en vond lukt; ***possessed by evil spirits*** besatt av onde ånder; ***evil times*** onde tider.
evildoer [ˌi:vəlˈdu:ə] *s(=wrongdoer)* ond person; misdeder.
evil eye 1. *i overtro:* ***the evil eye*** det onde øye *(fx put the evil eye on sby);* **2.** *fig:* ***give sby the evil eye*** tilkaste en et ondt blikk.
evil-minded [ˈi:vəlˌmaindid; *attributivt:* ˌi:vəlˈmaindid] *adj:* ondsinnet; ond.
evil-smelling [ˈi:vəlˌsmeliŋ; *attributivt:* ˌi:vəlˈsmeliŋ] *adj:* som lukter dårlig (*el.* vondt); *(jvf foul-smelling).*
evince [iˌvins] *vb; meget stivt(=show)* vise; legge for dagen; røpe.
eviscerate [iˌvisəˈreit] *vb:* ta innvollene ut av; skjære opp; sprette opp; *(jvf II. gut 1).*
evocation [ˈevəˌkeiʃən] *s:* fremmaning.
evocative [iˌvɔkətiv] *adj:* stemningsfull; levende; suggestiv *(fx smell);* ***her dress was evocative of the 1920's*** kjolen hennes minte om 1920-årene.
evoke [iˌvouk] *vb; litt.; fig:* vekke *(fx evoke(= arouse) sby's sympathy);* fremkalle; påkalle *(fx the child's tears evoked(=aroused) sympathy);* ***evoke****(=arouse)* ***admiration*** vekke beundring; ***it evoked****(=aroused; awakened; called forth)* ***associations*** det ga assosiasjoner; ***evoke memories****(=bring(=call) memories to mind)* kalle på minner *n;* ***evoke****(=conjure up)* ***evil spirits*** påkalle onde ånder; ***evoke****(=create)* ***a mood*** fremkalle en stemning.
evolution [ˈi:vəˌluʃən] *s* **1.** (gradvis) utvikling; **2.** *biol:* utvikling *(fx the Theory of Evolution).*
evolutionary [ˈi:vəˌluʃənəri] *adj:* evolusjons-; utviklings-.
evolve [iˌvɔlv] *vb; stivt* **1***(=develop; work out)* utvikle *(fx a technique);* utarbeide *(fx a system);* **2.** *biol(= develop (gradually))* utvikle; utvikle seg (gradvis).
ewe [ju:] *s; zo:* søye; hun(n)sau.
ex [eks] *prep; merk:* fra *(fx ex factory); (se ex ship).*
exacerbate [igˌzæsəˈbeit; ikˌsæsəˈbeit] *vb; stivt(=make worse; aggravate)* forverre.
I. exact [igˌzækt] *vb; stivt* **1.** (av)presse; ***exact money from sby****(=force(=extort) money from sby)* presse penger av en; **2***(=demand)* kreve *(fx obedience).*
II. exact *adj(=accurate; precise)* eksakt; nøyaktig;

what's the exact time? hva er nøyaktig tid? ***those were his exact words****(=that's exactly what he said)* det er nøyaktig hva han sa; ***at the exact moment that****(= when)* akkurat i det øyeblikk da; ***I believe the exact opposite to be true*** jeg tror at nettopp det motsatte er tilfelle *n.*

exacting [igˌzæktiŋ] *adj; stivt(=demanding)* krevende *(fx job).*

exactitude [igˌzækti'tju:d] *s; meget stivt (=exactness; correctness)* eksakthet; (pinlig) nøyaktighet.

exactly [igˌzæktli] *adv:* nøyaktig *(fx that's exactly what he said); som svar:* (ja,) nettopp; ***not exactly*** ikke akkurat; ikke nettopp *(fx not exactly pretty);* ***what exactly is he trying to say?*** hva er det egentlig han prøver å si? ***I don't know exactly*** det vet jeg ikke riktig (*el.* så nøye).

exactness [igˌzæktnəs] *s(=accuracy; precision)* eksakthet; nøyaktighet.

exaggerate [igˌzædʒə'reit] *vb:* overdrive; ***very much exaggerated*** *(=over the top)* sterkt overdrevet; *(jvf overdo 1).*

exaggeration [ig'zædʒəˌreiʃən] *s:* overdrivelse; ***it's a wild****(=gross)* ***exaggeration*** det er en grov overdrivelse.

exaltation ['egzɔ:lˌteiʃən] *s* **1***(=elevation)* opphøyelse; **2.** *fig(=elation)* opprømthet.

exalted [igˌzɔ:ltid] *adj; især spøkef(=lofty)* høy *(fx hold a very exalted position in the government).*

exam [igˌzæm] *s* **T***(=examination)* eksamen; ***we're in the middle of the business of exams now*** vi er nå midt oppe i eksamenssjauet; *(se examination 3).*

exam course *skolev:* fag *(n)* det skal tas eksamen i; ***all optional subjects are exam courses****(=examinations will include all optional subjects)* alle valgfag er eksamensfag.

examination [ig'zæmiˌneiʃən] *s* **1.** undersøkelse; ***medical examination*** medisinsk undersøkelse;
2*(=questioning)* eksaminasjon; *jur:* ***examination of witnesses*** *(=hearing of witnesses)* vitneavhør;
3. *skolev(,***T:** *exam)* eksamen; eksamensprøve; ***oral examination*** muntlig eksamen; ***written examination*** skriftlig eksamen(sprøve); ***fail at****(=in)* ***an examination****(,***T:** *be ploughed; plough)* stryke til eksamen; ***hold an examination*** avholde (en) eksamen; ***pass an examination*** bestå en eksamen; ***sit (for) an examination****(=take an examination)* være oppe til en eksamen; ta en eksamen; ***what's this subject you're taking an examination in?*** hva er det nå for et fag du skal ta eksamen i? ***he did well in the examination*** han gjorde det godt til eksamen.

examination certificate *skolev:* eksamensvitnemål.

(examination) diploma *skolev:* eksamensbevis.

examination grade *skolev; især om bokstavkarakter:* eksamenskarakter.

examination mark(s) *skolev:* eksamenskarakter.

examination paper *skolev* **1***(=question paper)* eksamensoppgave; ***the book begins by showing how to answer an examination paper*** boka begynner med å vise hvordan man skal besvare en eksamensoppgave; **2***(=answer paper; faglig: script)* eksamensbesvarelse.

examination requirement *skolev:* eksamenskrav; ***examination requirements*** *pl:* eksamenskrav; eksamenspensum; *(jvf syllabus).*

examination results *skolev:* eksamensresultat(er); (eksamens)sensur.

examination time *skolev:* eksamenstid;
* *Time allowed: 5 hours.*

examine [igˌzæmin] *vb* **1.** undersøke; **2***(=question)* eksaminere; ***be examined in****(=be questioned on)* bli hørt i; ***let oneself be examined in*** la seg eksaminere i.

examinee [ig'zæmiˌni:] *s(=examination candidate)* eksamenskandidat; eksaminand.

examiner [igˌzæminə] *s:* eksaminator; ***external examiner*** sensor; ***second examiner*** medsensor; ***report as a second examiner*** være medsensor; ***before the examiners*** ved eksamensbordet.

examining board *skolev:* eksamensnemnd.

exam nerves *skolev(=test nerves;* **S:** *examination bug)* eksamensnerver; eksamensfeber.

example [igˌzɑ:mpl] *s:* eksempel *n (of* på); forbilde; (advarende) eksempel; ***for example****(=e.g., eg)* for eksempel; f. eks.; ***follow sby's example*** følge ens eksempel; ***an example of the opposite*** et eksempel på det motsatte; ***make an example of him*** straffe ham for å statuere et eksempel; ***serve as an example to****(=serve as a model for)* være forbilde for; ***take as an example*** 1. ta som eksempel; 2. ta som forbilde; ***set sby a good example*** foregå en med et godt eksempel.

exasperate [igˌzæspə'reit; igˌzɑ:spə'reit] *vb:* irritere (*el.* ergre) sterkt; ***the sound exasperated her*** lyden ergret henne i høy grad; lyden gikk henne på nervene.

exasperated [igˌzæspə'reitid] *adj* **1***(=greatly irritated;* **T:** *madly irritated)* meget irritert (*el.* ergerlig); grenseløst irritert; **2***(=resentful)* fortørnet *(at* over; *with* på).

exasperating [igˌzæspə'reitiŋ] *adj(=very irritating)* meget irriterende; som tar på humøret; ***it's exasperating*** det tar på humøret.

exasperatingly [igˌzæspə'reitiŋli] *adv:* irriterende; som går på nervene løs; ***he's exasperatingly pessimistic*** han er irriterende pessimistisk.

exasperation [ig'zæspəˌreiʃən; ig'zɑ:spəˌreiʃən] *s:* sterk (*el.* voldsom) irritasjon (*el.* ergrelse); ***drive sby to exasperation*** irritere en grenseløst.

excavate [ˌekskə'veit] *vb; stivt(=dig out)* grave ut; ***excavate a building site*** grave ut en (bygge)tomt.

excavation ['ekskəˌveiʃən] *s; stivt:* utgraving.

excavator [ˌekskə'veitə] *s(=digger)* gravemaskin.

exceed [ikˌsi:d; ekˌsi:d] *vb* **1.** *stivt(=extend beyond)* gå lenger enn *(fx the road will exceed this point); (jvf 7);*
2. *stivt(=be greater than)* overstige *(fx his expenditure exceeds his income);*
3. *stivt; om manuskript, etc(=be of more than; be longer than)* være lenger enn; overstige;
4. *stivt(=be higher than)* overstige; være høyere enn *(fx average temperatures exceed 20 centigrade);*
5*(=surpass)* overgå *(fx one's expectations);*
6. overskride *(fx exceed(=go over) the speed limit);*
7. *om frist:* oversitte; ***exceed a term*** oversitte en frist;
8. *om instruks, etc; stivt(=go beyond)* gå ut over; gå lenger enn; sette seg ut over.

exceedingly [ikˌsi:diŋli; ekˌsi:diŋli] *adv(=extremely)* i høy grad; ytterst *(fx nervous);* ***she was exceedingly grateful*** hun var svært så takknemlig.

excel [ikˌsel; ekˌsel] *vb; stivt* **1***(=surpass)* overgå; ***excel oneself*** overgå seg selv; **2.:** ***excel at, excel in****(=be very good at)* utmerke seg i.

excellence [ˌeksələns] *s; stivt(=outstanding ability)* fremragende dyktighet; fortreffelighet.

Excellency [ˌeksələnsi] *s:* ***His (,Her, Your) Excellency*** Hans (,Hennes, Deres) Eksellense.

excellent [ˌeksələnt] *adj:* utmerket; ypperlig.

I. except [ikˌsept] *vb(=leave out; exclude)* unnta; ***present company -ed*** med unntagelse av de tilstedeværende.

II. except *prep:* unntatt; med unntagelse av; bortsett fra; uten *(fx everybody except you);* ***except for this mistake you did very well*** bortsett fra denne feilen gjorde du det meget bra.

excepting [ikˌseptiŋ] *prep(=except)* unntatt; ***not excepting*** ikke unntatt; også.

exception [ikˌsepʃən] *s* **1.** unntak *n;* unntagelse; ***as an exception (only)****(=as a rare exception)* (helt) unntaksvis; ***an exception to*** et unntak fra; ***with few exceptions*** på få unntak nær; ***with the exception of*** med unntak av; ***we make no exceptions*** vi gjør ingen unntak;
2.: ***take exception at****(=be offended by)* bli fornærmet (*el.* støtt) over;
3.: ***take exception to****(=object to)* gjøre innsigelse mot.

exceptional [ikˌsepʃənəl] *adj(=unusual; remarkable)* uvanlig; usedvanlig; enestående; eksepsjonell; ***an (altogether) exceptional case*** et unntakstilfelle; ***in a few exceptional cases****(=as a rare exception)* helt unntaksvis; ***to an exceptional degree*** i sjelden grad.

exceptionally [ikˌsepʃənəli] *adv(=unusually)* usedvanlig *(fx good)*.

I. excerpt [ˌeksə:pt] *s:* utdrag; utsnitt; ekserpt.

II. excerpt [ekˌsə:pt] *vb:* ta utdrag av; ekserpere.

excess [ikˌses; ekˌses] *s* **1.** overmål; ***an excess of*** for mye; et overmål av; ***to excess*** til overmål; for mye *(fx he ate well but not to excess)*; ***in excess of*** ut over; mer enn *(fx baggage in excess of 40 kilos is charged extra)*; **2.** *glds el. stivt:* ***excesses****(=outrageous acts)* eksesser.

excess baggage *flyv:* overvektig bagasje; *(jvf excess weight)*.

excess baggage charge *flyv:* betaling for overvektig bagasje; *(jvf excess weight)*.

excess fare tillegg i billettprisen.

excessive [ikˌsesiv; ekˌsesiv] *adj:* overdreven; ***do an excessive amount of work*** gjøre mer arbeid *(n)* enn hva rimelig er.

excessively [ikˌsesivli] *adv:* overdrevent; svært *(fx she's excessively nice; he drinks excessively)*; ***the idea of equality doesn't seem excessively prominent*** likhetstanken synes ikke å være plagsomt sterk.

excess postage *post(=postal surcharge)* straffeporto.

excess weight *persons:* overvekt; *(jvf excess baggage)*.

I. exchange [iksˌtʃeindʒ] *s* **1.** bytte *n;* (ut)veksling; ***exchange (by mistake)*** forbytning; ***there must have been an exchange by mistake*** det må ha skjedd en forbytning; ***in exchange for*** i bytte for; ***take in exchange*** ta i bytte; ***exchange of gunfire*** skuddveksling; **2.** *stivt:* ***exchange (of words)*** ordskifte; ***a constructive exchange of views*** en konstruktiv meningsutveksling; **3.** børs; *(se stock exchange)*; **4.** *stivt & faglig:* ***(currency) exchange****(=changing currency)* (valuta)veksling; (inn)veksling; ***you always lose on the exchange*** man taper alltid når man veksler valuta; **5.** *fin; betalingsmiddel:* ***(foreign) exchange*** (fremmed) valuta; **6.** *merk:* ***bill (of exchange)****(,***US:** *draft)* veksel; **7.** *tlf:* ***(telephone) exchange*** telefonsentral; **8.** *sport; stafett(=change; takeover)* veksling.

II. exchange *vb* **1.** bytte; utveksle *(fx they exchanged glances)*; ***exchange the two glasses*** bytte om de to glassene; ***exchange sth for sth*** bytte noe ut mot noe; **2.** *stivt & faglig:* ***exchange currency****(=change currency; change money)* veksle valuta; *(jvf II. change 3)*.

exchangeable [iksˌtʃeindʒəbl] *adj:* utskiftbar; som kan byttes ut; som kan veksles inn.

exchange bureau*(=bureau de change; (foreign) exchange office)* vekslekontor.

exchange holiday utvekslingsferie.

exchange rate*(=rate of exchange)* valutakurs.

Exchange Rate Mechanism *økon(fk ERM):* ***the Exchange Rate Mechanism****(=the European Monetary System; the EMS;* **T:** *the Snake)* Det europeiske valutasamarbeidet; **T:** valutaslangen.

exchange reserves *pl; økon(=foreign reserves; currency reserves)* valutareserver.

exchange teacher utvekslingslærer.

exchequer [iksˌtʃekə] *s* **1.** *hist:* skattkammer; **2.:** ***the Exchequer****(the accounting department of the Treasury)* finanshovedkassen; ***Chancellor of the Exchequer****(,***US:** *Secretary of the Treasury;* **US T:** *Treasury Secretary)* finansminister.

ex-circle [ˌeks'sə:kl] *s; geom(=escribed circle)* berøringssirkel.

I. excise [ˌeksaiz] *s:* ***excise (duty)*** forbrukeravgift.

II. excise [ekˌsaiz] *vb; med.(=remove (surgically))* skjære ut; fjerne *(fx the surgeon excised one of her kidneys)*.

excision [ekˌsiʒən] *s; med.(=(surgical) removal)* bortskjæring; fjerning (ved operasjon).

excitability [ik'saitəˌbiliti] *s* **1.** lettbevegelighet; pirrelighet; nervøsitet; **2.** *fysiol:* eksitabilitet.

excitable [ikˌsaitəbl] *adj* **1***(=easily excited; easily upset)* lettbevegelig; pirrelig; nervøs; **2.** *fysiol:* eksitabel; som reagerer på stimuli.

excitant [ˌeksitənt; ikˌsaitənt] *s:* stimulerende middel *n.*

excite [ikˌsait] *vb* **1.** hisse opp; opphisse; bringe i affekt; ***the patient must not be excited*** pasienten tåler ikke sinnsbevegelser; ***the prospect doesn't exactly excite me****(=I'm not particularly keen on the prospect)* jeg kan styre min begeistring for en slik eventualitet; ***the whole village was excited by the news*** nyheten brakte hele landsbyen i affekt;
2. *fysiol:* stimulere; pirre; hisse opp; ***he was excited****(=roused; turned on)* ***by her caresses*** han ble opphisset av hennes kjærtegn; hun tente ham med sine kjærtegn;
3. *elekt(=energize)* magnetisere;
4. *stivt & litt.(=arouse)* vekke *(fx the plight of the refugees excited their pity)*; ***excite admiration*** vekke beundring; ***excite sby's appetite*** vekke ens appetitt; ***excite sby's imagination*** stimulere ens fantasi; ***his letter did not excite my interest****(=his letter didn't interest me)* brevet hans vakte ikke min interesse; brevet hans interesserte meg ikke; ***her late arrival excited****(=caused)* ***a great deal of curiosity*** hennes sene ankomst vakte stor nysgjerrighet;
5. *stivt(=stir up):* ***excite a rebellion*** oppildne til opprør.

excited [ikˌsaitid] *adj:* opphisset; spent *(fx he was so excited he could hardly sleep)*; oppstemt; opprømt; ***don't get excited*** ikke hiss deg opp; ***aren't you excited about all this?*** synes du ikke at alt dette er spennende? ***aren't you excited about what might happen?*** er du ikke spent på hva som kan skje? ***he's very excited****(=enthusiastic)* ***about your idea*** han er meget begeistret for idéen din.

excitement [ikˌsaitmənt] *s:* opphisselse; spenning; affekt; sinnsbevegelse; eksaltasjon; ***nervous excitement*** nervøs spenning; ***element of excitement*** spenningsmoment; ***that really caused excitement!*** det vakte virkelig oppsikt! **T:** jeg skal si det ble oppstandelse!

exciting [ikˌsaitiŋ] *adj:* spennende *(fx story)*.

exclaim [iksˌkleim] *vb; stivt(=call out)* utbryte.

exclamation ['eksklə ˌmeiʃən] *s:* utrop; utbrudd.

exclamation mark *(,***US:** *exclamation point)* utropstegn.

exclude [iksˌklu:d] *vb* **1.** utelukke; holde ute (*el.* utenfor); sette utenfor; **2.** *fig:* utelukke; ***one can't exclude the possibility that …*** man kan ikke utelukke (*el.* avvise) den mulighet at …

exclusion [iksˌklu:ʒən] *s:* utelukkelse; ***to the exclusion of*** til utelukkelse av; uten tanke for annet enn.

exclusive [iksˌklu:siv] *adj* **1.** eksklusiv;
2.: ***exclusive of*** eksklusive; fraregnet;
3.: ***mutually exclusive*** som gjensidig utelukker hverandre;
4.: ***exclusive rights*** enerett *(fx to sell the book)*.

exclusively [iksˌklu:sivli] *adv:* utelukkende.

exclusiveness [iksˌklu:sivnəs] *s:* eksklusivitet.

excommunicate ['ekskəˌmju:ni'keit] *vb; rel:* bannlyse.

excommunication [ˌekskə'mju:niˌkeiʃən] *s; rel:* bannlysing.

excrement [ˌekskrimənt] *s:* ekskrement *n;* avføring.

excrescence [iksˌkresəns] *s:* utvekst.

excrete [iksˌkri:t] *vb:* utsondre; utskille.

excretion [iksˌkri:ʃən] *s* **1.** utsondring; ekskresjon; **2.** ekskret *n;* ***excretions*** ekskreter.

excruciating [iksˌkru:ʃi'eitiŋ] *adj:* ulidelig; utålelig; uutholdelig.

exculpate [ˌekskʌlpeit; ekˌskʌl'peit] *vb; meget stivt:* ***exculpate sby****(=clear sby; exonerate sby)* bevise ens uskyld; erklære en uskyldig.

e

excursion [iksˌkə:ʃən; iksˌkə:ʒən] *s; stivt* **1**(*=trip; outing*) ekskursjon; utflukt; **2.** *fig; stivt(=digression; journey)* digresjon.
excursion ticket *flyv, etc:* billigbillett; ***go on an excursion ticket*** reise på billigbillett.
excusable [iksˌkju:zəbl; eksˌkju:zəbl] *adj(=pardonable)* unnskyldelig; *(jvf inexcusable).*
I. excuse [iksˌkju:z; eksˌkju:z] *s* **1.** unnskyldning; påskudd; ***a poor excuse*** en dårlig unnskyldning; ***on the excuse that*** med den unnskyldning at; ***there's no excuse for this*** det fins ingen unnskyldning for dette; ***make excuses for sby*** forsvare en; finne unnskyldninger for en;
2. avbud; ***send an excuse*** sende avbud; gi avbud.
II. excuse *vb:* unnskylde; ***excuse me!*** unnskyld! ***now, if you'll excuse me!*** jeg håper du (,dere) unnskylder meg! ***ask to be excused*** be om å få gå; be om å få gå fra bordet; ***I hope you will excuse the delay*** jeg håper du unnskylder forsinkelsen; ***he excused himself*** han unnskyldte seg; han ba seg fritatt; ***excuse oneself for sth*** unnskylde seg for noe; ***excuse from*** frita fra (*el.* for); ***excuse oneself from sth*** be om å få slippe noe.
excuse-me (dance) tyvdans.
ex-directory ['eksdiˌrektəri] *adj: **ex-directory number** (,**US:** unlisted number)* hemmelig nummer.
execrable [ˌeksikrəbl] *adj; meget stivt(=disgraceful; very bad)* skammelig; elendig.
execute [ˌeksi'kju:t] *vb* **1.** *stivt(=carry out)* utføre *(fx an order);*
2. *merk:* effektuere *(fx an order);*
3. *jur(=carry out)* fullbyrde *(fx a will);*
4(*=put to death*) henrette.
execution ['eksiˌkju:ʃən] *s* **1.** *stivt:* utførelse; utøvelse; ***in the execution of one's duty*** under utøvelsen av sin tjeneste (*el.* embetsplikt);
2. *merk:* effektuering *(fx of an order);*
3. *jur el. meget stivt(=carrying out)* fullbyrdelse;
4. henrettelse; ***hold an execution*** la en henrettelse finne sted.
executioner ['eksiˌkju:ʃənə] *s:* bøddel; skarpretter.
I. executive [igˌzekjutiv] *s* **1.** person i ledende (*el.* overordnet) stilling *(fx he's a publishing executive); **(business) executives*** ledende forretningsfolk; ***top executive*** person i toppstilling *(fx top TV executives);* **2.** *jur: **legal executive*** kontorfullmektig hos en 'solicitor'; advokatfullmektig; **3.** *i organisasjon: **executive (committee)*** hovedstyre; ***national executive**(=general council)* sentralstyre; **4.** *polit: **the Executive*** den utøvende makt.
II. executive *adj* **1.** utøvende *(fx power);* eksekutiv-;
2. ledende; overordnet.
executive architect hovedarkitekt.
executive briefcase stresskoffert.
executive chef(*=chef de cuisine*) kjøkkensjef (ved større etablissement og med administrative oppgaver).
executive committee 1. eksekutivkomité; **2.** *i forening:* styre; forretningsutvalg; **3.** *polit:* hovedstyre *(fx of a party).*
executive material sjefsemne; ***he's executive material*** han er et sjefsemne.
executive member *i forening:* styremedlem.
executive officer *i etat:* saksbehandler; *(se chief executive officer).*
executive search US(*=headhunting*) headhunting; jakt på ledere.
executive secretary 1(*=secretary executive; personal assistant*) kombinert privatsekretær og saksbehandler; sjefssekretær; **2.** *i offentlig tjeneste:* administrasjonssekretær.
executor [igˌzekjutə] *s; jur:* eksekutor (*of a will* av et testament).
executrix [igˌzekju'triks] *s; jur:* kvinnelig eksekutor.
exemplary [igˌzempləri] *adj:* eksemplarisk; mønstergyldig.
exemplify [igˌzempli'fai] *vb:* eksemplifisere; belyse ved hjelp av eksempler *n;* gi eksempler på; være eksempel på.
I. exempt [igˌzem(p)t] *vb; stivt(=excuse)* frita (*from* for, fra).
II. exempt *adj:* fritatt (*from* for, fra).
exemption [igˌzem(p)ʃən] *s* **1.** fritak *n;* fritagelse (*from* for, fra); ***exemption from duty*** tollfrihet; **2.** fribeløp; ***gifts you make over and above the exemptions*** gaver man gir ut over fribeløpene.
I. exercise [ˌeksə'saiz] *s* **1.** mosjon; ***take more exercise*** mosjonere mer;
2. *gym & sport:* øvelse; ***take early-morning exercises*** gjøre morgengymnastikk; ***floor exercise*** stående øvelse; ***gymnastic exercise*** gymnastisk øvelse; turnøvelse;
3. *skolev:* øvelse; øvingsoppgave; ***spelling exercise*** staveøvelse; ***book of exercises*** oppgavehefte; *(jvf exercise book);*
4. *mil:* øvelse; manøver;
5. utøvelse; bruk *(fx of one's authority);*
6. *fig: **the object of the exercise is to …*** hensikten (med dette) er å …; hensikten med det hele er å …; ***it was a useful exercise**(=it was useful)* det var nyttig;
7. US: ***exercises**(=ceremonies): **graduation exercises*** eksamensfest.
II. exercise *vb* **1.** mosjonere; ***exercise oneself to death*** mosjonere seg i hjel;
2. *stivt(=show)* utvise; ***exercise great care*** utvise stor forsiktighet;
3. *stivt(=make use of; use)* bruke *(fx one's influence);* gjøre bruk av *(fx one's right to refuse);*
4. *stivt: **exercise strict control on expenditure**(=keep a tight control on expenditure)* øve streng kontroll med utgiftene.
exercise addict treningsnarkoman.
exercise bicycle ergometersykkel.
exercise book *skolev:* stilebok; innføringsbok.
exerciser [ˌeksə'saizə] *s:* mosjonsapparat.
exert [igˌzə:t] *vb; stivt: **exert oneself**(=make an effort)* anstrenge seg; *iron: **don't exert yourself!*** ikke overanstreng deg!
exertion [igˌzə:ʃən] *s; stivt(=effort)* anstrengelse.
exhalation ['ekshəˌleiʃən] *s* **1**(*,stivt: effluvium*) utdunstning; ***poisonous exhalations*** giftige utdunstninger; **2**(*=breathing out*) utånding; det å puste (*el.* ånde) ut.
exhale [eksˌheil; egˌzeil] *vb* **1**(*=give off; emanate*) gi fra seg *(fx fumes);* sende ut; **2**(*=breathe out*) puste (*el.* ånde) ut.
I. exhaust [igˌzɔ:st] *s:* eksos.
II. exhaust *vb* **1**(*=tire out*) utmatte; trette ut;
2(*=use up*) bruke opp *(fx one's supplies);*
3. *landbr(= exploit ruthlessly): **exhaust the soil*** drive rovdrift;
4. *fig; om samtaleemne:* utdebattere *(fx a subject).*
exhaust box(*=silencer; **US:** muffler*) eksospotte.
exhausted [igˌzɔ:stid] *adj* **1.** utmattet;
2. oppbrukt; uttømt;
3. *om jord:* utpint;
4. *fig(=at an end): **my patience is exhausted*** det er slutt på min tålmodighet.
exhausting [igˌzɔ:stiŋ] *adj(=tiring;* ***T:*** *killing)* trettende; slitsom; meget anstrengende; **T:** drepende.
exhaustion [igˌzɔ:stʃən] *s* **1.** utmattelse; ***collapse from exhaustion*** falle om av utmattelse; **2.** *stivt(=using up)* det å bruke opp *(fx of one's supplies);*
3. *landbr(=ruthless exploitation)* utpining.
exhaustive [igˌzɔ:stiv] *adj(=very thorough)* uttømmende; meget grundig; ***we made an exhaustive**(=very thorough) **search*** vi lette meget grundig.
exhaust pipe *mask; på bil:* eksosrør; *(jvf exhaust stub).*
exhaust stub *bak potten(=tail pipe)* eksosrør.
I. exhibit [igˌzibit] *s* **1.** *jur:* bevisgjenstand; **2.** utstilt gjenstand; *på utstilling:* nummer *n.*

II. exhibit *vb* **1.** *jur:* fremlegge som bevisgjenstand; **2.** utstille *(fx paintings in an art gallery);* **3.** *stivt(=show)* legge for dagen; utvise.
exhibition ['eksiˌbiʃən] *s* **1.** utstilling; **2.** det å legge for dagen; demonstrasjon *(fx of bad temper);* **3.** oppvisning; *(jvf I. display 3 & fashion show);* **4.:** ***make an exhibition of oneself****(=make a fool of oneself)* dumme seg ut; blamere seg.
exhibition stand utstillingsstand.
exhibitor [igˌzibitə] *s:* utstiller.
exhilarate [igˌziləˈreit] *vb; stivt* **1***(=cheer)* muntre opp; live opp; **2***(=thrill)* begeistre; ***be exhilarated****(=thrilled)* ***by the news*** være begeistret over nyheten; **3***(=invigorate; refresh)* forfriske; kvikke opp.
exhilarating [igˌziləˈreitiŋ] *adj* **1***(=cheering)* opplivende; som muntrer opp; **2***(=invigorating; refreshing)* oppkvikkende; forfriskende; **3***(=exciting; thrilling)* berusende *(fx speed);* **4.** *om samtale, musikk, etc(=stimulating)* stimulerende.
exhilaration [igˈziləˌreiʃən] *s* **1***(=excitement)* oppkvikkelse; spenning; **2.** *stivt(=elation; exaltation)* opplivelse; det å bli opplivet; ***(a mood of) exhilaration*** løftet stemning.
exhort [igˌzɔːt] *vb; meget stivt el. spøkef(=urge strongly; advise strongly)* formane; tilskynde; sterkt tilråde.
exhortation [ˈegzɔːˌteiʃən] *s; meget stivt el. spøkef:* formaning(stale); tilskyndelse.
exhumation [ˈekshjuˌmeiʃən] *s:* åpning av grav; oppgraving.
exhume [eksˌhjuːm] *vb:* grave opp *(fx a body).*
exigency [igˌzidʒənsi; egˌzidʒənsi] *s; meget stivt; ofte i pl(=urgent need)* tvingende nødvendighet.
I. exile [ˌeksail; ˌegzail] *s* **1.** eksil; utlendighet; ***go into exile*** gå i landflyktighet; **2. an exile** 1. en landsforvist (person); 2. en person som lever i utlendighet; ***uprooted exiles*** rotløse mennesker *(n)* i utlendighet.
II. exile *vb:* landsforvise; sende i eksil.
exist [igˌzist; egˌzist] *vb:* eksistere; ***no difficulties ever*** existed for him for ham fantes det aldri noen vanskeligheter; ***exist on sth*** leve på noe.
existence [igˌzistəns; egˌzistəns] *s:* eksistens; tilværelse; ***be in existence*** eksistere *(fx how long has this rule been in existence?);* ***the only one in existence*** den eneste som finnes; *fig:* ***call into existence*** kalle til live; ***come into existence*** bli til.
existing [igˌzistiŋ] *adj:* eksisterende; foreliggende; rådende; ***in existing conditions****(=with things as they are)* under de foreliggende omstendigheter.
exit [ˌeksit; ˌegzit] *s* **1.** utgang; ***emergency exit*** nødutgang; **2.** *teat:* sorti *(fx Macbeth's exit); sceneanvisning:* ut *(fx Exit Hamlet);* **3.** det å gå ut; ***she made a noisy exit*** det var tydelig å høre at hun gikk ut.
exit road*(=exit; slip road;* **US:** *exit ramp)* avkjøringsvei; utfallsvei (fra motorvei); *(se slip road).*
exit visa utreisevisum.
exodus [ˌeksədəs] *s* **1.** utvandring; ***the Exodus*** 1. *hist:* jødenes utvandring (fra Egypt); 2. *bibl:* 2. mosebok; ***the rural exodus****(=the flight from the land)* flukten fra landsbygda; **2.** *stivt; også spøkef:* oppbrudd *(fx there was a general exodus from the room);* ***there was a general exodus*** *også:* alle gikk.
exonerate [igˌzɔnəˈreit] *vb* **1***(=clear; declare to be innocent; jur: acquit)* erklære uskyldig; frikjenne; **2.** *om ansvar el. skyld(=clear)* frita; *for anklage:* renvaske; ***exonerate from****(=clear of)* frita for.
exoneration [igˈzɔnəˌreiʃən] *s; stivt* **1.** frikjennelse; **2.** fritagelse (for skyld el. ansvar *(n)*); *for anklage:* renvasking.
exorbitant [igˌzɔːbitənt] *adj; stivt(=unreasonable)* ublu *(fx price).*
exorcise [ˌeksɔːˈsaiz; ˌegzɔːˈsaiz] *vb:* mane bort; drive ut *(fx an evil spirit).*
exorcism [ˌeksɔːˈsizəm; ˌegzɔːˈsizəm] *s:* djevleutdrivelse; eksorsisme.
exorcist [ˌeksɔːˈsist; ˌegzɔːˈsist] *s:* djevleutdriver; eksorsist.
exotic [igˌzɔtik; ekˌsɔtik] *adj:* eksotisk; fremmedartet.
expand [ikˌspænd] *vb* **1.** utvide (seg); ekspandere; *om treverk:* trutne; **2.** *fig:* utvide; ***expand****(=develop)* ***an idea*** utvikle en idé; **3.** *fig:* svulme *(fx her heart expanded with joy);* **4.** *især litt.(=unfreeze; thaw)* tø opp *(fx after a couple of glasses of wine he began to expand);* **5.** *fig:* ***expand on*** gå nærmere inn på; behandle mer utførlig.
expanse [ikˌspæns] *s(=wide area)* (utstrakt) flate; ***an expanse of water*** en (stor) vannflate.
expansion [ikˌspænʃən] *s:* utvidelse; ekspansjon.
expansive [ikˌspænsiv] *adj* **1.** *tekn:* utvidelig; utvidbar; ekspansiv; **2.** *om person:* meddelsom; **3.** *om armbevegelse:* vidtfavnende.
expatiate [ikˌspeiʃiˈeit] *vb; meget stivt(=talk at length):* ***expatiate on*** utbre seg om.
I. expatriate [eksˌpætriit] *s:* person som oppholder seg i et annet land enn sitt eget.
II. expatriate [eksˌpætriit] *adj:* eksil-; som gjelder andre enn landets egne borgere; utenlandsk *(fx expatriate teacher);* ***an expatriate community of Poles*** et polsk samfunn i utlandet.
III. expatriate [eksˌpætriˈeit] *vb* **1***(=exile; banish)* forvise; landsforvise; **2***(=go into exile)* forlate hjemlandet; dra i eksil *n.*
expect [ikˌspekt] *vb* **1.** vente; (for)vente; ***more than (could be) expected*** mer enn forventet; over forventning; ***expect me when you see me*** jeg kommer når jeg kommer; ***it's easier than I expected*** det er lettere enn jeg hadde ventet; ***I expect him to do it*** jeg venter at han gjør det; ***as expected*** som ventet; ***I expected as much*** det var det jeg hadde ventet; ***you can't expect too much from him*** man kan ikke vente seg så mye av ham; ***a great deal is expected of this production*** det stilles meget store forventninger til denne produksjonen; ***it's not to be expected that …*** man kan ikke vente at …; ***what do you expect me to do about it?*** hva venter du at jeg skal gjøre med det? **2.:** ***she's expecting*** hun venter barn *n;* **3***(=think; believe; suppose)* anta; regne med *(fx he expects to do it tomorrow);* tro; ***I didn't know what to expect*** jeg visste ikke hva jeg skulle tro; ***I expect he'll be late*** han blir nok forsinket; ***I expect (that) you're tired*** jeg antar at du er sliten; ***I expect so*** jeg antar det; ***I don't expect so****(=I expect not)* jeg tror ikke det.
expectancy [ikˌspektənsi] *s:* forventning; ***life expectancy*** forventet levealder.
expectant [ikˌspektənt] *adj(=eager; full of expectation)* forventningsfull; forventningsfylt.
expectant mother (,father) vordende mor (,far).
expectation [ˈekspekˌteiʃən] *s:* forventning; ***beyond (all) expectation*** over (all) forventning; ***full of expectation*** forventningsfull; ***the pressure of too great expectations*** forventingspress; ***expectation of life****(=life expectancy)* forventet levealder; ***in expectation of*** i forventning om; i påvente av; ***come up to one's expectations*** svare til ens forventninger; ***it fell short of my expectations*** det svarte ikke til mine forventninger; ***contrary to expectation(s)****(=contrary to what might be expected)* mot forventning; ***hold out expectations****(=hopes)* ***of sth to sby*** gi en forhåpninger om noe; ***surpass****(=exceed)* ***one's expectations*** overgå ens forventninger.
expediency [ikˌspiːdiənsi], **expedience** [ikˌspiːdiəns] *s* **1.** hensiktsmessighet; formålstjenlighet; ***consideration(s) of expediency****(=convenience)* bekvemmelig-

e

hetshensyn; **2.** hensynet til egne interesser; ***act from expediency*** handle ut fra hensynet til egne interesser.
I. expedient [ikˌspi:diənt] *s; stivt; fig(=way out)* utvei; *(se I. alternative; I. course 8; option 2).*
II. expedient *adj; stivt* **1***(=advisable)* tilrådelig; **2***(=convenient)* hensiktsmessig; praktisk.
expedite [ˌekspi'dait] *vb; stivt(=speed up; hasten)* påskynde *(fx delivery);* fremskynde.
expedition ['ekspiˌdiʃən] *s* **1.** ekspedisjon; **2.** *spøkef: **shopping expedition*** innkjøpsrunde.
expeditious ['ekspiˌdiʃəs] *adj; stivt(=quick)* ekspeditt.
expel [ikˌspel] *vb* **1***(=drive out; get rid of)* drive ut; støte ut; bli kvitt *(fx kitchen smells);*
2. *fra skole, etc:* utvise; *fra klubb:* ekskludere;
3. *utlending:* bortvise *(fx an alien);*
* *I UK blir man enten "avvist" (refused entry) eller "utvist" (deported). Har oppholdet vært av kortere varighet enn 12 timer, vil vedkommende bare bli "sendt ut av landet" (removed from the United Kingdom).*
expend [ikˌspend] *vb; stivt(=spend; use (up))* bruke (opp).
expendable [ikˌspendəbl] *adj:* som kan brukes opp; som kan unnværes;; *mil:* som kan ofres.
expenditure [ikˌspenditʃə] *s* **1.** forbruk *n (fx of money and resources);* **2.** utgift(er).
expense [ikˌspens] *s:* utgift; omkostning; bekostning; ***dip into one's own pocket for personal expenses*** dekke personlige utgifter av sin egen lomme; ***(the) total expenses*** de samlede utgifter; ***at the expense of*** på bekostning av; ***at my expense*** på min bekostning; ***at one's own expense*** for egen regning; ***they bought the house at vast expense*** de kjøpte huset i dyre dommer; ***put sby to great expense*** påføre en store utgifter.
expense account 1. utgiftskonto; **2.** representasjonskonto.
expenses padding det å føre opp for høye utgifter.
expensive [ikˌspensiv] *adj:* dyr; kostbar.
I. experience [ikˌspiəriəns] *s* **1.** erfarenhet; erfaring; øvelse *(in* i); ***practical experience*** praktisk erfaring; ***draw on(*, US** *også: **tap into) their experience*** trekke veksler på deres erfaring(er); ***gain experience*** få erfaring; ***have you any previous experience?*** har du noen erfaring fra før? ***learn from(=by) experience*** lære av erfaring; ***you have to learn from experience*** man må gjøre sine erfaringer; ***from one's own experience(=*** *from personal experience)* av egen erfaring; ***with (a) long experience*** *(=with a wide experience)* med lang erfaring; ***experience shows that it is difficult(=it*** *is known to be difficult)* det er erfaringsmessig vanskelig; **2.** opplevelse; ***sensuous experiences*** sanseopplevelser; ***youthful experiences*** ungdomsopplevelser; ***one of the happiest experiences of my youth*** en av mine lykkeligste ungdomsopplevelser; ***this (experience) gave us a memory for life*** dette ga oss et minne for livet; ***she had a terrible experience when she was young*** hun hadde en forferdelig opplevelse som ung; ***write about personal experiences*** skrive om selvopplevde ting; ***it was quite an experience*** det var litt av en opplevelse.
II. experience *vb:* erfare *(fx I've experienced that ...);* oppleve; ***experience a renaissance*** få en renessanse; ***he experienced(=had) some difficulty in walking*** han hadde litt vanskelig for å gå; ***experience(=enjoy) mountains in all their variety and in complete safety*** oppleve fjellet på den trygge og allsidige måten.
experienced [ikˌspiəriənst] *adj:* erfaren; rutinert; øvet *(in* i).
I. experiment [ikˌsperimənt] *s:* eksperiment *n;* forsøk *n; **carry out an experiment*** utføre et forsøk.
II. experiment [ikˌsperi'ment] *vb:* eksperimentere; prøve seg frem *(with* med); ***experiment on animals*** drive forsøk *(n)* med dyr *n; **I don't want him to experiment on me*** jeg vil ikke være forsøkskanin for ham.
experimental [ik'speriˌmentl] *adj:* forsøks- *(fx animal);* eksperiment-; eksperimentell; ***at the experimental stage*** på forsøksstadiet.
I. expert [ˌekspə:t] *s:* ekspert; sakkyndig; fagmann; ***be an expert on sth*** være ekspert på noe.
II. expert *adj:* sakkyndig; meget dyktig; ***expert opinion*** ekspertuttalelse; sakkyndig uttalelse; ***consult an expert opinion****(=seek expert advice)* innhente (en) sakkyndig uttalelse; ***with an expert touch*** med stor dyktighet.
expertise ['ekspəˌti:z] *s(=expert knowledge)* ekspertise; sakkunnskap.
expertly [ˌekspə:tli] *adv:* dyktig; behendig.
expiate [ˌekspi'eit] *vb; stivt(=atone for)* sone for *(fx how can a murderer expiate his crime?).*
expiation ['ekspiˌeiʃən] *s; stivt(=atonement)* soning; ***in expiation of****(=to atone for)* som soning for.
expire [ikˌspaiə] *vb* **1.** utløpe *(fx his three weeks' leave expires tomorrow); **when does the lease expire****(=run out)?* når utløper leiekontrakten? **2***(=breathe out; exhale)* utånde; puste ut; **3***(=die)* utånde; dø.
expiry [ikˌspaiəri] *s:* utløp *(of a term* av en frist).
explain [ikˌsplein] *vb:* forklare; ***explain sth to sby*** forklare en noe; ***explain away*** bortforklare; ***explain oneself*** forklare seg; forklare hva man mener; ***this explains why*** dette er forklaringen (på at); dette forklarer hvorfor; ***I think you've got a little explaining to do*** jeg tror det er litt av hvert du må forklare.
explainable [ikˌspleinəbl] *adj:* forklarlig.
explanation ['eksplәˌneiʃən] *s:* forklaring *(of* på); ***a not very plausible explanation*** en lite sannsynlig forklaring; ***by way of explanation****(=in explanation)* som forklaring; ***if there is a straightforward explanation*** hvis det finnes en enkel forklaring; ***give an explanation*** gi en forklaring.
explanatory [ikˌsplænətəri] *adj:* forklarende.
expletive [ikˌspli:tiv; **US:** ˌeksplətiv] *s* **1.** *stivt el. spøkef(=exclamation; swearword)* kraftuttrykk;
2.: ***expletive (word)****(=filler)* fylleord.
explicable [ˌeksplikəbl; ikˌsplikəbl] *adj(=explainable)* forklarlig.
explicit [ikˌsplisit] *adj:* tydelig; bestemt; uttrykkelig; ***he was quite explicit*** han uttalte seg meget tydelig.
explicitly [ikˌsplisitli] *adv:* tydelig; med rene ord *n.*
explode [ikˌsploud] *vb* **1.** eksplodere; få til å eksplodere; **2.** *fig:* eksplodere *(with anger* av sinne); **3.** *fig(= prove wrong)* vise uriktigheten av; torpedere *(fx a theory); **explode the myth that ...*** ta livet av den myten at ...
exploded idea tanke man forlengst har oppgitt.
I. exploit [ˌeksplɔit] *s(=feat)* dåd; bedrift.
II. exploit [ikˌsplɔit] *vb* **1.** utnytte; ***exploit****(=make use of)* ***one's abilities*** nyttiggjøre seg sine evner; **2***(=use unfairly)* utnytte; utbytte; **3.** *landbr: **exploit ruthlessly*** drive rovdrift.
exploitation ['eksplɔiˌteiʃən] *s* **1.** utnyttelse; ***peaceful exploitation****(=use(s))* ***of nuclear power*** fredelig utnyttelse av atomkraften; **2.** *fig:* utnytting; utbytting; **3.** *landbr: **ruthless exploitation*** rovdrift.
exploration ['eksplәˌreiʃən] *s* **1.** utforskning; ***oil exploration*** oljeleting; **2.** *fig:* undersøkelse *(fx of all possibilities).*
exploration rig *oljeind:* leterigg.
exploratory [ikˌsplɔrətri] *adj:* undersøkelses-; prøve-.
exploratory well *oljeind:* prøveboringsbrønn.
explore [ikˌsplɔ:] *vb* **1.** utforske; *oljeind: **explore for oil*** lete etter olje; **2.** *fig:* undersøke *(fx the possibilities of getting a job).*
explorer [ikˌsplɔ:rə] *s:* oppdagelsesreisende.
explosion [ikˌsplouʒən] *s* **1.** *også fig:* eksplosjon; ***rooms where there is a danger of explosion*** eksplosjonsfarlige rom; **2.** *fig:* torpedering *(fx of a theory).*
I. explosive [ikˌsplousiv] *s:* sprengstoff.

expressions

Slang:

driving Miss Daisy — cruise, drive at moderate speed (from the film *Driving Miss Daisy*)

you're out of your element — you don't understand

VOCABULARY Amerikansk slang har ofte det vi kaller 'double negation' (dobbel nekting).

Examples: I **can't** find **no** excuse.
Fra Pink Floyd 'The Wall': 'We **don't** need **no** education'.

II. explosive *adj:* eksplosiv.
expo [ˌekspou] *s(fk f exposition)* utstilling.
exponent [ikˌspounənt] *s* **1.** eksponent; talsmann (*of* for); **2.** *mat.:* eksponent.
I. export [ˌekspɔːt] *s* **1**(=*export item*) eksportvare; eksportprodukt; utførselsartikkel; *(se exports 1);* **2**(=*exportation*) eksport; utførsel; ***the export of wheat*** hveteeksporten; ***we must increase our export***(=*exports*) vi må øke vår eksport; *(se exports 2; export trade).*
II. export [ikˌspɔːt; ˌekspɔːt] *vb:* eksportere; utføre.
exportation [ˈekspɔːˌteiʃən] *s* **1**(=*export*) eksport; utførsel; **2. US**(=*export commodity*) eksportvare.
export commodity eksportvare; eksportartikkel. **exporter** [ikˌspɔːtə] *s:* eksportør.
exports [ˌekspɔːts] *s* **1**(=*goods for export*) eksportvarer;
2. eksport; utførsel; ***Norwegian exports*** norsk utførsel (*el.* eksport); ***(the) exports of goods and services*** eksport av varer og tjenester.
export trade eksportnæring; eksporthandel.
expose [ikˌspouz] *vb* **1**(=*display; exhibit*) vise frem; ***her jewels lay exposed on the table***(=*her jewels were exposed to view on the table*) smykkene hennes lå utildekket på bordet;
2. *fot:* eksponere; belyse;
3(=*disclose; reveal*) avsløre (*a deficiency* en mangel); avdekke *(fx a scandal; corruption);* røpe; legge frem *(fx the facts);* ***his former mistress has exposed their affair*** hans tidligere elskerinne har fortalt alt om forholdet deres;
4(=*unmask*) avsløre *(fx a murderer);* skandalisere;
5.: ***expose to*** utsette for *(fx danger);*
6.: ***expose oneself*** 1. blottstille seg; 2(=*expose oneself indecently*) blotte seg; krenke bluferdigheten.
exposed [ikˌspouzd] *adj:* utsatt; *om rør, takbjelker,etc:* synlig; som ligger i dagen.
exposition [ˈekspəˌziʃən] *s* **1**(=*(detailed) account*) redegjørelse; **2.** *mus & teat:* eksposisjon; ***skill in exposition*** fremstillingsevne; **3. US**(=*exhibition*) utstilling; messe.
expository [ikˌspɔzitəri] *adj:* fortolkende; forklarende.
expository essay *skolev:* resonnerende stil; *(jvf narrative essay).*
exposure [ikˌspouʒə] *s* **1.** avsløring; **2.** *fot:* eksponering; bilde *n;* **3.** utsettelse (*to* for); det å bli utsatt (*to* for); ***die of exposure*** dø av kulde og utmattelse; fryse i hjel; ***exposure to real life*** møte *(n)* med det virkelige liv.
expound [ikˌspaund] *vb; stivt(=explain (in detail))* redegjøre for; forklare *(fx a theory).*
I. express [ikˌspres] *s* **1**(=*express train*) ekspress(tog); **2.** *post:* ekspress; ***by express*** pr. ekspress; med ekspress.
II. express *vb:* uttrykke; ***express one's points of view*** gi uttrykk for sine synspunkter; ***express oneself very clearly*** uttrykke seg klart og greit.
III. express *adj* **1.** uttrykkelig *(fx his express wish);* **2.** ekspress- *(fx letter; train).*
IV. express *adv(=by express)* (med) ekspress.
express goods *pl; jernb(=fast goods;* **US:** *fast freight)* ilgods.
expression [iksˌpreʃən] *s* **1.** uttrykk *(fx 'dough' is a slang expression for 'money');* ***this expression is the best Norwegian*** dette uttrykket er best norsk;
2. (ansikts)uttrykk; ***an expression of dissatisfaction*** et misfornøyd uttrykk;
3. *mus:* følelse;
4.: ***(form of) expression*** uttrykksform; ***artistic (form of) expression*** kunstnerisk uttrykksform.
expressionism [iksˌpreʃəˈnizəm] *s:* ekspresjonisme.
expressionless [iksˌpreʃənləs] *adj:* uttrykksløs.
expressive [iksˌpresiv] *adj:* uttrykksfull.
expressly [iksˌpresli] *adv* **1.** uttrykkelig *(fx I told him expressly not to be late);* **2**(=*especially*) ekstra *(fx I came expressly to tell you the good news).*
express parcel *post:* ilpakke.
expressway [iksˌpresˈwei] *s; især* **US**(=*urban motorway*) motorvei gjennom by.
expropriate [eksˌproupriˈeit] *vb(=purchase compulsorily)* ekspropriere.
expropriation [eksˈproupriˌeiʃən] *s(=compulsory purchase)* ekspropriasjon; ekspropriering.
expulsion [iksˌpʌlʃən] *s* **1.** *tekn:* utdriving; utstøting;
2. utvisning *(fx from a school); fra klubb:* eksklusjon;
3. *av utlending:* bortvisning *(fx of an alien); (se expel).*
expurgate [ˌekspəˈgeit] *vb:* ekspurgere; rense for anstøteligheter.
exquisite [ˌekskwizit; eksˌkwizit] *adj:* utsøkt; fortreffelig.
ex ship *mar; merk:* ***deliver free ex ship***(=*deliver free overside*) levere fritt ved skipsside.
extant [eksˌtænt] *adj:* bevart.
extempore [iksˌtempəri] *adj; adv(=improvised; impromptu)* uforberedt *(fx speech); (se ad lib).*
extend [iksˌtend] *vb* **1.** forlenge *(fx one's holiday);* **2**(=*stretch (out)*) strekke seg *(fx the school grounds extend as far as this fence);*
3(=*stretch out*) ligge utstrakt; strekke seg ut;
4. utvide *(fx one's vegetable plot);*
5. *kul:* tilsette; spe;

6*(=build on to; add to)* bygge ut; bygge på;
7. *stivt(=stretch out; hold out)* strekke ut *(fx your right arm);*
8. *stivt(=offer)* fremsette *(fx greetings);* ***may I extend a welcome to you all?*** må jeg få ønske dere alle velkommen?

extended [iks,tendid] *adj:* utstrakt; ***his extended hand*** hans utstrakte hånd; ***an extended tour of the US*** en lengre tur i USA.

extended family storfamilie.

extension [ik,stenʃən] *s* **1.** forlengelse; ***an extension to (=of) one's residence permit*** en forlengelse av oppholdstillatelsen;
2. utvidelse *(fx the extension of one's territory);*
3. *merk:* ***extension (of time)****(=delay)* betalingsutsettelse;
4.: ***an extension (to the house)*** et påbygg; et tilbygg;
5. *tlf:* biapparat; linje;
6. *på fx bord:* uttrekk *n;*
7. *tekn:* ***extension (piece)*** forlenger.

extension table uttrekksbord.

extensive [ik,stensiv] *adj* **1.** vidstrakt; utstrakt; **2.** stor; omfattende *(fx suffer extensive injuries).*

extensively [ik,stensivli] *adv:* i stor utstrekning; ***travel extensively in Europe*** reise vidt omkring i Europa; ***extensively used*** brukt i stor utstrekning.

extensive reading *skolev:* ekstensiv lesning.

extent [ik,stent] *s* **1.** størrelse; utstrekning; ***in extent*** i utstrekning;
2. omfang *n;* utstrekning; ***afterwards he learned(=heard) the full extent of the tragedy*** etterpå (*el.* senere) fikk han kjennskap til alle detaljer ved tragedien; ***of limited extent*** av (*el.* i) begrenset omfang; ***what's the extent of the damage?*** hvor stor er skaden? ***to a certain extent you're right****(=you're right up to a point)* du har til en viss grad rett; ***to a great****(=large)* ***extent*** *(=largely)* i stor utstrekning; i høy grad; ***not to any great extent****(=not to any very considerable extent)* ikke i noen større grad (*el.* utstrekning); ***to a horrifying extent*** i (en) uhyggelig grad; ***to a marked extent****(=degree)* i (en) utpreget grad; ***to some****(=a certain)* ***extent*** i en viss utstrekning; til en viss grad; i noen grad; ***to such an extent*** i en slik utstrekning; ***to such an extent that …*** *(=so much (so) that …)* i den grad at …; ***to that extent*** i den utstrekning; ***to what extent?*** i hvilken utstrekning; i hvilken grad? ***to the whole of its extent****(=in its entirety)* i hele sin utstrekning.

extenuate [iks,tenju'eit] *vb:* unnskylde; være en formildende omstendighet ved.

extenuating circumstance *jur(=mitigating circumstance)* formildende omstendighet; *(jvf mitigation).*

extenuation [iks'tenju,eiʃən] *s; jur(=mitigation):* ***plead in extenuation*** anføre som formildende omstendighet.

I. exterior [ik,stiəriə] *s* **1.** ytre *n; meget stivt:* ***his unattractive exterior****(=appearance)* hans lite tiltrekkende ytre; **2.** eksteriør *n.*

II. exterior *adj:* ytre; utvendig.

exterminate [iks,tə:mi'neit] *vb; stivt(=annihilate)* tilintetgjøre; utrydde.

extermination [iks'tə:mi,neiʃən] *s(=annihilation)* tilintetgjørelse; utryddelse.

extermination camp tilintetgjørelsesleir.

I. external [ik,stə:nl] *s:* ***externals****(=appearance)* ytre; ***judge by externals*** dømme etter det ytre.

II. external *adj:* ytre; utvendig; ***for external use only*** kun for utvortes bruk.

external conditions *pl:* rammebetingelser.

external degree *univ;* eksamen som kan tas selv om man ikke har vært student ved vedkommende universitet.

external examiner *skolev:* sensor; *(se examiner).*

extinct [ik,stiŋkt] *adj* **1.** *zo:* utdødd *(fx animal); bot:* som ikke lenger finnes; **2.** *om vulkan:* utslokt.

extinction [ik,stiŋkʃən] *s* **1.** det å dø ut; **2.** *om brann, lys:* slokking.

extinguish [ik,stiŋgwiʃ] *vb; stivt(=put out)* slokke.

extinguisher [ik,stiŋgwiʃə] *s:* ***fire extinguisher*** brannslokkingsapparat.

extol *(,US:* ***extoll****)* [ik,stoul] *vb; stivt(=praise highly)* berømme; rose i høye toner.

extort [ik,stɔ:t] *vb:* presse; ***extort a confession from sby*** presse en tilståelse ut av en.

extortion [ik,stɔ:ʃən] *s:* (penge)utpressing; opptrekkeri *n.*

extortionate [ik,stɔ:ʃənit] *adj:* ublu *(fx price);* ***extortionate interest*** ågerrente.

extortionist [ik,stɔ:ʃənist] *s:* (penge)utpresser.

I. extra [,ekstrə] *s* **1.** noe det betales ekstra for *(fx water and light are extras);* ***extras*** 1. ekstrautstyr; ***a lot of extras*** en mengde ekstrautstyr; 2. ekstrautgifter;
2. *film, TV:* statist; **3.** *av avis:* ekstrautgave.

II. extra *adj:* ytterligere; ekstra; ***as an extra precaution*** som en ekstra forsiktighetsregel; ***that's extra*** det koster ekstra.

III. extra *adv:* ekstra *(fx work extra hard).*

extra charge *(=additional charge)* tilleggsgebyr.

I. extract [,ekstrækt] *s* **1.** ekstrakt *n;* **2.** utdrag *n (fx from a novel);* ***extract from the records*** protokollutskrift.

II. extract [ik,strækt] *vb* **1.** *stivt(=pull out)* trekke ut *(fx have a tooth extracted);*
2. *fig:* ***how did you manage to extract the information from him?*** hvordan greide du å hale opplysningen ut av ham?
3*(=select)* ta utdrag *(n)* av; velge ut;
4. utvinne; trekke ut *(fx it's extracted from beans);* ***extract oil*** utvinne olje; *(se II. process 7 & II. win 2).*

extraction [ik,strækʃən] *s* **1.** *meget stivt el. tannl:* trekking *(of a tooth* av en tann);
2. herkomst; avstamning *(fx of Greek extraction);*
3. uttrekking; utvinning; ***oil extraction*** oljeutvinning;
4. *mat.:* ***extraction of the (square) root*** rotutdragning;
5. *kjem:* ekstraksjon; *(=extract)* ekstrakt *n;* uttrekk *n.*

extraction rate utvinningsprosent.

extractor [ik,stræktə] *s* **1.** *på våpen:* patronutstøter;
2*(=extractor fan)* (ventilator)vifte.

extractor fan *i kjøkken, etc:* (ventilator)vifte.

extracurricular ['ekstrəkə,rikjulə] *adj; skolev:* som ikke hører med til pensum *n;* som foregår i fritiden; ***extracurricular activity*** elevaktivitet.

extradite [,ekstrə'dait] *vb; jur:* utlevere; få utlevert; ***English police want to extradite him*** engelsk politi vil ha ham utlevert.

extradition ['ekstrə,diʃən] *s; jur:* utlevering.

extra fee*(=extra charge; additional charge)* tilleggsgebyr.

extramarital ['ekstrə,mæritəl] *adj:* utenomekteskapelig; ***extramarital relations*** utenomekteskapelige forbindelser.

extramural ['ekstrə,mjuərəl] *adj; univ:* ***extramural courses*** kurser for deltidsstudenter.

extraneous [ik,streiniəs] *adj; meget stivt* **1***(=unimportant)* uvesentlig; uviktig *(fx detail);*
2*(=from outside)* utenfra *(fx extraneous influences);*
3*(=foreign):* ***an extraneous substance*** et fremmed stoff; et stoff utenfra; *(jvf foreign body);*
4*(=irrelevant)* uvedkommende; utenforliggende *(fx avoid all extraneous issues);* ***extraneous****(=ulterior)* ***considerations*** uvedkommende hensyn.

extraordinarily [ik,strɔ:d(ə)nrili] *adv:* usedvanlig *(fx big feet).*

extraordinary [ik,strɔ:d(ə)nri] *adj(=very unusual; remarkable)* besynderlig; eiendommelig; merkverdig *(fx how extraordinary!).*

extrasensory ['ekstrə,sensəri] *adj:* oversanselig.

extrasensory perception *(fk ESP)* oversanselig persepsjon.

extra time 1. ekstra tid; **2.** *sport:* ekstraomgang.

extra tuition *skolev:* ekstraundervisning.
extravagance [ikˌstrævəgəns] *s* **1.** ødselhet; råflotthet; ekstravaganse; **2.** sterk overdrivelse *(fx the extravagance of his praise).*
extravagant [ikˌstrævəgənt] *adj* **1.** ødsel; råflott; ekstravagant;
2(*=very expensive; costly)* kostbar; ekstravagant;
3. *om pris(=exorbitant; excessive)* overdreven; ublu;
4(*=unreasonable)* urimelig *(fx accusation); (=excessive)* sterkt overdrevet; ***extravagant praise*** overdreven ros; skamros;
5(*=lavish)* overdådig; ***extravagant splendour*** overdådig prakt.
I. extreme [ikˌstri:m] *s* **1**(*=extreme point; extremity)* ytterpunkt; ytterste grense; ytterste ende;
2. ytterlighet; ***be driven to extremes*** bli drevet til ytterligheter; ***go to extremes*** gå til ytterligheter; ***go to the other extreme*** gå til den motsatte ytterlighet; ***go to any extreme*** gå hvor langt det skal være; ***from one extreme to the other*** fra den ene ytterlighet til den andre; ***I wouldn't go to that extreme*** jeg ville ikke gå så langt; ***push things to extremes*** sette saken på spissen;
3. *om graden:* ***extremes of temperature*** ekstreme temperaturer; ***in the extreme*** i aller høyeste grad.
II. extreme *adj* **1.** ytterst; ***at the extreme end of*** i ytterste ende av; helt i enden av;
2. ekstrem; drastisk; ytterliggående; ***an extreme case*** et ekstremt tilfelle; ***suffer extreme need*** lide stor nød; ***there's no need to be so extreme*** man behøver ikke gå til slike ytterligheter;
3.: ***state sth in its extreme form*** sette noe på spissen; *(jvf I. extreme 1);* ***extreme old age*** meget høy alder; ***in extreme old age*** langt oppe i alderdommen; i meget høy alder.
extremely [ikˌstri:mli] *adv:* ytterst *(fx dangerous);* i høyeste grad; høyst *(fx irritating).*
extreme unction *rel:* den siste olje.
extremism [ikˌstri:mizəm] *s:* ekstremisme.
extremist [ikˌstri:mist] *s:* ekstremist.
extremity [ikˌstremiti] *s* **1**(*=extreme point)* ytterpunkt; **2.** *anat:* ekstremitet; **3.** *stivt(=desperate situation):* ***in this extremity*** i denne fortvilte situasjon.
extricate [ˌekstri'keit] *vb; stivt:* frigjøre; få løs; ***he extricated her****(=he got her loose)* han fikk henne løs; ***extricate oneself****(=free oneself; get loose)* komme seg løs; frigjøre seg.
I. extrovert [ˌekstrə'və:t] *s; psykol:* ekstrovert.
II. extrovert *adj; psykol:* utadvendt.
exuberance [igˌzju:bərəns] *s; stivt* **1**(*=enthusiasm)* begeistring; **2**(*=luxuriance)* yppighet; frodighet.
exuberant [igˌzju:bərənt] *adj; stivt* **1**(*=enthusiastic; very cheerful; in very high spirits)* begeistret; strålende; sprudlende; i overstrømmende humør *n;* ***the class was noisily exuberant*** i klassen stod stemningen høyt i taket; **2**(*=luxuriant)* yppig; frodig; ***exuberant colours*** frodige farger.
exude [igˌzju:d] *vb; stivt* **1**(*=excrete; secrete)* utsondre; **2.** *fig:* ***exude happiness****(=be radiant with happiness)* strømme over av lykke.
exult [igˌzʌlt] *vb; litt.(=be very happy)* juble; være strålende glad *(at, in* over).
exultant [igˌzʌltənt] *adj; stivt(=jubilant; elated)* jublende (glad); ***be exultant at*** juble over *(fx one's victory).*
exultation ['egzʌlˌteiʃən] *s; litt.(=great joy)* jubel.
I. eye [ai] *s* **1.** øye *n; i (sy)nål:* øye; *fig:* øye; blikk *n; etter slag:* ***a black eye****(,***S:** *a shiner)* et blått øye; ***in my eyes****(=in my opinion)* i mine øyne; ***visible to the naked eye*** synlig for det blotte øye; ***with the naked eye*** med det blotte øye; *spøkef:* ***the eye(s) of the law*** lovens øyne; ***before****(=under)* ***one's very eyes*** like for øynene på en; ***for the sake of your bright eyes*** for dine blå øynes skyld; ***an eye for an eye*** øye for øye; **T:** ***one in the eye****(=a big disappointment)* en stor skuffelse; **T:** en (ordentlig) nesestyver; ***in one's mind's eye*** for sitt indre blikk; ***in the eyes of his friends*** i hans (,sine) venners øyne; ***with an eye to*** med sikte på; med henblikk på;
2. malje; ***hook and eye*** 1. hekte og malje; 2. krok med øyenskrue;
3. *forskjellige forb m vb (men se også 1):* ***avert one's eyes****(=look away)* ta øynene *(n)* til seg; ***they were all eyes watching him*** de så på ham med store øyne; ***she's a delight to the eye****(,***T:** *she's easy on the eye)* hun er en fryd for øyet; hun er virkelig vakker; ***where are your eyes?*** har du ikke øyne i hodet? ***two pairs of eyes are better than one****(=two heads are better than one)* fire øyne ser mer enn to; **T:** ***he's in it up to the eyes*** han sitter i det til langt opp over halsen; **T:** ***be up to one's eyes in work*** være neddynget i arbeid *n;* ***cast down one's eyes****(=look down)* slå blikket ned; se ned; ***cast one's eyes on sth*** kaste sine øyne på noe; ***close****(=shut)* ***one's eyes*** lukke øynene; ***close****(=shut)* ***one's eyes to*** overse; ikke ville se; *(se ndf: turn a blind eye);* **T:** ***do sby in the eye****(=cheat sby)* snyte en; bedra en; ***go into sth with one's eyes open*** gå inn i noe med åpne øyne; ***have good (,weak) eyes*** ha godt (,dårlig) syn; ***have a practised eye*** ha et øvet blikk; ***have a sure eye****(=be sure-sighted)* ha et godt øyemål; **T:** ***he has all his eyes about him*** han har øynene med seg; ***have eyes at the back of one's head*** ha øyne i nakken; ***have an eye for*** ha øye (*el.* sans) for; ***have a keen eye for sth*** ha et skarpt blikk for noe; ***have no eyes for anyone else*** ikke ha øyne for noen annen; ***have (got) one's eye****(=eyes)* ***on*** ha et godt øye til; **T:** ha i kikkerten; ***he has an eye to the main chance*** han har bare øye for sine egne interesser; **T:** ***it hits you in the eye****(=it sticks out a mile)* det er meget iøynefallende; ***keep an eye on*** holde øye med; se etter; passe på; ***keep an eye on the time*** passe tiden; ***keep a watchful eye on the situation*** følge situasjonen nøye; **T:** ***keep your eyes skinned****(=keep your eyes open; use your eyes)* bruke øynene (godt); hold øynene åpne; ***lay****(=set;* **T:** *clap)* ***eyes on*** få øye på; se (for sine øyne) *(fx I wish I'd never laid eyes on her!);* ***look sby (straight) in the eye*** se en (rett) inn i øynene; ***make eyes at sby*** sende en kokette øyekast; himle med øynene til en; flørte med en; se interessert på en; ***open one's eyes wide*** sperre øynene opp; gjøre store øyne; ***run one's eyes over sth*** lese noe flyktig igjennom; ***screw up one's eyes*** knipe øynene sammen; ***you can see that with half an eye*** det kan man se med et halvt øye; ***seen through other people's eyes*** sett med andres øyne; ***see eye to eye with sby (in a matter)*** være enig med en (når det gjelder noe); ha samme syn *(n)* på noe som en; ***take one's eyes off*** ta øynene bort fra *(fx he didn't take his eyes off her);* ***turn a blind eye****(=pretend not to notice)* late som om man ikke ser (det); overse det; ***turn a blind eye to****(=shut one's eyes to)* 1. se gjennom fingrene med; 2. overse; ikke ville se.
II. eye *vb(=look carefully at)* se nøye på; mønstre *(fx the boys were eyeing the girls up and down).*
eyeball [ˌai'bɔ:l] *s; anat:* øyeeple.
eyebath [ˌai'bɑ:θ] *s(,***US:** *eyecup)* øyeglass.
eyebrow [ˌai'brau] *s; anat:* øyenbryn; ***raise one's eyebrows*** heve øyenbrynene; ***that will raise a few eyebrows*** det vil få noen og enhver til å stusse; ***he never raised an eyebrow*** han lot ikke til å undre seg.
eye-catcher [ˌai'kætʃə] *s:* blikkfang.
eye-catching [ˌai'kætʃiŋ] *adj:* iøynefallende.
eye contact*(=eye-to-eye contact)* øyekontakt; ***establish eye contact with the audience*** å få øyekontakt med publikum *n.*
eyecup [ˌai'kʌp] *s* **US**(*=eyebath)* øyeglass.
eye drops *s; pl:* øyendråper.
eye exercises *pl:* øyengymnastikk.
eyeful [ˌai'ful] *s* **T 1**(*=beautiful woman)* vakker kvinne;

e

2.: *an eyeful of sand* øyet fullt av sand; 3.: ***get an eyeful of****(=get a good look at)* få sett ordentlig på.

eyeglass [ˌai'glɑ:s] *s(=monocle)* monokkel.

eyeglasses [ˌai'glɑ:siz] *s; pl;* **US***(=spectacles)* briller.

eyehole [ˌai'houl] *s* **1***(=eyelet)* (snøre)hull *n;* øye *n;* **2. T***(=eye socket)* øye(n)hule.

eyelashes [ˌai'læʃiz] *s; pl:* øyenvipper; øyehår.

eyelet [ˌailit] *s:* snørehull; øye *n.*

eye level øyenhøyde; ***at eye level*** i øyenhøyde.

eyelid [ˌai'lid] *s; anat:* øyelokk; ***his eyelids grew heavier and heavier*** han ble mindre og mindre i øynene *n.*

eyeliner [ˌai'lainə] *s; kosmetisk middel:* eyeliner; øyestreker.

eye lotion*(=eye drops)* øyendråper.

eye-minded [ˌai'maindid] *adj(=with visual abilities)* visuelt anlagt.

eye-opener [ˌai'oupənə] *s* **1. T:** tankevekker; **2. US:** morgendrink; drink til å bli våken av.

eyepiece [ˌai'pi:s] *s; i mikroskop, etc:* okular *n.*

eyeshade [ˌai'ʃeid] *s:* øye(n)skjerm.

eye shadow øye(n)skygge; ***wear eye shadow*** bruke øyeskygge.

eyesight [ˌai'sait] *s(=sight)* syn *n;* ***have good eyesight*** ha godt syn.

eye socket *s; anat:* øye(n)hule.

eyesore [ˌai'sɔ:] *s* **T***(sth that is ugly to look at)* noe som skjærer en i øynene; ***it's a public eyesore*** det er en torn i øyet på folk.

eye strain påkjenning for øynene *n;* anstrengte øyne.

Eytie: *se Eytie.*

eye-to-eye contact ['aituˌai'kɔn'tækt] *s:* øyekontakt.

eyetooth [ˌai'tu:θ] *s; anat:* øyentann; hjørnetann i overkjeven; **T:** ***give one's eyeteeth for****(=give anything for)* gi hva som helst for.

eyewash [ˌai'wɔʃ] *s* **1.** øyenvann (til å skylle øynene *(n)* med); **2. T***(=nonsense; rubbish)* tøys *n;* tull *n.*

eyewitness [ˌai'witnəs] *s:* øyenvitne (*of* til); ***the testimony of eyewitnesses*** øyenvitneutsagn.

eyewitness account øyenvitneskildring.

eyrie [ˌaiəri; ˌɛəri] *s* **1***(=nest of a bird of prey; eagle's nest)* rovfuglreir; ørnereir; **2.** *fig; om leilighet, etc:* ørnereir.

Eytie, Itie [ˌai'tai] *s; neds(=wop)* **S***(=Italian)* dego.

F, f [ef] F, f; *tlf:* ***F for Frederick*** F for Fredrik; *mus:* ***F flat*** fess; *mus:* ***F sharp*** fiss; ***capital F*** stor F; ***small f*** liten f.

FAA *(fk f Federal Aviation Administration)* **US:** ***the FAA*** *(=the CAA (fk f the Civil Aviation Authority))* Luftfartsverket.

fable [feibl] *s:* fabel.

fabled [ˌfeibəld] *adj(=legendary)* sagnomsust.

fabric [ˌfæbrik] *s* **1***(=cloth)* tøy *n;* stoff *n;* **2***(=texture)* vevning; **3.** *fig(=structure)* struktur; ***the fabric of society*** samfunnsstrukturen.

fabricate [ˌfæbri'keit] *vb; stivt* **1***(=make up)* finne på *(fx an excuse);* **2***(=fake)* fabrikere *(fx evidence).*

fabrication ['fæbriˌkeiʃən] *s* **1***(=invention)* oppspinn; **2***(=faking)* fabrikering *(fx of evidence).*

fabulous [ˌfæbjuləs] *adj* **1.** fabel- *(fx beast);* **2***(=almost unbelievable)* eventyrlig; ***fabulous wealth*** eventyrlige rikdommer;
3. T*(=wonderful; marvellous)* fantastisk fin; flott; **T:** super.

fabulously [ˌfæbjuləsli] *adv:* eventyrlig *(fx rich).*

facade, fa¯ade [fəˌsɑ:d; fæˌsɑ:d] *s; også fig:* fasade.

I. face [feis] *s* **1.** ansikt *n; fig:* ***a slap in the face*** et slag i ansiktet; ***face to face*** ansikt til ansikt (*with* med);
2*(=surface)* flate; overflate; *på terning:* ytterflate;
3. *geom(=side)* flate;
4*(=dial)* skive; urskive;
5. *min:* ***(working) face*** bruddsted;
6. *på ambolt el. hammer:* bane; *på høvel(=sole)* såle;
7. *av mynt(=obverse)* avers;
8. *kortsp:* billedside;
9. *fig* **T***(=impudence;* **T:** *cheek)* frekkhet; ***he had the face to say that …*** han var frekk nok til å si at …;
10.: ***keep a straight face*** holde ansiktet i alvorlige folder;
11.: ***have one's face lifted*** få ansiktsløftning;
12.: ***laugh in sby's face*** le en like opp i ansiktet; ***look sby squarely****(=full)* ***in the face*** se en rett i ansiktet;
13.: ***lose face*** tape ansikt;
14.: ***pull a face*** gjøre en grimase; ***pull****(=make)* ***faces*** *(at)* gjøre grimaser (til); ***he pulled a long face*** han ble lang i ansiktet;
15.: ***put a good face on it****(=things)* gjøre gode miner til slett spill *n;*
16.: ***save (one's) face*** redde ansiktet;
17.: ***show one's face*** (våge å) vise seg;
18.: ***I told him the truth to his face*** jeg sa ham sannheten like (*el.* rett) opp i ansiktet;
19: ***in the face of****(=in spite of)* til tross for;
20.: ***on the face of it****(=at first glance)* tilsynelatende.

II. face *vb* **1.** vende mot *(fx the house faces north);*
2. vende ansiktet mot; sitte (,stå) overfor;
3. *bygg:* kle (*with* med); *(=render)* pusse;
4. *fig:* stå overfor *(fx a difficulty);* ***you must face the fact that*** du må avfinne deg med at; **T:** ***face the music*** ta støyten; ta følgene (av det man har gjort); ***I can't face cooking tonight*** jeg orker ikke å lage mat i kveld; ***I can't face him*** jeg kan ikke se ham i øynene *n;*
5.: ***he faced up to his difficult situation*** han tok den vanskelige situasjonen med fatning;
6.: ***be faced with****(=be faced by)* stå overfor.

face card *kortsp* **US***(=court card)* billedkort.

face cloth *(=face flannel;* **US:** *washcloth)* ansiktsklut.

face cream ansiktskrem.

faceless [ˌfeisləs] *adj(=anonymous)* anonym *(fx a faceless civil servant).*

face-lift [ˌfeis'lift] *s; også fig:* ansiktsløftning.

face-lifting [ˌfeis'liftiŋ] *s:* (det å foreta) ansiktsløftning.

face pack *(=face mask)* ansiktsmaske.

I. facet [ˌfæsit] *s* **1.** *på edelsten* fasett;
2. *fig; meget stivt(=aspect; side)* fasett.

II. facet *vb:* fasettslipe; fasettere.

facetious [fəˌsiʃəs] *adj:* spøkefull *(fx remark);* ***don't be facetious*** forsøk ikke å gjøre deg morsom.

face tissue ansiktsserviett.

face value 1. *bankv; merk:* pålydende (verdi); **2.** *fig:* ***take sth at face value*** ta noe for hva det utgir seg for å være.

I. facial [ˌfeiʃəl] *s* **T***(=facial treatment)* ansiktsbehandling.

II. facial *adj:* ansikts-.

facile [ˌfæsail; ˌfæsil] *adj* **1.** *neds:* overfladisk; lettvint *(fx solution);* **2.** *om stil, etc(=moving easily)* lettflytende.

facilitate [fəˌsili'teit] *vb; stivt(=make easier)* gjøre lettere; lette.

facilitation [fə'sili,teiʃən] *s:* lettelse.
facility [fə,siliti] *s; stivt* **1**(*=ease*) letthet; ***he showed great facility in learning languages*** han viste seg å ha svært lett for å lære språk *n;* ***with great facility*** med den største letthet;
2(*=opportunity*) anledning (*fx facilities for golf*);
3. mulighet; ***loan facility*** lånemulighet;
4. *om tilleggsutstyr, etc:* hjelpemiddel; del;
5.: ***facilities*** 1. muligheter; 2. hjelpemidler; utstyr *n;* 3. bekvemmeligheter; ***leisure facilities*** fritidstilbud.
I. facing [,feisiŋ] *s* **1.** fasadebekledning; kledning;
2. *på klesplagg(=reinforcement)* forsterkning.
II. facing *prep; adj:* like overfor; som vender mot; *om togpassasjer:* ***sit facing the engine*** sitte i kjøreretningen.
facsimile [fæk,simili] *s; stivt(=exact copy)* faksimile.
fact [fækt] *s* **1.** faktum *n;* kjensgjerning; virkelighet; ***fact is often stranger than fiction*** virkeligheten overgår ofte fantasien; ***the fact (of the matter) is that*** faktum er at; *(se facts and figures);* ***the hard facts***(*= the naked facts*) de nakne kjensgjerninger; ***a fact of life*** en kjensgjerning (*el.* sannhet) man ikke kommer utenom; en (ubehagelig) sannhet; ***tell the children about the facts of life*** fortelle barna hvor de kommer fra; ***call his attention to the fact*** gjøre ham oppmerksom på forholdet; ***it's a fact that*** det er et faktum at; ***story founded on fact*** beretning som bygger på fakta; ***it has no basis in fact*** det har ingenting med virkeligheten å gjøre; ***know for a fact that*** vite sikkert at; ***straighten out the facts*** få brakt kjensgjerningene på det rene;
2. *jur:* ***question of fact*** realitetsspørsmål; ***in fact and in law*** faktisk og juridisk;
3.: ***as a matter of fact***(*=in fact*) faktisk (*fx as a matter of fact, there's nothing we can do about it; she doesn't like him much – in fact I think she hates him*).
fact-finding [,fækt'faindiŋ] *adj:* ***fact-finding committee*** undersøkelseskommisjon (som skal skaffe til veie realopplysninger); *også:* saklig utvalg.
faction [,fækʃən] *s:* fraksjon (*fx within a party*).
factor [,fæktə] *s:* faktor; forhold *n;* moment *n;* ***the human factor*** den menneskelige faktor; ***safety factor*** sikkerhetsfaktor; ***another factor which must be taken into account*** et annet forhold som må tas i betraktning.
factory [,fæktəri] *s:* fabrikk.
factory effluent fabrikkutslipp.
factory floor(*=floor*) fabrikkgulv; ***on the (factory) floor*** på gulvet.
factory inspection fabrikktilsyn.
factory inspector fabrikkinspektør.
factory-made [,fæktəri'meid] *adj:* fabrikkfremstilt.
factory worker fabrikkarbeider.
factory works *pl(=manufactoring plant)* fabrikkanlegg.
factotum [fæk,toutəm] *s:* faktotum *n;* (*jvf dogsbody*).
facts and figures *pl(=details; precise information)* håndfaste opplysninger.
factual [,fæktʃuəl] *adj* **1.** saklig; ***factual knowledge*** real- kunnskaper; **2.** faktisk; virkelig.
factually [,fæktʃuəli] *adv:* saklig; ***factually untrue*** saklig uriktig.
faculty [,fækəlti] **1.** evne (*fx the faculty(=sense) of hearing*); ***she's got all her faculties*** hun har alle sine åndsevner i behold; **2.** *univ:* fakultet *n* (*fx the Faculty of Arts*).
fad [fæd] *s:* grille (*fx it's only a fad*); ***the latest fad***(*= craze*) siste skrik *n.*
faddist [,fædist] *s; neds:* person som er svært nøye; ***food faddist*** kostholdsfanatiker.
I. fade [feid] *s:* toning; *(se fade-in; fade-out).*
II. fade *vb* **1.** visne;
2. falme; få til å falme; bli blekere;
3. *mask; om bremser:* fade;
4.: ***fade (away)*** svinne; dø hen (*fx the noise faded(= died) away*); ***his strength was fading away***(*=running out*) det lakket mot slutten med kreftene hans; ***his memories of the war had not faded***(*=blurred*) hans minner *(n)* om krigen var ikke blitt mindre klare; ***hopes fade for the missing workers*** håpet svinner for de savnede arbeiderne;
5(*=dim*) dempe (*fx the lights*); viskes ut (*fx the outlines began to fade*);
6. *radio & film:* ***fade in*** tone opp; ***fade out*** tone ut;
7.: ***fade into***(*=blend into; merge into*) gå over i (*fx reds and blues fade into purple*).
faded [,feidid] *adj* **1.** vissen; visnet; **2.** falmet.
fade-in [,feid'in] *s; radio & film:* opptoning.
fading [,feidiŋ] *s:* ***(brake) fading*** fading (av bremser).
fade-out [,feid'aut] *s; radio & film:* uttoning.
faddy [,fædi] *adj(=fussy)* nøye; kresen; ***he's faddy about his food*** han er kresen når det gjelder maten.
faeces (*,US: feces*) [,fi:si:z] *s; pl; fagl (=excrements)* avføring; ekskrementer *n.*
I. fag [fæg] *s* **1. T:** slit *n* (*fx it was a real fag*);
2. S(*=cigarette*) sigarett; **T:** røyk;
3. UK *ved enkelte skoler; om yngre gutt for en eldre:* tjener;
4. US S(*=homosexual*) homoseksuell.
II. fag *vb* **1. T:** ***fag (away)*** jobbe hardt; slite;
2. UK *ved enkelte skoler:* være tjener for.
fag-end [,fæg'end] *s* **1.** siste (og dårligste) rest (*el.* ende) av noe; **2. T**(*=cigarette end*) sigarettstump.
fagged out *adj* **T**(*=exhausted*) utkjørt.
faggot (*,især* **US:** *fagot*) [,fægət] *s* **1.** slags kjøttkake med svinelever, tilsatt brød *(n)* og urter;
2(*=bundle of sticks (used as firewood)*) risknippe;
3. US S(*=homosexual*) homoseksuell.
Fahrenheit [,færən'hait] *s(fk F)* Fahrenheit.
faience, faïence [fai,ɑ:ns' fei,ɑ:ns] *s:* fajanse.
I. fail [feil] *s:* ***without fail***(*=definitely*) helt sikkert (*fx I shall do it tomorrow without fail*).
II. fail *vb* **1.** mislykkes; slå feil; ***my plan failed***(*=went wrong*) planen min slo feil;
2. *skolev:* ikke bestå; stryke (*fx in an exam*); la stryke (*fx they failed him*);
3. *tekn:* svikte (*fx the brakes failed (to work)*);
4. *fig(=let down)* svikte (*fx my courage failed (me)*);
5.: ***fail to*** 1. *stivt:* forsømme å; unnlate å; ***he failed to appear***(*=he didn't come*) han kom ikke; 2(*=not be able to*) ikke klare; ikke kunne; ***she failed to win the prize*** hun vant ikke prisen (,premien).
fail grade *skolev:* strykkarakter (især om bokstavkarakter); (*jvf fail mark; I. grade 2*).
I. failing [,feiliŋ] *s(=fault; weakness)* feil (*fx he has his failings*).
II. failing *adj:* sviktende (*fx health*); ***failing marriages*** ekteskap som er i ferd med å gå i stykker *n.*
III. failing *prep:* i mangel av; hvis … ikke; uten; ***failing (=without) his help, we shall have to try something else*** hvis vi ikke får hans hjelp, må vi prøve noe annet; ***failing that***(*=for want of that*) i mangel av det.
fail mark *skolev:* strykkarakter; (*jvf fail grade*).
fail-safe [,feil'seif] *adj(=foolproof)* feilsikker.
failure [,feiljə] *s* **1.** uheldig utfall *n;* fiasko; ***an utter failure***(*,T: a complete flop*) en dundrende fiasko; ***it was***(*=proved*) ***a failure*** det ble (,var) en fiasko; det slo feil; ***he felt he was a failure*** han følte at han var mislykket;
2. *skolev:* stryk (*fx in an exam*);
3. *tekn:* svikt; ***brake failure*** bremsesvikt;
4(*=bankruptcy*) fallitt; bankerott;
5. *om noe som uteblir el. skuffer:* ***the failure of the spring rains*** det at vårregnet uteblir (,uteble); ***the failure of the coal supply*** det at kullforsyningene svikter (,sviktet);
6.: ***failure to*** 1. *stivt; om unnlatelse:* ***failure to meet the deadline***(*=exceeding the time limit*) oversittelse av

f

fristen; ***his failure to reply was very worrying****(=it was very worrying that he didn't reply)* det at han ikke svarte, ga grunn til bekymring; 2. *om det ikke å kunne:* ***his failure to pass the exam*** det at han ikke stod til eksamen.

I. faint [feint] *s:* besvimelse.

II. faint *vb:* besvime.

III. faint *adj:* svak *(fx a faint(=vague) hope; a faint(=dim) light; a faint scent; a faint(=slight) resemblance);* ***not the faintest*** *(=slightest)* ***chance*** ikke den minste sjanse; ***I haven't (got) the faintest****(=slightest; remotest)* ***idea****(,***T:*** *I haven't the faintest)* jeg har ikke den fjerneste anelse; **2.:** ***I feel faint*** jeg holder på å besvime.

fainting fit besvimelsesanfall.

faintly [ˌfeintli] *adv(=weakly)* svakt.

I. fair [fεə] *s:* marked *n;* ***(industrial) fair*** varemesse.

II. fair *adj* **1.** *om hud & hår:* lys;
2. *litt.(=beautiful)* vakker; *litt.:* skjønn;
3. rettferdig; ***fair's fair*** rett skal være rett; ***by fair means or foul*** med alle midler *n;* ***fair enough****(=all right)* OK; all right; gjerne for meg; greit nok; ***it's only fair*** det er ikke mer enn rett og rimelig; ***all's fair in love and war*** i krig og kjærlighet er alt tillatt; ***be fair to both of them*** yte dem begge rettferdighet; ***they believe they have had less than fair treatment from …*** de mener seg urettferdig behandlet av …; ***in a fair fight*** 1. i ærlig kamp; 2. *fig:* med blanke våpen *n;*
4. *om været:* pent;
5*(=quite good)* nokså bra; ganske bra;
6.: ***their house is a fair size*** huset deres er temmelig stort; ***a fair amount of work*** ganske mye arbeid *n.*

III. fair *adv* **1***(=in a fair way)* rettferdig; ***act fair and square*** være åpen og ærlig; ***play fair*** spille ærlig spill; spille fair play; ***the ball hit me fair and square in the stomach*** ballen traff meg midt i magen;
2. *glds el. dial(=quite)* helt *(fx the question caught him fair off his guard).*

fair game 1. *glds:* vilt *(n)* som det er tillatt å nedlegge; **2.** *fig:* ***he's fair game*** ham er det tillatt å skyte på; ham er det fritt slag overfor.

fairground(s) [ˌfεə'graund(z)] *s:* markedsplass; tivoli *n.*

fairground worker tivoliarbeider.

fair-haired [ˌfεə'hεəd] *adj:* lyshåret; blond.

Fair Isle 1. *geogr; en av Shetlandsøyene:* Fair Isle;
2. slags mangefarget strikkemønster.

fairly [ˌfεəli] *adv* **1.** rettferdig *(fx act fairly);* ***it may be fairly described as*** det kan passende beskrives som; **2***(=quite)* ganske *(fx easy);* ***he's fairly bright*** han er et ganske lyst hode.

fair-minded ['fεəˌmaindid; *attributivt:* ˌfεə'maindid] *adj* **1***(=fair; just)* rettferdig; ***she's strict, but fair -minded*** hun er streng, men rettferdig;
2*(=impartial)* upartisk.

fair-mindedness ['fεəˌmaindidnəs] *s* **1***(=fairness)* rettferdighet; **2***(=impartiality)* upartiskhet.

fairness [ˌfεənəs] *s* **1.** *om hud el. hår:* lys farge;
2. *litt.(=beauty)* skjønnhet; *(jvf II. fair 2);*
3. rettferdighet; ***treat him with fairness****(=treat him fairly)* behandle ham rettferdig; gi ham rettferdig behandling;
4.: ***in (all) fairness*** 1*(=to be quite honest)* i sannhetens interesse; når jeg (etc) skal være (helt) ærlig; 2.: ***I think that in fairness we ought to pay them for their services****(=I think it would be reasonable if we paid them for their services)* jeg synes det er rimelig at vi betaler dem for deres tjenester; 3.: ***in fairness to her*** for å yte henne rettferdighet.

fair play fair play; ærlig spill *n.*

fair sex *spøkef:* ***the fair sex****(=the weaker sex)* det svake kjønn; *spøkef:* det smukke kjønn.

fair-sized [ˌfεə'saizd] *adj:* ganske stor; *(jvf II. fair 6).*

fairy [ˌfεəri] *s* **1.** fe; alv; **2. S***(=male homosexual)* homo; soper; *(jvf I. fag 4 & faggot 3).*

fairy godmother *fig & i eventyr:* god fe.

fairyland [ˌfεəri'lænd] *s:* eventyrland; eventyrverden.

fairy lights *pl:* små kulørte elektriske pærer (til dekorasjon, fx av juletre).

fairy story, fairy tale 1. eventyr *n;* **2.** *fig:* skrøne; løgn.

faith [feiθ] *s* **1.** *rel:* tro; ***his wife is of the Jewish faith*** hans kone er jøde; ***blind faith*** blind tro; ***weak in the faith*** svak i troen; **2***(=trust; belief)* tillit; tiltro (*in* til); tro (*in* på); ***pin one's faith****(=hopes)* ***on sby*** sette sin lit (*el.* sitt håp) til en; **3.:** ***act in bad faith*** handle mot bedre vitende; ***good faith****(=honesty; sincerity):* ***she made her offer in (all) good faith*** hun kom med tilbudet (helt) i god tro.

I. faithful [ˌfeiθful] *s* **1.** *rel:* ***the faithfuls****(=the believers)* de troende;
2*(=the loyal followers)* de trofaste tilhengerne.

II. faithful *adj* **1.** trofast; **2***(=accurate; true)* nøyaktig; **3.** *stivt(=reliable)* pålitelig *(fx worker).*

faithfully [ˌfeiθfuli] *adv* **1.** trofast; lojalt; **2***(=accurately)* nøyaktig; **3.** *i formelt brev som innledes med Dear Sir, Dear Madam, Dear Sirs, etc:* ***Yours faithfully,*** (med) vennlig hilsen.

faithless [ˌfeiθləs] *adj* **1.** *litt.(=unfaithful)* troløs; utro *(fx wife);* **2.** *bibl(=without faith)* vantro.

I. fake [feik] *s* **T 1***(=forgery)* forfalskning; **2.** etterligning *(fx the swords were only fakes);* **3.:** ***his illness is a fake****(=his illness is put on)* sykdommen hans er påtatt; *om person:* ***he's a fake*** han er ikke den han utgir seg for.

II. fake *vb* **T 1.** forfalske *(fx antiques);* **2***(=forge)* etterligne *(fx a signature);* **3***(=simulate)* simulere *(fx he faked a headache).*

III. fake *adj(=counterfeit)* falsk *(fx fake £50 notes);* ***fake****(=phoney)* ***antiques*** falske antikviteter.

faker [ˌfeikə] *s:* ***art faker*** kunstforfalsker.

fakir [fəˌkiə; ˌfeikə] *s:* fakir.

falcon [ˌfɔ:(l)kən; *især* **US:** 'fælkən] *s; zo:* falk.

falconry [ˌfɔ:(l)kənri *især* **US:** 'fælkənri] *s:* falkejakt.

Falkland [ˌfɔ:klənd] *s; geogr:* ***the Falkland Islands****(=the Falklands)* Falklandsøyene.

I. fall [fɔ:l] *s* **1.** fall *n;* ***a ten-metre fall*** et fall på ti meter; ***have a fall*** falle; ***a fall from a great height*** et fall fra stor høyde; ***a fall in temperature*** et temperaturfall; ***a very heavy fall of snow in the night*** et meget kraftig snøfall om natten; *(jvf snowfall);*
2. *mil(=capture)* fall *n;* ***the fall of the city*** byens fall;
3. *fig:* fall *n;* ***a fall****(=drop)* ***in prices*** et prisfall; *ordspråk:* ***pride goes before a fall*** hovmod *(n)* står for fall; ***ride for a fall*** utfordre skjebnen; ***he's riding for a fall*** det ender med forferdelse for ham;
4. *rel:* ***the fall of man*** syndefallet;
5. US*(=autumn)* høst;
6.: ***falls*** vannfall; foss *(fx the Victoria Falls).*

II. fall *vb(pret: fell; perf.part.: fallen)* **1.** falle; *teat:* ***the curtain falls*** teppet faller; ***Christmas Day falls on a Sunday*** 1. juledag faller på en lørdag; ***prices have fallen recently*** prisene har falt i det siste;
2*(=be captured; be defeated)* falle;
3*(=slope)* skråne; falle *(fx the ground fell towards the river); (se også 9);*
4. *om mørke el. natt:* falle på; senke seg;
5.: ***her face fell*** hun ble lang i ansiktet;
6. T: ***they fell about laughing*** de holdt på å le seg i hjel; ***our plans fell about our ears*** våre planer falt (fullstendig) i fisk;
7.: ***fall apart*** 1*(=fall to pieces)* falle fra hverandre; 2. *fig:* gå i stykker *n (fx their marriage fell apart);*
8.: ***fall asleep*** sovne;
9.: ***fall away*** 1*(=slope downwards)* falle; ***the ground fell away steeply*** det gikk bratt nedover; 2. *om menneskemengde:* løse seg opp; gå sin vei; 3.: ***the years suddenly fell away*** det var plutselig som om de mellomliggende årene *(n)* ikke skulle ha eksistert; 4. falle

bort; ***the strongest reason for dissatisfaction had*** fallen away den største grunnen til misnøye var falt bort;
10.: ***fall back****(=move back)* trekke seg tilbake; gi plass; vike unna;
11. *fig:* ***fall back on*** falle tilbake på; ty til; ***have sth to fall back on*** ha noe å falle tilbake på;
12. *også fig:* ***fall behind*** sakke akterut; ***fall behind with the rent*** komme på etterskudd med husleien;
13.: ***fall down*** 1. falle ned; 2. **T:** ***fall down on the job*** ikke strekke til i jobben;
14.: ***fall flat*** 1. falle så lang man er; 2. *om spøk, etc* **T:** ikke gjøre lykke; falle til jorden *(fx his jokes fell flat);* bli en fiasko *(fx his booby trap fell flat);*
15.: ***fall for*** **T** 1*(=be deceived by; swallow)* la seg lure av; **T:** gå på; 2*(=fall in love with)* falle for; bli forelsket i;
16.: ***fall foul of*** 1. *mar(=collide with)* kollidere med; 2*(=get into trouble with)* legge seg ut med;
17.: ***fall from*** 1. falle ned fra; 2*(=fall off)* falle av; ***he fell from his bicycle*** han falt av sykkelen;
18. *fig:* ***the higher you go, the further you fall*** jo høyere man kommer, desto dypere faller man;
19.: ***fall in*** 1*(=collapse)* styrte sammen; 2. *mil:* stille opp; *int:* oppstilling!
20.: ***fall into*** 1. falle i; *fig:* ***fall into sby's hands*** falle i hendene på en; ***fall into a deep sleep*** falle i dyp søvn; 2. *fig(=lapse into)* henfalle til; 3. *fig:* la seg dele inn i; 4. *fig:* ***fall into line*** innordne seg; ***fall into line behind Britain****(=rally round Britain)* slutte opp om Storbritannia; 5.: ***fall into place*** falle på plass;
21.: ***fall in with*** 1*(=agree with)* slutte seg til; være enig i *(fx he fell in with my suggestion);* 2. treffe *(fx on the way home he fell in with a friend);*
22.: ***fall off*** 1. falle av; 2. *mar:* falle av; 3. *fig; om fremmøte; omsetning, etc:* gå tilbake; avta;
23.: ***fall on*** 1. falle (ned) på; *fig:* ***fall on one's feet*** falle ned på bena *n;* 2*(=attack)* kaste seg over;
24.: ***fall out*** 1. falle ut; 2. *om hår(=come out)* falle av; 3*(=quarrel)* bli uvenner (*with* med); 4. *mil:* tre ut;
25.: ***fall over*** 1. falle om; 2. *fig:* ***fall over oneself****(=do more than is expected;* **T:** *lean over backwards)* være overivrig *(fx he fell over himself to be as helpful as possible);* ***they were falling over each other to get it*** de nesten sloss om å få det (,den);
26.: ***fall short*** 1. ikke nå målet *(fx the bomb fell short);* 2. *fig:* ikke strekke til; ***the money falls short of what we need*** pengene strekker ikke til;
27.: ***fall through*** 1. falle gjennom; 2*(=fail)* slå feil;
28.: ***fall to*** 1. *især fig:* ***fall to the ground*** falle til jorden; 2. *om aktivitet:* ta fatt; 3. *om oppgave, etc:* falle på; 4. *jur(=devolve on)* tilfalle;
29.: ***fall to bits****(=pieces)* falle fra hverandre (i sine enkelte bestanddeler);
30.: ***fall under*** 1. falle under *(fx a car);* 2. *fig(=come within)* høre (inn) under; falle inn under.
fallacious [fəˌleiʃəs] *adj; stivt* **1***(=erroneous)* feilaktig; **2***(=misleading)* misvisende.
fallacy [ˌfæləsi] *s; stivt(=false idea; wrong belief)* feilslutning; ***the fallacy of (-ing)*** det misvisende i å …
fallen [ˌfɔ:lən] *vb; pret av II. fall.*
fall guy *især* **US T 1***(=sucker)* lettlurt tosk; **2***(=scapegoat)* syndebukk.
fallible [ˌfælibl] *adj; stivt(=likely to make mistakes)* feilbarlig; *(jvf infallible).*
fall-in [ˌfɔ:l'in] *s; mil:* oppstilling.
falling [ˌfɔ:liŋ] *adj:* fallende *(fx prices).*
falling-off [ˌfɔ:liŋˌɔf] *s:* nedgang; minsking.
falling star*(=shooting star)* stjerneskudd.
Fallopian tube *anat(=oviduct)* eggleder.
fallout [ˌfɔ:l'aut] *s* **1.:** (radioactive) ***fallout*** (radioaktivt) nedfall;
2. *fig(=consequence(s)):* ***the political fallout from this*** de politiske konsekvenser av dette.

I. fallow [ˌfælou] *s(=fallow field)* brakkmark.
II. fallow *adj:* brakk *(fx let the field lie fallow).*
III. fallow *adj:* gulbrun.
fallow buck *zo:* dåhjort; *(jvf doe).*
fallow deer *zo:* dådyr.
false [fɔ:ls] *adj* **1***(=wrong; untruthful)* gal; usann; uriktig; falsk;
2*(=bogus)* falsk *(fx false police officers);*
3. *om dokument el. underskrift(=forged)* falsk;
4. *tekn:* falsk; ***false air*** falsk luft;
5. *om person(=insincere)* falsk; ***be false to sby*** være falsk mot en;
6. *mus:* falsk; ***a false note*** en falsk tone;
7.: ***under false pretences*** på falske premisser.
false alarm falsk alarm.
false colours *pl: også fig:* ***sail under false colours*** seile under falsk flagg.
false hair(piece): ***tress of false hair(piece)*** løsflette.
falsehood [ˌfɔ:ls'hud] *s; stivt(=lie)* løgn; usannhet.
false imprisonment *jur:* urettmessig frihetsberøvelse.
falsely [ˌfɔ:lsli] *adv(=wrongly)* falskt; ***he was accused quite falsely of (-ing)*** han ble helt urettferdig beskyldt for å …
false modesty falsk beskjedenhet.
false move *fig(=wrong move)* feiltrekk; uheldig trekk *n.*
false start 1. *sport:* feilstart; tjuvstart; ***make a false start*** *(,***T:** *jump the gun)* tjuvstarte; **2.** *fig:* ***after several false starts he eventually made a success of his business*** etter å ha kommet skjevt ut flere ganger fikk han omsider forretningen til å lønne seg.
false step *fig:* feiltrinn; uklok handling.
false teeth *(=artificial teeth; denture(s))* gebiss *n.*
I. falsetto [fɔ:lˌsetou] *s; mus(=falsetto voice)* falsett; ***sing in falsetto*** synge i falsett.
II. falsetto *adj; mus:* falsett-.
III. falsetto *adv; mus:* i falsett *(fx sing falsetto).*
falsification ['fɔ:lsifiˌkeiʃən] *s:* forfalskning.
falsify [ˌfɔ:lsi'fai] *vb* **1***(=forge)* forfalske; ***falsify****(,***T:** *cook; fiddle)* ***the accounts*** forfalske regnskapene *n;* **2***(=misrepresent)* fremstille galt.
falsity [ˌfɔ:lsiti] *s* **1.** *stivt(=falseness)* falskhet; **2***(=untruthfulness)* usannhet.
falter [ˌfɔ:ltə] *vb* **1.** *glds(=stumble)* snuble;
2. *stivt(=hesitate; waver)* nøle; snakke nølende; bli usikker; ***he faltered****(=stammered)* ***out a few words of thanks*** han fikk stammet frem en takk;
3. *stivt(=fail)* svikte; ***(the) business was faltering*** forretningen begynte å gå dårlig;
4. *om motor; stivt(=miss)* fuske.
faltering [ˌfɔ:ltəriŋ] *adj* **1***(=uncertain)* usikker; vaklende; **2***(=hesitant)* nølende; famlende.
fame [feim] *s(=celebrity; renown)* berømmelse; ry *n.*
famed [feimd] *adj; stivt(=well-known; famous)* (vel) kjent; berømt; ***famed for*** vel kjent for; berømt for.
familiar [fəˌmiliə] *adj* **1.** kjent; velkjent *(fx figure);* ***he looks very familiar (to me)*** det er noe meget kjent ved ham; ***be on familiar ground*** være på kjent grunn;
2.: ***be familiar with*** ha kjennskap til; være fortrolig med; ***be very familiar with****(=know very well)* ha meget godt kjennskap til; ***make oneself familiar with****(=get to know)* gjøre seg kjent (*el.* fortrolig) med;
3. *stivt el. neds(=too familiar)* familiær; ***familiar behaviour*** familiær opptreden;
4.: ***be on familiar terms with sby*** stå på en fortrolig fot med en; være dus med en.
familiarity [fə'miliˌæriti] *s* **1.** familiaritet; *pl også:* intimiteter; familiære bemerkninger; *ordspråk:* ***familiarity breeds contempt*** *intet tilsv; kan gjengis:* 1. man mister lett respekten for den man kjenner godt; 2. vanen gjør mindre aktsom; man kan lett føle seg for flink (og dermed bli mindre aktpågiven); **2.:** ***familiarity with*** kjennskap til; fortrolighet med; **3.** *stivt:* ***be on terms of familiarity with****(=be on familiar terms with)* stå på en fortrolig fot med; være dus med.

familiarize, familiarise [fəˌmiljə'raiz] *vb; stivt* **1**(=*make generally known)* gjøre alminnelig kjent *(fx the news media have familiarized this word);* **2.:** ***familiarize oneself with***(=*make oneself familiar with; get to know)* gjøre seg kjent med; sette seg inn i.
family [ˌfæm(i)li] *s* **1.** familie; ***divided families*** splittede familier; ***she's one of the family*** hun tilhører familien; ***it runs in the family*** det ligger til familien;
2. (ektefelle og) barn *n (fx have you got any family?);* ***she has a grown-up family*** hun har voksne barn; ***have a wife and family to support*** ha kone og barn å forsørge; ***large families*** barnerike familier;
3. *zo, etc:* slekt *(fx the cat family);* familie;
4. T: ***be in the family way***(=*be expecting)* være med barn *n;* **T:** være på vei.
family bliss familielykke.
family business familieforetagende; ***run as a family business***(=*run on family lines)* drive som et familieforetagende.
family doctor huslege.
family man 1. familiefar; mann med kone og barn *(n)* å forsørge; **2.** hjemmemenneske.
family name familienavn; etternavn.
family planning familieplanlegging; barnebegrensning.
family responsibilities *pl:* forsørgelsesbyrde; *(jvf dependant).*
family room allrom.
family silver(=*silver heirlooms)* arvesølv.
family tree stamtre.
famine [ˌfæmin] *s* **1.** *glds(=starvation)* hungersnød; **2**(=*great shortage)* stor mangel; ***wheat famine*** stor mangel på hvete; feilslått hvetehøst.
famine prices *pl:* dyrtidspriser.
famine relief katastrofehjelp for sultrammet område *n.*
famine-stricken [ˌfæmin'strikən] *adj:* sultrammet.
famished [ˌfæmiʃt] *adj* **T**(=*very hungry)* skrubbsulten.
famous [ˌfeiməs] *adj* **1.** berømt *(for* for); *iron:* ***so that's your famous car!*** jasså, er det den berømte bilen din? **2.** *glds* **T**(=*super)* veldig fin(t); super(t); flott.
famously [ˌfeiməsli] *adv* **T**(=*splendidly)* utmerket; helt fint; ***they all get on famously (together)*** de kommer alle sammen meget godt overens.
I. fan [fæn] *s* **1.** vifte; ***cooling fan*** kjølevifte; **2.** *flyv* **S**(=*propeller)* propell; **3.** begeistret tilhenger; beundrer; fan; ***he certainly didn't disappoint his home fans*** han skuffet sannelig ikke sitt hjemmepublikum; **4.** *vulg:* ***when the shit hits the fan***(=*when the real trouble begins)* når det blir riktig jævlig.
II. fan *vb* **1.** vifte *(fx fan oneself with a newspaper);*
2. blåse på; puste til *(fx the fire);*
3. *litt.; fig:* puste til; gjøre verre; ***fan the flames***(=*add fuel to the fire)* puste til ilden;
4.: ***fan out*** spre (i vifteform); spre seg *(fx the crowd fanned out across the square).*
fanatic [fəˌnætik] *s:* fanatiker.
fanatical [fəˌnætikəl] *adj:* fanatisk.
fanaticism [fəˌnæti'sizəm] *s:* fanatisme.
fan belt *mask:* viftereim.
fancied [ˌfænsid] *adj* **1**(=*imaginary)* innbilt; ***fancied affronts*** innbilte fornærmelser; **2.** favoritt-; som man tror vil vinne *(fx he was a fancied runner).*
fancier [ˌfænsiə] *s; i sms:* -oppdretter *(fx a pigeon fancier);* -dyrker *(fx a rose fancier);* ***bird fancier***(=*bird dealer)* fuglehandler.
fanciful [ˌfænsiful] *adj:* uvirkelig; fantastisk; fantasirik; med mange innfall *(fx she's a very fanciful girl);* ***that idea is rather fanciful*** den idéen er litt vel fantastisk.
I. fancy [ˌfænsi] *s* **1.** *især litt.:* innbilning; innbilningskraft; fantasi; ***is it just my fancy, or did I hear a knock at the door?*** er det bare noe jeg innbiller meg, eller var det ikke noen som banket på døren? ***in the realm of fancy***(=*in the world of (mere) fancy)* i fantasiens rike; **2**(=*whim)* innfall *n;* lune *n;* grille; ***it was only a passing fancy*** det var bare et lune;
3.: ***tea fancies***(=*French pastries)* konditorkaker;
4.: ***it took***(=*caught)* ***his fancy*** han ble begeistret for det; ***she just buys anything that takes her fancy*** hun kjøper det som faller henne inn; ***take a fancy to***(=*become fond of)* bli begeistret for; legge sin elsk på.
II. fancy *vb* **1. T:** ha lyst på *(fx a cup of tea);* like (tanken på) *(fx I don't fancy the idea);* **2.** *stivt(=think)* tro *(fx I fancy I know the man you mean);* ***I rather fancy he's gone out*** jeg tror nesten han har gått ut; **3**(=*imagine)* tenke seg; forestille seg; ***fancy that!*** tenke seg til! ***fancy meeting you here!*** tenke seg til å møte deg her! tenk at jeg skulle møte deg her! **4.:** ***fancy oneself*** 1. *neds* **T:** tro en er noe; være innbilsk; 2.: ***she always fancied herself as an actress*** hun så alltid seg selv som skuespiller; 3.: ***he fancied himself in the role of organizer*** han nøt rollen som organisator.
III. fancy *adj* **1.** mønstret; ***fancy wallpaper*** mønstret tapet; **2.** pyntet; med pynt; dekorert; pynte-; ***nothing fancy*** noe enkelt noe; *om bevertning:* ***there'll be nothing fancy*** det blir (bare) i all enkelhet;
3. *iron(=precious):* ***you and your fancy friends*** du og disse vennene dine;
4. *om pris(=exorbitant)* ublu.
fancy apron pynteforkle.
fancy dress karnevalsdrakt; kostyme *n.*
fancy-dress [ˌfænsi'dres] *adj:* ***fancy-dress ball*** karneval *n.*
fancy-free ['fænsiˌfri:] *adj:* ugift; uforlovet; fri og frank *(fx he's fancy-free).*
fancy goods *(=knickknacks)* galanterivarer.
fancy man S 1 *(=pimp)* hallik; **2.** elsker; ***her fancy man*** elskeren hennes; **S:** typen hennes.
fancy material mønstret stoff *n.*
fancy price fantasipris; ublu pris.
fancy shop galanterihandel.
fanfare [ˌfænfɛə] *s:* fanfare; *sport:* ***final***(=*closing)* ***fanfare*** avslutningsfanfare; ***when the opening fanfare sounded*** da åpningsfanfaren lød.
fang [fæŋ] *s* **1.** *zo:* gifttann; hoggtann; **2. S:** ***fangs***(=*teeth)* tenner *(fx clean your fangs!).*
fan heater: ***(electric) fan heater*** (elektrisk) vifteovn.
fanlight [ˌfæn'lait] *s:* halvrundt vindu (over dør el. annet vindu).
fan mail brev *n* (,post) fra beundrere.
fanny pack *sport; slags smal rumpetaske:* drikkebelte.
fantast [ˌfæntæst] *s:* fantast.
fantastic [fænˌtæstik] *adj:* fantastisk.
fantasy *(=phantasy)* [ˌfæntəsi] *s:* fantasi; fantasibilde; *mus:* fantasi; ***sexual fantasies*** seksuelle fantasier; ***have fantasies about*** fantasere om.
fantasy world(=*world of make-believe)* fantasiverden.
I. far [fɑ:] *adj* **1.** *av to:* andre; ***the far window*** vinduet i den andre enden av rommet; ***on the far side of the lake*** på den andre (*el.* motsatte) siden av sjøen; ***the far side of the moon*** baksiden av månen; ***when he reached the far bank*** da han kom over på den andre siden av elven; **2**(=*far-off)* fjern *(fx in a far country);* ***in the far distance*** i det fjerne.
II. far *adv* **1.** langt *(fx how far did you walk? we didn't get far);* ***far away*** langt borte; *også fig:* ***he's far away*** han er langt borte; ***from far away***(=*from far off; from a long way away)* på lang avstand; på langt hold; på lang lei; ***is it far?*** er det langt (borte)? ***it's not far from here*** det ligger ikke langt herfra; ***how far are you going?*** hvor langt skal du?
2. *forskjellige forb:* ***far and away the best*** langt den beste; ***from far and near*** fra nær og fjern; ***far and wide***(=*everywhere)* overalt; vidt og bredt *(fx they advertised the event far and wide);* ***as far as the station*** så langt som til stasjonen; ***as***(=*so)* ***far as I know*** så vidt jeg vet; ***he didn't walk as***(=*so)* ***far as his friends*** han gikk ikke så langt som vennene sine; ***she's the best***

teacher we have by far hun er langt den beste læreren vi har; ***they have by far the largest family in the village*** de er den familien i landsbyen som har langt de fleste barn *n;* ***far from*** 1. langt (borte) fra; 2. langtfra *(fx he's far from well; his work is far from (being) satisfactory);* **T** *ofte spøkef:* ***far be it from me to*** det være langt fra meg å; det er absolutt ikke min hensikt å; ***far be it from me to ask embarrassing questions, but I must find out the facts*** jeg har absolutt ikke noe ønske om å stille pinlige spørsmål, men jeg må bringe fakta *(n)* på det rene; ***so far*** 1*(=until now)* hittil *(fx so far we have been quite successful);* 2. så langt *(fx now that we have come so far);* ***we can get so far but no further on this project without more help*** lenger enn hit kommer vi ikke med dette prosjektet uten mer hjelp; ***without more information we can progress only so far*** lenger (enn hit) kommer vi ikke uten flere informasjoner; ***thus far:*** *se ovf:* ***so far; far too*** altfor *(fx far too big).*

faraway [ˌfɑ:rəˈwei] *adj(=distant)* fjern *(fx faraway countries).*

farce [fɑ:s] *s; teat & fig:* farse.

farcical [ˌfɑ:sikəl] *adj:* farseaktig; latterlig; absurd.

I. fare [fɛə] *s* **1.** billettpris; ***pay one's fare*** løse billett; ***what's the fare from Salisbury to Allington?*** hva koster billetten fra Salisbury til Allington? ***any more fares, please?*** er det flere som ikke har løst billett? **2.** *om drosje:* tur; passasjer; ***cab fare*** drosjeregning; ***jump a ten-pound fare*** stikke av fra en drosjeregning på ti pund; **3.** *stivt el. litt.(=food)* kost; ***simple fare*** enkel kost; ***bill of fare****(=menu)* meny.

II. fare *vb; stivt el. litt.(=manage)* klare seg *(fx how did you fare in the examination?).*

fare meter*(=taximeter;* **T:** *clock)* taksameter *n.*

fare stage takstsone; takstgrense.

farewell [fɛəˌwel] *s:* farvel *n;* avskjed; *stivt:* ***say farewell****(=goodbye)* ***to*** ta avskjed med; si adjø til; *glds, litt. el. spøkef:* ***take a tender farewell of****(=say goodbye tenderly to)* ta ømt avskjed med.

farewell party*(=leaving party)* avskjedsselskap.

farewell present*(=leaving present)* avskjedsgave.

far-fetched [ˌfɑ:ˌfetʃt; *attributivt:* ˌfɑ:ˈfetʃt] *adj(=unlikely; improbable)* søkt; usannsynlig.

I. farm [fɑ:m] *s* **1.** gård; gårdsbruk; *større:* farm; **2.: chicken farm***(=poultry farm)* hønseri *n;* ***fish farm*** sted *(n)* hvor det drives fiskeoppdrett; *(jvf fish-farming).*

II. farm *vb* **1.** drive gård; **2.:** ***farm****(=cultivate)* ***the land*** dyrke jorda; **3.:** ***farm fish*** drive fiskeoppdrett; **4.:** ***farm out*** 1. sette bort *(fx work to other people);* 2. *om barn:* sette bort (i pleie); ***farm out one's children*** la fremmede passe barna *(n)* sine.

farm animal*(=domestic animal)* husdyr.

farmed [fɑ:md] *adj:* ***farmed fish*** oppdrettsfisk; ***farmed salmon*** oppdrettslaks.

farmer [ˌfɑ:mə] *s:* bonde; gårdbruker; *som driver farm:* farmer; ***tenant farmer****(,jur: freeholder)* oppsitter.

farm hand *lett glds(=farm labourer)* gårdsarbeider.

farmhouse [ˌfɑ:mˈhaus] *s:* våningshus.

farming [ˌfɑ:miŋ] *s:* gårdsdrift; landbruk; jordbruk.

farming community bondesamfunn.

farmland [ˌfɑ:mˈlænd] *s:* landbruksjord; dyrkbar jord; dyrket jord *(el.* mark); bondeland; åkerland.

farm lane gårdsvei.

farm salmon *(=farmed salmon)* oppdrettslaks.

farmstead [ˌfɑ:mˈsted] *s; stivt(=farm)* gård.

farm stall kiosk hvor gårdsprodukter selges.

farmyard [ˌfɑ:mˈjɑ:d] *s; på gård:* tun *n;* gårdsplass.

Faroe*(=Faeroe)* [ˌfɛərou] *s; geogr:* ***the Faroe Islands****(=the Faeroes)* Færøyene.

far-off [ˌfɑ:ˈrɔf]; *etteranstilt:* ***far off*** [ˈfɑ:ˌrɔf] *adj:* fjern; langt borte.

far-reaching [ˈfɑ:ˌri:tʃiŋ; *attributivt:* ˌfɑ:ˈri:tʃiŋ] *adj:* vidtrekkende.

I. farrow [ˌfærou] *s:* kull *(n)* (av smågriser).

II. farrow *vb:* få grisunger; grise.

far-sighted [ˈfɑ:ˌsaitid; *attributivt:* ˌfɑ:ˈsaitid] *adj:* vidtskuende; fremsynt.

I. fart [fɑ:t] *s:* fjert; *vulg:* fis.

II. fart *vb:* fjerte; *vulg:* fise.

farther [ˌfɑ:ðə] *adj & adv; komp av far: se further.*

farthest [ˌfɑ:ðist] *adj & adv; superl av far: se furthest.*

fascinate [ˌfæsiˈneit] *vb:* fascinere; fengsle; fortrylle.

fascinating [ˌfæsiˈneitiŋ] *adj:* fascinerende; fengslende; fortryllende.

fascination [ˈfæsiˌneiʃən] *s:* fortryllelse.

fascism [ˌfæʃizəm] *s:* fascisme.

I. fashion [ˌfæʃən] *s* **1.** *stivt(=way; manner)* måte; manér; ***after****(=in)* ***a fashion*** på en slags måte *(fx I mended it, after a fashion);* ***speak French after a fashion*** snakke fransk på et slags vis; ***after the fashion of sailors****(=sailor-fashion; seamanlike)* på sjømannsvis; **2.** mote; moten *(fx fashion changes every season; follow the fashion);* ***young fashion(s)*** unge moter; ungdomsklær; ***it's the fashion to*** det er moderne å; det er på mote å; ***be in (,come into) fashion*** være på (,komme på) mote; være (,bli) moderne; ***be (,go) out of fashion*** være umoderne (,gå av mote; bli umoderne); ***she's always dressed in the very latest fashion*** hun er alltid helt moteriktig kledd.

II. fashion *vb:* forme *(fx sth out of clay).*

fashionable [ˌfæʃənəbl] *adj* **1***(=in fashion)* moderne; moteriktig; **2***(=patronized by people of fashion)* fasjonabel.

fashion designer motetegner.

fashion parade*(=fashion show)* moteoppvisning.

I. fast [fɑ:st] *s:* faste; ***break one's fast*** bryte fasten.

II. fast *vb:* faste.

III. fast *adj* **1.** hurtig; rask; ***my watch is two minutes fast*** klokken min går to minutter for fort; **2***(,***T:** *easy)* lettlivet; løs på tråden *(fx woman);* **3.:** ***live a fast life****(,***T:** *live life in the fast lane)* leve sterkt; **4.** *om farge:* vaskeekte; ***fast (to light)****(=sun-resisting; især* **US:** *sunfast)* lysekte; **5.:** ***a hard and fast rule*** en fast regel; **6. T:** ***pull a fast one*** ta en spansk en; ***pull a fast one on sby****(=play a trick on sby)* gjøre en spillopp med en; holde leven med en.

IV. fast *adv* **1.** raskt; hurtig; fort; ***go fast*** kjøre fort; **2.:** ***make fast*** feste; gjøre fast; **3.:** ***play fast and loose with*** 1. leke med *(fx a girl's feelings);* 2. behandle skjødesløst; skalte og valte med; **4.:** ***be fast asleep*** sove fast; ***fall fast asleep*** falle i dyp søvn.

fasten [ˌfɑ:sən] *vb* **1.** fastgjøre; feste; ***fasten one's seat belt****(,***US:** *hook up; Canada: buckle up)* ta på seg bilbeltet; **2.:** ***the dress fastens down the back*** kjolen kneppes igjen bak (,har glidelås i ryggen); **3.:** ***fasten on*** 1. feste på *(fx fasten sth on sth);* 2. *fig (=seize on)* slå ned på; henge seg i; 3. *fig:* ***fasten the blame on sby*** legge skylden på en.

fastener [ˌfɑ:sənə] *s* **1.** *på smykke, veske, etc:* lås; ***zip fastener*** glidelås; **2.** *tøm:* ***corrugated fastener*** bølgestift.

fastening [ˌfɑ:səniŋ] *s* **1.** fastgjøring; **2.** festeanordning.

fast food hurtigmat; minuttmat; ferdigmat; *(jvf junk food).*

fastidious [fəˌstidiəs] *adj(=fussy)* kresen *(fx about one's food);* forvent *(fx a fastidious old lady).*

fastidiousness [fəˌstidiəsnəs] *s(=fussiness)* kresenhet; forventhet.

fast lane T: ***live life in the fast lane*** *(=live a fast life)* leve sterkt.

fast liver en som lever sterkt; en som lever livet; levemann; ***be a fast liver****(,***T:** *live it up)* leve livet.
fast living det å leve sterkt; det å leve livet.
fastness [ˌfɑ:stnəs] *s* **1.** *om farge:* (lys)ekthet;
2. *stivt(=stronghold; fortress)* befestet sted *n;* festning.
fast talk S*(=sales talk)* salgsprat.
I. fat [fæt] *s* **1.** fett *n;* ***cooking fat*** stekefett; ***deep fat*** frityr;
2*(=fatty substance)* fettstoff; ***animal fats*** animalske fettstoffer; ***edible fats*** spiselige fettstoffer;
3. fedme; ***put on fat****(=run to fat)* legge seg ut;
4.: ***the fat's in the fire*** fanden er løs; nå er hundreogett ute.
II. fat *adj* **1.** fet; ***fat legs*** tykke ben *n;* ***be getting fat*** *(= be putting on fat)* være i ferd med å bli tykk;
2. T *spøkef el. iron:* ***make a fat****(=big)* ***profit*** tjene store penger; ***a fat lot*** ikke stort; ikke rare greiene; **3***(=big; thick):* ***a fat log of wood*** en stor vedkubbe.
fatal [ˌfeitəl] *adj:* skjebnesvanger; dødelig; drepende *(fx shot);* ***fatal accident*** dødsulykke; ***fatal issue*** dødelig utgang; ***prove fatal*** få en dødelig utgang; være dødelig.
fatality [fəˌtæliti] *s* **1.** skjebnebestemthet;
2. dødsulykke; ***road fatality****(=fatal road accident)* dødsulykke i trafikken;
3*(=deadliness)* dødelighet *(fx of a disease);*
4. dødsoffer.
fatally [ˌfeitəli] *adv:* skjebnesvangert; ***fatally wounded*** dødelig såret.
fat content fettinnhold; fettgehalt.
fate [feit] *s* **1.** skjebnen; ***hard fate****(=misfortune)* vanskjebne; hard skjebne; **2.** skjebne; ***a terrible fate awaited her*** en fryktelig skjebne ventet henne; ***decide his fate*** avgjøre hans skjebne; ***fate decided otherwise*** skjebnen ville det annerledes; ***leave sby to their fate*** overlate en til ens skjebne.
fated [ˌfeitid] *adj:* skjebnebestemt; forutbestemt; ***it was fated that …*** skjebnen ville at …
fateful [ˌfeitful] *adj:* skjebnesvanger *(fx decision).*
I. father [ˌfɑ:ðə] *s* **1.** *også fig:* far;
2. *kat.:* ***Father*** pater *(fx Father Brown);*
3. *kat.:* ***the Our Father****(=the Lord's Prayer)* fadervår;
4.: ***the wish is father to the thought*** man tror det man gjerne vil tro;
5. *ordspråk:* ***like father like son*** eplet faller ikke langt fra stammen.
II. father *vb* **1.** *stivt(=be the father of)* være far til; **2.** opphavsmann; ***father an article on sby*** utpeke en som opphavsmann til en artikkel.
Father Christmas *(,især* **US:** *Santa Claus)* julenissen.
fatherhood [ˌfɑ:ðə'hud] *s:* farskap; det å være far.
father-in-law [ˌfɑ:ðərin'lɔ:] *s(pl: fathers-in-law)* svigerfar.
fatherless [ˌfɑ:ðələs] *adj:* farløs.
fatherly [ˌfɑ:ðəli] *adj:* faderlig.
I. fathom [ˌfæðəm] *s; mar(=six feet)* favn.
II. fathom *vb* **1.** *mar:* lodde; favne opp; **2.** *fig:* lodde (dybden i); forstå; ***I can't fathom why*** jeg forstår ikke hvorfor.
fatigue [fəˌti:g] *s* **1.** *stivt(=tiredness)* tretthet; **2.** *tekn:* ***metal fatigue*** materialtretthet i metallet; **3.:** ***fatigues*** 1. anstrengelser; slit *n;* 2. *mil; især som straff(=fatigue duty)* arbeidstjeneste; leirtjeneste; 3. *mil(=fatigue dress)* arbeidsuniform.
fatness [ˌfætnəs] *s:* fedme; det å være tykk.
fat suction *med.(=liposuction)* fettsuging.
fatted calf: ***kill the fatted calf*** slakte gjøkalven.
fatten [ˌfætən] *vb:* ***fatten (up)*** **1.** fete opp; gjø; **2.** bli fet; bli fetere.
fatty [ˌfæti] *adj:* fet; fettholdig *(fx a fatty diet).*
fatty acid *kjem:* fettsyre; ***(un)saturated fatty acid*** (u)mettet fettsyre.
fatty tissue *fysiol(=adipose tissue)* fettvev.
fatuous [ˌfætjuəs] *adj; stivt(=foolish; inane)* tåpelig; åndløs *(fx make fatuous remarks).*
faucet [ˌfɔ:sit] *s* **US***(=tap)* kran; vannkran.
I. fault [fɔ:lt] *s* **1.** feil *(fx it was my fault);* ***through no fault of one's own*** uten egen skyld; ***the fault has now been put right*** feilen er nå rettet opp; ***be at fault****(=be wrong; be to blame)* ha skylden; ***she was at fault for letting him into the house*** det var galt av henne at hun slapp ham inn i huset; *stivt:* ***find fault with****(=fault;* **T:** *knock)* finne noe å utsette på; kritisere;
2. *mask(=defect)* feil;
3. *tennis, etc:* feil *(fx a foot fault);*
4. *stivt:* ***to a fault****(=excessively; much too):* ***he was cautious to a fault*** han var altfor forsiktig.
II. fault *vb* **1***(=find fault with)* finne noe å utsette på *(fx you can't fault his English);*
2. *sport:* ***he was faulted for it*** han ble dømt feil for det.
faultless [ˌfɔ:ltləs] *adj:* feilfri.
faultlessly [ˌfɔ:ltləsli] *adv:* feilfritt.
faultlessness [ˌfɔ:ltləsnəs] *s:* feilfrihet.
faulty [ˌfɔ:lti] *adj:* med feil; defekt.
fauna [ˌfɔ:nə] *s:* fauna; dyreliv.
faux pas ['fouˌpɑ:] *s(pl: faux pas* ['fouˌpɑ:z]*) stivt(= social blunder; indiscretion)* bommert; feil; indiskresjon.
I. favour *(,***US:** *favor)* [ˌfeivə] *s* **1***(=service)* tjeneste; ***ask a favour of sby*** be en om en tjeneste; ***do sby a favour*** gjøre en en tjeneste; ***would you do it as a favour to me?****(=would you do it to do me a favour?)* ville du gjøre det for å gjøre meg en tjeneste?
2. gunst; velvilje; ***(mark of) favour*** gunstbevisning; ***that's a point in his favour*** det taler til hans fordel; ***in favour of*** til fordel for; til gunst for; i favør av; ***be in favour of sth*** være for noe; ***fall out of favour with*** falle i unåde hos; *stivt:* ***without fear or favour****(=without respect of persons)* uten persons anseelse;
3. *sport:* ***favours*** emblem *n;* merke *n (fx the favours of the team's supporters were red and white ribbons).*
II. favour *(,***US:** *favor) vb* **1***(=support)* støtte; begunstige; ***fortune favoured him*** lykken stod ham bi; ***fortune favours the brave****(=bold)* lykken står den djerve bi; **2.** beære *(fx he favoured them with a short speech);* **3.** favorisere.
favourable [ˌfeivərəbl] *adj:* gunstig *(fx opportunity);* imøtekommende; positiv ***a favourable answer*** et positivt svar; ***watch for a favourable moment*** vokte på et gunstig øyeblikk; ***favourable to*** gunstig for; ***be favourable for****(=be suitable for)* ligge godt til rette for; ***in favourable conditions*** når forholdene *(n)* ligger godt til rette.
favourably [ˌfeivərəbli] *adv:* gunstig; ***he was favourably impressed by them*** han fikk et gunstig inntrykk av dem; ***hoping to hear favourably from you*** jeg (,vi) håper på et positivt svar.
favoured [ˌfeivəd] *adj:* begunstiget; ***the favoured few*** de få begunstigede.
I. favourite *(,***US:** *favorite)* [ˌfeiv(ə)rit] *s* **1.** yndling; *sport:* favoritt; **2.** *om ting:* det man liker best.
II. favourite *adj:* yndlings-; det man liker best; ***my favourite dish*** min livrett; min yndlingsrett.
favouritism *(,***US:** *favoritism)* [ˌfeivəri'tizəm] *s:* favorisering; protesjering; ***show favouritism towards sby****(= favour sby)* favorisere en.
I. fawn [fɔ:n] *s* **1.** *zo:* dåkalv; dålam;
2. *om farge(=fawn-coloured)* lyst gulbrunt; lysebrunt.
II. fawn *vb* **1.** *om hund:* logre; knistre; pipe;
2. *litt.; neds:* ***fawn (up)on*** logre for; krype for.
fawn-coloured [ˌfɔ:n'kʌləd] *adj:* lys gulbrun; lysebrun.
I. fax [fæks] *s:* faks.
II. fax *vb:* fakse; ***fax sth to sby*** fakse noe til en *(fx I faxed it to him yesterday).*
I. fear [fiə] *s* **1.** frykt; ***for fear of*** av frykt for; for ikke å; ***in fear of*** i frykt for; ***lessen****(=soothe; quieten)* ***sby's***

fears dempe ens frykt; ***fear of*** frykt for; **2. T: *no fear !***(=*it's not likely*) det er det ingen fare for; **3.: *fears*** engstelse; frykt (*fx her fears about my health*).

II. fear *vb* **1.** *stivt el. litt.*(=*be afraid (of)*) frykte; ***I fear for his safety*** jeg er redd han er i fare; ***they fear for their privileges***(=*they're afraid of losing their privileges*) de frykter for sine privilegier; **2.** *stivt:* ***I fear***(=*I'm afraid*) ***you'll not be able to see him today*** jeg er redd du ikke vil kunne treffe ham i dag; **3.** *stivt:* ***I fear so***(=*I'm afraid so*) jeg er redd for det.

fearful [ˌfiəful] *adj* **1.** *meget stivt*(=*frightened*) engstelig; fryktsom; redd; ***I was fearful on her account***(=*I was afraid for her*) jeg var engstelig for henne;
2. T(=*terrible*) fryktelig;
3. T(=*very bad*) fryktelig (*fx make a fearful mistake*).

fearless [ˌfiələs] *adj; stivt*(=*not afraid*) fryktløs; ***be fearless of the consequences*** ikke frykte konsekvensene.

fearsome [ˌfiəsəm] *adj; litt. el. spøkef*(=*frightening*) skremmende; skrekkinnjagende.

feasible [ˌfi:zəbl] *adj; stivt*(=*possible; practicable*) mulig; gjennomførlig.

I. feast [fi:st] *s* **1.** festmåltid; **2.** *rel:* høytid; fest; ***mov(e)able feast*** bevegelig høytid; **3.** *fig:* fryd; ***a feast for the eye*** en fryd for øyet; **4.** *ordspråk:* ***enough is as good as a feast*** for lite og for mye forderver alt.

II. feast *vb* **1.** spise riktig godt; ta for seg (*on* av);
2. *stivt*(=*give a feast for*) gi en god bevertning; holde selskap (*n*) for; **3.** *fig:* ***feast one's eyes on sth*** nyte synet av noe.

feat [fi:t] *s:* prestasjon; ***no great feat*** ingen prestasjon; ikke noe å skryte av.

I. feather [ˌfeðə] *s* **1.** *zo:* fjær; **T**(=*winged game*) fjærvilt; ***(as) light as a feather*** lett som en fjær;
2. *tøm*(=*tongue*) fjær;
3. *ordspråk:* ***birds of a feather (flock together)*** krake søker make; like barn (*n*) (leker best); ***fine feathers make fine birds*** klær skaper folk *n;*
4. *fig:* ***a feather in one's cap*** en fjær i hatten;
5. *fig* **T: *fight so the feathers fly*** slåss så busta fyker;
6.: *show the white feather* være feig; vise (tegn (*n*) på) feighet;
7. T: *you could have knocked me down with a feather!* jeg ble helt paff!

II. feather *vb* **1.** sette fjær på;
2. *tøm:* sammenføye med not og fjær;
3. *om fugl:* fôre (*fx its nest*);
4. *fig:* ***feather one's (own) nest*** mele sin egen kake.

I. feature [ˌfi:tʃə] *s* **1.** ansiktstrekk;
2.: *(characteristic) feature* (karakteristisk) trekk *n* (*of* ved); ***an essential feature*** et vesentlig trekk; et grunntrekk;
3(=*feature film*) hovedfilm; spillefilm;
4. *i avis*(=*feature story*) stor artikkel;
5(=*column*) spalte; ***gardening feature*** hagebruksspalte;
6. *radio, TV:* innslag; program *n;*
7. attraksjon; ***a new feature*** noe nytt; en ny attraksjon.

II. feature *vb* **1.** gi fremtredende plass til; ha en fremtredende plass; ***feature prominently in*** spille en fremtredende rolle i; **2.** *film:* ***that film features the best of the British actresses*** de beste engelske kvinnelige skuespillere opptrer i denne filmen; ***be featured on TV*** bli sendt i fjernsynet.

feature film [ˌfi:tʃə'film] *s*(=*main film*) hovedfilm.

feature-length [ˌfi:tʃə'leŋ(k)θ] *adj; om film:* med samme lengde som en spillefilm.

featureless [ˌfi:tʃələs] *adj*(=*uninteresting*) uinteressant; uten særpreg.

February [ˌfebruəri] *s:* februar; (*se June*).

feckless [ˌfekləs] *adj* **1.** *stivt*(=*weak; feeble*) svak;
2. *neds*(=*incompetent; helpless*) udugelig; hjelpeløs.

fecundity [fiˌkʌnditi] *s; litt. el. meget stivt*(=*fertility*) fruktbarhet.

fed [fed] **1.** *pret & perf.part. av II. feed;* **2.** *adj* **T: *fed up (with)***(=*sick and tired of*) lut lei (av); ***you look a bit fed up with yourself today*** du ser litt matlei ut i dag.

federal [ˌfedərəl] *adj* **1.** forbunds-; føderal; føderativ; **2. US:** føderal; stats-; som er underlagt (*el.* som angår) regjeringen i Washington; ***the Federal Bureau of Investigation***(*fk the FBI*) statspolitiet.

Federal Aviation Agency (*fk FAA*) **US**(=*Civil Aviation Authority*(*fk CAA*)): ***the Federal Aviation Agency*** Luftfartsdirektoratet.

federalist *adj*(=*federalistic*) føderalistisk.

federal republic forbundsrepublikk; ***the German Federal Republic***(*,offisielt: the Federal Republic of Germany*) Forbundsrepublikken Tyskland.

Federal Reserve US: *the Federal Reserve*(*,***UK:** *the Bank of England*) Statsbanken; *i Norge:* Norges Bank; (*se reserve bank*).

federal state forbundsstat.

federal union(=*federation*) *polit:* føderasjon.

federation ['fedəˌreiʃən] *s* **1.** *polit:* føderasjon; **2.** forbund *n;* ***federation of trade unions*** fagforbund; ***the Federation of Norwegian Industries***(*,***UK:** *the Confederation of British Industry*)(*fk CBI*) Næringslivets Hovedorganisasjon; NHO; *hist:* Norges industriforbund.

federative [ˌfedərətiv] *adj:* føderativ.

fee [fi:] *s* **1.** honorar *n; advokats:* salær *n;* ***consultant's fee*** konsulenthonorar; **2.** gebyr *n;* avgift; ***enrolment fee***(=*registration fee*) påmeldingsgebyr; innmeldingsgebyr; registreringsgebyr; *sport:* ***race fee*** påmeldingsgebyr; ***school fees*** skolepenger; ***tuition fees***(=*course fees*) studieavgift; ***university fees*** semesteravgift; ***no fees are charged*** det beregnes ikke gebyr.

feeble [fi:bl] *adj* **1**(=*weak*) svak; **2.** *fig* svak; ynkelig; dårlig.

I. feed [fi:d] *s* **1.** fôr *n* (*fx cattle feed*);
2. *for baby:* mat (*fx give the baby his (,her) feed*);
3. T(=*meal*) måltid *n* (*fx what a feed she gave us!*);
4. *tekn*(=*feeding*) tilførsel; fremføring; mating.

II. feed *vb*(*pret & perf.part.: fed*) **1.** *om dyr:* fôre;
2. bespise; gi mat til; ***there were many mouths to feed*** det var mange munner å mette;
3. beite; gresse;
4. *fig; stivt*(=*encourage*) gi næring til (*fx the news fed his anger; it fed her vanity*);
5. *tekn:* tilføre; mate (*fx feed questions into the computer*); fremføre.

feedback [ˌfi:d'bæk] *s* **1.** *radio:* tilbakekopling;
2. *fig*(=*response*) feedback; tilbakemelding; respons.

feeder [ˌfi:də] *s* **1.** en som fôrer; røkter;
2(=*feeding bottle*) tåteflaske;
3(=*bib*) spisesmekke;
4. *jernb, etc*(=*branch line*) sidebane; sidelinje;
5. *elekt*(=*feed wire*) mateledning;
6. *mask: se feed mechanism.*

feeding bottle (=*feeder*) tåteflaske.

feed mechanism *mask*(=*feeder*) fremføringsmekanisme; matemekanisme.

I. feel [fi:l] *s* **1.: *I didn't like the feel of it***(=*it was unpleasant to touch*) det føltes ubehagelig (å ta på); **2**(=*atmosphere*) stemning; ***the house has a homely feel*** huset føles hjemlig; **3. T: *get the feel of***(=*get used to*) bli vant til (*fx once I got the feel of my new job I enjoyed it*).

II. feel *vb*(*pret & perf.part.: felt*) **1.** føle; ***he doesn't feel the cold*** han tåler godt kulde; ***I like to feel that …*** jeg liker å ha følelsen av at …; ***he's not feeling (quite) himself today*** han er ikke riktig seg selv i dag; *fig:* ***be made to feel***(=*find to one's cost*) få å føle;
2. føle på; ta på; kjenne på; ***this material feels nice and soft*** dette stoffet er bløtt og deilig å ta på; ***your hands feel cold*** hendene dine føles kalde;
3. føle seg; føle seg som (*fx he felt a fool*); ***he felt cheated*** han følte seg snytt (*el.* lurt); ***feel fine*** føle seg

bra; ***feel good*** føle seg vel; ***she feels sick*** hun føler seg kvalm; ***how are you feeling today?*** hvordan føler du deg i dag? ***feel cold*** fryse; *også fig:* ***feel one's way*** føle seg frem; føle seg for;
4. kjenne etter *(fx feel whether there are any bones broken);* ***he felt in his pocket*** han kjente etter i lommen;
5*(=think; believe)* mene; synes *(fx they feel that they must try again);* ***I feel obliged to …*** jeg synes jeg må …; jeg føler meg forpliktet til å …;
6.: ***feel about*** 1. føle for *(fx I can never feel the same about you again);* 2. synes om *(fx how does she feel about leaving London? what do you feel about it?);*
7.: ***feel as if, feel as though*** føle at *(fx I feel as if I'm going to be sick);* ***she feels as though she has known him for years*** hun synes (*el.* føler) at hun har kjent ham i årevis;
8.: ***feel equal to****(,***T:** *feel up to)* 1. være frisk nok til å; være i form til å; orke å *(fx I don't feel equal to going out tonight);* 2. føle at man kan klare; ***he didn't feel equal to that job*** han følte at han ikke kunne klare den jobben;
9.: ***feel for*** 1. føle med *(fx feel for sby in their sorrow);* 2. kjenne etter *(fx feel for a pencil in one's pocket);*
10.: ***(please) feel free to call on us whenever you like*** *(=just (feel free to) drop in whenever convenient)* stikk bare innom (oss) når det måtte passe;
11.: ***feel friendly towards*** nære vennlige følelser for;
12.: ***I feel in my bones that …*** jeg føler på meg at …; ***I feel it in my bones*** jeg føler det på meg;
13.: ***feel like*** 1. føle seg som *(fx a fool);* 2. *ved berøring:* kjennes som *(fx it feels like wool);* 3. **T:** ***feel like (-ing)*** 1. få lyst til å; 2. ha lyst til å; ***do you feel like going to the cinema?*** har du lyst til å gå på kino?
14. *fig:* ***make oneself felt****(=assert oneself)* gjøre seg gjeldende; hevde seg; *om ting:* ***make itself felt*** gjøre seg gjeldende;
15. *fig:* ***feel out****(=sound out)* sondere; føle på tennene; føle på pulsen *(fx the committee members);*
16. *fig:* ***feel out of it*** føle seg utenfor.

feeler [ˌfi:lə] *s* **1.** *zo:* følehorn; føletråd; **2.** *fig:* føler; antenne; ***put out a feeler*** komme med en føler.

feeling [ˌfi:liŋ] *s* **1.** følelse; ***she has no feeling for him****(=she's indifferent to him)* hun føler ingenting for ham; ***her feelings were confused*** hun følte seg forvirret; ***no hard feelings, I hope!*** jeg håper ingen føler seg forurettet! ingen sure miner, håper jeg!
2*(=impression)* følelse; inntrykk; ***I get the feeling that …*** jeg får en følelse av at …; ***I have a (funny) feeling that*** jeg har en (underlig) følelse av at;
3. atmosfære; stemning; ***feeling is running very high*** stemningen er meget opphisset; ***a lot of bad feeling about the increase in taxes*** sterk misnøye med skatteøkningen;
4.: ***he has a feeling for music****(=he's got a good ear for music)* han har sans for musikk.

fee-paying [ˌfi:'peiiŋ] *adj(=fee-charging):* ***fee-paying school*** betalende skole.

feign [fein] *vb; lett glds(=pretend)* foregi; hykle.

I. feint [feint] *s; også fig:* finte.

II. feint *vb:* finte.

feisty [ˌfaisti] *adj* **US T 1***(=excited)* opphisset; opprørt;
2*(=frisky)* spretten;
3*(=fidgety)* rastløs; urolig;
4*(=irritable; touchy)* irritabel; nærtagende.

felicitate [fəˌlisi'teit] *vb; stivt(=congratulate)* lykkønske; gratulere *(fx sby on sth* en med noe).

felicitations [fə'lisiˌteiʃənz] *s; pl; stivt (=congratulations)* lykkønskninger (*on* med).

felicitous [fəˌlisitəs] *adj; litt. el. meget stivt* **1***(=happy)* lykkelig *(fx occasion);* **2.** *om ord el. uttrykk(=well-chosen; apt)* velvalgt *(fx remark).*

felicity [fəˌlisiti] *s; litt. (=happiness)* lykke.

I. feline [ˌfi:lain] *s:* kattedyr.

II. feline *adj:* katte-; katteaktig; ***she moved with a feline grace*** hun beveget seg med katteaktig ynde.

I. fell [fel] *s* **1.** *i Nord-England(=moorland hill)* høydedrag; vidde; **2***(=animal skin)* pels; skinn *n.*

II. fell *vb* **1.** *forst(=cut down;* **US** *& Canada: cut down)* felle; hogge (ned); **2.** *litt.(=knock down)* felle; slå ned.

III. fell *pret av II. fall.*

fellah [ˌfelə] *s; i araberland:* bonde.

fellow [ˌfelou] *s* **1.** *lett glds* **T***(=chap)* fyr;
2. T*(=one; I)* en stakkar *(fx what's a fellow to do?);*
3. *univ:* stipendiat;
4.: ***Fellow*** medlem av lærd selskap *n (fx Fellow of the British Academy);*
5. *blant akademikere(=colleague)* kollega.

fellow being*(=fellow creature)* medmenneske.

fellow believer trosfelle.

fellow countryman landsmann.

fellow feeling samfølelse; fellesskapsfølelse.

fellowship [ˌfelou'ʃip] *s* **1.** fellesskap; ***fellowship in suffering*** fellesskap i lidelser;
2. forening; selskap *n(fx the Dickens Fellowship);*
3. *univ* 1. stilling som stipendiat; 2. stipendiats gasje;
4. *univ:* stiftelse med det formål å støtte en stipendiat.

fellow sufferer lidelsesfelle.

fellow teacher*(=teaching colleague)* lærerkollega.

felon [ˌfelən] *s; hist; jur:* person skyldig i grov forbrytelse; *(se felony).*

felony [ˌfeləni] *s; hist; jur el.* **US:** grov forbrytelse.

I. felt [felt] *s:* filt; *bygg:* ***roofing felt*** takpapp.

II. felt *pret & perf.part. av II. feel.*

I. female [ˌfi:meil] *s* **1.** hun(n)dyr; hun(n)plante;
2. *neds:* kvinnemenneske; kvinnfolk *n.*

II. female *adj* **1.** *bot; zo:* hun(n)- *(fx animal; plant);*
2. *stivt:* kvinnelig; kvinne-; ***in true female fashion****(= after the manner of women)* på kvinnevis.

I. feminine [ˌfeminin] *s; gram:* hunkjønnsord.

II. feminine *adj* **1.** kvinnelig; feminin; **2.** *gram:* av hunkjønn; ***feminine gender*** hunkjønn.

femininity ['femiˌniniti] *s:* kvinnelighet; femininitet.

feminism [ˌfemi'nizəm] *s:* kvinnesaken.

feminist [ˌfeminist] **1.** *s:* kvinnesakskvinne; **2.** *adj:* feminist-; kvinne- *(fx movement).*

fen [fen] *s:* lavtliggende, myrlendt område *n.*

I. fence [fens] **1.** gjerde; ***sit on the fence*** sitte på gjerdet; *fig:* ***we've got to come down off the fence*** vi må komme oss ned fra gjerdet; **2.** *sport; i sprangridning el. hinderløp:* hinder; **3. S***(=receiver of stolen goods)* heler.

II. fence *vb* **1.:** ***fence (in), fence (off)*** gjerde inn;
2. *sport:* fekte;
3. *fig:* vike unna; komme med utflukter; omgå sannheten;
4. S*(=receive stolen goods)* hele.

fend [fend] *vb* **1.:** ***fend for oneself****(=look after oneself)* klare seg selv; **2.:** ***fend off****(=ward off)* avverge; parere.

fender [ˌfendə] *s* **1.** *mar:* fender;
2. *på bil* **US***(=wing)* skjerm;
3. *jernb(,***US:** *cowcatcher)* kufanger;
4*(=fire screen)* kamingitter; gnistfanger.

fennel [ˌfenl] *s; bot:* ***sweet fennel*** fennikel.

I. ferment [ˌfə:mənt] *s* **1.** *kjem:* gjærstoff; **2.** *fig:* ***the whole city was in a state of ferment*** hele byen var i opprør; ***a time of social ferment*** en sosial gjæringstid.

II. ferment [fəˌment] *vb* **1.** *kjem:* gjære; la gjære; **2.** *fig:* gjære; hisse opp; ***ferment unrest*** skape uro.

fermentation ['fə:mənˌteiʃən] *s* **1.** *kjem:* gjæring;
2. *fig:* gjæring; uro.

fern [fə:n] *s; bot:* bregne; ormegress.

ferocious [fəˌrouʃəs] *adj* **1***(=savage)* vill; glupsk;
2. *fig(=furious):* ***a ferocious argument*** en rasende trette.

ferocity [fəˌrɔsiti] *s:* villskap; glupskhet.

I. ferret [ˌferit] *s; zo:* fritte.

II. ferret *vb* **1.** drive jakt med fritte; **2.** *fig:* ***ferret about***

in lete iherdig i; ***ferret out****(=nose out)* snuse opp; finne ut *(fx sth after a very long search).*
Ferris wheel*(=big wheel) på tivoli:* pariserhjul.
ferrule [ˌferu:l; ˌferəl] *s(=ferule) på stokk, paraply, etc:* doppsko; *på redskap:* holk; beslag *n;* ring.
I. ferry [ˌferi] *s* **1***(=ferry boat)* ferje; **2***(=ferry point)* ferjested.
II. ferry *vb* **1.** ferje; bruke ferje; ***ferry them across the river*** sette (*el.* ferje) dem over elven; **2.** frakte; ***be ferried about in cars*** bli kjørt omkring i biler.
fertile [ˌfə:tail] *adj* **1.** fruktbar *(fx land);* **2.** forplantningsdyktig; fruktbar; **3.** *fig:* fruktbar; ***a fertile imagination*** en fruktbar fantasi.
fertility [fəˌtiliti] *s* **1.** fruktbarhet; **2.** *fig:* ***fertility of thought****(=ideas)* tankerikdom.
fertilization, fertilisation [ˈfə:tilaiˌzeiʃən] *s; biol:* befruktning; ***in vitro fertilization****(fk IVF)* befruktning ved hjelp av prøverørsmetoden; *(se test-tube baby).*
fertilize, fertilise [ˌfə:tiˈlaiz] *vb* **1.** gjødsle; **2.** *biol; bot; om plante el. egg:* befrukte.
fertilizer, fertiliser [ˌfə:tiˈlaizə] *s:* kunstgjødsel.
fervent [ˌfə:vənt] *adj; stivt(=enthusiastic; ardent)* begeistret; ivrig.
fervour *(,***US:** *fervor)* [ˌfə:və] *s; stivt(=enthusiasm; ardour)* glød; begeistring.
fester [ˌfestə] *vb* **1.** *om sår:* bli betent; **2.** *fig(=rankle)* nage; ergre.
festival [ˌfestivl] *s* **1.** *rel:* høytid; ***the high festivals*** de store høytider; **2.** festival *(fx a drama festival);* folkefest *(fx hold a festival).*
festive [ˌfestiv] *adj:* fest-; feststemt; festlig.
festive mood feststemning; ***be in a festive mood*** være i feststemning.
festive procession festopptog.
festivity [fesˌtiviti] *s; stivt* **1***(=happiness)* festivitas; feststemning; **2.:** ***festivities****(=celebrations)* festligheter; ***wedding festivities*** bryllupsfest.
festoon [feˌstu:n] *s:* girlande; ***festoons of coloured lamps*** girlander av kulørte lykter.
fetch [fetʃ] *vb* **1***(=go and get; bring)* hente;
2. *fig:* ***fetch and carry for sby****(,***T:** stooge for sby) stå på pinne for en; være løpegutt for en;
3*(=be sold for)* innbringe *(fx the car fetched £500);*
4.: ***fetch a deep sigh*** sukke dypt;
5. T: ***fetch sby a blow*** slå til en; dra til en.
fetching [ˌfetʃiŋ] *adj; lett glds* **T***(=charming)* sjarmerende *(fx smile).*
I. fête, fete [feit] *s:* ***(charity) fête*** veldedighetsfest (i det fri).
II. fête, fete *vb; stivt(=fuss over)* gjøre stas på.
fetid [ˌfetid] *adj; stivt(=stinking)* stinkende; illeluktende.
fetish [ˌfetiʃ; ˌfi:tiʃ] *s; også fig:* fetisj.
I. fetter [ˌfetə] *s* **1.:** ***fetters*** fotlenker; **2.** *fig; litt.(= constraints):* ***the fetters of etiquette*** etikettens bånd *n.*
II. fetter *vb* **1.** sette fotlenke på; **2.** *fig; litt.(=constrain)* binde *(fx be fettered by convention).*
fettle [fetl] *s:* ***in fine fettle*** i fin form.
fetus*(=foetus)* [ˌfi:təs] *s; med.:* foster *n.*
feud [fju:d] *s(=vendetta)* feide; strid.
feudal [ˌfju:dl] *adj; hist:* føydal.
feudalism [ˌfju:dəˈlizəm] *subt; hist:* føydalisme.
fever [ˌfi:və] *s; også fig:* feber.
feverish [ˌfi:vəriʃ] *adj* **1.** febril; med feber; **2.** *fig:* feberaktig; febrilsk; ***feverish activity*** febrilsk aktivitet.
fever pitch *(=state of intense excitement):* ***things were at fever pitch*** det hersket intens spenning.
few [fju:] *adj; pron:* få: ***few if any*** få eller ingen; ***a few*** *(=some few)* noen få; ***quite a few****(,***T:** *a good few)* ganske mange; ikke så få; ***a chosen few*** noen få utvalgte; **T:** ***interesting jobs are few and far between*** det er langt mellom de interessante jobbene.
fewness [ˌfju:nəs] *s(=small number)* fåtallighet.
fewer [ˌfju:ə] *komp av few:* færre.
fewest [ˌfju:ist] *superl av few:* færrest; ***they competed as to who had (the) fewest mistakes*** de konkurrerte om hvem som fikk færrest feil.
fiancé, fiancée [fiˌɔnsei] *s:* forlovede.
fiasco [fiˌæskou] *s:* fiasko *(fx it was a fiasco).*
I. fib [fib] *s:* liten løgn; ***tell a fib*** komme med en liten løgn; **T:** slå en (liten) plate.
II. fib *vb:* smålyve; komme med en liten løgn.
fibber [ˌfibə] *s:* (liten) løgnhals; skrønemaker.
fibre *(,***US:** *fiber)* [ˌfaibə] *s* **1.** fiber; ***dietary fibre*** fiber i kosten; kostfiber; ***cereal fibre*** fiber i korn n; **2.** *fig(= cast; character)* støpning; ***with every fibre of one's being*** med hver fiber i sin kropp.
fibreboard [ˌfaibəˈbɔ:d] *s:* fiberpapp; fiberplate.
fibre-rich [ˌfaibəˈritʃ] *adj(=rich in fibre)* fiberrik; rik på fiber; ***a fibre-rich meal*** et fiberrikt måltid.
fibrous [ˌfaibrəs] *adj:* fibrøs; fiberholdig; som består av (*el.* ligner) fiber.
fibster [ˌfibstə] *s(=fibber)* (liten) løgnhals.
fickle [fikl] *adj; i kjærlighetsforhold:* ustadig; vankelmodig *(fx a fickle lover).*
fiction [ˌfikʃən] *s* **1.** romaner og noveller; skjønnlitteratur (unntatt drama *(n)* og poesi); 2. oppspinn; løgn.
fictitious [fikˌtiʃəs] *adj:* fiktiv; falsk; oppdiktet *(fx all the characters in the book are fictitious); **give a fictitious** (=false) **address*** oppgi falsk adresse; ***a fictitious case*** et konstruert tilfelle.
I. fiddle [fidl] *s* **1. T***(=violin)* fele; fiolin;
2. T: ***work a fiddle*** drive med noe lureri; **T** *også:* ta en spansk en; ***he's always on the fiddle*** han driver alltid med noe lureri;
3. T: ***fit as a fiddle*** frisk som en fisk;
4. *fig:* **T:** ***play first fiddle*** spille førstefiolin; være den toneangivende; ***play second fiddle*** spille annen fiolin.
II. fiddle *vb* **1***(=play on the fiddle)* spille fele (*el.* fiolin);
2. T*(=falsify)* forfalske *(fx the accounts);*
3. T*(=swindle)* svindle; drive med lureri *n;*
4.: ***fiddle with*** 1. (sitte og) fingre med; 2. **US***(=mess with)* tukle med.
fiddler [ˌfidlə] *s* **1.** felespiller; spillemann; **2. T***(= cheat)* snytepave; småkjeltring.
fiddlestick [ˌfidlˈstik] *s* **1. T***(=violin bow)* fiolinbue;
2. *int:* ***fiddlesticks*** sludder *n;* tøv *n;* tøys *n.*
I. fiddling [ˌfidliŋ] *s: se II. fiddle.*
II. fiddling *adj* **1.** ubetydelig; triviell; **2.** pusle-; fikle-; ***a fiddling job*** et puslearbeid.
fiddly [ˌfidli] *adj(=fiddling; finicky)* pusle-; fikle-; som krever nøyaktighet *(fx a fiddly task).*
fidelity [fiˌdeliti] *s* **1.** *stivt(=faithfulness; loyalty)* trofasthet; lojalitet; **2.** *stivt el. tekn(=accuracy; exactness)* nøyaktighet.
I. fidget [ˌfidʒit] *s* **1.** *om person* **T:** ***he's a terrible fidget*** han har lopper i blodet; **2. T:** ***have the fidgets*** være rastløs.
II. fidget *vb:* være urolig; ikke kunne sitte stille; ***fidget with*** fingre med; plukke nervøst på *(fx one's tie).*
fidgety [ˌfidʒiti] *adj:* rastløs; urolig.
I. field [fi:ld] *s* **1.** jorde *n;* åker; mark; ***field and meadow*** mark og eng;
2. felt *n (fx magnetic field);* ***field of vision*** synsfelt;
3. *sport:* -bane *(fx football field);*
4. *mil:* ***the field*** felten; ***field of battle*** slagmark; ***die in the field*** dø på slagmarken;
5. *fig:* felt *n;* område *n;* ***my particular field*** mitt spesialområde; ***his special interests are not in that field*** det er ikke på det felt hans interesser ligger;
6. *mht. interesser, virksomhet* **T:** ***play the field*** spre seg; satse på litt av hvert; spille på flere hester.
II. field *vb; cricket* **1***(=stop; pick up)* stoppe; gripe; **2***(= play in the field)* spille ute; **3.:** ***field a strong team*** stille med et sterkt lag.
fieldcraft [ˌfi:ldˈkra;ft] *s:* dyktighet når det gjelder å greie seg i villmarken.

field day 1. *mil:* mønstringsdag; **2. T:** stor dag *(fx they had a field day when the princess got married).*
field event 1. *sport:* ***athletic field event*** idrettsøvelse; **2.:** ***field events*** sprang- og kasteøvelser; *(se track event).*
field glasses *(=binoculars)* (felt)kikkert.
field marshal *mil:* feltmarskalk; generalfeltmarskalk.
field mushroom *bot(=meadow mushroom)* sjampinjong.
field officer *mil; om offiser med rang av major, oberstløytnant el. oberst, som alle har 'field rank'; kan gjengis:* offiser ved stab; stabsoffiser.
field of honour *mil:* ***the field of honour*** ærens mark.
field rank *mil:* rang som 'field officer'; *(se field officer).*
field sports *pl; om ridning, jakt & fiske:* friluftsidretter.
field survey 1*(=field investigation)* feltundersøkelse; **2.** *økon:* markedsundersøkelse.
field trip *students el. vitenskapsmanns:* ekskursjon.
field work arbeid *(n)* i marken; ***do field work*** arbeide i marken.
fiend [fi:nd] *s* **1.** *især litt.:* ***the Fiend(=Satan)*** djevelen; satan; **2.** *fig(=devil)* djevel; **3. T:** ***drug fiend*** *(=drug addict)* stoffmisbruker; ***fresh-air fiend*** friskluftsfanatiker.
fiendish [ˌfi:ndiʃ] *adj* **1***(=devilish)* djevelsk *(fx temper);* **2. T***(=very difficult; unpleasant; very clever)* djevelsk vanskelig; ubehagelig *(fx problem);* utspekulert; djevelsk smart; ***a fiendish plan*** en djevelsk smart plan.
fiendishly [ˌfi:ndiʃli] *adv* **1***(=wickedly)* på en ond måte *(fx fiendishly clever);* **2. T***(=very):* ***a fiendishly difficult problem*** et djevelsk vanskelig problem.
fierce [fiəs] *adj* **1.** *om dyr(=vicious)* sint *(fx a fierce dog; that dog looks fierce);*
2. *om person:* bister *(fx expression);* barsk *(fx he looks fierce(=frightening) but is really very gentle);*
3*(=violent)* voldsom; ***a fierce attack*** et voldsomt angrep; ***a man of fierce temper*** en mann med et voldsomt temperament;
4*(=intense)* voldsom *(fx heat);* intens *(fx hatred);* ***fierce fighting*** innbitte kamper;
5*(=bitter):* ***they were fierce rivals*** de var bitre rivaler;
6*(=furious)* rasende; vill *(fx quarrel);*
7. *om konkurranse(=severe; keen)* meget skarp.
fiery [ˌfaiəri] *adj* **1.** *fig(=flaming)* brennende; flammende *(fx fiery red hair);* **2.** *om temperament:* heftig; ***a fiery speaker*** en ildfull taler; **3.** *om hest(=high-spirited)* fyrig.
fifteen ['fifˌti:n; ˌfif'ti:n] *tallord:* femten.
fifteenth [ˌfifˌti:nθ] **1.** *s:* femten(de)del; **2.** *tallord:* femtende.
fifth [fifθ] **1.** *s:* fem(te)del; **2.** *tallord:* femte; ***he came fifth*** han ble femtemann; ***I wrote to him on the fifth*** jeg skrev til ham den femte.
fiftieth [ˌfiftiiθ] **1.** *s:* femti(ende)del; **2.** *tallord:* femtiende.
fifty [ˌfifti] *tallord:* femti; ***in the fifties*** i femtiårene; ***he's in his fifties*** han er i femtiårene.
fifty-fifty ['fiftiˌfifti] *adj & adv:* fifty-fifty *(fx a fifty -fifty chance; we'll divide the money fifty-fifty).*
fig [fig] *s; bot* **1.** fiken; **2***(=fig tree)* fikentre.
I. fight [fait] *s* **1.** (slåss)kamp; ***a free fight*** et alminnelig håndgemeng; ***he's been in a fight*** han har vært i slagsmål; *også fig:* ***in the thick of the fight*** i kampens hete; **2***(=struggle)* kamp *(fx against disease; for freedom);* **3***(=(boxing-)match)* (bokse)kamp;
4. kamplyst; ***there was no fight left in him*** kamplysten hadde forlatt ham; ***he was full of fight****(=he was eager to fight)* han var full av kamplyst;
5.: ***show some fight*** vise klør; gjøre tegn *(n)* til å ville kjempe; ***put up a fight*** sette seg til motverge; gjøre motstand; ***put up a good fight*** 1. bite godt fra seg; 2. *fig:* kjempe tappert.
II. fight *vb(pret & perf.part.: fought)* **1.** slåss; slåss med *(fx he fought a big boy);* bokse; bokse mot; *fig:* ***fight a just cause*** kjempe for en rettferdig sak; **2***(=quarrel)* krangle *(fx they were always fighting);* **3.** bekjempe; motsette seg; *fig:* ***fight fire with fire*** sette hardt mot hardt;
4.: ***fight against*** 1. slåss mot; 2. *fig:* bekjempe; slåss mot;
5.: ***fight back*** 1. sette seg til motverge; ta igjen; 2. holde tilbake *(fx one's tears);* undertrykke *(fx one's anger);*
6.: ***fight for*** 1. slåss for; 2. *fig:* slåss for; kjempe for; ***fight for one's life*** slåss for livet;
7.: ***fight off*** drive tilbake *(fx the enemy);* ***she fought him off*** 1. hun kjempet seg fri fra ham; 2. hun drev ham på flukt; 3. *fig:* ***fight off a cold*** få bukt med en forkjølelse;
8.: ***fight one's way*** kjempe seg frem;
9.: ***fight it out*** 1. slåss om det; 2. *fig:* bli enig(e); ***fight it out among yourselves*** bli enige dere imellom;
10.: ***fight over****(=about)* ***sth*** slåss pga. noe; slåss om noe;
11.: ***fight shy of sby****(=avoid sby)* unngå en; holde seg unna en;
12.: ***fight to a finish*** kjempe til det siste;
13.: ***fight with*** 1. kjempe mot; slåss med *(fx she fought with him);* 2. slåss sammen med; slåss på samme side som.
fighter [ˌfaitə] *s* **1.** *sport(=boxer)* bokser; **2.** *fig; om person som ikke lett gir opp:* fighter; **3.** *mil; flyv:* ***fighter (jet)****(=jet fighter)* jetjager.
fighter pilot *mil; flyv:* jagerflyver.
I. fighting [ˌfaitiŋ] *s* **1.** slåssing; **2.** *mil:* kamp; kamphandlinger; ***heavy fighting*** harde kamper.
II. fighting *adj:* kjempende; stridende; kamp-.
fighting chance: ***there's a fighting chance*** det er en liten sjanse (*el.* mulighet) (hvis man virkelig satser hardt).
fighting drunk full og kranglete; ***get fighting drunk*** drikke seg så full at man vil slåss.
fighting fit *adj:* i toppform.
fighting service *mil:* ***the fighting services*** de tre våpengrener.
fighting spirit kampvilje; kamplyst; kampglød; kampånd.
fig leaf *bot:* fikenblad; *(jvf cache-sex).*
figment [ˌfigmənt] *s:* ***a figment of the****(=one's)* ***imagination*** hjernespinn; fantasifoster; ***that rich uncle is just a figment of his imagination*** den rike onkelen eksisterer bare i hans fantasi.
figurative [ˌfigjurətiv] *adj:* figurlig; figurativ; overført; ***in a figurative sense****(=in a non-literal sense)* i overført betydning; i figurlig forstand.
figuratively [ˌfigjurətivli] *adv:* figurativt.
I. figure [ˌfigə] *s* **1.** skikkelse; ***he's a fine figure of a man*** han er et ordentlig mannfolk å se til; *fig:* ***prominent figure*** fremtredende skikkelse; forgrunnsfigur; ***watch one's figure*** passe på den slanke linje; passe på figuren;
2. *geom(=shape)* figur *(fx geometrical figures);*
3.: ***a figure of speech*** et billedlig uttrykk;
4. *i dans:* figur; tur;
5. *om illustrasjon, diagram, etc:* figur;
6. *mat.:* tall(tegn) *n;* siffer *n;* ***single figure*** ettsifret tall; ***hidden figures*** mørketall; ***put a figure on sth*** tallfeste noe;
7.: ***figures*** regning; ***he's good at figures*** han er flink til å regne; ***I'm hopeless at figures*** jeg er håpløs når det gjelder regning;
8. T*(=price)* pris *(fx ask a high figure for the house).*
II. figure *vb* **1***(=appear)* figurere; ***he figures largely in the story*** han spiller en fremtredende rolle i historien;
2. *mus:* besifre; ***figured bass*** besifret bass;
3. T: ***that figures****(=that's what I would expect)* det rimer;

4. T *især* US(*=think*) tro; anta;
5. US T: ***figure on****(=count on; expect)* regne med;
6. T: ***figure out****(=understand)* forstå; begripe *(fx I just can't figure it out);* ***I can't figure him out*** jeg blir ikke klok på ham;
7. US: ***figure to oneself****(=picture (to oneself); imagine)* forestille seg *(fx just try to figure the scene to yourself).*

figurehead [ˌfigə'hed] *s* **1.** *mar:* gallionsfigur; **2.** *fig:* gallionsfigur; toppfigur.

figure of eight *(=figure eight)* åttetallsfigur.

figure skater *sport:* kunstløper (på skøyter).

figurine ['figəˌri:n; 'figjuˌri:n] *s(=statuette; little figure)* liten figur; statuett.

filament [ˌfiləmənt] *s* **1.** filament *n;* tynn tråd; **2.** *bot:* støvtråd; **3.** *elekt:* ***(lamp) filament*** glødetråd.

filbert [ˌfilbət] *s; bot(=hazelnut)* hasselnøtt.

filch [filtʃ] *vb* **T***(=nick; hook; pinch)* kvarte; rappe.

I. file [fail] *s* **1.** *redskap:* fil;
2. *EDB:* fil;
3*(=filing jacket)* arkivmappe;
4. arkiv *n;* kartotek *n;* saksmappe; ***keep a file of*** føre kartotek over; ha et arkiv over; ***on file*** arkivert; i arkivet (*el.* kartoteket); ***on****(=in)* ***our files*** i vårt arkiv (*el.* kartotek);
5. geledd *n;* rekke;
6. *mil:* ***the rank and file****(=the ranks)* de menige.

II. file *vb* **1.** file (*through* gjennom);
2.: ***file (away)*** arkivere *(fx file it away for future reference);*
3. *jur el. stivt(=submit; hand in)* inngi; innlevere; ***file (a suit) for divorce*** begjære skilsmisse;
4*(=walk in a file; march)* gå etter hverandre; marsjere; ***file in (,out)*** marsjere inn (,ut); ***file past*** defilere forbi.

file copy arkiveksemplar.

file registration number journalnummer.

file tape *TV(=library shot)* arkivopptak.

filial [ˌfiliəl] *adj; meget stivt el. spøkef:* sønnlig; datterlig.

I. filibuster [ˌfili'bʌstə] *s; polit; især* **US:** en som ved obstruksjon forsøker å hindre vedtagelse av lovforslag.

II. filibuster *vb; polit; især* **US:** praktisere filibustertaktikk.

filigree [ˌfili'gri:] *s:* filigran(sarbeid).

filing cabinet arkivskap.

filing clerk *merk:* arkivar.

filing jacket*(=jacket)* arkivmappe.

I. Filipino ['filiˌpi:nou] *s(pl: Filipinos)(=Philippine)* filippiner; *(jvf Philippines).*

II. Filipino *adj(=Philippine)* filippinsk; *(jvf Philippines).*

I. fill [fil] *s* **1***(=filler)* fyllmasse;
2. *ofte spøkef:* ***eat one's fill*** spise seg mett (*of* på);
3. *fig:* ***I've had my fill of him*** jeg har fått nok av ham.

II. fill *vb* **1.** fylle; ***filled with****(=full of)* fylt med; full av;
2. *fig:* fylle; ***fill****(=take)* ***sby's place*** fylle (*el.* ta) ens plass;
3. *om stilling:* besette; fylle; ***fill a post, fill a vacancy*** besette (*el.* fylle) en ledig stilling; *(jvf 10: fill up 3);*
4. *om krav, etc(=satisfy; fulfil)* fylle; oppfylle; **T:** ***fill****(= fit)* ***the bill****(=be suitable)* være egnet *(fx a man who fills the bill);*
5. *om savn(=meet)* avhjelpe; ***fill a long-felt need*** avhjelpe et lenge følt savn;
6. *tannl:* plombere *(fx a tooth);*
7*(=fill in; plug)* fylle igjen; tette igjen; *(=stop (up))* sparkle igjen;
8.: ***fill in*** 1*(=fill up)* fylle igjen; 2. *fig:* ***fill in a gap****(= stop a gap)* fylle igjen et hull; 3*(=pour in)* fylle på; 4. *om detaljer:* føye til; supplere med; fylle ut med; **T:** ***fill sby in on what happened*** orientere en om det som skjedde; 5. *om skjema, etc(=complete;* **US:** *fill out)* fylle ut; 6. *om tid:* ***fill in time****(=while away the time)* fylle ut tiden; **T:** slå i hjel tiden; 7.: ***fill in for sby****(= stand in for sby)* vikariere for en;
9.: ***fill out*** 1. legge på seg; 2. **US** *om skjema(=fill in; complete)* fylle ut;
10.: ***fill up*** 1. fylle (opp); fylles *(fx the hall had filled up quickly);* 2*(=fill in)* fylle igjen *(fx a ditch);* 3. *om stilling:* fylle; besette *(fx a vacancy); (se 3 ovf).*

filler [ˌfilə] *s* **1.** fyllstoff; fyllmasse;
2*(=painter's putty)* sparkel; sparkelmasse;
3. utfyllende stoff *n (fx in the layout of a newspaper);*
4*(=expletive (word))* fylleord.

filler cap *for bensintank:* påfyllingsdeksel.

I. fillet [ˌfilit] *s* **1.** *kul(=fillet steak)* filet; **2.** *av tre el. metall:* smal list; **3.** *på bokrygg:* filet; bånd *n.*

II. fillet *vb:* filetere.

I. filling [ˌfiliŋ] *s* **1.** fylling;
2. fyll; ***cake filling*** kakefyll;
3. *tannl:* plombe;
4. *i vev(=weft)* islett *n;* veft.

II. filling *adj:* som fyller opp; *om mat:* ***be more filling*** fylle mer opp; være mer mettende.

I. fillip [ˌfilip] *s* **1.** *sj(=flick with the fingers)* knips *n;*
2. *fig:* spiss; ***give the party a little extra fillip****(=give the party an extra something)* sette en spiss på selskapet.

II. fillip *vb:* knipse (med fingrene).

fill-up [ˌfil'ʌp] *s* **T:** påfyll.

filly [ˌfili] *s; zo:* ung hoppe; hoppeføll.

I. film [film] *s* **1***(=thin coating; layer)* hinne; belegg *n;* ***fluid film*** væskehinne;
2. *film & fot(,***US:** *motion picture;* **US T:** *movie)* film; ***minority-interest film*** smal film; ***make****(=produce)* ***a film*** lage en film; ***shoot a film*** ta opp en film; ***go on the films*** gå til filmen; ***run****(=play)* ***a film backwards*** kjøre en film baklengs; ***thanks to film, radio and TV*** takket være film, radio og TV;
3*(=film show)* filmforestilling *(fx go to a film).*

II. film *vb:* filme.

film actor*(=screen actor)* filmskuespiller.

film cartridge filmkassett.

filmgoer [ˌfilm'gouə] *s(=cinemagoer)* kinogjenger; ***the filmgoers*** kinogjengerne; filmpublikum.

film library filmarkiv

(film) reel *for fremviser:* filmspole.

film script filmmanus.

film show*(=cinema show)* filmforestilling.

(film) showing filmforestilling; ***go to the first showing****(=house)* gå på første forestilling.

(film) spool filmspole; *(jvf (film) reel).*

film star filmstjerne.

film strip billedbånd.

(film) subtitle filmtekst; ***French films with English subtitles*** franske filmer med engelske tekster.

film telerecording *TV:* filmreportasje.

film viewer filmredigeringsapparat.

filmy [ˌfilmi] *adj:* hinneaktig; halvt gjennomsiktig.

I. filter [ˌfiltə] *s:* filter; ***dust filter*** smussfilter.

II. filter *vb* **1.** filtrere; ***filter out*** filtrere fra;
2*(=ooze)* sive;
3. *i trafikken:* ***filter to the left*** legge seg i venstre fil;
4. *fig:* sive; ***the news soon filtered through to the public*** nyheten sivet snart ut til offentligheten.

filter bag*(=coffee bag)* traktepose (for filterkaffe).

filth [filθ] *s* **1***(=dirt)* skitt; griseri *n;* **2.** *fig:* skitt; griseri *n;* utuktig stoff *n;*

filthy [ˌfilθi] *adj* **1***(=dirty)* skitten; grisete; **2.** *fig:* skitten; grisete; svinsk *(fx book; story);* **3. T:** ***filthy rich*** stinn av penger; ***if you aim to be filthy rich*** hvis du har tenkt å bli stinn av penger.

fin [fin] *s* **1.** *zo, etc:* finne; **2.** *flyv(,***US:** *vertical stabilizer)* halefinne.

I. final [ˌfainl] *s* **1.** *også sport(=finals)* finale; **2.** *sport (=final heat)* finaleheat; **3.** *univ:* ***finals*** avsluttende eksamen.

II. final *adj* **1***(=last)* sist *(fx chapter);*

2. endelig *(fx the judge's decision is final);*
3. *språkv:* utlydende.
finale [fiˌnɑ:li] *s; mus, etc:* finale.
final heat *sport(=finals)* finaleheat.
finalist [ˌfainəlist] *s:* finalist.
finality [faiˌnæliti] *s:* endelig karakter.
finalization, finalisation [ˈfainəlaiˌzeiʃən] *s* **1.** endelig avgjørelse; **2.** sluttbehandling.
finalize, finalise [ˌfainəˈlaiz] *vb* **1.** treffe en endelig avgjørelse om; legge siste hånd på *(fx the arrangements; the report); **finalize the date*** definitivt fastsette datoen; ***finalize the contract*** gjøre kontrakten helt ferdig; **2.** sluttbehandle; ***the matter has not yet been finalized****(=the matter has not yet been finally dealt with)* saken er enda ikke sluttbehandlet; ***after their divorce was finalized*** etter at skilsmissen deres var endelig.
finally [ˌfainəli] *adv* **1***(=at last; after a long time)* endelig; omsider; **2***(=lastly)* til sist; **3.** definitivt; én gang for alle *(fx settle the matter finally).*
final standings *pl; sport(=final results)* endelige resultatlister.
final times *pl; sport:* sluttider; endelige tider; ***in a little while final times and rankings will be available*** om en liten stund vil de endelige tider og plasseringer være tilgjengelige.
I. finance [faiˌnæns; fiˌnæns] *s* **1.** finans; finansvesen; ***high finance*** storfinansen; ***minister of finance****(,**UK:** Chancellor of the Exchequer;* **T:** *Treasury Minister;* **US:** *Secretary of the Treasury)* finansminister;
2.: ***finances*** finanser; økonomi *(fx the country's finances);* **T:** ***how are your finances?****(=how is your cash situation?)* hvordan er det med finansene dine?
II. finance *vb(=fund)* finansiere.
financial [faiˌnænʃəl; fiˌnænʃəl] *adj:* finans-; penge-; finansiell; økonomisk; ***the financial aspects of running the firm*** de økonomiske sider ved driften; ***financial circumstances*** økonomiske forhold *n;* ***financial crime*** økonomisk forbrytelse; ***for financial reasons*** av finansielle hensyn; av økonomiske grunner; ***financial support*** økonomisk støtte.
financial assistance finansieringsbistand; ***favourable financial assistance*** gunstig finansieringsbistand.
financial year regnskapsår.
financier [faiˌnænsiə; fiˌnænsiə] *s:* finansier; finansmann.
finback [ˌfinˈbæk] *s; zo(=rorqual)* finnhval.
finch [fintʃ] *s; zo:* finke.
I. find [faind] *s:* funn *n.*
II. find *vb(pret & perf.part: found)* **1.** finne; ***be found*** 1. bli funnet; 2. finnes *(fx this plant is not found in Norway);* ***I found that I had missed the train*** jeg oppdaget at jeg var kommet for sent til toget; ***go and find me a pen*** hent en penn til meg; ***if you can find the time*** hvis du får tid; ***find (the) time to*** finne tid til å; ***I managed to find the courage to ask for more money*** jeg mønstret mot *(n)* til å be om flere penger; ***find one's way*** finne veien; ***this found its way into my drawer*** dette havnet i min skuff;
2*(=think; consider)* synes; ***I find it difficult*** jeg synes det er vanskelig; jeg finner det vanskelig;
3.: ***find oneself*** befinne seg; ***I found myself without money*** jeg stod der uten penger;
4. *jur; om jury:* ***find for the defendant*** gi saksøkte medhold; ***find for the plaintiff*** ta saksøkerens påstand til følge; ***the jury found him guilty*** juryen fant ham skyldig;
5.: ***find one's feet*** finne seg til rette;
6.: ***find out (that)*** finne ut (at); ***they found out about it*** de fikk rede på det; ***they found him out*** de avslørte ham; de gjennomskuet ham.
finder [ˌfaində] *s* **1.** finner; ***the finder*** finneren; **2.** *fot(=viewfinder)* søker.
finding [ˌfaindiŋ] *s* **1.** funn *n;* ***tell me about your findings*** fortell meg hva du har funnet ut; **2.** *jur(=verdict)* kjennelse; **3.:** ***findings*** resultat; ***the findings of the committee*** komitéinnstillingen.
finding place funnsted.
I. fine [fain] *s:* bot; ***get a fine for sth*** få bot for noe; *(jvf penalty 2).*
II. fine *vb:* bøtelegge; ***be fined*** bli idømt en bot; bli bøtelagt (*for* for).
III. fine *adj* **1.** fin; (meget) god; ***a fine musician*** en meget god musiker; ***a fine performance*** en fin (*el.* god) forestilling; ***that's fine by****(=with)* ***me!****(=that's quite all right with me!)* det er helt i orden for meg! **2.** *om manerer, vesen, etc:* fin; ***fine ladies*** fine damer; **3***(=sharp)* skarp *(fx a knife with a fine edge);*
4*(=noble):* ***fine feelings*** edle (*el.* noble) følelser;
5. *om været:* pen(t); fin(t); ***it was a fine day*** det var en fin dag; det var pent vær den dagen; *fig:* ***one fine day*** en vakker dag;
6. *om helsetilstanden:* fin *(fx I'm feeling fine);*
7*(=thin; delicate)* fin *(fx thread; material);*
8. *om det som krever nøyaktighet:* fin; ***fine adjustment*** fininnstilling;
9. *om finhetsgraden:* ***fine sand*** fin sand;
10*(=slight; subtle)* fin; subtil *(fx distinction);*
11. *iron:* fin; nydelig; ***this is a fine state of affairs!*** nå sitter vi fint i det! ***you're a fine one to talk!*** (ja,) du kan snakke, du!
IV. fine *adv* **T***(=very well)* fint *(fx this'll do fine);* ***we're doing fine*** vi klarer oss fint; ***cut it a bit fine*** beregne litt for lite tid.
V. fine *int:* fint *(fx he's finished his work – fine!).*
finely [ˌfainli] *adv:* fint.
finery [ˌfainəri] *s:* stas; pynt; ***dangling finery*** dingeldangel; flitterstas; ***in all her finery*** i sin fineste stas.
finesse [fiˌnes] *s* **1.** behendighet; raffinement *n;* **2.** stor takt; diplomati *n;* **3.** *fig:* knep *n.*
fine-tooth [ˌfainˈtu:θ] *adj(=fine-toothed) også fig:* ***fine-tooth comb*** finkam; ***go over****(=through)* ***with a fine-tooth comb*** finkjemme.
I. finger [ˌfiŋgə] *s* **1.** finger; *(NB tommelfingeren regnes ofte ikke som finger);*
2. *fig:* ***have a finger in the pie*** ha en finger med i spillet; ***have a finger in every pie*** ha en finger med overalt;
3. T: ***his fingers were all thumbs****(=he was all fingers (and thumbs))* han var meget klossete;
4.: ***they never laid a finger on him*** de rørte ham aldri;
5. *fig* **T:** ***put one's finger on sth*** sette fingeren på noe;
6. *fig* **T:** ***pull one's finger out*** få fart på seg;
7. *fig:* ***he didn't stir****(=lift)* ***a finger to help me*** han la ikke to pinner i kors *(n)* for å hjelpe meg;
8. *fig:* ***twist sby round one's little finger*** sno en om lillefingeren.
II. finger *vb:* fingre med; ta på; ***be apt to finger things****(=be apt to fiddle with things)* være klåfingret.
I. fingerprint [ˌfiŋgəˈprint] *s(,innen politiet* **T:** *dab)* fingeravtrykk.
II. fingerprint *vb:* ta fingeravtrykk av; ***he was fingerprinted*** man tok fingeravtrykkene hans.
fingertip [ˌfiŋgəˈtip] *s:* fingertupp; fingerspiss; **T:** ***he has it at his fingertips*** han kan det på fingrene.
finicky [ˌfiniki] *adj* **T 1.** *neds(=too fussy)* altfor pertentlig; altfor pirkete; **2.** *om stil(=too elaborate)* for utpenslet; **3***(=fiddly)* pusle-; pirke- *(fx job).*
I. finish [ˌfiniʃ] *s* **1***(=end)* slutt; ende; *sport:* innkomststed; sluttkamp *(fx be in at the finish);* ***it was a close****(=tight)* ***finish*** de kom nesten samtidig i mål *n;* ***at the finish*** i oppløpet;
2. (siste) finpuss; finish.
II. finish *vb* **1.** avslutte; slutte; fullføre; bli ferdig med *(fx one's job);* ***finish reading the book*** lese ut boken; ***we finished long ago*** vi er for lengst ferdige;
2. spise (,drikke) opp; ***finish one's drink*** drikke ut;
3. *tekn:* gi (en) finish; overflatebehandle; finpusse;

4. *ofte spøkef* **T** 1*(=kill; finish off)* gjøre det av med; 2. *fig:* ***that long walk finished her completely*** den lange turen tok helt knekken på henne;
5.: ***finish off*** 1*(=complete)* gjøre ferdig *(fx a job)*; 2*(= polish off)* sette til livs; 3*(=kill; finish)* gjøre det av med; *spøkef:* ta knekken på;
6.: ***finish up*** 1. *se ovf: finish off* 2; 2*(=end):* ***finish up in jail*** havne i fengsel *n;*
7.: ***finish with*** 1. gjøre slutt med; ***he's finished with that hobby*** han er ferdig med den hobbyen; 2. *truende:* ***I haven't finished with you yet!*** jeg er ikke ferdig med deg enda! *(se også finished).*
finish area *sport:* målområde.
finish banner *sport:* målseil.
finish carpenter*(=joiner;* **US** *også: joiner)* (bygnings)snekker.
finish carpentry US *(=joinery)* snekkerarbeid.
finished [ˌfiniʃt] *adj* **1.** ferdig *(fx he was finished by four)*; **2***(=over)* over *(fx when the match was finished, they left)*; **3.** *om ødelagt karriere:* ferdig; **4.** *om beholdning:* ***the milk's finished*** det er ikke mer melk igjen.
finishing line *sport(=finish line)* mållinje; ***they're running abreast up towards the finishing line*** de løper side om side frem mot mållinjen.
finishing-line judge*(=judge at finish)* måldommer.
(finishing) tape *sport(=tape)* målsnor; ***breast****(=break)* ***the tape*** bryte målsnoren; løpe i mål *n;* ***the two girls reached the tape together*** de to pikene løp i mål samtidig.
finishing touch(es): ***put the finishing touch(es) to sth*** legge siste hånd på noe.
finish judge *sport* **US:** *se finishing-line judge.*
finite [ˌfainait] *adj* **1.** som har grenser *(fx human knowledge is finite)*; **2.** *mat.:* endelig; **3.** *gram:* finitt.
Finland [ˌfinlənd] *s; geogr:* Finland; ***the Gulf of Finland*** Finskebukta.
Finn [fin] *s:* finne.
I. Finnish [ˌfiniʃ] *s; om språket:* finsk.
II. Finnish *adj:* finsk.
fir [fə:] *s; bot(=spruce fir; fir tree)* gran.
fir cone *(=spruce cone)* grankongle.
I. fire [ˌfaiə] *s* **1.** brann; bål *n;* varme; ild; ***forest fire*** skogbrann; ***house fire*** brann (i hus *n*); ***(open) fire*** bål; peisbål; ***by the fire*** ved peisen; ved bålet; ***catch fire*** ta fyr; ***extinguish****(=put out)* ***a fire*** slokke en brann; ***light****(=make)* ***a fire*** gjøre opp ild; ***light a fire in the stove*** tenne (*el.* fyre) opp i ovnen; ***set fire to*** sette fyr på; tenne på; stikke i brann; ***the house was on fire*** huset stod i brann; huset brant; ***stir the fire*** friske opp i bålet (,ovnen);
2. *mil:* ild; ***be under fire*** være i ilden; ***hold your fire!*** 1. vent med å gi ild! 2. *fig:* spar på kruttet! ***open fire on*** åpne ild mot; begynne å skyte på; ***killed by friendly fire*** drept av ild fra egne styrker;
3. *fig:* ***between two fires*** under dobbelt ild; ***keep the home fires burning*** holde seg hjemme ved teltene; ***come under fire*** komme i ilden; ***fight fire with fire*** sette hardt mot hardt; ***jump****(=fall)* ***out of the frying pan into the fire*** komme fra asken i ilden; ***add fuel to the fire*** puste til ilden; ***play with fire****(=court danger)* leke med ilden; ***(there's) no smoke without fire****(= where there's smoke, there's fire)* ingen røyk uten ild; ***go through fire and water for sby*** gå gjennom ild og vann *(n)* for en;
4. *fig; litt.(=fervour; enthusiasm)* ild; glød.
II. fire *vb* **1.** fyre av; skyte; *mil:* gi ild; ***fire!*** fyr!
2. brenne *(fx bricks; pottery)*;
3. *fig:* oppildne; fyre opp under *(fx sby's imagination)*;
4.: ***fire away*** 1. *mil:* gi ild; skyte; 2. *fig* **T:** gå (*el.* sette) i gang; ***fire away!*** klem i vei; sett i gang!
fire alarm brannalarm.
fire-alarm box brannmelder; ***extension fire-alarm box*** bimelder.
fire appliance *faglig(=fire engine;* **T:** *pump)* brannbil.
firearm [ˌfaiə'rɑ:m] *s:* skytevåpen.
firebomb [ˌfaiə'bɔm] *s(=incendiary bomb)* brannbombe.
firebrand [ˌfaiə'brænd] *s* **1.** brennende stykke *(n)* tre *n;* **2.** *fig:* brannfakkel; **3.** *fig:* urostifter.
fire brigade *(,***US:** *fire department) s; konkret:* brannvesen; *(jvf fire service).*
firebug [ˌfaiə'bʌg] *s* **T***(=fire raiser)* brannstifter.
firecracker [ˌfaiə'krækə] *s; fyrverkeri:* kinaputt; kruttkjerring; ***let off a firecracker*** sende opp en kinaputt.
fire department US *(=fire brigade)* brannvesen.
fire dog *s(=andiron)* ildbukk; kaminstativ (for brensel); ***a pair of fire dogs*** et kaminstativ; et par ildbukker.
fire drill brannøvelse.
fire engine *(,faglig: fire appliance;* **T:** *pump)* brannbil.
fire escape 1. brannstige; **2.** fluktvei ved brann.
fire extinguisher brannslokkingsapparat; ***dry powder (fire) extinguisher*** pulverapparat.
firefly [ˌfaiə'flai] *s; zo:* ildflue.
fire grate kaminrist.
fireguard [ˌfaiə'gɑ:d] *s:* kamingitter; gnistfanger.
fire hazard*(=danger of fire)* brannfare; ildsfare.
fire hydrant*(,***US:** *fireplug)* brannhydrant; brannkran.
fire instructions *pl:* branninstruks.
fire irons *pl:* ***a set of fire irons*** et sett (med) ildrakere; et kaminsett; *(jvf companion set).*
fireman [ˌfaiəmən] *s:* brannkonstabel; brannmann.
fire officer: ***chief fire officer****(,***US:** *fire marshal)* brannsjef.
fire outbreak brann; ***if there is a fire outbreak*** hvis det bryter ut brann.
fireplug [ˌfaiə'plʌg] *s* **US***(=fire hydrant)* brannhydrant.
fireplace [ˌfaiə'pleis] *s:* ildsted; ***(open) fireplace*** peis.
fireproof [ˌfaiə'pru:f] *adj:* brannsikker.
fire precautions *pl:* tiltak *(n)* mot brann.
fire prevention forebyggende brannvern.
fire protection brannvern.
fire raiser*(=arsonist)* brannstifter.
fire regulations *pl:* brannforskrifter.
fire risk*(=fire hazard; danger of fire)* brannfare; ***there was no longer a major fire risk*** det var ikke lenger noen risiko for en større brann.
fire safety measures *pl:* sikringstiltak mot brann.
fire screen*(=fire guard)* skjermbrett (foran ovn, etc).
fire service *institusjon:* brannvesen; *(jvf fire brigade).*
fireside [ˌfaiə'said] *s:* ***at****(=by)* ***the fireside*** ved peisen; ved kaminen; *fig:* ***one's own fireside*** hjemmets arne.
fire station 1. brannstasjon; **2.** *mar:* brannstasjon.
fire tongs *pl:* ***(pair of) fire tongs*** ildtang.
fire wall *bygg* **US***(=compartment wall)* brannmur; brannvegg.
firewood [ˌfaiə'wud] *s(=wood fuel)* vedbrenne.
firework [ˌfaiə'wə:k] *s:* fyrverkerisak *(fx the firework he was holding exploded) (se fireworks).*
firework display*(=display of fireworks)* fyrverkeri *n (fx we always have a firework display on New Year's Eve).*
fireworks [ˌfaiə'wə:ks] *s; også fig:* fyrverkeri *n;* ***a grand display of fireworks*** et flott fyrverkeri; ***buy fireworks for the party*** kjøpe fyrverkeri til selskapet.
firing line *også fig:* ildlinje; ***in the firing line*** i ildlinjen.
firing squad *mil:* eksekusjonspelotong.
I. firm [fə:m] *s:* firma *n;* ***furnishing firm*** møbel- og utstyrsforretning; ***mail-order firm*** postordrefirma; ***private firm*** personfirma.
II. firm *adj* **1.** fast; ***be on firm ground*** ha fast grunn under føttene; ***take a firm hold on the rope*** ta et fast tak *(n)* i tauet; **2.** *fig:* fast; bestemt; ***a firm believer in sth*** en som tror fast på noe; *fig:* ***take a firm grip on*** ta et fast tak i; ***give a firm refusal*** avslå bestemt; ***be kind but firm*** være vennlig, men bestemt; ***he was quite firm about it*** han var helt bestemt (når det gjaldt det); ***be firm with sby*** være bestemt (*el.* fast) overfor en; **3.**

merk: fast *(fx price);* stabil *(fx a firm market); **a firm offer*** et bindende tilbud.

III. firm *adv: **hold firm*** holde fast; ***stand firm*** stå fast *(fx the British stood firm).*

IV. firm *vb: **firm up*** gjøre fast(ere); ***this exercise will help to firm up those flabby thighs*** denne øvelsen vil hjelpe til med å gjøre de fleskete lårene *(n)* fastere.

firmly [ˌfə:mli] *adv:* fast; bestemt.

firmness [ˌfə:mnəs] *s:* fasthet; bestemthet.

I. first [fə:st] *s* **1.:** ***the first*** 1. den første; 2. det første; ***he's an easy first(=he's a definite first)*** han ligger klart på førsteplassen;
2. T*(=first time): **it's a first(=the first time) for me, too*** det er første gangen for meg også;
3. *univ(=first class)* beste karakter; laud;
4. *mask(=first gear)* førstegir.

II. first *adj & adv* **1.** først; ***the first two*** de to første; ***he was the first man to do it*** han var den første som gjorde det; ***take the first and best*** ta det første som faller en inn; ***head first****(=foremost)* med hodet først; *sport: **he's in first place*** han ligger på førsteplassen;
2*(=firstly; in the first place)* for det første;
3. *stivt:* viktigst *(fx his first duty was to ...);*
4.: ***when we first arrived*** med det samme vi kom; ***when we were first married*** den gangen vi giftet oss; i den første tiden av vårt ekteskap;
5. *stivt: **first and foremost****(=first of all)* først og fremst;
6.: ***first and last*** først og sist;
7.: ***at first*** til å begynne med; i begynnelsen; først; ***I was a bit irritated at first*** først ble jeg litt irritert; jeg ble litt irritert med det samme; ***at first hand*** på første hånd;
8.: ***from first to last****(=from start to finish)* fra først til sist;
9.: ***first of all*** 1*(=firstly)* for det første; 2*(=before anything else)* først og fremst; aller først;
10.: ***first come, first served*** den som kommer først til mølla, får først malt;
11. T: ***I'll die first*** aldri i verden; ***I won't tell you – I'll die first!*** aldri i verden om jeg vil fortelle deg det!
12.: ***I'll do it first thing tomorrow*** det er det første jeg skal gjøre i morgen;
13.: ***you haven't got the first(=slightest) idea (about it)!*** det vet du ingenting om!
14.: ***let's take first things first*** la oss begynne med begynnelsen; la oss først ta det som må gjøres først;
15.: ***travel first****(=first class)* reise på første klasse.

first aid førstehjelp; ***he gave the injured man first aid*** han ga den tilskadekomne (mannen) førstehjelp.

first-aid kit førstehjelpspakke; ***personal first-aid kit*** enkeltmannspakke.

first-born [ˌfə:s(t)ˈbɔ:n] *adj:* førstefødt.

first claim *jur(=prior claim)* førsterett *(to* til).

first class 1. *s:* første klasse; **2.** *adv: **travel first class****(= travel first)* reise på første klasse; ***send a letter first class*** sende et brev som A-post.

first-class [ˌfə:stˌklɑ:s; *attributivt:* ˌfə:stˈklɑ:s] *adj(= first-rate)* førsteklasses.

first comer 1*(=the first to arrive)* førstemann; den som kom (,kommer) først; **2***(=the first that comes along)* den første den beste.

first cousin søskenbarn; fetter; kusine.

first degree 1. første grad; **2.** *univ(=BA; BSc) svarer til:* adjunkteksamen; cand. mag.

first-degree [ˌfə:stdiˈgri:] *adj: **first-degree burn*** førstegradsforbrenning.

first edition førsteutgave.

first floor *(,US: second floor): **on the first floor*** i annen etasje.

first hand: ***at first hand*** på første hånd.

first-hand [ˌfə:stˌhænd; *attributivt:* ˌfə:stˈhænd] **1.** *adj:* førstehånds- *(fx knowledge);* **2.** *adv:* på første hånd *(fx he got the news first-hand).*

first lady, First Lady US: førstedame.

first language morsmål; første språk *n.*

firstly [ˌfə:stli] *adv(=first; in the first place)* for det første *(fx we must act now: firstly because ...).*

first name*(=Christian name)* fornavn.

first-name terms *pl: **be on first-name terms with sby*** være dus med en.

first night *teat:* premiere; ***the play has its first night next Monday****(=the play opens next Monday)* stykket har premiere neste mandag.

first-night theatre *teat:* premiereteater.

first offender *jur:* førstegangsforbryter.

first officer *mar(=chief officer)* overstyrmann.

first place 1. *sport:* førsteplass; ***he's in first place*** han ligger på førsteplassen; **2.:** ***in the first place*** for det første.

first-rate [ˌfə:stˌreit; *attributivt:* ˌfə:stˈreit] *adj(=first -class)* førsteklasses.

first reading *parl; av lovforslag:* første behandling.

first refusal: ***have first refusal on(=of) sth*** ha forkjøpsretten til noe.

first release *film:* premierekopi.

First Sea Lord *(,***US:** *Chief of Naval Operations) svarer til:* Generalinspektøren for Sjøforsvaret.

first secretary *ved ambassade:* førstesekretær.

first water *fig: **of the first water*** av reneste vann *n.*

firth [fə:θ] *s; især i Skottland:* (trang) fjord.

fiscal [ˌfiskəl] *adj:* fiskal; finans; skatte-.

I. fish [fiʃ] *s* **1.** *zo:* fisk; fiskemat; *kul: **cream of fish*** fiskefarse; ***tinned****(,***US:** *canned) **fish*** fiskehermetikk;
2. *astr: **the Fishes****(=Pisces)* Fiskene;
3. *fig: **drink like a fish*** drikke som en svamp;
4. *fig; om sjøsyk: **feed the fishes*** mate krabbene;
5. *fig: **like a fish out of water*** som en fisk på land *n;*
6.: ***have other fish to fry*** ha andre jern *(n)* i ilden;
7. US: ***it's neither fish nor fowl:*** *se herring 3;*
8.: ***there are other fish in the sea*** det er flere fisker i sjøen; det kommer sjanser etter dette.

II. fish *vb* **1.** fiske; drive fiske; ***fly-fish*** fiske med flue; ***fish a river*** fiske i en elv; ***fish for trout*** fiske ørret;
2. *fig(=angle): **fish for an invitation*** fiske etter en invitasjon *(el.* innbydelse);
3. *fig: **fish in troubled water*** fiske i rørt vann *n;*
4.: ***fish out*** 1*(=unstock)* fiske tom *(fx a lake);* 2. fiske frem *(fx a letter from one's pocket).*

fish-and-chip shop gatekjøkken hvor det selges "fish and chips" (fisk og pommes frites).

fishbone [ˌfiʃˈboun] *s; zo:* fiskeben *(fx he got a fishbone (stuck) in his throat).*

fish dish 1. fiskefat; **2.** *kul:* fiskerett.

fisheries [ˌfiʃəriz] *s; pl:* fiskeri *n;* fiske *n;* ***inshore fisheries****(=inshore fishing)* kystfiske; ***fisheries have done well*** fisket har slått bra til; ***when the fisheries failed*** når fisket slo feil.

fisherman [ˌfiʃəmən] *s:* fisker; *(=angler)* sportsfisker.

fisherman's shack *i fiskevær:* fiskebu; rorbu.

fishery [ˌfiʃəri] *s; oftest i pl: se fisheries.*

fish farm sted *(n)* hvor det drives fiskeoppdrett.

fish-farming [ˌfiʃˈfɑ:miŋ] *s:* fiskeoppdrett; havbruk; fiskeavl.

fishfinger [ˌfiʃˈfiŋgə] *s; kul(,***US** *& Canada: fish stick)* fiskefinger.

fishhook [ˌfiʃˈhuk] *s:* fiskekrok.

fishing [ˌfiʃiŋ] *s:* fiske *n;* fisking; ***hunting and fishing*** fangst og fiske; jakt og fiske *n; **net fishing*** garnfiske.

fishing boat*(=fishing smack)* fiskebåt.

fishing line *(,***US** *& Canada, også: fishline)* fiskesnøre.

fishing net *(,især* **US** *& Canada: fishnet)* fiskegarn.

fishing rod fiskestang.

fishing tackle fiskeutstyr; ***a piece of fishing tackle*** et fiskeredskap.

fishing village fiskevær; ***in a fishing village*** i et fiskevær.

fish knife fiskekniv; ***fish knife and fork*** fiskebestikk.

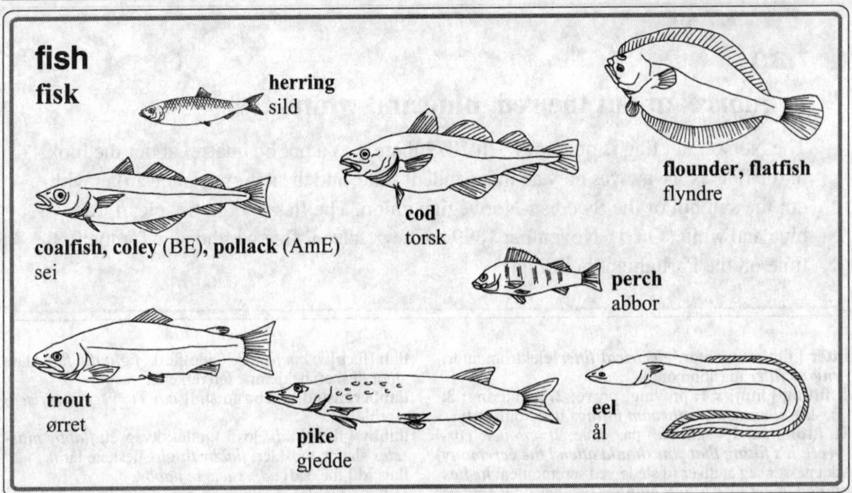

f

fishline [ˌfiʃ'lain] *s* **US** *& Canada(=fishing line)* fiskesnøre.
fishmarket [ˌfiʃ'mɑ:kit] *s:* fisketorg; ***covered fishmarket*** fiskehall.
fishmonger [ˌfiʃ'mʌŋgə] *s:* fiskehandler.
fishnet [ˌfiʃ'net] *s; især* **US** *& Canada(=fishing net)* fiskegarn.
fishpot [ˌfiʃ'pɔt] *s; fisk:* ruse; teine.
fish ranching *især* **US***(=fish-farming)* fiskeoppdrett; havbruk.
fish slice fiskespade.
fish stick *kul* **US** *& Canada(=fishfinger)* fiskefinger.
fishwife [ˌfiʃ'waif] *s* **1.** *glds(=fisherman's wife)* fiskerkone; **2.** *neds:* vulgært, høyrøstet kvinnfolk.
fishy [ˌfiʃi] *adj* **1.** fiskeaktig; fiske-; ***a fishy smell*** fiskelukt; **2***(=suspicious)* mistenkelig; ***there's sth fishy about it*** det er noe rart med det.
fission [ˌfiʃən] *s* **1***(=splitting; breaking into parts)* kløyving; spalting; fisjon; *biol:* deling; **2.** *fys(=nuclear fission)* atomspalting.
fissure [ˌfiʃə] *s; stivt; i fjell el. jord(=crack)* sprekk.
fist [fist] *s:* neve; knyttneve; ***clench one's fist*** knytte neven; ***he shook his fist at me*** han knyttet neven til meg.
I. fit [fit] *s* **1.** anfall *n;* ***a fainting fit*** et besvimelsesanfall; **T:** ***have a fit****(=get very angry)* bli rasende;
2. passform; ***it's quite a good fit*** den (,det) sitter godt; ***it's a tight fit*** den er trang; det er trangt;
3. *mask:* pasning; ***drive fit*** drivpasning;
4.: ***by****(=in)* ***fits and starts*** rykkevis; i ujevnt tempo *n.*
II. fit *vb* **1.** passe *(fx this dress fits you very well);* ***it fits perfectly****(=it's quite the right size; it's the perfect size)* den (,det) passer helt fint; ***the key doesn't fit the lock*** nøkkelen passer ikke i låsen;
2.: ***fit (the facts)*** passe; stemme; ***it simply doesn't fit (the facts)*** det passer ganske enkelt ikke; ***make an ideal fit reality*** få et ideal til å stemme med virkeligheten;
3. passe til; passe på *(fx the description fits him); stivt:* ***his speech fitted the occasion well****(=his speech was well suited to the occasion)* talen hans passet godt for anledningen;
4*(=adjust; adapt)* tilpasse; avpasse; ***make the punishment fit the crime****(=adapt the punishment to the crime)* avpasse straffen etter forbrytelsen;
5*(=qualify)* dyktiggjøre *(fx it helped to fit(=qualify; equip) him for the task);*
6. sette inn *(fx a new lock on the door);* montere *(fx a washing machine);*
7.: ***fit****(=fill)* ***the bill*** egne seg; være egnet; ***a bachelor would fit the bill*** en ungkar ville passe bra;
8.: ***fit in*** 1. passe inn *(with* i); ***that fitted in exactly with our plans*** det passet helt fint inn i våre planer;
9.: ***fit****(=work)* ***this into the timetable*** innpasse dette i timeplanen;
10.: ***fit out*** 1*(=equip)* utstyre; 2*(=fit up)* innrede *(fx a kitchen);*
11.: ***fit up with****(=get)* skaffe *(fx the optician will soon fit you up with a new pair of glasses).*
III. fit *adj* **1.** frisk; i god form; ***he went back to work before he was really fully fit*** han begynte å arbeide igjen før han var helt frisk; ***he's fighting fit*** han er i toppform; ***fit as a fiddle*** frisk som en fisk; ***they're both fit and well*** de er begge ved god helse; de er begge i god form; ***keep fit*** holde seg i form;
2. egnet; passende; skikket; ***fit for****(=suitable for; suited for; fitted for)* egnet for; skikket for (*el.* til) *(fx a job);* ***he's fit for nothing*** han duger ikke til noe; ***not fit for human consumption*** ikke egnet som menneskeføde;
3.: ***fit to*** 1. egnet til; ***food fit to eat*** spiselig mat; ***he's not fit to teach*** han er ikke skikket til å undervise; ***you're not fit to be seen*** du er ikke presentabel, slik som du ser ut; 2. **T***(=ready to):* ***he worked till he was fit (****=ready; about)* ***to drop*** han arbeidet til han var segneferdig;
4.: ***see fit, think fit*** finne det passende (*el.* formålstjenlig); ***do as you see fit*** gjør slik som du synes det passer best.
fitch(et) [ˌfitʃ(it)] *s; zo(=polecat)* ilder.
fitful [ˌfitful] *adj; stivt(=irregular)* uregelmessig; som kommer i kast *n (fx breeze);* ***fitful sleep*** urolig søvn.
fitfully [ˌfitfuli] *adv:* uregelmessig; med ujevne mellomrom.
fitness [ˌfitnəs] *s* **1.** egnethet; skikkethet; **2.** kondisjon; form.
fitness centre mosjonssenter.
fitness craze T: ***the fitness craze*** trimbølgen.
fitness training trim; trimming.
fitted [ˌfitid] *adj* **1.** tilpasset; ***fitted carpet*** vegg-til-vegg -teppe; heldekkende teppe;
2.: ***fitted for****(=suitable for)* skikket for *(fx a job);*
3.: ***fitted with*** utstyrt med.
fitted kitchen elementkjøkken.

flag

A quarrel about the red, blue and white ...

The Norwegian flag is quite new. In 1879 there was a public quarrel about the look of the flag. Norway was now an independent state, and the nation wanted a flag without the symbol of the Swedish-Norwegian union. The flag should be 'clean' red, blue and white. On 15 November 1899 the new 'clean' flag was hoisted for the first time on the Parliament building.

fitter [ˌfitə] *s:* montør; ***electrical fitter*** elektromontør; ***engine fitter*** maskinmontør.

I. fitting [ˌfitiŋ] *s* **1.** prøving; prøve; **2.** montering; **3.** beslag *n;* armatur; ***bathroom fittings*** baderomsutstyr.

II. fitting *adj* **1***(=suitable)* passende; **2***(=proper; correct):* ***it's fitting that you should attend the ceremony*** det passer seg at du er til stede ved seremonien; ***he has failed to act in a fitting manner*** han har ikke oppført seg som han burde.

fitting room *i forretning:* prøverom.

five [faiv] **1.** *tallord:* fem; **2.** *s:* femtall.

fiver [ˌfaivə] *s* **1. UK** *hist(=five-pound note)* fempundseddel; **2. US***(=five-dollar bill)* femdollarseddel.

I. fix [fiks] *s* **1. T***(=difficulty)* knipe; **2. S:** (narkotika)sprøyte; heroinsprøyte.

II. fix *vb* **1.** feste; få til å stå støtt; *fig:* feste *(fx he fixed his eyes on the door);* ***fix sth in one's mind*** innprente seg noe; ***fix****(=put)* ***the blame on sby*** legge skylden på en;
2. fastsette *(fx a price; a date);*
3*(=fix up)* arrangere; ordne; ***fix a meeting for next week*** arrangere et møte neste uke;
4*(=mend; repair)* reparere; **T:** fikse;
5. *på uærlig vis* **T:** ordne; fikse *(fx he fixed it so that I would be blamed); om person(=bribe)* bestikke;
6. *om det å ta hevn, etc* **T:** fikse; ta seg av;
7. *især* **US T:** ordne; fikse; lage i stand *(fx dinner);* ***fix one's hair*** fikse seg på håret; ordne håret;
8. *fot:* fiksere;
9. *mar:* ***fix a ship*** befrakte et skip;
10. T: ***fix on****(=decide on)* fastsette; velge *(fx have you fixed on a date for your party yet?);*
11.: ***fix up*** ordne; arrangere *(fx a meeting);* ***I've got nothing fixed up for tonight*** jeg har ingen avtale for i kveld; ***fix sby up with sth****(=get sby sth)* skaffe en noe.

fixation [fikˌseiʃən] *s* **1.** *fot:* fiksering; **2.** *psykol:* binding *(fx a mother fixation);* **T:** fiks idé.

fixative [ˌfiksətiv] *s:* fiksativ *n;* fiksermiddel.

fixed [fikst] *adj* **1.** fast; ***fixed prices*** faste priser; **2.:** ***a fixed stare*** et stivt blikk; **3.** *på uærlig vis:* fikset *(fx result).*

fixedly [ˌfiksidli] *adv:* stivt *(fx stare fixedly at sth).*

fixture [ˌfikstʃə] *s* **1.** fast inventar *n;* veggfast gjenstand; **2.** *om person:* fast holdepunkt; *spøkef:* fast inventar *n;* **3.** *sport* 1. arrangement *n;* 2. kamp.

fizz [fiz] *vb* **1***(=fizzle)* bruse; **2***(=sizzle)* frese *(fx the firework fizzed and went out).*

fizzle [fizl] *vb* **1.** *om væske(=fizz)* bruse; **2***(=fizz; sizzle)* frese *(fx the firework fizzled);* **3. T:** ***fizzle out*** 1*(=die out; peter out)* dø ut; 2*(=fail; come to nothing)* mislykkes; ikke bli noe av; løpe ut i sanden; **T:** koke bort i kålen;

fizzy [ˌfizi] *adj:* sprudlende; kullsyreholdig; ***fizzy lemonade*** brus; ***it's too fizzy*** det inneholder for mye kullsyre.

fjord [fjɔ:d] *s:* fjord.

flab [flæb] *s; om fedme:* (side)flesk; ***fight the flab*** slåss mot flesket; bekjempe fettvalkene.

flabbergasted [ˌflæbəˈgɑ:stid] *adj* **T***(=very surprised)* forbløffet.

flabby [ˌflæbi] *adj:* løs i kjøttet; kvapset; ***flabby muscles*** slappe muskler; ***flabby thighs*** fleskete lår *n.*

flaccid [ˌflæksid] *adj; stivt: se flabby.*

I. flag [flæg] *s* **1.** flagg *n; mar:* ***swallow-tailed flag*** splittflagg; ***dip the flag*** hilse med flagget; ***put out flags*** flagge; ***fly****(=carry)* ***the Norwegian flag*** føre norsk flagg; ***fly the flag at half mast*** flagge på halv stang; ***hoist the flag*** heise flagget; ***keep the flag flying*** ikke gi opp; ***show the flag*** markere sitt nærvær; **2.** *fig* **T:** ***with flags flying*** for full musikk.

II. flag *vb* **1.** signalisere med flagg *n;*
2*(=become limp; hang down)* bli slapp; begynne å henge;
3*(=become tired)* falle av *(fx he began to flag);*
4. *fig:* tape seg *(fx his interest began to flag);*
5.: ***flag down a car*** gjøre tegn *(n)* til en bil at den skal stoppe; ***we flagged down a taxi*** vi praiet en drosje;
6.: ***flag out****(=mark out with flags)* merke med flagg *n.*

flag day 1. merkedag (med salg *(n)* av små flagg *(n)*);
2. US: ***Flag Day*** fridag til minne *(n)* om innføringen av stjernebanneret den 14. juni 1777.

flagellate [ˌflædʒiˈleit] *vb; meget stivt(=whip)* piske.

flag-flying [ˌflægˈflaiiŋ] *adj:* ***flag-flying day*** dag da det flagges; ***official flag-flying day*** offentlig flaggdag.

flagpole [ˌflægˈpoul] *s(=flagstaff)* flaggstang.

flagrant [ˌfleigrənt] *adj; neds; stivt(=obvious)* åpenlys; åpenbar; opplagt; ***a flagrant breaking of the rules*** et åpenlyst (*el.* opplagt) brudd på reglene.

flagship [ˌflægˈʃip] *s; mar:* flaggskip.

flagstaff [ˌflægˈstɑ:f] *s(=flagpole)* flaggstang.

flagstone [ˌflægˈstoun] *s(=paving-stone)* helle.

I. flail [fleil] *s:* sliul.

II. flail *vb* **1.** håndtreske; slirtreske; **2.:** ***with arms flailing*** mens armene gikk (,går) som vindmøller.

flair [flɛə] *s* **1***(=talent)* (medfødt) evne; **2.** *fig:* nese; teft *(fx have a flair for style);* **3. T***(=dash):* ***dress with flair*** kle seg virkelig elegant.

I. flake [fleik] *s:* flak *n;* ***flakes of snow****(=snowflakes)* snøfnugg; snøfloker.

II. flake *vb:* ***flake (off)****(=peel (off))* falle av i flak *n;* flasse av *(fx the paint is flaking off that door).*

flak jacket*(=bullet-proof vest)* skuddsikker vest.

flaky [ˌfleiki] *adj:* som faller av i flak *n;* ***the wall is rather flaky*** malingen har begynt å flasse av på veggen.

flaky pastry*(=puff pastry)* **1.** tertedeig; butterdeig;
2. kake lagd av tertedeig (*el.* butterdeig).

flamboyant [flæmˌbɔiənt] *adj* **1.** *neds; stivt(=showy)* prangende; oppsiktsvekkende *(fx behaviour; clothes);* **2***(=extravagant)* overdådig *(fx generosity).*

I. flame [fleim] *s* **1.** flamme; ***perish in the flames*** omkomme i flammene; *fig:* ***fan the flames*** puste til ilden;

2. *litt.(=passion)* ild; glød *(fx the flame of love);*
3. T*(=sweetheart):* ***an old flame*** en gammel flamme.
II. flame *vb* **1.** *også fig(=burn)* flamme; **2.** *kul:* flambere *(fx a pancake).*
flammable [ˌflæməbl] *adj; tekn el.* **US:** *se inflammable.*
flan [flæn] *s(flat open tart of pastry and fruit)* (stor) åpen fruktkake *(fx would you like some flan?);* ***apple flan*** eplekake; ***Bakewell flan****(=Bakewell tart; frangipane (tart))* massarin.
Flanders [ˌflɑːndəz] *s; geogr:* Flandern.
flange [flændʒ] *s; tekn:* flens; fals.
I. flank [flæŋk] *s* **1.** flanke; **2.** *på dyr:* side.
II. flank *vb* **1.** angripe i flanken; **2.** flankere.
flannel [ˌflænəl] *s* **1.** flanell; **2.:** ***face flannel****(=face cloth;* **US:** *washcloth)* ansiktsklut; **3.:** ***(pair of) flannels*** flanellsbukse.
flannelette [ˈflænəˌlet] *s(=cotton flannel)* bomullsflanell.
I. flap [flæp] *s* **1.** klaff; ***tent flap*** teltklaff;
2. (vinge)slag *n;*
3. *flyv:* flap; bremseklaff;
4. T: ***get in a flap*** bli oppskaket; få panikk.
II. flap *vb* **1.** flagre; blafre; slå; **2. T***(=get into a panic)* få panikk.
flapjack [ˌflæpˈdʒæk] *s* **1. US***(=pancake)* pannekake;
2. slags havrekake.
I. flare [flɛə] *s* **1.** flakkende lys(skjær) *n;* bluss *n;* ***distress flare*** nødbluss;
2.: ***a skirt with a flare****(=a flared skirt)* et utsvingt skjørt.
II. flare *vb* **1.** brenne flakkende; kaste et urolig lys; **2.:** ***flared trousers*** bukse med sleng; ***her skirt flares slightly*** skjørtet hennes er litt utsvingt; **3.:** ***flare up*** 1. blusse opp; flamme opp; 2. *fig:* blusse opp *(fx a quarrel flared up);* 3. *fig(=fly into a temper)* fare opp *(fx he flared up).*
I. flash [flæʃ] *s* **1.** glimt *n (fx of lightning); fra lykt, etc:* blink *n;*
2. *fot:* ***electronic flash*** blitz; *(jvf flashgun);*
3. T*(=moment):* ***she had a flash of anger*** hun ble sint et øyeblikk; ***in a flash*** lynraskt; på et øyeblikk; ***like a flash*** som et lyn; vips; ***like a flash, they'd disappeared*** vips, så var de borte;
4. *fig:* glimt *n;* ***a flash of understanding*** et glimt av forståelse;
5*(=newsflash)* nyhetssammendrag; nyhet;
6. *fig:* ***a flash in the pan*** et kort blaff.
II. flash *vb* **1.** glimte; lyse; blinke; blunke; flamme (opp); lyse opp (i et glimt); lyne;
2. lyse med *(fx flash a torch); (jvf flasher 1);*
3. *fig:* gnistre *(fx his eyes flashed with anger);*
4. *radio:* ***flash a message to*** sende en melding til;
5. *fig:* sende; ***she flashed a smile at him*** hun smilte fort til ham;
6. T*(=show)* vise frem *(fx he flashed a card and was allowed to pass);*
7.: ***flash by, flash past****(=pass quickly)* fare (*el.* suse) forbi *(fx the cars flashed past).*
III. flash *adj(=smart)* smart *(fx car).*
flashback [ˌflæʃˈbæk] *s; i film el. roman:* kort tilbakeblikk.
flashbulb [ˌflæʃˈbʌlb] *s; fot:* blitzpære.
flasher [ˌflæʃə] *s* **1***(=flashing indicator)* blinklys; ***headlamp flasher*** lyshorn; **2.** *om person* **T:** blotter.
flashgun [ˌflæʃˈgʌn] *s; fot:* elektronblitz.
flashing indicator *(=flasher)* blinklys; *(se flasher 1).*
flashlamp [ˌflæʃˈlæmp] *s* **1.** blitzlampe; **2. US***(=torch)* lommelykt.
flashlight [ˌflæʃˈlait] *s* **1.** *fot(=flash)* blitz(lys); **2.** *især* **US***(=torch)* lommelykt.
flash photography fotografering med blitz.
flashy [ˌflæʃi] *adj; neds* **S***(=ostentatious)* prangende *(fx car);* glorete *(fx clothes); om person mht. klesdrakt:* iøynefallende.
flask [flɑːsk] *s(=hip flask)* lommelerke.
I. flat [flæt] *s* **1***(,***US:** *apartment)* leilighet; ***a three -room(ed) flat****(,***US:** *a four-roomed apartment)* en treroms leilighet; ***he took a flat*** han leide seg en leilighet;
2. flate; slette; *i skibakke(=apron)* slette; hestesko; ***on the flat*** 1*(=on the level)* på flatmark; 2. *i skibakke(= on(=in) the apron)* på sletta;
3. flatside; ***the flat of her hand*** håndflaten hennes;
4. T*(=flat tyre)* punktering; ***fix a flat*** reparere en punktering; ***I've got a flat*** jeg har punktert;
5. *mus:* (fortegnet) b; ***double flat*** dobbelt b;
6. *teat:* kulisse; ***painted flats*** malte kulisser; *(se I. wing 6).*
II. flat *adj & adv* **1.** flat; plan; ***a flat surface*** en plan overflate; en flate;
2. *mus:* med b for; ***A flat*** Ass; ***B flat*** (tonen) B; ***G flat*** Gess;
3. bestemt; ***a flat refusal*** et bestemt avslag; et kategorisk nei; ***… and that's flat*** og dermed basta;
4. *om drikk:* doven; *om øl:* ***go flat*** bli dovent;
5. uten luft i; punktert *(fx a flat tyre);* ***my tyre went flat*** jeg punkterte;
6. *om batteri(=run down)* flatt; utladet;
7. *om sko:* lavhælt *(fx flat shoes);*
8*(=stretched out)* utstrakt; ***fall flat on one's face*** falle nesegrus;
9*(=exactly; neither more nor less)* nøyaktig; *sport:* blank *(fx he finished in ten seconds flat);*
10. T*(=dull)* kjedelig; kjedsommelig *(fx spend a flat weekend);* ***feel flat****(=feel bored)* kjede seg; ha det kjedelig;
11.: ***work flat out*** arbeide for fullt; stå på for fullt;
12. T: ***be flat as a board****(=be flat-chested)* være flatbrystet.
flat cap *(=cloth cap)* skyggelue; sikspenslue.
flatfish [ˌflætˈfiʃ] *s; zo:* flatfisk; flyndre.
I. flatfoot [ˌflætˈfut] *s:* plattfothet.
II. flatfoot *adj(=flatfooted)* plattfot.
flatlet [ˌflætlit] *s:* liten leilighet.
flatly [ˌflætli] *adv(=emphatically)* kategorisk *(fx refuse flatly).*
flatmate [ˌflætˈmeit] *s:* en man deler leilighet med.
flat race *sport; hesteveddeløp:* flatløp; ***a flat race*** et flatløp.
flat rate enhetstariff; enhetspris; fast pris (på arbeid *(n)*).
flat-rate taxation flat beskatning.
flat-soled [ˌflætˈsould] *adj:* uten hæl; ***flat-soled sandals*** flate sandaler.
flatten [ˌflætən] *vb* **1.:** ***flatten (out)*** bli flat(ere); gjøre flat(ere); rette ut *(fx he flattened (out) the bent metal);* ***the landscape flattened (out)*** landskapet ble flatere;
2*(=level with the ground)* jevne med jorden;
3. *mus:* sette b for; gjøre (en halv tone) dypere;
4. *flyv:* ***flatten out*** flate ut;
5.: ***flatten oneself against the wall*** trykke seg inntil veggen.
flattened *adj:* flattrykt.
flatter [ˌflætə] *vb:* smigre *(fx sby);* flattere *(fx the photo flatters him);* ***I flatter myself****(=I like to think)* ***that I can speak French*** jeg smigrer meg med at jeg kan snakke fransk; ***I think I can flatter myself that I'm both punctual and accurate*** jeg mener jeg kan rose meg av å være både punktlig og nøyaktig.
flatterer [ˌflætərə] *s:* smigrer.
flattering *adj:* smigrende.
flattery [ˌflætəri] *s:* smiger; ***base****(=abject)* ***flattery*** nese- grus smiger; ***open to flattery*** mottagelig for smiger.
flatulence [ˌflætjuləns] *s; stivt el. med.(=gas in the stomach)* oppblåsthet; luft i magen; *med.:* flatulens.
flatware [ˌflætˈwɛə] *s:* kuvertartikler.
flaunt [flɔːnt] *vb; stivt; neds(=show off with)* prale med; vise seg med; stille frekt til skue *(fx she flaunted her sexuality).*

f

flautist [ˌflɔ:tist] *s(=flute player;* **US:** *flutist)* fløytist; fløytespiller.

I. flavour *(,***US:** *flavor)* [ˌfleivə] *s* **1.** smak; smaksvariant *(fx three different flavours of ice-cream);* **2***(=flavouring)* smakstilsetning; **3.** *fig:* anstrøk *(fx a flavour(=touch) of romance);* **4.** *fig(=spice)* krydder *n;* ***life in X had an idyllic flavour*** tilværelsen i X fortonet seg som en idyll.

II. flavour *(,***US:** *flavor) vb; også fig(=give flavour to)* sette smak på; krydre (*with* med).

flavouring *(,***US:** *flavoring)* **S:** smakstilsetning.

flaw [flɔ:] *s* **1***(=fault; defect)* feil *(fx in the material); (= manufacturing fault)* fabrikasjonsfeil; **2.** *fig(=sth wrong)* feil; mangel *(fx there must be a flaw in that argument but I can't think what it is).*

flawed *adj; stivt(=with faults; with a defect)* med feil.

flawless [ˌflɔ:ləs] *adj; stivt* **1***(=perfect)* feilfri; ***a flawless beauty*** en skjønnhet uten lyte; **2.** *fig(=spotless; impeccable)* feilfri; plettfri *(fx reputation).*

flax [flæks] *s; bot:* lin *n.*

flaxen [ˌflæksən] *adj* **1.** lin-; **2.** *litt.(=very fair)* lingul *(fx flaxen hair and blue eyes).*

flay [flei] *vb* **1***(=skin)* flå *(fx an animal);* **2.** *fig:* hudflette; flå.

flea [fli:] *s* **1.** *zo:* loppe; **2.:** ***he was sent off with a flea in his ear*** han ble sendt av sted med en reprimande.

fleabite [ˌfli:'bait] *s:* loppebitt; *fig:* loppestikk.

flea-bitten [ˌfli:'bitən] *adj:* full av loppebitt.

flea market*(=jumble market)* loppetorg.

I. fleck [flek] *s:* flekk; plett; ***with flecks of red*** med røde flekker.

II. fleck *vb:* sette små flekker på; plette; ***flecked with blood*** blodplettet.

fled *pret & perf.part. av flee.*

fledg(e)ling [ˌfledʒliŋ] *s* **1.** flygeferdig fugleunge; **2.** *fig:* nybegynner.

flee [fli:] *vb(pret & perf.part.: fled)* **1***(=run away)* flykte; løpe sin vei; **2.:** ***he fled****(=escaped from)* ***the country*** han flyktet fra landet; ***he fled****(=ran away)* ***from the danger*** han flyktet fra faren.

I. fleece [fli:s] *s; på sau, etc:* ull; *glds:* skinn *n;* ***the Golden Fleece*** det gylne skinn.

II. fleece *vb* **1***(=shear)* klippe *(fx a sheep);* **2.** *fig(= swindle;* **T:** *take to the cleaners)* flå.

fleecy [fli:si] *adj(=soft and woolly)* lodden; bløt.

I. fleet [fli:t] *s* **1.** *mar:* flåte; flåtestyrke; **2.** lang rekke *(fx a fleet of buses arrived);* **3.:** ***a fleet of cars*** en vognpark; ***run a fleet of taxis*** drive et drosjefirma.

II. fleet *adj; litt.(=swift; quick):* ***fleet of foot****(=fleet -footed)* rappfotet.

Fleet Air Arm *(fk FAA) mil:* ***the Fleet Air Arm*** Marinens flyvåpen.

fleet-footed [ˌfl:it'futid] *adj; stivt(=light-footed)* rappfotet; lett til bens.

fleeting [ˌfli:tiŋ] *adj:* flyktig.

Fleming [ˌflemiŋ] *s:* flamlender; flamlending.

I. Flemish [ˌflemiʃ] *s; språket:* flamsk.

II. Flemish *adj:* flamsk.

flesh [fleʃ] *s* **1.** *også av frukt; ikke om mat:* kjøtt; ***my own flesh and blood*** mitt eget kjøtt og blod *n;* ***in the flesh*** i levende live; i virkeligheten *(fx I've never seen him in the flesh);* ***it made his flesh creep*** det gjorde ham uhyggelig til mote; det fikk ham til å gyse; **2. T***(= fat)* flesk; fett *n;* ***rolls of flesh*** fettvalker; **3.** *litt.:* ***the flesh****(=the body)* kjødet *(fx the spirit is willing but the flesh is weak);* ***go the way of all flesh*** gå all kjødets gang.

fleshpots [ˌfleʃ'pɔts] *s; pl; ofte spøkef:* ***the fleshpots*** kjøttgrytene.

flesh wound kjøttsår.

fleshy [ˌfleʃi] *adj* **1.** kjøttfull *(fx fruit);* **2.** *neds(=fat)* fet.

flew [flu:] *pret av II. fly.*

I. flex [fleks] *s(,***US:** *cord) elekt:* ledning; ***(extension) flex*** skjøteledning.

II. flex *vb:* bøye; ***flex one's knees****(=bend one's knees)* bøye knærne; ***flex one's muscles*** la musklene spille.

flexibility ['fleksiˌbiliti] *s:* fleksibilitet; elastisitet; bøyelighet; smidighet.

flexible [ˌfleksibl] *adj* **1.** bøyelig *(fx a flexible material);* elastisk *(fx engine);* **2.** *fig:* fleksibel; elastisk; smidig; ***work flexible hours****(=work flexitime)* ha fleksitid.

flex pole *sport; slalåm:* leddstaur.

flic-flac [ˌflik'flæk] *s; gym(=flip-flop; back handspring)* flikkflakk; baklengs rundkast.

I. flick [flik] *s* **1.** kvikk bevegelse; ***a flick of the tail*** et slag med halen; ***a flick****(=snap)* ***of the fingers*** et knips med fingrene; **2. T:** ***the flicks****(=the cinema)* kino.

II. flick *vb* **1.** *om rask bevegelse:* ***he flicked open a packet of cigarettes*** han sprettet en pakke sigaretter; ***the snake's tongue flicked in and out*** slangens tunge for inn og ut av munnen; **2.** blinke med; ***flick one's right indicator*** slå på blinklyset på høyre side.

I. flicker [ˌflikə] *s* **1.** blafring; glimting; urolig lys *n (fx the flicker of an oil lamp);* **2.** *TV:* flimring; **3.** *fig:* glimt *n;* svak antydning.

II. flicker *vb* **1.** blafre; glimte; flimre; ***flickering before the eyes*** flimring for øynene *n;* **2.** *fig:* glimte; spille; ***a smile flickered across her face*** det gled et smil over ansiktet hennes; **3.** *fig:* ***flicker up****(=flare up)* blusse opp.

flick knife *(,***US:** *switchblade)* springkniv.

flier [ˌflaiə] *s: se flyer.*

flight [flait] *s* **1.** *om fugl, pil, etc:* flukt; ***flight of fancy*** fantasiflukt; ***in flight*** i flukten; i luften *(fx geese in flight);* **2***(=retreat)* retrett; flukt; ***put to flight*** slå på flukt; ***take flight*** flykte; gripe flukten; **3.** *ski(=jump)* svev *n;* **4.** *flyv:* flytur; flyvning *(fx flights to Paris);* flyavgang; flight *(fx flight BE 407 to Rome);* fly *(fx this flight is about to depart);* ***flights*** *også:* flytider; avgangstider; ***book a flight to Paris*** kjøpe flybillett til Paris; ***I came on that flight*** jeg kom med det flyet; **5.** flokk *(fx of geese);* ***a flight of arrows*** et pilregn; **6.:** ***a flight of stairs****(=a staircase)* (innvendig) trapp; **7.** *fig:* ***in the top flight*** i toppsjiktet.

flight attendant *(,hist el.* **T:** *(air) stewardess; air hostess)* flyvert(inne); medlem av kabinpersonalet; ***the flight attendants*** kabinpersonalet.

flight crew flybesetning.

flight crew member flybesetningsmedlem.

flight deck **1.** *flyv; på passasjerfly:* cockpit; **2.** *mar; mil; på hangarskip:* flydekk.

flight departure*(=flight)* flyavgang; ***flight departures to all well-known destinations*** flyavganger til alle kjente reisemål.

flight information screen *flyv:* TV-skjerm med opplysninger om flyavganger.

flight level *flyv:* flygenivå; flygehøyde.

flight number *flyv:* flight nummer *n;* ***they called his flight number*** flyet hans ble ropt opp.

flight recorder *flyv(=black box)* ferdskriver.

flight strip *flyv* **1.** flystripe; **2***(=runway)* runway; landingsbane; startbane.

flighty [ˌflaiti] *adj:* flyktig; lettsindig *(fx girl).*

flimsy [ˌflimzi] *adj* **1.** *ofte neds(=thin and light)* spinkel *(fx construction);* tynn *(fx dress);* ***flimsy little boat*** skrøpelig liten båt; **2.** *fig:* lett gjennomskuelig; spinkel *(fx excuse).*

flinch [flintʃ] *vb; om brå bevegelse i frykt, smerte, etc:* krympe seg; ***flinch away from*** vike tilbake for; *fig:* ***without flinching*** uten å blunke.

I. fling [fliŋ] *s* **1.** *stivt(=throw)* kast *n;* **2.** *fig* **T:** ***have a fling*** slå seg løs; *om ektefelle:* ***have a bit of a fling*** slå seg litt løs på si; **3.:** ***a Highland fling*** en skotsk dans.

II. fling *vb(pret & perf.part.: flung)* **1***(=throw (with* *great force))* kyle; hive; slenge; kaste; ***fling one's arms round sby's neck*** kaste armene rundt halsen på en; **2.** *antyder sinne(=rush)* styrte *(fx she flung out of the house);* **3.:** ***fling about*** 1*(=sling about)* slå om seg med *(fx fine words);* 2.: ***fling one's arms about*** slå ut med armene.

flint [flint] *s:* flint; flintestein; ***(as) hard as flint*** *(=(as) hard as rock)* hard som flint.

I. flip [flip] *s* **1.** knips *(n)* (med fingrene) (som får en gjenstand til å vende seg om); ***the flip of a coin*** det å spinne en mynt;
2. *sport(=somersault)* saltomortale.

II. flip *vb* **1.** knipse til (slik at gjenstanden vender seg om); spinne; ***flip a coin*** 1. spinne en mynt; 2. *ofte(= toss up)* slå mynt og krone;
2.: ***flip (over)****(=turn over quickly)* snu *(fx the record);* ***flip the book open*** slå opp boken;
3.: ***flip through a book*** bla (seg) gjennom en bok;
4. S*(=go round the bend)* bli sprø; bli helt rar.

flippancy [ˌflipənsi] *s:* fleip; flåsethet; rappmunnethet; rappkjeftethet.

flippant [ˌflipənt] *adj:* fleipete; flåsete; rappmunnet; rappkjeftet; ***insultingly flippant*** så fleipete at det virker fornærmende.

flipper [ˌflipə] *s* **1.** *zo:* luffe; **2.** svømmefot *(fx I can swim much faster with flippers).*

flipping [ˌflipiŋ] *adj:* pokkers.

flip side *(=B-side)* bakside *(fx of a disc).*

I. flirt [flə:t] *s(=flirtatious person)* flørt.

II. flirt *vb* **1.** flørte (*with* med); **2.** *fig; stivt:* ***flirt with****(= toy with)* leke med *(fx death).*

flirtation [flə:ˌteiʃən] *s:* flørt.

flirtatious [flə:ˌteiʃəs] *adj; stivt(=given to flirtation)* som flørter; **T:** flørtete; *(jvf I. flirt).*

flirter [ˌflə:tə] *s(=flirt)* flørt; person som flørter.

I. flit [flit] *s: se moonlight flit(ting).*

II. flit *vb* 1*(=move quickly)* smette; pile; fly *(fx butterflies were flitting around the garden);*
2. *nordeng & skotsk(=move house)* flytte;
3. T*(=leave hurriedly)* stikke av (for å unngå forpliktelser);
4. *fig:* ***flit from one job to another*** stadig skifte jobb.

I. float [flout] *s* **1.** *på fiskesnøre:* dupp; *på garn:* flyter; ***casting float*** kastedupp;
2. *mar:* flåte; *(=life raft)* redningsflåte;
3. *flyv:* flottør;
4. *mask:* ***(carburettor) float*** flottør (i forgasser);
5. *i opptog; dekorert el. med utstilling på:* vogn;
6. *om liten, batteridrevet varebil:* ***milk float*** melkebil;
7. *teat:* ***floats****(=footlights)* rampelys;
8*(=petty cash)* (kasserers) vekslepenger; håndpenger.

II. float *vb* **1.** flyte; la flyte; ***float a ship****(=get a ship afloat)* bringe et skip flott;
2. *i luften:* drive; sveve; ***be floating****(=walking)* ***on air*** befinne seg oppe i skyene;
3. *merk(=start)* stifte *(fx a new company);*
4*(=launch)* lansere; ***float a scheme*** lansere en plan;
5. *om valutakurs:* la flyte.

floatage: *se flotage.*

floatation: *se flotation.*

floating vote *polit(=floating voters)* marginalvelgere.

I. flock [flɔk] *s* **1.** flokk; **2.** *spøkef(=congregation)* menighet *(fx his flock).*

II. flock *vb:* flokkes; samles; ***flock around sby*** stimle sammen om en.

floe [flou] *s(=ice floe)* isflak.

flog [flɔg] *vb* 1*(=whip)* piske; *(jvf II. whip 1);* **2. T:** ***you'll be flogging a dead horse if you try to find a hotel room*** det vil være spilt møye å forsøke å få tak *(n)* i et hotellrom.

I. flood [flʌd] *s* **1.** flom; ***floods*** oversvømmelse; *bibl:* ***the Flood****(=the deluge)* syndfloden; **2.** *fig:* strøm *(fx of words);* flom *(fx of tears);* ***a flood of light*** et lyshav; **3.** *teat(=floodlight)* prosjektør(lys); flomlys.

II. flood *vb* **1.** oversvømme; lage oversvømmelse i; gå over sine bredder *(fx the river has flooded);* **2.** *mask:* ***flood the carburettor*** tippe forgasseren; **3.** *fig:* oversvømme *(fx the market with cheap products);* ***flood in*** strømme inn *(fx applications flooded in);* ***be flooded with*** bli oversvømmet av; ***flooded with light*** badet i lys *n.*

floodgate [ˌflʌd'geit] *s* **1.** sluseport; flomløp; **2.** *fig:* ***floodgates*** sluser *(fx open the floodgates to refugees).*

I. floodlight [ˌflʌd'lait] *s:* prosjektør(lys); flomlys; ***a match played under floodlight*** en kamp spilt i flomlys.

II. floodlight *vb:* flombelyse.

floodlit [ˌflʌd'lit] *adj:* flombelyst *(fx church).*

I. floor [flɔ:] *s* **1.** gulv *n;* ***carpeted floor*** teppegulv; ***solid floor*** tregulv på betong(underlag); ***wooden floor****(,***US:** *hardwood floor)* tregulv;
2. etasje; ***on the first floor*** *(,***US:** *on the second floor)* i annen etasje; ***the ground floor****(,***US:** *the first floor)* første etasje;
3. T*(=ground)* bakke; ***he hit the floor*** han gikk i bakken;
4.: ***sea floor****(=sea bed)* havbunn;
5.: ***the (shop) floor*** arbeiderne (motsatt bedriftsledelsen); ***work on the floor*** arbeide på gulvet;
6. minimumsgrense; minimums-; ***a wage floor*** en minimumslønn;
7. *stivt* **US:** ***the floor****(=meeting)* ***is open for discussion****(=the debate is open; the discussion is open to the floor)* ordet er fritt; ***have the floor, hold the floor****(=be speaking)* ha ordet; ***take the floor*** 1. **US***(=rise to speak)* ta ordet; 2*(=begin to dance)* danse ut;
8. *film:* ***be on the floor*** være i produksjon.

II. floor *vb* **1.** legge gulv *(n)* i *(fx a room);*
2*(=knock down)* slå ned; slå i gulvet;
3. *fig:* ***the question completely floored her*** hun klarte slett ikke å svare på spørsmålet.

floorboard [ˌflɔ:'bɔ:d] *s:* gulvbord.

floor covering*(=flooring)* gulvbelegg.

floor lamp*(=standard lamp)* gulvlampe; stålampe.

floor level gulvhøyde; ***at floor level*** i gulvhøyde.

floor sealer gulvlakk.

floozy [ˌflu:zi] *s; neds* **T:** jente; kvinnfolk *(fx Alfred and his floozy).*

I. flop [flɔp] *s* **1.** klask *n;* bums *n;* ***belly flop*** mageplask;
2. T*(=failure)* fiasko.

II. flop *vb* **1.** sprelle;
2. falle; falle med et bums (*el.* klask); dumpe;
3. henge løst; flagre;
4*(=fail)* gjøre fiasko *(fx the play flopped);*
5.: ***flop around*** subbe (*el.* labbe *el.* sjokke) omkring; *neds:* flakse omkring *(fx I don't want you flopping round the house!).*

III. flop *int:* bums! klask! plump!

floppy disk *EDB(=diskette; flexible disk)* diskett.

flora [ˌflɔ:rə] *s:* flora; planteverden; ***intestinal flora*** tarmflora; ***woodland flora*** skogflora.

floral [ˌflɔ:rəl] *adj:* blomster-; blomstret *(fx dress).*

floral kingdom blomsterrike.

Florence [ˌflɔrəns] *s; geogr:* Firenze.

Florentine [ˌflɔrən'tain] **1.** *s:* florentiner;
2. *adj:* florentinsk.

florid [ˌflɔrid] *adj* **1.** *stivt el. neds(=excessively decorated)* overlesset *(fx architecture);* ***florid handwriting*** snirklet håndskrift;
2. *om stil; litt.(=flowery)* blomstrende;
3. *om hud:* rødmusset.

florist [ˌflɔrist] *s:* blomsterhandler.

floss [flɔs] *s* **1.** *bot:* dun *n;* 2*(=dental floss)* tanntråd.

flotage, floatage [ˌfloutidʒ] *s* 1*(=buoyancy; ability to float)* flyteevne; 2*(=floating)* flyting; det å flyte.

flotation, floatation [flouˌteiʃən] *s* **1.** *merk:* stiftelse; dannelse *(fx of a commercial enterprise);* **2.** *merk:* ***the flotation of a loan*** et låneopptak.

f

flotel [flou,tel] *s; oljeind(=accommodation platform; accommodation rig)* boligplattform.

flotsam [ˌflɔtsəm] *s:* drivende vrakgods; drivgods.

flounce [flauns] *vb; om heftig el. utålmodig bevegelse: **she flounced out of the room*** hun strøk på dør.

I. flounder [ˌflaundə] *s; zo: **(common) flounder**(=fluke)* flyndre; skrubbe.

II. flounder *vb* **1.** *i søle, vann, etc:* kjempe (seg frem); bakse; **2.** *fig: **flounder**(=struggle) **through a speech*** kjempe seg gjennom en tale; **3.** *pga. forvirring, etc(=hesitate)* nøle.

flour [ˌflauə] *s:* mel *n; **white (wheaten) flour**(=wheat flour; plain flour)* hvetemel; ***wholewheat flour**(=meal)(=wholemeal flour)* sammalt hvetemel; ***self-raising flour*** mel tilsatt bakepulver; ***sifted flour**(=bolted flour)* siktemel.

I. flourish [ˌflʌriʃ] *s* **1.** snirkel; krusedull;
2(*=sweeping movement*) feiende bevegelse;
3.: ***with a flourish*** med brask og bram; ***with great flourish*** med pomp og prakt;
4. *mus:* fanfare; touche.

II. flourish *vb* **1.** trives; **2.** *fig(=be successful)* gå strykende; blomstre; florere *(fx this system flourished for many years);* **3.** *stivt; som trussel, i begeistring, etc(=wave)* vifte med *(fx one's sword; a telegram).*

flourishing [ˌflʌriʃiŋ] *adj; fig:* blomstrende.

floury [ˌflauəri] *adj:* melet.

flout [flaut] *vb; stivt(=refuse to obey)* nekte å adlyde; avvise med forakt; ***openly flout (the) regulations*** åpenlyst bryte reglementet.

I. flow [flou] *s* **1.** strøm; ***a fast flow*** en rask strøm; **2.** *fig:* flyt; strøm; tilførsel; ***a steady**(=an even)* ***flow of orders*** en jevn tilgang på ordrer; ***the smooth flow of work*** arbeidets jevne gang.

II. flow *vb* **1.** flyte; renne; ***oil flows along the pipe*** det renner olje gjennom røret; **2.** *om hår; stivt(=hang free)* henge løst; bølge; **3.** *fig:* strømme; flyte; ***beer was flowing in streams*** ølet fløt i strømmer; ***money flowed in*** pengene strømmet inn.

flow chart *merk(=flow sheet)* produksjonsdiagram; arbeidsdiagram.

I. flower [ˌflauə] *s* **1.** *bot:* blomst; ***bunch of flowers*** blomsterbukett; ***cutting flower*** snittblomst; ***festoon of flowers*** blomstergirlande; ***spray (of flowers)*** blomsterdekorasjon *(fx on the coffin);* ***in full flower*** i full blomst *(el.* blomstring); ***come into flower**(=start to flower)* begynne å blomstre; slå ut i blomst; ***the flowers are just out**(=the flowers have just come out)* blomstene har nettopp sprunget ut; **2.** *fig: **the flower of the young men*** blomsten av de unge mennene; ***in the flower of his youth*** i hans ungdoms vår.

II. flower *vb:* blomstre; ***it has done flowering*** den har blomstret av; den er ferdig med å blomstre.

flowerbed [ˌflauə'bed] *s(=bed of flowers)* blomsterbed.

flowering plant *bot:* blomsterplante.

flowerpot [ˌflauə'pɔt] *s:* blomsterpotte.

flower stand*(=plant stand)* blomstersøyle; blomsterbord.

flower vase blomstervase.

flowery [ˌflauəri] *adj* **1.** blomstret; med blomster *(fx pattern);* **2.** *om stil(=florid)* blomstrende.

flown [floun] *perf.part. av II. fly.*

flu [flu:] *s* **T:** *(the)* ***flu**(=influenza)* influensa; ***gastric flu**(,**T:** tummy bugs)* omgangssyke.

fluctuate [ˌflʌktju'eit] *vb:* svinge; fluktuere; variere.

fluctuation ['flʌktjuˌeiʃən] *s:* svingning; ***fluctuations in prices**(=price fluctuations)* prissvingninger.

flue [flu:] *s* **1.** røykkanal; røyktut; *i skorstein:* pipeløp; **2.:** *se flu.*

fluency [ˌflu:ənsi] *s:* evne til å uttrykke seg; ***he speaks with considerable fluency*** han snakker godt for seg; ***fluency (of speech)*** veltalenhet; flytende foredrag *n;* ***the fluency of her French surprised him**(=he was surprised how fluently she spoke French)* han var overrasket over hvor flytende hun snakket fransk.

fluent [ˌflu:ənt] *adj:* flytende; ***speak fluent English**(=speak English fluently)* snakke flytende engelsk.

I. fluff [flʌf] *s* **1.** lo; ***give off fluff**(=leave a fluff)* loe; ***pick up fluff*** trekke til seg lo; loe; **2.** lodotter; lo; **3. T:** ***a bit of fluff*** et kjei; ei skreppe.

II. fluff *vb* **1.:** ***fluff (out), fluff (up)*** riste *(fx the pillows);* purre opp i;
2. T: spolere; være uheldig med; ***the actor fluffed his lines*** skuespilleren leste galt (*el.* snublet i replikken).

fluffy [ˌflʌfi] *adj* **1**(*=soft and woolly*) dunbløt; bløt som dun; **2.** luftig *(fx omelette);* lett.

I. fluid [flu:id] *s* **1.** *fys:* flytende legeme *n (fx fluids include liquids and gases);* ***fluids and solids*** faste og flytende legemer; **2**(*=liquid*) væske; ***cleaning fluid*** rensevæske; **3.** *med.:* ***loss of fluid*** væsketap.

II. fluid *adj:* væskeformig *(fx substance);* flytende; *fig:* flytende *(fx the limits are fluid);* ubestemt; ikke fastlagt *(fx my holiday plans are fluid).*

fluid intake *med.; pasients:* væsketilførsel.

fluid transmission *mask(=fluid drive)* væskekopling.

fluke [flu:k] *s* **1.** *zo:* ikte; **2.** *zo: se I. flounder;* **3. T**(*=luck*) flaks; ***by pure fluke*** ved det rene svinehell.

flummox [ˌflʌməks] *vb(=disconcert)* forvirre; gjøre perpleks.

flung [flʌŋ] *pret & perf.part. av II. fling.*

flunk [flʌŋk] *vb* **US T 1.** *skolev(=fail)* stryke; **2**(*=funk*): ***flunk sth*** ikke gjøre noe fordi motet svikter.

flunky, flunkey [ˌflʌŋki] *s; også fig neds:* lakei.

fluor [ˌflu:ɔ:] *s; kjem(=fluorspar;* **US:** *fluorite)* flussspat.

fluorescent ['fluəˌres(ə)nt] *adj:* fluorescerende.

fluorescent tube lysstoffrør; *(jvf strip lighting).*

fluoridate [ˌfluəri'deit] *vb; kjem(=fluoridize)* tilsette fluorid; fluorisere *(fx the town's water supply).*

fluoride [ˌfluə'raid] *s; kjem:* fluorid *n; ikke-fagl ofte:* fluor; ***fluoride in milk*** fluorid i melk.

fluoride toothpaste fluortannkrem.

fluorin(e) [ˌfluərin] *s; kjem:* fluor; *(jvf fluoride).*

flurried [ˌflʌrid] *adj:* befippet; forfjamset.

flurry [ˌflʌri] *s* **1.** befippelse; forfjamselse; ***in a flurry*** befippet; forfjamset; **2**(*=fever*): ***in a flurry of activity*** i febrilsk aktivitet.

I. flush [flʌʃ] **1.** rødme; *med.:* ***hot flush*** hetetokt;
2. plutselig strøm (av vann *(n),* etc); *på WC; også om mekanismen:* nedskylling; spyling; **3.:** ***in the flush of success*** opprømt av medgangen (,hellet, suksessen); ***in the first flush of their victory*** i sin første seiersrus;
4. *kortsp; poker:* flush.

II. flush *vb* **1**(*=blush*) rødme;
2. *om vann(=rush)* strømme;
3. *for å rengjøre:* skylle; *på WC:* skylle ned; spyle ned *(fx the toilet);*
4.: ***flush (out)*** 1. *jaktuttrykk:* jage opp; 2. *fig:* skremme opp.

III. flush *adj & adv* **1.** glatt *(fx door);* **2. T:** velbeslått; **3.:** ***flush with**(=level with)* i plan med; i flukt med.

flushed [ˌflʌʃt] *adj* **1.** rød i ansiktet *(fx you look very flushed);* **2.** *fig: **flushed with success*** beruset av fremgangen.

Flushing [ˌflʌʃiŋ] *s; geogr:* Vlissingen.

flush toilet vannklosett.

I. fluster [ˌflʌstə] *s(=excitement (caused by hurry)): **she was in a terrible fluster when unexpected guests arrived*** hun var forferdelig oppskjørtet (*el.* oppkavet) da det kom uventede gjester.

II. fluster *vb(=upset)* gjøre nervøs *(fx don't fluster me!);* gjøre forfjamset.

flustered *adj(=upset)* oppskjørtet; oppskaket.

flute [flu:t] *s* **1.** *mus:* fløyte; ***play the flute*** spille på fløyte; **2**(*=French stick*) pariserloff; **3.** rille; rifle; *arkit:* kannelyre.

I. flutter [ˌflʌtə] *s* **1.** risting; flagring; vibrering;
2.: ***a flutter of pigeons*** en flokk duer;

3. T(*=nervous excitement*): ***be in a (great) flutter*** være veldig oppskaket;
4. T(*=modest bet*): ***have a flutter on*** spille litt på.
II. flutter *vb* **1.** slå (med vingene); flagre; **2.** skremme; ***flutter the dovecot(e)s*** skape røre i andedammen.
flux [flʌks] *s:* ***a period of flux*** en ustabil periode; ***in our present state of flux*** så usikkert som alt er med oss for øyeblikket.
I. fly [flai] *s* **1.** *zo & fiskeredskap:* flue; *fig:* ***drop like flies*** falle som fluer;
2(*=flysheet*) overtelt;
3(*=flies*) gylf; buksesmekk;
4. *teat:* ***flies***(*=rigging loft*) snoreloft;
5.: ***he wouldn't hurt***(*=harm*) ***a fly*** han gjør ikke en katt fortred;
6.: ***fly in the ointment*** ulempe; aber *n;*
7.: ***there are no flies on him*** han er ikke tapt bak en vogn; han er ikke lett å lure.
II. fly *vb*(*pret: flew; perf.part.: flown*) **1.** fly; ***he decided to fly***(*=he decided to go by air*) han bestemte seg for å fly; *fig:* ***the bird has flown*** fuglen er fløyet;
2. *litt.*(*=flee*): ***fly the country*** flykte fra landet; *(NB ikke i pret, altså: he fled the country);*
3. *om tid*(*=pass quickly*): ***the days flew past*** dagene fløy av sted; ***time flies*** tiden går (og vi må skynde oss);
4. T(*=hurry*): ***I must fly***(*=I must go*) jeg må stikke;
5. *om flagg:* føre *(fx fly the French flag);*
6. *fig*(*=go*): ***make the money fly*** la pengene få ben *(n)* å gå på;
7.: ***come flying*** komme farende; ***fly open***(*=burst open*) fly opp *(fx the door flew open);*
8.: ***let fly*** 1. *om pil:* skyte; 2. *fig:* la få fritt løp *n;*
9. T: ***(let) fly at***(*=attack*) fare løs på;
10.: ***fly a kite*** 1. sende opp en drake; 2. skaffe penger ved hjelp av akkommodasjonsveksel; 3. eksperimentere;
11.: ***fly high*** 1. fly høyt; 2. **T:** stile høyt;
12.: ***fly into a rage***(*=temper*) få et raserianfall;
13.: ***fly into pieces*** splintres;
14. T: ***fly off the handle***(*=blow one's top*) fly i flint;
15. T: ***fight so feathers fly*** slåss så busta fyker.
flyblow [ˌflai'blou] *s:* ***flyblows*** flueskitt.
flyblown [ˌflai'bloun] *adj:* med flueskitt på.
flycatcher [ˌflai'kætʃə] *s* **1.** *zo:* fluesnapper; **2.** *til å drepe fluer med:* fluefanger; fluesmekker.
flyer, flier [ˌflaiə] *s* **1**(*=pilot*) flyver; flyger; **2. T:** ***this lad was going to be a flyer*** denne gutten ville komme til å stige raskt i gradene.
fly-fish [ˌflai'fiʃ] *vb:* fiske med flue.
I. flying [ˌflaiiŋ] *s:* flyvning; flyging; ***fear of flying*** flyskrekk.
II. flying *adj:* flyvende; flygende; flyve-; flyge-; som flagrer i vinden *(fx flying hair).*
Flying Angel Club T: ***the Flying Angel Club***(*=the Missions to Seamen*) sjømannsmisjonen.
flying boat [ˌflaiiŋ'bout] *s; flyv:* flybåt.
flying colours *pl:* ***pass the test with flying colours*** bestå en prøve med glans.
flying disk US *(=flying saucer)* flyvende tallerken.
flying fish [ˌflaiiŋ'fiʃ] *s; zo:* flyvefisk.
flying saucer *(,US: flying disk)* flyvende tallerken.
flying start flyvende start; lovende begynnelse.
flying visit(*=short visit*) snarvisitt; svipptur; snartur.
flyleaf [ˌflai'li:f] *s; typ:* forsatsblad.
flyover [ˌflai'ouvə] *s* **1**(*=road bridge; også* **US:** *overpass)* veiovergang; **2.:** ***(crossing with) flyover***(*,også* **US:** *overpass)* planfritt kryss *(fx flyovers across the motorway);* **3. US:** *se flypast.*
flypast [ˌflai'pɑ:st](*,***US:** *flyby; flyover) mil; under parade:* overflyvning; forbiflyvning (i formasjon).
fly rod fluestang.
flysheet [ˌflai'ʃi:t] *s* **1**(*=handbill*) flyveblad; **2**(*=fly*) overtelt.
flyspecks [ˌflai'speks] *s*(*=flyspots*) flueskitt.
flyswatter [ˌflai'swɔtə] *s:* fluesmekker.
fly title *typ*(*=half title*) smusstittel.
I. foal [foul] *s; zo:* føll *n.*
II. foal *vb:* følle *(fx the mare should foal this week).*
I. foam [foum] *s:* skum *n;* såpeskum; ***shaving foam*** barberskum.
II. foam *vb* **1.** skumme; **2.** *fig:* ***foam with rage*** skumme av raseri *n;* fråde av raseri.
foam rubber skumgummi.
fob [fɔb] *vb* **1.:** ***fob sth off on sby***(*=foist sth off on sby*) prakke noe på en; **2.:** ***fob sby off with sth*** 1(*=put sby off with sth*) avspise en med noe; 2. *= fob sth off on sby.*
f.o.b., FOB [fɔb] *(fk f free on board) merk:* fob (ɔ: levert fritt ombord).
focal [ˌfoukəl] *adj:* fokal.
focal length *fot*(*=focal distance*) brennvidde.
focal point *fot & fig:* brennpunkt; *(se I. focus).*
I. focus [ˌfoukəs] *s* **1.** *fot*(*=focal point*) fokus *n;* brennpunkt; ***in (,out of) focus*** i (,ute av) fokus; ***come into focus*** komme i fokus; ***get in focus*** få i fokus; **2.** *fig:* brennpunkt; fokus *n;* ***in the focus of events*** i begivenhetenes brennpunkt; ***be the focus of*** stå i fokus (*el.* sentrum *n*) for; ***the focus on money*** fokuseringen på penger; ***bring a problem into focus*** rette søkelyset mot et problem.
II. focus *vb*(*pret & perf.part: focus(s)ed*) fokusere; ***focus on*** 1. fokusere på; 2. konsentrere seg om; rette oppmerksomheten mot; 3. *fig:* ***focus***(*=turn*) ***the spotlight on sth***(*=highlight sth*) rette søkelyset mot noe.
fodder [ˌfɔdə] *s; landbr:* fôr; ***dry fodder*** tørrfôr.
foe [fou] *s; glds el. litt.*(*=enemy*) fiende.
foetal [ˌfi:təl] *adj*(*=fetal*) foster-.
foetus [ˌfi:təs] *s*(*=fetus*) foster *n.*
I. fog [fɔg] *s* **1.** tåke; **2.** *fot:* slør *n.*
II. fog *vb* **1.:** ***fog (up)*** dugge *(fx her glasses were fogged up with steam);* **2.** bli uklar; *fot:* sløre; **3.** *fig:* ***fog*** (*= cloud; obscure*) ***the issue*** tåkelegge saken.
fog-bound [ˌfɔg'baund] *adj:* innhyllet i tåke; som ikke kan starte (*el.* komme videre) pga. tåke.
fogey [ˌfougi] *s; neds* **T**(*=fogy*): ***old fogey*** gammel stabeis; gammel knark.
foggy [ˌfɔgi] *adj* **1.** tåket; **2**(*=vague*) uklar; ***foggy***(*= vague; fuzzy*) ***ideas*** uklare begreper *n;* **3. T:** ***I haven't the foggiest (idea) why he left so suddenly*** jeg har ikke den fjerneste anelse om hvorfor han gikk så plutselig.
fog lamp *på bil, etc(,US: fog light)* tåkelys.
foible [fɔibl] *s:* egenhet; svakhet.
I. foil [fɔil] *s* **1.** folie; ***cooking foil*** stekefolie; **2.** florett.
II. foil *vb* **1.** *stivt*(*=disappoint*) skuffe *(fx be foiled in one's attempt);* **2.** forpurre *(fx sby's plans).*
foilbag [ˌfɔil'bæg] *s:* tinnfoliumpose.
foist [fɔist] *vb* **1.:** ***foist sth on to sby***(*=fob sth off on sby*) prakke noe på en; **2.:** ***foist sby off with sth***(*=fob sby off with sth*) avspise en med noe.
I. fold [fould] *s* **1.** fold; brett; fals;
2. kve *n;* ***sheep fold*** sauekve;
3. menighet; fold; ***return to the fold*** vende tilbake til folden.
II. fold *vb* **1.** brette; folde sammen; legge sammen; false; **2.** folde; ***fold one's hands*** folde hendene; ***fold one's arms*** legge armene over kors *n;* **3.:** ***fold up*** 1. folde sammen; 2. *om forretning:* gå dukken; gå nedenom (og hjem).
-fold -fold *(fx a hundredfold);* -dobbelt *(fx threefold).*
folder [ˌfouldə] *s* **1.** folder; mappe; **2**(*=brochure*) brosjyre.
folding bed(*=camp bed*) feltseng.
folding chair klappstol.
folding door(*=double door*) fløydør; dobbeltdør.
folding screen skjermbrett; *(jvf fire screen).*
folding sunbed campingseng; *(jvf sunbed).*
foliage [ˌfouliidʒ] *s* **1.** løv *n;* løvverk; bladverk;
2. *stivt*(*=leaves*) blader *(fx beautiful foliage);*

f

3.: ***cut foliage****(=ornamental foliage)* pyntegrønt; snittgrønt.
foliage plant *bot:* bladplante.
folio [ˌfouliou] *s:* folioformat; folio.
folk *(,***US:** *folks)* [fouk(s)] *s* **T***(=people)* folk *n;* ***country folk*** landsens mennesker *n;* folk *(n)* på landsbygda; ***my folks****(=my family)* folkene mine; familien min.
folk dance folkedans.
folk dancing *om aktiviteten:* folkedans.
folklore [ˌfouk'lɔ:] *s:* folklore; folkeminneforskning.
folk tale folkeeventyr.
folkways [ˌfouk'weiz] *s; pl; mht. tradisjoner, etc:* folkeliv *(fx American folkways)*.
follow [ˌfɔlou] vb **1.** følge etter; følge *(fx a road);* komme etter *(fx nobody knows what will follow);* ***in what follows*** i det følgende;
2*(=succeed)* etterfølge *(fx one's father as manager);*
3*(=accept the leadership of)* følge;
4. *om råd, etc(=act on)* rette seg etter; følge; ***follow one's instructions*** rette seg etter instruksen; ***follow****(=obey)* ***the rules*** følge reglene; rette seg etter reglene;
5. følge med i (*el.* på); ***follow with great attention*** følge med stor oppmerksomhet;
6*(=understand)* forstå; kunne følge med *(fx do you follow (my argument)?);*
7. følge av; være en følge av; ***it therefore follows that …*** det følger av dette at …; ***it follows as a matter of course*** det følger av seg selv; ***it does not follow that …*** det følger ikke av dette at …; dermed er ikke sagt at …;
8.: ***as follows*** som følger; som fremgår av det følgende; ***he said as follows****(=what he said was this)* han sa følgende;
9.: ***there's ice-cream to follow*** etterpå er det iskrem å få; ***'letter to follow'****(=letter follows)* brev *(n)* følger;
10. *kortsp & fig:* ***follow suit*** følge farge;
11.: ***follow on with a party at sby's place*** ha et nachspiel hjemme hos en; *(jvf follow-on: follow-on party);*
12.: ***follow up*** følge opp *(fx a matter);* ***follow up a clue*** følge (*el.* arbeide ut fra) et spor; ***follow up the victory*** forfølge seieren.
follower [ˌfɔlouə] *s:* tilhenger.
I. following [ˌfɔlouiŋ] *s:* tilhengere.
II. following 1. *adj:* påfølgende; neste;
2. *adj; ved oppregning:* følgende; *substantivisk:* følgende (ting); følgende personer; ***the following is a list of*** følgende er en liste (*el.* fortegnelse) over; ***please note the following*** vennligst merk Dem følgende;
3. *prep(=after; as a result of)* etter *(fx following his illness, his hair turned white)*.
following wind medvind; *(jvf downwind & tail wind).*
follow-on ['fɔlouˌɔn] *adj:* ***follow-on party*** nachspiel; *(jvf follow 11).*
I. follow-up [ˌfɔlou'ʌp] *s:* oppfølging.
II. follow-up ['fɔlouˌʌp] *adj:* oppfølgings- *(fx letter).*
follow-up examination *med.:* etterundersøkelse.
folly [ˌfɔli] *s; stivt(=foolishness)* dumhet; dårskap.
fond [fɔnd] *adj* **1.** (overdrevent) kjærlig; *(jvf affectionate; loving);* **2.:** ***fond of*** glad i; **3.** *ofte spøkef(=vain)* forfengelig; ***in the fond hope that …*** i det forfengelige håp at …
fondle [fɔndl] *vb(=caress)* kjærtegne; klappe; stryke.
fondness [ˌfɔndnəs] *s:* det å være glad i; ***his fondness for animals*** det at han var så glad i dyr *n;* ***her fondness for children*** hennes barnekjærhet.
font [fɔnt] *s:* døpefont.
food [fu:d] *s* **1.** mat *(fx English food);* næring; næringsmiddel; ***food and drink*** mat og drikke; ***good, traditional food*** god, gammeldags mat; ***is there any food you can't take?*** er det noe mat du ikke tåler? **2.** *fig:* ***food for thought****(=something to think about)* stoff *(n)* til ettertanke; noe å tenke på.
Food and Drug Administration*(fk: FDA)* **US:** ***the Food and Drug Administration*** *kan gjengis:* helsedirektoratet.
food faddist kostholdsfanatiker.
food mixer matlagningsmaskin.
food poisoning matforgiftning.
foodstuffs [ˌfu:d'stʌfs] *s; pl:* matvarer.
I. fool [fu:l] *s* **1.** tosk; ***you fool!*** din tosk! ***make a fool of sby*** dumme en ut; ***make a fool of oneself*** dumme seg (ut); ***play the fool*** tøyse; tulle;
2. *hist(=court jester)* hoffnarr.
II. fool *vb* **1***(=deceive)* lure;
2.: ***fool about, fool around*** 1. vimse omkring; 2*(=clown around)* drive med bajasstreker; ***fool around with*** tulle (*el.* tøyse) med; leke med; ***fool around with the boys*** stå i med guttene.
foolery [ˌfu:ləri] *s; stivt(=foolish behaviour)* fjolleri *n;* narrestreker.
foolhardy [ˌfu:l'hɑ:di] *adj:* dumdristig.
foolish [ˌfu:liʃ] *adj* **1.** ufornuftig; dum; ***it's foolish to …*** det er dumt å …; ***he's being very foolish about it*** han tar det meget dumt; **2***(=ridiculous)* latterlig; tåpelig.
foolproof [ˌfu:l'pru:f] *adj:* idiotsikker.
I. foot [fut] *s(pl: feet)* **1.** *anat:* fot; ***the ball of the foot*** fotballen;
2. *om nedre del av noe:* fot; ***at the foot of*** ved foten av *(fx the hill);*
3. *mål: 30,48 cm (pl: feet; foot (fk ft))* fot;
4. *mil; pl* **T***(=infantrymen)* infanterister;
5. *int:* ***my foot!*** for noe tøys *(n)*! jammen sa jeg smør *(n)*!
6. *fig:* ***cut the ground away from under their feet*** slå bena *(n)* vekk under dem;
7. *fig:* ***have a foot in both camps*** stå med ett ben i hver leir; ***he's had a foot in both camps*** *også:* han har befunnet seg på begge sider av forhandlingsbordet;
8. *fig:* ***fall on one's feet*** komme ned på bena *n;*
9. *fig:* ***find one's feet*** finne seg til rette;
10. *fig:* ***get one's foot in*** få et ben innenfor;
11.: ***get cold feet*** 1. begynne å fryse på bena *n;* 2. *fig:* få kalde føtter; få betenkeligheter;
12. *fig:* ***get off on the wrong foot*** komme skjevt ut;
13. *fig* **T:** ***put one's foot down*** slå i bordet; opptre bestemt; være bestemt;
14. *fig:* ***put one's best foot forward****(,stivt: foremost)* 1*(=hurry)* skynde seg; henge i; 2*(=show to best advantage)* vise seg fra sin beste side;
15. *fig:* ***put one's foot in it*** trampe i klaveret; tråkke i spinaten; gjøre en tabbe;
16. *fig:* ***he didn't put a foot wrong*** han gjorde ingen feil;
17.: ***on foot*** til fots;
18.: ***it's muddy under foot****(=it's muddy walking)* det er søleføre; *fig:* ***I'm not used to having him under my feet all the time*** jeg er ikke vant til å ha ham i bena *(n)* på meg hele tiden;
19.: ***set foot on English soil*** sette foten på engelsk jord; ***I'll never set foot in his house again!*** jeg vil aldri sette mine ben *(n)* i hans hus *(n)* mer.
II. foot *vb* **1.:** ***foot it****(=dance)* svinge seg (i dansen); danse; **2. T:** ***foot the bill****(=pay the bill)* betale regningen.
football [ˌfut'bɔ:l] *s; sport; ball & spill:* fotball; ***go to football*** gå på fotballkamp (,fotballtrening); *(se I. strip 3).*
football(-crowd) violence fotballvold.
footballer [ˌfut'bɔ:lə] *s; sport(=football player;* **US:** *soccer player)* fotballspiller.
football ground fotballbane; *(se football pitch).*
football hooligans *pl:* fotballpøbel; fotballramp.
football match fotballkamp; ***at a football match*** på fotballkamp; *(se football: go to football).*
football pitch fotballbane; ***on the football pitch****(=on the football ground; in the football stadium)* på fotballbanen.

football rowdyism fotballbråk.
football stadium fotballstadion; fotballbane; fotballarena; ***in a football stadium*** på en fotballarena; *(se football pitch).*
(football) stand(s) (fotball)tribune; ***on the (football) stand(s)*** på (fotball)tribunen.
footbridge [ˌfut'bridʒ] *s:* gangbru; fotgjengerbru.
foothill [ˌfut'hil] *s:* lavberg; høydedrag ved foten av et fjell; ***in the foothills of the Alps****(=at the foot of the Alps)* ved foten av Alpene.
foothold [ˌfut'hould] *s* **1.** *stivt(=footing)* fotfeste; **2.** *fig(=footing)* fotfeste; ***get****(=gain)* ***a foothold*** få foten innenfor; ***a foothold for a successful career****(=a stepping stone to a successful career)* et utgangspunkt for en fin karriere.
footing [ˌfutiŋ] *s* **1.** fotfeste; balanse;
2. *bygg:* såle; ***lay****(=put down)* ***the footing(s)*** støpe såle(n);
3. *fig:* fot *(fx on a friendly footing);* ***gain a footing in the market*** få innpass på markedet; ***business is now on a firm footing*** forretningen er nå fast etablert; ***on the same footing as****(=on an equal footing with; on a par with)* på like fot med.
footlights [ˌfut'laits] *s; pl; teat(=floats)* rampelys.
footman [ˌfutmən] *s:* herskapstjener (i uniform);
footmark [ˌfut'mɑ:k] *s(=footprint)* fotavtrykk; fotspor *(fx dirty footmarks on the floor).*
footnote [ˌfut'nout] *s:* fotnote.
footpath [ˌfut'pɑ:θ] *s:* gangsti; ***public footpath*** offentlig gangsti.
footprint [ˌfut'print] *s:* fotavtrykk; fotspor.
footslog [ˌfut'slɔg] *vb* **T***(=march)* marsjere; traske.
footslogger [ˌfut'slɔgə] *s* **T***(=infantryman)* fotsoldat; infanterist.
footsore [ˌfut'sɔ:] *adj:* sårbent; ***tired and footsore*** sliten og sårbent.
footstep [ˌfut'step] *s* **1.** fottrinn; (lyden av) skritt *n;*
2. *også fig:* fotspor *(fx follow in sby's footsteps);*
3*(=stair; step)* (trappe)trinn.
footstool [ˌfut'stu:l] *s:* fotskammel.
footwear [ˌfut'wɛə] *s:* skotøy; fottøy.
footwork [ˌfut'wə:k] *s; boksers, etc:* fotarbeid.
fop [fɔp] *s; glds(=dandy)* laps.
I. for [fɔ:, *trykksvakt:* fə] *konj; glds(=because; as)* for *(fx he ran, for he was afraid); (se as 2 & because).*
II. for *prep* **1.** for *(fx I do it for money; are you for or against the plan? G stands for George; I can only speak for myself; it's good for you);* (som erstatning) for *(fx plant a new tree for every tree you cut down);* ***I paid for it yesterday*** jeg betalte (for) det i går;
2. for; på grunn av *(fx the town is famous for its cathedral; we can't see for the smoke);* ***for my sake*** for min skyld; ***I'm disappointed for them*** jeg er skuffet for deres skyld (*el.* på deres vegne);
3. *om årsaksforhold:* av *(fx jump for joy; marry for love);* ***for this reason*** av denne grunn; derfor; ***for what reason?*** av hvilken grunn? ***for fear of*** av redsel (*el.* frykt) for; ***for want of*** av mangel på; ***for love of*** av kjærlighet til; *(jvf from 7);*
4. til *(fx I've made some tea for us);* ***good enough for*** god (*el.* bra) nok til; ***too big for*** for stor til; ***fit for nothing*** ikke brukbar til noe; udugelig;
5. til; i retning av; med kurs for; som skal til *(fx is this the train for Harwich?);* ***which is the right bus for Rowde?*** hvilken buss skal man ta til Rowde?
6. *ved sammenligning:* til å være *(fx it's cool for this time of year);* ***small (,tall) for one's age*** liten (,stor) for alderen; ***it's not bad for me****(=it's not bad considering it's me)* det er ikke dårlig til å være meg;
7. *om tid:* ***we waited for three hours*** vi ventet i tre timer; ***it's not****(=it won't be)* ***for another half hour (yet)*** det er først om en halv time; det er ikke før om en halv time; ***they are not to be married for six months yet*** de skal først gifte seg om et halvt år; det er enda et halvt år til de skal gifte seg; ***take a house for the summer*** leie et hus for sommeren;
8. *om avstand:* ***they walked (for) ten miles*** de gikk ti miles;
9. (som en forberedelse) til; med henblikk på *(fx he's getting ready for the journey);* ***be prepared for the worst*** være forberedt på det verste;
10.: ***fight for survival****(=fight in order to survive)* kjempe for å overleve;
11. *med etterfølgende s:* ***out for*** ute etter; ***she's out for as much money as she can get*** hun er ute etter så mange penger som hun kan få; ***he's out for a good time****(=he wants to have a good time)* han er ute etter å ha det morsomt;
12*(=in spite of)* til tross for *(fx for all his money he didn't seem happy);* ***for all that****(=in spite of all)* likevel; tross alt *(fx I like him for all that);*
13. *ved bestilling, ordre, sjekk:* på *(fx an order for coal; a cheque for £2,000);*
14.: ***for (-ing)*** til å … med; ***an instrument for cutting*** et instrument til å skjære med; ***a room for working in*** et rom til å arbeide i;
15. for; når det gjelder *(fx for all types we can promise delivery in four weeks);*
16.: ***know for certain*** vite sikkert; vite med sikkerhet;
17.: ***for good*** for godt *(fx she's left him for good);*
18.: ***for my part I think that …*** *(=personally I think that …)* jeg for min del tror at …; personlig tror jeg at …;
19.: ***for the present, for the time being*** for øyeblikket; for tiden;
20.: ***word for word*** ord *(n)* for ord *(fx translate word for word);*
21.: ***if it hadn't been for, if it wasn't for*** hvis det ikke hadde vært for; hvis det ikke var for *(fx if it hadn't been for you, we would have finished much sooner);*
22.: ***for … to: they waited for us to join them*** de ventet på at vi skulle slutte oss til dem; ***it's not for me to tell him what to do*** det er ikke min sak å fortelle ham hva han skal gjøre; ***for me to do that now would be ridiculous*** det ville være latterlig om jeg gjorde det nå; ***I'd****(=would)* ***have given anything for this not to have happened*** jeg skulle gitt hva som helst for at dette ikke skulle ha hendt;
23. *ved vb for å betegne hensikten:* etter *(fx advertise for a cook; run for help; telephone for a taxi; he went home for his book);* om *(fx apply to sby for information; ask sby for help; compete with sby for sth);* ***watch for a favourable moment*** vokte på et gunstig øyeblikk.
forage [ˌfɔridʒ] *vb* **1***(=steal)* stjele; **2.:** ***forage (about)*** *(=rummage)* romstere *(fx in the cupboard);* **3.:** ***forage for****(=hunt for; search about for)* jakte på; lete etter.
forbade [fəˌbæd] *pret av forbid.*
forbear [fɔ:ˌbɛə] *vb(pret: forbore; perf.part.: forborne) stivt:* ***forbear to, forbear from****(=refrain from)* avholde seg fra.
forbearance [fɔ:ˌbɛərəns] *s; stivt* **1***(=leniency)* overbærenhet; **2***(=patience)* tålmodighet.
forbid [fəˌbid] *vb(pret: forbade; perf.part: forbidden) stivt el. glds(=tell not to)* forby; ***God forbid!*** (måtte) Gud forby (det)!
forbidden [fəˌbidən] *perf.part. av forbid & adj:* forbudt.
forbidding [fəˌbidiŋ] *adj; stivt(=rather frightening)* fryktinngytende; skremmende.
forbore [fɔ:ˌbɔ:] *pret av forbear.*
forborne [fɔ:ˌbɔ:n] *perf.part. av forbear.*
I. force [fɔ:s] *s* **1.** kraft; ***the forces of nature*** naturkreftene;
2. makt; ***brute force*** fysisk makt; vold; ***evil forces****(= evil powers)* onde makter; ***by force*** med makt; ***use force*** bruke makt;
3. *mil:* styrke *(fx he came with a small force);* ***the***

forces det militære; ***the armed forces*** de væpnede styrker;
4. *fig:* kraft; ***the force of example*** eksemplets *(n)* makt; ***join forces (with sby)*** slå seg sammen (med en); gjøre felles sak (med en);
5. *om lov, etc:* ***the regulations in force*** gjeldende bestemmelser; ***come into force*** tre i kraft.
II. force *vb* **1.** tvinge; tvinge frem; fremtvinge; ***force a crisis*** fremtvinge en krise; ***force a decision*** fremtvinge en avgjørelse; ***force a smile*** tvinge seg til å smile; ***force sth from sby*** 1. fravriste en noe; 2. *fig:* avtvinge en noe; ***force a bill through Parliament*** presse en lov igjennom i parlamentet; ***force the issue*** fremtvinge en avgjørelse; ***force one's plans (,one's will) through*** tvinge planene sine (,viljen sin) igjennom; ***force one's way through the crowd*** presse seg gjennom mengden; ***force oneself on sby*** trenge seg inn på en; ***force one's views on sby*** påtvinge en sine synspunkter;
2. sprenge *(fx the door)*; ***force open*** bryte opp; ***force an entry*** tiltvinge seg adgang.
forced [fɔ:st] *adj:* tvungen; påtvungen; tvangs-; forsert.
forced landing *flyv(=emergency landing)* nødlanding; ***make a forced landing*** nødlande.
forced sale*(=compulsory sale)* tvangsauksjon.
force-feed [ˌfɔ:sˈfi:d] *vb(=cram)* tvangsfôre.
forceful [ˌfɔ:sful] *adj* **1***(=powerful)* sterk *(fx a forceful personality)*; **2***(=convincing)* overbevisende *(fx argument)*; ***his speech was so forceful that …*** hans tale var så sterk at …
forcemeat *kul(=sausage meat)* kjøttfarse.
forceps [ˌfɔ:seps; ˌfɔ:sips] *s:* pinsett; ***obstetrical forceps*** fødselstang.
forceps baby *med.:* baby tatt med tang.
forcible [ˌfɔ:sibl] *adj; meget stivt el. jur:* voldelig; med tvang; ***forcible entry*** tiltvunget adgang.
I. ford [fɔ:d] *s:* vadested.
II. ford *vb:* vade over *(fx a river)*.
fore [fɔ:] *s; stivt:* ***be to the fore*** være fremme (i debatten); ***this has been much to the fore lately****(=this has been much debated lately)* dette har vært meget fremme i den senere tid; ***bring to the fore*** aktualisere; ***come to the fore*** komme i forgrunnen; ***he has recently come to the fore in local politics*** han har nylig stått frem i lokalpolitikken.
fore and aft *adv; mar* **1.** forut og akterut; **2.** fra for til akter.
forearm [ˌfɔ:ˈrɑ:m] *s; anat:* underarm.
forebears [ˌfɔ:ˈbɛəz] *s; pl; stivt(=forefathers; ancestors)* forfedre.
foreboding [fɔ:ˌboudiŋ] *s:* forutanelse; ***forebodings****(=misgivings)* bange anelser.
I. forecast [ˌfɔ:ˈkɑ:st] *s* **1***(=prediction)* spådom; forutsigelse; prognose;
2. *meteorol:* ***(weather) forecast*** værvarsel.
II. forecast *vb(pret & perf.part.: forecast(ed))* **1***(=predict)* forutsi; spå; **2.** *meteorol:* spå *(fx good weather)*.
forecastle [ˌfouksl] *s; mar(=fo'c's'le; fo'c'sle)* **1.** bakk; **2***(=crew's quarters)*: ***the forecastle*** ruffen.
foreclose [fɔ:ˌklouz] *vb; jur(=take possession)* overta; ***his bank foreclosed on him*** banken tok huset (etc) hans.
foreclosure [fɔ:ˌklouʒə] *s; jur(=taking possession)* overtagelse (av pant *(n)* til eie).
forecourt [ˌfɔ:ˈkɔ:t] **1.** forgård; (gårds)plass; *ved bensinstasjon:* plassen hvor pumpene står;
2. *tennis(=front court)* området mellom servelinjen og nettet.
forefathers [ˌfɔ:ˈfɑ:ðəz] *s; pl(=ancestors)* forfedre.
forefinger [ˌfɔ:ˈfiŋgə] *s:* pekefinger; ***no forefingers are raised*** det er ingen høyt hevede pekefingre.
forefront [ˌfɔ:ˈfrʌnt] *s:* forgrunn; ***be in the forefront of …*** stå i forgrunnen når det gjelder …; gå foran i kampen når det gjelder; ***be in the forefront of technological advance*** være langt fremme når det gjelder teknologi; ***in the forefront of developments*** i forkant av utviklingen.
foregoing [ˌfɔ:gouiŋ] *adj:* forannevnt *(fx the foregoing statement)*.
foregone [ˌfɔ:ˈgɔn] *adj:* ***it's a foregone conclusion*** det er på forhånd gitt; resultatet er gitt på forhånd.
foreground [ˌfɔ:ˈgraund] *s; også fig:* forgrunn; ***in the left foreground*** i forgrunnen til venstre.
forehand [ˌfɔ:ˈhænd] *s* **1.** *på hest:* forpart; **2.** *tennis:* forehand; forehandslag.
forehead [ˌfɔrid; ˌfɔ:ˈhed] *s; anat:* panne.
foreign [ˌfɔrin] *adj* **1.** utenlandsk; ***foreign edition*** utgave for utlandet; ***most of my friends are foreign*** de fleste av vennene mine er utlendinger; ***foreign visitors in Britain*** utlendinger i Storbritannia;
2. utenriks- *(fx policy; trade)*;
3. *fig; stivt:* ***treachery was foreign to his nature****(=treachery was not in his nature)* forræderi *(n)* var ham fremmed.
foreign affairs *pl(=external affairs)* utenriksanliggender; ***Secretary of State for Foreign and Commonwealth Affairs*** *(fk Foreign Secretary;* **US:** *Secretary of State)* utenriksminister.
foreign aid *(=development aid; aid to developing countries; (overseas) aid)* bistand; utviklingshjelp; u-hjelp.
foreign body*(=foreign object)* fremmedlegeme.
foreign currency utenlandsk valuta.
foreign element *fig:* fremmedelement.
foreigner [ˌfɔrinə] *s(,ofte: foreign visitor; jur: alien)* utlending; ***foreigners resident in this country****(=foreign residents)* utlendinger som er bosatt her i landet.
foreign exchange fremmed valuta; ***dealing in foreign exchange*** valutahandel.
foreign language fremmedspråk.
foreign minister utenriksminister; *(se foreign affairs & Foreign Secretary)*.
Foreign Office*(=Foreign and Commonwealth Office; fk FCO;* **US:** *State Department)* utenriksdepartement.
Foreign Secretary *(fk f Secretary of State for Foreign and Commonwealth Affairs)(,***US:** *Secretary of State)* utenriksminister.
foreign service *især* **US***(=diplomatic service)*: ***the foreign service*** utenrikstjenesten; ***on foreign service*** i utenrikstjeneste.
foreign worker fremmedarbeider.
fore-jumper [ˌfɔ:ˈdʒʌmpə] *s; ski:* prøvehopper.
foreknowledge [fɔ:ˌnɔlidʒ] *s; stivt(=previous knowledge)* forhåndskjennskap (*of* til).
foreleg [ˌfɔ:ˈleg] *s; zo:* forben.
forelock [ˌfɔ:ˈlɔk] *s* **1.** *på hest:* pannehår; **2.** *spøkef(=fringe)* pannelugg.
foreman [ˌfɔ:mən] *s* **1.:** ***(working) foreman*** (arbeids)formann; **2.** *jur:* ***foreman of the jury*** lagrettens formann.
foremost [ˌfɔ:ˈmoust] *adj & adv:* forrest; først; fremst *(fx the foremost British artist of this century)*; ***among the foremost*** blant de fremste; ***first and foremost****(=first of all)* først og fremst.
forenoon [ˌfɔ:ˈnu:n] *s; især i Skottland(=morning)* formiddag.
forensic [fəˌrensik] *adj; jur:* retts- *(fx medicine)*; ***forensic evidence*** teknisk bevis; ***forensic laboratory*** kriminallaboratorium; **UK:** ***the Police Forensic Science Unit*** *svarer til:* politiets branngruppe; kriminallaboratoriet.
forerunner [ˌfɔ:ˈrʌnə] *s* **1.** forløper (*of* til); **2.** *sport; ski:* prøveløper; prøvehopper; *(jvf fore-jumper)*.
foresee [fɔ:ˌsi:] *vb(pret: foresaw; perf.part.: foreseen)* forutse; forutane; kjenne til i forveien.
foreseeable [fɔ:ˌsi:əbl] *adj:* som kan forutses; ***in the foreseeable future*** i overskuelig fremtid.
foreshore [ˌfɔ:ˈʃɔ:] *s:* strandbelte.

foresight [ˌfɔ:'sait] *s* **1.** forutseenhet; fremsyn; **2.** *på våpen(=front sight)* siktekorn.
foresighted [ˌfɔ:'saitid] *adj:* fremsynt; forutseende.
foreskin [ˌfɔ:'skin] *s; anat(=prepuce)* forhud.
forest [ˌfɔrist] *s* **1.** skog; storskog; **2.** *fig:* ***a forest of masts*** en skog av master.
forestall [fɔˌ:stɔ:l] *vb:* komme i forkjøpet.
forestation ['fɔriˌsteiʃən] *s:* skogplanting.
forester [ˌfɔristə] *s:* forstmann; *(se ranger 1).*
forestry [ˌfɔristri] *s* **1.** skogindustri; **2.** forstvitenskap; **3.** forstvesen; skogvesen.
forest stand skogbestand.
foretaste [ˌfɔ:'teist] *s:* forsmak; ***be given a foretaste of*** få en forsmak på.
foretell [fɔ:ˌtel] *vb(pret & perf.part.: foretold)(=predict)* forutsi; spå om *(fx the future).*
forethought [ˌfɔ:'θɔ:t] *s:* omtanke; forutseenhet.
foretold [fɔ:ˌtould] *pret & perf.part. av foretell.*
forever [fɔ:ˌrevə] *adv(=for ever)* **1.** for alltid; ***live forever*** leve evig;
2. T*(=for a very long time)* i det uendelige.
forewarn [fɔ:ˌwɔ:n] *vb; stivt(=warn beforehand)* advare på forhånd; *ordspråk:* ***forewarned is forearmed*** er man forberedt på en fare, står man bedre rustet til å møte den.
foreword [ˌfɔ:'wə:d] *s:* forord (især når det er skrevet av en annen en forfatteren); *(jvf preface).*
I. forfeit [ˌfɔ:fit] *s:* pant *n;* ***(game of) forfeits*** pantelek.
II. forfeit *vb; stivt(=lose)* miste; forspille; tape *(fx one's rights);* ***forfeit a deposit*** tape et depositum.
III. forfeit *adj(=forfeited)* forspilt.
forfeiture [ˌfɔ:fitʃə] *s; jur:* tap *(n)* (av rettigheter, etc).
forgave [fɔ:ˌgeiv] *pret av forgive.*
I. forge [fɔ:dʒ] *s* **1***(=furnace):* ***(smith's) forge*** esse;
2*(=smithy)* smie.
II. forge *vb* **1.** *også fig:* smi; **2.** skrive falsk; forfalske *(fx sby's signature);* **3.:** ***forge ahead*** 1. kjempe seg frem; 2. *fig:* ***we're forging ahead****(=we're making good progress)* det går jevnt fremover.
forged [fɔ:dʒd] *adj:* forfalsket *(fx signature).*
forger [ˌfɔ:dʒə] *s:* falskner.
forgery [ˌfɔ:dʒəri] *s:* falskneri *n; jur:* ***forgery (of documents)*** dokumentfalsk.
forget [fəˌget] *vb(pret: forgot; perf.part.: forgotten)* glemme; ***don't forget to …*** glem ikke å …; ***I forget his name*** jeg husker ikke (*el.* kan ikke komme på) navnet hans; ***sorry, I forgot!*** unnskyld, det glemte jeg! ***forget oneself*** glemme seg.
forgetful [fəˌgetful] *adj:* glemsom.
forget-me-not [fəˌgetmi'nɔt] *s; bot:* forglemmegei.
forgivable [fəˌgivəbl] *adj:* tilgivelig.
forgive [fəˌgiv] *vb(=pret: forgave; perf.part.: forgiven)* tilgi (*sby for sth* en for noe); ***he asked humbly to be forgiven*** han ba ydmykt om tilgivelse.
forgiveness [fəˌgivənəs] *s* **1.** tilgivelse; ***ask sby's forgiveness*** be en om tilgivelse; **2.** vilje til å tilgi.
forgiving [fəˌgiviŋ] *adj(=ready to forgive)* tilgivende; som lett tilgir; som ikke bærer nag.
forgo [fɔ:ˌgou] *vb(pret: forwent; perf.part.: forgone) stivt(=give up; do without)* gi avkall på; avstå fra.
forgot [fəˌgɔt] *pret(,***US:** *også perf.part.) av forget.*
forgotten [fəˌgɔtən] *perf.part. av forget.*
I. fork [fɔ:k] *s* **1.** gaffel; greip *n;* ***cold-meat fork*** koldgaffel; ***hay fork*** høygaffel; ***pastry fork*** dessertgaffel; **2.** dele *n;* skille *n;* veiskille; *mellom grener:* kløft.
II. fork *vb* **1.** *om elv, etc:* forgrene seg; dele seg;
2. ta av; ***fork right*** ta av til høyre;
3. lempe *(fx hay);*
4. T: ***fork out*** punge ut.
fork(-lift) truck gaffeltruck.
forlorn [fəˌlɔ:n] *adj* **1.** *litt.(=unhappy (because left alone))* fortapt; ulykkelig; **2.** *litt.:* ***forlorn of hope****(= without hope)* uten håp *n.*
forlorn hope 1*(=desperate undertaking)* halsløs gjerning; **2***(=faint hope)* svakt håp.
I. form [fɔ:m] *s* **1.** form; ***a form of*** en form for; ***in the form of*** i form av;
2*(=figure)* skikkelse;
3*(,***US:** *blank)* skjema *n;* formular *n;* blankett; ***application form*** søknadsskjema; ***entry form*** innmeldingsblankett; ***fill in(,*****US:** *out)* ***a form****(=complete a form)* fylle ut et skjema;
4. *om oppførsel:* ***it's bad form****(=it's not fitting; it's not good form)* det passer seg ikke;
5*(=formality)* form; formalitet; ***pay too much attention to forms*** henge seg for mye opp i formene; ***as a matter of form*** for ordens skyld; proforma;
6. *om opplagthet, etc:* form; ***be in good form*** være i fin form *(fx she's in good form after her holdiday);* ***she's in great form*** hun er strålende opplagt;
7. *sport:* form *(fx he hasn't found his form yet);* ***playing form*** spilleform; ***in great form****(=very fit)* i fin form; ***in top form*** i toppform;
8. *skolev(=school class)* (høyere) klasse *(fx he's in the sixth form);*
9. T: he's true to form*(=type)(=that's him all over)* han fornekter seg ikke; det er typisk for ham.
II. form *vb* **1.** danne; forme; danne seg; ta form *(fx an idea slowly formed in his mind);* ***I somehow formed the impression that he was mad*** på en eller annen måte fikk jeg inntrykk av at han var gal;
2*(=organize; arrange)* ordne *(fx the children into three lines);* ***they formed (themselves) into three groups*** de delte seg i tre grupper;
3*(=make up)* danne; utgjøre; ***form part of*** utgjøre en del av;
4. *mil:* ***form up!****(=fall in!)* still opp! ***form two deep!*** still opp på to rekker!
formal [ˌfɔ:məl] *adj* **1.** formell; stiv; ***a formal resemblance*** en ytre likhet; **2.** *om vesen:* avmålt; formell; stiv; ***a formal bow*** et stivt bukk.
formal dress gallaantrekk.
formality [fɔ:ˌmæliti] *s* **1.** formalitet; ***I got passed through the various formalities*** jeg ble sluset gjennom de forskjellige formaliteter; **2.** formelt vesen; formell korrekthet; avmålthet; stivhet.
formalize, formalise [ˌfɔ:mə'laiz] *vb:* formalisere.
formally [ˌfɔ:məli] *adv:* formelt; i formell henseende; ***formally and in reality*** formelt og reelt.
I. format [ˌfɔ:mæt] *s:* format *n.*
II. format *vb; EDB:* formatere.
formation [fɔ:ˌmeiʃən] *s* **1.** danning *(fx character formation);* dannelse; **2.** *mil:* formasjon.
formative [ˌfɔ:mətiv] *adj:* grunnleggende *(fx a child's first five years are the most formative);* formende; ***formative years*** utviklingsår; grunnleggende år *n;* ***he spent his formative years on a farm****(=he grew up on a farm)* han vokste opp på en gård; ***be a formative influence on sby*** være med å prege en; sette sitt preg på en.
former [ˌfɔ:mə] *adj* **1.** tidligere *(fx a former colleague);* ***in former times*** i tidligere tider; **2.:** ***the former*** førstnevnte (av to); *(jvf latter).*
formerly [ˌfɔ:məli] *adv(=in the past)* tidligere *(fx formerly this large town was a small village).*
formidable [ˌfɔ:midəbl; 'fɔ:ˌmidəbl] *adj* **1***(=rather frightening)* fryktinngytende; litt skremmende; **2.** *om hindring, oppgave, etc:* meget stor *(fx they were faced with formidable difficulties).*
formless [ˌfɔ:mləs] *adj:* formløs; uformelig.
form letter *merk:* formularbrev.
form teacher *skolev:* klassestyrer.
formula [ˌfɔ:mjulə] *s(pl:formulas, formulae* [ˌfɔ:mju'li:]) **1.** formel; oppskrift; ***made to a new formula*** lagd etter en ny formel;
2. formular *n (fx the formula used in baptism);*
3. *fig:* oppskrift; formel *(fx for success); (=solution)* løsning *(fx a formula satisfactory to both parties);*

4. US *& Canada(=patent baby food)* morsmelkerstatning.
formula-fed baby US *& Canada(=bottle-fed baby; artificially fed baby)* flaskebarn.
formulate [ˌfɔ:mjuˈleit] *vb* **1.** uttrykke i en formel; **2.** formulere *(fx one's ideas into a theory);* ***their ability to formulate is weak*** deres formuleringsevne er svak; **3.** utarbeide *(fx the rules);* **4***(=develop)* utforme *(fx a policy).*
formulation [ˈfɔ:mjuˌleiʃən] *s; stivt:* formulering; utforming.
formwork [ˌfɔ:mˈwə:k] *s; bygg(=shuttering)* forskaling.
fornicate [ˌfɔ:niˈkeit] *vb; glds(=commit adultery)* drive hor *n;* bedrive utukt; hore.
fornication [ˈfɔ:niˌkeiʃən] *s; glds* **1***(=adultery)* hor *n;* utukt; **2.** *spøkef(=sexual intercourse):* ***fornication took place in a shower*** utukt fant sted i dusjen.
forsake [fəˌseik] *vb(pret: forsook; perf.part.: forsaken) litt.* **1***(=abandon)* svikte *(fx be forsaken by one's friends);* **2***(=give up)* oppgi; svikte *(fx she forsook all her high principles and stole some money).*
forswear [fɔ:ˌswɛə] *vb(pret: forswore; perf.part: forsworn) glds* **1***(=give up):* ***forswear one's bad habits*** legge av seg sine dårlige vaner; **2***(=deny on oath)* forsverge *(fx he forswore any knowledge of the crime);* **3***(=perjure oneself)* avlegge falsk ed.
fort [fɔ:t] *s; mil & fig:* fort *n;* ***hold the fort*** holde skansen.
I. forte [fɔ:t; ˌfɔ:tei] *s:* sterk side; styrke; forse *(fx making pastry is not her forte).*
II. forte [ˌfɔ:ti] *adj, adv; mus:* forte.
forth [fɔ:θ] *adv* **1.** *glds:* ***they went forth into the desert****(=they went (out) into the desert)* de gikk ut i ørkenen; ***from this day forth****(=from this day onward)* fra denne dag av; fra og med i dag; **2.:** ***back and forth*** frem og tilbake; ***and so forth****(=and so on)* og så videre; *neds:* ***he's always holding forth*** han legger (nå) alltid ut i det vide og det brede.
forthcoming [ˈfɔ:θˌkʌmiŋ; *attributivt:* ˌfɔ:θˈkʌmiŋ] *adj* **1.** *stivt(=coming)* kommende *(fx events);* forestående; ***the money was not forthcoming*** pengene kunne ikke skaffes; ***if help is forthcoming*** hvis det kommer hjelp; **2.** imøtekommende; innlatende; villig til å snakke *(fx she wasn't very forthcoming about her job).*
forthright [ˌfɔ:θˈrait] *adj(=honest and outspoken)* ærlig og åpenhjertig; likefrem; ***their answers are not usually forthright*** de sier ikke vanligvis det de mener i svarene *(n)* sine.
forthwith [ˌfɔ:θˌwiθ; ˌfɔ:θˌwið; fɔ:θˌwiθ; fɔ:θˌwið] *adv; stivt(=at once; immediately)* straks; omgående *(fx you are to leave the country forthwith!).*
fortieth [ˌfɔ:tiiθ] **1.** *tallord:* førtiende; **2.** *s:* førti(ende)del.
fortification [ˈfɔ:tifiˌkeiʃən] *s: mil:* befestning.
fortify [ˌfɔ:tiˈfai] *vb* **1.** *mil:* befeste *(fx a castle);* **2.** *om tilsetting, etc(=enrich)* berike *(fx the breakfast cereal is fortified with vitamins);* **3.:** ***fortify oneself*** styrke seg *(fx with a glass of brandy).*
fortitude [ˌfɔ:tiˈtju:d] *s; stivt(=strength of mind)* sjelsstyrke.
fortnight [ˌfɔ:tˈnait] *s(,***US:** *two weeks)* fjorten dager; ***a fortnight (from) today*** i dag om fjorten dager.
fortnighly [ˌfɔ:tˈnaitli] **1.** *adj:* som skjer skjer fjortende dag (*el.* annenhver uke); ***fortnighly sailings*** seilinger hver fjorternde dag; **2.** *adv:* hver fjortende dag; annenhver uke.
fortress [ˌfɔ:trəs] *s:* festning.
fortuitous [fɔ:ˌtju:itəs] *adj; meget stivt(=accidental)* tilfeldig.
fortunate [ˌfɔ:tʃənət] *adj(=lucky)* heldig; ***the less fortunate*** de som er mindre heldige; ***be (more) fortunate*** være heldig (,heldigere); ***I was so fortunate as to****(=I was fortunate (enough) to)* jeg var så heldig å; ***in a (more) fortunate position*** være heldig (,heldigere) stilt.
fortunately [ˌfɔ:tʃənətli] *adv(=luckily)* heldigvis.
fortune [ˌfɔ:tʃən; ˌfɔ:tʃu:n; ˌfɔ:tju:n] *s* **1.** formue; ***make a fortune*** tjene en formue; **2.:** ***(good) fortune*** hell *n;* lykke; ***by good fortune****(=by a lucky chance)* ved et hell; ***our fortune is made*** vår lykke er gjort; **3***(=fate; chance)* skjebnen *(fx he accepts whatever fortune may bring);* ***the fortunes of war*** krigslykken; *glds; ordspråk:* ***fortune favours fools*** lykken er bedre enn forstanden; **4.:** ***tell sby's fortune****(=tell sby his fortune)* spå en.
Fortune fru Fortuna; lykkens gudinne.
fortune hunter lykkejeger.
fortune teller spåkone; spåmann.
fortune telling *(,ofte: psychic reading)* spåing.
forty [ˌfɔ:ti] *tallord:* førti; ***in the forties*** i førtiårene; ***a man in his forties*** en mann i førtiårene.
forty winks*(=a snooze)* en blund; en lur.
forum [ˌfɔ:rəm] *s:* forum *n.*
I. forward [ˌfɔ:wəd] *s; fotb:* forward.
II. forward *vb* **1.** videresende; ettersende *(fx sby's mail);* **2.** *stivt; merk(=send)* sende *(fx goods);* **3.** *stivt(=help; promote)* fremme; ***forward sby's career*** fremme ens karriere.
III. forward *adj* **1.** fremmadgående *(fx movement);* fremover; forover; fremlengs; ***forward march!*** fremad marsj! **2***(=in front; front)* forrest; fremre; **3.** *landbr:* tidlig (utviklet) *(fx crops);* **4.** *neds; lett glds(=pushy)* ubeskjeden; (litt for) freidig; ***a forward****(=impertinent)* ***remark*** en freidig bemerkning; **5.** *merk:* ***(for) forward delivery*** (for) senere levering.
IV. forward *adv(=forwards)* fremad; fremover; frem *(fx a pendulum swings backward(s) and forward(s); she stepped forward to receive her prize);* ***put the clock forward tonight*** still klokken frem i kveld; ***rush forward*** styrte frem.
forward booking*(=advance booking)* forhåndsbestilling.
forwarding address ettersendelsesadresse.
forwarding agent *merk:* speditør.
forward line *fotb:* løperrekke.
forward-looking [ˌfɔ:wədˈlukiŋ] *adj* **1***(=far-sighted)* fremsynt; **2***(=long-term)* langsiktig *(fx project).*
forward pass *fotb:* fremlegg.
forward planning*(=planning ahead)* planlegging på sikt.
forwards [ˌfɔ:wədz] *adv: se IV. forward.*
fossil [fɔsl] *s:* fossil *n.*
foster [ˌfɔstə] *vb* **1.** fostre opp *(fx a child);* **2***(=look after)* ha i pleie; **3.** *meget stivt(=encourage; further)* fremme; ***foster friendship between the nations*** fremme vennskapet mellom folkene *n;* **4.** *meget stivt(=have):* ***foster a desire for revenge*** nære et ønske om hevn.
fought [fɔ:t] *pret & perf.part. av II. fight.*
I. foul [faul] *s; sport:* forseelse mot spillereglene; ureglementert slag *n; fotb:* forsettlig forseelse; ***a foul for hands*** forsettlig hands.
II. foul *vb* **1***(=dirty)* svine til; tilsvine; grise til; **2.** *stivt(=pollute)* forurense; **3.** *fotb:* begå en forsettlig forseelse; takle for hardt; **4. T:** ***foul up*** 1*(=foul)* svine til; grise til; *(jvf 1);* 2*(= bungle; spoil)* ødelegge; lage rot *(n)* av.
III. foul *adj* **1.** *om luft & lukt:* dårlig; **2***(=polluted)* forurenset *(fx water);* **3.:** ***foul weather*** styggvær; ***his room was in a foul mess*** det så fryktelig (*el.* fælt) ut på rommet hans; ***foul language*** svinsk språk *n;* **4.:** ***resort to foul means*** ta i bruk uredelige midler *n;*

by fair means or foul med det gode eller med det onde.
foul play 1. *sport:* forseelse mot spillereglene; **2.** *fig:* lureri *n;* noe kriminelt; ***is foul play suspected?*** har man mistanke om noe kriminelt? ***the police suspect foul play*** politiet har mistanke om at det dreier seg om en forbrytelse.
foul-smelling [ˌfaul'smeliŋ] *adj(=stinking)* illeluktende; stinkende; *(jvf evil-smelling).*
I. found [faund] **1.** *pret & perf.part. av II. find;* **2.** *adj(=equipped)* utstyrt *(fx the house was well found in crockery and linen);* ***the boat comes fully found, ready to go*** båten leveres fullt utstyrt og sjøklar; **3.** *i tillegg til lønn:* ***all found*** fri kost og losji *n (fx £50 a week and all found).*
II. found *vb* **1***(=start; establish)* grunnlegge; opprette; **2.:** ***found on****(=base on)* grunne på; basere på.
foundation [faunˌdeiʃən] *s* **1***(=establishment)* grunnleggelse; opprettelse; stiftelse;
2. fundament *n; bygg(=foundations)* fundament *n;* grunnmur;
3. *fig(=basis)* grunnlag; fundament *n;* basis; ***a good foundation to build on*** et godt grunnlag å bygge på; ***on a tottering foundation****(=on shaky ground)* på gyngende grunn;
4. *om institusjon som finansieres ved legat el. fond:* stiftelse; ***research foundation*** forskningsstiftelse;
5. *til støtte for kunst el. vitenskap:* fond *n;* legat *n;* ***a foundation for the endowment of research*** et fond (*el.* legat *n*) til støtte for forskning; et forskningsfond; ***school foundation*** skolelegat; *(jvf endowment 1).*
foundation course *univ:* grunnkurs.
foundation school*(=endowed school)* legatskole.
foundation stone *bygg:* grunnsten; ***lay down the foundation stone*** legge ned grunnstenen.
I. founder [ˌfaundə] *s* **1.** grunnlegger; **2.** legatstifter; **3.:** ***founder of a family*** stamfar til en familie.
II. founder *vb; stivt el. litt.* **1***(=sink)* gå under;
2. *om hest(=stumble; go lame)* snuble (av utmattelse);
3. *stivt(=fail)* mislykkes *(fx the project foundered).*
founding [ˌfaundiŋ] *adj:* ***one of the founding members*** en av grunnleggerne.
found property hittegods; ***withholding found property*** underslag av hittegods.
foundry [ˌfaundri] *s:* støperi *n;* ***iron foundry*** jernstøperi.
fount [faunt] *s* **1.** *typ:* skrift(type); **2.** *litt.(=source)* kilde *(fx of information).*
fountain [ˌfauntin] *s* **1.** fontene; ***(drinking) fountain*** drikkefontene; springvann; **2.** *litt.(=source)* kilde; ***fountain of youth*** ungdomskilde.
four [fɔ:] **1.** *tallord:* fire;
2. *s:* firetall; firer;
3. *adj(=aged four)* fire år *(fx she's four);*
4.: ***on all fours****(=on hands and knees)* på alle fire.
four by four *s US & Canada(=four-wheel drive)* bil med firehjulstrekk.
four-legged [ˌfɔ:'legid] *adj(=four-footed)* firbent; med fire ben *n;* ***a four-legged animal****(=a quadruped)* et firbent dyr.
four-letter [ˌfɔ:'letə] *adj:* med fire bokstaver; som består av fire bokstaver; ***four-letter word*** tabuord; stygt ord.
four-poster [ˌfɔ:ˌpoustə] *s(=four-poster bed)* himmelseng.
fourscore [ˌfɔ:ˌskɔ:; ˌfɔ:'skɔ:] *tallord; glds:* fire snes *n;* åtti; ***fourscore (years) and ten*** nitti år *n.*
foursome [ˌfɔ:səm] *s(=group of four people)* selskap *(n)* på fire personer; *sport, fx golf:* spill *(n)* mellom to par *n.*
fourteen [ˌfɔ:ˌti:n; fɔ:ˌti:n; ˌfɔ:ti:n] *tallord:* fjorten.
fourteenth [ˌfɔ:ˌti:nθ; fɔ:ˌti:nθ; ˌfɔ:ti:nθ] **1.** *tallord:* fjortende; **2.** *s:* fjorten(de)del.
I. fourth [fɔ:θ] *tallord:* fjerde.
II. fourth *s* **1.** *stivt(=quarter)* fjerdedel; firedel;
2. *kortsp:* fjerdemann; ***make a fourth****(=make up a four)* være fjerdemann *(fx at bridge).*
fourth estate *spøkef:* ***the fourth estate*** den fjerde statsmakt.
four-wheel [ˌfɔ:'wi:l] *adj:* firehjuls-; ***four-wheel drive*** firehjulstrekk.
four-wheeled ['fɔ:ˌwi:ld; *attributivt:* ˌfɔ:'wi:ld] *adj:* firehjuls- *(fx vehicle).*
fowl [faul] *s(pl: fowl(s))* **1***(=domestic fowl)* hønsefugl; **2.** *glds(=bird)* fugl.
I. fox [fɔks] *s* **1.** *zo:* rev; **2.** *om person:* ***a sly fox , a cunning fox****(=a clever Dick)* en lur rev; **3.** *ordspråk:* ***set the fox to keep the geese*** sette bukken til å passe havresekken.
II. fox *vb* **1***(=trick; deceive)* narre; **2. T***(=puzzle; confuse)* forvirre *(fx she was completely foxed).*
fox brush *jakttrofé:* revehale.
fox earth*(=foxhole)* revehi.
foxhound [ˌfɔks'haund] *s:* revehund.
fox hunt(ing) revejakt.
fox's tail *zo(=foxtail)* revehale; *(jvf fox brush).*
foxy [ˌfɔksi] *adj* **1***(=fox-like)* reveaktig; **2***(=cunning; crafty)* lur; listig; snedig.
foyer [ˌfɔiei; ˌfɔiə] *s* **1.** *i hotell, teater, etc:* foajé;
2. US*(=hall)* entré.
fracas [ˌfrækɑ:; **US:** ˌfreikəs] *s(pl: fracas* [ˌfrækɑ:z]; **US:** *fracases* [ˌfreikəsiz]) *stivt* **1***(=noisy quarrel)* høyrøstet trette; **2***(=brawl; fight)* slagsmål.
fraction [ˌfrækʃən] *s* **1.** *mat.:* brøk; **2.** brøkdel; liten del; ***move it just a fraction*** flytte bitte lite grann på det.
fractional [ˌfrækʃənl] *adj* **1.** brøk-; **2***(=very small)* ubetydelig; ***a fractional amount*** et ubetydelig beløp.
fractious [ˌfrækʃəs] *adj; meget stivt(=cross; bad-tempered)* tverr; irritabel.
I. fracture [ˌfræktʃə] *s* **1.** brudd *n (fx in the pipe);*
2. *med.:* fraktur; bruddskade; brudd *n.*
II. fracture *vb; stivt el. fagl(=break)* brekke *(fx she fractured her arm);* ***the (metal) pipes fractured*** det oppstod brudd i (metall)rørene.
fractured [ˌfræktʃəd] *adj(=broken)* brukket; ***a fractured rib*** et brukket ribben.
fragile [ˌfrædʒail; **US:** ˌfrædʒəl] *adj* **1***(=easily broken)* skjør *(fx vase); fig:* ***a fragile****(=brittle)* ***alliance*** en skjør allianse;
2. T *spøkef(=poorly)* svak; medtatt *(fx after last night's party I feel rather fragile).*
fragility [frəˌdʒiliti] *s:* skjørhet; skrøpelighet.
I. fragment [ˌfrægmənt] *s:* bruddstykke; fragment *n.*
II. fragment [frægˌment] *vb; stivt(=break into pieces)* splintres; gå i stykker.
fragmentary [ˌfrægməntəri] *adj(=incomplete)* fragmentarisk.
fragrance [ˌfreigrəns] *s(=sweet smell)* vellukt; behagelig lukt; duft; ***balmy fragrance*** balsamduft.
fragrant [ˌfreigrənt] *adj(=sweet-scented)* velluktende; (søtt) duftende.
frail [freil] *adj* **1.** *mht. helse(=delicate)* skrøpelig;
2*(=fragile)* spinkel *(fx her frail form);*
3. *fig(=fragile)* skjør *(fx happiness);* spinkel *(fx a frail link with the past);*
4. *fig(=morally weak)* skrøpelig; ***frail humanity****(= human frailty)* menneskets skrøpelighet.
frailness [ˌfreilnəs] *s:* skrøpelighet.
frailty [ˌfreilti] *s; også fig:* svakhet; skrøpelighet.
I. frame [freim] *s* **1.** ramme *(fx a picture frame);*
2. rammeverk; stell *n;* skrog *n;*
3. *i bil(=chassis frame)* chassisramme; bunnramme;
4. *tøm:* karm *(fx door frame; window frame);*
5. *TV:* delbilde; *film:* (enkelt)bilde *n;*
6*(=form)* skikkelse; *litt. el. spøkef:* ***his mortal frame*** hans jordiske hylster *n;*
7.: ***frame of mind*** sinnsstemning;
8.: ***frame of reference*** referanseramme.

f

II. frame *vb* **1.** ramme inn; ***frame and glaze a picture*** sette et bilde i glass og ramme;
2. *stivt(=form)* danne; forme *(fx a sentence; a reply);* **3***(=formulate)* utforme *(fx a policy);*
4. T*(=put together a false charge against)* fabrikkere en falsk anklage mot *(fx I didn't do it – I've been framed); (jvf frame-up).*

frame-up [ˌfreimˈʌp] *s* **T***(=false charge)* falsk anklage *(fx it's a frame-up!); (jvf II. frame 4).*

framework [ˌfreimˈwəːk] *s* **1.** skjelett *n;* rammeverk; *bygg:* ***timber framework****(=timber frame)* bindingsverk; **2.** *fig:* ramme; skjelett *n;* ***the framework for the story*** rammen om historien; ***keep within a practicable framework*** holde seg innenfor en overkommelig ramme.

framework agreement *(=general agreement (on major points))* rammeavtale.

franc [fræŋk] *s; mynt:* franc.

France [frɑːns] *s; geogr:* Frankrike; *(jvf French).*

franchise [ˌfræntʃaiz] *s* **1.:** ***the franchise****(=the vote)* stemmerett; **2.** *merk(=agency)* agentur *n.*

I. Francophile [ˌfræŋkouˈfail] *s:* franskvennlig person.

II. Francophile *adj:* franskvennlig.

I. Francophobe [ˌfræŋkouˈfoub] *s:* franskhater.

II. Francophobe *adj:* franskfiendtlig.

frangipane [ˌfrændʒiˈpein] *s:* ***frangipane (tart)****(= Bakewell tart)* massarin.

frank [fræŋk] *adj:* åpen; oppriktig; ***uncompromisingly frank*** fullstendig åpen; ***frank and honest*** åpen og ærlig; ***be frank with sby*** være ærlig (*el.* helt åpen) overfor en.

frankfurter [ˌfræŋkˈfəːtə] *s(,***US** *& Canada: wiener)* wienerwurst.

frankfurter roll*(=long roll;* **US** *& Canada: hot dog bun)* pølsebrød.

frankincense [ˌfræŋkinˈsens] *s(=incense)* røkelse.

frankly [ˌfræŋkli] *adv:* åpent; ærlig; ***(quite) frankly****(= to be quite frank)* ærlig talt; for å si det som det er.

frantic [ˌfræntik] *adj* **1.** panisk; fra seg; fortvilt *(fx a frantic scream);* ***frantic with worry*** fra seg av engstelse; ***drive sby frantic*** drive en til fortvilelse;
2. vill; hektisk; febrilsk *(fx activity);* ***the frantic pace of modern life*** vår tids ville tempo *n;* ***a frantic search for new talents*** en hektisk jakt på nye talenter.

frantically [ˌfræntikəli] *adv(se frantic):* ***he wrote frantically*** han skrev som en rasende.

fraternal [frəˌtəːnl] *adj; stivt(=brotherly)* broderlig; broder-.

fraternity [frəˌtəːniti] *s* **1.** brorskap *n;* brodersamfunn; **2.** *spøkef:* ***the medical fraternity*** legestanden; **3. US:** ***(Greek-letter) fraternity*** hemmelig klubb for mannlige studenter.

fraternize, fraternise [ˌfrætəˈnaiz] *vb* fraternisere; omgås (fortrolig).

fraud [frɔːd] *s* **1.** svindel; bedrageri *n;* ***a pious fraud*** et fromt bedrag; ***it's a fraud*** det er svindel; ***the Serious Fraud Office****(fk the SFO) svarer til:* økonomiavsnittet (ved politiet); ***he has decided to bring legal action alleging fraud against NN …*** han har besluttet å saksøke NN for svindel; *(se fraud imvestigator);*
2. svindler; bedrager;
3*(=impostor)* person som utgir seg for å være noe annet enn han er *(fx he's a fraud);*
4. *spøkef* **T:** ***he's just an old fraud!****(=he's just pretending!)* han bare later sånn!

fraud investigator etterforsker ved politiets økonomiavsnitt; medlem av økokrimgruppen.

fraudulent [ˌfrɔːdjulənt; **US:** ˌfrɔːdʒulənt] *adj; stivt(= dishonest; deceitful)* uærlig; bedragersk.

fraught [frɔːt] *adj* **1. T***(=uptight; nervous; tense)* nervøs; anspent *(fx everyone was fraught);* **2.** *om situasjon* **T***(=trying)* vanskelig; som er en prøvelse; **3.** *litt.; fig:* ***fraught with****(=charged with)* ladet med; ***fraught with danger*** farefylt.

I. fray [frei] *s* **1.** *glds(=fight)* strid; kamp; *spøkef:* ***enter the fray*** blande seg inn i striden; **2.** *på klesplagg el. tau:* tynnslitt sted *n.*

II. fray *vb* **1.** *om stoff, tau, etc:* bli frynset *(fx my dress has frayed at the hem);* tynnslite *(fx the rope);* **2.** *fig:* tynnslite; ***frayed nerves*** tynnslitte nerver; ***tempers were getting frayed*** alle begynte å bli irriterte.

I. freak [friːk] *s* **1***(=whim; caprice)* lune; ***a freak of nature*** et av naturens luner;
2. rar skapning *(fx dwarfs and other freaks);*
3. original; raring *(fx a long-haired freak); spøkef:* ***you do look a freak in those clothes!*** du ser virkelig snål ut i de klærne!
4. T *i sms; om person som er vilt begeistret for noe:* ***a fresh-air freak*** en frisksporter; ***health freak*** sunnhetsapostel.

II. freak *vb* **T:** ***freak out*** **1.** frike ut (især etter å ha tatt stoff*(n)*); **2.** gjøre noe helt sprøtt; **3.:** ***be freaked (out)****(=be upset)* være helt ute av seg.

III. freak *adj(=unusual; abnormal)* uvanlig; unaturlig; ***a freak result*** et helt uvanlig resultat.

freakish [ˌfriːkiʃ] *adj* **1***(=odd; unusual)* avvikende; ***a freakish result*** et originalt resultat; **2***(=unpredictable)* uberegnelig *(fx she's very freakish).*

freak-out [ˌfriːkˈaut] *s* **T 1.** det å frike ut; **2.** det å gjøre noe helt sprøtt.

freaky [ˌfriːki] *adj* **T***(=weird; absolutely crazy)* helt sprø; helt sprøtt; helsprøtt.

I. freckle [frekl] *s:* fregne.

II. freckle *vb:* bli fregnet(e); ***freckled****(=freckly)* fregnete.

I. free [friː] *vb(pret & perf.part.: freed)* **1***(=set free)* sette fri; slippe ut; **2.:** ***free sby from sth, free sby of sth****(=rid sby of sth)* befri en fra noe; befri en for noe; **3.:** ***free oneself*** rive seg løs; ***free oneself of****(=rid oneself of)* kvitte seg med *(fx one's debts).*

II. free *adj & adv* **1.** fri; ***free as air****(,***US:** *free as the breeze)* fri som fuglen;
2. utvungen; fri; ***be frank and free towards sby*** være åpen og fri overfor en; *(jvf free(-)and(-)easy);*
3. gratis *(fx I got it free);* ***they did it free of charge*** de gjorde det gratis; ***post free****(=post-paid)* portofritt;
4. ikke opptatt; ledig *(fx is this table free?);* fri *(fx are you free to come for a drink tonight?);* ***Saturday is a free day for me*** lørdag er en fridag for meg; *til drosje:* ***are you free?*** er du ledig?
5.: ***free from, free of*** fri for *(fx pain);*
6.: ***be free with****(=be generous with)* være raus med;
7.: ***make free with****(=take liberties with)* ta seg friheter overfor;
8.: ***be free to act****(=have a free hand)* ha frie hender; ***you're free to do it****(=you are at liberty to do it)* det står deg fritt å gjøre det; ***everyone is now free to speak****(= the debate is opened)* ordet er fritt;
9.: ***feel free!*** (ja,) vær så god! ja, det må du bare gjøre! ***feel free (to help yourself)!*** du må bare forsyne deg!

free agent: ***be a free agent*** være fritt stilt; stå fritt; ***I'm not (entirely) a free agent*** jeg står ikke (helt) fritt.

free(-)and(-)easy *adj:* (fri og) utvungen; ***have a free (-)and(-)easy manner*** ha en utvungen måte å være på.

I. freebie [ˌfriːbi] *s* **T***(=giveaway)* noe man får gratis; reklamepakke; vareprøve.

II. freebie *adj* **T***(=free)* gratis *(fx holiday).*

free church [ˌfriːˈtʃəːtʃ] *s:* frikirke.

freedom [ˌfriːdəm] *s* **1.** frihet (*from* fra); ***artistic freedom*** kunstnerisk frihet; ***the prisoner was given his freedom*** fangen fikk sin frihet;
2.: ***freedom from*** frihet fra; ***freedom from care(s)*** sorgfrihet;
3.: ***freedom of action*** handlefrihet; ***freedom of choice*** valgfrihet; ***freedom of movement*** bevegelsesfrihet; *jur:* ***the freedom of movement system*** frigangssystemet; ***freedom of opinion and expression*** menings- og ytringsfrihet.

freedom fighter frihetskjemper.
free enterprise *økon:* fri konkurranse; fritt næringsliv.
free fight håndgemeng *n; **it turned into a free fight**(= free -for-all)* det utviklet seg til et alminnelig håndgemeng.
I. free-for-all [ˌfri:fəˌrɔ:l] *s* **T 1.** håndgemeng *n; også fig:* bikkjeslagsmål; **2.** *om konkurranse uten regler: **a free-for-all*** et fritt frem for alle til å delta.
II. free-for-all [ˌfrifə'rɔ:l] *adj:* fritt for alle; ***a free-for -all access to higher education*** fri adgang for alle til høyere utdanning.
free gift gave (for å overtale en kunde til å handle).
free hand: ***give sby a free hand*** gi en frie hender.
free-hand [ˌfri:'hænd] *adj & adv:* frihånds-; på fri hånd; ***free-hand drawing*** frihåndstegning; ***draw free-hand*** tegne på frihånd.
freehold [ˌfri:'hould] *s:* selveie *n;* selveiendom.
freehold site (selv)eiertomt.
free house pub som fritt kan selge de bryggeriprodukter eieren måtte ønske.
free kick [ˌfri:'kik] *s; fotb:* frispark.
free labour uorganisert arbeidskraft.
I. freelance [ˌfri:'lɑ:ns] *s(=freelancer)* frilanser.
II. freelance *adj:* frilans *(fx journalist).*
III. freelance *vb:* arbeide som frilanser.
freelancer [ˌfri:'lɑ:nsə] *s(=freelance)* frilanser.
freeloader [ˌfri:'loudə] *s* **US***(=sponger)* snylter; snyltegjest.
freely [ˌfri:li] *adv* **1.** fritt *(fx speak freely); **you may come and go freely*** du kan komme og gå som du vil; **2***(=generously)* rikelig *(fx give freely to charity);* **3.:** ***borrow freely*** låne penger i øst og vest; ***he sweated freely*** svetten rant av ham.
freemason [ˌfri:'meisən] *s:* frimurer.
free option *skolev:* fritt valg; valgfri oppgave; ***candidates are set two papers and given one free option*** *(= candidates are given two set papers and one free option)* det gis to bundne og én valgfri oppgave.
free pass *(=free travel pass)* fribillett.
freephone number *(,***US:** *toll-free phone number) tlf:* telefonnummer som det ikke koster noe å ringe; grønt nummer *n.*
free place *ved skole(,***US:** *tuition scholarship)* friplass.
free-range ['fri:ˌreindʒ; *attributivt:* ˌfri:'reindʒ] *adj: **free-range eggs*** egg fra frittgående høns; *(jvf battery egg); **free-range hens*** frittgående høns; *(jvf battery hen).*
freesheet [ˌfri:'ʃi:t] *s(=giveaway)* gratisavis.
freesia [ˌfri:ziə] *s; bot:* fresia; kappkonvall.
free speech talefrihet; ***have a right to free speech*** ha talerett; ***I believe in free speech*** jeg er tilhenger av talefrihet.
free-spending [ˌfri:'spendiŋ] *adj:* som er raus med pengene; *polit: **a free-spending party*** et utgiftsparti.
freestyle [ˌfri:'stail] *s; sport:* fristil.
freethinker [ˌfri:ˌθiŋkə; 'fri:ˌθiŋkə] *s:* fritenker.
free-thinking [ˌfri:'θiŋkiŋ] *adj:* frisinnet; ***all free -thinking citizens*** alle frisinnede borgere.
free thought den frie tanke; fri tenkning.
free ticket fribillett; *(jvf free travel pass).*
free trade [ˌfri: ˌtreid] *s; økon:* frihandel.
free travel pass fribillett; *(jvf free ticket).*
freeway [ˌfri:'wei] *s* **US***(=motorway)* motorvei; *(jvf turnpike 2).*
I. freewheel [ˌfri:ˌwi:l; ˌfri:'wi:l] *s:* frihjul.
II. freewheel *vb* **1***(=coast)* kjøre på frihjul; trille; **2.** *fig; især* **US:** leve fritt og ubekymret.
free will fri vilje; den frie vilje; viljens frihet; ***he did it of his own free will*** han gjorde det av egen fri vilje.
I. freeze [fri:z] *s* **1***(=cold spell)* kuldeperiode; **2.** *fig:* det at noe fryses; sperring (av konto); ***pay freeze*** lønnsstopp.
II. freeze *vb(pret: froze; perf.part.: frozen)* **1.** fryse *(fx the water froze); **freeze in water*** blokkfryse; ***freeze on to sth*** fryse fast til noe; ***freeze over*** fryse til; ***freeze solid**(=freeze right through)* bunnfryse;
2*(be at or below freezing point)* fryse; ***if it freezes tonight*** hvis det blir nattefrost;
3. fryse (fælt) *(fx I'm freezing); **freeze to death*** fryse i hjel;
4. dypfryse; fryse (ned) *(fx the rest of the food);*
5. *av frykt:* stivne; ***he froze in his tracks*** han ble stående bom stille; ***my blood froze when I saw the ghost*** det gikk kaldt gjennom meg da jeg så spøkelset;
6. *fot; motiv i rask bevegelse:* fryse;
7. *med.: **freeze a tooth*** lokalbedøve en tann;
8. *økon:* fryse; fastfryse; ***freeze prices*** innføre prisstopp;
9. T: ***freeze sby out*** fryse en ut;
10.: ***freeze up*** **1.** *om motor, etc:* fryse; **2.** *fig: **the actor was so nervous that he froze up*** skuespilleren var så nervøs at det gikk helt i stå for ham.
freeze-dry [ˌfri:z'drai] *vb:* frysetørre.
freezer [ˌfri:zə] *s(=deepfreeze)* (dyp)fryser; ***chest freezer*** fryseboks; ***upright freezer*** fryseskap.
freezer bag frysepose.
freeze-up [ˌfri:z'ʌp] *s* **1.** tilfrysing; **2.** kuldeperiode.
I. freezing *s* **1.** frysing; *mask: **freezing of the idling*** tomgangsising; **2***(=freezing point)* frysepunkt; ***five degrees below freezing*** fem grader under frysepunktet.
II. freezing *adj(=very cold): **it's freezing*** det er iskaldt.
freezing plant*(=refrigerating plant; cold-storage plant)* fryseanlegg; fryseri *n.*
freezing point *fys:* frysepunkt; ***below freezing point***(= *below zero)* under frysepunktet; ***the temperature was well above freezing point*** temperaturen lå godt over frysepunktet.
I. freight [freit] *s* **1.** *flyv & mar(=cargo)* last; *i sms:* -frakt *(fx air freight);*
2. US*(=goods)* fraktgods; last;
3*(=transport)* frakt; befordring;
4. *det som betales:* frakt *(fx he charged me £100 freight).*
II. freight *vb* **1.** frakte *(fx goods);* **2.** *flyv; mar; merk(= charter)* befrakte; chartre.
freight car *jernb* **US***(=goods wagon)* godsvogn.
freight charges *pl; merk:* fraktomkostninger.
freighter [ˌfreitə] *s* **1.** *mar(=cargo ship)* lastebåt;
2. *flyv:* transportfly.
freightliner [ˌfreit'lainə] *s; jernb:* containervogn.
freight train US*(=goods train)* godstog.
I. French [fren(t)ʃ] *s* **1.** *språk:* fransk *(fx speak French); **in French*** på fransk; ***translate it into French*** oversette det til fransk;
2.: ***the French*** franskmennene.
II. French *adj:* fransk.
French bean *bot(=haricot (bean))* hagebønne; *oppskårne: **French beans*** snittebønner.
French fries US*(=chips; french-fried potatoes)* stekte poteter; pommes frites.
French horn *mus:* valthorn.
frenchify [ˌfren(t)ʃi'fai] *vb:* forfranske.
French leave: ***take French leave*** **1.** forsvinne i all stillhet; **2.** *mil(=go absent without leave)* ta tjuvperm.
French letter T*(=condom;* **T:** *rubber)* kondom *n;* **T:** gummi.
French loaf*(=French stick)* pariserloff; langloff.
Frenchman [ˌfren(t)ʃmən] *s:* franskmann.
French pastry*(=tea fancy)* konditorkake.
French polish møbelpolitur.
French-polish [ˌfren(t)ʃˌpɔliʃ] *vb:* polere.
French stick *(=French loaf)* pariserloff; langloff.
French toast 1. brød *(n)* ristet på bare den ene siden; **2***(=bread fritters)* arme riddere.
French window(s) (,**US:** *French doors)* fransk vindu *n.*
Frenchwoman [ˌfren(t)ʃ'wumən] *s:* fransk kvinne.
frenetic [friˌnetik] *adj; stivt(=frantic)* frenetisk; van-

f

vittig *(fx my frenetic efforts)*.
frenzied [ˌfrenzid] *adj* **1**(*=highly excited)* voldsomt (*el.* vilt) opphisset; **2**(*=furious)* rasende; avsindig; **3**(*=desperate)* desperat; ***in frenzied haste*** i vanvittig hast.
frenzy [ˌfrenzi] *s:* voldsom opphisselse; meget opphisset stemning; ***in a frenzy of anxiety*** helt fra seg av engstelse; ***in a frenzy of enthusiasm*** helt vill av begeistring.
frequency [ˌfri:kwənsi] *s* **1.** hyppighet; ***the frequency of her visits*** det at hun kom så ofte på besøk; ***increase in frequency*** øke i hyppighet; **2.** *elekt, radio, etc:* frekvens.
I. frequent [ˌfri:kwənt] *adj:* hyppig; ***at frequent intervals****(=at short intervals)* med korte mellomrom; ***make frequent use of*** gjøre flittig bruk av.
II. frequent [friˌkwent] *vb; meget stivt el. spøkef:* frekventere; ***he used to frequent****(,***T:** *haunt)* ***the bar****(=he used to be a regular at the bar)* han pleide å frekventere baren.
frequently [ˌfri:kwəntli] *adv(=often)* hyppig; ofte.
fresco [ˌfreskou] *s(pl: fresco(e)s)* freskomaleri.
fresh [freʃ] *adj* **1.** frisk; fersk *(fx cake; fish; meat);* ***fresh****(=new)* ***bread*** ferskt brød;
2(*=new)* fersk; ny; ***make a fresh start*** begynne på nytt; ***he's coming fresh to the job****(=he's new in the job)* han er ny i tjenesten;
3. frisk og opplagt; kvikk *(fx he's looking very fresh);*
4(*=(clean and) neat):* ***she looked as fresh as a daisy*** hun så så frisk ut som en nyutsprungen rose;
5(*=rested)* uthvilt; ***feel fresh*** føle seg (frisk og) uthvilt; *(jvf refreshed & rested);* ***start off fresh****(=start off when one's feeling rested)* dra av sted frisk og uthvilt;
6. *om luft, vind og vær:* frisk; ***breathe some fresh air*** trekke litt frisk luft;
7: ***he's fresh from the city*** han kommer nettopp fra byen; ***fresh from school*** rett fra skolebenken;
8. *især* **US S**(*=cheeky)* frekk; freidig; nebbete.
fresh-air freak(*=fresh-air fiend)* frisksporter.
freshen [ˌfreʃən] *vb* **1.** *om vind(=get up)* friske på; **2.:** ***freshen up*** 1. friske opp *(fx the paint);* 2. stelle seg *(fx before dinner);* 3.: ***freshen sby up*** få en til å føle seg bedre *(fx a wash and a rest will freshen me up).*
freshly [ˌfreʃli] *adv(=newly)* ny-; ***freshly caught fish*** nytrukket fisk.
freshman [ˌfreʃmən] *s(,***T:** *fresher)* førsteårsstudent ved college *(n)* el. universitet *n.*
freshness [ˌfreʃnəs] *s:* ferskhet; friskhet.
freshwater [ˌfreʃ'wɔ:tə] *s:* ferskvann.
freshwater fish *zo:* ferskvannsfisk.
fret [fret] *vb* **1.** gnage; slite i stykker; *mar:* skamfile; **2**(*=worry)* engste seg; ***don't fret*** ikke vær urolig; **3**(*= be irritated; show discontent)* ergre seg; vise tegn *(n)* til misnøye; ***the baby's fretting for its mother*** babyen vil ha moren sin hos seg.
fretful [ˌfretful] *adj(=cross; peevish)* gretten; misfornøyd; ***in a fretful tone*** i en gretten tone.
fretsaw [ˌfret'sɔ:] *s:* løvsag.
fretwork [ˌfret'wə:k] *s:* løvsagarbeid.
friable [ˌfraiəbl] *adj; stivt(=brittle)* sprø.
friar [ˌfraiə] *s:* tiggermunk.
fricassee [ˌfrikə'si:; 'frikəˌsi:] *s; kul:* frikassé; ***fricassee of lamb*** lammefrikassé.
friction [ˌfrikʃən] *s* **1.** friksjon; **2.** *fig:* gnisninger *(fx between parents and their children).*
friction glove(*=loofah glove)* frotterhanske.
friction tape **US**(*=insulating tape)* isolasjonsbånd.
Friday [ˌfraidi; ˌfraidei] *s:* fredag; *fremtidig & nåtidig:* ***on Friday*** på fredag; ***the following Friday*** følgende fredag; fredagen deretter; neste fredag; ***the Friday before last*** ikke nå sist fredag, men den før der igjen; ***the Friday after next*** ikke førstkommende fredag, men den deretter; ***next Friday*** neste fredag; ***on Fridays****(,***US:** *Fridays)* på fredager; ***Friday afternoon*** fredag ettermiddag; ***Friday lunchtime*** fredag middag; ***Friday morning*** fredag morgen; fredag formiddag; ***Friday night*** fredag kveld; ***late (on) Friday night*** sent fredag kveld; natt til lørdag; ***the date today is Friday 10th July*** i dag er det fredag den 10. juli.
fridge [fridʒ] *s:* kjøleskap.
fried [fraid] *adj:* stekt; ***fried egg*** speilegg.
friend [frend] *s:* venn(inne); ***close****(=intimate)* ***friend*** nær venn; ***they're great friends****(=they're the best of friends)* de er bestevenner; ***a friend of mine (,his)*** en venn av meg (,ham); ***a friend of my father('s)****(=one of my father's friends)* en venn av min far; en av min fars venner; ***have a friend at court*** ha gode forbindelser; ***she's a friend to animals*** hun er snill mot dyr *n;* ***make friends with*** gjøre seg til venns med; ***she made plenty of friends*** hun fikk mange venner.
friendless [ˌfrendləs] *adj; stivt(=without friends)* venneløs.
friendliness [ˌfrendlinəs] *s:* vennlighet; vennskapelighet; ***his friendliness*** hans vennlighet; hans vennlige vesen *n;(jvf kindness, som i tillegg antyder hjelpsomhet).*
friendly [ˌfrendli] *adj:* vennlig; hyggelig *(fx a friendly policeman; she's very friendly to everybody);* ***be friendly*** *(=kindly)* ***disposed towards sby*** være vennlig innstilt overfor en; ***be on friendly terms with*** stå på vennskapelig fot med; ***keeping it friendly, of course*** i all vennskapelighet, naturligvis; ***in a friendly spirit****(= amicably)* i all vennskapelighet; i minnelighet.
friendly game *sport:* vennskapskamp.
friendship [ˌfrendʃip] *s:* vennskap.
frieze [fri:z] *s; arkit:* frise.
frigate [ˌfrigit] *s; mar:* fregatt.
fright [frait] *s:* skrekk; redsel; ***get a fright****(=get frightened; get scared)* bli redd; ***give sby a fright*** skremme en; ***take fright*** bli skremt.
frighten [ˌfraitən] *vb:* skremme; ***be frightened*** bli skremt.
frightened [ˌfraitənd] *adj:* skremt; ***frightened of*** redd for; ***frightened away, frightened off*** skremt bort.
frightening [ˌfraitəniŋ] *adj:* skremmende; nifs; *(jvf fearsome & scary).*
frightful [ˌfraitful] *adj* **1**(*=terrible; frightening)* fryktelig; forferdelig; skremmende; nifs; **2. T**(*=very bad)* gyselig; forskrekkelig; fryktelig; forferdelig; redselsfull; fæl *(fx hat; liar).*
frightfully [ˌfraitfuli] *adv:* fryktelig; forferdelig.
frigid [ˌfridʒid] *adj* **1.** *stivt(=cold)* kjølig; kald *(fx tone; welcome);*
2. *med.:* frigid.
frigidity [friˌdʒiditi] *s* **1.** kulde; kjølighet;
2. *med.:* frigiditet.
I. frill [fril] *s* **1.** rynkekappe; gardinkappe; *(jvf I. flounce 1);* **2.** *fig:* ***frills*** kruseduller; dikkedarer; ***all the frills*** alt det unødvendige som følger med; ***there are no frills on him****(=there's no nonsense about him)* det er ingen dikkedarer med ham.
II. frill *vb:* sette (rynke)kappe på.
fringe [frindʒ] *s* **1.** frynse; frynset kant;
2. pyntekant; pyntebord;
3. *om hår:* pannehår; pannelugg;
4. *også fig(=outer area; edge)* utkant *(fx on the fringe of the city).*
fringe benefit frynsegode.
fringe medicine alternativ medisin.
frippery [ˌfripəri] *s:* unyttig stas; dingeldangel *n;* krimskrams *n.*
frisbee [ˌfrizbi:] *s:* skjeneplate; frisbee.
I. Frisian, Friesian [ˌfri:ʒən] *s* **1.** friser; **2.** *språk:* frisisk.
II. Frisian, Friesian *adj:* frisisk.
frisk [frisk] *vb* **1.** *stivt; om dyr:* ***frisk about****(=jump about playfully)* hoppe og sprette; bykse lekent omkring; **2. T**(*=search)* kroppsvisitere.
frisky [ˌfriski] *adj(=lively; playful)* spretten; leken.

I. fritter [ˌfritə] *s; kul: **apple fritters*** frityrstekte epleskiver innbakt i pannekakerøre; ***bread fritters*** arme riddere.
II. fritter *vb: **fritter (away)*** sløse bort.
frivolity [friˌvɔliti] *s(=frivolousness)* fjollethet; mangel på alvor *n;* lettsindighet.
frivolous [ˌfrivələs] *adj:* fjollete *(fx remark);* lettsindig.
frizzy [ˌfrizi] *adj; om hår(=fuzzy)* kruset; småkrøllet.
fro [frou] *adv: **to and fro*** **1.** til og fra *(fx make journeys to and fro between X and Y);*
2*(=backwards and forwards; back and forth)* frem og tilbake; hit og dit.
frock [frɔk] *s* **1.** *stivt el. glds(=dress)* kjole;
2. munkekappe; munkekutte.
frog [frɔg] *s; zo:* frosk.
frogman [ˌfrɔgmən] *s:* froskemann.
frogmarch [ˌfrɔg'mɑ:tʃ] *vb* **1.** bære i armer og ben *(n)* (med ansiktet ned); **2.** *for å indikere ublid behandling:* slepe (med seg); marsjere; ***they frogmarched him into the room*** de marsjerte ham inn i rommet; de slepte ham med seg inn i rommet.
frolic [ˌfrɔlik] *vb(pret & perf.part.: frolicked) stivt(=play about noisily; romp)* tumle omkring; boltre seg.
from [frɔm] *prep* **1.** fra; ned fra; ***from a great distance*** på lang avstand; ***from this distance*** på denne avstanden; ***from above*** ovenfra; ***they elect a chief (from) among themselves*** de velger en høvding blant sine egne; ***from behind*** 1*(=from the rear)* bakfra; 2. frem bak; bak *(fx he answered from behind a newspaper);* ***from below*** nedenfra; ***from beneath*** fra undersiden (av); nedenfra; ***from here (,there)*** herfra (,derfra); ***he came out from under the bed*** han kom frem under sengen; ***from within****(=from the inside)* innenfra; ***he lives and works from London*** han har London som base for arbeidet sitt;
2. *om materiale:* av *(fx the curtain was made from an old blanket);*
3. på grunnlag av; av *(fx I see from your letter that …);* ut fra;
4. *om motiv(=out of)* av *(fx from curiosity);*
5. mot; ***safe from attack*** sikker mot angrep;
6. for; ***hide sth from sby*** gjemme (*el.* skjule) noe for en;
7. *om årsak: **faint from lack of food*** besvime av mangel på mat; ***arise from, result from, spring from*** skyldes; være forårsaket av; ***suffer from*** lide av; ***he's tired from overwork*** han er sliten fordi han er overarbeidet; *(jvf II. for 3);*
8. etter; ***painted from life*** malt etter levende modell; ***from the nude*** etter naken modell; ***from all I can see it's wrong*** etter hva jeg kan forstå, er det galt; ***he said the whole poem from memory*** han sa frem hele diktet etter hukommelsen;
9.: ***take it from me that …*** *(=you can believe me when I say that …)* du kan tro meg når jeg sier at …
frond [frɔnd] *s; litt.(=leaf): **(fern) frond*** bregneblad.
I. front [frʌnt] *s* **1.** forside; fasade; ***the front of the picture*** forsiden av bildet; ***at the front of the house*** på forsiden av huset; foran huset;
2. *mil:* front; ***at the front*** ved fronten;
3. *fig:* front; fasade; ***a united front*** en samlet front;
4*(=cover)* kamuflasje *(fx the café is just a front);* ***put on a brave front*** bevare fasaden; ta det tappert;
5. *meteorol:* front; ***cold front*** kaldfront; ***warm front*** varmfront;
6.: ***in front*** foran; fremme; i teten; ***walk in front*** gå foran; ***there was a lady in the row in front*** det satt en dame på benken foran; ***in front of*** 1. foran; 2*(=in the presence of; before)* i nærvær av *(fx not in front of the children!);* ***in the front of the bus*** foran i bussen;
7.: ***up front*** 1*(=in front)* foran; i teten; der fremme; helt fremme *(fx she sat up front near the driver);* 2. **T***(=in advance)* på forskudd *(fx they demanded £40 up front).*
II. front *vb; stivt: **front on (to)**(=face on to)* vende ut mot *(fx their house fronts on to the park).*
III. front *adj:* forrest *(fx in the front row);* for- *(fx front garden);* som vender mot gaten *(fx room).*
frontage [ˌfrʌntidʒ] *s; stivt(=front)* fasade; forside; ***road frontage*** fasade mot vei.
frontal [frʌntl] *adj(=from the front)* frontal.
front bench *parl(the foremost bench of either the Government or Opposition in the House of Commons)* forreste benk i Underhuset.
front bencher [ˌfrʌnt'bentʃə] *s; parl* **1.** regjeringsmedlem; **2.** ledende opposisjonspolitiker.
front cover forside; omslagsside.
front desk US*(=reception desk)* resepsjon.
front desk agent US*(=reception clerk)* resepsjonist.
front door 1. entrédør; inngangsdør; hoveddør;
2. *fig: **he got in by the front door*** han fikk jobben på ærlig vis.
frontier [ˌfrʌntiə; **US:** frʌnˌtiər] *s* **1***(=border (between two countries))* grense; ***at the frontier*** ved grensen;
2. US *hist: **the Frontier*** koloniseringsgrensen; grenseområdet *(fx they lived on the frontier);*
3. *fig; stivt: **frontiers**(=limits)* grenser.
frontier post grenseovergang; grensepost; grensestasjon.
frontispiece [ˌfrʌntis'pi:s] *s* **1.** *på bok:* tittelbilde; frontispis; **2.** *arkit:* frontispis.
front man T*(=figurehead)* toppfigur; gallionsfigur.
front page *typ:* forside.
front-page [ˌfrʌnt'peidʒ] *adj:* forside- *(fx news).*
front room rom *(n)* (*el.* værelse *(n)*) mot gaten.
front sight *på skytevåpen(=foresight)* siktekorn.
front stairs *pl:* hovedtrapp.
front wing *(,**US**: front fender)* forskjerm.
I. frost [frɔst] *s* **1.** frost; kulde; ***black frost*** barfrost; ***there'll be (a) frost tomorrow*** i morgen blir det frost (*el.* kuldegrader); ***degree of frost*** kuldegrad; **2***(=white frost)* rim *n (fx on the windows).*
II. frost *vb* **1.** *om glass(=grind)* mattslipe; **2.**: ***frost (over), frost up*** fryse til; dekkes av rim *(n)* (*el.* is);
3. US*(=ice)* glassere; ha melisglasur på *(fx a cake).*
frostbite [ˌfrɔst'bait] *s:* forfrysning; ***he's got frostbite in one foot****(=one of his feet is frostbitten)* han har forfrosset en fot.
frostbitten [ˌfrɔst'bitən] *adj:* med forfrysning; ***frostbitten feet*** forfrysninger i føttene.
frosted [ˌfrɔstid] *adj* **1.** dekket av rim *n;* **2.** *om glass(=ground)* mattslipt; **3. US***(=iced)* med melisglasur.
frosting [ˌfrɔstiŋ] *s* **1.** mattsliping (av glass *(n)*);
2. US*(=icing)* (melis)glasur.
frosty [ˌfrɔsti] *adj* **1.** frost-; ***a frosty night*** en frostnatt;
2. *fig; om oppførsel:* kald *(fx look; smile).*
I. froth [frɔθ] *s* **1***(=foam)* skum *n;* fråde; ***whipped to a froth*** pisket til skum;
2. *på øl:* skum *n;*
3. *fig: **their idle talk was a lot of froth*** det var ikke noe hold *(n)* i det løse snakket deres;
4. *fig: **froth and glitter*** stas; **T:** gloria *(fx they think Paris is all froth and glitter).*
II. froth *vb* **1***(=foam)* skumme; **2.**: ***froth at the mouth*** 1. fråde om munnen; 2. *fig: **he was frothing at the mouth**(=he was foaming with rage)* han skummet av raseri *n.*
frothy [ˌfrɔθi] *adj* **1***(=foamy)* med skum *(n)* på *(fx beer);* **2.** *litt.(=light)* lett *(fx frothy silk dresses).*
I. frown [fraun] *s:* misbilligende blikk *n.*
II. frown *vb* **1***(=knit one's brows)* rynke pannen; ***frown at sby*** rynke pannen til en; se bistert på en;
2. *fig: **frown on**(=disapprove of)* ikke se med blide øyne *(n)* på; ***it's frowned on*** det er ikke velsett; det blir fordømt.
frowzy [ˌfrauzi] *adj(=slovenly; unkempt)* sjuskete; ustelt.
froze [frouz] *pret av II. freeze.*

frozen [ˌfrouzən] **1.** *perf.part. av II. freeze:* frosset; **2.** *adj:* frossen; (til)frosset; ***frozen foods*** frosne matvarer; ***my hands are frozen*** jeg er stivfrossen på hendene.

fructify [ˌfrʌkti'fai] *vb(=bear fruit; put forth fruit)* bære frukt; sette frukt.

fructose [ˌfrʌktous; ˌfrʌktouz] *s(=fruit sugar)* fruktsukker; fruktose.

frugal [fru:gl] *adj; litt.* **1***(=thrifty)* sparsommelig; **2.** enkel; beskjeden; ***a frugal meal****(=a very simple meal)* et svært enkelt måltid *n.*

fruit [fru:t] *s* **1.** *bot:* frukt; ***soft and hard fruits*** bær og frukt; *kul:* ***stewed fruit*** fruktkompott; ***forbidden fruit is sweet*** forbuden frukt smaker best; ***bear****(=put forth)* ***fruit*** bære frukt; sette frukt; **2.** *fig(=result)* frukt; ***the fruits of prosperity*** velstandens frukter; ***the fruits of his labour*** frukten av strevet hans.

fruit cake (engelsk) fruktkake; plumkake.

fruiterer [ˌfru:tərə] *s:* frukthandler.

fruitful [ˌfru:tful] *adj; fig:* fruktbar *(fx meeting).*

fruit grower *landbr:* fruktdyrker.

fruition [fru:ˌiʃən] *s; stivt:* ***come to fruition****(=come true)* gå i oppfyllelse; bli virkeliggjort.

fruitless [ˌfru:tləs] *adj; fig; stivt(=futile)* nytteløs; forgjeves.

fruit loaf julekake.

fruit machine*(=gambling machine; one-armed bandit)* spilleautomat; enarmet banditt; **T:** dongautomat.

fruit machine arcade *(=amusement arcade)* spillehall.

fruit salad *kul:* fruktsalat.

fruit sugar *kjem(=fructose)* fruktsukker; fruktose.

fruity [ˌfru:ti] *adj* **1.** frukt-; fruktlignende; ***a fruity taste*** fruktsmak; **2.** *om humor* **T:** grov; saftig; **3. T:** sukkersøt; *om homoseksuell manns blikk:* innbydende.

frump [frʌmp] *s* **T:** ufiks kvinne; ***I feel such a frump*** jeg føler meg så lite fiks.

frumpy [ˌfrʌmpi] *adj:* ufiks *(fx she's ugly and frumpy).*

frustrate [frʌˌstreit; **US:** ˌfrʌstreit] *vb* **1.** gjøre frustrert; frustrere; **2.** hindre; forpurre; ***frustrate****(=upset; thwart)* ***sby's plans*** forpurre ens planer; stikke kjepper i hjulene *(n)* for ens planer; ***our expectations were frustrated****(=our hopes were baffled)* våre forhåpninger ble gjort til skamme.

frustrated [frʌˌstreitid] *adj:* frustrert; skuffet; utilfreds; ***I got more and more frustrated with it*** det gjorde meg mer og mer irritert.

frustrating [frʌˌstreitiŋ] *adj:* frustrerende; ergerlig; ***how frustrating!*** så ergerlig!

frustration [frʌˌstreiʃən] *s:* frustrasjon; skuffelse; nederlag.

I. fry [frai] *s* **1.** *zo:* (fiske)yngel; **2.** *fig:* ***small fry*** småfisk.

II. fry *vb* **1.** steke; ***fry an egg*** steke (*el.* speile) et egg; **T:** ***fry up*** steke *(fx some bacon);* **2.:** ***have other fish to fry*** ha andre jern *(n)* i ilden.

frying pan [ˌfraiiŋ'pæn] *s(,***US:** *fry pan)* stekepanne; *fig:* ***jump out of the frying pan into the fire*** komme fra asken i ilden.

fuchsia [ˌfju:ʃə] *s; bot:* fuksia.

I. fuck [fʌk] *s; vulg* **1.** *om samleie:* nummer *n;* **2.:** ***I don't give a fuck!*** det gir jeg faen i! ***why should she give two fucks about it?*** hvorfor faen skulle hun bry seg noe om det?

II. fuck *vb; vulg* **1.** knulle; **2.** *uttrykk for ergrelse:* ***fuck it!*** faen også! ***fuck you!*** faen ta deg! ***fuck off!*** dra til helvete! **3.:** ***fuck up****(=spoil; ruin)* ødelegge *(fx he's fucked up the machine!); (=make a mess of)* forkludre; ***he's fucked it up!****(=he's made a mess of it!)* han har forkludret det!

fucking [ˌfʌkiŋ] *adj & adv; vulg; forsterkende; intet tilsv i norsk; lar seg ofte ikke oversette:* ***we had a fucking good time*** vi hadde det jævla fint; ***he's a fucking idiot*** han er en (fordømt) idiot; ***that fucking thing fell on my foot*** jeg fikk den jævla tingesten på foten; ***what fucking excuse have they got?*** hva for slags unnskyldning har de? ***it's fucking raining again!*** så pokker om det ikke regner igjen!

fuddled [ˌfʌdəld] *adj; lett glds(=confused; intoxicated)* omtåket; beruset *(fx he was slightly fuddled).*

fudge [fʌdʒ] *s:* slags bløt nougat.

I. fuel [ˌfju:əl] *s* **1.** brensel *n;* brennstoff; drivstoff; **2.** *fig:* ***add fuel to the fire****(=fan the flames)* puste til ilden; ***this adds fuel to the concept that …*** dette fyrer opp under den forestilling at …

II. fuel *vb* **1.** ta inn drivstoff (*el.* brennstoff); **2.** *fig:* fyre opp under; ***fuel inflation****(=stoke up inflation)* fyre opp under inflasjonen.

fuel oil fyringsolje.

fug [fʌg] *s(=stale air)* dårlig (og innestengt) luft.

I. fugitive [ˌfju:dʒitiv] *s(=runaway)* flyktning; ***a fugitive from justice*** en flyktning for loven.

II. fugitive *adj:* flyktende; som er på flukt.

fulfil [fulˌfil] *(,***US:** *fulfill) vb:* oppfylle; innfri *(fx a promise);* ***fulfil a contract****(=carry out a contract)* overholde (*el.* oppfylle) en kontrakt; ***fulfil oneself*** *(= one's potential)* realisere seg selv.

fulfilled [fulˌfild] *adj; om person mht. livssituasjonen:* tilfreds *(fx a very fulfilled person).*

fulfilment *(,***US:** *fulfillment)* [fulˌfilmənt] *s:* oppfyllelse; innfrielse; *(se fulfil).*

I. full [ful] *s:* ***in full*** i sin helhet; uforkortet; helt ut *(fx pay in full;* ***name in full****(=full name)* fullt navn; ***to the full****(=thoroughly)* i fullt monn; i fulle drag *n;* ***before the conference begins in full*** før konferansen begynner for fullt.

II. full *adj* **1.** full *(fx a full glass);*

2. fulltallig *(fx a full crew);*

3. fullstendig; full; hel; ***the full****(=whole)* ***amount*** det fulle beløp; hele beløpet; ***make full use of*** utnytte fullt ut; dra full nytte av; ***in the fullest sense of the word****(= in every sense of the word)* i ordets fulle betydning; i enhver betydning av ordet; ***he slept for a full twelve hours****(=he slept for twelve hours on end)* han sov i samfulle tolv timer;

4. detaljert; fyldig; utførlig;

5. *om erme, kjole, skjørt:* vid *(fx a very full skirt);*

6*(=busy)* travel *(fx it's been a full day);*

7. kjødelig; ***full brothers and sisters*** helsøsken;

8.: ***full of*** 1*(=filled with)* full av; 2. *fig* **T:** ***she was full of the news about …*** hun var helt opptatt av nyheten om …; *neds:* ***be (too) full of oneself*** være altfor selvopptatt;

9.: ***full (up)*** 1. (helt) full *(fx the bus is full up);* 2. god og mett; 3. fulltegnet; ***is the course full up yet?****(=is the course fully booked yet?)* er kurset fulltegnet ennå?

III. full *adv* **1***(=completely)* full *(fx fill it full);* **2.:** ***I hit him full in the face*** jeg slo til ham midt i ansiktet.

fullback [ˌful'bæk] *s; fotb:* back.

full blast *adv:* for fullt; ***have the radio going full blast*** ha radioen på for fullt.

full-blooded ['fulˌblʌdid; ˌful'blʌdid] *adj* **1***(=purebred)* fullblods *(fx horse);* **2.** *fig(=vigorous)* kraftfull *(fx style);* helhjertet *(fx support).*

full-blown [ˌfulˌbloun; *attributivt:* ˌful'bloun] *adj*

1. *stivt (=in full bloom)* fullt utsprunget;

2. *fig(=fully devel- oped)* fullt utviklet *(fx heart attack);*

3*(=complete)* komplett; fullt ferdig *(fx nuclear power plant).*

full board full kost.

full circle: ***the wheel's come full circle*** ringen er sluttet.

full-cream [ˌful'kri:m] *adj:* ***full-cream cheese*** helfet ost.

full-cream milk helmelk.

full dress [ˌfulˌdres] *s:* galla; ***in full dress*** 1. i galla; 2. i fullt (seremonielt) utstyr.

NYTTIGE UTTRYKK

fun or funny

Useful expressions

It was great **fun**	*Det var morsomt.*
We had much **fun** together	*Vi hadde det svært morsomt sammen/ Vi hadde mye moro sammen.*
He was a **funny** guy.	*Han var en rar/forunderlig fyr.* (Kan også bety at han var en veldig morsom fyr.)

Fun betyr *moro/morsomt*, mens **funny** betyr morsom i betydningen *rar/ forunderlig.*

f

full-fledged [ˌfulˌfledʒd; *attributivt:* ˌful'fledʒd] *adj* **1.** *om fugl(=fully fledged)* flygeferdig; **2.** *fig:* ***a full -fledged war*** full krig.
full-grown [ˌfulˌgroun; *attributivt:* ˌful'groun] *adj(= fully grown)* utvokst; fullvoksen; (helt) voksen.
full house *teat:* ***a full house*** fullt hus.
full-length [ˌfulˌleŋ(k)θ; *attributivt:* ˌful'leŋ(k)θ] *adj* **1.** uforkortet *(fx novel);* ***full-length play*** helaftensstykke; **2.:** ***full-length mirror*** figurspeil; ***full-length portrait*** portrett *(n)* i helfigur;
3. *adv:* ***stretch out full-length*** strekke seg så lang man er.
full marks *pl; skolev; også fig:* toppkarakter; *(se II. mark 3).*
fullness *(, især* **US:** *fulness)* [ˌfulnəs] *s* **1.** det å være full;
2. *om ansikt, figur:* rundhet;
3. *mus(=sonority; richness)* klangfylde;
4. *litt. el. stivt:* ***in the fullness of time*** i tidens fylde.
full professor US*(=professor)* professor.
full-scale [ˌfulˌskeil; *attributivt:* ˌful'skeil] *adj* **1***(=full -size)* i naturlig størrelse *(fx model);*
2. *fig:* i fullt omfang *(fx full-scale war).*
full stop *(=full point;* **US:** *period)* punktum *n.*
full time [ˌfulˌtaim] *s* **1.** full tid; hel tid; ***work full time*** arbeide på heltid; **2.** *fotb:* full tid; *(jvf half time).*
full-time [ˌful'taim] *adj:* heltids- *(fx job).*
fully [ˌfuli] *adv* **1.** fullt ut; helt *(fx I fully(=quite) agree with you);* ***fully booked*** fulltegnet; ***be fully informed*** få full beskjed;
2*(=at least)* minst *(fx it will take fully three days);*
3*(=adequately):* ***they were fully fed*** de fikk nok mat;
4. detaljert; fyldig; ***I shall report more fully tomorrow*** jeg skal gi en fyldigere rapport i morgen.
fully automatic *adj(=all-automatic)* helautomatisk.
fully automatically *adv:* helautomatisk.
fully fledged *adj; om fugl(=full-fledged)* flygeferdig.
fully grown *adj(=full-grown)* fullvoksen; fullt utvokst.
fulness *især* **US:** *se fullness.*
fulsome [ˌfulsəm] *adj; neds; stivt:* overdreven; ***fulsome*** *(=outrageous)* ***flattery*** grov smiger; ***fulsome****(=extravagant)* ***praise*** skamros.
fumble [ˌfʌmbəl] *vb* **1.** famle; fomle (*with* med);
2. være klossete; ***he fumbled the introduction badly*** presentasjonen rotet han svært med; ***fumble out a few words*** stamme frem noen få ord *n;*
3. *sport; om ball:* miste; *om sjanse:* forspille.
fumbler [ˌfʌmblə] *s(=bungler)* klossmajor; **T:** kløne.
I. fume [fju:m] *s:* ***fumes*** sterkt luktende røyk; damp; dunst *(fx petrol fumes).*
II. fume *vb* **1***(=give off fumes)* gi fra seg røyk; **2.** *fig* **T:** skumme (*with rage* av raseri).
fumigate [ˌfju:mi'geit] *vb:* desinfisere (med røyking); ***fumigate a room*** røyke ut et rom.
fumigation ['fju:miˌgeiʃən] *s:* desinfisering; desinfeksjon; røyking.
fun [fʌn] *s:* moro; gøy *(fx they had a lot of fun at the party);* ***for fun****(=for the fun of it)* for moro skyld; ***it's fun*** det er morsomt; det er gøy; ***I don't see the fun of doing that*** jeg ser ikke det morsomme i å gjøre det; ***it would have been fun to know if …*** det skulle vært morsomt å vite om …; ***it's not bad fun, you know*** det er ganske morsomt, vet du; ***he's fond of fun*** han liker moro; ***he's full of fun*** han er full av moro; ***he's out for fun****(=he's out to have fun)* han er ute etter å ha det morsomt; ***make fun of sby*** ha moro med en; ***provider of fun****(=amusement)* muntrasjonsråd; **T:** ***spoil sby's fun*** ødelegge moroa for en.
I. function [ˌfʌŋkʃən] *s* **1.** funksjon; oppgave; **2.** høytidelighet; fest; tilstelning; arrangement *(fx a school function);* anledning; ***attend social functions*** være til stede ved offisielle anledninger.
II. function *vb(=work)* virke; fungere; funksjonere.
functional [ˌfʌŋkʃənəl] *adj:* funksjonell; funksjons-.
I. fund [fʌnd] *s* **1.** fond *n;* ***funds*** midler *n;* fonds; **2.** *fig(=store; supply)* forråd *n;* ***he has a fund of funny stories*** han har mange morsomme historier å gi til beste; **3. T: be in -s***(=be flush)* ha penger; være pr. kasse; ***I'm short of funds*** det er ebbe i kassen; jeg har lite penger.
II. fund *vb; økon* **1***(=finance)* finansiere; **2***(=provide a fund)* opprette et fond; ***fund a pension plan*** opprette et fond for å finansiere en pensjonsordning.
I. fundamental ['fʌndəˌmentəl] *s* **1***(=fundamental principle)* grunnprinsipp; ***agree on fundamentals*** være (,bli) enig(e) om grunnprinsippene; **2.** *mus; i partialtonerekke(=first harmonic)* grunntone; *i grunnstillingsakkord:* grunntone.
II. fundamental *adj:* fundamental; prinsipiell; ***fundamental concept(ion)*** grunnbegrep; ***fundamental idea*** grunntanke; ***they had talks of fundamental importance, and touched on a number of issues*** de hadde grunnleggende samtaler og kom inn på mange temaer *n;* ***fundamental values*** livsverdier.
I. fundamentalist ['fʌndəˌmentəlist] *s:* fundamentalist.
II. fundamentalist *adj:* fundamentalistisk.
fundamentally ['fʌndəˌmentəli] *adv:* fundamentalt; prinsipielt; ***fundamentally wrong*** grunnfalsk.
fund-raising [ˌfʌnd'raiziŋ] *s:* pengeinnsamling.
fund-raising campaign innsamlingsaksjon.

further or further on

further	*videre/flere*
further on	*senere*

NYTTIGE UTTRYKK

Should we go any **further** with this investigation?
Further on, they met with difficulties.

Funen [ˌfju:nən] *s; geogr(=Fyn)* Fyn.
funeral [ˌfju:nərəl] *s* **1***(=burial)* begravelse; ***go to sby's funeral*** gå i ens begravelse;
2. T: ***that's your funeral!*** det er ditt problem!
funeral parlour*(=firm of undertakers;* **US:** *funeral home)* begravelsesbyrå.
funereal [fju:ˌniəriəl] *adj; stivt(=gloomy; dismal)* dyster; trist.
fun fair fornøyelsespark; tivoli *n.*
fungus [ˌfʌŋgəs] *s(pl: funguses; fungi* [ˌfʌndʒai; ˌfʌŋgai]*) bot:* sopp.
fungus infection *med.(=fungal infection)* soppinfeksjon.
funicular [fju:ˌnikjulə] *s:* ***funicular (railway)****(=cable railway)* kabelbane.
I. funk [fʌŋk] *s* **T 1.:** ***be in a funk*** være redd; ***be in a blue funk*** være livredd; **2***(=coward)* feiging; reddhare.
II. funk *vb* **T:** ***funk sth*** la være å gjøre noe fordi man er redd.
funnel [ˌfʌnəl] *s* **1.** trakt; **2.** *mar:* skorstein.
funnies [ˌfʌniz] *s; pl* **T***(=comic strips)* tegneserier.
funnily [ˌfʌnili] *adv(=strangely):* ***funnily enough*** pussig nok; underlig nok.
funny [fʌni] *adj* **1***(=amusing)* morsom *(fx story),* **2***(=strange; peculiar)* underlig; rar; snodig; pussig; merkelig; ***I heard a funny noise*** jeg hørte en rar lyd; ***what's so funny****(=strange)* ***about that?*** hva er det som er så rart med det? ***he gave me a funny****(=an odd)* ***look*** han så rart på meg; ***feel funny*** føle seg rar; ikke føle seg helt frisk; føle seg underlig til mote; ***I've got a funny feeling in my stomach*** jeg føler meg rar i magen; ***it's a funny thing, but …*** det er så rart med det, men …;
3*(=suspicious)* mistenkelig; rar; ***funny business*** hokuspokus *n;* **T:** tvilsom(me) greier; ***there's something funny about the whole thing*** det er noe mistenkelig med det hele.
funny bone *(,***US:** *crazy bone) anat:* albuspiss.
fur [fə:] *s* **1.** *zo:* pels; **2.** *som salgsvare:* skinn *n (fx fox fur);* ***furs*** pelsverk; **3.** *på tungen:* belegg *n.*
fur coat pels(kåpe).
furious [ˌfjuəriəs] *adj:* rasende (*about* for; *at* over; *with* på); ***a furious argument*** en voldsom trette; ***make furious love to*** gjøre stormkur til.
furlong [ˌfə:'lɔŋ] *s; gammelt veimål:* $^1/_8$ mile (ɔ: ca. 200 m).
furnace [ˌfə:nəs] *s:* (stor) ovn (i industrien); ***blast furnace*** masovn; ***melting furnace*** smelteovn.
furnish [ˌfə:niʃ] *vb* **1.** møblere; **2.** *stivt(=supply)* skaffe *(fx the information they need);* ***furnish with*** utstyre med *(fx the library with books).*
furnisher [ˌfə:niʃə] *s* **US:** ***men's furnishers****(=men's shop; men's outfitter)* herreekviperingsforretning.
furnishing fabrics *pl:* boligtekstiler; dekorasjons- og gardinstoffer.
furnishing firm møbel- og utstyrsforretning.
furnishings [ˌfə:niʃiŋz] *s; pl* **1.** møbler *(n)* og inventar *n;* ***the office had very expensive furnishings*** kontoret var meget kostbart utstyrt; **2. US:** ***men's furnishings****(=men's clothing)* herrekonfeksjon; **3.:** ***(metal) furnishings*** metallbeslag.
furniture [ˌfə:nitʃə] *s:* møbler *n;* ***sectional furniture*** seksjonsmøbler; ***a piece of furniture*** et møbel; ***a few sticks of furniture*** noen få møbler; ***suite of furniture*** møblement *n.*
furrier [ˌfʌriə] *s:* buntmaker; pelsbereder.
I. furrow [ˌfʌrou] *s* **1.** fure; *landbr:* ***(plough) furrow*** plogfure; **2.** *i ansiktet:* fure; dyp rynke.
II. furrow *vb:* lage furer i *(fx his face was furrowed).*
furry [ˌfə:ri] *adj* **1.** som har pels; pels- *(fx animal);* **2.** pelslignende; pelsaktig.
I. further [ˌfə:ðə] *vb(=promote)* fremme *(fx a plan).*
II. further *adj; adv; komp av far* **1.** *adv(,stivt: farther)* lenger *(fx I can't go any further);* ***further away*** lenger bort; lenger borte; lenger unna; ***this is to go no further*** dette må bli mellom oss; ***we need not go further than England*** vi behøver ikke gå lenger enn til England; ***but it never got any further****(=but nothing ever came of it)* men det ble med det; men det ble med tanken; **2.** *adj & adv:* ytterligere; mer; ***further information*** flere opplysninger; ***for further information, see …*** for ytterligere opplysninger, se …; ***closed until further notice*** stengt inntil videre; ***further proof*** ytterligere bevis *n;* ***I don't think I've anything further to say*** jeg tror ikke jeg har mer å si.
furtherance [ˌfə:ðərəns] *s; stivt(=promotion; advancement)* fremme; ***for the furtherance of*** til fremme av.
further education: (non-advanced) ***further education*** videreutdanning (under universitetsnivå); ***advanced further education****(=higher education)* høyere utdanning (på universitetsnivå).
further education course videreutdanningskurs.
Further India *geogr; mots For-India:* Bak-India.
furthermore [ˌfə:ðə'mɔ:] *adv(=moreover)* videre *(fx furthermore, I should like to point out that …).*
furthermost [ˌfə:ðə'moust] *adj:* fjernest; lengst borte.
furthest [ˌfə:ðist] *adj, adv; superl av far* **1.** *adj(=furthermost)* fjernest; lengst borte; **2.** *adv:* ***furthest away****(=furthest off)* lengst bort(e); *fig:* ***this is the furthest I can go*** lenger kan jeg ikke gå (*el.* strekke meg).
furtive [ˌfə:tiv] *adj; stivt* **1***(=secretive)* hemmelighetsfull; underfundig *(fx smile);* fordekt; ***his furtive manner****(=ways)* hans fordekte måte å være på; **2***(=stealthy)* stjålen; ***a furtive glance*** et stjålent blikk.
fury [ˌfjuəri] *s* **1***(=rage)* raseri *n;* ***rouse them to fury*** piske dem opp til raseri; **2.** *om kvinne:* furie; *myt:* ***the Furies*** furiene; **3. T:** ***like fury****(=like mad)* som rasende.
I. fuse [fju:z] *s* **1.** *elekt:* sikring; ***cartridge fuse*** patronsikring; ***the fuse has blown****(=the light's fused)* sikringen er gått; **2***(,***US** *især: fuze)* lunte; *i bombe, etc:* tennrør; **3. US S:** ***have a short fuse****(=be quick-tempered)* ha kort lunte; *(jvf uptake: be quick on the up- take).*

II. fuse *vb* **1.** *elekt: fuse the light(=blow the fuse)* få sikringen til å gå; ***suddenly all the lights fused*** plutselig gikk alt lyset;
2. *tekn; om metall:* smelte; ***fuse (together) two wires*** smelte sammen to ledninger;
3(,US *også: fuze)* utstyre med (detonerende) lunte;
4. *fig(=become fused)* smelte sammen.

fuse box *elekt:* sikringsboks; sikringsskap.

fusel [fju:zl] *s(=fusel oil)* fuselolje.

fuselage [ˌfju:ziˈlɑ:ʒ] *s; flyv:* kropp; skrog *n.*

fusible [ˌfju:zəbl] *adj:* smeltbar; lettsmeltelig.

fusion [ˌfju:ʒən] *s* **1.** *tekn; om metall:* smelting; **2.** *fys:* fusjon *(fx nuclear fusion);* **3.** *fig:* sammensmelting *(fx of ideas into a complete plan).*

I. fuss [fʌs] *s* **1.** oppstyr *n;* ståhei; ***make a fuss*** 1. lage oppstyr; 2*(=kick up a row)* lage bråk *n;* ***make a fuss over trifles*** henge seg opp i bagateller;
2*(=complaint):* ***make a fuss about****(=over)* ***the bill*** protestere på regningen;
3.: ***make a fuss of sby****(=make much of sby)* gjøre stas på en; gjøre krus av en;
4.: ***without any more fuss*** uten flere dikkedarer.

II. fuss *vb* **1.** være oppskaket (*el.* nervøs) (pga. bagateller); ståke; kjase (og mase); ***fuss about nothing*** henge seg opp i småting; mase om bagateller; **2.:** ***fuss over*** gjøre vesen *(n)* av; ***she always fusses over those children*** hun holder alltid på med de ungene.

fuss-budget [ˌfʌsˈbʌdʒit] *s* **US***(=little pest; fusspot)* masekopp; **T:** masekråke.

fusspot [ˌfʌsˈpɔt] *s:* masekopp; **T:** masekråke.

fussy [ˌfʌsi] *adj* **1.** masete; **2.** kresen; pirkete; nøye (*about* med); ***fussy about being punctual*** nøye når det gjelder å være presis; **3.** *om stil:* overlesset.

futile [ˌfju:tail] *adj* **1.** *stivt(=unsuccessful; vain)* forgjeves; fåfengt; **2.** *stivt(=pointless; no use)* nytteløs *(fx arguing with him was futile);* **3***(=pointless)* intetsigende *(fx make futile remarks).*

futility [fju:ˌtiliti] *s; stivt(=uselessness)* formålsløshet; nytteløshet; ***the futility of (-ing)*** det nytteløse i å.

I. future [ˌfju:tʃə] *s* **1.** fremtid; ***the future*** fremtiden; ***make a future for oneself*** skape seg en fremtid;
2. *gram: **the future (tense)*** futurum *(n)* simpleks; 1. futurum; ***the future perfect (tense)*** futurum exactum; 2. futurum;
3.: ***for the future*** 1. med henblikk på fremtiden; 2. for fremtiden *(fx my congratulations and best wishes for the future);* 3*(=in future; from now on)* fra nå av; for fremtiden;
4.: ***in future*** 1*(=from now on; for the future)* i fremtiden; fra nå av; for fremtiden; 2. i tiden som kommer; i fremtiden *(fx congratulations, and the best of luck in (the) future);* ***in the foreseeable future****(=in the reasonably near future)* i (en) overskuelig fremtid; ***in the not too distant future*** i en ikke altfor fjern fremtid; ***in the immediate future****(=in the very near future)* i (aller) nærmeste fremtid.

II. future *adj:* fremtidig; vordende *(fx my future wife);* ***at some future date*** en gang i fremtiden.

future-in-the-past *gram(=past future (tense)): **the future-in-the-past*** 1. kondisjonalis.

future perfect *gram: **the future perfect (tense)*** futurum *(n)* exactum; 2. futurum.

future-perfect-in-the-past *gram(=past future perfect (tense)): **the future-perfect-in-the-past*** 2. kondisjonalis.

future reference: ***it's nice to know for future reference*** det er greit å vite til en annen gang.

future tense *gram(=future): **the future tense*** futurum *(n)* simpleks; 1. futurum; *(se future 2).*

futurity [fju:ˌtjuəriti] *s:* fremtidighet.

fuze [fju:z] **US:** *se fuse.*

fuzz [fʌz] *s* **1.** fine, bløte hår *n;* dun *n;* **2. S:** ***the fuzz****(= the police)* purken.

fuzziness [ˌfʌzinəs] *s* **1.** dunethet; **2.** *om hår:* krus; krusethet.

fuzzy [ˌfʌzi] *adj* **1.** med fine, bløte hår *n;* dunet; **2.** *om hår(=frizzy)* krusete; småkrøllete; **3. T***(=vague): **fuzzy ideas*** uklare begreper *n.*

fuzzy-headed [ˌfʌziˈhedid] *adj* **1***(=fuzzy-haired)* med krusete hår *n;* krushåret; **2. T***(=woozy)* ør (i hodet).

fuzzy-wuzzy [ˌfʌziˈwʌzi] *s* **S:** krushode; ullhode.

Fyn [fy:n] *s; geogr:* Fyn.

g

G, g [dʒi:] G, g; *tlf: **G for George*** G for Gustav.

G [dʒi:] *s* **US T***(fk f grand)* tusen dollar (,pund *(n)*) *(fx they stole 1000G of equipment).*

gab [gæb] *s: **have the gift of the gab*** ha godt snakketøy; være godt skåret for tungebåndet.

gabardine: *se gaberdine.*

I. gabble [gæbl] *s* **1***(=jabbering)* plapring; skravling; **2.** *om fugl(=gaggle)* snadring.

II. gabble *vb; neds* **1***(=jabber; babble)* snakke fort og utydelig; plapre i vei *(fx she was just gabbling);* ***he just tunes out when the politicians start gabbling*** han kopler bare ut når politikerne begynner å plapre;
2. *om fugl(=gaggle)* snadre.

gaberdine [ˌgæbəˈdi:n] *s(=gabardine)* **1.** *tekstil:* gabardin; **2.** *lett glds:* gabardinkappe.

gable [geibl] *s; arkit:* gavl.

gad [gæd] *vb; neds* **T:** ***gad about****(=around)* farte omkring; være på farten (for å more seg); *spøkef: **where did you go gadding off to?*** hvor forsvant du hen?

gadabout [ˌgædəˈbaut] *s; neds:* person som stadig er ute på fornøyelser; *om kvinne:* flyfille.

gadfly [ˌgædˈflai] *s; zo:* brems; okseklegg.

gadget [ˌgædʒit] *s* **1***(=device)* innretning; (mekanisk) hjelpemiddel; **2.** (interessant) tingest; **T:** (liten) greie.

gadwall [ˌgædˈwɔ:l] *s; zo:* snadderand; *(se I. duck 1).*

I. gaff [gæf] *s* **1.** *fiskeredskap:* klepp; **2.** *mar, til seil:* gaffel.

II. gaff *vb:* kleppe *(fx a fish).*

gaffe [gæf] *s* **T***(=social blunder)* fadese; bommert; flause; ***make a gaffe*** gjøre en fadese; begå overtramp.

I. gag [gæg] *s* **1.** knebel; **2.** *fig:* munnkurv; **3.** *især teat* **T***(=joke)* morsomhet; vits; gag.

II. gag *vb* **1.** kneble; **2.** *fig:* kneble; sette munnkurv på; **3***(=choke and almost be sick)* begynne å brekke seg.

gaga [ˌgɑ:gɑ:] *adj* **T***(=senile)* senil; åreforkalket; sprø.

gage [geidʒ] *s* **US:** *se gauge.*

I. gaggle [gægl] *s* **1.:** ***gaggle (of geese)*** flokk gjess;
2. *om mennesker; lett glds el. spøkef:* støyende flokk;
3*(=gabbling)* snadring.

II. gaggle *vb:* snadre (som en gås).

gaiety [ˌgeiəti] *s* **1***(=merrymaking)* munterhet; lystighet;
2. *stivt:* festlig pynt; ***the gaiety of the streets****(=the gaily decorated streets)* de festpyntede gatene.

gaily [ˌgeili] *adv* **1***(=merrily)* muntert; lystig;
2. *fig(=cheerfully): **she gaily went on believing she had no enemies*** hun fortsatte ufortrødent å tro at hun ikke eide fiender;

3.: ***gaily-coloured flags*** flagg *(n)* i muntre farger.

I. gain [gein] *s* **1.** vinning; fortjeneste; profitt *(fx he would do anything for gain);* gevinst; ***that was the first major gain of the evening*** det var kveldens første vesentlige fremskritt; ***his loss was my gain*** *(=what he lost I won)* det han tapte, vant jeg; *ordspråk:* ***ill -gotten gains seldom prosper*** penger ervervet på uærlig vis, følger det sjelden noe godt med; ***crime of gain****(=crime for profit)* vinningsforbrytelse; *ordspråk:* ***no pain no gain*** med vondt skal vondt fordrives; **2***(=increase)* økning *(fx a gain in weight);* ***a gain in health*** en forbedring av helsen; **3.** *elekt(=amplification)* forsterkning.

II. gain *vb* **1.** *stivt(=obtain)* få; oppnå; ***gain entry*** skaffe seg adgang; ***gain ground*** 1. vinne terreng *n;* 2. hale innpå; ***gain time*** vinne tid; ***gain****(=win)* ***a victory*** vinne en seier; ***what have I to gain by staying here?*** hva har jeg å vinne ved å bli her?

2. nå (frem til) *(fx the ship gained port);*

3. *om klokke:* fortne seg *(fx gain a minute a day);*

4. øke; ***gain in weight*** øke i vekt; legge på seg; ***gain speed*** øke farten.

gainful [ˌgeinful] *adj:* ***gainful employment*** lønnet arbeid *n.*

gainfully [ˌgeinfuli] *adv:* ***be gainfully employed****(= occupied)* ha lønnet arbeid *n.*

gait [geit] *s* **1.** *hests:* gangart; **2.** *stivt(=step; walk)* måte å gå på; gange; *(jvf I. pace 2).*

gaiters [ˌgeitəz] *s; pl:* gamasjer; *sport:* ***super gaiters*** støvelovertrekk.

gal [gæl] *s* **S***(=girl)* jente.

gala [ˌgɑ:lə; ˌgeilə; **US:** ˌgeilə] *s* **1.** galla; festantrekk;

2.: ***swimming gala*** svømmestevne.

gala dinner festmiddag.

gala performance festforestilling.

galaxy [ˌgæləksi] *s* **1.** *astr:* galakse;

2. *fig:* strålende forsamling *(fx of well-known people);* strålende samling *(fx of new cars).*

gale [geil] *s* **1.** storm;

2. *meteorol; vindstyrke 7:* ***near gale****(=gale force 7)* stiv kuling; *vindstyrke 8:* ***fresh gale****(=gale force 8)* sterk kuling; *vindstyrke 9:* ***strong gale, severe gale****(= gale force 9)* liten storm; ***gale force 10*** (full) storm.

gale warning stormvarsel; kulingvarsel.

Galilee [ˌgæli'li:] *s; geogr:* Galilea; ***the Sea of Galilee*** *(=Lake Tiberias)* Genesaretsjøen.

I. gall [gɔ:l] *s* **1***(=gall bladder)* galleblære;

2. *litt.(=hate; bitterness)* galle; bitterhet;

3. T*(=impudence)* frekkhet; ***he had the gall to*** han var så frekk å.

II. gall *vb* **1.** gnage; lage gnagsår;

2. *fig(=annoy; irritate)* ergre; irritere.

gallant [ˌgælənt] *adj* **1.** *stivt(=brave)* tapper; djerv;

2 [ˌgælənt; gəˌlænt] *lett glds(=chivalrous)* galant.

gallantry [ˌgæləntri] *s* **1.** *stivt(=bravery)* tapperhet; djervhet; ***medal for gallantry*** tapperhetsmedalje;

2. *lett glds(=chivalry)* galanteri *n.*

gall bladder *anat:* galleblære.

galled [ˌgɔ:ld] *adj:* hudløs; ***galled place*** gnagsår.

galleon [ˌgæliən] *s; mar; hist:* gallion.

gallery [ˌgæləri] *s* **1.** galleri *n (fx art gallery);*

2. *teat:* galleri *n (fx we always go in the gallery);*

3*(=subterranean passage)* underjordisk gang;

4. *min:* stoll;

5.: ***shooting gallery*** innendørs skytebane;

6. *fig:* ***play to the gallery*** spille for galleriet.

galley [ˌgæli] *s* **1.** *mar:* bysse; **2.** *mar; hist:* galei.

galley proof *typ:* spaltekorrektur; uombrukket sats.

galley slave *hist:* galeislave.

Gallic [ˌgælik] *adj:* gallisk; ***Gallic charm*** gallisk sjarm.

galling [ˌgɔ:liŋ] *adj(=very annoying)* meget irriterende.

gallivant [ˌgæli'vænt] *vb* **T:** ***gallivant about, gallivant around****(=gad about)* farte omkring.

gallon [ˌgælən] *s* **1.:** ***(imperial) gallon*** gallon; 4,55 l;

2. US: gallon; 3,79 l;

3. T: ***gallons of*** mengdevis av *(fx gallons of orange juice).*

I. gallop [ˌgæləp] *s:* galopp; ***at a gallop*** i galopp.

II. gallop *vb* **1.** galoppere; **2.** *fig* **T:** ***gallop through*** skynde seg med *(fx one's homework).*

gallows [ˌgælouz] *s:* galge; ***a gallows*** en galge.

gallstone [ˌgɔ:l'stoun] *s; med.:* gallestein.

Gallup [ˌgæləp] *s:* ***Gallup poll****(=public opinion poll)* gallup(undersøkelse).

galore [gəˌlɔ:] *adv:* i store mengder; i massevis *(fx there are bookshops galore in this town).*

galvanize, galvanise [ˌgælvə'naiz] *vb* **1.** galvanisere;

2. *fig; spøkef:* sette fart i; ***galvanize sby into action****(= rouse him to action)* vekke en til dåd (*el.* handling).

Gambia [ˌgæmbiə] *s; geogr:* ***(the) Gambia*** Gambia.

I. Gambian [ˌgæmbiən] *s* **1.** gambier; **2.** *språket:* gambisk.

II. Gambian *adj:* gambisk.

gambit [ˌgæmbit] *s* **1.** *sjakk:* gambit;

2. *fig:* ***opening gambit****(=starting move)* åpningstrekk; innledende manøver.

I. gamble [gæmbl] *s; fig:* spekulasjonsforetagende; hasard(spill); lotteri(spill); sjanseseilas; sjansespill *(fx the whole business was a bit of a gamble);* ***the gamble didn't come off*** han (etc) var ikke heldig med spekulasjonen; ***take a gamble*** ta en sjanse; ***I'll take a gamble on it*** jeg tar sjansen (på det).

II. gamble *vb* **1.** spille hasard;

2.: ***gamble away*** spille bort *(fx a lot of money);*

3.: ***gamble on*** 1. sette penger på; satse på; 2. *fig:* ta en sjanse på; satse på.

gambler [ˌgæmblə] *s:* (hasard)spiller; gambler.

gambling [ˌgæmbliŋ] *s:* (hasard)spill *n;* gambling.

gambling machine*(=one-armed bandit)* spilleautomat.

I. gambol [gæmbl] *s; litt.; især om lam:* hopp *n;* sprett *n.*

II. gambol *vb(=romp)* hoppe; sprette; gjøre krumspring.

I. game [geim] *s* **1.** lek; ***musical game*** sanglek; ***play a game*** leke en lek; ***this game has singing and clapping in it*** i denne leken skal man synge og klappe;

2. spill *n;* ***ball game*** ballspill; ***40 points is game*** med 40 poeng har man vunnet; med 40 poeng er man ute;

3. parti *n (fx a game of tennis);* kamp *(fx a game of soccer);* ***return game*** returkamp;

4. *kortsp; bridge:* utgang; game *n;*

5. *jaktuttrykk; også om kjøttet:* vilt *n;* ***big game*** storvilt;

6. *sport* **US***(=score)* stilling; ***with 5 minutes to play, the game was 7 to 0*** med fem minutter igjen av kampen var stillingen 7–0;

7. *fig:* **T:** ***make the big game****(=be successful)* få suksess; ***play the game****(=play (it) by the rules)* følge spillets regler; **T:** ***be on the game*** være prostituert; ***the game's up*** spillet er ute; ***give the game away*** røpe det hele; ***beat him at his own game*** slå ham med hans egne våpen *n;* ***two can play at that game*** det skal vi bli to om; **T:** ***how long have you been in this game?*** hvor lenge har du vært i denne bransjen? **T:** ***be off one's game*** ikke være i form; **T:** ***he's up to every move in the game*** han kjenner spillet til bunns;

8. *neds* **T***(=trick; scheme)* knep *n;* trick *n;* ***I wonder what his (little) game is*** jeg skulle likt å vite hva han pønsker på.

II. game *adj:* med; game *(fx are you game?);* ***he's game for anything*** han er med på hva som helst.

game keeper [ˌgeim'ki:pə] *s:* skogvokter; viltvokter.

game preservation viltpleie.

game ranger *(,ofte: ranger) i afrikansk storviltreservat med totalforbud mot jakt:* viltvokter; *(jvf game scout; game reserve; national park).*

game reserve viltreservat; *i Afrika:* storviltreservat (hvor det drives jakt); *(jvf national park).*
game sanctuary viltreservat; *(jvf bird sanctuary).*
game scout *i afrikansk storviltreservat:* viltvokter; *(jvf game ranger; game reserve; national park).*
games organizer lekeleder.
game viewing (anledning til) å se storvilt *(fx game viewing readily available).*
game warden *i afrikansk storviltreservat, hvor det drives jakt:* sjef for viltpleien; øverste sjef i et reservat; *(jvf game reserve; national park; park warden).*
gammon [ˌgæmən] *s:* saltet og rø(y)kt skinke; spekeskinke.
gammon hock saltet og rø(y)kt skinkestykke.
gamut [ˌgæmət] *s* **1.** *mus:* (tone)skala;
2. *fig:* skala; register *n (fx run the whole gamut of emotions from intense fear to great anger).*
gander [ˌgændə] *s* **1.** *zo(=male goose)* gasse;
2. *ordspråk:* ***what's sauce for the goose is sauce for the gander****(=what applies to one must apply to the other)* det som gjelder for den ene, må også gjelde for den andre.
I. gang [gæŋ] *s* **1.:** ***gang (of workmen)*** arbeidsgjeng; arbeidslag;
2. gjeng; bande; ***the old gang*** den gamle gjengen.
II. gang *vb:* ***gang up on*** **1.** sammensverge seg mot;
2. overfalle i flokk *(fx they ganged up on him).*
gangbang [ˌgæŋˈbæŋ] *s* **S***(=collective rape;* **S:** *gangshag)* kollektiv voldtekt; gjengvoldtekt.
gangling [ˌgæŋgliŋ] *adj(=ungainly)* ulenkelig; ***he's tall and gangling*** han er lang og ulenkelig.
gangplank [ˌgæŋˈplæŋk] *s; mar(=gangway)* landgang(sbru).
gang rape massevoldtekt; gjengvoldtekt; *(se også gangbang).*
gang-rape [ˌgæŋˈreip] *vb:* utsette for massevoldtekt; ***be gang-raped*** bli utsatt for massevoldtekt; *(se også gangbang).*
gangrene [ˌgæŋˈgri:n] *s; med.:* koldbrann.
gangrenous [ˌgæŋgrinəs] *adj; med.:* angrepet av koldbrann.
gangshag [ˌgæŋˈʃæg] *s* **S***(=collective rape;* **S:** *gangbang)* kollektiv voldtekt; gjengvoldtekt.
gangster [ˌgæŋstə] *s:* gangster.
I. gangway [ˌgæŋˈwei] *s* **1.** *mar:* landgang(sbru); fallrepstrapp; **2.** *i kino el. teater:* midtgang; ***on the gangway*** ved midtgangen.
II. gangway *int(=make way; (get) out of the way)* gi plass! *i skiløpe:* løype!
gannet [ˌgænit] *s* **1.** *zo:* havsule;
2. *fig* **T:** slukhals *(fx you little gannet!); (jvf glutton).*
gaol [dʒeil] *se jail.*
gap [gæp] *s* **1.** åpning; spalte; mellomrom;
2. *sport(= distance)* avstand; ***there's quite a considerable gap between them there*** det er en betydelig avstand mellom dem der;
3. *fig:* hull *n (fx in one's knowledge);* kløft *(fx widen the gap between them);* pause *(fx a gap in the conversation);* ***it's only sth to fill in the gap*** det er bare noe midlertidig noe.
I. gape [geip] *s* **1.** *zo; mål for hvor høyt munn el. nebb kan åpnes:* gap *n;*
2*(=open-mouthed stare)* måpende blikk *n.*
II. gape *vb* **1.** *stivt(=be wide open)* gape; stå vid åpen;
2*(=stare open-mouthed)* måpe; glo (med åpen munn); ***sit gaping*** sitte og måpe.
I. garage [ˌgærɑ:ʒ; ˌgæridʒ; **US:** gəˌrɑ:ʒ] *s* **1.** garasje;
2. bilverksted; ***servicing garage*** serviceverksted.
II. garage *vb(=put in a garage)* sette i garasje(n).
garb [gɑ:b] *s; glds el. litt.(=clothes)* klesdrakt.
garbage [ˌgɑ:bidʒ] *s* **1.** *især* **US***(=rubbish)* kjøkkenavfall; skyller; **2***(=rubbish; trash)* søppel *n;* sprøyt *n.*
garbage bag US *& Canada(=rubbish bag; bin bag)* søppelpose.
garbage can US*(=dustbin)* søppeldunk; søppelspann.
garbage disposer US*(=waste disposer)* avfallskvern (i privat husholdning).
garbage man US*(=dustman)* søppeltømmer; renovatør.
garbled [ˌgɑ:bəld] *adj; neds(=muddled; mixed up)* rotet; forvirret *(fx statement).*
I. garden [ˌgɑ:d(ə)n] *s* **1.** hage; ***market garden****(,***US:** *truck farm)* handelsgartneri; **T:** ***he thought everything in the garden was lovely*** han ante fred og ingen fare;
2.: ***gardens*** 1. hager; 2. park; parkanlegg; ***botanical gardens*** botanisk hage.
II. garden *vb:* gjøre hagearbeid; arbeide i hagen.
garden chair hagestol.
garden estate *(=garden suburb; garden city)* hageby.
garden furniture hagemøbler; ***rustic garden furniture*** grovt tilvirkede hagemøbler.
garden hose hageslange.
gardening [ˌgɑ:d(ə)niŋ] *s* **1.** hagebruk; hagestell; ***vegetable gardening*** grønnsakdyrking; **2.** hagearbeid.
garden paving-stone hagehelle.
garden roller hagetrommel; valsetrommel.
gardenscape [ˌgɑ:dənˈskeip] *s:* hagelandskap.
garden shears *pl:* ***(pair of) garden shears*** hagesaks; hekksaks.
garden sprayer hagesprøyte.
garden tractor *gart(=tractor mower)* stor, kjørbar gressklipper.
I. gargle [gɑ:gl] *s:* gurglevann.
II. gargle *vb:* gurgle; gurgle seg.
gargoyle [ˌgɑ:ˈgɔil] *s; arkit; på takrenne:* dragehode; utspyer.
garish [ˌgɛəriʃ] *adj; neds:* glorete *(fx skirt); om farge:* grell.
I. garland [ˌgɑ:lənd] *s:* krans *(fx of flowers); (jvf wreath).*
II. garland *vb:* bekranse (*in* med); *(jvf wreathe).*
garlic [ˌgɑ:lik] *s; bot:* hvitløk.
garment [ˌgɑ:mənt] *s:* plagg *n.*
I. garnish [ˌgɑ:niʃ] *s; kul:* garnering; pynt.
II. garnish *vb:* garnere; pynte.
garnishing kale *bot(=variegated borecole)* pyntekål; *(jvf kale).*
garret [ˌgærit] *s(=attic)* kvistværelse.
garrison [ˌgærisən] *s; mil:* garnison.
garrulous [ˌgærələs] *adj; neds; stivt(=talkative)* snakkesalig.
garter [ˌgɑ:tə] *s* **1. US***(=sock suspender)* sokkeholder;
2. *hist:* strømpebånd; hosebånd;
3.: ***the Order of the Garter*** Hosebåndsordenen (ɔ: høyeste britiske orden ved siden av den skotske Order of the Thistle).
garter belt US*(=suspender belt)* hofteholder.
I. gas [gæs] *s* **1.** gass;
2. US*(=petrol)* bensin;
3. S*(=empty talk)* tomt snakk;
4. US T*(=scream)* fryktelig morsomt; **T:** til å le seg skakk av;
5. T: ***step on the gas!*** gi gass! trå på gassen!
II. gas *vb:* gasse; gassforgifte; gasse ihjel.
gas cooker *(,***T:** *gas stove)* gasskomfyr.
gas cylinder gassflaske; gassbeholder.
gaseous [ˌgæsiəs; ˌgæʃ(i)əs] *adj* **1.** gassaktig; gass-;
2*(=gasiform)* gassformig.
gas fitter gassinstallatør.
gas guzzler US*(=car that drinks petrol)* bensinsluker.
I. gash [gæʃ] *s:* gapende sår *n;* flenge.
II. gash *vb:* flenge; skjære flenge(r) i.
gas jet 1*(=gas burner)* gassbrenner;
2*(=gas flame)* gassflamme; gassbluss.
gasket [ˌgæskit] *s; mask:* pakning(sskive).
gas leak *(=escape of gas)* gasslekkasje.
gaslight [ˌgæsˈlait] *s:* gasslys.
gas mantle *i lampe(=mantle)* glødenett; glødehette.

gas mask gassmaske.
gasolene, gasoline [ˌgæsəˈli:n] *s* **US:** *se I. gas 2.*
gasometer [gæˌsɔmitə] *s(=gasholder)* gasometer *n;* gassbeholder.
I. gasp [gɑ:sp] *s:* gisp *n; **give a gasp*** gispe.
II. gasp *vb:* gispe (*for* etter); ***gasp for breath*** hive etter pusten (*el.* været); **S:** ***be gasping for sth****(=want sth very much):* ***I'm gasping for a cigarette*** jeg er helt sugen på en røyk.
gas pedal US*(=accelerator (pedal))* gasspedal.
gas ring gassapparat; gassbrenner.
gas station US*(=petrol station; filling station)* bensinstasjon.
gastric [ˌgæstrik] *adj:* mage-.
gastric flu *(,***T:** *tummy bugs)* omgangssyke.
gastric ulcer *med.:* magesår.
gastritis [gæsˌtraitis] *s:* gastritt; magekatarr.
gastronomic [ˈgæstrəˌnɔmik] *adj:* gastronomisk.
gastronomy [gæsˌtrɔnəmi] *s:* gastronomi.
gasworks [ˌgæsˈwə:ks] *s:* gassverk; ***a gasworks*** et gassverk.
I. gate [geit] *s* **1.** port; *flyv:* utgang;
2. *film:* ***film gate*** filmport;
3. *jernb:* ***(level-crossing) gate*** bom;
4. *sport:* (publikums)besøk *n;* billettinntekter.
II. gate *vb; univ:* gi portforbud; ***be gated*** få portforbud.
gateau [ˌgætou] *s(pl: gateaux* [ˌgætouz]) forseggjort (bløt)kake; ***cream gateau*** bløtkake.
gatecrash [ˌgeitˈkræʃ] *vb(=crash)* **T:** gå uinnbudt i selskap *n;* gå ubedt; trenge seg inn i *(fx a party).*
gatecrasher [ˌgeitˈkræʃə] *s:* ubuden gjest.
gated community US: inngjerdet og bevoktet boligområde.
gated retirement community US: inngjerdet og bevoktet boligområde for personer over 50 år.
gatehouse [ˌgeitˈhaus] *s:* portnerstue; portnerbolig.
gatekeeper [ˌgeitˈki:pə] *s* **1.** portvakt;
2. *sport; ved stevne(=gateman)* (billett)kontrollør.
gateman [ˌgeitmən] *s; sport: se gatekeeper 2.*
gate money *(=gate)* billettinntekter (ved stevne *(n)*).
gate pole *ski; slalåm:* portstolpe; ***two of the gate poles were misplaced****(=wrongly placed)* to av portstolpene var feilplassert.
gatepost [ˌgeitˈpoust] *s:* portstolpe.
gateway [ˌgeitˈwei] *s* **1.** portrom; portåpning;
2. *fig:* port; innfallsport *(fx to a good job);* ***main gateway to*** hovedinnfallsport til.
gather [ˌgæðə] *vb* **1.** samle (inn) *(fx information);* samle *(fx gather dust; gather (together) as many people as possible);* samle seg *(fx a crowd gathered);* **2***(=swell)* hovne opp *(fx my finger's gathering);*
3. *stivt(=understand)* forstå *(fx I gather you're going);*
4. *om tøy:* rynke;
5. *mar:* ***gather headway*** skyte fart;
6*(=increase):* ***gather speed*** øke farten; sette opp farten;
7. *landbr:* ***gather in*** bringe i hus *n (fx the harvest);*
8.: ***gather round*** samle seg om *(fx they gathered round him);*
9.: ***gather together*** 1. samle sammen; 2. samle; 3. *fig:* ***I had no time to gather my thoughts together*** jeg fikk ikke tid til å samle tankene.
I. gathering [ˌgæðəriŋ] *s:* sammenkomst *(fx a family gathering; a social gathering).*
II. gathering *adj* **1***(=increasing; growing)* voksende; stigende; økende *(fx depression);*
2.: ***the gathering crowd started to murmur angrily*** de menneskene *(n)* som samlet seg, begynte å komme med ergerlige utbrudd.
gauche [gouʃ] *adj; stivt(=awkward; clumsy)* keitet.
I. gaudy [ˌgɔ:di] *s* **1.** fest; kalas *n;*
2. *univ(=gaudy night)* årsfest (til ære for tidligere studenter).
II. gaudy *adj; neds(=garish)* glorete *(fx clothes); om farge:* grell; skrikende.
I. gauge *(,især* **US:** *gage)* [geidʒ] *s* **1***(=standard measure; dimension)* standardmål; dimensjon;
2. *standardmål:* ***wire gauge****(=thickness)* trådtykkelse;
3. *jernb:* sporvidde; ***narrow-gauge*** smalsporet;
4. måleinstrument; ***dial gauge*** måleur; ***fuel gauge*** bensinmåler; ***pressure gauge*** trykkmåler; manometer *n.*
5. *tekn:* -lære; ***feeler gauge*** følelære; læredor;
6. *fig; stivt(=measure)* mål *(n)* *(of* på) *(fx the report provides a gauge of his ability).*
II. gauge*(,***US:** *gage) vb* **1.** *tekn(=measure)* måle;
2. *fig; stivt(=estimate; guess)* vurdere; måle; anslå *(fx he tried to gauge her height from looking at her).*
gaunt [gɔ:nt] *adj; om person:* utmagret; radmager.
gauntlet [ˌgɔ:ntlit] *s* **1.** motorsykkelhanske; *hist:* stridshanske;
2. *hist & fig:* ***throw (down) the gauntlet to sby*** kaste hansken til en; utfordre en;
3. *hist & fig:* ***run the gauntlet*** løpe spissrot; ***run the gauntlet of*** være utsatt for (sterk kritikk fra).
gauze [gɔ:z] *s* **1.** gas; gasbind; **2.:** ***wire gauze*** trådnett.
gauze (bandage) *med.:* gasbind.
(gauze) mask munnbind.
gauzy [ˌgɔ:zi] *adj:* gasaktig; florlett; flortynn; tynn.
gave [geiv] *pret av II. give.*
gavel [ˌgævəl] *s:* formannsklubbe; ***auctioneer's gavel*** auksjonshammer.
gawky [ˌgɔ:ki] *adj(=clumsy; awkward)* keitete *(fx teenager);* ***tall and gawky*** høy og keitete.
gawp [gɔ:p] *vb* **S***(=gape; stare stupidly)* måpe; glo dumt.
I. gay [gei] *s* **T***(=homosexual)* homoseksuell; homofil; ***gays and straights*** homofile og heterofile.
II. gay *adj* **1***(=merry; happy)* glad; full av livslyst;
2. *om farger el. dekorasjon:* munter; lystig; broket;
3*(=homosexual)* homoseksuell; homofil; **T:** homo.
I. gaze [geiz] *s(=long, steady look)* langt blikk; ***steadfast gaze*** ufravendt stirring.
II. gaze *vb; især undrende(=look steadily)* se (lenge) *(at* på).
gazebo [gəˌzi:bou] *s; i hage(=summer house)* lysthus; hagehus.
gazelle [gəˌzel] *s; zo:* gaselle.
I. gazette [gəˌzet] *s* **1***(=public advertiser)* lysningsblad;
2. *del av avisnavn:* -bladet; -posten *(fx the Evening Gazette).*
II. gazette *vb:* ***be gazetted*** bli kunngjort i lysningsbladet.
gazump [gəˌzʌmp] *vb* **1.** *især ved hussalg:* selge til en som byr mer, til tross for muntlig tilsagn *(n)* til annen kjøper;
2. T*(=swindle; cheat; overcharge)* svindle; snyte; ta overpris.
GCE *(fk f General Certificate of Education) hist:* eksamen som ble tatt enten på 'ordinary level' (GCE (O) eller O-level) i form V, som svarer til første klasse i videregående skole, eller to år senere på 'advanced level' (GCE (A) eller A-level). GCE (O) svarte omtrent til norsk ungdomsskoleeksamen. I 1988 ble GCE (O) erstattet av GCSE (se dette). GCE (A) er beholdt og svarer til avsluttende eksamen ved videregående skole, allmennfaglig studieretning, tidligere examen artium; *(se GCSE; CSE; A-level; O-level).*
GCSE *(fk f General Certificate of Secondary Education)* eksamen som i 1988 erstattet O-levels og CSE; *(se GCE; CSE; O-level).*
I. gear [giə] *s* **1.** *i sms:* -mekanisme; -innretning;
2. *flyv:* ***(landing) gear****(=undercarriage)* understell;
3. T*(=equipment; things)* utstyr *n;* greier; saker;
4. S*(=clothes)* klær;
5. *mask:* gir *n;* utveksling; ***(drive) gear*** drev *n;* tannhjul; ***go into third gear*** sette bilen i tredje gir; ***in gear*** i gir.

II. gear *vb* **1.** *mask:* gire; sette i gir *n; **gear down (,up)*** gire ned (,opp);
2.: ***gear to****(=adapt to (the needs of))* tilpasse *(fx a course geared to adult students);* innrette på *(fx a firm geared to the maritime industry);*
3. *fig* **T:** ***gear up*** 1. sette fart i; 2.: ***is our industry geared up for the nineties?*** er vår industri rustet for nittiårene?
gearbox [ˌgiə'bɔks] *s; mask:* girkasse.
gear lever *mask(,US: gearshift(ing) lever;* **T:** *gear stick)* girstang; girspak.
gear stick T*(=gear lever)* girstang.
gear wheel *mask(=toothed wheel; cogwheel)* tannhjul.
gee [dʒi:] *vb; int* **1.:** ***gee (up)*** hypp!
2. US*(=gosh)* jøss! du store all verden! ***gee, I like your new dress!*** nei, så fin den nye kjolen din er!
geese [gi:s] *pl av goose.*
I. gel [dʒel] *s:* gel *(fx non-drip paint is a gel).*
II. gel *vb:* danne gel.
gelatin(e) [ˌdʒelə'ti(:)n; 'dʒeləˌti:n] *s:* gelatin.
geld [geld] *vb(=castrate)* gjelde; kastrere.
gelding [ˌgeldiŋ] *s(=cut horse)* vallak.
gelignite [ˌdʒelig'nait] *s:* gelatindynamitt.
gem [dʒem] *s* **1***(=precious stone)* (slepet) edelsten;
2. *fig* **T:** perle *(fx she's a gem; this is the the gem of my collection; his jokes are absolute gems).*
Gemini [ˌdʒemini:] *s; pl; astr:* Tvillingene.
gemstone [ˌdʒem'stoun] *s; stivt(=semi-precious stone)* edelsten; smykkesten (før sliping).
gen [dʒen] *s* **S:** ***give sby the gen on****(=fill sby in on)* orientere en om.
gender [ˌdʒendə] *s; gram &* **T:** kjønn *n; **the female gender****(=the female sex; womankind)* kvinnekjønnet.
gender-conscious [ˌdʒendə'kɔnʃəs] *adj:* kjønnsbevisst.
gender equality likhet (mellom kjønnene *(n)*).
gene [dʒi:n] *s; biol:* gen *n;* arvefaktor; ***a ban on the transfer of human genes to other species*** forbud *(n)* mot overføring av menneskelige gener til andre arter.
genealogical ['dʒi:niəˌlɔdʒikl] *adj:* genealogisk.
genealogy ['dʒi:niˌælədʒi] *s* **1.** slektshistorie;
2. slektsforskning; genealogi.
genera [ˌdʒenərə] *pl av genus.*
I. general [ˌdʒenrəl] *s* **1.** *mil(fk Gen)* general;
2. *med.(fk f general anaesthetic)* middel *(n)* som gir totalbedøvelse.
II. general *adj:* generell; alminnelig; all-round; allmenn *(fx a good general education); **general****(=total)* ***effect*** helhetsvirkning; ***general election*** alminnelig valg *n; **the general feeling is that …*** den alminnelige oppfatning er at …; ***I have a general idea of what it's like*** jeg vet omtrent hvordan det er; ***general impression*** helhetsinntrykk; ***a sound general knowledge*** gode allmennkunnskaper; ***of general****(=universal)* ***validity*** allmenngyldig; ***in general*** 1. i alminnelighet; 2*(=as a whole)* som helhet; ***come into more general use*** bli mer og mer alminnelig; ***in a general way*** i all alminnelighet.
general assembly hovedforsamling.
General Certificate of Education *(fk GCE)* avgangseksamen etter henholdsvis 5 og 7 år i 'comprehensive school'; *(se GCE).*
General Certificate of Secondary Education *(fk GCSE)* eksamen som i 1988 erstattet O-levels og CSE; *(se GCE; CSE; O-levels).*
general council hovedstyre *(fx the General Council of the TUC); (jvf national executive).*
general education folkeopplysning; ***the standard of general education is high*** folkeopplysningen står høyt.
general election*(=parliamentary election)* parlamentsvalg; stortingsvalg.
general headquarters *(fk GHQ) mil; stedet:* overkommando.
general hospital somatisk sykehus.
generality ['dʒenəˌræliti] *s* **1.** *stivt(=general validity)* almengyldighet;
2.: ***generalities****(=commonplace remarks)* alminnelige vendinger *(fx talk in generalities).*
generalization, generalisation ['dʒenrəlaiˌzeiʃən] *s:* generalisering; ***make sweeping generalizations*** komme med grove generaliseringer.
generalize, generalise [ˌdʒenrə'laiz] *vb:* generalisere.
generally [ˌdʒenrəli] *adv* **1***(=usually; as a rule)* vanligvis; som regel;
2*(=commonly)* alminnelig *(fx it's generally believed that …);*
3.: ***generally speaking****(=broadly speaking)* i det store og hele.
general manager direktør; administrerende direktør (som ikke er styremedlem); *(jvf managing director).*
general meeting generalforsamling.
general office 1. kontor; **2.** ekspedisjonslokale.
general officer *mil:* offiser med rang av 'brigadier' (oberst I) el. høyere i én av våpengrenene.
general overhaul generaloverhaling; heloverhaling.
general post office *(fk GPO)* hovedpostkontor.
general practice allmennpraksis.
general practitioner*(fk GP)* allmennpraktiker; primærlege.
general public: ***the general public*** folk *(n)* flest.
general rule vanlig regel; ***as a general rule*** 1. som en hovedregel; 2*(=usually)* vanligvis.
general secretary *i fagforbund, etc:* generalsekretær; ***TUC general secretary*** LO-leder; leder i Landsorganisasjonen; *(jvf secretary-general).*
general staff *mil:* generalstab.
general store landhandleri *n.*
generate [ˌdʒenə'reit] *vb* **1.** *stivt el. tekn(=produce)* utvikle *(fx electricity);* produsere;
2. *fig; stivt(=cause; create)* skape; ***generate publicity****(=create publicity)* skape publisitet.
generation ['dʒenəˌreiʃən] *s* **1.** *stivt el. tekn:* utvikling *(fx of heat);* generering;
2. generasjon; ***the coming generation*** den oppvoksende slekt.
generation gap generasjonskløft.
generator [ˌdʒenə'reitə] *s; elekt:* generator; dynamo; (lys)aggregat *n (jvf alternator).*
generic [dʒiˌnerik] *adj:* generisk; artsmessig; felles; ikke spesifikk; ***generic term*** fellesbetegnelse.
generosity ['dʒenəˌrɔsiti] *s* **1.** gavmildhet; generøsitet; rundhåndethet; **2.** edelmodighet; høysinn.
generous [ˌdʒenərəs] *adj* **1.** gavmild; rundhåndet; generøs;
2. rikelig; klekkelig; ***a generous reward*** en klekkelig belønning; ***planned on a generous scale*** stort anlagt;
3. edelmodig; storsinnet; høysinnet; ***his generous nature*** hans edelmodighet; hans høysinn.
genesis [ˌdʒenisis] *s* **1.** *stivt(=beginning; origin)* tilblivelse; begynnelse *(fx of civilization);*
2.: ***Genesis*** 1. mosebok.
gene therapy *biol:* genterapi. **genetic** [dʒiˌnetik] *adj:* genetisk.
genetically [dʒiˌnetikəli] *adv:* genetisk.
genetically-manipulated *adj; biol:* genspleiset.
genetic engineering genteknologi; genteknikk; kunstig sammenkopling av arveegenskaper.
genetic fingerprint genavtrykk.
genetics [dʒiˌnetiks] *s:* arvelighetsforskning; genetikk; arvelighetslære.
Geneva [dʒiˌni:və] *s; geogr:* Genève.
genial [ˌdʒi:niəl] *adj; stivt* **1.** *om klima(=pleasant)* behagelig; **2***(=friendly; good-natured)* vennlig; godlynt; jovial; gemyttlig.
I. genital [ˌdʒenitəl] *s: **genitals****(=genitalia; genital organs)* genitalier; kjønnsorganer.
II. genital *adj:* genital; kjønns-.

g

genital organs *pl:* kjønnsorganer; genitalier.
genitive [ˌdʒenitiv] *s; gram: **the genitive (case)*** genitiv.
genius [ˌdʒi:niəs] *s(pl: geniuses)* **1.** geni *n;*
2. genialitet; geniale evner;
3. *fig; om person:* ånd *(fx an evil genius);*
4*(=natural ability): **you seem to have a genius for saying the wrong thing*** du ser ut til å ha en særlig begavelse når det gjelder å si noe galt.
Genoa [ˌdʒenouə] *s; geogr:* Genova.
genocide [ˌdʒenou'said; ˌdʒenə'said] *s:* folkemord.
genotype [ˌdʒenou'taip] *s; biol:* anleggspreg.
genre [ˌʒɑ:nrə] *s:* genre; sjanger.
gent [dʒent] *s* **1. S***(fk f gentleman)* fyr; kar; ***he's a typical city gent*** han er en typisk bymann;
2. T: *the gents* herretoalettet.
genteel [dʒenˌti:l] *adj* **1.** *glds(=cultured; refined)* dannet; kultivert;
2. *neds & spøkef:* engstelig for ikke å virke dannet; altfor nøye med formene; ***shabby genteel*** fattigfornem.
I. gentile, Gentile [ˌdʒentail] *(,bibl: Gentile) s(=non-Jew)* ikkejøde; ***Jews and gentiles*** jøder og ikkejøder.
II. gentile, Gentile *adj(=non-Jewish)* ikkejødisk.
gentle [dʒentl] *adj* **1.** mild; blid; forsiktig; nennsom; lempelig; varsom; ***be gentle with sby*** behandle en skånsomt (*el.* forsiktig); ***a gentle breeze*** (en) lett bris;
2. *om stigning: **a gentle slope*** en svak stigning; en liten bakke;
3. *om landskap:* med myke linjer; behagelig.
gentleman [ˌdʒentlmən] *s* **1.** *høflig omtale(=man)* mann *(fx who was the other gentleman?); **gentlemen!*** mine herrer! ***ladies and gentlemen!*** mine damer og herrer! **2.: *he's a real gentleman*** han er en virkelig gentleman; *spøkef om barn: **he's quite a little gentleman*** han er jo en riktig liten herremann; ***play the gentleman*** spille fin mann.
gentleman farmer *(pl: gentlemen farmers)* storbonde (som ikke driver gården selv); *(jvf landed gentleman; I. squire 2: country gentleman farmer).*
gentleman friend herrebekjentskap.
gentleman's*(=gentlemen's)* ***agreement*** gentlemen's agreement (ɔ: uskrevet avtale mellom to som stoler på hverandres ord *(n)*).
gentle sex *spøkef: **the gentle sex**(=the weaker sex)* det svake kjønn.
gently [ˌdʒentli] *adv:* mildt; blidt; varsomt; forsiktig; ***stroke gently*** stryke ømt (*el.* forsiktig); ***they broke the news (to her) gently*** de fortalte (henne) nyheten på en skånsom måte; ***gently does it!*** (vær) forsiktig nå!
gentry [ˌdʒentri] *s: **the gentry*** lavadelen.
genuflect [ˌdʒenju'flekt] *vb; rel(=kneel)* gjøre knefall.
genuine [ˌdʒenjuin; **US:** ˌdʒenju'ain] *adj* **1***(=real; not fake)* ekte *(fx pearl);* uforfalsket; genuin *(fx genuine English); **it's the genuine article**(=it's the real thing)* den (,det) er ekte;
2*(=sincere; honest)* oppriktig; ekte; ***is his offer genuine?*** er tilbudet hans ærlig ment?
genus [ˌdʒi:nəs] *s(pl: genera* [ˌdʒenərə], *genuses) biol:* slekt.
geography [dʒiˌɔgrəfi] *s:* geografi.
geological ['dʒiəˌlɔdʒikəl] *adj:* geologisk.
geologist [dʒiˌɔlədʒist] *s:* geolog.
geology [dʒiˌɔlədʒi] *s:* geologi.
geometric(al) ['dʒiəˌmetrik(əl)] *adj:* geometrisk.
geometry [dʒiˌɔmitri] *s:* geometri; ***descriptive geometry*** projeksjonstegning; ***projective geometry*** projeksjonsgeometri.
geophysics ['dʒi:ouˌfiziks] *s:* geofysikk.
I. Geordie [ˌdʒɔ:di] **1.** *s:* person fra Newcastle el. omegn; **2.** Newcastle-dialekten.
II. Geordie *adj:* nordengelsk.
geranium [dʒiˌreiniəm] *s; bot:* geranium.
gerfalcon [ˌdʒə:'fɔ:(l)kən] *s; zo:* jaktfalk.
geriatric ['dʒeriˌætrik] *adj:* geriatrisk.
geriatrician ['dʒeriəˌtriʃən] *s:* geriatriker.
geriatrics ['dʒeriˌætriks] *s:* geriatri.
germ [dʒə:m] *s* **1.** *med.:* bakterie; basill; **2.** *biol & bot:* kim; spire; **3.** *fig:* spire *(fx the germ of an idea).*
I. German [ˌdʒə:mən] *s* **1.** tysker; ***the Germans*** tyskerne; ***he's German*** han er tysk(er); **2.** *språket:* tysk.
II. German *adj:* tysk.
Germanic [dʒə:ˌmænik] *s & adj:* germansk.
Germanist [ˌdʒə:mənist] *s(=German scholar; German philologist)* germanist.
Germanistics ['dʒə:məˌnistiks] *s(=(study of) German language and literature)* germanistikk.
German measles *med.(=rubella)* røde hunder.
Germanophil(e) [dʒə:ˌmænə'f(a)il] *s:* germanofil; tyskvennlig person.
Germanophobe [dʒə:ˌmænə'foub] *s:* tysk(er)hater.
German shepherd US*(=Alsatian)* schæfer(hund).
German silver nysølv.
Germany [ˌdʒə:məni] *s; geogr:* Tyskland.
germ carrier *med.:* smittebærer.
germicide [ˌdʒə:mi'said] *s:* bakteriedrepende middel *n.*
germinal [ˌdʒə:minəl] *adj; biol:* kim-; spire-.
germinate [ˌdʒə:mi'neit] *vb* **1.** *bot & biol:* spire; få til å spire; **2.** *fig; stivt(=originate)* spire.
germ warfare bakteriologisk krigføring.
gerund [ˌdʒerənd] *s; gram:* gerundium *n;* verbalsubstantiv.
gestation [dʒeˌsteiʃən] *s; biol(=pregnancy)* svangerskap; *om dyr:* drektighet.
gesticulate [dʒeˌstikju'leit] *vb:* gestikulere; fekte med armene.
I. gesture [ˌdʒestʃə] *s* **1.** gestus; tegn *n;* håndbevegelse;
2. *fig:* gest; handling; ***make a friendly gesture*** vise seg vennlig; ***a handsome gesture*** en pen gest; ***make a feeble gesture of protest*** forsøke en svak protest.
II. gesture *vb:* gestikulere; bruke fakter; ***he gestured to her to keep quiet*** han gjorde tegn *(n)* til henne at hun skulle forholde seg rolig (*el.* være stille).
get [get] *vb(pret: got; perf.part.: got(,***US:*** gotten))*
1. få *(fx I got it cheap; I got(=had) a letter from her);* få kjøpt *(fx where did you get it?); i forb m perf.part.:* få *(fx I got him punished);*
2. bli *(fx angry; rich; well; worse); **get attacked*** bli angrepet; bli overfalt; ***get caught*** bli tatt *(fx by the police); **get invited*** bli invitert (*to* til); ***get rid of*** bli av med; bli kvitt; ***it's getting late*** det begynner å bli sent;
3. hente *(fx go and get it);* skaffe *(fx a taxi);*
4. T*(=understand)* forstå *(fx I didn't get the joke; I don't get you); (=notice)* oppfatte; legge merke til *(fx I didn't get your name); **do you get me?*** forstår du hva jeg mener? ***get sth wrong**(=misunderstand sth)* misforstå noe; ***you must've got it wrong*** 1*(=you must have misunderstood)* du må ha misforstått; 2*(=you must have misheard)* du må ha hørt feil; ***get it all wrong*** misforstå fullstendig; ***I got the time (all) wrong*** jeg så (helt) feil på klokken; ***don't get me wrong*** ikke misforstå meg; ***I didn't get the message**(=I didn't understand what it was all about)* jeg fikk ikke tak i hva det dreide seg om; ***what gets me beat is that …**(=what I don't understand is that …)* hva jeg ikke forstår (*el.* kan forstå), er at …;
5.: *get sby to do sth* få en til å gjøre noe;
6. *ved bevegelsesvb:* komme *(fx how did you get in? how did you get to London? he got there by bus);*
7. T *om mat(=get ready)* lage (i stand) *(fx lunch);*
8. T*(=irritate)* irritere *(fx that's what gets me);*
9. T*(=attack)* angripe; ta *(fx the dog will get him);*
10. T: *a bullet got him* han ble truffet av et skudd;
11. T *i forb m 'have': **I've got a new car**(,***US:*** ofte: I got a new car)* jeg har ny bil; ***I've got an appointment at ten (o'clock)*** jeg har en avtale klokken ti; ***have you got a headache?*** har du hodepine? ***my mother's got two sisters*** min mor har to søstre;
12.: *have (got) to* måtte *(fx you've got to go now);*

13.: *get about, get around* 1. komme omkring *(fx he needs a car to get around);* 2. *etter sykdom:* ***he's getting about again*** han er på bena *(n)* igjen; 3. *om nyhet, rykte(=spread; become known)* bli kjent;
14. T: *he's getting above himself* *(=he's getting over-complacent; he's getting too pleased with himself)* han begynner å bli litt vel selvtilfreds; ***don't get above yourself!*** ikke tro at du er noe! ikke innbill deg noe!
15.: *get across* 1. komme *(el.* få) over (elv, gate, etc); 2. *teat:* gjøre lykke; slå an; 3. **T: *get across sby*** legge seg ut med en; 4. **T: *get sth across to sby*** få en til å forstå noe; ***the plan seems quite clear to me, but I just can't get it across (to anyone else)*** jeg synes planen er helt klar, men jeg kan ikke få andre til å forstå det;
16.: *get after sby* ta opp jakten på en *(fx you'd better get after him at once);*
17.: *get ahead* 1*(=be successful; make progress)* komme frem (her i verden); 2.: ***get ahead of*** overgå; komme foran; skaffe seg et forsprang på *(fx sby);*
18.: *get along* 1. klare seg; ***I think I can get along just with that thanks*** takk, det tror jeg kan klare seg for meg; ***how are things getting along?*** hvordan går det? 2. gå; komme (seg) av sted *(fx I must be getting along now or I'll miss the bus);* **T: *get along with you!*** *(=get on with you)!* den går jeg ikke på! 3.: ***get along with*** komme ut av det med *(fx he gets along well with everybody);*
19.: *get anywhere: that won't get you anywhere* det kommer du ingen vei med; ***we don't seem to be getting anywhere in this discussion*** det ser ikke ut til at vi kommer noen vei med denne diskusjonen; ***he doesn't seem to get anywhere*** det blir liksom ikke riktig til noe med ham; *(jvf 30: get nowhere);*
20.: *get at* 1. *om mulighet for å nå (frem til):* komme til *(fx the farm is difficult to get at);* 2. få tak i; 3. *fig:* ***get at the truth*** få frem sannheten; 4. **T***(=tease; criticize)* erte; være etter *(fx she's always getting at him);* 5. *især i passiv; ved bestikkelse, trus(s)el, etc* **T:** ordne; fikse *(fx one of the witnesses had been got at); (jvf 43: get to 5);* 6. **T***(=imply)* sikte til *(fx what are you getting at?);*
21.: *get away* 1*(=escape)* unnslippe; komme (seg) unna; 2*(=be able to leave):* ***I usually get away (from the office) at four-thirty*** jeg kan som regel gå (fra kontoret) klokken halv fem; **T: *get away from it all*** reise bort fra alt sammen; 3. *om postsending (=go (off))* gå *(fx this letter must get away tonight);* 4.: ***get sth away from sby*** få tatt noe fra en; 5. *fig:* ***get away from the subject*** *(=wander from the subject)* komme bort fra saken; ***there's no getting away from the fact that …*** det er ikke til å komme utenom *(el.* bort fra *el.* forbi) at …; 6. *fig:* ***get away with it*** slippe godt fra det; gjøre det ustraffet; ***he won't get away with it!*** *(=he hasn't heard the last of it yet!)* han skal ikke få dø i synden! ***he does it when he can get away with it*** han gjør det når han kan gjøre det ustraffet; ***he'd get away with murder*** han kan tillate seg alt mulig (uten at det får følger for ham);
22.: *get back* 1. få igjen; få tilbake; 2. komme *(el.* vende) tilbake; ***get back in*** komme inn igjen *(fx she'd left the door on the latch so that she could get back in);* 3*(=move away)* flytte seg (unna); 4. **T: *get one's own back*** *(=get one's revenge)* få hevn; ***get back at sby*** *(= get one's revenge on sby)* få hevnet seg på en;
23.: *get by* 1. komme *(el.* slippe) forbi; slippe gjennom; 2. *fig:* passere; kunne aksepteres *(el.* godkjennes); 3*(=manage)* klare seg *(fx on £30 a week);* 4.: ***wait till we get by ourselves*** *(=wait til we're alone)* vent til vi blir alene;
24.: *get down* 1. få ned; 2. komme (seg) ned; klatre ned; *fra hest, tog, etc:* stige av; gå av; 3. **T:** virke deprimerende; ta på humøret; gjøre deprimert *(fx working in this place really gets me down);* 4. *om mat:* (klare å) få ned;
25.: *get down to work* *(=set to work)* komme i gang med arbeidet;
26.: *get far* komme langt; *fig:* ***that won't get you far*** det kommer du ikke langt med;
27.: *get going:* *se II. going 7;*
28.: *get in* 1. komme inn; *i bil:* sette seg inn; *på buss, tog:* stige på; gå på; *om skip, tog, etc:* ankomme; komme inn; *polit:* komme inn; bli valgt inn; 2. få inn *(fx get money in);* 3. ta inn *(fx get the milk in);* 4. kjøre inn; få i hus *n;* 5. *fig:* få flettet in *(fx I couldn't get in a word edgeways);* 6. få (lurt) inn; *om slag:* få inn; 7. *fig:* ***get in with sby*** gjøre seg til venns med en; 8.: ***get in wrong with sby*** *(=get into trouble with sby)* legge seg ut med en; komme på kant med en;
29.: *get into* 1. komme inn i *(fx a house); i bil, etc:* sette seg inn i; 2. ta på seg *(fx get into your pyjamas);* 3. *om tog, etc:* (an)komme til; 4.: ***get into Parliament*** bli valgt inn i parlamentet; 5. begynne å like; komme inn i; 6. *sport:* få tak *(n)* på *(fx he's really getting into this match now);* 7. : ***get into debt*** komme i gjeld; 8.: ***get into trouble*** få vanskeligheter; ***get a girl into trouble*** **T:** sette barn *(n)* på en pike;
30. *fig* **T: *get nowhere*** ikke komme noen vei; *(jvf 19: get anywhere & 26: get far);*
31.: *get off* 1. gå av; stige av; komme (seg) av *(fx one's bike);* komme seg unna; komme seg ned fra; 2. få av *(fx I can't get the lid off);* 3. få (sendt) av sted *(fx get the children off to school);* 4. komme (seg) av sted; ***I'm sorry it was so late before*** *(=when)* ***we got off*** *(= I'm sorry we were so late getting off)* jeg er lei meg for at det ble så sent før vi kom (oss) av sted *n;* 5. *om arbeidsoppgave el. straff* **T:** slippe *(fx I got off gardening);* ***he got off with a small fine*** han slapp med en liten bot; ***get off cheaply*** slippe billig; 6. bli frikjent; få frikjent *(fx a good lawyer got him off);* 7.: ***tell sby where he -s off*** *(=put sby in his place)* sette en på plass; 8. *uvane, etc(=get rid of)* kvitte seg med *(fx one's drug problem);* 9. **T: *get off to a false start*** komme skjevt *(el.* uheldig) ut; ***get off to a flying start*** få en flyvende start; være meget heldig med begynnelsen; ***get off to sleep*** *(=get to sleep)* få sove; 10.: ***get off with a girl*** *(=pick up a girl)* få kjangs med en pike;
32.: *get on* 1. gå på; stige på *(fx get on a bus);* ***get on one's bicycle*** sette seg på sykkelen; 2. få på *(fx I can't get the lid on);* 3. klare seg *(fx how do you think he'll get on?);* ***how are you getting on*** *(=along)* ***in your new job?*** hvordan går det med deg i den nye jobben din? ***she's getting on with it very well*** hun klarer det riktig fint; ***get on in life*** gjøre det godt; klare seg godt her i livet; ***get on in the world*** komme seg frem her i verden; *(jvf 18.: get along 1);* 4. **T** *(=grow old)* (begynne å) bli gammel; 5. komme overens *(with* med); 6. **T:** komme videre *(fx well, I must be getting on now);* 7. *om arbeid:* gå fremover; 8. *om tid:* ***it's getting on and I must go*** det begynner å bli sent, og jeg må gå; 9. **S:** ta stoff for første gang;
33.: *get on for* 1. *om tid:* ***it's getting on for five (o'clock)*** klokken er snart fem; 2. *om alder:* nærme seg; ***he's getting on for seventy*** han nærmer seg sytti;
34.: *get on to* 1*(=get on)* gå på *(fx a bus);* komme (seg) opp på *(fx the roof);* 2. **T** 1*(=make contact with)* sette seg i forbindelse med (ofte for å klage el. reklamere); 3. *om problem, etc* **T***(=deal with)* ta seg av; 4. *om uærlig atferd, etc* **T***(=become aware of)* bli oppmerksom på *(fx people are beginning to get on to him at last);*
35.: *get on with* 1*(=continue with)* fortsette med; 2*(= get started on)* komme i gang med *(fx get on with it!);* 3. **T: *get on (with you)!*** *(=get along with you!)* den går jeg ikke på!
36.: *get out* 1. få ut *(fx get them out); om ord:* få frem; *om publikasjon:* få ut; 2. komme (seg) ut; slippe ut; ***(just) get out!*** (bare) kom deg ut! 3*(=take out)* ta frem; 4. *om hemmelighet, etc(=become known)* komme ut;

5. *fra bibliotek(=borrow)* låne *(fx he got two books out for me);*
37.: *get out of* 1. komme (seg) ut av; slippe ut av; *fig; om oppgave:* vri seg unna; slippe unna *(fx I wonder how I can get out of doing the dishes);* 2. få ut av *(fx I couldn't get anything out of him);* ***get it out of your mind*** slå det fra deg; la være å tenke på det; ***you get out of life what you put into it*** livet er hverken mer eller mindre enn hva man gjør det til;
38.: *get out of the way* 1. gå til side *(fx get out of my way);* 2. få unna *(fx get that car out of the way);* 3. få (gjort) unna; ***let's get this job out of the way first*** la oss få gjort unna denne jobben først;
39.: *get over* 1. komme over *(fx the fence);* 2. komme seg etter *(fx an illness);* 3. *fig; om sorg, skuffelse, etc:* komme over *(fx he soon got over it);* **T: *I just can't get over her leaving so suddenly*** jeg kan ikke holde opp (med) å undre meg over hvor brått hun reiste sin vei; ***get sth over (with)*** få noe overstått; ***sth to be got over*** noe man må få overstått; 4. **T: *get one's message over*(*=across*) *to sby*** få en til å forstå; *(se 15: get across 4);*
40.: *get round* 1. komme (seg) rundt *(fx the table);* 2. *fig:* omgå *(fx a difficulty; a problem);* 3. *fig(=solve)* løse *(fx a problem);* 4. **T***(=persuade)* overtale (til å gjøre det man vil); 5.: ***get round to*** *om oppgave:* komme til *(fx I'll get round to that job in an hour);* få tid til;
41.: *get there* 1. komme dit; ***how best to get there?*** hvordan skal man best komme dit? 2. **T***(=succeed; make progress):* ***there have been a lot of problems but we're getting there now*** det har vært mange problemer, men nå går det bedre;
42.: *get through* 1. *også fig:* komme gjennom *(fx an exam);* ***get one's ideas through*** få gjennomslag for idéene sine; 2. *tlf:* få forbindelse (*to* med); 3. bli ferdig med *(fx a job); om bok:* lese ut; bli ferdig med; 4. *om penger, etc* **T***(=spend)* gjøre ende på *(fx a fortune); (=consume)* sette til livs; gjøre ende på; 5. *parl:* ***get a bill through*** få et lovforslag gjennom; få en lov vedtatt; 6.: ***get through to sby*** 1. få en til å forstå *(fx I just can't get (the message) through to her);* 2. oppnå kontakt med; kunne kommunisere med *(fx I just can't seem to get through to her any more);* 3. *tlf:* få forbindelse med:
43.: *get to* 1. komme (frem) til; komme (seg) til *(fx how did you get to Nairobi?);* 2. *i fortelling, etc(=come to)* komme til *(fx I'll get to that in a minute);* ***where did I get to?*** hvor var det jeg slapp? hvor langt var jeg kommet? 3. *om det tilfeldige:* ***we got to talking about it****(=we happened to start talking about it)* vi kom til å snakke om det; 4. *om noe som skjer gradvis* **T: *I got to like him****(=I came to like him)* jeg kom til å like ham; 5.: **US S***(=bribe)* bestikke; **T:** ordne; fikse *(fx they've got to him); (jvf 20: get at 5);*
44.: *get together* 1. komme sammen; treffes; *om parforhold:* begynne å være sammen; komme sammen; ***they had split before we got together*** det var slutt mellom dem før vi begynte å være sammen; 2. kalle sammen *(fx the staff);* få samlet sammen; få stilt på bena *n (fx a team);* 3. samle sammen *(fx get your things together);* 4*(=assemble)* montere; sette sammen; *(se I. act 7: get one's get together);*
45.: *get to know* 1. få vite (*about* om) *(fx how did they get to know about it?);* 2. bli kjent med; ***when you get to know him better*** når du blir bedre kjent med ham;
46.: *get to sleep**(=get off to sleep)* få sove;
47.: *get up* 1. stå opp *(fx he got up at seven; please don't get up on my account);* 2. komme opp *(fx the car couldn't get up the hill);* komme (seg) opp; klatre opp; *på hest, sykkel:* komme seg opp; 3. *sovende person:* få opp *(fx get me up at seven);* 4. *om vind el. sjøgang:* øke på; bli kraftigere; 5.: ***get up speed*** få fart; øke farten; 6. **T***(=arrange; organize)* arrangere; få i stand *(fx a party);* 7. **T:** kle ut; ***he was all got up for the party*** han var i fullt selskapsantrekk; ***get oneself up*** spjåke seg ut; ***get oneself up as****(=dress as)* kle seg ut som; 8. *om begeistring, etc:* **T:** opparbeide *(fx enthusiasm for a project);* 9. **T***(=study)* sette seg inn i *(fx the details of a case);* ***I must get up my history*** jeg må nok lese mer historie; 10. *om bok(=make up)* utstyre *(fx the book was beautifully got up);*
48.: *get up to* 1. nå opp til; komme opp på høyde med; ta igjen *(fx we soon got up to the others);* 2. komme til *(fx so far I've got up to page 40);* 3. **T***(=become involved in)* bli involvert i; 4. stelle i stand; finne på *(fx they got up to all sorts of things);* ***he's always getting up to mischief*** han gjør alltid ugagn; ***you never know what they're getting up to*** man vet aldri hva de finner på;
49.: *get a girl with child*(,T: *get a girl into trouble)* gjøre en pike gravid; sette barn *(n)* på en pike.
getatable, get-at-able [get,ætəbl] *adj* **T***(=accessible)* tilgjengelig.
I. getaway [,getə'wei] *s* **T***(=escape)* flukt; ***make one's getaway*** flykte.
II. getaway *adj:* ***getaway car*** fluktbil.
get-out [get,aut] *adj; jur:* ***get-out clause****(=escape clause)* forbeholdsklausul.
get-together [,gettə'geðə] s **T***(=gathering)* sammenkomst *(fx have a little get-together).*
get-up [,get'ʌp] *s* **1.** *boks(=artwork; layout)* utstyr *n;* layout; *merk; vares(=make-up; package)* utstyr *n;*
2. *ofte neds* **T***(=clothes)* påkledning; *neds:* antrekk *n.*
get-up-and-go ['getʌpən,gou] *s* **T***(=energy; drive; ambition)* energi; pågangsmot; ærgjerrighet *(fx she's got a lot of get-up-and-go).*
get-well card kort med ønske *(n)* om god bedring.
geyser [,gi:zə; **US:** ,gaizə] *s* **1.** varm kilde; geysir; **2***(,også* **US:** *water heater)* varmtvannsbereder.
Ghana [,gɑ:nə] *s; geogr:* Ghana.
I. Ghanaian [gɑ:,neiən] *s* **1.** ghaneser; **2.** *språket:* ghanesisk.
II. Ghanaian *adj:* ghanesisk.
ghastly [,gɑ:stli] *adj* **1***(=horrible)* fæl; fryktelig *(fx experience; crime);*
2. T*(=very bad)* forferdelig *(fx mistake);*
3. T*(=extremely unwell)* elendig; ***I feel ghastly about causing all that trouble*** jeg føler meg helt ille til mote over å ha vært årsak til så mye bry *n.*
gherkin [,gə:kin] *s; bot:* sylteagurk.
I. ghost [goust] *s* **1.** spøkelse *n;* gjenferd *n;* skrømt *n;* ***lay (,raise) a ghost*** mane bort (,frem) et spøkelse;
2. *fig:* ***the ghost of a smile*** en svak antydning til et smil; ***he doesn't have the ghost of a chance*** han har ikke den aller minste sjanse;
3. *glds el. spøkef:* ***give up the ghost*** oppgi ånden.
II. ghost *adj:* spøkelses-; som ikke lenger er i bruk; nedlagt *(fx airport).*
ghost car US*(=unmarked police car)* sivil politibil.
ghostly [,goustli] *adj(=ghostlike)* spøkelsesaktig.
ghostwrite [,goust'rait] *vb(fk: ghost)* skrive på vegne av en annen *(fx ghost(write) a book for sby).*
ghostwriter [,goust'raitə] *s:* ghostwriter.
ghoul [gu:l] *s* **1.** *myt:* ond ånd (som spiser lik);
2. person med en pervers interesse for det makabre.
ghoulish [,gu:liʃ] *adj(=macabre)* makaber.
GI ['dʒi:,ai] *s(pl: GIs, GI's)* **US***(=infantryman)* infanterist.
I. giant [,dʒaiənt] *s* **1.** *i eventyr:* kjempe; rise;
2. *om person:* gigant; kjempe; ***of giant strength****(=strong as a giant)* kjempesterk;
3. *fig:* kjempe; ***(intellectual) giant*** åndskjempe.
II. giant *adj; i sms:* kjempe-.
giant (size) packet stor pakning; økonomipakning.
gibberish [,dʒibəriʃ] *s* **1***(=nonsense)* vrøvl *n;*
2. kaudervelsk; labbelensk; uforståelig snakk *n.*
I. gibe*(=jibe)* [dʒaib] *s(=taunt)* spottende bemerkning; ***gibes*** spottende bemerkninger; hån; spott; ***cruel gibes*** grusom hån.

NYTTIGE UTTRYKK

give

Useful expressions

Time is out, please **give in** your paper.	*Tiden er ute, vær snill og levere inn oppgaven din.*
Don't **give in**, you can manage.	*Ikke gi opp, dette klarer du!*
Give it **up**, it's too late.	*Du kan bare gi opp.*
Give up the seat to the old lady.	*Gi plassen din til den gamle damen.*

g

II. gibe*(=jibe) vb:* ***gibe at sby****(=taunt sby)* håne en.

giblets [ˌdʒiblits] *s; pl; av fugl:* krås (og annen spiselig innmat).

Gibraltar [dʒiˌbrɔ:ltə] *s; geogr:* Gibraltar.

giddy [ˌgidi] *adj* **1***(=dizzy)* svimmel; ør; ***be (,feel) giddy*** være (,føle seg) svimmel; ***a giddy feeling*** en følelse av svimmelhet; svimmelhet;
2. *fig(=dizzy)* svimlende *(fx from the giddy height of the cliff);* ***a giddy round of parties and dances*** en eneste lang rekke med selskaper og dansefester;
3. *neds:* vilter; impulsiv *(fx will these giddy young fools ever settle down?).*

gift [gift] *s* **1.** gave; presang; ***gift of money*** pengegave;
2*(=talent)* anlegg *n (fx have a gift for music);* ***a girl of many gifts*** en pike med mange talenter; ***he had been born with the gift*** han hadde fått det i vuggegave; ***have the gift of the gab*** ha godt snakketøy; være godt skåret for tungebåndet;
3. *stivt:* ***it is in his gift*** han disponerer over det; han har rett til å gi det bort om han vil;
4. T: the exam paper was a gift eksamensoppgaven var meget lett.

gift cheque gavesjekk.

gifted [ˌgiftid] *adj:* begavet; ***he's exceptionally gifted*** *(=he's brilliant)* han er strålende begavet.

gift tag *på gavepakke:* presangkort.

gift tape snor til gaveinnpakning.

gift token*(=gift voucher;* **US:** *gift certificate)* gavekort; presangkort.

gig [gig] *s; mus; popgruppes:* spilleoppdrag; ***they played (=did) a gig at Club 7*** de spilte i Club 7.

gigantic [dʒaiˌgæntik] *adj; stivt(=huge; enormous;* **T:** *whopping)* kjempestor; gigantisk; enorm.

I. giggle [gigl] *s:* fnising; knising; knis *n;* fnis *n.*

II. giggle *vb:* fnise; knise.

giggly [ˌgigli] *adj:* fnisete *(fx a giggly girl).*

gild [gild] *vb(pret: gilded; perf.part.: gilded, gilt) også fig:* forgylle; ***gild the lily*** prøve å forskjønne noe som er pent fra før.

I. gill [gil] *s* **1.** *zo:* gjelle; *på østers:* ***gills*** skjegg *n;*
2. *fig:* ***pale about the gills*** blek om nebbet.

II. gill *s; rommål:* 1/4 pint (ɔ: 1,42 dl; **US:** 1,18 dl).

I. gilt [gilt] *s:* forgylling.

II. gilt *perf.part. av gild & adj:* forgylt.

gilt edge *på bok:* gullsnitt.

gilt-edged [ˌgilt'edʒd] *adj* **1.** *om bok(=with gilt edges)* med gullsnitt;
2.: ***gilt-edged securities****(=Government securities; gilts)* gullkantede papirer *n;* statspapirer.

gilt leather gyllenlær.

gimlet [ˌdʒimlit] *s* **1.** *tøm:* spikerbor;
2. cocktail bestående av like deler lime juice og gin, whisky eller vodka *(fx a vodka gimlet).*

gimmick [ˌgimik] *s* **T:** knep *n;* gimmick; ***advertising gimmick*** reklameknep.

gin [dʒin] *s:* gin.

I. ginger [ˌdʒindʒə] *s:* ingefær.

II. ginger *adj:* rødbrun.

III. ginger *vb:* ***ginger up*** sette fart i; få fart på.

ginger ale ingefærøl.

gingerbread [ˌdʒindʒə'bred] *s; bakverk* **1.** honningkake; **2.** tykk pepperkake; ***gingerbread man*** pepperkakemann; *(se gingersnap).*

ginger group *polit:* initiativgruppe.

gingerly [ˌdʒindʒəli] *adv(=very gently and carefully)* med stor varsomhet; meget forsiktig.

gingersnap [ˌdʒindʒə'snæp] *s:* (tynn) pepperkake; ***treacle gingersnap*** sirupssnipp; *(se I. snap 7).*

gippy tummy T*(=indigestion and diarrhoea)* fordøyelsesbesvær og diaré (især av den typen turister får i tropene); **T:** sydenmage.

gipsy*(=gypsy)* [ˌdʒipsi] *s:* sigøyner.

giraffe [dʒiˌrɑ:f; dʒiˌræf] *s; zo:* sjiraff.

girder [ˌgə:də] *s; bygg:* bærebjelke; drager; ***iron girder*** jernbjelke; ***steel girder*** stålbjelke; ***U girder*** kanalstål.

girdle [gə:dl] *s* **1.** belte *n;* snor; **2.** *hist(=suspender belt;* **US:** *garter belt)* hofteholder; *(jvf garter).*

girl [gə:l] *s:* jente; pike; ***young girl*** ungjente;

girlfriend [ˌgə:l'frend] *s:* venninne.

Girl Guide: *se I. guide 3.*

girlish [ˌgə:liʃ] *adj:* ungpikeaktig.

giro [ˌdʒairou] *s:* giro; ***bank giro*** bankgiro; ***postal giro*** postgiro; ***pay by (postal) giro*** betale over giro.

Giro Centre: ***the Postal Giro Centre*** *svarer til:* Postgirokontoret.

giro cheque (,**T:** *giro)* giroutbetalingskort.

girth [gə:θ] *s* **1.:** ***(saddle) girth****(,***US:** *cinch)* bukgjord; salgjord; **2***(=circumference)* omfang *n;* vidde.

gist [dʒist] *s:* ***the gist*** det vesentlige; kjernen; ***what was the gist of the proposal?*** hva gikk forslaget ut på?

I. give [giv] *s:* evne til å gi etter el. bøye seg under press *n;* elastisitet; svikt *(fx in the floor).*

II. give *vb(pret: gave; perf.part.: given)* **1.** gi *(fx he gave me a book; I give books to all my friends);* ***be given*** få *(fx I was given a book);* ***the food we were given*** den maten vi fikk (servert); **T: *don't give me that!*** kom ikke med det sludderet!
2*(=state)* oppgi; gi *(fx details; reasons);* ***the name she gave*** det navnet hun oppga;
3*(=pay)* gi *(fx I'll give you £5 for that book);* ***I'd give a lot to know that*** det skulle jeg gitt mye for å vite;
4. *tlf:* sette over til; la få; gi *(fx give me the sales department, please);*
5. smitte *(fx you've given me your cold);*
6. *om tidsfrist:* ***give him a week*** gi ham en uke;
7*(=sacrifice)* ofre; gi *(fx one's life for sth);*
8*(=yield)* gi seg; gi etter *(fx the door will give under the slightest pressure);*
9*(=organize)* arrangere *(fx give a show in aid of charity); om foredrag, forelesning, konsert:* holde; *teat:*

oppføre *(fx a play); om forestilling:* gi; ***they gave three performances*** de ga tre forestillinger;
10. *truende:* ***I'll give it him!****(=he'll catch it from me!)* han skal få (med meg å bestille)!
11.: ***I gave her to understand that …*** jeg lot henne forstå at …;
12. *om årsak:* gi; skaffe; ***did it give you much trouble?*** hadde du mye bry *(n)* med det? ***this delay has given us a great deal of trouble*** denne forsinkelsen har skaffet oss mye bry; ***working in the garden gives me a lot of pleasure*** jeg har stor glede av å arbeide i hagen;
13. *når det skal skåles for:* ***Ladies and Gentlemen, (I give you) the Queen!*** mine damer og herrer, dronningens skål!
14. *ved omtrentlighet:* ***give or take*** pluss eller minus *(fx a thousand people came, give or take five or ten);*
15.: ***give (to)****(=devote (to))* vie (til) *(fx she gives all her time to her work for charity);*
16. *fig:* ***give as good as one gets*** gi igjen med samme mynt; ***give him tit for tat!*** gi ham igjen med samme mynt!
17. *ved s:* ***they gave three cheers*** de ropte tre ganger tre hurra; ***he gave a grunt to show his disapproval*** han ga fra seg et misbilligende grynt; ***give a sigh*** sukke; *stivt:* ***give rise to****(=cause)* forårsake; gi støtet til; skape; ***give way*** 1. vike; ***give way to traffic coming from the right*** vike for trafikk som kommer fra høyre; *(jvf priority);* 2. svikte; falle sammen *(fx the bridge gave way);* 3. *stivt:* ***give way to****(=yield to; give in to)* gi etter for;
18. *forb m prep:* ***give away*** 1. gi bort; ***give away the bride*** føre bruden til alteret; gi bort bruden; 2. røpe; si bort; ***give the game****(=show)* ***away*** røpe det hele; ***give back*** gi igjen; gi (*el.* levere) tilbake; ***give in****(=yield)* gi etter (*to* for); ***give off****(=out)* sende ut; avgi; gi fra seg *(fx heat);* ***give on to****(=onto)(=face)* vende ut mot *(fx their house gives on to the sea);* ***give out*** 1*(=send out; emit; produce)* gi fra seg *(fx a lot of heat);* 2. **T***(=be used up)* bli oppbrukt; ta slutt *(fx my money gave out);* 3. *om motor* **T***(=break down)* svikte *(fx the engine finally gave out (on me));* 4. *om krefter* **T***(=fail)* svikte; 5.: ***give oneself out to be****(=pass oneself off as)* utgi seg for å være; ***give over*** 1*(=hand over)* overlevere *(fx the prisoner to the police);* overgi; levere fra seg; 2. **S***(=stop)* holde opp; ***give over sulking!*** hold opp med å furte! ***give up*** 1. oppgi; gi opp; **T:** ***I gave it up as a bad job in the end*** jeg oppga det til slutt; ***you took so long to arrive that we'd almost given you up (for dead)****(=for lost)* du ventet så lenge med å komme at vi nesten hadde gitt deg opp; 2. slutte med *(fx smoking);* 3. gi fra seg *(fx one's seat to an elderly person);* 4*(=devote)* vie; ofre; ***give up a lot of time to sth*** ofre mye tid på noe; 5. *for en sak:* ***give up one's life*** ofre livet; 6.: ***give oneself up****(=surrender)* overgi seg; melde seg *(fx to the police);* 7.: ***give oneself up to*** *(,stivt: give way to)* gi seg over til *(fx she gave herself up to despair).*
give-and-take ['givən,teik] *s:* gjensidighetsforhold; gjensidighet; gi-og-ta-forhold; vilje til innrømmelser på begge sider; kompromissvilje.
I. giveaway [,givə'wei] *s* **T 1.** *når det er utilsiktet:* noe som røper en *(fx his clothes were a (dead) giveaway);*
2. *om noe som er svært lett; skolev:* ***the last question was a real giveaway****(=was dead easy)* det siste spørsmålet var latterlig lett;
3*(=freesheet)* gratisavis;
4. *især* **US***(=freebie)* reklamepakke; vareprøve; noe man får gratis *(fx he got a pen as a giveaway).*
II. giveaway *adj* **1.** avslørende *(fx remark);*
2. som man får gratis; gratis-; ***giveaway magazines*** gratisblader.
giveaway price gibortpris.
given [,givən] **1.** *perf.part. av II. give;*
2. *adj; mat.:* gitt; oppgitt *(fx given the triangle ABC);*
3. *adj(=specified)* oppgitt; fastsatt; nærmere angitt *(fx send it to a given address in Paris);* ***of a given size*** av en bestemt størrelse;
4. *adj(=particular):* ***at any given time*** på et hvilket som helst nærmere angitt tidspunkt;
5. *prep:* under forutsetning av at; forutsatt at; hvis; ***given time, we can do it****(=if there's enough time, we can do it)* hvis det er tid nok, kan vi klare det;
6. *adj:* ***given to****(=inclined to; addicted to)* tilbøyelig til; henfallen til.
given name US*(=Christian name; first name)* fornavn.
giver [,givə] giver; ***the cheerful giver*** den glade giver.
give-way street *(,***US:** *stop street)* gate med vikeplikt.
gizzard [,gizəd] *s; zo: på fugl:* kràs; tyggemage.
glacé [,glæsei; **US:** glæ,sei] *adj; kul:* glassert; ***glacé cherries*** glasserte kirsebær; cocktailbær.
glacial [,gleisiəl; ,glæsiəl] *adj:* glasial-; istids-; ishavs-; bre-; smeltevanns-.
glacier [,glæsiə; ,gleisiə] *s:* (is)bre.
glad [glæd] *adj* **1.** glad; ***I'm glad you like him*** jeg er glad for at du liker ham; ***I'm (so) glad you came*** jeg er (så) glad du kom; ***I'll be only too glad to help you*** jeg skal med glede hjelpe deg; ***I should be only too glad if …*** jeg skulle være glad til om …; ***I can't say how glad I am to see you!*** jeg kan ikke få sagt hvor glad jeg er over å se deg!
2. *spøkef(=joyous; happy)* gledelig *(fx glad news);*
3. T: ***give sby the glad eye*** sende en et forførende (*el.* innbydende) blikk;
4. T: ***rags*** penklær; stasklær; stastøy; **T:** finpuss; ***I'll get my glad rags on for the party*** jeg skal trekke i penklærne til selskapet;
5.: ***be glad of*** være glad for; ***I'm glad of it****(=I'm happy(=pleased) about it)* jeg er glad for det; ***I'm glad of your help****(=I'm grateful for your help; I'm glad you can help me)* jeg er glad for din hjelp; ***I was glad of his help****(=I was glad he helped me)* jeg var glad for hans hjelp.
gladden [,glædən] *vb; stivt(=make glad)* glede; *stivt el. spøkef:* ***the news gladdened his heart*** nyheten gjorde ham varm om hjertet.
glade [gleid] *s; glds el. litt.; i skogen(=clearing)* lysning.
gladiator [,glædi'eitə] *s:* gladiator.
gladly [,glædli] *adv* **1.** med glede; gjerne; ***I would gladly help you if I could*** jeg hjalp deg gjerne hvis jeg kunne; **2***(=cheerfully)* gladelig.
glamorize, glamorise [,glæmə'raiz] *vb:* forherlige *(fx films that glamorize war);* romantisere.
glamorous [,glæmərəs] *adj* **1.** fortryllende; forførende; **T:** ***you're looking very glamorous today!*** du ser helt strålende ut i dag!
2. *fig:* glitrende *(fx the most glamorous gold medal in winter sports); om karriere:* strålende.
glamour *(,***US:** *glamor)* [,glæmə] *s:* fortryllelse; glans *(fx the glamour of a career in films);* nimbus; ***the glamour of*** den nimbus som omgir *(fx film stars).*
glamour girl fetert skjønnhet; glamour girl.
I. glance [glɑ:ns] *s(=quick look)* blikk *n;* ***cast****(=have; take)* ***a glance at*** kaste et blikk på; ***she shot me an angry glance*** hun kastet et sint blikk på meg; ***at a glance*** med et eneste blikk; ***at first glance*** ved første blikk.
II. glance *vb* **1***(=look (quickly))* se; ***glance around*** se seg rundt; ***glance at****(=look quickly at)* kaste et blikk på; ***glance through*** se flyktig gjennom;
2.: ***glance off*** gli av på; prelle av på.
gland [glænd] *s* **1.** *anat:* kjertel; ***lymph gland*** lymfekjertel; **2.** *mask:* ***packing gland*** pakningsgland.
glandular [,glændjulə] *adj; anat:* kjertel- *(x disease).*
I. glare [glɛə] *s* **1.** skarpt lys;
2.: ***(angry) glare*** olmt blikk;
3. *fig:* ***in the full glare of publicity*** i full offentlighet.
II. glare *vb* **1.** skinne nådeløst; skjære en i øynene *n (fx the sun glared down on us);*

2.: ***glare at*** glo olmt på.
glaring [ˌglɛəriŋ] *adj* **1***(=dazzling)* skjærende; skarp; som blender; ***glaring light*** skarpt lys;
2. *om farge:* grell; skrikende;
3*(=easily noticed)* meget iøynefallende; *om motsetning:* skrikende *(fx contrast);* grell *(fx example);* ***his faults are too glaring****(=obvious)* ***to be overlooked*** feilene hans er altfor iøynefallende til at man kan overse dem.
glass [glɑ:s] *s* **1.** glass *n;* ***broken glass*** glasskår *(pl);* ***frosted glass*** matt glass; ***shivers of glass****(=flying glass)* glassplinter;
2. *til å drikke av; også om mengden:* glass *n (fx a wine glass);* ***a glass of milk*** et glass melk;
3*(=mirror)* speil *n;*
4.: ***glasses****(=spectacles)* briller; ***reading glasses*** lesebriller.
glassblower [ˌglɑ:s'blouə] *s:* glassblåser.
glassed-in ['glɑ:stˌin; *attributivt:* ˌglɑ:st'in] *adj:* med glass *(n)* rundt; ***glassed-in veranda*** glassveranda.
glass fibre*(=fibreglass)* fiberglass.
glass-fronted [ˌglɑ:s'frʌntid] *adj:* med glass foran; ***glass-fronted bookcase*** bokskap (med glassdører).
glasshouse [ˌglɑ:s'haus] *s* **1***(=greenhouse)* drivhus; *fig:* ***people who live in glasshouses should not throw stones*** en skal ikke kaste stein når en selv sitter i glasshus; **2.** *mil* **T***(,***US:** *guardhouse)* kakebu.
glass painting *kunsten:* ***stained-glass painting*** glassmaleri; *(jvf stained-glass picture).*
glass tube*(=glass pipe)* glassrør; ***fine glass tube*** lite glassrør.
glassware [ˌglɑ:s'wɛə] *s:* glass(varer); glassartikler.
glass wool glassull; glassvatt.
glasswork [ˌglɑ:s'wə:k] *s* **1.** glassarbeid; *(jvf glazing);*
2.: ***glassworks*** glassverk *(fx a glassworks).*
glassy [ˌglɑ:si] *adj* **1.** glassaktig; uttrykksløs; ***a glassy stare*** et glassaktig blikk;
2. speilblank *(fx the sea was smooth and glassy).*
glaucoma [glɔˌkoumə] *s; med.:* glaukom *n;* grønn stær.
I. glaze [gleiz] *s* **1.** glasur;
2. *på maleri(=glazing)* lasur;
3. US: *se glazed frost.*
II. glaze *vb* **1.** sette glass *(n)* i *(fx a window);* ***frame and glaze a picture*** sette et bilde i glass og ramme;
2. glassere *(fx a vase);* ha glasur på *(fx pears and grapes for dessert);*
3. *maleri:* lasere; ha lasur på;
4. *om ansiktsuttrykk el. øyne:* bli glassaktig.
glazed [gleizd] *adj* **1.** med glass *(n)* i *(fx window);*
2. *om blikk:* glassaktig; uttrykksløs; *hos død:* ***glazed eyes*** brustent blikk; brustne øyne *n.*
glazier [ˌgleiziə] *s:* glassmester.
I. gleam [gli:m] *s* **1.** skinn *n;* glimt *n;* ***gleam (of light)*** lysskjær; lysglimt; ***a thin gleam of light*** en tynn lysstripe; ***the gleam of her eyes*** lyset i øynene hennes;
2. *fig:* glimt *n;* ***a gleam****(=glimmer)* ***of hope*** et glimt av håp *n;* et svakt håp.
II. gleam *vb(=shine)* **1.** skinne; stråle; ***gleaming****(=shining)* ***brass*** skinnende blank messing; ***dully gleaming*** mattskinnende;
2. glimte *(fx I saw a light gleaming in the distance).*
glean [gli:n] *vb; fig; stivt(=collect)* samle inn *(fx information);* snappe opp *(fx news); spøkef:* ***what did you glean****(=learn)* ***from them?****(=what did they tell you?)* hva fikk du vite av dem?
glee [gli:] *s:* glede; lystighet; fryd *(fx they laughed with glee when I fell off my chair).*
gleeful [ˌgli:ful] *adj:* frydefull; lystig.
glen [glen] *s:* trang og dyp fjelldal.
glengarry [glenˌgæri] *s:* ***glengarry (bonnet)*** skottelue.
glib [glib] *adj* **1.** *neds:* munnrapp; tungerapp; glatt;
2. *om svar, etc(=slick; pat)* glatt *(fx a glib excuse).*
I. glide [glaid] *s* **1.** glidning; glidende bevegelse; **2.** *på ski:* glid; **3.** *flyv:* glideflukt.
II. glide *vb:* gli; sveve *(fx she glided into the room);* ***glide down the banisters*** gli nedover gelenderet.
glider [ˌglaidə] *s; flyv* **1.** glidefly; glider; **2.** person som dyrker glideflyvning.
I. glimmer [ˌglimə] *s* **1.** *stivt el. litt.:* ***a glimmer (of light)*** *(=a faint light)* et svakt lys;
2. *fig:* glimt *n;* ***a glimmer****(=gleam)* ***of hope*** et glimt av håp.
II. glimmer *vb; stivt el. litt.(=shine faintly)* lyse matt (*el.* svakt); glimte.
I. glimpse [ˌglimps] *s:* gløtt *n;* skimt *n;* glimt *n;* ***catch****(=get)* ***a glimpse of*** få et glimt av.
II. glimpse *vb:* skimte; få et glimt *(n)* av *(fx he thought he glimpsed her in the crowd).*
I. glint [glint] *s* **1.** glimt *n;* blink *n (fx of steel);*
2. *i øye:* glimt *n (fx he had an angry glint in his eye).*
II. glint *vb; litt.(=shine)* glimte; blinke; glitre.
glisten [ˌglisən] *vb:* glinse (*with* av); *om vanndråper:* glitre; ***glisten with sweat*** glinse av svette.
I. glitter [ˌglitə] *s(=glittering; sparkling)* glitring; ***the glitter of life in Paris*** det glitrende livet i Paris.
II. glitter *vb(=sparkle)* funkle; glitre; *ordspråk:* ***all that glitters is not gold*** det er ikke gull *(n)* alt som glimrer.
glitz [glits] *s(=showy glamour) neds:* glans.
glitzy [ˌglitsi] *adj; neds(=showily glamorous)* strålende.
gloat [glout] *vb:* ***gloat over*** gni seg i hendene over; godte seg over; være skadefro over; fryde seg over.
global [gloubl] *adj:* global; verdensomspennende.
globe [gloub] *s* **1.** globus; ***the globe****(=the earth)* jorden; verden; **2***(=glass lampshade)* lampekuppel.
globule [ˌglɔbju:l] *s; stivt(=droplet; small drop)* (meget) liten dråpe; ***globules of fat*** fettperler.
gloom [glu:m] *s* **1.** *stivt(=semi-darkness)* halvmørke;
2. *fig:* dyster stemning.
gloomy [ˌglu:mi] *adj:* mørk; dyster.
glorification ['glɔ:rifiˌkeiʃən] *s* **1.** glorifisering; forherligelse; **2.** *rel:* herliggjørelse; lovpris(n)ing.
glorified [ˌglɔ:ri'faid] *adj; om noe som er staset opp for å ta seg bedre ut:* ***the hotel is only a glorified boarding house*** hotellet er egentlig bare et litt penere pensjonat; ***he's just a glorified office boy*** han er bare en løpegutt.
glorify [ˌglɔ:ri'fai] *vb* **1.** glorifisere; forherlige; kaste glans over; **2.** *rel:* herliggjøre; lovprise *(fx God).*
glorious [ˌglɔ:riəs] *adj* **1***(=brilliant)* strålende *(fx career);*
2. T*(=lovely)* deilig; strålende *(fx weather);* ***we had a glorious****(=gorgeous; lovely)* ***time*** vi hadde det aldeles herlig (*el.* deilig).
I. glory [ˌglɔ:ri] *s* **1***(=fame; honour)* heder; ære;
2*(=(source of) pride)* stolthet;
3*(=splendour)* prakt; glans;
4. *rel(=praise):* ***glory to God*** ære være Gud;
5. *fig:* ***the crowning glory*** kronen på verket.
II. glory *vb:* ***glory in****(=be proud of; rejoice in)* være stolt av; fryde seg over; være kry av.
I. gloss [glɔs] *s* **1.** glans *(fx her hair has a lovely gloss);*
2. kommentar (i margen el. i form av fotnote);
3. T*(=construction):* ***put the best (,worst) possible gloss on what's happened*** fremstille det som har hendt på aller gunstigste (,ugunstigste) måte.
II. gloss *vb* **1.** *om vanskelig ord, etc:* forsyne med kommentar;
2.: ***gloss over*** glatte over *(fx the facts).*
glossary [ˌglɔsəri] *s:* glossar *n.*
glossiness [ˌglɔsinəs] *s:* glans; blankhet; blank finish.
glossy [ˌglɔsi] *adj:* blank; glatt og blank; *fot:* ***a glossy print*** en blank kopi.
glossy magazine *(,***T:** *glossy;* **US** *også: slick)* eksklusivt tidsskrift (på blankt papir).
glottal [glɔtl] *adj* **1.** *anat:* stemmebånds-; stemmerisse-; **2.** *fon:* ***glottal catch, glottal stop*** støt *n.*
glottis [ˌglɔtis] *s; anat:* stemmerisse; glottis.

g

glove [glʌv] *s:* hanske *(fx a pair of gloves);* ***fit like a glove*** passe som hånd i hanske.
glove compartment *i bil(=glove box)* hanskerom.
I. glow [glou] *s* **1.** gløding; *om farge:* skjær *n; litt.:* ***the evening glow*** aftenrøden;
2*(=sensation of warmth)* varm følelse;
3. *fig:* glød; ***in a glow of enthusiasm*** med glødende begeistring.
II. glow *vb; også fig:* gløde; ***glow with*** gløde av; rødme av *(fx health; pride).*
glower [ˌglauə] *vb:* stirre olmt på; skule olmt til.
glowering [ˌglauəriŋ] *adj; om blikk:* olmt.
glow-worm [ˌglou'wə:m] *s; zo(=glow beetle)* sankthansorm.
glucose [ˌglu:kouz] *s; kjem:* glukose.
I. glue [glu:] *s:* lim *n.*
II. glue *vb:* lime *(together* sammen); ***he sat as if (he were) glued to his seat*** han satt som spikret til stolen.
glum [glʌm] *adj:* nedtrykt; trist *(fx you do look glum);* ***glum faces*** dystre miner.
glume [glu:m] *s; bot:* agn *n.*
I. glut [glʌt] *s:* overflod; rikelig tilgang; ***the oil glut*** den rikelige tilgangen på olje.
II. glut *vb; med tilbud av varer(=flood)* oversvømme *(fx they glutted the market with apples).*
gluten [ˌglu:tən] *s; kjem:* gluten *n.*
glutenous [ˌglu:tənəs] *adj:* glutenrik; glutenholdig.
glutinous [ˌglu:tinəs] *adj; stivt el. tekn(=gluey; sticky)* glutinøs; klebrig; ***a glutinous mass*** en klebrig masse.
glutton [ˌglʌtən] *s* **1.** *neds:* slukhals;
2. *zo(=wolverine;* **US** *& Canada: carcajou) zo:* jerv;
3. *spøkef:* ***be a glutton for punishment*** ville seg selv vondt; ***a glutton for work*** et arbeidsjern.
gluttonous [ˌglʌtənəs] *adj(=very greedy)* forsluken; grådig.
gluttony [ˌglʌtəni] *s(=greed)* forslukenhet; grådighet; fråtsing.
glycerin(e) [ˌglisəri(:)n] *s; kjem:* glyserin *n.*
gnarled [ˌnɑ:ld] *adj:* knudrete *(fx fingers).*
gnash [næʃ] *vb:* ***gnash one's teeth*** skjære tenner.
gnat [næt] *s; zo:* ***(common) gnat*** mygg.
gnaw [nɔ:] *vb* **1.** gnage *(at* på);
2. *fig:* ***gnaw (at)*** nage; plage.
gnome [noum] *s; myt:* grotesk dverg; gnom.
GNP *(fk f gross national product)* brutto nasjonalprodukt *(fk* BNP).
gnu [nu:] *s; zo(=wildebeest)* gnu.
I. go [gou] *s* **1. T***(=try)* forsøk *n;* ***have a go*** gjøre et forsøk; ***have a go at sth*** forsøke (seg) på noe; ***he had three goes*** han forsøkte tre ganger; ***he passed the test first go*** han bestod prøven ved første forsøk; **2***(=turn)* tur *(fx it's my go next);*
3. T*(=go-ahead spirit)* pågangsmot; ***he's full of go*** det er fart over ham;
4.: ***it's no go****(=it's useless)* det nytter ikke;
5. T: ***on the go*** 1. på farten *(fx he's always on the go);* 2.: ***he has too many things on the go (at the same time)*** han har altfor mange baller i luften (samtidig);
6. T: ***make a go of sth*** få noe til å lykkes:
7. T: ***in****(=at)* ***one go****(=without a break)* i ett strekk; uten pause;
8. T: ***from the word go*** helt fra begynnelsen (av);
9. S: ***it's all go!****(=it's all hands on deck; it's full speed ahead)* det er fullt kjør!
10. T: ***that was a tough go!****(=that was tough!)* det var et ordentlig kjør! det var hardt!
II. go *vb(pret: went; perf.part.: gone); (se også going & gone)* **1.** gå; kjøre; reise; dra *(fx to London);* gå (sin vei); ***he got up to go*** han reiste seg for å gå; ***go by bus (,train)*** ta bussen (,toget); ***go first (class)*** reise på første klasse; ***are you going my way?*** skal du samme vei som meg? ***he went (in) to town*** han dro (inn) til byen; ***he went there on foot****(=he walked there)* han gikk dit; *(se 42: forb m adv & prep);*
2.: ***On your marks. Get set. Go!*** Klar! Ferdig! Gå!
3. *om noe som skal sendes, dokumenters gang, etc:* gå; *(jvf 42: go off 2);*
4. *om salg, gave, etc:* gå *(fx it went for £8000; the first prize went to Peter);* ***don't let it go too cheap*** ikke la det gå for billig; ***her money went to her son*** pengene hennes gikk til sønnen; *(jvf 5);*
5. *om midler til et bestemt formål:* ***the money will go to build a church*** pengene skal brukes til å bygge kirke for; *(jvf 4 & 42: go towards);*
6. *om handlemåte, etc(=be acceptable)* passere; gå *(fx they let it go unpunished); (jvf 33);*
7. forløpe; gå *(fx how did it go? the lecture went badly); sport:* ***things didn't go so well in the S-bend*** i S-svingen gikk det ikke så bra; ***if things don't go exactly the way he wants them (to go)*** hvis det ikke går nøyaktig slik som han vil; *(se også 42: go off 7);*
8*(=be destroyed; be taken down):* ***this wall will have to go*** denne veggen må vekk; denne veggen må rives;
9*(=be abolished)* avskaffes *(fx such laws must go);*
10*(=be omitted)* sløyfes; utgå *(fx this word must go);*
11. *om oppsigelse, etc:* ***he'll have to go*** han må slutte;
12. *om syn, hørsel, etc(=fail)* svikte;
13*(=lead to)* føre hen; gå *(fx where does this road go?);*
14. *mht. plassering:* ***where does this book go?*** hvor skal denne boken stå?
15. *om mekanisme, etc:* gå *(fx that clock's not going);* ***get the car going*** få bilen i gang; *(se II. going 7);*
16. *om vekkerur(=go off)* ringe *(fx the alarm went);*
17*(=be lost)* forsvinne *(fx my purse has gone!);* **18***(=be used up)* være oppbrukt *(fx my money's gone!);*
19. *ved overgang fra en tilstand til en annen:* bli *(fx he went bright red; these apples have gone bad);*
20. *ved regneoperasjon:* gå; ***six into thirty-two goes five (times) with two left over*** seks i trettito går en femgang med to til rest; *ved summering:* ***eight down and two to go*** (det blir) åtte og to i mente;
21. *om tilstand:* gå (og være) *(fx go hungry);*
22. *om melodi el. ordlyd:* lyde; ***how does that song go?*** hvordan er teksten til den sangen? ***I forget how the words go*** jeg har glemt ordene *n;* ***as the saying goes*** som det heter *(fx we'll need to put our noses to the grindstone, as the saying goes);*
23. *om lyd:* si *(fx dogs go woof, not miaow);*
24. *om mekanisme, etc:* gå (i stykker *(n)*);
25. *om tid(=pass; go by)* gå; *(jvf 42: go by);*
26. skulle til; være nødvendig; ***the qualities that go to make a policeman****(=the qualities it takes to make a policeman)* de egenskaper som skal til for å bli politimann;
27.: ***go to prove****(=show)* bevise; vise *(fx that just goes to show you're a liar!);*
28. *mht. bry el. utgifter:* ***I've gone to a lot of expense to …*** jeg har brukt mange penger på å …; ***you shouldn't have gone to all this trouble for me*** du skulle ikke ha gjort deg så mye bry *(n)* for min skyld;
29. *mht. hvor mye man er villig til å betale:* gå; ***go to a hundred pounds*** gå til hundre pund *n;*
30. *om bokser:* ***go ten rounds*** gå ti runder;
31. *evf(=die) (fx I'm afraid he's gone – he's stopped breathing);*
32. *kortsp(=bid)* melde *(fx I go two hearts);*
33. T*(=be acceptable)* gå an; ***today almost anything goes*** nesten alt går an nå for tiden; *(jvf 6);*
34*(=be valid)* gjelde; ***what I say goes!*** det er det jeg sier, som gjelder!
35. T: ***go and …*.** gå hen å … *(fx don't go and ruin it);*
36. T: ***make a party go, get a party going*** få opp stemningen i *(el.* få fart på) et selskap; *(jvf II. going 7);*
37. *ved sammenligning:* ***it's a good house as houses go nowadays*** det er et bra hus når man tar i betraktning hvordan husene er nå for tiden; ***as things go****(=are)* slik forholdene *(n)* nå engang er;

38. *om reaksjon:* ***let's offer £500 and see which way they go(=jump)*** la oss (til)by £500 og se hvordan de reagerer;
39. T: ***go it*** være energisk; **T:** stå på; ***go it alone*** handle på egen hånd;
40. *om arbeidskvote el. frist:* igjen *(fx there's only one more page to go after this one; ten minutes to go!);*
41. T: ***let oneself go*** 1. forsømme sitt ytre; 2(, **T:** *let one's hair down)* slå seg løs;
42. *forb m adv & prep:* ***go about*** 1. reise (*el.* dra) omkring; **T:** farte omkring; ***go about with a French girl*** være sammen med en fransk pike; 2. *om sykdom el. rykte(=go (a)round)* gå; 3. *mar(=put about)* gå baut; 4. bære seg at; gripe an; ***we'll have to go about it more carefully*** vi må være forsiktigere; ***go about one's work as normal*** arbeide som normalt;
go after 1. gå etter *(fx go after him and apologize);* 2. oppta jakten på *(fx they went after him);* 3*(=try to get)* prøve å få; satse på *(fx he's going after that job);* 4. US*(=deal with)* ta seg av;
go against 1*(=oppose)* motsette seg *(fx sby's wishes);* 2. gå imot; ***the case went against him*** saken gikk ham imot;
go ahead 1*(=start)* begynne; **T:** sette i gang; vær så god *(fx Can I borrow this book? – Yes, go ahead);* ***he went ahead and did it*** han gikk i gang med det; 2. *ofte etter oppnådd tillatelse(=continue)* fortsette; gå videre *(fx the project's going ahead);*
go alone 1. gå alene; 2*(=be by oneself)* være alene;
go along 1*(=go)* gå (*to* av sted til); ***go along with you!*** av sted med deg! 2.: ***as we (,you, etc) go along*** etter hvert *(fx I'll do the checking as I go along);* ***go along with*** 1. bli med; gå med; følge med; 2*(=agree with)* være enig med *(fx I'm afraid I can't go along with you on that);* ***I'll go along with that*** det kan jeg være enig i; 3.: ***go****(=play)* ***along with sby*** føye en; jatte med en; 4*(=swallow)* gå på *(fx I didn't go along with his story);*
go (a)round 1. gå rundt; ***the wheels go round*** hjulene *(n)* går rundt; ***that skirt won't go round your waist*** det skjørtet går ikke rundt livet ditt; 2.: *se go about 1;* 3.: *se go about 2;* 4.: ***(be enough to) go round*** være nok (til alle) *(fx is there enough food to go round?);*
go at **T** 1*(=attack; go for)* gå løs på; 2. *ved salg(=go for)* gå for *(fx the shoes went at £10 a pair);*
go away 1. dra (*el.* gå *el.* reise) sin vei; ***don't go away with that book!*** **T:** ikke gå av sted med den boka! 2. *om smerte(=pass off)* gå over; gi seg;
go back 1*(=return)* vende tilbake; dra (*el.* reise) tilbake; dra hjem igjen; 2. *i tid:* gå tilbake; vende tilbake; ***this history book only goes back to World War II*** denne historieboken går ikke lenger tilbake enn til den annen verdenskrig; *(jvf go down 12);* 3. *om klokke(= be put back)* bli stilt tilbake *(fx when do the clocks go back this year?);*
go back on sth gå tilbake på noe; ***go back on one's word****(=break one's promise)* gå tilbake på sitt ord;
go back to 1. gå (,dra, reise, kjøre) tilbake til; 2. *om (u)vane:* ta opp igjen *(fx go back to smoking);* 3.: ***we have gone back to our correspondence to try and find an explanation (for it)*** vi har gått tilbake til korrespondansen for å forsøke å finne en forklaring; 4.: spores tilbake til; ***his fear of dogs goes****(=can be traced)* ***back to a childhood experience*** hans hundeskrekk kan spores tilbake til en barndomsopplevelse; ***his family goes back to****(=he traces his descent back to)* familien hans kan spores tilbake til;
go before ha forrang fremfor; gå foran;
go below *mar:* gå under dekk;
go beyond 1*(=extend beyond)* gå lenger enn *(fx the new road will go beyond this point);* 2. *fig(=go further than; exceed)* gå lenger enn; gå ut over; sette seg ut over;
go by 1. reise med *(fx go by bus); (se også 1 ovf);* 2. reise via *(fx go by Nairobi to Dar es Salaam);* 3. kjøre forbi; passere *(fx the cars went by);* 4. *om tid(=go; pass)* gå; ***summer has gone by without our noticing it*** sommeren er gått uten at vi har merket det; *(jvf 25);* 5. *om anledning:* ***let an opportunity go by****(=miss an opportunity)* gå glipp av en anledning; 6. gå etter; rette seg etter *(fx if what Peter says is anything to go by);* ***go by the sound*** gå etter lyden; ***that's nothing to go by*** det er ikke noe å gå etter; (jvf go on 9); 7.: ***go*** *(=pass)* ***by the name of Brown*** gå under navnet Brown;
go down 1. dra ned; kjøre ned; gå ned; 2. *mar(=be lost)* gå ned *(fx the ship went down with all hands);* 3. *kortsp; bridge:*
go two down gå to beter; 4. *om kurser, priser, etc(= come down)* gå ned; falle; 5. *om hevelse, luft i bilring, etc:* gå ned; 6. *om vind(=drop)* løye; 7. **T** *om mat:* gå ned; 8. *fig; om historie, spøk, etc:*
go down well (,badly) bli godt (,dårlig) mottatt; 9*(=be included):* ***it will all go down in my report*** alt sammen vil bli tatt med i rapporten min; 10. *om bragd, etc:* ***go down in history*** gå over i historien; bli husket; 11. *om område; i anseelse, etc* **T:** tape seg; bli mindre attraktivt; 12.: ***this history book only goes down to World War II*** denne historieboken går ikke lenger (frem i tid) enn til den annen verdenskrig; *(jvf go back 2);* 13. *om sykdom:*
go down with flu bli (senge)liggende med influensa;
go easy on 1. *om forbruk:* være forsiktig med; 2. ta forsiktig (*el.* mildt) på;
go far 1. gå (,dra, reise) langt; ***go as far as the bridge*** kjøre (,gå) så langt som til brua; 2. *fig:* nå langt *(fx I'm sure he'll go far);* gå langt; ***I will go as far as to say that …*** jeg vil gå så langt som til å si at …; ***go too far*** gå for langt *(fx isn't that going too far?);* ***that's going too far****(=that's pushing things too far)* det går for vidt; ***this will go far****(=a long way)* ***towards solving our problem*** dette vil langt på vei løse vårt problem; 3. *om forsyninger, penger, etc:* rekke langt; 4. *fig:* ***as far as it goes*** i og for seg; for så vidt; ***as far as size went*** hva størrelsen angikk;
T: ***go flat out****(=go at top speed;* **T:** *go all out)* kjøre så fort man kan; **T:** kjøre med klampen i bånn;
go for 1. gå og hente; gå for å hente; 2.: ***go for a walk*** gå en tur; 3. **T** *også fig(=attack)* gå løs på; 4. **T***(=apply to)* gjelde *(fx that goes for you too!);* 5. **T***(=prefer; like)* foretrekke; like *(fx he goes for blondes);* 6. satse på *(fx go for a quick victory);* 7.: ***all his work went for nothing*** alt arbeidet hans var forgjeves; 8.: ***have sth going for you:*** *se II. going 11;*
go from here to there rekke herfra og dit;
go further *også fig:* gå lenger; ***go (any) further than*** *også fig:* gå lenger enn; *fig:* ***the higher you go, the further you fall*** jo høyere man kommer, desto dypere faller man;
go in 1. gå inn; ***in you go!*** inn med deg! ***the cork won't go in*** korken går ikke i; ***go (in) to town*** dra (inn) til byen; 2. *om sola:* forsvinne bak skyene; 3. gå (omkring) i; ***go in rags*** gå i filler;
go in for 1. gå inn for *(fx sby; sth);* ***go in for football in a big way*** gå helt og fullt inn for fotball; ***go in for a task unreservedly*** gå helt og fullt inn for en oppgave; **T:** ***I went in for it like mad****(=I pushed it like mad)* jeg gikk inn for det alt hva jeg kunne; det var det jeg kjørte på alt jeg kunne; 2. være tilhenger av *(fx we don't go in for using people's surnames in this office);* 3. *sport:* delta *(fx go in for a race);*
go into 1*(=enter)* gå inn i; 2. få plass i; 3. *mht. karriere el. yrke:* begynne som; ***go into business*** begynne som forretningsmann; 4*(=examine)* undersøke; se nærmere på *(fx a problem);* ***he hasn't gone into the material deeply enough*** han har ikke trengt dypt nok ned i stoffet; 5*(=discuss)* diskutere *(fx we won't go into that now);* ***go****(=enter)* ***into details*** gå i detaljer; 6. *om tilstand:* ***she went into fits of laughter*** hun fikk latteranfall; 7.: ***go into mourning*** anlegge sorg;

go missing 1*(=get lost)* gå seg bort; 2*(=be mislaid)* komme bort; bli forlagt;

go off 1. *ofte neds(=leave)* dra sin vei; dra av sted *(fx he's gone off to Paris)*; ***he's gone off with our money*** han har dratt av sted med pengene våre; 2. *om post(= go; get away)* gå *(fx it must go off by tonight's post)*; *(se* ***3*** *ovf)*; 3*(=turn)*: ***this road goes off to the right*** denne veien dreier av til høyre; 4*(=explode)* eksplodere; 5. *om alarm:* gå; *om vekker- ur:* ringe; 6. **T:** slutte å like *(fx he's gone off whisky)*; 7. *om arrangement, selskap, etc(=go)* gå *(fx did the party go off all right?)*; *(jvf* ***7****)*; 8. *om melk:* surne; bli sur; 9. *mht. utseende* **T:** tape seg; 10. **S***(=have an orgasm)* få orgasme; *(jvf II. come* ***7*** *&* ***34****,* ***8****)*; 11. **T:** ***go off the deep end****(=lose one's temper)* bli rasende; **T:** gå fra konseptene *n;* 12. **S:** ***go off one's rocker****(=head)* bli helt sprø; 13.: ***she went (off) into hysterics*** hun ble hysterisk; ***go off into a reverie*** falle i staver;

go on 1. gå videre; dra videre; fortsette; ***go on with what you're doing*** fortsett med det du driver med; ***he went on to say that …*** han sa videre at …; han fortsatte med å si at …; 2.: ***go on foot*** dra til fots; gå; ***go on a camping holiday*** dra på telttur; dra på campingtur; 3. foregå *(fx there's something funny going on here)*; ***everything was going (on) as well as could be*** alt var i beste gjenge; 4. *radio; TV:* ***go on the air*** snakke i radio; opptre i radio; gå på lufta; ***go on television*** opptre i TV; ***go on the stage*** gå til scenen; 5. *om tykk person:* ***he's got plenty to go on*** han har mye å tære på; 6. *om det som forbrukes:* gå med til *(fx all her money goes on expensive clothes)*; ***all these materials went on the (building of the) outhouse*** alle disse materialene *(n)* gikk med til (byggingen av) uthuset; 7. *neds* **T:** snakke (i ett kjør) *(about* om); 8. **T:** ***go on at sby*** stadig kritisere en; være etter en; mase på en *(fx don't go on at me all the time!)*; 9.: ***have sth to go on*** ha noe å gå etter (*el.* ut fra); ha noe å holde seg til; *(jvf go by 6)*; 10.: ***be going on for seventy*** snart være sytti (år); 11. *fig:* ***go on to****(=pass on to)* gå over til; ***go on to sth else*** gå over til noe annet; 12.: ***here's £20 to go on with*** her er £20 til å begynne med;

go out 1. gå ut; ***he goes out a great deal*** han går mye ut; 2. *om par:* ha følge (*with* med) *(fx they have been going out for about three months)*; 3. rykke ut *(fx the snow ploughs are ready to go out)*; 4. *om bål, lys, etc:* gå ut; 5. *om det å falle i dyp søvn el. bevisstløshet:* ***she went out like a light*** hun sluknet som et lys; 6. *radio & TV(=be transmitted)* bli sendt (ut); 7. *i spill(=win)* gå ut; vinne; 8*(=go out on strike)* gå til streik; streike; 9.: ***go out of fashion*** gå av mote; bli umoderne; 10. **T:** ***go all out*** kjøre alt hva bilen *(etc)* er god for; *fig:* satse for fullt *(fx she's going all out to pass the exam)*; 11. *stivt:* ***our sympathy went out to her****(=we sympathized with her)* vi følte med henne; 12.: ***go out of use****(= cease to be used)* gå av bruk; 13.: ***go out of one's way to*** gjøre seg ekstra umak for å; 14.: ***go out to work*** være yrkesaktiv *(fx my mother goes out to work)*;

go over 1. gå over; dra over; ***go over to France*** dra over til Frankrike; 2. klatre over *(fx a wall)*; 3*(=exceed)* overskride *(fx the speed limit)*; 4. *når man skifter side, system, etc:* gå over (*to* til); ***go over to the enemy****(=join the enemy)* gå over til fienden; 5*(=check and repair)* gå over; 6*(=go through)* gjennomgå; gå igjennom *(fx the accounts)*; gå over *(fx she went over the room before her mother came)*; regne gjennom *(fx a calculation)*; 7. *teat(=get across)*: ***the play didn't go over at all well*** stykket gjorde slett ikke lykke;

go round *se go (a)round;*

go through 1. dra (,gå, reise) gjennom; 2.: *se go over 6;* 3. trenge gjennom; 4. rote gjennom; gjennomgå; gå igjennom; 5. *fig(=suffer)* gjennomgå; oppleve; 6*(=use up)* bruke (opp) *(fx a lot of paper)*; 7. *om henvendelser, klager, dokumenters gang:* ***go through certain formalities*** gå igjennom visse formaliteter; 8. *parl; om lovforslag:* gå igjennom *(fx the Bill went through)*; 9. *merk; om transaksjon:* gå i orden; **T:** gå i lås; 10. *om publikasjon:* ***the book has gone through****(=has seen)* ***ten editions*** boka har gått i ti opplag; ***go through with*** gjennomføre; gjøre alvor *(n)* av *(fx she went through with it despite their disapproval)*;

go to 1. kjøre (,dra, reise, gå) til; ***go to church*** gå i kirken; ***go to the cinema*** gå på kino; ***go to hospital for an operation*** legge seg inn på et sykehus for å bli operert; bli innlagt på sykehus for å bli operert; ***go to school*** gå på skolen; ***go to the theatre*** gå i teateret; ***go to live in another town*** flytte til en annen by; 2. *om salg, gave, etc: se* ***4*** *ovf; om midler til bestemt formål: se* ***5*** *ovf; mht. bry el. utgifter: se* ***28*** *ovf; mht. hvor mye man er villig til å betale: se* ***29*** *ovf;* 3.: ***go to court*** gå rettens vei; 4.: ***go to pieces*** gå i stykker *n;* 5.: ***go to prove, go to show:*** *se* ***27*** *ovf;* 6.: ***the song goes to this tune*** sangen går på denne melodien; 7.: ***the success went to their heads*** suksessen gikk til hodet på dem;

go together 1*(=look well together)* stå til hverandre; 2. **T***(=go steady)* ha (fast) følge; 3. *fig:* høre sammen; følges at *(fx poverty and illness often go together)*;

go towards 1. gå (,kjøre) (hen) imot; gå (,kjøre) i retning av; 2. *fig:* ***the money will go towards a new roof for the church*** pengene vil bli brukt på et nytt tak til kirken; *(se* ***5*** *ovf: om midler til bestemt formål)*;

go under 1*(=sink)* gå under; 2. *fig(=be ruined;* **T:** *fold up)* gå under; gå dukken; gå nedenom (og hjem);

go up 1. gå (,kjøre) opp; dra opp; føre (*el.* gå) opp til *(fx this path goes up to the castle)*; 2. *univ:* begynne igjen (etter ferien); 3. *om kurser, priser, etc:* gå opp; stige; 4. *i ens omdømme:* stige *(fx in one's estimation)*; 5*(=be built)* skyte i været; 6. *skolev(=be moved up)* bli flyttet opp (i neste klasse); 7.: ***a shout went up*** det lød et rop; 8.: ***go up in smoke****(=flames)* gå opp i røyk; brenne ned *(fx the house went up in smoke)*;

go well: *se 7;*

go west **T** 1*(=be destroyed; go)* gå i stykker *n (fx the clutch went west)*; 2*(=die)* dø; **T:** vandre heden; 3.: ***that's all hopes of winning gone west*** der røyk ethvert håp om å vinne;

go with 1. gå (,dra, reise) med; bli med; 2*(=be sold with)* bli solgt sammen med; 3. passe til *(fx the carpet goes with the wallpaper)*; 4. ha sammenheng med; høre med til *(fx illness often goes with poverty)*; ***happiness does not always go with riches*** lykke og rikdom hører ikke alltid sammen; 5*(=go steady with)* ha følge med;

go without 1. klare seg uten; 2.: ***it goes without saying that …*** det er en selvfølge at …, det er selvsagt at …

goad [goud] *vb; fig* **1***(=provoke)* tirre *(fx she was goaded into being rude to him)*; ***goad him into activity*** få fart på ham; få ham til å foreta seg noe; *spøkef:* vekke ham til dåd; ***his wife goaded him into digging the garden*** hans kone drev ham til å grave om hagen; **2.:** ***goad on****(=spur on)* anspore.

I. go-ahead [ˌgouə'hed] *s* **T:** ***the go-ahead****(=the green light)* klarsignal; grønt lys; ***get the go-ahead*** få grønt lys.

II. go-ahead *adj:* fremgangsrik; driftig.

go-ahead spirit*(=drive; push)* pågangsmot.

goal [goul] *s* **1.** *sport:* mål *n (fx score a goal)*; **2.** *fig(=aim)* mål; ***set oneself a goal*** sette seg et mål; ***reach one's goal****(=achieve one's aim)* nå sitt mål.

goalkeeper [ˌgoul'kiːpə] *s; sport(,***T:** *goalie)* målvokter; målvakt; keeper; målmann; ***he's a goalkeeper****(=he's playing in goal)* han er keeper; han står i mål *n.*

goal kick *sport; fotb:* utspark fra mål *n.*

goalpost [ˌgoul'poust] *s; sport:* målstolpe; målstang; *fig:* ***shift****(=move)* ***the goalposts*** flytte på målstengene (ɔ: jukse).

goaltender [ˌgoul'tendə] *s* **US** *& Canada(=goalkeeper)* målvokter; målvakt; keeper.

go-around [ˌgouə'raund] *s* **T***(=runaround)*: ***give sby***

the go-around sende en fra seg uten å hjelpe; sende ballen videre *(fx he's been giving me the go-around).*
goat [gout] *s* **1.** *zo: **(nanny) goat*** geit; ***he-goat****(=billy goat)* geitebukk;
2. T: ***act the goat****(=play the fool)* oppføre seg tåpelig;
3. T: ***get sby's goat****(=irritate sby)* irritere en;
4.: ***separate the sheep from the goats*** skille fårene fra bukkene.
gobble [gɔbl] *vb* **1.** *om kalkun:* buldre;
2.: ***gobble (up)*** sluke; kaste i seg *(fx one's food).*
gobbledygook [ˌgɔbəldi'gu:k] *s; neds* **T:** pompøst språk.
go-between [ˌgoubə'twi:n] *s:* mellommann.
goblet [ˌgɔblit] *s* **1.** glass *(n)* med tynn stett;
2. *hist:* (drikke)beger *n;* pokal.
goblin [ˌgɔblin] *s:* (slem) nisse; tuftekall; tomtegubbe; *(se bugbear 1).*
go-by [ˌgou'bai] *s* **T:** ***give sby the go-by****(=pretend not to see sby)* late som om man ikke ser en; overse en.
go-cart [ˌgou'kɑ:t] *s* **1. US**(*=baby-walker)* gåstol;
2. US: liten vogn som barn *(n)* kjører i el. trekker etter seg;
3*(=go-kart; kart)* go-kart (ɔ: liten racerbil).
god [gɔd] *s* **1.** gud; ***it was a sight for the gods****(=it was a hilarious sight)* det var et syn for guder;
2. God Gud; ***thank god****(=thank goodness)* gudskjelov; ***god (only) knows*** Gud vet; ***for god's sake, we must make sure that doesn't happen!*** vi må for Guds skyld sørge for at det ikke skjer!
3. *teat* **T:** ***the gods*** galleriet *(fx sit (up) in the gods).*
godchild [ˌgɔd'tʃaild] *s:* gudbarn.
goddam(n) [ˌgɔdˌdæm] *int; især* **US T:** satans; fordømt *(fx he's a goddamn fool!).*
goddess [ˌgɔdəs] *s:* gudinne.
godfather [ˌgɔd'fɑ:ðə] *s:* fadder; gudfar *(to* for).
god-fearing*(=God-fearing)* [ˌgɔd'fiəriŋ] *adj:* gudfryktig.
godforsaken [ˌgɔdfə'seikən] *adj:* gudsforlatt.
godless [ˌgɔdləs] *adj:* gudløs.
godlike [ˌgɔd'laik] *adj(=divine)* guddommelig.
godly [ˌgɔdli] *adj(=devout; pious)* gudelig; from.
godmother [ˌgɔd'mʌðə] *s:* fadder; gudmor.
godsend [ˌgɔd'send] *s:* ***it was a godsend to us*** for oss kom det som sendt fra himmelen; ***the cheque was an absolute godsend !*** sjekken kom som sendt fra himmelen!
godspeed [ˌgɔd'spi:d] *s; glds:* ***bid****(=wish)* ***sby godspeed*** ønske en lykke på reisen; *(jvf sendoff).*
gofer [ˌgoufə] *s* **S:** løpegutt; altmuligmann.
go-getter [ˌgou'getə] *s* **T:** pågående og foretaksom person; geskjeftig fyr (som vil frem her i verden).
go-getting [ˌgou'getiŋ] *adj:* pågående og foretaksom; geskjeftig.
goggle [gɔgl] *vb:* stirre med store øyne *(n) (at* på).
gogglebox [ˌgɔgl'bɔks] *s* **T**(*=televison set)* TV-apparat; fjernsynsapparat.
goggle-eyed [ˌgɔgl'aid] *adj:* storøyd.
goggles [gɔglz] *s; pl:* beskyttelsesbriller; ***snow goggles*** snøbriller.
I. going [ˌgouiŋ] *s* **1.** kjøring; det å reise (sin vei); avreise *(fx celebrate his going);*
2. T(*=speed)* fart *(fx we made pretty good going);*
3. føre *n;* føreforhold; ***it was heavy going*** det var tungt føre; *(se 4);* ***a cabin without a road close by makes for heavy going*** det er tungvint med en hytte som ikke ligger nær vei; ***the going's slippery*** det er glatt føre; ***the going was wretched*** det var elendig (ski)føre;
4. *om føreforhold & fig:* ***heavy going*** 1. tungt føre; 2*(= hard work)* slit; ***they were making heavy going on****(= of)* ***the uphill slopes*** de slet tungt i motbakkene;
5. *fig* **T:** ***I found talking to him very heavy going*** jeg syntes det var meget tungt å snakke med ham; ***stop****(= get out)* ***while the going's good*** holde opp mens leken er god.
II. going *pres part av II. go & adj* **1***(=in operation):* ***factory for sale as a going concern*** igangværende fabrikk til salgs;
2*(=thriving)* som går godt *(fx the shop is very much a going concern now);*
3. *mht. pris el. tariff(=current)* gjeldende; ***the going value of the firm*** firmaets dagsverdi;
4*(=available):* ***is there any tea going?*** er det noe te å få?
5. *på auksjon:* ***going, going, gone!*** første, annen, tredje gang!
6. T: ***be going*** komme av sted *(fx I must be going);* ***where are you going?*** hvor skal du? ***look where you're going!*** se deg for!
7. T: ***get going*** 1. komme i gang; komme av sted; 2. få i gang *(fx get the car going);* 3. *fig:* ***get sth going*** få satt i gang noe; ta initiativet til noe;
8.: ***keep going*** 1. fortsette *(fx we'll get it done if we can just keep going);* 2. holde i gang *(fx she has enough work to keep her going);* 3.: holde det gående *(fx he felt ill, but tried to keep going);* 4.: ***will ten pounds keep you going?*** klarer du deg med ti pund *n?*
9. T: ***he's still going strong*** han er fremdeles i full vigør;
10. *for å betegne fremtid:* ***be going to*** skulle; ***I'm going to read*** jeg skal lese; jeg har tenkt å lese; ***what's going to happen to us?*** hva kommer til å skje med oss?
11. T: ***feel you have something going for you*** føle at man har noe å fare med; ***she's got everything going for her*** alt ligger til rette for henne.
goings-on ['gouiŋzˌɔn] *s; pl* **1.** *om uønsket aktivitet:* leven *n;* bråk *n;* styr *n;*
2. *om mystiske el. mistenkelige hendelser:* ***there were strange goings-on up at the farm*** det foregikk underlige ting oppe på gården.
going-over ['gouiŋˌouvə] *s* **T 1***(=beating)* juling; **T:** omgang *(fx the boys gave him a going-over);*
2*(= thorough check)* grundig undersøkelse (**,T:** sjekk); grundig omgang.
goitre *(,**US:** goiter)* [ˌgɔitə] *s; med.(=struma)* struma.
go-kart [ˌgou'kɑ:t] *s: se go-cart 3.*
gold [gould] *s* **1.** gull *n;* ***filled gold*** gulldublé;
2. *sport* **T**(*=gold medal)* gull(medalje); ***take gold*** ta gull *n;*
3. gyllen farge *(fx the browns and golds of autumn leaves);*
4. *fig:* ***a heart of gold*** et hjerte av gull *n;* ***as good as gold*** snill som et lam; god som gull; ***it's worth its weight in gold*** det er gull verdt; det er verdt sin vekt i gull; *ordspråk:* ***all that glitters is not gold*** det er ikke gull alt som glimrer; *ordspråk:* ***speech is silver, silence is gold*** tale er sølv *(n),* taushet (er) gull.
gold-digger [ˌgould'digə] *s* **1.** gullgraver;
2. *neds:* kvinne som er ute etter en manns penger.
golden [ˌgouldən] *adj:* gyllen; ***the golden mean*** den gylne middelvei; ***golden rule*** gyllen regel.
golden chair gullstol; *(se II. chair 2: chair sby).*
golden egg gullegg; ***kill the goose that lays the golden eggs*** slakte høna som verper gullegg.
goldeneye [ˌgouldən'ai] *s; zo* **1***(=golden-eyed duck)* kvinand; **2***(=green lacewing)* gulløye.
golden handshake T: (stor) pengegave (ved oppnådd pensjonsalder el. som erstatning for tap *(n)* av stilling); **T:** gyllen fallskjerm.
golden mean: ***the golden mean****(=the happy medium)* den gylne middelvei; ***strike the golden mean****(=steer a middle course)* gå den gylne middelvei.
golden opportunity T: fin anledning (*el.* sjanse).
golden passport *fig:* automatisk inngangsbillett *(fx a degree is not a golden passport to a career).*
golden wedding [ˌgouldənˌwediŋ] *s:* gullbryllup.
goldfish [ˌgould'fiʃ] *s; zo:* gullfisk.
gold medal *sport:* gullmedalje; *(se gold 2).*

g

gold medallist *sport:* gullmedaljevinner.
I. gold plate ['gould,pleit] *s* **1.** forgylling; **2.** gullservise.
II. gold-plate [,gould'pleit] *vb:* forgylle; gullbelegge.
III. gold-plate [,gould'pleit] *adj:* forgylt; gullbelagt.
gold-rimmed [,gould'rimd] *adj:* gullinnfattet.
gold standard *fin:* gullstandard; gullmyntfot.
gold watch gullur.
I. golf [gɔlf] *s; sport:* golf; ***play golf*** spille golf.
II. golf *vb(=play golf)* spille golf.
golf club 1. golfkølle; **2.** golfklubb.
golf course*(=golf links)* golfbane.
golfer [,gɔlfə] *s:* golfspiller.
golly [,gɔli] *int:* jøss! du store min!
gondola [,gɔndələ] *s:* gondol.
gondolier ['gɔndə,liə] *s:* gondolfører.
gone [gɔn] **1.** *perf.part. av II. go;*
2. *adj:* borte; vekk *(fx the money's gone);*
3. T: ***gone on****(=crazy about)* på knærne *(n)* etter; borte vekk i *(fx he's gone on her).*
goner [,gɔnə] *s* **S:** ***he's a goner*** det er ute med ham.
gong [gɔŋ] *s* **1.** gongong; ***dinner gong*** matklokke;
2. *spøkef; sj* **T:** ***he's all gong and no dinner****(=he's all talk (and nothing else))* det er bare prat med ham.
gonna [,gɔnə] **US:** ***I'm gonna*** *=I'm going to.*
gonorrhoea *(,især* **US:** *gonorrhea)* ['gɔnə,riə] *s; med. (,***T:** *the clap)* gonoré; **T:** dryppert.
goo [gu:] *s* **T 1***(=sticky stuff)* kliss *n;* noe klebrig noe;
2*(=soppy sentimentality)* søtladent kliss; *(jvf gooey).*
I. good [gud] *s* **1.:** ***the good*** 1. det gode; 2. de gode;
2.: ***for the good of****(=for the benefit of)* til beste for; ***it's for your own good*** det er til ditt eget beste;
3. *økon:* ***an economic good*** et økonomisk gode;
4.: ***do good*** 1. gjøre gode gjerninger; 2.: ***that will do him good*** det vil gjøre ham godt; det vil han ha godt av;
5.: ***we knew he would come to no good*** vi visste at det ville gå ham ille; **T:** ***he's up to no good*** han har ondt i sinne; **T:** ***it's no good*** 1*(=it's no use)* det nytter ikke; 2. det er ikke noe tess;
6.: ***for good (and all)*** for godt; for alltid;
7.: ***that's (all) to the good*** det er bare bra (*el.* fint); så meget desto bedre; ***so far as it went that was all to the good*** så langt var alt vel og bra;
8.: ***we finished up £50 to the good****(=we ended up making £50)* det endte med at vi hadde tjent £50.
II. good *adj(komp: better; superl: best)* **1.** god *(fx car; book);* bra; ***good!*** fint! godt! ***that's a good thing*** det er bra; ***the good thing about him is that …*** det gode ved ham er at …; ***too much of a good thing*** for mye av det gode;
2. god; snill; ***be good to sby*** være snill mot en;
3. dyktig; flink; bra *(fx a good man for the job);* ***good at*** flink i; ***good at (-ing)*** flink til å; god til å; ***good with*** flink med *(fx good with cars; good with children);*
4. anstendig; bra *(fx she's a good girl).*
5. *mht. helse:* ***I don't feel very good****(=well)* ***today*** jeg føler meg ikke helt bra i dag; ***that will do you good*** det vil du ha godt av;
6. *om legemsdel:* god *(fx I've got only one good arm);*
7. *om mat:* frisk; god *(fx the meat's still good).*
8*(=comfortable)* behagelig; bekvem *(fx chair);*
9. *som gir hygge el. materielt velvære:* god *(fx the good things in life);* ***the good life*** det søte liv *(fx he's acquired a taste for the good life);* **T:** ***have it good*** ha det godt (*el.* bra); ***have a good time*** ha det hyggelig;
10. *om forråd, investering, kvalitet, etc:* god;
11*(=favourable)* gunstig; ***a good time to ask him for a (pay) rise*** et godt tidspunkt å be ham om lønnspålegg på; ***this is as good a time as any to find out*** det er like godt å bringe det på det rene med én gang;
12. *om begrunnelse(=valid)* god *(fx a good reason);*
13*(=serious; intellectual)* seriøs; god;
14. *iron el. i ergrelse:* ***look here, my good man!*** hør her, min gode mann!
15. T: ***a good few****(=quite a few)* ikke så få;
16. *om avstand:* ***a good way off*** et godt stykke borte;
17. T: ikke mindre enn; hele; ***it took me a good ten hours*** det tok meg ti timer og vel så det;
18. *forsterkende:* ***good grief!****(=good gracious! good heavens!)* du store all verden! du store min! jøss!
19*(=thorough)* grundig *(fx give it a good clean);*
20.: ***as good as****(=practically)* så godt som; praktisk talt; ***that's as good as saying that …*** det er det samme som å si at …;
21.: ***good and …*** god og … *(fx he was good and angry);*
22. *iron; om noe usannsynlig:* ***that's a good one!*** den var god!
23.: **make good***(=be successful)* gjøre det godt (*el.* bra);
24.: ***make good sby's loss*** erstatte en ens tap *n;*
25. *stivt:* ***be so good as to …****(=would you please …)* vil du være så snill å …
III. good *adv; ukorrekt(=well)* godt *(fx he sings good).*
good afternoon *sagt etter kl. 12:* god dag! **T:** hei!
I. goodbye ['gud,bai] *s:* adjø *n;* ***say goodbye to sby*** si adjø (*el.* ha det) til en; ***say one's goodbyes*** si adjø; ta farvel *(fx they said their goodbyes at the station).*
II. goodbye *int(,***T:** *bye-bye)* adjø! **T:** ha det!
good day *meget stivt; sagt både når man kommer og når man går* **1.** god dag! **2.** adjø!
good evening god kveld! **T:** morn! kveld!
good-for-nothing [,gudfə'nʌθiŋ] *s(=absolutely useless bloke;* **T:** *no-good)* døgenikt; udugelig fyr.
Good Friday langfredag.
good humour vennlighet; elskverdighet; godmodighet; godt humør *n;* ***his good humour*** hans gode humør; ***in good humour****(=in high spirits; in a good mood)* i godt humør; i godlag.
good-humoured ['gud,hju:məd; *attributivt:* ,gud'hju:məd] *adj:* vennlig *(fx smile);* elskverdig; godmodig.
goodie(s) *se I. goody 3.*
good life 1.: a good life et godt liv;
2.: ***the good life*** det søte liv *(fx he had acquired a taste for the good life).*
good-looker [,gud,lukə] *s:* pen person.
good-looking [,gud,lukiŋ; 'gud,lukiŋ; *attributivt:* ,gud'lukiŋ] *adj:* pen *(fx man; woman).*
good looks *pl:* pent utseende; ***her good looks*** hennes pene utseende.
good morning *sagt før kl. 12:* god dag! **T:** morn! hei! ***she kissed him good morning*** hun kysset ham som morgenhilsen.
good-natured ['gud,neitʃəd; *attributivt:* ,gud'neitʃəd] *adj:* godmodig; godlyndt.
goodness [,gudnəs] *s* **1***(=kindness)* godhet;
2*(=piety)* fromhet;
3. det verdifulle; det gode (av kjøtt, etc);
4. *evf(=God):* ***goodness me!****(=good heavens! good gracious! good Lord!)* (du) gode Gud! ***goodness knows, they have to …*** gudene skal vite at de må …; ***for goodness' sake!****(=for God's sake!)* for Guds skyld! ***thank goodness, you've come!*** gudskjelov at du kom!
good repair: ***in good repair*** godt vedlikeholdt.
goods [gudz] *s; pl* **1.** varer; ***brown goodss*** brune varer (som radio, TV og video); ***white goodss*** hvite varer (som kjøleskap, komfyr og vaskemaskin);
2. *jernb(,***US:** *freight)* (frakt)gods *n;* ***fast goods*** *(= express goods;* **US:** *fast freight)* ilgods;
3. S: ***the goods****(=the real thing):* ***that's the goods!*** ja, se det er tingen! slik skal det være! sånn ja!
4. S: ***deliver the goods*** gjøre som man har lovet; holde sin del av avtalen; ***I don't think he can deliver the goods*** jeg har ingen tro på at han holder hva han har lovet;
5. S: ***a piece of goods*** et kvinnfolk; et skjørt.

good sense *(=common sense)* sunn fornuft.
goods train *jernb(,***US:** *freight train)* godstog; ***jump goods trains*** være blindpassasjer på godstog.
goods van *jernb(,***US:** *box car)* lukket godsvogn.
goods wagon *jernb(,***US:** *freight car)* godsvogn.
good-tempered [ˈgud,tempəd; *attributivt:* ,gudˈtempəd] *adj:* godmodig; godlyndt; likevektig.
goodwill, good will [ˈgud,wil] *s* **1.** godvilje; god vilje; ***give a demonstration of goodwill****(=show(=demonstrate) goodwill)* gi uttrykk for god vilje;
2*(=benevolence; friendliness)* velvilje; vennlighet *(fx he has always shown a great deal of goodwill towards us);*
3. goodwill; ***this incident has eroded much of our goodwill*** denne hendelsen har brutt ned meget av vår goodwill;
4. *merk; om kundekrets som aktivum:* goodwill.
I. goody [,gudi] *s* **1.** *i bok, etc mots skurk* **T***(=hero)* helt; ***the goodies always beat the baddies in the end*** til slutt vinner heltene alltid over skurkene;
2.: *se goody-goody;*
3. *spøkef:* ***goodies*** søtsaker; godter; knask *n.*
II. goody *int; barns uttrop:* fint! supert!
I. goody-goody [,gudi,gudi] *s* **T***(=smugly virtuous person; sanctimonious person)* dydsmønster; skinnhellig person.
II. goody-goody [,gudi,gudi; *attributivt:* ,gudiˈgudi] *adj* **T***(=smug; sanctimonious)* dydsiret; skinnhellig.
gooey [,gu:i] *adj* **T***(=sticky)* klebrig; klissen; *(jvf goo).*
I. goof [gu:f] *s; især* **US T 1***(=blunder)* tabbe; **2***(=fool)* fjols *n;* dust.
II. goof *vb; især* **US T 1***(=blunder)* gjøre en tabbe;
2.: ***goof (off)****(=be idle)* dovne seg; sluntre unna.
goofy [,gu:fi] *adj* **US S: goofy teeth***(=teeth sticking out)* fremstående tenner; **S:** tennene på tørk.
gook [gu:k] *s* **US S:** gul djevel.
goolies [,gu:liz] *s; pl* **S** *spøkef(=testicles)* testikler; **S:** bjeller.
goon [gu:n] *s* **1.** tåpelig fyr; (fyr som spiller) bajas;
2. US T*(=hired thug)* **T:** muskelmann; gorilla.
goose [gu:s] *s(pl: geese* [gi:s]*)* **1.** *zo:* gås;
2.: ***beat goose*** slå floke (for å holde varmen);
3.: ***cook sby's goose*** ødelegge for en; ***you've cooked your goose!*** nå har du kommet ut å kjøre!
4.: ***all his geese are swans*** han har det med å overdrive;
5.: ***kill the goose that lays the golden eggs*** slakte høna som verper gullegg.
gooseberry [,gu:sbəri] *s* **1.** *bot:* stikkelsbær;
2. *om person* **T***(,***US:** *fifth wheel)* femte hjul *(n)* på vogna; ***play gooseberry****(=be a gooseberry)* være femte hjul på vogna.
gooseberry fool *kul:* stikkelsbærgrøt.
gooseflesh [,gu:sˈfleʃ] *s(,især* **US:** *goosebumps; goose pimples)* gåsehud; ***I've got gooseflesh all over****(=I'm goosey all over)* jeg har gåsehud over hele kroppen.
gopher [,goufə] *s; zo* **US***(=ground squirrel)* jordekorn.
I. gore [gɔ:] *s* **1.** *i skjørt, etc:* kile;
2. *mar; på seil:* gilling;
3. *glds(=clotted blood)* levret blod *n.*
II. gore *vb:* spidde; stange.
I. gorge [gɔ:dʒ] *s(=deep ravine;* **US:** *canyon)* dyp, trang elvedal; slukt; elvegjel *n;* juv *n;* skar *n.*
II. gorge *vb:* ***gorge oneself on*** proppe i seg; meske seg med.
gorgeous [,gɔ:dʒəs] *adj* **1.** strålende; praktfull; ***a gorgeous*** *(=fantastic)* ***array of food*** en fantastisk oppdekning; **2***(=very pleasant; very enjoyable; lovely)* strålende; herlig *(fx perfume; weather);* ***a gorgeous girl*** en praktfull *(el.* deilig) pike; **T: *that young man is simply gorgeous!*** den unge mannen er bare helt deilig! ***a gorgeous****(=very enjoyable)* ***meal*** et herlig måltid; ***we had a gorgeous****(=glorious; lovely)* ***time*** vi hadde det aldeles deilig.
gorilla [gə,rilə] *s* **1.** *zo:* gorilla;
2. *neds; om mann:* gorilla.
gormandize, gormandise [,gɔ:mənˈdaiz] *vb:* fråtse.
gorse [gɔ:s] *s; bot(=furze; whin)* gulltorn.
gory [,gɔ:ri] *adj* **1.** *fig(=bloodcurdling)* bloddryppende;
2. *glds(=blood-stained)* blodbestenkt.
gosh [gɔʃ] *int:* jøss!
goshawk [,gɔsˈhɔ:k] *s; zo:* hønsehauk; duehauk.
gosling [,gɔsliŋ] *s; zo(=young goose)* gåsunge.
go-slow [ˈgou,slou] *s:* go-slow-streik.
gospel [,gɔspəl] *s; rel:* evangelium *n:* ***the Gospel according to St. Luke*** Lukasevangeliet.
gospeller [,gɔspələ] *s; rel* **1.** *ved gudstjeneste:* evangelieoppleser; **2.** sekterist; ***hot gospeller*** fanatisk sekterist.
gospel truth gudsens sanning; ***take it for gospel truth*** tro fullt og fast på det.
I. gossamer [,gɔsəmə] *s; zo:* flyvende sommer.
II. gossamer *adj:* flortynn *(fx a gossamer material).*
I. gossip [,gɔsip] *s* **1.** *neds:* sladder; ***a hotbed of gossip*** en sladdersentral; ***some juicy gossip*** litt pikant sladder; ***there's a lot of gossip flying about*** det er mye sladder;
2*(=(friendly) chat)* (koselig) prat;
3. *neds:* sladrebøtte; *om kvinne:* sladrekjerring.
II. gossip *vb* **1.** sladre; fare med sladder;
2*(=chat)* prate *(fx gossip with one's neighbours).*
got [gɔt] **1.** *pret & perf.part. av get;*
2. *ukorrekt bruk; presens av get:* ***I got news for you****(=I've (got) news for you)* jeg har nyheter til deg; ***we got to go****(=we've got to go; we have to go)* vi må gå (,dra); *(jvf gotta).*
Gotham [,goutəm; ,gɔtəm] *s* **1.** *geogr; by i Nottinghamshire:* Gotham; ***the Wise men of Gotham*** *svarer til:* molboene;
2. T: New York.
Gothenburg [,gɔθənˈbə:g] *s; geogr:* Gøteborg.
Gothic [,gɔθik] *adj; om språk & arkit:* gotisk.
gotta [,gɔtə] *især* **US T***(=have to; must):* ***I gotta get dressed****(=I've got to get dressed)* jeg må kle på meg; *(jvf got 2).*
gotten [,gɔtən] **US** *perf.part. av get;* ***he had gotten a car for his birthday*** han hadde fått bil til sin fødselsdag; ***I've gotten sick of all this*** jeg er blitt lut lei av alt dette.
gouache [gu,ɑ:ʃ] *s(=body colour)* gouache.
I. gouge [gaudʒ] *s; tøm:* ***(firmer) gouge****(=socket chisel)* huljern; hulmeisel.
II. gouge *vb* **1.** *tøm:* ***gouge (out)*** hule ut; ***gouge (out) a hole in the wood*** hogge hull *(n)* i treverket *(el.* treet);
2.: ***gouge out sby's eyes*** presse øynene ut av hodet på en.
gourd [guəd] *s; bot:* gresskar.
gourmand [,guəmənd] *s; stivt(=heavy eater)* storeter.
gourmet [,guəmei] *s:* gourmet; matskjønner; feinschmecker.
gout [gaut] *s; med.:* podagra; ekte gikt; *(jvf rheumatism).*
govern [,gʌvən] *vb* **1.** regjere; styre;
2. *meget stivt(=control)* beherske *(fx one's temper);*
3. *gram; om vb(=take)* styre *(fx the dative).*
governess [,gʌvənəs] *s:* guvernante.
governing [,gʌvəniŋ] *adj* **1.** regjerende; styrende;
2. ledende.
governing body styrende organ *n;* ledelse.
I. government [,gʌvənmənt] *s* **1***(=Government)* regjering; ***the government in office*** den sittende regjering; ***head of (the) government*** regjeringssjef;
2. regjeringsmakt; styring; ***the Government****(=the State)* staten; ***form of government*** statsform; *(se local government).*
II. government *adj:* regjerings- *(fx organ);* stats- *(fx institution); (se også sms med 'national' & 'state').*
government agency offentlig organ *n.*

governmental ['gʌvən,mentl] *adj:* regjerings-; stats-.
Government Communications Headquarters: ***the Government Communications Headquarters****(fk the GCHQ)(,***US:** *the National Security Agency)* Regjeringens sambandssenter.
government expense: ***at government expense*** for statens regning.
government official*(=government employee; junior civil servant)* statsansatt; ***senior government official****(=senior public servant; senior civil servant)* embetsmann; *(jvf civil servant).*
Government organ regjeringsorgan.
governor [,gʌvənə] *s* **1.** guvernør;
2. *ved skole, sykehus, etc:* styremedlem;
3. *i nasjonalbank:* sjefdirektør *(fx Governor of the Bank of England);*
4. *ved fengsel:* ***(prison) governor****(,***US:** *warden)* fengselsdirektør;
5. *om far el. sjef; brukt vesentlig av menn* **T:** ***the governor*** sjefen; bossen; fatter'n;
6. *i tiltale* **T***(=Mister; Sir)* mester;
7. *gram(=head)* styrelse.
govt, Govt *fk f government; Government.*
gown [gaun] *s* **1.** *dommers, lærers, etc:* kappe;
2. *glds(=long dress)* lang kjole;
3. *om universitetsfolk som gruppe:* ***town and gown*** byen og universitetet; byens befolkning og universitetets folk; ***town-gown relationships had shown signs of improving*** forholdet mellom universitetets folk *(n)* og byens befolkning hadde vist tegn *(n)* til å bedre seg.
GP ['dʒi:,pi:] *s(fk f general practitioner)* allmennpraktiserende lege; allmennpraktiker.
I. grab [græb] *s* **1.** *på gravemaskin:* grabb;
2.: ***make a grab at****(=try to grab)* forsøke å gripe.
II. grab *vb* **1.** snappe; gripe; slå kloa i; hogge tak i; ***grab (for oneself)*** grafse til seg;
2. *i all hast* **T:** få tak i *(fx a taxi); om mat:* få seg;
3.: ***grab at*** 1. gripe etter; ta etter; snappe *(el.* grafse) etter; 2. *fig:* gripe (begjærlig).
I. grace [greis] *s* **1.** ynde; gratie; anstand; ***with grace*** yndefullt; grasiøst; ***accept defeat with grace*** finne seg i nederlaget med anstand; ***lose with grace*** tape med anstand;
2. *stivt(=decency; a sense of what's decent)* anstendighet; ***have the (good) grace to****(=have the decency to)* være anstendig nok til å;
3. bordbønn; ***say (the) grace*** be bordbønn; *(NB "For what we're about to receive may we be truly thankful.");*
4. *mht. betaling:* frist; henstand; ***days of grace*** respittdager;
5. *om hertug el. biskop:* ***His Grace*** hans nåde; ***Your Grace*** Deres nåde;
6.: ***by the grace of God*** av Guds nåde;
7. *stivt:* ***with (a) bad grace*** *(=grudgingly)* motvillig; med sure miner; ***with (a) good grace****(=willingly; cheerfully)* uten sure miner; uten å mukke;
8. *spøkef:* ***be in sby's good gracees****(=be on good terms with sby)* stå seg godt med en; ***be in sby's bad gracees*** *(=be on bad terms with sby)* stå seg dårlig med en;
9.: ***airs and graces****(=affectation)* affekterthet;
10.: ***he has no social graces*** han har ingen selskapsmanerer; han oppfører seg klossete i selskapslivet;
11. *myt:* ***the Graces*** gratiene.
II. grace *vb* **1.** *stivt; ofte spøkef el. iron(=honour)* hedre *(fx the meeting with one's presence);*
2. *stivt(=adorn)* smykke *(fx flowers graced the table).*
grace-and-favour flat *hos medlem av kongehuset:* tjenesteleilighet; *(jvf I. job 1: house (,flat) that goes with the job).*
graceful [,greisful] *adj:* grasiøs; yndefull; elegant.
graceless [,greisləs] *adj:* blottet for ynde; plump; grov *(fx behaviour).*
gracious [,greiʃəs] *adj* **1.** *stivt(=kind; polite)* vennlig; elskverdig; *stivt:* nådig *(fx give a gracious smile);* ***by the gracious consent of*** med elskverdig samtykke fra;
2. *stivt(=merciful)* nådig *(fx God is gracious);*
3. *int; uttrykk for mild overraskelse:* du store all verden! jøss! *(fx Gracious! – I didn't hear you come in).*
I. grade [greid] *s* **1.** *om kvalitetsbestemmelse:* sort; kvalitet; ***small-grade eggs*** små egg *n;*
2. *skolev:* (bokstav)karakter *(fx B is a good grade); (jvf I. mark 2);* ***make the pass grade*** klare ståkarakter;
3. *skolev* **US***(=class; form)* klasse;
4. *skolev* **US:** ***the grades****(=the primary school)* barneskolen;
5.: ***(pay) grade*** lønnsklasse *(fx a Grade Ten civil servant);*
6. *jernb* **US***(=gradient)* hellingsgrad; stigning;
7. T: ***make the grade*** bestå prøven; klare seg.
II. grade *vb* **1***(=sort)* sortere; gradere;
2. *skolev:* gradere; *især* **US***(=mark)* sette karakter på;
3.: ***grade into****(=merge into; blend into)* gå over i *(fx blues and reds grade into purple).*
grade crossing *jernb* **US***(=level crossing)* jernbaneovergang.
graded post *skolev:* stilling med ekstra ansvar *(n)* og høyere gasje enn en normalpost.
grader [,greidə] *s* **1.** sorterer; sorteringsmaskin;
2.: ***(road) grader*** veihøvel; veiskrape.
grade school, elementary school US*(=primary school)* barneskole; *(se I. grade 4).*
grade teacher US*(=primary school teacher)* barneskolelærer.
gradient [,greidiənt] *s* **1.** hellingsgrad; stigningsforhold; ***a gradient of 1 in 20*** et stigningsforhold på 1:20;
2. *ski; i hoppbakke:* ***change of gradient in the inrun (,landing slope), change of gradient in the upper (,low- er) part of the jump****(,***US:** *transition zone)* overgang til hoppet (,sletta); *(se I. slope 3).*
gradual [,grædjuəl; ,grædʒuəl] *adj:* gradvis.
gradually [,grædjuəli; ,grædʒuəli] *adv:* gradvis; litt etter litt; jevnt; skrittvis.
I. graduate [,grædjuit; ,grædʒuit] *s* **1.** person med eksamen fra universitet *n (fx a university graduate);* ***a history graduate*** en som har universitetseksamen i historie;
2. US *& Canada:* person med eksamen fra 'high school' eller annen skole *(fx a high-school graduate).*
II. graduate [,grædju'eit; ,grædʒu'eit] *vb* **1.** *univ:* ta eksamen *(from a university* ved et universitet);
2. US *& Canada:* ta avgangseksamen ved 'high school' eller annen skole;
3. inndele i grader; gradere; kalibrere;
4. *om arbeidsforhold(=progress)* gå videre *(fx to more important work);* avansere *(fx from one job to another).*
III. graduate [,grædjuit; ,grædʒuit] *adj:* med akademisk utdannelse; ***graduate secretary*** sekretær med akademisk grad.
graduate engineer ingeniør med sivilingeniørstatus *(fx a graduate civil engineer; a graduate eletrical engineer); (NB en 'graduate engineer' kan av sin forening tildeles tittelen 'chartered engineer', fx 'chartered civil engineer').*
graduate nurse US*(=trained nurse)* utdannet sykepleier.
graduate profession yrke *(n)* som krever akademisk utdannelse.
graduation ['grædju,eiʃən; 'grædʒu,eiʃən] *s* **1.** det å ta universitets- eller høyskoleeksamen;
2. US: det å ta avsluttende eksamen ved 'high school' eller annen skole;
3. *skolev & univ* **US***(=degree-giving (ceremony); ved skole: speech day; prize-giving)* eksamenshøytidelighet; eksamensfest;
4. *på termometer, etc:* gradinndeling; graderingsmerke.

graduation exercises*(=ceremonies) skolev & univ: se graduation 3.*

I. graft [grɑ:ft] *s* **1.** *gart:* pode; podning;
2. *med.:* transplantat *n; **skin graft*** hudtransplantat;
3.: ***(hard) graft****(=hard work)* hardt arbeid;
4. *især* **US***(=corruption)* korrupsjon;
5. *især* **US***(=bribe)* bestikkelse.

II. graft *vb* **1.** *gart:* pode;
2. *med.:* transplantere;
3. T*(=work (hard))* arbeide (hardt);
4. *især* **US:** skaffe seg penger, stilling, etc ved korrupsjon.

grafter [ˌgrɑ:ftə] *s* **T***(=hard worker)* sliter; en som virkelig står på *(fx he's a real grafter).*

grafting [ˌgrɑ:ftiŋ] *s* **1.** *gart:* poding;
2. *med.:* transplantering *(fx skin grafting);*
3. T*(=working hard; hard work)* hardt arbeid; slit *n.*

I. grain [grein] *s* **1.** *hvete, havre, etc; også om det enkelte frø:* korn *n (fx grain is ground into flour); **a grain of oats*** et havrekorn; ***crushed grain****(=coarsely ground grain)* grøpp;
2. US*(=wheat)* hvete;
3. *om partikkel:* korn *n (fx a grain of sand);*
4.: ***cut across (,along) the grain*** skjære mot (,med) veden; skjære på tvers (,langs) (av veden); ***the attractive grain of the table*** de pene årringene i bordet; *fig:* ***it goes against the grain with him to tell lies*** det ligger ikke til hans natur å fortelle løgner;
5*(=texture)* struktur; tekstur;
6. *vektenhet:* 0,0648 gram *n; vektenhet for diamanter & perler:* ***metric grain****(=quarter of a carat)* 50 milligram;
7. *fig; om lite kvantum:* ***a grain of truth*** et fnugg av sannhet; en (liten) kjerne av sannhet; ***take it with a grain*** *(=pinch)* ***of salt*** ta det med en klype salt *n.*

II. grain *vb* **1***(=granulate; crystallize)* granulere; korne; krystallisere (seg); bli kornet; danne krystaller;
2. male åremønster (på tre).

gram *(=gramme)(fk g)* [græm] *s:* gram *n (fk g).*

grammar [ˌgræmə] *s* **1.** grammatikk;
2. språkbruk; ***is it good grammar to …?*** er det grammatisk korrekt å …? ***this essay is full of bad grammar*** denne stilen er full av grammatiske feil.

grammar school 1. *hist; svarer til:* allmennfaglig studieretning ved videregående skole (,*hist:* gymnas); *(jvf comprehensive school; secondary modern school);* **2. US:** barneskole.

grammatical [grəˌmætikl] *adj* **1.** grammatisk; grammatikalsk; **2.** grammatikalsk korrekt.

grampus [ˌgræmpəs] *s; zo* **1.** *delfinart:* grampus;
2. *hvalart(=killer whale; orc)* spekkhogger.

granary [ˌgrænəri] *s; også fig:* kornkammer.

I. grand [grænd] *s* **1***(=grand piano)* flygel *n; **baby grand*** kabinettflygel;
2. S 1*(=a thousand pounds)* tusen pund *n;* 2. **US***(=a thousand dollars)* tusen dollar.

II. grand *adj* **1***(=splendid; magnificent; impressive)* praktfull; storslått *(fx procession); **live in grand style****(=live in a big way)* leve på en stor fot;
2. *spøkef el. iron:* stolt; overlegen; stor på det; ***a grand****(=superior)* ***lady*** en fin dame; ***my, aren't we grand!****(=gosh, how grand we are!)* jeg skal si vi er store på det! ***give oneself grand airs*** *(=put on airs and graces)* spille fornem; være stor på det; ***he's too grand to speak to his old friends*** han er for stor på det til å snakke med sine gamle venner; ***Iringa Airport, the rather grand name of the little airstrip up here in the mountains*** Iringa lufthavn, som den vesle flystripen her opp i fjellene så flott heter; ***she looks alarmingly grand!*** hun ser skremmende fornem ut! ***with a grand air*** med en fornem mine;
3. *stivt(=important)* betydningsfull *(fx ambassadors and other grand people);*
4. *om stil(=lofty)* pompøs *(fx style);*
5. *dial(=fine; gorgeous)* fin; herlig *(fx we had a grand day at the seaside).*

grandaunt [ˌgrænd'ɑ:nt] *s(=great-aunt)* grandtante.

grandchild [ˌgræn'tʃaild] *s:* barnebarn; ***great grandchildren*** barnebarns barn *n.*

granddad [ˌgræn'dæd] *s* **T***(=grandfather)* bestefar.

granddaughter [ˌgræn'dɔ:tə] *s:* sønnedatter; datterdatter.

grandeur [ˌgrændʒə] *s:* prakt; storslåtthet; storslagenhet; storhet.

grandfather [ˌgræn'fɑ:ðə] *s:* bestefar; ***maternal grandfather****(=mother's father)* morfar; ***paternal grandfather****(=father's father)* farfar.

grandfather clock gulvur.

grandiloquent [grænˌdiləkwənt] *adj(=bombastic; pompous)* svulstig; bombastisk.

grandiose [ˌgrændi'ous] *adj:* grandios; storslått.

grand jury *jur* **US:** storjury (som skal avgjøre om det skal reises tiltale).

grandma [ˌgræn'mɑ:] *s* **T***(=grandmother)* bestemor.

grandmother [ˌgræn'mʌðə] *s:* bestemor; *(se grandfather).*

grandpa [ˌgræn'pɑ:] *s* **T***(=grandfather)* bestefar.

grandparents [ˌgræn'pɛərənts] *s; pl:* besteforeldre.

grand piano *mus:* flygel *n.*

grandson [ˌgræn'sʌn] *s:* sønnesønn; dattersønn.

grandstand [ˌgræn'stænd] *s; sport:* hovedtribune; (overbygd) sittetribune; *(jvf I. terrace 3: terraces).*

grandstand seat *sport:* plass på hovedtribune (*el.* sittetribune).

grandstand ticket *sport(=stand ticket)* (hoved)tribunebillett; billett til sittetribune; *(jvf terrace ticket).*

grand total: ***the grand total*** totalen; den samlede sum.

granduncle [ˌgrænd'ʌŋkl] *s(=great-uncle)* grandonkel.

grange [greindʒ] *s; som navn på større hus på landet, fx:* the Grange; *som del av navn, når stort hus er tatt i bruk som institusjon, fx:* ***the NN Grange Nursing Home***.

granite [ˌgrænit] *s; min:* granitt.

granny [ˌgræni] *s* **T***(=grandmother)* bestemor.

I. grant [grɑ:nt] *s:* støtte; tilskudd; bevilgning; bevilget beløp *n;*
2. stipend *n; **education(al) grant, training grant*** (skole)stipend; utdanningsstipend; ***travel grant*** reisestipend.

II. grant *vb* **1.** *stivt(=give)* gi *(fx an interview);*
2. *merk; stivt(=allow; give)* innrømme; gi *(fx a discount);*
3. *stivt & litt.:* forunne; ***it was not granted to him to live long****(=he was not destined to live long)* det ble ham ikke forunt å leve lenge;
4. innrømme; ***he's clever, I grant him that*** han er dyktig, det skal jeg innrømme; ***granted that****(= granting that)* selv om;
5.: ***grant sby's prayer*** bønnhøre en;
6.: ***take sth for granted*** ta noe for (*el.* som) gitt; ta noe som en selvfølge; ***I take it for granted that …*** jeg tar det som gitt at …; jeg går ut fra at …

grant-maintained [ˌgrɑ:ntmein'teind] *adj; skolev:* ***grant-maintained school*** skole med direkte statsstøtte.

granulated [ˌgrænju'leitid] *adj:* granulert; kornet; ru.

granulated sugar grov farin.

grape [greip] *s* **1.** *bot.:* drue; **2.:** ***it's sour grapes to him*** han er bare misunnelig.

grapefruit [ˌgreip'fru:t] *s; bot:* grapefrukt.

grape sugar *(=dextrose)* druesukker.

grapevine [ˌgreip'vain] *s* **1.** *bot:* vinstokk; vinranke;
2. *fig* **T***(=bush telegraph).* jungeltelegraf; ***on the grapevine*** over jungeltelegrafen.

graph [grɑ:f; græf] *s* **1***(=diagram; chart)* diagram *n;* kurve; grafisk fremstilling; ***bar graph****(=bar chart)* søylediagram; **2.** *mat.:* kurve.

graph book *(=exercise book with graph ruling)* bok med rutepapir.

g

graphic [ˌgræfik] *adj* **1.** grafisk; **2***(=vivid)* malende *(fx description);* **3***(=clearly described)* anskuelig.
graphic art grafisk kunst; grafikk; ***the graphic arts*** de grafiske kunster (ɔ: tegnekunst, malerkunst og grafikk).
graphic artist *(=(graphic) designer; printmaker)* grafiker;
graphite [ˌgræfait] *s:* grafitt.
graph paper *(=squared paper)* millimeterpapir; rutepapir.
graph ruling: ***with graph ruling*** med rutepapir.
grapnel [ˌgræpnəl] *s; mar(=small anchor):* dregg.
I. grapple [græpl] *s; forst:* ***timber grapple*** tømmerklo.
II. grapple *vb:* ***grapple with*** **1***(=struggle with)* kjempe med;
2. *fig(=struggle with)* stri med *(fx a problem).*
I. grasp [grɑ:sp] *s* **1***(=grip)* grep *n;* tak *n (fx have you got a good grasp on that rope?);*
2. *fig:* grep *n;* ***lose one's grasp (of things)****(=lose one's grip)* miste grepet (på tingene); ***he has a poor grasp of English*** han har et dårlig tak på engelsk(en); ***with an unfailing grasp*** med et sikkert grep;
3. *fig:* ***it is within his grasp****(=reach)* ***to …*** det er mulig for ham å …; han har mulighet(er) for å …;
4*(=comprehension)* fatteevne *(fx beyond my grasp).*
II. grasp *vb* **1***(=take hold of; seize)* gripe; gripe fatt i; *fig:* ***he grasped****(=took)* ***the opportunity*** han grep (*el.* benyttet) anledningen; **2***(=understand)* få tak *(n)* i; forstå *(fx I can't grasp what he's getting at);* ***you have grasped the point*** du har oppfattet poenget riktig;
3.: ***grasp at*** 1. gripe etter; 2. *om sjanse(=accept eagerly;* **T:** *grab)* gripe begjærlig; ta imot med glede.
grasping [ˌgrɑ:spiŋ] *adj(=greedy (for money))* grisk.
I. grass [grɑ:s] *s* **1.** gress *n;* ***strip of grass*** gressrabatt *(jvf grass verge);* ***tuft of grass*** gresstue; *ordspråk:* ***while the grass grows the steed starves*** mens gresset gror, dør kua; ***let the grass grow over sth****(=forget about sth)* la noe bli glemt;
2. S*(=informer)* angiver; tyster; ***supergrass*** angiver i stor stil; stortyster;
3. S*(=marijuana)* marihuana.
II. grass *vb* **1.:** ***let sth grass over*** la noe gro til med gress *n;* **2. S***(=inform)* angi; tyste.
grasshopper [ˌgrɑ:sˈhɔpə] *s; zo:* gresshoppe.
grassland [ˌgrɑ:sˈlænd] *s* **1.** gressjord; gressmark; **2***(=pasture)* beitemark; eng som beitemark.
grassroots [ˌgrɑ:sˈru:ts] *s; pl; fig:* ***the grassroots****(=the grass roots)* **1.** grasrota; ***at the grassroots*** i grasrota; ***at the grassroots level*** på grasrotnivå; på grunnplanet;
2. jorda; ***have a special attachment to one's grassroots*** henge ved jorda si.
grass snake *zo:* snok; bueorm.
grass stain *på klesplagg:* grønske(flekk).
grass verge *langs vei:* gressrabatt.
grass widow gressenke.
grass widower gressenkemann.
grassy [ˌgrɑ:si] *adj* **1***(=grass-like)* gressaktig; lik gress *n;* **2***(=grass-grown)* gressbevokst.
I. grate [greit] *s:* gitter *n;* rist; ***fire grate*** ovnsrist.
II. grate *vb* **1.** sette gitter *(n)* for; ***grated door*** gitterdør;
2. *grønnsaker, ost, etc:* rive; raspe;
3. *om irriterende lyd:* skurre; skrape *(fx the knife grated on the plate);* ***his voice really grates on me*** den stemmen hans irriterer meg virkelig.
grateful [ˌgreitful] *adj:* takknemlig (*to* mot, overfor); ***we are deeply grateful to him*** vi skylder ham en stor takk; ***I should be extremely grateful if you could spare the time to …*** jeg ville være deg ytterst takknemlig om du kunne avse tid til å …; *(se også thankful).*
gratefully [ˌgreitfuli] *adv:* takknemlig; med takk.
grater [ˌgreitə] *s:* rivjern.
gratification [ˈgrætifiˌkeiʃən] *s; stivt(=satisfaction)* tilfredsstillelse.
gratify [ˌgrætiˈfai] *vb; stivt(=satisfy)* tilfredsstille.
gratifying *adj; stivt(=satisfactory; pleasing)* tilfredsstillende; gledelig; oppmuntrende *(fx response);* ***a gratifying result****(=a pleasing result)* et gledelig resultat.
gratin: *se au gratin.*
gratinate [ˌgrætiˈneit] *vb; kul:* gratinere.
gratinated *adj; kul(=au gratin)* gratinert; *(se au gratin).*
I. grating [ˌgreitiŋ] *s* **1.** gitter *n;* gitterverk;
2. rist; ***bathroom grating*** baderomsrist; *(se outlet grating).*
II. grating *adj:* skurrende; irriterende.
gratis [ˌgreitis; ˌgrætis; ˌgrɑ:tis] *adj; stivt(=for nothing)* gratis *(fx I'll do it gratis).*
gratitude [ˌgrætiˈtju:d] *s:* takknemlighet; ***full of gratitude****(=very grateful)* full av takknemlighet; meget takknemlig; ***there's no gratitude in the world*** utakk er verdens lønn; *(se også thankfulness).*
gratuitous [grəˌtju:itəs] *adj; stivt* **1.** gratis; vederlagsfri *(fx use of a company car);* som fritt stilles til rådighet *(fx information);*
2*(=without cause; unmotivated)* ubegrunnet; umotivert; *(=unprovoked)* uprovosert *(fx insult); (=needless)* unødvendig *(fx brutality).*
gratuitously *adv; stivt(=without cause)* uten grunn; *(=needlessly)* unødvendig.
gratuity [grəˌtju:iti] *s; stivt(=tip)* drikkepenger.
I. grave [greiv] *s:* grav.
II. grave *adj* **1***(=serious)* alvorlig;
2*(=important)* viktig; betydningsfull *(fx decision);* ***a grave responsibility rests on your shoulders*** det hviler et stort ansvar på dine skuldre;
3. *stivt(=solemn)* høytidelig; alvorlig;
4. *språkv:* ***grave accent*** accent grave.
gravedigger [ˌgreivˈdigə] *s:* graver; *(jvf sexton).*
I. gravel [grævl] *s:* grus.
II. gravel *vb:* gruse; strø grus på *(fx a road).*
gravel(led) road grusvei.
graveside ceremony *svarer til:* jordpåkastelse; ***officiate at the graveside ceremony*** forrette ved jordpåkastelsen.
gravestone [ˌgreivˈstoun] *s(=tombstone; headstone)* gravsten.
graveyard [ˌgreivˈjɑ:d] *s(=cemetery)* gravlund; kirkegård; *(jvf churchyard).*
gravitate [ˌgræviˈteit] *vb* **1.** gravitere;
2. *stivt; fig(=move):* ***gravitate to(wards)*** bevege seg mot.
gravitation [ˈgræviˌteiʃən] *s; fys:* gravitasjon; tyngdekraft; ***the law of gravitation****(=gravity)* tyngdeloven.
gravity [ˌgræviti] *s* **1.** *stivt(=seriousness)* alvor *n;*
2. *stivt(=dignity)* verdighet; alvor *n;*
3. *fys:* tyngde; ***centre of gravity*** tyngdepunkt; ***the force of gravity*** tyngdekraften; ***the law of gravity*** tyngdeloven; ***go against the law of gravity*** oppheve tyngdeloven.
gravy [ˌgreivi] *s:* (brun) saus.
gravy boat sauseskål.
gravy train *især* **US T:** ***get on the gravy train****(=land on both feet)* havne rett i smørøyet.
gray [grei] *adj* **US:** *se grey.*
grayling [ˌgreiliŋ] *s; zo; fisk:* harr.
I. graze [greiz] *s(=scrape)* skrubbsår.
II. graze *vb* **1.** beite *n;* ***put out to graze*** slippe ut på beite;
2. US*(=eat on the move)* spise på gaten;
3*(=touch lightly)* streife *(fx the bullet grazed my ear);*
4*(=scrape)* skrubbe *(fx I've grazed my arm);* ***I fell over and grazed****(,***T:** *skinned)* ***my knee*** jeg falt og skrubbet kneet mitt.
I. grease [gri:s] *s:* (smøre)fett *n;* gris *n.*
II. grease *vb* **1.** *mask:* smøre;
2. *fig* **T:** ***grease sby's palm****(=bribe sby)* smøre en.

grease gun *mask:* fettpresse.
grease-proof paper bakepapir; smørpapir.
greaser [ˌgri:sə] *s; mar(=oiler)* smører.
grease-up [ˌgri:s'ʌp] *s:* smøring *(fx oil change and grease-up).*
greasy [ˌgri:si] *adj* **1.** oljet; fettet *(fx hands); **greasy hair*** fett hår;
2. *om vei:* såpeglatt;
3. *om person(= smooth)* glatt; ***a greasy character*** en glatt type;
4*(=oily)* oljeglatt; slesk; ***a greasy smile*** et sleskt smil.
great [greit] *adj* **1.** *fig(,***T:** *big)* stor *(fx decision; mistake; worry); **do sby a great favour*** gjøre en en stor tjeneste; ***great minds think alike*** to sjeler og én tanke;
2. *om graden: **great concentration*** sterk konsentrasjon; ***a great coward*** en stor kujon; ***they're great friends*** de er meget gode venner; ***the great majority*** det store flertall; ***be in great pain*** ha store smerter;
3. betydningsfull; stor *(fx artist); **great expense**(=heavy expense(s))* store utgifter; ***a great show of wealth*** en imponerende demonstrasjon av rikdom; ***at great**(= high) **speed*** i stor fart; ***it was a great**(=hilarious) **sight!*** det var et syn for guder!
4. *i emosjonelle utsagn: **a great big dog*** en stor, stygg hund; ***move your great big smelly feet!*** dra til deg de stygge, stinkende bena *(n)* dine! ***this great lorry overtook me*** denne store lastebilen kjørte forbi meg;
5. *bifallende* **T:** ***he's a great reader**(=he reads a lot)* han er en ordentlig lesehest;
6. T*(=very good): **that's great!*** det er helt fint! det er alle tiders! ***we had a great time at the party*** vi hadde det veldig fint i selskapet; ***it's a great idea!*** det er en virkelig fin idé! ***he was great!*** han var alle tiders! han var virkelig god! ***great at football*** virkelig god i fotball;
7.: ***a great**(=good) **deal**(=quite a lot; a lot)* en god del; en hel del; ***a great**(=good) **deal of**(=a lot of)* en god del; en hel del *(fx a great deal of money); **a great**(= good) **many**(=a lot (of))* en god del; en hel del; (ganske) mange; ***a great many people**(=a lot of people)* mange mennesker; *(jvf big & large).*
Great Bear *astr: **the Great Bear**(=Ursa Major)* Storebjørn.
Great Belt *s; geogr: **the Great Belt*** Storebelt; *(jvf Little Belt).*
Great Britain *geogr(=Britain)* Storbritannia; *(se United Kingdom).*
greatcoat [ˌgreit'kout] *s(=heavy overcoat)* vinterfrakk.
great Dane *hunderase:* grand danois.
greater [ˌgreitə] *adj; komp av great.*
Greater London Stor-London.
greatest [ˌgreitist] *adj; superl av great.*
great favourite *(,***T:** *hot favourite)* storfavoritt.
great-grandchild barnebarns barn *n;* oldebarn.
great-grandfather oldefar; ***great great-grandfather*** tippoldefar.
greatly [ˌgreitli] *adv; stivt:* i høy grad *(fx I was greatly(=very much) impressed by the high standard; he was greatly(=very much) influenced by his father).*
greatness [ˌgreitnəs] *s:* storhet; betydning *(fx Shakespeare's greatness as a dramatist); **he has aspirations to greatness*** han aspirerer til (å bli) noe stort.
great northern diver *(,***US:** *common loon) zo:* islom.
great people*(=VIP's;* **T:** *big guns)* storfolk.
Great Seal storsegl; ***Lord Keeper of the Great Seal*** storseglbevarer; *(se Privy Seal 2).*
great shakes T: *he's no great shakes*(=there's not much to him;* **T:** *he's not up to much)* det er ikke stort ved ham.
great tit *zo:* kjøttmeis.
great-uncle ['greitˌʌŋkl] *s(=granduncle)* grandonkel.
grebe [gri:b] *s; zo:* lappdykker.
Greece [gri:s] *s; geogr:* Hellas.
greed [gri:d] *s:* grådighet; griskhet; ***greed for money*** pengebegjær; pengegriskhet.
greedy [ˌgri:di] *adj:* grådig; grisk.
I. Greek [gri:k] *s* **1.** greker; **2.** *språket:* gresk; ***it's Greek to me*** det er gresk for meg.
II. Greek *adj:* gresk.
I. green [gri:n] *s* **1.** grønnfarge; grønt *n;*
2. grøntareale; *(se green herbs & greens).*
II. green *adj* **1.** grønn; **2.** *forst:* nyfelt; nyhogd; rått; **3. T***(=inexperienced)* grønn; uerfaren.
greenback [ˌgri:n'bæk] *s* **US T***(=dollar note)* dollarseddel.
green bean *(,***US:** *snap bean) bot:* grønn bønne.
greenery [ˌgri:nəri] *s:* grønt *(fx add some greenery to that vase of flowers); **sit on the terrace surrounded by greenery*** sitte på terrassen i det grønne.
green fingers *pl: **have green fingers*** ha grønne fingre.
greenfly [ˌgri:n'flai] *s; zo(=aphis; aphid)* bladlus.
greengrocer [ˌgri:n'grousə] *s(,***US:** *vegetable man)* grønnsakhandler; grønthandler.
green herbs *pl(=green vegetables; greenstuff)* grønne grønnsaker (som fx kål og salat); *(jvf greens).*
greenhorn [ˌgri:n'hɔ:n] *s:* grønnskolling.
greenhouse [ˌgri:n'haus] *s:* drivhus.
greenish [ˌgri:niʃ] *adj:* grønnaktig.
greenish yellow *adj:* gulgrønn; ***dirty greenish yellow*** gursegrønn.
Greenland [ˌgri:nlənd] *s; geogr:* Grønland.
Greenlander [ˌgri:nləndə] *s:* grønlender.
Greenlandic [gri:nˌlændik] **1.** *s; språk:* grønlandsk;
2. *adj:* grønlandsk.
green light T: *the green light* *(=the go-ahead)* grønt lys; ***get the green light*** få grønt lys.
green onion *zo* **US***(=spring onion)* pipeløk.
green pepper *bot:* grønn paprika.
green point grønt punkt; ***pass through the (Customs) green point**(=pass the green point)* gå gjennom (tollen) på grønt.
greens [gri:nz] *s; pl:* suppegrønt; *(se green herbs & greenstuff).*
green soap*(=soft soap)* grønnsåpe.
greenstuff [ˌgri:n'stʌf] *s(=green vegetables; green herbs)* grønne grønnsaker (som fx kål og salat); *(jvf greens).*
greet [gri:t] *vb* **1.** hilse på;
2. *fig; stivt: **be greeted**(=received) **with*** bli hilst med *(fx this statement was greeted with laughter);*
3. *fig:* møte; ***a smell of fish greeted him*** lukten av fisk slo ham i møte.
greeting [ˌgri:tiŋ] *s:* hilsen; ***a few words of greeting*** en liten hilsen; ***Christmas greetings*** julehilsener.
greetings card gratulasjonskort; *(jvf get-well card).*
gregarious [griˌgɛəriəs] *adj* **1.** *om dyr:* som lever i flokk; **2.** *om person(=sociable)* selskapelig.
gremlin [ˌgremlin] *s:* nisse som gjør ugagn; slem nisse; *(jvf brownie; goblin; pixie; puck).*
grenade [griˌneid] *s; mil:* (gevær)granat; ***hand grenade*** håndgranat.
grew [gru:] *pret av grow.*
I. grey *(,***US:** *gray)* [grei] *s:* grått *n.*
II. grey *(,***US:** *gray) vb:* bli grå *(fx he's greying);*
III. grey *(,***US:** *gray) adj:* grå; ***mixed grey*** gråmelert.
grey-haired [ˌgrei'hɛəd] *adj:* gråhåret.
greyhen [ˌgrei'hen] *s; zo(=heath hen)* orrhøne; *(jvf blackcock & black grouse).*
greyhound [ˌgrei'haund] *s; zo:* mynde.
greyish [greiiʃ] *adj:* gråaktig.
greylag [ˌgrei'læg] *s; zo(=wild goose)* grågås.
grid [grid] *s* **1.** *på kart: **grid (system)*** rutenett;
2. *elekt:* lysnett; ledningsnett; ***the National Grid*** samkjøringsnettet;
3. linjenett *(fx the bus service formed a grid across the country);*
4.: ***cattle grid**(=cattle grating;* **US** *& Canada: cattle guard)* ferist;
5.: ***(grilling) grid**(=gridiron,* **US:** *broiler)* grill(rist).

g

griddle [gridl] *s:* bakstehelle; takke.

grief [gri:f] *s* **1.** *stivt(=sorrow)* sorg; ***lessen the grief*** stille sorgen;
2. T: ***come to grief****(=go badly wrong;* **T:** *come unstuck)* gå galt *(fx the project came to grief);* ***he came to grief*** det gikk galt for ham.

grief counselling rådgivning på grunn av sorg; rådgivning i sorgen *(fx they're being given grief counselling); (se counselling).*

grievance [ˌgri:vəns] *s* **1.** klagemål; klagepunkt; grunn til klage;
2. *stivt(=complaint)* klage; ***investigate****(=look into)* ***a grievance*** undersøke en klage; ***settle grievances quickly*** raskt bringe klagene ut av verden; ***they voiced their grievances*** de fremførte sine klager.

grieve [gri:v] *vb* **1.:** ***grieve (for)*** sørge over *(fx he's still grieving for his wife);*
2. *glds(=pain)* volde sorg; bedrøve;
3. *ordspråk:* ***what the eye doesn't see, the heart doesn't grieve*** det man ikke vet, har man ikke vondt av.

grievous [ˌgri:vəs] *adj* **1.** *stivt(=severe)* alvorlig;
2. *jur:* ***inflict grievous bodily harm on sby*** la en lide fysisk overlast;
3.: ***a grievous injustice****(=wrong)* en blodig urett; ***do sby grievous wrong*** gjøre en (en) blodig urett.

I. grill [gril] *s* **1.** rist;
2*(=gridiron; (grilling) grid;* **US:** *broiler)* grill(rist); *(jvf I. barbecue 2);*
3. *kul:* grillrett *(fx a mixed grill);*
4*(=grillroom)* grill(restaurant);
5.: *se grille 1.*

II. grill *vb* **1***(,***US:** *broil)* grille; grillsteke;
2. *fig:* ***the intense sun slowly grilled****(=fried)* ***them*** de ble langsomt stekt i den intense sola;
3. *fig* **T***(=question closely)* kryssforhøre; grille.

grille [gril] *s* **1***(=grillwork)* sprinkelverk; gitter *n;* ***counter grille*** skrankegitter;
2. *på bil:* ***(radiator) grille*** (radiator)grill; kjølergitter.

grilse [grils] *s; zo; moden unglaks:* grilse.

grim [grim] *adj* **1.** *om oppgave, historie(=horrible)* uhyggelig; nifs; ***a grim necessity*** en bitter nødvendighet; ***it's a grim prospect*** det er dystre (fremtids)utsikter;
2*(=stern; resolute)* streng; resolutt; ***hold on with grim determination*** holde seg fast for bare livet;
3. T*(=angry):* ***look (a bit) grim*** se (litt) morsk ut.

grim death T: ***hold on to sth like grim death*** klore seg fast i noe; holde seg fast i noe av alle krefter *(fx he held on to the rope like grim death).*

I. grimace [griˌmeis] *s:* grimase; ***make grimaces****(=make faces)* gjøre grimaser.

II. grimace *vb(=make grimaces)* gjøre grimaser.

grime [graim] *s:* skitt (især i form av sot).

grimy [ˌgraimi] *adj:* skitten; dekket av sot.

I. grin [grin] *s(=(broad) smile)* (bredt) smil; flir *n;* glis *n.*

II. grin *vb* **1.** smile (bredt); flire; glise;
2. T *fig:* ***grin and bear it*** finne seg i det; holde ut.

I. grind [graind] *s* **1.** maling; oppmaling; formaling;
2. T: kjedelig slit *n;* ***the daily grind*** det daglige slitet; ***well, then it's back to the grind!*** og så var det tilbake til tredemølla igjen, da!

II. grind *vb(pret & perf.part: ground)* **1.** *om korn, etc:* male; formale;
2*(=sharpen)* slipe *(fx a knife);*
3. *mask:* slipe; avslipe; glattslipe; ***grind down*** slipe ned;
4*(=grate)* skure; skrape;
5. gni; knuse (fx med hælen) *(fx the flowers into the earth with one's heel);*
6. *om lirekasse, etc:* sveive på; dreie på;
7. T*(=study hard):* ***grind for an exam*** lese hardt til en eksamen;
8. *fig; litt.:* ***grind down****(=crush; suppress; keep down)* knuse; underkue; undertrykke; holde nede; ***they were ground down by heavy taxes****(=they were crushed by heavy taxes)* de ble tynget ned av skatt(er);
9.: ***grind to a halt****(=standstill)* 1. *om maskin, etc(=stop noisily)* stoppe med brask og bram; 2. *fig:* gå i stå; stoppe opp.

grinder [graində] *s* **1.** *person:* sliper; ***knife ~*** skjærsliper; **2.** *mask:* slipemaskin; ***angle grinder*** vinkelsliper; ***coffee grinder*** kaffekvern; **3.** *tannl(=molar tooth)* jeksel.

grinding wheel slipeskive; *(jvf grindstone).*

grindstone [ˌgrain(d)'stoun] *s* **1.** slipestein; ***turn the handle of the grindstone*** dra slipesteinen;
2. *fig:* ***keep****(=have)* ***one's nose to the grindstone*** henge i; arbeide iherdig; ***back to the grindstone!*** tilbake til tredemølla! *(jvf I. grind 2).*

I. grip [grip] *s* **1.** grep *n;* tak *n;* ***he has a very strong grip*** han er sterk i hendene; **T:** han er sterk i klypa;
2*(=hairgrip;* **US:** *bobby pin)* hårspenne;
3. *fig:* grep *n;* tak *n;* ***have a good grip on*** ha et godt grep (*el.* tak) på *(fx the audience);*
4. *fig:* knugende grep *n (fx the grip of poverty);*
5*(=bag; holdall)* bag; veske;
6.: ***get to grips****(=start fighting)* begynne å slåss;
7.: ***come****(=get)* ***to grips with*** 1. komme inn på livet av; komme i nærkamp med; 2*(=tackle)* mestre; gi seg i kast *(n)* med *(fx a problem);*
8.: ***get a grip on*** få tak *(n)* på; få orden i *(fx I'm getting a grip on my affairs and sorting things out);* ***get a grip on oneself*** (klare å) beherske seg;
9. *også fig:* ***take a firm grip****(=grasp)* ***on*** ta et fast grep om; ***take a grip on oneself****(=pull oneself together)* ta seg selv i nakkeskinnet; ta seg kraftig sammen;
10.: ***lose grip*** 1. miste grepet; 2. *fig:* ***lose one's grip****(=one's grasp (of things))* miste grepet (*el.* taket).

II. grip *vb* **1.** ta et godt tak *(n)* i *(fx I gripped my bag);*
2. *om skrue, etc(=bite)* gripe; *om dekk:* få tak *n;*
3. *fig:* fange; fengsle *(fx grip (the attention of) one's audience).*

gripping [ˌgripiŋ] *adj(=absorbing)* fengslende.

grisly [ˌgrizli] *adj(=horrible)* uhyggelig; nifs; fæl.

grist [grist] *s* **1.** korn *(n)* som skal males;
2. *i bryggeri:* maltgrøpp;
3. *fig:* ***it's all grist to the mill*** alle monner drar; ***it's grist to his mill*** det er vann *(n)* på hans mølle; ***all is grist that comes to his mill*** han forstår å få noe ut av alt.

gristle [grisl] *s(=cartilage (in meat))* brusk.

I. grit [grit] *s* **1.** sandkorn; skarp grus; grovkornet sandsten; (strø)sand;
2.: ***piece of grit*** rusk *n (fx she's got a piece of grit in her eye);*
3*(=courage)* mot; ***he's got plenty of grit*** han er en uredd fyr; *(se grits).*

II. grit *vb* **1.** *glatt vei:* strø;
2.: ***grit one's teeth*** bite tennene sammen.

grits [grits] *s; pl:* grovmalt korn *n;* gryn *n;* ***grits used for fodder*** grøpp.

gritty [ˌgriti] *adj* **1.** lik grus; sandet; grynet;
2*(=courageous; resolute)* modig; resolutt; *(se nitty-gritty).*

grizzly [ˌgrizli] *adj* **1.** gråaktig; **2.** gråsprengt.

grizzly bear *zo:* gråbjørn.

I. groan [groun] *s(=moan)* stønn *n.*

II. groan *vb* **1***(=moan)* stønne; **2.** *om treverk:* knake; gi seg; **3.** *fig:* ***the table was groaning with food*** det bugnet av mat på bordet.

groats [grouts] *s; pl:* gryn *n;* ***oat groats****(=rolled oats)* havregryn.

grocer [ˌgrousə] *s* **1.** kjøpmann; **2***(=grocer's (shop))* dagligvareforretning; **T:** butikk.

grocery [ˌgrousəri] *s* **1***(=grocer's shop)* dagligvareforretning; **2.:** ***groceries*** dagligvarer.

groggy [ˌgrɔgi] *adj(=dazed)* groggy; omtåket.
groin [grɔin] *s; anat:* lyske.
I. groom [gru:m] *s* **1.** hestepasser; **2***(=bridegroom): **the bride and groom*** bruden og brudgommen.
II. groom *vb* **1.** strigle *(fx a horse);*
2. stelle *(fx the monkeys sat in the trees, grooming each other);*
3. *fig; om image:* pleie *(fx one's image); til betydningsfull stilling:* ***be groomed*** bli trent opp; bli lært opp; **T:** bli satt på.
groove [gru:v] *s* **1.** spor *n;* fure; rille;
2. *tøm:* not; ***tongue and groove*** not og fjær;
3. *på ski:* rand;
4. *fig:* spor *n;* ***get into a groove****(=get stuck in a groove; get into a rut)* kjøre seg fast i et bestemt spor; ***things have gone back into the old groove*** alt har nå kommet i sin gamle gjenge igjen; ***move in a groove*** være ensporet *(fx he moves in a groove);* ***think in grooves****(=set ways)* være henfallen til vanetenkning; ***his mind works in a narrow groove*** han er åndelig smalsporet;
5.: ***in the groove*** 1. *mus; jazz:* ***be in the groove****(=play extremely well)* spille veldig godt; 2. **US***(=groovy; fashionable)* moderne.
grope [group] *vb* **1.** famle *(for* etter); ***grope one's way*** famle seg frem;
2. *i seksuell hensikt:* beføle; ta på;
3. *fig:* famle *(fx he was groping for the right words).*
I. gross [grous] *s(=12 dozen)* gross *n.*
II. gross *vb; merk(=make a gross profit of)* ha en bruttoinntekt på *(fx we gross £50,000 a year).*
III. gross *adj* **1***(=vulgar; rude)* vulgær; simpel; grov *(fx language);* ***gross indecency*** grov usømmelighet;
2*(=obvious)* grov *(fx error);*
3. *neds(=too fat; coarse)* fet; tjukk og feit *(fx a large, gross woman; she's so gross!)*
4. brutto; ***do you mean gross or net?*** mener du brutto eller netto?
gross price *merk:* bruttopris.
gross profit *merk:* bruttofortjeneste; bruttoavanse.
grotesque [grouˌtesk] *adj:* grotesk.
grotty [ˌgrɔti] *adj* **T***(=nasty; unpleasant)* vemmelig; ufyselig; snuskete; uappetittlig.
grouch [grautʃ] *vb* **T***(=grumble; complain)* beklage seg; klage (på en sur måte) *(about* over).
grouchy [ˌgrautʃi] *adj* **T***(=grumpy)* gretten; grinete.
I. ground [graund] *s* **1.** jord; terreng *n;* bakke; ***on the ground*** på bakken; *(se for øvrig 11 ndf);*
2. *også fig:* terreng *n;* grunn; ***be on firm ground*** 1. ha fast grunn under føttene; 2*(=be on sure ground)* føle seg på sikker grunn; ***gain ground*** vinne terreng; ***give ground*** gi etter; fire; ***lose ground*** tape terreng;
3. bunn *(fx a white cross on a red ground);*
4. *mar(=bottom)* bunn; ***touch ground*** ta bunnen;
5. *i sms:* -plass; -bane *(fx football ground);* ***camping ground*** campingplass; ***fête grounds*** festplass; *(se fairground);*
6. *stivt el. jur:* ***grounds*** grunn(er) *(fx for complaint);* ***on health grounds****(=for health reasons)* av helsemessige årsaker; ***on the grounds that …*** med den begrunnelse at …; ut fra den betraktning at …; *(jvf 8);*
7. *jur:* ***grounds*** premisser; ***on such grounds*** på slike premisser; ***obtain a residence permit on humane grounds****(,UK: obtain exceptional leave to remain)* få oppholdstillatelse på humanitært grunnlag; *(jvf 7);*
8.: ***grounds****(=park)* park(anlegg); ***in the grounds of the palace*** i slottsparken; på slottets område *n;*
9.: ***grounds*** grums *n;* ***coffee grounds*** kaffegrut;
10. *fig:* felt *n;* område *n;* stoff *n (fx the lecture was familiar ground to him); fig:* ***meet sby on their own ground*** møte en på hjemmebane; ***common ground*** et punkt man kan bli enig om; ***he's sure of his ground****(=he's certain that he's right)* han er sikker i sin sak;
11. *forb m vb & prep; fig:* ***break fresh****(=new)* ***ground*** legge nytt land under plogen; skape noe nytt; ***cover a lot of ground*** *også fig:* komme langt; dekke et stort område; ***cut the ground from under sby's feet*** slå bena *(n)* vekk under en; *fig:* ***fall on stony ground*** falle på stengrunn; *flyv:* ***get off the ground*** ta av; lette; **T:** ***get sth off the ground*** få startet noe; ***this party doesn't get off the ground*** det er ingen fart på dette selskapet; ***have****(=put)* ***one's ear to the ground*** stikke fingeren i jorda; **T:** ***run a business into the ground*** *(=run a business down)* kjøre en forretning i grøfta; **T:** ***run oneself into the ground*** 1*(=exercise oneself to death)* mosjonere seg i hjel; 2*(=work oneself to death)* slite seg i hjel; arbeide seg i senk; ***shift one's ground*** skifte taktikk; ***stand one's ground*** holde stand; ***it suits me down to the ground*** det passer meg helt fint.
II. ground *vb* **1.** *mar:* sette på grunn; gå på grunn;
2. *flyv:* gi startforbud; **3.** *elekt* **US***(=earth)* jorde.
III. ground *pret & perf.part. av II. grind.*
ground colour bunnfarge.
ground crew *flyv(=handling crew)* bakkemannskap.
groundfloor [ˌgraund'flɔ:] *s(,***US:** *first floor)* første etasje; ***lower groundfloor*** underetasje; ***on the groundfloor*** i første etasje.
ground hostess *flyv:* bakkevertinne.
grounding [ˌgraundiŋ] *s:* grunnleggende kunnskaper; forkunnskaper; ***acquire a good grounding in languages*** skaffe seg et godt språklig grunnlag.
groundless [ˌgraundləs] *adj; stivt(=baseless)* grunnløs; ***groundless speculations*** grunnløse spekulasjoner.
groundsheet [ˌgraund'ʃi:t] *s:* teltunderlag.
groundsman [ˌgraundzmən] *s; ved idrettsplass:* oppsynsmann.
ground stop *flyv:* bakkestopp.
groundswell [ˌgraund'swel] *s* **1.** underdønning; grunnbrott;
2. *fig:* ***a groundswell of public opinion in favour of …****(=a wave of popular opinion in favour of …)* en opinionsbølge til fordel for …
ground table grunnvannsnivå.
groundwater [ˌgraund'wɔ:tə] *s(=subsoil water)* grunnvann.
groundwork [ˌgraund'wə:k] *s; fig(=preliminary work)* forarbeid; grunnleggende arbeid *n.*
I. group [gru:p] *s* **1.** gruppe; klynge; **2.** *sport(=heat)* pulje; ***by groups****(=in groups)* puljevis.
II. group *vb:* gruppere; gruppere seg; ***group together*** plassere i samme gruppe *(fx group these books together).*
groupie [ˌgru:pi] *s* **S:** pike som henger etter popmusikere; gruppefrø.
group practice privat legesenter.
I. grouse [graus] *s* **1.** *zo:* rype; *(se black grouse);*
2. T*(=complaint)* klage.
II. grouse *vb* **T***(=complain)* beklage seg *(about* over).
grove [grouv] *s:* lund; ***olive grove*** olivenlund.
grovel [grɔvl] *vb; stivt(=crawl)* krype; ***grovel before sby****(=crawl to sby; cringe before sby)* krype for en.
grovelling *adj(=crawling)* krypende.
grow [grou] *vb(pret: grew; perf.part.: grown)* **1.** *også fig:* vokse; ***grow a beard*** anlegge skjegg *n;* ***his influence has grown considerably*** hans innflytelse har vokst betydelig; ***a really close relationship grows*** et virkelig nært forhold utvikler seg (stadig); *(se for øvrig 4,5,6,7,8,9);*
2. *landbr(=raise)* dyrke *(fx carrots; wheat);*
3. *når det skjer gradvis:* bli *(fx old);* ***you'll grow to like it*** du vil komme til å like det (etter hvert); *(se også 5);* ***grow apart*** vokse fra hverandre; ***grow away from*** vokse fra; ***grow too old for*** 1. bli for gammel for; 2. *fig(=outgrow)* vokse fra;
4.: ***grow into*** 1. *om klær, etc:* vokse inn i; 2*(=develop into)* utvikle seg til *(fx that might grow into an awkward situation);* ***she has grown into****(=grown to be)* ***a beautiful woman*** hun har utviklet seg til en vakker kvinne;

5.: *grow on* 1. vokse på; *fig:* ***they don't grow on every bush****(=they're few and far between)* de vokser ikke på trær; det er langt mellom dem; 2. *om noe man etter hvert vil komme til å like:* ***it has grown on me*** jeg har kommet til å like det; ***it grows on you*** det er noe man kommer til å like etter hvert; *(se også 3);*
6.: *grow out (again)* vokse ut (igjen);
7.: *grow out of* 1. vokse fra; 2. *fig:* vokse av seg; 3. *fig:* vokse frem av;
8.: *grow together* vokse sammen;
9.: *grow up* 1. vokse opp; vokse til; bli voksen; ***they grew up in the early days of television*** de vokste opp i fjernsynets barndom; ***what are you going to do when you grow up?*** hva skal du gjøre når du blir voksen? ***she's lived here ever since she grew up*** hun har bodd her helt siden hun ble voksen; 2. *fig(=come into existence)* vokse frem.
grower [ˌgrouə] *s:* produsent; ***tomato grower*** tomatdyrker.
growing pains 1. *hos barn:* vokseverk;
2. *fig(=initial difficulties)* begynnervanskeligheter.
I. growl [graul] *s:* knurr *n;* knurring; brumming; ***a growl of assent*** et knurrende samtykke.
II. growl *vb* **1.** knurre; brumme; ***the dog growled at me*** hunden knurret til meg;
2. *fig:* ***he growls at everyone*** han brummer til alle;
3. *litt.:* ***his stomach growled****(=rumbled)* ***with hunger*** magen hans knurret av sult.
growler [ˌgraulə] *s(=grumbler)* brumlebasse; grinebiter.
grown [groun] **1.** *perf.part. av grow;* **2.** *adj:* voksen *(fx a grown man);* ***fully grown*** fullvoksen.
I. grown-up [ˌgroun'ʌp] *s(=adult)* voksen.
II. grown-up ['grounˌʌp; *attributivt:* ˌgroun'ʌp] *adj:* voksen.
growth [grouθ] *s* **1.** vekst; ***a new growth of hair*** ny hårvekst; ***a week's growth of beard*** en ukes skjeggvekst;
2. *med.:* svulst; ***cancerous growth*** kreftsvulst;
3. *landbr:* ***of one's own growth*** som man har dyrket selv;
4. *fig:* vekst *(fx of a city);* fremvekst; ***a growth in interest*** voksende interesse; *økon:* ***rate of growth*** vekstrate.
I. grub [grʌb] *s* **1.** *zo; især av bille:* larve;
2. T*(=food)* mat; ***grub's up!*** nå er det mat å få!
II. grub *vb(=dig)* grave *(fx in the earth for potatoes);* ***grub (around), grub (away)*** grave (omkring i); rote (i).
grubby [ˌgrʌbi] *adj* **T***(=dirty)* skitten.
I. grudge [grʌdʒ] *s:* nag *n;* ***I don't bear him a grudge*** jeg bærer ikke nag til ham; ***he has a grudge against me****(=he bears me a grudge;* **T:** *he has it in for me)* han bærer nag til meg; **T:** han har et horn i siden til meg.
II. grudge *vb* **1.** ikke unne; misunne *(fx sby sth);*
2.: *I grudge**(=I'm against)* ***(-ing)*** jeg er imot å …
grudging [ˌgrʌdʒiŋ] *adj(=reluctant)* motstrebende; motvillig; ***his grudging help*** den hjelpen han så motvillig ga.
grudgingly *adv:* motstrebende; motvillig.
gruel [ˌgru:əl] *s:* velling; ***oatmeal gruel*** havrevelling.
gruelling *(,US også: grueling) adj* **1.** ytterst anstrengende; som tar på; ***I find this heat gruelling!*** denne varmen tar jammen på!
2*(=demanding)* krevende;
3. *om forhør(=hard):* ***a gruelling interrogation*** et skarpt forhør.
gruesome [ˌgru:səm] *adj(=horrible)* fryktelig; fæl.
gruff [grʌf] *adj* **1***(=brusque)* brysk; barsk; bøs;
2. *om stemme(=rough; deep)* grov; barsk.
I. grumble [grʌmbl] *s* **1***(=rumbling; grumbling)* rumling *(fx of thunder);*
2*(=bad-tempered complaint)* sur klage *(fx listen to all their grumbles).*
II. grumble *vb* **1.** *fx om torden; stivt(=rumble)* rumle;
2*(=complain; moan)* beklage seg; klage (på en sur måte).
grumbler [ˌgrʌmblə] *s:* grinebiter; brumlebasse.
grumpy [ˌgrʌmpi] *adj* **T***(=cross)* gretten.
I. grunt [grʌnt] *s:* grynt *n; (se oink).*
II. grunt *vb:* grynte.
I. guarantee ['gærənˌti:] *s* **1.** garanti; garantibevis;
2. *jur:* gjeldsgaranti; kausjon; sikkerhet;
3. *jur:* garantist; kausjonist; ***act as a guarantee for*** være kausjonist for;
4. *fig:* sikkerhet; garanti; ***there's no guarantee that I'll be able to come*** jeg kan ikke garantere at jeg kan komme.
II. guarantee *vb* **1.** garantere (for); ***I can't guarantee good weather*** jeg kan ikke garantere pent vær; ***the car is guaranteed for two years*** bilen har to års garanti; **2.** *jur:* kausjonere for *(fx guarantee sby's debts).*
guarantor ['gærənˌtɔ:] *s; jur:* selvskyldner; garantist; kausjonist.
I. guard [gɑ:d] *s* **1.** vakt; vaktmannskap; vaktpost; ***they were under guard****(=they were being guarded)* de ble bevoktet; ***guard of honour*** æresvakt; ***keep guard over*** holde vakt over; **US: *(prison) guard****(=prison officer)* fengselsbetjent;
2. *fekting, etc:* parerstilling; *også fig; især* **US: *lower one's guard****(=relax one's guard)* bli mindre vaktsom; være uoppmerksom; slappe av; *også fig* **US: *raise one's guard****(=be particularly on guard)* være ekstra vaktsom; være ekstra på vakt; ***off one's guard*** uforsiktig; uoppmerksom; ikke på vakt; ***catch sby off his guard*** overrumple en; komme overraskende på en; ***put****(=throw)* ***sby off his guard*** (inn)gi en en falsk trygghetsfølelse; ***on guard*** på vakt; ***on one's guard*** vaktsom; på vakt; ***on one's guard against*** på vakt overfor.
II. guard *vb* **1.** holde vakt; bevokte; ***closely guarded*** under skarp bevoktning;
2.: *guard against**(=try to prevent)* gardere seg mot; sikre seg mot;
3. *sjakk:* dekke.
guarded [ˌgɑ:did] *adj* **1.** bevoktet; **2***(=cautious)* forsiktig *(fx a guarded reply).*
guardian [ˌgɑ:diən] *s* **1.** beskytter; vokter; ***the guardians of peace*** fredens voktere;
2. *jur:* ***(legal) guardian*** verge *n;* formynder.
guardian angel skytsengel.
guardianship [ˌgɑ:diən'ʃip] *s:* formynderskap; ***be under sby's guardianship*** stå under ens formynderskap.
guard rail 1. gelender *n;* rekkverk *n;*
2. *langs vei(= safety rail; guard fence)* avviserrekkverk; autovern.
Guards [gɑ:dz] *s; pl; mil:* ***the Guards*** Garden.
guardsman [ˌgɑ:dzmən] *s; mil:* gardist.
guer(r)illa [gəˌrilə; geˌrilə] *s* **1***(=guerilla soldier)* geriljasoldat;
2.: *the guer(r)illas* 1. geriljasoldatene; 2. *kollektivt:* geriljaen.
I. guess [ges] *s:* gjetning; ***rough guess*** løs gjetning; ***that was a good guess*** det var godt gjettet; ***make a guess*** gjette; ***make a guess at****(=guess at)* gjette på; ***give sby two guesses*** la en få gjette to ganger; **T: *that's anybody's guess*** det er det umulig å vite.
II. guess *vb* **1.** gjette (på); gjette seg til; ***guess at****(=make a guess at)* gjette på; ***guess right (,wrong)*** gjette riktig (,galt);
2. US*(=think; suppose)* tro; anta *(fx I guess he did it);* ***I guess I'll go now*** jeg tror jeg går nå.
guesswork [ˌges'wə:k] *s:* gjettverk; gjetning; ***I got the answer by guesswork*** jeg fikk svaret ved å gjette meg frem.
guest [gest] *s* **1.** gjest; ***house guest*** overnattingsgjest; ***guest of honour*** æresgjest;
2. T: *be my guest!* vær så god! *(fx May I have a look*

at these books? – Be my guest!).
guest artist gjesteartist.
guest bedroom *(=spare bedroom)* gjesteværelse.
guesthouse [ˌgest'haus] *s(=small hotel)* pensjonat *n;* ***summer guesthouse*** sommerpensjonat.
I. guffaw [gʌˌfɔ:; gəˌfɔ:] *s; neds:* skoggerlatter; gapskratt.
II. guffaw *vb; neds:* skoggerle; gapskratte.
guidance [ˌgaidəns] *s:* veiledning; rettledning; ***under the guidance of*** under rettledning av.
I. guide [gaid] *s* **1.** guide; veiviser; fører; *i museum, etc:* omviser;
2*(=guidebook)* reisehåndbok; guide *(to* til) *(fx a guide to London); i museum, etc:* (omvisnings)katalog;
3*(=Guide)* jentespeider; ***the Guides****(,hist: the Girl Guides;* **US:** *the Girl Scouts)* jentespeiderne.
II. guide *vb* **1.** lede; vise vei; **2.** *fig:* rettlede; veilede; ***be guided by*** la seg rettlede av; rette seg etter.
guidebook: *se I. guide 2.*
guide dog førerhund.
guided tour 1*(=tour)* omvisning; **2. US***(=conducted tour)* selskapsreise; fellesreise med reiseleder.
guidelines [ˌgaid'lainz] *s; pl(=directions)* retningslinjer *(fx we'll need a few guidelines).*
guide post 1*(=signpost)* veiviser; **2.** avviserstolpe.
guiding spirit*(=mainstay; driving force)* bærende kraft.
guiding star *fig:* ledestjerne.
guild [gild] *s; hist(=craft union)* laug *n.*
guilder [ˌgildə] *s; pengeenhet(=gulden)* gylden.
guildhall [ˌgild'hɔ:l] *s* **1.** laugshall; gildehall;
2.: ***the Guildhall*** rådhuset i City of London.
guile [gail] *s; litt.(=deceit; trick)* svik *n;* list.
I. guillotine [ˌgilə'ti:n] *s:* giljotin; falløks.
II. guillotine *vb:* giljotinere.
guilt [gilt] *s:* skyld; ***he had no sense of guilt*** han hadde ingen følelse av skyld;.
guiltless [ˌgiltləs] *adj:* skyldfri; uten skyld.
guilty [ˌgilti] *adj:* skyldig *(of* i); skyldbetynget; skyldbevisst; ***have a guilty conscience*** ha dårlig samvittighet; ***I feel guilty about not having written to you sooner*** jeg har dårlig samvittighet fordi jeg ikke har skrevet til deg før; ***plead guilty (as charged)*** erklære seg skyldig (ifølge tiltalen).
Guinea [ˌgini] *s; geogr:* Guinea.
I. Guinean [ˌginiən] *s:* guineaner;
II. Guinean *adj:* guineansk.
guinea hen *zo(=guinea fowl)* perlehøne.
guinea pig 1. *zo:* marsvin; **2.** *fig:* forsøkskanin; prøveklut.
guise [ˌgaiz] *s; stivt el. litt.* **1.:** ***in the guise of*** 1*(= dressed like)* kledd som; 2*(=disguised as)* forkledd som; 3.: ***in the guise of an angel*** i en engels skikkelse;
2*(=form):* ***the same thing in a different guise*** det samme på en annen måte;
3.: ***under the guise****(=pretence)* ***of friendship*** under dekke av vennskap *n;* under vennskaps maske.
guitar [giˌtɑ:] *s; mus:* gitar.
guitarist [giˌtɑ:rist] *s; mus:* gitarist.
gulden [ˌguldən] *s; pengeenhet(=guilder)* gylden.
gulf [gʌlf] *s* **1.** (større) havbukt; golf; ***the Persian Gulf*** Persiabukta;
2. *fig(=abyss)* avgrunn; (=gap) kløft; dypt skille; *(se gap 2).*
Gulf of Mexico *s; geogr:* ***the Gulf of Mexico*** Mexicogolfen.
Gulf Stream: ***the Gulf Stream*** Golfstrømmen.
gull [gʌl] *s; zo:* måke.
gullet [ˌgʌlit] *s; anat:* spiserør; svelg *n.*
gullible [ˌgʌlibl] *adj(=credulous)* godtroende; lettlurt.
gully [ˌgʌli] *s* **1.** *geol:* regnkløft; erosjonskløft; uttørret elvefar; **2.** *fjellsp:* renne.
gully-drain [ˌgʌli'drein] *s; fra rennestein:* avløpsrør.
gully-hole [ˌgʌli'houl] *s:* rennesteinssluk.

I. gulp [gʌlp] *s* **1.** slurk; jafs; ***at(=in) one gulp*** i én jafs; i én slurk; **2.** svelgebevegelse.
II. gulp *vb* **1.:** ***gulp down*** sluke; helle i seg *(fx a cup of tea);* ***gulp down one's food noisily*** slafse i seg maten;
2. *pga. frykt, etc:* svelge.
I. gum [gʌm] *s; anat:* tannkjøtt; gom.
II. gum *s* **1.** gummi; **2.** klebemiddel; (gummi)lim *n;*
3. T*(=chewing gum)* tyggegummi; **S:** tyggis.
III. gum *vb* **1.** gummiere; klebe; lime;
2. *om maskin, system, etc* **T:** ***gum up the works****(= bring everything to a standstill))* få det (hele) til å gå i stå.
gumboots [ˌgʌm'bu:ts] *s; pl(=Wellington boots; wellies; rubber boots;* **T:** *rubbers)* gummistøvler.
gumdrop [ˌgʌm'drɔp] *s(=gum)* gelédrops.
gummy [ˌgʌmi] *adj* **T***(=sticky)* klebrig; gummiaktig.
gumption [ˌgʌmpʃən] *s* **T 1***(=initiative; courage)* tiltak; ***he has no gumption in him****(=he's got no initiative)* det er ikke noe tiltak i ham; **2***(=common sense)* sunn fornuft; omløp i hodet.
I. gun [gʌn] *s* **1.** kanon; gevær *n;* børse; pistol; skytevåpen; ***heavy guns*** tungt artilleri; grovt skyts; ***machine gun*** maskingevær; ***sub-machine gun*** maskinpistol; ***butt end of a gun****(=stock (of a rifle); rifle butt)* geværkolbe; børsekolbe;
2.: ***drill gun*** elektrisk hånddrill; ***spray gun*** sprøytepistol;
3. T: ***big gun*** 1. *mil:* høyere offiser; 2.: ***the big guns*** de store gutta; 3.: ***use one's big guns (on sth)*** bruke storslegga (på noe);
4. *sport:* startskudd; *også fig:* ***jump****(=beat)* ***the gun*** tjuvstarte;
5. *fig* **T:** ***stick to one's guns*** stå fast på sitt.
II. gun *vb* **1.:** ***gun down*** skyte ned; meie ned;
2. *fig* **T:** ***gun for*** være ute etter; drive hets mot.
gun barrel 1. kanonløp; **2.** børsepipe; geværløp.
gundog [ˌgʌn'dɔg] *s:* jakthund.
gunfire [ˌgʌn'faiə] *s* **1.** kanonild; skyting; **2.** geværild.
gunge [gʌndʒ] *s* **T***(=sticky stuff;* **T:** *goo)* kliss *n.*
gungy [ˌgʌndʒi] *adj* **T***(=sticky;* **T:** *gooey)* klissete.
gunman [ˌgʌnmən] *s:* gangster; revolvermann.
gunner [ˌgʌnə] *s; mil* **1.** artillerist; **2.** *flyv:* skytter.
gunpoint [ˌgʌn'pɔint] *s:* ***at gunpoint*** med pistolen for pannen; under tvang.
gunpowder [ˌgʌn'paudə] *s:* krutt *n.*
gun range skytebane.
gun-running [ˌgʌn'rʌniŋ] *s:* våpensmugling.
gunship [ˌgʌn'ʃip] *s: mil; flyv:* ***(helicopter) gunship*** kamphelikopter.
gunshot [ˌgʌn'ʃɔt] *s* **1.** *om lyden(=shot)* skudd *n;*
2. *om avstand(=range)* skuddhold; ***be within gunshot*** være på skuddhold; ***out of gunshot*** utenfor skuddhold.
gunshot wound*(=bullet wound)* skuddsår.
gun sling*(=rifle sling)* geværreim.
gunstock [ˌgʌn'stɔk] *s(=butt end of a gun; rifle butt)* børsekolbe; geværkolbe.
gunwale [gʌnl] *s; mar(=gunnel)* reling; esing.
I. gurgle [gə:gl] *s(=gurgling sound)* gurglelyd; klukking.
II. gurgle *vb* **1.** *om vann, etc:* klukke; gurgle;
2. *om person:* klukke; ***gurgle with laughter*** klukkle;
3. *om baby:* gi fra seg godlåt.
gurnard [ˌgə:nəd] *s; zo; fisk:* ***grey gurnard*** knurr.
guru [ˌgu(:)ru:] *s; i India:* religiøs veileder; guru; ***he has become a guru for****(=to)* ***them*** han er blitt en guru for dem.
I. gush [gʌʃ] *s* **1.** plutselig strøm; sprut; **2.** *fig:* utbrudd; ***a gush of enthusiasm*** et begeistret utbrudd.
II. gush *vb* **1.** *om væske:* ***gush forth****(=gush (out))* velle frem; ***blood gushed from the wound*** blodet strømmet fra såret;
2. *fig; neds:* strømme over; snakke med stor begeistring.
gusher [ˌgʌʃə] *s; i oljedistrikt:* springbrønn.

gut
Slang:

VOCABULARY

Words	Meanings
chill	relax
gut course	course/class (as in college) that is easily passed
homie	friend
stiff leg	bad football player
weed/shit/grass	marihuana

gushing [ˌgʌʃiŋ] *adj; neds:* overstrømmende.
gusset [ˌgʌsit] *s; i tøy:* kile.
gust [gʌst] *s: **gust of wind*** vindkast; kastevind.
gusto [ˌgʌstou] *s* **T***(=enjoyment; enthusiasm)* nytelse; ***with great gusto*** med stort velbehag; ***they were singing loudly and with gusto****(=they were singing heartily)* de sang av full hals.
gusty [ˌgʌsti] *adj(=blustery)* **1.** *om vind:* som kommer i sterke kast; **2.** *om været:* blåsete; surt.
I. gut [gʌt] *s* **1.** *anat(=intestine)* tarm; **2***(=catgut)* tarmstreng; katgut; *(se guts).*
II. gut *vb* **1***(=clean)* sløye *(fx a fish);* ta innvollene ut av *(fx a rabbit);*
2. *om brann, etc:* ødelegge fullstendig; ***a gutted house*** et utbrent (,utbombet) hus.
gut instinct T*(=instinctive feeling)*: ***have a gut instinct as to the way forward*** ha en sterk instinktiv følelse for hva som vil være riktig kurs videre.
gut reaction T*(=instinctive reaction)* instinktiv reaksjon.
guts [gʌts] *s; pl* **1.** *hos fisk:* innvoller; *(jvf entrails);*
2. *anat* **T***(=intestines)* innvoller; tarmer;
3. T*(= paunch; belly)* vom;
4. T*(=insides)* innmat *(fx of a car);*
5. T*(=courage)* tæl;
6. T: ***I hate his guts****(=I dislike him intensely)* jeg kan ikke fordra ham.
gutsy [ˌgʌtsi] *adj* **T***(=courageous)* modig.
gutter [ˌgʌtə] *s* **1.** rennestein; **2.** takrenne; **3.** *fig: **the gutter*** rennesteinen *(fx pick sby up out of the gutter).*
gutter press *neds:* smusspresse.
guttural [ˌgʌtərəl] *adj:* guttural *(fx voice).*
guy [gai] *s* **1***(=guy rope)* bardun; (telt)bardun;
2. *især* **US T***(=chap; bloke; girl)* fyr; kar; jente; ***a nice guy*** 1. en kjekk kar; en hyggelig fyr; 2*(=a nice girl)* ei kjekk jente; ***she's a nice guy*** hun er ei kjekk (og grei) jente; *brukt om begge kjønn:* ***they're nice guys, both of them****(=both of them are nice)* de er begge kjekke (og greie); de er hyggelige begge to; ***you two guys****(= you two; both of you)* dere to;
3. Guy Fawkes-figur (som brennes 5. november); *(se wise guy).*
Guyana [gaiˌænə] *s; geogr:* Guyana.
I. Guyanese ['gaiəˌni:z] *s:* guyaner.
II. Guyanese *adj:* guyansk.
Guy Fawkes Day 5. november; *(se guy 3).*
guy rope*(=guy; (tent) stay)* bardun; teltbardun.
guzzle [gʌzl] *vb* **1***(=knock back)* tylle i seg;
2*(=stuff oneself)* proppe i seg mat; ***guzzle chocolate*** proppe seg med sjokolade.
guzzler [ˌgʌzlə] *s* **1.** slukhals; storeter; **2.** *om bil:* bensinsluker.
gym [dʒim] *s* **1***(=gymnasium)* gymnastikksal; **T:** gymsal; *(se boxing gym);* ***they had a workout in gym*** de hadde hardgym i gymtimen; **2. T** *skolev(= gymnastics)* kroppsøving; **T:** gym; ***gym with****(=using)* ***apparatus*** redskapsgymnastikk; ***gym (classes) for older people*** eldretrim; *(jvf gymnastics).*
gym classes*(=keep-fit classes)* trim; ***she goes to gym classes once a week*** hun går på trim én gang i uken.
gymkhana [dʒimˌkɑ:nə] *s; sport:* ridestevne.
gymnasium [dʒimˌneiziəm] *s(,***T:** *gym)* **1.** gymnastikksal; **2.** helsestudio; **3.** *i Tyskland & Skandinavia:* gymnas.
gymnast [ˌdʒimnæst] *s; sport:* turner; gymnast.
gymnastic [dʒimˌnæstik] *adj:* gymnastisk.
gymnastic display *sport:* gymnastikkoppvisning.
gymnastics [dʒimˌnæstiks] *s* **1.** turning; **2.** *skolev(= physical education)* kroppsøving; *(se gym 2);*
3*(=gymnastic exercises)* gymnastiske øvelser.
gymnastics teacher turninstruktør; *(jvf gym teacher).*
gym shoes *pl(=plimsolls; daps)* turnsko; joggesko; *(jvf track shoes).*
gymslip [ˌdʒim'slip] *s; for skolejente:* ermeløs kjole som del av skoleuniform.
gymslip mother *(=teenage mother)* tenåringsmor.
gym suit turndrakt; gymdrakt; *(se leotard).*
gym teacher *skolev(=PE teacher)* kroppsøvingslærer; gymnastikklærer; **T:** gymlærer.
gym tunic: *se gymslip.*
gynaecological *(,***US:** *gynecological)* ['gainikəˌlɔdʒikl] *adj; med.:* gynekologisk.
gynaecological complaint *med.(=gynaecological trouble)* gynekologisk lidelse; underlivslidelse.
gynaecological examination *med.(,evf: internal examination)* gynekologisk undersøkelse.
gynaecological trouble underlivslidelse.
gynaecologist *(,***US:** *gynecologist)* ['gainiˌkɔlədʒist] *s; med.:* gynekolog; kvinnelege.
gynaecology *(,***US:** *gynecology)* ['gainiˌkɔlədʒi] *s; med.:* gynekologi.
gypsum [ˌdʒipsəm] *s:* gips.
gypsum board *bygg(=plaster board)* gipsplate.
gypsy [ˌdʒipsi] *s; især* **US***(=gipsy)* sigøyner.
gyrate [dʒaiˌreit] *vb; stivt(=rotate; spin round)* rotere; snurre rundt.

h

H, h [eitʃ] H, h; *tlf:* ***H for Harry*** H for Harald; ***capital H*** stor H; ***small h*** liten h; ***drop one's h's*** ikke uttale h'ene i begynnelsen av ord *(n)*, fx *'ot* for *hot.*

ha [hɑ:] *int:* ha!

haberdasher [ˌhæbəˈdæʃə] *s* **1.** kortevarehandler; **2. US***(=men's shop)* herreekviperingsforretning.

haberdashery [ˌhæbəˈdæʃəri] *s* **1***(,***US:** *notions)* kortevarer; **2.** *i varehus:* kortevareavdeling; **3. US***(=men's wear)* herretøy.

habit [ˌhæbit] *s* **1.** vane; ***bad habit*** uvane; ***get into (,break oneself of) a bad habit*** legge seg til (,legge av seg) en uvane; ***as was his habit*** som han hadde for vane; ***get into the habit of (-ing)****(=get used to (-ing))* venne seg til å; ***make a habit of (-ing)*** gjøre seg det til vane å; ***beat****(=kick)* ***a habit*** legge av seg en vane; ***he tried desperately to kick the habit*** han prøvde desperat å venne seg av med det; *spøkef:* ***as long as you don't make a habit of it*** bare du ikke lar det bli en vane; ***a creature of habit*** et vanemenneske; ***from force of habit*** av gammel vane; ***do it from force of habit****(=do it out of (sheer) habit; do it from habit)* gjøre det av gammel vane; ***pick up a habit*** legge seg til en vane; ***be in the habit of (-ing)*** ha for vane å; ha den vane å; ***he has an irritating habit of interrupting you when you talk to him*** han har den irriterende (u)vane at han avbryter når man snakker med ham; ***it's a habit with him****(=it's a habit of his)* det er en vane hos ham; det er en vane han har; **2.** *i sms:* drakt; ***monk's habit*** munkedrakt; ***riding habit*** *(=dress)* ridedrakt.

habitable [ˌhæbitəbl] *adj:* beboelig; *(jvf inhabitable).*

habitat [ˌhæbiˈtæt] *s:* habitat *n.*

habitation [ˈhæbiˌteiʃən] *s* **1.** *litt.(=dwelling)* bolig; **2.** beboelse; ***not fit for human habitation*** ikke egnet som (menneske)bolig(er).

habitual [həˌbitjuəl] *adj* **1.** sedvanlig; **2.** vane-.

I. hachure [hæˌʃuə] *s* **1.** *sj(=hatching)* skravering; **2.** *på kart:* bakkestrek; skravering.

II. hachure *vb(=hatch)* skravere (på kart *(n)).*

I. hack [hæk] *s* **1***(=cut; chop)* skår *n;* hakk *n;* **2.** *redskap(=pick; mattock)* hakke; **3.** *sport:* spark *n (fx get a hack on the shin);* **4.** *neds (=hack journalist)* bladsmører: ***he's a hack on the local newspaper*** han har en liten jobb i lokalavisen; **5.** leiehest; ***ride a hack****(=ride on a hired horse)* ri på leiehest; **6.** ridetur (på leiehest) *(fx go for a hack); (jvf 5);* **7. US** 1*(=hire car)* leiebil; 2*(=taxi)* drosje.

II. hack *vb* **1.** hakke; lage hakk *(n) (el.* skår *(n))* i; ***hack (away) at****(=chop at)* hogge løs på; hakke løs på; ***hack sth to pieces*** hakke noe i stykker *n;* ***hack up*** 1*(=cut up)* kutte opp; 2*(=carve up; chop up)* skjære opp *(fx the meat);* **2.** *sport; fotb, etc(=kick)* sparke *(on the shin* på skinnebenet); **3. T***(=cough (drily))* hoste (tørt); **T:** bjeffe; **4.:** ***be hacked about*** bli mishandlet under redigeringen; **5. US T** 1*(=drive a taxi)* kjøre drosje; 2. *om passasjer(=ride in a taxi)* kjøre drosje.

hacker [ˌhækə] *s* **T: *(system) hacker*** datasnok.

hacking cough tørr (og hard) hoste.

hacking jacket *(=sports jacket; tweed jacket)* tweedjakke til sportsbruk; ridejakke (med to splitter bak).

hack journalist *neds:* bladsmører; *(se I. hack 4).*

hackle [hækl] *s* **1.** *zo:* halsfjær; nakkefjær; **2.: *hackles*** 1. *zo:* halsfjær; nakkefjær 2. *zo; på hund, katt, etc:* bust; nakkehår; ***the dog's hackles rose*** hunden reiste bust; 3. *fig:* ***make sby's hackles rise****(=make sby angry)* få en til å reise bust; gjøre en sint; ***my hackles rise when I hear …*** jeg reiser bust bare jeg hører …

hackney carriage *glds(=hackney coach)* leievogn.

hackneyed [ˌhæknid] *adj(=trite)* forslitt; fortersket.

hacksaw [ˌhækˈsɔ:] *s:* baufil.

hack work 1. *neds:* litterært niggerarbeid; **2. T***(=donkey work)* grovarbeid.

hack writer skribent som utfører dusinarbeid.

had [hæd] *pret & perf.part. av II. have.*

haddock [ˌhædək] *s; zo; fisk:* hyse; kolje.

haemoglobin *(,***US:** *hemoglobin)* [ˈhi:mouˌgloubin; ˈhemouˌgloubin] *s; fysiol:* hemoglobin.

haemophilia *(,***US:** *hemophilia)* [ˈhi:mouˌfiliə; ˈhemouˌfiliə] *s; med.:* hemofili; blødersykdom.

haemophiliac*(,***US:** *hemophiliac)* [ˈhi:mouˌfiliæk; ˈhemouˌfiliˈæk] *s; med.(=bleeder; haemophile)* bløder.

haemorrhage*(,***US:** *hemorrhage)* [ˌhemərid3] *s; med. (=bleeding)* blødning.

haemorrhoids*(,***US:** *hemorrhoids)* [ˌheməˈrɔidz] *s; pl; med.(=piles)* hemorroider.

hag [hæg] *s; neds(=ugly old woman)* heks.

haggard [ˌhægəd] *adj:* uttært; hulkinnet; herjet.

haggis [ˌhægis] *s; kul:* skotsk rett bestående av opphakket hjerte, lever og lunge av sau el. kalv, krydret og tilsatt nyrefett og havremel og kokt i dyrets magesekk.

haggle [hægl] *vb* **1.** prute *(about(=over) the price* på prisen); **2***(=argue)* krangle *(over sth* om noe).

Hague [heig] *s; geogr:* ***the Hague*** Haag.

I. hail [heil] *s* **1.** *meteorol:* hagl *n;* **2.** *mar(=hailing distance):* ***within hail*** på praiehold; **3.** *fig(=shower)* skur *(fx of arrows);* regn *n (fx of bullets).*

II. hail *vb* **1.** *meteorol:* hagle; **2.** praie; rope på *(fx a taxi);* anrope; **3.** *fig; stivt(=greet)* hilse; ta imot; **4.** *int; glds:* vær hilset *(fx hail Caesar!);* **5.: *hail from****(=come from)* komme fra *(fx hail from Texas).*

hailstone [ˌheilˈstoun] *s; meteorol:* hagl *n.*

hair [hɛə] *s* **1.** *anat:* hår *n;* ***growth of hair*** hårvekst; ***strand of hair*** hårstrå; ***wisp of hair*** hårtjafs; hårdott; ***put some grey hairs into his head*** gi ham noen grå hår i hodet; ***he's got straight and unruly hair*** han har rett og stritt hår; ***comb****(=do)* ***one's hair*** kjemme håret; gre håret; ***do one's hair*** 1. stelle seg på håret; 2*(=comb one's hair)* kjemme håret; gre håret; ***have****(=get)* ***one's hair done****(=set)* få lagt håret sitt; ***her hair is always very well done*** hun er alltid meget velstelt på håret; ***your hair's looking very smart!*** du er virkelig fin på håret! ***put one's hair in curlers*** sette opp håret i krøllspenner; ***remove superfluous hairs*** fjerne sjenerende hårvekst; **2.** *fig; spøkef om drink dagen derpå som kur mot tømmermenn:* ***I'm going to have the hair of the dog that bit me!*** med ondt skal ondt fordrives! **3. T: *get in sby's hair****(=annoy sby)* ergre en; ***get him out of her hair*** sørg for at han ikke plager henne; **4. T: *keep your hair****(=shirt)* ***on!****(=calm down! simmer down!)* hiss deg ned! ikke hiss deg opp! **5.: *let one's hair down*** 1. ta ned *(el.* løse) håret; 2. **T:** slå seg ordentlig løs; slå ut håret; **6.: *my hair stood on end*** håret reiste seg på hodet mitt; **7.: *split hairs*** drive ordkløveri *n:* slåss om ord *n;*

8. *også fig:* ***tear one's hair (out)*** rive seg i håret;
9.: ***I haven't touched****(=hurt)* ***a hair on his head*** jeg har ikke krummet et hår på hans hode *n;*
10.: ***he didn't turn a hair****(=he remained calm)* han fortrakk ikke en mine; han tok det med knusende ro.

hair brush hårbørste.

hair clippers hårklippemaskin.

hair conditioner hårbalsam.

haircut [ˌhɛəˈkʌt] *s* **1.** hårklipp; ***have a haircut*** få klipt håret; ***he could do with a haircut(=he needs a haircut)*** han trenger til å få håret klipt;
2.: *se hairdo.*

hairdo [ˌhɛəˈdu:] *s:* frisyre; (hår)sveis; ***an upswept hairdo*** høy frisyre.

hairdresser [ˌhɛəˈdresə] *s* **1***(=ladies' hairdresser)* damefrisør; **2.** *sjeldnere(=barber)* herrefrisør.

hairdressing salon frisersalong.

hair dryer*(=hair drier)* hårtørrer.

hair drying hårtørring.

hairdye [ˌhɛəˈdai] *s:* (sterkt) hårfargingsmiddel.

hair gel hårgelé.

hairgrip [ˌhɛəˈgrip] *s(=kirby grip;* **US** *& Canada: bobby pin)* hårspenne; *(jvf hairpin).*

hair lacquer hårlakk.

hairline [ˌhɛəˈlain] *s* **1.** *anat:* hårfeste; hårgrense;
2.: ***he has a receding hairline*** han holder på å bli tynn i (hår)vikene.

hairline distinction: ***make a hairline distinction*** skille hårfint.

hair loss håravfall.

hair lotion*(=hair wash)* hårvann.

hair net hårnett.

hairpiece [ˌhɛəˈpi:s] *s(=toupee; postiche)* toupet; parykk.

hairpin [ˌhɛəˈpin] *s* **1.** hårnål; *(jvf hairgrip);*
2. *sport; slalåm:* hårnål; to lukkede porter i serie.

hairpin bend *i vei:* hårnålssving.

hair-raising [ˌhɛəˈraiziŋ] *adj(=terrifying)* hårreisende, skremmende.

hair remover: ***(superfluous) hair remover*** hårfjerningsmiddel.

hair ribbon*(=headband)* hårbånd.

hair's breadth*(=hairbreadth)* hårsbredd; ***the stone missed me by a hair's breadth*** det var på et hengende hår at steinen ikke traff meg; ***escape death by a hair's breadth*** være en hårsbredd fra døden.

hairsplitting [ˌhɛəˈsplitiŋ] *s:* hårkløveri *n.*

hair spray hårspray.

hair straightener antipermanent.

hair style*(=hairdo)* frisyre; hårsveis; ***upswept hair style*** høy frisyre.

hair stylist*(=hairdresser)* frisør.

hairy [ˌhɛəri] *adj:* håret; hårbevokst; med hår *n.*

Haiti [ˌheiti; hɑ:ˌi:ti; **US:** ˌheiti] *s; geogr:* Haiti.

I. Haitian [ˌheiʃiən; hɑ:ˌi:ʃən; **US:** ˌheiʃən] *s:* person fra Haiti; *språk:* haitisk.

II. Haitian *adj:* haitisk.

hake [heik] *s; zo; fisk:* lysing.

hale [heil] *adj; især om eldre mennesk; litt.:* ***he's hale and hearty****(=he's healthy)* han er rask og rørig.

I. half [hɑ:f] *s(pl: halves* [hɑ:vz]*)* **1.** halv; halvdel; halvpart; ***one half (of it)*** den ene halvparten; **T:** ***one's better half*** ens bedre halvdel; ***half of my friends*** halvparten av vennene mine;
2. *sport, fx fotb(=half-time)* omgang; ***20 minutes are gone in the second half*** 20 minutter er gått av annen omgang;
3. *fotb(=halfback)* half(back);
4. T*(=half a pint (of beer))* *omtr:* kvartliter (øl *n*) *(fx half of bitter, please!);*
5.: ***we don't do things by halves here!*** her gjør vi tingene grundig! her gjør vi ingenting halvt!
6.: ***go halves with sby (on sth)*** spleise med en (på noe).

II. half *adj:* halv; ***half Norway*** halve Norge; ***a half bottle of wine*** en halvflaske vin; ***I've half a mind to …*** jeg kunne nesten ha lyst til å …; ***one and a half hours****(=one hour and a half)* halvannen time; ***he only did a half job on it*** der gjorde han bare (en) halv jobb.

III. half *adv:* halvt *(fx half angel and half bird);* halvveis *(fx I half hoped that …);* ***half as big (,much)*** halvparten så stor (,mye); ***I half wish that …*** jeg skulle nesten ønske at …; ***the bottle is half empty*** flasken er halvtom; ***half dead from cold and hunger*** halvdød av kulde og sult; **T:** ***he's too clever by half*** han er altfor flink (*el.* lur); **T:** ***it's half two****(=it's half past two)* klokken er halv tre; *(se half past);* **T:** ***he's not half clever enough*** han er ikke på langt nær flink nok; **T:** ***he isn't half stupid*** han er slett ikke dum.

half a dozen [ˈhɑ:fəˌdʌzən; ˌhɑ:fəˈdʌzən] *s:* et halvt dusin; ***that's six of one and half a dozen of the other*** det blir hipp som happ.

half-and-half [ˈhɑ:fənˌhɑ:f] **1.** *s:* det halve av hvert;
2. *adj:* som inneholder det halve av hvert *(fx a half-and-half mixture);*
3. *adv:* fifty-fifty *(fx we can split the costs between us half-and-half).*

half asleep i en halvdøs; i halvsøvne; ***be half asleep*** halvsove; ***he did it while still half asleep*** han gjorde det i halvsøvne.

half-assed [ˌhæ:fˈæ:st] *adj; neds* **S US** *& Canada(=bad; poor)* dårlig *(fx he did a half-assed job on that).*

half awake *adj:* halvvåken.

halfback [ˌhɑ:fˈbæk] *s; fotb:* half(back).

half-baked [ˈhɑ:fˌbeikt; *attributivt:* ˌhɑ:fˈbeikt] *adj*
1. halvstekt;
2. *fig* **T***(=foolish; stupid)* tåpelig; dum *(fx idea);*
3*(=poorly planned)* dårlig forberedt.

half board *ved hotell, etc:* halvpensjon.

half-bred [ˌhɑ:fˈbred] *adj:* halvblods.

half-breed [ˌhɑ:fˈbri:d] *s:* halvkaste.

half-brother [ˌhɑ:fˈbrʌðə] *s:* halvbror; ***they're half-brother and half-sister*** de er halvsøsken.

half-caste [ˌhɑ:fˈkɑ:st] *s:* halvkaste; *især:* halvblodsindianer.

half-cooked [ˈhɑ:fˌkukt; *attributivt:* ˌhɑ:fˈkukt] *adj(=half-raw)* halvrå; halvstekt.

half dead *(,attributivt: half-dead)* [ˈhɑ:fˌded; *attributivt:* ˈhɑ:fˈded] *adj:* halvdød.

half-done [ˈhɑ:fˌdʌn; *attributivt:* ˌhɑ:fˈdʌn] *adj* **1.** halvgjort; **2***(=half-cooked)* halvstekt.

half-educated [ˈhɑ:fˌedjuˈkeitid; *attributivt:* ˌhɑ:fˈedjuˈkeitid] *adj; neds:* halvstudert; ***half-educated bluffer*** halvstudert røver.

half-hearted [ˈhɑ:fˌhɑ:tid; *attributivt:* ˌhɑ:fˈhɑ:tid] *adj:* halvhjertet.

half holiday [ˈhɑ:fˌhɔlidei] *s:* halv fridag.

half-hour [ˈhɑ:fˌauə; ˌhɑ:fˈauə] *s:* halvtime.

half-hourly [ˈhɑ:fˌauəli; *attributivt:* ˌhɑ:fˈauəli] *adj & adv:* halvtimes-; som skjer hver halvtime.

half-mast [ˈhɑ:fˌmɑ:st] *s:* ***at half-mast*** på halv stang.

half-measures [ˈhɑ:fˌmeʒəz] *s; pl* **1.** halve forholdsregler; ***half-measures are worse than useless now*** halve forholdsregler er nå verre enn ingenting;
2.: ***we don't do things by half-measures****(=by halves)* vi gjør ingenting halvt; vi gjør tingene grundig.

half-moon [ˈhɑ:fˌmu:n] *s:* halvmåne.

half-naked [ˌhɑ:fˈneikid] *adj:* halvnaken.

half-p [ˈhɑ:fˌpi:] *s; hist; mynt* **T***(=halfpenny)* halv penny.

half past [ˈhɑ:fˌpɑ:st; *attributivt:* ˌhɑ:fˈpɑ:st; ˈhɑ:pəst]: ***at half past ten*** [ət ˈhɑ:pəsˌten] klokken halv ellve; kl. 10.30; kl. 22.30.

half pay halv lønn; ***be put on half pay*** bli satt på halv lønn.

halfpence [ˌheipəns] *subst; hist; om beløp:* halvpenny.

I. halfpenny [ˌheipni] *s(pl: halfpennies)* **1.** *hist; fk* $^1/_2$ *p(=halfpence;* **T:** *half-p)* halv penny;

2. US & *Canada(=½ cent)* halv cent;
3. *om lite beløp:* ***this year I'm not earning a halfpenny***(,**US:** *cent; bean)* dette året tjener jeg ikke en rød øre; *(se penny).*

II. halfpenny [ˌheipni] *adj:* halvpenny-.

half(-)pension [ˌhɑ:fˈpenʃən] *s:* halv pensjon; ***he's retired on (a) half(-)pension*** han har gått av med halv pensjon.

I. half-pint [ˌhɑ:fˈpaint] *s* **1**(*=half a pint)* en halv pint (ɔ: 0,284 l); *svarer omtr til:* en kvart liter; **2. T:** liten sprett; lite knøtt.

II. half-pint *adj* **1.** halvpint- *(fx bottle);* **2. T:** liten; knøttliten.

half price halv pris; ***(at) half price*** til halv pris; ***children are admitted half price*** barn går for halv pris.

half seas over T*(=drunk)* full.

half-sister [ˌhɑ:fˈsistə] *s:* halvsøster; ***half-sisters and half -brothers*** halvsøsken.

half-slip [ˌhɑ:fˈslip] *s(=waist slip)* underskjørt.

I. half-sole [ˌhɑ:fˈsoul] *s:* halvsåle.

II. half-sole *vb:* halvsåle *(fx a pair of shoes).*

half term [ˌhɑ:fˌtə:m] *s; skolev(=half-term holiday)* ferie midt i terminen.

half-term [ˌhɑ:fˈtə:m] *adj:* ***half-term holiday*** ferie midt i terminen.

half-timbered [ˈhɑ:fˌtimbəd; *attributivt:* ˌhɑ:fˈtimbəd] *adj; bygg:* bindingsverks-; av bindingsverk; ***half -timbered house****(=frame house)* bindingsverkshus.

half timbering *bygg(=timber frame(work))* bindingsverk.

I. half-time [ˈhɑ:fˌtaim] *s* **1.** halv tid; ***work half-time*** arbeide (på) halv tid; ha halvtidsjobb;
2. *sport:* halvtid; ***at half-time*** i pausen; ***it's half-time*** første omgang er over.

II. half-time [ˌhɑ:fˈtaim] *adj:* ***the half-time score****(=the score at half-time)* stillingen etter første omgang.

half-title [ˌhɑ:fˈtaitl] *s; typ:* smusstittel.

half-truth [ˌhɑ:fˈtru:θ] *s:* halvsannhet.

halfway [ˌhɑ:fˈwei] **1.** *adj:* som befinner seg midtveis; ***halfway house*** 1. rastested som ligger midtveis; 2. *fig:* overgangsstadium; mellomting *(fx a halfway house between capitalism and socialism);*
2 [ˈhɑ:fˌwei] *adv:* halvveis; midtveis; på halvveien *(fx meet sby halfway);* ***halfway between X and Y*** midtveis mellom X og Y; ***halfway up the hill*** halvveis opp bakken; ***let a matter drop halfway*** oppgi en sak på halvveien; ***meet trouble halfway*** ta bekymringene på forskudd; ***stop****(=give up)* ***halfway*** bli stående på halvveien; gi opp på halvveien.

halfway line [ˌhɑ:fˈweiˈlain] *s; sport:* midtlinje.

half-witted [ˈhɑ:fˌwitid; *attributivt:* ˌhɑ:fˈwitid] *adj:* halvtullet(e); ***a half-witted person*** en halvtulling.

half-yearly [ˌhɑ:fˈjiəli] **1.** *adj(=bi-annual)* halvårlig;
2. *adv(=every six months)* halvårsvis; hvert halvår.

halibut [ˌhælibət] *s; zo, fisk:* kveite; helleflyndre.

halitosis [ˈhæliˌtousis] *s; med.(=bad breath)* dårlig ånde.

hall [hɔ:l] *s* **1.** hall; sal; *i skole:* ***assembly hall*** aula; ***dining hall*** spisesal;
2(*=entrance hall;* **US:** *foyer)* entré; hall;
3.: ***town****(,***US:** *city)* ***hall*** rådhus; ***village hall*** forsamlingshus; Folkets hus *n;*
4. *ofte med stor bokstav:* herregård.

hallelujah [ˈhæliˌlu:jə] *int:* halleluja.

hallmark [ˌhɔ:lˈmɑ:k] *s* **1.** *på gull el. sølv:* kontrollstempel; gullmerke; sølvmerke;
2. *fig:* stempel *n;* kjennetegn (*of* på).

hallmarked *adj:* kontrollstemplet; gehaltstemplet.

hallmarked silver gullsmedsølv; ekte sølv *n.*

hall of residence *univ:* student(er)hjem.

hallo [həˌlou] *int: se hello.*

halloo [həˌlu:] *vb; ordspråk:* ***don't halloo till you're out of the wood*** gled deg ikke for tidlig.

hallow [ˌhælou] *vb* **1.** *bibl:* hellige; ***hallowed be Thy name*** helliget vorde ditt navn; la ditt navn være hellig;
2. *glds & litt.(=consecrate)* innvie *(fx a church);*
3. *glds & litt.(=observe; keep holy)* helligholde *(fx the Sabbath).*

hallowed *adj; meget stivt & spøkef(=respected)* ærverdig *(fx hallowed old buildings).*

Hallowe'en [ˈhælouˌi:n] *s* **US** *& i Skottland(=Hallow -Eve; All Saints' Eve)* allehelgensaften.

hall porter 1. *i hotell:* portier; **2.** *jernb:* portier.

hall shelf garderobehylle; entréhylle.

hallstand [ˌhɔ:lˈstænd] *s(=hat-and-coat stand)* stumtjener.

hallucination [həˈlu:siˌneiʃən] *s:* hallusinasjon; ***auditory hallucination*** hørselsbedrag.

hallucinatory [həˌlu:sinətəri] *adj:* hallusinatorisk.

hallucinogen [həˌlu:sinəˈdʒen] *s; med.:* stoff *(n)* som fremkaller hallusinasjoner; hallusinogent stoff.

hallucinogenic [həˈlu:sinəˌdʒenik] *adj; med.(=hallucinatory)* hallusinogen; hallusinatorisk.

halm [hɔ:m] *se haulm.*

halo [ˌheilou] *s(pl: haloes, halos)* **1.** glorie;
2. *rundt sola el. månen:* ring; solring; månering; lysrand.

halo blight *bot:* fettsyke.

halogen [ˌhæləˈdʒen] *s; kjem:* halogen *n;* saltdanner.

halogen gas *kjem:* halogengass.

halogen lamp halogenlampe.

I. halt [hɔ:lt] *s* **1.** stopp; rast;
2. *jernb* 1(*=manned halt)* (betjent) stoppested; 2(*= unmanned halt)* (ubetjent) holdeplass;
3.: ***call a halt*** 1. *mil:* kommandere holdt; 2. *fig:* si stopp; ***call a halt to****(=put a stop to)* sette en stopper for; ***come to a halt*** stoppe *(fx the train came to a halt);* ***grind to a halt*** stoppe med brask og bram.

II. halt *vb* **1.** gjøre holdt
2(*=stop)* stoppe *(fx the train halted at the signals; he raised an arm to halt a taxi);* ***he was halted by a puncture*** han fikk stopp pga. punktering; ***halt or slow down the rate of inflation*** stoppe eller dempe inflasjonstakten.

III. halt *int:* holdt!

halter [ˌhɔ:ltə] *s* **1.** *for hest:* grime;
2. rep *(n)* (til å henge en med); ***he had the halter round his neck*** han hadde løkken rundt halsen.

halting [ˌhɔ:ltiŋ] *adj(=hesitant)* nølende; usikker *(fx halting speech; he spoke in a halting voice).*

halt signal stoppsignal; *(se stop signal).*

halve [hɑ:v] *vb* **1**(*=cut in half)* halvere; dele i to;
2.: ***a trouble shared is a trouble halved*** felles skjebne er en trøst.

halving joint *tøm(=end-lap joint)* bladskjøt; *(se I. joint 1).*

halyard [ˌhæljəd] *s; mar; til å heise seil, etc med:* fall *n;* ***jib halyard*** fokkefall; ***pennant halyard*** vimpelfall; ***throat halyards*** klofall.

Ham [hæm] *bibl:* Kam.

I. ham [hæm] *s* **1.** skinke; ***fried ham*** *svarer til:* stekt flesk *n;*
2. *anat(=back of the leg above the knee)* (kne)hase; *(jvf I. hamstring & hock 1);*
3. T: ***ham (actor)****(=bad actor)* dårlig skuespiller;
4.: ***(radio) ham****(=amateur radio operator)* radioamatør.

II. ham *vb; om skuespiller:* ***ham it up*** spille dårlig; overspille.

hamburger [ˌhæmˈbə:gə] *s(=Hamburger steak; beefburger)* hamburger; karbonade(kake).

ham-handed [ˌhæmˈhændid] *adj(=ham-fisted)* **T**(*= clumsy)* klosset(e).

hamlet [ˌhæmlit] *s; ofte litt.(=small village)* liten landsby; grend.

I. hammer [ˌhæmə] *s* **1.** hammer; ***ball-peen hammer*** kulehammer; ***claw hammer*** klohammer; ***pneumatic hammer****(=air hammer)* trykklufthammer; ***use(=***

*wield) **the hammer*** bruke hammeren; ***come under the hammer*** komme under hammeren; bli solgt på auksjon;
2. *sport:* slegge; sleggekast; ***throw the hammer*** kaste slegge;
3. *anat(=malleus)* hammer (i øret);
4. *i skytevåpen:* hane;
5. *mus; i piano:* hammer;
6. T: ***go at it hammer and tongs*** gå på med krum hals; ***he's at it hammer and tongs*** han driver på av alle krefter; han står på for fullt.

II. hammer *vb* **1.** hamre *(fx hammer on(=at) the door);* banke; ***he hammered****(=drove)* ***the nail into the wood*** han slo spikeren inn i treet; ***he hammered it in*** han slo den inn; ***he hammered****(=nailed)* ***two big planks into a cross*** han slo sammen to store planker til et kors;
2. *fig* **T***(=beat)* slå; pryle *(fx the bully hammered the little boy; our local football team hammered their opponents last Saturday);*
3. *fig; om problem, etc* **T:** ***hammer away at****(=keep working on)* arbeide (iherdig) videre med;
4.: ***hammer sth home to sby*** innprente en noe; ***hammer it home****(=hammer it in)* banke det inn;
5. T: ***hammer****(=din)* ***sth into sby's head*** hamre (*el.* banke) noe inn i hodet på en; ***hammer it in*** banke det inn; slå det fast så det sitter;
6.: ***hammer out*** 1. hamre ut; banke ut; banke flat; 2. *fig(=thrash out)* utarbeide; diskutere seg frem til (avtale, løsning, etc); diskutere utførlig; gjennomdrøfte *(fx hammer out problems round the conference table).*

hammerhead [ˌhæmə'hed] *s* **1.** hammerhode;
2. *zo:* hammerhai.

hammer oyster *zo(=hammer shell)* hammermusling; *(se mussel & oyster).*

hammock [ˌhæmək] *s* **1.** hengekøye; **2.** hagegynge.

ham pancake fleskepannekake.

I. hamper [ˌhæmpə] *s:* (stor) kurv (med lokk *(n)*); ***linen hamper****(=basket)* skittentøykurv; ***picnic hamper*** lunsjkurv.

II. hamper *vb(=hinder)* hemme; hindre *(fx he was hampered by the lack of co-operation from the local people; he was hampered in his movements);* sjenere *(fx his heavy walking boots hampered him).*

hamshackle [ˌhæm'ʃækl] *vb; hest el. ku:* binde et tau rundt et forben og rundt halsen for å begrense bevegelsesfriheten; *(jvf II. hobble 2).*

hamster [ˌhæmstə] *s; zo:* ***(common) hamster*** hamster.

I. hamstring [ˌhæm'striŋ] *s; zo; anat:* hase(sene).

II. hamstring *vb(=pret & perf.part.: hamstrung)*
1. skjære over hasene på; **2.** *fig(=paralyse)* lamme; handlingslamme *(fx we've been hamstrung by our lack of information); (se også hamstrung).*

hamstrung [ˌhæm'strʌŋ] **1.:** *pret & perf.part. av hamstring;* **2.** *adj* 1. som har fått hasene skåret over; 2. *fig:* lammet; handlingslammet *(fx a hamstrung government).*

ham tea *i Nord-England(=hot supper)* varm aftens.

I. hand [hænd] *s* **1.** hånd; ***he has him in the hollow of his hand*** han har ham i sin hule hånd; ***hold hands with a girl*** holde en pike i hånden; ***shake hands*** håndhilse (på hverandre); ***shake hands with sby****(=shake sby's hand)* håndhilse på en; ***by (a) show of hands*** ved håndsopprekning;
2. *kortsp:* hånd; *også fig:* ***have a strong hand*** ha gode (*el.* sterke) kort *(n)* på hånden; *fig:* ***play into sby's hands*** gi en lett spill *n;* gjøre det lett for en; ***this strengthens (,weakens) their hands****(=bargaining position)* dette styrker (,svekker) deres forhandlingsposisjon;
3. *kortsp; poker:* omgang; ***play a couple of hands of poker*** spille et par omganger poker;
4. *stivt(=handwriting)* skrift; ***(written) in his (,her) hand****(=in his (,her) own handwriting)* med hans (,hennes) egen håndskrift; ***set one's hand to a document****(= sign a document)* undertegne et dokument; ***the works we know for certain are from Chaucer's hand*** de verkene vi med sikkerhet vet stammer fra Chaucers hånd;
5*(=help; helping hand)* hjelp; håndsrekning; ***give****(= lend)* ***sby a hand*** gi en en håndsrekning; hjelpe en (*with sth* med noe);
6. *om praktisk dyktighet:* ***be good****(=clever)* ***with one's hands*** være flink med hendene;
7. T*(=applause)* applaus; ***give sby a big hand*** klappe ordentlig for en; gi en applaus;
8. *mål på hest:* 4 tommer (ɔ: ca. 10 cm);
9. (ur)viser; ***hour hand*** timeviser; ***minute hand*** minuttviser;
10. *oftest i sms; glds(=labourer; worker)* arbeider; ***mill hand****(=textile worker)* tekstilarbeider;
11. *mar:* ***all hands on deck!*** alle mann på dekk *(n)*!
12.: ***be an old hand at sth*** ha lang erfaring i noe;
13. *især fig:* ***bound hand and foot*** bundet på hender og føtter; ***wait on sby hand and foot*** varte en opp på alle ender og kanter;
14.: ***change hands*** skifte eier;
15.: ***fall into the hands of*** falle i hendene på;
16. *fig:* ***force sby's hand****(=force sby to take action)* tvinge en (til å ta affære);
17. *fig:* ***have a free hand*** ha frie hender;
18. *fig:* ***have one's hands full*** ha hendene fulle;
19.: ***have a hand in sth****(=be involved in sth)* ha noe med noe å gjøre; være involvert i noe;
20.: ***get the upper hand*** få overtaket (*of, over* på);
21. *i spill, etc* **T:** ***keep one's hand in****(=keep in practice)* holde seg i trening;
22. T: ***keep one's hands off*** holde hendene unna;
23. T: ***lay (one's) hands on*** 1*(=find)* finne; 2*(=catch)* få tak *(n)* i; få kloa i; *stivt:* ***lay violent hands on****(=use violence against)* øve vold mot;
24. T: ***try one's hand at sth****(=try sth)* prøve (seg på) noe;
25.: ***wash one's hands*** 1. vaske hendene; 2. *fig:* ***he washed his hands (of it)****(=he would have nothing to do with it)* han toet sine hender;
26. *forb m prep & adv:* ***at hand*** 1. *stivt:* ***(near) at hand, close at hand****(=near; not far away)* like i nærheten; 2*(=available; within reach)* for hånden; på rede hånd; innen rekkevidde *(fx help is at hand);* ***keep some candles at hand*** ha noen stearinlys for hånden; 3. *i tidsuttrykk:* ***the exams are at hand*** eksamen står for døra; 4. *stivt:* ***at sby's hands, at the hands of sby: they received very rough treatment at the hands of the terrorists****(=they were given very rough treatment by the terrorists)* de ble alt annet enn pent behandlet av terroristene; 5.: ***at first hand****(=on the best authority)* fra første hånd;
by hand 1. med håndkraft; med hånden; ***knitted by hand****(=hand-knitted)* håndstrikket; ***made by hand*** *(= hand-made)* håndlagd; 2*(=by messenger)* med bud *n (fx be delivered by hand);* 3.: ***bring up a baby by hand*** flaske opp en baby; 4.: ***die by one's own hand****(=kill oneself)* dø for egen hånd; 4.: ***by the hand*** ved hånden *(fx take sby by the hand);*
hands down *T(=very easily):* ***win hands down*** vinne med letthet;
from hand to hand fra hånd til hånd; ***live from hand to mouth*** leve fra hånd til munn;
in hand 1*(=under control)* under kontroll; ***have the situation well in hand*** ha situasjonen under kontroll; 2. *om gjenstridig person:* ***take in hand****(=handle)* ta seg av; ta under behandling; 3. *om penger(=at one's disposal)* til rådighet; 4. *stivt(=being dealt with)* under behandling; 5. *merk; om ordre(=being attended to):* i arbeid *n;* ***the job in hand*** den jobben vi holder på med *(fx let's get on with the job in hand);* ***have work in hand****(=have work going)* ha arbeid i gang; 6. *om fremdrift i arbeid:* ***the work is now well in hand****(=the work*

is well under way) arbeidet er nå i god gjenge (*el.* godt i gang); *oftest neds:* ***be hand in glove with sby*** være hånd i hanske med en; være riktig gode venner med en; *også fig:* ***this goes hand in hand with*** dette går hånd i hånd med; ***in sby's hands*** 1. *om eiendom el. sak:* i ens hender *(fx the matter is now in your hands);* 2. i hendene på en *(fx we're in his hands);* ***in good hands*** i gode hender; ***hands off!*** vekk med fingrene! **T:** fingrene fra fatet! **T:** ***get off one's hands*** 1*(=get rid of)* få kvittet seg med; 2. bli fri for (å passe på); ***take sth off sby's hands*** befri en for (bryet med) noe; ***he took the house off my hands*** han overtok huset for meg; ***on hand****(=available)* for hånden; ***have sth on one's hands*** sitte med ansvaret for noe; ***on one's hands and knees*** på hender og føtter; ***on the one hand*** på den ene siden; ***on the other hand*** på den annen side; derimot; ***on the right hand****(=on your (etc) right)* til høyre for deg; på høyre hånd; ***out of hand*** 1. uregjerlig; 2. *stivt(=right away)* øyeblikkelig; omgående; uten videre; **T:** ***make money hand over fist*** tjene store penger; ***with one's bare hands*** med bare hendene; ***with one's own hands*** med egne hender.

II. hand *vb* **1.:** ***hand sby sth, hand sth to sby*** rekke en noe;
2.: ***hand sth back to sby*** rekke en noe tilbake igjen;
3.: ***hand down*** 1. rekke ned; sende ned; 2. *fig; om tradisjon, etc:* bringe videre; overlevere; ***be handed down*** gå i arv; 3. *jur(=hand out)* idømme; avsi; ***hand down stiffer sentences*** idømme strengere straffer;
4.: ***hand in*** levere inn; innlevere;
5.: ***hand on****(=pass on)* 1. levere videre; la gå videre; 2. fig: ***be handed****(=passed)* ***on from father to son*** gå i arv fra far til sønn;
6.: ***hand out*** 1. dele ut; 2. *fig:* ***hand out criticism*** dele ut kritikk; 3. *jur(=hand down)* idømme; avsi; ***hand out a stiff sentence*** avsi en streng dom; idømme en streng straff;
7.: ***hand over*** 1. gi fra seg; utlevere; overlevere (*to* til); 2. *radio & TV(=hand back)* sette tilbake (*to* til); sette over (*to* til);
8.: ***hand round****(=pass round)* sende rundt;
9.: ***hand it to sby*** 1. rekke en det; 2. *fig* **T:** gi en den ros en har fortjent; ***you've got to hand it to him*** det må man gi ham ros for; rett skal være rett;
10.: ***hand sth up to sby*** rekke noe opp til en *(fx I'll go up the ladder and you can hand the tools up to me).*

handbag [ˌhæn'bæg; ˌhæm'bæg] *s(,***US:** *purse)* håndveske.
handball [ˌhæn'bɔ:l] *s; sport:* håndball.
handbill [ˌhæn'bil] *s; til utdeling(=handout;* **US:** *throwaway)* løpeseddel; reklameseddel; reklametrykksak.
handbook [ˌhæn'buk] *s:* håndbok (*of* i).
handbrake [ˌhæn'breik] *s; mask:* håndbrems; håndbrekk; ***apply****(=put on)* ***the handbrake*** sette på håndbrekket; ***release the handbrake*** ta av håndbrekket.
hand brush feiekost.
h. and c. *(fk f hot and cold water)* varmt og kaldt vann.
handcart [ˌhæn'kɑ:t] *s:* håndkjerre.
I. handcuff [ˌhænd'kʌf; ˌhæŋ'kʌf] *s:* ***(a pair of) handcuffs*** (et par) håndjern.
II. handcuff *vb:* sette håndjern på.
hand drill hånddrill; *(jvf drill gun).*
handful [ˌhæn'ful] *s* **1.** håndfull; *fig:* ***a mere handful of words*** noen få fattige ord *n;* **2. T** *især om barn:* ***she's such a handful*** hun er så uregjerlig.
handgun [ˌhæn(d)'gʌn] *s:* håndvåpen.
handhold [ˌhænd'hould] *s:* tak *(n)* (for hendene); feste *(n)* for hendene.
hand-hot [ˌhænd'hɔt] *adj(=lukewarm)* håndvarm.
I. handicap [ˌhændi'kæp] *s* **1.** handikap *n;* ***physical handicap*** fysisk handikap;
2. *sport:* handikap *n (fx his handicap's fifteen).*
II. handicap *vb:* handikappe.

handicapped *adj:* handikappet; arbeidsufør; yrkesvalghemmet.
handicraft [ˌhændi'krɑ:ft] *s* **1***(=manual skill)* håndverksmessig dyktighet;
2. kunsthåndverk;
3*(=handicraft product)* håndarbeid *(fx local handicraft is on sale).*
handiness [ˌhændinəs] *s:* håndlag; *(se handy).*
handiwork [ˌhændi'wə:k] *s* **1.** *om håndlagde ting:* arbeid *n (fx examples of the pupils' handiwork were on show);*
2. *fig; iron:* verk *n (fx it looks like his handiwork).*
handkerchief [ˌhæŋkətʃif] *s(pl: handkerchiefs) stivt(=hankie; hanky)* lommetørkle.
I. handle [hændl] *s* **1.** håndtak; skaft *n (fx axe handle); (se door handle & swing handle);*
2. S*(=title)* tittel *(fx have a handle to one's name);*
3. T: ***fly off the handle****(=blow one's top)* fly i flint;
4.: ***give sby a handle****(=cause for complaint)* gi en grunn til å klage på en; **T:** gi en noe å henge hatten på.
II. handle *vb* **1.** håndtere; behandle;
2*(=touch)* håndtere; ta i; ta på *(fx handle the food);*
3. *fig(=deal with)* behandle; ta seg av;
4.: ***handle****(=receive)* ***stolen goods*** drive heleri *n;*
5*(=manage; cope with)* klare; greie; gripe an;
6. *merk(=deal in)* føre (*an item* en vare).
handlebars [ˌhændl'bɑ:z] *s;pl; på sykkel:* styre *n.*
handler [ˌhændlə] *s(=dog handler)* (hunde)fører.
handling [ˌhændliŋ] *s* **1.** berøring; håndtering;
2. *av maskin, etc:* behandling; betjening; ***wrong handling*** feilbetjening;
3. *fotb(=hands)* hands;
4.: ***handling stolen goods****(=receiving (stolen property))* heleri *n;*
5. *om bil:* ***excellent handling*** utmerkede kjøreegenskaper.
handling crew *flyv(=ground crew)* bakkemannskap.
handloom [ˌhæn(d)'lu:m] *s:* håndvev.
hand luggage håndbagasje; *(se luggage).*
handmade [ˌhæn(d)ˌmeid; *attributivt:* ˌhæn(d)'meid] *adj:* håndlagd; håndgjort.
handout [ˌhænd'aut] *s* **1.** *til utdeling(=handbill;* **US:** *throwaway)* løpeseddel; reklameseddel; reklametrykksak;
2. noe som deles ut gratis; *neds* **T:** ***you needn't come to me looking for a handout!*** du behøver ikke komme til meg og be om almisser!
3*(=press release)* pressemelding.
hand-picked ['hæn(d)ˌpikt; *attributivt:* ˌhæn(d)'pikt] *adj:* håndplukket; omhyggelig utvalgt.
handrail [ˌhænd'reil] *s; på gelender:* håndløper; *ikkefaglig ofte:* rekkverk *n;* gelender *n.*
handshake [ˌhænd'ʃeik] *s:* håndtrykk; håndslag; *(jvf golden handshake).*
handsome [ˌhænsəm] *adj* **1***(=good-looking)* pen; kjekk; *om ting:* pen *(fx a handsome old building);*
2. *stivt(=generous)* pen *(fx it was handsome of him to forgive her); (=very large):* ***a handsome sum of money*** en pen sum.
hands-on ['hændzˌɔn] *adj* **1***(=practical)* praktisk *(fx give children hands-on experience with computers);*
2*(=manual)* manuell *(fx telephone switchboard).*
handstand [ˌhæn(d)'stænd] *s, gym:* ***do a handstand*** stå på hendene.
hand-to-mouth: ***lead a hand-to-mouth existence****(=live from hand to mouth)* leve fra hånd til munn.
handwriting [ˌhænd'raitiŋ] *s:* håndskrift.
handwritten [ˌhænd'ritən] *adj:* håndskrevet.
handy [ˌhændi] *adj* **T 1.** hendig; praktisk *(fx tool);*
2. *om person:* fiks; flink med hendene; fingernem; netthendt; med godt håndlag;
3.: ***have sth handy*** ha noe like for hånden;
4.: ***come in handy****(=useful)* komme godt med; være nyttig.

handyman [ˌhændiˈmæn] *s:* altmuligmann.

I. hang [hæŋ] *s* **1.** *om måten noe henger på:* fall;
2. T: ***get the hang of sth*** få tak *(n)* på noe.

II. hang *vb(pret & perf.part.: hung; i betydningen henrette ved hengning: pret & perf.part.: hanged)*
1. henge (opp); *fig:* ***his life hangs in the balance****(= he's hovering between life and death)* han svever mellom liv *(n)* og død;
2. *om henrettelsesmåte:* henge; ***hang oneself*** henge seg;
3. *med flagg, etc:* ***hang with****(=decorate with)* dekorere med; pynte med; ***hung with flags*** pyntet med flagg *n;*
4.: ***hang fire*** 1. *om skytevåpen:* ikke gå av med én gang; 2. *fig:* trekke i langdrag; gå tregt; ***things are hanging fire as it were*** vi kommer liksom ikke av flekken;
5. *int:* ***hang the expense!*** blås i hva det koster
6.: ***hang wallpaper****(=(wall)paper)* tapetsere;
7. *forb m adv & prep:* ***hang about*** 1*(=hang around)* stå og henge; 2. *om utålmodig venting(=hang around; wait about)* stå og henge; 3*(=walk about aimlessly)* gå og drive; 4. *fig:* ***he doesn't hang about****(=he doesn't waste any time)* han kaster ikke bort tiden; ***hang back****(=hesitate; be unwilling)* nøle; betenke seg; kvie seg; holde seg tilbake; ***hang by a thread*** henge i en tråd; ***hang in the air*** *fig:* henge i luften; ***hang on*** 1. henge på *(fx the wall);* 2. holde fast; ikke slippe; 3. *om døende* **T***(=linger (on))* holde seg i live; 4. *om sykdom(=drag on)* henge igjen; 5. *fig:* holde fast; holde ut; 6. *fig(=depend on)* avhenge av *(fx everything hangs on that deal);* 7*(=wait)* vente; 8*(=listen attentively):* ***she hung on his every word*** hun lyttet oppmerksomt til hvert ord han sa; ***hang on to*** 1*(=not let go of)* holde fast i; 2*(=stick with)* holde på *(fx they thought she'd better hang on to David; hang on to one's job);* 3. **T:** ***hang on to your ticket!*** pass på billetten din! ***hang out*** 1. henge ut *(fx the washing);* 2. *om krøllete klesplagg(=lose creases by hanging)* henge seg ut; 3. **T***(= stay)* holde til *(fx where does he hang out?);* ***hang over*** 1. henge over; henge ut over; 2. *fig:* henge over *(fx I can't work with this exam hanging over me(=my head)!);* 3. **T:** ***you look a bit hung over this morning*** du ser litt forranglet ut i dag; ***a hung-gover look*** et forranglet uttrykk; *(se hangover 1);* ***hang together*** *også fig:* henge sammen; ***hang up*** 1. henge opp; ***hang up a ball by****(=on)* ***a thread*** henge opp en ball i en tråd; 2. *tlf:* legge på (røret); ***she hung up (on me)*** hun la på røret (til meg).

hangar [ˌhæŋə] *s; flyv:* hangar.

hangdog [ˌhæŋˈdɔg] *adj(=guilty):* ***a hangdog look*** et skyldbetynget uttrykk.

hanger [ˌhæŋə] *s; om forskjellige innretninger:* henger; ***coat hanger*** (kles)henger.

hanger-on [ˈhæŋərˌɔn] *s:* snyltegjest; påheng *n.*

hang glider *flyv:* hang glider.

hangings [ˌhæŋiŋz] *s; pl; stivt(=curtains)* gardiner.

hangman [ˌhæŋmən] *s:* bøddel.

hang-out [ˌhæŋˈaut] *s* **T:** tilholdssted.

hangover [ˌhæŋˈouvə] *s* **1.** bakrus; ***have a hangover*** være i bakrus; **2.** *stivt(=relic)* levning *(fx a hangover from colonial times).*

hang-up [ˌhæŋˈʌp] *s(=fixation)* fiks idé; noe man har fått på hjernen; ***have a hang-up about sth*** ha en fiks idé når det gjelder noe; ha fått noe på hjernen.

hank [ˌhæŋk] *s; av tau, etc:* bunt.

hanker [ˌhæŋkə] *vb* **T:** ***hanker after, hanker for*** ønske sterkt; ha god lyst til; ***I rather hanker after going to Africa****(=I would like to go to Africa)* jeg skulle gjerne dra til Afrika; ***she was obviously hankering****(=hoping)* ***for an invitation*** det var tydelig at hun håpet på en invitasjon.

hankering [ˌhæŋkəriŋ] *s* **T:** ***I have a hankering for an icecream****(=I fancy an icecream)* jeg har lyst på en is(krem).

hankie *(=hanky)* [ˌhæŋki] *s:* lommetørkle; *(se handkerchief).*

hanky-panky [ˌhæŋkiˌpæŋki] *s* **T 1***(=skulduggery)* lureri *n;* fiksfakserier *n;* muffens *n (fx there's some hanky-panky going on here);* ***there's quite a lot of hanky-panky****(=monkey business)* ***going on behind the scenes*** det foregår litt av hvert bak kulissene; **2***(= smooching; necking)* (kyssing og) klining; ***they were having a bit of hanky-panky on the sofa****(=they were necking(=smooching) on the sofa)* de befant seg på sofaen, hvor de kysset og klinte; ***I'll come out with you, but no hanky-panky!*** jeg skal bli med deg ut, men ikke noe tull *(n)*!

Hanover [ˌhænouvə; ˌhænəvə] *s; geogr:* Hannover.

haphazard [hæpˌhæzəd] *adj:* vilkårlig; tilfeldig *(fx arrangement; plan);* ***in a haphazard way*** på måfå; på en tilfeldig måte; på slump; på lykke og fromme.

happen [ˌhæpən] *vb* **1.** skje; hende; **T:** ***when the exams happen****(=when the exams come along)* når eksamen kommer; ***it'll definitely happen****(=take place)* det vil definitivt bli noe av; ***what happened to you yesterday?*** hva var det som hendte (med) deg i går? ***there's no telling what's going to happen*** det er ikke godt å si hva som vil skje; ingen vet hvor haren hopper; ***things are beginning to happen****(=work out)* ***for him*** det begynner å ordne seg for ham;
2. *om det tilfeldige:* ***I happened to find him*** jeg fant ham tilfeldigvis; ***it just so happens that I have the key in my pocket****(=as it happens, I have the key in my pocket)* jeg har tilfeldigvis nøkkelen i lommen; *stivt:* ***happen on****(=chance on)* komme på *(fx the perfect solution to the problem).*

happening [ˌhæpəniŋ] *s; oftest i pl(=goings-on)*: hendelse; tildragelse *(fx strange happenings in the night).*

happily [ˌhæpili] *adv* **1.** lykkelig; ***happily intoxicated****(=intoxicated with happiness)* i en lykkerus; beruset av lykke;
2*(=fortunately)* lykkeligvis; heldigvis.

happiness [ˌhæpinəs] *s:* lykke; ***a feeling of happiness*** en lykkefølelse; ***lost happiness*** forspilt lykke; ***wish sby every happiness*** *(=wish sby well)* ønske en alt godt; ***money alone does not spell****(=make)* ***happiness*** man kan ikke bli lykkelig med penger alene; ***a life of pure happiness*** et liv i den reneste lykke.

happy [ˌhæpi] *adj* **1.** glad; lykkelig; fornøyd; ***as happy as a sandboy*** glad som en lerke; ***she was very happy at home*** hun hadde det godt hjemme; ***he's (quite) happy where he is*** han har det (helt) bra der han er; ***people were happier then*** folk hadde det bedre da; *int:* ***happy birthday!*** gratulerer med dagen! ***happy Christmas!*** god jul! ***have a happy ending*** ende godt; ***make sby happy*** gjøre en glad (*el.* lykkelig); **T:** ***they're expecting a happy event*** de venter familieforøkelse; *(se 6: happy about & 7: happy with);*
2. *om uttrykk, etc:* velvalgt; heldig *(fx choice);*
3. *om beredvillighet:* ***I'd be happy****(=glad)* ***to help you*** jeg skulle mer enn gjerne hjelpe deg;
4. *stivt; attributivt(=lucky):* ***by a happy chance I have the key with me*** til alt hell har jeg nøkkelen med meg;
5.: ***the happy medium****(=the golden mean)* den gylne middelvei;
6.: ***happy about*** 1. glad for; fornøyd med; ***I'm not entirely happy about the way things have turned out*** jeg er ikke helt fornøyd med den måten tingene har utviklet seg på; ***I'm not altogether happy about not going*** jeg er ikke så helt glad for at jeg ikke kan få dratt; *(jvf 7: happy with);* 2. *i skolesituasjon:* ***are you all happy about that?*** synes alle sammen at de har forstått det?
7.: ***happy with****(=satisfied with)* fornøyd med *(fx I'm not happy with it); (jvf 6: happy about 1).*

happy-go-lucky [ˈhæpigouˌlʌki; *attributivt:* ˌhæpigouˈlʌki] *adj:* likeglad; sorgløs *(fx she's always cheerful and happy-go-lucky).*

happy hour *på restaurant, etc:* happy hour; gladtime; billigtime.

I. harangue [hə͵ræŋ] *s:* harang.

II. harangue *vb:* holde formaningstale for; preke for.

harass [͵hærəs; **US:** hə͵ræs] *vb* **1**(*=pester; worry*) plage; mase på;
2. *mil(=pester)* plage; uroe *(fx the enemy); fig:* plage; sjikanere; trakassere; ***a policeman was harassed out of his job*** en politimann ble sjikanert bort fra jobben sin.

harassed [͵hærəst] *adj(=hard-pressed)* plaget; stresset *(fx a harassed mother; she always looks so harassed).*

harassing [͵hærəsiŋ] *adj(=troublesome)* plagsom; stressende ***I've had a harassing time of it today!*** jeg har hatt det stressende idag!

harassment [͵hærəsmənt; *især* **US:** hə'ræsmənt] *s*
1. plage; ***her child is a constant source of harassment to her*** ungen hennes er henne en evig plage;
2. trakasserier *n;* overgrep; ***sex(ual) harassment*** sexpress.

I. harbour *(,US: harbor)* [͵hɑ:bə]) *s* **1.** *mar:* havn; ***boat harbour*** båthavn; **2.** *fig(=refuge)* tilfluktssted.

II. harbour (,**US:** *harbor) vb* **1**(*=give refuge to*) gi ly *n;* skjule *(fx harbour a criminal);*
2. *stivt:* ***harbour thoughts of revenge****(=want revenge)* gå med hevntanker; ville ha hevn.

harbour master *sjef for trafikkavdeling:* havnekaptein; *i mindre norsk havn:* havnefogd; *(jvf port captain 2).*

I. hard [hɑ:d] *adj* **1.** *også fig:* hard *(fx hard times; hard water);*
2(*=difficult*) vanskelig;
3. *om alkoholholdig drikk:* sterk; ***hard stuff*** sterke saker; *(jvf hard drink);*
4. *om narkotikum:* tungt; ***hard drugs*** tunge stoffer *n;*
5.: ***hard of hearing*** tunghørt;
6.: ***be hard on*** 1. være hard mot; 2. være urettferdig mot (*el.* overfor) *(fx it's a bit hard on those who did nothing wrong).*

II. hard *adv* **1.** hardt *(fx work hard);* ***I want him to think – and that comes hard to him!*** jeg vil ha ham til å tenke, og det har han vanskelig for! ***pull harder*** dra hardere; ta hardere i; *fig:* ***hard hit*** hardt rammet; ***take it very hard*** ta det meget hardt (*el.* tungt);
2. *om dreining:* hardt; *mar:* ***hard aport!*** hardt til babord!
3. T: ***be hard at it****(=work hard)* henge i; **T:** stå på;
4. *fig:* ***die hard*** være seiglivet *(fx old habits die hard);*
5.: ***drink hard*** drikke tett; *(jvf hard-drinking).*
6.: ***hard on sby's heels****(=close behind sby)* hakk i hæl; like etter *(fx the thief ran off, with two policemen hard on his heels);*
7.: ***be hard put to it to****(=have great difficulty in (-ing);* **T:** *be hard pushed to)* ha sin fulle hyre med å;
8. T: ***hard up*** 1*(=short of money)* i pengeknipe; ***I'm a bit hard up at the moment*** jeg sitter litt trangt i det akkurat nå; 2. *fig:* ***be hard up for friends*** ha vanskelig for å finne venner; ***we're hard up for suggestions*** vi mangler forslag *n;* vi trenger sårt (til) forslag.

hard-and-fast ['hɑ:dən͵fɑ:st] *adj* **1.** *om regel:* fast;
2. *om opplysning(=definite)* bestemt *(fx we have no hard-and-fast information yet).*

hardback [͵hɑ:d'bæk] *s; bokb:* stivbind; innbundet bok.

hard-bitten ['hɑ:d͵bitən; *attributivt:* ͵hɑ:d'bitən] *adj* **T**(*=tough; hard-nosed*) herdet; barket *(fx soldier).*

hardboard [͵hɑ:d'bɔ:d] *s; bygg:* hard trefiberplate.

hard-boil [͵hɑ:d'bɔil] *vb:* hardkoke *(fx an egg).*

hard-boiled ['hɑ:d͵bɔild; *attributivt:* ͵hɑ:d'bɔild] *adj; også fig:* hardkokt.

hard cash rede penger; *spøkef:* klingende mynt.

hard copy *EDB; mots skjermbilde:* utskrift; fast kopi; tekst; *(se soft copy).*

hard core *også fig:* hard kjerne.

hard-core [͵hɑ:d'kɔ:] *adj:* med hard kjerne.

hard-core porn(ography) hard porno(grafi).

hard court *tennis:* grusbane.

hard disk [͵hɑ:d'disk] *s; EDB:* harddisk.

hard drink sterk drink (ɔ: gin, whisky, etc).

hard drinker en som drikker tett (*el.* mye).

hard-earned ['hɑ:d͵ə:nd; *attributivt:* ͵hɑ:d'ə:nd] *adj:* velfortjent; surt ervervet.

harden [͵hɑ:dən] *vb* **1.** gjøre hard; bli hard; herde; stivne; størkne;
2. *fig:* gjøre hard; forherde; ***harden one's heart*** gjøre seg hard *(to sby* overfor en).

hardened [͵hɑ:dənd] *adj* **1.** (som er blitt) hard; stivnet; størknet;
2. *fig:* forherdet *(fx a hardened criminal);*
3. *mht. ubehagelig oppgave:* ***be (,become) hardened to*** være (,bli) forherdet overfor *(fx he didn't like punishing children, but he soon became hardened to it);* ***he was hardened to suffering*** han var herdet mot lidelser.

hardened arteries *med.(=arteriosclerosis)* åreforkalkning.

hardening [͵hɑ:dəniŋ] *s* **1.** herding; størkning;
2. *fig:* det å gjøre hard; forherdelse; ***I noticed a hardening (*,T:** *toughening) of his attitude*** jeg merket at han hadde inntatt en hardere holdning.

hard facts *pl(=naked facts)* nakne kjensgjerninger.

hard feelings T: ***no hard feelings, I hope!*** ingen sure miner, håper jeg!

hard hat *bygg:* (verne)hjelm.

hard-headed ['hɑ:d͵hedid; *attributivt:* ͵hɑ:d'hedid] *adj(=realistic; practical)* realistisk; nøktern.

hard-hearted ['hɑ:d͵hɑ:tid; *attributivt:* ͵hɑ:d'hɑ:tid] *adj(=callous; unfeeling)* hardhjertet.

hard hit, hard-hit ['hɑ:d͵hit; *attributivt:* ͵hɑ:d'hit] *adj; også fig:* hardt rammet *(fx a hard-hit area).*

hard line *s; fig:* hard linje; hard kurs; ***take a hard line*** innta (*el.* legge seg på) en hard linje.

hard-liner ['hɑ:d͵lainə] *s:* tilhenger av en hard linje.

hard lines T(*=bad luck; hard luck*) uflaks (*on* for).

hard-luck ['hɑ:d͵lʌk] *adj; neds:* ***hard-luck story*** lidelseshistorie; klagesang; jeremiade; jammerhistorie.

hardly [͵hɑ:dli] *adv* **1**(*=scarcely*) knapt; nesten ikke;
2(*=probably not*)*:* ***he's hardly likely to …*** det er lite sannsynlig at han vil …;
3. *i nektende utsagn:* nesten; ***hardly anyone*** nesten ingen; ***hardly any small businesses are successful*** det er nesten ingen små firmaer som går godt; ***hardly ever****(=almost never)* nesten aldri; ***hardly possible****(=almost impossible)* nesten umulig;
4. *stivt(=scarcely):* ***he had hardly opened the door when they rushed in****(=as soon as he'd opened the door they rushed in)* han hadde knapt åpnet døra da de stormet inn; ikke før hadde han åpnet døra, så stormet de inn.

hardness [͵hɑ:dnəs] *s:* hardhet.

hard-nosed [͵hɑ:d'nouzd] *adj* **T**(*=tough; no-nonsense*) hardhudet; nøktern; **T:** tøff.

hard-packed [͵hɑ:d'pækt] *adj:* hardpakket *(fx snow);* ***hard-packed track on the inrun****(=hard-packed inrun track)* hardtråkket spor i ovarennet.

hard roe *zo; av fisk:* rogn.

hard sauce *kul(=brandy butter)* slags tykk smørkrem.

hard sell aggressiv salgsmetode (*el.* salgstaktikk).

hardship [͵hɑ:d'ʃip] *s* **1**(*=adversity*) motgang; ***suffer hardship*** ha motgang;
2(*=trouble*)*:* ***is that really such a great hardship?****(=is that really so much trouble?)* er det virkelig så mye bry *(n)*? ***if it's not too much (of a) hardship for you****(=if it's not too much trouble (for you))* hvis det ikke er for mye bry for deg; ***oh, it's no hardship!*** å, det er da ikke noe bry!
3(*=difficulty*) vanskelighet; ***a (little) temporary hardship*** en (liten) forbigående vanskelighet;

4.: ***hardship(s)*** strabaser; påkjenninger; **T:** harde tak *n;* ***avoid unnecessary hardship*** unngå unødvendige påkjenninger;

5.: ***hardships****(=privations)* forsakelser *(fx the hardships of war).*

hard shoulder *langs motorvei:* veiskulder med fast dekke *n;* bankett; *(se verge).*

hardware [ˌha;d'wɛə] *s* **1***(=ironmongery)* isenkram *n;* isenkramvarer; jernvarer;

2. *EDB; mots 'software' (programvare)* hardware; maskinvare; maskinutstyr.

hardware dealer*(=ironmonger)* isenkramhandler.

hardware shop*(=ironmonger's (shop))* isenkramforretning.

hardwood [ˌhɑ:d'wud] *s:* hardved; løvved.

hard work hardt arbeid; slit *n;* ***hard work is good for the soul*** arbeidet adler.

hard-working ['hɑ:dˌwə:kiŋ; *også attributivt:* 'hɑ:d-'wə:kiŋ] *adj:* arbeidsom; flittig *(fx student).*

hardy [ˌhɑ:di] *adj* **1***(=tough)* hardfør; herdet; ***hardy chap*** hardhaus; **2.** *om plante:* hardfør.

hare [hɛə] *s* **1.** *zo:* hare; ***buck hare*** hanhare; ***doe hare*** hunhare; *(se bunny 1);*

2.: ***run with the hare and hunt with the hounds*** bære kappen på begge skuldre.

harebell [ˌhɛə'bel] *s; bot(,i Skottland: bluebell)* blåklokke; *(se bluebell).*

harelip [ˌhɛə'lip] *s; med.:* hareskår.

harem [ˌhɛərəm] *s:* harem *n.*

haricot [ˌhæri'kou] *s; bot:* ***haricot (bean)****(=French bean)* hagebønne.

harlot [ˌhɑ:lət] *s; glds:* skjøge.

I. harm [hɑ:m] *s:* skade; fortred; ugagn; ***where's the harm?*** hva galt er det i det? ***come to harm****(=get hurt)* komme til skade; ***that won't do him any harm****(=that won't hurt him)* det tar han ingen skade av; ***it'll do you no harm to walk*** du vil ikke ha vondt av å gå; ***there's no harm done*** det er ingen skade skjedd; ***there's no harm in trying*** det kan ikke skade å forsøke; ***he means no harm*** han mener ikke noe vondt med det.

II. harm *vb:* skade; ***he won't harm you*** han vil ikke gjøre deg noe; ***it wouldn't harm you to eat some of this*** du ville ikke ha vondt av å spise litt av dette.

harmful [ˌhɑ:mful] *adj:* skadelig *(to* for); ***harmful effects*** skadelige virkninger.

harmless [ˌhɑ:mləs] *adj:* harmløs; uskadelig; ufarlig.

harmonica [hɑ:ˌmɔnikə] *s; mus(=mouth organ)* harmonikk; munnspill.

harmonious [hɑ:ˌmouniəs] *adj:* harmonisk.

harmonium [hɑ:ˌmouniəm] *s; mus:* harmonium *n;* husorgel.

harmonize, harmonise [ˌhɑ:mə'naiz] *vb* **1.** *også mus:* harmonere;

2. *fig:* avstemme; harmonisere; bringe i harmoni.

harmony [ˌhɑ:məni] *s; også mus:* harmoni; ***be in harmony with*** harmonere med.

I. harness [ˌhɑ:nəs] *s* **1.** seletøy; ***safety harness*** sikkerhetssele;

2. *fig:* ***die in harness*** dø i sin livsgjerning; dø på sin post;

3. *fig:* ***be back in harness*** være tilbake i jobben igjen.

II. harness *vb* **1.** sele på; spenne for *(fx a horse);*

2. *fig:* temme; ***harness the water power****(=develop (the) water power)* utnytte vannkraften.

I. harp [hɑ:p] *s; mus:* harpe.

II. harp *vb; fig* **T:** ***harp on****(=go on about)* terpe på; gnåle om (*el.* på); mase om *(fx she keeps harping on his faults);* ***she's always harping on the same string****(= she's always (going) on about the same thing)* hun gnåler alltid på den samme gamle platen; ***harp****(=go)* ***on about one's problems*** stadig snakke om problemene *(n)* sine.

I. harpoon [hɑ:ˌpu:n] *s:* harpun.

II. harpoon *vb:* harpunere.

I. harrow [ˌhærou] *s; landbr:* harv; *(jvf I. hoe).*

II. harrow *vb; landbr:* harve.

harrowing [ˌhærouiŋ] *adj; stivt(=agonizing)* opprivende.

Harry [ˌhæri] *s:* Harry; *spøkef:* ***Old Harry****(=Old Nick)* Gamle-Erik.

harry [ˌhæri] *vb; litt.(=ravage; plunder)* herje; plyndre.

harsh [hɑ:ʃ] *adj* **1***(=severe)* meget streng *(fx punishment);* ***harsh terms*** meget strenge betingelser; ***harsh winter*** streng vinter; ***be harsh with****(=on)* ***sby****(=be very strict with sby)* være meget streng mot en; **2***(=unpleasant)* ublid; ubehagelig; ***harsh words*** ublide ord *n;*

3.: ***it was harsh to the ear****(=it grated on the ear(s))* det skurret i ørene *n.*

4. *om smak(=bitter; acrid)* besk; stram *(fx taste).*

hartshorn [ˌhɑ:ts'hɔ:n] *s:* hjortetakk.

harum-scarum [ˌhɛərəmˌskɛərəm] *adj:* tankeløs og impulsiv.

I. harvest [ˌhɑ:vist] *s* **1.** innhøstning;

2. avling; høst;

3. *fig; stivt(=fruits):* ***reap the harvest of one's hard work*** høste fruktene av strevet.

II. harvest *vb(=gather in)* høste.

harvester [ˌhɑ:vistə] *s* **1.** innhøstningsarbeider; onnearbeider;

2. *mask:* ***combine harvester*** skurtresker.

harvestman [ˌhɑ:vistmən] *s* **1***(=harvester)* innhøstningsarbeider; onnearbeider;

2. *zo; slags edderkopp(=harvest spider;* **US:** *daddy -longlegs)* vevkjerring; **T:** langbein.

has-been [ˌhæz'bi:n] *s; neds* **T:** person som ikke lenger er populær, står i rampelyset, etc; fordums størrelse; glemt størrelse; ***she's really a has-been now*** det er ingen som husker henne nå lenger; ***finish up a has -been*** bli glemt (av publikum *(n)*).

I. hash [hæʃ] *s* **1.** *kul:* hakkemat; ***Norwegian hash*** pytt i panne;

2. S*(=hashish)* hasj;

3. *fig:* ***make a hash (=mess) of sth*** forkludre noe; spolere noe;

4. T: ***settle sby's hash*** 1*(=cook sby's goose; do for sby)* ta knekken på en; gjøre det av med en; 2*(=put sby in his place)* sette en på plass.

II. hash *vb:* ***hash up*** **1.** *om mat(=cut up)* hakke opp;

2. *fig(=make a mess of)* forkludre; spolere.

I. hassle [hæsl] *s* **T 1.** stri; mas *n;*

2*(=quarrel; fight)* bråk *n;* krangel; slagsmål;

3.: ***give sby a bit of hassle*** plage en litt.

II. hassle *vb* **T 1***(=harass)* plage; mase på; **2***(=quarrel; fight)* krangle.

hassock [ˌhæsək] *s:* knelepute.

haste [heist] *s(=hurry)* hast(verk); ***blind haste****(=a great hurry)* rivende hast; ***more haste, less speed*** hastverk er lastverk; ***in haste****(=in a hurry)* i all haste.

hasten [ˌheisən] *vb* **1***(=speed up)* påskynde;

2. *litt.(=rush; hurry)* ile; skynde seg;

3. T: ***I hasten to add that we're just good friends*** jeg skynder meg å tilføye at vi bare er gode venner.

hasty [ˌheisti] *adj* **1.** *stivt(=quick)* rask; ***a hasty snack*** en matbit i all hast; **2***(=too quick)* forhastet; overilt; ***too hasty*** for rask av seg.

hat [hæt] *s* **1.** hatt; ***knitted hat*** strikkelue; *også fig:* ***take one's hat off to*** ta av seg hatten for;

2. T: ***keep it under one's hat*** holde det for seg selv;

3.: ***pass****(=send)* ***the hat round****(,***T:** *have a whip-round)* la hatten gå rundt (ɔ: for å samle inn penger);

4.: ***talk through one's hat*** snakke tull *n; (se hard hat).*

hatbox [ˌhæt'bɔks] *s:* hatteeske; *(jvf bandbox).*

I. hatch [hætʃ] *s* **1.** luke; ***serving hatch*** serveringsluke;

2. *mar:* (dekks)luke; ***batten down the hatches*** 1. skalke lukene; 2. *fig:* forberede seg på det verste;

3. T: ***down the hatch!****(=drink up!)* drikk ut! **S:** bånnski!

II. hatch *s* **1**(*=hatching*) utklekking; **2**(*=brood*) kull *n.*
III. hatch *vb* **1.** *fra egg:* ***hatch (out)*** ruge ut; klekke ut; bli ruget (*el.* klekket) ut; ***when will the eggs hatch?*** når vil eggene (*n*) bli klekket ut?
2. *ordspråk:* ***don't count your chickens before they're hatched*** ikke selg skinnet før bjørnen er skutt;
3. *fig; i hemmelighet:* klekke ut (*fx a wicked scheme*).
IV. hatch *vb:* skravere.
hatchback [ˌhætʃ'bæk] *s:* privatbil med hekkdør.
hatchery [ˌhætʃəri] *s:* klekkeri *n;* ***trout hatchery*** ørretklekkeri.
hatchery-grown [ˌhætʃəri'groun] *adj(=hatchery-produced):* ***hatchery-grown fry*** setteyngel; ***hatchery-grown fish for stocking*** settefisk.
hatchet [ˌhætʃit] *s; især fig:* stridsøks; ***bury the hatchet*** begrave stridsøksa.
hatchway [ˌhætʃ'wei] *s:* lukeåpning; luke.
I. hate [heit] *s* **1**(*=hatred*) hat *n;* ***love and hate*** kjærlighet og hat; *(se for øvrig hatred);* **2.:** ***one's pet hate*** det verste man vet (*fx getting up in the morning is one of my pet hates*).
II. hate *vb:* hate; ikke kunne fordra; ***begin to hate sby*** legge en for hat *n;* ***I hate him like poison*** jeg hater ham som pesten; ***he hated himself in the morning*** neste dag hadde han bondeanger; ***I hate being late*** jeg kan ikke fordra å komme for sent; ***you'll hate yourself for not thinking of the answer*** du kommer til å ergre deg både gul og grønn over at du ikke kom på svaret; ***don't hate me for telling you the truth*** ikke vær sint på meg fordi jeg sier deg sannheten; ***I hate to mention it, but you owe me some money*** jeg er lei for å måtte nevne det, men du skylder meg noen penger; ***I hate to break things up, but it's time to go home*** jeg beklager at jeg forstyrrer, men det er på tide å dra hjem.
hateful [ˌheitful] *adj* **1**(*=very bad;* **T:** *beastly; rotten; horrid*) stygg; vemmelig (*fx that was hateful of you*); ***that was a hateful thing to do to her*** det var stygt gjort mot henne;
2. *stivt:* ***be hateful to sby*** by en imot; *(jvf detestable).*
hat rack hattehylle.
hatred [ˌheitrid] *s:* hat (*n*) (*of* til) (*fx I have a deep-seated hatred of liars*); ***love and hatred*** kjærlighet og hat; *stivt:* ***implacable hatred***(*=relentless hatred; uncompromising hatred*) uforsonlig hat; ***out of hatred for sby*** av hat til en; ***she has (a) deep-drooted hatred of …*** hun nærer et inngrodd hat til …
hat shop hatteforretning; (*jvf milliner: milliner's (shop)*).
hatstand [ˌhæt'stænd] *s:* stumtjener.
hatter [ˌhætə] *s* **1.** hattemaker; **2.:** ***(as) mad as a hatter*** splitter gal.
hat trick 1. *fotb:* tre mål (*n*) (av samme spiller i en kamp); **2.** *i andre situasjoner:* ***I've got a hat trick. That's the third car I've sold today.*** Alle gode ting er tre! Det var den tredje bilen jeg solgte i dag.
haughtiness [ˌhɔ:tinəs] *s(=arrogance; pride)* arroganse; hovmod *n;* overlegenhet.
haughty [ˌhɔ:ti] *adj(=arrogant; proud)* arrogant; hovmodig; overlegen.
I. haul [hɔ:l] *s* **1.** *i transportbransjen:* frakt; tur (*fx a ten-mile haul*); ***a long haul*** 1. en langtur; 2. *fig* **T**(*=a long job*) en langdryg affære;
2. kast *n;* fangst;
3. *fig:* kupp *n;* varp *n;* fangst.
II. haul *vb* **1.** hale; trekke; dra; ***haul up*** hale opp; **2**(*= transport*) transportere;
3. *mar:* ***haul down*** 1. hale ned; 2. hale teit;
4. T: ***haul sby over the coals*** gi en en overhaling.
haulage [ˌhɔ:lidʒ] *s* **1.** transport; ***road haulage*** veitransport; *2.* transportkostnader.
haulier [ˌhɔ:liə] *s*(,**US:** *hauler*) innehaver av transportfirma.
haunch [hɔ:ntʃ] *s* **1.** *på dyr:* bakparti; *kul:* lår *n;*
2.: ***haunches*** ende; bakdel; *om hund:* ***sit on its haunches*** sitte på bakbena; ***they went down on their haunches***(*=they squatted*) de satte seg på huk.
I. haunt [hɔ:nt] *s* **T:** tilholdssted; sted (*n*) man vanker; ***change one's haunts*** skifte beite *n.*
II. haunt *vb* **1.** *om spøkelse:* gå igjen i;
2. *fig; om noe ubehagelig:* ***be haunted by*** bli forfulgt av; ***I'm haunted by that idea*** den tanken spøker stadig i hjernen min; ***he was haunted by the fear that …*** han gikk i stadig redsel for at …;
3. T(*=visit very often*) vanke i.
haunted *adj* **1.** *om hus, etc:* som det spøker i;
2. *fig:* ***a haunted look*** et forpint (*el.* jaget) blikk *n.*
haunting [ˌhɔ:ntiŋ] *adj; litt.(=unforgettable)* uforglemmelig.
I. have [hæv] *s:* ***the haves and (the) have-nots*** de rike og de fattige.
II. have [hæv; (h)əv] *vb(pret: had; perf.part.: had)*
1. *som hjelpevb:* ha; være; ***he has(=he's) disappeared*** han er forsvunnet; ***we have(=we've) done it*** vi har gjort det; ***it has(=it's) been raining for hours*** det har regnet i timevis; ***they had(=they'd) gone home*** de var gått hjem;
2. eie; ha; ***do you have any brothers or sisters?***(*=have you got any brothers or sisters?*) har du noen søsken? ***I didn't have a car*** jeg hadde ikke bil; ***have you***(*=do you have*) ***an appointment?*** 1. har du en avtale? 2. har du bestilt time? har du en timeavtale?
3. *om selskap, etc:* arrangere; ha (*fx a party*);
4. få (*fx a baby; a letter from sby*); ***you shall have your money*** du skal få pengene dine; ***have back*** få igjen (*el.* tilbake);
5. *i forb m perf.part.:* ***have sth done*** få noe gjort; ***I've had my luggage brought up*** jeg har fått bagasjen min båret opp; ***he had(=got) his car stolen*** bilen hans ble stjålet; han fikk bilen sin stjålet; ***he had(=got) his arm broken*** han fikk brukket armen sin; ***have one's hair cut*** få klipt håret; ***we've had inquiries made*** vi har fått saken undersøkt;
6. *i pret el. passiv* **T:** ***you've been had*** du er blitt lurt;
7. *om mat og drikke:* ***what did you have for dinner?*** hva spiste (,fikk) du til middag? ***have a drink*** ta seg en drink; ***they were having tea*** de satt og drakk te; *som svar på spørsmål:* ***I'm having beer, thank you!***(*=a beer for me, please!*) jeg skal ha øl (*n*), takk!
8.: ***I had(=taught) him in form three***(*=he was a pupil of mine in the third form*) jeg hadde ham som elev i tredje klasse;
9. *når man har vært gjest:* ***thank you (very much) for having me!*** (tusen) takk for meg!
10. *foran s:* ***have a dream*** drømme; ha en drøm; ***have a go***(*=try*) forsøke; prøve; gjøre et forsøk; ***I'll have a talk with him***(*=I'll talk to him*) jeg skal snakke (alvorlig) med ham; ***have a good time (of it)***(, **T:** *have it good*) ha det bra (*el.* godt); ***have a good time!*** ha det hyggelig! ***I had a very good time with them in the holidays*** jeg hadde det veldig hyggelig sammen med dem i ferien; ***they had no end of a good time*** de hadde det alle tiders; ***he's having a hard time*** han har det hardt; ***we have a long way home*** vi har lang vei hjem; ***have it your own way***(*=as you like*) som du vil;
11.: ***have to***(*=have got to*) måtte (*fx I don't want to do this but I have to; you didn't have to do that*);
12. *bydende:* ***have Smith come and see me*** si til Smith at han skal komme inn til meg;
13. *foran s el. pron etterfulgt av pres part:* ha noe av at (*fx I won't have you wearing clothes like that! I won't have him reading my letters!*);
14. T: ***you have me there!***(*=you've got me there!*) der blir jeg deg svar (*n*) skyldig!
15. *om grep el. tak:* ***he had (got) me by the throat*** han hadde strupetak på meg; ***he had him now*** nå hadde han taket på ham; ***I have him where I want him***(*=I've got him where I want him*) jeg har ham i saksen nå;

16. T: ***he's had it*** det er ute med ham; ***if I miss that bus, I've had it*** hvis jeg kommer for sent til den bussen, sitter jeg fint i det; ***let him have it!*** gi ham inn!
17. *triumferende:* ***I have it!*** jeg har det! nå har jeg kommet på det!
18. *ved oppregning:* ***...and what have you*** ...og gud vet hva; og så videre;
19.: ***what have you against him?****(=why don't you like him?)* hva har du imot ham?
20: ***have around*** 1. ha hos seg; invitere *(fx have the neighbours around);* 2.: ***he's a useful man to have around*** *(=about the place)* han er en nyttig mann å ha;
21.: ***had better****(=ought to):* ***he had****(=he'd)* ***better go*** det er best han går;
22.: ***have down*** 1. få (tatt) ned; 2. **T:** ***she had*** *(= knocked)* ***the vase down*** hun rev ned vasen; 3.: ***we're having guests down this weekend*** vi får gjester fra landet denne helgen;
23. *om håndverkere:* ***have in*** ha i huset;
24. T: ***have it in for sby*** ha et horn i siden til en;
25. T: ***he had it coming (to him)*** det hadde han fortjent;
26.: ***have off*** 1. få av *(fx he had the lid off in no time at all);* 2.: ***he had to have his arm off*** han måtte få amputert armen;
27. S: ***have it (off) with*** 1*(=have sex with)* ha sex med; 2. stå i med *(fx he's having it off with his secretary);*
28.: ***have on*** 1. *om klær:* ha på; 2. få på; 3. ha fore *(fx we've got a big job on);* 4. *mht. bevis:* ***we have nothing on him*** vi har ingenting på ham; 5. **T:** ***he's having you on!*** han driver gjøn *(n)* med deg! han fleiper med deg!
29.: ***have out*** få ut; få fjernet; ***have a tooth out*** få trukket en tann;
30.: ***have it out with*** ta et oppgjør med; ***have it out with oneself*** gjøre opp med seg selv;
31.: ***have the neigbours round (for tea)*** be naboene (til te).

haven [ˌheivən] *s* **1.** *litt.(=harbour)* havn;
2. *fig:* tilfluktssted; ***tax haven*** skatteparadis.

have-not [ˌhæv'nɔt] *s:* fattiglem; en som ingenting eier; ***the haves and (the) have-nots*** de rike og de fattige.

haversack [ˌhævə'sæk] *s; mil:* haversack; liten skuldersekk.

havoc [ˌhævək] *s; stivt(=great destruction)* ødeleggelse; ***play havoc with*** være helt ødeleggende for.

haw [hɔ:] *vb:* ***hem****(=hum)* ***and haw*** hakke og stamme.

Hawaii [həˌwaii] *s; geogr:* Hawaii.

I. Hawaiian [həˌwaiən] *s:* hawaiianer;

II. Hawaiian *adj:* fra Hawaii; Hawaii-.

I. hawk [hɔ:k] *s* **1.** hark; kremt *n,*
2. *zo:* hauk;
3. *polit:* hauk; ***the hawks and the doves*** haukene og duene.

II. hawk *vb* **1***(=clear one's throat)* harke; kremte; ***hawk up*** harke opp;
2. *om gateselger(=peddle)* selge.

hawker [ˌhɔ:kə] *s:* gateselger; gatehandler.

hawk moth *zo:* aftensvermer.

hawthorn [ˌhɔ:'θɔ:n] *s; bot:* hagtorn.

hay [hei] *s* **1.** *bot:* høy *n; ordspråk:* ***make hay while the sun shines*** smi mens jernet er varmt;
2. S: ***hit the hay****(=go to bed)* gå til sengs; køye.

haycock [ˌhei'kɔk] *s:* høysåte.

haymaking [ˌhei'meikiŋ] *s:* slåttonn; høyslått.

haystack [ˌhei'stæk] *s(=hayrick)* høystakk.

haystalk [ˌhei'stɔ:k] *s; bot:* høystrå.

haywire [ˌhei'waiə] *adj* **T:** ***go haywire*** floke seg; streike *(fx my computer's gone haywire);* **T:** gå helt i spinn *n.*

I. hazard [ˌhæzəd] *s(=risk; danger)* fare; ***fire hazard*** *(=fire risk)* brannfare.

II. hazard *vb* **1.** *meget stivt(=risk)* våge; sette på spill *n (fx one's life);*
2. *om gjetning el. mening(=put forward; venture)* våge å komme med *(fx a remark);* ***hazard a guess*** våge å gjette.

hazardous [ˌhæzədəs] *adj:* hasardiøs; risikofylt; risikabel *(fx journey).*

haze [heiz] *s* **1.** dis; ***heat haze*** soldis; hetedis;
2*(=daze)* forvirring; usikkerhet; ***his mind was in a haze*** han var fullstendig forvirret; *(se også hazy).*

hazel [heizl] *s; bot:* hassel.

hazel hen *zo(=hazel grouse)* jerpe.

hazelnut [ˌheizəl'nʌt] *s; bot(=filbert)* hasselnøtt.

hazy [ˌheizi] *adj* **1***(=misty)* disig;
2. T*(=vague)* uklar *(fx idea);* ***I'm a bit hazy about what happened*** det er litt uklart for meg hva som skjedde.

he [hi:; *trykksvakt:* i:; hi; i] **1.** *pron:* han; ***he who, he that*** den som *(fx he who hesitates is lost);*
2. *zo:* han(n) *(fx is a cow a he or a she?).*

I. head [hed] *s* **1.** *anat:* hode *n;* ***his head was aching horribly*** han hadde fryktelige hodesmerter; ***count (the) heads*** *(=have(=take) a head count)* telle etter hvor mange som er til stede; ***head first****(=head foremost)* med hodet først; ***taller by a head*** et hode høyere; ***shake one's head*** ryste på hodet;
2. *fig:* hode *n;* ***a head****(=per person; a person; per head)* pr. person; **T:** pr. snute; ***£10 a head*** £10 pr. person; ***have a good head for figures*** være flink med tall *n;* ***he has no head for heights*** han tåler ikke å være i høyden; ***you need a good head for heights*** man må ikke ha lett for å bli svimmel i høyden; ***he's not right in his****(=the)* ***head*** han er ikke riktig klok; **T:** ***off one's head****(= crazy)* sprø; ***keep one's head****(=keep cool; stay calm)* bevare fatningen; holde hodet kaldt; ***keep one's head above water*** *også fig:* holde hodet over vannet; ***run one's head against a brick wall*** renne hodet mot veggen; ***laugh one's head off*** le seg i hjel; **T:** ***talk one's head off*** snakke som en foss; ***above****(=over)* ***sby's head*** over hodet på en; ***he's head and shoulders above his colleagues*** han rager langt over sine kolleger; ***hit the nail on the head*** treffe spikeren på hodet; ***his head was swimming*** det gikk rundt i hodet på ham; ***turn sby's head*** 1. fordreie hodet på en; 2. gjøre en innbilsk; ***I can't get it into my head*** jeg kan ikke få det inn i hodet; ***once he gets an idea into his head*** når han først får en idé; ***take it into one's head that ...*** få det for seg at; ***he has taken it into his head to ...*** han har satt seg i hodet å ...; ***stand on one's head*** stå på hodet; *fig:* ***you could do it standing on your head*** det er ingen sak; det er så lett som fot i hose; ***I can't get it out of my head*** jeg kan ikke få det ut av hodet; ***put it out of your head*** slå den tanken ut av hodet; ***over the head of his immediate boss*** over hodet på sin nærmeste sjef; ***head over heels*** 1. med bena *(n)* i været; hodestups; på hodet; 2. *fig:* ***fall head over heels in love*** bli voldsomt forelsket; ***now you're over your head!*** nå sitter du fint i det; **T:** nå har du kommet ut å kjøre! ***the success went to their heads*** suksessen gikk til hodet på dem; ***they put their heads together*** de stakk hodene sammen;
3. *mask; på bolt, kølle, øks, etc:* hode *n;*
4. *om fremste el. øverste del av noe:* ***at the head of the list*** øverst på listen; ***at the head of the queue*** helt foran i køen; ***at the head****(=end)* ***of the table*** øverst ved bordet; ved bordenden;
5. overhode *(fx the head of the family);* sjef; leder; *(= headmaster)* rektor; ***head of department*** avdelingssjef; *skolev:* hovedlærer; *univ:* ***head of a faculty*** dekanus; ***head of the CID*** kriminalsjef; ***overall head****(= overall boss)* toppsjef; *ved utenriks representasjon:* ***head of station*** stasjonssjef;
6. *om ledende stilling:* ***he's at the head of his class*** han er bestemann i klassen;
7. *av tale, tekst, etc:* hovedavsnitt *(fx a speech arranged under five heads);* ***they should be dealt with under separate heads*** de bør behandles hver for seg;
8. *om kveg som telles:* stykk *n (fx 50 head of cattle);*

9. *på øl:* skum *n;* skumhatt;
10.: ***I can't make head or tail of these instructions*** jeg blir ikke klok på denne bruksanvisningen;
11.: ***heads or tails?*** krone eller mynt? *(fx heads you do the dishes, tails I do them!);* ***he tossed a penny and it came down heads*** han kastet en penny opp i lufta og det ble krone;
12. **T:** ***off the top of one's head*** 1. helt omtrentlig *(fx he said he could give them some figures off the top of his head);* 2*(=offhand)* på stående fot; uforberedt *(fx I can't give you the figures off the top of my head);*
13. *om situasjon:* ***bring matters to a head*** la det komme til krise; ***things came to a head*** situasjonen tilspisset seg.
II. head *vb* **1.** gå i spissen for *(fx a procession); på liste, etc:* stå øverst;
2. lede; ha ansvaret for; stå i spissen for; stille seg i spissen for *(fx a campaign);*
3. *mht. kurs:* ***head south(ward)*** sette kursen sørover; ***where are you heading?*** hvor skal du? hvor har du tenkt deg hen? ***the boys headed for home*** guttene satte kursen hjemover; *fig:* ***he's heading for disaster*** ham vil det gå galt med; *mar:* ***head into the wind*** legge kursen opp mot vinden;
4. *om artikkel, etc:* ***be headed*** ha som overskrift;
5. *fotb:* heade;
6.: ***head off*** 1. *fig:* avskjære; 2. **T:** ***he headed off towards the river*** han satte kursen mot elven.
headache [ˌhed'eik] *s* **1.** hodepine; ***a sick headache*** hodepine med kvalme; ***have a headache*** ha hodepine; ***have a splitting headache*** ha en dundrende hodepine; ***I often get headaches*** jeg har ofte hodepine; *(jvf stomachache & toothache);*
2. *fig* **T:** hodepine *(fx that's a real headache);* ***that's your headache*** det er din hodepine.
headband [ˌhed'bænd] *s* **1.** pannebånd; **2.** *på bok:* kapitélbånd; **3.** *typ; over kapittel:* frise.
headcheese [ˌhed'tʃi:z] *s* **US** *& Canada(=mock brawn)* grisesylte; *(se brawn 2).*
head cold*(=cold in one's head)* snue.
head count: ***have****(=take)* ***a head count****(=count (the) heads)* telle etter hvor mange som er til stede.
head dispenser provisor.
headdress [ˌhed'dres] *s:* hodeplagg.
headed notepaper brevpapir med påtrykt navn *(n)* og adresse.
header [ˌhedə] *s* **1.** *fotb:* nikk *n;* skalle *(fx he scored with a great header into the corner of the goal);*
2. **T***(=dive);* ***he took a header*** han stupte ut i vannet; ***he took a header into the mud*** han gikk på hodet i søla.
head-first [ˌhed,fə:st] *adv:* med hodet først; på hodet.
headhunter [ˌhed'hʌntə] *s* **1.** hodejeger;
2. *fig(=executive search consultant)* headhunter.
heading [ˌhediŋ] *s* **1.** overskrift; rubrikk; ***come under the heading of*** stå under rubrikken; ***be classed under a few headings*** sammenfattes i noe få rubrikker;
2. *flyv; mar:* kurs.
headlamp [ˌhed'læmp] *s: se headlight.*
headland [ˌhed'lænd] *s:* nes *n;* odde.
head lettuce *bot(=cabbage lettuce)* hodesalat.
headlight [ˌhed'lait] *s(=headlamp)* lyskaster; (front)lykt; frontlys; ***turn up the headlights*** sette på fullt lys.
headlight flasher*(=light hooter)* lyshorn.
headline [ˌhed'lain] *s:* (avis)overskrift; ***hit****(=make)* ***the*** headlines få store overskrifter; bli førstesidestoff (i avisene); ***he's always in the headlines*** han er alltid førstesidestoff i avisene.
headline news*(=news headlines)* nyhetssammendrag.
headlong [ˌhed'lɔŋ] *adj & adv; også fig:* hodekulls; på hodet *(fx fall headlong into the water).*
headmaster ['hedˌmɑ:stə] *s(,***T:** *head)* rektor.
headmistress ['hedˌmistrəs] *s; om kvinne:* rektor.
head office 1. hovedkontor; **2.** *tlf:* hovedsentral.
head-on ['hedˌɔn] *adj & adv* **1.:** ***a head-on collision*** en frontkollisjon;
2. *fig:* direkte *(fx in his usual head-on fashion);* ***confront the problem head-on*** gå direkte løs på problemet; ***meet criticism head-on*** ta et frontalt oppgjør med kritikken; ***tackle sby head-on*** gå til frontalangrep på en.
head-over heels rundkast; ***he did a spectacular head -over heels*** han gjorde et ordentlig rundkast.
headphones [ˌhed'founz] *s; pl; radio:* øretelefoner.
headquarters ['hedˌkwɔ:təz] *(fk HQ) s; pl:* hovedkvarter; ***police headquarters*** hovedpolitistasjon.
headrest [ˌhed'rest] *s* **1.** *i sykeseng:* sengebrett;
2. *i bil:* nakkestøtte; hodestøtte.
headroom [ˌhed'rum] *s* **1.** innvendig takhøyde; plass under taket; **2.** *under bru, etc:* fri høyde.
headscarf [ˌhed'skɑ:f] *s(=headsquare)* skaut *n.*
headset [ˌhed'set] *s:* hodetelefon (med tilkoplet mikrofon); *faglig:* hodemikrotelefon.
headshrinker [ˌhed'ʃriŋkə] *s* **S***(=psychiatrist)* psykiater.
head start*(=lead)* forsprang; ***even with his head start she caught up with him*** selv med hans forsprang tok hun ham igjen.
headstrong [ˌhed'strɔŋ] *adj:* stivsinnet.
head teacher ['hedˌti:tʃə] *s:* rektor.
head torch hodelykt.
head waiter ['hedˌweitə] *s:* hovmester.
headwaters [ˌhed'wɔ:təz] *s; pl:* kildeelver; kilder; utspring *(n)* og øvre løp *n (fx the headwaters of the Nile).*
headway [ˌhed'wei] *s* **1.** *mar:* fart forover;
2.: ***make headway*** 1. *mar(=gather headway)* gjøre fart forover; 2. *fig(=make progress)* gjøre fremskritt.
headwind [ˌhed'wind] *s; mar & flyv:* motvind.
heady [ˌhedi] *adj* **1.** *om drikk:* som går til hodet *(fx wine);*
2. *fig:* berusende; beruset (*with* av) *(fx heady with success).*
heal [hi:l] *vb* **1.** helbrede; kurere; lege;
2.: ***heal (up)*** heles; leges; gro.
I. healing [ˌhi:liŋ] *s:* heling *(fx of a wound).*
II. healing *adj:* legende.
health [helθ] *s* **1.** sunnhet; helse; ***be in good (,poor) health*** ha god (,dårlig) helse; ***in perfect health*** i beste velgående; ***as long as I keep my health, I'll be happy*** så lenge jeg får beholde helsa, skal jeg være glad; **T:** ***be bursting with*** være kjernesunn; være frisk som en fisk;
2. *fig:* ***the health of the nation's economy*** (tilstanden i) landets økonomi;
3.: ***drink to sby's health*** skåle for en; ***your health!*** skål!
Health and Safety at Work Act: ***the Health and Safety at Work Act*** *svarer til:* Arbeidsmiljøloven.
Health and Social Security: ***the Department of Health and Social Security****(fk the DHSS)* Sosialdepartementet.
health at work regulations *pl:* arbeidsmiljøbestemmelser; *(jvf Health and Safety at Work Act).*
Health and Safety Executive *svarer til:* Statens arbeidstilsyn; Arbeidstilsynet.
health authority helsemyndighet.
health care helseomsorg; ***primary health care*** primærhelseomsorg.
health centre 1. legesenter; **2.** helseråd; *(jvf local health authority).*
health farm helsekoststed.
health food helsekost.
health(-food) store helsekostforretning.
health hazard *(=health risk)* helsefare; helserisiko.
health resort kursted.
health service helsestell; helsevesen; ***public health service*** offentlig helsestell; **UK:** ***the National Health***

NYTTIGE UTTRYKK

heart

cross my heart and hope to die	*kors på halsen, dø i natt*
my heart bleeds for you	*både humoristisk og alvorlig brukt*
put one's heart and soul into sth.	*gjøre sitt beste*
have a heart	*være snill, eller ironisk: ha medynk med meg*
eat your heart out	*nå kan du ha det så godt*

Service(fk the NHS; **T:** *the National Health)* Trygdekassen; ***you can get spectacles on the National Health*** briller får du på Trygdekassen; *(se Social Security Office).*

health visitor *(fk HV)(*,**US:** *public health nurse)* helsesøster.

health warning label *med.:* etikett med påtrykt advarsel om helsefarlig innhold *n.*

health work arbeid *(n)* i helsesektoren.

health worker helsearbeider.

healthy [ˌhelθi] *adj* **1.** sunn; frisk; med god helse; **2.** *fig:* sunn; ***healthy sign*** sunnhetstegn; **3.** *fig(=wise)* sunn *(fx show healthy respect for sth).*

I. heap [hi:p] *s* **1.** haug; bunke; **2.** *fig* **T:** ***heaps (of)*** masser (av); massevis av; **3. T:** ***he was knocked all of a heap*** han ble helt paff.

II. heap *vb* **1.:** ***heap (up)*** legge i haug; samle i en haug (*el.* bunke); **2.** *fig:* ***he heaped abuse on them****(=he hurled abuse at them)* han skjelte dem ut etter noter.

heaped *adj:* toppet; ***a heaped measure*** et toppet mål; ***a heaped spoonful of sugar*** en toppet spiseskje med sukker.

hear [hiə] *vb(pret: heard; perf.part: heard)* **1.** høre; ***he was heard to say that …*** man hørte ham si at …; ***I've often heard it said that …*** jeg har ofte hørt si at …; ***to hear him speak you'd think that …*** når man hører ham snakke, skulle man tro at …; ***am I hearing right?*** hører jeg riktig? ***I must be hearing things*** jeg tror sannelig ikke (at) jeg hører riktig; **T:** ***hear anything?*** 1*(=do you hear anything?)* hører du noe? 2*(=did you hear anything)* hørte du noe?
2. *jur:* avhøre *(fx a witness);* behandle; ***parts of the case will be heard in private*** deler av saken vil bli behandlet for lukkede dører; ***who will hear the case?*** hvem skal være dommer i saken?
3. *skolev:* ***hear sby (in) their lesson*** høre en i leksen; ***I'll hear you in Hamlet tomorrow****(=I'll test you on Hamlet tomorrow)* jeg skal høre dere i Hamlet i morgen;
4.: ***hear about*** høre om; ***I've been hearing things about you!*** hva er det jeg hører om deg?
5.: ***hear from*** høre fra; *truende:* ***you'll be hearing from me!*** du (,De) skal få høre (nærmere) fra meg!
6.: ***hear of*** høre (snakk) om; ***he wouldn't hear of it*** han ville ikke høre snakk om det;
7.: ***hear sby out*** la en få snakke ut;
8. *int; bifallende:* ***hear! hear!*** bravo!

heard [hə:d] *pret & perf.part. av hear:* hørt; **T:** ***heard anything?****(=have you heard anything?)* har du hørt noe?

hearing [ˌhiəriŋ] *s* **1.** hørsel;
2. *jur:* behandling *(fx of a case);* avhør *n (fx of witnesses);* ***get a fair hearing*** 1. få fair behandling; 2. *se* 4: *he didn't get a fair hearing;*
3. *i offentlig komité:* ***(public) hearing*** (offentlig) høring;
4. *stivt:* ***gain a hearing*** finne gehør *n;* ***give sby a hearing*** *(=listen to sby)* høre hva en har å si; ***the boss is strict but he'll give you a fair hearing*** sjefen er streng, men han hører på deg; ***he didn't get a fair hearing*** 1. man hørte ikke på ham; 2.: han fikk ikke fair behandling;
5.: ***within hearing****(=within earshot)* innen hørevidde; ***out of hearing*** *(=out of earshot)* utenfor hørevidde.

hearing aid høreapparat.

hearing protection hørselsvern.

hearsay [ˌhiəˈsei] *s; lett glds:* forlydende *n;* snakk *n;* rykter; ***it's only hearsay****(=it's only what I've heard)* det er bare noe jeg (*etc*) har hørt; det er bare løst snakk; ***I'm only speaking from hearsay****(=I'm only saying what I've heard)* jeg sier bare hva jeg har hørt; ***I have it from hearsay****(=it's what I've heard)* det er noe jeg har hørt.

hearsay evidence *jur:* vitneutsagn om forhold *(n)* man kjenner til på annen hånd.

hearse [hə:s] *s:* begravelsesbil; begravelsesvogn.

heart [hɑ:t] *s* **1.** *anat:* hjerte *n;* ***my heart stood still****(=my heart missed a beat)* hjertet mitt stanset et øyeblikk;
2*(=centre; central part)* hjerte *n;* ***in the heart of the mountains*** langt (*el.* midt) inne i fjellet;
3. kjerne *(fx the heart of the matter);*
4*(=courage (and enthusiasm))* mot *(n)* (og begeistring); ***he had no heart for all the killing*** han var ikke begeistret for all denne drepingen;
5. *kortsp:* ***hearts*** hjerter; ***the two of hearts*** hjerterto;
6. *fig:* hjerte *n (fx you've no heart);* ***after one's own heart*** etter ens hjerte *(fx he is a man after my heart);* ***heart and soul****(=completely)* med liv *(n)* og sjel; ***at heart****(=really; basically)* innerst inne; egentlig; ***by heart*** utenat *(fx learn sth by heart);* ***in one's heart of hearts*** i sitt innerste; ***it would melt a heart of stone*** det kunne røre en stein; **T:** ***to one's heart's content*** av hjertens lyst; ***with all my heart*** av hele mitt hjerte; ***with one's heart in one's mouth*** med hjertet i halsen; ***with one's hand on one's heart*** med hånden på hjertet *(fx can you honestly say, with your hand on your heart, that …?); (se også ndf: I can't, cross my heart, say that …);* ***break sby's heart*** knuse ens hjerte; **T:** ***cross my heart!*** kors *(n)* på halsen! **T:** ***I can't, cross my heart, say that …****(=I can't honestly say that …)* jeg kan ikke med hånden på hjertet si at …; *(se også ovf: with one's hand on one's heart);* ***cry one's heart****(=eyes)* ***out****(=cry bitterly)* gråte sine modige tårer; ***find it in one's heart to*** ha hjerte til å; ***from the bottom of one's heart****(=very much)* av hele sitt hjerte; ***it made my heart go pit-pat*** det ga meg hjerteklapp; ***our hearts go out to them*** vi føler med dem; **T:** ***have a heart!****(=show some pity!)* ikke vær hjerteløs, da! vis nå litt barmhjertighet! ***have a change of heart****(=change one's mind)* forandre mening; ombestemme seg; ***he has it very much at heart****(=it concerns him deeply)* det ligger ham på hjertet; det er en hjertesak for ham; ***have one's heart in the right place*** ha hjertet på rette sted; ha hjertelag; ***but I***

wouldn't put my heart on it men jeg ville ikke sverge på det; ***set one's heart on****(=have one's heart set on)* være oppsatt på; ***take sth to heart*** 1. ta seg nær av noe; 2. ta seg noe ad notam; merke seg noe;
heartache [ˌhɑːtˈeik] *s; litt.(=heartbreak)* hjertesorg.
heart attack *med.:* hjerteanfall.
heartbeat [ˌhɑːtˈbiːt] *s:* hjerteslag.
heartbreak [ˌhɑːtˈbreik] *s:* hjertesorg.
heartbroken [ˌhɑːtˈbroukən] *adj(=overcome by sorrow)* dypt ulykkelig; sønderknust; helt fortvilet.
heartburn [ˌhɑːtˈbəːn] *s; med.:* halsbrann; kardialgi.
heart cherry *bot(=sweet cherry)* søtkirsebær.
heart complaint *med.(=heart trouble)* hjertelidelse.
heart condition: ***he has a heart condition*** han har noe med hjertet.
hearten [ˌhɑːtən] *vb; stivt(=encourage)* sette mot i; oppmuntre.
heartening *adj; stivt(=encouraging)* oppmuntrende.
heart failure 1 *(=organic heart disease)* hjertefeil; **2***(=cardiac insufficiency)* hjertesvikt.
heartfelt [ˌhɑːtˈfelt] *adj; litt.(=sincere)* dyptfølt.
hearth [hɑːθ] *s* **1.** ildsted; peis; grue; ***an open hearth for cooking*** et åpent ildsted til å lage mat på;
2. *fig; litt. (=home; one's house)* hjem; ***fight for hearth and home*** kjempe for sitt hjem.
hearth rug kaminteppe.
heartily [ˌhɑːtili] *adv* **1.** hjertelig *(fx laugh heartily);* ***he welcomed us heartily****(=he gave* **US** ***a hearty welcome)*** han ønsket oss hjertelig velkommen;
2.: ***eat heartily*** *(=eat with a good appetite)* spise med god appetitt;
3.: ***they were singing heartily****(=they were singing loudly and with gusto)* de sang av full hals;
4.: ***I heartily agree*** jeg er hjertens enig;
5.: ***make oneself heartily disliked by sby*** gjøre seg forhatt hos en.
heartless [ˌhɑːtləs] *adj:* hjerteløs.
heart-rending [ˌhɑːtˈrendiŋ] *adj(=heart-breaking)* hjerteskjærende.
heart-searching [ˌhɑːtˈsəːtʃiŋ] *s:* selvransakelse.
heartsease, heart's-ease [ˌhɑːtsˈiːz] *s; bot(=wild pansy; love-in-idleness)* stemorsblomst.
heartsick [ˌhɑːtˈsik] *adj(=sick at heart)* tung om hjertet.
heart-to-heart *adj:* fortrolig *(fx have a heart-to-heart talk with sby).*
heart transplant *med.:* hjertetransplantasjon.
heart trouble *med.(=heart complaint)* hjertelidelse.
heart-warming [ˌhɑːtˈwɔːmiŋ] *adj:* som gjør en varm om hjerterøttene; som gjør en godt.
heartwood [ˌhɑːtˈwud] *s(=duramen)* kjerneved; al; malm; ***pine(wood) rich in heartwood*** malmfuru.
hearty [ˌhɑːti] *adj* **1.** hjertelig; ***his hearty manner*** hans hjertelighet; ***a hearty response*** en helhjertet oppslutning; ***he gave us a hearty welcome****(=he welcomed* **US** ***heartily)*** han ønsket oss hjertelig velkommen;
2. *om appetitt(=good)* god;
3. *om måltid:* ***a hearty meal*** et kraftig måltid;
4*(=strong):* ***a hearty dislike*** en sterk antipati.
I. heat [hiːt] *s* **1.** varme; hete; ***the heat of a fireplace*** peisvarme; ***suffer from the heat*** lide av varmen; ***I don't mind the heat*** jeg gjør ikke noe av varmen; ***turn down the heat*** skru ned varmen;
2. *sport:* heat *n;* pulje;
3. *hundyrs:* løpetid; ***on heat*** i løpetiden; *(se II. rut);*
4. *fig(=anger; excitement)* heftighet; ***in the heat of battle*** i kampens hete; ***in the heat of the moment*** i øyeblikkets opphisselse; ***take the heat out of the situation*** gjøre situasjonen mindre spent; ***he replied with some heat*** han var nokså opphisset da han svarte;
5. T: ***put the heat on sby****(=put pressure on sby)* legge press på en; sette en under press.
II. heat *vb:* ***heat (up)*** varme opp; ***sth heated up out of a tin*** noe oppvarmet hermetikk.
heated [ˌhiːtid] *adj* **1.** oppvarmet; ***heated through*** gjennomvarm;
2. *fig(=excited)* hissig; ***get heated*** hisse seg opp; bli hissig.
heater [ˌhiːtə] *s:* varmeovn; ***electric heater*** elektrisk varmeovn; ***water heater*** varmtvannsbereder.
heath [hiːθ] *s* **1.** *bot:* ***common heath****(=heather)* (røss)lyng; ***bell heath****(=cross-leaved heather)* klokkelyng; **2***(=heathery moor)* lyngmo; hede.
heathberry [ˌhiːθˈberi] *s(=woodland berry)* skogsbær (som fx blåbær el. tyttebær).
heath cock *zo(=blackcock)* orrhane.
I. heathen [ˌhiːðən]*(=pagan)* **S:** hedning.
II. heathen *adj:* hedensk.
heathendom [ˌhiːðəndəm] *s:* hedendom.
heather [ˌheðə] *s; bot(=common heath)* (røss)lyng.
heathery [ˌheðəri] *adj:* lyngbevokst; lyngaktig.
heath hen *zo(=greyhen)* orrhøne.
heating [ˌhiːtiŋ] *s:* oppvarming; varme; ***central heating*** sentralvarme; ***put the heating on****(=turn on the heat(ing))* sette (el. skru) på varmen; ***turn up the heating****(=turn the heating higher)* sette (el. skru) på mer varme; ***get the heating going again*** få varmeanlegget i gang igjen.
heating engineer varmetekniker.
heating oil*(=fuel oil)* fyringsolje.
heat lightning *meteorol:* kornmo.
heatproof [ˌhiːtˈpruːf] *adj(=heat-resistant)* varmefast.
heat rash *med.(=prickly heat)* heteutslett.
heat-seeking [ˌhiːtˈsiːkiŋ] *adj:* varmesøkende.
heat stroke *med.:* heteslag.
heat-treat [ˌhiːtˈtriːt] *vb:* varmebehandle.
heat wave hetebølge; varmebølge.
I. heave [hiːv] *s* **1.** kraftig rykk *(n) (on* i) *(fx give a heave on the rope);*
2. *mar:* ***the heave of the waves****(=the rising and falling of the waves)* bølgegangen.
II. heave *vb* **1***(=lift; pull (with great effort))* løfte; dra; rykke; hale og dra *(on* i);
2. *om noe tungt:* kaste; lempe; *stivt:* ***heave a sigh of relief****(=give a sigh of relief)* trekke et lettelsens sukk;
3*(=rise and fall)* stige og synke; ***his chest was heaving because he was out of breath*** brystet hans gikk opp og ned fordi han var andpusten;
4. *mar (pret & perf.part.: hove):* ***heave to****(=lay to)* legge bi; dreie bi; *int:* ***heave-ho!*** hiv ohoi!
heaven [ˌhevən] *s* **1.** *litt.:* himmelen *(fx rain from heaven);* ***the heavens opened****(=it started pouring down)* himmelens sluser åpnet seg;
2. *rel(=Heaven)* himmelen *(fx the angels in Heaven);*
3. *fig* **T:** himmelrike *(fx "This is heaven", she said, lying on the beach in the sunshine);*
4.: ***heaven forbid!*** måtte Gud forby det!
5.: ***heaven knows*** 1. gud vet; 2*(=certainly)* gudene skal vite at *(fx heaven knows, I ought to have guessed it);*
6.: ***move heaven and earth*** sette himmel og jord i bevegelse;
7. *int:* ***(good) heavens!*** du gode gud! du store himmel!
8.: ***for heaven's sake*** for Guds skyld;
9.: ***thank heaven!*** gudskjelov!
10.: ***in the seventh heaven*** i den sjuende himmel.
heavenly [ˌhevənli] *adj:* himmelsk.
heavily [ˌhevili] *adv* **1.** tungt *(fx loaded);*
2. *fig:* tungt *(fx breathe heavily);* strengt *(fx punished);* ***heavily damaged****(=very much damaged)* sterkt skadd; ***drink heavily*** drikke tett;; ***it weighs heavily on him*** det hviler tungt på ham.
heavy [ˌhevi] *adj* **1.** *om vekt:* tung; ***how heavy are you?*** hvor mye veier du? hvor tung er du?
2. *fig; om byrde, plikt, skatt, straff, etc:* tung; stor; ***a heavy duty*** en tung plikt; ***heavy expense(s)*** store utgifter; ***heavy (=high) taxes*** høye skatter; ***with a heavy heart*** med tungt hjerte; tung om hjertet;

3. *om uvanlig kraft, omfang, størrelse, etc:* ***heavy artillery*** tungt artilleri; ***there was a heavy sea running*** det var svær sjøgang; ***heavy traffic*** sterk trafikk;
4. *ved overdrivelse:* ***a heavy drinker*** en som drikker tett; ***a heavy eater*** en storeter; **T:** ***he's heavy on butter****(=he's very fond of butter)* han er hard på smøret; **T:** ***heavy on repairs*** kostbar å holde i stand;
5. *om bevegelse(=slow)* tung; langsom; tungfør;
6. *om mat(=hard to digest)* tung; tungt fordøyelig;
7. *om himmelen(=dark and cloudy)* tung; mørk;
8. *om lesestoff:* tung; tungt fordøyelig;
9. *om ansiktstrekk:* ***heavy features*** tunge trekk;
10. *om atmosfære:* tung;
11. *om stil:* tung;
12.: ***heavy with*** tung av; tynget ned av; ***heavy with sleep*** søvndrukken.

heavy breathing *s(=laboured breathing)* **1.** det å puste tungt; tung pusting;
2. tungpustethet; *(jvf short-windedness).*

heavy-duty ['hevi,dju:ti; *attributivt:* 'hevi,dju:ti; ,hevi'dju:ti] *adj* **1.** belagt med høy toll; **2.** som tåler hard slitasje; ekstra kraftig (*el.* solid).

heavy going **1.** tungt føre *n;* **2***(=hard work)* tungt; slitsomt; ***I found his book very heavy going going*** jeg syntes boken hans var tung å komme gjennom.

heavy goods vehicle *(fk HGV) stivt(=truck; lorry)* lastebil.

heavy-handed ['hevi,hændid; *attributivt:* ,hevi'hændid] *adj* **1.** streng; hard; **2***(=clumsy)* klosset; ***heavy-handed compliments*** klossete komplimenter *n.*

heavy industry tungindustri.

heavy metal *mus:* tungrock.

heavy (motor) traffic tungtrafikk.

heavy weather: T: ***make heavy weather of sth****(=find great difficulty in doing sth)* få vanskeligheter med noe (som burde være lett).

I. heavyweight [,hevi'weit] *s* **1.** *sport:* tungvekter;
2. *litt.:* tungvekter *(fx the literary heavyweights).*

II. heavyweight *adj; sport:* tungvekts- *(fx champion).*

heavy work tungarbeid.

I. Hebrew [,hi:bru:] *s* **1.** hebreer; **2.** *språk:* hebraisk.

II. Hebrew *adj:* hebraisk.

heck [hek] *int:* pokker! ***what the heck!*** hva pokker!

heckle *vb polit:* være møteplager; avbryte stadig vekk *(fx be heckled at a meeting);* komme med tilrop.

heckler [,heklə] *s; polit:* møteplager.

hectare [,hektɑ:] *s:* hektar *n.*

hectic [,hektik] *adj:* hektisk; ***there was a hectic rush*** det ble (,var) temmelig hektisk.

hector [,hektə] *vb; stivt(=bully)* tyrannisere; hundse.

I. hedge [hedʒ] *s* **1.** hekk; ***wild rose hedge*** tornehekk; *(se hedgerow);*
2. *fig:* gardering *(fx as a hedge against inflation).*

II. hedge *vb* **1***(=hedge in)* plante hekk rundt;
2. *ved veddemål, etc:* ***hedge (one's bets)*** helgardere seg; gardere seg; sikre seg;
3. *stivt(=avoid giving a clear answer; stall; dodge)* komme med utenomsnakk; ikke ville ta standpunkt; ***he hedged over the decision****(=he dodged the decision)* han unnslo seg når det gjaldt å ta en avgjørelse; ***he tried to hedge*** han prøvde å snakke seg bort fra det; **T:** han prøvde å ro;
4. *fig:* ***hedged around, hedged in****(=surrounded by)* omgitt av; belagt med.

hedgehog [,hedʒ'hɔg] *s; zo:* pinnsvin.

hedgerow [,hedʒ'rou] *s(=hedge)* hekk; ***along the English hedgerows*** i hekkene langs engelske landeveier.

I. heed [hi:d] *s; stivt:* ***pay heed to, take heed of****(=pay attention to)* ense; ta hensyn *(n)* til.

II. heed *vb; stivt(=pay attention to)* ta hensyn *(n)* til.

heedless [,hi:dləs] *adj; stivt:* ***heedless of****(=paying no attention to)* uten å ense; uten hensyn *(n)* til.

I. heel [hi:l] *s* **1.** *på fot, sko, strømpe:* hæl; ***pencil-slim heels*** tynne hæler; ***turn on one's heel*** dreie seg om på hælen; **2.** *på ski:* bakende *(fx the heel of the ski);*
3*(=outside slice):* ***a heel of loaf*** en brødskalk;
4.: ***at****(=on)* ***sby's heels*** i hælene på en; ***close****(=hard)* ***on sby's heels*** like i hælene på en; ***journalists were hot on his heels through the streets****(=journalists pursued(=chased) him through the streets)* journalistene fotfulgte ham gjennom gatene; ***on the heels of a previous report*** like etter en tidligere rapport; ***come on the heels of****(=follow closely on)* følge tett etter;
5.: ***cool****(=kick)* ***one's heels*** vente utålmodig; ***they must kick their heels waiting for fresh powers*** de må smøre seg med tålmodighet mens de venter på nye fullmakter;
6. *fig* **T:** ***dig in one's heels*** være fast; ikke gi seg;
7. S: ***show sby a clean pair of heels****(=run away from sby; give sby the slip)* stikke av fra en;
8.: ***be down at heel*** 1. ha skjeve hæler; ***wear one's shoes down at heel*** trå ned hælene på skoene sine; 2. *fig:* være forkommen; være redusert;
9. T: ***take to one's heels****(=run away)* stikke av;
10.: ***to heel*** 1. *om hund:* ***make one's dog walk to heel*** la hunden gå bak en; *kommando:* ***to heel!*** på plass! 2. *fig* **T***(=under control)*: ***bring to heel*** få bukt med; gjøre myk; 3.: ***come to heel*** føye seg; **T:** bli snill.

II. heel *vb* **1.** sette hæl(er) på; **2.** *fotb:* ***heel the ball*** ta ballen på hælen. **3.** *mar:* ***heel over*** krenge; legge seg over på siden; ***heel hard over*** krenge sterkt; legge seg hardt over på siden; *(se well-heeled).*

heel bar hælbar.

heel stay hælkappe; *(se I. stay 1, 2, 3).*

heeltap [,hi:l'tæp] *s* **1***(=heelpiece)* hælflikk;
2. *i glass, etc:* slant; skvett; liten rest.

hefty [,hefti] *adj* **1***(=big and strong)* stor og kraftig; velvoksen; bastant;
2. *om spark, etc:* kraftig *(fx kick);*
3. T: stor; dugelig; **T:** velvoksen; ***a hefty bill*** en velvoksen regning; ***a hefty packed lunch*** en dugelig nistepakke.

hegemony [hi,gemɔni; US: ,hedʒə'mouni] *s:* hegemoni *n.*

heifer [,hefə] *s: zo:* kvige.

height [hait] *s* **1.** høyde *(fx what's the height of this building?);* ***at a height of 10,000 metres*** i 10.000 meters høyde; ***fear of heights****(=acrophobia)* høydeskrekk; ***he has no head for heights*** han har høydeskrekk; han liker seg ikke i høyden; ***be three metres in height*** være tre meter høy; ***a fall from a great height****(=a long drop)* et høyt fall;
2. *fig:* høyde *(fx he's at the height(=peak) of his career);* toppunkt; topp; toppmål; ***Hollywood at its height****(=peak))* Hollywood i sin glanstid; ***when the crisis was at its height*** da krisen var på sitt høyeste; ***at its height, the party had 10,000 members*** da partiet var på topp, hadde det 10.000 medlemmer; ***it's the height of fashion*** det er siste mote; ***it's the height of the tourist season*** turistsesongen er på sitt høyeste; ***prices soared to fantastic heights*** prisene kom opp i fantastiske høyder.

heighten [,haitən] *vb* **1.** gjøre høyere *(fx the wall);*
2. *fig:* øke; forhøye; høyne; forsterke *(fx the effect).*

heinous [heinəs] *adj; meget stivt(=atrocious)* avskyelig.

heir [ɛə] *s:* arving; ***legal heir*** arving etter loven; ***lawful heir*** rettmessig arving; ***heir of the body****(=an issuen)* livsarving; ***sole heir*** enearving; ***heir to a fortune*** arving til en formue; ***make sby one's heir*** gjøre en til sin arving.

heiress [,ɛərəs] *s:* kvinnelig arving; ***marry an heiress*** gifte seg med en rik arving.

heirloom [,ɛə'lu:m] *s:* arvestykke; arvesmykke; ***these rings are family heirlooms*** disse ringene er arvegods.

heist [haist] **US S** *s(=(armed) robbery)* (væpnet) ran *n.*

held [held] *pret & perf.part. av II. hold.*

helicopter [,heli'kɔptə] *s(,T: chopper)* helikopter *n.*

Heligoland [ˌheligou'lænd] *s; geogr:* Helgoland.
helipad [ˌheli'pæd] *s:* helikopterplattform.
heliport [ˌheli'pɔ:t] *s:* helikopterflyplass.
helium [ˌhi:liəm] *s; kjem:* helium *n.*
hell [hel] *s* **1.** *rel & fig:* helvete *n;* ***go to hell*** 1. *rel:* komme i helvete; 2. **S** *int:* dra til helvete! ***and then all hell broke loose*** og da brøt helvete løs; ***go through hell*** lide helvetes kvaler; ***give sby hell****(=blow sby sky-high)* gjøre helvete hett for en; gi en grov kjeft; **2.** *forsterkende:* ***as hell*** som bare pokker; ***a hell of a good performance*** en pokker så fin forestilling; ***he's one****(=a)* ***hell of a (nice) bloke*** han er en pokker så kjekk kar; ***we had a hell of a time*** 1. vi hadde det forferdelig; 2. vi hadde det alle tiders; ***like hell*** 1. som bare pokker *(fx work like hell);* ***it hurts like hell*** det gjør pokker så vondt; 2. nei, så pokker heller! *(fx Pay that price for a meal? Like hell!);* ***like hell he does!*** (nei,) så pokker om han gjør! ***oh hell!*** det var som bare pokker! ***the hell****(=devil)* ***you did!*** så pokker om du det gjorde! ***who (,what) the hell …?*** hvem (,hva) pokker …? ***what the hell do you want?*** hva pokker er det du vil?
3. T: ***(come) hell or high water*** hva som enn måtte skje; koste hva det koste vil *(fx I've promised myself come hell or high water I will stick out the project);*
4. T: ***(just) for the hell of it*** (bare) på fandenskap *(fx he did it just for the hell of it);*
5.: ***hell for leather****(=at great speed)* alt hva remmer og tøy kan holde; **T:** styggfort;
6. T: ***there'll be hell to pay*** da vil fanden være løs;
7. T: ***the hell of it*** det leie med det; det kinkige ved det; ***that's rather the hell of it*** det er liksom det som er det leie med det;
8. T: ***not have****(=stand)* ***a cat in hell's chance****(=not have a snowball's chance in hell)* ikke ha et fnugg av sjanse;
9.: ***play merry hell with*** endevende; sette på ende *(fx someone had played merry hell with our camp).*
he'll = *he will; he shall.*
hellbent ['helˌbent] *adj* **T:** ***hellbent on*** meget oppsatt på.
hellish [ˌheliʃ] **1.** *adj:* helvetes; infernalsk;
2. *adj & adv; vulg:* helvetes; fandens.
hello [heˌlou; həˌlou] *s & int(=hallo; hullo)* hallo; morn; ***say hello to*** hilse på *(fx say hello to your aunt);* ***aren't you going to say hello?*** har du ikke tenkt å hilse?
hell-raiser [ˌhel'reizə] *s:* villbasse; *om pike:* galneheie.
helm [helm] *s* **1.** *mar(=wheel; tiller)* ror *n;* ***answer the helm*** lystre roret;
2. *fig:* ror; ***at the helm*** ved roret; ***take (over) the helm*** *(=come into power)* komme til roret; overta makten.
helmet [ˌhelmit] *s:* hjelm.
I. help [help] *s* **1.** hjelp *(fx I need your help; that was a big help);* ***he's beyond help****(=he can't be helped)* han kan ikke hjelpes (lenger);
2. *om person:* ***you're a great help to me*** du er til stor hjelp for meg; *om redskap:* ***I find this tool a great help*** jeg synes dette redskapet er svært nyttig;
3. *især* **US***(=servant)* hushjelp;
4.: ***daily help****(,***T:** *daily)* daghjelp.
II. help *vb* **1.** hjelpe; ***help sby down (,up)*** hjelpe en ned (,opp); ***it helped to …*** det bidro til å..; ***he didn't stir****(=lift)* ***a finger to help me*** han la ikke to pinner i kors *(n)* for å hjelpe meg;
2. *ved bordet:* ***help sby to sth*** forsyne en med noe; ***help oneself to sth*** forsyne seg med noe;
3.: ***I can't (,couldn't) help (-ing)*** jeg kan (,kunne) ikke la være å; ***he couldn't help himself*** han kunne ikke dy seg; ***not if I can help it*** ikke med min gode vilje;
4.: ***help sby on*** hjelpe en frem;
5. T: ***help out*** hjelpe til *(fx in a shop).*
helper [ˌhelpə] *s:* hjelper; medhjelper; assistent.
helpful [ˌhelpful] *adj:* hjelpsom *(fx a helpful boy);* nyttig *(fx I found the book helpful);* ***these instructions aren't helpful*** disse instruksjonene er til liten hjelp.
helping [ˌhelpiŋ] *s:* porsjon.
helpless [ˌhelpləs] *adj:* hjelpeløs; *stivt:* ***he was helpless*** *(=unable)* ***to prevent it*** han kunne ikke forhindre det.
helter-skelter [ˌheltəˌskeltə] *adv* **1.** hulter til bulter;
2. hals over hode *n;* i vill forvirring.
I. hem [hem] *s; på kjole, etc:* fald; kant.
II. hem *vb* **1.** falde *(fx a skirt);*
2.: ***hem in*** 1*(=surround)* omringe; 2. *fig:* ***feel hemmed in*** føle seg innestengt; ***we are hemmed in by rules and regulations*** vi kan ikke røre oss for regler og forskrifter.
III. hem 1. *vb:* kremte; ***hem and haw*** hakke og stamme; **2.** *int:* hm!
hemisphere [ˌhemi'sfiə] *s:* halvkule.
hemline [ˌhem'lain] *s* **1.** skjørtefald; **2.** skjørtelengde.
hemlock [ˌhem'lɔk] *s(,***US:** *poison hemlock)* skarntyde.
hemo- se haemo-.
hemp [hemp] *s; bot* **1.** hamp; **2.** hasj; marihuana.
hen [hen] *s; zo* **1.** høne; **2.** *om andre fugler:* hun(n).
hence [hens] *adv* **1.** *stivt(=for this reason)* derfor;
2. *stivt(=from this)* herav; ***hence it follows that …****(=it follows (from this) that …)* herav følger at …;
3. *meget stivt(=from now)* om *(fx a year hence);*
4. *glds:* herfra; ***get thee hence, Satan!*** vik fra meg, satan!
henceforth [ˌhensˌfɔ:θ], ***henceforward*** [ˌhensˌfɔ:wəd] *adv; stivt(=from now on)* fra nå av; heretter.
henchman [ˌhentʃmən] *s; ofte neds:* følgesvenn; ***his henchmen*** hans håndgangne menn; hans drabanter.
hencoop [ˌhen'ku:p] *s:* hønsehus.
henna [ˌhenə] *s; fargestoff:* henna.
hen party T: dameselskap; kaffeslabberas *n;* teslabberas *n.*
henpecked [ˌhen'pekt] *adj; om ektemann:* under tøffelen.
hepatitis ['hepəˌtaitis] *s; med.:* hepatitt.
her [hə:; *trykksvakt:* hə' ə] *pron* **1.** henne *(fx I saw her);* seg *(fx she took it with her);*
2. hennes *(fx it's her hat);* sin *(fx she loves her husband);* sitt *(fx she sold her house);* sine *(fx she counted her chickens); om dyr:* dets; dens; sitt; sin; sine; *om land:* dets; *(se også hers).*
I. herald [ˌherəld] *s* **1.** *hist:* herold;
2. *litt.(=forerunner)* forløper.
II. herald *vb; stivt* **1***(=announce)* kunngjøre; bekjentgjøre;
2*(=be the forerunner of)* (inn)varsle; bebude;
3*(=publicise)* omtale (i pressen); slå stort opp;
4*(=acclaim)* hilse; tiljuble.
heraldic [heˌrældik; həˌrældik] *adj:* heraldisk.
heraldry [ˌherəldri] *s:* heraldikk.
herb [hə:b; **US:** ə:b] *s; bot:* plante; urt(eplante); legeurt; krydderurt; krydderplante; ***green herbs****(=green vegetables; greenstuff)* grønne grønnsaker (som fx kål og salat); *(jvf greens).*
herbaceous [hə:ˌbeiʃæs] *adj:* urteaktig; plante-; ***herbaceous border*** *(=border of perennials)* stauderabatt; staudebed; ***herbaceous plant*** urt; (urte)plante; gressplante.
herbal [hə:bl] *adj; bot:* urte-.
herbalist [ˌhə:bəlist] *s* **1.** urtesamler; urtekyndig;
2. *glds(=herb doctor)* urtelege.
herbal tea *(=herb tea; infusion of herbs)* urtete.
herbarium [hə:ˌbεəriəm] *s:* herbarium *n.*
herbicide [ˌhə:bi'said] *s:* ugressdreper.
herbivore [ˌhə:bi'vɔ:] *s; zo(=plant eater)* planteeter.
herbivorous [hə:ˌbivərəs] *adj(=plant-eating)* planteetende.
herb tea *(=herbal tea; infusion of herbs)* urtete.
Herculean, herculean ['hə:kjuˌliən] *adj* **1.** kjempesterk; **2.** *fig:* ***Herculean task*** herkulesoppgave; kjempearbeid.
Hercules [ˌhə:kju'li:z] *s; myt:* Herkules.

I. herd [hə:d] *s* **1.** *om dyr:* flokk; bøling;
2. *i sms:* ***cowherd*** gjeter; ***goatherd*** geitehyrde;
3. *neds:* ***the common herd*** den gemene hop; ***follow the herd*** *(=crowd)* følge strømmen.
II. herd *vb* **1.** gjete; **2.** *fig; neds(=gather):* ***they were*** herded together de ble drevet sammen.
herd instinct hordeinstinkt.
herdsman [ˌhə:dzmən] *s:* gjeter.
here [hiə] *adv* **1.** her *(fx he lives here);* hit *(fx come here!);* ***this one here*** denne her; ***here and now*** her og nå; straks; på flekken; ***here and there*** hit og dit; ***here, there and everywhere*** alle mulige og umulige steder; ***around here****(=about here)* her et sted; et sted her i nærheten; *(jvf hereabout(s));* ***near here*** her i nærheten; ikke langt herfra; ***from here*** herfra; ***in here*** hit inn; ***it's in here*** det er her inne; ***it's over here*** det er her borte; ***up here*** hit opp;
2. *når det referes til en bestemt situasjon, etc:* her, i denne sammenheng;
3.: ***it's neither here nor there*** det angår ikke saken; det er helt uviktig; det er helt uten betydning; ***his opinion of us is neither here nor there*** hans mening om oss er helt uten betydning;
4. *for å tilkjennegi at man har tenkt å begynne:* ***here goes*** nå skal du (,dere) høre; ja, så begynner vi, da; ***I've never tried diving before, but here goes!*** jeg har aldri prøvd å stupe før, men nå skal det skje! ***here we go!*** og så starter vi!
5.: ***here you are*** 1. vær så god! 2. *når man har funnet det man leter etter:* se her er det; her har du det;
6.: ***here's to you!*** skål! ***here's to John!*** skål for John!
7.: ***look here*** 1. se her; 2. hør nå her!
hereabout(s) [ˌhiərə'baut(s)] *adv:* her omkring; på disse kanter; her i nærheten.
I. hereafter ['hiərˌɑ:ftə] *s; rel:* ***the hereafter****(=the life to come)* det hinsidige;
II. hereafter *adv* **1.** *i dokument, etc; stivt el. jur(=from now on; from this point on)* i det følgende;
2.: ***during my lifetime and hereafter*** mens jeg lever og etter min død.
hereby ['hiəˌbai; ˌhiə'bai] *adv; stivt el. jur:* hermed.
hereditary [hiˌreditəri] *adj:* arvelig; nedarvet; ***hereditary disease*** arvelig sykdom; ***with a hereditary weakness*** arvelig belastet; med en arvelig svakhet.
heredity [hiˌrediti] *s:* arvelighet.
heresy [ˌherəsi] *s:* kjetteri *n;* falsk lære.
heretic [ˌherətik] *s:* kjetter.
heretical [həˌretikl] *adj:* kjettersk.
herewith ['hieˌwið] *adv* **1.** *sj = hereby;*
2. *stivt(=(together) with this; enclosed (in this))* med dette; vedlagt *(fx we send you herewith your statement of account).*
heritable [ˌheritəbl] *adj; jur(=entitled to succeed)* arveberettiget.
heritage [ˌheritidʒ] *s* **1.** *stivt(=inheritance)* arv;
2. *fig:* ***cultural heritage*** kulturarv; ***our national heritage*** vår nasjonalarv;
3. US & *Canada:* ***declare (as) a heritage site (,building)****(=schedule as a(n ancient) monument)* verne (*el.* frede) som fortidsminnesmerke.
hermaphrodite [hə:ˌmæfrə'dait] *s* **1.** hermafroditt; tvekjønnet person;
2. *bot:* tvekjønnet plante.
hermetic [hə:ˌmetik] *adj:* hermetisk; ***hermetic preservation****(=preserving)* hermetisering.
hermetically [hə:ˌmetikəli] *adj:* ***hermetically sealed*** hermetisk forseglet *(fx a hermetically sealed container).*
hermit [ˌhə:mit] *s:* eremitt; eneboer.
hernia [ˌhə:niə] *s; med.(=rupture)* brokk.
hero [ˌhiərou] *s(pl: heroes)* helt.
heroic [hiˌrouik] *adj:* heroisk; heltemodig.
heroic deed *(=heroic feat)* heltedåd; heltegjerning.
heroic treatment *sj(=kill-or-cure remedy)* hestekur.
heroin [ˌherouin] *s:* heroin *n.*
heroine [ˌherouin] *s:* heltinne.
heroism [ˌherou'izəm] *s* **1***(=heroic courage)* heltemot;
2*(=heroic spirit)* heroisme; helteånd.
heron [ˌherən] *s; zo:* hegre.
hero worship heltedyrking; heltedyrkelse.
herpes [ˌhə:pi:z] *s; med.:* herpes.
herpes labialis [ˌhə:pi:z 'leibiˌælis] *s; med.(=cold sore)* forkjølelsessår.
herpes zoster [ˌhə:pi:z ˌzɔstə] *s; med.(=shingles)* helvetesild.
herring [ˌheriŋ] *s* **1.** *zo:* sild; *kul:* ***pickled herring*** sursild; kryddersild; marinert sild; ***salt herring*** spekesild; ***young herring*** musse;
2. *fig:* ***red herring*** 1*(=false clue)* falsk spor *n;* 2. avledningsmanøver; noe som avsporer (fx en diskusjon); ***draw a red herring across the trail*** foreta en avledningsmanøver.
herringbone [ˌheriŋ'boun] *s* **1.** sildebein;
2. sildebeinsmønster;
3. *ski:* fiskebein.
herring fillet *kul:* sildefilet; ***pickled herring fillets*** gaffelbiter.
hers [hə:z] *pron; når s står foran el. når s er underforstått:* hennes; sin; sitt; sine; ***it's not your car – it's hers*** det er ikke din bil; det er hennes; ***hers is on that shelf*** hennes ligger på den hyllen; *(se også her).*
herself [həˌself] *pron* **1.** seg *(fx she defended herself; the cat licked herself(=itself));*
2. seg selv *(fx she's not herself today);*
3. selv *(fx she said so herself);* henne selv *(fx her brother and herself);* ***she herself*** hun selv *(fx she herself played no part in this);* ***the Queen herself*** selve(ste) dronningen;
4*(=without help)* alene; uten hjelp; ***she did it all herself*** hun gjorde alt sammen alene; ***(all) by herself*** 1. alene *(fx she was all by herself);* 2*(=without help)* alene; uten hjelp; ***she likes to find out for herself*** hun liker å finne det ut på egen hånd; *(se også her & hers).*
he's [hi:z] *fk f he is & he has.*
hesitancy [ˌhezitənsi] *s; stivt(=hesitation)* nøling.
hesitant [ˌhezitənt] *adj:* nølende; usikker; ***be hesitant about doing sth*** være usikker på om man skal gjøre noe.
hesitate [ˌhezi'teit] *vb* **1***(=pause briefly)* nøle;
2.: ***hesitate to*** nøle med å; betenke seg på å.
hesitation ['heziˌteiʃən] *s:* nøling; usikkerhet; ***he answered yes after a great deal of hesitation*** han svarte ja, men trakk svært på det.
hessian [ˌhesiən] *s:* grov jute.
hessian wall-covering strietapet; *(se I. wallpaper).*
heterogeneous ['hetərouˌdʒi:niəs] *adj:* heterogen; uensartet *(fx mixture).*
heterosexual ['het(ə)rouˌseksjuəl; 'het(ə)rəˌsekʃuəl] *s & adj(,***T:** *straight)* heteroseksuell; heterofil.
het up *adj* **T***(=excited; angry)* opphisset.
hew [hju:] *vb(pret: hewed; perf.part.: hewed, hewn)*
1. *litt.(=cut)* hogge; ***hew down a tree*** hogge ned et tre;
2. *stivt:* ***hew out****(=cut out; carve out)* hogge ut *(fx a statue).*
hexagon [ˌheksəgən] *s; geom:* sekskant.
hey [hei] *int:* hei! *(fx Hey! What are you doing there?).*
heyday [ˌhei'dei] *s; stivt:* glanstid; glansperiode; ***in his heyday****(=at the height of his career)* i sin (,hans) glanstid; da han stod på toppen av sin karriere.
H-hour [ˌeitʃ'auə] *s; mil(=zero hour)* tidspunktet da en operasjon skal begynne.
HGV *(fk f heavy goods vehicle) stivt(=truck; lorry)* lastebil.
hi [hai] *int; især* **US***(=hey; hello)* hei! morn!
hiatus [haiˌeitəs] *s* **1.** *fon:* hiatus; vokalsammenstøt;
2. *hvor noe mangler i fx manuskript(=gap; lacuna)* lakune.
hibernal [haiˌbə:nl] *adj:* vinterlig; vinter-.

hibernate [ˌhaibəˈneit] *vb; zo:* ligge i vinterdvale; ligge i hi *n.*
hibernation [ˈhaibəˌneiʃən] *s; zo:* vinterdvale; vintersøvn; ***go into hibernation*** gå i hi *n.*
I. hiccup, hiccough [ˌhikʌp] *s:* hikk *n;* hikke; hikking *(fx he's got the hiccups).*
II. hiccup, hiccough *vb* **1.** hikke; **2.** *fig:* ***the engine's hiccuping*** motoren fusker.
hick [hik] *s; især* **US S** *neds(=(country) bumpkin)* bondeknoll.
hickey [ˌhiki] *s* **US** *& Canada(=love bite)* kyssemerke.
hickory [ˌhikəri] *s; bot:* hikkori.
hid [hid] *pret av II. hide.*
hidden [ˌhidən] *perf.part. av II. hide.*
I. hide [haid] *s* **1.** (dyre)hud; skinn *n;*
2. *fx for jeger(,***US:** *blind)* skjulested;
3. *fig:* ***save one's hide*** *(,***T:** *bacon)* redde skinnet.
II. hide *vb(pret: hid; perf.part.: hidden)* **1.** gjemme; skjule *(from* for);
2. gjemme seg; skjule seg *(from* for); ***he was hiding in the wardrobe*** han stod gjemt i klesskapet; ***he's hiding behind his illness*** han gjemmer seg bak sin sykdom.
hide-and-seek [ˌhaidənˌsi:k] *s(,***US:** *hide-and-go-seek)* gjemsel; ***play hide-and-seek*** leke gjemsel.
hideaway [ˌhaidəˈwei] *s(=hiding place; retreat; hide-out)* gjemmested; tilfluktssted; sted *(n)* hvor man finner ro.
hideous [ˌhidiəs] *adj(=extremely ugly)* heslig; fæl.
hide-out [ˌhaidˈaut] *s; især for forbrytere, etc(= hiding-place)* skjulested; tilholdssted; skjul *n (jvf hideaway).*
hiding [ˌhaidiŋ] *s* **1.:** ***in hiding*** i skjul *n;* i dekning; ***go into hiding*** gå i dekning;
2*(=beating):* ***give him a good hiding*** gi ham en ordentlig omgang juling;
3. T*(=defeat)* nederlag *n (fx their team got a real hiding).*
hiding-place [ˌhaidiŋˈpleis] *s:* skjulested; gjemmested; *(jvf hideaway & hide-out).*
hierarchy [ˌhaiəˈrɑ:ki] *s:* hierarki *n;* rangordning.
hieroglyph [ˌhaiərəˈglif] *s:* hieroglyf.
I. higgledy-piggledy [ˌhigəldiˌpigəldi] *s(=muddle)* virvar *n;* rot *n;* forvirring.
II. higgledy-piggledy *adj & adv(=in a muddle; in great confusion)* hulter til bulter; i vill forvirring.
I. high [hai] *s* **1.** *meteorol(=anticyclone)* høytrykk(srygg);
2. T: høydepunkt; ***reach an all-time high*** nå høyere enn noensinne;
3.: ***on high*** i det høye *(fx God on high); spøkef:* ***the order came from on high*** ordren kom fra høyeste hold *n;* ordren kom ovenfra.
II. high *adj & adv* **1.** *adj:* høy *(fx building; shelf);*
2. *adj; om person som avviker sterkt fra normal høyde:* høy *(fx he's only 1.40 metres high);* ***I've known her since she was this high*** jeg har kjent henne siden hun var en neve stor; jeg har kjent henne siden hun var så stor:
3. *adj; fig:* høy; ***be on one's high horse*** sitte på sin høye hest; ***a high point in his life*** et høydepunkt i livet hans; ***he has high hopes of becoming a director*** han har et godt håp om å bli direktør; ***set oneself high aims*** sette seg høye mål *n;* ***at high speed*** med høy hastighet;
4. *adj; om vind(=strong)* sterk *(fx a high wind);*
5. *adj; om tonehøyde:* ***a high voice*** en høy stemme; en stemme som ligger i et høyt leie;
6. *adj; om tall, innsats, kort, stilling, embete:* høy;
7. *adj; om viltkjøtt:* som har hengt tilstrekkelig lenge *(fx game birds are not cooked until they're high);*
8. *adj* **T:** påvirket (av narkotika); skev; high;
9. *adj; i tidsuttrykk:* ***high summer*** høysommer; ***it's high time*** det er på høy tid;
10. *adj:* ***high and dry*** 1. *mar(=aground)* på grunn; 2. *fig:* ***leave sby high and dry****(=leave sby standing)* sette en på bar bakke;
11. *adj* **T:** ***high and mighty*** stor på det; **T:** høy på pæra;
12. *adv:* høyt; ***aim high*** stile høyt; ha høye mål *n;* ***feelings ran high*** stemningen ble opphisset; bølgene gikk høyt; ***the sea was running high*** sjøen gikk høyt; **T:** ***search*** *(=hunt)* ***high and low for sth*** lete høyt og lavt etter noe.
high altar høyalter.
highball [ˌhaiˈbɔ:l] *s:* pjolter.
high beam *på bil(=main beam)* fjernlys.
highboard [ˌhaiˌbɔ:d] *s; sport:* ***the 10-metre highboard****(=the 10-metre board)* 10-meteren; *(se diving board & springboard).*
I. highbrow [ˌhaiˈbrau] *s; neds:* intellektuell.
II. highbrow *adj:* intellektuell.
I. High Church [ˌhaiˈtʃə:tʃ] *s:* høykirke.
II. High-Church [ˌhaiˌtʃə:tʃ; *attributivt:* ˌhaiˈtʃə:tʃ] *adj:* høykirkelig.
High-Churchman [ˌhaiˈtʃə:tʃmən] *s:* høykirkelig person.
high-class [ˈhaiˌklɑ:s; *attributivt:* ˌhaiˈklɑ:s] *adj:* av høy kvalitet; førsteklasses; fin *(fx shop);* ***high-class****(=first-class)* ***workmanship*** fagmessig utførelse.
high comedy *teat:* karakterkomedie.
high command *mil:* overkommando.
High Commissioner høykommissær.
High Court (of Justice) *lavere avdeling av Supreme Court; den består av Queen's Bench Division, Chancery Division og Family Division; svarer i sivile saker til:* lagmannsrett; *(se supreme court 2).*
high dive tårnstup; rett stup *n.*
higher [ˌhaiə] *adj; komp av II. high:* høyere.
higher education høyere utdanning.
higher-ups *pl* **T:** ***the higher-ups*** folk *(n)* høyere oppe på rangstigen.
highest [ˌhaiist] *adj; superl av II. high.*
highest bidder: ***the highest bidder*** høystbydende.
high-flier, high-flyer [ˈhaiˌflaiə] *s; rosende(=whizzkid)* toppbegavet person; ***the City high-fliers*** gullguttene i City; ***he's a high-flier****(=he'll go far)* han kommer til å nå langt.
high-flown [ˌhaiˈfloun; ˈhaiˌfloun] *adj(=bombastic)* svulstig *(fx language);* høytflyvende.
high-flying [ˈhaiˌflaiiŋ; *attributivt:* ˌhaiˈflaiiŋ] *adj*
1. *også fig:* høytflyvende;
2. med gode fremtidsutsikter; som stiler høyt.
high frequency *s:* høyfrekvens.
High German høytysk.
high-grade [ˈhaiˌgreid; *attributivt:* ˌhaiˈgreid] *adj:* av høy kvalitet; høyverdig; førsteklasses; toppkvalifisert *(fx high-grade experts); (se high-powered).*
high-handed [ˈhaiˌhændid; *attributivt:* ˌhaiˈhændid] *adj:* egenmektig; egenrådig; ***be high-handed with sby*** behandle en overlegent; *(jvf arbitrary).*
high hat*(=top hat)* flosshatt; høy hatt.
high-heeled [ˌhaiˈhi:ld] *adj:* høyhælt.
high jinks *pl* **T***(=horseplay)* løyer; leven *n.*
high jump [ˌhaiˈdʒʌmp] *s; sport:* høydesprang.
high jumper [ˌhaiˈdʒʌmpə] *s; sport:* høydehopper.
highland [ˌhailənd] *s:* høyland; ***the highlands*** høylandet.
highlander [ˌhaiˈləndə] *s:* fjellboer; høylender.
high level høyt nivå; høyt plan.
high-level [ˈhaiˌlevəl; *attributivt:* ˌhaiˈlevəl] *adj:* på et høyt plan *(fx a high-level meeting).*
high life overklassetilværelse; overklasseliv; high life; ***live the high life*** leve et overklasseliv; leve high life;
I. highlight [ˌhaiˈlait] *s* **1.** høylys (på et bilde);
2. *fig(=highspot)* høydepunkt *(fx of one's holiday).*
II. highlight *vb* **1.** *tekst:* fremheve (ved hjelp av farge); understreke (med farge); **2.** *hårlokk:* stripe;
3. *fig:* kaste lys *(n)* over *(fx a problem);* henlede oppmerksomheten på.
high line: ***take a high line with sby*** sette seg på sin høye hest overfor en.

h

hike – hitch-hike

English	Norwegian
Hike	*gå lang tur på bena*
We'll go **mountain hiking** this summer.	*Vi skal på fjellvandring i sommer.*
They'll **hitch-hike** through France next year	*De skal haike i Frankrike neste år.*

high living et liv i luksus; *(jvf high life).*
high lustre høyglans.
highly [ˌhaili] *adv* **1**(*=very)* høylig; meget; i høy grad; ***highly paid*** høytlønnet; ***...and this has been highly successful*** noe som i høy grad har lykkes; ***highly spiced*** sterkt krydret; ***highly suspicious*** i høy grad mistenkelig; **2.:** ***speak (,think) highly of sby*** snakke (,tenke) pent om en.
highly-coloured [ˌhailiˌkʌləd] *adj; også fig:* sterkt farget.
highly-strung ['hailiˌstrʌŋ; *attributivt:* ˌhaili'strʌŋ] *adj (US: high-strung)* overspent; nervøs.
highly thought of*(,attributivt: highly-thought-of; highly thought-of) adj(=well(-)thought(-)of)* velansett; ansett.
High Mass *rel:* høymesse.
high-minded ['haiˌmaindid; *attributivt:* ˌhai'maindid] *adj(=big-hearted; generous)* edelmodig; høysinnet.
highness [ˌhainəs] *s; om person:* høyhet; ***His Royal Highness*** Hans kongelige høyhet.
high order: ***of a high order*** av høy klasse; av høy kvalitet.
high-pitched ['haiˌpitʃt; *attributivt:* ˌhai'pitʃt] *adj* **1.** *om tak:* bratt;
2. *om stemme:* høy; skarp; skingrende;
3(*=greatly exaggerated)* høyt oppskrudd; ***high-pitched expectations*** høyt oppskrudde forventninger.
high places: ***a scandal in high places*** en skandale på høyt hold.
high politics*(=high-level politics)* storpolitikk.
high-powered ['haiˌpauəd; *attributivt:* ˌhai'pauəd] *adj* **1.** meget kraftig *(fx engine; rifle);*
2. *fig:* dynamisk *(fx salesman);*
3(*=highbrow)* høyintellektuell *(fx conversation);*
4(*=high-grade)* toppkvalifisert *(fx professor);*
5. *om politiker:* fullblods.
high pressure høytrykk; ***work at high pressure*** arbeide under høytrykk.
I. high-pressure ['haiˌpreʃə; *attributivt:* ˌhai'preʃə] *adj* **1.** høytrykks-; **2.** *fig:* pågående *(fx salesman).*
II. high-pressure [ˌhai'preʃə] *vb; om selger* **T:** presse.
high-proof ['haiˌpru:f; *attributivt:* ˌhai'pru:f] *adj:* med høyt alkoholinnhold.
high-ranking ['haiˌræŋkiŋ; *attributivt:* ˌhai'ræŋkiŋ] *adj:* høytstående; høyere *(fx officer).*
high-rise ['haiˌraiz; *attributivt:* ˌhai'raiz] *adj:* ***high-rise building*** høyblokk; ***high-rise flat*** leilighet i høyblokk.
high-risk [ˌhaiˌrisk] *adj:* høyrisiko-.
highroad [ˌhai'roud] *s* **1.** *glds(=main road)* landevei; **2.** *fig:* ***the highroad to fame*** snarveien til berømmelse.
high school [ˌhai'sku:l] *s* **1.** *især om pikeskole; beholdt vesentlig i navn:* videregående skole (allmennfaglig studieretning);
2. US: ***junior high school****(=comprehensive school up to fifth form) svarer til:* ungdomsskole; ***senior high school****(=sixth-form college) svarer til:* videregående skole, allmennfaglig studieretning.
high seas: ***on the high seas*** på det åpne hav.
high season [ˌhai'si:zən] *s:* høysesong.
high society sosieteten; ***be a member of high society*** tilhøre sosieteten.
high-spirited ['haiˌspiritid; *attributivt:* ˌhai'spiritid] *adj* **1**(*=lively)* livlig; **2.** *om hest:* fyrig.
high spirits godt humør; ***her high spirits*** det gode humøret hennes; ***be in high spirits*** være i godt humør.
highspot [ˌhai'spɔt] *s; fig* **1**(*=height; peak)* topp; høydepunkt;
2(*=highlight)* høydepunkt *(fx of one's holiday).*
high tea varmt ettermiddagsmåltid med te.
high technology*(,***T:** *high tech)* høyteknologi.
high-technology ['haitekˌnɔlədʒi] *adj(,***T:** *high-tech)* høyteknologisk *(fx equipment).*
high water*(=high tide)* høyvann; ***at high water*** når det er høyvann.
high-water mark ['haiˌwɔ:tə'mɑ:k] *s* **1.** høyvannsmerke; **2.** *fig(=highlight; peak)* høydepunkt.
highway [ˌhai'wei] *s; især jur:* (hoved)vei.
Highway Code: ***the Highway Code*** trafikkreglene.
highway engineer veiingeniør.
highway robbery 1. *glds:* landeveisrøveri *n;*
2. T*(= blatant overcharging)* det rene opptrekkeri *n.*
highways authority veivesen.
high wire [ˌhai'waiə] *s; i sirkus:* høy line; *(jvf slack rope & tight rope).*
I. hijack [ˌhai'dʒæk] *s(=hijacking)* (fly)kapring.
II. hijack *vb:* kapre *(fx a bus; a plane).*
hijacker [ˌhai'dʒækə] *s:* kaprer; flykaprer.
I. hike [haik] *s* **1**(*=walking tour)* fottur; ***go on a hike*** dra på fottur;
2. *især* **US***(=increase)* økning *(fx a new wage hike).*
II. hike *vb* **1.** gå (på fottur) *(fx he's hiked all over Britain); (jvf hitchhike);*
2. *især* **US:** ***hike up*** 1*(=pull up)* heise opp *(fx he hiked himself up on the wall);* 2*(=increase)* øke; legge på *(fx hike up the rents).*
hiking trail tursti.
hilarious [hiˌlɛəriəs] *adj; stivt(=very funny; noisily merry)* meget morsomt (*el.* lystig); overstadig (muntert); løssluppen; ***it was a hilarious****(=great)* ***sight*** det var et ubeskrivelig morsomt syn; det var et syn for guder.
hilarity [hiˌlæriti] *s; stivt el. spøkef(=amusement; laughter; mirth)* lystighet; munterhet; ***his remarks caused a lot of hilarity****(=his remarks caused great mirth)* hans bemerkninger vakte stor munterhet; ***uproarious hilarity*** støyende (*el.* løssluppen) munterhet; løssluppenhet.
I. hill [hil] *s* **1.** bakke; ås; høyde; ***hills*** høydedrag; åser; bakker; bakkelandskap; ***on the hills behind the school*** på høydene bak skolen;
2. stigning (i veien); bakke; ***on a hill and bend*** i en sving på en bakketopp; *(jvf uphill);*
3. *fig* **T:** ***over the hill****(=past one's best; too old)* med den beste tiden bak seg; for gammel.

historic or historical

historic something which is famous or important in history (historisk)
historical something which belongs to history (historisk)

NYTTIGE UTTRYKK

I love to visit **historic** sites, such as the pyramids in Giza.
There is not much **historical** evidence of Romans visiting Norway.

II. hill *vb; landbr:* hyppe *(fx potatoes).*
hillbilly [ˌhil'bili] *s; neds* **US***(=country bumpkin)* bondeknoll; bondetamp.
hill country *(=hilly country)* bakkelandskap.
hillock [ˌhilək] *s:* liten bakke; haug.
hillside [ˌhil'said] *s:* bakkeskråning; li; åsside.
hilltop [ˌhil'tɔp] *s:* bakketopp.
hilly [ˌhili] *adj:* bakket; bakkelendt; kupert.
hilt [hilt] *s* **1.** *stivt el. litt.(=handle (of a sword))* hjalt *n;* kårdefeste;
2. *fig: **(up) to the hilt**(=completely)* helt ut *(fx if you decide to do this, I'll back you to the hilt).*
him [him; *trykksvakt:* im] *pron:* ham; den; det, seg; *(se for øvrig her).*
himself [himˌself] *pron* **1.** seg; **2.** seg selv; **3.** selv; **4.** alene; uten hjelp; *(se for øvrig herself).*
I. hind [haind] *s; zo:* hind.
II. hind *adj; zo; i sms:* bak- *(fx hind leg).*
hinder [ˌhində] *vb:* hindre; være til hinder for; ***hinder sby from doing sth*** hindre en i å gjøre noe.
hind leg [ˌhaind'leg] *s; zo:* bakben; **T:** ***talk the hind leg off a donkey*** snakke så ørene *(n)* faller av.
hindmost [ˌhaind'moust] *adj; glds el. litt.(=last; furthest behind)* bakerst; sist.
hindrance [ˌhindrəns] *s; om person el. ting:* hinder *n;* hindring; ***you're really just being a hindrance*** du går egentlig bare i veien; du er egentlig bare til hinder; ***they must have access, without undue hindrance, to the zones necessary for carrying out their assignments*** de skal, uten unødvendige hindringer, kunne få adgang til de soner som er nødvendige for å utføre sine oppdrag.
hindsight [ˌhaind'sait] *s* **1.** *på våpen:* bakerste sikte *n;* skur; **2.** etterpåklokskap; ***have hindsight*** være etterpåklok; ***with hindsight, do you think that …?*** hvis du skal være etterpåklok, tror du da at …?
I. Hindu [ˌhindu:; hinˌdu:] *s:* hindu.
II. Hindu *adj:* hindu(-) *(fx a Hindu woman).*
Hinduism [ˌhindu:'izəm] *s:* hinduisme.
I. hinge [hindʒ] *s:* hengsel *n;* ***the door hangs on its hinges*** døra henger i hengslene; ***the lid is fitted with hinges*** det er satt hengsler på lokket.
II. hinge *vb* **1.** hengsle; **2.** *stivt:* ***hinge on*** *(=depend on)* avhenge av.
hinny [ˌhini] *s; zo:* mulesel.
I. hint [hint] *s:* vink *n;* hentydning; antydning; ymt *n;* ***a broad hint*** et tydelig vink; ***a gentle hint*** et diskret vink; ***there was a hint of fear in her voice*** det var et anstrøk av redsel i stemmen hennes; ***drop sby a hint*** gi en et vink; ***I'll drop him a hint about it*** jeg skal slå frempå om det til ham; ***take the hint*** oppfatte vinket; ***at a hint from*** på et vink fra; ***hints on maintenance*** råd og vink om vedlikehold.
II. hint *vb:* antyde; ***hint at sth*** komme med antydninger om noe *(fx hint at major changes);* ***he hinted that …*** han antydet at …; han ymtet noe om at ….
I. hip [hip] *s* **1.** *anat:* hofte; **2.** *bot:* nype; steinnype;
3. *bygg; på valmtak:* grat.
II. hip *adj* **S:** moderne (i smak mht. musikk, klær, etc).
III. hip *int:* ***hip, hip, hurrah!*** hipp, hipp, hurra!
hip bag*(=waist pouch;* **T:** *bum bag)* magebelte.
hip bath sittebadekar.
hippo [ˌhipou] *s; zo(fk f hippopotamus)* flodhest.
hip pocket *i bukse:* baklomme.
hippodrome [ˌhipədroum] *s* **1.** hippodrom;
2. *især i navn(=music hall)* varieté.
hippopotamus ['hipəˌpɔtəməs] *s; zo; stivt(=hippo)* flodhest.
hipped roof *bygg(,* **US** *også: hip roof)* valmtak.
hip socket *anat:* hofteskål.
I. hire [ˌhaiə] *s* leie; utleiepris; leie(avgift); ***for hire*** til leie *(fx the hall is for hire);* ***on hire*** leid ut; utleid *(fx on hire from another firm); (jvf I. rent).*
II. hire *vb* **1.** leie *(from* av) *(fx hire a car from sby);* ***hire (out)*** leie ut *(fx a car; a house);*
2. *især* **US***(=employ)* ansette *(fx a servant).*
hire car *(,***US:** *rental car)* leiebil.
hire-purchase ['haiəˌpə:tʃəs] *s(fk H.P., h.p.)* avbetaling; ***buy sth on hire-purchase*** kjøpe noe på avbetaling.
hirsute [ˌhə:sju:t] *adj; litt.(=hairy)* behåret; *spøkef:* ***her hirsute****(=very hairy)* ***friend*** hennes behårede venn.
his [hiz; *trykksvakt:* iz] *pron* **1.** hans; sin; sitt, sine; *om dyr:* dens; dets;
2. ham; seg; ***a friend of his*** 1. en venn av seg; 2. en venn av ham *(fx are you a friend of his?); (se for øvrig her & hers).*
I. hiss [his] *s* **1.** visling; hvesing; vislelyd;
2. *fra tilhørere(=hissing; booing)* piping *(fx the hisses of the angry crowd).*
II. hiss *vb* **1.** visle; hvese; **2***(=boo)* pipe ut; ***they hissed him (off the stage)*** de pep ham ut.
historian [hiˌstɔ:riən] *s:* historiker.
historic [hiˌstɔrik] *adj(=important)* historisk *(fx event).*
historical [hiˌstɔrikəl] *adj:* historisk *(fx novel);* ***from a historical point of view*** fra en historisk synsvinkel.
historically [hiˌstɔrikəli] *adv:* historisk; historisk sett.
history [ˌhist(ə)ri] *s:* historie; ***history of ideas*** idéhistorie; ***previous history*** forhistorie; ***it will go down in history*** det vil gå over i historien; ***history of art****(=art history)* kunsthistorie; *fig:* ***make history*** skrive historie.
histrionic ['histriˌɔnik] *adj; neds(=theatrical)* teatralsk.
I. hit [hit] *s* **1.** slag *n (fx a good hit);*
2. *mots bom:* treff *n (fx he scored two hits and one miss); mil:* ***direct hit*** fulltreffer;
3*(=success)* suksess *(fx the show was a big hit);* ***make a hit with sby*** gjøre lykke hos en; ***she's a hit with everyone*** hun er populær hos alle;
4. T: ***that was a hit****(=dig)* ***at me*** det var et hipp til meg;
5*(=hit song)* popsang.
II. hit *vb(pret: hit; perf.part.: hit)* **1.** treffe; ***I've been hit!*** jeg er truffet!

2. støte mot *(fx the car hit a lamppost);* slå; slå til mot; ***he can certainly hit hard!*** jammen slår han hardt! *(se også 3);*
3. *fig:* ramme; ***how will this tax hit the lower paid?*** hvordan vil denne skatten ramme de lavtlønte? ***the farmers were badly hit by too little rain*** bøndene ble hard rammet av for lite regn; ***the news hit him hard*** nyheten tok hardt på ham; ***if I catch them taking bribes I'm going to hit them hard*** hvis jeg griper dem i å ta imot bestikkelser, skal jeg slå hardt til;
4. T*(=find)* finne *(fx hit the right road by chance);*
5. T*(=arrive in)* komme til *(fx he'll hit town today);*
6. *om nyhetsstoff* **T: *hit the front page (,the headlines)*** bli førstesidestoff (,få store overskrifter); *om bok:* ***hit the bestseller list*** komme på bestselgerlisten;
7. *om historie el. nyhet* **T: *hit the papers*** komme i avisene; ***the news hit us like a bombshell*** nyheten slo ned hos oss som en bombe;
8. T: *hit the bottle**(=start drinking)* slå seg på flaska;
9. T: *hit the road* dra av sted; komme av sted;
10. T: *hit the roof* fly i flint; fare i taket;
11. T: *we're going to hit the rush hour* vi kommer rett ut i rushtrafikken; ***hit trouble*** komme i vanskeligheter;
12. S: *hit the sack**(=hay)(=go to bed)* krype til køys;
13*(=occur to)*: ***has it ever hit you how alike they are?*** har det noen gang slått deg hvor like de er?
14. T: *hit the big time* gjøre det virkelig godt;
15.: *hit back* 1. slå igjen; 2. *fig:* ***hit back at*** gå til motangrep mot; ta kraftig til gjenmæle mot; *(se 21: hit out at);*
16. *især fig:* ***hit below the belt*** slå under beltestedet;
17. T: *it hits you in the eye**(=it sticks out a mile)* det er meget iøynefallende; det springer en i øynene *n;*
18.: *hit sby off (exactly)* ta en på kornet;
19. T: *hit it off**(=get along well; become friendly)* komme overens; bli venner *(fx they hit it off as soon as they met);* ***you two seem to be hitting it off all right*** dere to ser ut til å ha det riktig hyggelig sammen;
20.: *hit on**(=find by chance)* komme på *(fx the solution);*
21.: *hit out at* 1. slå etter; 2. *fig:* ta til gjenmæle mot; gå til motangrep på *(fx one's opponents); (se 15: hit back at).*

I. hit-and-run [ˈhitən,rʌn] *s:* biluhell hvor bilføreren flykter.
II. hit-and-run *adj:* ***hit-and-run accident*** uhell *(n)* hvor bilføreren flykter; ***hit-and-run driver*** fluktbilist.
I. hitch [hitʃ] *s* **1.** (liten) vanskelighet; uhell *n;* ***technical hitch*** teknisk feil (*el.* uhell); ***there's been a hitch*** det er dukket opp et problem;
2. *mar:* stikk *n;* ***clove hitch*** dobbelt halvstikk;
3*(=quick pull)*: ***she gave her skirt a hitch*** hun tok et tak i (*el.* heiste opp) skjørtet.
II. hitch *vb* **1.** tjore; binde fast; ***hitch the trailer to the car*** kople tilhengeren til bilen; *(se også 3: hitch up);*
2*(=hitchhike)* haike; ***hitch a lift****(=ride)* få haik;
3.: *hitch up* 1. kople til *(fx a caravan);* 2. heise opp *(fx one's trousers);* 3. **T: *get hitched (up)****(=get married)* bli gift; **T:** bli spleiset.
hitchhike [,hitʃˈhaik] *vb(=hitch)* haike.
hitchhiker [,hitʃˈhaikə] *s:* haiker.
hitherto [,hiðə,tu:] *adv; stivt(=so far)* hittil.
hither and thither *adv; glds el. litt.(=this way and that; in all directions)* hit og dit.
hit man T*(=contract killer)* leiemorder.
hit or miss, hit-or-miss *adj:* tilfeldig; ***a hit or miss system*** et system basert på tilfeldigheter.
hit parade *mus:* ***the hit parade****(=the (pop) charts)* hitlisten.
I. hive [haiv] *s* **1.** bikube; **2***(=swarm of bees)* bisverm;
3. *fig:* maurtue; ***the workshop was a hive of activity*** det hersket stor travelhet i verkstedet.
II. hive *vb* **1.** sette i kube;
2. *om bier:* ***hive honey*** samle inn honning;
3.: *hive off* 1. **T***(=pass on; contract out)* sette bort *(fx hive off some of the work to another firm);* 2. **T** *om del av organisasjon:* skille ut *(fx part of the company and make it a separate firm);* 3. *om bier:* sverme; 4. **T: *hive off into groups*** danne grupper *(fx at a party).*
hives [haivz] *s; med.(=nettle rash)* elveblest.
hoar [hɔ:] *s(=hoarfrost)* rimfrost.
I. hoard [hɔ:d] *s:* (skjult) forråd *n;* lager *n;* hamstringslager.
II. hoard *vb:* legge opp forråd *n;* hamstre *(fx hoard old newspapers); neds:* ***hoard money****(=scrape money together)* gnugge sammen penger *(fx he had hoarded a lot of money over the years).*
hoarder [,hɔ:də] *s:* hamstrer.
hoarding [,hɔ:diŋ] *s* **1.** hamstring; **2***(,***US:** *billboard)* plankegjerde (til å klistre plakater på).
hoarfrost [,hɔ:ˈfrɔst] *s(=hoar)* rimfrost.
hoarse [hɔ:s] *adj:* hes.
hoary [,hɔ:ri] *adj* **1.** *litt.(=grey)* grå; ***he's old and hoary*** han er gammel og grå;
2.: *hoary old chestnuts**(=stale jokes)* gamle (og dårlige) vitser.
I. hoax [houks] *s:* spøk (for å spille folk *(n)* et puss); (avis)and; ***play a hoax on sby*** spille en et puss.
II. hoax *vb:* lure; spille et puss.
hob [hɔb] *s* **1.** kokeplate; **2.** kaminplate.
hobble [hɔbl] *vb* **1.** binde sammen forbena på (en hest);
2. *fx om sårbent person(=limp)* hinke; halte; ***hobble along*** hinke av sted.
hobby [,hɔbi] *s* **1.** hobby; **2.** *zo:* lerkefalk.
hobbyhorse [,hɔbiˈhɔ:s] *s(=favourite topic)* yndlingstema; kjepphest; ***pursue one's hobbyhorse*** ri sin kjepphest.
hobgoblin [hɔb,gɔblin] *s:* (ondskapsfull) nisse.
hobnob [,hɔbˈnɔb] *vb:* ***hobnob with*** menge seg med (folk *(n)* som er rikere el. har en høyere sosial status).
hobo [,houbou] *s* **US***(=tramp; down-and-out)* landstryker; uteligger.
Hobson [,hɔbsən]*: **it's a case of Hobson's choice*** vi *(etc)* har ikke noe valg.
hock [hɔk] *s* **1.** *zo; på hest:* hase; *(se I. ham 2);* **2***(=white Rhine wine)* rhinskvin.
hockey [,hɔki] *s; sport:* hockey.
hockey stick hockeykølle.
I. hoe [hou] *s:* hakke.
II. hoe *vb:* hakke; ***hoe weeds*** hakke ugress.
I. hog [hɔg] *s* **1.** *zo:* galt; svin *n;*
2. US*(=pig)* gris;
3. *om person; neds* **T:** svin *n (fx he's a greedy hog);*
4. T: *go the whole hog**(=go the whole length)* ta skrittet fullt ut; løpe linen ut; ta i så det forslår.
II. hog *vb* **T:** krafse til seg; legge beslag *(n)* på; ***hog the limelight*** gjerne ville være midtpunkt.
hoi polloi [,hɔipə,lɔi] *s; ofte neds:* ***the hoi polloi*** **1***(=every Tom, Dick and Harry)* gud og hvermann; **2***(=common people)* vanlige mennesker *(fx that's how the rest of us hoi polloi spend our lives).*
I. hoist [hɔist] *s* **1.** heiseapparat; **2. T***(=push)* puff *n;* dytt *n (fx give me a hoist over this wall).*
II. hoist *vb* **1.** heise; **T: *hoist the flag!****(=what a sensation!)* kryss *(n)* i taket!
2. *noe tungt(=lift)* løfte;
3.: *be hoist with one's own petard* gå i sin egen felle.
I. hold [hould] *s* **1.** grep *n;* tak *n;* ***catch****(=take; grab; seize)* ***hold of the rope****(=grasp the rope)* ta tak i tauet; ***get hold of*** 1*(=catch hold of)* ta tak i; ***get hold of my hand*** hold i hånden min; 2. *for å snakke med:* få tak i; 3. finne; få tak i; ***keep a hold on the dog*** hold fast på hunden; ikke slipp hunden; ***the fire took hold*** ilden fikk tak;
2*(=power; influence)* tak *(n) (on, over* på) *(fx he has a strange hold over that girl);*
3. *fjellsp:* feste tak *n;* ***he lost his hold and fell*** han mistet taket og falt;

4. *flyv & mar:* lasterom;
5. *fig:* ***no holds barred for dialects!*** fritt frem for dialektene! ***with no hold(s) barred*** hvor alt er tillatt; ***when those two have a row, there are no holds barred*** når de to har et sammenstøt, går det virkelig hardt for seg.

II. hold *vb(pret: held; perf.part.: held)* **1.** holde; ***I'm not sure the knot will hold*** jeg er ikke sikker på om knuten vil holde; ***hold hands*** holde hverandre i hendene; ***the car holds the road well*** bilen ligger godt på veien;
2.: ***the police are holding him for questioning*** han sitter i avhør *(n)* hos politiet;
3. inneha; ha *(fx an important post; a law degree from London); kortsp:* sitte med *(fx the ace of spades);*
4. romme *(fx this bottle holds two pints);* ha plass til; inneholde; ***will this suitcase hold all your clothes?*** får alle klærne dine plass i denne kofferten?
5. arrangere; holde *(fx a meeting);*
6. anse for å være; holde *(fx sby responsible for sth);* ***he's held in great respect*** han er meget vel ansett;
7. *meget stivt(=think)* mene;
8. *om meninger; meget stivt(=have):* ***he holds certain very odd beliefs*** han har enkelte meget underlige meninger;
9. gjelde *(fx our offer will hold(=is valid) until next week; these rules hold(=apply) under all circumstances);* ***hold good*** holde (stikk); ***this objection no longer holds good*** denne innvendingen gjelder ikke lenger; ***this rule only holds good for*** denne regelen gjelder bare for;
10*(=keep)* oppbevare *(fx they'll hold your luggage until you collect it);* beholde *(fx he held the room till half past six);*
11*(=keep reserved)* holde av; reservere;
12. *om været(=stay fine)* holde seg;
13.: ***hold(=keep) sby's attention*** holde ens oppmerksomhet fangen; legge beslag *(n)* på ens oppmerksomhet;
14: ***hold one's own*** 1. *mil:* holde stillingen; 2. *fig:* hevde seg (*against* overfor, mot); ***be able to hold one's own****(=be able to take care of oneself)* kunne ta vare på seg selv;
15.: ***hold sth against sby*** ta en noe ille opp; ***I shan't hold it against you*** det skal jeg tilgi deg;
16.: ***hold back*** 1. holde tilbake *(fx one's tears);* ***hold back one's feelings****(=suppress one's feelings)* undertrykke følelsene sine; 2. tie med; 3. hindre *(fx I meant to finish the job but she's held me back all morning);*
17.: ***hold down a job*** (klare å) holde på en jobb;
18.: ***hold forth (on, about)*** legge ut (om); snakke i det vide og brede (om);
19. T: ***hold it!****(=wait!)* vent!
20.: ***hold off*** 1. holde seg fra livet; 2*(=wait)* vente *(fx what if we hold off for a couple of weeks?);*
21.: ***hold on*** 1. **T** *int(=wait!)* vent! 2. *tlf(=hold the line)* ikke legge på;
22.: ***hold on to*** 1. *også fig:* holde fast på (*el.* i); ***hold on to sth with all one's might*** tviholde på noe; 2*(=keep)* beholde *(fx can I hold on to this for another week?);*
23.: ***hold out*** 1. holde stand; holde ut; 2. *om forråd(=last)* vare; 3. *om været:* ***if the weather holds out****(=stays fine)* hvis været holder seg; 4*(=offer):* ***he could hold out little hope for the patient*** han kunne ikke gi pasienten stort håp;
24.: ***hold out for*** fortsette å kjempe for *(fx the unions said they would hold out for 15 per cent);*
25. T: ***hold out on sby****(=keep sth (hidden) from sby)* holde noe skjult for en;
26. *tlf:* ***hold the line****(=hold on)* ikke legge på;
27.: ***hold still!****(=keep still! don't move!)* stå (,sitt) stille! ikke rør deg!
28.: ***hold tight*** holde seg godt fast;
29.: ***hold one's tongue*** holde munn;
30.: ***hold up*** 1. hefte; oppholde; ***I won't hold you up any longer*** jeg skal ikke hefte deg lenger; 2. rane *(fx a bank);* 3.: ***prices are holding up*** prisene holder seg; 4. fremholde; holde opp (*el.* frem) *(fx be held up as an example to others);* 5.: ***hold sby up to ridicule*** latterliggjøre en; 6.: ***they're holding up well****(=they're being brave about it)* de tar det tappert;
31.: ***hold oneself upright*** holde seg oppreist;
32. *ofte spøkef* **T:** ***hold with****(=approve of)* være en tilhenger av; være enig i; ***I don't hold with drink -driving*** jeg er imot promillekjøring.

holdall [ˌhould'ɔ:l] *s(,***US:** *carryall)* bag; reiseveske.

holder [ˌhouldə] *s* **1.** holder; ***tool holder*** verktøyholder;
2. *elekt(=socket)* fatning;
3. innehaver (*of an office; of a record* av et embete; av en rekord); ***ticket holders*** de som har billetter; *(se office holder; passport holder; record holder; title holder).*

holding [ˌhouldiŋ] *s* **1.** (forpaktet) jord; gårdsbruk; ***family holding*** familiebruk; ***small holding*** småbruk; **2.:** ***holding (of shares)*** aksjeportefølje; aksjepost.

holding company *merk:* holdingselskap.

hold-up [ˌhould'ʌp] *s* **1***(=delay)* forsinkelse; ***traffic hold-up*** trafikkstans; **2.** ran *n;* overfall.

hole [houl] *s* **1.** hull *n;* ***make a hole in*** slå hull i; ***wear a hole in sth*** slite hull på noe;
2. *golf:* hull *n;* ***play nine holes*** spille ni hull;
3. *oljeind:* brønnhull; brønn;
4. *dypere sted i elv(=deep pool)* kulp.
5. *fig:* hull *n (fx this room is a bit of a hole);*
6. T*(=trouble)* knipe; ***get sby out of a hole*** hjelpe en ut av en knipe;
7.: ***make a hole in sby's savings*** gjøre et innhugg i ens sparepenger; ***pick holes in sby's argument*** påvise hull *(n)* i ens argumentasjon.

hole-and-corner ['houlənˌkɔ:nə] *adj* **1.** lyssky *(fx transaction);*
2.: ***a hole-and-corner place*** en avkrok; et hull.

holiday [ˌhɔli'dei] *s* **1.** fridag *(fx today's a holiday);* ***a half (,whole) holiday*** en halv (,hel) fridag;
2.: ***holiday(s)****(,især* **US:** *vacation)* ferie; ***holidays abroad*** ferie i utlandet; ***last holidays*** i ferien i fjor; ***these holidays*** (i) denne ferien; ***in****(=during)* ***the holidays*** i ferien; ***the summer holidays will soon be here*** det er snart sommerferie; ***two months is a long holiday*** to måneder er en lang ferie; ***what are you going to do for your holiday this year?*** hva skal du foreta deg i ferien i år? ***enjoy your holiday!****(=have a nice holiday!)* god ferie! ***have a holiday*** 1*(=be having a holiday)* ha ferie; 2*(=take a holiday)* ta ferie; ***be on holiday*** være på ferie; ***take****(=have)* ***a holiday*** ta ferie.

holiday cabin hytte; fjellhytte; *(jvf holiday cottage).*

holiday camp ferieleir; ***children's holiday camp*** feriekoloni; ferieleir for barn; *(jvf outdoor pursuits centre).*

holiday closing*(=holiday closure)* ferielukning.

holiday cottage*(=summer cottage; weekend cottage)* hytte; sommersted; feriested; fritidshus.

holiday-maker [ˌhɔli'dei'meikə] *s(,***US:** *vacationer; vacationist)* feriegjest; ferierende; ***motoring holiday -maker*** bilturist.

holiday motoring bilturisme.

holiday spot*(=holiday place)* feriested; ***a holiday hot spot*** et populært feriested.

holiday stay ferieopphold.

holiness [ˌhoulinəs] *s:* hellighet; *pavens tittel:* ***His Holiness*** Hans hellighet.

Holland [ˌhɔlənd] *s; geogr:* Holland.

holler [ˌhɔlə] *vb* **T 1***(=shout; yell)* skrike; brøle;
2. *fig:* ***holler about****(=scream about)* skrike opp om.

I. hollow [hɔlou] *s:* hulning; hulhet; fordypning.

II. hollow *adj & adv* **1.** hul; innfallen; innsunken;
2. *fig:* hul; ***it rings hollow*** det klinger hult;

h

3. *i konkurranse* **T:** ***beat sby hollow*** *(=wipe the floor with sby)* slå en sønder og sammen.

III. hollow *vb:* ***hollow out*** hule ut.

holly [ˌhɔli] *s; bot:* kristtorn.

hollyhock [ˌhɔliˈhɔk] *s; bot(,***US:** *rose mallow)* (vinter)stokkrose.

holocaust [ˌhɔləˈkɔ:st] *s* **1.** masseødeleggelse; **2.** katastrofebrann *(fx 50 people died in the holocaust).*

hols [hɔlz] *s; pl* **T***(fk f holidays)* ferie.

holster [ˌhoulstə] *s(=gun holster)* pistolhylster.

holy [ˌhouli] *adj:* hellig; ***the Holy of Holies*** det aller helligste; *(jvf sanctum: the inner sanctum).*

Holy Bible *rel:* ***the Holy Bible*** Den hellige skrift; Bibelen.

(Holy) Communion *rel(=the Lord's Supper)* den hellige nattverd.

holy orders *rel:* ***take holy orders*** bli ordinert; bli prest(eviet).

Holy Sepulchre *rel:* ***the Holy Sepulchre*** den hellige grav.

Holy Spirit *rel(=Holy Ghost)* ***the Holy Spirit*** Den hellige ånd.

holy terror T 1. fryktinngytende person; ***he's a holy terror when he's angry*** han er fryktelig når han er sint; **2.** umulig unge; forferdelig unge; trollunge.

holy water *rel:* vievann.

Holy Week *rel:* ***the Holy Week*** den stille uke.

Holy Writ *rel(=Scripture; the (Holy) Scriptures)* Skriften; Den hellige skrift.

homage [ˌhɔmidʒ] *s:* hyllest; ***(great) homage*** virak; ***pay homage to sby*** hylle en; ***when the worst homage had subsided*** da den verste viraken hadde lagt seg.

I. home [houm] *s* **1.** hjem *n;* ***there's no place like home*** borte bra, hjemme best; ***it's a home from home*** det er akkurat som hjemme; ***live away from home*** bo utenfor hjemmet; bo borte; ***he invited us round to his home*** han inviterte oss hjem til seg; ***make a home (for oneself)*** skape seg et hjem; ***he made his home in Canada*** *(=he made a home for himself in Canada)* han skapte seg et hjem i Canada; ***be working outside the home*** arbeide utenfor hjemmet; være yrkesaktiv; *(se 5 & 6);* **2.** *stivt el. spøkef(=house)* hus *n;* ***homes*** *(=houses; housing)* ***for the elderly*** eldreboliger; **3.** *om institusjon:* hjem *n;* ***nursing home*** pleiehjem; **4.** *i spill, etc:* mål *n;* **5.:** ***at home*** 1. hjemme; ***make oneself at home*** late som om man er hjemme; ***feel at home in France*** føle seg hjemme i Frankrike; ***make sby feel at home*** få en til å føle seg hjemme; 2. *fig:* ***at home in*** *(=with)* inne i; vel bevandret i; 3. *fotb, etc:* på hjemmebane; ***play at home*** *(,***US:** *play a home game)* spille på hjemmebane; 4. *stivt:* ***at home to*** villig til å ta imot *(fx at home to reporters);* **6.:** ***get (back) home*** komme hjem *(fx I hope you get home all right);* **7.:** ***go home*** 1. dra hjem; gå hjem; 2. *fig:* ***his speech went home*** talen hans hadde den ønskede virkning; talen hans satt; **8.** *fig:* ***look nearer home*** feie for sin egen dør; gripe i sin egen barm.

II. home *adv* **1.** hjem *(fx come home; go home);* hjemme *(fx I'm glad to be home again);* ***stay home from school*** bli hjemme fra skolen; **2.** *fig:* ***be home and dry*** ha sitt på det tørre; **3.** *fig:* ***bring it home to him*** få ham til å forstå det; **4.:** ***drive home*** 1. kjøre hjem; 2. *om spiker:* slå helt inn; 3. *fig:* få til å forstå; ***it was driven home to him*** det ble gjort helt klart for ham; ***drive home the argument*** slå det ettertrykkelig fast; **5.:** ***hit home*** ramme; bli forstått *(fx his remarks hit home);* **6.:** ***write home*** 1. skrive hjem; 2. *fig:* ***it's nothing to write home about*** det er ikke noe å skryte av.

III. home *vb* **1.** *om brevdue:* finne hjem; fly hjem; **2.** *flyv; ved navigasjon:* ***home on*** styre mot; sette kurs for; **3.:** ***home in on*** 1. *flyv; mil:* rette inn mot; søke *(fx things which produce heat);* 2. *fig:* konsentrere seg om *(fx we should have homed in on individual problems);* **4.** *flyv:* ***home on to*** *(=onto)* ***a radar beam*** legge seg på en radarstråle.

home affairs [ˌhoumə,fɛəz] *s; pl; polit:* innenrikssaker; *om ikke-engelske forhold:* ***Ministry of Home Affairs*** innenriksdepartement; *(se Home Office).*

homebird [ˌhoumˈbə:d] *s(=homelover)* hjemmemenneske.

home-brew [ˌhoumˈbru:] *s:* hjemmebrygg.

home-brewed [ˌhoumˈbru:d] *adj:* ***home-brewed alcohol*** *(,***US:** *hoo(t)ch; moonshine)* hjemmebrent; **S:** HB.

homecoming [ˌhoumˈkʌmiŋ] *s:* hjemkomst.

Home Counties [ˈhoumˌkauntiz]: ***the Home Counties*** grevskapene *(n)* rundt London.

home fan lokalpatriot; ***home fans*** hjemmepublikum; ***he certainly didn't disappoint his home fans*** han skuffet sannelig ikke sitt hjemmepublikum.

home fires [ˌhoumˈfaiəz] *pl* **T:** ***keep the home fires burning*** holde seg hjemme ved teltene *n;* være hjemme.

home ground [ˌhoumˌgraund; ˌhoumˈgraund] *s; sport:* hjemmebane; ***back on home ground*** tilbake på hjemmebane.

home help [ˌhoumˌhelp] *s* **1.** *om tjenesten(=home help service; home care; day care)* hjemmehjelp; **2***(,***US** *& Canada: homemaker)* hjemmehjelper; husmorvikar.

home industry [ˌhoumˌindəstri] *s* **1***(=home crafts industry; cottage industry)* hjemmeindustri; **2.** *mots eksportindustri:* ***the home industries*** hjemmeindustrien.

homeless [ˌhoumləs] *adj:* hjemløs; husvill.

homelessness [ˌhoumləsnəs] *s:* hjemløshet; husvillhet.

home life hjemmeliv; hjemmekos; ***the joys of home life*** hjemmelivets gleder.

home loan boliglån; huslån.

homelover [ˌhoumˈlʌvə] *s(=homebird)* hjemmemenneske.

home-loving [ˌhoumˈlʌviŋ] *adj:* hjemmekjær.

homely [ˌhoumli] *adj* **1.** enkel; ***homely food*** *(=plain fare)* enkel mat; ***a homely person*** et enkelt menneske; **2.** hjemlig *(fx a homely atmosphere);* hjemmekoselig; **3. US***(=plain; ugly)* lite pen; stygg.

home-made [ˈhoumˌmeid; *attributivt:* ˌhoumˈmeid] *adj:* hjemmegjort.

Home Office [ˌhoumˈɔfis] *s:* ***the Home Office*** *(,***US:** *the Department of the Interior)* innenriksdepartementet; *(jvf home affairs: Ministry of Home Affairs).*

homeopath [ˌhoumiəˈpæθ] *s(=homoeopath)* homøopat.

homeopathy [ˈhoumiˌɔpəθi] *s(=homoeopathy)* homøopati.

home owner en som eier sitt hus *(n)* (,leilighet); huseier.

home purposes *pl;* ***for home purposes*** *(=for domestic purposes; for household use)* til husbruk; til bruk i hjemmet.

home rule [ˈhoumˌru:l; ˌhoumˌru:l] *s:* selvstyre *(fx home rule for Scotland).*

Home Secretary [ˈhoumˌsekrətəri] *s(,***US:** *Secretary of the Interior; Attorney General)* innenriksminister og justisminister; *(jvf Attorney General & Lord Chancellor).*

homesick [ˌhoumˈsik] *adj:* ***be homesick*** *(=long to be back home)* ha hjemlengsel; *ved understreking av hjemmet:* ***she's homesick for home*** hun lengter hjem; hun vil hjem til seg selv igjen; ***be homesick for the family*** lengte hjem til familien.

homesickness [ˌhoumˈsiknəs] *s(=longing for home)* hjemlengsel.

homestead [ˌhoum'sted] *s; især* **US**(*=farm*) gård(sbruk).

home straight [ˌhoum'streit] *s* **1.** *sport:* oppløpsside; siste langside;
2. *fig; av prosjekt el. reise:* ***we're on the home straight now*** vi er snart ved veis ende; vi befinner oss på siste etappe nå.

home stretch [ˌhoum'stretʃ] *s* **1.** *hesteveddeløp:* oppløpsside; **2.** *fig: se home straight 2.*

home truth [ˌhoum'tru:θ] *s:* (ubehagelig) sannhet; ***tell sby a home truth*** si en en (ubehagelig) sannhet.

homeward [ˌhoumwəd] **1.** *adj:* hjem-; ***his homeward journey*** hjemreisen hans; ***homeward bound*** på hjemtur; på hjemvei;
2. *adv(=homewards)* hjemover; ***his journey homeward*** hans hjemreise.

homework [ˌhoum'wə:k] *s* **1.** hjemmearbeid; *skolev:* lekse (*fx do one's homework);*
2. *fig:* ***he hasn't done his homework*** han har ikke gjort leksen sin.

homey US T(*=homely; sj: homy) adj:* hjemlig; koselig.

homicidal ['hɔmiˌsaidəl] *adj:* draps-; mord-; morderisk; ***homicidal maniac*** sinnssyk morder.

homicide [ˌhɔmi'said] *s* **1.** drap *n;* mord *n;* ***justifiable homicide*** (drap i) nødverge; **2.** drapsmann; morder.

homily [ˌhɔmili] *s* **1.** *stivt(=sermon)* preken;
2. *neds; fig:* moralpreken.

homing [ˌhoumiŋ] *adj; mil:* målsøkende *(fx missile).*

homing instinct *zo:* evne til å finne veien hjem.

homing pigeon [ˌhoumiŋ'pidʒən] *s; zo(=homer)* brevdue.

homo [ˌhoumou] *s* **T**(*=homosexual)* homo.

homogeneity ['hɔmədʒiˌni:iti] *s; stivt(=uniformity)* homogenitet; ensartethet; likeartethet.

homogeneous ['hɔməˌdʒi:niəs] *adj; stivt(=uniform)* homogen; ensartet; likeartet.

homogenous [həˌmɔdʒinəs] *adj: se homogeneous.*

homogenize, homogenise [hɔˌmɔdʒi'naiz] *vb:* homogenisere.

homonym [ˌhɔmənim] *s:* homonym; enslydende ord *n.*

homonymous [hɔˌmɔniməs] *adj:* homonym; enslydende.

homosexual ['hɔməˌseksjuəl; 'houmouˌsekʃuəl] *s & adj(,***T:*** gay)* homoseksuell; *(jvf heterosexual).*

homosexuality ['hɔmə'seksjuˌæliti; 'houmou'sekʃuˌæliti] *s:* homoseksualitet; *(jvf heterosexuality).*

I. hone [houn] *s(=fine whetstone)* oljebryne; *(jvf whetstone).*

II. hone *vb* **1.** bryne; slipe; **2**(*=grind out)* finslipe.

honest [ˌɔnist] *adj:* ærlig; hederlig; rettskaffen; ***be honest with oneself*** være ærlig overfor seg selv.

honestly [ˌɔnistli] *adv* **1**(*=in an honest way)* på en ærlig måte *(fx he gained his wealth honestly);* ***was the money honestly come by?*** var pengene ervervet på hederlig vis? **2.** ærlig talt; oppriktig talt.

honesty [ˌɔnisti] *s* **1.** ærlighet; *ordspråk:* ***honesty is the best policy*** ærlighet varer lengst;
2.: ***I could not in all honesty say that I knew nothing about it*** jeg kunne ikke med hånden på hjertet si at jeg ikke kjente noe til det.

honey [ˌhʌni] *s* **1.** honning;
2. *især* **US**(*=darling)* kjæreste; kjære deg.

honeycomb [ˌhʌni'koum] *s:* bikake; vokskake.

honeyed [ˌhʌnid] *adj; fig:* sukkersøt.

I. honeymoon [ˌhʌni'mu:n] *s:* bryllupsreise; ***we went there for our honeymoon*** vi dro dit på bryllupsreise.

II. honeymoon *vb:* være på bryllupsreise.

honeysuckle [ˌhʌni'sʌkəl] *s; bot:* kaprifolium.

honk [hɔŋk] **1.** *s:* tut *n;* tuting; **2.** *vb:* tute; ***honk a horn*** tute i et horn.

honky-tonk [ˌhɔŋki'tɔŋk] *s* **US S:** bule; simpel nattklubb.

honorary [ˌɔnərəri; **US:** ˌɔnəreri] *adj* **1.** æres- *(fx title);*
2. ulønnet; honorær *(fx consul).*

honorary citizen æresborger (*of* av).

I. honour *(,US: honor)* [ˌɔnə] *s* **1.** ære; ***a great honour*** en stor ære; et ærefullt verv; ***a person without any notion of honour*** en person uten æresbegreper; ***his honour is at stake*** hans ære står på spill; det går på æren løs; *stivt:* ***in honour bound****(=morally bound)* moralsk forpliktet *(fx he was in honour bound to do it);* ***in honour of*** til ære for; ***word of honour*** æresord; ***do sby the honour of (-ing)*** gjøre en den ære å; **T:** ***honour bright!*** æresord! ***on my honour!*** på æresord! ***I confirm on my honour that …*** jeg bekrefter på æresord at …; ***she put me on my honour not to do it*** hun fikk meg til å gi henne mitt æresord på at jeg ikke skulle gjøre det; ***be an honour****(=credit)* ***to one's country*** gjøre ære på landet sitt; ***have the honour of (-ing)****(,sj: have the honour to)* ha æren av å …; ha den ære å …; ***pay the last honours to sby*** vise en den siste ære;
2. æresbevisning; hedersbevisning *(fx he has received many honours for his research into cancer);* ***honours were heaped on him*** han ble overdynget med æresbevisninger;
3. *kortsp:* honnør(kort);
4. *tittel; især til dommer:* ***Your Honour*** herr dommer;
5.: ***do the honours*** være vert; *(se også honours).*

II. honour *vb* **1**(*=show great respect to)* ære; hedre;
2. *merk:* honorere; innfri; overholde *(fx an agreement);* ***he honoured his debts*** han betalte sin gjeld; han innfridde sine gjeldsforpliktelser;
3. *stivt:* beære *(fx a ceremony with one's presence);* ***feel honoured*** føle seg beæret; ***I feel very honoured to have been asked to address this meeting*** det er en stor ære for meg å ha blitt bedt om å tale til denne forsamlingen.

honourable *(,***US***: honorable)* [ˌɔnərəbl] *adj* **1.** hederlig; ærlig; ***honourable****(=honest)* ***attempt*** hederlig forsøk *n;* ***with a few honourable exceptions*** med noen få hederlige unntak *n;* ***the only honourable thing for me to do is is to resign my post with immediate effect*** det eneste riktige for meg å gjøre er å fratre min stilling med øyeblikkelig virkning;
2. ærefull *(fx peace);* ***honourable mention*** hederlig omtale;
3. *parl; om person som tilhører et annet parti:* ***the Honourable Member for …*** den ærede representant for …; *om partifelle:* ***my Honourable Friend, the member for …*** min ærede partifelle, representant for …

honourably [ˌɔnərəbli] *adv:* med ære *(fx behave honourably);* på en ærefull måte; ***be honourably dismissed*** få avskjed i nåde.

Honour Moderations *(,***T:*** Mods) univ; ved Oxford i enkelte fag (first public examination, in which candidates are placed into one of three classes of honours)* eksamen avholdt før 'final schools', hvor kandidatene oppnår en av tre typer laud; *(jvf honours).*

honours, Honours*(fk Hons) univ* **1**(*=honours degree) svarer til:* hovedfagseksamen (med laud, men uten hovedoppgave); *(jvf pass degree);*
2. *om karakteren:* ***get First (,Second) Class Honours in French****(,***T:*** get a First (,Second) in French)* få en god laud (,få laud) i fransk hovedfag.

honours degree *mots 'pass degree'; svarer til:* hovedfagseksamen (med laud, men uten hovedoppgave)); *(jvf BA degree);* ***he's studying for an honours English degree*** han har tenkt å ta engelsk hovedfagseksamen; ***he graduated not with a First but an Upper Second Class degree*** *kan svare til:* han tok eksamen og fikk ikke laud, men en god haud.

honours (list) liste over titler og ordener som deles ut av den engelske monark to ganger i året ("the birthday honours" el. "the New Year's honours").

hooch *(=hootch)* [hu:tʃ] *s* **US S**(*=home-brewed alcohol)* hjemmebrent; **S:** HB.

h

I. hood [hud] *s* **1.** hette; kappe;
2. US*(=bonnet)* (motor)panser;
3. kalesje.
II. hood *vb* **1.** sette hette på; **2.** *fig:* dekke; tilsløre.
hooded [ˌhudid] *adj* **1.** med hette på *(fx she was attacked by a hooded man);* **2.** med kalesje på.
hoodlum [ˌhudləm] *s(=thug)* smågangster.
hoodwink [ˌhud'wiŋk] *vb(=trick)* lure.
I. hoof [hu:f] *s(pl: hooves, hoofs)* **1.** *zo:* hov;
2. *spøkef(=foot)* fot.
II. hoof *vb* **S 1***(=kick)* sparke *(fx hoof him out);* **2.:** ***hoof it*** 1*(=walk)* bruke bena *n;* gå; dra av sted (*to* til); 2*(=dance)* danse.
hoo-ha [ˌhu:'hɑ:] *s* **T***(=to-do)* oppstyr *n.*
I. hook [huk] *s* **1.** krok; ***fishhook*** fiskekrok;
2. knagg; hake; ***leave the phone off the hook*** ikke legge på røret;
3. *boksing:* hook *(fx a left hook);*
4. T: ***by hook or (by) crook****(=by any means)* på den ene eller den andre måten; på et eller annet vis; med list og lempe;
5. T: ***swallow a story hook, line and sinker****(=swallow a story whole)* sluke en historie rått;
6. S: ***get sby off the hook****(=get sby out of a tight spot)* hjelpe en ut av en kinkig situasjon;
7. S: ***let sby off the hook****(=let sby get away with it)* la en få slippe.
II. hook *vb* **1.** få på kroken;
2. hekte; ***the dress hooks****(=is hooked (up))* ***at the back*** kjolen har hekting i ryggen; ***hook on(to)*** hekte fast i;
3.: ***hook up*** 1. kople sammen; 2. **US***(=belt up; Canada: buckle up)* ta på seg bilbeltet.
hooka(h) [ˌhukə] *s:* vannpipe.
hook and eye: ***a hook and eye*** hekte og malje.
hooked [ˌhukt] *adj* **1.** krum; kroket *(fx a hooked nose);*
2. forsynt med kroker;
3. S*(=married)* gift;
4. S: ***hooked on*** 1. **T:** helt vill med *(fx hooked on old cars);* 2*(=dependent on)* avhengig av; ***be (,become) hooked on pills*** være (,bli) avhengig av piller.
hooker [ˌhukə] *s* **US S***(=prostitute)* prostituert; gatejente; **T:** ludder *n.*
hook(e)y [ˌhuki] *s* **US** *& Canada* **T***(=truancy)* skulking; skulk; ***play hook(e)y****(=play truant)* skulke (skolen).
hooligan [ˌhu:ligən] *s(=yob; yobbo)* ramp; bølle.
hooliganism [ˌhu:ligə'nizəm] *s:* pøbelopptøyer.
I. hoop [hu:p] *s* **1.** ring; bøyle; **2.** *i skjørt:* fiskeben.
II. hoop *vb* **1.** sette ring(er) rundt; sette (tønne)bånd *(n)* på; **2.:** *se whoop.*
hoorah [huˌrɑ:], **hooray** [huˌrei] *(=hurrah, hurray)*
1. *int:* hurra! **2.** *vb:* rope hurra.
I. hoot [ˌhu:t] *s* **1.** *om ugle:* skrik *n;*
2. *om bilhorn, etc:* tuting; *om sirene, etc:* tuting; uling;
3. (hånlig) tilrop; ***hoots of anger*** rasende tilrop;
4. *lett glds* **T***(=damn):* ***he doesn't give a hoot*** han bryr seg ikke en døyt om det.
II. hoot *vb* **1.** skrike; tute; ule; ***hoot (one's horn) at sby*** tute på en;
2. *uttrykk for hån, etc:* huie; pipe; hyle *(fx with laughter);* ***the crowd hooted their disapproval*** folk *(n)* ga høylytt uttrykk for sin misnøye; ***he was hooted off****(=he was hissed (off the stage))* han ble pepet ut.
hootch: *se hooch.*
hooter [ˌhu:tə] *s* **1.** bilhorn; ***factory hooter*** fabrikksirene; **2. S***(=nose)* nese; **S:** snyteskaft.
I. hoover [ˌhu:və] *s(=vacuum (cleaner);* **T:** *vac)* støvsuger; ***get the hoover out*** ta frem støvsugeren.
II. hoover *vb(=vacuum)* støvsuge.
I. hop [hɔp] *s; bot:* humle.
II. hop *s* **1.** (lett) hopp;
2. T*(=dance)* dans(etilstelning);
3. T: (kort) flytur (uten mellomlanding);
4. T: ***catch sby on the hop*** overraske en; **T:** ta en på sengen; ***they were so caught on the hop that ...*** de ble i den grad tatt på sengen at ...;
5. T: ***keep sby on the hop****(=keep sby busy)* gi en nok å bestille; holde en i ånde.
III. hop *vb* **1.** *om små fugler, etc:* hoppe;
2. *om spenstig person:* hoppe lettvint; sprette;
3. hinke; halte; ***hop about*** hinke omkring;
4. T: ***hop in*** hoppe inn *(fx he told me to hop in);* ***hop out (of the car)*** hoppe ut (av bilen);
5.: ***hop over*** 1. hoppe (lettvint) over; 2. **T:** ta fly over (*to* til); **T:** sprette over (*to* til).
I. hope [houp] *s:* håp *n;* ***in the fond hope that ...*** i det forfengelige håp at ...; ***in the hope that*** i håp om at; ***in the hope of (-ing)****(=hoping to)* i håp om å ...; ***live in hope*** leve i håpet; ***some hope!*** jammen sa jeg smør! ***vain hopes*** falske forhåpninger; ***he's beyond****(=past)* ***hope*** 1*(=there's no hope of curing him)* han finnes det ikke håp for; 2*(=he's hopeless)* han er helt håpløs; ***her hopes crumbled****(=were crushed)* hennes forhåpninger falt i grus; ***their hopes were dashed****(=shattered)* deres forhåpninger ble gjort til skamme; ***find fresh hope*** fatte nytt håp; ***give up hope*** oppgi håpet; ***he has (high) hopes of becoming chief buyer*** han har (godt) håp om å bli innkjøpssjef; ***raise sby's hopes (too much)*** gi en (for store) forhåpninger; ***raise false hopes*** gi falske forhåpninger; ***don't raise****(=build up)* ***the child's hopes*** ikke gi barnet forhåpninger.
II. hope *vb:* håpe *(fx I hope to go next week);* ***hope for*** håpe på *(fx some help from other people);* ***hope for the best*** håpe det beste; ***hope against hope*** klamre seg til håpet.
I. hopeful [ˌhoupful] *s:* ***young hopeful*** håpefull ung mann; ungt håp; ***political hopefuls*** de som håper å drive det til noe i politikken;
II. hopeful *adj:* forhåpningsfull; full av håp; optimistisk; ***don't be too hopeful****(=don't expect too much)* ikke gjør deg for store forhåpninger; ***that's a hopeful*** *(=promising)* ***sign*** det er et lovende tegn; ***it looks hopeful*** *(=promising)* det ser lovende ut; ***I'm not very hopeful about getting a theatre ticket so late****(=I've not much hope of getting a theatre ticket so late)* jeg har ikke stort håp om å få teaterbillett så sent; *stivt:* ***he's hopeful of success****(=he hopes he'll succeed)* han håper det vil lykkes for ham.
hopefully *adv* **1.** håpefullt *(fx he looked hopefully at the cake);*
2. forhåpentligvis *(fx hopefully, that'll never happen).*
hopeless [ˌhoupləs] *adj* **1.** håpløs; ***a hopeless case*** et håpløst tilfelle; *jur:* en håpløs sak;
2.: ***it's hopeless*** det er nytteløst; det nytter ikke; ***a hopeless attempt*** et nytteløst forsøk; ***it's hopeless trying****(=to try)* ***to convince him*** det nytter ikke å forsøke å overbevise ham;
3. T*(=no good)* elendig *(fx I'm a hopeless housewife);* ***he's hopeless at French*** han er elendig i fransk.
hopelessness [ˌhoupləsnəs] *s:* håpløshet.
hopper [ˌhɔpə] *s:* traktbeholder; fylletrakt.
hopping mad *adj* **T***(=furious)* rasende.
hopscotch [ˌhɔp'skɔtʃ] *s:* ***play hopscotch*** hoppe paradis *n.*
horde [hɔ:d] *s* **1.** *ofte neds:* horde; flokk;
2. *av insekter(=swarm)* sverm *(fx of flies).*
horizon [həˌraizən] *s; også fig:* horisont; ***on the horizon*** i horisonten; ***widen****(=extend)* ***one's professional horizon*** utvide sin faglige horisont.
horizontal ['hɔriˌzɔntl] *adj:* horisontal.
horizontally ['hɔriˌzɔntəli] *adv:* horisontalt.
hormonal [hɔ:ˌmounl] *adj:* hormon-.
hormone [ˌhɔ:'moun] *s:* hormon *n.*
horn [hɔ:] *s* **1.** *zo; mus; stoff; i bil* horn;
2. *fig:* ***on the horns of a dilemma*** i et dilemma; ***draw****(=pull)* ***in one's horns*** trekke til seg (føle)hornene; ***take the bull by the horns*** ta tyren ved hornene; *(se horn of plenty).*

horned [hɔ:d] *adj:* med horn; horn-; ***horned cattle*** hornkveg.
hornet [ˌhɔ:nit] *s; zo:* geitehams; stor veps.
hornet's nest vepsebol; *fig:* ***stir up a hornet's nest*** stikke hånden i et vepsebol.
horn of plenty *litt.:* overflødighetshorn; ***dispense of the horn of plenty****(=give of one's plenty)* øse av sin overflod.
horn-rimmed [ˌhɔ:n'rimd] *adj:* ***horn-rimmed spectacles*** hornbriller.
horny [ˌhɔ:ni] *adj* **1.** hornaktig; hornet; *om hender:* barket *(fx his hands are rough and horny);*
2. S*(=randy)* kåt; lidderlig.
horoscope [ˌhɔrə'skoup] *s:* horoskop *n;* ***cast sby's horoscope*** stille ens horoskop.
horrendous [hɔˌrendəs] *adj: se horrific.*
horrible [ˌhɔrəbl] *adj* **1***(=dreadful)* fryktelig;
2. T*(=awful; beastly)* fæl.
horrid [ˌhɔrid] *adj* **T:** fæl; vemmelig; ekkel; ***a horrid (=nasty) child*** en fæl unge; ***she was horrid(=beastly) to me yesterday*** hun var vemmelig mot meg i går.
horrific [hɔˌrifik] *adj* **1. T***(=horrifying)* forferdende;; gruoppvekkende *(fx account of the tragedy);* **2***(= terrifying)* skrekkinnjagende; fryktelig; forferdelig *(fx accident; crime).*
horrify [ˌhɔri'fai] *vb* **1***(=terrify)* forferde; ***I was horrified to see that he had …*** til min store skrekk så jeg at han …;
2*(=shock)* sjokkere.
horrifying *adj:* gruoppvekkende; forferdende; forferdelig.
horror [ˌhɔrə] *s* **1.** avsky; redsel; gru; ***chamber of horrors*** redselskabinett; ***I have a horror of snakes*** jeg avskyr slanger; ***I have an absolute horror of it*** jeg har en sann skrekk for det; ***to my great horror*** til min store skrekk;
2. T: ***that child's an absolute horror*** den ungen er en sann redsel;
3. T: ***the horrors****(=delirium tremens)* delirium *(n)* tremens; **T:** dilla.
horror film grøsser; redselsfilm.
horror-struck [ˌhɔrə'strʌk] *adj(=horror-stricken)* forferdet; redselslagen.
hors d'oeuvre [ɔ:ˌdə:v] *s(pl: hors d'oeuvre el. hors d'oeuvres); kul:* forrett.
hors d'oeuvre dish: ***(sectioned) hors d'oeuvre dish*** kabaretfat.
I. horse [hɔ:s] *s* **1.** *zo:* hest;
2. *mil:* ***a regiment of horse*** et kavaleriregiment;
3. *gym:* ***box horse*** kasse; ***pommel horse*** bøylehest; ***(vaulting) horse****(=buck)* hest;
4. *i sjakk* **T***(=knight)* springer; **T:** hest;
5. S*(=heroin;* **S:** *scag; smack)* heroin *n;*
6. T: ***be (,get) on one's high horse*** sitte (,sette seg) på sin høye hest; *(jvf high line: take a high line with sby);*
7.: ***flog****(=beat)* ***a dead horse*** 1. terpe på noe som forlengst er utdebattert; 2.: ***that's flogging a dead horse*** *(=that's (so much) wasted effort)* det kan man bare spare seg;
8.: ***straight from the horse's mouth*** fra pålitelig kilde;
9. T: ***I could eat a horse*** jeg er skrubbsulten;
10.: ***put the cart before the horse****(=go about it the wrong way)* begynne i den gale enden; gripe saken galt an;
11.: ***wild horses wouldn't drag it out of me!*** min munn er lukket med sju segl *(n)*!
II. horse *vb* **T:** ***horse around, horse about*** holde leven *n;* bråke.
horseback [ˌhɔ:s'bæk] *s:* ***on horseback*** til hest; ***go on horseback*** ri.
horse chestnut *bot* **1.** hestekastanje; **2.** *om nøtten(= conker)* hestekastanje.
horse deal *fig(=horse trade)* hestehandel.
horseflesh [ˌhɔ:s'fleʃ] *s* **1***(=horse meat)* hestekjøtt;
2. *kollektivt(=horses)* hester.
horsefly [ˌhɔ:s'flai] *s; zo(=gadfly; cleg)* klegg.
horsehair [ˌhɔ:s'hɛə] *s; zo:* hestehår; (heste)tagl.
horselaugh [ˌhɔ:s'lɑ:f] *s(=guffaw)* skoggerlatter; gapskratt.
(horse) length hestelengde; ***win by a length*** vinne med en hestelengde.
horseman [ˌhɔ:smən] *s:* rytter; en som er flink til å ri.
horsemanship [ˌhɔ:smən'ʃip] *s:* rideferdighet.
horseplay [ˌhɔ:s'plei] *s(=high jinks)* løyer; leven *n; (jvf II. horse: horse around, horse about).*
horsepower [ˌhɔ:s'pauə] *s(fk hp; HP)* hestekraft; hestekrefter (fk HK); ***a 50-horsepower engine*** en 50 HK motor.
horse race hesteveddeløp.
horse racing *om sporten:* hesteveddeløp.
horse sense*(=common sense)* sunt vett; sunn fornuft.
horseshoe [ˌhɔ:s'ʃu:] *s:* hestesko.
horse trading *fig:* (det å drive) hestehandel.
horsewhip [ˌhɔ:s'wip] *s:* ridepisk.
horsy [ˌhɔ:si] *adj* **1.** hesteaktig; heste-; ***a horsy face*** et hesteansikt; ***a horsy smell*** lukt av hest;
2. hesteinteressert.
horticultural ['hɔ:tiˌkʌltʃərəl] *adj:* hagebruks-.
horticulture [ˌhɔ:ti'kʌltʃə] *s:* hagebruk.
horticulturist ['hɔ:tiˌkʌltʃərist] *s:* hagebruksekspert.
I. hose [houz] *s:* slange; ***garden hose*** hageslange.
II. hose *vb:* ***hose down*** spyle *(fx the car).*
hosepipe [ˌhouz'paip] *s(=garden hose)* hageslange.
hosiery [ˌhouziəri] *s(=knitwear; knitted goods)* trikotasje; strikkevarer.
hospice [ˌhɔspis] *s; glds(=hostel)* herberge *n.*
hospitable [hɔˌspitəbl; ˌhɔspitəbl] *adj:* gjestfri.
hospital [ˌhɔspitl] *s:* sykehus; ***general hospital*** somatisk sykehus.
hospitality ['hɔspiˌtæliti] *s* **1.** gjestfrihet;
2. *især* **US***(=entertaining)* representasjon; ***travelling and hospitality*** reiser og representasjon.
hospitality room *i institusjon:* salong (hvor man mottar gjester).
hospitalize, hospitalise [ˌhɔspitə'laiz] *vb:* legge inn på sykehus.
hospital manager sykehusdirektør.
hospital waiting list helsekø; ***have the shortest hospital waiting list in the country*** ha den korteste helsekøen i landet.
I. host [houst] **1.** vert; ***television host*** TV-vert; ***act the part of host*** spille vert; *fig:* ***reckon without one's host*** gjøre regning uten vert; ***be host****(=act as host)* være vert; *spøkef:* ***play host****(=do the honours)* spille vert;
2. *biol:* vert; vertsdyr;
3. *rel(=Host)* hostie; nattverdbrød;
4. *bibl:* hærskare; ***the Lord of Hosts*** hærskarenes Gud;
5. T: ***hosts of people****(=crowds of people; lots of people)* en hele masse mennesker; ***for a whole host of reasons*** av en hel masse årsaker.
II. host *vb:* være vert; ***host a conference*** være vert ved en konferanse; ***host one's own show*** ha sitt eget show.
hostage [ˌhɔstidʒ] *s:* gissel *n,* ***hold sby hostage*** *(= hold(=keep) sby as a hostage)* holde en som gissel; ***they're holding three people hostage*** de har tre gisler; ***take sby hostage*** ta en som gissel.
hostel [ˌhɔstəl] *s:* herberge *n;* ***youth hostel*** ungdomsherberge; ***university hostel****(=(university) hall of residence; students' hostel)* studenterhjem.
hostess [ˌhoustəs] *s:* vertinne; *hist el.* **T:** ***air hostess*** *(= flight attendant)* flyvertinne; ***night-club hostess*** nattklubbvertinne; *(jvf I. host 1).*
hostile [ˌhɔstail; **US:** hɔstl] *adj* **1.** fiendtlig;
2. fiendtligsinnet; fiendtlig *(fx tribe).*
hostilities [hɔˌstilitiz] *s; pl; mil:* fiendtligheter; ***suspend (,resume) hostilities*** innstille (,gjenoppta) fiendtlighetene; ***call for an end to hostilities*** avblåse fiendtlighetene.

hostility [hɔˌstiliti] *s:* fiendtlighet; fiendtligsinnethet; fiendtlig innstilling; negativ innstilling.
hosting application *sport:* arrangørsøknad.
I. hot [hɔt] *adj* **1***(=very warm)* (meget) varm; ***burning hot*** brennvarm; ***hot dish*** varmrett;
2. *om mat:* sterkt krydret; ***hot mustard*** sterk sennep;
3. hissig; ***a hot argument*** et hissig ordskifte; **T: *get hot under the collar*** bli varm under snippen;
4. *elekt(=live)* strømførende *(fx a hot wire);*
5. T*(=radioactive)* radioaktiv;
6. T*(=good; important; exciting):* ***we're on to sth hot****(=a hot one)* ***this time*** denne gangen har vi kommet over noe som er noe; *teat:* ***she was a very hot****(=good; strong)* ***box-office attraction*** hun var et godt trekkplaster; ***not so hot*** 1*(=not so good)* ikke så god (*el.* bra); 2*(=nothing to write home about)* ikke noe å rope hurra for;
7. T: *hot on**(=keen on)* ivrig på; ivrig når det gjelder; begeistret for *(fx an idea);*
8.: *blow hot and cold* hele tiden skifte mening;
9. T: *get hot and bothered about sth**(=get worried about sth)* bli bekymret for noe;
10. T: *go hot and cold* bli både kald og varm;
11. T: *the place is getting too hot for him* jorden brenner under ham; ***things are getting hot****(=things are hotting up)* situasjonen begynner å tilspisse seg; ***make it hot for sby*** gjøre det hett for en;
12. *om nyhet(=fresh)* rykende fersk;
13. S: *hot goods* tjuvegods; tyvegods;
14. S 1*(=randy)* kåt; 2*(=sexy)* sexy; ***a hot number*** ei fin, sexy snelle;
15.: *you're getting hot!* tampen brenner!
16. T: *in hot water**(=in trouble)* i vanskeligheter; **T:** ute å kjøre; ***get into hot water*** komme i vanskeligheter; **T:** komme ut å kjøre.
II. hot *vb:* ***hot up*** 1. varme opp *(fx food);* 2. **T:** tilspisse seg *(fx things are hotting up);* bli mer spennende *(fx the chase was hotting up);* 3. **T***(=soup up)* trimme *(fx a car engine).*
hot air 1. varm luft; varmluft; **2. T:** tomt snakk; skryt *n.*
hotbed [ˌhɔt'bed] *s* **1.** *gart:* drivbenk; mistbenk;
2. *fig; neds:* ***a hotbed of gossip*** en sladdersentral.
hot-blooded ['hɔtˌblʌdid; *attributivt:* ˌhɔt'blʌdid] *adj* **1***(=passionate)* lidenskapelig; varmblodig;
2*(=excitable)* hissig; som fort blir sint; bråsint;
3. *om hest:* varmblodig; fyrig.
hot cakes T: *sell**(=go)* ***like hot cakes*** gå som varmt hvetebrød.
hotchpotch [ˌhɔtʃ'pɔtʃ] *s* **1.** lapskaus;
2. *fig:* sammensurium *n;* miskmask *n.*
hot cross bun *som tradisjonelt spises på langfredag:* bolle av gjærdeig, med krydder *(n)* og rosiner og merket med et kors.
hot dog [ˌhɔt'dɔg] *s:* varm pølse (med brød).
hot-dog roll US & *Canada(=Frankfurter roll; long roll)* pølsebrød.
hot-dog stand pølsebod; pølsebu; pølsevogn.
hotel [houˌtel] *s:* hotell *n;* ***mountain hotel*** høyfjellshotell; ***private hotel*** pensjonat *(n)* for langtidsgjester; ***book rooms in a hotel*** bestille hotellværelser; ***check****(=book)* ***into a hotel****(=book in at a hotel; put up at a hotel)* sjekke inn på et hotell; ta inn på et hotell; ***stay at a hotel*** bo på et hotell.
hotel accommodation hotellplass; ***book hotel accommodation****(=book a room (,book rooms) in a hotel)* bestille hotellplass.
hotel booking *(=hotel reservation)* hotellbestilling.
hotelier [houˌteljə; houˌteljei] *s:* hotelleier.
hotel manager hotelldirektør.
hotel porter hotelltjener; leietjener ved hotell *n.*
hotel register gjestebok; fremmedbok.
hotel reservation centre hotellformidling.
hotel room hotellværelse; ***reserve a hotel room for sby*** bestille hotellværelse for en.
hot favourite storfavoritt.
hotfoot [ˌhɔt'fut] *adv* **T***(=in a great hurry)* i største hast *(fx he arrived hotfoot from the meeting).*
hot gospeller T*(=revivalist)* vekkelsespredikant.
hothead [ˌhɔt'hed] *s:* hissigpropp; brushode.
hotheaded ['hɔtˌhedid; *attributivt:* ˌhɔt'hedid] *adj:* oppfarende; hissig.
hothouse [ˌhɔt'haus] *s; gart:* drivhus; veksthus.
hotly [ˌhɔtli] *adv* **1.** hissig; heftig;
2.: *hotly pursued by two policemen**(=with two policemen in hot pursuit)* skarpt forfulgt av to politimenn.
hotplate [ˌhɔt'pleit] *s* **1.** *på komfyr:* kokeplate;
2. *for mat:* varmeplate.
hotpot [ˌhɔt'pɔt] *s; kul:* ragu med poteter.
hot potato *fig:* varm potet.
hot pursuit *om forfølgelse:* ***in hot pursuit*** hakk i hæl; ***the thief ran off, with the shopkeeper in hot pursuit*** tyven løp av sted, skarpt forfulgt av butikkeieren.
hot seat 1. US: *the hot seat**(=the electric chair)* den elektriske stol;
2. T*(=vulnerable position):* ***be in the hot seat*** sitte leit i det (*over* når det gjelder).
hotshot [ˌhɔt'ʃɔt] *s* **T:** stor kanon.
hot spot 1. *polit:* urolig område *n;* **2.** livlig nattklubb.
hot stuff T 1. førsteklasses; *om person også:* flink (*with* med);
2*(=very popular):* ***this is hot stuff in Norway*** dette er meget populært i Norge;
3. varmblodig; lidenskapelig *(fx she's really hot stuff).*
I. hound [haund] *s* **1.** jakthund ***leash of hounds****(=pack of hounds)* hundekoppel; ***ride to hounds*** delta i revejakt;
2. *især* **US S: *autograph hound****(=autograph hunter)* autografjeger.
II. hound *vb(=chase)* jage *(fx sby from town to town; be hounded from(=kicked out of) school).*
hour [auə] *s* **1.** time; ***the small hours*** de små timer (ɔ: timene etter midnatt); ***every hour and half-hour*** hver hele og halve time; ***for hours*** i timevis; ***at the eleventh hour*** i ellevte time; ***the man of the hour*** dagens mann; *om klokke:* ***strike the hour*** slå timeslag; ***he thought his (last) hour had come*** han trodde hans siste time var kommet;
2. tidspunkt; tid; ***at all hours (of the day and night)*** til alle tider på døgnet;
3. *om arbeidstid, kontortid, etc:* ***after hours*** etter arbeidstid (,stengetid, *etc*); ***office hours*** kontortid; ***short hours*** kort arbeidstid; ***visiting hours*** besøkstid.
hour hand *på klokke:* lilleviser; timeviser.
hourly [ˌauəli] *adj* & *adv(=every hour)* hver time; ***hourly reports*** rapporter hver time.
I. house [haus] *s(pl: houses* [ˌhauziz]*)* **1.** hus *n; del av kostskole:* hus; ***detached house****(=one-family house)* enebolig; ***semi-detached house*** vertikaldelt enebolig; ***terraced house****(,***US:** *row house)* rekkehus; ***house of cards*** korthus; ***he eats us out of house and home*** han spiser oss ut av huset; ***help about the house*** hjelpe til i huset; ***we invited him to our house*** vi inviterte ham hjem til oss; ***in the house next door*** i huset ved siden av; i nabohuset; ***keep open house*** holde åpent hus; ***keep house*** ha egen husholdning; føre hus; ***they keep house together*** de har felles husholdning; ***keep house for sby****(=be sby's housekeeper)* føre hus for en; ta seg av husholdningen for en; ***move house*** flytte; ***who runs the house?*** hvem står for husholdningen? ***set up house*** begynne egen husholdning;
2. *parl:* hus *n;* kammer *n;* ***lower (,upper) house*** underhus (,overhus); ***the House (of Commons)*** Underhuset; ***the House of Lords*** Overhuset; ***in both houses*** både i Overhuset og Underhuset;
3.: *(royal) house* (konge)hus *n (fx the House of Tudor);*
4. *om kinoforestilling etter ordenstall(=performance)* forestilling *(fx shall we go to the first house?);*

5. *teat: fill the house(=draw crowds)* trekke fullt hus; ***play to a full (,an empty) house*** spille for fullt (,tomt) hus; ***bring the house down*** høste stormende bifall *n;* ***there was a good house, there were good houses*** stykket ble godt besøkt.
II. house *vb:* skaffe husly (*el.* losji *(n)*).
house arrest husarrest; ***under house arrest*** i husarrest.
houseboat [ˌhaus'bout] *s:* husbåt.
housebound [ˌhaus'baund] *adj; pga. sykdom, etc:* ute av stand til å forlate huset.
housebreaker [ˌhaus'breikə] *s:* innbruddstyv.
housecoat [ˌhaus'kout] *s:* morgenkjole; *(jvf dressing gown).*
housecraft [ˌhaus'krɑ:ft] *s:* dyktighet i huset.
housefather [ˌhaus'fɑ:ðə] *s; i institusjon:* husfar.
housefly [ˌhaus'flai] *s; zo:* husflue.
housefriend [ˌhaus'frend] *s:* husvenn; ***her current housefriend*** hennes husvenn for tiden.
house guest overnattingsgjest.
household [ˌhaus'hould] *s:* husstand.
householder [ˌhaus'houldə] *s:* huseier.
household goods *pl:* husholdningsartikler.
household linen utstyrsvarer; *glds:* hvitevarer.
household remedy husråd.
household shopping innkjøp av dagligvarer.
household use: ***for household use****(=for domestic use; for home purposes)* til husbruk; til bruk i hjemmet.
household word ord *(n)* som stadig går igjen; ord som alle bruker (*el.* kjenner); ***his name is a household word throughout the country*** navnet hans er vel kjent over hele landet.
house hunter boligsøkende.
housekeeper [ˌhaus'ki:pə] *s* **1.** husholderske;
2. *ved hotell:* ***(chief) housekeeper*** oldfrue; *(jvf chief stewardess);*
3. *ved sykehus:* husøkonom.
housekeeping [ˌhaus'ki:piŋ] *s:* husholdning; ***collective housekeeping*** felleshusholdning.
housemaid [ˌhaus'meid] *s(=maid)* stuepike; pike.
housemaid's knee *s; med.(=water on the knee)* vann *(n)* i kneet.
houseman [ˌhausmən] *s; om sykehuslege(,***US:** *intern(e))* turnuskandidat.
housemaster [ˌhaus'mɑ:stə] *s; ved kostskole:* lærer som samtidig har ansvaret for et hus.
housemother [ˌhaus'mʌðə] *s; ved institusjon:* husmor.
house owner huseier.
house party 1. *ved kostskole:* sammenkomst; fest; selskap *(n)* (i en lærerbolig);
2. selskap *(n)* hvor gjestene overnatter.
house painter *om håndverker:* maler.
house physician: *se houseman.*
house plant stueplante.
houseproud [ˌhaus'praud] *adj:* som setter sin ære i å holde huset pent og rent.
house rule husregel.
house shark T*(=housing racketeer)* hushai; bolighai.
house surgeon: *se houseman.*
house-to-house selling *merk:* hussalg.
housetop [ˌhaus'tɔp] *s* **1.** tak *n;*
2.: ***shout sth from the housetops*** utbasunere noe.
housetrain [ˌhaus'trein] *vb; om hund, etc(,***US:** *housebreak)* gjøre stueren; gjøre renslig.
housewife [ˌhaus'waif] *s(pl: housewives)* husmor; ***full-time housewife*** hjemmeværende husmor.
housework [ˌhaus'wə:k] *s:* husarbeid.
housing [ˌhauziŋ] *s* **1.** bolig; ***low-cost housing*** billige boliger; *ofte:* sosial boligbygging; ***suitable housing goes with the job*** passende bolig følger stillingen; ***provision of housing*** boligformidling; *(jvf housing service);* ***spend a ruinous amount on housing*** bo seg i hjel;
2. innkvartering *(fx housing in huts);*
3. *mask(=casing)* hus *n;* ***clutch housing*** clutchhus.
housing estate *(,***US:** *development area)* boligfelt.
housing famine bolignød.
housing officer: ***chief housing officer*** boligrådmann; *(jvf chief officer).*
housing racketeer *(,***T:** *house shark)* hushai; bolighai.
housing standard boligstandard.
hove [houv] *pret & perf.part. av II. heave 4.*
hovel [ˌhɔvəl; ˌhʌvəl] *s:* rønne.
hover [ˌhɔvə] *vb* **1.** *om fugl, etc:* sveve; holde seg svevende;
2.: ***hover about*** drive (*el.* kretse) omkring; ***hover (a)round sby*** henge rundt en; ***hover near*** oppholde seg i nærheten av.
hovercraft [ˌhɔvə'krɑ:ft] *s(,***US:** *air cushion vehicle(fk ACV))* luftputefartøy; hovercraft.
how [hau] *adv* **1.** hvordan;
2. hvor; ***how long?*** hvor lenge? ***how much?*** hvor mye?
3. så *(fx how stupid of him!);*
4.: ***how is it that …?*** hvordan har det seg at …?
5.: ***and how!****(=very much so!)* ja, det skal være sikkert!
6.: ***how's that?*** 1. hvordan henger det sammen? hvordan kan det ha seg? 2. hva synes du om det?
7.: ***how's that for …?*** 1. hvordan er det (,den) når det gjelder …? 2. *begeistret utrop:* ***how's that for quality?*** var ikke det en fin kvalitet, kanskje?
8. *når man vil foreslå noe:* ***how about …?*** hva med …? *(fx how about some lunch?);* ***how about asking her?*** kanskje det var en idé å spørre henne?
9. T: ***how come****(=why)* hvorfor *(fx how come he told him?);*
10.: ***how are you?*** hvordan står det til?
11. *ved presentasjon, sagt av begge parter:* ***how do you do?*** god dag!
12.: ***well, that's how it is*** vel, slik er det nå engang;
13.: ***he knows how to do it*** han vet hvordan det skal gjøres;
14.: ***how beautiful she is!*** så vakker hun er! ***how I wish I could!*** hvis jeg bare kunne!
however [hauˌevə] **1.** *konj:* imidlerid; men;
2. *adv(=how ever)* hvordan i all verden *(fx however did you do that? however did you get here?);*
3. *adv:* hvordan …enn *(fx this painting still looks wrong however you look at it);* hvor … enn; uansett hvor *(fx however cold it is; however hard I try, I still can't do it);* ***however that may be*** hvordan det enn forholder seg (med det); ***however you do it****(=no matter how you do it)* hvordan du enn gjør det.
I. howl [haul] *s:* hyl *n;* vræl *n;* brøl *n;* ***a howl of pain*** et vræl av smerte.
II. howl *vb:* hyle; vræle; brøle *(fx the sergeant was howling his orders at the soldiers);* ***howl sby down*** overdøve en med hyl *n;* ***howl with laughter*** hyle av latter.
howler [ˌhaulə] *s* **T***(=bad mistake)* brøler.
hoy [hɔi] *int:* hei! *(fx Hoy! You leave the cake alone!).*
H.P., h.p 1*(fk f hire-purchase):* ***buy sth on H.P.*** kjøpe noe på avbetaling;
2. *mask(=HP, hp; fk f horsepower)* hestekraft; hestekrefter.
HQ, hq *(fk f headquarters)* hovedkvarter.
hub [hʌb] *s* **1.** *på hjul:* nav *n;*
2. *fig:* sentrum *n;* senter *n;* midtpunkt *(fx the hub of the universe).*
hubbub [ˌhʌbʌb] *s* **1.** *av stemmer, etc:* surr *n;* støy *(fx his voice couldn't be heard because of the hubbub in the room);*
2*(=hullabaloo)* ståhei; hurlumhei.
hubby [ˌhʌbi] *s* **T***(=husband)* (ekte)mann.
hubcap [ˌhʌb'kæp] *s:* hjulkapsel.
huckleberry [ˌhʌkl'beri] *s; bot* **1.** *busk med spiselige, svarte bær med store steiner:* Gaylussacia;
2. US *& Canada(=bilberry)* blåbær; *(jvf whortleberry 1, 2 & 3).*

I. huddle [hʌdl] *s:* klynge *(fx of people).*
II. huddle *vb* **1***(=bundle)* proppe *(fx they huddled them all into a van);*
2. krype sammen *(fx near the fire to keep warm).*
I. hue [hju:] *s* **1.** *litt.(=colour)* farge; lød;
2. *fig: se complexion 2.*
II. hue *s* **1.:** ***raise a hue and cry*** skrike opp; slå alarm; **2.** *fig(=outcry)* ramaskrik (*about* når det gjelder) *(fx there was a great hue and cry about this decision).*
I. huff *s* **T:** ***in a huff*** fornærmet; sur; snurt; ***get into a huff*** bli sur; ***his huffs never last long*** han er aldri sur lenge om gangen; han er aldri langsint.
II. huff T *vb* **1***(=puff)* puste; blåse (*on* på) *(fx huff on one's glasses);*
2.: ***huff T and puff*** 1. puste og pese; ***huffing and puffing*** pusting og pesing; 2*(=complain)* klage; beklage seg.
huffy [ˌhʌfi] *adj* **T 1***(=in a huff)* sur; snurt; **2***(=touchy)* nærtagende *(fx don't be so huffy).*
I. hug [hʌg] *s:* klem *(fx give sby a hug).*
II. hug *vb* **1.** klemme; omfavne; ***hug oneself to keep warm*** holde om seg selv for å holde varmen;
2.: ***hug the middle of the road*** kjøre midt i veien;
3. *om tro, etc(=cling to)* holde fast ved;
4. *fig:* ***hug oneself over sth*** lykkønske seg selv med noe.
huge [hju:dʒ] *adj* **1***(=enormous)* uhyre stor; kjempestor;
2.: ***they thought it a huge joke when the cat stole the fish*** de syntes det var fryktelig morsomt da katten stjal fisken.
hugely [ˌhju:dʒli] *adv(=very much; enormously)* veldig; enormt; ***hugely expensive*** enormt kostbar.
huh [hʌ] *int; foraktelig:* hø! pytt!
hulk [hʌlk] *s* **1.** *mar; avtaklet skip:* holk; *neds:* ***old hulk*** gammel holk;
2. *om person; neds:* ***a big hulk*** *(=lump)* ***of a man*** en svær brande.
I. hull [hʌl] *s* **1.** *mar:* skrog *n;*
2. *bot; på bønne el. ert(=pod)* belg;
3. *bot; på jordbær, molte, nøtt:* hams.
II. hull *vb:* belgflå *(fx peas); jordbær, etc:* rense; fjerne hamsen; fjerne stilkene.
hullabaloo [ˈhʌləbəˌlu:] *s* **T 1***(=row)* bråk *n;* lurveleven; ***make a hullabaloo****(=kick up a row)* lage bråk; **2***(=hubbub; outcry)* rabalder *n;* spetakkel *n;* hurlumhei; ståhei (*over sth* pga. noe) *(fx there will be a great hullabaloo over this).*
hullo [hʌˌlou] *int: se hello.*
I. hum [hʌm] *s; av bier, maskin, stemmer, etc:* summing; ***the distant hum of traffic*** den fjerne duren fra trafikken.
II. hum *vb* **1.** nynne *(fx hum a tune to oneself);*
2. summe; surre; dure;
3. T: ***now things are beginning to hum*** nå begynner det å flaske seg; ***make things hum*** få fart på tingene.
I. human [ˌhju:mən] *s(=human being)* menneske *n.*
II. human *adj:* menneskelig; ***the human race*** menneskeslekten; ***to err is human*** det er menneskelig å feile; ***take human factors into consideration*** ta menneskelige hensyn *n.*
human being menneske *n;* menneskelig vesen *n;* menneskebarn; ***a couple of human beings*** et menneskepar; ***fit for human beings*** menneskeverdig; som man kan by mennesker.
humane [hju:ˌmein] *adj:* human; ***show humane consideration****(=take human factors into account)* ta menneskelige hensyn *n.*
human habitation: ***not fit for human habitation*** uegnet som menneskebolig.
humanism [ˌhju:məˈnizəm] *s:* humanisme.
humanist [ˌhju:mənist] *s:* humanist.
humanistic [ˈhju:məˌnistik] *adj:* humanistisk.
humanitarian [hju:ˈmæniˌtɛəriən] *adj:* humanitær *(fx action);* menneskevennlig.
humanities [ˈhju:ˌmænitiz] *s; pl:* ***the humanities*** **1***(=the arts)* åndsvitenskapene;
2. de humanistiske fag *(n)* (*el.* vitenskaper); humaniora; *(se humanity).*
humanity [hju:ˌmæniti] *s* **1***(=the human race)* menneskeheten; menneskeslekten; menneskene *n;*
2*(=kindness)*menneskekjærlighet; (med)mennneskelighet; humanitet; ***treat them with humanity*** behandle dem humant; *(se humanities).*
humanize, humanise [ˌhju:məˈnaiz] *vb:* humanisere.
humankind [ˈhju:mənˌkaind] *s(=the human race)* menneskeslekten; menneskeheten; menneskene *n;* ***the greatest enemy of humankind*** menneskehetens største fiende.
human life*(=life)* menneskeliv; ***loss of human life*** tap *(n)* av menneskeliv.
humanly [ˌhju:mənli] *adv:* menneskelig; ***do everything humanly possible to help*** gjøre alt som står i menneskelig makt for å hjelpe.
human nature den menneskelige natur; ***it's human nature to*** det er menneskelig å; ***knowledge of human nature*** menneskekunnskap.
human right menneskerettighet; menneskerett.
human rights abuses*(=abuses(=infringements) of human rights)* krenkelser av menneskerettighetene.
human sacrifice 1. menneskeoffer; **2.** menneskeofring.
I. humble [hʌmbl] *vb:* ydmyke; ***humble oneself*** ydmyke seg.
II. humble *adj* **1.** ydmyk;
2. beskjeden; ***of humble origins*** av ringe herkomst; ***I did my humble best*** jeg gjorde hva jeg kunne etter fattig evne; ***my humble opinion*** min beskjedne mening.
humblebee [ˌhʌmbəlˈbi:] *s; zo:* humle.
humble pie [ˌhʌmblˌpai] *s; fig; lett glds:* ***eat humble pie*** *(=give in)* krype til korset; gi seg.
humbly [ˌhʌmbli] *adv:* ydmykt; (meget) beskjedent.
I. humbug [ˌhʌmˈbʌg] *s* **1.** *om person; neds:* humbugmaker; bløffmaker;
2*(=nonsense)* tøv *n;* sludder *n;*
3*(=trick)* knep *n;* lureri *n.*
II. humbug *vb:* narre; lure; bløffe.
humdrum [ˌhʌmˈdrʌm] *adj(=dull; monotonous)* kjedelig; monoton; ensformig.
humid [ˌhju:mid] *adj(=damp)* fuktig *(fx climate).*
humidifier [hju:ˌmidiˈfaiə] *s:* luftfukter.
humidify [hju:ˌmidiˈfai] *vb:* fukte; gjøre fuktig.
humidity [hju:ˌmiditi] *s:* fuktighet; ***relative humidity*** relativ luftfuktighet; ***degree of humidity*** fuktighetsgrad.
humiliate [hju:ˌmiliˈeit] *vb:* ydmyke; ***feel humiliated by*** føle seg ydmyket av.
humiliating *adj:* ydmykende.
humiliation [hju:ˈmiliˌeiʃən] *s:* ydmykelse.
humility [hju:ˌmiliti] *s:* ydmykhet.
humming [ˌhʌmiŋ] *s* **1.** nynning;
2. summing; surring; ***the humming of the fan on the ceiling*** summingen av takviften.
hummingbird [ˌhʌmiŋˈbə:d] *s; zo:* kolibri.
humming top [ˌhʌmiŋˈtɔp] *s:* snurrebass.
hummock [ˌhʌmək] *s:* haug; knoll.
humorist [ˌhju:mərist] *s:* humorist.
humorous [ˌhju:mərəs] *adj* **1***(=funny; amusing; comical)* morsom; komisk; spøkefull *(fx remark);*
2. som har humoristisk sans; humoristisk.
I. humour *(,US: humor)* [ˌhju:mə] *s* **1.** humor; ***his quiet humour*** hans lune humor; ***(sense of) humour*** humoristisk sans;
2. humør *n;* ***in bad humour****(=in low spirits; in a bad mood)* i dårlig humør; ***in good humour****(=in high spirits; in a good mood)* i godt humør.
II. humour*(,US: humor)vb:* ***humour sby*** føye en; snakke en etter munnen; ***humour sby's whims*** føye en

i ens luner *n.*
humourless *(,US: humorless)* [ˌhju:mələs] *adj:* humørløs.
I. hump [hʌmp] *s* **1.** pukkel;
2. *i veibane:* kul;
3. *fig* **T:** ***now we're over the hump****(=now we're over the worst (of it))* nå er vi over det verste.
II. hump *vb* **1.** *om ryggsekk, etc* **S***(=shoulder)* ta på seg; slenge over skulderen;
2. *om noe tungt(=drag)* slepe; ***hump suitcases around*** slepe rundt på kofferter;
3.: ***hump up one's back****(=hunch one's back)* krumme (*el.* krøke) ryggen.
humpback [ˌhʌmp'bæk] *s(=hunchback)* pukkelrygget person.
humpbacked [ˌhʌmp'bækt] *adj(=hunchbacked)* pukkelrygget.
humph [hʌmf] *int:* hm!
humpty-dumpty [ˌhʌmptiˌdʌmpti] *s* **1.** liten tykksakk;
2. *i eng. barnerim:* ***Humpty Dumpty sat on a wall …*** lille Trille lå på hylle …
humus [ˌhju:məs] *s:* humus; matjord.
I. hunch [hʌntʃ] *s* **1***(=hump)* pukkel;
2. T: innskytelse; innfall *n;* intuisjon; ***back a hunch*** satse på en innskytelse; handle etter innskytelse; ***I have a hunch he won't arrive in time*** jeg har på følelsen at han ikke kommer tidsnok.
II. hunch *vb:* ***hunch up*** krype sammen; krøke seg sammen; ***he sat hunched up near the fire*** han satt sammenkrøpet (borte) ved peisen; ***hunch (up) one's back*** krumme (*el.* krøke) ryggen; slå kul på ryggen; ***hunched up with pain*** sammenkrøkt av smerte.
hunchbacked [ˌhʌntʃ'bækt] *adj(=humpbacked)* pukkelrygget.
hundred [ˌhʌndrəd] **1.** *s; tallord:* hundre *(fx five hundred cars; hundreds of people);* ***by the hundred*** i hundrevis; ***they number several hundred(s)*** det er flere hundre av dem;
2.: ***in the sixteen hundreds*** på sekstenhundretallet;
3. *om klokkeslett; mil & på rutetabeller:* ***at fourteen hundred hours****(=at 1400 hours)* klokken 14.00.
hundredfold [ˌhʌndrəd'fould] *adv:* hundrefold.
hundreds and thousands kakepynt (i form av bitte små fargede sukkerkuler).
hundredth [ˌhʌndrədθ] **1.** *s(=hundredth part)* hundre(de)del; **2.** *adj:* hundrede; nummer *(n)* hundre.
hundredweight [ˌhʌndrəd'weit] *s* **1***(=112 pounds)* 50,80 kg;
2. US: ***(short) hundredweight****(=100 pounds)* 45,36 kg.
hung [hʌŋ] **1.** *pret & perf. part. av II. hang;*
2. *adj; polit:* ***hung parliament*** vippeparlament;
3.: ***be hung over*** være i bakrus; ha tømmermenn;
4.: ***be hung up*** være forsinket; ha kjørt seg (helt) fast.
I. Hungarian [hʌŋˌgɛəriən] *s:* ungarer; *om språket:* ungarsk.
II. Hungarian *adj:* ungarsk.
Hungary [ˌhʌŋgəri] *s; geogr:* Ungarn.
I. hunger [ˌhʌŋgə] *s:* sult; ***satisfy sby's hunger*** stille ens sult; ***die of hunger*** dø av sult; sulte i hjel; ***a hunger for love*** trang til kjærlighet.
II. hunger *vb* **1.** sulte; **2.** *fig:* hungre (*for* etter).
hungrily [ˌhʌŋgrili] *adv:* sultent; begjærlig.
hungry [ˌhʌŋgri] *adj:* sulten; ***be hungry for*** 1. være sulten på; 2. *fig:* tørste etter.
hunk [hʌŋk] *s* **T***(=big piece)* stort stykke; ***a hunk of bread****(=a thick slice of bread)* en brødblings.
I. hunt [hʌnt] *s* **1.** jakt *(fx a tiger hunt);* **UK***(=foxhunt)* revejakt (til hest og med hunder som sporer opp og dreper byttet);
2. jaktforening; jaktselskap;
3. jaktområde;
4. T*(=search):* ***I'll have a hunt for that book tomorrow*** jeg skal se etter den boken i morgen.
II. hunt *vb* **1.** jakte; drive jakt; drive jakt på *(fx big game);*
2. UK*(=hunt foxes)* drive revejakt (til hest); *(jvf I. hunt 1);*
3. *om menneske:* jage *(fx a murderer);*
4.: ***hunt down*** oppspore *(fx an escaped prisoner);*
5. T: ***hunt high and low*** lete høyt og lavt (*for* etter);
6. T: ***hunt out*** lete frem *(fx some information);*
7. T: ***hunt up*** 1. *om opplysninger el. informasjoner:* finne; få tak *(n)* i *(fx the necessary details);* 2. finne *(fx an old friend);* oppdrive *(fx a copy of the book).*
hunter [ˌhʌntə] *s* **1.** jeger; **2.** jakthest; **3***(=hunting watch)* dobbeltkapslet ur *n.*
hunting [ˌhʌntiŋ] *s* **1.** jakt; ***big game hunting*** storviltjakt; **2. UK***(=fox-hunting)* revejakt.
hunting dog 1. *zo:* hyenehund; **2. US***(=hound)* jakthund.
hunting ground 1. jaktterreng;
2. *fig:* ***happy hunting ground*** tumleplass; ***the village is a happy hunting ground for souvenirs*** landsbyen er den rene gullgruve når det gjelder å finne suvenirer; ***change one's hunting ground****(=change one's haunts; move on to somewhere else)* skifte beite *n;*
3. *fig:* ***the happy hunting grounds*** de evige jaktmarker.
I. hurdle [hə:dl] *s* **1.** *sport:* hekk; *i hesteveddeløp:* hinder *n;* ***hurdles*** 1. hekker; hindere; 2*(=hurdle race)* hekkeløp; ***the 110m hurdles*** 110 m hekk;
2. *fig:* hinder *n;* ***now we're over the worst hurdles****(=now we're over the worst (of it))* nå er vi over det verste.
II. hurdle *vb* **1.** hoppe over (et hinder); **2.** *sport:* løpe hekkeløp.
hurdle race *sport(=hurdles)* hekkeløp.
hurl [hə:l] *vb* **1.** slynge; kaste;
2. *fig:* slynge; ***hurl abuse at each other*** overøse hverandre med skjellsord.
hurrah [huˌrɑ:], **hurray** [huˌrei]*(=hoorah, hooray) int:* hurra!
hurricane [ˌhʌrikən] *s:* orkan.
hurried [ˌhʌrid] *adj* **1.** rask *(fx visit);* ***write a few hurried lines*** skrive noen ord *(n)* i all hast;
2*(=pushed for time)* oppjaget; under tidspress.
hurriedly [ˌhʌridli] *adv:* raskt; skyndsomt; ***very hurriedly****(,***T:** *at a frantic speed)* i et oppjaget tempo.
I. hurry [ˌhʌri] *s:* hast; hastverk; ***there's no hurry*** det haster ikke; ***be in a hurry*** ha det travelt; **T:** ***what's the big hurry?*** hvorfor har det slik bråhast? ***he's in no hurry to …*** han forhaster seg ikke med å …; ***are you in a hurry for this?*** haster det med (å få) dette? **T:** ***we won't go there again in a hurry!*** det skal bli en stund til vi drar dit igjen.
II. hurry *vb* **1.** skynde seg; ***you'd better hurry*** det er best du skynder deg;
2*(=hurry up)* skynde på; jage på *(fx hurry sby);*
3. transportere i all hast *(fx sby to a hospital);*
4.: ***hurry up*** 1*(=hurry)* skynde seg; ***hurry up!****(=get a move on!)* skynd deg (,da)! 2. jage på; skynde på; 3.: ***hurry up to*** skynde seg bort til *(fx he hurried up to his son).*
I. hurt [hə:t] *s; stivt* **1***(=injury)* skade; kvestelse; ***no one suffered any hurt in the accident*** ingen ble skadd i ulykken;
2*(=harm):* ***it'll do you no hurt*** du vil ikke ta skade av det.
II. hurt *vb(pret & perf.part.: hurt)* **1***(=injure)* skade; ***hurt oneself*** skade seg; slå seg; ***get hurt*** komme til skade;
2. gjøre vondt *(fx it hurts; my tooth hurts);*
3. *fig:* såre *(fx he hurt her feelings);*
4.: ***it never hurts to ask****(=you can never ask too much)* man kan aldri få forspurt seg.
III. hurt 1. *pret & perf.part. av II. hurt;*
2. *adj:* såret; ***her hurt feelings*** hennes sårede følelser;

she felt hurt at not being asked to the party hun var såret over ikke å ha blitt bedt i selskapet.

hurtful [ˌhə:tful] *adj:* sårende *(fx remark).*

hurtle [hə:tl] *vb; om voldsom og rask bevegelse* **1**(= *hurl; fling)* slynge;
2(=*rush)* fare; suse; ***a tile came hurtling***(=*crashing)* ***down from the roof*** en takstein kom farende ned fra taket.

I. husband [ˌhʌzbənd] *s:* ektemann; ***husband and wife***(=*a married couple)* ektefolk; ektepar; ***this husband and wife are an odd couple*** det er et underlig ektepar; *(se også husband-and-wife).*

II. husband *vb; om forråd, krefter, etc; stivt el. glds*(= *economize on)* spare på *(fx one's strength).*

husband-and-wife [ˈhʌzbəndənˌwaif] *adj:* ***a husband -and-wife team of doctors***(=*a husband and wife, both doctors)* et legeektepar.

husbandry [ˌhʌzbəndri] *s* **1**(=*farming)* jordbruk; landbruk; åkerbruk; ***animal husbandry***(=*cattle breeding)* feavl; ***crop husbandry*** plantekultur;
2. *stivt el. glds* 1(=*thrift)* sparsommelighet; 2(=*economy):* ***bad husbandry*** dårlig økonomi.

I. hush [hʌʃ] *s*(=*silence)* stillhet; taushet; ***a breathless hush*** åndeløs taushet; **T:** ***can we have some hush, please?***(=*can we have a bit of quiet, please?)* kan vi få litt stillhet, takk?

II. hush *vb* **1**(=*be quiet)* være stille *(fx will everyone please hush);* **2.** *int:* hysj! **3.:** ***hush up*** dysse ned.

hushed [hʌʃt] *adj:* lavmælt; dempet.

hush-hush [ˌhʌʃˌhʌʃ; *attributivt:* ˌhʌʃˈhʌʃ] *adj* **T**(=*secret)* hemmelig; **T:** hysj-hysj *(fx it's very hush-hush).*

hush money T: penger som betales for at noe skal bli dysset ned; bestikkelse.

I. husk [hʌsk] *s; bot:* skall *n;* ***rice in the husk*** ris med skallet på.

II. husk *vb:* fjerne skallet på.

I. husky [ˌhʌski] *s:* grønlandshund; trekkhund.

II. husky *adj* **1.** *om stemme*(=*slightly hoarse)* rusten; grøtet (i målet); **2. T**(=*big and strong)* stor og sterk.

hussy [ˌhʌsi] *s; neds* **1.** tøs; tøyte;
2.: ***you little hussy!*** din frekke jentunge!

hustings [ˌhʌstiŋz] *s* **1.** *polit:* valgkampanje;
2. *hist; polit:* valgmøte.

I. hustle [hʌsl] *s:* trengsel; travelhet; ***hustle and bustle*** liv *(n)* og røre; stor travelhet.

II. hustle *vb* **1**(=*push; shove)* skubbe (til); dytte;
2. *fig:* skynde på; jage på; presse *(fx sby into accepting);* ***hustle things along***(=*speed things up;* **T:** *chivvy things along)* få fart på tingene;
3. *om prostituert* **US S**(=*solicit)* trekke; kapre kunder;
4. T(=*obtain by underhand methods)* skaffe seg (på uærlig vis *(n)) (fx drugs on the black market);*
5. T(=*cheat):* ***hustle sby out of his money*** lure pengene fra en;
6. T: ***hustle up some breakfast***(=*get some breakfast in a hurry)* lage i stand frokost i all hast.

hustler [ˌhʌslə] *s* **1. S**(=*rent boy)* mannlig prostituert (blant homoseksuelle);
2. US S(=*prostitute)* ludder *n.*

hut [hʌt] *s:* (liten) hytte; ***shelter hut*** uværshytte; ***tourist hut*** turisthytte; *(jvf cabin & cottage).*

hutch [hʌtʃ] *s:* ***(rabbit) hutch*** (kanin)bur *n.*

hyacinth [ˌhaiəsinθ] *s; bot:* hyasint.

I. hybrid [ˌhaibrid] *s* **1.** hybrid; krysning; **2.** *språkv*(= *hybrid word)* hybrid.

II. hybrid *adj:* hybrid; av blandet rase; *språkv:* hybrid; ***hybrid race*** blandingsrase.

hydrangea [haiˌdreindʒə] *s; bot:* hortensia.

hydrant [ˌhaidrənt] *s:* ***(fire) hydrant***(,**US:** *fireplug)* (brann)hydrant.

hydraulic [haiˌdrɔ:lik] *adj; mask:* hydraulisk.

hydraulics [haiˌdrɔ:liks] *s*(=*fluid mechanics)* hydraulikk; vannkraftlære.

I. hydro [ˌhaidrou] *s:* badesanatorium.

II. hydro- *adj:* hydro(gen)-; vannstoff-; vann-.

hydroelectric [ˈhaidrouiˌlektrik] *adj:* ***hydroelectric power***(=*water power)* vannkraft.

hydroelectric power station vannkraftverk.

hydrofoil [ˌhaidrəˈfɔil] *s; mar:* hydrofoilbåt.

hydrogen [ˌhaidrədʒən] *s; kjem:* hydrogen *n;* vannstoff.

hydrogen cyanide *kjem*(=*hydrocyanic acid)* blåsyre; *(jvf prussic acid).*

hydrogen peroxide *kjem:* hydrogenperoksid; vannstoffhyperoksyd.

hydrographic [ˈhaidrəˌgræfik] *adj:* hydrografisk.

Hydrographic Department: ***the Hydrographic Department*** Sjøkartverket.

hydrography [haiˌdrɔgrəfi] *s:* hydrografi.

hydrologic cycle: ***the hydrologic cycle***(=*the water cycle)* vannets kretsløp (i naturen).

hydrologist [haiˌdrɔlədʒist] *s:* hydrolog.

hydrology [haiˌdrɔlədʒi] *s:* hydrologi.

hydrophobia [ˈhaidrəˌfoubiə] *s; med.* **1.** redsel for (å drikke) vann *n;* **2**(=*rabies)* rabies; hundegalskap.

hydroplane [ˌhaidrouˈplein] *s* **1.** hydroplan *n;* passbåt;
2. US(=*seaplane)* sjøfly.

hyena, hyaena [haiˌi:nə] *s; zo:* hyene.

hygiene [ˌhaidʒi:n] *s* **1.** hygiene; ***personal hygiene*** personlig hygiene; ***rigorous standards of hygiene*** meget strenge krav *(n)* til hygienen;
2.: *se hygienics.*

hygienic [haiˌdʒi:nik] *adj:* hygienisk.

hygienically [haiˌdʒi:nikəli] *adv:* hygienisk; under hygieniske forhold *n.*

hygienics [haiˌdʒi:niks] *s*(=*hygiene)* helselære.

hymen [ˌhaimən] *s; anat:* jomfruhinne; dyd; *(se virginity).*

hymn [him] *s:* salme; ***opening hymn*** inngangssalme.

hymnal [ˌhimnəl] **1.** *s*(=*hymn book)* salmebok;
2. *adj:* salme-; salmeaktig.

hymn book salmebok.

I. hype [haip] *s* **S 1**(=*hypodermic needle; hypodermic injection)* sprøyte; *om injeksjonen* **S:** skudd *n;* **2**(= *needle addict)* sprøytenarkoman;
3. *neds:* sterk PR(-satsing); stor PR-innsats; ***media hype*** sterk PR i media.

II. hype *vb:* **hype up 1.** blåse opp;
2. *om narkoman* **S**(=*give oneself a shot)* sette en sprøyte på seg selv; **S:** gi seg selv et skudd.

hyped up *adj* **S 1**(=*(all) keyed up)* oppspilt; anspent; **2**(=*exaggerated)* overdrevet; ***hyped-up expectations*** overdrevne forventninger.

hyper- [ˌhaipə] hyper-; over-.

hyperbola [haiˌpə:bələ] *s; geom:* hyperbel.

hyperbole [haiˌpə:bəli] *s* **1.** hyperbol *(fx 'he embraced her a thousand times' is (a) hyperbole);*
2. overdrivelse (for effektens skyld).

hypercritical [ˈhaipəˌkritikəl] *adj; stivt*(=*too critical)* hyperkritisk; overdrevent kritisk.

hypermarket [ˌhaipəˈmɑ:kit] *s:* stort supermarked.

hypersensitive [ˈhaipəˌsensitiv] *adj; stivt*(=*very sensitive)* overfølsom (*to* overfor) *(fx to criticism).*

hypertension [ˈhaipəˌtenʃən] *s; med.*(=*raised blood pressure)* for høyt blodtrykk.

hyphen [ˌhaifən] *s:* bindestrek.

hyphenate [ˌhaifəˈneit] *vb:* skrive med bindestrek.

hyphenated *adj* **1.** (som skrives) med bindestrek; **2. T:** ***hyphenated American*** utlending som har fått amerikansk statsborgerskap; bindestreksamerikaner *(fx a Norwegian-American is a hyphenated American).*

hypnosis [hipˌnousis] *s:* hypnose.

hypnotic [hipˌnɔtik] *adj:* hypnotisk.

hypnotism [ˌhipnəˈtizəm] *s:* hypnotisme.

hypnotist [ˌhipnətist] *s:* hypnotisør.

hypnotize, hypnotise [ˌhipnəˈtaiz] *vb:* hypnotisere.

hypo [ˌhaipou] *s; med.*(=*hypodermic syringe)* (injeksjons)sprøyte.

hyphen
bindestrek

Hyphens are often used to make two or more words form one noun or adjective.

a husband-to-be	*en fremtidig ektemann*
the new-born baby	*den nyfødte*
well-to-do people	*folk med god råd*

hypo- hypo-; under-.
hypochondria ['haipəˌkɔndriə] *s:* hypokondri.
I. hypochondriac ['haipəˌkɔndri'æk] *s:* hypokonder.
II. hypochondriac *adj:* hypokondersk.
hypocrisy [hiˌpɔkrəsi] *s:* hykleri *n;* skinnhellighet.
hypocrite [ˌhipəkrit] *s:* hykler; skinnhellig person.
hypocritical ['hipəˌkritikəl] *adj:* hyklersk; skinnhellig.
I. hypodermic ['haipəˌdə:mik] *s; med.* **1***(=hypodermic syringe)* (injeksjons)sprøyte;
2*(=hypodermic needle)* sprøytespiss;
3*(=hypodermic injection)* subkutan injeksjon.
II. hypodermic *adj(=subcutaneous)* **1.** subkutan; underhuds-;
2. *med.; om injeksjon:* subkutan; som gis under huden.
hypodermic injection *med.(=hypodermic)* subkutan injeksjon.
hypodermic mark*(=needle mark)* sprøytemerke.
hypoid [ˌhaipɔid] *adj; mask:* hypoid.
hypotenuse [haiˌpɔti'nju:z] *s; geom:* hypotenus.
hypothermia ['haipouˌθə:miə] *s; med.:* hypotermi; unormalt lav kroppstemperatur.
hypothesis [haiˌpɔθisis] *s(pl: hypotheses* [haiˌpɔθisi:z]*)* hypotese; ***make the hypothesis that …*** stille opp den hypotese at..
hypothetical ['haipəˌθetikəl] *adj; stivt(=imaginary; assumed)* hypotetisk; ***a hypothetical case*** et tenkt tilfelle.
hypothetically ['haipəˌθetikəli] *adv:* hypotetisk; ***speaking hypothetically …*** hvis vi antar at …
hypoxia [haiˌpɔksiə] *s; med.(=oxygen starvation)* surstoffmangel.
hysterectomy ['histəˌrektəmi] *s; med.:* hysterektomi; operativ fjerning av livmoren.
hysteria [hiˌstiəriə] *s:* hysteri *n.*
hysterical [hiˌsterikəl] *adj* **1.** hysterisk;
2. T*(=wildly funny)* ubeskrivelig morsom *(fx situation).*
hysterically [hiˌsterikəli] *adv* **1.** på en hysterisk måte; hysterisk;
2. T: *the situation was hysterically funny* situasjonen var ubeskrivelig komisk.
hysterics [hiˌsteriks] *s* **1.** hysterisk anfall; ***go into hysterics*** få et hysterisk anfall; bli hysterisk; ***she's always having hysterics about something*** hun bærer seg alltid for et eller annet;
2. *fig:* ***we were in hysterics about it*** vi lo oss halvt fordervet av det.

i

I. I, i [ai] I, i; *tlf:* ***I for Isaac*** I for Ivar; ***capital I*** stor i; ***small i*** liten i; ***dot one's i's and cross one's t's*** være nøye med detaljene.
II. I [ai] *pron:* jeg *(fx John and I have always been friends);* ***I saw it myself*** jeg så det selv.
Iberian [aiˌbiəriən] *adj; hist:* iberisk.
Iberian Peninsula *s; geogr:* ***the Iberian Peninsula*** Den iberiske halvøy (ɔ: Spania og Portugal).
I. ice [ais] *s* **1.** is; ***brash (of ice)*** issørpe; ***on covered ice*** på innendørs skøytebane; ***crushed(=broken) ice*** knust is; ***dry ice*** tørris; ***lump of ice*** 1. isklump; 2*(=patch of ice)* issvull; ***the road's like a sheet of ice*** det er det rene hålkeføre;
2*(=ice cream)* iskrem; is *(fx three ices, please!);*
3. *fig:* ***break the ice*** bryte isen;
4. *fig* **T: *cut no ice****(=make no impression)* ikke gjøre noe inntrykk (*with* på); ***it didn't cut a tremendous amount of ice with him*** det gjorde ikke noe større inntrykk på ham;
5.: *get on to thin ice* komme ut på glattisen; ***get sby out on thin ice*** få en ut på glattisen; få en ut på tynn is; ***skate on thin ice****(=sail close to the wind)* være på glattisen; være på tynn is; ***venture out on thin ice*** våge seg ut på tynn is; begi seg ut på glattisen;
6. *fig:* ***put on ice****(=put in cold storage)* legge på is;
7. *sport; skøyter:* ***take to the ice****(=come on the ice)* komme ut på isen.
II. ice *vb* **1.** *sport:* islegge *(fx a run);*
2. legge på is *(fx ice a bottle of beer);*
3.: *ice over**(=ice up)* fryse til;
4. *om kake(=cover with icing)* trekke med melisglasur;
5.: *ice up* ise ned; bli nediset.
ice arena US *& Canada(=artificial ice rink)* ishall.
iceberg [ˌais'bə:g] *s* **1.** isfjell; **2.** *fig; om person:* istapp;
3. *fig:* ***the tip of the iceberg*** toppen av isfjellet.
iceberg (lettuce) *bot* **US***(=Webb's lettuce)* issalat.
icebound [ˌais'baund] *adj:* utilgjengelig pga. is; innefrosset; *om skip* 1. nediset; 2. innefrosset; isfast.
icebox [ˌais'bɔks] *s* **1.** iskasse; **2.** *del av kjøleskap:* fryseboks; **3. US***(=fridge)* kjøleskap.
icebreaker [ˌais'breikə] *s; mar:* isbryter.
ice bucket (champagne)kjøler.
icecap [ˌais'kæp] *s:* iskalott; innlandsis.
ice-cold [ˌais'kould] *adj(=cold as ice)* iskald.
ice cream [ˌais'kri:m] *s:* iskrem; *(jvf I. ice 2).*
ice-cream cone*(=ice-cream cornet)* **1.** kjeksis;
2. iskremkjeks; iskremmerhus.

ice-cream cup*(=ice(-cream) tub)* iskrembeger.
ice-cream parlour *(,***US:** *parlor)* iskrembar.
ice-cream soda*(=ice-cream shake)* iskremsoda.
ice-cream stall iskremkiosk.
ice-(cream) tub*(=ice-cream cup)* iskrembeger.
ice cube isbit; isterning.
iced [aist] *adj* **1.** isavkjølt; **2.** med melisglasur på.
iced coffee iskaffe.
ice fern *på glass, etc(=frostwork)* isblomst; isrose.
ice field 1. stort drivisflak;
2*(=large glacier)* stor isbre; vidstrakt område *(n)* dekket av evig is.
ice floe isflak.
ice hockey *sport:* ishockey.
ice-hockey stick *sport:* ishockeykølle.
Iceland [ˌaislənd] *s; geogr:* Island.
Icelander [ˌais'lændə] *s:* islending.
Icelandic [aisˌlændik] **1.** *s; om språket:* islandsk;
2. *adj:* islandsk.
ice lolly ispinne; pinneis.
ice machine ismaskin.
ice rink *sport(=skating rink)* skøytebane; ***artificial ice rink*** *(,***US** *& Canada: ice arena)* (kunst)ishall.
ice soufflé issufflé *(fx chocolate ice soufflé).*
ice tub bøtteis; is i beger *n.*
icicle [ˌaisikl] *s:* istapp.
icily [ˌaisili] *adv:* iskaldt *(fx "That's out of the question," he said icily);* ***icily polite*** isnende høflig.
icily cold*(=ice-cold)* iskald.
icing [ˌaisiŋ] *s* **1.** isdannelse; *sport: av bane:* islegging *(fx of a run);*
2*(,***US:** *frosting)* melisglasur.
icing sugar*(,***US:** *confectioners' sugar)* melis.
icon [ˌaikɔn] *s; rel:* ikon.
icy [ˌaisi] *adj* **1***(=ice-cold)* iskald *(fx an icy wind);*
2. islagt; iset; glatt; ***icy roads*** isete veier; hålkeføre;
3. *fig(=chilling)* iskald *(fx an icy reception).*
ID card*(=identity card)* legitimasjonskort.
I'd [aid] *fk f I had, I would.*
idea [aiˌdiə] *s* **1.** idé *(fx he's full of ideas);* forestilling; begrep *n (fx this will give you an idea of what I mean);* ***a bright idea****(,***T:** *a brainwave)* en lys idé; *iron:* ***whose bright idea was that?*** hvem var det som fikk den lyse idéen? ***it's not my idea of pleasure*** det er ikke hva jeg forstår med fornøyelse; ***I have a vague****(=dim)* ***idea that*** det foresvever meg dunkelt at; ***don't go away with the idea that*** innbill deg nå ikke at; få nå ikke den idé at; ***seize an idea*** gripe en idé; ***proceed with an idea****(= act on an idea)* gå videre med en idé;
2. tanke; ***an obvious idea****(=an idea which immediately suggests itself)* en nærliggende tanke; ***I had an idea it was him*** jeg fikk den tanken at det var ham; ***I have an idea it won't work*** jeg har på følelsen at det ikke vil gå;
3*(=intention)* hensikt; mening; tanke; ***the idea of this arrangement is that …*** meningen med denne ordningen er at …; ***that's the idea*** (ja,) det var meningen;
4.: ***put ideas into sby's head*** sette griller i hodet på en.
I. ideal [aiˌdiəl] *s:* ideal *n;* ***make an ideal fit reality*** få et ideal til å stemme med virkeligheten.
II. ideal *adj:* ideell; ***under very ideal conditions*** under helt ideelle forhold *n;* ***from an ideal point of view*** ideelt sett; ***from the completely ideal point of view*** helt ideelt sett.
idealism [aiˌdiə'lizəm] *s:* idealisme.
idealist [aiˌdiəlist] *s:* idealist.
idealistic [ai'diəˌlistik] *adj:* idealistisk.
idealize, idealise [aiˌdiə'laiz] *vb:* idealisere.
ideally [aiˌdiəli] *adv:* ideelt (sett); ***she's ideally suited to the part*** hun er ideell i rollen; *(jvf II. ideal).*
ideas bank idébank.
idée fixe [ˌi:dei ˌfiks] *s:* fiks idé.
identic [aiˌdentik] *adj* **1.** *polit; om noter, etc:* likelydende; ***identic notes****(=notes in identical terms)* likelydende noter; **2.** *glds: se identical.*
identical [aiˌdentikəl] *adj* **1.** identisk; nøyaktig lik *(fx their dresses were identical);* ***identical with, identical to*** identisk med;
2*(=very same)* nøyaktig den samme *(fx that's the identical car I saw yesterday).*
identical twins eneggede tvillinger.
identifiable [aiˌdentifaiəbl] *adj:* identifiserbar; som kan identifiseres; ***they must be clearly identifiable by name, function, organisation, etc*** de skal kunne identifiseres entydig med navn, funksjon, organisasjon, osv.
identification [ai'dentifiˌkeiʃən] *s:* identifikasjon; identifisering.
identification card US*(=identity card)* legitimasjonskort.
identification papers *pl:* legitimasjonspapirer.
identification parade *for å identifisere mistenkt:* konfrontasjon.
identify [aiˌdenti'fai] *vb:* identifisere *(with* med); *stivt:* ***he is prominently identified with …****(=he is strongly associated with)* han identifiseres i høy grad med …; ***identify oneself with*** identifisere seg med *(fx a cause; a party);* ***become identified with*** bli identifisert med; ***they can't be identified****(=named)* ***for legal reasons*** det er ikke tillatt å oppgi navnene *(n)* deres.
identity [aiˌdentiti] *s:* identitet; ***establish****(=prove)* ***one's identity*** legitimere seg; ***can you produce papers to prove your identity?*** kan du legitimere deg? ***have you anything to prove your identity?*** har du legitimasjon?
identity card *(,***US:** *identification card)* legitimasjonskort.
identity disc *mil:* identitetsmerke.
ideological ['aidiəˌlɔdʒikl] *adj:* ideologisk.
ideology ['aidiˌɔlədʒi] *s:* ideologi.
idiocy [ˌidiəsi] *s; også fig:* idioti.
idiom [ˌidiəm] *s* **1.** idiom *n;* idiomatisk uttrykk *n;*
2*(=language)* språk *n (fx the English idiom).*
idiomatic ['idiəˌmætik] *adj:* idiomatisk *(fx English);* ***an idiomatic expression*** et idiomatisk uttrykk.
idiosyncracy ['idiəˌsiŋkrəsi; 'idiouˌsinkrəsi] *s:* idiosynkrasi; egenhet; særhet.
idiot [ˌidiət] *s* **1.** *med.:* idiot; **2.** *neds(=foolish person)* tosk; fjols *n;* ***you idiot!*** din idiot! din tosk! ***behave like an idiot*** oppføre seg som en tosk.
idiotic ['idiˌɔtik] *adj:* idiotisk; toskete; fjollete.
idiotically ['idiˌɔtikəli] *adv:* idiotisk nok.
I. idle [aidl] *s(=tickover)* tomgang; ***let the engine run at a fast idle*** la motoren gå fort på tomgang; ***set the correct idle*** stille inn tomgangen riktig.
II. idle *vb* **1.** dovne seg; ***idle away one's time*** la tiden gå uten å gjøre noe; kaste bort tiden;
2. *om motor(=run idle; tick over)* gå på tomgang
III. idle *adj* **1.** ute av drift; uvirksom; ***be idle*** være uvirksom; *om maskin(=be at a standstill)* stå; ***run idle****(=tick over)* gå på tomgang; *(jvf II. idle 2); fig:* ***sit idle****(=sit doing nothing)* sitte med hendene i fanget;
2*(=lazy)* doven;
3. *om snakk, trus(s)el, etc:* tom *(fx talk; threat);*
4.: ***idle speculations*** håpløse spekulasjoner; ***it was no idle question*** det var ikke et spørsmål ut i luften.
idleness [ˌaidlnəs] *s* **1.** lediggang; ***idleness is the root of all evil*** lediggang er roten til alt ondt; **2.** uvirksomhet.
idler [ˌaidlə] *s* **1.** lediggjenger;
2*(=lazybones; slacker)* dagdriver; dovenpels.
idle running *mask(=idling; tickover)* tomgang.
idling [ˌaidliŋ] *s* **1.** lediggang; **2.** dagdriveri *n;*
3. *mask(=idle running; tickover)* tomgang.
idly [ˌaidli] *adv:* ***stand idly by*** forholde seg passivt; (bare) stå og se på; ikke foreta seg noe.
idol [aidl] *s* **1.** avgudsbilde;
2*(=false god)* avgud;
3. *fig:* idol; avgud; ***a teenage idol*** et tenåringsidol; ***be the idol of*** bli forgudet av.

idolization, idolisation [ˈaidəlaiˌzeiʃən] *s:* forgudelse.
idolize, idolise [ˌaidəˈlaiz] *vb:* forgude.
idol-worship [ˌaidlˈwə:ʃip] *s:* avgudsdyrking.
idyll *(,US også: idyl)* [ˌidil] *s:* idyll; ***a perfect idyll*** den rene idyll; ***south-coast idyll*** sørlandsidyll.
idyllic [iˌdilik; aiˌdilik] *adj:* idyllisk; ***life in X had an idyllic flavour*** livet i X fortonet seg som en idyll.
i.e. [ˌaiˌi:; ˌðæt ˌiz] dvs *(fk f det vil si).*
I. if [if] *s:* men *n;* ***I won't have any ifs or buts!*** jeg vil ikke ha noen om og men! ***without ifs or ands*** uten om og men; ***the big if is whether …*** det store spørsmål er om …
II. if *konj* **1.** hvis; om; ***if necessary*** om nødvendig; ***if you ask me*** hvis du vil vite hva jeg mener; ***I'll go if you come with me*** jeg drar hvis du blir med; ***if you were taller, you could reach it*** hvis du var høyere, kunne du nå den (,det); ***if it wasn't that I know you*** hvis det ikke var fordi jeg kjenner deg; ***he's fifty if he's a day*** han er minst femti; ***if for no other reason (,purpose)*** om ikke for annet; ***the surplus if any*** det eventuelle overskuddet; ***if anything*** snarere; nærmest; ***it's the opposite if anything*** det er snarere det motsatte; ***if it isn't John!*** (se) der har vi jo John!
2*(=whether)* om *(fx I asked him if he could come; do you know if they have left?);*
3*(=although)* om enn; selv om *(fx the weather's good, if a bit cold);* ***please congratulate them for me, if belatedly*** vær så snill å gratulere dem for meg, selv om det nå er sent; *(jvf 10: even if);*
4*(=whenever)* (alltid) når *(fx if I sneeze, my nose bleeds);*
5.: ***as if*** 1. som om; 2.: ***it isn't as if he didn't know*** det er ikke det at han ikke vet det;
6.: ***few if any*** få eller ingen; ***he has (very) few friends if any*** han har få eller ingen venner; av venner har han (svært) få eller ingen;
7.: ***if not*** 1. hvis ikke; i motsatt fall; 2. om ikke (akkurat) *(fx good, if not (exactly) elegant);*
8.: ***if only*** 1. hvis …bare; om …bare *(fx if only he wouldn't talk so much);* 2. om ikke for annet så for å *(fx I'll do it, if only to annoy him);*
9.: ***if so****(=in that case)* i så tilfelle *n;* i så fall *n;*
10.: ***even if*** selv om; *(se 3 ovf & IV even 8: (even) though).*
iffy [ˌifi] *adj; lett glds* **T***(=doubtful)* tvilsom; ***it's very iffy*** det er meget tvilsomt.
igloo [ˌiglu:] *s:* igloo; snøhytte.
ignite [igˌnait] *vb:* antenne; ***it's easily ignited*** det antennes lett.
ignition [igˌniʃən] *s* **1.** *stivt:* antennelse;
2. *mask:* tenning; ***retarded ignition*** sen tenning.
ignition key *i bil:* tenningsnøkkel.
ignoble [igˌnoubl] *adj* **1.** *stivt el. litt.(=shameful)* skjendig; **2.** *glds(=of low birth)* av lav byrd.
ignominious [ˈignəˌminiəs] *adj:* vanærende; skjendig.
ignominy [ˌignəˈmini] *s:* vanære; skjensel.
ignoramus [ˈignəˌreiməs] *s:* ignorant; uvitende person.
ignorance [ˌignərəns] *s:* uvitenhet; ***boundless ignorance*** grenseløs uvitenhet.
ignorant [ˌignərənt] *adj* **1.** uvitende; ***boundlessly ignorant*** grenseløst uvitende; *stivt:* ***crassly****(=immensely)* ***ignorant*** grovt uvitende; ***totally****(=completely)* ***ignorant*** fullstendig uvitende; ***unbelievably****(=incredibly)* ***ignorant*** utrolig uvitende;
2.: ***ignorant of*** 1*(=unaware of)* uvitende om *(fx the dangers);* 2. uten kjennskap til *(fx the law).*
ignore [igˌnɔ:] *vb(=take no notice of; overlook)* ignorere; overse; ikke ta hensyn til; overhøre.
ileum [ˌiliəm] *s; anat:* ileum; nederste del av tynntarmen.
ileus [ˌiliəs] *s; med.:* ileus; slags tarmslyng; *(jvf volvolus).*
iliac [ˌiliˈæk] *adj; anat:* hofte-; hoftebens-; *(jvf sacro -iliac & sciatic).*
ilk [ilk] *s* **1.** *spøkef(=kind):* ***of his ilk*** av hans slag *n;* ***and others of that ilk*** og andre av samme slaget;
2. *skotsk:* ***Guthrie of that ilk*** Guthrie fra godset ved samme navn *n.*
I'll [ail] *fk f I shall & I will.*
I. ill [il] *s; stivt:* ***the ills of life****(=the (troubles and) trials of life; life's misfortunes)* livets prøvelser (*el.* gjenvordigheter); ***the ills of the economy*** de økonomiske misforhold.
II. ill *adj(komp: worse; superl: worst)* **1.** syk *(fx a very ill old man; she's very ill; she was ill with anxiety);* ***mentally ill*** syk på sinnet; ***be ill*** være syk; *(jvf II. sick);* ***be ill in bed*** ligge syk; ***become ill****(=fall ill; be taken ill; get ill)* bli syk; ***feel ill*** føle seg syk; ***feel (quite) ill****(=sick)* ***with anxiety*** kjenne seg helt syk av engstelse; ***feel (really) ill with a cold*** kjenne seg (ordentlig) forkjølet; ***it made her seriously ill*** hun ble alvorlig syk av det; ***pretend to be ill****(=simulate illness)* late som om man er syk; simulere syk;
2. *attributivt(=bad):* ***ill effects*** dårlige virkninger; ***ill health****(=poor health)* dårlig helse; ***ill luck*** ulykke;
3. *stivt(=evil):* ***an ill omen*** et ondt varsel;
4. *ordspråk:* ***ill weeds grow apace*** ukrutt *(n)* forgår ikke så lett;
5. *ordspråk:* ***it's an ill wind that blows nobody any good*** aldri så galt at det ikke er godt for noe.
III. ill *adv; stivt(=not easily; badly):* ***we could ill afford to lose that money*** vi har slett ikke råd til å tape de pengene; *stivt:* ***the title ill befits him****(=the title doesn't suit him)* tittelen passer ham dårlig; *litt.:* ***it ill becomes him to talk in that strain****(=it doesn't suit him to talk like that; he shouldn't talk like that)* det passer seg ikke for ham å snakke slik; ***feel ill at ease****(=feel uncomfortable)* føle seg ille til mote.
ill-advised [ˈilədˌvaizd; *attributivt også:* ˈilədˈvaizd] *adj(=rash)* ubetenksom; *(=unwise)* uklok; ***you'd be ill-advised to do that****(=it would be unwise of you to do that)* det ville være uklokt av deg å gjøre det.
ill-bred [ˈilˌbred; *attributivt:* ˌilˈbred] *adj(=badly brought up; ill-mannered)* med dårlige manerer; udannet.
ill-considered [ˈilkənˌsidəd; *attributivt:* ˌilkənˈsidəd] *adj(=rash)* uoverveid; ubetenksom; forhastet; ***an ill-considered measure*** et forhastet tiltak.
ill-disposed [ˈildisˌpouzd] *adj; stivt:* ***ill-disposed towards (=unfriendly towards)*** uvennlig stemt overfor.
illegal [iˌli:gəl] *adj:* ulovlig; illegal; urettmessig; *jur:* ***illegal entrants into the country*** ulovlige immigranter; ***he won't go near anything illegal*** han vil ikke gjøre noe som er ulovlig.
illegality [ˈiliˌgæliti] *s:* ulovlighet; illegalitet; urettmessighet; ***the illegality of his actions*** det ulovlige ved hans handlinger.
illegally [iˌligəli] *adv:* på ulovlig vis *n;* på en ulovlig måte; ulovlig.
illegible [iˌledʒibl] *adj(=impossible to read)* uleselig.
illegitimate [ˈiliˌdʒitimət] *adj* **1.** født utenfor ekteskap *n;* illegitim; **2.** *stivt:* uberettiget.
ill-fated [ˈilˌfeitid; *attributivt:* ˌilˈfeitid] *adj:* ulykksalig; skjebnesvanger *(fx expedition).*
ill feeling*(=animosity)* fiendskap; animositet; ***part without any ill feeling(s)*** skilles i all fordragelighet.
ill-founded [ˈilˌfaundid; *attributivt:* ˌilˈfaundid] *adj:* dårlig underbygd (*el.* fundert); ***an ill-founded assertion*** en dårlig fundert påstand.
ill-gotten [ˈilˌgɔtən; *attributivt:* ˌilˈgɔtən] *adj:* ***ill-gotten gains seldom prosper*** penger ervervet på uærlig vis *(n),* følger det sjelden noe godt med.
ill health dårlig helse; ***on grounds of ill health*** pga. dårlig helse.
ill-humoured *(,US: ill-humored)* [ˈilˌhju:məd; *attributivt:* ˌilˈhju:məd] *adj(=irritable; surly; disagreeable; bad-tempered)* irritabel; tverr; sur.
illicit [iˌlisit] *adj(=unlawful)* ulovlig.

illicit distiller hjemmebrenner.

ill-informed [ˌilinˌfɔ:md; *attributivt:* ˌilin'fɔ:md] *adj; stivt(=misinformed)* feil underrettet; dårlig informert; ***ill-informed criticism*** kritikk basert på dårlig informasjon.

illiteracy [iˌlitərəsi] *s:* analfabetisme; ***functional illiteracy*** funksjonell analfabetisme.

I. illiterate [iˌlitərət] *s:* analfabet.

II. illiterate *adj* **1.** som ikke kan lese eller skrive; analfabetisk;

2. udannet; som røper lite skolegang; ***an illiterate scrawl*** noe hjelpeløst smøreri *n.*

ill-mannered ['ilˌmænəd; *attributivt:* ˌil'mænəd] *adj:* udannet; med dårlige manerer.

ill-natured ['ilˌneitʃəd; *attributivt:* ˌil'neitʃəd] *adj(= bad-tempered; malevolent)* sur; arrig; ondsinnet.

illness [ˌilnəs] *s:* sykdom; ***mental illness****(=disease)* sinnslidelse; ***stress-related illness****(=disease)* stressykdom; ***his illness has left him weak*** sykdommen har svekket ham; *(jvf disease & sickness).*

illogical [iˌlɔdʒikl] *adj:* ulogisk.

illogicality [i'lɔdʒiˌkæliti] *s:* mangel på logikk.

ill-suited ['ilˌsu:tid; *attributivt:* ˌil'su:tid] *adj* **1.** *om par(=odd)* umake;

2*(=badly suited)* dårlig egnet *(fx for the job).*

ill-timed ['ilˌtaimd; *attributivt:* ˌil'taimd] *adj:* ubeleilig; ***your action was ill-timed*** du valgte galt tidspunkt.

ill-treat ['ilˌtri:t] *vb* **1***(=mistreat; treat badly)* mishandle; behandle dårlig;

2. *fig(,stivt: maltreat)* maltraktere *(fx the piano).*

ill-treatment ['ilˌtri:tmənt] *s* **1***(=mistreatment)* mishandling; dårlig behandling;

2. *fig(,stivt: maltreatment)* maltraktering.

illuminate [iˌlu:mi'neit] *vb* **1.** *stivt(=light up)* illuminere; ***the warning light doesn't illuminate****(=work)* varsellampen virker ikke;

2. *meget stivt(=clarify)* kaste lys *(n)* over.

illuminated *adj:* opplyst; ***poorly illuminated****(=lit)* dårlig opplyst *(fx room).*

illuminated advertising lysreklame.

illuminated sign lysskilt.

illuminating *adj; stivt(=instructive)* opplysende; instruktiv *(fx I found his talk very illuminating).*

illumination [i'lu:miˌneiʃən] *s* **1***(=lighting)* belysning;

2. illuminasjon; illuminering;

3. *stivt(=explanation)* belysning; forklaring.

illusion [iˌlu:ʒən] *s:* illusjon; falsk forestilling; selvbedrag; villfarelse; ***a gross illusion*** en grov villfarelse; ***optical illusion*** optisk bedrag *n;* synsbedrag; ***it's an illusion to think that ...*** det er en illusjon å tro at ...; ***I have no illusions about him (,it)*** jeg har ingen illusjoner når det gjelder ham (,det); ***be stripped of all illusions*** bli ribbet for illusjoner; ***be under an illusion*** være offer *(n)* for en illusjon.

illusionist [iˌlu:ʒənist] *s; stivt(=conjuror)* illusjonist; tryllekunstner.

illusive [iˌlu:siv], **illusory** [iˌlu:səri] *adj:* illusorisk.

illustrate [ˌilə'streit] *vb* **1.** illustrere; **2.** *fig:* illustrere; belyse.

illustrated magazine *(,***T:** *mag)(=illustrated weekly)* ukeblad.

illustration ['iləˌstreiʃən] *s; også fig:* illustrasjon.

illustrative [ˌiləstrətiv; **US:** iˌlʌstrətiv] *adj:* illustrerende *(fx phrase);* ***perhaps some information in the form of a few basic facts may be illustrative?*** kanskje noen få opplysninger i stikkords form kan være oppklarende?

illustrator [ˌiləs'treitə] *s:* illustratør; tegner.

illustrious [iˌlʌstriəs] *adj; litt.* **1***(=famous)* berømt;

2. *fig(=brilliant)* strålende *(fx career).*

ill will fiendskap; uvennskap; ***he felt no ill will towards them****(=had no hostile feelings towards them)* han var ikke fiendtlig innstilt overfor dem.

I'm [aim] *fk f I am.*

image [ˌimidʒ] *s* **1.** bilde *n (fx I have an image of the place in my mind);* forestillingsbilde;

2. *især utskåret el. uthogd:* bilde *n;* figur;

3. *fig:* ansikt *(n)* utad; image *n;* ***it damaged his image badly*** det ga hans image en slem medfart; ***groom one's image*** pleie sitt image;

4. *fig(=profile)* profil; profilering; ***with a stronger image on green issues*** med sterkere profilering når det gjelder grønne saker;

5. *om slående likhet* **T:** ***she's the very image of her sister*** hun ligner søsteren sin på en prikk.

imagery [ˌimidʒri] *s; hos forfatter, etc:* billedbruk; billedspråk; ***abundant imagery*** billedrikdom.

imaginable [iˌmædʒinəbl] *adj:* tenkelig; ***the greatest difficulties imaginable*** de størst tenkelige vanskeligheter.

imaginary [iˌmædʒinəri] *adj:* imaginær; innbilt; ***it's entirely imaginary*** det hele er fri fantasi; *(jvf imagined).*

imagination [i'mædʒiˌneiʃən] *s:* fantasi; innbilning; ***creative imagination*** skapende fantasi; ***a fertile (,lively) imagination*** en frodig (,livlig) fantasi; ***(power of) imagination*** innbilningskraft; ***indulge in flights of imagination*** hengi seg til fabuleringer; ***let one's imagination run riot****(=wild)* la fantasien få fritt spill; ***draw on one's imagination*** ta fantasien til hjelp; ***show a bit of imagination!*** vær ikke så fantasiløs! ***it's sheer imagination****(=it's pure invention)* det hele er fri fantasi.

imaginative [iˌmædʒinətiv] *adj:* fantasirik; som røper en livlig fantasi; fantasifull *(fx story).*

imagine [iˌmædʒin] *vb* **1.** tenke seg; forestille seg; tenke; tro; ***I can imagine how you felt*** jeg kan tenke *(el.* forestille) meg hvordan du følte det; ***I imagine he'll be late*** jeg antar *(el.* tenker) han vil bli sen; ***I can't imagine****(=think)* ***why I did it*** jeg begriper ikke hvorfor jeg gjorde det; ***you can't imagine how terrible it was****(= you've no idea how terrible it was)* du aner ikke hvor fryktelig det var; ***just imagine!*** tenke deg til! ***we fondly imagined that ...*** vi levde i den glade tro at ...;

2. innbille seg; ***he imagined himself back in his childhood*** han drømte seg tilbake til barndommen.

imagined [iˌmædʒind] *adj:* innbilt; ***imagined insults****(= imaginary insults; fancied insults)* innbilte fornærmelser.

imbalance [imˌbæləns] *s:* ubalanse.

imbecile [ˌimbi'si:l] *s* **1.** *psykol:* imbesil; **2.** tosk.

imbibe [imˌbaib] *vb* **1.** *spøkef(=drink)* drikke;

2. *litt.(=take in; absorb)* suge inn *(fx ideas).*

imbue [imˌbju:] *vb; meget stivt:* ***imbue with****(=fill with; inspire with)* fylle med; inngi *(fx fresh courage);* ***imbued with****(=filled with)* gjennomsyret av *(fx hate).*

imitate [ˌimi'teit] *vb:* etterligne; etterape; imitere; ***her achievements in politics imitated her earlier successes in business*** hennes politiske bragder stod ikke tilbake for hennes tidligere suksesser i forretningslivet; ***imitate sby in sth****(=copy sby in sth)* gjøre en noe etter.

imitation ['imiˌteiʃən] *s* **1.** etterligning; imitasjon; ***in imitation of*** som en etterligning av; **2.** *mus:* imitasjon.

imitation jewellery *(,***US:** *jewelry)* uekte smykker *n.*

imitation leather kunstlær.

imitation wood imitert tre *n.*

imitative [ˌimitətiv] *adj* **1.** som etterligner; ***children are very imitative*** barn *(n)* har lett for å ta etter; ***a style imitative of Cézanne*** en stil som etterligner Cézanne;

2. *språkv(=onomatopoeic)* lydhermende; lydmalende; ***imitative word*** lydord; lydmalende ord *n.*

imitative gift etterlignelsesevne.

imitative poet*(=epigone)* epigon *(n) (jvf derivative poetry).*

imitator [ˌimi'teitə] *s:* imitator; etterligner.

immaculate [iˌmækju'lit] *adj:* uklanderlig; *om påkledning:* ulastelig; uklanderlig; plettfri.

immaterial ['imə,tiəriəl] *adj* **1**(*=unimportant*) uvesentlig (*fx objections);*
2(*=incorporeal)* immateriell; ulegemlig.
immature ['imə,tjɔ:] *adj; fig:* umoden.
immaturity ['imə,tjɔ:riti] *s:* umodenhet.
immeasurable [i,meʒərəbl] *adj* **1.** umålelig;
2. *stivt(=immense)* meget stor.
immeasurably [i,meʒərəbli] *adv; stivt(=immensely)* umåtelig; grenseløst.
immediacy [i,mi:diəsi] *s; stivt* **1**(*=immediateness)* umiddelbarhet; umiddelbar nærhet;
2(*=urgency): doubt the immediacy of sby's needs* tvile på at ens behov (*n)* er presserende.
immediate [i,mi:diət] *adj* **1.** umiddelbar; omgående; øyeblikkelig; ***immediate help***(*=help at once)* omgående hjelp; ***take immediate action***(*=act at once)* handle med én gang; ***with immediate effect*** med øyeblikkelig virkning; *stivt:* ***our immediate plan is to …*** (*=the first thing we plan to do is …)* det vi nå først har tenkt å gjøre er å …;
2. nærmest; umiddelbar; *stivt:* ***the immediate family***(*=the closest relations)* nærmeste familie; ***in the immediate future*** i nærmeste fremtid; ***my immediate neighbours***(*=my next-door neighbours)* mine nærmeste naboer; ***her immediate surroundings*** hennes nærmeste omgivelser; ***his immediate superior*** hans nærmeste overordnede; **3**(*=direct)* direkte (*fx cause; influence).*
immediately [i,mi:diətli] **1.** *adv(=at once)* straks; med én gang; øyeblikkelig; ***that's not immediately obvious*** det er ikke uten videre klart;
2. *adv:* ***immediately***(*=just)* ***after the war*** like etter krigen; ***immediately afterwards*** like etter; umiddelbart deretter; ***immediately***(*=just)* ***before*** like før; umiddelbart før; ***immediately in front of sby (,sth)*** like foran en (,noe);
3. *konj(=as soon as)* så snart; straks; ***you may leave immediately you have finished your work*** så snart du er ferdig med arbeidet ditt, kan du gå.
immediateness [i,mi:diətnəs] *s:* umiddelbarhet.
immemorial ['imi,mɔ:riəl] *adj:* ***from time immemorial*** i uminnelige tider.
immense [i,mens] *adj* **1**(*=huge; enormous; vast)* enorm; umåtelig stor; uendelig (*fx stretches of grassland);* ***immense amounts of money*** enorme beløp;
2.: ***an immense effort*** 1(*=an enormous effort; a huge effort)* en kjempeinnsats; 2(*=an all-out effort; a huge effort)* en kraftanstrengelse; ***get immense***(*=enormous)* ***satisfaction from one's job*** trives usedvanlig godt med arbeidet sitt.
immensely [i,mensli] *adv(=enormously)* umåtelig; ***enjoy oneself immensely*** ha det forferdelig morsomt; ***an immensely valuable jewel*** et uhyre verdifullt smykke.
immensity [i,mensiti] *s* **1**(*=vastness)* uendelighet; ***the immensity of space*** rommets uendelighet;
2(*=vastness; hugeness)* uhyre omfang *n (fx of the task);* ***the immensity of the difference***(*=the enormous difference)* den enorme forskjellen.
immerse [i,mə:s] *vb* **1.** *i væske:* senke ned (*in* i);
2. *fig:* ***immerse oneself in a problem***(*=become absorbed in a problem)* fordype seg i et problem; ***immersed*** (*=engrossed)* ***in a book*** fordypet i en bok; ***he was immersed***(*=deeply involved)* ***in politics*** han var sterkt engasjert i politikk.
immersion [i,mə:ʃən] *s* **1.** *i en væske:* nedsenking;
2. *fig:* fordypelse (*in* i); opptatthet (*in* av).
immersion heater *elekt:* varmekolbe.
immersion school *Canada:* ***French immersion school*** skole hvor all undervisning skjer på fransk.
immigrant [,imigrənt] *s:* immigrant; innvandrer; ***illegal immigrants***(*,jur: illegal entrants into the country)* ulovlige immigranter.
immigrant population: ***the immigrant population***(*=the immigrants)* innvandrerne; ***the country has an immigrant population of 50,000*** landet har en utenlandsk befolkningsandel på 50.000.
immigrate [,imi'greit] *vb:* immigrere; innvandre.
immigration ['imi,greiʃən] *s:* immigrasjon; innvandring; ***restrict immigration*** begrense innvandringen.
immigration authorities *pl:* immigrasjonsmyndigheter.
immigration department (of the police) fremmedkontor; fremmedpoliti; *(se Aliens Division of the Home Office).*
immigration detention centre asylmottak; *(se detention centre).*
immigration officer tjenestemann i fremmedpolitiet.
imminence [,iminəns] *s; stivt* (truende) nærhet; ***the imminence of the crisis***(*=the imminent crisis)* den nær forestående krise.
imminent [,iminənt] *adj:* umiddelbart forestående; ***imminent danger*** overhengende fare; ***it's imminent*** det er umiddelbart forestående.
immobile [i,moubail] *adj; stivt* **1**(*=motionless)* ubevegelig; **2**(*=immovable)* som ikke kan beveges; som ikke kan flyttes.
immobilize, immobilise [i,moubi'laiz] *vb; stivt* **1.** gjøre ubevegelig; stoppe (*fx a machine);* hindre i å kjøre (*el.* komme videre);
2(*=hamper)* hindre; være en hemsko for.
immoderate [i,mɔdərit] *adj; stivt(=exaggerated)* umåteholden; overdreven; ubeskjeden (*fx demand);* ***immoderate drinking*** overdreven drikking.
immodest [i,mɔdist] *adj; stivt* **1**(*=indecent)* usømmelig; uanstendig (*fx dress; behaviour);*
2. ubeskjeden; dristig; frekk; ***immodest boasting*** frekt skryt.
immodesty [i,mɔdisti] *s; stivt* **1**(*=indecency)* uanstendighet; usømmelighet;
2. ubeskjedenhet; *(se immodest).*
immoral [i,mɔrəl] *adj* **1.** umoralsk; **2.** usedelig.
immorality ['imə,ræliti] *s* **1.** umoral; umoralskhet;
2. usedelighet.
I. immortal [i,mɔ:təl] *s:* ***the immortals*** de udødelige.
II. immortal *adj; også fig:* udødelig.
immortality ['imɔ:,tæliti] *s:* udødelighet.
immortalize, immortalise [i,mɔ:tə'laiz] *vb:* udødeliggjøre; bevare for evig.
immov(e)able [i,mu:vəbl] *adj* **1**(*=motionless)* ubevegelig; urørlig;
2(*=impossible to move)* ikke flyttbar; fast (*fx an immovable object);*
3. *fig:* urokkelig; ***he remained immov(e)able*** han lot seg ikke rokke;
4. *fig:* upåvirkelig; ubevegelig (*fx stern, immovable men).*
immov(e)ableness [i,mu:vəblnəs] *s:* ubevegelighet.
immov(e)ables [i,mu:vəblz] *s; pl:* fast eiendom; urørlig gods *n;* immobilier.
immune [i,mju:n] *adj* **1.** *med.:* immun (*to, from* overfor);
2. *fig:* uimottagelig (*to* for); immun (*to, from* overfor);
3(*=exempt):* ***be immune from taxes***(*=taxation)* nyte skattefrihet.
immunity [i,mju:niti] *s* **1.** *med.:* immunitet; ***natural immunity*** naturlig immunitet; *biol:* artsimmunitet;
2. *fig:* immunitet; uimottagelighet;
3.: ***immunity from*** frihet for; ***enjoy immunity from taxation***(*=be exempt from taxation)* nyte skattefrihet;
4. *polit; om diplomat; stivt:* ***enjoy (diplomatic) immunity***(*=have diplomatic cover)* nyte diplomatisk immunitet; ha diplomatisk status.
immunization, immunisation ['imjunai,zeiʃən] *s:* immunisering; vaksinering (*against* mot).
immunize, immunise [,imju'naiz] *vb:* immunisere; vaksinere (*against* mot).
imp [imp] *s* **1.** liten djevel; smådjevel;

2. *om barn: **(little) imp*** trollunge.
impact [ˌimpækt] *s* **1.** støt *n;* slag *n;*
2. sammenstøt;
3. *mil:* nedslag; anslag; ***angle of impact*** anslagsvinkel;
4. *fig(=impression)* innvirkning; virkning; inntrykk; ***the book made a strong impact on me*** boka gjorde et sterkt inntrykk på meg.
impair [imˌpɛə] *vb; stivt(=damage; weaken)* skade; svekke; ***confidence in him is seriously impaired now*** tilliten til ham er nå alvorlig svekket.
impaired *adj* **1.** svekket; ***impaired hearing (,vision)*** svekket hørsel (,syn *n*);
2. US *& Canada(=under the influence of drink or drugs)* påvirket; ***impaired driver****(=drink-driver)* promillekjører.
impale [imˌpeil] *vb* **1.** *stivt(=pierce)* spidde;
2. *fig:* spidde *(fx her glance impaled him).*
impart [imˌpɑ:t] *vb; stivt* **1.** meddele *(fx she had sth important to impart);*
2. bibringe; formidle; ***impart knowledge****(=disseminate knowledge)* formidle kunnskaper.
impartial [imˌpɑ:ʃəl] *adj:* upartisk; uhildet; objektiv.
impartiality [im'pɑ:ʃiˌæliti] *s:* upartiskhet; uhildethet; objektivitet; nøytralitet.
impassable [imˌpɑ:səbl] *adj:* ufremkommelig; ikke farbar.
impasse [æmˌpɑ:s; *især* **US:** im'pɑ:s] *s; stivt(=deadlock)* uføre; dødpunkt.
impassioned [imˌpæʃənd] *adj:* lidenskapelig *(fx speech); (jvf passionate).*
impassive [imˌpæsiv] *adj:* uttrykksløs *(fx face);* uforstyrrelig; uanfektet.
impatience [imˌpeiʃəns] *s:* utålmodighet.
impatient [imˌpeiʃənt] *adj:* utålmodig (*at* over; *with sby* overfor en, med en); ***become impatient*** bli utålmodig; ***be impatient to get started*** være utålmodig etter å komme i gang.
impatiently [imˌpeiʃəntli] *adv:* utålmodig.
impeach [imˌpi:tʃ] *vb* **1.** *jur:* anklage for embetsforbrytelse; *om statsråd:* stille for riksrett;
2. *fig; stivt:* ***impeach sby*** 1*(=throw suspicion on sby)* mistenkeliggjøre en; kaste mistanke på en; 2*(=question sby's integrity)* betvile ens integritet.
impeachment [imˌpi:tʃmənt] *s; jur:* tiltale for embetsforbrytelse; riksrett; riksrettssak.
impeccable [imˌpekəbl] *adj; stivt(=faultless)* uklanderlig *(fx his behaviour was impeccable);* plettfri.
impecunious ['impiˌkju:niəs] *adj; stivt(=penniless; poor)* ubemidlet; fattig.
impede [imˌpi:d] *vb; stivt(=prevent; delay)* hindre; forsinke.
impediment [imˌpedimənt] *s* **1.** *stivt(=hindrance)* hinder *n;* **2.** *med.:* ***speech impediment*** talefeil.
impel [imˌpel] *vb; meget stivt(=drive; force)* tilskynde; tvinge; drive *(fx hunger impelled the boy to steal).*
impending *adj; stivt(=forthcoming)* (nær) forestående; ***the impending elections*** det kommende valg.
impenetrable [imˌpenitrəbl] *adj* **1.** ugjennomtrengelig *(fx jungle);* **2.** *fig(=incomprehensible)* uutgrunnelig *(fx mystery).*
I. imperative [imˌperətiv] *s; gram(=imperative mood)* imperativ *n;* ***in the imperative*** i imperativ.
II. imperative *adj* **1.** *stivt(=absolutely necessary; urgent)* absolutt (*el.* tvingende) nødvendig; ***action became imperative*** det ble tvingende nødvendig å handle; **2.** *stivt(=peremptory; authoritative)* bydende; myndig.
imperceptible ['impəˌseptibl] *adj; stivt(=slight; hardly noticeable)* umerkelig.
imperceptibly ['impəˌseptibli] *adv:* umerkelig.
imperfect [imˌpə:fikt] *adj* 1*(=defective)* ufullkommen; med feil;
2*(=incomplete)* ufullstendig;
3*(=insufficient)* mangelfull *(fx knowledge of sth);*
4. *gram: **the imperfect (tense)*** imperfektum.
imperfection ['impəˌfekʃən] *s* **1.** ufullkommenhet; 2*(=fault; defect)* feil.
imperial [imˌpiəriəl] *adj* **1.** keiserlig; keiser-;
2. *standard i* **UK:** ***an imperial pound*** et britisk pund (ɔ: 0,453 kg).
imperialism [imˌpiəriə'lizəm] *s:* imperialisme.
imperialist [imˌpiəriəlist] *s:* imperialist.
imperious [imˌpiəriəs] *adj:* bydende.
imperishable [imˌperiʃəbl] *adj* **1.** ubedervelig;
2. uforgjengelig; ***imperishable fame*** udødelig berømmelse.
impermeable [imˌpə:miəbl] *adj(=not permeable)* ugjennomtrengelig (*to* for).
impersonal [imˌpə:sənəl] *adj* **1.** upersonlig;
2. *gram:* upersonlig *(fx verb).*
impersonate [imˌpə:sə'neit] *vb* **1.** etterligne; parodiere; 2*(=pass oneself off as)* utgi seg for.
impersonation [im'pə:səˌneiʃən] *s* **1.** etterligning; parodi; ***do impersonations*** etterligne; parodiere; ***give an impersonation of*** parodiere; etterligne;
2. det å utgi seg for.
impersonator [imˌpə:sə'neitə] *s* **1.** *om skuespiller:* imitator; person som opptrer med et parodinummer;
2. person som utgir seg for en annen.
impertinence [imˌpə:tinəns] *s:* nesevishet; uforskammethet.
impertinent [imˌpə:tinənt] *adj:* nesevis; frekk; freidig (*to sby* mot en).
imperturbable ['impəˌtə:bəbl] *adj(=calm)* uforstyrrelig; uanfektet; rolig; *(jvf collected 1; composed 1).*
impervious [imˌpə:viəs] *adj* **1.** ugjennomtrengelig (*to* for); **2.** *fig:* uimottagelig (*to* for).
impetuosity [im'petjuˌɔsiti] *s:* heftighet; overilthet; fremfusenhet; *(se impetuous).*
impetuous [imˌpetjuəs] *adj(=rash; hasty)* heftig; overilt; fremfusende; ***an impetuous action*** en overilt handling.
impetus [ˌimpətəs; ˌimpitəs] *s* **1.** *fys:* impuls; støt *(n)* (som gir fart fremover);
2. *fig:* incitament; oppmuntring; ***give a fresh impetus to*** bringe nytt liv *(n)* i.
impinge [imˌpindʒ] *vb; stivt: **impinge (up)on 1*** *(=strike)* ramme; treffe; *fys:* støte mot;
2. *fig(=affect)* berøre; innvirke på; ***the forces that impinge on your daily life*** de krefter som virker inn på ditt (,ens) dagligliv.
impious [ˌimpiəs] *adj; stivt(=ungodly)* ugudelig.
impish [ˌimpiʃ] *adj(=mischievous)* ondskapsfull; ertevoren.
implacable [imˌplækəbl] *adj; stivt(=relentless)* uforsonlig.
I. implant [ˌim'plɑ:nt] *s; med.(=tissue graft)* implantert vev *n.*
II. implant [imˌplɑ:nt] *vb* **1.** *med.(=graft)* implantere;
2. *fig; stivt: **implant in(to)****(=instil into)* innpode i.
implausible [imˌplɔ:zəbl] *adj(=not plausible)* usannsynlig.
I. implement [ˌimplimənt] *s; stivt(=tool; instrument)* redskap *n (fx garden(ing) implements);* ***surgical implements*** kirurgiske instrumenter *n.*
II. implement [ˌimpliment; 'impliˌment] *vb; stivt(=carry out)* sette ut i livet; realisere *(fx a plan).*
implementation ['implimenˌteiʃən] *s:* realisering; gjennomføring; iverksettelse.
implicate [ˌimpli'keit] *vb; stivt(=involve)* implisere; blande inn; ***be implicated in a crime*** være innblandet (*el.* implisert) i en forbrytelse.
implication ['impliˌkeiʃən] *s* 1*(=involvement)* innblanding; det å bli blandet inn i;
2. underforståelse; stilltiende slutning; implikasjon; følge; ***political implications****(=consequences)* politiske implikasjoner; politiske følger; ***the true implications of the case*** sakens dypere sammenheng; ***by***

implication, they admitted their guilt*(=they admitted their guilt indirectly)* de innrømmet indirekte sin skyld; ***the implication is that …*** i dette ligger at …; ***he didn't realize the full implication****(=meaning)* ***of these words*** han forstod ikke den fulle betydningen av disse ordene *n.*

implicit [im,plisit] *adj; stivt* **1***(=implied)* underforstått; ***the implicit meaning*** den underforståtte betydningen; **2***(=absolute)* absolutt; ubetinget *(fx trust in sby).*

implicitly [im,plisitli] *adv* **1.** implisitt; underforstått; stilltiende; **2.** ubetinget; blindt; ***she obeyed him implicitly*** hun adlød ham blindt; hun adlød ham i ett og alt.

implied [im,plaid] *adj:* underforstått; indirekte; implisitt.

implore [im,plɔ:] *vb; stivt(=beg)* bønnfalle; be innstendig; trygle; *(jvf beseech; entreat).*

imploringly [im,plɔ:riŋli] *adv:* bønnfallende.

imply [im,plai] *vb* **1***(=involve)* innebære; medføre; ***it implies a lot of work*** det medfører mye arbeid; **2***(=suggest; hint)* antyde; ***but that was what he implied*** men det var det han antydet (med det han sa); ***… as your words would imply*** …som dine ord *(n)* kunne tyde på;

3. *om ord:* ha bibetydning av; ***what's implied by this is …****(=this implies that …; the implication is that …)* i dette ligger at …; ***he doesn't know what that word implies*** han vet ikke hva som ligger i det ordet; ***no specific reference was implied in my remark*** jeg siktet ikke til noe (,noen) bestemt med den bemerkningen.

impolite ['impə,lait] *adj; stivt(=rude)* uhøflig.

impolitely ['impə,laitli] *adv:* uhøflig.

impoliteness ['impə,laitnəs] *s:* uhøflighet.

I. imponderable [im,pɔndərəbl] *s:* uberegnelig faktor.

II. imponderable *adj; meget stivt(=difficult to estimate; impossible to guess)* som vanskelig kan beregnes (*el.* måles); vanskelig å vurdere; uberegnelig; ***an imponderable factor****(=a factor that's difficult to estimate)* en uberegnelig faktor.

I. import [,impɔ:t] *s* **1.** import *(fx (the) import of grain);* ***imports*** import; importvarer; ***food imports*** importerte matvarer;

2. *stivt(=meaning)* betydning; mening;

3. *stivt(=importance):* ***a man of import*** en mann av betydning.

II. import [im,pɔ:t] *vb* **1.** importere (*into* til);

2. *fig:* importere *(fx foreign words into the language).*

importance [im,pɔ:təns] *s:* betydning; viktighet; ***a matter of great importance*** en sak av stor viktighet; ***of no importance*** uten betydning; ***it's of vital importance*** *(=it's vital)* det er livsviktig; det er av den aller største betydning; ***attach (great) importance to sth*** legge (stor) vekt på noe; tillegge noe (stor) betydning.

important [im,pɔ:tənt] *adj:* betydningsfull; viktig; ***it's important to her*** det er viktig for henne; ***it's important to her that he gets the job*** det er viktig for henne at han får jobben; *når en infinitiv følger, alltid 'for':* ***it's important for sailors to hear the weather forecast*** det er viktig for sjøfolkene at de får høre værvarslet; *foran s i best form 'to' el. 'for':* ***a good diet is important to****(=for)* ***the maintenance of good health*** et godt kosthold er viktig når det gjelder å bevare helsen.

importantly [im,pɔ:təntli] *adv:* ***and, more importantly, …*** og, noe som er viktigere, …; ***and importantly in this case*** og, noe som er viktig i dette tilfellet, …

import control 1. importregulering; ***products subject to import control*** importregulerte produkter;

2.: ***import controls*** importrestriksjoner; ***a limited range of import controls*** begrensede importrestriksjoner.

import-control *vb:* importregulere.

importer [im,pɔ:tə] *s:* importør.

importer country*(=importing country)* importland.

import restrictions*(=restriction of imports; restrictions on imports)* importbegrensning.

importunate [im,pɔ:tjunit] *adj; stivt el. litt.(=very persistent)* påtrengende *(fx an importunate beggar).*

importune [im,pɔ:tju:n] *vb; stivt(=harass)* plage; mase på.

impose [im,pouz] *vb* **1.** *avgift, straff, etc:* ***impose****(=put)* ***a duty****(=tax)* ***on sth*** legge en avgift på noe;

2. *stivt:* ***impose sth on sby*** 1. pålegge en noe; 2*(=demand sth of sby)* kreve noe av en;

3. *stivt:* ***impose oneself on sby****(=force oneself on sby)* trenge seg inn på en; påtvinge andre sitt selskap; ***impose****(=force)* ***one's authority on sby*** vise sin myndighet overfor en;

4. *om utnyttelse:* være ubeskjeden; være slik at man utnytter folk *(n)* (fx ved å be om tjenester man ikke kan forvente); ***I don't want to impose (on you)*** det er ikke min mening å være ubeskjeden; ***he imposes on people*** han er ubeskjeden; ***don't let yourself be imposed on*** la deg ikke utnytte; ***impose on sby's kindness*** utnytte ens vennlighet.

imposing [im,pouziŋ] *adj; stivt* **1***(=impressive)* imponerende; **2***(=awe-inspiring)* fryktinngytende.

imposition ['impə,ziʃən] *s; stivt* **1***(=imposing)* pålegggelse; ***imposition of taxes****(=taxation)* beskatning; **2***(=burden)* byrde; ***I don't regard helping him as an imposition*** jeg synes ikke det er urimelig at jeg hjelper ham.

impossibility [im'pɔsi,biliti] *s:* umulighet; ***the thing was surely an impossibility*** det var naturligvis en umulighet; ***attempt impossibilities****(=attempt the impossible)* forsøke det umulige.

impossible [im,pɔsəbl] *adj* **1.** umulig; ***attempt the impossible****(=attempt impossibilities)* forsøke det umulige; ***set sby an impossible task*** gi en en umulig oppgave; ***this is impossible for ordinary people*** dette er umulig for vanlige mennesker *n;* ***nothing seemed (to be) impossible to her****(=nothing seemed to be impossible for her)* ingenting syntes å være umulig for henne; ***render impossible*** umuliggjøre; ***it's impossible for there to be any more*** det kan umulig være mer (,flere);

2. T*(=hopeless; unacceptable)* umulig *(fx his behaviour is impossible).*

impossibly [im,pɔsəbli] *adv* **1.** på en umulig måte; **2***(=intolerably)* utålelig *(fx rude to sby);* **3***(=unbelievably)* utrolig *(fx thin legs).*

impostor [im,pɔstə] *s; om person som utgir seg for noe:* svindler; bedrager.

impotence [,impətəns] *s* **1***(=powerlessness)* avmakt; maktesløshet; **2.** *med.:* impotens.

impotent [,impətənt] *adj* **1.** *stivt(=powerless)* avmektig; maktesløs (*against* overfor); **2.** *med.:* impotent.

impound [im,paund] *vb; stivt* **1.** *om bortkommet dyr:* ta vare på; **2.** *jur:* beslaglegge; *tollv:* ta beslag *(n)* i.

impoverish [im,pɔvəriʃ] *vb; stivt(=make poor)* forarme; gjøre fattig.

impracticable [im,præktikəbl] *adj* **1.** ugjennomførlig; **2.** *om vei, etc(=impassable)* ufarbar.

impractical [im,præktikəl] *adj* **1***(=unpractical)* upraktisk; **2***(=impracticable)* ugjennomførlig.

imprecise ['impri,sais] *adj; stivt(=inaccurate; inexact)* upresis; unøyaktig *(fx description; definition).*

impregnable [im,pregnəbl] *adj* **1.** *om festning:* uinntagelig;

2. *fig:* uslåelig *(fx football team); om argument(=irrefutable)* uangripelig; ugjendrivelig.

impregnate [,impreg'neit] *vb* **1.** impregnere (*with* med); **2.** *biol; om eggcelle & dyr(=fertilize)* befrukte.

impresario ['impre,sɑ:riou] *s:* impresario.

impress [im,pres] *vb* **1.** imponere; ***I was deeply impressed by it****(=I found it most impressive)* det imponerte meg i høy grad;

2. gjøre inntrykk på; ***he rather impressed me as being unwilling*** jeg fikk nærmest det inntrykk at han ikke ville; ***he impressed me quite favourably*** jeg fikk et godt inntrykk av ham; ***how did she impress you?*** *(=*

i

what (sort of) impression did you get of her?) hvilket inntrykk fikk du av henne?
3. *stempel, etc:* prege; prege inn; trykke; *fig; stivt:* ***impress****(=press)* ***a kiss on sby's forehead****(=kiss sby on the forehead)* trykke et kyss på ens panne;
4. *fig:* ***impress sth on sby*** innprente en noe.

impression [imˌpreʃən] *s* **1.** inntrykk (*of* av; *on* på); ***general impression*** helhetsinntrykk; ***preconceived impression*** forhåndsinntrykk; forutfattet inntrykk; ***that was not my impression (when I spoke to him)*** det var ikke mitt inntrykk (da jeg snakket med ham); ***be under the impression that …*** 1. ha inntrykk av at; 2*(=believe that)* tro at; ***they were under the impression that I had come to stay*** de trodde jeg var kommet for å bli; ***create****(=give)* ***the impression that …*** skape det inntrykk at …; ***dispel the impression that …*** fjerne det inntrykk at …; ***exchange impressions*** utveksle inntrykk; ***get an impression****(=idea)* ***of*** få et inntrykk av; ***I got****(=had)* ***the definite impression that …*** jeg fikk det bestemte inntrykk at …; ***I rather got****(=had)* ***the impression that he didn't want to****(=he rather impressed me as being unwilling)* jeg fikk nærmest det inntrykk at han ikke ville; ***you have been given a wrong impression*** du har fått et feilaktig inntrykk; ***leave the impression that …*** etterlate det inntrykk at …; ***the impression we're left with after the trip is that …*** inntrykket vi sitter igjen med etter turen, er at …; ***it (,he) didn't make much of an impression*** det (,han) gjorde ikke noe større inntrykk; det (,han) gjorde lite av seg; ***he doesn't bother what impression he makes*** han bryr seg ikke om hvilket inntrykk han gjør;
2. avtrykk;
3. *typ(=reprint)* opptrykk.

impressionable [imˌpreʃənəbl] *adj:* lettpåvirkelig; ***young and impressionable*** ung og ubefestet.

impressionism [imˌpreʃə'nizəm] *s:* impresjonisme.

impressionist [imˌpreʃənist] *s:* impresjonist.

impressive [imˌpresiv] *adj:* imponerende.

I. imprint [ˌimprint] *s; stivt el. litt.* **1***(=mark)* merke *n;* avtrykk *(fx of a foot);*
2. *fig:* preg; ***his face showed the imprint of****(=was marked by)* ***years of pain*** ansiktet hans bar preg av års *(n)* smerte;
3.: ***(publisher's) imprint*** forlagsangivelse; forlagsmerke.

II. imprint [imˌprint] *vb* **1.** prege; merke; trykke;
2. *fig; stivt(=impress)* innprente; ***imprint the details on one's mind*** innprente seg detaljene.

imprison [imˌprizən] *vb* **1***(=put in prison)* fengsle; sette i fengsel *n;* **2.** *fig:* holde inne; stenge inne.

imprisonment [imˌprizənmənt] *s* **1.** fengsling; frihetsberøvelse; ***imprisonment without trial*** frihetsberøvelse uten rettergang; **2.** *om straff:* fengsel *n.*

improbability [im'prɔbəˌbiliti] *s:* usannsynlighet.

improbable [imˌprɔbəbl] *adj:* usannsynlig.

I. impromptu [imˌprɔmptju:] *s; mus:* impromptu.

II. impromptu *adj & adv(=ad-lib)* improvisert; uforberedt; ***speak impromptu*** holde en improvisert tale.

improper [imˌprɔpə] *adj* **1.** upassende; utilbørlig;
2*(=wrong)* uriktig *(fx an improper use of the word);*
3. *mat.:* ***improper fraction*** uekte brøk.

impropriety ['imprəˌpraiəti] *s:* usømmelighet; utilbørlighet.

improve [imˌpru:v] *vb* **1.** bedre; forbedre (seg); ***improve one's Norwegian*** forbedre norsken sin; ***improve in sth****(=get better at sth)* bli bedre i noe; ***he doesn't improve on knowing*** han vinner seg ikke ved nærmere bekjentskap;
2.: ***improve on*** prestere noe som er bedre enn; ***this can hardly be improved on*** dette kan knapt gjøres bedre.

improvement [imˌpru:vmənt] *s:* forbedring; ***this is an improvement on your first attempt*** dette er en forbedring i forhold *(n)* til ditt første forsøk; ***there's room for improvement*** det kan gjøres bedre.

improvisation ['imprəvaiˌzeiʃən] *s:* improvisasjon; ***there had to be a great deal of improvisation****(=a great deal had to be improvised)* mye måtte improviseres.

improvise [ˌimprə'vaiz] *vb:* improvisere.

improviser [ˌimprə'vaizə] *s:* improvisator.

imprudence [imˌpru:dəns] *s:* uklokhet; ubetenksomhet; ubesindighet.

imprudent [imˌpru:dənt] *adj(=unwise)* uklok; ubetenksom; ubesindig; uforsiktig.

impudence [ˌimpjudəns] *s:* uforskammethet; frekkhet; ***with unparalleled impudence*** med en frekkhet uten like; ***he had the impudence to say that*** han var frekk nok til å si at.

impudent [ˌimpjudənt] *adj:* uforskammet; ***she's bold and impudent*** hun er frekk og uforskammet; ***an impudent suggestion*** 1. en uforskammet hentydning; 2. et uforskammet forslag.

impulse [ˌimpʌls] *s* **1.** innskytelse; ***I had an impulse to steal the car*** jeg ble grepet av lyst til å stjele bilen; ***on a sudden impulse*** grepet av en plutselig innskytelse; ***act on impulse*** handle spontant;
2. *fysiol & tekn:* impuls.

impulse buy*(=impulse purchase)* impulskjøp.

impulsive [imˌpʌlsiv] *adj:* impulsiv; ureflektert.

impunity [imˌpju:niti] *s; stivt* **1***(=freedom from punishment)* straffefrihet;
2.: ***with impunity****(=unpunished)* ustraffet *(fx break the law with impunity).*

impure [imˌpjɔ:; imˌpjuə] *adj* **1.** *om luft, etc(=unclean; polluted)* uren; ikke ren; forurenset;
2. *fig; stivt(=indecent)* uren *(fx impure thoughts).*

impurity [imˌpjɔ:riti; imˌpjuəriti] *s:* urenhet; ***impurities in the water*** urenheter i vannet.

I. in [in] *s:* ***the ins and outs of the problem*** problemets minste detaljer; ***know all the ins and outs of a question*** kjenne en sak ut og inn (*el.* til bunns).

II. in *adj & adv* **1.** inne; inn; ***they like having people in*** de liker å ha folk *(n)* hos seg; ***we're staying in this evening*** vi blir inne i kveld; ***applications must be in by Friday*** søknadene må være inne innen fredag; ***they were invited to write in with their suggestions*** de ble oppfordret til å sende inn sine forslag;
2*(=in season):* ***strawberries are in now*** det er jordbærsesongen nå;
3*(=fashionable)* moderne; på mote *(fx the in thing to do);* ***an in-spot*** et in-sted.

III. in *prep* **1.** i *(fx in (the year) 1969; in the room);* ***messages in code*** beskjeder i kode; ***cut it in two*** dele det i to; ***in flower*** i blomst; ***early in June****(=at the beginning of June)* i begynnelsen av juni; først i juni; ***he's in his fifties*** han er i femtiårene; ***in the nineties*** i nittiårene; på nittitallet; ***they live in Broad Street*** de bor i Broad Street;
2. på *(fx in the market place; in the street; in the sky; in a picture; in bottles);* ***in the country*** på landet; ***in****(=at)* ***the office*** på kontoret; ***in a place*** på et sted; ***in Norwegian*** på norsk;
3. *om tid:* om *(fx in the morning; in (the) summer; in three weeks);* på *(fx he did it in five minutes; I haven't seen them in years);* ***in less than a year****(=in under a year)* på mindre enn et år; på under et år;
4. hos; ***in Shakespeare*** hos Shakespeare; ***the weakness I had noticed in him*** den svakheten jeg hadde lagt merke *(n)* til hos ham;
5. (kledd) i *(fx she was in jeans);*
6*(=inside)* inne i *(fx in the house);*
7. *om yrke el. bransje:* i; ***be in the motor trade*** være i bilbransjen; ***be in publishing*** være i forlagsbransjen; ***be in teaching*** være lærer;
8.: ***in between*** 1. inn mellom; 2. innimellom; iblant;
9. T: ***be in for*** ha i vente; kunne vente seg *(fx we're in for some bad weather);* ***you're letting yourself in for trouble*** du lager i stand bråk *(n)* for deg selv; ***be in for it****(=be in for trouble)* vente seg (straff);

10.: *there's something (,nothing) in it* det er noe (,ikke noe) i det (ɔ: historien, ryktene, etc);
11. T: *he (simply) isn't in it with John* han kan (rett og slett) ikke måle seg med John;
12. T: *be in on* 1. ha del i; være innviet i *(fx a secret);* 2. være med på *(fx are you in on this?);*
13.: *in that*(*=inasmuch as; in so far as; because)* fordi; i og med at; for så vidt som;
14. T: *be (well) in with sby*(*=be on good terms with sby)* stå på god fot med en; ***keep in with sby*** holde seg på god fot med en;
15.: *in (-ing): she took her time in coming* det tok sin tid før hun kom; ***in calculating …*** når man regner ut …; ved utregning av …; ***the pupils are given help in finding the answers***(*=the pupils are helped to find the answers)* elevene får hjelp med å finne svarene *n;* ***he was instrumental in finding me a job*** han medvirket til at jeg fikk en jobb; ***he made a mistake in thinking that …***(*=he was mistaken in thinking that …; he made the mistake of thinking that …)* han gjorde den feil å tro at …;
16. *forskjellige forb:* ***in despair*** i fortvilelse; ***in my experience*** etter min erfaring; ***in my opinion*** etter min mening; ***lame in the left leg*** halt på venstre ben *n;* ***ten in number*** ti i tallet; ***written in pencil*** skrevet med blyant; ***be in tears***(*=be crying)* gråte *(fx she was in tears);* ***the bowl with the soup in (it)***(*=the bowl containing the soup)* bollen med suppe; ***in a loud voice*** med høy stemme; ***in his defence*** til hans (,sitt) forsvar *n;* ***in honour of*** til ære for; ***he has it in him to succeed*** han har fremgangen i seg; ***one in ten*** én av ti; ***in twos*** to og to.
inability ['inəˌbiliti] *s:* manglende evne; ***their inability to help*** det at de ikke er (,var) i stand til å hjelpe.
inaccessibility ['inæk'sesəˌbiliti] *s:* utilgjengelighet.
inaccessible ['inækˌsesəbl] *adj; stivt* **1.** *om sted(=unapproachable)* utilgjengelig;
2. *om person(=unapproachable)* utilnærmelig.
inaccuracy [inˌækjurəsi] *s* **1.** unøyaktighet *(fx I was surprised at the inaccuracy of the translation);*
2. *i regnskap, etc(=error)* feil.
inaccurate [inˌækjurit] *adj:* unøyaktig; som inneholder feil.
inaction [inˌækʃən] *s:* uvirksomhet; treghet.
inactive [inˌæktiv] *adj* **1.** lite aktiv;
2. passiv *(fx member);*
3. *om bedrift:* ikke i drift; ute av drift; *om vulkan:* ikke aktiv.
inactivity ['inækˌtiviti] *s:* inaktivitet; uvirksomhet; treghet.
inadequacy [inˌædikwəsi] *s* **1.** utilstrekkelighet;
2.: *inadequacies* mangler; feil.
inadequate [inˌædikwit] *adj(=insufficient)* utilstrekkelig *(fx salary);* ikke god(t) nok; ikke fullgod(t); ***feel (quite) inadequate*** føle at man (slett) ikke strekker til.
inadequately [inˌædikwitli] *adv:* utilstrekkelig.
inadmissible ['inədˌmisəbl] *adj; stivt el. jur(=not admissible)* utilstedelig; som ikke kan godtas.
inadvertent ['inədˌvə:tənt] *adj; stivt(=unintentional)* utilsiktet *(fx error);* ***an inadvertent insult*** en utilsiktet fornærmelse.
inadvertently ['inədˌvə:təntli] *adv; stivt(=through an oversight)* ved en forglemmelse; av vanvare.
inadvisable ['inədˌvaizəbl] *adj; stivt(=unwise)* utilrådelig; ikke tilrådelig; uklok *(fx it would be inadvisable for you to go alone).*
inane [iˌnein] *adj(=empty)* tom; åndeløs *(fx remark).*
inanimate [inˌænimət] *adj; om gjenstand:* død; livløs.
inanity [iˌnæniti] *s* **1.** *stivt(=emptiness of mind)* åndløshet;
2. *stivt el. spøkef:* ***a collection of inanities*** en samling åndløsheter.
inapplicable [inˌæplikəbl; 'inəˌplikəbl] *adj(=not applicable)* uanvendelig; ubrukelig; ***the rule is inapplicable to (=in) this case***(*=the rule can't be applied to this case)* regelen kan ikke brukes i dette tilfellet.
inappreciable ['inəˌpri:ʃəbl] *adj; stivt(=imperceptible; negligible)* ubetydelig; negligibel.
inappropriate ['inəˌproupriit] *adj(=unsuitable)* upassende *(fx remarks);* ***inappropriate to the occasion***(*=unsuited to the occasion)* upassende for anledningen.
inapt [inˌæpt] *adj; stivt* **1**(*=inappropriate; unsuitable)* upassende *(fx remark);* **2.:** *se inept.*
inarticulate ['inɑ:ˌtikjulit] *adj* **1.** *om person:* uartikulert; som har vanskelig for å uttrykke seg klart;
2. uartikulert; dårlig uttrykt; utydelig uttalt.
inasmuch as ['inəzˌmʌtʃəz] *konj(=because; since)* fordi; for så vidt som.
inattention ['inəˌtenʃən] *s:* uoppmerksomhet.
inattentive ['inəˌtentiv] *adj:* uoppmerksom.
inaudible [inˌɔ:dəbl] *adj:* uhørlig.
I. inaugural [inˌɔ:gjurəl] *s* **US:** åpningstale (især ved innsettelsen av presidenten).
II. inaugural *adj:* tiltredelses-; innvielses-.
inaugural ceremony(*=opening ceremony)* åpningsseremoni; innvielsesseremoni.
inaugurate [inˌɔ:gju'reit] *vb* **1.** innsette *(fx a president);*
2. innvie; høytidelig åpne;
3(*=be the beginning of)* innvarsle; innlede *(fx a new era in travel).*
inauguration [in'ɔ:gjuˌreiʃən] *s* **1.** innsettelse;
2. innvielse;
3. innvarsling; innledning; *(se inaugurate).*
Inauguration Day US: den nyvalgte presidentens tiltredelsesdag.
inauspicious ['inɔ:ˌspiʃəs] *adj; stivt* **1.** *om omstendighet(=unlucky)* uheldig;
2(*=unpromising)* lite lovende.
I. in-between ['inbiˌtwi:n] *s:* ***the in-betweens*** de som ligger midt imellom; ***toys for the in-betweens*** leketøy for halvstore barn; *(se I. between).*
II. in between *adv:* innimellom; ***sth (,somewhere) in between*** noe (,et sted) midt imellom; *(se II. between).*
in-between stage mellomstadium.
inboard [ˌin'bɔ:d] *adj & adv:* innenbords *(fx motor).*
inborn [ˌin'bɔ:n; ˌinˌbɔ:n] *adj:* medfødt *(fx talent).*
inbound [ˌin'baund] *adj(=coming in)* for inngående.
inbred ['inˌbred; *attributivt:* ˌin'bred] *adj* **1**(*=inborn)* medfødt *(fx good manners);*
2. innavlet; ***many of the villagers are inbred*** det er mye innavl i landsbyen; ***stop them becoming inbred*** hindre innavl blant dem.
inbreed [ˌinˌbri:d; 'inˌbri:d] *vb(pret & perf. part.: inbred)* innavle.
inbreeding [ˌin'bri:diŋ; ˌinˌbri:diŋ] *s:* innavl.
inbuilt [ˌin'bilt] *adj* **1**(*=built-in)* innbygd;
2(*=inherent)* medfødt; iboende.
incalculable [inˌkælkjuləbl] *adj; stivt* **1**(*=inestimable; unforeseeable)* uoverskuelig; ***incalculable***(*=inestimable)* ***losses*** uoverskuelige tap *n;* ***it may have incalculable***(*=unforeseeable)* ***consequences*** det kan få uoverskuelige følger; ***a jewel of incalculable value***(*=an immensely valuable jewel)* et uhyre verdifullt smykke;
2(*=unpredictable)* uberegnelig *(fx a person of incalculable moods).*
in camera ['inˌkæmərə] *jur:* for lukkede dører.
incantation ['inkænˌteiʃən] *s:* besvergelse; trylleformular; tryllesang.
incapability [in'keipəˌbiliti] *s:* evneløshet; manglende evne; uskikkethet.
incapable [inˌkeipəbl] *adj* **1.** uskikket; hjelpeløs; ***he was drunk and incapable*** han var full og i en hjelpeløs forfatning;
2.: *incapable of (-ing)* ute av stand til å.
incapacitate ['inkəˌpæsi'teit] *vb* **1.** gjøre arbeidsufør; ***physically incapacitated*** ute av stand til kroppslig arbeid *n;*

2. *jur:* gjøre inhabil; ***incapacitate(=debar) sby from voting*** utelukke en fra å stemme;
3. *økon:* umuliggjøre; lamme *(fx the country's growth).*
incapacity ['inkəˌpæsiti] *s* **1.** arbeidsuførhet;
2. *jur:* inhabilitet.
incarcerate [inˌkɑ:sə'reit] *vb; stivt; ofte fig(=imprison)* fengsle; innesperre.
I. incarnate [inˌkɑ:neit] *vb:* legemliggjøre; inkarnere.
II. incarnate [inˌkɑ:nit] *adj(=in human form): **a devil incarnate*** en djevel i menneskeskikkelse.
incarnation ['inkɑ:ˌneiʃən] *s:* legemliggjørelse; inkarnasjon *(fx Christ was the incarnation of God).*
incendiarism [inˌsendiə'rizəm] *s(=arson)* brannstiftelse.
I. incendiary [inˌsendiəri] *s* **1***(=arsonist)* brannstifter; **2***(=incendiary bomb)* brannbombe.
II. incendiary *adj* **1.** brann-; ***incendiary bomb*** brannbombe;
2. *fig; litt.(=inflammatory)* flammende *(fx speech).*
I. incense [ˌinsens] *s* **1.** røkelse; **2.** *fig; glds(=great homage)* virak.
II. incense [inˌsens] *vb; stivt(=make very angry)* gjøre rasende; ***he was incensed by her attitude*** hennes holdning gjorde ham rasende.
I. incentive [inˌsentiv] *s(=stimulus)* incitament *n;* incentiv *n;* spore *(fx high pay is an incentive to work).*
II. incentive *adj:* som virker ansporende.
incentive bonus prestasjonsbonus.
inception [inˌsepʃən] *s; stivt; om prosjekt el. foretagende(=beginning; start): **at its inception, the movement consisted only of five members*** da bevegelsen startet, bestod den av bare fem medlemmer *n.*
incessant [inˌsesənt] *adj; stivt(=unceasing; continual)* uopphørlig; vedvarende *(fx noise).*
incest [ˌinsest] *s:* incest; blodskam.
incestuous [inˌsestjuəs] *adj* **1***(=guilty of incest)* skyldig i incest (*el.* blodskam);
2. incest-; blodskam(s)-; som betyr blodskam; ***their relationship was not incestuous*** de gjorde seg ikke skyldig i blodskam.
I. inch [intʃ] *s* **1.** *mål:* tomme (ɔ: 2,54 cm);
2. *fig: **not budge(=give) an inch*** ikke vike en tomme; ***he escaped death by an inch*** han var en hårsbredd fra døden; ***he's every inch a soldier*** han er soldat til fingerspissene; ***every inch of it was used*** man utnyttet hver millimeter av den (,det); ***inch by inch*** tomme for tomme; gradvis; bit for bit; *ordspråk: **give him an inch and he'll take a yard*** gi ham lillefingeren, og han tar straks hele hånden.
II. inch *vb:* bevege seg langsomt og forsiktig; ake seg; skubbe seg *(fx he inched (his way) along the narrow ledge); **the car inched forward*** bilen krøp fremover.
incidence [ˌinsidəns] *s* **1.** hyppighet; utbredelse; forekomst *(fx of cancer);*
2. *fys: **angle of incidence*** innfallsvinkel.
incident [ˌinsidənt] *s(=event)* hendelse; episode; ***regret the incident*** beklage det som er skjedd.
incidental ['insiˌdentəl] *adj* **1.** *om noe som inntreffer i forb med noe som er viktigere:* tilfeldig; bi-; ***incidental expenses*** tilfeldige utgifter;
2.: ***incidental to*** som hører med til; ***advantages incidental to**(=that go with)* ***the new job*** fordeler som hører med til den nye stillingen.
incidentally ['insiˌdentəli] *adv(=by the way)* forresten *(fx my aunt who incidentally is a friend of his).*
incidental*(=background)* ***music*** bakgrunnsmusikk.
incident room midlertidig etterforskningssentral.
incinerate [inˌsinə'reit] *vb; stivt(=burn)* brenne; forbrenne; *om søppel:* destruere.
incinerator [inˌsinə'reitə] *s:* forbrenningsovn.
incipient [inˌsipiənt] *adj:* begynnende; ***incipient madness*** begynnende galskap; ***incipient love*** spirende kjærlighet.
incision [inˌsiʒən] *s; med.:* innsnitt.
incisive [inˌsaisiv] *adj; fig:* skarp *(fx his style is concise and incisive; he has an incisive brain).*
incisor [inˌsaizə] *s; tannl(=front tooth)* fortann.
incite [inˌsait] *vb; stivt(=urge; stir up)* anspore; tilskynde; ***incite violence*** oppfordre til vold(sbruk).
incitement [inˌsaitmənt] *s:* ansporelse; tilskyndelse; ***incitement to riot*** oppvigleri *n.*
incivility [insiˌviliti] *s; stivt(=impoliteness)* uhøflighet.
inclement [inˌklemənt] *adj; om vær & klima; stivt el. spøkef(=very unpleasant)* barsk; ***inclement weather*** barskt vær.
inclination ['inkliˌneiʃən] *s* **1.** tilbøyelighet; ***I felt an inclination to hit him**(=I felt like hitting him)* jeg fikk lyst til å slå (til) ham; ***follow one's (own) inclinations**(=follow one's own wishes)* følge sine tilbøyeligheter; ***I have no inclination to go to the party**(=I don't feel like going to the party)* jeg har ikke lyst til å gå i selskapet; ***he showed no inclination to leave*** *(=he didn't show any sign of wanting to leave)* han viste ingen tegn *(n)* til å ville gå;
2. *fys:* inklinasjon; ***angle of inclination*** inklinasjonsvinkel;
3. *stivt: **an inclination of one's head**(=a nod)* en hodebøyning.
I. incline [ˌinklain] *s(=slope)* helling.
II. incline [inˌklain] *vb* **1.** helle; skråne; stille skrått;
2. *stivt(=bow)* bøye *(fx one's head);*
3. *fig: **incline to*** være tilbøyelig til å; helle til; ***be inclined to be stout*** ha anlegg for fedme; ***he's beginning to incline to(wards) our point of view**(=he's tending towards our point of view)* han begynner å helle til vår oppfatning.
inclined [inˌklaind] *adj* **1***(=sloping)* skrånende; hellende; skråttstilt;
2. *fig: **be dishonestly inclined*** ha uærlige tilbøyeligheter; ***hospitably inclined*** gjestfritt anlagt; ***when one feels inclined*** når man har lyst (til det); ***be inclined to*** 1*(=be disposed to)* være tilbøyelig til å; 2*(=have a tendency to)* ha en tendens til å.
include [inˌklu:d] *vb* **1.** inkludere; omfatte; ***the programme included singing*** programmet bød på sang;
2. inkludere; medregne; ***am I included in the team?*** regnes jeg med til laget?
including [inˌklu:diŋ] *prep:* inklusive; medregnet; iberegnet; deriblant; blant annet.
inclusion [inˌklu:ʒən] *s:* inkludering; medregning.
inclusive [inˌklu:siv] *adj* **1***(=including everything)* samlet; ***the inclusive price is £300*** prisen er £300, alt iberegnet; ***this price is inclusive*** denne prisen innbefatter alt; **2.:** ***inclusive of**(=including)* inklusive *(fx the meal cost £20, inclusive of wines); **the price is inclusive of freight**(=the price includes freight)* frakt er inkludert i prisen.
incognito [inˌkɔgnitou; 'inkɔgˌni:tou] *adv:* inkognito *(fx travel incognito).*
incoherent ['inkouˌhiərənt] *adj:* usammenhengende; ***he was incoherent with rage*** han var så rasende at han ikke fikk frem et fornuftig ord.
income [ˌiŋkəm; ˌinkəm] *s:* inntekt; ***earned income*** lønnsinntekt; ***unearned income*** arbeidsfri inntekt; ***gross income*** *(=gross earnings)* bruttoinntekt; ***a large**(=high)* ***income*** en høy inntekt; ***live beyond one's income*** leve over evne; ***live within one's income*** leve etter evne.
income bracket inntekstklasse; ***I wish I were in his income bracket*** jeg skulle ønske jeg hadde hans inntekter.
incomes policy *polit:* inntektspolitikk.
income tax inntektsskatt.
income tax demand note *(,***T** *&* **US:** *tax bill)* skatteseddel.
(income) tax form *skjema:* selvangivelse.
(income) tax return(s) selvangivelse.

incoming [ˌin'kʌmiŋ] *adj* **1.** innkommende; *tlf:* ***incoming call*** inngående samtale; ***incoming tide*** stigende tidevann; **2.** tiltredende *(fx chairman); (jvf outgoing).*

incommunicado ['inkə'mju:niˌka:dou] *adj & adv(=in solitary confinement)* i enecelle; ***the prisoner was held incommunicado*** fangen ble holdt isolert.

in-company ['inˌkʌmpəni] *adj:* ***in-company training*** opplæring i bedriften.

in-company training course opplæringskurs i bedriftens regi.

incomparable [inˌkɔmpərəbl] *adj* **1***(=unequalled)* uforlignelig; makeløs *(fx beauty);* **2.** ikke sammenlignbar (*to, with* med); ***they are incomparable****(=they can't be compared)* de er ikke sammenlignbare.

incompatibility ['inkəm'pætiˌbiliti] *s:* uforenlighet (*with* med).

incompatible ['inkəmˌpætibl] *adj* **1.** *om mennesker:* som ikke passer sammen *(fx they are incompatible);* **2.** *om uttalelser, etc(=inconsistent)* uforenlig (*with* med); ***incompatible statements*** uforenlige uttalelser.

incompetence [inˌkɔmpətəns] *s* **1.** inkompetanse; udugelighet; **2.** *jur:* inhabilitet *(fx of a witness).*

incompetent [inˌkɔmpətənt] *adj* **1.** inkompetent; udugelig; **2.** *jur:* inhabil *(fx witness).*

incomplete ['inkəmˌpli:t] *adj(=unfinished)* ufullstendig; uferdig; ukomplett.

incomprehensible ['inkɔmpriˌhensəbl] *adj:* uforståelig.

inconceivable ['inkənˌsi:vəbl] *adj:* ufattelig.

inconclusive ['inkənˌklu:siv] *adj; stivt* **1***(=inadequate)* som man ikke kan slutte noe av; ufyllestgjørende *(fx evidence);*
2*(=open-ended):* ***an inconclusive discussion*** en resultatløs diskusjon.

incongruity ['inkɔnˌgru:iti] *s* **1.** noe som ikke passer inn i omgivelsene; noe som stikker seg ut;
2. inkongruens; uoverensstemmelse;
3. absurditet; urimelighet.

incongruous [inˌkɔŋgruəs] *adj* **1***(=unsuitable; out of place)* upassende; som stikker seg ut;
2. inkongruent; uoverensstemmende; som ikke er i samsvar (*with* med);
3. absurd; urimelig; ***an incongruous mixture*** en absurd blanding.

inconsequent [inˌkɔnsikwənt] *adj:* som ikke følger logisk *(fx remark).*

inconsequential ['inkɔnsiˌkwenʃəl] *adj* **1.:** *se inconsequent;*
2. *stivt(=unimportant)* likegyldig; betydningsløs *(fx remark).*

inconsiderable ['inkənˌsidərəbl] *adj; stivt(=small)* ubetydelig.

inconsiderate ['inkənˌsidərit] *adj(=not considerate; thoughtless)* ubetenksom; lite hensynsfull.

inconsistency ['inkənˌsistənsi] *s* **1.** inkonsekvens;
2. selvmotsigelse; uoverensstemmelse;
3*(=incompatibility)* uforenlighet (*with* med).

inconsistent ['inkənˌsistənt] *adj* **1.** inkonsekvent;
2. ulogisk; selvmotsigende *(fx story);*
3*(=incompatible)* uforenlig; ***inconsistent with*** uforenlig med.

inconsolable ['inkənˌsouləbl] *adj; stivt(=disconsolate)* utrøstelig.

inconspicuous ['inkənˌspikjuəs] *adj; stivt(=hardly noticeable)* lite iøynefallende; uanselig; ***make oneself inconspicuous*** forsøke ikke å bli lagt merke til; gjøre seg så liten som mulig.

inconstant [inˌkɔnstənt] *adj; stivt el. litt.(=fickle)* vankelmodig; ustadig; flyktig *(fx lover).*

incontestable ['inkənˌtestəbl] *adj; stivt(=indisputable)* ubestridelig; uomstøtelig *(fx proof).*

incontinence [inˌkɔntinəns] *s; med.:* inkontinens; ***incontinence of urine*** ufrivillig vannlating.

incontinent [inˌkɔntinənt] *adj; med.:* inkontinent.

incontrovertible ['inkɔntrəˌvə:tibl] *adj; stivt(=indisputable)* ubestridelig; uomtvistelig.

I. inconvenience ['inkənˌvi:niəns] *s* **1***(,***T:** *snag)* ulempe *(fx the inconvenience of not having a car);*
2. bry *n;* uleilighet; ***cause sby inconvenience****(=give sby trouble)* skaffe en bry; ***put oneself to great inconvenience****(=take great trouble)* gjøre seg stor umak.

II. inconvenience *vb; stivt(=trouble)* uleilige; bry *(fx I hope I haven't inconvenienced you);* ***don't inconvenience yourself****(=don't trouble yourself)* gjør deg ikke noe bry *n.*

inconvenient ['inkənˌvi:niənt] *adj(=awkward)* ubeleilig; ubekvem; ***inconvenient for, inconvenient to*** ubeleilig for.

inconvertible ['inkənˌvə:tibl] *adj:* inkonvertibel; uinnløselig.

incorporate [inˌkɔ:pə'reit] *vb; stivt* **1***(=contain)* omfatte *(fx the shopping centre also incorporates a library and a bank);* **2***(=include)* inkorporere; innlemme.

incorrect ['inkəˌrekt] *adj:* ukorrekt; unøyaktig; uriktig.

incorrigible [inˌkɔridʒəbl] *adj:* uforbederlig.

I. increase [ˌinkri:s; ˌiŋkri:s] *s:* stigning *(fx in prices);* økning; ***an increase in productivity****(=increased productivity)* økt produktivitet; ***be on the increase*** være stigende; ***an increase of £20*** en økning på £20.

II. increase [inˌkri:s] *vb:* tilta; øke; stige; vokse; høyne; ***increase one's efforts*** øke sine anstrengelser; ***increase prices****(=put up prices; raise prices)* legge på prisene.

increasingly [inˌkri:siŋli] *adv(=more and more)* mer og mer; ***it became increasingly difficult to find helpers*** det ble stadig vanskeligere å finne hjelpere.

incredible [inˌkredibl] *adj(=unbelievable)* utrolig.

incredulous [inˌkredjuləs] *adj(=unbelieving)* vantro; skeptisk; ***be incredulous about sth*** være skeptisk innstilt til noe.

incriminate [inˌkrimi'neit] *vb:* belaste; inkriminere.

incriminating [inˌkrimi'neitiŋ] *adj; jur:* belastende; inkriminerende.

incubation ['inkjuˌbeiʃən] *s; med.:* inkubasjon.

incubator [ˌinkju'beitə] *s* **1.** inkubator; rugemaskin;
2. *med.:* kuvøse.

inculcate [ˌinkʌl'keit; **US:** inˌkʌlkeit] *vb; meget stivt (=instil)* innprente; ***inculcate good manners in one's children****(=instill good manners into one's children)* innprente sine barn *(n)* gode manerer.

I. incumbent [inˌkʌmbənt] *s* **1.** *rel:* ***incumbent (of a living)*** kallsinnehaver;
2. *spøkef:* ***the present incumbent*** nåværende innehaver av embetet.

II. incumbent *adj; stivt:* ***it is incumbent on me to attend****(=it is my duty to attend)* det er min plikt å være til stede.

incur [inˌkə:] *vb; stivt* **1***(=bring upon oneself)* utsette seg for; pådra seg *(fx sby's displeasure);*
2.: ***incur debts****(=run into debts)* pådra seg gjeld; stifte gjeld.

incurable [inˌkjɔ:rəbl; inˌkjuərəbl] *adj:* uhelbredelig; ***an incurable optimist*** en uforbederlig optimist.

incursion [inˌkə:ʃən; **US:** inˌkəʒən] *s; stivt(=raid)* innfall; streiftog; raid *(n)* (*into* i).

indebted [inˌdetid] *adj:* ***be indebted to sby*** **1***(=be grateful to sby)* være en takk skyldig; stå i takknemlighetsgjeld til en; ***be deeply indebted****(=grateful)* ***to sby*** stå i dyp takknemlighetsgjeld til en; *(jvf grateful);*
2*(=owe sby money)* stå i gjeld til en.

indecency [inˌdi:sənsi] *s* **1.** usømmelighet;
2. *jur:* ***gross indecency*** utukt.

indecent [inˌdi:sənt] *adj:* uanstendig; usømmelig; ***indecent assault****(=sexual assault; sexual attack)* seksuelt overgrep; *jur:* ***indecent exposure****(,***T:** *flashing)* blotting.

indecipherable ['indiˌsaifərəbl] *adj; stivt(=impossible to read)* umulig å tyde; uleselig.

indecision ['indiˌsiʒən] *s:* ubesluttsomhet; nøling.

i

indefinite article

What's the difference between English and Norwegian?

A – an

TRICKY TALES

Mary is **a** teacher	*Mary er lærer*
Peter wants to be **an** engineer	*Peter ønsker å bli ingeniør*
Thomas is **a** Catholic	*Thomas er katolikk*
The jury has reached **a** verdict	*Juryen har avsagt kjennelse*
She has **a** boy friend	*Hun har kjæreste*
He had **a** heart attack	*Han har fått hjerteinfarkt*

English has the indefinite article in such statements, whereas Norwegian does not.

indecisive ['indi,saisiv] *adj* **1.** *om person(=irresolute)* ubeslutsom;
2(*=not conclusive)* ikke avgjørende; ***the battle proved indecisive*** slaget ble uavgjort.

indeed [in,di:d] *adv* **1**(*=really; in fact)* virkelig *(fx she's indeed a woman of great talent);*
2. *forsterkende:* virkelig *(fx very bad indeed);* sannelig *(fx that's indeed amazing);* ***Do you remember her? indeed I do!*** Husker du henne? – Ja, det skal være visst! ***thank you very much indeed!*** tusen takk! ***I feel, indeed I know he's wrong*** jeg føler, ja jeg vet at han tar feil;
3. *ved innrømmelse:* ***there are indeed mistakes but ...*** det finnes riktignok feil, men ...; ***he may indeed be wrong*** det er godt mulig han tar feil; ***he was indeed ill but he did his work all the same*** syk var han nok, men han gjorde arbeidet sitt likevel; ***if indeed he is wrong*** om det virkelig er slik at han tar feil;
4. *som svar:* ***isn't that right? – indeed it is*** stemmer ikke det? – jo, det gjør det; ***are you coming? – indeed I am*** blir du med? – javisst; ***may I come in? – indeed you may not*** får jeg komme inn? nei, det får du faktisk ikke;
5. *int:* (nei) jasså! tenk det! du sier ikke det?

indefatigable ['indi,fætigəbl] *adj; stivt(=untiring)* utrettelig.

indefensible ['indi,fensəbl] *adj* **1.** som ikke kan forsvares; **2.** *om påstand(=untenable)* uholdbar.

indefinable ['indi,fainəbl] *adj:* udefinerbar; ubestemmelig.

indefinite [in,definit] *adj* **1**(*=vague; uncertain)* ubestemt; svevende *(fx idea; reply);*
2. uavgrenset; ikke nærmere bestemt *(fx area; number); gram:* ***indefinite article*** ubestemt artikkel.

indefinitely [in,definitli] *adv:* på ubestemt tid *(fx the match was postponed indefinitely);* ***we can't wait indefinitely*** vi kan ikke vente i all evighet.

indelible [in,delibl] *adj:* uutslettelig; ***make an indelible impression on*** gjøre et uutslettelig inntrykk på.

indelicate [in,delikit] *adj; stivt* **1**(*=rude)* ufin; ***indelicate language*** ufint språk;
2(*=tactless)* taktløs; ***indelicate question*** taktløst spørsmål.

indemnify [in,demni'fai] *vb* **1.** *meget stivt & jur(=compensate):* ***indemnify sby for sth*** yte en erstatning for noe; holde en skadesløs for noe;
2. *fors & jur:* ***indemnify against sth(=cover sth)*** sikre mot noe; dekke skader oppstått ved noe *(fx this policy indemnifies against losses by fire).*

indemnity [in,demniti] *s* **1.** *jur el. stivt(=compensation)* skadeserstatning; ***war indemnity*** krigsskadeserstatning;
2. *fors(=cover)* dekning; *(se indemnify 2).*

indent [in,dent] *vb* **1**(*=notch)* lage hakk *n* (*el.* skår *n*) i; lage (en) bulk (*el.* fordypning) i;
2. skrive ut en rekvisisjon (*for* på); rekvirere;
3. *typ:* lage innrykk; skrive med innrykk.

indentation ['inden,teiʃən] *s* **1.** hakk *n;* skår *n;* innsnitt; **2.** *typ:* innrykk.

indenture [in,dentʃə] *s(=contract of apprenticeship)* lærlingekontrakt.

independence ['indi,pendəns] *s:* uavhengighet; selvstendighet; ***guard one's independence*** verne om sin uavhengighet; sikre sin uavhengighet; ***independence from*** uavhengighet av.

independent ['indi,pendənt] *adj* **1.** uavhengig (*of* av); selvstendig; ***independent of one's parents*** uavhengig av foreldrene (sine); ***financially independent*** økonomisk uavhengig; ***(mutually) independent*** uavhengig (av hverandre); ***form an independent opinion of*** danne seg en selvstendig mening om;
2. *polit(=self-governing)* selvstendig; uavhengig (*of* av); med selvstyre; ***become independent*** bli selvstendig;
3. selverververende.

independent church frimenighetskirke.

independent congregation(*=free-church congregation)* fri(kirke)menighet.

independently ['indi,pendəntli] *adv:* uavhengig; på egen hånd; ***they reached the same conclusion independently (of each other)*** de nådde samme konklusjon hver for seg.

in-depth ['in,depθ] *adj:* ***in-depth study*** studie som går i dybden; dypsindig utredning.

indescribable ['indi,skraibəbl] *adj:* ubeskrivelig.

indestructible ['indi,strʌktəbl] *adj; stivt(=that cannot be destroyed)* som ikke kan ødelegges; uforgjengelig.

indeterminable ['indi,tə:minəbl] *adj:* ubestemmelig; som ikke kan avgjøres.

indetermination ['indi'tə:mi,neiʃən] *s:* ubestemmelighet; ubestemthet.

I. index [,indeks] *s(pl: indexes, indices* [,indi'si:z]*)*
1. indeks; register *n (fx of authors);* ***subject index*** emnekartotek; emneliste;

2. *på instrument(=pointer; needle; indicator)* viser;
3. *mat.: **(power) index**(=exponent)* eksponent; ***index of the root*** roteksponent;
4. *kat.:* indeks.

II. index *vb* **1.** utarbeide en indeks (*el.* et register);
2. føre inn i et register;
3. *kat.:* sette på indeks.

index finger *anat(=forefinger)* pekefinger.

index-linked [ˌindeks'liŋkt] *adj; økon(=index-tied)* indeksbundet.

India [ˌindiə] *s; geogr:* India; *mots Bak-India:* For-India; *(se Further India).*

I. Indian [ˌindiən] *s* **1.** inder; **2***(=Red Indian)* indianer.

II. Indian *adj* **1.** indisk; **2.** indiansk.

Indian corn*(=maize)* mais.

Indian ink *(,især* **US:** *India ink)* tusj.

Indian Ocean *s; geogr: **the Indian Ocean*** Det indiske hav.

Indian summer 1. periode med varmt vær på ettersommeren; **2.** *fig:* gjenoppblussende ungdommelighet; Indian summer.

India rubber, india rubber, indiarubber*(,T: rubber)* viskelær.

indicate [ˌindi'keit] *vb; stivt* **1***(=show)* vise; indikere; antyde; *på kart:* markere;
2. *om bilist: **indicate right (,left)**(=signal to the right (,left))* vise til høyre (,venstre);
3*(=suggest)* tyde på; ***we haven't had anything to indicate that*** vi har ikke fått signaler som tyder på det;
4. *stivt el. spøkef: **be indicated**(=be desirable; be necessary)* være tilrådelig (*el.* ønskelig); ***I think surgery is indicated*** jeg tror det må operasjon til; ***a small celebration is now indicated*** en liten fest er nå på sin plass.

indication ['indiˌkeiʃən] *s* **1.** angivelse; ***indication of distance*** avstandsangivelse; ***indication of value**(= statement of value)* verdiangivelse;
2*(=sign)* tegn *(n)* *(of* på); ***there are clear indications that*** det er klare tegn på at; ***there's every indication that*** alt tyder på at; ***there's no indication that*** det er ingenting som tyder på at;
3. indisium *n; **this is an indication but not a proof of guilt*** dette er et indisium, men ikke noe bevis *(n)* på skyld.

I. indicative [inˌdikətiv] *s; gram: **the indicative**(=the indicative mood)* indikativ; ***in the indicative*** i indikativ.

II. indicative *adj; stivt: **be indicative of sth**(=suggest sth)* tyde på noe; være et tegn på noe.

indicator [ˌindi'keitə] *s* **1***(=pointer; needle)* viser; nål; indikator; *på bil: **(flashing) indicator**(=flasher)* blinklys; ***flick one's right (,left) indicator**(=indicate right (,left))* vise til høyre (,venstre);
2. *jernb & flyv:* oppslagstavle; oppslag *n;* tavle; ***(train) indicator*** ruteoppslag; ***departure indicator*** avgangstavle.

indict [inˌdait] *vb; jur: **indict sby**(=bring a charge against sby)* reise tiltale mot en; ***he was indicted on a charge of murder**(=he was charged with murder)* han ble tiltalt for overlagt drap *n.*

indictable [inˌdaitəbl] *adj; jur; i strafferettspleien*
1. *om person:* som det kan reises tiltale mot;
2. *om handling: **indictable offence*** straffbar handling.

indictment [inˌdaitmənt] *s; jur: **(bill of) indictment*** tiltalebeslutning; ***read the indictment*** lese opp tiltalen.

indifference [inˌdifərəns] *s:* likegyldighet; mangel på interesse.

indifferent [inˌdifərənt] *adj* **1.** likegyldig (*to* overfor); uinteressert (*to* i); ***she's completely indifferent to the fact that he's leaving*** det at han reiser, er henne fullstendig likegyldig; **2***(=not very good; mediocre)* ikke særlig god; middelmådig.

indigestible ['indiˌdʒestəbl] *adj:* ufordøyelig.

indigestion ['indiˌdʒestʃən] *s:* dårlig fordøyelse; ***suffer from indigestion*** lide av dårlig fordøyelse.

indignant [inˌdignənt] *adj(=angry)* indignert; sint; forarget; oppbrakt (*at* over).

indignation ['indigˌneiʃən] *s(=anger)* indignasjon; sinne *n;* oppbrakthet; harme; forargelse; ***moral indignation*** moralsk forargelse.

indignity [inˌdigniti] *s* **1***(=humiliating treatment)* ydmykende behandling; ***suffer indignities**(=humiliations)* bli utsatt for ydmykelser;
2. (følelse av) skam; ***she blushed at the indignity of falling off the horse**(=she blushed with shame at being thrown (off the horse))* hun rødmet av skam over å falle av hesten.

indigo [ˌindi'gou] *s:* indigo(farge).

indigo blue indigoblått.

indirect ['indiˌrekt] *adj:* indirekte *(fx proof; tax); **it's rather indirect*** det er litt av en omvei; ***we took rather an indirect route*** vi valgte en litt lenger vei.

indirectly ['indiˌrektli] *adv:* indirekte; ad omveier.

indirect means*(=underhand means; indirect dealings)* omveier; krokveier; ***use indirect means*** gå krokveier.

indirectness ['indiˌrektnəs] *s:* indirekte fremgangsmåte; det å gå omveier.

indirect object *gram:* omsynsledd.

indirect question 1. indirekte spørsmål *n;*
2. *gram:* spørsmål gjengitt i indirekte tale.

indirect speech *gram(=reported speech;* **US:** *indirect discourse)* indirekte tale.

indirect tax indirekte skatt.

indirect taxation indirekte beskatning.

indiscernible ['indiˌsə:nəbl] *adj:* umerkelig; som ikke kan skjelnes.

independence

Independence of India

In 1919 India obtained limited independence and Mahatma Gandhi started his non-violent campaign against the British. After much turmoil, India was divided into the dominions of India and Pakistan. This partition caused massacres and many hundreds of thousands were killed.

India became a free country in 1947 with Jawaharlal Nehru as the first Prime Minister. Gandhi was murdered the following year. In 1949 India entered the Commonwealth as an independent republic.

indiscipline [inˌdisiplin] *s; stivt(=lack of discipline; unruliness)* mangel på disiplin; udisiplinerthet.
indisciplined [inˌdisiplind] *adj; stivt(=unruly)* udisiplinert.
indiscreet [ˈindiˌskri:t] *adj* **1.** indiskret; løsmunnet; taktløs; **2***(=imprudent)* uklok *(fx action).*
indiscretion [ˈindiˌskreʃən] *s:* indiskresjon; ***commit an indiscretion*** gjøre seg skyldig i en indiskresjon.
indiscriminate [ˈindiˌskriminit] *adj:* som ikke gjør forskjell; vilkårlig; ***indiscriminate praise*** kritikkløs ros; ***he's an indiscriminate reader*** han leser alt han kommer over.
indiscriminately [ˈindiˌskriminitli] *adv:* uten forskjell; vilkårlig; kritikkløst; i fleng.
indispensable [ˈindiˌspensəbl] *adj:* uunnværlig.
indisposed [ˈindiˌspouzd] *adj; stivt* **1***(=unwell)* indisponert; utilpass;
2*(=reluctant; unwilling):* ***be indisposed to*** være utilbøyelig til å; *(jvf disinclined).*
indisposition [ˈindispəˌziʃən] *s; stivt* **1.** utilpasshet; ***she has a slight indisposition*** hun føler seg litt uvel; **2***(=reluctance; unwillingness)* utilbøyelighet *(to* til å).
indisputable [ˈindiˌspju:təbl] *adj; stivt(=unquestionable; beyond dispute)* ubestridelig; udiskutabel; uomtvistelig.
indissoluble [ˈindiˌsɔljubl] *adj* **1.** uløselig *(fx bond);* uoppløselig; som ikke kan oppløses *(fx marriage);*
2. *kjem:* uoppløselig *(fx substance).*
indistinct [ˈindiˌstiŋkt] *adj:* utydelig; uklar.
indistinguishable [ˈindiˌstiŋgwiʃəbl] *adj; stivt* **1***(=indiscernible)* umerkelig; som ikke kan skjelnes;
2.: ***indistinguishable from*** som ikke skiller seg ut fra.
I. individual [ˈindiˌvidjuəl] *s* **1.** individ *n;* ***the individual*** det enkelte menneske; den enkelte;
2. *neds* **T***(=person)* person *(fx he's an untidy individual).*
II. individual *adj* **1.** enkelt; ***individual pupils*** enkeltelever; ***each individual guest*** hver enkelt gjest;
2. individuell; personlig *(fx style);* ***that's an individual matter*** det er individuelt.
individualist [ˈindiˌvidjuəlist] *s:* individualist.
individuality [ˈindiˈvidjuˌæliti] *s:* individualitet.
individually [ˈindiˌvidjuəli] *adv:* individuelt; enkeltvis; hver især; *(=separately)* hver for seg.
indoctrinate [inˌdɔktriˈneit] *vb:* indoktrinere; ensrette.
indolent [ˌindələnt] *adj; stivt(=lazy)* ugiddelig; indolent; dorsk; lat.
indomitable [inˌdɔmitəbl] *adj; om mot, etc; stivt(=unyielding; unconquerable)* ukuelig; urokkelig.
Indonesia [ˈindouˌni:ziə] *s; geogr:* Indonesia.
I. Indonesian [ˈindouˌni:ziən] *s:* indoneser.
II. Indonesian *adj:* indonesisk.
indoor [ˌinˈdɔ:] *adj:* innvendig; innendørs.
indoors [ˈinˌdɔ:z] *adv:* innendørs; inne; ***go indoors*** gå inn.
indubitable [inˌdju:bitəbl] *adj; stivt(=undoubted)* utvilsom.
indubitably [inˌdju:bitəbli] *adv; stivt(=undoubtedly)* utvilsomt.
induce [inˌdju:s] *vb* **1.** *stivt(=persuade):* ***induce sby to*** få en til å;
2. *stivt(=cause)* bevirke; forårsake; ***a drink inducing forgetfulness*** en drikk som bevirker at man glemmer;
3. *fys:* tilføre *(fx induce heat into a body);*
4. *med.:* innlede *(fx labour).*
induced abortion *med.:* svangerskapsavbrytelse.
inducement [inˌdju:smənt] *s; stivt(=incentive)* tilskyndelse; spore; ***financial inducements*** økonomiske fordeler.
inductance [inˌdʌktəns] *s; elekt:* induktanse.
induction [inˌdʌkʃən] *s* **1.** *fys:* induksjon *(fx of heat into a body);* **2.** *i stilling:* innføring.
induction course *skolev:* innføringskurs.
inductive [inˌdʌktiv] *adj* **1.** induktiv; indusert *(fx current);* **2.** *mat., etc:* induktiv *(fx reasoning).*
indulge [inˌdʌldʒ] *vb* **1.** *stivt(=humour)* føye;
2. *om egne tilbøyeligheter:* gi etter for; ***indulge oneself****(=stuff oneself)* proppe seg; meske seg;
3. *spøkef:* ***I didn't think you indulged*** jeg trodde ikke du interesserte deg for andre kvinner (,menn).
indulgence [inˌdʌldʒəns] *s* **1.** *stivt(=leniency)* overbærenhet; ettergivenhet; mildhet *(to* overfor);
2. *rel:* ***(letter of) indulgence*** avlatsbrev;
3. *ofte spøkef:* noe man unner seg; ***a glass of wine in the evening is my only indulgence*** et glass vin om kvelden er den eneste luksus jeg unner meg.
indulgent [inˌdʌldʒənt] *adj:* ettergivende; overbærende *(towards, to* overfor).
industrial [inˌdʌstriəl] *adj:* industriell; industri-.
industrial accident*(=working accident)* arbeidsulykke; bedriftsulykke.
industrial action*(=strike)* streik.
industrial art fabrikkmessig kunstindustri.
industrial cleaners *pl:* ***firm of industrial cleaners*** rengjøringsbyrå.
industrial council*(=works council)* bedriftsråd.
industrial democracy demokrati *(n)* på arbeidsplassen.
industrial design industriell formgivning.
industrial designer industriell formgiver.
industrial development næringsutvikling.
industrial dispute arbeidskonflikt.
industrial effluent(s) industriutslipp.
industrial*(=trading)* ***estate*** *i byplanlegging* (,**US:** *industrial park)* industrivekstområde; industriområde.
industrialist [inˌdʌstriəlist] *s:* industriherre; ***large--scale industrialist****(=industrial magnate)* industrimagnat.
industrialize, industrialise [inˌdʌstriəˈlaiz] *vb:* industrialisere.
industrial management: ***science of industrial management****(=business administration)* bedriftsøkonomi; **T:** bedøk.
industrial medical officer: *se works doctor.*
industrial relations 1. industrielle samarbeidsforhold; **2.** samarbeidsforhold (mellom ledelsen og de ansatte).
industrial union industriforbund.
industrial waste industriavfall; *(jvf toxic waste).*
industries fair*(=trades exhibition;* **US:** *trade exposition)* varemesse *(fx the British Industries Fair).*
industrious [inˌdʌstriəs] *adj; stivt(=hard-working)* flittig; arbeidsom.
industry [ˌindəstri] *s* **1.** industri; næringsvei; næringslivet; ***engineering industry*** verkstedindustri; ***heavy industry****(=heavy engineering)* tungindustri; ***they work in industry*** de arbeider i industrien;
2. *meget stivt(=willingness to work)* arbeidsomhet.
industry-wide [ˌindəstriˈwaid] *adj:* ***industry-wide agreement*** bransjeavtale.
inebriate [inˌi:briˈeit] *vb; stivt(=intoxicate)* beruse.
inebriation [inˈi:briˌeiʃən] *s; stivt(=intoxication)* beruselse.
inedible [inˌedibl] *adj; stivt(=not fit to eat; uneatable)* uspiselig.
ineffable [inˌefəbl] *adj; meget stivt(=unutterable; unspeakable)* usigelig; uutsigelig.
ineffective [ˈiniˌfektiv] *adj:* ineffektiv *(fx person);* virkningsløs *(fx method);* ***rather ineffective*** ikke særlig effektiv; *(jvf ineffectual).*
ineffectively [ˈiniˌfektivli] *adv:* ineffektivt.
ineffectiveness [ˈiniˌfektivnəs] *s:* virkningsløshet; ineffektivitet; *(jvf inefficiency).*
ineffectual [ˈiniˌfektʃuəl] *adj; stivt* **1***(=unsuccessful; ineffective)* nytteløs; forgjeves; virkningsløs;
2. *om person(=ineffective)* ineffektiv.
inefficaceous [ˈinefiˌkeiʃəs] *adj:* som ikke har den (for)ønskede virkning; virkningsløs *(fx medicine).*
inefficiency [ˈiniˌfiʃənsi] *s:* ineffektivitet; manglende

dyktighet *(fx he was dismissed for inefficiency); (jvf ineffectiveness).*

inefficient ['iniˌfiʃənt] *adj* **1.** ineffektiv; ikke dyktig nok *(fx worker);* **2***(=unsuitable)* uegnet *(fx machinery).*

inelastic ['iniˌlæstik] *adj(=inflexible)* uelastisk.

inelegance [inˌeligəns] *s:* mangel på eleganse; kluntethet; klossethet.

inelegant [inˌeligənt] *adj:* uelegant; kluntet; klosset; *mht. påkledning:* unett; uelegant; ufiks.

ineligible [inˌelidʒəbl] *adj; stivt(=not eligible)* som ikke kan komme i betraktning *(fx for a grant); for embete:* uegnet; ***ineligible to vote*** uten stemmerett.

inept [inˌept] *adj; stivt* **1***(=out of place)* upassende *(fx behaviour);* malplassert *(fx remark);*
2*(=clumsy; awkward)* keitet.

ineptitude [inˌeptitju:d] *s; stivt* **1***(=inappropriateness)* det å være upassende (*el.* malplassert);
2*(=clumsiness; awkwardness)* keitethet.

inequality ['iniˌkwɔliti] *s:* ulikhet; ***inequality of opportunity*** ulike muligheter; ***great inequalities*** store ulikheter; store forskjeller.

inequitable [inˌekwitəbl] *adj; stivt(=unfair)* urettferdig.

inequity [inˌekwiti] *s; stivt(=injustice)* urettferdighet.

inert [inˌə:t] *adj* **1.** uten evne til å bevege seg ved egen hjelp; død *(fx inert objects; a stone is inert);*
2. *om person; stivt(=sluggish; lazy)* treg; doven; dvask;
3. *kjem:* inert; inaktiv.

inertia [inˌə:ʃə] *s* **1.** inerti; treghet;
2. *fig; om person:* treghet; dvaskhet; naturlig treghet.

inertness [inˌə:tnəs] *s:* treghet; det å være treg.

inescapable ['iniˌskeipəbl] *adj:* uunngåelig; som man ikke kan slippe fra.

inestimable [inˌestiməbl] *adj; stivt* **1.** *fig(=immeasurable)* som ikke kan måles;
2*(=invaluable)* uvurderlig.

inevitability [in'evitəˌbiliti] *s:* uunngåelighet.

inevitable [inˌevitəbl] *adj:* uunngåelig; ikke til å unngå.

inevitably [inˌevitəbli] *adv:* uunngåelig; uvegerlig.

inexact ['inigˌzækt] *adj; stivt(=inaccurate)* unøyaktig; upresis *(fx description of what happened).*

inexactness ['inigˌzæktnəs] *s; stivt(=inaccuracy)* unøyaktighet; manglende presisjon.

inexactitude ['inigˌzækti'tju:d] *s: se inexactness.*

inexcusable ['inikˌskju:zəbl] *adj:* utilgivelig.

inexhaustible ['inigˌzɔ:stəbl] *adj:* uuttømmelig; ***inexhaustible patience****(=endless patience)* endeløs tålmodighet.

inexorable [inˌeksərəbl] *adj:* ubønnhørlig.

inexorably [inˌeksərəbli] *adv:* ubønnhørlig.

inexpensive ['inikˌspensiv] *adj(=cheap)* billig.

inexperience ['inikˌspiəriəns] *s:* uerfarenhet.

inexperienced ['inikˌspiəriənst] *adj:* uerfaren; uøvd.

inexplicable ['inikˌsplikəbl; inˌeksplikəbl] *adj(=unaccountable)* uforklarlig.

inexplicably ['inikˌsplikəbli; inˌeksplikəbli] *adv (=unaccountably)* på en uforklarlig måte.

inexpressible ['inikˌspresəbl] *adj(=unspeakable)* uutsigelig; usigelig; ubeskrivelig *(fx delight; grief).*

inexpressive ['inikˌspresiv] *adj; stivt(=expressionless)* uttrykksløs *(fx face).*

inextricable ['ineksˌtrikəbl; inˌekstrikəbl] *adj:* uløselig *(fx difficulty; dilemma; knot).*

inextricably ['ineksˌtrikəbli; inˌekstrikəbli] *adv* **1.** på en slik måte at man ikke kan komme fri (*el.* løs);
2. *fig:* ***inextricably involved*** håpløst involvert (*in* i).

infallibility [in'fæliˌbiliti] *s:* ufeilbarlighet.

infallible [inˌfæləbl] *adj:* ufeilbarlig.

infamous [ˌinfəməs] *adj; stivt* **1***(=notorious)* beryktet;
2*(=disgraceful; shameful)* skammelig *(fx conduct);* infam *(fx lie).*

infamy [ˌinfəmi] *s; stivt* **1***(=bad reputation)* vanry; **2***(=shame; disgrace)* skjensel; skam; vanære.

infancy [ˌinfənsi] *s* **1.** spedbarnsalder; **2.** *fig:* barndom; ***the infancy of commerce*** handelens barndom.

infant [ˌinfənt] *s* **1***(=baby)* baby; spedbarn;
2. *skolev* **UK:** skolebarn under 7 år *n.*

infantile [ˌinfən'tail] *adj* **1.** barne-; spedbarns-;
2. *neds(=very childish)* infantil; barnaktig.

infantry [ˌinfəntri] *s; mil:* infanteri *n.*

infantryman [ˌinfəntrimən] *s; mil:* infanterist.

infant school skole for barn *(n)* mellom 5 og 7 år *(n)* (som regel en avdeling av en 'primary school'); *(jvf junior school).*

infant teacher lærer ved en 'infant school'.

infarct [inˌfɑ:kt] *s; med.(=infarction)* infarkt *n.*

infatuated [inˌfætju'eitid] *adj; neds:* ***infatuated with*** forgapet i.

infatuation [in'fætjuˌeiʃən] *s:* blind forelskelse.

infect [inˌfekt] *vb; også fig:* smitte; ***become infected*** 1. bli smittet; 2. bli infisert *(fx the knee became infected).*

infection [inˌfekʃən] *s:* infeksjon *(fx wash your hands to avoid infection);* smitte; ***catch an infection from the swimming pool*** bli infisert i svømmebassenget.

infectious [inˌfekʃəs] *adj:* smittefarlig; smittsom; *fig:* smittende *(fx laughter).*

infelicitous ['infiˌlisitəs] *adj; stivt(=unfortunate)* uheldig *(fx remark).*

infer [inˌfə:] *vb; stivt* **1***(=conclude)* slutte (seg til);
2*(=imply; hint)* antyde.

inference [ˌinfərəns] *s; stivt(=conclusion)* slutning.

I. inferior [inˌfiəriə] *s:* ***his inferiors*** **1.** hans underordnede; **2.** de som er dårligere enn ham.

II. inferior *adj* **1.** lavere (*court* domstol); ***inferior officers****(=officers of low(er) rank)* lavere offiserer;
2. *biol(=lower)* laverestående *(fx animal; species);*
3. *om kvalitet; stivt(=poor)* mindreverdig; dårlig;
4.: ***inferior to*** 1. *stivt(=lower in rank than)* av lavere rang enn; 2. dårligere enn; av dårligere kvalitet enn; 3.: ***feel inferior to*** føle seg underlegen overfor.

inferiority [in'fiəriˌɔriti] *s* **1.** lavere rang;
2. mindreverdighet; dårligere kvalitet;
3. mindreverd(ighet).

inferiority complex *psykol:* mindreverdskompleks.

infernal [inˌfə:nl] *adj* **T:** infernalsk; fordømt; ***she's an infernal nuisance*** hun er en fordømt plage.

inferno [inˌfə:nou] *s(pl: infernos)* inferno *n.*

infertile [inˌfə:tail] *adj* **1***(=sterile)* ufruktbar; steril; *med.:* infertil; **2.** *om jord(=barren)* ufruktbar.

infertility ['infəˌtiliti] *s:* ufruktbarhet; sterilitet; *med.:* infertilitet.

infest [inˌfest] *vb:* hjemsøke; plage; ***be infested with*** være befengt med *(fx fleas);* myldre (*el.* yre) av.

I. infidel [ˌinfidəl] *s; om ikke-muhammedaner:* vantro.

II. infidel *adj; om ikke-muhammedaner:* vantro.

infidelity ['infiˌdeliti] *s* **1.** *rel:* vantro; **2.** *stivt(=unfaithfulness)* utroskap.

infighting [ˌin'faitiŋ] *s* **1.** *boksing:* nærkamp; infight;
2. innbyrdes strid; intern maktkamp.

infiltrate [ˌinfil'treit; **US:** inˌfiltreit] *vb:* infiltrere.

infiltration ['infilˌtreiʃən] *s:* infiltrasjon.

infinite [ˌinfinit] *adj:* uendelig; ***space is infinite*** (verdens)rommet er uendelig; ***an infinite****(=endless)* ***amount of work*** uendelig mye arbeid *n.*

infinitely [ˌinfinitli] *adv* **1***(=extremely)* uendelig; ***infinitely far away*** uendelig langt borte;
2. *foran komp(=very much)* uendelig mye *(fx he's infinitely kinder than she is);* ***that was infinitely worse*** det var uendelig mye verre.

infinitesimal ['inf(i)niˌtesiməl] *adj* **1.** *mat.(=infinitely small)* uendelig liten;
2. *stivt el. spøkef(=extremely small)* uendelig liten; minimal *(fx difference).*

infinitive [inˌfinitiv] *gram* **1.** *s:* ***the infinitive*** infinitiv;
2. *adj:* infinitivisk; infinitiv-.

infinitive marker *gram(=infinitive particle)* infinitivsmerke.

infinity [inˌfiniti] *s* **1.** uendelighet;
2. *fot:* uendelig; ***focus on(=for) infinity, set at(=to) infinity*** stille inn på uendelig;
3. *mat.:* uendelig størrelse; uendelig tall *n*.

infirm [inˌfə:m] *adj; stivt(=frail)* svakelig; ***elderly and infirm people*** eldre og svake mennesker *n*.

infirmary [inˌfə:məri] *s* **1.** *glds(=hospital)* sykehus;
2. *ved institusjon:* sykestue.

infirmity [inˌfə:miti] *s; stivt(=frailty)* svakelighet; skrøpelighet.

inflame [inˌfleim] *vb* **1.:** ***become inflamed*** bli betent;
2. *stivt(=rouse to anger)* oppflamme; piske opp; hisse opp.

inflamed *adj:* betent *(fx her throat was very inflamed)*.

inflammable [inˌflæməbl] *adj* **1.** lettantennelig; ***highly inflammable*** meget lettantennelig;
2. *fig:* eksplosiv; ***a highly inflammable situation*** en eksplosiv situasjon.

inflammation [ˈinfləˌmeiʃən] *s; med.:* betennelse.

inflammatory [inˌflæmətəri] *adj* **1.** *med.:* betennelses;
2. *fig:* opphissende; provoserende *(fx speech)*.

inflatable [inˌfleitəbl] *adj:* til å blåse (*el.* pumpe) opp; oppblåsbar *(fx doll)*.

inflate [inˌfleit] *vb* **1.** *om ballong, etc:* blåse opp; pumpe opp; pumpe luft i;
2. *fig; stivt(=boost; blow up)* blåse opp; høyne; øke;
3. *økon:* inflatere; drive prisene i været.

inflated [inˌfleitid] *adj* **1.** oppblåst; oppumpet;
2. *fig; om stil:* oppblåst; svulstig;
3. *økon:* inflatert; ***inflated prices*** inflasjonspriser;
4. *fig:* ***inflated with pride*** fylt av stolthet.

inflation [inˌfleiʃən] *s* **1.** oppblåsing; oppumping;
2. *økon:* inflasjon; ***the bogey of inflation*** inflasjonsspøkelset; ***be in the grip of inflation*** være knuget av inflasjon; ***take a strong line over inflation*** gå energisk til verks mot inflasjonen.

inflationary [inˌfleiʃnəri] *adj; økon:* inflatorisk *(fx effect)*; inflasjonsdrivende; inflasjonsfremmende.

inflect [inˌflekt] *vb* **1***(=modulate)* modulere; variere *(fx one's voice)*; **2.** *gram:* bøye *(fx a verb)*.

inflection, inflexion [inˌflekʃən] *s* **1.** modulasjon; modulering; tonefall; **2.** *gram:* bøyning (av verb).

inflexibility [inˈfleksiˌbiliti] *s; også fig:* ubøyelighet; firkantethet.

inflexible [inˌfleksəbl] *adj; også fig:* ubøyelig; firkantet; ***as the attitude of the local authority is so inflexible (=rigid), I feel mine must be the same, he says resignedly*** når kommunen viser en så firkantet holdning, føler jeg at jeg må gjøre det samme, sier han oppgitt.

inflict [inˌflikt] *vb; stivt el. spøkef:* ***inflict on*** **1.** *om slag(=deal)* tilføye; tildele;
2. *om straff(=impose on)* tildele; gi;
3.: ***inflict(=force) one's company on sby*** påtvinge en sitt selskap.

in-flight [ˌinˈflait] *adj; flyv:* ***in-flight meals*** måltider som serveres ombord; ***in-flight service*** servicen ombord.

inflow [ˌinˈflou] *s* **1***(=flowing in; influx)* innstrømning; tilstrømning (*of* av) *(fx of gas)*; **2.** *økon:* ***inflow of funds(=funds inflow)*** kapitalanskaffelse.

I. influence [ˌinfluəns] *s:* innflytelse; påvirkning; innvirkning; ***have influence with(=on)*** ha innflytelse hos; ***have an influence on*** ha innflytelse på; ***have no influence over sby*** ikke ha noen innflytelse over en; ***use one's influence*** bruke sin innflytelse; ***under the influence of*** under innflytelse av; under påvirkning av; **T:** ***he's under the influence*** han er påvirket.

II. influence *vb:* influere (på); ha innflytelse på; ha innvirkning på; ***try not to be influenced by what he says*** prøv å ikke la deg påvirke(*el.* influere) av det han sier.

influential [ˈinfluˌenʃəl] *adj* **1.** innflytelsesrik; ***his work in this field has been influential*** hans arbeid *(n)* på dette felt har satt dype spor *(n)* etter seg;
2.: ***be influential in*** være medvirkende til *(fx getting the plan accepted)*.

influenza [ˈinfluˌenzə] *s(,***T:** *flu)* influensa.

influx [ˌinflʌks] *s* **1.:** *se inflow 1;*
2. *fig:* tilstrømning; innrykk *(fx of customers)*;
3. *økon:* ***influx of capital*** kapitaltilførsel; kapitaltilvekst; *(jvf inflow 2)*.

info [ˌinfou] *s* **T***(=information)* opplysning(er); informasjon.

inform [inˌfɔ:m] *vb* **1.** informere; opplyse; ***I was informed that*** jeg fikk opplyst at; ***he informed us that(=he gave us the information that)*** han opplyste (oss om) at; ***inform sby about sth*** informere en om noe; ***keep me informed*** hold meg underrettet; ***inform sby of sth*** informere (*el.* opplyse) en om noe;
2.: ***inform against, inform on*** angi; tyste på.

informal [inˌfɔ:məl] *adj:* uformell *(fx lunch); på innbydelse:* ***informal dress*** daglig antrekk *n*.

informality [ˈinfɔ:ˌmæliti] *s:* uformell karakter; ***the informality of the meeting*** møtets uformelle karakter.

informally *adv:* uformelt; uten formaliteter.

informant [inˌfɔ:mənt] *s:* hjemmelsmann; kilde; informant.

information [ˈinfəˌmeiʃən] *s* **1.** opplysninger; informasjon; ***detailed information*** enkeltheter; ***a piece(=item) of information*** en opplysning; ***a useful piece of information*** en nyttig opplysning; ***a lot of information*** mange opplysninger; ***not much information*** ikke mange opplysninger; ***some information*** noen opplysninger; en opplysning *(fx I need some information)*; ***ask for information about(=on)*** be om opplysninger om; ***to make your stay with us as pleasant as possible, we offer you some useful practical information*** for at ditt opphold her hos oss skal bli så trivelig som mulig, vil vi gi deg noen nyttige og praktiske råd *n;* ***… and this information was not given when the question arose in 19-*** noe som ikke ble opplyst da spørsmålet var aktuelt i 19-; ***in addition, information is desired as to whether …*** videre bes (det) opplyst om …; ***my information is that …*** jeg har fått opplyst at …; ***for your information****(=guidance)* til Deres orientering; ***write(=send) off for information*** skrive etter opplysninger; ***for further information please write to …*** ytterligere opplysninger fås ved skriftlig henvendelse til …; hvis ytterligere opplysninger ønskes, vennligst skriv til …; ***I shall be glad to provide further information at any time*** jeg står når som helst til tjeneste med ytterligere (*el.* flere) opplysninger; ***until further information is available****(=until we have further details; until we know more)* før vi vet noe nærmere; ***seek information*** søke opplysninger; informere seg (*about* om);
2. *stivt(=knowledge)* kunnskaper; ***his information on the subject is most extensive****(=he has very wide knowledge of the subject)* han har meget omfattende kunnskaper på dette området.

information desk informasjonsskranke; ***at the information desk*** i (*el.* ved) informasjonen; ved informasjonsskranken; ***if in doubt, ask one of the ship's officers or at the information desk*** om tvil oppstår, spør en av skipsoffiserene eller ved informasjonsskranken.

information processing *EDB:* informasjonsbehandling.

information science informatikk.

informative [inˌfɔ:mətiv] *adj:* informativ; opplysende; instruktiv.

informative label *merk(=quality label)* varefakta(etikett).

informed [inˌfɔ:md] *adj; stivt(=well-informed)* informert; velunderrettet; velinformert; ***badly informed*** dårlig underrettet; ***an informed guess*** en begrunnet gjetning.

inhabitant

Did you know that

Canberra with 307 700 inhabitants is the capital of Australia? Sydney is the largest city with 3 879 400 people. The total population of Australia in 1996 was 18 438 800 people.

informer [inˌfɔ:mə] *s:* angiver.
infraction [inˌfrækʃən] *s; stivt(=violation; breach)* krenkelse (*of* av); brudd *(n)* (*of* på).
infrared [ˌinfrəˌred; ˌinfrə'red] *adj:* infrarød.
infrastructure [ˌinfrə'strʌktʃə] *s:* infrastruktur *(fx provide an infrastructure for new industries).*
infrequent [inˌfri:kwənt] *adj(=rare)* sjelden; ***an infrequent occurrence*** en sjelden foreteelse; noe som skjer sjelden.
infrequently [inˌfri:kwəntli] *adv(=rarely; seldom)* sjelden; ***very infrequently indeed*** ytterst sjelden; ***not infrequently*(,T:** *more often than not)* ikke så sjelden.
infringe [inˌfrindʒ] *vb; stivt* **1.** *om lov(=break)* bryte; *om forordninger(=contravene)* overtre;
2. *om persons rettigheter(=interfere with; violate)* krenke.
infringement [inˌfrindʒmənt] *s:* brudd *(n)* (*of* på); overtredelse (*of* av); krenkelse (*of* av); ***an infringement of the rules*** et regelbrudd.
infuriate [inˌfju:ri'eit] *vb; stivt(=make very angry)* gjøre rasende; ***I was infuriated by his words*** ordene *(n)* hans gjorde meg rasende.
infuriating *adj:* til å bli rasende over; meget irriterende *(fx behaviour).*
infuriatingly *adv(=exasperatingly)* irriterende *(fx slow).*
infuse [inˌfju:z] *vb* **1.** *om te(=brew)* (stå og) trekke;
2. *stivt(=instil):* ***infuse courage into sby****(=give sby courage)* inngi en mot *n;* sette mot i en; *(se instil).*
infusion [inˌfju:ʒən] *s* **1.** *med.:* infusjon;
2. uttrekk *n;* ***infusion of camomile*** kamillete.
ingenious [inˌdʒi:njəs; inˌdʒi:niəs] *adj* **1.** *om plan, ting, etc:* sinnrik; genial; ***there's nothing ingenious about this plan*** denne planen har ikke noe genialt ved seg; ***what's ingenious about his plan is that …*** det geniale ved planen hans er at …;
2. *om person(=very clever)* skarpsindig; kløktig; meget flink; oppfinnsom; ***an ingenious liar*** en utspekulert løgner.
ingeniously [inˌdʒi:niəsli] *adj:* sinnrikt; genialt; ***very ingeniously****(=with great ingenuity)* meget oppfinnsomt.
ingeniousness [inˌdʒiniəsnəs] *s:* sinnrikhet; genialitet.
ingenuous [inˌdʒenjuəs] *adj* **1***(=innocent; naive)* uskyldig; troskyldig *(fx smile);* naiv;
2*(=candid; natural)* oppriktig; naturlig.
ingenuousness [inˌdʒenjuəsnəs] *s* **1***(=innocence)* uskyld; troskyldighet;
2*(=candour; naturalness)* oppriktighet; naturlighet.
ingenuity ['indʒiˌnju:iti] *s:* sinnrikhet; oppfinnsomhet; genialitet; lurt påfunn.
ingot [ˌiŋgɔt] *s:* støpeblokk; råblokk.
ingrained [inˌgreind] *adj* **1.** *om garn:* gjennomfarget;
2. *fig:* inngrodd; ***ingrained selfishness*** inngrodd egoisme; *om skitten person:* ***the dirt is ingrained in him!*** skitten er grodd fast på ham!
ingratiate [inˌgreiʃi'eit] *vb:* ***ingratiate oneself with sby*** innynde seg hos en; innsmigre seg hos en.
ingratiating [inˌgreiʃi'eitiŋ] *adj:* innsmigrende.
ingratitude [inˌgræti'tju:d] *s(=ungratefulness)* utakknemlighet; ***(the) deep(est) ingratitude*** den svarteste utakknemlighet; ***ingratitude is the way of the world****(= there's no gratitude in the world)* utakk er verdens lønn.
ingredient [inˌgri:diənt] *s:* bestanddel; ingrediens.
ingrowing [ˌin'grouiŋ] *adj(=growing inwards)* som vokser innover (i kjøttet) *(fx an ingrowing toenail).*
ingrown [ˌin'groun] *adj; om negl:* inngrodd *(fx nail).*
inhabit [inˌhæbit] *vb(=live in)* bo i; bebo.
inhabitable [inˌhæbitəbl] *adj; især om område:* beboelig; *(jvf habitable).*
inhabitant [inˌhæbitənt] *s:* innbygger.
inhabited [inˌhæbitid] *adj:* bebodd *(fx area; house).*
inhalation ['inhəˌleiʃən] *s:* innånding; inhalasjon.
inhalator [ˌinhə'leitə] *s; med.(=inhaler)* inhalator.
inhale [inˌheil] *vb(=breathe in)* puste inn; innånde; innhalere *(fx smoke).*
inherent [inˌhiərənt; inˌherənt] *adj:* iboende; medfødt; ***inherent in*** nøye forbundet med; nedlagt i *(fx the instinct for survival is inherent in everyone).*
inherently *adv(=basically)* i grunnen; dypest sett.
inherit [inˌherit] *vb:* arve; ***it's inherited*** det går i arv; det er arvelig; ***inherit sth****(=be left sth; succeed to sth)* arve noe; ***I inherited it from my grandmother****(=it was left me by my grandmother)* jeg har arvet det etter min bestemor.
inheritable [inˌheritəbl] *adj:* arvelig; som kan arves.
inheritance [inˌheritəns] *s* **1.** det å arve; arv; ***enter upon an inheritance****(=come into an inheritance)* tiltre en arv; ***fall to him by inheritance*** tilfalle ham ved arv; ***refuse****(=turn down)* ***an inheritance*** avstå fra en arv; **2.** *fig(=heritage)* arv; ***the common inheritance of a nation*** et folks felles arv; *(se heritage).*
inhibit [inˌhibit] *vb* **1.** hemme; gi hemninger;
2. *stivt(=prevent):* ***inhibit sby from (-ing)*** hindre en i å.
inhibited *adj:* hemmet; som har hemninger; ufri; ***feel inhibited*** føle seg hemmet.
inhibition ['inhiˌbiʃən; 'iniˌbiʃən] *s:* hemning; det å hemme; ***she had no inhibitions about doing it*** hun hadde ingen hemninger ved å gjøre det.
inhospitable [inˌhɔspitəbl] *adj:* ugjestfri; ugjestmild.
inhuman [inˌhju:mən] *adj:* umenneskelig.
inhumane ['inhju:ˌmein] *adj:* inhuman.
inhumanity ['inhju:ˌmæniti] *s:* inhumanitet; grusomhet; umenneskelighet.
inimical [iˌnimikl] *ad; meget stivt* **1***(=hostile; unfriendly)* fiendtlig; uvennlig;
2*(=harmful)* skadelig; ugunstig (*to* for).
inimitable [iˌnimitəbl] *adj; stivt(=impossible to imitate; unique)* uforlignelig *(fx in his inimitable style).*
iniquity [iˌnikwiti] *s; glds el. spøkef(=wickedness; sin)* synd; syndighet; lastefullhet; ***a cesspool of iniquity*** en lastens hule.
I. initial [iˌniʃəl] *s:* initial; forbokstav; ***sign with one's -s*** undertegne med initialene sine.
II. initial *vb* **1.** sette forbokstavene sine under; skrive forbokstaver på; undertegne med forbokstaver;

2. *polit:* parafere *(fx a treaty).*
III. initial *adj:* begynnelses-; start-; utgangs-; innledende *(fx steps); **initial difficulties*** begynnelsesvanskeligheter.
initial capital 1. stor begynnelsesbokstav;
2. startkapital; etableringskapital.
initially [iˌniʃəli] *adv; stivt(=at first)* til å begynne med.
initial salary*(=starting salary)* begynnerlønn.
initial word kortord; bokstavord *(fx NATO).*
I. initiate [iˌniʃi'eit] *s:* (nylig) innviet (person).
II. initiate [iˌniʃi'eit] *vb* **1.** *stivt(=start)* sette i gang *(fx a project);* innlede *(fx a reform movement); **initiate (legal) proceedings against sby*** anlegge sak mot en;
2. innvie (*into* i) *(fx sby into a secret); **the initiated*** de innviede;
3. *meget stivt(=admit)* oppta *(fx sby into a club).*
initiation [i'niʃiˌeiʃən] *s* **1.** innledning; begynnelse; igangsettelse;
2. innvielse; opptagelse (*into a club* i en klubb).
initiation ceremony innvielsesseremoni.
initiative [iˌniʃiətiv; iˌniʃətiv] *s:* initiativ *n; **a peace initiative*** et fredsinitiativ; ***on the initiative of*** på initiativ av; ***on one's own initiative*** på eget initiativ; ***acting on his initiative, they reported the matter to the police*** etter at han hadde tatt initiativet, rapporterte de saken til politiet; ***curb private initiative*** dempe det private initiativ; ***he lacks initiative*** han mangler initiativ; ***take the initiative*** ta initiativet (*in* med å); ta det første skritt; ***use your initiative!*** vis at du har initiativ!
initiator [iˌniʃi'eitə] *s:* initiativtager.
inject [inˌdʒekt] *vb* **1.** *med.:* injisere; sprøyte inn;
2. *fig: **I wish I could inject some life into this class!*** jeg skulle ønske jeg kunne få sprøytet litt liv *(n)* inn i denne klassen!
injection [inˌdʒekʃən] *s* **1.** *med.:* injeksjon; sprøyte; ***have an injection*** få en sprøyte;
2. *mask(=fuel injection)* innsprøytning;
3. *fig: **injection of capital*** kapitalinnsprøytning.
injudicious ['indʒuˌdiʃəs] *adj; stivt(=unwise)* uklok; uoverveid *(fx remark).*
injunction [inˌdʒʌŋkʃən] *s* **1.** *stivt(=order)* pålegg *n;* befaling;
2. *jur: **(court) injunction**(,ikke-jur ofte: court order;* **US:** *restraining order)* påbud (fra domstolen); rettslig påbud; midlertidig (rettslig) forføyning (*against sby* mot en).
injure [ˌindʒə] *vb* **1***(=hurt)* skade; ***be injured in the car crash*** komme til skade i bilulykken;
2. *fig(=damage; harm)* skade *(fx sby's reputation);*
3. *fig(=hurt; sterkere: wound)* såre *(fx sby's pride).*
injured *adj* **1.** skadd; skadet; tilskadekommet; ***the injured*** de tilskadekomne; de som har kommet til skade;
2. *fig:* såret; krenket; forurettet; ***he was (,felt) very injured****(=hurt)* han var (,følte seg) meget krenket (*el.* forurettet);
3. *jur: **the injured party*** den forurettede part.
injurious [inˌdʒuəriəs] *adj; stivt(=harmful)* skadelig.
injury [ˌindʒəri] *s* **1.** *om det legemlige:* skade; ***personal injury*** personskade; ***a bad(=serious) knee injury*** en stygg kneskade; *stivt: **suffer injuries**(=be injured)* få skader; komme til skade;
2. *fig; stivt(=damage)* skade; ***that would mean an injury to his reputation****(=this would harm(=damage) his reputation)* dette ville bety at hans gode navn og rykte vil bli skadelidende;
3. forurettelse; krenkelse; *stivt: **the injury to her feelings**(=her wounded feelings)* hennes sårede følelser;
4. T *el. spøkef: **you could do yourself an injury trying to lift that box!*** du kan forløfte deg hvis du prøver deg på den kassen!
5. *fig: **add insult to injury*** bare gjøre galt verre; legge sten til byrden.
injury time *sport; fotb & rugby:* tilleggstid pga. skade(r).
injustice [inˌdʒʌstis] *s:* urettferdighet; urett; ***a crying**(=flagrant) **injustice*** en skrikende urettferdighet; ***do sby an injustice*** gjøre en (en) urett.
ink [iŋk] *s:* blekk *n; **indelible ink*** merkeblekk.
inkling [ˌiŋkliŋ] *s(=idea; suspicion): **I had no inkling of what was going on*** jeg hadde ingen anelse om hva som foregikk.
inky [ˌiŋki] *adj:* blekksvart; ***inky darkness*** bekmørke.
inlaid [ˌin'leid] *adj: **inlaid work**(=intarsia)* innlagt arbeid *n; **an inlaid table top*** en bordplate i innlagt arbeid.
I. inland [ˌin'lænd; ˌinlənd] *s:* innland.
II. inland [ˌinlənd] *adj* **1.** som ligger inne i landet; **2***(=domestic)* innenlandsk; innenlands; innenriks.
III. inland ['inˌlænd] *adv:* innover i landet *(fx proceed inland);* inne i landet *(fx live inland).*
Inland Revenue *(fk I.R.): **the Inland Revenue**(,**US:** the Internal Revenue Service)* skattedepartementet; ***the Tax Inspectorate (of the Inland Revenue)*** skattedirektoratet; ***the Valuation Office of the Inland Revenue*** *intet tilsv:* den statlige myndiget for verdiansettelse av eiendommer.
Inland Revenue certificate*(=tax certificate)* ligningsattest.
Inland Revenue officer *(,**US:** tax adjuster)* ligningsfunksjonær.
in-laws [ˌin'lɔ:z] *s; pl:* svigerfamilie.
I. inlay [ˌin'lei] *s(=inlaid work; intarsia)* intarsiaarbeid; innlagt arbeid *n (fx an inlay of ivory).*
II. inlay [inˌlei] *vb:* utføre intarsiaarbeid; legge inn.
inlet [ˌin'let] *s* **1.** vik; liten bukt; **2.** *tekn:* inntak; innløp.
inlet valve *mask(=intake valve)* innløpsventil.
inmate [ˌin'meit] *s; i fengsel(=prisoner)* innsatt; *ved psykiatrisk sykehus:* pasient.
inn [in] *s* **1.** kro; vertshus; gjestgiveri
2.: ***Inn of Court*** en av de fire private institusjoner i London hvor 'barristers' utdannes.
innards [ˌinədz] *s; pl* **T 1***(=viscera)* innvoller; *hos fugl, etc:* innmat; **2.** *i maskin, etc: **the innards*** det indre; innmaten *(fx the innards of a typewriter).*
innate [iˌneit] *adj; litt.(=inborn)* medfødt.
inner [ˌinə] *adj:* indre; inner-.
inner ear *anat:* indre øre *n.*
innermost [ˌinə'moust] *adj* **1.** innerst; ***at the innermost** (=furthest; farthest) **end of the room*** innerst i rommet;
2. *fig(=inmost)* innerst *(fx his innermost feelings).*
inner tube *i dekk:* slange.
innings [ˌiniŋz] *s* **1.** *sport; cricket:* inneperiode;
2. *fig; polit:* sjanse (til å utrette noe); **T:** ***it's your innings now*** nå er det din tur (til å vise hva du duger til).
innkeeper [ˌin'ki:pə] *s:* krovert; vertshusholder.
innocence [ˌinəsəns] *s:* uskyldighet; uskyld; ***protest one's innocence*** bedyre sin uskyld; ***prove one's innocence****(=prove oneself innocent)* bevise sin uskyld; ***in my innocence I believed that …*** i min enfold trodde jeg at …
innocent [ˌinəsənt] *adj* **1.** uskyldig (*of* i); ***an innocent victim*** 1. et uskyldig offer; 2. *fig:* et offerlam;
2*(=harmless)* harmløs; uskyldig.
innocuous [iˌnɔkjuəs] *adj; stivt(=harmless)* harmløs; uskadelig; *(jvf inoffensive).*
innovate [ˌinə'veit] *vb:* gjøre forandringer; innføre noe nytt; ***ability to innovate*** nyskapingsevne.
innovation ['inəˌveiʃən] *s:* noe nytt; forandring; nyvinning; ***hate innovation*** ikke kunne fordra forandringer.
innovator [ˌinə'veitə] *s:* fornyer; reformator.
innuendo ['injuˌendou] *s:* insinuasjon; ***make innuendoes about sth*** komme med insinuasjoner om noe.
innumerable [iˌnju:mərəbl] *adj:* utallig.
inoculate [iˌnɔkju'leit] *vb; med.(=vaccinate)* vaksinere (*sby against sth* en mot noe).

inoculation [in'ɔkju,leiʃən] *s; med.:* vaksinasjon.
inoffensive ['inə,fensiv] *adj(=harmless; not likely to offend)* harmløs; uskadelig; som man ikke kan ta anstøt av; uskyldig; fredelig *(fx young man).*
inoperable [in,ɔpərəbl] *adj* **1.** *med.:* inoperabel; **2.** *stivt(=impracticable)* ugjennomførlig *(fx plan).*
inoperative [in,ɔp(ə)rətiv] *adj* **1.** *jur; om lov el. regel(=not operative; not in force)* virkningsløs; **2***(=not functioning)* uvirksom; som ikke virker; **3.** *stivt; om bedrift(=idle)* ute av drift.
inopportune [in,ɔpə'tju:n] *adj; stivt* **1***(=unfortunate)* uheldig; ***at a rather inopportune moment*** i et nokså uheldig øyeblikk; **2***(=inconvenient)* ubeleilig.
inordinate [in,ɔ:dinit] *adj; stivt(=excessive; unreasonable)* overdreven; urimelig; ***spend an inordinate*** *(= unreasonable)* ***amount of time on sth*** bruke urimelig lang tid på noe.
inordinately [in,ɔ:dinitli] *adv; stivt(=excessively)* umåtelig *(fx he's inordinately proud of her).*
inorganic ['inɔ:,gænik] *adj:* uorganisk *(fx chemistry).*
inpatient [,in'peiʃənt] *s:* innlagt pasient.
input [,in'put] *s* **1.** inntak; ***mains input*** tilkopling for lysnettet; **2.** *EDB:* input; inndata.
inquest [,in'kwest] *s(=coroner's inquest)* likskue.
inquest verdict likskuekjennelse.
inquire*(=enquire)* [in,kwaiə] *vb; stivt* **1***(=ask)* spørre (om); spørre seg for; ***on inquiring I found that ...*** da jeg spurte meg for, fikk jeg vite at ...; ***your letter inquiring whether we can*** Deres brev med forespørsel om vi kan;
2.: ***inquire about****(=ask for information about)* forhøre seg om; ***inquire at a firm about*** forespørre hos et firma om;
3. *mht. velbefinnende:* ***inquire after****(=ask after)* spørre etter; spørre hvordan det står til;
4.: ***inquire for****(=ask for)* spørre etter *(fx a book at the bookseller's);*
5.: ***inquire into****(=look into; investigate)* undersøke; etterforske; granske;
6. *meget stivt:* ***inquire of sby whether****(=ask sby whether)* forespørre hos en om.
inquiring*(=enquiring)* [in,kwaiəriŋ] *adj:* spørrende; ***he has an inquiring mind****(=he's inquisitive)* han er vitebegjærlig.
inquiry*(=enquiry)* [in,kwaiəri; **US:** ,inkwiri] *s* **1.** *stivt (=question)* spørsmål;
2. forespørsel; ***an inquiry about a firm*** en forespørsel om et firma; ***an inquiry for cod-liver oil*** en forespørsel om tran; ***make inquiries*** spørre seg for; innhente opplysninger; forhøre seg (*about* om); ***write with your inquiries to*** send Deres forespørsler til;
3*(=investigation)* undersøkelse (*into* av); granskning (*into* av); ***an inquiry is being held into*** man undersøker nå; en undersøkelse er nå satt i gang i forbindelse med *(fx an inquiry is being held into her disappearance);*
4. *polit:* ***(public) inquiry*** høring; ***hold a public inquiry into conditions in that country*** holde (*el.* arrangere) en høring om forholdene i det landet; *(jvf hearing 3).*
inquisition ['inkwi,ziʃən] *s* **1.** *meget stivt(=careful questioning)* grundig utspørring;
2. *rel:* ***the Inquisition*** inkvisisjonen.
inquisitive [in,kwizitiv] *adj* **1.** spørrelysten; vitebegjærlig; **2***(=curious)* nysgjerrig.
inroad [,in'roud] *s* **1***(=raid)* innfall; streiftog; raid *n;* **2.** *fig:* ***inroads*** innhogg (*into one's savings* i sparepenger).
inrun [,in'rʌn] *s; ski; i hoppbakke(=ramp)* ovarenn; *(jvf I. outrun).*
insane [in,sein] *adj* **1***(=mentally ill)* sinnssyk; **2. T***(=crazy)* sprø; vanvittig.
insanitary [in,sænitəri] *adj(=unhygienic)* uhygienisk.
insanity [in,sæniti] *s* **1***(=madness)* sinnssykdom; **2.** *fig(=madness; craziness)* galskap.
insatiable [in,seiʃəbl] *adj; stivt el. spøkef(=that cannot be satisfied)* umettelig *(fx desire for adventure).*
inscribe [in,skraib] *vb* **1***(=engrave)* gravere inn;
2. *stivt(=write):* ***he inscribed his name in the visitors' book*** han skrev navnet sitt i gjesteboken;
3. *bok:* dedisere *(fx a book to sby);* ***inscribed copy*** *(= courtesy copy; signed copy)* dedikasjonseksemplar.
inscription [in,skripʃən] *s* **1.** inngravering; **2.** inskripsjon *(fx on a coin);* **3.** *i bok:* dedikasjon.
inscrutable [in,skru:təbl] *adj; stivt(=unfathomable)* uutgrunnelig *(fx face).*
insect [,insekt] *s; zo:* insekt *n.*
insect bite insektbitt; insektstikk.
insecticide [in,sekti'said] *s:* insektdrepende middel *n;* insektmiddel.
insect pest skadeinsekt.
insect repellent insektmiddel.
insecure ['insi,kjɔ:; 'insi,kjuə] *adj* **1.** usikker;
2. *om person(=unsure of oneself)* usikker; utrygg.
insecurity ['insi,kjɔ:riti; 'insi,kjuəriti] *s:* usikkerhet.
inseminate [in,semi'neit] *vb:* inseminere *(fx cattle).*
insensible [in,sensəbl] *adj* **1.** følelsesløs (*to* overfor) *(fx pain);* ufølsom (*to* overfor);
2. *stivt:* ***insensible of****(= unaware of; indifferent to)* som ikke er klar over; som ikke enser; som er likegyldig overfor.
insensitive [in,sensitiv] *adj* **1***(=callous; unfeeling)* følelsesløs; ufølsom;
2.: ***insensitive to*** ufølsom overfor *(fx light; pain; poetry);* uimottagelig for; upåvirkelig av *(fx beauty).*
inseparable [in,sepərəbl] *adj:* uatskillelig.
I. insert [,insə:t] *s* **1.** *tekn:* innsats; noe som er føyd til; noe som er satt inn; **2.** *i avis:* bilag *n.*
II. insert [in,sə:t] *vb* **1.** *i avis:* rykke inn *(fx an advertisement in a paper);*
2*(=write in)* føye inn; skyte inn; flette inn *(fx an extra chapter);*
3*(=put):* ***insert a key in the lock*** stikke en nøkkel i låsen.
insertion [in,sə:ʃən] *s* **1.** innskudd; innføyelse; *i håndarbeid:* mellomverk;
2. *av annonse i avis, etc:* innrykning;
3. det å legge på; ***the insertion of a coin makes the machine work*** maskinen starter når man legger på en mynt.
inshore [,in,ʃɔ:; *attributivt:* ,inʃɔ:] **1.** *adj:* kyst- *(fx fishing);*
2. [in,ʃɔ:] *adv:* inn mot kysten; inn mot land *n;* inne ved kysten; inne ved land.
I. inside [in,said] *s:* innside; innerside; ***from the inside*** *(=from within)* innenfra; ***on the inside*** på innsiden; på innersiden; inni; ***inside out*** [,in'said ,aut] 1. med inn(er)siden ut; med vrangen ut; ***turn one's socks inside out*** vrenge sokkene sine. 2. **T:** ***she knows it inside out*** hun kan det ut og inn.
II. inside [,insaid] *adj:* innvendig *(fx door);* inner-; ***inside edge*** innerkant; ***inside pages of a paper*** sider inne i en avis.
III. inside [in,said] *adv* **1***(=indoors)* inne; innenfor; **S:** i fengsel *n;* innenfor; **S:** i buret; i spjeldet;
2. inn; ***go inside****(=go in; go indoors)* gå inn;
3*(=by nature):* ***inside, he's a good chap*** innerst inne er han en bra kar.
IV. inside [in,said] *prep:* inne i; inn i; ***inside two days*** *(,T: inside of two days)* på under to dager.
inside information underhåndsopplysninger.
inside job forbrytelse utført av en person i miljøet.
insider [in,saidə] *s:* person med tilgang til førstehånds opplysninger; person som tilhører den indre krets; *børsuttrykk, også:* insider.
insider trading [,in'saidə ,treidiŋ] *s; børsuttrykk:* innsidehandel.
insidious [in,sidiəs] *adj:* lumsk *(fx enemy); om sykdom:* snikende.

insight [ˌin'sait] *s:* innsikt (*into* i); ***showing insight*** innsiktsfull; ***a person with insight*** en innsiktsfull person; *spøkef:* ***with brilliant insight I deduced that …*** med stor skarpsindighet sluttet jeg meg til at …
insignia [inˌsigniə] *s; pl:* insignier.
insignificance ['insigˌnifikəns] *s:* ubetydelighet; betydningsløshet; uanselighet.
insignificant ['insigˌnifikənt] *adj:* ubetydelig; betydningsløs; uanselig; intetsigende (*fx person*).
insincere ['insinˌsiə] *adj:* uoppriktig; hyklersk; falsk.
insincerity ['insinˌseriti] *s:* uoppriktighet; falskhet.
insinuate [inˌsinju'eit] *vb* **1.** insinuere; antyde;
2. *stivt:* ***insinuate oneself into sby's favour****(=ingratiate oneself with sby)* innsmigre seg hos en.
insinuation [in'sinjuˌeiʃən] *s* **1.** insinuasjon;
2. *meget stivt:* det å innsmigre seg.
insipid [inˌsipid] *adj* **1.** *om mat(=tasteless)* smakløs; flau; emmen; **2.** *om bok, etc(=boring; dull)* kjedelig.
insist [inˌsist] *vb:* insistere; hevde bestemt; forlange; ***if you insist*** hvis du insisterer (på det); ***insist that sth be done (about it)****(=insist on sth being done (about it))* insistere på at noe blir gjort (med det); forlange at man foretar seg noe (med det); ***I insist that you do it*** jeg forlanger at du gjør det; jeg insisterer på at du gjør det; ***he insists on going*** han vil absolutt dra.
insistence [inˌsistəns] *s:* insistering (*on* på); bestemt hevdelse (*on* av); fastholdelse (*on* av).
insistent [inˌsistənt] *adj:* pågående; ***he was quite insistent about it*** han ville ikke gi seg på det.
(in) so far as, insofar as*(=to the extent that; as far as)* for så vidt som; ***I gave him the details (in) so far as****(= as far as)* ***I knew them*** jeg ga ham detaljene for så vidt som jeg kjente dem.
insole [ˌin'soul] *s* **1***(=inner sole)* binnsåle;
2. *løs, i sko:* innleggssåle; *(jvf arch support).*
insolence [ˌinsələns] *s(=impudence)* uforskammethet; frekkhet; ***the insolence of it!*** for en frekkhet!
insolent [ˌinsələnt] *adj(=impudent)* uforskammet; frekk.
insoluble [inˌsɔljubl] *adj* **1.** *kjem:* uoppløselig;
2. *om problem:* uløselig.
insolvency [inˌsɔlvənsi] *s:* insolvens; betalingsudyktighet.
insolvent [inˌsɔlvənt] *adj:* insolvent; betalingsudyktig.
insomnia [inˌsɔmniə] *s(=sleeplessness)* søvnløshet.
insomniac [inˌsɔmni'æk] *s:* søvnløs person.
insomuch ['insouˌmʌtʃ] *adv:* ***insomuch that****(=to such an extent that)* i en slik grad at.
inspect [inˌspekt] *vb* **1.** kontrollere; inspisere; ***inspect sth for faults*** kontrollere noe for feil;
2*(=examine closely)* inspisere; se nøye på; etterse.
inspection [inˌspekʃən] *s:* inspeksjon; kontroll; ettersyn; ***on inspection*** ved nærmere ettersyn; ***submit****(= subject)* ***it to a thorough****(=close)* ***inspection*** underkaste det et nøye ettersyn; **a closer inspection***(= examination)* **revealed that …** ved nærmere ettersyn viste det seg at …; ***the plans are available for inspection*** planene er utlagt; enhver har adgang til å se planene.
inspection copy *av bok:* gjennomsynseksemplar.
inspector [inˌspektə] *s* **1.** inspektør;
2. *i politiet:* ***(police) inspector****(,***US:** *(precinct) police sergeant)* politibetjent; ***detective inspector*** politibetjent ved kriminalpolitiet; ***chief inspector*** politiførstebetjent; politistasjonssjef;
3*(=Inspector; district tax inspector)* ligningssjef; ***your employer supplies this information to the Inspector*** din arbeidsgiver sender disse opplysningene til ligningskontoret; *(jvf Inspector of Taxes & tax inspector).*
inspectorate [inˌspektərit] *s:* inspektorat *n;* ***the Tax Inspectorate (of the Inland Revenue)*** skattedirektoratet; *(se Inland Revenue & Inspector of Taxes).*
Inspector of Taxes: ***the Inspector of Taxes*** skattedirektøren; ***district office of the Inspector of Taxes*** ligningskontor; *(jvf Inland Revenue; tax inspector; inspector 2).*
inspiration ['inspiˌreiʃən] *s* **1.** inspirasjon; ***he gets his inspiration from*** han lar seg inspirere av; **2***(=impulse)* innskytelse; ***a sudden inspiration*** en plutselig innskytelse; **3. T***(=very good idea):* ***whose inspiration was it to paint the door blue?*** hvem var det som fikk den gode idéen å male døra blå?
inspire [inˌspaiə] *vb* **1***(=encourage)* inspirere; oppmuntre; ***I was inspired by his example*** jeg ble inspirert av hans eksempel;
2.: ***inspire sby with fear (,hope)****(=instil fear (,hope) into sby);* inngi en frykt (,håp *(n)*); ***inspire confidence (in sby)*** skape tillit (hos en).
inspired [inˌspaiəd] *adj* **1.** inspirert; ***it was an inspired guess*** det var genialt gjettet;
2*(=highly gifted)* meget begavet.
-inspired inspirert av *(fx Kremlin-inspired rumours);* ***heaven-inspired****(=divinely gifted)* gudbenådet *(fx artist).*
inspiring *adj:* inspirerende.
in-spot [ˌin'spɔt] *s:* in-sted *n.*
instability ['instəˌbiliti] *s:* ustabilitet.
install *(,***US** *også: instal)* [inˌstɔ:l] *vb* **1.** installere; montere; ***install****(=plumb in)* ***a washing machine*** montere en vaskemaskin; ***install an engine*** sette inn en motor;
2. *i embete:* innsette *(fx be installed as president);*
3.: ***install oneself*** installere seg; **T:** ***we're now reasonably well installed*** vi har nå fått installert oss så noenlunde.
installation ['instəˌleiʃən] *s* **1.** installering; montering;
2. *i embete:* innsettelse.
instalment *(,***US:** *installment)* [inˌstɔ:lmənt] *s* **1.** avdrag; rate; ***by****(=in)* ***instalments*** avdragsvis; i rater; ***interest and instalments****(=repayments)* renter og avdrag; ***pay an instalment of £500 on the debt*** avbetale £500 på gjelden; nedbetale gjelden med £500; **2.** *av bok:* hefte *n; av føljetong:* avsnitt; *om del av andre ting:* porsjon; ***in small instalments*** i små porsjoner.
instance [ˌinstəns] *s* **1***(=example)* eksempel *n;* ***for instance*** for eksempel;
2*(=case):* ***in this (,that) instance*** i dette (,det) tilfellet;
3.: ***in the first instance*** i første instans; til å begynne med; først; *jur:* ***court of first instance*** første instans.
I. instant [ˌinstənt] *s(=moment)* øyeblikk; ***the instant he heard the news****(=as soon as he heard the news)* straks han hørte nyheten; ***in an instant*** 1. på et øyeblikk *(fx it all happened in an instant);* 2. om et øyeblikk.
II. instant *adj(=immediate)* øyeblikkelig.
instantaneous ['instənˌteiniəs] *adj:* øyeblikkelig; som skjer på et øyeblikk; momentan; ***the effect of this poison is instantaneous*** denne giften virker øyeblikkelig.
instantaneously ['instənˌteiniəsli] *adv(=immediately)* øyeblikkelig; ***death occurred instantaneously*** døden inntraff momentant.
instantly [ˌinstəntli] *adv(=immediately)* øyeblikkelig; straks.
instant milk *(=milk powder; dried milk)* tørrmelk.
instant potatoes potetmospulver.
instant teller *Canada(=cash dispenser;* **US:** *automated teller)* minibank; *(se cash dispenser).*
instead [inˌsted] *adv:* isteden; i stedet; ***instead of*** istedenfor; i stedet for.
instep [ˌin'step] *s; anat:* vrist; ***have a high instep****(= have an arched foot)* ha en høy vrist.
instigate [ˌinsti'geit] *vb; stivt* **1.** *neds(=urge; incite)* tilskynde (*to* til); oppmuntre (*to* til);
2*(=incite):* ***instigate rebellion*** egge til opprør *n.*
instigation ['instiˌgeiʃən] *s; neds(=incitement)* tilskyndelse; ***at the instigation of*** tilskyndet av; etter tilskyndelse av.

instigator ['insti,geitə] *s* **1**(=*originator)* opphavsmann;
2. *neds(=ringleader)* anstifter.

instil *(,US: instill)* [in,stil] *vb:* inngyte (*sth into sby* en noe); innpode (*sth into sby* en noe); ***instil courage into sby****(=give sby courage)* sette mot *(n)* i en; gi en mot.

instinct [,instiŋ(k)t] *s:* instinkt *n;* ***do sth by instinct*** gjøre noe av instinkt; ***an unerring instinct for*** et sikkert instinkt for; ***rely on instinct*** stole på instinktet.

instinctive [in,stiŋktiv] *adj:* instinktiv; uvilkårlig.

instinctively [in,stiŋktivli] *adv:* instinktivt; uvilkårlig.

I. institute [,insti'tju:t] *s:* institutt *n.*

II. institute *vb* **1.** *meget stivt(=start)* iverksette; sette i gang; ***institute inquiries*** sette i gang undersøkelser;
2. *jur(=start; initiate):* ***institute (legal) proceedings against sby*** ta rettslige skritt *(n)* mot en; anlegge sak mot en.

institution ['insti,tju:ʃən] *s; stivt* **1.** institusjon; ***educational institution*** lærested; ***public institution*** offentlig institusjon;
2(=*establishment)* opprettelse; etablering;
3(=*initiation)* (inn)stiftelse; innføring; instituering;
4. *meget stivt:* iverksettelse; igangsettelse; ***they demanded the institution of a public inquiry****(=they demanded that a public inquiry be held)* de forlangte (iverksettelse av) en offentlig undersøkelse;
5. *stivt el. spøkef(=tradition; custom)* tradisjon;
6. begrep; *spøkef:* institusjon; ***Jordan's toothbrushes have been an institution for over 50 years*** Jordans tannbørster har vært et begrep i mer enn 50 år *n.*

institutional ['insti,tju:ʃənl] *adj:* institusjons-; institusjonspreget; ***institutional life*** livet i en institusjon.

instruct [in,strʌkt] *vb; stivt* **1**(=*teach)* undervise; instruere; instruere i;
2(=*order; direct; tell)* gi pålegg (*to* om); gi instruks; ***he was instructed****(=told)* ***to come here*** han fikk beskjed om å komme hit; ***instruct him what to do****(=tell him what to do)* instruere ham (om hva han skal gjøre);
3. *jur:* ***instruct counsel*** overlate saken til advokat.

instruction [in,strʌkʃən] *s* **1.** instruksjon; undervisning; ***give instruction in skating****(=teach skating)* gi skøyteundervisning;
2.: ***instructions*** instruks(er); instruksjoner; ***safety-first instructions*** alarminstruks; ***the ship's instructions*** båtinstruksen; ***exceed one's instructions*** gå ut over instruksen; ***follow sby's instructions*** gjøre som man får beskjed om av en; ***follow****(=obey)* ***(the) instructions*** følge instruksene; ***go to the assembly point, following the crew's instructions*** gå til oppsamlingsstedet idet du følger anvisninger fra skipets besetning; ***get one's instructions****(=be briefed)* få sine instrukser; ***obey instructions****(=act on one's instructions)* følge instruksen;
3. *merk:* ***instructions****(=directions)* forholdsordre; ***shipping instructions*** skipningsordre;
4.: ***instructions (for use)*** bruksanvisning.

instruction book instruksjonsbok.

instructive [in,strʌktiv] *adj:* instruktiv; belærende; lærerik *(fx the talk was most instructive).*

instructor [in,strʌktə] *s* **1.** instruktør;
2. US *univ; som rangerer under en 'assistant professor'(førstelektor):* hjelpelærer.

instrument [,instrumənt] *s* **1.** instrument *n;* redskap; *tlf:* apparat *n;* ***instrument of power*** maktmiddel;
2. *mus:* ***(musical) instrument*** (musikk)instrument *n;*
3. T *fig; om person(=tool)* redskap *n;*
4. *jur(=document)* dokument *n.*

instrumental ['instrə,mentl] *adj* **1.** *mus:* instrumental;
2.: ***be instrumental in*** medvirke til; hjelpe til med.

insubordinate ['insə,bɔ:dinit] *adj:* ulydig; oppsetsig.

insubordination ['insəb'ɔ:di,neiʃən] *s:* insubordinasjon; oppsetsighet; ulydighet.

insubstantial ['insəb,stænʃəl] *adj* **1**(=*intangible)* uhåndgripelig; ulegemlig; immateriell;
2. *fig; om argument, etc(=flimsy)* spinkel; tynn; svak; ***an insubstantial argument*** et spinkelt (*el.* tynt) argument.

insufferable [in,sʌfərəbl] *adj; stivt(=unbearable)* ulidelig; utålelig.

insufficiency ['insə,fiʃənsi] *s* **1.** utilstrekkelighet;
2. *med.:* insuffisiens; ***cardiac insufficiency*** hjertesvikt.

insufficient ['insə,fiʃənt] *adj; stivt(=not enough; not sufficient)* utilstrekkelig; *med.:* insuffisient.

insular [,insjulə] *adj* **1.** øy-; insulær; ***insular climate*** øyklima; ***insular prejudice*** øybofordom;
2. *fig(=narrow-minded; full of prejudice)* sneversynt; trangsynt.

insularity ['insju,læriti] *s* **1.** øymessig beliggenhet;
2. *fig(=narrow-mindedness)* sneversyn; trangsyn.

insulate [,insju'leit] *vb* **1.** *bygg & elekt:* isolere;
2. *fig; stivt(=protect)* beskytte (*from* mot).

insulating strips*(=insulating tape;* **US:** *friction tape)* isolasjonsbånd.

insulation ['insju,leiʃən] *s:* isolasjon.

insulator [,insju'leitə] *s; elekt:* isolator.

insulin [,insjulin] *s:* insulin *n.*

I. insult [,insʌlt] *s:* fornærmelse (*to* mot); ***swallow an insult*** bite i seg en fornærmelse; ***add insult to injury*** bare gjøre galt verre; legge sten til byrden.

II. insult [in,sʌlt] *vb:* fornærme; ***insult sby*** fornærme en; ***she was insulted*** hun ble fornærmet; *(jvf offend).*

insulting [in,sʌltiŋ] *adj:* fornærmende.

insuperable [in,su:pərəbl] *adj; stivt(=insurmountable)* uoverkommelig; uoverstigelig.

insupportable ['insə,pɔ:təbl] *adj; stivt* **1**(=*unbearable)* uutholdelig;
2(=*indefensible)* som ikke kan forsvares *(fx actions);*
3. *om anklage(=that cannot be sustained)* som ikke kan opprettholdes.

insurance [in,ʃɔ:rəns; in,ʃuə:rəns] *s* **1.** forsikring (*against* mot); ***take out an insurance*** tegne (en) forsikring;
2(=*insurance policy)* (forsikrings)polise;
3.: ***(national) insurance*** trygd; ***you'll get some of it back from the insurance*** du får en del av det (ɔ: beløpet) tilbake i trygdekassen.

insurance agent *fors:* forsikringsagent.

insurance cover forsikringsmessig dekning.

insurance policy forsikringspolise.

insurance premium forsikringspremie.

insure [in,ʃɔ:; in,ʃuə] *vb* **1.** forsikre (*against* mot); ***insure one's life****(=take out a life insurance (policy))* tegne livsforsikring; ***are you fully insured?*** er du fullt forsikret? ***I'd like to have this letter insured*** dette vil jeg skal gå som verdibrev; *(se insured letter);*
2. trygde;
3. *fig:* sikre seg (*against* mot).

I. insured *s:* ***the insured*** forsikringstageren.

II. insured *adj:* forsikret; ***this is an insured risk*** dette er man forsikret mot.

insured item*(=insured packet)* verdisending.

insured letter verdibrev; *(se insure 1).*

insurer [in,ʃɔ:rə; in,ʃuərə] *s:* forsikringsgiver.

I. insurgent [in,sə:dʒənt] *s; stivt(=rebel)* opprører.

II. insurgent *adj; stivt(=rebellious)* opprørsk; ***an insurgent nation*** en nasjon i opprør *n.*

insurmountable ['insə,mauntəbl] *adj(=insuperable)* uoverstigelig *(fx obstacle);* uoverkommelig.

insurrection ['insə,rekʃən] *s; stivt(=rebellion; uprising)* oppstand; opprør *n;* ***peasant insurrection*** bondeoppstand.

intact [in,tækt] *adj:* intakt; uskadd; ubeskadiget.

intake [,in'teik] *s* **1.** *skolev:* inntak; ***a comprehensive intake*** det at alle søkere tas opp;
2. *tekn:* inntak; ***air intake*** luftinntak;
3. *med.:* opptak; ***intake of solids and liquids*** opptak av fast og flytende føde; *(se fluid intake).*

intangible [in,tæn(d)ʒəbl] *adj* **1.** uhåndgripelig;
2. vag; upresis *(fx idea);* abstrakt;

3. *merk: **intangible assets**(=invisible assets)* immaterielle aktiva *n.*

I. integral [ˌintəgrəl] *s; mat.:* integral.

II. integral *adj* **1.** *mat.:* integral; **2.** helhetlig; vesentlig; integrerende; ***be**(=form) **an integral part of*** være en integrerende del av.

integral calculus *mat.:* integralregning.

integrate [ˌinti'greit] *vb* **1.** integrere; innordne i et hele; la inngå (*into* i);
2. *om person el. gruppe(=mix)* integrere; bli integrert; blande seg (*with* med).

integration ['intiˌgreiʃən] *s:* sammensmelting (til et større hele); integrering; integrasjon.

integrity [inˌtegriti] *s:* integritet; hederlighet; rettskaffenhet.

intellect [ˌintə'lekt] *s:* intellekt *n;* forstand; intelligens; *(=mental powers)* tankekraft; tenkeevne; ***a great intellect*** et stort intellekt.

I. intellectual ['intəˌlektʃuəl] *s:* intellektuell.

II. intellectual *adj:* intellektuell; forstandsmessig; ***intellectual work*** 1*(=brain work)* åndsarbeid; 2*(=intellectual activities)* intellektuelle sysler.

intelligence [inˌtelidʒəns] *s* **1.** intelligens; ***a person of intelligence**(=an intelligent person)* en intelligent person;
2. etterretningsarbeid; etterretning(srapport).

intelligence quotient *(fk IQ)* intelligenskvotient; IQ.

intelligence service *mil:* etterretningsvesen; etterretningstjeneste.

intelligent [inˌtelidʒənt] *adj:* intelligent.

intelligible [inˌtelidʒəbl] *adj(=understandable)* forståelig; ***make sth intelligible to a child*** gjøre noe forståelig for et barn.

intend [inˌtend] *vb; om hensikt:* tenke; mene; ***do you still intend going**(=to go)**?*** har du fremdeles tenkt å dra? ***do you intend them to go?*** har du ment at de skal dra? ***we intended no harm*** vi hadde ikke noe ondt i sinne; vi hadde ikke tenkt å gjøre noe galt; ***was this intended?*** var dette tilsiktet?

intended [inˌtendid] *adj: **be intended for*** være beregnet på; være bestemt for; *om bok:* henvende seg til; være beregnet på; ***that letter was intended for me*** det var jeg som skulle ha det brevet.

intense [inˌtens] *adj:* intens; voldsom *(fx hatred; heat; pain);* heftig *(fx pain); om person:* intens; sterkt følelsespreget; ***take an intense interest in**(=be intensely interested in)* være sterkt opptatt av.

intensely *adv:* intenst; ***I dislike it intensely**(=very much)* jeg misliker det i høy grad.

intensify [inˌtensi'fai] *vb:* intensivere; ***intensify**(=increase)* ***one's efforts*** forsterke sine anstrengelser.

intensity [inˌtensiti] *s:* intensitet; styrke.

intensive [inˌtensiv] *adj:* intensiv; ***an intensive language course*** et intensivt språkkurs; ***intensive work*** intenst arbeid.

intensive care *ved sykehus:* overvåking; ***be in intensive care*** ligge på intensivavdeling.

intensive care unit *ved sykehus:* intensivavdeling.

I. intent [inˌtent] *s* **1.** *jur(=purpose)* overlegg *n;* hensikt; ***with criminal intent*** i forbrytersk hensikt; ***with intent to*** i den hensikt å; ***assault with intent to kill*** drapsforsøk; **2.** *stivt: **to all intents (and purposes)**(=in all important aspects)* i alt vesentlig; så godt som.

II. intent *adj:* (an)spent *(fx look);* ***be intent on sth*** være opptatt av noe; ***intent on (-ing)*** fast besluttet på (å).

intention [inˌtenʃən] *s:* hensikt; formål; intensjon; ***his*** intentions are good han har gode hensikter; ***have the best (of) intentions*** ha de beste hensikter; ***I have no intention of going*** jeg har ikke til hensikt å dra; ***with the best of intentions**(=from the best of motives)* i den beste hensikt; ***there is no intention of (-ing)*** man har ikke til hensikt å.

intentional [inˌtenʃənəl] *adj(=deliberate)* forsettlig; med hensikt; tilsiktet.

intentionally [inˌtenʃənəli] *adv(=on purpose)* med vilje; med hensikt.

intently [inˌtentli] *adv:* anspent *(fx listen intently).*

inter [inˌtə:] *vb; stivt el. litt.(=bury)* begrave.

interact ['intərˌækt] *vb* **1.** påvirke hverandre gjensidig; gripe inn i hverandre;
2. US: *interact with(=mix with)* omgås med.

interaction ['intərˌækʃən] *s* **1***(=reciprocal action)* vekselvirkning; gjensidig påvirkning;
2. US*(=socializing)* sosialt samkvem; selskapelig samvær *n.*

interbreed ['intəˌbri:d] *vb; biol(=crossbreed)* krysse(s).

intercede ['intəˌsi:d] *vb* **1.** megle (*in* i; *between* mellom); **2.: *intercede with sby on sby's behalf*** gå i forbønn for en hos en.

intercept ['intəˌsept] *vb:* fange opp; snappe opp *(fx a message);* avskjære.

interception ['intəˌsepʃən] *s:* oppsnapping; oppfanging; avskjæring; *(se intercept).*

intercession ['intəˌseʃən] *s* **1.** mellomkomst; megling;
2. forbønn; *(se intercede).*

I. interchange [ˌintə'tʃeindʒ] *s* **1.** *stivt(=exchange)* utveksling *(fx of ideas);*
2.: *interchange (junction)(=interchange layout)* trafikkmaskin.

II. interchange ['intəˌtʃeindʒ] *vb; stivt(=exchange)* utveksle.

interchangeable ['intəˌtʃeindʒəbl] *adj* **1.** utskiftbar;
2. som kan brukes om hverandre.

intercity ['intəˌsiti] *adj:* mellom (to) byer; ***intercity railway*** mellombys jernbane; ***intercity train*** intercitytog.

inter-club ['intəˌklʌb] *adj:* klubber imellom; ***an inter-club event*** en konkurranse klubber imellom.

intercom [ˌintəkɔm] *s:* interkom; samtaleanlegg.

intercom set høyttalende hustelefon.

interconnect ['intəkəˌnekt] *vb* **1.** forbinde innbyrdes; ha forbindelse med hverandre;
2. *elekt:* samkjøre *(fx electric power stations);*
3. *fig:* ha forbindelse med hverandre.

intercontinental ['intəkɔntiˌnentl] *adj:* interkontinental.

intercourse [ˌintə'kɔ:s] *s* **1.** samkvem *n;* ***trade intercourse, commercial intercourse*** handelssamkvem; ***social intercourse*** sosialt samkvem;
2.: *(sexual) intercourse* samleie *n;* seksuelt samkvem *n;* ***have intercourse (with)**(=have sex (with))* ha samleie (med).

interdependence ['intədiˌpendəns] *s(=mutual dependence)* gjensidig avhengighet.

interdependent ['intədiˌpendənt] *adj(=mutually dependent)* innbyrdes avhengige; gjensidig avhengige av hverandre.

interdisciplinary ['intəˌdisiplinəri] *adj:* tverrfaglig.

I. interest [ˌint(ə)rist] *s* **1.** interesse; ***this has great interest*** dette har stor interesse; ***have their best interests at heart**(=think (of) what's best for them)* tenke på deres beste; ***it's in your interest as well as ours*** det er i Deres interesse såvel som i vår; ***when it's required in the public interest*** når allmenne hensyn krever det; ***take an interest in**(=be interested in)* interessere seg for; ***take an active interest in what's going on*** leve med i det som skjer; ***take an intense interest in**(=be intensely interested in)* være sterkt opptatt av; være voldsomt interessert i; ***of interest*** av interesse; ***they showed no sign(s) of interest*** de viste ingen interesse;
2. *bankv:* rente; ***actual interest*** effektiv rente; ***at compound interest*** med rente og rentes rente; ***rate of interest*** 1. rentefot; rentesats; 2. rente; ***a small rate of interest*** lav rente; ***invest money at 5 per cent (interest)*** investere penger til 5% rente; ***put the loan on an interest-only basis*** gjøre lånet avdragsfritt; *(se vested interest).*

II. interest *vb:* interessere *(fx it interested him).*
interested [ˌintristid] *adj:* interessert; ***be interested in*** være interessert i; interessere seg for.
interest-free [ˌintrist'fri:] *adj:* rentefri; ***an interest-free loan*** et rentefritt lån.
interest group: ***(special) interest group*** interessegruppe.
interesting [ˌintristiŋ] *adj:* interessant.
interfere ['intəˌfiə] *vb* **1.** blande seg bort i (noe som ikke vedkommer en); ***interfere between husband and wife*** blande seg bort i en strid mellom mann og kone; ***an interfering person*** en person som blander seg bort i andres affærer; ***don't interfere in other people's business!*** legg deg ikke bort i andres saker! ***I wish you'd stop interfering (with my plans)*** jeg skulle ønske du ville holde opp med å blande deg inn (i mine planer); **2.:** ***interfere with*** 1. forstyrre *(fx it interferes with my work);* sjenere; hemme; hindre; sinke; komme i veien for; ***it interfered with my plans*** *også:* det kom på tverke for meg; 2. gripe inn overfor *(fx the demonstrators);* 3. *seksuelt:* forgripe seg på; ***the little girl had been interfered with*** den lille piken var blitt utsatt for et seksuelt overgrep.
interference ['intəˌfiərəns] *s* **1.** innblanding (*with, in* i); **2.** *radio:* forstyrrelser; støy; interferens.
inter-human ['intəˌhju:mən] *adj:* mellommenneskelig.
interim [ˌintərim] *adj:* foreløpig; midlertidig.
interim arrangement midlertidig ordning; overgangsordning.
I. interior [inˌtiəriə] *s:* indre *n;* interiør *n;* ***the interior*** det indre *(fx of a house; of a country);* **US:** ***Department of the Interior****(=Home Office)* innenriksdepartement; **US:** ***Secretary of the Interior****(=Home Secretary)* innenriksminister.
II. interior *adj:* innvendig; indre.
interior decorator maler og tapetserer.
interior design consultant dekorkonsulent; *(se consultant & design consultant).*
interior designer interiørarkitekt.
interject ['intəˌdʒekt] *vb; meget stivt(=put in)* skyte inn *(fx he interjected a comment at intervals).*
interjection ['intəˌdʒekʃən] *s* **1.** *meget stivt(=exclamation)* utrop; **2.** *gram:* utropsord; interjeksjon.
interlock ['intəˌlɔk] *vb* **1***(=fit into each other)* gripe inn i hverandre; passe inn i hverandre; være koplet sammen;
2. kjøre inn i hverandre; ***interlock nose to tail*** kjøre inn i hverandre bakfra;
3. *elekt:* låse; sperre.
interlocutor ['intəˌlɔkjutə] *s; meget stivt(=one who takes part in a conversation)* samtalepartner; ***my interlocutor****(=the person I was (,am) talking to)* min samtalepartner; den jeg snakket (,snakker) med.
interloper [ˌintə'loupə] *s; meget stivt(=intruder)* inntrenger.
interlude [ˌintə'lu:d] *s* **1.** *teat(=interval)* pause;
2. *teat & fig:* mellomspill;
3. *mus:* interludium *n;* mellomspill;
4. *stivt(=interval):* ***interludes of sunshine between showers****(=sunny intervals between showers)* korte perioder med sol mellom skurene.
intermarriage ['intəˌmæridʒ] *s* **1.** innbyrdes giftermål;
2. inngifte (*with* med).
intermarry ['intəˌmæri] *vb* **1***(=marry each other)* gifte seg innbyrdes;
2.: ***intermarry with****(=marry)* gifte seg med *(fx they intermarried with the native population).*
intermediary ['intəˌmi:diəri] *s:* mellommann.
intermediate ['intəˌmi:diət] *adj:* mellomliggende; mellom-; ***an intermediate size*** en mellomstørrelse.
intermediate stage mellomstadium; mellomtrinn.
intermediate subject *univ:* mellomfag; *(se basic course & main subject).*
interment [inˌtə:mənt] *s; stivt(=burial)* begravelse.
intermezzo ['intəˌmetsou] *s* **1.** *mus:* mellomsats;
2. *fig(=interlude)* mellomspill; intermesso *n.*
interminable [inˌtə:minəbl] *adj(=endless)* endeløs.
intermission ['intəˌmiʃən] *s* **1.** *radio, teat, etc; især* **US***(=interval)* pause;
2.: ***without intermission****(=without a break)* uten pause; uten stans.
intermittent ['intəˌmitənt] *adj:* som skjer med mellomrom; periodisk tilbakevendende; ***an intermittent pain*** en smerte som kommer og går; ***intermittent rain*** regn *(n)* av og til; spredt regn.
intermittently ['intəˌmitəntli] *adv:* innimellom; periodisk; ***the pain occurs intermittently*** smerten opptrer periodisk.
I. intern*(=interne)* [ˌintə:n] *s* **US** *ved sykehus(= houseman)* kandidat.
II. intern [inˌtə:n] *vb:* internere.
internal [inˌtə:nl] *adj* **1.** indre; innvendig; ***internal injuries*** indre skader;
2. *polit:* indre; innenriks;
3. *om medisin:* ***for internal use*** til innvortes bruk.
internal ear *anat(=inner ear)* indre øre *n.*
internally [inˌtə:nəli] *adv:* innvendig; ***not to be taken internally*** ikke til innvortes bruk.
internal medicine indremedisin.
international ['intəˌnæʃənəl] *adj:* internasjonal.
international code *tlf(=international access number)* landsnummer.
International Date Line *geogr:* ***the International Date Line****(=the date line)* datolinjen.
International Labour Organization *(fk ILO):* ***the International Labour Organization*** Den internasjonale arbeidsorganisasjon; ILO.
internationally ['intəˌnæʃənəli] *adv:* internasjonalt.
International Monetary Fund *(fk IMF):* ***the International Monetary Fund*** Det internasjonale valutafond.
international money order internasjonal postanvisning.
international subscriber dialling *tlf(fk ISD)* fjernvalg til utlandet; *(jvf subscriber trunk dialling).*
interne [ˌintə:n] *s: se I. intern.*
internee ['intə:ˌni:] *s:* internert; internert person; ***the internees*** de internerte.
internist [ˌintə:nist; inˌtə:nist] *s:* indremedisiner.
internment [inˌtə:nmənt] *s:* internering.
interphone [ˌintə'foun] *s:* hustelefon.
interplay [ˌintə'plei] *s* **1.** vekselspill;
2. samspill (*between* mellom).
Interpol [ˌintə'pɔl] *(fk f International Criminal Police Organization)* Interpol.
interpose ['intəˌpouz] *vb; meget stivt* **1.** sette imellom *(fx interpose(=put) a barrier between them);* **2***(=put in)* skyte inn *(fx a few well-chosen words);* **3***(=intervene)* legge seg imellom; gripe inn.
interpret [inˌtə:prit] *vb* **1.** tolke; være tolk;
2. *fig:* tolke; tyde *(fx a smile as an invitation).*
interpretation [in'tə:priˌteiʃən] *s* **1.** tolking (*into* til);
2. *fig:* tolking; fortolkning; ***put another interpretation on it*** fortolke det på en annen måte.
interpreter [inˌtə:pritə] *s* **1.** tolk; ***simultaneous interpreter*** simultantolk; **2.** person som fortolker; tolker.
interrelated ['intəriˌleitid] *adj:* innbyrdes beslektet.
interrogate [inˌterə'geit] *vb(=take statements from; take a statement from)* avhøre; forhøre.
interrogation [in'terəˌgeiʃən] *s:* avhør *n;* forhør *n.*
I. interrogative ['intəˌrɔgətiv] *s; gram(=interrogative word)* spørreord.
II. interrogative *adj* **1.** spørrende;
2. *gram:* ***interrogative pronoun*** spørrepronomen; ***interrogative word*** spørreord.
interrogator [inˌterə'geitə] *s(=questioner)* forhørsleder.
interrupt ['intəˌrʌpt] *vb:* avbryte.
interruption ['intəˌrʌpʃən] *s:* avbrytelse.

i

inter-school [ˌintəˌsku:l; *attributivt:* ˌintə'sku:l] *adj:* skoler imellom; ***an inter-school sports*** et skoleidrettsstevne.

intersect ['intəˌsekt] *vb* **1.** *geom:* skjære *(fx the line AB intersects the line CD at X);*
2. krysse hverandre; ***intersecting roads*** veier som krysser hverandre.

intersection ['intəˌsekʃən] *s* **1.:** ***(line of) intersection*** skjæringslinje; ***(point of) intersection*** skjæringspunkt;
2.: ***(road) intersection*** veikryss; *især* **US:** ***(street) intersection****(=street crossing)* gatekryss.

intersection layout*(=(traffic) interchange layout)* trafikkmaskin.

intersperse ['intəˌspə:s] *vb:* anbringe spredt; anbringe innimellom; ***his talk was interspersed with jokes*** foredraget hans var spekket med vitser; ***text interspersed with illustrations*** tekst med illustrasjoner innimellom.

interstate [ˌintə'steit] *adj* **US:** mellomstatlig *(fx commerce; railways).*

intertribal ['intəˌtraibl] *adj:* mellom stammene *(fx war).*

intertwine ['intəˌtwain] *vb; stivt(=interweave)* flette (*el.* sno) sammen; slynge seg om hverandre.

interval [ˌintəvəl] *s* **1.** mellomrom; ***at regular intervals*** med jevne mellomrom; ***at short intervals*** med korte mellomrom;
2. *teat(,***US:** *intermission)* mellomakt; pause;
3. *mus:* intervall *n;*
4.: ***a lucid interval*** 1. *hos pasient(=a clear moment)* et klart øyeblikk; 2. *spøkef(=a bright moment)* et lyst øyeblikk.

intervene ['intəˌvi:n] *vb* **1.** *stivt(=interfere)* gripe inn; intervenere; blande seg inn (*in* i);
2. *litt.; om tid el. sted(=be between)* befinne seg imellom *(fx we could meet more often if the sea did not intervene); (=come between)* komme imellom.

intervening *adj:* mellomliggende; ***during the intervening weeks*** *(=during the weeks (in) between)* i de mellomliggende uker; i ukene som lå imellom.

intervention ['intəˌvenʃən] *s:* intervensjon; innblanding.

I. interview [ˌintə'vju:] *s:* intervju *n;* samtale; ***interview with an applicant*** intervju med en søker; ***series of interviews*** serie med intervjuer; meningsstafett.

II. interview *vb:* intervjue; ha en samtale med.

interviewee ['intəvju:ˌi:] *s:* ***the interviewee****(=the person interviewed)* intervjuobjektet.

interviewer [ˌintə'vju:ə] *s:* intervjuer.

interweave ['intəˌwi:v] *vb(pret: interwove; perf.part.: interwoven)(=weave together)* veve sammen; flette sammen.

I. intestate [inˌtesteit; inˌtestit] *s:* person som er død uten å ha satt opp testament *n.*

II. intestate *adj:* uten å ha satt opp testament *n;* ***die intestate****(=die without leaving a will)* dø uten å etterlate seg noe testament; *(se testate & I. will 2).*

intestinal [inˌtestinəl] *adj:* som hører til tarmene (*el.* innvollene); innvolls- *(fx worm).*

intestinal infection *med.:* tarminfeksjon.

intestine [inˌtestin] *s; anat:* tarm; ***intestines*** tarmer; innvoller; ***the large intestine****(=the colon)* tykktarmen.

intimacy [ˌintiməsi] *s* **1.** intimitet; fortrolig forhold *n;* ***the intimacy of their talk*** deres fortrolige samtale;
2. *evf el. stivt(=sexual intercourse)* samleie *n.*

I. intimate [ˌintimit] *s; litt. el. spøkef(=close friend)* nær venn; ***his circle of intimates*** hans krets av nære venner.

II. intimate *adj* **1.** intim; nær; fortrolig *(fx friend);* ***intimate examination*** intim undersøkelse;
2. *om atmosfære:* uformell; intim;
3. *om kunnskaper:* ***have an intimate knowledge of*** være meget fortrolig med; kjenne godt til;
4. *stivt el. evf:* ***be intimate with****(=have sex with)* ha samleie *(n)* med.

III. intimate [ˌinti'meit] *vb; stivt(=hint)* antyde.

intimately [ˌintimitli] *adv:* intimt; fortrolig; ***be intimately****(=closely)* ***connected with*** ha nøye sammenheng med.

intimation ['intiˌmeiʃən] *s(=hint)* antydning; vink.

intimidate [inˌtimi'deit] *vb; stivt(=frighten)* skremme; true; ***intimidate sby into doing sth*** skremme en til å gjøre noe.

intimidation [in'timiˌdeiʃən] *s:* skremming; skremsler; trusler.

into [ˌintu:; *trykksvakt:* ˌintə] *prep* **1.** inn i; ned i; ut i *(fx jump into the water);* i *(fx divide it into three parts; 5 into 15 is 3);* borti *(fx bump into sby);* inn på *(fx pay it into my account);*
2. til; ***come into power*** komme til makten; ***change sth into sth*** forandre noe til noe; ***convert into*** omregne til; ***turn into*** bli til *(fx a tadpole turns into a frog);* ***he frightened her into doing it*** han skremte henne til å gjøre det; ***translate sth from English into Norwegian*** oversette noe fra engelsk til norsk;
3.: ***be into one's thirties*** være i trettiårene; ha passert tretti; ***he's well into his sixties*** han er godt over seksti;
4.: ***an inquiry into*** en undersøkelse (*el.* granskning) av;
5. T: ***be into sth*** 1*(=be hooked on sth)* være vill med noe; være opptatt av noe *(fx she's heavily into music);* 2. ha begynt med noe; ***he's into yoga now*** han har begynt med yoga nå; 3. drive med noe *(fx I don't think he's into that);* 4.: ***I'm not really into the job yet****(=I haven't really got into the job yet)* jeg er ikke ordentlig inne i arbeidet ennå.

intolerable [inˌtɔlərəbl] *adj; stivt(=unbearable)* uutholdelig *(fx pain);* ulidelig; utålelig; ufordragelig.

intolerance [inˌtɔlərəns] *s:* intoleranse (*to* overfor).

intolerant [inˌtɔlərənt] *adj:* intolerant (*of* med hensyn til; overfor); ***intolerant towards sby*** intolerant overfor en.

intonation ['intəˌneiʃən] *s* **1.** intonering;
2. *mus:* intonasjon; toneansats;
3. *fon:* intonasjon;
4. *rel:* messing.

intone [inˌtoun] *vb* **1.** intonere; stemme i;
2. *rel(=chant)* messe *(fx intone a prayer).*

in toto [inˌtoutou] *adv; stivt(=completely)* helt; i sin helhet *(fx they accepted the plan in toto).*

intoxicate [inˌtɔksi'keit] *vb; stivt el. litt.:* beruse; ***heavily intoxicated****(=very drunk)* sterkt beruset; *fig:* ***intoxicated with happiness****(=happily intoxicated)* i en lykkerus.

intoxication [in'tɔksiˌkeiʃən] *s:* beruselse.

intractable [inˌtræktəbl] *adj* **1.** *stivt(=stubborn; difficult)* sta; vanskelig å ha med å gjøre;
2*(=problematic)* problematisk *(fx an intractable issue);*
3. *om materiale(=difficult to work up; difficult to treat)* vanskelig å behandle *(fx metal).*

intransigence [inˌtrænsidʒəns] *s; stivt(=obstinacy)* steilhet; stahet.

intransigent [inˌtrænsidʒənt] *adj; stivt(=obstinate)* steil; sta; som nekter å gå på akkord.

intransitive [inˌtrænsitiv; inˌtrɑ:nsitiv] *adj; gram:* intransitiv; ***an intransitive verb*** et intransitivt verb.

intravenous ['intrəˌvi:nəs] *adj:* intravenøs.

intravenous-drug addict*(=needle addict)* sprøytenarkoman.

intrepid [inˌtrepid] *adj; stivt(=fearless; bold)* uredd; djerv.

intricacy [ˌintrikəsi] *s* **1.** innviklethet;
2.: ***intricacies*** innviklede detaljer; vanskeligheter.

intricate [ˌintrikit] *adj(=complicated)* innviklet; intrikat; komplisert *(fx details; pattern).*

I. intrigue [inˌtri:g] *s* **1***(=scheming)* intrigering; intriger; **2***(=scheme)* intrige; **3.** *lett glds(=secret love affair)* hemmelig kjærlighetsforhold.

II. intrigue *vb* **1**(*=make curious; fascinate*) fengsle; oppta; gjøre nysgjerrig; ***the book intrigued me*** boka vakte min interesse; ***I'm intrigued by this case*** denne saken opptar meg;
2(*=plot; scheme*) intrigere (*against* mot).
I. intriguing [in,tri:giŋ] *s:* intrigering.
II. intriguing *adj* **1**(*=scheming; plotting*) intrigant; **2**(*=interesting*) interessant; spennende; fascinerende; ***it's intriguing to think that …*** 1. det er interessant å tenke på at …; 2(*=it's strange to think that …*) det er rart å tenke på at …
intrinsic [in,trinsik] *adj; om verdi, etc:* egentlig; reell; *om egenskap:* indre; iboende.
intrinsically [in,trinsikəli] *adv:* egentlig; i bunn og grunn; i sitt innerste vesen.
introduce ['intrə,dju:s] *vb* **1**(*=begin to use*) ta i bruk; **2**(*=bring in*) innføre (*fx a new method*); introdusere; ***introduce other factors*** blande inn andre momenter *n;*
3. *om emne*(*=bring up*) bringe på bane;
4. *om taler:* introdusere; *foredrag, etc:* innlede;
5. *stivt; om lovforslag, etc*(*=put forward*) fremsette;
6. presentere; ***introduce sby to sby*** presentere en for en; ***have you two been introduced?*** er dere to blitt presentert for hverandre? ***I don't think we've been introduced*** jeg tror ikke vi har truffet hverandre før;
7. *fig:* ***be introduced to*** få en innføring i (*fx algebra*); stifte bekjentskap med (*fx a new way of life*); ***he was introduced to flying by a friend*** det var en venn som lot ham stifte bekjentskap med flyvning.
introduction ['intrə,dʌkʃən] *s* **1.** innledning;
2. presentasjon (*fx the hostess made the introductions*); introduksjon; ***letter of introduction*** introduksjonsbrev;
3. innføring; ***the introduction of new words*** det å ta i bruk nye ord *n;* ***an introduction to French*** en innføring i fransk.
introductory ['intrə,dʌktəri] *adj:* innledende.
introspection ['intrə,spekʃən] *s:* introspeksjon; selviakttagelse; selvanalyse.
introspective ['intrə,spektiv] *adj* **1.** introspektiv;
2. *psykol:* innadvendt (*fx she's introspective*).
I. introvert [,intrə'və:t] *s:* introvertert person.
II. introvert *adj; psykol:* introvertert.
intrude [in,tru:d] *vb:* trenge seg på; komme til bry *n;* forstyrre (*fx he opened the door and said 'I'm sorry to intrude!'*); ***intrude on sby***(*=disturb sby*) forstyrre en; ***intrude on sby's time***(*=take up sby's time*) komme ubeleilig for en; oppta ens tid.
intruder [in,tru:də] *s:* ubuden gjest; inntrenger.
intrusion [in,tru:ʒən] *s:* forstyrrelse; inntrengen; det å trenge seg på; (*se intrude*).
intrusive [in,tru:siv] *adj:* påtrengende.
intuition ['intju,iʃən] *s:* intuisjon; ***woman's intuition***(*=female intuition*) kvinnelig intuisjon; ***she knew by intuition that …*** hun visste intuitivt at …
intuitive [in,tju:itiv] *adj:* intuitiv; som har intuisjon.
Inuit [,inju:it] *s; Canada*(*=Eskimo*) eskimo.
inundate [,inʌn'deit] *vb; stivt*(*=flood*) oversvømme; *fig; spøkef:* ***she's inundated*** (,**T:** *snowed under*) ***with work*** hun er (helt) oversvømmet med arbeid *n.*
inundation ['inʌn,deiʃən] *s; stivt*(*=flooding*) oversvømmelse.
inure [i,njuə] *vb; stivt; om noe ubehagelig:* ***inure***(*=harden*) ***oneself to sth*** herde seg mot noe; venne seg til noe; ***be inured to hardship*** være vant til strabaser.
invade [in,veid] *vb* **1.** invadere; trenge inn i;
2. *fig:* invadere; oversvømme (*fx a town invaded by*(*=inundated with; flooded with*) *tourists*);
3. *jur*(*=encroach on*) krenke; ***invade sby's privacy*** forstyrre ens privatliv.
invader [in,veidə] *s:* inntrenger; angriper.
I. invalid [,invəli(:)d] *s:* syk (*el.* ufør) person.
II. invalid ['invə,li(:)d] *vb; mil:* ***be invalided out of the army*** bli erklært tjenstudyktig (pga. sykdom).
III. invalid [,invə'li(:)d] *adj:* sykelig; ufør.
IV. invalid [in,vælid] *adj* **1.** *om dokument, etc:* ugyldig;
2. *om argument, etc:* ugyldig; som ikke gjelder.
invalidate [in,væli'deit] *vb; stivt*(*=make invalid*) gjøre ugyldig (*fx a document*).
invalid diet sykekost.
invaluable [in,væljuəbl] *adj:* uvurderlig (*fx help*).
invariable [in,vɛəriəbl] *adj:* uforanderlig; ufravikelig (*fx rule*).
invariably *adv*(*=always*) uten unntak; bestandig.
invasion [in,veiʒən] *s* **1.** *mil:* invasjon; inntrengen;
2. *jur:* krenkelse; ***invasion of privacy*** krenkelse av privatlivets fred.
invective [in,vektiv] *s; stivt*(*=word of abuse*) skjellsord; invektiv *n.*
inveigh [in,vei] *vb; litt. el. stivt:* ***inveigh against***(*=speak bitterly against*) tordne mot; rase mot.
inveigle [in,vi:gl] *vb; meget stivt*(*=coax; entice*): ***inveigle sby into doing sth*** forlede en til å gjøre noe.
invent [in,vent] *vb* **1.** oppfinne; finne opp;
2. *om unnskyldning, etc*(*=think of; make up*) finne på.
invention [in,venʃən] *s* **1.** oppfinnelse;
2. oppdiktet historie; noe man har funnet på;
3. *ordspråk:* ***necessity is the mother of invention*** nød lærer naken kvinne å spinne.
inventive [in,ventiv] *adj:* oppfinnsom; ***his inventive genius*** hans oppfinnsomhet; ***have an inventive mind*** være oppfinnsom.
inventor [in,ventə] *s:* oppfinner.
inventory [,invəntəri] *s:* inventarliste; fortegnelse; ***make an inventory***(*=a list*) ***of*** lage en fortegnelse over.
I. inverse [in,və:s; ,invə:s] *s:* ***the inverse***(*=the opposite*) det omvendte.
II. inverse *adj:* omvendt; ***inverse ratio*** omvendt forhold *n.*
inversely [,invə:sli] *adv:* omvendt.
inversion [in,və:ʃən] *s* **1.** det å vende om på; det å snu opp ned på; speilvending;
2. *gram:* inversjon; omvendt ordstilling;
3(*=homosexuality*) homoseksualitet.
I. invert [,invə:t] *s*(*=homosexual*) homoseksuell.
II. invert [in,və:t] *vb* **1.** *meget stivt*(*=turn upside down; reverse the order of*) vende opp ned på; snu om på (*fx the word order*);
2. *mat.:* ***invert a fraction*** gjøre om en brøk;
3. *ordbok:* speilvende.
I. invertebrate [in,və:tibrit] *s; zo:* virvelløst dyr.
II. invertebrate *adj; zo:* virvelløs.
inverted [in,və:tid] *adj:* omvendt; speilvendt.
inverted commas *s; pl; gram:* anførselstegn; gåseøyer.
invest [in,vest] *vb* **1.** investere (*in* i); **2.** *meget stivt*(*=install*) innsette (*fx a bishop*); **3.** *stivt:* ***invest with***(*=equip with; provide with*) utstyre med (*powers* fullmakter).
investigate [in,vesti'geit] *vb:* etterforske (*fx a crime*); undersøke; ***investigate the cause of the accident*** undersøke årsaken til ulykken; ***investigate***(*=look into*) ***a grievance*** undersøke et klagemål; ***investigate a noise*** undersøke hvor en støy kommer fra.
investigation [in'vesti,geiʃən] *s* **1.** etterforskning; ***the police have finished their investigations into the crime*** politiet har avsluttet sin etterforskning av forbrytelsen;
2. undersøkelse; granskning; ***after a thorough investigation***(*=examination*) ***of this demand*** etter en grundig undersøkelse av dette behovet; ***his story collapsed***(*=didn't hold good*(*=water*)) ***on investigation*** historien hans holdt ikke ved nærmere undersøkelse; ***have a complaint under investigation*** ha en klage til undersøkelse; ***start an investigation***(*=inquiry*) (*into*) sette i gang en undersøkelse (av).
investigative [in,vestigətiv] *adj*(*=investigating*) undersøkelses-; undersøkende; ***investigative journalism*** undersøkende (*el.* oppsøkende) journalistikk; ***invest-***

i

igative journalist undersøkende (*el.* oppsøkende) journalist.

investigator [in,vesti'geitə] *s:* etterforsker; ***private investigator***(*=private detective*) privatdetektiv.

investment [in,vestmənt] *s:* investering; investeringsobjekt; ***basic investment*** grunnlagsinvestering; ***a good investment*** en god investering; ***he lost all his money by injudicious investments*** han tapte alle pengene sine på grunn av ukloke investeringer.

investor [in,vestə] *s:* investor.

inveterate [in,vetərət] *adj:* inngrodd (*fx bachelor*).

invidious [in,vidiəs] *adj:* odiøs (*fx comparison*); ***the word has an invidious connotation*** ordet har en odiøs bibetydning; ***make invidious distinctions*** gjøre forskjell (ɔ: være urettferdig); ***it would be invidious for the council to subsidize …*** det ville være betenkelig om kommunen subsidierte …; (*jvf odious & unpleasant*).

invigilate [in,vidʒi'leit] (*,US:* **proctor**) *vb; skolev:* inspisere (ved eksamen); ha eksamenstilsyn.

invigilation [in'vidʒi,leiʃən] (*,US:* *proctoring*) *s; skolev:* (eksamens)inspeksjon; eksamenstilsyn.

invigilator [in,vidʒi'leitə] (*,US:* *proctor*) *s; skolev:* eksamenstilsyn; inspektør.

invigorate [in,vigə'reit] *vb; stivt*(*=strengthen; refresh*) styrke; gi kraft.

invigorating *adj:* styrkende; forfriskende.

invincible [in,vinsəbl] *adj; stivt el. litt.*(*=unbeatable*) uovervinnelig; uslåelig.

invisible [in,vizəbl] *adj:* usynlig; ***make oneself invisible*** gjøre seg usynlig.

invitation ['invi,teiʃən] *s* **1.** invitasjon; innbydelse; *fig:* oppmuntring; invitt; ***politely refuse an invitation*** si pent nei takk til en innbydelse; ***unlocked doors are an open invitation to thieves*** ulåste dører er en invitasjon til tyver;

2. oppfordring; anmodning; ***on the invitation of the chairman*** etter oppfordring fra formannen.

invite [in,vait] *vb* **1.** invitere (*to* til); innby (*to* til); ***invite criticism*** friste til kritikk; innby til kritikk; ***invite out*** invitere ut; be ut; ***they invited him over*** de ba ham hjem til seg;

2. innhente; skaffe seg; ***invite offers*** innhente tilbud;

3. oppfordre (*fx sby to do sth*); ***he was invited to speak at the meeting*** han ble bedt om å tale (*el.* si noe) på møtet; ***he invited proposals from the members*** han ba om forslag fra medlemmene *n;*

4.: ***invite trouble*** 1(*=ask for trouble*) be om bråk *n;* 2. utfordre skjebnen.

inviting *adj*(*=attractive; tempting*) innbydende; fristende.

invocation ['invə,keiʃən] *s* **1.** påkalling; påkallelse; **2**(*= incantation*) besvergelse(sformular); (*se invoke*).

I. invoice [,invɔis] *s; merk:* faktura; ***invoice for*** faktura på; ***make out an invoice*** skrive ut en faktura.

II. invoice (*,US:* *bill*) *vb; merk:* fakturere; ***invoice sby for*** fakturere en for.

invoke [in,vouk] *vb; stivt* **1**(*=appeal to; call on* (*for help*)) påkalle (med bønn om hjelp) (*fx God*);

2. *ånd, demon, etc*(*=summon; conjure up*) påkalle; mane frem; besverge; (*jvf invocation 2*).

involuntary [in,vɔləntəri] *adj* **1.** ufrivillig;

2. *jur:* ***involuntary manslaughter*** uaktsomt drap *n.*

involve [in,vɔlv] *vb* **1.** medføre; innebære; være forbundet med; ***the danger involved*** den fare som er forbundet med det; faren ved det;

2. involvere; trekke inn; blande inn (*in* i); ***involve oneself (in sth)*** engasjere seg (i noe);

3(*=complicate*) komplisere;

4.: ***be involved*** 1(*=get involved*) bli blandet (*el.* trukket) inn; bli involvert; bli implisert (*fx in sth*); 2. være innblandet; være involvert; være implisert; være engasjert (*fx in politics*); 3. være med (på det) (*fx a lot of people are involved*); ***I'm glad I'm not involved*** jeg er glad jeg ikke har noe med det å gjøre; 4. dreie seg om; ***a large sum of money is involved*** det dreier seg om en stor pengesum;

5.: ***become involved in sth*** bli engasjert i noe; ***become***(*=get*) ***involved with a man*** få (*el.* vikle seg inn i) et forhold til en mann; ***he became closely involved with one of Britain's richest women*** han fikk et meget nært forhold til en av Storbritannias rikeste kvinner;

6.: ***get involved*** 1(*=be involved*) bli blandet (*el.* trukket) inn; bli involvert; bli implisert; ***it would probably be better not to get involved with this*** det beste ville vel være ikke å gi seg ut på dette; 2.: ***he isn't worth getting involved with*** han er ikke noe å samle på.

involved *adj*(*=complicated*) komplisert.

involvement [in,vɔlvmənt] *s; fig:* engasjement *n* (*fx our involvement abroad*); ***personal involvement*** personlig engasjement.

invulnerable [in,vʌlnərəbl] *adj:* usårlig.

I. inward [,inwəd] *adj* **1.** *især fig:* indre (*fx peace*);

2. bøyd innover; innovergående (*fx curve*).

II. inward adv **1.:** *se inwards;* **2.** *mar:* ***inward bound*** inngående.

inwardly [,inwədli] *adv*(*=secretly*) inne i seg; i sitt stille sinn (*fx he was inwardly pleased when she left*).

inwards [,inwədz] *adv:* innover; ***grow inwards*** vokse innover.

iodine [,aiə'di:n] *s; kjem:* jod.

iodize, iodise [,aiə'daiz] *vb:* behandle med jod.

ion [,aiən] *s; fys:* ion *n.*

IOU ['aiou,ju:] *s:* gjeldsbevis.

Iran [i,rɑ:n; **US:** i,ræn] *s; geogr:* Iran.

I. Iranian [i,reiniən] *s* **1.** iraner; **2.** *språk:* iransk.

II. Iranian *adj:* iransk.

Iraq [i,rɑ:k; **US:** i,ræk] *s; geogr:* Irak.

I. Iraqi [i,rɑ:ki; **US:** i,ræki] *s:* iraker.

II. Iraqi *adj:* irakisk.

irascible [i,ræsibl; 'ai(ə),ræsibl] *adj; stivt*(*=hot-tempered*) hissig; oppfarende.

irate [ai,reit] *adj; stivt el. spøkef*(*=furious*) rasende.

Ireland [,aiələnd] *s; geogr:* Irland; ***the Republic of Ireland***(*=the Irish Republic*) Den irske republikk.

iridescent ['iri,desənt] *adj:* iriserende.

iris [,airis] *s* **1.** *anat:* iris; regnbuehinne;

2. *bot*(*=yellow flag*) sverdlilje.

I. Irish [,ai(ə)riʃ] *s* **1.:** ***the Irish*** ire(r)ne; **2.** *språk:* irsk.

II. Irish *adj:* irsk.

Irishman [,airiʃmən] *s:* irlender; irer.

Irish Sea *s; geogr:* ***the Irish Sea*** Irskesjøen.

irksome [,ə:ksəm] *adj; stivt*(*=annoying; boring*) irriterende; kjedsommelig.

I. iron [,aiən] *s* **1.** jern *n;*

2(*=flatiron*) strykejern; ***travel(ling) iron*** reisestrykejern;

3.: ***irons*** lenker; jern *n* (*fx put sby in irons*);

4. *fig:* ***rule with a rod of iron*** regjere med jernhånd;

5. *ordspråk:* ***strike while the iron is hot*** smi mens jernet er varmt;

6.: ***have too many irons in the fire*** ha for mange jern (*n*) i ilden.

II. iron *vb* **1.** stryke (*fx the dress needs to be ironed*); ***freshly ironed*** nystrøket;

2.: ***iron out*** 1. glatte ut; 2. *fig:* rydde av veien (*fx all the problems*).

Iron Age *arkeol:* ***the Iron Age*** jernalderen.

iron bar jernstang.

iron constitution jernhelse.

iron cramp(*=cramp iron*) jernkrampe.

iron grip *fig*(*=stranglehold*) jerngrep.

iron hand *fig:* jernhånd (*fx he ruled with an iron hand*).

ironic(al) [ai,rɔnik(əl)] *adj:* ironisk.

ironically *adv:* ironisk; ***ironically (enough)*** ironisk nok.

ironing [,aiəniŋ] *s* **1.** stryking; ***do the ironing*** stryke (tøyet); **2.** stryketøy.

ironing board strykebrett.
ironing cloth strykeklede.
ironmonger [ˌaiən'mʌŋgə] *s(,***US:** *hardware dealer)* isenkramhandler; jernvarehandler.
ironmongery [ˌaiən'mʌŋgəri] *s(,***US:** *hardware)* isenkram *n;* isenkramvarer; jernvarer.
iron rations ['aiənˌræʃənz] *s; pl; mil:* nødrasjoner.
iron rule jernhardt styre; ***during his iron rule*** under hans jernharde styre.
iron will*(=will of iron)* jernvilje.
ironworks [ˌaiən'wə:ks] *s:* jernverk *(fx an ironworks).*
irony [ˌairəni] *s:* ironi; ***deadly irony*** blodig ironi; ***the irony of fate*** skjebnens ironi; ***it's one of life's ironies*** det er skjebnens ironi.
irrational [iˌræʃənəl] *adj:* irrasjonell; fornuftsstridig.
irrecognizable, irrecognisable [iˌrekəg'naizəbl] *adj:* ugjenkjennelig.
irreconcilable [iˌrekən'sailəbl; irekənˌsailəbl] *adj* **1.** *stivt(=not willing to be reconciled)* uforsonlig;
2.: ***irreconcilable with****(=hard to reconcile with)* uforenlig med.
irredeemable ['iriˌdi:məbl] *adj* **1.** *om obligasjon:* uoppsigelig;
2. *om pengeseddel(=inconvertible)* uinnløselig;
3. *rel; om synder:* uforbederlig;
4. *om tap(=irretrievable)* uerstattelig.
irrefutable ['iriˌfju:təbl] *adj:* ugjendrivelig *(fx evidence).*
irregular [iˌregjulə] *adj* **1.** uregelmessig; ujevn; ***he keeps irregular hours*** han har ingen faste tider;
2. ureglementert; ukorrekt *(fx procedure);* ***well, it's a bit irregular, but I'll …*** egentlig har jeg ikke lov til det, men jeg skal …;
3. *gram:* uregelmessig *(fx verb).*
irregularity [i'regjuˌlæriti] *s:* uregelmessighet; ujevnhet; *i regnskap:* uregelmessighet.
irrelevance [iˌreləvəns] *s* **1.** irrelevans;
2. irrelevant bemerkning.
irrelevant [iˌreləvənt] *adj:* irrelevant; saken uvedkommende; ***it's irrelevant whether he agrees or not*** det er uten betydning om han sier seg enig; ***it's irrelevant to the subject*** det er saken uvedkommende.
irreligious ['iriˌlidʒəs] *adj:* irreligiøs; religionsløs.
irreparable [iˌrepərəbl] *adj* **1***(=beyond repair)* som ikke kan repareres;
2*(=that can't be remedied)* uopprettelig; ubotelig *(fx damage);*
3. *om tap; stivt(=irretrievable)* uerstattelig; ***an irreparable loss*** et uerstattelig tap.
irreplaceable ['iriˌpleisəbl] *adj:* som ikke kan erstattes med noe annet; uerstattelig *(fx irreplaceable family heirlooms);* ***irreplaceable assets*** uerstattelige verdier.
irrepressible ['iriˌpresəbl] *adj:* ukuelig.
irreproachable ['iriˌproutʃəbl] *adj; stivt(=blameless; above reproach)* uklanderlig.
irresistible ['iriˌzistəbl] *adj:* uimotståelig.
irresolute [iˌrezəlu:t] *adj; stivt(=full of hesitation; indecisive)* ubesluttsom; rådvill; tvilrådig.
irrespective ['iriˌspektiv] **1.** *adj; stivt:* ***irrespective of*** *(=regardless of)* uten hensyn til; uansett; ***irrespective of age and ability*** uansett alder og evner;
2. *adv* **T***(=regardless)* uten å tenke på følgene; uansett (hva det måtte føre til) *(fx he carried on with his plan irrespective).*
irresponsibility [ˌiri'spɔnsəˌbiliti] *s:* uansvarlighet; ansvarsløshet; lettsindighet.
irresponsible ['iriˌspɔnsəbl] *adj:* uansvarlig; ansvarsløs; lettsindig.
irretrievable ['iriˌtri:vəbl] *adj:* uopprettelig *(fx loss);* uerstattelig.
irretrievably *adv:* ugjenkallelig; ***irretrievably lost*** ugjenkallelig tapt.
irreverence [iˌrevərəns] *s:* uærbødighet; respektløshet; pietetsløshet.
irreverent [iˌrevərənt] *adj:* uærbødig; respektløs; pietetsløs.
irrevocable [iˌrevəkəbl] *adj:* ugjenkallelig.
irrigate [ˌiri'geit] *vb* **1.** irrigere; overrisle; vanne (kunstig); **2.** *med.:* skylle ut.
irrigation ['iriˌgeiʃən] *s* **1.** irrigasjon; overrisling; kunstig vanning; **2.** *med.:* utskylling.
irritability ['iritəˌbiliti] *s:* irritabilitet.
irritable [ˌiritəbl] *adj:* irritabel.
irritant [ˌiritənt] *s* **1.** *med.:* irritament *n;* pirringsmiddel; **2.** *fig(=source of irritation)* irritasjonsmoment.
irritate [ˌiri'teit] *vb:* irritere; **T:** ***it irritated him beyond endurance*** han ergret seg både gul og grønn (over det).
irritating [ˌiri'teitiŋ] *adj:* irriterende.
irritation ['iriˌteiʃən] *s:* irritasjon.
is [iz] *3. pers ent av be.*
ish [iʃ] *endelsen betegner omtrentlighet:* ***fortyish*** rundt de førti; ca. førti år *(n)* gammel; ***greenish*** grønnaktig; ***boyish*** gutteaktig; ***coldish*** nokså kaldt; *(se for øvrig vedkommende oppslagsord).*
isinglass [ˌaiziŋ'glɑ:s] *s(=gelatin(e))* gelatin.
Islam [ˌizlɑ:m; izˌlɑ:m] *s; rel:* islam.
island [ˌailənd] *s* **1.** øy; ***in****(,om mindre: on)* ***an island*** på en øy;
2.: ***traffic island*** trafikkøy.
islander [ˌailəndə] *s:* øyboer.
isle [ail] *s; især poet el. i faste forbindelser:* øy *(fx the Isle of Man; the British Isles).*
islet [ˌailit] *s(=small island)* liten øy; holme.
isolate [ˌaisə'leit] *vb* **1.** isolere; avskjære fra omverdenen; *om bakterier:* rendyrke;
2. *fig:* isolere; skille ut *(from* fra).
isolated *adj* **1.** *om sted:* isolert; ensom(t beliggende); **2.** enkeltstående *(fx an isolated instance of violence).*
isolation ['aisəˌleiʃən] *s; også fig:* isolering; isolasjon; *av bakterier;* rendyrking; ***a passage in isolation*** et avsnitt løsrevet fra sammenhengen.
isolation booth *TV:* tenkeboks.
isolation hospital epidemisykehus.
isolation ward epidemiavdeling.
isotope [ˌaisə'toup] *s; fys:* isotop.
Israel [ˌizrei(ə)l] *s; geogr:* Israel.
I. Israeli [izˌreili] *s:* israeler.
II. Israeli *adj:* israelsk.
I. issue [ˌiʃ(j)u:; ˌisju:] *s* **1.** utsendelse; utstedelse *(fx of passports); om bok(=publication)* utgivelse;
2*(=outlet; discharge)* utløp; utstrømning; avløp;
3. *jur(=heir (of the body))* livsarving;
4. *av avis:* nummer *n (fx in today's issue);*
5. *stivt el. litt.(=outcome; result)* utfall *n;* utgang;
6. sak; spørsmål *n (fx an important issue(=matter); the issue(=question) of independence for Scotland); stivt:* ***(point at) issue****(=matter at issue)* stridsspørsmål; det saken gjelder; ***side issue*** biting; underordnet spørsmål; ***confuse****(=obscure)* ***the issue*** forvirre begrepene *n;* stokke kortene *n;* ***the (real) issue is whether*** det det egentlig dreier seg om, er om; ***face the issue*** se problemet i øynene *n;* ***force the issue****(=force a decision)* fremtvinge en avgjørelse; sette saken på spissen; ***raise the issue again*** ta opp saken igjen; ***raise some new issues*** ta opp noen nye saker; ***shirk the issue****(=evade the issue;* **T:** *dodge the issue)* gå utenom saken (*el.* spørsmålet); prøve å vri seg unna; *stivt el. spøkef:* ***make an issue of sth****(=make unnecessary fuss about sth)* gjøre en sak ut av noe; ***I'm standing firm on****(=over)* ***this issue*** jeg står fast i denne saken; ***with a stronger profile on green issues*** med sterkere profilering når det gjelder grønne saker; *stivt el. spøkef:* ***take issue with sby*** være uenig med en (*on sth, over sth* i noe).
II. issue *vb* **1***(=send out)* sende ut *(fx a description of the criminal);* utstede *(fx fresh instructions);* utferdige *(fx a warrant for sby's arrest);*

2.: ***be issued with*** få utlevert; få seg tildelt;
3(=*publish*) utgi; ***issued by*** 1. *om boktittel(=published by)* utgitt av; 2. *om forordninger, etc:* utstedt av; *om trykksaken:* utgitt av;
4. *stivt:* ***issue from*** 1(=*flow from*) strømme ut av; 2(=*come from*) komme fra (*fx a strange noise issued from the room*).

Istanbul ['istæn,bu:l] *s; geogr:* Istanbul.

isthmus [,isməs] *s(=neck of land)* landtange.

it [it] **1.** *pron:* den; det; ***it's cold today*** det er kaldt i dag; ***how far is it?*** hvor langt er det? ***it's 25 kilometres to Oslo*** det er 25 km til Oslo; ***it's two weeks to Easter*** det er to uker til påske; ***it's five (o'clock)*** klokka er fem; ***it was difficult finding your house***(=*finding your house was difficult; it was difficult to find your house*) det var vanskelig å finne huset ditt; ***who is it that keeps borrowing my umbrella?*** hvem er det som hele tiden låner paraplyen min? ***that must have been it*** det må det ha vært;
2. *pron; uoversatt i forskjellige forb:* **T:** ***bus it***(=*go by bus*) ta bussen; bruke bussen; **T:** ***walk it***(=*walk*) gå; bruke bena; ***he'll catch it from me!***(=*I'll give it him!*) han skal få med meg å bestille! ***lord it over sby*** spille herre (og mester) over en; ***is there anything in it for me?*** har jeg noe å hente der? ***no, there's nothing in it for you*** nei, du har ingenting å hente (der);
3. *s* **T** it; sex appeal (*fx she's got plenty of it*);
4. *i leken sisten:* den som har'n; den som har sisten (*fx Who's it? – He is*).

I. Italian [i,tæljən] *s* **1.** italiener; **2.** *språk:* italiensk.

II. Italian *adj:* italiensk.

italicize, italicise [i,tæli'saiz] *vb; typ:* kursivere.

italics [i,tæliks] *s; pl; typ:* kursiv; ***in italics*** i kursiv.

Italy [,itəli] *s; geogr:* Italia.

I. itch [itʃ] *s* **1.** kløe; (*jvf itchiness & itching*);
2. *fig* **T**(=*strong desire*) god lyst (*fx I have an itch to go to Spain*); ***have an itch to write*** ha skrivekløe.

II. itch *vb* **1.** klø (*fx scratch yourself if you itch*);
2. T: ***be itching to*** ha god lyst til å; brenne etter å; **T:** klø i fingrene etter å.

itchiness [,itʃinəs] *s:* kløe; ***an ointment for itchiness*** en salve mot (*el.* for) kløe; (*jvf I. itch & itching*).

itching [,itʃiŋ] *s:* kløing; kløe; ***intense itching*** intens kløe; (*jvf I. itch & itchiness*).

itchy [,itʃi] *adj:* som fremkaller kløe; som klør (*fx rash*); ***I feel itchy all over*** jeg klør over det hele.

itchy feet reiselyst; ***he's got itchy feet*** han vil ut og reise; han er reiselysten; (*jvf travel bug & wanderlust*).

itchy-fingered [,itʃi'fiŋgəd] *adj* **US**(=*apt to fiddle with things; apt to finger things*) klåfingret.

it'd [,itəd] **1.** =*it would;* **2.** =*it had.*

item [,aitəm] *s* **1.** *på dagsorden:* punkt; *n; på liste el. i oppstilling:* post; *på program:* nummer *n;* post;
2. *i avis:* (liten) artikkel;
3.: ***item of clothing*** klesplagg; ***item of news***(=*news item*) nyhet; ***an item***(=*piece*) ***of information*** en opplysning;
4. *merk(=commodity)* vare; *i katalog(=article)* artikkel; ***main item*** hovedartikkel; ***sale item*** utsalgsvare; ***this particular item*** denne spesielle varen;
5(=*thing*) ting; ***this is one of the most expensive items I bought*** dette er en av de dyreste tingene jeg kjøpte;
6. *jur:* ***item of personal property*** formuesgjenstand; løsøregjenstand;
7. *post:* sending; ***insured item*** verdisending; ***item sent in a postal wrapper*** C-postsending.

itemization, itemisation ['aitəmai,zeiʃən] *s:* spesifisering; spesifikasjon.

itemize, itemise [,aitə'maiz] *vb:* oppføre punktvis; *på regning(=list separately)* spesifisere; ***itemized bill*** spesifisert regning.

Itie, Eytie [,ai'tai] *s; neds(=wop)* **S**(=*Italian*) dego.

itinerant [i,tinərənt] *adj:* omreisende (*fx musician*).

itinerary [i,tinərəri] *s(=travel route)* reiserute; ***fix the itinerary*** fastlegge reiseruten; ***plan an itinerary***(=*map out an itinerary*) legge opp en reiserute; ***have you received your itinerary yet?*** har du fått reiseruten ennå?

its [its] *pron:* dens; dets; sin; sitt; sine.

it's [its] **1.** =*it is;* **2.**= *it has.*

itself [it,self] *pron* **1.** seg (*fx the cat looked at itself in the mirror*); ***the cat's not itself today*** katten er ikke seg selv i dag;
2. selv (*fx the cat stretched it itself*); ***she's kindness itself*** hun er godheten selv; ***by itself*** for seg selv; alene; ***in itself*** i seg selv; ***a world in itself***(=*a world of its own*) en verden for seg selv;
3. selve; ***the house itself is quite small but the garden attached to it is big*** selve huset er ganske lite, men hagen som hører til, er stor.

IUD ['ai'ju:,di:] *s; med.* (*fk f intrauterine device*) spiral; ***have an IUD inserted*** få satt inn spiral.

I've [aiv] =*I have.*

ivory [,aivəri] *s:* elfenbein.

Ivory Coast *s; geogr:* ***the Ivory Coast*** Elfenbenskysten.

ivory porcelain elfenbensporselen; (*se porcelain*).

ivy [,aivi] *s; bot:* eføy.

Ivy League US: ***the Ivy League*** de åtte universiteter (*n*) (Brown, Columbia, Cornell, Dartmouth, Harvard, Princeton, Pennsylvania og Yale) som har en status tilsvarende Oxford og Cambridge i UK.

j

J, j [dʒei] J, j; *tlf:* ***J for Jack*** J for Johan; ***capital J*** stor J; ***small j*** liten j.

I. jab [dʒæb] *s* **1.** *i boksing:* kort, rett støt *n;*
2(=*prod*) stikk *n;* støt *n;* ***he gave me a jab with his finger*** han stakk fingeren sin borti meg;
3. T(=*injection*) stikk *n;* injeksjon; sprøyte;
4. *fig:* stikk *n;* ***I felt a jab of pain*** plutselig gjorde det vondt; plutselig stakk det i;
5. T: ***take a jab at sth***(=*have a go at sth*) forsøke (seg på) noe; prøve seg på noe.

II. jab *vb* **1.** stikke; ***jab sth into sth*** stikke noe inn i noe;
2.: ***jab at*** stikke etter; dytte til.

I. jabber [,dʒæbə] *s; neds(=jabbering)* plapring; kjefting.

II. jabber *vb; neds* **1**(=*chatter;* **S:** *yak*) plapre; kjefte; ***jabber at one another*** (stå og) kjefte til hverandre;
2. lire av seg (*fx he jabbered a hasty apology*).

I. jack [dʒæk] *s* **1.** jekk; ***car jack*** biljekk;
2. *kortsp(=knave)* knekt;
3. T: ***every man jack of them voted against it*** alle som en stemte imot det.

II. jack *vb* **1**(=*jack up*) jekke opp (*fx a car*);
2. S: ***jack in***(=*chuck up*) gi på båten (*fx I've jacked in my job*);
3.: ***jack up*** 1(=*jack*) jekke opp; 2. *fig(=increase)* legge på (*fx prices; salaries*).

jackal [,dʒækəl] *s; zo:* sjakal.

jackass [,dʒæk'æs] *s; zo(=male ass)* han(n)esel.

jackboot [ˌdʒæk'bu:t] *s; især mil:* skaftestøvel.
jackdaw [ˌdʒæk'dɔ:] *s; zo:* kaie.
jacket [ˌdʒækit] *s* **1.** jakke; ***hacking jacket*** tweedjakke til sportsbruk; ridejakke; ***leather jacket*** skinnjakke; ***tweed jacket*** tweedjakke;
2. *på bok:* ***(dust) jacket*** (løst) omslag; ***illustrated jacket*** illustrert omslag;
3. *mask:* kappe; ***water jacket*** kjølekappe;
4. *på potet(=skin)* skall *n;* skrell *n;* ***potatoes baked in their jackets****(=baked potatoes)* bakte poteter; ***potatoes boiled in their jackets*** poteter kokt med skrellet på.
jack-in-the-box [ˌdʒækinðə'bɔks] *s; leketøy(=Jack in the box)* troll *(n)* i eske.
I. jackknife [ˌdʒæk'naif] *s(=large folding knife)* stor foldekniv (med ett blad).
II. jacknife *vb* **1.** folde sammen; klappe sammen;
2. *om tilhenger:* stille seg på tvers (i veien).
jack-of-all-trades ['dʒækəvˌɔ:l'treidz; ˌdʒækəv'ɔ:lˌtreidz] *s* **1.** altmuligmann; **2.** tusenkunstner.
jackpot [ˌdʒæk'pɔt] *s; kortsp:* jekkpott; stor gevinst; ***hit the jackpot*** ta jekkpotten.
Jacuzzi, jacuzzi [dʒəˌku:tsi] *s(=whirlpool)* boblebad.
jade [ˌdʒeid] *s; min:* jade.
jaded [ˌdʒeidid] *adj* **1***(=tired)* nedkjørt; trett; medtatt;
2. *fig(=dulled)* sløvet *(fx appetite).*
I. jag [dʒæg] *s* **1.** spiss; tagg;
2. T*(=jaguar)* jaguar (ɔ: bilmerke);
3. S: ***go on a jag*** gå på rangel.
II. jag *vb(=cut unevenly; make jagged)* skjære (,klippe) ujevnt; lage takket kant på.
jagged [ˌdʒægid] *adj:* takket; med tagger; forrevet; ***a jagged coastline*** en forreven kyst.
jaguar [ˌdʒægjuə] *s* **1.** *zo:* jaguar; **2.** *bil(,***T:** *jag)* jaguar.
I. jail *(=gaol)* [dʒeil] **1.** *s(=prison)* fengsel *n.*
II. jail *vb(=put in prison)* fengsle; sette i fengsel *n.*
jailbird*(=gaolbird)* [ˌdʒeil'bə:d] *s:* fengselsfugl.
jalousie [ˌʒælu'zi:; ˌʒæləzi] *s(=Venetian blind)* persienne(r); sjalusi.
I. jam [dʒæm] *s* **1.** syltetøy;
2. blokkering; ***traffic jam*** trafikkstans; trafikkork;
3. T: ***be in a jam****(=be in a tight corner)* være i knipe;
4. T: ***life's not all jam*** livet er ingen dans på roser;
5. T: ***money for jam****(=easy money)* lettjente penger;
6. *sj* **T:** ***some people get all the jam !****(=some people have all the luck (in this world)!)* det er noen som har det (godt) her i verden! ***you want jam on it!*** det var sannelig ikke småtteri *(n)* (til krav *n*))!
II. jam *vb* **1.** presse *(fx one's foot in the doorway);* ***jam (=slam) on the brakes*** bråbremse; trå hardt på bremsen;
2. proppe; stappe *(fx one's things into a suitcase);*
3. sette seg fast; kile seg fast; blokkere; ***the lock has jammed*** døra har gått i vranglås;
4. *radio; om støysender:* forstyrre.
Jamaica [dʒəˌmeikə] *s; geogr:* Jamaica.
I. Jamaican [dʒəˌmeikən] *s:* jamaicaner.
II. Jamaican *adj:* jamaicansk.
jamb [ˌdʒæm] *s* **1.** *arkit:* ***door jamb*** sidekarm (i dør); dørstolpe;
2. *i bil:* ***door jamb****(=door pillar)* dørstolpe.
jamboree [dʒæmbəˌri:] *s:* (større) speiderstevne; speiderleir.
I. jangle [dʒæŋgl] *s(=jangling)* rasling; klirring; skramling.
II. jangle *vb* **1.** rasle; skramle;
2. T: ***it jangled her nerves*** det satte nervene hennes på høykant.
janitor [ˌdʒænitə] *s* **1.** *skolev; Skottland (=caretaker)* vaktmester;
2. US*(=caretaker; houseporter)* vaktmester (i leiegård).
January [ˌdʒænjuəri] *s:* januar; *(se June).*
Jap [dʒæp] *s; neds(=Japanese)* japse.
Japan [dʒəˌpæn] *s; geogr:* Japan.
I. Japanese ['dʒæpəˌni:z] *s* **1.** japaner; **2.** *språk:* japansk.
II. Japanese *adj:* japansk.
I. jar [dʒɑ:] *s* **1.** (syltetøy)glass *n;* krukke; ***screw-top jar*** (syltetøy)glass med skrukork; *(jvf I. pot 4);*
2. rystelse; støt *n;*
3. lett sjokk *n;* støkk *(fx it gave him an unpleasant jar).*
II. jar *vb* **1.** *fig:* ryste *(fx the quarrel had jarred her badly);*
2.: ***jar on*** skurre mot; *fig:* ***jar on sby's ears*** skurre i ørene *(n)* på en; *om lyd, etc:* ***jar****(=get)* ***on sby's nerves*** gå en på nervene.
jargon [ˌdʒɑ:gən] *s:* sjargong; språkbruk; ***technical jargon*** fagspråk; ***in medical jargon*** i medisinsk språkbruk; *(se parlance).*
jarring [ˌdʒɑ:riŋ] *adj:* skurrende *(fx voice);* ***have a jarring effect*** skurre; virke grelt.
jasmine [ˌdʒæzmin] *s; bot:* sjasmin.
jaunt [dʒɔ:nt] *s* **T***(=brief trip)* liten (fornøyelses)tur *(fx he enjoyed his jaunt to Paris).*
jaunty [ˌdʒɔ:nti] *adj* **1***(=cheerful)* munter; ubekymret;
2.: ***at a jaunty angle*** kjekt på snei.
javelin [ˌdʒævlin] *s; sport:* spyd *n.*
I. jaw [dʒɔ:] *s* **1.** *anat:* kjeve;
2. *mask:* kjeft;
3.: ***jaws*** kjever; gap *n (fx the crocodile's jaws);* ***he was saved from the jaws of death*** han ble reddet fra dødens gap.
II. jaw *vb* **T:** kjefte; skravle; ***stop jawing at me!*** hold opp med å kjefte til meg!
jawbone [ˌdʒɔ:'boun] *s; anat:* kjeveben.
jay [dʒei] *s; zo:* nøtteskrike.
jaywalker [ˌdʒei'wɔ:kə] *s; neds:* rågjenger; vims i trafikken.
I. jazz [dʒæz] *s; mus:* jazz; jass; *fig* **T:** ***and all that jazz****(=stuff)* og alt det der.
II. jazz *vb; mus:* jazze; jasse; spille jazz; ***jazz up*** 1. *mus:* jazze opp; 2. fiffe på; *om fest:* få fart på.
jazz band *mus:* jazzband.
jazzy [ˌdʒæzi] *adj* **1.** *mus:* som ligner jazz; jazzlignende; **2. T***(=loud; gaudy)* glorete *(fx shirt).*
jealous [ˌdʒeləs] *adj* **1.** sjalu *(of* på);
2.: ***be jealous of one's rights*** vokte omhyggelig på sine rettigheter; ***keep a jealous eye on*** vokte mistenksomt på.
jealousy [ˌdʒeləsi] *s:* sjalusi; ***the deed was caused by jealousy*** handlingen var et utslag av sjalusi.
jeans [dʒi:nz] *s; pl:* jeans; ***(blue) jeans*** olabukser; ***ripped****(=torn)* ***jeans*** istykkerrevne (*el.* fillete) jeans.
jeep [dʒi:p] *s:* jeep.
I. jeer [dʒiə] *s:* hånlig bemerkning (*el.* tilrop).
II. jeer *vb* håne; spotte; ***jeer at sby*** håne en.
jeers [dʒiəz] *s; pl:* hånlige tilrop; ***the jeers and boos of the audience*** publikums *(n)* piping og hånlige tilrop.
jell*(=gel)* [dʒel] *vb; fig(=take shape)* ta form; anta fastere form *(fx his ideas have jelled).*
jellied [ˌdʒelid] *adj* **1.** i gelé; **2.** stivnet til gelé.
jellied veal*(=veal brawn)* kalvesylte.
jello [ˌdʒelou] *s* **US***(=jelly)* (dessert)gelé.
I. jelly [ˌdʒeli] *s* **1.** *også som dessert:* gelé;
2. T: ***beat them into a jelly*** gjøre plukkfisk av dem.
II. jelly *vb* **1.** legge i gelé; **2.** (la) stivne til gelé.
jelly baby *slikkeri:* seigmann.
jellyfish [ˌdʒeli'fiʃ] *s; zo:* manet; ***stinging jellyfish*** *(= sea nettle)* brennmanet.
jemmy [ˌdʒemi] *s* **T***(=short crowbar;* **US:** *jimmy)* brekkjern; kubein.
jeopardize, jeopardise [ˌdʒepə'daiz] *vb; stivt* **1***(=endanger)* utsette for fare; sette på spill *n;*
2*(=spoil)* ødelegge *(fx sby's chances).*
jeopardy [ˌdʒepədi] *s; meget stivt(=danger)* fare.
I. jerk [dʒə:k] *s* **1.** (plutselig) rykk *n;* ***he sat up with a jerk*** han satte seg opp med et rykk;
2. *især* **US T***(=fool)* tosk.

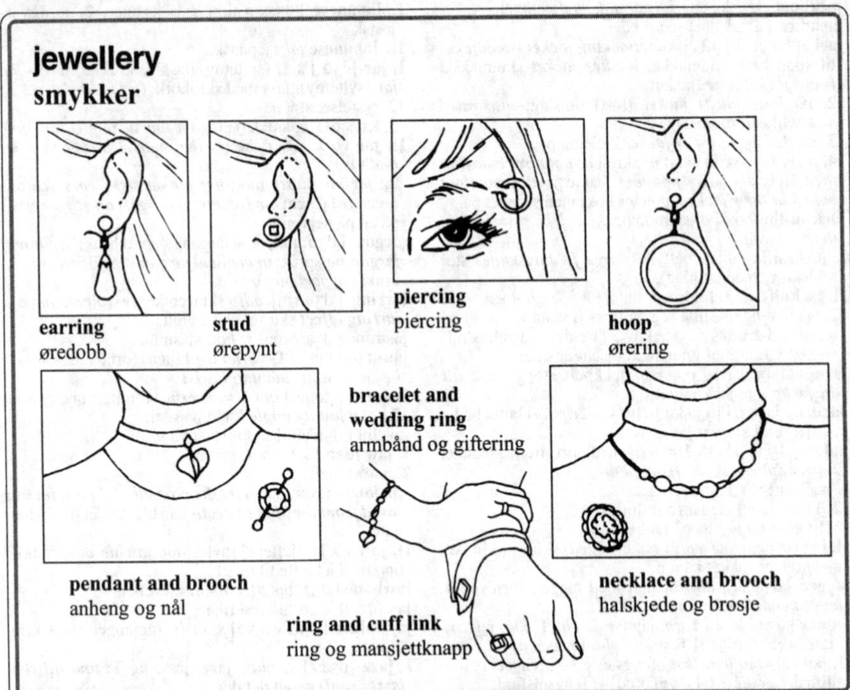

II. jerk *vb:* rykke (i); ***jerk to a halt*** stanse med et rykk; ***he jerked it away from me*** han rykket det fra meg; ***jerk oneself free*** slite seg løs med et rykk.

jerky [ˌdʒə:ki] *adj:* rykkende; ***have a jerky(=staccato) way of speaking*** snakke stakkato.

jerrican, jerrycan [ˌdʒeri'kæn] *s:* (flat) bensinkanne.

jerry-builder [ˌdʒeri'bildə] *s; neds:* byggespekulant; entreprenør som bygger dårlige hus *n.*

Jersey [ˌdʒə:zi] *s; geogr:* Jersey.

jersey *s(=sweater)* jerseygenser; pullover.

Jerusalem [dʒəˌru:sələm] *s; geogr:* Jerusalem.

I. jest [dʒest] *s; glds el. spøkef(=joke)* spøk; ***in jest*** *(= as a joke)* for spøk; i spøk.

II. jest *vb; glds el. spøkef(=joke)* spøke.

jester [ˌdʒestə] *s* **1.** *glds el. spøkef(=joker)* spøkefugl; **2.** *hist:* ***Court jester*** hoffnarr.

Jesuit [ˌdʒezjuit] *s:* jesuitt.

Jesus [ˌdʒi:zəs] Jesus; ***Jesus Christ*** Jesus Kristus; **T:** ***Jesus (Christ)!*** herregud!

I. jet [dʒet] *s* **1.** *min:* jet;
2. stråle *(fx of water);* ***gas jet*** gassflamme;
3. *mask:* dyse; ***idling jet, idle jet*** tomgangsdyse;
4. *flyv:* jet; jetfly; *(se corporate jet).*

II. jet *vb* **T 1***(=go by jet)* fly jet *(fx jet over to the USA);* **2***(=send by jet)* sende med jetfly.

jet-black [ˌdʒet'blæk] *adj:* kullsort.

jet lag: ***suffer from jet lag*** være døgnvill (etter flyreise).

jetsam [ˌdʒetsəm] *s; mar:* gods *(n)* kastet over bord (for å lette skipet); *(jvf flotsam).*

jet set *ofte neds:* ***the jet set*** de meget rike som reiser (med jetfly) fra det ene fasjonable feriested til det andre.

jettison [ˌdʒetisən] *vb* **1***(=throw overboard)* kaste over bord; **2.** *stivt; om plan(=abandon)* oppgi.

jetty [ˌdʒeti] *s* **1***(=small pier)* brygge;
2. *ved elveutløp, etc:* jeté.

Jew [dʒu:] *s:* jøde.

jewel [ˌdʒu:əl] *s* **1.** juvel; smykke *n;* **2.** *fig:* perle *(fx the jewel of one's collection).*

jeweller *(,US: jeweler)* [ˌdʒu:ələ] *s* **1.** juveler; gullsmed; **2***(=jeweller's (shop))* gullsmedforretning.

jewellery *(,US: jewelry)* [ˌdʒu:əlri] *s* **1***(=piece of jewellery)* smykke *n;* ***costume jewellery*** bijouteri *n;* (uekte) motesmykker;
2. smykker *n;* ***all her jewellery*** alle smykkene hennes.

Jewess [ˌdʒu:əs] *s:* jødinne.

Jewish [ˌdʒu:iʃ] *adj:* jødisk.

Jewishness [ˌdʒu:iʃnəs] *s:* det å være jøde; jødedom.

Jewry [ˌdʒu:ri] *s; kollektivt(=the Jews)* jødene; ***American Jewry*** de amerikanske jødene; ***international Jewry*** den internasjonale jødedom.

I. jib [dʒib] *s* **1.** *mar:* fokk; *på kutter:* klyver;
2. *på kran:* utligger; arm.

II. jib *vb* **1.** *om bil, hest, skuff, etc:* slå seg vrang;
2. *fig:* ***jib at****(=object to)* protestere mot (*el.* på).

I. jibe*(=gibe)* [dʒaib] *s; lett glds: se I. jeer.*

II. jibe*(=gibe) vb: se II. jeer.*

jiffy [ˌdʒifi] *s; lett glds* **T***(=instant):* ***in a jiffy*** *(=in two ticks; in no time)* på et øyeblikk.

I. jig [dʒig] *s* **1.** *fiskeredskap:* pilk;
2. *mus:* gigg *(fx an Irish jig).*

II. jig *vb* **1.** pilke; **2.** *mus:* danse gigg; gigge.

jigsaw [ˌdʒig'sɔ:] *s* **1.:** ***(power) jigsaw*** (elektrisk) stikksag; elektrisk løvsag; *(jvf fretsaw);*
2*(=jigsaw puzzle)* puslespill.

jilt [ˌdʒilt] *vb; lett glds:* ***jilt sby****(=throw sby over)* slå opp med en.

I. jingle [dʒiŋgl] *s* **1.** *om metallisk lyd(=jingling)* rangling; skrangling; klirring; **2***(simple rhyming verse or tune)* (barne)regle.

II. jingle *vb; om noe som gir en metallisk lyd:* rangle; skrangle; klirre.

jinks [dʒiŋks] *s; pl: high jinks* heidundrende fest; jubalon; heisafest.

jinx [dʒiŋks] *s* **1***(=evil spell)* forbannelse *(fx put a jinx on sby);* **2.** *især* **US T***(=Jonah)* ulykkesfugl.

jitter [ˌdʒitə] *s* **T:** ***be all in a jitter****(=have the jitters)* være oppskaket; ***get the jitters*** få den store skjelven; ***give sby the jitters****(=make sby very nervous)* gjøre en meget nervøs.

jittery [ˌdʒitəri] *adj* **T***(=nervous; easily upset)* nervøs; **T:** skvetten (av seg).

Joan [dʒoun] *s:* ***Joan of Arc*** Jeanne d'Arc.

Job [dʒoub] *s; bibl:* Job; ***the Book of Job*** Jobs bok.

I. job [dʒɔb] *s* **1.** jobb; arbeid *n;* stilling; ***change one's job****(=change jobs)* skifte jobb; ***she did well out of changing her job****(=it was a good thing for her to change her job)* det lønte seg for henne å skifte jobb; ***house (,flat) that goes with the job*** tjenestebolig; ***he has no job*** han har ikke noe arbeid; ***do a bad (,good) job*** gjøre dårlig (,godt) arbeid; ***make a bad (,good) job of sth*** gjøre noe dårlig (,godt); ***he can't hold down a job*** han kan ikke holde på en jobb; ***know one's job*** kunne jobben sin; ***out of one's job****(=unemployed)* arbeidsløs; uten arbeid; uten jobb; ***he never stays long in any job*** han blir aldri lenge i noen jobb;
2. (arbeids)oppgave; jobb *(fx he sent me off on a job in Egypt);* ***spray job*** lakkeringsarbeid; ***it's not my job to tell him*** det er ikke min oppgave å si det til ham; ***I've several jobs to do*** jeg har flere arbeidsoppgaver (å ta meg av); *om barn:* ***do a big (,little) job*** gjøre stort (,smått); *(se rush job);*
3. *om avlønning:* arbeid *n (fx what will the job cost?);*
4. T *om person el. ting:* ***that car's a lovely little job!*** den bilen er virkelig snerten! ***that girl's a gorgeous little job!*** den jenta er virkelig litt av ei snelle!
5. T: ***it does the job*** det gjør nytten;
6. T: ***have (quite) a job (-ing)*** ha et svare strev (med å); ***I've had quite a job with this essay*** jeg har hatt et svare strev med denne stilen;
7. T: ***give sth up as a bad job*** oppgi noe (fordi det ikke nytter, etc); **S:** ***pack sby up as a bad job*** gi en på båten;
8. T: ***it's a good job she can't hear us*** det er bra hun ikke kan høre oss; ***and a good job too!*** og bra var det!
9. T: ***just the job****(=right thing)* nettopp tingen:
10. T: ***make the best of a bad job*** gjøre det beste ut av situasjonen.

II. job *vb* **1.** jobbe; spekulere; være aksjespekulant;
2. utføre leilighetsarbeid; *(jvf jobber 2);*
3. *om arbeidsoppdrag:* ***job out****(=contract out)* sette bort.

job applicant arbeidssøkende; en som søker arbeid *n.*

jobber [ˌdʒɔbə] *s* **1.** jobber; spekulant; *(=stockjobber)* aksjespekulant; **2***(=odd-job man)* leilighetsarbeider.

jobbing [ˌdʒɔbiŋ] *adj:* som tar tilfeldig arbeid *n.*

jobbing gardener leilighetsgartner.

job centre offentlig arbeidskontor; *(jvf Employment Service Agency & Manpower Services Commission).*

job-creating [ˌdʒɔb'kri:'eitiŋ] *adj:* arbeidsskapende.

job description arbeidsbeskrivelse.

job discrimination diskriminering på arbeidsplassen.

job evaluation arbeidsevaluering.

jobholder [ˌdʒɔb'houldə] *s:* arbeidstager.

job hunter arbeidssøkende.

job hunting: ***be job hunting*** være på jakt etter en jobb.

jobless [ˌdʒɔbləs] *adj(=unemployed; out of a job)* arbeidsløs; ***the jobless****(=the unemployed)* de arbeidsløse.

job lot *merk:* resteparti.

job market arbeidsmarket; ***in the job market*** på arbeidsmarkedet.

job offer stillingstilbud; tilbud *(n)* om jobb.

job retraining [ˌdʒɔbriˌtreiniŋ] *s:* omskolering (til yrkeslivet).

I. jockey [ˌdʒɔki] *s:* jockey.

II. jockey *vb; neds:* manøvrere; ***be jockeyed into a vital decision*** bli manøvrert inn i en situasjon hvor man må fatte en avgjørende beslutning.

jockey club *(,***US:** *turf club)* jockeyklubb.

jocular [ˌdʒɔkjulə] *adj; stivt(=joking)* spøkefull.

jocularly [ˌdʒɔkjuləli] *adv(=jokingly)* spøkefullt.

I. jog [dʒɔg] *s* **1.** puff *n;* støt *n;*
2. luntetrav; joggetur *(fx go for a jog).*

II. jog *vb* **1.** jogge; ***jog along*** 1. jogge;
2*(=jolt along)* skumpe av sted;
3. *fig:* ***we're jogging along****(=we're surviving)* det rusler og går;
2*(=push)* dytte til; skumpe borti; ***jog****(=jolt)* ***sby into action*** få fart på en;
3. *fig:* ***jog sby's memory*** hjelpe på ens hukommelse; få en til å huske.

jogging [ˌdʒɔgiŋ] *s:* jogging.

jogging suit joggedress.

joggle [dʒɔgl] *vb* **T***(=wobble)* skake på *(fx don't joggle the table!).*

jog trot luntetrav; ***at a jog trot*** i luntetrav; *fig:* i bedagelig tempo.

john [dʒɔn] *s; især* **US S: *the john****(=the loo)* wc; do.

John Bull den typiske engelskmann; *(jvf Ola Nordmann).*

johnnie [ˌdʒɔni] *s* **S***(=condom)* kondom *n;* **T:** gummi; ***wear****(=use)* ***a johnnie*** bruke gummi.

johnny [dʒɔni] *s* **1. T***(=Johnny; chap; bloke)* fyr; kar;
2. S*(=condom)* kondom *n;* **T:** gummi; ***wear a johnny*** bruke gummi.

joie de vivre ['ʃwɑ:dəˌvi:v; 'ʒwɑ:dəˌvi:vrə] *s; stivt & litt.(=joy in life)* livsglede; livslyst.

I. join [dʒɔin] *s(=joint)* skjøt.

II. join *vb* **1.** forbinde; skjøte; føye sammen;
2. slutte seg sammen; forene(s);
3. *om person:* slutte seg til; sette seg bort til; ***join sby for lunch*** spise lunsj sammen med en; ***join sby in a drink*** ta en drink sammen med en; ***I'll join you later in the restaurant*** jeg kommer ned (,inn) i restauranten til deg (,dere) senere; ***do join in!*** 1. bli med, da vel! 2*(=do join us!)* slå deg ned hos oss, da vel!
4. *om person:* bli medlem *(n)* av *(fx a club);*
5.: ***if you can't beat them join them!*** man må tute med ulvene;
6.: ***join forces (with sby)*** slå seg sammen (med en); gjøre felles sak (med en);
7.: ***join hands (with)*** holde hender *(fx they joined hands in a ring);* ***join hands with your partner*** ta partneren din i hånden; *fig:* ***join hands****(=pull together)* løfte i flokk;
8.: ***join in****(=take part)* ta del (i); bli med (på); ***do join in!*** bli med da, vel! ***he wouldn't join in the conversation*** han ville ikke ta del i samtalen; **T:** ***join in (it)****(=be in on it)* være med på det;
9.: ***join on sth (to sth)****(=fasten sth (to sth))* feste noe (på noe); sette noe fast (på noe); ***I joined the rope on to the ladder*** jeg festet tauet til stigen; ***I joined the doll's arm on again****(=I put the doll's arm back on again)* jeg fikk satt dukkens arm på igjen; ***we joined on at the back of the queue*** vi stilte oss bakerst i køen;
10.: ***join up*** 1. *mil:* melde seg frivillig; 2. føye sammen; skjøte; ***he joined the wires (up) wrongly*** han skjøtte ledningene galt.

joiner [ˌdʒɔinə] *s:* (bygnings)snekker.

joinery [ˌdʒɔinəri] *s(=joinery work)* snekkerarbeid.

I. joint [dʒɔint] *s* **1.** skjøt; ledd *n;*
2. *anat:* ledd *n;* **T:** ***I'm feeling a bit stiff in the joints*** jeg føler meg litt støl; ***be out of joint*** være ute av ledd; ***put out of joint*** vri ut av ledd; ***put sby's nose out of joint*** gjøre en imot; fornærme en;
3*(=roast;* **US:** *roast) hos slakteren og om hele stykket:* stek; *(jvf I. roast);*
4. S: marihuanasigarett;
5. S: bule; *(se clip joint).*

II. joint *vb:* skjøte; føye sammen.

j

III. joint *adj* **1.** forent *(fx by joint efforts);* med- *(fx author; editor);*
2. felles *(fx joint bank account); **have a joint responsibility to …*** ha et felles ansvar for å …
joint account *merk:* felleskonto.
jointly [ˌdʒɔintli] *adv:* i fellesskap *(fx act jointly);* sammen *(fx they worked jointly(=together) on this book).*
joist [dʒɔist] *s; bygg:* bjelke; ***floor joist*** gulvbjelke.
I. joke [dʒouk] *s:* spøk; vits; morsomhet; ***a coarse*** *(,spøkef: rude)* ***joke*** en grov spøk; ***a drastic joke*** en drøy spøk; ***a delicious joke*** en herlig spøk; ***a practical joke*** en grov spøk (som går utover noen); ***for a joke****(=for fun)* for moro skyld; for spøk; **T:** ***it's no joke****(=it's a serious matter)* det er ingen spøk; det er (slett) ikke morsomt; ***what's the joke?*** 1. hva ler dere av? fortell meg det også, da! 2. hva er det som er så morsomt ved det? ***the joke of it****(=the funny thing about it)* det komiske ved det; ***carry the joke too far*** drive spøken for vidt; ***crack jokes*** slå vitser; komme med vittigheter; ***tell a joke*** komme med en morsomhet; fortelle en vits; ***he will have his (little) joke*** det er en av de vanlige morsomhetene hans; ***you can have a joke with her*** man kan spøke med henne; ***I don't see the joke*** jeg forstår ikke vitsen; ***I don't see where the joke comes in*** jeg forstår ikke hva som er så morsomt ved det; ***fall in with a joke*** gå inn på en spøk; være med på en spøk; ***this is getting beyond a joke*** dette er ikke noen spøk lenger; ***be able to take a joke*** kunne ta en spøk; ***take it as a joke*** ta det som en spøk; ***he's the joke****(=laughing stock)* ***of the town*** han er til latter for hele byen; ***the joke was on her*** det var henne det (*el.* spøken) gikk ut over.
II. joke *vb:* spøke; slå vitser (*about* om); ***I was only joking*** jeg bare spøkte.
joker [ˌdʒoukə] *s* **1.** spøkefugl; **2***(=joke teller)* vitsemaker; **3.** *kortsp:* joker.
joke shop morobutikk.
I. joking [ˌdʒoukiŋ] *s:* spøk; vitser; det å spøke (*el.* slå vitser); ***joking apart****(=aside)* spøk til side; ***this is no joking matter****(=this is no joke)* dette er ikke spøk.
II. joking *adj:* spøkefull *(fx in a joking tone).*
jokingly *adv:* spøkefullt; i en spøkefull tone.
I. jolly [ˌdʒɔli] **1.** *adj; lett glds(=cheerful)* lystig; munter *(fx party); **a jolly meal*** et festlig måltid; ***a jolly little room*** et morsomt lite rom;
2. *adv* **T***(=very): **it's jolly good*** det er virkelig bra; ***it's getting jolly late*** det begynner å bli temmelig sent;
3. *adv: **he jolly well had to do it (all over) again*** han måtte pent (*el.* vær så god) gjøre det om igjen; ***you jolly well will go!****(=you'll jolly well go!)* du skal vær så god dra! ***I should jolly well think so too!*** ja, det skulle jeg også mene!
II. jolly *vb* **T 1.:** ***jolly sby along*** oppmuntre en til å skynde seg; **2***(=coax): **jolly sby into doing sth*** godsnakke med en til han (,hun) gjør noe; **3.:** ***jolly up****(=brighten)* lyse opp *(fx a room with colourful cushions).*
jolly-boat [ˌdʒɔliˈbout] *s; mar(=dinghy)* jolle.
I. jolt [dʒoult] *s* **1.** rykk *n;* støt *n;*
2. *fig(=shock)* sjokk *n;* støkk *(fx I got a bit of a jolt).*
II. jolt *vb:* skumpe; skrangle (av sted); skake; riste; ***jolt*** *(=jog)* ***sby into action*** få fart på en.
Jonah [ˌdʒounə] *s* **1.** Jonas; **2.** *fig(=jinx)* ulykkesfugl.
Jones [dʒounz] *s: **keep up with the Joneses*** ikke stå tilbake for naboene.
Jordan [ˌdʒɔ:dən] *s; geogr:* Jordan.
I. Jordanian [ˈdʒɔ:ˌdeinjən] *s:* jordaner.
II. Jordanian *adj:* jordansk.
joss stick *s:* røkelsespinne.
I. jostle [dʒɔsl] *s; stivt(=jostling)* dytting; puffing; skumping.
II. jostle *vb* **1***(=push)* dytte; puffe; ***jostle against****(=bump against)* skumpe borti; ***jostle****(=fight)* ***for places*** kjempe om plassene;
2.: ***jostle with sby for sth****(=vie with sby for sth)* kappes med en om noe.
I. jot [dʒɔt] *s:* døyt; grann *n; **there isn't a jot** (=the slightest bit)* ***of truth in it*** det er ikke en døyt av sannhet i det; ***he didn't understand a jot****(=thing)* ***of what was said*** han forstod ikke det grann (*el.* et kvidder) av det som ble sagt.
II. jot *vb: **jot down*** notere; rable ned *(fx jot it down).*
jotter [ˌdʒɔtə] *s(=notebook; notepad)* notisbok; notisblokk.
jottings [ˌdʒɔtiŋz] *s; pl:* (hastige) notater *n;* rablerier *n.*
joule [dʒu:l] *s; fys:* joule.
journal [ˌdʒə:nəl] *s* **1.** tidsskrift; magasin *n; **educational journal*** fagtidsskrift for skolefolk; ***professional journal*** fagtidsskrift; *(se trade journal);*
2. *bokf:* dagbok;
3. *mask:* tapp; bæretapp; ***crank journal*** veivakseltapp.
journalese [ˈdʒə:nəˌli:z] *s; neds:* avisspråk.
journalism [ˌdʒə:nəˈlizəm] *s:* journalistikk.
journalist [ˌdʒə:nəlist] *s:* journalist.
I. journey [ˌdʒə:ni] *s* **1.** reise; ***a sea journey****(=a voyage)* en sjøreise; ***a day's journey from here*** en dagsreise herfra; ***the journey there and back*** reisen frem og tilbake; *især mar: **outward journey*** utreise; bortreise; ***return journey*** *(=journey back)* tilbakereise; ***make a journey*** foreta en reise; ***break one's journey*** gjøre et opphold underveis; ***I hope you enjoy the rest of your journey!*** god reise videre!
2. vending; ***I had to make two journeys*** jeg måtte gå *(,kjøre, etc)* to vendinger; **3.** *fig: **her life became****(=turned into)* ***a journey through the wilderness*** hennes liv ble som en ørkenvandring.
II. journey *vb; lett glds el. litt.(=go)* reise.
journeyman [ˌdʒə:nimən] *s:* (håndverker)svenn.
jovial [ˌdʒouviəl] *adj:* jovial; selskapelig anlagt.
jowl [dʒaul] *s: **jowl(s)*** (under)kjeve; kjake; *(se også I. cheek 1).*
joy [dʒɔi] *s:* glede; ***my only joy*** min eneste glede; ***joy of****(=in)* ***life*** livsglede; ***beaming with joy*** gledestrålende; ***with a shout****(=whoop)* ***of joy*** med et gledesskrik; ***jump for joy*** hoppe av glede; ***to my great joy*** til min store glede; *iron: **I wish you joy of it!*** god fornøyelse!
joyful [ˌdʒɔiful] *adj:* glad; gledelig *(fx news); **joyful faces*** glade ansikter
joyfully [ˌdʒɔifuli] *adv(=beaming with joy)* gledestrålende.
joy ride T 1. fornøyelsestur; **2.** *i stjålet bil:* heisatur.
joy rider bilbrukstyv.
JP *fk f Justice of the Peace.*
jubilant [ˌdʒu:bilənt] *adj:* jublende (glad).
jubilation [ˈdʒu:biˌleiʃən] *s(=rejoicing(s))* jubel.
jubilee [ˈdʒu:biˌli:] *s:* jubileum *n; **(golden) jubilee*** femtiårsjubileum; ***silver jubilee*** tjuefemårsjubileum.
judder [ˌdʒʌdə] *vb* **T***(=jerk)* rykke; riste; skake.
I. judge [dʒʌdʒ] *s* **1.** *jur:* dommer; ***presiding judge*** *(=chairman of the bench)* rettsformann;
2. *sport:* dommer; ***finishing judge*** måldommer; ***starting judge*** startdommer; *(se I. referee 2 & umpire 1);*
3.: ***be a judge of sth****(=understand(=know) about sth)* forstå seg på noe; ***… but I'm no judge (of that)****(=but I don't understand about that)* … men jeg forstår meg (jo) ikke på det; ***set oneself up as (a) judge of*** oppkaste seg til dommer over.
II. judge *vb* **1.** *jur & sport:* dømme; være dommer; ***judge a case*** være dommer i en sak;
2. bedømme; ***she couldn't judge whether****(=if)* ***he was telling the truth*** hun kunne ikke bedømme om han snakket sant; ***I can't judge accurately from here*** jeg kan ikke bedømme det så nøyaktig herfra; ***to judge from****(=judging from)* å dømme etter; etter … å dømme.
judg(e)ment [ˌdʒʌdʒmənt] *s* **1.** *jur:* dom (i sivilprosess); ***(the) judgment went against him*** han fikk ikke medhold i retten; dommen gikk ham imot;

2. bedømmelse; vurdering; skjønn *n;* dømmekraft; vurderingsevne; ***unerring(=unfailing) judgment*** sikker dømmekraft; ***sound judgment(=judging)*** god vurderingsevne; ***faulty judgment*** feilbedømmelse; ***judgment(=judging) of (the) distance*** avstandsbedømmelse; ***his judgment is sure*** han har en sikker dømmekraft; ***in my judgment(=in my view; as I see it)*** etter mitt skjønn; slik jeg ser det; ***this is a difficult matter of judgment*** dette er et vanskelig avveiningsspørsmål; ***to the best of one's judgment(=understanding)*** etter beste skjønn; ***he had more luck than judgment*** lykken var bedre enn forstanden; ***I leave it to your judgment(=discretion)*** jeg overlater det til ditt skjønn; ***it's left to individual judgment*** det overlates til den enkeltes skjønn; ***I reserve judgment on this*** jeg vil vente med å uttale meg om dette; ***use your own judgment(=discretion)*** bruk ditt eget skjønn;
3. *rel(=punishment)* straff(edom); ***the judgment of God on*** Guds straffedom over; ***the Day of Judgment(=Judgment Day)*** dommedag; dommens dag; *spøkef:* ***when is the day of judgment?*** når faller dommen?
4. *fig:* ***pass judgment on(=criticize)*** felle dom over; kritisere; ***sit in judgment on sby*** sitte til doms over en.

judicial ['dʒu:ˌdiʃəl] *adj:* rettslig; juridisk; judisiell; retts-.

judicial murder justismord (ved henrettelse).

judicial proceedings *pl:* ***bring judicial proceedings against sby*** reise sak mot en.

judicial separation (,**US:** *legal separation)* separasjon.

judicial system *jur(=justice system)* rettsvesen.

judiciary ['dʒu:ˌdiʃiəri] *s:* ***the judiciary*** **1.** domstolene; **2.** dommerstanden.

judicious ['dʒu:ˌdiʃəs] *adj:* skjønnsom; klok.

judo [ˌdʒu:dou] *s:* judo.

jug [dʒʌg] *s* **1.** mugge *(fx a milk jug);*
2. S*(=jail)* fengsel *n;* ***in jug*** i fengsel; **S:** i spjeldet; i buret *(fx he's been in jug twice).*

juggernaut [ˌdʒʌgə'nɔ:t] *s* **1** (,**US** *& Canada: road train)* vogntog; **2.** *fig(=monster):* ***the juggernaut of war*** krigens uhyre *n;* **3.** *fig:* altødeleggende kraft; stormvind *(fx the visiting team came down the field like a juggernaut).*

juggle [dʒʌgl] *vb* **1.** sjonglere;
2. *fig:* manipulere; sjonglere; ***juggle (with) the figures*** sjonglere med tallene *n.*

juggler [ˌdʒʌglə] *s:* sjonglør.

Jugoslav [ˌju:gou'slɑ:v] *s: se Yugoslav.*

Jugoslavia ['ju:gouˌslɑ:viə] *s; geogr: se Yugoslavia.*

jugular [ˌdʒʌgjulə] *adj; anat:* hals-; ***jugular vein*** halsvene.

juice [dʒu:s] *s* **1.** saft *(fx of an orange);* **2.** *i kjøtt:* kraft; **3.:** ***leave sby to stew in their own juice*** la en steke i sitt eget fett.

juicy [ˌdʒu:si] *adj* **1.** saftig;
2. *fig* **T:** saftig; pikant; ***a juicy oath*** en drøy ed.

jujitsu, jiujitsu [dʒu:ˌdʒitsu:] *s:* jiujitsu.

jukebox [ˌdʒu:k'bɔks] *s:* jukeboks; musikkboks.

July ['dʒu:ˌlai] *s:* juli; *(se June).*

I. jumble [dʒʌmbl] *s* **1***(=confused mixture)* virvar *n; broket blanding;* **2.** *for loppemarked:* **T:** loppe.

II. jumble *vb:* ***jumble together, jumble up*** rote sammen; blande sammen.

jumble sale: ***hold a jumble sale*** holde loppemarked.

jumbo [ˌdʒʌmbou] *s* **1.** kjempe; kjempestor ting;
2. *om emballasje; i sms:* kjempe- *(fx a jumbo box of detergent).*

I. jump [dʒʌmp] *s* **1.** sprang *n;* hopp *n;* byks *n;*
2. *sport:* hopp *n; i hesteveddeløp:* hinder *n; ski* 1*(=ski jump)* hoppbakke; 2. hopp *n;* 3*(=flight)* svev *n;* hopp *n;* ***all through the jump*** gjennom hele svevet (*el.* hoppet);
3. *fig:* hopp *n;* ***a jump in the price of potatoes*** et prishopp på poteter; ***the temperature took a sudden jump up to 35°*** temperaturen gjorde et plutselig byks opp til 35°.

II. jump *vb* **1.** hoppe; hoppe over; ***the noise made me jump*** lyden fikk meg til å skvette; ***jump for joy*** hoppe av glede; ***jump in*** hoppe uti; ***jump into the river*** hoppe ut i elven; *fra buss, etc:* ***jump off (,on)*** hoppe av (,på);
2. *fig:* ***jump from one thing to another*** hoppe fra det ene til det andre; ikke kunne holde seg til saken; ***jump to conclusions*** trekke forhastede slutninger; ***let's offer £500 and see which way they jump(=go)*** la oss by £500 og se hvordan de reagerer;
3. *fig* **T:** ***jump at(=leap at; eagerly accept)*** hoppe på; gripe begjærlig *(fx the chance to go to France);*
4. *sport:* ***jump the gun*** tjuvstarte;
5.: ***jump the queue*** snike i køen;
6. *jernb:* ***jump the rails*** spore av;
7. T: ***jump a red light(=drive against a red light)*** kjøre mot rødt lys;
8. *mar:* ***jump ship*** la skipet gå fra seg.

jumped-up [ˌdʒʌmpt'ʌp] *adj; neds(=upstart)* **T:** ***this new jumped-up boss*** denne oppkomlingen av en sjef.

jumper [ˌdʒʌmpə] *s* **1.** *sport:* hopper;
2*(=sweater)* jumper; genser.

jumping hill *ski(=ski jump;* **US:** *jump(ing) hill)* hoppbakke.

jumping jack *leketøy:* sprellemann.

jump suit *kvinneplagg(=flying suit)* kjeledress (hvor nederdelen også kan være shorts); *(jvf boiler suit).*

jumpy [ˌdʒʌmpi] *adj* **T***(=nervous; easily upset)* nervøs; skvetten.

junction [ˌdʒʌŋkʃən] *s* **1.** *tekn:* forbindelsesstykke;
2. kryss *n;* ***at the junction of Baker Street*** der hvor gaten munner ut i Baker Street; ***a T junction*** kryss hvor én vei (,gate) munner ut i en annen; ***road junction*** veikryss; gatekryss;
3. trafikknutepunkt; motorveikryss; ***(interchange) junction*** trafikkmaskin; ***(railway) junction*** jernbaneknutepunkt.

junction box *elekt(,Canada: wiring box)* koplingsboks.

juncture [ˌdʒʌŋktʃə] *s; om tidspunkt(=point):* ***at this juncture*** her; på dette tidspunkt; ***at that juncture*** der; da; på det tidspunkt; her.

June [dʒu:n] *s:* juni; ***the month of June*** juni måned; ***last June*** i juni i fjor *(fx she left last June);* ***in June*** i juni; ***early in June(=in early June)*** tidlig i juni; ***there are 30 days in June*** det er tretti dager i juni; ***at the beginning of June*** i begynnelsen av juni; ***on the third of June*** den tredje juni; *på brev, etc:* ***June 3rd****(=3rd June; June 3; 3 June)* 3. juni *(fx June 3rd, 1995; June 3, 1995; 3 June 1995).*

jungle [dʒʌŋgl] *s* jungel; ***the law of the jungle*** jungelens lov.

jungle gym *på lekeplass:* klatrestativ.

I. junior [ˌdʒu:niə] *s:* junior; *skolev:* elev i småklasse; ***where's junior?*** hvor er junior?

II. junior *adj(ofte fk Jnr, Jr, Jun)* junior *(fx John Jones Junior);* yngre; ***he's my junior by two years****(=he's two years my junior)* han er to år *(n)* yngre enn meg.

junior college US: *se college 3.*

junior high school US *(=comprehensive school up to fifth form) svarer til:* ungdomsskole; *(se high school 2).*

junior minister *polit; omtr:* statssekretær.

junior school grunnskole for elever i alderen 7-11 år *n;* ***in the junior school*** i småskolen; i de lavere klasser; *(jvf infant school & primary school).*

juniper [ˌdʒu:nipə] *s; bot:* einer; brisk.

juniper berry *bot:* einebær.

junk [dʒʌŋk] *s* **1.** *mar:* djunke; **2. T***(=rubbish; trash)* rot *n;* skrot *n;* **2. S***(=drugs)* stoff *n.*

junket [ˌdʒʌŋkit] *s* **1.** slags søt dessert av melk og osteløype; **2***(=junketing(s); party(ing))* fest(ing).

j

junk food *neds* **T:** gatekjøkkenmat; kafeteriamat; *(jvf wholefood).*
junkie [ˌdʒʌŋki] *s* **S 1***(=drug addict)* narkoman; stoffmisbruker; ***he's a junkie*** han går på stoff *n;*
2.: ***work junkie****(=workaholic)* arbeidsnarkoman.
junk mail reklametrykksaker (som kommer i posten).
junkman [ˌdʒʌŋkmən] *s* **US***(=rag-and-bone man)* fillekremmer; klutesamler.
junk shop skraphandel.
jurisdiction [ˈdʒuərisˌdikʃən] *s:* jurisdiksjon; domsmyndighet; ***come under the jurisdiction of*** bli pådømt av; ***that's not (in) my jurisdiction****(=it falls outside my jurisdiction)* det er ikke mitt (myndighets)område.
juror [ˌdʒuərə] *s(=juryman)* jurymedlem; domsmann.
jury [ˌdʒuəri] *s* **1.** *jur:* jury; lagrett(e);
2. *sport:* jury; dommerkomité; bedømmelseskomité;
3.: ***sit****(=be)* ***on the jury*** sitte i juryen.
jury box juryens (*el.* lagrettens) plass i rettssalen.
juryman [ˌdʒuərimən] *s: se juror.*
jury nobbling **T***(=bribing of the jury)* bestikkelse av juryen.
jury service tjeneste som jurymedlem (*el.* domsmann); ***do jury service*** være jurymedlem; være domsmann; ***be called for jury service*** bli innkalt for å gjøre tjeneste som domsmann.
I. just [dʒʌst] *s; pl:* ***the just*** de rettferdige; ***sleep the sleep of the just*** sove de rettferdiges søvn.
II. just *adj:* rettferdig; rimelig; berettiget; ***have a just claim to the money*** ha et berettiget krav på pengene.
III. just *adv* **1.** nettopp; akkurat; ***just here*** akkurat her; ***just now*** 1. akkurat nå; nettopp nå; 2. for et øyeblikk siden; ***just then*** akkurat da; ***just when*** 1. akkurat da; 2. akkurat når *(fx why do you bother me just when I'm busy?);* ***I'm just coming!*** jeg kommer nå! ***hurry up, he's just going!*** fort deg, han skal akkurat til å gå! ***I was just going to****(=I was just about to)* jeg skulle akkurat (*el.* nettopp) til å;
2. nøyaktig; nettopp; akkurat; ***that's just it!****(=the point!);* det er nettopp det (som er saken (,problemet))! ***that's just the thing for your cold*** det er nettopp noe for din forkjølelse; ***that's just like you!*** det er akkurat likt deg! ***everything has to be just so*** alt må være helt nøyaktig; ***but just what is …?*** men hva er egentlig …?
3. så vidt; ***he arrived just in time*** det var så vidt han kom tidsnok; ***I only just caught the train*** det var så vidt jeg rakk toget; ***it just missed*** det var så vidt det ikke traff; ***only just enough*** bare (akkurat) så vidt nok; ***just under 10%*** like under 10%; i underkant av 10%;
4. bare *(fx she's just(=only) a child);* ***just****(=only)* ***a little*** bare litt; ***this is just****(=only)* ***to show you how it works*** dette skal bare vise hvordan det fungerer; ***we just didn't see very much of him*** det er bare det at vi ikke så noe større til ham;
5. *forsterkende:* ***just you dare!*** du kan bare våge! ***now, just listen to me!*** hør nå bare på hva jeg har å si! ***that just isn't true!*** det er rett og slett ikke sant! ***I just don't know what to do*** jeg vet (sannelig) ikke hva jeg skal gjøre; ***it's just not good enough!*** dette er bare ikke godt nok! ***I can just see you getting up so early!*** jeg syns jeg ser deg stå opp så tidlig!
6. **T***(=absolutely)* helt; absolutt *(fx perfect!);* ***everything went just fine****(=very well)* alt gikk helt fint;
7.: ***just about*** (sånn) omtrent; ***just about ready*** omtrent ferdig; ***it was just about here*** det var omtrent her; ***I'm just about fed up with it*** nå er jeg i grunnen lut lei det;
8.: ***be just about to*** akkurat skulle til å; ***he was just about to go out****(=he was just going out)* han skulle akkurat til å gå ut;
9. like *(fx just round the corner);* ***just after****(=shortly after)* like etter *(fx just after the war);*
10.: ***just as*** 1. nettopp (*el.* akkurat) idet; nettopp som *(fx just as I came in);* 2. akkurat slik som; ***come just as you are!*** kom som du er! 3. akkurat like *(fx it's just as good as any of the others);*
11.: ***just as well*** best; like bra; ***I think that's just as well*** jeg tror det er best at det blir slik; ***it's just as well you stayed at home, you didn't miss anything*** du kan være glad du ikke gikk, for du gikk ikke glipp av noe.
justice [ˌdʒʌstis] *s* **1.** *jur:* ***(administration of) justice****(=judicial system; justice system)* rettsvesen; rettspleie; ***British justice*** britisk rettsvesen;
2. rettferdighet; berettigelse; *jur:* rett; ***bring sby to justice*** bringe en for retten; ***deflect the course of justice*** bøye retten; ***(the course of) justice*** rettens gang; ***interfere with the course of justice*** hindre at rettferdigheten skjer fyldest; *jur:* ***obstruct****(=impede)* ***justice*** hindre rettens gang; *jur:* ***pervert (the course of) justice*** villede retten; ***let justice take its course*** la rettferdigheten skje (fyldest); ***a sense of justice*** rettferdighetssans; rettsbevissthet; rettsfølelse; ***the justice of*** berettigelsen av; ***do justice*** øve rettferdighet; ***justice was done in the end*** rettferdigheten skjedde til slutt; ***do sby justice, do justice to sby*** yte en rettferdighet; ***I didn't do myself justice in the exam*** jeg fikk ikke vist hva jeg kunne til eksamen; ***do justice to the food*** ta godt for seg av maten; ***do full justice to*** yte full rettferdighet; ***in justice*** i rettferdighetens navn *n;* ***in justice to him****(=to do him justice)* for å yte ham rettferdighet;
3. *især som tittel(=judge):* ***Justice of the Peace****(fk JP)* fredsdommer; *i flere Commonwealth-land:* ***chief justice*** høyesterettsjustitiarius; **US:** ***Chief Justice of the United States*** høyesterettsjustitiarius; ***Lord Chief Justice*** rettspresident i Queen's Bench Division of the High Court.
Justice Department **T***(=Department of Justice;* **UK** *ofte: Home Office;* **US:** *Department of Justice;* **T:** *Justice Department)* justisdepartement; *(se Home Office).*
justice system *jur(=judicial system)* rettsvesen; rettspleie; rettsstell.
justifiable [ˌdʒʌstiˈfaiəbl; ˈdʒʌstiˌfaiəbl] *adj:* forsvarlig; berettiget; ***a justifiable claim*** et berettiget krav; ***justifiable homicide*** (drap i) nødverge.
justification [ˈdʒʌstifiˌkeiʃən] *s:* rettferdiggjørelse; ***there's no justification for it*** det lar seg ikke forsvare; ***in justification of*** som forsvar *(n)* for.
justified text *EDB:* tekst med rett høyremarg; *(jvf unjustified text).*
justify [ˌdʒʌstiˈfai] *vb:* rettferdiggjøre; forsvare *(fx you don't need to justify yourself);* unnskylde; ***don't try to justify your action!*** forsøk ikke å unnskylde det du gjorde! ***justify our existence*** bevise vår eksistensberettigelse; ***am I justified in thinking that …?*** har jeg rett når jeg antar at …?
justly [ˌdʒʌstli] *adv* **1.** rettferdig; **2.** med rette; med god grunn.
justness [ˌdʒʌstnəs] *s(=fairness)* rettferdighet; ***the justness of a cause*** det rettferdige i en sak.
jut [dʒʌt] *vb:* ***jut out****(=stick out; project)* rage frem; stikke ut.
jute [dʒu:t] *s; tekstil:* jute.
Jutland [ˌdʒʌtlənd] *s; geogr:* Jylland.
Jutlander [ˌdʒʌtləndə] *s:* jyde.
Jutlandish [ˌdʒʌtˈlændiʃ] *adj:* jysk.
I. juvenile [ˌdʒu:vəˈnail] *s; jur:* ungdom *(fx she'll not be sent to prison – she's still a juvenile).*
II. juvenile *adj; jur:* ***juvenile court*** ungdomsdomstol; ***juvenile delinquent*** ungdomsforbryter.

K, k [kei] K, k; *tlf:* ***K for King*** K for Karin; ***capital K*** stor K; ***small k*** liten k; ***it's spelt with a k*** det skrives med k.
Kabul [kəˌbul; *især* **US:** 'ka:bu:l] *s; geogr:* Kabul.
kale [keil] *s; bot* **1.** *som fôr(=borecole)* grønnkål;
2. *kul:* ***curly kale*** grønnkål; *(se garnishing kale & sea kale);*
3. *i Skottland(=cabbage)* (hode)kål; hvitkål.
kaleidoscope [kəˌlaidə'skoup] *s:* kaleidoskop *n.*
Kampala [kæmˌpɑ:lə] *s; geogr:* Kampala.
kangaroo ['kæŋgəˌru:] *s; zo:* kenguru.
kaput [kəˌput] *adj* **S**(*=broken)* ødelagt; i stykker.
Karachi [kəˌrɑ:tʃi] *s; geogr:* Karachi.
karat [ˌkærət] *s* **US**(*=carat)* karat.
karate [kəˌrɑ:ti] *s:* karate.
Karelia [kəˌri:liə] *s; geogr:* Karelen.
Kashmir [kæʃˌmiə] *s; geogr:* Kasjmir.
Katzenjammer [ˌkætsən'dʒæmə] *s* **US 1**(*=hangover)* tømmermenn; **2**(*=row)* spetakkel *n.*
kayak, kaiak [ˌkaiæk] *s:* kajakk.
kebab [kiˌbæb] *s:* lite kjøttstykke stekt på spidd *n.*
I. keel [ki:l] *s* **1.** *mar:* kjøl; **2.** *mar & fig:* ***on an even keel*** på rett kjøl; ***keep the business on an even keel*** holde forretningen på rett kjøl.
II. keel *vb:* ***keel over*** **1**(*=capsize)* kantre; vende kjølen i været; **2**(*=fall over)* falle om.
keelhaul [ˌki:l'hɔ:l] *vb; mar; person:* kjølhale; *fig:* ***keelhaul sby*** gi en en overhaling.
keen [ki:n] *adj* **1.** *stivt(=sharp)* skarp *(fx that knife has a keen(=sharp) edge);*
2. *fig:* ***keen competition*** (en) skarp konkurranse; ***keen(=great) disappointment*** stor skuffelse; ***keen (= deep) sorrow*** dyp sorg; ***a keen(=sharp) sense of smell*** en skarp luktesans; ***have a keen eye for*** ha et skarpt blikk for; ***have keen(=sharp) hearing(=have sharp ears)*** ha skarp hørsel; ***he has a keen mind*** han er lynende skarp;
3(*=eager)* ivrig; begeistret; ***he's a keen worker*** han arbeider godt; **T:** han står på; ***he was obviously keen for me to do it*** han var tydeligvis ivrig etter at jeg skulle gjøre det; ***he took a keen interest*** han var sterkt interessert;
4.: ***keen on*** 1. ivrig etter; oppsatt på; ***he's not very keen on golf*** han bryr seg ikke noe større om golf; ***I'm no longer keen on motoring*** jeg er ikke lenger så ivrig etter å kjøre bil; 2.: ***she's keen on him*** hun har et godt øye til ham.
keenly *adv* **1.** skarpt; ***she was watching us keenly*** hun holdt skarpt øye med oss; ***feel the loss very keenly*** føle tapet meget sterkt;
2.: ***be keenly interested in****(=take a keen interest in)* være sterkt interessert i; ***he felt it very keenly*** han følte det meget sterkt; ***the competition was keenly contested****(=there was keen competition)* konkurransen var meget skarp; ***she applied herself keenly(= enthusiastically) to her work*** hun arbeidet begeistret (*el.* med liv *(n)* og lyst).
keenness [ˌki:nnəs] *s* **1.** *især fig; sj(=sharpness)* skarphet *(fx a mind of great keenness);*
2(*=eagerness)* iver; ***not show much keenness*** ikke vise noen større iver.
I. keep [ki:p] *s* **1. T**(*=board and lodging)* kost og losji *n;* ***he's not worth his keep*** han gjør seg ikke fortjent til maten; **2.** (midterste) borgtårn;
3. T: ***for keeps*** for bestandig; ***it's yours for keeps*** du kan beholde det.
II. keep *vb(pret & perf.part.: kept)* **1.** oppbevare;
2. holde *(fx one's bed; a car; sby informed; one's word);* holde av *(fx a place for sby);* holde seg *(fx apples that keep all winter);* ***keep the conversation going*** holde samtalen i gang; ***exercise will keep you fit*** mosjon vil holde deg i form; ***keep clean*** holde ren; ikke skitne til; ***keep sby company*** holde en med selskap; ***keep one's hand in*** holde seg i trening; ***just to keep her happy*** bare for at hun skal være fornøyd; ***keep one's head*** bevare fatningen; ***I can't keep that number in my head*** det nummeret kan jeg ikke klare å huske; ***keep a tight rein on sby*** holde en strengt; ***keep on this road*** fortsett langs denne veien; ***keep sth tidy*** holde noe i orden;
3. beholde; holde på *(fx can you keep a secret?); (se 9: keep to 5);* ***she kept her sense of humour*** hun beholdt sin humoristiske sans; ***keep the light burning*** beholde lyset på;
4. *fig:* vente; ***perhaps it'll keep?*** kanskje det kan vente?
5. hefte; ***I mustn't keep you*** jeg skal ikke hefte deg; ***what kept you?*** hvorfor er du så sen?
5(*=support)* forsørge; ***I earn enough to keep myself*** jeg tjener nok til å forsørge meg selv;
6(*=celebrate)* feire *(fx Christmas);* ***keep the Sabbath*** overholde sabbaten;
7. føre *(fx a diary);* ***keep accounts*** føre regnskap; ***keep the books*** føre bøkene; ***keep an account of*** holde regnskap med;
8.: ***keep (-ing): keep going*** 1. fortsette; 2. holde det gående; 3.: ***food is necessary to keep life going*** mat er nødvendig for å opprettholde livet; ***keep a machine running*** holde en maskin i gang; ***keep walking*** fortsette å gå; ***he kept lying to her*** han løy stadig for henne;
9. *forskjellige forb:* ***keep afloat*** holde seg flytende; ***keep alive*** 1. holde liv i; 2. holde seg i live; ***keep at it*** 1. henge i; ikke gi seg; **T:** stå på; 2*(=stay the course; keep it going)* **T:** holde koken; 3.: ***keep sby at his work*** sørge for at en arbeider; holde en i arbeid *n;* ***keep away*** 1. holde unna (*el.* borte); 2. holde seg unna *(fx keep away – it's dangerous!);* ***keep back*** holde tilbake; ***keep back from the edge!*** hold deg unna kanten! ikke gå ut på kanten! ***keep down*** 1. holde nede; ***keep your head down!*** pass hodet ditt! ***keep prices down*** holde prisene nede; 2.: ***keep your voices down*** demp stemmene deres; 3.: ***keep one's weight down*** ikke legge på seg; 4.: ***keep one's food down*** beholde maten; ***keep sth from sby*** holde noe hemmelig for en; ***can you keep this from your mother?*** kan du forhindre at din mor får vite dette? ***keep from (-ing)*** la være å *(fx I could hardly keep from hitting him);* ***keep early (,late) hours*** legge seg tidlig (,sent) og stå tidlig (,sent) opp; ***keep house for sby*** stelle huset for en; ***keep in*** 1. holde inne *(fx keep the boy in);* 2. *skolev:* ***keep sby in*** la en sitte igjen; 3. holde med *(fx sby in clothes);* 4.: ***keep a child in bed*** holde et barn i sengen; ***keep in mind*** ikke glemme; huske på; ***keep in repair*** vedlikeholde; *(jvf well (-)kept);* ***keep indoors****(=stay in(doors))* holde seg inne(ndørs); ***keep in with sby****(=keep on the right side of sby)* holde seg inne med en; holde seg på en god fot med en; ***keep off*** holde (seg) unna *(fx the grass; the whisky);* ***if the rain keeps off*** hvis det ikke regner; ***keep on*** 1*(=continue)* fortsette; ***keep on past the church*** kjør (,gå) videre forbi kirken; ***keep straight on*** fortsett rett frem; ***keep on (-ing)*** fortsette med å; 2. *tjener, etc:* beholde; 3. *om tøy:* beholde på *(fx one's coat);* **T: *keep on (and on) about sth*** hele tiden snakke om noe; ***keep(=go) on at sby*** stadig mase på en; være

etter en; ***keep out*** 1. holde ute *(fx keep sby out);* 2. stenge ute; holde ute *(fx this blind keeps the sun out);* ***keep out of*** 1. ikke gå inn i *(fx a room);* 2. holde seg unna *(fx keep out of trouble);* ***you keep out of this!*** hold deg utenfor dette her! 3.: ***keep him out of my way!*** hold ham unna meg! 4.: ***keep out of danger*** ikke utsette seg for fare; 5.: ***keep out of sight*** ikke vise seg; 6.: ***keep sby's name out of the papers*** hindre at ens navn *(n)* kommer i avisen; ***keep time*** 1. *om klokke:* gå riktig; 2. holde takten; ***she doesn't keep time with her partner*** hun er i utakt med partneren sin; ***keep to*** 1. holde seg til *(fx one's room; the main road; the text);* ***keep to the time limit*** holde seg til fristen; overholde fristen; ***keep (to the) left*** holde til venstre; 2. stå ved *(fx one's promise);* 3.: ***keep sby to his promise (,word)*** ta en på ordet; minne en på ens løfte *n;* 4.: ***keep sth to a minimum*** begrense noe til et minimum; 5.: ***keep it to yourself*** (be)hold det for deg selv; si det ikke videre; ***keep your hands to yourself!****(=keep your hands off!)* vekk med fingrene! 6. **T:** ***keep oneself to oneself*** være reservert; holde seg for seg selv *(fx he keeps himself very much to himself);* ***keep together*** 1. holde sammen *(fx the string keeps the parcel together);* 2*(=stay together)* holde sammen; ***keep up*** 1. holde oppe; ***keep up the pace****(=speed)* holde farten oppe; ***I was kept up pretty late last night*** jeg kom temmelig sent i seng i natt; 2. opprettholde *(fx keep up a correspondence);* 3. holde ved like *(fx one's garden; one's French);* 4.: ***keep up****(=keep in touch)* holde forbindelsen (*with sby* med en); ***we haven't kept up since she went abroad*** vi har ikke holdt forbindelsen (*el.* hatt kontakt) siden hun dro til utlandet; **T:** ***keep it up*** holde det gående; ikke slappe av (i sine anstrengelser); ***your work is good – keep it up!*** du gjør godt arbeid – fortsett slik! ***keep up with sby*** 1*(=keep in touch with sby)* holde forbindelsen (*el.* kontakten) med en; 2*(=keep pace with sby)* holde tritt med en; **T:** ***just to keep up with the Joneses*** bare for ikke å være dårligere enn naboene; 3.: ***keep up with the news*** holde seg à jour med nyhetene; ***I haven't kept up (with) my French*** jeg har ikke holdt fransken min ved like; ***keep up with the times****(=move with the times)* følge med tiden.

keeper [ˌki:pə] *s* **1.** vokter; ***park keeper*** parkvakt;
2. dyrepasser *(fx at a zoo);*
3. *fotb(=goalkeeper; goalie)* målmann; målvokter; keeper;
4. *ved museum:* direktør; førstekonservator;
5. *univ:* ***assistant keeper*** vitenskapelig assistent;
6.: ***Keeper of Public Records****(,***US:** *Archivist of the United States)* riksarkivar.

keep-fit classes [ˈki:pˌfitˈklɑ:siz] *s; pl:* mosjonsparti; trimparti *(fx he attends keep-fit classes).*

keep-fit exercises *pl:* mosjonsgymnastikk.

keeping [ˌki:piŋ] *s* **1***(=care)* varetekt; ***put sth into sby's keeping*** betro en noe; betro en å oppbevare noe;
2. overholdelse; ***keeping to the time limit****(=meeting the deadline)* overholdelse av fristen;
3.: ***in keeping with*** i overensstemmelse med; ***be out of keeping with*** ikke stemme overens med; ikke harmonere med.

keepsake [ˌki:pˈseik] *s:* erindring; souvenir *n;* ***as a keepsake*** som minne *n;* til erindring.

keg [keg] *s:* liten tønne; fat *n;* ***beer keg*** ølfat (av aluminium); ***powder keg*** kruttønne.

kelp [kelp] *s; bot:* tang; *(se wrack).*

kennel [kenl] *s* **1***(,***US:** *doghouse)* hundehus;
2.: ***kennel(s)*** kennel.

Kenya [ˌkenjə] *s; geogr:* Kenya.

I. Kenyan [ˌkenjən] *s:* kenyaner.

II. Kenyan *adj:* kenyansk.

kept [kept] *pret & perf.part. av II. keep.*

kerb *(,***US:** *curb)* [kə:b] *s:* fortauskant.

kerb crawling S: kjøring i skrittempo for å plukke opp prostituert.

kerb drill: ***lessons in kerb drill*** trafikkundervisning (for skolebarn).

kerbstone *(,***US:** *curbstone)* [ˌkə:bˈstoun] *s:* kantstein.

kerchief [ˌkə:tʃif] *s; glds(=headscarf)* skaut *n.*

kermess, kermis [ˌkə:mis] *s* **1.** kermesse; marked *n;*
2. US*(=charity bazaar)* veldedighetsbasar.

kernel [kə:nl] *s* **1.** *bot:* (nøtte)kjerne; *i frukt(=stone;* **US:** *pit)* stein;
2. *fig(=gist; core)* kjerne *(fx the kernel of his argument).*

kerosene [ˌkerəˈsi:n] *s* **US***(=paraffin)* parafin.

ketchup [ˌketʃəp] *s:* ketchup.

kettle [ketl] *s* **1.:** ***(electric) kettle*** vannkjele; ***put the kettle on*** sette på (te)vann; ***the kettle's boiling*** vannet koker;
2. *fig:* ***that's a different kettle of fish*** det er en helt annen sak; *iron:* ***a fine****(=pretty)* ***kettle of fish!*** fine greier!
3.: ***the pot calling the kettle black!****(=kettle calling pan! now who's talking? 'you should know!* **US:** *it takes one to know one!)* du er ikke et hår bedre selv! på seg selv kjenner man andre!

kettledrum [ˌketlˈdrʌm] *s; mus:* pauke.

I. key [ki:] *s(=cay)* liten koralløy.

II. key *s* **1.** nøkkel (*to, for* til);
2. *fig:* nøkkel (*to* til) *(fx the key to success);* ***the key to the puzzle*** nøkkelen til gåten;
3.: ***key (to the symbols)*** tegnforklaring;
4. tast; tangent; ***strike any key*** trykk på en hvilken som helst tast;
5. *mus:* toneart *(fx what key are you singing in?);* ***change of key*** overgang; skifte av toneart; ***in the key of C*** i C-dur (,C-moll);
6*(=pitch)* tonehøyde; ***speak in a low key*** snakke lavt;
7. *fig:* ***let's treat this whole affair in a very low key*** ikke la oss overdramatisere hele denne saken.

III. key *vb* **1.** kile fast;
2*(=code):* ***keyed advertising*** kodet annonsering;
3. *mus:* stemme; **4.** *EDB:* taste; ***key in information*** taste inn informasjon; *(se keying error);*
5. *fig:* avstemme; stille inn (*to* etter);
6.: ***key up*** 1. *mus:* stemme høyere; 2. *fig:* gjøre anspent (*el.* nervøs); *(jvf keyed up).*

keyboard [ˌki:ˈbɔ:d] *s:* tastatur *n; mus:* klaviatur *n.*

key diagram oversiktsdiagram.

keyed up *adj:* ***(all) keyed up****(=excited; tense)* oppspilt; oppskrudd.

keyhole [ˌki:ˈhoul] *s:* nøkkelhull.

key industry nøkkelindustri.

keying error *EDB:* tastefeil; *(se III. key 4).*

keynote [ˌki:ˈnout] *s; også fig:* grunntone; ***sound****(=strike)* ***the keynote*** slå an grunntonen.

key point springende punkt.

key position nøkkelstilling; *polit:* vippeposisjon.

keystone [ˌki:ˈstoun] *s* **1***(=headstone)* sluttstein; kilestein; **2.** *fig(=cornerstone)* hjørnestein.

keystroke [ˌki:ˈstrouk] *s; EDB:* (taste)anslag.

key word nøkkelord; stikkord; ***in the form of (a few) key words*** i stikkords form; i form av (noen få) stikkord; ***dust and noise are key words in this connection*** støv og støy er stikkord i denne forbindelse.

khaki [ˌkɑ:ki] *s; tekstil:* kaki.

Khartoum [kɑ:ˌtu:m] *s; geogr:* Khartoum.

kibbutz [kiˌbu(:)ts] *s(pl: kibbutzim)* kibbuts.

I. kick [kik] *s* **1.** spark *n;* ***get a kick on the leg*** få et spark på benet; ***what he needs is a good kick up the backside!*** det han trenger, er et skikkelig spark bak! *også fig:* ***powerful kicks*** friske fraspark;
2*(=recoil)* rekyl;
3. T: ***there's no kick in this beer*** det er ikke noe futt i dette ølet; ***this drink has plenty of kick in it*** denne drinken går til hodet; dette er sterke saker;
4. T*(=thrill):* ***I get a lot of kick out of it****(=it gives me quite a thrill)* jeg nyter det; ***how do you get your***

kicks? hva gjør du når du skal ha det moro? ***for kicks****(=for fun)* for moro skyld;
5. T *om ny interesse:* ***he's on a health food kick at the moment*** for tiden er han opptatt av helsekost.
II. kick *vb* **1.** sparke; ***kick sby's shins*** sparke en på skinneleggen; ***kick a goal*** skyte mål *n;* ***kick a door open*** sparke opp en dør; **T:** ***kick oneself*** ergre seg gul og grønn;
2. S: ***kick the bucket****(=die)* krepere; vandre heden; dø;
3.: ***kick one's heels*** vente utålmodig; kaste bort tiden med å vente; *(se 15, 2: kick up one's heels);*
4. T*(=resist)* stritte imot; ***kick against****(=oppose)* være imot; motsette seg; *bibl:* ***kick against the pricks*** stampe mot brodden;
5. S: ***get kicked in the teeth*** få seg en på trynet;
6. T: ***kick about, kick around*** 1*(=wander about)* rusle omkring; 2*(=knock about)* streife om(kring) *(fx he spent the last few years kicking around in Africa);* 3. *om brev, etc:* bli liggende *(fx the letter has been kicking around for weeks);* 4*(=struggle with)* stri med; tumle med; ***kick the problem around for a while and see what ideas emerge*** tumle litt med problemet og se hvilke idéer som melder seg; 5*(=treat badly)* behandle dårlig; **T:** mobbe;
7.: ***kick at*** sparke etter;
8.: ***kick back*** 1. sparke vekk (*el.* til side); ***kick back the blanket*** sparke av seg ullteppet; 2. *om våpen:* slå; 3. *sport:* sparke tilbake; 4. *fig(=hit back)* slå igjen;
9.: ***kick down*** sparke ned *(fx a door);*
10.: ***kick in*** sparke inn *(fx a window);*
11.: ***kick off*** 1. sparke av seg *(fx one's shoes);* 2. *fotb:* begynne; 3. *fig:* være den første som tar ordet;
12. : kick out 1. sparke ut (*at* etter); 2. sparke (rundt seg); 3. *om hest:* sparke; slå;
13. T: ***kick over the traces****(=let one's hair down)* slå seg løs; **T:** slå ut håret;
14.: ***kick up a fuss*** lage vanskeligheter; beklage seg (*about* over);
15.: ***kick up one's heels*** 1. **T***(=let one's hair down)* slå seg løs; **T:** slå ut håret; 2. **S***(=die; kick the bucket)* krepere; vandre heden; dø; *(jvf 3: kick one's heels);*
16. T: ***kick up a row*** lage bråk *n;*
17. T: ***kick sby upstairs*** sparke en oppover (ɔ: bli kvitt en ved forfremmelse).
kickback [ˌkik'bæk] *s:* returprovisjon.
kick-off [ˌkik'ɔf] *s; fotb:* avspark.
kickstarter [ˌkik'stɑːtə] *s:* kickstarter.
kickturn [ˌkik'təːn] *s; ski:* lappekast; ***do a kickturn*** gjøre lappekast.
I. kid [kid] *s* **1.** *zo(=young goat)* (geite)kje *n;*
2. T*(=child)* barn *n;* unge; ungdom; ***when I was a kid*** da jeg var liten; ***come on kids!*** kom nå, unger! ***she's some kid !****(=she's not bad!)* det er litt av ei jente!
3. *i tiltale* **T:** gutt; småen; vesla.
II. kid *vb* **T 1***(=tease)* erte;
2.: ***don't kid yourself*** ikke narr deg selv; ikke innbill deg noe; ***don't kid yourself about that*** ta ikke feil når det gjelder det; ta ikke feil på det punktet.
kid brother T: lillebror; veslebror.
kid glove 1. glacéhanske; **2.** *fig:* ***handle sby with kid gloves*** ta på en med silkehansker.
kidnap [ˌkid'næp] *vb:* kidnappe.
kidnapper [ˌkid'næpə] *s:* kidnapper.
kidnapping [ˌkid'næpiŋ] *s:* kidnapping.
kidney [ˌkidni] *s; anat:* nyre.
kidney failure *med.(=renal failure)* nyresvikt.
kid's stuff T: ***that's kid's stuff 1.*** det der er noe for småunger; **2***(=that's child's play; it's very easy)* det er bare barnemat.
I. kill [kil] *s* **1.** *jakt:* nedleggelse (av byttet); jaktutbytte; ***make a kill*** 1. skyte noe; 2. *om rovdyr:* nedlegge et bytte; **2.** bytte *n (fx a lion on the kill);*
3.: ***be in at the kill*** 1. være til stede når byttet nedlegges; 2. **T:** være med når det skjer.
II. kill *vb* **1.** drepe; slakte; avlive; ta liv *n;* ***assault with intent to kill*** drapsforsøk; ***she killed herself*** hun tok livet av seg; ***kill two birds with one stone*** slå to fluer i én smekk; ***be killed in an accident*** dø i en ulykke;
2. *fig* **T:** ***these stairs are killing me!*** denne trappen tar knekken på meg! ***they're not exactly killing****(=overworking)* ***themselves!*** de overanstrenger seg ikke akkurat!
3. ødelegge; tilintetgjøre *(fx sby's hopes of winning);*
4.: ***it's kill or cure!****(=it's neck or nothing!)* det får briste eller bære!
5. T: ***kill time*** slå i hjel tiden; ***we have two hours to kill*** vi har to timer å slå i hjel;
6.: ***kill off*** 1. avlive; utrydde; 2*(=put an end to; scotch):* ***kill a rumour*** avlive et rykte.
killer [ˌkilə] *s* **1.** drapsmann; **2.** *zo(=killer whale)* spekkhogger.
I. killing [ˌkiliŋ] *s* **1.** drap *n;*
2. *fx på børsen:* ***make a killing*** gjøre et kupp.
II. killing *adj* **1. 1***(=exhausting)* drepende; ***at a killing pace*** i et drepende tempo;
2*(=very funny)* fantastisk morsom(t).
killjoy [ˌkil'dʒɔi] *s(=wet blanket)* gledesdreper.
kill-or-cure ['kilɔːˌkjɔː] *adj:* ***kill-or-cure remedy****(=heroic remedy; drastic remedy)* hestekur; drastisk middel *n.*
kill-time [ˌkil'taim] *adj:* ***kill-time pursuits*** sysler man fordriver tiden med.
kiln [kiln] *s:* ***(drying) kiln*** tørkeovn.
kilo [ˌkiːlou] *s(=kilogram(me))* kilo; kilogram *n.*
kilogramme *(,US:* *kilogram)* [ˌkilə'græm] *s:* kilogram *n.*
kilolitre *(,US:* *kiloliter)* [ˌkilə'liːtə] *s:* kiloliter.
kilometre *(,US:* *kilometer) (fk km)* [ˌkilə'miːtə; kiˌlɔmitə] *s:* kilometer; km.
kilowatt [ˌkilə'wɔt] *s; elekt:* kilowatt.
kilt [kilt] *s:* (skotte)skjørt *n.*
kimono [kiˌmounou] *s:* kimono.
kin [kin] *s* **1.** *glds(=relatives)* slektninger;
2.: ***one's next of kin*** ens nærmeste pårørende.
I. kind [kaind] *s* **1***(=sort)* slag(s) *n;* ***not the marrying kind*** ikke den typen som gifter seg; ***this kind of thing*** noe slikt som dette; ***she's not that kind of a girl*** slik er hun ikke; ***they're two of a kind*** de er begge av samme slaget; ***(of) all kinds*** (av) alle slag(s); ***some kind of, a kind of*** en slags; et slags; *iron:* ***of a kind*** en slags *(fx coffee of a kind);* ***the only one of its kind*** den eneste i sitt slag; ***I know your kind!*** jeg kjenner folk av din type! ***he's the kind that will cheat*** han er en slik en som snyter;
2. T: ***kind of****(=sort of)* liksom; ***I kind of expected it*** jeg ventet det liksom; ***I was kind of frightened that …*** jeg var litt redd for at …; ***are you nervous? – kind of!*** er du nervøs? – ja, litt!
3.: ***in kind*** 1. in natura *(fx pay in kind);* 2*(=in the same way)* med samme mynt *(fx reply in kind);* ***I shall pay you in kind!*** du skal få igjen med samme mynt!
II. kind *adj:* snill; vennlig; ***it's really very kind of you*** det er virkelig veldig snilt av deg; *stivt:* ***be so kind as to****(=please)* vær så vennlig å; vær så snill å; *stivt:* ***would you be kind enough to****(=would you please …?)* vil De være så elskverdig (*el.* snill) å..? ***she's been very kind about letting us use her house*** hun har vært veldig snill, som har latt oss benytte huset hennes; ***"Would you like a drink?" – "That's very kind of you!"****(=Thank you)* "Skal det være en drink?" – "Takk (som byr)!" *(se også kindly).*
kindergarten [ˌkində'gɑːtən] *s:* barnehage.
kind-hearted ['kaindˌhɑːtid] *adj:* godhjertet.
kindle [kindl] *vb* **1.** *glds(=light)* tenne *(fx a fire);*
2. *fig; litt.(=arouse)* nøre opp under *(fx sby's jealousy);* *om noe positivt(=inspire)* vekke *(fx admiration).*
kindliness [ˌkaindlinəs] *s(=kindness)* vennlighet.

kindling [ˌkindliŋ] *s:* opptenningsved.
kindly [ˌkaindli] **1.** *adj(=friendly)* vennlig; snill; velment; ***it was a kindly gesture to offer to …*** det var snilt gjort å tilby seg å …;
2. *adv:* vennlig; på en vennlig måte; ***he very kindly helped us*** han var så snill å hjelpe oss; ***be kindly(= friendly) disposed towards sby*** være vennlig innstilt overfor en; *stivt:* ***kindly(=please) let me know …*** vær så snill å la meg få vite …; ***take kindly to sth*** se med blide øyne *(n)* på noe; se med velvilje på noe; like noe; ***she didn't take it kindly when I said …(=she didn't like it when I said …)*** hun ble ikke blid da jeg sa …
kindness [ˌkaindnəs] *s* **1.** vennlighet; godhet; elskverdighet; ***show sby kindness*** vise en vennlighet; være vennlig mot en; ***thank you very much for all your kindness !(=thank you for all you've done for me!)*** takk for alt De har gjort for meg; ***out of pure kindness*** av lutter vennlighet;
2*(=kind act)* vennlig handling; ***it would be a kindness to tell him*** man ville gjøre ham en tjeneste ved å si det til ham.
I. kindred [ˌkindrid] *s; glds:* ***one's kindred(=one's relatives)*** ens slektninger;
II. kindred *adj:* beslektet *(fx climbing and other kindred sports);* ***a kindred spirit*** en åndsfrende.
kinetic [kiˌnetik] *adj:* ***kinetic energy*** bevegelsesenergi.
kinetics [kiˌnetiks] *s:* kinetikk; bevegelseslære.
king [kiŋ] *s* **1.** konge *(fx King of Norway);*
2. *kortsp & sjakk:* konge;
3. *fig:* ***oil king*** oljemagnat.
kingcup [ˌkiŋ'kʌp] *s; bot* **1***(=(upright) meadow buttercup)* soleie;
2.: ***kingcup (of May blobs)****(=marsh marigold)* soleihov.
kingdom [ˌkiŋdəm] *s* **1.** kongerike; ***the Kingdom of Heaven*** himmelriket; *bibl:* ***Thy kingdom come*** la ditt rike komme;
2. *bot, zo:* rike; ***the animal kingdom*** dyreriket;
3. T: ***until(=till) kingdom come*** i all evighet *(fx you can go on doing that till kingdom come);* ***do you think I'm going to stand up here till kingdom come?*** tror du jeg har tenkt å stå her oppe i all evighet?
4. T: ***he blew himself to kingdom come****(=he blew himself up)* han sprengte seg selv i luften; ***send sby to kingdom come*** ekspedere en hinsides.
king eider *zo:* praktærfugl.
kingfish [ˌkiŋ'fiʃ] *s; zo(=opah)* laksestørje.
kingfisher [ˌkiŋ'fiʃə] *s; zo:* isfugl.
kingly [ˌkiŋli] *adj(=royal)* kongelig *(fx dignity).*
kingpin [ˌkiŋ'pin] *s* **1.** *tekn:* kingbolt;
2. *fig; i organisasjon, etc(=pivot)* krumtapp; hovedperson *(fx he's the kingpin of the whole organization).*
King's Bench Division (of the High Court): *se Queen's Bench Division (of the High Court).*
King's Counsel: *se Queen's Counsel.*
King's English: *se Queen's English.*
king's evidence: *se queen's evidence.*
kingship [ˌkiŋʃip] *s:* kongeverdighet.
king-size(d) [ˌkiŋ'saiz(d)] *adj:* ekstra stor; i stort format; *spøkef:* ***I've got a king-size(d) headache*** jeg har en dundrende hodepine.
king's ransom*(=fortune):* ***it must have cost a king's ransom*** det må ha kostet en formue.
kink [kiŋk] *s* **1.** *på tau:* bukt *(fx straighten out the kink);*
2. *i hår:* krus;
3. T*(=peculiarity)* egenhet *(fx that's only one of his kinks).*
kinky [ˌkiŋki] *adj* **1.** *om tau:* med bukt på; som har slått krøll på seg;
2. *om hår:* kruset;
3. *neds* **T:** underlig; spesiell *(fx he has some very kinky ideas);* skrullete; litt pervers.
kinsfolk [ˌkinz'fouk] *s; pl; stivt(=relatives)* slektninger.
kinsman [ˌkinzmən], ***kinswoman*** [ˌkinz'wumən] *s; stivt (=relative)* slektning.
kiosk [ˌkiːɔsk] *s:* kiosk; ***(telephone) kiosk*** telefonkiosk.
I. kip [kip] *s* **S***(=sleep)* søvn *(fx I've got to get some kip);* ***I need a good kip*** jeg trenger til å få sove ordentlig ut.
II. kip *vb* **S 1***(=sleep)* sove;
2.: ***kip down****(=lie down (to sleep))* legge seg (litt) nedpå (for å få en blund).
kipper [ˌkipə] *s:* røykesild.
kirby grip *(=hairpin;* **US,** *Canada, Australia, New Zealand: bobby pin)* hårspenne.
kirk [kəːk] *s; skotsk(=church)* kirke.
I. kiss [kis] *s:* kyss *n;* ***blow sby a kiss*** sende en et slengkyss; ***a blown kiss*** et slengkyss.
II. kiss *vb:* kysse; ***they kissed*** de kysset hverandre; ***kiss sby goodnight*** kysse en godnatt.
kissagram [ˌkisə'græm] *s:* kissogram *n.*
kiss curl *(,***US:** *spit curl)* dårelokk.
kiss of death 1*(=Judas kiss)* judaskyss;
2.: ***that'll be the kiss of death for them*** det vil gi dem nådestøtet; det vil bety slutten for dem.
kiss of life *med.:* ***the kiss of life*** munn-mot-munnmetoden.
I. kit [kit] *s* **1.** sett *n;* ***a (building) kit*** et byggesett; ***a kit of tools****(=a tool kit)* et verktøysett;
2*(=equipment)* utstyr *n;* ***first-aid kit*** førstehjelpsutstyr; ***skiing kit*** skiutstyr.
II. kit *vb:* ***kit out****(=equip)* utstyre; ***kit oneself out*** utstyre seg.
kitbag [ˌkit'bæg] *s; mil:* kitbag; skipssekk.
kitchen [ˌkitʃən] *s:* kjøkken *n;* ***dining kitchen*** boligkjøkken; ***with use of kitchen*** med adgang kjøkken.
kitchen bin*(=refuse bin)* søppelbøtte; *(jvf dustbin).*
kitchenette ['kitʃiˌnet] *s:* tekjøkken.
kitchen floor unit kjøkkenbenk.
kitchen paper: ***a roll of kitchen paper*** en tørkerull.
kitchen scales: ***(set of) kitchen scales*** kjøkkenvekt.
kitchen sink kjøkkenvask; utslagsvask i kjøkkenet.
kitchen sink unit oppvaskbenk; kjøkkenbenk.
kitchen snooper kjøkkenskriver.
kitchenware [ˌkitʃən'wɛə] *s(=kitchen utensils)* kjøkkentøy.
kitchen waste kjøkkenavfall.
kite [kait] *s* **1.** *zo:* glente; ***black kite*** svartglente;
2. *leketøy:* drage; ***fly a kite*** sende opp en drage.
Kite mark offentlig kvalitetsmerke (som viser at varen er godkjent av British Standards Institution).
kith [kiθ] *s; glds el. litt.:* ***they came with kith and kin****(=they came with all their relations)* de kom med alle sine slektninger.
kitten [ˌkitən] *s; zo:* kattunge.
kitty [ˌkiti] *s* **1. T:** (felles) kasse; ***I've nothing left in the kitty*** kassen er tom; **2.** *kortsp:* pott.
Kleenex [ˌkliːneks] *s; varemerke:* renseserviett.
kleptomania ['kleptəˌmeiniə] *s:* kleptomani.
I. kleptomaniac ['kleptəˌmeini'æk] *s:* kleptoman.
II. kleptomaniac *adj:* kleptoman.
km *(fk f kilometre)* km.
kmph *(fk f kilometres per hour)* km/t.
knack [næk] *s:* håndlag; knep *n;* ***acquire the knack of (-ing)*** lære seg knepet med å..; ***you'll soon get the knack(=hang) of it*** du lærer fort knepet; ***he has the knack of it*** han har grepet på det; ***he has a knack of (-ing)*** han har en viss evne til å …; ***there's a knack in it*** det er et knep med det; ***there's a special knack to opening it*** det er et knep med å åpne det (,den).
knackered [ˌnækəd] *adj* **S***(=dead-beat)* helt utkjørt.
knave [neiv] *s* **1.** *kortsp; stivt(=jack)* knekt;
2. *glds(=rascal)* kjeltring; slyngel.
knead [niːd] *vb:* kna; elte; ***knead in*** kna inn; elte inn.
I. knee [niː] *s; anat:* kne *n;* ***cut one's knee*** få et skrubbsår på kneet; ***on one's (bended) knees*** på sine (bare) knær; ***I felt wobbly at the knees*** jeg følte meg matt i

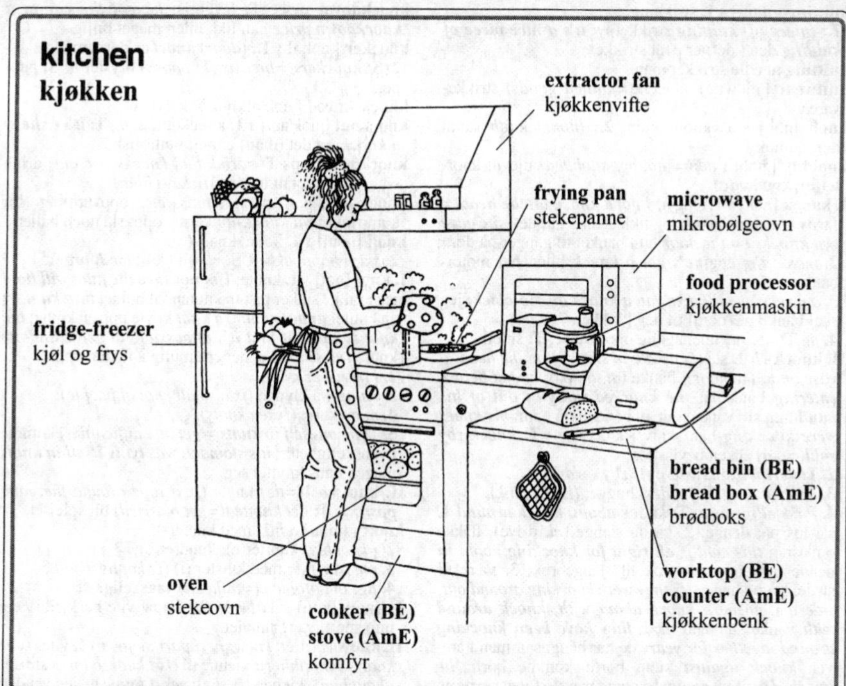

knærne; ***go weak at the knees*** bli matt i knærne; ***he went down on his knees to her****(=he knelt before her)* han falt på kne for henne; *spøkef:* ***he proposed on one knee****(=he proposed in the old-fashioned way)* han fridde på gammeldags maner.

II. knee *vb:* ***knee sby*** knegå en; gi en et spark med kneet.

knee breeches knebukser; nikkers; *(se knickers 1 & 2).*

kneecap [ˌni:ˈkæp] *s; anat(=patella)* kneskål.

knee-deep [ˌni:ˈdi:p] *adj:* som når til knærne; ***be knee -deep in debt*** sitte i gjeld til opp over begge ørene *n.*

knee-high [ˌni:ˈhai] *adj; om gress el. støvler:* som rekker til knærne.

knee injury kneskade; ***he suffered****(=had)* ***a serious knee injury*** han fikk (*el.* pådro seg) en alvorlig kneskade.

knee jerk*(=patellar reflex)* knerefleks.

kneel [ni:l] *vb(pret & perf.part: knelt)* knele; stå på knærne *n;* ***he knelt in front of her*** han knelte (*el.* falt på kne) foran henne; ***kneel down*** knele.

knee-length [ˌni:ˈleŋ(k)θ] *adj:* ***knee-length skirt*** skjørt *(n)* som rekker til knærne *n.*

kneepad [ˌni:ˈpæd] *s; sport:* knebeskytter.

knees-up [ˌni:zˈʌp] **T***(=lively party (with dancing and boisterous merrymaking)* dansemoro; livlig fest (med dans og løyer).

knee supper *kul* **US***(=buffet supper)* koldtbord.

knell [nel] *s; stivt:* ***(death) knell****(=death bell)* dødsklokke; ***sound the knell*** ringe til begravelse.

knelt [nelt] *pret & perf.part. av kneel.*

knew [nju:] *pret av II. know.*

knickerbockers [ˌnikəˈbɔkəz] *s; pl; se knickers 2.*

knickers [ˌnikəz] *s; pl* **1.** *for damer(=pants)* underbukse; truse; ***three pairs of knickers*** tre truser;
2. US*(=knee breeches)* nikkers.

knick-knack [ˌnikˈnæk] *s:* nipsgjenstand; ***knick-knacks*** nipsgjenstander; krimskrams *n.*

I. knife [naif] *s(pl: knives)* kniv; ***knife, fork and spoon*** kniv, skje og gaffel; *fig* **T:** ***get one's knife into sby*** få satt kniven i en; **T:** ***have one's knife into sby*** ha et horn i siden til en; være ute etter en; **T:** ***before you could say knife****(=Jack Robinson)* før man visste ordet av det; ***war to the knife*** krig på kniven; *fig:* ***twist the knife (in the wound)*** strø salt *(n)* i såret.

II. knife *vb* **T***(=stab with a knife)* dolke; stikke med kniv; knivstikke.

knife edge 1. knivsegg; **2.** *fig:* ***be on a knife edge****(=be on pins and needles)* sitte som på nåler.

knife point knivspiss; ***at knife point*** med kniven på strupen *(fx she was raped at knife point).*

knife sharpener instrument *(n)* til å slipe kniver med.

I. knight [nait] *s* **1.** *hist:* ridder;
2. person med rang under 'baronet' og som tituleres 'Sir';
3. *sjakk:* springer.

II. knight *vb* **1.** *hist:* slå til ridder;
2.: ***knight sby****(=make sby a knight)* utnevne en til 'knight'.

knighthood [ˌnaitˈhud] *s* **1.** *hist:* ridderskap;
2.: ***he received a knighthood from the Queen****(=the Queen made him a knight)* han ble av dronningen utnevnt til 'knight';
3.: ***order of knighthood*** ridderorden.

Knight of the Garter innehaver av Hosebåndsordenen.

Knight Templar *(pl: Knights Templar)* tempelherre.

knit [nit] *vb(pret & perf.part.: knitted; i betydning 2, 3 & 4 også: knit)* **1.** strikke;
2. *med.; om brudd:* ***knit (together), knit (up)****(=grow together)* vokse sammen;
3. *fig:* knytte sammen;
4. *stivt:* ***he knit his brows****(=he frowned)* han rynket pannen.

knitted cap*(=knitted hat)* strikkelue.

knitted goods *pl:* strikkevarer; *(jvf knitwear).*

knitting [ˌnitiŋ] *s* **1.** strikking;
2.: *(piece of)* ***knitting*** strikketøy; ***it's a nice piece of knitting*** den (,det) er pent strikket.
knitting needle strikkepinne.
knitwear [ˌnitˈwɛə] *s; merk(=knitted goods)* strikkevarer.
knob [nɔb] *s* **1.** knott; kule; **2.:** *(door)* ***knob*** rundt dørhåndtak.
knobbly [ˌnɔbli] *adj(=knobby; knobbed)* ujevn; knortet(e); knudret(e).
I. knock [nɔk] *s* **1.** slag *n;* ***I got a knock on the head****(= I was hit on the head)* jeg fikk et slag i hodet; ***she gave two knocks on the door*** hun banket to ganger på døra;
2. *mask:* ***the engine's got a knock*** bilen har motorbank;
3. *om vekking:* ***I'll give you a knock at 7 (o'clock)*** jeg skal banke på (døra) til deg klokken 7;
4. *fig* **T***(=blow)* ubehagelig opplevelse; **T:** smell.
II. knock *vb* **1.** slå *(fx a hole in sth; sby on the head; a vase on to the floor);* banke *(at, on* på); ***knock before entering*** bank på; ***she knocked the gun out of his hand*** hun slo våpenet ut av hånden på ham; ***his knees were knocking*** han skalv i knærne *n;* **T: *knock sby cold****(=out)* slå en bevisstløs;
2. T*(=criticize)* kritisere *(fx sby's work);*
3. *om bilmotor(,***T:** *judder)* hogge; *(jvf II. pink);*
4. *forskjellige forb:* **T: *knock about, knock around*** 1. slå løs på; denge; 2. gå og slenge (*el.* drive); flakke omkring; ***this coat is all right for knocking about in*** denne jakken er bra nok til slengebruk; 3. være til stede; stå og henge *(fx they were knocking around outside the cinema);* ***knock about with, knock around with*** vanke sammen med; ***they have been knocking around together for years*** de har hengt sammen i årevis; ***knock against*** støte borti; komme borti; ***he knocked his foot against a stone*** han slo foten sin på en stein; **T: *he was knocked all of a heap*** han ble helt paff; ***knock back*** 1. helle i seg *(fx two pints of beer);* 2. **T: *it knocked****(=set)* ***me back £10*** det kostet meg ti pund; 3. **S***(=refuse)* avslå *(fx an offer);*
knock down 1*(=lay low)* slå ned; 2*(=run down; knock over)* kjøre ned *(fx get knocked down by a taxi);* 3. *om pris:* prute ned; 4. *på auksjon:* ***it was knocked down to him****(=he won the bid)* han fikk tilslaget;
knock in 1*(=hammer in; drive in)* slå inn; slå i *(fx a nail);* 2.: ***knock holes in an argument*** plukke fra hverandre et argument;
knock into: knock some sense into sby('s head) banke litt fornuft inn i hodet på en; ***knock French into sby('s head)*** banke fransk inn i (hodet på) en; ***I can't knock it into his head*** jeg kan ikke få det inn i hodet på ham; ***knock off*** 1. slå av; 2. rable ned *(fx a couple of letters);* 3*(=knock off work)* ta kvelden; 4. *int(=stop it!)* hold opp! 5.: ***knock****(=take)* ***£10 off the price*** slå av £10 på prisen; 6. **T: *knock spots off sby*** være mye flinkere enn en *(at sth* i noe);
knock on 1. banke på; 2. **T: *that knocked his plan on the head*** det ødela planen hans;
knock out 1. slå ut; ***the drink knocked her out*** drinken slo henne helt ut; *(se knockout drops);* 2. *fig* **T:** slå ut; ***I was sort of knocked out*** jeg ble liksom slått ut;
knock over 1. velte (over ende); 2*(=run down)* kjøre ned;
knock together 1. *om hastverksarbeid(=knock up)* slå sammen; snekre sammen; 2.: ***his knees were knocking (together)*** han skalv i knærne *n;*
knock up 1. *om hastverksarbeid:* slå sammen; slå opp *(fx a couple of shelves);* 2. *ved avtale om vekking:* vekke (ved å banke på døra); *(se I. knock 3);* 3. *vulg* **US***(=make pregnant)* gjøre på tjukken;
knockabout [ˌnɔkəˈbaut] *adj* **1.** til slengebruk; hverdags-; **2.** *teat:* ***knockabout comedy*** støyende komedie.
knockdown [ˌnɔkˈdaun] *adj(=crushing)* knusende *(fx blow).*
knockdown price T: lav pris; ***he got the car at a knockdown price*** han fikk bilen meget billig.
knocker [ˌnɔkə] *s* **1.:** *(door)* ***knocker*** dørhammer;
2. S: *knockers**(=breasts;* **T:** *boobs)* bryster *n;* **S:** pupper.
knock-kneed [ˌnɔkˈni:d] *adj:* kalvbent.
knockout [ˌnɔkˈaut] *s* **1.** knockout; **2.** *fig* **T: *it's (,she's) a knockout*** det (,hun) er helt fantastisk.
knockout drops T*(=drink that knocks one out)* drink som slår en totalt ut; *(se Mickey (Finn)).*
knock-up [ˌnɔkˈʌp] *s; tennis, etc:* oppvarming (før kamp); ***have a knock-up*** varme opp; slå noen baller.
knoll [noul] *s* **1.** kolle; knaus(e);
2. *ski; i hoppbakke* **US***(=brow)* kul; *(se I. brow 5).*
I. knot [nɔt] *s* **1.** knute; ***I'm not sure the knot will hold*** jeg er ikke sikker på om knuten vil holde; ***tie a knot*** slå en knute; ***undo****(=untie)* ***a knot*** knyte opp en knute; ***the knot is so tight that it's impossible to get it undone*** knuten er så hard at det er umulig å få den opp;
2. *i trevirke:* kvist;
3*(=cluster)* klynge *(fx a small knot of people);*
4. *mar:* knop *(fx ten knots);*
5. T: *tie oneself in knots**(=get into difficulties)* komme i vanskeligheter; ***his stomach was tying itself in knots*** magen hans knyttet seg.
II. knot *vb* **1***(=tie)* knyte *(fx a rope around the gatepost);* **2. T: *get knotted****(=get married)* bli spleiset.
knotty [ˌnɔti] *adj* **1.** med knute(r);
2*(=knobbly)* knortet(e); knudret(e);
3. *om trevirke:* med kvister (i) *(fx knotty wood);*
4. *fig; om problem(=difficult)* vanskelig.
I. know [nou] *s* **T: *be in the know*** vite beskjed; være informert; være innviet.
II. know *vb(pret: knew; perf.part.: known)* **1.** vite *(fx he knows everything);* kjenne til *(fx I know a lot of stories about him);* kjenne *(fx sby);* ***yes, I know*** ja, jeg vet det; ***I don't know him to speak to*** jeg vet hvem han er, men jeg er ikke på talefot med ham; ***you know*** 1. du (,dere) vet; 2. vet du *(fx you have to give me more details, you know);* ***we know nothing against him*** vi vet ikke noe ufordelaktig om ham; ***as far as I know*** så vidt jeg vet; ***not that I know of*** ikke så vidt jeg vet; ***know better*** vite bedre; ***he doesn't know any better*** han vet ikke bedre; ***you ought to know better than to ...*** du burde vite bedre enn å ...; ***he knows best*** han vet best; ***get to know*** bli kjent med; lære å kjenne; ***he knows all the answers*** han kan det hele; han er inne i sakene; ***know for a fact****(=know for certain)* vite med sikkerhet; vite sikkert; ***for all I know*** for alt (hva) jeg vet; ***we'll let you know*** vi skal si fra (når vi vet noe); du skal få høre fra oss; ***you never know*** man kan aldri vite; ***how should I know?*** hvordan skulle jeg vite det? ***I know him by his voice*** jeg kjenner ham på stemmen; ***know how to do it*** vite hvordan det skal gjøres; ***know (on) which side one's bread is buttered*** vite å innrette seg; ha næringsvett; ***don't you know your right from your left?*** vet du ikke forskjell på høyre og venstre? ***you know well enough what I mean*** du vet nok hva jeg mener; ***be known*** være kjent; ***is he known here?*** er det noen som kjenner ham her? ***be known as*** være kjent som; gå under navnet *(fx he's known as Peter Brown);* ***he's known to many of them*** det er mange av dem som kjenner ham; ***such things have been known to occur*** det er en kjent sak at slikt har skjedd før; ***become known*** bli kjent; ***come to know sby as*** lære en å kjenne som; ***make sth known to sby*** gjøre en kjent med noe; ***make oneself known to sby*** presentere seg for en; ***know about*** kjenne til; vite om; **T** *også:* ***(I) don't know about that*** det vet jeg ikke noe om; det er jeg (nå) ikke så sikker på; ***I don't know my way about here*** jeg er ikke kjent her; ***what little I know about it myself*** det lille jeg selv vet om det; ***get to know about****(=of)* få kjennskap til; få rede på; ***I soon got to know of all his hang-ups*** jeg fikk snart kjennskap til alle kom-

pleksene hans; ***not that I know of*** ikke så vidt jeg vet; ***I've never known it to be so warm*** det har aldri vært så varmt, så vidt jeg vet; ***there's no (way of) knowing*** det kan man ikke vite; **T:** ***I wouldn't know*** det skal jeg ikke kunne si; det vet jeg ikke;
2. *om noe man har lært:* kunne *(fx he knows French);* ***he knows his English*** han kan sin engelsk; ***know sth backwards****(=know sth inside out)* kunne noe fremlengs og baklengs; kunne noe ut og inn; **T:** ***know the ropes*** kunne knepet; vite hvordan man skal bære seg at.
know-all [ˌnouˈɔ:l] *s; neds(,***US:** *know-it-all)* **T:** bedreviter; synser; ***national know-all*** rikssynser; *spøkef:* ***a young know-all*** en liten luring (*el.* lurifas).
know-how [ˌnouˈhau] *s(=expertise)* ekspertise; sakkunnskap; know-how; ***she acquired a lot of know-how about cars****(=she learnt a lot about cars)* hun lærte mye om biler; ***he hasn't got the know-how for the job*** han er ikke kvalifisert for jobben.
knowing [ˌnouiŋ] *adj:* megetsigende (*look* blikk *n*).
knowingly *adv* **1.** megetsigende; **2.** *stivt(=deliberately)* med vitende og vilje.
know-it-all [ˌnouitˈɔ:l] *s* **US:** *se know-all.*
knowledge [ˌnɔlidʒ] *s* **1.** kunnskap; kunnskaper; ***previous knowledge*** forkunnskaper; ***eager for knowledge*** kunnskapssøkende; ***a knowledge of French*** kunnskaper i fransk; franskkunnskaper; ***my knowledge of Spanish*** mine spanskkunnskaper; ***have a thorough knowledge of French*** være perfekt i fransk;
2. viten; kjennskap; vitende *n (fx with (,without) my knowledge);* ***in spite of one's knowledge to the contrary*** *(=against one's better judgment)* mot bedre vitende; ***deny all knowledge of*** nekte ethvert kjennskap til; ***he had no knowledge of it*** han kjente ikke til det; han hadde ikke noe kjennskap til det; ***have an intimate knowledge of****(=know extremely well)* ha inngående kjennskap til; ***general knowledge*** allmennkunnskaper; ***not to my knowledge*** ikke så vidt jeg vet;
3.: ***(branch of) knowledge*** kunnskapsdisiplin; vitenskap(sgren); ***a gain to knowledge*** en vinning for vitenskapen.
knowledgeable [ˌnɔlidʒəbl] *adj:* kunnskapsrik; ***be (very) knowledgeable about sth*** være godt inne i noe.
known [noun] *perf.part. av II. know & adj:* kjent *(fx a known criminal);* ***make known*** gjøre kjent; bekjentgjøre; ***make oneself known to sby*** presentere seg for en.
I. knuckle [ˌnʌkl] *s* **1.** *anat:* knoke;
2. *fig* **T:** ***near the knuckle****(=close to the bone)* litt vovet; nesten usømmelig; grovkornet; **T:** på streken;
3.: ***he's likely to get his knuckles rapped*** han får seg nok en smekk over fingrene.
II. knuckle *vb* **T 1.:** ***knuckle down (to it)*** ta fatt (på arbeidet);
2.: ***knuckle under****(=yield)* føye seg; gi etter.
knuckleduster [ˌnʌklˈdʌstə] *s:* slåsshanske.
I. knurl [nə:l] *s:* riflet rand (på mutter el. mynt).
II. knurl *vb:* rulettere; rifle.
kohlrabi [ˈkoulˌrɑ:bi] *s; bot:* knutekål.
kooky [ˌkuki] *adj* **US** ***T****(=crazy)* sprø.
Koran [kɔˌrɑ:n] *s; rel:* ***the Koran*** koranen.
Korea [kəˌriə] *s; geogr:* Korea.
I. Korean [kəˌriən] *s* **1.** koreaner; **2.** *språket:* koreansk.
II. Korean *adj:* koreansk.
kosher [ˌkouʃə] *adj* **1.** *kul; om jødisk mat:* koscher;
2. T*(=proper)* som det skal være; i orden.
kowtow [ˌkauˈtau] *vb; neds:* ***kowtow to****(=crawl to)* krype for; ligge på magen for.
Kremlin [kremlin] *s:* ***the Kremlin*** Kreml.
kudos [ˌkju:dɔs] *s; spøkef(=prestige; credit)* ære; heder; prestisje.
Kurd [kə:d] *s:* kurder.
Kurdish [ˌkə:diʃ] *adj:* kurdisk.
Kuwait [kuˌweit] *s; geogr:* Kuwait.
Kuwaiti [kuˌweiti] *s* kuwaiter.

l

L, l [el] L, l; *tlf:* ***L for Lucy*** L for Ludvig; ***capital L*** stor L; ***small l*** liten l.
lab [læb] *s(fk f laboratory)* laboratorium *n.*
I. label [leibl] *s:* etikett; merkelapp; merke *n (fx a record on the Deltaphone label);* ***price label*** prislapp; *fig:* ***pin a label on him*** sette ham i en bås.
II. label *vb* **1.** sette merkelapp (*el.* etikett) på; merke; **2.** *fig:* stemple *(fx sby (as) a liar).*
labile [ˌleibil] *adj* **1.** labil; **2.** *kjem:* ustabil.
laboratory [ləˌbɔrətəri; **US:** ˌlæbrəˈtɔ:ri] *s:* laboratorium *n; (jvf lab).*
laborious [ləˌbɔ:riəs] *adj; stivt* **1***(=tiring)* slitsom;
2. *om stil(=heavy)* tung; omstendelig; anstrengt.
I. labour *(,***US:** *labor)* [ˌleibə] *s* **1***(=hard work)* (hardt) arbeid; ***manual labour*** grovarbeid; manuelt arbeid; ***labour of love*** noe man gjør for fornøyelsens skyld; *stivt:* ***after much labour****(=after a lot of hard work)* etter mye strev *n;* ***they succeeded by their own labours****(=they succeeded on their own)* de klarte det uten hjelp;
2. arbeidskraft; ***skilled labour*** faglært arbeidskraft;
3. *med.:* veer; rier; ***be in labour*** ha veer; ha rier;
4. Labour*(=the Labour Party)* Arbeiderpartiet.
II. labour *(,***US:** *labor) vb* **1.** *om tungt arbeid:* arbeide; jobbe;
2. *om motor:* gå tungt; dra tungt;
3*(=struggle)* slite; streve;
4.: ***labour a point****(=overemphasize a point)* understreke noe for sterkt;
5.: ***labour under a delusion*** sveve i en villfarelse.
labour conflict arbeidskonflikt.
labour-demanding [ˌleibədiˈmɑ:ndiŋ] *adj:* arbeidskrevende.
laboured [ˌleibəd] *adj; fig* **1***(=heavy)* tung; omstendelig; anstrengt; **2.:** ***laboured breathing*** tungpustethet.
labourer [ˌleibərə] *s:* kroppsarbeider; ***farm labourer*** *(=farmworker)* gårdsarbeider.
labour-intensive [ˌleibərintensiv] *adj(=manpower -intensive)* arbeidsintensiv.
labour organization arbeidstagerorganisasjon.
labour pains *pl; med.:* veer; rier.
labour room *med:* fødestue.
labour-saving [ˌleibəˈseiviŋ] *adj:* arbeidsbesparende.
laburnum [ləˌbə:nəm] *s; bot:* gullregn.
labyrinth [ˌlæbərinθ] *s:* labyrint; *(jvf maze).*
I. lace [leis] *s* **1.** knipling;
2. lisse; ***a pair of (shoe)laces*** et par skolisser; ***do up one's laces****(=lace (up) one's shoes)* knytte igjen skolissene; ***undo one's laces*** knytte opp skolissene; ***my laces have come undone*** skolissene mine har gått opp.
II. lace *vb* **1.** snøre *(fx one's shoes);* ***laced boots*** snørestøvler; ***lace (up)****(=do up)* ***your shoes firmly or the lace will come undone*** knyt igjen skolissene dine godt, ellers vil de løsne (*el.* gå opp);

2. tilsette (især alkohol); ***laced coffee*** kaffe med alkohol i; **T:** kaffedokter.
lacerate [ˌlæsəˈreit] *vb; stivt:* rive en flenge (,flenger) i.
laceration [ˈlæsəˌreiʃən] *s(=cut)* flenge.
lacewing [ˌleisˈwiŋ] *s; zo:* ***green lacewing****(=golden-eye)* gulløye.
lace-up shoes [ˌleisˈʌpˈʃu:z] *s; pl(=lace-ups)* snøresko; sko med lisser.
I. lack [læk] *s:* mangel; ***(a) lack of*** mangel på *(fx suffer from (a) lack of vitamins);* ***(a) lack of evidence*** mangel på bevis *n;* ***for lack of, through lack of****(=for want of)* av mangel på; ***there's no lack of*** det er ingen mangel på.
II. lack *vb* mangle; ***they don't lack (for) money****(= they're not short of money)* de mangler ikke penger; ***we lack (the) time to do it*** vi har ikke tid til å gjøre det.
lackadaisical [lækəˌdeizikl] *adj; stivt(=casual; negligent)* slapp; likegyldig.
lackey [ˌlæki] *s; neds:* lakei.
lacking [ˌlækiŋ] *adj:* ***be lacking*** mangle; savne *(fx they felt that there was something lacking(=missing) in their lives);* ***money for the project isn't lacking****(= there's no lack of money for the project)* det mangler ikke penger til prosjektet; ***he's totally lacking in social feelers*** han mangler helt sosiale antenner.
lacklustre *(,US: lackluster)* [ˈlækˌlʌstə; *attributivt:* ˌlækˈlʌstə] *adj; litt.(=dull)* glansløs; matt *(fx eyes).*
laconic [ləˌkɔnik] *adj; stivt:* lakonisk; kort og fyndig.
I. lacquer [ˌlækə] *s* **1.** lakkferniss; lakkfarge; ***brittle lacquer*** krakelerende lakk; **2.:** ***(hair) lacquer*** hårlakk.
II. lacquer *vb* **1.** lakkere; fernissere;
2. *om hår:* ha lakk i.
lacy [ˌleisi] *adj:* kniplingaktig; ***lacy pattern*** kniplingsmønster.
lad [læd] *s; dial el.* **T***(=boy; chap)* gutt; fyr; **T:** ***quite a lad*** litt av en kar; noe til kar; *(jvf lass).*
I. ladder [ˌlædə] *s* **1.** stige; *mar:* leider;
2. *på strømpe, etc(=run)* raknet maske;
3. *fig:* stige; rangstige; ***promotion ladder*** opprykkstige; *fig:* ***once you have a foot on the ladder*** når du først har skaffet deg inngangsbillett; *i sitt yrke:* ***reach the top of the ladder****(=tree)* nå toppen; ***it's a first step up the ladder*** det er et første trinn på karrierestigen.
II. ladder *vb; om strømpebukse, etc:* rakne; få til å rakne; ***these tights won't ladder*** disse strømpebuksene rakner ikke.
laddie [ˌlædi] *s; især skotsk* **T:** *se lad.*
laden [ˌleidən] *adj* **1.** fullastet (*with* med); ***deeply laden*** dypt lastet; **2.** *om person:* belesset (*with* med).
ladies [ˌleidiz] *s* **1.** *pl av lady;*
2. T*(=ladies' room)* dametoalett.
ladies' hairdresser damefrisør.
ladies' man*(=Don Juan)* damevenn; pikenes jens; sjarmør.
ladies' wear*(=ladies' clothing)* damekonfeksjon.
I. ladle [leidl] *s:* øse; sleiv; ***soup ladle*** suppeøse.
II. ladle *vb* **1.** øse (*into* opp i); **2. T:** ***ladle out*** dele ut (til høyre og venstre).
lady [ˌleidi] *s* **1.** *høfligere enn 'woman':* dame; ***young lady*** ung dame; ***the lady of the house*** fruen i huset; ***ladies (and gentlemen)!*** mine damer (og herrer)! ***she's a sweet old lady*** hun er en søt gammel dame; ***ladies to choose their partners!*** damenes valg *(n)*! ***the lady in the flower shop*** damen i blomsterforretningen; ***take a lady in to dinner*** føre en dame til bords; ***propose the toast of the ladies*** holde damenes tale;
2. *rosende:* dame; ***she's a real****(=perfect)* ***lady*** hun er en virkelig dame (*el.* lady); ***she's too much of a lady to swear*** hun er altfor meget dame til å (ville) banne; ***play the fine lady*** spille fin dame;
3. Lady Lady *(fx Sir James and Lady Brown; the Duke's eldest daughter is Lady Anne);*
4. *del av forskjellige offisielle titler, fx om kvinnelig borgermester:* the Lady Mayoress;
5.: ***my lady*** *brukt, især av tjenere, til kvinner med tittel av Lady:* ***yes, my lady!*** *kan tilsvare:* javel, frue!
6. *rel:* ***Our Lady*** Vår Frue; Jomfru Maria.
ladybird [ˌleidiˈbə:d] *s; zo(,***US:*** ladybug)* marihøne.
lady chairman forkvinne.
Lady Day*(=Annunciation Day)* Marias budskapsdag (25. mars).
lady friend damebekjentskap; venninne.
lady help ung pike som hjelper til i huset.
lady-in-waiting hoffrøken; hoffdame.
ladykiller [ˌleidiˈkilə] *s; glds: se ladies' man.*
ladylike [ˌleidiˈlaik] *adj* **1.** fin; kultivert; dannet; ***it's not ladylike to …*** det passer seg ikke for en dame å …; ***she's too ladylike to swear*** hun er for meget (av en) dame til å banne;
2. *om mann:* dameaktig.
lady of leisure luksuskvinne.
lady's bag *(,***US:*** purse)* dameveske.
lady's hat damehatt.
ladyship [ˌleidiˈʃip] *s; til el. om en 'lady':* ***her ladyship*** hennes Nåde; ***your ladyship*** Deres Nåde; *(se lady 3).*
lady's maid *glds(=personal maid)* kammerpike.
I. lag [læg] *s* **1.:** ***(time) lag****(=time interval)* tidsintervall; tidsforskyvning; *(se jet lag);*
2.: ***old lag*** gammel kjenning av politiet.
II. lag *vb* **1.:** ***lag behind*** sakke akterut; ligge etter;
2. *fyrkjele, rør, etc:* varmeisolere.
lager [ˌlɑ:gə] *s:* ***lager (beer)*** lager(øl).
lager lout T: fylleramp; ***they behaved like so many lager louts*** de oppførte seg som den rene fylleramp;
lagoon [ləˌgu:n] *s:* lagune.
laid [leid] *pret & perf.part. av II. lay.*
laid-back [ˈleidˌbæk; *attributivt:* ˌleidˈbæk] *adj* **T***(= relaxed)* avslappet; ***a laid-back attitude to sth*** en avslappet holdning til noe.
laid up [ˈleidˌʌp] *(,attributivt:* ***laid-up*** [ˌleidˈʌp]) *adj; mar:* i opplag.
lain [lein] *perf.part. av IV. lie.*
lair [lɛə] *s* **1.** *dyrs:* hi *n;* **2.** *fig:* hule.
laity [ˌleiiti] *s; meget stivt:* ***the laity****(=lay people; ordinary people)* lekfolk.
lake [leik] *s:* (inn)sjø; vann *n;* ***man-made lake*** kunstig (inn)sjø; ***ornamental lake*** parkdam; ***the Lake of Geneva*** Genfersjøen; ***Lake Constance*** Bodensjøen.
I. lamb [læm] s **1.** *zo:* lam *n;* **2.** lammekjøtt; ***roast lamb*** *(,***US:*** lamb roast)* lammestek; **3.:** ***submissive as a lamb*** myk som voks.
II. lamb *vb:* lamme; få lam *n.*
lamb's lettuce *s; bot(=corn salad)* vårsalat.
lambswool [ˌlæmzˈwul] *s:* lammeull.
I. lame [leim] *adj* **1.** halt; ***lame in one leg*** halt på et ben;
2. *fig:* spak; tam; ***a lame****(=poor)* ***excuse*** en dårlig unnskyldning.
II. lame *vb:* gjøre halt.
lamé [ˌlɑ:mei] *s; tekstil:* lamé *(fx gold lamé).*
lame duck 1*(=poor creature; poor thing)* hjelpeløs stakkar; **2.** bil uten futt i; dødkjørt bil.
lamella [ləˌmelə] *s:* lamell.
lamely [ˌleimli] *adv:* spakt.
I. lament [ləˌment] *s* **1.** *poet(=dirge)* klagesang; sørgedikt; **2. T:** klagesang *(fx about the weather).*
II. lament *vb; stivt* **1***(=mourn)* sørge over *(fx sby's death);* **2***(=wail)* klage; **3***(=deplore)* beklage;
4. T*(=complain)* klage; jamre seg *(fx they sat lamenting (over) their lack of money).*
lamentable [ˌlæməntəbl; ləˌmentəbl] *adj; stivt*
1*(=regrettable; disappointing)* beklagelig; sørgelig; skuffende; bedrøvelig;
2*(=wretched; miserable)* elendig; jammerlig; ynkelig *(fx performance).*
I. laminate [ˌlæmiˈneit; ˌlæminit] *s:* laminat *n.*
II. laminate [ˌlæmiˈneit] *vb:* laminere.
III. laminate [ˌlæminˈneit; ˌlæminit] *adj(=laminated)* laminert; som består av tynne lag *n;* lagdelt.

laminated [ˌlæmi'neitid] *adj:* laminert; ***laminated plastic*** plastlaminat; ***laminated windscreen*** laminert frontglass.
lamp [læmp] *s:* lampe; lykt; ***festoons of coloured lamps*** girlander av kulørte lykter; *på bil:* ***tail lamp*** baklykt.
lamp chimney *på parafinlampe:* lampeglass.
lamp globe lampekuppel.
lamp lens*(=lamp glass) for bil, etc:* lykteglass.
lamp light lampelys; ***by lamp light*** i lampelys.
I. lampoon [læmˌpu:n] *s; stivt:* smededikt; smedeskrift *(fx a political lampoon).*
II. lampoon *vb:* forfatte smededikt (*el.* smedeskrift) om.
lamppost, lamp post [ˌlæmp'poust] *s:* lyktestolpe.
lampshade [ˌlæmp'ʃeid] *s:* lampeskjerm.
lamp socket *elekt:* lampeholder.
I. lance [lɑ:ns] *s* **1.** *hist:* lanse; **2.** *fig:* ***break a lance with sby****(=argue with sby)* bryte en lanse med en.
II. lance *vb; med.(=cut open)* stikke hull *(n)* på.
lance corporal *(fk L/Cpl; LCpl) mil:* visekorporal.
lancet [ˌlɑ:nsit] *s; med.:* lansett.
I. land [lænd] *s* **1.** *mots sjø:* land *n;* ***dry land*** tørt land; landejorden; ***get a job on land*** få en jobb i land;
2. *stivt el. litt.(=country)* land *n;*
3*(=soil)* jord; ***work on the land*** arbeide med jorden;
4*(=landed property)* jord(eiendom); landeiendom;
5. *fig:* ***see how the land lies****(=make careful inquiries)* se hvor landet ligger; sondere terrenget.
II. land *vb* **1.** lande; *om skihopper:* ***he landed untidily*** han fikk et uryddig nedslag;
2. nå land *(fx they finally landed at Plymouth);*
3. få i land *n (fx a big fish);*
4. *mar(=disembark)* gå fra borde; landsette;
5. *mar(=unload)* losse; ***land the cargo*** losse lasten;
6. *fig:* ***land in*** havne i *(fx trouble);* **T:** ***land on both feet*** *(,***US:** *get on the gravy train)* havne rett i smørøyet;
7. T*(=succeed in obtaining)* få tak i *(fx a good job);*
8. T: ***land sby one, land sby a blow****(=hit sby)* slå til en;
9. T: ***land up in****(=end up in)* havne i;
10. T: ***land****(=saddle)* ***sby with sth*** belemre en med noe; **T:** prakke (*el.* dytte) på en noe.
(landed) estate gods *n.*
landed gentleman*(=owner of an estate)* godseier; *(jvf gentleman farmer & I. squire 2: country squire).*
landed gentry landadel.
landed property jordeiendom; landeiendom.
landfall [ˌlænd'fɔ:l] *s; mar:* landkjenning.
landing [ˌlændiŋ] *s* **1.** *flyv:* landing; *fallskjermhoppers:* nedsprang; landing; ***crash landing, forced landing****(= emergency landing)* nødlanding; ***we made a night landing at Athens*** vi landet om natten i Aten;
2. *sport; turn:* avsprang; *ski(=touchdown)* nedslag; ***a wobbly landing*** et ustøtt nedslag; ***he was off his balance on landing*** han var ute av balanse i nedslaget;
3. trappeavsats; *faglig:* repos *n;*
4. landsetting; *mil:* landgang; landsetting;
5. landingsplass; ***ferry (landing)*** ferjested.
landing field *flyv:* landingsplass; liten flyplass.
landing net *fiskeredskap:* hov.
landing slope *ski; i hoppbakke:* unnarenn; ***change of gradient in the landing slope*** *(,***US:** *transition zone)* overgang til sletta; *(jvf inrun; outrun).*
landing stage *mar:* brygge; landingsbru; *(ofte: floating stage)* flytebrygge.
landing strip *flyv(=airstrip)* landingsbane; flystripe.
landlady [ˌlæn(d)'leidi] *s* **1.** vertinne;
2. vertshusholderske; *(jvf hostess).*
landline [ˌlænd'lain] *s; elekt:* landkabel; *tlf; mots mobiltelefon:* vanlig telefon(forbindelse); ***the caller was on a landline*** vedkommende ringte fra vanlig telefon.
landlord [ˌlæn(d)'lɔ:d] *s* **1.** (hus)vert; ***absentee landlord*** husvert som ikke bor på eiendommen;
2. vertshusholder.
landlocked [ˌlænd'lɔkt] *adj:* omgitt av land *(n)* på alle sider *(fx country).*
landlubber [ˌlænd'lʌbə] *s; mar:* landkrabbe.
landmark [ˌlæn(d)'mɑ:k] *s* **1.** landemerke; velkjent trekk *(n)* i landskapet; orienteringspunkt; vartegn;
2. *fig(=milestone)* milepæl *(fx in history).*
landowner [ˌlænd'ounə] *s:* grunneier; jordeier.
land reclamation landvinning; tørrlegging av land.
Land Registry *svarer til:* sorenskriverkontor; *(jvf registrar 2: registrar of deeds).*
landscape [ˌlæn(d)'skeip] *s* **1***(=scenery)* landskap; ***natural landscape****(=virginal landscape)* naturlandskap;
2. landskapsbilde; landskapsmaleri.
II. landscape *vb; om hage:* anlegge (profesjonelt).
landscape architect landskapsarkitekt; *(jvf landscape gardener).*
landscape gardener hagearkitekt; anleggsgartner; landskapsentreprenør.
landscape gardening hagearkitektur.
Land's End *s; geogr:* Land's End (odde som er det vestligste punkt i England); ***from Land's End to John o'Groat's*** *svarer til:* fra Lindesnes til Nordkapp.
landslide [ˌlæn(d)'slaid] *s* **1***(=landslip)* jordskred;
2. *polit:* valgskred; ***a Labour landslide*** et valgskred til fordel for Arbeiderpartiet.
(land) surveyor landmåler.
lane [lein] *s* **1.** smal vei; smal gate; smug *n;* ***farm lane*** gårdsvei;
2.: ***(traffic) lane*** kjørefelt; ***'choose your lane '****(,***US:** *n 'merge correctly')* "velg fil";
3. *mar;* ***(shipping) lane*** seilingsrute; (skips)led;
4. *flyv:* ***(air) lane*** luftkorridor;
5. *sport; løperfelt(,***US:** *track)* bane; ***inside (,outside) lane*** indre (,ytre) bane; ***change lanes*** krysse;
6. S: ***live life in the fast lane****(=live a fast life)* leve sterkt.
lane changeover *sport; skøyter:* veksling; *(se changeover 2).*
langouste [ˌlɔŋgu:st; lɔŋˌgu:st] *s; zo: se spiny lobster.*
language [ˌlæŋgwidʒ] *s* **1.** språk *n;* ***the English language*** det engelske språk; ***bad language*** stygt språk; banning; ***use bad language*** banne; ***body language*** kroppsspråk; ***everyday language****(=colloquial speech)* dagligspråk; ***a foreign language*** et fremmedspråk; ***native language****(=mother tongue; first language)* morsmål; ***the spoken language*** talespråket; det talte språk; ***working language****(=language to be worked in)* arbeidsspråk; ***the written language*** skriftspråket; ***he uses shocking language*** han bruker et forferdelig språk; ***strong language*** sterke uttrykk; ***in strong language*** i sterke ordelag; ***use strong language*** bruke sterke uttrykk; ***that's no language to use to your mother!*** slik snakker man ikke til sin mor! ***it offends my ear for language*** det støter min språkfølelse; ***in another language*** på et annet språk; ***in a foreign language*** på et fremmed språk; ***in what language?*** på hvilket språk? **2***(=style)* språkdrakt *(fx the language adopted for the Norwegian version of the play seems unfortunate).*
language course språkkurs.
language instruction: *se language teaching.*
language laboratory språklaboratorium.
language proficiency*(=knowledge of languages)* språkkyndighet.
language qualifications *pl:* språklige kvalifikasjoner.
language situation språksituasjon; ***the language situation in Norway is slightly unusual in that there is no fixed national standard in speech or writing*** språksituasjonen i Norge er litt uvanlig for så vidt som det ikke finnes en fast nasjonal tale- og skrivestandard.
language skill språkferdighet; ***language skills*** språklige ferdigheter.
language teacher språklærer.

L

language teaching(*=instruction*) språkundervisning.
languid [ˌlæŋgwid] *adj; stivt(=apathetic; spiritless)* apatisk; treg; sløv.
languish [ˌlæŋgwiʃ] *vb; stivt el. litt.* **1**(*=pine (away)*) vansmekte;
2(*=suffer*) lide (*fx the business is languishing*);
3(*=become languid*) sløves; bli apatisk; ***his interest languished***(*=waned*) hans interesse avtok.
languishing *adj; om blikk:* smektende; (*jvf languorous*).
languor [ˌlæŋgə] *s* **1.** apati; treghet; sløvhet;
2(*=wistfulness*) vemod *n;*
3(*=soporific stillness*) søvndyssende stillhet (*fx the languor of a summer day*).
languorous [ˌlæŋgərəs] *adj; stivt(=melting; lush)* smektende; ***languorous notes*** smektende toner.
lank [læŋk] *adj* **1**(*=lean; thin*) tynn; mager;
2. *om hår(=straight and limp)* rett og glatt.
lanky [ˌlæŋki] *adj:* høy og ulenkelig; høy og hengslete.
lantern [ˌlæntən] *s:* lykt; lanterne; ***stable lantern*** fjøslykt; stallykt.
lanyard [ˌlænjəd] *s* **1.** *mar:* ***(whistle) lanyard*** fløytesnor; **2.** *mar:* taljerep.
Laos [ˌlɑ:ɔs; **US:** ˌleiɔs] *s; geogr:* Laos.
I. Laotian [leiˌouʃən; ˌlauʃən] *s:* laot.
II. Laotian *adj:* laotisk.
I. lap [læp] *s* **1.** fang *n* (*fx a baby in its mother's lap*);
2. *fig:* ***that's in the lap of the gods***(*=that's beyond human control*) det rår vi ikke over; ***live in the lap of luxury*** være omgitt av luksus;
3. *sport; rundt bane:* runde; ***last lap*** siste runde; (*jvf I. round 3*);
4. *fig:* etappe; ***on the last lap*** på siste etappe;
5. *tekn:* polerskive; (*jvf II. lap 4*).
II. lap *vb* **1.:** ***lap (up)*** 1. slikke i seg; 2. spise i all hast;
2. *fig:* ***she lapped it all up*** hun slukte det hele rått;
3. *om bølger:* skvulpe; skvalpe;
4. *sport; skøyter* 1(*=get a lap ahead of*) få en rundes forsprang på; ***lapped competitor*** konkurrent som er tatt igjen med en runde; ***he's just about to be lapped*** det er like før han blir tatt igjen med en runde; 2. gå (,løpe) runder; ***he's lapping very consistently***(*=he has very consistent lap times*) han går svært jevne runder; han har svært jevne rundetider; (*se også lapping*);
5. polere (med polerskive); finslipe; (*jvf I. lap 5*).
lapdog [ˌlæp'dɔg] *s:* skjødehund.
lapel [ləˌpel] *s:* jakkeslag; frakkeslag.
lapel badge knapphullsemblem; knapphullsmerke.
Lapland [ˌlæp'lænd] *s; geogr:* Lappland.
Lapp [læp] **1.** *s(=Sami)* same; lapp(lending); *språk:* samisk; **2**(*=Sami*) samisk; lappisk.
lapping [ˌlæpiŋ] *s; sport; skøyter:* ***the consistency of the lapping***(*=the consistent lap times*) de jevne rundetidene; (*se II. lap 4*).
Lappish [ˌlæpiʃ] **1.** *s; språket(=Lapp; Sami)* samisk; **2.** *adj(=Sami)* samisk; lappisk.
I. lapse [læps] *s* **1.** *om tid:* forløp; ***after a lapse of five years*** etter at det var gått fem år;
2. lapsus; feil; ***it was just a lapse of memory on my part*** det var bare en forglemmelse fra min side; ***there's some kind of lapse in security somewhere*** det er en svikt i sikkerhetsopplegget et eller annet sted;
3(*=fall*): ***a lapse from grace*** det å falle i unåde;
4. *fors:* forfall (fordi premien ikke er betalt);
5. *jur; om kontraktforhold(=expiration)* utløp; ***at the lapse of the contract*** ved kontraktens utløp;
6. *jur; om rettigheter:* bortfall (av rettighet pga. at den ikke har vært benyttet);
7(*=crisis*): ***a lapse of confidence*** tillitskrise.
II. lapse *vb* **1.** *om tid(=pass)* gå;
2. feile; begå en (liten) feil; *om nivå:* synke (*fx our standards have lapsed*);
3. *litt.:* ***lapse***(*=depart*) ***from one's faith*** svikte sin tro;
4. *fors:* forfalle; utløpe; (*jvf I. lapse 4*);
5. *jur; om kontrakt(=expire)* utløpe;
6. *om rettighet & tilbud:* bortfalle; (*jvf I. lapse 6*);
7(*=deteriorate*): ***his work is lapsing*** arbeidet hans er i ferd med å bli dårligere;
8.: ***lapse into*** 1. *ved langsom overgang:* ***lapse into silence*** bli stille etter hvert; ***lapse into unconsciousness*** langsomt miste bevisstheten; 2. henfalle til (*fx laziness; one's old ways*); 3. falle tilbake i (*fx one's former bad habits*); 4(*=switch into*) slå over i (*fx German*).
lap time *sport; skøyter:* rundetid; ***he's chasing***(*=trying to beat*) ***the lap time of NN*** han prøver å slå rundetiden til NN.
laptop [ˌlæp'tɔp] *s; EDB(=portable PC; PPC)* bærbar PC (*fx a Toshiba laptop*).
larceny [ˌlɑ:sini] *s; jur(=theft)* tyveri *n.*
larch [lɑ:tʃ] *s: bot:* ***larch (tree)*** lerketre.
lard [la:d] *s:* smult *n;* svinefett.
larder [ˌlɑ:də] *s:* spiskammer.
large [lɑ:dʒ] *adj* **1.** *stivt(=big)* stor (*fx family*);
2. *fig:* stor; utstrakt; ***a large majority of people*** et stort flertall mennesker *n;* ***a large number of people*** et stort antall mennesker; ***a large quantity*** et stort kvantum; ***on a large***(*=generous*) ***scale*** i stor målestokk;
3.: ***at large*** 1. *om fange, etc:* på frifot; 2(*=in general; as a whole*) som helhet; 3.: ***talk at large***(*=hold forth*) snakke i det vide og det brede; 4(*=in detail; at length*): ***discuss it at large*** diskutere det i detalj;
4.: ***by and large***(*=generally speaking*) i det store og hele;
5.: ***as large as life***(*=in person*) lys levende.
largely [ˌlɑ:dʒli] *adv; stivt* **1**(*=mainly; chiefly*) hovedsakelig (*fx it was largely due to her efforts*);
2(*=to a great extent*) i høy grad; i stor utstrekning; ***the result will largely depend on our own efforts*** resultatet vil i høy grad avhenge av vår egen innsats.
largeness [ˌlɑ:dʒnəs] *s:* (betydelig) størrelse.
large-scale [ˌlɑ:dʒ'skeil] *adj* **1**(*=on a large scale*) i stor målestokk; ***large-scale industry***(*=big industry*) storindustri; ***large-scale marketing*** masseavsetning;
2. *fig:* storstilt; stort anlagt (*fx project*).
I. lark [lɑ:k] *s* **1.** *zo(=skylark)* lerke;
2(*=early riser;* **T:** *early bird*) morgenmenneske; ***rise***(*=get up*) ***with the lark*** stå opp med sola; ***are you a 'lark' or an 'owl'?*** er du morgenmenneske eller nattmenneske? **3**(*=fun*) moro; ***have a lark*** ha det morsomt; **T:** ha det gøy.
II. lark *vb:* ***lark about, lark around*** holde leven *n;* ha det morsomt; **T:** ha det gøy.
larva [ˌlɑ:və] *s(pl: larvae* [ˌlɑ:vi:]) *zo:* larve.
laryngitis ['lærinˌdʒaitis] *s; med.(=inflammation of the larynx)* laryngitt; strupehodebetennelse.
larynx [ˌlæriŋks] *s(pl: larynges* [ləˌrindʒi:z]) *anat:* strupehode.
lascivious [ləˌsiviəs] *adj; glds: se lecherous.*
laser [ˌleizə] *s:* laser (*fx cut sth with a laser*); ***cut sheet metal with a laser*** skjære metallplater med laser.
I. lash [læʃ] *s* **1**(*=eyelash*) øyenvippe;
2(*=stroke*) (piske)slag *også fig;*
3. (piske)snert.
II. lash *vb* **1.** *også fig:* piske *n;*
2. *mar(=fasten with a rope)* surre (fast);
3. *om fjær:* ***lash back***(*=whip back*) smelle tilbake;
4. *om vind, bølger, etc(=beat against)* slå mot; *om dyr:* ***lash its tail*** slå med halen;
5.: ***lash out*** 1. *om hest(=kick)* sparke (*at* etter); 2(*=hit out*) slå (*at* etter); ***lash out on all sides***(*=lay about one*) slå omkring seg; 3. *fig:* ***lash out at sby***(*=attack sby severely*) gå til voldsomt angrep på en; 4. **T**(*=splash out*) flotte seg.
lashing [ˌlæʃiŋ] *s* **1.** pisking; **2.** *mar:* surring;
3. T: ***lashings of***(*=lots of*) masser av.
lass [læs] *s; dial el.* **T:** jente; ungjente; ***my lass*** jenta mi; (*jvf lad*).

late or lately

She is always **late** for school. *for sent*
Lately, she has been very sick. *i det siste*

TRICKY TALES

I den første setningen er **late** adjektiv mens **lately** er et adverb.

lassie [ˌlæsi] *s; især skotsk(=young girl)* ungjente.
lasso [ˌlæsou] *s(pl: lasso(e)s)* lasso.
I. last [lɑ:st] *s; skomakers:* lest; *fig:* ***cobbler, stick to your last!*** skomaker, bli ved din lest!
II. last *vb* **1.** vare; vedvare; ***it's too good to last*** 1. det er for godt til at det kan vare; 2*(=it's too good to be true)* det er for godt til å være sant; ***it lasted for a short time only*** det varte bare en kort tid; ***it won't last*** det kommer ikke til å vare; ***it was a joy that didn't last long*** gleden var kortvarig; ***he won't last long in this job*** han blir ikke gammel i denne jobben;
2. *evf:* ***he won't last much longer*** han gjør det ikke lenge;
3. *om beholdning, etc(=be enough)* strekke til; vare;
4.: ***last out*** 1*(=be enough; last)* vare; 2*(=manage)* klare seg (*on* med).
III. last *adj; substantivisk bruk:* ***the last*** 1. den siste; 2. det siste; 3. de siste; de bakerste; ***the last of the wine*** resten av vinen; ***the very last*** den aller siste; ***to the (very) last****(=to the (bitter) end)* til siste slutt; ***wait to the very last****(=to the very end)* vente til aller sist; vente helt til sist; ***we've seen the last of him*** vi får ikke se ham mer; ***I shall never hear the last of that!*** det kommer jeg til å få høre så lenge jeg lever! ***last of all****(= lastly)* til slutt *(fx and last of all, I would like to thank Mr Smith for his help).*
IV. last *adj; (jvf III. last)* **1.** sist *(fx the last bus; on the last page of the book);* ***his last words*** hans siste ord *n; (se 5.: the last word);* ***last but one*** nest sist; ***very last****(= last of all)* aller sist;
2. forrige *(fx last week);* ***all last week****(=the whole of last week)* hele forrige uke; ***last Monday*** forrige mandag; sist mandag; ***last year*** i fjor; ***the year before last*** i forfjor;
3.: ***the last thing I want is to hurt anyone*** det siste jeg vil, er å såre noen; ***it's the last thing you'd think of looking for*** det er det siste man (,du) ville falle på å se etter; ***I always have a cup of hot chocolate last thing at night*** jeg drikker alltid en kopp sjokolade som det siste jeg gjør om kvelden.
4.: ***last time*** 1. siste gang; 2. forrige gang;
5.: ***the last word*** 1. det siste ordet *(fx she must have the last word!);* 2*(=the final decision)* siste ord; 3. **T***(=the latest thing)* siste skrik *n (fx in hats);*
6.: ***be on its last legs*** 1. synge på siste verset; 2.: ***be on one's last legs*** være segneferdig.
V. last *adv:* sist *(fx who came last?)* ***when were you last ill?*** når var du sist syk? ***when I saw him last, when I last saw him****(=the last time I saw him)* sist jeg så ham; ***it's been a long time since last we met****(=it's a long time since I've seen you)* det er lenge siden sist (vi møttes); det er lenge siden sist jeg så deg; ***at last*** til slutt; til sist; endelig *(fx there he is at last);* ***at long last*** endelig; til sjuende og sist; langt om lenge.
last ditch *fig:* siste skanse.
last-ditch [ˈlɑ:stˌditʃ; *attributivt:* ˌlɑ:stˈditʃ] *adj:* siste fortvilet *(fx a last-ditch attempt).*
I. lasting [ˌlɑ:stiŋ] *s; tøy:* lasting.
II. lasting *adj:* varig *(fx a lasting impression).*
lastly [ˌlɑ:stli] *adv(=finally)* til slutt.
last-minute [ˈlɑ:stˌminit; *attributivt:* ˌlɑ:stˈminit] *adj:* som foretas i siste øyeblikk *(fx preparations).*
last name*(=surname)* etternavn.
last-named [ˈlɑ:stˌneimd; *attributivt:* ˌlɑ:stˈneimd] *adj; av flere enn to:* sistnevnte; *(jvf latter 3).*
I. latch [lætʃ] *s* **1.** smekklås;
2. klinke *(fx she lifted the latch and walked in);*
3. *om dør:* ***on the latch*** lukket (men ikke låst).
II. latch *vb* **1.** lukke med klinke;
2. *om dør med smekklås:* smekke igjen; ***the door latched itself*** døren falt i lås;
3. *fig:* ***latch on to sth****(=pounce on sth)* gripe fatt i noe;
4. *neds:* ***latch on to sby****(=cling on to sby; attach oneself to sby)* henge seg på en.
latchkey [ˌlætʃˈki:] *s(=front-door key)* entrénøkkel.
latchkey child nøkkelbarn.
late [leit] *adj & adv(se også later & latest)* **1.** sen; sent; sent ute; forsinket; ***the late arrival of the flight*** flyets forsinkede ankomst; ***she was late getting to work*** hun kom for sent på arbeidet; ***sit up (late)*** sitte oppe (og vente); sitte lenge oppe; ***better late than never*** bedre sent enn aldri; ***it's getting late*** det begynner å bli sent; ***too late*** for sent; ***make sby late*** forsinke en; hefte en; ***much too late*** altfor sent; ***two hours late*** to timer forsinket; ***as late as the 19th century*** så sent som (i) det 19. århundre; ***at this late hour*** på dette sene tidspunkt; ***late at night*** sent på natten; ***at this late stage*** på dette sene stadium; ***late****(=far)* ***into the night*** til langt på natten; ***late in the day*** 1. langt utpå dagen; 2. *fig:* ***it's a bit late in the day (for that)*** det er i seneste laget (til det); ***in late summer****(=late in the summer)* sist på sommeren; sent på sommeren; langt utpå sommeren; ***late in July****(=in late July)* sist i juli; ***in one's late teens*** i slutten av tenårene; ***in the late twenties*** sist i tjueårene;
2. *stivt(=dead)* avdød *(fx her late husband);*
3. *stivt(=former)* forrige *(fx Mr Allan, the late chairman, made a speech);*
4. *stivt:* ***of late****(=lately)* i det siste.
latecomer [ˌleitˈkʌmə] *s:* etternøler; en som kommer sent.
lately [ˌleitli] *adv:* i det siste; nylig; *(jvf recently).*
late-night [ˌleitˈnait] *adj:* natt- *(fx bus).*
latent [ˌleitənt] *adj:* latent.
later [ˌleitə] *adj & adv* **1.** senere; ***a few years later*** noen få år senere; ***stay up later than usual*** være oppe lenger enn vanlig; ***later (on)*** senere (hen); ***sooner or later*** før eller siden; før eller senere;
2. *avskjedshilsen* **T:** ***see you later*** ha det!
3*(=more recent)* nyere; senere *(fx edition of the book);*
4.: ***the later Stone Age*** den yngre steinalder.
lateral [ˌlætərəl] *adj:* side-; sidestilt.
latest [ˌleitist] *adj & adv:* senest; nyest *(fx his latest book);* ***at the latest*** senest; ***the latest news*** siste nytt; de siste nyheter; **T:** ***have you heard the latest?*** har du hørt siste nytt? ***the latest fashion(s)*** siste nytt; siste mote; ***the latest thing (in hats)*** siste skrik (i hatter); ***very latest*** aller senest (*el.* sist *el.* nyest); ***on Tuesday at the very latest*** aller senest på tirsdag; absolutt ikke senere enn tirsdag; ***the very latest improvements*** de aller siste forbedringer.

latex [ˌleiteks] *s:* lateks.
lath [lɑ:θ] *s:* lekte; *fig:* ***(as) thin as a lath*** tynn som en strek.
lathe [leið] *s; mask:* ***(turning) lathe*** dreiebenk.
I. lather [ˌlɑ:ðə; *især* **US:** 'lædhə] *s* **1.** såpeskum; **2.** *på hest:* skumsvette; ***all in a lather*** skumsvett.
II. lather *vb:* skumme *(fx the soap lathers).*
I. Latin [ˌlætin] **1.** *s:* latin; *person:* latiner;
II. Latin *adj:* latinsk.
Latin America *s; geogr:* Latin-Amerika.
Latin American *adj:* latinamerikansk.
latitude [ˌlæti'tju:d] *s* **1.** *geogr:* bredde; ***(degree of) latitude*** breddegrad;
2*(=freedom of action; scope)* spillerom; handlefrihet *(fx allow him more latitude).*
latrine [ləˌtri:n] *s; især mil(=toilet)* latrine.
latter [ˌlætə] *adj* **1.** *stivt(=towards the end):* ***in the latter part of his speech*** i siste (halv)del av talen hans; **2.** *stivt(=final):* ***the latter stages of a process*** de siste stadier av en prosess;
3. *mots 'former'; av to; i løst språkbruk også av flere:* sistnevnte.
latter-day [ˌlætə'dei] *adj; stivt(=present-day; modern)* moderne *(fx writers).*
Latter-day Saint *stivt(=Mormon):* ***the Latter-day Saints*** de siste dagers hellige; mormonene.
latterly [ˌlætəli] *adv; stivt; se lately.*
lattice [ˌlætis] *s* **1***(=latticework)* flettverk; gitterverk; tremmeverk; sprinkelverk; **2.** *fys:* gitter.
lattice window blyvindu med rombeformede ruter; *(jvf leaded light).*
Latvia [ˌlætviə] *s; geogr:* Latvia.
I. Latvian [ˌlætviən] *s* **1.** latvier; **2.** *språk:* latvisk.
II. Latvian *adj:* latvisk.
laudable [ˌlɔ:dəbl] *adj; stivt(=praiseworthy)* laudabel; prisverdig; rosverdig.
laudanum [ˌlɔ:dənəm] *s; med.:* opiumsdråper.
I. laugh [lɑ:f] *s:* latter *(fx we had a good laugh; he gave a scornful laugh);* ***he laughed****(=gave)* ***a bitter laugh*** han lo bittert; ***he has a nasty laugh*** han har en vemmelig måte å le på; ***he burst into a loud laugh*** han satte i en skrallende latter; ***he had the last laugh*** det var han som lo sist; den som ler sist, ler best; *(jvf laughter).*
II. laugh *vb:* le *(fx he laughs best who laughs last);* ***they clutched their stomachs laughing*** de holdt seg på magen og lo; ***laugh at*** le av; ***there's nothing to laugh at****(=it's no laughing matter)* det er ikke noe å le av; ***get laughed at*** bli ledd av; ***laugh in sby's face*** le en rett opp i ansiktet; ***laugh at****(=in)* ***the right places*** le på de riktige stedene; ***he laughed the matter off*** han lo det bort; ***laugh out loud*** le høyt; ***we laughed him out of it*** vi lo ham fra det; ***laugh sby to scorn*** *(,***US:** *laugh sby down)* le en ut; ***laugh up one's sleeve*** le i skjegget; ***you'll laugh on the other side of your face when you see how bad your work is*** jeg tenker pipen får en annen lyd når du får se hvor dårlig arbeidet ditt er; ***he laughed until****(=till)* ***he cried*** han lo så tårene trillet.
laughable [ˌlɑ:fəbl] *adj* **1***(=ridiculous)* latterlig; **2***(=amusing)* latterlig; morsom.
laughing [ˌlɑ:fiŋ] **1.** *s(=laughter)* latter; **2.** *adj:* leende *(fx face).*
laughing gas [ˌlɑ:fiŋ'gæs] *s:* lystgass.
laughing matter ['lɑ:fiŋˌmætə; ˌlɑ:fiŋˌmætə] *s:* ***it's no laughing matter*** det er ikke noe å le av.
laughing mood: ***be in a laughing mood*** være i latterhjørnet.
laughing stock en man ler av; ***his mistakes made him a laughing stock*** han ble ledd av på grunn av feilene han gjorde; ***be the laughing stock of*** være til latter for.
laughter [ˌlɑ:ftə] *s:* latter; ***die with laughter*** le seg fordervet; ***roll about (with laughter)*** vri seg av latter; *(jvf I. laugh & laughing 1).*
I. launch [lɔ:ntʃ] *s* **1.** *mar:* sjøsetting;
2. *flyv:* utskytning; oppskyting;
3. *mar:* større, åpen båt; storbåt;
4. *fig(=launching)* lansering *(fx of a product).*
II. launch *vb* **1.** *mar:* sjøsette;
2. *flyv:* skyte ut (*el.* opp); **3.** *stivt(=throw)* kaste *(fx they launched spears in our direction);*
4. *fig:* lansere *(fx a product; a plan); om aksjon,etc(=start)* sette i gang; ***launch one's son in business*** hjelpe sin sønn i gang i forretningslivet;
5. *spøkef:* ***launch forth into****(=enter into)* kaste seg ut i *(fx into a long tale about what she had been doing);*
6. *fig; om ny kurs, virksomhet, etc:* ***launch out into*** sette i gang med *(fx a new project).*
launder [ˌlɔ:ndə] *vb* **1.** *stivt(=wash and iron)* vaske og stryke; *om tøy:* ***it launders well*** det tåler godt vask;
2. *om svarte penger(=whitewash)* hvitvaske.
launderette [lɔ:nˌdret; 'lɔ:ndəˌret] *s:* selvbetjeningsvaskeri; vasketeria.
laundry [ˌlɔ:ndri] *s* **1.** vaskeri *n;*
2*(=washing)* vasketøy; (kles)vask.
laurel [ˌlɔrəl] *s* **1.** *bot(=laurel tree)* laurbærtre;
2. *fig:* ***laurels*** laurbær; ***rest on one's laurels*** hvile på sine laurbær; ***win laurels*** høste laurbær.
lav [læv] *s* **T***(=lavatory)* wc *n.*
lava [ˌlɑ:və] *s:* lava.
lavatory [ˌlævət(ə)ri] *s(=toilet)* wc *n; (jvf loo).*
lavender [ˌlævində] *s; bot:* lavendel.
I. lavish [ˌlæviʃ] *vb* **1***(=squander)* ødsle bort (*on* på);
2. *fig:* ***he lavished praise on her*** han sparte ikke på lovord når det gjaldt henne.
II. lavish *adj* **1.** overdådig; ***lavish splendour*** overdådig prakt; ***everything was on a lavish scale*** alt var overdådig; **2.** *om person; ofte spøkef(=generous)* rundhåndet.
lavishly [ˌlæviʃli] *adv* **1***(=extravagantly)* overdådig; ***lavishly furnished*** overdådig møblert;
2*(=generously)* ødselt; med rund hånd; ***he tips lavishly*** han er raus med drikkepenger.
law [lɔ:] *s* **1.** lov; ***law and order*** lov og rett; lov og orden; ***against the law****(=contrary to the law)* mot loven; ***there ought to be a law against that****(=it)!* det burde forbys (ved lov)! ***on the edge of the law*** på kanten av loven; ***under Norwegian law*** ifølge norsk lov; ***become law*** bli lov; ***bend the law*** bøye loven; ***enact****(=make)* ***laws*** gi lover; ***have the law on one's side*** ha loven på sin side; ***take the law into one's own hands*** ta loven i sine egne hender; ta seg selv til rette;
2. *jur:* rett; *skolev:* rettslære; ***civil law*** sivilrett; ***commercial law*** handelsrett; ***common law*** sedvanerett; ***company law****(,***US:** *corporation law)* selskapsrett; ***contract law*** avtalerett; ***the law of contracts and torts*** obligasjonsrett; ***criminal law*** strafferett; ***law of inheritance and succession*** arverett; ***mortage law*** panterett; ***property law****(=law of property)* formuerett;
3. jus; ***the Faculty of Law*** Det juridiske fakultet; ***read law****(=study law)* studere jus; ***take a law degree****(=graduate in law)* ta juridikum *n;*
4. T: ***the law****(=the police)* loven; politiet; ***the arm of the law*** lovens lange arm;
5. *fig:* ***be a law unto oneself*** gjøre som det passer en;
6. *fig* **T:** ***lay down the law*** uttale seg firkantet;
7.: ***stick to the letter of the law*** holde seg til lovens bokstav; være paragrafrytter.
law-abiding [ˌlɔ:ə'baidiŋ] *adj:* lovlydig.
lawbreaker [ˌlɔ:'breikə] *s:* lovbryter.
lawful [ˌlɔ:ful] *adj:* lovlig; rettmessig; lovlig; ***lawful owner*** rettmessig eier; ***in lawful pursuit of his work as a farmer*** i sin lovlige virksomhet som bonde.
lawfully [ˌlɔ:fuli] *adv:* på lovlig måte; ad lovens vei.
lawless [ˌlɔ:ləs] *adj* **1.** lovløs; uten lover; hvor ingen lover gjelder; **2***(=illegal)* lovstridig (*act* handling).
lawlessness [ˌlɔ:ləsnəs] *s* **1.** lovløshet; **2***(=illegality)* lovstridighet.
lawmaker [ˌlɔ:'meikə] *s(=legislator)* lovgiver.
I. lawn [lɔ:n] *s:* tynn kammerduk; *(se cambric).*

lay

lay it on (thick) *smøre tykt på*
lay off! *stopp!/slutt med det der!*
lay out *forklare/brette ut*

II. lawn *s:* (gress)plen.
lawn mower gressklipper.
law office US(*=lawyer's office;* **US** *også: attorney's office)* advokatkontor.
law officer *om regjeringsadvokaten (the Attorney General) og dennes stedfortreder (the Solicitor General):* kronjurist.
lawsuit [ˌlɔːˈsuːt; ˌlɔːˈsjuːt] *s:* prosess; sak; ***be involved in a lawsuit with*** ligge i sak med.
lawyer [ˌlɔːjə] *s(=legal practitioner)* (praktiserende) jurist; *i løst språkbruk:* advokat; ***divorce lawyer*** skilsmisseadvokat, *(jvf barrister & solicitor).*
lax [læks] *adj; fig:* slapp; ***lax morals*** løs moral.
laxative [ˌlæksətiv] *med.* **1.** *s:* avførende middel *n;*
2. *adj:* avførende *(fx it has a laxative effect).*
laxity [ˌlæksiti], **laxness** [ˌlæksnəs] *s:* slapphet; løshet; ***moral laxity*** slapp moral; løs moral.
I. lay [lei] *s* **1.** *hist:* kvad *n;*
2. S(*=intercourse)* nummer *n;* ***she's an easy lay*** hun er lett å komme i seng med.
II. lay *vb(pret & perf.part.: laid)* **1.** legge (ned); legge fra seg; ***lay the table*** dekke bordet; **2.:** ***lay (eggs)*** verpe; legge egg *n;*
3. T(*=bet)* vedde *(fx I'll lay five pounds);*
4. *om handling i stykke, etc:* henlegge *(in* til);
5. *om mann* **S**(*=have sex with)* ligge med;
6.: ***lay about one***(*=hit out)* slå om(kring) seg;
7.: ***lay bare*** 1. blottlegge; grave frem; 2. *fig; om følelser:* blotte; 3. *om plan, etc(=reveal)* røpe;
8.: ***lay by*** 1(*=hoard; lay up)* hamstre; 2(*=put by)* legge til side; spare opp;
9.: ***lay down*** 1. legge ned *(fx one's arms);* 2. *fig:* nedlegge *(fx one's command);* 3. *fig:* ***they laid down their lives*** de ofret livet; 4. bestemme; fastsette *(fx the rule book lays down what should be done in such cases);* 5. *fig* **T:** ***lay down the law:*** *se law 6;*
10.: ***lay in*** kjøpe inn; hamstre;
11. T: ***lay into sby*** 1. slå (*el.* denge) løs på en; 2(*=get tough with sby)* ta en hardt;
12.: ***lay low*** 1(*=knock down)* slå ned; strekke til jorden; 2. *fig:* slå ut; tvinge til å holde sengen; ***he was laid low with flu*** han måtte til sengs med influensa;
13.: ***lay off*** 1. permittere *(fx lay workers off);* 2. **T**(*= stop (it))* holde opp *(fx I wish you'd lay off);* ***lay off (-ing)***(*=stop (-ing))* holde opp med å; 3(*=leave alone)* la i fred *(fx lay off him!);* 4(*=avoid)* holde seg unna *(fx the subject of money);*
14.: ***lay on*** 1. *om strøm, vann, etc:* legge inn; 2. spandere *(fx the dinner was laid on by the firm);* 3.: ***lay on entertainment*** sørge for underholdning; 4.: ***lay on more flights (,trains)*** sette inn flere fly *(n)* (,tog *(n)*); 5. *fig* **T:** ***it's all laid on for you*** du kommer til duket bord *n;* 6. **T:** ***have sby laid on (to help)***(*=have sby on tap)* ha en på hånden (som kan hjelpe);
15. T: ***lay (one's) hands on*** 1(*=find; get (hold of))* finne; få tak *(n)* i; 2(*=catch)* få tak *(n)* i *(fx lay hands on the criminal);*
16.: ***lay out*** 1. legge ut; 2. *om større arbeid:* anlegge *(fx a garden; a street);* 3. *om landmåler(=stake out)* stikke ut; 4. **T**(*=spend)* bruke; 5. **T:** ***he laid himself out to please us***(*=he went out of his way to please us)* han gjorde seg umak med å være oss til lags;
17. *evf:* ***lay to rest***(*=bury)* legge til hvile; begrave;
18.: ***lay siege to***(*=besiege)* beleire;
19.: ***lay up*** 1. *mar, etc:* legge opp *(fx a ship);* 2(*=lay in)* kjøpe inn; hamstre; 3. *fig(=store up):* ***lay up problems for oneself*** skaffe seg selv problemer *(n)* (på halsen); 4. **T:** ***be laid up*** (måtte) holde sengen;
20.: ***lay waste*** legge øde *(fx lay a country waste).*
III. lay *pret av IV. lie.*
layabout [ˌleiəˈbaut] *s* **T:** dovenpels; lathans.
lay-by [ˌleiˈbai] *s; langs motorvei:* parkeringsfil; parkeringslomme.
layer [ˌleiə] *s* **1.** lag *n (fx of clay);*
2. *fig:* ***cut through all the layers and get to the root of things*** skjære gjennom det hele og komme til bunns i tingene.
layer cake lagkake; bløtkake.
layette [leiˌet] *s:* (komplett) babyutstyr.
layman [ˌleimən] *s:* lekmann; *(jvf laity).*
lay-off [ˌleiˈɔf] *s:* permittering (fra arbeidet).
layout [ˌleiˈaut] *s* **1.** anlegg *n;* plan(løsning); *arkit:* ***general layout*** situasjonsplan;
2. *typ:* layout *n; (jvf artwork).*
laze [leiz] *vb:* ***laze about, laze around***(*=be lazy; hang about)* dovne seg; gå og drive.
lazy [ˌleizi] *adj* doven; lat; ***they're just plain lazy!*** de er rett og slett dovne!
lazybones [ˌleiziˈbounz] *s* **T:** lathans; dovenpels.
L-car [ˌelˈkɑː] *s:* lærevogn (for øvelseskjøring).
L-driver [ˌelˈdraivə] *s:* kjøreelev.
I. lead [led] *s* **1.** bly *n;* ***my feet are like***(*=as heavy as)* ***lead*** bena *(n)* mine er tunge som bly *n;*
2. *mar:* lodd *n;* ***use the lead***(*=take soundings)* lodde;
3. S: ***swing the lead***(*=shirk one's duty)* skulke unna.
II. lead [liːd] *s* **1.** førerskap; anførsel;
2. *også sport:* ledelse; forsprang *(on, over* på); ***the overall lead*** ledelsen sammenlagt; ***be in the lead*** ha ledelsen; ***he's still well in the lead on the points table*** han har fremdeles plass øverst på poengtabellen; ***go***(*= move)* ***into the lead*** gå opp i ledelsen; ta ledelsen; ***reduce***(*=cut down)* ***the lead*** redusere forspranget; ***he took the lead from the French runner*** han tok ledelsen fra den franske løperen; ***they're taking the lead in turn*** de veksler på med å ligge foran; ***take over the lead*** overta ledelsen;
3. *for hund(,stivere: leash)* bånd *n (fx dogs must be kept on a lead);*
4. *elekt(=(electric) wire; (electric) cable)* ledning;
5. *min(=lode)* gang; åre; *(se lode);*
6(*=channel; lane)* renne; råk; ***a lead through the ice*** en renne i isen;
7. *kortsp:* forhånd; utspill; ***dummy's lead*** utspill fra bordet; ***it's my lead*** det er jeg som skal spille ut;
8. *fig:* utspill; initiativ *n;* ***we expect a lead from him*** vi venter på et utspill fra ham; ***follow his lead*** følge hans eksempel *n;* gjøre som han;
9. T(*=clue)* spor; ***it gave the police a lead*** det ga politiet et spor;
10. 1. hovedrolle *(fx with NN in the lead);* ***play the***

L

lead spille hovedrollen; 2.: ***female lead****(=leading lady)* innehaver av den kvinnelige hovedrollen; ***male lead****(=leading man)* innehaver av den mannlige hovedrollen;
11. *mus; opera, etc:* tittelparti; ***sing the lead*** synge tittelpartiet; *(jvf lead singer);*
12. *i avis(=main news story; lead story)* hovedoppslag; førstesidestoff;
13. *i avis(=opening paragraph)* ingress.
III. lead [li:d] *vb(pret & perf.part.: led)* **1.** lede *(fx an expedition);* være leder for; stå i spissen for; ***lead (by the hand)*** leie;
2. *sport:* lede; ***they led us by 30 seconds*** de lå 30 sekunder *(n)* foran oss; de ledet på oss med 30 sekunder; *(jvf 14: lead the world); skøyter:* ***X is leading over two distances*** X leder i sammendraget etter to løp *n;*
3. føre *(fx a path leads through the woods; a pipe leads(=takes) water to the house); (se 10: lead to);* ***it will lead nowhere*** det fører ikke frem; ***he's easily led*** han er lett å lede; han er lettpåvirkelig;
4. *i dans:* føre *(fx one's partner);* ***he's good at leading*** han er flink til å føre;
5. *om type liv:* føre *(fx she leads(=has) a pleasant existence on a Greek island);*
6. *fig:* ***lead sby to believe sth*** få en til å tro noe;
7. *kortsp:* spille ut *(fx lead clubs);*
8.: ***lead off*** 1*(=begin)* begynne; 2. *om band:* spille opp;
9.: ***lead on*** 1*(=go forward first)* gå først; gå foran; 2.: ***lead sby on*** lokke en (til å gjøre noe uklokt);
10. *fig:* ***lead to****(=result in)* føre til; føre med seg; ***one thing leads to another*** det ene fører det annet med seg; ***it led to our having to …*** det førte til at vi måtte …; ***lead the conversation on to*** dreie (*el.* føre) samtalen inn på; *(se også 3 & 6);*
11. T: ***lead sby up the garden path****(=pull a fast one on sby)* lure en;
12.: ***lead up to*** 1. føre frem til *(fx the events leading up to the war);* 2. *fig:* legge opp til; ***he seemed to be leading up to sth*** det så ut som om det var noe han la opp til; det så ut til at det var noe han ville frem til;
13.: ***lead the way*** 1. føre an *(fx she led the way upstairs);* 2. *fig:* føre an *(fx our country has led the way in the field of electronics for years);*
14.: ***lead the world*** lede i verdenssammenheng.
leaded [ˌledid] *adj* **1.** blyinnfattet;
2. *om bensin:* tilsatt bly; ***leaded and unleaded petrol*** bensin med og uten blytilsetning.
leaden [ˌledən] *adj:* bly-; blyaktig; blytung; blygrå.
leader [ˌli:də] *s* **1.** leder; anfører; førstemann;
2. *sport:* den som leder; førstemann; ***this racer is now three minutes behind the pace set by the leader*** denne løperen ligger nå tre minutter *(n)* etter ledertiden;
3. *mus:* ***choir leader****(=leader of the (community) singing)* forsanger; ***leader (of an orchestra)*** *(,***US:** *concertmaster)* konsertmester;
4.: ***leader (of a dance)*** fordanser;
5*(,***US:** *leading article)* leder(artikkel);
6. *film:* sladd;
7. *fisk(=trace)* fortom; sene.
leadership [ˌli:dəˈʃip] *s* **1.** lederskap; førerskap; ledelse; ***qualities of leadership*** ledeRegenskaper; ***under the leadership of*** under ledelse av;
2.: ***(capacity for) leadership****(=managerial skills)* lederevner; ***I am not equipped to judge his capacity for leadership*** jeg har ikke grunnlag for å bedømme hans lederevner.
leadership development course lederkurs.
lead-free [ˌledˈfri:] *adj:* blyfri.
leading [ˌli:diŋ] *adj:* ledende.
leading article US*(=leader)* lederartikkel.
leading figure fremstående personlighet.
leading light 1. *mar:* overettfyr; ***leading lights*** innseilingsfyrlinje;
2. *ofte spøkef:* bærende kraft *(fx of a movement);* størrelse *(fx one of the leading lights in the club).*
leading question ledende (*el.* suggestivt) spørsmål.
leading reins *(,***US:** *strings) pl:* gåseler; barneseler.
lead poisoning *med.(=plumbism)* blyforgiftning.
lead singer *mus:* den som synger tittelpartiet; innehaver av tittelrollen.
I. leaf [li:f] *s(pl: leaves* [li:vz]) **1.** *bot:* blad *n;* ***come into leaf****(=put out leaves)* få løv *n;* springe ut;
2. *i bok:* blad *n;*
3. *fig:* ***take a leaf out of sby's book****(=follow sby's example)* ta eksempel *(n)* av en; ***turn over a new leaf*** begynne på et nytt blad; bli et nytt og bedre menneske *n.*
II. leaf *vb* **1.** *bot(=come into leaf)* få løv; springe ut;
2.: ***leaf through a book*** bla gjennom en bok.
leaf green *bot(=chlorophyll)* bladgrønt; klorofyll.
leaflet [ˌli:flit] *s* **1.** *bot:* småblad;
2. flyveblad; brosjyre; løpeseddel; *(jvf handout).*
leafy [ˌli:fi] *adj:* bladrik; løvrik *(fx woodlands).*
league [li:g] *s* **1.** forbund *n (fx the Hanseatic League);* ***in league with*** 1. i forbund med; 2. *neds:* i ledtog med;
2. *sport:* liga; *fig:* ***they're not in the same league*** de er ikke i samme klasse.
I. leak [li:k] *s* **1.** lekkasje; utetthet;
2. *fig:* lekkasje; ***an inspired leak*** en tilsiktet lekkasje; ***there has been a leak*** det har vært en lekkasje.
II. leak *vb* **1.** lekke; være utett;
2. *fig:* røpe; lekke; ***the news leaked out*** nyheten lekket ut; ***leak it to the press*** lekke det til pressen.
leakage [ˌli:kidʒ] *s; stivt(=leak)* lekkasje.
leakage current *elekt(=current leakage)* overledning.
leaky [ˌli:ki] *adj:* lekk; gissen; utett.
I. lean [li:n] *s; om kjøtt:* ***the lean*** det magre; *fig:* ***take the fat with the lean*** ta det onde med det gode.
II. lean *vb(pret & perf.part.: leaned, leant* [lent]) **1.** være skjev; helle;
2. lene *(fx sth against the wall);* ***lean forward*** lene seg forover; ***lean on a stick*** støtte seg til en stokk; ***she leans on her husband for advice*** hun støtter seg til mannen sin når det gjelder råd *n;* ***lean one's head on*** hvile hodet på; ***lean out*** lene seg ut;
3. *fig(=incline):* ***lean to(wards) the Left*** sympatisere med venstresiden;
4. *om ublid overtalelse, etc* **S:** ***lean on*** presse; bruke press overfor *(fx I'll have to lean on him a bit);*
5. *fig* **T:** ***lean over backwards****(=do more than is expected;* **T:** *fall over oneself)* være overivrig; være altfor ivrig; gjøre mer enn det forventes av en.
III. lean *adj; også fig:* mager.
I. leaning [ˌli:niŋ] *s; stivt(=preference)* forkjærlighet (*towards* for); ***leanings****(=sympathies)* sympatier *(fx pacifist leanings).*
II. leaning *adj:* hellende; skjev.
leant [lent] *pret & perf.part. av II. lean.*
lean-to [ˌli:nˈtu:] *s:* tilbygd skur *n;* halvtaksskur.
lean-to roof *arkit:* halvtak; pulttak mot vegg.
I. leap [li:p] *s* **1.** hopp *n;* sprang *n;*
2. *fig:* sprang *n;* ***a leap in the dark*** et sprang ut i det uvisse; ***by leaps and bounds*** med kjempeskritt.
II. leap *vb(pret & perf.part.: leapt; især* **US:** *leaped)* **1***(=jump)* hoppe (*about* omkring);
2*(=jump (over))* hoppe over;
3. *fig:* ***leap at****(=jump at)* hoppe på *(fx a chance);* ***leap for joy****(=jump for joy)* hoppe høyt av glede; ***the idea leapt into his mind*** idéen slo ned i ham.
leap day skuddårsdag.
I. leapfrog [ˌli:pˈfrɔg] *s:* det å hoppe bukk; ***play leapfrog*** hoppe bukk.
II. leapfrog *vb* **1.** hoppe bukk;
2. *fig:* passere hverandre skiftevis.
leapt [lept] *pret & perf.part. av II. leap.*
leap year skuddår.
learn [lə:n] *vb(pret & perf.part.: learnt, learned)*

1. lære; ***we live and learn*** vi lærer så lenge vi lever; ***he finds it easy to learn****(=he's quick to learn)* han er lærenem; ***eager to learn*** lærelysten; ***eagerness to learn*** lærelyst; ***unwillingness to learn*** lærevegring; ***learn (how) to*** lære å; ***learn from sth*** lære av noe; ***learn from****(=by)* ***experience*** lære av erfaring; ***learn the hard way*** lære på den tungvinte måten; lære av sine feil; ***learn a lesson*** 1. lære en lekse; 2. *fig:* få seg en lærepenge; ***he learnt a lesson from that*** der fikk han seg en lærepenge; ***it's your own responsibility to learn this by tomorrow*** du er selv ansvarlig for at dette er lært til i morgen; **2.** *stivt(=be told; get to know)* få vite; høre; ***we have not yet learned****(=been told)* ***whether*** vi har ennå ikke brakt i erfaring om; vi har ennå ikke fått vite om; *meget stivt:* ***I learnt of his departure****(=I was told that he's left)* jeg fikk melding om at han var reist; jeg fikk vite at han var reist.

I. learned [lə:nd] *pret & perf.part. av learn.*

II. learned [ˌlə:nid] *adj:* lærd *(fx professor).*

learner [ˌlə:nə] *s:* ***he's a quick (,slow) learner*** han har lett (,tungt) for å lære; ***I'm only a learner*** jeg er bare elev.

learner car*(=L-car)* lærevogn (for øvelseskjøring).

learner driver*(=L-driver)* kjøreelev.

learning [ˌlə:niŋ] *s* **1.** læring; innlæring; ***institution of higher learning****(=education)* høyere læreanstalt; **2.** lærdom; ***a man of great learning*** en meget lærd mann; *stivt:* ***parade****(=show off)* ***one's learning*** prale med hvor lærd man er.

learning materials *pl(=teaching aids)* læremidler.

learning stream *skolev:* kursplan; ***such pupils are demoted to the lowest learning stream*** slike elever blir henvist til laveste kursplan.

learnt [lə:nt] *pret & perf.part. av learn.*

I. lease [li:s] *s* **1.** *for fast eiendom:* bygselbrev; leiekontrakt; bygsel *(fx a twenty-year lease);* utleie; ***a long lease*** 1. bygsel på langt åremål; 2*(=a long let)* utleie for lengre tid; ***on lease*** på bygsel; **2.** *fig:* ***get a new****(= fresh)* ***lease of life*** få nytt liv; livne til igjen (mht. helse el. lykke).

II. lease *vb* **1.** bygsle; lease; **2.** bygsle bort.

I. leasehold [ˌli:s'hould] *s:* bygsel; bygslet eiendom; bygslet grunn.

II. leasehold *adj:* bygslet; leid.

leaseholder [ˌli:s'houldə] *s:* bygsler; leier.

leash [li:ʃ] *s; for hund; stivt(=lead)* bånd *n;* ***strain at the leash*** 1. slite i båndet; 2. *fig:* forsøke å løsrive seg.

least [li:st] *adj & adv* **1.** minst; ***least isn't necessarily worst*** minst vil ikke nødvendigvis si verst; ***when we least expected it*** da vi minst ventet det; ***she's least able to afford it*** hun er den som har minst råd til det; ***she has (the) least money*** hun har minst penger;
2.: ***at least*** 1. minst; 2. i hvert fall; i det minste;
3.: ***least (of all)*** aller minst; minst av alt; ***that's what pleased me least (of all)*** det var det jeg likte minst av alt;
4.: ***not least*** ikke minst; ***last, (but) not least*** sist, men ikke minst;
5.: ***not in the least*** ikke det minste; ikke på noen måte;
6.: ***to say the least of it****(=to put it mildly)* mildest talt;
7.: ***the least said the better*** jo mindre man snakker om det, desto bedre.

leather [ˌleðə] *s:* lær; ***bookbinding leather*** bokskinn.

leather binding *bokb:* skinnbind.

leather goods *pl:* skinnvarer; portefølje; ***furs, leather goods and perfumery*** pels, portefølje og parfyme.

leather jacket skinnjakke.

leatherneck [ˌleðə'nek] *s* **US** *S(=marine)* marinesoldat.

leathery [ˌleðəri] *adj:* læraktig; *om kjøtt(=tough)* seig.

I. leave [li:v] *s* **1.** *også mil:* ***leave (of absence)*** permisjon; **T:** perm; ***casual leave****(=emergency leave)* velferdspermisjon; *pga. dødsfall:* ***compassionate leave*** velferdspermisjon; *embetsmanns i utenrikstjeneste:* tjenestefrihet; ferie *(fx he's on long leave);* ***shore leave*** landlov; ***sick leave*** sykepermisjon; *mil:* ***absence without leave*** tjuvperm; ***go absent without leave*** ta tjuvperm;
2. *meget stivt(=permission)* tillatelse *(fx have I your leave to go?);*
3. *glds el. litt.:* ***take one's leave (of)****(=say goodbye (to))* si adjø (til);
4.: ***take leave of one's senses****(=go mad)* gå fra forstanden.

II. leave *vb(pret & perf.part.: left)* **1.** reise fra; forlate; gå (sin vei); reise (sin vei); dra (sin vei); gå ut av *(fx he left the room);* ***he has left his wife*** han har gått fra sin kone; ***leave home*** 1. gå (,dra, reise) hjemmefra; 2. flytte hjemmefra; ***leave school*** slutte på skolen; ***leave the table*** gå fra bordet; ***which flight did he leave on?*** hvilket fly reiste han med? ***shortly before we left to get here****(=just before we came here)* kort før vår avreise hit; like før vi reiste hit;
2. gå fra *(fx a job half-finished);* etterlate (*with* hos) *(fx one's address with sby);* ***the things we had left undone*** alt det vi ikke hadde fått gjort; ***it leaves much to be desired*** det lar meget tilbake å ønske; ***leave two pages blank*** la to sider stå åpne; ***leave it at that*** la det bli (*el.* være) med det; ***leave open*** la stå åpen *(fx the door);* ***leave a good impression with sby*** etterlate et godt inntrykk hos en; ***this new development leaves us with a problem*** denne nye utviklingen stiller oss overfor et problem; ***where does that leave the peace plan?****(=so what does that make of the peace plan?)* hva blir det så til med fredsplanen?
3. *mat.:* ***5 from 10 leaves 5*** 10 minus 5 er (lik) 5;
4. overlate; ***leave sby to do sth*** overlate til en å gjøre noe; ***leave him entirely to me*** overlat ham helt til meg;
5. testamentere (*sth to sby* noe til en); etterlate; la arve; ***he left his wife very badly off*** han etterlot sin kone nesten uten midler *n;* ***his uncle left him with no financial worries*** etter onkelens død hadde han ingen økonomiske bekymringer; *(se også 7, 3);*
6. vente med; ***they may find they've left it too late*** det kan være de finner ut at de har ventet for lenge;
7.: ***be left*** 1. være tilbake; være igjen *(fx there was one apple left);* 2.: ***be left a widow*** bli sittende igjen som enke; 3. arve; ***she was left £140,000*** hun arvet £140.000; *(se også 5 ovf);* 4. ***'to be left until called for'*** 1. blir hentet; 2. poste restante; 5. **T:** ***be left holding the baby****(,***US:** *bag)* bli sittende med skjegget i postkassa;
8.: ***leave about, leave around*** la ligge fremme;
9.: ***leave (behind)*** etterlate; legge igjen; ***he leaves a wife and two children*** han etterlater seg kone og to barn *(n);*
10.: ***leave alone*** 1. ikke forstyrre; la være i fred; 2. la være *(fx leave that book alone!);* ***leave well alone*** la det være med det; det er bra nok som det er;
11.: ***leave in*** 1. la være inne; 2. *i manuskript, etc:* ikke stryke; la stå *(fx leave that sentence in);*
12.: ***leave off*** 1. *om lokk, etc:* la være å sette på; ***don't leave the lid off!*** glem ikke å sette på lokket! 2. **T:** ***leave off*** holde opp (*-ing* med å);
13.: ***leave on*** 1. *frakk, etc:* beholde på; ikke ta av; 2. ikke slukke *(fx leave the light on);*
14.: ***leave out*** 1. utelate *(fx he's left out a word; we can hardly leave her out);* ikke tenke på; 2.: ***he feels left out****(=he feels out of it)* han føler seg utenfor; 3. ikke regne med;
15.: ***left over*** 1. igjen *(fx have a lot of food left over from the party);* 2. til overs *(fx when everyone took a partner there was one person left over);*
16.: ***some things are better left unsaid*** enkelte ting bør forbli usagt; enkelte ting bør man ikke snakke om.

leave-taking [ˌli:v'teikiŋ] *s; stivt(=parting)* (det å ta) avskjed; *(se I. parting 1).*

leaving certificate: ***(school) leaving certificate****(=*

leaver's report; **US:** *diploma)* avgangsvitnemål.
leaving examination: ***(school) leaving examination*** avgangseksamen.
leaving present avskjedsgave.
leavings [ˌli:viŋz] *s; pl(=left-overs)* (mat)rester.
I. Lebanese ['lebəˌni:z] *s:* libaneser.
II. Lebanese *adj:* libanesisk.
Lebanon [ˌlebənən] *s; geogr:* ***(the) Lebanon*** Libanon.
lecher [ˌletʃə] *s* **1***(=lewd man)* lidderlig fyr;
2. *glds(=fornicator)* horebukk.
lecherous [ˌletʃərəs] *adj(=lustful)* lidderlig; *(se leer).*
lechery [ˌletʃəri] *s(=lust)* lidderlighet.
I. lecture [ˌlektʃə] *s:* forelesning; *stivt:* ***attend(=go to) lectures*** gå på forelesninger; ***give a lecture (to)*** holde en forelesning (for); ***give lectures on(=lecture on)*** forelese om.
II. lecture *vb:* forelese (*on* om); ***lecture on an assigned subject*** forelese over oppgitt emne *n.*
lecturer [ˌlektʃərə] *s* **1.** foreleser;
2.: ***(university) lecturer*** universitetslektor.
led [led] *pret & perf.part. av IV. lead.*
ledge [ledʒ] *s* **1.** (smal) avsats; hylle; ***window ledge*** vinduspost;
2. *bygg(=batten)* labank;
3. *mar:* ***ledge (of rock)*** rev *n.*
ledger [ˌledʒə] *s; merk:* ***(general) ledger*** hovedbok; ***balance the ledger*** avslutte (*el.* avstemme) hovedboken.
lee [li:] *s; mar, etc:* le; leside; ***in the lee(=shelter) of a hedge*** i le (*el.* ly) av en hekk.
leech [li:tʃ] *s; zo:* (blod)igle.
leek [li:k] *s; bot:* purre; purreløk.
I. leer [liə] *s(=lecherous glance)* lystent blikk *n.*
II. leer *vb:* ***leer at*** kaste lystne blikk *(n)* på.
leeward [ˌli:wəd; *mar:* 'luəd] *s; mar(=lee side)* lesiden; ***to leeward*** mot le; *(jvf windward).*
leeway [ˌli:'wei] *s* **1.** *mar(=drift)* avdrift;
2. *fig:* ***he has considerable leeway to make up at school*** han har mye å ta igjen på skolen; ***a bit of leeway*** noe å gå på;
3*(=freedom; scope):* ***give sby too much leeway*** gi en for frie hender.
I. left [left] *pret & perf.part. av II. leave.*
II. left *s* **1.** *i boksing:* venstrestøt;
2.: ***on the left*** på venstre hånd; ***she turned to her left*** hun vendte seg mot venstre; ***he was sitting on her left*** han satt til venstre for henne;
3.: ***the parties of the Left*** partiene på venstresiden.
III. left *adj:* venstre.
IV. left *adv:* til venstre; ***turn left*** svinge til venstre.
left-hand [ˌleft'hænd] *adj:* ***left-hand bend*** venstresving.
left-hand drive *(fk LHD)* venstreratt.
left-handed ['leftˌhændid; *attributivt:* ˌleft'hændid] *adj* **1.** keivhendt;
2. for venstre hånd *(fx golf club);* med venstre hånd *(fx blow);*
3. *fig:* klossete; keitete;
4.: ***a left-handed compliment*** en tvilsom kompliment.
Left Luggage T*(=left-luggage office):* ***in (the) Left Luggage*** på oppbevaringen.
left-luggage ['leftˌlʌgidʒ] *adj: jernb:* ***left-luggage office*** *(,***US:** *checkroom)* bagasjeoppbevaring; *(se Left Luggage).*
left out: *se II. leave 14.*
left-over, leftover [ˌleft'ouvə] *adj:* som er igjen; som er til overs *(fx leftover food).*
left-overs [ˌleft'ouvəz] *s; pl:* (mat)rester.
left wing 1. venstre fløy; **2.** *sport:* venstre ving;
3. *polit:* ***the left wing*** venstrefløyen *(fx of the party).*
left-wing ['leftˌwiŋ; *attributivt:* ˌleft'wiŋ] *adj* **1.** som befinner seg på venstre fløy;
2. *polit(=leftist)* venstreorientert.
I. leg [leg] *s* **1.** *anat, etc:* ben *n;* ***trouser leg*** bukseben; *på strømpe el. støvel:* skaft; ***stretch one's legs*** strekke på bena (etter å ha sittet);
2. *på slakt:* lår *n;* ***leg of mutton*** fårelår;
3. etappe *(fx of a journey);*
4. *sport; om aksje i vandrepokal, etc:* napp *n;*
5. *geom:* katet;
6. *fig* **T:** ***he hasn't got a leg to stand on*** 1. han har ingen brukbar unnskyldning; 2. *mht. bevis.* han har ingenting å fare med;
7. *fig:* ***be on its last legs*** 1. synge på siste verset; 2.: ***be on one's last legs*** være segneferdig;
8. *fig:* ***pull sby's leg*** holde leven *(n)* med en; lage spillopper med en; lure en;
9. T: ***shake a leg*** ta en svingom; danse;
10. *fig:* ***walk him off his legs*** gå ham i senk;
11. *fig:* ***put him on his legs again*** hjelpe ham på fote igjen.
II. leg *vb* **T:** ***leg it(=walk)*** bruke bena; gå på sine ben.
legacy [ˌlegəsi] *s* **1.** testamentarisk gave; arv; legat *n;*
2. *fig:* arv.
legal [li:gl] *adj* **1***(=lawful)* lovlig; legal; ***become legal*** bli lovlig; ***make it legal*** gjøre det lovlig;
2. juridisk; retts-; rettslig; ***from a legal point of view*** fra et juridisk synspunkt.
legal action: ***take legal action against*** ta rettslige skritt mot.
legal age *jur:* minstealder *(fx for marriage).*
legal aid rettshjelp; ***free legal aid*** fri rettshjelp.
legality [liˌgæliti] *s:* legalitet; lovlighet; ***he questioned the legality of the plan*** han stilte spørsmål ved om planen var lovlig.
legalize, legalise [ˌli:gə'laiz] *vb:* legalisere; gjøre lovlig.
legally [ˌli:gəli] *adv:* legalt; juridisk sett; ***legally binding*** juridisk bindende; ***legally he hasn't got a leg to stand on*** juridisk sett har han ingenting å fare med.
legation [liˌgeiʃən] *s:* legasjon.
legend [ˌledʒənd] *s* **1.** legende; sagn *n;* ***curious legends were told about his doings*** det gikk underlige frasagn om hva han gjorde; *fig:* legende *(fx she became a legend in her own lifetime);*
2. *på kart(=key)* tegnforklaring;
3. *stivt el. faglig(=caption)* billedtekst.
legendary [ˌledʒəndəri] *adj:* legendarisk.
-legged [ˌlegid] adj; i sms: -bent; ***four-legged*** firbent.
leggings [ˌleginz] *s; pl:* lange gamasjer.
leggy [ˌlegi] *adj* **1.** langbent; **2***(=with long and shapely legs)* med lange, velskapte ben *n,* **T:** med raseben.
legibility ['ledʒiˌbiliti] *s:* leselighet.
legible [ˌledʒəbl] *adj:* leselig; som kan leses.
legion [ˌli:dʒən] *s* **1.** *mil; etc; hist:* legion;
2. *fig; litt.(=host)* hærskare *(fx of people);*
3. *stivt(=very numerous):* ***the problems are legion*** problemene *(n)* er utallige (,*stivt:* legio).
legionnaire ['li:dʒəˌnεə] *s:* (fremmed)legionær.
legislate [ˌledʒis'leit] *vb:* gi lover.
legislation ['ledʒisˌleiʃən] *s:* lovgivning; *ofte:* lov.
legislative [ˌledʒislətiv] *adj:* lovgivnings- *(fx work).*
legislature [ˌledʒis'leitʃə] *s:* lovgivende forsamling.
legitimacy [liˌdzitiməsi] *s:* rettmessighet; berettigelse; legitimitet; lovlighet.
I. legitimate [liˌdʒiti'meit] *vb:* gjøre lovlig; berettige.
II. legitimate [liˌdʒitimit] *adj* **1***(=lawful)* lovlig;
2*(=reasonable)* berettiget *(fx question);*
3. *om barn(=born in wedlock)* født i ekteskap; legitim.
leisure [ˌleʒə; **US** *ofte:* 'li:ʒər] *s; stivt:* fritid; tid man kan nyte i ro og mak; ***lead a life of leisure****(=lead an easy life)* føre et bedagelig liv; ha en behagelig tilværelse; ***at leisure*** når man har tid (til det); i ro og mak; ***you can do it at your leisure****(=you can do it when you have(=get) time)* du kan gjøre det i ro og mak.
leisure goods *pl:* fritidsartikler.
leisurely [ˌleʒəli; **US** *ofte:* 'li:ʒərli] *adj:* makelig; rolig; bedagelig.

leisure(-time) activities *pl:* fritidssysler.
leisure wear *merk(=leisure clothes)* fritidsantrekk; fritidsklær.
leitmotiv, leitmotif [ˌlaitmou'ti:f] *s* **1.** *mus:* ledemotiv; **2.** stadig tilbakevendende motiv *(n)* (*el.* tema *(n)*).
lemming [ˌlemiŋ] *s; zo:* lemen.
lemon [ˌlemən] *s; bot:* sitron; *(jvf II. lime).*
lemonade ['leməˌneid] *s:* limonade.
lemon cream *kul(=lemon mousse)* sitronfromasj; *(se mousse).*
lemon curd *som kakefyll, etc:* sitronkrem.
lemon drop sitrondrops.
lemon juice sitronsaft; *(jvf lime juice).*
lemon sole *zo:* bergflyndre; lomre.
lemon tea te med sitron.
lend [lend] *vb(pret & perf.part.: lent)* **1.** låne; låne ut; **2.** *litt.(=give)* gi *(fx desperation lent him strength);* **3.** *stivt:* ***lend itself to****(=be suitable for)* være egnet for; passe for; ***lend one's name to sth*** la navnet sitt bli brukt til noe;
4.: ***lend****(=give)* ***sby a (helping) hand*** gi en en håndsrekning.
lender [ˌlendə] *s:* långiver.
length [leŋ(k)θ] *s* **1.** lengde; ***if he should stay for any length of time*** hvis han skulle bli i lengre tid; ***not for any length of time*** ikke i noen lengre tid; ***what's the length of ...?****(=how long is ...?)* hvor lang er ...?
2. *sport:* båtlengde; hestelengde; ***win by a length*** vinne med en hestelengde (,båtlengde);
3. stykke; stump; ***a length of pipe*** en rørstump; et rørstykke;
4. *om tapet, etc:* lengde;
5.: ***at length*** 1*(=in detail)* utførlig; i detalj; ***at some length*** nokså utførlig; 2*(=at last)* omsider; endelig;
6.: ***at full length*** i hele sin lengde;
7.: ***measure one's length (on the ground)****(=fall flat on the ground; fall full length)* falle så lang man er;
8. *fig:* ***to what lengths would he be prepared to go?****(=how far would he be prepared to go?)* hvor langt ville han (være innstilt på å) gå?
lengthen [ˌleŋ(k)θən] *vb* **1.** forlenge; gjøre lengre; *om skjørt, etc:* legge ned; **2***(=become longer)* bli lengre.
lengthening *s:* forlengelse.
lengthways [ˌleŋ(k)θ'weiz]*(,især* **US:** *lengthwise) adv:* på langs.
lengthy [leŋ(k)θi] *adj; stivt* **1***(=rather long)* lengre; ***a lengthy journey****(=quite a long journey; rather a long journey)* en nokså lang reise; ***make a lengthy statement (on the subject)****(=deal with the subject at some length)* komme med en lengre utredning (om emnet);
2. *neds(=rather too long)* langtrukken; vel lang.
leniency [ˌli:niənsi] *s:* mildhet; overbærenhet; lemfeldighet; skånsomhet.
lenient [ˌli:niənt] *adj:* mild *(fx sentence);* overbærende; lemfeldig; skånsom.
lens [lens] *s* **1.** linse; objektiv; **2.** *til briller, etc:* glass; ***headlamp lens*** lykteglass.
Lent [lent] *s:* faste; fastetid.
lent *pret & perf.part. av lend.*
lentil [ˌlentil] *s; bot:* linse.
leopard [ˌlepəd] *s; zo:* leopard.
leotard [ˌli:ə'tɑ:d] *s; for danser:* trikot; *(=gym suit)* gymdrakt; turndrakt.
leper [ˌlepə] *s; med.:* spedalsk.
leprosy [ˌleprəsi] *s; med.:* spedalskhet; lepra.
I. lesbian [ˌlezbiən] *s:* lesbisk kvinne.
II. lesbian *adj:* lesbisk.
lesion [ˌli:ʒən] *s; med.(=injury; wound)* lesjon.
I. less [les] *prep:* minus *(fx a month less three days).*
II. less *adj & adv* **1.** mindre; *om tall:* lavere *(fx a number less than ten);* ***not less than £30,000*** ikke mindre enn £30.000; ***in less than no time*** på et øyeblikk; ***when the work gets a bit less****(=when the work lets up a bit)* når det blir litt mindre å gjøre;
2.: ***he'll be (all) the less inclined to help if you're rude to him*** han vil være enda mindre tilbøyelig til å hjelpe hvis du er uhøflig mot ham;
3.: ***the less I see of it, the less easy it is for me to form an opinion of it*** jo mindre jeg ser til det, desto vanskeligere blir det for meg å danne meg en mening om det;
4. T *ofte iron:* ***no less*** intet mindre; ikke mindre; ***she says she's been to Italy, no less*** hun sier hun har vært i Italia; mindre kunne ikke gjøre det; ***no less a person than*** ingen ringere enn; ***in such a light, I find it indecent, no less, that ...*** sett i et slikt lys forekommer det meg direkte uanstendig at ...;
5.: ***we see less of John these days*** vi ser mindre til John nå om dagen; ***less of a success than I had hoped*** ikke så vellykket som jeg hadde håpet;
6. T*(=fewer)* færre; ***less calories*** færre kalorier;
7.: ***think less of sby than before*** sette en mindre høyt enn før;
8.: ***much less, still less*** enda mindre.
lessee [leˌsi:] *s; jur(=tenant (under a lease))* leietager; leier; bygsler; *(jvf lessor).*
lessen [ˌlesən] *vb* **1.** minske; redusere; ***lessen the need for*** redusere behovet for; ***lessen****(=quieten; soothe)* ***sby's fears*** dempe ens frykt; ***lessen the grief*** stille sorgen; ***lessen the pain*** lindre (*el.* redusere) smerten; **2.** minke; avta *(fx the noise lessened considerably).*
lesser [ˌlesə] *adj:* mindre (betydningsfull); ***choose the lesser of two evils*** velge det minste av to onder *n;* ***to a lesser extent*** i en mindre utstrekning.
lesson [ˌlesən] *s* **1.** *skolev:* lekse; time; ***driving lesson*** kjøretime; ***do one's lessons*** gjøre lekser; gjøre leksene sine; ***give sby an English lesson*** gi en en engelsktime; gi en en time i engelsk; ***give lessons in*** gi timer i; ***take lessons from****(=with)* ***sby*** ta timer hos en; ***take lessons in*** ta timer i;
2. *skolev & fig:* ***know one's lesson*** kunne leksen sin; ***learn one's lesson*** lære leksen sin;
3. *fig:* lærepenge; ***a costly lesson*** en dyr lærepenge; ***teach sby a sharp lesson*** gi en en ordentlig lærepenge;
4. lektie; bibeltekst; ***reader of a lesson*** tekstleser; liturg.
lessor [ˌlesɔ:; leˌsɔ:] *s* **1.** *jur:* bortforpakter;
2. *av leilighet(=letter)* utleier; *(jvf lessee).*
lest [lest] *konj; lett glds(=in case; so that ... not; for fear that)* for at ... ikke; av frykt for at; ***he wouldn't put the letter in his pocket lest****(=in case)* ***he forgot about it*** han ville ikke legge brevet i lommen for ikke å glemme det.
I. let [let] *s* **1***(=lease)* utleie; ***long let*** utleie for lengre tid; **2***(=premises rented; premises for rent)* utleieobjekt; ***a private let*** noe som leies ut privat; ***prestige let****(=up-market let)* statusleilighet.
II. let *vb(pret & perf.part.: let)* leie ut *(fx a house); oppslag:* ***to let*** til leie; *(jvf letting).*
III. let *vb(pret & perf.part.: let)* **1.** la *(fx let him do it);* ***let the dog out*** slippe ut hunden; ***let's****(=let us)* ***leave right away!*** la oss dra med én gang!
2.: ***let sby alone, let sby be****(=leave sby alone)* la en være i fred; ***let sth alone****(=stop touching sth)* ikke røre noe;
3.: ***let down*** 1*(=lower)* senke; heise ned; slippe ned *(fx the blind);* fire ned; 2. *om skjørt, etc:* legge ned; 3. *fig(=disappoint)* skuffe; svikte *(fx he let me down);* 4. **S:** ***let one's hair down*** slå seg løs;
4.: ***let fall****(=drop)* la falle; slippe *(fx I let fall everything I was carrying);*
5.: ***let go (of)*** slippe (taket i) *(fx let go of my coat!);*
6.: ***let in*** slippe inn *(fx let in water);*
7. T: ***let oneself in for*** gi seg ut på; innlate seg på;
8.: ***let sby in on sth*** innvie en i noe;
9.: ***let into*** 1. slippe inn i; 2. innvie *(fx sby into a secret);*
10.: ***let loose*** slippe løs; **T:** ***let sby loose on one's car*** slippe en løs på bilen sin;

11.: ***let off*** 1. *våpen, etc:* fyre av; *fyrverkeri:* sende opp; 2. *mht. arbeidsoppgave el. straff:* la slippe; ***not let sby off too easily*** ikke la en slippe for lett; 3. *fig:* ***let off steam*** slippe ut damp; avreagere;
12.: ***let on that …*** la seg merke med at …;
13.: ***let out*** 1. slippe ut; 2. *fig:* ***let one's feelings out****(=give vent to one's feelings)* gi sine følelser luft; 3.: ***that lets him out*** dermed kommer ikke han på tale (som kandidat, mistenkt, etc); det utelukker ham; 4*(=reveal)* røpe *(fx sth to the press);* ***let the cat out of the bag*** røpe det hele; 5. *om skrik, etc:* gi fra seg; 6. *klesplagg:* legge ut *(fx a skirt);*
14.: ***let through*** slippe (i)gjennom;
15.: ***let up*** 1*(=stop; relax)* gi seg; slappe av; 2.: ***when the work lets up a bit****(=when the work gets a bit less)* når det blir litt mindre å gjøre; *(se også let-up);*
16.: ***let up on*** 1*(=ease; relax)* lette på *(fx the diplomatic pressure);* 2*(=be less critical of)* ta lempeligere på *(fx his own blunder taught him to let up on the faults of others).*

let alone *konj(=not to mention)* for ikke å snakke om; langt mindre *(fx there's no room for her, let alone the children).*

letdown [ˌlet'daun] *s* **1.** *flyv:* nedstigning;
2. T*(=disappointment)* skuffelse.

lethal [ˌli:θəl] *adj(=deadly)* dødelig *(fx blow).*

lethargic [liˌθɑ:dʒik] *adj(=sluggish)* sløv; apatisk.

lethargy [ˌleθədʒi] *s(=sluggishness)* sløvhet *(fx she roused herself from her lethargy);* dorskhet; apati.

Lett [let] *s; se I. Latvian 1.*

I. letter [ˌletə] *s:* utleier; *(jvf lessor).*

II. letter *s* **1.** bokstav; ***the letter of the law*** lovens bokstav; *fig:* ***to the letter*** til punkt og prikke;
2.: ***man of letters*** litterat; ***the world of letters*** den litterære verden;
3. brev *n;* ***dead letter*** ubesørgelig brev; ***by letter*** pr. brev.

III. letter *vb:* skrive (,tegne) bokstaver; merke med bokstaver.

letter box (privat) postkasse.

letter card brevkort; *(jvf postcard).*

letterhead [ˌletə'hed] *s* **1.** brevhode; **2.** brevpapir med påtrykt brevhode.

lettering [ˌletəriŋ] *s* **1***(=letters)* bokstaver;
2. bokstavtegning; ***the art of lettering*** kunsten å tegne bokstaver.

letter of introduction introduksjonsbrev.

letter-perfect [ˌletəˌpə:fikt; *attributivt:* ˌletə'pə:fikt] *adj* **US***(=word-perfect)* feilfri; ordrett; *(se word-perfect).*

letterpress [ˌletə'pres] *s; typ* **1.:** ***letterpress (printing)*** boktrykk; **2.** *mots illustrasjoner:* tekst.

letting agency utleiebyrå; ***holiday letting agency*** utleiebyrå for ferieboliger.

Lettish [ˌletiʃ] *se I. Latvian 2 & II. Latvian.*

lettuce [ˌletis] *s; bot:* salat; ***head of lettuce*** salathode; ***cabbage lettuce****(=head lettuce)* hodesalat; *(se lamb's lettuce).*

let-up, letup [ˌlet'ʌp] *s* **T***(=pause; break)* opphold; pause *(fx work for hours without (a) let-up).*

leucocyte [ˌlu:kə'sait] *s; biol(=white (blood) cell; white blood corpuscle)* leukocytt; hvitt blodlegeme.

leukaemia *(,især* **US:** *leukemia)* [lu:ˌki:miə] *s; med.:* leukemi.

Levant [liˌvænt] *s; geogr:* ***the Levant*** Levanten; de østlige middelhavsland.

I. level [levl] *s* **1.** plan flate; plan; ***on****(=along)* ***the level*** på flatmark; på sletta;
2.: ***(spirit) level*** vaterpass;
3. nivå *n;* høyde; ***check the fluid level*** sjekke *(el.* kontrollere) væskestanden; ***above sea level*** over havet;
4. *fig:* plan; nivå *n;* ***find one's own level****(=niche)* finne sin plass i livet; ***at a higher level*** på et høyere plan *(el.* nivå); ***at****(=on)* ***a****(=the)* ***practical level*** på det praktiske plan; ***at both staff and pupil level****(=both among teachers and pupils)* både blant lærere og elever; ***on the personal level*** på det personlige plan; ***teach maths to A level*** undervise i matematikk på høyeste plan;
5. S: ***is his offer on the level?****(=is his offer genuine?)* er tilbudet hans ærlig ment? ***he's not quite on the level****(=he's not quite straight)* han er ikke helt fin i kanten; ***he's not on the level*** han har ikke rent mel i posen;
6. *fig:* ***on a level with****(=on a par with)* jevnbyrdig med.

II. level *vb* **1.** planere (ut); jevne;
2. nivellere; vatre;
3*(=make equal)* stille likt *(fx his goal levelled the scores of the two teams);*
4*(=aim):* ***level at*** 1. sikte på; 2. *fig:* ***level an accusation against****(=at)* ***sby*** rette en beskyldning mot en;
5.: ***level off*** 1. jevne ut; 2. *flyv:* flate ut;
6.: ***level out*** 1. jevne ut; 2. *flyv; før landing:* flate ut; *(jvf level off 2);* 3. *fig:* jevne ut;
7. *tøm:* ***level up*** fôre opp;
8.: ***level with the ground*** jevne med jorden.

III. level *adj & adv* **1.** jevn; plan; flat; vannrett; i vater; *om mål:* strøket *(fx a level spoonful);*
2. *om stemme(=steady; unwavering)* jevn; fast;
3.: ***have a level head****(=be level-headed)* være besindig;
4.: ***level with*** i nivå *(n)* med; i plan med; på høyde med; ***draw level with*** komme opp på siden av;
5.: ***do one's level best*** gjøre sitt aller beste.

level crossing *(,***US:** *grade crossing)* jernbaneovergang; planovergang; ***(un)gated level crossing*** (u)bevoktet planovergang.

level-headed [ˌlevlˌhedid; *attributivt også:* ˌlevl'hedid] *adj:* besindig; rolig og fornuftig.

levelling [ˌlevliŋ] *s* **1.** planering; nivellering;
2. *fig:* utjevning; ***levelling of incomes*** inntektsutjevning.

I. lever [ˌli:və] *s* **1.** spett *n;* hevarm; vektstang; ***gear lever*** girstang; ***use it as a lever to get the lid off*** bruk det til å vippe lokket av med; **2.** *fig:* brekkstang.

II. lever *vb:* jekke *(fx a heavy box into position).*

leverage [ˌli:vəridʒ; **US:** ˌleveridʒ] *s* **1.** hevarmvirkning; vektstangvirkning;
2. *fig(=influence (and power))* innflytelse (og makt).

levity [ˌleviti] *s; stivt el. spøkef:* (upassende) munterhet *(fx a funeral is not an occasion for levity).*

I. levy [ˌlevi] *s* **1.** skatteutskrivning;
2*(=duty)* avgift *(fx export levy);*
3. *mil(=compulsory enlistment)* tvangsutskrivning.

II. levy *vb* **1.** *om skatt(=impose)* pålegge; *(=collect)* kreve inn;
2. *mil(=raise):* ***levy an army*** reise en hær.

lewd [lu:d] *adj; stivt* **1***(=lustful)* lidderlig;
2*(=obscene; indecent)* uanstendig; slibrig *(fx joke);* ***lewd****(,jur: obscene)* ***books*** utuktige bøker.

lexical [ˌleksikl] *adj:* leksikalsk.

lexicographer ['leksiˌkɔgrəfə] *s(=compiler of dictionaries)* leksikograf; ordboksforfatter.

lexicography *s(=compiling dictionaries)* leksikografi.

lexicon [ˌleksikən] *s* **1.** *språkv(=vocabulary)* ordtilfang; leksikon *n;*
2. *over klassisk språk:* leksikon *n;* ordbok.

liability ['laiəˌbiliti] *s* **1.** *jur:* ansvar *n;* garantiansvar; ***liability to pay damages*** erstatningsansvar; ***involve criminal liability*** medføre straffansvar; ***limited liability*** begrenset ansvar; ***public liability****(=third-party liability)* ansvar etter loven; ***this firm has assumed liability for NN*** vårt firma har påtatt seg et garantiansvar overfor NN;
2. gjeldsforpliktelse; ***the discharge of a current liability*** oppfyllelse av en kortsiktig gjeldsforpliktelse;
3. *merk:* ***liabilities*** passiva; ***assets and liabilities*** aktiva og passiva;
4. belastning; ***he became a liability****(=burden)* ***to his surroundings*** han ble en belastning for sine omgivel-

ser; ***she's so clumsy, she's a real liability****(=trial)!* hun er så klossete at hun er en virkelig prøvelse!
liability insurance *fors:* ***personal liability insurance*** personlig ansvarsforsikring.
liable [ˌlaiəbl] *adj* **1.** *jur:* ansvarlig (*for* for); erstatningspliktig; ***I do not hold myself liable*** jeg anser meg ikke som ansvarlig; ***he's liable for the accident*** han er erstatningspliktig når det gjelder ulykken;
2.: ***liable to duty****(=dutiable)* tollpliktig; ***liable to (pay) tax*** skattepliktig; ***liable to pay damages*** erstatningspliktig (*to* overfor);
3.: ***be liable to*** være tilbøyelig til; ha lett for å; ***he's liable****(=inclined)* ***to catch cold(s)****(=he catches cold(s) very easily)* han har lett for å bli forkjølet; ***he's liable to take offence****(=he's easily offended)* han har lett for å bli fornærmet.
liaise [liˌeiz] *vb* **1.** *mil:* fungere som forbindelsesoffiser;
2.: ***liaise with****(=maintain contact with)* holde kontakt med.
liaison [liˌeizɔn; liˌeizən] *s* **1.** forbindelse; kontakt; ***keep up a liaison with****(=keep in touch with)* holde kontakt med;
2. *mil(=communication (with other units))* forbindelse; samband *n;*
3. *stivt(=affair)* forhold *n (fx have a liaison with a married man).*
liaison officer *mil:* forbindelsesoffiser.
liar [ˌlaiə] *s:* løgner; løgnhals.
lib [lib] *s(fk f liberation)* frigjøring; ***women's lib*** kvinnefrigjøring; ***gay lib*** frigjøring for de homofile.
libber [ˌlibə] *s* **T:** ***women's libber****(=feminist)* kvinnesakskvinne.
I. libel [laibl] *s; jur:* injurie.
II. libel *vb; jur:* injuriere.
libel action*(=action for libel)* injuriesak.
libellous *(,***US:** *libelous)* [ˌlaibələs] *adj:* injurierende.
liberal [ˌlibərəl] *adj* **1.** liberal; tolerant; frisinnet; ***he has a very liberal approach to other people's opinions*** han er svært liberal overfor andres meninger; ***within a much more liberal framework*** innenfor en langt mer liberal ramme;
2. *stivt(=generous)* gavmild; rundhåndet; rikelig.
liberalism [ˌlibərə'lizəm] *s:* liberalisme.
liberality ['libəˌræliti] *s* **1.** frisinn; liberalitet; toleranse;
2. *stivt(=generosity)* gavmildhet; rundhåndethet.
liberalize, liberalise [ˌlib(ə)rə'laiz] *vb:* liberalisere.
liberate [ˌlibə'reit] *vb* **1.** *stivt(=release)* frigi; sette fri;
2. *mil:* befri; frigjøre;
3. *fig:* frigjøre.
liberation ['libəˌreiʃən] *s* **1.** *stivt(=release)* frigivelse;
2. *mil:* befrielse; frigjøring;
3. *fig:* frigjøring; ***women's liberation****(=female liberation; ofte iron: women's lib)* kvinnefrigjøring; ***on the crest of the wave of women's liberation*** på toppen av kvinnefrigjøringsbølgen.
liberator [ˌlibə'reitə] *s:* befrier.
Liberia [laiˌbiəriə] *s; geogr:* Liberia.
I. Liberian [laiˌbiəriən] *s:* liberier.
II. Liberian *adj:* liberisk.
libertine [ˌlibə'ti:n; ˌlibə'tain] *s; litt.(=dissolute person)* libertiner; utsvevende person.
liberty [ˌlibəti] *s* **1.** *stivt(=freedom)* frihet; ***loss of liberty*** frihetsberøvelse; ***liberty****(=freedom)* ***of the press*** pressefrihet; trykkefrihet; ***religious liberty*** religionsfrihet; trosfrihet; *(NB de aller fleste sms av denne type konstrueres med 'freedom');*
2.: ***take the liberty of (-ing)*** ta seg den frihet å; ***you're at liberty to do it****(=you're free to do it)* det står deg fritt å gjøre det; ***I'm not at liberty to reveal the author's name*** jeg har ikke anledning til å røpe forfatterens navn *n;*
3.: ***take liberties with*** 1. ta seg friheter med; 2.: ***she took foolish liberties****(=chances)* ***with her health*** hun tok tåpelige sjanser med helsen sin; *(se freedom).*

libidinous [liˌbidinəs] *adj; stivt:* vellystig.
libido [liˌbi:dou] *s(=sexual urge)* libido; seksualdrift.
Libra [ˌli:brə] *s; astr(=the Scales)* Vekten.
librarian [laiˌbrɛəriən] *s:* bibliotekar.
library [ˌlaibrəri] *s:* bibliotek *n;* ***lending library*** *(,***US:** *circulating library)* utlånsbibliotek; ***public library*** offentlig bibliotek; folkebibliotek; ***youth library****(=young people's library)* ungdomsbibliotek.
library ticket bibliotekkort; lånekort; ***adult ticket*** voksenkort; ***child's ticket*** barnekort.
Libya [ˌlibiə] *s; geogr:* Libya.
I. Libyan [ˌlibiən] *s:* libyer.
II. Libyan *adj:* libysk.
lice [lais] *pl av louse.*
licence *(,***US:** *license)* [ˌlaisəns] *s* **1.** lisens; bevilling; ***driving licence*** *(,***US:** *driver's license)* førerkort; ***provisional (driving) licence*** midlertidig førerkort; ***fishing licence*** fiskekort;
2. avgift; ***car licence*** motorvognavgift; ***dog licence*** hundeavgift;
3. *fig:* ***poetic licence*** dikterisk frihet.
I. license [laisəns] *s* **US:** *se licence.*
II. license [laisəns] *vb* **1.** gi lisens (*el.* bevilling);
2. betale motorvognavgift *(fx a car); (se licensed).*
licensed [ˌlaisənst] *adj* **1.** med lisens (*el.* bevilling);
2. *om hotell, etc:* med skjenkerett; ***fully licensed restaurant*** restaurant med alle rettigheter.
licensee ['laisənˌsi:] *s* **1.** lisenshaver; bevillingshaver;
2. *oljeind(=concessionary)* rettighetshaver;
3. *i hotellnæringen:* person med skjenkerett (*el.* skjenkebevilling).
license number US*(=registration number) bils:* registreringsnummer; bilnummer.
license plate US*(=numberplate) på kjøretøy; etc:* nummerskilt; *(jvf vanity plate).*
licensing hours *pl:* skjenketid; ***after licensing hours*** etter skjenketid.
licensing laws *pl:* skjenketidsbestemmelser.
licentious [laiˌsenʃəs] *adj; stivt el. litt.(=dissolute)* tøylesløs; utsvevende.
lichen [ˌlaikən] *s; bot:* lav *n;* ***reindeer lichen****(=reindeer moss)* reinlav; reinmose; ***spruce lichen*** granskjegg.
I. lick [lik] *s* **1.** slikk *n;* ***the dog covered her face with wet licks*** hunden slikket henne våt i ansiktet;
2. T*(=very small amount):* ***a lick of paint*** bitte lite grann maling;
3. T: ***a lick and a promise*** en kattevask; ***give sth a lick and a promise****(=pass lightly over sth)* fare over noe med en harelabb.
II. lick *vb* **1.** slikke; ***lick sth*** slikke på noe; *spøkef* **T:** ***lick one's chops*** slikke seg forventningsfullt om munnen; ***lick one's lips*** slikke seg om munnen;
2. T*(=beat)* slå; beseire;
3. *fig:* ***lick one's wounds*** slikke sine sår *n;*
4. T: lick into shape få skikk på.
licker lolly*(=lollipop)* kjærlighet på pinne.
licorice [ˌlikəris] *s* **US***(=liquorice)* lakris.
lid [lid] *s* **1.** *på kjele, etc:* lokk *n;*
2. *anat(=eyelid)* øyelokk;
3. T: ***that puts the (tin) lid on it!*** det er det verste jeg har hørt!
4. T: ***hold the lid on sth****(=hush sth up)* dysse ned noe.
I. lie [lai] *s* **1.** *dyrs:* leie *n;*
2. *fig:* ***know the lie****(,***US:** *lay)* ***of the land*** vite hvor landet ligger; ***study the lie****(,***US:** *lay)* ***of the land*** sondere terrenget; se hvordan det hele ligger an.
II. lie *s* **1.** løgn; ***a thundering lie*** en dundrende løgn; ***a whacking big lie*** en kjempeløgn; ***tell a lie*** lyve;
2. *stivt:* ***give the lie to sth****(=disprove sth)* motbevise noe.
III. lie *vb:* lyve; ***lie about sth*** lyve om noe; ***lie to sby*** lyve for en; ***lie in****(=through)* ***one's (back) teeth****(=lie shamelessly)* lyve så det står etter.

l

IV. lie *vb(pret: lay; perf.part.: lain)* **1.** ligge; ***it must be lying about somewhere*** det må ligge her et sted;
2. *stivt(=be situated)* ligge; være beliggende;
3. *fig:* ligge; ***it's difficult to know where his interests lie*** det er vanskelig å vite i hvilken retning hans interesser går;
4.: ***lie back*** 1. legge (*el.* lene) seg bakover; 2. *fig:* slappe av; ta det med ro (etter hardt arbeid);
5.: ***lie down*** legge seg (ned); ***be lying down (for a rest)*** ligge og hvile; *fig:* ***take sth lying down*** finne seg i noe uten å kny;
6.: ***lie in*** ligge lenge (om morgenen);
7.: ***lie in wait for sby*** ligge på lur etter en;
8.: ***lie low*** 1*(=stay in hiding)* ligge i dekning; 2*(=keep a low profile)* holde en lav profil; gå stille i dørene; 3. *fig* **T:** ligge og lure i vannskorpen;
9.: ***lie on*** ligge på *(fx one's back);*
10. *fig; stivt:* ***the decision lies with you****(=the decision is yours)* avgjørelsen ligger hos deg; ***the fault lies with him****(=the fault is his)* skylden ligger hos ham;
11. *fig:* ***see how the land lies*** sondere terrenget; (vente og) finne ut hvor landet ligger; se hvordan det hele ligger an.
Liechtenstein [ˌliktən'stain] *s; geogr:* Liechtenstein.
lie-down [ˌlai'daun] *s(=rest):* ***have a lie-down*** legge seg nedpå litt (for å hvile).
lie-in [ˌlai'in] *s:* ***have a lie-in*** ligge lenge (om morgenen).
lieu [lju:] *s* **1.:** ***time in lieu*** avspaseringstid; ***take time off in lieu*** avspasere;
2. *meget stivt el. jur:* ***in lieu of****(=instead of)* i stedet for; istedenfor.
lieutenant [lefˌtenənt; *mar:* ləˌtenənt; **US:** lu:ˌtenənt] *s; mil (,***US:** *first lieutenant)* løytnant.
lieutenant-colonel *(fk Lt-Col) s; mil* **1.** oberstløytnant;
2. US*(fk LTC) flyv(=wing-commander)* oberstløytnant.
lieutenant-commander *(fk Lt.Cdr.;* **US** *fk: LCDR) s; mil; mar:* kapteinløytnant.
lieutenant-general *(fk Lt-Gen)* **1.** generalløytnant;
2. US*(fk LTG) flyv(=air marshal)* generalløytnant.
life [laif] *s(pl: lives* [laivz]*) subst* **1.** liv *n;* menneskeliv; *mask:* ***(wear) life*** levetid; ***adult life*** livet som voksen; *om fauna:* ***forest life*** livet i skogen; ***human life*** menneskeliv; ***life after death****(=the life to come)* livet etter døden; ***joy in life****(=joie de vivre)* livsglede; ***their life together*** deres samliv; ***the life of one person****(=one person's life)* et menneskeliv; ***a full life*** et rikt liv; ***full of life and vitality*** sprellevende; full av liv og vitalitet; ***food is necessary to maintain life****(=food is necessary to keep life going)* mat er nødvendig for å opprettholde livet; ***live life to the full*** leve livet fullt ut; riktig nyte livet; ***three lives were lost*** tre personer omkom; ***make sth of one's life*** gjøre noe ut av livet sitt; ***make the most of one's life*** få mest mulig ut av livet sitt; ***you make your own life****(=life is what you make it; you get out of life what you put in)* livet er det man gjør det til; enhver er sin egen lykkes smed; ***risk life and limb*** risikere liv og lemmer *n;* ***life is sweet*** livet er deilig; ***show signs of life*** 1. vise tegn *(n)* til liv; gi livstegn fra seg; 2. *fig:* gi livstegn fra seg; ***spark of life*** livsgnist; ***put one's put sby's life at risk*** utsette en for livsfare; ***put one's life (back) together again****(=get(=put) one's life in order again)* få orden på livet sitt igjen; ***take life*** ta liv; ***he took his own life*** han tok sitt eget liv; ***his life is no longer in danger*** han er ikke lenger i livsfare; han er utenfor livsfare;
2. liv *n;* levemåte; livsførsel; levnet *n;* tilværelse; ***a life of ease*** en behagelig tilværelse; ***quality of life*** livskvalitet; ***acquire a taste for the good life*** få smaken på det søte liv; ***the good life is what he's after*** han er ute etter å leve godt; ***an unsettled life*** en omtumlet tilværelse; ***life in X had an idyllic flavour*** livet (*el.* tilværelsen) i X fortonet seg som en idyll; ***give(=lend) zest to life*** sette farge på tilværelsen;
3. *fig:* liv *n;* ***(social) life*** samfunnsliv; ***he was the life and soul of the party*** han var midtpunktet i selskapet; han underholdt hele selskapet; ***be full of life*** være full av liv; være meget livlig; ***full of the joys of life*** livslystig; ***they enjoy life*** de nyter livet; *spøkef:* ***see life*** leve livet *(fx you do see life, don't you?);* ***see sth of life*** skaffe seg litt livserfaring;
4*(=biography)* biografi *(fx a life of Byron);*
5. T*(=life imprisonment)* livsvarig (fengsel *(n)*) *(fx he got life);*
6.: ***paint from life*** male etter levende modell;
7.: ***as large as life****(=in person)* personlig; lys levende *(fx there was John as large as life);* ***she's larger than life sometimes*** av og til overgår hun seg selv;
8.: ***a fact of life*** en ubestridelig kjensgjerning; ***tell children about the facts of life****(=give the children sex education)* gi barna *(n)* seksualundervisning;
9.: ***at my time of life*** i min alder;
10.: ***bring to life*** 1. bringe tilbake til livet; få liv *(n)* i; 2. *om stoff:* gjøre levende; levendegjøre;
11.: ***not for the life of me*** ikke for alt i verden; ikke om det gjaldt livet;
12. T: ***not on your life!****(=certainly not!)* aldri i verden!
13. T: ***not to save one's life*** ikke om det gjaldt livet;
14.: ***have the time of one's life*** ha det forferdelig morsomt;
15.: ***take one's life in one's hands*** 1. sette livet på spill *n;* 2. *fig* **T:** skyte hjertet opp i livet; ta mot *(n)* til seg;
16.: ***come to life*** 1. bli levende; våkne til liv *n;* kvikne til; ***come to life again*** våkne til liv igjen; 2.: ***the play didn't come to life until the last act*** det ble ikke noe fart over stykket før i siste akt; ***the old man sprang to life*** plutselig ble det liv i den gamle mannen;
17.: ***true to life*** livsnær; realistisk; virkelighetstro; *(=taken straight from life)* grepet rett ut av livet.
(life) annuity livrente.
life assurance *fors(=life insurance)* livsforsikring.
lifebelt, life belt [ˌlaif'belt] *s; mar:* livbelte.
lifeboat [ˌlaif'bout] *s; mar* **1.** *liten:* livbåt;
2.: ***(inshore) lifeboat*** redningsskøyte; ***offshore lifeboat*** redningskrysser.
life-bringing [ˌlaif'briŋiŋ] *adj; fig:* livgivende.
lifebuoy, life buoy [ˌlaif'bɔi] *s; mar:* livbøye; redningsbøye.
life drawing croquis.
life expectancy *fors:* forventet levealder.
life-giving [ˌlaif'giviŋ] *adj(=life-bringing)* livgivende.
lifeguard [ˌlaif'gɑ:d] *s; på badestrand; især* **US***(=lifesaver)* livredder.
life guards *mil:* livgarde.
life imprisonment*(=imprisonment for life;* **T:** *life)* livsvarig fengsel *n;* **T:** livsvarig.
life insurance *fors:* livsforsikring.
life jacket *flyv & mar(,***US:** *life vest)* redningsvest; ***put the life jacket on over your head*** trekk redningsvesten på over hodet; *(jvf mae west).*
lifeless [ˌlaifləs] *adj* **1***(=dead)* livløs; uten liv *n (fx planet);* **2.** *fig:* livløs *(fx voice).*
lifelike [ˌlaif'laik] *adj:* livaktig *(fx portrait).*
lifeline [ˌlaif'lain] *s:* livline; ***the phone was the old man's lifeline*** telefonen var den gamle mannens eneste forbindelse med omverdenen.
lifelong [ˌlaif'lɔŋ] *adj:* livslang; livsvarig; som varer livet ut *(fx friendship);* ***a lifelong friend*** en venn for livet.
lifelong study livslang læring.
life nerve *fig:* livsnerve; ***this was the very life nerve of his work*** dette var selve livsnerven i arbeidet hans; *(se I. nerve 1 & vital nerve).*
life net US*(=jumping sheet)* brannseil.
life peer (,peeress) livsvarig overhusmedlem.
life policy *fors:* livsforsikringspolise.
life preserver 1. *til selvforsvar:* kølle;

2. US(=*life jacket*) redningsvest;
3. US(=*life buoy*) livbøye; redningsbøye.
lifer [ˌlaifə] *s* **T**(=*life prisoner*) livs(tids)fange.
life raft *mar:* redningsflåte.
life raft station *mar; om bord:* flåtestasjon (*fx find out the positions of boat and life raft stations*).
lifesaver [ˌlaif'seivə] (,**US:** *lifeguard*) **S:** livredder.
life-saving [ˌlaif'seiviŋ] *s:* livredning.
life-saving service [ˌlaif'seiviŋ'sə:vis] *s:* redningstjeneste.
life sentence dom på livsvarig fengsel *n.*
life-size(d) [ˌlaif'saiz(d)] *adj:* legemsstor; i full størrelse (*fx statue*).
life span livsløp; livslengde.
lifestyle [ˌlaif'stail] *s:* livsstil; levemåte; ***his luxury lifestyle*** hans liv (*n*) i luksus.
life-support machine [ˌlaifsə'pɔ:tməˌʃi:n] *s; med.* (=*life-support system; heart-lung machine*) hjerte-lungemaskin; ***lie on a life-support machine*** være tilkoplet en hjerte-lungemaskin.
life-threatening [ˌlaif'θretəniŋ] *adj:* livstruende.
lifetime [ˌlaif'taim] *s:* levetid; ***he has a whole lifetime before him*** han har et helt liv foran seg; ***in his lifetime*** i hans (,sin) levetid; **T:** ***the chance of a lifetime***(=*a unique opportunity*) en enestående sjanse; ***it seemed a lifetime*** det virket som en evighet.
life vest US: *flyv & mar; se life jacket.*
lifework [ˌlaif'wə:k] *s:* livsverk; livsgjerning.
I. lift [lift] *s* **1** (,**US:** *elevator*) heis; ***chair lift*** stolheis; ***ski lift*** skiheis;
2. løft *n;* (***make a lift of several hundred kilos*** *løfte flere hundre kilo*);
3. *flyv:* oppdrift;
4. skyss; **T:** haik (*fx give sby a lift*); ***he had***(=*got*) ***the chance of a lift to Paris*** han fikk leilighetsskyss til Paris.
II. lift *vb* **1.** løfte; lempe (*fx lift coal*); ***he never lifts a finger to help*** han løfter aldri en finger for å hjelpe; ***lift down*** løfte ned; ***lift off*** 1. løfte av; 2. *om fly:* starte loddrett; *om rakett:* bli skutt ut;
2. *om tåke*(=*clear away*) lette;
3. *forbud:* heve (*fx lift a ban*);
4(=*plagiarize*) plagiere; ***he had lifted a few pages from NN*** han hadde plagiert (,**T:** lånt) noen sider fra NN;
5. T(=*steal*) kvarte.
lift-off [ˌlift'ɔf] *s; flyv:* loddrett start; *om rakett:* utskyting.
ligament [ˌligəmənt] *s; anat:* ligament *n;* bånd *n;* sene; ***she pulled a ligament in her knee when she fell*** hun forstrakk en sene i kneet da hun falt.
ligature [ˌligətʃə] *s* **1.** *med.:* ligatur; underbinding; ligaturtråd; **2.** *typ:* ligatur; dobbelttype.
I. light [lait] *s* **1.** lys *n;* belysning; (*jvf illumination & lighting*); ***electric light*** elektrisk lys; ***glaring light*** skarpt lys; ***subdued***(=*soft*) ***light*** dempet lys; dempet belysning; ***that's not the right sort of light*** det er ikke riktig belysning; ***it caught the light*** lyset falt på det; ***be facing the light*** stå (,sitte) vendt mot lyset; ***the light's gone***(=*fused*)***!*** lyset er gått! lyset gikk! ***take a photo against the light*** ta et bilde i motlys; (*jvf backlight*); ***at first light*** ved daggry; ***by the light of the moon***(=*by moonlight*) i måneskinn; ***bathed in (bright) light*** badet i lys; ***in some lights*** i visse belysninger; ***you're in my***(=*the*) ***light*** du står i lyset for meg; ***the light was on in the library*** lyset var på i biblioteket; ***then a light dawned on me***(=*then I realised;* **T:** *then the penny dropped*) da gikk det et lys opp for meg; ***switch***(=*turn*) ***off the light***(=*put out the light*) slukke lyset; skru av lyset; ***switch***(=*turn*) ***on the light*** tenne lyset; skru på lyset; ***the light went out*** lyset gikk ut; ***hold sth up to the light*** holde noe opp mot lyset; (*se 4, 5, 6 & lights 2*);
2(=*lighthouse*) fyr *n;* ***navigation lights*** havnefyr;
3. *mar:* skipslys; lanterne; ***masthead light*** topplanterne;
4(=*match*) fyrstikk; fyr (*fx have you got a light?*);
5. *på kjøretøy:* ***blue (flashing) light*** blålys (*fx the blue flashing light and siren came on*); ***dipped lights*** (=*low beam*) nærlys; ***hazard lights*** varselblinklys; ***(instrument) panel light*** dashbordbelysning; ***main lights, full lights, driving lights***(=*main beam*) fjernlys; fullt lys; ***rear light***(=*back light; tail light*) baklys;
6. *i trafikken:* lys *n;* ***red (,green) lights*** rødt (,grønt) lys; (*se amber & 8*); ***the lights are green for us now***(=*the signal is at green now*) nå har vi grønt lys; ***my light was green*** jeg hadde grønt lys; ***the next lights were (set at) green*** ved neste kryss (*n*) var det grønt lys; ***get the green light*** få grønt lys; ***shoot the red lights***(=*drive into the red; drive against the lights*) kjøre mot rødt lys; ***just then the lights turned green for us*** akkurat da fikk vi grønt lys; (*jvf 8*);
7. *del av oppdelt vindu:* fag *n;* ***a three-light window*** et vindu med tre fag;
8. *fig:* lys *n;* **T:** ***get the green light***(=*get the go-ahead*) få grønt lys; (*jvf 6: get the green light*); **US:** ***he's no shining light***(=*he's not on the bright side*) han er ikke noe lys; ***go out like a light*** slukne som et lys; ***(viewed) in the light of later events*** (sett) i lys av det som skjedde senere; ***it teaches you to see your own country in a fresh light*** det lærer deg å se ditt eget land med friske øyne *n;* ***bring to light*** 1(=*reveal*) trekke frem i lyset; 2. *om forbrytelse*(=*expose*) avsløre; trekke frem i lyset; ***come to light*** komme for en dag; ***throw (a) new light on sth*** stille noe i et nytt lys; ***it places him in a favourable light***(=*it speaks well for him*) det stiller ham i et gunstig lys; ***(viewed) in the light of*** (sett) i lys av; *fig:* ***hide one's light under a bushel*** stille sitt lys under en skjeppe; (*se også lights 2*).
II. light *vb*(*pret & perf.part.: lighted; lit*) **1.** tenne på; ***light a candle*** tenne på et stearinlys;
2. lyse opp (*fx lamps light the streets*);
3. *om fx fyrstikk:* ta fyr;
4.: ***light up*** 1. lyse opp; *fig:* ***a smile lit up her face*** et smil lyste opp i ansiktet hennes; 2. tenne på en røyk; 3. tenne lysene; *om bilist*(=*turn up the headlights*) sette på fullt lys.
III. light *adj:* lys; lyst; ***it's beginning to get light*** det begynner å bli lyst; ***light blue*** lyseblå.
IV. light *adj* **1.** lett; ***be a light sleeper*** sove lett; ***she was very light on her feet*** hun var meget lett til bens; ***travel light*** reise med lite bagasje;
2. *om arbeidsbyrde:* lett; ***a light punishment*** en mild straff;
3. lett; ***a light meal*** et lett måltid;
4. *om underholdning, etc:* lett (*fx music*).
light air flau vind.
light aircraft *flyv:* småfly.
light bulb lyspære.
I. lighten [ˌlaitən] *vb*(*jvf III. light*) **1.** *litt.*(=*light up*) lyse opp (i);
2. *litt.*(=*become light*) bli lys;
3. lyne (*fx it started thundering and lightening*).
II. lighten *vb* **1.** gjøre lettere; bli lettere; letne; ***lighten the load*** lette byrden;
2. *fig; stivt:* ***her heart lightened***(=*grew light*) hun ble lett om hjertet.
I. lighter [ˌlaitə] *s:* sigarettenner; lighter.
II. lighter *s*(=*flat-bottomed barge*) lekter; lastepram.
light-fingered [ˌlait'fiŋgəd; 'laitˌfiŋgəd] *adj*(=*likely to steal*) langfingret.
light-footed ['laitˌfutid; *attributivt:* ˌlait'futid] *adj*(=*light on one's feet*) lett til bens.
light-headed ['laitˌhedid; *attributivt:* ˌlait'hedid] *adj*(=*dizzy; giddy*) ør i hodet.
light-hearted ['laitˌhɑ:tid; *attributivt:* ˌlait'hɑ:tid] *adj*(=*cheerful; happy*) munter; glad; sorgløs.
light hooter(=*headlamp flasher*) lyshorn.

lighthouse [ˌlait'haus] *s; mar:* fyr *n;* fyrtårn.
lighthouse keeper *(,***T:** *lighthouseman)* fyrvokter.
lighting [ˌlaitiŋ] *s:* belysning; lys *n; **electric lighting*** elektrisk lys; *film, etc:* lyssetting; lys; ***the right (kind of) lighting****(=illumination)* riktig lys (*el.* belysning).
lighting-up time ['laitiŋˌʌp'taim] *s* **1.** lyktetenningstid; **2.** tidspunkt da kjøretøy må ha lys *(n)* på.
lightly [ˌlaitli] *adv* **1.** forsiktig; lett;
2. lett; ***lunch lightly*** innta en lett lunsj;
3. *mht. straff: **get off lightly*** slippe lett;
4.: ***this award is not given lightly*** denne utmerkelsen gis bare etter grundig overveielse.
lightness [ˌlaitnəs] *s* **1.** letthet; **2.** lyshet.
lightning [ˌlaitniŋ] *s* **1.** lyn *n; **a flash of lightning****(=a lightning flash)* et lyn; ***ball lightning*** kulelyn; ***the house was struck by lightning*** lynet slo ned i huset;
2. *fig: **with lightning speed*** med lynets hastighet; i lynende fart; ***quick as lightning*** lynrask; lynrapp.
light pen *EDB:* lyspenn.
light point *elekt:* lampepunkt; ***test the light point for a short*** undersøke om det er overledning i lampepunktet.
light reading triviallitteratur; morskapslesning.
lights [laits] *s; pl* **1.** lunger av svin *n,* sau, etc brukt som kattemat, etc;
2. *fig: **according to one's lights*** ut fra sine forutsetninger; *(se traffic lights).*
light signal lyssignal.
I. lightweight [ˌlait'weit] *s:* lettvekter.
II. lightweight *adj:* lettvekts-; lett *(fx material).*
light year *astr:* lysår.
ligneous [ˌligniəs] *adj:* treaktig; tre-.
lignite [lignait] *s; min:* lignitt; brunkull.
likable, likeable [ˌlaikəbl] *adj:* behagelig; sympatisk.
I. like [laik] *s* **1.:** ***his likes*** hans like; ***… and the like*** …og den slags *(fx football, tennis, and the like); **did you ever see the like of it?*** har du sett noe lignende noen gang? ***the likes of you (,us)*** slike som du (,oss);
2.: ***likes and dislikes*** sympatier og antipatier;
3. *ordspråk: **like cures like*** med ondt skal ondt fordrives.
II. like *vb* **1.** like; ***what I like best*** det jeg liker best; ***like best****(=most)* ***of all*** like best av alt; ***he liked****(=enjoyed)* ***being there*** han likte seg der;
2.: ***as you like*** som du vil; ***if you like*** hvis du vil; ***as long as you like*** så lenge du vil;
3.: ***I should like to know if*** jeg skulle gjerne vite om; jeg skulle gjerne visst om; ***I should very much like to help you****(=I should be only too pleased(=happy) to help you)* jeg skulle mer enn gjerne hjelpe deg;
4. *ved tilbud: **what would you like?*** hva vil du ha? ***would you like a cup of tea?*** vil du ha en kopp te?
III. like *adj, adv, prep, konj* **1.** lik; som ligner; ***they're as like as two peas*** de ligner hverandre på en prikk; ***I never saw anything like it*** jeg har aldri sett noe lignende; ***be like*** ligne; ***she's like her mother round the eyes*** i partiet rundt øynene ligner hun moren; ***what's he like?*** hvordan er han?
2. *i visse ordspråk: **like mother like daughter*** slik som moren er, slik er også datteren;
3(*=such as)* slik som; som *(fx there are lots of ways you might amuse yourself – like taking a long walk, for instance);*
4. (slik) som *(fx climb like a cat; act like a fool);*
5(*=in the same way as)* på samme måte som; slik som *(fx if she can sing like she can dance …);*
6.: ***(just) like****(=typical of)* typisk for; akkurat lik;
7.: ***like that****(=in that way)* på den måten *(fx don't eat like that!); **you can't change jobs just like that*** man kan ikke skifte jobb slik (,**T:** sånn) uten videre;
8. US *el.* **T**(*=as if)* som om;
9. T(*=as it were)* liksom; ***and there was this policeman just staring at us, like*** og der stod denne politimannen og bare stirret på oss liksom;
10. *dial(=likely): **he'll come as like as not*** han kommer sannsynligvis.
likeable: *se likable.*
likelihood [ˌlaikli'hud] *s:* sannsynlighet; ***in all likelihood*** etter all sannsynlighet; *stivt: **is there any likelihood of him coming?****(=is he likely to come?)* er det sannsynlig at han kommer? *stivt: **there's no likelihood of that****(=that's not likely)* det er ikke sannsynlig; *stivt: **there's little likelihood of that****(=that's not very likely)* det er lite sannsynlig.
likely [ˌlaikli] *adj* **1.** sannsynlig *(fx a likely result); **it's more than likely*** det er høyst sannsynlig;
2. *med etterfølgende infinitiv: **he's not likely to come*** det er ikke sannsynlig at han kommer; ***it's likely to rain*** det blir sannsynligvis regn *n; **would you be likely to be in on Sunday?*** er det sannsynlig at du er inne på søndag?
3(*=suitable)* passende *(fx a likely spot to fish; she's the most likely candidate so far);*
4.: ***as likely as not****(=probably)* sannsynligvis;
5.: ***not likely!****(=certainly not!)* aldeles ikke! slett ikke! *vulg: **not bloody likely!*** nei, så pokker heller!
like-minded [ˌlaikˌmaindid; *attributivt:* ˌlaik'maindid] *adj(=similarly disposed)* likesinnet.
liken [ˌlaikən] *vb; stivt(=compare)* sammenligne (*to* med).
likeness [ˌlaiknəs] *s* **1**(*=resemblance)* likhet; ***family likeness*** familielikhet; ***the photo of her is a good likeness*** fotografiet av henne er meget likt; *(jvf resemblance & similarity);*
2. *stivt(=portrait)* portrett *(n)* (*of* av).
likewise [ˌlaik'waiz] *adv* **1**(*=in like manner)* på lignende måte; likeså *(fx he ignored her, and she ignored him likewise);*
2(*=also)* også; likeledes *(fx Mrs Brown came, likewise Miss Smith).*
liking [ˌlaikiŋ] *s* **1**(*=weakness; fondness)* forkjærlighet; ***have a liking for*** ha en forkjærlighet for;
2.: ***take a liking to****(=begin to like)* fatte sympati for; begynne å like *(fx sby);* få en forkjærlighet for;
3.: ***to one's liking****(=as one likes it)* etter ens smak; slik som en liker; ***things were not to his liking*** det var ikke slik som han ville ha det; ***everyone to their liking*** hver sin lyst.
lilac [ˌlailək] *s* **1.** *bot:* syrin; **2.** lilla; *(jvf mauve).*
Lilliput [ˌlili'pʌt] *s:* Lilleputtland.
Lilliputian ['liliˌpju:ʃən] *s:* lilleputt.
I. lilt [lilt] *s* **1.** *mus; glds(=gay song)* munter sang;
2.: ***song with a gay lilt*** sang med munter, syngende rytme; ***the lines go with a lilt*** verselinjene har en munter rytme; verselinjene faller godt;
3. syngende tonefall *(fx he had a lilt in his way of speaking that made it clear he was Welsh).*
II. lilt *vb* **1**(*=sing cheerfully)* synge muntert; tralle *(fx she was lilting happily);*
2. snakke med syngende tonefall; ***a lilting accent*** en syngende aksent.
lilting [ˌliltiŋ] *adj:* melodiøs; syngende; ***the beautiful lilting words of the poem*** de lette, lekende rytmene i diktet.
lily [ˌlili] *s* **1.** *bot:* lilje; ***water lily*** vannlilje; nøkkerose;
2. *fig: **gild the lily*** prøve å forskjønne noe som er pent fra før.
lily of the valley *bot:* liljekonvall.
lily-white [ˌlili'wait] *adj:* liljehvit; *fig:* uskyldsren.
limb [lim] *s* **1.** *anat:* lem *n; **loosen up our stiffened limbs*** myke opp våre støle lemmer;
2. *stivt(=branch)* gren;
3. *fig: **out on a limb*** 1. i en prekær (*el.* kritisk) situasjon *(fx put oneself out on a limb);* 2. pga. upopulære *meninger(=isolated)* isolert.
limber [ˌlimbə] *vb: **limber up****(=loosen up)* myke opp *(fx one's stiffened limbs); **they limbered up before the match*** de myket opp før kampen.

limbering-up ['limbəriŋ,ʌp] *s:* oppmykning; *(jvf softening-up).*
limbering-up exercises *pl; gym:* oppmykningsøvelser.
limbo [ˌlimbou] *s* **1.** *rel; kat(=Limbo)* limbus; oppholdssted for dem som uforskyldt ikke kan komme inn i himmelen;
2. *stivt:* ***be in limbo*** 1*(=be forgotten)* være glemt; 2*(=be in a state of uncertainty)* sveve i uvisshet; 3*(=be uncertain)* være uviss *(fx things are rather in limbo at the moment).*
I. lime [laim] *s; bot(=lime tree)* lind(etre); *(jvf linden).*
II. lime *s; bot:* limettsitron; *(jvf lemon).*
III. lime *s:* kalk; ***(burnt) lime****(=quicklime)* ulesket kalk; ***slaked lime*** lesket kalk.
lime green *adj:* sitrongul.
lime juice lime juice; saft av limettsitron.
limelight [ˌlaim'lait] *s: **in the limelight*** i rampelyset.
limerick [ˌlimərik] *s; humoristisk femlinjet vers:* limerick.
limestone [ˌlaim'stoun] *s; geol:* kalkstein.
lime tree *bot:* lindetre; *(jvf linden).*
I. limit [ˌlimit] *s* **1.** *også fig:* grense; ***drink-drive limit*** promillegrense; **T:** ***be over the limit****(=be under the influence)* ha promille; ***there's a limit!*** det får være måte på alt! det får være grenser! ***that's the limit*** nå er grensen nådd; ***her behaviour really is the limit!****(=her behaviour is really quite unacceptable!)* hun oppfører seg helt umulig! slik går det rett og slett ikke an å oppføre seg! ***the****(=a)* ***limit****(=line)* ***must be drawn somewhere*** et sted må grensen trekkes; ***set****(=fix)* ***a limit*** sette en grense; ***set****(=fix)* ***a limit to*** sette grense for; ***there's a limit to everything*** det er en grense for alt; alt med måte; ***there's a limit to what you can do*** det fins en grense for hva man kan gjøre; ***keep within (reasonable) limits*** holde seg innen(for) rimelige grenser;
2. *mat.:* grenseverdi;
3. *mil:* ***be off limits****(=be out of bounds)* være forbudt område *n.*
II. limit *vb:* begrense; ***limit oneself to****(=confine oneself to)* begrense seg til (å).
limitation ['limiˌteiʃən] *s:* begrensning; ***know one's limitations*** kjenne sin begrensning.
limited [ˌlimitid] *adj:* begrenset; ***limited means*** begrensede midler *n;* ***my experience of this subject is rather limited*** min erfaring når det gjelder dette, er nokså begrenset; ***of limited extent*** av (*el.* i) begrenset omfang; ***to a limited extent*** i begrenset utstrekning; ***on a limited scale*** i begrenset målestokk.
limited (liability) company *(fk Ltd;* **US:** *joint-stock company)* aksjeselskap *(fx Brown & Smith Ltd).*
limitless [ˌlimitləs] *adj:* grenseløs.
limousine [ˌlimə'zi:n] *s; biltype:* limousin.
I. limp [limp] *s:* halting; ***his limp*** haltingen hans; ***walk with a limp*** halte; trekke på det ene benet.
II. limp *vb* **1***(=walk with a limp)* halte; trekke på det ene benet; **2.** *fig; om noe som er skadd:* ***the plane limped home*** flyet kom seg hjem på et vis.
III. limp *adj* **1***(=not stiff)* slapp; *om bokbind:* ***limp cover*** mykt bind;
2. *om plante:* ***the flowers looked limp****(=were drooping)* ***in the heat*** blomstene så slappe ut i varmen;
3. *om kropp:* slapp; kraftløs; ***a limp handshake*** et slapt håndtrykk; ***let your arm go limp*** slapp av i armen; *(se også limply).*
limpet [ˌlimpit] *s* **1.** *zo(=common limpet)* albuskjell; **2.** *fig:* person som det er vanskelig å bli kvitt; ***he sticks like a limpet*** han henger på som en borre; ***he's such a limpet****(=he's so clinging)* han er så klengete.
limpet mine *mil:* sugemine.
limpid [ˌlimpid] *adj; litt. om luft, vann, øyne(=clear; transparent)* klar; krystallklar *(fx a limpid pool).*
limply [ˌlimpli] *adv:* slapt; ***the flag hung down limply*** flagget hang slapt ned; *bokb:* ***limply bound in calfskin*** innbundet i mykt kalveskinn; ***… he said limply*** … sa han matt.
linage [ˌlaindʒ] *s* **1.** antall linjer; **2.** linjebetaling; *(jvf lineage).*
linchpin [ˌlintʃ'pin] *s* **1.** *mask(=axle pin)* akselpinne; **2.** *fig(=pivot)* krumtapp.
linden [ˌlindən] *s; især poet; bot(=lime(tree))* lind(etre).
I. line [lain] *s* **1.** snor; *(=fishing line)* fiskesnøre;
2. linje; strek; *kortsp; bridge:* ***above (,below) the line*** over (,under) streken; ***broken line*** 1*(=dot-and-dash line)* punktert (*el.* stiplet) linje; 2. *på vei:* stiplet linje; ***continuous line****(=unbroken line; solid line)* fullt opptrukket linje; ***two continuous lines****(=double white lines)* dobbelt opptrukket linje; ***dotted line*** prikket linje; ***jagged line*** taggete linje; ***draw a line*** trekke en linje; tegne en strek; ***read between the lines*** lese mellom linjene; ***drop sby a line*** sende en noen linjer;
3. *tlf:* linje; ***can I have a(n outside) line, please?*** kan jeg få en linje ut? ***hold the line*** ikke legge på (røret); ***this is a very bad line*** forbindelsen er meget dårlig;
4. *geogr:* ***the line*** ekvator; ***cross the line*** krysse ekvator;
5. *sport:* linje; ***goal line*** mållinje;
6.: ***(bus) line*** busslinje; ***(railway) line*** (jernbane)linje;
7. *mil:* linje; ***front line*** frontlinje; ***keep one's lines of retreat open*** holde retretten åpen;
8. rekke *(fx a line(=row) of fine houses; the children stood in a line(=row));* ***line of cars*** bilkortesje; ***a line of kings*** en kongerekke;
9*(=queue)* kø; ***get in****(,***US:** *on)* ***line****(=queue up)* stille seg i kø;
10. *i hud(=wrinkle)* rynke; fure; nyve; ***lines in the forehead were smoothed out*** nyver i pannen ble glattet ut;
11. *merk:* vareslag; ***a new line in hats*** en ny kvalitet i hatter; ***a good selling line*** en god salgsvare;
12. *for vei:* trasé *(fx the line of the new road);*
13. *litt. el. glds(=family)* slekt; ***of an old and noble line*** av gammel adel(sslekt);
14. (fag)område *n;* område; felt *n;* spesiale *n;* gebet *n;* ***in that line*** i den retningen; på det feltet; ***line of business*** bransje; ***what's your line?*** hvilken bransje er du i? hva driver du med? ***that's not my line*** det er ikke mitt felt (*el.* område); **T:** det er ikke (noe som ligger i) min gate; ***this book is in your line*** denne boka er noe for deg;
15. T*(=piece of (useful) information):* ***get a line on sby*** få vite noe om en; ***can you give me a line on his work?****(=can you tell me sth about his work? can you fill me in on his work?)* la meg få vite noe om arbeidet hans; ***once he's got a line on a good story****(=once he's on to a good story)* når han først er på sporet av en god historie;
16.: ***lines*** 1. *skolev:* straffeavskrift; 2. *teat:* replikker *(fx learn one's lines);* 3.: ***(marriage) lines****(=marriage certificate)* vielsesattest; 4. *om formen:* linjer; linjefall; linjeføring; ***the arrangement of the lines*** linjefallet; ***the clean lines of the ship*** skipets rene linjer; ***the successful lines*** den vellykkede linjeføringen; ***the way she draws her lines****(=her lines)* linjeføringen hennes; 5. retningslinjer; opptrukne linjer; bane; spor; ***along the lines mapped out*** etter de opptrukne linjer; ***sth along these lines*** noe i den retning; noe slikt (noe); ***I was thinking along the same lines*** jeg hadde tenkt meg noe lignende; ***on the good old lines****(=in the good old way)* etter god gammel oppskrift; ***get sth going on the right lines*** få noe inn på riktig spor *n;* 6. **T:** ***hard lines!****(=bad luck!)* det var synd (for deg)! *(fx You didn't get the job? Hard lines!);*
17. *om innretting:* ***in line*** rettet inn; rett; ***out of line*** ikke rettet inn; ikke rett;
18. *fig:* linje; kurs; grense *(fx a sharp line);* skillelinje; ***the line between right and wrong*** skillet mellom rett

og galt; ***a new line of approach*** en ny fremgangsmåte; ***a new line of questioning*** en ny linje i forhøret; ***if one were****(=was)* ***to pursue the line of thought that …*** hvis man skulle forfølge den tankegang at …; ***be on the right lines*** ha lagt seg på riktig linje *(fx I think we're on the right lines, politically);* ***a softer line on welfare cheats*** en mykere linje overfor dem som snyter på trygden; ***draw a hard and fast line*** trekke en fast grense; ***draw the line*** sette (*el.* trekke) grensen *(fx that's where I draw the line);* ***you have to draw the line somewhere****(=the line must be drawn somewhere)* ett sted må grensen trekkes; ***she draws the line at doing his washing*** vasken hans tar hun ikke – der setter hun grensen; *(se også 2: draw a line);* ***fall into line*** innordne seg; ***fall into line behind****(=rally round)* slutte opp om; fylke seg bak *(fx fall into line behind Britain);* ***take a hard line*** legge seg på en hard linje; ***take the line that …*** legge seg på den linje at …; innta den holdning at …; hevde at …; ***she will understandably take the line that …*** hun vil forståelig nok hevde at …; ***the government took a new line****(= adopted a new policy)* regjeringen slo inn på en ny kurs; ***take a strong line over inflation*** gå energisk til verks mot inflasjonen; ***take a new line with sby*** slå inn på en ny kurs overfor en; ***try another line****(=alter one's tactics; try sth else)* skifte taktikk; slå over i en annen gate; prøve noe annet;

19.: ***all along the line*** 1. hele rekken nedover; 2. *fig:* over hele linjen; hele veien;

20. *fig:* ***be in line for sth****(=be due for sth)* stå for tur til noe *(fx he's next in line to get a pay rise);* ***he's in line for promotion*** han ligger an til forfremmelse; han står for tur til forfremmelse; *(jvf I. course 4: on course 2);*

21. *fig:* ***in line with*** i samsvar med; i tråd med; ***out of line with*** ikke i samsvar med; ikke i tråd med;

22. *EDB:* ***off line****(=switched off)* av; koplet fra; frakoplet; ***on line****(=switched on)* på; koplet til; tilkoplet; direktekoplet;

23. *fig:* ***lay it on the line*** gi klar beskjed; ***they laid it on the line to the government that …*** de ga regjeringen klar beskjed om at …;

24. *fig:* ***put one's political career on the line*** sette sin politiske karriere på spill; ***put a great deal of money on the line*** satse (*el.* risikere) en god del penger;

25. *fig:* ***step out of line****(=break out (of line); overstep the mark)* gå over streken; gå for langt;

26. *fig* **T:** ***toe the line****(=control oneself; keep oneself in check)* holde seg i skinnet.

II. line *vb* **1.** linjere;

2. kante *(fx trees lined the street);* stå oppstilt langs;

3. lage rynker i *(fx age had lined her face);*

4. fôre; kle innvendig; ***line a drawer with paper*** legge papir *(n)* i en skuff;

5.: ***line up*** 1. stille opp; stille seg opp; *sport:* ***line up****(= get on the mark)* ***for the 100 metres*** stille opp til 100-meteren; 2. *fig* **T:** ***I've lined up a few interesting people for you to meet*** jeg har ordnet det slik at du vil få treffe noen interessante mennesker *n;* ***there are a lot of interesting programmes lined up to be shown on television this autumn*** det er mange interessante programmer som venter på å bli vist i TV denne høsten; ***they're lining up for a costly battle in court*** de ruster seg til en kostbar kamp i retten.

I. lineage [ˌliniidʒ] *s; litt.(=ancestry)* ætt; slekt.

II. lineage [ˌlainidʒ] *se linage.*

linear [ˌliniə] *adj:* lineær; lengde- *(fx measure).*

linen [ˌlinin] *s:* lintøy; lin *n;* ***bed linen*** sengetøy; ***table linen*** dekketøy; ***wash one's dirty linen in public*** foreta offentlig skittentøyvask; ***a bed with clean linen*** en seng som det er blitt skiftet på.

linen drapery*(=linen goods)* utstyrsvarer.

liner [ˌlainə] *s* **1.** *mar:* linjebåt; rutebåt; **2.** fôr *n;* innlegg *n;* ***dustbin liner****(=binbag)* søppelpose (for søppelspann); **3.** *tekn:* fôring.

linesman [ˌlainzmən] *s; sport (,***US:** *lineman)* linjedommer.

line-up [ˌlainˈʌp] *s* **1.** oppstilling;

2. *av mistenkte:* konfrontasjon;

3. *sport, etc:* lag *n (fx the line-up for the match);*

4. *radio & TV:* programoversikt.

ling [liŋ] *s; bot(=erica)* poselyng.

linger [ˌliŋgə] *vb* **1***(=hesitate)* nøle (med å gå); somle *(fx we lingered in the hall);*

2*(=stay)* bli (igjen); bli lenger; bli værende; ***it's not a place to linger****(=it's not a place where one would choose to stay)* det er ikke et sted hvor man vil bli værende;

3. *om døende:* ***linger (on)****(=hang on)* holde seg i live;

4.: ***linger on*** 1*(=stay on)* bli igjen; bli værende *(fx he lingered on after everyone else had left);* 2*(=dwell on)* dvele ved; oppholde seg ved.

lingerie [ˌlænʒəri] *s; butikkspråk(=ladies' underwear)* dameundertøy.

lingering *adj* **1.** dvelende *(fx look);*

2. langvarig *(fx illness);* ***if there is any lingering doubt****(=if there's still any doubt)* hvis det fortsatt skulle være noen tvil.

lingo [ˌliŋgou] *s(pl: lingoes) spøkef el. neds(=jargon; gibberish)* sjargong; kråkemål; labbelensk.

lingual [ˌliŋgwəl] *adj; anat:* tunge- *(fx muscle).*

linguist [ˌliŋgwist] *s* **1.** lingvist; **2.:** ***I'm no linguist*** jeg er ikke flink i språk *n.*

linguistic [liŋˌgwistik] *adj:* lingvistisk; språklig.

linguistics [liŋˌgwistiks] *s:* lingvistikk; språkvitenskap.

liniment [ˌlinimənt] *s; med.:* flytende salve.

lining [ˌlainiŋ] *s* **1.** fôring; fôr *n;* ***brake lining*** bremsebelegg;

2. *ordspråk:* ***every cloud has a silver lining*** bakom skyen er himmelen alltid blå.

I. link [liŋk] *s* **1.** *i kjetting, etc:* ledd *n;*

2. *fig:* ledd *n;* ***the first cultural link between our countries*** begynnelsen til kulturelle forbindelser mellom våre land *n;* ***the missing link*** det manglende mellomledd (mellom ape og menneske *(n)*);

3. *fig:* bånd *n;*

4. *også fig:* forbindelse; ***rail link****(=train service)* jernbaneforbindelse; ***he broke all links with his family****(= he broke off all connection with his family)* han brøt all forbindelse med familien; ***have strong links with the outside world*** ha god kontakt med verden utenfor.

II. link *vb* **1***(=connect)* forbinde;

2.: ***link up*** 1. slå seg sammen; 2. kople til *(fx a house to the mains water supply);* kople sammen (*with* med).

linkage [ˌliŋkidʒ] *s* **1.** lenkeforbindelse; sammenkjeding; **2.** *biol; av gener:* kopling.

linkman [ˌliŋkmən] *s* **1.** *radio & TV(=anchorman)* ankermann; person som koordinerer de forskjellige programinnslagene; **2.** *fotb, etc:* midtbanespiller.

links [liŋks] *s(=golf links; golf course)* golfbane.

link-trainer [ˌliŋkˈtreinə] *s; apparat for trening i blindflyvning:* linktrener.

link-up [ˌliŋkˈʌp] *s* **1.** forbindelse; **2.** sammenkopling *(fx the link-up of two spacecraft).*

lino [ˌlainou] *s; fk f linoleum.*

linoleum [liˌnouliəm] *s;* linoleum.

linseed [ˌlinˈsi:d] *s; bot:* linfrø.

linseed oil linfrøolje; linolje.

lint [lint] *s; tekstil:* charpi.

lintel [lintl] *s; over dør el. vindu:* overligger.

lion [ˌlaiən] *s* **1.** *zo:* løve; ***pride of lions*** flokk løver;

2. *astr:* ***the Lion****(=Leo)* Løven;

3.: ***put one's head in the lion's mouth****(=walk into the lion's den)* gå like i løvens gap *n;*

4.: ***the lion's share*** brorparten; ***take the lion's share*** ta brorparten; skumme fløten.

lioness [ˌlaiənəs] *s: zo:* løvinne.

lip [lip] *s* **1.** *anat:* leppe; ***upper lip*** overleppe; ***bite one's lip*** bite seg i leppen; ***not a word passed his lips*** ikke et

ord kom over hans lepper; ***my lips are sealed*** min munn er lukket med syv segl *n;* ***be on everybody's lips*** være på alles lepper;
2. *stivt(=edge)* rand *(fx the lip of the cup);*
3. S: *none of your lip!*(,T: *don't be cheeky!)* ikke vær frekk! ikke vær nesevis!
lipoma [li,poumə] *s; med.(tumour of fatty tissue)* lipom *n;* fettsvulst; fettknute.
lip-read [,lip'ri:d] *vb(=speech-read)* lese på munnen.
lip salve leppepomade.
lip service *stivt:* ***pay lip service to*** hykle respekt for; snakke etter munnen.
lipstick [,lip'stik] *s* leppestift.
liquefy [,likwi'fai] *vb* **1.** fortette(s); kondensere(s);
2. *stivt(=smelt)* smelte *(fx the butter had liquefied).*
liqueur [li,kjuə] *s* **1.** likør; **2.** *slags konfekt;* ***chocolate liqueur*** konjakk.
liqueur brandy konjakklikør.
I. liquid [,likwid] *s:* væske *(fx fluids include liquids and gases);* ***dishwashing liquid*** oppvaskmiddel.
II. liquid *adj:* flytende; ***liquid fuel*** flytende brensel *n;* ***in liquid form*** i flytende form; ***in a liquid state*** i flytende tilstand.
liquid assets *merk:* likvide midler *n;* likvider.
liquidate [,likwi'deit] *vb* **1.** *evf(=murder)* likvidere;
2. *merk:* avvikle; tre i likvidasjon; likvidere; ***liquidate assets*** frigjøre aktiva *n; om gjeld(=pay)* betale.
liquidation ['likwi,deiʃən] *s* **1.** *evf(=murder)* likvidering;
2. *jur(=winding-up)* likvidasjon; avvikling; ***controlled liquidation*** styrt konkurs; ***go into liquidation*** tre i likvidasjon; *om firma:* ***be put into liquidation*** bli slått konkurs; ***in (course of) liquidation*** under avvikling; ***voluntary liquidation*** frivillig avvikling;
3. *om gjeld(=payment)* betaling.
liquidator [,likwi'deitə] *s; jur:* likvidator; bobestyrer; ***the liquidators*** avviklingsstyret.
liquidity [li,kwiditi] *s(=cash position)* likviditet.
liquidize, liquidise [,likwi'daiz] *vb:* mose *(fx fruit).*
liquid solution væskeoppløsning.
liquor [,likə] *s* **1.** *især* **US***(=spirits)* brennevin;
2. *stivt(=stock)* (kjøtt)kraft.
liquorice [,likəris; ,likəriʃ] *s(,***US:** *licorice)* lakris.
liquorice allsorts lakriskonfekt.
liquor store US *(=wine mart; wine merchant('s shop);* **T:** *off-licence) svarer til:* vinmonopolutsalg.
lira [,liərə] *s; mynt:* lire.
Lisbon [,lizbən] *s; geogr:* Lisboa.
I. lisp [lisp] *s:* lesping; ***have a lisp*** lespe.
II. lisp *vb:* lespe.
lissom(e) [,lisəm] *adj; poet(=lithe; supple)* smidig; smekker (som et siv).
I. list [list] *s* **1.** liste; fortegnelse (*of* over); ***list of applicants*** søkerliste; ***the list is (out) in the hall*** listen er utlagt i hallen; ***at the top of the list*** øverst på listen; ***head the list****(=top the list; be (at the) top of the list)* stå øverst på listen; ***it's on my list for tomorrow*** det står på mitt program for morgendagen;
2. *mar:* slagside; ***a list to port*** slagside til babord.
II. list *vb* **1.** føre opp (på en liste); sette opp en liste over; lage en fortegnelse over;
2. *mar(=have a list)* ha slagside.
listed building*(=scheduled building;* **US** *& Canada: heritage building)* vernet (*el.* fredet) bygning.
listen [,lisən] *vb* **1.** lytte; høre etter; ***listen to*** høre på;
2.: ***listen in to a programme*** høre på et program;
3.: ***listen in on*** lytte på *(fx sby's conversation).*
listener [,lisənə] *s* **1.** tilhører; ***a good listener*** en god tilhører; **2.** *radio:* (radio)lytter.
listening device lytteapparat.
listless [,listləs] *adj:* slapp; trett *(fx feel listless after an illness);* giddeløs *(fx the heat made us listless).*
listlessness [,listləsnəs] *s:* tretthet; slapphet; giddeløshet.

list price *merk:* listepris; katalogpris.
lists [lists] *s; pl; hist:* kampplass; turneringsplass; *fig:* ***enter the lists against sby****(=break a lance with sby)* våge en dyst med en.
lit [lit] *pret & perf.part. av II. light.*
litany [,litəni] *s* **1.** *rel:* litani *n;*
2. *fig:* ***a litany of trivial details*** en oppramsing av trivielle detaljer.
literacy [,litərəsi] *s:* det å kunne lese og skrive; lese- og skrivekyndighet.
literal [,litərəl] *adj* **1.** ordrett *(fx translation);*
2. bokstavelig *(fx it was the literal truth);* ***in a literal sense*** i bokstavelig forstand; bokstavelig talt; ***in the literal sense of the word*** i ordets bokstavelige forstand.
literally [,litərəli] *adv* **1.** bokstavelig; ordrett; ***too literally*** altfor bokstavelig; ***this must not be taken literally****(=in a literal sense)* dette må ikke tas bokstavelig; **2.** *brukt forsterkende:* bokstavelig talt *(fx I was literally dead with exhaustion);* formelig *(fx he was literally torn to pieces);* ***it's literally true that ...*** det er bokstavelig talt sant at..; ***it was literally impossible to work there*** det var bokstavelig talt umulig å arbeide der.
literary [,litərəri] *adj:* litterær.
literary career forfatterkarriere; ***take up a literary career****(=take up writing as a career)* slå inn på forfatterbanen.
literary pursuits litterære sysler.
I. literate [,litərit] *s; stivt(=literate person)* **1.** person som kan lese og skrive;
2. kultivert person; belest person; *(jvf I. illiterate).*
II. literate *adj* **1.** som kan lese og skrive; ***he's only just literate*** det er så vidt han kan lese og skrive;
2. kultivert; dannet; belest; ***highly literate*** ytterst dannet; *(jvf II. illiterate).*
literature [,litəritʃə] *s* **1.** litteratur; **2. T:** informasjon; lesestoff *(fx write away for some literature about it).*
lithe [laið] *adj; stivt(=supple)* myk; smidig.
I. lithograph [,liθə'grɑ:f] *s:* litografi.
II. lithograph *vb:* litografere.
lithographic [liθə,græfik] *adj:* litografisk.
lithography [li,θɔgrəfi] *s; prosessen:* litografi.
Lithuania ['liθju,einiə] *s; geogr:* Litauen.
I. Lithuanian ['liθju,einiən] *s* **1.** litauer;
2. *språket:* litauisk.
II. Lithuanian *adj:* litauisk.
litigant [,litigənt] *s; jur:* prosederende part.
litigation ['liti,geiʃən] *s; jur(=lawsuit)* rettstvist.
litigious [li,tidʒəs] *adj; stivt el. jur:* prosesslysten.
litmus [,litməs] *s:* lakmus.
litre *(,***US:** *liter)* [,li:tə] *s:* liter.
I. litter [,litə] *s* **1.** søppel *n;* rusk *(n)* og rask *n;* etterlatenskaper; avfall *n;*
2. *av dyr:* kull *n;*
3. *forst:* råhumus;
4. *landbr:* strø *n;* ***peat litter****(=peat dust)* torvstrø;
5. *hist:* bæreseng; bærestol.
II. litter *vb* **1.** ligge strødd utover i (,på); rote til; strø utover;
2. *om dyr:* få unger;
3. *landbr:* strø for *(fx litter (down) a horse).*
litter barrel *Canada:* avfallstønne.
litter bin *i park, etc:* papirkurv; søppelkurv.
litterbug [,litə'bʌg] *s: se litter lout.*
litter lout *(,også* **US:** *litterbug)* miljøsvin.
litter problem forsøplingsproblem.
little [,litl] *adj & adv* **1.** *mer følelsesbetont enn 'small':* lite(n); små; lille; vesle *(fx what a nice little dog!);* ***the little boy*** den vesle gutten; ***our little ones*** småbarna våre; ***such a little thing*** en slik liten ting; slik en bagatell;
2*(=not much)* lite; (bare) litt; ikke mye; ikke stort *(fx he slept little last night);* ***I understood little of his***

speech jeg forstod lite (*el.* ikke stort) av talen hans; ***the little wine that was left*** det vesle som var igjen av vinen; ***I'll do what little I can*** jeg skal gjøre det vesle jeg kan; ***we had little or no time*** vi hadde nesten ikke noe tid; ***little or nothing*** lite eller ingenting; ***she's little liked*** hun er dårlig likt; ***little better*** ikke stort bedre; ***little known*** lite kjent; ***with little difficulty*** uten større vanskelighet;

3. *ved vb; stivt:* ***little did he know what was going to happen****(=he had no idea what was going to happen)* lite ante han hva som skulle skje;

4.: ***a little*** litt; ***a little better*** litt bedre; ***a little more*** litt mer; litt til;

5.: ***little by little****(=gradually)* litt etter litt; gradvis;

6.: ***make little of*** 1. gjøre lite vesen *(n)* av *(fx one's injuries);* 2.: ***I could make little of what he told us*** jeg forstod ikke stort av det han fortalte oss.

Little Belt *s; geogr:* ***the Little Belt*** Lillebelt; *(jvf Great Belt).*

little finger lillefinger.

little slam *kortsp; bridge:* lilleslem.

I. littoral [ˌlitərəl] *s:* kystrand; tidevannssone.

II. littoral *adj:* kyst-; strand-.

lit up **S***(=drunk)* full.

liturgical [liˌtə:dʒikl] *adj:* liturgisk; ***liturgical language*** kirkespråk.

liturgy [ˌlitədʒi] *s:* liturgi.

livable [ˌlivəbl] *adj* **1***(=tolerable; worth living)* levelig *(fx a livable life);* **2***(=habitable)* beboelig.

I. live [liv] *vb* **1.** leve; ***the living*** de levende; ***courage to live****(=courage to go on living)* livsmot; ***will to live*** livsvilje; livslyst; ***live life to the full*** leve livet fullt ut;

2. *om tilværelse:* ***live a life of luxury*** leve et liv i luksus; ***live beyond one's means*** leve over evne; ***live in fear of being attacked*** leve i redsel for å bli angrepet; ***he lived and breathed chess*** han levde og åndet for sjakk;

3*(=survive)* overleve *(fx they think he'll live);*

4. bo *(in* i); ***live together*** bo sammen; være samboere; ***go to live in X*** flytte til X; ***living at home*** hjemmeværende *(fx they have two children living at home);*

5.: ***live by*** leve av *(fx fishing);*

6.: ***we live and learn*** man lærer så lenge man lever;

7.: ***live and let live*** leve og la leve; tolerere hverandres meninger;

8. *om noe ubehagelig:* ***live down****(=forget)* glemme;

9. *med trykk på prep:* ***live in (out)*** bo på stedet (,bo for seg selv) *(fx all hotel staff live in);*

10.: ***live on*** leve på *(fx fish; £30 a week);* ***live on nothing*** suge på labben; ***live on the State*** leve på staten;

11.: ***live out one's life in peace*** leve resten av livet i fred og ro;

12.: ***live through*** 1. gjennomleve *(fx a political crisis);* 2*(=relive)* gjenoppleve; gjennomleve på nytt;

13.: ***live up to*** leve opp til;

14. S: ***live it up****(=live a fast life)* leve sterkt.

II. live [laiv] *adj* **1.** levende; ***a real live crocodile*** en lys levende krokodille; ***live weight*** levende vekt;

2. *elekt:* strømførende *(fx wire); (jvf alive 4);*

3. *ammunisjon:* skarp; *bombe, etc:* ueksplodert;

4*(=of current interest)* dagsaktuell *(fx live issues);*

5. *om musikk, publikum:* levende; *radio, TV:* ***live coverage of the match*** direkte overføring av kampen; ***live sport on BBC*** direkte overføring i BBC fra idrettsstevner; ***a live discussion on TV*** en diskusjon for åpen skjerm; *(se live wire).*

live-in [ˌliv'in] *adj* **1.** som bor på arbeidsstedet;

2.: ***live-in boyfriend (,girlfriend)*** samboer; ***live-in relationship*** samboerskap; samboerforhold;

3.: ***live-in companion*** selskapsdame.

livelihood [ˌlaivli'hud] *s(=living)* utkomme; levebrød; *stivt:* ***earn one's livelihood****(=earn one's living; earn a living)* tjene til livets opphold.

livelong [ˌliv'lɔŋ] *adj; poet:* ***(all) the livelong day*** hele dagen lang; hele dagen igjennom.

lively [ˌlaivli] *adj* **1.** livlig;

2. *fig:* levende; ***she took a lively interest in us*** hun var levende interessert i oss;

3.: ***they gave the police a lively time****(=they made things lively for the police)* de ga politiet nok å gjøre.

liven [ˌlaivən] *vb:* ***liven up*** **1***(=become lively)* bli livlig;

2. T: ***liven the place up a bit****(=stir things up a bit)* få litt fart på tingene.

I. liver [ˌlivə] *s; anat:* lever.

II. liver *s:* ***a clean liver*** en som fører et ordentlig liv; ***a fast liver*** en levemann; ***a loose liver*** en lettlivet person.

liver paste leverpostei; *(jvf patty & pâté).*

livery [ˌlivəri] *s:* livré.

livery stable *(,US: livery barn)* leiestall.

livestock [ˌlaiv'stɔk] *s:* buskap; besetning.

live wire 1. *elekt:* strømførende ledning;

2. *fig; om barn:* vilter krabat; energibunt; urokråke.

livid [ˌlivid] *adj* **1.** *stivt(=white; very pale)* likblek; gusten; ***hands livid with cold*** blåfrosne hender;

2. blygrå; ***there were livid bruises on her body*** hun hadde blå flekker på kroppen;

3. T*(=furious)* rasende.

I. living [ˌliviŋ] *s* **1.** det å leve; det å bo *(fx living here is quite expensive);* ***the art of living*** livskunst; ***costs of living*** levekostnader; ***standard of living*** levestandard;

2.: ***the living*** de levende; ***the living and the dead*** de levende og de døde;

3.: ***(mode of) living****(=way of life)* levemåte; levesett; ***clean living*** et ordentlig levesett; ***fast living****(,***T:** *living it up)* det å leve livet; ***high living*** liv *(n)* i luksus; ***loose living*** et utsvevende liv; ***plain living*** enkelt levesett;

4*(=livelihood)* levebrød; utkomme; ***earn one's living, earn a living, make a living*** tjene til livets opphold; ***make an honest living*** tjene til livets opphold på ærlig vis; ***he writes for a living*** han lever av å skrive;

5. *rel(=benefice)* (preste)kall *n.*

II. living *adj* **1.** levende; **2***(=now living)* nålevende *(fx our greatest living artist; the greatest artist living).*

living conditions *pl:* levevilkår; leveforhold.

(living) memory: ***in (living) memory*** i manns minne *n (fx the coldest winter in memory).*

living quarters *pl* **1.** mannskapsrom;

2. *mil; i forlegning:* boligkvarter; boligområde.

living room dagligstue.

living space *polit:* lebensraum *n;* livsrom.

living standard*(=standard of living)* levestandard.

living wage [ˌliviŋ'weidʒ] *s:* lønn man kan leve av.

lizard [ˌlizəd] *s; zo:* firfisle.

llama [ˌlɑ:mə] *s; zo:* lama.

Lloyd's [lɔidz] *s:* ***Lloyd's (of London)*** internasjonalt forsikringsmarked med sete *(n)* i London.

I. load [loud] *s* **1.** lass *n;* bør *(fx a heavy load);*

2. *mask:* belastning; ***at****(=on)* ***all loads*** på alle belastninger;

3.: ***(work) load****(=load of work)* arbeidsbyrde;

4. T: ***a load of****(=a lot of)* en masse; ***a load of junk*** en masse skrap *n;* noe skrap; ***talk a load of rubbish*** snakke en hel del tøys *n;* ***loads of****(=lots of)* masser av;

5. *fig:* ***it was****(=it took)* ***a load off my mind****(=I was greatly relieved)* det falt en sten fra mitt bryst.

II. load *vb* **1.** lesse *(fx luggage into a car; a lorry with bags of coal);* ***load aboard*** lesse om bord; lesse på; ***load it on to a lorry*** lesse det på en lastebil; ***load the work on to him*** lesse arbeidet over på ham; ***load up*** lesse på; ***have you loaded up (the van) yet?*** er du ferdig med å lesse på (varebilen)?

2. *mar:* laste; ***load cargo*** ta inn last;

3. EDB: hente inn *(fx a program);* ***load data on to a hard disk*** legge inn data på en harddisk;

4. belesse *(fx sby with parcels);*

5. *skytevåpen:* la(de); *kamera:* sette film i;

6.: ***load a question*** stille opp en spørsmålsfelle;

7. støpe bly *(n)* inn i; ***load the dice*** gjøre terningene tyngre i den ene enden; ***load the dice against sby*** frata en enhver sjanse (til å lykkes); *(se loaded).*

load-bearing [ˌloud'bɛəriŋ] *adj; bygg:* bærende; bære-; ***load-bearing wall****(=load-carrying wall)* bærevegg.

loaded [ˌloudid] *adj* **1.** lastet; med lass *n;* ***fully loaded*** fullastet;
2. *om våpen:* ladd; *om kamera:* med film i;
3. S*(=filthy rich)* søkkrik;
4.: ***a loaded question*** en spørsmålsfelle;
5. *om terning el. stokk:* med innstøpt bly *n;* ***loaded dice*** falske terninger; *(jvf II. load 7);*
6. *fig:* ***loaded with*** overlesset med.

loading bay lasteplass; lasterampe.

load space bagasjeplass *(fx more load space).*

I. loaf [louf] *s(pl: loaves)* **1.:** ***loaf (of bread)*** brød *n;*
2. *ordspråk:* ***half a loaf is better than no bread*** noe er bedre enn ingenting; smuler er også brød *n.*

II. loaf *vb:* ***loaf (about)****(=loaf around)* loffe (omkring); drive dank; gå og slenge.

loafer [ˌloufə] *s* **1.** en som går og slenger; dagdriver;
2. US: ***loafers****(=indoor shoes)* innesko.

loam [loum] *s:* fet jord (med litt sand el. leire i); leirjord.

I. loan [loun] *s:* lån *n;* ***interest paid on a loan*** lånerente; ***the loan carries 10% interest*** lånerenten er 10%; ***give sby the loan of sth*** la en få låne noe; ***on loan*** til låns; som lån; ***it's on loan*** det er utlånt; ***I have it on loan*** jeg har fått det utlånt; ***raise a loan*** ta opp et lån.

II. loan *vb:* ***loan (out)****(=lend)* låne ut; ***we have a PC to loan out*** vi har en PC for utlån.

loan capital *fin(=borrowed capital)* lånekapital.

loaner [ˌlounə] *s* **US***(=car on loan)* utlånsbil.

loan fund*(=loan office)* lånekasse; *i Norge:* ***the State Educational Loan Fund*** Statens lånekasse for utdanning.

loanword [ˌloun'wə:d] *s; språkv:* låneord.

loath [louθ] *adj; stivt:* ***I am loath to****(=I'm reluctant to)* jeg vil nødig; *spøkef:* ***nothing loath****(=willingly)* mer enn gjerne.

loathe [louð] *vb; stivt(=hate; thoroughly dislike)* avsky; ikke kunne fordra; mislike i aller høyeste grad; ***I loathe the (very) idea of (-ing)****(=I hate the (very) idea of (-ing))* jeg avskyr tanken på å …

loathing [ˌlouðiŋ] *s; stivt(=violent dislike; disgust)* avsky; vemmelse.

loathsome [ˌlouðsəm] *adj; litt. el. spøkef(=disgusting; horrible)* avskyelig; motbydelig; vemmelig.

loaves [louvz] *pl av I. loaf.*

I. lob [lɔb] *s; i ballspill:* langsomt, høyt kast el. slag *n; tennis:* lobb; *cricket:* bløt ball.

II. lob *vb:* kaste (i en høy bue); *tennis:* lobbe.

I. lobby [ˌlɔbi] *s* **1.** *teat:* foajé; **2.:** ***(hotel) lobby*** vestibyle; **3.** *parl:* lobby.

II. lobby *vb; parl:* drive lobbyvirksomhet; drive korridorpolitikk.

lobbyist [ˌlɔbiist] *s; parl:* korridorpolitiker.

lobe [loub] *s* **1.** *anat:* lapp; ***lobes of the lung*** lungelappene;
2. *bot:* flik;
3*(=earlobe)* øreflipp.

lobster [ˌlɔbstə] *s; zo:* hummer.

lobster pot hummerteine.

I. local [loukl] *s* **1. T***(=nearest pub)* nærmeste pub;
2.: ***the locals****(=(the) local people)* lokalbefolkningen; folk *(n)* på stedet.

II. local *adj* **1.** stedlig; stedegen; lokal; ***the local children*** lokalbefolkningens barn; barn(a) på stedet; ***local conditions*** forholdene på stedet; ***(the) local people****(,***T:** *the locals; spøkef: the natives)* lokalbefolkningen; folk på stedet; de innfødte;
2. kommune-; kommunal-.

local authority*(=(local) council)* kommune; kommunestyre.

local authority worker*(=council worker;* **US:** *civic worker)* kommunearbeider.

local call *tlf:* samtale innenfor en kommune.

local colour lokalkoloritt.

(local) councillor kommunestyremedlem.

locale [ləˌkɑ:l] *s; film, etc:* sted *(n)* hvor noe utspiller seg; bakgrunn; lokalitet.

local education authority *(fk LEA)* skolestyre.

local government 1. kommunalforvaltning;
2*(=local politics)* kommunalpolitikk.

local health authority *(fk LHA)* helseråd; *(jvf health centre 2).*

localism [ˌloukə'lizəm] *s(=local patriotism)* lokalpatriotisme.

locality [ləˌkæliti] *s:* lokalitet; sted *n;* ***have a sense****(= the bump)* ***of locality*** ha stedsans; ***indication of locality*** stedsangivelse.

localize, localise [ˌloukə'laiz] *vb:* lokalisere; stedfeste; ***a localized custom*** en skikk på stedet.

locally [ˌloukəli] *adv:* stedvis; lokalt; på stedet; fra sted *(n)* til sted *(fx the custom varies locally).*

locate [ləˌkeit; **US:** louˌkeit] *vb* **1.** plassere *(fx where is the new factory to be located?);*
2. lokalisere; stedfeste; finne *(fx the street on a map).*

location ['louˌkeiʃən] *s* **1***(=place)* sted *n (fx a good location for a picnic);*
2*(=situation)* beliggenhet *(fx the location of the hotel, near the school);*
3. *film:* ***shoot on location*** gjøre opptak på stedet.

loch [lɔx; lɔk] *s; skotsk(=lake)* innsjø; sjø.

I. lock [lɔk] *s* **1.** lås; ***under lock and key*** bak lås og slå;
2.: ***lock (of hair)*** hårlokk;
3. *fig:* ***lock, stock and barrel*** rubb og stubb; hver smitt og smule.

II. lock *vb* **1.** låse; ***lock a door securely*** låse en dør forsvarlig; ***lock in (,out)*** låse inne (,ute); *fig:* ***locked in an embrace*** tett omslynget; *(se locked in & locked up)*
2. låse seg *(fx the wheels locked);* blokkere;
3.: ***lock up*** 1. låse (av) *(fx the shop);* 2. låse ned; 3. låse inne; 4. **T:** hekte; sette fast; ***he was locked up for drinking and driving*** han ble satt fast for promillekjøring.

lockable [ˌlɔkəbl] *adj:* låsbar.

locked in *selvforskyldt el. ved et uhell:* innelåst; *(jvf locked up).*

locked up innelåst; *(jvf locked in).*

locker [ˌlɔkə] *s:* låsbart skap *n.*

locker room omkledningsrom; garderobe (med låsbare skap *(n)*).

locket [ˌlɔkit] *s:* medaljong.

lock gate*(=sluice gate)* sluseport.

lockjaw [ˌlɔk'dʒɔ:] *s; ikke-faglig(=tetanus)* stivkrampe.

lock nut *mask:* låsemutter.

lockout [ˌlɔk'aut] *s:* lockout.

locksmith [ˌlɔk'smiθ] *s:* låsesmed.

lockup garage leid garasje; garasje et stykke fra huset.

lockup shop forretning(slokale) hvor eieren ikke bor.

lock washer *mask:* låseskive.

locomotion ['loukəˌmouʃən] *s* **1.** *fys(=motion)* bevegelse; **2.** *stivt:* ***the quickest form of locomotion****(=the quickest way to get there)* den raskeste måten å ta seg frem på.

I. locomotive ['loukəˌmoutiv] *s; stivt(=(railway) engine)* lokomotiv.

II. locomotive *adj:* bevegelses- *(fx organ).*

locust [ˌloukəst] *s; zo:* gresshoppe.

locution [louˌkju:ʃən] *s; meget stivt* **1***(=expression)* uttrykk; vending;
2*(=mode of expression)* uttrykksmåte.

lode [loud] *s:* ***lode (of ore)*** malmåre.

lodestar [ˌloud'stɑ:] *s; fig:* ledestjerne.

I. lodge [lɔdʒ] *s* **1.:** ***(hunting) lodge*** jakthytte; ***tourist lodge****(=hut)* turisthytte;

2. (frimurer)losje;
3.: ***(porter's) lodge*** portnerbolig;
4.: ***(beaver's) lodge*** beverhytte.

II. lodge *vb* **1***(=live)* bo (til leie); losjere; være innkvartert;
2. sette seg fast; bli sittende; ***be lodged*** sitte fast *(fx the bullet was too firmly lodged to be moved);*
3. *om klage, etc; stivt(=make; bring)* innlevere; levere inn; sende inn; ***lodge a complaint****(=bring an appeal; enter an appeal)* anke (over dommen).

lodger [ˌlɔdʒə] *s:* losjerende; leieboer.

lodging [ˌlɔdʒiŋ] *s:* losji *n;* ***board and lodging*** kost og losji; ***lodgings*** leide værelser; losji; ***live in lodgings*** bo til leie.

I. loft [lɔft] *s* **1.** loft *n;* loftsrom; ***boarded-over loft*** loft hvor man har lagt gulv;
2. *i kirke el. sal:* galleri; **3.** *om ball(=height)* høyde.

II. loft *vb; stivt* **1.** *om ball; især golf(=hit high)* slå høyt; **2.** *ved hjelp av rakett; stivt(=lift)* løfte til værs; skyte opp.

loft room: ***(small) loft room*** hems.

lofty [ˌlɔfti] *adj* **1***(=very high)* meget høy *(fx lofty peaks) fig:* ***have a lofty position*** ha en høy stilling;
2. *om tanker, følelser, etc; stivt(=noble)* edel;
3. *stivt(=exalted)* opphøyd; ***lofty contempt*** opphøyd forakt;
4. *stivt(=high-flown)* høyttravende; opphøyd *(fx style);*
5. *stivt; neds el. spøkef(=haughty)* arrogant; hovmodig.

I. log [lɔg] *s* **1.** (tømmer)stokk; (ved)kubbe;
2. *fig:* ***sleep like a log*** sove som en stein; ***it's as easy as falling off a log*** det er så lett som fot i hose;
3. *mar:* logg(bok); ***chief engineer's log*** maskindagbok;
4. *mar; til å måle farten med:* logg.

II. log *vb* **1. US** *& Canada(=fell timber)* hogge tømmer *n;* **2.** *mar:* føre inn i loggboken; **3.** føre bok over.

logarithm [ˌlɔgəˈriθm] *s:* logaritme.

logbook [ˌlɔgˈbuk] *s* **1.** *mar(=ship's log)* loggbok;
2. **T***(=registration book)* vognkort (for bil).

log cabin tømmerhytte; tømmerkoie.

loggerheads [ˌlɔgəˈhedz] *s; pl; stivt:* ***they are at loggerheads****(=they're quarrelling)* de krangler; de er i tottene på hverandre.

logic [ˌlɔdʒik] *s:* logikk; ***I don't see the logic of****(=behind)* ***these decisions*** jeg ser ikke logikken i disse beslutningene.

logical [ˌlɔdʒikl] *adj:* logisk; ***argue along logical lines****(=argue logically)* argumentere logisk; ***be logical in one's thinking*** tenke logisk; ***present one's views in an orderly and logical manner*** fremlegge sitt syn på en logisk og velordnet måte.

logistics [lɔˌdʒistiks] *s; mil:* logistikk; transport- og forsyningstjeneste.

logo [ˌlɔgou] *s(pl: logos)* varesymbol; merke *n (fx company logo);* ***a logo of success*** et tegn på suksess.

log raft *forst:* tømmerskjelme; tømmerflåte.

log writing *skolev:* prosess-skriving.

loin [lɔin] *s* **1.** *på slakt:* ***(kidney end of) loin*** nyrestykke; kam; *også kul:* ***loin of pork*** svinekam; ***loin of veal*** nyrestykke av kalv;
2. *lett glds el. litt.:* ***the loins*** lendene; *bibl:* ***the fruit of his loins*** hans lenders frukt.

loincloth [ˌlɔinˈklɔθ] *s:* lendeklede.

loiter [ˌlɔitə] *vb* **1.** drive; stå og henge; ***loiter about, loiter around****(=hang about)* gå og drive; drive omkring; **2***(=dawdle)* somle *(fx don't loiter on the way!);*
3. *jur:* oppholde seg ulovlig; ***loiter (with intent)*** oppholde seg (på et sted *(n)*) i forbrytersk hensikt; *oppslag:* ***no loitering*** opphold *(n)* for uvedkommende forbudt.

loiterer [ˌlɔitərə] *s:* person som står og henger; person som oppholder seg ulovlig på et sted.

loll [lɔl] *vb* **1***(=lie lazily (about))* ligge henslengt *(fx on the grass);*
2. *om tunge:* ***loll (out)****(=hang out)* henge (ut).

lollipop [ˌlɔliˈpɔp] *s:* kjærlighet på pinne.

lollipop (wo)man person som med stoppskilt hjelper skolebarn over gaten.

lolly [ˌlɔli] *s* **1. T***(=licker lolly; lollipop)* kjærlighet på pinne; ***ice lolly*** pinneis; ispinne;
2. *spøkef; lett glds* **T***(=money;* **T:** *dough; bread)* penger; **T:** gryn *n;* ***it's an awful job, but it gives me lots of lovely lolly!*** det er en fæl jobb, men det blir deilig med gryn av det!

Lombardy [ˌlɔmbədi] *s; geogr:* Lombardiet.

London [ˌlʌndən] *s; geogr:* London.

Londoner [ˌlʌndənə] *s:* londoner.

lone [loun] *adj; stivt el. litt.; bare attributivt(=solitary)* enslig; ***a lone figure*** en enslig skikkelse.

lone hand *fig:* ***play a lone hand*** arbeide på egen hånd.

loneliness [ˌlounlinəs] *s:* ensomhet.

lonely [ˌlounli] *adj:* ensom; ensom(t beliggende) *(fx house);* ***feel lonely*** føle seg ensom.

lonely hearts ad(vertisement) bekjentskapsannonse.

lone mother*(=single mother)* alenemor.

lone parent allowance eneforsørgertillegg.

loner [ˌlounə] *s* **T:** person som foretrekker å være alene; einstøing.

lonesome [ˌlounsəm] *adj; især* **US***(=lonely)* ensom.

lone wolf *fig:* ensom ulv.

I. long [lɔŋ] *vb:* lengte (*for* etter; *to* etter å); ***I'm longing to see you*** jeg lengter etter å treffe deg; ***she longed for it to be time for lunch*** hun lengtet etter at det skulle bli lunsjpause; ***I'm just longing to hear from you*** jeg håper virkelig at jeg får høre fra deg; ***she longed for him to say something*** hun lengtet etter at han skulle si noe.

II. long 1. *adj:* lang *(fx how long is it? – it's two metres long);* langvarig; ***it's a long****(=thick)* ***book*** det er en tykk bok; ***he's a long time coming*** det drøyer lenge før han kommer; han er sen; ***it was a very long three kilometres in to town*** det var lange tre kilometer inn til byen; ***there was a long delay before the plane took off*** det ble en lang ventetid før flyet tok av;
2. *adv:* lenge; ***will you be long?*** 1. blir du lenge borte? 2. tar det lang tid med deg? er det lenge til du er ferdig? ***you haven't got long*** du har ikke lang tid på deg; ***he didn't stay long*** han ble ikke lenge; ***have you been working here long?*** har du arbeidet her lenge?
3. *forskjellige forb:* ***don't be too long about it!*** 1. ikke nøl for lenge! 2*(=don't spend too much time on it)* ikke bruk for lang tid på det! ***long ago*** for lenge siden; ***all day long*** hele dagen (lang); *glds:* ***be long in doing sth****(=be a long time doing sth)* bruke lang tid på å gjøre noe; *glds:* ***he's long in coming****(=he's a long time coming)* han er sen; det drøyer lenge før han kommer; ***she won't be****(=take)* ***long making up her mind*** hun kommer ikke til å bruke lang tid på å bestemme seg; ***he didn't speak (,work) for long*** han snakket (,arbeidet) ikke lenge; ***I've been waiting here for a long time*** jeg har stått (,sittet) her og ventet i lang tid; ***not long*** ikke lenge *(fx Have you been working here long? – No, not long, but my brother's been working here for a very long time);* ***as long as*** 1. så lenge (som) *(fx stay as long as you like);* 2*(=while)* mens *(fx as long as he's here I'll have more work to do);* 3. *=so long as;* ***so long as****(=as long as; provided that)* når bare; forutsatt at *(fx you'll get there in time, so long as you don't miss the bus);* ***the long and the short of it was …*** saken var i korthet følgende …; **T:** ***I made a mistake, and that's the long and the short of it!*** jeg gjorde en feil, det er det hele!

long-awaited [ˌlɔŋəˈweitid] *adj(=longed-for)* etterlengtet.

longbow [ˌlɔŋˈbou] *s* **1.** langbue; **2.** *fig; glds:* ***draw the longbow****(=exaggerate)* overdrive; fortelle skrøner.

NYTTIGE UTTRYKK

look

Verb + preposition

He was **looking at** the girl. *Han så på jenta.*
He was **looking after** the baby. *Han **passet på** babyen.*
He was **looking for** a table. *Han **så etter** et ledig bord.*

long-distance ['lɔŋˌdistəns; *attributivt:* ˌlɔŋ'distəns] *adj* **1.** *sport:* langdistanse- *(fx runner);*
2. fjern-; ***long-distance lorry driver****(,***US:** *long-haul trucker)* trailersjåfør i fjerntrafikk; ***long-distance traffic*** fjerntrafikk;
3. *tlf:* ***long-distance call*** rikstelefonsamtale; *(se trunk call & trunk dialling).*
long-drawn-out ['lɔŋdrɔ:nˌaut] *adj:* meget langvarig; som trekker meget lenge ut *(fx discussion).*
longed-for [ˌlɔŋd'fɔ:] *adj:* etterlengtet.
longer [ˌlɔŋgə] *adj(komp av II. long)* lenger; lengre; *av to(,***T:** *longest)* lengst; *stivt:* ***no longer****(=not any more; not any longer)* ikke lenger; ***become longer****(=lengthen)* bli lenger; ***stay longer*** bli lenger; ***in the longer term*** på lengre sikt; *(se for øvrig II. long).*
longest [ˌlɔŋgist] *adj(superl av II. long)* lengst; **T***(=longer)* lengst (av to); *(se II. long).*
longevity [lɔnˌdʒeviti] *s; stivt el. faglig(=long life)* lang levetid; langlivethet.
long-haired [ˌlɔŋ'hɛəd] *adj* **1.** langhåret;
2. US S: ***long-haired music*** klassisk musikk.
longhand [ˌlɔŋ'hænd] *s; mots stenografi:* vanlig skrift *(fx draft a letter in longhand).*
long haul 1. langtransport; langtur;
2. *fig* **T***(=long job; endless task)* langdryg affære; langt lerret å bleke.
I. longing [ˌlɔŋiŋ] *s:* lengsel.
II. longing *adj:* lengselsfull.
longingly [ˌlɔŋiŋli] *adv:* lengselsfullt; ***look longingly at sth*** se lengselsfullt på noe.
longish [ˌlɔŋgiʃ] *adj:* nokså lang; temmelig lang.
longitude [ˌlɔndzi'tju:d] *s; geogr:* lengde.
longitudinal ['lɔŋdʒiˌtju:dinl] *adj:* langsgående; på langs; lengde-.
long johns [ˌlɔŋ'dʒɔnz] *s; pl; også* **US** ***T****(=long underpants)* lange underbukser.
long jump [ˌlɔŋ'dʒʌmp] *s; sport:* ***the long jump*** lengdehopp; ***running long jump*** lengdehopp med tilløp.
long jumper [ˌlɔŋ'dʒʌmpə] *s; sport:* lengdehopper.
long-lasting ['lɔŋˌlɑ:stiŋ; *attributivt:* ˌlɔŋ'lɑ:stiŋ] *adj(=long; lengthy; protracted)* langvarig.
long-legged [ˌlɔŋ'legid] *adj:* langbent.
long lens *fot(=telephoto lens)* telelinse.
long-life [ˌlɔŋ'laif] *adj:* som varer (,holder seg) ekstra lenge *(fx long-life batteries; long-life milk).*
long-limbed [ˌlɔŋ'limd] *adj(=long-legged)* langbent.
long-lived [ˌlɔŋˌlivd; *attributivt:* ˌlɔŋ'livd] *adj:* langlivet; som lever lenge; *(jvf longevity).*
long-playing [ˌlɔŋ'pleiiŋ] *adj; mus:* long-playing; ***a long-playing record****(=an LP)* en LP-plate.
long-range [ˌlɔŋˌreindʒ; *attributivt:* ˌlɔŋ'reindʒ] *adj*
1. *mil:* langtrekkende; langdistanse- *(fx rocket);*
2. *meteorol:* ***a long-range weather forecast*** et langtidsvarsel;
3. *fig(=long-term)* langsiktig; *(se long-term).*
longshoreman [ˌlɔŋ'ʃɔ:mən] *s* **US***(=dock worker)* bryggearbeider; bryggesjauer.
long shot 1. skudd *(n)* på langt hold;
2. *film:* avstandsbilde; fjernopptak;
3. *fig:* usikker sjanse *(fx it was a long shot, but it paid off);*
4.: ***not by a long long shot*** ikke på langt nær; slett ikke.
long-sighted ['lɔŋˌsaitid; *attributivt:* ˌlɔŋ'saitid] *adj:* langsynt *(fx she's long-sighted).*
long-sightedness ['lɔŋˌsaitidnəs] *s:* langsynthet.
longstanding [ˌlɔŋ'stændiŋ] *adj:* som har bestått lenge; som har vart lenge; ***we had a longstanding invitation to visit them*** vi hadde lenge vært invitert til å besøke dem; ***a longstanding friendship*** et mangeårig vennskap.
I. long-suffering [ˌlɔŋˌsʌfəriŋ] *s(=great patience)* langmodighet; stor tålmodighet.
II. long-suffering [ˌlɔŋˌsʌfəriŋ; *attributivt:* ˌlɔŋ'sʌfəriŋ] *adj(=patient)* tålmodig; langmodig.
long suit 1. *kortsp:* langfarge; **2.** *fig:* (ens) sterke side.
long-tailed [ˌlɔŋ'teild] *adj; zo:* langhalet.
long term: ***in the long term****(=taking the long view)* på lang sikt; ***in the longer term*** på lengre sikt.
long-term [ˌlɔŋ'tə:m] *adj:* langsiktig *(fx planning);* ***hopes for a long-term solution to the problem*** håp om en løsning av problemet på sikt; ***the long-term****(=long-range)* ***effects of the crisis*** virkningene av krisen på lengre sikt; ***long-term unemployed*** langtidsledig; ***the long-term unemployed*** de langtidsledige; ***a long-term prisoner*** en fange med lang straff.
long view: ***take a long view****(=plan far ahead)* arbeide (,planlegge) på lang sikt.
long-view [ˌlɔŋ'vju:] *adj(=long-term)* langsiktig; ***his long-view policy*** hans langsiktige politikk; *(se long-term).*
long wave *radio:* langbølge.
long-wave [ˌlɔŋ'weiv; ˌlɔŋˌweiv] *adj; radio:* langbølge-.
long-winded [ˌlɔŋˌwindid; *attributivt:* ˌlɔŋ'windid] *adj; neds:* langtekkelig *(fx speech).*
loo [lu:] *s; evf* **T***(=lavatory)* toalett *n;* wc *n (fx she's gone to the loo);* ***she wants the loo*** hun vil på wc; ***go to the loo****(,***S:** *pay a call)* gå på toalettet.
loofah [ˌlu:fə] *s:* frottersvamp.
I. look [luk] *s* **1.** blikk *n (fx she sent him a look);* ***let me have a look (at it)*** la meg få se (på det); ***take a look at that!*** se på det! ***she gave him a dirty look*** hun så sint på ham;
2. mine; ***a stern look****(=a frown)* en barsk mine;
3. *om utseende:* ***she has looks but no money*** hun har skjønnhet, men ingen penger; ***she was noted for her good looks*** hun var kjent for sitt pene utseende; ***she's lost her good looks*** hun er ikke så pen lenger; hun har tapt seg; ***the house had a look of neglect*** huset så forsømt ut; ***I don't like the look of it*** jeg liker det ikke; det ser ikke bra ut; ***it's going to rain by the look of it*** det ser ut til å bli regn *n;* ***I don't like the look of him*** han virker usympatisk på meg.
II. look *vb* **1.** se *(at* på); ***now don't look!*** ikke kikk! ikke se! ***look over there!*** se der borte! ***he looked the other way*** han så bort; ***I've looked everywhere*** jeg har sett

I

(etter) overalt; ***look where you're going!*** se deg for! ***just by looking*** 1. bare ved å se; 2. (bare) på øyemål; ***How far (away) can that be? – It's hard to say just by looking*** Hvor langt kan det være dit bort? – Det er vanskelig å si (sånn) på øyemål;

2. se … ut *(fx he looked tired);* se ut som om man er; se ut til å være *(fx he looks 60);* ***the car looks all right*** bilen ser bra ut; ***things don't look too good*** det ser ikke så lyst ut;

3. *om beliggenhet(=face)* vende mot *(fx East);*

4.: ***look about for sth*** se seg om etter noe *(fx a job);*

5.: ***look after*** 1. se etter; 2*(=take care of)* se etter; ta seg av; ***a garden that's easy to look after*** en lettstelt hage; ***look after oneself*** ta vare på seg selv; passe seg selv; ***the secretary looks after all the complaints we receive*** sekretæren tar seg av alle klagene vi får; ***look after one's own interests*** ivareta sine egne interesser;

6.: ***look ahead*** 1. se fremover; 2. *fig:* være forutseende; se fremover;

7.: ***look around****(=look round)* 1. se seg rundt; 2. se seg om; bese seg; *(se for øvrig 24: look round);*

8.: ***look as if*** se ut som om; ***it looks as if it may rain****(= it looks like rain)* det ser ut til (å bli) regn *n;*

9. *også fig:* ***look at*** se på; ***no matter how you look at it****(=look at it whichever way you like)* hvordan man enn snur og vender på det; ***to look at him you would think he was Italian*** hva utseendet angår, kunne han godt være italiener;

10.: ***look back*** 1*(=look round)* se seg tilbake; 2. *fig:* tenke tilbake (*on* på); 3. *fig:* ***after that they never looked back*** etter det gikk det stadig fremover med dem; *(se også 20: look back on);*

11.: ***look before you leap!*** tenk før du handler!

12.: ***things begin to look brighter*** det begynner å se lysere ut;

13.: ***look down*** se ned; ***look down at*** se ned på; *fig:* ***look down on*** se ned på *(fx sby);* ***look down one's nose at*** 1. rynke på nesen av; 2*(=look down on)* se ned på;

14.: ***look for*** 1. lete etter; se seg om etter *(fx a job);* 2*(= expect)* vente *(fx we're looking for results);* ***I'm not looking for profit*** jeg regner ikke med fortjeneste;

15.: ***look forward to*** glede seg til *(fx the holidays);* ***look forward to (-ing)*** glede seg til å; se frem til å;

16.: ***look here!*** hør nå her! *(fx look here, Mary, I won't have you saying things like that);* se her! *(fx look here! isn't this what you wanted?);*

17.: ***look in*** se innom; stikke innom; ***look in on sby*** avlegge en et lite besøk; stikke innom en;

18.: ***look into*** 1. se inn i; se ned i; ***look****(=dip)* ***into a book*** se litt i en bok; 2. *fig(=investigate)* se på; undersøke; ***the manager is going to look into your complaint*** sjefen vil se nærmere på klagen din;

19.: ***look like*** 1. ligne *(fx she looks like her mother);* 2. *om utseende:* ***what does he look like?*** hvordan ser han ut? 3. **T:** se ut som *(fx it looks like salt);* ***it looks like rain*** det ser ut til regn *n;* ***they don't look like giving up easily****(=it looks as if they aren't going to give up easily)* det ser ikke ut til at de har tenkt å gi seg så lett;

20. *fig:* ***look nearer home*** gripe i sin egen barm;

21.: ***look on*** 1. være tilskuer; se på; 2.: ***look on sby (,sth) as*** betrakte en (,noe) som; ***I look on her as my mother*** jeg betrakter henne som min mor; 3.: ***look back on*** se tilbake på; 4.: ***my room looks on to the garden*** rommet mitt har utsikt mot hagen;

22.: ***look out*** 1. se ut (*of* av); 2*(=take care)* passe seg; passe på; se seg for; 3*(=dig up; unearth)* lete frem;

23.: ***look out for*** 1*(=watch out for)* se opp for; passe seg for; 2. se etter *(fx I'll look out for you at the party);* 3. se seg om etter *(fx a new job);* 4. *fig(=expect)* vente; håpe på; 5. *fig:* se opp for; merke seg;

24.: ***look over*** 1. se over *(fx sby's shoulder);* 2. *fig(= inspect)* inspisere; se på; se over; 3*(=look through)* se (i)gjennom (papirer *n*, etc); 4*(=overlook):* ***the window looks over the valley*** vinduet har utsikt mot dalen;

25.: ***look round*** 1*(=look around)* se seg rundt; 2*(= look back)* se seg tilbake; 3*(=look around)* bese seg; se seg om; bese seg i; se seg om i *(fx look round the museum);* 4. *fig;* før man bestemmer seg for et kjøp*(= look around)* tenke seg (godt) om; *(se også 7: look around);*

26. T: ***look sharp****(=be quick)* fort deg *(fx look sharp (about it)!)*

27.: ***look through*** 1. se gjennom; *fig:* ***he looked through me*** han så tvers gjennom meg; 2. se over: se (i)gjennom; *(fx sby's report);*

28.: ***look to*** 1. se til; ta seg av; ***I'll look to that*** det skal jeg ta meg av; 2.: ***look to sby for help****(=expect help from sby)* vente hjelp av en; håpe å få hjelp av en;

29.: ***look up*** 1. se opp; 2. **T***(=improve):* ***things have been looking up lately*** situasjonen har bedret seg i det siste; 3. **T***(=pay a visit to)* besøke; 4. *i oppslagsverk:* slå opp *(fx a word (in a dictionary));*

30.: ***look up to sby*** se opp til en;

31.: ***look sby up and down*** mønstre en fra topp til tå;

32.: ***look upon*** *stivt: se 20: look on.*

lookalike [ˌlukəˈlaik] *s* **T***(=double)* dobbeltgjenger; *ofte:* dobbeltgjenger til en kjent person.

look-around [ˌlukəˈraund] *s:* ***have****(=take)* ***a look -around*** se seg om *(fx in a shop).*

looker [ˌlukə] *s* **T:** ***she's a good looker*** hun er pen.

looker-on [ˈlukərˌɔn] *s(pl: lookers-on)(=onlooker)* tilskuer; person som står og ser på.

look-in [ˌlukˈin] *s* **T***(=chance)* sjanse; *sport(=chance to win)* (vinner)sjanse; ***have a look-in*** ha en sjanse; ***not get a look-in*** 1. ikke få en sjanse; 2. *mht. oppmerksomhet:* ikke få en sjanse til å bli lagt merke til.

looking-glass [ˌlukiŋˈglɑːs] *s; lett glds(=mirror)* speil.

lookout [ˌlukˈaut] *s* **1.** utkikk; ***keep a lookout for sth*** holde utkikk etter noe;

2*(=lookout post)* utkikkspost;

3. *person:* utkikkspost;

4. *fig* **T:** ***that's his lookout****(,***S:** *baby)* det får bli hans sak.

look-round [ˌlukˈraund] *s: se look-around.*

look-see [ˌlukˈsiː] *s* **T:** ***let's have a look-see****(=let's have a look)* la oss ta en titt.

look-through [ˌlukˈθruː] *s* **T:** ***give sth a quick look -through****(=look through sth quickly)* se fort igjennom noe.

I. loom [luːm] *s:* vev(stol); ***carpet loom*** teppevev.

II. loom *vb* **1.** *om gradvis, ofte truende, tilsynekomst:* ***loom (up)*** dukke opp; komme til syne; ***a ship loomed up through****(=out of)* ***the fog*** et skip dukket opp av tåken;

2. *fig:* ***loom, loom (up) large*** reise seg truende; nærme seg faretruende; ***the skyscraper looms****(=towers)* ***over the city*** skyskraperen rager opp over byen.

loon [luːn] *s; zo* **US:** ***arctic loon****(=black-throated diver)* storlom; ***(common) loon****(=great northern diver)* islom.

I. loony [ˌluːni] *s* **S***(=lunatic)* galning.

II. loony *adj* **T***(=crazy)* sprø.

I. loop [luːp] *s* **1.** løkke *(fx make a loop in the string);* ***(buttonhole) loop*** (knapphulls)hempe; ***(belt) loop*** smygestol; **2.** buktet linje; sløyfe.

II. loop *vb* **1.** lage løkke på; binde (ved å lage en løkke) *(fx a rope round a post);*

2. *flyv:* ***loop the loop*** loope.

loophole [ˌluːpˈhoul] *s* **1.** skyteskår;

2. *fig:* smutthull *(fx in the law);* ***leave a loophole*** holde en bakdør åpen; sikre retretten; ***plug a loophole*** tette igjen et smutthull.

I. loose [luːs] *vb; meget stivt: se loosen.*

II. loose *adj* **1.** løs *(fx knot; button);* ***the dog's loose*** hunden er løs; ***break loose*** rive seg løs; ***loose cash*** løse penger; *fig* **T:** ***a screw loose*** en skrue løs; ***let loose****(= turn loose)* slippe løs *(fx the dog); om bolt, etc:* ***work loose*** løsne; begynne å slarke;

2. *klær:* ledig; løstsittende;
3. *om avtale, formulering:* løs; uklar;
4. *lett glds; om kvinne(=easy; fast; promiscuous;* **T:** *who sleeps around)* løsaktig; *(se loose living).*

III. loose *adv:* løst *(fx the rope hung loose).*

loose bowels *med.(=lax bowels)* løs mage; tynn avføring.

loose box *for hest:* boks.

loose cash løse penger.

loose change*(=(small) change)* småpenger.

loose end 1. *av tau, etc:* løs ende;
2. *fig:* ***loose ends*** løse ender; detaljer (som må bringes til å harmonere med det øvrige); ***tie up some loose ends*** gjøre seg ferdig med noen små detaljer som gjenstår;
3. *fig:* ***be at a loose end*** være ledig; ikke ha noe spesielt fore; ikke riktig vite hva man skal ta seg til.

loose-fitting ['lu:sˌfitiŋ; *attributivt:* ˌlu:s'fitiŋ] *adj; om klær(=loose)* løstsittende.

loose-jointed ['lu:sˌdʒɔintid; *attributivt:* ˌlu:s'dʒɔintid] *adj(=double-jointed)* løs i leddene *n;* **T:** lealaus.

loose-leaf ['lu:sˌli:f] *adj:* ***loose-leaf book*** løsbladbok.

loose-leaf file*(=ring file;* **US:** *loose-leaf binder)* ringperm.

loose living*(=a dissolute way of life)* et utsvevende liv.

loosely [ˌlu:sli] *adv:* løst; løselig; omtrentlig *(fx words loosely translated); om fx klær:* ***fit loosely*** sitte løst; ***fit too loosely*** sitte for løst; slarke.

loosen [ˌlu:sən] *vb* **1.** løse på; løsne (på); ***loosen(= slacken) the nuts*** løsne på mutterne;
2*(=work loose)* løsne;
3.: ***loosen(=limber) up our stiffened limbs*** myke opp våre støle lemmer *n;*
4.: ***it loosened his tongue*** det fikk tungen hans på gli.

loose talker*(=indiscreet person)* løsmunnet person.

loose-tongued [ˌlu:s'tʌŋd] *adj(=indiscreet)* løsmunnet.

I. loot [lu:t] *s:* bytte *n;* tyvegods.

II. loot *vb:* plyndre *(fx the soldiers looted the shops).*

lop [lɔp] *vb* **1.** beskjære *(fx a tree);*
2.: ***lop off****(=cut off)* hogge av; skjære av;
3. *fig* **T:** ***could you lop a few pounds off the price?*** kunne du slå av noen pund *(n)* på prisen?

lope [loup] *vb; stivt(run with long, slow strides)* løpe med lange byks *n.*

lopping shears *pl; gart:* grensaks.

lopsided [ˌlɔp'saidid] *adj:* skjev; usymmetrisk; *fig også:* med slagside; ***a lopsided version of the affair*** en skjev fremstilling av saken.

loquacious [ləˌkweiʃəs] *adj; stivt(=talkative)* snakkesalig.

I. lord [lɔ:d] *s* **1***(=master)* herre; ***the lords of creation*** skapningens herrer;
2. *rel:* ***the Lord****(=Our Lord)* Vårherre; ***the Lord's Prayer*** fadervår;
3. *int:* ***Lord!*** Gud! ***good Lord!*** (du) gode gud! ***good Lord no!*** nei, bevare meg vel! ***Lord knows I've tried often enough!*** gudene skal vite at jeg har prøvd ofte nok!
4. UK: lord *(fx he's just been made a lord);* overhusmedlem; ***the (House of) Lords*** Overhuset;
5.: ***My Lord*** 1. *til adelig el. biskop:* Deres Eksellense; Deres Nåde; 2. *til dommer:* herr dommer;
6. T: ***(as) drunk as a lord*** full som ei alke;
7.: ***live like a lord*** leve som en herre; **T:** leve som en greve.

II. lord *vb* **T:** ***lord it*** spille herre; ***lord it over sby*** spille herre og mester over en; tyrannisere en.

Lord Advocate *i Skottland:* regjeringsadvokat; *(jvf Attorney General).*

Lord Chamberlain 1. UK: ***Lord Chamberlain (of the Household)*** hoffmarskalk; *(NB i Norge: Marshal of the Court);*
2. *i Norge:* hoffsjef; *(NB* **UK:** *Master of the Household).*

Lord Chancellor*(=Lord High Chancellor of Great Britain)* lordkansler.

Lord Chief Justice *i Queen's Bench Division of the High Court:* rettspresident; *(jvf chief justice).*

lordly [ˌlɔ:dli] *adj* **1***(=haughty)* hovmodig;
2*(=magnificent)* storslått; overdådig *(fx banquet).*

Lord Mayor *i London og enkelte andre byer:* borgermester.

Lords: ***the Lords*** **1***(=the House of Lords)* Overhuset; **2.** the Lords (ɔ: cricketbane i Nord-London).

lordship [ˌlɔ:d'ʃip] *s* **1.** *meget stivt el. litt. (=rule; authority):* ***lordship over*** herredømme over;
2. *til el. om biskop, dommer i High Court el. lord:* ***His (,Your) Lordship*** Hans (,Deres) Eksellense; Hans (,Deres) Nåde; herr dommer;
3. *iron:* ***that didn't suit his lordship*** det passet ikke hans nåde.

Lords Spiritual: ***the Lords Spiritual*** Overhusets geistlige medlemmer *n.*

Lord's Supper: ***the Lord's Supper****(=Holy Communion)* den hellige nattverd.

Lords Temporal: ***the Lords Temporal*** Overhusets ikke-geistlige medlemmer.

lore [lɔ:] *s; stivt el. glds:* kunnskap (basert på overlevering); ***the lore of the sea*** kunnskapen om havet.

lorgnette [lɔ:ˌnjet] *s:* stanglorgnett; *(jvf pince-nez).*

lorry [ˌlɔri] *s(,især* **US:** *truck)* lastebil; ***articulated lorry****(,***US:** *trailer truck; Canada: semitrailer;* **T:** *semi)* semitrailer.

lorry driver 1. lastebilsjåfør; **2.** trailersjåfør; ***long-distance lorry driver*** trailersjåfør i fjerntrafikk.

lose [lu:z] *vb(pret & perf.part.: lost)* **1.** miste; ***he lost hold of the rope*** han mistet taket i tauet; ***there's not a moment to lose*** det er ikke et øyeblikk å miste; ***lose heart****(=courage)* miste motet;
2. tape *(fx a war);* ***lose sight of*** tape av syne; ***lose one's composure****(,***T:** *head)* tape fatningen; ***I think we'll lose by it*** jeg tror vi kommer til å tape på det;
3.: ***it will lose****(=cost)* ***him his job*** det kommer til å koste ham jobben; ***he lost no time in informing the police*** han underrettet politiet omgående;
4.: ***lose (time)*** saktne seg; ***my watch loses two minutes a day*** klokken min saktner seg to minutter *(n)* pr. dag;
5.: ***lose oneself in*** 1. fortape seg i; 2.: ***the stream lost itself in the swamp*** bekken forsvant i myra;
6.: ***lose out*** bli skadelidende; tape.

loser [ˌlu:zə] *s:* taper *(fx a good loser).*

losing [ˌlu:ziŋ] *adj:* tapende; ***fight a losing battle*** kjempe en håpløs kamp; ***play a losing game*** være sikker på å tape.

loss [lɔs] *s* **1.** tap *(n) (of* av); ***without loss of life*** uten tap av menneskeliv; ***loss of use*** brukstap; ***their losses were heavy*** de hadde store tap; ***carry a loss*** bære et tap; ***cover****(=make good)* ***a loss*** dekke et tap; ***we shall make good this loss to you*** vi skal erstatte Dem dette tapet; ***cut one's losses*** oppgi det hele (før tapet blir for stort);
2. *mar:* ***loss (of ship)*** forlis *n;* ***total loss*** totalforlis;
3*(=death)* bortgang; død *(fx the loss of our friend);*
4. savn *n (fx he's no great loss);* ***after he was dead they realised what a loss he was*** da han var død, forstod de hvor meget de savnet ham;
5.: ***at a loss*** 1. med tap *n (fx sell at a loss);* 2. opprådd *(for* for); ***be at a loss for words*** mangle ord *n;* ikke vite hva man skal si; ***be at a loss what to do (,say)*** være i villrede med hensyn *(n)* til hva man bør gjøre (,si); ***he's never at a loss!*** han er aldri opprådd;
6. T: ***he's a dead loss*** han er fullstendig ubrukbar;
7. T: ***it's his loss*** det er verst for ham (selv); ***it's our loss and your gain*** det er vi som taper på det;
8. *ordspråk:* ***one man's loss is another man's gain*** den enes død er den annens brød *n.*

loss-making [ˌlɔs'meikiŋ] *adj:* som går med tap *n;* ***a loss-making business*** en forretning som går med tap.

lost [lɔst] *adj* **1.** tapt *(fx the book is lost; the game's lost);* bortkommet; forsvunnet *(fx in the crowd);* ***they were lost*** de hadde gått seg bort; *fig:* ***feel lost*** føle seg fortapt *(fx without sby);* ***give it up for lost*** oppgi det; anse det som tapt; ***make up for lost time*** ta igjen det forsømte;
2. *mar:* forlist;
3. forspilt *(fx opportunity);* ***lost happiness*** forspilt lykke;
4.: ***a lost cause*** et håpløst foretagende;
5.: ***get lost*** 1. gå (,kjøre) seg bort; 2. *int* **T:** forsvinn!
6.: ***lost in*** fordypet i *(fx thought);*
7.: ***his jokes were lost on her*** vitsene hans gjorde ikke noe inntrykk på henne; ***the hint was not lost on him*** han forstod godt hentydningen;
8.: ***lost to*** 1. tapt for *(fx the child was lost to him);* 2.: ***lost to all (sense of) shame*** ikke eie skam i livet.

lost property *(,***US:** *lost and found property)* bortkomne gjenstander; hittegods.

lost property office *(,***US:** *lost and found department)* hittegodskontor.

lot [lɔt] *s* **1***(=fate)* skjebne; lodd *n;*
2.: ***drawing (of) lots*** loddtrekning; ***draw lots (for)*** trekke lodd *(n)* (om);
3. *merk:* parti *n (fx of shirts);*
4*(=batch)* bunke; porsjon; *(=set)* sett *n (fx two more lots of pamphlets); om gjenstander, etc(=things):* ***this lot*** disse tingene; dette;
5. *på auksjon:* nummer *n (fx bid for lot 35?);* ***what am I bid for lot 16?*** hvem byr på nummer 16?
6.: ***sold in one lot****(=sold together)* solgt samlet; solgt under ett;
7.: ***lot (of ground)*** parsell; jordstykke;
8.: ***a lot*** mye; ***he knows a lot*** han kan (,vet) mye; ***I've got an awful lot of things to do*** jeg har forferdelig mye å gjøre; ***I like it a lot*** jeg liker det godt; ***a lot too small****(=much too small)* altfor liten; **T:** ***a lot you care!*** det gir vel du blaffen i! **S:** ***a fat lot you know about it!*** og det vet du mye om! ***things have changed a lot*** det er mye som er forandret; ***I feel lots****(=a lot)* ***better*** jeg føler meg mye bedre; ***go lots****(=a lot)* ***lot faster*** kjøre mye fortere; ***quite a lot****(=a great deal; a good deal)* en hel del; ***what a lot you've got!*** så mye du har!
9.: ***a lot of, lots of*** 1. mange; ***such a lot of books*** så mange bøker; ***he made lots and lots of mistakes*** han gjorde massevis av feil; 2. mye *(fx dust; butter);* ***what a lot of time you take!*** så lang tid du bruker!
10.: ***the lot*** det hele *(fx that's the lot);* alt sammen; **T:** ***bag the whole lot*** ta det hele; **T:** ta hele kaka;
11. T: ***they're a bad lot*** de er ikke mye å samle på; ***that lot in the office*** folkene *(n)* på kontoret; ***I'm fed up with you lot!*** jeg er lut lei dere alle sammen! ***the next lot of students*** neste gruppe (,kull *n*) studenter;
12. *stivt:* ***cast****(=throw)* ***in one's lot with sby****(=join forces with sby)* gjøre felles sak med en.

loth [louθ]: *se loath.*

lotion [ˌlouʃən] *s; med. el. kosmetisk:* vann *n (fx hand lotion);* ***setting lotion*** leggevann (for hår *n*).

lottery [ˌlɔtəri] *s:* lotteri *n;* lotterispill.

lottery ticket lodd *n;* ***drawn lottery tickets*** uttrukne lodder.

lotto [ˌlɔtou] *s:* lotto(spill); tallotteri.

lotus [ˌloutəs] *s; bot:* lotus.

louche [lu:ʃ] *adj(=dubious):* ***they're morally louche*** de har en frynset moral.

loud [laud] *adj & adv* **1.** *adj; om lyd:* høy; ***loud and clear*** høyt og tydelig;
2. *adj(=gaudy):* grell; skrikende *(fx tie);*
3. *fig:* ***she was loud in her praise of the concert****(=she strongly praised the concert)* hun roste konserten i høye toner;
4. *adv:* høyt; ***read loud****(=read loudly)* lese høyt; lese med høy stemme; ***but I haven't heard anyone say it out loud*** men uten at jeg har hørt noen si det høyt; *(jvf II. read 1: read aloud).*

loud-hailer ['laudˌheilə] *s(=megaphone;* **US:** *bullhorn)* ropert.

loudly [ˌlaudli] *adv:* høyt; ***read loudly****(=read loud)* lese med høy stemme; lese høyt; *(jvf II. read 1: loudly aloud).*

loud-mouthed [ˌlaud'mauðd; ˌlaud'mauθt] *adj; neds:* høyrøstet (og skrytende).

I. loudspeaker ['laudˌspi:kə] *s:* høyttaler.

II. loudspeaker [ˌlaud'spi:kə] *adj:* ***loudspeaker installation*** høyttaleranlegg; ***loudspeaker van*** høyttalerbil.

lough [lɔx; lɔk] *s; skotsk(=lake)* innsjø; vann *n.*

Louisiana [lu:ˌi:ziˌænə] *s; geogr:* Louisiana.

I. lounge [laundʒ] *s* **1.** *i hotell el. klubb:* salong; **2.** *flyv:* ventehall.

II. lounge *vb* **1.** ligge henslengt; **2.:** ***lounge about****(=wander about)* rusle omkring i (,på) *(fx the house).*

lounge (bar) *i pub(=saloon bar)* peneste bar; penbar.

lounge suit *mots smoking el. mørk dress:* alminnelig dress.

lounge suite sofagruppe.

lour: *se II. lower.* **I. louse** [laus] *s; zo(pl: lice)* lus.

II. louse *vb* **1***(=delouse)* avluse; **2. S:** ***louse up****(=spoil; mess up)* ødelegge; spolere *(fx he loused it up).*

lousy [ˌlauzi] *adj* **1.** lusete; **2. T***(=miserable)* elendig *(fx food);* ***a lousy job*** en fillejobb; **S:** ***lousy with money****(=filthy rich)* stinn av penger.

lout [laut] *s:* slamp; lømmel; ***lager louts*** fylleramp.

loutish [ˌlautiʃ] *adj:* slampete; lømmelaktig.

louvre, louver [ˌlu:və] *s; i dør el. vindu:* sjalusi.

lovable [ˌlʌvəbl] *adj:* elskelig; yndig *(fx child).*

I. love [lʌv] *s* **1.** kjærlighet; ***Love*** kjærligheten; ***love for*** kjærlighet til; ***the love he has for his wife****(=his love for his wife)* hans kjærlighet til sin kone; *mer generelt:* ***love of*** kjærlighet til; ***the love of a mother*** en mors kjærlighet; ***she has a great love of music*** hun er svært glad i musikk; ***pangs of love*** elskovskval; ***the perplexities of love*** kjærlighetens irrganger; ***pledge of (one's) love****(=love token)* kjærlighetspant; ***tie of love*** kjærlighetsbånd; ***love at first sight*** kjærlighet ved første blikk; ***love in a cottage*** kjærlighet og kildevann; ***old love lies deep*** gammel kjærlighet ruster ikke; ***unrequited love*** ulykkelig kjærlighet; ***for love of*** av kjærlighet til; ***all's fair in love and war*** alt er tillatt i krig og kjærlighet; ***there's no love lost between them*** de tåler ikke hverandre; ***return sby's love*** elske en igjen; ***win the love of*** gjøre seg elsket av; *(se også 7, 8, 9, 10,11);*
2. elskov; ***make love****(=have sex)* elske; ha sex *(with* med); ***make love to*** 1*(=make love with; have sex with)* ligge med; elske med; ha sex med; 2. *glds(=flirt with)* gjøre kur til; ***make furious love to a girl****(=flirt intensely with a girl)* gjøre stormkur til en pike;
3. *om noe man er sterkt opptatt av:* ***one of the loves of his life*** en av hans store interesser i livet; ***love of adventure*** eventyrlyst; ***love of reading*** leselyst;
4. *til kvinne* **T:** ***(my) love*** kjære deg; jenta mi;
5. kjærlig hilsen; vennlig hilsen *(fx love from John);* ***give my love to him****(=remember me to him)* hils ham fra meg; ***they all send their love*** de sender alle en vennlig hilsen;
6. *tennis:* null; ***the score is fifteen love****(=the score is 15-0)* stillingen er 15-0; ***love all*** A-0;
7.: ***do it for love*** gjøre det gratis;
8.: ***marry for love*** gifte seg av kjærlighet; ***study Arabic for the love of it*** studere arabisk for fornøyelsens skyld;
9.: ***play for love*** spille for moro skyld (ɔ: uten pengeinnsats);
10.: ***we couldn't get a taxi for love or money*** det var ingen drosje å oppdrive;
11.: ***in love (with)*** forelsket (i); ***fall in love (with)*** forelske seg (i); bli forelsket (i).

II. love *vb:* elske; være glad i; ***love sby better****(=more)* elske en høyere; ***she loved her children most of all****(=above all)* hun elsket sine barn *(n)* høyest av alt; ***love dearly****(=deeply)* elske høyt; elske inderlig; ***they both love dancing*** de er begge svært glade i å danse; ***I'd love to come with you*** jeg skulle mer enn gjerne bli med deg.

love affair kjærlighetshistorie; kjærlighetseventyr; ***unhappy love affair*** kjærlighetssorg.

love birds *pl; spøkef(=turtle doves)* turtelduer.

love bite *(,*US: *strawberry; Canada: hickey)* kyssemerke.

loved *adj:* elsket; ***one's loved****(=dear)* ***ones*** ens kjære.

love handles *pl* US *spøkef(=spare tyres)* bilringer.

loveless [ˌlʌvləs] *adj:* uten kjærlighet *(fx marriage).*

love letter kjærlighetsbrev.

love life*(=sex life)* kjærlighetsliv.

lovelorn [ˌlʌv'lɔ:n] *adj; glds el. spøkef(=deserted by one's beloved)* forlatt (av sin elskede); ***lovelorn female meets unattached male*** forlatt kvinne treffer ledig mann.

lovely [ˌlʌvli] *adj* **1***(=beautiful)* vakker; deilig; ***it's a lovely day for a picnic*** det er et deilig vær å dra på landtur i; ***she looked lovely in that dress*** hun tok seg nydelig ut i den kjolen; ***her singing was lovely****(=she sang beautifully)* hun sang nydelig;
2. T*(=delightful)* herlig; deilig *(fx meal);* ***it was a lovely warm day*** det var en herlig varm dag;
3. T*(=good; nice):* ***how lovely of you to remember!*** nei, så snilt det var av deg å huske det! ***what a lovely thing to say!*** det var virkelig pent sagt! ***we had a lovely****(=gorgeous; glorious)* ***time*** vi hadde det aldeles herlig;
4. T: ***he thought everything in the garden was lovely*** han ante fred og ingen fare.

love-making*(=making love)* elskov; det å ha sex; ***his expert love-making*** hans dyktighet som elsker.

love philtre*(=love potion)* elskovsdrikk.

lover [ˌlʌvə] *s* **1.** elsker *(fx her lover);* ***a pair of lovers****(=a loving couple)* to elskende; et elskende par; et forelsket par; ***become lovers*** innlede et forhold;
2. -elsker; ***art lover*** kunstelsker; ***lover of music*** musikkelsker.

lovesick [ˌlʌv'sik] *adj:* elskovssyk.

lovey-dovey [ˌlʌvi'dʌvi] *adj; om forelsket par* **T:** ***it was all very lovey-dovey****(=they were all over each other)* de kunne ikke holde seg unna hverandre.

loving [ˌlʌviŋ] *adj* **1***(=affectionate)* kjærlig *(fx husband; mother);* øm; ***a loving and understanding family*** en kjærlig og forståelsesfull familie; ***we're a loving and supportive family****(=we're a loving family and support each other)* det er et godt samhold i familien vår, og vi støtter hverandre;
2.: ***a loving couple****(=a pair of lovers)* to elskende; et elskende par; et forelsket par.

I. low [lou] *s* **1.** lavtrykk(område); **2. T***(=low point)* lavpunkt; ***(all-time) low*** bunnrekord; ***hit a new low*** nå en ny bunnrekord.

II. low *s:* raut *n; (se også I. moo).*

III. low *vb(=moo)* raute; *(se også II. moo & mooing).*

IV. low *adj* **1.** lav; ***a low bow*** et dypt bukk; ***the window was very low*** vinduet satt svært lavt;
2.: ***low (at the neck)****(=low-necked)* utringet; nedringet;
3. *om lyd:* lav; dempet; svak; ***in a low voice*** lavt; lavmælt; med lav stemme;
4. *mus:* dyp *(fx the low notes of a tuba);*
5. *mots kraftig:* svak; ***a low****(=weak)* ***pulse*** svak puls; ***over a low heat*** over svak varme;
6. *om herkomst(=humble):* ***of low birth*** av ringe herkomst;
7. *fig, bot, zo:* lavtstående; ***low life*** lavtstående liv *n;*
8.: ***the supply is getting low****(=the supply is coming to an end)* beholdningen tar snart slutt; **T:** ***be low on*** ha for lite av; ha dårlig med;
9. simpel; *om smak:* simpel; tarvelig; ***how low can you get!*** hvordan kan man synke så dypt!
10. nedtrykt; deprimert; ***feel low*** være deprimert; ***he was in rather a low mood*** han var i nokså dårlig humør *n;* ***in low spirits****(=in a low mood)* i dårlig humør; ***be low in health****(=be run down)* være langt nede.

V. low *adv:* lavt; ***aim low*** sikte lavt; ***lie low:*** *se IV. lie 8;* ***sink low*** synke dypt *(fx he'd never sink so low);* ***he turned the music down low*** han dempet musikken.

lowbrow [ˌlou'brau] *s & adj:* (person) uten intellektuelle interesser; lavpannet (person).

low-calorie [ˌlou'kæləri] *adj:* kalorifattig *(fx diet).*

Low Church [ˌlouˌtʃə:tʃ] *s:* ***the Low Church*** lavkirken (ɔ: del av den anglikanske kirke som legger vekt på bønn og preken, men ikke seremoniell *n).*

Low-Church [ˌlouˌtʃə:tʃ; *attributivt:* ˌlou'tʃə:tʃ] *adj:* lavkirkelig.

low comedy *teat:* lavkomisk farse.

low-cost [ˌlou'kɔst] *adj:* billig *(fx transport).*

Low Countries *s; pl; geogr:* ***the Low Countries*** Nederlandene.

low-cut [ˌlouˌkʌt; *attributivt:* ˌlou'kʌt] *adj; om kjole:* nedringet; utringet.

I. lowdown [ˌlou'daun] *s* **T***(=inside information):* ***get the lowdown on*** få (tak i) opplysninger om; ***give sby the lowdown on sth****(=fill sby in on sth)* orientere en om noe; sette en inn i noe.

II. low-down *adj* **T***(=mean; shabby)* simpel; sjofel; gemen; tarvelig *(fx trick).*

I. lower [ˌlouə] *vb* **1.** heise ned; senke; fire ned; sveive ned; ***lower the blinds*** slippe ned rullegardinene; ***lower it into the water*** senke det ned i vannet;
2. *mar:* låre; sette på vannet;
3. gjøre lavere; senke *(fx the ceiling);*
4. redusere; sette ned; senke *(fx interest rates; the price);* nedsette *(fx resistance to illness);*
5. *om stemme:* senke;
6. *om nivå:* senke *(fx standards);*
7.: ***this lowered him in their eyes*** dette fikk ham til å synke i deres aktelse;
8.: ***he'd never lower himself by taking bribes****(=he'd never stoop to taking bribes)* han ville aldri nedverdige seg til å ta imot bestikkelser.

II. lower, lour [ˌlauə] *vb; litt.(=become dark and threatening)* bli mørk og truende *(fx om himmelen).*

III. lower [ˌlouə] *adj & adv; komp av III. & IV. low:* lavere; ***lower animals*** laverestående dyr *(n).*

lower-case [ˌlouə'keis] *adj; typ:* ***lower-case letters*** små bokstaver; ***proper names should not be lower-case*** egennavn skal ikke skrives med små bokstaver.

lower class 1. *skolev:* lavere klasse; **2.** *i samfunnet:* ***the lower classes*** de lavere klasser.

lower middle class: ***the lower middle class*** den lavere middelklasse.

lowfat milk*(=semi-skimmed milk)* lettmelk.

Low German nedertysk; plattysk.

low-grade [ˌlouˌgreid; *attributivt:* ˌlou'greid] *adj:* av dårlig kvalitet; mindreverdig; ***low-grade ore*** fattig malm.

low-income ['louˌiŋkəm] *adj:* ***low-income category*** lav(t)lønnsgruppe; lavinntektsgruppe.

low-key [ˌlouˌki:; *attributivt:* ˌlou'ki:] *adj* **1***(=simple; quiet)* enkel *(fx ceremony);*
2*(=restrained)* behersket; lavmælt *(fx quarrels).*

low-key job*(=low-status job)* lavstatusjobb.

I. lowland [ˌlouland] *s:* lavland; ***the lowlands*** lavlandet.

II. lowland *adj:* lavlands-; ***lowland plain*** lavslette.

Low Latin vulgærlatin.

lowly [ˌlouli] *adj* **1.** *litt.(=modest; humble)* beskjeden; ydmyk; **2.** *stivt el. spøkef(=inferior; junior; humble)* underordnet; beskjeden *(fx position in the firm).*

low-lying [ˌlou'laiiŋ] *adj:* lavtliggende.

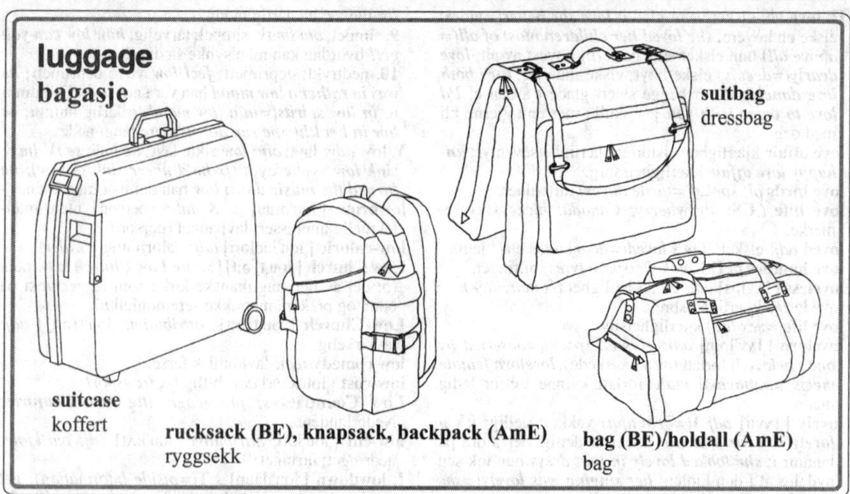

Low Mass *rel:* stille messe.
low-necked [ˌlouˌnekt; *attributivt:* ˌlou'nekt] *adj; om kjole:* nedringet; utringet.
low-paid [ˌlou'peid] *adj:* lavtlønnet.
low-pitched [ˌlouˌpitʃt; *attributivt:* ˌlou'pitʃt] *adj* **1.** *om stemme:* i et lavt leie; *om tone:* dyp;
2. *arkit:* ***a low-pitched roof*** et tak med lavt fall.
low power *elekt:* svakstrøm.
low-rise [ˌlou'raiz] *adj; arkit:* lavblokk; ***low-rise housing*** lav bebyggelse (ikke over to etasjer).
low-spirited [ˌlouˌspiritid; *attributivt:* ˌlou'spiritid] *adj; stivt(=low; in low spirits)* nedtrykt; deprimert.
low-status [ˌlou'steitəs] *adj:* ***low-status job****(=low-key job)* lavstatusjobb.
L-test [ˌel'test] *s(=driving test)* førerprøve.
low tide [ˌlouˌtaid] *s(=low water)* lavvann.
low water [ˌlouˌwɔ:tə] *s* **1.** lavvann; **2.** *fig:* ***be in low water****(=be short of money)* ha ebbe i kassen.
loyal [ˌlɔiəl] *adj(=faithful)* trofast; lojal.
loyalty [ˌlɔiəlti] *s:* lojalitet; troskap.
lozenge [ˌlɔzindʒ] *s* **1***(=pastille)* pastill; ***throat lozenge*** halspastill; **2.** *geom:* rombe.
L-plate [ˌel'pleit] *s; på bil:* skilt *(n)* som markerer at den brukes til øvelseskjøring.
lubricant [ˌlu:brikənt] *s:* smøremiddel.
lubricate [ˌlu:bri'keit] *vb:* smøre.
lubrication ['lu:briˌkeiʃən] *s:* smøring.
lubricator [ˌlu:bri'keitə] *s; mask:* smøreapparat.
lucern(e) [lu:ˌsə:n] *s; bot:* blålusern.
lucid [ˌlu:sid] *adj* **1***(=clear)* klar; lettfattelig; ***his mind was lucid and he was able to talk*** han var helt klar og i stand til å snakke; **2.** *om person(=alert)* klar; våken; **3.:** ***a lucid interval*** 1. *hos pasient(=a clear moment)* et klart øyeblikk; 2. *spøkef(=a bright moment)* et lyst øyeblikk.
lucidity [lu:ˌsiditi] *s(=clarity)* klarhet.
luck [lʌk] *s* **1.** *om det tilfeldige:* lykke; ***try one's luck*** prøve (*el.* friste) lykken; ***as luck would have it****(=as it happened)* tilfeldigvis; ***their luck has turned*** lykken har vendt seg for dem;
2. *om det uheldige:* ***bad luck*** 1*(=bad break)* uhell *n;* uflaks; 2. *int(=hard luck)* så ergerlig (,synd) for deg! ***I had the bad luck to …*** jeg var så uheldig å …; ***it's bad luck to break a mirror*** det betyr uhell å knuse et speil; ***better luck next time!*** bedre lykke neste gang! jeg håper du er heldigere neste gang! ***that's just my luck!*** jeg er alltid uheldig! takk skjebne! ***what rotten luck!*** for en uflaks! ***worse luck!****(=most unfortunately)* dessverre! beklageligvis! ***have no luck****(=be unsuccessful)* ikke ha hellet med seg; ***I never have any luck!*** jeg er alltid uheldig! ***have no luck with sth*** være uheldig med noe; ha uflaks med noe; ***he's down on his luck*** verden går ham imot; ***be out of luck*** være uheldig; ha uflaks;
3. *om det heldige:* ***bring luck****(=be lucky)* bringe lykke; ***by sheer luck*** ved et rent hell; ***good luck*** 1*(=good fortune)* hell *n;* lykke; 2. *int:* lykke til! ***he came to say good luck*** han kom for å ønske lykke til; ***good luck to you!*** 1. lykke til! 2*(=here's to you!)* skål for deg! ***a piece(=stroke) of good luck*** et lykketreff; ***he had the luck of the devil****(=he had the devil's own luck)* han var svineheldig; ***as good luck would have it****(=luckily)* heldigvis; til alt hell; ***some people have all the luck!*** enkelte er alltid heldige! det er noen som er heldige! ***have luck on one's side*** ha hellet på sin side; ***be in luck*** ha hellet med seg; ha flaks; **T:** ***don't push your luck!*** ikke stol for mye på hellet ditt! ***talk about luck!*** du snakker om flaks! ***trust to luck*** stole på hellet.
luckily [ˌlʌkili] *adv(=fortunately)* heldigvis.
lucky [ˌlʌki] *adj:* heldig; som bringer hell *n;* ***be (incredibly) lucky*** være (utrolig) heldig; ***this was not my lucky day!*** i dag var jeg altså ikke heldig! ***be lucky at cards*** ha hell i spill; ***a lucky dog****(=beggar)* en heldiggris; ***lucky you!****(=you lucky thing!)* din heldiggris! ***(it's a case of) third time lucky!*** alle gode ting er tre! ***have a lucky break*** ha flaks.
lucrative [ˌlu:krətiv] *adj; stivt(=profitable)* lukrativ.
ludicrous [ˌlu:dikrəs] *adj; stivt(=ridiculous)* latterlig.
luff [lʌf] *vb; mar:* loffe (til vinden).
I. lug [lʌg] *s; på krukke:* øre *n;* hank.
II. lug *vb; om noe tungt:* hale; ***lug(=drag) sth about with one*** slepe (rundt) på noe; dra på noe.
I. luge [lu:ʒ] *s; sport* **1***(=one-man toboggan)* enmannskjelke; **2.** *olympisk øvelse:* ***the luge*** aking.
II. luge *vb; sport:* ake (på enmannskjelke).
luggage [ˌlʌgidʒ] *s(,mil, flyv &* **US:** *baggage)* bagasje; ***(accompanied) luggage*** reisegods; ***unaccompanied luggage*** uledsaget bagasje; ***register one's luggage*** *(= have one's luggage registered)* skrive inn reisegodset sitt.
luggage boot *i bil:* bagasjerom.
luggage office reisegodsekspedisjon.
luggage rack *jernb, etc:* bagasjenett; bagasjehylle.
luggage ticket *jernb:* reisegodskvittering.

luggage trolley bagasjevogn; bagasjetralle.
luggage van *jernb (,***US:** *baggage car)* bagasjevogn.
lugubrious [lə͵gu:briəs; lu(:)͵gu:briəs] *adj; meget stivt el. spøkef(=mournful)* bedrøvet; dyster; ***a lugubrious face****(=a woebegone face)* et bedemannsansikt.
lugworm [͵lʌg'wə:m] *s; zo(,***T:** *lug)* sandorm.
Luke [lu:k] *s:* Lukas.
lukewarm [͵lu:k'wɔ:m] *adj* **1.** lunken *(fx tea; water);* **2.** *fig:* halvhjertet; lunken; ***lukewarm support*** lunken støtte.
I. lull [lʌl] *s:* opphold *n (fx in the traffic);* roligere periode *(fx there's a bit of a lull now).*
II. lull *vb:* ***lull sby to sleep*** dysse en i søvn; lulle en i søvn; ***lull us into a false sense of security*** lulle oss inn i en falsk følelse av sikkerhet; ***let oneself be lulled by false hopes*** lulle seg inn i falske forhåpninger.
lullaby [͵lʌlə'bai] *s:* vuggevise.
lumbago [lʌm͵beigou] *s; med.:* lumbago.
lumbar [͵lʌmbə] *adj; anat:* lumbal-.
I. lumber *s* **1.** *om større, tyngre ting:* skrap *n;* skrammel *n;* **2. US***(=timber)* tømmer *n;* trelast.
II. lumber *vb* **1. US***(=work in the forest)* arbeide i skogen;
2. *stivt(=move heavily (and clumsily)):* ***the rhino came lumbering towards him*** neshornet kom mot ham i klossete trav *n;*
3. *om kjøretøy:* ramle;
4. *om uønsket oppgave:* ***lumber sby with sth*** bebyrde en med noe.
lumber camp US *& Canada(=log cabin)* skogstue; tømmerkoie.
lumberjack [͵lʌmbə'dʒæk] *s* **US 1***(=feller)* tømmerhogger; **2***(=forest worker)* skogsarbeider.
lumber room *stivt(=storeroom; box room)* kott *n.*
lumber yard US*(=timber yard)* trelasttomt.
luminary [͵lu:minəri] *s* **1.** lysende himmellegeme;
2. *fig(=notability; VIP)* notabilitet; størrelse.
luminosity [lu:mi͵nɔsiti] *s* **1***(=being luminous)* det å være lysende;
2*(=clarity)* klarhet; det å gi fra seg lys *n;*
3. *astr:* lysstyrke;
4. *litt.(=light)* lys *n.*
luminous [͵lu:minəs] *adj* **1***(=bright)* lysende; som gir fra seg lys *n;* **2.** selvlysende *(fx watch).*
I. lump [lʌmp] *s* **1.** klump; ***a lump of sugar*** en sukkerbit; *fig:* ***I got a lump in my throat*** jeg fikk en klump i halsen; ***a big lump of a man*** en svær brande (av en mann); ***a big lump of a woman****(=a big clumsy creature)* ei (kraftig) bumse;
2*(=swelling; bump)* hevelse; kul *(fx have a lump on one's forehead);*
3. T: ***in the lump*** under ett; ***you'll have to take it in the lump*** man kan ikke dele det opp; man må ta det under ett.
II. lump *vb* **1.** klumpe seg;
2.: ***lump together*** slå sammen *(fx several items);* betrakte under ett; ***lump them all together*** skjære dem alle over én kam;
3.: ***lump with*** plassere sammen med;
4. T: ***...but if you don't like it, you can lump it****(=but you've no choice in the matter)* du må pent finne deg i det; du har ikke noe valg *n.*
lumpfish [͵lʌmp'fiʃ] *s; zo; fisk(=lumpsucker)* rognkall; *om hunnen:* rognkjeks.
lumpily [͵lʌmpili] *adv(=inelegantly):* ***lumpily dressed*** bumsete kledd.
lump sugar*(=cube sugar)* raffinade.
lump sum rund sum; sum utbetalt én gang for alle.
lumpy [͵lʌmpi] *adj* **1.** klumpete; med klumper *(fx a lumpy sauce);* **2.** *om person:* kluntete; uformelig.
lunacy [͵lu:nəsi] *s; fig; stivt(=madness)* galskap; ***it was sheer lunacy to lend him money*** det var den rene galskap å låne ham penger.
lunar [͵lu:nə] *adj:* måne- *(fx crater).*
lunar module *(fk LM)* månelandingsfartøy.
lunatic [͵lu:nətik] *s(=madman)* galning; ***he's a raving lunatic*** han er riv ruskende gal; *(jvf I. loony).*
lunatic fringe: ***the lunatic fringe*** fanatiske ekstremister.
I. lunch [lʌntʃ] *s:* lunsj; ***packed lunch****(=lunch packet)* matpakke; niste(pakke); ***I'll get the lunch*** jeg skal lage i stand lunsjen; ***have lunch*** spise lunsj.
II. lunch *vb:* spise lunsj; ***lunch sby*** invitere en på lunsj.
lunch box matboks.
lunch break lunsjpause; middagspause.
lunch buffet*(=buffet lunch)* lunsjbuffet.
luncheon [͵lʌntʃən] *s; stivt(=lunch)* lunsj.
luncheon meat kjøtt på boks.
luncheon voucher *(,***US:** *meal ticket)* lunsjkupong.
lunch hour*(=lunch break)* lunsjpause; middagspause.
lung [lʌŋ] *s; anat:* lunge.
lung cancer *med.:* lungekreft.
I. lunge [lʌndʒ] *s* **1.** *fektning:* utfall *n;* støt *n;*
2.: ***he made a lunge at her*** han kastet seg mot henne.
II. lunge *vb* **1.** *fektning:* gjøre et utfall; **2.** kaste seg (fremover) *(at, towards* mot).
lupin(e) [͵lu:pin] *s; bot:* lupin.
I. lurch [lə:tʃ] *s:* ***leave sby in the lurch*** la en i stikken.
II. lurch *s:* krengning; overhaling; slingring; ***the train gave a lurch and started*** toget rykket og startet.
III. lurch *vb* **1.** krenge (over); slingre; **2.** rave; sjangle.
I. lure [ljuə] *s* **1.** lokkemiddel; agn *n;* **2.** dragning; tiltrekning; ***the lure of her money*** det forlokkende ved pengene hennes; **3.:** ***lures*** kunster; knep *n (fx the lures of a pretty woman).*
II. lure *vb:* lokke.
lurid [͵ljuərid] *adj* **1.** *om lysskjær:* uhyggelig; glødende;
2*(=loud; glaring)* grell; glorete;
3*(=macabre; gruesome)* makaber; nifs; ***throw a lurid light on sth*** kaste et uhyggelig lys over noe; ***swear a lurid oath*** sverge en drøy ed;
4. *fig(=sensational; highly coloured)* sensasjonspreget; sterkt farget *(fx newspaper report).*
lurk [lə:k] *vb:* lure; stå og lure; stå på lur.
lurking *adj* **1.** som står på lur; som står og lurer;
2. *fig(=sneaking)* snikende *(fx a lurking fear).*
luscious [͵lʌʃəs] *adj* **1***(=succulent)* saftig *(fx pear);* lekker; **2.** *fig:* frodig; yppig *(fx blonde).*
lush [lʌʃ] *adj* **1.** *litt. el. stivt(=luxuriant)* frodig; yppig *(fx vegetation);* ***lush grass****(=thick grass)* saftig gress *n;* **2***(=melting)* smektende *(fx lush notes).*
I. lust [lʌst] *s* **1.** lyst; lystenhet; lidderlighet; ***the lusts of the flesh*** kjødets lyster; **2.** *fig:* ***lust for life*** livsappetitt; ***lust****(=greed)* ***for power*** maktbegjær.
II. lust *vb; litt. el. spøkef:* ***lust after, lust for*** begjære *(fx a woman);* ***lust****(=thirst)* ***for revenge*** tørste etter hevn.
lustful [͵lʌstful] *adj(=lecherous)* lysten; lidderlig; vellystig.
lustre *(,***US:** *luster)* [͵lʌstə] *s* **1***(=brilliance)* glans; skjær *n;* ***the lustre of her eyes****(=her shining eyes)* glansen i øynene hennes;
2. *i lysekrone:* prisme;
3. *fig:* glans; ***add lustre to the occasion****(,spøkef: lend tone to the occasion)* kaste glans over anledningen; ***he added lustre to his name*** han ga sitt navn glans.
lustrous [͵lʌstrəs] *adj; stivt(=shining)* strålende; skinnende.
lusty [͵lʌsti] *adj* **1.** *litt.(=strong and healthy)* sunn og sterk *(fx a lusty young girl);* **2.** *stivt(=loud):* ***a lusty yell*** et kraftig skrik.
I. lute [lu:t] *s; mus:* lutt.
II. lute *s(=luting)* leiremørtel.
I. Lutheran [͵lu:θərən] *s:* lutheraner.
II. Lutheran *adj:* luthersk.
luxate [͵lʌkseit] *vb; med.(=dislocate)* vri av ledd *n.*
I. Luxembourg [͵lʌksəm'bə:g] *s; geogr:* Luxemburg.
II. Luxembourg *adj:* luxemburgsk.
Luxembourger [͵lʌksəm'bə:gə] *s:* luxemburger.

L

luxuriance [lʌgˌzjuəriəns] *s; stivt(=luxuriant growth)* frodighet; yppighet.
luxuriant [lʌgˌzjuəriənt] *adj:* frodig; yppig; overdådig *(fx vegetation); **luxuriant growth*** frodighet.
luxuriate [lʌgˌzjuəri'eit] *vb; stivt el. spøkef: **luxuriate in**(=really enjoy)* nyte i fulle drag *n.*
luxurious [lʌgˌzjuəriəs] *adj:* luksuriøs; ***a luxurious feeling**(=a feeling of well-being)* en følelse av velvære *n.*
luxuriously *adv:* luksuriøst; ***she stretched herself luxuriously*** hun strakte seg velbehagelig.
luxury [ˌlʌkʃəri] *s:* luksus; ***in luxury*** i luksus *(fx live in luxury); **indulge in the luxury of a cigar*** unne seg den luksus å ta en sigar.
luxury lifestyle luksusliv; liv *(n)* i luksus.
lye [lai] *s; kjem:* lut.
lyed stockfish US: lutfisk.
I. lying [ˌlaiiŋ] *s* **1.** ligging; **2.** løgnaktighet.
II. lying *adj* **1.** liggende; **2.** løgnaktig.
lyme grass *bot: (sea) lyme grass(=wild rye)* strandrug.
lymph [limf] *s:* lymfe; lymfevæske.
lymphatic [limˌfætik] *adj; anat:* lymfe-; ***lymphatic node**(=lymph node)* lymfeknute; lymfekjertel.
lynch [lintʃ] *vb:* lynsje.
lynching [ˌlintʃiŋ] *s:* lynsjing.
lynch law*(=instant justice)* lynsjjustis.
lynx [liŋks] *s; zo:* gaupe.
lynx-eyed [ˌliŋks'aid] *adj:* med falkeblikk.
lyre [ˌlaiə] *s; mus:* lyre.
I. lyric [ˌlirik] *s* **1***(=lyric poem)* lyrisk dikt *n;* **2.** *om popmusikk:* ***lyrics*** (sang)tekst; ***who did the lyrics for this song?**(=who wrote the words for(=to) this song? who wrote the words to this tune?)* hvem skrev teksten til denne sangen? ***writer of lyrics**(=song writer)* tekstforfatter.
II. lyric *adj; om diktning:* lyrisk; ***lyric poet*** lyriker.
lyrical [ˌlirikl] *adj* **1.** lyrisk; **2***(=enthusiastic)* lyrisk; *stivt el. spøkef: **wax lyrical**(=become lyrical)* bli lyrisk.
lyrical poet*(=lyric poet)* lyriker.
lyrical poetry lyrikk.
lyricist [ˌlirisist] *s* **1***(=song writer)* tekstforfatter; **2***(=lyrical poet)* lyriker.
I. lyrist [ˌlaiərist] *s; mus:* lyrespiller.
II. lyrist [ˌlirist] *s; glds(=lyrical poet)* lyriker.

M, m [em] M, m; *tlf: **M for Mary*** M for Martin; ***capital M*** stor M; ***small m*** liten m.
MA *(fk f Master of Arts): se I. master 4.*
ma [mɑ:] *s* **T***(=mother)* mor; mamma; **T:** mutter.
ma'am [mæm' mɑ:m; *trykksvakt:* məm] *s; brukt i tiltale av hushjelp, etc:* frue; frøken; *til kongelig:* Deres Majestet; Deres Kongelige Høyhet.
mac [mæk] *s(fk f mackintosh)* **S:** regnkappe.
Mac 1*(=Mc, M') forstavelse i skotske & irske familienavn, fx MacDonald;* **2.** *i tiltale* **T:** skotte.
macabre [məˌkɑ:bə] *adj; stivt(=gruesome)* makaber.
macadamize, macadamise [məˌkædə'maiz] *vb:* makadamisere; legge asfaltdekke på *(fx a road).*
macaroni ['mækəˌrouni] *s:* makaroni.
macaroon ['mækəˌru:n] *s; kake:* makron.
I. mace [meis] *s:* septer *n;* embetsstav.
II. mace *s; krydder:* muskatblomme; *(jvf nutmeg).*
Macedonia ['mæsiˌdouniə] *s; geogr:* Makedonia.
I. Macedonian ['mæsiˌdouniən] *s:* makedonier.
II. Macedonian *adj:* makedon(i)sk.
Mach [mæk] *s; flyv(=Mach number)* machtall; mach.
machinations ['mækiˌneiʃənz] *s; pl; stivt(=scheming)* renkespill; komplott *n.*
I. machine [məˌʃi:n] *s* **1.** maskin; ***it's done by machine*** det gjøres maskinelt; **2.** *fig:* maskin; maskineri *n;* apparat *n (fx the party machine).*
II. machine *vb; mask* **1.** maskinere; **2.** sy (med maskin).
machine gun maskingevær; ***sub-machine gun*** maskinpistol.
machine-made [məˌʃi:n'meid] *adj; mask:* fremstilt på (,med) maskin; fremstilt maskinelt; maskinlagd.
machine-readable [məˌʃi:n'ri:dəbl] *adj; EDB:* maskinlesbar.
machinery [məˌʃi:nəri] *s* **1.** maskineri *n;* maskiner; maskinpark; ***a workshop complete with machinery*** et verksted med tilhørende maskiner; **2.** *fig:* maskineri *n;* apparat *n;* system *n.*
machine shop maskinverksted; mekanisk verksted *n.*
machine tool *mask:* verktøymaskin; arbeidsmaskin.
machine twist maskintråd; sytråd til maskin.
machinist [məˌʃi:nist] *s* **1***(=machine operative)* maskinarbeider; **2***(=machine operator)* maskinfører; **3.:** ***(sewing) machinist*** maskinsyer(ske).
I. macho [ˌmætʃou] *s* **1.** overdreven maskulinitet; **2.** person som er overdrevent stolt av sin maskulinitet.
II. macho *adj:* overdrevent maskulin.
mackerel [ˌmækrəl] *s; zo:* makrell; ***young mackerel*** pir.
mackerel shark *zo(=porbeagle)* håbrann.
mackintosh [ˌmækin'tɔʃ] *s(=mac)* regnkappe.
macro [ˌmækrou] makro- *(fx macroclimate).*
macrocosm [ˌmækrə'kɔzəm] *s:* makrokosmos.
macrophage [ˌmækrou'feidʒ] *s; biol:* makrofag.
mad [mæd] *adj* **1.** *fig el. i løst språkbruk:* gal; ***mad as a hatter**(=raving mad)* splitter gal; ***what a mad thing to do!*** det var da sinnssvakt gjort! ***he was mad with rage*** han var gal av raseri *n;* ***enough to drive you mad*** til å bli gal av; ***go mad*** bli gal; ***like mad*** som en gal; **2. T***(=angry)* sint; ***he makes me so mad!*** han gjør meg så sint! han gjør meg rasende! ***mad at, mad with*** sint på; **3. T:** ***mad about**(=crazy about)* gal etter *(fx she's mad about John); **I'm not exactly mad about this job*** jeg er ikke akkurat overbegeistret for denne jobben; **4.** *om hund(=rabid)* som har hundegalskap.
I. Madagascan ['mædəˌgæskən] *s:* madagasser.
II. Madagascan *adj:* madagassisk.
Madagascar ['mædəˌgæskə] *s:* Madagaskar.
madam [ˌmædəm] *s* **1.** *høflig tiltale:* frue; frøken *(fx can I help you, madam? after you, madam! Madam Chairman; Madam President);* **2. T:** ***she's a real little madam!*** hun er svært så dominerende! **3.** *i brev til kvinne (mots Dear Sir); intet tilsv:* ***Dear Madam,*** [kjære frue].
madcap [ˌmæd'kæp] *s; glds:* villstyring.
madden [ˌmædən] *vb(=make mad)* gjøre gal; gjøre rasende *(fx the bull was maddened by pain).*
maddening *adj:* (fryktelig) irriterende.
made [meid] **1.** *pret & perf.part. av II. make;* **2.** *adj; om seng:* oppredd; **3.:** ***he's made for that job*** han er som skapt til den stillingen; **4. T:** ***he's a made man*** hans lykke er gjort; ***if the plan***

works we're made hvis planen fungerer, er vår lykke gjort.
Madeira [məˌdiərə] *s; geogr:* Madeira.
Madeira cake slags formkake (med sitronsmak).
made of money T*(=very rich)* gjort av penger.
made to measure sydd etter mål *n;* lagd etter mål.
made to order lagd på bestilling.
made up ['meidˌʌp] *(attributivt: made-up* [ˌmeid'ʌp]) **1***(=invented)* oppdiktet *(fx story);* ***made-up word*** konstruert ord *n;* **2.** sminket *(fx woman);* **3.** *om vei:* med fast dekke *n.*
madhouse [ˌmæd'haus] *s* **T***(=nuthouse)* galehus.
madly [ˌmædli] *adv* **T:** ***madly irritated*** grenseløst irritert.
madman [ˌmædmən] *s; i løst språkbruk:* galning; ***drive like a madman*** kjøre som en galning.
madness [ˌmædnəs] *s:* galskap; ***it would be sheer madness to try*** det ville være den rene galskap å prøve.
Madrid [məˌdrid] *s; geogr:* Madrid.
maelstrom [ˌmeil'stroum] *s:* malstrøm.
mae west ['meiˌwest] *s* **S***(=inflatable life jacket)* oppblåsbar redningsvest.
mag [mæg] *s* **T***(=magazine)* blad *n.*
magazine ['mægəˌzi:n] *s* **1.** blad *n;* ***glossy magazine****(,***T:** *glossy;* **US** *også: slick)* eksklusivt tidsskrift (på blankt papir); ***illustrated magazine, weekly magazine*** ukeblad; ***women's magazine*** dameblad;
2. *mil:* magasin *n:* depot *n;*
3. *i våpen:* magasin *n;*
4. *fot(=cartridge)* kassett.
maggot [ˌmægət] *s; zo; av flue, etc:* mark.
Magi [ˌmeidʒai] *s; pl av magus:* ***the three Magi*** de hellige tre konger; vismennene fra østerland.
I. magic [ˌmædʒik] *s* **1.** magi; trolldom; ***black magic*** svart (*el.* sort) magi; svartekunst; ***he was turned by magic into a frog*** ved trolldom ble han forvandlet til en frosk;
2. trylling; tryllekunst(er); ***by magic*** ved trylleri *n;* ***as if by magic*** som ved et trylleslag;
3. mystikk *(fx the magic of a summer night).*
II. magic *adj* **1.** magisk; ***magic mirror*** tryllespeil;
2. T*(=very good)* meget godt; fantastisk *(fx this new record is really magic).*
magical [ˌmædʒikl] *adj; stivt(=magic)* magisk.
magician [məˌdʒiʃən] *s* **1***(=conjurer)* tryllekunstner; **2.** trollmann.
magic touch: ***a pianist who has the magic touch*** en gudbenådet pianist.
magic wand tryllestav.
magisterial ['mædʒiˌstiəriəl] *adj; stivt(=masterful)* myndig; ***a magisterial forefinger*** en høyt hevet pekefinger.
magistrate [ˌmædʒi'streit] *s; jur* **1***(=examining magistrate)* forhørsdommer;
2.: ***district stipendiary magistrate*** *svarer til:* sorenskriver;
3.: ***stipendiary magistrate*** byrettsdommer; *(jvf recorder 4).*
magistrates' court *jur:* forhørsrett.
magnanimity ['mægnəˌnimiti] *s; stivt(=generosity; big-heartedness)* edelmodighet; høysinn; storsinn(ethet).
magnanimous [mægˌnæniməs] *adj; stivt(=generous; big-hearted)* edelmodig; høysinnet; storsinnet.
magnate [ˌmægneit] *s:* magnat; ***industrial magnate*** industrimagnat.
magnesium [mægˌni:ziəm] *s; kjem:* magnesium *n.*
magnet [ˌmægnit] *s:* magnet; ***bar magnet*** magnetstav.
magnetic [mægˌnetik] *adj* **1.** magnetisk; **2.** *fig:* ***have a magnetic effect on*** virke som en magnet på.
magnetic catch *tekn(=magnet snap)* sneppert.
(magnetic) declination *(,***US:** *(magnetic) deviation)* misvisning; deklinasjon.
magnetic dip*(=inclination)* magnetisk inklinasjon.
magnetic needle magnetnål.
magnetic tape magnetbånd; *for TV:* bildebånd.
magnetism [ˌmægnə'tizəm] *s* **1.** magnetisme;
2. *fig:* tiltrekningskraft; ***animal magnetism*** dyrisk magnetisme.
magnetize [ˌmægni'taiz] *vb* **1.** magnetisere; **2.** *fig(=hypnotize)* tiltrekke som en magnet; hypnotisere.
magnification ['mægnifiˌkeiʃən] *s:* forstørrelse; ***a 13 times magnification*** en 13 gangers forstørrelse.
magnificence [mægˌnifisəns] *s; stivt(=splendour)* prakt.
magnificent [mægˌnifisənt] *adj(=splendid)* praktfull.
magnificent specimen prakteksemplar (*of* av).
magnifier [ˌmægni'faiə] *s(=magnifying glass)* forstørrelsesglass; lupe.
magnify [ˌmægni'fai] *vb* **1.** forstørre; ***when highly magnified*** under sterk forstørrelse; **2.** *fig:* forstørre *(fx one's troubles).*
magniloquent [mægˌniləkwənt] *adj; meget stivt: se grandiloquent.*
magnitude [ˌmægni'tju:d] *s; meget stivt* **1.** størrelse; **2***(=importance)* betydning; ***a decision of great magnitude*** en meget viktig avgjørelse.
magpie [ˌmæg'pai] *s; zo:* skjære; ***steal like a magpie*** stjele som en ravn.
mahogany [məˌhɔgəni] *s:* mahogni.
maid [meid] *s* **1.:** ***maid (servant)*** pike; hushjelp; stuepike; ***personal maid****(,hist: lady's maid)* kammerpike; ***take a job as a maid****(,lett glds: take a domestic post)* ta huspost; *(jvf housemaid);*
2. *på hotell* **T***(=chamber maid)* værelsespike; pike;
3. *litt.:* pike; jomfru *(fx a pretty young maid);*
4. *spøkef:* ***old maid*** gammel jomfru; **T:** attergløyme.
maiden [ˌmeidən] **1.** *s; litt.(=maid)* jomfru *(fx a maiden of seventeen);* **2.** *adj:* ***a maiden aunt*** en ugift (gammel) tante.
maidenhead [ˌmeidən'hed] *s* **1***(=hymen)* møydom; jomfruhinne; **2.:** *se maidenhood.*
maidenhood [ˌmeidən'hud] *s(=maidenhead)* jomfrudom; jomfruelighet; jomfrustand.
maidenliness [ˌmeidənlinəs] *s:* jomfruelighet.
maidenly [ˌmeidənli] *adj:* jomfruelig.
maiden name [ˌmeidən'neim] *s:* pikenavn.
maiden speech [ˌmeidənˌspi:tʃ] jomfrutale.
maiden voyage [ˌmeidən'vɔiidʒ] *mar:* jomfrutur.
maid of all work*(=general servant)* enepike.
maid of honour US*(=chief bridesmaid)* brudens forlover; *(jvf best man).*
maid servant hushjelp; pike; *(jvf housemaid).*
I. mail [meil] *hist* **1.** *s:* ***coat of mail****(=chain mail)* brynje; **2.** *vb:* pansre; ***the mailed fist*** den pansrede neve.
II. mail *s:* post; ***by air mail*** med luftpost; ***send by mail****(=post)* sende med posten.
III. mail *vb; især* **US***(=post)* poste.
mailbag [ˌmeil'bæg] *s:* postsekk.
mailbox [ˌmeil'bɔks] *s* **US** *& Canada(=letter box; pillarbox)* postkasse.
mailing list forsendelsesliste; kundekartotek.
mailman [ˌmeilmən] *s* **US***(=postman)* postbud.
mail order postordre.
mail-order firm postordrefirma.
mail van *post:* postbil.
maim [meim] *vb; oftest i passiv(=mutilate)* lemleste.
I. main [mein] *s* **1***(=main pipe)* hovedledning; ***water main*** hovedvannledning; *(jvf mains);* **2.** *stivt:* ***in the main****(=for the most part; on the whole)* for størstedelens vedkommende; i det store og hele.
II. main *adj(=chief; principal)* hoved-.
main agent [ˌmein'eidʒənt] *s; merk:* hovedforhandler.
main chance *s* **T:** ***have an eye for the main chance****(=have an eye to one's own interests)* være om seg.
main chancer *s* **T:** ***he's a main chancer*** han er om seg.
main character hovedperson (i bok, etc).

main course [ˌmein'kɔ:s] *s; kul:* hovedrett.
main current [ˌmein'kʌrənt] *s* **1.** hovedstrøm; **2.** *fig:* hovedstrømning.
main earner [ˌmein'ə:nə] *s:* hovedforsørger.
main entrance [ˌmein'entrəns] *s:* hovedinngang.
main film [ˌmein'film] *s(=feature film)* hovedfilm.
mainframe [ˌmein'freim] *s; EDB:* stormaskin.
main gateway hovedinnfallsport (*to* til).
main hearing *s; jur:* hovedforhandling.
main industry *s(=staple industry)* hovednæring; hovednæringsvei.
mainland [ˌmein'lænd] *s:* fastland.
main lights [ˌmein'laits] *s; pl; på bil(=driving lights)* hovedlys; fjernlys.
main line *s* **1** [ˌmein'lain] *jernb:* hovedlinje;
2 ['meinˌlain] *mil:* ***main line of resistance*** hovedforsvarslinje.
mainline [ˌmein'lain] *vb* **S***(=be a needle addict)* være sprøytenarkoman *(fx he's mainlining).*
mainliner [ˌmein'lainə] *s* **S***(=needle addict)* sprøytenarkoman.
mainly [ˌmeinli] *adv(=chiefly; mostly)* hovedsakelig.
main mast [ˌmein'mɑ:st] *s; mar:* stormast.
main purpose hovedhensikt; ***the main purpose of*** hovedhensikten med.
mains [meinz] *s; pl* **1***(=main)* hovedledning (for gass el. vann *n*); **2.:** ***the (electricity) mains*** lysnettet.
mainsail [ˌmein'seil] *s; mar:* storseil.
mains input [ˌmeinz'input] *s; elekt; som alternativ til batteridrift:* tilkopling for lysnettet; nettilkopling.
mains operated [ˌmeinz'ɔpə'reitid] *s; elekt:* tilsluttet lysnettet.
mainspring [ˌmein'spriŋ] *s* **1.** *mask:* hovedfjær; **2.** *fig:* drivfjær *(fx the mainspring of one's life).*
mains razor [ˌmeinz'reizə] *s:* barbermaskin som koples til lysnettet.
mains services [ˌmeinz'sə:visiz] *s; pl:* ***we're without mains services****(=our house is not connected to the mains)* vi har ikke innlagt strøm og vann *n; (se mains).*
mains tap [ˌmeinz'tæp] *s:* hoved(vann)kran.
mainstay [ˌmein'stei] *s* **1.** *mar:* storstag; **2.** *fig(=chief support)* bærende kraft; hovedstøtte.
mainstream [ˌmein'stri:m] *s* **1***(=main current)* hovedstrøm; **2.** *fig:* hovedstrøm; hovedretning.
main street [ˌmein'stri:t] *s:* hovedgate.
main subject ['meinˌsʌbdʒikt] *s; univ (,***US:** *major)* hovedfag; ***student doing his main subject*** hovedfagsstudent; ***he's taking****(=reading)* ***history as his main subject*** *(,***US:** *he's majoring in history)* han studerer historie som hovedfag; *(jvf major subject).*
mains voltage [ˌmeinz'voultidʒ] *s; elekt:* nettspenning.
maintain [meinˌtein] *vb* **1.** vedlikeholde; ***poorly maintained*** dårlig vedlikeholdt; *(jvf I. repair 2);*
2. *stivt:* opprettholde; ***food is necessary to maintain life****(=food is necessary to keep life going)* mat er nødvendig for å opprettholde livet; ***maintain****(=keep up)* ***a neutral attitude*** bevare en nøytral holdning; ***maintain the ban****(=keep up the ban)* opprettholde forbudet; ***maintain****(=keep)* ***law and order*** opprettholde lov og orden; ***maintain (a) strict neutrality****(=be strictly neutral)* opprettholde streng nøytralitet;
3. *stivt(=keep)* holde *(fx discipline);*
4. *stivt(=continue; carry on):* ***maintain a tradition*** videreføre (*el.* fortsette) en tradisjon;
5. *meget stivt(=support)* underholde *(fx a wife);*
6. *stivt:* hevde; påstå; fastholde *(fx maintain(=assert) one's innocence);* ***he maintained****(=alleged)* ***most emphatically that*** han hevdet meget sterkt at; ***the customer maintains****(=claims)* ***that*** kunden hevder at;
7. *mil & fig(=defend)* forsvare; ***maintain a position*** holde en stilling; ***maintain one's ground*** stå fast; ikke vike.
maintained school skole drevet el. kontrollert av kommunen.

maintenance [ˌmeintənəns] *s* **1.** vedlikehold *n;* ***maintenance and minor repairs*** vedlikehold og småreparasjoner; ***hints on maintenance*** råd *(n)* og vink *(n)* om vedlikehold;
2. opprettholdelse *(fx of law and order);*
3*(=carrying on)* videreføring *(fx of a tradition);*
4. underhold *n (fx of one's divorced wife);*
5. underholdsbidrag *(fx to pay maintenance for a child).*
maisonette ['meizəˌnet] *s:* leilighet (med egen inngang og ofte i to etasjer, som del av et større hus).
maize [meiz] *s; bot (,***US:** *(Indian) corn)* mais.
maizena [meiˌzi:nə] *s; varemerke:* maisenna.
maize flour maismel.
majestic [məˌdʒestik] *adj:* majestetisk.
majesty [ˌmædʒisti] *s* **1.** majestet; storhet; **2.:** ***His (,Her) Majesty*** Hans (,Hennes) Majestet.
I. major [ˌmeidʒə] *s* **1.** *mil:* major; **2.** *mus:* dur *(fx in C major);* **3. US:** ***major (subject)****(=main subject)* hovedfag; *(jvf major subject; I. minor 3).*
II. major *vb* **US:** ***major in history****(=take history as a main subject)* ta historie som hovedfag.
III. major *adj:* større *(fx war);* vesentlig *(fx improvement);* ***a major****(=large)* ***part of*** en større del av.
Majorca [məˌjɔ:kə; məˌdʒɔ:kə] *s:* Mallorca.
major general *(fk Maj Gen) mil:* generalmajor.
major incident drill katastrofeøvelse.
majority [məˌdʒɔriti] *s* **1.:** ***(age of) majority****(=coming(-)of(-)age)* myndighetsalder; ***reach the age of majority****(=come of age)* bli myndig;
2. flertall; ***a two-thirds majority*** to tredjedels flertall; ***an absolute****(=clear)* ***majority*** et absolutt (*el.* rent) flertall; *polit:* ***an overall majority*** absolutt flertall (over alle andre partier *(n)* til sammen); ***the great majority*** de aller fleste; det store flertall; ***by a majority of two*** med to stemmers overvekt; ***gain a majority*** få flertall; ***he gained****(=won; had)* ***a majority for his proposal*** han fikk flertall for forslaget sitt;
3. *merk:* ***a majority of shares*** *(,også* **US:** *a controlling interest)* aksjemajoriteten.
majority verdict *jur:* flertallskjennelse.
majority vote 1*(=majority decision)* flertallsbeslutning; flertallsvedtak; **2.:** ***election by majority vote*** flertallsvalg.
major subject *univ* **1.** storfag; **2. US***(=main subject)* hovedfag; *(se main subject & I. minor 3).*
major suit *kortsp:* høy farge; hovedfarge.
I. make [meik] *s* **1.** fabrikat *n;* merke *n (fx what make is your new car?);* ***of our own make*** av eget fabrikat;
2. S: ***be on the make*** 1. være på vei oppover (i samfunnet); 2. være ute etter å sko seg (på uærlig vis) (*for* på); være om seg (*for* etter); 3. være på jentejakt.
II. make *vb(pret & perf.part.: made)* **1.** lage; tilvirke; produsere; ***make changes*** foreta forandringer; ***made in Spain*** produsert i Spania; ***be made for each other*** være skapt for hverandre; **T:** ***we'll soon make a footballer of him!*** vi skal snart få en fotballspiller av ham! **T:** ***we'll show them what we're made of!*** vi skal vise dem hva vi er lagd av! ***make a mess*** rote til; skape rot *n;* ***make a mess of the job*** forkludre jobben; gjøre jobben dårlig; ***make a mess of things*** rote til; ødelegge det hele; ***make a nuisance of oneself*** være til bry *n;* være plagsom; ***make new rules*** lage nye regler; ***make trouble****(=cause difficulties)* lage vanskeligheter *(fx for sby);*
2. gjøre; ***make sby happy (,ill, well)*** gjøre en lykkelig (,syk, frisk); ***you'll make yourself sick!*** du kommer til å bli syk (hvis du gjør det)! ***make it clear that*** gjøre det klart at; ***make sth clear to sby*** gjøre en noe forståelig; gjøre noe klart for en; ***make****(=do)* ***a beautiful dive*** gjøre et nydelig stup; ***make an effort*** anstrenge seg; gjøre en anstrengelse; ***make every effort to*** anstrenge seg til det ytterste for å; ***he's making an effort at any rate*** han gjør i hvert fall så godt han kan; *mar:* ***make***

fast a boat*(=moor a boat)* fortøye en båt; ***make a fool of oneself*** dumme seg ut; ***make a mistake*** gjøre en feil; ***make public*** offentliggjøre; bekjentgjøre; gjøre offentlig kjent; ***make it a rule to*** gjøre seg til regel å; ***make a good show*** gjøre seg (godt *el.* bra); *om person:* gjøre en god figur; ***make oneself comfortable*** gjøre seg det bekvemt; ***make oneself understood*** gjøre seg forstått (*to sby* for en);
3. gjøre til; ***make an enemy of sby*** gjøre en til sin fiende; ***things aren't as bad as he makes them*** det er ikke så galt som han vil ha det til;
4.: ***this film made her*** med denne filmen hadde hun gjennombrudd; ***if the plan works we're made*** hvis planen fungerer, er vår lykke gjort; ***that's made my day!*** det var dagens høydepunkt for meg! dagen er reddet! ***he can make or break you*** han har din skjebne i sine hender; ***this will make or break him*** her har han satset alt; dette vil bety knall *(n)* eller fall *(n)* for ham;
5.: ***make sth*** 1. lage noe (*of sth* av noe); *(se også 29 & 30);* 2. tjene noe *(fx make £200 a week);* ***make a fortune*** tjene en formue; ***make a good living*** tjene godt; ***make a profit*** få (*el.* ha) fortjeneste; ***that was all I made by****(=from)* ***it****(=that was all I got out of it)* det var alt jeg tjente på det;
6. make sby do sth*(=get sby to do sth)* få en til å gjøre noe; ***what made him say that?*** hva fikk ham til å si det? ***make oneself do sth*** få seg til å gjøre noe; ***she didn't want to do it, but they made her (do it)*** hun ville ikke gjøre det, men de tvang henne; ***it made me laugh*** det fikk meg til å le; *i passiv i betydningen 'tvinge':* ***he was made to do it*** man fikk ham til å gjøre det; han måtte pent gjøre det; ***he was made to sit down*** man fikk ham til å sette seg; han måtte pent sette seg;
7*(=come to)* beløpe seg til; ***that makes £75 in all*** det blir £75 (alt) i alt (*el.* i det hele);
8*(=equal):* ***five and five make(s) ten*** fem og fem er (lik) ti;
9*(=constitute)* utgjøre *(fx this novel made the last volume of his collected works);*
10. *om anslag el. formodning:* ***how much do you make the total?*** hvor mye får du det til i alt? ***I make the total 500*** jeg får det til å bli 500 i alt;
11*(=be; turn out to be)* være; bli *(fx he'll make an excellent teacher);* ***it makes****(=it'll make)* ***a good story*** det blir en god historie av det;
12*(=be)* være; ***it makes exciting reading*** det er spennende lesning;
13. fremsette; komme med *(fx a statement);* avgi *(fx a declaration);* ***make a speech*** holde en tale;
14. nå (frem til) *(fx we'll make(=reach) Bristol by tonight); fig:* ***the story made the front page*** historien kom på første side;
15*(=cover)* tilbakelegge *(fx ten miles a day);*
16*(=score)* score *(fx 20 runs in the cricket match);*
17. *om måltid(=eat)* innta *(fx a hasty lunch);*
18. T: klare; greie; ***will he make the team?*** klarer han å komme inn på laget?
19.: ***make a lot of enemies*** skaffe seg mange fiender; ***make plenty of friends in the town*** få mange venner i byen; ***make friends with sby*** gjøre seg til venns med en;
20.: ***make it*** 1. *om tid(=get there in time)* nå det; komme tidsnok; ***make the early plane*** rekke morgenflyet; 2. *om avtale:* ***let's make it five o'clock*** la oss si klokken fem; 3*(=be successful)* gjøre lykke; ***he never quite made it*** han lyktes aldri helt; 4. klare det; ***we'll make it*** vi klarer det nok; 5. *om distanse & fig:* ***you'll never make it that far*** du klarer aldri å komme (deg) så langt; ***at 39 she's made it*** hun er 39 år og har gjort karriere; 6. *etter trette:* ***make it up again*** gjøre det godt igjen;
21. *stivt(=go):* ***we made after the thieves in a fast car*** vi kjørte etter tyvene i en rask bil;
22. *stivt:* ***make to****(=make as if to)* gjøre mine til å;
23.: ***make as if to*** gjøre mine til å; late som om man har tenkt å *(fx he made as if to hit me);*
24.: ***make****(=head)* ***for*** sette kursen mot; ***make****(=set out)* ***for home*** begi seg på hjemveien; vende nesen hjemover; ***make towards the door*** sette kursen mot døren;
25.: ***make believe****(=pretend that)* late som om *(fx they made believe they were cowboys and Indians);*
26.: ***make do****(=manage)* klare seg; ***we made do somehow*** vi klarte oss på et vis; ***make do with*** klare seg med; ***make do without****(=manage(=do) without)* klare seg uten;
27. *vulg:* ***make a girl, make it with a girl*** knulle en pike;
28.: ***make good*** 1*(=get on)* bli til noe (i livet); 2.: ***make good a loss*** erstatte et tap;
29.: ***make sth into sth*** lage noe av noe *(fx a dress of the material);* gjøre noe om til noe; ***make the book into a film*** lage en film av boken:
30.: ***make of*** 1. lage av *(fx make platforms of brick);* 2. *fig:* ***what do you make of it?*** hva får du ut av det? ***I didn't make much of it*** jeg fikk ikke stort ut av det; ***I don't know what to make****(=think)* ***of him*** jeg vet ikke hva jeg skal mene om ham; 3. *fig:* ***so what does that make of the peace plan?****(=so where does that leave the peace plan?)* hva blir det så til med fredsplanen? 4. *fig:* ***make much of****(=make a fuss of)* gjøre stas av (*el.* på); 5. *fig:* ***he tends to make too much of his problems*** han har en tendens til å gjøre for meget vesen *(n)* av problemene *(n)* sine; 6.: ***make a mess of a job*** forkludre en jobb; ***he made a success of it*** han gjorde det godt; 7.: ***make an enemy of sby*** gjøre en til sin fiende;
31.: ***make off*** 1*(=run away;* **T:** *decamp)* stikke av; forsvinne; *spøkef* **T:** dra sin kos; 2.: ***make off with****(=run away with;* **T:** *decamp with)* stikke av sted med;
32. T: ***make (money) on a deal*** tjene penger på en handel;
33.: ***make out*** 1*(=issue; write out)* utstede; skrive ut; ***make****(=write)* ***out a cheque to*** skrive ut en sjekk til; 2*(=complete)* fylle ut *(a form* et skjema); 3*(=just see)* skjelne *(fx a ship in the distance);* 4*(=understand)* forstå; bli klok på *(fx I can't make out what he wants);* ***how do you make that out?****(=what makes you think that?)* hvordan kommer du på den tanken? 5. **T***(=manage):* ***how's he making out****(=getting on)* ***in his new job?*** hvordan klarer han seg i den nye jobben? 6*(=pretend)* late som om *(fx he made out that he was hurt);* ***it's worse than he tries to make out*** det er verre enn han vil ha det til; ***make oneself out (to be) better than one is*** gjøre seg bedre enn man er; 7.: ***he's not such a fool as he's sometimes made out to be*** han er ikke en slik tosk som han av og til fremstilles som; ***he makes us out to be better than we are*** han gjør oss bedre enn vi er; 8. *jur:* ***make out a case against*** innlede straffesak mot; reise tiltale mot; 9.: ***make out a case for sth****(=put up a case for sth)* argumentere for noe;
34.: ***make over****(=transfer)* overdra (*to* til); skrive over (*to* til) *(fx the house was made over to his son);*
35.: ***make up*** 1. lage i stand *(fx a parcel);* ***make (up) a bed*** re opp en seng; *på apotek:* ***make up a prescription*** lage i stand en resept; ***make the flowers up into bunches*** lage buketter av blomstene; 2*(=invent)* dikte opp; finne på *(fx a story);* 3*(=constitute)* utgjøre; 4*(=catch up)* ta igjen; ***he's got to make****(=catch)* ***up 14 seconds*** han må ta igjen 14 sekunder *n; (se 36: make up for);* 5.: ***be made up of****(=consist of)* bestå av; 6*(=complete)* komplettere *(fx buy two cups to make up the set);* 7.: ***make up the number(s)*** gjøre (laget, etc) fulltallig; *kortsp:* ***will you make up a four?*** vil du være fjerdemann? 8.: ***make up the difference to sby*** holde en skadesløs for differansen; 9.: ***make up (one's face)*** sminke seg; ***she was heavily made up*** hun var sterkt sminket; 10.: ***they've made it up****(=they've made up their differences)* de er blitt venner igjen; 11.: ***make up***

m

one's mind bestemme seg (*to* for å); ***make up your mind!*** bestem deg! ***my mind's made up*** jeg har bestemt meg; ***once his mind's made up, that's it*** når han først har bestemt seg, ombestemmer han seg ikke; ***I can't make up your mind for you*** det kan jeg ikke bestemme for deg (*el.* på dine vegne); ***I can't make up my mind about him****(=I don't know what to make(= think) of him)* jeg vet ikke hva jeg skal mene om ham;
36.: ***make up for*** 1. oppveie; 2. ta igjen; ***make up for a delay****(=catch up on a delay)* innhente en forsinkelse; kjøre inn en forsinkelse; *mht. tapt tid:* ***make up for lost time*** ta igjen det forsømte;
37.: ***make up to* T** 1*(=toady to)* smiske for; 2. gjøre kur til; *lett glds & spøkef:* gjøre haneben til; 3. *beklagende:* ***I'll make it up to you next time*** neste gang skal det bli bedre.

I. make-believe [ˌmeikbi'li:v] *s:* forstillelse; fantasi; komediespill; bløff; ***don't worry, it's just make -believe*** bli ikke urolig, det er bare på liksom; ***that's all make-believe*** alt det der er bare bløff (*el.* komediespill); ***a world of make-believe****(=a make-believe world)* en fantasiverden.

II. make-believe *adj:* fantasi- *(fx world).*

I. make-do [ˌmeik'du:] *s: se I. makeshift.*

II. make-do *adj: se II. makeshift.*

maker [ˌmeikə] *s* **1.** *i sms:* -maker; ***tool maker*** verktøymaker; **2.:** ***he's gone to meet his Maker****(=he has died)* han er død.

I. makeshift [ˌmeik'ʃift] *s:* noe som gjør nytten midlertidig *(fx it's only a makeshift).*

II. makeshift *adj(=provisional)* provisorisk *(fx a makeshift garden shed).*

make-up [ˌmeik'ʌp] *s* **1.** make-up; sminke; ***wear make -up*** bruke sminke;
2. *fig:* vesen *n (fx it's just not part of his make-up);* ***his intellectual make-up*** hans åndelige habitus;
3*(=composition)* sammensetning *(fx of the team).*

make-up man *teat & film(=make-up artist)* sminkør.

making [ˌmeikiŋ] *s* **1.** fremstilling; produksjon; tilvirkning;
2.: ***in the making*** som holder på å ta form (*el.* bli til);
3.: ***that was the making of him*** det ble hans lykke;
4.: ***have the makings of*** ha alle forutsetninger for.

maladjusted ['mæləˌdʒʌstid] *adj:* ***(socially) maladjusted*** miljøskadd; miljøskadet; feiltilpasset.

maladjustment ['mæləˌdʒʌstmənt] *s:* miljøskade; feiltilpasning; ***his (social) maladjustment*** hans feiltilpasning.

maladministration ['mæləd'miniˌstreiʃən] *s* **1***(=bad administration)* dårlig administrasjon; **2.** mislighet i embetsførselen; uordentlig embetsførsel.

maladroit ['mæləˌdrɔit] *adj; stivt* **1***(=clumsy)* klossete; ubehjelpelig; **2***(=tactless)* taktløs *(fx remark).*

malady [ˌmælədi] *s; glds el. stivt(=illness)* sykdom.

malaise [mæˌleiz] *s* **1***(=indisposition)* illebefinnende; **2.** *fig:* ***an economic malaise*** et økonomisk uføre.

malapropism [ˌmæləprɔp'izəm] *s:* gal bruk el. forveksling av (fremmed)ord *n.*

malapropos ['mæləprəˌpou] *adj & adv:* malapropos; malplassert.

malar [ˌmeilə] *adj; anat:* kinn-.

malaria [məˌlɛəriə] *s; med.:* malaria.

Malawi [məˌlɑ:wi] *s; geogr:* Malawi.

I. Malay [məˌlei] *s* **1.** malay; **2.** *språk:* malayisk.

II. Malay *adj:* malayisk.

Malaya [məˌleiə] *s; geogr:* Malaya.

Malaysia [məˌleiziə] *s; geogr:* Malaysia.

I. Malaysian [məˌleiziən] *s:* person fra Malaysia.

II. Malaysian *adj:* fra Malaysia; som angår Malaysia.

I. malcontent [ˌmælkən'tent] *s; især polit; stivt(=discontented person)* misfornøyd person.

II. malcontent *adj(=discontented)* misfornøyd.

maldistribution ['mældistriˌbju:ʃən] *s(=unequal distribution)* ujevn fordeling.

Maldives [ˌmɔ:l'daivz] *s; geogr:* ***the Maldives*** Maldivene.

I. male [meil] *s* **1.** vesen *(n)* av hankjønn; mannfolk; mann(sperson); **2.** *zo:* han(n).

II. male *adj* **1.** mannlig; av hankjønn; ***the male sex*** hankjønnet; **2.** *bot & zo:* han(n)- *(fx animal).*

male chauvinism mannssjåvinisme.

male chauvinist*(=sexist man; sexist male)* mannssjåvinist.

male-chauvinist [ˌmeilˌʃouvinist] *adj:* mannssjåvinistisk.

malediction ['mæliˌdikʃən] *s; meget stivt(=curse)* forbannelse.

male dominance mannsdominans.

male-dominated [ˌmeil'dɔmineitid] *adj(=dominated by men)* mannsdominert.

malefactor [ˌmæli'fæktə] *s; glds el. stivt(=criminal; wrongdoer)* misdeder; forbryter.

malevolence [məˌləvələns] *s; stivt(=malice)* ondsinnethet; ondskapsfullhet.

malevolent [məˌlevələnt] *adj; stivt(=malignant)* ondsinnet; ondskapsfull.

malformation ['mælfəˌmeiʃən] *s:* misdannelse.

malformed [mælˌfɔ:md] *adj:* misdannet.

I. malfunction [mælˌfʌŋkʃən] *s:* funksjonsfeil; funksjonsforstyrrelse.

II. malfunction *vb; om maskin(=work badly)* arbeide dårlig.

Mali [ˌmɑ:li] *s; geogr:* Mali.

malice [ˌmælis] *s* **1.** ondskap; ondskapsfullhet; ***out of (sheer) malice*** bare for å være ondskapsfull; i ren (og skjær) ondskap; *meget stivt:* ***I bear him no malice****(=I bear no grudge against him)* jeg bærer ikke nag *(n)* til ham; **2.** *jur:* ***with malice aforethought****(=deliberately)* i ond hensikt; *jur:* med overlegg *n;* overlagt.

malicious [məˌliʃəs] *adj:* ondskapsfull; ond(sinnet); skadefro; ***malicious pleasure*** skadefryd; ***malicious remark*** ondskapsfull bemerkning.

malign [məˌlain] *vb; meget stivt(=run down)* baktale.

malignancy [məˌlignənsi] *s* **1.** *stivt(=malice)* ondsinnethet; **2.** *med.:* ondartethet.

malignant [məˌlignənt] *adj* **1.** *stivt(=evil)* ond; ***she has a malignant nature****(=she's evil by nature)* hun er ond av natur; **2.** *stivt(=malevolent)* ond; **3.** *med.:* ondartet.

malignity [məˌligniti] *s* **1.** *meget stivt(=malice)* ondskap; ondhet. **2.** *med.(=malignancy)* ondartethet.

malinger [məˌliŋgə] *vb:* være skulkesyk.

malingerer [məˌliŋgərə] *s:* simulant; en som er skulkesyk.

malingering [məˌliŋgəriŋ] *adj:* skulkesyk.

mall [mɔ:l] *s* **US** *& Canada:* ***(shopping) mall****(=shopping arcade)* fotgjengerområde med butikker; ***a strip mall*** en sammenhengende rekke forretninger.

mallard [ˌmæləd] *s; zo:* stokkand.

malleable [ˌmæliəbl] *adj:* smibar; valsbar; som lar seg forme; ***gold is much more malleable than iron*** gull *(n)* er langt lettere å behandle enn jern *n.*

mallet [ˌmælit] *s* **1.** trehammer; **2.** trekølle; klubbe.

mallow [ˌmælou] *s; bot:* kattost.

malnutrition ['mælnju:ˌtriʃən] *s:* feilernæring; underernæring (pga. uriktig sammensatt kost).

malodorous [mælˌoudərəs] *adj; litt. el. stivt(=foul -smelling)* illeluktende.

malpractice [mælˌpræktis] *s* **1.** feilbehandling; uforsvarlig behandling; **2.** *stivt:* ***malpractices****(=irregularities)* uregelmessigheter; misligheter; ***serious financial malpractices*** grove økonomiske misligheter.

I. malt [mɔ:lt] *s:* malt.

II. malt *vb:* malte.

Malta [ˌmɔ:ltə] *s; geogr:* Malta; ***Knight of Malta*** malteserridder; ***the Order of Malta*** malteserordenen.

malt beer vørterøl.

I. Maltese [mɔ:lˌti:z] *s* **1.** malteser; **2.** *språk:* maltesisk.

II. Maltese *adj:* maltesisk.

malt loaf *kul:* vørterkake.
maltreat [mælˌtri:t] *vb; stivt(=ill-treat)* mishandle; maltraktere; ***maltreat the piano*** maltraktere pianoet.
maltreatment [mælˌtri:tmənt] *s; stivt(=ill-treatment)* mishandling; maltraktering.
mama [məˌmɑ:; **US:** ˌmɑ:mə] *s* **1.** *glds(=mum(my))* mamma; **2. US T***(=mum(my))* mamma.
mamma*(=mama)* [məˌmɑ:; **US:** ˌmɑ:mə] *s; især* **US** *(=mummy)* mamma.
mammal [ˌmæməl] *s; zo:* pattedyr.
mammary [ˌmæməri] *adj; anat:* bryst-.
mammary gland *anat:* brystkjertel; melkekjertel.
mammon [ˌmæmən] *s; stivt(=money)* mammon.
mammoth [ˌmæməθ] **1.** *s; zo; hist:* mammut;
2. *adj* **T***(=gigantic)* mammut- *(fx project).*
mammy [ˌmæmi] *s* **1***(=mummy)* mamma;
2. US *glds & neds(=Negro nanny)* svart barnepike.
Man [mæn] *s; geogr:* ***the Isle of Man*** øya Man; *(jvf Manx).*
I. man [mæn] *s(pl: men)* **1.** mann; ***three men*** 1. tre menn; 2. *til arbeidsoppgave, etc: se 6 ndf;* ***he's a family man****(=he's a home-lover)* han er et hjemmemenneske; **T:** ***that man Brown*** han der Brown; ***old man*** 1. gammel mann; 2. *spøkef* **T:** ***the old man*** gammer'n; sjefen;
2. mann(folk); ***a real man*** et ordentlig mannfolk; ***be a man!*** forsøk å oppføre deg som en mann! ***how can we make a man of him?*** hvordan skal vi få et mannfolk av ham? ***he's a fine figure of a man*** han er et ordentlig mannfolk å se til;
3. *om ektemann:* ***man and wife*** mann og kone; ***married man with a working wife*** gift mann med yrkesaktiv kone; *om venn el. ektemann* **T:** ***her man*** mannen (,vennen) hennes;
4*(=person)* menneske *n;* ***he's a very decent man****(= person)* han er et fint og godt menneske; *(se II. man & Man);*
5*(=individual person)* enkeltindivid; mann;
6. *medlem av gruppe, lag, arbeidsgjeng:* mann; ***two of your men*** to av dine folk *(n) (el.* menn); ***we need two men for that job*** vi trenger to mann til den jobben;
7. *mil; pl:* ***officers and men*** offiserer og menige;
8. *i brettspill(=piece)* brikke;
9. *int; brukt i visse kretser for å demonstrere utvungent forhold mellom den som snakker og den som hører på:* ***man, what a party!*** herregud for et selskap! jeg skal si det var litt av et selskap! ***man, was I tired!*** herregud så sliten jeg var! ***hurry up, man!*** skynd deg da, mann!
10. T: ***your*** *(etc)* ***man*** den du (etc) trenger; den rette *(fx if you want a good electrician, John's your man);*
11.: ***be one's own man*** være sin egen herre;
12.: ***I've lived here, man and boy, for thirty years*** jeg har bodd her i tredve år *(n),* helt siden jeg var gutt;
13.: ***man about town*** levemann;
14.: ***the man in the street*** menigmann; den jevne mann;
15.: ***the man of the moment****(,***T:** *the man in the news)* dagens mann;
16.: ***he's a man of his word****(=he's as good as his word)* han er en ordholden mann;
17.: ***a man of the world*** en verdensmann;
18.: ***to a man*** 1*(=to the last man)* til siste mann; 2*(= one and all)* alle som en *(fx they rose to a man);* ***they answered Yes to a man*** alle som en svarte ja;
19.: ***man to man*** mann og mann imellom; rett på sak *(fx a man-to-man discussion);* ***fight man to man****(= fight hand to hand)* slåss mann mot mann.
II. man, Man *s; uten art:* menneske; mennesket; ***early man*** de første menneskene; ***the development of man*** menneskets utvikling; ***modern man*** det moderne menneske; ***man is mortal*** mennesket er dødelig; ***man proposes, God disposes*** mennesket spår, Gud rår; *(jvf mankind).*
III. man *vb:* bemanne *(fx a machine; a ship).*
-man -manns; ***a four-man team*** et firemannslag.
manacle [ˌmænəkl] *s; hist:* ***manacles****(=handcuffs)* håndjern.
manage [ˌmænidʒ] *vb* **1***(=be in charge of)* administrere; bestyre; ha ansvaret for; *pengemidler:* forvalte; ***she manages the house*** hun står for husholdningen; *(jvf mismanage);*
2*(=be the manager of)* være leder *(el.* manager) for;
3*(=deal with; control)* styre; hanskes med; ***she's good at managing people****(=she's very good at dealing with people)* hun er flink til å behandle mennesker *n;*
4. greie; klare *(fx we'll manage quite well by ourselves);* ***can you manage with £20 till I get some more money?*** kan du klare deg med £20 til jeg får noen flere penger? ***we'll manage with****(=on)* ***what we've got****(= we'll make do with what we have)* vi skal *(el.* får) greie oss med det vi har; ***can you manage (to eat) some more meat?*** klarer du (å spise) litt kjøtt til? ***can you manage on your own?*** klarer du deg alene? ***can you manage with both (the) parcels?*** greier du begge pakkene?
manageable [ˌmænidʒəbl] *adj* **1.** lett å styre; medgjørlig; **2.** *om oppgave:* overkommelig *(fx task);* ***of manageable size*** av en overkommelig størrelse.
management [ˌmænidʒmənt] *s* **1.** administrasjon; forvaltning; ***(works) management*** bedriftsledelse; firmaledelse; ***hands-on management*** direkte ledelse; ***the top management*** toppledelsen; ***management and workers*** bedriftsledelse og arbeidere; ***bad management*** dårlig ledelse *(el.* administrasjon); *(jvf mismanagement);* ***the management*** administrasjonen; ledelsen; ***the firm is now under new management*** firmaet har nå fått ny ledelse;
2. dyktighet; klokskap; manøvrering *(fx it needed a good deal of management to persuade them to give me the job); ordspråk:* ***it was more by good luck than by good management****(=he (etc) was more lucky than wise)* lykken var bedre enn forstanden.
(management) board: ***the school (management) board*** skolens utvalg *n.*
management staff firmaledelse; bedriftsledelse.
manager [ˌmænidʒə] *s* **1.** leder; (avdelings)sjef; bestyrer; sjefkonsulent; ***sales manager*** salgssjef; ***middle managers*** folk *(n);* med sjefstillinger i mellomsjiktet; **2.** *sport:* manager; **3.** *sangers, etc:* ***publicity manager*** manager.
managerial ['mæniˌdʒiəriəl] *adj:* leder-; ***managerial skills*** lederevner.
managing director *merk(fk Man Dir)* administrerende direktør *(fk* adm. dir.).
mandarin [ˌmændərin] *s* **1.** *hist:* mandarin;
2. *bot(=mandarin orange)* mandarin.
mandate [ˌmændeit] *s* **1.** mandat *n;* ***a limited mandate*** bundet mandat; **2.** *hist(=mandated territory)* mandat *n.*
I. mandatory [ˌmændətəri] *s:* mandatar.
II. mandatory *adj(=obligatory)* obligatorisk; ***mandatory on both parties*** bindende for begge parter.
mandatory sign *trafikkskilt:* påbudsskilt.
man-day [ˌmæn'dei] *s:* dagsverk; ***ten man-days*** ti dagsverk.
mandible [ˌmændibl] *s* **1.** *anat(=lower jawbone)* underkjeve(ben); **2.** *zo; på insekt:* forkjeve; kinnbakke.
mandolin(e) [ˌmændəlin] *s; mus:* mandolin.
mane [mein] *s; zo:* manke; man; *spøkef om hår:* manke.
man-eater [ˌmæn'i:tə] *s* **1.** menneskeeter; **2.** *om kvinne* **T:** mannfolketer.
maneuver [məˌnu:və] **US:** *se manoeuvre.*
manganese ['mæŋgəˌni:z; **US:** ˌmæŋgə'ni:z] *s; min:* mangan *n.*
mange [meindʒ] *s; vet(=scab)* skabb.
manger [ˌmeindʒə] *s; glds(=crib)* krybbe.
I. mangle [mæŋgl] *s; hist:* rulle; mangletre.

II. mangle *vb* **1.** *hist:* rulle *(fx the washing);* **2.** *fig:* ***the car was badly mangled in the accident*** bilen fikk en stygg medfart i kollisjonen; **3. T:** ødelegge (med stygge feil); radbrekke *(fx music by terrible playing).*
mango [ˌmæŋgou] *s; bot. (pl: mango(e)s)* mango.
mangy [ˌmeindʒi; ˌmændʒi] *adj* **1.** skabbet; **2***(=shabby)* lurvete; shabby *(fx old fur coat).*
manhandle [ˌmæn'hændl] *vb* **1***(=treat roughly)* behandle uvørent; ta hardt på; **2.** bruke håndkraft på.
manhole [ˌmæn'houl] *s:* nedstigningsbrønn; mannhull.
manhood [ˌmæn'hud] *s* **1.** manndom; manndomsalder; ***(the vigour of) manhood*** manndomskraft(en); ***in the (full) prime of manhood*** i sin fulle manndomskraft; **2***(=manliness)* mandighet; **3.** *kollektivt:* ***French manhood****(=French men)* franske menn.
man-hour [ˌmæn'auə] *s:* timeverk.
manhunt [ˌmæn'hʌnt] *s:* menneskejakt.
mania [ˌmeiniə] *s* **1.** *med.:* mani; ***persecution mania*** forfølgelsesvanvidd; **2.** *fig:* mani; ***have a mania for sth (,for doing sth)*** ha dilla med noe (,med å gjøre noe).
maniac [ˌmeini'æk] *s* **1.** *med.(=manic person)* manisk person; **2. T***(=madman)* galning; ***drive like a maniac*** kjøre som en galning; **3. T:** ***a sports maniac*** en som har sportsdilla.
manic [ˌmænik] *adj; med.:* manisk.
manic-depressive *adj; med.:* manisk-depressiv.
I. manicure [ˌmæni'kjuə] *s:* manikyr(e); ***give sby a manicure*** gi en manikyr(e);
II. manicure *vb:* manikyrere.
I. manifest [ˌmæni'fest] *s* **1.** *mar:* lastemanifest; lasteliste; **2.** *især* **US** *flyv(=manifesto)* manifest *n; (jvf manifesto).*
II. manifest *vb; stivt(=show (clearly))* legge for dagen; ***manifest great emotion*** legge sterke følelser for dagen; ***manifest itself*** manifestere seg; vise seg; gi seg utslag *(in* i).
III. manifest *adj; meget stivt(=obvious)* tydelig; åpenbar *(fx lie);* ***he made it manifest****(=clear)* ***that …*** han gjorde det klart at …
manifestation ['mænifeˌsteiʃən] *s* **1.** manifestasjon; utslag; ***a manifestation of the disease*** et utslag av sykdommen;
2. *polit:* manifestasjon; demonstrasjon;
3.: ***manifestations of life*** livsytringer *(fx in the floor of the forest).*
manifesto ['mæniˌfestou] *s* **1.** *polit:* manifest *n;* **2.** *flyv(,***US:** *manifest)* manifest *n;* ***passenger manifesto*** passasjerliste.
I. manifold [ˌmæni'fould] *s; mask:* manifold.
II. manifold *adj; meget stivt el. litt.(=many)* mange; *(=many and varied)* mangfoldige; ***a manifold personality****(=a person of many parts)* en mangfoldig personlighet; ***a manifold****(=many-sided)* ***subject*** et mangslungent tema.
manikin [ˌmænikin] *s:* mannsling.
manipulate [məˌnipju'leit] *vb* **1.** *stivt(=handle skilfully)* manipulere; håndtere *(fx the controls of the aircraft);* **2.** *fig:* manipulere (med) *(fx the jury);* ***manipulate (the) figures*** manipulere med tall(ene) *n.*
manipulation [mə'nipjuˌleiʃən] *s:* manipulering; håndtering.
man jack T: ***every man jack of you*** hver eneste en av dere.
I. mankind ['mænˌkaind] *s:* menneskeheten; menneskeslekten; ***all mankind*** hele menneskeheten.
II. mankind [ˌmæn'kaind] *s(=men; the male sex)* mannkjønnet; mennene.
man-labour [ˌmæn'leibə] *adj:* ***man-labour year*** årsverk.
manliness [ˌmænlinəs] *s:* mandighet.
manly [ˌmænli] *adj:* mandig *(fx strong and manly).*
man-made [ˌmæn'meid] *adj* **1.** lagd av mennesker *n;* ***man-made changes in the climate*** klimaforandringer skapt av mennesker;
2*(=artificial)* kunstig *(fx lake; snow).*
man-made fibre kunstfiber.
manna [ˌmænə] *s:* manna.
manned *adj:* bemannet *(fx spacecraft).*
mannequin[ˌmænikin] *s* **1.** mannekeng;
2*(=display dummy)* utstillingsfigur;
3*(=lay figure)* (kunstners) leddukke;
4.: ***tailor's mannequin*** skredders dukke.
mannequin*(=fashion)* ***show*** mannekengoppvisning.
manner [ˌmænə] *s* **1***(=way)* måte *(fx in a friendly manner);* ***in the approved manner*** på foreskreven måte;
2. *om person:* vesen *n;* fremtreden; ***a confident manner*** en sikker fremtreden; ***a pleasant manner*** et behagelig vesen;
3. *stivt(=kind; kinds)* slags *(fx a cupboard filled with all manner(=kinds) of tools);*
4. *kunstners(=style)* manér; ***in the manner of****(=in the style of; à la)* à la;
5.: ***manners*** oppførsel; manerer; fremtreden; ***table manners*** bordmanerer; ***good manners*** pen oppførsel; pene manerer; en pen fremtreden; ***he has no manners*** han eier ikke manerer; han har ikke folkeskikk; ***it's bad manners to …*** det er uoppdragent (*el.* uhøflig) å …; det er ikke pent å …;
6. *gram:* ***adverb of manner*** måtesadverb;
7. *stivt:* ***by all manner of means****(=by all means; certainly; yes, of course)* for all del; naturligvis; ***by no manner of means, not by any manner of means****(=by no means; not at all)* aldeles ikke; slett ikke;
8. *stivt:* ***in a manner of speaking****(=in a way)* i en viss forstand; på en måte;
9.: ***she told us, in no uncertain manner, that …*** hun fortalte oss med all ønskelig tydelighet at …;
10. *spøkef:* ***as (if) to the manner born*** som (om man er) skapt til det; ***he's to the manner born*** det ligger ham i blodet; ***she deals with her staff as to the manner born*** hun behandler personalet sitt som om hun aldri hadde gjort annet.
mannerism [ˌmænər'rizəm] *s:* maner; vane.
mannish [ˌmæniʃ] *adj; neds om kvinne:* mannhaftig.
manoeuvrability [mə'nu:vrəˌbiliti] *s (,***US:** *maneuverability)* manøvrerbarhet.
manoeuvrable [məˌnu:vrəbl] *adj (,***US:** *maneuverable)* manøvrerbar.
I. manoeuvre *(,***US:** *maneuver)* [məˌnu:və] *s; også fig:* manøver; ***wrong manoeuvre*** feilmanøver.
II. manoeuvre *(,***US:** *maneuver) vb; også fig:* manøvrere; ***she manoeuvred me into a position where I had to agree*** hun manøvrerte meg inn i en situasjon hvor jeg måtte erklære meg enig; ***he manoeuvred his brother into a top job*** han fikk plassert sin bror i en toppstilling.
man of God*(=clergyman):* ***he's a man of God*** han er en Guds mann.
manometer [məˌnɔmitə] *s:* manometer *n.*
manor [ˌmænə] *s* **1.** *hist(=landed estate)* gods *n;* **2***(=manor house)* herregård; **3. T***(=police district)* politidistrikt; ***our manor*** vårt distrikt.
manpower [ˌmæn'pauə] *s:* arbeidskraft.
Manpower Services Commission arbeidsformidlingens hovedkontor; *(jvf Employment Service Agency & job centre).*
mansard [ˌmænsɑ:d] *s:* mansard(tak); mansardetasje.
mansion [ˌmænʃən] *s* **1***(=mansion house)* herskapshus; **2.** *i navn på appartementshus, oftest i luksusklassen, fx 'Curzon Mansions'.*
mansion block finere appartementsblokk; *(jvf service flat: block of -s).*
Mansion House *i London:* ***the Mansion House*** embetsbolig for Londons borgermester ('the Lord Mayor of London').
mansized [ˌmæn'saizd] *adj* **T***(=big)* stor.

manslaughter [ˌmæn'slɔ:tə] *s* **1**(*=homicide)* drap *n;* **2.** *jur:* ***involuntary manslaughter*** uaktsomt drap; ***voluntary manslaughter*** forsettlig drap.
man's shop: *se men's shop.*
mantel [mæntl] *s: se mantelpiece.*
mantelpiece [ˌmæntl'pi:s] *s* **1**(*=mantel)* kaminomramning; **2**(*=chimneypiece)* kaminhylle.
mantis [ˌmæntis] *s; zo:* ***praying mantis*** kneler.
mantle [mæntl] *s* **1.** *glds(=cloak)* kappe; **2.** *i lampe:* ***gas mantle*** glødenett; **3.** *fig:* teppe *n (fx of snow).*
I. manual [ˌmənjuəl] *s* **1.** *mus:* manual; **2.** håndbok; ***shop manual*** verkstedhåndbok.
II. manual *adj* manuell; hånd-.
manual labour kroppsarbeid.
manually [ˌmænjuəli] *adv* manuelt; ***manually operated*** hånddrevet; manuelt betjent.
manual operation manuell betjening.
manual power håndkraft.
manual training 1. manuell trening; **2.** *skolev; kollektivt:* ferdighetsfag.
I. manufacture ['mænjuˌfæktʃə] *s* **1.** fabrikasjon; fremstilling; produksjon; ***small-cale manufacture*** fremstilling i små serier; ***manufacture under licence*** lisensproduksjon; **2.** *især i pl:* ***manufactures****(=products)* produkter *n;* fabrikater *n.*
II. manufacture *vb* **1**(*=make)* produsere; fremstille; fabrikere; **2**(*=invent):* ***manufacture an excuse for being late*** dikte opp en unnskyldning for å komme for sent; **3.** *fig(=produce; write)* produsere *(fx writers who manufacture stories for television).*
manufacturer ['mænjuˌfæktʃərə] *s:* fabrikant.
I. manufacturing ['mænjuˌfæktʃəriŋ] *s* **1.** fabrikasjon; fremstilling; produksjon; **2**(*=manufacturing operations)* fabrikkvirksomhet; fabrikkdrift.
II. manufacturing *adj:* fabrikkmessig; fabrikk-; ***operations on a manufacturing scale*** fabrikkmessig drift.
manufacturing company (større) produksjonsbedrift; ***group of manufacturing companies*** fabrikkonsern.
manufacturing firm produksjonsbedrift.
manufacturing industry fabrikkindustri.
manufacturing plant(*=factory plant)* fabrikkanlegg.
I. manure [məˌnjuə] *s:* gjødsel; ***liquid manure*** gjødselvann.
II. manure *vb:* gjødsle.
I. manuscript [ˌmænju'skript] *s:* manuskript *(n) (of* til).
II. manuscript *adj(=handwritten)* håndskrevet.
Manx [mæŋks] *adj:* fra øya Man; som hører til på øya Man.
many [ˌmeni] *adj:* mange; **T:** ***a good****(=great)* ***many*** en god del; en hel del; ***one too many chairs****(=one chair too many)* én stol for mye; ***he's had one too many*** han han fått et glass for mye; *litt.:* ***many a****(=many)* mang en; ***as many*** like mange; ***he made ten spelling mistakes in as many lines*** han presterte ti stavefeil på like mange linjer; ***as many as*** like mange som; ***as many again*** en gang til så mange; like mange *(fx I have six here and as many again at home);* ***as many as you like*** så mange du vil; ***they behaved like so many lager louts*** de oppførte seg som den rene fylleramp; ***not in so many words*** ikke med rene ord *n;* ikke direkte; *(NB i bekreftende setninger føles 'many' uten nærmere bestemmelse som stivt og erstattes gjerne med 'a number of', 'a lot of', etc, eller man benytter 'very many', el. 'a great many').*
many-coloured [ˌmeni'kʌləd] *adj:* mangefarget.
many-sided [ˌmeni'saidid] *adj:* mangesidet; flersidig.
I. map [mæp] *s* **1.** kart *(n) (of* over); **2.** *om sted:* ***put it on the map*** gjøre det kjent; ***it's right off the map*** det ligger helt avsides (til).
II. map *vb* **1.** kartlegge; **2.:** ***map out*** planlegge *(fx sth in detail);* ***map out an itinerary*** legge opp en reiserute.
map case kartmappe.
maple [meipl] *s; bot:* lønn.

maquis [ˌmæki:; ˌmɑ:ki:] *s* **1**(*thick scrubby underbrush)* kratt *n;* underskog; **2.:** ***the Maquis*** den franske motstandsbevegelsen under den annen verdenskrig.
mar [mɑ:] *vb; stivt(=spoil)* spolere; skjemme; ***the death of the old man marred their happiness*** den gamle mannens død la en demper på lykken deres.
marabou [ˌmærə'bu:] *s; zo:* marabustork.
maraschino ['mærəˌski:nou; 'mærəˌʃi:nou] *s; likør av marascokirsebær:* maraskino.
marathon [ˌmærəθən **US:** ˌmærəθɔn] *s:* maraton(konkurranse).
maraud [məˌrɔ:d] *vb; litt.(=roam about in search of plunder)* streife om på plyndringstokt; ***marauding tribesmen*** stammemedlemmer som er ute på plyndringstokt.
I. marble [mɑ:bl] *s* **1.** marmor *n;* **2.** klinkekule; **3.** *lett glds* **T:** ***he hasn't got all his marbles****(=he's not quite all there)* han er ikke riktig vel bevart.
II. marble *vb:* marmorere.
March [mɑ:tʃ] *s:* mars; *(se June).*
I. march [mɑ:tʃ] **1.** marsj; *(=protest march)* protestmarsj; demonstrasjonstog;
2.: ***on the march*** 1. på marsj; 2. med i demonstrasjonstoget *(fx she was on the march);* 3. *fig:* i fremmarsj;
3. *fig:* ***steal a march on sby*** ubemerket komme en i forkjøpet; skaffe seg et forsprang på en;
4. *litt.(=course):* ***the march of events*** begivenhetenes gang.
II. march *vb* **1.** marsjere (*off* av sted); ***march on*** rykke frem mot; **2.** *fig:* ***time marches on*** tiden går videre.
marcher [ˌmɑ:tʃə] *s(=demonstrator)* demonstrant.
March hare T: ***(as) mad as a March hare****(=(as) mad as a hatter)* splitter gal.
marching order *mil:* marsjorden.
marching orders *pl* **1.** *mil:* marsjordre; **2. T**(*=notice of dismissal)* sparken; ***he got his marching orders*** han fikk sparken.
marchioness [ˌmɑ:ʃənəs] *s; tittel(,ikke-engelsk: marquize)* markise; *(jvf marquess & marquis).*
march-past [ˌmɑ:tʃ'pɑ:st] *s:* forbimarsj; defilering.
mare [mɛə] *s:* hoppe; merr.
mare's nest skrøne; (avis)and; ***find a mare's nest*** få lang nese.
margarine ['mɑ:dʒəˌri:n] *s(,***T:** *marge* [mɑ:dʒ]) margarin.
margin [ˌmɑ:dʒin] *s* **1.** marg; ***leave a wider****(=bigger)* ***margin!*** bruk bredere marg! ***all lines start at the same margin*** alle linjene begynner med samme marg; ***in the margin*** i margen;
2. *stivt el. litt.(=edge)* kant;
3. *fig:* margin; ***margin of error*** feilmargin; ***have a margin*** ha en viss margin; ha noe å gå på; ***by a narrow margin*** med knapp margin; ***win by a wide margin*** vinne med god margin; ***safety margin*** sikkerhetsmargin.
marginal [ˌmɑ:dʒinl] *adj; stivt* **1.** i margen; ***marginal comments****(=comments in the margin)* kommentarer i margen; **2**(*=slight)* marginal *(fx improvement).*
marginally [ˌmɑ:dʒinəli] *adv:* marginalt; ***marginally better****(=slightly better)* minimalt bedre; ***but only just marginally*** men bare så vidt.
marginal note marginalbemerkning; notat *(n)* i margen.
marginal seat *parl:* utsatt (*el.* usikkert) mandat *n.*
marginal vote *parl(=floating vote)* ***the marginal vote*** marginalvelgerne.
marginal voter *parl:* marginalvelger.
marguerite ['mɑ:gəˌri:t] *s; bot(=oxeye daisy; moon daisy)* prestekrage.
marigold [ˌmæri'gould] *s; bot(=common marigold; pot marigold)* ringblom; *(se marsh marigold).*
marihuana ['mæriˌhwɑ:nə], **marijuana** ['mæriju,ɑ:nə] *s (,***T:** *maryjane; grass; weed)* marihuana.

m

marina [məˌri:nə] *s:* lystbåthavn; marina.
I. marinade ['mæriˌneid] *s:* marinade.
II. marinade [ˌmæri'neid] *vb(=marinate)* marinere.
marinate [ˌmæri'neit] *vb:* marinere.
I. marine [məˌri:n] *s* **1.:** ***the merchant marine****(=navy)* handelsflåten; **2.** *mil:* marinesoldat; **T:** ***tell it to the marines*** den kan du gå lenger ut på landet med.
II. marine *adj* **1.** hav- *(fx research).*
marine animal *zo:* sjødyr.
marine insurance *fors:* sjøassuranse; sjøforsikring.
mariner [ˌmærinə] *s; stivt el. litt.(=sailor)* sjømann.
Marine Safety Agency *(fk MSA):* ***the Marine Safety Agency*** *svarer til:* Den norske skipskontroll.
marine store dealer*(=ship('s) chandler)* skipshandel.
marionette ['mæriəˌnet] *s:* marionett.
marital [ˌmæritl] *adj* ekteskapelig *(fx problem).*
marital status ekteskapelig stilling; sivilstand.
maritime [ˌmæri'taim] *adj:* sjø-; kyst-; maritim; skipsfarts-.
maritime court *domstol (,***UK** *oftest: Admiralty Court)* sjørett.
marjoram [ˌmɑ:dʒərəm] *s; bot:* ***(sweet) marjoram*** merian.
Mark [mɑ:k] *s:* Markus.
I. mark [mɑ:k] *s; myntenhet:* mark.
II. mark *s* **1.** merke *n; (=stain)* flekk;
2. tegn *n (fx a mark(=sign) of intelligence);* spor *n;* merke *n;* ***no special distinguishing mark*** uten (*el.* ingen) særlige kjennetegn; ***exclamation mark*** *(,***US:** *exclamation point)* utropstegn; ***it's the mark of a gentleman*** det kjennetegner en gentleman; ***it bears the mark of genius*** det er genialt; ***he has the mark of an athlete*** han bærer preg *(n)* av å være en idrettsmann; ***leave its (,one's) mark on*** prege; sette sitt preg på; ***put a mark where you've stopped reading*** sett et merke der hvor du har sluttet å lese;
3. *skolev:* poeng *(n) (fx she got 95 marks out of 100 for French; the difference between a good and a poor grade could be just a few marks);* ***numerical mark*** tallkarakter; ***scale of marks*** karakterskala; ***French marks****(=marks in French)* franskkarakter; ***all questions carry equal marks****(=all questions carry equal weighting; all questions count as equal)* alle spørsmålene *(n)* veier like mye (ved fastsettelse av den endelige karakter); ***one set of marks is given for each of the four tests*** det gis én karakter for hver av de fire prøvene; ***the marks obtained at this exam(ination) count as one unit*** resultatet av denne eksamen teller som én karakter; ***raise a mark****(=give a better mark)* heve en karakter; sette en bedre karakter; *også fig:* ***get full marks for sth*** få toppkarakter for noe; *fig* **T:** ***you get no marks at all as a cook****(=you're really no good as a cook)* som kokk duger du virkelig ikke; *(se full marks; I. grade 2);*
4. fig: ***beside the mark****(=off the mark)* på siden; irrelevant; ***wide of the mark*** (helt) på siden; ***hit the mark****(=take effect)* ramme *(fx what I said hit the mark);* ***miss the mark*** bomme; ***you missed the mark completely there!*** der fikk du fullstendig skivebom!
5. *sport:* ***he got off the mark well****(=he made a good start)* han fikk en fin start; ***on your mark(s)!*** innta plassene!
6. *fig:* ***he's slow (,quick) (off the mark)*** han er sen (,rask) i vendingen; han er langsom (,rask) av seg; **T:** han har lang (,kort) lunte; *fig:* ***you ought to have been quicker off the mark*** du skulle ha vært raskere i vendingen;
7.: ***make one's mark as an actor*** slå igjennom som skuespiller;
8.: ***up to the mark*** 1. som holder mål *n;* tilfredsstillende; ***not up to the mark*** som ikke holder mål; ikke helt på topp; ikke helt tilfredsstillende; 2.: ***I'm not feeling quite up to the mark****(=I'm not feeling quite well)* jeg føler meg ikke helt vel;
III. mark *vb* **1.** sette merke *(n)* på (,ved); merke; ***the bottle was marked "poison"*** flasken var merket "gift"; ***mark sby for life*** merke en for livet; ***mark sth with an asterisk*** merke noe med en stjerne;
2. lage flekk på; ***this white material marks easily*** dette hvite stoffet får lett flekker; *(jvf 8);*
3. *skolev:* rette (og sette karakter på); ***mark sth (as) wrong*** sette feil på noe; ***mark a candidate*** sette karakter på en kandidat; ***we marked him A*** vi ga ham karakteren A;
4*(=be a sign of)* være tegn *(n)* på; markere;
5*(=show)* vise; markere; ***it's not marked on the map*** det er ikke avmerket på kartet;
6*(=characterize)* kjennetegne; ***a decade marked by violence*** et voldens tiår;
7. *sport:* markere *(fx the outside wing);*
8. *om hud(=bruise):* ***her skin marks easily*** hun får lett blå flekker (på huden); *(jvf 2 ovf);*
9. *skolev:* ***mark absent*** føre opp som fraværende;
10.: ***mark the occasion*** markere dagen (,anledningen);
11. *forst(=blaze)* blinke *(fx mark trees);*
12. *på arbeidsstykke(=mark up)* avsette; merke (opp);
13.: ***mark time*** 1. *mil:* marsjere på stedet; 2. *fig:* stå på stedet hvil;
14. *glds el. spøkef:* ***(you) mark my words!****(=just you see! you'll see!)* bare merk deg det! ***mark you****(=mind you)* vel og merke *(fx mark you, I didn't believe him);*
15.: ***mark down*** 1. notere seg *(fx in one's notebook);* 2. *sport, for dårlig stil:* trekke; 3. *om pris:* ***mark down (,up)*** sette lavere (,høyere) pris på;
16.: ***mark off*** 1. merke av; merke opp; 2.: ***these qualities mark him off from the others****(=these qualities make him stand out from the others)* disse egenskapene gjør at han skiller seg ut fra de andre;
17.: ***mark out*** 1. merke opp; ***mark out****(=draw up)* ***a boundary*** trekke opp en grense; ***mark out with flags****(=flag out)* merke opp med flagg *n;* 2*(=select; choose)* velge ut;
18.: ***mark up*** 1*(=write up)* notere (*on the scoreboard* på regnskapstavlen); 2. *om pris(=raise; put up)* sette opp; forhøye; 3.: *se 12 ovf.*
mark book *skolev (,***UK** *oftest: (school) report;* **US:** *report card)* karakterbok.
marked [mɑ:kt] *adj* **1.** merket; prismerket;
2. *fig(=pronounced)* markert; tydelig;
3. *fig:* ***a marked man*** en merket mann; ***marked****(=scarred)* ***for life*** merket for livet.
markedly [ˌmɑ:kidli] *adv; stivt(=noticeably)* merkbart; tydelig.
marker [ˌmɑ:kə] *s* **1.** merke *n (fx the area is indicated by large green markers);*
2. merkepenn;
3.: ***(book) marker*** bokmerke;
4. *mil; ved skyteøvelse:* anviser; markør;
5. *skolev; om lærer:* ***he's a generous marker*** han gir gode karakterer; **T:** han er snill med karakterene.
marker ribbon markeringsbånd; ***red marker ribbons*** røde markeringsbånd *(fx the area was fenced in by(=with) red marker ribbons).*
I. market [ˌmɑ:kit] *s* **1.** marked *n;* ***book market*** bokmarked; ***in the open market*** på det åpne marked; ***on the market*** 1. på markedet; 2*(=for sale)* til salgs; ***be in the market for sth*** være interessert i (å kjøpe) noe; ***come on the market*** komme på markedet; ***move into another market*** begynne å operere på et nytt marked;
2*(=marketplace)* torg *n;* ***covered fish market*** fiskehall; ***vegetable market*** grønnsaktorg; ***a stall in the market*** en (salgs)bod på torget; ***sell in****(=at)* ***the market*** selge på torget; ***when's the next market (day)?*** når er neste torgdag?
3. US *& Canada(=shop; store)* butikk; forretning; ***meat market****(=butcher's (shop))* slakterforretning.
II. market *vb:* markedsføre; selge *(fx I produce the goods and my brother markets them all over Europe).*

marketable [ˌmɑ:kitəbl] *adj; merk(=saleable)* salgbar; omsettelig.
market garden handelsgartneri.
market gardener handelsgartner.
market hall torghall; *(se I. market 2).*
marketing [ˌmɑ:kitiŋ] *s:* markedsføring; ***school of marketing*** markeds(høy)skole; ***the Norwegian School of Marketing*** Norges markedshøyskole.
marketplace [ˌmɑ:kit'pleis] *s:* torg *n; (se I. market 2).*
market town markedsby; kjøpstad.
market trader torghandler.
market value markedsverdi.
mark grubbing *skolev(=mark hunting)* karakterjag.
marking [ˌmɑ:kiŋ] *s* **1.** merking; avmerking; oppmerking; prismerking;
2. *skolev:* retting; rettearbeid;
3.: ***markings*** 1. *flyv:* kjenningsmerker; 2. *zo:* tegninger;
4.: ***markings*** oppmerking *(fx the markings on the tennis court);* ***markings on (the) road****(=road markings)* oppmerking på kjørebanen; veimerking.
(marking) gauge *tekn:* strekmål.
marksman [ˌmɑ:ksmən] *s:* (skarp)skytter.
marksmanship [ˌmɑ:ksmənʃip] *s:* skyteferdighet.
marmalade [ˌmɑ:mə'leid] *s:* appelsinmarmelade.
marmot [ˌmɑ:mət] *s; zo:* murmeldyr.
I. maroon [məˌru:n] *s* **1.** rødbrun farge; rødbrunt *n;*
2. *slags fyrverkeri(=thunderflash)* kanonslag; kasteknall.
II. maroon *vb* **1.** *stivt el. glds:* etterlate på en øde øy;
2. *fig:* la i stikken; ***I was marooned****(=stranded)* ***on a lonely country road*** jeg ble stående på en øde landevei; ***marooned****(=cut off)* ***by floods*** isolert pga. oversvømmelse.
marquee [mɑ:ˌki:] *s* **1.** stort festtelt; **2. US***(=canopy)* baldakin (over hotell- el. teateringang).
marquess, marquis [ˌmɑ:kwis] *s; tittel:* marki (med rang over 'earl' og under 'duke'); *(jvf marchioness).*
marquetry [ˌmɑ:kitri] *s:* marketeri *n;* tremosaikk.
marquise [mɑ:ˌki:z] *s; tittel (,***UK:** *marchioness)* markise.
marram [ˌmærəm] *s; bot:* ***marram grass*** marehalm.
marriage [ˌmæridʒ] *s* **1***(=married life)* ekteskap; ***arranged marriage*** arrangert ekteskap; ***companionate marriage*** samvittighetsekteskap; kameratekteskap; ***marriage of convenience*** fornuftsekteskap; ***by his first marriage he had a son*** i sitt første ekteskap hadde han en sønn; ***his marriage to the French girl*** hans ekteskap med den franske piken;
2*(=wedding ceremony)* vielse; ***civil marriage*** borgerlig vielse;
3*(=married state)* ektestand;
4. *fig; stivt(=combination)* kombinasjon *(fx the marriage of his skill and her judgment).*
marriageable [ˌmæridʒəbl] *adj:* gifteferdig *(fx girl).*
marriage certificate *(,***T:** *(marriage) lines)* vielsesattest.
marriage con-man ekteskapssvindler.
marriage licence*(=special licence)* tillatelse til å inngå ekteskap uten lysing; kongebrev.
marriage portion*(=dowry)* medgift.
married [ˌmærid] *adj:* gift; ***a married couple*** et ektepar; ***her married name*** hennes navn som gift.
married bliss *spøkef(=happiness in marriage)* ekteskapelig lykke.
married quarters *pl:* boliger for gift personell *n.*
marrieds [ˌmæridz] *s; pl* **T:** ***young marrieds*** unge gifte mennesker *n;* unge ektepar.
marrow [ˌmærou] *s* **1.** *anat:* marg; ***bone marrow*** benmarg;
2. *fig:* ***I was frozen to the marrow****(=bone)* kulda gikk meg til marg og ben *n;*
3.: ***(vegetable) marrow*** *(,***US:** *squash)* marggresskar; mandelgresskar.
marry [ˌmæri] *vb* **1.** gifte seg;
2. gifte seg med;
3*(=marry off)* gifte bort *(fx one's daughter to a rich man);*
4.: ***marry off*** gifte bort;
5.: ***he's not a marrying man*** han er ikke den typen som gifter seg;
6. *fig:* ***he's married to his work*** han er gift med jobben.
Mars [mɑ:z] *s; astr:* Mars.
Marseilles [mɑ:ˌsei; mɑ:ˌseilz] *s; geogr:* Marseille.
marsh [mɑ:ʃ] *s:* myr; myrlendt terreng *n.*
I. marshal [ˌmɑ:ʃəl] *s* **1.** *mil:* marskalk; ***field marshal*** (general)feltmarskalk;
2. *ved seremonier:* marskalk;
3.: ***Marshal of the Court*** *i Norge:* hoffmarskalk; *(NB* **UK:** *Lord Chamberlain (of the Household));*
4. US: ***fire marshal****(=chief fire officer)* brannsjef.
II. marshal *vb* **1***(=lead)* føre *(fx people into a large room);* **2.** *stivt(=arrange)* ordne *(fx the facts); (=sort out)* få orden på *(fx one's thoughts).*
marshalling yard *jernb:* skiftetomt.
marshland [ˌmɑ:ʃlənd] *s:* sumpmark; marskland.
marshmallow ['mɑ:ʃˌmælou] *s* **1.** *bot:* legestokkrose; *(jvf hollyhock);* **2.** marshmallow (ɔ: slags slikkeri lagd av roten av legestokkrosen).
marsh marigold *bot:* soleihov; bekkeblom; *(se marigold).*
marshy [ˌmɑ:ʃi] *adj:* myrlendt; sumpet; våtlendt.
marsupial [mɑ:ˌsju:piəl] *s; zo:* pungdyr.
mart [mɑ:t] *s* **1***(=trading centre)* handelssentrum;
2. *i sms:* -marked; ***used-car mart*** bruktbilmarked.
marten [ˌmɑ:tin] *s; zo:* mår; ***pine marten*** skogmår.
martial [ˌmɑ:ʃəl] *adj* **1.** *meget stivt(=warlike)* krigersk; **2.** krigs-.
martial art kampsport.
martial law militær unntakstilstand.
I. Martian [ˌmɑ:ʃən] *s:* marsboer.
II. Martian *adj:* mars-; fra Mars.
martin [ˌmɑ:tin] *s; zo:* taksvale; hussvale.
Martinmas [ˌmɑ:tinməs] *s:* mortensdag (11. november).
I. martyr [ˌmɑ:tə] *s; også fig:* martyr.
II. martyr *vb:* gjøre til martyr; la lide martyrdøden.
martyrdom [ˌmɑ:tədəm] *s:* martyrdød(en).
I. marvel [ˌmɑ:vəl] *s* **1***(=wonder)* under(verk) *n;* ***the marvels of modern science*** den moderne vitenskaps underverker; ***work marvels****(=do(=work) wonders; work miracles)* gjøre underverker; ***her desk is a marvel of tidiness*** det er mønstergyldig orden på skrivebordet hennes;
2. *om person* **T:** ***you're a marvel!*** 1. du er en engel! 2*(=you're really clever!)* du er virkelig fantastisk (smart)! du er det rene geni!
II. marvel *vb; stivt el. litt.(=be surprised; wonder)* undre seg (sterkt) *(at* over); ***I marvel that she should stay****(=I'm surprised that she should stay)* det undrer meg at hun blir.
marvellous *(,***US:** *marvelous)* [ˌmɑ:vələs] *adj* **1***(=wonderful)* vidunderlig; praktfull; **2. T***(=super; fantastic)* fantastisk.
Mary [ˌmɛəri] *s:* Mary; ***the (Virgin) Mary****(=the Blessed(=Holy) Virgin)* jomfru Maria.
marzipan [ˌmɑ:zi'pæn; 'mɑ:ziˌpæn] *s:* marsipan.
mascara [mæˌskɑ:rə] *s:* øyensverte; mascara.
mascot [ˌmæskət] *s:* maskot.
I. masculine [ˌmæskjulin] *s; gram:* hankjønn(sord).
II. masculine *adj* **1.** maskulin; **2.** *gram:* hankjønns-.
masculinity ['mæskjuˌliniti] *s:* mandighet; maskulinitet.
I. mash [mæʃ] *s* **1.** *av malt:* mesk; **2.** *landbr:* bløtfôr; blandingsfôr; **3.** mos; **T***(=mashed potatoes)* potetmos; potetstappe *(fx sausage and mash).*
II. mash *vb* **1.** meske; **2.** knuse; mose *(fx potatoes).*
I. mask [mɑ:sk] *s; også fig:* maske; *med.(=gauze mask)* munnbind; ***discard one's mask*** kaste masken.

m

II. mask *vb; også fig:* maskere; maskere seg; skjule.
masking tape maskeringsbånd.
masochism [ˌmæsəˈkizəm] *s:* masochisme.
masochist [ˌmæsəˈkist] *s:* masochist.
mason [ˌmeisən] *s* **1***(=stonemason)* gråsteinsmurer; ***monumental mason*** steinhogger; *(jvf bricklayer & plasterer);* **2***(=freemason)* frimurer.
masonic [məˌsɔnik] *adj:* frimurer-.
masonic lodge frimurerlosje.
masonry [ˌmeisənri] *s(=stone(work))* murverk; stein.
masonry work *gråsteinsmurers:* murerarbeid; ***do masonry work*** mure; *(jvf I. brick 1: lay bricks).*
masque [mɑ:sk] *s* **1.** *hist:* maskespill; **2.:** *se masquerade.*
I. masquerade [ˈmæskəˌreid] *s* **1.** *glds(=fancy-dress ball;* **US:** *masquerade ball)* maskeball; maskerade;
2. *fig(=pretence)* maskerade; komediespill *(fx it was (a) mere masquerade);* ***her show of friendship was (a) mere masquerade*** hennes vennlighet var bare påtatt.
II. masquerade *vb; stivt:* ***masquerade as****(=pretend to be; pass oneself off as)* gi seg ut for å være; ***cheap rubbish masquerading****(=passing itself off)* ***as literature*** billig skitt som gir seg ut for å være litteratur.
Mass [mæs; mɑ:s] *s; rel:* messe; ***High Mass*** høymesse; ***Low Mass*** stille messe; ***say Mass*** lese messe.
I. mass [mæs] *s* **1.** masse; ***a mass of concrete*** en betongmasse; en betongklump;
2*(=bulk; large majority):* ***the mass of people are in favour of peace*** de aller fleste mennesker er for fred;
3. T: ***masses*** masser; mengder *(fx "Is there any bread?" – "Yes, masses.");*
4.: ***be a mass of*** 1*(=be covered in)* være dekket av *(fx the battlefield was a mass of bodies);* 2*(=be full of)* være full av *(fx his face was a mass of pimples);*
5. *neds:* ***the masses****(=ordinary people)* de brede lag *(n)* (av befolkningen); massene.
II. mass *vb* **1***(=concentrate;* **T:** *pile up)* samle; trekke sammen; konsentrere; **2***(=assemble)* samle seg *(fx thousands of students massed in the streets).*
Massachusetts [ˈmæsəˌtʃu:sits] *s; geogr(fk Mass.)* Massachusetts.
I. massacre [ˌmæsəkə] *s:* massakre; blodbad.
II. massacre *vb* **1.** massakrere; **2.** *fig* **T***(=beat hollow)* slå sønder og sammen.
I. massage [ˌmæsɑ:ʒ] *s:* massasje; ***have a massage*** bli massert; ***be treated by massage*** bli behandlet med massasje.
II. massage *vb* **1.** massere; **2.** *fig* **T***(=manipulate):* ***massage (the) figures*** manipulere med tall(ene) *n.*
massage parlour massasjeinstitutt.
masseur [mæˌsə:] *s:* massør.
masseuse [mæˌsə:z] *s:* massøse.
massif [ˌmæsi:f] *s; geol:* (fjell)massiv *n.*
massive [ˌmæsiv] *adj* **1.** massiv; svær; tung;
2. *fig(=very heavy)* massiv; tyngende;
3. *fig(=huge)* meget stor *(fx dose);* omfattende *(fx expansion);* ***massive****(=overwhelming)* ***evidence*** overveldende bevismateriale.
mass media: ***the mass media****(,***T:** *the media)* massemedia, massemediene.
mass murder massemord.
mass production masseproduksjon.
mass start *sport:* fellesstart (i løp med mange deltagere); *(jvf scratch start & se I. start 1).*
mass travel masseturisme; ***mass travel to southern countries*** masseturismen til sydlige land *n.*
mast [mɑ:st] *s; mar:* mast; ***run a flag up the mast*** heise et flagg i masten; ***nail one's colours to the mast*** stå fast på sitt; tone helt klart flagg; *(se half-mast).*
I. master [ˌmɑ:stə] *s* **1.** herre *(fx I'm master in this house!);* ***become master (,mistress) of*** bli herre over; ***make oneself master of the whole country*** gjøre seg til herre over hele landet; ***the dog ran to its master*** hunden løp bort til eieren sin; ***be one's own master*** være sin egen herre; ***be master of life and death*** være herre over liv *(n)* og død; ***be master of the situation*** være herre over situasjonen;
2*(=teacher)* lærer *(fx a Maths master);*
3. *mar; på handelsskip:* kaptein;
4. *univ:* ***Master of Arts****(fk MA;* **US:** *AM)* (person med) språklig-historisk embetseksamen (på høyeste nivå *(n));* ***Master of Business Administration****(fk MBA)* handelskandidat; ***Master of Science****(fk MSc;* **US:** *MS)* (person med) matematisk-naturvitenskapelig embetseksamen (på høyeste nivå);
5. (håndverks)mester; ***master carpenter*** tømmermester.
II. master *vb* **1***(=overcome)* overvinne; bli herre over; **2***(=become skilful in)* mestre; **3***(=be proficient in)* beherske; ***master a language*** beherske et språk.
master bedroom foreldresoveværelse; foreldresoverom.
master copy *mots kopi:* original. **master craftsman** håndverksmester.
masterful [ˌmɑ:stəful] *adj; stivt(=authoritative)* myndig.
master key universalnøkkel; hovednøkkel.
masterly [ˌmɑ:stəli] *adj:* mesterlig.
I. mastermind [ˌmɑ:sterˈmaind] *s:* overlegen intelligens; ***the mastermind behind the scheme (,the robbery)*** hjernen bak planen (,ranet).
II. mastermind *vb(=plan)* planlegge; være hjernen bak.
master of ceremonies *(fk MC)* **1.** seremonimester;
2. *i selskap:* toastmaster.
Master of the Horse UK *(,i Norge: Crown Equerry)* hoffstallmester.
masterpiece [ˌmɑ:stəˈpi:s] *s:* mesterverk; mesterstykke.
master plan *i planlegging:* disposisjonsplan.
master's certificate*(,***T:** *master's ticket) mar:* skipsførerbevis.
masterstroke [ˌmɑ:stəˈstrouk] *s:* genistrek *(fx your idea is a masterstroke);* mesterlig trekk *n.*
mastery [ˌmɑ:stəri] *s* **1.** *meget stivt(=control)* herredømme; kontroll *(of, over* over); **2.** *stivt(=command)* beherskelse *(of* av) *(fx of a language; of a technique).*
masthead [ˌmɑ:stˈhed] *s; mar:* mastetopp.
masthead light *mar:* topplanterne.
mastic [ˌmæstik] *s:* mastiks.
masticate [ˌmæstiˈkeit] *vb; faglig(=chew)* tygge.
mastiff [ˌmæstif] *s; zo:* dogg.
mastodon [ˌmæstəˈdɔn] *s; zo; forhistorisk:* mastodont.
masturbate [ˌmæstəˈbeit] *vb:* masturbere; onanere.
masturbation [ˈmæstəˌbeiʃən] *s:* masturbering; onani.
I. mat [mæt] *s* **1.** matte; ***sleeping mat*** sovematte; *sport:* liggeunderlag; **2.:** ***beer mat****(,***US:** *coaster)* ølbrikke; ***place mat*** kuvertbrikke; ***table mat*** bordskåner; **3.:** ***he had a thick mat of hair on his chest*** han hadde kraftig hårvekst på brystet.
II. mat *vb* **1.** dekke med matte;
2*(=become tangled)* filtre seg; komme i ugreie; ***matted hair*** sammenfiltret hår *n.*
I. match [mætʃ] *s:* fyrstikk; ***a lighted match*** en brennende fyrstikk; ***a spent match*** en utbrent fyrstikk; ***put a match to it*** sette en fyrstikk borttil; ***strike a match*** tenne en fyrstikk; rive av en fyrstikk; ***careless use****(=handling)* ***of matches*** uforsiktig omgang med fyrstikker.
II. match *s* **1.** *sport:* kamp; match; ***call off a match*** avlyse en kamp; ***play a match*** spille en kamp;
2. like; make; noe som står (*el.* passer) *(for* til); ***the skirt is a good match for the jumper*** skjørtet står godt til jumperen; ***the two of them make a good match*** de (to) passer godt sammen;
3*(=equal)* likemann; jevnbyrdig; ***meet one's match*** finne sin likemann;
4. parti *n (fx make a fine(=good) match for sby).*

III. match *vb* **1.** passe til; stå til *(fx his tie matches his socks);* stå til hverandre; passe sammen *(fx these two pieces of wallpaper don't match exactly);* ***be well matched*** passe godt sammen; stå godt til hverandre; **2***(=be equal to; compete with)* måle seg med; konkurrere med; ***no one can match him*** ingen kan måle seg med ham;
3. skaffe maken til *(fx I can match this silk for you);*
4. *sport:* ***John and Bill will be matched in the final*** John og Bill skal løpe (etc) mot hverandre i finalen; ***match A against B*** stille A opp mot B;
5.: ***to match*** tilhørende; som matcher *(fx a dress with a hat to match);* ***paper and envelopes to match*** papir *(n)* med tilhørende konvolutter.
matchbox [ˌmætʃ'bɔks] *s:* fyrstikkeske.
matching [ˌmætʃiŋ] *adj:* som står til; som matcher; som passer til; tilsvarende; ***a matching set of wine glasses*** et sett vinglass; ***they form a matching pair*** de (to) hører sammen.
matchmaker [ˌmætʃ'meikə] *s:* Kirsten Giftekniv.
match mark *tekn:* monteringsmerke; samlemerke (som viser hvilke deler som hører sammen).
matchstick [ˌmætʃ'stik] *s* **1.** trestikke; **2.** *fig:* ***with legs like matchsticks*** med et par pipestilker til ben *n.*
matchwood [ˌmætʃ'wud] *s* **1.** fyrstikkved; **2.** *fig:* pinneved; fyrstikker; ***the beams snapped like match–wood*** bjelkene knakk som fyrstikker.
I. mate [meit] *s* **1.** *zo:* make;
2. *spøkef:* ***she's looking for a mate*** hun er på utkikk etter en ektemake;
3. T *også i tiltale(,***US:** *buddy)* kamerat;
4. *mar:* ***(first) mate*** overstyrmann;
5. hjelpemann; ***driver's mate*** hjelpemann på lastebil; *(se flatmate).*
II. mate *vb; zo:* pare; pare seg.
III. mate *adj; sjakk:* matt *(fx mate in three moves).*
IV. mate *vb; sjakk(=checkmate)* sette matt; gjøre matt.
I. material [məˌtiəriəl] *s* **1.** materiale *n;* stoff *(n)* *(for* til); ***building materials*** byggematerialer; ***informative material on*** opplysningsmateriale om;
2*(=cloth; fabric)* stoff *n;* tøy *n;* ***woven material*** vevd stoff;
3. *fig:* ***she's excellent teacher material*** hun kunne bli en ypperlig lærer; ***executive material*** sjefsemne.
II. material *adj* **1.** materiell; ***material pleasures*** materielle gleder;
2. *stivt:* ***material to****(=important to)* viktig for.
materialism [məˌtiəriə'lizəm] *s:* materialisme.
materialist [məˌtiəriəlist] *s:* materialist.
materialistic [mə'tiəriəˌlistik] *adj:* materialistisk.
materialize, materialise [məˌtiəriə'laiz] *vb*
1. materialisere seg; anta legemlig form;
2. bli til virkelighet *(fx our hopes never materialized);* bli til noe; ***the project didn't materialize*** det ble ikke noe av prosjektet;
3. T*(=turn up)* komme; dukke opp *(fx he promised to come, but so far he hasn't materialized).*
materially [məˌtiəriəli] *adv* **1.** materielt; **2***(=to a great extent)* vesentlig; i vesentlig grad; ***not materially different*** ikke påtagelig ulike.
materiél, materiel [mə'tiəriˌel] *s; mots personell:* materiell *n;* utstyr *n.*
maternal [məˌtə:nəl] *adj* **1.** moderlig; **2.** på morssiden.
maternal inheritance morsarv.
maternal urge morsinstinkt.
maternity [məˌtə:niti] *s(=motherhood)* morskap.
maternity dress*(=frock)* omstendighetskjole.
maternity hospital*(=home)* fødselsklinikk.
maternity leave morspermisjon; omsorgspermisjon.
maternity patient barselpasient.
maternity unit føde- og barselavdeling.
maternity ward 1. sengestue på fødeavdeling;
2. fødeavdeling.
matey [ˌmeiti] *adj* **T***(=friendly)* kameratslig.
math [mæθ] *s* **US T***(=maths)* matematikk; **T:** matte.
mathematical ['mæθəˌmætikəl] *adj:* matematisk.
mathematician ['mæθəməˌtiʃən] *s:* matematiker.
mathematics ['mæθəˌmætiks] *s:* matematikk.
maths [mæθs] *s* **T** *(,***US:** *math)* matematikk; **T:** matte.
matinée [ˌmæti'nei] *s:* matiné; ettermiddagsforestilling.
mating [ˌmeitiŋ] *s:* paring.
mating season *zo:* paringstid; brunsttid.
matins*(=mattins)* [ˌmætinz] *s(=morning service)* morgengudstjeneste; *kat.:* ottesang.
matriarch [ˌmeitri'ɑ:k] *s:* matriark.
matriarchal ['meitriˌɑ:kəl] *adj:* matriarkalsk.
matriarchy [ˌmeitri'ɑ:ki] *s:* matriarkat *n.*
matric [məˌtrik] *s* **1.:** *se matriculation 2;*
2. *i Sør-Afrika(=General Certificate of Education, Advanced Level)* avsluttende eksamen fra videregående skole, allmennfaglig studieretning.
matrices [ˌmeitri'si:z] *s; pl av matrix.*
matricide [ˌmætri'said] *s* **1.** modermord *(fx he was found guilty of matricide);* **2.** modermorder.
matriculant [məˌtrikjulənt] *s; i Sør-Afrika(=sixth former)* elev i tredje klasse i videregående skole, allmennfaglig studieretning.
matriculate [məˌtrikju'leit] *vb(=enrol; be enrolled)* immatrikulere; bli immatrikulert (ved universitet, etc).
matrimonial ['mætriˌmouniəl] *adj:* ekteskapelig; ekteskaps-.
(matrimonial) misconduct *jur(=adultery)* ekteskapsbrudd.
matrimony [ˌmætriməni] *s* **1.** *stivt(=marriage)* ekteskap; **2.** *meget stivt el. spøkef:* ektestand; ***enter into holy matrimony*** tre inn i den hellige ektestand.
matrix [ˌmeitriks] *s(pl: matrixes, matrices* [ˌmeitri'si:z]) **1.** matrise; **2***(=mould)* støpeform.
matron [ˌmeitrən] *s* **1.** *ved kostskole:* husmor; **2.** *ved daghjem:* bestyrerinne; **3.** *neds:* matrone.
matt [mæt] *adj; fot & om overflate:* matt.
I. matter [ˌmætə] *s* **1.** *fys:* materie; ***this is a case of mind over matter*** dette er et eksempel på åndens seier over materien;
2. *også fig(=substance)* substans; stoff *n;* ***the grey matter*** den grå substans; ***(in)organic matter****(=substances)* (u)organiske stoffer; ***vegetable matter*** plantestoff;
3. *fig(=content; substance)* innhold *(fx the matter of his essay);* ***form and matter*** form og innhold;
4. *med.(=pus)* puss; materie;
5. *typ:* sats; ***column matter*** spaltesats; ***plain****(=ordinary; straight)* ***matter*** glatt sats;
6. sak; spørsmål *n;* ***it's an awkward matter****(=business)* det er en kjedelig sak; ***a business matter*** en forretningssak; ***that's an easy matter****(=that's no problem)* det er ingen sak; det er en lett sak; ***money matters*** pengesaker; ***a purely personal matter*** en rent personlig sak; ***postal matter*** postsak; ***printed matter*** trykksak; ***a matter of routine****(=a routine matter)* en rutinesak; en kurant sak; ***it should be a simple matter*** det burde være en grei (*el.* kurant) sak; ***it's only a trivial little matter*** det er bare en liten fillesak; ***consider carefully how you want to present the matter*** tenk nøye gjennom hvordan du vil legge frem saken; ***where do you stand in the matter?****(=what's your position in the matter?)* hvor står du i saken? hvordan stiller du deg til saken? ***the end of the matter was that …*** enden på saken ble at …; ***that's quite another matter****(=thing)* det er en helt annen sak; ***the way in which the matter has been handled****(=dealt with)* den måten saken er blitt behandlet på; ***have nothing to do with the matter*** stå utenfor saken; ikke ha noe med saken å gjøre; ***the matter is difficult to pull through*** det er en vanskelig sak å få gjennomført; ***the matter is being kept under close observation*** man følger saken nøye; ***he knows the ins and outs of this matter****(=question)* han kjenner denne saken ut og inn; ***we have***

m

looked into the matter vi har sett på saken; ***take the matter into one's own hands*** ta saken i (sine) egne hender; ***take the matter up with*** ta saken opp med;
7.: ***matters*** forholdene *n;* situasjonen; ***make matters worse*** gjøre vondt verre; ***that's how matters stand****(= that's the way things are)* slik står saken; ***see how matters stand****(=see how things are)* se hvordan saken står;
8.: ***a matter of*** 1. *foran tallord:* noe sånt som; omtrent; 2.: ***it's a matter of*** det er et spørsmål *(n)* om; det dreier seg om; ***it was a matter of minutes*** det dreide seg om minutter *n;* ***it's a matter of life and death*** det gjelder liv eller død; ***it's a matter of asking her to do it*** det er bare spørsmål om å be henne å gjøre det; ***it's a matter of instinct*** det er noe man har på følelsen; ***it's a matter of opinion*** det er delte meninger om det; ***a matter of urgency*** en hastesak;
9.: ***as a matter of fact:*** *se fact 3;*
10.: ***for that matter****(=as regards that)* hva det angår; for den saks skyld;
11.: ***in the matter of*** med hensyn til; hva angår;
12.: ***no matter****(=it doesn't matter; never mind)* det spiller ingen rolle;
13. *lett glds:* ***no matter how (,what, when, where, who)****(=regardless of how (,what, when, where, who))* uansett hvordan (,hva, når, hvor, hvem) *(fx don't open the door, no matter who calls!);*
14.: ***what's the matter?*** hva er i veien? ***he wouldn't tell me what the matter was*** han ville ikke si meg hva som var i veien; ***what's the matter with you?*** hva er (det som er) i veien med deg?
II. matter *vb:* bety noe; være av betydning; spille en rolle; gjøre noe *(fx it doesn't matter);* ***show that one matters****(=assert oneself;* **T:** *show that one counts (for something))* gjøre seg gjeldende; vise at man betyr noe; ***it's the price that matters*** det er prisen som betyr noe; det er prisen det kommer an på; ***oh, it doesn't matter that much****(=oh, it's not that bad)* å, så farlig er det da heller ikke; ***it matters a great deal*** det betyr mye; det er svært viktig; ***not that it matters to me****(= not that it makes any difference to me)* ikke slik å forstå at det spiller noen rolle for meg; ***what does it matter?****(=what difference does it make?)* hvilken rolle spiller (vel) det?
matter of course selvfølge *(fx it's a matter of course);* ***she'll do it as a matter of course*** hun vil gjøre det som en selvfølge.
matter-of-fact [ˌmætərəvˌfækt; *attributivt:* ˌmætərəv'fækt; ˌmætərəvˌfækt] *adj:* saklig; ***she was very matter -of-fact about the whole thing*** hun tok det hele på en saklig måte; ***a matter-of-fact person*** et saklig menneske.
matter-of-factness ['mætərəvˌfæktnəs] *s:* saklighet.
Matthew [ˌmæθju:] *s; bibl:* Matteus.
mattock [ˌmætək] *s:* flåhakke.
mattress [ˌmætris] *s:* madrass.
maturation ['mætjuˌreiʃən] *s; også biol:* modning.
I. mature [məˌtjuə; məˌtjɔ:] *vb* **1.** modne(s); ***she matured early*** hun ble tidlig moden;
2. *merk; om veksel(=fall due)* forfalle.
II. mature *adj* **1.** moden; kjønnsmoden; voksen;
2.: ***on****(=after)* ***mature consideration*** etter moden overveielse.
maturity [məˌtjuəriti; məˌtjɔ:riti] *s* **1.** modenhet; full utvikling; **2.** *merk; veksels:* forfall *n;* forfallstid.
maudlin [ˌmɔ:dlin] *adj; stivt(=drunk and sentimental; drunk and silly)* drukkensentimental; full og tåpelig.
maul [mɔ:l] *vb(=savage)* maltraktere; ***he was badly mauled by a lion*** han ble ille tilredt av en løve.
Maunday Thursday skjærtorsdag.
mausoleum ['mɔ:səˌliəm] *s:* mausoleum *n.*
mauve [mouv] *s:* blålilla.
maverick [ˌmævərik] *s:* person med uortodokse synspunkter; uavhengig politiker.
mavis [ˌmeivis] *s; poet(=song thrush)* måltrost.
mawkish [ˌmɔ:kiʃ] *adj; litt. el. glds* **1***(=sickly-sweet)* søtladen; vammel; **2***(=falsely sentimental)* påtatt sentimental.
maxi [ˌmæksi] *adj; om plagg:* som når til anklene; maksi-.
maxim [ˌmæksim] *s:* maksime; sentens; leveregel.
maximize, maximise [ˌmæksi'maiz] *vb:* gjøre maksimal; maksimere *(fx maximize profits and minimize costs).*
I. maximum [ˌmæksiməm] *s:* maksimum *n;* ***be at a maximum*** være på sitt høyeste; ***two hundred an hour is the maximum****(=most)* ***we can produce*** maksimalt kan vi produsere to hundre pr. time.
II. maximum *adj:* maksimal *(fx amount; speed);* optimal; ***take maximum advantage of sth*** utnytte noe maksimalt.
maximum effort*(=the maximum amount of effort)* maksimal innsats.
maximum price *(,US: ceiling price)* maksimalpris.
May [mei] *s:* mai; ***on the first of May****(=on May 1st; on 1st May; on 1 May)* første mai; *(se June).*
may [mei] *vb(pret: might)* **1.** *om mulighet:* ***he may come any minute*** han kan komme når som helst; ***Peter may know*** kanskje Peter vet det; ***I might be able to help you*** kanskje jeg kunne hjelpe deg; ***that may be*** det er godt mulig; det kan godt være; ***you may be right*** det er mulig du har rett; ***that may be difficult*** det vil kanskje være vanskelig; ***I may have said so*** det er mulig jeg har sagt det; ***there may not be a next time*** det blir kanskje ikke noen neste gang; ***that's exactly what I might do*** det er nettopp hva jeg kanskje gjør; *stivt & spøkef:* ***who might 'you be?*** og hvem er så du?
2. *om tillatelse; stivt:* ***you may****(=can)* ***go home now*** du kan gå hjem nå; ***may****(=can)* ***I go now?*** kan jeg (få) gå nå? ***you may well ask*** det kan du godt spørre om;
3. *uttrykker ønske; stivt:* måtte *(fx may you live a long and happy life!);* ***may the Lord have mercy on your soul!*** (måtte) Herren være din sjel nådig!
4. *bebreidende:* ***they might have offered to help us*** de kunne godt ha tilbudt seg å hjelpe oss;
5.: ***as the case may be*** alt etter omstendighetene; alt ettersom;
6.: ***that's as may be, but …****(=that may be so, but …)* det kan være, men …;
7.: ***come what may*** hva som enn skjer.
maybe [ˌmei'bi:] *adv(=perhaps)* kanskje *(fx maybe he'll come, and maybe he won't).*
May beetle *zo(=May bug; cockchafer)* oldenborre.
Mayday [ˌmei'dei] *s; radio; nødsignal:* Mayday.
May Day*(=May 1st)* 1. mai.
May fly *zo:* døgnflue.
mayhem [ˌmei'hem] *s* **1.** *glds:* legemsbeskadigelse;
2. *spøkef:* ***create mayhem****(,***T:** *kick up a row)* lage bråk *n.*
mayonnaise ['meiəˌneiz] *s:* majones; ***vegetable mayonnaise*** italiensk salat.
mayor [mɛə] *s:* borgermester; *(jvf Lord Mayor).*
maze [meiz] *s; også fig:* labyrint.
me [mi:] *pron:* meg *(fx he saw me);* ***it's me*** det er meg.
meadow [ˌmedou] *s:* eng; ***flowery meadow****(=flower -studded meadow)* blomstereng.
meadow mushroom *bot(=field mushroom)* marksjampinjong.
meadow saffron *bot(=autumn crocus)* tidløs.
meadow sage *bot(=meadow clary)* engsalvie.
meadowsweet [ˌmedou'swi:t] *s; bot:* mjødurt.
meagre *(,US: meager)* [ˌmi:gə] *adj* **1***(=lean; thin)* mager; **2.** *fig:* mager; dårlig *(fx dinner; salary).*
I. meal [mi:l] *s(=coarse flour)* grovt mel.
II. meal *s* **1.** måltid *n;* ***hot meal*** varmt måltid; ***get one's own meals*** holde seg selv med kosten; lage maten sin selv; ***a square meal*** et solid måltid; ***sit down to a ready-made meal*** sette seg til dekket bord *n;*

FALSE FRIENDS

mean
mene, bety

English	Norwegian
I am of the **opinion**	*Jeg mener*
I **mean** to go	*Jeg har tenkt å gå*
I know what it **means**	*Jeg vet hva det betyr*
I **think** you're right	*Jeg mener/tror du har rett*

2. T: ***make a meal of*** gjøre altfor mye ut av (en oppgave); bruke uforholdsmessig lang tid på *(fx a job).*
meal break spisepause.
mealie [ˌmiːli] *s; i Sør-Afrika:* ***mealie meal****(=finely ground maize)* finmalt mais.
mealies [ˌmiːliːz] *s; i Sør-Afrika(=maize)* mais.
meals on wheels utkjøring av mat til syke og eldre.
meal ticket US 1*(=meal voucher)* matkupong; lunsjkupong; middagsbillett;
2. *fig(=bread-and-butter):* ***that letter of introduction was his meal ticket for the next few months*** det introduksjonsbrevet holdt liv *(n)* i ham i noen måneder.
mealtime [ˌmiːl'taim] *s:* spisetid; ***at mealtimes*** ved måltidene; når det er mat å få.
mealy [ˌmiːli] *adj(=farinaceous)* melaktig.
mealy-mouthed ['miːliˌmauðd; *attributivt:* ˌmiːli'mauðd] *adj; neds:* uoppriktig; glatt; som svarer unnvikende.
I. mean [miːn] *s* **1.** *mat.:* middeltall; mellomledd;
2.: ***the golden mean****(=the happy medium)* den gylne middelvei; ***strike the golden mean****(=steer a middle course)* gå den gylne middelvei; *(se means).*
II. mean *vb(pret & perf.part.: meant* [ment]*)* **1.** bety; være ensbetydende med; ***health means everything*** helse betyr alt; ***it means very little to me*** 1. det sier meg lite; det forstår jeg lite av; 2. det betyr lite for meg; ***these figures mean nothing to me*** disse tallene sier meg ingenting; ***the word can't be used to mean that****(= the word can't be used in that sense)* ordet kan ikke brukes i den betydningen;
2. mene *(fx what do you mean?);* ***you don't mean to say that …?*** du mener da vel ikke at …?
3*(=intend):* ***I meant to do it, but …*** jeg hadde tenkt å gjøre det, men …; ***I didn't mean her to find out*** jeg hadde ikke ment at hun skulle få vite det; ***for whom was that letter meant?*** hvem var det brevet tiltenkt? ***they were meant for each other*** de var bestemt for hverandre; ***he didn't mean any harm*** han mente ikke noe vondt med det; *spøkef:* ***mean mischief****(=mean no good)* ha ondt i sinne; ***she meant no offence*** hun hadde ikke ment å fornærme; ***mean well*** mene det godt.
III. mean *adj:* middel-; gjennomsnitts-; gjennomsnittlig.
IV. mean *adj* **1***(=miserly)* gjerrig;
2. lumpen *(fx that was mean of him; a mean trick);*
3. *litt.(=humble)* ussel *(fx dwelling);*
4. *stivt:* ***he was no mean artist****(=he was not a bad artist)* han var ingen dårlig kunstner;
5. T: ***feel mean*** 1. føle seg lumpen; 2*(=feel ashamed)* føle seg skamfull *(fx I felt mean).*
I. meander [miˌændə] *s; i elv(=bend)* meander; buktning; elvesløyfe.
II. meander *vb* **1.** *om elv:* bukte seg; slynge seg; **2.** *fig:* ***meander (about)****(=wander about)* vandre omkring.
I. meaning [ˌmiːniŋ] *s* **1.** betydning (*of* av); ***shade of meaning*** betydningsnyanse; ***by extension (of meaning)*** i videre betydning *(fx by extension 'heart' has come to mean 'feelings');*
2. mening; ***its underlying meaning*** den dypere mening (med det); ***full of meaning*** megetsigende; ***there was no mistaking the meaning*** meningen var ikke til å ta feil av.
II. meaning *adj:* megetsigende *(fx look).*
meaningful [ˌmiːniŋful] *adj:* meningsfull; meningsfylt.
meaningless [ˌmiːniŋləs] *adj:* meningsløs; intetsigende.
meanness [ˌmiːnnəs] *s* **1.** gjerrighet; **2.** lumpenhet.
I. means [miːnz] *s; stivt(=money)* midler *n;* ***she's a person of considerable means****(=she has plenty of money)* hun har betydelige midler; hun har mange penger; ***our means are small****(=we haven't much to spend)* vi har ikke så mange penger å rutte med; ***he has independent****(=private)* ***means*** han har formue; ***live beyond one's means*** leve over evne.
II. means *s (pl: means)* **1.** middel *n (fx every means was tried);* måte *(fx is there any means(=way) of finding out?);* ***a means to an end*** en måte å oppnå noe på; et middel (og ikke noe mål *(n)* i seg selv); ***we were discussing (the) ways and means of getting the money*** vi diskuterte måter å skaffe pengene på;
2. *stivt:* ***by all means!****(=yes, of course! certainly!)* for all del! naturligvis! ***come with us by all means!*** *(=do come with us!)* bli nå endelig med oss! ***by fair means or foul*** med det gode eller med det onde; ***by unfair means*** på uredelig vis *n;* ***by means of****(=with the help of)* ved hjelp av; ***by devious means****(=ways)* ad krokveier; på uærlig vis; **T:** bak mål *n;* ***by no means****(=not by any means)* slett ikke *(fx I'm by no means certain to win).*
means test behovsprøve.
meant [ment] *pret & perf.part. av II. mean.*
meantime [ˌmiːn'taim] *s:* ***in the meantime****(=meanwhile)* i mellomtiden; imens.
measles [ˌmiːzəlz] *s* **1.** *pl; med.(=rubeola)* meslinger; ***German measles****(=rubella;* **T:** *bastard measles)* røde hunder; **2.** *i svinekjøtt:* tinter.
measly [ˌmiːzli] *adj* **T***(=miserable)* ynkelig; stakkars *(fx a measly little piece of bread).*
measurable [ˌmeʒərəbl] *adj:* målbar; som kan måles.
I. measure [ˌmeʒə] *s* **1.** mål *n;* ***measure of length*** lengdemål; ***short measure*** dårlig mål; for lite; ***made to measure*** lagd etter mål; *(se tape measure);*
2. forholdsregel; tiltak *n;* ***half measures*** halve forholdsregler; ***take the necessary measures****(=steps)* ta de nødvendige forholdsregler; ***apply a rigorous measure*** la en streng forholdsregel komme til anvendelse; ***take****(=adopt)* ***measures*** ta (sine) forholdsregler; ***take the necessary measures****(=steps)* ta de nødvendige forholdsregler; ***take stopgap measures*** gå til midlertidige foranstaltninger; *stivt:* ***take strong measures against****(=clamp down on)* slå hardt ned på;

m

3. *parl:* tiltak *(n)* (i lovs form);
4. *mus:* takt; taktart; ***6/8 measure*** 6/8 takt; *(jvf I. time 7);*
5. versemål;
6. *om det som er en tilmålt:* ***they have had their measure of happiness*** de har hatt den lykke som var tiltenkt dem;
7. *om sammenligningsgrunnlag:* mål *n;* ***a measure of her ability*** et mål på hennes dyktighet; ***it's a measure of her skill as a writer that …*** det er et mål på hennes dyktighet som skribent at …;
8. *stivt:* ***a measure of, some measure of****(=some)* en viss grad av; en viss *(fx a measure of freedom);*
9. *litt.:* ***beyond measure*** umåtelig; ***riches beyond measure****(=immense riches)* umåtelige rikdommer; ***he was irritable beyond measure****(=he was excessively irritable)* han var utrolig irritabel;
10.: ***measure for measure****(=tit for tat)* like for like;
11.: ***for good measure*** 1. for at det skal bli godt mål; ***I gave him £20 for good measure*** jeg ga ham £20 attpå; 2. *fig:* som en ekstra forholdsregel; for sikkerhets skyld;
12. *stivt:* ***in full measure****(=to its full extent)* i full utstrekning; ***in large****(=great)* ***measure****(=to a great extent)* i stor utstrekning; ***in some measure****(=to some extent)* til en viss grad; i noen grad; i en viss utstrekning.

II. measure *vb* **1.** måle; ta mål *(n)* av; ***measure sby for a suit*** ta mål *(n)* av en til dress; ***it's measured in tons*** det måles i tonn *n;*
2.: ***measure oneself****(=one's strength)* ***against sby****(=try one's strength against sby)* prøve krefter med en;
3.: ***measure one's length (on the ground)****(=fall flat on the ground; fall full length)* falle så lang man er;
4*(=judge)*: ***measure others by one's own standards*** bedømme andre i forhold *(n)* til seg selv;
5.: ***measure off****(=mark out)* måle av; merke av;
6.: ***measure out*** 1. måle ut; porsjonere ut; dele ut; veie opp; 2. *fig(=mete out)* dele ut *(fx harsh punishments);* 3*(=mark out; measure off)* måle av; merke av;
7.: ***measure up*** 1. måle (opp); 2*(=match up)* holde mål *n;* ***measure up to the others*** måle seg med de andre; ***he didn't measure up to it*** han var ikke oppgaven voksen.

measured *adj* **1.** avmålt; taktfast; ***the pace was slow and measured*** de (etc) gikk langsomt og taktfast; ***with measured steps*** med avmålte skritt *n;* 2*(=well-considered)* veloverveid *(fx remark).*

measurement [ˌmeʒəmənt] *s:* mål *n;* måling; ***check measurement*** kontrollmåling; ***by means of measurement*** ved å ta mål; ved å måle; ***what's your waist measurement?*** hvor meget måler du rundt livet? ***unit of measurement*** måleenhet.

measurement cargo *mar:* målegodslast.

measurement ton *mar(=freight ton)* frakttonn.

measuring cup målekopp (ɔ: ca. 1/2 pint).

measuring tape*(=tape measure)* målebånd.

meat [mi:t] *s* **1.** kjøtt *n;* kjøttmat; ***(assorted) cooked meats*** *(,***US:** *cold cuts)* kjøttpålegg; ***dressed meat*** gryteferdig kjøtt; ***minced meat****(=mince;* **US:** *ground meat)* hakkekjøtt; ***tinned****(,især:* **US:** *canned)* ***meat*** *(,***T:** *bully beef)* kjøtthermetikk; ***white meat*** hvitt kjøtt; lyst kjøtt;
2*(=important part; gist)*: ***the meat of the argument*** kjernen (*el.* det vesentlige) i argumentet;
3*(=substance; information)*: ***full of meat*** med vektig innhold *n;* som inneholder mange opplysninger;
4. *fig* **T:** ***strong meat*** kraftig kost; sterke saker;
5. **T:** ***easy meat****(= easy target(s))* (et) lett bytte;
6. *lett glds:* ***it was meat and drink to him****(=that was just what he needed)* det var nettopp hva han trengte; *ordspråk; lett glds:* ***one man's meat is another man's poison*** det som kurerer en smed, slår i hjel en skredder.

meat ball *kul:* kjøttbolle.

meat farce *kul:* fin kjøttdeig; bolledeig; *(jvf forcemeat; II. mince 1).*

meat loaf *kul:* forloren hare; kjøttbrød.

meat poisoning kjøttforgiftning.

meaty [ˌmi:ti] *adj* **1.** kjøttfull; kjøtt-; med (mye) kjøtt *(n)* i; ***a meaty bone*** et kjøttben;
2. *fig(=full of information; full of details)* innholdsrik; vektig *(fx lecture).*

Mecca [ˌmekə] *s* **1.** *geogr:* Mecca; **2.** *fig(=mecca)* Mekka *n;* valfartssted *(fx a mecca for tourists).*

mechanic [miˌkænik] *s* **1.** mekaniker; ***precision mechanic****(=precision engineer)* finmekaniker; ***motor (vehicle) mechanic****(,* **T:** *car mechanic)* (faglært) bilmekaniker; ***air mechanic****(=aero-engine fitter)* flymekaniker;
2. *teat:* ***stage mechanic****(=scene shifter)* maskinmann.

mechanical [miˌkænikl] *adj* **1.** mekanisk; maskinmessig; **2.** *fig:* mekanisk.

mechanical engineer maskiningeniør; ***firm of mechanical engineers*** maskinfirma.

mechanical engineering maskinteknikk; maskinlære.

mechanically [miˌkænikəli] *adv:* mekanisk.

mechanically-minded [mi'kænikəliˌmaindid; *attributivt:* miˌkænikəli'maindid] *adj:* som har teknisk innsikt.

mechanical pulp *treforedling:* hvitslip; ***brown mechanical pulp*** brunslip; *(se wood pulp).*

(mechanical) pulpwood *treforedling:* sliptømmer; slip.

mechanics [miˌkæniks] *s* **1.** mekanikk; ***flight mechanics*** flymekanikk; ***precision mechanics****(=fine mechanics)* finmekanikk; ***structural mechanics*** statikk;
2. *fig:* mekanikk; teknikk; ***the mechanics of the job*** den tekniske side ved arbeidet.

mechanism [ˌmekə'nizəm] *s* **1.** mekanisme; **2.** *fig:* mekanisme; maskineri *n.*

mechanize, mechanise [ˌmekə'naiz] *vb:* mekanisere.

medal [medl] *s* **1.** medalje; ***medal for bravery*** tapperhetsmedalje; ***a shower of medals to****(=for)* ***Norway*** medaljedryss til Norge;
2. *fig:* ***the reverse of the medal*** medaljens bakside.

medal ceremony *sport:* premieutdeling.

medallion [miˌdæljən] *s:* medaljong.

medallist *(,***US:** *medalist)* [ˌmedəlist] *s; sport:* medaljevinner.

meddle [medl] *vb* **1.** *neds:* blande seg borti;
2.: ***meddle in*** 1*(=busy oneself with)* beskjeftige (*el.* befatte) seg med; 2*(=meddle with; interfere in)* blande seg borti *(fx other people's affairs).*

meddler [ˌmedlə] *s:* person som blander seg borti andres saker; geskjeftig person.

meddlesome [ˌmedlsəm] *adj:* geskjeftig; som blander seg borti andres saker.

media [ˌmi:diə] *s* **1.** *pl av medium; se medium;*
2.: ***the (mass) media*** massemedia; massemediene; ***the news media*** nyhetsmedia; ***he works in the media*** han er i mediabransjen.

mediaeval: *se medieval.*

media exposure det å være fremme i media; ***seeker of media exposure****(,***T:** *media junkie)* PR-kåt person.

media fuss *(,***S:** *media hype)* mediekjør; ***there was a lot of media fuss*** det ble et fryktelig mediekjør.

media junkie T: mediakåt person; *(se junkie 2).*

medial [ˌmi:diəl] *adj* **1.** i midten; midt-; **2.** *fon & gram:* innlyds- *(fx vowel);* som står i innlyd.

medially [ˌmi:diəli] *adv* **1.** i midten; **2.** *fon & gram:* i innlyd.

I. median [ˌmi:diən] *s; mat.:* median.

II. median *adj:* midt-; midtre; i midtplanet.

median strip US*(=central reserve)* midtrabatt.

media research mediaforskning.

media researcher *ved meningsmåling:* intervjuer.

mediate [ˌmi:di'eit] *vb:* megle; mekle *(fx in a dispute);* ***mediate between the parties*** megle mellom partene.

mediation ['mi:di͵eiʃən] *s:* megling; mekling; mellomkomst.
mediator [͵mi:di'eitə] *s:* megler; mekler; mellommann.
Medicaid [͵medi'keid] *s* **US** *(subsidised health insurance scheme for the poor)* subsidiert sykeforsikringsordning for fattige; *(jvf Medicare).*
I. medical [͵medikl] *s* **T**(=*(medical) check-up)* legeundersøkelse; ***go for a medical*** la seg legeundersøke.
II. medical *adj:* medisinsk; lege-.
medical attendance legetilsyn.
medical attention *stivt(=medical help)* legehjelp; legetilsyn.
medical certificate 1. legeerklæring; legeattest; **2**(=*sickness note;* **T:** *sick note)* syk(e)melding.
medical history sheet *med.; den enkelte pasients(= case sheet; medical record card)* legejournal; sykejournal.
medical man lege; ***I'm not a medical man*** jeg er ingen lege.
medical officer 1. lege; ***industrial medical officer***(= *works doctor)* bedriftslege; ***school medical officer*** skolelege; ***medical officer of health****(fk MOH)* distriktslege; **2.** *mil(=army doctor)* militærlege.
medical register: *be struck off the medical register* bli fratatt retten til å praktisere som lege.
medical secretary legesekretær.
medical staff helsepersonell.
medical superintendent *ved sykehus* **1.** sjeflege; **2.** administrasjonssjef (som er lege).
medical treatment legebehandling.
medical ward *ved sykehus:* medisinsk avdeling.
Medicare [͵medi'kɛə] *s* **US***(federally subsidised health insurance scheme for people over 65)* statlig subsidiert sykeforsikringsordning for personer over 65 år; *(jvf Medicaid).*
medicate [͵medi'keit] *vb* **1.** behandle med medisin; **2.** preparere (til medisinsk bruk).
medicated cotton *(,US: absorbent cotton)* renset bomull.
medication ['medi͵keiʃən] *s* **1.** *stivt el. faglig:* medisin; medisinsk behandling; **2.** preparering (til medisinsk bruk); tilsetting av medisinske stoffer.
medicinal [me͵disinl] *adj:* medisinsk; ***alcohol for medicinal purposes*** alkohol til medisinsk bruk.
medicinal plant legeplante; medisinsk plante.
medicinal property*(=quality)* helbredende (*el.* legende) egenskap.
medicine [͵med(i)sin] *s* **1***(=drug)* medisin; ***are there any medicines you take regularly?*** er det noen medisiner du tar fast?
2. *fag:* medisin;
3.: *take one's medicine* ta sin straff; bite i det sure eple;
4.: *give sby a taste**(=dose)* ***of their own medicine*** la en få prøve sin egen medisin.
medicine chest: *(family) medicine chest* medisinskap.
medicine man medisinmann.
medico [͵medi'kou] *s(pl: medicos)* **T**(=*doctor)* lege; *spøkef:* medikus.
medico-legal [͵medi'kou'li:gəl] *adj:* rettsmedisinsk.
medieval, mediaeval ['medi͵i:vəl] *adj* **1.** middelalder-; ***in medieval times*** i middelalderen; **2.** *fig; neds:* middelaldersk; primitiv; håpløst gammeldags.
mediocre ['mi:di͵oukə] *adj; neds(=indifferent)* middelmådig; ***a mediocre effort*** en middelmådig prestasjon.
mediocrity ['mi:di͵ɔkriti] *s:* middelmådighet.
meditate [͵medi'teit] *vb* **1.** meditere; **2.** *stivt:* ***meditate on****(=think deeply about)* meditere over; **3.** *litt.(= plan):* ***meditate revenge*** pønske på hevn.
meditation ['medi͵teiʃən] *s:* meditasjon; ***left to one's own meditations****(=reflections)* overlatt til sine egne betraktninger.
I. Mediterranean ['meditə͵reiniən] *s* **1.** *geogr:* ***the Mediterranean (Sea)*** Middelhavet; ***in the Mediterranean*** i middelhavsområdet; *ofte:* i Syden; **2.** person som bor i et av middelhavslandene.
II. Mediterranean *adj* middelhavs-.
I. medium [͵mi:diəm] *s(pl: media)* **1.** medium *n;* middel *n; forfatters, etc:* ***medium (of expression)*** uttrykksmiddel; ***(teaching) medium****(=medium of instruction)* undervisningsspråk; ***through the medium of the press*** gjennom pressen;
2. *kunstners(=material)* materiale *n;*
3. (spiritistisk) medium *n;*
4.: *the happy medium**(=the golden mean)* den gylne middelvei.
II. medium *adj* **1.** mellom- *(fx medium brown);* middelstor; middels høy; ***a small, medium or large packet*** en liten, mellomstor eller stor pakning.
medium blond(e) *adj:* mørkeblond.
medium-sized [͵mi:diəm'saizd] *adj:* middels stor; mellomstor; ***small and medium-sized enterprises*** små og mellomstore foretagender *n.*
medium wave *radio:* mellombølge.
medley [͵medli] *s* **1.** *stivt el. litt.(=mixture)* blanding *(fx of different nationalities);* **2.** *mus:* potpurri; **3.** *sport; svømming(=medley relay)* medley; ***individual medley*** individuell medley.
medulla [mi͵dʌlə] *s(pl: medullas, medullae* [mi͵dʌli:]*) s; anat & bot(=marrow)* marg.
meed [mi:d] *s; glds & poet:* belønning; ***he received his due meed of praise****(=he received the praise he deserved)* han fikk den belønning som tilkom ham.
meek [mi:k] *adj(=submissive; humble)* **1.** spak; spakferdig; ydmyk; **2.: *don't be so meek and mild!*** ikke finn deg i alt mulig, da!
meekness [͵mi:knəs] *s(=submissiveness)* spakhet; spakferdighet.
I. meet [mi:t] *s* **1. US**(=*sports meeting)* idrettsstevne; **2.** *før revejakten:* samling; møte *n.*
II. meet *vb(pret & perf.part. met)* **1.** møte; møtes; treffes; ses; ***meet a train*** møte opp til et tog; ***I'll meet your train****(=I'll meet you at the station)* jeg skal møte opp til toget ditt; ***we were met at the station*** vi ble møtt (*el.* hentet) på stasjonen; ***meet sby off the plane*** hente en på flyplassen (*el.* i lufthavnen); ***are we meeting at your place tonight?*** treffes vi hjemme hos deg i kveld? ***meet sby by appointment*** treffe en etter avtale; ***meet sby face to face*** møte en ansikt *(n)* til ansikt; ***a terrible sight met him*** et fryktelig syn møtte ham; ***he met his death in a car accident****(=he died in a car accident)* han omkom (*el.* døde) i en bilulykke;
2. *fig:* ***meet sby*** komme en i møte; ***meet sby halfway*** møte en på halvveien; ***meet one's former self*** møte seg selv i døren;
3*(=hold a meeting)* holde et møte;
4. *om elver & veier(=converge)* møtes; løpe sammen;
5. *ved presentasjon:* hilse på *(fx have you two met? come and meet my wife; pleased to meet you! Goodbye – I enjoyed meeting you!)* ***I don't think we've met*** jeg tror ikke vi har hilst på hverandre; ***meet my sister*** dette er min søster;
6. *merk:* ***meet****(=honour)* ***a bill*** innfri en veksel;
7. *om forpliktelse(=fulfil)* innfri; oppfylle; ***meet one's financial commitments*** oppfylle sine økonomiske forpliktelser;
8. *om krav:* etterkomme; tilfredsstille; ***we can meet****(= satisfy)* ***any demand made on us*** vi kan tilfredsstille ethvert krav som måtte bli stilt til oss; *om kvalitetskrav:* (opp)fylle; ***stringent requirements must be met by the materials****(=great demands are made on the materials)* materialene *(n)* må oppfylle meget strenge kvalitetskrav;
9. *om behov, etterpørsel, gjeld:* dekke; ***meet****(=supply)* ***the demand*** dekke behovet (*el.* etterspørselen); ***meet****(=cover)* ***sby's requirements*** dekke ens behov *(n)* *(in, of* for); ***even £2000 won't meet my debts*** ikke engang £2000 vil dekke gjelden min;

m

10. *om kostnader, utgifter(=pay; cover)* dekke *(fx the cost); om underskudd(=cover; make up)* dekke;
11. *kritikk, innvendinger:* møte; imøtegå; svare på;
12. *om utfordring(=accept; take on)* ta imot;
13. *angrep(=counter)* møte; besvare; ***meet force with force*** sette hardt mot hardt;
14. *om frist:* ***meet the deadline*** overholde fristen;
15. *fig:* ***meet the case****(=be enough)* være tilstrekkelig; strekke til; være nok *(fx will £50 meet the case?);*
16.: ***she was afraid to meet my eye****(=she was afraid to look me in the eye)* hun var redd for å se meg i øynene *n;* ***there's more to this than meets the eye*** her stikker det noe under; her ligger det noe mer bak;
17.: ***my jacket won't meet****(=I can't get my jacket to meet round my waist)* jeg får ikke jakken igjen rundt livet;
18. *fig:* ***make both ends meet*** få endene til å møtes;
19*(=meet with)* støte på; komme ut for; møte; ***problems met on the job*** problemer man møter i arbeidet; *(se 21: meet with);*
20.: ***meet up****(=meet)* treffes; ***meet up with sby*** 1*(=meet sby)* møte *(el.* treffe) en; 2*(=run into sby)* treffe på en *(fx I met up with him at the zoo);*
21.: ***meet with*** 1. møte *(fx kindness);* 2*(=meet; come up against)* støte på; møte *(fx resistance);* 3*(=(happen to) meet; run into)* treffe på; møte (tilfeldig) *(fx an old friend);* 4. *stivt:* bli utsatt for; ***she met with****(=she had)* ***an accident*** hun var utsatt for en ulykke; 5. *om reaksjon:* ***the scheme met with his approval*** han bifalt planen.

meeting [ˌmi:tiŋ] *s* **1.** møte *n;*
2. *sport:* stevne *n;* ***athletics meeting****(=sports meeting)* idrettsstevne;
3. sammenkomst; møte *n;* ***emergency meeting*** krisemøte; ***full meeting*** plenumsmøte; ***participant in a meeting*** møtedeltager; ***adjourn a meeting*** heve et møte (inntil videre); ***arrange a meeting****(=set up a meeting)* arrangere et møte; *stivt:* ***attend****(=go to; be present at)* ***a meeting*** gå på et møte; være til stede på et møte; ***I'm at a meeting just now*** jeg sitter i et møte akkurat nå; ***the business before the meeting****(=the question before us)* foreliggende sak; ***call a meeting*** innkalle til et møte; ***the meeting is called to order*** møtet er satt; ***the meeting came to an end*** møtet ble hevet; ***close a meeting*** heve et møte; ***the meeting is closed!****(=meeting closed!)* møtet er hevet! ***declare the meeting closed*** erklære møtet for hevet; ***hold a meeting*** holde et møte; ***meetings are held at fixed****(=stated)* ***times*** det holdes møter til (nærmere) fastsatte tider; ***the meeting is still in progress****(=the meeting is still going on)* møtet holder på ennå; ***we must have a meeting on****(=about)* ***that*** det må vi ta et møte på; ***have a meeting with sby*** ha et møte med en; ***open a meeting*** åpne et møte; ***preside over****(=at)* ***a meeting****(=be in the chair)* være møteleder; ***notice of the meeting will be sent out shortly*** møteinnkallingen skal sendes ut om kort tid; ***set up a meeting*** arrangere et møte.

meeting hall møtesal.
meeting house *rel:* bedehus.
meeting place møtested.
meeting point 1. *for elver, veier & fig:* møtested; der hvor de møtes; **2.** *for linjer:* berøringspunkt.
mega- [ˌmegə] *forstavelse* **1.** *10^6:* mega- *(fx megawatt);* **2.** *EDB: 2^{20}:* mega *(fx megabyte).*
megadeath [ˌmegə'deθ] *s:* en million døde.
megalomania ['megəlouˌmeiniə] *s:* stormannsgalskap.
megalomaniac ['megəlouˌmeiniæk] *s:* person som lider av stormannsgalskap.
megalopolis ['meg(ə)ˌlɔpəlis] *s* **US***(=conurbation)* storby oppstått ved sammensmelting av flere byer.
megaphone [ˌmegə'foun] *s:* megafon; ropert.
melancholia ['melənˌkouliə] *s; med.:* melankoli; svartsyn.
I. melancholic ['melənˌkɔlik] *s:* melankoliker.
II. melancholic *adj:* melankolsk.
mêlée [ˌmelei] *s; stivt el. spøkef(=scuffle; free fight; general confusion)* håndgemeng; alminnelig forvirring *(fx he was hurt in the mêlée).*
mellifluous [meˌlifluəs] *adj; stivt(=sweet)* søt; velklingende *(fx music);* honningsøt *(fx voice).*
I. mellow [ˌmelou] *vb; stivt(=mature; become softer)* modne(s); bli mildere *(fx mellow with old age).*
II. mellow *adj; stivt* **1***(=soft; gentle)* mildnet; mild; **2.** *om farge el. lys:* mettet *(fx lighting); om lyd:* dempet; bløt; **3.** *om vin(=mature)* moden; ***mellow and full-bodied*** moden og fyldig.
melodious [miˌloudiəs] *adj:* melodisk.
melodrama [ˌmelə'drɑ:mə] *s:* melodrama.
melodramatic ['melədrəˌmætik] *adj:* melodramatisk.
melody [ˌmelədi] *s:* melodi.
melody bar platebar.
melon [ˌmelən] *s; bot(=muskmelon)* melon.
melt [melt] *vb* **1.** *også fig:* smelte; ***it would melt a heart of stone*** det kunne røre en stein;
2.: ***melt away*** 1. smelte bort; 2. forsvinne *(fx the crowd melted away);*
3.: ***melt down*** smelte ned; smelte om.
melting point *fys:* smeltepunkt.
melting pot 1. smeltedigel; **2.** *fig:* ***be in the melting pot*** være i støpeskjeen.
member [ˌmembə] *s* **1.** medlem *n;* ***a member of the audience*** en av tilhørerne (,tilskuerne); ***member of a club*** medlem av en klubb; ***"members only"*** "adgang kun for medlemmer"; ***Member of Parliament****(fk MP)* parlamentsmedlem; ***the member for Woodford*** representanten for Woodford;
2. *anat(=limb)* lem *n; evf(=penis)* penis; lem;
3. *tekn:* (konstruksjons)del; element *n;* bjelke; vange.
member country medlemsland.
membership [ˌmembə'ʃip] **1.** medlemskap *n;* ***resign one's membership of a club****(=resign from a club)* melde seg ut av en klubb;
2. medlemmer; medlemstall; ***a large membership*** mange medlemmer; et høyt medlemstall; ***the dwindling membership*** det synkende medlemstallet;
3*(=membership fee)* medlemskontingent.
membership card medlemskort.
membrane [ˌmembrein] *s* **1.** membran; **2.** *anat:* hinne.
memento [miˌmentou] *s(pl: memento(e)s) stivt (=souvenir)* minne *n;* erindring; suvenir *n;* ***as a memento of*** til minne om; ***as a small memento of*** som et lite minne om; ***as a memento of a most pleasant****(=very happy)* ***stay – with all our thanks!*** til minne om et meget hyggelig opphold – og takk for oss!
memo [ˌmemou; ˌmi:mou] *s(pl: memos): se memorandum 1.*
memoir [ˌmemwɑ:] *s* **1***(=biography)* biografi;
2.: ***memoirs*** memoarer; ***writer of memoirs*** memoarforfatter.
memorabilia ['memərəˌbiliə] *s; pl(=memorable events (,things))* minneverdige begivenheter (,ting).
memorable [ˌmemərəbl] *adj(=unforgettable)* minneverdig; uforglemmelig.
memorandum ['meməˌrændəm] *s(pl: memoranda* ['meməˌrændə]) **1***(,oftest: memo)* huskenotat;
2. *polit:* memorandum *n.*
I. memorial [miˌmɔ:riəl] *s:* minnesmerke.
II. memorial *adj:* minne-.
Memorial Day US: minnedag for de falne (i de fleste stater den 30. mai).
memorial plaque minnetavle.
memorial service minnegudstjeneste.
memorize, memorise [ˌmemə'raiz] *vb(=learn by heart)* lære utenat; memorere.
memory [ˌmeməri] *s* **1.** hukommelse *(fx have a good memory);* ***from memory*** etter hukommelsen; ***my memory was at fault*** jeg husket feil; ***I have a bad memory for dates*** jeg har vanskelig for å huske datoer (,år-

stall); ***jog his memory about that article****(=remind him of that article)* minn ham på den artikkelen; ***a lapse of memory*** en erindringsfeil; en forglemmelse; ***it was merely a lapse of memory on my part*** det var en ren forglemmelse fra min side;
2. *EDB:* lagerenhet; **T:** minne *n;*
3. minne *n;* erindring *(fx pleasant memories);* ***childhood memories*** barndomsminner; ***treasured memories*** kjære minner; ***awake(n) memories of*** vekke minner om; ***this (experience) gave us a memory for life*** dette ga oss et minne for livet; ***honour sby's memory*** hedre ens minne; ***impress itself on one's memory*** feste seg i erindringen; ***lose oneself in memories*** fortape seg i minner; ***in (living) memory*** i manns minne; ***in memory of****(=as a souvenir of)* til minne om; til erindring om.
memory extension *EDB:* tilleggslager.
memory image *psykol:* erindringsbilde.
memory lane: ***walk****(=go; take a trip)* ***down memory lane****(=lose oneself in memories)* fortape seg i minner *n.*
men [men] *s; pl av I. man.*
I. menace [ˌmenəs] *s* **1.** *stivt & litt.:* trussel (*to* for, mot); ***a menace to society****(=a public enemy)* en folkefiende; en samfunnsfiende; **2. T:** uting *(fx lorries are a menace(=bad thing) on narrow roads);* **3.** *om barn(=nuisance):* ***that child's a menace!*** den ungen er en sann plage!
II. menace *vb; stivt(=threaten)* true.
menacing *adj; stivt(=threatening)* truende.
menagerie [miˌnædʒəri] *s:* menasjeri *n.*
I. mend [mend] *s* **1.** reparert sted *n; i strømpe:* stopp; ***the mend is almost invisible*** man kan nesten ikke se hvor det er lappet (,skjøtt, etc);
2. T: ***be on the mend****(=be getting better)* være i bedring; ***conditions are on the mend*** forholdene *(n)* er nå i ferd med å bedre seg.
II. mend *vb* **1***(=repair)* reparere; lappe; reparere; stoppe *(fx a sock);* utbedre; sette i stand; reparere *(fx a bridge);*
2. *især om helsen* **T:** bli bedre; ***the patient's mending nicely*** det går fint fremover med pasienten;
3. *stivt:* ***mend one's ways, mend one's manners*** forbedre seg;
4.: ***least said soonest mended*** jo mindre det sies om det, desto bedre.
mendacious [menˌdeiʃəs] *adj; meget stivt(=untruthful)* løgnaktig; usannferdig.
mendacity [menˌdæsiti] *s; meget stivt(=untruthfulness)* løgnaktighet; usannferdighet.
mender [ˌmendə] *s:* reparatør.
mendicant [ˌmendikənt] *s:* ***mendicant (friar)*** tiggermunk.
menfolk [ˌmen'fouk] *s; pl* **T:** menn; mannfolk.
I. menial [ˌmi:niəl] *s; neds(=servant)* lakei; tjener.
II. menial *adj; stivt:* mindreverdig *(fx task);* ***she regards no task as too menial for her*** hun betrakter ingen oppgave som for simpel for seg.
meningitis ['meninˌdʒaitis] *s; med.:* meningitt; hjernehinnebetennelse.
meniscus [məˌniskəs] *s* **1.** *optikk:* konkavkonveks linse; **2.** *anat:* menisk; *(jvf cartilage operation).*
menopause [ˌmenou'pɔ:z] *s(=change of life)* menopause; overgangsalder; ***she's in the menopause*** hun er i overgangsalderen.
men's clothing*(,merk: menswear;* **US:** *men's furnishings)* herreklær; herrekonfeksjon.
menses [ˌmensi:z] *s(=menstruation)* menses; menstruasjon; **T:** mens.
men's furnishers US*(=men's outfitter; men's shop)* herreekviperingsforretning.
men's furnishings US *merk(=menswear)* herrekonfeksjon.
men's hairdresser*(=barber)* herrefrisør.
men's shop*(=man's shop;* **US:** *men's furnishers)* herreekviperingsforretning.
menstrual [ˌmenstruəl] *adj:* menstruasjons-.
menstrual bleeding menstruasjonsblødning.
menstruate [ˌmenstru'eit] *vb:* menstruere.
menstruation ['menstruˌeiʃən] *s(=menses; period)* menstruasjon; **T:** mens.
menswear [ˌmenzwɛə] *s; merk(,***US:** *men's furnishings)* herreklær; herrekonfeksjon.
mental [mentl] *adj* **1.** mental; sjelelig; åndelig; sinns-; ***mental suffering(s)*** psykiske lidelser;
2. T: åreforkalket.
mental ability*(=faculties)* åndsevner; sjelsevner.
mental age intelligensalder; ***he has a mental age of six*** han står på en seksårings nivå *n.*
mental arithmetic hoderegning *(fx I'm not very good at mental arithmetic); (jvf mental calculation).*
mental blackout T: blackout; anfall *(n)* av sinnsforvirring; **T:** kortslutning.
mental breakdown *med.:* nervesammenbrudd.
mental calculation hoderegning; ***make a mental calculation*** regne (etter) i hodet.
mental cruelty åndelig grusomhet.
mental deficiency *psykol:* psykisk utviklingshemming.
mentally deficient *psykol:* debil.
mental disorder *med.:* sinnslidelse.
mental disturbance: ***she had no history of mental disturbance*** hun hadde aldri hatt psykiske problemer *n.*
mental handicap: ***he has a mental handicap****(=he's mentally retarded)* han er psykisk utviklingshemmet.
mental health åndsfriskhet; psykisk helse; ***no one doubts her mental health*** hennes åndsfriskhet er det ingen som tviler på.
mental health care psykisk helsevern.
mental hospital psykiatrisk sykehus.
mental hygiene mentalhygiene.
mentality ['menˌtæliti] *s:* mentalitet.
mentally [ˌmentəli] *adv:* mentalt; psykisk; intellektuelt; åndelig; ***mentally ill*** sinnslidende; ***suffer mentally*** lide psykisk; ***be mentally prepared for sth*** være mentalt innstilt på noe.
mentally disordered *med.:* (lettere) sinnslidende.
mentally retarded *psykol(=mentally handicapped; (mentally) subnormal)* evneveik; psykisk utviklingshemmet.
mental note: ***make a mental note of sth*** merke seg noe.
mental powers *pl:* åndskraft; ***he's still at the peak of his mental powers*** han er fremdeles mentalt på høyden.
mental process *stivt(=thinking)* tankevirksomhet.
mental reservation stilltiende forbehold *n.*
mental retardation psykisk utviklingshemming.
mental suffering(s) *pl; med.:* psykiske lidelser.
mental wreck psykisk vrak *n.*
menthol [ˌmenθɔl] *s:* mentol.
I. mention [ˌmenʃən] *s:* omtale; ***a brief mention of*** en kort omtale av; ***a short précis of the article, with a brief mention of the main points*** et kort sammendrag av artikkelen i stikkords form; ***at the mention of her name*** da navnet hennes ble nevnt; ***be worth a mention*** være verdt å nevne; ***I can't find any mention of his name*** jeg kan ikke finne navnet hans nevnt; ***get a mention*** bli omtalt; bli nevnt; ***he only got a mention in the article*** han ble bare (så vidt) nevnt i artikkelen; ***be given an honourable mention in the report*** få hederlig omtale i rapporten; ***the author makes no mention of that*** forfatteren nevner ikke det.
II. mention *vb:* nevne; omtale; ***mention sby*** nevne en; ***mention sth to sby*** nevne noe for en; ***mention my name, and they'll let you in*** nevn navnet mitt, så slipper du inn; ***mention****(=remember)* ***sby in one's will*** huske en i testamentet sitt; ***don't mention it!*** ingen årsak! ikke noe å takke for! ***not to mention …*** for ikke å snakke om …; ***not to mention the fact that we can't***

afford it for ikke å snakke om at vi heller ikke har råd til det; ***too numerous to mention*** for tallrike til å nevnes; ***it hardly needs mentioning that we're very grateful*** det er en selvfølge at vi er takknemlige.

mentor [ˌmentɔ:] *s; stivt(=adviser)* rådgiver; læremester.

menu [ˌmenju:] *s* **1.** meny; ***party menu*** selskapsmeny; ***they have a very good menu there*** man kan spise meget godt der; *(se table d'hôte);* **2.** spisekart; meny.

mercantile [ˌmə:kən'tail] *adj; stivt(=commercial)* merkantil.

I. mercenary [ˌmə:sinəri] *s:* leiesoldat.

II. mercenary *adj* **1.** *om soldat:* leid; **2.** opptatt av penger; ***his motives were purely mercenary****(=he did it only for the money)* han gjorde det bare for pengenes skyld.

merchandise [ˌmə:tʃən'daiz] *s:* handelsvarer.

merchant [ˌmə:tʃənt] *s* **1***(=wholesaler)* grossist;
2. *i sms ved visse vareslag:* -handler; ***timber merchant*** trelasthandler;
3. US*(=shopkeeper)* kjøpmann;
4. *neds* **S: *speed merchant*** fartsfantom.

merchantable [ˌmə:tʃəntəbl] *adj; merk(=saleable)* salgbar; kurant; ***of a merchantable quality*** av kurant kvalitet.

merchant bank finansieringsbank; investeringsbank.

mechantman [ˌmə:tʃəntmən] *s; mar(=merchant vessel)* handelsskip; handelsfartøy.

merchant navy handelsflåte; handelsmarine.

merchant seaman sjømann i handelsflåten.

merchant ship*(=merchant vessel)* handelsskip.

merciful [ˌmə:siful] *adj:* mild; barmhjertig; nådig; ***his death was a merciful release from pain*** døden var en befrielse for ham.

mercifully *adv:* heldigvis; lykkeligvis; gudskjelov; ***be mercifully unaware that*** sveve i lykkelig uvitenhet om at; ***his suffering was mercifully short*** han slapp heldigvis å lide lenge.

merciless [ˌmə:siləs] *adj:* ubarmhjertig; nådeløs.

mercilessly *adv:* ubarmhjertig; nådeløst.

mercurial [mə:ˌkjuəriəl] *adj* **1.** kvikksølv-; som inneholder kvikksølv;
2. *fig; litt.(=lively)* livlig;
3. *fig; litt.(=volatile; unpredictable)* flyktig; uforutsigelig;
4. *stivt(=lightning)* lynrask; ***he has had a mercurial rise****(=a lightning career)* ***since entering Parliament*** han har gjort lynkarriere siden han kom inn i parlamentet.

mercury [ˌmə:kjuri] *s:* kvikksølv.

mercy [ˌmə:si] *s* **1.** barmhjertighet; nåde; ***act of mercy*** barmhjertighetsgjerning; ***show mercy*** vise barmhjertighet; ***have mercy on*** ha barmhjertighet med;
2. *jur(=pardon)* benådning; ***petition for mercy*** benådningssøknad;
3. T: ***it was a mercy that it didn't rain*** det var et hell at det ikke regnet;
4.: *be at sby's mercy* være prisgitt en; være helt i ens makt; ***put oneself at sby's mercy*** legge sin skjebne i ens hender; ***at the mercy of the elements*** prisgitt elementene;
5.: *we are thankful for small mercies* gaver mottas med takk.

mercy killing*(=euthanasia)* barmhjertighetsdrap.

mere [miə] *adj* **1***(=only)* bare *(fx he's a mere child);* **2***(=simply)* bare; ***the mere sight of grass makes me sneeze*** bare synet av gress får meg til å nyse.

merely [ˌmiəli] *adv(=only)* bare.

meretricious ['meriˌtriʃəs] *adj; meget stivt* **1***(=garishly attractive)* glorete; prangende; **2***(=insincere)* uoppriktig; falsk; hul *(fx praise)*

merganser [mə:ˌgænsə] *s; zo:* laksand.

I. merge [mə:dʒ] *s; EDB:* fletting; ***start (,end) the merge*** begynne (,avslutte) flettingen.

II. merge *vb* **1.** *stivt(=meet)* møtes; smelte sammen; ***the outlines merge****(=meet; come together)* konturene går jevnt over i hverandre; ***merge into the background*** gå i ett med bakgrunnen; ***he merged****(=disappeared)* ***into the crowd*** han forsvant i mengden; ***the green gradually merges with the blue*** det grønne glir over i det blå;
2. *i trafikken* **US***(=choose lane)* velge fil; ***'merge correctly'****(='choose your lane')* "velg fil"; ***traffic merging (with equal priority)*** glidelås; ***traffic merging from the right*** glidelås fra høyre;
3. *merk:* fusjonere; slå sammen; ***merge the two branch offices into one*** slå de to filialene sammen til en.

merger [ˌmə:dʒə] *s; merk:* fusjon; sammenslåing; ***effect a merger of the firms*** slå sammen firmaene.

meridian [məˌridiən] *s; geogr:* meridian; ***prime meridian****(=meridian of Greenwich)* nullmeridian.

I. meridional [məˌridiənəl] *s; især fra det sørlige Frankrike:* søreuropeer; sydlending.

II. meridional *adj* **1.** meridional; **2.** sydlig; sørlig; sydlandsk; søreuropeisk.

meringue [məˌræŋ] *s:* marengs.

I. merit [ˌmerit] *s* **1.** fortjenstfullhet; fortjeneste; ***a work of great literary merit*** et verk av stor litterær betydning; ***through no merit of mine*** uten min fortjeneste; ***judge sth according to its merit****(=desert(s))* vurdere noe etter fortjeneste; ***on its merits*** etter fortjeneste; på et saklig grunnlag; individuelt; ***each case is decided****(=judged)* ***on its merits****(=each case is decided as it arises)* hvert (enkelt) tilfelle bedømmes individuelt; sakene avgjøres fra gang til gang; ***deal with a case on its merits*** behandle en sak objektivt;
2*(=good point; advantage)* fortrinn; fordel *(fx the merits of the new system);* ***the merits and demerits of the system****(=the advantages and disadvantages of the system; the good and bad points of the system)* systemets fortrinn og mangler; ***her plan has its merits*** planen hennes har sine gode sider;
3.: *go into the merits of**(=examine the good and bad points of)* vurdere; ta opp til saklig vurdering.

II. merit *vb; stivt(=deserve)* fortjene.

meritocracy ['meriˌtɔkrəsi] *s(=achievement-oriented society)* prestasjonssamfunn; elitestyre.

meritorious ['meriˌtɔ:riəs] *adj; stivt* **1***(=praiseworthy)* prisverdig; rosverdig; **2***(=deserving)* fortjenstfull.

merlin [ˌmə:lin] *s; zo (,***US:** *pigeon hawk)* dvergfalk.

merlon [ˌmə:lən] *s; arkit:* murtind(e).

mermaid [ˌmə:'meid] *s:* havfrue.

merrily [ˌmerili] *adv:* lystig; muntert.

merriment [ˌmerimənt] *s; lett glds el. spøkef(=fun; laughter; amusement)* lystighet; munterhet.

merry [ˌmeri] *adj* **1.** lystig; munter; glad; ***make merry****(=have a good time)* more seg; ***the more the merrier*** jo flere, jo bedre; ***a merry Christmas!*** god jul! en gledelig jul! ***wish sby a merry Christmas*** ønske en god jul;
2. *evf* **T***(=slightly drunk)* lystig; litt på en snurr;
3. T: *give sby (merry) hell* gjøre det helvetes hett for en; ***play merry hell with*** ødelegge fullstendig; snu fullstendig opp ned på.

merry-go-round [ˌmerigou'raund] *s* **1***(=roundabout;* **US:** *carousel* ['kærəˌsel]*)* karusell;
2. *fig(=whirl)* virvel; ***a merry-go-round of entertainment*** en virvel av fornøyelser.

merrymaking [ˌmeri'meikiŋ] *s; litt., glds el. spøkef(=fun; celebrations; parties; festivities)* festing; feiring; festligheter.

mésalliance [meˌzæliəns] *s:* mesallianse.

I. mesh [meʃ] *s* **1.** *i garn, etc:* maske; ***caught in the fine mesh of the net*** fanget i det finmaskede garnet;
2*(=size of mesh)* maskevidde; maskeåpning;
3. *mask; om tannhjul:* ***in mesh****(=in gear)* i inngrep;
4.: *(wire) mesh* trådduk;

5.: meshes 1(*=threads*) tråder (*fx of a spider's web*); 2. *fig:* garn *n;* ***be entangled in sby's meshes****(=be caught in sby's net)* bli fanget i ens garn; ***he's been caught up in a mesh****(=network)* ***of political spying*** han er blitt fanget inn i et nett av politisk spionasje.

II. mesh *vb; mask; om tannhjul:* gripe inn i hverandre; bringe i inngrep (*fx two gear wheels*).

mesmerize, mesmerise [ˌmezməˈraiz] *vb; glds(=hypnotize)* hypnotisere.

I. mess [mes] *s* **1.** rot *n;* uorden; ***in a mess*** i uorden; ***what a mess!*** for et rot! ***things are in a bit of a mess*** 1. det er ikke fritt for at det er rotete; 2. *fig:* situasjonen er litt innfløkt;

2. skitt; klin *n;* søl *n;* ***clear up the mess*** 1. rydde opp i rotet; 2(*=remove the mess*) fjerne sølet; ***make a mess in one's pants****(=mess(=dirty) one's pants)* gjøre i buksa;

3. *fig:* rot *n;* uføre; ***that landed us in a mess*** det brakte oss opp i et uføre; ***he's made a mess of it all*** han har rotet til det hele; ***you're in some kind of a mess, aren't you?*** du har rotet deg opp i noe, ikke sant? ***you've put us in a nice mess!*** du har stelt det fint til for oss!

4. *neds:* ***she looked a mess in that dress!*** hun så forferdelig ut i den kjolen!

5. *mar & mil* 1. messe; 2. spiselag;

6.: *make a mess of* 1. rote til; få til å se uordentlig ut; 2(*=ruin*) ødelegge; forkludre (*fx he's made a mess of his life*); 3.: ***make a mess of a job****(=bungle a job; mess up a job)* forkludre en jobb; ***make a mess of things*** rote til; lage i stand rot *n.*

II. mess *vb* **1.: *mess about*** 1(*=waste one's time*) kaste bort tiden (*fx they didn't mess about*); 2. *om planløs beskjeftigelse(=potter about):* ***I love messing about in the kitchen*** jeg elsker å sysle med forskjellige ting på kjøkkenet; 3.: ***the wind had messed her hairstyle about a bit*** vinden hadde gitt frisyren hennes litt medfart;

2.: *mess sby about* 1(*=treat sby roughly*) gi en en ublid behandling; 2. ikke ta tilstrekkelig hensyn til en; **T:** være hard med en;

3.: *mess about with* 1(*=interfere with*) rote med; klusse med; skape uorden i; 2. **T:** stå i med (*fx with someone else's husband*); 3.: ***they're people you don't mess about with*** det er folk (*n*) man ikke spøker med;

4.: *mess up* 1(*=make a mess of*) rote til; 2(*=dirty*) skitne til; søle til; 3(*=spoil*) ødelegge (*fx sby's holiday plans*); 4(*=bungle*) forkludre (*fx a job*); 5. *skolev:* ikke få til (*fx an exam question*);

5.: *mess with* 1. *mil & mar:* spise sammen med; 2. **US**(*=fiddle with*) klusse med; tukle med.

message [ˌmesidʒ] *s* **1.** beskjed (*fx I have a message for you from John*); ***could you phone them for me and give them a message?*** kan du ringe dit for meg og gi beskjed? ***leave a message*** legge igjen beskjed; ***take a message*** ta imot beskjed; ***'this is a recorded message'*** "dette er en automatisk telefonsvarer"; (*jvf answering machine*);

2. *fig:* budskap; ***perhaps the message runs deeper?*** kanskje budskapet går dypere? ***what message is this story trying to convey?*** hvilket budskap er det denne historien prøver å formidle?

3. T: *did you get the message?* forstod du hva det gikk ut på? fikk du tak i poenget? ***I didn't get the message****(=it escaped me)* jeg forstod ikke hva det gikk ut på; det gikk hus forbi hos meg; ***he got the message*** han oppfattet hva det dreide seg om; han oppfattet (poenget).

messenger [ˌmesindʒə] *s:* bud *n;* ***special messenger*** ilbud; ***the messenger is waiting*** budet venter.

mess gear *mil(=mess kit)* kokekar og spisebestikk; *mar:* skaffetøy; (*se mess tin*).

Messiah [miˌsaiə] *s; rel:* Messias.

messroom [ˌmesˈru(:)m] *s; mil:* messe.

messroom boy*(=messboy)* messegutt.

Messrs [ˌmesəz] *s(pl av Mr)* **1.** *ved oppregning:* herrene (*fx Messrs Brown, Jones and Smith*);

2. *merk:* ***Messrs T. Brown & Co.*** T. Brown & Co.; *i omtale; også:* firma T. Brown & Co.

mess tin *mil:* kokekar; (*jvf mess gear*).

messy [ˌmesi] *adj(=untidy; dirty)* uordentlig; rotete; skitten; som man blir skitten av; sølete; grisete (*fx don't let them play with paint – it's so messy!*).

I. met *pret & perf.part. av II. meet.*

II. met *fk f meteorological.*

metabolic [ˈmetəˌbɔlik] *adj; biol:* stoffskifte-; ***metabolic disorder*** stoffskifteforstyrrelse.

metabolism [miˌtæbəˈlizəm] *s; biol:* metabolisme; stoffskifte; forbrenning; ***fat metabolism*** fettforbrenning.

metal [metl] *s* **1.** metall *n;* ***precious metal*** edelt metall;

2. *jernb:* ***metals****(=rails)* skinner; **3.** *mus:* ***heavy metal (rock music)*** tungrock.

metallic [miˌtælik] *adj:* metallisk; metallaktig.

metallurgy [miˌtælədʒi] *s:* metallurgi.

metal probe metalldetektor.

metalwork [ˌmetlˈwə:k] *s* **1.** metallarbeid; arbeid (*n*) i metall *n;* **2.** *skolev:* metallsløyd; (*jvf woodwork*).

metamorphosis [ˈmetəˌmɔ:fəsis] *s(pl: metamorphoses* [ˈmetəˌmɔ:fəˈsi:z]*)* metamorfose; forvandling.

metaphor [ˌmetəfə] *s:* metafor; bilde *n.*

metaphoric(al) [ˈmetəˌfɔrik(əl)] *adj:* metaforisk; billedlig (*fx language*).

metaphysical [ˈmetəˌfizikəl] *adj:* metafysisk.

metaphysics [ˈmetəˌfiziks] *s:* metafysikk.

mete [mi:t] *vb; stivt; især om straff:* ***mete****(=hand)* ***out*** dele ut (*fx severe sentences to criminals*).

meteor [ˌmi:tiə] *s:* meteor.

meteoric [ˈmi:tiˌɔrik] *adj* **1.** meteorlignende;

2. *fig:* kometaktig (*fx career*); ***he continues his meteoric rise to stardom****(=he's still shooting to stardom)* han fortsetter sin kometaktige løpebane mot stjernestatus.

meteorite [ˌmi:tiəˈrait] *s:* meteoritt; meteorstein.

meteorological [ˈmi:tiərəˌlɔdʒikəl] *adj:* meteorologisk.

meteorological chart værvarslingskart.

Meteorological Office: *the Meteorological Office**(=the Weather Office;* **T:** *the Met Office;* **US:** *the Weather Bureau)* Meteorologisk institutt.

meteorological officer(,**T:** *met officer; met man*) *stillingsbetegnelse:* meteorolog.

meteorologist [ˈmi:tiəˌrɔlədʒist] *s:* meteorolog.

meteorology [ˈmi:tiəˌrɔlədʒi] *s:* meteorologi.

meter [ˌmi:tə] *s* **1.** måler; ***electric meter*** lysmåler; ***(parking) meter*** parkometer *n;*

2. US(*=metre*) meter.

meter parking (,**US:** *metered parking*) parkering ved parkometer *n.*

meter zone parkometersone.

method [ˌmeθəd] *s* **1.** metode; teknikk; fremgangsmåte; ***it's easy to do it by this method*** det er lett å gjøre det med denne metoden; ***the only viable method of finding out how*** den eneste farbare vei når det gjelder å finne ut hvordan;

2(*=system*) system *n;* ordning; ***method of payment*** betalingsordning; ***her work seems to lack method*** arbeidet hennes virker planløst; *spøkef:* ***there's method in his (,her) madness*** det er system i galskapen.

methodical [miˌθɔdikl] *adj:* metodisk; systematisk; planmessig.

methodically [miˌθɔdikəli] *adv:* metodisk; ***work methodically*** arbeide metodisk; ha en fast plan i arbeidet.

Methodism [ˌmeθəˈdizəm] *adj:* metodisme.

Methodist [ˌmeθəˈdist] *s:* metodist.

meths [meθs] *s(=methylated spirit(s))* denaturert sprit; ***solid meths*** tørrsprit.

Mehtuselah [miˌθju:zələ] *s; bibl:* Metusalem.

methyl [ˌmeθil] *s; kjem:* metyl *n.*

m

methylate [ˌmeθi'leit] *vb; kjem:* denaturere; tilsette metylalkohol.
meticulous [miˌtikjuləs] *adj; stivt(=painstaking)* (pedantisk) omhyggelig; pinlig nøyaktig.
métier [ˌmetiei] *s; stivt:* métier *n;* gebet *n;* sterk side; ***that's not his métier(=strong point)*** det er ikke hans sterke side.
met man T: *se meteorological officer.*
Met Office T: *se Meteorological Office.*
met officer T: *se meteorological officer.*
metre *(,***US:** *meter)* [ˌmi:tə] *s* **1.** meter; **2.** verseform; versemål.
metric [ˌmetrik] *adj* metrisk; ***go metric*** gå over til desimalsystemet.
metrical [ˌmetrikəl] *adj:* metrisk; på vers *n;* i bunden form *(fx it's not metrical – it's in prose).*
metricate [ˌmetri'keit] *vb:* gå over til desimalsystemet.
metrics [ˌmetriks] *s(=prosody)* metrikk; verselære.
metric ton metertonn; 1000 kg.
metro [ˌmetrou] *s:* undergrunnsbane.
metropolis [miˌtrɔpəlis] *s:* metropol; hovedstad; storby.
metropolitan ['metrəˌpɔlitən] *adj:* storby-; hovedstads-.
Metropolitan Police: ***the Metropolitan Police*** Londonpolitiet.
mettle [metl] *s* **1.** *litt.(=courage):* ***a man of mettle*** en modig mann;
2. *litt.(=spirit)* temperament *n;* livfullhet; ***full of mettle(=high-spirited)*** fyrig; ildfull;
3*(=staying power; endurance):* ***try sby's mettle*** se hva en duger til;
4.: ***put sby on his mettle*** anspore en til å gjøre sitt beste.
mettlesome [ˌmetlsəm] *adj; glds(=spirited; courageous)* modig; temperamentsfull; ildfull.
I. mew [mju:] *s* **1.** *zo:* ***mew gull****(=common gull)* fiskemåke;
2. *hist(=cage)* bur *(n)* (for falk el. hauk); **3***(=miaow; high-pitched cry)* mjau(ing); *om fugl:* skrik *n.*
II. mew *vb* **1.** mjaue; **2.** *om fugl:* skrike.
mews [mju:z] *s* **1.** *hist:* rekke med stallbygninger, ofte i nyere tid benyttet som garasjer;
2. gatestump med staller el. garasjer ombygd til boliger el. verksteder; *(se mews flat).*
mews flat leilighet i ombygd stall el. garasje; *ofte(=studio flat)* atelierleilighet.
I. Mexican [ˌmeksikən] *s:* meksikaner.
II. Mexican *adj:* meksikansk.
Mexico [ˌmeksikou] *s; geogr:* Mexico.
mezzanine [ˌmezə'ni:n] *s(=mezzanine floor; entresol)* messanin(etasje) (ɔ: (lav) etasje mellom første og annen etasje).
I. miaow *(,***US:** *meow)* [mjau] *s:* mjau *n;* mjauing.
II. miaow *vb:* mjaue.
mica [ˌmaikə] *s:* glimmer *n;* kråkesølv.
mice [mais] *pl av I. mouse.*
Michaelmas [ˌmikəlməs] *s:* mikkelsmesse(dag) (29. september).
mickey [ˌmiki] *s* **T:** ***take the mickey out of****(=make fun of; tease)* drive gjøn *(n)* med; erte; *spøkef:* mobbe; *(se Mickey (Finn)).*
Mickey (Finn) S *(=drink that knocks one out)* drink som slår en totalt ut; bedøvende drink; ***they slipped him a Mickey (Finn)*** de hadde noe oppi drinken hans; *(se knockout drops).*
mickle [mikl] *s; ordspråk:* ***many a little makes a mickle*** mange bekker små gjør en stor å.
microbe [ˌmaikroub] *s:* mikrobe.
microbiology ['maikroubaiˌɔlədʒi] *s:* mikrobiologi.
microchip [ˌmaikrou'tʃip] *s; EDB:* mikrobrikke.
microcosm [ˌmaikrou'kɔzəm] *s:* mikrokosmos.
microfiche [ˌmaikrou'fiʃ] *s; EDB(,ofte: fiche):* mikrokort.
microfilm [ˌmaikrou'film] *s:* mikrofilm.
micrometer [maiˌkrɔmitə] *s:* mikrometer; ***dial micrometer*** måleur.
microorganism ['maikrouˌɔ:gə'nizəm] *s:* mikroorganisme.
microphone [ˌmaikrə'foun] *s(,***T:** *mike)* mikrofon.
microphone charm mikrofontekke.
microprocessor ['maikrouˌprousəsə] *s:* mikroprosessor.
microscope [ˌmaikrə'skoup] *s:* mikroskop *n.*
microscopic ['maikrəˌskɔpik] *adj* **1.** mikroskopisk;
2. *spøkef(=very tiny)* mikroskopisk.
microwave oven mikrobølgeovn.
mid [mid] *adj:* midt-; ***in mid-August*** midt i august; ***in mid ocean*** midt ute på havet; ***he's in his mid-thirties*** han er midt i trettiårene.
midair [ˌmidˌɛə] *adj:* i luften; ***be suspended in midair*** sveve (fritt) i luften.
midday [ˌmid'dei; 'midˌdei] *s; lett glds:* ***at midday****(=at twelve o'clock (noon))* klokken 12 (middag).
I. middle [midl] *s* **1.:** ***the middle*** midten; ***about the middle of May*** omtrent midt i august; ***along the middle (of)*** midt etter; ***in the middle*** i midten; ***break in the middle*** gå av på midten; ***in the middle of*** midt i *(fx the room);* midt på; ***in the middle of the day*** midt på dagen; ***he stopped in the middle of what he was saying when the phone rang*** han avbrøt seg selv da telefonen ringte;
2. T*(=waist)* midje; liv *n (fx get fat round one's middle);*
3. *om beskjeftigelse:* ***in the middle of work*** midt under arbeidet; ***be in the middle of (-ing)*** være opptatt med å.
II. middle *adj:* midt-; midtre; midterst; som ligger i midten *(fx the middle house);* mellom-.
middle age 1. middelalder; ***well into middle age*** godt og vel middelaldrende; **2.** *hist:* ***the Middle Ages*** middelalderen.
middle-aged ['midlˌeidʒd; *attributivt:* ˌmidl'eidʒd] *adj:* middelaldrende.
middle-aged spread T: alderstillegg *(fx he's got middle-aged spread).*
middle class middelklasse.
middle-class ['midlˌklɑ:s; *attributivt:* ˌmidl'klɑ:s] *adj:* middelklasse-; som er typisk for middelklassen.
middle distance 1. mellomgrunn; **2.** *sport:* mellomdistanse.
middle ear [ˌmidlˌiə; 'midlˌiə] *s; anat:* mellomøre; ***inflammation of the middle ear****(=otitis media)* mellomørebetennelse.
Middle East *geogr:* ***the Middle East*** Midt-Østen.
middle finger [ˌmidl'fiŋgə] *s; anat:* langfinger.
middleman [ˌmidlmən] *s* **1.** *merk:* mellommann; mellomledd; **2***(=intermediary)* mellommann (mellom to parter); stråmann.
Middle Man *barnespråk:* langemann.
middle managers *pl:* folk *(n)* med sjefstillinger i mellomsjiktet.
middle name mellomnavn.
middle-of-the-range *adj:* i mellomklassen; ***middle-of -the-range car*** bil i mellomklassen; mellomklassebil.
middle-of-the-road *adj:* som inntar et mellomstandpunkt; moderat *(fx his beliefs are very middle-of -the-road).*
middle-of-the-road driver lusekjører; søndagskjører.
middle-of-the-roader representant for den moderate linje.
(middle) rib steak of beef *kul(=entrecôte)* indrefilet.
middle watch *mar:* hundevakt.
middle weight *s* **1.** mellomvekter; **2.** mellomvekt.
middling [ˌmidliŋ] *adj; om kvalitet el. størrelse* **T***(=average)* middels; gjennomsnitts; mellomstor.
midge [midʒ] *s; zo:* knott.
midget [ˌmidʒit] *s(=dwarf)* dverg.

midget submarine *mar:* miniubåt.
midnight [ˌmid'nait] *s:* midnatt; ***at midnight*** klokken 24; klokken tolv midnatt. **midnight oil: *burn the midnight oil*** sitte oppe og arbeide til langt på natt; holde på med nattarbeid.
midriff [ˌmid'rif] *s; anat(=diaphragm)* mellomgulv.
I. midship [ˌmid'ʃip] *s:* det midterste av skipet.
II. midship *adj:* midtskips-.
midships [ˌmid'ʃips] *adv(=amidships)* midtskips.
midst [midst] *s; stivt el. litt.* **1.: *in the midst of*** *(=in the middle of)* 1. midt i; 2. midt under *(fx the celebrations);* **2.: *in our (,your)midst*** *(=among us (,you))* iblant oss (,dere).
midstream [ˌmid'stri:m] **1.: *in midstream*** midtstrøms; midt i strømmen;
2. *fig:* ***he stopped speaking in midstream at the sound of the telephone*** *(=he stopped in the middle of what he was saying when the phone rang)* han avbrøt seg selv da telefonen ringte.
midsummer [ˌmidˌsʌmə; ˌmid'sʌmə] *s:* midtsommer.
Midsummer Day jonsok; sankthansdag.
Midsummer Eve sankthansaften.
midwife [ˌmid'waif] *s(pl: midwives)* jordmor.
midwifery [ˌmid'wifəri] *s(=obstetrics)* fødselshjelp; obstetrikk.
midwinter [ˌmidˌwintə] *s:* midtvinter.
mien [mi:n] *s; litt.(=manner)* mine *(fx his gentle mien).*
I. might [mait] *s* **1.** *litt.(=strength; force)* styrke; makt; ***might makes right*** makt er rett;
2.: *with all one's might* av all makt; av alle krefter; ***hold on to sth with all one's might*** niholde på noe.
II. might *vb; pret av II. may.*
mighty [ˌmaiti] *adj; litt.* **1***(=powerful; strong)* mektig; **2***(=huge)* kjempestor; mektig *(fx door);*
3. T: *you're in a mighty hurry* *(=you're very impatient)* du er svært så utålmodig;
4. *adv; især* **US***(=very)* meget; svært *(fx a mighty clever man);*
5. T: *high and mighty* *(=too big for one's boots)* storsnutet; høy i hatten.
migraine [ˌmi:grein; ˌmaigrein] *s; med.:* migrene.
I. migrant [ˌmaigrənt] *s* **1.** *zo(=bird of passage)* trekkfugl; ***the swallow is a summer migrant to Britain*** svalen trekker til Storbritannia om sommeren;
2. sesongarbeider; ***economic migrant*** økonomisk flyktning.
II. migrant *adj* **1.** *zo; om fugl:* som trekker;
2. omstreifende.
migrate [maiˌgreit] *vb* **1.** *zo; om fugl:* trekke (bort); *om fisk:* vandre; ***migrating birds*** *(=birds of passage)* trekkfugler; **2.** *i organisme el. stoff:* vandre *(fx these worms migrate within the human body);* **3.** streife omkring; flakke omkring; *pga. endrede levevilkår:* flytte; ***migrate to the cities*** flytte til byene.
migration [maiˌgreiʃən] *s* **1.** *zo; fugls:* trekk; *fisks:* vandring; ***spawning migration*** gytevandring;
2.: *migration (of nations), migration (of tribes)* (folke)vandring; ***the Great Migration*** den store folkevandring; *stivt:* ***the mass migration of holidaymakers to southern countries*** *(=mass travel to southern countries)* masseturismen til sydlige land.
migratory [ˌmaigrətəri; maiˌgreitəri] *adj)* **1.** *zo; faglig(=migrating) om fugl:* som trekker; *om fisk:* som vandrer;
2. *stivt(=roaming)* omstreifende; omflakkende.
migratory bird *zo; faglig(=bird of passage)* trekkfugl.
mike [maik] *s* **T***(=microphone)* mikrofon.
Milan [miˌlæn] *s; geogr:* Milano.
milch cow [ˌmiltʃ'kau] *s* **1.** *glds(=milker)* melkeku;
2. *fig:* melkeku.
mild [maild] *adj; om krydder, person, straff, såpe, vær, etc:* mild; ***a mild form of slavery*** en mild form for slaveri *n;* ***a mild(=light) punishment*** en mild straff; ***he grew milder in time*** han ble mildere med tiden.
mildew [ˌmil'dju:] *s* **1.** *bot:* meldugg; jordslag; **2***(=mould)* mugg.
mildewed *adj:* jordslått; muggen; full av meldugg.
mildly [ˌmaildli] *adv:* mildt; ***to put it mildly*** *(=to say the least of it)* mildest talt; ***to put it mildly, this man wasn't exactly a likeable type*** for å si det mildt, så var denne mannen ikke akkurat noen udelt sympatisk type.
mildness [ˌmaildnəs] *s:* mildhet.
mile [mail] *s* **1.** mile (ɔ: 1,61 km); **2. T: *miles of string*** masser av hyssing; ***it's miles too big*** den er altfor stor; det er altfor stort; ***it sticks out a mile*** *(=it hits you in the eye)* det springer en i øynene *n;* det synes på lang avstand.
mileage [ˌmailidʒ] *s* **1.** antall miles; avstand (i miles); kilometerstand; ***what's the mileage on your car?*** hvor langt har bilen din gått? ***car with a low mileage*** *(=low-mileage car)* bil som har gått lite.
mileage allowance *(=car allowance)* bilgodtgjørelse.
mileometer [maiˌlɔmitə] *s(,***US:** *odometer)* kilometerteller; *(jvf trip meter).*
milestone [ˌmail'stoun] *s* **1***(,især* **US:** *milepost)* milestein; *svarer til:* kilometerstolpe; **2.** *fig:* milepæl *(fx a milestone in medical history).*
milfoil [ˌmil'fɔil] *s; bot(=yarrow)* ryllik.
milieu [ˌmi:ljə:] *s(pl: milieus, milieux) stivt(=environment)* miljø *n.*
militancy [ˌmilitənsi] *s; polit:* det å være militant; krigerskhet; kamplyst.
I. militant [ˌmilitənt] *s(=militant person)* militant person.
II. militant *adj:* militant.
militarism [ˌmilitə'rizəm] *s:* militarisme.
militarist [ˌmilitərist] *s:* militarist.
militaristic ['militəˌristik] *adj:* militaristisk.
I. military [ˌmilitəri] *s:* ***the military*** det militære.
II. military *adj:* militær.
military academy US *(=war college)* krigsskole; militærakademi; ***the US Military Academy*** den amerikanske hærs krigsskole (i West Point i New York State); *(jvf naval academy).*
military band militærorkester.
military college *(=war college;* **US:** *military academy)* krigsskole; *(jvf naval college).*
military cross krigskors.
military display militærparade.
military man militær; ***the top military men*** de ledende militære.
military service militærtjeneste; ***compulsory military service*** verneplikt; ***do one's military service*** avtjene verneplikten.
militate [ˌmili'teit] *vb; stivt:* ***militate against*** **1***(=work actively against)* motarbeide aktivt; **2***(=weigh against)* tale (i)mot *(fx it militates against his being chosen).*
militia [miˌliʃə] *s:* milits.
militiaman [miˌliʃəmən] *s:* militssoldat.
I. milk [milk] *s:* melk; ***curdled milk*** melk som har skilt seg; sammenløpet melk; surmelk; ***full-cream milk*** helmelk; ***skim milk*** skummet melk; ***semi-skimmed milk*** *(=lowfat milk)* lettmelk; ***sugar of milk*** *(=lactose)* melkesukker; laktose; ***it's*** *(=there's)* ***no use crying over spilt milk*** det nytter ikke å gråte over spilt melk; **T: *come home with the milk*** komme hjem langt ut på morgenkvisten.
II. milk *vb* **1.** melke; **2.** *fig:* melke; presse for penger.
milk blotch: *se milk scab.*
milk carton melkekartong.
milk churn stort melkespann *(fx collect the milk from the farms in churns); (jvf milk pail).*
milk crust: *se milk scab.*
milker [ˌmilkə] *s* **1.** melker; **2***(=milking machine)* melkemaskin; **3.** melkedyr; ***good milker*** ku som melker godt.

milk float melkemannens lille elektriske bil; melkebil.
milking cow*(=milker)* melkeku.
milkmaid [ˌmilk'meid] *s(=dairymaid)* budeie.
milkman [ˌmilkmən] *s(=milk roundsman)* melkemann.
milk mushroom *bot:* riske; melkesopp.
milk pail melkespann; melkebøtte; *(jvf milk churn).*
milk powder*(=instant milk; dried milk)* tørrmelk.
milk roundsman*(=milkman)* melkemann; *(se milk float).*
milk run *flyv; mil:* rutinemessig flyvning.
milk rennets *pl; kul:* melkeringer.
milk scab T*(=milk blotch)* brennkopper.
milk shop*(=dairy (shop))* melkebutikk.
milksop [ˌmilk'sɔp] *s* **1***(=bread soaked in warm milk)* brødsoll; **2.** *glds(=mummy's boy)* mammadalt.
milk stand melkerampe; melkebukk.
milk thistle *bot(=sow thistle)* dylle.
milk tooth melketann.
milky [ˌmilki] *adj:* melkeaktig; melke-; melkehvit.
Milky Way *astr:* ***the Milky Way****(=the Galaxy)* Melkeveien.
I. mill [mil] *s* **1.** kvern; mølle;
2.: ***(clothing) mill*** tekstilfabrikk; konfeksjonsfabrikk;
3. *fig:* ***he's been through the mill*** 1*(=he's been fully trained)* han har gått gradene; 2*(=he's suffered a great deal)* han har gjennomgått mye; ***put sby through the mill*** la en få kjørt seg; ***the manuscript has been through the mill*** manuskriptet har vært gjennom kverna.
II. mill *vb* **1.** *om kvern:* male; formale;
2. *mask:* frese;
3. *mynt:* rifle;
4. *om menneskemengde:* mase rundt; kverne rundt; ***the milling crowd*** den sydende menneskemengden; ***mill about, mill around*** mase rundt.
millboard [ˌmil'bɔ:d] *s(=thick pasteboard)* tykk papp.
milldam [ˌmil'dæm] *s:* mølledam; mølledemning.
millennium [miˌleniəm] *s:* tusenårsrike.
miller [ˌmilə] *s* **1.** møller; mølleeier; **2***(=milling machine)* fresemaskin; **3.** *landbr:* ***soil miller****(=rotary cultivator; rotavator)* jordfreser.
millet [ˌmilit] *s; bot:* hirse.
millhand *glds(=textile worker)* tekstilarbeider.
milligram(me) [ˌmili'græm] *s:* milligram.
millimetre *(,US:* *millimeter)* [ˌmili'mi:tə] *s:* millimeter.
milliner [ˌmilinə] *s;* motehandler; modist.
millinery [ˌmilin(ə)ri] *s* **1.** moteartikler; motepynt; motevarer; **2.** motevarefaget.
million [ˌmiljən] *s:* million.
million(n)aire ['miljəˌnɛə] *s:* millionær.
million(n)airess ['miljəˌnɛərəs] *s:* millionøse.
millipede [ˌmili'pi:d], **milleped** [ˌmili'ped] *s; zo:* tusenben; *(jvf centipede).*
millpond [ˌmil'pɔnd] *s:* mølledam.
millrace [ˌmil'reis] *s(=millrun)* møllerenne.
millstone [ˌmil'stoun] *s* **1.** møllestein; kvernstein;
2. *fig:* ***a millstone round one's neck*** en klamp om foten.
millstream [ˌmil'stri:m] *s:* møllebekk.
milt [milt] *s; zo(sperm from a male fish)* melke.
I. mime [maim] *s; teat* **1.** *slags skuespill:* mime;
2. mimikk *(fx study mime at a college of drama)*; **3***(=mime artist)* mimiker.
II. mime *vb* **1.** mime; **2.** parodiere.
I. mimic [ˌmimik] *s:* etteraper.
II. mimic *vb(=imitate)* etterape; herme etter; parodiere.
mimicry [ˌmimikri] *s* **1.** etteraping; parodiering;
2. *zo:* ***(protective) mimicry*** beskyttelseslikhet.
minaret ['minəˌret] *s; på moské:* minaret.
I. mince [mins] *s; kul(=minced meat)* **1.** hakkekjøtt; **2.** kjøttdeig; ***beef mince****(=minced steak)* (okse)karbonadedeig; *(jvf minced steak; mincemeat).*
II. mince *vb* **1***(=grind up)* male (opp); *(=chop finely)* finhakke;
2.: ***mince (along)*** trippe (av sted); gå på en jålete måte;
3*(=speak in an affected manner)* snakke jålete;
4. T: ***he didn't mince his words, he didn't mince matters****(=he spoke his mind)* han tok bladet fra munnen; han snakket fritt fra leveren; han sa nøyaktig hva han mente.
minced meat*(=mince)* **1.** kjøttdeig; **2.** (fin)hakket kjøtt *n;* hakkekjøtt.
minced steak *kul* **1.** (okse)karbonadedeig; **2***(=minced steak rissole)* karbonade; ***minced steak and onions*** karbonade med løk.
minced veal steak(let) *kul:* kalvekarbonade.
mincemeat [ˌmins'mi:t] *s* **1.** blanding av oppskårne epler, rosiner, etc brukt som fyll i pai; *(jvf I. mince);* **2.** *fig:* ***make mincemeat of sby*** lage hakkemat av en.
mince pie *kul:* liten rund pai fylt med 'mincemeat'; *(se I. pie).*
mincer [ˌminsə] *s (,***US:** *meat grinder)* kjøttkvern.
mincing [ˌminsiŋ] *adj* **1.** *glds(=primly affected)* affektert; jålete; **2.** *om gange:* trippende; jålete *(fx walk with little mincing steps).*
I. mind [maind] *s* **1.** sinn *n;* ***in a strange frame of mind*** i en underlig sinnsstemning; ***be(=feel) uneasy (in one's mind)*** føle seg urolig (til sinns); ***have an open mind*** ha et åpent sinn; være fordomsfri; ***have an open mind on(=in) the matter*** ikke ha noen forutfattet mening om saken; ***keep an open mind*** vente med å bestemme seg; ikke legge seg fast på en bestemt oppfatning;
2. *mots kropp:* sjel; ånd; psyke; ***mind and matter*** ånd og materie; ***broken in body and mind*** nedbrutt på legeme *(n)* og sjel; ***sound in mind and body*** frisk på kropp og sjel; ***peace of mind*** sjelefred; ***strength of mind*** sjelsstyrke;
3. mentalitet; tankegang; ***a dirty mind*** en skitten tankegang; ***his mind was clear and he was able to talk*** han var helt klar og i stand til å snakke;
4. forstand *(fx the boy has the mind of an adult);* ***one's mind grows dull with age*** forstanden sløves med alderen;
5. intellekt *n;* hjerne; ånd; personlighet; ***food for the mind*** åndelig føde; ***some of the best minds****(=brains)* ***are emigrating*** noen av de skarpeste hjerner emigrerer; ***a sharp mind*** et skarpt intellekt; en skarp hjerne;
6. *om hukommelse:* ***bear sth in mind*** *se ndf: keep sth in mind;* ***it brought back many memories to my mind*** det vakte mange minner *(n)* til live hos meg; ***cast one's mind back to*** tenke tilbake på; ***call to mind*** få en til å huske; minne om; ***I can't get it out of my mind*** jeg kan ikke la være å tenke på det; ***keep sth in mind*** ha noe i erindring; ha noe i tankene; tenke på noe; ***I'll keep it in mind*** jeg skal ha det i tankene; jeg skal huske på det (hvis det blir aktuelt); ***put sby in mind of sth****(=remind sby of sth)* minne en på *(el.* om) noe;
7. *om konsentrasjon:* ***keep one's mind on one's work*** konsentrere seg om arbeidet; ***keep your mind on what you're doing!*** konsentrer deg om det du holder på med! ***his mind was not on his job****(=his thoughts were wandering)* han konsentrerte seg ikke om arbeidet; ***you can do it if you put your mind to it*** du kan hvis du virkelig vil;
8. *om noe som bekymrer:* ***he's got sth on his mind****(=he's worried about sth)* han er bekymret for noe; ***she can't work with that problem on her mind*** hun kan ikke arbeide så lenge hun har det problemet å tenke på; ***try to take her mind off the subject****(=try to stop her thinking about it)* prøv å få henne til å tenke på noe annet;
9. *om hensikt, mening, tilbøyelighet:* ***change one's mind*** forandre mening; ombestemme seg; ***change one's mind about sth*** forandre mening mht. noe *(fx they changed their mind(s) about it);* **T:** ***if anyone changes their mind it'll be you*** hvis noen kommer til å forandre mening, så blir det deg; ***make up one's***

mind bestemme seg; ***my mind's made up*** jeg har bestemt meg; ***I've a good mind to tell him*** jeg har lyst til å si det til ham (,fortelle ham det); ***I've a good mind to do it myself*** jeg har lyst til å gjøre det selv; ***I've half a mind to …*** jeg kunne nesten tenke meg å …; jeg har halvveis lyst til å …; ***he's in two minds about it*** han både vil og ikke vil; han kan ikke få bestemt seg; ***I'm in two minds about going****(=I can't decide whether to go or not)* jeg kan ikke få bestemt meg for om jeg skal dra eller ei; ***what do you have in mind?****(=what are you thinking of?)* hva har du i tankene? hva tenker du på? ***the person I have in mind*** den jeg har i tankene; den jeg tenker på; **T: *give sby a piece of one's mind*** si en sin hjertens mening; ***she knows her own mind*** hun vet hva hun vil; ***she has a mind of her own*** hun har sin egen vilje; ***speak one's mind*** si hva en mener; snakke rett fra leveren; ***speak one's mind about sth*** si sin mening (*el.* hva man mener) om noe;

10. *om manglende tilregnelighet:* ***verdict: suicide while the balance of his mind was disturbed*** kjennelse: selvmord i et anfall av sinnsforvirring; **T: *he's not in his right mind*** han er ikke riktig klok; **T: *go out of one's mind*** gå fra forstanden; bli gal;

11.: ***absence of mind*** åndsfraværenhet; ***presence of mind*** åndsnærværelse;

12.: ***at the back of his mind he knew that sth was wrong*** han hadde en uklar fornemmelse av at noe var galt;

13.: ***put****(=set)* ***sby's mind at rest****(=reassure sby)* berolige en; ***put people's minds at rest****(=reassure people; calm the public down)* berolige folk *n;*

14.: ***in one's mind's eye*** for sitt indre blikk;

15.: ***it crossed my mind*** tanken streifet meg;

16.: ***it's a load****(=weight)* ***off my mind*** det er en stor lettelse for meg;

17.: ***his name didn't stick in my mind****(=I didn't make a note of his name)* jeg merket meg ikke navnet hans;

18.: ***turn it over in one's mind****(=chew it over)* tenke over det;

19.: ***set one's mind on doing sth*** bestemme seg definitivt for å gjøre noe; ***their minds are set on reform*** de er helt innstilt på reform;

20.: ***come****(=spring)* ***to mind*** falle en inn.

II. mind *vb* **1***(=look after)* passe (på); se etter *(fx mind the children; mind the shop);* ***mind your own business!*** pass dine egne saker!

2. være forsiktig; passe på; ***mind how you behave!*** vær forsiktig med hvordan du oppfører deg! ***mind the step!*** se opp for trappetrinnet! ***mind you get back in time for tea*** pass på at du kommer tilbake til tetid;

3.: ***mind (about)****(=worry about)* bekymre seg om; bry seg om; ***never mind!****(=don't worry!* **T:** *not to worry!)* det gjør ingenting! ikke bry deg om det! ***don't mind me!*** 1. bry deg ikke om meg! 2. *iron:* sjener deg ikke! ***don't mind about their gossip*** bry deg ikke om sladderen deres; ***never mind about putting your gloves on*** du behøver ikke ta på deg hanskene;

4. ha noe imot; ***I wouldn't mind so much if only he'd pay*** det fikk enda være det samme hvis han bare betalte; ***do you mind if I close the window?*** har du noe imot at jeg lukker vinduet? ***would you mind shutting the door?****(=please shut the door)* vær så snill å lukke igjen døren; ***I don't mind if I do*** ja, hvorfor ikke? ***I don't mind you(r) going there*** jeg har ikke noe imot at du drar dit; ***I don't mind telling you*** jeg kan godt fortelle deg det; ***if you don't mind, I should like to …*** hvis du ikke har noe imot det, ville jeg gjerne …; ***I wouldn't mind a cup of tea*** jeg skulle ikke ha noe imot en kopp te; *ergerlig utbrudd:* ***do you mind!*** nei, vet du hva! *(fx Do you mind! That's my best shirt you're using as a floor cloth!);*

5. høre etter; legge seg på sinne *(fx sby's advice);* ***mind (you)*** vel og merke *(fx mind you, I don't blame him; I don't blame him, mind);*

6.: ***Would you prefer tea or coffee? – I don't mind****(= I'm easy)* Foretrekker du te eller kaffe? – Det blir det samme (for meg).

mind bender *s* **1***(=psychedelic drug)* bevissthetsutvidende stoff *n;* **2.** noe som går helt over ens fatteevne.

mind-bending [ˌmaind'bendiŋ] *adj* **T 1.** nesten ufattelig; **2.:** *se mind-expanding.*

mind-boggling [ˌmaind'bɔgliŋ] *adj* **T***(=absolutely staggering)* helt fantastisk; aldeles ufattelig *(fx wealth).*

minded [ˌmaindid] *adj; i sms:* ***price-minded****(=price -conscious)* prisbevisst; ***be modern-minded*** være moderne innstilt; ***open-minded*** med et åpent sinn; som har et åpent sinn; ***be socially minded*** være sosialt innstilt.

minder [ˌmaində] *s(=bodyguard)* livvakt.

mind-expanding [ˌmaindik'spændiŋ] *adj; om narkotikum(=psychedelic; mind-bending; mind-blowing)* bevissthetsutvidende.

mindful [ˌmaindful] *adj; stivt:* ***be mindful of****(=remember)* huske på; ***be mindful of one's duties****(=be dutiful)* være pliktoppfyllende.

mindless [ˌmaindləs] *adj* **1.** tankeløs; uintelligent; ***mindless****(=senseless)* ***violence*** tankeløs vold; ***rid the game of these mindless louts*** befri idretten for denne tankeløse pøbelen;

2. som krever lite tankearbeid *(fx a mindless task);*

3. *stivt:* ***mindless of****(=heedless of)* uten å ense; uten å ta hensyn til *(fx the danger).*

mindlessly [ˌmaindləsli] *adv:* tankeløst.

mind-reader [ˌmaind'ri:də] *s:* tankeleser.

I. mine [main] *s* **1.** gruve; **2.** *mil:* mine; **3.** *fig:* ***a mine of information*** en sann gullgruve (når det gjelder opplysninger)..

II. mine *vb* **1.:** ***mine coal*** bryte kull; **2.** *mil:* minelegge.

III. mine *pron (jvf my):* min; mi; mitt; mine; ***a friend of mine****(=one of my friends)* en venn av meg; ***this book's mine****(=this is my book)* dette er min bok.

minefield [ˌmain'fi:ld] *s; mil:* minefelt.

minelayer [ˌmain'leiə] *s; mar:* minelegger.

miner [ˌmainə] *s(=mineworker)* gruvearbeider.

I. mineral [ˌminərəl] *s:* mineral *n.*

II. mineral *adj:* mineralsk; mineral-; ***the mineral kingdom*** mineralriket; *(jvf animal kingdom; vegetable kingdom).*

mineralogy ['minəˌrɔlədʒi] *s:* mineralogi.

mineral oil *(=petroleum)* mineralolje.

mineral rock *(=mineral wool)* mineralull; steinull.

mineral water mineralvann; ***still mineral water*** mineralvann uten kullsyre.

minesweeper [ˌmain'swi:pə] *s; mar:* minesveiper.

mineworker [ˌmain'wə:kə] *s(=miner)* gruvearbeider.

mingle [miŋgl] *vb; stivt(=mix)* blande seg (*with* med).

mini [ˌmini] *s* **T 1***(=minicar)* småbil; minibil; **2***(=miniskirt)* miniskjørt.

miniature [ˌminitʃə] *s:* miniatyr; miniatyrportrett; miniatyrbilde; ***in miniature*** i miniatyr; i miniatyrformat.

minibus [ˌmini'bʌs] *s:* småbuss.

minicab [ˌmini'kæb] *s:* minidrosje.

minim [ˌminim] *s; mus(,***US:** *half-note)* halvnote.

minimal [ˌminiməl] *adj:* minimal.

minimize, minimise [ˌmini'maiz] *vb* **1.** redusere til et minimum; begrense til det minst mulige; **2***(=play down)* bagatellisere *(fx sby's achievements).*

I. minimum [ˌminiməm] *s(pl: minimum, minima)* **1.** minimum *n;* minstemål; ***a minimum of*** et minimum av; et minstemål av; minimalt med; ***theory is kept to the absolute minimum*** teorien holdes på et absolutt minimum; ***with a minimum of*** med minst mulig *(fx trouble);* **2.** *kortsp:* ***trick over the minimum****(=overtrick)* overstikk.

II. minimum *adj:* minimums-.

minimum age lavalder; minimumsalder; *(jvf age of consent).*

m

minimum amount minimumsbeløp; minstebeløp.
minion [ˌminjən] *s* **1.** *neds el. spøkef:* lakei; underordnet; **2.** *glds el. litt.(=favourite)* yndling.
miniskirt [ˌmini'skə:t] *s:* miniskjørt; **T:** ***a sprayed-on miniskirt*** et åletrangt miniskjørt.
I. minister [ˌministə] *s* **1.** *polit(=Minister)* minister; *(jvf minister of state);*
2. *rel:* ***a minister of the Lord*** en Herrens tjener; ***ministers of the word*** ordets tjenere; *(jvf 3);*
3. *rel; især i dissenterkirke (jvf 2):* prest; *(jvf priest).*
II. minister *vb; stivt:* ***minister to the sick****(=care for the sick)* ta seg av de syke; dra omsorg for de syke.
Minister for Foreign Affairs *(=Foreign Minister;* **UK:** *Foreign Secretary (,den fulle tittel: Secretary of State for Foreign and Commonwealth Affairs);* **US:** *Secretary of State)* utenriksminister.
ministerial ['miniˌstiəriəl] *adj* **1.** minister-; ministeriell; **2.** preste-; prestelig *(fx duties).*
Minister of Agriculture, Fisheries and Food *svarer til* **1.** landbruksminister; **2.** fiskeriminister.
Minister of Commerce *(,***UK:** *Secretary of State for Trade and Industry;* **T:** *Trade Secretary;* **US:** *Secretary of Commerce)* handelsminister.
Minister of Defence *(,***UK:** *Secretary of State for Defence;* **T:** *Defence Secretary;* **US:** *Secretary of Defense)* forsvarsminister.
Minister of Social Affairs *(,***UK:** *Secretary of State for Social Services;* **T:** *Social Services Secretary)* sosialminister.
minister of state minister med rang under statsråd *(fx Minister of State (Civil Service Department); Minister of State (Education and Science)).*
ministrations ['miniˌstreiʃənz] *s; pl; stivt(=care)* omsorg; pleie.
ministry [ˌministri] *s* **1***(=(government) department)* departement *n; (se også department 2);*
2*(=government)* regjering *(fx the Labour Ministry of 1945);*
3. *rel:* prestetjeneste; presteembete; embetstid som prest.
minium [ˌminiəm] *s(=red lead)* mønje.
miniver [ˌminivə] *s(=white fur)* gråverk; hermelin *n.*
mink [miŋk] *s; zo:* mink.
mink coat minkpels; nertspels.
minke whale [ˌminki'weil] *s; zo:* vågehval; minkehval.
minnow [ˌminou] *s; zo; fisk:* ørekyte.
I. minor [ˌmainə] *s* **1.** mindreårig; umyndig (person); **2.** *univ* **US***(=intermediate subject)* mellomfag; *(jvf main subject; I. major 3; major subject).*
II. minor *adj* **1.** *jur:* mindreårig; umyndig;
2. *mus:* moll-; ***C minor*** c-moll; *om intervall:* liten;
3. mindre *(fx road);* ***a minor offence*** en mindre forseelse.
minor chord *mus:* mollakkord.
minor interval *mus:* mollintervall.
minority [maiˌnɔriti] *s* **1.** *jur:* mindreårighet; umyndighet; ***during his minority*** så lenge han er umyndig;
2. minoritet; mindretall; ***a minority of the committee*** et mindretall i komitéen; ***be in a(=the) minority*** være i mindretall; ***he's in a minority of one****(=he's alone (in his opinions))* han har ingen meningsfeller; han står helt alene med sitt syn; ***he always wants to be in a minority of one*** han skal alltid innta et særstandpunkt; ***form a minority*** danne et mindretall; ***be reduced to a minority*** komme i mindretall.
minority-interest film smal film.
minority report mindretallsbetenkning; ***write a minority report*** komme med en protokolltilførsel; *(se I. minute 8: entry into the minutes).*
minor key *mus:* moll; molltoneart; ***in a minor key*** i moll.
minster [ˌminstə] *s; i navn(=cathedral)* domkirke.
minstrel [ˌminstrəl] *s* **1.** *hist(=troubadour)* trubadur; **2.** *hist(performer with black make-up in a minstrel show)* en som opptrer i et 'minstrel show'.
minstrel show *teat; hist:* minstrel show *n* (ɔ: komisk show *(n)* hvor skuespillere med svart make-up illuderer som negere).
I. mint [mint] *s* **1.** mynt(verk); **2.** *fig* **T:** ***a mint of money*** en masse penger; **3.** *bot:* mynte.
II. mint *vb* **1.** mynte; lage mynter; prege *(fx coins);* **2.** *stivt(=coin; invent)* prege *(fx a new word).*
III. mint *adj:* ***in mint condition*** **1***(=unused)* ubrukt; **2.** *om brukt ting(=as good as new)* så god som ny.
mintage [ˌmintidʒ] *s:* mynting; preging.
minuet ['minjuˌet] *s; mus:* menuett.
I. minus [ˌmainəs] *s* **1.** minus *n;* minustegn;
2*(=negative quantity)* negativ størrelse.
II. minus *prep* **1.** *især mat.(=less)* minus;
2. *om temperatur:* ***minus five degrees****(=five degrees below zero(=freezing))* fem minusgrader; minus fem grader;
3. T *spøkef(=without)* uten *(fx he came minus his wife).*
III. minus *adj:* negativ; ***a minus charge*** en negativ ladning.
minus sign minustegn; *(NB det engelske tegnet er –).*
I. minute [ˌminit] *s* **1.** minutt *n;* ***she was ten minutes early (,late)*** hun var ti minutter for tidlig (,sent) ute; ***it's five minutes past (,to) three*** klokken er fem over (,på) tre; ***for ten minutes*** i ti minutter; ***in five minutes*** 1. om fem minutter; 2. på fem minutter; ***minute by minute*** minutt for minutt;
2.: ***minute (of arc)*** bueminutt;
3*(=moment)* øyeblikk *n (fx why don't you sit down for a minute?);* ***he'll be here any minute now*** han kan være her når som helst nå; ***I won't(=shan't) be a minute****(=I'll be very quick)* jeg skal være meget snar; ***tell me the minute he gets here*** si fra til meg med én gang han kommer; ***this (very) minute!*** på øyeblikket! straks! ***at any minute he may come through the door*** hvert øyeblikk som helst kan han komme inn gjennom døren; ***at the last minute*** i siste øyeblikk; ***at that minute the telephone rang*** i det øyeblikket ringte telefonen; ***in a minute*** om et øyeblikk; ***I'll be with you in a minute!*** bare et øyeblikk nå, så skal det bli din tur!
4. *om avstand:* ***it's only ten minutes away*** det er bare ti minutter *(n)* borte; ***it's only two minutes by car*** det tar bare to minutter med bilen;
5. *om nøyaktighetsgraden:* ***to the minute*** på minuttet; ***this watch is to the minute*** denne klokken går minuttsikkert;
6.: ***up to the minute*** 1*(=the latest fashion):* ***her clothes are always right up to the minute*** klærne hennes er alltid helt moderne (*el.* moteriktige); ***an up-to-the-minute dress*** en helt moteriktig kjole; 2*(=very latest)* aller siste; helt fersk; ***an up-to-the -minute report*** en helt fersk rapport;
7*(=short note)* notat *n (fx get your secretary to do a short minute on this morning's meeting); (jvf 8);*
8. *fra møte:* ***minutes (of the meeting)*** (møte)referat *n;* ***keep the minutes of the meeting*** føre protokoll over møtet; ***write up the minutes*** skrive (møte)referatet; ***be recorded in the minutes*** bli tatt med i møtereferatet; ***entry into the minutes*** protokolltilførsel; *(jvf minority report).*
II. minute *vb:* skrive referat *(n)* fra *(fx a meeting).*
III. minute [maiˌnju:t] *adj; stivt* **1***(=very small)* meget liten; ***a minute(=tiny) difference*** en ørliten forskjell; ***in minute detail****(=down to the last detail)* i minste detalj;
2*(=very careful; painstaking)* minutiøs; meget omhyggelig *(fx examination of the flecks of blood).*
minute book møteprotokoll; forhandlingsprotokoll.
minute hand *på klokke:* minuttviser.
minutely [maiˌnju:tli] *adv; stivt(=in great detail)* meget omhyggelig; pinlig nøyaktig; minutiøst.
minuting secretary møtesekretær.

miracle [ˌmirəkəl] *s* **1.** mirakel *n;* under *n;* ***work miracles(=wonders)*** gjøre mirakler; gjøre undere; ***the miracle came about of itself*** miraklet skjedde av seg selv;
2. T *(=marvel)* mirakel *n (fx it's a miracle he wasn't killed in the plane crash);*
3. *om person el. ting(=marvel)* vidunder; ***her desk's a miracle of tidiness*** på skrivebordet hennes hersker det en helt mønstergyldig orden.

miraculous [miˌrækjuləs] *adj:* mirakuløs; vidunderlig; mirakel-; ***have a miraculous escape*** unnslippe som ved et mirakel.

miraculously *adv:* mirakuløst; som ved et mirakel; ***she was somehow miraculously changed(=it was incredible how changed she was)*** det var helt utrolig hvor forandret hun var.

mirage [ˌmirɑ:ʒ; *især:* **US:** miˌrɑ:ʒ] *s:* luftspeiling; fata morgana *n.*

mire [maiə] *s* **1.** *litt.(=mud)* dyp søle;
2. *glds(=bog; marsh)* myr; sump;
3. *stivt:* ***drag sby('s name) through the mire(=dirt)*** trekke navnet ens gjennom søla.

I. mirror [ˌmirə] *s; også fig:* speil *n;* ***smooth as a mirror*** speilblank; ***look at oneself in the mirror*** se seg selv i speilet; ***look into the mirror*** se i speilet.

II. mirror *vb:* speile.

mirrored wall speilvegg.

mirror finish høyglanspolering; finish med høyglans.

mirror glass speilglass.

mirror image speilbilde.

mirror writing *(=reversed script)* speilskrift.

mirth [mə:θ] *s; især spøkef(=gaiety; amusement)* munterhet; lystighet.

mirthless [ˌmə:θləs] *adj; stivt(=cheerless)* gledesløs.

misadventure [ˈmisədˌventʃə] *s; stivt el. jur (=accident)* ulykkestilfelle.

misanthropist [miˌzænθrəpist] *s:* misantrop; menneskehater.

misapplication [ˈmisæpliˌkeiʃən] *s; stivt(=wrong use)* gal anvendelse; gal bruk *(fx of the rules).*

misapplied [ˈmisəˌplaid] *adj(=misplaced):* ***misapplied patriotism*** galt anvendt patriotisme.

misapply [ˈmisəˌplai] *vb; meget stivt(=apply wrongly)* anvende (*el.* bruke) galt (*el.* til noe galt).

misapprehend [ˈmisæpriˌhend] *vb; meget stivt(=misunderstand; misconceive)* misforstå; misoppfatte; oppfatte galt.

misapprehension [ˈmisæpriˌhenʃən] *s(=misunderstanding; misconception)* misforståelse; misoppfatning; feiloppfatning; gal oppfatning; ***he's under a misapprehension about his brother's intentions*** han har misforstått brorens hensikter; ***under the misapprehension that …(=in the erroneous belief that …)*** i den feilaktige tro at …

misappropriate [ˈmisəˌproupriˈeit] *vb* **1.** *stivt el. jur(=embezzle)* underslå; ***misappropriate funds*** begå underslag; **2.** *jur:* ***misappropriate(=appropriate) another's property*** tilvende seg en annens eiendom.

misappropriation [ˌmisəˈproupriˌeiʃən] *s; stivt el. jur:* ***misappropriation of funds(=embezzlement)*** underslag; økonomisk utroskap; ***serious(=extensive) misappropriation of funds*** grov økonomisk utroskap; grovt underslag; ***misappropriation of trust funds(=breach of trust)*** urettmessig bruk av betrodde midler *n.*

misbegotten [ˌmisbiˈgɔtən] *adj* **1.** *glds;* avlet utenfor ekteskap; **2. T** *spøkef(=misconceived):* ***a misbegotten scheme*** en feilslått plan; **3. T:** ***a misbegotten little house*** et lite misfoster av et hus.

misbehave [ˈmisbiˌheiv] *vb(=behave badly)* oppføre seg dårlig *(fx if you misbehave I'll send you to bed!).*

misbehaviour [ˈmisbiˌheivjə] *s(=bad behaviour)* dårlig oppførsel.

miscalculate [ˈmisˌkælkjuˈleit] *vb* **1***(=make a miscalculation)* forregne seg; **2.** *stivt(=misjudge)* feilberegne; feilvurdere; feilbedømme; ***miscalculate the distance*** feilberegne avstanden.

miscalculation [ˌmisˈkælkjuˌleiʃən] *s* **1.** feilregning; regnefeil; **2.** *stivt(=misjudgment)* feilbedømmelse; feilberegning; feilvurdering; **3.:** ***make a very bad miscalculation*** 1. gjøre en grov regnefeil; 2. *fig(=make a big mistake)* forregne seg stygt.

miscarriage [misˌkæridʒ] *s* **1.** *med.(=spontaneous abortion)* spontan abort; ***she had a miscarriage(=she aborted; she miscarried)*** hun aborterte; **2.** *stivt(=failure)* uheldig utfall; det at noe mislykkes; **3.** *jur:* ***miscarriage of justice*** justismord.

miscarry [misˌkæri] *vb* **1.** *med.(=abort)* abortere;
2. *stivt(=fail)* mislykkes; slå feil.

miscast [misˌkɑ:st] *vb; teat:* ***be miscast*** få en rolle man ikke passer til.

miscellaneous [ˈmisəˌleiniəs] *adj; stivt(=mixed)* blandet; uensartet; ***miscellaneous(=various) writings*** blandede skrifter *n.*

miscellany [miˌseləni; **US:** ˌmisəˈleini] *s* **1***(=odd mixture)* broket blanding; **2.** antologi *(fx a T. S. Eliot miscellany);* skrifter *(n)* i utvalg; ***a miscellany of recent articles*** et utvalg av nylig publiserte artikler.

mischance [misˌtʃɑ:ns] *s; stivt (=bad luck)* uhell; uheldig omstendighet; uflaks; utur; ***by some mischance I didn't get your letter(=as bad luck would have it, I didn't get your letter)*** ved et uhell fikk jeg ikke brevet ditt.

mischief [ˌmistʃif] *s* **1.** ugagn *n;* ***get into mischief*** komme på gale veier; ***there's mischief brewing*** det er ugler i mosen; ***make mischief*** 1. gjøre ugagn; 2. sette ondt blod *n; ofte spøkef:* ***mean mischief(=mean no good)*** ha ondt i sinne; ***suspect mischief(=become suspicious; T: smell a rat)*** ane uråd; fatte mistanke; ***keep sby out of mischief*** holde styr på en;
2. *glds:* skade; ***do oneself a mischief(=hurt oneself)*** skade seg; gjøre skade på seg selv.

mischief maker *(=troublemaker)* urostifter.

mischievous [ˌmistʃivəs] *adj* **1.** skøyeraktig; ertevoren; som gjør ugagn; litt ondskapsfull; ***mischievous gossip*** ondskapsfull sladder;
2. *litt. & glds(=evil)* ond; ***a mischievous plot*** en ond sammensvergelse;
3.: ***a mischievous little thing(=a little monkey)*** (liten) ugagnskråke.

miscible [ˌmisibəl] *adj; om væske:* blandbar.

misconceive [ˈmiskənˌsi:v] *vb; stivt(=interpret wrongly; misunderstand)* misoppfatte; misforstå.

misconception [ˈmiskənˌsepʃən] *s; stivt(=misunderstanding)* misoppfatning; misforståelse; ***be under a misconception about sth*** ha en gal oppfatning om noe.

I. misconduct [misˌkɔndʌkt] *s; stivt* **1***(=improper behaviour)* klanderverdig (*el.* upassende) oppførsel; ***sexual misconduct (towards children)*** utuktig adferd (overfor barn); *(jvf II. misconduct 2);*
2. *om embetsmann, etc:* ***(professional) misconduct*** embetsmisbruk; tjenesteforseelse.

II. misconduct [ˈmiskənˌdʌkt] *vb; stivt* **1***(=manage badly)* forvalte dårlig; vanskjøtte;
2.: ***misconduct oneself*** 1*(=behave improperly)* oppføre seg upassende; 2. *jur:* ***misconduct oneself with(=commit adultery with)*** begå ekteskapsbrudd sammen med.

misconstruction [ˈmiskənˌstrʌkʃən] *s; stivt(=misinterpretation; wrong interpretation)* feiltolkning; mistydning.

misconstrue [ˈmiskənˌstru:] *vb; stivt(=misinterpret)* feiltolke; mistyde; legge ut på gal måte.

miscount [ˈmisˌkaunt] *vb; stivt(=count wrongly)* telle feil.

miscreant [ˌmiskriənt] *s; stivt el. litt.(=criminal)* skurk; ugjerningsmann; kjeltring.

misdate [misˌdeit] *vb;* feildatere *(fx a letter).*

I. misdeal [ˈmisˌdi:l] *s; kortsp:* feilgiv; feilgiing.

II. misdeal *vb:* gi feil.
misdeed [ˌmisˌdi:d; ˈmisˌdi:d] *s; stivt(=wicked action)* udåd; ond gjerning; misgjerning; ugjerning.
misdemeanour *(,US: misdemeanor)* [ˈmisdiˌmi:nə] *s; stivt(=(minor) offence)* mindre forseelse.
misdirect [ˈmisdiˌrekt] *vb; stivt(=direct wrongly)* **1.** feildirigere; vise gal vei; **2.** *post:* feiladressere.
misentry [ˌmisˌentri] *s; bokf:* feilpostering.
miser [ˌmaizə] *s:* gjerrigknark; gnier.
miserable [ˌˌmiz(ə)rəbl] *adj* **1**(*=unhappy; wretched)* ulykkelig; ***feel miserable****(=wretched; unhappy)* føle seg elendig (til mote); ***make sby's life miserable*** gjøre livet surt for en; **2**(*=wretched)* elendig *(fx weather);* ynkelig *(fx result).*
miserly [ˌmaizəli] *adj:* gnieraktig; gjerrig.
misery [ˌmizəri] *s:* elendighet; lidelse; sorg; ***extreme misery*** den dypeste elendighet; ***put a dog out of its misery*** avlive en hund for å gjøre slutt på dens lidelser; *fig:* ***put sby out of their misery*** ikke holde en på pinebenken lenger; fortelle en resultatet; ***her life was sheer misery*** hun hadde en meget ulykkelig tilværelse.
I. misfire [ˈmisˌfaiə] *s* **1.** *mask:* feiltenning; **2.** *om våpen:* klikking.
II. misfire *vb* **1.** *mask:* feiltenne; fuske; **2.** *om våpen:* klikke; **3.** *fig(=go wrong)* mislykkes; klikke.
misfit [ˌmisˈfit] *s* **1**(*=sth that fits badly)* noe som passer dårlig; ***his suit was a misfit****(=his suit fitted badly)* dressen hans satt dårlig; **2.** *om person:* ***he's a social misfit*** han kan ikke tilpasse seg i samfunnet.
misfortune [misˌfɔ:tʃən; misˌfɔ:tʃu:n] *s; stivt* **1**(*=bad luck)* uhell; ***I had the misfortune to …****(=I was unlucky enough to …; I had the bad luck to …)* jeg var så uheldig å …;
2.: ***misfortunes****(=troubles)* viderverdigheter; ulykker; motgang; ***misfortunes rarely come singly****(=troubles never come singly)* én ulykke kommer sjelden alene.
misgiving(s) [misˌgiviŋ(z)] *s(=doubt; fear)* tvil; frykt; bange anelser; *spøkef:* ***I'm beginning to have frightful misgivings*** jeg begynner å få bange anelser; ***have misgivings about sth*** være skeptisk innstilt til noe; ***look with misgivings at sth*** se mistenksomt på noe.
misgovernment [ˈmisˌgʌvənmənt] *s(=bad government)* dårlig styre *n;* vanstyre.
misguided [ˈmisˌgaidid] *adj* **1.** villedet; skakkjørt;
2.: ***misguided patriotism*** misforstått patriotisme.
mishandle [ˈmisˌhændl] *vb* **1**(*=make a mess of)* forkludre; **2**(*=maltreat; treat roughly)* gi en ublid behandling; mishandle.
mishap [ˌmisˈhæp] *s:* lite uhell; ***I had a small mishap with my cup of tea*** jeg var litt uheldig med tekoppen min.
mishear [ˈmisˌhiə] *vb:* høre feil; ***you must have misheard****(=you must've got it wrong)* du må ha hørt feil.
mishit [ˌmisˈhit] *s; sport:* feilslag; bom.
mishmash [ˌmiʃˈmæʃ] *s* **T**(*=jumble; hotchpotch)* miskmask *n;* rot *n;* sammensurium *n.*
misinform [ˈmisinˌfɔ:m] *vb:* feilinformere; gi gale opplysninger; desinformere.
misinformation [ˈmisinfəˌmeiʃən] *s:* feilinformasjon; gale opplysninger; desinformasjon.
misinterpret [ˈmisinˌtə:prit] *vb:* mistyde; feiltolke.
misinterpretation [ˌmisinˈtə:priˌteiʃən] *s:* mistydning; feiltolkning.
misjudge [ˈmisˌdʒʌdʒ] *vb:* feilbedømme; bedømme galt; feilvurdere; ta feil av *(fx you misjudge me if you think I'd do something awful like that).*
misjudg(e)ment [ˈmisˌdʒʌdʒmənt] *s:* feilbedømmelse; feilvurdering; feilskjønn.
mislay [misˌlei] *vb:* ***mislay sth*** forlegge noe; ***I seem to have mislaid it somewhere*** jeg har visst forlagt det et eller annet sted.
mislead [misˌli:d] *vb:* villede; føre på villspor.
misleading *adj:* villedende.
mismanage [ˈmisˌmænidʒ] *vb* **1**(*=manage badly)* styre (*el.* lede) dårlig; vanskjøtte; forvalte dårlig; **2**(*=mess up)* forkludre.
mismanagement [ˈmisˌmænidʒmənt] *s* **1.** dårlig ledelse; vanskjøtsel; dårlig forvaltning; **2**(*=messing up)* forkludring.
misname [ˈmisˌneim] *vb; stivt(=give the wrong name)* feilbenevne; sette galt navn på.
misnomer [ˈmisˌnoumə] *s(=wrong name)* gal (*el.* misvisende) benevnelse.
misogynist [m(a)iˌsɔdʒinist] *s:* kvinnehater.
misplace [ˈmisˌpleis] *vb* **1.** *stivt(=mislay)* forlegge; **2**(*=put in the wrong place)* feilplassere.
misplaced *adj* **1**(*=mislaid)* forlagt; som er blitt forlagt; **2.** feilplassert; **3.** *fig:* malplassert *(fx humour);* uheldig; gitt til en uverdig (,til et uverdig formål); ***your trust in him was misplaced*** han var ikke din tillit verdig.
misprint [ˌmisˈprint] *s:* trykkfeil.
mispronounce [ˈmisprəˌnauns] *vb:* uttale feil.
mispronunciation [ˌmisprəˈnʌnsiˌeiʃən] *s:* gal uttale; feil uttale.
misquotation [ˌmiskwouˌteiʃən] *s:* feilsitat.
misquote [ˈmisˌkwout] *vb:* feilsitere.
misread [ˈmisˌri:d] *vb* **1**(*=read wrongly)* feillese; lese galt; **2**(*=misinterpret)* feiltolke *(fx a remark).*
misrepresent [ˌmisˈrepriˌzent] *vb; stivt(=distort; give a wrong idea of)* fordreie; gi et falskt bilde av; gi en gal fremstilling av; ***misrepresent the facts*** fordreie fakta *n.*
misrepresentation [ˌmisˈreprizenˌteiʃən] *s* **1**(*=wrong account)* uriktig fremstilling;
2.: ***a misrepresentation****(=distortion)* ***of the facts*** en fordreining av fakta *n.*
I. misrule [ˈmisˌru:l] *s(=bad rule)* dårlig styre *n;* vanstyre; dårlig regjering.
II. misrule *vb:* styre dårlig.
I. miss, Miss [mis] *s* **1.** frøken *(fx Miss Jones);* ***the Miss Jones****(,stivt: the Misses Jones)* frøknene Jones;
2. *i tiltale til kvinnelig lærer, servitrise el. fremmed kvinne:* frøken *(fx please, Miss, can I have the bill? Excuse me, miss, could you tell me how to get to the station?);*
3. *spøkef:* ***she's a cheeky little miss*** hun er en frekk liten dame.
II. miss *s* **1.** bom; bomskudd; feilkast;
2. T: ***give sth a miss*** ikke gå på *(fx give the party a miss);* ***give it a miss****(=pass it by)* stå over;
3. *ordspråk:* ***a miss is as good as a mile*** nesten skyter ingen mann av hesten.
III. miss *vb* **1.:** ***miss (the mark)*** bomme; skyte feil; kaste feil; ***he missed the bird*** han bommet på fuglen;
2. komme for sent til *(fx the train);*
3. gå glipp av *(fx the first ten minutes of the film);* ikke se (,høre) *(fx she missed (seeing) him because she wasn't looking; I missed what you said);* ***you didn't miss much*** du gikk ikke glipp av noe større;
4. savne *(fx sby);* ***we missed you there****(=we were sorry you weren't there)* vi syntes det var synd du ikke var der;
5.: ***miss the way*** ta feil av veien; gå (,kjøre) feil; ***you can't miss it*** du kan ikke ta feil; du kan ikke unngå å finne det; ***miss a turning*** ikke ta av på riktig sted *n;*
6.: ***just miss*** så vidt unngå; ***he just****(=narrowly)* ***missed being killed****(=he was very nearly killed)* han unngikk så vidt å bli drept;
7. *om motor(=misfire)* fuske; feiltenne;
8.: ***miss out*** 1(*=leave out)* sløyfe; utelate; glemme ut; 2. **T**(*=miss out on)* gå glipp av;
9. T: ***miss the boat*** gå glipp av en anledning (*el.* sjanse); *spøkef om kvinne:* ***she's missed the boat*** hun har forsømt anledningen til å bli gift;
10.: ***my heart missed****(,T: skipped)* ***a beat*** hjertet mitt holdt opp å slå et øyeblikk;
11.: ***miss the point*** ikke oppfatte hva det dreier seg om; ***he missed the whole point of the joke*** han forstod slett ikke hva spøken dreide seg om; *(se også missing).*

missal [ˌmisəl] *s:* messebok.
misshapen [ˈmisˌʃeipən] *adj(=deformed)* deformert; misdannet.
missile [ˌmisail; **US:** ˌmisəl] *s* **1.** kastevåpen; prosjektil *n;* **2**(*=rocket)* rakett(våpen); missil *n.*
missing [ˌmisiŋ] *adj:* manglende; forsvunnet; som er savnet; ***the missing papers*** de savnede papirene *n;* ***one of my books is missing*** jeg savner en av bøkene mine; ***the child has been missing since Sunday*** barnet har vært savnet siden søndag; ***doorknobs were missing in some of the rooms****(=some of the rooms had doorknobs missing)* det manglet dørhåndtak i noen av rommene; ***go missing****(=be lost)* gå seg bort; komme bort.
missing link: ***the missing link*** det manglende mellomledd (mellom ape og menneske *(n)*).
mission [ˌmiʃən] *s* **1.** misjon; misjonsstasjon;
2. *polit, etc:* delegasjon; misjon *(fx a military mission);* ***trade mission*** handelsdelegasjon;
3. *mil; etc:* misjon; oppdrag *n;* ***mission accomplished!*** oppdrag utført! ***on a secret mission*** i hemmelig oppdrag;
4. *stivt(=purpose; aim)* mål *n;* oppgave; ***her mission in life*** hennes livsoppgave.
missionary [ˌmiʃənəri] *s:* misjonær.
Missions to Seamen: ***the Missions to Seamen****(,***T:** *the Flying Angel Club)* sjømannsmisjonen.
missis, missus [ˌmisizˈ ˌmisis] *s* **T:** ***the missis*** kona.
missive [ˌmisiv] *s; lett glds el. spøkef(=letter)* brev; *spøkef:* epistel.
misspell [ˈmisˌspel] *vb:* stave galt.
misspent [ˌmisˈspent] *adj:* ***a misspent youth*** en forspilt ungdom.
misstate [ˈmisˌsteit] *vb(=state incorrectly)* oppgi uriktig; fremstille galt *(fx he misstated his case).*
misstatement [ˈmisˌsteitmənt] *s(=inaccurate account)* uriktig oppgave; gal (saks)fremstilling.
missy [ˌmisi] *s* **T***(=miss)* frøken; lille frøken.
I. mist [mist] *s* **1.** (lett) tåke; skodde; **2.** *fig:* ***smile in****(=through)* ***a mist of tears*** smile gjennom tårer.
II. mist *vb:* bli tåket; dugge; *fig:* sløre; ***mist over*** 1. bli tåket; bli dekket av tåke; 2. *om brilleglass el. speil:* dugge; ***mist up*** 1. *om vindu el. frontglass(=steam up)* dugge; bli dugget; 2. lage dugg på *(fx their breath misted up the windows).*
I. mistake [misˌteik] *s:* feil; feiltagelse; misforståelse; forveksling; ***by mistake*** ved en feiltagelse; ved en forbytning *(fx I got a(=the) wrong umbrella by mistake);* ***there can be no mistake*** det er ikke til å ta feil av; ***make a (bad) mistake*** gjøre en (stygg) feil; ***make a big mistake*** ta grundig feil; ***…but that's where I made my(=a) big mistake!*** …men der forregnet jeg meg grundig! ***schools of that kind are a mistake*** den slags skoler er ikke heldige; ***make no mistake (about it)!*** vær sikker! **T:** ***she's pretty and no mistake!*** hun er virkelig pen (*el.* søt)! ***make a mistake in booking*** feilbestille (billett el. hotell).
II. mistake *vb(pret: mistook; perf.part.: mistaken)* ta feil av; forveksle; ***mistake the house*** ta feil av huset; ***they mistook the date****(=they got the date wrong)* de tok feil av datoen; ***there's no mistaking it****(=it's unmistakable)* det er ikke til å ta feil av; ***she mistook me for Mr Smith*** hun forvekslet meg med Smith; ***I mistook her smile for agreement*** jeg oppfattet smilet hennes som om hun var enig; *(se også II. mistaken).*
I. mistaken [misˌteikən] *perf.part. av II. mistake.*
II. mistaken *adj; stivt(=wrong)* feilaktig; uriktig; ***a mistaken impression*** et feilaktig inntrykk; ***be mistaken (about sth)*** ta feil (med hensyn til noe); ta feil (av noe); ***you're badly mistaken there*** der tar du stygt feil; ***you're mistaken in thinking he's dishonest*** du tar feil når du tror han er uærlig; ***it's a case of mistaken identity*** det foreligger personforveksling.
mistakenly [misˌteikənli] *adv(=by mistake)* feilaktig; med urette.
Mister [ˌmistə] *(fk Mr) s:* herr *(fx Mr Brown).*
mister *i tiltale uten etterfølgende navn* **T***(=sir)* mister *(fx Excuse me, mister, what time is it?).*
mistime [ˈmisˌtaim] *vb; stivt(=time badly)* **1.** velge et uheldig tidspunkt for *(fx one's remarks);* **2.** feilberegne *(fx he mistimed his stroke and missed the ball).*
mistletoe [ˌmisəlˈtou] *s; bot:* misteltein.
mistook [misˌtuk] *pret av II. mistake.*
mistranslate [ˈmistrænsˌleit; ˈmistrænzˌleit] *vb(=translate wrongly)* oversette galt.
mistreat [ˈmisˌtri:t] *vb(=treat badly)* mishandle; behandle dårlig; *(jvf ill-treat; maltreat).*
mistreatment [ˈmisˌtri:tmənt] *s(=bad treatment)* mishandling; dårlig behandling; *(jvf ill-treatment; maltreatment).*
mistress [ˌmistris] *s* **1.** elskerinne; ***keep a mistress*** holde seg med elskerinne;
2. *skolev(=schoolmistress)* lærerinne; kvinnelig lærer;
3.: ***mistress of the household*** frue i huset; husfrue; ***a dog and its mistress*** en hund og dens eierinne; ***she's her own mistress*** hun er sin egen herre.
I. mistrust [ˈmisˌtrʌst] *s(=distrust)* mistillit; mistro.
II. mistrust *vb(=distrust)* nære mistillit til; mistro.
mistrustful [ˈmisˌtrʌstful] *adj(=distrustful)* mistroisk.
misty [ˌmisti] *adj* **1.** tåket; **2.** *fig(=vague)* tåket; uklar; ***a misty idea*** et uklart begrep; en vag forestilling.
misunderstand [ˈmisʌndəˌstænd] *vb:* misforstå; ***apt to be misunderstood*** som lett kan misforstås; ***don't misunderstand me****(=don't get me wrong)* ikke misforstå meg.
misunderstanding [ˈmisʌndəˌstændiŋ] *s:* misforståelse; ***there must be some misunderstanding*** det må foreligge en misforståelse; ***let there be no misunderstanding (about it)*** la det nå ikke bli noen misforståelse; ***remove any possible misunderstanding*** fjerne enhver mulig misforståelse.
I. misuse [ˈmisˌju:s] *s* **1***(=wrong use)* gal bruk; misbruk; ***damaged by misuse*** skadd ved feil (*el.* gal) bruk; **2***(=wrongful use)* misbruk; ***the misuse of company money*** misbruk av firmaets penger.
II. misuse [ˈmisˌju:z] *vb; stivt(=use wrongly)* bruke galt; misbruke; ***he misused the word*** han brukte ordet galt.
mite [mait] *s* **1.** *zo:* midd;
2. *hist:* skjerv; ***the widow's mite*** enkens skjerv;
3. lite barn; liten stakkar *(fx a poor little mite);*
4. T: ***a mite****(=a little)* litt *(fx he's a mite foolish).*
mitigate [ˌmitiˈgeit] *vb* **1.** unnskylde til en viss grad;
2. *fig; litt. el. meget stivt(=lessen)* mildne; lindre *(fx the pain);* **3.** *meget stivt:* ***in a mitigated form****(=in a mild form)* i en mild form.
mitigating circumstances *pl; jur(=extenuating circumstances)* formildende omstendigheter.
mitigation [ˈmitiˌgeiʃən] *s* **1.** *jur:* formildende omstendighet; ***there wasn't much to be said in mitigation*** det var ikke stort man kunne si (*el.* anføre) i formildende retning; **2.** *meget stivt(=relief; alleviation)* lindring.
I. mitre *(,***US:** *miter)* [ˌmaitə] *s* **1.** bispelue; **2.** *tøm(=mitre joint)* gjæring; gjæret skjøt.
II. mitre *(,***US:** *miter) vb; tøm:* gjære (sammen).
mitten [ˌmitən] *s(fk mitt)* **1.** vott *(fx a pair of mittens);* ***windproof mittens*** vindvotter; **2.** halvhanske; ***golf mittens*** golfhansker.
I. mix [miks] *s:* blanding; ***cake mix*** kakemiks; ***the right mix of jobs, people, and amenities*** den rette blandingen av jobber, folk *(n)* og bekvemmeligheter.
II. mix *vb* **1.** blande (*with* med); ***mix a cake*** lage en kakedeig; ***mix the flour into the batter*** blande melet i (vaffel)røren; ***mix together*** blande (sammen); ***mix****(=combine)* ***business with pleasure****(=combine the pleasant with the useful)* forene det nyttige med det behagelige;
2. *film:* mikse;
3. vanke sammen; omgås (*with* med) *(fx they mix very*

m

*little); **the elegant world in which he mixed with such ease*** den elegante verden han vanket så ubesværet i; ***at the party, everybody mixed (in) together happily*** alle hadde det hyggelig sammen i selskapet;
4.: ***mix in****(=get mixed up in; become involved in)* bli innblandet i; blande seg inn i *(fx politics);*
5.: ***mix up*** 1. forbytte; 2*(=confuse)* forveksle; 3.: ***mix sby up****(=confuse sby)* gjøre en forvirret; ***the speaker got all mixed up*** taleren ble helt forvirret; det gikk helt i surr for taleren; ***get mixed up****(=involved)* ***in*** bli blandet inn i; ***she got herself mixed up with the police*** hun fikk med politiet å gjøre.
mixed [mikst] *adj* **1.** blandet; sammensatt; **2.** for begge kjønn *n (fx a mixed swimming pool).*
mixed-ability [ˌmikstəˌbiliti] *adj; skolev:* ***mixed-ability class*** sammenholdt klasse; ***mixed-ability teaching*** differensiert undervisning.
mixed bag T: litt av hvert; en broket blanding; ***a mixed bag****(=set)* ***of people*** en broket forsamling.
mixed beverage blandingsdrikk.
mixed blessing: ***a mixed blessing*** en blandet fornøyelse; ***children are a mixed blessing*** det er ikke bare en fornøyelse å ha barn *n.*
mixed feelings *pl:* blandede følelser.
mixed marriage blandet ekteskap.
mixed school*(=co-educational school)* skole med fellesundervisning.
mixed-sex teaching fellesundervisning.
mixed-up ['mikstˌʌp; *attributivt:* ˌmikst'ʌp] *adj(=perplexed)* forvirret; perpleks.
mixer [ˌmiksə] *s* **1.** blander; blandemaskin; ***(electric food) mixer*** kjøkkenmaskin; mixmaster; mixer;
2. blandevann *(fx gin and mixer);*
3. *person:* ***be a good mixer*** ha lett for å omgås folk *n;* gli lett inn i et selskap; ***he's a very good mixer at a party*** han er flink til å underholde seg med folk i selskap;
4. *film; TV:* mikser; *(jvf mixing desk).*
mixer tap *rørl(=combination tap; mixing battery)* blandebatteri.
mixing desk *film; TV:* mikserbord.
mixture [ˌmikstʃə] *s* **1.** blanding; ***(fuel) mixture*** (bensin)blanding; **2.** *med.:* mikstur; ***cough mixture*** hostemikstur.
mix-up [ˌmiks'ʌp] *s* **T***(=confusion)* forvirring; rot *n.*
mizzen, mizen [ˌmizən] *s; mar(=spanker)* mesan.
I. mnemonic [niˌmɔnik] *s* **1***(,***T:** *donkey bridge)* huskeregle; **2.:** ***mnemonics*** mnemoteknikk; hukommelseskunst.
II. mnemonic *adj:* mnemoteknisk; som støtter hukommelsen.
mo [mou] *s* **T***(=moment)* øyeblikk; ***half a mo*** bare et øyeblikk.
I. moan [moun] *s* **1.** stønn *n;* **2.** *fig; om vind:* uling; tuting; klagende lyd.
II. moan *vb* **1.** stønne; **2. T***(=complain)* jamre (seg); syte.
moaner [ˌmounə] *s:* en som alltid jamrer (*el.* syter); **T:** jammerdunk.
moat [mout] *s:* vollgrav.
I. mob [mɔb] *s* **1.** mobb; **2***(=criminal gang)* bande.
II. mob *vb* **1***(=crowd round)* stimle sammen om; 2*(=crowd; persecute)* mobbe.
I. mobile [ˌmoubail; **US:** ˌmoubil] *s; om opphengt figur av papp el. løvtynt metall, som beveges av den oppstigende luften:* uro.
II. mobile *adj:* bevegelig; mobil; ***I'm more mobile****(=I can get about more easily)* ***with a car of my own*** jeg er mer mobil med egen bil; ***he's not very mobile****(=he can't walk easily)* han er ikke videre mobil.
mobile home US*(=caravan)* campingtilhenger.
mobile library bokbuss.
mobile telephone*(=mobile phone; car phone)* mobiltelefon; *(se landline).*
mobile walkway*(=travelator; travolator; moving pavement)* rullende fortau *n.*
mobility [mouˌbiliti] *s:* mobilitet.
mobilize, mobilise [ˌmoubi'laiz] *vb:* mobilisere.
mob rule pøbelherredømme; pøbelvelde.
mobster [ˌmɔbstə] *s* **US S***(=gangster)* gangster.
moccasin [ˌmɔkəsin] *s:* mokasin.
mocha [ˌmɔkə] *s:* mokka(kaffe).
I. mock [mɔk] *s; skolev:* ***mock (exam)*** tentamen.
II. mock *vb* **1***(=make fun of; ridicule; scorn)* gjøre narr av; latterliggjøre; håne; **2.** *fig; litt.(=resist; disappoint the hopes of)* motstå; trosse *(fx the mountains mocked our attempts to climb them).*
III. mock *adj:* som ser ut som noe annet enn det er; påtatt *(fx look at sby in mock horror);* ***a mock Tudor cottage*** et hus bygd i Tudorstil; *(se mock-serious).*
mock attack skinnangrep.
mockery [ˌmɔkəri] *s* **1.** hån; spott;
2. dårlig etterligning; ***be a mockery of*** 1*(=be a parody of)* være en parodi på; 2*(=be an insult to)* være en hån mot.
mock exam(ination) *skolev:* tentamen.
mocking [ˌmɔkiŋ] *adj:* spotsk; spottende.
mockingbird [ˌmɔkiŋ'bə:d] *s; zo:* spottefugl.
mock-serious ['mɔkˌsiəriəs; *attributivt:* ˌmɔk'siəriəs] *adj:* påtatt alvorlig.
mock turtle *kul:* forloren skilpadde.
mock-up [ˌmɔk'ʌp] *s(=(working) full-scale model)* skalamodell i full størrelse; naturlig modell i full størrelse.
modal [ˌmoudəl] *adj:* modal.
modal auxiliary *gram:* modalt hjelpeverb.
modality [mouˌdæliti] *s:* modalitet.
mod cons [ˌmɔdˌkɔnz] *s; pl* **T***(=modern conveniences)* moderne bekvemmeligheter.
mode [moud] *s* **1***(=fashion)* mote *(fx large hats are the latest mode);*
2. *stivt:* måte; ***mode of life****(=way of life; lifestyle)* måte å leve på; livsstil; livsform;
3. *merk:* ***mode of payment*** betalingsmåte.
I. model [mɔdl] *s* **1.** modell; ***the latest model*** siste (*el.* nyeste) modell;
2. *fig:* forbilde; mønster *n;*
3. *person:* modell;
4. *evf(=prostitute)* prostituert;
5.: ***on the model of*** etter mønster *(n)* av *(fx he built his new home on the model of an old farmhouse).*
II. model *vb* **1.** modellere *(fx in clay);* forme *(into* til) *(fx the clay into a long, thin roll);*
2. være modell; vise frem *(fx underwear);* stå modell;
3. *fig:* ***X is modelled on Y*** X er utformet med Y som forbilde; ***model oneself on****(=try to behave like)* forsøke å etterligne.
III. model *adj* modell-; mønster-; ***a model student*** en mønsterstudent.
modeller [ˌmɔdələ] *s:* modellør.
modelling clay modellerleire.
model maker modellbygger.
I. moderate [ˌmɔd(ə)rət] *s:* moderat.
II. moderate *adj:* moderat; middelmådig; ***he's a moderate drinker****(=he only drinks moderately)* han drikker med måte.
III. moderate [ˌmɔdə'reit] *vb* **1***(=reduce)* moderere;
2. *stivt(=lessen)* dempes; bli mindre intens;
3. være ordstyrer;
4. *skolev:* sensurere (rettede oppgaver).
moderately [ˌmɔd(ə)ritli] *adv:* moderat; med måte *(fx drink moderately);* ***moderately****(=reasonably)* ***fast*** ganske fort.
moderation ['mɔdəˌreiʃən] *s:* moderasjon; måtehold *n;* ***in moderation****(=moderately)* med måte; ***he drinks in moderation*** han drikker med måte; ***show moderation*** vise måtehold; ***moderation in all things*** alt med måte; måtehold i alt.

modify

'Dangling modifiers' manglende logisk samsvar.

TRICKY TALES

correct	incorrect
As we were standing on the cliff, we found the view magnificent.	Standing on the cliff the view was magnificent.
As Lady Di entered the room with great fanfare, her dress drew much attention.	Entering the room with great fanfare Lady Di's dress drew much attention.

Pass på hva som styrer subjektet i setningen!

moderator [ˌmɔdəˈreitə] *s* **1.** *på møte(=chairman)* ordstyrer; **2.** *univ; ved Oxford & Cambridge:* eksaminator (til BA-graden).

I. modern [ˌmɔdən] *s; sj* **T:** ***we moderns****(=we modern people)* vi moderne mennesker *n.*

II. modern *adj:* moderne; ***modern history*** den nyere tids historie.

modernism [ˌmɔdəˈnizəm] *s:* modernisme.

modernist [ˌmɔdənist] *s:* modernist.

modernistic [ˈmɔdəˌnistik] *adj:* modernistisk.

modernity [mɔˌdə:niti] *s:* moderne preg *n;* modernitet.

modernize, modernise [ˌmɔdəˈnaiz] *vb:* modernisere.

modern languages moderne språk *n; skolev:* ***head of modern languages*** hovedlærer i språk.

modest [ˌmɔdist] *adj* **1.** beskjeden; fordringsløs; ***be modest in one's needs****(=requirements)* være beskjeden i sine krav *n;* være nøysom av seg; ***on a modest scale****(=in a small way)* i beskjeden målestokk;
2. *glds(=shy)* bluferdig; blyg.

modesty [ˌmɔdisti] *s* **1.** beskjedenhet; fordringsløshet; ***it must be said in all modesty that*** det må i all beskjedenhet sies at;
2. *spøkef & glds:* bluferdighet; blyghet.

modicum [ˌmɔdikəm] *s; stivt(=minimum)* lite grann; minstemål.

modification [ˈmɔdifiˌkeiʃən] *s:* modifisering; modifikasjon; endring; ***make a few minor modifications to a machine*** foreta noen få mindre endringer på en maskin.

modify [ˌmɔdiˈfai] *vb* **1.** modifisere; endre på; forandre på;
2. *gram:* bestemme nærmere; stå til;
3. *gram; om vokal:* omlyde; ***be modified*** få omlyd; ***modified o*** o med omlyd (ɔ: ø).

modish [ˌmoudiʃ] *adj; stivt(=fashionable (and smart))* moderne; moteriktig; *om person:* som er moteriktig kledd.

modiste [mouˌdi:st] *s(=milliner)* modist.

modulate [ˌmɔdjuˈleit] *vb; mus, radio, etc:* modulere.

modulation [ˈmɔdjuˌleiʃən] *s* **1.** *radio:* modulasjon;
2. *mus:* modulasjon; tonebevegelse; toneføring.

module [ˌmɔdju:l] *s* **1.** *arkit:* modul; **2.** *romfart:* ***lunar module****(fk LM)* månelandingsfartøy.

modulus [ˌmɔdjuləs] *s(pl: moduli* [ˌmɔdjuˈlai]*)*

mogul [ˌmougəl] **1.** magnat; ***film mogul*** filmmagnat;
2. *ski; faglig(=bump (of hard-packed snow))* kul.

mogul event *ski:* kulekjøringsøvelse; kulekjøring.

mohair [ˌmouˈhɛə] *s:* mohair.

moil [mɔil] *vb:* ***toil and moil****(=work hard)* slite og slepe.

moist [mɔist] *adj(=damp)* fuktig.

moisten [ˌmɔisən] *vb(=wet)* fukte.

moisture [ˌmɔistʃə] *s:* fuktighet.

moisturize, moisturise [ˌmɔistʃəˈraiz] *vb; luft el. hud:* fukte.

moisturizer, moisturiser [ˌmɔistʃəˈraizə] *s; for huden:* fuktighetskrem.

molar [ˌmoulə] *s:* ***molar (tooth)****(=grinder)* jeksel.

molasses [məˌlæsiz] *s* **1.** melasse; **2.** **US***(=(black) treacle)* mørk sirup; *(jvf syrup & treacle).*

mold [mould] *s* **US:** *se mould.*

mole [moul] *s* **1.** *zo:* moldvarp; **2.** føflekk; **3***(=breakwater)* molo.

molecular [məˌlekjulə] *adj; fys:* molekylær; molekyl-.

molecular weight molekylvekt.

molecule [ˌmɔliˈkju:l] *s; fys:* molekyl *n.*

molehill [ˌmoulˈhil] *s:* moldvarphaug; *fig:* ***make a mountain out of a molehill*** gjøre en mygg til en elefant.

molest [məˌlest] *vb; stivt el. jur:* antaste; forulempe.

mollify [ˌmɔliˈfai] *vb; meget stivt:* ***mollify sby****(=soften sby up)* blidgjøre en; bløtgjøre en.

mollusc (**,US:** ***mollusk***) [ˌmɔləsk] *s; zo:* bløtdyr.

I. mollycoddle [ˌmɔliˈkɔdl] *s; glds(=mummy's boy)* mammadalt.

II. mollycoddle *vb(=pamper)* forkjæle; degge med.

molt [moult] *vb* **US:** *se moult.*

molten [ˌmoultən] *adj:* smeltet *(fx molten rock).*

molybdenum [məˌlibdənəm] *s; kjem:* molybden *n.*

moment [ˌmoumənt] *s* **1.** øyeblikk; ***(at) any moment*** når som helst; hvert øyeblikk (som helst); ***at the moment*** for (*el.* i) øyeblikket; ***at the moment of committing the act****(=when committing the act)* i gjerningsøyeblikket; ***at the right moment*** i (det) rette øyeblikk; ***at that very moment****(=just then)* i selvsamme øyeblikk; akkurat da; ***at the critical moment*** i det avgjørende øyeblikk; ***at odd moments****(=occasionally)* av og til; ***for the moment****(=for the time being)* for øyeblikket; for tiden; ***live for the moment*** leve i øyeblikket; leve i nuet; ***wait for the right moment****(=bide one's time)* avvente det riktige øyeblikk; ***in a moment****(=minute)!* et (lite) øyeblikk! ***in a moment of distraction*** i et uoppmerksomt øyeblikk; ***in a moment of weakness*** i et svakt øyeblikk; ***it was the work of a moment*** det var gjort på et øyeblikk; ***the moment I know anything I'll let you know*** så snart jeg vet noe, skal du få beskjed; ***the man of the moment*** dagens mann; ***just a moment!****(=wait a moment!)* et øyeblikk! ***this moment!****(=this minute! at once!)* straks på øyeblikket! på flekken! med én gang! ***I've just this mo-***

m

ment heard of it jeg har akkurat nå fått høre om det; ***leave things until the last moment*** utsette ting til siste øyeblikk;
2. *fys:* moment *n;* ***moment of inertia*** treghetsmoment;
3. *i enkelte vendinger; stivt(=importance):* ***sth of moment****(=sth important)* noe viktig; noe betydningsfullt.
momentarily [ˌmoumənt(ə)rili; ˈmoumənˌterili; **US:** ˈmoumənˌtærili] *adv* **1***(=for a moment)* (for) et øyeblikk *(fx he paused momentarily);*
2. *især* **US***(=instantly)* med én gang; øyeblikkelig.
momentary [ˌmoumənt(ə)ri] *adj:* som bare varer et øyeblikk; forbigående *(fx a momentary(=passing) feeling of fear);* ***their hesitation was momentary****(=they hesitated for only a moment)* de nølte bare et øyeblikk; ***there was a momentary silence****(=there was silence for a moment)* det ble stille et øyeblikk.
momentous [mouˌmentəs] *adj; stivt(=of great importance)* meget betydningsfull; meget viktig; skjellsettende; ***of momentous significance****(=of vital importance)* av avgjørende betydning.
momentum [mouˌmentəm] *s* **1.** *fys:* moment *n;* ***momentum of inertia*** treghetsmoment;
2. fart (fremover); fremdrift; ***the car gathered momentum****(=speed)* ***down the hill*** bilen fikk større fart nedover bakken; ***lose momentum****(=speed)* miste farten (*el.* fremdriften);
3. *stivt:* ***gain****(=gather)* ***momentum*** 1*(=gather speed)* få større fart; 2. *fig(=gain ground)* vinne terreng *n.*
Monaco [ˌmɔnəˈkou; məˌnɑ:kou] *s; geogr:* Monaco.
monarch [ˌmɔnək] *s* **1.** monark; **2***(=ruler)* hersker.
monarchic(al) [mɔˌnɑ:kik(əl)] *adj:* monarkisk.
monarchist [ˌmɔnəkist] *s:* monarkist.
monarchy [ˌmɔnəki] *s:* monarki *n.*
monastery [ˌmɔnəstəri] *s:* munkekloster.
monastic [məˌnæstik] *adj:* munke- *(fx order);* kloster-.
monasticism [məˌnæstiˈsizəm] *s; stivt* **1***(=the monastic system)* munkevesenet; **2.** klosterliv(et).
monastic vow munkeløfte.
Monday [ˌmʌndi] *s:* mandag; *(se Friday).*
monetary [ˌmɔnətəri] *adj:* monetær; penge-.
monetary system myntsystem.
money [ˌmʌni] *s:* penger; ***money or its equivalent*** penger eller pengers verdi; ***bad****(=false)* ***money*** falske penger; ***black money*** svarte penger; ***easy money*** lettjente penger; ***the days of easy money are over*** det er forbi med den tiden da pengene satt løst hos folk *n;* ***all this money*** alle disse pengene; ***a great deal of money****(=a lot of money)* mange penger; ***ready money*** rede penger; kontanter; ***that's money down the drain****(=that's money thrown away)* det er bortkastede penger; ***change money*** veksle penger; ***come into money****(=inherit money)* arve penger; ***earn good money*** tjene gode penger; ***get one's money back*** få pengene igjen; ***get one's money's worth****(=get full value for one's money)* få valuta for pengene (sine); **T:** ***have money to burn****(=have more money than one knows what to do with;* **T:** *have stacks(=heaps; pots) of money)* ha penger som gress *n;* ***have money to spend*** ha penger mellom hendene; ***I haven't any money on****(=about)* ***me*** jeg har ingen penger på meg; ***lose money*** tape penger (*on, over, by* på); ***make money*** tjene penger (*on, by* på); innbringe penger; ***he makes good money*** han tjener gode penger; *ordspråk:* ***money saved is money made*** penger spart, er penger tjent; ***he thinks I'm made of money*** han tror jeg er gjort av penger; ***pay in Norwegian money*** betale med norske penger; ***we ran out of money*** vi slapp opp for penger; ***money rules the world*** penger regjerer verden; ***spend money (on)*** bruke penger (på); **T:** ***for my money*** hvis jeg kunne velge *(fx for my money, I'd rather have an amusing friend than an honest one).*
moneyed [ˌmʌnid] *adj; stivt(=wealthy)* rik; bemidlet.
moneyed interest: ***the moneyed interest*** storkapitalen(s interesser); kapitalen; kapitalistene.
money-go-round: ***on the money-go-round*** på pengekarusellen.
money grubber T: pengepuger.
money-grubbing [ˌmʌniˈgrʌbiŋ] *adj* **T:** pengegrisk.
moneylender [ˌmʌniˈlendə] *s:* pengeutlåner.
money laundering hvitvasking av penger.
moneymaker [ˌmʌniˈmeikə] *s* **1.** *neds(=capitalist)* kapitalist; **2. T:** produkt (,foretagende) som kaster penger av seg; *(jvf money-spinner).*
money market pengemarked; ***the open****(=non-regulated)* ***money market*** det grå pengemarked.
money order: ***(postal) money order*** postanvisning.
money-sense [ˌmʌniˈsens] *s:* ***he's got no money-sense*** han har ingen forstand på penger.
money-spinner [ˌmʌniˈspinə] *s; om bok, plate, etc:* noe som gir penger i kassen; bestselger.
Mongolia [mɔŋˌgouliə] *s; geogr:* Mongolia.
I. Mongolian [mɔŋˌgouliən] *s(=Mongol)* **1.** mongol;
2. *språk:* mongolsk.
II. Mongolian *adj(=Mongol)* mongolsk.
mongoloid [ˌmɔŋgəlɔid] *s & adj:* mongoloid.
I. mongrel [ˌmʌŋgrəl] *s:* bastard; kjøter.
II. mongrel *adj:* av blandingsrase; bastard-.
I. monitor [ˌmɔnitə] *s* **1.** *skolev:* ordensmann; **2.** kontrollanordning; monitor; **3.** *radio & TV:* monitor.
II. monitor *vb* **1.** *radio:* avlytte; **2.** overvåke; ***monitor the ceasefire*** overvåke våpenhvilen.
monitoring [ˌmɔnitəriŋ] *s* **1.** *radio:* avlytting;
2. overvåking *(fx of the ceasefire);* **3.** *film:* medhør.
monk [mʌŋk] *s:* munk.
I. monkey [ˌmʌŋki] *s* **1.** *zo:* ape(katt); **2.:** ***little monkey*** (liten) spilloppmaker; ugagnskråke; ***cheeky as a monkey*** frekk som en flatlus.
II. monkey *vb* **T:** ***monkey about****(=play about; mess around)* rote omkring; tulle omkring; ***monkey with****(=mess about with)* klå på; klusse med; tøyse (*el.* tulle) med.
monkey business T*(=trickery; hanky-panky)* fiksfakserier; lureri *n;* revestreker.
monkey tricks *pl:* apekattstreker.
monkey wrench skiftenøkkel med 90° vinkel; universalnøkkel.
monkfish [ˌmʌŋkˈfiʃ] *s; zo* **1***(=angler(fish);* **US:** *goosefish)* breiflabb; havulke; **2***(=angel shark)* havengel.
monk's habit munkedrakt; munkehabitt.
mono [ˌmɔnou] *adj:* mono *(fx a mono record).*
monochrome [ˌmɔnəˈkroum] *adj(=black-and-white)* monokrom; svart-hvitt.
monocle [ˌmɔnəkl] *s(=eyeglass)* monokkel.
monogamous [mɔˌnɔgəməs] *adj:* monogam.
monogamy [mɔˌnɔgəmi] *s:* monogami *n;* engifte *n.*
monogram [ˌmɔnəˈgræm] *s:* monogram *n.*
monolingual [ˈmɔnouˌliŋgwəl] *adj:* ettspråklig.
monolith [ˌmɔnəˈliθ] *s:* monolitt; steinstøtte.
monologue [ˌmɔnəˈlɔg] *s:* monolog; enetale.
monopolize, monopolise [məˌnɔpəˈlaiz] *vb*
1. monopolisere; **2.** *fig:* monopolisere; annektere.
monopoly [məˌnɔpəli] *s; også fig:* monopol *n;* enerett (*of* på, til).
monosyllabic [ˈmɔnəsiˌlæbik] *adj:* enstavelses.
monosyllable [ˌmɔnəˈsiləbl] *s:* enstavelsesord; ***answer in monosyllables*** svare med enstavelsesord.
monotonous [məˌnɔtənəs] *adj:* monoton; enstonig; ensformig.
monotony [məˌnɔtəni] *s:* monotoni; enstonighet; ensformighet.
monoxide [mɔˌnɔksaid] *s; kjem:* ***carbon monoxide*** kullos; kulloksyd.
monsoon [mɔnˌsu:n] *s:* monsun.
I. monster [ˌmɔnstə] *s* **1.** monstrum *n;* uhyre *n;*
2*(=very evil person)* umenneske; uhyre *n;*
3. fabelvesen; fabeluhyre.
II. monster *adj:* kjempe-; ***monster carrot*** kjempegulrot.

monstrance [ˌmɔnstrəns] *s; kat.(=ostensory)* monstrans.
monstrosity [mɔnˌstrɔsiti] *s* **1***(=monster) uhyre n;* monstrum *n;* **2.** *ofte spøkef om noe som er usedvanlig stort el. fryktelig å se på:* misfoster; monstrum *n.*
monstrous [ˌmɔnstrəs] *adj:* uhyrlig *(fx cruelty); **monstrous**(=atrocious) **crime*** avskyelig forbrytelse.
montage [mɔnˌtɑːʒ] *s; fot, etc:* montasje.
month [mʌnθ] *s:* måned; ***the month of July*** juli måned; **T:** ***you'll never finish that job in a month of Sundays*** den jobben vil ta deg evigheter; *(se June).*
I. monthly [ˌmʌnθli] *s:* månedstidsskrift.
II. monthly *adv(=once a month)* en gang i måneden; en gang pr. måned *(fx it's published monthly).*
Montreal [ˌmɔntriˈɔːl] *s; geogr:* Montreal.
monument [ˌmɔnjumənt] *s* **1.** minnesmerke; ***monument to*** monument *(n)* over; minnesmerke over; **2.** *fig:* ***monument to****(=tribute to)* tributt til; evig minne *(n)* om.
monumental [ˈmɔnjuˌmentəl] *adj* **1.** monumental; **2.** *stivt el. spøkef(=enormous; colossal)* kolossal; kjempe-; ***monumental task*** kolossal oppgave; kjempeoppgave.
I. moo [muː] *s; om ku:* raut *n;* ***the cow gave a moo*** kua ga fra seg et raut; kua rautet.
II. moo *vb(=low)* raute; si mø; *int:* mø.
mooch [muːtʃ] *vb* **S 1.** være dorsk; se dorsk ut; **2.:** ***mooch about*** drive omkring; luske omkring.
moo-cow [ˌmuːˈkau] *s; barnespråk(=cow)* ku; **T:** mø.
mood [muːd] *s* **1.** *gram:* modus; **2.** humør *n;* ***what kind of mood is she in?*** hva slags humør er hun i? ***she's in a (bad) mood*** hun er i dårlig humør; ***in a chatty****(=talkative)* ***mood*** i snakkehjørnet; være i humør til å snakke; ***in a cheerful mood*** i godt humør; ***in a generous mood*** i det gavmilde hjørnet; ***I'm not in the mood for work****(=I don't feel like working)* jeg har ingen arbeidslyst; ***his mood lifted*** han ble i bedre humør; ***her mood took a sudden turn for the better****(=her spirits rose instantly)* humøret hennes ble straks bedre; **3.** stemning; sinnsstemning; ***changing moods*** skiftende stemning; ***a conciliatory mood****(=atmosphere)* en forsonlig stemning; ***the mood of the meeting was against the speaker*** stemningen på møtet var imot taleren; ***the mood of the moment*** øyeblikkets sinnsstemning; ***get into the right mood*** komme i den rette stemningen; ***this put him in a very thoughtful mood****(=this made him think)* dette gjorde ham meget betenkt.
moody [ˌmuːdi] *adj:* lunefull; irritabel.
mooing [ˌmuːiŋ] *s:* rauting; ***there was a great noise of mooing coming from the cowshed*** det hørtes høy rauting fra fjøset.
I. moon [muːn] *s:* måne; ***full moon*** fullmåne; ***the moon is full****(=it's full moon)* det er fullmåne; ***at full moon****(= when it's full moon)* ved fullmåne; når det er fullmåne; **T:** ***once in a blue moon*** én gang hvert jubelår; uhyre sjelden; ***cry for the moon*** forlange det umulige; ***reach for the moon*** forsøke seg på det umulige.
II. moon *vb:* ***moon about, moon around*** (gå omkring og) være giddeløs; være i sin egen verden (fx pga. forelskelse); være verdensfjern.
moonbeam [ˌmuːnˈbiːm] *s:* månestråle.
moonless [ˌmuːnləs] *adj:* uten måneskinn *(fx night).*
I. moonlight [ˌmuːnˈlait] *s:* måneskinn; ***by moonlight*** i måneskinn.
II. moonlight *vb* **T:** arbeide svart.
moonlighter [ˌmuːnˈlaitə] *s* **T:** en som arbeider svart.
moonlight flit(ting): ***do a moonlight flit(ting)*** reise sin vei i all hast for å unngå sine kreditorer; flytte om natten for å unngå å betale husleie.
moonlit [ˌmuːnlit] *adj:* månelys; måneklar; månebelyst.
moonshine [ˌmuːnˈʃain] *s* **1***(=moonlight)* måneskinn; **2. T***(=nonsense)* tøys *n;* tull *n;* **3. US:** hjemmebrent *(el.* smuglet) brennevin.
moonshiner [ˌmuːnˈʃainə] *s* **US:** hjemmebrenner; spritsmugler.
moonstruck [ˌmuːnˈstrʌk] *adj(=moonstricken)* gal.
moony [ˌmuːni] *adj* **T***(=crazy)* sprø; tåpelig.
I. moor [muə; mɔː] *s:* hei; ***heathery moor*** lyngmo.
II. moor *vb; mar:* legge til; fortøye.
moorage [ˌmuəridʒ; ˌmɔːridʒ] *s; mar* **1.** fortøyning; **2.** fortøyningsplass.
moorhen [ˌmuəˈhen; ˌmɔːˈhen] *s; zo (,***US:** *common gallinule)* sivhøne.
mooring [ˌmuəriŋ; ˌmɔːriŋ] *s; mar* **1.** det å fortøye; fortøyning; **2***(=moorings)* fortøyning *(fx the mooring broke).*
mooring buoy *mar:* fortøyningsbøye.
moorings [ˌmuəriŋz; ˌmɔːriŋz] *s; pl; mar* **1.** fortøyningsplass; **2.** fortøyning(er); *(jvf mooring 2).*
moorland [ˌmuələnd; ˌmɔːlənd] *s* (område *(n)* med) hei *(el.* lyngmo).
moose [muːs] *s; zo* **US** *& Canada(=elk)* elg.
I. moot [muːt] *s; hist(=assembly)* møte *n;* ting *n.*
II. moot *adj; stivt:* ***a moot point****(=a matter of opinion)* et åpent spørsmål; et omstridt spørsmål.
III. moot *vb; meget stivt* **1***(=bring up)* bringe på bane *(fx the idea was mooted years ago);* **2***(=discuss)* diskutere; ***it has been mooted whether …*** det er blitt diskutert om ….
I. mop [mɔp] *s* **1.** (gulv)mopp; **2.:** ***mop of hair****(=bush of hair; shock of hair)* hårmanke.
II. mop *vb* **1.** moppe; vaske med mopp; **2***(=wipe)* tørke; ***mop one's face*** tørke svetten av pannen; **3.:** ***mop up*** 1. moppe; tørke opp; 2. **T***(=complete)* avslutte; gjøre ferdig; 3. *mil:* renske for fiendtlige styrker.
mope [moup] *vb(=be gloomy)* henge med hodet; (sitte og) sture; **S:** være deppa.
moped [ˌmouped] *s:* moped.
moraine [mɔˌrein] *s; geol:* morene.
I. moral [ˌmɔrəl] *s* **1.** *i fabel, etc:* moral; ***what moral can be drawn from this story?*** hvilken moral kan utledes av denne historien? **2.:** ***morals*** moral; ***lax morals*** slapp moral; ***sexual morals****(=morality)* seksualmoral; ***in accordance with commonly accepted morals****(=norms)* i overensstemmelse med vedtatt moral *(el.* vedtatte moralske normer); ***a double set of morals****(=a double standard (of morality))* dobbeltmoral; **3.:** ***business morals****(= business ethics)* forretningsmoral.
II. moral *adj:* moralsk; ***their moral concepts differ from ours*** deres moraloppfatning er annerledes enn vår; ***moral support*** moralsk støtte; ***come with me for moral support*** bli med meg og gi meg moralsk støtte; ***be under a moral obligation to do it*** være moralsk forpliktet til å gjøre det; ***take a high moral stand about sth****(=act morally indignant about sth)* spille moralsk forarget over noe.
morale [mɔˌrɑːl; məˌræl; **US:** məˌræl] *s:* kampånd; (kamp)moral; ***boost****(=raise)* ***(sby's) morale*** stive opp moralen (hos en); ***maintain****(=uphold)* ***morale*** holde moralen oppe.
moralist [ˌmɔrəlist] *s:* moralist; moralpredikant.
morality [məˌræliti] *s:* moral; moralskhet; sedelighet; ***strict morality****(=moral laws)* streng moral; strenge moralpåbud; ***they questioned the morality of his actions*** de betvilte at hans handlinger var moralsk forsvarlige; ***it's a question of common morality****(= morals)* det er et spørsmål om vanlig moral.
moralize, moralise [ˌmɔrəˈlaiz] *vb:* moralisere.
morally [ˌmɔrəli] *adv* **1.** moralsk; på en moralsk måte; **2.** moralsk (sett); fra en moralsk synsvinkel; ***morally flawed****(=morally dubious)* med frynset moral; *stivt:* ***morally bound to do sth*** moralsk forpliktet til å gjøre noe.
morass [məˌræs] *s* **1.** morass *n;* myr; sump; ***swampy***

morass myrsump; **2.** *fig; stivt(=quagmire)* hengemyr.
moratorium ['mɔrəˌtɔ:riəm] *s(pl: moratoria, moratoriums)* **1.** *merk:* moratorium *n;* ***grant a moratorium*** gi moratorium; **2.** *fig(=temporary ban)* midlertidig forbud (*on* mot); **3.** *mil(=test ban)* prøvestans.
morbid [ˌmɔ:bid] *adj* **1.** *fig(=sickly)* sykelig; **2.** *med.:* sykelig; ***a morbid condition*** en sykelig tilstand.
mordant [ˌmɔ:dənt] *adj; stivt(=caustic)* bitende *(fx sarcasm).*
more [mɔ:] *adj & adv* **1.** *komp av 'much' & 'many':* mer; flere *(fx more money; more people);* ***aren't there any more biscuits?*** er det ikke mer kjeks igjen?
2. *danner komp av adj & adv:* ***more easily*** lettere; ***more intelligent*** mer intelligent; *når to sammenlignes:* mest *(fx the more probable of two possibilities);*
3. *betegner ytterligere antall el. mengde:* til *(fx one more; how many hours more?);*
4.: ***not any more*** 1*(=no longer)* ikke (nå) lenger *(fx he doesn't work here any more);* 2*(=no more):* ***they were not heard of any more*** man hørte ikke (noe) mer til dem; 3.: ***I don't like it any more than you do*** jeg liker det ikke bedre enn (det) du gjør;
5.: ***no more*** 1. ikke mer *(fx there's no more tea);* 2. *ved sammenligning:* ikke mer *(fx she's no more attractive than you are);* 3. ikke flere; 4. *etteranstilt; stivt(=not any more)* ikke lenger; ***he's a schoolmaster no more*** *(=he's not a schoolmaster any more)* han er ikke lenger lærer; 5. *etteranstilt; meget stivt(=never again)* aldri mer; ***I shall see him no more****(=I shall never see him again)* jeg kommer aldri mer til å treffe ham;
6.: ***more and more****(=increasingly)* mer og mer;
7.: ***the more … the*** jo mer … desto *(fx the more the better; the more he asserted his innocence, the more they disbelieved him);* ***the more so as*** så meget mer som;
8. *om graden:* ***even more so*** i enda høyere grad *(fx he's very skilled, but she's even more so);*
9.: ***more's the pity*** 1*(=unfortunately)* dessverre; 2*(=it's a great shame)* det er stor skam; det er både synd og skam;
10. T: ***more fool you for believing him****(=you were a fool to believe him)* du var en tosk som trodde (på) ham;
11.: ***more or less*** 1. mer eller mindre; 2. omtrent *(fx it's ten kilometres, more or less);*
12.: ***neither more nor less (than)*** hverken mer eller mindre (enn);
13.: ***(and) what's more*** dessuten *(fx he came home after midnight, and what's more, he was drunk).*
mor(e)ish [ˌmɔ:riʃ] *adj* **T:** ***it's got a mor(e)ish taste****(=it makes you feel moreish)* det gir mersmak; ***these cakes are mor(e)ish*** disse kakene gir mersmak; ***this made us feel mor(e)ish and we intend to do it every year*** det ga mersmak, og vi har tenkt å gjøre dette til en årlig foreteelse.
morel [mɔˌrel] *s; bot:* morkel.
morello [məˌrelou] *s; bot:* ***morello (cherry)*** morell.
moreover [mɔ:ˌrouvə] *adv(=besides)* dessuten.
morgue [mɔ:g] *s(=mortuary)* likhus.
moribund [ˌmɔri'bʌnd] *adj; fig; stivt(=dying)* døende.
I. Mormon [ˌmɔ:mən] *s:* mormon.
II. Mormon *adj:* mormonsk; mormon-.
morning [ˌmɔ:niŋ] *s* **1.** morgen; formiddag; ***another morning*** en annen morgen; ***one morning*** en morgen; ***good morning!*** god morgen! morn! hei! ***from morning till night*** fra morgen til kveld; ***in the morning*** 1. om morgenen; om formiddagen; 2*(=early tomorrow morning)* i morgen tidlig *(fx I'll see you in the morning);* ***in the early morning*** tidlig om (*el.* på) morgenen; ***first thing (in the morning)****(=first thing tomorrow morning)* med én gang i morgen tidlig; ***on the morning of May 1st*** om morgenen den 1. mai; ***he was here on Monday morning*** han var her mandag morgen (*el.* formiddag); ***tomorrow morning*** i morgen tidlig (*el.* formiddag); ***yesterday morning*** i går morges;
2.: ***the morning after*** 1*(=next morning)* neste morgen; 2. *etter rangel:* dagen derpå;
3.: ***this morning*** 1. *fremtid:* denne formiddagen; nå i formiddag; 2. *fortid:* i formiddag; i dag morges; i morges; 3. *nåtid:* denne formiddagen; denne morgenen; *ofte:* i dag; ***this is a nice morning, isn't it?*** i dag har vi fint vær, ikke sant? ***she's not much in evidence this morning*** det er ikke stort å se (,høre) til henne i dag.
morning coat *s(=(swallow-)tail coat)* sjakett.
morning person*(=early riser)* morgenmenneske; morgenfugl.
morning sickness *ved svangerskap:* morgenkvalme.
I. Moroccan [məˌrɔkən] *s:* marokkaner.
II. Moroccan *adj:* marokkansk.
Morocco [məˌrɔkou] *s; geogr:* Marokko.
morocco *s:* saffian(lær) *n.*
moron [ˌmɔ:rɔn] *s* **1.** psykisk utviklingshemmet person; **2. T***(=very stupid person):* ***that girl's a moron*** den jenta er den rene sinke.
moron joke US *& Canada(=silly joke)* blødme.
morose [məˌrous] *adj(=cross)* gretten.
morphia [ˌmɔ:fiə], **morphine** [ˌmɔ:fi:n] *s:* morfin.
morphia addict *med.(=morphine addict)* morfinist.
morphology [mɔ:ˌfɔlədʒi] *s:* morfologi; formlære.
morris [ˌmɔris] *s; spill:* ***nine men's morris*** mølle(spill).
morrow [ˌmɔrou] *s; glds el. litt.:* ***the morrow****(=tomorrow)* morgendagen; ***take no thought for the morrow****(=let tomorrow take care of itself)* ikke tenke på morgendagen.
morsel [mɔ:sl] *s; litt.(=small piece)* liten bit; ***not a morsel of bread****(=not a crumb)* ikke en brødsmule.
I. mortal [mɔ:tl] *s:* ***we mortals*** vi dødelige; vi mennesker *n.*
II. mortal *adj* **1.** dødelig *(fx Man is mortal);*
2. *stivt el. litt.(=fatal; deadly)* dødelig; dødbringende; ***mortal****(=deadly)* ***enemy*** dødsfiende; ***mortal****(=fatal)* ***blow*** dødbringende slag; ***mortal disease****(=fatal illness)* dødelig sykdom;
3.: ***mortal remains*** jordiske levninger;
4. T: ***every mortal luxury*** enhver tenkelig luksus.
mortality [mɔ:ˌtæliti] *s:* dødelighet.
I. mortar [ˌmɔ:tə] *s* **1.** mørtel; **2.** morter.
II. mortar *vb:* mure (med mørtel).
mortarboard [ˌmɔ:tə'bɔ:d] *s* **1.** *bygg(=hawk)* mørtelbrett; **2.** *univ:* firkantet, flatt hodeplagg med svart dusk.
I. mortgage [ˌmɔ:gidʒ] *s; jur* **1.** *i fast eiendom:* pant *n;* prioritet; ***a first mortgage on*** første prioritet i;
2.: ***mortgage (loan)*** pantelån; prioritetslån; ***a 20-year mortgage*** et pantelån med 20 års løpetid.
II. mortgage *vb; jur:* belåne *(fx a house).*
mortgage bond *jur:* panteobligasjon.
mortgage certificate *jur:* panteattest.
mortgage deed *jur:* pantebrev.
mortgagee ['mɔ:giˌdʒi:] *s; jur:* panthaver.
mortgagor [ˌmɔ:gidʒə; 'mɔ:giˌdʒɔ:] *s; jur(=holder of a mortgage)* pantedebitor; pantsetter.
mortician [mɔ:ˌtiʃən] *s* **US***(=undertaker)* innehaver av begravelsesbyrå.
mortification ['mɔ:tifiˌkeiʃən] *s; stivt* **1***(=humiliation)* ydmykelse; **2.** *rel:* ***mortification of the flesh*** spekelse.
mortify [ˌmɔ:ti'fai] *vb; stivt(=humiliate)* ydmyke; *i passiv:* ***be mortified*** føle seg dypt krenket.
mortise [ˌmɔ:tis] *s; tøm:* (tapp)hull *n.*
mortise chisel *tøm:* tappejern; beitel.
mortuary [ˌmɔ:tjuəri] *s:* likhus.
Mosaic [mouˌzeiik] *adj; rel:* mosaisk; ***the Mosaic Law****(=the law of Moses)* moseloven.
I. mosaic [məˌzeiik] *s:* mosaikk.
II. mosaic *adj:* mosaikk- *(fx work).*

Moscow [ˌmɔskou] *s; geogr:* Moskva; *(se Muscovite).*
Moselle [mouˌzel] *s* **1.** *geogr: the Moselle* Mosel(elva); **2.** *tysk hvitvin fra Rhindalen(=moselle)* moselvin.
Moses [ˌmouziz] *s; bibl:* Moses.
Moslem [ˌmɔzləm] *se Muslim.*
mosque [mɔsk] *s:* moské.
mosquito [məˌski:tou] *s; zo:* moskito; mygg.
mosquito bite*(=gnat bite)* moskitostikk; myggstikk; ***he's got mosquito bites all over*** han er helt oppspist av mygg.
mosquito net moskitonett.
mosquito repellent myggolje; myggmiddel.
moss [mɔs] *s; bot:* mose; bladmose.
moss-covered [ˌmɔs'kʌvəd] *adj* **1***(=mossy)* mosegrodd; **2.** *fig:* mosegrodd.
moss-covered mountain plateau mosefly.
mossy [ˌmɔsi] *adj:* mosegrodd; *(jvf moss-covered).*
most [moust] *adj & adv* **1.** *superl av 'many' & 'much':* flest *(fx I ate a lot of cakes, but John ate (the) most; which of the students has read the most books?);* mest *(fx reading's what gives me most enjoyment); **people welcome a drink most after work*** folk setter størst pris på en drink etter arbeidstid; *(se for øvrig ndf);* **2.** *foran adj & adv* 1*(=very)* høyst; svært; meget *(fx that's most regrettable); **she was most affected by the news*** nyheten gikk sterkt innpå henne; 2. *danner superl:* mest *(fx the most interesting book he's ever read); **most hated*** mest forhatt; ***this tool is the most useful of all*** dette verktøyet er det nyttigste av alle; ***they like sweets, but they like icecream most****(=best)* ***of all*** de liker slikkerier, men aller best liker de is(krem); ***most modern music is difficult to understand*** det meste av den moderne musikken er vanskelig å forstå; 3. *forsterkende: **most certainly*** helt sikkert; ja, absolutt; javisst; ***he did it most willingly*** han gjorde det mer enn gjerne;
3. *foran s el. med underforstått s:* ***(the) most*** mest *(fx he has (the) most talent);* det meste *(fx the most he can afford is £200);* flest *(fx which of you has made (the) most mistakes? John has (the) most money);* de fleste *(fx most people know this); **do the most you can*** gjør så mye du kan; ***she knows more about this than most people*** hun vet mer om dette enn de fleste; ***he's better than most*** han er bedre enn de fleste;
4.: ***most of*** 1. det meste av; størstedelen av; ***most of all*** mest av alt; ***most of all, I want to …*** aller helst vil jeg …; fremfor alt vil jeg …; ***but most of all …*** men aller mest …; *(jvf 2, 2 ovf);* 2. de fleste *(fx most of my books);* de fleste av; ***most of us*** de fleste av oss;
5.: ***make the most of*** få mest mulig ut av; utnytte så godt som mulig *(fx you'll only get one chance, so you'd better make the most of it!); **make the most of the situation*** utnytte situasjonen så godt som mulig;
6.: ***at (the) most****(=at the very most)* høyst; i høyden; **T:** toppen *(fx that girl's four at the most; there are at most three weeks of summer remaining);*
7.: ***for the most part****(=mostly; mainly)* hovedsakelig *(fx for the most part, the passengers were Danes);* for det meste; for størstedelen(s vedkommende); ***the members are for the most part farmers*** medlemmene *(n)* er hovedsakelig bønder;
8. US*(=almost)* nesten *(fx most everyone I know has read this book);*
9. US S: ***the most****(=smashing)* super; fantastisk; ***that chick's the most!*** den snella er super!
mostly [moustli] *adv* **1***(=for the most part)* hovedsakelig; **2***(=on most occasions; usually)* for det meste.
Most Reverend *tiltale til anglikansk erkebiskop & romersk-katolsk biskop:* høyærverdig.
motel [mouˌtel] *s:* motell *n; **motel and flats*** *(,US: apartment motel)* leilighetsmotell.
moth [mɔθ] *s; zo* **1***(=clothes moth)* møll; ***the moths have been at the coat*** det er gått møll i frakken (,jakken); **2.** nattsvermer; nattsommerfugl.
mothball [ˌmɔθ'bɔ:l] *s(=camphor ball)* møllkule.
moth-eaten [ˌmɔθ'i:tən] *adj* **1.** møllspist; **2.** *fig: **moth-eaten ideas*** gammeldagse ideer.
I. mother [ˌmʌθə] *s:* mor; ***gymslip mothers*** purunge mødre; ***single mother*** alenemor; ***the mother of a baby*** en spedbarnsmor; ***the mother of a young child*** en småbarnsmor.
II. mother *adj; zo: **the mother bird*** moren.
III. mother *vb:* være mor for; overbeskytte.
mother church moderkirke.
mother country 1. *mots koloni:* moderland; **2***(=native country)* fedreland.
mother fixation *psykol:* morsbinding.
motherhood [ˌmʌðə'hud] *s:* det å være mor; morskap.
Mothering Sunday*(=Mother's Day)* morsdag.
mother-in-law [ˌmʌð(ə)rin'lɔ:] *s:* svigermor.
motherliness [ˌmʌðəlinəs] *s:* moderlighet.
motherly [ˌmʌðəli] *adj:* moderlig.
mother-of-pearl [ˌmʌðərəvˌpə:l] *s:* perlemor *n.*
mother's boy*(=mummy's boy)* mammadalt.
Mother's Day*(=Mothering Sunday)* morsdag.
mother's side: ***on the mother's side*** på morssiden.
mother superior *rel:* abbedisse.
mother-to-be ['mʌðətəˌbi:] *s(pl: mothers-to-be)* vordende mor.
mother tongue*(=native tongue(=language))* morsmål.
motif [mouˌti:f] *s; i kunst, mus, etc:* motiv; ***forest motif*** skogsmotiv; skogsinteriør.
I. motion [ˌmouʃən] *s* **1.** bevegelse; ***sideways motion*** sidelengs bevegelse; ***in motion****(=moving)* i bevegelse;
2.: ***motion (of the hand)*** håndbevegelse; ***he made a motion to her to go*** han ga tegn *(n)* til henne at hun skulle gå;
3*(=proposal (put before a meeting))* forslag *(n)* (fremsatt på et møte); ***there was a motion from the floor on this matter****(=there was a motion from the floor about this)* det ble fremmet et benkeforslag om dette; ***table a motion of no confidence*** fremme mistillitsforslag; ***the motion was carried, but not unanimously*** forslaget ble vedtatt under dissens; ***second the motion*** støtte forslaget;
4.: ***have motion*** ha avføring; *(jvf stool 2);*
5. *tekn: **lost motion****(=(free) play)* dødgang;
6. *fig: **go through the motions (of doing it)****(=make a show of doing it)* late som om man gjør det;
7. *fig: **put****(=set)* ***in motion*** sette i gang; mobilisere *(fx our organization has been put in motion); **set the wheels in motion****(=get things started)* sette hjulene *(n)* i gang.
II. motion *vb:* gjøre tegn *(n)* til *(fx sby to come nearer); **motion****(=wave)* ***sby away*** vinke en av.
motionless [ˌmouʃənləs] *adj:* ubevegelig; urørlig *(fx she stood motionless); (jvf immobile 1).*
motion picture US *el. faglig(=cinema film)* kinofilm.
motivate [ˌmouti'veit] *vb:* motivere; ***he was motivated by jealousy*** han ble drevet av sjalusi; sjalusi var motivet; ***that's what motivates him****(=that's what drives him on)* det er det som motiverer (*el.* driver) ham; ***highly****(=strongly)* ***motivated towards****(=for)* ***staying on at school*** sterkt motivert for videre skolegang.
motivation ['moutiˌveiʃən] *s:* motivering; motivasjon.
motive [ˌmoutiv] *s:* motiv *n (for* for); ***the profit motive*** profittmotivet.
motive force*(=motive power)* drivkraft.
motley [ˌmɔtli] *adj; glds el. spøkef:* broket; ***a motley crowd of people****(=a mixed bag of people)* en broket forsamling.
I. motor *s* **1.** motor; ***electric motor*** elektrisk motor; **2. US***(=engine)* bilmotor; **3.** *lett glds* **T***(=car)* bil.
II. motor *vb(=drive)* bile; kjøre (med bil).
III. motor *adj* **1.** motor- *(fx motor boat);* **2.** motorisk.
motorail [ˌmoutə'reil] *s:* biltog.
motorbike [ˌmoutə'baik] *s* **T***(=motorcycle)* motorsykkel.

m

motorboat [ˌmoutə'bout] *s:* motorbåt.
motorcade [ˌmoutə'keid] *s:* bilkortesje.
motor caravan *(,US: camper)* campingbil; *(jvf caravan & motorhome).*
motor coach turistbuss.
motorcycle [ˌmoutə'saikl] *s (,T: motorbike)* motorsykkel.
motorcyclist [ˌmoutə'saiklist] *s:* motorsyklist.
motor engineering *mask:* bilmekanikk; motorlære.
motor engineering teacher *skolev:* bilfaglærer.
motorhome, motor home [ˌmoutə'houm] *s:* bobil; *(jvf motor caravan).*
motoring [ˌmoutəriŋ] *s:* bilisme; ***private motoring will have to go*** privatbilismen må bort.
motoring holidaymaker bilturist.
motoring offence trafikkforseelse.
motorist [ˌmoutərist] *s:* bilist.
motor-mad [ˌmoutə'mæd] *adj(=car-mad)* bilgal.
motorman [ˌmoutəmən] *s; jernb; på elektrisk tog (= driver)* lokomotivfører.
motor mechanic bilmekaniker.
motor mower *gart(=power mower)* motorklipper.
motor race*(=car race)* baneløp; billøp på bane.
motor racing billøp; bilveddeløp.
motor rally*(=car rally)* billøp; rally *n.*
motor salesman*(=car salesman)* bilselger.
motor spirit*(=petrol;* **US:** *gas(oline))* bilbensin.
motor sport bilsport; motorsport.
motor tour *især om lengre rundtur:* biltur.
motor traffic biltrafikk; kjørende trafikk.
motor vehicle motorvogn; motorkjøretøy.
motorway [ˌmoutə'wei] *s (,***US:** *superhighway; freeway)* motorvei; ***motorway with tolls*** *(,***US:** *turnpike)* avgiftsbelagt motorvei; ***orbital motorway*** ringvei med motorveistandard; ***urban motorway*** *(,***US:** *expressway)* motorvei gjennom by.
mottled [ˌmɔtəld] *adj(=speckled)* spraglet.
motto [ˌmɔtou] *s:* motto *n;* valgspråk.
I. mould *(,***US:** *mold)* [mould] *s* **1.** form; ***jelly mould*** geléform; *(jvf baking tin);*
2. *fig(=cast; fibre)* støpning;
3*(=vegetable soil)* mold(jord); muld; ***leaf mould*** bladjord;
4*(=mildew)* mugg; sopp; jordslag.
II. mould *(,***US:** *mold) vb* **1***(=shape)* forme; modellere *(fx a figure in clay);* **2.** *met:* støpe (i form); **3.** *fig(= form)* forme; ***a moulding influence*** en formende innflytelse.
mouldiness *(,***US:** *moldiness)* [ˌmouldinəs] *s:* muggenhet; ***a smell of mouldiness*** en muggen lukt.
moulding [ˌmouldiŋ] *s* **1.** *met:* støping (i form);
2. profillist; tetningslist; profil; ***door (,window) mould- ing*** gerikt; ***picture-frame moulding*** rammelist;
3. *fig(=shaping)* forming.
mouldy *(,***US:** *moldy)* [ˌmouldi] *adj* **1.** muggen; ***go mouldy*** mugne; **2.** *neds* **T:** gammel (og medtatt); elendig.
moult *(,***US:** *molt)* [moult] *vb(=shed)* felle fjær; felle hår; røyte.
mound [maund] *s* **1.** haug *(fx a mound(=heap) of rubbish); arkeol(=grave mound)* gravhaug;
2. *anat:* ***pubic mound*** venusberg; skamben.
I. mount [maunt] *s; litt. & som del av navn:* berg *n.*
II. mount *s* **1.** *litt. el. stivt(=horse)* ganger;
2. *som bilde monteres på:* kartong;
3. *fot:* diaramme;
4. objektivglass;
5. *især* **US***(=stamp hinge)* (frimerke)hengsel *n.*
III. mount *vb* **1.** bestige; klatre (*el.* gå) opp på; stige opp på *(fx a horse); (jvf* ***9, 2****);*
2. *om hanndyr:* bestige;
3. klebe opp; sette i album *n;* montere *(fx a photo);*
4. *diamant, etc(=set)* innfatte; *(jvf II. remount 2);*
5*(=organize; stage)* iverksette; sette i verk *n; (=start)* starte; sette i gang; ***mount a press campaign in favour of*** starte en pressekampanje til fordel for;
6. *om fx utstilling(=organize; open)* arrangere; åpne;
7. *fig(=rise)* stige *(fx excitement mounted); (se II. mounting);*
8.: ***mount guard*** 1. gå på vakt; 2. sette ut vakt; 3.: ***mount guard over*** holde vakt over;
9.: ***mount up*** 1. hope seg opp; 2. sette seg på hesten.
mountain [ˌmauntin] *s* **1.** fjell *n;* ***mountain and valley*** fjell *(n)* og dal; ***the mountains are a delightful place to be*** fjellet er et deilig sted å være; ***show respect for the mountains*** vise respekt for fjellet; ***in the mountains*** på fjellet; ***show some common sense in the mountains!*** vis fjellvett; ***used to the mountains****(= familiar with the mountains)* fjellvant; ***up into the mountains*** til fjells; (opp) på fjellet;
2. *fig:* ***a mountain of flesh*** et kjøttberg.
mountain ash *bot(=rowan)* rogn.
mountain brook fjellbekk.
mountain climber*(=mountaineer)* fjellklatrer.
mountain code: ***the mountain code****(=the rules for safety in the mountains)* fjellreglene.
mountain eagle *zo(=golden eagle)* kongeørn.
mountaineer ['mauntiˌniə] *s:* fjellklatrer.
mountaineering ['mauntiˌniəriŋ] *s:* fjellklatring; fjellsport.
mountain heath *bot:* blålyng; *(se heath).*
mountain lake fjellvann.
mountain lion *zo(=puma; cougar)* fjelløve; puma.
mountain lodge*(=mountain inn)* fjellstue.
mountainous [ˌmauntinəs] *adj:* fjellendt *(fx country).*
(mountain) pass fjellpass; fjellovergang; ***in(=on) the pass between X and Y*** på fjellovergangen mellom X og Y.
mountain peak fjelltopp; fjelltind.
mountain pine *bot:* fjellfuru; buskfuru.
mountain plateau fjellvidde; fjellplatå; ***moss-covered mountain plateau*** mosefly.
mountain rescue dog lavinehund; *(se I. dog 1).*
mountain rescue service fjellsikringstjeneste.
mountain ridge fjellrygg.
mountainside [ˌmauntin'said] *s:* fjellside; ***between almost vertical****(=sheer)* ***mountainsides*** mellom nesten loddrette fjellsider.
mountain stream fjellbekk.
mountain terrain*(=country)* fjellterreng.
mountain trout *zo:* fjellørret.
mountain wilds: ***the mountain wilds*** fjellheimen.
mountebank [ˌmaunti'bæŋk] *s; litt.(=charlatan)* sjarlatan.
mounted [ˌmauntid] *adj* **1.** montert; på stativ;
2. *om edelsten:* innfattet;
3. *om foto, etc:* montert; oppklebet;
4. til hest; ***mounted police*** ridende politi.
I. mounting [ˌmauntiŋ] *s* **1.:** *se III. mount 3 & 4;*
2. *for diamant, etc(=setting)* innfatning.
II. mounting *adj; stivt(=increasing)* tiltagende; stigende.
mourn [mɔ:n] *vb; ved død:* sørge; ***she still mourns her husband('s death)*** hun sørger fremdeles over mannen sin.
mourner [ˌmɔ:nə] *s:* sørgende.
mournful [ˌmɔ:nful] *adj(=very sad)* bedrøvet; sørgmodig.
I. mourning [ˌmɔ:niŋ] *s* **1.** sorg; ***period of mourning*** sørgetid;
2. sørgeklær; ***wear mourning*** gå med sørgeklær; bære sorg (*for* pga.);
3.: ***be in mourning (for)*** bære sorg (pga.); ***go into mourning*** anlegge sorg; ***come out of mourning*** slutte å gå med sørgeklær.
II. mourning *adj:* sørgende; sørge-.
mourning band *rundt armen:* sørgebind.

I. mouse [maus] *s(pl: mice) zo:* mus; ***when the cat's away, the mice will play*** når katten er borte, danser musene på bordet; ***as quiet as a mouse****(=absolutely still)* musestille.
II. mouse *vb:* fange mus; ***go mousing*** gå på musejakt.
mouse-coloured [ˌmaus'kʌləd] *adj:* musegrå.
mouse dirt*(=droppings)* muselort.
mousehole [ˌmaus'houl] *s:* musehull.
mousetrap [ˌmaus'træp] *s:* musefelle.
mousse [mu:s] *s; kul:* fromasj; ***chocolate mousse*** sjokoladefromasj; ***lemon mousse*** sitronfromasj.
moustache *(,US: mustache)* [məˌstɑ:ʃ] *s:* bart.
mousy [ˌmausi] *adj* **1.** lik en mus; museaktig;
2. *neds(=(small and) insignificant; colourless)* (liten og) uanselig; fargeløs *(fx her mousy little husband);*
3.: ***a mousy smell*** lukt av mus.
I. mouth [mauθ] *s(pl: mouths* [mauðz]) **1.** *anat:* munn; ***have a big mouth*** være stor i munnen (*el.* kjeften); ***by word of mouth****(=orally)* muntlig; **T:** ***be down in the mouth****(=hang one's head)* henge med nebbet; **T:** ***straight from the horse's mouth****(=from an absolutely reliable source)* fra første hånd *(fx I have it straight from the horse's mouth);* ***make a wry mouth at sby*** geipe til en; ***put words into sby's mouth*** legge en ord *(n)* i munnen; **T:** ***shoot one's mouth off*** slenge med leppa; (ɔ: være løsmunnet); ***shut one's mouth about sth*** holde munn med noe;
2. åpning; *av rør:* utløpsåpning; ***the mouth of the cave*** inngangen til hulen; ***the mouth of a river*** en elvemunning.
II. mouth [mauð] *vb:* forme (med leppene); hviske *(fx the words so that no-one can overhear).*
mouth cavity *anat(=oral cavity)* munnhule.
mouthful [ˌmauθful] *s* **1.** munnfull; **2. T:** noe som det er vanskelig å uttale.
mouth organ*(=harmonica)* munnspill; harmonikk.
mouthpiece [ˌmauθ'pi:s] *s* **1.** *mus & på pipe:* munnstykke; **2.** *tlf:* rør *n;* **3***(=spokesman)* talerør.
mouthwash [ˌmauθ'wɔʃ] *s:* munnvann.
movability ['mu:vəˌbiliti] *s:* bevegelighet.
I. mov(e)able [ˌmu:vəbl] *s; jur:* løsøregjenstand; ***mov(e)- ables****(=movable property)* løsøre.
II. mov(e)able *adj:* bevegelig; flyttbar.
mov(e)able feast bevegelig høytid.
mov(e)able property *jur(=mov(e)ables)* løsøre *n.*
I. move [mu:v] *s* **1***(=removal)* flytting; flytning; ***on my last move****(=the last time I moved)* sist jeg flyttet; **2.** tiltak *(fx they welcomed the move);* skritt *n; sjakk & fig:* trekk *n;* **T:** ***he's up to every move in the game*** han kan alle knepene *n;* han kjenner dette spillet til bunns; ***in three moves*** i tre trekk; ***that was a slick move!*** den var sleip! ***wise move*** klokt trekk; ***make the first move*** ta det første skritt; ***she's always one move****(=jump)* ***ahead of her competitors*** hun er alltid en hestelengde foran konkurrentene; ***first move*** åpnings(trekk); ***make the first move*** 1. gjøre det første trekket; 2. ta det første skritt; ***don't make a move without phoning me*** foreta deg ikke noe uten å ringe meg først; ***nobody made a move to interfere*** ingen gjorde mine til å gripe inn;
3. *om bevegelse:* ***watch sby's every move*** ikke slippe en av syne; ***on the move*** 1. på farten *(fx he's always on the move);* 2. i bevegelse *(fx the frontiers of scientific knowledge are always on the move);* **T:** ***get a move on (with sth)****(=hurry up (with sth))* forte seg (med noe); **T:** ***it's time we made a move****(=it's time we were moving)* det er på tide vi kommer oss av sted; det er på tide vi går.
II. move *vb* **1.** flytte; ***move the date*** flytte datoen; forandre på datoen *(fx move the date of the party);* ***he's moved to Brown's*** han har flyttet til Brown;
2. bevege *(fx I can't move the handle);* bevege seg *(fx the curtain moved(=stirred));* flytte (på) seg; rikke; rikke seg *(fx he didn't move);* ***the stone can't be moved*** steinen lar seg ikke rikke; få til å bevege seg *(fx the mechanism that moves it);* ***move!*** 1. beveg deg! 2*(=move it)* sett i gang! få opp farten! ***don't move!*** *(=stand still)* stå stille! bli stående! ***he moved a little to the left*** han flyttet seg litt til venstre; ***move yourself, can't you?*** flytt litt på deg da, vel! ***keep moving*** fortsette å bevege seg; fortsette å kjøre; gå videre; ikke bli stående; ***keep those people moving!*** sørg for at de menneskene *(n)* ikke blir stående! ***(the) traffic moves very slowly at peak hours*** trafikken flyter langsomt i rushtiden; *(se også 13: move fast; 15: get moving; 16: keep things moving; 17: move together);*
3. kjøre bort; frakte bort *(fx move rubbish);*
4*(=hurry)* skynde seg *(fx move!);*
5*(=go fast)* kjøre fort; gå fort; *om person:* ***he can move!*** han er uhyggelig rask!
6. vanke; ferdes; ***he moves in the best circles*** han ferdes (*el.* beveger seg) i de beste kretser;
7. *fig:* gjøre inntrykk på; ***she was deeply moved by the news*** nyheten gjorde et dypt inntrykk på henne;
8. *stivt(=prompt; cause):* ***what has moved****(=prompted)* ***him to take this step?****(=what's made him do this?)* hva har fått ham til å gå til dette skritt? ***nothing could move him****(=nothing could make him change his mind)* han lot seg ikke bevege; han var ikke til å rikke; ***move them to laughter****(=make them laugh)* få dem til å le;
9*(=take action)* ta affære; gjøre noe; *fig:* ***move against*** rykke i marken mot;
10. *stivt(=propose)* foreslå; gjøre fremlegg om;
11. *med.:* ***have your bowels moved?****(=how are the bowels?)* har du hatt avføring? *(jvf I ovf; I. motion 4; stool 2);*
12.: ***move house*** flytte *(fx they've moved house);*
13.: ***move fast*** 1. bevege seg fort; 2. *fig:* gå fort frem; gjøre raske fremskritt; ***move faster*** 1. bevege seg fortere; 3. *fig(=gather speed)* skyte fart *(fx the plot moved faster in the second act); (se også* **4: *move!****);*
14.: ***it's time we were moving****(=it's time we made a move)* det er på tide vi kommer oss av sted;
15.: ***get moving****(=get going)* 1. komme i gang; 2. *fig:* få i gang; få fart på; ***he got the work moving*** han fikk arbeidet i gang;
16. *fig* **T:** ***keep things moving*** holde hjulene *(n)* i gang; ***after a brief lull things really began to move*** etter en kort pause ble det virkelig fart på sakene; ***things now moved swiftly*** nå skjedde tingene fort; *(se også 4 ovf);*
17. *forb med prep:* ***move about*** 1. bevege seg omkring; gå (*el.* rusle) omkring; 2. flytte omkring (på);
move along 1. *på benk, etc:* flytte seg bortover; 2. bevege seg bortover; kjøre (,gå) bortover; kjøre (,gå) videre; **T:** ***I'd better be moving along*** det er best jeg kommer meg videre; 3. *til skuelystne:* ***move along, please!*** fortsett videre, er dere snille! 4. *fig:* ***he got the work moving (along)****(=he got the work going)* han fikk arbeidet i gang; ***it was only then that the negotiations got moving (along)*** først da ble det bevegelse i forhandlingene;
move around: *se move about;*
move aside 1. flytte til side; 2. gå til side; gi plass;
move away 1. flytte unna (*el.* vekk); rydde til side; plassere på et annet sted; 2. begynne å gå sin vei *(fx people were moving away);* 3. *om ting i bevegelse:* fjerne seg; 4. *om kjøretøy:* kjøre bort; starte og kjøre av sted *(fx the car moved away)*: 5.: ***we're moving (away) from London*** vi skal flytte fra London; 6*(=transfer)* forflytte *(fx sby (away) to another town);*
move back flytte tilbake;
move down 1. flytte ned *(fx move the buttons down);* 2. *sport:* la rykke ned; ***move down a team****(=relegate a team)* la et lag rykke ned; 3.: ***move (right) down the bus, please!*** vær så vennlig å fortsette bakover i bussen!
move forward 1. flytte fremover; flytte frem; 2. bevege seg fremover; 3. *mil; om tropper:* la rykke frem;
move from: *se under 1 ovf;*

m

move in flytte inn (*with* hos);
move into 1. flytte inn i (*fx a new house*); 2.: ***let's move(=go) into the garden*** la oss forflytte oss til hagen; 3. *sport:* ***move into the team ahead of sby*** komme inn på laget foran en; 4. *ved overgang til annen virksomhet:* begynne med; ***move into some other business*** begynne med noe annet;
move off 1(*=go away*) gå sin vei; fjerne seg; *om ting i bevegelse(=move away)* fjerne seg; 2(*=start moving*) sette seg i bevegelse; kjøre av sted; ***the train moved off*** toget satte seg i bevegelse; 3. *mil:* trekke seg bort; 4(*= move on*) fjerne (*fx the police moved the people off*); 5(*=leave*): ***move off a subject*** forlate et tema;
move on 1. gå videre; fortsette; 2. be om å fjerne seg (*el.* gå videre) (*fx the policeman moved them on*); 3. *fig:* gå over til noe annet; komme videre; ***let's move on to sth else*** la oss komme videre (i vårt program, etc);
move out 1. flytte ut (*of* av); 2. *mil:* forlate (*fx an area*); 3. : ***move out of sight*** fjerne seg; forsvinne;
move over 1. skyve bortover; 2. *på benk, etc:* flytte (litt) på seg;
move to: *se under 1 ovf:*
move together 1. flytte sammen; 2.: ***could you move(= get) closer together*** kan dere rykke tettere sammen?
move up 1. flytte opp; 2(*=sit closer; move closer*) flytte seg tettere sammen; 3. *skolev(=move up to the next form;* **US:** *promote)* flytte opp.

movement [ˌmu:vmənt] *s* **1.** bevegelse; ***his movements are quick*** han er rask i bevegelsene; ***make a movement*** gjøre en bevegelse;
2. *fig:* bevegelse (*fx peace movement*);
3. *mus:* sats;
4. *med.:* ***bowel movement*** avføring; (*jvf I. motion 4*);
5.: ***movements*** 1. bevegelser; 2. *mask:* bevegelige deler.

movement and music (*=musical movement*) rytmikk.

mover [ˌmu:və] *s* **1.** *i debatt:* forslagsstiller; **2.:** ***prime mover*** primus motor; initiativtager.

movie [ˌmu:vi] *s; især* **US**(*=film*) (kino)film; **US:** ***go to the movies(=go to the cinema)*** gå på kino.

I. moving [ˌmu:viŋ] *s:* flytting; ***it was forgotten in the business of moving*** det ble glemt i flyttesjauen.

II. moving *adj(=touching)* rørende.

moving expenses *pl:* flytteutgifter.

moving pavement(*=travolator; travelator;* **US:** *mobile walkway*) rullende fortau *n.*

moving staircase(*=escalator*) rulletrapp.

moving van(*=removal van; furniture van*) flyttebil.

mow [mou] *vb(pret: mowed; perf.part.: mowed, mown)* **1.** slå; klippe (*fx mow the lawn*); **2.** *fig:* ***mow down*** meie ned.

mower [ˌmouə] *s* **1**(*=haymaker*) slåttekar; **2.** *gart(= lawn mower)* gressklipper; ***push mower*** håndklipper.

mown [moun] *perf.part. av mow.*

MP ['emˌpi:] **1**(*fk f Member of Parliament*) parlamentsmedlem; ***become an MP*** bli valgt inn i Parlamentet; *svarer til:* bli valgt inn på Stortinget; **2**(*fk f Military Police*) militærpoliti; **3**(*=Metropolitan Police*) London-politiet.

Mr [ˌmistə] (*fk f Mister*) *s:* herr (*fx Mr Brown; Mr President*).

Mrs [ˌmisiz] *s:* fru (*fx Mrs Brown*).

Ms [miz] *s; foran kvinnes navn:* fr (*fx Ms Brown*).

much [mʌtʃ] *adj & adv* **1.** *adjektivisk bruk i nektende & spørrende setninger:* meget; mye (*fx there isn't much food left; did you have much trouble finding it?*);
2. *adjektivisk bruk i forb m 'as', 'how', 'so', 'too', 'without':* meget; mye (*fx how much butter?*);
3. *adjektivisk bruk i bekreftende setninger; stivt(=a lot; a great deal of; plenty of)* meget; mye;
4. *substantivisk bruk i nektende & spørrende setninger (=a lot)* meget; mye (*fx did he eat much? he didn't say much about it*);
5. *substantivisk bruk i bekreftende setninger; stivt(=a lot; a great deal)* meget; mye;
6. *substantivisk bruk i forb m 'as', 'how', 'of', 'so', 'too', 'without':* meget; mye (*fx as much as you like; much of what he says is true*); ***he doesn't do too much*** han gjør ikke for mye;
7. *foran adj & adv i komp(=a great deal)* mye; meget (*fx much more*); ***much less*** 1. mye mindre; 2. langt mindre (*fx he can't even walk, much less run*);
8. *foran superl:* ***much(=by far) the most expensive*** langt det dyreste; absolutt det dyreste;
9. *ved vb:* ***(very) much*** meget (*fx was it much damaged?*); ***I like it very much*** jeg liker det meget godt;
10. T: ***a bit much*** i meste laget;
11.: ***I thought as much*** jeg tenkte meg det; det var akkurat det jeg tenkte; ***it's as much as I can do to stand up*** det er så vidt jeg kan holde meg på bena *n;* ***much as I like him*** enda så godt jeg liker ham; (*se 6 ovf*);
12.: ***make much of*** 1. gjøre stort vesen av (*fx she makes much of the fact that you lied to her*); 2(*=make a fuss of*) gjøre stas av (*fx she made much of her nephew*); 3.: ***he couldn't make much of her babble*** han ble ikke klok på hva hun bablet om;
13.: ***think too much of***(*=have too high an opinion of*) ha for høy mening om;
14.: ***not much of a*** ikke noe større tess som (*fx I'm not much of a photographer*);
15. T: ***not up to much*** ikke noe større tess; ikke noe å skryte av (*fx the dinner wasn't up to much*);
16.: ***much(=nearly) the same*** omtrent uforandret (*fx the patient's condition is much the same*); ***they're much the same size*** de er omtrent like store;
17.: ***nothing much***(*=nothing important*) ikke noe av betydning; ikke noe større;
18.: ***that much*** så mye; så meget; ***that much I had guessed*** så mye hadde jeg gjettet meg til;
19.: ***but this much I (do) know …*** men så mye vet jeg (i hvert fall);
20. *om noe helt utrolig noe:* ***be too much*** være altfor galt (*fx I can't believe that – it's too much!*);
21. *neds* **T:** ***much of a muchness***(*=very similar*) svært like; nesten like (*fx they were all much of a muchness – none of them would be suitable for the job*);
22.: ***so much*** 1(*=a certain amount of*) en viss (*fx I can only spend so much time on it*); 2. *forsterkende:* ***it sounded like so much nonsense*** det hørtes ut som noe forbasket tøys *n;* 3. *om beløp:* ***spend so much a day*** bruke så og så mye pr. dag; ***not so much as*** 1. ikke så mye som; 2(*=not even*) ikke engang; ***I can't so much as remember his name now*** jeg kan ikke engang huske navnet hans nå; ***so much for that*** det var det; mer er det ikke å si om det; ***so much for the plot of the play*** så langt handlingen i stykket; ***and so much so that …*** og det i den grad at …; ***so much (the) worse*** så meget desto verre; ***without so much as asking*** uten så mye som å spørre; ***if he loses his money, so much the better for us*** hvis han taper pengene sine, er det bare fint for oss;
23.: ***much to my amazement***(*=to my great surprise*) til min store overraskelse.

I. muck [mʌk] *s* **1**(*=dung*) gjødsel; **T:** møkk;
2. T(*=dirt*) skitt; ***all covered in muck*** skitten fra topp til tå;
3. S(*=rubbish; trash*) skitt; skrap *n; vulg:* møkk (*fx this book is awful muck!*);
4. T(*=mess*): ***I must clear up the muck before getting down to work*** jeg må ordne opp i dette rotet før jeg begynner å arbeide;
5.: ***make a muck of sth***(*=mess up sth*) spolere noe.

II. muck *vb* **1.** måke for (*fx the pigs*);
2. T: ***muck about***(*=around*) 1. rote omkring; **T:** svime omkring; 2(*=fool about*) tulle; tøyse (*fx stop mucking about!*); 3.: ***muck sby about*** herse med en; plage en (*fx stop mucking me about!*); ***I'm not going to be mucked***

about by these people jeg lar meg ikke tråkke på av disse menneskene;
3.: ***muck about with***(*=play about with*) rote med; tøyse med;
4. T: ***muck in*** samarbeide (om en oppgave); ta et tak; ***here everyone mucks in and helps*** her tar alle et tak og hjelper til;
5. T: ***muck in with***(*=share a bedsit with*) dele hybel med;
6. T: ***muck up***(*=mess up; ruin*) spolere; ødelegge (*fx sby's holiday; sby's plans for the evening*).
mucker [ˌmʌkə] *s* **S 1**(*=mate*) kamerat; venn; **2**(*=twerp*) drittsekk.
muckraker [ˌmʌk'reikə] *s; neds*(*=investigative journalist*) skandaleskribent.
muckraking paper (*=mud-raking paper*) smussblad; skandaleavis.
mucky [ˌmʌki] *adj*(*=dirty*) skitten; *vulg:* møkkete (*fx your face and hands are mucky!*); ***get oneself all mucky*** gjøre seg helt skitten; ***you mucky pup!***(*=you pig!*) din gris!
mucous [ˌmju:kəs] *adj*(*=slimy*) slimet(e).
mucous membrane *anat:* slimhinne.
mucus [ˌmju:kəs] *s; anat:* slim *n; med.:* ekspektorat *n.*
mud [mʌd] *s* **1.** søle; mudder *n;* dynn *n;* slam *n;* gytje; ***covered in mud*** skitten fra topp til tå;
2. T: ***clear as mud***(*=not at all clear*) slett ikke klart;
3.: ***drag sby's name in***(*=through*) ***the mud***(*=drag sby's name into the dirt*) trekke ens navn (*n*) ned i søla;
4. *fig* **T:** ***throw***(*=sling*) ***mud at sby*** kaste skitt på en;
5. T: ***his name's mud*** han har skjemt seg ut; han er i unåde.
mud bath *med.:* gytjebad.
mud-built [ˌmʌd'bilt] *adj:* leirklint; ***mud-built hut***(*=mud hut*) jordhytte.
I. muddle [mʌdl] *s*(*=mess*) rot *n;* ***good at sorting out muddles*** flink til å ordne opp i rot; ***all these papers keep getting in a muddle*** det blir hele tiden rot i disse papirene *n;* ***there's been a muddle over***(*=about*) ***the seats*** det har vært noe rot i forbindelse med sitteplassene.
II. muddle *vb* **1**(*=mix up; jumble*) rote sammen; blande sammen;
2(*=confuse*) forvirre;
3. *spøkef:* gjøre omtåket;
4.: ***muddle along***(*=let things slide*) la tingene gå sin skjeve gang; ***we muddled along*** vi klarte oss som best vi kunne;
5.: ***muddle through*** klare seg (på et vis); komme seg gjennom;
6.: ***muddle up***(*=mix up*) forveksle.
muddled [ˌmʌdəld] *adj:* rotete; forvirret (*fx a muddled answer*); ***her thinking is so muddled*** hun tenker så forvirret.
muddler [ˌmʌdlə] *s:* rotebukk.
I. muddy [ˌmʌdi] *adj* **1.** sølete; mudrete;
2. *om væske*(*=cloudy*) uklar (*fx liquid*);
3. *om farge:* grumsete; uren;
4. *fig; om idé, tanke:* uklar; grumsete.
II. muddy *vb* **1.** skitne til (*fx don't muddy the floor!*); **2.** grumse til (*fx the water*); **3.** *fig:* ***muddy the waters*** skape forvirring.
mudflat [ˌmʌd'flæt] *s:* mudderbanke.
mud hut(*=mud-built hut*) jordhytte.
mudlark [ˌmʌd'lɑ:k] *vb:* plaske (omkring) i søla.
mudslinging [ˌmʌd'sliŋiŋ] *s; polit:* nedrakking.
I. muff [mʌf] *s; til hendene:* muffe.
II. muff *vb* **T 1**(*=mess up*) forkludre;
2. *om sjanse*(*=miss*) forspille.
muffin [ˌmʌfin] *s*(*,Canada: English muffin*) (te)bolle (som spises ristet med smør (*n*) på); (*NB norsk muffin = cup cake; fairie cake*).
muffle [mʌfl] *vb* **1.** *om lyd*(*=deaden*) dempe;
2.: ***muffle up***(*=wrap up*) pakke inn; pakke seg inn (*fx she muffled herself up well against the cold*).
muffled [ˌmʌfəld] *adj; om lyd:* dempet (*fx sound; thunder*); ***a muffled***(*=smothered*) ***cry*** et dempet skrik.
muffler [ˌmʌflə] *s* **1.** *glds*(*=scarf*) skjerf *n;* **2. US**(*=exhaust box; silencer*) lyddemper; eksospotte.
mufti [ˌmʌfti] *s; for en som vanligvis går i uniform:* ***in mufti*** i vanlige klær; i sivil.
I. mug [mʌg] *s* **1.** krus *n;* **2. T**(*=face*) fjes *n;*
3. S(*=sucker*) dust; fjols *n;* lettlurt tosk.
II. mug *vb* **1.** slå ned og rane; **2.:** ***mug (up), mug up on*** pugge.
mugger [ˌmʌgə] *s*(*=robber*) ransmann.
mugging [ˌmʌgiŋ] *s:* (overfall (*n*) og) ran *n.*
mugging victim ransoffer.
muggins [ˌmʌginz] *s* **T**(*=silly fool*) dum tosk (*fx he's a bit of a muggins*); ***while muggins here does all the work*** mens jeg, min dumme tosk, gjør alt arbeidet.
muggy [ˌmʌgi] *adj; om været* **T**(*=sultry; heavy*) fuktigvarm; klam; trykkende.
mulatto [mju:ˌlætou] *s*(*pl: mulatto(e)s*) mulatt.
mulberry [ˌmʌlbəri] *s; bot:* morbær; morbærtre.
I. mulch [mʌltʃ] *s; gart:* tekkingsmateriale (rundt planter); ***use finely chipped bark as mulch*** bruke finhakket bark som tekkingsmateriale.
II. mulch *vb; gart:* tekke til (rundt planter).
mule [mju:l] *s* **1.** *zo:* muldyr; **2.:** ***(as) stubborn as a mule*** sta som et esel.
muleteer ['mju:liˌtiə] *s*(*=mule driver*) muldyrdriver.
mulish [ˌmju:liʃ] *adj*(*=stubborn*) sta; halsstarrig.
I. mull [mʌl] *s; tekstil:* moll.
II. mull *vb* **1.** *om vin el. øl:* varme opp og krydre; ***mulled claret*** gløgg; **2.:** ***mull over***(*=ponder*) gruble over.
multi- [ˌmʌlti] *forstavelse:* mange-; fler-; multi-.
multicoloured [ˌmʌlti'kʌləd] *adj*(*=many-coloured*) mangefarget.
multifarious ['mʌltiˌfɛəriəs] *adj; stivt el. spøkef*(*=of many kinds*) mange slags (*fx activities*).
multigrade oil helårsolje.
multilateral ['mʌltiˌlætərəl] *adj:* flersidig; multilateral (*fx agreement*).
multilingual ['mʌltiˌliŋgwəl] *adj* **1.** flerspråklig (*fx dictionary*); **2.** som kan snakke flere språk *n.*
multimillionaire [ˌmʌlti'miljəˌnɛə] *s:* mangemillionær.
I. multinational ['mʌltiˌnæʃənl] *s*(*=multinational company*) flernasjonalt selskap.
II. multinational ['mʌltiˌnæʃənl] *adj:* flernasjonal.
I. multiple [ˌmʌltipl] *s; mat.:* multiplum *n;* ***the least***(*=lowest*) ***common multiple*** minste felles multiplum.
II. multiple *adj* **1.** *mat.:* flersifret; ***a multiple figure*** 1. et flersifret tall; 2. et flersifret beløp;
2. atskillige;
3. mangfoldig; som består av flere deler.
multiple-choice ['mʌltiplˌtʃɔis] *adj; skolev:* flervalgs-; ***multiple-choice question***(*fk MCQ*) spørsmål (*n*) i flervalgsoppgave; ***multiple-choice test***(*=MCQ test*) flervalgsoppgave.
multiple sclerosis (*fk* MS) *med.:* multippel sklerose; MS.
multiple store(*=shop*) kjedeforretning.
multiplication ['mʌltipliˌkeiʃən] *s:* multiplikasjon.
multiplication sign multiplikasjonstegn; gangetegn.
multiplication table (*,T: times table*) multiplikasjonstabell; gangetabell.
multiplicity ['mʌltiˌplisiti] *s; stivt*(*=variety*) mangfold(ighet) *n;* ***for a multiplicity of reasons***(*=for a great many different reasons; for a wide variety of reasons*) av mange forskjellige grunner; (*jvf diversity*).
multiplier [ˌmʌlti'plaiə] *s:* multiplikator.
multiply [ˌmʌlti'plai] *vb* **1.** multiplisere; gange (*by* med);
2. mangedoble;
3. formere seg; ***the rapidly multiplying Arabs*** araber-

m

ne, som formerer seg så raskt; ***they multiply****(= breed)* ***like rabbits*** de formerer seg som kaniner.
multi-purpose ['mʌlti,pə:pəs; *attributivt:* ,mʌlti'-pə:pəs] *adj:* som kan brukes til flere ting *(fx tool).*
multiracial ['mʌlti,reiʃəl; *attributivt:* ,mʌlti'reiʃəl] *adj:* som omfatter flere raser *(fx society).*
multistorey [,mʌlti'stɔ:ri] *adj:* fleretasjes *(fx building).*
multitude [,mʌlti'tju:d] *s* **1.** *stivt(=great number; crowd)* mengde; ***multitudes of birds*** mengder av fugler; **2.** *glds:* menneskemengde; ***the multitude****(=the common people) glds:* den gemene hop.
multitudinous ['mʌlti,tju:dinəs] *adj; stivt(=very numerous)* tallrik.
I. mum [mʌm] *s* **T***(=mother)* mamma; *(jvf II. mummy).*
II. mum *s:* ***mum's the word!****(=don't let on!)* si ingenting om det! hold det for deg selv!
III. mum *adj:* ***keep mum!*** vær stille! ikke snakk! ***he kept mum*** han sa ikke et ord; ***keep mum about sth*** holde munn om noe.
I. mumble [mʌmbl] *s:* mumling.
II. mumble *vb:* mumle *(fx a few words to oneself).*
mumbo-jumbo [,mʌmbou ,dʒʌmbou] *s:* hokuspokus *n;* vrøvl *n.*.
mummify [,mʌmi'fai] *vb:* ***be mummified*** bli til en mumie.
I. mummy [,mʌmi] *s:* mumie.
II. mummy *s* **T***(=mother)* mamma; *(jvf I. mum).*
mumps [mʌmps] *s; med.:* kusma.
munch [mʌntʃ] *vb:* gumle (på); knaske; ***munch (on)*** knaske på.
mundane [,mʌndein; mʌn,dein] *adj; stivt(=ordinary; dull)* ordinær; kjedelig; verdslig; ***mundane pleasures*** verdslige gleder.
Munich [,mju:nik] *s; geogr:* München.
municipal [mju:,nisipəl] *adj; om bykommune:* kommunal; kommune-; by-.
municipal borough*(=non-county borough)* bykommune (med lavere status enn 'county borough').
municipality [mju:'nisi,pæliti] *s:* bykommune.
munificence [mju:,nifisəns] *s; stivt(=great generosity)* rundhåndethet; stor gavmildhet.
munitions [mju:,niʃənz] *s; pl; mil:* våpen *(n)* og ammunisjon; krigsmateriell.
mural [,mjuərəl] *s:* ***mural (painting)*** veggmaleri.
I. murder [,mə:də] *s* **1.** mord *n; jur:* overlagt drap; *ikke-jur språkbruk:* ***premeditated****(=wilful)* ***murder*** overlagt drap; ***the murder of*** mordet på; ***commit (a) murder*** begå (et) mord; ***solve a murder*** oppklare et mord; løse en mordgåte; *(jvf manslaughter);*
2. T: ***scream****(=shout; yell)* ***blue murder****(=scream like mad)* skrike som besatt; lage et forferdelig oppstyr;
3. T: ***he can get away with murder*** han kan tillate seg hva som helst (og slippe heldig fra det);
4. *om noe ubehagelig el. vanskelig* **T:** ***this arithmetic is murder!*** denne regningen er (virkelig) drepen! ***his piano playing is murder (to listen to)*** pianospillingen hans er den rene redsel å høre på;
5.: ***murder will out*** alt kommer for en dag.
II. murder *vb* **1.** myrde; begå mord *n;* **2.** *fig* **T***(=defeat completely)* slå sønder og sammen; **3.** *fig:* spolere; ødelegge *(fx she's murdering a perfectly good song!);* radbrekke *(fx a language).*
murder charge mordtiltale; tiltale for mord *n;* ***on a murder charge*** tiltalt for mord; ***he's on remand on a murder charge*** han er varetektsfengslet, siktet for mord.
murderer [,mə:dərə] *s:* morder.
murderous [,mə:dərəs] *adj* **1.** morderisk; **2. T:** ***he gave me a murderous look*** han sendte meg et morderisk blikk.
murder squad (**,US:** *homicide division)* mordkommisjon; kriminalpolitisentral; kripo.
murder squad detectives *pl:* folk fra kripo; kripo.
murk [mə:k] *s; litt.(=darkness)* mørke.
murky [,mə:ki] *adj* **1***(=dark and gloomy)* mørk og dyster; **2.** *spøkef(=suspicious)* skummel *(fx have a murky past);* **3.:** ***a murky love affair*** et lummert kjærlighetsforhold.
I. murmur [,mə:mə] *s* **1.** mumling; ***there were murmurs of disagreement*** det kunne høres at folk *(n)* var uenige; ***a murmur of satisfaction*** en tilfreds mumling;
2*(=murmuring)* susing; sus *n;* brus *n (fx of the sea);* ***the murmur of the wind outside*** susingen av vinden utenfor;
3*(=complaint):* ***without a murmur*** uten å kny; uten å beklage seg;
4. *med.:* ***heart murmur*** hjertemislyd.
II. murmur *vb* **1.** mumle; være lavmælt; **2***(=grumble)* knurre; protestere; **3.** *om havet:* suse; bruse; *om bekk:* sildre; pludre; *om vinden:* suse.
muscatel ['mʌskə,tel] *s:* muskatellervin.
I. muscle [,mʌsəl] *s* **1.** *anat:* muskel; ***flex one's muscles*** la musklene spille; ***strain a muscle*** forstrekke en muskel; ***he has a torn muscle****(=he has torn a muscle)* han har fått en muskelbrist;
2. T*(=strength)* krefter; ***that takes a lot of muscle*** det (der) skal det krefter til;
3. *fig(=power):* ***the trade unions carry a great deal of political muscle*** fagforeningene har stor politisk makt.
II. muscle *vb:* ***muscle in (on)*** trenge seg inn (på *el.* i).
muscle-bound [,mʌsəl'baund] *adj* **1.** *sport:* overtrent; **2. T***(=muscular)* muskuløs.
muscle bundle*(=bundle of muscles)* muskelbunt.
muscle strain muskelskade.
I. Muscovite [,mʌskə'vait] *s:* moskovitt.
II. Muscovite *adj:* moskovittisk; Moskva-.
muscular [,mʌskjulə] *adj* **1.** muskuløs; muskelsterk; **2.** muskel-.
muscular atrophy *med.:* ***(progressive) muscular atrophy*** muskelsvinn.
muscular attachment *anat:* muskelfeste.
muscular Christian kristen som går inn for sportslige aktiviteter for å få kontakt og spre sitt syn.
muscular strength*(=physical strength)* muskelstyrke; fysisk styrke; muskelkraft.
musculature [,mʌskjulətʃə] *s; anat:* muskulatur.
I. muse, Muse [mju:z] *s; myt:* muse; ***the nine Muses*** de ni muser.
II. muse *vb; stivt(=think deeply; daydream)* sitte i tanker; dagdrømme *(fx she gazed out of the window, musing quietly to herself);* ***muse on****(=think deeply about)* fundere på; sitte og tenke på.
museum [mju:,ziəm] *s:* museum *n.*
museum piece*(=specimen)* museumsgjenstand.
mush [mʌʃ] *s* **1***(=soft pulpy mass)* grøtet masse; **T:** grøt; ***the snow became a soft mush*** snøen ble til en bløt grøt; **2. US***(=maize porridge)* maisgrøt; **3. T** *om musikk el. sang(=soppy stuff)* søtsuppe.
I. mushroom [,mʌʃ'ru(:)m] *s* **1.** *zo:* sopp; ***button mushroom*** liten sjampinjong; ***field mushroom, edible mushroom*** marksjampinjong; **2.** *fig:* ***spring up like mushrooms*** skyte i været som paddehatter.
II. mushroom *vb* **1***(=spring up rapidly)* skyte i været; **2***(=grow rapidly)* vokse raskt *(fx the town has mushroomed since all the new industry was brought in).*
mushy [,mʌʃi] *adj(=soft and pulpy)* grøtaktig; bløt.
music [,mju:zik] *s* **1.** musikk; ***academy of music*** musikkhøyskole; ***brass(-band) music*** hornmusikk; ***piano music****(=keyboard music)* klavermusikk; ***pop music*** popmusikk; *(se I. pop 3: top of the pops; pop charts);* ***record music*** platemusikk; ***music on tape*** *(=recorded music)* musikk på bånd *n; films:* ***title music*** tittelmelodi; *(jvf title track);* ***set****(=put)* ***a song to music*** sette musikk til en sang; ***set****(=put)* ***the words to music*** sette musikk til ordene *(n) (el.* teksten); ***to music by Brahms*** med musikk av Brahms; ***make music*** musisere; ***I can't relate to that kind of music*** jeg kan ikke få

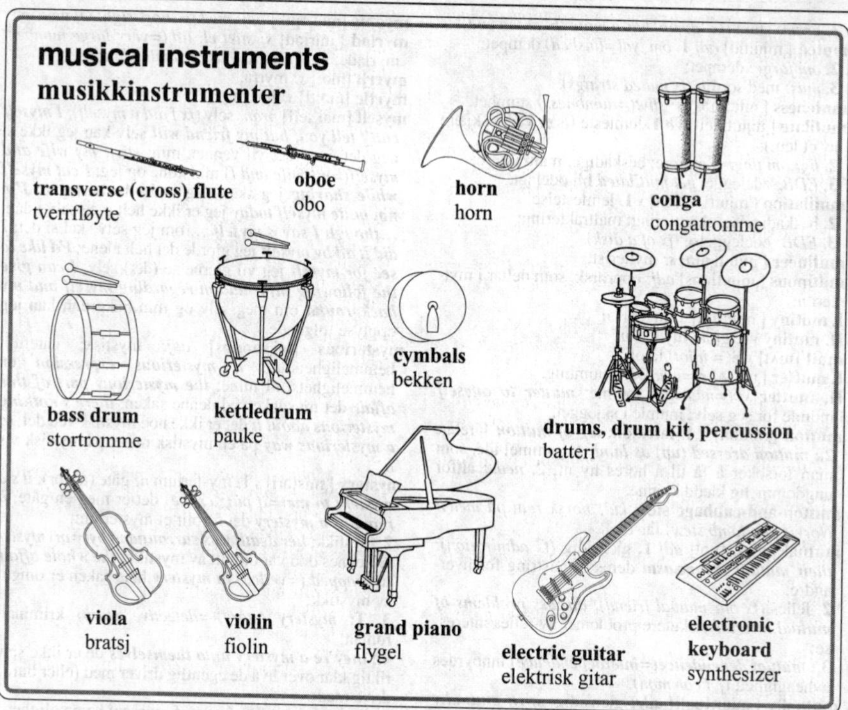

noe forhold *(n)* til den slags musikk; **T:** ***this music sets your feet tapping*** denne musikken får det til å krible i bena *n;*
2. noter; ***sheet of music*** noteark; ***sheet music*** (musikk utgitt på) noteark; noter; ***play from music*** spille etter noter;
3. T: ***face the music*** ta støyten.
I. musical [ˌmju:zikəl] *s(=musical comedy)* musical.
II. musical *adj:* musikalsk.
musical box spilledåse.
musical evening musikalsk aftenunderholdning.
musical game sanglek.
musical instrument musikkinstrument.
musicality [ˈmju:ziˌkæliti] *s:* musikalitet.
musicassette [ˈmju:zikəˌset] *s:* musikkassett.
music book*(=book of music)* notehefte; notebok.
music dealer musikkhandler.
music hall *(,US: vaudeville) teat:* varieté.
music-hall [ˌmju:zikˈhɔ:l] *adj:* varieté-.
music-hall artist*(=entertainer)* varietékunstner.
musician [mju:ˌziʃən] *s:* musiker; ***performing musician*** utøvende musiker; ***session musician*** studiomusiker.
music paper notepapir.
music shop *(,US: music store)* musikkforretning.
music stand notestativ.
music stool pianokrakk.
musk [mʌsk] *s, slags parfyme:* moskus.
muskmelon [ˌmʌskˈmelən] *s; bot(=melon)* melon.
muskrat [ˌmʌskˈræt] *s; zo; især* **US** *& Canada(=musquash)* moskusrotte; bisamrotte.
I. Muslim [ˌmuzlim] *(=Moslem) s:* muslim.
II. Muslim *adj:* muslimsk.
I. muslin [ˌmʌzlin] *s:* musselin.
II. muslin *adj:* musselin-; av musselin.
mussel [mʌsl] *s; zo:* musling; blåskjell.
I. must [mʌst] *s* **1.** most;
2. T: noe man må ha (,gjøre, etc); ***some knowledge of French is a must*** litt fransk må man kunne.
II. must [mʌst; *ubetont:* møs(t)] *vb(pret: had to, must; perf.part.: had to)* **1.** *uttrykker nødvendighet:* ***we must go to the shop to get it*** vi må gå i butikken etter det;
2. *uttrykker sannsynlighet:* ***they must be finding it very difficult to live in such a small house*** de må finne det vanskelig å bo i et så lite hus;
3. *uttrykker plikt el. nødvendighet:* ***you must come home before midnight*** du må komme hjem før midnatt; ***must I?*** må jeg (det)?
mustache [məˌstɑ:ʃ] *s* **US***(=moustache)* bart.
mustang [ˌmʌstæŋ] *s; zo:* mustang (ɔ: halvvill præriehest).
mustard [ˌmʌstəd] *s* **1.** sennep; **2.** *lett glds* **T:** ***keen as mustard****(=(as) keen as anything)* ivrig som bare det.
I. muster [ˌmʌstə] *s* **1.** mønstring; ***pass muster*** passere; gå an *(fx will this pass muster?);* **2.:** ***a large muster*** et masseoppbud *(fx of police).*
II. muster *vb* **1.** *mil:* mønstre;
2. *fig; stivt(=summon)* mønstre; føre i marken *(fx an argument);* ***muster all one's courage*** mønstre alt sitt mot;
3. *stivt(=produce):* ***we mustered a large crowd*** vi stilte (*el.* møtte) mannsterkt opp.
musty [ˌmʌsti] *adj* **1.** *om lukt el. smak:* muggen; *(jvf stuffy 1);* **2.** *fig(=old-fashioned)* gammeldags *(fx idea).*
musty-smelling [ˌmʌstiˈsmeliŋ] *adj:* som lukter muggent.
mutation [mju:ˌteiʃən] *s* **1.** *biol:* mutasjon; **2.** *gram(=umlaut)* omlyd.
I. mute [mju:t] *s* **1.** stum person; ***she was born a deaf mute*** hun ble født døvstum;
2. *mus(=sordino)* sordin.
II. mute *vb; mus:* sette sordin på; dempe.
III. mute *adj* **1.** *stivt(=dumb)* stum *(fx since birth);*
2.: ***look at sby in mute horror*** se på en i stum redsel;

3. *gram:* stum *(fx 'dumb' has a mute 'b' at the end).*
muted [ˌmju:tid] *adj* **1.** *om lyd(=hushed)* dempet;
2. *om farge:* dempet;
3. *mus:* med sordin *(fx muted strings).*
muteness [ˌmju:tnəs] *s; stivt(=dumbness)* stumhet.
mutilate [ˌmju:ti'leit] *vb* **1.** lemleste (især ved å skjære av et lem);
2. *fig; om ting:* skamfere; beskadige; maltraktere;
3. *EDB:* ødelegge; ***get mutilated*** bli ødelagt.
mutilation ['mju:tiˌleiʃən] *s* **1.** lemlestelse;
2. beskadigelse; skamfering; maltraktering;
3. *EDB:* ødeleggelse *(fx of a disk).*
mutineer ['mju:tiˌniə] *s:* mytterist.
mutinous [ˌmju:tinəs] *adj:* opprørsk; som deltar i mytteri *n.*
I. mutiny [ˌmju:tini] *s:* mytteri *n.*
II. mutiny *vb:* gjøre mytteri *n.*
mutt [mʌt] *s* **S**(= *idiot)* idiot.
I. mutter [ˌmʌtə] *s(=mumble)* mumling.
II. mutter *vb(=mumble)* mumle; ***mutter to oneself*** mumle for seg selv; mumle i skjegget.
mutton [ˌmʌtən] *s* **1.** fårekjøtt; ***leg of mutton*** fårelår;
2.: ***mutton dressed (up) as lamb*** 1. gammel idé, som man forsøker å få til å høres ny ut; 2. *neds:* altfor ungdommelig kledd kvinne.
mutton-and-cabbage stew *kul; norsk rett(,på meny: Norwegian lamb stew)* får-i-kål.
mutual [ˌmju:tʃuəl] *adj* **1.** gjensidig *(fx admiration);* ***their mutual enthusiasm*** deres begeistring for hverandre;
2. felles *(fx our mutual friend);* ***discuss problems of mutual interest*** diskutere problemer av felles interesse;
3.: ***mutual dependence****(=interdependence)* innbyrdes avhengighet; *(jvf common).*
mutually [ˌmju:tʃuəli] *adv:* gjensidig; *stivt:* ***mutually advantageous****(=advantageous to both parties(= sides))* til fordel for begge parter; ***mutually binding*** gjensidig forpliktende; ***they are mutually exclusive*** det ene utelukker det andre; ***mutually independent*** innbyrdes uavhengige.
I. muzzle [ˌmʌzl] *s* **1.** *på dyr:* mule; **2.** *også fig:* munnkurv; **3.** *på skytevåpen:* munning; ***the muzzle of a rifle*** en geværmunning.
II. muzzle *vb* **1.** sette munnkurv på *(fx a dog);*
2. *fig:* sette munnkurv på; stoppe munnen på.
muzzy [ˌmʌzi] *adj* **T**(=*dizzy)* ør.
my [mai] **1.** *pron:* mi; min; mitt; mine; ***my own*** min egen; ***my dear*** kjære deg; *stivt:* ***do you mind my smoking?****(=do you mind if I smoke?)* har du noe imot at jeg røyker?
2. *int:* du store min; ***my goodness (me)!*** du store all verden! jøss!
myocardial infarction *med.:* hjerteinfarkt; *(se I. coronary).*
myope [ˌmaioup] *s; med.:* nærsynt person.
myopia [maiˌoupiə] *s; med.(=short-sightedness)* nærsynthet; myopi.
myopic [maiˌɔpik] *adj; med.(=short-sighted)* nærsynt.
myriad [ˌmiriəd] *s; stivt el. litt.(=very large number)* myriade; utall *(fx myriads of small islands).*
myrrh [mə:] *s:* myrra.
myrtle [mə:tl] *s; bot:* myrt.
myself [maiˌself] *pron:* selv *(fx I did it myself);* ***I myself can't tell you, but my friend will*** selv kan jeg ikke si deg det, men det vil vennen min; *stivt:* ***my wife and myself****(=my wife and I)* min kone og jeg; ***I cut myself while shaving*** jeg skar meg under barberingen; ***I'm not quite myself today*** jeg er ikke helt meg selv i dag; ***...though I say it myself*** ... om jeg selv skal si det; ***I did it all by myself*** jeg gjorde det helt alene; ***I'd like to see for myself*** jeg vil gjerne se (det) selv; ***I can give the following information regarding myself and my background*** om meg selv og min bakgrunn kan jeg opplyse følgende.
mysterious [miˌstiəriəs] *adj:* mystisk; gåtefull; hemmelighetsfull; ***a mysterious expression*** en hemmelighetsfull mine; ***the mysterious part of this affair*** det mystiske ved denne saken; ***there's nothing mysterious about it*** det er ikke noe mystisk ved det; ***in a mysterious way*** på en mystisk måte; på mystisk vis *n.*
mystery [ˌmistəri] *s* **1.** mysterium *n;* gåte (*to* for); ***it's a mystery to me****(=it puzzles me)* det er meg en gåte; ***it remains a mystery*** det forblir et mysterium;
2. mystikk; ***her death was surrounded by****(=in)* ***mystery*** hennes død var omgitt av mystikk; ***the whole affair is wrapped*** *(=veiled)* ***in mystery*** hele saken er omgitt av mystikk;
3. T: ***mystery (story)****(=detective story)* kriminalroman;
4.: ***they're a mystery unto themselves*** de er ikke selv riktig klar over hva de egentlig driver med (eller burde drive med).
mystery monger T(=*lover of secrecy)* hemmelighetskremmer.
mystery story T(=*detective story)* kriminalroman.
mystery tour tur med ukjent mål *n (fx their mystery tour had taken them to Brighton).*
I. mystic [ˌmistik] *s:* mystiker.
II. mystic(=*mystical) adj:* mystisk.
mystical [ˌmistikl] *adj* **1**(=*mystic)* mystisk;
2. *rel:* mystisk.
mysticism [ˌmisti'sizəm] *s; rel:* mystisisme; mystikk.
mystification ['mistifiˌkeiʃən] *s:* mystifikasjon; ***this added to their mystification****(=this mystified them even more)* dette gjorde dem enda mer mystifisert.
mystify [ˌmisti'fai] *vb:* mystifisere.
mystique [miˌsti:k] *s; stivt(=mystery)* mystikk.
myth [miθ] *s:* myte; ***explode the myth that ...*** ta livet av den myten at ...
mythical [ˌmiθikəl] *adj* **1.** mytisk; **2**(=*invented; imaginary)* oppdiktet; som bare eksisterer i fantasien.
mythical world sagnverden.
mythological ['miθəˌlɔdʒikəl] *adj:* mytologisk.
mythology [miˌθɔlədʒi] *s:* mytologi.

n

N, n [en] N, n; *tlf:* ***N for Nellie*** N for Nils; ***capital N*** stor N; ***small n*** liten n.

NAAFI [ˌnæfi] *s(fk f Navy, Army, and Air Force Institutes)* **1.** organisasjon som driver kantiner og butikker for soldater; **2.** NAAFI-kantine (,butikk).

nab [næb] *vb* **T 1***(=get hold of)* få tak *(n)* i; **2***(=arrest;* **T:** *nick)* hekte *(fx we nabbed the thief).*

nacre [ˌneikə] *s(=mother-of-pearl)* perlemor *n.*

nacreous [ˌneikriəs] *adj(=like mother-of-pearl)* perlemoraktig; perlemor-.

nadir [ˌneidiə; ˌnædiə] *s* **1.** *astr:* nadir *n;* **2.** *fig; litt.(= lowest point;* **T:** *all-time low)* lavpunkt; bunnivå.

I. nag [næg] *s* **1.** *neds(=horse)* gamp; ***an old nag*** et gammelt øk; **2.** *især om kvinne:* kjeftesmelle.

II. nag *vb* **1.:** ***nag (at)*** kjefte på; hakke på; kritisere; **2***(= bother; worry; pester; plague)* plage *(fx the thought had been nagging him for weeks);* ***she can't stand nagging children*** hun tåler ikke ungemas;

3.: ***nag on about****(=go on about)* mase med; gnåle om; terpe på.

nagger [ˌnægə] *s:* masete person.

nagging [ˌnægiŋ] *adj* **1.** grinete; masete *(fx wife);* **2.** *om frykt:* nagende; *om smerte(=gnawing)* murrende.

naiad [ˌnaiæd] *s; myt:* najade; vann-nymfe.

I. nail [neil] *s* **1.** *anat:* negl; ***bite one's nails*** bite negler; **2.** spiker; stift; ***lost-head nail*** dykkert; *også fig:* ***hit the nail on the head*** treffe spikeren på hodet;

3. T: ***on the nail****(=immediately):* ***he paid (cash) on the nail*** han betalte (kontant) med én gang.

II. nail *vb* **1.** spikre *(to* fast på) *(fx sth to the wall);* ***nail down*** 1. spikre fast; 2. *fig* **T***(=finalize)* sluttbehandle; 3. **T:** ***nail****(=tie)* ***sby down*** få en til å ta et klart standpunkt; ***he sat as if he were****(=was)* ***nailed to the chair*** han satt som naglet til stolen; ***nail up*** spikre igjen;

2. S*(=catch)* slå kloa i *(fx I tried to avoid him, but he finally nailed me in the corridor).*

nail bar*(=crowbar)* brekkjern; kubein.

nail file neglefil.

nail nippers *pl:* ***a pair of nail nippers*** en negletang.

nail polish*(=nail varnish;* **US:** *nail enamel)* neglelakk.

nail punch*(=set)* spikerdor.

nail scissors*(=clippers) pl:* ***a pair of nail scissors*** en neglesaks.

nailhead [ˌneil'hed] *subst:* spikerhode.

nailing strip *bygg:* spikerslag.

naïve [nɑːˌiːv] *adj:* naiv; troskyldig; enfoldig; ***a naïve comment*** en enfoldig kommentar.

naïveté [nɑːˌiːvtei], **naivety** [naiˌiːvti] *s:* naivitet.

naked [ˌneikid] *adj*

1. naken; bar; ***naked light*** bart lys; *(jvf I. bare 1);*

2. *fig:* ***the naked****(=hard)* ***facts*** de nakne kjensgjerninger; ***with the naked eye*** med det blotte øye.

nakedness [ˌneikidnəs] *s:* nakenhet.

I. namby-pamby [ˌnæmbiˌpæmbi] *s(=mummy's boy; sissy)* mammadalt; bløtaktig fyr; jentete gutt.

II. namby-pamby *adj* **1***(=sissyish)* bløtaktig; veik; **2***(=insipid; sloppy; slushy)* søtladen;

3*(=too lenient):* ***namby-pamby treatment of offenders*** altfor ettergivende behandling av lovbrytere.

I. name [neim] *s* **1.** navn *n;* ***her married name*** hennes navn som gift; ***change one's name by deed poll*** få innvilget navneforandring; ta et annet navn; ***the name of*** navnet på; ***answer to the name of Jeff*** lyde navnet Jeff; ***what's your name?*** hva heter du? ***he goes by the name of Smith****(=he's known as Smith)* han går under navnet Smith; ***know sby by name*** kjenne en av navn; ***a person by name Brown****(=a person by the name of Brown)* en person ved navn Brown; ***call a thing by its right name****(=call a spade a spade)* kalle en ting ved dens rette navn; ***in sby's name*** i ens navn; ***he put his new house into his wife's name*** han satte det nye huset i sin kones navn; ***what's in a name?*** navnet skjemmer ingen; ***in the name of the law*** i lovens navn; ***in all but name*** i alt unntatt navnet; ***make a name for oneself*** skape seg et navn; bli kjent; ***make one's name as an actor*** skape seg et navn som skuespiller; ***put one's name down*** 1. sette navnet sitt *(on a list* på en liste); 2. tegne seg; melde seg på *(for a course* til et kurs); ***he put his name down to join the club****(=he applied to join the club)* han søkte om medlemskap i klubben;

2*(=reputation)* navn *n;* ***his good name****(=his reputation)* hans gode navn og rykte *n;* ***he hasn't a good name****(=he doesn't have the best of reputations)* hans navn har en dårlig klang; han har ikke det beste ord på seg; ***he has a name for honesty*** han er kjent for å være ærlig;

3.: ***call sby names*** skjelle en ut; kalle en.

II. name *vb* **1.** nevne (ved navn *(n));* ***naming no names****(=without mentioning any names)* uten å nevne navn; ***you name it, we've got it*** vi har alt du kan tenke deg; *jur:* ***…who cannot be named for legal reasons*** … hvis navn ikke tillates gjort kjent;

2. merke med navn *n;* sette navn på;

3. *stivt(=call)* kalle; gi navn *n;*

4. *stivt(=appoint)* utnevne *(fx sby president of the club);*

5. *spøkef:* ***name the day*** bestemme bryllupsdagen;

6.: ***name after*** *(,***US:** *name for)* oppkalle etter.

name-calling*(=verbal abuse)* utskjelling.

name day *kat.:* navnedag.

name-dropping [ˌneim'drɔpiŋ] *s* **T:** kjendissnobberi; det å slå om seg med fine bekjentskaper.

nameless [ˌneimləs] *adj* **1.** navnløs; som ikke har navn *n;* ***a nameless fear*** en navnløs redsel;

2.: ***a certain person who shall remain****(=be)* nameless en viss person, som jeg ikke skal nevne navnet på; ***the author of the book shall be nameless*** forfatteren av boken skal forbli anonym.

namely [ˌneimli] *adv(=that is; i.e.)* nemlig; det vil si.

name of the game T: ***the name of the game*** det det dreier seg om.

name part *teat(=title part)* tittelrolle.

nameplate [ˌneim'pleit] *s:* navneplate; navneskilt; ***(firm's) nameplate*** firmaskilt.

namesake [ˌneim'seik] *s:* navnebror.

name tape *til merking av tøy:* navnebånd.

nan [næn], **nanna** [ˌnænə] *s; barnespråk(=grandmother)* bestemor.

I. nancy [ˌnænsi] *s* **1***(=nancy boy)* feminin gutt (,mann); **2.** homoseksuell; homofil.

II. nancy *adj:* feminin *(fx his nancy ways).*

nanna [ˌnænə] *s; barnespråk(=nan; grandmother)* bestemor.

nanny [ˌnæni] *s; lett glds(=children's nurse; nursemaid)* barnepike.

nanny goat *zo:* geit; *(jvf billy goat).*

nanny state formynderstat; ***he's opposed to further extensions of the nanny state*** han er imot ytterligere utvidelse av formynderstaten.

I. nap [næp] *s* **1.** lur; blund; **2.** *på tekstil, fx fløyel:* lo; ***with a nap*** loet; med lo; *(se II. nappy).*

II. nap *vb* **1.** blunde; **2.** *fig:* ***catch sby napping*** ta en på sengen; overrumple en; **3.** *tekstil:* krasse opp; loe opp.

n

napalm [ˌneipɑ:m; ˌnæpɑ:m] *s; mil:* napalm.
nape [neip] *s:* ***the nape (of one's neck)****(=the back of one's neck)* nakken.
naphtha [ˌnæfθə] *s; kjem:* nafta.
napkin [ˌnæpkin] *s* **1.:** ***(table) napkin****(=serviette)* serviett; **2. US:** ***sanitary napkin****(=sanitary towel)* damebind; **3.** *stivt:* ***(baby's) napkin****(=nappy;* **US:** *diaper)* bleie.
napkin ring serviettring.
Naples [ˌneipəlz] *s; geogr:* Napoli.
nappa [næpə] *s; tekstil:* nappa.
I. nappy [ˌnæpi] *s (,***US:** *diaper)* bleie.
II. nappy *adj; om tøy(=with a nap)* loet; med lo.
nappy pantie bleieholder.
nappy rash *med.:* bleieutslett.
narcissus [nɑ:ˌsisəs] *s; bot* **1.** narsiss;
2.: ***white narcissus*** pinselilje.
narcosis [nɑ:ˌkousis] *s; med.(=general anaesthesia)* narkose.
I. narcotic [nɑ:ˌkɔtik] *s* **1***(=drug addict;* **US:** *dope addict)* narkoman; **2.** narkotikum *n;* narkotisk stoff *n;* ***narcotics****(=(narcotic) drugs)* narkotika.
II. narcotic *adj:* narkotisk; ***a narcotic drug*** et narkotikum.
narcotize, narcotise [ˌnɑ:kə'taiz] *vb:* narkotisere; gjøre avhengig av narkotika.
narghile [ˌnɑ:gili] *s(=hookah)* (orientalsk) vannpipe.
I. nark [nɑ:k] *s* **S 1.:** ***(copper's) nark*** politispion.
II. nark *vb* **S 1.** spionere for politiet; **2***(=annoy)* ergre; irritere.
narrate [nəˌreit] *vb; stivt(=tell)* fortelle; berette.
narration [nəˌreiʃən] *s* **1.** det å berette; beretning;
2. *meget stivt(=story; narrative)* fortelling; beretning.
I. narrative [ˌnærətiv] *s; stivt(=story)* beretning; fortelling *(fx an exciting narrative).*
II. narrative *adj:* fortellende.
narrative essay *skolev:* fortellende stil; *(jvf expository essay).*
narrative poem fortellende dikt *n; (se poem).*
narrative style fortellende stil; fortellerstil.
narrator [nəˌreitə] *s:* forteller.
I. narrow [ˌnærou] *s; mar:* ***narrows*** trangt innløp *(fx the ship entered the narrows at the mouth of the river).*
II. narrow *vb* **1.** gjøre smal(ere); gjøre trang(ere);
2. bli smal(ere) *(fx the road suddenly narrowed);* bli trang(ere);
3. *fig:* ***narrow sby's views*** gjøre en sneversynt *(fx living in a convent narrowed her views);*
4.: ***narrow down*** 1. gjøre (,bli) smal(ere); gjøre (bli) trang(ere); 2. *fig:* redusere; begrense.
III. narrow *adj* **1.** smal; **2.** knepen; ***a narrow majority*** et knepent flertall; ***he had a narrow escape*** det var så vidt han kom heldig fra det; **3.** snever; begrenset.
narrow gauge *jernb:* smalspor.
narrow-gauge ['nærouˌgeidʒ; *attributivt:* ˌnærou'geidʒ] *adj; jernb:* smalsporet.
narrowly [ˌnærouli] *adv* **1.** trangt; **2.** *fig:* snevert; så vidt *(fx we narrowly missed the lamppost).*
narrow-minded [ˌnærouˌmaindid; *attributivt:* ˌnærou'maindid] *adj* **1.** sneversynt; trangsynt; bornert: **2***(=petty)* smålig.
narwhal, narwal [ˌnɑ:wəl] *s; zo:* narhval.
nasal [ˌneizəl] *adj:* nasal-; nese-; ***he has a nasal accent*** han snakker i nesen.
nasalize, nasalise [ˌneizə'laiz] *vb:* nasalere.
nascent [ˌnæsənt] *adj; fig; stivt(=in its infancy; in embryo)* spirende; i sin vorden; ***a nascent poet****(=a poet in embryo)* en dikter in spe; en dikter i sin vorden.
nasty [ˌnɑ:sti] *adj* **1.** vemmelig; ekkel *(fx smell);*
2. *om person:* ubehagelig *(to* mot); **T:** ***a nasty piece of work*** en ubehagelig type; ***turn nasty*** (begynne å) bli ubehagelig;
3*(=awkward)* kjedelig; vanskelig *(fx situation);*
4. *om vær:* ufyselig; vemmelig *(fx nasty weather);*
5. *om sår, etc:* stygg;
6. *fig(=dirty)* skitten; ***have a nasty mind*** ha skitne tanker.
natality [nəˌtæliti] *s; især* **US***(=birth rate)* fødselsprosent; fødselsrate.
natch [nætʃ] *adv* **S***(=naturally)* naturligvis.
nation [ˌneiʃən] *s:* nasjon; folkeslag.
I. national [ˌnæʃənl] *s:* ***he's a British national*** han er britisk statsborger.
II. national *adj:* nasjonal; landsomfattende.
national anthem nasjonalsang.
national assembly *polit:* nasjonalforsamling.
national costume *(=national dress)* nasjonaldrakt.
national council nasjonalråd; ***the National Council of Norwegian Women*** Norske kvinners nasjonalråd.
National Defence College *mil:* ***the Norwegian National Defence College*** Forsvarets høyskole.
national democratic *adj:* nasjonaldemokratisk.
national dish *kul:* nasjonalrett.
national economy *økon:* nasjonaløkonomi.
National Health Service *(fk NHS)(,***T:** *National -Health)* trygdekasse; sykekasse; ***he got it on the National Health*** han fikk det på trygdekassen.
National Insurance folketrygd; sosialforsikring (ɔ: obligatorisk pensjons-, syke- og arbeidsledighetsforsikring); *(jvf social security).*
National Insurance contribution *som trekk i lønnen:* trygdepremie.
National Insurance number *(,Canada: Social Insurance number;* **US:** *social security number)* fødselsnummer; personnummer.
national insurance scheme *som system:* folketrygd; *(se National Insurance).*
nationalism [ˌnæʃənə'lizəm] *s:* nasjonalisme.
I. nationalist [ˌnæʃənəlist] *s:* nasjonalist.
II. nationalist *adj(=nationalistic)* nasjonalistisk.
nationalistic ['næʃənəˌlistik] *adj:* nasjonalistisk.
nationality ['næʃəˌnæliti] *s* **1.** nasjonalitet; **2.** statsborgerskap *(fx he has British nationality).*
nationality plate *på bil:* nasjonalitetsmerke.
nationalization, nationalisation ['næʃənəlaiˌzeiʃən] *s:* nasjonalisering.
nationalize, nationalise [ˌnæʃənə'laiz] *vb:* nasjonalisere; sosialisere *(fx industry).*
nationally [ˌnæʃənəli] *adv* **1.** nasjonalt; på riksplanet; ***how will this function locally and nationally?*** hvordan vil dette fungere lokalt og på riksplanet?
2*(=nationwide)* på landsbasis; i *(el.* over) hele landet; *(se nationwide).*
national monument nasjonalminnesmerke; nasjonalmonument.
national mourning landesorg.
national papers *pl:* ***the national papers*** rikspressen.
national park nasjonalpark; fredet område *n;* ***it's a national park where we live****(=it's a protected area where we live)* det er fredet område *(n)* der hvor vi bor; *(jvf nature reserve; protected area; I. reserve 5; special landscape area).*
national preferences *pl:* nasjonale særinteresser; *(se sectional interests & special interest).*
national pride nasjonalstolthet.
national register folkeregister *(jvf registration office).*
national scale: ***on a national scale*** på landsbasis; i landssammenheng.
National Security Agency *(fk NSA)* **US:** ***the National Security Agency*** Det nasjonale sikkerhetsbyrå; *(jvf communications headquarters).*
national service *mil:* verneplikt; militærtjeneste; ***do one's national service*** gjøre militærtjeneste.
national serviceman *mil:* vernepliktig (soldat).
national team *sport:* landslag; ***the All-England team*** det engelske landslaget.
National Transfusion Service: ***the National Transfusion Service*** Blodbanken.

National Trust UK *organisasjon:* ***the National Trust*** Naturvernet; ***National Trust property****(=protected area)* fredet område *n.*

nationwide [ˌneiʃən'waid] *adj & adv:* landsomfattende; landsdekkende; på landsbasis; ***this scheme is nationwide*** dette er noe som organiseres på landsbasis; denne planen omfatter hele landet; ***of nationwide fame****(=nationally known)* landskjent.

I. native [ˌneitiv] *s* **1.** innfødt; ***a native of London*** en innfødt londoner;
2*(uncivilized original inhabitant)* innfødt *(fx they thought the natives of America were Indians); neds:* ***go native*** begynne å leve som en innfødt;
3. *bot & zo:* ***a native of*** naturlig hjemmehørende i.

II. native *adj* **1***(=inborn; innate)* medfødt *(fx his native intelligence);*
2. føde- *(fx his native town);* ***his native Yorkshire*** Yorkshire, hvor han var født; ***his native language*** hans morsmål; ***naturally, my native Norwegian enables me to cope quite adequately with Danish and Swedish*** da norsk er mitt morsmål, greier jeg meg naturligvis godt (også) på dansk og svensk; *(se native language);*
3. innfødt *(fx a native Norwegian);* ***a native Norwegian speaker****(=a native speaker of Norwegian; a Norwegian native speaker)* en som har norsk som morsmål; *(se native speaker & non-native speaker);*
4.: ***native to*** naturlig hjemmehørende i *(fx animals native to Africa);* ***people native to York*** folk *(n)* som hører hjemme i York.

native-born [ˌneitiv'bɔ:n] *adj:* ***a native-born Norwegian****(=a Norwegian by birth)* en norskfødt person; en norskfødt mann (kvinne).

native country fedreland.

native land *litt.:* fødeland.

native language *(=mother tongue; first language)* morsmål; ***teaching the native language*** morsmålsundervisning; morsmålsopplæring.

native language teacher morsmålslærer.

native speaker innfødt; en som har språket som morsmål; ***English native speaker****(=native speaker of English; native English speaker)* person som har engelsk som morsmål; ***a specialist who is an English native speaker*** en innfødt engelsk fagmann; ***an English native speaker with a degree in English*** en innfødt engelskfilolog; *(jvf non-native & non-native speaker).*

Nativity [nəˌtiviti] *s; rel:* ***the Nativity****(=the birth of Christ)* Jesu fødsel.

NATO [ˌneitou] *s(fk f North Atlantic Treaty Organization)* NATO; Atlanterhavspakten.

natron [ˌneitrən] *s; geol:* naturlig natriumkarbonat.

I. natter [ˌnætə] *s* **T***(=chat)* prat.

II. natter *vb* **T***(=chat; chatter)* prate; skravle.

natty [ˌnæti] *adj* **T***(=tidy; smart)* fiks; smart.

I. natural [ˌnætʃrəl] *s* **1.** *mus* 1*(=natural sign;* **US:** *cancel)* oppløsningstegn; 2. note uten fortegn; 3. *på piano(=white key)* hvit tangent; **2.** 1. naturbegavelse; 2. en som er selvskreven (*fx* til en rolle).

II. natural *adj* **1.** naturlig; natur- *(fx resources); (=true to nature)* naturtro; ***the natural world*** naturens verden;
2. medfødt *(fx he had a natural ability for it);* ***a girl with natural beauty*** en pike som er født vakker;
3. *om oppførsel & væremåte:* naturlig;
4. *mus:* uten fortegn.

natural beauty naturskjønnhet; ***areas of natural beauty*** naturskjønne områder *n.*

natural childbirth naturlig fødsel.

natural conditions *pl:* naturforhold.

natural disposition natyrell *n;* vesen *n;* karakter.

natural eater matmons *(fx he's a natural eater).*

natural endowment *(=innate ability)* medfødt evne.

natural father biologisk far; ***the child's natural father*** barnets biologiske far.

natural fibre *(,US: fiber)* naturfiber.

natural flowers *s; pl; mots kunstige:* levende blomster.

natural foods *pl:* naturkost; *(jvf health food).*

natural gas *(=rock gas)* naturgass.

natural genius naturbegavelse; ***he's a natural genius****(=he's naturally gifted)* han er en naturbegavelse; *(jvf naturally occurring genius).*

naturalistic ['nætʃrəˌlistik] *adj:* naturalistisk.

naturalization, naturalisation ['nætʃrəlaiˌzeiʃən] *s:* naturalisering; *faglig:* ***be granted British naturalization*** *(=citizenship)* få (innvilget) britisk statsborgerskap.

naturalization papers *(,US: citizenship papers)* statsborgerbrev; *(jvf naturalization & registration 4).*

naturalize, naturalise [ˌnætʃrə'laiz] *vb* **1.** naturalisere; gi statsborgerskap; ***become a naturalized British subject****(=obtain British citizenship)* få britisk statsborgerskap; **2.** *bot & zo:* naturalisere; **3.:** ***the word has been naturalized*** ordet har fått borgerrett.

natural landscape *(=virgin landscape)* naturlandskap; *(jvf cultivated countryside).*

naturally [ˌnætʃrəli] *adv* **1.** av natur *(fx naturally timid);* ***be naturally gifted****(=be a natural genius)* være en naturbegavelse; **2.** på en naturlig måte; naturlig; ***it doesn't come naturally to me*** det faller meg ikke naturlig; **3***(=of course)* naturligvis.

naturally occurring genius naturgeni; *(jvf natural genius).*

natural means 1. naturlige midler *n;* **2.:** ***the company is to cut down on staff, but by natural means*** selskapet skal gå til personalinnskrenkning, men det skal skje ved naturlig avgang; *(se natural wastage).*

natural necessity *(=physical necessity)* naturnødvendighet.

naturalness [ˌnætʃrəlnəs] *s:* naturlighet.

natural resources *pl:* naturressurser; ***the preservation of natural resources*** naturfredning; *(se nature conservation).*

natural science naturvitenskap; *(jvf nature study).*

natural scientist *(=naturalist)* naturforsker.

natural state naturtilstand; naturlig tilstand; ***site left in its natural state*** naturtomt.

natural talent naturtalent.

natural wastage *i arbeidsstokk(=reduction by natural means)* naturlig avgang; *(se natural means).*

nature [ˌneitʃə] *s* **1.** natur; naturen; ***it's against nature*** det er imot naturen; ***by nature*** av natur; ifølge sin natur; ***draw from nature*** tegne etter naturen; ***in the course of nature*** ifølge naturens orden; ***if nature's fury is let loose*** om naturkreftene slipper løs; ***upset the balance of nature*** forstyrre likevekten i naturen; **2.** beskaffenhet; natur; vesen *n;* karakter; natyrell *n;* type; ***the nature of the case*** sakens beskaffenhet; ***the nature of her work*** den type arbeid hun *(n)* utfører; ***it's in the nature of the case*** det ligger i sakens natur; ***it was not in his nature*** det lå ikke for ham; ***it has become part of their nature*** det er blitt en del av dem selv; det har gått dem i blodet.

nature conservancy *stivt(=nature conservation)* naturvern; ***the Nature Conservancy Council****(,i Norge: the Norwegian Society for the Conservation of Nature) svarer til:* Norges Naturvernforbund.

nature conservation naturvern; naturfredning; *(jvf nature conservancy).*

nature conservation society naturvernforening.

nature heritage naturarv; ***protect our nature heritage*** verne om vår naturarv.

nature reserve naturreservat; naturfredet område *n; (jvf protected area; special landscape area).*

nature study *skolev; i barneskolen:* naturfag.

nature trail natursti.

naturism [ˌneitʃə'rizəm] *s(=nudism)* nudisme; nakenkultur; naturisme.

naturist [ˌneitʃərist] *s(=nudist)* nudist; naturist.

naturist beach *(=nudist beach)* fristrand.

naturopath [ˌneitʃərə'pæθ] *s:* naturlege.

near

Useful expressions

NYTTIGE UTTRYKK

Close and **near** mean the same, but cannot always be used in the same connection:

Changes will come **in the near** future.
The car is parked **near** the school.
Come **closer**, please.

naught [ˌnɔ:t] *s* **1. US***(=nought; zero)* null *n;* **2.** *glds el. litt.(=nothing)* ingenting; intet *n.*
naughtily [ˌnɔ:tili] *adv:* ***he very naughtily did it all the same*** men han var så slem at han gjorde det likevel.
naughtiness [ˌnɔ:tinəs] *s:* uskikkelighet.
naughty [ˌnɔ:ti] *adj* **1.** uskikkelig; slem; **2.** *om det seksuelt klanderverdige:* stygg; ***a naughty book*** en stygg bok; ***a naughty weekend*** et weekendeventyr.
nausea [ˌnɔ:ziə; ˌnɔ:siə] *s; stivt:* kvalme.
nauseate [ˌnɔ:zi'eit; ˌnɔ:si'eit] *vb; stivt* **1***(=make sick)* gjøre kvalm; gi kvalmefornemmelser; **2***(=sicken; disgust)* fylle med vemmelse; by en imot.
nauseating *adj; stivt* **1***(=sickening)* kvalmende; **2***(=disgusting; sickening)* kvalmende; motbydelig; ekkel.
nautical [ˌnɔ:tikl] *adj:* nautisk; sjømanns-.
nautical chart *mar:* draft *n;* sjøkart (*of* over).
nautical college sjømannsskole; *(jvf naval college).*
nautical dictionary sjøordbok; maritim ordbok.
nautical mile sjømil.
naval [ˌneivəl] *adj; mil:* orlogs-; sjø- *(fx battle).*
naval academy US *(=naval college)* sjøkrigsskole *(fx the* **US** *Naval Academy at Annapolis, Maryland); (jvf naval college).*
naval attaché marineattaché.
naval college *(,***US:** *naval academy)* sjøkrigsskole *(fx the Royal Naval College at Dartmouth in South Devon); (jvf naval academy; nautical college; war college).*
naval dockyard *(=naval shipyard;* **US:** *navy yard)* orlogsverft.
nave [neiv] *s; i kirke:* skip *n.*
navel [ˌneivəl] *s; anat(,***T:** *tummy button)* navle; *fig:* ***contemplate one's own navel****(=be wrapped up in oneself)* beskue sin egen navle.
navel contemplation *fig(=narcissism)* navlebeskuelse.
navel string *anat(=umbilical cord)* navlestreng.
navigable [ˌnævigəbl] *adj* **1.** farbar; seilbar; **2.** *mar(=steerable)* styrbar; manøvrerbar.
navigate [ˌnævi'geit] *vb* **1.** navigere; seile; **2.** *fig* **T:** ***he navigated his way to the bar*** han navigerte seg frem til baren.
navigation ['nævi,geiʃən] *s; mar* **1.** navigasjon; navigering; **2***(=shipping)* skipsfart.
navigation channel *mar(=fairway)* led; lei.
navigation lights *pl* **1.** havnefyr; **2.** navigasjonslys.
navigator [ˌnævi'geitə] *s* **1.** navigatør; **2.** *ved billøp:* kartleser.
navvy [ˌnævi] *s* **1.** *neds(=construction worker)* anleggsarbeider; **2.** *mask:* ***mechanical navvy*** gravemaskin.
navy [ˌneivi] *s:* marine; flåte; ***merchant navy*** *(=merchant marine)* handelsflåte.
navy yard US *(=naval shipyard)* orlogsverft.
nay [nei] *int; glds el. litt.* **1***(=no)* nei; **2***(=indeed):* ***I think, nay, I am certain that …*** jeg tror, ja, jeg er sikker på at …
I. Nazi [ˌnɑ:tsi] *s:* nazist.
II. Nazi *adj:* nazistisk; nazi-.
Nazism [ˌnɑ:tsizəm] *s:* nazisme.
neap [ni:p] *s:* ***neap tide*** nippflo; nipptid.
I. near [niə] *vb; stivt(=approach)* nærme seg.
II. near *adj & adv* **1.** nær; ***a near and dear friend*** en nær og kjær venn; ***they live very near here****(=they live quite close)* de bor like i nærheten; ***you live nearer (,nearest)*** du bor nærmere (,nærmest); ***no, but near enough*** nei, men det var ikke langt fra; ***it was a near miss, it was a near thing*** det var nære på; ***in the near future*** i nær fremtid; ***that was a near guess*** det var ikke dårlig gjettet; ***it's drawing near to Easter*** påsken nærmer seg; ***he won't go near anything illegal*** han vil ikke gjøre noe som kan tenkes å være ulovlig; ***keep near me****(=stay close to me)* hold deg i nærheten av meg;
2*(=nearside)* venstre (om kjøretøy);
3*(=nearby)* like ved; (like) i nærheten;
4. T: ***damn near****(=very nearly):* ***I was damn near killed*** jeg ble nesten drept;
5.: ***near at hand*** 1*(=imminent)* nær forestående; 2*(=close to)* nær ved; like ved;
6. T: ***nowhere near, not anywhere near****(=not nearly)* ikke på langt nær; ***you're nowhere near the truth*** du er ikke engang i nærheten av sannheten.
III. near *prep* **1***(fk nr.)* pr. *(fx Allington nr. Salisbury);* **2.:** ***near (to)****(=close to)* nær; ***near to where I live*** i nærheten av der jeg bor; ***he came near to being run over*** han holdt på å bli overkjørt; ***she was near*** *(=close)* ***to tears*** hun var på gråten.
near- *som forstavelse:* nesten; ***a near-accident*** en nestenulykke.
near-beer [ˌniə'biə] *s:* alkoholfritt øl *n.*
I. nearby [ˌniə'bai] *adj:* nærliggende *(fx hotel).*
II. nearby ['niə,bai] *adv:* i nærheten.
Near East *s; geogr:* ***the Near East*** Det nære østen.
nearer [ˌniərə] *adj; komp av II. near.*
nearest [ˌniərist] *adj; superl av II. near.*
nearly [ˌniəli] *adv* **1***(=almost)* nesten; **2.:** ***he was very nearly killed*** det var på et hengende hår at han ikke ble drept; **3.:** ***not nearly****(,***T:** *nowhere near)* ikke på langt nær.
nearness [ˌniənəs] *s(=closeness)* nærhet.
nearside [ˌniə'said] *s; av vei el. kjøretøy(=left-hand side)* venstre side; på venstre side.
near-sighted ['niə,saitid; *attributivt:* ˌniə'saitid] *adj(=short-sighted)* nærsynt.
near-sightedness [ˌniə,saitidnəs; 'niə,saitidnəs] *s(=short-sightedness)* nærsynthet.
neat [ni:t] *adj* **1***(=tidy and orderly)* ordentlig; pyntelig; ryddig; nett *(fx dress); om person:* velpleid *(fx have a neat appearance);* ordentlig; pertentlig; ***she's very***

neat and tidy hun er meget renslig og ordentlig; **2.** *om utført oppgave:* ***that's neat*** det er fint (*el.* bra); ***he's made a neat job of the repair*** han har vært flink med den reparasjonen;
3. *om håndskrift:* sirlig *(fx his neat handwriting);*
4. *om drikk:* ublandet; bar *(fx drink vodka neat);*
5. *om løsning:* fiks; grei;
6. *om ord el. uttrykk(=apt; precise)* treffende; presis.
neatly [ˌni:tli] *adv* **1.** ordentlig; pent *(fx write neatly);* **2.:** ***neatly put*** godt formulert; ***neatly avoid an argument*** behendig unngå å komme opp i en diskusjon.
neatness [ˌni:tnəs] *s:* netthet; orden.
nebulous [ˌnebjuləs] *adj; stivt(=vague)* tåket; uklar.
necessarily [ˌnesisərili] *adv* **1.** nødvendigvis; **2.:** ***he won't necessarily come*** det er ikke (dermed) sikkert at han kommer.
I. necessary [ˌnesisəri] *s:* nødvendighetsartikkel.
II. necessary *adj:* nødvendig; ***necessary for, necessary to*** nødvendig for; ***if necessary****(=if required)* om nødvendig; ***as and when it becomes necessary*** etter hvert som det blir nødvendig; ***I'll do all that's necessary*** jeg skal gjøre alt som er nødvendig.
necessitate [niˌsesi'teit] *vb; stivt(=make necessary)* nødvendiggjøre.
necessitous [niˌsesitəs] *adj; stivt(=poor)* fattig.
necessity [niˌsesiti] *s* **1.** *stivt(=great need)* nød; ***necessity knows no law*** nød bryter alle lover; *ordspråk:* ***necessity is the mother of invention*** nød lærer naken kvinne å spinne;
2. nødvendighet; ***a necessity of life*** en livsnødvendighet; ***the bare necessities*** det aller nødvendigste; *stivt:* ***of necessity****(=necessarily)* nødvendigvis; ***the necessity of (-ing)*** nødvendigheten av å …; ***this is an unfortunate necessity*** dette er dessverre nødvendig; *stivt:* ***should the necessity arise****(=if it should become necessary)* hvis det skulle bli nødvendig.
I. neck [nek] *s* **1.** *anat:* hals; ***in the arch of one's neck*** i halsgropen; ***the hollow of the neck*** nakkegropen; ***the nape (of one's neck)****(=the back of one's neck)* nakken; ***take sby by the scruff of the neck****(=collar sby)* ta en i nakkeskinnet;
2. *på klesplagg:* hals(utringning); ***high neck*** høy hals;
3.: ***neck of land****(=isthmus)* landtange; landtunge;
4. *i veddeløp:* ***they finished neck and neck*** de gikk side om side i mål; ***win by a neck*** vinne med et hestehode;
5. *fig:* ***he's always a neck ahead in new techniques*** han ligger alltid litt foran når det gjelder nye teknikker;
6. T: ***breathe down sby's neck*** 1. *sport(=be close behind sby)* ligge like bak en; 2. *fig:* legge litt press *(n)* på en (slik at han gjør det); holde skarpt øye med en (slik at han holder seg i skinnet el. gjør som avtalt);
7. T: ***a pain in the neck*** en sann plage;
8. *fig:* ***save one's neck*** redde skinnet;
9. *fig* **T:** ***get it in the neck*** få gjennomgå;
10. T: ***stick one's neck out*** stille seg lagelig til for hogg *n;* utfordre skjebnen;
11. T: ***be up to one's neck in work*** sitte i arbeid *(n)* til langt opp over begge ørene *n;* ***he's in it up to his neck*** han sitter i det til opp over begge ørene;
12. T: ***in your neck of the woods*** på dine kanter;
13. *fig:* ***it's neck or nothing*** det er alt eller ingenting.
II. neck *vb* **S***(=pet; snog)* kjæle; **T:** kline.
neckband [ˌnek'bænd] *s:* halslinning.
neck brace *med.; på nakkeslengpasient:* (støtte)krage.
necklace [ˌnekləs] *s; smykke:* halsbånd.
necklet [ˌneklit] *s:* halssmykke.
neckline [ˌnek'lain] *s:* (hals)utringning.
neck opening *på klesplagg:* halsåpning; halsutskjæring.
neck size snippstørrelse.
necktie [ˌnek'tai] *s* **US***(=tie)* slips *n.*
necromancer [ˌnekrou'mænsə] *s:* åndemaner; trollmann.
nectar [ˌnektə] *s:* nektar *n.*
née [nei] *adj:* født *(fx Mrs Smith, née Taylor).*
I. need [ni:d] *s* **1.** nød; ***desperate need*** fortvilet nød; ***be in need*** lide nød; ha det vanskelig; ***a friend in need is a friend indeed*** i nøden lærer man sine venner å kjenne; ***in the hour of need*** i nødens stund; ***in case of need****(=in an emergency)* i nødsfall;
2. behov *n;* ***enough for his simple needs*** tilstrekkelig for hans enkle behov; ***his needs are few*** han har få behov; han klarer seg med lite; ***the need for security*** behovet for sikkerhet; ***the book meets****(=fills)* ***a long-felt need*** boken avhjelper et lenge følt savn; ***be in need of*** ha behov for; trenge;
3*(=cause)* grunn; ***there is no need for anxiety****(=there is no cause for alarm)* det er ingen grunn til engstelse;
4.: ***there's no need for you to do that*** du behøver ikke gjøre det; ***what's the need for all this hurry?*** er det nødvendig med alt dette hastverket? ***if need be****(=if necessary; if required)* om nødvendig.
II. need *vb:* trenge; behøve; ***a much needed holiday*** en sårt tiltrengt ferie; ***need he go?****(=does he have to go?)* behøver han å dra? ***they need to be able to …*** de må kunne …; de trenger å kunne …; ***you needn't have bothered*** det hadde du ikke behøvd (å gjøre); ***no-one need****(=needs to)* ***go home yet*** ingen behøver å gå hjem ennå; ***that needn't be the case*** det er ikke sikkert at det er tilfelle *n;* ***they need to be told every step of the way*** de må ha det inn med skjeer; ***considering how quickly an answer is needed*** i betraktning av den korte svarfristen.
needful [ˌni:dful] *adj; stivt el. spøkef(=necessary):* ***do whatever is needful*** gjøre det som måtte være nødvendig; ***the needful*** 1. *spøkef(=money)* penger; 2. det nødvendige *(fx can I leave it to you to do the needful?).*
I. needle [ni:dl] *s* **1.** nål; ***knitting needle*** strikkepinne; ***the eye of a needle*** et nåløye; ***it's like looking for a needle in a haystack*** det er som å lete etter en nål i en høystakk; **T:** ***I've got pins and needles in my arm*** det prikker i armen min; **T:** ***(as) sharp as a needle*** 1. sylskarp; 2. *fig:* meget skarp;
2. *med:* nål; sprøytespiss; ***the needle went****(=sank)* ***in deep*** nåla gikk langt inn; nåla gikk dypt;
3. *på instrument:* nål; viser; ***compass needle*** kompassnål;
4*(=stylus)* (grammofon)stift.
II. needle *vb* **T***(=irritate)* irritere; tirre.
needle addict *(,US: shooter)* sprøytenarkoman.
needle case nålehus.
needle mark *(=hypodermic mark)* sprøytemerke.
needle point 1. nålespiss; **2***(=point lace)* sydd (*el.* brodert) knipling.
needless [ˌni:dləs] *adj* **1.** *stivt(=unnecessary)* unødig; unødvendig; **2.:** ***needless to say …*** det sier seg selv at …
needlessly [ˌni:dləsli] *adv:* unødig; i utrengsmål.
needlework [ˌni:dl'wə:k] *s:* søm; håndarbeid; ***a piece of needlework*** et håndarbeid; et sytøy.
needlework shop broderiforretning.
needs [ni:dz] *adv; stivt(=necessarily):* ***must needs*** må nødvendigvis *(fx we must needs go);* ***if needs must****(=if it has to be done)* hvis det endelig må gjøres.
needy [ˌni:di] *adj; stivt(=poor)* trengende; fattig.
ne'er [nɛə] *adv; litt.(=never)* aldri.
ne'er-do-well [ˌnɛədu(:)'wel] *s(=good-for-nothing)* døgenikt.
nefarious [niˌfɛəriəs] *adj; meget stivt(=very wicked)* meget ond; avskyelig *(fx crime).*
negate [niˌgeit] *vb; meget stivt(=deny)* benekte *(fx a fact).*
negation [niˌgeiʃən] *s:* (be)nektelse.
I. negative [ˌnegətiv] *s* **1.** nektelse *(fx 'never' is a negative);* ***answer in the negative*** svare benektende;
2. *fot:* negativ *n;* **3.** *mat.:* negativ størrelse; ***two negatives make a positive****(=two minuses make a plus)* to ganger minus *(n)* gir pluss.

n

II. negative *adj:* negativ; nektende; benektende *(fx reply); **a negative outlook on life*** et negativt syn på livet.
negative vote nei-stemme.
I. neglect [niˌglekt] *s:* vanrøkt; forsømmelse; dårlig stell *n; **neglect of duty*** pliktforsømmelse; ***to the neglect of*** til fortrengsel for *(fx he went in for sport to the neglect of his work).*
II. neglect *vb* **1.** forsømme *(fx one's work);*
2. *stivt: **neglect to**(=fail to)* forsømme å *(fx answer a letter).*
neglected [niˌglektid] *adj(=uncared-for)* forsømt.
neglectful [niˌglektful] *adj(=careless; negligent)* forsømmelig; skjødesløs.
negligé, negligée [ˌnegli'ʒei] *s:* neglisjé.
negligence [ˌneglidʒəns] *s:* skjødesløshet; uaktsomhet; ***an act of gross negligence*** en grov uaktsomhet.
negligent [ˌneglidʒənt] *adj; stivt(=neglectful)* skjødesløs; forsømmelig; uaktsom; ***be negligent of one's duties**(=neglect one's duties)* forsømme sine plikter.
negligible [ˌneglidʒibl] *adj; stivt:* negligibel; ubetydelig; forsvinnende lite; ikke stort.
negotiable [niˌgouʃəbl] *adj* **1.** *merk(=transferable)* som kan overdras *(fx cheque);* omsettelig; ***negotiable securities*** omsettelige verdipapirer;
2. som det kan forhandles om;
3. *om vei(=passable)* farbar; fremkommelig.
negotiate [niˌgouʃi'eit] *vb* **1.** forhandle (*with* med); ***negotiate a peace treaty*** forhandle seg frem til en fredstraktat; ***negotiate a loan (with the bank)*** få ordnet et lån (i banken); ***the matter is being negotiated*** det forhandles om saken;
2. *merk(=transfer)* omsette *(fx a bill; a cheque);*
3. *om hinder el. vanskelighet:* greie; klare.
negotiated peace forhandlingsfred.
negotiating table forhandlingsbord.
negotiation [ni'gouʃiˌeiʃən] *s:* forhandling; ***this is the subject of negotiation(s)**(=the matter is under negotiation)* det forhandles om dette; ***break off the negotiations*** avbryte forhandlingene; ***negotiations have broken down*** forhandlingene har brutt sammen; ***negotiations were in danger of going wrong*** forhandlingene truet med å bryte sammen (*el.* slå feil); ***negotiations have reached a deadlock*** forhandlingene har gått i stå; ***conduct negotiations with*** føre forhandlinger med; ***be in negotiations with*** ligge i forhandlinger med; ***enter into negotiations with*** innlede forhandlinger med.
negotiator [niˌgouʃi'eitə] *s:* forhandler; ***skill as a negotiator*** forhandlingsevne.
Negress [ˌni:grəs] *s:* negerkvinne; negresse.
Negro [ˌni:grou] *s(pl: Negroes) s:* neger.
negroid [ˌni:grɔid] *adj:* negroid.
I. neigh [nei] *s(=whinny)* knegg *n;* knegging; vrinsk *n;* vrinsking.
II. neigh *vb(=whinny)* knegge; vrinske.
I. neighbour *(,US: neighbor)* [ˌneibə] *s* **1.** nabo; ***my immediate**(=next-door)* ***neighbours*** mine nærmeste naboer; ***we're neighbours**(=we live next to one another)* vi er naboer; ***our nearest neighbours are 10 miles away*** våre nærmeste naboer bor 16 kilometer unna; **2***(=person sitting next to one)* sidemann.
II. neighbour *(, **US:** neighbor) adj(=neighbouring)* nabo-*(fx neighbour states).*
neighbourhood *(,**US:** neighborhood)* [ˌneibə'hud] *s*
1. nabolag; ***in the neighbourhood*** i nabolaget;
2. *især i by:* distrikt; bydel; strøk *n;*
3.: ***the immediate neighbourhood*** nærmeste omegn; ***in the neighbourhood of London*** i Londons nærmeste omegn;
4. *stivt: **in the neighbourhood of 500 people**(=about 500 people)* noe i nærheten av 500 mennesker *n.*
neighbourhood community *(=local community)* lokalsamfunn.
neighbourhood squabble nabokrangel.
neighbourhood watch committee *(,**US:** vigilance committee)* borgervern.
neighbouring *(,**US:** neighboring)* [ˌneibəriŋ] *adj:* nabo- *(fx town);* omkringboende; omkringliggende.
neighbourly *(,**US:** neighborly)* [ˌneibəli] *adj:* nabovennlig; ***be neighbourly*** være en god nabo; vise godt naboskap.
I. neither [ˌnaiðə; ˌni:ðə; **US:** ˌni:ðə] *pron; adj:* ingen (av to) *(fx neither foot is swollen; neither of them);* ingen av delene; ***neither of the books is**(=are)* ***suitable*** det er ingen av bøkene som er egnet.
II. neither *konj* **1***(=nor)* ikke …heller *(fx he didn't go and neither did I); **neither was he one to complain*** han var heller ikke den som klaget;
2.: ***neither … nor*** hverken … eller *(fx neither he nor I know; neither Jack nor Mary has done any work today; neither Jack nor John nor Mary went); **neither more nor less*** hverken mer eller mindre; ***that's neither here nor there*** det har ikke noe med saken å gjøre.
neo- [ˌni:ou] *forstavelse:* neo-; ny-.
Neolithic ['ni:əˌliθik] *adj:* neolittisk.
neon [ˌni:ɔn] *s:* neon *n.*
neon sign *(=electric sign)* neonskilt; lysreklame.
Nepal [niˌpɔ:l] *s; geogr:* Nepal.
I. Nepalese ['nepəˌli:z] *s:* nepaler.
II. Nepalese *adj:* nepalsk.
nephew [ˌnevju:; ˌnefju:] *s:* nevø.
nepotism ['nepəˌtizəm] *s(=favouritism)* nepotisme.
nerd [nə:d] *s; især* **US** *& Canada* **S***(=jerk; twerp)* drittsekk; suppegjøk; stor tosk.
I. nerve [nə:v] *s* **1.** *anat:* nerve; **T:** ***nerves**(=nervousness)* nervøsitet; ***nerves of steel*** nerver av stål *n; **he's a bundle of nerves*** han er en nervebunt; ***a strain on the nerves*** en nervepåkjenning; ***he's living on his nerves*** han er svært nervøs; ***she suffers from nerves*** hun har dårlige nerver;
2*(=courage)* mot *n; **his nerve failed him*** motet sviktet ham; ***she didn't have the nerve to do it*** hun manglet mot til å gjøre det; ***lose one's nerve**(=lose courage)* miste motet; ***it takes a lot of nerve to*** det skal (gode) nerver til for å;
3. T*(=cheek)* frekkhet; ***what a nerve!*** for en frekkhet! ***you've got a nerve to come here uninvited!*** du er jammen frekk som kommer hit ubedt!
4.: ***get on sby's nerves*** gå en på nervene;
5.: ***strain every nerve**(=make tremendous efforts)* anstrenge seg til det ytterste.
II. nerve *vb: **nerve oneself to*** samle mot *(n)* til å; ***nerve sby for the fight*** gi en mot til å ta kampen opp.
nerve-racking [ˌnə:v'rækiŋ] *adj:* enerverende.
nervous [ˌnə:vəs] *adj:* nervøs; ***he was nervous about speaking to us*** han var nervøs for å snakke med oss.
nervous anticipation nervøs spenning; nervøs forventning.
nervous breakdown *med.:* nervesammenbrudd.
nervousness [ˌnə:vəsnəs] *s:* nervøsitet.
nervous state: ***he was in a bad nervous state*** han var svært nervøs.
nervous wreck nervevrak.
nervy [ˌnə:vi] *adj* **T***(=highly strung)* nervøs; som har nerver *(fx she's a very nervy person).*
I. nest [nest] *s* **1.** *også fig:* reir *n;* rede *n; **feather one's nest*** mele sin egen kake; **2.:** ***a nest of tables*** et settbord.
II. nest *vb:* bygge reir *n; om sjøfugl:* hekke; ***go nesting*** gå for å finne fuglegg.
nest egg T*(=savings)* sparepenger.
nesting chairs *pl(=stackable chairs)* stablestoler.
nesting cliff*(=bird rock)* fuglefjell.
nesting place*(=nesting site)* reirplass; *sjøfuglers:* hekkeplass.
nestle [nesl] *vb* **1.:** ***the children nestled together*** barna *(n)* lå tett inntil hverandre; ***she nestled up to him*** hun trykket seg inntil ham; ***a little village nestling among***

the hills en liten landsby som ligger (, lå) lunt til mellom åser og fjell *n;*
2.: ***nestle down****(=settle comfortably)* sette seg godt til rette; ***she nestled*** *(,***T:** *snuggled)* ***down among the blankets*** hun krøp godt ned blant ullteppene;
3.: ***nestle up to****(=cuddle(=snuggle) up to)* smyge seg inntil.
I. net [net] *s* **1.** *også sport:* nett *n;* **2.** (fiske)garn *n;* **3.** *fig:* nett *n;* garn *n;* ***be caught in sby's net*** bli fanget i ens garn.
II. net *vb* **1.** fange i nett *(n)* (*el.* garn *n*);
2. filere;
3. *sport:* slå (ball) i nettet;
4. T*(=make)* tjene; ***he netted £500 from the sale*** han tjente £500 på salget.
III. net *adj:* netto; netto-; ***net profit*** ren fortjeneste.
net ball *sport* **1.** *slags kurvball:* nettball; **2.** *i tennis:* nettball.
Netherlands [ˌneðələndz] *s; geogr: **the Netherlands**(=Holland)* Nederland; Holland.
netminder [ˌnet'maində] *s; ishockey:* målvakt.
netting [ˌnetiŋ] *s* **1.** filering; *(=net work)* filert arbeid *n;* **2.** nett *n;* nettverk; ***wire netting*** (ståltråd)netting.
I. nettle [netl] *s; bot:* nesle; ***stinging nettle*** brennesle.
II. nettle *vb(=irritate; annoy)* ergre; irritere.
nettle rash *med.(=urticaria)* elveblest; neslefeber.
network [ˌnet'wə:k] *s; også fig:* nettverk; nett *n.*
neuralgia [njuˌrældʒə] *s; med.:* neuralgi.
neurological ['njuərəˌlɔdʒikəl] *adj; med.:* neurologisk.
neurologist ['njuəˌrɔləgist] *s; med:* neurolog.
neurology ['njuəˌrɔlədʒi] *s; med.:* neurologi.
neurosis [njuˌrousis] *s; med.:* neurose.
neurosurgeon ['njuərouˌsə:dʒən] *s; med.:* neurokirurg.
neurosurgery ['njuərouˌsə:dʒəri] *s; med:* neurokirurgi.
I. neurotic [njuˌrɔtik] *s; med.:* neurotiker.
II. neurotic *adj; med.:* neurotisk.
I. neuter [ˌnju:tə] *s* **1.** *gram:* intetkjønnsord; nøytrum *n;*
2. *zo:* kjønnsløst (*el.* ukjønnet) insekt *n;*
3. *bot:* kjønnsløs (*el.* ukjønnet) plante;
4. kastrert dyr *n.*
II. neuter *adj* **1.** *gram:* intetkjønns- *(fx word);*
2. *zo & bot:* kjønnsløs; ukjønnet; *bot også:* gold.
III. neuter *vb(=castrate)* kastrere *(fx a cat).*
I. neutral [ˌnju:trəl] *s* **1.** *mask:* fri; ***put the car in neutral*** sette bilen i fri;
2. nøytralt land; person fra et nøytralt land.
II. neutral *adj:* nøytral.
neutral-gender term ['nju:trəlˌdʒendə'tə:m] *s:* kjønnsnøytral betegnelse.
neutralism [ˌnju:trə'lizəm] *s:* nøytralitetspolitikk.
neutrality [nju:ˌtræliti] *s:* nøytralitet.
neutralize, neutralise [ˌnju:trə'laiz] *vb:* nøytralisere.
never [ˌnevə] *adv* **1.** aldri; ***never is a strong word*** man skal aldri si aldri; ***never so much as*** ikke så mye som *(fx he never so much as thanked them for it);*
2*(=not at all)* slett ikke *(fx this will never do);*
3. *overrasket utbrudd(=surely not):* ***you're never 18!*** du er aldri i verden 18! ***well, I never!*** nei, nå har jeg aldri sett (,hørt) på maken!
4. *trykksterkt; litt. el.* **T:** ***never ever****(=never):* ***I shall never ever speak to you again*** jeg skal aldri snakke med deg mer.
never-ending ['nevəˌrendiŋ; *attributivt:* ˌnevə'rendiŋ] *adj:* endeløs *(fx the discussions were never-ending).*
never-failing ['nevəˌfeiliŋ; *attributivt:* ˌnevə'feiliŋ] *adj:* aldri sviktende; som aldri slår feil.
nevermore ['nevəˌmɔ:] *adv; litt.(=never again)* aldri mer.
never-never [ˌnevəˌnevə; 'nevəˌnevə] *s* **T:** ***on the never-never****(=on hire-purchase)* på avbetaling.
nevertheless ['nevəðəˌles] *adv; stivt(=despite all that; all the same)* ikke desto mindre; likevel.
new [nju:] *adj:* ny; ***new****(=fresh)* ***bread*** ferskt brød; ***that's new to me*** det er nytt for meg; ***he's new to this kind of work*** denne typen arbeid *(n)* er noe nytt for ham.
newborn [ˌnju:'bɔ:n] *adj:* nyfødt.
new broom *om person i ny stilling* **T:** ny kost.
newbuilding [ˌnju:'bildiŋ] *s; mar(=new ship on the stocks)* nybygning.
newbuilding order *mar:* kontrahering.
newcomer [ˌnju:'kʌmə] *s:* nykomling.
newfangled [ˌnju:'fæŋgəld] *asj; neds:* nymotens.
newish [ˌnju:iʃ] *adj* **T:** nokså ny.
new-laid [ˌnju:ˌleid; *attributivt:* ˌnju:'leid] *adj:* nylagt *(fx egg).*
newly [ˌnju:li] *adv(=recently):* ***a newly married couple*** et nygift par *n; (jvf freshly & recently).*
newly fledged *fig:* nybakt.
newly made nylagd; ***newly made coffee*** nylagd kaffe.
new moon nymåne; ***there was a new moon yesterday*** det var nymåne i går.
newly operated *med.:* nyoperert.
newlyweds [ˌnju:li'wedz] *s; pl:* nygift par *n;* ***the newlyweds*** de nygifte.
newness [ˌnju:nəs] *s:* nyhet; friskhet; ***the newness****(=novelty)* ***of it all overwhelmed her*** det at alt var så nytt, overveldet henne.
new production *teat:* nyoppførelse; *(se production 4).*
new race *sport(=rerun)* omløp.
news [nju:z; *især:* **US:** nu:z] *s* **1.** nyhet; ***a piece of news*** *(=a news item)* en nyhet; ***a piece of good news*** en god nyhet; ***sad****(=tragic)* ***news*** triste (*el.* tragiske) nyheter; ulykkesbudskap; ***the news*** nyheten; nyhetene; ***that's quite cheerful news*** det var hyggelige nyheter; ***they broke the news gently (to her)*** de fortalte (henne) nyheten på en skånsom måte; ***is there any news of****(=about)* ***your friend?*** er det noe nytt om vennen din? ***no news is good news*** intet nytt er godt nytt; ***ask for news of mutual acquaintances*** spørre nytt om felles kjente; ***that's news to me*** det visste jeg ikke; det var helt nytt for meg; ***she makes news whenever she appears on TV*** hun er nyhetsstoff så snart hun viser seg på TV-skjermen; **2***(,glds: tidings)* budskap; ***news of (sby's) death*** dødsbudskap;
3. *radio & TV:* ***the news*** nyhetene.
news agency *(,***US:** *wire service)* telegrambyrå.
newsagent [ˌnju:z'eidʒənt] *s:* ***a newsagent's*** en forretning hvor det selges aviser og blader *n.*
newsboy [ˌnju:z'bɔi] *s(=paperboy)* avisgutt.
newscast [ˌnju:z'kɑ:st] *s; radio & TV(=news broadcast)* nyhetssending; dagsnyttsending.
newscaster [ˌnju:z'kɑ:stə] *s; radio & TV(=newsreader; news presenter)* dagsnyttredaktør; nyhetsredaktør; programleder i dagsnyttavdelingen.
news dealer US: *se newsagent.*
news desk *radio & TV:* nyhetsredaksjon; ***at the news desk*** i nyhetsredaksjonen; *(jvf newsroom 1).*
news editor nyhetsredaktør.
newsflash [ˌnju:z'flæʃ] *s; radio(=headline news)* nyhetsoversikt; nyhetsoverskrifter; ekstra nyhetssending.
newshound [ˌnju:z'haund] *s* **US** *T(=press reporter)* journalist.
news item nyhet; ***the three main news items today*** de tre hovedpunktene i dagens nyhetssending.
newsletter [ˌnju:z'letə] *s:* informasjonsblad.
newsman [ˌnju:zmən] *s(=journalist)* journalist.
news material nyhetsstoff.
newspaper [ˌnju:z'peipə] *s:* avis; ***daily newspaper*** dagsavis.
newspaper artist avistegner.
(newspaper) cutting*(=press cutting;* **US:** *clipping)* avisutklipp.
newspaper debate avisdebatt; ***he's an eager contributor to newspaper debates*** han deltar ivrig i avispolemikker (*el.* avisdebatter).

newspaperman [ˌnju:z'peipəmən] *s:* pressemann.
newspaper room avislesesal.
newspaper round: ***do a newspaper round(*,US:** *have a newspaper-route)* ha en avisrute; gå med aviser.
newspaper tycoon avismagnat; aviskonge.
newspaper wrapper avisomslag.
news presenter *radio & TV(=newscaster)* dagsnytt-redaktør; nyhetsredaktør; programleder i dagsnytt-avdelingen.
newsprint [ˌnju:z'print] *s:* avispapir.
newsreader [ˌnju:z'ri:də] *s; radio & TV:* nyhetsoppleser; *(jvf newscaster).*
newsreel [ˌnju:z'ri:l] *s:* reportasjefilm.
newsroom [ˌnju:z'ru(:)m] *s* **1.** *avis, radio, TV:* nyhetsredaksjon; *(jvf news desk); 2(=newspaper room)* avislesesal.
newsstand [ˌnju:z'stænd] *s; på gaten:* aviskiosk; sted *(n)* hvor det selges aviser.
news studio *radio:* nyhetsredaksjon; *(se news desk).*
new staging (of a play) *teat:* nyoppsetting (av et stykke).
news theatre filmavis.
news vendor avisselger.
newsy [ˌnju:zi] *adj* **T***(=full of news)* full av nyheter; ***a newsy letter*** et brev fullt av nyheter.
newt [nju:t] *s; zo:* vannsalamander.
New Year nytt år; nyttår; ***happy New Year!*** godt nytt år! ***celebrate New Year****(=bring(=see) in the New Year)* feire nyttår.
New Year's Day første nyttårsdag.
New Year's Eve nyttårsaften.
New York [ˌnju:ˈjɔ:k] *s; geogr:* New York.
I. New Zealand ['nju:ˌzi:lənd] *s; geogr:* New Zealand; Ny-Zealand.
II. New Zealand *adj:* newzealandsk; nyzealandsk.
I. next [nekst] *adj* **1.** neste; (på)følgende; ***(the) next day*** *(=the following day)* neste dag; den påfølgende dag; ***next time*** neste gang; ***next week*** (i) neste uke; ***the next week (,summer)*** uken (,sommeren) deretter; neste uke (,sommer); ***the week after next*** om to uker;
2. ved siden av; tilstøtende *(fx in the next room);*
3. nærmest; ***you'll get it in the next****(=nearest)* ***shop*** du får det i nærmeste butikk; ***(with)in the next few days*** i løpet av de nærmeste dagene.
II. next *adv* **1.** deretter; dernest; så *(fx John arrived first and Jane came next);* ***next, he started to …*** og så begynte han å …; *om ubehagelighet(er), etc:* ***what next?*** hva blir (så) det neste?
2*(=next time)* neste gang; ***when next we meet****(=next time we meet)* neste gang vi treffes (*el.* møtes);
3.: ***next to*** 1*(=beside)* ved siden av; 2*(=almost)* nesten; 3. nest etter *(fx next to gin I like sherry best);* 4. nærmest; ***wear wool next to the skin*** ha ull nærmest kroppen.
next best nest best.
I. next-door [ˌnekst'dɔ:] *adj:* nærmest *(fx our next-door neighbours);* ***the next-door house*** nabohuset; huset ved siden av.
II. next door ['nekstˌdɔ:] *adv:* (like) ved siden av; i huset ved siden av *(fx he lives next door);* ***I live next door to Mrs Smith*** jeg bor i huset ved siden av fru Smith.
next of kin [ˌnekstəvˌkin] *s:* nærmeste pårørende; ***he has no next of kin*** han har ingen pårørende.
nexus [ˌneksəs] *s; fig(=link)* forbindelse; sammenheng; ***the nexus of cause and effect*** sammenhengen mellom årsak og virkning.
Niagara [naiˌægərə] *s; geogr:* Niagara.
nib [nib] *s:* spiss; *på penn:* pennespiss.
I. nibble [nibl] *s* **1***(=small bite)* liten bit; **T:** ***I feel like a nibble*** jeg har lyst på et eller annet å spise;
2. *av fisk(=bite)* napp *n;* bitt *n;*
3.: ***nibbles*** knask *n;* smågodt *n.*
II. nibble *vb* **1.:** ***nibble (at)*** bite forsiktig av (,i, på);
2. *fig:* ***nibble at an idea****(=toy with an idea)* leke med en idé; ***nibble at an offer*** vise forsiktig interesse for et tilbud; **T:** lukte på et tilbud.
Nicaragua ['nikəˌrægjuə; 'nikəˌrægwə] *s; geogr:* Nicaragua.
nice [nais] *adj* **1.** hyggelig *(fx she's a very nice person;* pen *(fx a very nice place);* ***that wasn't a very nice thing to say*** det var ikke videre pent sagt;
2. *om været:* pent *(fx it's really nice weather);*
3. *fig; iron:* ***we're in a nice mess now*** nå sitter vi fint i det; **T:** nå er vi ute å kjøre; ***he's a nice one to talk to!*** han er det ikke mye hyggelig å snakke med!
4. *rosende:* bra; fint; *sport:* ***a nice shot*** et fint skudd;
5. *fig(=subtle)* subtil; hårfin; spissfindig; ***he has a nice sense of timing*** han er flink til å velge tidspunkt (*el.* beregne tiden);
6. *forsterkende:* ***nice and warm*** god og varm.
nicely [ˌnaisli] *adv(=very well)* fint *(fx this pair will suit me nicely, thank you);* **T:** ***he's doing nicely*** han greier seg meget bra; ***it all went off (nicely and) correctly*** det (hele) gikk pent og pyntelig for seg; *til barn:* ***say 'please' nicely*** si pent "vær så snill".
nicety [ˌnaisiti; ˌnaisəti] *s* **1***(=subtle point)* fin detalj; hårfin detalj; finesse *(fx niceties of language);* spissfindighet *(fx legal niceties);* liten (uviktig) detalj; ***such niceties*** slike små detaljer;
2. presisjon; nøyaktighet; ***to a nicety*** helt nøyaktig;
3. *stivt el. spøkef:* ***niceties****(=comforts; advantages):* ***the niceties of first-class travel*** det behagelige ved å reise på første klasse.
niche [ni:ʃ] *s* **1.** *arkit(=recess)* nisje; **2.** *fig:* nisje; plass (i livet); ***he's found his niche*** han har kommet på sin rette hylle.
I. nick [nik] *s* **1. T***(=small cut; notch)* skår *n;* hakk *n;*
2. T*(=prison;* **T:** *jug)* **T:** kasjott; **S:** bur *n;*
3. T*(=police station)* politistasjon;
4. T: ***in the nick of time****(=just in time)* i siste øyeblikk; akkurat tidsnok; *spøkef:* i grevens tid;
5. T: ***in good nick*** 1*(=in good form)* i fin form; 2. *om bil(=in good condition)* i fin (*el.* god) stand; 3. *om forretning(=in good shape)* som går godt.
II. nick *vb* **1. T***(=cut)* hakke; kutte; ***he nicked his chin while shaving*** han skar seg på haken under barberingen; **2. T***(=arrest;* **T:** *nab)* arrestere; **T:** sette i kasjotten; **3. T***(=steal;* **T:** *swipe)* stjele; **T:** kvarte; rappe.
I. nickel [nikl] *s* **1.** nikkel; **2. US:** femcentstykke.
II. nickel *vb(=nickel-plate)* fornikle.
I. nicker [ˌnikə] *s* **S***(=pound;* **T:** *quid)* pund *n.*
II. nicker *vb(=neigh softly)* vrinske (*el.* knegge) lavt.
I. nickname [ˌnik'neim] *s:* oppnavn; tilnavn; økenavn.
II. nickname *vb:* gi tilnavn; gi økenavn.
nicotine [ˌnikə'ti:n] *s:* nikotin.
niece [ni:s] *s:* niese.
nifty [ˌnifti] *adj* **T***(=smart; clever; very good):* ***a nifty little car*** en smart og sprek liten bil; ***a nifty gadget*** en smart tingest.
Niger [ˌnaidʒə] *s; geogr:* Niger.
Nigeria [naiˌdʒiəriə] *s; geogr:* Nigeria.
I. Nigerian [naiˌdʒiəriən] *s:* nigerianer.
II. Nigerian *adj:* nigeriansk.
niggardly [ˌnigədli] *adj* **1.** *om beløp(=very small)* knuslete; **2.** *lett glds(=stingy; miserly)* gjerrig.
nigger [ˌnigə] *s* **1.** *neds(=Negro)* nigger; **2. T:** ***there's a nigger in the woodpile*** det er en hake ved det.
I. niggle [nigl] *s* **1***(=misgiving; doubt)* tvil;
2*(=quibble; small criticism)* liten kritisk innvending.
II. niggle *vb* **1***(=quibble over details)* pirke;
2*(=complain about unimportant details)* pirke; komme med smålig kritikk;
3*(=annoy; irritate)* irritere.
niggler [ˌniglə] *s(=pedant)* pedant; pirkete person.
niggling *adj* **1***(=unimportant)* ubetydelig; uviktig;
2*(=worrying; irritating):* ***she has niggling doubts about marrying him*** hun har sine tvil om hun bør gifte

seg med ham; ***a niggling fear****(=a lurking fear)* en snikende frykt; ***niggling worries*** småbekymringer.
niggling work*(=fiddling work)* pirkearbeid.
nigh [nai] *adj; glds(=near)* nær; *litt.:* ***nigh on****(=almost)* nesten; *litt. el. dial:* ***well nigh****(=almost; nearly)* nesten.
night [nait] *s:* natt; *mht. fornøyelser, etc:* kveld; ***night and day*** (både) natt og dag; ***all night (long)****(=throughout the night)* hele natten (igjennom); *teat:* ***first night*** première; ***good night!****(=goodnight!)* god natt; ***wish sby a good night*** ønske en god natt; ***I need a good night's sleep*** jeg trenger til å få sove ordentlig ut; ***last night*** i går kveld; i natt (som var); ***the night before last*** i går natt; ***at night*** om natten; ***late at night*** sent på kvelden; ***at dead of night****(=in the dead of night)* i nattens stillhet; ***by night*** om natten *(fx travel by night);* ved nattetid; ***Paris by night*** Paris ved natt; ***night by night*** natt etter natt; ***during the night*** i løpet av natten; om natten *(fx it rained a lot during the night);* ***in the night*** 1. om natten; 2. i natten *(fx voices in the night);* ***far into the night****(=late into the night; until late at night)* til langt på natt; til langt ut på natten; ***have an early night*** legge seg tidlig; ***turn night into day*** gjøre natt til dag; ***Saturday night*** lørdag kveld; ***late (on) Saturday night*** sent lørdag kveld; natt til søndag; ***on the night of the 6th to the 7th*** natten mellom den 6. og den 7.; ***night came (on)****(=night fell)* natten falt på; ***they made a night of it*** de tok seg en helaften; ***have a night out*** gå ut en kveld; *(se night-out);* ***stay the night*** bli natten over; overnatte; ***he stayed the night out*** han ble resten av natten; ***he won't live through the night*** han kommer ikke til å leve natten over; ***sit up nights*** sitte oppe om nettene; ***work nights*** ha nattarbeid.
night bell nattklokke.
night bird nattmenneske; natterangler; *(jvf night out).*
nightcap [ˌnait'kæp] *s* **1.** *hist:* nattlue; **2.** kveldsdrink.
night clerk US *(=night porter)* nattportier.
nightclothes [ˌnait'klouðz] *pl:* nattøy.
nightclub [ˌnait'klʌb] *s:* nattklubb.
nightclub hostess nattklubbvertinne.
nightdress [ˌnait'dres] *s(=nightgown;* **US** *& Canada: night robe)* nattkjole.
nightfall [ˌnait'fɔ:l] *s; litt.(=dusk):* ***at nightfall*** ved mørkets frembrudd; i skumringen.
night glass *(=night-vision glass)* nattkikkert.
night gown *stivt el.* **US:** *se nightdress.*
nightie [ˌnaiti] *s* **T***(=nightdress)* nattkjole.
nightingale [ˌnaitiŋ'geil] *s; zo:* nattergal.
nightlife [ˌnait'laif] *s:* natteliv; ***nightlife is a strain*** natteliv(et) tar på; ***enjoy (the) nightlife*** nyte nattelivet; ***go in for nightlife*** gi seg nattelivet i vold.
nightlight [ˌnait'lait] *s* **1.** nattlys; **2.** telys.
nightlong [ˌnait'lɔŋ] *adj:* som varer hele natten.
nightly [ˌnaitli] *adj & adv(=at night; every night)* nattlig; natt-; hver natt; hver kveld.
nightmare [ˌnait'mɛə] *s* **1.** mareritt *n;* ***have a nightmare*** ha mareritt; **2.** *fig:* mareritt *n.*
nightmarish [ˌnait'mɛəriʃ] *adj:* som et mareritt *n.*
night-night T *(=goodnight)* god natt, da! natt natt!
night-out ['naitˌaut] *s* **T***(=evening out)* kveld ute; kveld da man er ute for å hygge seg *(fx this is the best night out I've had for months); (se night: have a night out).*
night owl *(=night bird)* nattmenneske; natteravn; *(jvf morning person).*
night porter *(,***US:** *night clerk)* nattportier.
night robe US*(=nightdress)* nattkjole.
night safe nattboks; døgnboks.
nightspot [ˌnait'spɔt] *s* **T***(=nightclub)* nattklubb.
night stick US*(=truncheon)* politikølle.
night sweat *med.:* nattesvette; ***hot flushes and night sweats*** hetetokter og nattesvette.
I. night-time [ˌnait'taim] *s:* nattetid; ***at night-time*** ved nattetid; om natten.
II. night-time *adj:* natt-; ***a night-time prowler*** en som lusker rundt om natten.
night watch 1. nattevakt; **2***(=night watchman)* nattevakt.
night watchman*(=nightwatchman)* nattevakt.
nightwear [ˌnait'wɛə] *s; merk(=nightclothes)* nattøy.
nighty [ˌnaiti] *s* **T***(=nightdress)* nattkjole; *(se nightdress).*
nil [nil] *s* **1.** *sport:* null *n;* ***two-nil****(=by two goals to nil; two-nothing)* 2-0;
2.: ***there was nil response to our questionnaire*** vi fikk overhodet ingen respons på spørreskjemaet vårt; ***his influence is nil*** hans innflytelse er lik null.
Nile [nail] *s; geogr:* ***the Nile*** Nilen.
nimble [nimbl] *adj* **1.** rask (og spenstig); behendig; ***nimble fingers*** raske fingre; ***as nimble as a goat*** lett på foten som ei geit;
2. *fig(=alert)* kvikk; våken *(fx a nimble mind).*
nimbus [ˌnimbəs] *s* **1.** regnsky; **2***(=shining halo)* nimbus; glorie.
nincompoop [ˌniŋkəm'pu:p] *s(=fool)* fjols *n;* tosk.
nine [nain] **1.** *tallord:* ni; **2.** *s:* nitall; **3. T:** ***got up to the -s****(=dressed (up) to the nines)* stivpyntet.
nine-day [ˌnain'dei] *adj:* nidagers; som varer i ni dager.
nine-day wonder *fig:* døgnflue; ***that book's a nine-day wonder*** den boken er en døgnflue.
ninepins [ˌnain'pinz] *s; pl(=skittles;* **US:** *bowling)* kjeglespill; ***they went down like ninepins*** 1. de falt for fote; 2. de fikk sykdommen i tur og orden.
nineteen ['nainˌti:n; ˌnainˌti:n] *tallord:* nitten; ***talk nineteen to the dozen*** snakke i ett vekk.
nineteenth ['nainˌti:nθ; ˌnainˌti:nθ] **1.** *tallord:* nittende; **2.** *s:* nitten(de)del; **3.** *adj* **T:** ***the nineteenth hole****(=the bar)* baren (i golfklubben).
ninetieth [ˌnaintiiθ] **1.** *tallord:* nittiende; **2.** *s:* nitti(ende)del.
ninety [ˌnainti] **1.** *tallord:* nitti; **2.** *s:* ***in the nineties*** i nittiårene.
ninny [ˌnini] *s; neds* **T***(=fool;* klyp *n; twit; dimwit)* tosk.
I. nip [nip] *s* **1***(=pinch)* klyp *n;* **2. T:** knert; (liten) dram; **3.** lite bitt; **4. T:** kaldt drag *(fx in the air).*
II. nip *vb* **1***(=pinch)* klype;
2. klype; *om hund:* klype; bite; ***nip one's finger in the door*** få klemt fingeren i døren; ***nip (off)*** klype av;
3. *om væske, etc:* svi;
4. *bot:* svi; stoppe veksten av;
5. *fig:* ***nip in the bud*** kvele i fødselen;
6. S*(=steal;* **T:** *swipe; nick)* kvarte; rappe;
7. *om bevegelse* **T:** ***nip along*** stikke (*el.* fare) av sted; ***nip along to John's house*** ta en snartur bort til John; ***I'll just nip down to the shop*** jeg tar en liten snartur ned i butikken; ***he nipped over to Paris for the weekend*** han stakk av sted til Paris i helgen; ***I'll just nip round to his place*** jeg stikker bort til ham.
nipper [ˌnipə] *s* **T:** (gutte)pjokk.
nippers [ˌnipəz] *s:* ***a pair of nippers*** en knipetang; ***sugar nippers*** *(=tongs)* sukkerklype; *(se tongs).*
nipple [nipl] *s* **1.** *anat:* brystvorte;
2. US: ***(rubber) nipple****(=(rubber) teat)* tåtesmokk;
3. *mask:* nippel; ***grease nipple*** smørenippel; fettnippel.
Nippon [ˌnipən] *s; geogr(=Japan)* Japan.
nippy [ˌnipi] *adj* **T 1***(=chilly)* kjølig *(fx it's a bit nippy this morning);* **2***(=quick)* kvikk; ***be nippy****(=quick; nifty)* ***about it*** skynde seg med det; ***a nippy little car*** en kvikk (,**T:** sprek) liten bil; ***she's nippy****(=nifty)* ***on her feet****(=she moves quickly)* hun er rask til bens.
nit [nit] *s* **1.** *zo:* luseegg; **2. T***(=nitwit)* idiot; ***that silly nit!*** den idioten!
nitpick [ˌnit'pik] *vb* **T***(=quibble (over details))* henge seg opp i småting (*el.* detaljer); ***stop nitpicking!*** hold opp med å henge deg opp i småting (*el.* detaljer)!
nitrate [ˌnaitreit] *s; kjem:* nitrat *n.*

nitre *(,US: niter)* [ˌnaitə] *s; kjem(=potassium nitrate; sodium nitrate; saltpetre)* salpeter.
nitric [ˌnaitrik] *adj:* nitrogenholdig.
nitric acid *kjem:* salpetersyre; skjevann.
nitrogen [ˌnaitrədʒən] *s; kjem:* nitrogen *n;* kvelstoff.
nitroglycerine ['naitrouˌglisəri:n] *s; kjem:* nitroglyserin.
nitrous [ˌnaitrəs] *adj; kjem:* salpeterholdig.
nitty-gritty [ˌnitiˌgriti] *s* **T:** ***the nitty-gritty****(=the basic facts)* realitetene; det det egentlig dreier seg om; selve saken; ***get down to the nitty-gritty*** komme til saken; ***let's get down to the nitty-gritty of the problem*** la oss så komme til selve problemet.
nitwit [ˌnit'wit] *s* **T***(=idiot)* idiot; tåpelig person.
nix, nixie [ˌniks(i)] *s; myt(=river sprite)* nøkk.
I. no [nou] **1.** *s(pl: noes)* nei; avslag; nei-stemme; *parl:* ***the noes have it*** forslaget er forkastet; **2.** *int:* nei; ***no, and no again!*** nei og atter nei!
II. no 1. *adj; pron:* ikke noe(n); ***we have no****(=not any)* ***food*** vi har ikke noe mat; ***she's no beauty*** hun er ingen skjønnhet; ***he's no friend of mine*** han er ikke min venn; ***no other person could have done it*** ingen annen kunne ha gjort det; ***no smoking*** røyking forbudt;
2. *adv(=not; not any)* ikke *(fx he's no better at golf than swimming);* ***you can go as far as the shop and no further****(=but not any further)* du kan gå så langt som til butikken, men ikke lenger; *stivt el. spøkef:* ***no less a person than*** ingen ringere enn; *stivt:* ***he's no longer here****(=he isn't here any longer)* han er ikke her lenger; *stivt:* ***he's no more****(=he's dead)* han er ikke mer (ɔ: han er død);
3.: ***no sooner … than*** ikke før … før; knapt … før *(fx no sooner had he opened the door than they rushed in);* ***no sooner said than done*** som sagt så gjort;
4.: ***whether we like it or no****(=not)* enten vi vil eller ei.
nob [nɔb] *s* **1. S***(=head)* hode; **S:** knoll; **2. T:** ***the nobs*** de fine.
nobble [nɔbl] *vb* **1.** *i hesteveddeløp for å redusere vinnersjansene* **T:** dope;
2. T: ***nobble sby*** lokke en over på sin side; ***nobble votes*** kjøpe stemmer; ***jury nobbling*** bearbeidelse av juryen.
Nobel [nouˌbel] *s:* Nobel; ***the Nobel Prize*** nobelprisen.
nobility [nouˌbiliti] *s* **1.** adel; adelskap; **2.** *meget stivt(=nobleness)* edelhet; ***nobility of feelings*** *(=noble feelings)* edle følelser.
I. noble [noubl] *s; især hist(=nobleman)* adelsmann.
II. noble *adj* **1.** adelig *(fx a noble family);* ***of noble birth*** av adelig byrd; adelig av fødsel; *(se nobility);*
2. edel; ***a noble deed*** en edel handling.
noble fir *bot(=silver fir)* edelgran.
nobleman [ˌnoublmən] *s:* adelsmann.
noble-minded [ˌnoublˌmaindid; *attributivt:* ˌnoubl'maindid] *adj; stivt(=big-hearted; high-minded)* høysinnet; edelmodig; storsinnet.
noble-mindedness ['noublˌmaindidnəs] *s; stivt(=big-heartedness; high-mindedness)* høysinn; edelmodighet; storsinnethet.
nobleness [ˌnoublnəs] *s; stivt(=high-mindedness)* edelhet; høysinn; *stivt:* ***the nobleness of her feelings****(=her noble feelings)* hennes edle følelser.
noblesse oblige [nouˌbles əˌbli:ʒ] *(=the nobly born must nobly do)* adel forplikter.
noblewoman [ˌnoubl'wumən] *s:* adelsdame.
nobly born *glds(=of noble birth)* av edel byrd.
nobody [ˌnou'bɔdi] **1.** *s; om person:* null *n (fx she's just a nobody);* ***a mere nobody*** et rent null;
2. *pron(=no-one)* ingen *(fx nobody likes him);* ***he's afraid of nobody*** han er ikke redd for noen; ***nobody spoke*** ingen sa noe; **T:** ***he's nobody's fool****(=he's no fool)* han er ingen tosk.
no-claims ['nouˌkleimz] *adj; fors:* ***no-claims discount****(fk NCD)(=no-claim bonus;* **T:** *claims allowance)* bonus (for skadefri kjøring).
nocturnal [nɔkˌtə:nl] *adj:* nattlig; natte-; ***nocturnal animal*** nattdyr.
I. nod [nɔd] *s* **1.** nikk *n;*
2. T: ***he's going to give me the nod any time now*** jeg venter positiv beskjed fra ham når som helst nå; ***it went through on the nod****(=it was agreed without any discussion)* det gikk igjennom uten diskusjon.
II. nod *vb* **1.** nikke; ***nod one's head*** nikke med hodet; ***he nodded his agreement*** han nikket som tegn *(n)* på at han var enig; ***they nodded their approval*** de nikket samtykkende; **2.** småsove; duppe *(fx he sat nodding);* **T:** ***nod off*** duppe av; sovne.
nodal [noudl] *adj; fys:* knute-.
nodal point 1. *fys(=node)* knutepunkt;
2. trafikknutepunkt.
nodding acquaintance: ***have a nodding acquaintance with sby*** kjenne en flyktig; **T:** være på nikk *(n)* med en.
node [noud] *s* **1.** *bot:* bladfeste; **2.** *anat, astr, med.:* knute; **3.** *fys(=nodal point)* knutepunkt.
nodular [ˌnɔdjulə] *adj:* småknudret; knuteaktig.
nodule [ˌnɔdju:l] *s* **1***(=small node)* liten knute;
2. *bot; på belgplante:* ***(root) nodule*** rotknoll.
no-go ['nouˌgou; *attributivt:* ˌnou'gou] *adj:* forbudt; hvor man ikke har adgang.
no-go area forbudt område *n.*
I. no-good [ˌnou'gud] *s(=good-for-nothing; absolutely useless chap)* udugelig fyr.
II. no-good *adj(=useless; good-for-nothing)* udugelig.
no heat *sport:* annullert heat *n;* ***call the heat 'no heat'*** annullere heatet.
I. noise [nɔiz] *s* **1***(=sound)* lyd; ***the noise of gunfire*** lyden av skyting; **2.** støy; larm; bråk *n;* ***make a noise*** bråke; støye; lage støy; ***he asked them to keep their noise down*** han ba dem om å dempe seg;
3. T: ***make a big noise about sth****(=make a fuss about sth)* lage bråk *(n)* pga. noe;
4. T: ***he's a big noise*** han er en stor kanon;
5. T: ***noises****(=remarks)* bemerkninger; ***make sympathetic noises*** komme med medfølende bemerkninger.
II. noise *vb; om rykte, etc; meget stivt el. glds:* ***it was noised abroad that …****(=there was a rumour going about that …)* det gikk det rykte at …
noise abatement *(=fighting noise nuisance)* bekjempelse av støyplagen.
noise baffle støyskjerm.
noiseless [ˌnɔizləs] *adj:* lydløs; støyfri; *(jvf soundless).*
noiselessly [ˌnɔizləsli] *adv:* lydløst.
noise nuisance støyplage; ***fight noise nuisance*** bekjempe støyplagen.
noise polluter støyforurenser.
noise-polluting [ˌnɔizpə'lu:tiŋ] *adj:* støyforurensende.
noise pollution støyforurensning.
noisily [ˌnɔizili] *adv:* støyende.
noisiness [ˌnɔizinəs] *s:* larm; støy; bråk *n.*
noisome [nɔisəm] *adj; meget stivt* **1.** *om lukt(=offensive)* vemmelig; motbydelig;
2*(=unwholesome; noxious)* skadelig; helsefarlig; sunnhetsskadelig *(fx effect).*
noisy [ˌnɔizi] *adj:* støyende; larmende; bråkete.
no-jump ['nouˌdʒʌmp; ˌnou'dʒʌmp] *s; sport:* dødt sprang; dødt hopp.
nomad [ˌnoumæd] *subst:* nomade.
nomadic [nouˌmædik] *adj:* nomadisk; nomade- *(fx tribe).*
no-man's-land *mil & fig:* ingenmannsland.
nom de plume [ˌnɔm də ˌplu:m] *s(pl: noms de plume); stivt(=pen name)* forfatternavn; pseudonym *n.*
nomenclature [nouˌmenklətʃə; **US:** ˌnoumən'kleitʃər] *s(=terminology)* nomenklatur; terminologi.
nominal [ˌnɔminl] *adj* **1.** nominell; i navnet; **2***(=very small)* nominell; symbolsk *(fx a nominal rent).*
nominate [ˌnɔmi'neit] *vb* **1***(=propose)* nominere; innstille *(fx sby for promotion);* oppnevne;
2. *til embete; stivt(=appoint)* utnevne.

nomination ['nɔmiˌneiʃən] *s* **1.** nominasjon; innstilling;
2. *om person:* ***they had four nominations for the job*** fire personer ble innstilt til stillingen;
3. *stivt(=appointment)* utnevnelse.

nominative [ˌnɔminətiv] *adj; gram:* ***the nominative case*** nominativ.

nominee ['nɔmiˌni:] *s:* person som er innstilt (*el.* nominert); kandidat.

non- [nɔn] *forstavelse:* ikke-; u-; -fri (*fx non-alcoholic*).

non-acid ['nɔnˌæsid] *adj:* syrefri.

nonagenarian ['nounədʒiˌnɛəriən] *s:* person som er i nittiårene.

nonagon [ˌnɔnəgɔn] *s; geom:* nikant.

non-aligned ['nɔnəˌlaind] *adj; polit:* alliansefri.

non-appearance ['nɔnəˌpiərəns] *s:* uteblivelse.

non-approval ['nɔnəˌpru:vəl] *s:* manglende godkjenning; manglende innvilgelse.

non-attendance ['nɔnəˌtendəns] *s(=absence)* fravær *n.*

non-breakable ['nɔnˌbreikəbl] *adj(=unbreakable)* uknuselig.

nonce word *(=word coined for the occasion)* engangsord; ord *(n)* lagd for anledningen.

nonchalance [ˌnɔntʃələns] *s:* likegyldighet; overlegenhet; nonchalanse.

nonchalant [ˌnɔntʃələnt] *adj:* nonchalant; overlegen.

non-classified ['nɔnˌklæsi'faid] *adj; om dokument:* ikke hemmelighetsstemplet; uklassifisert.

non-collegiate ['nɔnkəˌli:dʒiət] *adj* **1.** *univ:* som ikke består av 'colleges'; **2.** *univ; om student:* som ikke hører til et 'college'.

non-combatant [nɔnˌkɔmbətənt] *s; mil:* ikke-stridende; nonkombattant.

non-combustible ['nɔnkəmˌbʌstibl] *adj:* ikke brennbar; *(jvf nonflammable).*

non-commissioned ['nɔnkəˌmiʃənd] *adj; mil:* ***non-commissioned officer****(fk NCO)* befal; underoffiser (ɔ: korporal el. sersjant).

noncommittal ['nɔnkəˌmitl] *adj:* uforpliktende *(fx reply);* forbeholden; forsiktig *(fx attitude);* ***you're being very noncommittal about it*** du er svært så diplomatisk.

I. nonconformist ['nɔnkənˌfɔ:mist] *s(=Nonconformist)* dissenter; medlem *(n)* av en frikirke.

II. nonconformist *adj:* dissenter-; frikirke-.

nonconformity ['nɔnkənˌfɔ:miti] **1.** *stivt(=absence of agreement)* manglende samsvar (*el.* overensstemmelse); **2.** *rel:* det å tilhøre en frikirke.

non-corrosive ['nɔnkəˌrousiv] *adj:* rustfri.

nondenominational [ˌnɔndi'nɔmiˌneiʃənl] *adj:* livssynsnøytral; konfesjonsløs.

nondenominational school livssynsnøytral (*el.* konfesjonsløs) skole.

I. nondescript [ˌnɔndi'skript] *s* **1.** person uten særlige kjennetegn; ubestemmlig type; **2**(*=unmarked police car;* **US:** *ghost car)* sivil politibil.

II. nondescript *adj:* ubestemmelig; av den typen man ikke legger merke til *(fx he was quite nondescript).*

non-discrimination ['nɔndiskrimiˌneiʃən] *s:* ikke-diskriminering.

non-drinker [ˌnɔnˌdriŋkə; 'nɔnˌdriŋkə] *s:* ***she's a non-drinker*** hun drikker ikke alkohol.

non-drip ['nɔnˌdrip] *adj* **1**(*=dripless)* dryppfri; **2**(*=noniron)* strykefri *(fx shirt).*

I. none [nʌn] *pron* **1.** ikke noe; ingen *(fx he asked me for some food, but there was none(=not any) in the house);* ***none at all*** slett ingen; ingen i det hele tatt; ***none of the telephones are working*** ingen av telefonene virker; ***none of us have****(=has)* ***seen him*** ingen av oss har sett ham; ***none of that!****(=stop that!)* hold opp med det der! ***it's none of your business*** det raker deg ikke;
2. *glds(=nobody; no-one)* ingen;
3. *stivt:* ***none other than****(=no other than)* ingen annen enn *(fx it's none other than Tom);*
4. *stivt:* ***none but the brave****(=only the brave)* bare de tapre.

II. none *adv* **1.:** ***he's none the better for it*** det har ikke hjulpet ham; ***he's none the worse for the accident*** han slapp heldig fra ulykken; ***none the wiser*** like klok;
2.: ***none too****(=not very)* ikke videre *(fx he was none too pleased with his new car);* ***none too good*** ikke mye å skryte av.

nonentity [nɔnˌentiti] *s; om person:* null *n;* ubetydelighet; ***he's an absolute nonentity****(=he's a mere nobody)* han er det rene null.

nonessential ['nɔniˌsenʃəl] *adj; om ting:* uvesentlig.

nonetheless ['nʌnðəˌles] *adv(=none the less): se nevertheless.*

nonevent ['nɔniˌvent] *s:* uventet skuffende el. kjedelig begivenhet; ***be quite a nonevent*** bli (,være) en stor skuffelse.

nonexistence ['nɔnigˌzistəns] *s:* ikke-eksistens.

nonexistent ['nɔnigˌzistənt] *adj:* ikke-eksisterende; som ikke fins; ***it's nonexistent*** det eksisterer ikke.

nonfat ['nɔnˌfæt; *attributivt:* ˌnɔn'fæt] *adj(=non-fatty)* som ikke inneholder fett *n.*

nonfat milk US(*=skimmed milk)* skummet melk.

non-fattening ['nɔnˌfætəniŋ; *attributivt:* ˌnɔn'fætəniŋ] *adj; om mat:* som ikke feter.

non-fatty ['nɔnˌfæti; *attributivt:* ˌnɔn'fæti] *adj:* som ikke inneholder fett *n.*

nonfiction ['nɔnˌfikʃən] *s(=factual prose)* sakprosa.

nonfigurative ['nɔnˌfigjurətiv] *adj:* nonfigurativ; *(se nonobjective).*

non-flaking ['nɔnˌfleikiŋ; *attributivt:* ˌnɔn'fleikiŋ] *adj:* skalningsbestandig; som ikke flasser av.

nonflammable ['nɔnˌflæməbl] *adj:* tungtantennelig; flammesikker; ikke brennbar; *(jvf non-combustible).*

nonfulfilment ['nɔnfulˌfilmənt] *s:* misligholdelse.

non-inflationary ['nɔninˌfleiʃənəri] *adj; økon:* ikke inflasjonsdrivende.

nonintervention ['nɔnintəˌvenʃən] *s; polit:* ikke-intervensjon; ikkeinnblanding.

noninvolvement ['nɔninˌvɔlvmənt] *s:* det ikke å være innblandet (*el.* involvert).

noniron ['nɔnˌaiən; *attributivt:* ˌnɔn'aiən] *adj(=drip-dry)* strykefri *(fx shirt).*

non-member ['nɔnˌmembə] *s:* ikkemedlem; ***open to non-members*** åpen for ikkemedlemmer; gjester ønskes velkommen; ***admittance not open to non-members*** ikkemedlemmer har ikke adgang.

non-migratory ['nɔnˌmaigrətəri; 'nɔn'maiˌgreitəri] *adj; zo:* ***non-migratory bird****(=non-migrating bird)* standfugl.

non-native ['nɔnˌneitiv] *adj:* fremmedspråklig; ikke innfødt; ***non-native English speaker*** person hvis morsmål ikke er engelsk; ***non-native pupils****(=non-native-speaking pupils; pupils who are non-native speakers)* fremmedspråklige elever.

non-native speaker fremmedspråklig (person); *(se non-native).*

non-native-speaking *adj:* fremmedspråklig; *(se non-native).*

no-nonsense ['nouˌnɔnsəns] *adj* **1**(*=businesslike)* forretningsmessig; saklig; **2.** nøktern *(fx dressed in a no-nonsense jumper and slacks).*

nonnuclear ['nɔnˌnju:kliə; *attributivt:* ˌnɔn'nju:kliə] *adj; om land:* som ikke har atomvåpen el. kjernekraft.

nonobjective ['nɔnəbˌdʒektiv] *adj:* ***nonobjective art*** *(=nonfigurative art; nonrepresentational art)* nonfigurativ kunst.

nonofficial ['nɔnəˌfiʃəl; *attributivt:* ˌnɔnə'fiʃəl] *adj:* ikkeoffisiell; uoffisiell; ***start as a nonofficial competitor*** starte utenfor konkurranse.

nonpartisan ['nɔnpɑ:tiˌzæn] *adj:* ikke partibundet; upartisk.

n

non-paying [ˌnɔn'peiiŋ] *adj:* som ikke betaler; gratis-: ***non-paying passenger****(,***US:** *deadhead)* gratispassasjer.
nonpayment ['nɔnˌpeimənt] *s:* manglende betaling.
nonperson [ˌnɔn'pə:sn] *s;* **1.** *polit(=unperson)* ikkeperson; **2.** *fig:* person som er uten interesse *(fx economically she's a nonperson).*
nonplus [nɔnˌplʌs] *vb:* gjøre helt rådvill (*el.* forbløffet) *(fx her behaviour completely nonplussed me).*
non-poisonous [ˌnɔnˌpɔizənəs] *adj:* giftfri; ikke giftig.
nonpolitical ['nɔnpəˌlitikl] *adj(=unpolitical)* upolitisk.
nonprescription ['nɔnpriˌskripʃən] *adj:* reseptfri *(fx drug).*
nonproductive ['nɔnprəˌdʌktiv] *adj:* uproduktiv.
non-profit-making ['nɔnˌprɔfit'meikiŋ] *adj(,***US:** *non-profit)* som ikke er beregnet å skulle gi fortjeneste; ***non-profit-making organization*** ideell organisasjon.
nonproliferation ['nɔnprə'lifəˌreiʃən] *s; polit:* ikkespredning (av atomvåpen).
nonproliferation treaty *polit:* ikkespredningsavtale.
nonrefundable ['nɔnriˌfʌndəbl] *adj:* som ikke refunderes.
I. nonresident ['nɔnˌrezidənt; ˌnɔnˌrezidənt] *s* **1.** person som ikke er fast bosatt (i et land); **2.** person som ikke bor på arbeidsstedet.
II. nonresident ['nɔnˌrezidənt; *attributivt:* ˌnɔn'rezidənt] *adj:* som ikke bor på stedet (,hotellet, etc).
nonresident staff *ved hotell, etc:* personale *(n)* som bor privat.
nonreturnable ['nɔnriˌtə:nəbl] *adj:* som ikke tas i retur.
nonreturnable bottle engangsflaske.
nonreturnable deposit depositum *(n)* som ikke vil bli tilbakebetalt.
non-runner ['nɔnˌrʌnə] *s; om hest:* som ikke starter.
nonsense [ˌnɔnsəns; **US:** ˌnɔnsens] *s & int:* tøys *n;* tull *n;* tøv *n;* vrøvl *n;* sludder *n;* nonsens *n;* fanteri *n;* ***talk nonsense*** snakke tull; vrøvle; ***it's all nonsense*** det er bare (noe) tull (*el.* tøys); ***what (a) nonsense!*** for noe tull (*el.* tøys)! ***I think the whole thing's a lot of nonsense*** jeg tror det hele bare er noe tull; ***I'm not going to stand any nonsense from him*** jeg finner meg ikke i noe tøys (*el.* fanteri) fra ham.
nonsensical [nɔnˌsensikl] *adj(=absurd)* absurd; meningsløs; tøvete; fjollete *(fx behaviour).*
non-shrink ['nɔnˌʃriŋk] *adj(=shrink-resistant)* krympefri.
non-skid ['nɔnˌskid; *attributivt:* ˌnɔn'skid] *adj:* sklisikker; skrensefast *(fx road surface; tyre).*
I. non-smoker ['nɔnˌsmoukə] *s* **1.** ikke-røyker; **2***(= non-smoker compartment)* kupé for ikke-røykere.
II. non-smoker [ˌnɔn'smoukə] *adj:* ikkerøyker-; for ikkerøykere; ***non-smoker compartment*** kupé for ikkerøykere.
non-specialist ['nɔnˌspeʃəlist; *attributivt:* ˌnɔn'speʃəlist] *adj:* ikkefaglig; ***non-specialist terminology*** ikkefaglig terminologi.
nonstarter ['nɔnˌstɑ:tə] *s* **1.** hest som blir trukket fra et løp; **2.** *fig; om person el. ting* **T:** ***this whole project's a nonstarter*** dette prosjektet har ikke en sjanse (til å lykkes).
nonstick ['nɔnˌstik; *attributivt:* ˌnɔn'stik] *adj:* ***nonstick saucepan*** kjele hvor maten ikke legger seg ved.
nonsticky ['nɔnˌstiki; *attributivt:* ˌnɔn'stiki] *adj:* klebefri.
nonstop ['nɔnˌstɔp; *attributivt:* ˌnɔn'stɔp] *adj & adv:* non stop; ***nonstop flight*** flyvning uten mellomlanding; ***nonstop train*** direkte tog; ***does this train go nonstop to London?****(=does this train go to London nonstop?)* går dette toget direkte til London? *(jvf III. through 4).*
non-terminable ['nɔnˌtə:minəbl] *adj:* uoppsigelig *(fx contract).*
non-U ['nɔnˌju:] *(fk f non-Upper Class) adj; om språkbruk:* udannet.
nonunion ['nɔnˌju:niən; *attributivt:* ˌnɔn'juniən] *adj* **1.** uorganisert; ikke organisert (i noen fagforening); **2.** *om firma:* som ikke tar inn organisert arbeidskraft; **3.** *om arbeid el. produkt:* utført av uorganiserte.
nonunionist ['nɔnˌju:niənist] *s:* uorganisert arbeider.
non-user [ˌnɔnˌju:zə; ˌnɔn'ju:zə] *s:* ikkebruker.
nonviolence ['nɔnˌvaiələns] *s:* ikkevold.
nonviolent ['nɔnˌvaiələnt; *attributivt:* ˌnɔn'vaiələnt] *adj:* ikkevolds-; ***they are nonviolent*** de er ikke tilhengere av vold.
nonvoter ['nɔnˌvoutə] *s:* person som ikke stemmer.
nonvoting ['nɔnˌvoutiŋ; *attributivt:* ˌnɔn'voutiŋ] *adj:* ***nonvoting shares*** aksjer uten stemmerett.
non-White ['nɔnˌwait] *s & adj:* ikkehvit; ***the non-Whites*** de ikkehvite; de fargede.
I. noodle [nu:dl] *s* **1***(=silly fool)* dust; fjols *n;* **2. US S***(= head)* knoll; skolt.
II. noodle *s; kul:* ***noodles*** nudler.
nook [nuk] *s* **1***(=small hiding place)* lite gjemme *n;* **2. T:** ***in every nook and cranny****(=in every little hole and corner)* i alle krinkelkroker; overalt.
nookie, nooky [ˌnuki] *s; spøkef* **S***(=sex; screw)* sex; **T:** nummer *n.*
noon [nu:n] *s:* ***at noon*** klokken 12 (middag).
noonday [ˌnu:n'dei] *s* **1.** *litt.(=middle of the day)* middagstid; **2.:** ***(as) clear as noonday****(=day)* (så) klart som dagen.
no-one, no one [ˌnou'wʌn] *pron(=nobody)* ingen.
noose [ˌnu:s] *s* **1***(=loop)* løkke; **2***(=running knot)* renneløkke; rennesnare; **3.** *fig:* ***put one's head in a noose*** legge repet om sin egen hals.
nor [nɔ:] *konj* **1***(=(and) not … either)* (og) heller ikke *(fx he didn't know then what had happened, nor did he ever find out);* ***I'm not going, nor is John****(=I'm not going, and John isn't going either)* jeg går (,drar) ikke, og det gjør ikke John heller; ***I've never done that, nor do I intend to start now*** det har jeg aldri gjort, og heller ikke har jeg tenkt å begynne nå;
2.: ***neither … nor:*** *se II. neither 2.*
no race *sport:* annullert løp *n;* ***call the heat 'no race'*** annullere løpet.
Nordic [ˌnɔ:dik] *adj:* nordisk; skandinavisk.
Nordic Combination *ski:* ***the Nordic Combination*** kombinert renn *n.*
norm [nɔ:m] *s:* norm; ***below the norm*** under normen; ***conform to the norms of behaviour*** rette seg etter vanlige normer for oppførsel.
I. normal [nɔ:mĩl] *s* **1.** det normale; ***above normal*** over normalen; over det normale; ***back to normal*** tilbake til det normale; ***when things are back to normal*** når alt er normalt igjen; **2.** *geom: se I. perpendicular.*
II. normal *adj:* normal; alminnelig; ***in normal circumstances*** under normale omstendigheter; ***the child's not normal*** barnet er ikke normalt; ***that's perfectly normal*** det er helt normalt; ***he's not his normal self today*** han er ikke sitt normale jeg i dag.
normalcy [ˌnɔ:məlsi] *s; stivt; især* **US***(=normality)* normalitet; normale forhold *n;* normal tilstand.
normality [nɔ:ˌmæliti] *s(,især* **US:** *normalcy)* **1.** normalitet; ***despite his apparent normality*** til tross for at han ser (,så) ganske normal ut; **2.** normale forhold *n;* normal tilstand; ***return to normality*** normalisere seg.
normalize, normalise [ˌnɔ:mə'laiz] *vb:* normalisere.
normally [ˌnɔ:məli] *adv:* normalt; under normale forhold *n.*
I. Norman [ˌnɔ:mən] *s:* normanner.
II. Norman *adj* **1.** normannisk;
2. *arkit; i* **UK:** romansk.
Norman Conquest *hist:* ***the Norman Conquest*** normannernes erobring av England (i 1066).
Normandy [ˌnɔ:məndi] *s; geogr:* Normandie.
normative [ˌnɔ:mətiv] *adj:* normativ; normgivende.
I. Norse [nɔ:s] *s* **1.:** ***the Norse****(=the Norsemen)* nordboene; **2.** *språkv:* ***Old Norse*** gammelnorsk; oldnorsk.

norse

Norse in English

There are many traces of Old Norse in English. Here are some examples:

pronouns	**their**	(Norse: *theirra*)
	they, them	(Norse: *theym, theym*)
verbs (the past form of go):	**went** (turned back)	(Norse: *vende*)
nouns	**man**	(Norse: *madr*)
	woman	(Norse: *kvennmann*)
	kirk	(Norse: *kirkja*)
	skirt	(Norse: *skyrta*)

II. Norse *adj:* norrøn; nordisk *(fx Norse mythology).*
Norseman [ˌnɔ:smən] *s* **1.** nordbo; **2***(=Viking)* viking.
I. north [nɔ:θ] *s:* nord; ***from north to south along the frontier with Sweden*** fra nord til syd langs svenskegrensen; ***in the north****(=North)* ***of England****(=in the North)* i Nord-England; ***to the north of*** nord for.
II. north *adj:* nord-; norda-; nordlig; mot nord *(fx a north window);* ***a north wind*** nordavind.
III. north *adv:* nordover; ***he went north*** han dro nordpå (*el.* nordover *el.* mot nord); ***north by east*** nord til øst.
North Africa *geogr:* Nord-Afrika.
Northants [nɔ:ˌθænts] *(fk f Northamptonshire)* Northamptonshire.
northbound [ˌnɔ:θ'baund] *adj:* nordgående *(fx train).*
North Cape *s; geogr:* ***the North Cape*** Nordkapp.
North Country *s:* ***the North Country****(=the North)* Nord-England.
I. northeast ['nɔ:θˌi:st] *s:* nordøst; nordost.
II. northeast *adv(=northeastwards)* nordøstover; mot nordøst.
northerly [ˌnɔ:ðəli] *adj:* nordlig *(fx wind);* ***in a northerly direction*** i nordlig retning.
northern [ˌnɔ:ðən] *adj:* nordlig; nord-; nordisk; ***northern English*** nordengelsk *(fx his way of speaking is northern English);* ***her accent is northern*** hun har nordengelsk uttale.
Northerner [ˌnɔ:ðənə] *s(=northerner)* **1.** person nordfra i landet; nordlending; **2. US:** nordstatsbeboer.
Northern Germany *geogr:* Nord-Tyskland; *(jvf South Germany).*
northern hemisphere: ***the northern hemisphere*** den nordlige halvkule.
Northern Ireland *s; geogr:* Nord-Irland.
northern lights *pl(=aurora borealis)* nordlys.
northernmost [ˌnɔ:ðən'moust] *adj(=furthest north)* nordligst; ***the northernmost point****(=the most northern point; the most northerly point)* det nordligste punktet.
North German nordtysk.
North Jutland *geogr:* Nord-Jylland.
north-northeast *(fk NNE)* nordnordøst.
North Norway *geogr(=Northern Norway; Norway north of Tröndelag)* Nord-Norge; ***in North Norway****(= in the North(=north) of Norway)* i Nord-Norge.
I. North Norwegian *s(=northerner; person from the North of Norway)* nordlending.
II. North Norwegian *adj:* nordnorsk.
north-oriented [ˌnɔ:θɔ:ri'entid] *adj(=facing north)* nordvendt; orientert mot nord.
North Pole *geogr:* ***the North Pole*** Nordpolen.
North Sea *geogr:* ***the North Sea*** Nordsjøen.
North Schleswig *geogr:* Nord-Slesvig.
North Star *astr:* ***the North Star****(=the Pole Star; the Polaris)* Polarstjernen.
northward [ˌnɔ:θwəd] **1.** *adj:* nordlig; **2.** *adv(=northwards)* mot nord; nordover; **3.:** ***(to the) northward of*** nordenom.
I. northwest ['nɔ:θˌwest] *s:* nordvest.
II. northwest *adj:* nordvestlig; nordvest-.
northwesterly ['nɔ:θˌwestəli] *adj:* nordvestlig.
Norway [ˌnɔ:wei] *s; geogr:* Norge; *(se også North Norway).*
Norway haddock *zo; fisk:* uer.
Norway lobster *zo:* bokstavhummer; trollhummer.
(Norway) maple *bot:* lønn.
Norway rat *zo(=brown rat)* brun rotte.
Norway spruce *bot(=spruce;* **T:** *fir)* gran.
I. Norwegian [nɔ:ˌwi:dʒən] *s* **1.** nordmann; ***a native-born Norwegian*** en norskfødt nordmann; *(se Norwegian-born);*
2. *språket:* norsk; ***New Norwegian*** nynorsk; ***standard Norwegian*** bokmål; ***in Norwegian*** på norsk.
II. Norwegian *adj:* norsk; ***he's a Norwegian through and through*** *(=he's a hundred per cent Norwegian)* han er helnorsk.
Norwegian-born [nɔ:ˌwi:dʒən'bɔ:n] *adj(=Norwegian by birth; born of Norwegian parents)* norskfødt; *(jvf I. Norwegian: a native-born Norwegian).*
Norwegian Channel *geogr:* ***the Norwegian Channel****(=the Norwegian Gut; the Norwegian Trench)* Norskerenna.
Norwegian Church Relief: ***the Norwegian Church Relief*** Kirkens nødhjelp.
Norwegian-English norsk-engelsk *(fx dictionary).*
Norwegianism [nɔˌwi:dʒə'nizəm] *s; språkv:* norvagisme.
Norwegianize, Norwegianise [nɔ:ˌwi:dʒə'naiz] *vb; språkv:* norvagisere.
Norwegian-minded [nɔ:ˌwi:dʒən'maindid] *adj(=pro-Norwegian)* norsksinnet; med norske sympatier.
Norwegian national champion *sport:* norgesmester.
Norwegian national championship *sport:* norgesmesterskap.
Norwegianness [nɔ:ˌwi:dʒənnəs] *s:* norskhet; ***he worked for Norwegianness in writing and speech****(=*

n

he worked for the promotion of Norwegian characteristics in writing and speech) han arbeidet for norskhet i skrift og tale.

Norwegian Sea *geogr:* ***the Norwegian Sea*** Norskehavet.

I. nose [nouz] *s* **1.** *anat:* nese; *hos dyr(=snout)* snute; ***a runny nose*** en nese som det renner av; ***the tip of one's nose*** nesetippen; ***my nose is shiny*** jeg er blank på nesen;
2. *på ting, fx bil el. fly:* nese; front;
3(*=sense of smell)* nese; luktesans *(fx dogs have good noses);*
4. *fig:* teft; sporsans; ***have a (good) nose for sth*** ha (fin) teft for noe; ha (god) nese for noe;
5. *forskjellige uttrykk:* ***bleed at****(=from)* ***the nose*** blø neseblod; ***my nose is bleeding*** jeg blør neseblod; ***my nose is blocked****(=stopped up)* jeg er tett i nesen; ***blow one's nose*** snyte seg; pusse nesen; ***count noses*** foreta opptelling; ***cut off one's nose to spite one's face*** gjøre noe som blir verst for en selv; **T** *sj:* ***follow your nose****(=go(=carry) straight on)* fortsett rett frem; ***she always has her nose (stuck) in a book*** hun sitter alltid med nesen i en bok; **T:** ***keep one's nose clean*** *(=keep out of trouble)* oppføre seg ordentlig; holde seg unna bråk *n;* holde seg i skinnet; **T:** ***keep your nose out of this!*** hold nesen din unna dette! ***keep one's nose to the grindstone*** henge i; **T:** stå på; ***lead sby (around) by the nose*** trekke en etter nesen; *fig:* ***look down one's nose at sby*** se ned på en; **T:** ***I paid through the nose for it*** jeg betalte i dyre dommer for det; ***poke one's nose into*** stikke nesen sin i; legge seg borti *(fx sby's affairs);* ***poke one's nose into every corner*** stikke nesen sin i alt mulig; **T:** ***put sby's nose out of joint****(=offend sby)* fornærme en; ***his nose was out of joint*** han følte seg forurettet; han var fornærmet; *om feil man har gjort, etc:* ***you don't have to rub my nose in it!*** du behøver ikke minne meg om det hele tiden! *fig:* ***turn up one's nose at*** rynke på nesen av; ***under sby's (very) nose*** like for nesen på en; ***it was right under his nose all the time*** det lå like for nesen på ham hele tiden; **T:** ***I've got him up my nose****(=he's got on my nerves)* jeg har fått ham (helt) i vrangstrupen.

II. nose *vb* **1.** *om hund el. hest(=nuzzle)* gni snuten (,mulen) mot; **2.** snuse; ***nose about, nose around*** snuse omkring; *også fig:* ***nose out****(=sniff out)* snuse opp; snuse seg frem til; **3.** *om forsiktig manøvrering:* ***we nosed the car into the garage*** vi lirket bilen forsiktig inn i garasjen; ***the ship nosed into dock*** skipet gled langsomt i havn.

nosebag [ˌnouz'bæg] *s:* mulepose.

nosebleed [ˌnouz'bli:d] *s:* neseblødning; ***have a nosebleed*** blø neseblod.

nose cone *på fx rakett:* neseseksjon.

I. nose dive *s* **1.** *flyv:* stup *n;* **2.** *fig:* ***the car took a nose dive into the sea*** bilen kjørte rett i sjøen.

II. nose-dive [ˌnouz'daiv] *vb* **1.** *flyv:* stupe; **2.** *fig(=drop suddenly):* ***prices nose-dived*** prisene falt brått.

nosegay [ˌnouz'gei] *s; glds(=posy)* liten blomsterbukett.

nose-heavy [ˌnouz'hevi] *adj; flyv, etc:* fortung.

nosey [ˌnouzi] *adj: se nosy.*

nosh [nɔʃ] *s* **S**(*=food)* mat; ***have some nosh*** få seg noe mat i livet.

no-show ['nouˌʃou] *s* **1.** *i reiselivsbransjen:* no-show (ɔ: person som hverken avbestiller eller benytter billetten); ***send a bill for no-show*** sende en no-show-regning; **2. T:** ***there was one no-show*** det var én som ikke kom.

nosh-up [ˌnɔʃ'ʌp] *s* **S:** realt måltid mat.

nostalgia [nɔˌstældʒə] *s* **1**(*=homesickness)* hjemlengsel; **2.** nostalgi; ***feel nostalgia for sth*** lengte tilbake til noe.

nostalgic [nɔˌstældʒik] *adj:* nostalgisk; ***be****(=feel)* ***nostalgic for sth*** lengte tilbake til noe

nostril [ˌnɔstril] *s; anat:* nesebor.

nosy [nouzi] *adj; neds* **T**(*=prying; curious)* nysgjerrig *(fx she's too nosy);* ***a nosy question*** et nærgående spørsmål.

nosy parker T *(=prying person)* nysgjerrigper.

not [nɔt] *adv:* ikke; ***not at all*** 1. slett ikke; 2. *svar på takk:* ikke noe å takke for; ***I didn't see him*** jeg så ham ikke; jeg traff ham ikke; ***they told me not to go*** de sa jeg ikke måtte gå (,dra); jeg fikk beskjed om ikke å gå (,dra); ***I'm afraid not*** nei, dessverre; ***I hope not*** jeg håper (da) ikke det; ***not that ...*** ikke slik å forstå at ...; *stivt:* ***not till then did he realize that ...*** *(fx he only realized then that ...)* først da innså han at ...

notability ['noutəˌbiliti] *s(=VIP)* notabilitet; fremstående person.

I. notable [ˌnoutəbl] *s; om person; stivt el. spøkef(=notability; VIP)* notabilitet; *spøkef:* størrelse.

II. notable *adj* **1**(*=noteworthy; remarkable)* bemerkelsesverdig; ***a notable achievement*** en bemerkelsesverdig prestasjon;
2. *stivt(=prominent)* fremstående; prominent;
3. *stivt:* ***be notable for****(=be well known for)* være kjent for *(fx he's notable for his work on hormones).*

notably [ˌnoutəbli] *adv* **1.** *stivt(=especially; particularly)* især; særlig;
2(*=noticeably; markedly)* merkbart; påtagelig;
3.: ***be notably absent****(=be conspicuous by one's absence)* glimre ved sitt fravær.

notarial [nouˌtɛəriəl] *adj:* notarial-.

notarially certified notarialbekreftet.

notary [ˌnoutəri] *s:* ***notary (public)*** notarius publicus.

notation [nouˌteiʃən] *s* **1.** tegnsystem; markeringssystem; *2. mus:* noteskrift; notesystem.

I. notch [nɔtʃ] *s* **1.** hakk *n;* innsnitt; skår *n;* **2.** *fig(=cut):* ***a notch above sby*** et hakk *(n)* bedre enn en.

II. notch *vb* **1.** lage hakk *(n)* i; lage skår *(n)* i;
2. *sport:* ***notch (up)*** score *(fx a goal);*
3. *fig:* ***he notched up yet another victory*** han noterte seg for enda en seier; ***notch up a hefty bill for excess baggage*** pådra seg en velvoksen regning for overvektig bagasje.

I. note [nout] *s* **1.** *mus:* note; tone; *(=key)* tangent; ***leading note*** ledetone; ***whole note*** helnote; *(se 7);*
2. *om fugl(=song)* sang;
3. *polit:* note; ***hand over a note*** overrekke en note;
4(*=banknote;* **US:** *bill)* (penge)seddel; ***I've nothing smaller than a note on me*** jeg har bare store penger på meg;
5. lite brev; seddel; *skolev:* melding;
6. notat *n;* note; merknad; *typ:* ***shoulder note*** marginaltekst; ***make****(=take)* ***notes*** gjøre notater; ***make a note of*** merke seg; notere seg; ***make a mental note of sth*** merke seg noe; forsøke å huske noe; skrive seg noe bak øret; *stivt:* ***take note of****(=make a note of)* merke seg; ***in note form*** i notatform; ***I enclose a note of my expenses*** jeg vedlegger et notat om mine utgifter; *stivt:* ***it's worthy of note****(=it's noteworthy)* det er verdt å merke seg; ***speak without notes*** holde tale uten manuskript; *(se footnote);*
7. *fig:* tone; ***strike the right note*** slå an den riktige tonen; ***strike a sentimental note*** slå på de sentimentale strenger; ***the meeting ended on a note of optimism*** møtet endte i en optimistisk tone; ***that started the celebration on a joyful note*** det ga festen en munter opptakt.
8. antydning; anstrøk; ***there was a note of hysteria in her voice*** det var en antydning til hysteri *(n)* i stemmen hennes;
9. *stivt:* ***be of note****(=important)* betydningsfull *(fx be a person of note);*
10. *fig* **T:** ***compare notes****(=tell each other of their (,our, your) experiences)* utveksle erfaringer.

II. note *vb* **1.** legge merke til; merke seg; notere seg;
2.: ***note down****(=write down)* skrive ned; notere.

notebook [ˌnout'buk] *s:* notisbok; *skolev:* glosebok.
notecase [ˌnout'keis] *s; sj(=wallet)* lommebok.
noted [ˌnoutid] *adj(=well-known; famous)* kjent; fremtredende; berømt *(fx a noted American writer); **he's noted for*** han er kjent for.
note form: ***in note form****(=in the form of notes)* i notatform.
notepad [ˌnout'pæd] *s(=scratch pad)* notatblokk; notisblokk.
notepaper [ˌnout'peipə] *s(=writing paper)* brevpapir.
noteworthy [ˌnout'wə:ði] *adj:* verdt å merke seg; bemerkelsesverdig.
nothing [ˌnʌθiŋ] **1.** *adv; litt.(=not at all):* ***nothing daunted*** uforferdet;
2. *pron & s:* ingenting; ***for nothing*** gratis; ***he'll stop at nothing*** han skyr ingenting; ***there's nothing else for it*** det er ingen annen råd; ***nothing much happened*** det skjedde ikke noe større; ***she means nothing to me now*** hun betyr ingenting for meg nå (lenger); ***next to nothing****(=almost nothing)* nesten ingenting; ***that's nothing to what I saw*** det er ingenting mot det jeg så; ***nothing short of*** intet mindre enn; *stivt:* ***I can make nothing of this letter****(=I don't understand this letter)* jeg forstår ikke dette brevet; ***...to say nothing of*** for ikke å snakke om; ***he thinks nothing of cycling 15 kilometres to work*** han gjør ikke noe av å sykle 15 kilometer til arbeidet (*el.* jobben); ***come to nothing*** ikke bli noe av; **T:** ***nothing doing!*** ikke tale om! det blir det ikke noe av! ***it's neck or nothing*** (det er) alt eller intet; *ordspråk:* ***nothing ventured, nothing gained*** den som intet våger, intet vinner.
nothingness [ˌnʌθiŋnəs] *s; litt.(=nothing; void; emptiness)* intethet; tomhet; tomrom; ***become nothingness*** bli til intet; ***the great nothingness****(=void)* det store intet; ***is there only nothingness****(=a void)* ***after death?*** *(=is there absolutely nothing after death?)* finnes det absolutt ingenting etter døden? ***it dissolved into nothingness*** det løste seg opp i ingenting.
I. notice [ˌnoutis] *s* **1.** notis; oppslag; melding; bekjentgjørelse; ***put up notices in shop windows*** sette oppslag i butikkvinduene; ***they put a notice in the paper announcing the birth of their son*** de satte en notis i avisen for å bekjentgjøre sønnens fødsel; ***nobody had seen the notice on the board*** det var ingen som hadde sett oppslaget på tavlen; ***the notice says 'Keep out'*** det står "adgang forbudt" på skiltet;
2. *bok, film, teat(=review)* anmeldelse; omtale *(fx she didn't get very good notices for her book);*
3. varsel *n;* ***leave with ten minutes' notice*** dra på ti minutters *(n)* varsel; ***at a moment's notice*** på et øyeblikks varsel; ***at short notice*** på kort varsel; ***give notice of a strike*** varsle streik; *stivt:* ***he served notice that****(=he warned that)* han varslet om at; ***the timetable is subject to change without notice*** timeplanen kan endres uten varsel; ***until further notice*** inntil videre;
4.: ***notice (to quit)*** oppsigelse; ***give notice****(=hand in one's notice)* si opp (stillingen sin); ***give a month's notice*** si opp en måned i forveien; ***he gave his tenant notice*** han sa opp leieboeren sin; ***work (out) one's notice*** stå oppsigelsestiden ut;
5.: ***I'll bring that to his notice as soon as possible*** jeg skal gjøre ham kjent med det så snart som mulig; ***it has come to our notice that*** vi har fått kjennskap til at; ***it had escaped my notice*** det hadde unngått min oppmerksomhet;
6.: ***take notice of*** 1*(=notice)* legge merke til; 2.: ***take no notice of what he says****(=pay no attention to what he says)* bry deg ikke om hva han sier; 3. **T:** ***sit up and take notice*** bli oppmerksom; spisse ører *n.*
II. notice *vb:* legge merke *(n)* til *(fx nobody noticed anything);* ***this time we'll pretend not to notice****(=this time we'll stretch a point)* vi ser gjennom fingrene med det for denne ene gangens skyld; ***he made****(=got)* ***himself noticed*** han ble lagt merke til.
noticeable [ˌnoutisəbl] *adj* **1.** merkbar; synlig; ***a noticeable increase in ...*** en merkbar økning i ...;
2. påfallende *(fx that would be too noticeable).*
noticeably [ˌnoutisəbli] *adv:* merkbart; ***he was given some water and revived noticeably*** han fikk vann *(n)* og kviknet merkbart til.
noticeboard [ˌnoutis'bɔ:d] *s(=board:* **US:** *bulletin board)* oppslagstavle; ***a notice on the board*** et oppslag på tavlen.
notice of the meeting møteinnkalling; ***notice of the meeting will be sent out shortly*** møteinnkallingen skal sendes ut om kort tid.
notifiable [ˌnouti'faiəbl] *adj; om sykdom:* som må meldes til helsemyndighetene; meldepliktig.
notification ['noutifiˌkeiʃən] *s:* melding; ***notification in writing*** skriftlig melding.
notify [ˌnouti'fai] *vb; stivt* **1***(=inform)* meddele; underrette; melde fra til *(fx the police);* melde fra om; ***notify a death*** melde fra om et dødsfall; ***notify sby of sth*** *(=inform sby of sth)* meddele en noe; ***notify sth to****(=report sth to)* melde fra om noe til;
2*(=indicate)* tilkjennegi *(fx one's intentions).*
notion [ˌnouʃən] *s* **1***(=idea)* forestilling; begrep *n;* anelse; ***he had a notion that she wouldn't like it*** han hadde en anelse om at hun ikke ville like det; ***a person without any notion of honour*** en person uten æresbegreper; ***he has no notion of time*** han har ingen følelse av tid;
2. *stivt(=whim; idea)* grille; innfall; idé; ***her head is full of silly notions*** hun har hodet fullt av dumme idéer;
3. *stivt(=craving):* ***have a notion for*** ha fryktelig lyst på.
notional [ˌnouʃənl] *adj* **1***(=nominal)* nominell; symbolsk; ***the discount is purely notional*** rabatten er bare symbolsk; **2.** *stivt(=imaginary)* imaginær; innbilt.
notions US *pl(=haberdashery)* kortevarer.
notoriety ['noutəˌraiəti] *s:* beryktethet; ***unenviable notoriety*** herostratisk berømmelse.
notorious [nouˌtɔ:riəs] *adj:* beryktet *(fx criminal);* ***notorious as*** beryktet som; ***notorious for*** beryktet for; *stivt:* ***it is a notorious fact that ...****(=it's an only too well-known fact that ...)* det er bare så altfor kjent at ...
notoriously [nouˌtɔ:riəsli] *adv:* som kjent; erfaringsmessig; ***he's notoriously lazy*** han er kjent for å være doven.
no-trumps*(,***US:** *no-trump)* ['nouˌtrʌmp(s)] *s; kortsp:* grand; ***score a grand slam in no-trumps*** gjøre storeslem i grand.
notwithstanding ['nɔtwiθˌstændiŋ; 'nɔtwiðˌstændiŋ]
1. *prep; stivt(=in spite of)* til tross for; trass i;
2. *adv; stivt(=nevertheless; in spite of that (,this))* ikke desto mindre; likevel; **3.** *konj; meget stivt:* ***notwithstanding that****(=although)* til tross for at.
nougat [ˌnu:gɑ:; ˌnʌgət] *s:* nugat.
nought [nɔ:t] *s* **1.** *mat.(=zero;* **US:** *naught)* null *n;* ***point nought five*** 0,05; null komma null fem;
2.: *se naught 2.*
noun [naun] *s; gram(=substantive)* substantiv *n.*
nourish [ˌnʌriʃ] *vb* **1.** *stivt(=feed)* fø; ernære;
2. *fig; om følelser el. idéer(=foster)* fostre; nære.
nourishing *adj:* nærende; næringsrik.
nourishment [ˌnʌriʃmənt] *s:* næring.
nouveau riche ['nu:vouˌri:ʃ] *s(pl: nouveauz riches)* nyrik; rik oppkomling.
I. novel [ˌnɔvəl] *s:* roman; ***contemporary novel*** samtidsroman; ***novel of suspense****(=thriller)* spenningsroman.
II. novel *adj(=new (and original))* ny; uvanlig; hittil ukjent; ***a novel use for jam jars*** en hittil ukjent måte å bruke syltetøyglass på; *(jvf novelty 1).*
novelette ['nɔvəˌlet] *s* **1***(=short novel)* kort roman; novellette; **2.** *neds:* godtkjøpsroman; misseroman;
3. *mus:* novelette.

novelist [ˌnɔvəlist] *s:* romanforfatter.
novelty [ˌnɔvəlti] *s* **1.** *om det som er nytt og uvant:* ***the novelty of her surroundings*** det helt nye og uvante ved hennes omgivelser; ***it was quite a novelty****(=it was something entirely new)* det var noe helt nytt; ***once the novelty has worn off*** når det har tapt nyhetens interesse; **2.** *merk:* nyhetsartikkel.
novelty shop forretning som selger nyhetsartikler.
November [nəˌvembə] *s:* November; *(se June).*
novice [ˌnɔvis] *s* **1***(=beginner)* nybegynner; **2.** *rel:* novise.
novice user *EDB:* ny bruker (ɔ: nybegynner på datamaskin).
now [nau] **1.** *adv:* nå; ***for now*** foreløpig *(fx that's enough for now);* ***just now*** akkurat nå; nettopp nå; ***from now on*** fra nå av; ***now and again*** nå og da; ***by now*** nå *(fx he should be there by now);* ***I didn't know till now****(=I didn't know before now)* jeg har ikke visst det før nå; ***up to now*** inntil nå; hittil;
2. *adv; i fortellende stil(=then)* nå *(fx we were now very close to the city);*
3. *adv; innledende ord:* ***now!*** jo, nå skal du høre! hør nå! ***now listen!*** hør nå her! ***now this is what happened*** jo, det som hendte var følgende; ***now, that's something I don't know*** ja, det er noe jeg ikke vet; ***now then!*** nå da! *overrasket:* ***well now!*** nei, ser man det!
4. *adv; tvilende:* ***did he now!*** nei, gjorde han det!
5. *adv; litt.:* ***now ..., now****(=now ..., then; first ... then)* snart ..., snart *(fx now on one side, now on the other);*
6. *konj:* ***now (that)*** nå da *(fx now that you're here, I can leave).*
nowadays [ˌnauə'deiz] *adv(=these days)* nå for tiden.
nowhere [ˌnouwɛə] *adv* **1.** ikke noe sted *n;* ingen steder; ***nowhere else*** ikke noe annet sted; ***you're going nowhere!*** du skal (slett) ikke gå noe sted! ***we're getting nowhere****(=we aren't getting anywhere)* vi kommer ingen vei;
2.: ***nowhere near****(=not nearly)* ikke på langt nær *(fx A is nowhere near as big as B; it's nowhere near as good);* **T:** ***I got nowhere near*** det manglet mye på at jeg klarte det.
noxious [ˌnɔkʃəs] *adj(=harmful)* skadelig; ***noxious gases (,fumes)*** skadelige gasser (,damper); ***noxious or toxic dust*** skadelig eller giftig støv *n.*
nozzle [nɔzl] *s* **1.** munnstykke; **2.** *mask:* dyse; ***spray nozzle*** forgasserdyse.
nth [enθ] *adj; mat.:* n'te; ***to the nth power*** i n'te potens.
nuance [ˌnju:ɑ:ns; nju:ˌɑ:ns] *s; stivt(=shade)* nyanse; ***nuance of colour*** fargenyanse; fargesjattering; ***nuance of meaning*** betydningsnyanse; ***rich in nuances*** nyanserik.
nub [nʌb] *s; sj* **1***(=small lump; small bump)* liten klump; liten kul; **2.** *fig(=crux)* kjerne; ***the nub of the problem*** problemets kjerne; **3.** *fig(=point)* poeng *n;* ***the nub of the story*** poenget ved historien.
nubile [ˌnju:'bail] *adj* **1***(=ready for marriage)* gifteferdig; **2***(=sexually attractive)* seksuelt tiltrekkende.
nuclear [ˌnju:kliə] *adj; fys:* kjerne-; atom-; nukleær.
nuclear age: ***the nuclear age****(=the atomic age)* atomalderen.
nuclear *(=atomic)* **energy** kjernekraft; atomkraft.
nuclear family kjernefamilie.
nuclear-free [ˌnju:kliə'fri:] *adj(=denuclearized)* atomfri.
nuclear physics kjernefysikk.
nuclear power *fys:* kjernekraft; atomkraft.
nuclear power station kjernekraftverk; atomkraftverk.
nuclear test kjernefysisk prøve.
(nuclear) test ban forbud mot kjernefysiske prøver; prøvestans.
nuclear war *mil(=atomic war)* kjernefysisk krig; atomkrig.
nuclear waste disposal det å bli kvitt kjernefysisk avfall *n.*
nuclear weapons *pl; mil:* kjernefysiske våpen *n;* atomvåpen.
nucleus [ˌnju:kliəs] *s(pl: nuclei* [ˌnju:kli'ai]*)* **1.** kjerne; **2.** *fig:* kjerne; grunnstamme.
I. nude [nju:d] *s:* naken figur; akt(studie); ***from the nude*** etter naken modell; ***dance in the nude*** danse naken; ***pose in the nude*** stå nakenmodell.
II. nude *adj(=naked)* naken; ***pose nude*** stå nakenmodell.
I. nudge [nʌdʒ] *s:* liten dytt; lite puff *n;* dult (med albuen) *(fx I gave her a nudge).*
II. nudge *vb* **1.:** ***nudge sby*** gi en en liten dytt (*el.* dult); dytte til en; skubbe til en; **2.** *om viser på instrument:* så vidt berøre *(fx the needle nudged 100 mph).*
nudism [ˌnju:dizəm] *s(=naturism)* nudisme; naturisme.
nudist [ˌnju:dist] *s(=naturist)* nudist; naturist.
nudity [ˌnju:diti] *s(=nakedness)* nakenhet.
nugget [ˌnʌgit] *s:* ***a nugget (of gold)*** en gullklump.
nuisance [ˌnju:səns] *s:* plage; ***it's a nuisance*** det er en plage; det er ergerlig; ***it's a damn nuisance!*** det er pokker så ergerlig! ***make a nuisance of oneself*** være til bry *n;* ***a public nuisance*** noe som er til offentlig sjenanse (*el.* ulempe).
nuke [nju:k] *s* **US** **S***(=nuclear bomb)* atombombe.
null [nʌl] *adj; jur:* ***declare null and void*** erklære ugyldig; ***the statements were declared null and void by the court*** bemerkningene ble i retten erklært døde og maktesløse.
nullify [ˌnʌli'fai] *vb:* gjøre ugyldig; annullere.
nullity [ˌnʌliti] *s; jur:* ugyldighet *(fx the nullity of a document or a marriage).*
I. numb [nʌm] *vb* **1.** gjøre følelsesløs (*el.* nummen); **2.** *fig; stivt(=paralyse)* lamme; ***she was numbed by his death*** hun ble som lammet da han døde.
II. numb *adj:* følelsesløs (*with cold* av kulde); nummen.
I. number [ˌnʌmbə] *s* **1***(fk no., No.)* nummer *n;* ***numbers(,fk: nos.) 3 and 4*** nummer 3 og 4; ***are you still on the same number?*** har du fremdeles samme (telefon)nummer?
2. *av publikasjon el. del av program:* nummer *n;* ***be published in numbers*** utkomme i hefter *n;* ***for my next number I'll sing ...*** som neste nummer skal jeg synge ...;
3. *mus:* stykke *n; om pop el. jazz:* låt;
4. *rosende; især om kvinneplagg* **T:** ***that little number is by Dior*** den lekre lille saken er fra Dior;
5. **S***(=girl):* ***who's that nice little number?*** hvem er den søte lille snella?
6. antall; tall *n;* ***cardinal number*** grunntall; kardinaltall; ***odd****(=uneven)* ***number*** oddetall; ***even number*** like tall; ***we can arrange for even numbers*** vi kan ordne det slik at det blir par *n;* ***ordinal number*** ordenstall; ***they were ten in number*** de var ti i tallet; ***the number of*** tallet på; ***a number of*** en del; et antall; ***a number of people****(=quite a few people)* (ganske) mange mennesker; ***a very small number (of)****(=very few))* svært få; ytterst få; ***there were a large****(,stivere: great)* ***number of people in the room*** det var mange mennesker *(n)* i rommet; ***win by force of numbers*** vinne pga. tallmessig overlegenhet; **T:** ***any number of times*** gud vet hvor mange ganger; ***to the number of****(=numbering)* i et antall av; ***total (number)*** samlet antall; ***times without number*** utallige ganger;
7.: ***a back number*** 1. *av publikasjon:* gammelt nummer; 2. **T:** noe helt avlegs noe;
8*(=counterpart):* ***one's opposite number*** ens kollega i tilsvarende stilling;
9.: ***one of their number****(=one of them)* en av dem;
10. T: ***take care of number one****(=look after number one)* være om seg;
11. T: ***his number's up*** 1. han ligger for døden; 2. *fig:* det er ute med ham; han er ferdig;

12. US S: ***I've got your number!*** jeg vet hva du er for en!
13.: ***there's safety in numbers*** det er trygt å være mange.
II. number *vb* **1.** nummerere; paginere *(fx the pages);* **2.:** ***number among****(=include)* regne med blant (*el.* til); **3***(=total)* utgjøre; telle;
4. T: ***his days are numbered*** hans dager er talte.
numberless [ˌnʌmbələs] *adj(=countless)* talløs; utallig.
numberplate [ˌnʌmbəˈpleit] *s(=registration plate;* **US:** *license plate)* nummerskilt; ***personalized numberplate****(,***US T** *også: vanity plate)* personlig nummerskilt.
numeracy [ˌnju:mərəsi] *s:* regneferdighet; tallforståelse.
numeral *s* [ˌnju:mərəl] **1.** tall *n;* talltegn *(fx Arabic numerals);* **2.** *gram(=number)* tallord; ***cardinal (,ordinal) numeral*** grunntall (,ordenstall).
numerate [ˌnju:mərit] *adj:* som kan regne; som har tallforståelse; *(jvf numeracy).*
numerator [ˌnju:məˈreitə] *s; mat.:* teller.
numerical [nju:ˌmerikl] *adj:* numerisk; tall-; ***in numerical order*** i nummerorden.
numerically [nju:ˌmerikəli] *adj:* numerisk; tallmessig; ***they were numerically superior****(=they were superior in numbers)* de var tallmessig overlegne.
numerous [ˌnju:mərəs] *adj* **1.** tallrik; **2***(=many)* tallrike; mange *(fx numerous books).*
numismatics [ˈnju:mizˌmætiks] *s:* numismatikk; myntvitenskap.
nun [nʌn] *s; rel:* nonne.
nunnery [ˌnʌnəri] *s(=convent)* nonnekloster.
nuptial [ˌnʌpʃəl] *adj; stivt* **1.** brude-; bryllups-; ***nuptial rites*** bryllupsseremonier; **2***(=conjugal)* ekteskapelig.
nuptials [ˌnʌpʃəlz] *s; pl; stivt(=wedding)* bryllup *n.*
Nuremberg [ˌnjuərəmˈbə:g] *s; geogr:* Nürnberg.
I. nurse [nə:s] *s:* sykepleier; ***trained nurse****(,***US:** *graduate nurse)* utdannet sykepleier; ***children's nurse*** barnepleier; **UK:** ***sick children's nurse*** barnesykepleier.
II. nurse *vb* **1.** stelle; pleie; *med.:* pleie; *polit:* ***nurse a constituency*** pleie en valgkrets;
2*(=breastfeed)* gi bryst *n;* amme;
3. *stivt(=have):* ***nurse a hope that …*** nære et håp om at …
nursemaid [ˌnə:sˈmeid] *s:* barnepike.
nursery [ˌnə:səri] *s* **1.** barneværelse;
2. *i fx varemagasin:* barneparkering;
3.: ***day nursery****(=crèche)* daghjem;
4*(=nursery garden)* planteskole.
nursery nurse førskolelærer.
nursery nurses college barnevernsakademi.
nursery rhyme barnerim.
nursery school *(,især* **US:** *kindergarten)* barnehage.
nurse training*(=nursing training)* sykepleierutdanning.
I. nursing [ˌnə:siŋ] *s* **1.** stell *n;* pleie; sykepleie; ***be in need of nursing*** være pleietrengende; **2.** sykepleieryrket; ***upgrade nursing*** oppvurdere sykepleieryrket.
II. nursing *adj* **1.** pleie-; **2.** ammende; diegivende; som gir bryst *n.*
nursing bottle US *(=feeding bottle)* tåteflaske.
nursing care *med.:* sykepleie; pleie.
nursing care of children barnepleie.
nursing case 1*(=ordinary nursing case)* pleiepasient; **2***(=case requiring nursing)* pleietilfelle *(fx she's a nursing case).*
nursing home pleiehjem; ***nursing and old people's home*** pleie- og aldershjem.
nursing officer 1.: ***area nursing officer*** sykehusrådmann;
2.: ***senior nursing officer****(,* **US:** *superintendent of nurses)* sjefsykepleier;
3.: ***unit nursing officer*** oversykepleier.
nursing staff pleiepersonale.
nursing team: ***the nursing team of a ward*** pleiepersonale ved en avdeling.
nursling [ˌnə:sliŋ] *s* **1.** *lett glds:* pleiebarn; lite barn (som barnepike har ansvaret for);
2. lite dyr *(n)* (som ennå er avhengig av moren);
3. *fig:* protesjé.
I. nurture [ˌnə:tʃə] *s; glds(=upbringing)* oppdragelse; oppfostring.
II. nurture *vb* **1.** *glds(=bring up)* oppdra;
2. *plante(=nurse)* pleie; stelle med;
3. *fig; stivt(=have)* nære *(fx she nurtured a desire for revenge).*
nut [nʌt] *s* **1.** *bot:* nøtt; ***crack nuts*** knekke nøtter; *fig:* ***a hard nut to crack*** en hard nøtt (å knekke);
2. mutter; ***stripped nut*** mutter som er gått over gjenge; ***loosen****(=slacken)* ***a nut*** løsne en mutter; ***tighten (up) a nut*** trekke til en mutter;
3. S*(=head)* knoll; nøtt; ***off one's nut*** helt sprø;
4. S*(,***US:** *bum)* skrue; en som har dilla på (*el.* med) ett eller annet; ***he's a swimming nut*** han har dilla på å svømme.
nutbrown [ˌnʌtˈbraun] *adj:* nøttebrun.
nutcase [ˌnʌtˈkeis] *s* **S***(=madman; lunatic)* galning.
nutcracker [ˌnʌtˈkrækə] *s* **1.** *zo:* nøttekråke;
2.: ***a pair of nutcrackers*** en nøtteknekker; ***where are the nutcrackers?*** hvor er nøtteknekkeren?
nutmeg [ˌnʌtˈmeg] *s; krydder:* muskat.
I. nutrient [ˌnju:triənt] *s:* næringsstoff; næringsmiddel; *(jvf nutriment 2).*
II. nutrient *adj:* nærings-.
nutrient solution *kjem:* næringsmiddeloppløsning.
nutriment [ˌnju:trimənt] *s; stivt* **1***(=nourishment)* næring; **2***(=nutrient)* næringsstoff.
nutrition [nju:ˌtriʃən] *s* **1.** ernæring; ernæringsforhold.
nutritional [nju:ˌtriʃənl] *adj:* ernæringsmessig; ernærings-; nærings-.
nutritional disease *med.:* ernæringssykdom.
nutritional value *(=food value)* næringsverdi.
nutritionist [nju:ˌtriʃənist] *s(=food specialist)* ernæringsfysiolog; ernæringsekspert.
nutritious [nju:ˌtriʃəs] *adj; stivt(=nourishing)* nærende; næringsrik; ernæringsriktig.
nutritive [ˌnju:tritiv] *adj:* nærings-.
nuts [nʌts] *adj* **T***(=crazy)* sprø (på nøtta); ***be nuts about*** 1. være helt vill med; ha dilla på (*el.* med); 2. være helt borte vekk i *(fx a girl);* ***go nuts*** bli helt sprø.
nuts and bolts T 1. *i maskin, etc:* innmat;
2*(=practical workings)* mekanisme *(fx the nuts and bolts of local government);*
3.: ***he does the day-to-day nuts and bolts*** han tar seg av alle de daglige praktiske detaljene.
nutshell [ˌnʌtˈʃel] *s* **1.** *bot:* nøtteskall; **2.** *fig:* ***in a nutshell*** i et nøtteskall; ***to put it in a nutshell*** for å gjøre en lang historie kort.
nutter [ˌnʌtə] *s* **T***(=madman; lunatic)* galning.
nutty [ˌnʌti] *adj* **1.** nøtte-; ***a nutty flavour*** nøttesmak;
2. T*(=mad)* gal; helt sprø.
nuzzle [nʌzl] *vb:* ***nuzzle (against)*** stikke (*el.* gni) mulen (,nesen, snuten) inn mot.
nyctalopia [ˈniktəˌloupiə] *s; med.(=night blindness)* nattblindhet.
nylon [ˌnailɔn; ˌnailən] *s* **1.** nylon; ***nylon crepe*** kreppnylon; ***stretch nylon*** strekknylon;
2.: ***nylons*** nylonstrømper.
nylon bristles *pl:* nylonbust *(fx of a toothbrush).*
nymph [nimf] *s* **1.** *myt; zo:* nymfe; **2.** *om kvinne:* nymfe; **3. T***(=nymphomaniac)* nymfoman.
nympho [ˌnimfou] *s; fk f I. nymphomaniac.*
nymphomania [ˈnimfəˌmeiniə] *s:* nymfomani.
I. nymphomaniac [ˈnimfəˌmeiniˈæk] *s:* nymfoman.
II. nymphomaniac *adj:* nymfoman.

I. O, o [ou] O, o; *tlf: **O for Oliver*** O for Olivia.
II. O *s(=nought; zero) når tall, fx telefonnummer, leses:* null; ***00*** [ˌdʌbl ˌou] 00 (fx 870017).
O' forstavelse ved irske navn; svarer til endelsen -sen i norsk *(fx O'Connor).*
oaf [ouf] *s(=clumsy slow-witted person)* dum klossmajor.
oafish [ˌoufiʃ] *adj:* dum og klossete.
oak [ouk] *s; bot:* eik.
oar [ɔ:] *s* **1.** *mar:* åre;
2. *mar(=oarsman)* roer;
3. *fig: **rest on one's oars*** hvile på årene;
4. *fig: **put**(=shove) **one's oar in**(=interfere)* blande seg borti.
oarsman [ˌɔ:zmən] *s; mar:* roer.
oasis [ouˌeisis] *s(pl: oases* [ouˌeisi:z]*)* oase.
oat [out] *s; bot: se oats.*
oatbran [ˌout'bræn] *s:* havrekli.
oatcake [ˌout'keik] *s:* havrekjeks.
oath [ouθ] *s(pl: oaths* [ouðz]*)* ed; ***on oath, under oath*** under ed; ***put sby on oath*** ta en i ed; ***take an oath, swear an oath*** avlegge ed.
oatmeal [ˌout'mi:l] *s:* havremel.
oatmeal gruel *kul:* havrevelling.
oats [outs] *s* **1.** *bot:* havre; ***rolled oats****(=oat groats; hulled oats)* havregryn; ***wild oats*** floghavre; **2.** *fig; især om ungdom: **sow one's wild oats*** rase fra seg; løpe hornene *(n)* av seg.
obduracy [ˌɔbdjurəsi] *s:* forstokkethet.
obdurate [ˌɔbdjurit] *adj* **1.** forstokket;
2. *stivt el. litt.(=impenitent): **an obdurate sinner*** en forherdet synder.
obedience [əˌbi:diəns] *s:* lydighet *(to* mot); ***unquestioning****(=blind)* ***obedience*** blind lydighet.
obedient [əˌbi:diənt] *adj:* lydig *(to* mot).
obese [ouˌbi:s; əˌbi:s] *adj; stivt(=excessively fat)* (meget) fet.
obesity [ouˌbi:siti; əˌbi:siti] *s; stivt(=being excessively fat)* fedme.
obey [əˌbei] *vb:* adlyde; parere ordre; ***obey****(=follow; comply with)* ***the rules*** følge reglene; rette seg etter reglene; ***he makes himself obeyed*** han sørger for å bli adlydt; ***obey sby implicitly*** vise en absolutt lydighet; ***obey the law*** følge loven; *(jvf disobey).*
obfuscate [ˌɔbfʌs'keit] *vb; litt.* **1***(=make obscure)* vanskeliggjøre; tåkelegge; **2***(=confuse)* forvirre.
obituary [əˌbitjuəri] *s* **1***(=obituary notice)* nekrolog; minneord; **2.** *spalteoverskrift:* dødsfall.
I. object [ˌɔbdʒikt] *s* **1.** *også fig:* gjenstand; ***art object****(=objet d'art)* kunstgjenstand; ***be an object of admiration*** være gjenstand for beundring;
2*(=aim; purpose; intention)* mål *n;* hensikt; formål; ***the object of the exercise was to …*** hensikten (med dette) var å …; ***his main object in life was to become rich*** hans viktigste mål i livet var å bli rik;
3. *gram: **(direct) object*** objekt *n;* ***indirect object*** omsynsledd;
4.: *money's no object* det skal ikke stå på penger.
II. object [əbˌdʒekt] *vb:* innvende; gjøre innsigelser; protestere *(to* mot); ***if you don't object*** hvis du ikke har noe imot det; ***I object to people smoking in here*** jeg er imot at folk røyker her inne.
objection [əbˌdʒekʃən] *s* **1.** innvending; innsigelse; protest *(to, against* mot) *(fx my objection to(=against) the candidate is that he's too young);* ***my objections come in when people go so far as to …*** mine innvendinger setter inn når folk *(n)* går så langt som til å …; ***are there any objections?*** er det noen innvendinger? ***I drop my objection*** jeg frafaller min innvending; ***I've no objection to doing it*** jeg har ikke noe imot å gjøre det; ***he made****(=raised)* ***no objection to the idea*** han kom ikke med noen innvendinger mot tanken; ***he took objection to it*** han gjorde innsigelse mot det;
2. *jur:* protest; ***the court sustained (,overruled) his objection*** retten tok (,tok ikke) hensyn til hans protest;
3. motvilje *(fx I've a strong objection to getting up early).*
objectionable [əbˌdʒekʃənəbl] *adj* **1***(=unpleasant; disagreeable)* ubehagelig;
2. upassende; forkastelig *(fx a highly objectionable method);* støtende *(fx remark).*
I. objective [əbˌdʒektiv] *s* **1.** *stivt(=aim)* mål *n;* ***the objectives*** målene; målsettingen;
2. *i mikroskop:* objektiv *n;*
3. *fot(=lens)* objektiv *n;* linse.
II. objective *adj:* objektiv; saklig; ***an objective estimate*** en saklig vurdering; ***his objective, unemotional narrative style*** hans saklige, ufølsomme beretterstil; ***take an objective view*** ha en objektiv holdning.
objectively [əbˌdʒektivli] *adv:* objektivt; saklig.
objectivity ['ɔbdʒekˌtiviti] *s:* objektivitet; saklighet.
object lesson 1. time i anskuelsesundervisning;
2. *fig:* anskuelsesundervisning; konkret eksempel *n;* skoleeksempel.
objector [əbˌdʒektə] *s* **1.** person som protesterer (*el.* nedlegger protest) mot noe; **2.** *mil: **conscientious objector*** militærnekter.
objet d'art ['ɔbʒeiˌdɑ:; 'ɔbʒeˌdɑ:r] *s(=art object)* kunstgjenstand.
obligate [ˌɔbli'geit] *vb; meget stivt(=oblige): **obligate sby to do sth*** forplikte en til å gjøre noe.
obligation ['ɔbliˌgeiʃən] *s:* forpliktelse *(to, towards* overfor); ***legal obligation*** juridisk forpliktelse; ***meet****(=fulfil)* ***one's obligations*** oppfylle sine forpliktelser; ***I'm under an obligation to him****(=I'm indebted to him)* jeg står i takknemlighetsgjeld til ham; ***no obligation to buy*** ingen kjøpetvang; ***I feel no obligation*** jeg føler meg ikke forpliktet; *(se treaty obligation).*
obligatory [ɔˌbligət(ə)ri] *adj; stivt(=compulsory)* obligatorisk.
oblige [əˌblaidʒ] *vb* **1.** *stivt: **they obliged****(=forced)* ***him to leave*** de tvang ham til å dra; ***she was obliged to do it****(=she had to do it)* hun var nødt til å gjøre det;
2. *om tjeneste; stivt: **would you oblige me by not talking so loud?****(=would you do me the favour of not talking so loud?)* vil du gjøre meg den tjenesten ikke å snakke så høyt?
obliged [əˌblaidʒd] *adj; lett glds: **be obliged****(=grateful)* ***to sby for sth*** være en takknemlig for noe; ***much obliged!*** *(=thank you very much!)* mange takk!
obliging [əˌblaidʒiŋ] *adj(=helpful)* forekommende; imøtekommende; tjenstvillig; ***it was very obliging of them*** det var meget vennlig av dem.
I. oblique [əˌbli:k] *s(=diagonal)* skråstrek; ***one oblique two five three*** 1/253.
II. oblique *adj* **1***(=slanting)* skrå *(fx line);*
2. skjev *(fx steer an oblique course towards the shore);* ***an oblique glance*** et skjevt blikk;
3. *geom:* skjev; ***an oblique angle*** en skjev vinkel;
4. *fig(=indirect)* indirekte *(fx he made an oblique reference to his work);* ***in oblique terms*** i forblommede vendinger.
obliquely [əbˌli:kli] *adv:* indirekte; på en indirekte (*el.* forblommet) måte.

obliqueness [ə͵bli:knəs], **obliquity** [ə͵blikwiti] *s* **1.** skjevhet; **2**(*=moral deviation; perverseness*) moralsk avvik *n;* pervershet; **3**(*=indirectness of speech*) forblommethet.
obliterate [ə͵blitə'reit] *vb; stivt* **1**(*=wipe out*) utslette (*fx class distinctions*); **2.** *om fotspor, etc*(*=wipe out*) viske ut.
oblivion [ə͵bliviən] *s; stivt:* glemsel; ***his name quickly fell***(*=sank*) ***into oblivion***(*=his name was soon forgotten*) navnet hans gikk snart i glemmeboken.
oblivious [ə͵bliviəs] *adj; stivt:* ***be oblivious of, be oblivious to*** **1**(*=be unaware of*) ikke være oppmerksom på; **2**(*=take no notice of*) ikke bry seg om; ***he was oblivious to his duties*** han glemte rent pliktene sine.
oblong [͵ɔb'lɔŋ] *adj:* avlang.
obnoxious [əb͵nɔkʃəs] *adj; meget stivt el. spøkef*(*= extremely unpleasant; offensive; disgusting; detestable*) ytterst ubehagelig (*fx smell*); ***obnoxious***(*= disgusting*(*=detestable*) ***behaviour*** avskyelig oppførsel; ***obnoxious***(*=unbearable*) ***child*** ufordragelig unge; ***obnoxious***(*=offensive*) ***comments*** støtende kommentarer; ***don't be so obnoxious***(*=unpleasant*) ***to her!*** ikke vær så ubehagelig mot henne! (*jvf noxious*).
oboe [͵oubou] *s; mus:* obo.
oboist [͵oubouist] *s:* oboist.
obscene [əb͵si:n] *adj* **1**(*=indecent*) obskøn; uanstendig (*fx gesture*); slibrig (*fx book*); **2.** *jur:* utuktig (*fx material*).
obscenity [əb͵seniti] *s* **1.** obskønitet; uanstendighet; **2.:** ***an obscenity*** en sjofelhet; en slibrighet; et slibrig ord; ***he shouted obscenities***(*,* **T:** *four-letter words*) ***to the police*** han ropte slibrigheter (,**T:** stygge ord) til politiet.
I. obscure [əb͵skjuə] *adj* **1**(*=hard to understand*) dunkel; vanskelig å forstå (*fx poem*); **2**(*=little known*) lite kjent (*fx author*); obskur; **3.** *om sted*(*=dark*) mørk (*fx corner*).
II. obscure *vb; stivt* **1**(*=hide*) skjule; *TV:* ***obscure (with an electronic blob)*** sladde; **2.** *fig*(*=cloud; fog; blur*) fordunkle; tilsløre; tåkelegge.
obscurity [əb͵skjuəriti] *s* **1.** ubemerkethet; ***live in obscurity*** føre en ubemerket tilværelse; **2.** *stivt*(*=obscure place*) uklarhet (*fx a poem full of obscurities*).
obsequies [͵ɔbsikwiz] *s; pl; meget stivt el. litt.* (*=funeral ceremonies*) begravelseshøytidelighet.
obsequious [əb͵si:kwiəs] *adj; stivt*(*=servile*) underdanig.
observable [əb͵zə:vəbl] *adj:* iakttagbar.
observance [əb͵zə:vəns] *s* **1.** *meget stivt*(*=observing*) overholdelse; ***the observance of the law***(*=observing the law*) overholdelse av loven;
2.: ***observances***(*=ceremonies*) seremonier; ***religious observances*** religiøse skikker; ***external observances*** ytre seremonier;
3. *kat.:* observans.
observant [əb͵zə:vənt] *adj* **1**(*=quick to notice*) observant; oppmerksom; **2.** *stivt:* ***observant of***(*=careful to observe*) som nøye overholder (*fx the rules*).
observation ['ɔbzə͵veiʃən] *s* **1.** observasjon; ***under observation*** under observasjon; *stivt:* ***escape observation***(*=notice*) unngå å bli sett; ***powers of observation*** iakttagelsesevne; **2.** *stivt*(*=remark*) bemerkning.
observation mission *mil:* observatørsoppdrag; ***the UN observation mission in X*** FNs observatørkorps i X.
observation post *mil:* observasjonspost.
observatory [əb͵zə:vətəri] *s:* observatorium *n.*
observe [əb͵zə:v] *vb; stivt* **1**(*=notice*) legge merke til;
2(*=watch*) iaktta; betrakte;
3(*=remark*) bemerke;
4. *stivt; høytidelighet*(*=celebrate*) feire;
5. *stivt*(*=obey; follow; keep (to); meet*) overholde; følge; ***observe the rules***(*=obey*(*=follow*) *the rules*) følge reglene; ***observe the terms***(*=keep (to) the terms*) overholde betingelsene; ***observe the time of delivery***(*= meet the deadline for delivery*) overholde leveringsfristen;
6. iaktta (*fx a minute's silence*); *stivt:* ***he observed silence***(*=he said nothing*) han forholdt seg taus.
observer [əb͵zə:və] *s* **1.** observatør; **2.** iakttager.
obsess [əb͵ses] *vb:* besette; ***obsessed by, obsessed with*** besatt av.
obsession [əb͵seʃən] *s:* tvangstanke; fiks idé; mani; besettelse; ***it's an obsession with him*** han er helt besatt av det; ***her obsession about cleanliness*** hennes renslighetsmani.
obsessional [əb͵seʃənəl] *adj:* som er som en besettelse; ***have an obsessional need to win*** være helt besatt av nødvendigheten av å vinne.
obsessive [əb͵sesiv] *adj; med.:* tvangs- (*fx neurosis; thought*); ***be obsessive about sth*** være altfor opptatt av noe.
obsolescent ['ɔbsə͵lesənt] *adj; stivt*(*=going out of use*) foreldet; i ferd med å gå av bruk.
obsolete [͵ɔbsə'li:t] *adj:* foreldet; gått av bruk.
obstacle [͵ɔbstəkl] *s* **1.** hindring; hinder *n;* ***be an obstacle to*** være til hinder (*n*) for; ***put obstacles in sby's way*** legge hindringer i veien for en;
2. *sport:* hinder *n.*
obstetric(al) [əb͵stetrik(əl)] *adj; med.:* fødsels-; obstetrisk (*fx instrument*).
obstetrician ['ɔbstə͵triʃən] *s; med:* fødselslege.
obstetrics [əb͵stetriks] *s; med.:* obstetrikk.
obstinacy [͵ɔbstinəsi] *s*(*=stubbornness*) stahet; gjenstridighet; envishet.
obstinate [͵ɔbstinit] *adj*(*=stubborn*) sta; gjenstridig; envis.
obstreperous [əb͵strepərəs] *adj; stivt & spøkef* **1**(*=noisy; unruly;* **T:** *stroppy*) støyende; uregjerlig; bråkete;
2.: ***be obstreperous***(*=be difficult*)***: it's not a real complaint, he's just being obstreperous*** det er ikke noen egentlig klage; han vil bare lage vanskeligheter.
obstruct [əb͵strʌkt] *vb* **1.** *stivt*(*=block; hinder*) sperre; hindre;
2. *fotb:* blokkere;
3. *fig; polit, etc:* obstruere; drive obstruksjon;
4. *fig*(*=hinder*) (for)hindre; ***obstruct justice*** hindre rettens gang; ***obstruct progress*** hindre fremskritt.
obstruction [əb͵strʌkʃən] *s* **1.** hindring; ***there's an obstruction in the pipe***(*=the pipe's blocked*) røret er tilstoppet;
2. obstruksjon; *jur:* ***obstruction of justice*** det å hindre retten i å gå sin gang;
3. *fotb:* blokkering.
obstructive [əb͵strʌktiv] *adj:* som hindrer; som sperrer.
obtain [əb͵tein] *vb* **1**(*=get; acquire*) få; erverve; ***obtain***(*=get*) ***a good price for it*** få en god pris for det; ***obtain***(*=achieve*) ***a result*** oppnå et resultat; ***obtain salt from sea water*** utvinne salt (*n*) av sjøvann;
2.: ***a new law obtains in this case*** i dette tilfellet gjelder en ny lov.
obtainable [əb͵teinəbl] *adj:* som kan fås (*el.* skaffes); ***obtainable***(*=to be had*) ***from all booksellers*** fås hos alle bokhandlere.
obtrusive [əb͵tru:siv] *adj* **1**(*=very noticeable*) meget iøynefallende (*fx clothes*); **2.** *om person*(*=intrusive; pushing*) påtrengende.
obtuse [əb͵tju:s] *adj* **1.** *mat.; om vinkel:* stump;
2. *stivt*(*=dull; stupid*) tungnem; sløv.
I. obverse [͵ɔbvə:s] *s:* ***obverse (side)***(*=face*) forside; avers (på mynt).
obviate [͵ɔbvi'eit] *vb; stivt* **1**(*=avoid; get round*) unngå; **2**(*=anticipate; dispose of (in advance)*) komme i forkjøpet; rydde av veien (*fx a difficulty*).
obvious [͵ɔbviəs] *adj:* tydelig; klar; opplagt; åpenbar; innlysende; nærliggende; ***for obvious reasons*** av innlysende grunner; ***the obvious question is whether*** et nærliggende spørsmål er om; ***that's not immediately obvious*** det er ikke uten videre klart; ***it's pretty ob-***

O

vious det er nokså innlysende; ***it was obvious (to everyone) that we would have to help them*** det var innlysende (for enhver) at vi måtte hjelpe dem; ***with obvious relief*** med tydelig lettelse; ***the intention is all too obvious*** hensikten er bare så altfor tydelig.

obviously [ˌɔbviəsli] *adv:* tydelig; selvsagt; ***obviously, if I see him, I'll phone you*** det er klart at hvis jeg ser ham, skal jeg ringe til deg.

I. occasion [əˌkeiʒən] *s* **1.** *stivt(=opportunity)* anledning; sjanse;
2. *stivt(=reason)* grunn; foranledning; ***give occasion to****(=give rise to)* være foranledning(en) til;
3. anledning; begivenhet; ***celebrate the occasion****(=event)* feire begivenheten; ***for the occasion*** for anledningen; ***on occasion*** leilighetsvis; av og til; ***on this occasion*** ved denne anledningen; ***we will make this an occasion****(=a special event)* vi har tenkt å feire dette (,denne dagen); ***this is something of an occasion****(=event)* dette er litt av en begivenhet; ***the gravity of the occasion****(=situation)* stundens alvor *n.*
4.: ***rise****(=be equal)* ***to the occasion*** være situasjonen voksen.

II. occasion *vb; meget stivt(=cause)* foranledige; forårsake; gi anledning til.

occasional [əˌkeiʒənəl] *adj* **1.** som forekommer (,hender) av og til; leilighetsvis; ***I take an occasional trip to Paris*** jeg drar til Paris av og til; **2.** laget for anledningen; leilighets- *(fx poem).*

occasional job *(=odd job)* leilighetsjobb; strøjobb.

occasionally [əˌkeiʒənəli] *adv:* leilighetsvis; av og til.

occasional table *(=coffee table)* salongbord.

Occident [ˌɔksidənt] *s; stivt:* ***the Occident****(=the West)* Oksidenten; Vesten; *(jvf Orient).*

occidental [ˈɔksiˌdentl] *adj:* oksidental; vesterlandsk; vestlig *(fx civilization).*

occipital [ɔkˌsipitəl] *adj; anat:* bakhode- *(fx muscle).*

occiput [ˌɔksiˈpʌt] *s; anat(=back of the head)* bakhode.

occlude [əˌkluːd] *vb; stivt* **1***(=stop up; block)* stoppe til; lukke *(fx a pore);*
2. *meget stivt(=obstruct)* utelukke *(fx the light);*
3. *kjem(=sorb)* absorbere; okkludere.

occlusion [əˌkluːʒən] *s* **1.** *meget stivt(=blockage; obstruction)* tilstopping; tetting; **2.** *med.:* okklusjon *(fx of an artery);* **3.** *kjem:* absorpsjon; okklusjon.

occult [ɔˌkʌlt] *adj:* okkult; mystisk; hemmelig.

occultism [ˌɔkʌlˈtizəm] *s:* okkultisme.

occupancy [ˌɔkjupənsi] *s* **1***(=possession; taking possession of)* besittelse; det å ta i besittelse; **2***(=tenancy)* leietid *(fx an occupancy of five years).*

occupant [ˌɔkjupənt] *s* **1***(=tenant)* leier; leietager;
2*(=occupier)* beboer; ***occupants of flats****(=those who live in flats)* de som bor i leiligheter;
3. *mil:* okkupant;
4. besitter *(fx of a piece of land); av embete:* innehaver; ***the occupants of the car****(=the people in the car)* de som sitter (,satt) i bilen.

occupation [ˈɔkjuˌpeiʃən] *s* **1.** yrke *(fx "What's your occupation?' – "I'm a teacher.");*
2. beskjeftigelse *(fx he has various occupations to keep him busy);*
3. innflytning; ***ready for occupation****(=ready to move into)* innflytningsklar;
4. *mil:* okkupasjon; besettelse.

occupational [ˈɔkjuˌpeiʃənəl] *adj:* yrkes-; yrkesmessig.

occupational disease *med.:* yrkessykdom.

occupational hazard *(=risk)* yrkesrisiko; arbeidsrisiko.

occupational therapy ergoterapi.

occupier [ˌɔkjuˈpaiə] *s* **1.** *av hus(=occupant)* beboer;
2. *mil(=occupant)* okkupant.

occupy [ˌɔkjuˈpai] *vb* **1***(=live in)* bo i *(fx a flat);*
2. *om tid; stivt(=take up)* oppta; legge beslag på; *om gjenstand:* være plassert i; legge beslag på *(fx his books occupy the whole living room);*
3. *om stilling; stivt(=have; hold)* inneha; ha;
4. *stivt:* beskjeftige; ***occupy one's mind*** holde tankene i gang; ***occupy****(=busy)* ***oneself (with)*** beskjeftige seg (med); ***she occupies****(=busies)* ***herself with knitting****(=she spends her time knitting)* hun beskjeftiger seg med å strikke;
5. *også mil:* besette; okkupere; innta *(fx a strategic position): mil også:* holde besatt.

occur [əˌkəː] *vb* **1.** *stivt(=be found)* finnes; forekomme;
2. *stivt(=happen; take place)* hende; inntreffe;
3.: ***it occurred to me that …*** det falt meg inn at …; ***it has just occurred to me that …*** det faller meg (nettopp) inn at …

occurrence [əˌkʌrəns] *s* **1.** forekomst; **2***(=happening)* hendelse; begivenhet *(fx strange occurrences);*
3. *stivt:* ***become a standard occurrence****(=procedure)* bli noen vanlig foreteelse.

ocean [ˌouʃən] *s* **1.** osean *n;* verdenshav; **2. T:** ***we've got oceans of time*** vi har oseaner *(n)* av tid.

ocean-going [ˌouʃənˈgouiŋ] *adj:* havgående *(fx ship).*

ocean racer *mar:* havseiler.

ocean racing *mar:* havseilas; havseiling.

ochre (,**US:** *ocher)* [ˌoukə] *s:* oker(farge).

o'clock [əˌklɔk]**:** ***at two o'clock*** klokken to.

octagon [ˌɔktəgən] *s; geom:* åttekant; oktagon *n.*

octagonal [ɔkˌtægənl] *adj; geom(=eight-angled)* åttekantet; oktagonal.

octane [ˌɔktein] *s:* oktan *n;* ***high-octane*** høyoktan-.

octane number *(=octane rating)* oktantall.

octave [ˌɔkteiv; ˌɔktiv] *s; mus:* oktav.

October [ɔkˌtoubə] *s:* oktober; *(se June).*

I. octogenarian [ˈɔktoudʒiˌnɛəriən] *s:* person i åttiårene.

II. octogenarian *adj:* åttiårig.

octopus [ˌɔktəpəs] *s; zo(=octopod)* åttearmet blekksprut; akkar; akker.

I. ocular [ˌɔkjulə] *s(=eyepiece)* okular *n.*

II. ocular *adj:* øyen- *(fx defect);* ***give sby ocular proof of sth*** la en få se det med egne øyne *n; (jvf optic).*

odd [ɔd] *adj* **1.** *om tall:* odde; ulike *(fx numbers):*
2. *ved tall:* ***fifty odd pounds*** noen og femti pund *n;* ***300 odd pages*** godt og vel 300 sider;
3. umake *(fx glove; shoe);* som ikke hører sammen *(fx socks);* som ikke hører til *(fx an odd knife among our cutlery);* ***an odd volume*** et enkelt bind (av et verk);
4. til overs (etter at de andre er gruppert el. inndelt parvis); ekstra; *(se odd man out 2);*
5*(=strange)* underlig; rar; pussig; besynderlig *(fx a very odd young man; what an odd thing to say!);* ***he found it very odd*** han syntes det var meget rart;
6.: ***a few odd****(=stray)* ***remarks*** noen få spredte bemerkninger;
7. tilfeldig; sporadisk; ***at odd moments*** i ledige stunder; ***have you got an odd minute to help me?*** har du et ledig minutt til å hjelpe meg? ***he would earn the odd pound*** han tjente noen pund *(n)* av og til; ***he has written the odd article*** han har skrevet enkelte artikler; *(se odds).*

oddball [ˌɔdˈbɔːl] *s* **T***(=odd character)* raring; skrue; original.

odd character raring; original; skrue.

oddity [ˌɔditi] *s* **1***(=peculiarity)* særhet; egenhet; **2.** *om person(=odd character)* raring; **3.** *om ting:* raritet; kuriositet.

odd-job man [ˈɔdˌdʒɔbˈmən] *s:* mann som tar småjobber *(el.* strøjobber); altmuligmann.

odd man out 1. en som skiller seg ut fra resten av gruppen; **2.:** ***I was odd man out*** jeg ble (,var) til overs; *(se odd 4).*

oddments [ˌɔdmənts] *s; pl(=bits and pieces)* småtterier *n;* smårester *(fx several oddments of material).*

odd one out til overs; som ikke hører med til settet (etc).

odds [ɔdz] *s; pl* **1.** odds; ***the odds are 5 to 1*** det er 5 i odds;

2(*=chances*) sjanser; ***the odds are that he'll win*** han har gode sjanser til å vinne; **T:** ***it's odds on that he'll win***(*=it's very likely that he'll win*) det er meget sannsynlig at han vinner; *(se også odds-on);*
3.: ***fight against heavy odds*** kjempe mot overmakten;
4. *stivt:* ***be at odds with***(*=be on bad terms with*) stå på en dårlig fot med (*over* pga.); ***be at odds with life*** være på kant med tilværelsen;
5. T: ***...but what's the odds?***(*=but what difference does it make?*) …men hva gjør (vel) det? ***it makes no odds***(*=it doesn't matter*) det spiller ingen rolle.

odds and ends *pl(=bits and pieces)* småtterier *n;* småting; litt av hvert.

odds-on ['ɔdzˌɔn] *adj; hesteveddeløp:* ***an odds-on favourite*** en sikker vinner; en klar favoritt; ***an odds-on chance*** en meget god sjanse; *(se også odds 2).*

ode [oud] *s:* ode; ***ode to freedom*** hymne til friheten.

odious [ˌoudiəs] *adj; stivt(=disgusting)* motbydelig; ufyselig *(fx meal)* vemmelig *(fx he's odious!).*

odometer [ɔˌdɔmitə] *s* **US**(*=mileometer*) kilometerteller.

odontology ['ɔdɔnˌtɔlədʒi] *s:* odontologi; tannlegevitenskap.

odorous [ˌoudərəs] *adj:* duftende.

odour *(,***US:** *odor)* [ˌoudə] *s* **1**(*=smell*) lukt *(fx of fish; of roses);* ***body odour*** kroppslukt;
2.: ***be in bad odour with sby***(*=be in sby's bad books*) være dårlig anskrevet hos en.

odourless *(,***US:** *odorless)* [ˌoudələs] *adj:* luktfri.

Odysseus [əˌdi:siəs] *s; myt:* Odysseus.

Odyssey [ˌɔdisi] *s* **1**(*epic poem by Homer*) Odysséen;
2. *fig:* ***odyssey*** odyssé; lang, omflakkende reise.

oedema, edema [iˌdi:mə] *s; med.:* ødem *(n)* (ɔ: væskeansamling).

Oedipus [ˌi:dipəs; **US:** ˌedipəs] *s; med.:* Ødipus; ***Oedipus complex*** Ødipuskompleks.

o'er [ɔ:; ˌouə] *prep; litt.. se over.*

oesophagus *(,***US:** *esophagus)* [i:ˌsɔfəgəs] *s; anat(=gullet)* spiserør.

oestrogen *(,***US:** *estrogen)* [ˌi:strədʒən; ˌestrədʒən; **US:** ˌestrədʒən] *s:* østrogen *n;* kvinnelig kjønnshormon.

of [ɔv; *trykksvakt:* əv] *prep* **1.** *uttrykker genitiv:* ***the house of my uncle***(*=my uncle's house*) huset til onkelen min; min onkels hus; ***the roof of the house*** taket på huset; **2.** à *(fx 5 cases of 25 bottles);*
3. av *(fx there were five of them and three of us; a crown of gold; a photo of my mother; a family of idiots);* ***a friend of John's***(*=one of John's friends*) en venn av John; en av Johns venner; ***that brute of a dog!*** det beistet av en hund! ***consist of*** bestå av; ***die of*** dø av; ***they expect it of me*** de venter det av meg; ***today of all days!*** i dag av alle dager!
4. for; ***north of*** nord for *(fx north of the lake); (se accuse; afraid; II. cure; glad; typical);*
5(*=from*) fra *(fx Mr Brown of Salisbury);*
6. i *(fx the king of the country; a professor of mathematics);* ***the last carriage of the train*** den siste vognen i toget; *ved adresseangivelse:* ***Mrs Jones of 52 Foxbourne Road*** fru Jones som bor i Foxbourne Road nummer 52; *(jvf 5 ovf); (se fond; guilty; I. hold 1);*
7. med *(fx an area of hills; a week of festivities; a man of courage);* ***the size of*** 1. størrelsen på; 2. på størrelse med *(fx a ball the size of an orange);*
8. om *(fx dream of; speak of; think of; the battle of the Atlantic);* **T:** ***I go to the pub of an evening*** jeg går på pub'en om kvelden;
9. over *(fx ashamed of; a map of Norway);* ***make a list of*** lage en liste over; sette opp en liste over;
10. på *(fx a family of five);* ***a boy of six*** en gutt på seks år *n;* ***this book of 800 pages*** denne boka på 800 sider; denne 800-siders boka; *om klokkeslett* **US**(*=to*)*:* ***a quarter of ten*** kvart på ti; *stivt:* ***of an age (,size)***(*=the same age (,size)*) jevngamle (,like store); *(se envious; I. murder; repent);*
11. til *(fx the cause of an accident; the mother of two); (se for øvrig 1);*
12. ved *(fx the Battle of Waterloo); (se advantage);*
13. *oversettes ikke:* ***the third of June*** den tredje juni; ***40 years of age***(*=40 years old*) 40 år *(n)* gammel; ***a pair of shoes*** et par sko; ***a cup of tea*** en kopp te; ***the city of Rome*** byen Roma; ***the name of John*** navnet John; ***the summer of 1995*** sommeren 1995; ***he doesn't speak a word of English*** han snakker ikke et ord engelsk; ***it smells of petrol*** det lukter bensin; ***the shoot- ing of seals*** det å skyte sel; ***you of all people ought to know!*** det er (jo) nettop du som burde vite det! ***what of it?*** ja, og hva så?

I. off [åf] *subst* **T**(*=start; outset; starting signal*) start; startsignal; ***he was ready for the off*** han var klar til start; han var klart til å drå av sted.

II. off *vb* **T**(*= leave; go away*) dra (sin vei); ***she had upped and offed with the family chauffeur*** hun var plutselig dratt sin vei med familiens privatsjåfør; *(se II. up 3).*

III. off [ɔf] **1.** *adv:* bort; av sted *(fx march off);* borte *(fx two kilometres off);* av *(fx it fell off);* avblåst *(fx the strike is off);* avlyst *(fx the meeting is off);* avskrudd; ikke på *(fx the gas is off);* ***a day off*** en fridag;
2. *adj; på kjøretøy(=offside)* høyre *(fx the off front wheel);* ***the off button*** av-knappen *(fx the off button on the TV);* ***an off year for good tennis*** et dårlig år *(n)* når det gjelder god tennis;
3. *prep:* opp fra *(fx lift a cup off the table);* ned fra *(fx fall off a chair);* av *(fx they cut a few centimetres off his hair);* ***get off the bus*** gå av bussen; ***there is £10 off the usual price***(*=there is a £10 reduction on the usual price;* **T:** *£10 is knocked off the usual price*) det selges til £10 under vanlig pris; *mar:* utenfor *(fx the ship anchored off the coast);* på høyde med *(fx off Cape Town);*
4. *forskjellige forb:* ***the whole thing's off*** det hele er avblåst (*el.* avlyst); det blir ikke noe av (det hele); ***off and on*** av og til; ***be badly off*** 1(*=be poor*) være dårlig stilt; 2. **T:** ***be badly off for clothes*** ha dårlig med klær; ***be well off*** 1(*=be well-to-do*) være velstående; 2. **T:** ***be well off for sth*** ha nok av noe; ***he's off drugs now*** han er stoffri nå; ***the off season*** den stille årstid; lavsesongen; ***a street off the Strand*** en sidegate til Strand.

offal [ˌɔfəl] *s; av slakt:* innmat; ***fish offal*** fiskeavfall.

I. offbeat [ˌɔf'bi:t] *s* **1.** *mus:* offbeat; **2. T:** ***the offbeat***(*=the unconventional*) det utradisjonelle.

II. offbeat ['ɔfˌbi:t; *attributivt:* ˌɔf'bi:t] *adj(=unconventional)* uvanlig; ukonvensjonell.

off-centre *(,***US:** *off-center)* ['ɔfˌsentə] *adj:* usentrert; asymmetrisk *(fx construction).*

offchance [ˌɔf'tʃɑ:ns] *s:* ***there's an offchance***(*=a slight chance*) ***that he might come*** det er en liten mulighet for at han kommer; ***I came on the offchance of seeing you***(*=I came in the hope of seeing you*) jeg kom i håp *(n)* om å treffe deg.

off colour *adj* **T:** utilpass; ikke i form *(fx I'm a bit off colour today).*

off-day [ˌɔf'dei] *s:* ***have an off-day***(*=have a black day*) ha en svart dag.

offence *(,***US:** *offense)* [əˌfens] *s* **1.** *jur:* lovovertredelse; forseelse; ***it's a criminal offence*** det er straffbart; det medfører straffansvar; ***it's an offence to*** det er straffbart å; ***fined for a parking offence*** bøtlagt for ulovlig parkering;
2. *om det som forarger, fornærmer, krenker el. støter:* krenkelse; ***it's an offence against public decency*** det er en krenkelse av bluferdigheten; ***that rubbish heap is an offence to the eye***(*=that rubbish heap's an eyesore*) den søppelhaugen er en torn i øyet; ***cause offence*** vekke forargelse; virke støtende; ***give offence to one's friends*** støte sine venner; vekke forargelse hos sine venner; *ofte spøkef:* ***no offence to you!*** det var ikke ment som noen fornærmelse av deg! ta det nå ikke

O

office
Did you know that

a law was passed in 1951 limiting the President's term **in office**: 'No person shall be elected for the office of President more than twice …' President Franklin D. Roosevelt was elected for a third and a fourth time, the last one in 1944.

fornærmelig opp! ***take offence*** bli fornærmet; ***take offence at****(=be offended by)* bli fornærmet av; ta anstøt av.
offend [əˌfend] *vb* **1.** fornærme; krenke; ***be offended by****(=take offence at)* bli fornærmet over; ta anstøt av; **2.:** ***words that offend the ear*** ord som skjærer en i ørene *n;* ***offend against the law*** begå lovbrudd.
offended [əˌfendid] *adj(,noe sterkere: insulted)* fornærmet (*at* over; *with* på); ***I'm not offended in the least*** jeg er ikke det aller minste fornærmet.
offender [əˌfendə] *s; jur:* lovovertreder; ***first offender*** førstegangsforbryter; person som begår lovbrudd for første gang; ***parking offender*** person som parkerer ulovlig; **T:** parkeringssynder; ***young offenders*** unge lovbrytere.
offense [əˌfens] **US:** *se offence.*
I. offensive [əˌfensiv] *s:* offensiv; ***be on the offensive*** være på offensiven; ***take the offensive*** ta offensiven.
II. offensive *adj* **1.** *mil:* offensiv; **2.** *jur:* ***carry an offensive weapon*** være i besittelse av et farlig våpen;
3. fornærmelig *(fx remark);* anstøtelig.
I. offer [ˌɔfə] *s:* tilbud (*of* om; *to* om å); bud *n;* ***an offer of help*** et tilbud om hjelp; ***make an offer for sth*** gi bud på noe; ***offers over £50*** bud på over £50; ***on offer*** 1. på tilbud *(fx cars on offer);* 2*(=for sale)* til salgs *(fx the house is on offer).*
II. offer *vb* **1.** tilby; by på; ***offer to*** tilby seg å; ***offer for sale*** utby til salgs;
2. by seg; ***when an****(=the)* ***opportunity offers*** når anledningen byr seg;
3. *om belønning:* utlove *(fx a reward);*
4*(=involve; mean)* innebære; bety; by på; ***this offers certain advantages*** dette byr på visse fordeler;
5. *om motstand(=put up):* ***they offered no resistance to the police*** de gjorde ingen motstand mot politiet;
6. *stivt:* ***offer (up) prayers****(=say prayers)* fremsi bønner;
7.: ***offer up a lamb*** ofre et lam.
offering [ˌɔfəriŋ] *s* **1.** *rel:* offergave;
2. *glds el. spøkef(=present)* gave.
offertory [ˌɔfətəri] *s; rel* **1.** offerbønn;
2. offertorium *n;* **3***(=collection)* kollekt.
I. offhand [ˈɔfˌhænd; *attributivt:* ˌɔfˈhænd] *adj:* nonchalant *(fx behaviour).*
II. offhand [ˈɔfˌhænd] *adv:* på stående fot *(fx I can't tell you offhand).*
office [ˌɔfis] *s* **1.** kontor *n;* ***doctor's office****(=surgery)* legekontor; ***open-plan office*** kontorlandskap;
2. embete *n;* ***abuse of office*** embetsmisbruk; ***a lucrative office*** et fett embete; ***hold an office*** (inne)ha et embete; ***by virtue of one's office****(=in an official capacity)* i embets medfør;
3. *polit:* ***be in office*** ha regjeringsansvar; være ved makten; ***the government in office*** den sittende regjering;
4. *om mellomkomst el. tjeneste(r); stivt:* ***through her good offices****(=help)* takket være henne; ved hennes hjelp;
5.: ***last offices*** det å stelle en død; *faglig:* mors.
office building kontorbygning.
office boy kontorbud; *spøkef:* ***a glorified office boy*** en løpegutt.
office party firmafest.
I. officer [ˌɔfisə] *s; mil* **1.:** ***(commissioned) officer*** offiser; ***army officer*** offiser i hæren; ***officer in command*** befalshavende (offiser); ***duty officer****(=officer on duty)* vakthavende offiser; **UK:** ***general officer*** offiser med rang av 'brigadier' (oberst I) el. høyere i en av de tre våpengrenene; ***non-commissioned officer****(fk NCO)* befal *n;* underoffiser (ɔ: korporal el. sersjant); ***regular officer*** yrkesoffiser; ***officers and men*** offiserer og menige;
2. *flyv:* ***air force officer*** flyoffiser; ***pilot officer****(,***US:** *second-lieutenant (fk 2Lt))* fenrik; ***flying officer*** *(,***US:** *first lieutenant (fk 1Lt))* løytnant;
3. *mar:* ***naval officer*** sjøoffiser; ***officers and crew*** befal *(n)* og mannskap.
II. officer *s; beskrivende (jvf norsk '-funksjonær' & '-tjenestemann') eller som yrkestittel (jvf norsk '-assistent' & '-betjent');* **1.** *i fengsel:* ***prison officer*** *(,***US:** *prison guard)* fengselsbetjent;
2. *jur:* ***law officer (of the Crown)*** kronjurist; ***children's officer*** *intet tilsv:* tilsynsverge for barn *n;* ***probation officer*** tilsynsverge (for ungdommer under 17 år *n*);
3. *leger:* ***house officer****(,***US:** *intern(e))* turnuskandidat; ***school dental officer*** skoletannlege; *(se medical officer);*
4. *mar:* ***ship's officer*** skipsoffiser; ***chief officer, first officer*** overstyrmann; ***radio officer*** telegrafist;
5. *i politiet:* ***police officer*** politijenestemann; politimann; ***the chief police officer*** høyeste politijenestemann; ***station officer*** vakthavende ved politistasjon; *(NB en politikonstabel tiltales som 'officer');*
6. *skolev:* ***careers officer*** *intet tilsv:* sjef for et 'careers office' (yrkesveiledningskontor for ungdom); ***(chief) education officer****(=director of education;* **US:** *superintendent of schools)* skolesjef;
7. *sykepleie:* ***area nursing officer*** sykehusrådmann; ***senior nursing officer****(,***US:** *superintendent of nurses)* sjefsykepleier; ***unit nursing officer*** oversykepleier;
8. *tollv:* ***customs officer*** toller; tolltjenestemann; tollbetjent;
9. *i forening:* styremedlem;
10. *i vaktselskap:* ***security officer****(=night watchman)* vekter; sikkerhetsvakt; nattevakt;
11. *kontorstillinger i etatene:* ***assistant clerical officer*** kontorassistent; ***clerical officer*** kontorfullmektig II; ***senior clerical officer*** kontorfullmektig I;
12. *tekniske stillinger ved offentlige institusjoner:* ***conservation officer*** teknisk konservator; ***scientific officer, senior technical officer****(,***US:** *research associate)* amanuensis; ***senior scientific officer, chief technicoal officer*** *(,* **US** *assistant professor)* førsteamanuensis;
13. *i kommune:* ***chief financial officer*** finansrådmann; ***chief housing officer*** boligrådmann;
14.: ***officers of state****(=ministers)* ministre.

III. officer *vb; mil:* ***be well officered*** ha dyktige offiserer.
office staff kontorpersonale; ***50 office staff were made redundant*** 50 kontoransatte ble sagt opp.
I. official [əˌfiʃəl] *s* **1.** *i det offentlige:* (underordnet) funksjonær (*el.* tjenestemann); ***consular official*** konsulær tjenestemann; ***senior official*** funksjonær (*el.* tjenestemann) i overordnet stilling; ***government official****(=government employee)* statsansatt; statstjenestemann; ***senior government official****(=senior public servant; senior civil servant)* embetsmann; *(jvf civil servant);*
2. *sport:* funksjonær; ***track official*** banefunksjonær.
II. official *adj* **1.** offisiell *(fx dinner);* ***an official announcement*** en offentlig kunngjøring; ***both official and unofficial strikes*** både lovlige og ulovlige streiker; **2.** tjenstlig; tjeneste- *(fx journey);* embetsmessig; embets-; ***through (the) official channels*** ad tjenestevei; ***act in an official capacity*** handle i embets *(n)* medfør.
Official Birthday den britiske monarks offisielle fødselsdag (annen lørdag i juni).
officialdom [əˌfiʃəldəm] *s:* embetsmannsvelde; byråkratisme; byråkrati *n.*
officialese [əˈfiʃəˌli:z] *s:* departemental stil.
officialism [əˌfiʃəˈlizəm] *s:* byråkratisme.
official letter tjenesteskriv.
officially [əˌfiʃəli] *adv:* offisielt; i embets *(n)* medfør.
Official Receiver *ved konkurs; oppnevnt av retten:* (midlertidig) bobestyrer; *(jvf trustee in bankruptcy).*
officiate [əˌfiʃiˈeit] *vb* **1.** forrette *(fx at the funeral);* **2.** *stivt(=act)* fungere *(fx as chairman).*
officious [əˌfiʃəs] *adj; neds(=fussy; interfering)* geskjeftig.
offing [ˌɔfiŋ] *s:* ***in the offing*** **1.** *mar:* i åpen sjø (men ikke langt fra land); **2.** *fig* **T:** på trappene *(fx he's in the offing);* i sikte *n (fx have a new job in the offing).*
offish [ˌɔfiʃ] *adj; om person* **T***(=aloof)* fjern; reservert (av seg).
off key [ˈɔfˌki:] **1.** *adj & adv; mus(=out of tune)* falsk; ***sing off key*** synge falskt;
2. *adj(=discordant)* disharmonisk; uharmonisk.
off licence [ˌɔfˈlaisəns] *s(=wine mart)* vinhandel; *svarer til:* vinmonopolutsalg; *(se licensed 2).*
off-load [ˈɔfˌloud] *vb* **1.:** *se unload;* **2.** *fig; om ubehagelig oppgave:* ***off-load it on to sby else*** velte det over på en annen.
off-peak [ˈɔfˌpi:k; *attributivt:* ˌɔfˈpi:k] *adj:* ***at off-peak times*** utenom rushtiden; ***off-peak travel*** 1. det å reise i lavsesongen; 2. det å reise utenom den daglige rushtiden.
off-peak ticket *jernb; utenfor rushtiden:* billigbillett.
offprint [ˌɔfˈprint] *s:* særtrykk.
off-putting [ˈɔfˌputiŋ; *attributivt:* ˌɔfˈputiŋ] *adj* **1***(=disconcerting)* forvirrende; **2***(=disagreeable)* lite sympatisk *(fx manner);* ***it's off-putting****(=it puts one off)* det fratar en lysten.
off-road [ˌɔfˈroud] *adj:* ***off-road****(=mountain)* ***bicycle*** terrengsykkel.
off sales [ˌɔfˈseilz] *s; pl:* mat og drikke kjøpt for å nytes annetsteds.
off season [ˌɔfˈsi:zən] *s:* ***in the off season*** utenom sesongen.
I. offset [ˌɔfˈset] *s* **1***(=set-off)* motvekt; ***be an offset to*** oppveie; danne motvekt mot; **2.** *typ:* offset.
II. offset [ˈɔfˌset] *vb(=make up for)* oppveie.
offshoot [ˌɔfˈʃu:t] *s* **1.** *bot(=runner)* utløper;
2. *fig:* avlegger *(fx of an international firm).*
offshore [ˈɔfˌʃɔ:; ˌɔfˈʃɔ:] *adj & adv* **1.** fralands- *(fx wind);* ***the wind is offshore*** det blåser fra land *n;*
2. i nærheten av kysten; kystnær; til havs *n;*
3. *oljeind:* offshore; til havs; ***work offshore*** arbeide på feltet.
offshore drilling *oljeind:* oljeboring til havs *n.*
offshore industry *oljeind:* offshoreindustri.
offshore installation *oljeind:* oljeinstallasjon til havs *n.*
offshore loading *oljeind:* bøyelasting.
I. offside [ˌɔfˈsaid] *s* **1.** *på kjøretøy(=off side)* høyre side; **2.** *sport:* offside.
II. offside *adj* **1.** *på kjøretøy(=off)* høyre; **2.** *sport; fotb:* offside.
offspring [ˌɔfˈspriŋ] *s(pl: offspring, offsprings);* **1.** *stivt el. litt.; om dyr el. mennesker(=child; young)* avkom *n;* **2.** *fig(=result)* resultat; ***this book is an offspring of that project*** denne boken er et resultat av det prosjektet.
offstage [ˈɔfˌsteidʒ; *attributivt:* ˌɔfˈsteidʒ] *adj & adv* **1.** i kulissene; **2***(=behind the scenes; off the stage)* bak scenen; bak kulissene.
off-street [ˌɔfˈstri:t] *adj:* ***off-street parking*** parkering unna gaten.
off-the-peg [ˈɔfðəˌpeg] **1.** *adj:* konfeksjons- *(fx suit);* **2.** *adv:* ***I bought it off-the-peg*** jeg kjøpte den ferdig.
off-the-record [ˈɔfðəˌrekɔ:d] *adj:* uoffisiell *(fx statement);* konfidensiell *(fx remark).*
off-white [ˈɔfˌwait; ˌɔfˈwait; *attributivt:* ˌɔfˈwait] *adj:* gråhvit; nesten hvit; tonet; off-white.
oft [ɔft] *adv; poet: se often.*
often [ˌɔf(t)ən] *adv:* ofte; ***as often as not*** ganske ofte; ***every so often****(=occasionally)* av og til; ***more often than not****(=very often; usually)* som oftest; vanligvis.
ogle [ougl] *vb(=leer at)* kaste lystne blikk *(n)* på.
ogre [ˌougə] *s:* trollkjerring.
oh [ou] *int:* å.
ohm [oum] *s; elekt:* ohm.
oik [ɔik] *s* **S** *neds:* type; ***a go-getting City oik*** en geskjeftig type fra City-miljøet.
I. oil [ɔil] *s* **1.** olje; ***cooking oil*** matolje; ***crude oil****(=rock oil; petroleum)* råolje; jordolje; ***essential oils*** eteriske oljer;
2*(=oil paint)* oljefarge *(fx a picture done in oils);* ***paint in oils*** male i olje;
3.: ***burn the midnight oil*** sitte oppe og arbeide til langt på natt;
4.: ***pour oil on troubled waters*** helle olje på opprørt hav *n.*
II. oil *vb* **1.** *mask:* olje; smøre; **2.:** ***oil sby's palms****(=bribe sby)* bestikke en; **T:** smøre en; **3.** *fig:* ***oil the wheels*** få det til å gli; smøre hjulene *n.*
(oil and) colourman fargehandler.
oil boom *oljeind:* oljelense.
oil burner *mask:* oljebrenner; *(jvf oil heater).*
oilcloth [ˌɔilˈklɔθ] *s:* voksduk.
oil colour oljefarge.
oil derrick *oljeind:* oljetårn; boretårn.
(oil) drilling *oljeind:* oljeboring; ***offshore (oil) drilling*** oljeboring til havs.
oil drum oljefat.
oil embargo oljeboikott; oljeembargo; ***the oil embargo imposed by the Arab countries*** araberstatenes oljeembargo.
oil-embargoed [ˌɔilimˈbɑ:goud] *adj:* utsatt for oljeboikott.
oiler [ˌɔilə] *s* **1.** *mar(=greaser)* smører; **2***(=oil tanker)* oljetankskip; oljetanker.
oil exploration *(=search(ing) for oil; exploring for oil)* oljeleting.
oil-exporting [ˌɔilikˈspɔ:tiŋ] *adj(=petroleum-exporting)* oljeeksporterende *(fx country).*
oil extraction *oljeind:* oljeutvinning.
oil field *oljeind(=oilfield)* oljefelt.
oil find *oljeind(=discovery)* oljefunn.
oil-fired [ˌɔilˈfaiəd] *adj(=oil-burning):* ***oil-fired central heating*** oljefyringsanlegg.
oil firing oljefyring; ***domestic oil firing*** oljefyring i hjemmet.
oil gravel oljegrus.

O

oil heater *mask; til oppvarming:* oljebrenner.
oil heating oljefyring; ***do you have oil heating?****(=is your heating oil-fired?)* har dere oljefyring?
oil industry oljeindustri.
oilman [ˌɔilmən] *s(=oil worker)* oljearbeider.
oil paint oljemaling.
oil painting oljemaleri.
oil pollution measures *pl:* oljeverntiltak; ***take oil pollution measures*** sette i gang en oljevernaksjon.
oil-producing [ˌɔilprə'dju:siŋ] *adj:* oljeproduserende.
oilrig [ˌɔil'rig] *s; oljeind:* oljerigg; borerigg.
oilskin [ˌɔil'skin] *s* **1.** oljelerret; **2***(=oilskin raincoat)* regnjakke; **3.: *oilskins*** oljehyre.
oilskin hat *(=sou'wester)* sydvest.
oil slick oljeflak.
oil sludge *oljeind:* oljeslam.
oil spill *(=spillage)* oljesøl.
oiltanker [ˌɔil'tæŋkə] *s; mar:* oljetanker.
oiltanker terminal *mar:* oljehavn.
oil wealth oljerikdom.
oil well *oljeind:* oljebrønn.
oil worker *(=oilman;* **S:** *roughneck)* oljearbeider.
oily [ˌɔili] *adj* **1.** oljeaktig; fet; **2***(=covered with oil)* oljet; med olje på; ***your hands are oily*** du har olje på hendene; **3.** *neds:* oljeglatt; slesk.
oink [ɔiŋk] **1.** *s:* grynt *n;* **2.** *int: **oink! oink!*** nøff, nøff!
ointment [ˌɔintmənt] *s* **1.** salve; ***ointment for burns*** brannsalve; **2.** *fig: **a fly in the ointment*** et skår i gleden.
I. OK, okay ['ouˌkei] *s(pl: OK's, okays)* **T***(=approval)* godkjenning *(fx he gave the plan his OK).*
II. OK, okay *vb* **T***(=approve; endorse)* godkjenne; bifalle *(fx he okayed(=OK'd) the idea);* ***you have to OK it with the boss*** du må få sjefen til å godkjenne det.
III. OK, okay *int, adj, adv* **T***(=all right)* helt i orden; alt i orden; all right; OK; ***be OK****(=be all right)* 1. være i orden; være all right; være OK; 2. ha det bra *(fx I'm OK now);* ***is it OK with you if ...?*** er det i orden fra din side hvis..? ***is your car OK?*** er bilen din i orden? *i forretning, etc* **T:** ***are you OK?****(=are you being served?* **T:** *are you all right?)* får du? blir du ekspedert? ***are you OK for money?*** har du penger nok?
okey-doke [ˌoukiˌdouk], ***okey-dokey*** [ˌoukiˌdouki] *int* **T***(=OK, okay)* all right; OK.
old [ould] *adj(komp: older, elder; superl: oldest, eldest)* gammel; ***a five-year-old boy*** en fem år *(n)* gammel gutt; ***he's thirty years old*** han er tretti år gammel; ***the old*** de gamle; ***as old as the hill*** så gammel som alle hauger; **T: *any old book****(=any book)* en hvilken som helst bok; ***the old man*** 1. den gamle mannen; 2. **T***(=the boss; father)* gammer'n; sjefen; *stivt: **in days of old****(=in the old days)* i gamle dager; ***he's getting old*** han begynner å bli gammel; ***live to be very old*** oppnå en svært høy alder.
old age alderdom; ***extreme old age*** høy alderdom; ***symptom of old age*** aldersfenomen; alderssymptom; ***in old age*** i alderdommen; ***well into one's old age****(=in extreme old age)* langt inn i alderdommen; ***weakness of old age*** alderdomssvakhet; ***old age can be a good thing*** alderdommen kan være fin.
old-age [ˌould'eidʒ] *adj:* alders-.
old-age pension [ˌould'eidʒˌpenʃən] *s(=retirement pension)* alderstrygd.
old-age pensioner [ˌould'eidʒˌpenʃənə] *s(=retirement pensioner)* alderstrygdet (person).
old-age spot [ˌould'eidʒ'spɔt] *s; i huden(=age spot)* pigmentflekk.
old banger T *(=old crock)* gammel kjerre (av en bil).
old boy (,girl) tidligere elev; gammel elev (av en skole).
old-established [ˌouldiˌstæbliʃt] *adj:* hevdvunnen *(fx custom);* veletablert; gammel *(fx firm).*
old-fashioned ['ouldˌfæʃənd; *attributivt:* ˌould'fæʃənd] *adj:* gammeldags.
old guard *fig: **the old guard*** den gamle garde.
old hand T: *be an old hand at sth* være dreven i noe.
old maid gammel jomfru; peppermø.
old school tie 1. gammelt skoleslips; **2.** holdninger, etc som assosieres med 'public school'.
old-time [ˌould'taim] *adj:* gammeldags.
old-time dancing gammeldans.
old-timer [ˌould'taimə] *s* **1***(=veteran)* veteran; **2. US***(=old man)* gammel mann.
old woman 1. T: *my old woman, the old woman* 1*(=my wife)* kona mi; 2*(=my mother)* mutter; **2.** *neds: **he's an old woman*** han er en kjerring.
Old World: *the Old World* den gamle verden.
old-world [ˌould'wə:ld] *adj; rosende:* som minner om gamle dager; sjarmerende gammeldags.
oleander ['ouliˌændə] *s; bot:* oleander.
O-level [ˌou'levəl] *(fk f Ordinary Level) skolev; hist; i 1988 erstattet av GCSE:* fag *(n)* på nivå *(n)* svarende til ungdomsskolens; ***take one's O-levels****(=sit for O-levels) svarer til:* ta ungomsskoleeksamen; *(jvf A-level; CSE; GCE; GCSE).*
oligarchy [ˌɔli'gɑ:ki] *s:* fåmannsvelde; oligarki *n.*
I. olive [ˌɔliv] *s* **1.** *bot:* oliven; **2.** *bot(=olive tree)* oliventre; **3.** *kul: **veal olives*** benløse fugler.
II. olive *adj(=olive green)* olivengrønn.
olive branch *fig:* oljegren; ***hold out the olive branch*** tilby fred.
olive green *adj:* olivengrønn.
olive oil olivenolje.
Olympic [əˌlimpik] *adj:* olympisk.
Olympic Games: *the Olympic Games**(=the Olympics)* de olympiske leker; OL; ***the Olympic Winter Games*** de olympiske vinterleker; vinter-OL; ***the '94 Olympic Games*** OL '94.
Olympics [əˌlimpiks] *s; pl; sport: se Olympic Games.*
ombudsman [ˌɔmbudzmən] *s:* (sivil)ombudsmann; ***consumer's ombudsman*** forbrukerombudsmann.
omega [ˌoumigə; **US:** ouˌmegə] *s:* omega; *(se be-all and end-all).*
omelette *(,US: omelet)* [ˌɔmlit] *s; kul:* omelett; ***roast pork omelette*** skinkeomelett; ***you can't make an omelette without breaking eggs*** den som vil være med på leken, får smake steken.
omen [ˌoumən] *s:* varsel *n;* tegn *n (fx I took it as a good omen);* ***it's a bad omen*** det er et dårlig tegn; ***an event of grim omen*** en illevarslende begivenhet; ***an omen of*** et varsel om.
ominous [ˌɔminəs] *adj:* illevarslende; ***an ominous sign*** et illevarslende tegn.
omission [əˌmiʃən] *s* **1.** unnlatelse; ***sins of omission*** unnlatelsessynder; **2.** utelatelse; det å sløyfe; ***we have made several omissions in the list of names*** vi har sløyfet noen navn *(n)* på listen.
omit [əˌmit] *vb* **1.** unnlate *(fx to tell him about it);* **2***(=leave out)* utelate *(fx a word);* sløyfe.
omnibus volume *(=composite volume)* samlebind.
omnipotence [ɔmˌnipətəns] *s:* allmakt.
omnipotent [ɔmˌnipətənt] *adj(=all-powerful)* allmektig.
omniscience [ɔmˌniʃəns; ɔmˌnisiəns] *s:* allvitenhet.
omniscient [ɔmˌniʃənt; ɔmˌnisiənt] *adj(=all-knowing)* allvitende.
omnivore [ˌɔmni'vɔ:] *s:* alteter.
omnivorous [ɔmˌnivərəs] *adj:* altetende.
I. on [ɔn] *prep* **1.** på *(fx on the table; on a farm; on the bus; on page 5; he lives on his wife; put £5 on a horse; save on electricity; which side is he on? on Sunday);* opp på *(fx jump on the horse);* oppe på; oppå; ***I've got no money on****(=about)* ***me*** jeg har ingen penger på meg; ***she's on £20,000 a year*** hun tjener £20.000 i året; ***a story based on fact*** en historie som bygger på fakta *n;* ***on****(=at)* ***the corner*** på hjørnet; ***the pointer is on****(=at)* ***zero*** viseren står på null *n;* ***my memory is not quite clear on****(=about)* ***that point*** jeg husker ikke helt

tydelig på det punktet; ***have first refusal on(=of) sth*** ha forkjøpsretten til noe; ***be on offer*** være på tilbud; ***he's on drugs*** han går på stoff *n;* ***he's losing his grip on teaching*** han er i ferd med å miste grepet på undervisningen; ***he's an expert on this*** han er ekspert på dette; *skolev:* ***she's on the third problem*** hun holder på med oppgave nummer *(n)* tre; ***we have nothing on him (to charge him with)*** vi har ikke noe på ham (som han kan tiltales for); ***on the firm*** på firmaet; for firmaets regning; ***this is on the house*** denne (drinken) går på huset; ***this round's on me*** denne omgangen betaler jeg; ***have it on me!*** jeg spanderer! ***live on fish*** leve på fisk; ***live on £30 a week*** leve på (*el.* av) £30 i uken; ***a run on the pound*** run *(n)* på pundet; *(jvf I. hand 22: on the one hand; on the other hand; I. level 1 & 4);*

2. av *(fx get drunk on gin; interest on the capital);* ***on security grounds*** av sikkerhetsgrunner; ***live on vegetables*** leve av (*el.* på) grønnsaker; ***live on one's interest*** leve av rentene; ***live on £20 a week*** leve av (*el.* på) £20 i uken; ***be low on(=be short of)*** ha lite av *(fx sugar);* ***we're low on people*** vi har for få folk *n;* **T:** ***be short on(=be short of)*** ha lite av;

3. etter; ***keen on*** ivrig etter; ***a run on the pound*** sterk etterspørsel etter pund *n;* ***on our order*** etter ordre fra oss; *om rekkefølge; stivt(=after):* ***loss on loss*** tap *(n)* etter tap; ***on the heels of a previous report*** like etter en tidligere rapport; *(jvf 7: on sby's heels);*

4. for; ***there's a bar on the door*** det er slå for døren; ***that's not binding on me*** det er ikke bindende for meg; ***the dog died on him*** hunden døde for ham; ***that's a new one on me(=that's news to me)*** det er nytt for meg; **T:** ***give the thumbs-down on sth*** vende tommelen ned for noe;

5. fra; ***on good authority(=from a reliable source)*** fra pålitelig kilde; ***take notes on the lecture*** ta notater *(n)* fra forelesningen;

6. hos; ***be quartered on people in town*** bli innkvartert hos folk *(n)* i byen; ***the police planted stolen goods on him*** politiet plantet tyvegods hos ham; ***look in on sby*** stikke innom hos en;

7. i; ***pinch sby on the arm*** klype en i armen; ***on the Board*** i styret; ***your name's not on my books*** jeg har ikke navnet ditt i bøkene mine; ***on business*** i forretninger; ***on the ceiling*** i taket; ***on the committee*** i komitéen; ***scars (,a friendly look) on one's face*** arr *(n)* (,et vennlig uttrykk) i ansiktet; ***on file*** i arkivet; arkivert; ***on the first floor*** i annen etasje; ***be on form*** være opplagt; være i form; ***spit on your hands and use the spade!*** spytt i hendene og bruk spaden! ***on(=at) sby's heels*** i hælene på en; ***close on sby's heels*** tett (*el.* like) i hælene på en; ***on the horizon*** i horisonten; ***on order*** i ordre *(fx have it on order);* ***heave on the rope*** (hale og) dra i tauet; ***ten years on(=in) the gay scene*** ti år *(n)* i homoseksuelt miljø *n;* ***appear on TV*** komme (,være) på (*el.* i) TV;

8. i forhold *(n)* til; sammenlignet med *(fx a great improvement on all previous attempts);* ***a drop of £5,000 on the original asking price*** en reduksjon på £5.000 i forhold til det opprinnelige prisforlangende;

9. ifølge; ***on his own confession*** ifølge hans egen tilståelse; ***on this theory*** ifølge denne teorien;

10. med *(fx come on the bus);* ***I'm booked on that plane*** jeg er booket med det flyet; ***on full pay*** med full lønn; ***congratulate sby on sth*** gratulere en med noe; ***go easy on the butter!*** vær forsiktig med smøret! ***help sby on(=with) sth*** hjelpe en med noe; ***manage on one's income*** klare seg med det man tjener; ***thrive on hard work*** trives med hardt arbeid *n;* ***work is in progress on this scheme*** man arbeider nå med denne planen; ***we're on adjectives now*** vi holder på med adjektivene nå;

11. mot *(fx he pulled a gun on me);* ***the clash of metal on metal*** lyden av metall *(n)* mot metall; ***he cheated on his wife*** han var utro mot sin kone; ***they marched on the town*** de marsjerte mot byen;

12. om *(fx a book on Churchill);* ***agree on sth*** bli enige om noe; ***a run on tickets for the play*** en kamp om billetter til stykket; ***on the morning of the first of April*** om morgenen den første april; ***can I come back to you on that?*** kan jeg få minne deg om det ved en senere anledning? ***while we're on the subject*** med det samme vi snakker om det;

13. over *(fx the storm is on us);* ***bring discredit on oneself*** bringe skam over seg selv; ***the ceiling caved in on them*** taket falt sammen over dem; ***give lectures on*** forelese over; ***take revenge on sby*** ta hevn over en;

14. overfor; ***it's not fair on the girl*** det er ikke riktig overfor piken; ***make one's influence felt on sby*** gjøre sin innflytelse gjeldende overfor en;

15. *merk:* pr.; ***the amount falls due on May 1st*** beløpet skal betales pr. 1. mai; ***a discount of 50p on the ton*** en rabatt på 50p pr. tonn;

16. til; ***book on a course*** melde seg på (til) et kurs; ***I'm booked on that plane*** jeg har billetter til det flyet; ***go on the stage*** gå til scenen; ***on foot*** til fots; ***both on land and (at) sea*** både til lands *(n)* og til sjøs; ***on the right(=to the right)*** til høyre; ***she sat on his right*** hun satt til høyre for ham; ***on sale(=for sale)*** til salgs *n;*

17. under; ***on oath(=under oath)*** under ed; ***on his visits to his children*** under hans besøk *(n)* hos barna *(n)* sine;

18. ut fra; ***on the assumption that*** ut fra den antagelse at …; ***on the theory that*** ut fra den teori at;

19. ved; ***a house on(=by) the river*** et hus ved elven; ***on(=by) the main road*** ved hovedveien; ***be employed on(=by) the railway(=have a job on the railway)*** være ansatt ved jernbanen; ***on (closer) examination*** ved nærmere undersøkelse; ***on reflection(=on second thoughts)*** ved nærmere ettertanke; *(jvf 22);*

20*(=by means of)* ved hjelp av; ***navigation on instruments*** navigasjon ved hjelp av instrumenter *n;*

21. *om tidspunkt:* da; ***on his father's death*** da hans far var død; ved hans fars død; ***on seeing him*** ved synet av ham; da jeg (etc) fikk se ham; ***on inquiring, I found that …*** da jeg spurte meg for, fikk jeg vite at …;

22. T*(=at):* ***they know him on the door*** dørvakten kjenner ham; ***the man on(=in charge of) the gate*** portvakten; mannen i porten; ***mount guard on(=at) the embassy*** sette ut vakt ved ambassaden.

II. on *adv & adj* **1.** på *(fx the light's on; the bus stopped and we got on);* ***from that day on*** fra den dagen av;

2. fore *(fx have you anything on tonight?);*

3. videre *(fx fly on to Paris);* ***pass it on*** sende det videre; ***read on*** lese videre; ***he sat on*** han ble sittende; ***send the letter on*** ettersende brevet;

4.: ***when the Olympics are on*** når det er OL (*el.* olympiske leker); ***what's on at the cinema?*** hva er det som går på kino? ***is the party on tonight?*** skal selskapet være i kveld? ***is it still on?*** 1. blir det noe av? 2. står avtalen (etc) fortsatt ved makt? *ved inngåelse av veddemål:* ***you're on!****(=OK, done!)* OK, det er en avtale! ***telling lies just isn't on*** det nytter (bare) ikke med løgner; ***if you want to borrow money, you're not on*** hvis det er penger du vil låne, så kan jeg si deg at det ikke nytter;

5.: ***be on about sth*** mase med noe;

6.: ***just on****(=almost exactly)* nesten nøyaktig *(fx their baby weighs just on four kilos);*

7.: ***later on*** senere (hen);

8.: ***he kept on and on*** han ga seg ikke; ***he kept on and on asking questions*** han ga seg ikke med å stille spørsmål;

9.: ***on and off****(=occasionally)* av og til;

10.: ***on to****(=onto)* opp på *(fx lift it on to the table);*

11. T: ***be on to sth*** 1. være inne på noe; ***he's on to a very good thing*** han er inne på noe som er veldig bra; **T:** ***he was on to sth big*** han var på sporet av noe stort; 2.: ***he's on to us****(=he's become suspicious of us)* han

O

har fått mistanke til oss; 3.: ***I'll get on to him about it*** jeg skal ta det opp med ham.

I. once [wʌns] *konj(=as soon as)* så snart *(fx once he arrives we can start)*; ***once over the wall we're safe*** når vi først er over muren, er vi i sikkerhet.

II. once *adv* **1.** en gang *(fx he did it once; once a year; I once wanted to be a dancer)*; ***once more*** én gang til; ***once or twice*** et par ganger *(fx I met him once or twice)*;
2.: ***at once****(=immediately)* med én gang;
3.: ***all at once*** 1*(=suddenly)* plutselig; 2*(=all at the same time)* alle på én gang;
4.: ***(just) for once*** for én gangs skyld;
5.: ***once and for all*** én gang for alle;
6.: ***once in a while****(=occasionally)* av og til;
7. *i eventyrstil:* ***once upon a time, there was …*** det var en gang;
8. *ordspråk:* ***once bitten twice shy*** brent barn *(n)* skyr ilden.

once-over [ˌwʌns'ouvə] *s* **T:** ***give sby the once-over*** kaste et vurderende blikk på en; ***I'll give your report the once-over*** jeg skal kaste et blikk på rapporten din.

oncoming [ˌɔn'kʌmiŋ] *adj(=coming towards one)* som kommer mot en; ***oncoming traffic*** møtende trafikk.

one [wʌn] *s; tallord; adj & pron* **1.** ettall; **2.** ener;
3. en; ei; et; ***one half*** den ene halvdelen; ***one (of them)*** den ene; ***one of them*** 1. en av dem; 2. den ene ***one of you*** en av dere; *(jvf either 2: either of)*; ***one of my legs*** det ene benet mitt; ***one of two things****(=(either) one (thing) or the other)* ett av to; ***it's one thing to promise and another to perform*** ett er å love, noe annet å holde;
4*(=a certain)* en viss *(fx one Miss Jones)*;
5. *stivt(=the same):* ***we're of one mind on this matter*** *(=we take the same view of this matter)* vi har samme syn *(n)* på denne saken; ***it's all one to me where we go****(=it's all the same to me where we go)* det er det samme for meg hvor vi drar;
6*(=you)* man; en *(fx one never knows; it hurts one to be told)*; *spøkef el. meget stivt(=I)* man *(fx one doesn't like that sort of foolish behaviour)*;
7*(=firstly; first)* for det første *(fx He believed in the value of two things. One, an acute eye for detail. And two, a dogged persistence in following up every clue)*;
8*(=the age of one):* ***babies start to talk at one*** barn *(n)* begynner å snakke når de er ett år gamle;
9. *forsterkende(=a):* ***it was one hell of a fight*** det gikk pokker så hardt for seg;
10. *støtteord:* ***this one*** denne (her); ***that one*** den (der); ***the little ones*** de små; ***which one do you want?*** hvilken vil du ha? ***this book is not the one I saw yesterday*** dette er ikke den boken jeg så i går; ***the one in the box*** den som ligger i esken; ***give me some ripe ones*** gi meg noen som er modne; ***five grey shirts and two red ones*** fem grå skjorter og to røde; ***he is the one most often accused of …*** han er den som oftest blir beskyldt for …; ***he isn't one for planning (far) ahead*** han er ikke den som planlegger på sikt; ***the question is one of great importance*** spørsmålet er av stor betydning;
11.: ***one and all*** alle som én;
12. *stivt:* ***many a one****(=many people)* mange (mennesker *(n)*);
13.: ***one or the other*** en av delene; ett av to; ***he said nothing one way or the other*** han sa ikke noe hverken fra eller til;
14.: ***one or two*** 1. en eller to; 2. **T***(=a few)* noen få *(fx I'll just take one or two)*;
15. *i forb m prep:* ***one after the other*** den ene etter den andre; *stivt:* ***be at one with****(=agree with)* være enig med; ***one by one*** en etter en; en for en; enkeltvis; ***I for one*** jeg for min del; blant andre jeg; ***in one*** i én og samme person *(fx secretary and treasurer in one)*; ***one of them (,us, you)*** en av dem (,oss, dere); ***one of these days*** en av dagene; en vakker dag; ***ten to one*** 1. ti mot én; 2. (klokken) kvart på ett; **T:** ***be one up on sby*** være et hakk bedre enn en; **T:** ha tatt innersvingen på en; ***that's one up to her*** det er ett poeng til henne; *(jvf one-upmanship)*; ***one thing with another*** det ene med det andre.

one-act [ˌwʌn'ækt] *adj; teat:* ***one-act play*** enakter.

one another *pron(=each other)* hverandre.

one-armed [ˌwʌn'ɑ:md] *adj:* enarmet.

one-armed bandit *(=gambling machine)* enarmet banditt; spilleautomat.

one-family [ˌwʌn'fæmili] *adj:* ***one-family house****(=detached house)* enebolig.

one-horse [ˌwʌn'hɔ:s] *adj:* ***one-horse town*** avkrok; hull *n.*

one-man [ˌwʌn'mæn] *adj:* ***one-man business*** enmannsforetagende.

one-night [ˌwʌn'nait] *adj:* som bare varer én natt.

one-night stand 1. *teat:* enkeltforestilling; **2. T:** tilfeldig seksuell forbindelse; seksualpartner for en natt; ***have one-night stands*** ha tilfeldige seksuelle forbindelser.

I. one-off ['wʌnˌɔf] *s* **T 1***(,***US:** *one-shot)* engangsforeteelse; **2.:** ***one-off (design)****(=prototype)* prototyp.

II. one-off *adj* **1.** som bare fremstilles i ett eksemplar; **2.** som er en engangsforeteelse; ***one-off job*** 1. engangsoppgave; 2. jobb som det ikke finnes maken til.

one-parent [ˌwʌn'pɛərənt] *adj:* ***one-parent families****(=single -parent families)* familier med (bare) én forsørger.

one-party [ˌwʌn'pɑ:ti] *adj:* ettparti- *(fx system)*.

one-piece [ˌwʌn'pi:s] *adj:* i ett stykke *(fx a one-piece bathing suit)*.

one-price [ˌwʌn'prais] *adj:* ***one-price store*** enhetsprisforretning.

onerous [ˌɔnərəs] *adj; fig; stivt(=heavy)* byrdefull; tung.

oneself [wʌnˌself] *pron* **1.** seg *(fx defend oneself)*; ***hurt oneself*** slå seg;
2. selv; ***one shouldn't do this oneself*** dette bør man ikke gjøre selv; ***be oneself*** være seg selv; ***see for oneself*** se selv;
3.: ***by oneself*** 1*(=on one's own)* på egen hånd; uten hjelp; 2*(=alone)* alene *(fx he was standing by himself at the bus stop)*;
4.: ***to oneself*** 1. for seg selv *(fx want it for oneself)*; 2. til seg selv *(fx say to oneself)*; 3. med seg selv; ved seg selv *(fx think to oneself)*.

one-shot ['wʌnˌʃɔt] *s* **US***(=one-off; sth that's likely to happen only once)* engangsforeteelse.

one-sided [ˌwʌnˌsaidid; 'wʌnˌsaidid; *attributivt:* ˌwʌn'saidid] *adj* **1***(=unilateral)* ensidig; **2***(=bias(s)ed; partial)* ensidig; partisk.

one-sidedness ['wʌnˌsaididnəs] *s:* ensidighet.

one-time [ˌwʌn'taim] *adj(=former)* tidligere; forhenværende; ***one-time member of the club*** tidligere medlem *(n)* av klubben.

one-track [ˌwʌn'træk] *adj* **1.** *jernb(=single-tracked)* ensporet; **2.** *fig:* ***have a one-track mind*** ha en ensporet tankegang; være ensidig; *(jvf single-track)*.

one up: *se one 15.*

one-upmanship ['wʌnˌʌpmən'ʃip] *s* **T:** ***(the art of) one -upmanship*** kunsten å oppnå en psykologisk fordel over andre ved å foregi sosial el. yrkesmessig overlegenhet; kunsten å flyte ovenpå; ***things were done explicitly for purposes of one-upmanship*** det som ble gjort, ble gjort utelukkende for å markere overlegenhet.

one-way [ˌwʌn'wei] *adj:* enveis- *(fx street)*.

one-way ticket US*(=single ticket)* enkeltbillett.

one-way traffic enveiskjøring.

ongoing [ˌɔn'gouiŋ] *adj:* igangværende; pågående; ***the inquiry is ongoing*** undersøkelsen er i gang; ***an ongoing project****(=a project in progress)* et igangværende prosjekt.

onion [ˌʌnjən] *s* **1.** *bot:* løk; ***common onion*** kepaløk; **2. T:** ***know one's onions****(=know one's job)* kunne sine ting.

onion pickles *pl; kul:* syltede løk.

onlooker [ˌɔn'lukə] *s(=spectator)* tilskuer.

only [ˌounli] *adj, adv, konj* **1.** *adj:* eneste; ***an only child*** et enebarn;

2. *adv* 1. bare; 2. så sent som; først; ***only last week*** så sent som i forrige uke; ***he has only just left*** han har nettopp gått (,dratt, reist); ***he only just managed to lift it*** det var så vidt han klarte å løfte det (,den); ***I only found out yesterday****(=I didn't find out until yesterday)* jeg fant det først ut i går; ***we met only an hour ago*** det er ikke mer enn en time siden vi møttes (*el.* traff hverandre); ***only recently*** først (nå) nylig; *stivt:* ***only then did he realize that …****(=he only realized then that …)* først da forstod han at …; *uttrykker sterkt ønske:* ***if it would only rain!*** bare det ville regne! *forsterkende:* ***it was only too true*** det var bare så altfor sant;

3. *konj:* men; det er bare det at; ***I'd like to go, only I have to work*** jeg skulle gjerne dra, men jeg må arbeide.

onomatopoeia ['ɔnə'mætəˌpi:ə] *s:* onomatopoetikon *n;* lydmalende (*el.* lydhermende) ord *n.*

onrush [ˌɔn'rʌʃ] *s* **1.** bevegelse fremover; ***there was a sudden onrush of people towards …*** plutselig stormet folk *(n)* fremover mot …; **2.: *the onrush of the water*** vannet som strømmet på.

onset [ˌɔn'set] *s; stivt* **1***(=attack)* angrep *n;* **2***(=beginning): **the onset of a cold*** begynnelsen til en forkjølelse.

onslaught [ˌɔn'slɔ:t] *s; stivt(=fierce attack)* stormløp; voldsomt angrep.

on-the-job training bedriftsintern opplæring.

onus [ˌounəs] *s:* ***onus (of proof)****(=burden of proof)* bevisbyrde; ***the onus of proof rests with you****(=it's for you to supply proof)* bevisbyrden påhviler deg.

onward [ˌɔnwəd] **1.** *adj(=forward)* fremover; **2.** *adv: se onwards.*

onwards [ˌɔnwədz] *adv(=forwards)* fremover *(fx move onwards);* ***time moved onwards*** tiden gikk; ***from today onwards*** fra i dag av.

onyx [ˌɔniks] *s; min:* onyks.

oodles [ˌu:dlz] *s* **T***(=lots)* mye; **T:** en (hel) bråte (*of* med) *(fx oodles of money).*

ooh [u:] *int:* å(h); uh!

ooh and aah *vb* **T:** gi seg ende over; ***they were oohing and aahing over it*** de ga seg ende over.

oomph [ˌu:mf] *s; spøkef(=vitality; enthusiasm)* vitalitet; begeistring.

oops [ups; u:ps] *int(=whoops)* heisan! au da!

I. ooze [u:z] *s* **1***(=slimy mud)* slam *n;* **2***(=slow flow)* siving.

II. ooze *vb* **1***(=seep)* sive; ***ooze in*** sive inn; **2.** drive *(fx the walls were oozing with water);* **3.** *fig(=radiate): **ooze charm*** utstråle sjarm; ***he positively oozed vitality****(=he was positively bursting with vitality)* han formelig struttet av vitalitet.

opacity [ouˌpæsiti] *s(=opaqueness)* ugjennomsiktighet.

opal [oupl] *s; min:* opal.

opaque [ouˌpeik] *adj:* ugjennomsiktig.

I. open [ˌoupən] *s* **1.: *in the open*** i det fri; i friluft; **2.** *fig: **come (out) into the open*** 1. tone flagg *n;* 2*(=become known)* bli kjent; komme for en dag; **3.** *sport(=open championship)* åpent mesterskap.

II. open *adj:* åpen *(fx door);* åpenlys *(fx admiration);* ***he's fond of the open air****(=he's fond of outdoor life; he's keen on outdoor activities)* han er glad i friluftsliv; ***an open question*** et åpent spørsmål; ***they're quite open about it*** de er helt åpne når det gjelder det; ***the book was open at page 6*** boka var oppslått på side 6; ***it's open to doubt*** det kan betviles; ***open to suggestions*** mottagelig for forslag; ***lay oneself open to criticism****(=expose oneself to criticism)* legge seg åpen for kritikk; ***open to the public*** åpen for publikum *n;* ***what choices are open to me?*** hvilke valgmuligheter har jeg? ***be open with sby*** være åpen overfor en.

III. open *vb* **1.** åpne; lukke opp; ***the door opened*** døren gikk opp; ***the door won't open*** døren går ikke opp; ***open your books at page 25*** åpne bøkene på side 25; **2.** *teat: **the play opens next Monday****(=the play has its first night on Monday)* stykket har premiere neste mandag;

3. *kortsp(=open with)* åpne med *(fx open clubs);*

4.: *open on to* vende ut mot *(fx the door opens straight on to the street); (jvf II. on 11);*

5.: *open out**(=unfold)* brette ut *(fx a map);*

6.: *open up* 1. *om forretning:* åpne *(fx a shop);* 2. *pakke, etc:* åpne; 3. *dør; på befaling:* åpne *(fx 'Open up!' shouted the policeman);* 4. *fig:* skape *(fx new opportunities for industrial development).*

open-air ['oupənˌɛə; *attributivt:* ˌoupən'ɛə] *adj:* frilufts-; i friluft; ***open-air museum*** friluftsmuseum.

open-and-shut ['oupənənˌʃʌt] *adj; jur(=easily solved)* opplagt *(fx case).*

open-ended ['oupənˌendid; *attributivt:* ˌoupən'endid] *adj: **open-ended contract*** åpen kontrakt; ***open-ended question*** spørsmål hvor antall mulige svar *(n)* er ubegrenset.

open-ended ticket *(=open ticket)* åpen billett.

open-eyed [ˌoupən'aid] *adj(=undisguised)* åpenlys; uforstilt; ***he was gazing at her with open-eyed admiration*** han så på henne med uforstilt beundring.

open ground 1. åpent terreng; åpen plass (i skogen); **2.** ubebygd tomt *(fx a piece of open ground).*

open-handed ['oupənˌhændid; *attributivt:* ˌoupən'hændid] *adj(=generous)* rundhåndet; raus.

open-heart [ˌoupən'hɑ:t; 'oupənˌhɑ:t] *adj; med.: **open-heart surgery*** åpen hjertekirurgi; operasjon på det åpne hjertet.

open house åpent hus; ***keep open house*** holde åpent hus.

I. opening [ˌoupəniŋ] *s* **1.** åpning; hull *n;* **2***(=beginning)* begynnelse *(fx the opening of the film);* **3.** (åpnings)seremoni; åpningshøytidelighet; åpning; ***official opening*** offisiell åpning; **4.** *stivt(=job opportunity)* mulighet for arbeid *n; (=vacancy)* ledig stilling.

II. opening *adj:* åpnings-; innledende *(fx remarks).*

opening ceremony åpningshøytidelighet; åpningsseremoni.

opening phase startfase; ***in the opening phase*** i startfasen.

opening time åpningstid; ***when's opening time?*** når åpner dere? ***when's opening time on Sundays?*** når er det åpent på søndager.

open line *tlf:* grønt nummer; ***ring open line*** ringe grønt nummer.

openly [ˌoupənli] *adv:* åpent; åpenlyst *(fx he criticized her openly);* ***she spoke openly about her problems*** hun snakket åpent om problemene *(n)* sine.

open mind: *have an open open mind* ha et åpent sinn; være mottagelig for idéer (*el.* synspunkter) *(about, on* når det gjelder); ***keep an open mind*** vente med å bestemme seg.

open-minded ['oupənˌmaindid; *attributivt:* ˌoupən'maindid] *adj: **be open-minded*** ha et åpent sinn; være mottagelig for idéer (*el.* synspunkter) *(about, on* når det gjelder) *(fx I'm completely open-minded on the subject).*

open-mouthed ['oupənˌmauðd; *attributivt:* ˌoupən'mauðd] *adj* **1.** med åpen munn; **2.** måpende.

open-plan [ˌoupən'plæn] *adj: **open-plan office*** kontorlandskap; ***open-plan teaching room*** skolelandskap.

open sandwich *(,US & Canada: open-faced sandwich)* smørbrød.

open season [ˌoupən'si:zən] *s:* jakttid.

open shop bedrift som har både organisert og uorganisert arbeidskraft; *(jvf closed shop & union shop).*
open speaking åpen tale *(fx I prefer open speaking).*
open ticket*(=open-ended ticket)* åpen billett.
open-topped [ˌoupən'tɔpt] *adj:* uten kalesje; åpen; ***open-topped sports car*** åpen sportsbil.
Open University: *the Open University* universitet *(n)* opprettet i 1969 for dem som uten de kvalifikasjoner som kreves for opptak ved et vanlig universitet, vil studere på deltid ved hjelp av radio, TV og sommerkurser *(fx after two years she had four of the six credits needed for her BA at the Open University).*
open verdict *jur; ved rettslig likskue: **record an open verdict*** avgi kjennelsen "dødsårsak ukjent".
opera [ˌɔpərə] *s; mus* **1.** opera; ***tickets for the opera*** billetter til operaen; **2***(=opera house)* operabygning.
operable [ˌɔpərəbl] *adj:* operabel; som kan opereres.
opera glass(es) teaterkikkert; *(se field glasses).*
opera-goer [ˌɔpərə'gouə] *s:* operagjenger.
opera singer operasanger(inne).
operate [ˌɔpə'reit] *vb* **1.** *med., mil, fig:* operere; ***operate on sby*** operere en; *fig:* ***operate with*** operere med; ***operate with a concept*** operere med et begrep;
2. *om maskin; stivt:* virke; fungere *(fx the machine isn't operating(=working) properly);* ***begin to operate****(=be put into operation)* bli satt i drift;
3. *om person; stivt(=work):* ***operate a machine*** betjene en maskin;
4. *merk, etc:* drive *(fx a workshop);* ***operate at a loss*** drive med tap *n; om person:* ***operate as*** drive som; ***the firm is now operating abroad****(=the firm has now moved into foreign markets)* firmaet er nå inne på det utenlandske marked; ***those operating on the property market*** aktører i eiendomsmarkedet; ***operate independently*** være selvstendig aktør;
5. *om konto; stivt(=use)* disponere over;
6. *om plan, etc; stivt(=carry out)* sette i verk *n;*
7. *fig; meget stivt:* være medvirkende; ***several causes*** operated to bring about the war*(=several factors contributed to causing the war)* det var flere medvirkende årsaker til krigen.
operatic ['ɔpəˌrætik] *adj:* opera-.
operatics ['ɔpəˌrætiks] *s; pl* **1.: *(amateur) operatics*** amatøropera; **2***(=melodramatic behaviour)* melodramatisk oppførsel.
operating theatre *(,US: operating room)* operasjonssal.
operating time 1. *mask:* driftstid; **2.** *EDB:* nyttet tid.
operation ['ɔpəˌreiʃən] *s* **1.** *med., mil, fig:* operasjon;
2. arbeidsoperasjon; ***in a single operation****(=in one continuous process)* i en eneste arbeidsoperasjon;
3. drift *(fx of a machine);* ***operations are at a standstill*** driften er innstilt; ***discontinue operations****(=suspend operations; stop working)* stanse (*el.* innstille) driften; ***extended operations*** utvidet drift; ***the machines in operation*** de igangværende maskiner; ***put into operation*** sette (*el.* ta) i drift; ***out of operation*** ute av drift; ***come into operation*** 1. *om bedrift:* komme i drift; 2. *jur(=come into force; become operative)* tre i kraft.
operational ['ɔpəˌreiʃənl] *adj:* drifts-; driftsteknisk; operasjons-; driftsklar; *mil:* operativ; kampklar; ***become operational*** bli tatt i bruk; bli satt i drift; ***we are not yet fully operational*** vi har ikke fått etablert oss ordentlig ennå.
operational date ferdigdato; den dag da det hele skal være driftsklart.
operation wound *med.:* operasjonssår; ***the operation wound became infected****(=the operation wound went(=turned) septic)* det satte seg verk i operasjonssåret.
I. operative [ˌɔpərətiv] *s; om delvis faglært arbeider(=semiskilled worker)* spesialarbeider.
II. operative *adj:* operativ *(fx treatment);* i drift *(fx the airport is operative again);* virksom; relevant *(fx the operative word).*
operator [ˌɔpə'reitə] *s* **1.** operatør; en som betjener maskin (etc); ***crane operator****(=crane driver)* kranfører;
2. *tlf: **(telephone) operator*** telefonist; *ofte:* sentralen *(fx ask the operator to connect you to that number);*
3.: *tour operator* turoperatør; *(se travel company);*
4. *oljeind(=operator company)* operatørselskap;
5. aktør; ***foreign operators on the exchange market*** utenlandske operatører på valutamarkedet; *(se operate 4).*
operator's error*(=human error)* brukerfeil.
operetta ['ɔpəˌretə] *s; mus:* operette.
ophthalmologist ['ɔfθælˌmɔlədʒist] *s; med.(=eye specialist)* øyenlege.
opiate [ˌoupiit] *s* **1.** *kjem:* opiat *n;* opiumholdig legemiddel (brukt som sovemedisin); **2.** *fig:* noe som virker beroligende.
opine [ouˌpain] *vb; meget stivt el. spøkef: **opine that****(=say that; be of the opinion that)* si (som sin mening) at.
opinion [əˌpinjən] *s* **1.** mening (*about, of, on* om); ***public opinion*** den offentlige mening; ***ask sby his (,her) opinion****(=ask sby their opinion)* spørre en om ens mening; ***ask the others their opinion****(=opinions; views)* spørre de andre om deres mening; ***he's alone in his opinions*** han står alene med sine meninger; ***be of (the) opinion that ...*** være av den mening at ...; ***it's a matter of opinion*** det er en skjønnssak; ***there can be no two opinions about****(=as to)* ***that*** det kan ikke være to meninger om det; ***he doesn't share her opinion about it*** han har en annen mening om det enn hun; ***it is my considered opinion that*** ... det er min veloverveide mening at ...; ***opinions differ*** meningene er delte; ***opinion again proved divided as to whether*** igjen var det delte meninger med hensyn til om; ***opinion among the experts is divided****(=experts are divided)* blant ekspertene er meningene delte; ***in my opinion*** etter min mening; ***in the opinion of Mr Brown*** etter Browns mening; ***form an opinion of sth*** danne seg en mening om noe; ***give one's opinion (on sth)*** komme med sin mening (om noe); ***I have a very high (,no great) opinion of his work*** jeg har en meget høy (,ingen høy) mening om arbeidet hans; ***state one's opinion****(=point of view)* gi sitt syn til kjenne; si fra om hva man mener; ***we have stated our opinion clearly in this matter*** vi har gitt vårt standpunkt i denne saken tydelig til kjenne; **2.: *(expert) opinion*** (sakkyndig) uttalelse; ***according to expert opinion*** ifølge sakkyndig uttalelse; ifølge ekspertene (,en ekspert); ***consult an expert opinion on the matter****(=seek expert advice on the matter)* innhente sakkyndig uttalelse i saken (*el.* spørsmålet).
opinionated [əˌpinjə'neitid] *adj; stivt(=stubborn)* påståelig; sta.
opinion former opinionsskaper.
opinion-forming [əˌpinjən'fɔ:miŋ] *adj:* opinionsskapende.
opinion poll meningsmåling; ***public opinion poll*** offentlig meningsmåling.
opium [ˌoupiəm] *s:* opium.
opponent [əˌpounənt] *s* **1.** motstander *(fx of the government);* **2.** *kortsp & fig:* motspiller.
opportune [ˌɔpə'tju:n] *adj; stivt* **1***(=suitable; convenient)* beleilig; ***an opportune moment*** et beleilig øyeblikk.
I. opportunist ['ɔpəˌtju:nist] *s:* opportunist.
II. opportunist *adj(=opportunistic)* opportunistisk.
opportunity ['ɔpəˌtju:niti] *s:* (gunstig) anledning; leilighet; sjanse; ***at the first opportunity*** ved første anledning; ***an opportunity of (-ing)****(=an opportunity to)* en anledning til å; ***when the opportunity offers*** når anledningen byr seg; ***if an opportunity offers*** hvis det byr seg en anledning; ***if and when an opportunity offers*** ved given anledning; ***take the opportunity*** benytte anledningen (*to* til å); ***miss****(=lose)* ***an opportunity*** la en anledning gå fra seg; ***seize the opportunity***

gripe anledningen; ***he was watching for an opportunity*** han voktet på en anledning.

oppose [ə͵pouz] *vb* **1**(*=resist; fight against)* motsette seg; opponere mot; **2**(*=compete against)*: ***oppose sby in the election*** være ens motkandidat ved valget.

opposed [ə͵pouzd] *adj:* motsatt; ***be opposed to*** være imot; ***be firmly(=strongly) opposed to the idea of (-ing)*** være sterkt imot den tanke å …; ***as opposed to****(=in contrast with)* i motsetning til.

I. opposite [͵ɔpəzit] *s:* motsetning; ***there's a mutual attraction between opposites****(=opposites attract each other)* motsetninger tiltrekker hverandre; ***the attraction of opposites*** det at motsetninger tiltrekker hverandre; ***quite the opposite****(=the very opposite)* det stikk motsatte; ***do the exact opposite*** gjøre det stikk motsatte.

II. opposite *adj, adv, prep* **1.** *adj:* motsatt; ***on the opposite page*** på motstående side; ***get into the opposite lane*** komme over i motsatt kjørebane; ***the opposite sex*** motsatt kjønn *n; mat.:* ***with an opposite sign****(=with the sign reversed)* med motsatt fortegn;
2. *adv & prep:* (rett) overfor; midt imot; ***they sat opposite each other*** de satt rett overfor hverandre; ***he lives in the house opposite (mine)*** han bor i huset vis-à-vis (mitt).

opposite number*(=counterpart)* person i tilsvarende stilling annetsteds; ***our opposite numbers in England*** våre kolleger i England.

opposition ['ɔpə͵ziʃən] *s* **1.** motstand (*to* mot); opposisjon; ***not tolerate opposition*** ikke tåle å møte motstand; **2.** *polit:* opposisjon; ***in opposition*** i opposisjon.

oppress [ə͵pres] *vb* **1**(*=keep down)* undertrykke; holde nede *(fx a people)*; **2.** *fig(=depress)* knuge; tynge.

oppression [ə͵preʃən] *s* **1.** undertrykkelse *(fx of a people)*; **2**(*=depression)*: ***a feeling of oppression*** nedtrykthet.

oppressive [ə͵presiv] *s* **1.** *om lover, skatter, etc(=hard to bear)* tyngende; **2.** *om vær:* trykkende.

oppressor [ə͵presə] *s:* undertrykker.

opt [ɔpt] *vb* **1.**: ***opt (for)****(=choose)* velge *(fx he opted to go home; she opted for a trip to Paris)*;
2.: ***opt out (of)*** trekke seg (fra).

optic [͵ɔptik] *adj; anat & med.:* optisk; syns- *(fx nerve)*.

optical [͵ɔptikl] *adj:* optisk; syns-; ***optical illusion*** synsbedrag.

optician [ɔp͵tiʃən] *s:* optiker.

optics [͵ɔptiks] *s:* optikk.

optimal [͵ɔptiməl] *adj; meget stivt(=optimum)* optimal.

optimism [͵ɔpti'mizəm] *s:* optimisme; ***there is reason for mild****(=cautious)* ***optimism*** det er grunn til behersket optimisme.

optimist [͵ɔptimist] *s:* optimist.

optimistic ['ɔpti͵mistik] *adj:* optimistisk (*about* når det gjelder; med hensyn til); ***cautiously optimistic*** forsiktig optimistisk.

optimum [͵ɔptiməm] *s:* optimum *n.*

option [͵ɔpʃən] *s* **1.** *jur & merk:* opsjon; forkjøpsrett;
2. *stivt(=choice)* valg; valgmulighet; ***a soft option****(= an easy alternative)* en lettvint utvei; ***don't give them the option*** ikke gi dem valget; ***there are several options open to you*** du har flere valgmuligheter; ***what options do I have?*** hvilke valgmuligheter har jeg?
3. *skolev:* ***free option*** fritt valg; valgfri oppgave.

optional [͵ɔpʃənl] *adj:* valgfri.

optional subject (,**US:** *elective) skolev:* valgfritt fag.

opulent [͵ɔpjulənt] *adj; stivt* **1**(*=rich)* rik;
2(*=splendid; luxurious)* overdådig;
3(*=luxuriant)* frodig; yppig *(fx vegetation)*;
4. *fig:* ***her opulent charms****(=her ample curves)* hennes frodige sjarm.

opus [͵oupəs] *s(pl: opuses, opera* [͵ɔpərə]*)* opus *n;* verk *n.*

or [ɔ:] *konj:* eller; ***either … or*** enten … eller; ***or (else)*** ellers; ***or rather*** eller snarere; ***the standard mustn't be set too low, or everyone will be able to reach it*** listen bør ikke legges for lavt, for da vil alle kunne komme over.

oracle [͵ɔrəkl; **US:** ͵ɔ:rəkl] *s:* orakel *n.*

I. oral [͵ɔ:rəl; ɔrəl] *s; skolev:* muntlig eksamen.

II. oral *adj* **1.** *anat:* munn-; som angår munnen;
2. muntlig; ***an oral agreement*** en muntlig avtale; ***oral and silent reading*** høytlesning og innenatlesning.

oral cavity *anat(=mouth cavity)* munnhule.

oral contraception *med.:* prevensjon ved hjelp av p-piller.

oral exam *skolev:* muntlig eksamen.

oral hygiene munnhygiene.

orally [͵ɔ:rəli; ͵ɔrəli] *adv* **1.** muntlig; **2.** *om medisin:* oralt; ***to be taken orally*** skal tas oralt (*el.* gjennom munnen).

oral surgeon kjevekirurg; *(jvf surgeon dentist)*.

orange [͵ɔrindʒ; **US:** ͵ɔ:rindʒ] **1.** *s; bot:* appelsin; ***blood orange*** blodappelsin; **2.** *adj:* oransje(farget);
3. *s* **US** *i trafikken(=amber)* gult lys.

orangeade ['ɔrin(d)ʒ͵eid] *s:* leskedrikk med appelsinsmak; appelsindrikk.

orange juice appelsinsaft.

orange peel appelsinskall; ***candied orange peel*** syltet appelsinskall.

orang(o)utan ['ɔ:ræŋ͵u:tæn] *s; zo:* orangutang.

oration [ɔ:͵reiʃən] *s; stivt(=speech)* tale.

orator [͵ɔrətə] *s; stivt(=speaker; skilled public speaker)* taler; stor taler.

oratorical ['ɔrə͵tɔrikl] *adj:* oratorisk; retorisk.

oratorio ['ɔrə͵tɔ:riou] *mus:* oratorium *n.*

oratory [͵ɔrətəri] *s* **1**(*=rhetorical skill)* veltalenhet; **2**(*=art of public speaking; rhetoric)* talekunst; retorikk; **3.** *rel:* bedekammer; kapell *n;* oratorium *n.*

orb [ɔ:b] *s* **1**(*=sphere)* kule; **2.**: ***orb (of the royal regalia)*** rikseple.

I. orbit [͵ɔ:bit] *s* **1.** *astr:* bane; *satellitts:* omløpsbane; ***be in (,go into) orbit round the moon*** gå (,gå inn i) kretsløp rundt månen;
2. *anat; faglig(=eye socket)* øyenhule;
3(*=sphere of influence)* innflytelsessfære; ***he's out of my orbit*** jeg har ingen innflytelse over ham.

II. orbit *vb:* gå (*el.* bevege seg) i bane rundt; bringe i bane.

orbital motorway ringvei med motorveistandard; *(jvf ring road)*.

orc [ɔ:k] *s; zo(=killer (whale))* spekkhogger.

orchard [͵ɔ:tʃəd] *s:* frukthage.

orchestra [͵ɔ:kistrə] *s:* orkester *n.*

orchestral [ɔ:͵kestrəl] *adj:* orkester- *(fx music)*.

orchestra pit *teat:* orkestergrav.

orchestra stalls *teat; pl:* orkesterplass.

orchestrate [͵ɔ:ki'streit] *vb* **1.** *mus:* instrumentere; arrangere (for orkester *n*); **2.** *meget stivt; demonstrasjon, etc(=organise)* organisere; ***a scurrilous****(=an abusive)* ***campaign was being orchestrated against him*** han ble utsatt for en sjofel kampanje.

orchestration ['ɔ:kis͵treiʃən] *s* **1.** *mus:* instrumentering; arrangement *(n)* (for orkester *n*); **2.** *meget stivt; av demonstrasjon, etc(=organising)* organisering.

orchid [͵ɔ:kid] *s; bot:* orkidé.

ordain [ɔ:͵dein] *vb* **1.** *rel:* ordinere; prestevie;
2. *stivt(=order)* befale; **3.** *stivt(=decree)* dekretere.

ordeal [ɔ:͵di:l] *s; fig:* ildprøve.

I. order [͵ɔ:də] *s* **1.** ordre; befaling; kommando; ***definite orders*** klar beskjed; *jur:* ***no order was made as to costs*** saksomkostninger ble ikke idømt; ***by order(s)*** etter ordre; ***by orders from above*** etter høyere ordre; ***on orders from*** etter ordre fra; ***be under orders to****(= have orders to)* ha ordre om å; ***be under strict orders to*** ha streng ordre om å; ***under his orders****(=command)* under hans kommando;
2. bestilling; *merk:* ordre; bestilling (*for* på); ***on order***

1. i bestilling; i ordre; 2. *mar:* kontrahert; ***to order*** 1. på bestilling *(fx made to order); 2. fig:* på kommando; ***laugh (,smile) to order*** le (,smile) på kommando; ***we will give your order our best attention*** ordren skal bli utført til Deres fulle tilfredshet; *på restaurant, etc:* ***could you take our order, please?*** vi vil gjerne få bestille;
3. orden; rekkefølge *(fx in alphabetical order);* ***order (of time)*** tidsrekkefølge; ***reverse the order of things****(=turn things upside down)* snu opp ned på forholdene *n;* ***reverse the order of words*** la ordene komme i omvendt rekkefølge; ***a sense of order*** ordenssans; ***the teacher can't keep order (in class)*** læreren har ingen disiplin i timene; ***in order*** 1. i riktig rekkefølge; ***arranged in order of size*** ordnet etter størrelse; 2. *på møte:* i orden i henhold til dagsorden; 3. i orden; på sin plass; ***in good order*** i orden; ***quite in order*** helt i orden; ***put in order*** bringe i orden; få orden på; ***get****(=put)* ***one's life in order again****(=put one's life (back) together again)* få orden på livet sitt igjen; ***is it in order for us to …?*** har vi anledning til å …? er det i orden om vi …? 4*(=in working order)* i orden *(fx he put his bike in order);* 5.: ***in reverse****(=inverse)* ***order*** i omvendt orden (*el.* rekkefølge); ***out of order*** 1*(=not working)* i uorden; 2. *på møte(=not in order)* utenfor dagsordenen; ikke i henhold til dagsordenen; *(se også 4);*
4. *på møte:* forretningsorden; dagsorden; ***in order:*** *se 3 ovf;* ***call sby to order*** be en om å holde seg til dagsordenen; ***call a meeting to order*** be om ro i salen; ***raise a point of order*** si noe til forretningsorden; ***rise on a point of order*** ta ordet til dagsordenen; ***order! order!*** 1. møtet er satt! ro i salen! 2. *sagt fra salen:* til dagsorden! ***will the meeting please come to order!*** (må jeg be om) ro i salen! ***out of order:*** *se 3 ovf;* ***rule sby out of order****(=order sby to sit down; order sby to withdraw; stop sby (speaking))* frata en ordet; klubbe en ned;
5.: *(religious) order* (religiøs) orden; ***be admitted (in)to an order*** bli opptatt i en orden; *(se holy orders);*
6. ordenstegn; orden *(fx a high order; the Order of the Garter); (se garter 4);*
7. *bot & zo:* orden;
8. *mil:* formasjon; orden *(fx in full marching order);*
9. ro; orden; ***the natural order of things****(=the order of nature)* naturens orden; ***restore order*** gjenopprette orden; ***uphold****(=keep)* ***law and order*** opprettholde lov og orden;
10.: *order (of magnitude)* størrelsesorden; ***in(,US: on) the order of*** i størrelsesordenen; ***sums of quite a different order*** summer i en helt annen størrelsesorden;
11. *fig:* ***of a high order*** av høy klasse; av høy kvalitet; ***she showed courage of a very high order****(=she showed great courage)* hun la et usedvanlig mot for dagen;
12. T: *a tall order* et drøyt forlangende;
13. *stivt:* ***in order that****(=so that)* for at;
14.: *in order to**(=to)* for å *(fx I left early in order not to be late).*

II. order *vb* **1.** gi ordre om; beordre; ***the chairman ordered silence*** formannen forlangte ro; ***order sby about*** sende (*el.* beordre) en hit og dit; herse med en;
2. *også merk:* bestille *(fx new furniture; a steak);*
3. ordne *(fx should we order(=arrange) these alphabetically? order one's thoughts); (se ordered);*
4. *med.(=prescribe)* foreskrive *(fx a strict diet);*
5. *jur:* ***order sby to pay costs*** idømme en saksomkostninger; ***be ordered to pay*** bli tilpliktet å betale;
6. *mil;* ***order arms!*** ved foten gevær *(n)*!

order blank *merk* **US***(=order form; order sheet)* ordreblankett; bestillingsblankett; bestillingsseddel.

ordered [ˌɔ:dəd] *adj:* ordnet; regelmessig; regelbundet; lovmessig; ***an ordered structure*** en lovmessig oppbygning.

orderliness [ˌɔ:dəlinəs] *s* **1.** god orden; **2.: *inherent orderliness*** lovmessighet.

I. orderly [ˌɔ:dəli] *s* **1.** *mil:* ordonans; **2.** *ved sykehus:* ***hospital orderly*** portør.

II. orderly *adj* **1.** *stivt(=tidy)* ordnet; velordnet; ***an orderly room*** et rom hvor det hersker orden; **2.** som forholder seg rolig; ordentlig; fredelig *(fx an orderly queue of people);* ***in an orderly manner*** på en fredelig og ordentlig måte.

order paper *parl:* dagsorden; *(jvf agenda).*

ordinal *s(=ordinal number)* ordenstall.

ordinance [ˌɔ:dinəns] *s* **1.** *stivt(=decree)* forordning; **2.: *ordinances****(=bye-laws)* vedtekter; **3.** *rel:* ordinans.

ordinarily [ˌɔ:dən(ə)rili; ˌɔ:də'nerili] *adv(=as a general rule; usually)* vanligvis.

ordinary [ˌɔ:dənri] *adj* **1.** alminnelig; vanlig; ***he's a very ordinary young man*** han er en meget alminnelig ung mann; ***the most ordinary sizes*** de mest brukte størrelsene; **2.** ordinær; ***ordinary general meeting*** ordinær generalforsamling; **3.: *out of the ordinary****(=extraordinary)* usedvanlig.

Ordinary level: *se O-level.*

ordinary seaman *mar:* lettmatros.

ordinary share *(,***US:** *common share)* A-aksje; *glds:* stamaksje.

ordinate [ˌɔ:dinət] *s; mat.:* ordinat.

ordination ['ɔ:diˌneiʃən] *s:* ordinasjon; prestevielse.

ordnance [ˌɔ:dnəns] *s; mil* **1***(=heavy guns)* tungt skyts; artilleri *n;* **2***(=military supplies)* våpenteknisk materiell *n.*

Ordnance Survey (Department): *the Ordnance Survey (Department)* *svarer til:* Norges geografiske oppmåling.

ore [ɔ:] *s; min:* malm; ***iron ore*** jernmalm.

organ [ˌɔ:gən] *s* **1.** *biol & zo:* organ *n;* ***organ of speech****(=speech organ)* taleorgan; ***reproductive organ*** forplantningsorgan; *evf:* ***(the male) organ*** (det mannlige) lem;
2. *om avis, etc:* organ *n; (se house organ);*
3. *mus:* orgel *n;* ***cabinet organ*** husorgel; ***choir organ*** ryggpositiv; ***cinema organ****(=electric organ)* kinoorgel; ***(street) organ****(=barrel organ)* lirekasse; ***grind an organ*** spille på lirekasse;
4. *fig:* organ *n (fx of government).*

organ grinder *mus:* lirekassemann; *(se organ 3).*

organic [ɔ:ˌgænik] *adj:* organisk.

organically [ɔ:ˌgænikəli] *adv:* organisk; ***organically grown*** biodynamisk dyrket *(fx vegetable).*

organic farming økologisk jordbruk.

organism [ˌɔ:gə'nizəm] *s:* organisme.

organist [ˌɔ:gənist] *s; mus:* ***(church) organist*** organist.

organization, organisation ['ɔ:gənaiˌzeiʃən] *s* **1.** organisasjon; **2.** organisering *(fx of one's work);* orden *(fx this report lacks organization).*

organize, organise [ˌɔ:gə'naiz] *vb:* organisere; ordne; arrangere; legge opp; få i stand *(fx a party; a conference; a holiday abroad);* ***organize on conventional lines*** legge opp på konvensjonelt vis; ***organize your time*** bruk tiden din på en fornuftig måte; organiser tiden din; ***get yourselves organized*** nå får dere se til å bli enige om hva dere vil; ***they found their house in bad shape, but they have things organized now*** de fant huset sitt i en stygg forfatning, men de har fått skikk på det nå; *(se også organized).*

organized, organised *adj* **1.** organisert; ***organized labour****(=union labour)* organiserte arbeidere; organisert arbeidskraft; **2.** (vel)ordnet *(fx community);* ***an organized report*** en velskrevet rapport;
3. effektiv *(fx she's a very organized person);* ***she's very organized in her work*** hun arbeider meget planmessig.

organizer, organiser [ˌɔ:gə'naizə] *s:* organisator; arrangør.

organizing, organising *adj:* organisatorisk; organisasjons-.
orgasm [ˌɔ:gæzəm] *s:* orgasme; ***have an orgasm*** få orgasme.
orgastic [ɔ:ˌgæstik] *adj:* orgastisk.
orgy [ˌɔ:dʒi] *s* **1.** orgie; ***hold orgies*** feire orgier;
2. *fig:* ***indulge in an orgy of shopping*** fråtse i innkjøp.
Orient [ˌɔ:riənt] *s:* ***the Orient*** Orienten; Østen.
orient [ˌɔ:ri'ent] *vb: se orientate.*
oriental ['ɔ:riˌentl] *adj:* orientalsk; østerlandsk.
orientate [ˌɔ:rien'teit] *vb(=orient)* orientere; ***orientate oneself*** 1*(=get used to)* orientere seg *(fx in one's new surroundings); 2. i terrenget(=get one's bearings)* orientere seg; ***orientate oneself by the map*** orientere seg etter kartet.
orientation ['ɔ:rienˌteiʃən] *s:* orientering.
orientation (course) **US** *(=briefing (conference))* orienteringskurs.
orienteerer ['ɔ:rienˌtiərə] *s; sport:* orienteringsløper.
orienteering ['ɔ:rienˌtiəriŋ] *s; sport:* orientering.
orifice [ˌɔrifis] *s* **1.** *stivt(=hole; opening)* hull *n;* åpning;
2. *anat:* ***the orifices of the body*** kroppens hulrom.
I. origin [ˌɔridʒin] *s* **1.** opprinnelse; opphav *n;* ***the origin of species*** artenes opprinnelse; ***the origin of*** opprinnelsen til; ***of doubtful (,foreign, unknown) origin*** av tvilsom (,fremmed, ukjent) opprinnelse;
2. kilde; ***follow a river to its origin*** følge en elv til dens kilde;
3.: ***origins*** herkomst; opprinnelse; ***he comes from humble origins*** han kommer fra enkle forhold *n;*
4. *anat:* utspring *n (fx of a muscle).*
I. original [əˌridʒinl] *s* **1.** original; **2.** originalspråk;
3. *om person(=eccentric)* original.
II. original *adj:* original; opprinnelig; ***original ideas*** originale idéer; ***the original plan*** den opprinnelige planen.
originality [ə'ridʒiˌnæliti] *s:* originalitet; opprinnelighet.
original sin arvesynd.
originate [əˌridʒi'neit] *vb* **1.** oppstå *(fx where did the custom originate?);* være skaper av; være opphav *(n)* til; ***originate an idea*** være opphav til en idé; ***the call originated at a call box*** samtalen kom fra en telefonkiosk; ***originate in*** oppstå i; ha sin opprinnelse i; ***the strike originated in****(=was caused by)* ***demands of the lowest paid workers*** streiken hadde sitt utspring i krav *(n)* fra de dårligst betalte arbeiderne; ***the play originated in****(=is based on)* ***a poem by Byron*** stykket bygger på et dikt av Byron; ***the fire originated****(=broke out)* ***in the basement*** brannen oppstod i kjelleretasjen; ***originate with*** oppstå hos; utgå fra; ***the scheme originated with me****(=the scheme was originally my idea; the scheme came from me)* planen oppstod hos meg;
2. US *& Canada; om tog el. buss:* ***this train originates at****(=comes from)* ***X*** dette toget kommer fra X.
originator [əˌridʒi'neitə] *s:* opphavsmann *(of* til).
Orkney [ˌɔ:kni] *s; geogr:* ***the Orkneys****(=the Orkney Islands)* Orknøyene.
I. ornament [ˌɔ:nəmənt] *s* **1.** ornament *n;* pynt; utsmykning; ornamentikk;
2. prydgjenstand; pynteting; pynt *(fx this is mere ornament);*
3. *fig; meget stivt(=credit)* pryd *(fx he's an ornament to his profession);*
4. *mus(=grace (note))* forsiring.
II. ornament [ˌɔ:nə'ment] *vb:* ornamentere; dekorere; pryde.
ornamental ['ɔ:nəˌmentl] *adj:* ornamental; dekorativ; ***native and foreign plants, whether useful or ornamental*** innen- og utenlandske nytte- og prydplanter.
ornamental *(=cut)* ***foliage*** pyntegrønt; snittgrønt.
ornamental lake parkdam; kunstig (inn)sjø.
ornamental music *mus:* figuralmusikk.
ornamental plant prydplante; prydvekst.

ornamentation ['ɔ:nəmenˌteiʃən] *s:* ornamentering; utsmykkning.
ornate [ɔ:ˌneit] *adj* **1.** *om utsmykning(=excessively decorated)* overdrevent dekorert; **T:** med en masse krimskrams; **2.** *om stil(=florid)* overlesset.
ornithologist ['ɔ:niˌθɔlədʒist] *s:* ornitolog.
ornithology ['ɔ:niˌθɔlədʒi] *s:* ornitologi.
I. orphan [ˌɔ:fən] *s(=orphan child)* foreldreløst barn.
II. orphan *adj:* foreldreløs.
III. orphan *vb:* gjøre foreldreløs *(fx children orphaned by the war).*
orphanage [ˌɔ:fənidʒ] *s:* hjem *(n)* for foreldreløse barn *n.*
Orpheus [ˌɔ:fiəs; ˌɔ:fju:s] *s; myt:* Orfeus.
orthodox [ˌɔ:θə'dɔks] *adj* **1.** *rel:* ortodoks; rettroende;
2*(=conventional)* ortodoks; konvensjonell.
orthodoxy [ˌɔ:θə'dɔksi] *s; rel & fig:* ortodoksi; rettroenhet.
orthographic ['ɔ:θəˌgræfik] *adj:* ortografisk; rettskrivings-.
orthography [ɔ:ˌθɔgrəfi] *s(=spelling)* ortografi; rettskriv(n)ing.
orthopaedics *(,***US:** *orthopedics)* ['ɔ:θəˌpi:diks] *s:* ortopedi.
orthopaedist *(,***US:** *orthopedist)* ['ɔ:θəˌpi:dist] *s:* ortoped.
orthoptist [ɔ:ˌθɔptist] *s; med.:* ortoptist.
oscillate [ˌɔsi'leit] *vb; fys:* oscillere; svinge.
oscillation ['ɔsiˌleiʃən] *s; fys:* oscillering; svingning (frem og tilbake).
osculate [ˌɔskju'leit] *vb; spøkef(=kiss)* kysse.
osier [ˌouʒə; ˌouziə] *s; bot:* ***(common) osier****(=osier willow)* kurvpil; vier.
osiery [ˌouʒəri] *s; bot:* vidjekratt.
osmosis [ɔzˌmousis] *s; fys:* osmose.
osprey [ˌɔspri] *s; zo(,***US:** *fish hawk)* fiskeørn.
osseous [ˌɔsiəs] *adj; stivt(=bony)* benet; benaktig.
ossify [ˌɔsi'fai] *vb* **1.** forbenes; forbene; **2.** *fig:* ***ossified dogmas*** stivnede dogmer.
ostensible [ɔˌstensibl] *adj; stivt(=alleged; apparent)* angivelig; tilsynelatende; ***the ostensible****(=alleged)* ***reason*** den angivelige grunn; ***without any ostensible reason****(=for no apparent reason)* tilsynelatende uten grunn.
ostensibly [ɔˌstensibli] *adv; stivt(=seemingly; apparently)* tilsynelatende.
ostensory [ɔsˌtensəri] *s; kat.(=monstrance)* monstrans.
ostentation ['ɔstənˌteiʃən] *s; stivt(=showing off)* praleri *n;* ***displayed with great ostentation****(=displayed with a flourish)* fremvist med brask og bram.
ostentatious ['ɔstənˌteiʃəs] *adj; stivt(=showy)* pralende; prangende; demonstrativ.
osteoarthritis ['ɔstiouɑ:ˌθraitis] *s; med. (=degenerative joint disease)* slitasjegikt.
osteopath [ˌɔstiə'pæθ] *s; med.:* osteopat.
osteopathy ['ɔstiˌɔpəθi] *s; med.:* osteopati.
osteoporosis ['ɔstioupɔ:ˌrousis] *s; med.(=brittle bone disease)* osteoporose; benskjørhet.
ostler *(,***US:** *hostler)* [ˌɔslə] *s; hist(=stableman)* stallkar (i vertshus).
ostomy [ˌɔstəmi] *s; med.(=stoma)* (kolo)stomi; utlagt tarm.
ostracism [ˌɔstrə'sizəm] *s* **1.** *hist(=temporary exile):* ostrakisme; **2.** *fig(=boycott)* boikott; ***fear social ostracism*** frykte for å bli utstøtt fra det gode selskap.
ostracize, ostracise [ˌɔstrə'saiz] *vb* **1.** *hist(=punish by temporary exile)* ostrakere; landsforvise; **2.** *fig(=boycott)* boikotte; ***be socially ostracized*** *(=be ostracised by society)* bli utstøtt fra det gode selskap.
ostrich [ˌɔstritʃ] *s* **1.** *zo:* struts;
2.: ***he behaves like an ostrich with its head in the sand*** han stikker hodet i sanden som en struts.
other [ˌʌðə] *adj, pron, adv* **1.** *adj:* annen; annet; andre; ***one after the other*** den ene etter den andre; ***every***

other week*(=every second week)* annenhver uke; ***the other day*** forleden dag; for et par dager siden; ***schools other than her own*** andre skoler enn hennes egen; ***among other things*** blant annet; ***among others*** blant andre *(fx Mr Smith, among others, seems to be in favour of the idea);* ***on the other hand*** på den annen side; *når første ledd innledes med 'on the one hand':* ***on the other*** på den annen side; ***this, that and the other*** dette og hint; ***in other words*** med andre ord *n;*
2. *pron:* annen; annet; andre; ***from one side to the other*** fra den ene side til den andre; ***some film or other*** en eller annen film; ***some left, but many others stayed*** enkelte gikk sin vei, men mange andre ble igjen; ***one or the other*** en av delene; ett av to; ***he said nothing one way or the other*** han sa ikke noe hverken fra eller til;
3. *adv; stivt:* ***other than****(=otherwise than)* på annen måte enn *(fx you can't get there other than by swimming);* ***no(ne) other than****(=no other person than)* ingen annen enn; ***I couldn't think of anything else other than that …****(=all I could think of was that …)* jeg kunne ikke tenke på noe annet enn at …

otherwise [ˌʌðə'waiz] *adv* **1***(=in other respects)* ellers *(fx an otherwise excellent dinner);* for øvrig;
2*(=differently):* ***think otherwise*** ha en annen mening;
3*(=or else)* ellers *(fx do what I say, otherwise you'll be sorry);*
4*(=not):* ***mothers, whether married or otherwise*** mødre, enten de er gifte eller ei; ***guilty unless proved otherwise*** skyldig med mindre noe annet blir bevist.

otherworldliness ['ʌðəˌwə:ldlinəs] *s(=remoteness from everyday life)* livsfjernhet; verdensfjernhet.

otherworldly ['ʌðəˌwə:ldli; *attributivt:* ˌʌðə'wə:ldli] *adj:* livsfjern; verdensfjern; eterisk.

otitis [ouˌtaitis] *s; med.:* ørebetennelse.

otter [ˌɔtə] *s* **1.** *zo:* oter; **2.** *fiskeredskap:* oter.

ouch [autʃ] *int:* au!

ought [ɔ:t] *modalt hjelpevb(pret: ought to have)* bør; burde; ***I ought not****(=oughtn't)* ***to have done it*** jeg burde ikke ha gjort det; ***Oughtn't I to have done it? – No, you oughtn't*** Burde jeg ikke ha gjort det? – Nei, det burde du ikke; ***it ought never to have been allowed*** det burde (*el.* skulle) aldri vært tillatt; ***it ought to have been possible to avoid that*** det burde ha vært mulig å unngå det; det burde ha kunnet være unngått; ***surely this ought to be thrown away?*** dette bør vel kastes?

I. ounce [auns] *s(fk oz., oz)* **1.** *vekt:* unse (ɔ: 28,349 g); **2.** *fig:* grann *n.*

our [auə] *pron:* vår; vårt; våre; ***our car*** bilen vår; ***our children*** barna *(n)* våre; ***our house*** vårt hus; ***at our house*** hjemme hos oss; ***these are our own make*** disse lager vi selv; *(se ours).*

Our Father *kat.:* ***the Our Father****(=the Lord's Prayer)* fadervår.

Our Lady *rel; om jomfru Maria:* vår frue.

ours [ˌauəz] *pron; predikativt:* vår; vårt; våre *(fx the house is ours; ours have blue tags);* ***a friend of ours****(=one of our friends)* en venn av oss; en av våre venner.

ourselves [auəˌselvz] *pron* **1.** selv *(fx we did it ourselves; we ourselves played no part in this);*
2. oss selv *(fx we saw ourselves in the mirror);* ***we aren't feeling quite ourselves*** vi er ikke helt oss selv; ***we are doing this solely for ourselves*** dette gjør vi utelukkende for oss selv.

oust [aust] *vb; stivt(=crowd out)* fortrenge; konkurrere ut.

I. out [aut] *prep(=out of)* ut av *(fx run out the door).*

II. out *adv & adj* **1.** ut *(fx get out! go out for a walk);* ***out with it!*** ut med det! ut med språket!
2. ute *(fx he's out; we had an evening out; the secret is out);* ***out at sea*** ute på havet; ***it carried us out to sea*** den førte oss til havs; ***out in the country*** ute på landet;
3. frem; fram *(fx take out a pen; he couldn't get the words out);*
4. fremme; framme *(fx we had all the photos out; the sun's out);* ***he left his work out, ready to come back to*** han lot arbeidet ligge fremme, slik at han kunne komme tilbake til det når han ville;
5. *om blomst(=in blossom)* utsprunget; sprunget ut;
6. *om lys, etc:* gått ut; ***the radio's out*** radioen er død;
7. *polit:* ikke lenger ved makten;
8. T*(=unconscious)* bevisstløs; **T:** borte;
9. T*(=out of fashion)* umoderne; ikke lenger på moten; ***go out*** bli umoderne *(fx pointed shoes have gone right out);*
10. T*(=out on strike)* i streik; ***the workshop's out*** det er streik på verkstedet; ***come out (on strike)*** gå til streik;
11. T*(=out of the question):* ***that suggestion's right out*** det forslaget kommer ikke på tale;
12. *om bok, etc:* ***her book's just out****(=her book has just been published)* boken hennes er nettopp utkommet;
13*(=worn into holes):* ***the sweater's out at the elbows*** genseren har hull *(n)* på albuene;
14. *om unøyaktighet:* ***the bill's £10 out*** det er en feil på £10 i regningen; ***be out in one's calculation*** ha forregnet seg;
15. *etter sykdom(=up):* ***be out and about*** være på bena *(n)* igjen;
16. T: ***be out for*** være ute etter *(fx a good time);* ***I'm out for as much as I can get*** jeg vil ha så mye som mulig;
17. T: ***be out to*** være oppsatt på å *(fx win the race);*
18.: ***out of*** 1. ut av *(fx run out of the room);* 2. ute av; ***he's out of the office****(=he's not in the office)* han er ute (et ærend); ***she's out of town*** hun er bortreist; hun er ikke i byen; 3. opp av *(fx she took it out of the bag; out of the water);* 4. utenfor *(fx danger);* 5. *fig:* ***we're rather out of things here*** vi bor litt utenfor folkeskikken her ute; 6*(=from)* av; ut av *(fx drink straight out of the bottle);* 7*(=from among)* av *(fx four out of ten people);* 8. *om materialet(=of; from)* av *(fx made out of plastic);* 9. *om motiv:* av *(fx he did it out of jealousy);* 10. *om beholdning(=run out of)* sluppet opp for *(fx we're out of food);* ***it's out of stock*** det er utsolgt fra lageret; 11. fra *(fx talk him out of it);* ***copy sth out of a book*** kopiere noe fra en bok; 12*(=after)* etter (avgang fra) *(fx 35 minutes out of Nairobi the pilot made a routine check);*
19.: ***out of it*** 1*(=no longer involved)* ferdig med det *(fx I'm glad to be out of it);* ***we're well out of it*** det er bra vi ikke har noe (mer) med det å gjøre; 2. **T:** ***feel (a bit) out of it*** føle seg litt utenfor *(fx at a party);*
20.: ***out of the way*** 1. ensomt beliggende; 2.: ***he stayed out of the way of his brother*** han holdt seg unna broren.

out and away *adv(=by far):* ***out and away the best****(=by far the best)* langt den beste.

out-and-out [ˌautən'aut] *adj:* i alle henseender *n;* tvers igjennom; rendyrket; ***he's an out-and-out liar*** han er en løgner tvers igjennom; ***it's an out-and-out disgrace*** det er den rene skandale.

outback [ˌaut'bæk] *s; i Australia:* ***live in the outback*** bo langt fra folk *n;* bo langt ute i bushen.

outbalance ['autˌbæləns] *vb: se outweigh.*

outbid ['autˌbid] *vb(=bid higher than)* overby.

I. outboard [ˌaut'bɔ:d] *s(=outboard motor)* utenbordsmotor; påhengsmotor.

II. outboard *adj & adv:* utenbords.

outbound [ˌaut'baund] *adj; mar(=outward bound; going out)* utgående *(fx ships; traffic); (jvf outgoing).*

outbreak [ˌaut'breik] *s:* utbrudd; ***the outbreak of war*** krigsutbrudd(et); ***there was a fire outbreak****(=a fire broke out)* det brøt ut brann; ***fresh outbreak*** nytt utbrudd; gjenoppblussing *(fx of malaria).*

outbuilding [ˌaut'bildiŋ] *s; landbr(=outhouse)* uthus; driftsbygning; *(jvf works building).*

outburst [ˌaut'bə:st] *s* **1.** (følelses)utbrudd; ***violent outbursts*** voldsomme utbrudd; ***outburst of rage*** raserianfall; **2**(*=surge*): ***outburst of activity*** plutselig (bølge av) aktivitet.
outcast [ˌaut'kɑ:st] *s:* utstøtt (fra samfunnet).
outcaste [ˌaut'kɑ:st] *s:* kasteløs (person); paria.
outclass ['autˌklɑ:s] *vb:* utklasse(re).
outcome [ˌaut'kʌm] *s*(*=result*) resultat *n;* utgang; ***a fight with a fatal outcome*** en kamp med dødelig utgang; ***the outcome may easily be that …*** det kan lett ende med at …; ***the book is the outcome of a collaborative effort by X and Y*** boken er et resultat av samarbeid mellom X og Y.
outcrop [ˌaut'krɔp] *s* **1.** *geol:* overlag; utløper; **2**(*=outbreak*) utbrudd (*fx of unofficial strikes*).
outcry [ˌaut'krai] *s*(*=loud protest*) høylytt protest; ramaskrik; ***raise an outcry about sth*** protestere høylytt mot noe.
outdated ['autˌdeitid; *attributivt især:* ˌaut'deitid] *adj*(*=old-fashioned*) gammeldags; foreldet; umoderne; nedstøvet; ***outdated ideas*** foreldet tankegods.
outdistance ['autˌdistəns] *vb*(*=outrun*) løpe fra.
outdo ['autˌdu:] *vb; stivt*(*=do better than*) overgå; ***he outdid himself*** han overgikk seg selv.
outdoor [ˌaut'dɔ:] *adj:* utendørs; til utendørs bruk (*fx shoes*); ***he's keen on outdoor activities*** han er et ivrig friluftsmenneske; (*jvf II. outdoors*).
outdoor activities *pl:* utendørsaktiviteter; (*se outdoor*).
outdoor grill utegrill.
outdoor pursuits centre *skolev:* leirskole.
I. outdoors ['autˌdɔ:z] *s; pl; litt.:* ***the outdoors***(*= outdoor life*) friluftslivet; livet ute i det fri.
II. outdoors *adv*(*=out of doors; outside*) utendørs; ***go outdoors***(*=outside*) gå ut(endørs).
outdoor things *pl:* yttertøy.
outer [ˌautə] *adj:* ytre (*fx the outer planets*).
outer door ytterdør.
outer garment ytterplagg,
outermost [ˌautə'moust] *adj:* ytterst; (*jvf utmost*).
outer space det ytre (verdens)rom.
outface ['autˌfeis] *vb* **1**(*=stare down*) få til å slå blikket ned; **2**(*=confront unflinchingly*) trosse; ikke vike unna for (*fx sby*).
outfield [ˌaut'fi:ld] *s* **1.** *landbr*(*=outlying field*) utmark; **2.** *cricket:* ytterste del av banen.
outfit [ˌaut'fit] *s* **1**(*=equipment*) utstyr *n;* ***repair outfit*** reparasjonsutstyr;
2. *om klær:* ***is that a new outfit you're wearing?*** har du nye klær på deg? ***she has so many outfits*** hun har så mange klær;
3(*=organization; firm*) organisasjon; firma *n;*
4. *mil* **US**(*=unit*) avdeling.
outfit allowance klesgodtgjørelse.
outfitter [ˌaut'fitə] *s:* ***(men's) outfitter***(*=men's shop;* **US:** *men's furnishers*) herreekviperingsforretning; ***sports outfitter's***(*=dealer's*) sportsforretning.
outflank ['autˌflæŋk] *vb; mil:* omgå (i flanken).
outflow [ˌaut'flou] *s*(*=escape*) utstrømning (*fx of gas*).
outgoing [ˌʌut'gouiŋ] *adj* **1.** utgående; ***outgoing call*** utgående samtale;
2. fraflyttende; ***outgoing tenant*** fraflyttende leier;
3(*=retiring*) fratredende; avtroppende (*fx chairman*);
4(*=extrovert; open*) ekstrovert; utadvendt.
outgoings [ˌaut'gouiŋz] *s; pl:* (faste) utgifter.
outgrow ['autˌgrou] *vb* **1**(*=grow out of*) vokse fra (*fx one's clothes*); **2.** *fig:* vokse av seg.
outgrowth [ˌaut'grouθ] *s* **1.** utvekst; **2.** *fig:* utvekst; (bi)produkt .
outhouse [ˌaut'haus] *s* **1**(*=outbuilding*) uthus;
2. US(*=outside privy*) utedo.
outing [ˌautiŋ] *s*(*=excursion*) utflukt; ***a school outing*** en skoleutflukt; en (liten) skoletur.
outlandish ['autˌlændiʃ] *adj; neds*(*=very strange*) merkelig; fremmedartet.
outlast ['autˌlɑ:st] *vb; stivt:* leve (,vare) lenger enn; (*jvf outlive*).
I. outlaw [ˌaut'lɔ:] *s:* fredløs.
II. outlaw *vb* **1.** gjøre fredløs; erklære fredløs; **2**(*=ban*) forby (*fx this type of costume was outlawed*).
outlawry [ˌaut'lɔ:ri] *s:* fredløshet.
outlay [ˌaut'lei] *s* **1.** utgift; utlegg *n* (*fx for an outlay of £50 you can get a good camera*); **2.** *merk:* ***capital outlays***(*=capital expenditure*) kapitalutgifter.
outlet [ˌaut'let] *s* **1.** utløp; avløp; ***the lake has an outlet to***(*=pours into*) ***the sea*** sjøen har avløp til havet; ***provide an outlet for the water*** skaffe avløp for vannet;
2. *merk*(*=market*) marked *n;* avsetningsmulighet;
3. *elekt, etc:* ***(socket) outlet***(*=wall outlet; electric outlet;* **T:** *point*) uttak;
4. *tekn:* avløp; utløp; utløpskanal;
5. *fig:* utløp (*fx provide an outlet for one's energy; the country has no outlet to the sea*).
outlet pipe avløpsrør.
I. outline [ˌaut'lain] *s* **1.** omriss; kontur;
2.: ***(rough) outline*** grunnriss; utkast; skisse; ***he gave us a broad outline of his plan*** han skisserte planen sin for oss i grove trekk *n;*
3(*=summary*) sammendrag; resymé *n.*
II. outline *vb* **1.** tegne omrisset av;
2. *fig:* skissere; gjengi hovedtrekkene i;
3. *fig:* skildre i grove trekk *n;* gi et sammendrag av.
outline map konturkart.
outlive ['autˌliv] *vb* **1**(*=survive*) leve lenger enn; **2.** *fig:* ***it has outlived its usefulness*** det har overlevd seg selv;
3. *om skam, etc*(*=get over*) komme over; overvinne.
outlook [ˌaut'luk] *s* **1**(*=view*) utsikt;
2.: ***outlook (on life)*** syn (*n*) på tilværelsen;
3(*=prospect*) utsikt; ***rather a bad outlook*** temmelig dårlige utsikter; ***the outlook for today***(*=today's outlook*) værutsiktene for i dag.
outlying [ˌaut'laiiŋ] *adj:* avsidesliggende.
outlying farm utliggergård; avsidesliggende gård.
outlying field utmark; ***right of (free) passage in outlying fields*** rett til fri ferdsel i utmark.
outmanoeuvre (,**US:** *outmaneuver*) ['autməˌnu:və] *vb:* utmanøvrere.
outmoded ['autˌmoudid; *attributivt:* ˌaut'moudid] *adj* (*=old-fashioned; out of date*) gammeldags; foreldet; umoderne, som har gått av moten.
outnumber ['autˌnʌmbə] *vb:* være tallmessig overlegen; være flere enn; ***we were outnumbered*** vi var tallmessig underlegne.
out of bounds ['autəvˌbaundz], *attributivt* ***out-of-bounds*** [ˌautəv'baundz] *adj; om område:* **1.** *især mil:* forbudt (*to* for) (*fx to civilians*); ***we're out of bounds already*** vi er allerede på forbudt område; ***out of bounds to all ranks*** forbudt for befal (*n*) og menige;
2. *golf:* out of bounds (ɔ: ballen er slått utenfor banen, noe som medfører ekstraslag).
out of control ['autəvkənˌtroul], *attributivt:* ***out-of-control*** [ˌautəvkən'troul] *adj:* ute av kontroll.
out of date ['autəvˌdeit], *attributivt:* ***out-of-date*** [ˌautəv'deit] *adj* **1**(*=old-fashioned*) gammeldags; umoderne; avleggs; **2.** *om billett:* ikke gyldig lenger; ugyldig; *om pass:* som er utløpt.
out-of-door ['autəvˌdɔ:] *adj: se outdoor.*
out of doors *adv: se II. outdoors.*
out of gear *mask:* utkoplet; frakoplet; i fri(gir).
out of order i ustand.
out of pocket ['autəvˌpɔkit] (*attributivt: out-of-pocket*) *adj:* ***his last deal has left him out of pocket*** den siste (forretnings)transaksjonen hans skjedde med tap *n.*
out-of-pocket expenses *pl:* direkte utgifter; kontantutlegg (av egne penger).
out of print *om publikasjon:* utsolgt fra forlaget.
out-of-the-body experience (*fk OBE*) utenfor-kroppen-opplevelse.
out of the way ['autəvðəˌwei], *attributivt:* ***out-of-the-***

O

-way [ˌautəvðə'wei; 'autəvðəˌwei] *adj* **1.** avsides; **2***(=unusual)* usedvanlig.
out-of-the-way place avkrok; avbygd.
out-of-this-world ['autəvðisˌwə:ld] *adj* **T***(=fantastic)* fantastisk; av en annen verden.
out-of-towner ['autəvˌtaunə] *s:* utenbysboende.
out of work ['autəvˌwə:k], *attributivt:* ***out-of-work*** [ˌautəv'wə:k] *adj(=unemployed; out of a job)* arbeidsløs.
outpace ['autˌpeis] *vb* **1.** gå fortere enn; gå fra; **2.** kjøre fortere enn; kjøre fra.
outpatient [ˌaut'peiʃənt] *s:* poliklinisk pasient.
oupatients' department poliklinisk avdeling.
outplay ['autˌplei] *vb; sport:* spille bedre enn.
outport [ˌaut'pɔ:t] *s:* uthavn.
outpost [ˌaut'poust] *s; også mil:* utpost.
outpourings [ˌaut'pɔ:riŋz] *s; pl:* utgytelser; hjertesukk.
output [ˌaut'put] *s* **1***(=production)* produksjon;
2. ytelse; ***engine output****(=capacity)* motorytelse;
3. *EDB(=output data)* utdata.
I. outrage [ˌaut'reidʒ] *s; stivt* **1***(=act of violence; evil deed)* voldshandling; udåd; skjenselsgjerning;
2.: ***bomb outrage*** bombeanslag;
3. *noe som krenker el. opprører:* skandale; ***it's a public outrage*** det er en offentlig skandale.
II. outrage *vb:* krenke grovt; fornærme *(fx she was outraged by his behaviour);* sjokkere; opprøre; ***public opinion was outraged by this injustice*** opinionen var opprørt over denne urettferdigheten.
outrageous [autˌreidʒəs] *adj* **1.** opprørende; skandaløs *(fx behaviour);* ***outrageous deed****(=evil deed)* udåd;
2. *ofte spøkef* **T***(=terrible)* fryktelig *(fx an outrageous thing to say);* ***an outrageous hat*** en gyselig hatt.
outré [ˌu:trei] *adj; stivt(=exaggerated)* outrert; overdrevet.
outreach ['autˌri:tʃ] *vb* **1***(=reach further than)* ha større rekkevidde enn; nå lenger enn; **2***(=exceed; surpass)* overgå.
outrider [ˌaut'raidə] *s:* ***motorcycle outriders*** motorsykkeleskorte.
outrigger [ˌaut'rigə] *s* **1.** utligger; **2.** *på robåt(=rigger)* utrigger.
I. outright [ˌaut'rait] *adj:* ***an outright lie*** en direkte løgn; ***he was the outright winner*** han var den ubestridte vinner.
II. outright ['autˌrait] *adv* **1***(=on the spot)* på stedet *(fx he was killed outright; I bought it outright);* **2***(= straight out)* like ut; rett ut.
I. outrun [ˌaut'rʌn] *s; ski; avslutning av hoppbakke:* slette; *(jvf inrun).*
II. outrun ['autˌrʌn] *vb(=run faster than)* løpe fortere enn; løpe fra.
outset [ˌaut'set] *s(=beginning):* ***at the outset (of)*** i begynnelsen (av); ***from the outset*** fra begynnelsen av.
outshine ['autˌʃain] *vb; stivt el. litt.* **1***(=be brighter than)* lyse sterkere enn; **2***(=surpass)* overgå; overstråle *(fx all the other students).*
I. outside [ˌaut'said; 'autˌsaid] *s* **1.** ytterside; utvendig side; ***the outside*** det utvendige; det ytre; ***from outside*** utenfra; ***overtake on the outside*** kjøre forbi i ytre fil;
2 ['autˌsaid] **T:** ***at the outside****(=at the most)* høyst; i høyden;
3 [ˌaut'said]: ***outside in****(=inside out)* med vrangen ut.
II. outside [ˌaut'said] *adj* **1.** utvendig;
2. ytter-; ytre; ***drive in the outside lane*** kjøre i ytre fil;
3. utenfra *(fx outside agitators; outside help);*
4. *om mulighet(=remote)* fjern *(fx chance of winning);*
5.: ***an outside interest*** en interesse (man har) på si.
III. outside ['autˌsaid] *adv* **1.** utenfor; **2***(=outdoors)* utendørs; **3. S***(=not in prison)* ute.
IV. outside ['autˌsaid] *prep* **1.** utenfor *(fx the house);*
2. utenom *(fx working hours);* ***outside(=beyond) human comprehension*** utenfor menneskelig fatteevne; **3***(=apart from; besides)* bortsett fra; utenom;
4. *sport(=under):* ***that's just outside his personal best*** det er så vidt under hans bestenotering.
outside callipers *(,US: outside calipers)* krumpasser.
outsider ['autˌsaidə] *s* **1.** outsider; **2.** fremmed; ***outsiders look after the children*** (helt) fremmede mennesker *(n)* ser etter barna *n.*
I. outsize [ˌaut'saiz] *s:* ekstra stor størrelse.
II. outsize *adj; om klær:* ekstra stor *(fx wear outsize clothes).*
outskirts [ˌaut'skə:ts] *s; pl:* utkant; ***on the outskirts of*** i utkanten av *(fx a town).*
outsmart ['autˌsmɑ:t] *vb* **T***(=outwit)* være for lur for; overliste *(fx he outsmarted the police and escaped).*
outspoken ['autˌspoukən] *adj:* åpenhjertig; som sier hva man mener; ***outspoken remarks*** åpenhjertige bemerkninger.
outstanding ['autˌstændiŋ] *adj* **1***(=excellent)* fremragende *(fx student);*
2. *om arbeid(=not yet done)* ugjort;
3. *om problem:* uløst; ikke behandlet *(fx problems);*
4. *merk:* ubetalt *(fx outstanding bills);* utestående; ***outstanding claims****(=accounts)* utestående fordringer.
outstay ['autˌstei] *vb; om gjest(=overstay):* ***outstay one's welcome*** misbruke vertskapets gjestfrihet.
outstretched ['autˌstretʃt; *attributivt:* ˌaut'stretʃt] *adj:* utstrakt *(fx with outstretched arms).*
outstrip ['autˌstrip] *vb* **1***(=go faster than; run faster than)* løpe fra; distansere;
2. *fig:* løpe fra *(fx increases in prices outstrip the general rate of inflation);* overgå *(fx other students).*
outvote ['autˌvout] *vb; ved avstemning(=defeat)* nedstemme; stemme ned *(fx they were outvoted on their proposal).*
outward [ˌautwəd] *adj* **1.** ytre; ***his outward appearance*** hans ytre; ***outward****(=external)* ***sign(s) of*** ytre tegn *(n)* på; **2.:** ***the outward journey*** bortreisen; utreisen.
outward bound [ˌautwədˌbaund]; *attributivt:* outward-bound Óˌautwəd'baund] *adj:* utgående *(fx ship).*
Outward Bound Course [ˌautwədˌbaund'kɔ:s] *s; kan gjengis:* aktivitetsferie; * *This is an adventure-type of holiday, involving activities like camping, climbing, walking, canoeing and sailing.*
outward-looking ['autwədˌlukiŋ; *attributivt:* ˌautwəd'lukiŋ] *adj; fig:* utadvendt *(fx policy).*
outwardly [ˌautwədli] *adv:* i det ytre; utadtil *(fx outwardly he's cheerful, but he's really very unhappy).*
outwards [ˌautwədz] *adv:* utover *(fx the door opens outwards);* ***move outwards from the centre*** bevege seg utover fra midten.
outweigh ['autˌwei] *vb; fig:* oppveie; veie mer enn; ***far outweigh*** mer enn oppveie.
outwit ['autˌwit] *vb(=outsmart)* være for lur for; overliste.
outwork [ˌaut'wə:k] *s* **1.** hjemmearbeid (for bedrift);
2. *mil; del av festning:* utenverk.
ouzel, ousel [ˌu:zəl] *s; zo:* ***(ring) ouzel*** ringtrost.
oval [ˌouvəl] **1.** *s:* oval; **2.** *adj:* oval; eggformet.
ovarian [ouˌvɛəriən] *adj:* eggstokk-; ovarial.
ovary [ˌouvəri] *s* **1.** *anat:* eggstokk; ovarium *n;*
2. *bot:* fruktknute.
ovation [ouˌveiʃən] *s; stivt(=applause)* ovasjon; applaus; *(se standing ovation).*
oven [ˌʌvən] *s:* stekeovn; ***bakery oven*** bakerovn.
oven-proof [ˌʌvən'pru:f] *adj; om fat, etc:* ildfast.
oven-ready [ˌʌvən'redi] *adj; kul:* ovnsferdig.
ovenware [ˌʌvən'wɛə] *s(=oven-proof dishes)* ildfaste fat *n.*
I. over [ˌouvə] *s; cricket:* over.
II. over *prep* **1.** *om posisjon:* over *(fx over my head); fig:* over; ***(keep) watch over*** våke over *(fx a sick child);*
2. *ved bevegelse:* over *(fx pull a blanket over him);* ut over *(fx spread the blanket over the bed);* i *(fx hit sby over the head);* på *(fx I spilled coffee over it);*

3. *i rang el. myndighet:* over *(fx respect those over you);* ***rule over*** herske over;
4. *om beskjeftigelse:* over *(fx they were sitting over their wine; he fell asleep over (his) dinner);* ***spend hours over cards*** tilbringe timer ved kortbordet;
5. *om ledelse:* over; på *(fx a big lead over the others; the world champion over 1,500 metres);*
6. *ved sammenligning:* fremfor *(fx have advantages over sby);*
7*(=about)* om *(fx an argument over nothing);* *når det gjelder (fx keep tight-lipped over one's investigation);*
8*(=across)* (tvers) over *(fx a bridge over the river);*
9*(=because of)* på grunn av *(fx they fought over it);*
10. *mat.(=divided by):* ***6 over 2 is 3*** $^6/_2 = 3$;
11*(=for):* ***I owe a great deal to John over that*** jeg er John stor takk skyldig i den forbindelse;
12*(=during; in the course of)* i løpet av *(fx over the past 25 years; he wrote it over the weekend);* ***over the years she grew to hate him*** etter som årene *(n)* gikk, begynte hun å hate ham;
13*(=more than)* mer enn; over *(fx over five miles long; over £50);* ***in just over ten years*** på litt over ti år *n;*
14. *radio; tlf(=on)* i *(fx over the phone);*
15*(=past):* ***we're over the worst (hurdles)*** vi er over det verste;
16*(=regarding)* med hensyn til; når det gjelder *(fx security over hospital visits has been tightened);*
17*(=through)* (i)gjennom *(fx go over one's notes);*
18. *stivt(=with):* ***agonise over a problem****(=struggle desperately with a problem)* stri fortvilet med et problem.

III. over *adv* **1.** over *(fx climb over; fly over; go over to the enemy);*
2. over ende *(fx fall over; knock sby over);*
3.: ***over against*** borte ved *(fx over against the wall);* ***over (to)*** bort til *(fx he went over and spoke to them);* ***ask them over for tea*** be dem bort på te; ***can you come over tonight?*** kan du stikke bort (til meg (,oss)) i kveld?
4. gjennom *(fx read it over);* ***talk it over between you*** drøft det dere imellom;
5. på *(fx think it over);*
6. *om varighet:* over *(fx it's over);* ***stay over till Monday*** bli over til mandag; ***it was over (much) too soon*** det varte (bare) så altfor kort; ***get it over with!*** få det overstått!
7.: ***all over*** 1*(=finished)* over; 2*(=everywhere)* overalt; 3. over det hele *(fx my car's dirty all over);*
8.: ***(left) over*** til overs;
9. *ved gjentagelse:* ***start (all) over again*** begynne forfra igjen; ***10 times over*** hele ti ganger; ***I told him over and over again*** jeg sa det til ham gang på gang;
10. *om graden:* ***not over intelligent*** ikke overintelligent;
11. *om utstrekning:* ***the world over*** over hele verden.

overabundance [ˌouvərəˈbʌndəns] *s; stivt(=great abundance)* stor overflod.

overabundant [ˈouvərəˌbʌndənt] *adj; stivt(=very ample; really abundant)* svært rikelig.

overact [ˈouvərˌækt] *vb; teat:* overspille *(one's part* rollen sin).

over-age [ˈouvərˌeidʒ; *attributivt:* ˌouvərˈeidʒ] *adj:* eldre enn normalt (for opptak *(n)*, etc); med for høy alder.

I. overall [ˌouvərˈɔːl] *s* **1.** ermeforkle; kittel; **2***(=overalls)* overalls.

II. overall [ˌouvərˈɔːl] *adj:* samlet *(fx what's the overall cost of the scheme?);* generell *(fx wage increase);* ***an overall majority*** absolutt flertall (over alle andre partier *(n)* til sammen).

III. overall [ˈouvərˌɔːl] *adv(=all in all; altogether)* i alt; alt i alt *(fx what will the scheme cost overall?).*

overall boss *(=overall head)* toppsjef.

overall (coat) lagerfrakk.

overall title *sport:* ***win a fifth overall title (in slalom)*** bli sammenlagt tittelvinner for femte gang (i slalåm).

over and above *prep; stivt(=in addition to)* i tillegg *(n)* til; ut over.

overanxious [ˈouvərˌæŋkʃəs; *attributivt:* ˌouvərˈæŋkʃəs] *adj(=too anxious)* overengstelig; overdrevent engstelig.

overate [ˈouvərˌeit] *pret av overeat.*

overawe [ˈouvərˌɔː] *vb; stivt(=frighten)* skremme.

overbalance [ˈouvəˌbæləns] *vb* **1***(=lose one's balance)* ta overbalanse; miste balansen; **2***(=overturn)* velte; ***don't stand up or you'll overbalance the boat!*** ikke reis deg, for da kan du komme til å velte båten!

overbearing [ˈouvəˌbɛəriŋ] *adj:* anmassende.

I. overbid [ˌouvəˈbid] *s* **1.** overbud; **2.** *kortsp:* overmelding.

II. overbid [ˈouvəˌbid] *vb* **1.** overby; **2.** *kortsp:* melde over.

overbite [ˌouvəˈbait] *s tannl(=overshot jaw)* overbitt.

overboard [ˈouvəˌbɔːd] *adv* **1.** overbord *(fx fall overboard);* ***man overboard!*** mann overbord! **2. T:** ***go overboard about (,for)*** bli vilt begeistret for.

overbook [ˈouvəˌbuk] *vb:* overbooke *(fx a hotel);* overtegne *(fx a tour).*

overbuild [ˈouvəˌbild] *vb:* (be)bygge for tett.

overburden [ˈouvəˌbəːdən] *vb:* overbebyrde.

I. overcall [ˌouvəˈkɔːl] *s; kortsp; bridge:* overmelding; ***defensive overcall*** defensiv melding.

II. overcall [ˈouvəˌkɔːl] *vb; kortsp; bridge:* melde over.

overcame [ˈouvəˌkeim] *pret av I. overcome.*

I. overcast [ˈouvəˌkɑːst] *vb; søm:* kaste over.

II. overcast [ˌouveˈkɑːst] *adj(=cloudy)* overskyet.

overcautious [ˈouvəˌkɔːʃəs] *adj:* overforsiktig.

overcharge [ˈouvəˌtʃɑːdʃ] *vb* **1.** ta for høy pris; ***overcharge sby*** ta for høy pris av en; **2.** *elekt:* overbelaste.

overcoat [ˌouvəˈkout] *s:* frakk.

I. overcome [ˈouvəˌkʌm] *vb; stivt* **1***(=defeat)* seire over; **2.** *uten objekt(=win)* seire *(fx we shall overcome!);* **3***(=overwhelm)* overvelde; *(se II. overcome).*

II. overcome *adj(=overwhelmed)* overveldet *(fx I don't know what to say, I'm quite overcome!);* ***overcome by, overcome with*** overveldet av.

overcomplacent [ˈouvəkəmˌpleisənt; *attributivt:* ˌouvəkəmˈpleisənt] *adj(=too complacent; over-pleased with oneself)* altfor selvsikker; altfor selvtilfreds.

overconfident [ˈouvəˌkɔnfidənt; *attributivt:* ˌouvəˈkɔnfidənt] *adj(=too complacent; too sure)* for sikker; overlegen; overmodig; ***adopt an overconfident tone****(=manner)* anslå en overmodig tone.

overcrowd [ˈouvəˌkraud] *vb:* overfylle *(with* med).

overcrowded [ˈouvəˌkraudid; *attributivt især:* ˌouvəˈkraudid] *adj* **1.** overfylt *(fx bus);* **2.** overbefolket *(fx city);* **3.** sterkt trafikkert *(fx road).*

overcrowding [ˈouvəˌkraudiŋ] *s* **1.** det at noe er overfylt; ***the overcrowding of the assembly hall*** den overfylte aulaen;
2. for stort belegg *n;*
3. trangboddhet;
4. *om land el. by(=overpopulation)* overbefolkning.

overdo [ˈouvəˌduː] *vb* **1***(=exaggerate)* overdrive; ***overdo it****(=go too far; push things too far)* gå for langt; drive det for vidt; ***don't overdo it*** ikke overanstreng deg; **2.** *kul:* koke (,steke) for lenge.

overdose [ˌouvəˈdous] *s; med.:* overdose.

overdraft [ˌouvəˈdrɑːft] *s; av konto:* overtrekk; overtrukket beløp; overtrekking; ***make arrangements for a bank overdraft*** ordne (med) kassekreditt.

overdraw [ˈouvəˌdrɔː] *vb; konto:* overtrekke *(fx I've overdrawn my account by £100).*

overdress [ˈouvəˌdres] *vb:* ta på seg for fine klær.

overdressed [ˈouvəˌdrest; *attributivt:* ˌouvəˈdrest] *adj; neds:* overpyntet; for fint kledd.

overdrive [ˌouvəˈdraiv] *s; mask:* overgir.

overdue [ˈouvəˌdjuː; *attributivt især:* ˌouvəˈdjuː] *adj* **1***(=late)* forsinket *(fx the bus was overdue);*

2. *merk:* forfallen; som for lengst skulle vært betalt *(fx bill);* **3.** *om arbeid, etc:* som for lengst skulle vært gjort;
4.: ***overdue books*** bøker som er beholdt ut over lånefristen.
overdue notice *fra bibliotek(=reminder card; reminder notice)* rykkekort.
overeat ['ouvər͵i:t] *vb:* forspise seg; proppe seg med mat.
overestimate ['ouvər͵esti'meit] *vb:* overvurdere.
overestimation ['ouvər'esti͵meiʃən] *s:* overvurdering.
overexcited ['ouvərik͵saitid] *adj:* eksaltert; altfor opphisset.
overexert [͵ouvərig͵zə:t] *vb(=overstrain)* overanstrenge.
overexertion ['ouvərig͵zə:ʃən] *s:* overanstrengelse.
overexpose ['ouvərik͵spouz] *vb; fot:* overeksponere.
overexposure ['ouvərik͵spouʒə] *s; fot:* overeksponering.
overfamiliar ['ouvəfə͵miliə] *adj* **1.** altfor familiær;
2.: ***I'm not overfamiliar with these new methods*** jeg kjenner ikke særlig godt til disse nye metodene.
overfeed ['ouvə͵fi:d] *vb:* gi for mye fôr (*el.* mat).
overflight [͵ouvə'flait] *s:* overflyvning.
I. overflow [͵ouvə'flou] *s* **1.** *tekn:* overløp;
2*(=overflow pipe)* overløpsrør;
3. *om væske som flommer over:* oversvømmelse;
4. overskytende antall; de som som ikke får (,fikk) plass *(fx the overflow from the meeting).*
II. overflow ['ouvə͵flou] *vb:* flomme over; ***the river overflowed (its banks)*** elven lagde oversvømmelse.
overflow meeting ekstramøte (for dem som det ikke var plass til i hovedsalen); *(se I. overflow 4).*
overflow pipe overløpsrør.
overfly ['ouvə͵flai] *vb:* overfly.
overgrown ['ouvə͵groun; *attributivt:* ͵ouvə'groun] *adj* **1.** overgrodd; igjengrodd; tilvokst; **2.** forvokst *(fx child).*
I. overhang [͵ouvə'hæŋ] *s:* overheng *n;* fremspring *n.*
II. overhang ['ouvə͵hæŋ] *vb; stivt(=stick out over)* henge ut over *(fx rocks overhung the stream).*
overhanging cornice: *se cornice 3.*
over-hasty [͵ouvə͵heisti] *adj:* ***be over-hasty****(=be much too rash)* være altfor rask (av seg).
I. overhaul [͵ouvə'hɔ:l] *s:* overhaling (*of* av).
II. overhaul ['ouvə͵hɔ:l] *vb* **1.** overhale *(fx an engine);* **2.** *mar(=overtake)* innhente og seile forbi.
I. overhead [͵ouvə'hed] *adj* **1.** luft- *(fx cable);* ***an overhead railway*** en høybane;
2. *merk:* ***overhead expenses:*** *se overheads.*
II. overhead ['ouvə͵hed] *adv:* over *(fx a plane flew overhead);* oppe i luften.
overhead cable *elekt:* luftstrekk.
overhead garage door*(=up-and-over garage door)* vippeport.
overhead projector overheadfremviser.
overheads [͵ouvə'hedz] *s; pl; merk(=overhead expenses)* faste kostnader; faste utgifter.
overhear ['ouvə͵hiə] *vb* (uforvarende) overhøre; komme til å høre *(fx he couldn't help overhearing what they were saying about him).*
overheat ['ouvə͵hi:t] *vb* **1.** overopphete; ***an overheated room*** et altfor varmt rom; **2.** *mask:* gå varm; **3.** *økon:* ***overheat the economy*** overopphete økonomien.
overindulge ['ouvərin͵dʌldʒ] *vb* **1.** spise (,drikke, røyke) for mye; fråtse; ***I've really been indulging myself today!*** jeg har virkelig skeiet ut i dag! ***overindulge in alcohol*** misbruke alkohol;
2. *barn(=spoil)* skjemme bort; forkjæle.
overindulgence ['ouvərin͵dʌldʒəns] *s* **1.** vellevnet; fråtsing; overdreven nytelse (*of* av) *(fx of alcohol);*
2. *av barn:* forkjælelse.
overjoyed ['ouvə͵dʒɔid] *adj(=very happy)* henrykt.
I. overkill [͵ouvə'kil] *s* **1.** *mil:* ødeleggelseskraft som er større enn den som er nødvendig for å sikre militær overlegenhet; **2.** *fig:* ***that's really overkill****(=that's really an exaggeration; that's really going too far)* det er jo å ta for sterkt i; det er bestemt en overdrivelse.
II. overkill ['ouvə͵kil] *vb; mil:* utslette et mål ved innsats av kraftigere våpen *(n)* enn nødvendig.
overladen ['ouvə͵leidən; *attributivt:* ͵ouvə'leidən] *adj* **1***(=overloaded)* for tungt lastet; **2.** *fig; om stil(=ornate; florid)* overlesset.
I. overland [͵ouvə'lænd] *adj:* over land *n (fx an overland route).*
II. overland ['ouvə͵lænd] *adv:* over land *n;* landeveien *(fx they travelled overland to Italy).*
I. overlap [͵ouvə'læp] *s* **1.** overlapp(skjøt); omskjøt; ***tiles are laid with an overlap*** takstein legges med overlapp; **2.** *fig:* overlapping *(fx a certain amount of overlap between the two projects).*
II. overlap ['ouvə͵læp] *vb* **1.** overlappe;
2. *fig:* overlappe *(fx their work often overlapped);* delvis falle sammen i tid *(fx their visits overlapped).*
I. overlay [͵ouvə'lei] *s* **1.** belegg *n;* **2.** overlegg *n;* (ɔ: gjennomsiktig ark); **3.** *mus; film:* pålagt lydeffekt.
II. overlay ['ouvə͵lei] *vb:* belegge; legge over.
overleaf ['ouvə͵li:f] *adv:* på neste side *(fx see diagram overleaf);* ***continued overleaf*** fortsettelse på neste side.
I. overload [͵ouvə'loud] *s* **1***(=excessive load)* for tungt lass; **2.** *elekt & mask:* overbelastning.
II. overload ['ouvə͵loud] *vb* **1***(=load to excess)* lesse (*el.* laste) for tungt; **2.** *elekt & mask:* overbelaste.
overloaded ['ouvə͵loudid; *attributivt:* ͵ouvə'loudid] *adj* **1.** for sterkt belastet; overbelastet; **2.** *fig(=loaded)* overlesset.
overlook ['ouvə͵luk] *vb* **1.** *om hus, etc:* ha utsikt over; ***provide (the) maximum protection against noise and being overlooked from the adjacent motorway*** gi maksimal beskyttelse mot støy og innsyn fra motorveien, som går like forbi;
2.: ***overlook sth*** 1*(=not see sth)* overse noe; 2. *fig:* overse noe; 3*(=excuse sth)* unnskylde noe; la noe passere.
overlord [͵ouvə'lɔ:d] *s; hist:* ***feudal overlord*** lensherre.
overly [͵ouvəli] *adj; skotsk el.* **US***(=too)* altfor; over- *(fx overly anxious).*
overman ['ouvə͵mæn] *vb:* overbemanne *(fx a ship).*
overmodest ['ouvə͵mɔdist] *adj(=too modest)* altfor beskjeden; ***not overmodest*** uten falsk beskjedenhet.
overmuch ['ouvə͵mʌtʃ] *adv; stivt(=too much):* ***I don't like it overmuch*** jeg er ikke så altfor begeistret for det.
I. overnight [͵ouvə'nait] *adj* **1.** for natten; overnattings- *(fx bag);*
2. over natten *(fx he was an overnight success).*
II. overnight ['ouvə͵nait] *adv:* natten over *(fx stay overnight);* i løpet av natten; *fig:* fra den ene dag til den andre; over natten.
overnight accommodation: ***(some) overnight accommodation*** en overnattingsmulighet; nattlosji.
overnight bag overnattingsveske.
overnight fee overnattingsgebyr.
overnight stop *(=overnight stay; night stop)* overnatting.
overparticular ['ouvəpə͵tikjulə] *adj(=too particular)* altfor nøye; pirkete; ***he's not overparticular about hygiene*** han tar det ikke (så) altfor nøye med hygienen.
overpass [͵ouvə'pɑ:s] *s* **1***(=bridge)* veiovergang;
2. *især* **US***(=flyover)* planfritt kryss.
overpay ['ouvə͵pei] *vb:* ***overpay sby*** betale en for mye; overbetale *(fx he was overpaid by about £10).*
overplay ['ouvə͵plei] *vb:* ***overplay one's hand***
1. *kortsp:* spille for høyt (i forhold *(n)* til hva kortene *(n)* tilsier);
2. *fig:* overvurdere sin styrke; spille et for høyt spill;
3. *i forhandlinger:* forsøke å oppnå for mye.

overpleased ['ouvə,pli:zd; *attributivt:* ,ouvə'pli:zd] *adj(=too pleased): **not overpleased*** nokså mellomfornøyd; ***he's getting overpleased with himself*** han begynner å bli litt vel selvtilfreds.
overpolite ['ouvəpə,lait] *adj(=too polite)* overhøflig.
overpopulated ['ouvə,pɔpju'leitid; *attributivt:* ,ouvə'pɔpju'leitid] *adj:* overbefolket.
overpopulation ['ouvə'pɔpju,leiʃən] *s:* overbefolkning.
overpower ['ouvə,pauə] *vb* **1.** overmanne; **2.** *fig(= overwhelm)* overvelde; *(se overwhelm).*
overpriced ['ouvə,praist; *attributivt:* ,ouvə'praist] *adj; neds:* for dyr; som det forlanges overpris for.
I. overprint [,ouvə'print] *s:* overtrykk (på frimerke).
II. overprint ['ouvə,print] *vb* **1.** *frimerke:* overstemple; **2.** *fot:* overeksponere (*a print* en kopi); *(jvf overexpose).*
overproduction ['ouvəprə,dʌkʃən] *s(=excess production)* overproduksjon.
overprotective ['ouvəprə,tektiv; *attributivt:* ,ouvəprə'tektiv] *adj(=too protective)* overbeskyttende; (over)engstelig *(fx mother).*
overrate [,ouvə,reit] *vb(=overestimate)* overvurdere; anslå for høyt.
overreach ['ouvə,ri:tʃ] *vb: **overreach oneself**(=try to do too much;* **T:** *bite off more than one can chew)* gape over for mye; forstrekke seg; spenne buen for høyt.
overreact ['ouvəri,ækt] *vb:* overreagere (*to* på).
overreaction ['ouvəri,ækʃən] *s:* overreaksjon.
override ['ouvə,raid] *vb* **1.** *hest(=ride too hard)* skamri; **2***(=ignore; set aside)* neglisjere; sette seg ut over; underkjenne *(fx he overrode their objections).*
overriding ['ouvə,raidiŋ] *adj; stivt(=all-important)* altoverskyggende *(fx question); **a matter of overriding importance*** en ytterst viktig sak.
overripe ['ouvə,raip; *attributivt:* ,ouvə'raip] *adj:* overmoden.
overrule ['ouvə,ru:l] *vb; jur(=set aside)* underkjenne; ***be overruled*** 1. bli underkjent; 2. *om person:* bli overkjørt; *(fx he was overruled by the rest of the committee).*
overruling ['ouvə,ru:liŋ] *s* **1.** underkjenning; **2.** *fig:* det å bli overkjørt; **T:** råkjør; ***a large number of the local population feel they are the victims of overruling by the authorities*** mange blant lokalbefolkningen føler seg som ofre for et offentlig råkjør.
I. overrun ['ouvə,rʌn] *vb* **1.** bre seg utover; oversvømme; **2.** overskride (tilmålt tid); **3.** *typ:* ombrekke (linjene).
II. overrun *adj:* oversvømmet; nedrent (*with* av); ***be overrun with guests*** bli nedrent av gjester; ***the garden was overrun**(=overgrown)* ***with weeds*** hagen var igjengrodd av ugress.
I. overseas ['ouvə,si:z; *attributivt:* ,ouvə'si:z] *adj(= oversea)* oversjøisk *(fx market; trade).*
II. overseas ['ouvə,si:z] *adv(=across the sea; abroad)* over havet; utenlands *(fx he's overseas).*
Overseas Trade Board: ***the British Overseas Trade Board*** Det britiske eksportråd.
oversee ['ouvə,si:] *vb; stivt(=supervise)* ha oppsyn med; føre tilsyn med; føre kontroll med.
overseer [,ouvə'si:ə] *s* **1***(=supervisor)* oppsynsmann; **2.:** ***safety overseer*** hovedverneombud; *(jvf safety deputy).*
oversell ['ouvə,sel] *vb* **1.** *merk:* selge mer enn man kan levere; **2.** *fig:* reklamere for sterkt for.
oversexed ['ouvə,sekst] *adj:* med unormalt sterk kjønnsdrift; ***be oversexed*** ha unormalt sterk kjønnsdrift.
overshadow ['ouvə,ʃædou] *vb:* overskygge.
overshoe [,ouvə'ʃu:] *s: **a pair of overshoes*** et par botforer.
overshoot ['ouvə,ʃu:t] *vb* **1.** skyte over (*el.* for langt); *også fig: **overshoot the mark*** skyte over målet; **2.** *flyv: **overshoot (the runway)*** bedømme for langt; overskyte.
I. overshot ['ouvə,ʃɔt] *pret & perf.part. av overshoot.*
II. overshot [,ouvə'ʃɔt] *adj; tannl: **overshot jaw**(= overbite)* overbitt.
oversight [,ouvə'sait] *s:* forglemmelse; uaktsomhet; ***by** (= through)* ***an oversight*** ved en forglemmelse.
oversized ['ouvə,saizd; *attributivt:* ,ouvə'saizd] *adj:* for stor; ***oversized families*** for store familier.
oversleep ['ouvə,sli:p] *vb:* forsove seg.
oversleeve [,ouvə'sli:v] *s(=sleeve protector)* ermebeskytter.
overspend ['ouvə,spend] *vb:* bruke for mange penger (*on* på) *(fx I overspent on repairing the house).*
overspill [,ouvə'spil] *s:* befolkningsoverskudd (fra byområde som saneres).
overstaff ['ouvə,sta:f] *vb:* ansette for mange; overbemanne.
overstate ['ouvə,steit] *vb; stivt* **1***(=exaggerate)* overdrive; ***overstate one's case*** overdrive; ta for hardt i; ***he overstated the case*** han overdimensjonerte saken; han overdrev;
2.: ***overstate one's income*** oppgi for høy inntekt.
overstatement ['ouvə,steitmənt] *s(=exaggeration)* overdrivelse.
overstay ['ouvə,stei] *vb; om gjest(=outstay): **overstay one's welcome*** bli for lenge; trekke for store veksler på vertskapets gjestfrihet.
overstep ['ouvə,step] *vb:* overskride; gå ut over *(fx one's authority); fig: **overstep the mark**(=go too far)* gå over streken; gå for langt.
overstock ['ouvə,stɔk] *vb* **1.** *landbr:* holde for stor besetning; **2.:** ***overstock a pond*** sette ut for mye fisk i en dam; **3.** ta inn for stort lager.
overstrain ['ouvə,strein] *vb:* overanstrenge; ***overstrain oneself*** overanstrenge seg; ***overstrain one's heart*** overbelaste hjertet.
overt [,ouvə:t; *især:* **US:** ou,və:t] *adj; stivt (=undisguised; open)* utilslørt; åpen *(fx overt opposition to the plan); **he was gazing at her with overt admiration*** han så på henne med uforstilt beundring.
overtake ['ouvə,teik] *vb* **1***(,US & Canada: pass)* (innhente og) kjøre forbi; ***he overtook a police car*** han kjørte forbi en politibil;
2. *fig:* overraske *(fx night overtook them); **we were** overtaken by the rainstorm(=we were caught in the rainstorm)* vi ble overrasket av det kraftige regnværet.
overtaking ['ouvə,teikiŋ] *s(,***US** *& Canada: passing)* forbikjøring; det å innhente og kjøre forbi; ***no overtaking!****(,***US** *& Canada: no passing!)* forbikjøring forbudt!
overtaking lane *(,***US** *& Canada: passing lane)* forbikjøringsfelt.
overtax ['ouvə,tæks] *vb* **1.** beskatte for høyt; **2.:** ***overtax one's strength*** drive seg selv for hardt; ***don't overtax my patience!*** still ikke min tålmodighet på prøve!
I. overthrow [,ouvə'θrou] *s:* fall *n (fx of a government).*
II. overthrow ['ouvə,θrou] *vb:* styrte; felle *(fx a government).*
I. overtime [,ouvə'taim] *s* **1.** overtid; ***be on overtime*** arbeide overtid; **2***(=overtime pay)* overtidsbetaling; **3.** *sport* **US***(=extra time)* ekstraomgang.
II. overtime *adv:* over tiden; over(tid); ***work****(,***T:** *do)* ***overtime*** arbeide overtid; **T:** jobbe over; ***your imagination has been working overtime!*** din fantasi har arbeidet overtid!
overtired ['ouvə,taiəd; *attributivt:* ,ouvə'taiəd] *adj:* overtrett.
overtrain ['ouvə,trein] *vb; sport:* overtrene.
overtrick [,ouvə'trik] *s; kortsp:* overstikk.
overtrousers [,ouvə'trauzəz] *s; pl(=pull-on trousers;* **T:** *pull-ons)* overtrekksbukser.
overture [,ouvətʃə] *s* **1.** *mus:* ouverture; **2.** *fig: **overtures*** tilnærmelser; forhandlingsutspill; **3.** *også seksuelt:*

O

make overtures to sby gjøre tilnærmelser til en.
I. overturn [ˌouvəˈtə:n] *s* **1.** *sj(=overthrow)* fall *n (fx of a government);* **2.** *stivt(=upsetting)* velting; det å velte *(fx the overturn of the table);* **3.** *mar(=capsizing)* kantring *(fx of a boat).*
II. overturn [ˈouvəˌtə:n] *vb* **1.** velte *(fx a table);*
2. *mar:* kantre;
3. *sj(=overthrow)* styrte; felle *(fx a government);*
4. *om dom(=quash)* omgjøre; omstøte; oppheve; sette til side.
overuse [ˈouvəˌju:z] *vb:* bruke for mye *(fx the word 'situation' is greatly overused these days).*
overvalue [ˈouvəˌvælju:] *vb(=overestimate)* overvurdere.
overview [ˌouvəˈvju:] *s; meget stivt(=survey)* oversikt (*of* over).
overweening [ˈouvəˌwi:niŋ] *adj; glds el. litt.(=exaggerated)* overdreven *(fx pride).*
I. overweight [ˌouvəˈweit] *s(=excess weight)* overvekt.
II. overweight *adj:* overvektig *(fx person);* ***an overweight letter*** et overvektig brev; ***be overweight*** være overvektig; veie for mye *(fx be a kilo overweight);* ***get overweight*** bli overvektig.
overwhelm [ˈouvəˌwelm] *vb* **1***(=overpower)* overmanne; **2.** *fig:* overvelde; overmanne; ***his emotions overwhelmed him*** følelsene tok makten fra ham; ***be overwhelmed with offers of help*** bli helt neddynget av tilbud om hjelp.
overwhelmed *adj:* overveldet (*with* av); ***he was overwhelmed with work*** han var helt overlesset med arbeid *n.*
overwhelming [ˈouvəˌwelmiŋ] *adj:* overveldende; ***he was convicted on overwhelming evidence*** han ble dømt pga. en overveldende bevisbyrde.
overwhelmingly [ˈouvəˌwelmiŋli] *adv:* overveldende; ***overwhelmingly polite (,helpful)*** overstrømmende høflig (,hjelpsom)) ***they voted overwhelmingly for him*** han fikk et overveldende flertall.
I. overwork [ˌouvəˈwə:k] *s:* for hardt arbeid.
II. overwork [ˈouvəˌwə:k] *vb* **1.** arbeide for hardt *(fx he always overworks);*
2. *fig:* bruke for ofte *(fx an excuse).*
overworked [ˈouvəˌwə:kt; *attributivt:* ˌouvəˈwə:kt]
1. overarbeidet; **2.** *fig; om uttrykk(=overused)* altfor mye brukt *(fx overworked and misused terms).*
overwrought [ˈouvəˌrɔ:t; *attributivt:* ˌouvəˈrɔ:t] *adj*
1. *stivt(=highly strung)* overspent; ***in his present overwrought state*** overspent som han nå er;
2. *om stil; sj(=over-ornate; too elaborate; fussy)* altfor overlesset (*el.* utbrodert).
oviduct [ˌouviˈdʌkt] *s; anat:* eggleder.
oviform [ˌouviˈfɔ:m] *adj(=egg-shaped)* eggformet.
oviparous [ouˌvipərəs] *adj; zo:* eggleggende.
ovulate [ˌɔvjuˈleit] *vb; biol:* ha eggløsning.
ovulation [ˈɔvjuˌleiʃən] *s; biol:* eggløsning.
ovum [ˌouvəm] *s(pl: ova) biol:* egg *n;* ovum *n.*
owe [ou] *vb* **1.** skylde; ***owe sby sth*** skylde en noe; ***be owed £50*** ha £50 til gode; ***he owed nothing on the house*** han skyldte ingenting (*el.* hadde ingen gjeld) på huset;
2. *fig:* ***I owe my success to you*** jeg har deg å takke for at det gikk bra; ***I owe a great deal to John over that*** jeg skylder John stor takk i den forbindelse;
3. *stivt:* ***owe allegiance to the king*** være kongen troskap skyldig.
owing [ˌouiŋ] *adj* **1.** utestående; til gode; ***have money owing to one*** ha penger til gode; ***the amount owing to me****(=the amount due to me)* det beløp(et) jeg har til gode;
2. som skal betales; ***how much is still owing on it?*** hvor mye er det igjen å betale på det?
3.: ***owing to****(=because of)* på grunn av; pga.; *stivt:* ***owing to my not speaking Arabic*** *(because I don't speak Arabic)* pga. at jeg ikke snakker arabisk.
owl [aul] *s* **1.** *zo:* ugle; ***brown****(=tawny)* ***owl*** kattugle; **2.** *om person:* ***(night) owl****(=night bird)* nattmenneske; **3. T:** ***drunk as an owl*** full som ei alke.
I. own [oun] *adj:* egen; eget; egne; ***I'd like a little house of my own*** jeg skulle gjerne ha et lite hus som jeg kunne kalle mitt; ***we make our own bread*** vi baker brød *(n)* selv; ***at one's own expense*** på egen bekostning; for egen regning; ***by one's own efforts*** ved egne anstrengelser; ***for one's own (personal) use*** til eget bruk; ***on one's own*** 1*(=unaided)* på egen hånd; 2*(=alone)* alene *(fx live on one's own);* ***I don't like drinking milk on its own****(=I don't like drinking milk without anything with it)* jeg liker ikke å drikke melk uten noe til; **T:** ***get one's own back (on sby)****(=have one's revenge (on sby))* få hevn (over en); ***come into one's own:*** *se come 31;* ***hold one's own:*** *se II. hold 14.*
II. own *vb* **1.** eie; ***we don't own a TV set*** vi har ikke TV;
2. *stivt(=admit)* vedgå; innrømme;
3. T: ***own up****(=confess)* tilstå; si det som det er; ***the one who did it had better own up*** den som gjorde det, bør melde seg; ***own up to having done sth*** innrømme å ha gjort noe.
own-brand [ˌounˈbrænd] *s(=own label)* eget merke *n;* ***supermarket own-brands*** supermarkedenes egne merker.
owner [ˌounə] *s* **1.** eier; ***are you the owner of this car?*** er det du som eier denne bilen? ***at owner's risk*** for eiers risiko; **2***(=shipowner)* (skips)reder.
owner-driver [ˌounəˌdraivə] *s:* bileier som kjører selv; person som kjører sin egen bil.
owner-occupied [ˌounəˌɔkjupaid; *attributivt:* ˌounəˈɔkjupaid] *adj:* som bebos av eieren *(fx flat).*
owner-occupier [ˌounəˌɔkjuˈpaiə] *s:* selveier; person som eier den leiligheten han bor i.
ownership [ˌounəˈʃip] *s* **1.** eierforhold; ***settle the question of ownership*** bringe klarhet i eierforholdet;
2. *jur:* ***joint ownership*** sameie; felleseie; ***sole ownership****(=separate property)* særeie.
owner's mark eiermerke.
owner's risk eiers risiko; ***at owner's risk*** for eiers risiko.
owner-tenant flat [ˌounəˌtenəntˈflæt] *s:* selveierleilighet; aksjeleilighet.
own goal *s:* selvmål; ***score an own goal*** lage selvmål.
own risk *fors:* egenandel; selvassuranse.
ox [ɔks] *s(pl: oxen)* (kastrert) okse.
oxeye [ˌɔksˈai] *s; bot:* ***oxeye daisy*** prestekrage.
oxide [ˌɔksaid] *s; kjem:* oksid *n.*
oxidize, oxidise [ˌɔksiˈdaiz] *vb; kjem:* oksidere; *om metall:* anløpe.
oxlip [ˌɔksˈlip] *s; bot:* marianøkleband.
Oxo [ˌɔksou] *s; varemerke:* ***cube of Oxo****(=beef cube)* buljongterning.
Oxon [ˌɔksən] *s; fk f Oxfordshire (fra latin Oxonia).*
Oxon. *del av akademisk grad, som viser at denne skriver seg fra Oxford (fx MA (Oxon.)).*
Oxonian [ɔkˌsouniən] *s:* person som studerer el. har studert ved Oxford University.
oxtail [ˌɔksˈteil] *s; zo:* oksehale.
oxtail soup *kul:* oksehalesuppe.
oxyacetylene [ˈɔksiəˌsetiˈli:n] *adj:* autogen-.
oxygen [ˌɔksidʒən] *s; kjem:* oksygen *n;* surstoff; ***liquid oxygen*** flytende oksygen.
oxygen mask surstoffmaske.
oxygen starvation *(=lack of oxygen; med. også: hypoxia)* surstoffmangel.
oxygen tent *med.:* surstofftelt.
oyster [ˌɔistə] *s; zo:* østers; ***pearl oyster*** perlemusling.
oz., oz *fk f ounce(s).*
ozone [ˌouzoun; ouˌzoun] *s:* ozon *n.*

p

P, p [piː] P, p; *tlf:* ***P for Peter*** P for Petter; ***mind one's p's and q's*** være forsiktig med hva man sier; holde tungen rett i munnen.
pa [pɑː] *s* **T***(=father)* pappa.
I. pace [peis] *s* **1.** *stivt(=step)* skritt *n;* **2***(=gait)* gangart; ***at a walking pace*** i skritt *n;* **3.** *også sport:* hastighet; tempo *n;* ***at a comfortable pace*** i et bedagelig tempo; ***maintain a punishing pace*** holde et drepende tempo; ***work at one's own pace*** arbeide i sitt eget tempo; ***when there's a group of you going together, let the weakest member decide the pace*** når flere går i følge, la den svakeste bestemme farten; *(se også 4 & 5);*
4.: ***keep pace with*** 1*(=keep up with)* følge med; holde tritt med; 2. *fig:* holde tritt med;
5.: ***set the pace*** 1. bestemme farten (*el.* tempoet); ***at the moment NN is ahead and setting the pace*** akkurat nå ligger NN foran og drar; ***he set a blistering pace at the start*** han satte opp et forrykende tempo i starten; 2. *fig:* bestemme farten; være toneangivende; angi tonen; ***set oneself a punishing pace*** utsette seg (selv) for et drepende tempo; ***increase one's pace*** sette opp farten; øke tempoet; *(se også* **3** *ovf);*
6.: ***put a horse through its paces*** la en hest vise hva den kan; *fig:* ***put him through his paces*** la ham (få) vise hva han duger til; ***show one's paces****(=show what one can do)* vise hva en duger til;
7.: ***live at a fast pace****(,***T:*** go the pace; go it)* leve sterkt; **T:** la humla suse.
II. pace *vb* **1.** *stivt(=walk)* gå *(fx pace steadily on);* **2***(=walk with measured steps; walk up and down)* gå med avmålte skritt *n;* gå rastløst frem og tilbake; ***he paced the room*** han gikk frem og tilbake i rommet; **3.** *sport(=set the pace for)* dra for *(fx a runner);* **4.:** ***pace out*** skritte opp *(fx a room).*
pacemaker [ˌpeisˈmeikə] *s* **1.** *i veddeløp(=pacer)* pacer; **2.** *med.:* ***(artificial) pacemaker*** pacemaker; **3.:** *se pacesetter.*
pacer [ˌpeisə] **1.** *i veddeløp:* pacer; **2.** *om hest(=ambler)* passgjenger.
pacesetter [ˌpeisˈsetə] *s:* foregangsmann; *om firma, etc:* ***be the pacesetter*** være ledende.
pachyderm [ˌpækiˈdəːm] *s; zo:* tykkhudet dyr *n.*
I. Pacific [pəˌsifik] *s; geogr:* ***the Pacific (Ocean)*** Stillehavet.
II. pacific *adj* **1.** *stivt(=peaceable)* fredsommelig; **2.** *stivt(=peaceful):* ***pacific intentions*** fredelige hensikter; **3.** *meget stivt(=conciliatory)* forsonende *(fx gesture).*
pacifier [ˌpæsiˈfaiə] *s* **1.** fredsstifter; **2. US***(=comforter; dummy)* narresmokk.
pacifism [ˌpæsiˈfizəm] *s:* pasifisme; fredsvennlighet.
I. pacifist [ˌpæsifist] *s:* pasifist; fredsvenn.
II. pacifist *adj(=pacifistic)* pasifistisk.
pacifistic [ˈpæsiˌfistik] *adj:* pasifistisk.
pacify [ˌpæsiˈfai] *vb* **1.** *stivt; om aggresjon el. sinne(=calm)* berolige; **2.** *polit:* gjenopprette fred og orden i; pasifisere *(fx a country).*
I. pack [pæk] *s* **1.** bylt; *på pakkdyr:* kløv; **2.** *også mil(=backpack)* oppakning; **3.:** ***pack (of cards)****(,***US:*** deck of cards)* kortstokk; **4.** flokk; ***they behaved like a pack****(=bunch)* ***of kids*** de oppførte seg som en flokk unger; ***a pack of wolves****(=a wolf pack)* en ulveflokk; ***a pack****(=leash)* ***of hounds*** et koppel jakthunder; ***they're just a pack****(=gang)* ***of thieves*** det er noe tyvepakk; *fig:* ***it's a pack of lies*** det er løgn alt sammen; **5.** *sport; rugby:* angrepsrekke i klynge; *(se II. pack 11);* **6***(=packet)* (mindre) originalpakning; pakke; ***vacuum pack*** vakuumpakning; **US:** ***a pack of cigarettes*** en pakke sigaretter; **7.** *med.:* omslag *(fx a cold pack; ice pack);* **8.** *i skjønnhetspleie:* ***(face) pack*** (ansikts)maske.
II. pack *vb* **1.** pakke; ***I'm packing*** jeg pakker; **2.** *merk:* pakke; emballere; legge ned *(fx fish);* **3.** *tekn:* pakke; tette *(fx a leak);* **4.** *om pakkdyr:* legge kløv på *(fx pack a horse);* **5***(=crowd together)* stue (seg) sammen *(fx the crowds packed into the stadium);*
6. pakke seg (sammen); *ski:* ***pack the snow*** tråkke (*on the landing slope* i unnarennet); *(se II. sidestep 3);*
7. *polit:* besette (*el.* fylle) med egne folk *n;*
8. T: ***pack one's bags****(=pack up)* pakke sammen;
9. T: ***send sby packing*** 1. sette en på porten; 2. slå opp med en; **T:** gi en på båten; *(jvf 12);*
10.: ***pack away*** pakke ned; pakke bort *(fx I've packed away all my books);* ***pack sth away for the winter*** pakke bort noe for vinteren; ***pack****(=put)* ***your toys away before you go*** rydd bort lekesakene dine før du går; ***the bed packs****(=folds)* ***away into a wall cupboard*** sengen legges sammen og forsvinner inn i et skap;
11. *rugby:* ***pack down*** danne en klynge; *(se I. pack 5);*
12. T *fx kjæreste:* ***pack sby in*** gi en på båten; *(se 9);*
13. T: ***pack it in*** 1. gi opp; 2.: ***pack it in!****(=stop it!)* hold opp!
14.: ***pack into*** 1*(=squeeze into)* presse inn i; presse sammen i; ***we can't all pack into one car*** vi kan ikke alle sammen presse oss inn i én bil; 2*(=go into)* la seg pakke ned i; gå ned i; ***the boxes are designed to pack into this container*** eskene er lagd slik at de går inn i denne beholderen; 3. *fig:* ***pack a lot of information into a small dictionary*** presse mye informasjon inn i en liten ordbok;
15.: ***pack sby off****(=send sby off)* skysse en av sted;
16.: ***pack up*** 1. pakke (sammen); ***the tent packs up easily*** teltet er lett å pakke (sammen); 2. **T** *(=stop working* **T:** *knock off)* pakke sammen (for dagen); 3. *fig* **T:** gi opp; ***pack up and go*** pakke sammen; 4. *om motor, etc(=break down)* svikte *(fx the engine packed up (on me));* 5. *med.(=fail)* svikte *(fx her kidneys were packing up).*
I. package [ˌpækidʒ] *s* **1.** pakke; kolli *n;* **2.** *merk:* pakketilbud; pakke; ***service package*** servicepakke; **3.:** ***packages*** 1. pakker; kolli *n;* 2. pakkenelliker.
II. package *vb(=pack (up))* emballere.
package deal *også om forhandlingsresultat:* pakkeløsning.
package holiday pakkeferie.
package tour pakketur.
package tourist pakketurist.
packaging [ˌpækidʒiŋ] *s:* emballering; forpakning.
pack ass pakkesel.
pack drill *mil(=kit drill)* straffeeksersis.
packed *adj* **1.** pakket; emballert; ***badly packed*** dårlig pakket; **2.** proppfull; ***packed with*** proppfull av; fullpakket med; **3.** sammenpakket; ***tightly packed*** tett sammenpakket.
packed lunch nistepakke; matpakke.
packer [ˌpækə] *s* **1.** *person:* pakker; **2.** pakkemaskin.
packet [ˌpækit] *s* **1.** (liten) originalpakke; pakke; ***a packet****(,***US:*** pack)* ***of cigarettes*** en pakke sigaretter; *(se pay packet);* **2.** *post:* ***letter packet*** brevsending; ***small packet*** brevpakke; småpakke; **3. T***(=a lot of money):* ***he earns a packet*** han tjener store penger.

pack horse kløvhest; pakkhest.
pack ice pakkis.
packing [ˌpækiŋ] *s* **1.** pakking; innpakking; emballering; emballasje; ***do one's packing*** pakke (tingene sine); **2.** *tekn:* pakning; **3.** det å besette (*el.* fylle opp) med egne tilhengere; *(se II. pack 7).*
packing case pakkasse; flyttekasse.
packing cloth pakkstrie.
packing slip *inne i emballasjen:* følgeseddel; *(jvf delivery note).*
pack march *mil(=route march)* utmarsj.
pack rat US & *Canada* **1.** *zo(=trade rat; wood rat)* skoghamster; **2. T**(*=compulsive collector)* person som gjemmer på unyttige småting.
pact [pækt] *s:* pakt; overenskomst; ***they made a pact to help each other*** de inngikk en overenskomst om å hjelpe hverandre.
I. pad [pæd] *s* **1.** *om underlag:* pute; ***knee pad*** knebeskytter; ***saddle pad*** salpute;
2(*=block*)*:* ***drawing pad*** tegneblokk; *(se notepad);*
3: *(cottonwool) pad* tampong;
4.: *launching pad* utskytningsrampe;
5. T(*=bedsit)* hybel; ***bachelor pad*** ungkarshybel.
II. pad *vb* **1.** polstre; vattere; fôre; **2.: *pad out*** 1(*=fill out):* ***the costume was padded out to make him look fat*** drakten var stoppet ut, slik at han skulle se tykk ut; 2. *fig:* fylle ut (med overflødig stoff *n*).
III. pad *vb:* rusle; tusle; tasle; tasse; traske; ***pad about*** rusle (*el.* tusle) omkring; ***he padded out of the room*** han tuslet ut av rommet.
padding [ˌpædiŋ] *s* **1.** stopp; fyll; vatt(ering);
2. *fig:* fyllekalk;
3.: *expenses padding* oppføring av for høye utgifter.
I. paddle [pædl] *s* **1.** padleåre; **2.** (hjul)skovl.
II. paddle *vb* **1.** padle; **2.** *i grunt vann:* plaske; vasse;
3. T: *paddle one's own canoe* kjøre sitt eget løp; ***let him paddle his own paddle!***(*=let him shift for himself!)* la ham seile sin egen sjø!
paddle wheel *mar:* skovlhjul.
paddling pool *for barn:* plaskedam; plaskebasseng.
paddock [ˌpædək] *s* **1.** havnehage; havnegang;
2. *ved veddeløpsbane:* paddock; salplass;
3. *ved bilveddeløpsbane:* paddock.
Paddy [ˌpædi] *s* **1.** *økenavn(=Patrick)* Patrick;
2. *neds(=Irishman)* irer; irlender.
I. paddy [ˌpædi] *s; bot:* ris (på rot); uavskallet ris.
II. paddy *s* **T**(*=(fit of) temper)* sinneanfall; ***she's in one of her paddies*** nå er hun i et farlig humør igjen.
paddy field rismark.
paddy wagon US S *(=patrol car; panda car)* politibil.
I. padlock [ˌpæd'lɔk] *s:* hengelås.
II. padlock *vb:* sette hengelås på (*el.* for).
padre [ˌpɑ:dri] *s* **1. T**(*=clergyman)* prest;
2. *mil* **T**(*=(army) chaplain)* feltprest.
paediatrician *(,***US:** *pediatrician)* ['pi:diəˌtriʃən] *s(=children's specialist)* barnelege.
I. pagan [ˌpeigən] *s(=heathen)* hedning.
II. pagan *adj(=heathen)* hedensk.
paganism [ˌpeigə'nizəm] *s(=heathenism)* hedenskap.
I. page [peidʒ] *s* **1**(*=hotel messenger;* **US:** *bellboy)* pikkolo; hotellbud; hotellgutt;
2. *hist:* pasje;
3. *over høyttalersystem:* oppkalling; etterlysning; *(jvf III. page 2 & phone pager).*
II. page *s; i trykksak:* side *(fx on page 5)*; ***on both sides of the page*** på begge sider av bladet; ***open your book at page 5*** slå opp boken din på side 5.
III. page *vb* **1**(*=paginate)* paginere; forsyne med sidetall; **2.** *i flyhavn, på hotell, etc; over høyttalersystem:* kalle på; etterlyse; ***I heard you paged*** jeg hørte at du ble kalt opp (over høyttaleren); *(jvf I. page 3 & phone pager).*
pageant [ˌpædʒənt] *s* **1.: *(historical) pageant*** historisk opptog;
2. *fig; litt.(=fine show):* ***a pageant of colour*** et fargesprakende syn.
pageantry [ˌpædʒəntri] *s; stivt(=colourful display)* pomp og prakt; strålende praktutfoldelse.
pageboy [ˌpeidʒ'bɔi] *s; hist; se I. page 1.*
paginate [ˌpædʒi'neit] *vb:* paginere.
pagoda [pəˌgoudə] *s:* pagode.
pah [pɑ:] *int* **1.** *uttrykk for forakt el. avsky(=pooh)* pytt; **2**(*=bah)* æsj.
paid [peid] *adj(pret & perf.part. av II. pay)* betalt; ***paid holiday*** ferie med lønn; ***put paid to*** 1. gjøre ende på; sette en stopper for; 2. ta kverken på.
paid-up ['peidˌʌp; *attributivt:* ˌpeid'ʌp] *adj* **1.** innbetalt; ***(fully) paid-up shares*** (fullt) innbetalte aksjer;
2.: *a paid-up member* et medlem som har betalt sin kontingent.
pail [peil] *s:* spann *n;* ***milk pail*** melkespann.
I. pain [pein] *s* **1.** smerte; ***pain and suffering*** lidelse og smerte; ***pride must bear pain*** man må lide for skjønnheten; ***ease the pain*** lindre smerten; ***he's in great pain*** han har store smerter; ***referred pain*** overført smerte; ***I have a pain in my leg***(*=I've got a pain in my leg; my leg hurts)* jeg har vondt i benet; ***have a pain in the stomach***(*=have (a) stomach-ache)* ha vondt i magen; ***put him out of his pains*** gjøre slutt på lidelsene hans (ɔ: la ham få dø);
2.: *(labour) pains* veer; rier;
3.: *pains* *lett glds(=trouble)* umak(e); bry *n;* ***be at pains to do it*** gjøre seg umak med det; ***take (great) pains***(*=trouble)* ***over sth*** gjøre seg (stor) umak med noe;
4. *om person* **T: *a pain (in the neck)*** en sann plage (for omgivelsene); en prøvelse;
5. *jur:* ***on pain of death*** med trussel om dødsstraff; under dødsstraff.
II. pain *vb* **1.** *litt. el. meget stivt* **1**(*=hurt)* gjøre vondt; ***his foot pained him***(*=his foot hurt)* han hadde vondt i foten;
2. *fig(=hurt)* bedrøve; ***it pains me to tell you that …*** *(=I'm very sorry to have to tell you that …)* det bedrøver meg å måtte fortelle deg at …
pained [peind] *adj; om uttrykk:* lidende *(fx a pained expression; don't look so pained!);* ***…he said, in pained***(*=offended)* ***surprise*** …sa han, både krenket og overrasket.
painful [ˌpeinful] *adj* **1.** som gjør vondt; smertefull; *stivt:* ***is your finger still painful?***(*=does your finger still hurt?)* gjør det fremdeles vondt i fingeren din?
2. pinlig *(fx a painful duty);*
3. *stivt(=difficult)* besværlig; møysommelig.
painfully [ˌpeinfuli] *adv* **1.** møysommelig; ***he dragged himself painfully along*** han slepte seg møysommelig av sted;
2. *fig:* pinlig; ***it was painfully obvious to everyone that …*** det var pinlig klart for enhver at …; ***he was painfully aware that …*** han var pinlig klar over at …
painkiller [ˌpein'kilə] *s; med.:* smertestillende middel *n;* smertestillende tablett.
painless [ˌpeinləs] *adj:* smertefri *(fx childbirth).*
painstaking [ˌpeinz'teikiŋ] *adj:* omhyggelig *(fx research);* nøye; ***with painstaking accuracy*** pinlig nøyaktig; med den største nøyaktighet.
painstakingly [ˌpeinz'teikiŋli] *adv:* omhyggelig.
I. paint [peint] *s* **1.** maling; lakk; ***gloss(y) paint*** blank maling; ***wet paint*** våt maling; *oppslag:* nymalt; **2**(*=make-up)* sminke.
II. paint *vb* **1.** male *(fx a house; a picture);* lakkere; ***brush paint*** lakkere med pensel;
2. *fig:* tegne; male *(fx glowing pictures of rural life);* skildre; ***he's not as black as he's painted*** han er bedre enn sitt rykte;
3. *med.:* pensle; ***paint sby's throat*** pensle en i halsen;
4. T: *paint the town (red)* sette byen på ende.
paintbox [ˌpeint'bɔks] *s:* fargeskrin; malerskrin.

paintbrush [ˌpeintˈbrʌʃ] *s:* malerpensel; malerkost.
painter [ˌpeintə] *s* **1.** kunstmaler;
2.: ***(house) painter*** maler; ***car painter*** billakkerer;
3. *mar:* fangline.
painting [ˌpeintiŋ] *s* **1.** maleri *n;* **2.** maling; det å male;
3.: ***(art of) painting*** malerkunst.
paint job 1. malerjobb; **2.** lakkeringsjobb.
paint roller malerrull.
paint sprayer lakkerer; ***bodyshop paint sprayer****(=car painter)* billakkerer.
paint stripper malingfjerner.
paint tin *(=paint pot)* malingboks.
paintwork [ˌpeintˈwəːk] *s:* maling; malt flate; *på bil, etc:* lakk; ***good paintwork*** god lakk.
I. pair [pɛə] *s* **1.** par *n (fx a pair of shoes);* ***a beautiful pair of legs*** et par nydelige ben *n;* ***in pairs*** parvis; to og to;
2. T*(=couple)* par *n (fx they're a nice enough pair but I don't like them);* ***the pair are always quarrelling*** de to krangler alltid;
3. *sport:* par *n;* ***they're the last pair to race*** de går i siste par;
4. T: ***that's another pair of shoes****(=that's quite another thing)* det er en helt annen sak.
II. pair *vb* **1***(=mate)* pare; pare seg;
2. ordne parvis;
3.: ***pair off*** 1. ordne parvis *(fx the guests);* 2. slå seg sammen to og to; 3. gjøre et par av;
4. *sport:* ***be paired with*** få som parkamerat.
pair skater *sport:* parløper.
pair skating *sport:* parløp.
pajamas [pəˈdʒɑːməz] *s* **US***(=pyjamas)* pyjamas.
Paki [ˌpæki] *s; neds* **S***(=Pakistani)* pakkis.
Pakistan [ˈpɑːkiˌstɑːn; ˈpækiˌstɑːn; **US:** ˌpækiˈstæn] *s; geogr:* Pakistan.
I. Pakistani [ˈpɑːkiˌstɑːni; ˈpækiˌstɑːni; **US:** ˈpækiˌstæni] *s:* pakistaner.
II. Pakistani *adj:* pakistansk.
pal [pæl] *s* **1.** *glds* **T***(=mate)* kamerat; venn;
2. T: ***pen pal****(=pen friend)* pennevenn.
palace [ˌpæləs] *s:* slott *n.*
palaeo- *(,***US:** *paleo-)* [ˌpæliou] *forstavelse:* paleo-.
palanquin [ˈpælənˌkiːn] *s; i Østen; hist:* bærestol.
palatable [ˌpælətəbl] *adj; stivt* **1***(=good; tasty)* velsmakende *(fx meal);*
2. *fig(=pleasant)* behagelig.
I. palatal [ˌpælətəl] *s; fon:* ganelyd; palatal.
II. palatal *adj; anat & fon:* palatal; gane-.
palate [ˌpælit] *s* **1.** *anat(=roof of the mouth)* gane; *med.:* ***cleft palate*** åpen gane; ***the hard palate*** den harde gane; ***the soft palate****(=the velum)* den bløte gane; ganespeilet;
2. *om smaksevnen; stivt:* gane; ***have a good palate for wine****(=have a good taste in wines)* ha en fin gane når det gjelder vin; ***that tickles my palate****(=taste buds)* det pirrer min gane.
palatial [pəˌleiʃəl] *adj:* palassaktig; slottslignende.
Palatinate [pəˌlætinit] *s; geogr:* ***the Palatinate*** Pfalz.
I. palaver [pəˌlɑːvə] *s* **1. T***(=fuss; bother)* kjedelige greier *(fx do we have to go through all that palaver?);*
2. *ofte spøkef(=long parley)* langvarig parlamentering; **3.** *stivt(=idle talk)* tomt snakk.
II. palaver *vb; ofte spøkef:* føre langvarige drøftelser; parlamentere.
I. pale [peil] *s* **1.** spiss pæl; stake;
2. *fig:* ***be beyond the pale*** ha gjort seg sosialt umulig; ***her behaviour is really beyond the pale!****(=her behaviour is really quite unacceptable!)* hun oppfører seg helt umulig!
II. pale *adj* blek; ***pale yellow*** blekgul; ***go pale with fear*** bli blek av redsel.
III. pale *vb* **1.** *stivt(=go pale)* blekne; bli blek;
2. *fig:* blekne; ***it pales altogether beside****(=it becomes insignificant beside)* det blekner helt ved siden av.
paleface [ˌpeilˈfeis] *s:* blekansikt; hvit mann (,kvinne).
Palestine [ˌpæliˈstain] *s; hist; geogr:* Palestina.
I. Palestinian [ˈpæləˌstiniən] *s:* palestiner.
II. Palestinian *adj:* palestinsk.
palette [ˌpælit] *s:* palett; ***set the palette*** legge farger på paletten
palimony [ˌpæliməni] *s* **US***(=support payment (to a nonmarried partner after the break-up of a long-term relationship))* underholdsbidrag (til ugift partner etter at et langvarig forhold har gått i oppløsning).
paling(s) [ˌpeiliŋ(z)] *s(=palisade)* palisade.
I. pall [pɔːl] *s* **1.** likklede;
2. *kat.; stivet serviett som dekker kalken:* palla;
3. *fig; stivt(=thick layer; cloud)* teppe *n (fx of black smoke over the town).*
II. pall *vb; stivt(=become boring)* bli kjedelig; ***it palled on him****(=he tired of it)* han ble lei det.
pallbearer [ˌpɔːlˈbɛərə] *s* **1.** kistebærer; **2.** marskalk.
pallet [ˌpælit] *s* **1.** (laste)pall; **2.** *hist(=straw mattress)* halmmadrass.
palliate [ˌpæliˈeit] *vb; meget stivt* **1***(=alleviate)* lindre;
2. *feil, etc(=excuse)* unnskylde.
I. palliative [ˌpæliətiv] *s; med.(=painkiller)* lindrende middel *n.*
II. palliative *adj; med.(=pain-killing)* lindrende.
pallid [ˌpælid] *adj; stivt; neds(=pale)* blek; gusten.
pallor [ˌpælə] *s; stivt; neds(=paleness)* blekhet.
pally [ˌpæli] *adj; glds* **T***(=friendly;* **T:** *matey)* kameratslig.
I. palm [pɑːm] *s; bot(=palm tree)* palme(tre).
II. palm *s* **1.** *anat:* håndflate; ***the palm****(=flat)* ***of the hand*** håndflaten; **2.** *fig:* ***grease sby's palm*** smøre en; bestikke en; ***have sby in the palm****(=hollow)* ***of one's hand*** ha en i sin hule hånd.
III. palm *vb* **1.:** ***palm sth off on sby*** prakke noe på en;
2.: ***palm sby off with sth****(=fob sby off with sth; put sby off with sth)* avspise en med noe.
palm court palmehage.
palm leaf 1. *bot(=palm frond)* palmeblad;
2. *kul; kake:* parisienne.
Palm Sunday palmesøndag.
palmy [ˌpɑːmi] *adj* **1.** palmebevokst;
2. *fig:* ***palmy days****(=days of prosperity)* gylne dager; velmaktsdager.
palpability [ˈpælpəˌbiliti] *s:* håndgripelighet.
palpable [ˌpælpəbl] *adj:* håndgripelig; til å ta og føle på; ***a palpable lie****(=a manifest lie)* en åpenbar løgn.
palpate [ˌpælpeit] *vb; med.:* palpere; undersøke ved beføling.
palpitate [ˌpælpiˈteit] *vb; om hjerte; stivt(=throb)* banke (kraftig) *(fx her heart was palpitating with fear).*
palpitation [ˈpælpiˌteiʃən] *s; om hjerte:* banking; ***palpitations*** hjertebank *(fx she gets palpitations if she runs upstairs too fast);* ***have palpitations*** ha hjertebank.
palsied [ˌpɔːlzid] *adj* **1.** *glds(=paralized)* lammet;
2. *bibl:* verkbrudden.
palsy [ˌpɔːlzi] *s; med.:* ***cerebral palsy*** cerebral parese.
paltry [ˌpɔːltri] *adj; stivt el. glds(=trivial):* ***a paltry sum (of money)*** en ussel (penge)sum; ***a paltry****(=meagre)* ***salary*** en ussel gasje.
pampas [ˌpæmpəs] *s:* pampas(slette).
pamper [ˌpæmpə] *vb; stivt* **1***(=spoil)* forkjæle; skjemme bort *(fx a child);* ***why don't you pamper yourself and buy the de-luxe edition?*** hvorfor unner du deg ikke de-luxe utgaven?
2. *fig:* kjæle for; ***pamper his pride*** kjæle for hans stolthet.
pampered woman forvent kvinne; *(jvf lady of leisure).*
pampered taste forventhet; forvent smak.
pamphlet [ˌpæmflit] *s:* pamflett; lite skrift; liten publikasjon; brosjyre.
I. pan [pæn] *s* **1***(=stewpan)* gryte; kasserolle; ***pots and pans*** gryter og kjeler; kopper og kar *n;*

2. US: *cake pan*(*=cake tin; baking tin*) kakeform;
3.: *lavatory pan*(*=toilet bowl*) klosettskål;
4. *hist; på skytevåpen:* (krutt)panne; *fig:* ***a flash in the pan*** et kort blaff;
5.: *kettle calling pan!*(*=the pot calling the kettle black!* US: *it takes one to know one!*) du er ikke et hår bedre selv; på seg selv kjenner man andre!
II. pan *vb* **1.** *om gullgraver:* vaske;
2. *film:* panorere; ***the shot panned slowly along the wall*** kameraet gled langsomt langs muren; ***as the shot pans slowly away*** mens kameraet beveger seg langsomt bort;
3. T *bok, etc(=criticize harshly)* gi en hard medfart;
4. T: *pan out*(*=turn out; go*): *how did the meeting pan out?* hvordan var møtet? hvordan gikk det på møtet?
panacea ['pænə,siə] *s; om medisin:* universalmiddel.
panache [pə,næʃ] *s* **1.** *hist(=crest)* hjelmbusk; fjærbusk; **2.** *fig(=verve)* futt og fart; schwung; ***with great panache*(*=enthusiastically*)** med brask og bram.
Panama ['pænə,mɑ:; ,pænə'mɑ:] *s; geogr:* Panama.
Panama Canal: *the Panama Canal* Panamakanalen.
I. Panamanian ['pænə,meiniən] *s:* panamaner.
II. Panamanian *adj:* panamansk; panama-.
Pan-American [,pænə,merikən] *adj:* panamerikansk (ɔ: som omfatter alle stater i Nord- og Sør-Amerika).
pancake [,pæn'keik] *s:* pannekake; ***ham pancake*** fleskepannekake.
pancake batter pannekakerøre.
Pancake Day *(=Shrove Tuesday)* fetetirsdag.
pancake landing *flyv(=belly landing)* buklanding.
pancake roll *kul:* ***(Chinese) pancake roll*** vårrull.
panchromatic ['pænkrou,mætik] *adj:* pankromatisk.
pancreas [,pæŋkriəs] *s; anat:* bukspyttkjertel.
pancreatic ['pæŋkri,ætik] *adj; anat:* ***pancreatic juice*** bukspytt.
panda [,pændə] *s; zo:* kattebjørn.
panda car T *(=police patrol car)* politibil; patruljevogn; *(jvf I. nondescript 2).*
I. pandemic [pæn,demik] *s; meget stivt(=pandemic disease)* pandemi (ɔ: meget utbredt epidemi).
II. pandemic *adj; meget stivt(=widespread)* meget utbredt.
pandemonium ['pændi,mouniəm] *s; stivt el. spøkef(= wild uproar; chaos)* pandemonium *n;* vill forvirring; øredøvende spetakkel *n;* ***at this there was pandemonium*(*=at this all hell broke loose*)** da brøt (selve) helvete *(n)* løs.
pander [,pændə] *vb:* ***pander to* 1(*=give in to*)** lefle for; **2**(*=speculate in*) spekulere i *(fx that paper panders to people's interest in crime and violence).*
pane [pein] *s:* ***(window) pane*** (vindus)rute.
panegyric ['pæni,dʒirik] *s; stivt(=eulogy)* panegyrikk; lovtale.
panegyrical ['pæni,dʒirikl] *adj; stivt:* panegyrisk.
I. panel [pænl] *s* **1.** panel *n;* panelplate; felt *n; i dør:* fylling; speil *n; i vegg, etc:* ***secret panel*** hemmelig rom;
2.: *(instrument) panel* instrumentbord; ***control panel*** kontrolltavle; instrumenttavle;
3. *søm:* innfelt stykke *(n)* (i skjørt, etc);
4. *radio, TV, etc:* panel *n (fx of experts);* diskusjonsgruppe; ***on the panel tonight we have ...*** i panelet i kveld har vi ...;
5. bedømmelseskomité; jury; ***a panel of judges*** et dommerpanel;
6. *hist* 1. liste over sykekassepasienter; 2. liste over trygdekasseleger.
II. panel *vb:* kle med panelplater; panele.
panel beater biloppretter.
panel board *bygg:* panelbord; *(jvf weatherboard).*
panel discussion paneldebatt.
panel heater *(=electric wall heater)* panelovn.
panelling *(,***US:** *paneling)* **S:** fyllingspanel; panel(ing); ***wooden panelling*** trepanel.
panellist *(,***US:** *panelist)* [,pænəlist] *s(=member of a panel)* deltager i paneldebatt.
panel pin panelstift.
panel truck US *(=van)* varebil; varevogn.
pan fried stekt i panne.
pang [pæŋ] *s* **1**(*=sudden sharp pain*) stikkende smerte; stikk *n;* **2.** *fig:* stikk *n (fx of regret);* ***pangs of conscience*** samvittighetsnag; samvittighetskval.
I. panhandle [,pæn'hændl] *s* **1.** håndtak på stekepanne;
2. US: langsmal utløper av større landområde *(fx the Texas Panhandle).*
II. panhandle *vb* **US T**(*=beg*)) tigge.
panhandler [,pæn'hændlər] *s* **US T**(*=beggar*) tigger.
Panhandle State *s; geogr* **US: *the Panhandle State*** West Virginia.
I. panic [,pænik] *s:* panikk; ***there's no need for panic*** det er ingen grunn til panikk; ***take off in (a) panic*** dra av sted i panikk; ***he was filled with an unreasoning panic*** han ble grepet av sanseløs redsel.
II. panic *adj* panisk; ***panic fear*** panisk redsel.
III. panic *vb(=get panicky)* bli grepet av panikk; ***don't panic!*** ikke få panikk!
panic button *(=alarm button)* alarmknapp.
panic-stricken [,pænik'strikən] *adj:* panikkslagen; grepet av panikk; vettskremt.
panicky [,pæniki] *adj:* panikkartet; panikkslagen; ***get panicky*** få panikk.
pannier [,pæniə] *s* **1.** *på lastedyr:* sidekurv;
2. *på sykkel:* sideveske; sykkelveske.
panning shot *film(=pan shot)* panorering; opptak med panorering.
panoply [,pænəpli] *s; stivt* **1**(*=grand display*) praktutfoldelse; **2**(*=impressive array*) imponerende oppbud;
3. *hist(=full suit of armour)* full rustning.
panorama ['pænə,rɑ:mə] *s:* panorama *n.*
panoramic ['pænə,ræmik] *adj:* panorama-.
panoramic view panoramautsikt.
panpipe [,pæn'paip] *s; mus:* panfløyte.
pansy [,pænzi] *s* **1.** *bot* stemorsblomst;
2. *neds* **S**(*=homosexual*) homofil; **S:** homo; homse;
3. S(*=effeminate male*) feminin mann.
pant [pænt] *vb* **1.** pese; puste tungt; ***pant*(*=gasp*) *for breath*** hive etter pusten; **T: *be panting*(*=dying*) *for a drink*** lengte etter noe å drikke;
2(*=run panting*): ***pant along*** pese av sted;
3. *andpustent:* ***pant (out)*** stønne (frem); gispe (frem).
pantechnicon [pæn,teknikən] *s; stivt(=removal van)* flyttebil.
pantheism [,pænθi'izəm] *s:* panteisme.
panther [,pənθə] *s; zo:* panter.
panties [,pæntiz] *s; pl* **T**(*=pants*) truse.
pantomime [,pæntə'maim] *s* **1.** pantomime;
2. UK: form for eventyrkomedie (som oppføres ved juletider).
pantry [,pæntri] *s* **1**(*=larder*) spiskammer;
2. *i fx hotell:* anretning;
3. *mar:* pantry *n;* penteri *n.*
pants [pænts] *s; pl* **1. T**(*=underpants*) truse; underbukse;
2. T & US(*=trousers*) bukse(r);
3. *om barn:* ***dirty one's pants*(*=make a mess in one's pants*)** gjøre i buksen; ***wet one's pants*** tisse i buksen;
4. US S: *fly by the seat of one's pants*(*=play it by ear*) improvisere etter hvert; **T:** ta det på sparket;
5. T: *catch sby with his pants down* ta en med buksen nede;
6.: *get a kick in the pants* få et spark bak;
7. T: *scare the pants off sby* skremme vettet av en;
8.: *it's the wife that wears the pants*(*=trousers*) det er konen som bestemmer hvor skapet skal stå.
pant(s) suit US *(=trouser suit)* buksedress.
panty hose *især* **US**(*=tights*) strømpebukse(r).
panty shield *(=panty liner)* truseinnlegg.
pap [pæp] *s* **1.** *glds(=bread and milk)* melkevelling;

2. *om film, bok, etc; sj(=rubbish):* ***the book's pap*** boken er helt verdiløs.
papa [pəˌpɑ:] *s* **1.** *glds* **T***(=daddy)* pappa;
2 [ˌpɑ:pə] **US T***(=daddy)* pappa.
papacy [ˌpeipəsi] *s* **1.** pavedømme *n;* **2***(=papal authority)* pavemakt; **3.** paves embetstid.
papal [ˌpeipəl] *adj:* pavelig; pave-.
papaya [pəˌpaiə] *s; bot(=pawpaw)* pawpaw.
I. paper [ˌpeipə] *s* **1.** papir *n;* ***papers*** papirer *(fx the policeman asked to see my papers); fig:* ***on paper*** på papiret; i teorien;
2*(=newspaper)* avis; ***it's in the paper*** det står i avisen;
3. *skolev:* ***(answer) paper*** (eksamens)besvarelse; ***(question) paper*** (eksamens)oppgave; oppgaveark;
4*(=scientific article)* (vitenskapelig) artikkel;
5.: ***paper of pins (,needles)*** nålebrev.
II. paper *vb* **1.** tapetsere;
2*(=give out free tickets for)* dele ut fribilletter til *(fx a meeting);*
3. *fig:* ***paper over the cracks*** 1. dekke over det verste; 2. dekke over de verste uoverensstemmelsene.
paperback [ˌpeipə'bæk] *s:* billigbok; paperback.
paperbacked [ˌpeipə'bækt] *adj:* uinnbundet; heftet; i billigbokutførelse.
paper bag papirpose.
paperboard [ˌpeipə'bɔ:d] *s* **1***(=pasteboard)* papp;
2.: ***bind a book in paperboards*** kartonere en bok.
paper-bound [ˌpeipə'baund] *adj; om bok:* brosjert.
paper boy 1. avisbud; avisgutt; **2.** avisselger.
paper clip binders.
paper (drinking) cup pappbeger.
paperhanger [ˌpeipə'hæŋə] *s:* tapetserer.
paper knife *(=letter opener)* papirkniv; brevåpner.
paper money *(=bank notes)* papirpenger.
paper warfare T *(=battle with red tape)* papirkrig.
paperweight [ˌpeipə'weit] *s:* brevpresse.
paperwork [ˌpeipə'wə:k] *s:* papirarbeid; skrivebordsarbeid.
paper wrapper papiromslag.
papier-mâché [ˌpæpjeiˌmæʃei] *s:* pappmasjé.
papilla [pəˌpilə] *s(pl: papillae* [pəˌpili]*)* papill.
papist [ˌpeipist] *s; neds(=Roman Catholic)* papist.
papistry [ˌpeipistri] *s:* papisteri *n.*
paprika [ˌpæprikə] *s; bot:* paprika; spanskepepper.
papyrus [pəˌpaiərəs] *s(pl: papyri* [pəˌpaiərai] *el. papyruses)* **1.** *bot:* papyrus; **2.** papyrusrulle.
par [pɑ:] *s* **1.** *merk:* pari;
2. *golf:* par *(fx par for the course was 72);*
3. T: ***below par, not up to par*** 1. ikke helt på høyden; 2.: ***she was feeling below par*** hun følte seg ikke helt bra;
4.: ***on a par with(=equal to)*** på høyde med; jevnbyrdig med.
para [ˌpærə] *s* **1. T***(=paratrooper)* fallskjermsoldat;
2. *fk f paragraph.*
parable [ˌpærəbl] *s; rel:* lignelse.
parabola [pəˌræbələ] *s; geom:* parabel.
parabolic ['pærəˌbɔlik] *adj* **1.** *geom:* parabolsk;
2*(=parabolical)* som har form av en lignelse.
I. parachute [ˌpærə'ʃu:t] *s; flyv(,***T:** *chute)* fallskjerm.
II. parachute *vb* **1.** hoppe ut med fallskjerm; **2.** kaste ut (*el.* ned) i fallskjerm.
parachute descent *(=jump) flyv:* fallskjermutsprang.
parachute harness *flyv:* fallskjermsele.
parachutist [ˌpærə'ʃu:tist] *s; flyv:* fallskjermhopper.
I. parade [pəˌreid] *s* **1.** parade; ***the troops are on parade*** troppene står oppstilt; **2.** *fig; stivt:* ***make a(=show) parade of*** 1. skilte med; 2. stille til skue *(fx one's grief).*
II. parade *vb* **1.** paradere; stille opp til parade;
2. *stivt(=show off)* vise frem; skilte med *(fx one's learning);* ***parade(=display) one's ignorance****(=show just how ignorant one is)* stille sin uvitenhet til skue;
3*(=masquerade):* ***parade as*** gi seg ut for.
parade ground *mil:* oppstillingsplass.
paradigm [ˌpærə'daim] *s: gram:* bøyningsmønster.
paradise [ˌpærə'dais] *s:* paradis *n;* ***a holiday paradise*** et ferieparadis; ***go to paradise*** komme til paradis.
paradisiac ['pærəˌdisi'æk], **paradisiacal** ['pærəˌdiˌsaiəkl] *adj:* paradisisk.
paradox [ˌpærə'dɔks] *s:* paradoks *n.*
paradoxical ['pærəˌdɔksikl] *adj:* paradoksal.
I. paraffin [ˌpærəfin] *s; kjem:* parafin.
II. paraffin *vb; kjem(=treat with paraffin)* parafinere.
paraffin oil *(=liquid paraffin; kerosene)* parafinolje.
paraffin wax *(=hard paraffin)* parafinvoks; fast parafin.
paragon [ˌpærəgən] *s:* mønster *(n)* (på noe ettertraktelsesverdig); ***a paragon of virtue*** et dydsmønster.
paragraph [ˌpærə'grɑ:f; ˌpærə'græf] *s* **1.** (tekst)avsnitt *n;* **2.** *typ:* alinea(merke); paragraftegn; *i diktat:* ***new paragraph*** nytt avsnitt; ny linje.
Paraguay [ˌpærə'gwai] *s; geogr:* Paraguay.
parallax [ˌpærə'læks] *s; astr:* parallakse.
I. parallel [ˌpærə'lel] *s* **1.** parallell; sidestykke; *fig:* ***draw a parallel between A and B*** trekke en parallell mellom A og B; ***there's no parallel to this*** dette savner sidestykke; ***be a parallel to*** være en parallell til;
2. *geogr(=degree of latitude)* breddegrad.
II. parallel *vb* **1***(=equal)* måle seg med; oppvise maken til; ***a greed that has never been paralleled*** en grådighet som savner sidestykke;
2.: ***it is paralleled by …*** dets motstykke finnes i …;
3*(=correspond to)* svare til; ***your experience parallels mine*** din erfaring svarer til min.
III. parallel *adj* **1.** parallell; ***parallel to, parallel with*** parallell med; **2.** *fig:* parallell; tilsvarende *(fx situations).*
IV. parallel *adv:* parallelt; ***parallel to(=with)*** parallelt med; langs med; ***run parallel to(=with)*** løpe parallelt med.
parallel bars *pl; gym:* skranke; *(jvf uneven bars).*
parallelism [ˌpærəle'lizəm] *s:* parallellitet.
parallelogram ['pærəˌlelə'græm] *s:* parallellogram *n.*
paralyse *(,US: paralyze)* [ˌpærə'laiz] *vb:* lamme; paralysere; *fig:* ***paralysed with fear*** paralysert av frykt.
paralysis [pəˌrælisis] *s(pl: paralyses* [pəˌræli'si:z]*) med.:* lammelse.
I. paralytic ['pærəˌlitik] *s; med.(=paralysed person)* paralytiker; lam person.
II. paralytic *adj; med.:* paralytisk; lam(met).
paramedic ['pærəˌmedik] *s:* ambulansesjåfør med spesialutdannelse som førstehjelper.
paramedical ['pærəˌmedikl] *adj:* paramedisinsk; førstehjelps-.
parameter [pəˌræmitə] *s:* parameter *n.*
paramilitary ['pærəˌmilitəri] *adj:* paramilitær; halvmilitær.
paramount [ˌpærə'maunt] *adj; meget stivt:* ***of paramount(=the greatest) importance*** av største betydning; ***a paramount(=supreme) consideration*** et altoverskyggende hensyn; ***be paramount to sth(=*** *outweigh sth)* veie tyngre enn noe; gå foran noe.
paramount chief overhøvding.
paramour [ˌpærə'muə] *s; glds; neds(=mistress; lover)* elskerinne; elsker.
paranoia ['pærəˌnɔiə] *s; med.:* paranoia; sykelig mistro; forfølgelsesvanvidd.
I. paranoid [ˌpærə'nɔid] *s:* paranoiker.
II. paranoid *adj:* paranoid; ***… or am I just being paranoid?*** … eller er det bare noe jeg innbiller meg? ***she's absolutely paranoid about it*** hun er overfølsom når det gjelder det.
parapet [ˌpærəpit] *s* **1.** *mil(=breastwork)* brystvern;
2. *arkit:* brystning; (lavt) rekkverk.
paraph [ˌpærəf] *s; etter signatur(=flourish)* krusedull; snirkel.
paraphernalia ['pærəfəˌneiliə] *s; stivt el. spøkef:* remedier; utstyr *n.*

I. paraphrase [ˌpærəˈfreiz] *s:* omskrivning; parafrase.
II. paraphrase *vb:* omskrive; skrive om; parafrasere.
paraplegia [ˈpærəˌpli:dʒə] *s; med.(=paralysis of the lower half of the body)* paraplegi; lammelse av kroppen fra livet og ned.
I. paraplegic [ˈpærəˌpli:dʒik] *s:* person lammet fra livet og ned.
II. paraplegic *adj:* lammet fra livet og ned.
parasite [ˌpærəˈsait] *s; biol & fig:* parasitt.
parasitic(al) [ˈpærəˌsitik(əl)] *adj:* parasittisk; parasittær; snylte-; ***be parasitic(al) on*** snylte på.
parasol [ˌpærəˈsɔl] *s(=sunshade)* parasoll.
parasuit [ˌpærəˈsu:t] *s; flyv:* fallskjermdrakt.
paratrooper [ˌpærəˈtru:pə] *s:* fallskjermsoldat.
paratroops [ˌpærəˈtru:ps] *s; pl:* fallskjermtropper; fallskjermsoldater.
paratyphoid [ˈpærəˌtaifɔid] *s; med.:* paratyfus.
parboil [ˌpɑ:ˈbɔil] *vb(=half-cook)* halvkoke.
I. parcel [pɑ:sl] *s* **1.** pakke; ***postal parcel*** postpakke; ***contract parcel*** bedriftspakke; ***general parcel*** vanlig (post)pakke; **2.:** ***parcel (of land)*** parsell;
3. *fig:* ***be part and parcel of*** høre med til; være en fast bestanddel i; ***this forms part and parcel of …*** dette inngår som en fast bestanddel i …
II. parcel *vb* **1.:** ***parcel out****(=divide up)* dele ut; parsellere ut *(fx land);* ***he parcelled the food out between them*** han delte maten mellom dem;
2.: ***parcel up****(=make a parcel of)* lage pakke av; pakke inn *(fx a book).*
parcel post pakkepost; ***by parcel post*** med pakkepost.
parch [pɑ:tʃ] *vb(=scorch; dry out)* svi; tørke ut *(fx the sun parched the earth).*
parched *adj* **1.** uttørket *(fx land);* **2. T***(=very thirsty)* tørr i halsen (av tørst).
parchment [ˌpɑ:tʃmənt] *s:* pergament *n.*
I. pardon [ˌpɑ:dən] *s; stivt* **1***(=forgiveness)* tilgivelse; ***ask sby's pardon*** be en om unnskyldning (*el.* tilgivelse); **2.:** ***I beg your pardon*** 1*(=(I'm) sorry)* unnskyld meg *(fx I beg your pardon – what did you say?);* 2. *uttrykker uenighet(=excuse me)* unnskyld *(fx I beg your pardon, but I don't think that's quite true).*
II. pardon *vb; stivt* **1***(=forgive)* tilgi; ***pardon my asking, but can you help me?*** unnskyld at jeg spør, men kan du hjelpe meg? *ofte spøkef:* ***pardon me, but …*** *(= excuse me, but …)* unnskyld, men …; du må ha meg unnskyldt, men … *(fx pardon me, but I think you're wrong);* ***pardon****(=excuse)* ***me for interrupting you*** unnskyld at jeg avbryter deg;
2. *når man ikke har hørt(=sorry)* hva? unnskyld, hva var det du sa?
3. *jur:* benåde *(fx the king pardoned the prisoners).*
pardonable [ˌpɑ:dənəbl] *adj:* unnskyldelig.
pardoner [ˌpɑ:dənə] *s; hist:* avlatskremmer.
pare [pɛə] *vb* **1.** *glds(=peel)* skrelle *(fx an apple);*
2. *glds(=cut):* ***pare one's nails*** klippe neglene;
3. *om utgifter:* ***pare (down)****(=cut back)* skjære ned på; redusere *(fx one's expenses).*
I. parent [ˌpɛərənt] *s:* en av foreldrene; forelder; ***a single-parent family*** en enslig mor (,far); ***single parents*** aleneforeldre; enslige foreldre; ***parents of babies*** spedbarnsforeldre; ***parents of young children*** småbarnsforeldre.
II. parent *adj:* moder-; hoved-.
parent company hovedselskap; moderselskap.
parentage [ˌpɛərəntidʒ] *s; stivt(=origin)* herkomst; ***a child of unknown parentage*** et barn av ukjente foreldre.
parental [pəˌrentəl] *adj:* foreldre-.
parental care foreldreomsorg.
parental responsibility foreldreansvar.
parenthesis [pəˌrenθəsis] *s(pl: parentheses* [pəˌrenθəsi:z]) parentes; ***in parenthesis*** 1*(=in brackets)* i parentes; 2. i parentes bemerket *(fx could I just comment in parenthesis that …); (jvf I. bracket 4).*
parenthetic [ˈpærənˌθetik] *adj: se parenthetical.*
parenthetical [ˈpærənˌθetikl] *adj:* parentetisk; ***a parenthetical remark*** en sidebemerkning; en bemerkning i parentes; ***could I make one parenthetical comment?*** kan jeg få flette inn en bemerkning?
parenthetically [ˈpærənˌθetikəli] *adv:* parentetisk; ***parenthetically speaking****(=by the way)* i parentes bemerket.
parent-teacher association *skolev:* foreldreråd.
parent-teacher meeting *skolev:* foreldremøte.
paresis [pəˌri:sis] *s; med.:* lettere lammelse; parese.
pariah [pəˌraiə; ˌpæriə] *s(=outcast)* paria; utstøtt.
parings [ˌpɛəriŋz] *s; pl:* det som er skavet av; skrell; ***nail parings*** avklippede negler.
pari passu [ˌpæriˌpæsu:; ˌpɑ:riˌpæsu:] *adv; jur:* på like fot (*with* med).
Paris [ˌpæris] *s; geogr:* Paris.
parish [ˌpæriʃ] *s:* sogn *n;* prestegjeld.
parish clerk klokker.
parish council sogneråd.
parishioner [pəˌriʃənə] *s:* sognebarn.
parish register *(=church register)* kirkebok.
parish work menighetsarbeid.
I. Parisian [pəˌrizjən; pəˌriʒ(j)ən] *s:* pariser.
II. Parisian *adj:* parisisk; pariser-.
parity [ˌpæriti] *s* **1.** paritet; **2***(=equality)* likhet; likeverd; ***they want parity with*** de vil stilles likt med.
I. park [pɑ:k] *s:* park; ***car park****(,***US:** *parking lot)* parkeringsplass; ***multi-storey car park****(,***US:** *parking structure)* parkeringshus.
II. park *vb:* parkere *(fx a car;* **T:** *she parked the baby at her mother's house).*
parka [ˌpɑ:kə] *s:* anorakk; parkas.
park-and-ride *utenfor by:* innfartsparkering.
parking [ˌpɑ:kiŋ] *s:* parkering; ***double parking****(= banking)* dobbeltparkering; ***meter parking*** parkering ved parkometer; ***off-street parking****(=parking away from the street)* parkering unna gaten; ***parking under cover****(=covered parking)* parkering under tak; ***unilateral****(=one-side)* ***parking*** parkering bare på den ene siden (av gaten).
parking charge parkeringsavgift.
parking disc parkeringsskive.
parking fine parkeringsbot; *(jvf parking ticket).*
parking ground *(,***US:** *parking lot)* parkeringsplass.
parking lane *langs vei:* parkeringsfil.
parking lights *pl:* parkeringslys.
parking lot US *(=car park)* parkeringsplass.
parking meter parkometer *n.*
parking space plass til å parkere; parkeringsplass; parkeringsluke; ***(marked) parking space****(,***US:** *stall)* (oppmerket) parkeringslomme.
parking ticket T: gebyrlapp (for feilparkering); *(jvf parking fine).*
park keeper *i kommunal park:* parkvakt.
park warden 1 *(=senior park warden)* øverste sjef i afrikansk nasjonalpark; sjef for viltpleien i afrikansk nasjonalpark; *(jvf game warden);*
2. *i østafrikansk land:* ***chief park warden*** øverste sjef for landets nasjonalparker og viltreservater.
parkway [ˌpɑ:kˈwei] *s* **1. US:** motorvei (for privatbiler); **2.** *Canada:* hovedvei gjennom nasjonalpark.
parlance [ˌpɑ:ləns] *s; stivt(=jargon)* språkbruk; ***in legal parlance*** i juridisk språkbruk.
I. parley [ˌpɑ:li] *glds;* **S:** parlamentering.
II. parley *vb(=negotiate)* parlamentere; underhandle.
parliament [ˌpɑ:ləmənt] *s:* parlament *n;* ***get into parliament*** komme inn i Parlamentet.
Parliament *i Storbritannia:* **1.** Parlamentet *(fx Parliament consists of the House of Commons and the House of Lords);* ***the Houses of Parliament*** over- og underhuset; ***Member of Parliament****(fk MP)* parlamentsmedlem; ***become a Member of Parliament****(= become an MP)* bli medlem *(n)* av Parlamentet;

2. parlamentsperiode (mellom parlamentsvalgene).
I. parliamentarian ['pɑ:ləmenˌtɛəriən] *s:* parlamentariker.
II. parliamentarian *adj:* parlaments-.
parliamentarianism ['pɑ:ləmənˌtɛəriə'nizəm] *s:* parlamentarisme.
parliamentary ['pɑ:ləˌmentəri] *adj; polit:* parlamentarisk; ***an old parliamentary hand*** en dreven parlamentariker.
parliamentary election *polit(=general election)* parlamentsvalg; *svarer til:* stortingsvalg.
parlour *(,US: parlor)* [ˌpɑ:lə] *s* **1.** *lett glds(=sitting room)* dagligstue;
2.: ***beauty parlour*** skjønnhetssalong; ***ice-cream parlour*** iskrembar; ***massage parlour*** massasjeinstitutt.
parlour game selskapslek.
parlour maid *glds(=housemaid; maid)* stuepike; pike.
Parmesan [ˌpɑ:mi'zæn]: ***Parmesan cheese*** parmesanost.
parochial [pəˌroukiəl] *adj* **1.** sogne-; **2.** *neds(=narrow-minded)* sneversynt; bornert; provinsiell.
parodic [pəˌrɔdik] *adj:* parodisk.
I. parody [ˌpærədi] *s:* parodi *(of, on* på).
II. parody *vb:* parodiere.
I. parole [pəˌroul] *s* **1.** *mil* **US***(=password)* stikkord; feltrop; løsen *n;* parole;
2. *mil:* (krigsfanges) æresord;
3. *jur:* prøveløslatelse;
4.: ***be on parole*** 1. *om fange:* være løslatt (*el.* ute) på prøve (før hele dommen er sonet); *(se probation 3);* 2. *om krigsfange:* være løslatt mot æresord; 3. **T***(=be under scrutiny)* være på prøve.
II. parole *vb* **1.** *mil; om krigsfange:* løslate mot æresord; **2.** *jur:* prøveløslate; løslate på prøve.
paroxysm [ˌpærək'sizəm] *s; stivt(=wild fit)* heftig anfall; ***burst into a paroxysm of tears*** briste i heftig gråt.
I. parquet [ˌpɑ:kei] *s:* parkett; ***lay parquet*** legge parkett.
II. parquet *vb:* legge parkett på.
parquet block *(,Canada: hardwood strip)* parkettstav.
parquet circle US *teat(=rear stalls)* parterre; *(jvf parterre 2).*
parquet floor parkettgulv.
parquet panel parkettplate.
parquetry [ˌpɑ:kitri] *s:* parkettmønster; parkettgulv.
parr [pɑ:] *s; zo* **1.** umoden unglaks; **2.** ung sjøørret; ung røye.
parricide [ˌpæri'said] *s* **1.** fadermord; modermord; **2.** fadermorder; modermorder.
I. parrot [ˌpærət] *s; zo:* papegøye.
II. parrot *vb:* etterplapre (uten å forstå).
I. parry [ˌpæri] *s* **1.** *i fektning:* parade; **2.** *fig(=evasion)* parering.
II. parry *vb* **1***(=ward off)* parere *(fx a blow);*
2. *sport:* ***parry the ball*** dempe ballen;
3. *fig(=evade)* parere *(fx an embarrassing question).*
parsimonious ['pɑ:siˌmouniəs] *adj; meget stivt(=miserly)* gnieraktig; gjerrig.
parsimony [ˌpɑ:siməni] *s; meget stivt(=miserliness)* gnieraktighet; gjerrighet.
parsley [ˌpɑ:sli] *s; bot:* persille.
parsnip [ˌpɑ:snip] *s; bot:* pastinakk.
parson [ˌpɑ:sən] *s:* sogneprest.
parsonage [ˌpɑ:sənidʒ] *s:* prestegård; prestebolig.
I. part [pɑ:t] *s* **1.** del *(fx two parts of sand to one of cement); tekn:* del; komponent; ***part of it*** en del av det; ***she's part of the family*** hun hører med til familien; ***in part****(=partly)* til dels; delvis; ***the greater part of*** størstedelen av; ***original spare parts****(=genuine replacement parts)* originale reservedeler;
2*(=role)* rolle; ***bit part*** liten rolle; ***walk-on part*** statistrolle; ***a rewarding part*** en takknemlig rolle; ***act****(=play)* ***a part*** spille en rolle; ***look the part*** passe til rollen; ***keep up one's part*** bli i rollen; ***he played a great part in the government's decision*** han var sterkt involvert i regjeringens avgjørelse; ***play(=take) an active part in*** spille en aktiv rolle i; ta aktivt del i; ***take part in*** ta del i; delta i;
3. egn; område *n;* ***a lovely part of the country*** en meget pen del av landet; ***in these parts*** på disse kanter;
4. *gram:* ***part****(=category)* ***of speech*** ordklasse;
5. *mus:* stemme *(fx a soprano part);* parti *n;*
6.: ***do one's part*** gjøre sitt; gjøre sin del; *(se 2 ovf);*
7.: ***for my part I think that …****(=personally, I think that …)* jeg for min del tror at …; ***a mistake on the partof my brother*** en feil fra min brors side; ***for the most part*** 1*(=in most cases)* i de fleste henseender *n;* hovedsakelig; 2. **T***(=generally)* vanligvis; stort sett;
8.: ***take it in good part*** ta det pent; ta det (opp) i beste mening;
9.: ***take sby's part****(=side with sby; take sby's side)* ta parti for en.
II. part *vb* **1.** *stivt(=separate)* skilles; skille lag *n;* atskille; skille at; ***part company*** skille lag *n;* ***they parted good (as) friends*** de gikk fra hverandre som gode venner; ***part from sby*** skilles fra en; ***part with*** skille seg av med; gi ut (penger) *(fx he hated to part with money);* **2.** dele seg *(fx the clouds parted and the sun appeared);* **3.:** ***part one's hair*** lage skill i håret.
III. part *adv(=partly)* dels *(fx part man part horse).*
partake [pɑ:ˌteik] *vb* **1.** *stivt:* ***partake in****(=take part in)* ta del i; **2.** *litt.:* ***partake of sth****(=eat sth)* spise noe.
part and parcel: *se I. parcel 3.*
part drawing *tekn:* detaljtegning.
part exchange (inn)bytte *n;* ***any make of car is accepted in part exchange***et hvilket som helst bilmerke tas i (inn)bytte.
part exchange car innbyttebil.
parterre [pɑ:ˌtɛə] *s* **1.** blomsterparterre; **2.** *teat* **US***(=rear stalls)* parterre; *(jvf parquet circle).*
partial [ˌpɑ:ʃəl] *adj* **1.** delvis *(fx payment);*
2. partiell; ***partial eclipse*** partiell formørkelse;
3. *lett glds(=bias(s)ed)* partisk;
4. *meget stivt el. spøkef:* ***be partial to****(=have a weakness for)* ha en forkjærlighet for.
partiality ['pɑ:ʃiˌæliti] *s* **1.** *lett glds(=bias)* partiskhet *(for, towards* til fordel for); **2.** *meget stivt; oftest spøkef:* ***have a partiality for****(=to)(=have a weakness for)* ha en forkjærlighet for.
partiallly [ˌpɑ:ʃəli] *adv:* delvis *(fx blind).*
participant [pɑ:ˌtisipənt] *s:* deltager; ***participant in a meeting*** møtedeltager.
participate [pɑ:ˌtisi'peit] *vb:* delta *(in* i).
participation [pɑ:'tisiˌpeiʃən] *s; stivt:* deltagelse.
participle [ˌpɑ:tisipl] *s; gram:* partisipp *n;* ***the past participle*** perfektum partisipp; ***the present participle*** presens partisipp.
particle [ˌpɑ:tikl] *s* **1.** partikkel; **2.** *fig(=grain)* fnugg *n;* grann *n;* **3.** *gram:* småord.
particleboard [ˌpɑ:tikl'bɔ:d] *s; bygg; især* **US** *(=chipboard)* sponplate.
parti-coloured [ˌpɑ:ti'kʌləd] *adj:* mangefarget; broket.
I. particular [pəˌtikjulə] *s* **1***(=detail)* detalj;
2.: ***particulars*** enkeltheter; detaljer; ***go into particulars****(=details)* gå i detaljer; ***for particulars apply to …*** nærmere opplysninger fås ved henvendelse til …; ***give them all the particulars about the accident*** gi dem alle enkeltheter om ulykken; ***please send full particulars*** vennligst send fullstendige opplysninger; ***further particulars*** nærmere detaljer; *om politi, etc:* ***take sby's particulars*** ta ens personalopplysninger (*el.* personalia);
3. *mar:* ***particulars of cargo*** skipningsoppgave;
4.: ***in particular*** især; særlig; i særdeleshet; spesielt *(fx I like this book in particular);* ***nothing in particular*** ikke noe spesielt; ***he mentioned one case in particular*** han nevnte spesielt ett tilfelle; ***in this particular*** på dette punkt(et).

p

II. particular *adj:* spesiell *(fx this particular problem); **in this particular case*** i dette spesielle tilfellet; ***the particular person I had in mind*** den person jeg hadde i tankene; ***please take particular(=very good) care of this letter*** vær så snill å ta ekstra godt vare på dette brevet;
2. *om person(=fussy)* nøye (*about* med); vanskelig å gjøre til lags; kresen (*about* når det gjelder); ***he's particular about being punctual*** han er nøye når det gjelder å være presis.

particularity [pəˈtikjuˌlæriti] *s* **1***(=specific circumstance)* spesiell omstendighet;
2. særegenhet; særegen karakter; det spesielle (*of* ved); *stivt: **the particularity(=the special nature) of human situations*** det spesielle ved menneskelige situasjoner;
3. *meget stivt: **a description of great particularity(=a very precise description)*** en meget nøyaktig beskrivelse;
4. *stivt(=fastidiousness)* kresenhet.

particularize, particularise [pəˌtikjuləˈraiz] *vb; meget stivt(=enumerate; specify)* spesifisere; nevne enkeltvis; regne opp.

particularly [pəˌtikjuləli] *adv* **1***(=specially)* spesielt; især; særlig *(fx not particularly clever; these insects are quite common, particularly in hot countries);* **2***(=especially)* ekstra; spesielt *(fx particularly thin materials for summer wear);*
3*(=especially): **and why just then, particularly?*** og hvorfor akkurat da?

I. parting [ˌpɑ:tiŋ] *s* **1.** avskjed; ***at parting*** ved avskjeden; ***their parting*** avskjeden mellom dem; ***the parting of mother and son*** avskjeden mellom mor og sønn; **2.** *om sted:* dele *n;* skille *n;*
3(,**US:** *part)* skill (i håret);
4.: ***at the parting of the ways*** 1. der hvor veiene skilles; 2. *fig:* ***be at the parting of the ways(=be at a crossroads)*** stå ved skilleveien; stå ved en skillevei.

II. parting *adj:* avskjeds- *(fx gift); fig: **a parting shot*** en avskjedssalutt.

partisan [ˈpɑ:tiˌzæn] *s* **1.** partisan;
2. *polit; sj(=party faithful)* partigjenger;
3. ivrig forkjemper; ***the movement has its partisans*** bevegelsen har sine forkjempere.

partisanship [ˈpɑ:tiˌzænʃip] *s:* ivrig stillingtagen.

I. partition [pɑ:ˌtiʃən] *s* **1.** *stivt(=division)* deling; **2***(=partition wall)* delevegg; skillevegg.

II. partition *vb: **partition off*** dele av.

partly [ˌpɑ:tli] *adv:* delvis; dels *(fx I'm tired, partly because of the journey and partly because of the heat).*

partly-skimmed milk [ˌpɑ:tliˈskimd ˌmilk] *s* **US***(=semi-skimmed milk)* lettmelk.

I. partner [ˌpɑ:tnə] *s* **1.** partner; *(=dinner partner)* bordkavaler; borddame; *(=dancing partner)* dansepartner; ***partner in life****(=life partner)* livsledsager; ***they were partners in crime*** de var medsammensvorne; ***draw (for) partners*** trekke partner;
2. *kortsp:* makker;
3. *sport:* medspiller;
4. *merk:* kompanjong; medinnehaver.

II. partner *vb; kortsp, sport, etc:* være partner for *(fx sby at bridge); **be partnered by*** ha … som partner.

partner country samarbeidsland; ***main partner country*** hovedsamarbeidsland.

partnership [ˌpɑ:tnəˈʃip] *s* **1.** det å være partnere;
2. *kortsp:* makkerskap *n;* det å spille på parti *n;*
3. *merk:* kompaniskap *n;* interessentskap *n; **go into partnership, enter into partnership, form a partnership*** gå i kompaniskap (*with* med); ***take sby into partnership*** oppta en som kompanjong.

part *(=category)* ***of speech*** *gram:* ordklasse.

part owner 1. medeier; medinnehaver; deleier; parthaver; **2.** *mar:* partsreder; medreder.

part payment delbetaling; delvis betaling; ***in part payment of*** til delvis dekning av.

partridge [ˌpɑ:tridʒ] *s*(,**US:** *gray partridge) zo:* rapphøne; ***red-legged partridge*** rødhøne.

part song flerstemmig sang.

part-time 1. *adj* [ˈpɑ:tˌtaim; *attributivt:* ˌpɑ:tˈtaim] deltids- *(fx secretary); **part-time work*** deltidsarbeid; ***they have part-time, i.e. 90%, posts*** de er ansatt i 90% stilling;
2. *adv* [ˈpɑ:tˌtaim] på deltid; ***work part-time*** arbeide på deltid; ***be employed part-time*** være deltidsansatt.

part-timer [ˈpɑ:tˌtaimə] *s(=part-time worker)* deltidsarbeider.

party [ˌpɑ:ti] *s* **1.** *polit:* parti *n; **across the parties*** på tvers av partiene; tverrpolitisk;
2. selskap *n; **a well-behaved party*** en pen og pyntelig fest; ***wild party****(,**T:** rave-up)* selskap hvor det går vilt for seg; ***give****(=have;* **T:** *throw)* ***a party*** ha et selskap; ***have a few drinks before the party*** ha et lite vorspiel;
3*(=group)* gruppe *(fx of tourists); **the fishing party*** de som var (,er) med på fisketuren;
4. lag *n;* mannskap *n; **search party*** letemannskap;
5. *mil:* kommando; parti *n; **landing party*** landgangsparti;
6. *jur:* part; ***a third party was involved*** en tredje part var innblandet; ***the guilty party*** den skyldige (part);
7. *stivt: **be (a) party to****(=be accessory to)* være delaktig i; være medskyldig i *(fx a crime).*

party cracker *(=cracker)* smellbonbon.

party dress selskapskjole.

party faithful *polit: **a party faithful*** en trofast partitilhenger.

party-goer [ˌpɑ:tiˈgouə] *s:* festdeltager; ***noisy party-goers*** støyende festdeltagere.

party line 1. *tlf:* partslinje; **2.** *polit:* partiparole; ***across party lines****(=across the parties)* på tvers av partiene *n; **toe the party line*** følge partiparolen; ***vote along party lines*** stemme etter partier.

party piece *fig:* glansnummer; paradenummer.

party-political [ˈpɑ:tipəˌlitikl] *adj:* partipolitisk.

party politics partipolitikk.

party programme *polit(=platform;* **US:** *ticket)* partiprogram.

party rally *polit:* partipolitisk møte *n.*

pasha [ˌpɑ:ʃə; ˌpæʃə] *s:* pasja.

I. pass [pɑ:s] *s* **1.:** ***(mountain) pass*** (fjell)pass *n;* fjellovergang;
2*(=permit)* passerseddel;
3. *fotb:* sentring;
4. *kortsp(=no bid)* pass;
5. *skolev:* bestått (eksamen); ***get a pass in German*** stå i tysk;
6. *teat, etc:* partoutkort; *jernb: **free pass*** fribillett;
7*(=movement)* bevegelse *(fx he made a few quick passes with his hand over the top of the hat);*
8. *flyv: **the jet made three passes over the ship*** jetflyet fløy tre ganger over skipet;
9. T: tilnærmelse; ***make a pass at her*** gjøre tilnærmelser til henne;
10. *glds el. spøkef: **things have come to a pretty pass!*** *(=what a state things have got into!)* det står virkelig ille til!

II. pass *vb* **1.** passere; gå (,kjøre) forbi; ***he passed me without even saying hello*** han gikk forbi meg uten så mye som å si hei; *(se også 25: pass by);*
2. *om tid:* gå *(fx four years passed(=went by));*
3. *om tid; stivt(=spend)* tilbringe;
4. *om bemerkning; stivt(=make)* komme med;
5. *skolev* 1. godta; la passere; ***it passed without comment*** det gikk igjennom uten kommentarer; 2. stå (til eksamen);
6. *merk: **pass for payment*** anvise (til utbetaling);
7. *fotb: **pass the ball*** avlevere; sentre;
8. *om forslag:* bli godkjent; *om søknad:* godkjenne;
9. *om lov:* vedta *(fx pass a new law);*
10. *kortsp:* passe; melde pass;

11. la gå rundt; sende *(fx pass me the butter, please!)*; rekke *(fx he passed her the bread)*; ***pass it on to your friends*** la det gå videre til vennene dine; ***pass(****=hand)* ***sth round*** sende noe rundt *(fx pass round the cakes)*;
12. T: ***(I think) I'll let it pass this time****(=(I think) I'll pass (it by) this time)* jeg (tror jeg) står over denne gangen;
13. *om bevegelse:* la gli *(fx one's hand over the photo)*; ***pass a cloth over sth*** tørke av noe med et tøystykke; ***pass one's eye over sth****(=look briefly at sth)* kaste et raskt blikk på noe; ***pass the thread through the hole*** træ tråden gjennom hullet; ***he passed the rope round the tree*** han la tauet rundt treet;
14. *om falske penger, etc:* (forsøke å) bruke *(fx she passed bad cheques)*;
15. *om smerte, etc:* gå over;
16. *fig* 1*(=be beyond)*: ***everything he said just passed over my head****(=everything he said was just over my head)* alt han sa gikk over hodet på meg; 2*(=surpass)* overgå *(fx all expectations)*;
17. *jur:* ***pass sentence on sby*** avsi dom over en;
18. T: ***pass the buck to sby else****(=shift the responsibility (on) to sby else)* velte ansvaret over på en annen;
19. *stivt:* ***pass muster****(=be good enough; do)* være bra nok; stå for kritikk; passere; bli godkjent; gå an;
20.: ***pass water****(=urinate)* urinere; late vannet;
21.: ***pass the time of day with sby*** hilse på en (og slå av en liten prat);
22. *på buss, etc:* ***pass along*** fortsette videre; ***pass along the car, please!****(=pass right along inside, please!)* fortsett videre innover (i vognen), da!
23.: ***pass away*** 1. *stivt(=spend)* tilbringe; 2. *evf(=die)* sovne inn; *(se 33: pass on 2 & 35: pass over 2)*;
24. *stivt:* ***no one must ever know what has passed****(=happened)* ***between us*** ingen må få vite hva som har skjedd mellom oss; ***all that passed****(=went on)* ***between them*** alt det som hendte dem imellom;
25.: ***pass by*** 1. passere forbi; ***someone passing by****(=a passer-by)* en som gikk (,går) forbi; en forbipasserende; 2. *fig:* forbigå; 3. *fig:* gå fra; ***life might pass you by*** livet kunne gå fra deg; 4. **T:** ***I think I'll pass it by this time****(=I think I'll let it pass this time)* jeg tror jeg står over denne gangen; 5. *fig(=by-pass)* gå utenom;
26. *fig:* ***pass by on the other side*** stille seg likegyldig;
27.: ***pass by the name of*** gå under navn *(n)* av;
28.: ***pass down*** 1. rekke ned; sende ned *(fx pass(=hand) me down that book)*; 2. *fig; stivt(=hand down)* bringe videre; overlevere;
29.: ***pass for*** gå for; bli regnet for; bli tatt for;
30.: ***pass****(=move)* ***from one side to another****(=move from side to side)* gå fra side til side;
31.: ***pass into*** gå over i; gli inn i *(fx the word has passed into our language)*; ***pass into history*** gå over i historien; ***pass****(=sink)* ***into oblivion*** synke i glemsel;
32.: ***pass off*** 1. gå over *(fx his sickness soon passed off)*; 2. *om begivenhet:* forløpe; 3.: ***pass oneself off as*** utgi seg for; 4. *hendelse, etc:* ***he passed the incident off as a joke*** han lot som om hendelsen var en spøk;
33.: ***pass on*** 1. gi videre; la gå videre; sende videre *(fx a message to sby)*; 2. *evf(=die)* sovne inn; *(jvf 23: pass away 2)*; 3. *fig:* ***be passed****(=handed)* ***on from father to son*** gå i arv fra far til sønn; 4.: ***pass on to sth else*** gå over til noe annet;
34.: ***pass out*** 1*(=faint)* besvime;; 2. *mil:* ***pass out from*** gjennomgå offisersutdannelse ved; gå ut av *(fx he passed out from Sandhurst)*; 3*(=hand out)* dele ut;
35.: ***pass over*** 1. passere over; ***we're now passing****(=flying)* ***over Paris*** vi flyr nå over Paris; 2. *evf(=die; pass away)* sovne inn; *(se 23: pass away 2)*; 3. forbigå *(fx pass sby over for promotion)*; 4. ignorere; se bort fra *(fx we'll pass over that remark)*; 5. gjøre seg ferdig med; ***pass lightly over sth****(=give sth a lick and a promise)* fare over noe med en harelabb;
36.: ***pass round*** sende rundt *(fx cigars)*; *(se 11 ovf)*;
37.: ***pass through*** 1. passere gjennom; reise gjennom; ***we're just passing through*** vi er bare på gjennomreise; 2. *om utdannelse:* gå gjennom *(fx he's passed through police college to qualify for promotion to Inspector)*; 3. *fig:* gå gjennom *(fx a difficult period)*; 4.: ***be passed through the various formalities*** bli sluset gjennom de forskjellige formaliteter;
38.: ***pass to*** gå i arv til; tilfalle; gå over til *(fx the throne passed to the king's daughter)*;
39.: ***pass under*** passere under *(fx a bridge)*;
40.: ***pass up*** 1. rekke opp; sende opp; 2. **T***(=refuse)* si nei takk til *(fx a good job)*; 3*(=miss out on)* gå glipp av.

passable [ˌpɑ:səbl] *adj* **1.** *om elv, vei, etc:* farbar; fremkommelig; *(jvf impassable)*; **2***(=fairly good)* tålelig (bra); passabel; brukbar *(fx tennis player)*.

passage [ˌpæsidʒ] *s* **1.** gang; korridor;
2. passasje *(fx a dark passage leading down to the river)*; ***secret passage*** hemmelig gang;
3. *mar* 1. led; passasje; 2.: *se 7: (sea) passage)*;
4. gjennomreise; gjennomkjørsel;
5. *jur:* passasje; ***grant sby safe passage*** gi en fri passasje;
6. *zo; fugls:* trekk *n*; ***bird of passage*** 1*(=migrating bird)* trekkfugl; 2. *fig:* farende svenn;
7.: ***(sea) passage*** 1. overfart; overreise; 2. skipsleilighet; ***the outward passage took a week*** overreisen tok en uke;
8. gjennomstrømning *(fx of gas through a liquid)*;
9. *parl; av lov(=enactment)* vedtagelse;
10. *ridekunst:* passasje; versering;
11. *i bok:* avsnitt *n*; passasje; sted *n*; stykke *n*; *mus:* passasje; avsnitt; ***solo passage*** soloavsnitt;
12. *om tid:* ***the passage****(=passing)* ***of time*** tidens gang.

passageway [ˌpæsidʒˈwei] *s(=corridor; passage)* korridor; gang; passasje.

passbook [ˌpɑ:sˈbuk] *s(=bankbook)* bankbok.

pass degree *univ:* lettere universitetseksamen; *(jvf honours degree)*.

passé [ˌpɑ:sei; ˌpæsei] *adj; stivt* **1***(=out of date)* gammeldags *(fx dress)*; passé; **2***(=past one's (,its) best)* ikke lenger på høyden *(fx she's a bit passé now)*.

passenger [ˌpæsindʒə] *s* **1.** passasjer; ***disembarking passengers*** passasjerer som skal av; ***front-seat passenger*** forsetepassasjer; ***non-paying passenger****(,***US:** *deadhead)* gratispassasjer; ***passengers proceeding on domestic flights*** passasjerer som skal videre med innenlandske ruter;
2. T: en som ikke gjør nytte for seg (i gruppen).

passenger list passasjerliste.

passenger manifesto *(,***US:** *passenger manifest) flyv & mar:* passasjerliste; *(se manifesto 2)*.

passenger plane *(=civil airliner)* passasjerfly.

passe-partout [ˈpæspɑ:ˌtu:] *s* **1***(=master key)* hovednøkkel; **2.** *kartongramme for montering av bilde(=cut mount; open mount)* passe-partout.

passer-by [ˈpɑ:səˌbai] *s(pl: passers-by)(=someone passing by)* forbipasserende.

pass grade *skolev; om bokstavkarakter(,***US:** *passing grade)* ståkarakter; ***make the pass grade*** klare ståkarakter.

I. passing [ˌpɑ:siŋ] *s* **1.** forbikjøring; passering; *(jvf overtaking)*;
2. *evf(=death)* bortgang;
3. *fotb:* avlevering; pasning; sentring;
4. *av lov:* vedtagelse;
5.: ***in passing*** i forbifarten; en passant; ***mention sth in passing*** nevne noe i forbifarten;
6.: ***with the passing of the years*** i årenes *(n)* løp; etter hvert som årene går.

II. passing *adj* **1.** forbipasserende; som går (,kjører) forbi; **2.** flyktig; ***a passing whim*** et flyktig lune;
3.: ***every passing day*** hver dag som går.

passing away *evf(=death)* bortgang.

p

passing bell *(=death bell; death knell)* dødsklokke.
passing grade *skolev* **US***(=pass mark (,grade))* ståkarakter.
passing lane *på motorvei* **US** *& Canada(=overtaking lane)* forbikjøringsfelt.
passion [ˌpæʃən] *s* **1.** lidenskap; ***his passion for her soon cooled*** hans lidenskap for henne kjølnet snart; **T:** ***have a passion(=craze) for speed*** være fartsglad; ***subdue(=suppress) one's passions*** dempe sine lidenskaper;
2. voldsom sinnsbevegelse; patos; ***he argued with passion*** han argumenterte lidenskapelig;
3. *litt. el. glds:* ***fly into a passion(=temper)*** fare opp (i sinne *(n)*); ***get into a passion about sth(=get upset about sth)*** bli opprørt over noe.
passionate [ˌpæʃənit] *adj:* lidenskapelig *(fx lover)*; ***a passionate plea*** en lidenskapelig bønn; ***a passionate speech*** en flammende tale.
passionflower [ˌpæʃənˈflauə] *s; bot:* pasjonsblomst.
passion fruit *bot:* pasjonsfrukt.
passionless [ˌpæʃənləs] *adj:* lidenskapsløs; ***a passionless marriage*** et lidenskapsløst ekteskap; *(jvf dispassionate).*
Passion Week *rel:* den stille uke.
I. passive [ˌpæsiv] *s; gram:* ***the passive (voice)*** passiv.
II. passive *adj:* passiv; uvirksom; ***passive resistance*** passiv motstand.
passively [ˌpæsivli] *adv:* passivt.
passivity [pæˌsiviti] *s:* passivitet.
passkey [ˌpɑːsˈkiː] *s(=master key)* hovednøkkel.
pass mark *skolev:* ståkarakter (i form av tallkarakter); *(jvf pass grade).*
Passover [ˌpɑːsˈouvə] *s:* jødenes påskefest.
passport [ˌpɑːsˈpɔːt] *s* **1.** pass *n;* ***check(=examine) the passports*** kontrollere passene; ***issue sby with a passport*** utstede pass til en;
2. *fig:* pass *n;* vei; ***education as a passport to success*** utdanning som en vei til suksess.
passport check *(=passport examination)* kontroll av passene; passkontroll; *(jvf passport control).*
passport control *om stedet el. tjenesten:* passkontroll; ***at(=in) the passport control*** i passkontrollen.
password [ˌpɑːsˈwəːd] *s:* feltrop; løsen *n;* stikkord.
I. past [pɑːst] *s* **1.** fortid; ***it's a thing of the past*** det hører fortiden til; ***relics of a(=the) distant past*** levninger fra en fjern fortid; ***in the past*** tidligere; før i tiden; ***in the distant past*** i fjerne tider; ***put the past behind one*** legge fortiden bak seg;
2. *gram:* ***the past (tense)*** preteritum *n.*
II. past *adj* **1.** forbi; over *(fx winter's past);*
2. *meget stivt el. litt.(=earlier)* tidligere *(fx past generations);*
3*(=former)* tidligere *(fx past presidents);*
4.: ***the past month*** forrige måned; ***during the past(=last) few months*** i løpet av de siste månedene.
III. past *adv & prep* **1.** forbi *(fx they ran past; he drove past the house);* ***get (,drive) past*** komme (,kjøre) forbi;
2. *fig:* utenfor *(fx she's past danger);*
3. *om tid:* over *(fx it's past midnight; it's half past two));* ***he's past eighty*** han er over åtti; ***past childbearing*** for gammel til å få barn *n;* **T:** ***he's past it*** han er for gammel;
4. *fig:* ***past belief(=unbelievable; incredible)*** utrolig; ***I wouldn't put it past them to cheat*** jeg holder dem ikke for gode til å jukse (*el.* snyte);
5.: ***past repair*** for dårlig til å (kunne) repareres.
I. paste [peist] *s* **1***(=pastry)* (kake)deig; **2.** pasta; masse; ***almond paste*** mandelmasse; råmarsipan; **3.** *av mel og vann:* klister *n.*
II. paste *vb:* klebe; klistre.
pasteboard [ˌpeistˈbɔːd] *s(=thick, stiff cardboard; paperboard)* papp; *(jvf cardboard & millboard).*
pastel [ˌpæstəl; pæˌstel] *s* **1.** pastell; **2.** pastellmaleri.
pastel crayon pastellkritt.
paste-up [ˌpeistˈʌp] *s; typ:* paste-up; oppklebet materiale *n.*
pasteurize, pasteurise [ˌpæstəˈraiz] *vb:* pasteurisere.
pastille, pastil [ˌpæstəl; ˌpæstil; **US:** pæˌstil] *s:* pastill.
pastime [ˌpɑːsˈtaim] *s:* tidsfordriv *n.*
past master [ˈpɑːstˌmɑːstə] *s; fig:* ***be a past master at (-ing)*** være en mester når det gjelder å.
pastor [ˌpɑːstə] *s* **1***(=clergyman)* prest; pastor;
2. *glds(=shepherd)* hyrde.
I. pastoral [ˌpɑːstərəl] *s; rel(=pastoral letter)* hyrdebrev.
II. pastoral *adj* **1.** hyrde- *(fx poem);* ***they are pastoral in their habits*** de lever som nomader;
2. pastoral; prestelig; ***pastoral care*** sjelesorg; ***his pastoral duties*** hans plikter som prest.
pastry [ˌpeistri] *s; kul* **1***(=paste)* kakedeig; ***rich short-crust pastry*** mørdeig;
2. kake; ***Danish pastry(,*US:** *Danish)* wienerbrød; ***French pastries(=tea fancies)*** konditorkaker;
3.: ***puff pastry*** 1. tertedeig; butterdeig; 2. kake lagd av tertedeig (*el.* butterdeig).
pastry cream *(=pastry custard)* vaniljekrem (som kakefyll); *(jvf custard & vanilla custard).*
pastry fork dessertgaffel.
pastry jagger kaketrinse.
pastry ring: ***Danish pastry ring*** wienerkringle; *(se I. plait 3).*
I. pasture [ˌpɑːstʃə] *s* **1.** gressgang; beite *n;* ***put the cows out to pasture*** slippe kyrne ut på beite;
2*(=grazing land)* beitemark; beiteland; beite *n;*
3. *fig:* ***change to fresh pastures(=try a new tack; try sth else)*** skifte beite *n;* forsøke noe annet.
II. pasture *vb* **1.** beite; gresse; **2.** slippe ut på beite *n.*
I. pasty [ˌpæsti] *s:* pai (med kjøtt *(n)* i) *(fx Cornish pasty);* paté; *(jvf pâté; patty 1; pie 1).*
II. pasty [ˌpeisti] *adj* **1.** deigaktig; **2.** *om hud:* blek.
Pat [pæt] *s* **T 1***(fk f Patrick)* Patrick; irer; irlender;
2.: *fk f Patricia.*
I. pat [pæt] *s* **1.** klapp *(fx on the back);* **2***(=lump):* ***a pat of butter*** en smørklatt.
II. pat *vb* **1.** klappe *(fx the dog; sby on the back);* **2***(=smooth)* glatte på; ***she patted her hair into place*** hun glattet på håret sitt;
3. T: ***pat oneself on the back*** gratulere seg selv.
III. pat *adj & adv* **1.** parat; fiks ferdig *(fx a pat answer to a difficult problem);* ***he had the answer (off) pat*** **1.** han hadde svaret på rede hånd; 2. han hadde lært svaret utenat; ***the answer came(=was) too pat*** svaret kom altfor fort;
2.: ***stand pat*** 1. **US***(=stand firm; stick to what one has said)* stå fast (på sitt); 2. *kortsp; poker:* ikke kjøpe (noen kort *n*); klare seg med de kortene man har.
pat-a-cake [ˌpætəˈkeik] *s; barnelek:* bake kake (søte).
I. patch [pætʃ] *s* **1.** lapp; bot;
2. åkerlapp; jordlapp; parsell; ***a vegetable patch*** en liten grønnsakhage;
3. flekk; ***a bald patch*** en skallet flekk; ***patches of fog along the motorway*** stedvis tåke langs motorveien;
4. T: ***strike(=hit) a bad patch*** støte på vanskeligheter; ***be going through a bad patch*** ha det vanskelig (akkurat nå); være inne i en downperiode;
5. T*(=district; field of responsibility):* ***that's your patch*** det er (på) ditt område; det er (i) ditt distrikt;
6. T: ***it's not a patch on the other one*** den (,det) kan slett ikke måle seg med den (,det) andre; ***he's not a patch on John(=he simply isn't in the same class as John)*** han kan slett ikke måle seg med John; han er den rene sinke i forhold *(n)* til John.
II. patch *vb* **1.** lappe; bøte;
2.: ***patch up*** 1. lappe sammen; ***the doctor patched me up*** legen (fikk) lappet meg sammen igjen; 2. *fig(=settle)* bilegge *(fx a quarrel);*
3. *fig:* ***patch it up*** 1*(=paper over the cracks)* bøte på det verste; 2*(=make it up)* bli venner igjen.

patch pocket påsydd lomme.
patchwork [ˌpætʃ'wə:k] *s* **1.** lappeteppe; **2.** *fig:* lappverk.
patchwork quilt *(=crazy quilt)* lappeteppe; lureteppe.
patchy [ˌpætʃi] *adj* **1.** lappet; bøtt; **2.** flekkvis; som forekommer spredt; **3.** av ujevn kvalitet; ***her work is very patchy*** arbeidet hennes er av meget ujevn kvalitet.
pâté [ˌpætei] *s; kul(=pasty; patty)* liten postei; pâté; ***pâté de foie gras****(=gooseliver patty)* gåseleverpostei.
patella [pəˌtelə] *s* **1.** *anat(=kneecap)* kneskål; kneskjell; **2.** *arkeol(=small pan)* liten skål.
I. patent [ˌpeitənt; **US:** ˌpætənt] *s* **1.** patent; ***take out a patent on*** ta ut patent på; **2***(=letters patent)* patentbrev; patentrettigeht; **3.:** ***patent of nobility*** adelsbrev.
II. patent *vb:* patentere; ***have sth patented****(=obtain a patent on(=for) sth)* få patentert noe.
III. patent *adj; stivt(=obvious)* tydelig; åpenlys.
patented [ˌpeitəntid] *adj:* patentert.
patentee ['peitənˌti:; 'pætənˌti:] *s:* patenthaver.
patent flour *(=patents flour)* sammalt hvetemel.
patent leather lakklær; glanslær.
patent-leather ['peitəntˌleðə; *attributivt:* ˌpeitənt'leðə] *adj:* av lakklær (*el.* glanslær); ***patent-leather shoes*** lakksko.
patently [ˌpeitəntli] *adv(=obviously)* opplagt; vitterlig.
Patent Office [ˌpætənt'ɔfis] *s:* ***the Patent Office*** Patentstyret.
paternal [pəˌtə:nl] *adj* **1.** *stivt(=fatherly)* faderlig; ***paternal pride*** farsstolthet; **2.:** ***her paternal grandmother****(=her grandmother on the father's side)* hennes farmor.
paternity [pəˌtə:niti] *s; stivt(=fatherhood)* farskap; det å være far; ***be certain of the paternity of the child*** være sikker på hvem som er far til barnet.
paternity case: *se paternity suit.*
paternity leave *for far i forb med fødsel:* omsorgspermisjon.
paternity order *jur(=affiliation order)* fastsettelse av barnebidragets størrelse.
paternity suit *jur; også* **US***(=affiliation case; affiliation proceedings)* farskapssak.
paternoster ['pætəˌnɔstə] *s; kat* **1***(=rosary)* rosenkrans; **2***(=the Our Father)* fadervår *n.*
path [pɑ:θ] *s(pl: paths* [pɑ:ðz]) **1.** sti; ***bridle path*** ridesti; ***steep path*** bratt sti; kleiv;
2. *flyv(=heading)* kurs; ***fly the correct path*** ligge på riktig kurs;
3. *fig:* sti; vei; ***on the path of life*** på livets landevei; ***a stranger crossed his path*** en ukjent krysset hans vei; ***the path of duty*** pliktens vei; ***be on the downward path****(=be going downhill)* være (kommet ut) på skråplanet; ***go off the straight path****(=get into bad(=evil) ways; wander from the straight and narrow)* komme (ut) på skråplanet; ***smooth the path for****(=pave the way for)* bane veien for.
pathetic [pəˌθetik] *adj* **1.** rørende; ynkelig; **2. T***(=pitiful)* ynkelig *(fx attempt);* ***as a singer he's pathetic!*** som sanger er han elendig!
pathfinder [ˌpɑ:θ'faində] *s:* stifinner; foregangsmann.
pathless [ˌpɑ:θləs] *adj:* uveisom.
pathogenic ['pæθəˌdʒenik] *adj; med.(=causing illness)* patogen; sykdomsfremkallende.
pathological ['pæθəˌlɔdʒikl] *adj; med.:* patologisk; sykelig.
pathologist [pəˌθɔlədʒist] *s:* patolog.
pathology [pəˌθɔlədʒi] *s:* patologi; sykdomslære.
pathos [ˌpeiθɔs] *s:* følelse; varme; patos; ***sham pathos*** *(=emotion)* falsk patos; ***the pathos of it*** det gripende (*el.* rørende) ved det.
pathway [ˌpɑ:θ'wei] *s:* sti; gangsti; *(jvf path 1).*
patience [ˌpeiʃəns] *s* **1.** tålmodighet; ***patience is a virtue*** tålmodighet er en dyd; ***he's a model of patience****(=he's really incredibly patient)* han er helt utrolig tålmodig; ***their patience snapped*** deres tålmodighet brast; ***lose patience (with)*** miste tålmodigheten (med); ***his patience wore out****(=gave out)* tålmodigheten hans tok slutt;
2*(,***US:** *solitaire)* kabal; ***play patience*** legge kabal; ***play several games of patience*** legge flere kabaler; ***the patience is coming out*** kabalen går opp.
I. patient [ˌpeiʃənt] *s:* pasient; ***a good patient*** en tålmodig pasient; *(se inpatient & outpatient).*
II. patient *adj:* tålmodig; ***you must just be patient*** du må bare være tålmodig; ***he's really incredibly patient*** han er helt utrolig tålmodig.
patina [ˌpætinə] *s:* patina.
patio [ˌpæti'ou] *s(pl: patios)* **1.** *arkit:* atrium *n;* ***house built round a patio*** atriumhus; **2***(=terrace; sitting-out area)* terrasse; uteplass.
patriarch [ˌpeitri'ɑ:k] *s:* patriark.
patriarchal ['peitriˌɑ:kl] *adj:* patriarkalsk.
I. patrician [pəˌtriʃən] *s:* patrisier.
II. patrician *adj:* patrisisk.
patricide [ˌpætri'said] *s* **1.** fadermord; **2.** fadermorder.
patrimony [ˌpætriməni] *s* **1.** farsarv; **2.** *rel:* kirkegods; patrimonium *n.*
patriot [ˌpeitriət; ˌpætriət] *s:* patriot.
patriotic ['peitriˌɔtik; 'pætriˌɔtik] *adj:* patriotisk.
patriotism [ˌpætriə'tizəm] *s:* patriotisme.
I. patrol [pəˌtroul] *s:* patrulje; ***be on patrol*** ha patruljetjeneste.
II. patrol *vb:* patruljere.
patrol car *(,***T:** *panda car)* patruljebil; politibil.
patron [ˌpeitrən] *s* **1.** velynder; beskytter (*of* av); ***patron of the arts*** mesén; beskytter (*of* for); **2.** *stivt(=(regular) customer)* (fast) kunde; (fast) gjest.
patronage [ˌpætrənidʒ] *s* **1.** beskyttelse *(fx rely on the patronage of rich people);* proteksjon; støtte;
2. *merk:* søkning; kundekrets; det å være god kunde.
patronize, patronise [ˌpætrə'naiz] *vb* **1.** beskytte; støtte; protesjere; ***don't patronize me!*** ikke vær så overlegen! **2.** *spøkef el. stivt:* være (fast) kunde hos (,i); ***the shop is well patronized****(=the shop has a lot of customers)* forretningen er godt besøkt.
I. patronizing, patronising *s:* protesjering.
II. patronizing, patronising *adj(=condescending)* nedlatende.
patron saint skytshelgen.
I. patronymic ['pætrəˌnimik] *s:* patronymikon *n;* slektsnavn avledet av farens navn *n.*
II. patronymic *adj:* patronymisk.
patsy [ˌpætsi] *s* **US***(=sucker)* lettlurt tosk.
I. patter [ˌpætə] *s* **1.** *av regn, etc:* tromming; **2.** *av små føtter, etc:* tripping *(fx of little feet);* **3. T***(=quick talk)* skravling *(fx a conjuror's patter).*
II. patter *vb* **1.** *om regn, etc:* tromme; **2.** *om små føtter, etc:* trippe.
I. pattern [ˌpætən] *s* **1.** mønster *n;* **2.** *fig:* mønster *n;* eksempel *n;* ***pattern****(=way)* ***of thinking*** tenkemåte; måte å tenke på; ***the general pattern of work on a farm*** det vanlige arbeidsmønsteret på en gård; ***conform to a pattern*** passe inn i et mønster.
II. pattern *vb* **1.** dekorere med mønster *n;* sette mønster på; **2.:** ***be patterned on*** være lagd etter mønster *(n)* av.
patterned *adj:* mønstret; med mønster *n (fx wallpaper).*
patty [ˌpæti] *s; kul* **1***(=small pie)* liten pai (*el.* postei); ***gooseliver patty****(=pâté de foie gras);* gåseleverpostei; ***meat patty*** innbakt postei; *(se I. pasty & pie 2);* **2.** *især* **US** *i sms:* -kake *(fx potato patty);* ***hamburger patty*** hamburger.
patty case *(,***US:** *(patty) shell) kul:* tartelett; *(jvf vol-au-vent).*
patty pan *kul:* posteiform; *(se I. pan 2).*
patty shell US *(=patty case) kul:* tartelett; *(se vol-au-vent).*
patty tin 1. posteiform; **2***(=small fluted tartlet tin)* sandkakeform.

paucity [ˌpɔ:siti] *s; meget stivt* **1***(=fewness)* fåtallighet; **2***(=shortage)* knapphet *(fx of ideas).*
paunch [pɔ:ntʃ] *s:* vom; stor mage.
paunchy [ˌpɔ:ntʃi] *adj:* tykkmaget; med vom.
pauper [ˌpɔ:pə] *s; stivt el. litt.(=very poor person)* fattiglem.
I. pause [pɔ:z] *s* **1.** pause; ***there was a pause*** det ble en pause; ***take a pause, have a pause****(=have(=take) a break)* ta en pause; **2.** *mus:* fermate.
II. pause *vb:* ta en pause; gjøre en pause; ***he paused for breath*** han stoppet for å trekke pusten.
pave [peiv] *vb* **1.** brulegge; steinsette; **2.** *fig:* ***pave****(=prepare)* ***the way for****(=smooth the path for)* bane veien for.
paved *adj:* brulagt; med fast dekke.
paved surface*(=pavement surface)* fast (vei)dekke.
paved zone*(=pedestrian precinct)* fotgjengersone; gågate.
pavement [ˌpeivmənt] *s* **1***(,***US:** *sidewalk)* fortau *n;* ***moving pavement****(=travolator; travelator;* **US:** *mobile walkway)* rullende fortau; **2.** brulegging;
3. US*(=roadway)* kjørebane; veibane; veidekke.
pavement artist fortausmaler.
pavement café fortauskafé.
pavement slab fortaushelle.
pavement stand standplass på fortauet; ***sell newspapers from a pavement stand*** selge aviser fra en standplass på fortauet.
paver [ˌpeivə] *s; person:* brulegger.
pavilion [pəˌviliən] *s* **1.** *på utstillingsområde, dekorativ bygning i park, etc:* paviljong; *om bygning som danner del av en institusjon, fx sykehus:* paviljong;
2. *sport; især cricket(=club house)* klubbhus.
paving [ˌpeiviŋ] *s* **1.** brulegging; **2.** hellelegging; ***crazy paving*** hellelegging med bruddheller.
paving slab *(=paving flag)* (hage)helle; *(jvf pavement slab).*
paving stone *(=set(t))* brustein; gatestein.
I. paw [pɔ:] *s* **1.** *zo:* pote; labb; **2. S***(=hand)* labb.
II. paw *vb* **1.** *om hest, etc:* skrape *(fx the ground);*
2. fingre med; klå på; ta på; beføle; plukke på *(fx he pawed her);* ***don't paw my books (about)!*** du skal ikke behandle bøkene mine så stygt!
pawl [pɔ:l] *s; tekn:* pal; ***backing pawl*** kontrapal.
I. pawn [pɔ:n] *s* **1.** *i sjakk:* bonde; **2.** *fig:* brikke.
II. pawn *vb:* pantsette; **T:** stampe.
pawnbroker [ˌpɔ:n'broukə] *s:* pantelåner.
pawnshop [ˌpɔ:n'ʃɔp] *s:* pantelånerforretning.
pawn ticket *fra pantelåner:* låneseddel.
I. pay [pei] *s* **1***(=wages; salary)* lønn; ***sick pay*** lønn under sykdom; ***(a) high pay*** høy lønn; ***equal pay for equal work*** lik lønn for likt arbeid; ***on full pay*** med full lønn;
2.: ***be in the pay of*** 1. være betalt av; 2. være bestukket av; være betalt av.
II. pay *vb(pret & perf.part.: paid)* **1.** betale; utbetale; lønne; ***a badly paid worker*** en arbeider som er dårlig betalt; ***(very) highly paid*** (meget) godt lønnet; ***there's nothing to pay*** det koster ikke noe; det er ikke noe å betale; ***I want to have my expenses paid*** jeg vil ha mine utgifter dekket; ***get paid*** 1. få betaling; 2. få lønn *(fx they get paid on Fridays);* ***pay for*** betale for;
2. lønne seg; ***it doesn't pay (to do it)*** det lønner seg ikke (å gjøre det); ***make sth pay*** få noe til å lønne seg; ***it'll pay you to be careful*** det vil lønne seg for deg å være forsiktig;
3*(=bring in)* innbringe; gi (i avkastning);
4. *fig:* **T:** ***you'll pay for that remark!*** den bemerkningen skal du få svi for!
5.: ***pay sby a visit, pay sby a call****(=call on sby; især:* **US:** *pay a visit to sby)* avlegge en et besøk;
6.: ***pay one's way*** 1. betale for seg; 2.: ***the shop's paying its way*** forretningen bærer seg;
7.: ***pay back*** 1. betale tilbake; 2*(=get even with):* ***I'll pay you back for this!*** dette skal du få igjen for!
8.: ***pay down*** betale kontant *(fx pay £50 down and the rest by instalments);*
9.: ***pay in*** 1. betale inn; ***are you paying in or withdrawing?*** skal du betale inn eller ta ut? 2.: ***pay in gold*** betale med gull *n;* 2.: ***pay in full*** betale fullt ut;
10.: ***pay into*** betale inn på *(fx one's account);*
11.: ***pay off*** 1. betale av; betale *(fx pay (off) instalments on the car);* ***pay off a mortgage*** betale ut et pantelån; 2*(=pay)* betale seg; lønne seg; svare seg; 3.: ***they were paid off*** de fikk sin lønn og måtte gå;
12.: ***pay out*** 1. utbetale; betale ut *(fx he paid her out);* ***pay out large sums of money*** betale ut store pengesummer; 2. *mar:* fire ut; slakke (på); stikke ut *(fx a rope);*
13. T: ***pay through the nose*** betale i dyre dommer;
14.: ***pay up*** betale; betale for seg *(fx he paid up (all right));* ***you have three days to pay up*** du har tre dager på deg til å betale.
payable [ˌpeiəbl] *adj:* betalbar *(to* til) *(fx to the bearer);* som skal betales *(fx on the third of each month);* ***payable in advance*** skal betales forskuddsvis; ***make a cheque payable to sby*** utstede en sjekk på ens navn *n.*
pay as you earn *(fk PAYE* ['pi:ei'waiˌi:]*):* ***the pay as you earn system*** kildebeskatning; forskuddsvis trekk *(n)* av skatt på lønnsinntekt.
pay bed *ved sykehus:* seng som pasienten selv betaler for.
paycheck [ˌpei'tʃek] *s* **US***(=pay slip)* lønnsslipp.
payee [peiˌi:] *s:* den pengene skal betales til; *merk:* remittent.
payer [ˌpeiə] *s:* betaler.
I. paying [ˌpeiiŋ] *s:* det å betale; ***paying in*** innbetaling.
II. paying *adj:* betalende *(fx guest).*
pay-in slip ['peiˌin'slip] *s; post(=paying-in slip)* innbetalingsseddel.
payload [ˌpei'loud] *s; flyv:* nyttelast.
paymaster [ˌpei'mɑ:stə] *s; mil:* regnskapsfører; *(jvf purser).*
payment [ˌpeimənt] *s* **1.** innbetaling; betaling; ***method of payment*** betalingsordning; ***for payment*** *(=for money)* mot betaling; ***payment of*** betaling av; *merk:* ***in payment of****(=in settlement of)* som betaling for; *merk:* til dekning av; ***in part payment of*** til delvis dekning av; ***£100 for payment of expenses*** £100 til dekning av utgiftene; ***we accept payment by credit card*** vi tar imot betaling med kredittkort;
2*(=instalment)* avdrag *n.*
payoff [ˌpei'ɔf] *s* **1.** *merk(=final settlement)* sluttoppgjør;
2. *fig:* oppgjørets time;
3. *i historie, etc* **T***(=climax)* høydepunkt;
4. T*(=bribe)* bestikkelse.
pay-out slip ['peiˌaut'slip] *s; post:* uttaksblankett; *(jvf withdrawal form).*
pay packet lønningspose.
payphone [ˌpei'foun] *s* **1***(=coin box)* mynttelefon;
2. *Canada(=(public) call box)* telefonkiosk.
payroll [ˌpei'roul] *s* **1.** lønningsliste; **2.** lønningspenger;
3*(=working staff)* arbeidsstokk.
payroll tax arbeidsgiveravgift.
pay slip *(,***US:** *paycheck)* lønnsslipp.
pay station US *(=(public) call box;* **T:** *phone box)* telefonkiosk.
PC ['pi:ˌsi:] *s* **1***(fk f personal computer)* persondatamaskin; PC; **2***(fk f police constable)* politikonstabel.
PE ['pi:ˌi:] *s(fk f physical education)* gymnastikk.
pea [pi:] *s; bot:* ert; ***split peas*** gule erter; ***sweet pea*** blomsterert; ***they're as like as two peas (in a pod)*** de ligner hverandre som to dråper vann *n.*
peace [pi:s] *s:* fred; fredfylthet; fredsommelighet; ***peace and quiet*** fred og ro; ***the two countries are at peace*** de to landene har fred med hverandre; ***it gives peace of mind*** det gir fred i sinnet; ***keep the peace*** 1.

holde fred; 2. *jur:* ikke forstyrre offentlig ro og orden; *for mindre forseelse:* ***be bound over (to keep the peace)*** få betinget dom; ***make peace*** slutte fred; ***peace was restored*** freden ble gjenopprettet.
peaceable [ˌpi:səbl] *adj:* fredsommelig; fredeligsinnet.
peace campaigner fredsaktivist; fredsforkjemper.
peace conference fredskonferanse.
Peace Corps fredskorps; ***the Norwegian Peace Corps*** Det norske fredskorps; *(jvf Voluntary Service Overseas).*
Peace Corps Area Manager *(=Area Manager in the Peace Corps)* fredskorpsleder; FK-leder.
Peace Corps volunteer *(=peace corps worker)* fredskorpsdeltager.
peace force *mil:* fredsstyrke.
peaceful [ˌpi:sful] *adj:* fredfylt; fredelig; ***peaceful use of*** fredelig utnyttelse av *(fx nuclear power).*
peaceful coexistence fredelig sameksistens.
peacefully *adv:* fredelig; ad fredelig vei; ***if you want to be left peacefully alone in comfortable surroundings*** hvis man vil ha fred og ro i hyggelige omgivelser.
peacefulness [ˌpi:sfulnəs] *s:* fredfylthet; fred.
peace-keeping [ˌpi:sˈki:piŋ] *adj:* fredsbevarende.
peace-loving [ˌpi:sˈlʌviŋ] *adj:* fredselskende.
peace offering 1. forsoningsgave; **2.** *bibl:* takkoffer.
peace overtures *pl:* fredsfølere.
peace talks *pl:* fredsforhandlinger.
peacetime [ˌpi:sˈtaim] *s(=times of peace)* fredstid.
I. peach [pi:tʃ] *s* **1.** *bot:* fersken; **2.** ferskenfarge; **3. T:** søt jente; **T:** søt lita snelle.
II. peach *vb* **T:** ***peach on sby(=inform against sby)*** tyste på en; *(jvf II. grass 2).*
III. peach *adj:* ferskenfarget.
peacock [ˌpi:ˈkɔk] *s; zo:* påfugl(hann); *(jvf peahen).*
pea family *bot:* ***the pea family*** *(,***US:** *the pulse family)* erteblomstfamilien; de erteblomstrende.
pea flower *bot:* erteblomst; blomst av erteblomsten.
peafowl [ˌpi:ˈfaul] *s; zo:* påfugl.
peahen [ˌpi:ˈhen] *s; zo:* påfuglhøne.
I. peak [pi:k] *s* **1.:** ***(mountain) peak*** nut; fjellpigg; fjelltopp; ***virgin peak*** ubesteget fjelltopp; **2.** *på skyggelue(=visor)* skygge; **3.** *fig:* topp *(fx he was at the peak of his career).*
II. peak *vb(=reach a maximum)* nå et maksimum; nå en topp.
III. peak *adj:* topp- *(fx reach peak productivity).*
peaked cap skyggelue.
peak condition toppform; ***in peak condition*** 1*(=in top form)* i toppform; 2. *om motor, etc:* i tipptopp stand.
peak hours *pl:* rushtid; ***at(=during) peak hours*** i rushtiden.
peaky [ˌpi:ki] *adj* **T:** blek; blek om nebbet *(fx You look peaky today. Don't you feel well?).*
I. peal [pi:l] *s* **1.** kiming; klokkeringing; spill *(n)* av samstemte klokker; **2.** *for klokketårn:* ***a peal of bells(= a set of bells)*** et klokkespill; **3.:** ***peal(s) of thunder*** tordenskrall; tordenbrak; ***ring the doorbell with a resounding peal*** kime på døra.
II. peal *vb* **1.** *om klokker:* ringe (den ene etter den andre); kime; ***peal(=ring) the bells*** ringe med klokkene; **2.:** ***he pealed****(=leaned on)* ***the doorbell*** han kimte på dørklokken;
3. *om orgel(=swell)* bruse;
4. *om torden(=roar)* skralle; brake.
peanut [ˌpi:ˈnʌt] *s* **1.** *bot:* peanut; **2.** *om lite pengebeløp* **T:** ***peanuts****(=a trifling amount)* bare småpenger.
peapod [ˌpi:ˈpɔd] *s; bot:* ertebelg.
pear [pɛə] *s; bot:* pære.
pearl [pə:l] *s* **1.** perle *(fx teeth like pearls);* ***imitation*** pearls*(=artificial pearls)* uekte perler; imiterte perler; ***row of pearls*** perlerad; *(jvf bead 1);*
2. *fig:* perle *(fx a pearl among women); (jvf gem 2);*
3. *fig:* gullkorn; ***find a pearl*** finne et gullkorn;
4.: ***pearls*** 1. perler; 2*(=pearl necklace)* perlekjede;
5.: ***cast (one's) pearls before swine*** kaste perler for svin *n.*
pearl barley *bot(=barley groats)* perlegryn; byggryn.
pearl diver *(=pearler)* perledykker; perlefisker.
pearl necklace *(=string of pearls)* perlekjede.
pearl oyster *zo:* perlemusling.
peasant [ˌpezənt] *s* **1.:** ***peasant (farmer)*** (små)bonde; **2. T***(=countryman; countrywoman)* person som bor på landet; landsens menneske *n;* ***peasants****(=country people)* landsens mennesker; folk *(n)* som bor på landet.
peasantry [ˌpezəntri] *s:* ***the peasantry****(=the farmers)* bondestanden.
pease pudding [ˌpi:zˈpudiŋ] *s; kul:* ertepuré.
peashooter [ˌpi:ˈʃu:tə] *s; leketøy(,***US:** *også: beanshooter)* pusterør.
pea soup *kul:* ertesuppe; ***strained pea soup*** avsilte erter.
peat [pi:t] *s; bot:* torv; ***heath peat*** lyngtorv.
peat moss *bot(=bog moss)* torvmose; hvitmose.
pebble [pebl] *s:* liten rullestein; fjærestein; ***pebbles*** småstein; *(jvf boulder).*
pebbly [ˌpebli] *adj:* dekket med småstein; ***pebbly beach*** rullesteinsstrand.
peccadillo [ˈpekəˌdilou] *s(pl: peccadillo(e)s) stivt el. spøkef(=small sin)* liten synd; liten forseelse.
I. peck [pek] *s* **1.** *med nebb:* hakk *n;* **2. T***(=quick kiss)* lite kyss *n.*
II. peck *vb* **1.** *om fugl:* hakke; ***peck (at)*** hakke i;
2. T*(=kiss quickly)* kysse fort (*el.* lett);
3. *fig:* ***peck****(=pick)* ***at one's food*** pirke i maten.
pecker [ˌpekə] *s* **1. T***(=chin):* ***keep your pecker up!*** opp med humøret! **T:** opp med nebbet!
2. T: *se woodpecker.*
pecking order *psykol:* hakkeorden.
peckish [ˌpekiʃ] *adj* **T:** litt sulten; småsulten.
pectin [ˌpektin] *s; kjem:* pektin *n.*
pectoral [ˌpektərəl] *adj; anat & zo:* bryst- *(fx muscle).*
peculate [ˌpekjuˈleit] *vb; meget stivt: se embezzle.*
peculiar [piˌkju:liə] *adj* **1***(=strange; odd)* merkelig; underlig; besynderlig; rar;
2. *stivt(=particular):* ***a matter of peculiar interest*** en sak av særlig interesse;
3. særegen; egenartet; eiendommelig; ***peculiar to*** særegen for; spesiell for *(fx this custom is peculiar to France).*
peculiarity [piˈkju:liˌæriti] *s:* særegenhet; eiendommelighet; egenartethet; egenart; ***just ignore the peculiarity of his pronunciation*** du må bare overse den eiendommelige uttalen hans.
peculiarly [piˌkju:liəli] *adv(=strangely):* eiendommelig; besynderlig.
pecuniary [piˌkju:niəri] *adj; meget stivt(=financial):* ***a pecuniary problem*** et pengeproblem; *stivt:* et pekuniært problem.
pedagogic(al) [ˈpedəˌgɔdʒik(əl)] *adj; stivt (=educational)* pedagogisk.
pedagogics [ˈpedəˌgɔdʒiks] *s; stivt(=educational science)* pedagogikk.
pedagogue [ˌpedəˈgɔg] *s; neds:* stivbent pedagog; pedant (av en lærer).
pedagogy [ˌpedəˈgɔdʒi; ˌpedəˈgɔgi] *s; stivt (=educational science)* pedagogikk.
I. pedal [pedl] *s:* pedal; ***brake pedal*** bremsepedal.
II. pedal *vb* bruke pedalen(e); *om syklist:* sykle.
pedal bin *på kjøkkenet:* søppelbøtte med pedal.
pedal car tråbil.
pedal cycle tråsykkel.
pedalo [ˌpedəlou] *s(pl: pedalo(e)s)* vannsykkel.
pedant [ˌpedənt] *s(=pedantic person; niggler)* pedant.
pedantic [piˌdæntik] *adj:* pedantisk.
pedantry [ˌpedəntri] *s:* pedanteri *n.*
peddle [pedl] *vb* **1***(=sell from door to door)* selge ved dørene;

p

2. *narkotika, etc på gaten:* ***peddle drugs*** selge narkotika (,**T:** stoff *(n)*);
3. *rykter, etc(=spread)* spre.
peddler [ˌpedlə] *s* **1. US***(=pedlar; door-to-door salesman)* dørselger; **2.:** ***drug peddler****(=drug pusher)* narko(tika)langer.
pedestal [ˌpedistəl] *s* **1.** *av søyle, statue, etc(=base)* fotstykke; sokkel; **2.** *fig:* pidestall *(fx she puts her husband on a pedestal).*
I. pedestrian [piˌdestriən] *s:* fotgjenger; ***cyclists and pedestrians*** myke trafikanter.
II. pedestrian *adj; stivt(=prosaic)* prosaisk; jordbunden.
pedestrian crossing *(,***US:** *crosswalk)* fotgjengerovergang.
pedestrian lane fotgjengerfelt.
pedestrian precinct *(=paved zone)* fotgjengersone; gågate; område med gågater; *(jvf shop precinct).*
(pedestrian) subway *(,***US:** *underpass)* fotgjengerundergang; fotgjengertunnel; *(se subway).*
pedicel [ˌpediˈsel], **pedicle** [ˌpedikl] *s; bot; zo:* stilk.
pedicure [ˌpediˈkjuə] *s* **1***(=chiropody; care of the feet)* fotpleie; **2***(=chiropodist)* fotpleier.
pedigree [ˌpediˈgri:] *s* **1.** *stivt el. litt.(=family tree)* stamtavle; stamtre; slektstavle; **2.** *dyrs:* stamtavle.
pedigree cattle *landbr:* stambokført kveg *n;* rasekveg.
pedlar [ˌpedlə] *s(=door-to-door salesman;* **US:** *peddler)* dørselger; *(se også peddler 2).*
I. pee [pi:] **T** *s* **1.** tiss *n;* **2.:** ***have a pee*** tisse.
II. pee *vb* **T:** tisse.
I. peek [pi:k] *s* **T***(=quick look)* titt; ***take****(=have)* ***a peek at*** ta en titt på.
II. peek *vb* **T:** ***peek at sth****(=take a quick look at sth; glance at sth)* kikke på; ta en titt på.
I. peel [pi:l] *s* **1.** skall *(fx orange peel);* skrell *n (fx potato peel); (se peelings);* **2.:** ***candied peel*** sukat.
II. peel *vb* **1.** skrelle; ***potatoes peel easily*** det er lett å skrelle poteter;
2. *om hud:* flasse; ***my back began to peel*** jeg begynte å flasse på ryggen;
3. *om tapet, etc:* ***peel away*** skrelle av; flå av; *(se 4: peel off);*
4.: ***peel off*** 1. skrelle av; flå av; 2. *om tapet, etc:* løsne; 3. *om maling:* ***peel (off)*** flasse av; 4. **T***(=undress)* kle av seg;
5. T: ***keep one's eyes peeled****(=skinned)(=keep a sharp lookout)* holde skarp utkikk; ha øynene *(n)* med seg.
peelings [ˌpi:liŋz] *s; pl:* skrell *n.*
I. peep [pi:p] *s* **1***(=quick look)* kikk; titt; ***take a peep at*** ta en titt på; **2.** *fugleunges(=chirp)* pip *n;* kvidder *n;* **3. T:** ***I don't want to hear a peep out of you!*** jeg vil ikke høre et pip fra deg (,dere)!
II. peep *vb* **1.** kikke; titte; ***he peeped inside*** han kikket innenfor; *sagt til barn:* ***peep!****(=peep-bo!)* titt-titt! ***don't peep!****(=no peeping! no looking!)* ikke titt! ***he peeped at the answers at the back of the book*** han kikket på svarene *(n)* bak i boken; **2.** *om fugleunge(=chirp)* pipe; kvidre; **3.** *om person; med tynn, pipende stemme:* pipe.
peep-bo [ˌpi:pˌbou; ˌpi:pˌou] **1.** *int(=peep)* titt-titt;
2. *s:* tittelek *(fx play peep-bo).*
peeper [ˌpi:pə] *s* **1.** en som kikker; **2***(=voyeur;* **T:** *Peeping Tom)* kikker; **3. S***(=eye)* øye *n;* **S:** glugge.
Peeping Tom T*(=voyeur)* kikker.
I. peer [piə] *s* **1.** *stivt(=equal)* likemann;
2*(=nobleman)* adelsmann (med rett til sete *(n)* i Overhuset); overhusmedlem.
II. peer *vb* **1.** *når det er vanskelig å se:* stirre *(fx peer (out) into the darkness);* myse *(fx he tends to peer when he's not wearing his glasses);*
2. *stivt(=peep)* titte.
peerage [ˌpiəridʒ] *s* **1.** adelstittel; **2.** adelsstand; ***raise sby to the peerage****(=make sby a peer)* opphøye en i adelsstanden.
peeress [ˌpiərəs] *s* **1***(=peer's wife)* overhusmedlems kone; **2***(=peeress in her own right)* adelsdame; adelig dame.
peer group aldersgruppe.
peerless [ˌpiələs] *adj; litt.(=without equal)* makeløs.
peeved [pi:vd] *adj* **T***(=annoyed)* ergerlig *(with* på).
peewit, pewit [ˌpi:ˈwit] *s; zo(=lapwing)* vipe.
I. peg [peg] *s* **1.** plugg; ***tent peg*** teltplugg;
2. knagg; klesknagg;
3. *mus; på fiolin:* (stemme)skrue;
4*(=clothes-peg;* **US:** *clothespin)* klesklype;
5. *fig:* ***a peg on which to hang a theory*** noe å henge en teori på;
6. T: come down a peg jekke seg ned (et hakk); ***take sby down a peg (or two)****(=debunk sby)* jekke en ned et (par) hakk;
7.: ***off the peg****(=ready made):* ***I bought a suit off the peg*** jeg kjøpte en konfeksjonsdress;
8.: ***he's a square peg in a round hole*** han har kommet på feil hylle her i livet.
II. peg *vb* **1.** plugge (fast); feste med plugger;
2. feste med (kles)klyper;
3. *pris, etc(=hold stable)* holde stabil; fiksere;
4. *område som man vil grave gull på el. dyrke:* ***peg one's claim*** 1*(=stake out one's claim)* stikke ut området sitt; 2. *fig:* markere sin interessesfære;
5. T: ***peg away*** arbeide jevnt og trutt;
6.: ***peg****(=pin)* ***sby down on a decision*** få en til å binde seg til en beslutning;
7.: ***peg out*** 1*(=stake out)* stikke ut; *(se 4 ovf);* 2. **T***(=die)* dø; **T:** pigge av; krepere.
pegboard [ˌpegˈbɔ:d] *s:* pinnebrett; brett *(n)* med hull *n.*
peg leg T: treben; kunstig ben *n.*
pejorative [piˌdʒɔrətiv] *adj(=derogatory)* nedsettende.
Peking [pi:ˌkin] *s; geogr:* Peking.
Pekinese [ˈpi:kiˌni:z; ˈpekiˌni:z] *s:* pekingeser.
pekinese *zo; hund:* pekingeser.
pelagic [peˌlædʒik] *adj:* pelagisk *(fx organism);* hav-.
pelican [ˌpelikən] *s; zo:* pelikan.
pelican crossing fotgjengerovergang med lydsignal.
pellet [ˌpelit] *s* **1.** *til skytevåpen(=(piece of) small shot)* hagl *n;* **2.** *av brød, papir, etc:* (liten) kule.
pellet gun *Canada(=air gun)* luftgevær.
pell-mell [ˌpelˌmel] *adj & adv:* hulter til bulter.
pellucid [peˌlu:sid] *adj; stivt(=transparent; translucent)* gjennomsiktig; gjennomskinnelig.
pelmet [ˌpelmit] *s:* gardinbrett; *av stoff:* gardinkappe; kappe (over portière).
Peloponnese [ˈpeləpəˌni:s] *s; geogr:* Peloponnes.
I. pelt [pelt] *s(=undressed skin)* uberedt skinn *n.*
II. pelt *vb* **1.** *om regn el. hagl:* ***the rain was pelting****(=pouring)* ***down*** regnet pøste ned; **2.** bombardere *(fx sby with eggs).*
pelvic [ˌpelvik] *adj; anat:* bekken-.
pelvis [ˌpelvis] *s; anat:* bekken *n;* ***the bones of the pelvis*** bekkenbenet; ***fracture of the pelvis*** bekkenbrudd.
I. pen [pen] *s* **1.** *om innhegning for dyr:* ***sheep pen*** *(=sheepfold; sheepcote)* sauekve; *(jvf playpen);*
2. *mil:* ***(submarine) pen*** ubåtbunker.
II. pen *s* **1.** penn; ***ball pen*** kulepenn; **2.** *fig:* penn; ***her sharp pen*** hennes skarpe penn; ***live by one's pen*** leve av sin penn.
III. pen *vb; litt. el. stivt(=write)* skrive *(fx she penned a quick note to her mother).*
penal [ˌpi:nəl] *adj; jur el. stivt:* straffe-; strafferettslig; ***penal law(s)*** straffelov; ***penal legislation*** straffelovgivning; ***penal system*** straffesystem.
penal institution *(,***US:** *correctional institution)* straffeanstalt.
penalize, penalise [ˌpi:nəˈlaiz] *vb* **1.** belegge med straff; sette straff for;
2. *stivt(=punish)* straffe *(fx any attempt at cheating will be heavily penalized);*

3. *sport:* straffe; idømme straffepoeng; *fotb:* ***penalize sby*** dømme frispark mot en.
penal servitude straffarbeid.
penalty [ˌpenəlti] *s* **1.** *jur(=punishment)* straff; ***mandatory penalty*** absolutt bestemt straff; ***the minimum penalty (of the law)*** lovens mildeste straff; ***on(=under) penalty of death*** under dødsstraff; med trussel om dødsstraff;
2. *jur:* bot; mulkt; ***time penalty*** dagmulkt;
3. *sport:* straffe(spark); ***they lost the match on penalties*** de tapte kampen ved straffesparkkonkurranse;
4. *fig:* straff; uheldig følge *(fx the penalties of not joining the EU);* ***pay the penalty*** ta sin straff; ***he paid the penalty for his heavy drinking*** han fikk straffen for all drikkingen sin.
penalty area *fotb(,* **T:** *penalty box)* straffefelt; ***bring sby down in the penalty area*** felle en i straffefeltet; *(se penalty box).*
penalty box *sport* **1.** *ishockey:* utvisningsboks; **2.** *fotb* **T***(=penalty area)* straffefelt.
penalty charge straffegebyr.
penalty clause *i kontrakt, etc:* straffebestemmelse.
penalty goal *fotb:* mål *(n)* scoret på straffespark.
penalty kick *fotb(=penalty)* straffespark; ***award(=give) a penalty kick*** dømme straffespark.
penalty shoot-out *fotb:* straffekonkurranse; *(se shoot -out & penalty 3).*
penance [ˌpenəns] *s; rel el. spøkef:* botsøvelse; ***he did penance for his sins*** han gjorde botsøvelser for sine synder; *spøkef:* han måtte lide for sine synder.
pen-and-ink drawing pennetegning.
pen-case [ˌpen'keis] *s(=pencil case)* penal *n.*
pence [pens] *pl av penny.*
penchant [ˌpentʃənt; ˌp¬a:nʃ¬a:ŋ] *s; stivt:* ***have a penchant for****(=have a liking for)* ha en forkjærlighet for; ha en svakhet for.
I. pencil [ˌpensəl] *s* **1.** blyant; **2.:** ***styptic pencil*** blodstillerstift; **3.:** ***a pencil of rays*** en strålebunt.
II. pencil *vb* **1.** skrive med blyant; tegne med blyant; ***pencil one's eyebrows*** trekke opp øyenbrynene *n;*
2.: ***pencil in*** føye til med blyant; skrive med blyant; ***he pencilled in the answers in the spaces provided*** han skrev svarene *(n)* med blyant der hvor det var satt av plass til dem.
pencil sharpener blyantspisser.
pendant [ˌpendənt] *s* **1.** *smykke:* anheng *n (fx a gold pendant);* ***pendant on a short chain*** halsgropsmykke;
3. *arkit(=hanging ornament)* hengeornament;
3.: ***(electric-light) pendant****(=hanging lamp)* hengelampe.
I. pending [ˌpendiŋ] *adj* **1***(=not yet decided)* enda ikke avgjort *(fx the matter is still pending);* **2.** *merk:* som venter på å bli ekspedert; som man venter på; ***there's a reply pending*** det er ikke kommet svar enda.
II. pending *prep* **1.** i påvente av; **2.** *meget stivt(=during)* under *(fx pending the meeting).*
pendulous [ˌpendjuləs] *adj; stivt(=hanging down)* som henger ned; ***pendulous(=sagging) breasts*** hengebryster.
pendulum [ˌpendjuləm] *s; også fig:* pendel; ***the pendulum has swung too far the other way*** pendelen har svingt for langt den andre veien.
penetrable [ˌpenətrəbl] *adj:* gjennomtrengelig.
penetrate [ˌpeni'treit] *vb* **1.** trenge gjennom;
2. trenge inn i; *om væske(=seep in)* trenge inn;
3. *stivt(=solve):* ***penetrate a mystery*** løse et mysterium;
4. bli forstått; trenge inn; synke inn *(fx it took a long time to penetrate).*
penetrating *adj* **1.** gjennomtrengende; ***a penetrating shriek*** et gjennomtrengende skrik; **2.** skarp(sindig) *(fx analysis);* **3.** *om blikk(=searching)* undersøkende *(fx look).*
penetration ['peniˌtreiʃən] *s* **1.** gjennomtrengning;
2. inntrengning; **3.** skarpsinn; ***a critic gifted with great powers of penetration*** en kritiker utstyrt med en utpreget evne til å trenge ned i stoffet.
penguin [ˌpeŋgwin] *s; zo:* pingvin.
penicillin ['peniˌsilin] *s; med.:* penicillin *n.*
peninsula [pəˌninsjulə] *s* halvøy.
penis [ˌpi:nis] *s; anat:* penis.
penitence [ˌpenitəns] *s; stivt el. rel(=repentance)* botferdighet; anger.
penitent [ˌpenitənt] *adj; stivt el. rel(=repentant)* botferdig; angerfull.
penitential ['peniˌtenʃəl] *adj:* bots-; ***penitential robe*** botsdrakt.
penitentiary ['peniˌtenʃəri] *s* **US***(=prison)* fengsel *n.*
penknife [ˌpen'naif] *s(=pocketknife)* lommekniv.
pen name forfatternavn; pseudonym *n.*
pennant [ˌpenənt] *s; mar:* vimpel; stander.
penniless [ˌpeniləs] *adj(=poor)* fattig; pengeløs.
penny [ˌpeni] *s(pl: pence* [pens]; *pennies* [ˌpeniz])
1. penny; *hist:* ***a halfpenny****(=half a penny; half a p)* en halv penny; ***15 pence****(=15p)* 15 pence; ***I've got only pennies*** jeg har bare pennystykker;
2. US*(=cent)* cent;
3. T: ***it won't cost you a penny*** det kommer ikke til å koste deg en øre;
4.: ***count every penny*** snu og vende på hvert øre;
5.: ***a pretty penny****(=a lot of money)* en pen sum; en pen slump penger;
6.: ***the penny's dropped****(=he's (,she's) understood at last)* endelig har det gått et lys opp for ham (,henne);
7. *neds:* ***two a penny****(,* **US:** *a dime a dozen):* ***they're two a penny*** dem går det tretten på dusinet av; ***books like that are two a penny*** slike bøker går det 13 på dusinet av;
8. *ordspråk:* ***in for a penny, in for a pound*** har en sagt a, får en også si b;
9. *ordspråk:* ***take care of the pence and the pounds will take care of themselves*** ta vare på småørene, så tar kronene vare på seg selv;
10.: ***he hadn't got a penny to his name*** han var lutfattig; han eide ikke nåla i veggen; han eide ikke en rød øre;
11.: ***to her it was worth every penny*** for henne var det (,den) verdt hver øre.
penny arcade US *(=amusement arcade)* spillehall (med spilleautomater).
penny whistle *mus(=tin whistle)* blikkfløyte.
penny-wise ['peniˌwaiz] *adj:* ***be penny-wise and pound-foolish*** spare på skillingen og la daleren gå.
pen pal T *(=pen friend)* pennevenn.
pen pusher T: kontorslave.
I. pension [ˌpenʃən] *s:* pensjon; ***old-age pension*** alderstrygd; ***basic pension*** minstepensjon; ***recipient of a basic pension*** minstepensjonist.
II. pension *vb:* ***pension sby off*** pensjonere en.
pensionable [ˌpenʃənəbl] *adj:* pensjonsgivende; som gir rett til pensjon *(fx a pensionable post).*
pensionable age *(=retiring age))* pensjonsalder.
pensioner [ˌpenʃənə] *s:* pensjonist; ***old-age pensioner*** alderstrygdet; *(jvf retirement pensioner).*
pension fund pensjonsfond; pensjonskasse.
pension(s) plan pensjonsplan; ***fund a pension(s) plan*** opprette et fond for å finansiere en pensjon.
pension(s) scheme *(=superannuation scheme)* pensjonsordning; ***the company provides a non-contributory pension(s) scheme*** selskapet har en ordning med fri pensjon.
pension unit pensjonspoeng.
pensive [ˌpensiv] *adj; litt.(=thoughtful)* tankefull.
penstock [ˌpen'stɔk] *s; i kraftverk:* rørgate.
pentagon [ˌpentə'gɔn] *s; geom:* femkant.
Pentagon US: ***the Pentagon*** *(the headquarters of the US Department of Defense)* Pentagon.
pentameter [penˌtæmitə] *s:* pentameter *n;* femfotet verselinje; ***iambic pentameter*** femfotet jambe.

Pentateuch [ˌpentə'tju:k] *s: the Pentateuch* de fem mosebøker.
pentathlon [penˌtæθlɔn] *s; sport:* femkamp.
Pentecost [ˌpenti'kɔst] *s; rel* **1**(=*Whitsun*) pinse; **2.** (jødisk) pinse.
penthouse [ˌpent'haus] *s* **1.** takhus (for maskineri *n*); **2.** *inntil annen bygning, med skråtak(=lean-to)* leskur; halvtakskur;
3.: ***penthouse (flat)*** (luksuriøs) takleilighet.
penthouse storey *arkit:* påbygd taketasje; ***set-back penthouse storey*** tilbaketrukket taketasje.
pent roof *(=lean-to roof)* halvtak.
pent-up [ˌpent'ʌp] *adj; om følelser:* innestengt; oppdemmet *(fx anger);* undertrykt *(fx fury).*
penultimate [piˌnʌltimit] *adj; stivt(=last but one)*nest sist; nest siste *(fx the penultimate syllable).*
penurious [piˌnjuəriəs] *adj; stivt(=very poor)* forarmet.
penury [ˌpenjuri] *s; stivt(=extreme poverty)* armod.
peony [ˌpi:əni] *s; bot:* peon; bonderose.
I. people [pi:pl] *s* **1.** *pl:* folk *n;* mennesker *n (fx a lot of people; three people);* ***country people*** landsens mennesker; ***young people*** ungdom; unge mennesker; ***two young people*** to ungdommer; ***meet people*** komme ut blant folk; ***don't mind what people say*** bry deg ikke om hva folk sier;
2. *litt.(=nation)* folk(eslag) *n;* nasjon; ***all the peoples of this world*** alle verdens folkeslag;
3. *mots adel, etc:* ***the people*** folket; ***a man of the people*** en mann av folket; ***the voice of the people*** folkets røst;
4. *om familie:* ***his people*** folkene *(n)* hans; familien hans;
5. folk *n;* man *(fx people don't like to be kept waiting).*
II. people *vb; litt.(=populate)* befolke; bo i *(fx the tribes of Israel peopled the deserts).*
people's republic *polit:* folkerepublikk.
pep [pep] **T** *s(=energy; vigour)* pepp; ***full of pep*** full av pepp; med futt i; ***he's lost his old pep*** han har mistet peppen.
II. pep *vb:* ***pep sby up*** peppe en opp; pigge en opp.
I. pepper [ˌpepə] *s:* pepper; ***green pepper*** grønn paprika; ***red pepper*** 1. rød paprika; 2. *i pulverform(= cayenne pepper)* kajennepepper.
II. pepper *vb* **1.** pepre; strø pepper på; **2.** *fig:* pepre; krydre *(fx an article with quotations);* **3.** *fig(= bombard)* bombardere (*with* med).
pepper-and-salt *adj; om stoff:* gråmelert; salt og pepper.
peppermint [ˌpepə'mint] *s:* peppermynte.
pepper pot *(,US: pepper shaker)* pepperbøsse.
peppery [ˌpepəri] *adj* **1.** pepret; krydret med pepper; **2.** *fig(=hot-tempered)* hissig; oppfarende; **3.** *om tale; etc:* skarp *(fx speech).*
pepsin [ˌpepsin] *s:* pepsin *n.*
pep squad US T*(=cheering gang)* heiagjeng.
pep talk T: pepprat.
peptic [ˌpeptik] *adj:* peptisk; mage-; ***peptic ulcer*** magesår.
per [pə:; *trykksvakt:* pə] *prep* **1.** *om pris & tid(=a)* pr. *(fx beef costs 95p per pound);* ***per annum****(=per; per year; a year)* pr. år *n;* årlig;
2*(=out of)* pr.; per *(fx ten per ten thousand);*
3. *merk el. stivt:* ***as per*** 1*(=as of)* pr.; ***per statement as per 1 Jan.*** oppgave pr. 1. januar; **2.:** ***as per today****(=as of today)* pr. i dag;
4.: ***per person****(=a person; per head)* pr. person.
per capita *(=for each person)* pro persona; pr. innbygger.
perceive [pəˌsi:v] *vb; stivt(=notice; realize)* merke; sanse; oppfatte.
per cent [pəˌsent] *adv:* **1.** prosent *(fx 25 per cent; 25 p.c.; 25%);* ***23 per cent on £1,500*** 23% av £1.500; ***a 10 per cent increase*** en økning på 10%;
2*(=percentage)* prosentdel; ***how many per cent?****(= what percentage?)* hvor mange prosent?
3.: ***rate per cent****(=percentage)* prosentsats.
I. percentage [pəˌsentidʒ] *s:* prosent(del); prosentsats; ***a small(=low) percentage*** en liten prosent(del); ***a large(=high) percentage*** en stor prosentdel; en høy prosent; ***the expenses are (to be) shared according to percentage*** det blir foretatt prosentvis fordeling av utgiftene; ***calculate as a percentage*** regne ut i prosent; ***expressed as a percentage*** uttrykt i prosent; ***what percentage?(=how many per cent?)*** hvor mange prosent? ***answer in terms of a percentage*** uttrykke svaret i prosent.
II. percentage *adj(=in terms of percentage; per cent)* prosentvis.
perceptible [pəˌseptibl] *adj; stivt* **1***(=noticeable)* merkbar *(fx change);* **2.:** ***perceptible to the eye****(=visible)* synlig; som kan oppfattes av øyet.
perception [pəˌsepʃən] *s* **1.** sans(n)ing; persepsjon; ***(faculty of) perception*** oppfatningsevne; ***sense perception*** sanseoppfatning; ***quickness of perception*** rask oppfatningsevne;
2*(=understanding)* forståelse; ***his gradual perception of …*** hans gradvise forståelse av …; ***a man of great perception*** en meget klarsynt mann.
perceptive [pəˌseptiv] *adj:* rask til å oppfatte; sansevar; observant; skarp *(fx that was very perceptive of you);* ***a very perceptive child*** et barn som legger merke til alt mulig.
I. perch [pə:tʃ] *s; zo:* åbor.
II. perch *s* **1.** (sitte)pinne; *for høns:* vagle; **2. T:** ***knock him off his perch*** vippe ham av pinnen.
III. perch *vb* **1.** *om fugl:* sette seg; slå seg ned; sitte; **2.** *om person(=sit)* sitte *(fx on a fence);*
3. *om bygning:* ***be perched on a rock*** ligge på en fjellknaus.
percolate [ˌpə:kə'leit] *vb* **1.** *om væske:* ***percolate(=filter) through*** sive gjennom; **2***(=filter)* filtrere;
3.: ***percolate coffee*** lage traktekaffe; lage filterkaffe; ***percolated coffee****(=filtered coffee)* traktekaffe; filterkaffe.
percolating coffee traktekaffe; kaffe for trakting.
percolation ['pə:kəˌleiʃən] *s:* perkolasjon; gjennomsiving.
percolator [ˌpə:kə'leitə] *s* **1.** perkolator; **2.** *stivt:* ***coffee percolator****(=coffee machine)* kaffemaskin.
percussion [pəˌkʌʃən] *s* **1.** perkusjon; **2.** *mus(=percussion instruments)* slagverk.
percussion cap 1. fenghette; knallhette; knallperle; **2.** *til leketøyspistol(=cap)* kruttlapp.
percussion ensemble *mus(=percussion (instruments))* slagverk.
percussion group: ***children's percussion group*** skramleorkester.
percussion instrument *mus:* slaginstrument.
percussionist [pəˌkʌʃənist] *s; mus:* slagverker.
per diem [ˌpə: ˌdai:em; ˌpə: ˌdi:em] *s(=daily allowance)* dagpenger; diettpenger.
perdition [pəˌdiʃən] *s; litt.(=everlasting damnation)* (evig) fortapelse.
peregrinations ['perigriˌneiʃənz] *s; pl; stivt(=wanderings)* vandringer.
peregrine [ˌperigrin] *adj* zo: vandre-.
peregrine falcon *zo:* vandrefalk.
peremptory [pəˌremptəri] *adj; stivt; neds(=imperious)* bydende; ***his peremptory manner*** hans bydende vesen *n;* ***a peremptory tone****(=a tone of command)* en bydende tone.
I. perennial [pəˌreniəl] *s; bot:* flerårig plante; staude.
II. perennial *adj* **1.** *bot:* flerårig *(fx plant);* **2.** *litt. el. spøkef(=continual)* evig *(fx her perennial complaints).*
I. perfect [ˌpə:fikt] *s; gram:* ***the (present) perfect****(=the perfect tense)* perfektum *n.*
II. perfect [pəˌfekt] *vb; stivt:* perfeksjonere *(fx perfect(=improve) one's French).*

III. perfect [ˌpə:fikt] *adj* **1.** perfekt; feilfri; fullkommen; fullendt *(fx beauty);* helt fin *(fx a perfect day for a picnic); **a perfect gentleman*** en gentleman til fingerspissene; ***his reputation is perfect(=spotless)*** hans rykte er plettfritt; ***practice makes perfect*** øvelse gjør mester; ***with perfect assurance*** med urokkelig selvtillit; ***dress in perfect taste*** kle seg med utsøkt smak; ***she speaks perfect French****(=her French is perfect)* hun snakker perfekt fransk; hun er perfekt i fransk; **2***(=exact)* nøyaktig *(fx it was a perfect copy);* **3***(=complete): **I felt a perfect fool*** jeg følte meg som den rene tosk; ***a perfect stranger*** en vilt fremmed person;
4. *mus:* ren; ***a perfect fourth*** en ren kvart.

perfectibility [pə'fektiˌbiliti] *s; stivt:* perfektibilitet.

perfectible [pəˌfektibl] *adj; stivt(=capable of improvement)* perfektibel; som kan bli perfekt.

perfection [pəˌfekʃən] *s:* perfeksjon; fullkommenhet; ***to perfection*** perfekt; med fullendt dyktighet; ***bring sth to perfection*** perfeksjonere noe.

I. perfectionist [pəˌfekʃənist] *s:* perfeksjonist.

II. perfectionist *adj:* perfeksjonistisk.

perfectly [ˌpə:fiktli] *adv* **1.** perfekt; uten feil; ***she speaks French perfectly****(=her French is perfect)* hun snakker perfekt fransk; hun er perfekt i fransk; **2***(=completely)* helt *(fx I'll be perfectly open with you).*

perfect pitch *mus(=absolute pitch)* **1.** absolutt tonehøyde; **2.:** ***have perfect pitch*** ha absolutt gehør *n.*

perfect tense *gram: **the perfect tense****(=the (present) perfect)* perfektum *n.*

perfidious [pəˌfidiəs] *adj; litt.(=treacherous; faithless)* forrædersk; falsk; troløs *(fx lover).*

perfidy [ˌpə:fidi] *s; litt.:* troløshet; falskhet.

perforate [ˌpə:fə'reit] *vb* **1***(=make a hole in; make holes in)* gjennomhulle; perforere;
2. *med.: **her appendix perforated*** det gikk hull *(n)* på blindtarmen hennes.

perforated [ˌpəfə'reitid] *adj:* perforert; ***perforated ulcer*** blødende magesår.

perforation ['pə:fəˌreiʃən] *s* **1.** perforasjon; perforering; gjennomhulling; **2.** *med.:* perforasjon; **3.** *på frimerke:* tagging; perforering; ***perforations*** perforeringer; tagger.

perforce [pəˌfɔ:s] *adv; glds el. litt.(=necessarily)* nødvendigvis.

perform [pəˌfɔ:m] *vb* **1.** *stivt(=carry out)* utføre; ***perform a marriage (ceremony)*** foreta en vielse;
2. *teat:* oppføre; fremføre *(fx Hamlet); **perform a play*** oppføre et skuespill;
3. *teat, etc:* opptre; medvirke *(fx she used to perform in Shakespeare); **perform on the violin*** opptre med fiolin;
4. *om kunster, etc:* utføre; gjøre; ***perform tricks*** gjøre kunster; ***perform a triple loop*** gjennomføre en trippelloop;
5. *om bil, maskin, fotballag, eksamenskandidat, etc: **is you car performing all right?*** går bilen din som den skal? ***the 2-litre version performs better*** 2-liter -utgaven yter mer; ***the choir performed very well*** koret sang meget godt; koret gjorde det meget bra;
6. *evf(=relieve oneself)* gjøre sitt fornødne.

performance [pəˌfɔ:məns] *s* **1.** utførelse;
2. prestasjon; innsats; ***he's putting in the performance of his life*** han er i ferd med å gjøre sitt livs innsats;
3. *mask:* ytelse;
4. *teat* 1. forestilling; 2. fremførelse *(fx the company gave a performance of "Othello");* oppførelse; ***first performance (ever)*** uroppførelse; urpremiere; 3. *skuespillers:* opptreden; ***he gave a brilliant performance in the title role*** han gjorde en strålende innsats i tittelrollen;
5. T: ***what did you mean by that performance in the teashop?*** hva mente du med den forestillingen på konditoriet?

performer [pəˌfɔ:mə] *s* **1.** opptredende; medvirkende; (utøvende) kunstner (ɔ: musiker el. skuespiller); *(jvf circus performer);* **2.** *skolev: **average performer****(=average achiever; average student)* gjennomsnittselev.

performing artist opptredende; utøvende kunstner; ***the performing artist*** den opptredende.

performing arts *om dans, drama, musikk: **the performing arts*** utøvende kunst.

performing musician utøvende musiker.

performing rights *pl; teat:* spillerettigheter.

I. perfume [ˌpə:fju:m] *s* **1.** parfyme;
2. *stivt el. litt.(=scent; fragrance)* duft; vellukt;
3. T: ***acoustic perfume****(=white noise)* støykulisse.

II. perfume [pəˌfju:m] *vb; stivt el. litt(=scent)* **1.** parfymere; **2.** fylle med vellukt.

perfumery [pəˌfju:məri] *s(=perfumer's shop)* parfymeri *n.*

perfunctory [pəˌfʌŋktəri] *adj; stivt(=superficial)* overfladisk; ***a perfunctory****(=fleeting)* ***smile*** et flyktig smil.

pergola [ˌpə:gələ] *s:* pergola.

perhaps [pəˌhæps; præps] *adv:* kanskje.

peril [ˌperil] *s; stivt(=danger)* fare.

perilous [ˌperiləs] *adj; stivt(=dangerous)* farlig.

perimeter [pəˌrimitə] *s* **1.** perimeter *n;* omkrets; ytterkant *(fx of the city); **walk round the perimeter*** gå rundt området;
2. *fig: **that's beyond the perimeter****(=range; scope)* ***of my field of vision*** det ligger utenfor min horisont;
3. *mil: **perimeter (defence)****(=all-round defence)* kringvern.

perimeter wall mur rundt området.

I. period [ˌpiəriəd] *s* **1.** periode; ***the house was empty for long periods*** huset var (*el.* stod) tomt i lang tid om gangen; huset stod tomt i lange perioder; ***in the period 1994-95*** i perioden (*el.* tidsrommet) 1994-95; **2***(=menstruation)* menstruasjon;
3. *skolev:* time *(fx two periods of French; in this school, a period is 45 minutes long);*
4. *især* **US***(=full stop)* punktum *n.*
5. *gram(=sentence)* periode; setning.

II. period *adj:* stil-; ***period furniture*** stilmøbler.

period character tidspreg.

period feeling *(=period flavour; period (colour))* tidskoloritt.

periodic ['piəriˌɔdik] *adj:* periodisk.

I. periodical ['piəriˌɔdikl] *s:* tidsskrift.

II. periodical *adj:* periodisk; periodevis; ***regular periodical reports*** rapporter med jevne mellomrom.

periodically ['piəriˌɔdikəli] *adv:* periodisk; i perioder.

periodicity ['piəriəˌdisiti] *s:* periodisitet; periodisk karakter.

period pains *pl; med.:* menstruasjonssmerter.

peripatetic ['peripəˌtetik] *adj:* omvandrende; ambulerende.

peripatetic teacher *kan gjengis:* reiselektor.

I. peripheral [pəˌrifərəl] *s; EDB: se peripheral unit.*

II. peripheral *adj* **1.** periferisk; perifer; periferi-;
2. *stivt(=of little importance)* perifer; periferisk.

peripheral unit *EDB(,* **T:** *peripheral)* ytre enhet.

periphery [pəˌrifəri] *s:* periferi; omkrets; ***on the periphery of*** i periferien av; i utkanten av; i ytterkanten av.

periphrasis [pəˌrifrəsis] *s(pl: periphrases* [pəˌrifrə'si:z]) perifrase; omskrivning.

periphrastic ['periˌfræstik] *adj; gram, etc:* perifrastisk; omskrevet; ***a periphrastic tense*** en omskrevet tid.

periscope [ˌperi'skoup] *s:* periskop *n.*

perish [ˌperiʃ] *vb* **1.** *litt. el. stivt(=die)* omkomme; ***the recovery of those who perished****(=the recovery of the dead)* bergingen av de omkomne;
2. *om gummi el. lær(=rot)* råtne; gå i oppløsning;
3. *lett glds & spøkef: **oh, perish the thought!****(=God forbid! not likely!)* fri og bevare meg vel! måtte Gud forby! fy for all landsens ulykke!

I. perishable [ˌperiʃəbl] *s: **perishables**(=perishable goods)* lettbedervelige varer.
II. perishable *adj:* lettbedervelig.
peristalsis ['periˌstælsis] *s:* peristaltikk.
peristaltic ['periˌstæltik] *adj:* peristaltisk.
peritoneum ['peritəˌni:əm] *s; anat:* bukhinne.
peritonitis ['peritəˌnaitis] *s; med.:* bukhinnebetennelse.
peritrack [ˌperi'træk] *s; flyv: se taxiway.*
periwinkle [ˌperi'wiŋkl] *s; zo(=winkle)* strandsnegl.
perjure [ˌpə:dʒə] *vb: **perjure oneself*** begå mened.
perjurer [ˌpə:dʒərə] *s; jur:* meneder.
perjury [ˌpə:dʒəri] *s; jur:* mened; falsk forklaring.
I. perk [pə:k] *s* **T** *i stilling(=perquisite)* ekstra fordel; ekstra gode *n.*
II. perk *vb* **T: *perk up*** 1. kvikne til; *fig:* ta seg opp *(fx the market perked up);* 2. kvikke opp *(fx a cup of tea will soon perk you up).*
perky [ˌpə:ki] *adj* **T***(=cheerful)* munter (og opplagt).
I. perm [pə:m] *s(=permanent wave)* permanent; ***she's had a perm*** hun har tatt permanent.
II. perm *vb:* gi permanent; ***she's had her hair permed*** hun har tatt permanent.
permanence [ˌpə:mənəns] *s:* permanens; varighet.
permanent [ˌpə:mənənt] *adj:* varig; permanent; ***a permanent appointment*** fast ansettelse; ***they made a permanent home in England*** de slo seg ned fast i England.
permeable [ˌpə:miəbl] *adj:* gjennomtrengelig (*to* for).
permeate [ˌpə:mi'eit] *vb* **1.** *stivt(=penetrate): **permeate (through), permeate (into)*** trenge gjennom; trenge ned i; **2.** *fig; stivt(=pervade)* gjennomsyre.
permissible [pəˌmisəbl] *adj; stivt(=allowed; allowable)* tillatt; tillatelig; som kan tillates.
permission [pəˌmiʃən] *s:* tillatelse; ***he asked her permission to do it*** han ba om hennes tillatelse til å gjøre det; ***he has my permission*** han har min tillatelse.
permissive [pəˌmisiv] *adj; neds* **1***(=tolerant; indulgent)* tolerant; ettergivende; ***permissive about drunken drivers*** ettergivende overfor fyllekjørere;
2. frigjort; liberal; tolerant; ***sexually permissive*** seksuelt frigjort; ***the permissive society*** det tolerante samfunn.
permissiveness [pəˌmisivnəs] *s; neds* **1***(=tolerance; indulgence)* toleranse; ettergivenhet;
2. frigjorthet; liberalitet; toleranse; ***sexual permissiveness*** seksuell frigjorthet.
I. permit [ˌpə:mit] *s:* skriftlig tillatelse; ***residence permit**(=(Home Office) permit)* oppholdstillatelse; ***apply for an extension of**(=to)* ***one's (residence) permit*** søke om forlengelse av oppholdstillatelsen; *(se work permit).*
II. permit [pəˌmit] *vb; stivt(=allow)* tillate; ***if time permits*** hvis tiden tillater det; ***permit of sth**(=allow sth)* tillate noe; ***the scheme does not permit of any changes at this stage*** planen tillater ingen forandringer på dette stadiet.
permutation ['pə:mjuˌteiʃən] *s* **1.** *meget stivt(=possible combination)* kombinasjonsmulighet;
2. *mat.(=combination; sequence)* ombytting; permutasjon; rekkefølge *(fx numbers in various permutations).*
pernicious [pəˌniʃəs] *adj; stivt* **1***(=harmful)* skadelig (*to* for); **2.** *med.:* pernisiøs *(fx anaemia).*
pernickety [pəˌnikiti] *adj* **T***(=fussy* **US:** *persnickety)* pirket(e); pertentlig *(fx a pernickety old lady).*
peroxide [pəˌrɔksaid] *s; kjem:* ***(hydrogen) peroxide*** vannstoffhyperoksid; vannstoffperoksid.
peroxide blonde vannstoffblondine.
I. perpendicular ['pə:pənˌdikjulə] *s* **1.** *mat.:* normal; ***draw a perpendicular from X to Y*** felle ned normalen fra X til Y; **2.** *fjellsp(=nearly vertical face)* bratthelling.
II. perpendicular *adj* **1.** loddrett (*to* på); **2.** *mat.:* perpendikulær; vinkelrett (*to* på).
perpetrate [ˌpə:pi'treit] *vb; meget stivt(=commit)* forøve.
perpetration ['pə:piˌtreiʃən] *s; meget stivt:* forøvelse; ***the perpetration of a crime**(=committing a crime)* forøvelse av en forbrytelse.
perpetrator [ˌpə:pi'treitə] *s; meget stivt(=guilty person; culprit)* gjerningsmann.
perpetual [pəˌpetjuəl] *adj* **1.** *stivt(=continuous)* stadig; vedvarende *(fx noise);*
2. *stivt el. spøkef(=eternal)* evig; evinnelig; stadig *(fx he lives in perpetual fear of being murdered).*
perpetual curate residerende kapellan.
perpetuate [pəˌpetju'eit] *vb; meget stivt* **1***(=make live on (for ever))* forevige; bevare (for all fremtid);
2. *om tradisjon(=continue)* fortsette; videreføre.
perpetuity ['pə:piˌtju:iti] *s; stivt el. jur: **in perpetuity**(=for ever)* for all fremtid.
perplex [pəˌpleks] *vb* **1***(=confuse; puzzle)* forvirre; gjøre perpleks; **2***(=complicate)* komplisere *(fx this would perplex the issue); **a perplexing problem**(=an intricate problem)* et intrikat problem.
perplexed [pəˌplekst] *adj:* perpleks; forvirret.
perplexity [pəˌpleksiti] *s; stivt* **1***(=bewilderment)* forvirring; forfjamselse; **2***(=intricacy; complication)* innviklethet; komplikasjon; *litt.: **the perplexities**(=complications)* ***of love*** kjærlighetens irrganger.
perquisite [ˌpə:kwizit] *s; stivt: se I. perk.*
persecute [ˌpə:si'kju:t] *vb* **1.** forfølge *(fx be persecuted for one's religion);* **2***(=torment; harass)* plage.
persecution ['pə:siˌkju:ʃən] *s:* forfølgelse; ***the persecution of the jews*** jødeforfølgelsene.
persecution mania *med.:* forfølgelsesvanvidd.
persecutor [ˌpə:si'kju:tə] *s* **1.** forfølger; **2***(=tormentor)* plageånd.
perseverance ['pə:siˌviərəns] *s(=persistence)* utholdenhet; iherdighet; standhaftighet.
persevere ['pə:siˌviə] *vb(=persist; keep at it)* holde ut; være standhaftig.
persevering *adj:* utholdende; standhaftig; iherdig.
Persia [ˌpə:ʃə] *s; geogr; hist:* Persia.
I. Persian [ˌpə:ʃən] *s* **1.** perser; **2.** *språket:* persisk.
II. Persian *adj:* persisk.
Persian blinds *pl(=persiennes)* vindusskodder; *(jvf Venetian blind).*
Persian Gulf *s; geogr: **the Persian Gulf*** Persiabukta.
Persian lamb coat persianerpels.
persiennes ['pə:siˌenz] *s; pl(=Persian blinds)* vindusskodder; *(jvf Venetian blind).*
persiflage [ˌpə:si'flɑ:ʒ] *s; meget stivt* **1***(=flippancy)* flåsethet; fleip; **2***(=banter; good-humoured teasing)* godmodig erting.
persist [pəˌsist] *vb* **1.** vedvare; vare ved; holde seg; fortsette; bli ved *(fx you'll succeed if you persist(=keep at it)); **persist in a belief**(=hold on to a belief)* holde fast på (*el.* ved) en tro; **2..: persist in (-ing)***(=continue (-ing))* bli ved med å.
persistence [pəˌsistəns] *s* **1.** hardnakkethet; standhaftighet; iherdighet; **2.** vedvaring.
persistent [pəˌsistənt] *adj* **1***(=constant)* vedvarende; **2.** *ofte litt neds:* som ikke gir seg *(fx a persistent young woman);* sta; hardnakket *(fx rumour).*
persnickety [pəˌsnikiti] *adj* **US:** *se pernickety.*
person [ˌpə:sən] *s(pl: people; stivt el. jur: persons)* **1.** *ofte stivt el. neds:* person *(fx there's a person outside who wants to speak to you; please remove this person from my office; any person found damaging this train will be liable to a fine of up to £50);*
2. *gram:* person; ***this verb is in the third person singular*** dette verbet står i 3. person entall;
3. *jur: **legal person**(=body corporate)* juridisk person; ***children and young persons*** barn *(n)* og unge mennesker *n;* ***violence against the person*** personvold;
4. menneske *n (fx he's the best person I know); **he's a very decent person*** han er et fint og godt menneske; ***as a person*** som menneske; ***what sort of a man is he – as a person?**(=what sort of man is he – in himself?)*

hvordan er han egentlig som menneske? ***he's greatly liked and respected both as a person and as a politician*** han er svært avholdt og respektert, både som menneske og politiker;
5.: ***not the person to****(=not the kind of person who; not one for (-ing)* ikke den som; ***he's not the person to plan ahead*** *(=he isn't the kind of person who plans ahead)* han er ikke den som planlegger på sikt;
6.: ***in person*** i egen person; personlig; ***appear in person*** komme personlig; ***he found a good friend in the person of John*** han fant en god venn i John;
7.: ***on****(=about)* ***one's person*** på seg *(fx he never carried money on his person);*
8.: ***without respect of persons*** uten persons anseelse.

personable [ˌpə:sənəbl] *adj; stivt(=attractive; pleasant)* tiltalende; behagelig *(fx a personable young man).*

personage [ˌpə:sənidʒ] *s; glds el. spøkef(=person)* person(asje) *(fx a strange personage).*

personal [ˌpə:sənəl] *adj:* personlig *(fx responsibility);* privat *(fx correspondence);* ***by personal inspection*** ved selvsyn; ***give one's personal opinion on*** komme med sin personlige mening om; ***make personal remarks*** komme med personlige bemerkninger; ***don't let's be personal*** la oss ikke bli personlige; ***get into personal touch with*** komme i personlig kontakt med; ***for personal and health reasons*** av personlige og helsemessige grunner; ***can I talk to you about a personal matter?*** kan jeg få snakke med deg privat?

personal assistant *(=private secretary)* privatsekretær; sjefssekretær.

personal data register personregister.

personal identification number *(fk PIN; pin-number) bankv:* PIN-nummer.

personal information personopplysninger.

personal injury personskade.

personality ['pə:səˌnæliti] *s* **1.** personlighet; ***an important personality****(=person)* en betydningsfull person(lighet); ***a TV personality*** en TV-kjendis; ***she has personality*** hun er en personlighet; ***make one's personality felt****(=assert oneself)* gjøre seg gjeldende;
2.: ***personalities*** 1. personligheter; 2*(=personal remarks)* personlige bemerkninger; ***indulge in personality*** bli personlig; ***keep the argument above the level of personality!*** *(=don't let's be personal!)* la oss ikke bli personlige!

personalize, personalise [ˌpə:sənə'laiz] *vb:* gjøre personlig; ***personalized notepaper*** brevpapir med ens eget navn på.

personalized numberplate: *se numberplate.*

personal liability insurance *fors:* personlig ansvarsforsikring; *(jvf third party insurance).*

personally [ˌpə:sənəli] *adv:* personlig; ***personally responsible*** personlig ansvarlig; ***hand it over personally*** overlevere det personlig (*el.* egenhendig); ***he spoke up for me personally*** han gikk personlig inn for meg; ***personally I think …*** *(,***T:** *if you ask me)* min personlige mening er …

personal maid *(,hist: lady's maid)* kammerpike.

personal man *(,hist: valet)* kammertjener.

personal possessions *pl; jur:* særeiegjenstander.

personal property 1. personlig eiendom; personlige eiendeler; **2.** *jur(=personal chattels; mov(e)ables)* løsøre *n.*

personal trunk call *tlf(=person-to-person call)* rikstelefonsamtale med tilsigelse; ***book a personal trunk call*** bestille en rikstelefonsamtale med tilsigelse.

persona non grata [pə:ˌsounə nɔn ˌgrɑ:tə] *s(pl: personae non gratae* [pə:ˌsouni nɔn ˌgrɑ:ti]) **1.** persona non grata; uønsket person; **2.** *spøkef:* ***be persona non grata with*** *(=be out of favour with)* være persona non grata hos; være i unåde hos.

personification [pə:'sɔnifiˌkeiʃən] *s:* personifisering; personliggjøring; ***he's the personification of optimism*** han er den personifiserte optimisme.

personify [pə:sɔni'fai] *vb:* personifisere; ***he's honesty personified*** han er den personifiserte hederlighet.

personnel ['pə:səˌnel] *s; stivt(=staff)* personale *n;* personell *n;* ***director of personnel*** personaldirektør.

personnel manager personalsjef.

person-to-person call 1*(=personal call)* privatsamtale; **2***(=personal trunk call)* rikstelefonsamtale med tilsigelse.

I. perspective [pəˌspektiv] *s; også fig:* perspektiv *n;* ***get things in perspective*** få satt tingene i perspektiv; ***I can't get it in the proper perspective*** jeg kan ikke riktig overskue situasjonen; ***out of perspective*** i galt perspektiv; ***let things get out of perspective*** miste perspektivet; ***let's put the thing into perspective*** la oss se det hele i perspektiv; ***ask that this be seen in perspective*** be om at dette må ses i sin rette sammenheng; ***try to get a different perspective on your problem*** prøv å se problemet ditt fra en annen synsvinkel.

II. perspective *adj:* perspektivisk *(fx lines);* perspektiv- *(fx a perspective drawing).*

perspicacious ['pə:spiˌkeiʃəs] *adj; stivt el. iron:* skarp; ***how perspicacious****(=clever)* ***of you to notice these mistakes!*** så skarp du er som la merke til disse feilene!

perspicacity ['pə:spiˌkæsiti] *s; stivt(=shrewdness)* skarpsinn; skarpsindighet.

perspicuity ['pə:spiˌkju:iti] *s; om stil(=lucidity)* klarhet; anskuelighet.

perspicuous [pəˌspikjuəs] *adj; om stil(=lucid)* klar; anskuelig.

perspiration ['pə:spəˌreiʃən] *s(=sweat)* transpirasjon; svette.

perspire [pəˌspaiə] *vb(=sweat)* svette.

persuade [pəˌsweid] *vb* **1.** overtale; ***he's easily persuaded*** han er lett å overtale; **2***(=convince)* overbevise; ***we persuaded him of our serious intentions*** vi overbeviste ham om våre reelle hensikter.

persuasion [pəˌsweiʒən] *s* **1.** overtalelse(r); ***he gave in to our persuasion*** han ga etter for våre overtalelser; ***after much****(=a lot of)* ***persuasion*** etter mange overtalelser; ***try persuasion*** forsøke med overtalelser; forsøke med det gode; **2.** *stivt:* ***persuasions****(=opinions):* ***she isn't of the same persuasions as you*** hun har ikke dine meninger (*el.* oppfatninger).

persuasive [pəˌsweisiv] *adj(=convincing)* overtalende; overbevisende; ***persuasive powers****(=persuasiveness)* overtalelsesevne.

persuasiveness [pəˌsweisivnəs] *s:* overbevisende kraft; overtalelsesevne.

pert [pə:t] *adj; lett glds* **1***(=impudent; saucy;* **T:** *cheeky)* frekk; nesevis; **2***(=chic; stylish; smart)* smart; sveisen *(fx a pert little hat).*

pertain [pəˌtein] *vb; stivt el. jur* **1***(=be appropriate)* passe;
2. *meget stivt:* ***pertain to*** 1*(=be about)* omhandle *(fx books pertaining to birds);* 2*(=be relevant to)* angå; 3*(=be part of)* være en del av; høre til *(fx responsibilities pertaining to high office).*

pertinaceous ['pə:tiˌneiʃəs] *adj; stivt(=persistent; stubborn)* hardnakket; sta.

pertinence [ˌpə:tinəns] *s; stivt(=relevance)* relevans.

pertinent [ˌpə:tinənt] *adj; stivt(=relevant)* relevant; ***be pertinent to*** vedrøre; angå; vedkomme.

perturb [pəˌtə:b] *vb; stivt(=worry)* forurolige; bekymre.

Peru [pəˌru:] *s: geogr:* Peru.

perusal [pəˌru:zəl] *s; stivt el. spøkef(=reading)* lesing; (grundig) gjennomlesning.

peruse [pəˌru:z] *vb; stivt el. spøkef(=read)* lese; lese (grundig) gjennom.

I. Peruvian [pəˌru:viən] *s:* peruaner.

II. Peruvian *adj:* peruansk.

pervade [pə:ˌveid] *vb* **1.** *stivt(=spread through)* spre seg i (*el.* gjennom); **2.** *fig:* gjennomsyre.

p

pervasive [pə:ˌveisiv] *adj(=penetrating)* gjennomtrengende; som har en tendens til å spre seg; vidt utbredt; ***due to the pervasive influence of television*** fordi TV preger alt; fordi TV har en så stor innflytelse.
perverse [pəˌvə:s] *adj:* pervers.
perverseness [pəˌvə:snəs] *s(=perversity)* pervershet.
perversion [pəˌvə:ʃən] *s* **1***(=perverse act)* perversjon; pervers handling; perversitet; **2***(=corruption):* ***a perversion of the course of justice*** en villedelse av retten.
perversity [pəˌvə:siti] *s(=perverseness)* pervershet; perversitet.
I. pervert [ˌpə:və:t] *s:* ***(sexual) pervert*** en pervers person.
II. pervert [pəˌvə:t] *vb* **1.** forderve; **2.:** ***pervert (the course of) justice*** villede retten.
perverted [pəˌvə:tid] *adj(=perverse)* pervers; ***perverted act*** pervers handling.
pervertedness [pəˌvə:tidnəs] *s(=perverseness)* pervershet; perversitet.
pessary [ˌpesəri] *s; med.(=diaphragm; (Dutch) cap)* pessar *n.*
pessimism [ˌpesi'mizəm] *s:* pessimisme; ***profound*** *(=deep)* ***pessimism*** dyp pessimisme; svartsyn.
pessimist [ˌpesimist] *s:* pessimist.
pessimistic ['pesiˌmistik] *adj:* pessimistisk *(fx I'm pessimistic about my chances of getting a job).*
pest [pest] *s* **1.** *i sms:* -pest; ***fowl pest*** hønsepest; **2.** skadedyr; ***insect pest*** skadeinsekt; **3***(=nuisance)* plageånd *(fx he's an absolute pest!).*
pester [ˌpestə] *vb(=bother; annoy)* plage; ***he pestered her for money*** han maste på henne for å få penger.
pesticide [ˌpesti'said] *s:* middel *(n)* mot skadedyr.
pestilential ['pestiˌlenʃəl] *adj* **T***(=unbearable)* ufordragelig; utålelig *(fx child).*
pestle [pesl] *s; til morter:* støter.
I. pet [pet] *s* **1.** kjæledyr; **2.** kjæledegge; yndling *(fx a teacher's pet);* **3***(=darling)* skatt; deilig unge; ***would you like some icecream, pet?*** vil du ha iskrem, skatten min?
II. pet *vb* **1***(=stroke)* klappe; kjærtegne; **2.** *seksuelt:* kjærtegne hverandre; **T:** kline.
III. pet *adj(=favourite)* yndlings- *(fx theory);* ***it's my pet aversion****(=I can't bear it)* det er det verste jeg vet.
petal [petl] *s; bot:* kronblad; blomsterblad.
petard [piˌtɑ:d] *s* **1.** *mil:* kruttbeholder; **2.** *meget stivt:* ***be hoist with one's own petard****(=be caught in one's own trap)* bli fanget i sitt eget garn.
pet dog selskapshund.
Peter [ˌpi:tə] *s:* Peter; ***rob Peter to pay Paul*** ta fra den ene og gi til den andre.
I. peter [ˌpi:tə] *s* **S***(=safe)* pengeskap; **S:** ***blow a peter****(=crack a safe)* sprenge et pengeskap.
II. peter *vb:* ***peter out*** **1.** *om forråd, begeistring, etc:* gå langsomt mot slutten; dø hen; **2. T***(=fizzle out)* løpe ut i sanden; **T:** koke bort i kålen.
pet food kattemat; hundemat.
Peter Pointer *barnespråk:* slikkepott.
petite [pəˌti:t] *adj; om kvinne:* liten og nett.
I. petition [pəˌtiʃən] *s* **1.** ansøkning; ***petition****(=appeal)* ***for mercy*** benådningsansøkning;
2. *jur:* ***petition for divorce*** skilsmissebegjæring;
3. bønnskrift *(fx petitions to the Queen and Home Secretary);* protestskriv; liste med underskrifter; ***we're getting up a petition against (,for)*** vi er i gang med en underskriftskampanje mot (,til støtte for).
II. petition *vb* **1.** ansøke; sende bønnskrift (*el.* protestskriv) til;
2. *jur:* ***petition for divorce*** begjære skilsmisse.
petitioner [pəˌtiʃənə] *s* **1.** *stivt:* den som overrekker et bønnskrift; **2.** *jur:* ***the petitioner (for divorce)*** den skilsmissesøkende ektefelle.
pet name kjælenavn.
petrel [ˌpetrəl] *s; zo:* ***storm(y) petrel*** havsvale.
petrifaction ['petriˌfækʃən] *s:* forste(i)ning.
petrify [ˌpetri'fai] *vb* **1.** forste(i)ne; forste(i)nes; **2.** *stivt(=terrify)* gjøre stiv av redsel.
petrochemical ['petrouˌkemikl] *adj:* petrokjemisk.
petrodollar [ˌpetrou'dɔlə] *s:* oljepenger.
petrol [ˌpetrəl] *s(,***US:** *gas(oline))* bensin; ***run out of petrol*** kjøre tomt for bensin.
petrol can bensinkanne.
petrol consumption *(=fuel consumption)* bensinforbruk.
petrol drum bensinfat.
petroleum [pəˌtrouliəm] *s(=crude oil)* råolje.
petrol gauge *mask(=fuel gauge)* bensinmåler.
petrol pump *(,***US:** *gasoline pump)* bensinpumpe (på bensinstasjon); *(jvf fuel pump).*
petrol station *(=filling station; service station;* **US:** *gas pump)* bensinstasjon.
petrol tank *(,***US:** *gas tank)* bensintank (i bil).
pet shop dyrehandel.
petticoat [ˌpeti'kout] *s; glds(=underskirt)* underskjørt.
pettifogger [ˌpeti'fɔgə] *s; neds(=legal quibbler;* **US:** *shyster)* vinkelskriver; en som driver med lovtrekkeri *n.*
pettifoggery [ˌpeti'fɔgəri] *s(=pettifogging; legal quibbling)* lovtrekkeri *n.*
pettiness [ˌpetinəs] *s:* smålighet.
petting [ˌpetiŋ] *s(jvf II. pet 2)* (erotisk) kjæling; **T:** klining; ***heavy petting*** voldsom kjæling (,**T:** klining); *(jvf II. neck; necking; snog).*
petty [ˌpeti] *adj* **1***(=unimportant)* uviktig; ubetydelig; ***petty details*** ubetydelige detaljer;
2. smålig; ***petty behaviour*** smålig oppførsel; ***his petty mind*** småligheten hans.
petty cash portokasse.
petty larceny US*(=pinching)* naskeri *n;* nasking.
petty officer*(fk PO) mil; mar(,***US:** *petty officer second class)* kvartermester II (*el.* III).
petulant [ˌpetjulənt] *adj; stivt(=peevish)* grinete; sur.
petunia [pəˌtju:niə] *s; bot:* petunia.
pew [pju:] *s* **1.** kirkestol; **2.** *spøkef* **T:** ***take a pew!****(=take a seat!)* ta en stol! sett deg ned!
pewter [ˌpju:tə] *s; legering for tinnvarer:* tinn.
pH ['pi:ˌeitʃ] *s; kjem:* pH-verdi *(fx pure water has a pH of 7; acid solutions have a pH less than 7).*
phallic [ˌfælik] *adj:* fallisk; som ligner en penis.
phallic symbol fallossymbol.
phallus [ˌfæləs] *s; stivt:* fallos.
phantasm [ˌfæntæzəm] *s* **1***(=illusion; figment of the imagination)* illusjon; blendverk; fantasifoster; **2***(=spectre; ghost)* spøkelse *n.*
phantom [ˌfæntəm] *s(=ghost)* fantom *n;* spøkelse *n.*
Pharaoh [ˌfɛərou] *s:* farao.
pharmaceutical ['fɑ:məˌsju:tikl] *adj:* farmasøytisk.
pharmaceutical chemist *(=pharmacist)* farmasøyt.
pharmaceutical firm medisinalfirma.
pharmaceutical product *(=preparation)* apotekervare.
pharmacist [ˌfɑ:məsist] *s(=pharmaceutical chemist)* farmasøyt; ***a dispensing chemist must be a registered pharmacist*** en apoteker må ha godkjent utdannelse som farmasøyt.
pharmacology ['fɑ:məˌkɔlədʒi] *s:* farmakologi; læren om legemidler.
pharmacopoeia ['fɑ:məkəˌpi:ə] *s:* legemiddelkatalog; farmakope.
pharmacy [ˌfɑ:məsi] *s:* farmasi; apotekerkunst.
pharmacy technician *(=dispensing technician)* reseptar.
pharyngeal ['færinˌdʒiəl] *adj; anat:* strupe-; svelg-.
pharynx [ˌfæriŋks] *s; anat:* svelg *n.*
I. phase [feiz] *s* **1.** *astr, elekt, fys, etc:* fase; **2***(=stage)* fase; stadium *n;* ***enter a new phase in the war*** gå inn i en ny fase i krigen; *især om barn:* ***she's just going through a phase*** hun er (inne) i en vanskelig periode.
II. phase *vb* **1.** inndele i faser (*el.* etapper); **2.:** ***phase in***

ta i bruk gradvis; innføre etappevis; ***phase out*** avvikle; avskaffe etappevis (*el.* gradvis).

phased [feizd] *adj:* gradvis; (som skjer) etappevis.

phaseout [ˌfeiz'aut] *s; især* **US:** avvikling.

PhD [ˌpi:'eitʃˌdi:] *s(fk f Doctor of Philosophy)* dr. philos.; doktorgrad; ***a PhD in physics*** en doktorgrad i fysikk.

pheasant [ˌfezənt] *s; zo:* fasan.

phenol [ˌfi:nɔl] *s; kjem(=carbolic acid)* fenol; karbolsyre.

phenomena [fiˌnɔminə] *pl av phenomenon.*

phenomenal [fiˌnɔminl] *adj(=remarkable)* fenomenal.

phenomenon [fiˌnɔminən] *s(pl: phenomena* [fiˌnɔminə]) fenomen *n;* ***a natural phenomenon*** et naturfenomen.

phew [fju:] *int:* uff; *uttrykk for lettelse* puh; uff; ***phew! it's hot today!*** uff, i dag er det varmt! ***phew! I thought he was going to ask me something but he didn't*** puh (*el.* uff), jeg trodde han skulle spørre meg om noe, men det gjorde han ikke; ***phew! that was a narrow escape!*** puh (*el.* uff), det var nære på!

phial [ˌfaiəl] *s; litt. el. stivt(=small bottle)* medisinflaske; liten flaske *(fx a phial of perfume).*

philander [fiˌlændə] *vb; litt. el. stivt; om mann(,***T:** *sleep around)* ha mange kvinnehistorier.

philanderer [fiˌlændərə] *s; litt. el. stivt; om mann(= Don Juan)* don juan; kvinnebedårer.

philanthropic ['filənˌθrɔpik] *adj:* filantropisk; menneskevennlig.

philanthropist [fiˌlænθrəpist] *s:* filantrop; menneskevenn.

philanthropy [fiˌlænθrəpi] *s:* filantropi; menneskevennlighet.

philatelic ['filəˌtelik] *adj:* filatelistisk; frimerke-.

philatelist [fiˌlætəlist] *s; stivt(=stamp collector)* filatelist; frimerkesamler.

philately [fiˌlætəli] *s; stivt(=stamp collecting)* filateli; det å samle på frimerker.

philharmonic ['filhɑ:ˌmɔnik] *adj* filharmonisk.

Philippines [ˌfili'pi:nz; 'filiˌpi:nz] *s; pl; geogr:* ***the Philippines*** Filippinene.

philistine [ˌfili'stain] *s:* filister; spissborger.

philological ['filəˌlɔdʒikl] *adj:* språkvitenskapelig; filologisk.

philology [fiˌlɔlədʒi] *s; glds:* filologi; *(se Arts 2 & arts subject).*

philosopher [fiˌlɔsəfə] *s:* filosof.

philosophical ['filəˌsɔfikl] *adj:* filosofisk; ***be philosophical about sth*** ta noe med fatning.

philosophize, philosophise [fiˌlɔsə'faiz] *vb:* filosofere.

philosophy [fiˌlɔsəfi] *s:* filosofi.

philtre *(,***US:** *philtre)* [ˌfiltə] *s; glds:* ***love philtre*** *(=love potion)* elskovsdrikk.

phlebitis [fliˌbaitis] *s; med.:* årebetennelse.

phlegm [flem] *s* **1.** *med.(=mucus)* slim *n;* **2.** *litt. el. glds(=calmness)* flegma *n.*

phlegmatic [flegˌmætik] *adj; stivt(=calm)* flegmatisk.

phoenix *(,***US:** *phenix)* [ˌfi:niks] *s; myt:* (fugl) Føniks.

I. phone [foun] *s(=telephone)* telefon; ***push-button phone*** tastafon; ***answer the phone****(=take the call)* ta telefonen (når den ringer); ***make an appointment by phone*** bestille time pr. telefon; ***on****(=over)* ***the phone*** i telefonen; ***he's not on the phone*** han har ikke telefon; ***I've just had him on the phone****(=I've just been on the line to him)* jeg har nettopp snakket med ham i telefonen; ***she's stuck on the phone for hours*** hun sitter i telefonen i timevis; ***we were talking on the phone*** vi (satt og) snakket i telefonen; ***conversation over the phone*** telefonsamtale; *(se også I. telephone).*

II. phone *vb(=telephone)* ringe (til); telefonere; ***I'll phone you this evening*** jeg ringer deg i kveld; ***someone phoned when you were out*** det var noen som ringte mens du var ute; ***phone for a taxi*** ringe etter drosje; ***phone up*** ringe *(fx I'll phone up and ask about it);* ***just phone me up*** bare ring til meg.

phone book telefonkatalog.

phone box *(=(public) call box)* telefonkiosk; telefonboks.

phone card *tlf:* telefonkort.

phone-in [ˌfoun'in] *s; radio:* innringerprogram.

phone number *(=telephone number)* telefonnummer; *(se freephone number).*

phone pager *(,* **T:** *beeper; bleeper)* personsøker.

phonetic [fəˌnetik] *adj; språkv:* fonetisk; lyd-.

phonetic notation *(=phonetic spelling)* lydskrift.

phonetic transcription fonetisk transkripsjon.

phonetician ['founiˌtiʃən] *s:* fonetiker.

phonetics [fəˌnetiks] *s; språkv:* fonetikk.

I. phoney *(,***US:** *phony)* [ˌfouni] **T** *s:* person som utgir seg for noe annet enn det han eller hun er *(fx he's not a real doctor – he's a phoney).*

II. phoney *(,***US:** *phony) adj(=fake)* falsk; uekte.

phooey [ˌfu:i] *int* **T:** fy (da)!

phosphate [ˌfɔs'feit] *s; kjem:* fosfat.

phosphorescence ['fɔsfəˌresəns] *s:* fosforescens.

phosphorescent ['fɔsfəˌresənt] *adj:* fosforescerende; selvlysende; *(jvf luminous 1).*

phosphorous [ˌfɔsfərəs] *adj; kjem:* fosforholdig; fosfor-.

phosphorus [ˌfɔsfərəs] *s; kjem:* fosfor.

photo [ˌfoutou] *s(pl: photos)* foto(grafi) *n.*

photocell *(=photoelectric cell)* fotocelle.

photocopier [ˌfoutou'kɔpiə] *s:* fotokopieringsmaskin.

I. photocopy [ˌfoutə'kɔpi; ˌfoutou'kɔpi] *s:* fotokopi.

II. photocopy *vb:* fotokopiere.

photoelectric ['foutouiˌlektrik] *adj:* fotoelektrisk.

photoelectric cell *(=photocell)* fotocelle.

photo finish *sport:* fotofinish; målfoto *n.*

photofit [ˌfoutou'fit] *s:* ***photofit (impression)*** robotbilde.

photoflood [ˌfoutou'flʌd] *s:* ***photoflood (lamp)*** fotolampe.

photogenic ['foutəˌdʒenik] *adj:* ***be photogenic*** være fotogen.

I. photograph [ˌfoutə'grɑ:f] *s:* fotografi *n; stivt:* ***take a photograph****(=picture)* ***of sby*** fotografere en.

II. photograph *vb(=take pictures)* fotografere; ta bilder.

photographer [fəˌtɔgrəfə] *s:* fotograf.

photographic ['foutəˌgræfik] *adj:* fotografisk.

photographic safari fotosafari.

photography [fəˌtɔgrəfi] *s:* fotografering.

photo machine fotoautomat.

photomontage ['foutoumɔnˌtɑ:ʒ] *s:* fotomontasje.

photomural ['foutouˌmjuərəl] *s:* veggfoto; forstørret fotografi brukt som veggdekorasjon.

photoset [ˌfoutou'set] *vb; typ(=filmset; især* **US:** *photocompose)* lage fotosats; sette som fotosats.

I. phrase [freiz] *s* **1.** frase; vending; uttrykk; ***hollow phrases*** hule fraser; ***set phrase*** stående uttrykk; **2.** *mus:* frase.

II. phrase *vb* **1.** uttrykke; formulere *(fx phrase(=word) the invitation very carefully; try to phrase(=put) your explanations in simple language);* **2.** *mus:* frasere.

phrase book parlør.

phraseological ['freiziəˌlɔdʒikl] *adj:* fraseologisk.

phraseology [.freiziˌɔlədʒi] *s:* fraseologi.

phut [fʌt] *s* **T:** ***go phut*** 1*(=pack up)* gå i stykker *(fx my radio has gone phut);* 2. *fig; om plan, etc(=come to nothing; go to pot)* gå i vasken *(fx his plans went phut);* gå skeis *(fx it went phut).*

physical [ˌfizikl] *adj* **1.** fysisk; **2.** legemlig; kroppslig; fysisk; **3.:** ***it's a physical impossibility****(=it's physically impossible)* ***for us*** det er fysisk umulig for oss.

physical chemist fysiokjemiker.

physical chemistry fysisk kjemi.

physical development **1.** fysisk utvikling; **2.** fysisk fostring.

p

physical education *(fk PE) skolev:* kroppsøving; gymnastikk; *(jvf gym & gymnastics).*
physical education college idrettshøyskole; ***the Norwegian State College of Physical Education and Sport*** Norges idrettshøgskole.
physical health fysisk helse.
physically [ˌfizikəli] *adv:* fysisk; i fysisk henseende; ***physically demanding*** fysisk krevende; ***be physically handicapped*** ha et fysisk handikap; ***that's physically impossible*** det er fysisk umulig; ***be physically superior to sby*** være en fysisk overlegen; ***it nearly made him physically sick*** han ble nesten fysisk uvel av det.
physical strength fysisk styrke.
physical therapy US *(=physiotherapy)* fysioterapi.
physician [fiˌziʃən] *s(=doctor)* lege.
physicist [ˌfizisist] *s:* fysiker.
physics [ˌfiziks] *s:* fysikk; *skolev:* ***practical physics****(=physics practical)* fysikkøvelser.
physio-chemical [ˈfiziouˌkemikl] *adj:* fysisk-kjemisk.
physiognomy [ˈfiziˌɔnəmi] *s:* fysiognomi.
physiological [ˈfiziəˌlɔdʒikl] *adj:* fysiologisk.
physiologist [ˈfiziˌɔlədʒist] *s:* fysiolog.
physiology [ˈfiziˌɔlədʒi] *s:* fysiologi.
physiology of nutrition ernæringsfysiologi.
physiotherapist [ˈfiziouˌθerəpist] *s:* fysioterapeut.
physiotherapy [ˈfiziouˌθerəpi] *s(=physical therapy;* **US:** *physiatrics)* fysioterapi; ***have physiotherapy*** få fysioterapibehandling.
physique [fiˌzi:k] *s:* kroppsbygning; fysikk; ***have a powerful physique*** være kraftig bygd; ***develop one's physique*** utvikle sin fysikk.
I. pi [pai] *s; mat.:* pi.
II. pi *adj; neds* **S***(=pious)* from; gudelig.
pianist [ˌpiənist] *s:* pianist; ***bar pianist*** hyggepianist.
I. piano [piˌænou] *s(pl: pianos) mus:* piano *n;* klaver *n;* ***grand piano*** flygel *n;* ***upright piano*** vanlig piano.
II. piano [ˌpjɑ:nou] *adv; mus:* piano.
piano accordion *mus:* pianotrekkspill.
piano bar pianobar; ***the piano bar offers good music, light snacks and a selection of drinks*** pianobaren byr på god musikk og noe lett og godt å spise eller drikke.
piano concerto *mus; om stykke(=keyboard concerto)* pianokonsert; *(jvf piano(forte) recital).*
piano entertainer *mus:* hyggepianist.
pianoforte [piˌænouˌfɔ:ti] *s; mus:* pianoforte.
piano(forte) recital *mus(=recital of piano music)* klaverkonsert; *(jvf piano concerto).*
pianola [piəˌnoulə] *s; mus(=player piano)* pianola; mekanisk klaver.
picaresque [ˈpikəˌresk] *adj; om fortelling(=fancifully romantic)* pikaresk *(fx novel).*
piccolo [ˌpikəˈlou] *s(pl: piccolos)* pikkolofløyte.
I. pick [pik] *s* **1***(=pickaxe)* spisshakke; **2.** *om valgmulighet:* ***take your pick****(=choose which one you want)* velg den (,det) du vil ha; **3. T:** ***the pick****(=the best)* den (,det, de) beste; ***he was the pick of the applicants*** han var den beste av sølerne.
II. pick *vb* **1.** hakke *(fx pick a hole);* hakke i;
2. plukke; *(se pick-your-own);*
3. pirke; ***pick one's nose*** pirke seg i nesen;
4. velge ut *(fx pick(=choose) the shortest route);* ***pick****(=select)* ***a team*** ta ut et lag; *fig:* ***pick a winner*** satse riktig; ***pick the winner*** ta ut vinneren; ta ut den som vil vinne; *(jvf 15: pick out);*
5.: ***pick and choose*** velge og vrake;
6. dirke opp *(fx a lock);*
7. *om lommetyv:* ***pick sby's pocket*** stjele fra en;
8. *fig:* ***pick sby's brain(s)*** utnytte ens viten; **T:** pumpe en;
9.: ***pick a quarrel with sby*** yppe strid med en; legge seg ut med en; ***pick a fight with sby*** begynne å slåss med en;
10.: ***pick one's way*** være forsiktig med hvor man setter foten; gå forsiktig;
11.: ***pick at*** 1. pirke på *(el.* ved); 2*(=peck at):* ***he just picked at the food*** han bare pirket i maten;
12. *fig:* ***pick holes in*** plukke hull *(n)* i *(fx sby's argument);*
13. *fig:* ***pick off*** 1. plukke av; 2. plaffe ned;
14. T: ***pick on*** 1. *til (ubehagelig) oppgave, etc(=select)* velge (ut); 2. være etter; kritisere;
15.: ***pick out*** 1*(=choose)* velge ut; 2*(=see)* se; plukke ut; 3.: ***pick out a tune*** spille en melodi etter gehør *n; (jvf 4 ovf);*
16.: ***pick over*** rense *(fx pick the berries over);*
17.: ***pick up*** 1. ta opp; 2. ta opp for å lese i; 3. **T***(=collect)* hente *(fx I'll pick it up on my way home);* 4. *om transportmiddel:* ta opp; plukke opp; 5. *om politi-et:* plukke opp; få fatt i; 6. *om kunnskaper:* plukke opp *(fx she's picked up a lot of German);* lære *(fx she's picked it up from me);* ***he'll pick it up quite easily*** det vil falle ham lett; det lærer han fort; 7. *om mann:* plukke opp *(fx he picked her up at a party);* 8. *radio, radar, etc(=receive signals from)* fange opp; få inn; 9. *merk(=improve; look up)* bli bedre; ta seg opp; 10. *om sykdom el. smitte:* ***you never know what you may pick up*** man vet aldri hva man kan pådra seg; 11. **T***(=recover)* komme seg; 12. *etter avbrudd el. opphold:* ***let's pick up where we left off last time****(=let's start where we left off last time)* la oss fortsette der vi slapp sist; 13.: ***pick up a bargain*** gjøre et godt kjøp; 14.: ***pick up the bill*** betale regningen; 15.: ***pick up courage*** fatte mot; 16.: ***pick up a delay*** få en forsinkelse; 17.: ***pick up a habit*** legge seg til en vane; få en vane; 18.: ***let's pick up sth for dinner*** la oss kjøpe noe middagsmat; 19. *fig* **T:** ***pick up the pieces****(=save something out of the wreck)* redde stumpene; 20.: ***pick up (speed)****(=go faster; accelerate)* få (større) fart; akselerere; 21. *etter fall:* ***pick oneself up*** komme seg på bena *(n)* (igjen).
pickaback [ˌpikəˈbæk] **1.** *s* **T***(=piggyback):* ***give a child a pickaback*** la et barn sitte på ryggen;
2. *adv:* ***he carried the child pickaback*** han bar barnet på ryggen.
pickaxe *(,***US:** *pickax)* hakke.
picked [pikt] *adj:* elite- *(fx troops).*
picker [ˌpikə] *s:* plukker; ***berry picker*** bærplukker.
I. picket [ˌpikit] *s* **1.** pæl; stake; **2.** streikevakt; **3.** *mil:* vakt(post); feltvakt.
II. picket *vb* **1.** gå *(el.* være) streikevakt; sette ut streikevakt ved; **2.** *mil:* sette vakt ved.
picket duty *mil* **1.** vakttjeneste; **2.** tjeneste som streikevakt; **3.:** ***be on picket duty*** 1. stå vakt; 2. stå streikevakt.
picket fence stakittgjerde; *(jvf railing 2).*
picket line streikevakt; ***cross the picket line*** gå forbi streikevakten.
pickings [ˌpikiŋz] *s; pl* **1***(=scraps)* rester; levninger; **2.** *neds:* fortjeneste; ***go some place where the pickings are richer*** dra et sted hvor det er mer å tjene (,**T:** hale); **3***(=cuttings):* ***a few pickings from the press*** noen få presseklipp *(el.* pressekutt).
I. pickle [pikl] *s* **1.** (salt)lake; **2.:** ***pickles*** pickles; ***onion pickles*** syltede løk; **3. T***(=difficult situation)* knipe; vanskelig situasjon.
II. pickle *vb* **1.:** ***pickle (in vinegar)*** sylte; legge ned i eddik; *(se pickled);* **2***(=marinate)* marinere.
pickled [ˌpikəld] *adj* **1.** *kul:* saltet; sprengt; ***pickled herring*** sursild; kryddersild; ***fillets of pickled herring****(=pickled herring fillets)* gaffelbiter;
2. T*(=drunk)* (god og) full; **S:** sausa.
picklock [ˌpikˈlɔk] *s:* dirk.
pick-me-up [ˌpikmiˈʌp] *s:* **T:** hjertestyrker; noe som virker oppkvikkende.
pickpocket [ˌpikˈpɔkit] *s:* lommetyv; ***beware of pickpockets*** se opp for lommetyver.
pick-up, pickup [ˌpikˈʌp] *s* **1.** *til platespiller:* pickup;
2. *biltype:* pickup; liten, åpen varevogn;

3. tilfeldig bekjentskap *n;* gatebekjentskap;
4. *bils* **T**(*=acceleration*) akselerasjonsevne.
pick-up bar sjekkested.
pick-up point hentested; sted *(n)* hvor man vil bli plukket opp.
pick-up truck US(*=van*) varevogn; varebil.
pick-your-own selvplukk.
I. picnic [ˌpik'nik] *s* **1.** landtur (med niste); picnic; ***go on a picnic*** dra på landtur (*el.* picnic); **2. T**(*=pleasure trip*): ***it's no picnic*** det er ingen fornøyelsestur.
II. picnic *vb(pret & perf.part.: picnicked)* spise ute (i det fri); være på landtur; ***go picnicking*** dra på landtur.
picnic area rasteplass.
picnic case turkoffert.
picnicker [ˌpik'nikə] *s:* person på landtur; ***picnickers' litter*** søppel *(n)* etter folk *(n)* som har rastet på stedet.
picnic table(*=camping table*) campingbord.
pictorial [pikˌtɔ:riəl] *adj:* billed-; bilde-.
I. picture [ˌpiktʃə] *s* **1.** bilde *n;* maleri *n;* ***paint a picture*** male et bilde; ***moving pictures*** levende bilder; **2**(*=photo*) foto *n;* bilde *n;* ***take a picture of sby*** ta et bilde av en; ***in the picture***(*=on(=in) the photo*) på bildet;
3. *lett glds(=cinema film)* (kino)film; *lett glds:* ***go to the pictures***(*=go to the cinema;* **US:** *go to the movies*) gå på kino;
4. *fig:* ***the garden is a picture in summer***(*=the garden looks beautiful in summer*) hagen er så vakker om sommeren; ***his face was a picture***(*=study*) ***when …*** du skulle sett ansiktet hans da …; **T:** ***be in the picture*** være i bildet; ***he's no longer in the picture*** han er ute av bildet; **T:** ***get the picture***(*=understand*) forstå *(fx You get the picture? – Yes, I get(=I've got) the picture);* ***I can't quite get a full picture of the situation*** jeg kan ikke riktig overskue situasjonen; ***put sby in the picture***(*=fill sby in on the situation*) sette en inn i situasjonen (*el.* saken); ***it's part of the picture that …*** det hører med til bildet at …; ***you're the picture of your mother***(*=you're the very image of your mother*) du er din mor opp av dage; ***she gave me a good picture of what was happening*** hun ga meg et godt bilde av det som var i ferd med å skje; ***look the picture of health*** se kjernesunn ut; se ut som sunnheten selv; ***she painted a graphic picture of the dangers of …*** hun ga en malende beskrivelse av farene ved …
II. picture *vb* **1**(*=imagine;* **US:** *figure to oneself*) forestille seg *(fx I can picture the scene);* ***I can picture him***(*=I can see him; I see him in my mind's eye*) jeg ser ham for meg;
2(*=depict*) avbilde; ***be pictured*** bli avbildet.
picture book billedbok.
picture card *kortsp(=court card)* billedkort.
picture-framing [ˌpiktʃə'freimiŋ] *s:* innramning av bilder.
picture postcard prospektkort.
picturesque ['piktʃəˌresk] *adj* **1**(*=charming*) malerisk;
2. *om stil(=vivid)* malende *(fx language).*
picture window panoramavindu; utsiktsvindu.
piddle [pidl] *vb* **T**(*=urinate* **T:** *pee*) tisse.
piddling [ˌpidliŋ] *adj(=trivial; unimportant)* triviell; ubetydelig *(fx details).*
pidgin [ˌpidʒin]: ***pidgin English*** pidginengelsk.
pie [pai] *s* **1.** pai; ***fruit pie*** slags kake;
2. *fig:* ***have a finger in the pie*** ha en finger med i spillet.
piebald [ˌpai'bɔ:ld] *adj; om hest:* skimlet.
I. piece [pi:s] *s* **1.** stykke *n;* ***a piece of string*** en hyssing; ***piece by piece*** stykke for stykke; ***in pieces*** i stykker; ***the vase was lying in pieces on the floor*** vasen lå istykkerslått på gulvet;
2. *i brettspill & fig:* brikke; *sjakk:* offiser; *(jvf I. pawn 1);* ***…and with that the last piece fell into place*** …og dermed falt den siste brikken på plass;
3. del; ***an eighteen-piece tea set*** et teservise som består av 18 deler;
4. *om mynt:* stykke *n (fx a 50-pence piece);*
5. artikkel; stykke *n (fx there was a piece in the newspaper about it);*
6. *mus:* stykke *n;* verk *n;*
7. *teat* **T**(*=play*) stykke *n;*
8. *om våpen:* ***fowling piece*** jaktgevær (for hagl *(n)*);
9.: ***a six-piece band*** et seksmanns orkester;
10. S(*=chick; bint*) kjei *n;* skreppe; ***a nice piece*** ei fin skreppe;
11.: ***in one piece*** 1. i ett stykke; uten skjøt; ***it's made all in one piece*** det hele er lagd i ett stykke; 2. uskadd; ***he got back (all) in one piece*** han kom tilbake (helt) uskadd;
12.: ***of a piece***(*=of the same kind*): ***they're (all) of a piece***(*=there's nothing to choose between them*) de er av samme ulla; det er ikke noe å gi imellom på dem;
13.: ***a piece of advice*** et råd; ***a piece of furniture*** et møbel; ***a piece of information*** en opplysning; ***what a piece of luck!*** for et hell! ***a piece of news*** en nyhet;
14. T: ***that's a piece of cake***(*=that's very easy;* **T:** *that's dead easy*) det er en lett sak; det er ingen kunst;
15. T: ***give sby a piece of one's mind*** si en noen sannhetsord; ***he got a piece of my mind*** jeg sa ham hva jeg mente;
16.: ***come to pieces*** gå i stykker *n;* ***fall to pieces*** falle fra hverandre; *fig:* ***go to pieces*** 1. miste selvbeherskelsen; gå fra konseptene; 2. få nervesammenbrudd; ***take sth to pieces*** ta noe fra hverandre; demontere noe; ***tear sth to pieces*** 1. slite (*el.* rive) noe i stykker; 2. *fig:* ***tear***(*=pull*) ***a theory to pieces*** pulverisere en teori;
17. *fig:* ***pick up the pieces***(*=save something out of the wreck*) redde stumpene;
18.: ***say one's piece*** 1. komme med leksen sin; si det man er opplært til å si; 2. *om dikt, etc:* si frem; fremføre; ***he said his piece very nicely*** han fremførte det meget pent;
19.: ***speak one's piece*** gi sitt besyv med i laget.
II. piece *vb:* ***piece together*** 1. sette sammen; sy sammen; 2. *fig:* sette sammen; få mening i *(fx sby's story).*
piece goods *pl(=yard goods)* metervarer.
piecemeal [ˌpi:s'mi:l] *adv* **1**(*=piece by piece*) stykke *(n)* for stykke; stykkevis; bit for bit; **2**(*=a little at a time*) litt om gangen.
piece rate akkordsats; stykkpris; ***be on the piece rate***(*=do piecework*) arbeide på akkord.
piecework [ˌpi:s'wə:k] *s; for lønnsmottager:* akkordarbeid; ***do***(*=be on*) ***piecework*** arbeide på akkord.
pieceworker [ˌpi:s'wə:kə] *s:* akkordarbeider.
pie chart sektordiagram; *(se I. chart 3).*
pied [paid] *adj; stivt el. litt.; om fugl el. dyr:* med to farger; svart og hvit.
pied-à-terre ['pjeitɑ:ˌtεə] *s(pl: pieds-à-terre)* krypinn *n;* midlertidig bolig.
pier [piə] *s* **1.** (anløps)brygge;
2(*=pillar*) pilar; søyle;
3. *arkit(=buttress)* strebepilar;
4. *bygg:* ***bridge pier*** brukar; brupilar.
pierce [piəs] *vb* **1.** gjennombore *(fx it pierced his arm);* **2**(*=make a hole in*) bore (*el.* lage) hull *(n)* i; ***have one's ears pierced*** få lagd hull i ørene;
3. trenge inn i *(fx a bullet pierced his lung);*
4. *fig:* trenge gjennom; *om lyd:* skjære gjennom; ***her screams pierced the air*** skrikene *(n)* hennes skar gjennom luften; ***the cold wind pierced them to the bone*** den kalde vinden gikk dem gjennom marg og ben *n.*
piercing [ˌpiəsiŋ] *adj* **1.** gjennomtrengende; **2.** *fig:* gjennomborende; gjennomtrengende *(fx glance).*
pier glass konsollspeil; søylespeil.
pier table *(=console table)* konsollbord.
pietism [ˌpaii'tizəm] *s:* pietisme.
pietist [ˌpaiitist] *s:* pietist.
pietistic ['paiiˌtistik] *adj:* pietistisk.
piety [ˌpaiiti] *s:* fromhet.
I. pig [pig] *s* **1.** *zo:* gris; svin *n;*

p

2. *fig:* gris; ***make a pig of oneself*** forspise seg; være grådig;
3. *neds* **S***(=policeman)* purk;
4. *iron:* ***pigs might fly!*** alt er (jo) mulig! **T** *også:* jaså, tror du på julenissen?
5.: ***squeal like a stuck pig****(=scream one's head off)* skrike som en stukket gris;
6.: ***stare like a stuck pig*** glo som kua på en rødmalt vegg;
7.: ***sweat like a pig*** svette som en gris;
8. *ordspråk:* ***little pigs have long ears*** små gryter har også ører *n.*

II. pig *vb* **1.** få grisunger; grise; **2. T:** ***pig it*** leve som en gris; leve som griser; **3.** *spøkef:* ***I'm having a pigging session*** jeg trøstespiser.

pig breeder *(,***US:** *hog raiser) landbr:* griseoppdretter.

pigeon [ˌpidʒən] *s* **1.** *zo:* due; ***carrier pigeon****(=homing pigeon)* brevdue; **2. S***(=sucker)* lettlurt offer;
3. T: ***it's his*** *(,my, etc)* ***pigeon*** det er hans (,min, etc) sak.

I. pigeonhole [ˌpidʒən'houl] *s* **1.** *i hylle:* fag *n;* rom *n;* **2.** *fig:* ***put people in pigeonholes****(=pigeonhole people)* sette folk i bås.

II. pigeonhole *vb; fig:* sette i bås; ***be pigeonholed*** bli satt i bås.

pigeonhouse [ˌpidʒən'haus] *s(=dovecot(e))* duehus; dueslag.

pigeon-toed [ˌpidʒən'toud] *adj:* inntilbens.

piggery [ˌpigəri] *s:* griseri *n;* grisehus; *(jvf pigsty).*

piggish [ˌpigiʃ] *adj* **1.** grådig; **2***(=obstinate)* sta.

piggy [ˌpigi] *s* **1.** *barnespråk(=pig)* nøffnøff;
2. *fig:* ***be piggy****(=pig)* ***in the middle*** stå mellom to stridende parter.

I. piggyback [ˌpigi'bæk] *s(=pickaback):* ***give sby a piggyback*** la en sitte på ryggen sin.

II. piggyback *adv:* ***ride piggyback*** sitte på ryggen (til en).

piggyback truck [ˌpigi'bæk ˌtrʌk] *s:* biltransporttrailer.

piggy bank sparegris.

pigheaded [ˌpig'hedid] *adj* **T***(=very stubborn)* sta som et esel.

pig iron råjern.

pigment [ˌpigmənt] *s:* pigment *n;* fargestoff i huden.

pigmentation ['pigmənˌteiʃən] *s:* pigmentering.

pigskin [ˌpig'skin] *s:* svinelær.

pig's (ear) RS*(=beer)* øl *n.*

pigsty [ˌpig'stai] *s* **1***(,***US:** *pigpen)* grisebinge;
2. *fig:* svinesti *(fx this room is an absolute pigsty).*

pig's wash *(=(pig)swill)* grisefôr; grisemat.

pigtail [ˌpig'teil] *s* **1.** hårpisk; **2.:** ***pigtails*** musefletter.

pike [paik] *s* **1.** *zo:* gjedde;
2. *hist:* pike (ɔ: fotsoldats lange spyd);
3.: *se turnpike;*
4. US*(=motorway with tolls)* avgiftsbelagt motorvei.

pikestaff [ˌpaik'stɑ:f] *s* **1.** *hist:* pikeskaft; *(jvf pike 2);* **2.** *fig:* ***it's (as) plain as a pikestaff****(=it's as clear as day)* det er klart som dagen; det er helt klart.

pilchard [ˌpiltʃəd] *s; zo; fisk:* sardin; *(jvf sardine).*

I. pile [pail] *s* **1.** stabel; bunke; haug; ***pile****(=heap)* ***of rubbish*** haug med søppel *n;* søppelhaug; ***put all these things in a pile*** legg alle disse tingene i en haug;
2. *bygg:* pæl; ***foundation pile*** fundamentpæl;
3. *på gulvteppe:* lo; *på skinn:* hår *n; (jvf I. nap 2);*
4. T: ***a pile of, piles of****(=lots of)* masser av; en hel masse; ***he's made his pile*** han har tjent seg rik.

II. pile *vb* **1.** stable; *(se 4: pile up);*
2.: ***pile on (to)*** 1. lesse på *(fx food on (to) a plate);* 2. *fig:* ***pile it on****(=exaggerate)* overdrive; 3. *fig:* **T:** ***pile pressure on****(=add to the pressure on)* øke presset på;
3.: ***pile into (,on, off)****(=scramble into (,on, off)* kravle (*el.* presse seg) inn i (,(opp) på, ut av);
4.: ***pile up*** 1*(=pile; heap up)* stable; legge i haug; 2*(=accumulate)* samle seg (opp); 3. *om trafikk:* hope seg opp; 4. *fig:* ***his debts piled up*** gjelden hans vokste.

piledriver [ˌpail'draivə] *s:* rambukk.

pile dwelling *arkeol(=lake dwelling)* pælebygning.

piles [pailz] *s; med.(=haemorrhoids)* hemorroider.

pile-up [ˌpail'ʌp] *s* **T***(=concertina crash)* kjedekollisjon.

pilfer [ˌpilfə] *vb:* naske; småstjele.

pilferage [ˌpilfəridʒ] *s(=pilfering)* naskeri *n;* nasking; småtyveri.

pilgrim [ˌpilgrim] *s:* pilegrim.

pilgrimage [ˌpilgrimidʒ] *s:* pilegrimsreise; ***go on a pilgrimage*** foreta en pilegrimsreise; valfarte.

pill [pil] *s* **1.** pille; *fig:* ***a bitter pill to swallow*** en bitter pille å svelge; ***sugar****(=gild)* ***the pill*** sukre pillen; **2.:** ***the pill*** p-pillen; ***go on the pill*** begynne med p-piller.

pill addict pillemisbruker; *(se I. addict).*

I. pillage [ˌpilidʒ] *s; glds(=plundering)* plyndring.

II. pillage *vb; glds(=plunder)* plyndre.

pillar [ˌpilə] *s* **1.** pilar; søyle;
2. *stivt el. spøkef:* støtte; ***they were pillars of middle-class respectability****(=they were staid middle-class people)* de var trauste middelklassemennesker; **3.** *vanligvis om person i vanskeligheter* **T:** ***from pillar to post****(=from one place to another)* fra sted *(n)* til sted *(fx he was driven from pillar to post in search of a job).*

pillar box frittstående, søyleformet rød postkasse.

pillar-box red [ˌpilə'bɔks ˌred] *adj:* knallrød.

pillared [ˌpiləd] *adj:* med søyler (*el.* pilarer); ***pillared entrance*** søyleportal.

pillion [ˌpiliən] **1.** *s; på hest:* ridepute; *på motorsykkel(=pillion seat)* baksete;
2. *adv:* ***ride pillion****(=sit on the pillion)* sitte bakpå.

pilliwinks [ˌpili'wiŋks] *s; hist(=thumbscrew)* tommeskrue.

I. pillory [ˌpiləri] *s; hist:* gapestokk.

II. pillory *vb; også fig:* sette i gapestokken.

pillow [ˌpilou] *s:* hodepute; pute.

pillowcase [ˌpilou'keis] *s(=pillowslip)* putevar.

pill-popper [ˌpil'pɔpə] *s:* pillesluker.

I. pilot [ˌpailət] *s* **1.** *mar:* los; **2.** *flyv:* pilot; flyger.

II. pilot *vb* **1.** *mar:* lose; **2.** *flyv:* føre *(fx a plane);*
3. *fig(=guide; lead)* føre *(fx sby about);* lose *(fx pilot(=steer) a Bill through Parliament).*

pilotage [ˌpailətidʒ] *s* **1.** losavgift; **2***(=pilotage service; pilot service)* lostjeneste.

pilot boat *mar:* losbåt.

pilot cutter *mar:* losskøyte.

pilot lamp *(=pilot light)* kontrollampe; kontrollys; indikatorlampe; *på gasskomfyr:* tennflamme.

pilot plant forsøksanlegg.

pilot project *(=trial project)* prøveprosjekt.

pilot scheme *(=experimental scheme)* forsøksopplegg; prøveopplegg; pilotforsøk.

pilot whale *zo(=black whale; blackfish)* grindhval.

pimento [piˌmentou] *s(=allspice)* allehånde.

I. pimp [pimp] *s:* hallik.

II. pimp *vb:* være hallik; ***pimp for*** være hallik for.

pimpernel [ˌpimpə'nel] *s; bot:* ***wood pimpernel*** skogfredløs.

pimple [pimpl] *s:* kvise; filipens.

pimply [ˌpimpli] *adj:* kvisete; med filipenser.

I. pin [pin] *s* **1.** knappenål; ***drawing pin****(,***US:** *thumbtack)* tegnestift; ***safety pin*** sikkerhetsnål; *for jakkeoppslag, etc:* ***(stick) pin*** nål; pin; ***tie pin*** slipsnål;
2. *tekn:* tapp; pinne; *del av hengsel(=pintle)* stabel;
3. stift; *med.:* nagle;
4. *elekt; i støpsel:* pinne;
5. S: ***pins****(=legs)* ben *n; spøkef:* undersåtter;
6. T: ***I've got pins and needles in my arm*** armen min sover;
7. T: ***be on pins and needles*** sitte (,stå) som på nåler;
8. T: ***she doesn't care a pin for anyone*** hun bryr seg ikke en døyt om noen;
9.: ***you could have heard a pin drop*** en kunne nesten høre en knappenål falle.

II. pin *vb* **1.** feste med (knappe)nåler; sette fast med klesklype *(fx clothes on a line); (se 7 & 8: pin up);*
2. spidde *(fx an insect);*
3. holde fast; ***pin sby's arms*** holde armene ens fast;
4.: ***pin down*** 1. holde fast; holde nede; 2. *fig:* ***something's wrong, but I can't pin down what it is****(= something's wrong, but I can't put my finger on it)* det er noe som er galt, men jeg kan ikke sette fingeren på det; 3. *fig:* ***pin sby down*** få en til å binde seg; få en til å si noe bestemt;
5. T: ***pin sth on sby*** få noe på en;
6.: ***pin one's hopes****(=faith)* ***on*** sette sin lit (*el.* sitt håp) til;
7.: ***pin a label on him*** sette en merkelapp på ham; sette ham i en bås;
8.: ***pin up*** feste med (knappe)nål; ***pin up a notice on the wall*** sette et oppslag på veggen; *(se 7).*

pinafore [ˌpinəˈfɔ:] *s:* barneforkle.

pin-ball [ˌpinˈbɔ:l] *adj:* ***pin-ball machine*** spilleautomat.

pince-nez [ˌpænsˈnei; ˌpinsˈnei] *s:* lorgnett.

pincers [ˌpinsəz] *s:* ***(pair of) pincers*** knipetang; *(se nippers; pliers; tongs).*

I. pinch [pintʃ] *s* **1.** klyp; ***he gave her a pinch on the cheek*** han kløp henne i kinnet;
2. *om liten mengde:* klype *(fx of salt); fig:* ***take it with a pinch of salt*** ta det med en klype salt;
3. knipetak; ***at a pinch****(=at a scrape)* i et knipetak; ***it might do at a pinch*** det går til nød an; ***when it comes to the pinch****(=crunch),* ***he'll let you down*** når det virkelig kniper, vil han svikte deg;
4. *fig(=pressure)* press *n; ved pengemangel:* ***we feel the pinch*** vi merker det.

II. pinch *vb* **1.** klype; knipe;
2. klemme *(fx these shoes pinch);*
3. *seilsp:* pine;
4. T*(=steal* **T:** *swipe)* kvarte; rappe;
5. S*(=arrest;* **T:** *nab)* hekte; arrestere;
6.: ***pinch pennies****(=pinch and scrape)* spinke og spare.

pinch bar *(=crowbar; nail bar)* brekkjern; kubein.

pinchbeck [ˌpintʃˈbek] *s; om gullignende legering:* tambak.

pinchbeck watch tambak (lommeur).

pinched [pintʃt] *adj* **1.** presset; klemt;
2. *om ansikt:* blekt; ***she has rather a pinched look*** hun ser nokså blek ut;
3.: ***they were pinched for room*** det knep med plass.

pincushion [ˌpinˈkuʃən] *s:* nålepute.

I. pine [pain] *s* **1.** *bot(=pine tree)* furu(tre); ***dead pine*** tørrfuru; **2.** *materiale(=pinewood)* furu.

II. pine *vb* **1.:** ***pine (away)*** vansmekte; sykne hen *(fx gradually she pined away and died);*
2.: ***pine (for)*** lengte sterkt etter *(fx be pining for home; be pining to return to Norway);* vansmekte; ***he goes round pining*** han går der og vansmekter.

pineapple [ˌpainˈæpl] *s; bot:* ananas.

pineapple strawberry *bot:* bakkejordbær.

pine barren furumo.

pine cone *bot:* furukongle.

pine marten *zo:* skogmår.

pine needle *bot:* furunål.

pine tree *bot:* furu(tre); ***dead pine tree*** tørrfuru.

pinewood [ˌpainˈwud] *s; materiale(=pine; deal)* furu; ***pinewood rich in heartwood*** malmfuru.

pine(wood) panelling furupanel.

ping-pong [ˌpiŋˈpɔŋ] *s* **T***(=table tennis)* pingpong; bordtennis.

pinhead [ˌpinˈhed] *s* **1.** knappenålshode; **2. T***(=fool; stupid person)* tosk; dumrian.

pinhole [ˌpinˈhoul] *s:* knappenålshull.

pining [ˌpainiŋ] *s:* vansmekting; (sterk) lengting; ***all this pining seems to be taking its toll on him*** all denne lengtingen ser ut til å ta på ham; *(jvf II. pine 2).*

I. pinion [ˌpinjən] *s* **1.** *zo:* svingfjær; **2.** *poet(=wing)* vinge; **3.** *mask:* pinjong; drev *n;* lillehjul.

II. pinion *vb* **1.** stekke (vingene på); **2.** holde fast *(fx sby against the wall);* binde fast.

I. pink [piŋk] *s* **1.** lyserød farge; rosafarge; rosa;
2. *bot:* nellik; ***clove pink****(=carnation)* hagenellik;
3. T: ***in the pink (of health)*** helt frisk.

II. pink *vb; om motor med tenningsbank:* banke.

III. pink *adj* lyserød; rosa(farget).

pin money *s* **1.** kvinnes lommepenger; **2.** *kvinnes, ved deltidsarbeid:* ekstrainntekt.

pinnacle [ˌpinəkl] *s* **1.** *arkit:* (mur)tind; ***with towers and***
pinnacles med tinder of tårn;
2. *stivt el. litt.(=peak)* tind *(fx at the pinnacle of fame).*

pin-number [pinˈnʌmbə] *s(=personal identification number; PIN) bankv:* PIN-nummer.

pinny [ˌpini] *s* **T***(=pinafore)* barneforkle.

I. pinpoint [ˌpinˈpɔint] *s* **1.** nålespiss; **2.** lite punkt; ***a pinpoint of light*** et ørlite lys.

II. pinpoint *vb* **1.** vise nøyaktig *(fx the position on the map);* **2.** *fig:* sette fingeren på.

III. pinpoint *adj:* meget lite; ørlite *(fx target).*

pinprick [ˌpinˈprik] *s* **1.** *også fig:* nålestikk;
2. *fig:* ***policy of pinpricks*** nålestikkpolitikk.

pint [paint] *s(=0.5681 litre:* **US:** *0.4731 litre)* pint; *svarer til:* halvliter *(fx a pint of beer).*

pinta [ˌpaintə] *s; om melk* **T:** ***drink a pinta (milk) a day*** drikk en halv liter melk hver dag.

pintail [ˌpinˈteil] *s; zo:* stjertand.

pintle [pintl] *s* **1.** *tekn(=upright pivot)* opprettstående svingtapp (*el.* dreietapp); *del av hengsel(=pin)* stabel;
2. *mar:* ***rudder pintle*** rortapp.

I. pinup, pin-up [ˌpinˈʌp] *s* **T:** ***pinup****(=pinup girl)* pinup(jente).

II. pinup, pin-up *adj* **1.** pinup *(fx girl);* **2. US:** til å henge på veggen *(fx a pinup lamp).*

pinwheel [ˌpinˈwi:l] *s* **1.** *fyrverkerisak(=Catherine wheel)* sol; **2.** *leketøy* **US***(=windmill)* vindmølle.

pinworm [ˌpinˈwə:m] *s; zo:* barneorm.

I. pioneer [ˈpaiəˌniə] *s:* pioner; foregangsmann.

II. pioneer *vb:* være pioner; være banebrytende.

pioneering work pionerarbeid.

pious [ˌpaiəs] *adj:* from; ***a pious fraud*** et fromt bedrag.

I. pip [pip] *s* **1.** fruktkjerne; stein *(fx the pips of apples, oranges and peas);*
2. *i tidssignal:* pipp *n;* ***he put his watch right by the pips*** han stilte klokken sin etter tidssignalet;
3. *på radarskjerm:* blipp *n;*
4. *på terning el. dominobrikke:* øye *n; kortsp:* korttegn;
5. *mil* **T***(=star)* stjerne (på skulderen);
6. S: ***he gives me the pip*** jeg blir i dårlig humør *(n)* av ham.

II. pip *vb* **T:** ***pip sby at the post****(=beat sby at the last moment)* slå en i siste øyeblikk; slå en på målstreken.

pipage [ˌpaipidʒ] *s* **1***(=pipelines)* rørledninger;
2*(=transport of oil or gas by pipeline)* transport av olje el. gass gjennom rørledning.

I. pipe [paip] *s* **1.** rør; ***a length of pipe*** et rørstykke; et rør;
2. pipe *(fx he smokes a pipe); fig:* ***put that in your pipe and smoke it!*** merk deg det! legg deg det på sinne!
3. *mus(=whistle)* pipe; ***boatswain's pipe*** båtsmannspipe; ***the pipes****(=the bagpipes)* sekkepipe *(fx play the pipes);*
4. *fig:* ***dance to sby's pipe*** danse etter ens pipe.

II. pipe *vb* **1.** føre (*el.* lede) i rør;
2. (spille på) fløyte;
3. *mar:* pipe *(fx the captain on board);*
4.: ***pipe icing on a cake*** sprøyte melis på en kake;
5. T: ***pipe down****(=shut up)* holde munn.

pipe bowl pipehode.

piped [paipt] *adj:* som går i rør *n.*

p

pipe dream ønskedrøm *(fx it's a pipe dream of mine).*
piped music bakgrunnsmusikk (på bånd *n*).
pipeline [ˌpaip'lain] *s* **1.** rørledning;
2. T: ***in the pipeline*** under oppseiling; på trappene;
3. US*(=direct channel for information)* direkte linje;
4.: ***let it be known through the pipeline*** meddele det ad halvoffisiell vei.
piper [ˌpaipə] *s* **1.** *mus:* sekkepiper;
2. T: ***pay the piper****(=foot the bill)* betale gildet; betale moroa; ***he who pays the piper calls the tune*** den som betaler gildet, har rett til å bestemme hvordan det skal være.
I. piping [ˌpaipiŋ] *s* **1.** *kollektivt:* rør *n;*
2. *i hus:* røropplegg; ***concealed piping*** skjult røropplegg;
3. snorbesetning;
4. *på kake:* linjemønster (av glasur el. krem).
II. piping *adj* **1.** pipende *(fx a piping voice);* **2.:** ***piping hot****(=scalding hot)* rykende varm; skåldhet.
pipit [ˌpipit] *s; zo(=titlark)* piplerke.
pipsqueak [ˌpip'skwi:k] *s* **1. T:** fjompenisse;
2. T*(=pop-pop)* knallert.
piquancy [ˌpi:kənsi] *s* **1.** pikant smak; **2.** pikanteri *n.*
piquant [ˌpi:kənt] *adj* **1.** *om smak:* pikant;
2*(=pleasantly interesting; exciting)* pikant; pirrende; spennende *(fx situation).*
I. pique [pi:k] *s; stivt(=anger)* ergrelse.
II. pique *vb; stivt:* ***be piqued****(=be hurt)* bli såret.
piracy [ˌpaiərəsi] *s* **1.** sjørøveri; piratvirksomhet;
2. ulovlig ettertrykk; krenkelse av copyright.
I. pirate [ˌpaiərit] *s* **1.** sjørøver; sjørøverskip;
2. piratforlegger; plagiator.
II. pirate *vb:* trykke (ˌutgi) uten tillatelse.
I. pirouette ['piruˌet] *s:* piruett.
II. pirouette *vb:* piruettere.
Pisces [ˌpaisi:z] *s; astr(=the Fishes)* Fiskene; ***I'm (a) Pisces*** jeg er Fisk.
pisciculture [ˌpisi'kʌltʃə] *s; stivt(=fish farming)* fiskeoppdrett.
piscivorous [piˌsivərəs] *adj; stivt(=feeding on fish)* fiskeetende.
I. piss [pis] *s; vulg* **1***(=urine)* piss *n;*
2. *fig* **S:** ***take the piss****(=mickey)* ***out of sby*** drive gjøn *(n)* med en; *spøkef:* mobbe en; *vulg:* drite en ut.
II. piss *vb; vulg* **1.** pisse;
2.: ***it's pissing down*** det pøsregner;
3.: ***piss off*** 1. *int(=go away):* ***why don't you just piss off and leave me alone!*** dra deg nå vekk og la meg være i fred! 2.: ***piss sby off****(=annoy sby)* ergre en.
pissed [pist] *adj* **S 1***(=drunk)* full; **2.:** ***I'm pissed off****(=fed up)* ***with waiting*** jeg er lut lei av å vente.
piss-up [ˌpis'ʌp] *s; vulg(=drunken party)* fyllekalas.
piste [pi:st] *s: sport:* (ski)løype; ***on the piste*** i løypa; ***ski on a marked piste*** gå på ski i oppmerket løype; *(se ski track & I. track 4).*
pistil [ˌpistil] *s; bot:* støvvei.
pistol [pistl] *s* **1.** pistol; **2.** *fig:* ***hold a pistol to sby's head*** sette en pistolen for pannen.
pistol shot pistolskudd; *(se gunshot 1).*
piston [ˌpistən] *s; mask:* stempel *n.*
I. pit [pit] *s* **1.** (stort) hull *(n)* (i bakken); grop;
2. (gruve)sjakt; gruve *(fx coalpit);*
3. *for biler:* ***(service) pit****(=greasing bay)* smøregrop; *ved veddeløpsbane:* ***pit(s)*** depot *n;*
4. *sport:* hoppgrav;
5. dyregrav; fangstgrav;
6. *for hanekamp:* kampplass;
7. *i metall:* rustgruve;
8. *anat:* ***the pit of the stomach*** hjertekulen;
9. *teat:* ***the pit****(=the rear stalls)* parterre *n;* ***orchestra pit*** orkestergrav;
10. US*(=stone)* stein (i frukt); fruktstein; kjerne.
II. pit *vb* **1.** lage hull *(n)* i; *(se pitted 1);*
2.: ***pit against*** stille (*el.* sette) opp mot; ***pit A against B*** sette A opp mot B; ***pit oneself against*** prøve krefter med.
pit-a-pat [ˌpitə'pæt] *adv:* ***his heart went pit-a-pat*** hjertet dunket i brystet på ham; *(jvf II. thump: his heart was thumping).*
I. pitch [pitʃ] *s* **1.** bek *n;*
2. *mar(=pitching)* stamping; hogging; duving;
3. *gateselgers:* standplass;
4. *især om utførelse el. lengde:* kast *n (fx long pitch);*
5. *sport:* bane *(fx cricket pitch; football pitch);*
6. *i cricket:* område *(n)* mellom gjerdene *n;*
7*(=(degree of) slope)* helling(svinkel);
8. *mask(=distance between gear teeth)* tannavstand;
9.: ***rivet pitch*** nagleavstand;
10. *mus:* tonehøyde; register *n;* ***give the pitch*** angi tonen;
11. *mus:* ***(vocal) pitch*** stemmeleie;
12. *fon:* stemmehøyde; ***her voice dropped to a lower, more confidential pitch*** stemmen hennes sank til et lavere, mer fortrolig nivå;
13. *fig:* nivå; ***at its highest pitch*** i høyeste leie *n;* på høyeste nivå *n;* ***she needn't have let things get to such a pitch****(=point)* hun hadde ikke behøvd å la det komme så langt;
14. *fig:* ***queer sby's pitch****(=upset sby's apple cart)* ødelegge for en.
II. pitch *vb* **1***(=put up)* sette opp; slå opp *(fx a tent);* **2***(=throw)* kaste; slenge; lempe *(fx pitch(=toss) hay on to a wagon); sport; baseball & cricket:* kaste; **3.** *mar:* stampe; hogge; duve;
4. *stivt(=fall heavily):* ***pitch forward*** stupe (*el.* falle tungt) forover; ***pitch headlong to the ground*** gå på hodet i bakken;
5. *mus:* bestemme tonehøyden;
6.: ***pitch****(=aim)* ***one's aspirations too high*** stile for høyt; ha for store ambisjoner;
7.: ***pitch in****(=muck in)* ta fatt; ta et tak;
8. T: ***pitch into*** 1*(=attack)* gå (*el.* fare) løs på; 2. *fig:* gå løs på; ta fatt *(fx sby about sth);* 3. *om oppgave:* ta fatt på; gå løs på.
pitch-black [ˌpitʃˌblæk] *adj:* beksvart.
pitch-dark [ˌpitʃˌdɑ:k] *adj:* bekmørk.
pitched battle *også fig:* regulært slag; feltslag.
pitched roof *arkit(=sloping(=slanting) roof)* skråtak.
pitcher [ˌpitʃə] *s* **1.** *i baseball:* kaster; **2.** krukke *(fx of water);* **3.** *ordspråk:* ***little pitchers have long ears*** små gryter har også ører *n.*
pitchfork [ˌpitʃ'fɔ:k] *s(=hayfork)* høygaffel.
pitch invasion *sport:* det at tilskuerne stormer inn på banen.
pit coal steinkull.
piteous [ˌpitiəs] *adj; litt.(=pitiful)* ynkelig.
pitfall [ˌpit'fɔ:l] *s* **1***(=pit)* dyregrav;
2. *fig* fallgruve; felle; ***pitfalls of English*** fallgruver i engelsk.
pith [piθ] *s* **1.** *bot(=medulla)* marg;
2.: ***the pith of an orange*** det hvite i en appelsin;
3. *fig; stivt(=essential part; core)* kjerne; det vesentlige *(fx of an argument).*
pithead [ˌpit'hed] *s:* gruveåpning; gruvenedgang.
pithy [ˌpiθi] *adj* **1.** marg-; full av marg; **2.** *fig:* fyndig; full av saft og kraft *(fx a short and pithy speech).*
pitiable [ˌpitiəbl] *adj: se pitiful.*
pitiful [ˌpitiful] *adj(=pitiable)* ynkelig; ***a pitiful attempt*** et ynkelig forsøk; ***a pitiful sight*** et ynkelig syn.
pitifully [ˌpitifuli] *adv:* ynkelig; ***pitifully few*** sørgelig få.
pitiless [ˌpitiləs] *adj; litt.(=merciless)* ubarmhjertig.
pitman [ˌpitmən] *s; især i Nord-England(=coal miner; collier)* kullgruvearbeider.
piton [ˌpitən] *s; fjellsp(,***T:** *peg)* (ring)bolt.
pit privy utedo (med hull *(n)* i bakken).
pittance [ˌpitəns] *s(=meagre wage)* ussel lønn.
pitted [ˌpitid] *adj* **1.** med fordypninger; med gravrust;
2. *fig(=tough)* vanskelig; full av gjenvordigheter.

pitter-patter [ˌpitəˈpætə] *s:* lett klapring; ***the pitter -patter of rain on a window*** den lette lyden av regn *(n)* på et vindu.

pitting [ˌpitiŋ] *s:* gropdannelse; gravrust.

pituitary [piˌtjuətəri] *adj; anat:* ***pituitary gland*** hypofyse.

pit worker gruvearbeider.

I. pity [ˌpiti] *s* **1.** medlidenhet; medynk; ***feel pity****(=sorry)* ***for sby*** ha medlidenhet med en; synes synd på en; ***have pity on sby*** 1*(=be(=feel) sorry for sby)* synes synd på en; ha medlidenhet med en; 2*(=take pity on sby)* forbarme seg over en; ***do it out of pity for sby*** gjøre det fordi man synes synd på en; ***move sby to pity*** vekke ens medlidenhet;
2.: ***it's a pity you can't come*** det er synd du ikke kan komme; ***what a pity (that) she can't come!*** så synd at hun ikke kan komme! ***the pity of it is that she won't be there*** det er bare så synd at hun ikke kommer til å være til stede;
3.: ***more's the pity*** 1*(=unfortunately)* dessverre *(fx I won't be able to go, more's the pity);* 2.: ***more's the pity for him****(=so much the worse for him)* så meget desto verre for ham; dessverre for ham.

II. pity *vb; stivt el. litt.(=feel pity for)* føle medlidenhet med; ***he's to be pitied****(=one must feel pity for him)* man må synes synd på ham.

I. pivot [ˌpivət] *s* **1.** *tekn:* svingtapp; dreietapp;
2. *fig:* krumtapp *(fx he's the pivot of the school);*
3. *tannl:* stift; *(jvf pivot tooth).*

II. pivot *vb:* ***pivot on****(=turn on)* dreie seg om.

pivot tooth *tannl:* stifttann.

pivot window vippevindu.

pixie, pixy [ˌpiksi] *s:* (ondsinnet) nisse.

pizza [ˌpi:tsə] *s; kul:* pizza.

placability [ˈplækəˌbiliti] *s; sj(=conciliatory spirit)* forsonlighet; forsonlig innstilling; *(jvf implacability).*

placable [ˌplækəbl] *adj; sj(=conciliatory)* forsonlig; *(jvf implacable).*

placard [ˌplækɑ:d] *s:* plakat; transparent; *(se playbill & poster).*

placate [pləˌkeit] *vb; stivt(=soothe; pacify)* formilde; blidgjøre.

placatory [ˌplækət(ə)ri; pləˌkeitəri] *adj; sj(=conciliatory)* forsonende.

I. place [pleis] *s* **1.** sted *n;* ***place of business*** forretningslokale; ***place of work*** arbeidssted; ***place of worship*** 1. kultsted; kultminne; 2*(=house of God)* gudshus; ***in a place*** på et sted; *(jvf 13: in place);* ***in another place*** på et annet sted; ***we found a good place to watch the procession*** vi fant et fint sted å se på opptoget fra; ***laugh in the right places*** le på de riktige stedene;
2. *mht. bosted:* sted *n;* hus *n;* hjem *n;* hybel *(fx she's got a place in town);* ***at my place*** hjemme hos meg; der hvor jeg bor; ***our place in the country*** sommerstedet vårt;
3. *i bok, etc:* sted *n (fx I lost my place);*
4. *om arbeidsmulighet:* ***he found him a place in the firm*** han skaffet ham en plass (*el.* et arbeid) i firmaet;
5. plass *(fx a place for my books; he went to his place and sat down); i hesteveddeløp:* plass; *i stedsnavn:* plass *(fx Grosvenor Place); på lag, i organisasjon, etc:* plass; *i konkurranse, i kø el. ved skole:* plass; ***come in in fourth place*** komme inn på fjerdeplass; ***take your places!*** innta plassene deres! *(jvf II. mark 5: on your marks);* ***she took second place in the race*** hun ble nummer *(n)* to i løpet; ***A won with B in second place*** A vant med B på annen plass; ***we couldn't get him a place at any school*** vi kunne ikke skaffe ham plass ved (*el.* få ham inn på) noen skole; ***is there any possibility of a place on that course?*** er det noen mulighet for å komme med på det kurset? ***are there any places left on your English course?*** er det noen ledige plasser igjen på engelskkurset deres (,ditt)?
6. kuvert; ***lay another place*** dekke til én til;
7. posisjon (i samfunnet); ***have friends in high places*** ha venner i høye stillinger;
8. *mat.:* ***decimal place****(=decimal)* desimal; ***give the correct answer to four decimal places*** beregn svaret med fire desimalers nøyaktighet;
9. *fig:* plass *(fx his place in history);* ***she knows her place*** hun kjenner sin plass; ***he was put in his place in no uncertain terms*** han ble satt ettertrykkelig på plass; *(se også 13: in place 2);*
10. *om plikt el. rett:* ***it's your place to welcome guests*** det er din oppgave å ønske gjestene velkommen;
11.: ***pride of place****(=place of honour)* hedersplass; ***take the pride of place*** innta hedersplassen; ***the pride of place goes to the old writing desk*** hedersplassen tilkommer det gamle skrivebordet;
12. T: ***go places*** 1*(=travel)* reise; 2. *fig(=get on (well))* lykkes; gjøre det bra *(fx she's sure to go places!);* ***we're going places at last*** endelig har det begynt å gå bra (*el.* ordne seg) for oss;
13.: ***in place*** 1. på plass; ***put it back in its place*** sett (,legg) det tilbake på plass; 2. *fig:* på sin plass *(fx an apology would be in place); (se også 9, 16, 18: out of place);*
14. *stivt:* ***in place of****(=instead of)* i stedet for;
15.: ***in sby's place*** i ens sted *n (fx John was ill, so I went in his place);* ***put oneself in sby else's place*** sette seg i ens sted; sette seg inn i en annens situasjon; ***(if I were) in your place****(=if I were(=was) you)* i ditt sted; hvis jeg var deg;
16.: ***in the first place****(=first(ly))* for det første;
17.: ***fall into place*** *også fig:* falle på plass; ***...and with that the last piece fell into place*** ... og dermed falt den siste brikken på plass; *(se også 9 & 13);*
18.: ***out of place*** 1. i ulage *(fx he arrived with not a hair out of place);* 2. *fig:* ikke på sin plass; malplassert; ***it's quite out of place*** det hører ingen steder *(n)* hjemme; det passer seg slett ikke; 3.: ***that wouldn't be out of place****(=that wouldn't be amiss)* det ville ikke være av veien; 4.: ***I feel rather out of place here*** jeg føler meg nokså bortkommen her; *(jvf 13: in place 2);*
19.: ***all over the place****(=everywhere)* overalt; over det hele;
20. *stivt:* ***take place****(=happen)* finne sted *n;* hende; skje; ***what took place after that?*** hva hendte så? ***I regret what has taken place*** jeg beklager det inntrufne;
21.: ***take sby's place*** 1. ta ens plass; 2. tre i stedet for en; tre inn i ens sted *n;*
22.: ***take the place of****(=replace)* erstatte *(fx I don't think television will ever take the place of books).*

II. place *vb* **1.** *stivt(=put)* plassere; legge; sette; stille; ***he placed it on the table*** han la det på bordet; ***be placed in command of the army*** få kommandoen over hæren;
2. *fig:* plassere; ***I know I've met her, but I can't quite place her*** jeg vet jeg har truffet henne, men jeg kan ikke riktig plassere henne;
3.: ***be placed*** 1. *om beliggenhet:* ligge; være beliggende; være plassert; 2. *i hesteveddeløp:* bli plassert; ***his horse was not placed*** hesten hans ble (*el.* løp) uplassert;
4. *mht. arbeid el. fosterhjem:* plassere *(fx 5,000 unemployed were placed in new industries);* ***the boy was placed with a family*** gutten ble anbrakt hos en familie;
5. *sport:* plassere; ***his total time after three races places him third in the finals*** hans sammenlagte tid etter tre løp *(n)* plasserer ham som nummer *(n)* tre på resultatlisten;
6. *merk:* ***place an order with sby****(=give sby an order)* plassere en ordre hos en; gi en en ordre;
7. *merk:* ***place an amount to sby's credit****(=credit sby's account with an amount)* kreditere en(s konto) med et beløp;

8.: ***place(=put) all the facts before him*** forelegge ham alle fakta *n;*
9. *stivt:* ***place a great deal of stress on****(=attach great importance to)* legge stor vekt på;
10. *fig:* ***we're better placed than a month ago*** vi er bedre stilt enn for en måned siden;
11.: ***he's well placed to see it all*** han står fint til for å kunne se det hele; *fig:* ***a piece of work he's well placed to do*** et arbeid han har gode forutsetninger for å gjøre.
placebo [plə,si:bou] *s; med:* placebo; narremedisin.
placebo pill *med.(=dummy pill)* lurepille.
placebo test *med.:* dobbelt blindforsøk; *(jvf double blind: experiment with a double blind).*
place card bordkort.
place mat kuvertbrikke; dekkeserviett; spisebrikke.
placement [,pleismənt] *s(=placing)* plassering; anbringelse (i arbeid *n*).
place name stedsnavn.
placenta [plə,sentə] *s; anat:* placenta; morkake.
place of safety order midlertidig dokument *(n)* som fratar foreldre retten til å ha barnet (,barna) hos seg; ***take out place of safety orders on 20 children*** ta 20 barn fra foreldrene (med øyeblikkelig virkning); *(jvf care order & wardship 1).*
place setting kuvert; oppdekning til én person.
placid [,plæsid] *adj(=calm)* rolig; sinnslikevektig; ***a placid child*** et barn som er stille av seg.
placing [,pleisiŋ] *s; også sport:* plassering; ***wrong placing*** feilplassering; ***he achieved a good placing*** han fikk en god plassering; *(jvf placement).*
plagiarism [,pleidʒə'rizəm] *s* **1.** plagiat *n;* **2.** plagiering.
plagiarist [,pleidʒərist] *s:* plagiator.
plagiarize, plagiarise [,pleidʒə'raiz] *vb:* plagiere.
I. plague [pleig] *s* **1.** pest; ***bubonic plague*** byllepest;
2.: ***there was a plague of burglaries*** det var plagsomt mange innbruddstyverier.
II. plague *vb(=bother; annoy)* plage.
plaice [pleis] *s; zo:* rødspette; kongeflyndre.
plaid [plæd] *s:* skotskrutet skjerf *(n)* (som bæres over venstre skulder).
plaid skirt skotskrutet skjørt *n.*
I. plain [plein] *s* **1.** slette; **2***(=(plain) knitting)* rettstrikking.
II. plain *adj* **1***(=simple; ordinary)* enkel *(fx food);* ***plain living*** enkelt levesett;
2. lite å se på; mindre pen *(fx a plain girl).*
3*(=clear)* klar; tydelig; ***he made his intentions plain*** han gjorde det klart hva han hadde tenkt å gjøre; ***I can't put it plainer than that*** tydeligere kan jeg ikke si det;
4*(=obvious)* opplagt; klart; ***it's plain (to see) you haven't done this before*** det er tydelig at du ikke har gjort dette før;
5. *om tapet, etc:* umønstret; ensfarget; *om papir:* ulinjert; *om ring:* glatt; *om utførelse* enkel;
6*(=flat; level)* flat;
7. *kortsp:* ***plain card*** kort *(n)* som ikke er trumffarge;
8.: ***she was plain Miss Jones until she married a Lord*** hun var en helt vanlig Miss Jones inntil hun giftet seg med en lord;
9. *strikking:* rett *(fx knit one row plain);*
10. ærlig; åpen; oppriktig *(fx be quite plain(=frank) with sby; he was quite plain(=frank) about his feelings on the matter);* ***a plain****(=frank)* ***answer*** et ærlig svar; et oppriktig svar; ***the plain****(=simple)* ***truth*** den enkle sannhet.
III. plain *adv* **T:** ***he's just plain stupid****(=he's (just) stupid, that's all)* han er rett og slett dum; ***she was plain****(=simply)* ***embarrassed*** hun var rett og slett flau.
plain chocolate *mots melkesjokolade:* mørk (*el.* ren) sjokolade.
plain clothes *pl:* sivile klær; sivilt antrekk.
plain-clothes [,plein'klou(ðð)z] *adj:* ***plain-clothes (police)man*** sivilkledd politimann.
plain-coloured [,plein'kʌləd] *adj(=in a plain colour)* ensfarget.
plain cooking vanlig matlag(n)ing.
plain dealing *(=straightforward honesty)* redelighet; ærlighet *(fx he's noted for his plain dealing).*
plain English: ***in plain English****(=in plain language)* i klarspråk; (sagt med) rene ord *n;* ***I told him (as much) in plain English*** jeg sa det rett ut til ham.
plain knitting rettstrikking; *(jvf purling).*
plainly [,pleinli] *adv* **1.** *stivt(=obviously):* ***plainly, if I see him, I'll phone you*** det er klart at hvis jeg ser ham, skal jeg ringe til deg;
2*(=frankly; straight out)* uten omsvøp; like ut *(fx speak plainly to sby);*
3*(=simply)* enkelt; ***be plainly dressed*** være enkelt kledd.
plain matter *typ:* glatt sats.
plain paper ulinjert papir *n.*
plain sailing: ***it's plain sailing*** det er grei skuring; det er helt ukomplisert.
plain speaking åpenhet; tydelig tale; ***that's plain speaking*** det er tydelig tale; det er rene ord *(n)* for pengene.
plain-spoken ['plein,spoukən; *attributivt:* ,plein'spoukən] *adj(=frank; candid)* åpen; oppriktig; som sier hva man mener.
plaintext [,plein'tekst] *s; mots kodet tekst(=plain(= clear) text; text in clear)* klartekst; *(jvf ciphertext).*
plaintiff [,pleintif] *s; jur:* saksøker; ***find for the plaintiff*** ta saksøkerens påstand til følge.
plaintive [,pleintiv] *adj; stivt(=sad)* sørgmodig; trist; ***a plaintive cry*** et klagende rop; ***plaintive tune*** vemodsfylt melodi.
I. plait [plæt] *s* **1.** (hår)flette; **2.** *om noe som er flettet:* ***a plait of straw*** flettet halm; **3.** *om flettet bakverk; kan svare til:* kringle; ***Danish pastry plait*** wienerkringle; *(se pastry ring).*
II. plait *vb:* flette *(fx sby's hair).*
I. plan [plæn] *s* **1.** plan; ***plans for*** planer om; *(se også nedf: make plans for);* ***a carefully conceived plan*** en omhyggelig lagt plan; ***a well-thought-out plan*** en vel gjennomtenkt plan; ***plan of campaign*** 1. *mil:* strategi; 2. *fig(=plan of action)* slagplan; ***carry out a plan****(= carry a plan into effect)* sette en plan ut i livet; ***follow a plan*** følge en plan; ***further one's plans*** fremme sine planer; ***go according to plan*** gå som planlagt *(fx the journey went according to plan);* ***make****(=form)* ***a plan*** legge en plan; lage en plan; ***make plans for sth*** planlegge noe; ***pursue a definite plan*** forfølge en bestemt plan; ***I have no definite plans yet*** jeg har ingen faste planer ennå; *stivt:* ***our immediate plan is to …****(=the first thing we plan to do is …)* det vi nå først har tenkt å gjøre, er å …; ***thwart sby's plans*** krysse ens planer; ***I don't think your plan will work*** jeg tror ikke at planen din kan brukes;
2. kart *n;* tegning; plan; ***street plan*** bykart (*of* over); ***the plan of the house*** rominndelingen (i huset);
3*(=project; scheme)* plan; prosjekt *n;*
4*(=design)* plan; utkast;
5*(=procedure):* ***our usual plan is to work for a few hours, then stop for lunch*** vanligvis pleier vi å arbeide noen timer og så ta lunsjpause.
II. plan *vb* **1.** planlegge *(fx plan very carefully);* ***plan sth*** 1. planlegge noe; 2. finne på noe *(fx we'll plan something for tonight);* ***plan ahead*** planlegge på sikt;
2. *om arkit:* tegne; ***they didn't like the way the house was planned*** de likte ikke rominndelingen i huset;
3.: ***plan for*** regne med *(fx more people came than we had planned for);* ***we are planning for next May*** vi regner med at det skal skje i mai neste år *n;*
4.: ***plan on****(=intend to):* ***we're planning on going to Italy this year*** vi har tenkt å dra til Italia i år *n;*
5.: ***plan to do sth*** ha tenkt å gjøre noe; ***how long do***

you plan to stay? hvor lenge har du tenkt å bli?
I. plane [plein] *s* **1.** *bot(=plane tree)* platan; **2***(= aeroplane;* **US:** *airplane)* fly; ***they were met from the plane by …*** de ble møtt på flyplassen av …; ***feel uncomfortable on a plane*** føle ubehag når man flyr; **3.** *redskap:* høvel; **4.** flate; plan *n; geom(=level surface)* plan *n;* **5.** *fig:* plan *(fx on the intellectual plane);* ***on a higher plane*** på et høyere (kulturelt) plan; ***on a personal plane****(=level)* på det personlige plan; *(jvf I. level 4).*
II. plane *vb* **1***(=skim across the surface of the water)* plane; **2.** høvle; ***plane down*** høvle ned.
III. plane *adj(=flat; level)* plan; ***plane surface*** plan flate.
planet [ˌplænit] *s; astr:* planet.
planetarium [ˈplæniˌtɛəriəm] *s:* planetarium *n.*
planetary [ˌplænətəri] *adj:* planetarisk; planet-.
plane ticket *(=airline ticket)* flybillett; ***he had an open(-ended) plane ticket*** han hadde en åpen flybillett.
plane tree *bot:* platan.
planet wheel *mask:* stjernehjul; mellomhjul; planethjul.
planing mill høvleri *n.*
planish [ˌplæniʃ] *vb:* sletthamre; hamre ut.
I. plank [plæŋk] *s* **1.** planke; **2.** *mar; hist:* ***walk the plank*** gå planken; **3.** *polit:* ***the planks of the platform*** partiprogrammets enkelte punkter *n.*
II. plank *vb:* kle med planker; legge gulv *(n)* med planker; ***the floor was planked with oak*** gulvet bestod av eikeplanker.
plank bed trebrisk.
planking [ˌplæŋkiŋ] *s* **1.** planker; **2.** *mar:* plankekledning; ***outside planking*** utenbordskledning.
plankton [ˌplæŋktən] *s; biol:* plankton *n.*
planned [plænd] *adj* **1.** planlagt; påtenkt; prosjektert; **2.** planmessig; ***planned retreat*** planmessig tilbaketrekning.
planned economy *økon:* planøkonomi.
planner [ˌplænə] *s:* planlegger; ***town planner*** byplanlegger.
planning [ˌplæniŋ] *s:* planlegging; ***forward planning****(=planning ahead)* planlegging på sikt.
planning application søknad om bruksendringstillatelse; *(se planning permission).*
planning authority del av bygningsvesenet som innvilger bruksendringstillatelse (*planning permission*).
planning office: ***town and country planning office*** bygningsvesen.
planning permission bruksendringstillatelse; byggetillatelse for forandringsarbeider.
planning session *(,i Canada: discretionary day; non -instructional day) skolev:* planleggingsdag.
I. plant [plɑ:nt] *s* **1.** *bot:* plante; **2.** fabrikk(anlegg); anlegg *n:* ***engineering plant*** maskinanlegg; **3.:** ***he left muddy footprints as a plant to confuse the police*** han etterlot sølete fotavtrykk for å villede politiet.
II. plant *vb* **1.** plante *(fx a tree);* **2.:** ***plant seeds*** så frø; ***plant potatoes*** sette poteter; **3.** anlegge *(fx an orchard);* **4.:** ***be planted with*** være beplantet med; **5.** *om fisk, østers, etc:* sette ut *(fx plant trout);* **6.** *om slag:* plante *(fx a hard blow on sby's chin);* **7.** *fig:* ta oppstilling; plante seg; plante; ***she planted the child in front of him*** hun satte barnet rett ned foran ham; **8***(=place)* plante *(fx a bomb; a microphone in a room);* **9***(=implant)* plante *(fx doubts in sby's mind);* **10.** *om falskt bevis* **S:** plante; ***the police planted stolen goods on him*** politiet plantet tyvegods hos ham.
plantain [ˌplæntin] *s; bot:* kjempe.
plantation [plænˌteiʃən] *s* **1.** plantasje; **2.** beplantning.
planter [ˌplɑ:ntə] *s* **1.** plantasjeeier; farmer; ***tea planter*** tefarmer; **2.** *landbr:* plantemaskin; ***potato planter*** settemaskin; **3***(=decorative flowerpot)* pyntepotte.
plantpot [ˌplɑ:ntˈpɔt] *s(=flowerpot)* blomsterpotte.
plant stand blomstersøyle.
plaque [plæk; plɑ:k] *s* **1.** plakett; tavle; ***memorial plaque*** minnetavle; **2.** *tannl:* bakteriebelegg (på tennene); plaque.
plasma [ˌplæzmə] *s; biol:* plasma *n (fx blood plasma).*
I. plaster [ˌplɑ:stə] *s* **1***(=sticking plaster)* plaster *n;* **2.** murpuss; **3***(=plaster of Paris)* gips *(fx she's got her arm in plaster);* gipspuss; stukkgips.
II. plaster *vb* **1.** sette plaster på; plastre; **2.** pusse *(fx a wall);* gipse *(fx a ceiling);* ***plaster over a hole*** mure igjen et hull; *(jvf plasterer);* **3.** *med.:* gipse; **4.** smøre tykt på *(fx butter on one's bread);* **5.** klistre *(fx posters all over the walls);* ***walls plastered with posters*** vegger som er (,var) overdynget med plakater; ***plastered with mud*** helt tilklint med søle.
plaster board *bygg(=gypsum board)* gipsplate.
plaster cast **1.** gipsavstøpning; **2.** gipsbandasje.
plastered [ˌplɑ:stəd] *adj* **S***(=drunk)* full.
plasterer [ˌplɑ:stərə] *s:* gipser; stukkatør; *til pussarbeid:* murer; *(jvf bricklayer; mason; tile layer).*
plastering [ˌplɑ:stəriŋ] *s:* gipspuss; murpuss.
I. plastic [ˌplæstik] *s* **1.** plast; **2***(=plastic money)* plastpenger; ***pay with plastic*** betale med plast(penger).
II. plastic *adj:* plastisk; ***plastic clay*** plastisk leire; ***the plastic minds of children*** de mottagelige barnesinnene.
plastic arts plastikk; plastisk kunst; *(se art 1).*
plastic gymnastics *(=plastic dancing)* plastikk.
plasticine [ˌplæstiˈsain] *s(=modelling clay)* modellerleire.
plasticity [plæˌstisiti] *s:* plastisitet.
plastic surgeon *med.:* plastisk kirurg; plastikkirurg.
plastic surgery *med.:* plastisk kirurgi; plastikkirurgi.
platan [ˌplætən] *s; bot(=plane tree)* platan.
I. plate [pleit] *s* **1.** plate *(fx a steel plate); (jvf I. sheet 4);* **2.** *i bok:* plansje; ***book containing plates*** plansjeverk; **3.** *tannl:* ***(dental) plate****(=dentures)* tannprotese; gebiss *n;* **4.** *på bil:* skilt *n;* ***name plate*** navneskilt; **5.** (flat) tallerken; ***soup plate*** dyp tallerken; **6.** **US***(=course plate)* tallerkenrett; ***lunch plate*** lunsjtallerken; **7.** kollektskål; ***pass the plate*** sende skålen rundt; **8.** sølvtøy; **9.** **T:** ***he was handed the job on a plate*** han fikk jobben like opp i fanget; **10.** **T:** ***have a lot on one's plate*** ha mange jern *(n)* i ilden.
II. plate *vb* **1.** kle med metallplater; pansre; **2.** plettere,
plateau [plætou] *s(pl: plateaus, plateaux)* **1.** platå *n;* ***mountain plateau*** fjellplatå; fjellvidde; **2.** *fig:* platå *n (fx prices have reached a plateau).*
plateful [ˌpleitful] *adj:* tallerken *(fx of soup).*
plate glass speilglass.
plate-glass [ˌpleitˈglɑ:s] *adj:* speilglass- *(fx window).*
platelet [ˌpleitlit] *s; biol:* ***(blood) platelet*** blodplate.
platen [ˌplætən] *s* **1.** presseplate; **2.** *på skrivemaskin:* valse.
plate race *veddeløp:* pokalløp; *(jvf cup race).*
plate rack tallerkenrekke; tallerkenhylle.
platform [ˌplætˈfɔ:m] *s* **1.** plattform; ***raised platform*** forhøyning; **2.** *jernb:* perrong; **3.** *polit(,***US:** *ticket)* (parti)program *n;* **4.** podium *n;* ***(speaker's) platform*** talerstol.
platinum [ˌplætinəm] *s:* platina *n.*

I. platinum blonde *s:* platinablondine.
II. platinum blonde *adj:* platinablond.
platitude [ˌplæti'tju:d] *s(=trite remark; commonplace)* platthet; banal bemerkning; banalitet; selvfølgelighet; ***write columns (and columns) of platitudes*** skrive spalte opp og spalte ned med selvfølgeligheter.
platitudinous ['plætiˌtju:dinəs] *adj; meget stivt(= trite):* ***platitudinous remarks*** plattheter; banaliteter.
Plato [ˌpleitou] *s:* Platon.
Platonic [pləˌtɔnik] *adj* **1.** platonisk; **2**(*=platonic; non--sexual)* platonisk *(fx relationship).*
platoon [pləˌtu:n] *s; mil:* (infanteri)tropp.
platter [ˌplætə] *s; glds el.* **US:** stort, ovalt fat; anretningsfat *(fx a wooden platter); fig:* ***have sth handed to one on a silver platter*** få seg noe overrakt på et sølvfat.
plaudits [ˌplɔ:dits] *s; pl; stivt(=applause)* applaus.
plausibility ['plɔ:zəˌbiliti] *s:* sannsynlighet *(fx the plausibility of a story);* tilsynelatende riktighet.
plausible [ˌplɔ:zəbl] *adj:* plausibel; sannsynlig; som virker riktig; ***make plausible****(=give a plausible account of)* sannsynliggjøre; ***too plausible*** bestikkende; besnærende *(fx that argument strikes me as too plausible).*
I. play [plei] *s* **1.** lek *(fx work and play);* ***a play on words*** en lek med ord *n;*
2. *sport:* spill *n;* kamp *(fx play began at 3pm); om ball:* ***in (,out of) play*** i (,ute av) spill;
3. *sjakk(=move)* trekk *n;*
4. *om bevegelser & fig:* spill *n (fx the play of light and shade; the play of the muscles);* ***power play*** maktspill;
5. *teat:* skuespill; stykke *n;* ***full-length play*** helaftensstykke;
6. *tekn:* slark; dødgang; *i tau:* slakk *(fx there's not enough play in the rope);* ***steering play*** dødgang på rattet;
7(*=turn to play)* tur (til å spille) *(fx it's my play);*
8. *fig:* ***bring(=call) into play*** ta i bruk; gjøre bruk av;
9. *især* **US T:** ***he made a big play for the blonde****(=he made a great pass at the blonde)* han la an på blondinen i stor stil;
10. *fig:* ***give full play to one's imagination*** la fantasien få fritt spillerom;
11. T: ***make great play with****(=make a great fuss about)* gjøre et stort nummer av.
II. play *vb* **1.** leke (*with* med); ***play hide-and-seek*** leke gjemsel; ***go out to play*** gå ut for å leke; *(se 23, 2 & 41);*
2. *fig:* leke; ***the sun was playing on the water*** solen glitret på vannet;
3. *sport:* spille; ***play away*** spille borte; ***play at home****(,***US:** *play a home game)* spille på hjemmebane; ***play a reserve*** sette inn en reserve; ***Norway played England*** Norge spilte mot England; ***play a match against*** spille en kamp mot; *(se 33, 34 & 35);*
4. *kortsp, etc:* spille; ***play an ace*** spille ut et ess; ***he played away a fortune*** han spilte bort en formue; ***play for money*** spille om penger; ***play sby at chess*** spille sjakk med en;
5. *mus:* spille; spille på; ***play the piano*** spille piano; ***play on the piano*** spille på pianoet; *(se* **28**, *1 &* **36**);
6. *om radio:* stå på *(fx her radio's playing all day);*
7. *teat:* spille *(fx she plays Lady Macbeth); om stedet:* opptre i *(fx they played Bristol last week);* ***"Macbeth" is playing at the local theatre*** "Macbeth" går *(el.* oppføres nå) på stedets teater *n;*
8(*=deal with; handle)* behandle; takle *(fx they decided to play the dispute another way);*
9. US *(=fight)* slåss *(fx he didn't want to play);*
10(*=make bets on)* spille på *(fx play the horses);*
11.: ***play the stock market*** spille på fondsbørsen;
12.: ***play a fish*** la en fisk gå seg trett;
13. *om lykt:* ***she played her torch along the fence*** hun lyste med lykten langs gjerdet;
14. T: ***play ball****(=cooperate)* samarbeide *(fx if you play ball with us you'll make a lot of money);*
15.: ***play both ends against the middle****(=play off one against the other)* spille den ene ut mot den andre;
16. US: ***play dirty****(=play dirty tricks; play a dirty trick)* spille uærlig spill *n;*
17.: ***play fair*** spille ærlig spill *n;*
18.: ***play fast and loose with*** 1. behandle skjødesløst; ***play fast and loose with sby's money*** skalte og valte med ens penger; 2. *fig(=play with)* leke med *(fx sby's feelings);*
19. *mht. valg av livsledsager:* ***play the field*** ikke binde seg; se seg om; ha mange venner (,venninner);
20. *fig:* ***play the game*** følge spillets regler;
21. *fig:* ***play a hunch*** handle ut fra en innskytelse;
22. *fig:* ***play a waiting game*** stille seg avventende;
23.: ***play about, play around*** 1. løpe omkring og leke; 2. *fig:* leke (*with* med) *(fx don't play about with that gun!);* ***play around with an idea****(=toy with an idea)* leke med en idé; 3. **US S***(=sleep around)* ha forskjellige seksualpartnere; gå til sengs med nær sagt hvem som helst;
24.: ***play****(=go)* ***along with sby*** føye en; jatte med en; ***they played along with his scheme*** de gikk med på planen hans;
25.: ***play at*** 1. leke *(fx play at cops and robbers);* 2. *ergerlig spørsmål* **T:** ***what are you playing at?*** hva er det du holder på med? **T:** hva er det du leker? ***he's just playing at it****(=he's not serious about it)* han tar det bare som en lek; han tar det ikke alvorlig;
26.: ***play away*** 1. *sport: se* **3**; 2.: ***play away on a musical instrument*** bearbeide et musikkinstrument;
27. *om opptak:* ***play back*** spille av *(fx they recorded the song and played it back to the singer);*
28. *mus:* ***play by ear*** 1. spille etter gehør; *(jvf 5);*2. *fig* **T:** ***play it by ear****(,* **US S:** *fly by the seat of one's pants)* ta stilling til hva man skal gjøre etter hvert; improvisere etter hvert; **T:** ta det på sparket;
29.: ***play down****(=minimize)* bagatellisere *(fx a piece of news);*
30.: ***play for*** spille om *(fx play for money);* ***play for time*** trekke ut tiden; forsøke å vinne tid;
31. *sport:* ***play oneself in*** spille seg inn; *(se* **3**);
32. *fig:* ***play into the hands of*** spille rett i hendene på;
33.: ***play off*** 1. *fotb:* spille omkamp; *(se* **3**); 2.: ***play sby off against sby*** spille en ut mot en *(fx he played his father off against his mother);*
34.: ***play on*** 1. *sport:* spille på *(fx the pitch is too wet to play on); (se 3);* 2. spille videre; fortsette å spille; *(se 3);* 3. *fig(,stivt: play upon)* spille på *(fx play on words);* ***play on sby's feelings****(=appeal to sby's feelings)* spille på ens følelser; appellere til ens følelser; ***he deliberately plays on people's generosity towards children in the third world*** han spiller bevisst på folks *(n)* gavmildhet når det gjelder barn *(n)* i den tredje verden; 4. *fig:* ***play on sby's nerves****(=get on sby's nerves)* gå en på nervene; irritere en; 5.: ***you can't play the saint on****(=with)* ***me!*** kom ikke her og spill hellig overfor meg!
35.: ***play out*** 1. spille ferdig *(fx a game); (se* **3**); 2. *tau, etc(=pay out)* fire ut; slakke på; stikke ut *(fx he played the rope out);* 3. *om kunstner, etc(=finish; use up):* ***he's played out*** han er ferdig *(el.* oppbrukt); 4. *om scene, drama, etc:* utspille seg;
36. *mus:* ***play over****(=play through)* spille gjennom *(fx let's play over this sonata); (se* **5**);
37.: ***play safe****(=take no risks)* ikke ta noen sjanser; holde seg på den sikre siden; gardere seg; play safe;
38. *også fig:* ***play second fiddle*** spille annenfiolin; ***his wife plays second fiddle to his work*** arbeidet hans er viktigere for ham enn hans kone;
39. *fig:* ***play to the gallery*** spille for galleriet;
40.: ***play up*** 1*(=be a nuisance)* være plagsom *(fx the children are playing up today);* 2. *om motor(=act up)* lage vanskeligheter; 3*(=hurt; cause trouble)* gjøre vondt; skape problemer *n (fx my shoulder's playing*

up; his heart's playing up); 4. *historie, etc(=exaggerate)* overdrive; 5*(=blow up)* slå stort opp; blåse opp; ***the news was played up in the headlines*** nyheten ble slått stort opp; nyheten fikk store overskrifter; 6.: ***they play each other up*** de setter (*el.* hisser) hverandre opp;

41.: ***play with*** 1. leke med; 2. spille med; 3. *fig:* leke med *(fx an idea; a girl's feelings);* ***play with fire****(=court danger)* leke med ilden;

42. T: ***play the devil with, play hell with*** 1*(=seriously disturb; upset)* bringe alvorlig forstyrrelse i; bringe helt ut av lage; 2. gjøre helvete *(n)* hett for *(fx he'll play (merry) hell with you when he finds out).*

playable [ˌpleiəbl] *adj* **1.** *sport; om ball i fx golf:* som kan spilles; som man kan komme til (å få slått); **2.** *om bane:* som er egnet til å spille på.

play-act [ˌplei'ækt] *vb; fig; neds(=pretend)* spille komedie; spille (teater *n*); agere.

play-acting [ˌplei'æktiŋ] *s(=theatrical behaviour)* teatralsk oppførsel; ***indulge in play-acting*** oppføre seg teatralsk.

play apparatus lekeapparat.

playback [ˌplei'bæk] *s:* avspilling (av lydopptak).

playbill [ˌplei'bil] *s(=theatre bill)* teaterplakat; *(se II. bill 2; poster; show bill).*

playboy [ˌplei'bɔi] *s:* playboy.

play centre lekesenter.

played up, played-up ['pleidˌʌp; *attributivt:* ˌpleid'ʌp] *adj(=blown(-)up; boosted)* oppskrytt; oppreklamert.

player [ˌpleiə] *s* **1.** *kortsp, mus, sport, etc:* spiller; ***a top-class player*** en spiller i toppklasse; **2.** *hist(=actor)* skuespiller.

player piano *mus:* pianola *n.*

playfellow [ˌplei'felou] *s(=playmate)* lekekamerat.

playful [ˌpleiful] *adj* **1.** leken; **2.** spøkefull *(fx remark).*

playgoer [ˌplei'gouə] *s:* teatergjenger.

playground [ˌplei'graund] *s:* lekeplass; *ved skole (=schoolyard)* skolegård; ***adventure playground*** skrammellekeplass.

playgroup [ˌplei'gru:p] *s(=playschool)* lekegruppe.

playgroup leader *(=playleader) svarer til:* parktante.

playhouse **1***(=theatre)* teater(bygning); **2.** *for barn; især* **US***(=Wendy house)* dukkestue; lekehus.

playing card *kortsp:* spillkort.

playing field idrettsplass; sportsplass.

playing form *sport:* spilleform.

playmate [ˌplei'meit] *s:* lekekamerat.

play-off [ˌplei'ɔf] *s; sport:* omkamp.

playpen [ˌplei'pen] *s:* lekegrind.

playroom [ˌplei'ru(:)m] *s:* lekestue.

play space plass til å leke på; lekeplass.

playschool [ˌplei'sku:l] *s: se playgroup.*

play stage: ***children at the play stage*** barn i lekealderen.

playsuit [ˌplei's(j)u:t] *s:* lekedrakt.

plaything [ˌplei'θiŋ] *s* **1.** *stivt(=toy)* leke; leketøy; **2.** *litt.; om person(=toy)* stykke *(n)* leketøy.

playtime [ˌplei'taim] *s; i barnehage:* frikvarter.

playwright [ˌplei'rait] *s:* skuespillforfatter.

plea [pli:] *s* **1.** *jur:* påstand; innlegg *n; fra saksøkt:* ***defendant's plea*** svarinnlegg; *fra tiltalt som svar på skyldsspørsmålet:* svar *n;* ***he made a plea of not guilty****(=he pleaded not guilty)* han nektet seg (straff)skyldig;

2. *fig:* ***plea (made by one of the parties)*** partsinnlegg; **3.** *stivt(=urgent request)* inntrengende henstilling; **4.** *stivt:* ***stay away from work on the plea of illness****(=stay away from work giving illness as an excuse)* utebli fra arbeidet under påskudd av å være syk.

plea bargain, plea-bargain agreement *jur* **US:** avtale mellom påtalemyndighetene og den siktede om en mildere siktelse mot at den siktede erklærer seg skyldig i en mindre alvorlig forseelse.

plead [pli:d] *vb* **1.** *jur:* svare på skyldsspørsmålet; ***how does the prisoner plead?*** hvordan svarer tiltalte på skyldsspørsmålet? ***plead guilty*** erkjenne seg straffskyldig; ***plead guilty (as charged)*** erklære seg skyldig (ifølge tiltalen);

2. *jur(=present a case in court)* pledere; føre en sak (for retten);

3. *stivt(=beg)* be inntrengende; ***he pleaded with me not to go*** han ba meg inntrengende om ikke å dra (,gå);

4. *stivt(=give as an excuse)* påberope seg;

5.: ***plead sby's cause****(=speak for sby)* tale ens sak;

6. anføre; gjøre gjeldende (som argument *n*); påberope seg; ***both parties will be able to plead that …*** begge parter vil kunne gjøre gjeldende at …; begge parter vil kunne påberope seg at …

I. pleading [ˌpli:diŋ] **1.** *jur:* pledering; **2.** *jur:* skriftlig partsforklaring; **3.** bønn; ***resist sby's pleading*** motstå ens bønn.

II. pleading *adj:* bønnlig; bedende; ***give sby a pleading look*** se bedende på en.

pleasant [ˌplezənt] *adj:* behagelig *(fx day; person);* hyggelig *(fx person; working conditions);* ***have a pleasant appearance*** ha et behagelig ytre; ***have a pleasant****(=good)* ***time*** ha det hyggelig.

pleasantry [ˌplezəntri] *s; stivt* **1***(=(good-natured) joke)* liten spøk;

2*(=polite remark)* høflighet; høflighetsfrase; ***exchange pleasantries*** utveksle høflighetsfraser.

I. please [pli:z] *vb* **1.** behage; gjøre til lags; ***this will please you*** dette kommer du til å like; ***she's anxious to please*** hun gjør hva hun kan for å bli likt;

2.: ***he does as he pleases*** han gjør som han finner det for godt; **T:** ***please yourself!*** som du vil!

II. please *adv; høflighetsformular* **1.** vær så snill; … er du snill *(fx close the door, please; will you please come with me?);*

2. *når man vil be en holde opp:* ***Oh please, Jane. That's enough!*** Vær så snill da, Jane. Nå er det nok!

3. *ved forespørsel om man vil ha noe:* ***yes, please!*** ja takk! ***who wants some more coffee? – me, please!*** hvem vil ha mer kaffe? – jeg, takk! ***Coffee? – Please!*** Kaffe? – Ja takk!

4. *når man ber om noe:* ***can I have another cup of tea, please?*** kan jeg få en kopp te til?

5. *avvergende:* å nei! vet du hva! det skulle da bare mangle! *(fx I'll pay you back, of course. – Mr Jones, please!);*

6. *når man vil påkalle oppmerksomheten:* unnskyld *(fx please, Sir, I don't understand);*

7.: ***if you please*** 1. *glds el. stivt; når man vil påkalle oppmerksomheten(=please)* unnskyld; 2. *betegner overraskelse el. indignasjon:* ***and then, if you please, he had the cheek to ask for his money back!*** og så – ja, hva gir du meg? – var han frekk nok til å be om å få pengene igjen!

pleased [pli:zd] *adj(=happy; satisfied)* fornøyd; tilfreds; glad *(fx he wasn't pleased when we broke the window);* ***pleased as Punch*** kisteglad; blid og fornøyd; ***I'm very pleased****(=I'm delighted)* ***to tell you that …*** jeg har den store glede å fortelle deg (,dere) at …; ***was she pleased to get your letter?*** var hun glad for (å få) brevet ditt? ***I shall be very****(=only too)* ***pleased to do it*** det skal jeg gjerne gjøre; ***I should have been (only too) pleased****(=glad)* ***to help you****(=I should have liked to help you)* jeg skulle (mer enn) gjerne ha hjulpet deg; ***I'd be pleased****(=very happy)* ***to help you if you'd let me*** jeg skulle gjerne hjelpe deg hvis jeg fikk lov; ***he gave a pleased smile*** han smilte fornøyd; ***are you pleased about your new job?*** er du fornøyd med den nye jobben din? ***she was pleased with the dress*** hun var fornøyd med kjolen; ***pleased with oneself****(=(self-)complacent)* selvtilfreds; ***too pleased with oneself****(=over-pleased with oneself; over-complacent)* altfor selvtilfreds; ***he gave a pleased smile*** han smilte fornøyd; *(se over-complacent).*

p

pledge
Did you know that

many of your fellow students in the USA start their day at school by putting their right hand on their hearts and swearing allegiance to the American Constitution?

pleasing [ˌpli:ziŋ] *adj; stivt(=pleasant)* behagelig *(fx tune); **have a pleasing appearance*** ha et behagelig ytre.

pleasurable [ˌpleʒərəbl] *adj* **1.** *stivt(=pleasant)* behagelig; ***in pleasurable anticipation*** *(=full of expectation)* full av forventning;
2. *psykol(=attractive)* lystbetont; ***the task has to be made pleasurable*** det gjelder å gjøre oppgaven lystbetont; ***work doesn't get done if it's not pleasurable*** et arbeid går ikke unna hvis det er ulystbetont.

pleasure [ˌpleʒə] *s* **1***(=enjoyment)* nytelse;
2. fornøyelse; fornøyelser; ***outdoor pleasures*** utendørs fornøyelser; ***for pleasure****(=for fun)* for fornøyelsens skyld; *stivt:* ***the pleasure is mine!****(=my pleasure! it's a pleasure!) stivt:* fornøyelsen er på min side! ***perhaps I can defer the pleasure?****(,**US:** can I have a rain check?)* kanskje jeg kan få ha det til gode? ***are you here on business or for pleasure?*** er du her i forretninger eller for fornøyelsens skyld?
3. glede *(fx it's a great pleasure for me to be able to bid you all welcome to ...);* ***this was a great pleasure for****(=to)* ***him*** dette hadde han stor glede av; ***I get a lot of pleasure from listening to music*** jeg har stor glede av å høre på musikk; ***the only pleasure I have****(=my only joy)* den eneste glede jeg har; *stivt:* ***have the pleasure of (-ing), have pleasure in (-ing)****(=be pleased to)* ha den glede å; ***take****(=find)* ***pleasure in****(=delight in)* finne glede i;
4.: ***at pleasure****(=at will;* **T:** *at one's own sweet will)* etter behag; etter (eget) forgodtbefinnende;
5.: ***with pleasure*** med fornøyelse; med glede; ***with pleasure!*** ja, med fornøyelse! ***we look back on it with pleasure*** vi ser tilbake på det med glede; vi har det i kjær erindring; ***I note with pleasure from your letter that ...****(=I'm pleased to note from your letter that ...)* det gleder meg å se av Deres brev at ...; ***think about sth with pleasure****(=think happily about sth)* tenke med glede på noe.

pleasure boat *(=pleasure craft)* lystbåt.

pleasure park *(=amusement park)* fornøyelsespark.

pleasure-seeking [ˌpleʒəˈsi:kiŋ] *adj* fornøyelsessyk.

pleasure trip fornøyelsestur.

I. pleat [pli:t] *s; i skjørt, etc:* fold; legg *n;* plissé.

II. pleat *vb:* plissere *(fx she pleated the material).*

I. plebeian [pləˌbi:ən] *s:* plebeier.

II. plebeian *adj:* plebeiisk.

plebiscite [ˌplebiˈsait; ˌplebisit] *s; stivt(=popular vote; referendum)* folkeavsteemning.

plectrum [ˌplektrəm] *s; mus:* plekter *n.*

I. pledge [pledʒ] *s* **1***(=security)* pant *n;* sikkerhet;
2. *stivt(=token)* tegn *n;* pant *n;* ***a pledge of goodwill*** et tegn på goodwill;
3. *stivt el. litt.(=(binding) promise; solemn promise)* (bindende) løfte *n;* høytidelig løfte; ***pledge of secrecy*** taushetsløfte.

II. pledge *vb* **1***(=pawn; mortgage)* pantsette; gi i pant *n;* **2.** *stivt(=promise)* love *(fx one's support);* ***pledge oneself to help*** love å hjelpe; **3.:** ***they were pledged****(=bound)* ***to secrecy*** de hadde taushetsplikt.

plenary [ˌpli:nəri] *adj; stivt* **1.:** ***have plenary powers*** ha alle fullmakter; **2.** fulltallig; ***plenary meeting*** plenarmøte.

plenipotentiary [ˈplenipəˌtenʃəri] *adj; om diplomat, etc:* med uinnskrenket fullmakt; befullmektiget.

plenteous [ˌplentiəs] *adj; glds el. litt.(=plentiful)* rikelig *(fx money was plenteous).*

plentiful [ˌplentiful] *adj:* rikelig; ***a plentiful supply of*** rikelige forsyninger av; ***plentiful year*** år *(n)* med gode avlinger.

I. plenty [ˌplenti] *s:* overflod *(fx the age of plenty);* ***food in plenty*** store mengder mat; ***times of plenty*** tider med velstand; ***give of one's plenty*** gi av sin overflod.

II. plenty *adj* **1***(=enough)* nok *(fx I don't need any more books; I've got plenty);* rikelig *(fx three kilos will be plenty);* ***that's plenty thanks*** takk, det er nok; ***there's plenty more*** 1. det er mye mer; 2. det er mange fler; *især* **US:** ***there's plenty****(=plenty of)* ***work to be done*** det er (mer enn) nok arbeid *(n)* som skal gjøres; **US:** ***sure, I like it plenty****(=of course, I like it very much)* naturligvis, jeg liker det meget godt; ***I was given plenty to eat*** jeg fikk mye å spise; ***I met him once, and that was plenty!*** jeg har bare truffet ham én gang, men det var nok for meg!
2.: ***plenty of*** 1. mer enn nok (av); rikelig med *(fx money);* ***we've got plenty of time to get there*** vi har god tid på å komme oss dit; ***he's in plenty of trouble*** han er i store vanskeligheter; 2*(=lots of; very many)* svært mange;
3. *adv; især* **US S:** ***he was plenty mad****(=he was good and angry)* han var god og sint.

plenum [ˌpli:nəm] *s; især parl(=plenary session)* plenarmøte.

pleonasm [ˌpli:əˈnæzəm] *s:* pleonasme.

pleonastic [ˈpli:əˌnæstik] *adj:* pleonastisk.

plethora [ˌpleθərə] *s; stivt el. spøkef(=over-abundance)* overflod.

pleurisy [ˌpluərəsi] *s; med.:* pleuritt.

plexus [ˌpleksəs] *s; anat:* ***solar plexus*** solar plexus.

pliability [ˈplaiəˌbiliti] *s(=flexibility; pliancy)* **1.** bøyelighet; **2.** *fig:* smidighet; føyelighet.

pliable [ˌplaiəbl] *adj(=flexible; pliant)* **1.** bøyelig; **2.** *fig:* smidig; føyelig.

pliancy [ˌplaiənsi] *s: se pliability.*

pliant [ˌplaiənt] *adj: se pliable.*

pliers [ˌplaiəz] *s: (pair of) pliers* nebbtang; *(se tongs).*

plight [plait] *s; litt.(=difficult situation)* vanskelig situasjon; ***their plight*** den vanskelige situasjonen de er (,var) i; ***in a sorry plight*** 1*(=in a miserable state)* i en sørgelig forfatning; 2*(=in a terrible mess)* i store vanskeligheter; ille ute *(fx she was in a sorry plight, as she had lost all her money).*

plimsoll [ˌplimsəl] *s* **T:** ***a pair of plimsolls*** et par gymsko (*el.* joggesko *el.* turnsko).

Plimsoll line *mar(=load line)* lastelinje; plimsollmerke.

plinth [plinθ] *s; arkit; på søyle:* sokkel; plint.

plod [plɔd] *vb* **1.** traske; gå tungt; ***plod down the street*** traske nedover gaten; ***plod the streets*** traske gatelangs;
2.: ***plod along*** 1. traske av sted; 2. *fig:* ***the film just plods along*** filmen sleper seg hen;

3. *om slitsomt arbeid:* ***plod on*** slite videre.
plodder [ˈplɔdə] *s:* sliter; en som arbeider tungt.
I. plonk [plɔŋk] *s* **1.** *om lyden:* plump; plask; **2. T**(*=cheap wine*) billig vin.
II. plonk *vb:* ***plonk down*** 1. klaske (*fx he plonked it down on the table*); 2. plumpe; **T:** ***he plonked himself down on a bench***(*=he flopped down on a bench*) han plumpet ned på en benk.
I. plop [plɔp] *s:* (lite) plump *n;* lite plask *n;* ***we heard sth (go) plop in the water*** vi hørte et plump i vannet.
II. plop *vb* **1.** plumpe; ***he plopped into a chair*** han plumpet ned i en stol; **2.** *int:* svupp; ***it went plop*** det sa svupp.
I. plot [plɔt] *s* **1.** sammensvergelse; komplott *n;*
2. *i roman, etc:* handling; intrige; ***carry the plot*** bære handlingen (i stykket, etc); **3.** jordstykke; ***plot (of land)*** tomt; ***potato plot*** potetåker.
II. plot *vb* **1.** legge (onde) planer om; ***plot***(*=plan*) ***one's revenge*** pønske på hevn; **2.** avmerke (på et kart); plotte.
plotter [ˈplɔtə] *s* **1.** deltager i et komplott;
2(*=schemer*) renkesmed; **3.** *flyv:* plotter.
I. plough (*,***US:** *plow*) [plau] *s* **1.** *landbr:* plog; **2.** *astr:* ***the Plough***(*=Charles's Wain*) Karlsvogna.
II. plough (*,***US:** *plow*) *vb* **1.** *landbr:* pløye;
2.: ***plough through*** 1. pløye seg frem; 2. *fig*(*=plough one's way through*) pløye seg gjennom (*fx a dull book*);
3.: ***plough into***(*=crash into*) kjøre inn i;
4. *glds; især univ* **S**(*=fail*) stryke;
5. *økon:* ***plough back*** pløye tilbake.
plougman's lunch *pubmåltid:* brød, ost og pickles.
plough share *landbr:* plogskjær.
plover [ˈplʌvə] *s; zo:* brokkfugl; ***golden plover*** heilo.
plow [plau] *s & vb* **US:** *se plough.*
ploy [plɔi] *s* **1**(*=clever trick*) knep *n;* ***use a persuasive ploy*** bruke overtalelsestaktikk; **2.** beskjeftigelse; hobby (*fx angling is his latest ploy*).
I. pluck [plʌk] *s* **1**(*=offal*) innmat; **2. T**(*=courage*) mot *n* (*fx he showed a lot of pluck*).
II. pluck *vb* **1.** *stivt el. litt.*(*=pull*) plukke; nappe;
2.: ***pluck one's eyebrows*** plukke øyenbrynene (sine);
3. *for fjær:* plukke; ribbe (*fx a chicken*);
4. *litt.*(*=pick*) plukke (*fx a flower*);
5. *mus:* klimpre på (*fx (the strings of) one's guitar*);
6. S(*=fleece; swindle*) snyte; flå; ribbe; plukke;
7.: ***pluck at***(*=pull at; tug at*) dra i; nappe i;
8.: ***pluck up courage***(*=take courage*) fatte mot *n;*
I. plug [plʌg] *s* **1.** plugg; propp; tapp; *i badekar, etc:* propp; ***(oil) drain plug*** bunnpropp; oljeplugg; *i klosett:* ***pull the plug*** trekke ned;
2. *elekt:* støpsel *n;*
3. *mask:* ***(spark) plug*** tennplugg;
4. *av tobakk:* skrå;
5. *av produkt i radio, etc* **T:** fin omtale; god publisitet.
II. plug *vb* **1.** plugge; tette igjen;
2. *fig:* ***plug a loophole*** tette igjen et smutthull;
3. *i radio, etc* **T**(*=advertise*) drive reklame for;
4. T(*=shoot*) skyte (*fx he plugged a rabbit*);
5. T: ***plug away (at)*** jobbe hardt (med);
6..: ***plug in*** sette i støpselet; sette på (*fx the electric kettle*); ***plug in the radio*** sette i støpselet til radioen.
plug-hole [ˈplʌgˈhoul] *s* **1.** *i badekar, etc:* avløp *n;*
2. *fig:* ***pour money down the plug-hole*** tømme penger ned i et sluk.
I. plum [plʌm] *s* **1.** *bot:* plomme;
2. *i bakverk*(*=raisin*)*:* ***plum cake*** kake med rosiner i;
3.: ***he's waiting for plums to fall into his mouth*** han venter på at stekte duer skal fly inn i munnen på ham.
II. plum *adj* **1.** plommefarget; **2. T:** ***a plum job***(*=a very good job*) en fin jobb; en ønskejobb; (*se plummy 3*).
plumage [ˈplu:midʒ] *s; zo:* fjærkledning; fjærdrakt.
I. plumb [plʌm] *s:* (bly)lodd *n;* ***off plumb, out of plumb*** ute av lodd; (*jvf III. plumb*).
II. plumb *vb* **1.** *med loddesnor:* lodde; prøve om noe er i lodd *n;* **2.** *fig; stivt*(*=sound*) lodde (*fx the depths of sby's soul*); **3.:** ***plumb in*** kople til (*fx a dishwasher*).
III. plumb *adj:* i lodd; (*se I. plumb*).
IV. plumb *adv* **1.:** ***plumb (down)*** loddrett (ned); (rett) ned (*fx he fell plumb down*);
2. T(*=exactly; smack*)*:* ***plumb in the middle*** nøyaktig i midten; nøyaktig rett på;
3. US T(*=completely*)*:* ***it's plumb impossible*** det er helt umulig; ***you're plumb***(*=absolutely*) ***crazy!*** du er helt sprø!
plumb bob (*=plumb; plummet*) lodd (*n*) i snor.
plumber [ˈplʌmə] *s:* rørlegger.
plumbing [ˈplʌmiŋ] *s* **1.** *i hus*(*=sanitary installation*) sanitæropplegg; **2.** *evf*(*=toilet*) wc *n;* WC; klosett;
3. rørleggerarbeid.
plumbline [ˈplʌmˈlain] *s:* loddesnor.
I. plume [plu:m] *s* **1**(*=tall feather*) fjær;
2. *på hjelm*(*=crest; panache*) fjærbusk; hjelmbusk;
3. *litt.:* ***plume***(*=column*) ***of smoke*** røyksøyle; røyksky;
4.: ***strut in borrowed plumes*** pynte seg med lånte fjær.
II. plume *vb* **1.** *om fugl:* ***plume itself***(*=preen itself*) pusse fjærene; **2.** *fig:* ***plume oneself of sth*** briske seg med noe; være stolt som en påfugl av noe.
I. plummet [ˈplʌmit] *s*(*=plumb bob*) lodd (*n*) (i snor).
II. plummet *vb* **1.** *om noe tungt:* falle (rett ned); ***the plane plummeted to***(*=towards*) ***earth*** flyet raste mot jorda; **2.** *fig*(*=drop sharply*) falle brått (*fx prices plummeted*).
plummy [ˈplʌmi] *adj* **1.** *om kake, etc:* full av rosiner;
2. *om stemme:* forfinet; affektert;
3. T(*=very good*)*:* ***a plummy role in a film*** en riktig fin rolle i en film.
I. plump [plʌmp] *s; om brått fall el. lyden av det:* plump *n;* (*fx sit down on the cushion with a plump*).
II. plump *vb* **1.** dumpe ned (*fx in a chair*); klaske (*fx he plumped his books (down) on the table*);
2. T: ***plump for***(*=decide on*) bestemme seg for; *ved veddemål* **T:** holde en knapp på;
3.: ***plump***(*=shake*) ***up the cushions*** riste ut putene.
III. plump *adj:* god og rund; (rund og) trivelig; **T:** ***plump and pleasant*** god og rund; ***a trifle on the plump side*** litt lubben.
IV. plump *adv:* plump; bums; pladask (*fx it fell plump into the river*).
plum pudding plumpudding.
plumy [ˈplu:mi] *adj; zo:* fjærkledd; fjærprydet.
I. plunder [ˈplʌndə] *s stivt el. litt.* **1**(*=plundering; looting*) plyndring; **2**(*=loot; booty*) bytte *n;* rov *n;* ***raid in search of plunder*** plyndringstokt.
II. plunder *vb*(*=loot*) røve; plyndre.
I. plunge [plʌndʒ] *s* **1**(*=dive*) stup *n;* dukkert;
2. *fig:* ***take the plunge*** våge spranget.
II. plunge *vb* **1.** kaste seg; stupe (*fx into the river*); styrte seg (*fx into the crowd*); ***plunge forward***(*=rush forward*) styrte frem;
2. *med kniv, etc:* støte; stikke (*fx a knife into the meat*);
3(*=dip; immerse*) dyppe; senke ned (*fx into a liquid*);
4. *fig:* styrte; kaste (*fx the nation into war*); ***the firm plunged into debt*** firmaet kastet seg ut i gjeld;
5. *om utringning:* bli dypere.
plunger [ˈplʌndʒə] *s; tekn* **1.** (lite, massivt) stempel; (*jvf piston*); **2.** klosettsuger.
I. plunk [plʌŋk] *s* **1.** *mus*(*=plucking*) klimpring;
2. T(*=hard blow*) hardt slag; **T:** realt slag.
II. plunk *vb* **1.** *mus*(*=pluck*) klimpre;
2.: ***plunk down*** 1(*=plump down*) dumpe; klaske; 2. **T**(*=flop; plonk*)*:* ***plunk down on a bench*** dumpe ned på en benk.
pluperfect [plu:ˈpə:fikt] *s; gram:* ***the pluperfect*** pluskvamperfektum *n.*
I. plural [ˈpluərəl] *s; gram:* flertall; flertallsform (*fx 'mice' is the plural of 'mouse'; the noun 'mice' is*

plural); the (in)definite plural (u)bestemt form flertall.
II. plural *adj; gram:* flertalls- *(fx ending; form).*
pluralism [ˌpluərə'lizəm] *s* **1.** pluralisme; **2.** det at én person (inne)har mer enn ett embete.
plurality [pluəˌræliti] *s:* flerhet; pluralitet.
plural society samfunn bestående av flere raser.
I. plus [plʌs] *s* **1.** *mat.(=plus sign)* plusstegn;
2. T*(=advantage; asset)* pluss *n;* fordel; ***a definite plus*** et avgjort pluss.
II. plus *adj & prep:* pluss *(fx a plus factor; 4 + 5; the debt plus interest; the job needs experience plus patience); **a plus**(=positive) **number*** et positivt tall.
III. plus *adv:* pluss; mer enn *(fx he earns £3000 plus); **a temperature of ninety plus*** en temperatur på over 90° F.
I. plush [plʌʃ] *s:* plysj.
II. plush *adj(=luxurious): **a plush way of life*** en luksustilværelse.
plushy [ˌplʌʃi] *adj* **1.** plysjaktig; **2.:** *se II. plush.*
plutocracy [plu:ˌtɔkrəsi] *s:* plutokrati *n;* rikmannsvelde.
plutonium [plu:ˌtouniəm] *s; min:* plutonium *n.*
I. ply [plai] *s* **1.** *i garn:* tråd; **2.** *i kryssfinér, bildekk, etc:* lag *n (fx a six-ply tyre).*
II. ply *vb* **1.** *stivt(=go regularly): **the ship plies between X and Y*** skipet går i rute mellom X og Y;
2. *stivt: **ply sby with questions**(=shower questions on sby)* bestorme en med spørsmål; ***he plied us with drink*** *(=he kept supplying us with drink)* han ga oss rikelig med drikkevarer;
3. *glds el. spøkef(=use): **he was busily plying his axe*** han brukte øksa flittig;
4. *glds el. spøkef(=carry on): **he plies his trade in the village*** han driver sitt håndverk i landsbyen.
plywood [ˌplai'wud] *s:* kryssfiner.
p.m., pm*(,US også: P.M, PM)* ['pi:ˌem] *(fk f post meridiem): **at 3p.m**(=at three o'clock in the afternoon; at 15 hours)* klokka tre om ettermiddagen; klokka 15.
pneumatic [nju:ˌmætik] *adj:* pneumatisk; pressluft-.
pneumatic drill *(=building drill)* pressluftbor; maskinspett.
pneumatic hammer *(=air hammer; jackhammer)* presslufthammer.
pneumatic tool *(=air tool)* trykkluftverktøy; pressluftverktøy.
pneumonia [nju:ˌmouniə] *s; med.:* lungebetennelse.
po [pou] *s* **T***(=chamber pot)* potte.
poach [poutʃ] *vb* **1.** drive ulovlig jakt (,fiske *n*); drive krypskytteri *n; **poach hares*** drive ulovlig harejakt;
2. *fig* **T:** ***that new firm is trying to poach our best members of staff*** det nye firmaet prøver å stjele våre beste folk *n;*
3. *fig: **poach on sby's preserves**(=trespass on sby's territory)* gå inn på en annen manns enemerker;
4. *kul:* pochere; koke uten skallet på *(fx an egg).*
poacher [ˌpoutʃə] *s:* krypskytter; en som driver ulovlig jakt (, fiske *n*).
I. pocket [ˌpɔkit] *s* **1.** lomme; **2.** *i biljardbord:* hull *n;*
3. *om lite område, også mil & økon:* lomme; enklave; øy; ***pockets of unemployment*** mindre områder *(n)* med arbeidsløshet;
4. *flyv: **air pocket**(,**T:** air hole; bump)* luftlomme;
5. *fig: **have sby in one's pocket*** ha en i sin lomme;
6. *fig: **line one's pocket**(=enrich oneself at other people's expense)* sko seg;
7. *fig: **prices to suit all pockets*** priser som passer for enhver lommebok (*el.* pung);
8. *fig: **his last deal has left him out of pocket*** den siste handelen sin tapte han på;
9. *fig: **live in each other's pockets*** bo altfor tett innpå hverandre.
II. pocket *vb* **1***(=put in one's pocket)* legge (*el.* stikke) i lommen;
2. T*(=steal;* **T:** *swipe)* rappe; kvarte; stikke til seg;
3. *i biljard: **pocket a ball*** støte en ball i hull *n;*
4. *fig(=swallow): **pocket an insult*** bite i seg en fornærmelse; ***pocket one's pride*** svelge sin stolthet;
5. US *om presidenten: **pocket a bill**(=retain a bill)* stanse et lovforslag (ved ikke å undertegne det).
pocketbook [ˌpɔkit'buk] *s* **1.** *bok:* pocketbok; billigbok; 2*(=wallet)* lommebok.
pocket calculator lommekalkulator.
pocket dictionary lommeordbok.
pocket first-aid kit lommeapotek.
pocket fluff lommerusk.
pocketknife [ˌpɔkit'naif] *s:* lommekniv.
pocket money lommepenger; ***adequate**(=plenty of)* ***pocket money*** tilstrekkelig med lommepenger; gode lommepenger.
pocket-picking [ˌpɔkit'pikiŋ] *s:* lommetyveri.
pocket-size(d) [ˌpɔkit'saiz(d)] *adj:* i lommeformat.
pocket watch lommeur.
pockmark [ˌpɔk'mɑ:k] *s:* kopparr.
I. pod [pɔd] *s* **1.** *bot:* belg; skjelm; ***pea pod*** ertebelg; ***they're as like as two peas (in a pod)*** de ligner hverandre som to dråper vann *n;* **2.** *av fugl, sel, hval, etc:* flokk; stim; ***a pod of dolphins*** en delfinstim.
II. pod *vb:* belge *(fx peas).*
podagra [pəˌdægrə] *s; med:* podagra.
podgy [ˌpɔdʒi] *adj* **T***(=fat; short and plump)* kort og tykk; buttet.
podium [ˌpoudiəm] *s; stivt(=platform)* podium *n.*
poem [ˌpouim] *s:* dikt *n.*
poet [ˌpouit] *s:* dikter; ***ballad poet*** folkevisedikter; ***poet of genius*** diktergeni; *(se hymn writer & songwriter).*
poetic [pouˌetik] *adj:* dikterisk; poetisk; dikter-; ***poetic genius*** 1. dikterånd; 2*(=poet of genius)* diktergeni; ***poetic licence*** dikterisk frihet; ***poetic vein*** dikteråre.
poetry [ˌpouitri] *s:* poesi; ***(the writing of) poetry*** diktning; ***work of poetry*** dikterverk.
pogrom [ˌpɔgrəm] *s:* pogrom; jødeforfølgelse.
poignancy [ˌpɔinənsi] *s; stivt(=bitterness; intenseness)* bitterhet; intensitet.
poignant [ˌpɔinjənt] *adj:* **1***(=sad; deeply moving)* trist; dypt gripende; ***a poignant**(=sad)* ***thought*** en trist tanke; **2.** *litt.(=intense)* intens; ***for a few poignant moments*** noen få intense øyeblikk.
poinsettia [pɔinˌsetiə] *s; bot:* julestjerne.
I. point [pɔint] *s* **1***(=dot)* prikk; punkt *n;*
2*(=sharp end)* spiss;
3.: ***(electrical) point, power point*** **T***(=socket)* veggkontakt; stikkontakt; ***light point*** lampepunkt;
4*(=full stop)* punktum *n;*
5. *mat.; ved desimalbrøk:* komma *n;* ***0.5*** 0,5;
6.: ***(compass) point*** kompasstrek; ***cardinal point*** hovedstrek;
7. *geogr:* pynt; odde;
8. *jakthunds:* stand;
9. *zo; på gevir & astr; på stjerne:* takk;
10. *om dyrs ben når fargen avviker: **a bay with black** points* en fuks med svarte ben *n;*
11. *i spill, etc:* poeng *n;* punkt *n; i cricket:* løp *n;* ***calculation of points*** poengberegning; ***victory on points*** poengseier; ***get**(=score)* ***20 points*** få 20 poeng; ***lose (,win) on points*** tape (,vinne) på poeng.
12. *jernb: se points;*
13. *ved historie, etc:* poeng *n;* vits; ***that's just the point*** det er nettopp det som er poenget; ***that's just the point of the whole thing*** det er nettopp det som er vitsen med det hele; ***grasp the point*** oppfatte poenget riktig; ***he missed the whole point*** han forstod slett ikke hva vitsen gikk ut på;
14. hensikt; mening; poeng *n;* vits; ***the point really is that …*** det det egentlig dreier seg om, er at …; ***that's not the point*** det er ikke det det dreier seg om; ***that's the whole point*** det er hele vitsen; det er hovedsaken; ***the point of the meeting is to discuss …*** hensikten

med møtet er å diskutere ...; ***what's the point of (-ing)?****(= where's(=what's) the sense in (-ing)?)* hva er vitsen (*el.* poenget) med å ...? ***there's no point in trying****(=it's no use trying)* det nytter ikke å prøve; ***there's not much point (in) asking me*** det har ingen større hensikt å spørre meg; ***gain one's point*** oppnå sin hensikt; oppnå det man er ute etter; ***I see your point****(= I see what you mean)* jeg forstår hva du mener; ***an orderly presentation of one's points*** en klar og grei presentasjon av det man vil si;
15. *ved person:* egenskap; side *(fx he has his good (,weak) points; that's not his strong point); om sak, etc:* ***it has its points*** det har sine gode sider;
16.: ***(special) point*** finesse; ***the finer points of the game*** spillets finesser;
17. *om sted & tid:* punkt *n;* ***at a point****(=in a place; at a place)* på et punkt; ***be at****(=on)* ***the point of despair*** være på randen av fortvilelse; ***at some point*** på et eller annet tidspunkt; ***at that point*** på det tidspunkt; ***at that point he left the room****(=then he left the room)* da (*el.* her) forlot han rommet; ***at this point he was interrupted*** her (*el.* i det øyeblikket) ble han avbrutt; ***there comes a point when you say to yourself that ...*** det kommer et tidspunkt da man sier til seg selv at ...; ***up to that point*** inntil da; ***pass through the (Customs(')) green (,red) point****(=pass the green (,red) point)* gå gjennom (tollen) på grønt (,rødt);
18. *fig:* sak; punkt *n (fx they arranged everything point by point);* ***on a point*** på et punkt; ***on all points*** på alle punkter; ***that's beside the point****(=that's not the point)* det kommer ikke saken ved; det er irrelevant; ***that's not the point at all*** det er slett ikke det det (*el.* saken) dreier seg om; ***that's the point****(=that's what it's about)* det er det som er saken; ***come to the point*** 1*(=get to the point)* komme til saken; ***come****(=go)* ***straight to the point*** gå rett på sak; ***when it comes to the point****(,***T:*** crunch; push)* når det kommer til stykket; når det virkelig gjelder; ***keep to the point (under discussion)*** holde seg til det man diskuterer; holde seg til saken; ***I didn't press the point*** jeg forfulgte det ikke videre; ***raise a point****(=bring(=take) up a matter)* ta opp en sak; *på møte:* ***I would like to raise a point of order*** jeg vil få lov å si noe til dagsordenen; ***we're wandering from the point*** vi er i ferd med å komme bort fra saken; ***up to a point*** inntil et visst punkt;
19. *i diskusjon, stil, etc:* argument *n;* punkt *n;* ***make a point*** komme med et argument; si noe; ***sorry, could I make a point?****(=sorry, could I say something?)* unnskyld, men kan jeg få lov (til) å si noe? ***it's not clear what point is being made*** det er ikke helt klart hva man vil ha frem; det er ikke helt klart hva man forsøker å uttrykke; ***the point is being made that ...*** det hevdes at ...; ***you've got a point there!****(,***T:*** you're on to sth there!)* du er inne på noe der! der sier du noe! du har et poeng der! ***he made his point*** 1*(=he was quite right)* han hadde helt rett; 2. han vant frem med sitt syn; 3. han uttrykte seg helt klart; ***he made the point that ...*** 1*(=he stated that)* han konstaterte at ...; 2*(=he expressed the view that)* han ga uttrykk for det syn at ...; ***you've made your point*** 1*(=you're quite right)* du har helt rett; 2. du har uttrykt deg helt klar; ***did you make the point about the rent?*** fikk du sagt (fra om) dette med husleien? ***I take your point*** jeg forstår hvor du vil hen; jeg forstår hva du mener; ***all right, point taken!*** all right, jeg har oppfattet hvor du vil hen!
20. *stivt:* ***a case in point****(=a good example)* et godt eksempel;
21.: ***possession is nine points of the law*** den som har den faktiske besittelse, står meget sterkt;
22.: ***make a point of*** legge vekt på *(fx accuracy);* ***make a point of (-ing)*** gjøre det til en fast regel å ...;
23.: ***in point of fact****(=actually)* faktisk;
24.: ***on****(=at)* ***the point of (-ing)*** på nippet til å;
25.: ***things had got to such a point that ...*** situasjonen hadde i den grad tilspisset seg at ...;
26.: ***not to put too fine a point on it****(=to tell the truth)* for å si det som det er; for å si det like ut;
27.: ***to the point*** relevant; treffende; saklig; ***it was not to the point*** det hadde ikke noe med saken å gjøre;
28.: ***be sensitive to the point of morbidity*** være følsom inntil det sykelige;
29.: ***up to a point*** til en viss grad; til et visst punkt.

II. point *vb* **1***(=sharpen)* spisse *(fx a pencil);*
2. peke *(at, to* på*);* ***point one's finger at sby*** peke på en; *fig:* ***be****(=get)* ***pointed at*** bli uthengt *(fx he'll be isolated and pointed at);*
3. *bygg:* fuge; spekke *(fx a brick wall);*
4. *om jakthund:* markere *(fx a dog that points well);*
5. *fig:* ***point the way*** vise veien;
6.: ***point out*** 1. peke ut *(fx point sby out);* 2. *fig:* påpeke; ***point out to sby that ...*** påpeke overfor en at ...;
7. : point to 1. *konkret(=point at)* peke på; 2. *fig:* peke på *(fx point to the increase in road accidents);* 3*(= suggest)* tyde på; ***this points to the fact that ...*** dette tyder på at ...;
8.: ***point up****(=emphasize)* fremheve; understreke.

I. point-blank ['pɔint,blæŋk; *attributivt:* ,pɔint'blæŋk] *adj* **1.:** ***at point-blank range*** på kloss hold *n;*
2*(=direct)* direkte *(fx question);* ***a point-blank refusal****(=a flat refusal)* et blankt avslag.

II. point-blank ['pɔint,blæŋk] *adv* **1.** på kloss hold *n;*
2*(=directly)* like ut; direkte.

pointed [,pɔintid] *adj* **1.** spiss; ***pointed arch*** spissbue;
2. *om bemerkning(=cutting; sharp)* skarp; spiss;
3. *om kritikk:* med tydelig adresse;
4*(=studied)* demonstrativ *(fx indifference);* ***a pointed silence****(=a disapproving silence)* en demonstrativ taushet.

pointedly [,pɔintidli] *adv* **1.** *om svar:* skarpt; spisst;
2. demonstrativt.

pointer [,pɔintə] *s* **1.** pekestokk; **2.** viser; ***the pointer is at****(=on)* ***zero*** viseren peker på null; **3.** *hund:* pointer;
4. *fig(=hint)* pekepinn; vink *n;* fingerpek *n.*

pointless [,pɔintləs] *adj:* meningsløs; uten mening; intetsigende *(fx remark);* formålsløs *(fx discussion);* uten poeng *(fx anecdote);* ***it was a pointless exercise****(=it was pointless)* det hadde ingen fornuftig hensikt; ***it seemed pointless to go on*** det lot til å være hensiktsløst å fortsette.

point of departure *fig(=starting point)* utgangspunkt.

point of honour *(=matter of honour)* æressak; ***it was a point of honour with him*** det var en æressak for ham.

point of no return *fig:* ***this is the point of no return*** vi har nå kommet til et punkt hvor det ikke lenger er noen vei tilbake.

point of order *i forsamling:* ***I would like to raise a point of order*** jeg vil få lov til å si noe til dagsordenen.

point of view *(=view; viewpoint)* synspunkt; synsvinkel.

points [pɔints] *s; pl* **1.** *mask(=contact points))* fordelerstifter; **2.** *ballett:* tåspisser *(fx dance on points);*
3. *jernb(,US: switches)* (spor)veksel; pens.

point-to-point ['pɔinttə,pɔint] *s; hesteveddeløp:* terrengritt.

I. poise [pɔiz] *s* **1***(=calmness; composure)* (sinns)likevekt; ro; ***lose one's poise*** bli brakt ut av fatning; ***show great poise at the interview*** virke rolig og sikker under intervjuet;
2*(=bearing; posture)* kroppsholdning *(fx a good poise is important for a dancer).*

II. poise *vb* **1***(=balance)* balansere; ***she poised herself on her toes*** hun balanserte på tærne;
2*(=hover)* sveve.

poised [pɔizd] *adj* **1.:** ***be poised****(=be suspended)* sveve; balansere *(fx on the edge of a cliff);*
2*(=ready)* klar; ***poised for action*** klar til å handle;
3. *fig(=calm; self-possessed)* rolig; avbalansert; be-

hersket *(fx be poised and diplomatic on the phone);* **4.:** ***a poised young man*** en verdensvant ung mann.

I. poison [ˌpɔizən] *s; også fig:* gift.

II. poison *vb; også fig:* forgifte; ***he poisoned their minds*** han forgiftet sinnene *(n)* deres.

poisoning [ˌpɔizəniŋ] *s* **1.** forgiftning; ***die of poisoning*** dø av forgiftning; **2***(=murder by poisoning)* giftmord.

poison leak giftutslipp; utslipp av giftige stoffer *n.*

poisonous [ˌpɔizənəs] *adj; også fig:* giftig.

poison pen ondsinnet anonym brevskriver.

poison-pen letter [ˌpɔizən'penˌletə] *s:* anonymt, sjikanøst brev.

I. poke [pouk] *s* **1.** *lett glds* **T:** ***buy a pig in a poke****(=make a bad bargain)* kjøpe katta i sekken;
2. *med albue, etc(=jab; prod)* støt *n;* puff *n;* dytt.

II. poke *vb* **1***(=jab; prod)* støte; puffe; dytte;
2.: ***poke a hole*** lage et hull *(fx in the sand);*
3. stikke *(fx he poked(=put) his head out of the window);* **T:** ***he's always poking his nose into my affairs*** han stikker alltid nesen sin i mine saker;
4. T: ***poke about****(=around)* ***in the attic*** snuse på loftet;
5.: ***poke fun at****(=make fun of)* drive ap med; ha moro med.

poker [ˌpoukə] *s* **1.** *kortsp:* poker; **2.** ildraker; **3.:** ***as stiff as a poker****(=ramrod; board)* stiv som en pinne.

pokey, poky [ˌpouki] *adj; om rom* **T***(=tiny and cramped)* lite og trangt; ***pokey little*** knøttliten *(fx flat).*

Poland [ˌpoulənd] *s; geogr:* Polen.

polar [ˌpoulə] *adj:* polar-; pol-.

polar bear *zo:* isbjørn.

polarity [pouˌlæriti] *s:* polaritet.

polarize, polarise [ˌpoulə'raiz] *vb:* polarisere.

Pole [poul] *s:* polakk.

pole [poul] *s* **1.** pol; ***they're poles apart*** de er himmelvidt forskjellige; ***unlike poles attract****(=opposites attract each other; there's a mutual attraction between opposites)* motpoler tiltrekker hverandre;
2. pæl; pål; staur; *sport; for stavsprang(=jumping pole)* stav; *på vogn; mellom hester:* vognstang; ***tent pole*** teltstang;
3. US: ***ski pole****(=ski stick)* skistav.

pole basket US *(=snow guard) på skistav:* trinse.

polecat [ˌpoul'kæt] *s; zo:* ilder.

polemic [pəˌlemik] *s:* polemikk *(against* mot); ***the aim of this polemic is to...*** hensikten med denne polemikken er å …; *(jvf polemics).*

polemical [pəˌlemikl] *adj:* polemisk.

polemicist [pəˌlemisist] *s:* polemiker.

polemicize, polemicise [pəˌlemi'saiz] *vb:* polemisere *(against* mot).

polemics [pəˌlemiks] *s; som begrep:* polemikk; ***be skilled in polemics*** være en dyktig polemiker; ***I'm not trying to engage in polemics*** det er ikke min hensikt å polemisere.

pole point *på skistav* **US***(=point of a stick)* stavspiss; ***the pole point****(=the point of the stick)* stavspissen.

Pole Star *astr:* ***the Pole Star****(=the North Star)* Polarstjernen.

pole strap US *på skistav(=wrist strap; wrist loop)* stavstropp; stropp på skistav.

pole vault *sport:* stavsprang.

I. police [pəˌli:s] *s* politi *n;* ***call the police*** 1*(=ring the police)* ringe til politiet; 2*(=call in the police)* tilkalle politiet; ***notify the police****(=inform the police)* underrette politiet; ***the firm will be reported to the police by …*** firmaet vil bli politianmeldt av …

II. police *vb* **1.** skaffe politi *(n)* til; forsyne med politi *(fx the city is well policed);* **2***(=keep law and order (in))* utføre polititjeneste (i); holde ro og orden (i); *(se policing);* **3.** *priser, etc:* kontrollere; overvåke.

III. police *adj:* politifaglig; politimessig; ***police work*** politiarebeid; (de) politifaglige oppgaver; ***from a (,the) police point of view****(=from a professional police point of view)* fra et politifaglig synspunkt; ***we do this in accordance with accepted police methods*** vi gjør dette på en politifaglig forsvarlig måte.

police badge *(=policeman's badge)* politiskilt.

police brutality *(=police violence)* politivold.

police college: *se police training centre.*

police commissioner 1. US*(=chief constable)* politimester; **2.** *i London:* ***Commissioner of Police of the Metropolis*** *(,mindre korrekt: Metropolitan Police Commissioner;* **T:** *Commissioner)* politimester.

Police Complaints Authority: ***the Police Complaints Authority*** *svarer til:* Det særskilte etterforskningsorgan for politisaker *(fk* SEFO).

police constable *(fk PC)* politikonstabel; ***woman police constable****(fk WPC)* kvinnelig politikonstabel.

police force politistyrke; ***the police force*** politietaten.

Police Forensic Unit: ***the Police Forensic Unit*** kriminallaboratoriet.

police harassment politiovergrep.

police headquarters hovedpolitistasjon; politikammer.

police inspector 1. politibetjent; **2. US***(=chief superintendent)* politifullmektig.

policeman [pəˌli:smən] *s* **1.** politimann; **2. T:** ***sleeping policeman****(=traffic ramp; speed hump)* fartsdemper (i veibanen).

policeman's grip politigrep.

police officer polititjenestemann; politimann; ***undercover police officer****(=undercover policeman; undercover agent)* spaner.

police operation politioperasjon; ***undercover police operation****(=undercover policing; undercover (police) work)* spaning.

police protection politibeskyttelse; *(jvf protective custody).*

police regulations *pl:* politivedtekter.

police sergeant 1*(,***US:** *(precinct) police corporal)* politioverkonstabel; **2. US:** ***(precinct) police sergeant*** *(=police inspector)* politibetjent.

police station politistasjon; *(NB station officer = vakthavende ved politistasjon)).*

police superintendent *(,***US:** *senior police captain)* politioverbetjent.

police training centre politiskole.

police violence *(=police brutality)* politivold.

policing [pəˌli:siŋ] *s:* politivirksomhet; ***undercover policing****(=undercover police work)* spaning.

policy [ˌpɔlisi] *s* **1.** politikk; ***cultural (and educational) policy*** kulturpolitikk; ***policy of wait-and-see****(=wait-and-see policy)* avventende politikk; ***it's bad policy*** det er uklokt; ***it's a matter of policy*** det er et politisk spørsmål; ***pursue****(=follow)* ***an outward-looking cultural policy*** føre *(el.* drive) en utadvendt kulturpolitikk; *ordspråk:* ***honesty is the best policy*** ærlighet varer lengst;
2. *fors:* (forsikrings)polise.

policy-holder [ˌpɔlisi'houldə] *s; fors:* ***the policy-holder*** forsikringstageren; den forsikrede.

policy-making [ˌpɔlisi'meikiŋ] *s:* taktisk planlegging; utforming av politikken.

polio [ˌpouliou] *s; med.:* polio.

I. Polish [ˌpouliʃ] *s; språket:* polsk.

II. Polish *adj:* polsk.

I. polish [ˌpɔliʃ] *s* **1***(=finish)* glans; politur;
2. det å polere; polering; ***give sth a polish*** polere noe;
3.: ***floor polish*** bonevoks; ***furniture polish*** møbelpolitur; ***silver polish*** sølvpuss;
4. *fig(=refinement)* politur; dannelse; ***a man of charm and polish*** en dannet og sjarmerende mann.

II. polish *vb* **1.** polere; blanke; glattslipe;
2. pusse; ***polish****(=shine)* ***shoes*** pusse sko;
3. *fig:* finpusse;
4. T: ***polish off****(=finish)* sette til livs; spise opp;
5.: ***polish up*** 1. polere opp; 2. *fig:* pusse på *(fx one's spelling; one's German).*

polished [ˌpɔliʃt] *adj* **1.** polert; blankpusset; **2.** *glds(=used to mixing socially)* selskapsvant; dannet *(fx a polished young man);* **3.:** ***polished manners*** avslepne manerer; meget pene manerer.
polishing chamois pusseskinn.
polite [pəˌlait] *adj:* høflig (*to* mot); ***in polite company*** i dannet selskap *n.*
politeness [pəˌlaitnəs] *s:* høflighet.
politic [ˌpɔlitik] *adj; stivt; ofte spøkef(=wise)* klok.
political [pəˌlitikl] *adj:* politisk.
political asylum politisk asyl *n.*
political issue politisk sak; ***make a political issue of it*** la det gå politikk i det (*el.* saken).
politically *adv:* politisk; ***politically aware*** politisk bevisst.
political science statsvitenskap.
political scientist statsviter.
politician [ˈpɔliˌtiʃən] *s:* politiker.
politicize, politicise [pəˌlitiˈsaiz] *vb* **1.** *stivt(=talk politics)* snakke politikk; **2.:** ***politicize sth****(=make sth political)* politisere noe.
politico- [pəˌlitikou] *i sms; meget stivt(=political and):* ***politico-diplomatic****(=political and diplomatic)* politisk og diplomatisk.
politics [ˌpɔlitiks] *s:* politikk; politisk innstilling; politisk ståsted *(fx whether one agrees with the Prime Minister (or not) depends on one's politics);* ***high -level politics****(=high politics; international politics;* **T:** *big-time politics)* storpolitikk; ***what are her politics?*** hvor står hun politisk?
I. poll [poul] *s* **1.** skriftlig avstemning; ***take a poll (on sth)*** foreta skriftlig avstemning (om noe); **2***(=election)* valg *n;* stemmegivning; valgdeltagelse; ***there was a poll of 64%*** det var 64 % valgdeltagelse; **3.** *pl:* ***at the polls*** ved valget; ***go to the polls****(=hold an election)* gå til valg; **4.:** ***(opinion) poll*** meningsmåling; gallup(undersøkelse); ***popularity poll*** popularitetsgallup.
II. poll *vb* **1.** *om kandidat mht. stemmer:* få *(fx he polled 50 per cent of the votes);* **2.** *ved gallupundersøkelse:* intervjue *(fx a person).*
pollack [ˌpɔlək] *s; zo* **1.** lyr; **green pollack***(=coalfish)* sei; **2. US***(=coalfish)* sei.
pollen [ˌpɔlən] *s; bot:* blomsterstøv; pollen.
pollen count 1. pollentelling; **2.** pollentall; ***beware of the pollen count*** pass på pollentallet.
pollen grain *bot:* pollenkorn.
pollinate [ˌpɔliˈneit] *vb; bot:* bestøve; pollinere.
pollination [ˈpɔliˌneiʃən] *s; bot:* bestøvning; pollinering.
polling booth *ved valg(=voting booth)* stemmeavlukke; stemmebås.
polling station valglokale.
poll ratings *pl:* ***the poll ratings*** galluptallene.
pollster [ˌpoulstə] *s:* ***(opinion) pollster*** intervjuer (ved meningsmåling).
I. pollutant [pəˌlu:tənt] *s:* forurensende stoff *n.*
II. pollutant *adj:* forurensende; som forurenser.
pollute [pəˌlu:t] *vb:* forurense; ***the air is heavily polluted*** luften er sterkt forurenset.
polluter [pəˌlu:tə] *s:* forurenser; ***noise polluter*** støyforurenser.
pollution [pəˌlu:ʃən] *s:* forurensning; ***agricultural pollution*** forurensning fra landbruket; ***air pollution*** luftforurensning.
pollution control forurensningstilsyn; *i Norge:* ***the National Pollution Control Authority*** Statens forurensingstilsyn (fk SFT).
polo [ˌpoulou] *s; sport:* polo.
polo neck polokrage.
polonaise [ˈpɔləˌneiz] *s; mus:* polonese.
polony [pəˌlouni] *s:* ***polony (sausage)*** slags servelatpølse.
poly [pɔli] *s; skolev* **T***(=polytechnic)* yrkesorientert høyskole.
polyethylene [ˈpɔliˌeθiˈli:n] *s* **US***(=polythene)* polyetylen *n.*
polygamist [pəˌligəmist] *s:* polygamist.
polygamous [pəˌligəməs] *adj:* polygam.
polygamy [pəˌligəmi] *s:* polygami *n; (jvf polygyny).*
I. polyglot [ˌpɔliˈglɔt] *s:* polyglott.
II. polyglot *adj:* flerspråklig; mangespråklig.
polygon [ˌpɔliˈgɔn] *s; mat.:* polygon *n.*
polygyny [pəˌlidʒəni] *s(having more than one wife or female mate at the same time)* polygyni *n.*
Polynesia [ˈpɔliˌni:ziə; *især* **US:** ˈpɔliˌni:ʒ(i)ə] *s; geogr:* Polynesia.
I. Polynesian [ˈpɔliˌni:ziən; *især* **US:** ˈpɔliˌniʒ(i)ən] *s:* polynesier.
II. Polynesian *adj:* polynesisk.
polyp [ˌpɔlip] *s* **1.** *zo:* polypp(dyr); **2.** *med.(=polypus)* polypp.
polyphonic [ˈpɔliˌfɔnik] *adj; mus:* polyfon; mangestemmig.
polypus [ˌpɔlipəs] *s; med.(=polyp)* polypp.
polystyrene [ˈpɔliˌstairi:n] *s:* ***(expanded) polystyrene*** ekspandert polystyren; *varemerke:* Isopor.
polysyllabic [ˈpɔlisiˌlæbik] *adj:* flerstavelses-.
polysyllable [ˌpɔliˈsiləbl] *s:* flerstavelses ord *n.*
polytechnic [ˈpɔliˌteknik] *s; skolev:* yrkesorientert høyskole.
polytheism [ˌpɔliθi:ˈizəm] *s:* polyteisme.
polyunsaturated [ˈpɔliʌnˌsætʃəˈreitid] *adj; kjem:* flerumettet; ***polyunsaturated fatty acid*** flerumettet fettsyre.
pom [pɔm] *s; i Australia(=pommy)* **T** *neds(=Englishman; Englishwoman)* engelskmann; engelsk kvinne.
pomade [pəˌmɑ:d; **US:** pəˌmeid] *s:* (hår)pomade.
Pomerania [ˈpɔməˌreiniə] *s; geogr:* Pommern.
pommel [ˌpɔməl] *s* **1.** salknapp; forsvissel; **2.** kårdeknapp.
pommel horse *gym:* bøylehest.
pommy, Pommy [ˌpɔmi] *s; i Australia(=pom)* **T** *neds (=Englishman; Englishwoman)* engelskmann; engelsk kvinne.
pomp [pɔmp] *s(=splendour; magnificent display)* pomp.
pompon [ˌpɔmpɔn] *s:* pyntekvast; pompong.
pomposity [pɔmˌpɔsiti] *s; neds:* oppblåsthet.
pompous [ˌpɔmpəs] *adj; neds:* oppblåst; pompøs.
I. ponce [pɔns] *s* **S 1***(=pimp)* hallik; **2***(=effeminate man)* feminin mann; *(jvf I. nancy).*
II. ponce *vb* **S***(=pimp)* være hallik.
poncho [ˌpɔntʃou] *s; klesplagg:* poncho.
pond [pɔnd] *s:* dam; ***fish pond*** fiskedam; *spøkef:* ***the Pond****(=the Atlantic)* Andedammen.
ponder [ˌpɔndə] *vb; stivt* **1***(=think over)* tenke over *(fx the events of the day);* **2.** *stivt(=consider)* overveie; ***he pondered how to do it*** han overveide hvordan han skulle gjøre det; **3.** *lett glds:* ***ponder (on)****(=speculate about)* spekulere på.
ponderous [ˌpɔndərəs] *adj; stivt(=heavy; awkward)* tung; klosset.
pondweed [ˌpɔndˈwi:d] *s; bot:* tjønnaks.
I. pong [pɔŋ] **T** *s(=stink)* stank.
II. pong *vb(=stink)* stinke.
poniard [ˌpɔnjəd] *s(=dagger)* dolk.
pontificate [ˈpɔnˌtifiˈkeit] *vb; stivt; neds(=lecture)* dosere *(fx he pontificates about everything).*
pontoon [pɔnˌtu:n] *s:* pongtong.
pony [ˌpouni] *s* **1.** *zo:* ponni; **2. US***(=crib)* fuskelapp.
pony tail *frisyre:* hestehale.
poodle [pu:dl] *s; zo:* puddel(hund).
poof, pouf [pu(:)f], **puff** [pʌf] *s; neds* **S***(=male homosexual)* mannlig homoseksuell; **S:** homse.

p

I. pooh [pu:] *int* **1.** pytt; **2***(=ugh)* æsj.
II. pooh *barnespråk* **1.** *s:* bæsj; **2.** *vb:* bæsje.
pooh-pooh [ˌpu:ˌpu:] *vb* **T:** ***pooh-pooh sth*** blåse av noe.
I. pool [pu:l] *s* **1.** vannpytt; *i elv:* kulp; pøl *(fx blood pool);* basseng *n;* ***swimming pool*** svømmebasseng;
2*(=pocket billiards)* slags biljard;
3. pool; sammenslutning;
4.: ***we put our money into a general pool*** vi legger pengene våre i en felles kasse; *(se car pool);*
5.: ***the (football) pools*** tipping; ***do the pools*** tippe; ***win money on the pools*** vinne penger i tipping.
II. pool *vb:* slå sammen *(fx we pooled our money and bought a holiday cottage).*
pools coupon *(,US: betting slip)* tippekupong.
I. poop [pu:p] *s; mar:* ruff; hytte; halvdekk akterut.
II. poop *vb* **US** *& Canada* **1***(=exhaust)* utmatte;
2.: ***poop out****(=give up)* gi seg; trekke seg.
I. poor [pɔ:; puə;] *s:* ***the poor*** de fattige.
II. poor *adj* **1.** fattig; ***poor in*** fattig på *(fx minerals);*
2. *om kvalitet & prestasjon:* dårlig; ***poor consolation****(=cold comfort)* mager trøst; ***a poor effort*** et dårlig arbeid; ***goods of poor quality*** varer av dårlig kvalitet; ***poor at****(,***US** *& ofte når det gjelder skolefag: poor in)* dårlig i; ***poor at maths*** dårlig i matematikk; ***it's a poor thing when …*** det er svakt når …; *(se sailor 2);*
3. *om jord(=thin)* mager; skrinn *(fx soil);*
4. stakkars; ***poor you!*** stakkars deg! ***poor little dear! poor little soul! poor thing!*** stakkars liten! ***poor us!*** stakkars oss!
poor box fattigbøsse; kirkebøsse.
poor cod *zo:* sypike.
poorly 1. *adj; glds el. dial(=ill)* skral; **2.** *adv:* dårlig *(fx a poorly written piece of work).*
I. pop [pɔp] *s* **1.** smell *n;* knall *n;*
2. T*(=fizzy lemonade)* brus;
3. T*(=daddy)* pappa; fatter;
4*(=pop music)* popmusikk; ***the tune is top of the pops in Norway now*** melodien ligger på norgestoppen nå; *(se pop charts).*
II. pop *vb* **1.** smelle; knalle; få til å smelle *(fx a balloon);* ***my ears popped*** jeg fikk dotter i ørene;
2. få til å sprette opp;
3. T*(=pawn)* pantsette *(fx one's watch);*
4.: ***pop the question****(=propose)* fri;
5. T*(=put (quickly))* stikke (fort) *(fx a letter into one's pocket);* ***pop pills****(=take pills)* ta piller; ***his eyes nearly popped out of his head*** øynene *(n)* spratt nesten ut av hodet på ham;
6. *om snarvisitt:* ***pop in to see sby*** stikke innom og hilse på en; ***pop round to the baker*** stikke bort til bakeren;
6.: ***pop off*** 1*(=leave)* stikke; 2. **T***(=die)* dø;
8. T: ***pop up****(=turn up)* dukke opp.
(pop) charts *mus:* ***the (pop) charts****(=the hit parade)* hitlisten.
popcorn [ˌpɔp'kɔ:n] *s:* popcorn; ristet mais.
pope [poup] *s; kat.:* pave; ***the Pope*** paven.
popery [ˌpoupəri] *s; neds:* papisme; *(jvf papacy).*
Popeye [ˌpɔp'ai] *s:* ***Popeye (the Sailor)*** Skipper'n.
pop-eyed [ˌpɔp'aid] *adj* **1.** med utstående øyne *n;*
2. T*(=goggle-eyed)* storøyd; høylig forbauset.
popgun [ˌpɔp'gʌn] *s; leketøy:* luftgevær.
poplar [ˌpɔplə] *s; bot:* poppel.
popper [ˌpɔpə] *s(=press stud; snap fastener)* trykknapp (i tøy *n*).
poppet [ˌpɔpit] *s* **1***(=nice girl)* lita snelle; **2.** *om barn:* klump; nurk *n;* (liten) skatt; ***the little poppet lying there*** det vesle nurket som ligger (,lå) der.
pop-pop [ˌpɔp'pɔp] *s* **T***(=power bike;* **T:** *pipsqueak)* knallert.
poppy [ˌpɔpi] *s; bot:* valmue; ***corn poppy*** kornvalmue.
poppycock [ˌpɔpi'kɔk] *s; glds(=nonsense)* sludder *n.*
poppy seed *bot:* valmuefrø.
populace [ˌpɔpjuləs] *s; stivt:* ***the populace****(=the people)* folket; (de brede lag av) befolkningen.
popular [ˌpɔpjulə] *adj* **1.** populær *(with* hos); **2.** folke-; folkelig; ***popular discontent*** misnøye blant folk *n.*
popularity ['pɔpjuˌlæriti] *s:* popularitet.
(popularity) rating *polit:* popularitet ifølge meningsmåling; gallupresultat.
popularize, popularise [ˌpɔpjulə'raiz] *vb; stivt* **1***(=make popular)* gjøre populær; **2.** popularisere.
popular vote: ***take a popular vote*** holde folkeavstemning.
populate [ˌpɔpju'leit] *vb:* befolke; ***thickly(=densely) populated*** tett befolket; ***thinly(=sparsely) populated*** tynt befolket.
population ['pɔpjuˌleiʃən] *s* **1.** befolkning; **2.** *biol:* populasjon; **3.** *i statistikk:* bestand.
populous [ˌpɔpjuləs] *adj; stivt(=thickly populated)* folkerik; tett befolket.
pop-up [ˌpɔp'ʌp] *adj:* til å slå opp *(fx bed).*
porbeagle [ˌpɔ:'bi:gl] *s; zo(=mackerel shark)* håbrand.
porcelain [ˌpɔ:slin] *s(=fine china)* (finere) porselen; ***unbreakable porcelain*** jernporselen; *(se china 1).*
porch [pɔ:tʃ] *s* **1.** bislag *n;* vindfang *n;*
2. US*(=veranda)* veranda.
porcupine [ˌpɔ:kju'pain] *s; zo:* hulepinnsvin.
I. pore [pɔ:] *s; anat:* pore.
II. pore *vb:* ***pore over one's books*** sitte over bøkene.
pork [pɔ:k] *s:* svinekjøtt; flesk; ***roast pork*** svinestek.
pork chop *kul:* svinekotelett.
pork omelette *kul:* ***roast pork omelette*** skinkeomelett.
porker [ˌpɔ:kə] *s(=fatted pig)* gjøgris.
pork fat fleskefett.
porn [pɔ:n] *s* **T***(=pornography)* porno(grafi).
pornographic ['pɔ:nəˌgræfik] *adj(,***T:** *blue)* pornografisk.
pornography [pɔ:ˌnɔgrəfi] *s(,***T:** *porn)* pornografi; porno; ***hard pornography*** hardporno; ***soft pornography*** mykporno.
porosity [pɔ:ˌrɔsiti] *s(=porousness)* porøsitet.
porous [ˌpɔ:rəs] *adj:* porøs.
porpoise [ˌpɔ:pəs] *s; zo(,***T:** *sea hog)* nise.
porridge [ˌpɔridʒ] *s:* ***(oatmeal) porridge*** havregrøt; ***sour-cream porridge****(=pudding)* rømmegrøt.
porringer [ˌpɔrindʒə] *s; til å spise av:* (grøt)skål.
I. port [pɔ:t] *s* **1.** havn; ***port of call*** anløpshavn; ***a wife in every port of call*** en pike i hver havn; ***any port in a storm*** i nød søker man havn der det faller seg;
2*(=seaport town)* havneby;
3. *mar:* babord; ***to port*** på babord; ***put the helm to port*** legge roret babord; *(jvf III. port);*
4. *EDB:* port;
5. portvin.
II. port *vb; mar:* ***port the helm****(=put the helm to port)* legge roret babord.
III. port *adj; mar:* babord *(fx bow); (jvf I. port 3).*
portable [ˌpɔ:təbl] *adj:* bærbar.
portal [ˌpɔ:təl] *s:* portal.
portcullis [pɔ:tˌkʌləs] *s; hist:* fallgitter.
portend [pɔ:ˌtend] *vb; litt. el. spøkef(=give warning of)* bebude; varsle om.
portent [ˌpɔ:tent] *s; litt. el. spøkef(=omen)* varsel *n;* ***strange signs and portents*** underlige tegn *(n)* og varsler.
portentous [pɔ:ˌtentəs] *adj; litt. el. spøkef* **1***(=important)* betydningsfull *(fx event);* **2***(=ominous)* illevarslende *(fx sign);* **3***(=pompous)* pompøs.
porter [ˌpɔ:tə] *s* **1***(,***US:** *carrier; redcap)* bærer;
2*(=hotel porter)* hotelltjener; ***hall porter*** portier;
3. *jernb:* stasjonsbetjent; ***leading porter*** stasjonsformann;
4. *jernb* **US***(=sleeping-car attendant)* sovevognskonduktør;
5*(=gatekeeper)* portvakt; portner; *(=house porter)* vaktmester (i leiegård el. institusjon); *(jvf caretaker);*
6. *hist* porter (ɔ: slags mørkt øl).

porterage [ˌpɔ:tәridʒ] *s* **1.** *av bagasje, etc:* transport; **2**(*=charge for carriage)* bærerlønn.
porterhouse [ˌpɔ:tә'haus] *s; kul:* ***porterhouse (steak)*** tykk biff; rundbiff.
porter's lodge (*=gatekeeper's lodge)* portnerbolig.
portfolio ['pɔ:tˌfouliou] *s* **1.** mappe (til å bære dokumenter *(n)*, tegninger, etc i);
2. *bankv & fors:* portefølje;
3. ministerpost *(fx for foreign affairs);* ***minister without portfolio*** minister uten portefølje; minister uten eget departement.
porthole [ˌpɔ:t'houl] *s* **1.** *flyv:* vindu *n;* **2.** *mar:* ventil; kuøye.
portico [ˌpɔ:tikou] *s(=colonnade)* søylegang.
I. portion [ˌpɔ:ʃәn] *s* **1.** *av mat(=helping)* porsjon;
2. *stivt(=part)* del; *(=share)* andel; del; *jur:* ***portion (of an inheritance)*** arvelodd; arvedel;
3.: ***receipt portion*** kvitteringstalong.
II. portion *vb; stivt:* ***portion out*** **1**(*=share out)* dele ut; **2**(*=distribute)* fordele *(fx money).*
portly [ˌpɔ:tli] *adj; stivt el. litt.(=stout)* korpulent; *spøkef:* ***portly short*** kortvokst og kraftig; liten og rund.
portmanteau [pɔ:tˌmæntou] *s; glds:* stor koffert (som åpnes i to like deler).
portrait [ˌpɔ:trit] *s* **1.** portrett *n;* ***full-length portrait*** portrett i helfigur; ***make(=do) a portrait of*** lage et portrett av; **2.** *fig:* ***portrait of(=interview with)*** (portrett)intervju *(n)* med.
portray [pɔ:ˌtrei] *vb; stivt* **1.** *(=do a portrait of)* portrettere; avbilde;
2. *fig(=describe)* skildre;
3. *teat:* fremstille *(fx Hamlet is portrayed by NN).*
portrayal [pɔ:ˌtreiәl] *s(=portraying; description; representation)* portrettering; skildring.
Portugal [ˌpɔ:tjugәl] *s; geogr:* Portugal.
I. Portuguese ['pɔ:tjuˌgi:z] *s* **1.** portugiser; **2.** *språk:* portugisisk.
II. Portuguese *adj:* portugisisk.
I. pose [pouz] *s* **1.** positur; stilling *(fx adopt a pose for the photographer);* ***sit in a relaxed pose*** sitte avslappet; **2**(*=pretence)* komediespill; ***it's only a pose*** han (,hun, etc) bare gjør seg til.
II. pose *vb* **1.** stå (,sitte) modell *(fx in the nude);* ***she -d in the doorway*** hun hadde stilt seg opp i døra;
2.: ***pose as****(=pass oneself off as)* utgi seg for å være;
3. *fig:* ***pose a threat*** utgjøre en trussel;
4(*=put):* ***pose a question*** stille et spørsmål.
poser [ˌpouzә] *s(=difficult question)* vanskelig spørsmål.
poseur [pouˌzә:] *s:* posør; jålebukk.
posh [pɔʃ] *adj; lett glds* **T**(*=grand)* fin *(fx family);* (*= smart)* flott *(fx car).*
posh accent overklasseaksent.
I. position [pәˌziʃәn] *s* **1.** stilling; leie *n;* ***in a reclining position*** tilbakelent; ***position on one's back*** ryggleie;
2. *stivt(=job)* stilling;
3. *gym:* stilling; ***basic position*** utgangsstilling;
4. *i samfunnet:* stilling; posisjon; ***jockey for position*** (prøve å) manøvrere seg inn i en fordelaktig stilling; ***keep up one's position*** (sørge for å) beholde sin posisjon;
5. *fig:* stilling; posisjon; situasjon; ***negotiate from a position of strength*** forhandle ut fra en sterk posisjon; ***be in an ideal position*** befinne seg i en ideell situasjon; **T:** befinne seg midt i smørøyet; *(jvf gravy train);* ***get into an embarrassing position*** komme opp i kjedeligheter; ***put yourself in my position*** sett deg selv i mitt sted; ***now our positions are reversed*** nå er rollene byttet om; ***be in a position to****(=be able to)* være i stand til å; kunne; være slik stilt at man kan;
6(*=placing)* plassering; ***the position of the nearest alarm button*** nærmeste alarmknapps plassering; (*= place):* ***in position*** på plass; ***out of position****(=not in place)* ikke på plass;
7. *sport; om fotballklubb:* plassering;
8. *sport:* plass; *på lag:* ***what position do you play?*** hva spiller du på laget? ***he's in gold-medal position*** han ligger an til gullmedalje; ***she'll get herself a top-four position*** hun vil bli blant de fire beste; ***hold on to a top-twenty position*** forsvare en plass blant de tjue beste; *(se også I. place 5);*
9(*=stand)* standpunkt; ***a well-defined position*** et markert standpunkt; ***take up a position*** ta et standpunkt;
10. *på postkontor, etc:* ***'position closed'*** ingen ekspedering;
11(*=situation)* beliggenhet;
12. oppstilling; ***take up one's position*** stille seg opp.
II. position *vb; stivt(=put; place)* plassere; stille.
I. positive [ˌpɔzitiv] *s* **1.** *fot:* positiv *n;* **2.** *mus:* ***positive (organ)*** positiv *n.*
II. positive *adj* **1.** positiv; konstruktiv *(fx comment);* **2**(*=quite certain)* sikker *(fx I'm positive he's right);* ***are you sure? – yes, positive*** er du sikker? – ja, absolutt;
3(*=definite)* sikker; ***positive proof*** et sikkert bevis;
4. *forsterkende* **T**(*=absolute):* ***his work is a positive disgrace*** arbeidet hans er den rene skandale.
positively *adv* **1.** positivt; ***think positively*** tenke positivt;
2. bestemt *(fx he stated quite positively that he was innocent);*
3. **T**(*=absolutely)* absolutt; ***it was positively wrong*** det var positivt galt;
4. ***he positively devoured her with his eyes*** han formelig slukte henne med øynene.
positive vetting (*=security clearance)* sikkerhetsklarering.
posse [ˌpɔsi] *s* **US:** politistyrke.
possess [pәˌzes] *vb* **1.** *stivt(=have; own)* eie; ha;
2. *jur(=take possession of)* overta *(fx there was no question of the house being possessed);*
3. *også fig:* besette; **T:** ***whatever can have possessed you?*** hva i all verden gikk det av deg?
possessed [pәˌzest] *adj* **1.** besatt *(fx by an evil spirit):* ***he fought like one possessed*** han kjempet som besatt;
2. *stivt:* ***be possessed of****(=have)* være i besittelse av; ha;
3. *fig:* ***be possessed by an idea*** være besatt av en idé (*el.* tanke); ***be possessed with ambition*** være besatt av ærgjerrighet.
possession [pәˌzeʃәn] *s* **1.** besittelse; det å eie; ***his dearest possession*** hans kjæreste eie *n;* ***be in possession of*** være i besittelse av; ***obtain possession of*** komme i besittelse av; ***take possession of*** ta i besittelse; ***take possession of sby else's property*** forgripe seg på annen manns eiendom;
2. *jur:* overtagelse; eiendomsrett *(fx a court order giving the bank possession of the house within 28 days);*
3. *jur:* ***personal possessions*** særeiegjenstander;
4. *fig:* besettelse; det å være besatt (*by* av).
I. possessive [pәˌzesiv] *s(=possessive pronoun)* eiendomspronomen.
II. possessive *adj* **1.** dominerende; ***her boyfriend is very possessive*** vennen hennes vil ha henne helt for seg selv; ***be possessive about sth*** ville ha noe for seg selv.
possessor [pәˌzesә] *s; stivt(=owner)* eier; *spøkef:* ***be the proud possessor of sth*** være den stolte eier av noe.
possessory [pәˌzesәri] *adj; jur:* ***possessory title****(=right of ownership)* eiendomsrett (*to* til).
possibility ['pɔsiˌbiliti] *s:* mulighet (*of* for); ***there is the possibility that I may go to Denmark*** det er en mulighet for at jeg drar til Danmark; ***it's not beyond the bounds of possibility*** det er ingen umulighet; ***in the realm of possibility*** innenfor mulighetenes rekkevidde.
possible [ˌpɔsәbl] *adj:* mulig (*for* for); ***I'll do everything possible*** jeg skal gjøre alt hva jeg kan; ***I've***

thought of a possible solution to the problem jeg har tenkt ut en mulig løsning på problemet; ***we need all possible help***(*=we need all the help we can possibly get)* vi trenger all den hjelp vi kan få; ***as well as in any way possible*** så godt det overhodet lar seg gjøre.

possibly *adv* **1**(*=perhaps)* muligens; kanskje;
2.: ***I'll do all I possibly can to have it ready on time*** jeg skal gjøre absolutt alt jeg kan for å ha det ferdig i tide; ***could you possibly lend me your pen?***(*=please would you lend me your pen?)* kan du være så snill å la meg få låne pennen din? ***I couldn't possibly eat any more*** jeg kunne umulig spise mer; ***as soon as you possibly can*** så snart du overhodet kan.

post- *forstavelse:* etter-; ***postwar*** etterkrigs-.

I. post [poust] *s* **1.** stolpe; ***gatepost*** portstolpe; *fotb:* ***goal post*** målstolpe; *i hesteveddeløp:* ***starting post*** startstrek; ***winning post*** mål *n;* ***beat him past the post*** komme før ham i mål; **2.** post; stasjon; *mil:* post; ***trading post*** handelsstasjon; **3**(*=job)* stilling; post.

II. post *s:* post; ***post paid***(*=post free)* porto betalt; ***I got it by post***(*=it was sent to me by post)* jeg fikk det i posten; ***is there any post for me?*** er det (noe) post til meg? ***it's in the post*** det er i posten; ***by return of post*** omgående; ***I missed the post*** jeg rakk ikke å poste det; ***take a letter to the post***(*=post a letter)* poste et brev.

III. post *vb* **1**(*=mail;* **US:** *mail)* poste; ***this letter must be posted***(*,***T:** *must go)* ***tonight*** dette brevet må postes (*el.* må av sted) i kveld;
2. postere; stasjonere; plassere; ***get posted to X*** bli stasjonert i X;
3. *stivt; om oppslag (=put up)* sette opp *(fx a notice);*
4. T: ***keep sby posted*** holde en orientert;
5. *bokf(=enter)* postere.

postage [ˌpoustidʒ] *s:* porto; ***what's the postage on foreign letters?***(*=what's the overseas postage on a letter?)* hva er portoen på brev *(n)* til utlandet?

postage stamp *(=stamp)* frimerke.

postal [ˌpoustəl] *adj:* postal-; post-.

postal address postadresse *(fx give exact postal address).*

postal card US(*=postcard)* postkort; *(jvf letter card).*

postal charges *pl:* portoutgifter.

postal code *(=postcode;* **US:** *zip code)* postnummer.

postal giro postgiro; ***pay by postal giro*** betale over postgiro.

postal order *(=postal money order)* postanvisning.

postal surcharge *(=excess postage)* straffeporto.

postal wrapper *post:* ***item sent in a postal wrapper***(*= item sent under open cover)* C-postsending.

postbag [ˌpous(t)'bæg] *s* **1**(*=mailbag)* postsekk;
2. *avisspalte:* brevkasse; postkasse.

postbox [ˌpous(t)'bɔks] *s:* (offentlig) postkasse.

postcard [ˌpous(t)'kɑ:d] *s:* postkort; ***picture postcard*** prospektkort.

postcode [ˌpous(t)'koud] *s(=postal code;* **US:** *zip code)* postnummer.

postdate ['poustˌdeit] *vb:* etterdatere; postdatere.

poster [ˌpoustə] *s* **1.** plakat; ***travel poster*** turistplakat; ***wanted poster*** etterlysningsplakat; **2.** *post:* avsender; **3.** postkunde *(fx 'Posters are reminded that ...').*

poster colour plakatfarge.

poster design 1. plakatkunst; **2.** plakattegning.

poster designer plakatkunstner.

poste restante [ˌpoustriˌstænt] *s(,***US:** *general delivery)* poste restante.

I. posterior [pɔˌstiəriə] *s(=buttocks)* bakdel; rumpe.

II. posterior *adj* **1.** *om rekkefølge; stivt(=subsequent; following)* etterfølgende; **2.** bakre; bak-.

posterity [pɔˌsteriti] *s:* ettertiden.

post-free [ˌpoustˌfri:] **1.** *adj(=post-paid)* portofri;
2. *adv(=post-paid)* portofritt.

postgraduate [pous(t)ˌgrædjuit] *s; univ(=postgraduate student) student med sin første embetseksamen bak seg; svarer til:* hovedfagsstudent.

postgraduate college *(=postgraduate training college) svarer til:* allmennvitenskapelig høyskole; *hist:* lærerhøyskole.

postgraduate course *univ (course beyond the first degree)* videregående studium *n; svarer til:* hovedfagsstudium.

postgraduate fellow US *univ:* stipendiat med doktorgrad.

postgraduate studies *pl; univ:* videregående studier *n; svarer til:* hovedfagsstudier; ***he's involved in postgraduate studies*** han holder på med hovedfag.

postgraduate training college: *se postgraduate college.*

post-haste [ˌpoustˌheist] *adv; litt.(=in great haste)* i største hast.

posthumous [ˌpɔstjuməs] *adj:* født etter farens død *(fx child);* ***posthumous publication*** utgivelse etter forfatterens død.

posthumous reputation ettermæle *n.*

postiche [pɔˌsti:ʃ] *s(=hairpiece)* toupet.

posting box postkasse (utenfor postkontor) *(jvf letter box; pillar box; postbox).*

postman [ˌpous(t)mən] *s(,***US:** *mailman)* postbud.

I. postmark [ˌpous(t)'mɑ:k] *s:* poststempel.

II. postmark *vb:* poststemple.

postmaster [ˌpous(t)'mɑ:stə] *s:* postmester; ***head postmaster*** postsjef.

I. post mortem [pous(t)ˌmɔ:təm] *s* **1.** *med.(=autopsy)* obduksjon; **2.** *spøkef:* kritisk gjennomgang (etterpå); kritisk kommentar (etterpå).

post office postkontor.

Post Office: ***the Post Office*** *svarer til:* Postverket.

post office bank: ***the Post office Bank of Norway*** Postbanken.

post-office box [ˌpoust'ɔfis'bɔks] *s(fk P.O. Box)* postboks.

post-office savings bank postsparebank.

post-operative ['poustˌɔp(ə)rətiv; *attributivt:* ˌpoust-'ɔp(ə)rətiv] *adj; med.:* postoperativ *(fx pains).*

post-paid [ˌpoustˌpeid] *se post-free.*

postpone [pous(t)ˌpoun] *vb(=put off)* utsette.

postponement [pous(t)ˌpounmənt] *s:* utsettelse.

postscript [ˌpous(t)'skript] *s; i brev:* etterskrift.

I. postulate [ˌpɔstjulit] *s; stivt:* postulat *n.*

II. postulate [ˌpɔstju'leit] *vb; stivt:* postulere.

postural [ˌpɔstʃərəl] *adj; med.:* holdnings-; ***postural back pain***(*=sacro-iliac strain)* bekkenløsning.

I. posture [ˌpɔstʃə] *s* **1.** holdning; ***a poor posture*** dårlig holdning; **2.** *stivt(=position)* stilling; ***in a sitting posture*** sittende; **3.** *meget stivt(=attitude)* holdning.

II. posture *vb; stivt(=strike a pose)* posere.

postwar ['poustˌwɔ:; *attributivt:* ˌpoust'wɔ:] *adj:* etterkrigs-.

posy [ˌpouzi] *s:* liten bukett.

I. pot [pɔt] *s* **1.** potte *(fx a flower pot);*
2.: ***(cooking) pot*** gryte; ***iron pot*** jerngryte; ***pots and pans*** gryter og kasseroller;
3. kanne; ***a pot of coffee (,tea)*** en kanne kaffe (,te);
4(*=jar)* krukke; glass; ***a pot of jam*** et glass syltetøy;
5(*=large mug; tankard)* ølkrus (med lokk);
6. T(*=fat stomach)* trommemage;
7. *glds* **S**(*=marijuana)* marihuana;
8. T: ***pots of money*** masser av penger;
9. T: ***go to pot*** bli ødelagt; **T:** gå i vasken; gå skeis;
10. RS: ***the old pot (and pan)***(*=the old man)* gammer'n (ɔ: om far el. ektemann);
11. *lett glds* **T:** ***keep the pot boiling***(*=keep it going)* holde det gående.

II. pot *vb* **1.** sette i potte; **2.** *baby:* sette på potte;
3. legge ned (på glass *n*);
4. *biljard:* ***pot a ball*** gjøre en ball.

potash [ˌpɔt'æʃ] *s; kjem:* pottaske.

potassium [pəˌtæsiəm] *s; kjem:* kalium *n.*

potato [pəˌteitou] *s(pl: potatoes)* potet; ***creamed***

potatoes potetpuré; ***fried potatoes*** stekte poteter; ***french-fried potatoes*** *(=chips;* **US:** *French fries)* pommes frites; ***mashed potatoes*** *(,***T:** *mash)* potetstappe; *også fig:* ***a hot potato*** en varm potet.
potato cake *kul: (thinly rolled-out)* ***potato cake*** lompe; ***sausage and potato cake*** pølse med lompe; *(jvf hot dog).*
potatoes au gratin *kul:* potetgrateng.
(potato) chips *(,***US:** *French fries)* pommes frites.
(potato) crisps *(,* **US:** *(potato) chips)* potetgull.
potato peel(ings) potetskrell.
potato skin *av kokt potet:* potetskrell.
potbelly [ˌpɔtˈbeli] *s:* tykk mage; trommemage.
potboiler [ˌpɔtˈbɔilə] *s; om bok, maleri, etc:* venstrehåndsarbeid (ɔ: lagd bare for å tjene penger).
potency [ˌpoutənsi] *s; stivt(=strength)* styrke *(fx of a drug);* **2.:** ***(sexual) potency*** potens.
potent [ˌpoutənt] *adj* **1.** potent; **2.** *stivt el. spøkef(=powerful; strong)* kraftig; sterk *(fx whisky).*
potentate [ˌpoutənˈteit] *s; litt.:* potentat.
I. potential [pəˌtenʃəl] *s* **1.** *stivt(=possibilities)* muligheter *(fx she shows potential as a teacher);* **2***(=resources)* potensiell *n;* ressurser.
II. potential *adj; stivt(=possible)* potensiell; mulig.
potherb [ˌpɔtˈhə:b] *s; kul:* suppegrønt.
potholder [ˌpɔtˈhouldə] *s(=kettle holder)* gryteklut.
pothole [ˌpɔtˈhoul] *s* **1.** *geol:* jettegryte; **2.** *i vei:* slaghull.
potholing [ˌpɔtˈhouliŋ] *s; sport:* det å klatre ned i jettegryter; huleforskning.
pothunter [ˌpɔtˈhʌntə] *s* **1.** person som driver jakt som matauk(e) el. for fortjenestens skyld; **2. T:** person som deltar i konkurranse for premienes skyld.
potion [ˌpouʃən] *s* **1.** *litt.: når den er tilsatt et eller annet:* drikk; ***love potion*** elskovsdrikk; **2.** *spøkef:* ***what a foul-tasting potion!*** for noe forferdelig skvip!
potluck [ˌpɔtˈlʌk] *s* **T:** ***take potluck*** ta til takke med det vi (, huset) har å by på.
potpourrie [ˈpouˌpuəri; **US:** poupəˌri:] *s; stivt; fig(=mixture)* potpurri *(fx a potpourrie of old tunes).*
pot roast *kul:* grytestek.
pot-roast [ˌpɔtˈroust] *vb; kul:* steke i gryte.
potsherd [ˌpɔtˈʃə:d] *s; arkeol:* potteskår.
potshot [ˌpɔtˈʃɔt] *s* **1. T:** ***take a potshot at*** sende et slengskudd etter; **2. T:** kritisk slengbemerkning.
potted [ˌpɔtid] *adj* **1.** *om plante:* som står i potte; **2.** nedlagt; på glass *n (fx potted shrimps).*
I. potter [ˌpɔtə] *s:* pottemaker.
II. potter *vb:* ***potter (about), potter (around)*** rusle omkring.
pottery [ˌpɔtəri] *s* **1***(=ceramics; earthenware)* keramikk; steintøy; leirvarer; **2.** pottemakeri *n.*
I. potty [ˌpɔti] *s* **T***(=chamberpot)* potte; ***do one's business on the potty****(=use the potty)* gjøre på potte; ***put a child on the potty*** sette et barn på potte.
II. potty *adj* **T***(=crazy)* sprø; skrullete.
potty-chair [ˌpɔtiˈtʃɛə] *s; for baby:* pottestol.
pouch [pautʃ] *s* **1.** *glds el. i sms(=small bag)* pose; **2.** *zo:* pose; *hos pungdyr:* pung; **3.** *hos menneske:* pose (under huden).
pouchy-eyed [ˌpautʃiˈaid] *adj:* med poser under øynene *n.*
pouf, poof [pu(:)f], **puff** [pʌf] *s; neds* **S***(=male homosexual)* mannlig homoseksuell; **S:** homse.
pouffe [pu:f] *s* **1.** *møbel:* puff; **2.** *klesplagg(=puff)* puff; *(jvf puffed sleeve).*
poulterer [ˌpoultərə] *s(=poultryman)* vilthandler.
poultice [ˌpoultis] *s; med.:* grøtomslag.
poultry [ˌpoultri] *s:* fjærfe; høns.
I. pounce [pauns] *s* **1.** *rovfugls(=swoop)* nedslag; **2***(=sudden attack)* plutselig angrep *n;* ***the cat made a pounce at the bird*** katten gjorde et byks etter fuglen.
II. pounce *vb* **1.** *om dyr:* springe; *om rovfugl:* slå ned; **2.:** ***pounce on****(=swoop on)* 1. *om rovfugl:* slå ned på; 2. kaste seg over; 3. *fig:* slå ned på *(fx a mistake).*
I. pound [paund] *s* **1.** *vektenhet(fk lb)* pund *n;* 0,454 kg; **2.** *pengeenhet:* ***pound (sterling)*** pund *n;* **3.** *for dyr(=enclosure)* innhegning; *for eierløse dyr:* kennel.
II. pound *vb* **1.** dundre; dunke; hamre; ***pound (at), pound (on)*** dundre på; hamre på; **2.** *om hjertet(=beat fast)* hamre; dunke; **3.** knuse; støte (i morter); ***pounded almonds*** knuste mandler.
poundage [ˌpaundidʒ] *s* **1.** pris pr. pund *n;* **2.** vekt (angitt i pund *n*).
pour [pɔ:] *vb* **1.** tømme *(fx milk into a glass);* skjenke i *(fx pour the tea; he poured me a cup of tea);* ***congratulations poured in*** gratulasjonene strømmet inn; *fig:* ***she poured money into the firm*** hun øste penger inn i firmaet; *også fig:* ***pour cold water on*** tømme kaldt vann på; *fig:* ***pour oil on troubled waters*** gyte olje på opprørt hav *n;*
2. strømme; ***the rain came pouring down*** regnet skyllet ned; det øsregnet; ***people were pouring out of the factory*** folk *(n)* strømmet ut av fabrikken;
3*(=pour down)* øsregne; pøsregne;
4. *ordspråk:* ***it never rains but it pours*** en ulykke kommer sjelden alene;
5*(=pour concrete)* støpe; ***concrete for the pillars will be poured on the site*** pilarene vil bli støpt på stedet;
6.: ***pour one's heart out (to)****(=unbosom oneself (to))* utøse sitt hjerte (for); betro seg (til).
I. pout [paut] *s* **1.** *zo(=whiting pout)* skjeggtorsk; ***silvery pout****(=cod)* sølvtorsk; **2.** trutmunn; surt uttrykk.
II. pout *vb* **1.:** ***pout (sulkily)*** surmule; **2.:** ***pout one's lips*** lage trutmunn.
poverty [ˌpɔvəti] *s; også fig:* fattigdom; ***poverty of imagination*** mangel på fantasi; ***when poverty comes in at the door, love flies out of the window*** når krybben er tom, bites hestene.
poverty gap: ***the poverty gap*** kløften mellom fattige og rike.
poverty line: ***above (,below) the poverty line*** over (,under) fattigdomsgrensen (*el.* sultegrensen); ***on the poverty line*** på fattigdomsgrensen; *(jvf subsistence level).*
poverty-stricken [ˌpɔvətiˈstrikən] *adj; stivt(=desperately poor)* fortvilt fattig; lutfattig.
poverty trap situasjon hvor økt inntekt vil bety at man taper sosiale ytelser og dermed blir fattigere.
powan [ˌpauən] *s; zo; i løst språkbruk(=vendace)* lagesild; høstsik.
I. powder [ˌpaudə] *s* **1.** pulver *n (fx soap powder);* **2.:** ***(face) powder*** pudder *n;* **3***(=fresh, loose snow)* puddersnø.
II. powder *vb* **1.** pudre; **2.** lage pudder *(n)* av; *i morter:* støte; ***powdered cinnamon*** støtt kanel; ***finely powdered*** finstøtt.
powder box pudderdåse.
powder compact liten pudderdåse.
powder puff pudderkvast.
powder room *evf(=ladies' toilet; ladies' cloakroom;* **T:** *ladies)* dametoalett; damegarderobe.
I. power [ˌpauə] *s* **1.** evne *(fx the power of seeing(=the ability to see) in the dark);* ***creative power****(=ability)* skapende evne; ***powers of persuasion*** overtalelsesevner; ***power of reasoning****(=power to reason)* resonnerende evne; ***recover the power of speech****(=find one's tongue)* gjenvinne talens bruk; ***be still at the height of one's powers*** fremdeles være helt på høyden (når det gjelder evner og krefter);
2. styrke; kraft *(fx the power(=force) of the explosion; a rabbit has great power(=strength) in its hind legs);* førlighet *(fx recover power in(=the use of) the left arm); elekt:* effekt; kraft; ***(electric) power*** (elektrisk) kraft; ***water power*** vannkraft; ***they cut off the power*** det ble stengt av for strømmen; ***the ship made port under her own power*** skipet nådde havn ved egen hjelp;

p

3. *også om nasjon:* makt; ***the celestial powers*** de himmelske makter; ***balance of power*** 1. maktbalanse; ***the balance of power was disturbed****(=upset)* maktbalansen ble forrykket; 2. *polit:* ***hold the balance of power*** være i vippeposisjon; ***the powers above*** de høyere makter; ***it's beyond****(=outside)* ***my power to help you*** det står ikke i min makt å hjelpe deg; ***come into power*** komme til makten; ***seize power, take power****(=seize control)* gripe makten; ***the party in power*** det partiet som har makten; ***stay in power*** beholde makten; fortsatt ha makten;
4. *optikk:* styrke; ***a 10-power magnification*** ti ganger forstørrelse;
5*(=factor of power)* maktfaktor;
6*(=authority)* myndighet *(fx have power to intervene);* ***the judicial power****(=the judiciary)* den dømmende myndighet; ***exceed one's powers*** gå ut over sine fullmakter; ***have the power to act*** ha myndighet til å gripe inn; ***he has the real power in the firm*** han har den egentlige myndighet i firmaet;
7. *mat.:* potens; ***a to the fourth (power)*** a i fjerde potens;
8. T: ***it did him a power of good*** det hadde han veldig godt av;
9. *spøkef:* ***the powers that be*** myndighetene;
10.: ***power to your elbow!*** lykke til! stå på!
II. power *vb* **1.** forsyne med drivkraft; installere motor i; **2.** drive; ***powered by 4 jets*** med fire jetmotorer;
3. *sport; om fx skøyteløper:* ***he's powering down the back straight*** han går hardt på bortre langside.
III. power *adj* **1.** *elekt:* sterkstrøms-; strøm-; kraft-; **2.** makt-; ***power politics*** maktpolitikk.
powerbike [ˌpauə'baik] *s* **T***(=pop-pop)* knallert.
powerboat [ˌpauə'bout] *s:* hurtiggående motorbåt.
power circuit *elekt:* teknisk kurs.
power-crazed [ˌpauə'kreizd] *adj:* maktgal.
power current *elekt:* sterkstrøm.
power cut *elekt(=cut)* strømutkopling; strømbrudd.
power drill *(=electric drill; drill gun)* elektrisk drill.
power-driven [ˌpauə'drivən] *adj:* motordrevet.
power engineering sterkstrømsteknikk.
powerful [ˌpauəful] *adj* **1.** kraftig; sterk; **2.** mektig; innflytelsesrik; **3.** *spøkef:* ***a powerful smell*** en kraftig lukt.
powerhouse [ˌpauə'haus] *s* **1.:** *se power station;* **2. T:** dynamisk person; kraftsentrum; ***he's a powerhouse of new ideas*** han er et sant oppkomme av nye ideer.
power-hungry [ˌpauə'hʌŋgri] *adj:* maktsyk.
powerless [ˌpauələs] *adj* **1.** *stivt(=weak; helpless)* svak; hjelpeløs; kraftløs; **2.:** ***be powerless to****(=be unable to)* ikke kunne; være ute av stand til å *(fx help).*
power line *(,US: power transmission line)* kraftledning.
power of attorney skriftlig fullmakt; fullmaktserklæring.
power of sale salgsfullmakt.
power plant 1.: *se power station;* **2.** *mask(=power unit)* drivverk.
power plug *elekt:* teknisk støpsel.
power point *elekt(=socket (outlet))* stikkontakt.
power station kraftstasjon.
power steering *i bil:* servostyring.
power supply kraftforsyning; kraftkilde; strømkilde.
power washer høytrykksspyler.
powwow [ˌpau'wau] *s; spøkef* **T***(=discussion)* diskusjon(smøte).
pox [pɔks] *s* **S:** ***the pox****(=syphilis)* syff.
PR ['piːˌaː] *subst(fk f public relations)* PR; *(se public relations; PR stunt; publicity; publicity-seeking).*
practicability ['præktikəˌbiliti] *s* **1.** gjennomførlighet; **2.** *om vei:* farbarhet.
practicable [ˌpræktikəbl] *adj* **1.** gjennomførlig; gjennomførbar; **2.** *om vei(=passable)* farbar.
I. practical [ˌpræktikl] *s; skolev* **T***(=practical in physics; physics practical)* fysikkøvelser.
I. practical *adj:* praktisk; *(jvf impractical).*
practicality ['præktiˌkæliti] *s:* praktisk detalj.
practical joke grov spøk.
practically [ˌpræktikəli] *adv:* praktisk talt; ***practically everyone went to the party*** nesten alle gikk i selskapet.
practical subject *skolev:* ferdighetsfag.
I. practice [ˌpræktis] *s* **1.** praksis; ***in practice*** i praksis; ***put one's ideas into practice*** omsette sine idéer i praksis;
2. *advokats el. leges:* praksis;
3. (sed)vane; skikk; fremgangsmåte; praksis; ***this is a scruffy practice*** dette er en lurvete praksis; ***the standard practice****(=the standard procedure; what's normally done)* vanlig fremgangsmåte; ***it's normal practice for them to …*** det er praksis at de …; ***ensure a uniform practice*** sikre (en) ensartet fremgangsmåte; ***make a practice of (-ing)*** gjøre det til en vane å; ***don't make a practice of it*** ikke la det bli en vane;
4. praksis; øvelse; trening; ***get back into practice*** komme i trening igjen; ***out of practice*** ute av trening;
5. *om regler, etc:* ***no longer in practice*** som ikke lenger håndheves (*el.* praktiseres);
6.: ***be accused of dishonest practices*** bli beskyldt for å bruke uhederlige knep *n;* ***sharp practices*** tvilsomme metoder.
II. practice *vb* **US:** *se practise.*
practise *(,US: practice)* [ˌpræktis] *vb* **1.** øve; trene; øve seg; øve seg på *(fx the piano);* ***practise being patient*** trene seg opp til å være tålmodig;
2. praktisere; ***practise law in Oslo*** ha advokatpraksis i Oslo; ***I practised my French on him*** jeg praktiserte fransken min på ham;
3.: ***practise Christianity*** være personlig kristen;
4.: ***practise what one preaches*** leve som man lærer.
practised *(,US: practiced) adj:* øvet; ***with a practised eye*** med øvet blikk *n; neds:* ***a practised smile*** et innøvd smil.
practitioner [prækˌtiʃənə] *s* **1.:** ***general practitioner****(fk GP)* allmennpraktiker; **2.:** ***legal practitioner*** praktiserende advokat.
pragmatic [prægˌmætik] *adj; stivt:* pragmatisk.
pragmatist [ˌprægmətist] *s; stivt:* pragmatiker.
Prague [prɑːg] *s; geogr:* Praha.
prairie [ˌprɛəri] *s:* prærie.
I. praise [preiz] *s:* ros; ***praise and blame*** ros og ris *n;* ***words of praise*** rosende ord *n;* lovord; ***sing one's own praises****(=blow one's own trumpet)* skryte av seg selv.
II. praise *vb:* rose; ***she strongly praised the concert*** hun roste konserten i høye toner; ***praise God*** (lov)prise Gud; ***God be praised!*** Gud være lovet! ***praise sby to the skies*** rose en opp i skyene.
praiseworthy [ˌpreiz'wəːði] *adj(=commendable)* prisverdig; rosverdig; ***that's praiseworthy of you*** det er rosverdig av deg.
pram [præm] *s(,US:* ***baby carriage****)* barnevogn.
prance [prɑːns] *vb; stivt el. litt.* **1.** *om hest:* danse; **2.** *om person(=strut)* spankulere.
prang [præŋ] *vb* **S***(=crash)* bulke med *(fx the car).*
prank [præŋk] *s; lett glds(=trick)* skøyerstrek; puss *n;* ***play a prank on sby*** spille en et puss.
prat [præt] *s* **S***(=fool;* **T:** *twerp)* dritt(sekk); ***all right, prat!*** all right da, din dritt!
prate [preit] *vb; stivt; neds(=talk foolishly; babble)* snakke dumt; bable (*about* om).
I. prattle [prætl] *s; neds(=chatter)* prat; skravl.
II. prattle *vb; neds(=chatter)* prate; skravle; ***she prattled on about nothing*** hun skravlet i vei om ingenting.
prattler [ˌprætlə] *s; neds(=chatterbox)* skravlebøtte.
prawn [prɔːn] *s; zo:* stor reke; nordsjøreke.
pray [prei] *vb* **1.** be *(fx pray to God; let us pray);* ***pray fervently*** be inderlig; ***she's past praying for!*** 1. det finnes ikke håp *(n)* for henne lenger; 2. **T:** hun er et håpløst tilfelle! ***pray for sth to happen*** be om at noe

skal skje; **2.** *fig:* be; ***everyone's praying for rain*** alle ber om regn *n;* **3.** *glds el. litt.(=ask earnestly)* be innstendig; bønnfalle *(fx let me go, I pray you!);* **4.** *int; meget stivt* 1*(=please):* ***pray be seated*** vær så god og sitt ned; 2. *iron:* …om jeg tør spørre?

prayer [prɛə] *s* **1.** bønn; ***say a prayer*** be en bønn; **2.:** ***prayers*** andakt *(fx morning prayers).*

prayer beads *pl(=rosary)* rosenkrans; ***say(=tell) one's beads(=say the rosary)*** be en rosenkrans.

pre- [pri:] *forstavelse:* pre-; før-; ***prehistoric*** forhistorisk; ***prewar*** førkrigs- *(fx the prewar period).*

preach [pri:tʃ] *vb* **1.** *rel(=deliver a sermon)* preke; **2.** *fig:* preke (*to* for); *spøkef:* ***you're preaching to the converted!*** du behøver ikke preke for meg, for jeg er helt enig! **3.** *stivt(=advise)* tilrå(de) *(fx caution).*

preacher [ˌpri:tʃə] *s:* predikant; ***lay preacher*** legpredikant; ***fire-and-brimstone preacher*** svovelpredikant.

preamble [pri:ˌæmbl] *s* **1.** *stivt(=introduction)* introduksjon; **2.** *jur; til lov el. traktat(=introductory statement)* forord; *svarer ofte til:* formålsparagraf.

prearranged [ˈpriəˌreindʒd] *adj(=arranged beforehand)* avtalt på forhånd; ***at a prearranged signal*** på et avtalt tegn.

precarious [priˌkɛəriəs] *adj; stivt* **1***(=difficult; uncertain)* vanskelig; prekær; **2.** *om helbred(=delicate)* svak *(fx his health has always been very precarious).*

precaution [priˌkɔ:ʃən] *s* **1.** forsiktighetsregel; forholdsregel; ***take the precaution of buying a return ticket*** ta den forsiktighetsregel å kjøpe returbillett; **2.** *stivt(=safeguard)* gardering; ***as a precaution against possible future losses*** som en gardering mot eventuelle fremtidige tap *n.*

precautionary measure sikkerhetsforanstaltning; *(jvf security measure).*

precede [priˌsi:d] *vb* **1.** *stivt(=go before)* gå foran; kjøre foran; **2.** *stivt; mht. plikt, etc(=come before)* gå foran *(fx such duties precede all others).*

precedence [ˌpresidəns] *s* **1.** forrang; ***take precedence over(=go before)*** ha forrang fremfor; **2.** *stivt(=priority)* prioritet; **3.:** ***(order of) precedence*** rangfølge.

precedent [ˌpresidənt] *s; stivt:* presedens; ***set(=establish) a precedent*** skape presedens; ***there is no precedent for this*** det er ingen presedens for dette.

preceding [priˌsi:diŋ] *adj:* foregående.

precept [ˌpri:sept] *s; stivt(=command)* forskrift; rettesnor; ***moral precepts*** moralske forskrifter.

precinct [ˌpri:siŋkt] *s* **1.** *i by:* -område; -sone; ***pedestrian precinct(=paved zone)*** fotgjengersone; **2. US** *i by(=district)* distrikt *n (fx police precinct);* **3.:** ***precincts(=boundary): within the precincts of the town*** innenfor byens grenser.

precious [ˌpreʃəs] *adj* **1***(=dear)* kjær; dyrebar; **2. T:** ***precious few(=very few)*** veldig få; **3.** *iron(=fancy):* ***you and your precious friends*** du og disse vennene dine.

precious metal edelt metall.

precious stone edelsten.

precipice [ˌpresipis] *s; stivt* **1.** stup *n;* steil skrent; ***fall over a precipice*** falle utfor et stup; **2.** *fig(=precarious situation)* stup *n;* prekær situasjon.

I. precipitate [priˌsipitit] *s; kjem:* bunnfall; utfelling.

II. precipitate [priˌsipi'teit] *vb* **1.** *stivt(=hasten)* fremskynde; **2.** *stivt(=hurl)* styrte *(fx into ruin);* **3.** *kjem:* bunnfelle(s); utfelle(s).

III. precipitate [priˌsipitit] *adj; stivt(=rash)* overilt.

precipitation [pri'sipiˌteiʃən] *s* **1.** *meteorol (=rainfall)* nedbør; ***acidic precipitation****(=acid rain)* sur nedbør; surt regn; **2.** *kjem:* utfelling; ***acidic precipitation*** sur utfelling; **3.** *meget stivt(=undue haste)* hastverk; overilthet.

precipitous [priˌsipitəs] *adj; stivt(=very steep)* stupbratt; steil.

précis [ˌpreisi:] *s(pl: précis* [ˌpreisi:z]*) subst(=summary)* sammendrag *n; skolev:* referat(stil); ***a short précis of the article, with a brief mention of the main points*** et kort sammendrag av artikkelen i stikkords form.

precise [priˌsais] *adj* **1.** nøyaktig; presis; ***a precise****(=an accurate)* ***translation*** en nøyaktig oversettelse; ***at that precise****(=very)* ***moment*** nøyaktig da; **2.** *om person; stivt(=accurate)* nøyaktig; omhyggelig.

precisely *adv* **1***(=exactly)* nøyaktig *(fx at midday precisely);* ***precisely what do you mean?*** hva er det egentlig du mener? ***and proceeded in precisely the wrong direction*** og fortsatte i helt gal retning; ***it's precisely in Oslo this is going to take place*** dette skal finne sted nettopp i Oslo; **2***(=carefully and clearly)* presist *(fx he spoke very precisely);* **3.** *uttrykk for enighet:* nettopp *(fx So you think we should wait until tomorrow? – Precisely.).*

precisison [priˌsiʒən] *s(=accuracy)* nøyaktighet; presisjon.

precision mechanics finmekanikk.

precision tool presisjonsverktøy.

preclude [priˌklu:d] *vb; stivt(=prevent)* utelukke; forebygge; ***so as to preclude all misunderstandings*** for å utelukke (*el.* forebygge) enhver misforståelse; ***preclude all further discussion*** avskjære all videre diskusjon.

preclusion [priˌklu:ʒən] *s; stivt(=prevention)* utelukkelse; forebyggelse.

precocious [priˌkouʃəs] *adj:* ***(intellectually) precocious*** tidlig moden; bråmoden; ***a precocious child*** et veslevoksent barn.

precocity [priˌkɔsiti] *s(=precociousness)* det å være tidlig moden; bråmodenhet; tidlig modenhet.

precognition [ˈpri:kɔgˌniʃən] *s; psykol:* det å kunne forutsi fremtidige begivenheter; forutviten.

preconceived [ˈpri:kənˌsi:vd] *adj:* forutfattet; ***preconceived ideas*** *(=opinions)* forutfattede meninger.

preconception [ˈpri:kənˌsepʃən] *s; stivt(=preconceived idea)* forutfattet mening; ***with no preconceptions*** uten forutfattede meninger; ***I had formed no preconceptions about the nature of my new job*** jeg hadde ikke i forveien dannet meg noen mening om hvordan det nye arbeidet mitt var.

preconcerted [ˈpri:kənˌsə:tid] *adj; stivt(=prearranged)* avtalt på forhånd.

precondition [ˈpri:kənˌdiʃən] *s; stivt(=prime condition; prerequisite)* forutsetning.

pre-cooked [ˈpri:ˌkukt; *attributivt:* ˌpri:ˈkukt] *adj; kul (=ready-cooked)* ferdiglagd.

precursor [priˌkə:sə] *s; litt.(=forerunner)* forløper (*of, to* til).

predate [pri:ˌdeit] *vb* **1***(=precede)* gå forut for (i tid); **2.** *merk(=antedate; backdate)* antedatere; forutdatere.

predator [ˌpredətə] *s; zo(=predatory animal)* rovdyr.

predatory [ˌpredətri] *adj:* rov- *(fx animal).*

predecease [ˈpri:diˌsi:s] *vb; jur(=die before)* dø før.

predecessor [ˌpri:diˈsesə] *s* **1.** *i stilling:* forgjenger; **2.** *stivt(=ancestor):* ***my predecessors*** mine forfedre.

predestination [ˈpri:destiˌneiʃən] *s:* predestinasjon; forutbestemmelse.

predestine [pri:ˌdestin] *vb; om skjebnen:* forutbestemme; ***our victory was predestined*** seieren vår var forutbestemt.

predetermine [ˈpri:diˌtə:min] *vb* **1.** forutbestemme; **2.** *stivt(=prearrange)* avtale på forhånd.

predicament [priˌdikəmənt] *s(=difficult situation)* vanskelig situasjon (*el.* stilling); forlegenhet.

predicate [ˌpredikit] *s; gram:* verbal *n.*

predicative [priˌdikətiv] *adj; gram:* predikativ.

predicative complement *gram:* predikativ *n.*

predict [priˌdikt] *vb; stivt(=foretell)* forutsi.

predictable [priˌdiktəbl] *adj:* forutsigelig.

predictably [priˌdiktəbli] *adv:* som kan forutsies; som

ventet; ***predictably he was late*** som ventet var han forsinket.
prediction [priˌdikʃən] *s:* forutsigelse; spådom.
predilection [ˈpri:diˌlekʃən] *s; stivt el. spøkef(=liking)* forkjærlighet (*for* for).
predispose [ˈpri:diˌspouz] *vb; stivt:* predisponere (*to* for); gjøre mottagelig (*to* for); ***they were predisposed****(=inclined beforehand)* ***to find him guilty*** de var i forveien innstilt på å erklære ham skyldig; ***this predisposes him to colds****(=this makes him liable to catch colds)* dette gjør ham disponert for forkjølelse.
predisposition [ˈpri:dispəˌziʃən] *s:* disponerthet (*to* for).
predominant [priˌdɔminənt] *adj(=prevailing)* dominerende; fremherskende; overveiende.
predominantly [priˌdɔminəntli] *adv; stivt(=mainly; chiefly)* overveiende; hovedsakelig.
predominate [priˌdɔmiˈneit] *vb; stivt(=prevail)* være fremherskende; dominere (*over sth* over noe).
preeminence [priˌeminəns] *s; meget stivt el. litt. (= supremacy)* overlegenhet (*over* over).
preeminent [priˌeminənt] *adj; stivt* **1***(=outstanding)* fremragende; **2***(=especially noticeable):* ***this is his preeminent virtue*** dette er hans fremste dyd.
preeminently [priˌeminəntli] *adv; stivt:* i særlig grad; *(=first and foremost)* først og fremst *(fx he is preeminently a painter).*
pre-empt, preempt [priˌempt] *vb* **1.** *jur(=acquire by pre-emption)* erverve ved forkjøpsrett;
2. *meget stivt(=forestall)* komme i forkjøpet;
3. *meget stivt(=anticipate)* ta på forskudd *(fx a solution);*
4. *meget stivt; om bevegelse, etc(=take over)* overta.
pre-emption, preemption [priˌempʃən] *s* **1.** *jur:* utøvelse av forkjøpsrett; **2.:** ***(right of) pre-emption*** forkjøpsrett.
pre-emptive, preemptive [priˌemptiv] *adj* **1.** forkjøps-; som kommer i forkjøpet; **2.** *mil:* preventiv; forebyggende.
pre-emptive bid *kortsp; bridge:* forhindringsmelding.
preen [pri:n] *vb* **1.** *om fugl:* ***preen itself*** pusse fjærene;
2. *neds:* ***she was preening herself in front of the mirror*** hun stod foran speilet og rettet på fasaden;
3.: ***preen oneself****(=gloat)* godte seg;
4.: ***preen****(=congratulate)* ***oneself on*** gratulere seg selv med.
prefab [ˌpri:ˈfæb] *s* **1.** prefabrikert konstruksjon;
2. T*(=prefabricated house)* prefabrikert hus *n;* elementhus.
prefabricate [pri:ˌfæbriˈkeit] *vb:* prefabrikere.
I. preface [ˌprefəs] *s:* forord (*to* til).
II. preface *vb; stivt(=introduce)* innlede *(fx a speech).*
prefatory [ˌprefətəri] *adj; meget stivt(=introductory)* innledende *(fx prefatory words before the speech).*
prefect [ˌpri:ˈfekt] *s* **1.** *hist, etc:* prefekt;
2. *skolev* prefekt (ɔ: eldre elev som er behjelpelig med å holde disiplin).
prefer [priˌfə:] *vb* **1.** foretrekke (*to* fremfor); ***she would prefer to come with you rather than stay here*** hun vil heller bli med deg enn å bli her; **2.** *stivt(=bring):* ***prefer a charge against sby*** reise tiltale mot en.
preferable [ˌprefərəbl] *adj:* som er å foretrekke (*to* fremfor); ***that would be preferable*** det ville være å foretrekke.
preferably [ˌprefərəbli] *adv:* helst; fortrinnsvis.
preference [ˌprefərəns] *s* **1.** det man foretrekker *(fx my preference is for wild flowers rather than cultivated ones);* ***by preference*** fortrinnsvis; ***what are your preferences?****(=what do you prefer?)* hva foretrekker du? hva vil du helst ha? ***have a preference for*** ha en forkjærlighet for;
2. *stivt:* preferanse; prioritet; fortrinn(srett); førsterett; ***give sby (the) preference over****(=prefer sby to)* foretrekke en fremfor; gi en fortrinnet fremfor;
3.: ***first preference*** mulighet til å velge først;
4.: ***in preference to****(=rather than)* heller enn; fremfor.
preferential [ˈprefəˌrenʃəl] *adj:* preferanse-.
preferential treatment særbehandling.
I. prefix [ˌpri:fiks] *s* **1.** *gram:* prefiks *n;* forstavelse;
2. foranstilt tittel.
II. prefix *vb:* sette foran; ***prefix a brief introduction to the article*** sette en kort introduksjon foran artikkelen.
preggy [ˌpregi] *adj* **T***(=pregnant)* gravid; med barn *n.*
pregnancy [ˌpregnənsi] *s:* graviditet; svangerskap *n.*
pregnancy test *med.:* graviditetstest.
pregnant [ˌpregnənt] *adj* **1.** gravid; *om dyr(=with young)* drektig; ***she was pregnant with his child*** hun ventet barnet hans; **2.** *fig; stivt(=meaningful)* betydningsfull *(fx pause);* **3.** *fig:* ***pregnant with****(=filled with):* ***his plan is pregnant with political danger*** planen hans er politisk meget farlig.
preheat [ˈpri:ˌhi:t] *vb; tekn:* forvarme.
prehensile [priˌhensail] *adj; zo, etc:* gripe- *(fx tail).*
prehensile foot *zo:* klamrefot.
prehistoric [ˈpri:hiˌstɔrik] *adj:* forhistorisk.
prehistory [pri:ˌhistəri] *s* **1***(=the prehistoric period)* forhistorisk tid; **2.** *fig:* forhistorie.
I. prejudice [ˌpredʒudis] *s* **1.** fordom (*against* overfor); ***our prejudice in favour of*** vår forkjærlighet for;
2. *stivt:* ***to the prejudice of****(=harmful to)* til skade for (ens rettigheter, etc);
3. *jur:* ***without prejudice*** uten forbindtlighet.
II. prejudice *vb* **1.** inngi fordommer; forutinnta (*in favour of* for); gjøre forutinntatt (*against* mot);
2. *persons stilling, etc(=harm)* skade; forringe; ***prejudice one's chances further*** forringe sine sjanser ytterligere.
prejudiced [ˌpredʒudist] *adj:* forutinntatt; med fordommer; full av fordommer; ***be prejudiced against sby*** være avvisende innstilt til en; ***be prejudiced in favour of sby*** være velvillig innstilt til en; *(jvf II. prejudice).*
prejudicial [ˈpredʒuˌdiʃəl] *adj:* ***prejudicial to****(=damaging to; harmful to)* skadelig for *(fx our interests).*
prelate [ˌprelit] *s; stivt el. glds:* prelat.
I. preliminary [priˌliminəri] *s:* innledende skritt *n;* ***preliminaries*** *også:* forberedelser; innledning.
II. preliminary *adj:* forberedende; innledende; foreløpig; ***preliminary remarks****(=opening remarks)* innledende bemerkninger.
preliminary study forstudium.
preliminary training forskole; forberedende læretid.
preliminary work forarbeid; ***hard preliminary work*** strevsomt forarbeid.
prelims [ˌpri:limz] *s; pl* **1.** *typ(=front matter)* preliminærsider; **2.** *univ(=preliminary exams)* førsteeksamen til bachelor-graden (ved enkelte universiteter).
prelude [ˌprelju:d] *s* **1.** *mus:* preludium *n;*
2. *fig; stivt el. spøkef(=introduction)* innledning; opptakt *(fx the prelude to terrible quarrels).*
premarital [pri:ˌmæritl] *adj; stivt(=before marriage)* førekteskapelig *(fx sexual relations).*
premature [ˌpreməˈtjɔ:, ˌpreməˈtjuə; ˈpreməˌtjuə; **US:** ˌpri:məˈtʃuər] *adj* **1.** for tidlig; for tidlig født; ***cases of burnouts and premature deaths*** tilfeller av utbrenthet og for tidlig død; *2(=hasty; rash)* forhastet; overilt.
prematurely [ˌpreməˈtjɔ:li; ˌpreməˈtjuəli; **US:** ˌpri:məˈtʃuərli] *adv:* for tidlig *(fx old).*
premeditated [priˌmediˈteitid] *adj:* overlagt *(fx murder).*
premeditation [priˈmediˌteiʃən] *s:* overlegg *n; forsettlighet.*
I. premier [ˌpremjə; *Canada:* ˌpri:mjə] *s; utenfor Storbritannia(=prime minister)* statsminister.
II. premier *adj; stivt(=leading)* ledende *(fx Italy's premier industrialists).*
I. première [ˌpremiˈɛə; ˌpremiə; **US:** priˌmiə] *s; stivt*
1. *om film(=first showing)* premiere;

2. *om opera; sj teat(=first night; first performance)* premiere *(fx the British premiere of a German opera); (jvf first night).*

II. première *vb; om film:* ha premiere (på).

premiership [ˌpremjəˈʃip] *s:* tid som statsminister.

I. premise [ˌpremis] *s* **1.** *stivt(=condition)* betingelse; ***premises*** premisser;

2. *stivt(=assumption)* formodning; forutsetning;

3.: ***premises*** lokale *n;* eiendom *(fx business premises);* ***licensed premises*** lokale med skjenkerett; ***private premises*** privat område *n;* ***on the premises*** på stedet *(fx live on the premises);* ***see sby off the premises*** vise en ut.

II. premise *vb; stivt* **1***(=presuppose)* forutsette;

2.: ***premise a remark*** forutskikke en bemerkning.

premium [ˌpri:miəm] *s* **1.** *fors:* premie;

2. *stivt(=bonus)* bonus;

3. *fig:* ***put a premium on sth****(=reward sth)* premiere noe; belønne noe;

4. *merk:* kursgevinst; overkurs; agio;

5.: ***at a premium*** 1. *merk(=above par)* til overkurs; over pari; med agio; 2. meget (*el.* sterkt) etterspurt.

premium bond *merk:* premieobligasjon.

premonition [ˈpreməˌniʃən] *s; stivt(=forewarning)* forvarsel; varsel *n;* forutanelse (*of* om).

prenatal [pri:ˌneitl] *adj; med.:* før fødselen.

preoccupation [pri:ˈɔkjuˌpeiʃən] *s:* opptatthet; ***her preoccupation with death*** det at hun er (,var) så opptatt av døden.

preoccupied [pri:ˌɔkjuˈpaid] *adj* **1***(=lost in thought)* i dype tanker; åndsfraværende *(fx in a preoccupied mood);* **2.:** ***preoccupied with*** opptatt av.

preoccupy [pri:ˌɔkjuˈpai] *vb; ens tanker:* oppta.

prep [prep] *s* **1.** *skolev; især ved kostskole* 1*(=homework)* lekse; ***do prep*** gjøre lekser; 2. tid satt av til lekselesing; **2. US:** *se preparatory school.*

prepackaged [ˈpri:ˌpækidʒd; *attributivt:* ˌpri:ˈpækidʒd] *adj(=prepacked)* ferdigpakket.

prepaid [ˌpri:ˌpeid; *attributivt:* ˌpri:ˈpeid] *adj:* ***reply prepaid*** svar *(n)* betalt; ***prepaid telegram*** telegram *(n)* med svar betalt.

preparation [ˈprepəˌreiʃən] *s* **1.** forberedelse; ***in preparation*** under forberedelse; ***if the alarm goes, dress in preparation for leaving the ship*** hvis alarmen lyder, kle på deg med tanke på å forlate skipet; ***(work of) preparation*** forberedelsesarbeid; ***make extensive preparations*** gjøre forberedelser i stor stil;

2. bearbeiding (*of* av) *(fx the workpiece);*

3. *med.:* preparat *n;* ***skin preparation*** hudpleiemiddel.

preparatory [priˌpærət(ə)ri] *adj:* forberedende; *stivt:* ***preparatory to****(=in preparation for)* som (en) forberedelse til.

preparatory school **1** *(=prep school)* privat skole (for barn *(n)* i alderen 6 – 13 år *n*) som forbereder for en 'public school'; **2. US***(=prep (school))* privatskole som forbereder for 'college'.

prepare [priˌpεə] *vb* **1.** forberede (*for* på); ***prepare oneself*** forberede seg; ***prepare (oneself) for*** forberede seg på (*el.* til); innstille seg på;

2. *om mat(=cook)* tilberede; lage;

3. *skolev:* preparere; forberede *(fx pupils for University Entrance);*

4. *fig:* ***prepare the ground*** (for)berede grunnen;

5. *stivt(=work out)* utarbeide *(fx a strategy);*

6. *stivt(=make):* ***prepare a report*** skrive en rapport.

prepared [priˌpεəd] *adj* **1.** preparert;

2*(=ready)* ferdig *(fx everything's prepared);*

3. forberedt; innstilt (*for* på); ***prepared for anything*** forberedt på hva som helst; ***mentally prepared for sth*** mentalt innstilt på noe;

4.: ***prepared to****(=willing to)* villig til å *(fx help sby).*

preparedness [priˌpεədnəs] *s:* beredskap; ***state of preparedness****(,***US:** *alert stage)* beredskapstrinn.

prepay [ˌpri:ˌpei] *vb* **1***(=pay in advance)* betale i forveien (*el.* på forskudd); **2.:** *se prepaid.*

prepayment [pri:ˌpeimənt] *s(=payment in advance)* forskuddsbetaling.

preponderance [priˌpɔndərəns] *s; stivt(=predominance)* overvekt *(fx a preponderance of old people).*

preposition [ˈprepəˌziʃən] *s; gram:* preposisjon.

prepossessing [ˈpri:pəˌzesiŋ] *adj(=engaging)* vinnende.

preposterous [priˌpɔstərəs] *adj; stivt(=absurd; ridiculous)* absurd; latterlig.

prep school: *se preparatory school.*

prerecord [ˈpri:riˌkɔ:d] *vb* **1.** *om program(=record in advance)* ta opp på bånd *(n)* før det skal brukes;

2. *videoprogram:* forhåndsinnstille.

prerequisite [pri:ˌrekwizit] *s:* (nødvendig) forutsetning.

prerogative [priˌrɔgətiv] *s; stivt el. spøkef (=privilege)* prerogativ *n;* forrett; privilegium *n.*

I. presage [ˌpresidʒ] *s; litt.(=presentiment)* (for)varsel *n;* forutanelse.

II. presage [ˌpresidʒ; priˌseidʒ] *vb; litt.(=give warning of)* innvarsle; gi varsel *(n)* om.

presbyter [ˌprezbitə] *s:* presbyter.

I. Presbyterian [ˈprezbiˌtiəriən] *s:* presbyterianer.

II. Presbyterian *adj:* presbyteriansk.

presbytery [ˌprezbit(ə)ri] *s* **1.** presbyterium *n;* **2.** *kat.:* prestebolig.

preschool [ˌpri:ˈsku:l] *s; især* **US***(=nursery school)* førskole; *(jvf kindergarten & nursery school).*

preschool age førskolealder.

prescience [ˌpresiəns] *s; litt.(=previous knowledge)* forutviten; *(jvf foreknowledge).*

prescribe [priˌskraib] *vb* **1.** *om lege:* foreskrive; gi resept; ordinere; ***prescribe sth for sby*** 1. gi en en resept på noe; 2. ordinere noe for en;

2. *jur:* foreskrive *(fx certain penalties for sth);*

3. *skolev:* ***prescribed texts****(=set texts)* pensumtekster.

prescribed majority: ***the prescribed majority****(=the qualified majority)* kvalifisert flertall.

prescription [priˌskripʃən] *s* **1.** *med.:* resept; ***free prescription*** *svarer til:* blå resept; ***make up a prescription*** ekspedere en resept; ***write out a prescription*** skrive ut en resept; **2.** *jur:* ***(positive) prescription****(=prescriptive title)* hevd.

prescription(-only) drug reseptpliktig medisin.

presence [prezəns] *s* **1.** tilstedeværelse; nærvær *n;* påhør *n;* ***in the presence of two witnesses*** i to vitners *(n)* nærvær; ***calm in the presence of danger*** rolig i farens stund; ***make one's presence felt*** gjøre seg gjeldende;

2. *stivt(=impressive manner)* imponerende fremtreden; ***person of good social presence*** representativ person;

3. *om skuespiller:* ***stage presence*** utstråling;

4*(=invisible presence)* (usynlig) vesen *n;* ånd.

presence of mind åndsnærværelse.

I. present [ˌprezənt] *s* **1***(=gift)* gave; presang; ***make sby a present of sth*** *(=give sby sth)* forære en noe;

2. *mil(=present arms)* presenterstilling;

3*(=present time)* nåtid; ***at present****(=at the present moment)* for øyeblikket; ***for the present****(=for the time being)* foreløpig; inntil videre; ***up to the present****(=until now)* hittil; inntil nå;

4. *gram:* ***the present****(=the present tense)* presens *n.*

II. present [priˌzent] *vb* **1.** *stivt el. som ledd i en seremoni:* overrekke; ***present sby with sth*** overrekke en noe;

2. *radio:* presentere; ***this programme was presented by NN*** programleder var NN;

3. *ved forestilling; stivt(=introduce):* ***may I present Miss Brown?*** må jeg få presentere frøken Brown? ***be presented at Court*** bli presentert ved hoffet;

4. presentere; legge frem; ***present the accounts*** legge frem regnskapet; ***present a matter*** legge frem en sak; ***present a report*** legge frem en rapport;

5. *teat:* fremføre *(fx a play);*
6. *fig; stivt(=offer)* by på; ***a subject that presents no difficulties*** et fag som ikke byr på vanskeligheter; ***the case presents(=has) some interesting features*** saken byr på enkelte interessante trekk *n;*
7. *stivt(=mean; represent)* bety *(fx a danger);*
8. *stivt:* ***an idea presented itself in my mind****(=an idea occurred to me)* det meldte seg en idé hos meg;
9*(=express)* uttrykke; legge frem *(fx one's ideas);*
10. *mil:* ***present arms!*** presenter gevær!
11. *stivt; ofte spøkef:* ***present oneself****(=arrive; appear)* innfinne seg; *spøkef:* komme anstigende;
12. *stivt:* ***be presented****(=faced)* ***with*** bli stilt overfor.

III. present [ˌprezənt] *adj* **1.** til stede; ***be present at*** være til stede ved; overvære; ***all those present*** alle de tilstedeværende; ***present company excepted*** de tilstedeværende unntatt;
2. nåværende; ***our present difficulties*** de vanskelighetene vi nå har;
3. *stivt(=this)* foreliggende; ***on the present basis****(=showing)* på det foreliggende grunnlag;
4. *stivt(=under discussion):* ***the present topic*** det temaet som nå diskuteres.

presentable [priˌzentəbl] *adj:* presentabel; ***look presentable*** se presentabel ut.

presentation ['prezənˌteiʃən] *s* **1.** overrekkelse; ***the presentation****(=awarding)* ***of the prizes*** prisutdelingen; **2.** *teat:* fremførelse; oppførelse *(fx of a new play);*
3. *radio, TV, etc:* presentasjon; ***her free and easy style of presentation*** hennes frie og utvungne programledelse;
4. *også merk:* forevisning; presentasjon; ***on presentation****(=when presented; at sight)* ved presentasjon; ***on presentation of a card****(=on showing a card)* ved forevisning av et kort;
5. *fig:* presentasjon; fremstilling; ***the presentation of a speech*** opplegget av en tale; den måten en tale fremføres på; ***an orderly presentation of one's points*** en klar og grei presentasjon av det man vil si;
6. *med.:* fosterstilling; ***breech presentation*** setefødsel.

presentation ceremony overrekkelsesseremoni.

presentation copy *av bok:* frieksemplar (som sendes ut av forlag *(n)* el. forfatter).

present continuous *gram:* ***the present continuous*** samtidsform i presens *n.*

present-day [ˌprezənt'dei] *adj; stivt(=modern)* nåtids-; moderne; ***present-day fashions*** de motene vi har nå.

presenter [priˌzentə] *s:* ***(television) presenter*** programleder.

presentiment [priˌzentimənt] *s(=premonition; forewarning)* forvarsel; forutanelse; forutfølelse.

presently [ˌprezəntli] *adv* **1***(=soon; before long)* snart; om en liten stund; **2. US** & *Skottland(=now; at the moment)* nå; for øyeblikket.

present participle *gram:* presens *(n)* partisipp *n.*

present perfect *gram:* perfektum *n;* ***present perfect continuous*** samtidsform i perfektum *n.*

present tense *gram:* presens *n.*

preservation ['prezəˌveiʃən] *s* **1.** bevaring (*of* av);
2. *om museumsgjenstand, etc:* konservering; ***the book is in a poor state of preservation*** boken er meget dårlig bevart;
3.: ***the preservation of natural resources****(=nature conservation)* naturfredning; ***preservation****(=protection)* ***of old buildings*** fredning av gamle bygninger; ***game preservation*** viltpleie;
4.: ***(hermetic) preservation*** hermetisering; konservering.

I. preserve [priˌzə:v] *s* **1.:** ***game preserve*** jaktdistrikt;
2. *fig; stivt(=field; territory)* felt *n;* ***poach on sby's*** preserves*(=trespass on sby's territory)* gå inn på annen manns enemerker; gå en i næringen;
3.: ***preserves*** konserver.

II. preserve *vb* **1.** bevare *(fx preserve(=keep) the peace);* holde i hevd;
2. *om museumsgjenstand, etc:* bevare; konservere;
3. *bygning, etc:* ***worth preserving****(=conserving)* bevaringsverdig; verneverdig;
4. *frukt, etc:* konservere; preservere; hermetisere; sylte; legge ned; ***preserve in sugar*** sukre ned;
5. *for jaktformål:* frede.

preservative [priˌzə:vətiv] *s(=preserving agent)* konserveringsmiddel.

preset ['pri:ˌset] *vb(=set beforehand)* innstille på forhånd.

preshrunk ['pri:ˌʃrʌŋk; *attributivt:* ˌpri:'ʃrʌŋk] *adj:* krympefri.

preside [priˌzaid] *vb; stivt el. spøkef:* presidere; ha forsete; ***preside at****(=over)* ***a meeting****(=chair a meeting)* lede et møte; ***preside over the court*** administrere retten.

presiding judge rettsformann; rettens formann; lagmann.

presidency [ˌprezidənsi] *s* **1.** presidentembete;
2*(=time as president)* presidenttid;
3. **US***(=post as managing director)* stilling som administrerende direktør; *(se president 2 & 3).*
4. **US** *i forening(=chairmanship)* formannsverv.

president [ˌprezidənt] *s* **1.** *polit:* president;
2. **US***(fk Pres)(=managing director (fk Man. Dir))* administrerende direktør; adm. dir.;
3. **US:** ***vice president****(fk V-P)(=managing director (fk Man. Dir.))* administrerende direktør; adm. dir.;
4. **US** *i forening(=chairman)* formann;
5. *jur:* ***president (of a court of law)*** (en retts) administrator.

presidential ['preziˌdenʃəl] *adj:* president- *(fx candidate; election).*

presidium [priˌsidiəm] *s; parl:* presidentskap; presidium *n.*

I. press [pres] *s* **1.** *redskap:* presse;
2*(=printing press)* presse; ***go to press*** gå i trykken;
3.: ***the press*** pressen *(fx the press is(=are) always interested in famous people);*
4. presseomtale; presse; ***the book had a good press*** boken fikk god presse;
5. *vektløfting:* press *n;*
6*(=cupboard)* skap *(n)* (for bøker eller klær).

II. press *vb* **1.** presse; trykke; trykke på *(fx press(=push) the button);* taste *(fx press F10);*
2. presse seg; trykke seg (*against* inntil, mot);
3. presse *(fx grapes to extract the juice);* ***press****(=straighten)* ***out a dent in the wing*** rette (*el.* presse) ut en bulk i skjermen;
4. *med strykejern:* presse;
5. *i vektløfting:* løfte; presse;
6. *fig:* presse; nøde; ***press sby hard*** presse en hardt; gå en hardt på klingen; ***hard pressed, he admitted that …*** da man gikk hardt inn på ham, innrømmet han at …; ***I didn't press the point*** jeg gikk ikke nærmere inn på det; ***press the question*** presse på for å få et svar; ***press sby for payment*** purre en for betaling; ***press****(=push)* ***for higher wages*** presse på for å oppnå høyere lønninger;
7.: ***press forward*** presse (*el.* trenge) seg frem;
8. *stivt el. spøkef:* ***press sby into service*** sjanghaie en; presse en til å gjøre tjeneste;
9.: ***press on*** 1*(=continue on one's way)* fortsette videre; 2.: ***press on with****(=push ahead with)* gå videre med;
10. *stivt:* ***press sth on sby****(=urge sby to accept sth)* presse noe på en.

press advertising avisreklame; det å drive avisreklame; *(jvf press advertisement).*

press advertisement avisreklame; ***a press advertisement*** en avisreklame; *(jvf press advertising).*

press agency*(=news agency)* pressebyrå.

press agent*(fk PA)* pressesekretær.

press box *ved idrettsstevne, etc:* presselosje; *(jvf gallery 1 & press gallery).*

press campaign pressekampanje (*against* mot); ***mount a press campaign for****(=in favour of)* starte en pressekampanje til fordel for.

press card *(=press pass)* pressekort.

Press Complaints Commission: ***the Press Complaints Commission*** *(fk the PPC)* Pressens Faglige Utvalg.

press council presseetisk råd *n.*

press cutting*(,***US:** *press clipping)* avisutklipp.

press division *i departement:* pressekontor; ***head of the press division at the Foreign Office*** sjef for utenriksdepartementets pressekontor; pressesjef i UD.

pressed *adj* **1.** presset *(fx pressed beef);*
2. T*(=busy)* presset (for tid);
3. *om klær:* presset; strøket;
4.: ***be hard pressed*** være hardt presset;
5. *om penger el. tid* **T:** ***be pressed for****(=be short of)* ha knapt med; ***be pressed****(,***T:** *pushed)* ***for time*** ha dårlig tid.

press gallery *teat:* presselosje; *(jvf gallery 1 & press box).*

pressing [ˌpresiŋ] *adj* **1***(=urgent)* presserende;
2*(=insistent)* inntrengende *(fx invitation).*

pressman [ˌpresmən] *s* **1.** *typ:* trykker; **2.** journalist; pressemann; ***pressmen*** pressefolk.

press morals *(=ethics of the press)* presseetikk.

press notice *(=newspaper article)* avisartikkel.

press officer pressetalsmann; ***chief press officer*** pressesjef.

press release pressemelding; melding til pressen; *(jvf press report).*

press report melding i pressen; pressemelding.

press stud *(=snap fastener; popper)* trykknapp.

press toolmaker stansemaker.

press-up [ˌpres'ʌp] *s; gym(,***US:** *push-up)* armpress; armheving fra gulvet; ***do press-ups*** gjøre armhevinger fra gulvet.

pressure [ˌpreʃə] *s* **1.** *fys:* trykk *n;* ***blood pressure*** blodtrykk;
2. *økon:* press *n;*
3. *fig:* press *n;* påtrykk *n;* ***social pressures*** sosialt press; ***work at high pressure*** arbeide under høytrykk; ***they are caught between two opposite pressures*** de er utsatt for påtrykk *(n)* fra to forskjellige kanter; ***the pressure is getting to her (,him)*** presset begynner å gjøre seg gjeldende (for hennes (,hans) vedkommende);
4.: ***apply pressure*** 1. øve press *(n)* (*el.* trykk *(n)*); 2. *fig(=exert pressure)* øve press *(fx on sby);*
5.: ***pressure on*** press *(n)* på; ***put pressure on sby*** legge press på en; ***use undue pressure on him*** legge utilbørlig press på ham;
6.: ***be under pressure*** stå (*el.* være) under press *n;* ***he's under pressure to act*** det øves press på ham for at han skal handle (,gripe inn); ***under great psychological pressure*** under sterkt psykisk press; ***under pressure from*** etter påtrykk *(n)* fra.

pressure bandage *med.(=compression bandage)* trykkbandasje.

pressure cabin *flyv:* trykkabin.

pressure gauge *fys:* trykkmåler; manometer.

pressure group pressgruppe.

pressure sore *med.(=bedsore)* liggesår.

pressure suit*(=G-suit) fys & flyv:* trykkdrakt.

pressure-treated [ˌpreʃə'tri:tid] *adj:* trykkbehandlet.

pressure-treated timber*(,***US:** *lumber)* trykkimpregnerte trematerialer.

pressurize, pressurise [ˌpreʃə'raiz] *vb* **1.** *flyv:* opprettholde normalt lufttrykk i; **2.** *fig(=force)* tvinge; presse *(fx sby into doing sth).*

prestige [preˌsti:ʒ] *s:* prestisje; ***this brought****(=gave)* ***him great prestige*** dette ga ham stor prestisje; *stivt:* ***it enhanced****(=increased; improved)* ***his prestige*** det økte hans prestisje; ***our prestige suffered****(=was given)* ***a sad blow*** vår prestisje fikk en stygg knekk; ***restore the prestige of the country*** gjenopprette landets prestisje.

prestigious [preˌstidʒəs] *adj:* høyt ansett; som gir (,har) prestisje; prestisjepreget *(fx job).*

presumable [priˌzju:məbl] *adj; stivt(=supposed)* formentlig.

presumably [priˌzju:məbli] *adv; stivt(=probably)* formodentlig; antagelig.

presume [priˌzju:m] *vb* **1.** *stivt(=suppose; assume)* formode; anta; **2.** *stivt:* ***presume to****(=be bold enough to)* driste seg til å; **3.** *fig:* ***presume on****(=take advantage of)* trekke veksler på; benytte seg av.

presumption [priˌzʌmpʃən] *s* **1.** *stivt(=supposition; assumption)* formodning; antagelse;
2. *stivt(=arrogance; rudeness)* anmasselse; arroganse.

presumptive [priˌzʌmptiv] *adj; jur:* presumptiv.

presumptuous [priˌzʌmptjuəs] *adj; stivt:* anmassende *(fx behaviour);* (for) dristig *(fx it was presumptuous of you to ask for an invitation to the party).*

presuppose ['pri:səˌpouz] *vb; stivt* **1***(=assume; take for granted)* anta; gå ut fra; **2***(=require)* forutsette.

presupposition ['pri:sʌpəˌziʃən] *s; stivt(=supposition)* forutsetning.

pretence *(,***US:** *pretense)* [priˌtens] *s; stivt* **1***(=pretext; excuse)* foregivende *n;* påskudd; ***under false pretences*** under falske forutsetninger; ***on the pretence that****(=with the excuse that)* med den unnskyldning at; ***his anger was only a pretence****(=he was just pretending to be angry)* han bare lot som om han var sint;
2. *fig; om krav:* ***a book without any pretence to style*** en bok som ikke pretenderer noe i retning av stil;
3*(=semblance)* skinn *n (fx maintain some pretence of order).*

pretend [priˌtend] *vb* **1.** foregi *(fx deafness);* late som (om) *(fx pretend to be asleep);* **2.** leke *(fx let's pretend we're cowboys);* spille; forstille seg *(fx she loves pretending);* **3.:** ***pretend to*** pretendere å; ***I don't pretend to know*** jeg pretenderer ikke å vite det.

pretender [priˌtendə] *s* **1.** (tron)pretendent; **2.** person som liker å spille.

pretension [priˌtenʃən] *s:* pretensjon; krav *n;* ***I have no*** pretension(s)*(=I don't claim)* ***to be a great writer*** jeg gjør ikke krav på å være noen stor forfatter.

pretentious [priˌtenʃəs] *adj:* fordringsfull; pretensiøs; som har pretensjoner.

preterite [ˌpretərit] *s; gram:* preteritum *n.*

preternatural ['pri:təˌnætʃərəl] *adj; meget stivt* **1***(=supernatural)* overnaturlig; **2***(=extraordinary)* usedvanlig *(fx he has a preternatural grasp of maths).*

pretext [ˌpri:tekst] *s:* påskudd; ***on the pretext of*** under påskudd av; ***on the pretext of doing sth else*** under påskudd av å gjøre noe annet.

prettiness [ˌpritinəs] *s:* penhet.

I. pretty [ˌpriti] *adj* **1.** *ikke om gutt el. mann:* pen; ***not a pretty sight*** ikke noe vakkert syn; **2.** *iron:* fin *(fx a pretty mess you've got us into!);* **T:** ***it'll cost you a pretty penny*** det blir dyrt for deg.

II. pretty *adv(=fairly)* nokså; temmelig *(fx difficult);* ***that's pretty****(=quite)* ***good!*** det er ikke dårlig!

pretty much *adv* **T:** ***pretty much alike****(=much the same)* omtrent like *(fx they are all pretty much alike);* ***it's pretty much the same*** det kommer ut på omtrent det samme.

pretty-pretty [ˌpritiˌpriti] *adj; neds(=doll-like)* dukkesøt *(fx face).*

pretty well *adv(=almost)* nesten; praktisk talt.

pretzel [pretsl] *s(=salted cocktail stick)* saltstang.

prevail [priˌveil] *vb* **1.** være fremherskende;
2. *stivt(=be common)* være alminnelig;
3*(=win)* seire *(fx truth prevailed);*
4. *stivt:* ***prevail on****(=persuade)* overtale.

prevailing [priˌveiliŋ] *adj* **1.** fremherskende; **2***(=wide-*

p

spread) utbredt; meget vanlig; **3.** *stivt(=present)* rådende; ***under the prevailing conditions*** under de rådende forhold *n.*
prevalence [ˌprevələns] *s:* (alminnelig) utbredelse.
prevalent [ˌprevələnt] *adj; stivt(=common; widespread)* vanlig; utbredt; gjengs.
prevaricate [priˌværi'keit] *vb; meget stivt(=give evasive answers; hedge)* svare unnvikende; komme med utflukter.
prevent [priˌvent] *vb* **1.** forhindre; forebygge; ***prevent it*** hindre at det skjer; forhindre det; ***rain prevented the match*** kampen kunne ikke finne sted *(n)* på grunn av regn *n;* ***there's nothing to prevent it*** det er det ingenting i veien for;
2.: ***prevent sby (from) doing sth(=stop sby (from) doing sth)*** hindre en i å gjøre noe.
preventable [priˌventəbl] *adj:* som kan forhindres.
prevention [priˌvenʃən] *s:* forebyggelse; ***prevention is better than cure*** det er bedre å forebygge enn å helbrede.
preventive [priˌventiv] *adj:* forebyggende.
I. preview [ˌpri:vju:] *s* **1.** *film:* forpremiere; prøvefremvisning; **2.** *film, også* **US***(=trailer)* trailer (ɔ: forfilm om neste program *(n)*).
II. preview *vb(=view in advance)* se i forveien; se (film, etc) før den vises for publikum *n.*
I. previous [ˌpri:viəs] *s* **S***(=previous convictions)* fortid; rulleblad (som forbryter) *(fx his previous).*
II. previous *adj* **1.** forutgående; foregående; ***the previous day****(=the day before)* den foregående dag; ***no previous experience necessary*** tidligere praksis unødvendig; ***previous information*** forhåndsopplysninger; ***previous knowledge*** forkunnskaper; ***the previous owner*** forrige eier; ***she came yesterday without giving us any previous notice*** hun kom i går uten å ha varslet oss på forhånd;
2*(=earlier)* tidligere; ***on a previous occasion*** ved en tidligere anledning; ***in previous years*** i tidligere år *n;* **3***(=former)* forhenværende; tidligere; ***previous presidents****(=former(=past; earlier) presidents)* tidligere presidenter;
4. *meget stivt el. spøkef(=premature; hasty)* for tidlig ute; for rask (i vendingen); for snar;
5. *stivt:* ***previous to****(=before; stivt: prior to) prep:* før.
previously [ˌpri:viəsli] *adv; stivt(=before; earlier on)* tidligere; før; i forveien; ***he had previously been told of the accident*** han hadde tidligere fått vite om ulykken.
prewar [ˌpri:'wɔ:] *adj:* førkrigs-.
I. prey [prei] *s* **1.** bytte *n;* ***beast of prey*** rovdyr; **2.** *stivt:* ***be a prey to****(=suffer from)* lide av; **3.** *fig:* ***an easy prey*** et lett bytte.
II. prey *vb:* ***prey on*** **1.** jakte på; **2.** *om engstelse, frykt, tvil:* ***that's what was preying on his mind****(=that's what was worrying him)* det var det som plaget ham.
I. price [prais] *s* **1.** pris; ***asking price*** prisforlangende; ***giveaway price*** gibortpris; ***published price*** bokladepris; ***the price of*** prisen på; prisen for; ***at the****(=a)* ***price of*** til en pris av; ***he sold it at****(=for)* ***a high price*** han solgte det for en høy pris; ***at a reduced price*** til nedsatt pris; ***at any price*** for enhver pris; ***the prices are on the high side*** prisene ligger litt i overkant; ***he hadn't even got the price of a cup of tea*** han hadde ikke engang penger til en kopp te; ***go up in price, rise in price*** stige i pris; ***go down in price, fall in price*** falle i pris;
2. *fig:* pris; ***the price of fame*** berømmelsens pris; ***peace at any price*** fred for enhver pris; **3***(=reward):* ***put a price on sby's head*** sette en pris på ens hode *n;*
4.: ***at a price*** hvis man bare vil betale (den høye) prisen; ***you can buy it at a price*** det er å få kjøpt hvis man er villig til å betale;
5. *stivt; fig:* ***at the price of****(=at the cost of)* på bekostning av.
II. price *vb:* prise; sette prislapp på *(fx I haven't priced these items yet);* ***price oneself (right) out of the market*** prise seg (helt) ut av markedet.
price bracket *merk & fig(=price range)* prisklasse.
price calculation priskalkyle.
price ceiling *merk(=ceiling price; maximum price)* øvre prisgrense.
price control 1. *om systemet:* ***(government) price control*** priskontroll; **2.** *om tiltakene:* ***price controls*** priskontroll.
priced [praist] *adj:* med pris på; prismerket.
price fixing *merk(=price maintenance)* prisbinding; samarbeid (mellom firmaer *n*) om prisfastsettelser.
price increase *(=price rise)* prisstigning; prisøkning.
price index *økon:* prisindeks; ***wages are geared to the price index*** lønningene er knyttet til prisindeksen.
price label *til å klebe på:* prislapp.
priceless [ˌpraisləs] *adj* **1***(=invaluable)* uvurderlig;
2. T*(=very funny)* kostelig; ubetalelig.
price list *merk:* prisliste.
price regulations *pl:* prisregulering.
price tag *(=price ticket; price tab)* prislapp.
pricey [ˌpraisi] *adj* **T***(=expensive)* dyr.
I. prick [prik] *s* **1.** prikk; stikk *n;*
2. *fig:* ***pricks of conscience*** litt dårlig samvittighet;
3. S*(=penis)* pikk;
4. *bibl:* ***kick against the pricks*** stampe mot brodden.
II. prick *vb* **1.** prikke; stikke *(fx a hole in a paper);*
2. *gart:* ***prick out****(=plant out)* plante ut; sette ut;
3. *fig:* ***my conscience is pricking****(=troubling)* ***me*** samvittigheten plager meg litt; ***prick the bubble*** stikke hull *(n)* på byllen;
4.: ***prick up one's ears****(=listen attentively)* spisse ører *n.*
I. prickle [prikl] *s* **1.** pigg *(fx a hedgehog is covered with prickles);* liten torn; **2***(=prickly sensation)* prikkende fornemmelse *(fx of fear).*
II. prickle *vb:* prikke; stikke.
prickly [ˌprikli] *adj* **1.** tornet; piggete *(fx fruit);* ***prickly bushes*** tornekratt; **2***(=pricking; stinging)* prikkende; stikkende *(fx sensation);* **3.** *fig(=touchy)* hårsår.
prickly heat *med.(=heat rash)* heteutslett.
I. pride [praid] *s* **1.** stolthet; ***parental pride*** foreldrestolthet; farsstolthet; morsstolthet; ***stupid pride*** dumstolthet; ***the pride of our collection*** det fineste stykket i samlingen vår; ***he's the pride of the family*** han er familiens stolthet;
2.: ***a pride of lions*** en løveflokk;
3. *ordspråk:* ***pride must bear pain*** man må lide for skjønnheten; ***pride goes before a fall*** hovmod *(n)* står for fall *n;*
4.: ***take (a) pride in****(=be proud of)* være stolt av; føle stolthet ved.
II. pride *vb; stivt:* ***pride oneself on****(=be extremely proud of)* rose seg av; være meget stolt av.
pride of place hedersplass *(fx give him the pride of place).*
priest [pri:st] **1.** *ikke-kristen:* prest; ***high priest*** yppersteprest; **2.** *anglikansk & kat.:* prest; ***a parish priest****(=a parson)* en sogneprest; *(NB i den anglikanske kirke er bruksordet 'clergyman', bortsett fra i offisiell språkbruk; (jvf minister 2)).*
priesthood [ˌpri:st'hud] *s* **1.** presteskap *n;* prestestand;
2. *anglikansk & kat.(=living)* presteembete; ***enter the priesthood****(=be ordained)* få et presteembete.
priestly [ˌpri:stli] *adj:* prestelig.
prig [prig] *s:* selvgod pedant; selvgod fyr.
priggish [ˌprigiʃ] *adj:* selvgod.
prim [prim] *adj; neds(=formal; demure)* formell; korrekt; påtatt ærbar; dydsiret; tertefin; **T:** ***be prim and proper****(=be prissy)* være overpertentlig og snerpete; være tertefin (på det).
primacy [ˌpraiməsi] *s* **1.** primat *n;* stilling som kirkens øverste; **2.** *meget stivt(=supremacy)* overlegenhet *(fx her primacy in intellectual achievement).*

prima donna [ˌpri:məˌdɔnə] *s; ved opera & fig:* primadonna.
prima facie [ˌpraiməˌfeiʃi] *meget stivt el. jur* **1.** *adj:* basert på førsteinntrykk; tilsynelatende;
2. *adv(=at first sight)* ved første blikk *n.*
prima facie evidence *jur:* påtagelige (*el.* ubestridelige) bevis *n.*
primal [praiml] *adj* **1.** *stivt(=original; primitive)* opprinnelig *(fx village life in its primal innocence);* ***their primal(=basic) simplicity*** deres primitive enkelhet; **2.** *meget stivt(=main)* viktigst; ***our primal concern*** vår viktigste oppgave.
primarily [ˌpraimərəli; **US:** praiˌmærili] *adv; stivt* **1**(= *in the first place; originally)* opprinnelig; primært; **2**(= *chiefly; for the most part)* hovedsakelig.
I. primary [ˌpraiməri] *s* **1**(=*primary school)* grunnskole; **2. US**(=*primary election)* primærvalg.
II. primary *adj; stivt* **1.** primær-; grunn-; ***primary(= basic) needs*** grunnleggende behov *n;*
2(=*prime): **a matter of primary importance*** en sak av største viktighet.
primary colour grunnfarge; hovedfarge.
primary health care primærhelseomsorg.
primary health service primærhelsetjeneste.
primary industry råvareindustri; primærnæring.
primary school grunnskole; *(jvf infant school & nursery school).*
I. primate [ˌpraimeit; ˌpraimət] *s:* primas; erkebiskop; ***Primate of all England*** erkebiskopen av Canterbury; ***Primate of England*** erkebiskopen av York.
II. primate [ˌpraimeit] *s; zo:* primat.
I. prime [praim] *s; stivt el. spøkef: **he's in his prime*** han er i sin beste alder.
II. prime *vb* **1.** *pumpe:* spe; fylle på;
2. *flate som skal males:* grunne;
3. *hist:* forsyne med fengsats *(fx the gun);*
4. *fig:* preparere; instruere i forveien *(fx the witness);*
5. *spøkef: **arrive well primed*** ankomme godt påseilet.
III. prime *adj* **1.** viktigst; hoved-; ***of prime(=the greatest) importance*** av største betydning;
2(=*best)* best; av beste sort; *merk:* prima; ***in prime(= peak) condition*** i førsteklasses stand *(fx engine);*
3(=*necessary)* nødvendig; ***a prime condition*** en nødvendig betingelse.
prime cost *økon(=cost (price); acquisition price)* anskaffelsespris.
prime minister, Prime Minister(*fk PM)* statsminister.
prime mover *(=initiator)* initiativtager; primus motor.
prime number *mat.:* primtall.
primer [ˌpraimə] *s* **1.** grunning; grunnmaling;
2(=*percussion cap)* fenghette; knallhette; knallperle.
prime suspect *(=main suspect; chief suspect)* hovedmistenkt.
prime time *TV(=peak viewing time)* beste seertid; beste sendetid.
primeval, primaeval [praiˌmi:vl] *adj; litt.:* ur-; ***primeval instinct***(=*primitive instinct)* urinstinkt; ***we feel a primeval stirring*** det rører seg et urinstinkt hos oss.
primeval forest *(=virgin forest)* urskog.
I. primitive [ˌprimitiv] *s* **1.** utøver av primitiv kunst;
2. primitivt kunstverk.
II. primitive *adj:* primitiv; ur-; ***a (somewhat) primitive way of life*** et (nokså) primitivt levesett.
Primitive Church: ***the Primitive Church*** oldkirken.
primitive man urmennesket.
primitiveness [ˌprimitivnəs] *s:* primitivitet.
primly [ˌprimli] *adv:* (nokså) snerpete; stramt; *(=demurely)* dydsiret.
primness [ˌprimnəs] *s:* tertefinhet; (en viss) snerpethet; *(jvf prudishness).*
primogeniture [ˈpraimouˌdʒenitʃə] *s* **1.** førstefødsel;
2.: ***(the right of) primogeniture*** førstefødselsrett.
primordial [praiˌmɔ:diəl] *adj; stivt(=original; primeval)* opprinnelig; opphavelig; ur-.

primrose [ˌprimˈrouz] *s; bot* **1.** kusymre; **2.:** ***evening primrose*** nattlys.
primrose path *fig: **the primrose path*** den brede vei (ɔ: som fører i fortapelsen).
primula [ˌprimjulə] *s; bot:* primula.
primus [ˌpraiməs] *s(=primus stove)* primus.
prince [prins] *s* **1.** fyrste; **2.** prins.
Prince Consort prinsgemal.
princely [ˌprinsli] *adj* **1.:** ***his princely duties*** hans plikter som prins; **2.** *stivt el. spøkef(=magnificent)* fyrstelig.
Prince of Wales *i* **UK:** kronprins.
Prince Regent prinsregent.
princess [prinˌses; *foran navn:* ˈprinses] *s:* prinsesse.
I. principal [ˌprinsipl] *s* **1.** *ved høyere læreanstalt, fx lærerhøyskole:* rektor; *(jvf headmaster);*
2. US *& Canada(=headmaster)* rektor;
3. *ved institutt:* bestyrer;
4. *i etatene:* konsulent II; ***senior principal*** konsulent I;
5. *jur:* mandant; komittent; fullmaktsgiver;
6. *bankv; mots renter:* kapital; ***principal and interest*** kapital og renter; *om lån; mots renter:* hovedstol (ɔ: selve lånesummen);
7. *teat; i musical el. pantomime, etc, men ikke i skuespill(=lead; leading actor)* innehaver av hovedrolle; hovedperson;
8. *mus* 1. prinsipalstemme; 2. *i trille:* hovednote.
II. principal *adj(=chief)* hoved-; viktigst.
principal character *i bok, etc(=main character)* hovedperson.
principal clause *gram(=main clause)* hovedsetning.
principality [ˈprinsiˌpæliti] *s:* fyrstedømme *n.*
principally [ˌprinsipəli] *adv(=mostly; chiefly)* hovedsakelig; i hovedsak; især.
principal speaker festtaler.
principal speech festtale; hovedtale.
principle [ˌprinsipəl] *s* **1.** prinsipp *n;* lov; grunnsetning; ***leading principle*** hovedprinsipp; ***Archimedes' principle*** Arkimedes' lov; ***the principle involved*** det prinsipielle i saken; ***follow(=act on) the principle that …*** følge det prinsipp at …; ***what's your point of view, as a matter of principle, in this question?*** hva er ditt prinsipielle standpunkt i dette spørsmålet? ***this is disappointing to people whose thinking is rigidly confined to principles*** for folk som utelukkende tenker i firkanter og prinsipper, er dette skuffende;
2.: ***in principle*** i prinsippet *(fx we agree in principle);*
3.: ***on principle***(=*as a matter of principle)* av prinsipp *n.*
I. print [print] *s* **1.** avtrykk;
2. *typ:* trykk; ***small print*** fin trykk; ***in print*** på trykk; ***out of print*** utsolgt fra forlaget; ***how did that article find its way into print?*** hvordan har den artikkelen kunnet komme på trykk? **3.** *fot:* kopi; bilde *n;*
4. (kopper)stikk *n;* reproduksjon; ***sporting print*** (stikk med) jaktmotiv; ***prints*** 1. (kopper)stikk; reproduksjoner; 2(=*graphic arts)* grafikk;
5. bomullsstoff med påtrykt mønster *n.*
II. print *vb* **1.** trykke *(fx a book);* skrive med trykte bokstaver;
2. *om avis:* trykke *(fx an article);*
3. *fot:* kopiere;
4. *om tekstil:* trykke mønster *(n)* på.
printable [ˌprintəbl] *adj:* som kan trykkes.
printed [ˌprintid] *adj:* trykt; ***printed in bold*** (trykt) med fete typer.
printed acknowledgment **1.** trykt bekreftelse;
2. *stivt(=acknowledgment; thank-you card)* takkekort.
printed matter trykksak(er).
printed paper trykksak; ***printed papers and small packets*** trykksaker og småpakker.
printer [ˌprintə] *s* **1.** boktrykker; ***send the book to the printers*** sende boken til trykkeriet;
2. *EDB:* skriver; printer.

p

printer's ink trykksverte.
printing [ˌprintiŋ] *s* **1.** trykking; trykning; opptrykk *n;* ***(the art of) printing*** boktrykkerkunsten;
2. *i bok, etc:* tekst; trykk;
3. *om måten å skrive på:* (skrift med) trykte bokstaver;
4. *fot:* kopiering; *keram:* overføring av mønster *n.*
printing industry 1.: *the printing industry* *(=the printing trade; the book trade)* de grafiske fag *n;*
2.: *printing, publishing and allied industries* grafisk industri.
printing office *(=print shop)* trykkeri *n.*
printing press *typ:* boktrykkerpresse.
printing trade: *the printing trade* *(=the printing industry; the book trade)* de grafiske fag *n; (se printing industry).*
printing works *pl(=print shop)* trykkeri *n.*
printout, print-out [ˌprint'aut] *s; EDB:* ***(computer) printout*** (data)utskrift.
print run *av bok, etc(=reprint)* opptrykk *n.*
I. prior [ˌpraiə] *s; rel:* prior.
II. prior *adj* **1.** tidligere; ***I couldn't go as I had a prior engagement*** jeg kunne ikke gå da jeg allerede hadde truffet en annen avtale; **2***(=more important):* ***she felt her family had a prior claim on(=to) her attention*** hun følte at familien var viktigere for henne;
3. *stivt:* ***prior to****(=before)* før *(fx prior to working in America he had travelled in Europe for several years).*
prioress [ˌpraiərəs] *s; rel:* priorinne.
prioritization, prioritisation [praiˈɔritaiˌzeiʃən] *s:* prioritering.
prioritize, prioritise [praiˌɔrəˈtaiz] *vb:* prioritere; ***organise and prioritize the workload*** organisere og prioritere arbeidsbyrden.
priority [praiˌɔriti] *s* **1.** fortrinn; fortrinnsrett; førsterett; prioritet; ***be a first priority*** ha første prioritet; ***be pretty low down in sby's priorities*** stå nokså langt ned på ens prioritetsliste; ha nokså lav prioritet hos en; ***change one's priorities*** omprioritere; ***a change in priorities*** en omprioritering; ***work priority*** prioritering av arbeidsoppgavene; ***decide work priority*** prioritere arbeidsoppgavene; ***decide on the priorities*** prioritere; ***deciding (on) priorities*** prioritering; ***give sth (a) high priority*** prioritere noe høyt; ***be given priority*** få førsteretten; ***have(=take) priority*** være prioritert; ha fortrinnsrett; ***it's a question of getting one's priorities right*** det gjelder å prioritere riktig; ***put the questions in order of priority*** sørge for en prioritering av spørsmålene *n;* ***reverse the order of priorities*** snu opp ned på prioriteringen; ***be ruthless in one's choice of priorities*** foreta hardhendte prioriteringer;
2*(=right of way)* forkjørsrett; ***have (the) priority over oncoming traffic*** ha forkjørsrett overfor møtende trafikk; ***traffic merging with equal priority (from right (,left))*** glidelås (fra høyre (,venstre)).
priority call *tlf:* ***special priority call*** ilsamtale.
priority rules *pl:* regler for forkjørsrett.
prise *(,US: prize)* [praiz] *vb* **1.** *ved maktanvendelse:* ***prise open*** presse opp; ***he prised it off*** han vred det av; **2.** *fig:* ***prise information out of*** presse opplysninger ut av.
prism [ˌprizəm] *s:* prisme.
prison [prizn] *s(=jail)* fengsel *n;* ***escape from prison****(=break jail)* bryte seg ut av fengslet; ***go to prison*** komme i fengsel; ***put sby in prison*** sette en i fengsel.
prisoner [ˌprizənə] *s:* fange; innsatt; ***be taken prisoner*** bli tatt til fange; ***prisoner of war****(fk POW)* krigsfange.
prison governor *(,US: warden (of a prison))* fengselsdirektør.
prison officer *(,US: prison guard)* fengselsbetjent.
prissy [ˌprisi] *adj* **T***(=prim and proper)* tertefin (på det); overpertentlig (og snerpete).
pristine [ˌpristi:n; ˌpristain] *adj; stivt* **1***(=original)* opprinnelig; **2***(=(fresh and) unspoilt)* uberørt; frisk og uberørt *(fx beauty).*
privacy [ˌprivəsi; *især:* **US:** ˌpraivəsi] *s* **1.** uforstyrrethet; ***in the privacy of your own home*** (i ro og mak) hjemme hos deg selv;
2. privatliv; *jur:* ***invasion of privacy*** krenkelse av privatlivets fred; ***there's no privacy in these flats*** man har ikke noe privatliv i disse leilighetene;
3.: *in the strictest privacy* i den største hemmelighet *(fx he told me this in the strictest privacy);*
4.: *protection of privacy**(=privacy protection)* personvern; ***measure(s) to protect the privacy of the individual*** personverntiltak.
I. private [ˌpraivit] *s* **1.** *mil(fk Pte.)* menig; ***privates*** menige; **2.: *in private*** 1. *jur(=in camera)* for lukkede dører; 2. under fire øyne; på tomannshånd; i enerom; 3.: ***they married in private****(=secret)* de giftet seg i all hemmelighet.
II. private *adj* **1.** privat; ***a private citizen*** en vanlig borger; ***it's my private****(=personal)* ***opinion that*** det er min personlige mening at; ***it's just a private joke between us*** det er bare en vits oss imellom; ***let's keep this private****(=this must be between you and me)* dette får bli mellom oss (to); **2.: *she's a very private person*** hun holder seg for seg selv.
private account *bankv:* personlig konto.
private address *(=home address)* privatadresse.
private bill *parl(=private member's bill)* privat lovforslag.
private coaching *(=tuition)* privatundervisning.
private education utdannelse ved privatskole(r); ***in private education*** i private skoler.
private enterprise privat initiativ *n;* (det) privat(e) næringsliv.
private entrance *(=independent access)* egen inngang.
private eye T *(=private investigator; private detective; inquiry agent)* privatdetektiv.
private hotel pensjonat *(n)* for langtidsgjester.
private income inntekt som ikke er lønnsinntekt; *(jvf private means).*
private individual *(=private person)* privatperson.
private law *jur* **1***(=civil law)* privatrett;
2.: *international private law* internasjonal privatrett.
private life privatliv; ***his private life*** hans privatliv; ***in private life*** i privatlivet; ***he's quite a different person in private life*** privat er han en helt annen person.
private limited company *(fk Pte. Ltd.)(=private company)* lukket, simultanstiftet aksjeselskap; *(jvf public limited company).*
privately [ˌpraivitli] *adv* **1.** privat; i privatlivet;
2. i all stillhet; underhånden; i enerom; ***I've sth to say to you privately****(=in private)* jeg har noe å si deg i enerom; ***privately she thought that ...****(=she thought to herself that ...)* hun tenkte ved seg selv at ...
privately owned i privat eie *n;* privateid.
private means egne midler *n;* ***of private means*** med egne midler.
private medicine private helsetjenester.
private member *parl:* vanlig parlamentsmedlem.
private motoring privatbilisme.
private parts *pl; evf(=genitals)* kjønnsdeler.
private prosecution *jur:* privat straffesak; ***take out private prosecution*** anlegge privat straffesak.
private residence privatbolig; *(jvf official residence).*
private room *i hotell, etc:* grupperom; møterom.
private secretary privatsekretær.
private sector privat sektor; ***in the private sector of the economy*** i det private næringsliv.
private study*(=self-tuition)* selvstudium; lesing på egen hånd.
private tuition *(=coaching)* privatundervisning.
private tutor *(=coach)* privatlærer.
private visit privat besøk *n;* besøksreise; ***fly cheaply on what they call private visits*** fly billig på såkalte besøksreiser; ***arrive in England for a private visit*** komme til England på et privat besøk.

private ward *på sykehus* **1.** avdeling for privatpasienter; **2.** enerom; ***she's in a private ward*** hun ligger på enerom.

privation [praiˌveiʃən] *s; stivt(=want)* savn *n; **suffer privation*** lide savn; ***the privations(=hardships) of war*** krigens forsakelser.

privatize, privatise [ˌpraivi'taiz] *vb:* privatisere.

privet [ˌprivit] *s; bot:* liguster.

I. privilege [ˌprivilidʒ] *s:* privilegium *n; **special privilege*** særrettighet; *stivt: **it's a privilege(=an honour) to meet you*** det er en ære å få lov til å treffe Dem; ***they are allowed certain privileges*** de innrømmes visse privilegier; ***remove sby's privileges*** avskaffe (*el.* fjerne) ens privilegier.

II. privilege *vb:* privilegere; ***be privileged*** være privilegert.

I. privy [ˌprivi] *s* **1.:** ***(outside) privy****(=outside toilet)* utedo; **2. US***(=toilet)* wc *n;* WC.

II. privy *adj; stivt el. glds:* ***be privy to****(=know about)* være medvitende om; kjenne til.

Privy Council *forsamling:* geheimeråd (ɔ: monarkens private råd *n,* bestående av nåværende og tidligere ministere og andre fremstående personer, som alle utnevnes på livstid).

Privy Councillor *tittel:* geheimeråd; *(se Privy Council & Right Honourable).*

privy purse monarkens apanasje (som er en del av den årlige bevilgning til kongehusets løpende utgifter, som kalles 'civil list').

Privy Seal *hist* **1.:** ***the Privy Seal*** det mindre rikssegl; det mindre kongelige segl *n; (se Great Seal);*
2.: ***Lord Privy Seal*** seglbevarer; bevarer av det mindre kongelige segl.

prix fixe [ˌpri: ˌfiks] *s* **US***(=set price for any meal chosen from the menu)* fast pris for enhver rett som velges fra menyen.

I. prize [praiz] *s* **1.** premie; pris *(fx be awarded the Nobel Prize); i lotteri(=lottery prize)* gevinst; ***cash prize*** pengepremie; ***prize of honour*** ærespris; ***win a prize in the lottery*** vinne i lotteriet; ***big prize****(,* **T:** *jackpot)* hovedgevinst; *også fig:* ***win the big prize*** vinne det store lodd; *(se consolation prize);*
2. *hist; mar:* prise.

II. prize *vb* **1.** *stivt(=value highly)* sette stor pris på;
2. US *ved maktanvendelse(=prise):* ***she prized the shell off the rock*** hun vred skjellet løs fra steinen;
3. *fig:* ***they tried to prize(,*US:** *prise)* ***information out of him*** de prøvde å presse opplysninger ut av ham.

III. prize *adj; i sms* **1.** prisbelønnet *(fx novel);*
2. premie-;
3. T *forsterkende:* erke-; premie-; ***he's a prize nit*** han er en premiestut.

prized [praizd] *adj:* ***highly prized, greatly prized****(= much-coveted)* meget (*el.* sterkt) ettertraktet.

prize draw*(=draw; raffle)* utlodning; ***there'll be a prize draw*** det skal være utlodning.

prize fight profesjonell boksekamp.

prize fighter profesjonell bokser.

prizegiving [ˌpraiz'giviŋ] *s:* premieutdeling.

prizegiving (ceremony): ***at the prizegiving (ceremony)*** ved premieutdelingen.

prize money 1. premiebeløp; **2.** *hist:* prisepenger.

prizewinner [ˌpraiz'winə] *s* **1.** prisvinner; **2.** *i lotteri:* vinner.

prizewinning [ˌpraiz'winiŋ] *s(=award-winning)* prisbelønnet *(fx design; novellist).*

prizewinning ticket *i lotteri:* gevinstlodd.

I. pro [prou] *s* **1. T***(=professional)* profesjonell;
2. T*(=prostitute)* prostituert.

II. pro *s:* ***pros and cons****(=arguments for and against)* argumenter *(n)* for og imot.

III. pro *adj(=in favour of)* for; ***be pro sth*** være for noe.

IV. pro *adv(=in favour of)* for; ***pro and con****(=for and against)* for og imot.

pro- *forstavelse:* pro-; -vennlig; -orientert *(fx pro -Western).*

probability ['prɔbəˌbiliti] *s:* sannsynlighet; ***in all probability*** etter all sannsynlighet.

probable [ˌprɔbəbl] *adj:* sannsynlig; ***it's highly(=very) probable that ...*** det er meget sannsynlig at ...

probably [ˌprɔbəbli] *adv:* sannsynligvis; ***most probably*** høyst sannsynlig; ***he'll probably come****(=he's likely to come)* han kommer sannsynligvis; ***it'll probably come in handy*** det blir nok bruk for det.

probate [ˌproubit] *s; jur:* ***certificate of probate****(=grant of probate)* skifteattest; ***grant probate of the will*** gi (*el.* utstede) skifteattest; ***take out a grant of probate*** be om skifteattest.

probate court *(,***US:** *surrogate's court)* skifterett; *(NB I London er det "Family Division of the High Court" som er skifterett, mens slike saker utenfor London hører inn under "county court").*

probation [prəˌbeiʃən] *s* **1.** prøve; ***on probation*** på prøve; *(se også 3);* **2***(=period of probation)* prøvetid; *rel(=noviciate)* novisiat *n;* klosterprøvetid;
3. *jur:* betinget dom med tilsynsverge (for lovbryter over 17 år *n*); ***period of probation*** prøvetid; ***put sby on probation*** gi en en betinget dom med tilsynsverge; ***he was released on probation*** han fikk betinget dom; *(se I. parole 4; suspended sentence).*

probationary [prəˌbeiʃənəri] *adj:* prøve- *(fx period).*

probationer [prəˌbeiʃənə] *s:* person som er på prøve.

probation officer *jur:* tilsynsverge; *(jvf children's officer & supervision order).*

I. probe [proub] *s* **1.** *med.(=sound)* sonde;
2.: ***avalanche probe*** skredsøkerstang; ***metal probe*** metalldetektor;
3. *fig; stivt(=investigation)* undersøkelse (*into* av).

II. probe *vb* **1.** *med.(=sound)* sondere; ***probe the wound*** 1. sondere såret; 2. *fig(=rub salt in the wound)* grave i såret; **2.:** ***probe about in the hole*** grave (*el.* rote) omkring i hullet; **3.** *fig(=investigate)* undersøke; ***he probed into her private life*** han gravde i hennes privatliv.

probe line *etter snøskred:* søkekjede; *(jvf search line).*

I. probing [proubiŋ] *s* **1.** *med.:* sondering; **2.** undersøkelse; graving *(fx into sby's private affairs).*

II. probing *adj; om utspørring(=searching)* dyptpløyende; inngående *(fx ask sby some probing questions).*

probity [ˌproubiti] *s; stivt(=integrity)* redelighet.

problem [ˌprɔbləm] *s* **1.** problem *n; **a great(=big) problem*** et stort problem; **T:** ***a thorny problem*** et kinkig problem; ***an urgent problem*** et påtrengende problem; **T:** ***(that's) no problem!*** det er ikke noe problem! ***beat a problem*** få bukt med et problem; ***bring problems on one's own head*** skaffe seg problemer på halsen; ***come(=get) to grips with a problem*** komme inn på livet av et problem; ***problems encountered when using*** problemer man møter når man bruker; ***this problem has to be faced*** det er ingen vei utenom dette problemet; ***try to go into the problem*** forsøke å sette seg inn i problemet; ***he's got a (drink)ing problem*** han har et alkoholproblem; ***there's no easy solution to the problem*** problemet lar seg ikke løse (slik) uten videre; ***solve a problem*** løse et problem; ***an interesting way of stating the problem*** en interessant problemstilling; ***that's an entirely wrong approach to the problem****(=that's a wrong way of looking at the problem)* det er en helt gal problemstilling; ***an unsophisticated approach to the problem*** en enkel måte å nærme seg problemet på;
2.: ***(mathematical) problem*** (matematikk)oppgave.

problematic(al) ['prɔbləˌmætik(l)] *adj:* problematisk.

problem-free [ˌprɔbləm'fri:] *adj:* problemfri.

proboscis [prəˌbɔsis; prouˌbɔsis] *s; zo* **1.** *meget stivt(= trunk)* (elefant)snabel; **2.** *på insekt:* snabel.

procedural [prəˌsi:dʒərəl] *adj:* prosedyremessig; prosessuell; som angår forretningsorden.

p

procedural error saksbehandlingsfeil; ***commit a procedural error*** begå en saksbehandlingsfeil.

procedure [prəˌsi:dʒə] *s* **1.** fremgangsmåte; prosedyre; saksgang; ***the procedure is very slow*** saksgangen er svært langsom; ***the procedure for applications*** saksgangen når det gjelder søknader; ***the regulation procedure*** den foreskrevne fremgangsmåte; ***follow the usual procedure*** gå frem på vanlig måte; ***if the correct procedure is followed*** hvis man går frem på foreskreven måte; ***be a stickler for procedure*** være nøye på at alt går riktig for seg; ***the standard procedure****(=practice)* vanlig fremgangsmåte; ***it must not be allowed to become a standard procedure*** 1. det må ikke bli noen vanlig fremgangsmåte; 2*(=it must not be allowed to become a standard occurrence)* det må ikke bli noen vanlig foreteelse; ***ensure a uniform procedure****(=practice)* sikre (en) ensartet fremgangsmåte;
2. *skolev:* ***(speaking and) procedure for meetings****(=speeches and debates)* tale- og møteteknikk;
3. *jur:* ***(rules of) legal procedure*** prosessordning; ***criminal procedure*** straffeprosessordning;
4.: ***rules of procedure*** 1. *jur: se 3: (rules of) legal procedure;* 2*(=standing orders)* møtereglement; forretningsorden; ***observe the procedure carefully*** holde seg strengt til møtereglementet.

proceed [prəˌsi:d] *vb* **1.** *stivt(=go on; continue)* gå (,dra, kjøre, etc) videre; fortsette; ***we'll proceed along the same lines*** vi fortsetter på samme måte; ***proceed with an idea****(=act on an idea)* gå videre med en idé; **2.** *stivt:* gå frem; ***how shall I proceed?****(=go about it?)* hvordan skal jeg gå frem? ***proceed tentatively****(=feel one's way)* forsøke seg frem;
3. *stivt:* ***discussions are proceeding****(=going on)* det er diskusjoner i gang; ***the work proceeded slowly****(=the work made slow progress)* det gikk langsomt med arbeidet;
4. *jur:* ***proceed against****(=take legal action against)* anlegge sak mot; innlede rettslige skritt *(n)* mot;
5. *stivt:* ***proceed from****(=be the result of)* være resultatet av; oppstå på grunn av;
6. *stivt:* ***proceed to****(=begin to)* gå over til å; gi seg til å *(fx they proceeded to ask a lot of questions).*

proceedings [prəˌsi:diŋz] *s* **1.** *på møte, etc:* det som blir sagt; det som foregår *(fx make a note of the proceedings);* ***watch the proceedings*** iaktta det som foregår; ***without moving a muscle of his face, he follows the proceedings from his place in the dock*** uten å fortrekke en mine følger han forhandlingene fra sin plass i tiltaleboksen;
2. *lærd selskaps, etc; stivt(=minutes)* møtereferat; forhandlingsprotokoll; ***publish the commission's proceedings*** offentliggjøre kommisjonens forhandlingsprotokoll;
3. *jur:* ***criminal proceedings*** straffesak; ***bring criminal proceedings*** reise straffesak (*against* mot); ***legal proceedings****(=legal action)* saksanlegg; prosess; rettsforfølgning; ***libel proceedings*** injurieprosess; injuriesak; ***oral proceedings*** muntlig prosedyre; ***take proceedings against****(=bring an action against)* anlegge sak mot; *i straffesak:* ***pre-trial proceedings*** saksforberedelse;
4. *stivt(=approach):* ***illegal proceedings****(=an illegal approach)* illegal fremgangsmåte.

proceeds [ˌprousi:dz] *s; pl; av salg, etc:* utbytte *n.*

I. process [ˌprouses; **US:** ˌprɔses] *s* **1.** prosess; ***it was a peaceful and orderly process*** alt gikk fredelig og ordentlig for seg; ***it was a slow process*** 1*(=it was a slow business)* det gikk langsomt; 2*(=it took a long time)* det tok lang tid; ***process of growth*** vekstprosess; ***the process of growing up*** det å vokse opp; oppveksten;
2. *jur:* ***immunity from legal process*** immunitet mot rettsforfølgning; ***through the process of the Court*** ad rettens vei;
3.: ***in the process*** i prosessen; underveis *(fx the nuances are lost in the process);* ***he's keen to see crocodiles, even if his flesh crawls in the process*** han er ivrig etter å se krokodiller, selv om han får gåsehud mens det står på;
4.: ***in the process of*** under *(fx manufacture);* ***in the process of making the beds, she discovered …*** mens hun holdt på med å re sengene, oppdaget hun …

II. process [ˌprouses; **US:** ˌprɔses] *vb* **1.** forarbeide; bearbeide *(fx raw materials);* foredle;
2. *data:* bearbeide; behandle; analysere;
3. *søknad, krav, etc:* vurdere; behandle; ***process****(=deal with)* ***an application*** behandle en søknad;
4. *typ:* reprodusere;
5. *fot:* fremkalle og kopiere *(fx photographs);*
6. *EDB(=computerize)* databehandle;
7. utvinne; *(jvf II. extract 4 & II. win 2).*

processed [ˌprou'sest] *adj:* bearbeidet; behandlet.

processed cheese *(,***US:** *process cheese)* smelteost.

processing industry foredlingsindustri.

procession [prəˌseʃən] *s:* prosesjon; opptog *n;* ***festive procession*** festopptog; ***funeral procession*** begravelsesfølge.

processor [ˌprousesə; **US:** ˌprɔsəsə] *s: EDB:* prosessor; ***word processor*** tekstbehandlingsmaskin.

process planning prosessplanlegging.

proclaim [prəˌkleim; **US:** prouˌkleim] *vb; stivt(=announce)* proklamere; kunngjøre; bekjentgjøre; forkynne; erklære; ***proclaim him king*** utrope ham til konge.

proclamation ['prɔkləˌmeiʃən] *s:* proklamasjon; kunngjøring; bekjentgjøring.

proclivity [prəˌkliviti] *s; stivt(=inclination)* hang; tilbøyelighet.

procrastinate [prouˌkræsti'neit] *vb; stivt(=drag out (the time))* forsinke; (la) trekke ut; trekke saken i langdrag.

procreate [ˌproukri'eit] *vb; meget stivt(=beget)* avle.

proctor [ˌprɔktə] *s* **1.** *univ:* proktor (som har oppsyn med studentenes adferd);
2. *skolev* **US***(=invigilator)* inspektør (ved eksamen).

procurable [prəˌkjuərəbl] *adj; stivt(=obtainable)* som kan skaffes; som man kan få tak *(n)* i; som kan fås.

procuration ['prɔkjuˌreiʃən] *s* **1.** *stivt(=obtaining)* tilveiebringelse;
2. *glds:* kobleri *n;* rufferi *n; (jvf pimping);*
3. *merk:* ***per procuration****(fk p.p.; per pro; p. pro)* etter fullmakt; pr. pr. *(fk f pr. prokura).*

procure [prəˌkjuə] *vb* **1.** *meget stivt el. spøkef(=get; obtain)* skaffe (til veie); **2.** *glds:* drive kobleri *n; (jvf pimp 2).*

procurer [prəˌkjuərə], **procuress** [prəˌkjuərəs] *s; glds:* kobler(ske); ruffer(ske); *(jvf pimp 1).*

I. prod [prɔd] *s; med noe spisst:* støt *n;* stikk *n;* puff *n;* ***she gave him a prod*** 1*(=she nudged him)* hun ga ham et lite puff; 2*(=she tried to get him to act)* hun forsøkte å sette fart i ham; ***need an occasional prod****(=push)* trenge et lite puff en gang iblant.

II. prod *vb* **1.** *med noe spisst(=poke)* stikke; **2.** *fig(=urge)* tilskynde; anspore *(fx sby into action).*

prodigal [ˌprɔdigl] *adj* **1.** *litt.(=wasteful)* ødsel;
2. *bibl:* ***the prodigal son*** den fortapte sønn.

prodigious [prəˌdidʒəs] *adj; meget stivt(=enormous)* enorm *(fx a prodigious sum of money).*

prodigy [ˌprɔdidʒi] *s(=marvel)* vidunder; ***child prodigy*** vidunderbarn; ***he's a prodigy****(=model)* ***of patience****(=he's really incredibly patient)* han er helt utrolig tålmodig.

I. produce [ˌprɔdju:s; **US:** ˌprɔdu:s] *s* **1.:** ***dairy produce*** meieriprodukter; ***garden produce*** gartneriprodukter;
2. *av hundyr:* avkom *n.*

II. produce [prəˌdju:s; **US:** prəˌdu:s] *vb* **1.** produsere; tilvirke; fremstille; **2.** *landbr:* gi avkastning; produsere; gi *(fx a field that produces(=yields) heavy crops);* *om tre(=bear fruit)* bære;

3. *om dyr:* ***produce young*** få unger;
4. *film:* produsere; *teat(=stage)* iscenesette;
5*(=show)* fremvise; forevise; fremlegge; ***produce a certificate to show that one has been ill*** fremlegge attest for at man har vært syk; ***produce****(=put forward)* ***evidence*** fremlegge bevis *n;*
6*(=take out)* ta frem (*el.* opp);
7*(=come out with)* komme med; varte opp med; ***the rather daring****(=cheeky)* ***stories she produced****(=came out with)* de temmelig frekke historiene hun vartet opp med;
8*(=serve)* diske opp med *(fx a delicious dinner);*
9*(=bring about)* bevirke; fremkalle; ***produce a reaction*** fremkalle en reaksjon;
10*(=find; lay one's hands on):* ***I can't suddenly produce £500!*** jeg kan ikke fremskaffe £500 på øyeblikket!

producer [prəˌdju:sə; **US:** prəˌdu:sər] *s* **1.** produsent;
2. *film & teat:* producer; *glds(=director)* regissør; (scene)instruktør;
3. *radio:* ***(programme) producer*** programleder; *(jvf presenter).*

producer goods *mots forbrukerartikler:* produksjonsmidler.

product [ˌprɔdəkt] *s* **1.** produkt *n;* ***this product is the leading one on the Norwegian market*** dette produktet er førende på det norske marked;
2. *fig:* produkt *n;* ***product of the intellect*** åndsprodukt;
3. *mat:* produkt *n (fx the product of 9 and 2 is 18);*
4. *kjem:* produkt *n;* ***product of combustion*** forbrenningsprodukt.

production [prəˌdʌkʃən] *s* **1.** produksjon; fremstilling; ***mass production*** masseproduksjon; ***put sth into production*** sette noe i produksjon;
2. fremleggelse; fremskaffelse; ***the production of new evidence*** fremskaffelse av nye bevis *n;*
3. *av film:* produksjon;
4. *teat:* stykke *n;* oppsett *n;* oppsetning; iscenesettelse; forestilling; oppførelse; fremførelse *(fx it was a good production);* ***her efforts carry the whole production*** det er hennes innsats som bærer hele stykket (*el.* forestillingen); *(se new production & sell-out 2).*

production line *(=assembly line)* samlebånd.

production manager *radio & TV:* produksjonsleder.

production run produksjonsserie.

production target beregnet produksjonsevne; ***achieve*** production targets oppnå den produksjon man har regnet med.

productive [prəˌdʌktiv] *adj* **1.** produktiv; ytedyktig; ***productive land*** fruktbar jord;
2. *fig:* fruktbar; produktiv; som gir resultater;
3. *økon:* produktiv; verdiskapende *(fx labour);*
4. *meget stivt:* ***be productive of****(=result in)* resultere i.

productivity [ˈprɔdəkˌtiviti] *s:* produktivitet; ytedyktighet; ***increase productivity*** øke produktiviteten.

product manager 1. produksjonssjef; **2.** produktsjef.

prof [prɔf] *s* **T***(=professor)* proff.

profanation [ˈprɔfəˌneiʃən] *s(=desecration)* vanhelligelse.

I. profane [prəˌfein] *vb; stivt(=desecrate)* vanhellige.

II. profane *adj; stivt* **1***(=blasphemous)* profan; blasfemisk; ***profane language*** blasfemisk språk(bruk); **2***(=secular)* verdslig *(fx literature).*

profanity [prəˌfæniti] *s; stivt* **1***(=blasphemy)* blasfemi; bespottelse; **2.:** ***profanities****(=swear words)* eder *(fx he uttered a string of profanities).*

profess [prəˌfes] *vb; stivt* **1***(=declare)* erklære *(fx one's belief in sby's innocence; a belief in God);*
2.: ***profess to be****(=claim to be)* gi seg ut for å være.

professed [prəˌfest] *adj* **1.** *stivt(=declared)* erklært *(fx a professed male chauvinist);* **2.** *rel:* ***a professed nun*** en nonne som har avlagt ordensløftet.

profession [prəˌfeʃən] *s* **1.** profesjon; yrke *(n)* (som krever høyere utdanning); ***the dental profession*** tannlegene; tannlegestanden; ***technical professions and skilled trades*** tekniske yrker; ***by profession*** av profesjon; av yrke; *stivt:* ***carry on a profession*** utøve et yrke; **2.** *rel:* ***profession (of faith)*** (tros)bekjennelse.

I. professional [prəˌfeʃənl] *s* **1.** *om person som studerer el. har studert(=professional (wo)man)* akademiker; utøver av et fritt yrke; **2.** *sport:* profesjonell; ***go****(=turn)* ***professional*** bli profesjonell.

II. professional *adj* **1.** faglig; fagmessig; fag-; ***professional skill*** faglig dyktighet; ***professional driver*** yrkessjåfør; ***in a professional connection*** i jobbsammenheng; i yrkessammenheng;
2*(=of a high standard)* profesjonell *(fx performance).*

professional body yrkessammenslutning.

professional code (of ethics) yrkesetikk.

professional conduct committee etisk utvalg *n;* etisk råd *n.*

professional couple *om akademikere:* yrkesektepar; *(jvf working couple).*

professional driver yrkessjåfør.

professional interests *pl:* ***trade and professional interests*** yrkesinteresser.

professional journal fagtidsskrift; *(jvf educational journal & trade journal).*

professionally [prəˌfeʃənəli] *adv:* yrkesmessig.

professional school US: *se college 5.*

professional skill faglig dyktighet.

professor [prəˌfesə] *s(i titler fk Prof.)* **1.** professor (*of* i);
2. US: lektor (ved college, videregående skole el. universitet);
3. US: ***assistant professor*** 1*(=senior lecturer)* førstelektor; 2. *teknisk stilling ved offentlig institusjon(=senior scientific officer; chief technical officer)* førsteamanuensis;
4. US: ***associate professor*** *intet tilsv; kan gjengis:* professor; *hist:* dosent;
5. US: ***full professor****(=professor)* professor.

professorship [prəˌfesəˈʃip] *s(=chair)* professorat *(n)* (*in* i).

proffer [ˌprɔfə] *vb; stivt* **1***(=offer)* by frem; tilby;
2*(=hand in)* levere inn *(fx one's resignation).*

proficiency [prəˌfiʃənsi] *s; stivt(=skill)* dyktighet; ***proficiency in reading****(=reading proficiency)* leseferdighet.

proficiency badge *speiders:* ferdighetsmerke.

proficient [prəˌfiʃənt] *adj; stivt(=skilled)* dyktig.

I. profile [ˌprouˈfail] *s* **1.** profil; ***in profile*** i profil; **2***(=short description)* kort biografi; portrett *n;* **3***(=outline)* omriss *n;* profil;
4. *fig:* ***keep****(=maintain)* ***a low profile*** holde en lav profil; ***with a stronger profile on green issues*** med sterkere profilering når det gjelder grønne saker.

II. profile *vb* **1.** tegne i profil; tegne et omriss av; **2***(=write a profile of)* gi et portrett av; **3.** *tekn:* profilere.

I. profit [ˌprɔfit] *s* **1.** profitt; fortjeneste *(fx I made a profit of £1,000 on my house);* ***there's not much (of a) profit in this*** det er ikke stort å tjene på dette; ***make a profit on sth*** tjene på noe; få fortjeneste på noe;
2. *jur:* ***crime for profit*** vinningsforbrytelse;
3*(=advantage; benefit)* fordel; utbytte *n;*
4. *merk:* fortjeneste; *i regnskap:* overskudd *n;* resultat *n;* ***be run at a profit*** gå med overskudd.

II. profit *vb:* tjene; ***profit by, profit from*** 1. tjene på; 2. *fig(=benefit from)* ha utbytte *(n)* av; nyte godt av.

profitability [ˈprɔfitəˌbiliti] *s:* lønnsomhet.

profitable [ˌprɔfitəbl] *adj* **1.** lønnsom; **2.** *om gruve:* drivverdig; **3.** *fig:* utbytterik; nyttig *(fx experience).*

profitably [ˌprɔfitəbli] *adv(=at a profit)* med fortjeneste *(fx he sold it profitably);* ***invest one's money profitably*** investere pengene sine på en fordelaktig måte.

profit and loss account *merk:* taps- og vinningskonto.

I. profiteer *s:* profitør; person som driver vareåger.

II. profiteer *vb; neds:* profitere; drive vareåger.

p

profitless [ˌprɔfitləs] *adj* **1.** ulønnsom; **2.** *fig:* unyttig; nytteløs; som ikke har noen hensikt.

(profit) margin *merk:* fortjenstmargin.

profligacy [ˌprɔfligəsi] *s; glds el. litt.* **1***(=immorality)* umoral; *litt.:* ryggesløshet. **2***(=wild extravagance)* ødselhet.

I. profligate [ˌprɔfligit] *s; glds el. litt.(=dissolute person)* utsvevende person; *litt.:* ryggesløst menneske *n.*

II. profligate *adj; glds el. litt.* **1***(=dissolute; shamelessly immoral)* utsvevende; *litt.:* ryggesløs; **2***(=wildly extravagant)* ødsel *(fx way of life).*

pro forma [ˌprouˌfɔ:mə] *adj:* proforma-.

profound [prəˌfaund] *adj; stivt* **1***(=deep)* dyp; ***profound emotions*** dype følelser; ***profound humiliation*** dyp ydmykelse; ***profound silence*** dyp stillhet; ***profound****(=intense)* ***happiness*** intens lykke; ***she sat in profound thought****(=she was deep in thought)* hun satt i dype tanker; ***we're all in a state of profound shock*** vi er alle dypt sjokkert;
2*(=deep)* dypsindig; dyptpløyende *(fx analysis);* ***profound arguments*** dyptpløyende argumenter *n;* ***profound remark*** dypsindig bemerkning; dypsindighet; **3***(=thorough)* grundig; inngående *(fx studies).*

profundity [prəˌfʌnditi] *s; fig; stivt* **1***(=depth)* dybde; **2.** *ofte spøkef(=profound remark)* dypsindighet.

profuse [prəˌfju:s] *adj; stivt* **1***(=extravagant)* overstrømmende *(fx in one's thanks);* ***be profuse****(=generous)* ***with sth*** være generøs med noe *(fx with praise);* **2***(=greatly abundant)* overdådig *(fx harvest).*

profusely [prəˌfju:sli] *adv* **1.** sterkt; voldsomt *(fx sweat profusely);* **2***(=generously; extravagantly; richly)* overdådig *(fx illustrated);* **3.:** ***he apologised profusely*** han ba tusen ganger om unnskyldning.

profusion [prəˌfju:ʒən] *s; stivt(=abundance)* overflod; ***a profusion of flowers*** et vell av blomster.

progenitor [prouˌdʒenitə] *s; glds(=ancestor)* stamfar.

progeny [ˌprɔdʒini] *s; stivt el. spøkef(=children)* avkom *n.*

prognosis [prɔgˌnousis] *s; med., etc(pl: prognoses* [prɔgˌnousi:z]) *(=forecast)* prognose; ***make a prognosis*** stille en prognose.

I. prognostic [prɔgˌnɔstik] *s* **1.** *med.(=sign; symptom)* tegn *n;* symptom *(n)* (som holdepunkt for prognose); **2.** *stivt(=omen)* tegn *n;* varsel *n.*

II. prognostic *adj:* prognostisk.

prognosticate [prɔgˌnɔsti'keit] *vb; meget stivt(=foretell; forecast)* forutsi; spå; *med.:* prognostisere.

I. program [ˌprou'græm] *s* **1.** *EDB:* program *n;* ***application program*** brukerprogramvare;
2. US *(=programme)* program *n.*

II. program *vb* **1.** *EDB:* programmere;
2. US*(=programme)* lage et program; planlegge.

program(m)able [prouˌgræməbl] *adj:* programmerbar.

I. programme *(,***US:** *program)* [ˌprou'græm] *s:* program *n;* ***daily programme*** dagsprogram *(fx an interesting and varied daily programme for the guests);* ***on the programme*** på programmet; *radio:* ***this programme was presented by NN*** programleder var NN; ***a change of****(=in the)* ***programme*** en programforandring; ***there's (been) a change of****(=in the)* ***programme*** det er (blitt en) en forandring i programmet; ***a rigorous training programme*** et strengt treningsopplegg; ***the programme is subject to alteration(s) (without notice)****(=the management reserve the right to make any alteration in the programme)* vi forbeholder oss rett til programforandringer.

II. programme*(,***US:** *program) vb:* lage et program; planlegge; *fig:* planlegge.

programmed [ˌprou'græmd] *adj:* programmert.

programmed instruction programmert undervisning.

programmer*(,***US:** *programer)* [ˌprou'græmə] *s; EDB:* programmerer.

I. progress [ˌprou'gres; **US:** ˌprɔgres] *s* **1.** fremgang; fremmarsj; ***make progress*** gjøre fremskritt; ***the work made smooth progress*** det gikk jevnt fremover med arbeidet; ***we're making no progress*** vi gjør ingen fremskritt; vi kommer ingen vei; ***progress is slow*** det går (bare) langsomt fremover; det trekker i langdrag; det drar ut;
2. *stivt(=course):* ***the progress of events*** begivenhetenes gang; ***the progress of the negotiations*** forhandlingenes gang;
3.: ***in progress*** i gang; igangværende; *oppslag:* ***examinations in progress*** eksamen pågår; ***the work is in progress*** arbeidet pågår; ***there's a meeting in progress*** det er møte *(n)* (akkurat) nå; ***have work in progress****(=have work going)* ha arbeid *(n)* i gang.

II. progress [prəˌgres; prouˌgres] *vb* **1.** *stivt el. spøkef(=go)* kjøre (,gå, etc) *(fx we had progressed only a few miles when ...);* ***as the game progressed*** under kampens gang;
2. *stivt:* gjøre fremskritt; ***your French is progressing*** *(=improving)* det går fremover med fransken din; ***firms which have not progressed to using computers*** firmaer som ikke har fulgt med i tiden og gått over til data;
3. *merk:* ***progress an order****(=follow up an order)* følge opp en ordre (ɔ: påse at den blir ekspedert);
4. *stivt(=supervise; follow up)* overvåke; følge opp.

progression [prəˌgreʃən] *s* **1.** *mat.:* progresjon; rekke *(fx arithmetic progression);* **2.** *stivt(=movement forward; advance)* bevegelse; ***progression was slow*** det gikk langsomt fremover.

I. progressive [prəˌgresiv] *s:* progressiv person.

II. progressive *adj:* progressiv; fremskrittsvennlig.

progressive form *gram(=continuous(=progressive) tense)* samtidsform.

progressively [prəˌgresivli] *adv(=by stages)* gradvis; ***progressively better*** gradvis bedre; stadig bedre.

progress report fremdriftsrapport; arbeidsrapport.

prohibit [prəˌhibit] *vb; stivt* **1***(=forbid)* forby;
2. *meget stivt:* ***prohibit sby from (-ing)*** 1*(=forbid sby to)* forby en å; 2*(=prevent sby from (-ing))* hindre en i å ...

prohibition ['prouiˌbiʃən] *s; stivt:* forbud *n;* ***there's no prohibition on leaving the car in this park****(=leaving the car is not forbidden in this park)* det er ikke forbudt å gå ut av bilen i denne (nasjonal)parken.

prohibitive [prəˌhibitiv] *adj* **1.** prohibitiv *(fx law);*
2. *om pris:* uoverkommelig *(fx price).*

prohibitory [prəˌhibitəri] *adj: se prohibitive.*

prohibitory sign *trafikkskilt:* forbudsskilt.

I. project [ˌprɔdʒekt] *s:* prosjekt *n;* ***get the project under way****(=get the project started)* få prosjektet i gang.

II. project [prəˌdʒekt] *vb* **1.** prosjektere; planlegge;
2. kaste; *også psykol:* projisere *(fx a picture on to a screen; one's guilt on to sby else);*
3. *stivt(=send up)* sende opp *(fx a missile);*
4. *meget stivt(=jut out)* stikke frem; stikke opp;
5. *om stemme:* få til å bære *(fx project one's voice);*
6. *om skuespiller(=communicate)* kommunisere; få kontakt;
7. *psykol:* ***project oneself*** eksponere seg;
8. *psykol:* ***project oneself into sby's situation****(=put oneself in(to) sby's place)* sette seg inn i ens situasjon.

projectile [prəˌdʒektail; **US:** prəˌdʒektil] *s:* prosjektil *n.*

projection [prəˌdʒekʃən] *s (jvf II. project)* **1.** prosjektering;
2. projeksjon; *også psykol:* projisering; **3***(=firing)* oppskyting; utskyting;
4. utspring *n;* fremspring *n;*
5. *om stemme:* det å få til å høres;
6. *om skuespiller:* eksponering; projeksjon;
7. *psykol:* det å eksponere seg.

projection booth *film:* maskinrom; *(jvf projection room).*

projectionist [prəˌdʒekʃənist] *s(=film operator)* kinomaskinist.
projection room filmrom; fremvisningsrom; *(jvf projection booth).*
project method *skolev:* emneundervisning.
projector [prəˌdʒektə] *s* **1.:** ***(floodlight) projector*** prosjektør; **2.** (film)fremviser; ***slide projector*** diasfremviser.
project team*(=steering group)* styringsgruppe.
project work *skolev:* særoppgave.
prolapse [ˌprouˈlæps] *s; med.:* prolaps; fremfall.
proletarian [ˈprouliˌtɛəriən] *s:* proletar.
proletariat [ˈprouliˌtɛəriət] *s:* proletariat *n.*
proliferate [prəˌlifəˈreit] *vb:* formere seg ved knoppskyting; formere (*el.* bre) seg raskt.
proliferation [prəˈlifəˌreiʃən] *s* **1.** formering ved knoppskyting; rask formering (*el.* utbredelse);
2.: ***nuclear proliferation*** spredning av atomvåpen.
prolific [prəˌlifik] *adj; stivt* **1.:** ***be prolific****(=multiply rapidly)* formere seg raskt; yngle raskt;
2. *om forfatter(=very productive)* meget produktiv.
prolix [ˌprouliks; **US:** prouˌliks] *adj; meget stivt(=long-winded)* vidløftig; omstendelig; langtrukken.
prologue *(,US ofte: prolog)* [ˌproulɔg; **US:** ˌprouˈlɔ:g] *s* **1.** prolog; fortale; **2.** *fig:* ***a prologue to****(=an introduction to)* en innledning til.
prolong [prəˌlɔŋ; **US:** prəˌlɔ:ŋ] *vb* **1***(=make longer)* forlenge; **2.** *geom(=extend)* forlenge; **3.** *om kontrakt:* prolongere; forlenge; *(se prolonged).*
prolongation [ˈproulɔŋˌgeiʃən **US:** ˈproulɔ:ŋˌgeiʃən] *s* **1***(=lengthening)* forlengelse;
2. *geom(=extension)* forlengelse;
3. *av kontrakt:* prolongering; prolongasjon; forlengelse.
prolonged [prəˌlɔŋd; **US:** prəˌlɔ:ŋd] *adj* **1.** forlenget; prolongert; **2***(=lengthy)* langvarig *(fx discussion);* **3***(=sustained)* vedvarende; langvarig *(fx applause); i sirene, etc:* ***prolonged blast*** langt støt; lang tone.
prom [prɔm] *s* **1. T***(=promenade)* (strand)promenade; **2***(=promenade concert)* promenadekonsert;
3. US*(=school ball)* skoleball.
I. promenade [ˈprɔməˌnɑ:d; **US** *især:* ˈprɔməˌneid] *s* **1***(=esplanade)* (strand)promenade; **2.** *glds(=stroll)* promenade; spasertur.
II. promenade *vb; glds el. spøkef* **1***(=walk about)* promenere; **2.** *for å vise frem(=parade; show off)* paradere med; skilte med *(fx sth in front of sby).*
promenade concert *mus(=prom)* promenadekonsert.
prominence [ˌprɔminəns] *s* **1.** *stivt(=projection)* fremspring *n (fx a rocky prominence);* **2***(=prominent position)* fremtredende plass (*el.* stilling); **3.:** ***give sth prominence, give prominence to sth*** bringe noe i forgrunnen; ***come into prominence*** tre i forgrunnen.
prominent [ˌprɔminənt] *adj* **1***(=projecting)* utstående; **2***(=conspicuous)* iøynefallende; ***put sth in a prominent position*** plassere noe på et lett synlig sted; **3***(=important)* fremstående; prominent; ***his prominent position*** hans fremtredende stilling; ***the idea of equality doesn't seem excessively prominent*** likhetstanken synes ikke å være plagsomt sterk.
prominently [ˌprɔminəntli] *adv:* på fremtredende plass.
promiscuity [ˈprɔmiˌsku:iti] *s* **1.** promiskuitet;
2. *litt.(=indiscriminate mixture)* uensartet blanding.
promiscuous [prəˌmiskjuəs] *adj* **1.** promiskuøs; som stadig veksler seksualpartnere; ***be promiscuous****(=sleep around)* bytte på med seksualpartnere;
2. *litt.(=indiscriminate)* vilkårlig *(fx massacre);* ***promiscuous hospitality*** kritikkløs gjestfrihet.
I. promise [ˌprɔmis] *s* **1.** løfte *n;* ***promise of secrecy*** taushetsløfte; ***a breach of promise*** et løftebrudd; *jur:* ***breach of promise*** brutt ekteskapsløfte; ***she accused him of breach of promise*** hun beskyldte ham for brutt ekteskapsløfte; ***break (,keep) a promise*** bryte (,holde) et løfte; ***make a promise*** gi et løfte; ***make a solemn promise*** avlegge et høytidelig løfte; ***let's make no promises about it*** man skal ingenting forsverge; ***make good(=carry out) one's promise*** gjøre alvor *(n)* av sitt løfte; ***stand by(=keep to) one's promise*** holde fast ved sitt løfte;
2. *fig:* løfte *n(fx a promise of spring in the air);*
3.: ***show promise*** være lovende; se lovende ut; tegne godt; ***he shows great promise in his work*** arbeidet hans er meget lovende;
4.: ***a young man of promise*** en lovende ung mann.
II. promise *vb* **1.** love; ***promise sby sth*** love en noe; ***make sby promise that …*** få en til å love at …;
2. love; tyde på *(fx this promises rain);* ***promise well for the future*** love godt for fremtiden.
promising [ˌprɔmisiŋ] *adj:* lovende.
promontory [ˌprɔməntəri] *s* **1***(=headland)* forberg; nes *n;* odde;
2. *anat:* ***sacral promontory*** promontorium *n.*
promote [prəˌmout] *vb* **1.** forfremme; ***be promoted over sby's head*** bli forfremmet på en annens bekostning; ***he was promoted (to) captain*** han ble forfremmet til kaptein;
2. *skolev* **US***(=move up)* flytte opp;
3. *fotb:* la rykke opp; ***be promoted*** rykke opp;
4. *sjakk:* forvandle til offiser *(fx promote a pawn);*
5*(=work for; further)* arbeide for; fremme; ***promote sales*** fremme salget;
6. drive PR for*(=advertise)* drive reklame for;
7. *merk:* ***promote a company*** stifte et selskap;
8. *sport; boksing:* være promotor for.
promoter [prəˌmoutə] *s* **1.** *sport:* promotor; person som arrangerer boksekamper; **2***(=company promoter)* stifter (av et selskap).
promotion [prəˌmouʃən] *s* **1.** forfremmelse; ***post of promotion*** opprykkstilling; ***chances of promotion*** opprykkmuligheter;
2. *skolev* **US***(=moving up; being moved up)* oppflytting;
3. *fotb:* opprykk *n;* ***the team is now working for promotion to the First Division*** laget satser nå på opprykk til førstedivisjon;
4. fremhjelp; fremme; ***association for the promotion of*** selskap til fremme av;
5*(=advertising)* det å drive reklame (for et produkt); ***sales promotion*** salgsfremmende tiltak *n;* salgsarbeid.
I. prompt [prɔmpt] *s; EDB(=cue)* spørsmål *n.*
II. prompt *vb* **1.** tilskynde; få til; ***prompt(=persuade) sby to ask for a rise*** få en til å be om lønnsforhøyelse; ***what prompted you to say that?****(=what made you say that?)* hva fikk deg til å si det?
2*(=give rise to)* gi støtet til; foranledige;
3. *teat:* sufflere;
4. *EDB:* spørre; be; ***the system prompts you for information*** systemet ber deg om opplysninger.
III. prompt *adj* **1***(=quick)* rask; ***they were prompt in their response*** de reagerte raskt;
2*(=immediate)* omgående; prompte; straks; ***this had the prompt effect of (-ing)*** dette førte med én gang til at …;
3*(=punctual)* punktlig; ***he's very prompt*** han er meget punktlig.
promptbook [ˌprɔmptˈbuk] *s; teat:* sufflørbok.
prompter [ˌprɔmptə] *s; teat:* sufflør.
promptitude [ˌprɔmptiˈtju:d] *s; stivt: se promptness.*
promptly [ˌprɔmptli] *adv* **1***(=quickly; immediately)* raskt; omgående; **2***(=punctually)* punktlig.
promptness [ˌprɔmptnəs] *s* **1***(=quickness)* raskhet; beredvillighet; **2***(=punctuality)* punktlighet.
promulgate [ˌprɔməlˈgeit] *vb; om lov; stivt(=proclaim)* kunngjøre; bekjentgjøre *(fx a new law).*
prone [proun] *adj* **1***(=lying flat; prostrate)* liggende (med ansiktet ned); nesegrus;
2.: ***he's prone(=apt) to overlook such things*** han er

pronunciation

You say [tə'mɑ:təʊ] and I say [tə'meɪtoʊ]

Pronunciation

British English	American English
car – [kɑ:]	car – [kɑ:r]
clerk – [klɑ:k]	clerk – [klɛ:rk]
over – [əʊvə]	over – [oʊvə]

tilbøyelig til å overse slike ting; ***he's prone to illness*** han har lett for å bli syk.

-prone *adj:* som ofte rammes av *(fx a strike-prone industry); **an accident-prone person*** en ulykkesfugl.

proneness [ˌprounnəs] *subt:* tendens (*to* til).

prong [prɔŋ; **US:** prɔ:ŋ] *s* **1.** spiss; gren; tann; *på rive:* tann; tind; **2.** *fig:* spiss *(fx of an attack).*

pronged [ˌprɔŋd; **US:** prɔ:ŋd] *adj:* med tenner (*el.* spisser *el.* tinder); ***a two-pronged plug*** et topolet støpsel.

pronominal [prouˌnɔminl] *adj; gram:* pronominal.

pronoun [ˌprou'naun] *s; gram:* pronomen *n; **indefinite pronoun*** ubestemt pronomen; ***possessive pronoun*** eiendomspronomen.

pronounce [prəˌnauns] *vb* **1.** uttale *(fx a word wrongly); **the 'b' in lamb is not pronounced**(=sounded)* b'en i 'lamb' uttales ikke; b'en i 'lamb' er stum;
2. *stivt(=declare)* erklære; ***I now pronounce you man and wife*** jeg erklærer dere nå for rette ektefolk å være;
3. *stivt: **pronounce the death sentence on*** avsi dødsdom over;
4. *stivt: **pronounce on**(=express an opinion on)* uttale seg om.

pronounced [prəˌnaunst] *adj(=(very) noticeable)* tydelig; uttalt; utpreget; markert.

pronouncement [prəˌnaunsmənt] *s; stivt(=statement)* erklæring.

pronunciation [prə'nʌnsiˌeiʃən] *s:* uttale (*of* av); ***her Norwegian pronunciation is good*** hennes norske uttale er god; ***what's the pronunciation?*** hvordan er uttalen? ***get (a) good pronunciation*** få en god uttale; ***have a good English pronunciation*** ha en god engelsk uttale; ***indication of (the) pronunciation*** uttaleangivelse; **2***(=variant (pronunciation))* uttalevariant; ***American pronunciations**(=variants)* amerikanske uttalevarianter.

I. proof [pru:f] *s* **1.** bevis *n; **proof of*** 1. bevis på; ***as (a) proof of his love*** som et bevis på hans (,sin) kjærlighet; 2. vitnesbyrd om; ***give proof of*** bevise; bringe bevis for *(fx one's innocence);* legge for dagen *(fx clairvoyant power); **have proof that*** ha bevis på at;
2. *fot:* prøvebilde;
3. *typ:* korrektur; ***read the proofs of*** lese korrektur på;
4. *om alkohol:* standard styrke (i **UK** 57,1 volumprosent ved 15,6°C); ***this gin is below proof*** denne ginen er for svak;
5. *ordspråk: **the proof of the pudding is in the eating*** en tings verdi viser seg først i praksis.

II. proof *vb:* impregnere (*against* mot).

III. proof *adj* **1.** *om alkohol:* av standard styrke; *(se I. proof 4);*
2.: ***proof against*** i stand til å motstå *(fx sby's arguments).*

proofread [ˌpru:f'ri:d] *vb:* lese korrektur; ***proofread from a manuscript*** lese korrektur mot manus *n.*

proofreader [ˌpru:f'ri:də] *s:* korrekturleser.

proofreading [ˌpru:f'ri:diŋ] *s:* korrekturlesing; ***proofreading from a manuscript*** korrekturlesing mot manuskript *n.*

proof spirit alkohol av standard styrke; *(se I. proof 4).*

I. prop [prɔp] *s* **1.** støtte(bjelke); stiver;
2. *fig:* støtte *(fx act as a prop to sby);*
3. *flyv(=propeller)* propell;
4. *teat: **(stage) prop*** rekvisitt.

II. prop *vb* støtte; stille (*against* mot); ***prop up*** støtte opp *(fx the roof);* stive opp.

propaganda ['prɔpəˌgændə] *s:* propaganda; ***make propaganda for*** drive propaganda for; propagandere for.

propaganda ploy propagandaknep.

I. propagandist ['prɔpəˌgændist] *s; neds:* propagandist; agitator.

II. propagandist *adj:* propagandistisk; agitatorisk; propaganda-.

propagandize, propagandise ['prɔpəˌgændaiz] *vb:* propagandere (*for* for).

propagate [ˌprɔpə'geit] *vb* **1.** *biol* formere (seg);
2. *stivt (=spread)* spre; ***propagate the gospel*** spre evangeliet.

propagation ['prɔpəˌgeiʃən] *s* **1.** forplantning; *bot:* formering; **2.** *fig; stivt(=spreading)* spredning.

propane [ˌprou'pein] *s; kjem:* propan.

propel [prəˌpel] *vb* **1.** *tekn:* drive *(fx propelled by a diesel engine);* **2.** *spøkef; om dytt el. skubb: **propel sby out of the room*** ekspedere en ut av rommet.

propellant [prəˌpelənt] *s; flyv(=fuel)* drivstoff.

propeller [prəˌpelə] *s:* propell; *mar:* propell; skrue.

propensity [prəˌpensiti] *s; meget stivt(=tendency)* hang; tendens; ***a propensity to, a propensity for (-ing)*** en tendens til å.

proper [ˌprɔpə] *adj* **1***(=right; correct; suitable)* riktig; passende *(fx he couldn't think of the proper word to say); **at the proper time*** til riktig tid; på riktig tidspunkt; ***at the proper time and place*** på rette tid og sted *n; **everything in its proper place*** alt på sin plass; *fig: **in the proper quarter*** på rette sted; hos rette vedkommende; ***that isn't the proper way to clean windows*** det er ikke slik man pusser vinduer;
2*(=complete)* ordentlig; ***have you made a proper search?*** har du lett ordentlig? **T:** ***a proper idiot*** en ordentlig idiot;
3. anstendig; respektabel; ***see that everything's proper**(=see that the proprieties are observed)* sørge for at alt går pent (*el.* anstendig) for seg; ***it isn't quite proper*** det passer seg ikke riktig; ***she's rather a proper young lady*** hun er nesten for skikkelig; ***I don't consider it the proper thing to …*** jeg anser det ikke for passende å …;
4.: ***in the city proper**(=itself)* i selve byen;
5. *stivt: **proper to*** 1*(=characteristic of)* typisk for; særegen for *(fx diseases proper to Africa);* 2*(=suitable for; right for)* passende for *(fx a hat proper to the occasion).*

properly [ˌprɔpəli] *adv* **1***(=correctly)* ordentlig *(fx she*

can't pronounce it properly); passende *(fx dress properly);* som seg hør og bør; ***he very properly refused*** han nektet som seg hør og bør;
2(*=thoroughly)* ordentlig *(fx do it properly!);* ***we were properly beaten*** vi fikk ordentlig stryk;
3.: ***properly speaking****(=strictly speaking)* strengt tatt.
proper name*(=noun)* egennavn.
propertied [ˌprɔpətid] *adj:* som eier jord.
property [ˌprɔpəti] *s* **1.** eiendom; ***common property*** felleseie; formuesfellesskap; ***they have separate property*** de har særeie; ***stolen property*** stjålet gods; ***receiving****(=receipt of)* ***stolen property*** heleri *n;* ***(real) property****(=house property)* (fast) eiendom; ***landed property*** landeiendom; ***a man of property****(=a wealthy man)* en velhavende mann; **2**(*=quality)* egenskap (*of* hos, ved) *(fx hardness is a property of diamonds);*
3. *teat(=prop)* rekvisitt.
property company eiendomsselskap.
property developer *bygg:* totalentreprenør.
property law *jur(=law of property)* formuerett; tingsrett.
property man *teat(=propman)* rekvisitør.
property management (,**US:** *real estate management)* eiendomsforvaltning.
property owner grunneier; huseier (i større målestokk); *(jvf house owner).*
prophecy [ˌprɔfəsi] *s:* profeti; spådom; ***make prophecies about the future*** komme med spådommer om fremtiden.
prophesy [ˌprɔfi'sai] *vb* **1.** *rel:* profetere; **2**(*=foretell)* spå.
prophet [ˌprɔfit] *s:* profet; ***no man is a prophet in his own country*** ingen blir profet i sitt eget land; ***prophet of doom****(,***T:** *doom-monger)* dommedagsprofet.
prophetic [prəˌfetik] *adj:* profetisk.
I. prophylactic ['prɔfiˌlæktik] *s:* forebyggende middel *n;* profylaktisk middel.
II. prophylactic *adj:* forebyggende; profylaktisk.
prophylaxis ['prɔfiˌlæksis] *s; med.:* forebyggende behandling; profylakse.
propinquity [prəˌpiŋkwiti] *s; meget stivt(=nearness)* nærhet.
propitiate [prəˌpiʃi'eit] *vb; meget stivt(=appease)* formilde; blidgjøre *(fx the gods).*
propitiatory [prəˌpiʃiətəri] *adj; meget stivt(=conciliatory)* forsonende; ***propitiatory sacrifice*** sonoffer.
propitious [prəˌpiʃəs] *adj; stivt(=favourable; advantageous)* gunstig *(fx circumstance).*
prop-jet engine [ˌprɔp'dʒet'endʒin] *s; flyv:* turbopropmotor.
propman [ˌprɔp'mæn] *s; teat(=property man)* rekvisitør.
proponent [prəˌpounənt] *s; stivt(=advocate)* talsmann (*of* for).
I. proportion [prəˌpɔ:ʃən] *s* **1**(*=percentage (share))* prosentandel; prosentvis andel (*of* av);
2(*=part)* (forholdsmessig) del; ***a large proportion of (the) teachers are on strike*** en stor del av lærerne streiker;
3. proporsjon; ***proportions*** proporsjoner; ***of huge proportions*** av enorme proporsjoner; ***a woman of large proportions*** en omfangsrik kvinne; ***a sense of proportion(s)*** sans for proporsjoner;
4. forhold *n;* ***proportions of a mixture*** blandingsforhold; ***in the proportion****(=ratio)* ***of 3 to 4*** i forholdet 3:4; ***the proportion of blacks to whites*** forholdet mellom svarte og hvite; ***be in proportion to*** stå i forhold til; være proporsjonal med; ***be in inverse proportion****(=ratio)* ***to*** stå i omvendt forhold til; ***out of proportion*** 1. ikke i (riktig) forhold til hverandre; 2.: ***it's out of all proportion*** det står ikke i noe forhold til resten; det er helt overdrevet; ***you've got this affair out of proportion*** du tillegger denne saken uforholdsmessig stor vekt.
II. proportion *vb:* proporsjonere; avpasse; ***proportion the length to the height****(=make the length fit the height)* avpasse lengden etter høyden.
I. proportional [prəˌpɔ:ʃn(ə)l] *s; mat.:* forholdstall.
II. proportional *adj:* proporsjonal; forholdsmessig; ***proportional to*** proporsjonal med; i forhold *(n)* til; ***inversely proportional****(=in inverse ratio)* omvendt proporsjonal (*to* med).
proportionally [prəˌpɔ:ʃnəli] *adv:* forholdsmessig; forholdsvis; i tilsvarende grad; proporsjonalt; likelig; ***proportionally fewer*** forholdsvis færre; relativt sett færre.
proportional representation *parl:* representasjon ved forholdstall; ***election by the method of proportional representation*** forholdstallsvalg.
proportionate [prəˌpɔ:ʃənit] *adj; stivt:* i riktig forhold *n;* ***are her wages really proportionate to****(=in proportion to)* ***the amount of work she does?*** står lønnen hennes egentlig i rimelig forhold til det arbeidet hun gjør?
proportionately [prəˌpɔ:ʃənitli] *adv:* i samme forhold *n;* i tilsvarende grad; tilsvarende; desto; ***wages rose proportionately****(=in the same proportion)* lønningene steg i samme forhold; ***proportionately to****(=in proportion to)* i forhold til.
proposal [prəˌpouzl] *s* **1.** forslag *n;* ***on the proposal of*** etter forslag fra; ***a proposal to ...*** et forslag om å; ***make a proposal*** komme med et forslag (*for* om; *of* om, for); ***can I make a proposal?*** kan jeg få komme med et forslag?
2(*=offer of marriage)* frieri *n;* ***letter of proposal*** frierbrev; ***accept his proposal*** gi ham sitt ja.
propose [prəˌpouz] *vb* **1**(*=suggest)* foreslå; ***I proposed my friend for the job*** jeg foreslo vennen min til jobben;
2(*=make an offer of marriage;* **T:** *pop the question)* fri; ***he proposed to her*** han fridde til henne; ***he proposed in the old-fashioned way****(,spøkef: he proposed on one knee)* han fridde på gammeldags maner;
3. *stivt(=intend)* ha til hensikt;
4.: ***propose the health of*** foreslå at det skåles for;
5. *ordspråk:* ***man proposes, God disposes*** mennesket spår, Gud rår.
proposer [prəˌpouzə] *s:* forslagsstiller.
I. proposition ['prɔpəˌziʃən] *s* **1**(*=proposal: suggestion)* forslag *n;* ***make a proposition*** komme med et forslag;
2. sak *(fx a difficult proposition);* ***it was not a very lucrative proposition*** det lønte seg ikke; det var ingen finansoperasjon; ***that's a tempting proposition*** det kunne være fristende; ***the firm is not a paying proposition*** firmaet bærer seg ikke; **T:** ***he's a tough proposition*** han er ikke god å stå i bås med;
3. *evf:* tilbud (om sex); uanstendig tilbud *n.*
II. proposition *vb; evf:* komme med et uanstendig tilbud *(n)* til *(fx a girl)* ***be propositioned*** få uanstendige tilbud.
propound [prəˌpaund] *vb; meget stivt(=suggest; put forward)* foreslå; legge frem *(fx a theory).*
proprietary [prəˌpraiit(ə)ri] *adj:* eiendoms- *(fx right); merk:* navnebeskyttet; merkebeskyttet; ***this can be repaired with a proprietary filler*** dette kan repareres med fyllstoff av et eller annet merke.
proprietary article *merk:* merkevare.
proprietary brand *merk(=trade name)* varemerke.
proprietary goods *pl:* merkevarer.
proprietary medicine patentbeskyttet medisin.
proprietary name *merk(=proprietary brand; trade name)* varemerke.
proprietor [prəˌpraiətə] *s; især om forretning, hotell, etc(=owner)* eier; innehaver; ***landed proprietor*** eiendomsbesitter.
propriety [prəˌpraiəti] *s* **1.** *stivt:* ***she behaved with propriety****(=she behaved correctly)* hun oppførte seg

korrekt; ***a sense of propriety****(=decency)* a følelse av hva som passer seg; **2.** *stivt el. spøkef:* ***the proprieties*** konvensjonene; de konvensjonelle former; ***see that the proprieties are observed****(=see that everything is proper)* sørge for at alt går anstendig (*el.* pent) for seg.

props [prɔps] *s; pl; teat: se I. prop 4.*

propulsion [prəˌpʌlʃən] *s; stivt el. tekn:* fremdrift; ***jet propulsion*** jetdrift; reaksjonsdrift.

pro rata [ˈprouˌrɑ:tə] *adj & adv:* pro rata; forholdsmessig.

prosaic [prouˌzeiik; prəˌzeiik] *adj:* prosaisk.

proscribe [prouˌskraib; prəˌskraib] *vb* **1.** *meget stivt(=prohibit)* forby *(fx the use of a drug);*
2. *hist(=outlaw)* proskribere; erklære fredløs.

proscription [prouˌskripʃən] *s* **1.** *meget stivt(=prohibition)* forbud *n;*
2. *hist(=outlawing)* proskripsjon; fredløserklæring.

prose [prouz] *s* **1.** prosa; ***factual prose*** sakprosa; ***formal prose****(=literary prose style)* høyprosa; ***in prose*** på prosa;
2. *skolev:* oversettelsesøvelse til fremmedspråket.

prosecute [ˌprɔsiˈkju:t] *vb* **1.** *jur:* reise tiltale (mot); straffeforfølge; straffe;
2. *jur:* ***prosecute a claim*** gå rettens vei med et krav; ***prosecute sby****(=take legal action against sby)* saksøke en; stevne en for retten; *oppslag:* ***trespassers will be prosecuted*** *svarer til:* adgang forbudt for uvedkommende.

prosecuting*(=state)* **attorney US** *jur(=counsel for the prosecution; prosecuting counsel)* aktor.

prosecution [ˈprɔsiˌkju:ʃən] *s; jur* **1.** rettsforfølgning; rettsforfølgelse;
2. påtalemyndighet; aktorat *n;* ***Director of Public Prosecutions****(fk DPP)* riksadvokat; ***the conduct of the prosecution*** aktoratets måte å prosedere på; ***counsel for the prosecution****(=counsel for the Crown;* **US:** *prosecuting attorney; state attorney)* aktor; ***appear for the prosecution****(=appear for the Crown)* opptre som aktor; representere påtalemyndighetene;
3. det å bringe for retten; tiltale *(fx he faces prosecution for drunken driving);* ***there are numerous prosecutions for this offence every year*** det er mange som straffes for denne forseelsen hvert år; ***Scotland Yard investigated but no prosecution was brought*** Scotland Yard etterforsket saken, men det ble ikke reist tiltale.

prosecution witness *jur(=witness for the prosecution)* aktoratets vitne *n.*

prosecutor [ˌprɔsiˈkju:tə] *s; jur:* ***public prosecutor****(,***US:** *district attorney(fk DA))* statsadvokat.

proselyte [ˌprɔsiˈlait] *s; stivt(=new convert)* proselytt; nyomvendt.

prosody [ˌprɔsədi] *s:* prosodi; metrikk.

I. prospect [ˌprɔspekt] *s* **1.** utsikt; (fremtids)mulighet; ***promotion prospects*** utsikter til forfremmelse; ***future prospects*** fremtidsutsikter; ***it's a grim prospect*** det er dystre utsikter; ***the prospect doesn't exactly excite me****(=I'm not particularly keen on the prospect)* jeg kan styre min begeistring for en slik eventualitet; *stivt:* ***he didn't like the prospect****(=idea)* ***of having to go abroad*** han likte ikke tanken på å (skulle) måtte dra utenlands; *stivt:* ***in prospect****(=in view)* i utsikt *(fx have a good job in prospect);*
2. *stivt(=view)* utsikt (*of* med) *(fx a prospect of trees and fields);*
3. S*(=selected victim)* offer *n.*

II. prospect [prəˌspekt; **US:** ˌprɔspekt] *vb:* skjerpe: ***prospect for gold*** skjerpe etter gull *n.*

prospective [prəˌspektiv] *adj* **1***(=future)* fremtidig *(fx owner);* ***my prospective son-in-law*** min vordende svigersønn; **2***(=likely; possible)* sannsynlig; eventuell; ***prospective buyer*** eventuell kjøper; interessent.

prospector [prəˌspektə; **US:** ˌprɔspektə] *s:* skjerper; *(=gold digger)* gullgraver.

prospectus [prəˌspektəs] *s:* prospekt *n;* subskripsjonsinnbydelse; ***(share) prospectus*** aksjeinnbydelse.

prosper [ˌprɔspə] *vb(=do well)* gjøre det godt; gå godt.

prosperity [prɔˌsperiti] *s(=wealth; success)* velstand; fremgang; ***the country positively reeks of prosperity*** landet formelig oser av velstand.

prosperous [ˌprɔspərəs] *adj* **1.** velstående; *(jvf wealthy);*
2. *om forretning(=flourishing)* blomstrende;
3.: ***prosperous times*** tider med velstand; gode tider.

prostate [ˌprɔsteit] *s; anat(=prostate gland)* prostata(kjertel); blærehalskjertel.

prosthesis [ˌprɔsθisis] *s; stivt(=artificial limb)* protese; kunstig lem *n.*

I. prostitute [ˌprɔstiˈtju:t] *s:* prostituert.

II. prostitute *vb* **1.** *meget stivt(=misuse)* misbruke *(fx one's abilities; one's talent);*
2.: ***prostitute oneself*** 1. *glds(=become a prostitute)* prostituere seg; 2. *fig; meget stivt:* prostituere seg.

prostitution [ˈprɔstiˌtju:ʃən] *s:* prostitusjon.

I. prostrate [prɔˌstreit; prəˌstreit] *vb* **1.** *litt.:* ***prostrate oneself before sby****(=throw oneself down before sby)* kaste seg ned foran en (som tegn *(n)* på ærbødighet);
2. *stivt:* ***be prostrated by****(=with)* ***exhaustion****(=nearly collapse with exhaustion)* nesten bryte sammen av utmattelse; ***they were prostrated****(=overcome)* ***with grief*** de var overveldet av sorg.

II. prostrate [ˌprɔstreit] *adj* **1.** *litt.:* nesegrus; utstrakt; ***prostrate on the floor****(=lying (face down) on the floor)* utstrakt på gulvet (med ansiktet ned); **2.** *fig; litt.:* knust; utslått; ***prostrate****(=overcome)* ***with grief*** overveldet av sorg; **3.** *bot(=procumbent)* krypende.

prostration [prɔˌstreiʃən] *s* **1.** det å kaste seg i støvet;
2. *stivt:* ***in a state of prostration****(=completely exhausted)* fullstendig utmattet; ***nervous prostration****(=nervous breakdown)* nervesammenbrudd;
3. *økon:* ***economic prostration*** økonomisk sammenbrudd.

prosy [ˌprouzi] *adj; om bok, forfatter, stil, etc(=dull; unimaginative)* kjedelig; fantasiløs.

protagonist [prouˌtægənist; prəˌtægənist] *s* **1.** *i skuespill, etc; stivt(=main character)* hovedperson;
2. *stivt el. litt.(=champion; advocate)* forkjemper; talsmann (*of* for).

protect [prəˌtekt] *vb* **1.** beskytte (*against, from* mot); ***protect the environment*** verne miljøet; **2***(=shelter)* gi ly (*from* mot).

protected area naturvernområde; *(jvf national park; nature reserve; special landscape area).*

protection [prəˌtekʃən] *s* **1.** beskyttelse (*against* mot); ***be under sby's protection*** stå under ens beskyttelse;
2. vern *n;* ***protection of privacy*** personvern;
3*(=shelter)* ly *n;* ***seek protection from*** søke ly mot;
4. *form for pengeutpressing(=protection money)* betaling for "beskyttelse"; *(se protection racket).*

protectionism [prəˌtekʃəˈnizəm] *s:* proteksjonisme.

I. protectionist [prəˌtekʃənist] *s:* proteksjonist; tilhenger av tollbeskyttelse.

II. protectionist *adj:* proteksjonistisk.

protection racket organisert utpresservirksomhet (under trussel om vold).

protection racketeer en som driver utpresservirksomhet (under trussel om vold).

protection squad: ***the diplomatic protection squad*** politiavdeling som beskytter diplomater.

protective [prəˌtektiv] *adj:* beskyttende; beskyttelses-; ***an over-protective mother*** en overbeskyttende mor; en (ordentlig) hønemor.

protective custody beskyttelsesforvaring; ***be in protective custody*** være under streng politibeskyttelse.

protector [prəˌtektə] *s:* beskytter; *sport:* ***knee protector*** knebeskytter.

protégé(e) [ˌproutiˈʒei; ˌprɔtəˈʒei; **US:** ˈproutiˌʒei] *s:* protesjé.

protein [ˌprouti:n] *s; kjem:* protein.

I. protest [ˌproutest] *s* **1.** protest; innsigelse (*against, over* mot); ***a sharp protest*** en skarp protest; ***a strongly -worded protest*** en protest i sterke ordelag; ***there were no protests*** det var ingen som protesterte; ***make a protest*** protestere; ***take account of the protest*** ta protesten til følge;
2(*=protest meting)* protestmøte;
3. *merk:* ***protest (of a bill)*** (veksel)protest;
4. *mar:* ***(ship's) protest****(=sea protest)* sjøprotest; *etter meldt protest:* ***extend the protest*** oppta sjøforklaring.

II. protest [prəˌtest] *vb* **1.** protestere; ***protest about sth*** protestere når det gjelder noe; **T:** protestere på noe; ***protest loudly*** protestere høylytt; **T:** skrike opp (*about* om); ***protest mildly*** komme med en svak protest;
2. *merk:* ***protest a bill*** protestere en veksel;
3. *stivt el. litt.(=declare solemnly)* bedyre *(fx one's innocence).*

I. Protestant [ˌprɔtistənt] *rel; s:* protestant.

II. Protestant *adj:* protestantisk.

Protestantism [ˌprɔtistən'tizəm] *s; rel:* protestantisme.

protestation ['prɔtesˌteiʃən; 'proutesˌteiʃən] *s* **1.** *stivt (=solemn declaration)* bedyrelse; ***make protestations of one's innocence*** bedyre sin uskyld;
2. *stivt el. spøkef(=protest)* protest; ***her protestations*** hennes protester.

(protest) march protestmarsj; protestdemonstrasjon.

protocol [ˌproutə'kɔl] *s* **1.** *stivt(=correct procedure)* etikette; protokoll; **2.** *polit; om dokumentet:* protokoll; ***head of protocol*** protokollsjef.

proton [ˌproutɔn] *s; fys:* proton *n.*

prototype [ˌproutə'taip] *s* **1.** prototype; **2**(*=archetype)* urtype; urform; prototype.

protracted [prəˌtræktid] *adj; stivt(=lengthy)* langvarig; langtrukken; ***a protracted visit*** et langvarig besøk.

protractor [prəˌtræktə] *s; geom:* transportør; vinkelmåler; ***bevel protractor*** gradmåler for vinkel.

protrude [prəˌtru:d; **US:** prouˌtru:d] *vb; stivt(=stick out)* stikke frem *(fx his teeth protrude).*

protruding [prəˌtru:diŋ; **US:** prouˌtru:diŋ] *adj:* som stikker frem; fremstående *(fx have protruding teeth).*

protrusion [prəˌtru:ʒən; **US:** prouˌtru:ʒən] *s; stivt(= projection)* fremspring *n.*

protuberance [prəˌtju:bərəns; **US:** prouˌtu:bərəns] *s; meget stivt* **1**(*=outgrowth)* utvekst (*on* på); **2**(*=bump)* utbuling; kul.

proud [praud] *adj* **1.** stolt (*of* av); ***stupidly proud*** dumstolt; ***she's too proud to …*** hun er for stolt til å …; ***this was a proud moment for him*** dette var et stolt øyeblikk for ham; ***he's proud of being chosen for the team*** han er stolt av at han er blitt valgt inn på laget; ***proud as a peacock*** stolt som en hane;
2. *litt.(=splendid)* stolt *(fx it was a proud sight);*
3. ærekjær; som har en sterk æresfølelse; ***he's much too proud*** han er altfor ærekjær;
4. T: ***do sby proud*** diske opp for en; varte en opp på beste måte; ***he did himself proud****(=he treated himself to a good meal)* han spanderte på seg et bedre måltid.

proud flesh *på sår:* grohud; granulasjonsvev.

provable [ˌpru:vəbl] *adj:* bevislig.

prove [pru:v] *vb* **1.** bevise; ***he was proved guilty*** det ble bevist at han var skyldig;
2.: ***prove oneself*** vise hva man duger til;
3(*=demonstrate)* påvise; konstatere;
4.: ***prove (to be)****(=turn out to be)* vise seg å være; ***this has proved useless*** dette har vist seg å være nytteløst;
5. *om gjærdeig(=rise)* heve seg.

proven [ˌpru:vən] *adj & perf.part.* **1.** *stivt el. jur (= proved): se prove 1;*
2. *jur; i Skottland:* ***not proven*** tiltale frafalt pga. bevisets stilling;
3. *brukt attributivt:* ***proven method*** metode som har vist seg god; ***man of proven talent*** mann som har vist at han har talent.

provenance [ˌprɔvənəns] *s; især om kunstverk & litteratur; stivt(=origin)* opprinnelse; *stivt:* proveniens; ***the provenance of the picture is unknown*** det vites ikke hvor bildet stammer fra.

proverb [ˌprɔvə:b] *s:* ordspråk; ordtak *n.*

proverbial [prəˌvə:biəl] *adj* **1.** ordspråksaktig; som i ordspråket; ***like the proverbial fox*** som reven i ordspråket;
2(*=well-known)* velkjent *(fx his warm-heartedness is proverbial);* ***his proverbial stinginess*** hans legendariske gjerrighet.

provide [prəˌvaid] *vb* **1.** *stivt(=supply)* skaffe (til veie); ***a musician provided the entertainment*** en musiker sørget for underholdningen;
2. stille til rådighet;
3. *stivt(=give):* ***the tree provided shade*** treet ga skygge;
4. *jur; om lov:* foreskrive; bestemme; ***as provided****(= laid down)* ***by the law*** slik som loven bestemmer;
5(*=stipulate; state):* ***he provided in his will that …*** han bestemte i sitt testament at …;
6.: ***provide against*** 1. *om regelverk, etc:* ***the rules provide against that*** reglene forbyr det; 2. treffe tiltak mot; sikre seg mot; ***provide against****(=put money by for)* ***a rainy day*** legge penger til side med tanke på vanskeligere tider;
7.: ***provide for*** 1. *stivt(=support)* forsørge *(fx one's family);* 2. sørge for; dra omsorg for; 3*(=provide against)* treffe tiltak mot; ruste seg til *(fx provide for winter by buying warm clothes);* ***we have provided for that****(=we have thought of that)* vi har tenkt på det; 4. *jur:* bestemme; forutsette; 5. *jur(=allow)* tillate; ***the treaty provides for …*** traktaten tillater …; 6. *merk; i regnskap(=make provision for)* avsette til; sette av til *(fx income tax);*
8.: ***provide with*** 1*(=supply with)* utstyre med; 2*(=get)* skaffe.

provided [prəˌvaidid] **1.** *konj:* ***provided (that)****(=providing (that))* forutsatt at;
2. *perf.part. av provide:* sørget for; satt av; ***pencil in the answers in the spaces provided*** føye til svarene *(n)* med blyant der hvor det er satt av plass til det.

providence [ˌprɔvidəns] *s; rel:* ***(divine) providence****(= divine) Providence)* forsynet; ***tempt providence****(=ask for trouble)* friste forsynet; utfordre skjebnen.

provident [ˌprɔvidənt] *adj; glds(=prudent)* forsynlig.

provident fund privat alder(dom)sforsikring.

providential ['prɔviˌdenʃəl] *adj; stivt(=fortunate; lucky)* heldig; som om forsynet skulle ha en finger med i spillet; ***he had a providential escape*** han unnslapp som ved et under.

provider [prəˌvaidə] *s* **1.** forsørger; ***single provider*** eneforsørger; *(se breadwinner);*
2.: ***provider of fun, provider of amusement*** muntrasjonsråd.

providing [prəˌvaidiŋ] *konj:* ***providing (that)****(=provided (that))* forutsatt at.

province [ˌprɔvins] *s* **1.** provins; ***in the provinces*** ute i provinsen; ute i distriktene *n;*
2. *fig; stivt(=sphere):* ***that's not within his province*** det er ikke hans område *n.*

I. provincial [prəˌvinʃəl] *s:* provinsboer.

II. provincial *adj* **1.** provinsiell; landsens; provins-;
2. *neds:* provinsiell; trangsynt.

I. provision [prəˌviʒən] *s* **1**(*=providing)* det å skaffe *(fx provision of education for all children);*
2. *jur:* forskrift; bestemmelse; *i avtale:* vilkår; ***with the provision that …*** under forutsetning av at …; ***pursuant to the provisions of this Act****(=as provided in this Act)* ifølge denne lovs forskrifter; ***except where provision****(=stipulation)* ***to the contrary is specifically made in the rules*** unntatt hvor annet er uttrykkelig bestemt i reglene;
3.: ***provisions*** (mat)forsyninger;

4.: ***make provision for*** 1. sørge for; tenke på *(fx one's old age);* 2. *se 5;*
5. *i regnskap:* avsetning; ***tax provision*** skatteavsetning; ***make provision for****(=provide for)* avsette til; sette av til.

II. provision *vb* **1.** *stivt(=supply with food)* forsyne med proviant; **2.** *merk; i regnskap(=make provision for; provide for)* avsette til; sette av til.

provisional [prəˌviʃənl] *adj(=temporary)* foreløpig; provisorisk.

provisional arrangement foreløpig ordning.

provisional (driving) licence *(,***US:** *learner's permit; i Canada: learner's driving licence)* midlertidig førerkort.

proviso [prəˌvaizou] *s(pl: provisos) stivt* **1***(=clause)* klausul; **2***(=condition)* betingelse; ***with the proviso that*** på betingelse av at; med det forbehold at.

provisory [prəˌvaizəri] *adj; stivt* **1***(=conditional)* betinget; **2***(=provisional)* foreløpig; provisorisk.

provocation [ˈprɔvəˌkeiʃən] *s* **1.** provokasjon;
2.: ***at****(=on)* ***the slightest provocation*** på den minste foranledning; for et godt ord.

provocative [prəˌvɔkətiv] *adj* **1.** utfordrende; provoserende; **2.** eggende; utfordrende *(fx smile; dress).*

provoke [prəˌvouk] *vb* **1.** provosere; ***provoke sby to****(= cause sby to)* provosere en til å …;
2. utløse; fremkalle; ***provoke a situation*** fremkalle (*el.* skape) en situasjon; ***provoke mirth*** vekke munterhet.

provoking [prəˌvoukiŋ] *adj(=annoying)* irriterende; provoserende.

provokingly [prəˌvoukiŋli] *adv:* provoserende; ***provokingly****(=exasperatingly)* ***polite*** irriterende høflig.

provost [ˌprɔvəst] *s* **1.** *univ; ved enkelte colleges:* rektor; **2.** *i Skottland(=mayor)* borgermester; ***lord provost*** overborgermester.

provost marshal *mil:* sjef for militærpoliti.

prow [prau] *s; mar(=bow)* forstavn; baug.

prowess [ˌprauis] *s* **1.** *stivt(=skill)* dyktighet; **2.** *litt. & glds(=bravery)* tapperhet (i kamp).

I. prowl [praul] *s:* ***be on the prowl*** 1. være ute på jakt; streife omkring; 2. luske omkring.

II. prowl *vb:* luske *(fx a few hyenas came prowling).*

prowl car **US***(=police (patrol) car;* **T:** *panda car)* politibil.

prowler [ˌpraulə] *s:* en som lusker omkring; ***a night-time prowler*** en som lusker omkring om natten.

proximity [prɔkˌsimiti] *s; stivt* **1***(=nearness)* nærhet;
2.: ***live in close proximity to****(=with)* ***sby****(=live at very close quarters to sby)* leve meget tett innpå en.

proxy [ˌprɔksi] *s* **1***(=power of attorney)* fullmakt; **2***(= deputy)* stedfortreder med fullmakt; fullmektig; **3.** anvisningsmyndighet *(fx give one's proxy to sby).*

prude [pru:d] *s:* snerpete person.

prudence [ˌpru:dəns] *s; stivt* **1***(=care; caution)* forsiktighet; ***act with great prudence*** være meget forsiktig i sin handlemåte; ***throw all prudence to the winds*** kaste all forsiktighet over bord; **2***(=shrewdness; wisdom)* klokskap.

prudent [ˌpru:dənt] *adj; stivt* **1***(=cautious)* forsiktig; **2***(=wise; sensible)* klok.

prudery [ˌpru:dəri] *s(=prudishness)* snerperi *n;* snerpethet; knipskhet; *(jvf primness).*

prudish [ˌpru:diʃ] *adj:* snerpete; knipsk; *(jvf prim).*

I. prune [pru:n] *s:* sviske.

II. prune *vb* **1.** *gart:* beskjære *(fx a tree);*
2. *fig:* beskjære *(fx an article);* ***prune the budget*** beskjære budsjettet; ***prune away all ornamentation*** skjære bort all pynt.

prurient [ˌpru:riənt] *adj; meget stivt(=lewd; lustful)* lidderlig; lysten; ***prurient curiosity*** lysten nysgjerrighet.

Prussia [ˌprʌʃə] *s; geogr; hist:* Preussen.

I. Prussian [ˌprʌʃən] *s:* prøysser.

II. Prussian *adj:* prøyssisk.

prussic [ˌprʌsik] *adj; kjem:* ***prussic acid*** blåsyre.

pry [prai] *vb(=snoop)* snuse; spionere; ***I didn't mean to pry*** jeg mente ikke å være nysgjerrig; ***he's always*** prying into my business han snuser alltid i mine saker.

psalm [sɑ:m] *s:* salme (især om en av Davids salmer); ***the Book of Psalms*** Salmenes bok; *(jvf hymn).*

pseud [sju:d] *s* **T***(=sham)* bløffmaker; humbugmaker.

pseudo [ˌsju:dou] *adj* **T***(=false; fake)* falsk; uekte *(fx his foreign accent is pseudo).*

pseudo- *i sms:* pseudo- *(fx pseudo-scientific books).*

pseudonym [ˌsju:dəˈnim] *s:* pseudonym *n.*

psoriasis [səˌraiəsis] *s; med.:* psoriasis.

psych(e) [saik] *vb; især* **US T 1***(=psychoanalyse)* psykoanalysere;
2*(=intimidate)* skremme;
3.: ***psych(e) out****(=work out)* gjette; finne ut av *(fx I psyched it all out by myself);*
4.: ***psych(e) oneself up for****(=prepare oneself mentally for)* innstille seg mentalt på; **T** psyke seg opp til .

psyche [ˌsaiki] *s:* psyke; sjel.

psychedelic [ˈsaikiˌdelik] *adj* **1.** *om narkotikum(=mind-expanding)* psykedelisk; bevissthetsutvidende; **2.** *om farger, mønstre, etc:* psykedelisk; **3.** *om opplevelse(= hallucinatory)* hallusinatorisk; uvirkelig.

psychiatric [ˈsaikiˌætrik] *adj:* psykiatrisk.

psychiatric care psykiatrisk omsorg (*el.* pleie); ***emergency psychiatric care*** krisepsykiatri.

psychiatrist [ˈsaiˌkaiətrist] *s:* psykiater.

psychiatry [saiˌkaiətri] *s:* psykiatri.

I. psychic [ˌsaikik] *s(=medium)* (spiritistisk) medium *n.*

II. psychic *adj* **1.** psykisk; *(jvf mental 1 & psychological);* **2.** mediumistisk; med overnaturlige evner; synsk *(fx she's psychic);* **3***(=parapsychological)* parapsykologisk; psykisk *(fx research).*

psycho [ˌsaikou] *s* **S***(=psychopath)* psykopat.

psychoanalyse*(,***US** *især: psychoanalyze)* [ˈsaikouˌænəˈlaiz] *vb:* psykoanalysere.

psychoanalysis [ˈsaikouəˌnælisis] *s:* psykoanalyse.

psychoanalyst [ˈsaikouˌænəlist] *s:* psykoanalytiker.

psychological [ˈsaikəˌlɔdʒikl] *adj:* psykologisk; psykisk *(fx under great psychological pressure);* ***the psychological moment*** det psykologiske (ɔ: riktige) øyeblikk; *(jvf mental 1 & II. psychic 1).*

psychological block *psykol(=block)* blokkering.

psychologist [ˈsaiˌkɔlədʒist] *s:* psykolog.

psychology [ˈsaiˌkɔlədʒi] *s:* psykologi; ***educational psychology*** pedagogisk psykologi; ***social psychology*** sosialpsykologi.

psychopath [ˌsaikouˈpæθ; ˌsaikəˈpæθ] *s:* psykopat.

psychosis [saiˌkousis] *s(pl: psychoses* [saiˌkousi:z]*) med.:* psykose.

psychosomatic [ˈsaikousəˌmætik] *adj:* psykosomatisk.

psychotherapy [ˈsaikouˌθerəpi] *s:* psykoterapi.

psychotic [saiˌkɔtik] *adj:* psykotisk.

PT [ˈpi:ˌti:] *(fk f physical training) skolev; hist(=PE; physical education)* kroppsøving.

ptarmigan [ˌtɑ:migən] *s; zo(,***US:** *rock ptarmigan)* fjellrype.

Pte [ˌpraivit] *(fk f private) s; mil:* menig (soldat).

pub [pʌb] *s(fk f public house)* pub.

pub crawl pubrunde; ***go on a pub crawl*** ta en pubrunde.

puberty [ˌpju:bəti] *s:* pubertet; ***during puberty*** i puberteten.

pubes [ˌpju:bi:z] *s(pl: pubes) anat* **1.** pubesregion; **2***(= pubic hair)* kjønnshår; skamhår.

pubescence [pju:ˌbesəns] *s; stivt(=age of puberty)* pubertetsalder.

pubic [ˌpju:bik] *adj; anat:* skam- *(fx bone; hair).*

pubis [ˌpju:bis] *s(pl: pubes* [ˌpju:bi:z]*) anat (=pubic bone)* skamben.

I. public [ˌpʌblik] *s:* ***the public*** offentligheten; publikum *n;* ***the viewing public*** TV-publikum; seerne; ***the***

public are not admitted publikum har ikke adgang; *open to the public* åpen for publikum; *in public* offentlig; (ute) blant folk *n; appear in public* opptre offentlig.

II. public *adj:* offentlig *(fx building); make public* offentliggjøre; *in public life* i det offentlige liv.

III. public *adv; om selskap: go public* bli børsnotert.

public address system *(fk PA system)* høyttaleranlegg.

publican [ˌpʌblikən] *s:* krovert; vertshusholder.

public asset*(=social asset)* samfunnsgode.

public assistance US *(=supplementary benefit)* tilleggstrygd.

publication [ˈpʌbliˌkeiʃən] *s* **1.** forlagsartikkel; publikasjon; **2.** utgivelse *(fx of a new book);* **3.** publisering; offentliggjøring.

public awareness drive: *launch a public awareness drive* sette i gang en holdningskampanje.

public bar *mots saloon bar:* den mindre komfortabelt møblerte (og derfor billigere) del av en pub; *(NB de fleste pub'er har nå bare én bar).*

(public) call box *(,T: phone box;* **US:** *pay station; telephone booth)* telefonkiosk; offentlig telefonautomat.

public call office *tlf:* talestasjon.

public company: *se public limited company.*

public convenience*(,***US:** *(public) comfort station)* offentlig toalett *n.*

public conveyance offentlig transportmiddel.

public corporation statsselskap; statseid selskap *n.*

public debt US*(=national debt)* statsgjeld.

public decency: *offence against public decency* krenkelse av bluferdigheten.

public disgrace *(=scandal)* offentlig skandale.

public enemy *(=menace to society)* samfunnsfiende.

public enterprise offentlig foretagende *n; (jvf private enterprise).*

public eye: *be in the public eye* ha offentlighetens øyne *(n)* på seg; være i rampelyset *(fx he's very much in the public eye).*

public feeling *(=public opinion)* opinionen.

public funds *pl(=public money)* offentlige midler *n.*

public good: *the public good* det allmenne vel.

public health folkehelse.

public health service offentlig helsestell.

public holiday *(=official holiday; legal holiday)* offentlig helligdag.

publicist [ˌpʌblisist] *s(=press agent)* pressesekretær (for sanger, etc).

publicity [pʌbˌlisiti] *s* **1.** publisitet; *court publicity* være PR-kåt; *generate(=create) publicity* skape publisitet; *give publicity to* publisere; bekjentgjøre; *they glory(=rejoice) in the publicity* de fryder seg over publisiteten; **2***(=advertising)* reklame; *advance publicity* forhåndsreklame; forhåndsomtale.

publicity agent*(=press agent)* pressesekretær (for sanger, etc).

publicity artist *(=commercial artist)* reklametegner.

publicity-craving [pʌbˌlisitiˈkreiviŋ] *adj:* PR-kåt.

publicity executive person med ledende stilling i reklamebransjen.

publicity manager *sangers, etc:* manager.

publicity-seeking [pʌbˌlisitiˈsi:kiŋ] *adj: publicity--seeking effort* PR-fremstøt.

publicity stunt PR-knep.

publicize, publicise [ˌpʌbliˈsaiz] *vb(=give publicity to)* publisere; bekjentgjøre; *little-publicized(=poorly -publicized)* lite publisert; lite bekjentgjort.

public liability 1. offentlig ansvar *n;*
2. *jur(=third-party liability)* ansvar *(n)* etter loven;
3. *fors:* bedriftsansvar.

public library folkebibliotek; offentlig bibliotek *n.*

public life: *in public life* i det offentlige liv.

public limited company *(fk PLC, plc)* åpent suksessivstiftet aksjeselskap; *(jvf private limited company).*

publicly [ˌpʌblikli] *adv:* offentlig.

publicly owned offentlig eid *(fx industry).*

publicly provided som finansieres over det offentlige budsjett; *publicly provided medical care(=public health service)* offentlig helsestell.

public management offentlig ledelse; offentlig regi; *run sth under public management* drive noe i offentlig regi.

public money *(=public funds)* offentlige midler *n.*

public nuisance: *it's a public nuisance* det er til offentlig sjenanse.

public opinion (folke)opinion; *expression of public opinion* opinionsytring; *capable of forming(= shaping) public opinion* opinionsskapende; *(se public feeling).*

public opinion-taking meningsmåling.

public order offentlig ro og orden.

public order law lov om ro og orden på offentlige steder *n; the police can't hold(=keep) him under public order laws* politiet kan ikke beholde ham (i arresten) under henvisning til lov om ro og orden på offentlige steder.

public prosecutor *jur(,***US:** *district attorney(fk DA))* statsadvokat; *(se prosecutor).*

public purse: *the public purse* statskassen; *live off the public purse* leve på det offentlige.

Public Record Office riksarkiv.

Public Records: *the Public Records* riksarkivet; *Keeper of the Public Records(,***US:** *Archivist of the United States)* riksarkivar.

public relations *(fk PR)* public relations; PR.

public relations manager informasjonssjef.

public relations officer: *chief public relations officer(=chief press officer)* pressesjef.

public revenue offentlige inntekter.

public school 1. privat kostskole (for elever fra 13-årsalderen) som fører frem til A-levels, svarende til avsluttende eksamen ved allmennfaglig studieretning; *(jvf preparatory school);*
2. US *& Skottland(=publicly maintained school)* offentlig skole.

public sector offentlig sektor; *the public sector (of the economy)* det offentlige næringsliv; *the business and public sectors* næringslivet og den offentlige sektor.

public servant offentlig ansatt; *senior public servant(=senior government official; senior civil servant)* embetsmann.

public service 1. offentlig tjeneste *(fx buses provide a public service);* **2. US***(=community service)* samfunnstjeneste (som alternativ til fengsel).

public speaking talekunst; *take a course in public speaking* ta et kurs i talekunst (*el.* veltalenhet).

public spending *(,***US:** *government spending)* offentlig forbruk *n; civil public spending* det offentlige sivile forbruk.

public spirit *(=community spirit)* samfunnsånd.

public-spirited [ˈpʌblikˌspiritid; *attributivt:* ˌpʌblikˈspiritid] *adj:* som viser samfunnsånd.

public tour: *public tours will be conducted* det vil bli arrangert omvisninger for publikum *n.*

public transport kollektivtransport; yrkesmessig personbefordring; *the place is well served by public transport* det er gode forbindelser dit.

public trust *(=charitable trust)* velgjørende stiftelse.

public utility 1. allmennytte; *of public utility* allmennyttig; **2.** allmennyttig foretagende *n;* **3***(,***US:** *public service corporation)* offentlig foretagende *(n)* (som leverer fellesgoder som gass og elektrisitet el. driver kollektivtransport).

public works *pl:* offentlige arbeider *n.*

publish [ˌpʌbliʃ] *vb* **1.** utgi; forlegge; *publish sth privately* utgi noe på eget forlag; *published by* utgitt av; *published by the author(=published privately)* utgitt på eget forlag;

2. *avis; om enkeltnummer:* komme ut; **3**(*=make known*) publisere; gjøre kjent;
4. *stivt(=announce (publicly))* bekjentgjøre.
published price *(=trade price)* bokladepris.
publisher [ˌpʌbliʃə] *s:* forlegger; forlagsbokhandler; ***the publishers*** forlaget; utgiverne.
(publisher's) reader forlagskonsulent.
publishing [ˌpʌbliʃiŋ] *s* **1.** forlagsvirksomhet;
2. utgivelse; ***newspaper publishing*** avisutgivelse.
publishing business(*=trade*): ***the publishing business*** forlagsbransjen.
publishing company(*=house*) forlag *n.*
puck [pʌk] *s* **1**(*=goblin*) ondskapsfull nisse;
2. *i ishockey:* puck.
I. pucker [ˌpʌkə] *s* **1.** *om bekymret rynke i pannen(= furrow)* rynke; fure; **2.** *i tøy; utilsiktet pga. dårlig søm:* rynke.
II. pucker *vb* **1.** *pannen(=frown; wrinkle)* rynke *(fx she puckered (up) her forehead);*
2. *om tøy; pga. sømmen:* rynke *(fx her dress was puckered at the waist).*
pud [pud] *s* **T:** *se pudding.*
puddening [ˌpudəniŋ] *s; mar:* baugfender.
pudding [ˌpudiŋ] *s* **1.** pudding; ***black pudding*** blodpølse; ***sour(ed) cream pudding****(=porridge)* rømmegrøt; *(se plum pudding);* **2**(*=dessert*) dessert; ***what's for pudding?*** hva skal vi ha til dessert? **3.** *ordspråk:* ***the proof of the pudding's in the eating*** en tings verdi viser seg først i praksis.
puddle [pʌdl] *s:* vannpytt; sølepytt.
pudenda [pju:ˌdendə] *s; anat:* kvinnes ytre kjønnsdeler.
puerile [ˌpjuərail; ˌpjɔ:rail] *adj; neds; stivt(=childish)* barnslig; barnaktig.
I. Puerto Rican [ˌpwə:touˌri:kən] *s:* puertoricaner.
II. Puerto Rican *adj:* puertoricansk.
Puerto Rico [ˌpwə:touˌri:kou] *s; geogr:* Puerto Rico.
I. puff [pʌf] *s* **1.** *litt.:* ***a puff****(=breath)* ***of wind*** et vindpust;
2(*=draw*) drag *n (fx at one's pipe);*
3. *fra skorsten, etc:* ***puff of smoke*** røykdott;
4. *på klesplagg(=pouffe)* puff;
5. blaff *n;* svakt knall;
6(*= commendatory review*) rosende anmeldelse;
7.: ***apple puff*** epleterte; ***cream puff*** vannbakkels; *(se choux & puff pastry);*
8. T: ***be out of puff****(=breath)* være andpusten.
II. puff *vb* **1**(*=blow*) blåse *(fx smoke into sby's face);*
2. *på pipe el. sigarett(=take puffs at)* patte på;
3. *om tog:* tøffe; dampe; ***the train goes puff, puff!*** "tøff, tøff!" sier toget; ***puff into (,out of) the station*** dampe inn på (,ut av) stasjonen; *(jvf puff-puff);*
4(*=pant*) puste og pese;
5(*=make breathless*): ***it puffed him (out)*** det gjorde ham andpusten;
6(*=boost*) oppreklamere;
7.: ***puff out*** 1(*=blow out*) blåse ut *(fx a candle);* 2. blåse opp *(fx one's cheeks);* 3.: *se 5;*
8.: ***puff up*** 1. **T**(*=swell*) hovne opp; 2. *fig(=boost):* ***the praise puffed up his ego*** rosen styrket hans ego *n.*
puffball [ˌpʌfˈbɔ:l] *s; bot:* **(common)** ***puffball*** røyksopp.
puffed [pʌft] *adj* **T:** ***puffed (out)****(=out of breath)* forpustet; andpusten; *(jvf II. puff 5).*
puffed sleeve *på klesplagg:* pufferme.
puffed up [ˈpʌftˌʌp], *attributivt:* ***puffed-up*** [ˌpʌftˈʌp] *adj* **T 1**(*=swollen*) opphovnet; hoven *(fx a puffed-up eye); (jvf II. puff 8: puff up 1);* **2.** *fig:* oppblåst; innbilsk; ***be puffed up with pride*** ose av stolthet.
puffin [ˌpʌfin] *s; zo:* lundefugl.
puff pastry *kul* **1.** butterdeig; tertedeig; **2.** kake lagd av terte- el. butterdeig; *(jvf I. puff 7).*
puff-puff [ˌpʌfˌpʌf] *s; barnespråk; om tog:* tøff-tøff; *(jvf II. puff 3).*
puffy [ˌpʌfi] *adj* **1**(*=swollen; puffed up*) opphovnet; hoven *(fx ankle);* **2**(*=out of breath*) andpusten.
pug [pʌg] *s* **1.** *zo; hund(=pug dog)* mops; **2.:** *se pugmark.*
pugmark [ˌpʌgˈmɑ:k] *s; etter dyr av katteslekten(= track)* spor *(fx the pugmarks of a lion).*
pugnacious [pʌgˌneiʃəs] *adj; stivt el. spøkef(=fond of fighting; aggressive)* stridbar; trettekjær.
pugnacity [pʌgˌnæsiti] *s; stivt el. spøkef (=fondness of fighting; aggressiveness)* stridbarhet; trettekjærhet.
puke [pju:k] *vb* **T:** ***puke (up)****(=vomit)* kaste opp.
I. pull [pul] *s* **1.** rykk *n;* napp *n (at* i);
2. slurk; *av sigarett:* drag *n;*
3(*=attraction*) tiltrekning *(fx the pull of the moon);*
4(*=handle*) håndtak; ***bellpull*** klokkestreng;
5. T(*=influence*) gode forbindelser; innflytelse;
6. T: ***they have a pull over us now****(=they've got a hold on us now)* de har et overtak på oss nå;
7. *om slit:* ***it was a long pull uphill*** det var slitsomt opp den lange bakken.
II. pull *vb* **1.** trekke; dra; rykke; rive; ***pull the chain*** dra (*el.* trekke) i snoren; ***pull sby's hair*** dra en i håret; lugge en; ***pull the trigger*** trykke på avtrekkeren; ***tighten the belt by pulling the ends*** stram beltet ved å dra i endene;
2. trekke opp; ta opp; ***pull a cork*** trekke opp en kork;
3. *fra fat(=draw)* tappe; ***pull a pint*** fylle i en halvliter;
4(*=extract*) trekke (ut) *(fx a tooth); fig:* ***pull his teeth*** klippe klørne hans;
5(*=row*) ro; ***pull towards the shore*** ro mot kysten;
6(*=strain*) forstrekke *(fx a muscle);*
7. T(*=commit*) begå *(fx a bank robbery);*
8. T: prestere; hale i land *(fx another financial coup);* ***what are you trying to pull?*** hva er det du pønsker på?
9. *om trick, etc(=do)* gjøre *(fx pull tricks);*
10. T: ***pull (birds)*** plukke opp jenter;
11. T: ***pull a fast one*** ta en spansk en; ***pull a fast one on sby****(=play a trick on sby)* gjøre en spillopp med en; *(se 21, 4);*
12.: ***pull alongside the kerb*** kjøre inn til fortauskanten;
13.: ***pull sth apart****(=to pieces)* rive noe i stykker;
14.: ***pull at*** 1. dra i; 2(*=pull on*) patte på;
15.: ***pull away*** 1(*=tear oneself away*) rive seg løs *(from* fra); 2(*=pull back*) trekke seg unna; 3. *om kjøretøy(=move away)* starte og kjøre av sted; sette seg i bevegelse; 4.: ***pull away from*** kjøre fra; kjøre fortere enn; 5. *sport:* dra fra;
16.: ***pull back*** 1(*=draw back*) trekke seg unna; 2. *mil:* trekke seg tilbake; 3. *sport(=catch up)* innhente; ta igjen *(fx he's trying hard to pull back);* ***he's pulling back!*** han tar innpå! ***he's pulled right back!****(=he's caught up entirely!)* han har innhentet hele forspranget!
17.: ***pull down*** 1. trekke ned *(fx the blind);* 2. rive ned *(fx a building);* 3. *fig:* ***he'll pull****(=bring)* ***you down with him*** han vil rive deg med seg i fallet;
18.: ***pull in*** 1. dra inn; trekke inn *(fx your stomach!);* 2. *om hest(=rein in)* holde an; tøyle; 3(*=draw in*) kjøre inn *(fx at the station);* 4. (kjøre inn og) stoppe *(fx at a garage);* ***pull in to the side (and stop)*** kjøre ut til siden (og stoppe); ***pull in to the right*** holde til høyre; 5. **S**(*= arrest;* **T:** *nab; nick*) hekte; 6(*=check*) beherske *(fx in one's emotions);*
19.: ***pull****(=draw)* ***into*** kjøre inn på *(fx the station);*
20.: ***pull off*** 1. trekke av; 2. (klare å) få gjennomført; ***he pulled it off*** han klarte det; 3. *om bilist:* ***pull off the road*** kjøre av veien;
21.: ***pull on*** 1. *om klesplagg(=put on)* ta på (seg); 2(*= heave on*) hale i; dra i *(fx a rope);* 3.: ***he pulled a knife on me*** han trakk kniv mot meg; 4.: ***don't pull that one on me!*** forsøk deg ikke på den overfor meg! *(se 11: pull a fast one);*
22.: ***pull out*** 1. trekke ut *(fx a drawer; a tooth);* 2. *mil:*

trekke seg ut; trekke ut *(fx the troops);* 3. *av et foretagende:* trekke seg; *sport:* ***pull out of*** trekke seg fra; 4. *flyv(=level off)* flate ut; 5. *om tog:* kjøre ut; 6. *om bilist(=pull over)* forlate eget felt; svinge ut (for å kjøre forbi) *(fx he pulled out to overtake);*
23.: ***pull over*** 1. trekke over; 2. trekke (bort til) ***pull your chair over here*** trekk stolen din bort hit; 3. *høy gjenstand(=topple)* velte; 4. *se* ***22:*** *pull out 6;* 5. kjøre ut til siden (for å stoppe); kjøre inn mot siden;
24.: ***pull round*** 1. dreie rundt; 2. *pasient(=help recover)* få på bena *(n)* igjen; 3*(=recover)* komme seg *(from* etter); 4*(=come to)* komme til bevissthet igjen; 5*(=bring to)* bringe til bevissthet;
25.: ***pull together*** 1. trekke sammen; 2. *fig:* gå (*el.* trekke) sammen; ***pull well together*** gå godt sammen; 3.: ***pull oneself together*** ta seg sammen;
26.: ***pull through*** 1. trekke gjennom; 2. *pasient:* redde *(fx the doctors pulled him through);* 3. stå det over; komme seg igjen; 4. *i vanskelig situasjon:* klare seg;
27.: ***pull up*** 1. trekke opp; 2. **T***(=rebuke)* irettesette; bruke kjeft på (*for* på grunn av); 3*(=stop)* stanse; stoppe *(fx pull me up if I'm wrong);* ***pull up (the car)*** stoppe (bilen); 4. *sport; i løp:* rykke; 5. *fig* **T***(=check oneself)* kutte ut (litt); ta en pust i bakken *(fx the doctor told him to pull up and take a rest);* 6. **T:** ***pull up one's socks****(=pull oneself together)* ta seg sammen; 7. **T:** ***pull oneself up by one's own bootstraps*** greie seg helt uten hjelp.

pullet [ˌpulit] *s; zo(=young hen)* unghøne.

pulley [ˌpuli] *s* **1.** trinse; **2***(=pulley block)* talje.

pull-in [ˌpul'in] *s* **T***(=transport café)* billig kafé langs landeveien; kafé for trailersjåfører.

I. pull-on [ˌpul'ɔn] *s* **1.** plagg *(n)* til å trekke over hodet; **2.:** ***pull-ons****(=pull-on trousers)* overtrekksbukser.

II. pull-on *adj:* til å trekke over hodet; til å trekke utenpå; ***pull-on trousers****(=pull-ons)* overtrekksbukser.

I. pull-out [ˌpul'aut] *s* **1.** *mil:* tilbaketrekning; det at man trekker seg ut; **2.** *til avis, etc(=supplement)* supplement *n;* tillegg *n.*

II. pull-out *adj:* til å trekke ut; ***pull-out table leaf*** bordplate til å trekke ut.

pullover [ˌpul'ouvə] *s:* pullover.

pull-up [ˌpul'ʌp] *s; gym:* armheving (i bom).

pulmonary [ˌpʌlmənəri] *adj; med.:* lunge- *(fx disease).*

I. pulp [pʌlp] *s* **1.** bløt masse; mos; fruktmasse; *bot(=flesh (of a fruit))* fruktkjøtt; *landbr:* ***fodder pulp*** fôrmasse; ***beat into a pulp****(=reduce to pulp)* lage en bløt masse av; lage mos av; **T:** ***I'll beat him to (a) pulp if I catch him!*** jeg skal lage plukkfisk av ham hvis jeg får tak *(n)* i ham!
2. *tannl:* pulpa;
3. *i treforedling:* ***chemical (wood) pulp*** kjemisk masse; cellulose.

II. pulp *vb:* knuse; mose *(fx fruit).*

pulpit [ˌpulpit] *s:* prekestol.

pulp magazine US*(=popular illustrated weekly)* kulørt ukeblad.

pulp mill tresliperi *n.*

pulpwood [ˌpʌlp'wud] *s(=wood pulp)* tremasse.

pulpy [ˌpʌlpi] *adj* **1.** bløt; grøtaktig; **2.** *om frukt:* kjøttfull.

pulsate [pʌlˌseit] *vb* **1.** *fys:* pulsere; **2.** *stivt el. litt.(=throb)* banke; dunke.

pulsation [pʌlˌseiʃən] *s* **1.** *fys:* pulsering; **2.** *stivt el. litt.(=throbbing)* banking; dunking; **3.** *med.(=beat of the pulse)* pulsslag.

I. pulse [pʌls] *s* **1.** puls; ***a weak****(=low)* ***pulse*** en svak puls; ***cause a faster pulse*** raskere puls, ***quicken sby's pulse*** få blodet til å rulle raskere gjennom ens årer; ***take****(=feel)* ***sby's pulse*** ta ens puls;
2. *fig:* ***feel the pulse of*** føle på pulsen;
3. *bot:* belgfrukt.

II. pulse *vb; især litt.(=throb)* pulsere.

pulverize, pulverise [ˌpʌlvə'raiz] *vb* **1.** pulverisere; **2.** *fig; meget stivt(=crush)* pulverisere; knuse fullstendig *(fx all opposition).*

puma [ˌpju:mə] *s; zo:* puma; fjelløve.

pumice [ˌpʌmis] *s:* ***pumice (stone)*** pimpstein.

pummel [ˌpʌməl] *vb; stivt(=hit repeatedly)* slå løs på.

I. pump [pʌmp] *s* **1.** pumpe; ***water pump*** vannpumpe; ***the village pump*** vannposten i landsbyen;
2. T: ***pump (gun)****(=pump-action shotgun)* pumpehagle;
3.: ***pumps*** 1*(=gym shoes; plimsolls)* turnsko; joggesko; 2.: ***dancing pumps*** type lavhælte dansesko uten snøring el. spenne; *(jvf court shoes).*

II. pump *vb* **1.** pumpe; ***pump up sth****(=inflate sth)* pumpe opp noe *(fx a bicycle tyre);*
2. *fig:* ***pump sby*** pumpe en.

pump gun *(=pump-action shotgun;* **T:** *pump)* pumpehagle.

pumpkin [ˌpʌmpkin] *s; bot:* gresskar; *(jvf courgette; gourd; marrow 2; zucchini).*

pumpkin seeds *pl:* gresskarfrø.

pump room *ved kurbad:* kursal.

pun [pʌn] *s:* ordspill (*on* på).

Punch [pʌntʃ] *s; vittighetsblad:* Punch; **T:** ***pleased as Punch*** kisteglad; blid og fornøyd; ***Punch and Judy show*** dukketeater- og pantomimestykke.

I. punch [pʌntʃ] *s* **1.** *drikk:* punsj;
2. *tekn:* ***(nail) punch****(nail set)* spikerdor; dor;
3. slag *n (fx give sby a punch); fig:* ***he didn't pull his punches*** han la ikke fingrene imellom; han sparte ikke på konfekten;
4. T: ***his arguments lacked punch****(=didn't make much impact)* argumentene *(n)* hans gjorde ikke noe større inntrykk *n.*

II. punch *vb* **1***(=hit (with the fist))* dra til; **2.:** ***punch a hole*** stemple et hull; ***punch a ticket*** klippe en billett.

punchball [ˌpʌntʃ'bɔ:l] *s; boksing(,***US:** *punching bag)* punchingball; bokseball.

punch bowl punsjebolle.

punch card *(=punched card;* **US:** *punch card)* hullkort.

punch line *ved historie el. vits:* poeng *n (fx he always laughs before he gets to the punch line).*

punch pliers: ***a pair of punch pliers*** en hulltang.

punctilious [pʌŋkˌtiliəs] *adj; stivt(=extremely fussy; meticulous)* pertentlig; ***too punctilious****(=too fussy; too meticulous)* overpertentlig.

punctual [ˌpʌŋ(k)tjuəl; ˌpʌŋ(k)tʃuəl] *adj:* punktlig; presis.

punctuality ['pʌŋ(k)tjuˌæliti; 'pʌŋ(k)tʃuˌæliti] *s:* punktlighet; presisjon.

punctuate [ˌpʌŋ(k)tju'eit; ˌpʌŋ(k)tʃu'eit] *vb* **1.** *i setning:* sette skilletegn; **2***(=interrupt):* ***his speech was punctuated by bursts of applause*** talen hans ble stadig avbrutt av applaus.

punctuation ['pʌŋ(k)tjuˌeiʃən; 'pʌŋ(k)tʃuˌeiʃən] *s:* tegnsetting.

punctuation mark skilletegn; interpunksjonstegn.

I. puncture [ˌpʌŋktʃə] *s* **1.** stikk *n;* punktur; lite hull; 2*(=flat (tyre)* punktering; *(se I. flat 4).*

II. puncture *vb* **1.** stikke hull *(n)* i (*el.* på); punktere; **2.** *fig(=deflate)* stikke hull *(n)* på *(fx sby's dignity).*

pundit [ˌpʌndit] *s; ofte neds(=expert)* ekspert; *neds:* forståsegpåer; *(se wiseacre).*

pungency [ˌpʌndʒənsi] *s; stivt(=sharpness; acridity)* skarphet; bitterhet.

pungent [ˌpʌndʒənt] *adj* **1.** *stivt; om smak el. lukt (=acrid)* skarp; bitter; *om smak også:* besk;
2. *fig; litt.(=caustic)* skarp *(fx comment; remark);*
3.: ***a pungent phrase*** et saftig uttrykk.

punish [ˌpʌniʃ] *vb* **1.** straffe; ***punish sby for sth*** straffe en for noe; ***he punished me for doing that*** han straffet meg fordi jeg gjorde det; **2.** *ofte fig* **T:** ***punish sby*** la en få gjennomgå.

P

punishable [ˌpʌniʃəbl] *adj:* straffbar.
punishing [ˌpʌniʃiŋ] *adj* **T***(=killing)* drepende; ***set oneself a punishing pace*** holde et drepende tempo.
punishment [ˌpʌniʃmənt] *s* **1.** straff; avstraffelse; ***it brings its own punishment*** det hevner seg; det straffer seg; **2***(=rough treatment)* hard (*el.* stygg) medfart; **3.** *sport:* ***get a real punishment*** få ordentlig stryk.
punitive [ˌpju:nitiv] *adj:* straffe-; ***punitive measure*** straffetiltak; ***take punitive action*** sette i gang straffetiltak.
I. punk [pʌŋk] *s* **1.** knusk(sopp);
2. T*(=nonsense)* tøys *n;* sprøyt *n (fx talk a load of punk);*
3. *person* 1*(=layabout; useless chap)* udugelig fyr; døgenikt; 2. pønker.
II. punk *adj* **US S***(=no good)* elendig.
punnet [ˌpʌnit] *s; for bær:* kurv.
I. punt [pʌnt] *s (long flat-bottomed boat propelled with a pole)* lang, flatbunnet båt (som stakes frem).
II. punt *vb* **1.** *i en 'punt':* stake (seg frem); **2***(=gamble; bet)* spille; tippe.
punter [ˌpʌntə] *s* **1.** *på veddeløpsbane:* spiller;
2.: *pools punter* tipper;
3. S*(=conman's victim)* (bondefangers) offer *n;*
4. S*(=prostitute's client)* horekunde.
puny [ˌpju:ni] *adj* **1.** liten (og svak); tuslete; **2.** *fig(=feeble)* svak; ***a puny effort*** et ynkelig forsøk.
I. pup [pʌp] *s* **1***(=puppy)* (hunde)valp;
2. *av enkelte andre dyr:* ***a seal pup****(=a young seal)* en selunge;
3. *om tispe:* ***in pup*** med valper;
4. T: *be sold a pup* bli lurt opp i stry (i en handel).
II. pup *vb(=have pups)* få valper; valpe.
pupa [ˌpju:pə] *s; zo:* puppe; *(jvf chrysalis).*
pupate [pju:ˌpeit] *vb:* forpuppe seg.
I. pupil [ˌpju:pəl] *s; anat:* pupill.
II. pupil *s:* elev; ***disruptive pupils*** elever som forstyrrer undervisningen.
puppet [ˌpʌpit] *s* **1.** marionett(dukke); ***glove puppet*** hånddukke; **2.** *fig:* ***string puppet*** marionett.
puppeteer [ˈpʌpiˌtiə] *s:* dukketeaterdirektør.
puppet show dukkekomedie.
puppet state *polit:* marionettstat.
puppy [ˌpʌpi] *s(=pup)* hundevalp; *(jvf I. pup).*
puppyish [ˌpʌpiiʃ] *adj:* valpete.
puppy love *(=calf love)* ungdomsforelskelse.
I. purchase [ˌpə:tʃis] *s* **1.** kjøp *n;* det å kjøpe;
2. kjøp *n;* det man har kjøpt; ***blind purchase****(,spøkef også: blind date)* usett kjøp; ***my latest purchase*** min nyervervelse;
3. *stivt(=grip)* tak *n (fx get a purchase on sth);*
4*(=leverage):* ***get more purchase on the stone with a lever*** få bedre tak *(n)* på steinen med et spett.
II. purchase *vb; stivt(=buy)* kjøpe.
purchaser [ˌpə:tʃisə] *s; stivt(=buyer)* kjøper.
purchasing power *økon:* kjøpekraft.
purchasing price *(=buying price)* innkjøpspris; kjøpesum.
purdah [ˌpə:də] *s; i India:* **1.** forheng *(n)* som skiller kvinnenes rom *(n)* fra den øvrige del av huset;
2. *som sosialt system:* ***the purdah*** kvinnenes avsondrethet.
pure [pjɔ:; pjuə] *adj* **1.** ren; ublandet;
2. *fig:* rendyrket *(fx socialism);*
3. *stivt(=innocent)* ren; ***she's chaste and pure*** hun er kysk og ren;
4*(=without faults)* ren *(fx his French is very pure);*
5. *mus:* ren; ***a pure note*** en ren tone;
6. *brukt forsterkende:* ***it's laziness pure and simple*** det er den rene og skjære dovenskapen; ***pure****(=sheer)* ***nonsense*** rent tøv; det rene tøv.
I. purebred [ˌpjɔ:ˈbred; ˌpjuəˈbred] *s(=purebred animal)* raserent dyr.
II. purebred *adj:* raseren; av ren rase.
pure breed *om dyr:* ren rase.
purée [ˌpjɔ:rei; ˌpjuərei] *s:* puré; ***potato purée*** potetpuré; ***tomato purée*** tomatpuré.
purely [ˌpjɔ:li; ˌpjuəli] *adv* **1.** *stivt(=in a pure manner)* rent;
2*(=entirely):* ***purely by chance*** ved det rene tilfelle;
3*(=only; solely)* bare; utelukkende.
I. purgative [ˌpə:gətiv] *s; med.(=strong laxative)* sterkt avføringsmiddel.
II. purgative *adj:* (sterkt) avførende.
purgatory [ˌpə:gətəri] *s* **1.** *rel:* skjærsild; ***in purgatory*** i skjærsilden;
2. T: *the return trip was absolute purgatory**(=absolutely terrible)* hjemreisen var helt forferdelig.
I. purge [pə:dʒ] *s; polit(=cleansing)* utrenskning.
II. purge *vb* **1.** *polit(=clean out; cleanse)* renske ut; ***purge the party*** foreta utrenskninger i partiet;
2. *meget stivt:* ***purge****(=free)* ***oneself of*** befri seg for *(fx sin).*
purification [ˈpjɔ:rifiˌkeiʃən; ˈpjuərifiˌkeiʃən] *s* **1.** renselse; rensing; **2.** *rel:* lutring; renselse.
purification plant renseanlegg; ***sewage purification plant****(=sewage (disposal) plant)* kloakkrenseanlegg.
purifier [ˌpjɔ:riˈfaiə; ˌpjuəriˈfaiə] *s:* renseapparat.
purify [ˌpjɔ:riˈfai; ˌpjuəriˈfai] *vb* **1***(=clean)* rense *(fx the air);* **2.** *rel(=free from sin)* rense; lutre.
purism [ˌpjɔ:ˈrizəm; ˌpjuəˈrizəm] *s:* purisme.
purist [ˌpjɔ:rist; ˌpjuərist] *s:* purist.
puritan [ˌpjɔ:ritən; ˌpjuəritən] *s; neds:* puritaner.
puritannical [ˈpjɔ:riˌtænikl; ˈpjuəriˌtænikl] *adj:* puritansk.
purity [ˌpjɔ:riti; ˌpjuəriti] *s:* renhet.
I. purl [pə:l] *s* **1***(=purl stitch)* vrangmaske;
2*(=purling)* vrangstrikking;
3. tvunnet gull- eller sølvtråd;
4. *om rennende vann(=murmur)* risling.
II. purl *vb* **1.** strikke vrangt; ***purl two (stitches)*** strikke to masker vrangt;
2. *om rennende vann(=murmur)* risle.
purlin [ˌpə:lin] *s; arkit(=roof beam)* takås.
purloin [pə:ˌlɔin] *vb; stivt el. spøkef(=steal)* tilvende seg; stjele.
purple [pə:pl] *s & adj:* purpur; blårød; fiolett; ***go purple in the face (with anger)*** bli ildrød i ansiktet (av sinne).
Purple Heart US *mil; krigsdekorasjon for soldat såret i kamp:* ***the Purple Heart*** Purpurhjertet.
purple passage *i bok, etc(=high-flown passage)* svulstig avsnitt.
purple prose *(=high-flown prose)* svulstig prosa.
I. purport [ˌpə:pɔ:t; ˌpə:pət] *s; meget stivt (=meaning)* mening *(fx the purport of his remarks).*
II. purport [pə:ˌpɔ:t] *vb; meget stivt(=claim to be)* gi seg ut for *(fx this letter purports to be from my aunt).*
purpose [ˌpə:pəs] *s* **1.** hensikt; øyemed *n;* formål; mål *n;* ***for our purpose*** til vårt formål; ***made for the purpose*** lagd til formålet; ***the purpose of the committee is to*** utvalgets oppgave er å; ***what's the purpose of this gadget?*** hva skal denne tingesten brukes til? ***she has a purpose in life*** hun har et mål i livet; ***for the purposes of this meeting we will assume that …*** på dette møtet vil vi forutsette at …; ***for what purpose?*** i hvilken hensikt? ***for****(=with)* ***the sole purpose of (-ing)*** ene og alene i den hensikt å …; ***on purpose****(=deliberately)* med hensikt; ***singleness of purpose*** målbevissthet; ***a woman of purpose*** en målbevisst kvinne; ***it doesn't serve any useful purpose*** det tjener ikke til noe; ***studying with a purpose*** et målrettet studium; det å studere målbevisst; ***work with a purpose*** arbeide målbevisst;
2*(=effect; result)* virkning; resultat *n;* ***to good purpose****(=with good effect)* med god virkning; *stivt:* ***to no purpose****(=without result)* uten resultat; til ingen nytte;
3. *stivt:* ***be to the purpose****(=be relevant)* være relevant;
4.: *to all intents and purposes**(=for all practical pur-*

poses) i det alt vesentlige; praktisk talt.
purpose-built [ˌpə:pəs'bilt] *adj:* spesialbygd; lagd for formålet; ***a purpose-built Norwegian course will be started for non-native speaking pupils*** for fremmedspråklige elever vil det bli satt i gang et målrettet norskkurs.
purposeful [ˌpə:pəsful] *adj:* målbevisst; besluttsom.
purposeless [ˌpə:pəsləs] *adj; stivt(=pointless)* hensiktsløs; formålsløs; ***a purposeless life*** et formålsløst liv.
purposely [ˌpə:pəsli] *adv; stivt(=deliberately)* med hensikt.
I. purr [pə:] *s* **1.** *om katt(=purring)* maling;
2. *om lav lyd(=purring)* surring; summing.
II. purr *vb* **1.** *om katt:* male; *fig:* male som en katt;
2. *om lav lyd, fx motor:* summe.
I. purse [pə:s] *s* **1.** pung;
2. US(*=handbag)* håndveske;
3.: ***the public(=state) purse*** statskassen; ***live off the public purse*** leve på det offentlige;
4. *stivt(=money)* penger; ***common purse(=kitty)*** felles kasse.
II. purse *vb:* ***purse one's lips*** spisse munnen; *ved uttrykk for misnøye:* snurpe munnen sammen; bli stram i munnen.
purser [ˌpə:sə] *s; mar & flyv:* purser.
purse-proud [ˌpə:s'praud] *adj:* pengestolt.
purse seine *fisk:* snurpenot.
purse strings *pl:* ***hold the purse strings*** stå for pengesakene.
pursuance [pəˌsjuəns] *s; meget stivt el. jur:* ***in pursuance of(=while carrying out): in pursuance of her duties*** under utførelsen av sine plikter.
pursuant [pəˌsjuənt] *prep; jur(=according to)* ifølge *(fx pursuant to policy no. 954).*
pursue [pəˌsju:; **US:** pəˌsu:] *vb; stivt* **1***(=chase)* forfølge *(fx a thief);*
2. *fig:* forfølge; ***pursue a goal*** forfølge et mål; ***it's not a subject I want to pursue(=follow up) very much!*** det er ikke noe jeg gjerne snakker om!
pursuer [pəˌsjuə] *s:* forfølger.
pursuit [pəˌsju:t; **US:** pəˌsu:t] *s* **1.** forfølgelse; ***with a policeman in hot pursuit*** skarpt forfulgt av en politimann; ***start in pursuit(=give chase)*** ta opp forfølgelsen;
2. syssel *(fx literary pursuits); skolev:* ***outdoor pursuits centre*** leirskole;
3. *fig:* ***in pursuit of(=looking for)*** på jakt etter.
pursuit start *sport:* jaktstart; individuell start.
purulent [ˌpjuərulənt] *adj; stivt(=full of pus)* full av puss; *med.:* purulent.
purvey [pə(:)ˌvei] *vb; om varer i store mengder(=supply)* levere; være leverandør av.
purveyor [pəˌveiə] *s* **1.** *litt.:* ***purveyor of mysteries(=mystery monger)*** hemmelighetskremmer;
2.: ***Purveyor to the Royal Household*** hoffleverandør.
pus [pʌs] *s; med.:* puss; materie; *(jvf purulent).*
pus basin pussbekken.
I. push [puʃ] *s* **1.** skubb *n;* dytt; puff *n; fig:* ***he needs a push from time to time*** han trenger et (lite) puff av og til;
2. T*(=effort; attempt)* krafttak; forsøk *n;*
3. T*(=go-ahead spirit; gumption)* pågangsmot; tiltak; fremdrift; **T:** ***he hasn't got any push(=he lacks drive)*** det er ingen fremdrift i ham;
4*(=boost)* oppsving;
5. T: ***get the push(=be fired)*** få sparken;
6. T: ***at a push(=pinch)*** i et knipetak; ***when it comes to the push(=crunch)*** når det kommer til stykket.
II. push *vb* **1.** skyve; puffe; skubbe; dytte *(fx don't push!);* ***push the door open (,shut)*** skyve opp (,igjen) døren; ***he pushed in front of me*** han skubbet seg foran meg; *(se forbindelser med prep ndf);*
2. trykke (på); ***push a button*** trykke på en knapp; ***push the button fully home*** trykke knappen helt inn;
3. presse; drive *(fx how far can you push yourself?);* ***push sby*** presse en; ***push sby into (-ing)*** presse en til å;
4. drive reklame for; fremme *(fx a cause); (se 20: push it 2);*
5. T*(=approach):* ***be pushing 75*** nærme seg 75;
6. S*(=sell):* ***push drugs*** selge stoff *n;*
7.: ***don't push your luck!*** du bør ikke utfordre skjebnen!
8.: ***push ahead****(=push forward; push on)* 1. rykke frem; fortsette; 2. *fig; med plan, etc:* fortsette; gå videre (*with* med); *(se også 23: push on);*
9. T: ***push along****(=leave; push off)* gå (sin vei) *(fx I'm afraid I really ought to be pushing along now);*
10. T: ***push sby around, push sby about****(=bully sby)* tyrannisere en; herse med en; ***I don't let anyone push me around*** jeg lar meg ikkke herse med;
11.: ***push aside*** 1. skyve (*el.* skubbe) til side; 2. *fig:* avfeie; ***let oneself be pushed aside*** la seg avfeie;
12.: ***push one's views at people*** misjonere for sitt syn;
13.: ***push back*** 1. skyve tilbake; 2. skyve på plass;
14.: ***push by****(=push past)* trenge (*el.* presse *el.* skubbe) seg forbi; ***try to push by*** prøve å trenge seg forbi;
15.: ***push for*** 1*(=press for)* presse på for å oppnå *(fx higher wages);* 2. **S:** ***be pushed for the stuff****(,***T:** *be hard up)* være i beit for penger; mangle penger;
16.: ***push forward*** 1. skyve frem; skyve fremover; 2. *se 8: push ahead;* 3. rykke videre frem; 4. *fig:* ***push oneself forward*** stikke seg frem;
17.: ***push****(=press)* ***home*** 1*(=exploit)* utnytte *(fx one's advantage);* 2. *om argument(=drive home)* slå fast; 3. **T***(=go home)* dra hjem *n (fx he pushes home every weekend);*
18.: ***push in*** 1. skyve inn; *i vannet:* skyve (*el.* puffe) uti; *vindu, etc:* trykke inn; 2. trenge seg inn (fx i kø foran andre) *(fx he pushed in in front of the others);*
19.: ***push into*** 1*(=stuff into):* ***push a bit of dinner into him*** proppe litt middagsmat i ham; 2.: ***push sby into (-ing)*** presse en til å;
20.: ***push it*** 1*(=exaggerate)* overdrive; ta for hardt i; 2. **T:** ***I pushed it like mad(=I went in for it like mad)*** det kjørte jeg på alt hva jeg kunne; *(se også 4);*
21.: ***push things too far****(=overdo it)* drive det for vidt;
22.: ***push off*** 1. *mar:* legge fra land *n;* 2. **T***(=go away)* gå sin vei *(fx I told him to push off);* 3. **T***(=start)* gå; dra av sted *(fx push off as soon as you're ready);*
23.: ***push on*** 1.: *se 8: push ahead;* 2*(=go on)* fortsette (*with* med) *(fx with one's work);* ***I'm late, so I'll have to push on*** jeg er sent ute, så jeg må komme meg videre;
24.: ***push out*** 1. skyve ut *(fx a boat);* trykke ut *(fx a cork);* 2. *fig(=tip out)* vippe ut; skyve ut; ***be pushed out of the party's ruling elite*** bli vippet ut av ledersjiktet i partiet; 3. **T:** ***push the boat out*** holde stor fest;
25.: ***push over****(=overturn)* velte *(fx a glass);* ***he pushed me over*** han skubbet til meg slik at jeg falt;
26.: ***push through*** 1. skyve gjennom; skyve (*el.* presse) seg gjennom *(fx the crowd);* 2. *fig:* drive (*el.* presse) igjennom;
27.: ***push up*** 1. skyve opp; 2. *fig(=force up)* presse (*el.* drive) i været; 3. *fig; spøkef:* ***be pushing up the daisies*** ligge under torven; ligge i sin grav.
push-bike [ˌpuʃ'baik] *s* **T***(=bicycle)* tråsykkel.
push button *elekt, etc:* trykknapp.
push-button phone *tlf:* tastafon.
pushcart [ˌpuʃ'kɑ:t] *s; især* **US***(=handcart)* håndkjerre.
pushchair [ˌpuʃ'tʃɛə] *s(=(baby) buggy;* **US:** *stroller)* sportsvogn.
pushed [puʃt] *adj* **T:** ***be (hard) pushed*** **1***(=find it (very) difficult):* ***you'll be hard pushed(=put) to finish that by tonight*** du vil ha vanskeligheter med å bli ferdig med det der til i kveld;
2.: ***be pushed(=pressed) for time*** ha dårlig tid.

pusher [ˌpuʃə] *s* **1.** *neds:* person med spisse albuer; fremfusende person;
2.: ***(drug) pusher****(=drug peddler)* narko(tika)langer;
3. *oljeind(=roustabout)* arbeidsleder; riggerassistent.
pushful [ˌpuʃful] *adj: se pushing.*
pushing [ˌpuʃiŋ] *adj:* (altfor) pågående; innpåsliten; freidig *(fx a pushing young man; she's too pushing).*
push-off [ˌpuʃ'ɔf] *s* **1.** skubb *n;* dytt;
2. *sport; ski:* fraspark; *(jvf kick-off).*
pushover [ˌpuʃ'ouvə] *subt* **T 1.** smal sak; lett seier; ***the exam was a real pushover*** eksamen var virkelig lett; **2***(=sucker)* lettlurt person; **3.:** ***she's a pushover*** hun er lett å komme til sengs med; ***a pushover for blondes*** en som faller lett for blondiner.
pushpin [ˌpuʃ'pin] *s:* markørstift; stift.
I. push-start [ˌpuʃ'stɑ:t] *s:* det å skyve i gang; ***give sby a push-start*** skyve en i gang.
II. push-start *vb:* skyve i gang *(fx a car).*
push-up [ˌpuʃ'ʌp] *s; gym; især* **US***(=press-up)* armpress; armheving fra gulvet; push-up; ***do push-ups*** gjøre armhevinger fra gulvet; *(jvf chin-up).*
pushy [ˌpuʃi] *adj* **T:** altfor pågående; freidig; innpåsliten; *(se pushing).*
pusillanimity ['pju:siləˌnimiti] *s; meget stivt(=cowardliness)* feighet.
pusillanimous ['pju:siˌlæniməs] *adj; meget stivt (=cowardly)* fryktsom; feig.
puss [pus] *s* **1***(=pussy)* pus(ekatt); **2. T***(=girl)* ungjente *(fx a saucy little puss).*
pussy [ˌpusi] *s* **1***(=puss)* pus(ekatt);
2. *bot:* gåsunge; ***pussies****(=pussy willows)* gåsunger;
3. *vulg; kvinnes kjønnsorgan(=fanny; twat)* mus;
4. *vulg; om kvinne som seksualobjekt(=twat)* mus.
pussycat [ˌpusi'kæt] *s:* pusekatt.
pussyfoot [ˌpusi'fut] *vb* **T 1***(=walk softly)* liste seg; gå varsomt; gå på kattefjed; **2.** *om snø, etc:* ***pussyfoot down*** falle stille; **3***(=be undecided; dither)* være vinglete.
pussy willow *bot* **1.** gåsungevier; **2.:** ***pussy willows****(=pussies)* gåsunger.
pustule [ˌpʌstju:l] *s; med.:* pustel; verkfylt blemme.
I. put [put] *vb(pret & perf.part.: put)* **1.** plassere; stille; legge; sette; ***put sby in prison*** sette en i fengsel *n;* ***put sugar in the tea*** ha sukker i teen; ***put yourself in my place*** sett deg i mitt sted; ***put a child to bed*** legge et barn; ***put one's name to sth****(=sign sth)* sette navnet sitt under noe; ***put it to the test*** sette det på prøve; ***he didn't know where to put himself*** han visste ikke hvor han skulle gjøre av seg; ***put sby to work*** sette en i arbeid *n;* **2.** stikke *(fx one's hand in one's pocket);*
3. uttrykke; si; ***how do you put****(=say)* ***that in German?*** hvordan sier man det på tysk? ***know how to put things*** forstå å belegge sine ord *n;* ***that was a nice way of puting it*** det var en pen måte å si det på; ***to put it mildly*** for å si det forsiktig; for ikke å ta for hardt i; ***that's putting it mildly*** det er mildt sagt; ***that's putting it too strongly****(=that's saying too much)* det er for sterkt sagt; ***the way he puts it*** den måten han sier *(el.* fremstiller) det på; ***put it in plain language*** si det med rene ord *n;* ***he put his refusal very politely*** han avslo i meget høflige vendinger; ***one must also put the other side*** man må også se det fra den andre siden; ***put one's feelings into words*** uttrykke sine følelser i ord; ***she put it to him that he was a gullible fool*** hun sa til ham at han var en godtroende tosk; ***put it to him gently*** si det til ham på en forsiktig måte;
4. T*(=write)* skrive *(fx I don't know what to put);*
5*(=estimate)* anslå; sette *(at* til);
6. stille; ***put a question to him*** stille ham et spørsmål;
7*(=invest)* investere *(fx one's money into steel);*
8. *sport:* ***put the shot****(=weight)* støte kule;
9.: ***put about*** *mar:* (stag)vende; gjøre vendereis;
10. *fig:* ***put above*** sette høyere enn;
11. *fig:* ***put across*** 1. formidle *(fx one's ideas);* ***put one's knowledge across*** meddele sine kunnskaper; 2. **T:** ***put one across sby****(=pull a fast one on sby)* spille en et puss; lure en;
12.: ***put among*** 1. plassere blant; 2. *fig:* ***put the cat among the canaries****(=pigeons)* sjokkere; skape røre (i andedammen);
13.: ***put aside*** 1. legge til side; 2. *fig(=put by)* legge til side; spare *(fx a little money each month);*
14.: ***put at:*** *se 5;*
15.: ***put away*** 1. legge bort; rydde bort; 2*(=commit to a mental hospital)* plassere på psykiatrisk sykehus; 3*(=put down)* avlive *(fx a dog);* 4. *om mat & drikke* **T:** sette til livs *(fx a lot of food);*
16.: ***put back*** 1. sette tilbake; legge tilbake; 2. *skolev:* flytte ned; 3. *om dyr:* ***put back its ears*** legge på ørene *n;* 4. *mar(=put back to port)* gjøre vendereis; 5. *klokke:* stille tilbake; 6. *økon:* sette tilbake *(fx this loss has put him back a long way);* 7. *utvikling el. produksjon:* sinke; sette tilbake; 8*(=put off):* ***it was put back a fortnight*** det ble utsatt i fjorten dager;
17.: ***put before*** 1. *om tanker el. forslag:* legge frem; fremlegge; 2.: ***put friendship before money*** foretrekke vennskap *(n)* fremfor penger;
18.: ***put by****(=save)* spare;
19.: ***put down*** 1. sette ned; legge ned; legge fra seg; 2. *passasjer(=drop; set down)* sette av; 3. skrive ned; ***put down one's name*** tegne seg; skrive seg på; 4*(=put away)* avlive *(fx a dog);* 5. *ved avbetalingskjøp; om kontantbeløp(=pay as a deposit)* betale; 6. *opprør, etc:* slå ned; 7. *om pris(=reduce)* slå ned; 8. *om paraply:* slå ned; *om markise(=lower)* sveive ned; 9. **T***(=put away)* sette til livs; 10. **T***(=snub)* bite av; sette på plass *(fx put sby down);* 11. *flyv(=land)* lande; gå ned; 12. **T:** ***put one's foot down*** slå i bordet; være bestemt;
20.: ***put down as*** 1*(=consider to be)* anse for å være; 2*(=put down to)* bokføre som; 3. *fx på hotell:* skrive inn som *(fx she was put down as Mrs Smith);*
21.: ***put down for*** 1. *om beløp:* tegne seg for; 2. *sport:* skrive *(el.* melde) på *(fx for a race);*
22.: ***put down to*** 1*(=put down as)* bokføre som; 2.: ***put it down to my account*** sett det på min konto; 3*(=attribute to)* tilskrive *(fx I put it down to inexperience);*
23. *fig:* ***put first*** la gå foran;
24. *bot; glds:* ***put forth****(=out)* ***buds*** skyte knopper;
25.: ***put forward*** 1. legge frem *(fx a theory); om klage:* fremføre; 2. foreslå; anbefale *(as* som); 3. *om klokken:* stille frem; 4. fremskynde *(fx one's plans);* 5. *om person:* ***put oneself forward*** stikke seg frem; 6.: ***put one's best foot forward*** skynde seg; forte seg;
26.: ***put in*** 1. legge (ned) i; legge inn; sette inn; ***put the cork back in the bottle*** sette korken i flasken igjen; ***put****(=deposit)* ***£50 in one's savings account*** sette £50 inn på sparekontoen sin; 2*(=install)* installere; montere; sette inn; 3*(=insert)* sette til; føye til; 4*(=include; mention)* ta med; nevne; 5. *i samtale:* innskyte; skyte inn *(fx Oh, no! he put in);* 6. *om ens tid:* bruke; ofre; satse *(fx a few hours of work);* 7. *om innsats:* ***he's putting in the performance of his life*** han er i ferd med å gjøre sitt livs innsats; 8. *i kontorbygg, etc(=employ)* ansette *(fx a security man);* 9. *mar:* ***put in at the next port*** anløpe *(el.* gå inn til) neste havn; 10.: ***put sby in the wrong*** stille en i et uheldig lys; ***put oneself in the wrong*** feile selv; gjøre feil selv;
27.: ***put in for*** 1*(=apply for)* søke på *(fx a job);* 2. *sport:* melde på til *(fx the 100 metres);*
28. T: ***put sby inside****(=in prison)* sette en i fengsel *n;*
29.: ***put into*** 1. sette inn i; sette i; ***put sth into production*** sette noe i produksjon; ***put money into a company*** sette penger i et selskap; 2*(=translate into)* oversette til; ***put the poem into English*** oversette diktet til engelsk; 3. *fig:* ***put a lot into a project*** satse mye på et prosjekt; 4.: ***put a lot of time into sth****(=give up a lot of time to sth)* ofre mye tid på noe;
30.: ***put off*** 1*(=put away from the shore)* legge fra land

n; 2*(=switch off)* skru av *(fx the light);* 3. utsette *(fx put it off till Friday);* 4. *om avtale:* ***put sby off*** sende avbud til en; 5. *merk; om kreditor:* få til å gi utsettelse; 6. avvise; være avvisende mot; 7. forstyrre; distrahere *(fx the noise outside put him off);* 8. *om det som fratar lyst el. appetitt, avskrekker el. virker frastøtende:* ***the smell put me off*** lukten fratok meg appetitten (*el.* lysten); ***don't be put off by her sharp tongue*** ikke la deg avskrekke av den skarpe tungen hennes; ***I'm in no mood to be put off by him*** jeg er ikke i humør *(n)* til å la ham ødelegge for meg;

31.: ***put on*** 1. sette på; legge på; ***put a tax on*** legge avgift på; 2. *om klær:* ta på (seg); ***put the life jacket on over your head*** trekk redningsvesten på over hodet; 3. *om ansiktsuttrykk:* sette opp *(fx a grave face);* 4*(= organize; arrange)* arrangere; ***put on an exhibition*** arrangere en utstilling; 5*(=switch on)* skru på; 6. *om transportmidler(=lay on)* sette inn *(fx extra trains);* 7. *teat(=stage; produce)* sette opp *(fx a play);* 8. *om aksent:* legge seg til; 9. *om veddemål(=bet)* vedde; spille for; ***put money on****(=bet on)* ***a horse*** sette penger på en hest; 10.: ***put it on****(=pretend)* simulere; gjøre seg til; 11. *om hastighet:* ***put on more speed*** sette opp farten; 12.: ***put on weight*** legge på seg; 13. *om alder:* ***this has put years on him****(=this has made him years older)* dette har gjort ham flere år *(n)* eldre; 14. *tlf:* ***put him on, then*** la meg få snakke med ham da; 15. **T***(= be a trouble to)* være til bry *(n)* for *(fx you're sure I won't be putting on you if I stay for dinner?);* 16. *om press el. pressmiddel:* ***put the pressure on****(=apply pressure;* **T:** *put on the screw)* øve press *n;* ***that puts a lot of pressure on him*** det legger stort press på ham;

32.: ***put on one side*** 1*(=put aside)* legge til side (for senere bruk); 2*(=save)* spare;

33.: ***put on to*** 1. *tlf:* sette over til *(fx the sales manager);* 2. sette i forbindelse med; la snakke med; ***he insisted on being put on to the man in charge*** han forlangte å få snakke med den mannen som hadde ansvaret; 3. gi tips om; gi et vink om; ***can you put me on to a good doctor?*** kan du anbefale meg en god lege? 4.: ***put the police on to sby*** sette politiet på en;

34.: ***put out*** 1. sette ut; sette utenfor; kaste ut *(fx the doorman put him out);* ***put one's hand out*** rekke frem hånden; 2. *bot:* ***put out buds*** skyte knopper; ***put out leaves****(=come into leaf)* få løv *n;* 3*(=extinguish)* slukke *(fx a fire);* 4. bedøve *(fx a whiff of ether will put you out in seconds);* 5. *radio & TV:* sende; 6*(=issue)* sende ut *(fx a detailed description of the man);* ***put****(=send)* ***out a distress signal*** sende ut et nødssignal; 7. **T***(= spread)* sette ut *(fx a story);* 8*(=dislocate):* ***he put his shoulder out*** han fikk skulderen av ledd *n;* 9. *om energi el. krefter:* mobilisere *(fx all one's energy and enthusiasm);* 10*(=inconvenience)* uleilige; være til bry *(n)* for; ***put oneself out for sby*** gjøre seg ekstra bry for en; ***don't put yourself out for us!*** ikke gjør deg noe bry for vår skyld! 11*(=annoy; anger)* ergre; gjøre sint; 12*(=upset)* bringe ut av fatning; forvirre; 13*(=produce)* fremstille; produsere; 14. *mask:* yte; utvikle *(fx one thousand horsepower);* 15. *mar:* ***put out (to sea)*** stikke til sjøs; gå ut;

35.: ***put over*** 1. sette over *(fx put a young man over him);* 2. *om tanker(=put across)* formidle; 3. **T:** ***put (a fast) one over on sby*** lure en; spille en et puss; 4. **US***(= put off)* utsette *(fx it was put over a week);*

36. T: ***I wouldn't put it past him*** jeg holder ham ikke for god til det; det kan jeg godt tenke meg om ham;

37.: ***put right*** 1. reparere; rette på; fikse; 2. bringe i orden; rette på; 3.: ***put sby right*** rette på en;

38.: ***put through*** 1. stikke gjennom; 2. *tlf:* sette over (*to* til); 3. *tlf:* ***put through a call*** ringe (*to* til); *(= make a call)* ta en telefon *(fx there are a couple of calls I've got to put through);* 4*(=carry out)* gjennomføre *(fx put one's plans through);* 5. **T:** ***put sby through the mill*** kjøre en hardt;

39.: ***put oneself to expense*** skaffe seg utgifter; ***put sby to trouble****(=give sby trouble)* skaffe en bry *n;*

40.: ***put together*** 1. sette sammen; montere; 2.: ***put two and two together*** legge sammen to og to; ***she's worth more than all the others put together*** hun er verdt mer enn alle de andre til sammen;

41.: ***put up*** 1. sette opp; henge opp *(fx curtains); om paraply:* slå opp; ***put up a notice*** sette opp et oppslag; ***put up the awning****(=wind up the awning)* sveive inn (*el.* opp) markisen; 2*(=raise):* ***put up a hand*** rekke en hånd i været; 3. *om hus(=build)* sette opp; oppføre; bygge; *om minnesmerke(=raise; erect)* reise; 4. *om pris, etc:* legge på; ***put up the rent****(=increase the rent)* legge på husleien; 5. *om pengemidler:* skaffe (til veie); stille; skyte inn (*el.* til); 6. gi husly; ta imot; ***put sby up for the night*** gi en nattelosji; ***I can put you up*** du kan få bo (,overnatte) hos meg; 7. *til stilling el. verv(= suggest)* foreslå; 8.: ***put up for sale****(=offer for sale)* fremby til salgs; 9. *om motstand, etc:* yte; gjøre *(fx put up a good fight);* 10. *om prestasjon* **T:** ***put up a good show*** gjøre det bra; klare seg fint; 11. *om katt:* ***put up its back****(=arch its back)* skyte rygg; *fig:* ***put sby's back up*** få en til å reise bust;

42.: ***put up at*** ta inn på *(fx a hotel);*

43. *om person:* ***be put upon****(=be taken advantage of; be imposed on)* bli utnyttet; bli misbrukt; *(jvf put - upon);*

44.: ***put up to*** 1. *til ugagn(=encourage)* sette opp *(fx who put him up to it?);* 2*(=teach)* lære opp; ***put him up to the job*** lære ham opp i jobben;

45.: ***put up with*** finne seg i.

II. put *adj:* ***stay put*** bli hvor man er.

putative [ˌpju:tətiv] *adj; meget stivt(=supposed)* antatt; formentlig; *jur:* ***putative self-defence*** putativt nødverge.

put-off [ˌput'ɔf] *s* **US 1***(=pretext)* påskudd *n;* **2***(=delay)* utsettelse.

put on ['putˌɔn], *attributivt:* ***put-on*** [ˌput'ɔn] *adj:* påtatt *(fx that accent is put on; a put-on accent).*

putrefaction ['pju:triˌfækʃən] *s; stivt(=rotting)* forråtnelse.

putrefy [ˌpju:tri'fai] *vb; stivt(=rot)* råtne; gå i forråtnelse.

putrescent ['pju:ˌtresənt] *adj; meget stivt(=rotting)* råtnende; som er i ferd med å gå i forråtnelse.

putrid [ˌpju:trid] *adj; stivt(=rotten; smelling rotten)* råtten; som lukter råttent; stinkende.

I. putt [pʌt] *s; golf:* putt (ɔ: lett, kort slag *(n)* på green for å få ballen i eller nærmere hullet).

II. putt *vb:* putte (ɔ: gi et lett, kort slag).

putter [ˌpʌtə] *s* **1.** putter (ɔ: golfkølle brukt til lette, korte slag på green); **2.** *om person:* ***he's a good putter*** han er flink til å få ballen i hullet; *(se putt).*

putting green *golf:* green; jevn flate omkring et hull.

putty [ˌpʌti] *s:* kitt; ***he's putty in her hands*** han er som voks i hennes hender.

put-up [ˌput'ʌp] *adj; om noe uhederlig:* ***it was a put-up job*** det var avtalt spill *n;* det var arrangert på forhånd.

put-upon [ˌputə'pɔn] *adj(=imposed upon; taken advantage of)* utnyttet; misbrukt.

I. puzzle [ˌpʌzəl] *s* **1.:** ***(jigsaw) puzzle*** puslespill; ***a crossword puzzle*** en kryssord; ***word puzzle*** bokstavgåte; **2.** *fig:* puslespill; ***a piece of a puzzle that I can't fit in*** en bite i et puslespill som jeg ikke kan finne plass til; **3.** problem *n;* gåte *(fx this was a puzzle to him);* ***unravel a puzzle****(=solve a riddle)* løse en gåte; ***hold the key to the puzzle*** sitte med nøkkelen til gåten.

II. puzzle *vb* **1***(=perplex; bewilder)* forvirre; gjøre rådvill; gjøre perpleks; ***the question puzzled them*** spørsmålet forvirret dem; ***I was puzzled by his attitude*** jeg kunne ikke forstå holdningen hans; ***that's what puzzles me*** det er det jeg ikke kan forstå; ***it puzzles me****(=it's a mystery to me)* det er meg en gåte; jeg kan ikke forstå det; **2.:** ***puzzle out*** 1. løse *(fx a code);* 2.

tenke ut *(fx a method); **puzzle out an answer*** tenke ut et svar; 3*(=find out; discover)* finne ut; ***she never tried to puzzle(=find; work) things out*** hun prøvde aldri å finne ut av tingene; **3.:** ***puzzle over*** (sitte og) fundere over; ***I puzzled over the letter for hours*** jeg satt i timevis og funderte over brevet.

puzzled [ˌpʌzəld] *adj(=perplexed; bewildered)* forvirret; rådvill; uforstående *(fx a puzzled look).*

puzzlement [ˌpʌzəlmənt] *s(=perplexity)* forvirring; rådvillhet.

puzzle picture fikserbilde.

puzzler [ˌpʌzlə] *s* **T***(=difficult question; poser)* vanskelig spørsmål *(fx that's a puzzler!).*

pygmy, pigmy [ˌpigmi] *s:* pygmé.

pyjama *(,***US:** *pajama)* [pəˌdʒɑ:mə] *adj:* ***pyjama bottoms*** pyjamasnederdel; pyjamasbukse; ***pyjama top*** pyjamasoverdel.

pyjamas *(,***US:** *pajamas)* [pəˌdʒɑ:məz] *s:* pyjamas; ***three pairs of pyjamas*** tre pyjamaser.

pylon [ˌpailən] *s:* høyspentmast; lysmast.

pyorrhoea *(,***US:** *pyorrhea)* ['paiəˌri:ə] *s; tannl:* pyoré; *(se periodontitis).*

pyramid [ˌpirəmid] *s:* pyramide.

pyramidal [piˌræmidəl] *adj:* pyramidal; pyramide-.

pyre [ˌpaiə] *s:* ***(funeral) pyre*** likbål.

Pyrenean ['pirəˌni:ən] *adj; geogr:* pyreneisk.

Pyrenees ['pirəˌni:z] *s; pl; geogr:* ***the Pyrenees*** Pyrenéene.

pyrite [ˌpairait] *s; min* **1***(=(iron) pyrites)* svovelkis; jernkis; **2.:** ***copper pyrite*** kopperkis.

pyro- [ˌpairou] *i sms:* pyro-; brann-.

pyromania ['pairouˌmeiniə] *s; med.:* pyromani.

pyromaniac ['pairouˌmeini'æk] *s; med.:* pyroman.

pyrotechnic(al) ['pairouˌteknik(əl)] *adj:* pyroteknisk; fyrverkeri-; ***pyrotechnic(al) display*** stort fyrverkeri.

python [ˌpaiθən] *s; zo:* pyton(slange).

q

Q, q [kju:] Q, q; *tlf:* ***Q for Queen*** Q for Quintus; ***mind one's p's and q's*** være forsiktig med hva man sier; holde tungen rett i munnen.

Qatar*(=Katar)* [kæˌtɑ:] *s; geogr:* Qatar.

Q car [ˌkju:'kɑ:] *s(=nondescript; unmarked police car;* **T:** *Q boat)* sivil politibil.

qt, QT ['kju:ˌti:] **S:** ***on the qt(=on the quiet; secretly)*** i all stillhet; i smug; i all hemmelighet.

qua [kwɑ:; kwei; **US:** kwɑ:] *prep; stivt(=as; in the capacity of)* qua; som; i egenskap av *(fx he disliked the chairman not qua chairman but qua person).*

I. quack [kwæk] *s* **1***(=quack doctor)* kvakksalver; **2. T***(=doctor)* lege; **3.** *om and(=quacking)* snadring.

II. quack *vb; om and:* snadre.

quack doctor *(,***T:** *quack)* kvakksalver.

quackery [ˌkwækəri] *s:* kvakksalveri *n.*

quad [kwɔd] *s* **1.:** *se quadrangle;* **2.:** *se quadruplet.*

quadrangle [ˌkwɔd'ræŋgl] *s* **1.** firkant; **2.** *univ(=quad)* firkantet gårdsplass omgitt av bygninger.

quadrangular [kwɔˌdræŋgjulə] *adj:* firkantet.

quadrant [ˌkwɔdrənt] *s* **1.** kvadrant; **2.** *geom:* buestykke på 90°.

quadratic [kwɔˌdrætik] *adj; mat.:* kvadratisk; annengrads.

quadratic equation *mat.:* annengradsligning.

quadrature [ˌkwɔdrətʃə] *s; astr; mat.:* kvadratur; ***the quadrature of the circle*** sirkelens kvadratur.

quadrilateral [kwɔdriˌlætərəl] *adj:* firkantet.

I. quadruped [ˌkwɔdru'ped] *s; zo(=four-legged animal)* firbent dyr *n.*

II. quadruped *adj; zo(=four-legged)* firbent.

I. quadruple [ˌkwɔdru(:)pl] *s; stivt(=four times the amount)* fir(e)dobbelt beløp *(n)* (,betaling, mengde, etc).

II. quadruple *vb* **1***(=multiply by four)* firedoble; **2***(=increase fourfold)* firedobles; bli firedoblet.

III. quadruple *adj* **1.** firesidig; **2***(=four times as many (,much))* firedobbelt.

quadruplet [ˌkwɔdruplit; kwɔˌdru:plit] *s(ofte fk: quad)* firling.

quaggy [ˌkwægi] *adj:* som ligner på en hengemyr; myrlendt.

quagmire [ˌkwæg'maiə] *s* **1.** hengemyr; **2.** *fig:* hengemyr; farlig *(el.* vanskelig) situasjon.

I. quail [kweil] *s; zo:* vaktel.

II. quail *vb; stivt(=shrink back in fear)* vike skremt tilbake.

quaint [ˌkweint] *adj* **1.** malerisk *(fx a quaint old house);* **2***(=peculiar)* besynderlig *(fx a quaint sense of duty).*

I. quake [kweik] *s* **T***(=earthquake)* jordskjelv.

II. quake *vb; ofte spøkef(=tremble (with fear))* skjelve (av redsel).

Quaker [ˌkweikə] *s:* kveker.

qualification ['kwɔlifiˌkeiʃən] *s* **1.** kvalifikasjon; forutsetning; kompetanse; ***formal qualifications*** formell kompetanse; ***with very high qualifications*** toppkvalifisert; ***what are his qualifications?*** hvilke faglige kvalifikasjoner har han?

2*(=modification)* modifikasjon; forbehold *n;* ***I can't accept this without some qualification*** dette kan jeg ikke uten videre si meg enig i.

qualified [ˌkwɔli'faid] *adj* **1.** kvalifisert; ferdig utdannet *(fx nurse);* ***highly qualified women*** høyt kvalifiserte kvinner; ***highly qualified in one's subject(s)*** med sterke faglige kvalifikasjoner; ***qualified to vote*** stemmeberettiget; ***you're not qualified to judge him*** du har ikke forutsetninger for å (be)dømme ham; ***he didn't think himself qualified(=equipped) to comment*** han følte seg ikke kvalifisert til å kommentere; ***well qualified*** godt kvalifisert; ***less (well) qualified*** dårligere kvalifisert;

2. betinget *(fx praise);* ***a qualified approval*** en betinget godkjenning; ***give a qualified signature*** kvittere med forbehold *n;* ***a carefully qualified promise*** et løfte med mange forbehold.

qualifier [ˌkwɔli'faiə] *s; gram(=qualifying word)* bestemmelsesord; attributt *n.*

qualify [ˌkwɔli'fai] *vb* **1.** kvalifisere; ***to qualify for such a grant you need to be earning less than*** hvis man skal kunne få et slikt stipend, må man tjene mindre enn; **2.** *gram:* bestemme (nærmere); *(se qualifying 2);* **3***(=modify)* modifisere; begrense;

4.: ***qualify as*** utdanne seg som *(el.* til);

5.: ***qualify for*** 1. kvalifisere til; ***qualify oneself for*** kvalifisere seg til; 2. *sport:* ***qualify (for)*** kvalifisere seg (til); 3*(=entitle to)* berettige til; gi rett til; ***residence qualifies you for membership*** hvis du er fastboende, har du rett til å bli medlem *n.*

qualifying [ˌkwɔli'faiiŋ] *adj* **1.** kvalifiserings-; **2.** *gram:* attributiv; som nærmere bestemmer.

qualifying examination *skolev:* fagprøve; avsluttende prøve.

qualitative [ˌkwɔlitətiv] *adj:* kvalitativ.

quality [ˌkwɔliti] *s* **1.** kvalitet; ***inferior(=poor) quality***

dårlig kvalitet; ***of high(=good) quality*** av høy kvalitet; **2.** egenskap; ***the basic qualities*** de dypere egenskaper; ***he has the quality of being able to …*** han har den egenskap at han kan …; *(jvf property 2).*

quality label *merk(=informative label)* varefakta; etikett.

qualm [kwɑ:m] *s; stivt: qualms(=scruples)* skrupler; betenkeligheter.

quandary [ˌkwɔnd(ə)ri] *s; stivt(=dilemma)* dilemma *n.*

quango [ˌkwæŋgou] *s(pl: quangos) (fk f quasi non -governmental organization)* **UK:** halvstatlig organisasjon.

quantify [ˌkwɔnti'fai] *vb; stivt(=determine; measure)* kvantifisere; bestemme; måle *(fx the results).*

quantitative [ˌkwɔntitətiv] *adj:* kvantitativ.

quantity [ˌkwɔntiti] *s* **1.** kvantitet; kvantum *n;* mengde; parti *n;* ***large quantities of*** store mengder (av); **2.** *mat.:* størrelse; ***the unknown quantity*** den ukjente; *fig:* ***he's an unknown quantity*** han er en ukjent størrelse; **3.** *fon:* kvantitet; lengde; ***change in quantity*** kvantitativ forandring.

quantity discount *merk:* kvantumsrabatt.

quantum [ˌkwɔntəm] *s; fys:* kvante.

quantum leap *fys:* kvantesprang.

I. quarantine [ˌkwɔrən'ti:n] *s:* karantene.

II. quarantine *vb:* sette i karantene; holde i karantene.

I. quarrel [ˌkwɔrəl] *s(=argument)* trette; krangel; ***pick a quarrel with sby*** yppe strid med en; egle seg innpå en; ***have a quarrel with sby*** ha en krangel med en.

II. quarrel *vb* **1.** krangle; trette; ***quarrel about(=over) sth*** krangle om noe; **2.** *stivt:* ***quarrel with(=disagree with)*** være uenig i *(fx I wouldn't quarrel with that).*

quarrelsome [ˌkwɔrəlsəm] *adj:* kranglevoren.

quarrelsomeness [ˌkwɔrəlsəmnəs] *s:* kranglevorenhet.

I. quarry [ˌkwɔri] *s* **1.** steinbrudd; **2.** bytte *n.*

II. quarry *vb:* ***quarry stone*** bryte stein.

quarry stone bruddstein.

quart [kwɔ:t] *s:* 1/4 gallon; 2 pints (ɔ: 1,136 l); ***try to put a quart into a pint pot(=attempt the impossible)*** forsøke det umulige.

I. quarter [ˌkwɔ:tə] *s* **1.** kvart; fjerdedel; firedel; ***a quarter of a mile*** en kvart mile; en kvart engelsk mil; ***three-and-three-quarter miles(=3 3/4 miles)*** 3 3/4 mile; tre og en trekvart mile;

2. *vektenhet* 1*(=quarter of a pound)* 1/4 pund *n; svarer i praksis til:* hekto; ***a quarter of chocolates*** en hekto konfekt; 2*(=quarter of a hundredweight) (=28 pounds;* **US:** *25 pounds)* 12,7 kg (,11,34 kg);

3. *stivt(=mercy)* nåde; pardong; ***give the enemy no quarter*** ikke gi fienden noen pardong;

4. *mar:* låring; ***the port quarter*** babord låring;

5. *om tid:* ***quarter (of a year)*** kvartal *n;* ***quarter (of an hour)*** kvarter *n;* ***a quarter of a century*** et kvart århundre; ***an hour and a quarter*** én time og ett kvarter; ***two and a quarter hours*** to timer og ett kvarter; ***it's (a) quarter past*** *(,***US:** *after)* ***three*** klokken er kvart over tre; ***it's (a) quarter to*** *(,***US:** *of)* ***three*** klokken er kvart på tre;

6. US*(=25 cents)* 25 cent; kvart dollar;

7. *om bydel:* ***the Chinese quarter of the town*** byens kineserkvarter;

8. *om kompassretning:* kant *(fx from what quarter?);*

9. retning; kant *(fx they were coming at me from all quarters);*

10. *fig:* kant; hold *n;* ***from all quarters*** fra alle hold; fra alle kanter; ***from another quarter*** fra annet hold; ***from a well-informed quarter*** fra velunderrettet hold; ***apply to(=in) the right(=proper) quarter*** henvende seg til rette vedkommende;

11.: ***at close quarters(=near at hand)*** på nært hold; ***live in cramped quarters*** være trangbodd; bo trangt;

12. *mil:* ***quarters*** kvarter *n;* forlegning; ***married quarters*** de giftes kvarter.

II. quarter *vb* **1***(=cut into four (equal) parts)* dele i fire deler *(fx we'll quarter the cake);* **2.** *mil:* innkvartere *(on* hos); **3.** *forbryter; hist:* partere; ***be hanged, drawn and quartered*** bli hengt, sprettet opp og partert.

quarterdeck [ˌkwɔ:tə'dek] *s; mar(=afterdeck)* akterdekk.

quarterfinal [ˌkwɔ:tə'fainəl] *s; sport:* kvartfinale.

quartering [ˌkwɔ:təriŋ] *s* **1.** *mil:* innkvartering; **2.** *av forbryter; hist:* partering; *(se II. quarter 3).*

I. quarterly [ˌkwɔ:təli] *s(=quarterly journal)* kvartals(tids)skrift.

II. quarterly *adj:* kvartalsvis; kvartals-.

III. quarterly *adv:* kvartalsvis *(fx pay quarterly).*

quartermaster [ˌkwɔ:tə'mɑ:stə] *s; mil:* ***quartermaster officer*** intendanturoffiser; *(jvf petty officer).*

quarter note *mus* **US***(=crotchet)* fjerdedelsnote; kvartnote.

quarter platform *oljeind(=accommodation platform)* boligplattform.

quarter point *på kompass:* kvartstrek; *(se cardinal point).*

quartet(te) [kwɔ:ˌtet] *s; mus:* kvartett.

I. quarto [ˌkwɔ:tou] *s:* (bok i) kvartformat.

II. quarto *adj:* i kvartformat; kvart- *(fx sheet).*

quartz [kwɔ:ts] *s; min:* kvarts.

quartz watch kvartsur.

quash [kwɔʃ] *vb; jur(=waive)* omstøte; omgjøre; oppheve; sette til side *(fx a conviction).*

quasi- [ˌkwɑ:zi; ˌkweizai; ˌkweisai] kvasi-.

I. quaver [ˌkweivə] *s* **1.** *i stemmen; stivt(=tremble)* skjelving; **2.** *mus(,***US:** *eighth note)* åttendedelsnote.

II. quaver *vb; om stemme; stivt(=tremble)* skjelve.

quay [ki:] *s:* kai; brygge.

quayage [ˌki:idʒ] *s* **1***(=quay dues)* bryggeavgift; **2.** bryggeplass; kaiplass.

queasy [ˌkwi:zi] *adj* **1.** *om mage(=sensitive)* ømfintlig; **2***(=sick)* kvalm *(fx I feel rather queasy).*

Quebec [kwiˌbek] *s; geogr:* Quebec.

I. queen [kwi:n] *s* **1.** dronning; ***Paris, queen of cities*** Paris, byenes dronning;

2. *kortsp:* dame *(fx the queen of spades);*

3. *sjakk:* dronning;

4. S: eldre, utspjåket homofil; *(NB uttrykket brukes især av homofile).*

II. queen *vb* **1.** *i sjakk:* gjøre til dronning;

2.: ***queen it*** spille dronning; ha primadonnanykker; ***queen it over sby*** herse med en.

queen dowager enkedronning; *(jvf queen mother).*

queenly [ˌkwi:nli] *adj; stivt(=like a queen; queenlike)* dronningaktig; dronning- *(fx dignity);* majestetisk.

queen mother *regentens mor:* enkedronning; *(jvf queen dowager).*

Queen's Bench Division (of the High Court) *avdeling av High Court som behandler både sivile saker og straffesaker; svarer som appelldomstol til:* lagmannsrett.

Queen's Counsel *ærestittel til ansett "barrister".*

Queen's English*(=standard Southern British English)* dannet sørengelsk; standardengelsk.

queen's evidence *jur(,***US:** *state's evidence; State's Evidence):* ***turn queen's evidence*** bli kronvitne (ɔ: vitne mot en medskyldig for selv å oppnå mildere straff).

I. queer [ˌkwiə] *s* **T***(=male homosexual)* homoseksuell; homofil; **S:** homse.

II. queer *adj* **1***(=odd)* underlig; rar;

2. T*(=homosexual)* homoseksuell; homofil;

3. T*(=queasy; unwell; sick)* kvalm; rar *(fx I do feel a bit queer – perhaps I ate too many oysters).*

III. queer *vb* **T:** ***queer sby's pitch*** ødelegge for en; ødelegge hele opplegget for en.

quell [kwel] *vb; litt.* **1***(=put down)* slå ned; knuse *(fx a rebellion);* **2.** *om frykt(=lessen)* dempe.

quench [kwen(t)ʃ] *vb* **1.** *om tørst; stivt(=satisfy)* slukke; stille;

2. *bål, etc: stivt(=put out)* slukke;
3. *tekn:* avkjøle og herde;
4. *stivt(=put down)* slå ned; knuse; kvele *(fx a rebellion);*
5. *fig; stivt(=stifle; damp)* kvele; dempe.

querulous [ˌkweruləs] *adj* **1***(=cross)* gretten; sur; **2***(=whining)* klynkende; klagende; sytete;
3.: ***in querulous tones*** 1. klagende; klynkende; 2. grettent.

I. query [ˌkwiəri] *s* **1.** *stivt(=question)* spørsmål *n (fx answer sby's queries);* **2***(=question mark)* spørsmålstegn.

II. query *vb* **1.** *stivt(=ask)* spørre; **2***(=question)* betvile; sette spørsmålstegn ved.

quest [kwest] *s; stivt el. litt.(=search)* leting; ***go in quest of gold*** dra ut for å lete etter gull *n.*

I. question [ˌkwestʃən] *s* **1.** spørsmål *n;* sak *(fx he knows the ins and outs of this question(=matter));* ***a burning question*** et brennende spørsmål; ***a leading question*** et suggestivt (*el.* ledende) spørsmål; ***it's an open question whether*** det er et åpent spørsmål om; ***answer a question*** besvare et spørsmål; ***ask(=put) a question*** stille et spørsmål; ***ask sby a question****(=put a question to sby)* stille en et spørsmål; ***that's asking the wrong questions*** det er en gal problemstilling; ***the question now is what he's going to do*** nå kommer det an på hva han vil gjøre; ***that's not the question*** det er ikke det som er saken (*el.* spørsmålet); ***… raising the(=a) big question whether*** … og setter et stort spørsmålstegn ved om;
2*(=doubt)* tvil *(fx he is, without question, the best man for the job);* ***there was little question of his skill*** det var liten tvil om hans dyktighet; ***there's no question about it*** det er ingen tvil om det; ***there is no question that*** det er ingen tvil om at; ***call sth in question****(= question sth)* dra noe i tvil; betvile noe; sette spørsmålstegn ved noe;
3*(=chance; possibility):* ***there was no question of his escape*** det var ingen mulighet for at han kunne unnslippe;
4.: ***beside the question****(=point)* saken uvedkommende;
5.: ***in question*** angjeldende; pågjeldende; ***the person in question****(=the person concerned)* vedkommende; den det gjelder;
6.: ***that's out of the question*** det kommer ikke på tale.

II. question *vb* **1.:** ***question sby*** eksaminere en; stille en spørsmål *n;* spørre en ut (*about* om); **2.** *stivt(=doubt)* betvile; tvile på; ***he questioned her right to do that*** han betvilte hennes rett til å gjøre det.

questionable [ˌkwestʃənəbl] *adj* **1***(=doubtful)* tvilsom; ***it's questionable whether …*** det er tvilsomt om …; **2***(=doubtful; shady)* tvilsom *(fx motive).*

questioner [ˌkwestʃənə] *s:* spørsmålsstiller.

I. questioning [ˌkwestʃəniŋ] *s:* avhør *n;* ***be detained****(= taken in)* ***for questioning*** bli brakt inn til avhør; ***the police are holding him for questioning*** han sitter i avhør hos politiet.

II. questioning *adj(=inquiring; enquiring)* spørrende; ***a questioning tone of voice*** et spørrende tonefall.

question mark spørsmålstegn.

questionnaire [ˈkwestʃəˌnɛə] *s:* spørreskjema.

question paper *skolev:* oppgaveark.

question time *parl:* spørretime.

I. queue [kju:] *s:* kø; ***a queue for the bus*** en busskø; ***jump the queue*** snike i køen.

II. queue *vb* stå i kø; ***queue for the cinema*** stå i kinokø.

I. quibble [kwibl] *s(=niggle; minor objection)* mindre innvending; ***a quibble over sth****(=a slight argument over(=about) sth; a minor objection to sth)* en liten uenighet om noe; ***quibbles*** småpirk; små uenigheter; mindre innvendinger; ***I hope you don't think this is a quibble but …****(=I hope you don't think this is petty of me, but …)* jeg håper du ikke synes dette er smålig av meg, men …; ***these aren't really serious criticisms at all, just quibbles*** dette er slett ikke noen alvorlig kritikk, bare mindre innvendinger; ***I've got a few quibbles about her work*** jeg har enkelte småting å utsette på arbeidet hennes.

II. quibble *vb* **1***(=fuss):* ***quibble (over details)*** henge seg opp i detaljer (*el.* småting); **2.:** ***quibble about, quibble at****(=argue about; object to)* krangle om; protestere på; ***he quibbled about the design*** han sa seg ikke helt fornøyd med formgivningen.

quibbler [ˌkwiblə] *s:* flisespikker; ordkløver.

quibbling [ˌkwibliŋ] *s:* strid om bagateller; flisespikkeri *n;* ordkløveri *n.*

I. quick [kwik] *s:* kjøtt under finger- el. tånegl; ***bite one's nails to the quick*** bite neglene helt korte; *fig:* ***cut to the quick****(=hurt deeply)* såre dypt.

II. quick *adj* **1.** rask; kvikk; ***and that quick!*** og det litt fort! ***quick to learn*** lærenem; ***he's quick to respond to a call for help*** han reagerer raskt når han blir bedt om å hjelpe; ***he's quick to take offence*** han blir fort fornærmet; ***too quick to criticize*** for snar til å kritisere; ***have a quick temper*** være bråsint; ***she has a quick wit****(=she's witty)* hun er vittig; ***quick wits*** snartenkthet;
2. skarp *(fx have a quick ear);* ***he has a quick eye for mistakes*** han er skarp når det gjelder å se feil;
3. T: ***a quick one*** en liten drink i all hast.

III. quick *adv* **T***(=quickly)* fort *(fx come quick!);* ***quicker****(=more quickly)* fortere *(fx this will cook quicker).*

quick-acting [ˌkwikˈæktiŋ] *adj:* hurtigvirkende.

quicken [ˌkwikən] *vb(=make quicker; become quicker)* påskynde *(fx one's pace);* bli raskere; ***her pulse quickened at the sight*** da hun så dette, slo pulsen raskere.

quick-freeze [ˌkwikˈfri:z] *vb:* hurtigfryse.

quick-frozen [ˌkwikˈfrouzən] *adj:* hurtigfrossen.

quickie [ˌkwiki] *s* **T***(=quick drink)* en rask liten drink.

quicklime [ˌkwikˈlaim] *s(=unslaked lime)* ulesket kalk.

quickness [ˌkwiknəs] *s* **1.** kvikkhet; raskhet; **2***(=quickness of intellect)* lærenemhet.

quicksand [ˌkwikˈsænd] *s:* kvikksand.

quickshot [ˌkwikˈʃɔt] *s* **S:** pumperus.

quicksilver [ˌkwikˈsilvə] *s; glds(=mercury)* kvikksølv.

quick-tempered [ˈkwikˌtempəd; *attributivt:* ˌkwikˈtempəd] *adj:* hissig; oppfarende; bråsint.

quick thinking snartenkthet; ***that was quick thinking!*** det var snartenkt gjort!

quick wits *pl(=quick thinking)* snartenkthet *(fx her quick wits saved the situation).*

quick-witted [ˈkwikˌwitid; *attributivt:* ˌkwikˈwitid] *adj:* snartenkt.

quid [kwid] *s* **1.** *av skråtobakk:* skrå; **2. T***(=pound (sterling))* pund *n;* ***sell them at five quid each*** selge dem til £5 pr. stykk.

quiescent [kwiˌesənt] *adj; stivt; om vulkan(=dormant)* sovende.

I. quiet [ˌkwaiət] *s(=calm)* ro; stillhet; ***a period of quiet*** en stille periode; **T:** ***on the quiet****(=on the qt; on the QT)* i all stillhet; i smug; i all hemmelighet; ***peace and quiet*** fred og ro.

II. quiet *adj* **1.** stille; rolig; ***quiet reading*** uforstyrret lesing; ***be quiet*** være stille; ***keep quiet*** 1. holde seg rolig (*el.* stille); 2. holde i ro; få til å være stille (*el.* rolig) *(fx he can't keep a class quiet);*
2. *om farge:* rolig; diskré; ***a quiet colour scheme*** rolige farger;
3. som ikke sies; stille *(fx quiet resentment);* ***keep quiet about sth*** holde stilt med noe; ***keep quiet about the fact that …*** holde stilt med at …; ikke snakke om at …

III. quiet *vb; især* **US:** ***quiet (down):*** *se quieten.*

quieten [ˌkwaiətən] *vb* **1***(=calm)* berolige; dempe *(fx sby's fears);*
2.: ***quieten (down)*** bli rolig; bli stille; falle til ro.

quietly [ˌkwaiətli] *adv* **1.** rolig; stille; ***close the doors quietly(=avoid slamming the doors)*** gå stille i dørene; ***let's get married quietly*** la oss ha et enkelt bryllup; ***he slipped off quietly to avoid being noticed*** han forsvant i all stillhet for å slippe oppmerksomhet; ***be quietly spoken(=speak softly; speak in a low(=soft) voice)*** snakke lavt; ***walk quietly(=softly)*** gå stille; gå varsomt;
2.: ***she was very quietly dressed*** hun var meget diskré kledd.
quietness [ˌkwaiətnəs] *s(=calm; tranquility)* stillhet; ro.
quiff [kwif] *s* **1.** hår *(n)* kjemt bakover og oppover fra pannen; **2.** pannelokk; flat hårlokk i pannen.
quill [ˌkwill] *s* **1.** *hist* (gåse)fjærpenn; **2.** *zo; på pinnsvin:* pigg; **3.** *zo; på vinge el. hale:* stiv fjær.
quilt [kwilt] *s:* ***(continental) quilt*** vatteppe; dyne; ***crazy quilt(=patchwork quilt)*** lappeteppe.
quilt cover dynetrekk; dynevar *n.*
quilted [ˌkwiltid] *adj:* vattert.
quin [kwin] *s* **T***(=quintuplet)* femling.
quinine [ˌkwini:n; kwiˌni:n] *s; med.:* kinin.
quint [kwint] *s; mus:* kvint.
quintessence [kwinˌtesəns] *s; stivt* **1***(=essential part)* kvintessens; **2***(=perfect example; embodiment)* innbegrep; ***the quintessence of pride*** selve innbegrepet av stolthet.
quintet, quintette [kwinˌtet] *s; mus:* kvintett.
I. quintuple [ˌkwintju:pl] *s; stivt(=five times the number (,quantity))* femdobbelt antall; femdobbel mengde.
II. quintuple *vb; stivt(=multiply by five; increase five times)* femdoble; femdobles.
III. quintuple *adj; stivt* **1***(=five times as much; five times as many; fivefold)* femdobbelt; **2.** *mus:* femdelt.
quintuplet [ˌkwintjuplit; kwinˌtju:plit] *s(,***T:** *quin)* femling.
I. quip [kwip] *s(=joke; quick, witty remark)* vits; kjapp vittighet; ***make quips*** komme med kjappe vittigheter.
II. quip *vb:* komme med kjappe vittigheter (,en kjapp vits); slå kjappe vitser.
quire [ˌkwaiə] *s; om kvantum på 24 ark:* bok.
quirk [kwə:k] *s* **1.** *ved håndskrift el. på tegning(=flourish)* krusedull; krøll; snirkel;
2. *om noe uventet:* lune; ***by some quirk of fate(=through a freak of chance)*** ved et skjebnens lune;
3. *hos person(=peculiar trait; idiosyncracy)* særhet.
quirky [ˌkwə:ki] *adj; om person el. oppførsel(=peculiar; whimsical)* besynderlig; lunefull.
quisling [ˌkwizliŋ] *s(=traitor)* landsforræder.
I. quit [ˌkwit] *vb(pret & perf.part.: quit, quitted)* **1.** *om arbeid el. hus* **T***(=leave)* slutte; ***quit the building*** forlate bygningen; *om leieboer:* ***be given notice to quit*** bli sagt opp;
2*(=stop)* holde opp med *(fx quit that!).*
II. quit *adj* **T:** ***be quit of(=be rid of)*** være kvitt.
quitch [kwitʃ] *s; bot:* ***quitch (grass)(=couch grass;*** **US:** *quack grass)* kveke.
quitclaim [ˌkwit'kleim] *s; jur; dokument:* avkall *(n)* på rettighet; oppgivelse av et krav.
quite [kwait] *adv* **1.** helt; ***quite(=definitely) the best pub in town*** absolutt den beste pub'en i byen; ***quite new(=completely new; entirely new)*** helt ny; ***that's not quite(=entirely) right*** det er ikke helt riktig; ***they get on quite well together*** de går godt sammen; ***that's quite enough(=that's plenty)*** det er mer enn nok; det er rikelig; ***I quite(=fully) understand*** det kan jeg godt forstå; ***I can quite(,spøkef: well) believe that*** det kan jeg godt tro;
2.: ***not quite all*** ikke riktig alt; ikke det hele *(fx that's not quite all);* ***not quite as many as last time*** ikke riktig så mange som sist;
3*(=rather)* ganske *(fx it's quite warm today; it took quite a long time);* ***quite a few people*** ganske *(el.* temmelig) mange mennesker *n;*
4. *int:* ***quite (so)(=just so)*** nettopp; javisst;
5. *om noe(n) som imponerer:* ***she's quite a girl!*** det er litt av ei jente! ***that's quite a car!*** det er litt av en bil! ***that's quite something!*** det er virkelig noe (til saker)! ***that was quite some party!*** det var litt av et selskap!
6.: ***it took quite a time(=it took quite some time)*** det tok ganske lang tid; ***it'll be quite some time before we do it again*** 1. det blir lenge til vi gjør det igjen; 2. det skal bli lenge til vi gjør det igjen.
quits [ˌkwits] *adj* **T:** kvitt; skuls *(fx we're quits now);* ***I'm quits with him*** jeg er skuls med ham; ***call it quits*** 1. bli enige om å være skuls; 2*(=call it a day)* ta kvelden.
quitter [ˌkwitə] *s(=person who gives up easily)* en som lett gir opp; **T:** slappfisk; en som det ikke er noe tæl i.
I. quiver [ˌkwivə] *s* **1.** pilekogger; **2.** *stivt(=tremor)* skjelving *(fx there was a slight quiver in his voice as he spoke);* **3.** *om lyden:* vibrering; dirring; ***the quiver of a bird's wings*** lyden av fuglevinger.
II. quiver *vb; stivt* **1***(=tremble)* skjelve; dirre; sitre;
2. *om lyden:* vibrere; dirre.
qui vive ['ki:ˌvi:v]: ***on the qui vive(=alert)*** våken; på vakt.
quixotic [kwikˌsɔtik] *adj; stivt* **1***(=strange)* underlig; besynderlig; **2***(=out of touch with real life)* virkelighetsfjern; don-quijotisk.
I. quiz [kwiz] *s:* spørrekonkurranse; gjettekonkurranse.
II. quiz *vb(pret & perf.part.: quizzed)* **T***(=question;* **T:** *pump):* ***quiz sby about sth*** spørre en ut om noe.
quizmaster [ˌkwiz'mɑ:stə] *s:* leder av spørrekonkurranse.
quizzical [ˌkwizikl] *adj(=questioning)* spørrende.
quoin [ˌk(w)ɔin] *s* **1.** *arkit(=external corner)* utvendig hjørne;
2. *arkit(=cornerstone)* hjørnestein;
3. *arkit(=keystone)* sluttstein;
4. *typ:* sluttkile; sluttlås; sluttsteg.
quoit [kɔit; **US:** kwɔit] *s:* kastering; ***quoits*** ringspill.
quorum [ˌkwɔ:rəm] *s; om forsamlingen(=working majority)* beslutningsdyktig flertall.
quota [ˌkwoutə] *s:* kvote; *(=pro rata share)* forholdsmessig andel.
quotable [ˌkwoutəbl] *adj* **1***(=fit for quoting; worth quoting)* egnet til å bli gjengitt (i dannet selskap *n);* verdt å sitere; **2.** *om bemerkning, etc:* som man har tillatelse til å sitere *(fx were the Minister's remarks quotable or off the record?).*
quotation [kwouˌteiʃən] *s* **1.** sitat *n;* ***quotations out of context*** sitatfusk; ***throw quotations about*** slå om seg med sitater; **2.** *merk:* ***(stock exchange) quotation*** (børs)notering; (børs)kurs; **3***(=estimate;* **T:** *quote)* pristilbud; anbud *n.*
quotation mark *(,***T:** *quote)* anførselstegn.
I. quote [kwout] *s* **1. T:** *se quotation 3;* **2.:** ***quotes****(=inverted commas)* anførselstegn; gåseøyer.
II. quote *vb* **1.** sitere; ***(and I) quote …*** og jeg siterer … *(fx the Minister said, and I quote, "We have beaten inflation"; the Minister said quote we have beaten inflation unquote);* ***quote sby (,sth) by heart*** sitere en (,noe) utenat;
2. *i diktat(=open inverted commas)* anførselstegn begynner; ***unquote****(=close inverted commas)* anførselstegn slutter;
3. *om anbud* **T:** ***quote sby for sth*** gi en en pris på noe.
4. *om eksempel(=give)* gi *(fx can you quote me an example?);*
5. *merk; på børsen:* notere *(fx shares were quoted at 110).*
quotidian [kwouˌtidiən] *adj; meget stivt(=everyday)* hverdags- *(fx activities).*
quotient [ˌkwouʃənt] *s; mat.:* kvotient.

r

R, r [ɑ:] R, r; *tlf:* ***R for Robert*** R for Rikard; ***the three Rs(=reading, writing, and arithmetic)*** les(n)ing, skriv(n)ing og regning.
I. rabbet [ˌræbit] *tøm;* **S:** fals; spor *n.*
II. rabbet *vb:* false (sammen).
rabbi [ˌræbai] *s:* rabbiner; *i tiltale:* rabbi.
rabbit [ˌræbit] *s; zo:* kanin.
rabbit fish *zo:* havmus; hågylling.
rabbit warren område underminert av kaninganger.
rabble [ræbl] *s* **1.** *lett glds(=gang of rowdies)* mobb; pøbel; **2.** *glds el. spøkef:* ***the rabble(=the common people)*** den gemene hop.
rabble-rouser [ˌræbl'rauzə] *s* **T***(=agitator; trouble maker)* oppvigler; rabulist.
rabid [ˌræbid] *adj* **1.** *med.:* som lider av hundegalskap (*el.* rabies); **2.** *fig; neds(=fanatical)* rabiat; fanatisk.
rabies [ˌreibi:z] *s; med.:* rabies; hundegalskap.
raccoon, racoon [rəˌku:n] *s; zo:* vaskebjørn.
I. race [reis] *s:* rase; ***the human race*** menneskerasen.
II. race *s* **1.** race *n;* renn *n* løp *n;* ***horse race*** hesteveddeløp; ***motor race*** billøp; ***Peter ran a fine race(=Peter ran well)*** Peter løp et godt løp; ***swim a race with(=against)*** kappsvømme med; ***I'm going to the races today*** jeg skal på veddeløp i dag;
2. *fig(=rush)* knapp tid; rush *n;*
3. *fig:* kappløp; ***a race against time*** et kappløp med tiden; ***the race to succeed*** prestasjonsjaget.
III. race *vb* **1.** løpe om kapp med *(fx sby);* kappløpe; kappseile; *om hest:* la delta; ***race one's own horse*** ri sin egen hest i veddeløp; ***the horse is racing against five others*** hesten løper mot fem andre;
2. gå (,kjøre) fort;
3.: ***his blood was racing*** blodet bruste i årene hans;
4.: ***race the engine*** ruse motoren;
5. *parl(=hurry):* ***race a bill through the Commons*** få et lovforslag behandlet i underhuset i all hast.
racecard [ˌreis'kɑ:d] *s; ved hesteveddeløp:* program *n.*
racecourse [ˌreis'kɔ:s] *s; for hester (,***US:** *racetrack)* veddeløpsbane; *(jvf racetrack).*
racecourse tout stallspion.
race fee *sport; til løpsøvelse:* påmeldingsgebyr; startkontingent; *(se entry fee).*
racehorse [ˌreis'hɔ:s] *s:* veddeløpshest.
race meeting *sport:* hesteveddeløp.
racer [ˌreisə] *s* **1.** racerbil; racersykkel;
2. *sport(=runner)* løper.
race riots *pl:* raseopptøyer.
racetrack [ˌreis'træk] *s* **1.** veddeløpsbane;
2. US*(=racecourse)* hesteveddeløpsbane.
rachitis [rəˌkaitis] *s; med.(=rickets)* engelsk syke.
racial [ˌreiʃəl] *adj:* rase-; rasemessig.
racial discrimination rasediskriminering.
racial prejudice rasefordom.
racing ace *sport:* racerstjerne.
racing car *sport:* racerbil.
racing circuit *sport:* bilveddeløpsbane.
racing dinghy *seilsp:* regattajolle.
racing shell *sport:* kapproingsbåt.
racism [ˌreisizəm] *s:* rasisme.
I. racist [ˌreisist] *s:* rasist.
II. racist *adj:* rasistisk.
I. rack [ræk] *s* **1.** stativ *n;* hylle; ***luggage rack*** bagasjenett; bagasjehylle; ***roof rack*** takgrind;
2. *hist:* ***the rack*** pinebenken; *også fig:* ***be put on the rack*** bli spent på pinebenken;
3. *mask:* tannstang;
4. *fig:* ***go to rack and ruin*** forfalle.
II. rack *vb* **1.** *hist(=torture on the rack)* martre; pine;
2. *fig:* ***be racked(=tortured) by pain*** ha store smerter;
3.: ***rack one's brains*** bry hjernen sin; legge hodet i bløt;
4. legge i hylle (*el.* reol) *(fx rack bottles of wine);*
5. *om vin(=draw off (from the lees))* tappe om;
6.: ***rack one's tenants*** ta ublu leie av leieboerne sine.
I. racket [ˌrækit] *s; sport:* ***(tennis) racket*** (tennis)-racket.
II. racket *s* **1. T:** bråk *n;* (lurve)leven *n;* ***make an infernal racket*** holde et syndig leven;
2. *fig:* **T:** ***the racket(=the strain): too old to stand the racket*** for gammel til å tåle det harde kjøret;
3. T: svindelforetagende; ***drug(s) racket*** narkotikahandel;
4. *om levebrød* **T:** ***writing's a real racket*** man tjener virkelig gode penger ved (*el.* på) å skrive;
5. *om yrke; spøkef* **S:** ***what's your racket?*** hva driver du med? *neds:* ***he's in the publicity racket(=he's something in publicity)*** han er (noe) i reklamebransjen.
I. racketeer ['rækiˌtiə] *s:* gangster; svindler; pengeutpresser (ved hjelp av skremsler el. vold).
II. racketeer *vb:* drive med svindel; drive pengeutpressing (ved skremsler el. vold).
racketeering ['rækiˌtiəriŋ] *s:* gangsteruvesen; organisert pengeutpressing (ved skremsler *el.* vold).
rackety [ˌrækiti] *adj* **T***(=noisy; boisterous)* bråkete.
rack rent ublu (hus)leie.
rack renter*(=unscrupulous landlord)* bolighai.
raconteur ['rækɔnˌtə:] *s:* god forteller.
racy [ˌreisi] *adj* **1.** *om stil(=vigorous; lively)* kraftig; frisk; ekte; **2.** *om smak(=piquant)* pikant; **3***(=risqué; suggestive)* vovet; drøy; ***a racy joke*** en drøy spøk.
radar [ˌreidɑ:] *s:* radar.
radar beacon *s; flyv(=racon)* radarfyr.
radar scope *s:* radarskjerm.
radar speed check radarkontroll.
radar trap*(=speed trap) om stedet:* radarkontroll.
I. radial [ˌreidiəl] *s:* ***radial (tyre)*** radialdekk.
II. radial *adj:* radial.
radiance [ˌreidiəns] *s(=brightness)* stråleglans.
radiant [ˌreidiənt] *adj* **1.** strålings-; stråle-;
2. *fig(=bright)* strålende *(fx smile).*
radiate [ˌreidi'eit] *vb* **1***(=send out; give off)* utstråle; gi fra seg *(fx heat);*
2. *fig; stivt(=beam with)* utstråle *(fx peace and contentment);*
3.: ***radiate from*** 1. stråle ut fra; 2. gå ut fra *(fx all the roads radiate from the centre of the town).*
radiation ['reidiˌeiʃən] *s:* utstråling.
radiation hygiene *med.:* strålehygiene; *(se radiological: the National Radiological Protection Board).*
radiation therapy *med.:* strålebehandling.
radiator [ˌreidi'eitə] *s:* radiator.
I. radical [ˌrædikl] *s* **1.** *polit:* radikaler;
2. *mat.(=radical sign)* rottegn.
II. radical *adj* **1.** radikal; fundamental;
2. *mat.:* rot-; ***radical sign*** rottegn.
radicalism [ˌrædikə'lizəm] *s:* radikalisme.
radicalize, radicalise [ˌrædikə'laiz] *vb:* radikalisere.
I. radio [ˌreidiou] *s(pl: radios)* radio; radioapparat; ***by radio*** over radio; ***I heard it on the radio*** jeg hørte det i radio(en); ***listen to the radio(=listen (in))*** høre på radio; ***turn(=switch) on the radio*** sette (*el.* skru) på radioen.
II. radio *vb(=send by radio):* ***radio (to)*** radiotelegra-

fere (til) *(fx we radioed (to) the mainland for a doctor).*
radioactive ['reidiou,æktiv] *adj:* radioaktiv.
radioactive fallout radioaktivt nedfall.
radioactivity ['reidouæk,tiviti] *s:* radioaktivitet.
radio amateur: ***short-wave radio amateur****(=amateur radio operator;* **T:** *(radio) ham)* radioamatør.
radio appeal*(=microphone charm)* mikrofontekke.
radio bearing radiopeiling.
radiograph [,reidiou'grɑ:f; ,reidiou'græf] *s(=X-ray picture)* røntgenbilde.
radiographer ['reidi,ɔgrəfə] *s:* røntgenograf; røntgenassistent; røntgensøster.
(radio) ham T*(=short-wave radio amateur; amateur radio operator)* radioamatør.
radiological ['reidiə,lɔdʒikəl] *adj:* radiologisk; ***the National Radiological Protection Board*** *svarer til:* Statens strålevern.
radio link radiosamband; ***be in radio link with sby****(= be in touch with sby by radio)* ha radiosamband med en.
radiologist ['reidi,ɔlədʒist] *s:* radiolog.
radiology ['reidi,ɔlədʒi] *s:* radiologi.
radio officer *mar:* radiotelegrafist.
radio play hørespill.
radiosonde [,reidiou'sɔnd] *s:* radiosonde.
radio telephone radiotelefon.
radio transmitter radiosender.
radish [,rædiʃ] *s; bot:* reddik.
radium [,reidiəm] *s:* radium *n.*
radium therapy *med.(=radium treatment)* radiumbehandling.
radius [,reidiəs] *s(pl: radii* [,reidi'ai]*)* **1.** *geom:* radius; **2.** radius; omkrets; ***radius of action*** aksjonsradius; ***within a radius of 200 metres*** i 200 meters omkrets; **3.** *anat:* spoleben.
RAF ['ɑ:rei,ef; ræf] *s; mil(fk f Royal Air Force):* ***the RAF*** Luftforsvaret.
RAF Staff College: ***the RAF Staff College*** Luftforsvarets stabsskole.
raffish [,ræfiʃ] *adj; i påkledning:* utfordrende.
I. raffle [ræfl] *s:* utlodning *(fx win sth in a raffle);* ***as a token of our gratitude for your help we are including you in a raffle for …*** som takk for hjelpen blir du med i en loddtrekning om …
II. raffle *vb:* lodde ut *(fx a bottle of whisky).*
raffle ticket lodd *(n)* (ved utlodning).
raft [rɑ:ft] *s:* flåte; ***log raft*** tømmerflåte.
rafter [,rɑ:ftə] *s; arkit:* taksperre; takbjelke.
raftered ceiling *arkit(=beamed ceiling)* bjelkeloft.
rafting [,rɑ:ftiŋ] *s:* rafting; flåteritt; *(se I. raft).*
raft station *mar:* flåtestasjon; ***lifeboat and raft stations on board*** livbåt- og flåtestasjoner om bord.
I. rag [ræg] *s* **1.** klut; fille;
2. *neds* **T:** filleavis; lefse;
3. *univ:* karnevalslignende tilstelning i velgjørenhetsøyemed;
4. T: ***one's glad rags****(=one's best clothes)* ens stasklær; ***from rags to riches*** fra armod til rikdom;
5.: ***it's like a red rag to a bull to him*** det får ham til å se rødt;
6. T: ***I feel like a wet rag*** jeg føler meg fullstendig utkjørt.
II. rag *vb* **T***(=play tricks on)* holde leven *(n)* med.
ragamuffin [,rægə'mʌfin] *s:* fillefrans; *(se ragbag).*
rag-and-bone man ['rægən,bounmən] *s(=ragman; rag merchant; rag picker;* **US:** *junkman)* fillekremmer; klutesamler.
ragbag [,ræg'bæg] *s* **T***(=scruffy person)* lurvete og ustelt person; fillefrans; *(se ragamuffin).*
rag doll filledukke.
I. rage [reidʒ] *s* **1.** raseri *n;* ***suppressed rage*** innett raseri; ***have a fit of rage****(=fly into a temper)* få et raserianfall; bli rasende; ***shout with rage*** skrike rasende;
2. *om naturkraft:* raseri *n;*
3. T: ***(all) the rage****(=very much in fashion)* siste skrik *n;* siste mote.
II. rage *vb* **1.** rase *(fx the storm was raging);* ***he was raging*** han var rasende; ***rage at, rage against*** rase mot *(fx one's secretary);* ***the battle raged backwards and forwards*** kampen raste frem og tilbake; *om uvær:* ***rage itself out*** rase fra seg; ***controversy still rages*** striden raser fortsatt; **2.** *om sykdom:* herje; ***smallpox was raging*** koppene herjet.
ragged [,rægid] *adj* **1***(=tattered)* fillete;
2. *om kant, etc(=uneven)* ujevn *(fx paper with ragged edges); EDB; om marg:* ujevn; ujustert; ***ragged right (margin)*** ujustert høyremarg;
3. T*(=not very good)* temmelig dårlig *(fx performance).*
raging [,reidʒiŋ] *adj* **1.** rasende *(fx a raging storm);* ***the raging sea*** det opprørte havet; ***be in a raging temper****(,T: be raging mad)* være helt vill av raseri *n;*
2. T*(=terrible)* forferdelig; ***I've got a raging toothache*** jeg har en forferdelig tannpine.
ragman [,rægmən] *s: se rag-and-bone man.*
rag merchant: *se rag-and-bone man.*
ragout [,rægu:; ræ,gu:; **US:** ræ,gu:] *s; kul:* ragu.
rag paper klutepapir.
ragwort [,ræg'wə:t] *s; bot:* svineblom.
I. raid [reid] *s:* raid *n;* razzia; plyndringstokt; *mil:* tokt *n;* overfall *n;* ***bank raid****(=bank holdup)* bankran.
II. raid *vb:* overfalle; foreta razzia i; ***raid a bank****(=hold up a bank)* begå bankran; *spøkef:* ***who's been raiding the larder?*** hvem er det som har vært i spiskammeret?
raider [,reidə] *s* **1.** en som deltar i et raid (,en razzia, etc); **2.** *flyv:* angripende (bombe)fly.
I. rail [reil] *s; zo:* ***land rail****(=corncrake)* åkerrikse; ***water rail*** vannrikse.
II. rail *s* **1.** tverrstang (i gjerde *n*); *om vannrett stang til forskjellige formål:* ***curtain rail****(=curtain rod)* gardinstang; *på sykehusseng:* ***side rail*** sengehest; ***towel rail*** håndklestativ; ***guard rail*** 1*(=rail)* rekkverk *n;* gelender *n;* 2*(=safety rail)* autovern;
2. *mar(=railing)* rekke; reling;
3. (jernbane)skinne;
4*(=railway)* jernbane; ***by rail*** med jernbane;
5.: ***go off the rails*** 1. spore av; 2. *fig:* gå fra konseptene; oppføre seg rart;
6. *fig:* ***it went on rails*** det gikk helt som planlagt; **T:** det gikk som på skinner.
III. rail *vb* **1.:** ***rail in, rail off****(=fence in; fence off)* sette rekkverk *(n)* (*el.* gjerde *(n)*) rundt;
2. *stivt(=complain bitterly; abuse)* rase (*against* mot); ***rail at sby****(=scold sby)* skjelle en ut.
railcar [,reil'kɑ:] *s; jernb(=railbus; railcoach)* skinnebuss.
railcard [,reil'kɑ:d] *s:* ***senior citizen's railcard*** honnørbillett.
railhead [,reil'hed] *s:* endestasjon.
railing [,reiliŋ] *s* **1.** *mar:* reling; rekke; **2.:** ***railing(s)*** (jern)stakitt; rekkverk *n; (jvf picket fence).*
raillery [,reiləri] *s(=good-humoured teasing)* godmodig erting.
I. railroad [,reil'roud] *s* **US***(=railway)* jernbane.
II. railroad *vb* **T***(=force; hustle)* presse (en uvillig person) *(fx into doing sth);* ***railroad through*** tvinge (*el.* presse) gjennom (i all hast); kjøre gjennom.
railway [,reil'wei] *s (,***US:** *railroad)* jernbane.
railway carriage jernbanevogn.
railway guide*(=railway timetable)* rutebok.
(railway) sleeper *(,***US:** *tie)* (jernbane)sville.
railway station *(,***US:** *railroad station)* jernbanestasjon.
I. rain [rein] *s* **1.** regn *n;* ***the rains****(=the rainy season)* regntiden; ***acid rain*** surt regn; ***hard, lashing rain*** slagregn; ***pouring rain*** øsende regn;
2. *fig:* regn *n;* ***a rain of arrows*** et pileregn;

3.: ***(come) rain or shine*** 1*(=regardless of the weather)* uansett værforholdene; 2*(=regardless of circumstances)* uansett hvordan forholdene *(n)* er;
4. T: ***right as rain****(=perfectly all right)* helt i orden.
II. rain *vb* **1.** regne; **T:** ***it's raining cats and dogs****(=it's pouring down)* det pøsregner;
2. *fig:* regne; la det regne med;
3. *ordspråk:* ***it never rains but it pours*** 1*(=troubles never come singly)* en ulykke kommer sjelden alene; 2. en lykke kommer sjelden alene;
4. *sport; om kamp:* ***rain off****(=wash out;* **US:** *rain out)* avbryte (,avlyse) på grunn av regn *n.*
rainbow [ˌrein'bou] *s:* regnbue; ***in every colour of the rainbow*** i alle regnbuens farger.
rainbow trout *zo:* regnbueørret.
rain check US 1. erstatningsbillett for avlyst kamp;
2.: ***can I have a rain check?****(=perhaps I can defer the pleasure?)* kan jeg få ha det til gode? ***I'll take a rain check on that*** det vil jeg gjerne ha til gode til en annen gang.
raincoat [ˌrein'kout] *s:* regnfrakk; regnkappe.
raindrop [ˌrein'drɔp] *s:* regndråpe.
rainfall [ˌrein'fɔ:l] *s(=rain)* regn *n;* nedbør.
rainproof [ˌrein'pru:f] *adj; om klær(=raintight)* regntett; vanntett.
rainstorm [ˌrein'stɔ:m] *s:* kraftig regnvær.
rainwater [ˌrein'wɔ:tə] *s:* regnvann.
rainwear [ˌrein'wεə] *s:* regntøy.
rainy [ˌreini] *adj:* regnfull; regn-; regnvåt; ***a rainy day****(=a wet day)* en regnværsdag; *fig:* ***save sth for a rainy day*** spare litt med tanke på trangere tider.
rainy season regntid.
I. raise [reiz] *s; især* **US***(=rise)* lønnspålegg.
II. raise *vb* **1.** heve *(fx raise(=lift) one's glass; raise a sunken vessel);* ***raise one's eyebrows*** heve øyenbrynene *n;* ***raise****(=lift)* ***oneself up on one's elbows*** løfte seg opp på albuene;
2*(=erect; put up)* sette opp; reise *(fx a monument);*
3*(=increase)* øke *(fx the value of the house);* legge på *(fx prices; the rent);* heve *(fx the temperature);* ***the extra effort raised his blood pressure*** den ekstra anstrengelsen ga ham høyere blodtrykk;
4. *kortsp; poker:* høyne *(fx I raise you); bridge:* gå opp (i makkers farge);
5*(=make higher)* gjøre høyere;
6. *mat.:* opphøye;
7. *skolev:* ***raise a mark*** heve en karakter;
8. *mil:* ***raise a siege*** heve en beleiring; *merk:* ***raise an embargo*** oppheve en embargo;
9. *om stemmen:* heve *(fx one's voice);*
10. *mil:* ***raise an army*** reise en hær;
11. *mar:* ***raise land****(=sight land)* få land *(n)* i sikte;
12. T: ***raise hell, raise the roof*** 1. lage et forferdelig leven; 2. bli forferdelig sur;
13. *landbr(=grow)* dyrke *(fx wheat); om dyr(=rear; breed)* ale opp *(fx pigs);* ***raise a calf*** sette på en kalv;
14. *især* **US***(=bring up):* ***raise a family*** (få og) oppdra barn *n;* ***where were you raised?****(=where did you grow up?)* hvor vokste du opp?
15. *om pengemidler:* skaffe (til veie); ***raise funds****(=money)* skaffe penger; *ved innsamling, etc:* innbringe *(fx the collection raised £500);* samle inn; skaffe; ***raise a loan on the house*** oppta et lån på huset;
16. *om spørsmål el. tema(=bring up)* bringe på bane; reise; ***has anyone in the audience any points they would like to raise?*** er det noen i forsamlingen som har noe de vil ha tatt opp?
17*(=make)* gjøre; komme med *(fx objections);*
18*(=stir up)* virvle opp *(fx a lot of dust); fig:* ***raise a dust****(=kick up a dust; cause a great stir)* virvle opp mye støv *n;* skape røre;
19. *om forventninger:* spenne *(fx sby's expectations);* ***raise sby's hopes*** gi en håp *n;* ***raise false hopes*** gi falske forhåpninger;
20. *radio:* få kontakt med; ***I can't raise the mainland*** jeg får ikke kontakt med fastlandet.
raised [reizd] *adj:* hevet; løftet; oppstrakt *(fx with raised hands);* ***raised letters*** opphøyde bokstaver; ***the blood pressure's a bit raised*** blodtrykket er litt høyt.
raisin [ˌreizən] *s* **1.** rosin; **2. S** *Canada; neds om person:* fossil *n.*
raison d'être ['reizɔnˌdetrə] *s:* eksistensberettigelse.
I. rake [reik] *s* **1.** rive; ***hay rake*** høyrive; **2***(=angle of slope)* helling; skråning.
II. rake *vb* **1.** rake; rake i *(fx the garden);* ***rake up, rake together*** rake sammen;
2.: ***rake out the ashes*** rake ut asken;
3. *mil:* bestryke *(fx with machine-gun fire);*
4. *med kikkert:* avsøke;
5. S: ***rake it in, rake in money*** håve inn penger;
6. gi en helningsvinkel;
7. *fig:* ***rake up a matter*** rippe opp i en sak; ***rake up old scandals*** rote opp i gamle skandaler; **US:** ***rake up old wounds****(=open up old wounds)* rippe opp i gamle sår *n.*
rake-off [ˌreik'ɔf] *s* **S:** (an)del (av bytte *n*); ***get a rake-off*** få sin del (av byttet el. fortjenesten).
rakish [ˌreikiʃ] *adj* **1.** *om hatt, etc:* ***she wore her hat at a rakish angle*** hun hadde hatten kjekt på snei;
2. *mar; om skip:* med smekre linjer.
rale, râle [rɑ:l] *s; med.; i brystet(=wheezing sound)* pipende (*el.* astmatisk) lyd.
I. rally [ˌræli] *s* **1.** stevne *n;* ***a Scouts' rally*** et speiderstevne; **2.** *polit:* ***(election) rally*** valgmøte; ***(party) rally*** (parti)møte *n;* partipolitisk møte; **3.** *tennis:* serie (returballer); **4.:** ***(car) rally*** billøp; ***map-reading rally*** orienteringsløp.
II. rally *vb* **1.** samle; *også fig:* samle seg *(fx they rallied to save the club);* ***rally one's wits to face a problem*** konsentrere seg om å takle et problem;
2*(=recover)* komme seg; *(=liven up)* kvikne til; ***she always rallies with fresh company*** hun kvikner alltid til når hun ser andre mennesker *n;*
3. *fin:* ta seg opp *(fx the pound rallied);* styrke *(fx try to rally the pound);*
4. *for å hjelpe:* ***rally round sby (to help)*** samle seg om en for å hjelpe; slutte opp om en; ***the real friends rally round*** de virkelige vennene slutter opp;
5. *fig:* ***rally to*** samle seg om *(fx the new party);* ***rally to the cause*** slå et slag for saken.
rally driver rallykjører.
rally driving rallykjøring.
rallying point samlingsmerke; samlingspunkt.
I. ram [ræm] *s* **1.** *zo:* vær; **2.** *astr:* ***the Ram****(=Aries)* Væren; **3.** *hist:* ***(battering) ram*** rambukk; stormbukk; **4.** *hist; mar(=beak)* vedderstevn; vedder.
II. ram *vb* **1***(=run into):* ***ram (into), ram against*** kjøre inn i; ramme *(fx ram the car in front of one);* **2.:** ***ram****(=drive)* ***a nail into the wall*** slå en spiker inn i veggen; ***ram clothes into a case*** presse klær ned i en koffert;
3. *fig* **T:** ***ram sth down sby's throat*** gi en noe inn med skjeer; tvangsfôre en med noe; ***..but we won't have it rammed down our throats!*** ...men vi skal ha oss frabedt å få det inn med skjeer!
4. *om argument:* ***ram sth home*** slå noe ettertrykkelig fast *(fx the speaker rammed home his point).*
I. ramble [ræmbl] *s:* tur (til fots); utflukt; ***go on****(=for)* ***a ramble*** dra på tur.
II. ramble *vb* **1.** vandre om (på måfå); gå tur (på landet); ***we spent a week rambling in the hills*** vi tilbrakte en uke med å vandre omkring i fjellet;
2. snakke forvirret (*about* om);
3.: ***ramble on*** snakke og snakke i hytt og vær.
rambler [ˌræmblə] *s* **1.** fotturist; vandrer; **2.** *bot:* ***rambler (rose)****(=climbing rose)* klatrerose; slyngrose.
rambling [ˌræmbliŋ] *adj* **1.** *om tale:* vidløftig; springende *(fx speech);* **2.** *om hus:* med mange krinkelkroker; *om by:* uregelmessig anlagt.

rambling association vandrerforening.
rambunctious [ræmˌbʌŋkʃəs] *adj* **US T**(*=boisterous)* støyende; larmende.
ramification [ˈræmifiˌkeiʃən] *s:* forgrening; ***with a great many ramifications****(=widely ramified)* vidt forgrenet; med mange forgreninger.
ramified [ˌræmiˈfaid] *adj:* forgrenet.
ramify [ˌræmiˈfai] *vb:* forgrene seg.
ramp [ræmp] *s* **1.** rampe; ***launching ramp*** utskytningsrampe;
2. bukk; ***greasing ramp*** smørebukk;
3. *flyv:* ***(boarding) ramp*** leider;
4.: ***traffic ramp****(=speed hump)* fartsdemper;
5. US: ***entrance ramp****(=slip road)* innkjøringsvei; påkjøringsvei (til motorvei).
I. rampage [ræmˌpeidʒ; *især:* **US:** ˌræmpeidʒ] *s:* ***be on the rampage****(=run amuck)* løpe grassat; *fig:* ***the boss is on the rampage****(=warpath)* sjefen er på krigsstien.
II. rampage [ræmˌpeidʒ] *vb:* ***rampage about*** løpe grassat.
rampant [ˌræmpənt] *adj* **1.** *stivt(=rife):* ***be rampant*** florere; ***a rampant crime wave****(=a raging wave of crime)* en voldsom bølge av kriminalitet; ***become rampant*** ta overhånd; ***rampant****(=spreading)* overhåndtagende;
2. *her.; om dyr:* oppreist *(fx a horse rampant).*
rampart [ˌræmpɑːt] *s:* festningsvoll.
ramrod [ˌræmˈrɔd] *s* **1.** *for gevær:* pussestokk; *hist:* (lade)stokk;
2.: ***stand (as) stiff as a ramrod****(=stand very straight)* stå stiv som en pinne.
ramshackle [ˌræmˈʃækl] *adj(=dilapidated; falling to pieces)* falleferdig *(fx hut);* ***a ramshackle car****(=a rattletrap)* en skranglekasse (av en bil).
ramsons [ˌræmzənz; ˌræmsənz] *s; bot(=broad-leaved garlic)* ramsløk.
ran [ræn] *vb; pret av II. run.*
ranch [rɑːntʃ] *s:* ranch; kvegfarm.
rancher [ˌrɑːntʃə] *s* **1.** rancheier; kvegoppdretter;
2. rancharbeider.
ranching [ˌrɑːntʃiŋ] *s:* ***(fish) ranching****(=fish farming in the sea)* havbruk; ***salmon ranching*** lakseoppdrett i havbruk.
rancid [ˌrænsid] *adj:* harsk; ***rancid butter*** harskt smør.
rancour *(,US: rancor)* [ˌræŋkə] *s; stivt(=grudge; bitterness; hate)* nag *n;* bitterhet; hat *n.*
rand [rænd] *s; sørafrikansk myntenhet:* rand.
I. random [ˌrændəm] *s:* ***at random*** på måfå; på slump.
II. random *adj:* tilfeldig; vilkårlig; ***a random remark*** en tilfeldig bemerkning; en bemerkning ut i det blå.
random access *EDB:* direkte tilgang; fordelt tilgang.
random number tilfeldig *(el.* vilkårlig) valgt tall *n.*
random sample stikkprøve.
random shot slumpeskudd.
randy [ˌrændi] *adj; vulg:* kåt; lid(d)erlig.
rang [ræŋ] *vb; pret av II. ring.*
I. range [reindʒ] *s* **1.** utvalg; rekke; spektrum *n,* spekter *n;* ***the wide range of products*** det brede utvalg av produkter; ***he has a very wide range of interests****(=his interests are many and varied)* han er meget allsidig interessert; ***suits in a wide range****(=a good selection of suits)* et godt utvalg i dresser;
2. rekkevidde; hold *n;* ***the range of a rifle*** en rifles skuddvidde; ***at 100 metres' range*** på 100 meters hold *n;* ***at close range*** på kloss hold; ***out of range*** utenfor skuddhold; ***out of range of****(=beyond the range of)* utenfor rekkevidde av *(fx their guns);* ***within range (of)*** innen skuddvidde (av); på skuddhold (av); *også fig:* ***find one's range*** skyte seg inn; *(jvf I. reach 1);*
3. *flyv, etc:* aksjonsradius;
4.: ***rifle range, target range*** skytebane; skytefelt;
5. *statistikk:* ***range (of distribution)*** variasjonsbredde;
6. *fig:* område *n;* ***a range of values*** et verdiområde; ***price range*** prisområde;
7. *mus:* register *n;* ***the range of her voice*** stemmeregisteret hennes;
8. *om bok el. forfatter:* ***the range of the book*** det område boken spenner over.
II. range *vb* **1***(=draw up)* stille opp; ***he ranged them along the wall*** han stilte dem opp langs veggen;
2. *om område; stivt(=extend; stretch)* strekke seg;
3. *zo(=roam about)* streife omkring; ***it ranges widely in Africa*** den streifer omkring i store deler av Afrika;
4. *om person; litt.:* ***range (over) the hills and mountains****(=wander about in the hills and mountains)* streife om i li og fjell *n;*
5. *om studier & fig:* ***range over*** 1*(=comprise)* omfatte *(fx his studies range over a number of topics);* 2*(=cover)* spenne over; ***research ranging over a wide field*** forskning som spenner over et bredt felt;
6*(=vary)* variere; ***temperatures range from 5 to 30 degrees****(=temperatures vary between 5 and 30 degrees)* temperaturen varierer mellom 5 og 30 grader;
7. *stivt(=classify)* klassifisere; ordne.
ranger [ˌreindʒə] *s* **1.** *i Canada:* ***forest ranger****(=forester)* skogvokter;
2. *i østafrikansk nasjonalpark:* ***(game) ranger****(,**UK:** gamekeeper)* viltvokter;
3. *i kongelig park:* skogoppsynsmann;
4.: ***Ranger (Guide)*** pikespeider over 16 år *n;*
5. *mil* **US***(=commando)* commandosoldat;
6. US *især i Texas:* ridende politimann *(fx a Texas ranger).*
rangy [ˌreindʒi] *adj(=tall and slim)* høy og slank.
I. rank [ræŋk] *s* **1.** *mil:* geledd *n;* rekke; ***they broke ranks*** de brøt ut av geleddet;
2. *mil:* rang; grad; ***all ranks*** befal og menige; ***another rank*** korporal eller menig; ***other ranks*** korporaler og menige; ***the ranks****(=the rank and file)* de menige; ***be reduced to the ranks*** bli degradert til menig; ***hold the rank of captain*** ha kapteins grad; ***he rose through the ranks to become a major*** han steg i gradene og ble major; **T:** ***pull rank*** misbruke det faktum at man har en høyere rang;
3. (sosial) rang; ***person of rank*** standsperson; ***the upper ranks of society*** de øvre lag *(n)* av samfunnet; de høyere samfunnslag; ***the world of rank and fashion****(=the world of fashion and society)* den fornemme verden;
4. *også fig:* rekke; ***cab rank*** drosjeholdeplass; ***he joined the ranks of the unemployed*** han sluttet seg til rekken av arbeidsløse; ***we have a traitor in our ranks****(=among us)* vi har en forræder i våre rekker *(el.* blant oss);
5.: ***the rank and file*** 1. *mil(=the ranks)* de menige; 2*(=ordinary people)* vanlige mennesker *n;* 3*(=rank and file members)* vanlige medlemmer *n.*
II. rank *vb* **1.** *mil & stivt;* rangere; ***apes rank above dogs in intelligence*** aper står over hunder i intelligens; ***does a major rank above a colonel?*** rangerer en major høyere enn en oberst? ***he ranks****(=is reckoned)* ***among our greatest writers*** han regnes med blant våre største forfattere; ***I rank****(=value; rate)* ***horses higher than donkeys****(=I put horses above donkeys)* jeg setter hester høyere enn esler *n; på rankingliste:* ***he ranks third on the list****(=he's third on the list)* han står som nummer *(n)* tre på listen; ***rank with****(=be in the same class as; be reckoned among)* være i klasse med; regnes blant; **2. US***(=outrank; be above in rank)* ha høyere rang enn.
III. rank *adj* **1.** *litt.(=over-luxuriant)* altfor frodig *(fx vegetation);* ***rank****(=overgrown)* ***with*** overgrodd med;
2. *om smak; stivt(=rancid)* harsk; *om lukt(=pungent)* ram;
3. *stivt(=flagrant)* åpenbar; ***rank injustice*** grov urettferdighet;
4. *forsterkende; stivt(=complete):* ***a rank outsider*** en som står helt utenfor.

ranking [ˌræŋkiŋ] *s; sport:* ranking; rekkefølge; plassering; ***in a little while final times and rankings will be available*** om en liten stund vil de endelige tider og plasseringer være tilgjengelige.
ranking list *sport(=table of ranking; list of winners)* rankingliste; graderingsliste; rangliste.
ranking order rangeringsrekkefølge; rangorden.
rankle [ræŋkl] *vb; fig:* svi *(fx it still rankles); **it rankles with him*** det gnager ham.
ransack [ˌræn'sæk] *vb* **1**(=*search through)* ransake; gjennomsøke; **2.** *om soldater(=plunder)* plyndre.
I. ransom [ˌrænsəm] *s:* løsepenger; ***they paid a ransom of £20,000*** de betalte £20.000 i løsepenger; *litt.:* ***hold sby to ransom****(=hold sby hostage)* holde en som gissel *n; fig:* ***a king's ransom****(=a vast amount of money)* en kjempesum.
II. ransom *vb:* betale løsepenger for; kjøpe fri.
rant [rænt] *vb(=talk angrily):* ***rant (on), rant and rave*** bruke seg *(fx he's still ranting and raving about the damage to his car).*
I. rap [ræp] *s* **1**(=*sharp blow)* rapp *n;* slag *n;* ***he heard a rap on the door*** han hørte at det banket på døren;
2. *mus(=rap music)* rap;
3. T(=*sharp rebuke)* skrape; overhøvling;
4. T: ***take the (whole) rap*** ta (hele) støyten.
II. rap *vb* **1.** slå til; smekke til; ***rap sby's knuckles*** gi en et rapp over fingrene; **2.** *mus:* rappe; **3.:** ***rap out****(=say quickly)* si fort; ***he rapped out his orders*** han slynget ut sine befalinger.
rapacious [rəˌpeiʃəs] *adj; stivt(=greedy)* grisk; grådig.
rapacity [rəˌpæsiti] *s; stivt(=greed)* griskhet; grådighet.
I. rape [reip] *s; bot:* raps.
II. rape *s* **1.** voldtekt; ***attempted rape*** voldtektsforsøk;
2. *litt.(=violation)* krenkelse *(fx a rape of Justice).*
III. rape *vb:* voldta.
rape victim voldtektsoffer.
rapid [ˌræpid] *adj(=fast)* rask; hurtig; *om strøm:* stri.
rapidity [rəˌpiditi] *s(=speed)* hurtighet.
rapids [ˌræpidz] *s; pl:* stryk *n;* ***shoot the rapids*** sette utfor stryket.
rapier [ˌreipiə] *s:* støtkårde.
rapist [ˌreipist] *s:* voldtektsforbryter.
rapping spirit bankeånd.
rapport [ræˌpɔ:] *s; stivt(=understanding)* forståelse; nært forhold; ***establish a personal rapport****(=relationship)* ***with one's students****(=make personal contact with one's students)* etablere et personlig forhold til sine studenter.
rapprochement [raprɔʃˌm¬ɑŋ] *s; polit:* tilnærming (mellom stater).
rapt [ræpt] *adj(=fascinated)* henført; ***listen with rapt attention****(=very attentively)* lytte meget oppmerksomt.
rapture [ˌræptʃə] *s; stivt(=ecstasy)* henrykkelse; ekstase; ***go into raptures over sth****(=be carried away by sth)* bli henrykt over noe; ***in the rapture****(=ecstasy)* ***of his happiness*** i sin lykkerus; ***in raptures of delight****(=in joyous rapture)* i salig henrykkelse.
rapturous [ˌræptʃərəs] *adj; stivt(=enthusiastic)* begeistret; henrykt.
rare [rɛə] *adj* **1.** sjelden *(fx flower);* ***a rare case*** et sjeldent tilfelle; ***a rare event*** en sjeldenhet; ***on rare occasions****(=at rare intervals)* en sjelden gang; ***be rare****(=be a rare thing)* være sjelden; høre til sjeldenhetene; *fig; også:* være en sjelden vare; være et særsyn; ***it's by no means a rare thing*** det er slett ikke sjelden; det hører slett ikke til sjeldenhetene; ***it's a rare thing for him to go out*** det er sjelden han går ut; *(jvf rarity);*
2. *kul(=underdone)* rødstekt; lite stekt; lettstekt;
3. T(=*very good):* ***we had rare fun at the seaside*** vi hadde det veldig morsomt ved sjøen.
rarebit [ˌrɛəbit] *s: se Welsh rabbit.*
rarefied [ˌrɛəri'faid] *adj* **1.** *om luft; stivt(=thin)* tynn;
2. *fig; meget stivt(=exalted)* opphøyd; meget høy *(fx move in rarefied political circles);*
3. *meget stivt(=exclusive)* eksklusiv; forbeholdt de få.
rarely [ˌrɛəli] *adv(=seldom)* sjelden; ***a thing rarely seen*** en sjeldenhet; noe sjeldsynt noe; ***rarely if ever****(=seldom or never; seldom if ever; hardly ever)* sjelden eller aldri.
raring [ˌrɛəriŋ] *adj* **T**(=*eager; keen):* ***raring to go*** ivrig etter å begynne (,dra, ta fatt).
rarity [ˌrɛəriti] *s* **1**(=*rareness)* sjeldenhet; **2.** *om ting:* sjeldenhet *(fx this stamp is a rarity).*
rascal [rɑ:skl] *s* **1.** *glds(=scoundrel)* kjeltring;
2. *spøkef:* ***(little) rascal*** (liten) rønner; liten slyngel.
rascally [ˌrɑ:skəli] *adj; glds(=mean; wicked)* lumpen; slem.
I. rash [ræʃ] *s* **1.** *med.:* utslett *n;* ***heat rash****(=prickly heat)* heteutslett; ***nappy rash*** bleieutslett; **2.** *fig; om noe ubehagelig:* ***a rash of****(=an epidemic of)* en hel serie med; en hel epidemi av *(fx thefts).*
II. rash *adj:* ubesindig; forhastet; overilt; ubetenksom; ***it was rather rash of you to*** det var nokså ubetenksomt av deg å.
rasher [ˌræʃə] *s; av bacon el. skinke(=slice)* skive.
rashness [ˌræʃnəs] *s:* ubesindighet; overilthet; ubetenksomhet.
I. rasp [rɑ:sp] *s* **1.** rasp; grov fil; **2.** *om lyd(=rasping)* raspende lyd *(fx of sandpaper on wood).*
II. rasp *vb* **1.** raspe; file; **2.** skurre *(fx his voice rasped on her ears);* **3.:** ***rasp out an order*** gi en hes (*el.* skurrende) ordre.
raspberry [ˌrɑ:zb(ə)ri; **US** *især::* ˌræz'beri] *s* **1.** *bot:* bringebær; **2.** *lett glds(=blunder)* bommert; **3. US**(=*love bite)* kyssemerke.
I. rat [ræt] *s* **1.** *zo:* rotte;
2. *fig:* ***smell a rat*** lukte lunta; ane uråd;
3. *neds* **T:** rotte *(fx he's a real rat);* ***you dirty rat!*** din drittsekk!
4. T(=*blackleg)* streikebryter;
5. US S(=*informer)* angiver.
II. rat *vb* **1.** *om avtale, etc:* ***rat on****(=abandon)* svikte; oppgi *(fx a project at the last minute);* **2**(=*betray)* forråde; sladre (*on* på).
ratable: *se rateable.*
rataplan ['rætəˌplæn; ˌrætə'plæn] *s:* trommende lyd; tromming *(fx the rolling rataplan of drums).*
ratchet [ˌrætʃit] *s; mask:* sperrehjul og pal.
ratchet brace borskralle.
ratchet pencil pumpetrykkblyant.
ratchet wheel *mask:* palhjul; sperrehjul.
I. rate [reit] *s* **1.** sats; rate; takst; ***freight rate*** fraktsats; fraktrate; ***parcel post rate*** pakkepostporto; ***postage rates*** portotakster; ***rate per cent****(=percentage)* prosentsats; ***standard rate*** normalsats; enhetstakst; ***what's the rate of pay for this job?*** hvilken sats lønnes denne jobben etter? ***hold the present rates*** (opprett)-holde de nåværende satsene (*el.* ratene);
2. hastighet; frekvens; ***rate of accident****(=accident rate)* ulykkesfrekvens; ***he works at an incredible rate*** han arbeider utrolig fort;
3. *merk:* kurs; ***rate of exchange*** vekslingskurs; valutakurs; ***the rate of the pound*** pundkursen; ***at today's rate (of exchange)*** til dagens kurs; ***at the rate of*** til en kurs av;
4. *hist:* ***(domestic) rate*** kommunal avgift; ***the water rate*** vannavgiften; ***the rates have gone up*** de kommunale avgiftene har gått opp; kommuneskatten har gått opp; ***rates and taxes*** skatter; skatter og avgifter; *(se council tax & II. rate 1);*
5. *mar:* ***able rate*** grad mellom 'ordinary rate' (menig i særklasse) og 'leading rate' (ledende menig); ***leading rate****(,US: petty officer third class)* ledende menig; ***ordinary rate****(,US: seaman apprentice)* menig i særklasse;

6.: ***at any rate*** i hvert fall;
7.: ***at that rate*** 1*(=at this rate)* hvis det fortsetter slik (,på den måten); 2. hvis det er slik *(fx … but at that rate we might as well not go).*

II. rate *vb* **1.** *hist; mht. kommunal beskatning(=value)* taksere; ***our house is rated at £90,000*** huset vårt har en skattetakst på £90.000; ***a house rated at £1,200 per annum*** et hus man betaler £1200 i eiendomsskatt for pr. år;
2. *om rangering(=rank):* ***he rates fifth in the world*** han rangerer som femtemann i verdensklassen;
3.: ***rate as****(=be rated as; be considered as)* bli regnet som *(fx he rates as a good and kind man);*
4.: ***rate (highly)****(=value highly)* sette høyt *(fx I don't rate this book very highly);* ***I rate it higher than*** jeg setter den (,det) høyere enn; ***he rates wealth above friendship*** han setter rikdom høyere enn vennskap.

rateability ['reitə,biliti] *s; mht. kommuneskatt:* skattbarhet; *(se council tax; I. rate 4; II. rate 1).*

rateable [,reitəbl] *adj; mht. kommuneskatt:* skattbar; skattepliktig; *(se council tax; I. rate 4; II. rate 1).*

rateable value *om verdien:* skattetakst (*of* på).

rate of exchange*(=exchange rate)* vekslingskurs; valutakurs.

rate of interest*(=interest rate)* rentesats.

ratepayer [,reit'peiə] *s; mht. kommuneskatt:* skattebetaler; *(se council tax; I. rate 4; II. rate 1).*

rather [,rɑ:ðə] *adv* **1.** temmelig; nokså; ***she did rather well (,badly) in the exam*** hun gjorde det temmelig bra (,dårlig) til eksamen; ***that's rather a silly question****(= that's a rather silly question)* det er et nokså dumt spørsmål; ***she's rather a dear*** hun er egentlig riktig søt; ***it's rather a pity*** det er egentlig litt synd; ***I rather thought that was the case****(=I rather thought so)* jeg tenkte meg nesten det; ***I've eaten rather too much*** jeg har spist litt for mye;
2. heller; ***there was nothing he would rather do*** det var ingenting han heller ville; ***rather than risk leaving any mistakes, I'd check the whole thing again*** heller enn å risikere at det blir stående igjen feil, synes jeg du burde gå over det hele én gang til; ***can we do it now rather than tomorrow?*** kan vi gjøre det nå istedenfor i morgen? ***I'll stay rather than go alone*** jeg vil heller bli her enn å dra alene; *spøkef:* ***anything rather than that!*** hva som helst heller enn det der! ***I'd****(=I would)* ***rather have this one than that*** jeg vil heller ha denne enn den der; ***would you rather stay here?*** ville du heller bli her? ***wouldn't you rather …?*** vil du ikke heller …? ***I'd****(=I would)* ***rather you didn't (do that)****(= I'd prefer you not to (do that))* jeg så helst at du ikke gjorde det; ***I'd rather not****(=I would rather not)* jeg vil helst ikke; jeg vil helst (få) slippe;
3. snarere *(fx he ran rather than walked);* nærmest; ***I pity her, while I rather envy him*** jeg har medlidenhet med henne, mens jeg snarere misunner ham; ***or rather*** eller rettere sagt; eller snarere.

ratification ['rætifi,keiʃən] *s; av traktat, etc(=official approval)* ratifikasjon.

ratify [,ræti'fai] *vb; om traktat, etc(=approve officially)* ratifisere.

rating [,reitiŋ] *s* **1.** (beregning av) formuesskatt;
2. *radio & TV:* lytteroppslutning; seeroppslutning; ***have a good****(=high)* ***rating*** ha god oppslutning;
3. *polit:* ***(popularity) rating*** oppslutning; ***his rating was at a record low*** han fikk rekordlav oppslutning;
4. *stivt(=standing)* anseelse *(fx the school has a very good rating);*
5.: ***credit rating*** kredittverdighet; ***get a credit rating on sby*** få kredittopplysning på en;
6. *mar; i handelsmarinen; mots offiser:* vanlig sjømann;
7. *seilsp:* klasse.

ratio [,reiʃi'ou] *s(pl: ratios)* (tall)forhold *n;* forholdstall; ***in the ratio of 1 to 3*** i forholdet 1 til 3; ***be in inverse ratio to*** stå i omvendt forhold til.

I. ration [,ræʃən] *s* **1.** rasjon; *mil:* ***iron rations*** nødrasjon; ***it's come off ration*** rasjoneringen på det er opphevet; **2.** *fig:* rasjon; kvote.

II. ration *vb* **1.** rasjonere; sette på rasjon; ***butter was rationed*** smør *(n)* var rasjonert; **2.:** ***ration out*** rasjonere ut.

rational [,ræʃənl] *adj* **1.** *mat.:* rasjonal;
2. *med.(=normal)* normal *(fx he seems quite rational);*
3*(=sensible)* fornuftig; ***the rational thing to do would be to …*** det fornuftigste ville være å …;
4*(=logical)* logisk; fornuftig; fornuftsmessig; ***a rational explanation for*** en fornuftig forklaring på;
5*(=efficient)* rasjonell; ***it's not rational****(=it's inefficient)* det er urasjonelt.

rational character*(=rationality)* fornuftsmessighet.

rationale ['ræʃə,nɑ:l] *s; meget stivt(=logic)* logisk begrunnelse *(fx I don't see the rationale behind(=of) these decisions);* ***the rationale behind****(=of)* ***it****(=the idea behind it)* tanken bak det.

rationalism [,ræʃənə'lizəm] *s:* rasjonalisme.

rationalist [,ræʃənəlist] *s:* rasjonalist.

rationalistic ['ræʃənə,listik] *adj:* rasjonalistisk.

rationality ['ræʃə,næliti] *s* **1***(=being rational)* det å være fornuftig; fornuft; **2***(=rational character)* fornuftsmessighet.

rationalize, rationalise [,ræʃənə'laiz] *vb:*
1. rasjonalisere; **2.** gi en fornuftsmessig forklaring på.

rationally [,ræʃənəli] *adv:* fornuftig; ***think (,behave) rationally*** tenke (, oppføre seg) fornuftig.

rat race T: hektisk jag *n;* karrierestress.

ratsbane [,ræts'bein] *s(=rat poison)* rottegift.

rattan [ræ,tæn] *s; materiale:* rotting.

ratter [,rætə] *s* **1.** *om hund el. katt:* rottefanger; **2. T***(= blackleg)* streikebryter; **3. US***(=informer)* angiver.

I. rattle [rætl] *s* **1.** skrangling; skranglelyd; klapring; skramling; klirring; rasling;
2. *leketøy:* skrangle; rangle;
3*(=chatter)* skravl; skravling;
4. *med.:* ralling; ***death rattle*** dødsralling.

II. rattle *vb* **1.** skrangle; klapre; skramle; skramle med; rasle; klirre; *om maskingevær, etc:* knatre; ***rattle at the door*** riste i døren; **2. T***(=worry; upset)* bringe ut av fatning; gjøre urolig; **3. T***(=chatter)* skravle *(fx he rattled on about his work);* **4. T:** ***rattle off****(=reel off)* lire av seg; ramse opp.

rattlesnake [,rætl'sneik] *s; zo(=rattler)* klapperslange.

rattletrap [,rætl'træp] *s:* skranglekasse.

rattling [,rætliŋ] *s:* skrangling; skramling; klirring; rasling.

rattrap, rat-trap [,ræt'træp] *s* **1.** rottefelle; **2.** *om bygning el. sted; neds:* rottehull.

ratty [,ræti] *adj* **1***(=infested with rats)* befengt med rotter; **2***(=like a rat)* rotteaktig; **3. T***(=irritable)* irritabel *(fx I felt as ratty as hell).*

raucous [,rɔ:kəs] *adj; stivt* **1.** *om stemme(=hoarse; rough)* hes; grov; rusten; **2***(=boisterously disorderly)* rå *(fx mining town).*

raunch [rɔ:ntʃ] *s* **US S***(=obscenity; sexiness)* uanstendighet; det å være sexy.

raunch queen US S *(=sex queen)* sexdronning.

raunchy [,rɔ:ntʃi] *adj* **US S 1***(=lecherous; vulg: randy)* lid(d)erlig; kåt; **2***(=obscene; smutty; blue)* grov *(fx joke; book);* **3.** *om opptreden(=openly sexy)* åpenlyst sexy.

ravage [,rævidʒ] *vb; stivt(=cause great damage (in))* herje; herje i *(fx the enemy ravaged the village).*

ravages [,rævidʒiz] *s; pl(=great damage)* herjinger; ***the ravages of time*** tidens herjinger.

rave [reiv] *vb* **1.** ligge i ørske; snakke over seg; fantasere; **T:** ***you're raving!*** du fantaserer! *(jvf rant);*
2.: ***rave about sth****(=talk very enthusiastically about sth)* snakke meget begeistret om noe.

ravel [rævl] *vb:* ***ravel out:*** *se unravel.*

raven
Did you know that

the legend says that if all the ravens at the Tower of London leave the area, the Crown and Britain will fall? Perhaps that is why the ravens' wings are clipped.

I. raven [ˌreivən] *s; zo:* ravn.

II. raven *adj;* ravnsort; ravnsvart *(fx hair).*

ravenous [ˌrævənəs] *adj* **1***(=greedy; voracious)* grådig *(fx a ravenous appetite);* forsluken; **2.** *spøkef(=ravenously hungry)* skrubbsulten.

raver [ˌreivə] *s* **S:** ***she's a real little raver!*** hun er ei flott lita jente!

rave-up [ˌreiv'ʌp] *s* **S***(=wild party)* selskap *(n)* hvor det går vilt for seg; **S:** (ordentlig) kåk.

ravine [rəˌvi:n] *s(=gorge;* **US:** *canyon)* slukt; (elve)gjel *n;* juv *n;* skar *n.*

raving [ˌreiviŋ] **1.** *adj:* som snakker i villelse; **2.** *adv; forsterkende:* ***raving mad*** splitter gal; *film & teat:* ***a raving success*** en strålende suksess.

ravings [ˌreiviŋz] *s; pl(=wild talk)* forvirret snakk.

ravish [ˌræviʃ] *vb* **1***(=enchant):* ***I was ravished by her beauty*** jeg ble henrykt over hennes skjønnhet; **2.** *fig:* skjende *(fx the beautiful city was ravished, and all its treasures stolen).*

ravishing [ˌræviʃiŋ] *adj; om kvinne:* henrivende.

I. raw [rɔ:] *s:* **1.** *fig:* ømt punkt; ***I got him on the raw*** jeg traff hans ømme punkt; **2.:** ***in the raw*** 1. uforskjønnet; uten at det er pyntet på; ***life in the raw*** livet slik det virkelig er (rått og utilslørt); 2. **T***(=naked)* naken *(fx sleep in the raw).*

II. raw *adj* **1.** *om kjøtt(=uncooked)* rå; **2.** ubearbeidet *(fx raw data for use by the computer);* **3.** *om hud(= sore)* rå; **4***(=new; untrained)* fersk *(fx recruit);* **5***(=cold and wet)* råkald *(fx it's raw today);* **6.:** ***touch a raw nerve****(=touch a sensitive spot)* berøre et ømt punkt.

raw deal **T***(=unfair treatment):* ***get a raw deal*** **T***(=be treated unfairly; get less than one's fair share)* bli urettferdig behandlet; få urettferdig behandling; bli forfordelt.

raw edge trevlekant; ***hem a raw edge*** kaste over en trevlekant.

raw-grated [ˌrɔ:'greitid] *adj; kul:* revet; ***raw-grated vegetables*** revne rå grønnsaker.

rawhide [ˌrɔ:'haid] *s:* ugarvet lær *n.*

raw material råstoff *(for* for).

I. ray [rei] *s; zo:* rokke; ***sting ray*** piggrokke.

II. ray *s* **1.** stråle *(fx a ray of light);* **2.** *fig:* ***a ray of hope*** et glimt av håp *(n) (for sby* for en).

III. ray *vb; stivt:* ***ray out****(=radiate)* utstråle.

rayon [ˌreiɔn] *s:* rayon *n.*

raze [reiz] *vb; stivt:* ***raze to the ground****(=level with the ground)* jevne med jorda.

razor [ˌreizə] *s(=cutthroat razor)* barberkniv; ***(safety) razor*** barberhøvel; ***shaving with a brush and razor has a certain style (to it)*** det er klasse over våtbarbering med kost og høvel; *(se (safety) razor).*

razorback [ˌreizə'bæk] *s; zo(=finback)* finnhval.

razorbill [ˌreizə'bil] *s; zo(=razor-billed auk)* alke.

razor blade barberblad.

razor edge: ***the razor edge that divides belief and unbelief*** det smale skille mellom tro og vantro; ***he's moving on the razor edge of legality****(=he's sailing pretty close to the wind)* han beveger seg på grensen til det tillatelige.

razor-sharp [ˌreizə'ʃɑ:p] *adj* **1.** skarp som en barberkniv; **2.** *fig:* lynskarp *(fx his wit was razor-sharp).*

razor saw *tøm:* knivsag; *(se II. saw).*

razor shell *zo(,***US:** *razor clam)* knivskjell.

razor wire piggtråd; *(NB en videreutvikling av den tradisjonelle piggtråd (barbed wire)).*

razzle [ræzl] *s* **T:** ***go on the razzle****(=have a good time)* gå ut og more seg.

razzmatazz [ˌræzmə'tæz] *s* **T:** ståhei; ståk *n;* hurlumhei.

re [ri:] *prep(fk f regarding) stivt; merk:* angående; ad.

re- *forstavelse:* om-; gjen-; igjen; tilbake-; ***repay*** tilbakebetale.

I. reach [ri:tʃ] *s* **1.** rekkevidde; ***he has a long reach*** han har lange armer; ***keep it out of reach of the children*** oppbevare det slik at barna *(n)* ikke får tak *(n)* i det; ***have a pen within easy reach*** ha en penn for hånden; ***within easy reach of water*** med lett adkomst til vann *n;* ***live within easy reach of the station*** bo slik til at det er lett å komme til stasjonen; ***she was beyond (the) reach of human help*** det var ikke lenger menneskelig mulig å hjelpe henne; **2. T:** ***make a reach for sth****(=reach (out) for sth)* strekke seg etter noe; **3.** *av elv, gate, etc:* strekning; del *(fx the seedier reaches of Cheltenham High Street);* ***reaches of meadow*** engstrekninger; ***in the lower reaches of the river*** lengst nede i elven; **4. T***(=comprehension)* fatteevne; ***be beyond sby's reach****(=be beyond sby)* ligge for høyt for en; **5.** *seilsp(=reaching (course))* slør *n;* **6.:** ***reaches*** *stivt(=echelons):* ***the higher reaches of academic life*** de høyere sjikt *(n)* av akademikere.

II. reach *vb* **1.** nå; få tak i; nå (frem til); ankomme til; ***his letter reached me today****(=I got his letter today)* jeg fikk brevet hans i dag; ***reach sby by telephone*** nå fram til en i telefonen; **2.** *fig:* nå frem til; komme fram til *(fx an agreement);* ***reach a decision*** treffe en avgjørelse; **3.** *fig:* komme *(el.* nå) opp i; ***reach the five million mark*** nå opp i (en sum på) fem millioner; **4.** *om utstrekning:* strekke seg *(fx my property reaches from here to the river);* **5.** *seilsp:* sløre; ***reach towards the buoy*** sløre mot bøya; **6.:** ***reach sby sth****(=hand sby sth)* rekke en noe; ***reach me down that book, will you?*** ta ned den boken til meg, er du snill; **7.:** ***reach for*** 1. gripe etter; 2. strekke seg etter; ***reach into one's pocket*** gripe i lommen; ***reach (out) for sth*** strekke seg etter noe; gripe etter noe; ***he reached (out) for the door handle*** han grep etter dørhåndtaket.

reaching [ˌri:tʃiŋ] *s; seilsp* **1.** sløring; **2***(=reaching course)* slør *n.*

I. reach-me-down [ˌri:tʃmi'daun] *s:* ***reach-me-downs*** *(=hand me downs)* avlagte klær.

II. reach-me-down *adj(=hand-me-down)* avlagt; ***a reach-me-down dress*** en avlagt kjole.

react [riˌækt] *vb* **1.** reagere *(to, against* på); ***the audience reacted sympathetically to him*** han fikk stemningen i salen på sin side; **2.:** *tekn:* ***react on*** reagere på;

3. *kjem:* ***react with*** reagere med.
reactance [riˌæktəns] *s; elekt:* reaktans.
reaction [riˌækʃən] *s:* reaksjon (*to, against* på); ***gut reaction*** instinktiv reaksjon; ***I should be grateful for a positive reaction to this application*** det ville glede meg om jeg fikk en positiv reaksjon på denne henvendelsen.
reactionary [riˌækʃən(ə)ri] *s & adj:* reaksjonær.
reactor [riˌæktə] *s:* reaktor.
I. read [ri:d] *s* **1.** liten lesestund; ***I had a read and went to bed early*** jeg leste litt og gikk tidlig til sengs;
2. lesestoff; lesning; ***it's a good read*** det er bra lesning.
II. read *vb(pret & perf.part.: read* [red]*)* **1.** lese; lese i *(fx a book);* ***he reads everything written about it by the press*** han følger skarpt med i pressens omtale av saken; ***I can read it in your face*** jeg kan se det på deg; ***read sby's palm*** spå en i hånden; ***read a poem searchingly*** lese et dikt med ettertanke; *ved opplesning:* ***the poems were read****(=spoken)* ***by …*** diktene ble lest av …; ***read sby like a book*** lese en som en åpen bok; ***read aloud (,silently)*** lese høyt (,innenat); ***read loud(ly)*** lese med høy stemme; lese høyt; ***read sby's thoughts****(=mind)* lese ens tanker; ***I'm fairly good at reading people*** jeg er ganske flink til å forstå meg på mennesker *n;* ***read about*** lese om; ***read sth to sby, read sby sth*** lese noe for en; *om noe man har diktert:* ***read the whole letter back to me, please*** vær så snill å lese hele brevet (opp) for meg; ***read between the lines*** lese mellom linjene; ***read from a book*** lese opp av en bok; ***read out the questions*** lese opp spørsmålene; ***read over, read through*** lese gjennom (*el.* over); ***read oneself to sleep*** lese seg i søvn; ***read up on sth*** sette seg inn i noe;
2. *univ(=study)* lese; studere; ***read Biology****(=biology)* lese biologi; studere biologi;
3. avlese; ***read a meter*** avlese en måler;
4. *om ordlyd(=run)* lyde; ***his letter reads as follows*** brevet hans lyder som følger;
5. *om handling, utsagn, etc; stivt(=interpret):* ***you can read the situation in two ways*** man kan tolke situasjonen på to måter; ***how do you read this passage?*** hvordan oppfatter du dette avsnittet?
6. *ved angivelse av feil i manuskript, etc:* ***'two yards' should read 'two metres'*** "two yards" skal være "two metres";
7. *om skriftstykke; stivt:* ***read well****(=be well written)* være velskrevet;
8. *fig:* ***read sth into sth*** legge noe i noe; ***read too much into it*** legge for mye i det;
9.: ***take as read:*** *se III. read 1.*
III. read [red] **1.** *perf.part. av II. read:* lest *(fx the Bible is the most read of all books); fig:* ***take sth as read****(= take sth for granted)* ta noe for gitt; stole på noe; ***take it as read that****(=assume that)* ta for gitt at; **2.** *adj:* ***well-read****(=widely read)* belest.
readable [ˌri:dəbl] *adj* **1.** leseverdig; **2***(=legible)* leselig *(fx make sure your handwriting is readable).*
readdress ['ri:əˌdres] *vb:* omadressere *(fx a letter).*
reader [ˌri:də] *s* **1.** leser; ***he's an avid reader****(=he reads a lot)* han leser mye; ***he's a slow reader*** han leser langsomt;
2. *univ(=senior lecturer)* førstelektor; **US:** professors assistent;
3. *typ(=proofreader)* korrekturleser;
4.: ***(publisher's) reader*** forlagskonsulent; ***reader's report (on a book)*** konsulentuttalelse (om en bok);
5. lesebok *(fx English reader);*
6. leseapparat.
readership [ˌri:də'ʃip] *s* **1.** *kollektivt(=readers)* lesere;
2. *univ:* stilling som førstelektor; **US:** stilling som professors assistent.
readily [ˌredili] *adv; stivt* **1***(=willingly)* gjerne *(fx I'd readily help you);* ***he readily accepted advice*** han tok gjerne imot råd *n;* **2.** *stivt(=easily)* lett; ***for reasons that anyone could readily understand*** av grunner som var lett forståelige for enhver.
readiness [ˌredinəs] *s* **1.** det å være ferdig;
2. beredskap; ***hold in readiness*** holde i beredskap;
3*(=willingness)* beredvillighet.
reading [ˌri:diŋ] *s* **1.** lesing; ***reading aloud*** høytles(n)ing; *(jvf oral reading);*
2. lesning; lesestoff *(fx it makes fine reading);* lektyre; ***light reading*** morskapslesning; lett lesestoff; *(se reading matter);*
3. opplesning *(fx a poetry reading);*
4. *av måler:* avlesning; ***take a reading*** lese av;
5. *på instrument:* utslag; avlest tall *n;* stand;
6. belesthet; ***of wide reading****(=well-read)* belest;
7. *stivt(=interpretation; understanding)* fortolkning; utlegning; forståelse;
8. *av manuskript(=version)* lesemåte; versjon;
9. *parl; av lovforslag:* behandling.
reading glasses *pl:* lesebriller.
reading matter lesestoff; ***reading matter for the journey*** reiselektyre.
reading room lesesal; leseværelse.
readjust ['riəˌdʒʌst] *vb* **1.** stille inn på nytt;
2. *fig:* ***readjust to****(=adapt to)* omstille seg til.
readjustment ['riəˌdʒʌstmənt] *s* **1.** ny innstilling; det å stille inn på nytt; **2.** *fig:* omstilling; omlegning.
readmission ['riədˌmiʃən] *s* **1.** det å la komme inn igjen; ***readmission of sby as a member*** gjenopptagelse av en som medlem *n;*
2. *om pasient:* gjeninnleggelse (*of* av).
readmit ['ri:ədˌmit] *vb* **1.** la komme inn igjen;
2. *pasient:* legge inn igjen (*to* på).
readmittance ['ri:ədˌmitəns] *s; stivt: se readmission.*
read-through [ˌri:d'θru:] *s; teat:* leseprøve.
I. ready [ˌredi] *s* **1. T***(=ready money; cash)* kontanter;
2. *om våpen:* ***at the ready*** skuddklar.
II. ready *vb; stivt(=make ready)* gjøre klar; gjøre ferdig.
III. ready *adj* **1.** ferdig *(fx I'm ready);* ***I'm ready to leave*** jeg er ferdig til å dra; ***ready to give up there and then*** klar til å gi opp med det samme;
2*(=willing)* villig *(fx I'm always ready to help you);*
3. *fig:* snar *(fx ready(=quick) to find faults in people);* ***have a ready answer*** ha et svar på rede hånd;
4.: ***be ready to****(=be about to)* være på nippet til å …
ready-cooked ['rediˌkukt; *attributivt:* ˌredi'kukt] *adj:* ferdiglagd; ***ready-cooked food*** ferdiglagd mat; ferdigmat.
ready-made ['rediˌmeid; *attributivt:* ˌredi'meid] *adj(= off-the-peg)* konfeksjonssydd.
ready reckoner regnetabell; omregningstabell.
ready wit slagferdighet.
reaffirm ['ri:əˌfə:m] *vb* **1***(=assert again)* hevde igjen;
2. *fig(=confirm)* bestyrke *(fx one's doubts).*
reafforest ['riəˌfɔrist] *vb:* plante til med ny skog.
reagent [ri:ˌeidʒənt] *s; kjem:* reagens.
I. real [ˌriəl] *adj* **1.** virkelig; reell *(fx his fears were very real);* egentlig; ***in real life*** i det virkelige liv; ***real value*** 1*(=actual value)* virkelig verdi; 2. *økon:* realverdi; **2***(=genuine)* ekte *(fx diamond);*
3*(=sincere)* ekte; oppriktig;
4*(=great):* ***that's a real problem*** det er et virkelig problem;
5. T: ***this is the real thing****(=stuff)!* dette er ekte saker!
6.: ***for real*** **S***(=in earnest)* på ordentlig *(fx this time it's for real).*
II. real *adv; især* **US** *& Canada* **T***(=really)* virkelig *(fx this is a real nice house).*
real ale*(=real beer)* øl *(n)* som gjærer videre på fatet og pumpes opp med håndkraft.
real estate US *& Canada(=(real) property)* fast eiendom.
real estate agent US *& Canada(=estate agent)* eiendomsmegler.

r

realign ['ri:əˌlain] *vb* **1.** *om vei, etc:* rette opp;
2.: ***realign the front wheels*** justere forstillingen;
3. omgruppere (seg); omstille; regulere.
realignment ['ri:əˌlainmənt] *s* **1.** *om vei, etc:* oppretting; **2.:** ***realignment of the front wheels*** justering av forstillingen; **3.** omgruppering; omstilling; regulering.
real income *økon:* realinntekt.
realism [ˌriə'lizəm] *s:* realisme.
realist [ˌriəlist] *s:* realist.
realistic ['riəˌlistik] *adj:* realistisk; virkelighetstro.
reality [riˌæliti] *s* **1.** realitet; virkelighet; ***a sense of reality*** virkelighetssans; ***bring sby back to reality****(=the realities of life)* få en tilbake til virkeligheten;
2. virkelighetstroskap; realisme; ***reproduced with startling reality*** gjengitt med forbløffende virkelighetstroskap.
realizable, realisable [ˌriə'laizəbl] *adj:* realiserbar; realisabel; realiserbar.
realization, realisation ['riəlaiˌzeiʃən] *s* **1***(=carrying out)* realisering; iverksetting *(fx of a plan);*
2. forståelse; erkjennelse; ***an appalling realization*** en skremmende erkjennelse;
3. avhendelse; realisasjon; realisering; salg.
realize, realise [ˌriə'laiz] *vb* **1.** realisere; iverksette *(fx a project);* ***realize****(=reach)* ***one's goal*** nå sitt mål;
2*(=sell)* avhende; realisere; selge;
3. innbringe; ***we realized****(=made)* ***a big profit on that deal*** den handelen innbrakte oss en pen sum; ***it realized****(=fetched)* ***a good price*** den (,det) oppnådde en god pris;
4. innse; forstå; ***I didn't realize that this was a joke*** jeg forstod ikke at dette var en spøk; ***realize****(=recognise)* ***the need for an operation*** innse nødvendigheten av en operasjon;
5. *i passiv:* ***my worst fears were realized*** mine verste anelser gikk i oppfyllelse.
really [ˌriəli] *adv* **1.** virkelig; ***do you really mean that?*** mener du virkelig det? ***really, that's the limit!*** det får være måte på (alt)! **2***(=actually)* egentlig; ***it wasn't really very difficult****(=it wasn't very difficult, really)* det var egentlig ikke så vanskelig; ***it was really my fault*** det var egentlig min feil; ***you should really have asked me first*** du skulle (*el.* burde) egentlig ha spurt meg først; **3***(=very)* meget; virkelig; ***that's really a nice dress*** det er virkelig en pen kjole;
4. *int:* ***really?****(=indeed?)* jaså? nei, sier du det? er det virkelig sant? *bebreidende:* ***really! I find your attitude deplorable*** jeg synes virkelig at holdningen din er ytterst uheldig.
realm [relm] *s* **1.** *litt.(=kingdom)* (konge)rike;
2. *fig; stivt(=sphere)* område *n (fx the realm of sport);*
3. *litt.:* ***within the realm****(=bounds)* ***of possibility*** innenfor mulighetenes rekkevidde.
real property *(,US: real estate)* fast eiendom.
real terms *pl:* ***in real terms*** reelt.
realtor [ˌriəltɔ:] *s* **US** *& Canada(=estate agent)* eiendomsmegler.
realty [ˌriəlti] *s* **US***(=real property)* fast eiendom.
I. ream [ri:m] *s* **1.** ris *n* (ɔ: 500 ark); **2. T:** ***he wrote reams*** han skrev side opp og side ned.
II. ream *vb; mask:* drive opp; rømme opp *(fx a hole).*
reanimate ['riˌænimeit] *vb; stivt(=bring back to life)* bringe nytt liv i; gi ny styrke.
reap [ri:p] *vb* **1***(=harvest)* høste (inn) *(fx the wheat);*
2. *fig:* høste *(fx the rewards of one's hard work);* ***reap the fruits of sth*** høste fruktene av noe.
reaper [ˌri:pə] *s* **1***(=harvester)* onnearbeider; **2.** *mask:* slåmaskin; **3.:** ***the grim reaper*** mannen med ljåen.
reaphook [ˌri:p'huk] *s(=sickle)* sigd.
reappear ['riəˌpiə] *vb(=appear again)* dukke opp igjen; komme til syne igjen.
reappearance ['riəˌpiərəns] *s:* ny tilsynekomst; det å dukke opp igjen.
reappoint ['riəˌpɔint] *vb(=reinstate)* gjeninnsette.
reappraisal ['ri:əˌpreizl] *s; stivt(=reassessment)* omvurdering; revurdering.
reappraise ['ri:əˌpreiz] *vb; stivt(=reassess)* vurdere på nytt; omvurdere; revurdere.
I. rear [riə] *s* **1.** *stivt(=back)* bakside; ***at the rear*** på baksiden; bakerst; ***at the rear of*** bakerst i; på baksiden av;
2. *evf:* ***the rear****(=the buttocks)* baken;
3.: ***in the rear*** 1*(=from behind)* bakfra *(fx attack in the rear);* 2*(=at the back)* på baksiden;
4.: ***bring up the rear*** danne baktroppen; gå bakerst.
II. rear *vb* **1.** *om dyr(=breed)* ale opp;
2. *om barn; lett glds(=bring up;* **US:** *raise):* fostre opp; få og oppdra; ***he was reared****(=brought up;* **US:** *raised)* ***on a farm*** han vokste opp på en bondegård;
3. *om hest:* steile;
4. *stivt(=raise):* ***the snake reared its head*** slangen løftet hodet;
5. *fig; spøkef:* ***this problem has reared its ugly head once again****(=this problem has appeared again)* dette problemet har dukket opp igjen.
rear-admiral ['riə(r)ˌædmərəl] *s; mar:* kontreadmiral.
rear-end collision **1.** påkjørsel bakfra; **2***(=interlocking nose to tail)* det å kjøre inn i hverandre bakfra.
rearguard [ˌriə'gɑ:d] *s; mil:* baktropp.
rear light*(=rear lamp;* **US** *& Canada: taillight; taillamp)* baklys; baklykt.
rearm [riˌɑ:m] *vb:* ruste opp (igjen).
rearmament [riˌɑ:məmənt] *s:* (gjen)opprustning.
rearmost [ˌriə'moust] *adj:* bakerst.
rearrange ['riəˌreindʒ] *vb* **1.** ordne om på; omstille; omgruppere; **2.** *fig(=change round)* legge om; ommøblere.
rearrangement ['riəˌreindʒmənt] *s* **1.** omstilling; omgruppering; ***rearrangement of the furniture*** ommøblering; **2.** *fig(=change-round)* omlegning; ommøblering.
rear stalls *pl; teat* **1.** parkett B;
2*(,***US:** *parterre; parquet circle)* parterre.
rearview mirror *i bil:* sladrespeil.
rearwards [ˌriəwədz] *adv(=backwards)* bakover.
I. reason [ˌri:zən] *s* **1.** grunn (*for* til); begrunnelse; ***good reason*** god grunn; *jur:* skjellig grunn; ***he had every reason to believe that …*** han hadde all mulig grunn til å tro at …; ***he had various reasons****(=he had a number of reasons (for doing what he did))* han hadde mange forskjellige grunner; ***any other reason is hardly conceivable*** det kan knapt tenkes noen annen grunn; ***are there other conceivable reasons (for this)?*** kan det tenkes andre grunner (til dette)? ***for obvious reasons*** av innlysende grunner; ***for some reason (or other)*** av en eller annen grunn; ***for that reason*** av den grunn; ***for some unaccountable reason*** av en eller annen uforklarlig grunn; ***for the reason that …****(=because)* av den grunn at …; fordi; ***for the very good reason that*** av den meget gode grunn at; ***for no good reason*** uten noen rimelig grunn; ***for no reason at all*** uten noen som helst grunn; ***for this reason*** av denne grunn; ***for that reason alone*** allerede av den grunn; ***for various undisclosed reasons*** av forskjellige ikke opplyste grunner; ***there is reason for mild****(=cautious)* ***optimism*** det er grunn til forsiktig optimisme; ***for reasons of (personal) health****(=for health reasons)* av helsemessige grunner; ***he gave no reasons for his conduct*** han ga ingen begrunnelse for sin oppførsel; ***give reason to believe that …*** gi grunn til å tro at …; ***the reason (why) he did it*** grunnen til at han gjorde det; ***ask the reason why****(=ask why)* spørre om grunnen; ***with (good) reason*** med god grunn; med rette;
2. fornuft; ***reason and feeling****(=intellect and emotion(s))* fornuft og følelse; ***the power of reason****(=the ability to reason)* resonnerende evne; tenkeevne; ***amenable to reason*** mottagelig for fornuft; ***listen to reason*** ta imot fornuft; ***make sby see reason****(=bring sby*

to his senses) få en til å ta fornuften fangen; bringe en til fornuft; ***it stands to reason that****(=it's obvious that)* det sier seg selv at; det er opplagt at; ***within (the limits of) reason*** innenfor rimelighetens grenser; ***I'll do anything (with)in reason*** jeg skal gjøre alt innen(for) rimelighetens grenser.

II. reason *vb* **1.** bruke fornuften; resonnere; ***the ability** (=power)* ***to reason*** resonnerende evne; tenkeevne;
2*(=argue)* argumentere; resonnere;
3*(=persuade):* ***reason sby into sth*** overtale en til å gjøre noe; ***reason sby out of sth****(=persuade sby not to do sth)* overtale en til å la noe være;
4.: ***reason with*** snakke fornuft med.

reasonable [ˌri:zənəbl] *adj* **1***(=sensible)* fornuftig; rimelig; ***a reasonable demand*** et rimelig krav;
2*(=moderate)* rimelig *(fx price);*
3*(=tolerable; passable)* passabel; brukbar; ***he speaks reasonable English****(=he speaks English reasonably well)* han snakker rimelig godt engelsk.

reasonably [ˌri:zənəbli] *adv* **1.** på en fornuftig måte; ***nothing that couldn't reasonably be expected of*** ingenting som ikke med rimelighet måtte kunne forventes av; **2.:** ***reasonably priced*** rimelig; **3.:** ***reasonably well*** rimelig bra.

reasoned [ˌri:zənd] *adj(=well thought-out)* vel gjennomtenkt *(fx explanation);* motivert.

reasoning [ˌri:zəniŋ] *s* **1.** resonnering; **2.** resonnement; tankegang; ***based on the reasoning that it's better to offer something than nothing*** ut fra det resonnement at det er bedre å tilby noe enn ingenting; ***I don't follow your reasoning*** jeg kan ikke følge deg (i resonnementet ditt).

reassemble ['riəˌsembl] *vb* **1.** sette sammen igjen;
2*(=come together again)* samles igjen.

reassess ['riəˌses] *vb:* vurdere på nytt; revurdere.

reassessment ['riəˌsesmənt] *s:* ny vurdering; revurdering.

reassurance ['riəˌʃɔ:rəns; 'riəˌʃuərəns] *s* **1.** det å bli beroliget; ***she wants reassurance*** hun vil bli beroliget;
2. forsikring *(fx despite his reassurances, I'm still not happy);* **3.:** *se reinsurance.*

reassure ['riəˌʃɔ:; 'riəˌʃuə] *vb* **1***(=calm):* ***reassure sby*** forsikre en om at man ikke behøver å være urolig (*el.* engstelig); berolige en; **2.:** *se reinsure.*

reassuring ['riəˌʃɔ:riŋ; 'riəˌʃuəriŋ] *adj:* beroligende; betryggende.

I. rebate [ˌri:'beit] *s* **1***(=discount)* rabatt; **2.** tilbakebetaling (av skatt); **3.** *tøm(=rabbet)* fals; spor *n.*

II. rebate *vb; tøm(=rabbet)* false (sammen).

I. rebel [rebl] *s:* opprører.

II. rebel [rebl] *adj:* opprørs- *(fx rebel troops).*

III. rebel [riˌbel] *vb:* gjøre opprør *(n)* (*against* mot).

rebellion [riˌbeliən] *s* **1.** opprør *n;* oppstand; ***put down the rebellion*** slå opprøret ned; **2.** *fig:* opprør *n.*

rebellious [riˌbeliəs] *adj:* opprørsk.

rebirth ['ri:ˌbə:θ] *s:* gjenfødelse.

rebore [ri:ˌbɔ:] *vb; mask; slitte sylindere:* bore; ***the engine has been rebored*** motoren er blitt boret opp.

I. rebound [ˌri:'baund] *s* **1.** *om ball:* (tilbake)sprett;
2. *fig* **T:** ***on the rebound*** like etter (og som et resultat av skuffelse) *(fx marry sby on the rebound).*

II. rebound [riˌbaund] *vb* **1***(=bounce back)* sprette tilbake (*off* fra); **2.** *fig:* ***rebound on*** falle tilbake på; ***it might rebound on him*** det kunne falle tilbake på ham selv.

I. rebuff [riˌbʌf] *s(=blunt refusal)* (bryskt) avslag; ***rebuffs*** skuffelser; motgang.

II. rebuff *vb(=refuse; reject)* avslå; tilbakevise.

rebuild ['ri:ˌbild] *vb* **1.** bygge opp igjen; **2.** *fig:* ***rebuild one's shattered life*** bygge opp igjen det ødelagte livet sitt.

rebuke [riˌbju:k] *vb; stivt(=scold; reprimand)* skjenne på; irettesette *(fx sby sharply).*

rebus [ˌri:bəs] *s(=picture puzzle)* rebus.

rebut [riˌbʌt] *vb; stivt el. jur(=disprove)* motbevise; gjendrive.

rebuttal [riˌbʌtl] *s; stivt el. jur(=counter-evidence)* motbevis; gjendrivelse.

recalcitrant [riˌkælsitrənt] *adj; meget stivt(=difficult; disobedient)* vrangvillig; gjenstridig; oppsetsig.

I. recall [ˌri:'kɔ:l; riˌkɔ:l] *s* **1.** tilbakekalling; *av diplomat:* hjemkallelse;
2. oppfordring til å vende tilbake (til arbeidet);
3.: ***have total recall*** ha den perfekte hukommelse;
4.: ***those days are gone beyond recall*** den tiden er ugjenkallelig borte.

II. recall [ri:ˌkɔ:l] *vb* **1.** *om diplomat, etc(=summon home; call back)* hjemkalle; tilbakekalle;
2. *stivt(=remember)* erindre;
3.: ***recall memories****(=call memories to mind)* kalle på minner.

recant [riˌkænt] *vb; stivt* **1.** avsverge sin tro; **2.** *bemerkning, etc(=retract; take back)* ta tilbake; tilbakekalle *(fx a statement).*

recantation ['ri:kænˌteiʃən] *s* **1.** avsvergelse (av sin tro); **2.** *av bemerkning, etc(=retraction; taking back)* tilbakekallelse; tilbakekalling.

I. recap [ˌri:'kæp] *s: se recapitulation.*

II. recap [ri:ˌkæp; ˌri:'kæp] *vb(=recapitulate; sum up)* rekapitulere; oppsummere; sammenfatte.

recapitulate ['ri:kəˌpitju'leit] *vb: se II. recap.*

recapitulation ['ri:kə'pitjuˌleiʃən] *s(=summing up)* rekapitulering; oppsummering; sammenfatning.

I. recapture [ri:ˌkæptʃə] *s:* gjenerobring (*of* av).

II. recapture *vb* **1.** gjenerobre *(fx a fort);* **2.** *fig(= recreate)* gjenskape *(fx an atmosphere).*

recast [ri:ˌkɑ:st] *vb* **1.** *i støperi:* støpe om;
2. *fig(=remodel)* forandre på;
3. *stivt(=rewrite)* skrive om; omarbeide;
4. *teat:* ***recast a play*** gi et stykke ny rollebesetning; omfordele rollene i et stykke.

I. recce [ˌreki] *s(pl: recces)* **S:** *se reconnaissance.*

II. recce *vb: se reconnoitre.*

recede [riˌsi:d] *vb; stivt* **1***(=withdraw; retreat)* trekke seg tilbake *(fx the floods receded);*
2. *mar; om kystlinjen(=gradually disappear)* synke i havet *(fx the coast receded behind us);*
3. *fig:* ***recede into the background*** tre i bakgrunnen; ***recede****(=retreat)* ***into the distance*** forsvinne i det fjerne;
4. *om hårfeste:* trekke seg bakover; ***his hair's starting to recede at the sides*** han begynner å få viker;
5. *fig; om forhåpninger, priser, etc:* falle; bli mindre; dale *(fx hope receded).*

I. receipt [riˌsi:t] *s* **1.** mottagelse; ***acknowledge receipt of the money*** erkjenne mottagelsen av pengene; ***on receipt of*** ved mottagelse av; etter mottagelsen av; *stivt:* ***I was not yet in receipt of a salary****(=I didn't yet get a salary)* jeg hadde ikke begynt å få lønn ennå;
2. kvittering; ***against receipt*** *(,***US:** *in return for receipt)* mot kvittering; ***travel receipt*** reisebilag;
3. *merk:* ***receipts*** inntekter; ***the (day's) receipts*** det man har tatt inn i løpet av dagen.

II. receipt *vb:* kvittere; ***a receipted bill*** en kvittert regning.

receipt form kvitteringsblankett; ***the receipt received is to be completed****(=filled in)* ***and returned*** den mottatte kvitteringsblankett bes sendt tilbake i utfylt stand.

receipt portion kvitteringstalong.

receive [riˌsi:v] *vb* **1***(=get)* motta; få *(fx a letter); på kvittering:* ***'received with thanks'*** mottatt; *om skade; stivt(=get)* få *(fx a broken nose); om utdannelse; stivt(=get):* ***he received a good education*** han fikk en god utdannelse; ***be received (back) into a community*** bli opptatt i et samfunn (igjen);
2. motta (gjest); ta imot; ***receive sby into one's home*** ta imot en i hjemmet sitt;

r

3. begå heleri *n; **he was jailed for receiving (stolen diamonds)*** han ble fengslet for heleri (av diamanter);
4. T: ***be at(=on) the receiving end*** være den det går ut over.

receiver [riˌsi:və] *s* **1.** *i shipping:* mottager; *(jvf consignee & recipient);*
2. *radio:* mottager;
3. *tlf:* rør *n; **put down the receiver*** legge på røret;
4*(=handler (of stolen goods))* heler;
5. *jur; oppnevnt av Court of Protection (overformynderiet):* verge;
6. *jur; ved konkurs; oppnevnt av retten: **official receiver*** midlertidig bobestyrer; ***call in the receivers*** begjære konkurs.

receiving [riˌsi:viŋ] *s:* heleri *n.*

receiving country*(=recipient)* mottagerland.

receiving order *jur: **make a receiving order against sby*** ta ens bo *(n)* under konkursbehandling.

recent [ˌri:sənt] *adj:* nylig; ***a recent event*** noe som er skjedd nylig; ***recent events*** ting som er skjedd nylig; hendelser av ny dato; ***because of recent events*** på grunn av ting som nylig er skjedd; ***a recent photo of yourself*** et relativt nytt bilde av deg selv; ***things have changed in recent weeks*** det hele har forandret seg (i) de siste ukene; ***in recent years*** i de senere år *n; **of recent date**(=recent)* av ny dato.

recently [ˌri:səntli] *adv:* nylig; i det siste; ***until(=till) (quite) recently*** inntil (ganske) nylig; ***as recently as 1994*** så sent som i 1994; ***as recently as last year**(= only last year)* så sent som i fjor; ***we refer to pleasant conversations, most recently with your wife a couple of days ago*** vi viser til hyggelige samtaler, nå senest med din kone for et par dager siden.

recently acquired*(=recently bought)* nyervervet; nyinnkjøpt.

recently engaged nyforlovet; ***the recently engaged couple*** de nyforlovede.

receptacle [riˌseptəkl] *s* **1.** *stivt(=container)* beholder;
2. *bot: **(floral) receptacle*** blomsterbunn;
3. US*(=electrical socket; (wall) outlet)* stikkontakt.

reception [riˌsepʃən] *s* **1.** mottagelse; ***get a warm reception**(=welcome)* bli hjertelig mottatt; få en varm velkomst;
2. *om selskap:* mottagelse *(fx a wedding reception);*
3. *radio & TV:* mottagerforhold;
4. *i hotell(=reception desk)* resepsjon; ***ask at reception**(=ask at the reception desk)* spørre i resepsjonen; ***please go to reception*** vær vennlig å henvende Dem i resepsjonen.

receptionist [riˌsepʃənist] *s* **1***(=reception clerk;* **US:** *room clerk)* resepsjonist;
2. *på kontor:* resepsjonist; ***doctor's receptionist**(= medical secretary)* legesekretær.

reception room *i hotell: **reception room(s)*** selskapslokale(r).

receptive [riˌseptiv] *adj; stivt(=open)* mottagelig; ***receptive to*** 1. mottagelig for; 2*(=prepared to listen to)* lydhør overfor.

receptivity [ˈri:sepˌtiviti] *s:* mottagelighet *(to* overfor).

I. recess [riˌses] *s* **1.** søkk *(n)* (i terrenget);
2. nisje; *(=alcove)* alkove; ***bed recess*** sovealkove;
3. *parl: **(parliamentary) recess*** (parlaments)ferie;
4. US*(=break)* frikvarter;
5. *litt.: **the recesses of the cave**(=the innermost part of the cave)* hulens indre *n.*

II. recess *vb* **1.** bygge inn i en alkove; plassere i en nisje; **2.:** ***recess into the wood*** felle ned i treet; **3. US** 1*(=take a pause)* ta pause; 2. *skolev(=have a break)* ta frikvarter.

recession [riˌseʃən] *s; økon:* konjunkturnedgang.

recessive [riˌsesiv] *adj; biol:* recessiv.

recharge [ˈri:ˌtʃɑ:dʒ] *vb; elekt:* lade opp.

recherché [rəˌʃɛəʃei] *adj; meget stivt* **1***(=choice)* utsøkt; raffinert *(fx meal); om formulering(=very elegant)* meget elegant; **2.** *neds(=far-fetched)* søkt.

recidivist [riˌsidivist] *s:* tilbakefallsforbryter.

recipe [ˌresipi] *s* **1.** matoppskrift; oppskrift *(for* på);
2. *fig:* oppskrift *(for* på) *(fx for success).*

recipient [riˌsipiənt] *s* **1.** mottager; ***recipient of a basic pension*** minstepensjonist; **2.:** *se receiving country.*

I. reciprocal [riˌsiprəkl] *s; mat.: **the reciprocal of*** den resiproke verdi av; det resiproke tall *(n)* til.

II. reciprocal *adj* **1.** *gram: **reciprocal pronoun*** resiprokt pronomen;
2. *stivt(=mutual)* gjensidig;
3.: ***reciprocal action**(=reciprocity; interaction)* vekselvirkning;
4. *stivt: **he admires her and she has a reciprocal respect for him**(=he admires her and she respects him in return)* han beundrer henne, og hun har til gjengjeld respekt for ham.

reciprocate [riˌsiprəˈkeit] *vb; stivt(=return)* gjengjelde; ***be able to reciprocate**(=be able to do something in return)* være i stand til å gjøre gjengjeld.

reciprocating [riˌsiprəˈkeitiŋ] *adj; mask:* frem- og tilbakegående.

reciprocity [ˈresiˌprɔsiti] *s* **1.** gjensidighet; **2***(=reciprocal action; interaction)* vekselvirkning.

recital [riˌsaitl] *s* **1.** (solo)konsert; ***piano(forte) recital*** klaverkonsert;
2. deklamasjon; resitasjon; opplesning;
3*(=enumeration)* oppregning;
4*(=account)* beretning *(of* om); skildring *(of* av).

recital piece deklamasjonsnummer.

recitation [ˈresiˌteiʃən] *s* **1.** *for et publikum:* opplesning *(fx from Shakespeare);* deklamasjon; resitasjon;
2. *stivt(=enumeration)* oppregning.

recite [riˌsait] *vb* **1.** lese opp; si frem; deklamere; resitere *(fx a poem);* **2.** *stivt(=enumerate)* regne opp; ***he recited a catalogue of my faults**(=he gave me a list of my faults)* han regnet opp alle feilene mine.

reckless [ˌrekləs] *adj(=very careless)* uvøren; *stivt: **reckless of**(=heedless of)* uten å ense; uten å ta hensyn *(n)* til.

reckon [ˌrekən] *vb* **1***(=calculate)* beregne; regne ut; få det til *(fx I reckon that there were 300 people);*
2.: ***I reckon**(=count) **him among my friends*** jeg regner ham med blant mine venner; ***he's reckoned (to be)**(=he's regarded as)* han regnes for å være;
3. US *& dial(=think)* anta; tro *(fx I reckon they're not coming; she'll come, I reckon);*
4.: ***reckoning from*** regnet fra *fx reckoning from today);*
5.: ***reckon in**(=include)* regne med; ta med (i regnestykket);
6. US *& dial: **reckon on**(=expect; count on)* regne med; ***is he reckoning on coming?*** regner han med å komme?
7.: ***reckon up*** 1*(=add up)* regne sammen; summere; 2*(=work out)* regne på *(fx the cost of eating in a restaurant);*
8.: ***reckon with*** 1*(=expect)* vente; regne med; 2. *når man venter vanskeligheter:* ta i betraktning; regne med; 3. *med uvenn:* gjøre opp med;
9.: ***reckon without*** 1. ikke regne med: ***reckon without one's host*** gjøre regning uten vert; 2. **T:** ***I reckon without having to do that**(=I don't think I'll have to do that)* jeg regner ikke med å måtte å gjøre det.

reckoning [ˌrekəniŋ] *s* **1.** *mar: **(dead) reckoning*** bestikk *n; **be out in one's reckoning*** 1. ha gjort opp feil bestikk; 2*(=be out in one's calculations)* ha forregnet seg;
2. *fig: **the day of reckoning*** oppgjørets time; regnskapets dag.

I. reclaim [riˌkleim] *s; litt.: **he is past**(=beyond) **reclaim**(=he's incorrigible)* han er uforbederlig.

II. reclaim *vb* **1.** gjenvinne *(fx waste land); fra avfallsprodukt(=recover)* gjenvinne; **2.** *om hittegods:* av-

hente; **3.** *om person; litt.(=reform)* reformere.
reclaimed rubber regenerert gummi.
reclamation ['reklə,meiʃən] *s* **1.** gjenvinning; innvinning; *av land(=land reclamation)* tørrlegging; landvinning; **2.** *fra avfallsprodukt:* gjenvinning.
recline [ri,klain] *vb* **1**(=*incline backwards)* lene bakover; **2.** *stivt(=lie back)* ligge tilbakelent.
reclining [ri,klainiŋ] *adj* **1.** som kan stilles bakover; ***reclining chair*** liggestol; *i bil:* ***fully reclining seats*** liggeseter;
2. *om person; stivt(=leaning back)* tilbakelent.
recluse [ri,klu:s] *s; stivt(=hermit)* eremitt; eneboer.
recognition ['rekəg,niʃən] *s* **1.** gjenkjennelse; gjenkjenning (*of* av); ***he's changed beyond all recognition*** han har forandret seg til det ugjenkjennelige;
2(=*appreciation)* påskjønnelse; ***in recognition of*** som en påskjønnelse for; *(jvf 3);*
3(=*acknowledgment)* erkjennelse; ***the recognition of this fact provides the key to …*** i denne erkjennelse ligger nøkkelen til …; ***in recognition of*** i erkjennelse av; *(jvf 2);*
4(=*acknowledgment)* anerkjennelse (*of* av); ***receive recognition for*** få anerkjennelse for.
recognizable, recognisable [,rekəg'naizəbl] *adj:* gjenkjennelig; *(jvf irrecognizable).*
recognize, recognise [,rekəg'naiz] *vb* **1.** gjenkjenne; dra kjensel på;
2(=*admit)* innrømme; erkjenne;
3(=*realize)* innse; erkjenne;
4(=*appreciate)* påskjønne;
5(=*acknowledge)* anerkjenne *(fx a new state).*
I. recoil [,ri:'kɔil; ri,kɔil] *s* **1.** rekyl; **2.** *fig: litt.(=reaction):* ***the recoil from****(=the reaction to)* reaksjonen på.
II. recoil [ri,kɔil] *vb* **1.** *om våpen(=kick)* rekylere; **T:** slå; spenne; **2.** *fig(=shrink back)* vike tilbake; **3.** *litt.:* ***recoil on****(=rebound on)* slå tilbake på.
re-collect [,ri:kə,lekt] *vb:* samle sammen igjen.
recollect ['rekə,lekt] *vb* **1.** *stivt(=remember)* erindre; huske; **2.:** ***recollect oneself*** 1(*=collect oneself)* gjenvinne fatningen; 2(*=check oneself)* ta seg i det.
recollection ['rekə,lekʃən] *s; stivt(=memory)* erindring; minne *n;* ***to the best of my recollection****(=to the best of my memory)* så vidt jeg husker; ***I have a wonderful recollection****(=memory)* ***of these days*** jeg har disse dagene i kjær erindring.
recommend ['rekə,mend] *vb:* anbefale; tilrå; ***we recommend that you do it****(=we recommend(=advise) you to do it)* vi anbefaler deg å gjøre det; ***recommend sby sth****(=recommend sth to sby)* anbefale en noe; ***recommend warmly****(=highly)* anbefale varmt; ***recommend most warmly*** anbefale på det aller varmeste; ***it has little to recommend it*** det har lite for seg; ***not to be recommended*** ikke å anbefale; ***recommend sby for promotion*** innstille en til forfremmelse.
recommendable ['rekə,mendəbl] *adj(=to be recommended)* anbefalelsesverdig.
recommendation ['rekəmən,deiʃən] *s* **1.** anbefaling; innstilling; ***letter of recommendation*** anbefalingsbrev; ***on his recommendation*** på hans anbefaling; ***accept a recommendation*** ta en innstilling til følge; ***I am pleased to give NN my most sincere recommendations*** det er meg en glede å gi NN mine varmeste anbefalinger; ***write in recommendation****(=support)* ***of sby*** skrive og anbefale en; *(jvf reference 3);*
2. *mar; fra Skipskontrollen:* pålegg *n;* ***list of recommendations*** liste over pålegg; påleggsliste; ***the ship has had five recommendations for repairs*** skipet har fått fem pålegg om utbedringsarbeider.
recommendatory ['rekə,mendətəri] *adj:* anbefalende; anbefalings-.
recommendatory endorsement anbefalende påtegning.
recommended (retail) price *merk:* veiledende (utsalgs)pris.

I. recompense [,rekəm'pens] *s; stivt* **1**(=*payment)* betaling; vederlag *n;* **2**(=*compensation)* erstatning; ***as (a) recompense for, in recompense for****(=as a compensation for)* som erstatning for.
II. recompense *vb; stivt(=compensate)* betale; erstatte; lønne; ***recompense****(=repay)* ***kindness with cruelty*** lønne godt med ondt.
reconcilable [,rekən'sailəbl] *adj* **1.** som lar seg forsone; som kan forsones; **2**(=*compatible)* forenlig (*with* med); *(jvf irreconcilable).*
reconcile [,rekən'sail] *vb* **1.** forsone; forlike; ***reconcile the parties*** forlike partene; ***they were reconciled*** de forsonte seg med hverandre; ***be reconciled with sby*** forsone seg med en; ***reconcile oneself to sth*** forsone (*el.* avfinne) seg med noe;
2. *om strid(=settle)* bilegge *(fx a difference);*
3. forene; få til å stemme overens; ***reconcile conflicting statements*** få motstridende utsagn *(n)* til å stemme overens;
4. *stivt:* ***reconcile sth with sth*** få noe til å stemme med noe; ***I can't reconcile this with what you said before****(=I don't think this agrees with what you said before)* jeg får ikke dette til å stemme med hva du sa tidligere.
reconciliation ['rekən'sili,eiʃən] *s:* forsoning; forlik *n; (jvf amicable settlement).*
recondite [,rekən'dait; ri,kɔndait] *adj; stivt* **1.** *om tema(=abstruse)* vanskelig tilgjengelig; dunkel *(fx a subject);* **2**(=*obscure)* lite kjent; obskur.
recondition ['ri:kən,diʃən] *vb:* overhale *(fx a television set);* fabrikkoverhale *(fx an engine).*
reconnaissance [ri,kɔnisəns] *s; mil(,S: recce)* rekognosering; oppklaring.
reconnect ['ri:kə,nekt] *vb; elekt(=connect up differently)* kople om *(fx a lamp).*
reconnoitre *(,US: reconnoiter)* ['rekə,nɔitə] *vb* **1.** *mil(,S: recce)* rekognosere; **2.** *fig:* sondere.
reconsider ['ri:kən,sidə] *vb* **1.** overveie på nytt; ta under fornyet overveielse; omvurdere; revurdere; **2.** tenke seg om; tenke over saken én gang til; ***won't you reconsider and come?*** vil du ikke ombestemme deg og komme likevel?
reconsideration [,ri:kən'sidə,reiʃən] *s:* fornyet overveielse; omvurdering; revurdering.
reconstitute [ri:,kɔnsti'tju:t] *vb* **1**(=*reorganize)* rekonstituere; gi en annen sammensetning; **2.** *om tørrmelk:* oppløse i vann *n; om tørrede frukter, etc:* bløte opp; *kjem:* rekondisjonere; fortynne igjen.
reconstruct ['ri:kən,strʌkt] *vb* **1**(=*rebuild)* gjenoppbygge; bygge opp igjen *(fx a bridge);* **2.** *hendelse, etc:* rekonstruere *(fx a crime).*
reconstruction ['ri:kən,strʌkʃən] *s* **1.** gjenoppbygging; **2.** *av hendelse, etc:* rekonstruksjon.
reconvene ['ri:kən,vi:n] *vb; parl(=meet)* tre sammen igjen.
reconversion ['ri:kən,və:ʃən] *s* **1**(=*switchover)* omstilling *(fx to peace production);* **2.** *rel:* ny omvendelse.
reconvert ['ri:kən,və:t] *vb* **1**(=*switch over)* omstille; **2.** *rel:* omvende på nytt.
I. record [,rekɔ:d] *s* **1.** *mus(=disc)* plate;
2. rekord; ***beat****(=break)* ***a record*** slå en rekord; ***equal****(=touch)* ***a record*** tangere en rekord; ***hold the record (for)*** ha rekorden (på); ***set (up) a record (for)*** sette en rekord (i; på); ***this year's production marks a record*** årets produksjon betegner en rekord;
3. rulleblad; ***have a very bad record*** ha et meget dårlig ord på seg; ***a clean record*** rent rulleblad; ***his (past) record*** hans fortid; ***have a criminal record*** være tidligere straffet; ***he hasn't got a record*** han er ikke tidligere straffet;
4. opptegnelse; fortegnelse; ***case record****(=medical record)* sykejournal; legejournal; *(se case sheet);* ***police records*** politiregister; ***abstract from the records*** protokollutskrift; ***keep a record of*** føre en fortegnelse

r

over; ***there is no record of it*** det er ikke dokumentert; **5.:** ***for the record****(=to keep the record straight)* for ordens skyld;
6.: ***off the record*** uoffisielt; ***strictly off the record*** helt uoffisielt; ***speak off the record*** uttale seg privat;
7.: ***on record*** vitterlig; dokumentert; ***that's not on record*** 1. det kan ikke dokumenteres; 2. det sier historien ingenting om; ***she's on record as being*** hun er kjent for å være; ***put it on record****(=record it)* protokollere det; føre det til protokolls; *(se også records).*
II. record [riˌkɔ:d] *vb* **1.** skrive ned; protokollere; ***the coroner recorded an open verdict*** ved likskuet ble det avsagt kjennelse for at dødsårsaken var ukjent;
2. registrere;
3. *ved valg:* ***record one's vote*** avgi stemme; stemme;
4. spille inn; lage opptak av; ta opp.
recorded message beskjed tatt opp på bånd *n;* ***'this is a recorded message'*** *svarer til:* "dette er en automatisk telefonsvarer".
recorded programme *mots direkte sending:* opptak; ***it was a recorded programme*** det var et opptak.
recorder [riˌkɔ:də] *s* **1.** (bånd)opptager;
2. registreringsapparat;
3. *mus:* blokkfløyte;
4. *i større by:* byrettsdommer.
record holder *sport;* rekordinnehaver.
recording [riˌkɔ:diŋ] *s* **1.** nedskriving; nedtegning; nedtegnelse; **2.** (lydbånd)opptak; ***disc recording*** plateinnspilling.
recording engineer *s(=(sound) recordist)* lydtekniker.
record speed rekordfart; ***at record speed*** med rekordfart.
recording studio opptaksstudio.
record music platemusikk.
record player *mus:* platespiller.
records [ˌrekɔ:dz] *s; pl:* ***public records*** offentlig arkiv *n;* riksarkiv; *(se Public Record Office; Public Records).*
I. re-count [ˌri:'kaunt] *s:* ny opptelling (ved valg *n*).
II. re-count ['ri:ˌkaunt] *vb:* telle om igjen; ettertelle.
recount [riˌkaunt] *vb; stivt(=tell)* berette; fortelle.
recoup [riˌku:p] *vb; stivt:* kompensere; tjene inn igjen; ***recoup one's losses****(=get back the money one has lost)* tjene inn igjen det man har tapt; ***recoup oneself****(=even things up)* ta sin monn igjen; ***recoup oneself for ...*** holde seg (selv) skadesløs for.
recourse [riˌkɔ:s] *s* **1.** *jur:* regress;
2. *jur:* ***have recourse to the law*** ta loven til hjelp;
3. *fig; stivt:* utvei; ***your only recourse is to****(=the only thing you can do is to)* din eneste utvei er å; ***have recourse to****(=resort to; turn to)* ty til; ta sin tilflukt til.
re-cover ['ri:ˌkʌvə] *vb* **1.** dekke til igjen; **2.** *møbel:* trekke om *(fx this chair needs to be re-covered).*
recover [riˌkʌvə] *vb* **1.** *etter sykdom:* komme seg; ***he's*** recovering from a serious illness han er rekonvalesent etter en alvorlig sykdom;
2*(=get back)* få igjen; få tak i igjen; ***recover the dead*** berge de omkomne;
3.: ***recover a claim*** inndrive en fordring; ***he failed to recover damages*** han ble ikke tilkjent skadeserstatning; ***recover expenses*** få dekket utgiftene (sine);
4. *fra avfallsprodukt(=reclaim)* gjenvinne;
5. *om balanse og fatning:* gjenvinne; ***he recovered (himself) in time to give a speech*** han gjenvant fatningen tidsnok til å holde en tale; ***recover one's senses*** komme til fornuft igjen;
6. *fig:* ***recover lost ground*** ta igjen det forsømte.
recoverable [riˌkʌvərəbl] *adj:* som kan inndrives; som man kan få dekket *(fx expenses).*
recovery [riˌkʌvəri] *s* **1.** det å bli frisk; bedring; rekonvalesens; ***recovery is a slow business*** det tar tid å bli frisk; ***make a good recovery*** bli helt frisk igjen;
2. gjenervervelse; berging; ***the recovery of the dead*** bergingen av de omkomne;
3. *jur:* inndrivelse; ***recovery of debts*** inkasso;
4. *tekn; fra avfallsprodukt:* gjenvinning;
5. *fig; om balanse & fatning:* gjenvinning;
6. *økon:* ***(economic) recovery*** (økonomisk) oppgang; ***our recovery is firmly under way*** det går avgjort oppover igjen med vår økonomi; ***price recovery*** prisoppgang.
recovery plant gjenvinningsanlegg.
recovery room *på sykehus:* ***the recovery room*** oppvåkningen; recovery.
recovery vehicle*(=breakdown truck;* **US:** *wrecker; tow truck)* bergingsbil; servicebil; kranbil.
re-create, recreate ['ri:kriˌeit] *vb; fig(=recapture)* gjenskape *(fx the atmosphere of Victorian England).*
I. re-creation, recreation ['ri:kriˌeiʃən] *s:* gjenskaping.
II. recreation ['rekriˌeiʃən] *s:* rekreasjon; atspredelse.
recreational ['rekriˌeiʃənl] *adj:* rekreasjons-.
recreational area friareal.
recreational countryside: ***our recreational countryside*** våre friluftsområder.
recreational facilities *pl:* fritidstilbud; muligheter for fritidsaktiviteter.
recreational vehicle *(fk RV)* **US** *& Canada:* campingbil; campingtilhenger; *(jvf caravan & trailer).*
recreation club*(=leisure-time club)* fritidsklubb.
recreation centre fritidssenter.
recreation ground 1. (kommunalt) friareal; **2***(=playground)* lekeplass.
recreation room *(,***T:** *rec room) i institusjon:* fritidsrom.
recriminate [riˌkrimi'neit] *vb; stivt(=accuse)* komme med (mot)beskyldninger.
recrimination [ri'krimiˌneiʃən] *s:* ***recriminations*** gjensidige beskyldninger; ***there's no point in all these recriminations*** det har ingen hensikt å komme med gjensidige beskyldninger.
recrudescence ['ri:kru:ˌdesəns] *s; om sykdom; stivt(=fresh outbreak)* nytt utbrudd; gjenoppblussing.
I. recruit [riˌkru:t] *s* **1.** *mil:* rekrutt; **2.** nytt medlem; ny tilhenger.
II. recruit *vb* **1.** *mil(=enlist)* rekruttere;
2. verve *(fx more members to the music society);*
3. *om arbeidgiver:* rekruttere; ***employers recruiting at 16 or 17*** arbeidsgivere som ansetter folk *(n)* i alderen 16 – 17 år *n.*
recruitment [riˌkru:tmənt] *s:* rekruttering; verving; ***posts for recruitment*** rekrutteringsstillinger.
rectal [rektl] *adj; anat:* endetarms-; rektal.
rectal syringe *med.(=enema syringe)* klystersprøyte.
rectangle [ˌrek'tæŋgl] *s; geom:* rektangel *n.*
rectangular [rekˌtæŋgjulə] *ad; geom:* rektangulær.
rectification ['rektifiˌkeiʃən] *s* **1.** *stivt(=correction)* beriktigelse; korrigering; **2.** *kjem:* rektifikasjon; **3.** *elekt:* likeretting.
rectifier [ˌrekti'faiə] *s; elekt:* likeretter.
rectify [ˌrekti'fai] *vb* **1.** *stivt(=correct)* beriktige; korrigere; **2.** *kjem:* rektifisere; **3.** *elekt:* likerette.
rectilinear ['rektiˌliniə] *adj; stivt(=in a straight line)* rettlinjet; i rett linje; ***rectilinear motion*** bevegelse i rett linje.
rectitude [ˌrekti'tju:d] *s; meget stivt(=integrity)* rettskaffenhet *(fx a person of high moral rectitude).*
rector [ˌrektə] *s* **1.** *i Church of England:* sogneprest;
2. *i Skottland; ved noen skoler el. universitet:* rektor;
3. *i Skottland; univ (official representative of the students)* studentrepresentant.
rectorate [ˌrektərit], **rectorship** [ˌrektə'ʃip] *s:* sognekall; stilling som "rector"; *(se rector 1).*
rectory [ˌrektəri] *s:* prestegård; *(se rector 1).*
rectum [ˌrektəm] *s; anat:* endetarm; rektum *n.*
recumbent [riˌkʌmbənt] *adj; stivt(=lying (down))* liggende; hvilende *(fx statue of a recumbent woman).*
recuperate [riˌkju:pə'reit] *vb; stivt(=recover)* komme til krefter; komme seg (etter en sykdom).

red

in the red *med tapstall*

Bank figures are **in the red** now because of the financial crisis in Asia.

NYTTIGE UTTRYKK

in the red means that a company's debits exceed its credits.

recuperation [ri'kju:pə,reiʃən] *s; stivt(=recovery)* rekonvalesens; gjenvinning av helsa.
recuperative [ri,kju:pərətiv] *adj; meget stivt(=curative; therapeutic)* helbredende.
recur [ri,kə:] *vb; stivt* **1***(=happen again)* inntreffe igjen; hende igjen; gjenta seg; **2.** *om feil:* gjenta seg; gå igjen; **3.** *om problem el. tanke(=reappear)* dukke opp igjen; melde seg igjen.
recurrence [ri,kʌrəns] *s; stivt* **1***(=repetition)* gjentagelse *(fx take steps to prevent a recurrence);* **2.** *med.:* nytt anfall *(fx of fever);* ***after the recurrence of his back injury*** etter at ryggskaden hans var kommet tilbake.
recurrent [ri,kʌrənt] *adj* **1***(=recurring)* tilbakevendende *(fx problem);* **2.** *om sykdom(=periodic)* tilbakevendende.
recurrent figure *i roman, etc(=recurring figure)* gjennomgangsfigur.
recurring theme: ***(constantly) recurring theme****(=running theme)* gjennomgangsmotiv.
recycle [ri:,saikl] *vb:* resyklere; gjenvinne.
recycling [ri:,saikliŋ] *s:* resyklering; gjenvinning.
I. red [red] *s* **1.** rød farge; rødt;
2. T: ***be in the red*** ha overtrukket kontoen sin; **T:** stå på minus; kjøre med underskudd; ***be out of the red*** være solvent igjen;
3.: ***drive into the red****(=cross on the red)* kjøre mot rødt lys.
II. red *adj:* rød; ***he went bright red (with embarrassment)*** han ble sprut rød (av forlegenhet); **T:** ***paint the town red*** sette byen på ende; **T:** ***see red*** se rødt; *fig:* ***see the red light*** innse faren.
red beet *bot* **US***(=beetroot)* rødbete.
red blood cell*(=red corpuscle)* rødt blodlegeme.
red-blooded ['red,blʌdid; *attributivt:* ,red'blʌdid] *adj* **T***(=hot-blooded)* viril; varmblodig.
red box *parl:* dokumentskrin (med statspapirer).
red brass rødmetall.
redbreast [,red'brest] *s; zo:* ***robin (redbreast)*** rødkjelke.
redbrick university nyere universitet *(n)* (mots Oxford & Cambridge).
red cabbage *bot:* rødkål.
redcap [,red'kæp] *s* **1. T***(=military policeman)* militærpolitisoldat; **2. US***(=railway porter)* bærer.
red carpet *fig:* rød løper; ***roll out the red carpet for sby****(=give sby the red-carpet treatment)* legge ut den røde løperen for en.
red-check(ed) [,red'tʃek(t)] *adj(=red-chequered)* rødrutet.
red (blood) corpuscle*(=red blood cell)* rødt blodlegeme.
red currant *bot:* rips; *(se currant).*
red deer *zo(=(royal) stag)* kronhjort.
redden [,redən] *vb* **1***(=blush; turn red)* rødme; **2***(=make red; become red)* gjøre rød; bli rød.
redecorate ['ri:,dekə'reit] *vb(,***T:** *do up)* pusse opp *(fx a room); (jvf renovate).*
redecoration ['ri:'dekə,reiʃən] *s:* oppussing; *(jvf renovation).*
redeem [ri,di:m] *vb* **1.** *noe pantsatt:* løse inn; *obligasjon el. pantelån:* innløse;
2. *meget stivt:* ***redeem(=fulfil) a promise*** innfri et løfte;
3. *rel(=free from sin)* forløse; frelse;
4.: ***his generosity redeems his other failings*** hans gavmildhet oppveier hans andre feil.
redeemable [ri,di:məbl] *adj; merk; om obligasjon el. pantelån:* innløselig (*on demand* ved presentasjon); oppsigelig.
Redeemer [ri,di:mə] *s; rel:* ***the Redeemer*** forløseren; vår Frelser.
redeeming [ri,di:miŋ] *adj:* forsonende; ***a redeeming feature*** et forsonende trekk.
redemption [ri,dempʃən] *s* **1.** innløsning;
2. *rel:* forløsning;
3. *fig; stivt el. spøkef:* ***beyond(=past) redemption*** håpløst fortapt; som ikke kan hjelpes; ***his schoolwork is so bad that it's beyond redemption*** skolearbeidet hans er så dårlig at det ikke lar seg rette opp.
Red Ensign ['red,ensain] *s; mar:* ***the Red Ensign*** det britiske handelsflagg.
redeploy ['ri:di,plɔi] *vb* **1.** *mil(=regroup)* omgruppere; overflytte; omplassere;
2.: ***redeploy workers*** omplassere arbeidere;
3*(=regroup)* omgruppere; ommøblere.
redeployment ['ri:di,plɔimənt] *s* **1.** *mil:* omgruppering; overflytning; omplassering; **2.** omplassering; **3***(=regrouping)* omgruppering; ommøblering.
redesign ['ri:di,zain] *vb:* forandre design *(n)* på; omarbeide *(fx the artwork for the cover of the book).*
redevelopment ['ri:di,veləpmənt] *s* **1***(=urban renewal)* byfornyelse; **2***(=restructuring)* omstrukturering.
redfish [,red'fiʃ] *s; zo(=rosefish; Norway haddock;* **US:** *ocean perch)* uer.
red fox *zo(=common fox)* rødrev.
red grouse *zo:* skotsk lirype.
red-handed ['red,hændid] *adj:* ***he was caught red-handed*** han ble grepet på fersk gjerning; **T:** han ble tatt på fersken.
redhead [,red'hed] *s:* rødhåret person; rødhåring.
red herring: *se herring.*
red-hot ['red,hɔt; *attributivt:* ,red'hɔt] *adj* **1.** rødglødende; **2.** *fig(=glowing)* glødende *(fx enthusiasm); om nyhet(=sensational)* sensasjonell; rykende fersk; ***red-hot news****(=stop-press news)* rykende ferske nyheter.
redirect ['ri:di,rekt] *vb; stivt(=readdress; forward)* omadressere; ettersende *(fx a letter).*
redistribute ['ri:di,stribju:t] *vb:* omfordele.
redistribution ['ri:distri,bju:ʃən] *s:* omfordeling.
red lead (bly)mønje.
red-letter day ['red,letə'dei] *s:* merkedag.
red light rødt lys; ***go through the red light****(=cross on the red)* kjøre over på rødt lys; *fig:* ***see the red light*** innse faren.
red-light district ['red,lait'distrikt] *s:* bordellstrøk; bordellområde; horestrøk.
red-light run [,red,lait'rʌn] *s; teat(=sell-out)* fullt hus; utsolgt hus.
re-do ['ri:,du:] *vb(=do again)* gjøre om igjen.
redolence [,redələns] *s; stivt(=fragrance)* vellukt; duft.
redolent [,redələnt] *adj; stivt* **1***(=fragrant)* velluktende; duftende;

r

2.: *be redolent of* 1*(=smell strongly of)* dufte sterkt av; 2*(=be suggestive of)* minne om; føre tankene hen til *(fx the Middle Ages).*
redouble [riˌdʌbl] *vb* **1.** *fig:* fordoble; øke *(fx one's efforts);* **2.** *kortsp; bridge:* redoble.
redoubtable [riˌdautəbl] *adj; stivt(=formidable)* fryktinngytende.
redound [riˌdaund] *vb; meget stivt: **it redounds**(=adds) **to his credit*** det tjener ham til ære.
red pencil rødblyant; rødstift.
red pepper *bot* **1.** rød pepper; **2***(=cayenne pepper)* kajennepepper.
red point rødt punkt; ***pass through the (Customs(')) red point*** gå *(=pass the red point)* gjennom (tollen) på rødt.
I. redraft [ˌri:'drɑ:ft] *s:* nytt utkast.
II. redraft [ri:ˌdraft] *vb:* lage nytt utkast til.
I. redress [riˌdres] *s* **1.** *meget stivt(=compensation)* erstatning; **2.** *jur(=(legal) remedy)* avhjelp; rettshjelp; **3.** *meget stivt: **damage beyond redress**(=irreparable damage)* ubotelig skade.
II. redress *vb; meget stivt* **1***(=make good)* erstatte; bøte på; **2***(=remedy)* råde bot på; avhjelpe; ***redress social injustice*** avhjelpe sosial urettferdighet; **3.: *redress the balance***(=make things equal again)* gjenopprette balansen.
Red Riding Hood *i eventyret: **Little Red Riding Hood*** Rødhette.
Red Sea *s; geogr: **the Red Sea*** Rødehavet.
redshank [ˌred'ʃæŋk] *s; zo:* rødstilk.
redskin [ˌred'skin] *s; glds* **T***(=Red Indian)* rødhud.
red tape papirmølle; ***it's tied up in red tape*** det befinner seg i papirmølla; ***a rule of red tape*** et skjemavelde; **T: *battle with red tape***(=paper warfare; paper pushing)* papirkrig; ***spin a lot of red tape*** la papirmølla gå.
reduce [riˌdju:s] *vb* **1.** redusere; sette ned *(fx speed); **reduce by 10 per cent*** redusere med ti prosent; ***at reduced***(=cut) ***prices*** til reduserte (*el.* nedsatte) priser; **2.: *reduce weight***(,T: reduce)* slanke seg; gå ned i vekt;
3. *med.:* sette sammen (*a fracture* et brudd); *(jvf reset 4);*
4. *mat.: **reduce a fraction*** forkorte en brøk;
5. *mil: **reduce to the ranks*** degradere til menig;
6. *stivt: **reduce sby to silence**(=silence sby)* bringe en til taushet; ***be reduced to tears**(=burst into tears)* briste i gråt; ***reduce it to a system**(=do it systematically)* sette det i system *n.*
reduced [riˌdju:st] *adj:* redusert; ***be in reduced circumstances*** sitte i trange kår *n; **be reduced to*** være henvist til (å) *(fx we were reduced to begging on the streets); (se også reduce 6).*
reduced scale forminsket målestokk; ***shown on a reduced scale*** vist i forminsket målestokk.
reducible [riˌdju:sibl] *adj:* reduserbar.
reduction [riˌdʌkʃən] *s:* reduksjon; moderasjon; ***a reduction in prices*** en prisreduksjon; ***the reduction of prices in supermarkets*** prisreduksjonen i supermarkedene; ***Are you entitled to any reduction? Please let us know when you book*** Er du berettiget til noen form for moderasjon? Vennligst gi beskjed ved bestilling.
redundancy [riˌdʌndənsi] *s* **1.** avskjedigelse (fordi ens arbeidsoppgave er blitt overflødig); **2.** *økon:* strukturarbeidsløshet; **3.** *EDB:* redundans.
redundancy payment*(=severance pay)* avfinnelsessum (ved avskjedigelse).
redundant [riˌdʌndənt] *adj* **1.** overflødig; overtallig;
2. *om stil(=verbose)* ordrik; overlesset;
3. *om arbeider:* arbeidsløs (på grunn av innskrenkninger i bedriften).
reduplicate [riˌdju:pli'keit] *vb; stivt(=double; repeat (unnecessarily))* fordoble; gjenta (uten at det er nødvendig); ***let's decide who does what, so that we don't reduplicate**(=repeat) **each other's work*** la oss bli enige om hvem som skal gjøre hva, slik at vi ikke risikerer å gjøre dobbelt arbeid *n.*
reduplication [ri'dju:pliˌkeiʃən] *s; stivt(=doubling; (unnecessary) repetition)* fordobling; (unødvendig) gjentagelse.
redwood [ˌred'wud] *s; bot:* kjempegran.
re-echo, reecho [ri:ˌekou] *vb(=resound)* gjenlyde.
reed [ri:d] *s* **1.** *bot:* siv *n;* rør *n;*
2. *mus* 1*(=reed pipe)* rørfløyte; 2. *i blåseinstrument:* rørblad.
re-edit ['ri:ˌedit] *vb:* utgi på nytt.
re-edition ['ri:iˌdiʃən] *s:* ny utgave.
reeducate ['ri:ˌedju'keit] *vb(=retrain)* omskolere.
reedy [ˌri:di] *adj* **1.** sivbevokst; rørbevokst;
2. *mus:* pipende; tynn *(fx a reedy voice).*
I. reef [ri:f] *s* **1.** (klippe)rev *n;* korallrev; sandrev;
2. *mar:* rev *n; **take in a reef*** ta inn et rev.
II. reef *vb; mar:* reve.
reefer [ˌri:fə] *s* **1.: *reefer (jacket)*** sjømannsjakke; pjekkert; **2. S***(=marijuana cigarette)* marihuanasigarett.
reef knot*(=square knot)* båtsmannsknop.
I. reek [ri:k] *s* **T***(=(strong) smell)* dunst; os.
II. reek *vb* **T: *reek of*** **1***(=smell strongly of)* stinke av;
2. *fig(=suggest)* lukte av; ose av; ***the country positively reeks of**(=drips with) **prosperity*** landet formelig oser av velstand.
I. reel [ri:l] *s* **1.: *(cotton) reel***(=bobbin;* **US:** *spool)* trådsnelle; ***yarn reel***(=wool winder)* garnvinde;
2.: *film reel* filmspole (for fremviser); **3.: *(fishing) reel*** fiskesnelle; ***fly reel*** fluesnelle.
II. reel *vb* **1.** rave; sjangle;
2. *fig: **my brain was reeling**(=my head was swimming)* det gikk helt rundt for meg; ***the room began to reel and then I fainted*** rommet begynte å gå rundt, og så besvimte jeg;
3. spole (opp); ***reel in a fish*** sveive inn en fisk;
4.: *reel(=rattle) **off*** lire av seg.
re-elect, reelect ['ri:iˌlekt] *vb:* gjenvelge.
re-election, reelection ['ri:iˌlekʃən] *s:* gjenvalg.
re-employ, reemploy ['ri:imˌplɔi] *vb:* ansette igjen.
re-employment, reemployment ['ri:imˌplɔimənt] *s:* ansettelse igjen.
re-enact, reenact ['ri:iˌnækt] *vb; om hendelsesforløp:* rekonstruere *(fx a crime).*
re-enter, reenter ['ri:ˌentə] *vb(=enter again)* **1.** gå inn (i) igjen; reise inn (i) igjen; **2.: *re-enter the Earth's atmosphere*** komme inn i jordatmosfæren igjen.
re-entry, reentry ['ri:ˌentri] *s* **1.** *til et land:* ny innreise; **2.** det å komme inn igjen.
re-entry visa nytt innreisevisum.
re-establish, reestablish ['ri:iˌstæbliʃ] *vb:* gjenopprette *(fx an institution; contact with sby).*
re-establishment, reestablishment ['ri:iˌstæbliʃmənt] *s:* gjenopprettelse.
reeve [ri:v] *s* **1.** *zo(=female ruff)* brushøne;
2. *i Canada; i enkelte landkommuner:* ordfører.
re-examination, reexamination ['ri:ig'zæmiˌneiʃən] *s* **1.** ny eksaminasjon; nytt forhør; nytt avhør; *skolev; stivt(=resit)* utsatt prøve; *(se I. resit);*
2. etterprøving; ny undersøkelse.
re-examine, reexamine ['ri:igˌzæmin] *vb* **1.** eksaminere på nytt; forhøre igjen; avhøre igjen; **2.** undersøke på nytt; etterprøve.
ref [ref] *s; sport* **T***(=referee)* dommer; oppmann.
refashion ['ri:ˌfæʃən] *vb; stivt(=remodel; change)* omforme; forandre.
refectory [riˌfektəri] *s(=dining hall)* spisesal; *i kloster:* refektorium *n;* spisesal.
refer [riˌfə:] *vb: **refer to*** **1.** henvise til; sende til; ***be referred to a specialist*** få henvisning til spesialist (*el.* spesiallege); ***I referred him to a good book on it*** jeg henviste ham til en god bok om det; ***you must refer to your employer*** du må henvende deg til arbeidsgiveren din;

2. *om referanse:* vise til; henvise til;
3. angå; vedrøre; referere (seg) til;
4(*=allude to*) sikte til; hentyde til; henspille på; referere seg til;
5(*=consult*) se på; konsultere;
6. *for å få informasjon:* se; gå til (*fx please refer to section 3*);
7(*=attribute to*) tilskrive;
8(*=mention*) nevne; referere til;
9. *på dokument:* ***refer to NN*** tilstilles NN;
10. *påtegning på dekningsløs sjekk:* ***refer to drawer***(*fk R/D; R.D*) ingen dekning;
11. *skolev; stivt:* ***be referred (for re-examination)***(*= be allowed to resit an exam*) få gå opp til utsatt prøve; (*jvf reference 7*).
I. referee [ˈrefəˌri:] *s* **1.** *om person:* referanse; (*se også reference 2*); **2.** *sport*(*,* **T:** *ref*) dommer; oppmann; (*jvf I. judge 2 & I. umpire*).
II. referee *vb; sport:* være dommer (ved).
referee stand *sport:* dommerbord.
reference [ˌrefərəns] *s* **1.** henvisning (*to* til); ***in***(*=with*) ***reference to***(*=referring to*) under henvisning til; idet vi (etc) viser til; ***with special reference to*** med særlig henblikk på; ***this was not said with reference to you*** disse ordene var ikke myntet på deg;
2. attest; referanse; ***I have been asked to give a reference for him*** jeg er blitt bedt om å gi ham en referanse; ***character references*** personlige referanser; ***take up sby's references*** ville ha ens referanser; (*se også I. referee 1*);
3. *i bok, etc:* henvisning; referanse; ***look up a reference*** slå opp en referanse; ***make a reference to***(*=refer to*) vise til; referere til;
4. det å slå opp (*to* i); det å se etter (*to* i); **5.** *stivt:* ***make reference to***(*=refer to*) referere til; vise til; ***(a) reference was made to his illness*** det ble referert til sykdommen hans;
6. T: ***just for future reference*** (bare) slik at jeg vet det til en annen gang;
7. *skolev; stivt*(*=resit;* **US:** *supplementary exam;* **US T:** *sup*) utsatt prøve; (*se I. resit*).
reference book oppslagsbok; håndbok.
reference library håndbibliotek; referansebibliotek.
referral [riˌfə:rəl] *s:* henvisning; ***I'm here on referral from Dr Brown*** jeg har henvisning hit fra dr. Brown.
referendum [ˈrefəˌrendəm] *s:* folkeavstemning; ***hold a referendum*** holde folkeavstemning.
I. refill [ˌri:ˈfil] *s* **1.** refill; **2. T:** ***a refill*** en drink til (*fx can I get you a refill?*).
II. refill [ri:ˌfil] *vb*(*=fill up again*) fylle opp igjen; fylle på igjen; etterfylle.
refine [riˌfain] *vb* **1.** raffinere; foredle (*fx oil*);
2. *stivt*(*=improve*) forbedre (*fx one's style*).
refined [riˌfaind] *adj* **1.** raffinert; **2.** *fig:* forfinet; raffinert (*fx cruelty*).
refinement [riˌfainmənt] *s* **1.** raffinering; foredling;
2. *stivt*(*=improvement*) forbedring;
3. forfinelse; raffinement.
refinery [riˌfainəri] *s:* raffineri *n.*
I. refinish [ˌri:ˈfiniʃ] *s*(*=respray*) omlakkering.
II. refinish [ri:ˌfiniʃ] *vb:* omlakkere; lakkere om.
I. refit [ˌri:ˈfit] *s; mar:* reparasjon; istandsetting.
II. refit [ri:ˌfit] *vb; mar:* reparere; sette i stand.
reflect [riˌflekt] *vb* **1.** reflektere; kaste tilbake;
2.: ***be reflected*** 1. bli gjenspeilet; speile seg (*fx in the water*); 2. *fig*(*=show*) avspeile seg; vise (*fx the pulse reflects the condition of the heart*);
3. *stivt*(*=think*) tenke (etter) (*fx I want time to reflect*); tenke på (*fx I liked him before I reflected*(*=realized*) *that he was a male chauvinist*);
4.: ***reflect on*** 1. *stivt*(*=think about*) reflektere over; tenke på; 2. *fig*(*=discredit*) stille i et uheldig lys (*fx it reflects (badly) on her mother*); 3.: ***it reflects credit on him***(*=it does him credit*) det tjener ham til ære.
reflecting [riˌflektiŋ] *adj:* reflekterende.
reflecting triangle(*=warning triangle*) varseltrekant.
reflection [riˌflekʃən] *s* **1.** *fys:* refleksjon; speilbilde;
2. *fig:* gjenspeiling; gjenskjær; avglans; ***a faint***(*=pale*) ***reflection of*** et svakt gjenskjær av; ***be a reflection of*** gjenspeile; reflektere;
3. *stivt:* refleksjon; ettertanke; ***unhurried reflection*** ettertanke i ro og mak; ***time for reflection***(*=time to think it over*) betenkningstid; ***reflections***(*=thoughts*) tanker; refleksjoner; betraktninger (*on* om); ***make one's own reflections***(*=have one's suspicions*) ha sine anelser; tenke sitt; ***on reflection***(*=after thinking about it*) ved nærmere ettertanke; ***on sober reflection*** når man tenker nøkternt; ***left to one's own reflections***(*= meditations*) overlatt til sine egne betraktninger;
4. kritikk; ***this is no reflection on your honesty*** dette betyr ikke at man betviler din hederlighet; ***your bad behaviour is a reflection on me*** den dårlige oppførselen din rammer meg; ***cast reflections on sth***(*=question sth*) dra noe i tvil; betvile noe.
reflective [riˌflektiv] *adj* **1**(*=reflecting*) selvlysende;
2. *stivt*(*=thoughtful*) ettertenksom; tankefull.
reflector [riˌflektə] *s* **1.** reflektor;
2. *fot:* refleksskjerm;
3. *i veibanen*(*=cat's eye*) refleksmerke;
4. *på sykkel:* ***rear reflector***(*=cat's eye*) refleks; kattøye.
reflector disc *på klær*(*=reflector tag*) refleksbrikke.
reflex [ˌri:fleks] *s:* refleks; ***sharpen one's reflexes*** øve opp (*el.* skjerpe) refleksene.
reflex action reflekshandling.
reflexion [riˌflekʃən] *s: se reflection.*
reflexive *adj; gram:* refleksiv (*fx pronoun*).
refloat [ri:ˌflout] *vb:* ***refloat a ship*** bringe et skip flott.
I. reform [riˌfɔ:m] *s:* reform; forbedring; ***efforts towards reform*** reformbestrebelser.
II. reform *vb:* reformere; forbedre.
re-form [ˌri:ˌfɔ:m] *vb* **1.** danne på nytt; **2.** *mil:* formere seg igjen; **3.** *sport:* omgruppere (*fx a team*).
reformation [ˈrefəˌmeiʃən] *s* **1.** reformering; forbedring; **2.** *rel:* ***the Reformation*** reformasjonen.
reformative [riˌfɔ:mətiv] *adj:* reformerende.
reformed [riˌfɔ:md] *adj:* reformert.
reformer [riˌfɔ:mə] *s:* reformator.
reforming zeal reformiver.
reformist [riˌfɔ:mist] *adj:* reformvennlig.
reform measures *pl:* reformtiltak.
refract [riˌfrækt] *vb; fys:* bryte (lys *n*).
refraction [riˌfrækʃən] *s; fys:* (lys)brytning; refraksjon; ***error of refraction*** brytningsfeil.
refractory [riˌfræktəri] *adj* **1.** *stivt*(*=stubborn*) gjenstridig; **2.** vanskelig å bearbeide (*el.* behandle).
I. refrain [riˌfrein] *s:* refreng *n;* omkved *n.*
II. refrain *vb; stivt:* ***refrain from***(*=abstain from*) avholde seg fra.
refresh [riˌfreʃ] *vb* **1.** forfriske; kvikke opp; **2.** friske på (*fx let me refresh your memory*).
refreshed [riˌfreʃt] *adj:* forfrisket; uthvilt; ***he awoke refreshed*** han våknet uthvilt.
refresher [riˌfreʃə] *s* **1.** *om drikk:* oppkvikker;
2(*=refresher course*) repetisjonskurs.
refreshing [riˌfreʃiŋ] *adj* **1.** forfriskende; oppkvikkende; **2.** *fig:* forfriskende; ***a refreshing lack of conventions*** en forfriskende mangel på konvensjoner.
refreshingly [riˌfreʃiŋli] *adv:* forfriskende; ***refreshingly informal*** forfriskende uformell; velsignet uformell.
refreshment [riˌfreʃmənt] *s:* ***refreshments*** forfriskninger; ***light refreshments are available in the other room*** lettere forfriskninger finner man i det andre rommet.
refreshment room: ***(station) refreshment room*** jernbanerestaurant.
refreshment stand *sport:* matstasjon.
refrigerant [riˌfridʒərənt] **1.** *s:* kjølevæske; kjølemid-

del; **2.** *adj; tekn(=cooling)* kjølende.
refrigerate [riˌfridʒəˈreit] *vb* **1.** *om mat:* ***be refrigerated****(=be kept cool)* holdes avkjølt; **2.** fryse ned.
refrigerated display counter*(=cabinet)* kjøledisk.
refrigeration [riˈfridʒəˌreiʃən] *s:* avkjøling; nedkjøling; frysing; kjøling.
refrigeration unit *mask:* kjøleaggregat.
refrigerator [riˌfridʒəˈreitə] *s; stivt(=fridge)* kjøleskap.
refuel [riːˌfjuəl] *vb; flyv:* fylle brennstoff; tanke (opp).
refuge [ˌrefjuːdʒ] *s* **1.** *stivt(=shelter)* tilfluktssted; ***women's refuge*** krisesenter for kvinner;
2. tilflukt; ***seek refuge****(=take)* ***in****(=shelter in)* søke tilflukt i; ***take refuge in*** 1.: *se seek refuge in;* 2. *fig(=resort to)* ty til; ta sin tilflukt til *(fx silence);*
3. *i gate(=traffic island)* refuge; trafikkøy;
4. *for fjellklatrere, etc:* overnattingsstue.
refugee [ˈrefjuˌdʒiː] *s:* flyktning; ***political refugee*** politisk flyktning; ***reception post for refugees*** flyktningemottak; *(jvf fugitive).*
refugee camp flyktningeleir.
I. refund [ˌriːˈfʌnd] *s* **1***(=repayment)* refusjon; tilbakebetaling; ***get a refund****(=get one's money back)* få pengene sine igjen; **2.:** ***you get 10p refund****(=back)* ***on the bottle*** man får 10p igjen for flasken.
II. refund [riˌfʌnd] *vb:* refundere; betale tilbake; ***they had their money refunded*** de fikk pengene sine igjen; ***I'll refund (you) all your expenses****(=I'll repay you all your expenses)* jeg skal refundere deg alle dine utgifter.
refundable [riːˌfʌndəbl] *adj(=repayable)* som vil bli betalt tilbake; ***a refundable deposit*** en pant (,et depositum) som vil bli betalt tilbake.
refurbish [riːˌfəːbiʃ] *vb; stivt* **1***(=polish up again)* polere opp; **2***(=renovate)* renovere *(fx a building).*
refurnish [ˈriːˌfəːniʃ] *vb:* ommøblere.
refusal [riˌfjuːzəl] *s* **1.** avslag *n;* ***we were met by****(=with)* ***a blunt refusal*** vi ble møtt med blankt avslag; **2.** vegring; det å nekte;
3. *polit:* ***refusal of entry*** avvisning (av utlending); ***grounds for refusal of entry*** grunner for avvisning; *(se II. refuse 3);*
4.: ***first refusal*** forkjøpsrett *(fx give sby the first refusal);* ***have first refusal of****(=on)* ***sth*** ha forkjøpsrett til noe.
I. refuse [ˌrefjuːs] *s; stivt(=rubbish;* **US:** *garbage)* søppel.
II. refuse [riˌfjuːz] *vb* **1.** nekte *(fx refuse to help);*
2. avslå; si nei takk til; ***he refused politely but firmly*** han avslo høflig, men bestemt;
3. *polit:* ***refuse an alien entry to the country****(=refuse an alien at the border; turn an alien away at the border)* avvise en utlending ved grensen; ***refuse sby residence*** oppholdsnekte en; ***an increase in deportations and cases of refused entry*** en økning i antall utvisninger og tilfeller av oppholdsnektelse; *(jvf refusal 3 & residence permit).*
refuse bin*(=kitchen bin)* søppelbøtte; *(jvf dustbin).*
refuse collection: ***refuse collection (and disposal)****(=removal of refuse; dustbin service)* søppeltømming; renovasjon.
refuse dump *stivt(=rubbish dump)* avfallsplass; søppelfylling; fylling.
refutation [ˈrefjuˌteiʃən] *s; meget stivt(=proof to the contrary)* gjendrivelse; motbevis; imøtegåelse.
refute [riˌfjuːt] *vb; stivt(=disprove)* motbevise; imøtegå; gjendrive *(fx sby's argument).*
regain [riˌgein] *vb* **1.** *stivt(=get back to)* nå tilbake til *(fx the shore);*
2. *stivt(=recover)* gjenvinne; ***regain possession of sth*** komme i besittelse av noe igjen; ***regain the use of one's legs****(=gain the use of one's legs again)* få igjen førligheten i bena *n.*
regal [riːgl] *adj; stivt(=royal)* kongelig.
regale [riˌgeil] *vb; meget stivt* **1***(=entertain)* beverte; traktere *(fx with good food);* **2.** *fig(=entertain; amuse)* traktere *(fx be regaled with a long account of sby's travels);* **3.:** ***regale oneself with a cigar****(=indulge in a cigar)* bevilge seg en sigar.
regalia [riˌgeiliə] *s; pl* **1.** (kron)regalier; **2***(=insignia)* insignier; **3.** *spøkef:* ***she was in full regalia*** hun var i grand galla.
I. regard [riˌgɑːd] *s* **1***(=esteem)* aktelse; ***show****(=have)* ***regard for****(=show consideration for(=towards))* ta hensyn til; ***without regard for one's safety****(=heedless of the danger)* uten å tenke på sin egen sikkerhet; **2***(=respect)* henseende; ***in this regard*** i dette henseende;
3.: ***regards****(=greetings; good wishes)* hilsener *(fx give my regards to your mother; he sent her his regards);*
4.: ***with regard to, in regard to*** med hensyn til.
II. regard *vb* **1.** *stivt(=consider)* anse; betrakte; ***I would regard it (as) an honour****(=I would consider it an honour)* jeg ville betrakte det som en ære;
2. *i passiv; meget stivt:* ***he is very highly regarded by his friends****(=he's very well thought of by his friends)* han er høyt ansett blant vennene;
3. *stivt:* ***she regarded him with horror****(=she looked at him in(=with) horror)* hun så på ham med forferdelse; ***he regards****(=views)* ***their new plans with some misgiving*** han stiller seg noe tvilende til de nye planene deres;
4.: ***as regards****(=as for; as to)* hva angår.
regarding [riˌgɑːdiŋ] *prep(=about; concerning)* angående.
regardless [riˌgɑːdləs] **1.** *adj; stivt:* ***regardless****(=irrespective)* ***of*** uansett; uten hensyn til *(fx the cost);*
2. *adv* **T***(=in spite of everything)* tross alt; uansett *(fx carry on regardless);* **S:** ***got up regardless****(=all dressed up; dolled up)* påpyntet; **T:** pyntet til trengsel.
regatta [riˌgætə] *s; seilsp:* regatta.
regency [ˌriːdʒənsi] *s:* regentskap; regenttid.
I. regenerate [riˌdʒenəˈreit] *vb* **1.** *biol:* regenerere(s); vokse ut igjen; **2.** *fig; stivt(=renew)* fornye; gjenskape; gjenføde.
II. regenerate [riˌdʒenərət] *adj:* fornyet; gjenfødt.
regeneration [riˈdʒenəˌreiʃən] *s* **1.** *biol:* regenerasjon;
2. *fig; stivt(=renewal; rebirth)* fornyelse; gjenskapelse; gjenfødelse.
regenerative [riˌdʒenərətiv] *adj* **1.** *biol:* regenerativ;
2. *fig; stivt* fornyende; gjenskapende; ***have a regenerative influence on sth*** virke fornyende på.
regenerator [riˌdʒenəˈreitə] *s* **1.** *mask:* regenerator;
2. *fig; stivt:* fornyer.
regent [ˌriːdʒənt] *s* **1.** regent; **2. US** *ved enkelte skoler el. universiteter(=member of the governing body)* medlem *(n)* av skoleutvalget (,administrasjonen).
reggae [ˌregei] *s(type of West Indian music)* reggae.
regicide [ˌredʒiˈsaid] *s* **1.** kongemorder; **2.** kongemord.
regime, régime [reiˌʒiːm] *s; stivt* **1.** *polit(=reign)* regime *n;* ***the ancient regime*** l'ancien régime; **2.** *stivt(=system)* system *n;* ordning; ***the regime in the jail is horrific*** fengselssystemet er forferdelig.
regimen [ˌredʒimən] *s; stivt; med.(=diet; (course of) treatment)* diett; kur (forordnet av lege).
I. regiment [ˌredʒimənt] *s; mil:* regiment *n.*
II. regiment [ˌredʒiˈment] *vb; stivt(=organize (too) strictly)* holde strengt; *stivt el. spøkef(=force):* ***she tries to regiment us into doing exactly what she says*** hun prøver å tvinge oss til å gjøre akkurat som hun sier.
regimental [ˈredʒiˌmentl] *adj; mil:* regiments-.
regimentals [ˈredʒiˌmentlz] *s; pl:* regimentsuniform; uniform.
regimentation [ˈredʒimenˌteiʃən] *s; stivt(=very strict discipline)* meget streng disiplin.
region [ˌriːdʒən] *s* **1.** region; distrikt *n;* område *n;*
2. *anat:* region *(fx the abdominal region);*
3. *i Skottland; svarer til:* fylke *n;*

4. *stivt:* ***(somewhere) in the region of 40****(=about 40)* et sted i nærheten av 40.
regional [ˌri:dʒənəl] *adj:* regional.
regional development *(,***UK:** *community development)* distriktsutbygging.
regional planning regionalplanlegging.
I. register [ˌredʒistə] *s* **1.** register *n;* fortegnelse; ***personal data register*** personregister;
2.: ***church register*** kirkebok; ***hotel register*** gjestebok; fremmedbok;
3. *skolev:* ***attendance register*** fraværsprotokoll; ***mark the register****(=take attendance)* føre fravær *n;*
4. *mus:* register *n.*
II. register *vb* **1.** registrere; ***register a birth*** anmelde en fødsel; ***register a letter*** rekommandere et brev; ***register one's luggage*** skrive inn reisegodset sitt;
2.: ***register with the police*** melde seg hos politiet;
3. *på hotell* **US***(=check in)* skrive seg inn; sjekke inn; ***register at a hotel*** sjekke inn på et hotell;
4. *jur:* tinglyse; ***register a deed (of conveyance)****(=register a title deed)* tinglyse et skjøte;
5. *stivt(=show)* vise *(fx his face registered surprise);*
6. *om person:* ***it didn't register (with him)*** han forstod det ikke;
7. *tekn:* passe nøyaktig til hverandre *(fx these holes won't register).*
registered [ˌredʒistəd] *adj* **1.** registrert;
2. *om postsending:* rekommandert *(fk:* rek.); ***a registered letter*** et rekommandert brev; ***registered packet*** rekommandert sending; rek.sending;
3. *jernb:* ***registered luggage****(,***US:** *baggage)* innskrevet bagasje;
4. *landbr:* stambokført.
registered luggage *jernb:* reisegods; ***receipt for registered luggage****(=luggage ticket;* **US:** *(claim) check)* kvittering for innlevert reisegods; reisegodskvittering.
registered nurse autorisert sykepleier.
registered office*merk:* forretningskontor.
registered share capital *merk:* registrert aksjekapital.
register of companies *merk:* ***the register of companies*** foretaksregisteret.
register of deeds: *se register of (title) deeds.*
register office *(=registry office)* registreringskontor (for dødsfall, fødsler og ekteskap); ***be married in the local register office****(=be married before the registrar)* bli borgerlig viet; *(se registry).*
register of (title) deeds *jur(=register of land)* grunnbok.
register ton *mar:* bruttoregistertonn.
registrar [ˈredʒiˌstrɑ:; ˌredʒiˈstrɑ:] *s* **1.:** ***registrar (of births, marriages, and deaths)*** bestyrer av et "registry office"; ***be married before the registrar****(,***T:** *go before the registrar)* bli borgerlig viet;
2.: ***registrar of deeds*** *bestyrer av et "land registry", dvs. stedet hvor grunnboken (the register of deeds) oppbevares; svarer delvis til:* sorenskriver; *(jvf district stipendiary magistrate);*
3.: ***the registrar of companies*** registerføreren; *(jvf register of companies);*
4. *jur:* dommerfullmektig;
5. *ved sykehus:* ***(junior) registrar****(,***US:** *assistant resident)* assistentlege II; *(jvf houseman);* ***senior registrar****(,***US:** *senior resident; chief resident)* assistentlege I; overlege.
registration [ˈredʒiˌstreiʃən] *s* **1.** registrering;
2. *til kurs(=enrolment)* påmelding;
3.: ***(land) registration*** tinglysing;
4. **US***(=reception (desk))* resepsjon.
registration book *for bil:* vognkort.
registration plate *på motorkjøretøy(=numberplate;* **US:** *license plate)* nummerskilt.
registry [ˌredʒistri] *s* **1.** arkivrom; offentlig arkiv *n;*
2. fortegnelse; register *n;* ***registry of shipping*** skipsregister;
3.: ***land registry*** *stedet hvor grunnboken oppbevares; svarer delvis til:* sorenskriverkontor; *(jvf registrar 2).*
registry certificate *jur:* ***land registry certificate*** tinglysingsattest.
registry office: *se register office.*
regress [riˌgres] *vb; stivt* **1.** *litt. el. meget stivt (=move backwards)* bevege seg bakover;
2. *fig; om samfunn:* utvikle seg i negativ retning;
3. *med.:* få tilbakefall; bli verre;
4. *psykol:* regredere; ***he has let himself regress****(=go back)* ***to his earlier lives*** han har latt seg regredere til sine tidligere liv *n.*
regression [riˌgreʃən] *s* **1.** *stivt(=moving backwards)* tilbakegang; tilbakegående bevegelse; **2.** *fig; stivt(=retrogression)* tilbakegang; ***progress and regression*** fremskritt og tilbakegang; **3.** regresjon.
regressive [riˌgresiv] *adj:* regressiv; som går tilbake.
I. regret [riˌgret] *s:* anger; *stivt el. merk:* beklagelse; ***a twinge of regret*** et stikk av anger; ***I have no regrets****(=I feel no regret about what I did)* jeg angrer ikke (på det jeg gjorde); ***we note with regret that*** *(=we regret to note that)* vi beklager (å se) at; ***much to my regret*** til min store sorg; ***it was with deep regret that I heard the news of his death****(=I was extremely sorry to hear about his death)* det var med stor sorg jeg fikk høre at han var død.
II. regret *vb:* angre; *stivt:* beklage; ***I regret my foolish behaviour*** jeg angrer på den tåpelige oppførselen min; ***I regret missing the concert****(=I regret that I missed the concert)* jeg angrer på at jeg ikke fikk gått på konserten; ***I regret to inform you that your application for the job was unsuccessful*** jeg må dessverre meddele deg at du ikke har fått den stillingen du søkte.
regretful [riˌgretful] *adj:* bedrøvet; full av beklagelse; ***I feel rather regretful****(=sorry)* ***that the affair ended like that*** jeg synes det er nokså synd at saken endte slik.
regretfully [riˌgretfuli] *adv* **1***(=sadly)* bedrøvet; beklagende *(fx nod regretfully);* **2.:** *se regrettably.*
regrettable [riˌgretəbl] *adj:* beklagelig.
regrettably [riˌgretəbli] *adv* **1.** sørgelig *(fx few);*
2. *stivt(=unfortunately)* dessverre; beklageligvis.
regroup [ˈri:ˌgru:p] *vb; også mil:* omgruppere.
I. regular [ˌregjulə] *s* **1***(=regular customer)* fast kunde; stamgjest *(fx regulars at the club);*
2. *mil:* ***regulars*** regulære tropper.
II. regular *adj* **1.** regelmessig; ***keep regular hours*** føre et regelmessig liv;
2. jevn; ***at regular intervals*** med jevne mellomrom;
3*(=usual; normal)* vanlig; fast;
4*(=permanent)* fast *(fx job);*
5. *mat. & mil:* regulær;
6. *rel:* ***regular clergy*** ordensprester; regulares;
7. vedtektsmessig *(fx meeting);* reglementert;
8. *om metode, etc(=correct)* korrekt;
9*(=absolute):* ***it's a regular madhouse*** det er det rene galehus;
10. **T***(=thorough)* real; ordentlig; ***a regular beating*** en ordentlig omgang juling;
11. **T***(=real)* ordentlig *(fx a regular holiday);* ***he's a regular snob*** han er en ordentlig snobb;
12. **US T:** ***a regular guy****(=a decent chap)* en ordentlig kar.
regular army *mil:* stående hær.
regularity [ˈregjuˌlæriti] *s:* regelmessighet; regelbundethet; lovmessighet.
regularize, regularise [ˌregjuləˈraiz] *vb; stivt(=legalize)* legalisere.
regularly [ˌregjuləli] *adv:* regelmessig; ***she's regularly late*** hun kommer som oftest for sent.
regular officer *mil:* yrkesoffiser.
regulate [ˌregjuˈleit] *vb* **1***(=adjust)* regulere; normere; **2***(=fix)* fastsette; **3***(=control)* kontrollere; holde kontroll med *(fx we must regulate our spending).*

r

I. regulation ['regju,leiʃən] *s* **1.** regulering; **2**(=*rule*) (ordens)regel; vedtekt; ***rules and regulations*** ordensreglement; ***police regulations*** politivedtekter; ***observe the regulations*** rette seg etter ordensreglene.
II. regulation *adj:* forskriftsmessig; foreskreven; ***the regulation procedure*** den foreskrevne fremgangsmåte.
regulation dress *mil(=regulation uniform)* forskriftsmessig uniform.
regulator [,regju'leitə] *s; tekn:* regulator.
regurgitate [ri,gə:dʒi'teit] *vb; stivt(=vomit)* gulpe opp; kaste opp.
rehabilitate ['ri:(h)ə,bili'teit] *vb* **1.** rehabilitere; skaffe oppreisning; **2.** *økon:* bringe på fote igjen.
rehabilitation ['ri:(h)ə'bili,teiʃən] *s:* rehabilitering.
rehabilitation centre vernehjem.
rehabilitation sport(=*therapeutic sport)* helsesport.
I. rehash [,ri:'hæʃ] *s; neds:* oppkok *n.*
II. rehash [ri:,hæʃ] *vb; fig; neds:* koke suppe på; lage et oppkok av.
rehearsal [ri,hə:səl] *s; teat:* prøve; ***dress rehearsal*** generalprøve; ***play rehearsal*** prøve på et skuespill.
rehearse [ri,hə:s] *vb* **1.** *teat, etc:* prøve; ha prøve på *(fx a play);* innstudere *(fx a part);* ***rehearse one's lines*** øve inn replikkene sine; ***rehearse what one is going to say*** øve inn det man skal si;
2(=*bring up)* bringe på bane igjen; ta opp igjen *(fx earlier arguments);*
3. *meget stivt(=enumerate)* regne opp *(fx the events of the day).*
re-heel [,ri:'hi:l] *vb:* sette nye hæler på.
rehouse [ri:,hauz] *vb:* skaffe annen bolig.
I. reign [rein] *s:* styre *n;* regjering(stid).
II. reign *vb* **1.** regjere; styre (*over* over); **2.** *fig(=prevail)* herske *(fx silence reigned).*
reimburse ['ri:im,bə:s] *vb* **1.** *bankv:* rembursere;
2. *stivt(=refund)* refundere; ***reimburse sby for sth*** refundere en noe; ***be reimbursed*** 1. bli refundert; ***you will be reimbursed (for) the cost of your journey*** du vil få refundert det som reisen koster; 2(=*get paid)* sørge for å få betalt; holde seg selv skadesløs.
reimbursement ['ri:im,bə:smənt] *s; stivt(=refunding)* refusjon.
I. rein [rein] *s* **1.** *for hest:* tømme; ***draw rein****(=rein in)* holde an (hesten); stanse hesten;
2.: ***(baby) reins*** (barne)seler;
3. *fig:* ***give free rein to one's imagination*** gi sin fantasi frie tøyler; ***give sby a looser rein*** gi en litt friere tøyler; ***keep a tight rein on sby*** holde en i stramme tøyler; holde en strengt; ***I've been asked to take the reins while the boss is on holiday*** jeg har blitt bedt om å overta (ansvaret) mens sjefen er på ferie.
II. rein *vb* **1.** *fig; stivt(=control)* tøyle *(fx one's impatience);* **2.:** ***rein****(=pull)* ***in a horse*** tøyle en hest.
reincarnate ['ri:in,ka:neit] *vb:* reinkarnere.
reincarnation ['ri:inka:,neiʃən] *s:* reinkarnasjon.
reindeer [,rein'diə] *s; zo:* rein; reinsdyr.
reindeer herdsman reindriftsame.
reindeer lichen *bot(=reindeer moss)* reinlav; reinmose.
reinforce ['ri:in,fɔ:s] *vb* **1.** *mil & fig:* forsterke; ***reinforce the organization*** forsterke organisasjonen; **2.** armere; forsterke; ***reinforced concrete*** armert betong.
reinforcement ['ri:in,fɔ:smənt] *s* **1.** *også mil:* forsterkning; **2.** *bygg:* armering; forsterkning.
reinforcer ['ri:in,fɔ:sə] *s* **1.** forsterker; **2.** oppstiver; noe som stiver opp; ***milk, a natural reinforcer*** melk, en naturlig oppstiver.
reinstate ['ri:in,steit] *vb* **1.** gjeninnsette; **2.** *sport:* få suspensjonen omgjort; få lov til å delta igjen;
3. US(=*reintroduce)* gjeninnføre.
reinstatement ['ri:in,steitmənt] *s* **1.** gjeninnsettelse *(fx of sby in his job);* **2.** *sport:* omgjøring av suspensjonen; **3. US**(=*reintroduction)* gjeninnføring.

reinsurance ['ri:in,ʃɔ:rəns; 'ri:in,ʃuərəns] *s; fors:* reassuranse.
reinsure ['ri:in,ʃɔ:; 'ri:in,ʃuə] *vb; fors:* reassurere; avdekke en risiko.
reinsurer ['ri:in,ʃɔ:rə; 'ri:in,ʃuərə] *s; fors:* reassurandør.
reintegrate [ri:,intə'greit] *vb:* reintegrere.
reintegration ['ri:'intə,greiʃən] *s:* reintegrering.
reintroduce ['ri:intrə,dju:s] *vb:* gjeninnføre.
reintroduction ['ri:intrə,dʌkʃən] *s:* gjeninnføring.
I. reissue [,ri:'isju:] *s* **1**(=*reprint)* nytt opptrykk; **2.** *om film(=re-release)* reprise; ***on reissue*** som reprise.
II. reissue ['ri:,isju:] *vb* **1**(=*reprint)* trykke opp igjen; **2.** *om film:* vise som reprise.
reiterate [ri:,itə'reit] *vb; stivt(=repeat)* gjenta.
reiteration [ri:'itə,reiʃən] *s; stivt(=repetition)* gjentagelse.
I. reject [,ri:'dʒekt] *s* **1.** noe som er vraket; ***this pipe is cheap because it's a reject*** denne pipen er billig fordi den regnes som vrak *n;*
2. *merk:* ***rejects*** utskuddsvarer.
II. reject [ri,dʒekt] *vb* **1.** vrake;
2. forkaste *(fx sby's suggestion); om manuskript:* refusere; ***his application was rejected*** han fikk avslag på søknaden sin; ***he asked her to marry him, but she rejected him****(=turned him down)* han fridde til henne, men fikk avslag;
3. avvise *(fx they feel rejected by society);* ***he rejected my overtures to him*** han avviste mine tilnærmelser;
4. *med.; ved transplantasjon:* avvise;
5.: ***reject one's food*** ikke kunne holde på maten.
rejection [ri,dʒekʃən] *s* **1.** vraking;
2. forkastelse; avslag;
3. avvisning; ***assume an attitude of rejection*** innta en avvisende holdning;
4. *merk:* ***rejections****(=rejects; throw-outs)* frasorterte varer; vrakede varer.
rejig [ri:,dʒig] *vb* **T**(=*rearrange; reorganize)* lage om på *(fx they rejigged the timetable).*
rejoice [ri,dʒɔis] *vb; stivt(=be very happy)* glede seg; fryde seg (*at* over).
rejoicing *s* **1**(=*great happiness)* stor glede;
2.: ***rejoicing(s)*** jubel (*over* over); ***rejoicing at the victory*** seiersjubel.
I. rejoin [ri,dʒɔin] *vb; stivt* **1**(=*reply)* svare; **2.** *jur:* duplisere; *(jvf II. reply 2).*
II. rejoin *vb(=join again)* vende tilbake til; slutte seg til igjen.
rejoinder [ri,dʒɔində] *s; stivt* **1**(=*reply)* svar *n (fx make witty rejoinders);* gjensvar; ***sharp rejoinder*** skarpt svar; skarp imøtegåelse;
2. *jur:* duplikk; *(jvf I. reply 2).*
rejuvenate ['ri:,dʒu:və'neit] *vb* **1.** forynge(s); gjøre ung igjen; **2.** få til å se ut som ny *(fx an old car).*
rejuvenation [ri:'dʒu:və,neiʃən] *s:* foryngelse.
rekindle ['ri:,kindl] *vb; stivt(=light again)* tenne på nytt.
I. relapse [ri,læps] *s; også med.:* tilbakefall.
II. relapse *vb; også med.:* få tilbakefall; ***relapse into fits of depression*** få nye tilbakefall med depresjon.
relate [ri,leit] *vb* **1.** *stivt(=tell)* fortelle; berette;
2. *fig:* ***relate A and****(=to)* ***B*** sette A i forbindelse med B; se A i relasjon til B; ***I can't see how the two things relate****(=I can't see the connection between the two things)* jeg kan ikke se hvilken forbindelse det er mellom de to tingene; ***does crime relate to poverty?*** er det noen sammenheng mellom kriminalitet og fattigdom? ***I think this relates to her unhappy childhood*** jeg tror dette har sammenheng med hennes ulykkelige barndom;
3(=*respond)* reagere på *(fx the way a child relates to a psychiatrist);* ***I can't relate to that kind of music*** jeg kan ikke få noe forhold *(n)* til den slags musikk; *(se også related & relating).*

related [riˌleitid] *adj* **1.** beslektet; ***related subjects*** beslektede fag *n;* **2.** i slekt *(fx we're related);* ***related to*** i slekt med; ***how is he related to you?****(=what relation is he to you?)* hvordan er han i slekt med deg?

-related *i sms:* -relatert.

relating [riˌleitiŋ]*:* ***relating to*** *prep(=concerning; about)* angående; vedrørende.

relation [riˌleiʃən] *s* **1.** slektning; ***are you a relation of X?*** er du i familie med X? ***are you any relation of X?*** du skulle vel ikke være i familie med X? ***only really close relations were invited*** bare den aller nærmeste familie ble invitert;

2*(=relationship; connection)* forbindelse; sammenheng; ***size bears little relation to ability*** størrelse har lite med evner å gjøre;

3.: ***relations*** 1. *mellom land el. mennesker:* forhold *n;* ***he broke off all relations with his family*** han (av)brøt all forbindelse med familien sin; 2. *evf:* ***have relations with****(=have an affair with)* ha et forhold til;

4. *stivt:* ***in relation to, with relation to****(=concerning)* med hensyn *(n)* til; angående.

relationship [riˌleiʃən'ʃip] *s* **1.** slektskap; **2***(=relation; connection)* forbindelse; **3.** forhold; ***a close relationship*** et nært forhold; ***they had a loving****(=affectionate)* ***relationship*** de hadde et kjærlig og godt forhold; ***steady relationships*** faste (samlivs)forhold; ***form a relationship with*** knytte forbindelse med.

I. relative [ˌrelətiv] *s* **1***(=relation)* slektning; ***the surviving relatives****(,ofte: the bereaved family)* de etterlatte; de gjenlevende; *(se relation 1);*

2. *gram(=relative pronoun)* relativt pronomen.

II. relative *adj* **1.** *også gram:* relativ; **2.** *prep; meget stivt:* ***relative to****(=concerning; relating to)* angående.

relatively [ˌrelətivli] *adv:* relativt; forholdsvis.

relativity ['reləˌtiviti] *s:* relativitet.

relax [riˌlæks] *vb* **1.** slappe av; få til å slappe av;

2.: ***relax one's grip****(=hold)* løsne på grepet (*el.* taket);

3. *fig:* ***relax the rules*** lempe på reglene.

relaxation ['ri:lækˌseiʃən] *s* **1.** avslapping; **2.** lempelse *(of* av) *(fx a relaxation of the rules).*

relaxed [riˌlækst] *adj:* avslappet; ***she feels very relaxed about the whole thing*** hun tar det hele meget avslappet.

I. relay [ˌri:'lei] *s* **1.** *elekt:* relé *n;*

2. nytt mannskap; nytt skift; ***work in relays round the clock*** arbeide på skift døgnet rundt;

3. *av hester:* nytt forspann;

4. *sport(=relay race)* stafettløp.

II. relay [riˌlei] *vb* **1.** *stivt(=pass on)* bringe videre *(fx a warning to the passengers);* **2.** *radio & TV:* relésende; ***relay by satellite*** sende via satellitt.

relay race *sport:* stafettløp.

I. release [riˌli:s] *s* **1.** *av fange:* løslatelse;

2. *fra gjeld(=discharge)* ettergivelse; ***release from****(= discharge of)* ettergivelse av;

3. *fig:* befrielse; ***death was a happy release*** døden kom som en befrielse;

4. *om bok:* publisering; ***press release*** pressemelding;

5. *om film:* ***first release*** premierekopi; ***new release*** nuytsendelse; *(se re-release);*

6*(=new record)* ny plate; ***the latest releases*** de nyeste platene;

7. *fot:* ***(shutter) release*** utløser.

II. release *vb* **1.** løslate; sette fri; ***he was released on probation*** han fikk betinget dom; *(jvf I. parole 3 & 4; suspended sentence);*

2.: ***release sby from his debt*** ettergi en ens gjeld;

3. *fig; stivt(=free)* befri *(fx sby from their pain; sby from their promise);*

4. *stivt(=let go)* slippe *(fx one's hold(=grip) on the rope);*

5. *om mekanisme:* utløse; ***release the handbrake*** ta av håndbrekket; ***release the safety catch*** ta av sikringen;

6. *om pengebeløp(=raise)* frigjøre *(fx some cash);*

7. *om pil; meget stivt(=shoot)* skyte *(fx an arrow);*

8. *om nyhet:* frigi; tillate offentliggjort;

9. *om film el. plate:* sende ut *(fx a new film).*

10. *om følelser:* utløse; slippe løs.

release bindings *pl; ski:* sikkerhetsbindinger.

release print *film:* distribusjonskopi.

release switch *elekt:* utløserbryter.

relegate [ˌreli'geit] *vb* **1.** *univ:* relegere; **2.** *sport(=move down):* ***be relegated to*** rykke ned til; **3.** *meget stivt(= consign):* ***relegate sth to the scrap heap*** la noe havne på skraphaugen.

relegation ['reliˌgeiʃən] *s* **1.** *univ:* relegering; **2.** *sport:* nedrykking; *(jvf relegate 2);* **3.** *meget stivt(=consigning):* ***the relegation of sth to the scrap heap*** det å kaste noe på skraphaugen.

relent [riˌlent] *vb* **1.** gi etter; la seg overtale;

2. *om storm(=abate)* gi seg; stilne av; løye av.

relentless [riˌlentləs] *adj; stivt* **1***(=pitiless; uncompromising)* ubarmhjertig; uforsonlig; **2***(=persistent)* iherdig *(fx work).*

relevance [ˌreləvəns] *s:* relevans.

relevant [ˌreləvənt] *adj:* relevant; som angår saken.

reliability [ri'laiəˌbiliti] *s* **1***(=dependability; trustworthiness)* pålitelighet; **2.** *mask:* driftssikkerhet.

reliable [riˌlaiəbl] *adj* **1***(=dependable; trustworthy)* pålitelig; **2.** *mask:* driftssikker.

reliance [riˌlaiəns] *s; stivt(=dependence)* avhengighet *(on* av); ***self reliance*** selvhjelp.

reliant [riˌlaiənt] *adj; stivt:* ***reliant on****(=dependent on)* avhengig av.

relic [ˌrelik] *s* **1.** *rel:* relikvie; **2.** levning; ***relics of the past*** fortidslevninger.

I. relief [riˌli:f] *s* **1.** lettelse; ***give a sigh of relief*** trekke et lettelsens sukk; ***cry for pure relief*** gråte av bare lettelse; ***it was a great relief*** det var en stor lettelse;

2. lindring; ***an aspirin often brings relief*** en aspirin gir ofte lindring;

3. unnsetning; befrielse; ***come to sby's relief*** komme en til unnsetning;

4*(=aid; help)* hjelp; bistand; ***(famine) relief*** nødhjelp;

5. avløsning *(fx he was waiting for his relief); mil:* vaktavløsning;

6.: ***tax relief*** skattefradrag;

7. relieff *n;* ***throw sth into relief*** stille noe i relieff.

II. relief *adj* **1.** hjelpe- *(fx programme);* **2.** avløsnings-; ***relief crew*** avløsningsmannskap; **3.** ekstra- *(fx train).*

relief flight hjelpesending med fly *n.*

relief map relieffkart.

relief measure(s) avhjelpende tiltak *n.*

relief operations *pl:* hjelpeoperasjoner; hjelpearbeid.

relief organization (internasjonal) hjelpeorganisasjon.

relief road avlastningsvei.

relief supplies *pl:* nødhjelpsforsyninger.

relief work nødhjelpsarbeid; bistandsarbeid.

relief worker bistandsarbeider.

relieve [riˌli:v] *vb* **1.** lindre *(fx sby's toothache);*

2. avhjelpe; råde bot på; ***relieve the hardship of the refugees*** hjelpe flyktningene i deres vanskelige situasjon;

3. *også mil:* avløse; ***relieve the sentry*** avløse skiltvakten;

4. *evf:* ***relieve oneself*** gjøre sitt fornødne;

5. *mht. trykk:* avlaste;

6. *mil:* unnsette *(fx a besieged town);*

7. gjøre mindre monoton (*el.* ensformig);

8. *fig:* ***relieve one's feelings****(=give vent to one's feelings)* gi sine følelser luft;

9.: ***relieve sby of sth*** 1. *stivt:* befri en for noe; ***may I relieve you of that heavy suitcase?****(=may I take that heavy suitcase for you?)* får lov å befri deg for den tunge kofferten? ***feel relieved of a great weight*** føle seg befridd for en stor byrde; 2. *stivt:* frata en noe; ***he was relieved of his post****(=he was dismissed)* han ble fratatt stillingen; 3. *spøkef:* lette en for noe; 4(=

*break): **a word that relieves the tension*** et forløsende ord.

relieved [riˌli:vd] **1.** *perf.part. av relieve;* **2.** *adj:* lettet; ***I'm relieved to hear that*** jeg er lettet over å høre det; ***feel immensely relieved*** føle seg uendelig lettet.

religion [riˌlidʒən] *s:* religion.

religious [riˌlidʒəs] *adj:* religiøs.

religious instruction *(fk R.I.) skolev:* religionsundervisning; religion.

religiousness [riˌlidʒəsnəs] *s:* religiøsitet.

relinquish [riˌliŋkwiʃ] *vb; stivt* **1***(=give up)* oppgi; gi fra seg;
2*(=renounce)* gi avkall *(n)* på;
3. *stivt(=transfer)* overdra *(to* til);
4*(=release): **relinquish one's grip on*** løsne grepet på.

relinquishment [riˌliŋkwiʃmənt] *s; stivt* **1***(=abandonment; giving up)* oppgivelse; **2***(=renunciation)* avkall *n;* **3***(=transfer)* overdragelse.

I. relish [ˌreliʃ] *s* **1.** smakstilsetning; noe som forbedrer smaken; **2.** velbehag; ***eat with great relish****(=enjoyment)* spise med stort velbehag; **3.: *he had little relish for the project****(=he didn't much like the project)* han hadde lite til overs for prosjektet.

II. relish *vb; stivt(=like; enjoy)* sette pris på; like.

relive [ˌri:ˌliv] *vb:* gjenoppleve (*old memories* gamle minner); ***we relive our stay with you every time we see****(=watch)* ***the film we took*** vi gjenopplever oppholdet hos dere hver gang vi ser på den filmen vi tok (opp).

reload [ˈri:ˌloud] *vb* **1.** lesse om; lesse på på nytt; omlaste;
2. lade på nytt *(fx one's gun);*
3. *fot:* sette ny film (,kassett) i *(fx a camera);*
4.: *reload the brush* ta mer maling på kosten.

relocate [ˈri:louˌkeit] *vb:* omplassere; flytte.

relocation [ˈri:louˌkeiʃən] *s:* omplassering; flytting.

relocation expenses *pl(=removal expenses)* flytteutgifter.

reluctance [riˌlʌktəns] *s* **1***(=disinclination)* ulyst; motvilje; ***his reluctance to go*** det at han har så liten lyst til å dra; **2.** *elekt:* reluktans.

reluctant [riˌlʌktənt] *adj(=disinclined)* motvillig; uvillig; ikke villig (*to* til å); ***I'm reluctant to leave this job*** jeg er ikke glad for å slutte i denne jobben.

reluctantly [riˌlʌktəntli] *adv:* motvillig; motstrebende.

rely [riˌlai] *vb: **rely on*** **1***(=trust)* stole på; ***you can rely on us to do our best*** du kan stole på at vi skal gjøre vårt beste; **2***(=depend on)* være avhengig av; ***she had to rely on me for babysitting*** hun var avhengig av meg som barnevakt; ***relying on****(=trusting to)* ***the discretion of her colleagues …*** i tillit til kollegenes diskresjon …

remain [riˌmein] *vb* **1.** *stivt:* være igjen; ***some crumbs*** remained*(=were left)* det var noen smuler igjen;
2. gjenstå; ***it remains to be seen whether*** det gjenstår å se om; ***the fact remains that*** … det faktum gjenstår at …;
3. *stivt(=stay)* bli; bli værende; ***remain behind*** bli igjen;
4. *med etterfølgende adj:* forbli; *stivt: **remain****(=stay)* ***anonymous*** forbli anonym; ***remain faithful to sby*** forbli trofast mot en; ***the problem remains****(=is still)* ***unsolved*** problemet forblir uløst; problemet er fremdeles uløst; ***it remains certain that …*** det står fast at …;
5.: *it remains with him to**(=it's up to him to)* det står til ham å; det er opp til ham å.

remainder [riˌmeində] *s* **1.** *mat.:* rest;
2. *stivt(=rest)* rest; ***for the remainder of the week*** resten av uken;
3. *merk:* restparti;
4. *av bok, etc:* restopplag.

remaindered [riˌmeindəd] *adj: **remaindered books****(= remainders; books offered at reduced prices)* nedsatte bøker.

remaining [riˌmeiniŋ] *adj:* resterende; gjenstående; ***the three remaining possibilities*** de tre gjenstående muligheter; ***the remaining four*** de øvrige fire; ***the remaining ones****(=the ones remaining; those remaining; the rest)* de gjenværende.

remains [riˌmeinz] *s; pl* **1.** levninger; rester; **2.** *evf: **his (mortal) remains****(=his body)* hans jordiske levninger; **3.: *literary remains*** litterære etterlatenskaper.

I. remand [riˌmɑ:nd] *s:* varetektskjennelse; ***prisoner on remand****(=remanded prisoner)* varetektsfange; ***he's on remand on a murder charge*** han er varetektsfengslet, siktet for mord.

II. remand *vb; jur* **1.: *remand sby (in(to) custody)*** varetektsfengsle en; avsi varetektskjennelse over en; forlenge varetektsfengslingen for en;
2.: *remand sby (on bail) for reports* løslate en mot (kausjon og) meldeplikt.

remand home *for ungdomsforbrytere:* varetektsfengsel.

I. remark [riˌmɑ:k] *s:* bemerkning; ***sharp remark*** skarp bemerkning; ***make a remark*** komme med en bemerkning; ***make****(=pass)* ***remarks about*** kommentere (på); komme med negative bemerkninger om; ***remarks were passed about our absence*** man kommenterte (på) vårt fravær.

II. remark *vb* **1.** bemerke *(fx he remarked(=said) that …); **he remarked on the similarity of their replies*** han kom med en bemerkning om hvor like svarene *(n)* deres var; **2.** *stivt(=notice)* legge merke til.

remarkable [riˌmɑ:kəbl] *adj(=unusual; extraordinary)* bemerkelsesverdig; merkverdig; merkelig; uvanlig; ***what's remarkable about that?*** hva er det som er så merkelig med det?

remarkably [riˌmɑ:kəbli] *adv:* bemerkelsesverdig; usedvanlig; ***do remarkably well*** greie seg bemerkelsesverdig godt.

remarry [ˈri:ˌmæri] *vb:* gifte seg igjen.

rematch [ˌri:ˈmætʃ] *s; sport; boksing & bryting:* omkamp; *(jvf replay & play-off).*

remediable [riˌmi:diəbl] *adj* **1.** *meget stivt(=that can be put right)* som det kan rådes bot på; **2.** *jur:* som det finnes rettsmidler for; *(jvf remedy 3).*

remedial [ˈriˌmi:diəl] *adj:* hjelpe-; støtte-.

remedial class *skolev:* hjelpeklasse.

remedial teacher *skolev(=special teacher)* spesiallærer.

remedial teaching *skolev(=remedial education)* støtteundervisning; *(jvf special education).*

I. remedy [ˌremədi] *s* **1.** legemiddel; legeråd; middel *n;* ***that was a very drastic remedy!*** det var en ordentlig hestekur! **2.** *fig: **there's a remedy for everything*** det er råd *(n)* for alt; **3.** *jur:* rettsmiddel.

II. remedy *vb; stivt(=put right; make good)* avhjelpe; råde bot på; ***remedy****(=make good)* ***a wrong*** råde bot på en urett.

remelt [ˈri:ˌmelt] *vb:* smelte om.

remember [riˌmembə] *vb* **1.** huske; ***remember clearly*** huske tydelig; ***this gave us sth to remember all our lives****(=this gave us a memory for life)* dette ga oss et minne for livet; ***remember right*** huske riktig *(fx if I remember right);*
2.: *remember sby in one's will* tilgodese en i sitt testament;
3.: *remember me to your parents* hils foreldrene dine fra meg.

remembrance [riˌmembrəns] *s; stivt* **1***(memory): **in remembrance of*** til minne *(n)* om; **2***(=memento)* minne *n.*

remind [riˌmaind] *vb* **1.** minne; ***remind me to ring him*** minn meg på at jeg ringer til ham; ***passengers are reminded that …*** passasjerene minnes om at …;
2.: *remind sby of sth* 1. minne en om (*el.* på) noe; 2. få en til å tenke på noe; minne en om noe; ***to remind you of your friend Ann*** til minne om din venninne Ann.

reminder [riˌmaində] *s* **1.** påminnelse (*of* om); ***a gentle reminder*** en forsiktig påminnelse; **2.** *merk:* purrebrev.
reminisce ['remiˌnis] *vb; stivt(=talk about the old days)* snakke om gamle dager; *spøkef:* mimre; ***reminisce about one's childhood*** snakke om barndommen sin; *spøkef:* ***nostalgic evening of reminiscing*** mimrekveld.
reminiscence ['remiˌnisəns] *s* minne(r) *(n)* fra gamle dager; erindring; ***exchange reminiscences*** utveksle erindringer; ***he's given to reminiscence*** han snakker gjerne om gamle dager.
reminiscent ['remiˌnisənt] *adj; stivt* **1.:** ***reminiscent of*** som minner om; ***his style is reminiscent of van Gogh*** stilen hans minner om van Gogh;
2. *stivt(=nostalgic):* ***a reminiscent smile*** et drømmende smil; ***become reminiscent*** fortape seg i minner *n;* ***he's feeling reminiscent*** han dveler ved minnene.
remiss [riˌmis] *adj* **1.** *med betaling; stivt(=late)* forsømmelig; sen; **2.** *stivt(=careless)* forsømmelig; ***he's remiss in his work*** han forsømmer arbeidet sitt.
remission [riˌmiʃən] *s* **1.** ettergivelse; ***get two years' remission for good behaviour*** få ettergitt to år *(n)* av straffen for god oppførsel; ***remission of sins*** syndsforlatelse;
2. *med.; om sykdom:* tilbakegang; bedring; remisjon.
remissness [riˌmisnəs] *s; merk; med betaling; stivt(=lateness)* forsømmelighet.
I. remit [ˌri:'mit; riˌmit] *s; meget stivt* **1***(=area of responsibility)* ansvarsområde; **2***(=authority)* myndighetsområde; mandat *n.*
II. remit [riˌmit] *vb* **1***(=pay)* betale; ***remit (the) payment to us directly*** betale direkte til oss; **2.** *jur(=return)* sende tilbake *(fx to a lower court).*
remittance [riˌmitəns] *s(=payment)* remisse; betaling.
remnant [ˌremnənt] *s* **1.** (liten) rest; ***remnants of cloth*** tøyrester; **2.** levning *(fx of imperialism);* ***the remnant(s) of the army*** restene av hæren.
remodel ['ri:ˌmɔdəl] *vb(=alter; reconstruct)* forandre; bygge om *(fx an old house).*
remonstrance [riˌmɔnstrəns] *s; stivt(=protest)* protest; ***remonstrances*** protester; motforestillinger.
remonstrate [ˌremən'streit; **US:** riˌmɔnstreit] *vb; meget stivt:* ***remonstrate****(=protest)* ***against*** protestere mot; ***I remonstrated with him****(=protested to him)* ***about his treatment of his brother*** jeg gjorde ham bebreidelser for den måten han behandlet sin bror på.
remorse [riˌmɔ:s] *s; stivt(=regret)* anger; ***he was filled with remorse*** han var fylt av anger; ***he showed no signs of remorse*** han viste ingen tegn *(n)* til anger; ***I was stabbed with remorse*** jeg fikk et voldsomt anfall av anger.
remorseful [riˌmɔ:sful] *adj; litt.(=repentant)* angerfull.
remorseless [riˌmɔ:sləs] *adj; stivt(=merciless; pitiless; cruel)* ubarmhjertig; grusom.
remote [riˌmout] *adj* **1.** fjern; fjerntliggende; avsides;
2. *om vesen:* fjern; reservert; *(=aloof; reserved)* utilnærmelig; reservert;
3. *fig:* ***a remote chance of success*** en svak mulighet for at det skal lykkes; ***he hasn't the remotest idea what's going on*** han har ikke den fjerneste anelse om hva som foregår.
remote control fjernstyring; ***operate by remote control*** fjernstyre.
remote-control [riˌmoutkənˌtroul], **remote-controlled** [riˌmoutkənˌtrould] *adj:* fjernstyrt.
remotely [riˌmoutli] *adv* **1.** fjernt; **2.** *fig:* ***he's remotely related to me*** han er en fjern slektning av meg; ***if it's remotely possible*** hvis det er den aller minste mulighet for det.
remoteness [riˌmoutnəs] *s* **1.** avsides beliggenhet;
2. *fig:* fjernhet; ***his remoteness from everyday life*** hans livsfjernhet.
rémoulade ['reməˌleid] *s:* remulade.
remould ['ri:ˌmould] *vb* **1.** omdanne; omforme;
2*(=retread;* **US:** *recap)* banelegge *(fx a tyre).*
I. remount [ˌri:'maunt] *s; for rytter:* frisk hest.
II. remount ['ri:ˌmaunt] *vb* **1.** sette seg på (hest, etc) igjen; **2***(=reset)* sette i ny innfatning *(fx a diamond).*
removable [riˌmu:vəbl] *adj* **1.** som kan tas av *(fx lid);* demonterbar; *(jvf detachable);* **2.** som lar seg fjerne; ***is this stain removable?*** lar det seg gjøre å fjerne denne flekken? **3***(=subject to dismissal)* oppsigelig.
removal [riˌmu:vəl] *s* **1***(=moving)* flytting; **2.** fjerning; fjernelse; bortrydding; ***the removal of rubbish*** fjerningen av søppel; **3***(=dismissal (from office))* avskjedigelse.
removal van*(=furniture van)* flyttebil.
I. remove [riˌmu:v] *s* **1.** *fig; stivt(=step)* trinn *n;* grad *(fx only one remove from madness);*
2. *om slektskap(=generation)* ledd *n.*
II. remove *vb* **1.** *også fig:* fjerne; ***remove a child from school*** ta et barn ut av skolen; ***remove sby's privileges*** fjerne ens privilegier *n;*
2. *stivt(=take off)* ta av *(fx one's hat);*
3. *stivt(=move)* flytte;
4. *mat.:* ***remove the brackets*** løse opp parentesene.
removed [riˌmu:vd] *adj* **1.:** ***first cousin once removed*** fetters (,kusines) barn *n;*
2.: ***far removed from*** 1. langt (borte) fra; 2. *fig:* langt fra.
remover [riˌmu:və] *s* **1.:** ***(furniture) remover*** flyttemann; **2.:** ***stain remover*** flekkfjerner.
removing [riˌmu:viŋ] *s; stivt(=moving)* flytting; ***in the business of removing*** i flyttesjauen.
remunerate [riˌmju:nə'reit] *vb; meget stivt(=pay)* betale; lønne.
remuneration [ri'mju:nəˌreiʃən] *s; stivt(=payment)* betaling; vederlag *n.*
remunerative [riˌmju:nərətiv] *adj; stivt(=well paid; profitable)* godt betalt; innbringende; lønnsom.
renaissance [riˌneisəns; **US** *også:* ˌrenəsəns] *s; fig(=rebirth)* renessanse; gjenoppblomstring; fornyelse; ***experience a renaissance****(=experience renewed popularity)* få en renessanse; ***the Renaissance*** renessansen.
renal [ˌri:nəl] *adj; anat:* nyre-.
rend [rend] *vb(pret & perf.part.: rent) litt.* **1***(=tear)* rive; slite; **2.** *fig:* ***a country rent****(=torn)* ***by civil war*** et land som er sønderslitt av borgerkrig; **3***(=split)* splitte; ***rend in two*** dele i to.
render [ˌrendə] *vb* **1.** *stivt(=give)* gi; ***render assistance****(=help)* yte hjelp; gi hjelp;
2. *stivt; rel:* ***let us render thanks to God****(=let us thank God)* la oss takke Gud;
3. *stivt(=make):* ***his remarks rendered her speechless*** hans bemerkninger gjorde henne målløs;
4. *stivt(=translate)* oversette; gjengi; ***render into*** oversette til; ***render by*** oversette med;
5. *mus; teat(=perform)* utføre; fremføre; tolke;
6. *om fett(=melt down)* koke ut; smelte;
7. *bygg:* pusse; ***render a wall*** pusse (*el.* stryke) en mur.
rendering [ˌrendəriŋ] *s* **1.** *stivt(=translation)* oversettelse;
2. *mus & teat:* utførelse;
3. *om fett(=melting down)* utkoking; smelting;
4. *bygg* 1. puss; 2. pussing; ***rendering of a wall*** pussing av en mur.
I. rendezvous [ˌrɔndi'vu:] *s(pl: rendezvous* [ˌrɔndi'vu:z]*) stivt(=meeting; meeting place; appointment)* møte *n;* møtested; avtale (om å møtes) *(fx they made a rendezvous to meet at midnight).*
II. rendezvous *vb; stivt(=meet)* møtes.
rendition [renˌdiʃən] *s; meget stivt el. spøkef:* utførelse *(fx the rendition of a piece of music).*
renegade [ˌrenə'geid] *s; stivt(=deserter)* overløper.
renege [riˌni:g] *vb; stivt:* ***renege on****(=go back on)* gå tilbake på; løpe fra *(fx one's contract);* ***he reneged on us****(=he let us down)* han sviktet oss.
renegotiate [ˌri:niˌgouʃi'eit] *vb:* reforhandle.

r

renew [riˌnjuː] *vb* **1.** fornye; **2.** skifte ut; fornye; **3.** *fig:* ***renew one's efforts*** fornye sine anstrengelser; ***renew old memories*** gjenoppfriske gamle minner *n;* ***renewed strength*** friske krefter.

renewable [riˌnjuːəbl] *adj* **1.** som kan fornyes; som må fornyes *(fx this ticket is renewable after six months);* **2.** utskiftbar; som kan fornyes.

renewal [riˌnjuːəl] *s* **1.** fornyelse (*of* av); ***urban renewal*** byfornyelse; **2.** utskifting; det å fornye.

rennet [ˌrenit] *s:* osteløype; ***milk rennets*** melkeringer.

rennet cheese løypeost.

rennet stomach *zo(=abomasum; fourth stomach)* løypemage.

renounce [riˌnauns] *vb; stivt* **1.** renonsere på; forsake; gi avkall *(n)* på; frafalle; ***renounce(=give up) a claim*** frafalle et krav; ***renounce violence*** gi avkall på (bruk av) vold; **2.** avsverge *(fx I've renounced alcohol);* **3***(=disown)* fornekte; ikke vedkjenne seg *(fx one's child).*

renovate [ˌrenəˈveit] *vb:* renovere; modernisere; restaurere *(fx a building); (se redecorate).*

renovation [ˈrenəˌveiʃən] *s:* renovering; modernisering; restaurering; *(se redecoration).*

renown [riˌnaun] *s; stivt(=fame)* berømmelse.

renowned [riˌnaund] *adj; stivt(=famous)* berømt.

I. rent [rent] *s:* husleie; **US:** ***for rent(=to let)*** til leie; ***at a rent of*** mot en leie av.

II. rent *vb* **1.** *om hus el. leilighet:* leie (*from* av); ***rent (out)*** leie ut (*to* til); **2. US:** ***rent sby sth(=hire (out) sth to sby)*** leie ut noe til en.

III. rent *pret & perf.part. av rend.*

rental [ˌrentəl] *s* **1.** (leie)sum; ***rentals have increased lately*** leiene har gått opp i det siste; **2.** utleieobjekt; **3. US***(=rented house (,flat))* leid hus *n* (,leilighet).

rental car US*(=hire car)* leiebil.

rental fee*(=rental)* leiesum; leie; *(se rental 1).*

rent book husleiebok.

rent boy S*(=male prostitute)* mannlig prostituert (blant homoseksuelle).

rent-free [ˈrentˌfriː; *attributivt:* ˌrentˈfriː] *adj & adv:* uten husleie; husleiefritt; ***live rent-free*** bo fritt.

rentier [ˌrɔntiə; ˌr¬ɑtjei] *subt:* rentier.

renunciation [riˈnʌnsiˌeiʃən] *s (jvf renounce)* **1.** avkall *n;* oppgivelse; frafall *n;* forsakelse; ***renunciation(,jur: waiver) of an inheritance*** arvefrafall;
2. avsvergelse; ***renunciation on oath*** avsvergelse under ed;
3*(=disavowal; disowning)* fornektelse.

reopen [riːˌoupən] *vb* **1.** åpne igjen; **2***(=resume)* gjenoppta *(fx a discussion);* **3.** *jur(=retry; take up again)* gjenoppta *(fx a case).*

reorganization, reorganisation [ˌriːˈɔːgənaiˌzeiʃən] *s:* reorganisering; omorganisering; omlegging.

reorganize, reorganise [riːˌɔːgəˈnaiz] *vb:* reorganisere; omorganisere; legge om *(fx a filing system).*

reorientation [ˌriːˈɔːriənˌteiʃən] *s:* nyorientering.

rep [rep] *s* **1.** *tekstil:* rips;
2. T*(=sales representative)* salgsrepresentant; selger;
3. T*(=repertory): se repertory;*
4. US S*(=reputation)* omdømme *n;* rykte *n.*

I. repair [riˌpɛə] *s* **1.** reparasjon; ***be under repair(=be undergoing repairs)*** være til reparasjon; være i ferd med å bli reparert; ***be in good (,bad) repair*** være godt (,dårlig) vedlikeholdt; ***the house is in (a state of) bad repair(=the house is poorly(=badly) maintained)*** huset er dårlig vedlikeholdt; ***be in need of repair*** trenge reparasjon; ***keep in repair*** vedlikeholde; ***it's past(=beyond) repair*** den kan ikke repareres lenger; **2.:** ***repairs*** reparasjon(sarbeid); ***major repairs*** større reparasjoner; ***he does repairs*** han foretar reparasjoner.

II. repair *vb* **1***(=mend; fix)* reparere; ***incorrectly repaired*** galt reparert; **2.** *fig; stivt(=put right; make up for)* rette opp; gjøre godt igjen.

repairable [riˌpɛərəbl] *adj:* som kan repareres; *(jvf reparable).*

repairman [riˌpɛəmən] *s:* reparatør.

repairs [riˌpɛəz] *s; pl: se I. repair 2.*

repaper [riːˌpeipə] *vb:* tapetsere om *(fx a room).*

reparable [ˌrepərəbl] *adj; mest i nektende setninger (= that can be put right)* som kan gjøres godt igjen; som kan rettes opp; *(jvf irreparable & repairable).*

reparation [ˈrepəˌreiʃən] *s* **1.** *meget stivt (=compensation)* erstatning;
2*(=redress)* oppreisning;
3. *meget stivt:* ***the reparation of wrongdoing****(=making amends for wrongdoing)* det å gjøre urett godt igjen;
4.: ***reparations****(=war indemnity)* krigsskadeserstatning *(fx pay reparations).*

repartee [ˈrepɑːˌtiː] *s:* kjapt (*el.* vittig) svar *n.*

repast [riˌpɑːst] *s; glds el. spøkef(=meal)* måltid.

repatriate [riːˌpætriˈeit] *vb:* repatriere; sende tilbake til hjemlandet; sende hjem.

repatriation [riːˈpætriˌeiʃən] *s:* repatriering; hjemsendelse.

repay [riˌpei] *vb* **1***(=pay back)* betale tilbake; **2.** gjøre gjengjeld (overfor).

repayable [riˌpeiəbl] *adj:* som må betales tilbake; ***loan repayable on demand****(=call loan)* oppsigelig lån *n.*

repayment [riˌpeimənt] *s* **1.** tilbakebetaling (*of* av);
2. gjengjeld; *(jvf repay 2).*

I. repeal [riˌpiːl] *s; jur(=abrogation; abolition)* opphevelse; avskaffelse *(fx of a law).*

II. repeal *vb; jur(=abrogate; rescind; annul; abolish)* oppheve; avskaffe *(fx a law).*

I. repeat [riˌpiːt] *s* **1.** gjentagelse; ***a repeat of last year's match*** en gjentagelse av fjorårets kamp;
2. *radio & TV:* reprise; ***all these repeats on television*** alle disse gamle TV-filmene;
3. *mus & typ:* gjentagelsestegn.

II. repeat *vb* **1.** gjenta; ***repeat oneself*** gjenta seg selv;
2. gjenta; gjengi; si videre; ***he repeated it to himself*** han gjentok det for seg selv;
3. hitsette; ***I have already mentioned this in the preface, but will repeat the most important points*** jeg har skrevet om dette i forordet, men hitsetter det vesentligste;
4. si frem *(fx a poem).*

repeatable [riˌpiːtəbl] *adj:* egnet til å bli gjentatt.

repeated [riˌpiːtid] *adj:* gjentatt.

repeatedly [riˌpiːtidli] *adv:* gjentatte ganger.

repeater [riˌpiːtə] *s* **1.** repeterur; **2***(=repeating firearm)* repetergevær; **3. US***(=pupil who has not been moved up)* gjensitter.

repel [riˌpel] *vb* **1.** *om angrep(=drive back)* drive tilbake; **2.** *om tekstil, etc:* ***repel moisture*** avvise fuktighet; **3.** frastøte; virke frastøtende på.

I. repellent [riˌpelənt] *s:* ***(insect) repellent*** insektmiddel; ***mosquito repellent****(=gnat repellent)* myggmiddel; myggolje.

II. repellent *adj:* frastøtende.

I. repent [riˌpent] *vb* **1.** *rel:* vise anger; angre; **2.** *meget stivt(=regret):* ***repent (of)*** angre på.

II. repent [ˌriːpənt] *adj; bot(=creeping)* krypende.

repentance [riˌpentəns] *s; stivt(=great regret; feeling of remorse)* anger; angerfølelse.

repentant [riˌpentənt] *adj:* angrende; ***a repentant sinner*** en angrende synder; ***be repentant*** angre; vise anger.

repercussion [ˈriːpəˌkʌʃən] *s* **1***(=after-effect)* ettervirkning; etterdønning (*of* av, etter);
2. *stivt(=effect; consequence)* tilbakevirkning; følge; *spøkef:* ***this caused great repercussions****(=this had unfortunate effects)* dette fikk uheldige følger; ***have serious repercussions****(=effects)* ***on****(=have serious consequences for)* ha alvorlige følger for; ***the coldness between the two is having repercussions all along the line*** det kjølige forholdet mellom de to forplanter seg til alle de andre; ***such tragic events have repercus-***

sions in history slike tragiske hendelser forplanter seg i historien.

repertoire [ˌrepə'twɑ:] *s* **1.** *teat(=repertory)* repertoar *n;* spilleplan; ***in the repertoire****(=on the programme)* på programmet (*el.* spilleplanen);
2. *fig(=fund; stock)* repertoar *n;* forråd *n.*

repertory [ˌrepət(ə)ri; **US:** ˌrepə'tɔ:ri] *s* **1.** *teat(=repertoire)* repertoar *n;* **2.:** *se repertory theatre.*

repertory company ensemble *(n)* ved et "repertory theatre".

repertory theatre*(=repertory;* **T:** *rep)* teater *(n)* som stadig skifter spilleplan.

répétiteur [ri'petiˌtə:] *s; ved opera el. ballett:* repetitør.

repetition ['repəˌtiʃən] *s:* gjentagelse; repetisjon.

repetitious ['repiˌtiʃəs], **repetitive** [riˌpetitiv] *adj:* full av gjentagelser.

replace [riˌpleis] *vb* **1***(=put back in place)* sette (,legge, stille) tilbake (på plass);
2. skifte ut; bytte ut; fornye; erstatte; ***replace parts*** levere nye deler (som erstatning for defekte);
3. erstatte *(fx nobody can replace a mother).*

replacement [riˌpleismənt] *s* **1.** det å legge (,sette, stille) tilbake (på plass); **2.** utskift(n)ing; fornyelse;
3. gjenanskaffelse; **4.** erstatning; ***I must find a replacement for my secretary*** jeg må finne en erstatning for sekretæren min.

replacement cost gjenanskaffelsespris.

replacement part*(=spare part)* reservedel.

replan [ri:ˌplæn] *vb:* ordne om på *(fx a room).*

replant ['ri:ˌplɑ:nt; ˌri:ˌplɑ:nt] *vb:* plante om igjen; plante til på nytt; så på nytt; *(jvf repot).*

I. replay [ˌri:'plei] *s* **1.** *sport; fotb(=play-off)* omkamp; *(jvf rematch);* **2.** *TV:* ***(action) replay*** *(,***US:** *(instant) replay)* repetisjon (i langsom kino); ***here we see it in action replay*** her ser vi det i repetisjon.

II. replay [ri:ˌplei] *vb; sport:* spille om igjen; ***the match ended in a draw and will have to be replayed*** kampen endte uavgjort og må spilles om igjen.

replenish [riˌpleniʃ] *vb; stivt* **1***(=fill up)* fylle opp; etterfylle (til topps); **2***(=supplement)* komplettere.

replenishment [riˌpleniʃmənt] *s; stivt* **1***(=filling up)* etterfylling; **2***(=supplementing)* komplettering.

replete [riˌpli:t] *adj; stivt(=full)* **1.** mett *(fx feel replete after a large meal);* **2.** full; ***replete with****(=full of; brimful of)* full av; (helt) fylt opp med.

repletion [riˌpli:ʃən] *s; stivt(=fullness)* det å være fylt; overfylthet; ***filled****(=full)* ***to repletion****(=brimful; full to bursting point)* helt full; overfylt.

replica [ˌreplikə] *s; av kunstverk; stivt(=copy)* kopi.

replicate [ˌrepli'keit] *vb* **1.** *stivt(=duplicate; repeat)* duplisere *(fx an experiment);* **2.** *biol(=reproduce)* reprodusere *(fx DNA replicates itself).*

I. reply [riˌplai] *s* **1***(=answer)* svar *n* (*to* på); ***what did he say in reply (to your question)?*** hva sa han som svar på ditt spørsmål? ***in reply to your letter*** som svar på ditt brev; ***there's no reply*** det er ingen som svarer;
2. *jur:* replikk; *(jvf rejoinder 2);*
3. tilsvar; motinnlegg; ***write a reply against sby*** skrive et tilsvar til en.

II. reply *vb* **1***(=answer)* svare (*to* på); ***reply to an advertisement*** svare på en annonse; reflektere på en annonse; **2.** *jur:* replisere; **3.:** ***grant sby permission to reply*** gi en ordet til replikk; *(jvf I. rejoin 2).*

reply coupon svarkupong.

reply-paid [ri'plaiˌpeid] *adj:* med svar *(n)* betalt.

reply postcard*(=prepaid postcard)* svarbrevkort.

repoint ['ri:ˌpɔint] *vb; bygg:* spekke om igjen.

I. report [riˌpɔ:t] *s* **1.** rapport; referat *n;* melding; beretning; forlydende *n;* utredning; ***committee report*** komitéutredning; ***according to report(s)****(=as rumour has it)* etter forlydende; ***school report****(=report book;* **US:** *report card)* karakterbok; ***situational report*** situasjonsrapport; ***annual report*** årsberetning; ***an up-to-the-minute report*** en helt fersk rapport; ***the up-to-the-minute report****(=the very latest report)* den helt ferske rapporten; ***news report*** nyhetsmelding; ***make****(=draw up; prepare)* ***a report*** skrive en rapport; utarbeide en rapport; ***a report on*** en rapport om;
2*(=crack)* smell *n;* knall *n;*
3. *stivt(=rumour)* rykte *n.*

II. report *vb* **1.** rapportere; melde (fra om) (*to* til); anmelde; ***what have you to report?*** hva har du å rapportere? ***report progress*** avlegge tilstandsrapport; ***it is reported from Paris that …*** det meldes fra Paris at …; ***report on*** 1. rapportere om; 2. *om avis:* skrive om;
2. : report for skrive for *(fx a local newspaper);*
3. *om utvalg, etc(=make a report)* avgi en betenkning (*el.* rapport) (*on* om);
4. melde seg (*to* hos); ***report for duty*** melde seg til tjeneste; ***report for work*** møte opp på arbeidet;
5.: ***be reported fit****(=be reported off the sick list)* bli friskmeldt; ***report sick*** sykmelde seg;
6.: ***report back*** rapportere tilbake (*to* til); gi tilbakemelding (*to* til); komme tilbake og avlegge rapport; ***he hasn't reported back to me yet*** jeg har ikke fått noen tilbakemelding fra ham ennå.

report back*(=response)* tilbakemelding.

reportage ['repəˌtɑ:ʒ; riˌpɔ:tidʒ] *s(=on-the-spot reporting)* reportasje *(fx he's doing reportage).*

reportedly [riˌpɔ:tidli] *adv; stivt(=according to what has been reported)* etter forlydende *n.*

reported *(=indirect)* ***speech*** *gram:* indirekte tale.

reporter [riˌpɔ:tə] *s:* journalist; reporter; ***investigating reporter*** oppsøkende journalist.

reporting [riˌpɔ:tiŋ] *s:* ***on-the-spot reporting****(=reportage)* reportasje.

reporting restrictions *pl; jur:* referatforbud; ***lift reporting restrictions on the hearing*** oppheve referatforbudet fra rettsmøtet.

I. repose [riˌpouz] *s; stivt(=rest; peace)* hvile; fred; ro.

II. repose *vb* **1.** *stivt(=rest)* hvile; **2.** *meget stivt(=place):* ***repose confidence in*** sette sin lit til; **3.** *stivt el. spøkef(=lie; be lying):* ***her modest luggage reposed at her feet*** den beskjedne bagasjen lå ved føttene hennes.

repository [riˌpɔzitəri] *s; meget stivt el. litt:* **1***(=receptacle; hiding-place)* oppbevaringssted; gjemme *n;*
2. *fig:* ***repository of****(=store of; storehouse of):* ***the book is a repository****(=store)* ***of useful information*** det er mye nyttig informasjon i boken; ***he's a repository****(=storehouse)* ***of legal information*** han er et skattkammer av juridisk viten.

repossess ['ri:pəˌzes] *vb; om vare(=take back)* ta tilbake (når kjøper ikke kan betale).

repossession ['ri:pəˌzeʃən] *s:* det at en vare tas tilbake fordi kjøper ikke kan betale; ***home repossessions*** det at hus *(n)* blir overtatt på grunn av misligholdt(e) lån *n.*

r

repot [ri:ˌpɔt] *vb:* plante om (en potteplante); *(jvf replant 1).*

repoussé [rəˌpu:sei] *adj(=embossed)* drevet; med relieffmønster.

repp [rep] *s; tekstil(=rep)* rips.

reprehend ['repriˌhend] *vb; stivt(=criticize; reprove)* kritisere; klandre; irettesette.

reprehensibility ['reprihensəˌbiliti] *s; stivt(=blameworthiness)* klanderverdighet; kritikkverdighet; forkastelighet.

reprehensible ['repriˌhensəbl] *adj; stivt(=blameworthy)* klanderverdig; kritikkverdig; forkastelig.

represent ['repriˌzent] *vb* **1.** representere;
2. forestille *(fx this figure represents Death);*
3*(=indicate; signify)* betegne; stå for *(fx phonetic signs represent sounds);*
4*(=correspond to)* svare til; tilsvare; representere;
5. *stivt:* ***he represents himself as an expert****(=he claims to be an expert)* han hevder å være ekspert;
6. fremstille; skildre *(fx Luther as a hero);*
7. *meget stivt(=explain)* forklare (*to* for);
8. *stivt(=mean)* bety; ***I believe they are going to***

represent a real danger jeg tror de vil bety en virkelig fare.

representation ['reprizen,teiʃən] *s* **1.** representasjon; **2.** bilde *(n) (of* av); ***give a convincing representation of*** illudere som;
3. fremstilling *(fx phonetic representation);*
4. *stivt:* ***representations****(=protests; objections)* innsigelser; protester.

I. representative ['repri,zentətiv] *s* **1.** representant *(of* for); **2.** *merk:* ***sales representative****(,***T:** *rep)* salgsrepresentant; selger; **3. US:** ***the House of Representatives*** Representantenes hus *n.*

II. representative *adj:* representativ; ***a representative sample of people*** et representativt utvalg av mennesker *n;* ***representative of*** representativ for.

representative government folkestyre.

repress [ri,pres] *vb(=suppress)* **1.** *stivt:* undertrykke; ***repress one's feelings*** undertrykke følelsene sine;
2. *psykol:* fortrenge.

repression [ri,preʃən] *s; stivt(=suppression)* **1.** undertrykkelse; **2.** *psykol:* fortrengning.

repressive [ri,presiv] *adj; stivt(=severe; harsh)* undertrykkende; repressiv.

I. reprieve [ri,pri:v] *s* **1**(=*pardon)* benådning;
2. *fig(=(short) respite)* galgenfrist.

II. reprieve *vb* **1**(=*pardon)* benåde; **2.** *fig(=rescue):* hjelpe (i en akutt situasjon); redde.

I. reprimand [,repri'mɑ:nd] *s; stivt(,***T:** *dressing-down)* reprimande.

II. reprimand [,repri'mɑ:nd; 'repri,mɑ:nd] *vb; stivt (= scold):* ***reprimand sby*** gi en en reprimande; irettesette en.

I. reprint [,ri:'print] *s:* opptrykk *n.*

II. reprint [ri:,print] *vb:* trykke opp igjen.

reprisal [ri,praizl] *s; stivt* **1.** gjengjeldelse; represalie; ***as a reprisal****(=punishment)* ***for*** som en gjengjeldelse for; ***do sth by way of reprisal*** gjøre noe som en gjengjeldelse;
2.: ***reprisals*** gjengjeldelsesaksjon; represalier; ***make****(=carry out)* ***reprisals against*** iverksette represalier mot; gjennomføre en gjengjeldelsesaksjon mot.

reprisal weapon *mil:* gjengjeldelsesvåpen.

repro [,ri:prou] *s; typ:* repro.

I. reproach [ri,proutʃ] *s* **1.** bebreidelse; ***beyond reproach****(=above criticism)* hevet over kritikk; ***a look of reproach****(=a reproachful look)* et bebreidende blikk; ***not a word of reproach*** ikke et bebreidende ord; ***he didn't deserve your reproaches*** han hadde ikke fortjent at du bebreidet ham; ***that's a reproach to us all*** det er noe vi alle må føle skyld for;
2. *stivt(=disgrace)* skam; ***he's a reproach to his family*** han er en skam for familien sin;
3.: ***without fear and without reproach*** uten frykt og daddel.

II. reproach *vb:* bebreide; ***reproach sby for****(=with)* ***sth****(=blame sby for sth)* bebreide en noe; ***I didn't mean to reproach you*** det var ikke ment som noen bebreidelse; ***she reproached me for not telling her*** hun bebreidet meg at jeg ikke hadde fortalt henne det; ***reproach oneself*** bebreide seg selv; ***reproach oneself bitterly*** gjøre seg bitre bebreidelser.

reproachful [ri,proutʃful] *adj:* bebreidende; ***a (mildly) reproachful look****(=a look of (mild) reproach)* et (mildt) bebreidende blikk.

I. reprobate [,reprə'beit] *s; stivt:* forherdet synder; *spøkef:* ***the old reprobate!*** den gamle skøyer'n!

II. reprobate *adj; meget stivt(=depraved)* fordervet.

reprocess ['ri:,prouses] *vb* **1.** *atom(=recycle)* gjenvinne; opparbeide; **2.** *oljeind(=rerun)* omprodusere.

reproduce ['ri:prə,dju:s] *vb* **1.** reprodusere; gjengi *(fx sound; a face on canvas);*
2. *biol:* regenerere *(fx a torn claw);*
3. *biol & bot:* forplante seg; formere seg;
4. *teat:* gjenoppføre *(fx a play).*

reproducible ['ri:prə,dju:sibl] *adj; om eksperiment:* som kan gjentas; gjentagbar.

reproduction ['ri:prə,dʌkʃən] *s* **1.** reproduksjon;
2. gjengivelse;
3. *biol; om organ:* regenerering;
4. *biol & bot:* forplantning; formering.

reproductive ['ri:prə,dʌktiv] *adj* **1.** reproduktiv;
2. forplantnings-; befruktnings-; formeringsdyktig.

reproductive organ *biol:* forplantningsorgan.

reproof [ri,pru:f] *s; stivt(=reproach)* bebreidelse.

reprove [ri,pru:v] *vb; stivt(=reproach)* bebreide.

reptile [,reptail] *s; zo:* krypdyr; reptil *n.*

republic [ri,pʌblik] *s:* republikk.

I. republican [ri,pʌblikən] *s:* republikaner.

II. republican *adj:* republikansk.

republish ['ri:,pʌbliʃ] *vb(=publish again)* utgi på nytt.

repudiate [ri,pju:di'eit] *vb; stivt* **1**(=*deny; reject)* benekte; tilbakevise; **2.** *om krav el. gjeld(=refuse to honour)* nekte å anerkjenne; **3**(=*disown)* fornekte; forstøte *(fx one's child).*

repudiation [ri'pju:di,eiʃən] *s; stivt* **1**(=*denial; rejection)* benektelse; tilbakevisning; **2.** *om krav el. gjeld:* benektelse; **3**(=*disowning)* fornektelse; forstøtelse *(fx of one's son).*

repugnance [ri,pʌgnəns] *s; stivt(=strong dislike; disgust; reluctance)* motvilje; avsky.

repugnant [ri,pʌgnənt] *adj; stivt(=disgusting)* motbydelig; ***she finds it repugnant****(=she thinks it's disgusting)* hun synes det er motbydelig.

repulse [ri,pʌls] *vb; stivt(=repel): se repel.*

repulsion [ri,pʌlʃən] *s; stivt(=disgust)* vemmelse; avsky *(fx feel repulsion for sby).*

repulsive [ri,pʌlsiv] *adj; stivt(=disgusting)* frastøtende; motbydelig.

repurchase [,ri:'pə:tʃəs; ,ri:,pə:tʃəs] *s(=buying back)* gjenkjøp; ***right of repurchase*** gjenkjøpsrett.

reputable [,repjutəbl] *adj; stivt(=respectable)* hederlig; anerkjent; ***a reputable firm*** et ansett firma.

reputation ['repju,teiʃən] *s* **1.** omdømme *n;* rykte *n;* ***know sby by reputation*** kjenne en av omtale; ***a stain on sby's reputation*** en skamplett på ens gode navn *n;* ***a story like that could damage his reputation*** en slik historie kunne skade hans gode navn og rykte; ***he gained****(=was given)* ***a good reputation after his death*** han fikk et godt ettermæle; ***he has a reputation for being troublesome*** han har ord *(n)* på seg for å være vanskelig; ***he has a reputation for being a difficult man to please****(=he has the reputation of being difficult to please)* han har ord på seg for å være vanskelig å gjøre til lags; ***he doesn't have the best of reputations*** han har ikke det beste ord på seg; ***live up to one's reputation*** leve opp til sitt rykte; ***he has an unassailable reputation*** han har et uangripelig rykte; ***lose one's reputation*** miste sitt gode navn og rykte; ***ruin one's reputation*** ødelegge sitt gode navn og rykte; ***his reputation was badly shaken*** ryktet hans fikk en alvorlig knekk;
2. *stivt(=standing)* anseelse; ***he's a person of some reputation in the town*** han nyter en viss anseelse i byen; ***enjoy a good reputation****(=be well thought of)* nyte stor anseelse.

I. repute [ri,pju:t] *s; meget stivt(=reputation):* ***I only know him by repute*** jeg kjenner ham bare av omtale.

II. repute *vb; stivt; bare i passiv:* ***be reputed to be rich****(=be said to be rich)* gå for å være rik.

reputed [ri,pju:tid] *adj; stivt(=alleged)* antatt; påstått; ***his reputed skill*** hans påståtte dyktighet.

reputedly [ri,pju:tidli] *adv; stivt(=reportedly)* etter forlydende *n;* etter hva det fortelles; ***reputedly, he's a very good teacher****(=he's said to be a very good teacher)* han er ansett for å være en god lærer.

I. request [ri,kwest] *s:* anmodning; oppfordring; henstilling; forlangende *n;* ***ladies' request****(=ladies' dance)* damenes valg *n;* ***an urgent request*** en inntrengende henstilling; ***at the request of sby*** 1*(=at sby's request)* på ens anmodning; på ens oppfordring; 2*(=on the initiative of)* på foranledning av; ***by(=on) request*** på anmodning; på oppfordring; ***on request*** på oppfordring; på signal *n (fx buses only stop here on request);* ***the forms are sent on request*** skjemaene sendes på forlangende *n;* ***make a request*** komme med en anmodning (*el.* oppfordring).

II. request *vb; stivt:* anmode om; be om *(fx visitors are requested(=asked) not to touch the exhibits);* ***as requested, I can inform you that …*** på anmodning skal jeg få opplyse at …; ***as requested (by you)*** på Deres forlangende *n;* slik som De har bedt om; ***urgently request him to …*** rette en inntrengende henstilling til ham om å …

request record *radio:* ønskeplate.

request stop *(,US: flag stop)* stoppested hvor bussen bare stopper på signal *n.*

requiem [ˌrekwi'em] *s; kat.:* rekviem *n;* ***requiem (mass)*** sjelemesse.

require [riˌkwaiə] *vb* **1***(=need)* trenge; behøve; **2.** kreve; forlange; ***you are required by law to …*** loven krever av deg at …; ***they are required to have a knowledge of Norwegian*** det kreves (av dem) at de kan norsk; ***I will do everything that is required of me*** jeg skal gjøre alt som kreves av meg.

requirement [riˌkwaiəmənt] *s* **1.** krav *n;* ***the requirements in French*** kravene i fransk; ***stringent requirements must be met by the materials*** materialene må oppfylle meget strenge krav; **2.** *stivt(=need)* behov *n;* ***meet(=cover) one's own requirements*** dekke sitt eget behov.

I. requisite [ˌrekwizit] *s; stivt* **1***(=necessity)* nødvendighetsartikkel; **2.:** ***requisites*** rekvisitter; -artikler; ***photographic requisites(=supplies)*** fotografiske artikler.

II. requisite *adj; meget stivt(=necessary)* nødvendig; ***make the requisite preparations*** treffe de forberedelser som er nødvendige.

I. requisition ['rekwiˌziʃən] *s* **1.** *stivt(=requisitioning)* rekvisisjon; rekvirering (*of* av); ***make a requisition for sth(=requisition sth)*** rekvirere noe; **2.** *i bibliotek:* (bok)bestilling.

II. requisition *vb* **1.** rekvirere; **2.** *i bibliotek:* bestille; rekvirere *(fx a book);* **3.** *spøkef* **T***(=occupy)* legge beslag *(n)* på *(fx my chair).*

requisition form 1. bestillingsblankett; **2.** *i bibliotek:* bestillingsseddel.

requital [riˌkwaitl] *s; meget stivt* **1***(=repayment)* gjengjeld; **2.:** ***in requital(=return) for*** til gjengjeld for.

requite [riˌkwait] *vb; meget stivt* **1***(=repay; avenge)* gjengjelde; hevne; **2.** *følelser(=return)* gjengjelde.

reread [ˌri:ˌri:d] *vb(=read again)* lese om igjen.

rerecord ['ri:riˌkɔ:d] *vb(=record again; make a new recording of)* gjøre nytt opptak av; spille inn igjen.

re-register ['ri:ˌredʒistə] *vb:* omregistrere.

re-registration ['ri:'redʒiˌstreiʃən] *s:* omregistrering *(fx of a car).*

reredos [ˌriədɔs] *s:* alterskjerm.

re-release [ˌri:ri'li:s] *s; om film(=re-issue)* reprise; ***on re-release*** som reprise.

reroute [ˌri:ˌru:t] *vb:* omdirigere *(fx a train).*

I. rerun [ˌri:'rʌn] *s* **1.** *av film(=repeat)* nyutsending; **2.** *teat(=new production)* nyoppførelse; **3.** *sport(=new race)* omløp.

II. rerun [ˌri:ˌrʌn] *vb* **1.** *om film(=show again)* vise på nytt; **2.** *teat(=put on again)* sette opp igjen; **3.** *sport:* løpe om igjen; ***the race had to be rerun*** det måtte arrangeres omløp.

resale [ˌri:'seil] *s:* gjensalg; videresalg.

rescind [riˌsind] *vb; jur* **1***(=repeal)* oppheve; avskaffe *(fx a law);* **2.** *kontrakt(=cancel; annul)* oppheve; annullere; **3.** *ordre(=withdraw)* trekke tilbake.

I. rescue [ˌreskju:] *s:* redning; ***after his rescue*** etter at han var blitt reddet; ***come to his rescue*** komme ham til unnsetning.

II. rescue *vb:* redde; unnsette; komme til unnsetning.

rescue boat *mar(=(inshore) lifeboat)* redningsskøyte; redningsbåt; *(se lifeboat).*

rescue dog: ***mountain rescue dog*** lavinehund.; *(se I. dog 1).*

rescue party*(=rescue team)* redningsmannskap.

rescuer [ˌreskjuə] *s:* redningsmann; ***the rescuers*** redningsmannskapet.

rescue rope branntau.

rescue squad redningspatrulje.

rescue service redningstjeneste.

I. research [riˌsə:tʃ; **US:** ˌri:'sə:tʃ] *s:* forskning; vitenskapelig undersøkelse; ***basic (scientific) research*** grunnforskning; ***market research*** markedsundersøkelse; ***carry on research, do research*** forske; ***do research into elephants in Ruaha National Park*** studere elefantene i Ruaha Nasjonalpark; ***director of research****(=chief scientific officer; chief scientist; head of research)* forskningssjef; ***according to the results of recent researches*** ifølge nyere forskningsresultater; ***my research has****(=my researches have)* ***shown that …*** min forskning (*el.* mine undersøkelser) har vist at …

II. research *vb:* forske *(fx he's researching (into) Old English poetry);* forske på; ***we must research this*** dette må vi forske på; ***in researching my recent book on …*** da jeg holdt på med (for)undersøkelser i forbindelse med min nylig utgitte bok om …; ***a well researched book*** en bok som det ligger omhyggelige forundersøkelser bak.

research assignment forskningsoppgave.

research assistant vitenskapelig assistent.

research council forskningsråd; ***the Norwegian Research Council*** Norges forskningsråd.

research division 1*(=research department)* forskningsavdeling; **2.** *i departement el. direktorat:* utredningsavdeling.

researcher [riˌsə:tʃə; **US:** ˌri:'sə:tʃə] *s* **1***(=research scientist; research worker)* forsker; **2.:** ***(media) researcher****(=research worker)* intervjuer.

research establishment forskningsinstitusjon.

research fund forskningsfond; *(jvf foundation 5: research foundation).*

research officer *stillingsbetegnelse:* forsker; *(jvf research scientist).*

research scholar forskningsstipendiat; *(jvf fellow 3).*

research scientist forsker; *(jvf research officer).*

research studies *pl:* forskerstudium; ***four terms of advanced research studies*** et 4-semesters videregående forskerstudium.

research work forskning; vitenskapelig arbeid *n.*

research worker: *se researcher.*

resect [riˌsekt] *vb; med.(=remove (surgically))* operere bort.

resection [riˌsekʃən] *s; med.:* bortoperering.

resell ['ri:ˌsel] *vb:* selge videre.

resemblance [riˌzembləns] *s:* likhet; ***close resemblance*** stor likhet; ***a faint(=slight) resemblance*** en svak likhet; ***bear no resemblance to****(=not be like at all)* ikke ha noen likhet med; ***bear a strong resemblance to****(=be very like; be very similar to)* være meget lik; minne svært mye om.

resemble [riˌzembl] *vb(=be like)* ligne.

resent [riˌzent] *vb:* ***resent sth*** synes at noe er ergerlig; ***I resent having to …*** jeg synes det er ergerlig å måtte …

resentful [riˌzentful] *adj(=annoyed)* ergerlig; harm (*at, about, of* over); ***they were resentful of his success*** de unte ham ikke suksessen.

resentment [riˌzentmənt] *s* **1***(=annoyance)* ergrelse; harme; **2***(=grudge)* nag *n;* ***feel resentment against****(=have a grudge against)* bære nag til.

reservation ['rezəˌveiʃən] *s* **1.** reservasjon; forbehold *n;* ***an express(=explicit) or implicit reservation*** et ut-

r

trykt eller underforstått forbehold; ***mental reservation*** stilltiende forbehold; ***make a reservation*** ta et forbehold; ***with reservations*** med forbehold; ***sign with reservations****(=give a qualified signature)* undertegne med forbehold; ***I say this with great reservations*** jeg sier dette med alt mulig forbehold; ***without reservation*** uten forbehold; ***I have reservations about his honesty*** jeg har mine tvil om hans ærlighet;
2*(=booking)* (værelses)bestilling; bestilling av rom *n;* ***do you have a reservation, sir (,madam)?*** har De bestilt rom? ***make a reservation****(=book (in advance))* bestille; forhåndsbestille; ***we have made reservations for our holiday*** vi har bestilt billetter (,hotellrom, etc) til ferien;
3. US: reservat *n (fx an Indian reservation).*
reservationist ['rezəˌveiʃənist] *s:* bookingassistent.
reservations desk *i hotell(=reservations office)* bookingkontor; ***at the reservations desk****(=in the reservations office)* på bookingkontoret.
I. reserve [riˌzə:v] *s* **1.** reserve; ***in reserve*** i reserve; ***hidden reserves*** skjulte reserver; ***keep sth in reserve*** beholde noe i reserve; ***break into one's reserves*** ta hull *(n)* på reserven; ***untapped reserves of energy*** uutnyttede energikilder;
2. *mil:* ***reserves*** reserver;
3. *sport(=reserve player; substitute)* reserve(spiller); ***play a reserve*** sette inn en reserve;
4. *bot:* ***food reserves*** opplagsnæring;
5. reservat *n;* ***game reserve*** viltreservat; ***nature reserve****(=wildlife reserve)* naturreservat;
6. reserverthet;
7. *økon:* ***reserve(s)*** fond *n;* ***gold reserve(s)*** gullbeholdning; gullreserver.
II. reserve *vb* **1.** forbeholde; reservere *(fx sth for sby);* holde av *(fx reserve(=keep) a seat for me);* ***reserve (for oneself)*** forbeholde seg; **2.** sette til side *(fx the profits to buy machinery);* **3***(=book)* bestille; reservere.
reserve bank US: distriktsfilial av "Federal Reserve"; *(se Federal Reserve).*
reserved [riˌzə:vd] *adj:* reservert; forbeholden.
reserved seat ticket*(=seat reservation ticket)* plassbillett.
reserve (price) *(,***US:** *upset price) på auksjon:* minstepris.
reserve supply*(=stock)* reservebeholdning.
reserve team *sport:* B-lag.
reservist [riˌzə:vist] *s; mil:* reservist.
reservoir [ˌrezəvwɑ:] *s* **1.** reservoar *n;* **2.** *fig(=reserve; large supply)* forråd *n;* lager *n;* (*of* av).
reset ['ri:ˌset] *vb* **1.** *typ:* sette om;
2*(=remount)* sette i ny innfatning;
3. stille inn på nytt; stille tilbake på null igjen;
4. *med.:* sette sammen; spleise *(fx a broken leg); (jvf reduce 3: reduce a fracture).*
resettle ['ri:ˌsetl] *vb* **1.** slå seg ned igjen; **2.** flytte (en befolkningsgruppe); **3.** *område:* bebygge igjen.
resettlement [ri:ˌsetlmənt] *s* **1.** ny bosetting; **2.** flytting (av befolkningsgruppe); **3.** ny bebyggelse.
resettlement country *for flyktninger:* mottagerland.
I. reshuffle [ri:ˌʃʌfl] *s* **1.** *polit (=reconstruction)* ommøblering; ***a Cabinet reshuffle*** en ommøblering i regjeringen; **2.** *kortsp:* ny giv; omgiv.
II. reshuffle *vb* **1.** *polit:* ommøblere; **2.** *kortsp:* stokke på nytt; blande kortene *(n)* på nytt.
reside [riˌzaid] *vb* **1.** *stivt(=live)* være bosatt; bo;
2. *om makt el. myndighet; meget stivt:* ***reside in*** 1*(=be vested in):* ***all authority resides in the President*** all myndighet hviler hos presidenten; 2*(=be present in):* ***political power resides in military strength*** i militær styrke ligger det politisk makt.
residence [ˌrezidəns] *s* **1.:** ***(place of) residence****(= address)* bopel; bosted; adresse; ***official residence*** embetsbolig; *stivt:* ***take up residence in****(=go to live in)* bosette seg i; *polit:* ***refuse sby residence*** oppholdsnekte en; ikke innvilge en oppholdstillatelse; *polit:* ***cases refused residence*** tilfeller *(n)* av oppholdsnektelse; *polit:* ***refusal of residence*** oppholdsnektelse; *(jvf refusal 3 & II. refuse 3);*
2. *stivt(=stay)* opphold *n;*
3. *univ:* ***hall of residence****(=students' hostel)* studenthjem;
4. residens; *om kongelig:* ***be in residence*** 1. bo *(fx the Queen is in residence at Windsor);* 2*(=be present)* være til stede *(fx the Queen is in residence here this week).*
residence permit *polit:* oppholdstillatelse; ***apply for a residence permit*** søke om oppholdstillatelse; ***an extension to****(=of)* ***one's residence permit*** en forlengelse av oppholdstillatelsen; ***obtain a residence permit on humane grounds****(,***UK:** *obtain exceptional leave to remain)* få oppholdstillatelse på humanitært grunnlag; *(jvf refusal 3; II. refuse 3; residence 1).*
I. resident [ˌrezidənt] *s* **1.** fastboende; ***he's a resident of Hull*** han er bosatt i Hull; ***all residents of****(=in)* ***Norway*** alle med fast bopel i Norge;
2. *ved hotell, etc:* (fast) gjest; ***residents and non-residents*** gjester og andre;
3. *ved sykehus* **US:** *se registrar 5;*
4. oppsitter (som sogner til vei, etc).
II. resident *adj* **1.** bofast; bosatt (*in* i); ***he's resident abroad*** han bor i utlandet; **2.** *mht. arbeid:* ***resident caretaker*** vaktmester som bor på stedet; **3.** *zo:* stedegen.
residential ['reziˌdenʃəl] *adj:* bolig-: beboelses-; ***this district is mainly residential*** dette er i det vesentlige et boligområde; ***is the job residential?*** krever jobben at man må bo på stedet?
residential area*(=district)* boligområde; boligstrøk.
residential college college *(n)* med innkvarteringsmulighet.
residential course kurs hvor man bor på stedet.
I. residual [riˌzidjuəl] *s(=residue; rest)* rest.
II. residual *adj; stivt(=remaining)* resterende; gjenværende; som gjenstår.
residuary [riˌzidjuəri] *adj; jur:* ***residuary gift*** universalarv; ***residuary legatee****(=heir general)* universalarving.
residue [ˌrezi'dju:] *s* **1.** *stivt el. tekn(=rest)* rest;
2. *kjem:* restkonsentrasjon; ***acid residue*** syrerest.
resign [riˌzain] *vb* **1.** *stivt(=give notice)* si opp (en stilling);
2. *om embete:* ***resign office****(=resign one's post)* fratre embetet;
3. *fra komité, etc:* trekke seg; ***resign membership*** melde seg ut;
4. *stivt:* ***resign****(=reconcile)* ***oneself to sth*** avfinne seg med noe.
resignation ['rezigˌneiʃən] *s* **1.** *stivt(=notice)* oppsigelse; **2.** avskjedsansøkning;
3. *fra embete:* fratredelse; *fra klubb, etc:* utmelding; ***resignations must be in writing*** utmelding kan bare skje skriftlig;
4. resignasjon; ***he accepted his fate with resignation****(=he reconciled himself to his fate)* han forsonte seg med sin skjebne.
resigned [riˌzaind] *adj:* resignert.
resignedly [riˌzainidli] *adv:* resignert; oppgitt.
resilience [riˌziliəns] *s* **1***(=flexibility)* elastisitet; fleksibilitet; **2.** *om person(=toughness)* seighet; evne til raskt å komme seg etter motgang.
resilient [riˌziliənt] *adj* **1***(=flexible)* elastisk; fleksibel; spenstig; som fjærer; fjærende; ***be resilient*** fjære;
2. *om person(=tough)* seig; som vanskelig lar seg knekke.
resin [ˌrezin] *s; bot:* kvae; harpiks.
resinous [ˌrezinəs] *adj:* harpiksaktig; harpiksholdig; ***resinous pinewood*** tyri.

resist [riˌzist] *vb* **1.** motstå; stå imot *(fx an attack; temptation);* **2.** gjøre motstand; motsette seg; ***he resisted arrest*** han motsatte seg å bli arrestert.
resistance [riˌzistəns] *s* **1.** motstand; ***he offered stout resistance****(=he put up (a) stout resistance)* han gjorde tapper motstand; ***take the line of least resistance****(=take the easy way out (of the difficulty))* velge den minste motstands vei;
2. motstandskraft; resistens;
3. *elekt:* motstand.
resistant [riˌzistənt] *adj* **1.** *med.:* resistent (*to* overfor);
2.: ***corrosion resistant*** rustbestandig; ***heat resistant****(=heat-resisting)* varmebestandig.
I. resit [ˌri:'sit] *s; skolev (,***US:** *supplementary exam;* **US T:** *sup)* utsatt prøve; kontinuasjon(seksamen); ***a resit in English*** utsatt prøve i engelsk.
II. resit [ri:ˌsit] *vb; skolev:* ***resit an exam*** *(,***US:** *sit for a supplementary exam;* **US T:** *sit for a sup)* (få) gå opp til utsatt prøve; kontinuere; ***resit French in the autumn****(=take French in the autumn)* gå opp til utsatt prøve i fransk til høsten; kontinuere i fransk til høsten; *(jvf refer 11 & reference 7).*
resole ['ri:ˌsoul] *vb:* halvsåle *(fx a pair of shoes).*
resoluble [riˌzɔljubl] *adj(=soluble)* oppløselig.
resolute [ˌrezə'lu:t] *adj; stivt(=determined)* resolutt; bestemt.
resolution ['rezəˌlu:ʃən] *s* **1.** resolusjon; ***adopt a resolution*** vedta en resolusjon;
2. beslutning; forsett *n;*
3. beslutsomhet; bestemthet; fasthet;
4. *av konflikt(=solution)* løsning;
5. *kjem, mat., mus:* oppløsning.
I. resolve [riˌzɔlv] *s; stivt* **1***(=determination)* beslutt-somhet; fasthet; ***show resolve*** vise fasthet; **2***(=firm decision)* fast beslutning.
II. resolve *vb* **1.** *stivt(=decide)* beslutte;
2. *stivt(=solve)* løse *(fx a problem; a difficulty);*
3*(=dispel):* ***resolve a doubt*** fjerne en tvil;
4. løse opp *(fx a prism resolves the light; a problem into simple elements; a number into its prime factors);*
5. *mus:* oppløse(s);
6. *optikk:* oppløse.
resolved [riˌzɔlvd] *adj; stivt(=determined)* fast bestemt; ***we are firmly resolved to*** vi er fast bestemt på å.
I. resolvent [riˌzɔlvənt] *s(=solvent)* oppløsningsmiddel.
II. resolvent *adj:* oppløsende.
resonance [ˌrezənəns] *s:* resonans; gjenlyd.
resonant [ˌrezənənt] *adj:* som gir gjenlyd; med sterk resonans; ***be resonant with****(=resound with)* gjenlyde av.
resorb [riˌsɔ:b] *vb; med.:* resorbere; suge opp.
resorption [riˌsɔ:pʃən] *s; med.:* resorpsjon; oppsuging.
I. resort [riˌzɔ:t] *s* **1.:** ***(holiday) resort*** (populært) feriested; ***winter resort*** vintersportssted;
2. *fig:* utvei; ***as a last resort, in the last resort****(=if everything else fails)* som en siste utvei; i siste instans; hvis alt annet slår feil.
II. resort *vb:* ***resort to*** ty til; gripe til.
resound [riˌzaund] *vb:* gjenlyde (*with* av).
resounding [riˌzaundiŋ] *adj* **1***(=loud; echoing)* gjallende; rungende; **2.** *fig(=very great)* strålende *(fx victory);* ***a resounding success*** en dundrende suksess.
resource [riˌsɔ:s; riˌzɔ:s; **US:** ˌri:'sɔ:s] *s* **1.** *også fig:* ressurs; ***natural resources*** naturressurser; ***living resources of the sea*** levende ressurser i havet; ***untapped resources*** uutnyttede ressurser; ***a person with plenty of resources*** en ressurssterk person; ***he has few resources****(=he hasn't much to draw on)* han har ikke så mange ressurser;
2. *fig:* ***he was thrown back on his own resources*** han ble overlatt til seg selv;
3.: ***we pooled our resources*** vi slo oss sammen med det vi rådde over hver især;
4. *stivt(=quick wits; resourcefulness)* snartenkthet; snarrådighet; ***he's full of resource*** han vet alltid en råd.
resource choice ressursvalg.
resourceful [riˌsɔ:sful] *adj:* snarrådig; som vet råd *n;* oppfinnsom; ***she's very resourceful*** hun vet alltid en råd.
resourcefulness [riˌsɔ:sfulnəs] *s:* snarrådighet; rådsnarhet; oppfinnsomhet.
resource use ressursbruk.
resource waste*(=wasteful use of resources)* ressurs-sløsing.
resource-wealthy [ˌriˌsɔ:s'welθi] *adj(=rich in resources)* rik på ressurser.
resource-yielding [riˌsɔ:s'ji:ldiŋ] *adj:* ressursskapende; ***resource-yielding factors*** ressursskapende faktorer.
I. respect [riˌspekt] *s* **1.** respekt (*for* for); pietet; ***have no respect for*** 1. ikke ha noen respekt for; 2*(=be irreverent towards)* ha liten pietetsfølelse overfor; ***show respect for sby*** vise respekt for en; ***it was out of respect he acted as he did*** han handlet ut fra pietetshensyn; ***with respect, this argument is nonsense*** denne argumentasjonen er, med respekt å melde, noe tøv *n;* ***command respect*** avtvinge respekt; ***she inspires respect*** det står respekt av henne; ***without respect of persons*** uten persons anseelse;
2. henseende *n;* ***in all respects*** i alle henseender; ***we are fortunate in that respect*** vi er heldige hva det angår;
3. *stivt:* ***in respect of, with respect to****(=with regard to)* med hensyn *(n)* til; angående;
4. *stivt:* ***respects****(=greetings)* hilsener;
5. *stivt:* ***pay one's respects to sby*** vise en sin aktelse; ***pay one's last respects to sby*** vise en den siste ære.
II. respect *vb:* respektere; ***make oneself respected*** sette seg i respekt.
respectability [ri'spektəˌbiliti] *s:* aktverdighet; ***pillars of middle-class respectability*** trauste middelklasse-mennesker.
respectable [riˌspektəbl] *adj* **1.** respektabel; aktverdig; anstendig *(fx wearing a bikini in town is not considered respectable); polit:* stueren *(fx the party is now considered respectable);* ***a respectable firm*** et ansett firma; ***a respectable hotel*** et pent (*el.* respektabelt) hotell; ***a rather more respectable neighbourhood*** et litt penere strøk;
2. T*(=good)* respektabel; ***four goals is a respectable score*** fire mål *(n)* er et respektabelt resultat; ***we made a respectable showing*** vi hevdet oss ganske bra; *(se showing 2).*
respectably [riˌspektəbli] *adv:* respektabelt; på en anstendig måte *(fx they all behaved respectably).*
respecter [riˌspektə] *s:* ***he's no respecter of persons*** han behandler alle likt.
respectful [riˌspektful] *adj:* ærbødig; ***at a respectful distance*** på ærbødig avstand.
respecting [riˌspektiŋ] *prep; stivt(=about; concerning)* angående; vedrørende.
respective [riˌspektiv] *adj:* respektive; hver sin (,sitt); ***put them in their respective places*** plassere dem på hvert sitt sted; ***they each have their respective merits****(=they all have their individual merits)* de har hver især sine fortrinn.
respectively [riˌspektivli] *adv:* respektive; ***they get 8 and 10 pounds respectively*** de får henholdsvis 8 og 10 pund *n.*
respiration ['respəˌreiʃən] *s; stivt(=breathing)* åndedrett *n;* ***artificial respiration*** kunstig åndedrett.
respirator [ˌrespə'reitə] *s* **1.** *med.:* respirator;
2*(=gas mask; smoke mask)* gassmaske; røykmaske; *(se breathing apparatus & smoke helmet).*
respiratory [ˌrespərətəri] *adj:* åndedretts- *(fx system).*
respiratory machine *med.(=ventilator; life-support*

r

system) respirator; ***he's on a respiratory machine*** han ligger med respirator.

respire [riˌspaiə] *vb; meget stivt(=breathe)* ånde.

respite [ˌrespait; *også* **US:** ˌrespit] *s* **1.** *merk (=grace)* henstand; **2.** *fig; stivt(=pause; rest)* hvile; pause; galgenfrist; ***we had a brief respite from poverty*** en stakket stund var vi ikke fattige; ***without respite****(=without a pause)* uavbrutt; uten opphør *n.*

resplendence [riˌsplendəns] *s; stivt(=splendour)* glans.

resplendent [riˌsplendənt] *adj: stivt(=splendid)* strålende; prangende: ***resplendent uniforms*** strålende uniformer.

respond [riˌspɔnd] *vb* **1.** *stivt(=answer)* svare *(to* på) *(fx to sby's question);* ***respond positively*** svare positivt; **2.** reagere *(fx I smiled at her, but she didn't respond);* ***respond to*** 1. reagere (positivt) på; ***respond to emergencies*** handle riktig i kritiske situasjoner; ***respond readily to*** være lydhør overfor; 2. lystre; ***he responded to her slightest caprice*** han lystret hennes minste vink *n;* 3.: ***respond to the controls*** la seg manøvrere.

respondent [riˌspɔndənt] *s* **1.** svarperson; spurt person; **2.** *univ:* doktorand; **3.** *i skilsmissesak:* innstevnet; *(jvf co-respondent).*

response [riˌspɔns] *s* **1.** *stivt(=answer; reply)* svar *n;* ***in response to****(=in reply to; in answer to)* som svar på; **2.** *rel; under gudstjeneste:* korsvar; **3.** *kortsp:* svarmelding; ***negative response*** avmelding; **4.** reaksjon; gjenklang; respons *(to* på); ***a hearty response*** en helhjertet oppslutning; ***receive a mixed response from the critics*** få en blandet mottagelse hos kritikerne; ***but there was no response*** men det var ingen reaksjon (å få); ***we had hoped for a bigger response from the public*** vi hadde håpet på bedre oppslutning fra publikum *n;* ***they were prompt in their response*** de reagerte raskt; ***my suggestions met with little response*** det var liten respons (å få) på forslagene *(n)* mine; **5. T:** ***grab a firm hold on one's responses*** få full kontroll over seg selv; få seg selv under full kontroll.

responsibility [riˈspɔnsəˌbiliti] *s* **1.** ansvar; ansvarlighet; ansvarsbevissthet; ***a great responsibility*** et stort ansvar; ***a heavy responsibility*** et tungt ansvar; *(se II. rest 4);* ***the girls were her responsibility*** pikene var hennes ansvar; ***a sense of responsibility*** ansvarsfølelse; ***on one's own responsibility****(=at one's own risk)* på eget ansvar; ***it's your own responsibility to learn this by tomorrow*** du er selv ansvarlig for at dette er lært til i morgen; ***claim responsibility for the bomb*** påta seg ansvaret for bomben; ***deny any responsibility*** fraskrive seg ethvert ansvar; *stivt:* ***disclaiming of responsibility****(=refusal to accept responsibility)* ansvarsfraskrivelse; ***place the responsibility on his shoulders****(=blame him for it)* legge ansvaret over på ham; ***share the responsibility*** påta seg en del av ansvaret; ta sin del av ansvaret; ***shirk responsibility*** unndra seg ansvar; ***shoulder the responsibility for sth****(=take (on) the responsibility for sth)* påta seg ansvaret for noe; ***take a grave responsibility*** påta seg et stort ansvar; ***take****(=accept)* ***(the) responsibility*** ta ansvaret (*ansvar;* **2.** *jur:* ***the age of criminal responsibility*** kriminell (*el.* strafferettslig) lavalder; *(jvf I. consent 4: the age of responsibility);* ***be under the age of criminal responsibility*** være under den kriminelle lavalder (ɔ: i **UK** 11 år *n*); ***diminished responsibility*** nedsatt bevissthet i gjerningsøyeblikket.

responsible [riˌspɔnsəbl] *adj* **1.** ansvarlig *(to* overfor); ***responsible for*** ansvarlig for; ***hold sby responsible for sth*** holde en ansvarlig for noe; ***make parents responsible for their children's actions*** gjøre foreldrene ansvarlige for barnas *(n)* handlinger; **2***(=conscious of one's responsibility)* ansvarsbevisst; **3.** *om årsaksforhold:* ***what's responsible for the hold-up?****(=what's the cause of the hold-up?)* hva skyldes forsinkelsen? ***bad workmanship was responsible(=to blame) for the failure*** svikten skyldtes dårlig utført arbeid *n.*

responsibly [riˌspɔnsəbli] *adv:* på en ansvarlig måte.

responsive [riˌspɔnsiv] *adj* **1.** lydhør; forståelsesfull; ***he wasn't very responsive when I suggested it to him*** han reagerte ikke videre positivt da jeg foreslo det for ham; **2.:** ***a responsive smile*** et smil som svar *n;* **3.** *mask:* som reagerer lett.

responsiveness [riˌspɔnsivnəs] *s; stivt* **1***(=response)* positiv innstilling; positiv reaksjon; **2.** *mask:* det å reagere lett; **3.** *hos pasient:* ***level of responsiveness*** reaksjonsevne.

I. respray [ˌri:ˈsprei] *s(=refinish)* omlakkering.

II. respray [ˈri:ˌsprei] *vb:* omlakkere.

I. rest [rest] *s* **1.** hvile; ***day of rest*** hviledag; ***have(=take) a rest*** ta en hvil; ***let's stop for a rest*** la oss stoppe og ta en hvil; ***I need a rest from all these problems*** jeg trenger en pause fra alle disse problemene; **2***(=sleep):* ***he needs a good night's rest*** han trenger til å få sove godt i natt; **3.** *mus:* pause; pausetegn; **4.** *tekn & mil:* støtte; anlegg *n;* ***arm rest*** armstøtte; armlene; ***fire a rifle on a rest*** skyte med fast støtte; **5.** *fig:* ***put****(=set)* ***sby's mind at rest*** berolige en; **6.:** ***come to rest*** stoppe; **7.** *evf:* ***gone to his (,her) rest*** gått inn til den evige hvile; ***lay sby to rest*** legge en til hvile; **8. T:** ***he never gives it a rest****(=he never stops talking about it)* han blir aldri ferdig med det; ***give it a rest!*** hold nå opp med det der!

II. rest *s:* ***the rest*** resten *(of* av); ***he went home but the rest of us went to the cinema*** han gikk hjem, men vi andre gikk på kino; ***for the rest*** hva det øvrige angår.

III. rest *vb* **1.** hvile; hvile seg; la hvile; ***may he rest in peace!*** la ham hvile i fred! ***rest oneself*** hvile ut; ***we shall never rest until it's settled*** 1. vi skal ikke slå oss til ro før det er avgjort; 2. vi får ikke ro før det er avgjort; **2.:** ***let the argument rest****(=drop the argument)* avslutte diskusjonen; ***let the matter rest*** stille saken i bero; ***and there the matter rests (for the moment)*** og der står saken (i øyeblikket); ***the matter must not rest there****(=we mustn't stop there)* vi må ikke la det bli med det; *stivt:* ***rest assured that …****(=be certain that …)* vær forvisset om at …; **3.** *jur:* ***rest one's case*** avslutte sin prosedyre; **4.:** ***rest on*** *også fig:* hvile på; ***rest one's eyes on*** la blikket hvile på; ***rest on one's laurels*** hvile på sine laurbær; ***a heavy responsibility rests on her*** et tungt ansvar hviler på henne; 3. *fig:* støtte (seg) på; 4. *jur:* basere seg på; støtte seg til; ***the case rests on the following facts*** saken baserer seg på følgende fakta; **5.:** ***rest up*** hvile ut; **6.** *stivt:* ***rest with*** 1*(=be up to)* være opp til; 2. *om avdød(=be buried with)* hvile hos.

rest area US *& Canada; langs vei(=picnic area)* rasteplass, *(jvf service area).*

restate [ˈri:ˌsteit] *vb(=state again)* gjenta.

restaurant [ˌrestəˈrɔŋ; **US:** ˌrestərənt] *s:* restaurant; ***rooftop restaurant*** takrestaurant.

restaurant car *jernb(=dining car; diner;* **US:** *diner)* spisevogn.

restaurateur [ˈrest(ə)rəˌtə:] *s:* restauratør; restauranteier.

rest-day working [ˌrestˈdeiˈwə:kiŋ] *s:* arbeid *(n)* på fridager.

rested [ˌrestid] *adj:* uthvilt; ***feel rested*** føle seg uthvilt.

restful [ˌrestful] *adj:* rolig *(fx holiday; music);* avslappet *(fx patient);* ***this room's very restful*** i dette rommet kan man slappe godt av.

resting place 1. hvilested; **2.** *evf(=grave)* hvilested; ***his final resting place*** hans siste hvilested.

restitution [ˈrestiˌtju:ʃən] *s* **1.** *meget stivt(=compensa-*

tion; reimbursement) erstatning; tilbakebetaling; ***make some restitution****(=pay some of it back)* betale noe av det tilbake;
2. *jur(=return)* tilbakelevering; tilbakeføring.
restive [ˌrestiv] *adj* **1***(=restless)* rastløs;
2. urolig; utålmodig; ***the boys grew restive*** guttene begynte å bli urolige.
restless [ˌrestləs] *adj* **1.** rastløs; urolig *(fx child);*
2. hvileløs; urolig *(fx night).*
restock ['ri:ˌstɔk] *vb* **1.** fornye beholdningen;
2. *landbr:* fornye besetningen; **3.** sette ut ny fisk i.
restoration ['restəˌreiʃən] *s* **1.** *av maleri:* restaurering; *(=renovation)* restaurering; renovering *(fx of a building);*
2. *meget stivt; sj(=reinstatement)* gjeninnsettelse;
3. *av system, etc; stivt(=reintroduction)* gjeninnføring;
4. *stivt(=return)* tilbakelevering *(fx of stolen property).*
Restoration *hist:* ***the Restoration*** restaurasjonstiden (ɔ: gjeninnsettelsen av stuartene i 1660).
I. restorative [riˌstɔ(:)rətiv] *s; med.:* styrkende middel *n.*
II. restorative *adj:* styrkende.
restorative therapy: ***have restorative therapy*** få en foryngelseskur.
restore [riˌstɔ:] *vb* **1.** restaurere *(fx a painting); (= renovate)* renovere; restaurere *(fx a building); (jvf renovate);*
2. *meget stivt; sj(=reinstate):* ***restore to****(=reinstate in)* gjeninnsette i *(fx one's former post);*
3. *system, etc; stivt(=reintroduce)* gjeninnføre;
4. *stivt(=return)* levere tilbake (*to* til);
5. gjenopprette *(fx peace);* ***restore order*** skape ro igjen; ***restore the strength of the pound*** gjenopprette pundets styrke;
6.: ***be restored to health*** bli frisk igjen; ***feel completely restored*** føle seg helt restituert;
7. *litt. el. spøkef:* ***restore sby to favour****(=take sby back into favour)* ta en til nåde.
restorer [riˌstɔ:rə] *s* **1.:** ***art restorer*** kunstkonservator;
2.: ***furniture restorer*** en som restaurerer møbler *n;*
3.: ***hair restorer*** middel *(n)* som skal gi en håret igjen.
rest period hvileperiode.
restrain [riˌstrein] *vb* **1.** *stivt(=prevent)* hindre (*from -ing* i å);
2. *stivt* beherske; styre; legge bånd på; ***restrain****(= control)* ***oneself*** beherske seg; styre seg; ***restrain****(= control)* ***your temper*** behersk sinnet ditt; ***have a restraining****(=moderating)* ***effect on*** virke hemmende på;
3. *forbryter, farlig pasient:* sikre.
restrained [riˌstreind] *adj; stivt:* behersket *(fx he was very restrained(=controlled));* ***restrained****(=moderate)* ***language*** behersket språkbruk.
restraining order *jur* **US:** *se injunction 2.*
restraint [riˌstreint] *s* **1.** (selv)beherskelse; ***show great restraint*** vise stor selvbeherskelse;
2. sikring; ***be placed under restraint*** bli sikret; *(se restrain 3);*
3. *økon:* inngrep i næringsfriheten; ***price restraint*** prisrestriksjoner;
4. begrensning; begrensende faktor (*on* når det gjelder); ***some form of restraint****(=restriction)* en eller annen form for tvang; ***lack of restraint*** tvangløshet; ***without restraint*** tvangfritt.
restrict [riˌstrikt] *vb:* begrense; innskrenke; ***restrict****(= limit)* ***sby's freedom*** begrense ens frihet; ***my view of the road was restricted****(=blocked)* ***by a hedge*** jeg kunne ikke se veien ordentlig på grunn av en hekk.
restricted [riˌstriktid] *adj:* begrenset; ***he has rather a restricted outlook*** han er ganske sneversynt; ***in the more restricted sense (of the word)*** i snevrere forstand.
restricted area område *(n)* med hastighetsbegrensning.
restriction [riˌstrikʃən] *s:* begrensning; restriksjon; ***a form of restriction*** en form for tvang; ***currency restrictions*** valutarestriksjoner; ***import restrictions****(= import controls)* importrestriksjoner; ***place restrictions on*** legge restriksjoner på; ***live in dormitories with restrictions on visitors*** bo i sovesaler med begrensninger når det gjelder å ta imot besøkende.
restrictive [riˌstriktiv] *adj:* restriktiv; begrensende; ***I find living in the country too restrictive*** jeg synes det er for lite å foreta seg når man bor på landet.
restroom [ˌrest'ru(:)m] *s* **US***(=toilet)* toalett *n;* ***ladies' (,men's) restroom*** dametoalett (,herretoalett).
restructure ['ri:ˌstrʌktʃə] *vb:* omstrukturere.
restructuring *s(=structural change; structural readjustment)* omstrukturering; ***a far-reaching restructuring*** en gjennomgripende omstrukturering (*of* av).
rest stop US *ved motorvei(=lay-by)* parkeringsfil.
I. result [riˌzʌlt] *s* **1.** resultat *n* (*of* av); ***a maximum result*** et toppresultat; ***a pleasing result*** et gledelig resultat; ***without result*** resultatløs; ***lead to the desired result*** føre til det ønskede resultat; føre til målet; ***yield****(=give; produce)* ***results*** gi resultater;
2*(=consequence)* konsekvens; følge; ***the result of his arrival was that …*** følgen av at han kom var at …; ***as a result of*** som en følge av;
3. *mat.:* resultat *n;* løsning; svar *n.*
II. result *vb; stivt* **1.:** ***result from*** 1*(=be caused by)* skyldes; 2.: ***nothing resulted from****(=came of)* ***his experiments*** det kom ikke noe ut av eksperimentene hans;
2.: ***result in****(=lead to)* føre til; resultere i; ***result in profit****(=be profitable)* bringe fortjeneste.
I. resultant [riˌzʌltənt] *s; fys:* resultant.
II. resultant *adj; meget stivt(=resulting)* derav følgende; som blir (,ble) resultatet *(fx the resultant crisis);* påfølgende.
resulting [riˌzʌltiŋ] *adj; stivt:* som blir (,ble) resultatet (*el.* følgen); påfølgende; ***resulting in a fall in prices*** med påfølgende prisfall; ***the resulting war*** den påfølgende krig; den krigen som ble resultatet.
resume [riˌzju:m] *vb* **1.** *stivt:* ***resume work****(=start work again)* gjenoppta arbeidet; **2.** *meget stivt:* ***resume power****(=assume power again)* overta makten igjen.
résumé [ˌrezju'mei] *s; stivt(=summary)* resymé *n* (*of* av).
resumption [riˌzʌmpʃən] *s; stivt:* gjenopptagelse (*of* av); ***a resumption of diplomatic relations with*** en gjenopptagelse av de diplomatiske forbindelser med.
resurface ['ri:ˌsə:fis] *vb* **1.** *vei(=put a new surface on;* **US:** *repave)* legge nytt dekke på; asfaltere;
2. *om ubåt, etc:* komme til overflaten igjen; gå opp;
3. *fig* **T***(=reappear; turn up again)* dukke opp igjen.
resurgence [riˌsə:dʒəns] *s; fig; stivt(=revival; reappearance)* gjenoppblussing (*of* av).
resurgent [riˌsə:dʒənt] *adj; stivt:* gjenoppblussende.
resurrect ['rezəˌrekt] *vb* **1.** *rel:* la gjenoppstå; **2.** *glds el. spøkef(=revive)* gjenopplive *(fx a custom).*
resurrection ['rezəˌrekʃən] *s* **1.** *rel:* oppstandelse; ***the Resurrection*** Jesu oppstandelse; **2.** *glds el. spøkef(= revival)* gjenopplivelse *(fx of a custom).*
resuscitate [riˌsʌsi'teit] *vb; stivt(=revive)* gjenopplive.
resuscitation [ri'sʌsiˌteiʃən] *s; stivt(=revival)* gjenopplivelse.
I. retail [ˌri:'teil] *s; merk:* ***retail and wholesale*** detalj- og engroshandel; ***buy sth retail*** kjøpe noe i detalj.
II. retail *vb; merk(=sell (by) retail)* selge i detalj.
III. retail *vb; stivt(=pass on):* ***retail gossip*** fare med sladder.
retail dealer *merk(=retailer)* detaljist; detaljhandler.
retail trade *merk:* detaljhandel.
retain [riˌtein] *vb* **1.** *stivt(=keep)* beholde; ***retain the full use of one's legs*** beholde full førlighet i bena *n;* **2.** holde tilbake; holde på; ***retain water*** 1. *om kroppen:* binde vann; 2. *om beholder:* holde vann;
3. *jur(=engage)* engasjere *(fx a lawyer).*

r

retainer [riˌteinə] *s* **1.** *mask:* stoppring; **2.** *jur:* forskuddshonorar; *(jvf retain 3).*
retaining wall *arkit(=revetment)* støttemur; forbygning.
I. retake [ˌri:'teik] *s; film:* nytt opptak.
II. retake ['ri:ˌteik] *vb* **1.** *mil(=recapture)* gjenerobre; ta igjen; **2.** *film; om scene:* ta om igjen.
retaliate [riˌtæli'eit] *vb; stivt* **1***(=hit back)* svare med samme mynt; slå tilbake; **2.** *polit(=take counter -measures)* ta motforholdsregler.
retaliation [ri'tæliˌeiʃən] *s; stivt* **1***(=revenge; return)* hevn; gjengjeldelse; ***in retaliation for*** som en gjengjeldelse for; **2.** *polit(=counter-measures)* mottiltak.
retaliatory [riˌtæliətəri] *adj:* gjengjeldelses-; ***retaliatory action*** hevnaksjon; ***retaliatory measure*** motforholdsregel; mottiltak.
retard [riˌtɑ:d] *vb; stivt(=slow; delay)* sinke.
retardation ['ri:tɑ:ˌdeiʃən] *s; stivt(=delay)* forsinkelse; retardasjon.
retarded [riˌtɑ:did] *adj; psykol: **mentally retarded*** psykisk utviklingshemmet.
retch [retʃ] *vb:* brekke seg; få oppkastfornemmelser.
retell ['ri:ˌtel] *vb(=tell again)* gjenfortelle.
retention [riˌtenʃən] *s* **1.** *stivt(=keeping back)* tilbakeholdelse (*of* av); **2***(=keeping)* bibehold (*of* av); ***the retention of heat*** det å holde på varmen; **3.** *med.:* retensjon *(fx of urine).*
retentive [riˌtentiv] *adj:* som holder godt på; ***a retentive memory*** en meget god hukommelse.
I. rethink [ˌri:'θiŋk] *s* **T:** ***we'll have a rethink about this project*** dette prosjektet skal vi vurdere på nytt.
II. rethink ['ri:ˌθiŋk] *vb(=reconsider)* vurdere på nytt.
reticence [ˌretisəns] *s:* ordknapphet; tilbakeholdenhet.
reticent [ˌretisənt] *adj:* ordknapp; tilbakeholden.
reticulate [riˌtikju'leit] *vb:* retikulere; rute opp.
reticulation [ri'tikjuˌleiʃən] *s(=network; reticulated formation)* nettverk; noe som er inndelt i ruter.
reticule [ˌreti'kju:l] *s; hist; dameveske(=small drawstring bag)* pompadur; (ɔ: liten snurpeveske).
retina [ˌretinə] *s; anat:* retina; netthinne.
retinue [ˌreti'nju:] *s; glds el. spøkef(=party)* følge *n (fx the film star and her retinue).*
retire [riˌtaiə] *vb* **1.** gå av; ***retire on a pension*** gå av med pensjon; ***retire from a committee****(=withdraw from a committee)* trekke seg fra en komité; ***retire from the chair(manship)*** nedlegge formannsvervet; ***retire from the post of leader*** gå av som leder; trekke seg som leder;
2. *stivt(=pension off)* pensjonere *(fx retire teachers at 60);*
3. *stivt: **retire (to bed)**(=go to bed)* trekke seg tilbake for natten;
4. *stivt el. spøkef(=withdraw)* trekke seg tilbake *(fx they retired to the lounge);*
5. *mil(=retreat; move back)* trekke seg tilbake.
retired [riˌtaiəd] *adj:* pensjonert.
retirement [riˌtaiəmənt] *s* **1.** det å gå av; ***take early retirement*** la seg førtidspensjonere; ***it's not long till his retirement*** det er ikke lenge til han skal gå av med pensjon;
2. pensjonisttilværelse; ***enjoy a well-earned****(=well-deserved)* ***retirement*** nyte et velfortjent otium.
retiring [riˌtaiəriŋ] *adj* **1.** avgående; som trer ut; avtroppende *(fx chairman);* **2.** *stivt(=reserved)* reservert.
retiring age pensjonsalder; ***reach retiring age*** nå pensjonsalderen.
I. retort [riˌtɔ:t] *s* **1***(=sharp reply)* skarpt svar; svar på tiltale; **2.** *kjem:* kolbe; retorte.
II. retort *vb(=reply sharply)* svare skarpt.
I. retouch ['ri:ˌtʌtʃ; ˌri:'tʌtʃ] *s* **1.** retusj; retusjering; **2.** retusjert bilde *n.*
II. retouch [ri:ˌtʌtʃ] *vb* **1.** *fot:* retusjere; **2.** *fig(=touch up)* pusse på; pynte på.
retrace [riˌtreis] *vb; stivt* **1.:** ***retrace one's steps****(=go back the way one came)* gå tilbake den samme veien som man kom; **2***(=describe; go over)* beskrive; gjennomgå (i tankene).
retract [riˌtrækt] *vb; stivt* **1.** *om uttalelse(=withdraw; take back)* ta tilbake; **2.** *om klør, horn, etc(=pull back)* trekke tilbake (*el.* inn) *(fx its claws);* **3.** *flyv: **retract the undercarriage*** trekke opp understellet.
retractable [riˌtræktəbl] *adj:* som kan trekkes tilbake.
retraction [riˌtrækʃən] *s; stivt* **1.** *om uttalelse (=withdrawal)* tilbakekalling (*of an article* av en artikkel); **2.** tilbaketrekning; det å trekke inn (*el.* til seg); *(jvf retract 2).*
retrain [ˌri:ˌtrein; 'ri:ˌtrein] *vb* **1.** *etter skade:* trene opp igjen; **2***(=reeducate)* omskolere.
retraining ['ri:ˌtreiniŋ] *s(=reeducation)* omskolering; ***job retraining*** omskolering i yrkeslivet.
retread ['ri:ˌtred] *vb(=remould;* **US:** *recap)* banelegge; legge ny bane på *(fx a tyre).*
I. retreat [riˌtri:t] *s* **1.** retrett; tilbaketog; tilbaketrekning; ***beat a retreat*** slå retrett; ***cut off sby's retreat*** avskjære en retretten; *mil: **sound the retreat*** blåse retrett;
2. *stivt(=refuge)* tilfluktssted; ***country retreat****(=country house)* landsted; ***they have a weekend and holiday retreat in Devon*** de har et weekend- og feriested i Devon;
3. *rel(period of calm meditation)* refugium *n.*
II. retreat *vb* **1.** *mil & fig:* gjøre retrett; trekke seg tilbake; **2.** *sjakk(=move back)* flytte tilbake.
retrench [riˌtrentʃ] *vb; stivt* **1***(=economize)* spare; **2***(=reduce; cut back on)* redusere; skjære ned på.
retrenchment [riˌtrentʃmənt] *s; stivt:* økonomisering; sparing; nedskjæring av utgiftene; innstramning.
retrial [ri:ˌtraiəl] *s; s; jur(=new trial)* gjenopptagelse (*of a case* av en sak).
retribution ['retriˌbju:ʃən] *s; stivt el. rel(=well--deserved punishment)* velfortjent straff; ***retribution is bound to overtake him*** straffen vil ramme ham.
retributive [riˌtribjutiv] *adj:* gjengjeldelses-.
retrieval [riˌtri:vəl] *s* **1.** *stivt(=recovery)* gjenervervelse; det å få igjen;
2. *EDB:* fremhenting; gjenfinning;
3. *meget stivt: **beyond****(=past)* ***retrieval****(=irretrievably lost)* ugjenkallelig tapt.
retrieve [riˌtri:v] *vb* **1.** *stivt(=recover; get back)* gjenerverve; få igjen; få tak i igjen:
2. *EDB:* hente frem; gjenfinne;
3. *om hund:* apportere;
4. *stivt(=put right; save)* redde; rette opp *(fx the situation).*
retriever [riˌtri:və] *s; jakthund:* retriever.
retroaction ['retrouˌækʃən] *s; jur(=retroactive force)* tilbakevirkning; tilbakevirkende kraft.
retroactive ['retrouˌæktiv] *adj; stivt el. jur* **1.** tilbakevirkende; **2***(=backdated)* med tilbakevirkende kraft.
retroactively ['retrouˌæktivli] *adv:* med tilbakevirkende kraft.
retrograde [ˌretrou'greid; ˌretrə'greid] *adj(=backward)* tilbakegående; ***retrograde step*** tilbakeskritt.
retrospect [ˌretrə'spekt] *s:* tilbakeblikk; ***in retrospect****(=retrospectively)* i tilbakeblikk.
retrospective ['retrəˌspektiv; 'retrouˌspektiv] *adj;* **1.** *stivt (=retroactive)* tilbakevirkende;
2. retrospektiv; tilbakeskuende.
retrospectively ['retrəˌspektivli] *adv* **1.** *stivt(=retroactively)* med tilbakevirkende kraft; **2.** i tilbakeblikk.
retry [ri:ˌtrai] *vb; jur: **retry a case****(=reopen a case)* gjenoppta en sak; ta en sak opp igjen.
I. return [riˌtə:n] *s* **1.** tilbakekomst; ***return (home)*** hjemkomst; ***on our return*** da vi kom hjem;
2. *tennis:* returnering *(fx the return of a ball);*
3. *EDB: **hard return****(=hard page)* fast linjeskift; ***soft return****(=soft page)* mykt linjeskift;

4. tilbakelevering *(fx of a borrowed book);*
5.: ***on sale or return*** på kommisjonsbasis; med returrett; ***right of return*** returrett;
6. *post:* ***by return (of post)****(,***US:*** by return mail)* omgående;
7.: ***many happy returns (of the day)!****(=happy birthday!)* gratulerer med dagen!
8. *økon:* ***return(s)****(=profit)* utbytte; fortjeneste;
9.: ***fill in a tax return*** fylle ut en selvangivelse;
10*(=return ticket;* **US:** *round-trip ticket)* returbillett; tur-retur-billett; ***do you want a single or a return?*** skal du ha enkeltbillett eller tur-retur? ***individual return*** hjemreise for egen regning; retur for egen regning;
11. *sport:* retur *(fx make a good return); (jvf II. return 7);*
12*(=service in return)* gjentjeneste; ***they didn't expect any benefit in return*** de ventet ikke noen motytelse; ***in return*** til gjengjeld (*for* for); ***for nothing in return*** uten motytelse; uten å få noe til gjengjeld;
13. *parl:* ***election returns*** valgresultat;
14.: ***census returns****(=population returns; population figures)* befolkningsstatistikk; befolkningstall;
15.: ***returns*** *pl* 1. svarpost (på reklamekampanje); 2. returvarer; retureksemplarer (fx av en avis).

II. return *vb* **1***(=come back; go back)* returnere; komme tilbake; reise tilbake; ***return home****(=come home)* komme hjem; *etter streik:* ***return to work*** gå tilbake til arbeidet; *fig:* ***to return to what we were talking about*** for å vende tilbake til det vi snakket om; ***his good spirits returned*** hans gode humør *(n)* kom igjen;
2*(=give back; send back)* gi (*el.* sende) tilbake;
3. *merk; om varer:* returnere; sende tilbake;
4. *fig:* returnere *(fx a blow; a compliment);* ***I hope I shall be able to return your help****(=I hope I shall be able to do sth in return)* jeg håper jeg vil bli i stand til å gjøre gjengjeld; ***return good for evil*** gjengjelde ondt med godt;
5.: ***be returned to Parliament*** bli valgt inn på Parlamentet;
6. *jur:* ***return a verdict of guilty*** avsi kjennelsen "skyldig".
7. *sport; tennis:* returnere; *fotb:* ***return the ball*** returnere ballen; *(jvf I. return 11);*
8*(=reply)* svare; ***'No,' he returned*** "Nei," svarte han;
9.: ***speech to return thanks****(=speech of thanks)* taktale; ***returning thanks, the shop steward said …*** i sin svartale takket tillitsmannen og uttalte …;
10. *økon:* ***return good interest*** gi god forrentning; ***an investment that returns good interest*** en investering som forrenter seg godt.

returnable [riˌtəːnəbl] *adj:* som tas i retur.
return address avsenderadresse.
returned empties *pl:* tomt returgods.
return flight hjemreise (med fly *(n)*); ***our return flight*** flyreisen hjem.
returning officer *polit:* valgstyrer.
return journey*(=home journey)* hjemreise.
return match *sport:* returkamp.
return ticket*(=return)* returbillett; tur-retur-billett.
reunification ['riːjuːnifiˌkeiʃən] *s; polit:* gjenforening (*of* av); ***German reunification*** tysk gjenforening.
reunify ['riːˌjuːni'fai] *vb; polit:* gjenforene.
reunion [riːˌjuːniən] *s* **1.** gjenforening *(fx of friends);* **2.** sammenkomst; ***family reunion*** familiesammenkomst.
reunite ['riːju(ː)ˌnait] *vb:* gjenforene; ***a reunited Germany*** et gjenforent Tyskland.
Rev. *(fk f Reverend)* [ˌrev(ə)rənd] *s* **1.** *tittel:* pastor *(fx the Rev. John Brown); (se også reverend 2);* **2. T:** prest.
I. rev [rev] *s(fk f revolution)* omdreining; ***revs per minute****(=rpm)* omdreininger pr. minutt *n.*
II. rev *vb:* ***rev (up) the engine*** **1.** gi gass; la motoren gå fort; **2***(=race the engine)* ruse motoren.
revaluate [riːˌvælju'eit] *vb* **US:** *se revalue 2.*
revaluation [riː'væljuˌeiʃən] *s* **1***(=reassessment)* ny vurdering; revurdering; omvurdering;
2. *fin:* revaluering; oppskrivning;
3. ny taksering; omtakst.
revalue ['riːˌvæljuː] *vb* **1***(=reassess)* vurdere på nytt; revurdere; omvurdere; **2***(,***US:*** revaluate)* revaluere; skrive opp *(fx the dollar);* **3.** taksere på nytt.
I. revamp [ˌriː'væmp] *s* **T:** det å pynte på; det å fikse på; ***give it a revamp****(=improve it)* fikse på det.
II. revamp ['riːˌvæmp] *vb* **T***(=improve)* pynte på; fikse på; ***revamp one's appearance*** fikse på utseendet sitt.
reveal [riˌviːl] *vb* **1***(=disclose)* røpe; *(=make known)* gjøre kjent;
2. avsløre *(fx extensive damage);*
3*(=show)* vise *(fx that dress would reveal more of me than I'm willing to show);*
4. *rel:* åpenbare.
revealing [riˌviːliŋ] *adj* **1.** avslørende; **2.** *om klesplagg:* som viser mye; avslørende.
reveille [riˌvæli; **US:** ˌrevəli] *s; mil:* revelje: ***sound (the) reveille*** blåse reveljen.
I. revel [ˌrevəl] *s; glds el. spøkef:* ***revel(s)****(=noisy party;* **S:** *fun party)* lystig kalas *n;* festligheter.
II. revel *vb* **1.** *stivt el. spøkef:* holde kalas *n;* **T:** feire; **2.:** ***revel in****(=delight in)* nyte; ***some people revel in gossip*** enkelte mennesker *(n)* nyter sladder.
revelation ['revəˌleiʃən] *s* **1.** *stivt el. spøkef(=disclosure)* avsløring; **2***(=big surprise)* stor overraskelse.
Revelation(s) *rel(=the Apocalypse; the Revelation of Saint John the Divine)* Johannes' åpenbaring.
reveller [ˌrevələ] *s; glds el. spøkef(=noisy party-goer)* støyende festdeltager.
revelry [ˌrevəlri] *s: se I. revel.*
I. revenge [riˌvendʒ] *s:* hevn; revansj(e); ***an act of revenge*** en hevnakt; ***thoughts of revenge*** hevntanker; ***in revenge for*** som hevn for; ***revenge is sweet*** hevnen er søt; ***want revenge*** ville ha hevn (,revansj); ***give him his revenge*** la ham få revansj(e); ***he had****(=got)* ***his revenge****(,***T:*** he got his own back)* han fikk sin hevn; han fikk revansj(e); ***take revenge on****(=revenge oneself on)* hevne seg på.
II. revenge *vb:* hevne *(fx one's father's death);* ***revenge oneself on sby*** hevne seg på en.
revengeful [riˌvendʒful] *adj(=vindictive)* hevngjerrig.
revengefulness [riˌvendʒfulnəs] *s(=vindictiveness)* hevngjerrighet.
revenue [ˌrevi'njuː] *s; stats el. kommunes:* inntekter; ***tax revenues*** skatteinntekter.
revenue cutter *hist(=customs patrol boat)* tollkrysser.
revenue label: ***(stamped) revenue label*** banderole (på sigarettpakke, etc som bevis *(n)* på at stempelavgift er betalt).
revenue stamp *på varer:* stempelmerke.
reverberate [riˌvəːbə'reit] *vb; stivt(=ring out; resound)* gjalle; runge; ***reverberate with****(=resound with)* gjenlyde av.
reverberation [ri'vəːbəˌreiʃən] *s; stivt(=echoing)* gjenlyd; gjenklang; etterklang.
revere [riˌviə] *vb; stivt(=show great respect for; venerate)* høyakte; akte og ære; vise stor respekt for.
I. reverence [ˌrevərəns] *s; meget stivt(=awe; great respect)* ærefrykt; stor respekt; ærbødighet; andakt; pietet; ***out of reverence****(=out of respect)* av pietetshensyn.
II. reverence *vb; meget stivt: se revere.*
reverend [ˌrevərənd] **1.** *adj; stivt el. spøkef(=venerable)* ærverdig; **2.** *som tittel(fk Rev.):* ***the Reverend John Brown****(,stivt: the Reverend Mr Brown)* pastor Brown.
reverent [ˌrevərənt] *adj; stivt(=respectful)* ærbødig.
reverential ['revəˌrenʃəl] *adj: se reverent.*
reverie, revery [ˌrevəri] *s; stivt(=daydream)* dagdrøm; drømmeri *n;* ***fall****(=go off)* ***into a reverie*** falle i staver; hengi seg til drømmerier.

r

revers [riˌviə] *s(pl: revers* [riˌviəz]*) på klesplagg:* revers.

reversal [riˌvə:səl] *s* **1.** det å snu opp ned på; omgjøring *(fx of a previous decision);* **2.** *jur; av dom(=overruling; quashing)* omstøting; underkjennelse.

I. reverse [riˌvə:s] *s* **1***(=opposite):* ***the reverse is the case*** det motsatte er tilfelle *n;* ***quite the reverse****(=on the contrary)* tvert imot;
2. *av mynt(=reverse side)* bakside; *fig:* ***the reverse of the medal*** baksiden av medaljen;
3. *av tekstil:* ***the reverse****(=the wrong side)* vrangen;
4. *mask:* revers; ***put the car in(to) reverse*** sette bilen i revers;
5.: ***in reverse*** bakvendt *(fx printed in reverse).*

II. reverse *vb* **1.** *mask:* reversere *(fx the engine);*
2. *om bilist(=back)* rygge;
3. *om film(=rewind)* spole tilbake;
4. *om klesplagg:* ***the jacket can be reversed****(=the jacket is reversible)* jakken er vendbar;
5.: ***reverse a dictionary*** speilvende en ordbok;
6. *jur(=overrule; quash)* omstøte;
7. *tlf:* ***reverse the charges*** la mottageren betale samtalen;
8. *også fig:* snu (helt) om på; ***reverse the order of priorities*** snu opp ned på prioriteringen.

III. reverse *adj:* omvendt; motsatt; ***in reverse****(=inverse)* ***order*** i omvendt orden; i motsatt rekkefølge.

reverse call *tlf(,* **US:** *collect call)* noteringsoverføring; *(jvf collect call).*

reversed [riˌvə:st] *adj:* omvendt; snudd om på; ***reversed image*** omvendt bilde *n;* ***the roles are reversed*** rollene er byttet om.

reversible [riˌvə:səbl] *adj* **1.** *mask:* omstillbar; **2.** *kjem:* reversibel; **3.** *om klesplagg:* vendbar.

reverse side bakside; *av mynt:* revers; bakside; *(se I. reverse 2).*

reversing light *(,***US:** *back-up light) på bil:* ryggelys.

reversion [riˌvə:ʃən] *s* **1.** *biol:* reversjon; ***reversion to type****(=atavism)* atavisme;
2. *stivt(=return)* tilbakevending (*to* til);
3. *jur:* fremtidsrett; hjemfall(srett).

revert [riˌvə:t] *vb; stivt:* ***revert to*** **1***(=come back to)* vende tilbake til;
2. falle tilbake til; vende tilbake til;
3. *jur; om rettighet(=be returned to)* gå tilbake til; hjemfalle til;
4. *biol:* ***revert to type*** oppvise atavistiske trekk.

revetment [riˌvetmənt] *s* **1.** *arkit: se retaining wall;*
2. *mil:* forskansning *(fx of sandbags).*

I. review [riˌvju:] *s* **1.** *av bok, etc:* anmeldelse;
2. *mil:* mønstring; tropperevy; ***naval review*** flåtemønstring;
3. oversikt; overblikk (*of* over); ***be kept under continuous review****(=be continuously assessed)* bli løpende vurdert;
4. revisjon; ***tax review*** omlegning av skattesystemet;
5.: ***in the period under review****(=in the period concerned)* i det aktuelle tidsrom; i det tidsrom det er snakk om;
6.: ***pass in review*** passere revy;
7. *jur:* ***preliminary review*** saksforberedende møte;
8. *skolev* **US** *& Canada(=revision)* repetisjon.

II. review *vb* **1.** *bok, etc:* anmelde *(fx a book);*
2. *mil(=inspect)* inspisere; mønstre *(fx the troops);*
3. ta et overblikk over; vurdere; revurdere *(fx a contract);*
4. gjennomgå; gi et overblikk over *(fx the situation);*
5. *jur:* overprøve *(fx a sentence);*
6. *skolev* **US** *& Canada(=revise)* repetere.

review copy *av bok:* anmeldereksemplar.

reviewer [riˌvju:ə] *s:* anmelder.

revile [riˌvail] *vb; glds(=insult; scoff at)* forhåne.

revise [riˌvaiz] *vb* **1.** revidere; **2.** forandre på; forbedre; **3.** *skolev (,***US** *& Canada: review)* repetere.

revision [riˌviʒən] *s* **1.** revisjon; revidering; **2.** forandring; omlegning; **3.** *skolev (,***US** *& Canada: review)* repetisjon; ***do revision*** repetere.

revisit [ˈri:ˌvizit] *vb(=visit again)* besøke igjen; *boktittel, etc:* ***Africa revisited*** gjensyn med Afrika.

revitalize, revitalise [ri:ˌvaitəˈlaiz] *vb; fig(=give new life to; give new vigour to)* gjenopplive; gi nytt liv.

revival [riˌvaivəl] *s* **1.** gjenopplivelse;
2*(=renewal)* fornyelse *(fx of our hopes)*
3. *fig:* gjenopplivelse; ***the revival of an old custom*** gjenopplivelse av en gammel skikk; ***there has been a revival of interest in*** interessen for … har tatt seg opp igjen; ***a revival of trade*** ny fart i handelen;
4.: ***a religious revival*** en religiøs vekkelse;
5. *teat(=new production)* gjenoppførelse; nyoppførelse.

revivalist [riˌvaivəˈlist] *s:* vekkelsespredikant.

revive [riˌvaiv] *vb* **1.** gjenopplive;
2. *økon:* ta seg opp igjen;
3. *fig:* gjenoppfriske; friske opp; gi nytt liv; kvikne til; få til å kvikne til; ***revive sby's spirits*** få en til å kvikne til igjen; ***this greatly helped to revive their spirits*** dette bidro til å sette nytt mot i dem;
4. *om skikk:* ta i bruk igjen; gjenopplive; la komme til heder og verdighet igjen;
5. *teat:* ***revive a play*** gjenoppføre et stykke; ta opp igjen et stykke; *(jvf revival 5).*

revocable [ˌrevəkəbl] *adj:* som kan tilbakekalles; gjenkallelig *(fx clause in a contract).*

revocation [ˈrevəˌkeiʃən] *s; jur(=cancellation; annulment)* tilbakekalling; opphevelse *(fx of a will).*

revoke [riˌvouk] *vb* **1***(=cancel; annul)* tilbakekalle; oppheve *(fx a will);*
2*(=withdraw)* trekke tilbake; inndra *(fx a permission);*
3. *stivt(=cancel)* gjøre om *(fx one's previous decision).*

I. revolt [riˌvoult] *s(=uprising)* oppstand.

II. revolt *vb* **1.** gjøre opprør (*against* mot); **2.** *stivt(=disgust)* opprøre; vekke avsky hos; ***it revolts me*** det byr meg imot; *(NB jvf revolting).*

revolting [riˌvoultiŋ] *adj; stivt(=disgusting)* motbydelig.

revolution [ˈrevəˌlu:ʃən] *s* **1.** revolusjon; **2***(,***T:** *rev)* omdreining; ***number of revolutions*** turtall; omdreiningstall.

I. revolutionary [ˈrevəˌlu:ʃənəri] *s:* revolusjonær.

II. revolutionary *adj* **1.** revolusjonær; **2.** revolusjonerende.

revolution counter *mask(=rev counter)* turteller.

revolutionize, revolutionise [ˈrevəˌlu:ʃəˈnaiz] *vb:* revolusjonere.

revolve [riˌvɔlv] **1.** dreie; **2***(=rotate)* rotere; dreie seg; gå rundt; **3.:** ***revolve about, revolve (a)round****(=move in a circle about)* bevege seg i en sirkel om; dreie seg om.

revolver [riˌvɔlvə] *s:* revolver.

revolving [riˌvɔlviŋ] *adj:* dreibar; som kan dreies.

revolving door svingdør.

revue [riˌvju:] *s; teat:* revy.

revulsion [riˌvʌlʃən] *s; stivt* **1***(=strong disgust)* motvilje (*against* mot); avsky (*against* overfor); sterk avsmak (*at* for);
2. *mht. følelser(=sudden violent change)* sterk forandring; plutselig omsving.

I. reward [riˌwɔ:d] *s* **1.** belønning; ***as a reward****(=by way of reward)* som belønning (*for* for); ***(finder's) reward*** dusør; finnerlønn; ***offer a reward*** utlove finnerlønn;
2. *økon:* ***reward of effort*** prestasjonslønn;
3. *fig:* lønn; ***get scant reward for one's pains*** få dårlig lønn for strevet.

II. reward *vb* **1.** belønne; ***be well (,badly) rewarded*** bli godt (,dårlig) belønnet; **2.** *fig:* lønne.

rewarding [riˌwɔ:diŋ] *adj(=well worth doing)* givende; tilfredsstillende *(fx job).*

I. rewind [ˌriːˈwaind] *s:* det å vikle (*el.* spole) opp igjen; tilbakespoling.
II. rewind [ˈriːˌwaind] *vb(=wind back)* vikle (*el.* spole) opp igjen; spole tilbake *(fx a film).*
I. rewrite [ˌriːˈrait] *s* **T:** omredigert artikkel.
II. rewrite [riːˌrait] *vb:* skrive om.
rhapsody [ˌræpsədi] *s:* rapsodi; ***go into rhapsodies over sth*** falle i henrykkelse over noe.
Rhenish [ˌreniʃ; ˌriːniʃ] *adj:* Rhin-; rhinsk.
rhesus [ˌriːsəs]: ***rhesus factor****(=Rh factor)* rhesusfaktor.
rhetoric [ˌretərik] *s:* retorikk.
rhetorical [riˌtɔrikəl] *adj:* retorisk.
I. rheumatic [ruːˌmætik] *s:* reumatiker; revmatiker.
II. rheumatic *adj:* reumatisk; revmatisk; giktisk.
rheumatism [ˌruːməˈtizəm] *s; med.:* reumatisme; revmatisme; ***acute articular rheumatism****(=rheumatic fever)* giktfeber.
rheumatoid [ˌruːməˈtɔid] *adj; med.:* ***rheumatoid arthritis*** reumatisk (*el.* revmatisk) leddgikt; *(se arthritis).*
Rhine [rain] *s; geogr:* ***the Rhine*** Rhinen.
rhino [ˌrainou] *s; zo(fk f rhinoceros)* neshorn.
Rhodes [roudz] *s; geogr:* Rhodos.
Rhone [roun] *s; geogr:* ***the Rhone*** Rhonen.
rhododendron [ˈroudəˌdendrən] *s; bot:* rhododendron; alperose.
romb [rɔm] *s; geom(=rhombus)* rombe.
rhombic [ˌrɔmbik] *adj; geom:* rombisk.
rhombus [ˌrɔmbəs] *s; geom:* rombe.
rhubarb [ˌruːbɑːb] *s* **1.** *bot:* rabarbra; ***stewed rhubarb*** rabarbragrøt;
2. T*(=nonsense; rubbish)* tøys *n;* tull *n.*
I. rhyme [raim] *s* **1.** rim *n;* **2.** vers *n;* ***nursery rhyme*** barnerim; barnevers; **3.:** ***without rhyme or reason*** fullstendig meningsløs; som slett ikke rimer.
II. rhyme *vb:* rime (*with* på).
rhythm [riðm] *s:* rytme; ***catchy rhythms*** fengende rytmer; ***hot rhythms*** hissige rytmer.
rhythmic(al) [ˌriðmik(əl)] *adj:* rytmisk; taktfast.
rhythmics [ˌriðmiks] *s:* rytmikk (ɔ: studiet av rytmiske bevegelser); *(jvf movement and music).*
I. rib [rib] **1.** *anat:* ribben;
2. *kul:* ***pork ribs*** ribbe; ***roasted pork ribs*** ribbestek; *(jvf spare ribs);*
3. *flyv & mar:* spant *n;*
4. *på paraply:* spile;
5. *strikking:* ribbe.
II. rib *vb:* forsyne med ribber.
ribald [ˌribəld] *adj; om historie, sang, etc; stivt(=rude; coarse)* grov; rå *(fx joke).*
ribaldry [ˌribəldri] *s; stivt(=rude(=coarse) jokes)* grovheter; grove vitser.
ribbon [ˌribən] *s* **1.** bånd *n;* ***medal ribbon*** ordensbånd;
2. *på skrivemaskin:* ***(typewriter) ribbon*** fargebånd.
ribbonfish [ˌribənˈfiʃ] *s; zo* **1***(=king of the herrings; oarfish)* sildekonge; **2.** båndfisk.
rib steak of beef *kul* **T***(=entrecôte)* indrefilet.
rice [rais] *s; bot:* ris; ***ground rice****(=rice flour)* rismel; ***cream(ed) rice with red fruit sauce*** riskrem med rød saus.
rice pudding risengrynsgrøt.
I. rich [ritʃ] *s:* ***the rich*** de rike.
II. rich *adj* **1***(=wealthy)* rik; ***rich in*** rik på;
2. rikholdig;
3. *om jordsmonn(=fertile)* fruktbar; fet; rik;
4. *om mat:* fet; kaloririk; *om bensinblanding:* fet;
5. *om stemme(=sonorous)* klangfull;
6. *om farge(=warm)* varm; ***a rich red*** en varm rødfarge;
7. *om vin(=full-bodied)* fyldig;
8*(=costly)* kostelig; verdifull *(fx furniture);*
9. *om vegetasjon(=luxuriant)* frodig.
riches [ˌritʃiz] *s; pl(=wealth)* rikdom.
richly [ˌritʃli] *adv; stivt:* rikt; ***richly(=well) rewarded*** rikt belønnet; ***richly deserved****(=well-deserved)* ***praise*** velfortjent ros.
richness [ˌritʃnəs] *s* **1.** rikhet (*in* på);
2*(=fertility)* fruktbarhet;
3.: ***the richness of the food*** den fete maten; **the richness of the fuel mixture** den fete bensinblandingen;
4. *om stemme(=sonority)* klangfylde;
5. *om farge(=warmth)* varme;
6. *om vin(=body)* fyldighet; fylde;
7. rikholdighet.
rick [rik] *s(=stack)* stakk; høystakk; halmstakk.
rickets [ˌrikits] *s; med.:* engelsk syke.
rickety [ˌrikiti] *adj* (,**T:** *wobbly)* vaklevoren; gebrekkelig *(fx chair).*
rickshaw [ˌrikˈʃɔː] *s:* rickshaw.
I. ricochet [ˌrikəˈʃei; ˌrikəˈʃet] *s:* rikosjett.
II. ricochet *vb:* rikosjettere; prelle av.
rid [rid] *vb(pret & perf.part.: rid)* befri (*of* for); ***rid oneself of*** kvitte seg med; bli kvitt.
riddance [ˌridəns] *s:* ***good riddance****(=I'm glad to get rid of it)* det var bra å bli kvitt det.
ridden [ˌridən] **1.** *perf.part. av II. ride;*
2. *adj; i sms; stivt:* ***bed-ridden****(=confined to one's bed)* sengeliggende.
I. riddle [ridl] *s* **1.** gåte; *(jvf enigma);* **2***(=coarse sieve)* grovt såld.
II. riddle *vb* **1.** sortere (ved hjelp av sold);
2. *også fig:* gjennomhulle; ***riddle an argument*** gjennomhulle et argument;
3. *fig:* ***riddled with*** 1*(=full of)* full av *(fx an essay riddled with mistakes);* 2. befengt med.
I. ride [raid] *s:* **1.** ritt *n;* ridetur;
2. biltur; kjøretur;
3. *fig:* ***take sby for a ride*** 1. **T***(=cheat sby)* snyte en; lure en; 2. **US S:** ta en med på en kjøretur (ɔ: likvidere en);
4. kjørekomfort; ***good ride*** god kjørekomfort.
II. ride *vb(pret: rode; perf.part.: ridden)* **1.** ri; ***break a horse to ride*** ri inn en hest;
2. *fig:* ri *(fx he rode on a wave of popularity);*
3. *mar:* ***the rope rides*** tauet er i beknip *n;*
4. kjøre *(fx ride(=drive) a motorcycle);*
5. T: ***let it ride*** la det være;
6. *mar:* ***ride (at anchor)*** ri (på ankeret);
7. *om månen; litt.:* ***the moon rode****(=was)* ***high (in the sky)*** månen stod høyt på himmelen;
8. *fig:* ***ride for a fall*** utfordre skjebnen; ***he's riding for a fall*** det ender med forferdelse for ham;
9.: ***ride out*** 1. *mar:* ri av *(fx a storm);* 2. *fig:* ri av *(fx a crisis);*
10. *fig:* ***ride a subject to death*** stadig komme tilbake til et tema;
11.: ***ride to hounds*** drive revejakt;
12. *om fx trangt skjørt:* ***ride up*** gli opp.
rider [ˌraidə] *s* **1.** rytter; **2.** (motor)syklist; **3.** *jur:* tilleggsklausul; tilføyelse (til juryens kjennelse).
I. ridge [ridʒ] *s* **1.** høydedrag; åskam; **2.:** ***ridge (of a roof)****(=roof ridge)* møne(kam); **3.** (høytrykks)rygg.
II. ridge *vb; landbr(=earth up)* hyppe *(fx potatoes).*
ridge cucumber *bot:* frilandsagurk.
ridgepole [ˌridʒˈpoul] *s* **1.** mønsås; mønebjelke;
2. *i hustelt:* overligger.
ridge tent hustelt.
I. ridicule [ˌridiˈkjuːl] *s:* latterliggjøring; *meget stivt:* ***hold sby up to ridicule****(=make fun of sby;* **T:** *take the mickey out of sby)* latterliggjøre en; *stivt:* ***she's an object of ridicule****(=everyone makes fun of her)* alle morer seg over henne.
II. ridicule *vb; stivt:* latterliggjøre; le av.
ridiculous [riˌdikjuləs] *adj:* latterlig.
riding [ˌraidiŋ] *s:* ridning.
riding breeches *pl:* ridebukser; *(se saddlebag thighs).*

r

riding habit *for dame:* ridedrakt.
Riding Hood *i eventyret: **Little Red Riding Hood*** Rødhette.
rife [raif] *adj; stivt: **be rife(=be rampant)*** være svært utbredt; grassere; florere; ***the air has been rife(=buzzing) with rumour*** ryktene *(n)* har svirret.
riffle [rifl] *vb* **1.** *papir; manuelt:* lufte; **2.:** ***riffle through(=flick through)*** bla raskt gjennom.
riffraff [ˌrifˈræf] *s; neds:* pakk *n.*
I. rifle [raifl] *s* **1.** rifle; gevær *n;* **2.** *i geværløp:* rille.
II. rifle *vb* **1.** *stivt(=ransack; rob; steal)* ransake; plyndre; stjele; ***rifle through*** rote gjennom; **2.** rifle; lage riller i *(fx a gun).*
rifle butt geværkolbe.
rifle fire geværild; ***burst of rifle fire*** geværsalve.
rifle range*(=target range)* skytebane.
rifle shot geværskudd; *(se gunshot 1).*
rifle sling geværreim.
rift [rift] *s* **1***(=crack)* revne *(fx in the clouds);* **2.** *stivt(=disagreement)* uenighet; splid.
I. rig [rig] *s* **1***(=oilrig)* (olje)rigg; ***exploration rig*** leterigg;
2. *mar; ved omtale av riggtypen & i sms:* rigg; ***schooner rig*** skonnertrigg; *(jvf rigging);*
3*(=equipment; gear)* utstyr *n;*
4. *om klær(=outfit)* utstyr *n;* antrekk *n (fx in ceremonial rig).*
II. rig *vb* **1.** *mar:* rigge *(fx a ship);*
2. *om svindel:* fikse; arrangere; ***rig the market*** manipulere markedet;
3. T: ***rig out*** 1. skaffe klær til; utstyre; 2. maie ut; spjåke ut;
4. *provisorisk; i all hast:* ***rig up*** rigge i stand.
Riga [ˌriːgə] *s; geogr:* Riga.
rig clerk *oljeind; på plattform:* kontormann.
rigging [ˌrigiŋ] *s; mar:* rigg; ***running (,standing) rigging*** løpende (,stående) rigg; ***man the rigging*** (be)manne riggen.
I. right [rait] *s* **1.** rett; rettighet; ***civil rights****(=liberties)* borgerrettigheter; ***film rights*** filmrettigheter; ***be in the right*** ha retten på sin side; ha rett; ***be (quite) within one's rights*** være i sin fulle rett; ***distinguish between right and wrong*** skjelne mellom rett og urett; ***have a(=the) right to sth****(=be entitled to sth)* ha rett til noe; ***have a(=the) right to*** ha rett til å; ***you've got no right to read my letters*** du har ikke noe med å lese brevene *(n)* mine; ***I'll have my rights*** jeg skal ha min (gode) rett; *ved arrestasjon:* ***read sby their rights*** foreholde en ens rettigheter;
2. *i boksing:* høyre (hånd); høyrestøt;
3. *ved angivelse av retning:* ***on the right*** på høyre hånd; ***to the right*** til høyre *(fx turn to the right);*
4. *polit:* ***he's on the right of the Labour Party*** han står til høyre for Arbeiderpartiet;
5.: ***by rights*** hvis alt gikk (rett og) riktig for seg;
6.: ***in one's own right*** ved egen fortjeneste; i kraft av egen dyktighet; selv *(fx she's married to a writer, but is a novelist in her own right).*
II. right *vb* **1.** rette opp; *om båt:* ***right itself*** rette seg opp igjen; *fig:* ***things will right themselves****(=it's going to be all right)* det retter seg under marsjen;
2. *om urett(=put right)* råde bot på; rette på.
III. right *adj* **1.** rett; riktig; ***be right*** ha rett; ***both are right*** 1. begge to har rett; 2*(=either is correct)* begge deler er riktig; ***it's right for you to be at the ceremony*** det passer seg at du er til stede ved seremonien; ***events proved him right*** begivenhetene ga ham rett; ***quite right!*** helt riktig! ***you were quite right to refuse*** det var helt riktig av deg å si nei; ***the time isn't right (for it)*** det er ikke det rette tidspunktet (for det);
2. *int:* ***right?****(=do you understand?)* forstår du det? er det greit? ***right!****(=OK! yes!)* OK! ja!
3. *geom:* rett; ***a right angle*** en rett vinkel;
4. høyre;
5. T: ***get on the right side of sby*** gjøre seg til venns med en;
6. T: ***on the right side of 40*** på den riktige siden av 40;
7.: ***is he in his right mind?*** er han riktig klok?
IV. right *adv* **1.** riktig; ***do right*** gjøre riktig; ***guess right*** gjette riktig; ***am I hearing right?*** hører jeg riktig? ***remember right*** huske riktig; ***it isn't fastened right*** det er ikke festet riktig; *(jvf rightly 1);*
2. nøyaktig; akkurat; like *(fx right(=immediately) after lunch);* ***he was standing right****(=close)* ***beside me*** han stod like ved siden av meg;
3. *forsterkende:* helt; ***right at the top of the tree****(=at the very top of the tree)* helt øverst i treet; ***the bullet went right****(=clean)* ***through his arm*** kulen gikk tvers gjennom armen hans;
4*(=to the right):* ***turn right*** svinge til (*el.* snu seg mot) høyre;
5. *fig:* ***go right*** gå som det skal; gå bra;
6.: ***turn out right****(=turn out for the best)* vende seg til det beste; gå bra;
7.: ***right away****(=at once)* med én gang;
8.: ***right on****(=straight on)* rett frem;
9.: ***he owes money right and left*** han skylder penger overalt.
right-angled [ˈraitˌæŋgəld; ˌraitˈæŋgəld; *attributivt:* ˌraitˈæŋgəld] *adj:* rettvinklet.
right-angled screwdriver*(=offset screwdriver)* vinkelskrutrekker.
righteous [ˌraitʃəs] *adj* **1.:** ***full of righteous anger*** full av rettferdig harme; **2.** *stivt(=upright)* rettskaffen.
righteousness [ˌraitʃəsnəs] *s:* rettferdig harme.
rightful [ˌraitful] *adj; jur:* rettmessig *(fx owner).*
rightfully [ˌraitfuli] *adv:* ***it rightfully belongs to me*** det er min rettmessige eiendom.
right-hand [ˌraitˈhænd] *adj:* høyrehånds-; høyre-.
right-hand driving*(=right-hand traffic)* høyrekjøring.
right-handed [ˈraitˌhændid; *attributivt:* ˌraitˈhændid] *adj* **1.** høyrehendt; **2.** høyre-; høyrehånds-.
right-handedness [ˈraitˌhændidnəs] *s:* høyrehendthet.
right-hander [ˌraitˈhændə] *s* **1.** høyrehendt person; **2.** slag *(n)* med høyre hånd; høyrestøt.
right-hand man *fig:* høyre hånd *(fx his right-hand man).*
Right Honourable 1. *om earl, viscount, baron, Lord Mayor, Lord Provost:* hans høyvelbårenhet;
2. *i visse samveldeland &* **UK** *om Privy Councillor el. appeal-court judge:* hans nåde.
rightly [ˌraitli] *adv* **1***(=right)* rett; *(se IV. right 1);*
2.: ***I don't rightly know*** jeg vet ikke riktig;
3. med rette; ***rightly or wrongly*** med rette eller urette; ***and rightly so*** og det med rette; ***they rightly assumed that he would refuse to help*** de antok med rette at han ville nekte å hjelpe.
right-minded [ˈraitˌmaindid; *attributivt:* ˌraitˈmaindid] *adj(=right-thinking)* rettenkende *(fx citizens).*
righto*(=right-oh)* [ˌraitˌou] *int* **T***(=right)* OK; all right *(fx righto, I'll come).*
right of way 1. hevd (til ferdsel over annen manns grunn); **2.** forkjørs(els)rett; ***A has the right of way over B*** B har vikeplikt for A.
right whale *zo:* slettbak; retthval.
right wing 1. *polit:* høyrefløy; **2.** *sport:* høyre ving.
right-wing [ˈraitˌwiŋ; *attributivt:* ˌrait-wiŋ] *adj* **1.** som befinner seg på høyre fløy; **2.** høyreorientert.
rigid [ˌridʒid] *adj* **1.** *stivt(=stiff)* stiv *(fx bar of metal);* ***be rigid with fear*** være stiv av skrekk;
2. *tekn:* ***rigid axle****(=fixed axle)* fast aksel; ***this shelf is quite rigid*** denne hyllen sitter helt fast;
3. *fig(=very strict; inflexible)* rigid; stivbent; uelastisk *(fx system);* meget streng; ***rigid rules*** meget strenge regler.
rigidity [riˌdʒiditi] *s* **1***(=stiffness)* stivhet; **2.** rigiditet; stivbenthet; strenghet.
rigidly [ˌridʒidli] *adv; stivt:* steilt; ***follow the rules***

rigidly(=strictly) følge reglene strengt; ***he was rigidly(=unshakeably) opposed to my ideas*** han var en urokkelig motstander av mine idéer.

rigmarole [ˌrigməˈroul] *s* **1**(*=meaningless jumble of words)* lang, meningsløs harang; **2.** *spøkef* **T:** lekse.

rigor [ˌrigə] *s* **US:** *se rigour.*

rigorous [ˌrigərəs] *adj; stivt(=very strict)* meget streng; rigorøs; ***rigorous standards of hygiene*** meget strenge krav til hygienen.

rigour *(,US: rigor)* [ˌrigə] *s; stivt* **1**(*=strictness)* strenghet; **2.:** ***the rigours(=strain) of prison life*** påkjenningen ved fengselslivet.

rigout [ˌrigˈaut] *s* **T**(*=(bizarre) outfit)* (pussig) antrekk *n.*

rile [rail] *vb* **T**(*=annoy)* ergre.

Riley [ˌraili] *s; især* **US:** ***live the life of Riley(=live in a whirl of pleasures)*** leve i sus og dus.

rim [rim] *s* **1**(*=edge)* kant; rand;
2. (hjul)felg; *også fig:* ***run on the rims*** kjøre på felgen;
3(*=spectacle frame)* brilleinnfatning;
4. *på bil:* ***front rim(=bezel)*** innfatning for lykteglass; lyktering.

I. rime [raim] *s; litt.(=(white) frost)* rim *n.*

II. rime *vb:* ***the windows are rimed over(=there's frost on the windows)*** det er rim *(n)* på vinduene *n.*

rimless [ˌrimləs] *adj; om briller:* uten innfatning.

rimy [ˌraimi] *adj(=covered with white frost)* rimet.

rind [raind] *s* **1**(*=peel)* skrell *n (fx apple rind);* ***grated lemon rind*** revet skall *(n)* av sitron;
2.: ***cheese rind*** osteskorpe;
3.: ***(bacon) rind*** fleskesvor;
4. *bot:* bark.

I. ring [riŋ] **1.** ring; ***the rings of a tree*** årringene i et tre;
2. *av mennesker(=circle)* ring; ***(circus) ring*** manesje; ***(prize) ring*** boksering;
3. *tekn:* ring; bøyle;
4. *om flekk:* ring *(fx it left a ring on the table);*
5. T: ***run rings (a)round sby****(=be very much better than sby)* være mye flinkere enn en; slå en med den største letthet.

II. ring *s* **1.** klang; klokkeklang;
2. *fig:* ***the word has a bad ring****(=the word doesn't ring well)* ordet har en dårlig klang; ***the speech had a familiar ring*** talen hørtes kjent ut;
3. T: ***give sby a ring(=phone sby)*** slå på tråden til en;
4.: ***we heard a ring at the door*** vi hørte at det ringte på døren.

III. ring *vb (pret & perf.part.: ringed)* **1.** lage ring rundt; sette ring rundt; **2.** ringe; ringmerke; ***ring a bull*** sette ring i nesen på en okse;
3. *stivt el. litt.(=surround)* omgi; omringe.

IV. ring *vb (pret: rang; perf.part.: rung)* **1.** ringe; ringe på; ***ring a bell*** ringe med en klokke; ***has the bell rung(=gone) for break?*** har det ringt ut? ***ring in the new year*** ringe inn det nye året;
2. *tlf:* ringe; ***ring home****(=dial one's home number;* **T:** *phone home)* ringe hjem; ***ring sby*** ringe til en; ***ring for sby (,sth)*** ringe etter en (,noe); *(se ndf: ring back; ring off; ring up);*
3. *om ørene:* ***my ears are ringing****(=buzzing)* det ringer (*el.* suser) i ørene *(n)* mine;
4. klinge; lyde; gjenlyde (*with* av);
5. *fig:* lyde; høres ut *(fx it rings true);* ***it rings false*** det høres ikke riktig ut; **T:** ***it rings a bell (with me)****(=it reminds me of sth)* det høres kjent ut; ***does that word ring a(=any) bell (with you)?*** minner det ordet deg om noe? ***it rings hollow*** det lyder hult; ***the word doesn't ring well*** ordet har en dårlig klang; ***it rings well*** det har en god klang;
6. *tlf:* ***ring back****(=call back)* ringe tilbake; ringe opp igjen; ***can I ring you back in a few minutes?*** kan jeg få ringe deg opp igjen om noen minutter?
7.: ***ring the changes*** 1. *om klokkespill:* variere; 2. *fig:* variere; bytte på;
8. *teat:* ***ring down the curtain*** gi signal til teppefall; ***ring up the curtain*** gi signal til at teppet skal gå opp;
9. *på hotell, etc:* ***ring for*** ringe etter *(fx ring for the maid); (jvf II. call 10: ring sby a taxi);*
10. *tlf:* ***ring off*** ringe av; legge på røret;
11.: ***ring out*** 1. ringe ut *(fx the old year);* 2. gjalle; runge *(fx his voice rang out);*
12.: ***ring up*** 1. *tlf(=ring)* ringe til; ***ring sby up*** ringe til en; ***you're a cheerful****(=nice)* ***person to ring up!*** du er meg en hyggelig person å ringe til! 2. *på kasseapparat:* slå inn *(fx she rang up £5);* ***ring up the sale (on the cash register)*** slå beløpet i kassen.

ring back: ***give me a ring back****(=ring(=call) me back)* ring meg opp igjen.

ring binder*(=loose-leaf file;* **US:** *loose-leaf binder)* ringperm.

ringdove [ˌriŋˈdʌv] *s; zo(=wood pigeon)* ringdue.

ringed snake *zo:* bueorm.

ringer [ˌriŋə] *s* **1.:** ***(bell) ringer*** ringer; klokker;
2. T: ***be a dead ringer for sby*** ligne en på en prikk.

ring finger ringfinger; *(se Ruby Ring).*

I. ringing [ˌriŋiŋ] *s:* ringing.

II. ringing *adj:* klingende; gjallende; rungende.

ringing tone [ˌriŋiŋˈtoun] *s; tlf:* ringetone.

ringleader [ˌriŋˈli:də] *s; neds:* anfører; hovedmann.

ringlet [ˌriŋlit] *s; om hår:* lang krøll; hengekrøll; **T:** korketrekker.

ring-off [ˌriŋˈɔf] *s; tlf:* avringning.

ring ouzel *zo:* ringtrost; *(se thrush 1).*

ring road ringvei; *(jvf orbital motorway).*

ringside [ˌriŋˈsaid] *s; boksing:* ringside.

ringside seat *fig(=ringside view):* ***have a ringside seat*** sitte ringside; ha utmerket overblikk (over det som skjer).

rink [riŋ] *s; sport:* ***(skating) rink*** skøytebane.

I. rinse [rins] *s* **1.** skylling; ***give sth a rinse*** skylle noe;
2. *for håret:* skyllemiddel; ***give one's hair a blue rinse*** skylle håret sitt med blått.

II. rinse *vb* **1.:** ***rinse (out)*** skylle; spyle; ***rinse****(=wash)* ***out a glass*** skylle et glass; ***rinse the soap out of one's hair*** skylle såpen ut av håret; ***rinse one's mouth*** skylle munnen; ***rinse sth down*** skylle noe ned; ***rinse sth down the plug hole*** skylle noe ned i vasken; **2.:** ***she rinsed her hair blue*** hun skylte håret sitt med blått.

Rio (de Janeiro) [ˌri:ou (də dʒəˌniərou)] *s; geogr:* Rio (de Janeiro).

I. riot [ˌraiət] *s* **1.** tumulter; oppløp; opptøyer; ***put down a riot*** slå ned et opprør;
2. *fig:* ***a riot of colour*** en fargeorgie;
3. *om noe morsomt:* **T:** ***the film's a riot*** filmen er fantastisk morsom; ***he's a riot at a party*** han er virkelig festlig i selskap;
4.: ***run riot*** 1. løpe løpsk; bli ustyrlig; 2. bre seg altfor mye.

II. riot *vb:* lage opptøyer; lage bråk *n;*

riot act *fig:* ***read sby the riot act****(=tick sby off)* **T:** lese en teksten.

rioter [ˌraiətə] *s:* bråkmaker.

riotous [ˌraiətəs] *adj* **1.** opprørsk; **2.:** ***a riotous party*** et heidundrende selskap; ***the party was a riotous success*** selskapet ble en kjempesuksess.

riotously [ˌraiətəsli] *adv:* voldsomt; ***riotously drunk*** full og støyende; ***riotously funny*** til å le seg i hjel av.

riot police opprørspoliti.

I. rip [rip] *s; i tøy(=tear)* flenge; rift *n.*

II. rip *vb* **1.** *om tøy, etc(=tear)* rive en flenge i; få revet opp;
2.: ***rip off*** 1. rive av ; 2. **S:** ***rip sby off****(= cheat sby; make sby pay too much)* snyte en (på prisen); *(jvf rip-off);*
3.: ***rip open*** rive opp; sprette opp;
4.: ***rip up*** rive opp *(fx the floorboards).*

I. riparian [raiˌpɛəriən] *s; jur(=beach owner)* strandeier.

r

II. riparian *adj* **1.** *zo; faglig:* strand-; som finnes på stranden; ***riparian species****(=species in evidence on beaches)* arter som finnes på stranden;
2. *jur:* ***riparian rights****(=shore rights; access to the beach)* strandrett.
rip cord *flyv; til fallskjerm:* manuell utløsersnor.
ripe [raip] *adj* **1.** *om frukt:* moden; **2.** *fig:* moden.
ripen [ˌraipən] *vb* **1.** modnes; bli moden; **2.** modne.
rip-off [ˌrip'ɔf] *s* **S:** noe som er altfor dyrt; svindel; *(jvf II. rip 2: rip sby off 2).*
I. riposte [riˌpɔst; riˌpoust] *s* **1.** *i fektning(=counter-thrust)* ripost; **2.** *meget stivt(=retort; quick reply)* slagferdig svar *n;* kvikt svar.
II. riposte *vb* **1.** *i fektning:* ripostere; **2.** *meget stivt; om kvikt el. skarpt svar(=rejoin)* svare.
I. ripple [ripl] *s* **1.** *på vannet:* krusning; ring;
2. *i bølgepapp, etc:* bølge;
3. *om lyd:* skvulp *n;* risling;
4. *fig:* ***ripples*** ringvirkninger; ***cause political ripples*** få politiske ringvirkninger.
II. ripple *vb* **1.** lage krusninger på *(fx the water);*
2. skvulpe; risle; ***a ripple of laughter*** en perlende latter.
rip-roaring [ˌrip'rɔ:riŋ] *adj* **T***(=riotous; wildly noisy):* ***a rip-roaring party*** en heidundrende fest.
ripsaw [ˌrip'sɔ:] *s:* langvedsag; kløvsag.
I. rise [raiz] *s* **1.** stigning *(fx in prices);* ***he had a rapid rise to fame*** han ble fort berømt; ***a rise in the road*** en stigning i veien;
2*(=increase in wages (,salary);* **US:** *raise)* lønnspålegg;
3. begynnelse; opprinnelse; ***the rise of industrialism*** det industrielle gjennombrudd;
4. *fig:* ***give rise to****(=cause)* forårsake; skape; gi støtet til;
5. T: get a rise out of sby småerte en; provosere en.
II. rise *vb(=pret: rose; perf.part.: risen)* **1.** stige; ***food prices are still rising****(=going up)* prisene på matvarer fortsetter å stige; ***he could feel his anger rising*** han kjente at sinnet steg opp i ham; ***her voice rose to a scream*** stemmen hennes steg til et skrik;
2. *om brød:* heve seg;
3. *i landskapet:* heve seg; reise seg *(fx behind the houses the mountains rise (up));*
4. *om byggeprosjekt:* skyte i været;
5. stritte *(fx the two dogs faced each other, their hackles rising);*
6. *om fisk:* komme opp; *(jvf 15: rise to the bait 1);*
7. *teat; om teppet:* gå opp *(fx the curtain rose);*
8. *om sola:* stå opp;
9. *stivt(=get up)* stå opp; reise seg; ***rise (from the dead)*** stå opp (fra de døde);
10. *om vinden:* blåse opp; friskne til;
11.: ***the court rose*** retten ble hevet;
12.: ***rise (from the ranks)*** stige i gradene; bli forfremmet; ***rise in the world*** komme seg frem her i verden;
13.: ***rise above*** 1. heve seg over; rage (opp) over; 2. *fig:* heve seg over;
14.: ***rise (up) against*** reise seg mot *(fx the dictator);*
15.: ***rise to the bait*** 1. bite (på); 2. *fig(=swallow the bait)* gå på kroken; gå på agnet;
16.: ***rise****(=be equal)* ***to the occasion*** være situasjonen voksen.
risen [ˌrizən] *perf.part. av II. rise.*
riser [ˌraizə] *s* **1.:** ***be an early (,late) riser*** stå tidlig (,sent) opp; **2.** *tøm; i trapp:* opptrinn.
risible [ˌrizibl] *adj; stivt* **1***(=given to laughter)* lattermild; **2***(=ludicrous)* latterlig.
I. rising [ˌraiziŋ] *s; især hist(=uprising)* oppstand.
II. rising *adj* **1.** stigende *(fx prices);*
2. oppgående *(fx sun);*
3. lovende *(fx politician);*
4.: ***the rising****(=coming)* ***generation*** den oppvoksende slekt.
rising damp *i hus:* fuktighet fra bakken.
I. risk [risk] *sust:* risiko; fare; ***calculated risk*** kalkulert risiko; veloverveid risiko; ***an insured risk*** noe man er forsikret mot; ***security risk*** sikkerhetsrisiko; ***at one's own risk*** på (*el.* for) egen risiko; ***at the risk of one's life*** med fare for livet; ***be at risk*** stå på spill; ***put sth at risk*** risikere noe; ***put sby at risk****(=put sby in danger)* utsette en for fare; ***at the risk of seeming stupid*** med fare for å bli tatt for å være dum; ***run a risk*** løpe en risiko; ***run the risk of being caught*** løpe den risiko å bli tatt; ***run****(=take)* ***a great****(=big)* ***risk*** løpe (*el.* ta) en stor risiko; ***he didn't take any (unnecessary) risks*** han tok ingen (unødige) sjanser; ***take risks****(=take chances)* ta sjanser; ***I'm not taking any risks*** jeg vil ikke risikere noe; jeg tar ingen sjanser; ***there's no risk involved*** det medfører ingen risiko; man risikerer ingenting ved det; ***be without risk****(=be safe)* være ufarlig; ***it's not worth the risk*** det er ikke risikoen verdt.
II. risk *vb:* risikere; våge *(fx one's life for sby);* ***I'm willing to risk it*** jeg er villig til å risikere det; jeg er villig til å ta sjansen; ***I don't want to risk being late*** jeg vil ikke risikere å komme for sent; ***shan't we risk having to pay them?*** risikerer vi ikke å måtte betale dem? ***risk one's neck*** våge skinnet.
risk capital*(=venture capital)* risikovillig kapital.
risky [ˌriski] *adj:* risikabel.
risqué [ˌri(:)skei; **US:** riˌskei] *adj(=slightly indecent;* **T:** *spicy)* vovet; våget *(fx joke).*
rissole [ˌrisoul] *s; kul; kan gjengis:* frikadelle; ***minced steak rissole****(=minced steak)* karbonade.
rite [rait] *s:* ritus *(pl:* riter); ritual *n;* ***a priest gave her the last rites*** en prest var hos henne på det siste; ***marriage rites*** vielsesritual; ***witchcraft rites*** hekseseremonier.
I. ritual [ˌritjuəl; ˌritʃuəl] *s:* ritual *n;* **T:** ***all the usual ritual*** hele den gamle leksa.
II. ritual *adj*: rituell.
ritual murder ritualmord.
ritual object*(=cult object)* kultgjenstand.
ritz [rits] *s* **US T:** ***put on the ritz****(=show off; put on airs)* gjøre seg viktig; briske seg.
ritzy [ˌritsi] *adj* **T***(=smart; elegant)* flott; elegant.
I. rival [ˌraivəl] *s* **1.** konkurrent; **2.** rival(inne); ***they are*** rivals for that girl de rivaliserer om den piken.
II. rival *adj:* konkurrerende; rivaliserende.
III. rival *vb:* konkurrere med; måle seg med.
rivalry [ˌraivəlri] *s:* konkurranse; rivalisering.
river [ˌrivə] *s* **1.** elv; **2. T:** ***sell sby down the river****(=betray sby)* forråde en.
riverbank [ˌrivə'bæŋk] *s:* elvebredd.
riverbed [ˌrivə'bed] *s:* elveleie.
riverborn [ˌrivə'bɔ:n] *adj:* ***riverborn traffic*** elvetrafikk.
riverside [ˌrivə'said] *s(=riverbank)* elvebredd.
riverside inn vertshus ved elven.
I. rivet [ˌrivit] *s:* nagle; ***split rivet*** klinknagle.
II. rivet *vb* **1.** nagle; klinke;
2. *fig:* ***he stood riveted****(=nailed)* ***to the spot*** han stod som naglet fast;
3. *om oppmerksomhet(=attract):* ***his eyes were riveted****(=glued)* ***to the television*** øynene *(n)* hans slapp ikke TV-apparatet.
rivière ['riviˌɛə] *s(=necklace)* halsbånd; collier *n.*
rivulet [ˌrivjulit] *s; stivt* **1***(=brook; small stream)* bekk; liten elv; **2.** *fig; litt.:* ***rivulets****(=streams)* ***of*** strømmer av *(fx sweat).*
roach [routʃ] *s* **1.** *zo:* mort; **2.** *på seil:* gilling; kappe; **3. T:** *se cockroach.*
road [roud] *s* **1.** vei; ***country road*** bygdevei; landevei; **US:** ***dirt road****(=earth road)* grusvei; ***exit road*** avkjøringsvei; utfallsvei (fra motorvei); ***major road****(=main road)* hovedvei; ***motor road*** bilvei; ***slip road*** innkjøringsvei (til motorvei); ***slippery road*** glatt føre; glatt veibane; ***tarred road****(=tarmac road)* vei med fast

dekke; ***take the wrong road****(=turning)* ta feil av veien;
2.: ***be on the road*** 1. *teat:* være på turné; 2. reise (for et firma); være ute på reise;
3. *fig:* vei; ***the road to peace*** veien til fred;
4. S: hit the road ta landeveien fatt;
5. *dial:* ***any road:*** *se anyhow;*
6. T: ***somewhere along the road****(=at some point)* på et eller annet tidspunkt;
7. T: ***one for the road*** en siste drink på fallrepet.
roadability ['roudəˌbiliti] *s; om bil(=roadholding (qualities))* veiegenskaper.
road accident*(=traffic accident)* trafikkulykke.
road bed [ˌroud'bed] *s:* veilegeme.
road block veisperring; veibom.
road conditions *pl:* føre *n;* føreforhold.
road fork veiskille; veidele.
road haulage*(=road transport)* veitransport.
roadhog [ˌroud'hɔg] *s* **T:** bilbølle.
roadholding [ˌroud'houldiŋ] *s; bils:* veigrep.
roadhouse [ˌroud'haus] *s(=roadside inn)* landeveiskro.
road junction veikryss; trafikknutepunkt.
road layout veitrasé.
road licence bilavgift; veiavgift.
roadman [ˌroud'mæn] *s(=road worker)* veiarbeider.
road manager *teat:* turnéleder.
road manners trafikkultur.
road map veikart.
road markings *pl(=markings on the road)* veimerking.
road metal*(=crushed rock)* kult; pukk(stein).
road-minded [ˌroud'maindid] *adj:* ***be road-minded*** ha trafikkvett; *(jvf road manners & road sense).*
road roller *mask:* veivalse.
road safety trafikksikkerhet.
road sense trafikkvett; ***have road sense*** ha trafikkvett.
road show *teat:* turnerende forestilling.
roadside [ˌroud'said] *s:* veikant; ***by the roadside*** ved veikanten; ved veien.
roadside spot check *av biler:* veikontroll.
road sign veiskilt.
road test *av bil:* prøvekjøring; prøvetur.
road-test [ˌroud'test] *vb:* prøvekjøre *(fx a car).*
road train US *& Canada(=juggernaut)* vogntog.
road transport: *se road haulage.*
road underpass veiundergang.
road user trafikant.
roadway [ˌroud'wei] *s* (,**US:** *pavement)* veibane; kjørebane; *(jvf carriageway).*
roadworks [ˌroud'wə:ks] *s; pl:* veiarbeid; ***during roadworks*** under veiarbeidet; mens veiarbeid pågår.
roadworthiness [ˌroud'wə:ðinəs] *s; om bil:* kjørbar stand.
roadworthiness check bilkontroll; ***spot roadworthiness check****(=roadside spot check)* veikontroll; bilkontroll langs veien.
roadworthy [ˌroud'wə:ði] *adj; om bil:* i kjørbar stand.
roam [roum] *vb; stivt(=wander)* streife omkring; vandre (omkring); *neds:* ***she roamed****(=swanned)* ***off to Italy*** hun flakset av sted til Italia.
roaming [ˌroumiŋ] *adj:* omstreifende.
I. roan [roun] *s; hest:* skimmel.
II. roan *adj:* skimlet; ***red roan*** rødskimlet.
I. roar [rɔ:] *s* **1.** brøl *n;* vræl *n;* **2.** (sterk) dur; brus *n; om torden(=peal)* brak *n;* skrall *n.*
II. roar *vb* **1.** brøle; vræle; ***he roared himself hoarse*** han skrek seg hes; ***roar on*** heie frem; ***roar (with laughter) at the jokes*** brøle av latter over vitsene;
2. dundre; dure (sterkt); *om havet:* bruse; *om torden:* brake.
roaring [ˌrɔ:riŋ] *adj* **1.** brølende; **2.** brakende *(fx applause);* **3.** *fig:* ***a roaring success*** en knallsuksess; ***they're doing a roaring trade*** forretningen går strykende.
I. roast [roust] *s; kul:* stek.
II. roast *vb* **1.** *kul:* steke; stekes (i ovn); ***roast the chicken in cooking foil*** stek kyllingen i stekefolie;
2. *om kastanjer, etc:* riste; *om kaffebønner:* brenne; ***freshly roasted coffee*** nybrent kaffe;
3.: ***roast oneself in the sun****(=bake (oneself) in the sun)* steke seg i sola.
III. roast *adj:* stekt *(fx meat).*
roast beef *kul:* oksestek.
roast duck *kul:* andestek.
roasting [ˌroustiŋ] *adj* **T***(=extremely hot)* stekende varm; ***it's roasting outside*** det er stekende varmt ute(nfor).
roasting jack stekevender; dreiespidd.
roast pork *kul:* svinestek.
roast pork omelette *kul:* skinkeomelett.
roast potatoes *pl; kul:* ovnstekte poteter.
roast sirloin of beef *kul:* oksemørbradstek.
rob [rɔb] *vb* **1.** plyndre; rane; **2.** *fig; stivt:* ***rob sby of sth*** berøve en noe; **3. T:** ***rob Peter to pay Paul*** ta fra den ene og gi til den andre.
robber [ˌrɔbə] *s:* ransmann; ***bank robber*** bankraner.
robbery [ˌrɔbəri] *s* **1.** ran *n;* tyveri *n;* ***armed robbery*** væpnet ran; ***smash and grab robbery*** tyveri med ruteknusing; **2. T:** ***daylight robbery*** opptrekkeri *n.*
robe [roub] *s* **1***(=robes)* kappe; ***flowing robes*** flagrende gevanter;
2. *verdighetstegn:* ***robes*** kappe *(fx a judge's robes);* ***Coronation robes*** kroningsdrakt;
3.: ***christening robe*** dåpskjole;
4. US: ***(bath)robe****(=dressing gown)* morgenkåpe; morgenkjole; slåbrok.
robed [roubd] *adj; stivt(=dressed):* ***robed in*** ikledd; iført.
robin [ˌrɔbin] *s; zo* **1.:** ***robin (redbreast)*** rødkjelke;
2. US*(=American robin)* vandretrost;
3.: ***round robin****(=signed petition)* klageskriv med underskrifter.
robot [ˌroubɔt] *s* **1.** robot; **2.** *Sør-Afrika(=traffic light)* trafikklys.
robust [rouˌbʌst; ˌroubʌst] *adj* **1***(=healthy; strong)* robust *(fx child);* hardfør; **2.:** ***a robust sport*** en fysisk krevende sport; **3.** *stivt(=rough)* robust *(fx style).*
I. rock [rɔk] *s* **1.** klippe; ***(block of) rock*** klippeblokk; ***firm as a rock*** stø som fjell *n;* ***(as) hard as rock*** hard som flint;
2. skjær; ***rock awash*** skjær i overflaten; ***sunken rock*** undervannsskjær; blindskjær;
3. *især* **US***(=stone)* stein;
4. *slikkeri* (,**US:** *rock candy)* kandis; *i form av en stang:* sukkerstang;
5. T: ***on the rocks*** 1. på bar bakke; 2.: ***their marriage is on the rocks*** ekteskapet deres har lidd skipbrudd *n;* 3. *om drink:* med is.
II. rock *vb* **1.** vugge *(fx a baby to sleep);* **2.** ryste; skake; *om kjøretøy:* krenge; **3.:** ***rock the boat*** 1. få båten til å vippe *(el.* gynge); 2. *fig:* ødelegge det hele.
I. rock-bottom ['rɔkˌbɔtəm; *attributivt også:* ˌrɔk'bɔtəm] *s:* absolutt bunn(nivå); ***reach rock-bottom*** nå bunnen.
II. rock-bottom *adj:* lav-; bunn-; ***rock-bottom prices*** bunnpriser.
rock bun bolle med mange rosiner i.
rock cake liten, rund kake med rosiner og knudret overflate.
rock candy US: *se I. rock 4.*
rock carving helleristning.
rock climbing klatring i fjellet; *(jvf mountaineering).*
rock crystal *min:* bergkrystall.
rocker [ˌrɔkə] *s* **1.** *på vugge:* mei; *(jvf runner 5);* **2***(=rocking chair)* gyngestol; **3. S:** ***be off one's rocker****(=be crazy)* være sprø.
rockery [ˌrɔkəri] *s(=rock garden)* steinbed; fjellhage.
I. rocket [ˌrɔkit] *s* **1.** rakett; *(jvf missile);* **2.** *bot:* ***rocket (salad)*** salatsennep; **3. T:** ***get a rocket****(=get told off)* få en overhøvling.

r

II. rocket *vb* **1.** *mil:* angripe med raketter; **2.** *om priser(=rise rapidly)* skyte i været; **T:** ***rocket to fame(=become famous overnight)*** bli berømt over natten; **3. T***(=rush)* fare av sted.
rocket launcher *mil(=rocket launch pad)* utskytningsrampe for raketter.
rocket signal rakettsignal; ***distress rocket signal*** nødrakett.
rock face fjellside.
rock fall*(=falling rock)* steinsprang.
rock flour steinmel.
rockfoil [ˌrɔk'fɔil] *s; bot(=saxifrage)* sildre.
rock garden*(=rockery)* steinbed; fjellhage.
rock gas*(=natural gas)* naturgass; jordgass.
rocking chair [ˌrɔkiŋ'tʃɛə] *s:* gyngestol.
rocking horse [ˌrɔkiŋ'hɔ:s] *s:* gyngehest.
rock lobster *zo(=spiny lobster; langouste)* langust.
rock oil*(=crude oil; (crude) petroleum)* jordolje; råolje.
rock plant *bot(=rockery plant)* steinbedplante.
rockslide [ˌrɔk'slaid] *s:* fjellskred; steinras.
rock wool*(=mineral wool)* steinull; mineralull.
rocky [ˌrɔki] *adj* **1.** klippefylt; steinete; **2. T***(=wobbly)* ustø; vaklevoren.
rococo [rəˌkoukou] *s:* rokokko.
rod [rɔd] *s* **1.** kjepp; stang; ***fishing rod*** fiskestang; **2.** *mask:* ***connecting rod(=con-rod)*** veivstang; råde; **3.** *bibl el. glds:* ris *n;* ***the rod of correction*** tuktens ris; ***spare the rod and spoil the child*** den som elsker sin sønn, tukter ham; **4.** *fig:* ***make a rod for one's own back****(=lay up trouble for oneself)* lage ris *(n)* til egen bak; **5. US S***(=pistol)* skyter.
rode [roud] *pret av II. ride.*
rodent [ˌroudənt] *s; zo:* gnager.
roe [rou] *s; zo* **1.** rogn; ***soft roe*** melke; ***cod roe*** torskerogn; **2***(=roe deer)* rådyr.
roebuck [ˌrou'bʌk] *s; zo:* råbukk.
roe deer *zo:* rådyr; ***a herd of roe deer*** en flokk rådyr.
rogue [roug] *s* **1.** *stivt(=rascal)* kjeltring; **2.** skøyer *(fx she can be a little rogue sometimes).*
roguery [ˌrougəri] *s; stivt(=dirty tricks)* kjeltringstreker.
rogues' gallery *(,T: mug book)* forbryteralbum.
roguish [ˌrougiʃ] *adj; lett glds(=mischievous)* skøyeraktig *(fx she had a roguish look on her face).*
role, rôle [roul] *s:* rolle; ***supporting role*** birolle; ***play a role*** spille en rolle.
role playing *psykol:* rollespill; ***do role playing*** lage rollespill.
I. roll [roul] *s* **1.** rull; ***roll of toilet paper*** rull toalettpapir; ***roll of fat*** fettvalke; **2.** *tekn(=roller)* valse; *(se roller 1);* **3.** *kul:* ***Chinese pancake roll*** vårrull; ***beef roll*** okserull; ***(bread) roll*** *(,US:* ***bun****)* rundstykke; ***cheese roll*** rundstykke med ost på; ***frankfurter roll****(=long roll; US & Canada: hot dog roll)* pølsebrød; ***sausage roll*** innbakt pølse; *(se Swiss roll);* **4.** rulling; det å rulle seg; *om samleie* **S:** ***a roll in the hay*** en omgang i høyet; **5.** *mar:* rulling; slingring; **6.** *gym:* rulle; ***backward (,forward) roll*** baklengs (,forlengs) rulle; **7.** *flyv:* roll; rulle; ***flick roll*** hurtig rulle; **8.** *om bil:* ***body roll*** krengning; **9.:** ***he had a roll in his walk****(=he had a rolling walk)* han vagget når han gikk; **10.:** ***the roll of cannon*** kanontorden; **11.** *mus:* ***roll of drums*** trommevirvel; **12.** (navne)liste; ***electoral roll*** manntall(sliste); **13.** *jur:* ***be struck off the rolls*** miste sin (advokat)-bevilling.
II. roll *vb* **1.** rulle; rulle seg; trille; *deig:* kjevle; *flyv:* rulle; *fon:* ***roll one's r's*** rulle på r'ene; *gart:* tromle *(fx the lawn); mar:* rulle; slingre; *mask:* valse; *om torden(=rumble)* rulle; *fig:* ***heads are going to roll*** hodene kommer til å rulle; *fig* **T:** ***keep the ball rolling*** holde samtalen i gang; *fig* **T:** ***start(=set) the ball rolling*** få satt i gang noe. ***roll about*** 1. *om ball, etc:* rulle omkring; 2. rulle seg; 3.: ***roll about (with laughter)*** vri seg av latter; ***roll along*** 1. ha en vaggende gange; 2. *fig* **S:** ***she's rolling along happily in her new career as an actress****(=she's thoroughly enjoying her new career as an actress)* hun riktig stortrives i sin nye rolle som skuespiller; ***roll back*** 1. rulle til side; 2. *mil; fiende:* slå tilbake; 3. *TV; om opptak:* vise om igjen; ***roll out*** 1. kjevle ut; 2.: ***roll out the red carpet*** rulle ut den røde løperen; ***roll over*** rulle rundt; snu *(fx they rolled the body over);* ***roll up*** 1. rulle sammen *(fx an umbrella);* brette opp *(fx one's sleeves);* 2. rulle seg sammen; 3. rulle seg inn *(fx in a blanket); 4. fig; fx illegal organisasjon:* rulle opp; 5. **T***(=arrive)* komme (anstigende); **2.** *om kamera:* gå *(fx the cameras are rolling);* **3***(=going):* ***get the business rolling*** få fart på forretningen; **4.** *mus:* ***the drums rolled*** det ble slått trommevirvler; **5.** *om penger* **T:** ***roll in****(=pour in)* strømme inn; ***roll in money*** ha penger som gress *n;* **6.:** ***roll on*** 1. *om tid(=pass; go by)* gå; 2. *om ønske:* ***roll on the day when I can afford to buy a car*** jeg skulle ønske den dagen kom da jeg kunne ha råd til å kjøpe meg en bil.
roll call navneopprop; ***take a roll call*** foreta navneopprop.
rolled gold *(,***US:** ***filled gold****)* gulldublé.
rolled oats *pl:* havregryn.
rolled-up [ˌrould'ʌp] *adj:* sammenrullet *(fx newspaper).*
roller [ˌroulə] *s* **1.** valse; trommel *(fx garden roller);* **2.:** ***paint roller*** malerull; **3.** lang bølge; dønning.
(roller) blind rullegardin.
roller coaster*(=switchback;* **T:** *big dipper)* berg-og -dal-bane; rutsjebane; *(se big dipper).*
roller skate rulleskøyte.
roller towel rullehåndkle.
rollicking [ˌrɔlikiŋ] *adj(=merry; jolly)* lystig.
I. rolling [ˌrouliŋ] *s* **1.** *mar:* rulling; slingring; **2.** valsing; tromling.
II. rolling *adj* **1.** bølgende; kupert; ***ski race in rolling country*** skirenn i kupert terreng; **2.** *om torden(=rumbling)* rullende.
rolling mill [ˌrouliŋ'mil] *s:* valseverk.
rolling pin [ˌrouliŋ'pin] *s:* kjevle.
rolling stock [ˌrouliŋ'stɔk] *s; jernb:* rullende materiell *n;* vognpark.
rolling stone [ˌrouliŋˌstoun] *s:* farende svenn; *ordspråk:* ***a rolling stone gathers no moss*** på allfarvei gror aldri gress *n.*
rolling titles *pl; film:* rulletekster.
rollmop [ˌroul'mɔp] *s; kul:* rollmops.
rollneck pullover høyhalset pullover.
roll-up [ˌroul'ʌp] *s:* rullesigarett.
I. Roman [ˌroumən] *s:* romer.
II. Roman *adj:* romersk; romer-.
Roman alphabet latinsk alfabet *n.*
Roman candle *fyrverkeri:* stjernesprut.
I. Roman Catholic *s:* katolikk.
II. Roman Catholic *adj:* (romersk-)katolsk; ***the Roman Catholic Church*** romerkirken; den (romersk-)katolske kirke.
Roman Catholicism katolisisme.
Romance [rəˌmæns; ˌroumæns] *adj; språkv:* romansk.
romance [rəˌmæns; ˌroumæns] *s* **1.** kjærlighetseventyr; romantisk opplevelse; *også mus & poet:* romanse; **2.** romantisk fortelling; romanse; **3.** romantikk.
Romanesque ['rouməˌnesk] *adj; arkit:* romansk; rundbue-.

Romania [rou,meiniə] *s; geogr; især* **US:** *se Rumania.*
roman letters *pl; typ(=roman type)* antikva.
Roman numeral, roman numeral romertall.
I. romantic [rou,mæntik] *s:* romantiker.
II. romantic *adj:* romantisk.
Romanticism, romanticism [rou,mænti'sizəm] *s:* romantikken; den romantiske periode.
Romanticist [rou,mænti'sist] *s: se I. romantic.*
I. Romany [,rɔməni] *s* **1***(=gipsy)* sigøyner; **2.** *språk:* romani; sigøynerspråk.
II. Romany *adj:* romani(-); sigøyner- *(fx customs).*
Rome [roum] *s; geogr:* Roma; *litt. & fig:* Rom; ***Rome wasn't built in a day*** Rom ble ikke bygd på én dag.
I. romp [rɔmp] *s:* ***have a romp in the grass*** tumle seg i gresset.
II. romp *vb* **1.** leke viltert; tumle seg; boltre seg; **2.** *sport:* ***romp home****(=win easily)* vinne overlegent.
rompers [,rɔmpəz] *s; pl:* sparkebukse.
romper suit*(=sleeping suit)* sparkebukse med ben.
röntgen [,rɔntgən] *s(=roentgen)* røntgen; *(se X-ray).*
I. roof [ru:f] *s* **1.** tak *n;* ***sloping****(=pitched)* ***roof*** skråtak; **2.** *anat:* ***the roof of the mouth*** den harde gane; **3.** *fig* **T:** ***hit****(=go through)* ***the roof*** fly i taket.
II. roof *vb:* legge tak *(n)* på *(fx a house).*
roofing [,ru:fiŋ] *s* takmaterialer.
roofing felt takpapp.
roof rack *(,***US:** *carrier)* takgrind (på bil).
roof ridge *arkit:* møne *n.*
rooftop restaurant takrestaurant.
rook [ruk] *s* **1.** *i sjakk(=castle)* tårn *n;* **2.** *zo:* kornkråke; *(jvf I. crow 1).*
rookery [,rukəri] *s:* kråkekoloni; fuglekoloni.
rookie [,ruki] *s; især* **US 1. T:** rekrutt; **2.** *sport:* nybegynner.
I. room [ru(:)m] *s* **1.** rom *n;* værelse *n;* ***sitting room****(= living room)* dagligstue; ***rooms*** 1. rom *n;* værelser *n;* 2. hybelleilighet; **2.** plass; ***have plenty of room****(=have plenty of space)* ha god plass; ***make room for*** gjøre plass til; **3.** *fig:* ***room for*** rom *(n)* for; mulighet for; ***there's room for improvement*** det kan gjøres bedre; ***it leaves no room for doubt*** det gir ikke rom for tvil.
II. room *vb; især* **US:** ***room together****(=share a bedsit)* dele hybel (*with* med).
room and board US*(=board and lodging)* kost og losji *n.*
room attendant *på hotell(=chamber maid;* **T:** *maid)* værelsespike; stuepike; ***room attendants*** værelsesbetjening.
room clerk US*(=reception clerk)* resepsjonist.
roomer [,ru:mə] *s* **US***(=lodger)* losjerende; hybelboer.
rooming house US*(=lodging house)* losjihus.
roommate [,rum'meit] *s:* værelseskamerat; romkamerat.
room service *på hotell:* romservice; værelsesbetjening.
roomy [,ru(:)mi] *adj(=spacious)* romslig; rommelig.
I. roost [ru:st] *s* **1***(=perch)* soveplass; vagle (for høns); **2.** *om ugjerning, etc:* ***all his lies have come home to roost****(=all his lies have rebounded on him)* alle løgnene hans har falt tilbake på ham selv; **3.:** ***rule the roost****(=be the boss)* være den som bestemmer hvor skapet skal stå.
II. roost *vb; om fugl:* sette seg til hvile; sitte.
rooster [,ru:stə] *s; zo* **US***(=cock)* hane.
I. root [ru:t] *s* **1.** *bot:* rot; ***strike root****(=take root; push out roots)* slå rot; få røtter; **2.** *bot(=root vegetable)* rotfrukt; **3.** *fig:* rot; ***put down roots*** slå rot; ***take root*** 1. rotfeste seg; slå rot *(fx the new business took root);* 2.: *se 1: strike root;* ***strike at the root of the evil*** ta ondet ved roten; ***get to the root of things*** komme til bunns i tingene; **4.** *mat.:* rot; ***cubic root*** kubikkrot; ***square root*** kvadratrot; **5.** *mus; i en akkord:* grunntone.
II. root *vb* **1.** *om plante:* slå rot; **2.** *gart:* stikke; sette *(fx plants in compost);* **3.:** ***root out*** 1*(=root up)* ta opp med roten; 2. *fig:* utrydde; rykke opp med roten.
root and branch *adv; stivt(=completely)* fullstendig *(fx destroy the evil root and branch).*
root crops *pl(=roots; root vegetables)* rotfruktavlinger; rotfrukter.
rooted [,ru:tid] *adj:* rotfestet; ***rooted in one's own soil*** rotfast; ***the democratic values that are so deeply rooted*** de demokratiske verdier som er så dypt forankret; *litt.:* ***rooted to the spot****(=riveted to the spot)* naglet til stedet; ute av stand til å røre seg.
root filling *tannl:* rotfylling.
rootless [,ru:tləs] *adj; også fig(=without roots)* rotløs.
rootstock [,ru:t'stɔk] *s; bot(=rhizome; rootstalk)* rotstokk; jordstengel; rhizom *n.*
root sucker *bot(=sucker)* rotskudd.
root vegetable *bot(=(edible) root)* rotfrukt.
I. rope [roup] *s* **1.** tau *n;* re(i)p *n;* ***coil of rope*** taukveil; ***ropes****(=cordage)* tauverk; **2.:** ***perform on a (slack) rope*** balansere på slakk line; *(se tightrope);* **3.:** ***rope****(=string)* ***of pearls*** perlekjede; **4.** *fig:* ***give him enough rope (to hang himself)*** la ham løpe linen ut; ***give sby plenty of rope*** gi en stor handlefrihet; **5.** *fig:* ***know the ropes*** kunne knepet; ***show him the ropes*** sette ham inn i det; lære ham knepet.
II. rope *vb* **1. US***(=lasso)* fange med lasso; **2.** surre (fast); ***rope two things together*** binde to ting sammen med tau *n;* **3.** *fig:* ***rope sby in****(=get sby to help)* kapre en; få en til å hjelpe; **4.:** ***rope off*** sperre av med tau *n.*
ropedancer [,roup'dɑ:nsə] *s:* linedanser.
rope end tauende; tamp.
rope ladder taustige.
rope tow *ski; Canada(=ski tow)* skitrekk *n.*
ropy [,roupi] *adj* **1.** som kan trekkes ut i tråder; klebrig; seig; **2. T***(=not very good)* ikke videre god *(fx food).*
Roquefort [,rɔk'fɔ:] *s:* roquefort(ost); *(jvf Danish blue).*
rorqual [,rɔ:kwəl] *s; zo(=finback)* finnhval.
rosary [,rouzəri] *s; rel:* rosenkrans.
I. rose [rouz] *pret av II. rise.*
II. rose *s* **1.** *bot:* rose; ***climbing rose****(=rambler rose)* klatrerose; slyngrose; **2.** *ordspråk:* ***no rose without a thorn*** ingen roser uten torner; **3.** *ordspråk:* ***life's no bed of roses*** livet er ingen dans på roser; **4.** *på vannkanne:* spreder; bruser; dyse; *(jvf sprinkler).*
III. rose *adj(=rose-coloured)* rosenrød; rosa.
rosé [,rouzei] *s:* rosévin; rosé.
roseate [,rouzi'eit] *adj* **1.** *stivt(=rose-coloured)* rosenrød; **2.** *meget stivt; fig(=rosy)* rosenrød.
rosebay [,rouz'bei] *s; bot:* ***rosebay willowherb****(,US & Canada: fireweed)* geitrams.
rosebud [,rouz'bʌd] *s* **1.** *bot:* rose(n)knopp; **2.** *litt.; om ung, vakker kvinne:* rosenknopp.
rosebush [,rouz'buʃ] *s; bot:* rosenbusk.
rose-coloured [,rouz'kʌləd] *adj; også fig:* rosenrød; ***she views the world through rose-coloured spectacles*** hun ser verden gjennom rosenrøde briller; *(jvf rosy).*
rosefish [,rouz'fiʃ] *s; zo(=Norway haddock; redfish;* **US:** *ocean perch)* uer.
rosehip [,rouz'hip] *s; bot(=hip)* nype.
rosehip tea nypete.
rose mallow *bot* **1***(,US & Canada: marsh mallow)* rosehibisk; **2. US***(=hollyhock)* stokkrose.
rosemary [,rouzməri] *s; bot:* rosmarin.
rosette [rə,set; rou,set] *s:* rosett.
rosewater [,rouz'wɔ:tə] *s:* rosenvann.
rosewood [,rouz'wud] *s; bot:* rosentre.

rosin [ˌrɔzin] *s(=solid resin)* kolofonium *n.*
roster [ˌrɔstə] *s; stivt:* ***(duty) roster****(=duty schedule)* vaktliste; turnusliste.
rostrum [ˌrɔstrəm] *s* **1***(=platform)* talerstol; *(se conductor's rostrum);*
2. *sport:* ***(winner's) rostrum*** seierspall;
3.: ***VIP rostrum*** ærestribune;
4. *zo:* nebblignende fremspring; *på insekt:* snute.
rosy [ˌrouzi] *adj* **1***(=rose-coloured)* rosenrød; **2.** *fig:* rosenrød *(fx a rosy future); (jvf rose-coloured).*
Rosy Lea RS*(=tea)* te.
I. rot [rɔt] *s* **1.** råte; ***dry rot*** tørråte; **2. T***(=nonsense)* tull *n;* tøys *n;* sludder *n.*
II. rot *vb* **1.** råtne (*away* bort); ***rot with rust*** ruste i stykker; **2.** *fig:* ***rot in jail*** gå til grunne i fengslet.
rota [ˌroutə] *s:* liste (over personer som skal gjøre noe etter tur); turnusliste; ***by rota****(=by turns)* etter tur.
I. rotary [ˌroutəri] *s* **US***(=roundabout)* rundkjøring.
II. rotary *adj:* roterende.
rotary cultivator *landbr(=rotavator)* jordfreser.
rotary snow cutter snøfreser.
rotate [rouˌteit] *vb* **1.** rotere; dreie; gå rundt; **2.** *fig:* rotere; sirkulere; la gå på omgang; **3.** *landbr:* ***rotate crops*** drive vekselbruk; *(se rotation of coops).*
rotating [rouˌteitiŋ] *adj:* roterende; ***on a rotating basis*** på omgang; på turnusbasis.
rotating beacon 1*(=rotating light)* blinklys (på utrykningsvogn); **2.** roterende radiofyr.
rotation [rouˌteiʃən] *s* **1.** omdreining;
2. rotering; rotasjon;
3. veksling; ***the rotation of the seasons****(=the changing seasons)* årstidenes veksling;
4. turnus(system); ***by rotation, in rotation****(=by turns)* etter tur.
rotation of crops *landbr(=crop rotation;* **US:** *rotational cropping)* vekselbruk; vekstskifte; *(se rotate 3).*
rotator [rouˌteitə] *s* **1.** *flyv:* (helikopter)blad *n;*
2. *mask:* rotator; **3.** *anat:* dreiemuskel.
rote [rout] *s; glds:* ***learn by rote****(=heart)* lære utenat.
roto [ˌroutou] *s; typ(=rotogravure)* dyptrykk.
rotor [ˌroutə] *s* **1.** *mask:* ***distributor rotor*** rotor;
2.: ***(helicopter) rotor*** rotor.
rotor blade *flyv; på helikopter:* rotorvinge; rotorblad.
rotten [ˌrɔtən] *adj* **1.** råtten;
2. T*(=very bad)* elendig; ***rotten luck*** kjempeuflaks;
3. T*(=mean)* lumpen *(fx don't be (so) rotten!);*
4. T: ***feel rotten*** 1*(=feel ill)* føle seg syk; 2*(=feel ashamed)* føle seg skamfull.
rotter [ˌrɔtə] *s* **1.** *glds* **S:** døgenikt; slamp; **2.** *spøkef(=scamp)* skøyer; laban; ***the little rotter was fibbing*** den vesle labanen sto der og skrønte.
rotund [rəˌtʌnd; rouˌtʌnd] *adj; stivt(=round; plump)* rund; buttet; ***he's jolly and rotund*** han er rund og jovial.
rotunda [rouˌtʌndə] *s:* rotunde; rund bygning.
rouble *(,især* **US:** *ruble)* [ru:bl] *s; myntenhet:* rubel.
roué [ˌru:ei; **US:** ru:ˌei] *s; glds(=dissolute elderly man)* utsvevende eldre mann; *glds:* libertiner.
rouge [ru:ʒ] *s:* rouge *(fx she uses rouge).*
I. rough [rʌf] *s* **1.** *golf:* ***the rough*** det ujevne terrenget utenfor 'fairway';
2*(=hooligan)* pøbel; ramp; råskinn;
3*(=draft)* utkast; kladd; ***in the rough****(=in the draft stage)* som utkast; på kladd; i grove trekk; ***written out in rough*** skrevet ferdig på kladd;
4.: ***nature in the rough*** naturen fra sin minst gjestfrie side;
5.: ***take the rough with the smooth*** ta det onde med det gode.
II. rough *vb* **1. T:** ***rough it****(=live primitively)* leve primitivt;
2.: ***rough out*** 1. skissere; 2. *fig(=outline)* skissere *(fx a plan);* 3. *i treskjæring:* blokke (ut);
3. T: ***rough****(=beat)* ***sby up*** banke en opp.
III. rough *adj* **1.** ru *(fx skin);*
2*(=uneven)* ujevn;
3. *om stemme:* ru; grov;
4. *om stoff el. vevning:* grov;
5. *om tilværelse:* primitiv *(fx live a rough life);*
6.: ***rough****(=bad)* ***weather*** barskt vær; styggvær;
7. ikke forseggjort; provisorisk *(fx accommodation);*
8. omtrentlig; ***a rough drawing*** en løs skisse; ***a rough estimate*** et løst overslag; ***just to give you a rough idea of what it's all about*** bare slik at du skal ha en slags idé om hva det hele dreier seg om;
9. *om vesen:* grov; barsk; ***rough kindness*** barsk vennlighet;
10. T: ***it's rather rough on his wife*** det er nokså hardt for kona hans;
11. T: ***give sby a rough time****(=treat sby badly)* gi en en hard medfart;
12. T: ***have a rough time*** være ute i hardt vær;
13. *om sjøen:* ***get rough*** begynne å blåse opp.
IV. rough *adv:* ***cut up rough*** bli ubehagelig; reise bust; *om leirliv, etc:* ***live rough*** leve primitivt; ***sleep rough*** 1. sove ute; sove under åpen himmel; 2. være uteligger.
roughage [ˌrʌfidʒ] *s; fysiol:* slaggstoffer; mat som er rik på slaggstoffer.
rough-and-ready [ˈrʌfənˌredi] *adj* **1.** primitiv, men brukbar *(fx method);* **2.** improvisert (men brukbar) *(fx meal);* **3.** som ikke tar det så nøye med formene.
I. rough-and-tumble [ˈrʌfənˌtʌmbl] *s:* tummel; lek hvor det går uvørent for seg; ***the rough-and-tumble of life*** livets harde tak *n.*
II. rough-and-tumble *adj:* hvor det går uvørent for seg.
rough book [ˌrʌfˈbuk] *s; skolev:* kladdebok *(fx a rough maths book).*
I. roughcast [ˌrʌfˈkɑ:st] *s; bygg:* grovpuss; rapping.
II. roughcast *vb; bygg:* grovpusse; rappe *(fx a wall).*
rough copy [ˌrʌfˌkɔpi] *s(=rough draft)* kladd.
rough diamond *også fig:* uslepen diamant.
rough draft utkast; konsept *n;* kladd.
rough-edged [ˌrʌfˈedʒd] *adj:* med dårlige manérer.
roughen [ˌrʌfən] *vb:* gjøre (,bli) ru (*el.* grov).
rough going 1. tungt terreng (å gå i); **2.** *fig:* ***it was rough going*** det var litt av en påkjenning.
rough guess løs gjetning.
rough-hew [ˌrʌfˈhju:] *vb:* grovhogge; råhogge.
rough-hewn *adj:* grovt tilhogd; grovhogd.
roughly [ˌrʌfli] *adv* **1.** grovt; ***roughly dressed*** grovt tilhogd; **2.** hardhendt; ublidt *(fx treat sby roughly);* **3.** omtrent.
roughneck [ˌrʌfˈnek] *s* **1.** *oljeind:* oljearbeider (på boreplattform); **2. S***(=rowdy)* bølle; råskinn; råtamp; bråkmaker.
roughness [ˌrʌfnəs] *s:* grovhet; ruhet; ujevnhet.
rough paper [ˌrʌfôˌpeipə] *s(=draft paper;* **US:** *scratch paper)* kladdepapir; konseptpapir.
rough plane [ˌrʌfˈplein] *s(=jack plane)* skrubbhøvel.
rough-plane [ˌrʌfˈplein] *vb; tøm:* skrubbhøvle; grovhøvle.
roughshod [ˌrʌfˈʃɔd] *adj* **1.** *om hest:* skarpskodd; **2.** *fig* **T:** ***ride roughshod over sby's objections*** fullstendig ignorere ens innvendinger.
rough sketch grovt utkast; løs skisse.
rough-spoken [ˈrʌfˌspoukən; *attributivt:* ˌrʌfˈspoukən] *adj:* grov i munnen.
rough stuff T*(=violence)* vold.
roulade [ru:ˌlɑ:d] *s; også kul & mus:* rulade.
roulette [ru:ˌlet] *s:* rulett.
I. round [raund] *s* **1.** noe som er rundt; ***a round of toast*** et stykke toast;
2. omgang *(fx of drinks);*
3. runde; ***do a paper round*** ha en avisrute; ***a new round of negotiations*** en ny forhandlingsrunde; **T:** ***they did the rounds of the pubs*** de gikk fra pub til pub; *om historie, etc:* ***go the rounds*** gå runden; ***the story***

went the rounds of the club historien gikk runden i klubben; *(jvf I. lap 3);*
4. *fig:* ***the daily round*** dagliglivets jevne rutine;
5. skudd *n (fx fire several rounds);*
6.: ***round of applause*** klappsalve;
7. rekke; ***a giddy round of parties*** en uendelig rekke med selskaper;
8. *kortsp:* spill *n (fx of bridge);*
9.: ***out of round*** urund; ***wear out of round*** gjøre urund.

II. round *vb* **1.** avrunde; runde av *(fx an edge);*
2. runde *(fx the corner);*
3.: ***round off*** 1. runde av; avrunde; 2*(=express as a round number)* runde av; 3. *fig:* runde av;
4. *aggressivt; stivt:* ***round on****(=turn on)* snu seg mot;
5. *mar:* ***round to*** dreie til lo; loffe (opp) til vinden;
6.: ***round up*** 1. drive sammen; 2. omringe og arrestere; drive klappjakt på; 3*(=whip up; især* **US:** *scare up)* få tak i i all hast *(fx a few more men for the party);* 4*(= round off)* runde av oppad *(fx a figure).*

III. round *adj* **1.** rund; **2.:** ***round figures****(=round numbers)* runde tall *n;* ***a round****(=full)* ***dozen*** dusinet fullt; **3.:** ***he's a square peg in a round hole*** han har kommet på feil hylle her i livet.

IV. round *adv* **1.** rundt; ***all the year round*** hele året rundt; ***go round*** 1. gå rundt; *fig:* ***my head's going round today*** det går rundt for meg i dag; 2. *om nyheter, etc:* gå rundt; spre seg; 3*(=be enough (for everyone))* rekke rundt (til alle); være nok til alle; 4. *om omvei:* gå rundt; ***go round (to) the back*** gå bakveien; ***hand round*** sende rundt *(fx the cups of tea);* ***pass sth round*** sende (*el.* by) noe rundt; ***he looked round*** 1*(=he looked around him)* han så seg rundt; 2*(=he looked from one to another)* han så fra den ene til den andre; han så seg rundt; 3*(=he looked behind him)* han så seg om; han så bak seg; ***show sby round****(=over the place)* vise en rundt; ***spin round*** snurre rundt; ***turn round*** snu seg (rundt); ***take sby a long way round*** kjøre en lang omvei med en; ***turn the car round*** snu bilen;
2*(=from place to place)* fra sted *(n)* til sted; rundt;
3. i omkrets *(fx measure two metres round);* ***for 20 kilometres round*** i 20 kilometers omkrets;
4*(=about; around):* ***round dinner time*** ved middagstid;
5.: ***come round*** 1. komme *(fx Easter came round once more);* 2*(=drop in)* stikke innom; 3*(=come to)* komme til bevissthet (igjen); 4*(=change one's mind)* ombestemme seg (etter først å ha vært imot).

V. round *prep* **1.** rundt *(fx a wall round the garden); også fig:* ***it's just round the corner*** det er like rundt hjørnet; ***work round the clock*** arbeide døgnet rundt;
2. om; rundt *(fx have a scarf round one's neck);*
3. utenom; rundt *(fx he went round it);*
4. omkring i; ***go round the class*** gå omkring i klassen;
5. over *(fx write a play round this subject);*
6.: ***the news was all round the town*** nyheten var ute over hele byen.

I. roundabout [ˌraundəˈbaut] *s* **1***(=merry-go-round)* karusell;
2*(,***US:** *traffic circle)* rundkjøring; ***on a roundabout*** i en rundkjøring;
3.: ***what you lose on the roundabouts you make up on the swings****(=it's swings and roundabouts)* det man taper på karusellen, tar man igjen på gyngene; det ene oppveier det andre.

II. roundabout *adj:* indirekte; ***a roundabout route*** en omvei; ***in a roundabout way*** 1. med mange omsvøp *n;* 2. ad omveier.

rounded [ˌraundid] *adj:* avrundet.

round-eyed [ˌraundˈaid] *adj(=big-eyed; wide-eyed)* storøyd.

roundly [ˌraundli] *adv(=straight out)* med rene ord *n.*

round robin *(=signed petition)* klageskriv med underskrifter.

roundsman [ˌraundzmən] *s:* ***baker's roundsman*** brødkjører.

round trip [ˌraundˈtrip] *s:* rundreise.

round-trip ticket [ˌraundˈtripˈtikit] *s* **1.** rundreisebillett; **2. US***(=return ticket)* tur-retur-billett.

roundup [ˌraundˈʌp] *s* **1.** sammendrivning (av kveg *n*); **2.:** ***police roundup*** politirazzia; **3. T***(=summary)* sammendrag; ***a roundup of today's news*** et sammendrag av dagens nyheter.

rouse [rauz] *vb* **1***(=wake)* vekke; purre *(fx sby at six);* **2.** *fig:* ***rouse sby****(=get sby to act)* vekke en til handling (*el.* dåd); ***her interest was roused****(=aroused)* ***by what he said*** hennes interesse ble vakt av det han sa; ***rouse*** *(=cause)* ***a spark of enthusiasm*** vekke en gnist av begeistring.

roustabout [ˌraustəˈbaut] *s; oljeind:* dekksarbeider; rigger(assistent).

roustabout pusher *oljeind:* arbeidsleder.

I. rout [raut] *s; stivt(=flight)* (vill) flukt; ***put to rout****(= put to flight)* slå på flukt.

II. rout *vb* **1.** *mil; stivt(=put to flight)* slå på flukt; **2.:** ***rout sby out of bed*** jage en opp av sengen.

I. route [ru:t; **US** & *Canada også:* raut] *s:* rute; vei; *i fjellet:* ***cairned route*** varderute; ***travel by another route*** følge en annen rute; ***we followed the route exactly*** vi holdt oss nøye til ruten; ***en route*** underveis; på ruten *(fx ports en route);* ***on that route*** på den ruten.

II. route *vb:* sende; dirigere *(fx traffic was routed round the towns).*

route march *mil(=pack march)* utmarsj.

route sign *langs vei:* orienteringstavle; veiskilt.

I. routine [ru:ˌti:n] *s:* rutine; regelmessighet; et fast mønster *(fx have routine in one's life);* ***that's only routine*** det er bare ren rutine; **T:** det er bare plankekjøring.

II. routine *adj:* rutinemessig *(fx question).*

routine work rutinearbeid.

I. rove [rouv] *pret & perf. part. av II. reeve.*

II. rove *vb* **1.** *litt.(=wander; roam)* vandre; flakke omkring (i); **2.** *om blikk* **T:** ***have a roving eye*** se med interesse på andre kvinner.

I. row [rou] *s* **1.** rekke; rad; ***in a row*** 1. *om plassering:* på rekke og rad; i rad og rekke; 2. *fig:* på rad;
2. *i strikking:* omgang; pinne;
3. rotur; ***go for a little row*** ta en liten rotur; *(se III. row).*

II. row [rau] *s* **T:** bråk *n;* spetakkel *n;* krangel; ***a family row*** en familietrette; ***kick up a row*** lage bråk; *(se IV. row).*

III. row [rou] *vb:* ro; ***row with a powerful stroke*** ro med kraftige tak *n; (se I. row 3).*

IV. row [rau] *vb* **T***(=quarrel)* krangle; ***he never rowed with them*** han kranglet aldri med dem; *(se II. row).*

rowan [ˌrouən] *s; bot(=mountain ash)* rogn.

rowanberry [ˌrouənˈberi] *s; bot:* rognebær.

rowboat [ˌrouˈbout] *s (,***US:** *rowing boat)* robåt.

rowdy [ˌraudi] *s(=hooligan)* bølle; pøbel; bråkmaker; ***young rowdies*** ung pøbel; unge bråkmakere.

rowdyism [ˌraudiˈizəm] *s:* bråk *n;* opptøyer; ***football rowdyism*** fotballbråk.

rower [ˌrouə] *s:* roer.

rowlock [ˌrouˈlɔk] *s (,***US:** *oarlock)* tollegang.

I. royal [ˌrɔiəl] *s* **1.** *mar:* røyl; **2***(=Royal)* kongelig; ***the royals*** de kongelige.

II. royal *adj* **1.** kongelig; **2.** *stivt(=splendid)* strålende *(fx feast).*

Royal Academy: ***the Royal Academy (of Arts)*** Det kongelige kunstakademi.

Royal Air Force *(fk RAF):* ***the Royal Air Force*** luftforsvaret; flyvåpenet.

royal blue kongeblå(tt).

royal box *teat:* kongelosje.

Royal Engineers *(fk RE):* ***the Royal Engineers*** *(,* **US:** *the Corps of Engineers)* ingeniørvåpenet.

royalism [ˌrɔiə'lizəm] *s:* rojalisme.
royalist [ˌrɔiəlist] *s:* rojalist.
Royal Marine commando *mil:* marinejeger.
Royal Marines *(fk RM)(,***US:** *United States Marine Corps(fk USMC): **the Royal Marines*** marineinfanteriet; *(jv I. marine 2).*
Royal Naval College: ***the Royal Naval College (at Dartmouth in Devon)*** Sjøkrigsskolen (i Dartmouth i Devon): *(jvf naval academy).*
Royal Navy *(fk RN)* Marinen; Sjøforsvaret.
royal road *fig: **the royal road to success*** den lette veien til suksess.
royalty [ˌrɔiəlti] *s* **1***(=royal people)* kongelige;
2. *stivt(=royal dignity)* kongeverdighet;
3. royalty; forfatterhonorar;
4. *oljeind:* produksjonsavgift;
5. *til patenthaver:* lisensavgift.
rpm *(fk f revolutions per minute)* ['ɑ:piˌem] omdreininger pr. minutt *n.*
I. rub [rʌb] *s* **1.:** ***give sth a rub*** gni litt av noe;
2.: ***there's the rub*** det er det som er vanskeligheten.
II. rub *vb* **1.** gni; ***rub one's hands*** gni seg i hendene; ***rub it clean*** gni det rent;
2. frottere; massere;
3. gnisse; ***be rubbed against sth*** gnisse mot noe;
4.: ***rub along*** 1*(=get by)* klare seg; 2. *om to som ikke har det så godt sammen: **oh, they rub along*** å, det går da på et vis;
5.: ***rub down*** 1. frottere *(fx rub oneself down);* 2. strigle *(fx a horse);* 3. glatte; slipe *(fx a wall before painting it);*
6.: ***rub in*** 1. gni inn; 2. *fig; om noe ubehagelig, ens feil, etc* **T:** ***rub sth in*** terpe på noe; ***rub sby's nose in it*** minne en på det hele tiden;
7.: ***rub off*** 1. gni av; 2. *fig:* smitte av (*on* på);
8.: ***rub out****(=erase)* viske ut (med viskelær, etc);
9.: ***rub shoulders with****(=mix with)* omgås;
10.: ***rub up*** 1*(=polish)* polere; pusse; 2. *fig* **T:** ***rub sby (up) the wrong way*** stryke en mot hårene *n.*
rubber [ˌrʌbə] *s* **1.** gummi; ***reclaimed rubber*** regenerert gummi;
2*(=indiarubber)* viskelær;
3. *kortsp; bridge:* robber;
4. S*(=condom)* gummi; kondom *n;*
5. US: ***rubbers****(=gum boots)* gummistøvler.
rubber band*(=elastic band)* (gummi)strikk.
rubber boots *pl(=gum boots)* gummistøvler.
rubber cheque *(,***US:** *rubber check)* **T:** dekningsløs sjekk.
rubberize, rubberise [ˌrʌbə'raiz] *vb:* gummiere.
rubberized paint gummimaling.
rubberneck [ˌrʌbə'nek] *s(=rubbernecker) s; neds; især* **US***(=tourist)* (nysgjerrig) turist.
rubber stamp 1. gummistempel; **2.** *fig:* sandpåstrøing.
rubber-stamp [ˌrʌbə'stæmp] *vb; fig:* strø sand på.
(rubber) teat *(,* **US:** *(rubber) nipple)* tåtesmokk.
rubbery [ˌrʌbəri] *adj:* gummiaktig; seig som gummi.
rubbing down frottering.
rubbish [ˌrʌbiʃ] *s* **1.** søppel *n;* avfall *n;* skrot *n;* ***household rubbish*** *(,***US:** *garbage)* husholdningsavfall; ***empty the rubbish into the dustbins outside the flats*** tøm søppelet i søppelbeholderne utenfor leilighetene;
2*(=nonsense)* tøys *n;* tull *n (fx talk rubbish).*
rubbish bin*(=kitchen bin)* søppelbøtte; *(se dustbin).*
rubbish dump*(=refuse dump)* søppelfylling; fyllplass.
rubbish heapavfallsdynge; søppeldynge; søppelhaug.
rubbish skip avfallscontainer.
rubbishy [ˌrʌbiʃi] *adj(=worthless; useless)* som er noe skrap *n (fx jewellery).*
rubble [rʌbl] *s* **1.** *bygg:* (stein)fyll; **2.** murbrokker; ***reduce to rubble****(=lay in ruins)* legge i ruiner.
rubble masonry *arkit:* bruddsteinsmur.
rubblework [ˌrʌbl'wə:k] *s; arkit:* natursteinsmur.
rub-down [ˌrʌb'daun] *s:* frottering; ***cold rub-down*** kald avrivning; ***give sby a rub-down****(=rub sby down)* frottere en.
rubella [ru:ˌbelə] *s; med.(=German measles;* **T:** *bastard measles)* røde hunder.
rubeola [ru:ˌbiələ] *s; med.(=measles)* meslinger.
rubicund [ˌru:bikənd] *adj; litt.(=ruddy; red)* rødmusset.
rub-off [ˌrʌb'ɔf] *adj: **rub-off effect****(=knock-on effect)* smitteeffekt.
I. ruby [ˌru:bi] *s:* rubin; *i ur:* stein.
II. ruby *adj:* rubinrød.
Ruby Ring *barnespråk:* gullbrand *(se I. finger).*
ruche, rouche [ru:ʃ] *s:* rysj.
ruck [rʌk] *s; sport: **the ruck*** hovedfeltet.
rucksack [ˌrʌk'sæk] *s:* ryggsekk.
rudder [ˌrʌdə] *s* **1.** *mar:* ror *n;* **2.** *flyv:* sideror.
rudderpost [ˌrʌdə'poust] *s; mar* **1***(=rudderstock)* rorstamme; **2.** rorstevn.
rudder tab control *flyv:* siderorstrim.
ruddy [ˌrʌdi] *adj:* rødmusset.
rude [ru:d] *adj* **1.** uhøflig; ubehøvlet; grov; ***it's rude to stare*** det er uhøflig å stirre (på folk *n*); ***he was rude about her dress*** han sa noe stygt om kjolen hennes;
2*(=indecent; obscene)* uanstendig; obskøn; grov *(fx gesture; pictures); **a rude****(=coarse)* ***joke*** en grov(kornet) spøk;
3. *lett glds(=roughly made; primitive)* primitiv *(fx build a rude shelter);*
4*(=abrupt; sudden and unpleasant): **a rude awakening*** en brå oppvåkning; ***a rude surprise*** en ubehagelig overraskelse;
5. *om helse(=robust)* robust.
rudely [ˌru:dli] *adv:* frekt; uforskammet; ***answer rudely*** svare frekt.
rudiment [ˌru:dimənt] *s* **1.** *biol:* rudiment *n;* anlegg *n;*
2.: ***rudiments****(=elementary facts)* begynnelsesgrunner.
rudimentary ['ru:diˌmentəri] *adj* **1.** *biol:* rudimentær; uutviklet; **2***(=elementary)* elementær.
rue [ru:] *vb; glds el. litt.(=regret)* fortryde *(fx I rue the day I met him).*
rueful [ˌru:ful] *adj; stivt(=sorrowful)* bedrøvet.
I. ruff [rʌf] *s* **1.** *zo:* brushane; *(jvf I. reeve 1);*
2. *zo; fisk(=ruffe; pope)* hork;
3. *zo:* fjærkrage;
4. *hist:* pipekrage.
II. ruff *vb; kortsp(=trump)* trumfe (på sidefarge).
ruffian [ˌrʌfiən] *s* **1***(=hooligan)* bølle; **2.** *spøkef:* slubbert; skurk.
I. ruffle [rʌfl] *s* **1***(=frill)* rysj (på kjole, etc);
2. *stivt; på vann(=ripple)* krusning.
II. ruffle *vb* **1***(=ripple)* kruse;
2*(=rumple)* bringe i uorden; buste til;
3.: ***ruffle its feathers*** bruse med fjærene;
4*(=irritate)* irritere; bli irritert.
rufous [ˌru:fəs] *adj; især zo(=reddish brown)* rødbrun.
rug [rʌg] *s* **1.** lite teppe; rye; ***bedside rug*** sengeforlegger; ***hearth rug*** kaminteppe; ***rag rug*** filleryе;
2. pledd *n;* ***travelling rug*** *(,***US:** *lap robe)* reisepledd.
rugby [ˌrʌgbi] *s; sport: **rugby (football)*** rugby.
rugged [ˌrʌgid] *adj* **1.** *om fjell(=craggy)* forreven;
2. *om terreng(=difficult)* ulendt;
3. hard; krevende *(fx sport); **lead a rugged life*** føre et hardt liv;
4*(=strong; tough)* robust *(fx tall and rugged); **he had rugged good looks*** han virket robust og så godt ut;
5. *om ansikt:* markert; ***rugged features****(=striking features)* markerte trekk;
6. *om manerer(=unpolished)* grove; simple;
7*(=uncompromising): **a rugged individualist*** en urokkelig individualist.
rugger [ˌrʌgə] *s; sport* **T***(=rugby)* rugby.
I. ruin [ruin] *s* **1.** ruin; ***burnt-out ruins*** en branntomt; ***be in ruins*** ligge i ruiner;

2. *fig:* ruin; ødeleggelse; ***financial ruin*** økonomisk ruin;
3.: ***go to rack and ruin****(=become dilapidated)* forfalle (av mangel på vedlikehold).
II. ruin *vb* **1.** ruinere; **2.** ødelegge *(fx sby's career; sby's health);* **3.** *om barn* **T***(=spoil)* skjemme bort.
ruined [ˌruind] *adj* **1.** ruinert; ***a ruined castle*** en borgruin; **2***(=spoiled)* ødelagt *(fx my dress is ruined!).*
ruinous [ˌruinəs] *adj* **1.** *stivt el. spøkef:* ruinerende; ***spend a ruinous amount on housing*** bo seg i hjel;
2.: ***be in a ruinous condition****(=be dilapidated)* være forfallen(t);
3. *fig:* ***a ruinous course of action*** en ødeleggende fremgangsmåte.
I. rule [ru:l] *s* **1.** styre *n;* herredømme *n;* ***mob rule*** pøbelherredømme;
2. regel; ***as a rule*** som regel; vanligvis; ***an ambiguously worded rule*** en uklar regel; ***an invariable rule*** en ufravikelig regel; ***a safe rule*** en god regel; ***break****(,stivt: infringe; breach)* ***a rule*** bryte en regel; ***one of the most important rules of the game was broken*** en av spillets viktigste regler ble brutt; ***comply with the rules*** rette seg etter reglene; ***follow****(=obey; stivt: observe)* ***the rules*** følge reglene; ***the rule follows automatically****(=of itself)* regelen følger av seg selv; ***lay down a rule*** stille opp en regel; ***make rules*** lage regler; ***make it a rule to****(=make a rule of (-ing))* gjøre seg (det) til regel å; ***(there's) no rule without (an) exception*** ingen regel uten unntagelse; ***play by the rules****(=obey the rules)* holde seg til reglene; *fig:* ***play (it) by the rules****(=play the game)* følge spillets regler; ***the exception proves the rule*** unntagelsen bekrefter regelen; ***relax the rules*** lempe på reglene; *(se også 5: rules);*
3. *typ:* strek *(fx a thin rule);* ***column rule*** spaltestrek;
4.: ***(metre) rule*** tommestokk;
5.: ***rules*** 1. regler; 2*(=regulations)* (ordens)reglement *n;* ***rules and regulations*** regler og forordninger;
6. *fig:* ***the rules of the game*** spillets regler; ***those are the rules of the game****(=that's (all) part of the game)* det er en del av spillet; *(se også 2: play by the rules).*
II. rule *vb* **1***(=govern)* regjere; styre; herske *(over* over); ***she's entirely ruled by her feelings****(=heart)* hun lar seg helt og holdent lede av sine følelser;
2. *om ordstyrer:* ***rule sby out of order*** frata en ordet; ***rule sth out of order*** avgjøre at noe ikke tilhører dagsordenen;
3. *jur:* ***rule that*** avgi kjennelse for at;
4. *stivt:* ***rule****(=draw)* ***a line across the page*** lage en linje over hele siden; ***ruled paper****(=lined paper)* linjert papir *n;*
5.: ***rule off*** skille fra med en strek *(fx the rest of the page);*
6.: ***rule out*** utelukke *(fx such a possibility);* ***that rules him out*** dermed er han ute av betraktning; ***he's ruled out*** han er ute av betraktning; han kommer ikke på tale.
rule of red tape skjemavelde.
rule of thumb: ***work by rule of thumb*** arbeide etter tommelfingerregelen.
ruler [ˌru:lə] *s* **1.** hersker; regent; **2.** linjal.
rules committee *i organisasjon:* lovkomité.
rules of conduct *sport:* ordensregler.
rules of the air lufttrafikkregler *(fk:* LTR).
rules of the road *pl:* trafikkregler.
Rules of the Road (at Sea) *pl; mar* sjøveisregler.
I. ruling [ˌru:liŋ] *s* **1.** linjering; **2.** *jur:* ***(legal) ruling*** rettsavgjørelse; kjennelse (*on a matter* i en sak).
II. ruling *adj* **1.** regjerende *(fx party);* ***the ruling class*** den herskende klasse; **2.** *stivt(=prevailing)* fremherskende; **3.** *merk(=current)* gjeldende; ***at the price ruling in Norway*** til gjeldende norsk pris.
I. rum [rʌm] *s; drikk:* rom.
II. rum *adj; lett glds(=strange; odd)* underlig; rar.

Rumania [ru:ˌmeiniə] *s; geogr:* Romania.
Rumanian [ru:ˌmeiniən] *s & adj* **1.** *s:* rumener; *språk:* rumensk; **2.** *adj:* rumensk.
rumba [ˌrʌmbə] *s; dans:* rumba.
rum ball *kul; kake:* punsjebolle.
I. rumble [rʌmbl] *s:* bulder *n;* rumling; *i bil:* ***body rumble*** karosseristøy.
II. rumble *vb* **1.** rumle; buldre; *om vogn, etc:* ramle; skramle; **2.** *om mage(=grumble)* knurre *(fx with hunger);* **3. T***(=find out about)* finne ut om *(fx they rumbled his plan).*
rumbling [ˌrʌmbliŋ] *s* **1***(=rumble)* rumling;
2.: ***rumblings*** tegn til uro; skumlerier *n.*
rumbustious [rʌmˌbʌstʃəs] *adj* **T***(=boisterous)* larmende; støyende; bråkete.
ruminant [ˌru:minənt] *s:* drøvtygger.
ruminate [ˌru:mi'neit] *vb* **1***(=chew the cud)* tygge drøv;
2. *fig; meget stivt:* ***ruminate on, ruminate over, ruminate about****(=chew over; think hard about)* gruble over.
rumination ['ru:miˌneiʃən] *s* **1***(=chewing the cud)* drøvtygging; **2.** *fig:* grubling.
ruminative [ˌru:minətiv] *adj:* grublende.
I. rummage [ˌrʌmidʒ] *s(=thorough search)* gjennomsøking; ransaking.
II. rummage *vb* **1.** rote; ***rummage through the papers*** rote gjennom papirene; **2.** *tollv:* inkvirere; ransake.
rummage sale US*(=jumble sale)* loppemarked.
rummage squad *tollv:* ransakingslag; **T:** dødsgjeng.
rummy [ˌrʌmi] *s; kortsp:* rummy.
I. rumour *(,***US:** *rumor)* [ˌru:mə] *s:* rykte *n;* ***baseless****(=unfounded)* ***rumours*** grunnløse rykter; ***vague rumours*** løse rykter; ***the rumour is without foundation*** ryktet er grunnløst; ***there's a rumour going about****(=around)* ***that …*** det går det ryktet at …; ***scotch a rumour****(=put an end to a rumour; kill off a rumour)* avlive et rykte; ***start****(=put out)* ***a rumour*** sette ut et rykte.
II. rumour *(,***US:** *rumor) vb:* ***it's rumoured that …*** det går det ryktet at …
rumour-monger [ˌru:mə'mʌŋgə] *s:* ryktesmed.
rump [rʌmp] *s; på dyr:* rumpe; *på fugl:* gump.
rumple [rʌmpl] *vb* **1.** skrukke; krølle *(fx one's shirt);*
2.: ***rumple****(=tousle)* ***sby's hair*** buste en til på håret.
rump steak *(,***T:** *best of beef)* rundbiff.
rumpus [ˌrʌmpəs] *s* **T:** ballade; bråk *n.*
rumpus room US *& Canada(=rec room)* hobbyrom.
I. run [rʌn] *s* **1.** løpetur; ***go for a run before breakfast*** løpe en tur før frokost; ***he had****(=did)* ***a good run*** han hadde en fin løpetur (*el.* joggetur);
2.: ***he came up at a run****(=he came running up)* han kom løpende; ***he set off at a run*** han løp av sted;
3*(=drive; trip)* (kjøre)tur; ***trial run*** prøvetur; ***long runs*** langkjøring;
4. *mar:* akterste del av skipsbunnen; akterskarp;
5. *flyv:* ***on a direct run into Gatwick*** under direkte innflyvning til Gatwick;
6. *ski* 1. *i slalåm & utfor:* omgang; ***in****(=on)* ***the second run*** i annen omgang; 2. *i hoppbakke:* ***(preliminary) run*** tilløp; *(se inrun & outrun);*
7. rute *(fx there are no double-decker buses on that run);*
8. *EDB:* kjøring;
9. *fisk:* ***salmon run*** lakseoppgang;
10. løpegård; ***chicken run*** hønsegård;
11. nedtrampet spor *n;* tråkk *n;* sti;
12*(=ladder)* raknet maske *(fx in one's tights);*
13. *mus:* løp *n;*
14. *cricket:* poeng *n;* løp *n;*
15. *merk(=trend)* tendens *(fx the run of the market);*
16. *kortsp:* ***a run of*** en sterk langfarge i *(fx spades);*
17.: ***the run of the grain*** den veien årringene går;
18. *teat:* ***the play had a good run*** stykket gikk lenge;
19.: ***give him a (good) run for his money*** 1. gi ham

valuta for pengene; 2. la ham få føle at han har konkurranse;
20.: ***he's had a run of bad (,good) luck*** han var uheldig (,heldig) en stund;
21. *stivt(=type; class):* ***the common****(=general)* ***run of students****(=ordinary students)* vanlige studenter;
22.: ***have the run of****(=have free access to)* ha fri adgang til;
23.: ***a run on the pound*** sterk etterspørsel etter pund *n;* run *(n)* på pundet;
24. T: ***the runs****(=diarrhoea)* diaré;
25.: ***in the long run*** i det lange løp;
26.: ***on the run*** 1. på flukt; 2*(=on the go)* på farten; 3*(=on end)* på rad;
27. *mar:* ***on a dead run*** ha vinden rett akter;
28. T: ***give sby a free run*** gi en fritt spillerom.
II. run *vb(pret: ran; perf.part.: run)* **1.** løpe; ***run a race*** løpe et løp; delta i et løp; *om hjul(=revolve)* løpe; gå rundt; ***run freely*** løpe fritt;
2. flyte; renne; ***leave the tap running*** la vannet stå og renne; ***run dry*** løpe tørr *(fx the river ran dry);*
3. tappe; ***run as little water as possible*** tappe så lite vann *(n)* som mulig; ***run (water into) the bath*** tappe i badekaret; ***run sby a bath*** tappe i badekaret for en;
4. *EDB:* kjøre *(fx a problem through the computer);*
5*(=drive)* kjøre *(fx I'll run you home);*
6. *om bil(=keep)* holde *(fx I can't afford to run a car);*
7. *om befordringsmiddel:* gå; ***the trains are running late*** togene *(n)* går til sent på kvelden;
8. *om vei, etc:* gå *(fx a road runs close to our house);*
9. *om motor:* gå; la gå;
10*(=lay on):* ***run more trains*** sette inn flere tog *n;*
11. vare; gå *(fx the play ran for ten weeks);*
12. *søm:* sy med forsting;
13. *fig:* gå *(fx things are running(=going) smoothly);* ***a thought ran through my mind*** det fór en tanke gjennom hodet på meg; ***the numbers run from 3 to 57*** tallene går fra 3 til 57;
14. *om kontrakt, lån, etc:* løpe;
15. *om ordlyd(=read):* ***the letter runs as follows*** brevet har følgende ordlyd;
16*(=chase)* jage *(fx dogs that run deer);*
17*(=print)* trykke; bringe *(fx a story in the newspaper);*
18. *om blokade:* bryte;
19*(=smuggle)* smugle *(fx run guns);*
20. *om forretning, hotell, gård, etc:* drive; ***run****(=look after)* ***the family finances*** ta seg av familiens økonomi; ***run the government*** lede regjeringen;
21. *sport:* ***he ran third****(=he was third; he came in third)* han kom inn på tredjeplass;
22*(=thrust)* renne; jage; kjøre *(fx a sword into sby);*
23.: ***the salmon are running*** laksen går opp i elven;
24. *mar:* ***run before the wind*** lense;
25. *om ledning:* strekke;
26. kople; ***run a bell off the light circuit****(=connect a bell to the mains)* kople en ringeklokke til lysnettet;
27*(=ladder)* rakne *(fx tights guaranteed not to run);*
28. *om sykdom:* ***run its course*** gå sin gang;
29.: ***there was a heavy sea runing*** det var svær sjøgang;
30.: ***run sby close*** gå en en høy gang;
31.: ***run a temperature****(=have a temperature)* ha feber;
32.: ***run across*** 1. løpe tvers over; 2. **T***(=meet by chance)* støte på; treffe på *(fx an old friend);*
33.: ***run after*** løpe etter;
34.: ***run against*** 1. løpe på; 2. kjøre på;
35. *mar:* ***run aground*** grunnstøte;
36.: **run along** 1. løpe langs *(fx the river);* 2. *godmodig ordre(=be off):* ***run along now, children!*** løp av sted med dere nå, barn *n!*
37.: ***run away*** 1. løpe sin vei; 2. *om hest:* løpe løpsk; 3.: ***run away with*** rømme med; stikke av med *(fx sby's money);* 4. *fig:* ***he ran away with all the profits****(=he ran(=made) off with all the profits;* **T:** *he bagged all the profits)* han løp av med hele fortjenesten; ***he let his imagination run away with him*** han lot fantasien løpe løpsk; ***don't run away with the idea that ...*** innbill deg nå ikke at ...; få nå ikke den idé at..
38.: ***run down*** 1. løpe ned; 2. kjøre ned *(fx be run down by a bus);* 3. *om urverk:* løpe ut; gå ned; 4. *om batteri(=go flat)* bli flatt; 5*(=groom)* strigle *(fx a horse);* 6. *fig:* snakke nedsettende om; rakke ned på; 7.: ***run a business down****(=run a business into the ground)* kjøre en forretning i grøfta;
39.: ***be run down*** 1*(=be dilapidated)* være forfallen(t); 2. *om person:* være nedkjørt; ***feel run down*** føle seg nedkjørt;
40.: ***run for*** 1. løpe for å hente; løpe etter; 2.: ***run for dear life*** løpe for livet; ***run for it*** løpe alt hva man kan; 3. **US***(=stand for; be a candidate for)* være kandidat til; stille til valg som; ***run for the Presidency, run for President****(=stand for election as President)* stille til valg *(n)* som president;
41.: ***run in*** 1. *om motor:* kjøre inn; 2. **S***(=arrest)* sette fast; arrestere; 3. ligge til *(fx it runs in our family);*
42.: ***run into*** 1. kjøre på; kollidere med; 2*(=run across; meet by chance)* støte på; treffe på; løpe på; 3. *om publikasjon:* ***the book ran into****(=through)* ***ten editions*** boken kom i ti opplag *n;* 4.: ***run a business into the ground****(=run a business down; ruin a business)* kjøre en forretning i grøfta; ***run oneself into the ground*** 1. mosjonere seg i hjel; 2. slite seg i hjel;
43.: ***run off*** 1*(=run away)* løpe sin vei; 2. tappe ut *(fx run off the bath water);* 3. kjøre utfor *(fx the road);* 4. *på kopieringsmaskin:* kjøre opp *(fx 30 copies);* 5. **T:** ***run sby off his feet*** la en holde på til en segner (*el.* stuper);
44.: ***run on*** 1. løpe videre; 2. *om motor:* gå på *(fx petrol);* 3. *om motor:* ***run on*** ha glødetenning; 4. snakke i ett kjør; 5. *om bokstaver i håndskrift:* henge sammen *(fx let the letters run on);* 6. *om samtale el. tanker:* dreie seg om *(fx our talks ran on recent events in East Africa);*
45. *om farge:* ***run on to*** farge av på;
46.: ***run out*** 1. renne ut; 2. løpe ut; 3. kjøre ut; 4. *om tid:* løpe ut; ***time ran out on me*** tida løp fra meg; 5. *om kontrakt, etc(=expire)* utløpe; 6. *om beholdning, etc:* ***their supplies ran out*** forsyningene deres tok slutt; ***run out of*** slippe opp for; ***his strength was running out*** kreftene hans var i ferd med å ta slutt; 7.: ***his wife has run out on him*** hans kone har løpt fra ham; 8.: ***run oneself out*** løpe seg ut; *cricket:* ***be run out*** bli løpt ut; 9*(=jut out)* stikke ut *(fx a pier ran out into the sea);* 10. *mar:* ***run out a hawser*** legge ut en trosse;
47.: ***run over*** 1. løpe over; 2*(=drive over)* kjøre over; *også fig:* ***get run over*** bli overkjørt; 3*(=overflow)* renne over; 4. *fig(=go over)* gå over; gjennomgå; 5. la gli over *(fx run one's fingers over the surface);* ***he ran his eye over the letter*** han lot blikket gli over brevet; 6.: ***run over in one's mind*** la passere revy; 7. *om møte:* ***run over into the next day*** vare helt til neste dag;
48.: ***run short****(=give out; run out)* minke;
49.: ***run through*** 1. løpe gjennom; 2*(=pierce)* gjennombore; 3. se (*el.* gå) igjennom; 4. *om publikasjon:* ***the book ran through****(=into)* ***ten editions*** boken kom i ti opplag *n;* 5. *penger:* gjøre ende på; 6.: ***run****(=draw)* ***a line through a word*** streke over et ord; 7. gå igjen; ***this error runs through all his work*** denne feilen går igjen i hele arbeidet hans;
50.: ***run to*** 1. løpe til; 2*(=amount to)* komme opp i *(fx 600 pages);* 3.: ***we can't run to a new car this year*** vi har ikke råd til å kjøpe ny bil i år *n;* 4.: ***run to fat****(=put on weight)* legge seg ut;
51.: ***run up*** 1. løpe opp *(fx the stairs);* 2.: ***he came running up****(=along)* han kom løpende; 3. *fig:* ***chills ran up his spine*** det løp kalde ilinger oppover ryggen

hans; 4(*=hoist*) heise (*fx the British flag*); 5. **T:** sy i all hast; **T:** snurpe sammen; 6. **T:** bygge i all hast; **T:** smøre opp; 7. *om regning(=accumulate)* opparbeide (*fx an enormous bill*);

52.: ***run up against sth*** 1(*=find one's way blocked by sth*) støte på noe; 2. *fig:* ***run(=come) up against difficulties*** støte på vanskeligheter;

53.: ***run wild*** 1. *om barn, etc:* ferdes ukontrollert omkring; løpe vilt; 2. *fig:* løpe løpsk; ***spending has been running wild*** pengeforbruket har løpt løpsk; 3. *om plante:* vokse vilt;

54.: ***run with*** 1(*=be full of*) være full av (*fx the gutters were running with water*); 2. *jur; om rettighet, etc(=go with)* høre til; ***a right of way that runs with the land*** en veirett som hører til eiendommen.

runabout [ˌrʌnəˈbaut] *s* **1.** liten bil;
2.: ***(outboard) runabout*** passbåt.

runaround [ˌrʌnəˈraund] *s* **T:** ***give sby the runaround*** svare en meget unnvikende; **T:** sende ballen videre.

I. runaway [ˌrʌnəˈwei] *s(=fugitive)* flyktning.

II. runaway *adj* **1.** som har rømt; ***runaway soldier***(*= deserter*) desertør;
2. *også fig:* løpsk; som har løpt løpsk (*fx horse; inflation*);
3. *om seier(=very easy)* overlegen; *film & teat:* strålende (*fx success*).

runaway marriage: ***theirs was a runaway marriage*** de rømte sammen og giftet seg.

I. rundown [ˌrʌnˈdaun] *s* **1.** innskrenkning (av driften);
2. oppsummering; resymé *n;* ***give sby a rundown on sth***(*=brief sby about sth; fill sby in on sth*) orientere en om noe.

II. rundown *adj* **1.** *om batteri:* flatt;
2. *om urverk:* gått ned; stanset;
3. forfallen; ***a rundown house*** et forfallent hus;
4. *fig:* nedkjørt (*fx a rundown woman of 50*).

rune [ru:n] *s:* rune; ***carve runes*** riste runer.

run-free [ˌrʌnˈfri:] *adj(=run-proof)* raknefri.

I. rung [rʌŋ] *perf.part. av IV. ring.*

II. rung *s* **1.** *på stige:* trinn *n;*
2. *på stol:* tverrtre;
3. *fig:* trinn *n* (*fx on the social scale*);

runic [ˌru:nik] *adj:* rune-; ***runic sign*** runetegn.

run-in [ˌrʌnˈin] *s* **1**(*final part of a race*) sluttløp;
2. US(*=quarrel*) sammenstøt (*with* med).

runner [ˌrʌnə] *s* **1.** *sport:* løper; deltager;
2(*=errand boy*) løpegutt;
3. *i sms:* -smugler (*fx dope runner*);
4. *tekn:* glideskinne;
5. *på kjelke, etc:* mei; (*jvf rocker 1*);
6. *på skøyte(=blade)* jern *n;*
7. *mar:* halvtalje; ***runner and tackle*** mantel og talje;
8. *bot:* utløper (*fx strawberry runners*);
9. *tekstil:* løper;
10. T: ***do a runner*** 1. stikke av; 2. stikke av (med en annen) (*fx she's done a runner*).

runner bean *bot(=scarlet runner; string bean)* prydbønne.

runner block *mar:* mantelblokk.

runner-up [ˈrʌnərˌʌp] *s; sport:* ***be runner-up*** komme inn på annenplass (*el.* andreplassen); ***the runners-up were …*** på henholdsvis andre- og tredjeplass kom …

I. running [ˌrʌniŋ] *s* **1.** løping;
2. *motors:* gang;
3. *sport:* ***he's in the running for a good second place*** han ligger an til en god andreplass; ***still in the running*** fremdeles med (i løpet); ***out of the running*** ikke lenger med (i løpet); (*jvf 6*);
4. *av bedrift:* drift; ledelse (*of* av);
5. *av maskin:* pass (*of* av); drift; ***cheap in the running***(*=cheap to run*) billig i drift;
6.: ***be in the running for***(*=be a candidate for*) være kandidat til; være med å kjempe om; ***he's out of the running*** han er ute av spillet (,**T:** dansen); (*jvf 3 ovf*);
7. *mar:* ***running (before the wind)*** lensing.

II. running *adj* **1.** løpende (*fx commentary*);
2. rennende (*fx water*); **3.** *om sår:* væskende.

III. running *adv:* ***for three days running***(*=for three days on end*) tre dager i trekk; tre dager etter hverandre.

running battle stadig kamp; ***fight a running battle against*** ligge i stadig kamp med (*fx the police*).

running commentary *s* **1.** løpende kommentar;
2. *radio, TV:* direkte overføring; reportasje.

running conditions [ˌrʌniŋkənˈdiʃənz] *s; pl; mask:* driftsforhold; ***under running conditions*** under vanlige driftsforhold.

running expenses [ˌrʌniŋiksˈpensiz] *s; pl; merk(= working expenses)* driftsutgifter.

running head [ˈrʌniŋˌhed] *s; typ(=running title)* levende kolumnetittel.

running-in [ˈrʌniŋˌin] *s; mask:* innkjøring.

running jump [ˈrʌniŋˌdʒʌmp] *s* **1.** *sport:* lengde(hopp) med tilløp; **2.** *fig* **T:** ***tell him to take a running jump at himself!*** be ham ryke og reise! be ham gå hjem og legge seg!

running knot [ˌrʌniŋˈnɔt] *s:* løpeknute; renneknute; renneløkke; slippestikk.

running mate [ˌrʌniŋˈmeit] *s* **1.** hest som er pacer for en annen; **2. US:** kandidat til den minst betydningsfulle av to embeter *n,* fx visepresidentkandidat (*fx Bush was Reagan's running mate*).

running shoes [ˌrʌniŋˈʃu:z] *s; pl(=track shoes)* piggsko; (*se gym shoes*).

running shorts [ˌrʌniŋˈʃɔ:ts] *s; pl:* idrettsbukse.

running start *fig(=flying start)* flyvende start; flying start.

running title *typ(=running head)* levende kolumnetittel.

runny [ˌrʌni] *adj* **1.** *om kokt egg:* altfor bløtt;
2.: ***a runny nose*** en nese som det renner av.

runoff [ˌrʌnˈɔf] *s; sport:* avgjørende løp *n;* omløp.

run-of-the-mill [ˈrʌnəvðəˌmil] *adj(=ordinary)* vanlig; ***local run-of-the-mill school*** ganske alminnelig skole på stedet.

I. run-on [ˌrʌnˈɔn] *s; typ:* fortløpende sats.

II. run-on [ˈrʌnˌɔn] *adj; typ:* fortløpende; omløpende; ***run-on matter*** fortløpende sats; ***run-on lines*** omløpende linjer.

run-proof [ˌrʌnˈpru:f] *adj(=ladder-proof)* raknefri.

runt [rʌnt] *s* **1.:** ***the runt of the litter*** det minste dyret i kullet;
2. *neds(=little titch; little shrimp;* **S:** *short arse)* liten spjæling.

run-through [ˌrʌnˈθru:] *s* **1.** rask gjennomgang, rask gjennomlesning; **2.** *teat:* prøve på hele stykket.

run-up [ˌrʌnˈʌp] *s* **1.** *sport:* tilløp; **2.** innspurt (*to* til);
3. *flyv:* oppkjøring av motoren(e).

runway [ˌrʌnˈwei] *s* **1.** *flyv:* rullebane; runway;
2. *sport:* tilløp; tilløpsbane.

rupee [ru:ˌpi:] *s; indisk myntenhet:* rupi.

I. rupture [ˌrʌptʃə] *s* **1.** *med.(=hernia)* brokk;
2. *med.:* brudd (*n*) (*of* på);
3. *mask:* brudd *n;*
4. *meget stivt; fig:* brudd *n;* ***there was a rupture(= break) between them*** det kom til brudd mellom dem.

II. rupture *vb* **1.** *om forhandlinger(=break off)* bryte;
2. *med.:* ***rupture oneself*** få brokk; løfte brokk på seg; ***he ruptured a blood vessel*** han fikk sprengt et blodkar.

rural [ˌru:rəl] *adj:* landlig; landsens; ***rural life***(*=country life*) landliv; livet på landet.

rural dean *svarer omtrent til:* prost; (*jvf dean 1*).

ruse [ru:z] *s; neds(=stratagem)* list; (lurt) knep; krigslist; ***employ a ruse*** bruke list.

I. rush [rʌʃ] *s; bot:* siv *n;* ***flowering rush*** brudelys; ***hard rush*** gråsiv; ***soft rush*** lyssiv.

II. rush *s* **1.** *om plutselig bevegelse:* ***he made a rush for the door*** han styrtet mot døren;

r

2. travelhet; jag *n;* kjas *n;* mas *n;* ***Christmas rush*** julestri; ***it was one long rush*** det var et eneste jag; ***what's all the rush about?*** hvorfor har du (,dere) det så travelt? ***is there any rush for this?*** haster det med dette? ***it got lost in the rush*** det kom bort i hastverket; ***we had a rush to get it ready*** vi måtte skynde oss for å få det ferdig; ***I'm in a dreadful rush****(=hurry)* jeg har det fryktelig travelt;
3. tilstrømning *(fx of people);* ***a rush of cold air*** en kald gufs;
4. *om sterk etterspørsel el. pågang(=run)* run *n;*
5. *fig; om følelser:* ***a quick rush of sympathy*** en plutselig bølge av sympati.
III. rush *vb* **1.** styrte; fare; ***rush about****(=around)* fare omkring; **T:** ***they just rush about*** de bare stresser i vei; ***he rushed at his opponent*** han styrtet løs på sin motstander; ***rush (blindly) on*** buse på;
2. kjøre av sted med i all hast *(fx rush sby to the doctor);*
3. skynde på; mase på *(fx don't rush me!);*
4*(=hurry over; rush through)* skynde seg med *(fx one's breakfast);* ***we don't want to rush things*** vi vil ikke forhaste oss; *om arbeid:* ***rush through****(=hurry over)* skynde seg med; slurve med;
5. storme; renne over ende;
6.: ***rush off*** 1. fare av sted; 2. få av sted i all hast *(fx a letter);* 3. *fig:* ***she rushed him off his feet*** hun tok ham med storm;
7.: ***rush****(=jump)* ***to conclusions*** trekke forhastede slutninger;
8. *fig:* ***rush into sth*** kaste *(el.* styrte) seg ut i noe;
9. *fig:* ***rush one's fences*** gå for fort frem;
10. *parl:* ***rush a bill through Parliament*** forsere gjennom et lovforslag i Parlamentet.
rush hour rushtid; ***I got caught in the rush hour this morning*** jeg kom ut i rushtrafikken i dag morges.
rush job hastverksarbeid.
rush matting sivmatte.
rush order *merk:* hasteordre.
rushy [ˌrʌʃi] *adj:* sivbevokst; siv-.
rusk [rʌsk] *s:* kavring; ***sweet rusk*** sukkerkavring.
I. russet [ˌrʌsit] *s* **1.** grovt, rødbrunt hjemmevevd stoff; **2.** navn på en eplesort.
II. russet *adj(=reddish brown)* rødbrun.
Russia [ˌrʌʃə] *s; geogr:* Russland.
I. Russian [ˌrʌʃən] *s* **1.** russer; **2.** *språk:* russisk.
II. Russian *adj:* russisk.
Russo- [ˌrʌsou] russisk- *(fx the Russo-Japanese War).*
I. rust [rʌst] *s* **1.** rust; ***prevent rust*** forhindre rust; ***rot with rust*** ruste i stykker; *(jvf corrosion 1);*
2. *på plante(=rust fungus)* rustsopp; rust.
II. rust *vb:* ruste; få til å ruste; ***rusted areas*** steder som er rustne; ***rust in*** ruste fast; ***rusted in*** fastrustet; ***rusted out*** istykkerrustet; *(se II. rot 1: rot with rust).*
I. rustic [ˌrʌstik] *s; litt.(=countryman; peasant)* landsens menneske *n;* bonde.
II. rustic *adj* **1.** landsens; bondsk; ***rustic****(=rural)* ***life*** livet på landet; landlivet; **2.** grovt tilvirket; enkel; ***rustic furniture*** naturtremøbler; ***rustic fence*** primitivt gjerde; **3.** *om stil:* rustikk; bonde- *(fx style).*
rusticate [ˌrʌsti'keit] *vb; univ(=send down (for a specified time as punishment))* bortvise (midlertidig).
rustication ['rʌstiˌkeiʃən] *s; univ:* (midlertidig) bortvisning.
rusticity [rʌsˌtisiti] *s* **1***(=rural nature)* landlighet; **2***(=bucolic nature)* bondskhet; bondsk vesen *n.*
I. rustle [rʌsl] *s:* rasling *(fx of dry leaves).*
II. rustle *vb* **1.** knitre; rasle *(fx the wind rustled in the trees);*
2. rasle med *(fx she rustled her papers);*
3. **US***(=steal (cattle or horses))* stjele (krøtter el. hester);
4. T: ***rustle up****(=get quickly)* få tak *(n)*i i en fart.
rustler [ˌrʌslə] *s* **US***(=cattle thief)* kvegtyv.
rustproof [ˌrʌst'pru:f] *adj:* rustbeskyttet.
rust remover rustfjerner.
rust trap sted *(n)* hvor det har lett for å sette seg rust.
rusty [ˌrʌsti] *adj* **1***(=covered with rust)* rusten;
2. T: rusten *(fx my French is rusty);* ***I'm a bit rusty*** jeg er ute av trening; **3. T***(=hoarse)* hes.
I. rut [rʌt] *s* **1.** dypt hjulspor; **2.** *fig:* ***get into a rut*** stivne i rutine.
II. rut *s; zo; om han(n)dyr:* brunst; *(jvf I. heat 3).*
III. rut *vb; zo; om han(n)dyr(=be rutting)* være brunstig.
rutabaga ['ru:təˌbeigə] *s; bot* **US***(=swede; Swedish turnip)* kålrabi; kålrot; *(jvf kohlrabi).*
ruthless [ˌru:θləs] *adj(=cruel)* ubarmhjertig; grusom; nådeløs; hensynsløs; ***utterly ruthless*** hjerterå.
ruthless exploitation hensynsløs utnytting; rovdrift.
rutting [ˌrʌtiŋ] *adj; zo; om han(n)dyr(=ruttish)* brunstig.
rutting season *zo; om han(n)dyr:* brunsttid; *(jvf I. heat 3.).*
rye [rai] *s; bot:* rug.
rye bread rugbrød; ***a loaf of rye bread*** et rugbrød.

S

S, s [es] S, s; *tlf:* ***S for Sugar*** S for Sigrid.
Sabbath [ˌsæbæθ] *s; hos jødene:* ***the Sabbath*** sabbaten; ***break the Sabbath*** bryte sabbaten.
I. sabbatical [səˌbætikl] *s; univ:* tjenestefri med lønn.
II. sabbatical *adj* **1.** som hører sabbaten til;
2. *univ:* ***sabbatical leave*** tjenestefri med lønn; ***sabbatical year*** sabbatsår.
sable [seibl] *s* **1.** *zo:* sobel; **2.** sobelpels.
sabot [ˌsæbou] *s:* tresko (skåret ut av ett stykke); *(jvf I. clog).*
I. sabotage [ˌsæbə'tɑ:ʒ] *s:* sabotasje.
II. sabotage *vb:* sabotere; drive sabotasje på.
saboteur [ˌsæbə'tə:] *s:* sabotør.
sabre *(,***US:** *saber)* [ˌseibə] *s:* ryttersabel.
sabre-rattling [ˌseibə'rætliŋ] *s; fig:* sabelrasling.
sac [sæk] *s; anat; bot; zo:* sekk.
saccharin [ˌsækərin] *s; kjem:* sakkarin.
saccharine [ˌsækə'rain; ˌsækə'ri:n] *adj* **1.** sukker-; som inneholder sukker; **2.** *fig; stivt(=sugary; over-sweet)* søtladen; sukkersøt.
sachet [ˌsæʃei] *s(=small bag)* liten pose *(fx of shampoo).*
I. sack [sæk] *s* **1***(=bag)* sekk *(fx of potatoes);*
2. US *også om større (papir)pose(=bag)* pose;
3. S: ***hit the sack****(=go to bed)* krype til køys;
4. T*(=dismissal)* sparken; ***get****(=be given)* ***the sack*** få sparken.
II. sack *vb* **1.** fylle i sekk(er); **2. T:** ***sack sby****(=dismiss sby)* gi en sparken; **3.** *hist; mil(=plunder)* plyndre.
sackcloth [ˌsæk'kloθ] *s* **1***(=sacking)* sekkelerret;
2.: ***in sackcloth and ashes*** i sekk og aske.
sackful [ˌsækful] *s* **1.** sekkfull; sekk; **2. T:** ***sackfuls of****(=lots of)* mengder av; en hel masse.
sacking [ˌsækiŋ] *s:* sekkelerret.

sacrament [ˌsækrəmənt] *s; rel:* sakrament *n.*
sacramental ['sækrəˌmentəl] *adj; rel:* sakramental.
sacred [ˌseikrid] *adj* **1.** *rel:* religiøs *(fx music);* sakral *(fx art);*
2(=*holy)* hellig *(fx book; promise);* **T:** ***a sacred cow*** ei hellig ku; ***nothing is sacred to him*** ingenting er hellig for ham; ***by all that is sacred*** ved alt som er hellig; ***a sacred thing*** en helligdom; noe som er hellig;
3.: ***sacred to***(=*dedicated to)* helliget; viet til; ***a fund sacred to charity*** et fond som er viet veldedighet; ***sacred to the memory of*** til minne om.
Sacred College *kat.:* ***the Sacred College*** Kardinalkollegiet.
sacred concert *(=church concert)* kirkekonsert.
sacredness [ˌseikridnəs] *s(=holiness)* hellighet.
I. sacrifice [ˌsækri'fais] *s* **1**(=*sacrificing)* ofring; det å ofre; offerhandling; **2**(=*offering)* offer *n;* offergave; ***they offered a pig as a sacrifice*** de ofret en gris; *også fig:* ***make a sacrifice*** ofre; bringe et offer; ***make sacrifices to reach one's goal*** ofre noe for å nå sitt mål; **3.:** ***at the sacrifice***(=*expense)* ***of*** på bekostning av *(fx truth).*
II. sacrifice *vb:* ofre; ***sacrifice to idols*** ofre til avguder; ***sacrifice one's life*** ofre livet sitt; ***sacrifice oneself*** ofre seg; ***sacrifice quality for the sake of speed*** ofre kvaliteten til fordel for hastigheten.
sacrificial ['sækriˌfiʃəl] *adj:* offer-; ***sacrificial lamb*** offerlam.
sacrilege [ˌsækrilidʒ] *s; også fig:* helligbrøde.
sacrilegious ['sækriˌlidʒəs] *adj:* som er helligbrøde; ***a sacrilegious act*** en helligbrøde.
sacristy [ˌsækristi] *s:* sakristi *n.*
I. sacroiliac ['seikrouˌili'æk; 'sækrouˌili'æk] *s; anat:* ***the sacroiliac*** forbindelsen mellom korsbenet og tarmbenet.
II. sacroiliac *adj; anat:* som har med korsbenet og tarmbenet å gjøre.
sacroiliac strain *med.(=lower back pain)* bekkenløsning.
sacrosanct [ˌsækrou'sæŋkt] *adj; stivt el. spøkef(=very sacred)* sakrosankt; hellig og ukrenkelig.
sacrum [ˌseikrəm] *s; anat:* korsben.
sad [sæd] *adj* **1.** trist; bedrøvet; ***that's really sad*** det er virkelig trist; **2**(=*melancholy)* melankolsk; vemodig stemt; **3**(=*very bad)* bedrøvelig.
sadden [ˌsædən] *vb(=make (,become) sad)* gjøre bedrøvet; bli bedrøvet *(fx suddenly, his face saddened).*
I. saddle [sædl] *s* **1.** sal; *på sykkel:* sete *n;*
2. *kul:* rygg; sadel *(fx of lamb);*
3. *fig:* ***in the saddle*** i salen; ***sit tight in one's saddle*** sitte trygt i salen.
II. saddle *vb* **1.** sale; ***saddle up*** sale opp; **2.** *fig:* ***saddle sby with sth*** belemre en med noe.
saddle-backed [ˌsædl'bækt] *adj* **1**(=*sway-backed)* svairygget; **2.** *om hest(=long-backed)* salrygget.
saddlebag [ˌsædl'bæg] *s:* saltaske.
saddlebag thighs *med.(=swelling thighs)* ridebukselår; **T:** ridebukser.
saddle horse(=*horse for riding)* ridehest.
saddler [ˌsædlə] *s:* salmaker.
saddle roof *arkit(=saddleback)* saltak.
sadism [ˌseidizəm; ˌsædizəm] *s:* sadisme.
sadist [ˌseidist; ˌsædist] *s:* sadist.
sadistic [sæˌdistik] *adj:* sadistisk.
sadly [ˌsædli] *adv* **1.** trist; med vemod *n;* **2.** *fig:* sørgelig *(fx the garden has been sadly neglected).*
sadness [ˌsædnəs] *s:* tristhet; bedrøvelse; vemod *n;* ***a joy not untinged with sadness*** en vemodsblandet glede.
safari [səˌfɑ:ri] *s:* safari; ***go on a safari*** dra på safari.
I. safe [seif] *s* **1.** pengeskap; safe; ***crack a safe*** sprenge et skap; **2.:** ***meat safe*** matskap med fluenetting for; **3. US S**(=*condom;* **S:** *rubber)* kondom *n;* **S:** gummi.
II. safe *adj* **1.** sikker; ufarlig *(fx it's quite safe to do that);* trygg *(fx is the ice safe?);* ***a safe(=sound) investment*** en sikker investering; ***safe from attack*** i sikkerhet mot angrep *n;* ***keep it safe*** ha det i trygg (*el.* sikker) forvaring; *fig:* ***on the safe side*** på den sikre siden; ***from(=at) a safe distance*** på trygg avstand; ***make a bomb safe***(=*defuse a bomb)* uskadeliggjøre en bombe;
2. uskadd; ***he's safe and sound*** han er i god behold;
3(=*reliable):* ***he's a safe driver*** han kjører sikkert.
safebreaker [ˌseif'breikə] *s(=safecracker)* skapsprenger.
safe conduct fritt leide; ***letter of safe conduct*** leidebrev.
safe-custody department ['seifˌkʌstədi di'pɑ:tmənt] *s; i bank:* depotavdeling.
safe deposit *i bank(=strongroom)* bankhvelv.
safe-deposit box ['seifdiˌpɔzit'bɔks] *s; i bank:* bankboks.
I. safeguard [ˌseif'gɑ:d] *s* **1**(=*protection)* beskyttelse; vern *(n) (against* mot); **2**(*,stivt: precaution)* gardering *(against* mot).
II. safeguard *vb(=protect)* beskytte; verne.
safekeeping [ˌseif'ki:piŋ] *s:* forvaring; trygg oppbevaring.
safely [ˌseifli] *adv* **1.** sikkert; uskadd; i god behold; **2.** trygt; ***we can safely leave that to him*** det kan vi trygt overlate til ham.
safe speed forsvarlig hastighet; trygg hastighet.
safety [ˌseifti] *s:* sikkerhet; trygghet; ***road safety*** trafikksikkerhet; ***a place of safety*** et trygt sted; ***safety first!*** sikkerheten fremfor alt! ***for safety's sake***(=*to be on the safe side)* for sikkerhets skyld; ***there's safety in numbers*** det er trygt å være mange; ***in the interest of your own safety, inquire immediately into the position of the nearest alarm button*** for din egen sikkerhets skyld, orienter deg omgående om plasseringen av nærmeste alarmknapp.
safety belt 1(=*seat belt)* sikkerhetsbelte; bilbelte;
2. *for brannmann:* brannbelte; *(se seat belt).*
safety catch *på skytevåpen:* sikring.
safety chain *på dør:* sikkerhetslenke.
safety deputy verneombud.
safety device sikkerhetsanordning.
safety equipment sikringsutstyr; sikkerhetsutstyr.
safety-first ['seiftiˌfə:st] *adj:* ***safety-first instructions*** *pl:* alarminstruks.
safety instructions *pl:* sikkerhetsinstruks; ***follow safety instructions*** følge sikkerhetsinstruksen.
safety jacket: *se life jacket.*
safety measure sikringstiltak; sikkerhetstiltak.
safety mechanism sikringsmekanisme.
safety net *også fig:* sikkerhetsnett.
safety overseer hovedverneombud; *(jvf safety deputy).*
safety pin sikkerhetsnål.
safety programme sikkerhetsopplegg.
safety rail *(=guard rail)* avviserrekkverk; autovern.
(safety) razor barberhøvel; ***(safety) razor and foam to deal with obstinate stubble*** høvel og skum *(n)* mot gjenstridig bust.
safety supervisor *oljeind:* sikkerhetssjef; verneleder.
safety system sikkerhetssystem; *(jvf security system).*
safety valve sikkerhetsventil.
I. saffron [ˌsæfrən] *s:* safran.
II. saffron *adj(=saffron-yellow)* safrangul.
I. sag [sæg] fordypning *(fx in the middle of the bed).*
II. sag *vb* **1.** henge ned;
2(=*become weaker)* bli svakere *(fx our muscles start to sag as we get older);*
3. *fig(=droop)* synke; dale *(fx his spirits began to sag); (se sagging).*
saga [ˌsɑ:gə] *s* **1.** saga; **2.** slektsroman;
3. *fig:* fantastisk historie.
sagacious [səˌgeiʃəs] *adj; meget stivt el. spøkef(=very wise; shrewd)* skarpsindig; meget klok.

sagacity [sə͵gæsiti] *s; stivt el. spøkef(=exceptional wisdom; shrewdness)* skarpsindighet; stor klokskap.

I. sage [seidʒ] *s* **1.** *bot:* salvie; **2.:** *se sagebrush.*

II. sage *adj; litt. el. spøkef(=wise)* vis; klok.

sagebrush [͵seidʒ'brʌʃ] *s; bot; malurtart:* Artemisia tridentat.

sagging [͵sægiŋ] *adj* **1.** slapp; nedhengende; ***sagging breasts*** hengebryster; ***a chair with sagging springs*** en nedsittet stol; **2.** *fig(=drooping)* dalende; synkende; ***a drink will revive his sagging spirits*** en drink vil hjelpe på det dalende humøret hans; ***in even the most sagging of spirits*** selv når humøret svikter som mest.

sago [͵seigou] *s; bot:* sago; ***pearl sago*** sagogryn.

Sahara [sə͵hɑ:rə] *s; geogr:* ***the Sahara*** Sahara.

said [sed] **1.** *pret & perf.part. av II. say;* **2.** *adj; stivt el. jur:* ovennevnte; nevnte; tidligere nevnte; samme.

I. sail [seil] *s* **1.** seil *n;* ***set the sails*** sette seil; ***all sails set*** for fulle seil;
2(*=sailing ship):* ***a fleet of 20 sail*** en flåte på 20 seilskip; ***in the days of sail*** i seilskutetiden; ***during the last days of sail*** i seilskutetidens siste dager;
3. seiltur; seilas;
4. *på vindmølle(=vane; windsail)* (mølle)vinge;
5. *fig:* ***take the wind out of sby's sails*** ta luven fra en.

II. sail *vb* **1.** *mar:* seile; ***sail close to the wind*** 1. gå kloss opp mot vinden; 2. *fig:* nærme seg grensen for det tillatte; **2.** *fig:* seile; ***she sailed off*** hun seilte av sted (*el.* ut); ***he sailed through his exams*** han seilte gjennom eksamen.

sailboard [͵seil'bɔ:d] *s:* seilbrett; *(se boardsailing).*

sailboarder [͵seil'bɔ:də] *s* **US** *& Canada(=boardsailor)* brettseiler.

sailboat [͵seil'bout] *s; mar(,***US:** *sailing boat)* seilbåt.

sailcloth [͵seil'klɔθ] *s(=canvas)* seilduk.

sailer [͵seilə] *s; mar:* ***a good sailer*** en god seilbåt.

sailfish [͵seil'fiʃ] *s; zo* **1**(*=basking shark)* brugde;
2. sverdfisk.

sailing [͵seiliŋ] *s* **1.** seiling; seilsport; **2.** skipsavgang; seiling; **3.** *fig:* ***that's plain sailing*** det er grei skuring; det er helt ukomplisert.

sailing boat US(*=sailboat)* seilbåt.

sailing date *mar:* avgangsdato; seilingsdato.

sailing *(=yacht)* **race**(*=regatta)* kappseilas; regatta.

sailing ship seilskip.

sailor [͵seilə] *s* **1**(*=seaman)* sjømann;
2.: ***be a bad(=poor) sailor*** ikke være sjøsterk;
3.: ***Popeye (the Sailor)*** Skipper'n.

sailor suit matrosdress.

sailplane [͵seil'plein] *s; flyv(=glider)* glidefly.

I. saint [seint; *foran navn:* s(ə)nt] *s* **1.** helgen; *foran navn:* ***Saint Olav, St. Olav*** Olav den hellige;
2. *fig* **T:** engel *(fx you really are a saint!).*

Saint John *rel:* Døperen Johannes.

saintly [͵seintli] *adj:* helgenaktig; helgen-.

saithe [seiθ] *s; zo(=coalfish)* sei *(se pollack).*

I. sake [seik] *s:* ***for God's sake, we must make sure that doesn't happen!*** vi må for Guds skyld sørge for at det ikke skjer! ***he did it for my sake*** han gjorde det for min skyld; ***for old times' sake*** for gammelt vennskaps *(n)* skyld; ***I feel very sorry for your sake that you didn't get the job*** jeg synes det er synd for din skyld at du ikke fikk jobben; ***for the sake of comfort*** for bekvemmelighetens skyld; ***for the sake of peace, he said he agreed with her*** for fredens skyld sa han at han var enig med henne; ***for the sake of his wife's health*** av hensyn *(n)* til sin kones helse; ***she was heartbroken, all for the sake of £10*** hun var helt fortvilet, og det på grunn av £10.

II. sake [͵sɑ:ki] *s:* sake (ɔ: japansk risbrennevin).

salable [͵seiləbl] *adj* **US**(*=saleable)* salgbar.

salacious [sə͵leiʃəs] *adj; stivt(=smutty)* slibrig.

salacity [sə͵læsiti] *s; stivt(=smuttiness)* slibrighet.

salad [͵sæləd] *s:* salat; ***raw vegetable salad*** råkostsalat; ***shellfish salad*** skalldyrsalat.

salad days *pl; litt.:* ***in the salad days of his youth(=in his tender years; in his golden youth)*** i hans grønne ungdom.

salad dressing salatdressing.

salad set *(=(pair of) salad servers)* salatbestikk.

salamander [͵sælə'mændə] *s; zo:* salamander.

salami [sə͵lɑ:mi] *s; kul:* salami.

sal ammoniac *kjem(=ammonium chloride)* salmiakk.

salaried [͵sælərid] *adj* **1.** lønnet *(fx consul);*
2. som mottar gasje; ***the salaried staff*** kontorpersonalet.

salary [͵sæləri] *s:* gasje; ***draw one's salary*** heve sin gasje; ***she has(=earns) a high salary*** hun har en høy gasje.

sale [seil] *s* **1.** salg *n;* ***the sale of*** salget av; ***for sale(=on sale)*** til salgs; ***ready for sale*** salgsferdig; ***come up for sale(=be offered for sale)*** bli frembudt for salg; ***put a house up for sale*** fremby et hus for salg;
2.: ***sales*** salg; omsetning; ***sales have recovered*** salget har tatt seg opp igjen;
3.: ***sale(s)*** salg; utsalg; ***clearance sale*** oppryddingssalg; ***spring sale(s)*** vårsalg; ***I bought it in a sale(=I bought it at the sales)*** jeg kjøpte det på utsalg; ***the January sales*** utsalget i januar; januarsalget;
4. *merk:* avsetning; ***have a good sale(=sell well)*** ha god avsetning;
5.: ***(public) sale*** auksjon; ***hold a sale*** holde auksjon; ***compulsory sale*** tvangsauksjon.

saleability (,**US:** *salability)* ['seilə͵biliti] *s:* salgbarhet.

saleable (,**US:** *salable)* [͵seiləbl] *adj(=marketable)* salgbar.

sale item *merk:* utsalgsvare; *(se item 4).*

sale price *merk:* pris under salg *n;* utsalgspris.

saleroom [͵seil'ru(:)m] *s(,***US:** *salesroom)* auksjonslokale; salgslokale.

sales assistant *(=shop assistant;* **US:** *sales clerk)* ekspeditør.

sales clerk 1(*=sales service clerk)* salgssekretær;
2. US(*=shop assistant)* ekspeditør.

sales contract(*=contract of sale)* kjøpekontrakt; salgskontrakt.

sales executive salgskonsulent.

sales exhibition salgsutstilling.

sales letter *merk:* salgsbrev.

salesman [͵seilzmən] *s:* selger; ***van salesman(=delivery driver)*** salgssjåfør.

salesmanship [͵seilzmən'ʃip] *s; merk:* salgsteknikk.

sales manager *merk:* salgssjef.

salesperson [͵seilz'pə:sən] *s(=sales assistant;* **US:** *sales clerk)* ekspeditør.

sales pitch T(*=sales talk)* salgsprat; *(se sales talk).*

sales representative *merk:* salgsrepresentant.

salesroom [͵seilz'ru(:)m] *s* **US**(*=saleroom)* auksjonslokale; salgslokale.

sales service *merk:* salgsservice.

sales slip *merk:* paragon; kassalapp.

sales talk (,**T:** *sales chat)* salgsprat; ***that's just sales talk*** det er bare salgsprat.

sales value *merk:* salgsverdi; *(jvf selling value).*

saleswoman [͵seilz'wumən] *s:* kvinnelig ekspeditør; ekspeditrise.

salicylic ['sæli͵silik] *adj; kjem:* salisylsur.

salicylic acid *kjem:* salisylsyre.

salient [͵seiliənt] *adj:* fremtredende; springende *(fx the salient points of his speech);* ***the salient features of the plan*** de fremtredende trekk *(n)* ved planen.

saline [͵sei'lain] *adj; kjem:* saltholdig; salt-.

saliva [sə͵laivə] *s(=spit; spittle)* spytt *n.*

salivary [͵sælivəri; sə͵laivəri] *adj:* spytt-.

salivation ['sæli͵veiʃən] *s:* spyttavsondring.

I. sallow [͵sælou] *s; bot:* selje; ***common sallow*** gråselje.

II. sallow *adj; om huden:* gulblek; gusten.

I. sally [͵sæli] *s* **1.** *mil:* utfall *n;* **2.** *fig; litt. el. meget stivt:* utfall *n;* ***witty sally(=witticism)*** vittighet.

II. sally *vb: **sally forth*** **1.** *mil:* gjøre utfall *n;* **2.** *om person; spøkef(=go out)* dra av sted.
Sally Army T: ***the Sally Army**(=the Salvation Army)* Frelsesarméen.
salmon [ˌsæmən] *s; zo:* laks; *kul:* ***brine-cured salmon*** gravlaks.
salmonella ['sælməˌnelə] *s; med.:* salmonella.
salon [ˌsælɔn] *s; om skjønnhetssalong, etc:* salong.
saloon [səˌlu:n] *s* **1.** *mar(=lounge)* salong;
2.: ***saloon (car)**(,**US:** sedan)* kupé;
3.: ***saloon bar**(=lounge)* den mer komfortable del av en pub; *(jvf public bar).*
saloon rifle salonggevær.
sal soda krystallsoda; *(jvf washing soda).*
I. salt [sɔ:lt] *s* **1.** salt *n;* ***cooking salt*** kjøkkensalt; kokesalt;
2. T: ***an old salt*** en gammel sjøulk;
3. *fig:* ***take it with a pinch of salt*** ta det med en klype salt *n;*
4.: ***he isn't worth his salt**(=he isn't much good)* han er ikke noe tess;
5.: ***she's the salt of the earth*** hun er et helt igjennom fint menneske;
6. *bibl:* ***pillar of salt*** saltstøtte.
II. salt *vb* **1.** salte; **2. T:** ***salt away*** salte ned.
III. salt *adj(=salty)* salt; som smaker av salt *n.*
saltation [sælˌteiʃən] *s* **1.** *meget stivt(=leaping; jumping)* hopping.
saltatorial ['sæltəˌtɔ:riəl] *adj; biol:* tilpasset for hopping; hoppe-; spring- *(fx legs).*
saltatory [ˌsæltətəri] *adj; stivt* **1***(=jerky)* rykkevis; sprangvis;
2. *med.:* ***saltatory spasm*** saltatorisk krampe.
saltbox [ˌsɔ:lt'bɔks] *s:* saltkar.
saltcellar [ˌsɔ:lt'selə] *s(,**US:** saltshaker)* saltbøsse.
salted [ˌsɔ:ltid] *adj:* som er tilsatt salt *n;* salt; ***salted cocktail sticks*** saltstenger.
saltiness [ˌsɔ:ltinəs] *s:* salthet; saltsmak.
saltness [ˌsɔ:ltnəs] *s:* salthet.
saltpetre *(,**US:** saltpeter)* ['sɔ:ltˌpi:tə] *s; kjem:* salpeter.
saltshaker US: *se saltcellar.*
salt water *(=sea water)* saltvann.
saltwater fish *zo:* saltvannsfisk.
salty [ˌsɔ:lti] *adj:* saltholdig; salt; ***the air had a salty tang*** luften var ramsalt.
salubrious [səˌlu:briəs] *adj; meget stivt el. spøkef* **1***(=wholesome)* sunn *(fx climate);*
2*(=respectable):* ***that pub isn't very salubrious*** den pub'en er ikke akkurat pen.
salutary [ˌsæljutəri] *adj* **1.** *om råd, etc; spøkef el. stivt(=beneficial)* gagnlig; sunn *(fx this had a salutary effect on her);* **2.** *glds(=healthy)* sunn; helsebringende.
salutation ['sæljuˌteiʃən] *s; litt. el. stivt(=greeting)* hilsen *(fx bow one's head in salutation).*
I. salute [səˌlu:t] *s* **1.** *litt. el. stivt(=greeting)* hilsen; **2.** *mil:* hilsen; honnør; ***give a salute*** gjøre honnør;
3. (kanon)salutt *(fx a 21-gun salute).*
II. salute *vb* **1.** *litt. el. stivt(=greet)* hilse (på); **2.** *mil:* hilse; gjøre honnør (for); **3.** saluttere (for).
I. Salvadorian ['sælvəˌdɔ:riən] *s:* salvadoraner.
II. Salvadorian *adj:* salvadoransk; *(se El Salvador).*
I. salvage [ˌsælvidʒ] *s* **1.** *mar:* berging;
2. berget gods *n;*
3. *mar(=salvage money)* bergingslønn;
4. *om avfall beregnet på omsetning:* skrap *n.*
II. salvage *vb* **1.** *mar:* berge;
2. *ved brann, etc:* redde *(fx some of the furniture);*
3. samle inn skrap *(n)* med henblikk på omsetning;
4. *fig:* redde.
salvage corps redningskorps *(fx the London Salvage Corps).*
salvage depot skraphandlers opplagstomt.
salvage tug*(=vessel) mar:* bergingsfartøy; bergingsskip.
salvation [sælˌveiʃən] *s* **1.** *rel:* frelse; ***find salvation*** finne frelse;
2. *stivt:* redning *(fx this was his salvation);* ***beyond salvation**(=beyond hope)* redningsløst fortapt;
3.: ***emotional salvation*** følelsesmessig forløsning.
Salvation Army: ***the Salvation Army*** Frelsesarméen.
salvationist [sælˌveiʃənist] *s:* medlem *(n)* av Frelsesarméen.
I. salve [sælv] *s:* salve; ***lip salve*** leppepomade.
II. salve *vb; stivt(=soothe)* berolige *(fx one's conscience).*
salver [ˌsælvə] *s:* presenterbrett.
salvo [ˌsælvou] *s* **1.** salve (ved saluttering); **2.** *fig:* salve.
sal volatile [sælvəˌlætəli] *s(=smelling salts)* luktesalt.
salvor [ˌsælvə] *s; mar:* berger.
Samaritan [səˌmæritən] *s:* samaritan; ***the good Samaritan*** den barmhjertige samaritan.
same [seim] *adj & adv:* **1.** samme; ***they all look the same (to me)*** de ser alle likedan ut (for meg);
2.: ***the same as*** (slik) som; ***there must be lots of people the same as us**(=there must be lots of people like us)* det må være mange slike som oss; ***the same as everyone else**(=like everyone else)* slik som alle andre;
3.: ***I don't feel the same about you as I did*** jeg føler ikke lenger det samme for deg som før;
4.: ***all the same, just the same*** likevel; ***it's all the same to me**(=I don't mind)* det er det samme for meg;
5.: ***(and) the same to you!*** takk i like måte! takk, det samme!
6. T: ***same again*** det samme igjen; en drink til av det samme; ***same here!*** det samme her! (ɔ: det synes jeg også);
7. T *når man er enig i rettelsen, men mener den er uviktig:* ***same difference*** (ja,) OK; ja, men det blir jo omtrent det samme;
8.: ***at the same time*** 1. samtidig; på samme tid; 2*(=nevertheless)* likevel; ikke desto mindre; samtidig;
9.: ***much the same*** stort sett uforandret *(fx "How's your mother?" – "Much the same (as she was).").*
sameness [ˌseimnəs] *s* **1.** likhet; ***his books all had a certain sameness about them*** det var en viss likhet mellom alle bøkene hans; **2***(=monotony)* ensformighet; ***deadly sameness**(=drab monotony)* trist ensformighet.
I. Sami [ˌsɑ:mi] *s* **1***(=Lapp)* same; *språk(=Lappish)* samisk.
II. Sami *adj(=Lappish)* samisk.
I. sample [sɑ:mpl] *s:* prøve *(of* på); ***random sample*** stikkprøve.
II. sample *vb:* prøve; smake på.
sampler [ˌsɑ:mplə] *s* **1.** prøvetager; ***tea sampler*** en tesmaker; **2.** *søm:* prøveklut; navneklut.
sanatorium ['sænəˌtɔ:riəm] *s(,**US:** sanitarium)* sanatorium *n.*
sanctify [ˌsæŋkti'fai] *vb* **1***(=hallow)* helliggjøre; hellige; **2***(=free from sin; purify)* rense; lutre.
sanctimonious ['sæŋktiˌmouniəs] *adj; stivt(=hypocritical)* skinnhellig.
I. sanction [ˌsæŋkʃən] *s; stivt* **1***(=approval)* godkjenning; sanksjon; **2***(=permission)* tillatelse;
3.: ***sanctions*** straffetiltak; sanksjoner; ***apply sanctions against*** sette i verk straffetiltak mot.
II. sanction *vb; stivt* **1***(=approve)* godkjenne; sanksjonere; **2***(=permit)* tillate.
sanctity [ˌsæŋktiti] *s(=holiness)* hellighet; ***the sanctity of marriage*** ekteskapets ukrenkelighet.
sanctuary [ˌsæŋktjuəri] *s* **1.** helligdom; hellig sted *n;*
2. *i kirke:* sanktuarium *n;*
3*(=refuge)* tilfluktssted;
4. reservat *n;* ***bird sanctuary*** fuglereservat.
sanctum [ˌsæŋktəm] *s* **1***(=holy place)* hellig sted *n;* helligdom; **2.** privat kontor *n; spøkef:* lønnkammer.
I. sand [sænd] *s* **1.** sand; ***we lay on the sand and sunbathed*** vi lå i sanden og solte oss;

S

2.: ***sands*** sandstrand; sand *(fx the sands of the Sahara);* **3.** *fig:* ***the sands are running out****(=there isn't much time left)* tiden er snart omme.
II. sand *vb* **1***(=spread sand on)* strø sand på; **2.:** ***sand down*** slipe med sandpapir.
sandal [ˌsændəl] *s:* sandal.
sandalwood [ˌsændəl'wud] *s; bot:* sandel.
sandbag [ˌsæn(d)'bæg] *s* **1.** sandsekk; **2.** sandpose (som våpen); *(jvf cosh).*
sandbank [ˌsæn(d)'bæŋk] *s:* sandbanke.
sandblast [ˌsæn(d)'blɑ:st] *vb:* sandblåse.
sandboy T: ***as happy as a sandboy****(=happy as the day is long)* glad som en lerke.
sandbox [ˌsæn(d)'bɔks] *s* **1.** sandkasse; **2. US** *til å leke i(=sandpit)* sandkasse.
sand drift sandflukt.
sand dune sanddyne.
sand eel *zo(=lance; launce)* tobis; sil.
sander [ˌsændə] *s; mask; for sandpapir:* slipemaskin.
Sandhurst [ˌsæn(d)'hə:st] *s:* ***the Royal Military Academy (at Sandhurst)*** Krigsskolen (i Sandhurst).
sandman [ˌsæn(d)'mæn] *s:* ***the sandman*** Ole Lukkøye.
sandpaper [ˌsæn(d)'peipə] *s:* sandpapir.
sandpiper [ˌsænd'paipə] *s; zo:* ***common sandpiper*** strandsnipe; ***red-backed sandpiper****(=dunlin)* myrsnipe.
sandpit [ˌsæn(d)'pit] *s* **1.** sandtak; **2***(,***US:** *sandbox)* sandkasse (til å leke i).
sandshoe [ˌsæn(d)'ʃu:] *s:* strandsko.
I. sandwich [ˌsænwidʒ; ˌsænwitʃ] *s:* sandwich; ***open sandwich****(,***US** *& Canada: open-faced sandwich)* smørbrød; ***boiled ham sandwich*** smørbrød m/kokt skinke; ***sth to make sandwiches with*** smørbrødpålegg.
II. sandwich *vb:* ***sandwiched between two big men*** inneklemt mellom to store menn; ***his car was sandwiched between two lorries*** bilen hans befant seg mellom to lastebiler.
sandwich board dobbeltplakat; skilt *(n)* med plakat *(n)* på begge sider.
sandwich cake *(=layer cake)* lagkake; bløtkake.
sandwich course kurs *(n)* hvor teoretisk undervisning veksler med praktisk arbeid *n.*
sandwich man plakatbærer (med én plakat *(n)* foran og én på ryggen).
sandwich paper*(,***US:** *wax paper)* smørbrødpapir.
sandwich spread *(=sandwich filling)* smørbrødpålegg.
sandy [ˌsændi] *adj* **1.** sandet; sand-; ***sandy beach*** sandstrand; **2.** sandfarget; rødblond.
sandy-haired [ˌsændi'hɛəd] *adj:* rødblond.
sane [sein] *adj* **1.** tilregnelig; normal *(fx sometimes he doesn't seem quite sane);* ***in a perfectly sane state of mind*** mentalt sett helt frisk; **2***(=sensible)* fornuftig.
sang [sæŋ] *pret av sing.*
sangfroid [ˌs¬aˌfrwɑ:; 'sɔŋˌfrwɑ:] *s; stivt el. spøkef(=coolness)* kaldblodighet; sinnsro.
sanguinary [ˌsæŋgwinəri] *adj; meget stivt* **1***(=bloody)* blodig *(fx battle);* **2***(=bloodthirsty)* blodtørstig.
sanguine [ˌsæŋgwin] *adj; stivt(=optimistic)* optimistisk (*about* når det gjelder.
sanitarium ['sæniˌtɛəriəm] *s* **US***(=sanatorium)* sanatorium *n.*
sanitary [ˌsænitəri] *adj:* sanitær; hygienisk; ***sanitary conditions*** sanitære forhold *n.*
sanitary disinfectant sanitærvæske.
sanitary towel *(,***US:** *sanitary napkin; sanitary pad)* sanitetsbind; damebind; **T:** bind *n.*
sanitation ['sæniˌteiʃən] *s:* sanitære forhold *n;* hygiene.
sanity [ˌsæniti] *s* **1.** mental helse; tilregnelighet; forstand *(fx fear for sby's sanity);*
2. fornuft; ***I doubt the sanity of the plan*** jeg betviler det fornuftige i planen.
sank [sæŋk] *pret av II. sink.*
Santa Claus [ˌsæntə'klɔ:z; 'sæntəˌklɔ:z] *s(=Father Christmas)* julenissen.

I. sap [sæp] *s; bot:* sevje; saft.
II. sap *vb; fig:* undergrave; svekke; ***sap sby's confidence*** undergrave ens selvtillit.
sapling [ˌsæpliŋ] *s; bot:* ungtre.
saponify [səˌpɔni'fai] *vb; kjem:* forsåpe.
sapper [ˌsæpə] *s; mil:* ingeniørsoldat.
sapphire [ˌsæfaiə] *s; min:* safir.
sappharine [ˌsæfə'ri(:)n] *adj:* safir-; safirblå.
sappy [ˌsæpi] *adj* **1.** *bot:* sevjerik; saftrik;
2. *fig(=energetic; vital)* energisk; livfull; vital.
sapwood [ˌsæp'wud] *s; bot; mots kjerneved:* geite; yte; splint(ved); *(jvf heartwood).*
sarcasm [ˌsɑ:kæzəm] *s:* sarkasme.
sarcastic [sɑ:ˌkæstik] *adj:* sarkastisk.
sarcoma [sɑ:ˌkoumə] *s; med.:* sarkom *n.*
sarcophagus [sɑ:ˌkɔfəgəs] *s(pl: sarcophagi* [sɑ:ˌkɔfə'gai], *sarcophaguses)* sarkofag.
sardine [sɑ:ˌdi:n] *s; zo(,især = young pilchard)* sardin *(fx a tin of sardines);* ***we were packed like sardines*** vi satt (,stod) som sild i en tønne.
Sardinia [sɑ:ˌdiniə] *s; geogr:* Sardinia.
I. Sardinian [sɑ:ˌdiniən] *s:* sardinier.
II. Sardinian *adj:* sardinsk.
sardonic [sɑ:ˌdɔnik] *adj; stivt(=scornful)* sardonisk; ironisk; hånlig *(fx a sardonic laugh).*
sarge [sɑ:dʒ] *s* **T***(=sergeant)* sersjant.
sari [ˌsɑ:ri] *s; indisk kvinnedrakt:* sari.
sartorial [sɑ:ˌtɔ:riəl] *adj; stivt el. spøkef:* skredder-; ***sartorial elegance*** elegante klær.
sash [sæʃ] *s* **1.** skulderskjerf; *på kjole:* bredt belte;
2. *til skyvevindu:* ramme.
sash window skyvevindu; heisevindu.
sass [sæs] *s* **US T***(=cheek)* frekkhet.
sassy [ˌsæsi] *adj* **US T***(=cheeky)* frekk.
sat [sæt] *pret & perf.part. av sit.*
Satan [ˌseitən] *s:* satan; djevelen.
satanic [səˌtænik] *adj:* satanisk; djevelsk.
satchel [ˌsætʃəl] *s:* ransel.
sate [seit] *vb; om sult el. tørst; stivt(=satisfy)* tilfredsstille.
sateen [sæˌti:n] *s; tekstil:* sateng.
satellite [ˌsætə'lait] *s:* satellitt.
satellite town drabantby.
satiable [ˌseiʃiəbl] *adj:* som kan mettes.
satiate [ˌseiʃi'eit] *vb; også fig; stivt(=satisfy totally)* mette helt; gjøre overmett.
satiety [səˌtaiəti] *s:* overmetthet.
satin [ˌsætin] *s; tekstil:* atlask.
satire [ˌsætaiə] *s:* satire (*on* over).
satirical [səˌtirikl] *adj:* satirisk.
satirist [ˌsætirist] *s:* satiriker.
satirize, satirise [ˌsætə'raiz] *vb:* satirisere (over).
satisfaction ['sætisˌfækʃən] *s* **1.** tilfredsstillelse;
2. æresoppreisning; ***get satisfaction*** få æresoppreisning;
3. *stivt:* ***is the meal to your satisfaction?****(=is the meal satisfactory?)* er måltidet tilfredsstillende? ***to my entire****(=complete)* ***satisfaction*** til min fulle tilfredshet; ***it has not been proved to my satisfaction*** det har ikke overbevist meg.
satisfactory ['sætisˌfæktəri] *adj:* tilfredsstillende; ***we hope this will be satisfactory for****(=to)* ***you*** vi håper dette vil være tilfredsstillende for Dem.
satisfied [ˌsætis'faid] **1.** *pret & perf.part. av satisfy;*
2. *adj:* tilfreds; fornøyd (*with* med);*(=convinced)* overbevist; ***the court was satisfied that …*** retten fant det godtgjort at …; ***we're reasonably satisfied that …*** vi er nokså sikre på at …
satisfy [ˌsætis'fai] *vb* **1.** tilfredsstille;
2. *sult el. tørst:* stille;
3*(=convince)* overbevise; ***satisfy oneself that****(=make sure that)* forvisse seg om at;
4. *mht. krav til kunnskaper, etc(=fulfil; meet)* oppfylle *(fx examination requirements).*

satisfying *adj* **1.** *om mat:* mettende; **2.** *fig:* tilfredsstillende; ***it's so satisfying to get it cleared up*** det er så deilig å få det oppklart.

saturate [ˌsætʃə'reit] *vb* **1.** gjennombløte; gjennomvæte; **2.** *fys & kjem:* mette; **3.** *fig:* mette.

saturated [ˌsætʃə'reitid] *adj; fys, kjem, etc:* mettet; ***saturated fatty acids****(=saturated fats)* mettede fettsyrer.

saturation ['sætʃəˌreiʃən] *s; fys, kjem, etc:* metning; mettethet.

saturation point metningspunkt; ***reach saturation point*** 1. nå metningspunktet; 2. *fig:* ikke orke mer.

Saturday [ˌsætədi] *s:* lørdag; *(se Friday).*

saturnine [ˌsætə'nain] *adj; om gemytt; stivt(=gloomy)* mørk; dyster.

sauce [sɔ:s] *s* **1.** saus; ***brown sauce****(=gravy)* brun saus; ***cream sauce*** fløtesaus; **2.** *lett glds* **T***(=impertinence; cheek)* nesevishet; **3.** *ordspråk:* ***what's sauce for the goose is sauce for the gander****(=what applies to one must apply to the other (as well))* det som gjelder for Per, må også gjelde for Pål.

sauce boat sauseskål.

saucepan [ˌsɔ:spən] *s(=stewpan)* kasserolle; kjele; *(jvf I. pan 1).*

saucer [ˌsɔ:sə] *s* **1.** skål; ***a cup and saucer*** kopp og skål; **2.:** ***flying saucer*** flygende tallerken; **3.:** ***with eyes as big as saucers*** med øyne *(n)* så store som tinntallerkener.

saucy [ˌsɔ:si] *adj* **1.** *glds* **T***(=cheeky)* nesevis; nebbete; **2***(=jaunty; smart)* sveisen; smart.

sauna [ˌsɔ:nə] *s:* sauna.

I. saunter [ˌsɔ:ntə] *s* **T***(=walk; stroll)* spasertur.

II. saunter *vb:* slentre; spasere; ***saunter by*** slentre forbi.

sausage [ˌsɔsidʒ] *s:* pølse; ***boiling sausage****(=dinner sausage)* middagspølse; ***(continental) slicing sausage****(=German sausage;* **US:** *dry sausage)* påleggpølse; ***sausage and potato cake*** pølse med lompe; *(jvf hot dog).*

sausage dog T *(=dachshund)* grevlinghund.

sausage maker pølsemaker.

sausage meat *(=forcemeat)* kjøttfarse.

sausage roll *kul:* innbakt pølse.

sausage skin *(=sausage casing)* pølseskinn.

sausage stall *(=hot-dog stall(=stand))* pølsebod.

I. sauté [ˌsoutei] *s; kul(=sautéed dish)* sauté; sautert rett.

II. sauté *vb; kul(fry quickly in a little fat)* sautere (ɔ: steke raskt med lite fett i en panne som rystes, slik at kjøttbitene blir brune på alle kanter); ***sautéed food*** sautert mat.

III. sauté *adj(=sautéed)* sauté; sautert *(fx sauté potatoes).*

savable *(=saveable)* [ˌseivəbl] *adj:* som kan reddes.

I. savage [ˌsævidʒ] *s* **1.** *om person som tilhører et primitivt samfunn:* vill; ***the savages*** de ville; **2.** *stivt:* brutal (*el.* rå) fyr; **T:** råtamp.

II. savage *vb; om dyr(=bite severely; maul)* skambite.

III. savage *adj* **1***(=fierce)* vill; rasende; ***savage animals*** ville og farlige dyr; **2.** *om bemerkning:* grusom *(fx bitter and savage remarks); om kritikk:* hensynsløs; brutal; *om dom:* urimelig hard; **3.** vill; primitiv.

savagery [ˌsævidʒri] *s* **1.** villskap; **2.** grusomhet; **3.:** ***revert to savagery*** falle tilbake til vill tilstand.

savanna(h) [səˌvænə] *s:* savanne.

I. save [seiv] *s; fotb(=catch)* redning.

II. save *vb* **1.** redde *(fx sby's life);* ***save oneself*** redde seg; ***save one's face*** redde ansiktet; ***save a building for posterity*** bevare en bygning for ettertiden; **2.** *fotb:* redde; **3.** *rel:* frelse; **4***(=protect):* ***God save the Queen!*** Gud bevare dronningen! **5.** spare; ***save time*** spare tid; ***they're saving for a house*** de sparer til hus *n;* **6.** *EDB:* arkivere; ***save the document on your screen*** arkiver det dokumentet du har på skjermen; **7. T:** ***it'll save*** vi får ha det til gode (til en annen gang); **8.:** ***save on*** spare på *(fx electricity);* **9.:** ***save up****(=save)* spare (*for* til).

III. save *prep; konj; glds(=except)* unntatt.

save-as-you-earn *(fk SAYE)* skattegunstig sparing.

saveloy [ˌsævi'lɔi] *s:* servelatpølse.

Save the Children Fund *(fk SCF):* ***the Save the Children Fund*** Redd Barna.

Savile Row ['sævəlˌrou] *adj:* ***Savile Row suit*** dress fra et av de velkjente herreskredderier i Savile Row i London.

I. saving [ˌseiviŋ] *s* **1.** sparing; **2.** besparelse; ***a great saving*** en stor besparelse; **3.:** ***savings*** sparepenger; ***make your savings grow!*** få sparepengene til å formere seg!

saving grace*(=redeeming feature)* forsonende trekk *n.*

savings account *bankv:* sparekonto.

savings and loan association US *(=building society)* boligselskap; byggeselskap.

savings bank sparebank.

savings bond spareobligasjon.

saviour *(,***US:** *savior)* [ˌseiviə] *s:* frelser.

savoir faire [ˌsævwɑ:ˌfɛə] *s; stivt(=social tact)* belevenhet; takt.

savory [ˌseivəri] *s* **1.** *krydderurt:* sar; bønneurt; **2. US:** *se savoury.*

I. savour *(,***US:** *savor)* [ˌseivə] *s; stivt* **1***(=taste)* smak; **2.** *om vin(=flavour)* aroma; **3.** *fig:* ***at my age, life begins to lose its savour*** i min alder begynner livet å miste noe av sin tiltrekning.

II. savour *(,***US:** *savor) vb; stivt* **1.** *om mat el. drikke:* la seg smake; *fig:* ***she savoured the news with growing delight*** hun tok inn nyheten med voksende begeistring; **2***(=enjoy):* ***savour the pleasures of country life*** nyte landlivets gleder; **3.** *fig; stivt:* ***savour****(=smack)* ***of*** smake av.

I. savoury *(,***US:** *savory)* [ˌseivəri] *s(=savoury dish)* liten krydret rett; *også:* cocktailsnack; ***hot savouries*** småvarmt.

II. savoury *(,***US:** *savory) adj* **1.** *om smak:* pikant; velsmakende (men ikke søt); **2.** *fig:* ***not a very savoury affair*** ikke noen pen historie.

savoury cheese appetittost.

Savoy [səˌvɔi] *s; geogr:* Savoia.

Savoy (cabbage) *bot:* savoikål.

I. savvy [ˌsævi] *s; især* **US T***(=common sense)* sunn fornuft; ***he's got political savvy*** han forstår seg på politikk.

II. savvy *vb* **S***(=understand)* forstå; ***savvy?*** forstått?

I. saw [sɔ:] *pret av II. see.*

II. saw *s; tøm:* sag.

III. saw *vb(pret: sawed; perf.part.: sawn)* **1.** sage; ***saw wood*** 1. sage ved; 2. **US***(=saw them off; drive the pigs home)* dra tømmerstokker (om person som snorker); ***saw across*** skjære over; sage over; ***saw off*** sage av; ***saw up*** sage opp *(fx a tree up for firewood);* **2.:** ***saw away at the fiddle*** gnikke på fela; **3.:** ***saw off the branch one is sitting on*** sage av den grenen man selv sitter på.

saw blade sagblad; ***endless saw blade*** båndsag(blad).

saw cut sagsnitt: sagskur(d).

sawdust [ˌsɔ:'dʌst] *s:* sagflis; ***fine sawdust*** sagmugg.

sawhorse [ˌsɔ:'hɔ:s] *s:* sagkrakk.

sawing machine *mask:* maskinsag.

saw logs *pl; forst(=saw timber)* skurtømmer.

sawmill [ˌsɔ:'mil] *s(=timber mill)* sagbruk.

sawn [sɔ:n] *perf.part. av III. saw.*

sawn-off ['sɔ:nˌɔf; *attributivt:* ˌsɔ:n'ɔf] *adj:* avsagd; ***sawn-off shotgun*** avsagd hagle.

saw timber *forst(=saw logs)* skurtømmer.

S

sawtooth [ˌsɔ:ˈtu:θ] *s:* sagtann.
saw-toothed [ˌsɔ:ˈtu:ðd] *adj:* sagtakket.
sax [sæks] *s; mus* **T***(=saxophone)* saksofon.
saxhorn [ˌsæksˈhɔ:n] *s; mus:* sakshorn.
saxifrage [ˌsæksiˈfreidʒ] *s; bot:* sildre; ***purple mountain saxifrage*** rødsildre.
I. Saxon [ˌsæksən] *s:* sakser.
II. Saxon *adj:* saksisk.
Saxony [ˌsæksəni] *s; geogr:* Sachsen.
saxophone [ˌsæksəˈfoun] *s; mus(,***T:** *sax)* saksofon.
I. say [sei] *s:* ***have one's say*** uttale seg; si sin mening; ***hasn't she a****(=any)* ***say in the matter?*** har hun ikke noe hun skal ha sagt (i saken)?
II. say *vb(pret & perf.part.: said)* **1.** si; ***what was I going to say?*** hva var det jeg skulle til å si? ***they say that*** 1. de sier at; 2*(=it is said that)* det sies at; man sier at; folk sier at; ***he was heard to say that*** man hørte ham si at; ***I've often heard it said that*** jeg har ofte hørt si at; ***what they're trying to say is that****(=the point they're trying to make is that)* det de forsøker å si, er at; **T:** ***I wouldn't say no to …*** jeg ville ikke si nei takk til …; ***(let's) say*** la oss si; ***let me take, say, ten*** la meg ta ti stykker, for eksempel; ***say (the word)*** si fra *(fx start when I say; if you'd like to go with me, say the word);* ***so to say****(=so to speak)* så å si; om man kan si det slik *(fx the dog is, so to say, a member of this family);* ***that's to say****(fk i.e.; ie)* det vil si *(fk* dvs.); ***there's no saying …*** det er ikke mulig å si …; ***what have you to say for yourself?*** hva har du å si til ditt forsvar? ***not to say*** for ikke å si; ***impolite, not to say rude*** uhøflig, for ikke å si uforskammet; ***that makes the third time he's said it*** det er tredje gangen han sier det; ***that said****(=having said that)*, ***I rather think that …*** når det er sagt, tror jeg nok at …;
2. si frem *(fx one's lesson);* ***say grace*** be bordbønn;
3. *om det som er skrevet:* stå *(fx it says in this book that …; it says in the paper that …);*
4*(=pronounce)* uttale; si *(fx she can't say her h's);*
5. *om klokke:* vise *(fx the clock says five);*
6. uttale seg; ***I'd rather not say*** det vil jeg helst slippe å uttale meg om;
7. *stivt:* ***I say! what a surprise!*** nei, for en overraskelse!
8.: ***I can't say, I couldn't say****(=I don't know)* jeg vet ikke;
9. T: ***you can say that again!****(=you're absolutely right!)* du har helt rett!
10.: ***there's sth to be said for that*** det er mye som taler for det;
11.: ***to say nothing of …****(=not to mention …)* for ikke å snakke om …
saying [ˌseiiŋ] **1.** *s:* munnhell *n;* ordtak *n;* ***… as the saying goes*** …som man sier; …som det heter *(fx "Waste not, want not," as the saying goes);*
2. *pres part:* ***so saying he left the room*** og med disse ordene *(n)* forlot han værelset.
say-so [ˌseiˈsou] *s* **T 1***(=mere assertion)* løs påstand; ***no one will convict him on your say-so****(=word)* ***alone*** ingen vil dømme ham bare på grunnlag av ditt utsagn;
2*(=say)* avgjørende ord *n;*
3.: ***he left the hospital on his doctor's say-so*** han forlot sykehuset med legens tillatelse.
scab [skæb] *s* **1.** *på sår(=crust)* skorpe;
2. T*(=blackleg)* streikebryter;
3. *vet(=mange)* skabb;
4. *på plante:* skurv; ***potato scab*** potetskurv.
scabbard [ˌskæbəd] *s; for sverd(=sheath)* skjede; slire.
scabby [ˌskæbi] *adj* **1.** *med.:* skorpet; med skorper;
2. *vet:* skabbet *(fx a scabby dog).*
scabies [ˌskeibi:z] *s* **1.** *med.(,***T:** *the itch)* skabb;
2. *vet(=mange; scab)* skabb.
scad [skæd] *s; zo(=horse mackerel)* taggmakrell.
scaffold [ˌskæfəld] *s* **1.** skafott *n;* ***mount the scaffold*** bestige skafottet; 2*(=scaffolding)* stillas *n.*
scaffolding [ˌskæfəldiŋ] *s* **1.** stillas *n;* **2.** (system av) stillaser *n;* **3.** stillasmaterialer.
scag [skæg] *s* **S***(=heroin;* **S:** *horse; smack)* heroin *n.*
scalable [ˌskeiləbl] *adj:* som kan bestiges *(fx cliff).*
scald [skɔ:ld] *vb:* skålde.
scalding [ˌskɔ:ldiŋ] *adj(=scalding hot; piping hot)* skåldhet; rykende varm.
I. scale [skeil] *s* **1.** *bot, zo, med. ved visse hudsykdommer:* skjell *n;*
2.: ***boiler scale*** kjelstein;
3. *fig:* ***the scales fell from my eyes*** det falt (som) skjell *(n)* fra øynene *(n)* mine.
II. scale *s* **1***(=scale pan)* vektskål; ***scales*** 1. vekt; 2*(=pair of scales)* skålvekt; ***(pair of) letter scales*** brevvekt; ***tip the scales*** 1*(=weigh)* veie *(fx he tipped the scales at 100 kilos);* 2*(=tip the balance; be the deciding factor)* være tungen på vektskålen; gjøre utslaget; ***be in a position to tip the scales****(=be in a key position)* (inne)ha en nøkkelposisjon;
2. *astr:* ***the Scales****(=Libra)* Vekten;
3. *mus:* (tone)skala;
4. *mat.(=system):* ***the decimal scale*** desimalsystemet;
5. skala; målestokk; ***sliding scale*** glideskala; ***on****(=to)* ***the scale of 1:50 000*** i målestokken 1:50 000; ***on a large (,small) scale*** i stor (,liten) målestokk; *(se også 7 & 8); fig:* ***on a hugely****(=infinitely)* ***greater scale*** i en uendelig mye større målestokk; ***shown on an enlarged (,a reduced) scale*** vist i forstørret (,forminsket) målestokk; *fig:* ***the American scale of things*** den amerikanske målestokken; ***reduce the scale of the drawing*** forminske tegningen; ***out of scale*** i gal målestokk; ***drawn to scale*** tegnet i riktig målestokk; ***the scale to which I intend to work*** den målestokken jeg har tenkt å benytte; *(se også 7 & 8);*
6.: ***salary (,wage) scale*** lønnsskala; ***scale of pay*** lønnstariff; lønnstrinn;
7. omfang *n;* ***reduce in scale*** redusere i omfang; ***underestimate the scale of the problems*** undervurdere omfanget av problemene *n;*
8.: ***on a large scale*** 1. i stor målestokk; *(jvf 5 ovf);* 2. *fig:* i stort omfang; i stor målestokk; ***operations on a manufacturing scale*** fabrikkmessig drift; *(jvf 7 ovf).*
III. scale *vb* **1.** gradere; tegne i riktig målestokk; *(jvf 6 & 7 ndf);*
2. skrape skjell *(n)* av;
3. banke kjelestein av;
4. *tannl:* fjerne tannstein;
5*(=climb up; climb over)* klatre opp (langs); klatre over;
6.: ***scale down*** 1*(=adjust downwards)* nedjustere; 2. forminske (proporsjonalt); 3*(=reduce gradually)* trappe ned;
7.: ***scale up*** 1*(=adjust upwards)* oppjustere; 2. forstørre opp (proporsjonalt); 3*(=increase gradually)* trappe opp.
scale drawing skalategning.
scale model skalamodell; *(se mock-up).*
scale pan vektskål.
scaling [ˌskeiliŋ] *s* **1.** kjelerensing; rustbanking;
2. *tannl:* tannste(i)nfjerning.
scallion [ˌskæljən] *s; bot* **1***(=spring(=green) onion; salad onion))* pipeløk; **2. US***(=shallot)* sjalottløk.
I. scallop [ˌskɔləp; ˌskæləp] *s* **1.** *zo:* ***(common) scallop*** kammusling;
2*(=scallop shell)* skall *(n)* av kammusling;
3. *kul:* skjell *(n)* (brukt som form);
4. *søm; i pyntekant:* tunge.
II. scallop *vb* **1.** *kul:* tilberede i skjell *n;* ***scalloped oysters*** østers i skjell; gratinerte østers;
2. *søm:* brodere i tunger; tunge *(fx a scalloped handkerchief).*
scallywag [ˌskæliˈwæg] *s; især* **US T***(=rascal)* slubbert; kjeltring.
I. scalp [skælp] *s* **1.** *anat:* hodebunn; **2.** skalp.

II. scalp *vb; også fig:* skalpere.
scalpel [ˌskælpəl] *s; med.:* skalpell.
scaly [ˌskeili] *adj; også om hud:* skjellet.
scam [skæm] *s* **S***(=swindle)* svindel; bondefangeri *n.*
I. scamp [skæmp] *s* **1***(=scoundrel)* slubbert; **2.** *især om barn; spøkef:* skøyer *(fx he's a little scamp!).*
II. scamp *vb:* ***scamp sth*** sjuske med noe; ***scamped work*** slurv *n.*
I. scamper [ˌskæmpə] *s; især i lek:* løping hit og dit.
II. scamper *vb:* fare; renne; pile; ***scamper(=run) about happily*** løpe glad omkring.
scampi [ˌskæmpi] *s; pl(=large prawns)* store middelhavsreker; *(jvf prawn & shrimp 1).*
scan [skæn] *vb* **1.** *stivt el. litt.(=look across)* avsøke;
2. *radar & TV:* avsøke;
3. *røntgenbilde(=read)* avlese;
4. *verselære:* skandere; la seg skandere;
5*(=glance quickly at)* kaste et raskt blikk på *(fx the small ads).*
scandal [ˌskændəl] *s* **1.** skandale; ***shares scandal*** aksjeskandale; ***it's a scandal that …*** det er skandaløst at …; ***cause(=create) a scandal*** lage skandale;
2*(=gossip)* sladder; skandalehistorie(r).
scandalize, scandalise [ˌskændəˈlaiz] *vb; stivt(=shock)* skandalisere; sjokkere.
scandalmonger [ˌskændəlˈmʌŋgə] *s(=gossip)* person som sprer sladder; ***be a scandalmonger*** fare med sladder.
scandalous [ˌskændələs] *adj* **1.** skandaløs; forargelig; **2***(=shocking)* sjokkerende *(fx treatment of sby).*
scandal sheet skandaleblad.
Scandinavia [ˈskændiˌneiviə] *s; geogr:* Skandinavia; *når Finland regnes med:* Norden.
I. Scandinavian [ˈskændiˌneiviən] *s:* skandinav; *når Finland regnes med:* nordbo.
II. Scandinavian *adj:* skandinavisk; *når Finland regnes med:* nordisk.
scanner [ˌskænə] *s:* scanner; skanner; avsøker.
scant [skænt] *adj; stivt(=very little)* knapp; ikke mye; ***he gave the matter scant attention*** han ofret ikke mye oppmerksomhet på saken; ***he was treated with scant(=little) courtesy*** han ble ikke videre høflig behandlet; ***he put great effort into it, but got scant(= very little) reward for his pains*** han la mye arbeid *(n)* i det, men fikk dårlig lønn for strevet.
scanties [ˌskænti:z] *s; pl; glds* **T***(=panties)* (dame)truser.
scantily [ˌskæntili] *adv:* knapt; ***scantily dressed(=with hardly any clothes on)*** sparsomt påkledd.
scanty [ˌskænti] *adj:* knapp; snau; ***scanty clothing*** luftig antrekk *n;* ***scanty vegetation*** sparsom vegetasjon.
scapegoat [ˌskeipˈgout] *s(=whipping boy)* syndebukk.
scapegrace [ˌskeipˈgreis] *s; glds:* uforbederlig slubbert; døgenikt.
scapula [ˌskæpjulə] *s; anat:* skulderblad.
I. scar [skɑ:] *s* **1.** arr *n;* ***post-operative scar(=scar from an operation)*** operasjonsarr; **2.** *fig:* ***his wife's death left its scars on him*** hans kones død merket ham.
II. scar *vb:* etterlate arr *n;* danne arr.
scarab [ˌskærəb] *s; zo:* skarabé.
scarce [skɛəs] *adj* **1***(=rare)* sjelden *(fx his paintings are scarce);*
2. *mht. behovsdekning:* ***plums are scarce(=in short supply)*** plommer er det lite av;
3. T: ***make oneself scarce*** forsvinne (i stillhet); fordufte.
scarcely [ˌskɛəsli] *adv(=hardly)* knapt; nesten ikke; ***scarcely anything*** nesten ikke noe; nesten ingenting; ***you scarcely know her*** du kjenner henne nesten ikke; ***he had scarcely gone before(=when) they started talking about him*** knapt var han gått, før de begynte å snakke om ham; ikke før var han gått, før de begynte å snakke om ham.
scarcity [ˌskɛəsiti] *s* **1***(=shortage)* mangel; ***a scarcity of jobs*** mangel på arbeid *n;*
2.: ***(times of) scarcity (=dearth; dear times)*** dyrtid;
3.: ***scarcities*** varer som det er knapt med.
scarcity value (høy) verdi på grunn av sterk etterspørsel; *fx om utøvende kunstner:* ***this will enhance her (,his) scarcity value*** dette vil gjøre henne (,ham) enda mer etterspurt.
I. scare [skɛə] *s:* skrekk; forskrekkelse *(fx the noise gave me a scare);* ***bomb scare*** bombetrussel; ***security scare*** spionasjefrykt.
II. scare *vb* **1***(=frighten)* skremme; ***he doesn't scare easily*** han er ikke lett å skremme;
2.: ***scare sby into (,out of) doing sth*** skremme en til (,fra) å gjøre noe;
3.: ***scare off(=away)*** skremme bort;
4. T: ***scare sby stiff(=to death)*** skremme vettet av en;
5. US T: ***scare up(=whip up)*** få tak i i all hast *(fx more men for the party).*
scare campaign skremselskampanje.
scarecrow [ˌskɛəˈkrou] *s; også fig:* fugleskremsel.
scared [skɛəd] *adj:* redd; ***I'm very scared about what might have happened to her*** jeg er meget redd for hva som kan ha hendt henne.
scaremonger [ˌskɛəˈmʌŋgə] *s:* panikkmaker; en som driver skremselskampanje.
scaremongering [ˌskɛəˈmʌŋgəriŋ] *s:* det å drive skremselskampanje.
scarf [ˌskɑ:f] *s(pl: scarves, scarfs)* skjerf *n;* ***woollen scarf*** ullskjerf; **2***(=headscarf)* skaut *n.*
scarification [ˈskɛərifiˌkeiʃən] *s; med.:* skarifikasjon; rissing (i huden ved vaksinasjon).
scarlatina [ˈskɑ:ləˌti:nə] *s; med.(=scarlet fever)* skarlagensfeber.
I. scarlet [ˌskɑ:lit] *s:* skarlagenrødt; purpurrødt.
II. scarlet *adj:* skarlagenrød; purpurrød.
scarlet runner *bot(=runner bean)* prydbønne; pralbønne.
scarper [ˌska;pə] *vb* **T***(=run away)* stikke av; ***go on, scarper!*** så, stikk av nå!
scarred [ˌskɑ:d] *adj:* arret; *også fig:* ***scarred(=marked) for life*** merket for livet.
scary [ˌskɛəri] *adj* **T** *1(=frightening)* skremmende; **T:** nifs *(fx story);* **2***(=easily scared)* lettskremt.
scat [skæt] *vb* **1. T***(=run away)* stikke av;
2. US T*(=scram)* forsvinne; *int:* forsvinn!
scathing [ˌskeiðiŋ] *adj; om kritikk, etc:* skarp; bitende; sviende; ***a scathing condemnation*** en skarp fordømmelse.
scatter [ˌskætə] *vb* **1.** spre; spre seg; **2.** strø.
scatterbrain [ˌskætəˈbrein] *s* **T:** vims.
scatterbrained [ˌskætəˈbreind] *adj* **T:** vimsete.
scattered [ˌskætəd] *adj:* spredt.
scavenge [ˌskævindʒ] *vb* **1.** *gate, etc:* renovere; rydde (for søppel *n*); feie; kjøre bort avfall *(n)* fra; **2***(=feed on refuse)* leve av avfall *n;* lete etter mat blant avfall.
scavenger [ˌskævindʒə] *s* **1***(=refuse collector)* renovasjonsarbeider; gatefeier; **2.** *zo:* åtseldyr.
scenario [siˌnɑ:riˈou] *s* **1***(=film script)* filmmanuskript;*(=shooting script)* dreiebok;
2. *teat:* scenario;
3*(=brief summary; synopsis)* kort sammendrag; synopsis;
4. *fig(=scene; background)* scene; bakgrunn (*for* for);
5. *fig:* opplegg *n.*
scene [si:n] *s* **1.** scene; ***a sunlit scene*** en solskinnsscene; **2.** *film:* scene; klipp *n;*
3. *teat; i skuespill:* scene; ***the scene is laid(=set) in France*** scenen er (hen)lagt til Frankrike; *(jvf 6);*
4.: ***(side) scene*** kulisse; *også fig:* ***behind the scenes*** bak (*el.* i) kulissene; ***wheeling and dealing behind the scenes*** kjøpslåing (*el.* forhandlinger) bak kulissene; ***change(=shift) the scenes*** skifte kulisser; ***change of scene*** 1*(=scene shift)* sceneforandring; 2. *fig:* sceneforandring;

S

5. *fig:* scene; opptrinn *n; **make a scene*** lage en scene; ***the scene was set for a big row*** alt var lagt til rette for en stor krangel; ***the political scene in Norway*** den politiske arena i Norge; ***the scene is now set for*** det er nå duket for …;
6. skueplass; ***the scene of the crime*** åstedet (for forbrytelsen); ***the scene of the story is (laid) in France****(=the story takes place in France)* handlingen foregår i Frankrike; ***the scene is laid in wartime Paris*** handlingen er henlagt til krigstidens Paris; *(jvf 3);*
7.: ***come****(=appear)* ***on the scene****(=arrive; turn up)* komme; dukke opp; ***disappear from the scene completely*** forsvinne helt ut av bildet; ***you're early on the scene*** du er tidlig ute; ***the doctor was on the scene very quickly*** legen kom fort til stede;
8. miljø *n; **on the business scene*** i forretningsmiljøet; ***the drug scene*** narkotikamiljøet.
scene painter *lett glds: se set painter.*
scenery [ˌsi:nəri] *s* **1***(=landscape)* landskap *n;* natur; ***we were charmed with the scenery*** vi ble betatt av landskapet; **2.** *teat:* dekorasjoner; sceneri *n;* kulisser; ***change of scenery*** dekorasjonsforandring.
scene shift *teat(=change of scene)* sceneforandring.
sceneshifter [ˌsi:n'ʃiftə] *s; teat(=stage mechanic)* maskinmann.
scenic [ˌsi:nik] *adj* **1.** scenisk *(fx effect);*
2. landskaps- *(fx enjoy the country's scenic beauties);*
3. naturskjønn; malerisk *(fx route).*
scenic beauty naturskjønnhet.
scenic railway *(=switchback;* **T:** *big dipper; roller coaster)* berg- og dal-bane; rutsjebane.
scenographer [si:ˌnɔgrəfə] *s; teat(=set designer)* scenograf.
scenography [si:ˌnɔgrəfi] *s; teat:* design *n.*
I. scent [sent] *s* **1.** duft; behagelig lukt; ***a faint scent*** en svak duft; **2***(=perfume)* parfyme;
3. *ved jakt, etc(=track; trail)* spor *n; om dyr:* teft *(fx a dog has keen scent);* los; ***the dog has picked up the scent*** hunden har fått los;
4. *fig: **put****(=throw)* ***sby off the scent*** villede en; ***be on the wrong scent****(=track)* være på villspor; ***be (hot) on the scent****(=trail)* ***of*** være (like) i hælene på; *(jvf 3).*
II. scent *vb* **1.** få ferten av; lukte;
2. ha parfyme på; parfymere;
3. spre vellukt i;
4. *fig(=suspect)* ane; få mistanke om *(fx scent trouble);*
5. *også fig: **scent out*** snuse opp; oppspore.
scented [ˌsentid] *adj:* parfymert *(fx writing paper).*
sceptic *(,***US:** *skeptic)* [ˌskeptik] *s:* skeptiker.
sceptical *(,***US:** *skeptical)* [ˌskeptikəl] *adj:* skeptisk; ***be sceptical about sth*** være skeptisk når det gjelder noe.
scepticism *(,***US:** *skepticism)* [ˌskepti'sizəm] *s:* skepsis; mistro; *fil:* skeptisisme.
sceptre *(,***US:** *scepter)* [ˌseptə] septer *n.*
I. schedule [ˌʃedju:l; **US:** ˌskedju:l] *s* **1.** ramme; tidsramme; program *n;* plan; ***(time) schedule*** timeplan; fremdriftsplan; ***work schedule*** arbeidsplan; ***work to a time schedule*** arbeide etter en tempoplan; ***finish it according to schedule*** få det ferdig innen den planlagte tidsramme; ***ruin the schedule*** sprenge tidsrammen; ***what's on the schedule this morning?*** hva er det som står på programmet i dag?
2*(=timetable)* ruteplan; rute; kjøreplan; ***according to schedule*** etter ruten; ***ahead of schedule*** foran ruten; ***arrive to schedule****(=arrive on time)* holde ruten; ***operate to schedule****(=keep schedule time; run on schedule)* ha faste rutetider; holde ruten; ***the boat is behind schedule****(=the boat is overdue)* båten er ikke i rute;
3. *stivt el. jur(=inventory; list)* liste; (innholds)fortegnelse (*of* over);
4. *jur; til dokument(=appendix)* tillegg *n.*
II. schedule *vb; stivt* **1.** *om tidspunkt(=fix)* beramme; ***the meeting is scheduled for 9am tomorrow*** møtet er berammet til i morgen tidlig klokken 9;
2. sette opp en liste over *(fx his income and debts);*
3*(=put on the programme)* sette på programmet; ***schedule it immediately*** sett det på programmet med én gang;
4.: ***schedule (as a(n ancient) monument)****(,Canada: declare (as) a heritage site (,home))* verne; frede; ***a scheduled building****(=a listed building)* en vernet (*el.* fredet) bygning.
scheduled flight ruteflyvning; rutefly; ***on a scheduled flight from X to Y*** med rutefly fra X til Y.
scheduled flying *flyv; mots business aviation:* det å fly med rutefly.
schematic [ski(:)ˌmætik] *adj; stivt(=in the form of a diagram)* skjematisk.
schematize, schematise [ˌski:mə'taiz] *vb; meget stivt (=make a diagram of; simplify)* skjematisere.
I. scheme [ˌski:m] *s* **1.** plan; ***incentive scheme*** plan som ansporer til innsats; ***wildcat schemes*** eventyrlige planer; ***I'm nursing a scheme*** jeg omgås med en plan;
2. intrige; (ond) plan;
3*(=project)* prosjekt *n;*
4. ordning; plan; opplegg *n; **colour scheme*** fargesammensetning; fargeplan; ***marketing scheme*** salgsordning; ***part of the scheme*** en del av opplegget *(fx voluntary helpers are part of the scheme);*
5. *fig: **in the big scheme of things*** i den store sammenheng.
II. scheme *vb:* intrigere (*against sby* mot en).
schemer [ˌski:mə] *s:* intrigemaker; renkesmed.
scheming [ˌski:miŋ] *adj:* intrigant; beregnende.
schism [ˌs(k)izəm] *s; i kirke el. parti; stivt(=split)* skisma *n (fx a schism arose in the labour movement).*
schismatic [s(k)izˌmætik] *adj:* skismatisk; splittelses-.
schizophrenia ['skitsouˌfri:niə] *s; med.:* schizofreni.
schizophrenic ['skitsouˌfrenik] *adj; med.:* schizofren.
I. schmear, schmier [ˌʃmiə] **US** *s* **1***(=bribe; tip)* bestikkelse; tips *n;*
2.: ***the whole schmear****(=lot)* alt sammen.
II. schmear, schmier US *vb(=bribe; make up to)* bestikke; smiske med.
schnap(p)s [ʃnæps] *s:* dram; brennevin.
schnitzel [ˌʃnitzəl] *s; kul: **Wiener schnitzel****(=veal escalope)* wienerschnitzel.
scholar [ˌskɔlə] *s* **1.** person som har studert (humanistiske fag *(n)*) *(fx I'm no scholar); **he's a great scholar*** han er lærd; ***he's a classical scholar*** han er klassiker; han er klassisk filolog; ***a famous Shakespeare scholar*** en berømt Shakespeare-kjenner; ***a good German scholar*** en dyktig tyskfilolog;
2*(=scholarship holder)* stipendiat.
scholarly [ˌskɔləli] *adj:* lærd.
scholarship [ˌskɔlə'ʃip] *s* **1.** stipend *n; **working scholarship*** arbeidsstipend; **2.** *i humanistiske fag:* kunnskap; lærdom; ***the scholarship of the ancients*** oldtidens lærdom.
scholarship level: *se S level.*
scholastic [skəˌlæstik] *adj; stivt:* skolemessig; skole-.
I. school [sku:l] *s; om fisk el. sjødyr:* stim; flokk.
II. school *s* **1.** skole; ***fee-charging school*** betalende skole; ***nondenominational school*** livssynsnøytral skole; ***public sector school****(=publicly maintained school)* offentlig skole; ***selective school*** skole med adgangsbegrensning; ***after school*** etter skoletid; ***at school*** på skolen; ***we were at school together*** vi gikk på samme skole; ***ready for school*** skolemoden; ***in school*** (inne) på skolen; på skolens område; ***in the old type of school****(=in old-time schools)* i den gamle skolen; i skoler av den gamle typen; ***the school was given a holiday*** skolen fikk fri; ***go to school*** 1*(=attend school)* gå på skolen; 2. gå på (*el.* til) skolen; 3*(=start school)* begynne på skolen *(fx be old enough to go to school); **go through a hard school*** gjennomgå en hard skole; ***leave school*** gå ut av skolen; være ferdig med

skolen; ***this was her first job after she left school*** dette var hennes første jobb etter (at hun var ferdig med) skolen; ***miss school*** forsømme skolen;
2. *univ:* avdeling; fakultet *(fx law school);*
3. retning; skole; ***school (of art)****(=art trend)* kunstretning; ***school of thought*** åndsretning; ***of the old school*** av den gamle skole.

III. school *vb(=teach; train)* skolere; trene opp *(fx we must school ourselves to be patient);* ***be schooled in hardship****(=go through a hard school)* gjennomgå en hard skole.

school age skolealder; ***compulsory school age*** skolepliktig alder; ***of school age*** i skolepliktig alder; ***boy of school age*** gutt i skolealderen; ***the raising of the (compulsory) school age****(=the raising of the school starting age)* det å heve den skolepliktige alder; *(se school starting age).*

school attendance skolegang; ***compulsory school attendance*** skoleplikt.

school caretaker*(=school keeper;* **US:** *school custodian)* skolevaktmester.

school context skolesammenheng; ***in a school context*** i skolesammenheng.

school council *skolev(,***US:** *student government)* elevråd.

school counsellor *skolev:* skolerådgiver.

school crossing patrol skolepatrulje (i trafikken).

school dental service *(=school dental care)* skoletannpleie.

school fees *pl:* skolepenger; *(se fee 2 & tuition 2).*

school foundation skolelegat; *(se foundation 5).*

schooling [ˌsku:liŋ] *s:* skolegang; ***he had very little schooling*** han fikk ikke stort skolegang.

school leaver person som går ut av skolen; ***school leavers*** de som nå går ut av skolen.

school-leaving [ˌsku:lˈli:viŋ] *s:* det å gå ut av skolen.

school-leaving certificate *skolev(=leaver's report;* **US:** *diploma)* avgangsvitnemål.

school-leaving examination *skolev:* avgangseksamen.

schoolmarm [ˌsku:lˈmɑ:m] *s; neds:* skolefrøken(type).

schoolmaster [ˌsku:lˈmɑ:stə] *s(=teacher)* lærer.

schoolmate [ˌsku:lˈmeit] *s; lett glds(=school friend)* skolekamerat.

schoolmistress [ˌsku:lˈmistrəs] *s:* (kvinnelig) lærer.

school of motoring *(=driving school)* kjøreskole.

school pass *skolev:* skolebevis.

school place *skolev:* skoleplass.

school relations officer politijenestemann som besøker skolene og orienterer om trafikkreglene.

school results *pl:* skoleresultater.

schools broadcast *radio & TV:* skolesending; skoleprogram.

school sports *(=school athletics;* **US:** *også: intramural sports)* skoleidrett; *(jvf inter-schools sports).*

(school) sports day (skole)idrettsdag; skoleidrettsstevne.

school starting age alder da barn *(n)* begynner på skolen; skolealder; ***lower the school starting age to 6*** senke skolealderen til seks; *(se school age).*

schooner [ˌsku:nə] *s; mar:* skonnert.

schuss [ʃus] *s; ski* **1***(=straight downhill running)* utforkjøring; **2.** målheng.

sciatic [saiˌætik] *adj:* hofte- *(fx nerve).*

sciatica [saiˌætikə] *s; med.:* isjias.

science [ˌsaiəns] *s:* vitenskap; ***man of science*** vitenskapsmann; *(jvf scientist);* ***Bachelor of Science****(fk BSc;* **US:** *BS)* universitetsgrad tilsvarende norsk cand. mag. (med realfag); ***Master of Science****(fk MSc;* **US:** *MS)* universitetsgrad tilsvarende cand. real el. cand. scient.; ***chemical science*** kjemi (vesentlig allmenn og teoretisk); ***an exact science*** en eksakt vitenskap; ***(natural) science*** naturvitenskap; ***science and mathematics*** realfag; ***a science subject*** et realfag; ***political science*** statsvitenskap.

science of education *(=educational science)* pedagogikk.

science of nutrition ernæringsvitenskap.

science side *skolev; hist:* reallinje.

science teacher *skolev:* realist.

scientific [ˈsaiənˌtifik] *adj:* vitenskapelig; metodisk.

scientific officer *(,***US:** *research associate)* amanuensis; ***senior scientific officer****(,***US:** *assistant professor)* førsteamanuensis; *(jvf chief technical officer).*

scientific press *for vitenskap:* fagpresse; *(jvf specialist press & trade press).*

scientific research vitenskapelig forskning; ***basic (scientific) research*** grunnforskning.

scientist [ˌsaiəntist] *s:* vitenskapsmann.

Scilly [ˌsili] *s; geogr:* ***the Scilly Isles*** Scilly-øyene.

scintillate [ˌsintiˈleit] *vb; stivt el. spøkef(=sparkle)* funkle.

scion [ˌsaiən] *s:* **1.** *bot:* podekvist; **2.** *meget stivt; av fornem familie(=descendant)* ætling.

scissors [ˌsisəz] *s; pl* **1.** saks; ***a pair of scissors*** en saks; ***my scissors are new*** saksen min er ny; ***three pairs of scissors*** tre sakser; ***this is a good pair of scissors*** dette er en god saks; ***these scissors are good*** 1. denne saksen er god; 2. dette er gode sakser; *(jvf shears 1);*
2. *ski(=crossed skis)* saks (under svevet); *(jvf I. flight 3).*

sclerosis [skliəˌrousis] *s; med.:* sklerose; forkalkning.

scoff [skɔf] *vb* **1.:** ***scoff (at)****(=mock)* håne; være hånlig overfor; **2. T***(=eat greedily)* spise grådig; kjøre i seg.

scold [skould] *vb:* skjenne på; bruke munn på; gi kjeft; ***scold sby****(,***T:** *blow sby up; give sby a dressing down)* gi en kjeft.

sconce [skɔns] *s:* (vegg)lampett.

scone [skɔn; skoun] *s:* scone; liten, flat kake *(fx we had scones and jam for tea).*

I. scoop [sku:p] *s* **1.** øsekar; stor sleiv; porsjonsskje (til iskrem); **2. T:** (journalistisk) kupp *n;*
3. T: stor fortjeneste; kupp *n;* varp *n;* ***get a scoop*** gjøre et kupp.

II. scoop *vb* **1.** øse;
2.: ***scoop sth*** slå til seg noe; ***scoop the lion's share*** slå til seg brorparten; ***scoop the football pools*** vinne stort i tipping; ***scoop in the profits*** håve inn fortjenesten;
3.: ***scoop out****(=dig out)* hule ut; grave ut;
4.: ***scoop together*** feie sammen;
5.: ***scoop up*** øse opp *(fx she scooped up the pebbles in her hands).*

scoot [sku:t] *vb* **T:** stikke av sted; ***I must scoot*** jeg må stikke; ***scoot off in a taxi*** stikke av sted i en drosje.

scooter [ˌsku:tə] *s* **1.** *for barn:* sparkesykkel; **2.** scooter.

scope [skoup] *s* **1.** *fig:* rekkevidde; ramme; ***it's beyond the scope of a dictionary*** det ligger utenfor rammen av en ordbok; ***he kept within the scope****(=bounds)* ***of his authority*** han holdt seg innenfor rammen av sine fullmakter; ***that's outside the scope of my task*** det ligger utenfor rammen av min oppgave;
2. arbeidsområde; virkefelt; ***find scope for*** finne virkefelt for; ***within the scope of my job*** innenfor mitt arbeidsområde;
3. spillerom; ***give sby free scope*** gi en fritt spillerom; ***get (ample) scope for one's energies*** få utløp for sin virketrang; ***the job gave his abilities and talents full scope*** i arbeidet fikk han fritt spillerom for evner og anlegg;
4. *radar:* skop.

scorbutic [skɔ:ˌbju:tik] *adj; med.:* som lider av skjørbuk; *(jvf scurvy).*

I. scorch [skɔ:tʃ] *s* **1.** *på fx tøy:* sted *(n)* hvor det er svidd *(el.* brent); ***scorch mark*** svimerke;
2. *på plante:* sviing.

II. scorch *vb* **1.** svi *(fx one's dress with the iron);*
2. S*(=drive recklessly)* kjøre uvørent; råkjøre.

scorcher [ˌskɔ:tʃə] *s* **1. T***(=very hot day)* stekende varm dag; **2***(=reckless driver; speedhog)* råkjører.

S

scorching [ˌskɔ:tʃiŋ] *adj* **T: *scorching (hot)***(*=burning hot)* glohet; glovarm; stekende varm *(fx day).*

I. score [skɔ:] *s(pl: scores; etter tallord: score)* **1.** snes *n (fx a score of people); **by the score**(=in scores)* i snesevis; ***scores of*** snesevis med (*el.* av);
2*(=scratch)* ripe; stripe;
3*(=tally; notch)* hakk *n;* strek (på karvestokk);
4. *mus:* partitur *n; til film:* musikk;
5. *sport:* poeng(tall) *n;* stilling *(fx the score is 3 – 0); **final score*** resultat *n; **there's no score yet*** det har ikke vært noen scoringer ennå, ***the score is****(=stands at)* ***2 all*** stillingen er 2-2;
6. *spill & sport:* (poeng)regnskap *n; **keep (the) score*** føre regnskap(et); *(jvf II. score 4); **what's the score?*** hvordan står regnskapet?
7. T: *he knows the score**(=he knows all the facts of the case)* han er orientert;
8.: ***on that score*** av den grunn; hva det angår;
9. *fig:* mellomværende *n; **settle an old score*** gjøre opp et gammelt mellomværende.

II. score *vb* **1***(=scratch)* ripe; risse; *i bok:* lage understrekninger i *(fx a heavily scored book);*
2*(=notch)* lage hakk *(n)* (*el.* merke *(n)*) i;
3. *mus(=arrange)* utsette *(fx for violin and piano); for film:* skrive;
4. *spill & sport(=keep (the) score)* føre regnskap(et);
5. *sport:* score; skyte mål; *i eksamen, etc:* score; oppnå *(fx he scored 80% in the exam); **he scored**(=got)* ***30 points*** han fikk (*el.* scoret) 30 poeng *n; om skihopper:* ***he scored heavily for distance*** han scoret stort på lengde;
6. *spill(=count)* telle; ***a try scores four points*** et forsøk teller 4 poeng *n;*
7.: ***score a hit*** 1. få inn et støt (*el.* treff *n*); 2. *også fig:* få en fulltreffer; ***score a hit with sby*** bli populær hos en; gjøre lykke hos en; ***score a hit****(=success)* ***with sth*** gjøre lykke med noe; ***score a success*** gjøre suksess; gjøre lykke (*with* med);
8.: ***score off, score out*** stryke (over);
9.: ***score over sby*** vinne over en.

scoreboard [ˌskɔ:ˈbɔ:d] *s:* resultattavle; poengtavle; regnskapstavle.

scorer [ˌskɔ:rə] *s* **1.** en som lager poeng *n; fotb:* målscorer; **2.** *sport: **lap scorer*** rundeanviser;
3. *i spill:* regnskapsfører.

I. scorn [skɔ:n] *s:* forakt; hån; ***laugh sby to scorn****(,***US:** *laugh sby down)* le en ut.

II. scorn *vb:* forakte; håne.

scornful [ˌskɔ:nful] *adj:* foraktelig; hånlig.

Scorpio [ˌskɔ:piˈou] *s; astr(=the Scorpion)* Skorpionen; ***she's (a) Scorpio*** hun er Skorpion.

scorpion [ˌskɔ:piən] *s; zo:* skorpion.

Scot [skɔt] *s:* skotte; *(jvf Scots).*

I. Scotch [skɔtʃ] *s* **1.** *språket(=Scots)* skotsk;
2*(=Scotch whisky)* whisky.

II. Scotch *adj; mest i faste uttrykk:* skotsk; *(jvf Scots 2 & Scottish).*

III. scotch *vb* **1***(=put an end to)* sette en stopper (*el.* bom) for; få slutt på; *om rykte:* avlive; **2.** *om opprør(=crush)* knuse; kvele.

Scotch fir, Scots fir *bot(=Scotch pine; (Scots) pine)* furu.

Scotch tape *især* **US***(=adhesive tape; Sellotape)* limbånd; tape.

scotfree [ˌskɔtˈfri:] *adj:* ***get away scotfree****(=escape scotfree)* slippe uskadd fra det; ***get off scotfree*** 1. gå skuddfri; slippe ustraffet fra det; 2. slippe uskadd fra det.

Scotland [ˌskɔtlənd] *s; geogr:* Skottland.

Scotland Yard 1.: (New) Scotland Yard*(headquarters of the London Metropolitan Police)* Londons hovedpolitistasjon;
2*(the Criminal Investigation Department of the London Metropolitan Police)* kriminalpolitiet.

Scots [skɔts] **1.** *s; språk(=Scotch)* skotsk *(fx speak broad Scots);* **2.** *adj; især jur(=Scottish)* skotsk.

Scotsman [ˌskɔtsmən] *s(=Scot)* skotte.

I. Scottish [ˌskɔtiʃ] *s: **the Scottish**(=the Scots)* skottene.

II. Scottish *adj:* skotsk; *(jvf II. Scotch & Scots 2).*

scoundrel [ˌskaundrəl] *s:* skurk; kjeltring.

scoundrelly [ˌskaundrəli] *adj:* skurkaktig; kjeltringaktig.

I. scour [skauə] *s(=scrub): **the tiles could do with a good scour*** flisene trenger en omgang med skurekosten.

II. scour *vb* **1***(=scrub)* skrubbe *(fx the floor tiles);* skure *(fx a saucepan);*
2. *om ull:* vaske;
3*(=excavate)* grave ut *(fx the current has scoured a deep hole in the river bank);*
4. gjennomsøke; avsøke; ***scour the country(side)*** avsøke terrenget.

scourge [skə:dʒ] *s; fig; stivt:* svøpe.

Scouse [skaus] *s* **T***(=Liverpudlian)* **1.** person fra Liverpool; **2.** liverpooldialekt.

I. scout [skaut] *s* **1.** speider;
2.: ***(talent) scout*** talentspeider;
3*(=Scout)* speider; ***the scouts****(,hist &* **US:** *the Boy Scouts)* speiderne; **US:** ***girl scout****(=guide)* jentespeider; *(se I. guide 3 & sea scout).*

II. scout *vb* **1.** speide; **2. T: *scout about for****(=look out for)* se (seg om) etter *(fx a good place to eat).*

I. scowl [skaul] *s:* skulende blikk *n.*

II. scowl *vb:* skule (*at* bort på).

scrabble [skræbl] *vb* **1***(=scratch) skrape (fx mice scrabbling about under the floor);*
2.: ***scrabble about for*** krafse etter.

scraggy [ˌskrægi] *adj:* tynn; skranglete.

scram [skræm] *vb; især som int(=go away; beat it; hop it)* forsvinne; ***I told him to scram and he scrammed*** jeg ba ham forsvinne og det gjorde han; *(jvf II. scat 2).*

I. scramble [skræmbl] *s* **1.** klatring; kravling;
2. (vilt) kappløp; rush *n (fx to get into the shop);*
3*(=moto-cross race)* motocross(løp).

II. scramble *vb* **1.** klatre; kravle;
2.: ***he scrambled to his feet*** han kom seg i all hast på bena *n;*
3.: ***scramble for*** kappes om; slåss om (å få tak i);
4. *i nødssituasjon; mar & flyv:* tilkalle *(fx three helicopters were scrambled);*
5. *ved hjelp av elektronisk utstyr:* ***scramble a telephone conversation*** gjøre en telefonsamtale uforståelig.

scrambled eggs *pl; kul:* eggerøre.

scrambler [ˌskræmblə] *s:* kodeforsats; kryptoforsats; *(jvf II. scramble 4).*

I. scrap [skræp] *s* **1.** stump; bit; ***a scrap of material*** en stoffbit;
2. skrap *n; **metal scrap*** metallskrap; ***scrap metal*** skrapmetall; ***sell as scrap*** selge som skrap;
3. glansbilde; ***a sheet of scraps*** et ark med glansbilder;
4.: ***scraps (of food)*** matrester;
5. *fig(=shred):* fnugg *(fx not a scrap of evidence);*
6. T*(=quarrel)* trette; sammenstøt.

II. scrap *vb* **1***(=throw away; discard)* vrake; kassere;
2*(=discard)* oppgi *(fx a plan).*

scrapbook [ˌskræpˈbuk] *s:* scrapbok; utklippsbok.

scrapdealer [ˌskræpˈdi:lə] *s:* skraphandler.

I. scrape [skreip] *s* **1.** skraping; skrapende lyd;
2*(=graze)* skrubbsår;
3. T*(=trouble; awkward situation): **get into a scrape*** komme i vanskeligheter.

II. scrape *vb* **1.** skrape; skrubbe *(fx one's elbow); **he scraped his boots clean*** han skrapte av støvlene sine; ***she scraped the jam jar*** hun skrapte ut av syltetøyglasset;
2. *fig: **scrape the (bottom of the) barrel*** skrape bunnen;

3. *fig; univ:* ***scrape a degree*** så vidt klare å skaffe seg en eksamen; *(jvf 6: scrape through);*
4. *fig:* ***scrape a living*** så vidt tjene (nok) til livets opphold;
5. *fig:* ***scrape along****(=make both ends meet)* få endene til å møtes *(fx we scrape along somehow);*
6. *fig; ved prøve:* ***scrape through*** slenge igjennom; *(jvf 2: scrape a degree);*
7. *fig:* ***scrape together****(= up)* skrape sammen *(fx enough money to buy it);*
8.: ***they were scraping and saving to educate their children*** de spinket og sparte for å holde barna sine på skolen;
9.: ***bow and scrape*** bukke og skrape;
10.: ***scrape (on) the fiddle****(=saw away at the fiddle)* gnikke på fela.
scrap heap skraphaug.
scrap iron skrapjern.
scrap merchant *(=scrapdealer)* skraphandler.
scrap metal skrapmetall.
scrappy [ˌskræpi] *adj* **1.** som består av småstykker (*el.* rester); ***a scrappy meal*** et restemåltid; **2.** usammenhengende *(fx essay);* planløs *(fx education);* ***his knowledge is scrappy*** han mangler overblikk.
scrap yard: ***motor scrap yard*** bilkirkegård.
I. scratch [skrætʃ] *s* **1.** risp *n;* ripe; merke *n;* skramme *(fx I hurt myself but it's only a scratch);* klor *n;* ***full of scratches****(=badly scratched)* oppklort;
2.: ***needle scratch*** nålestøy;
3.: ***start from scratch*** begynne helt forfra;
4.: ***up to scratch*** god(t) nok; bra (nok); ***his health isn't up to scratch*** helsen hans er ikke videre god.
II. scratch *vb* **1.** rispe; ripe (i); skrape (opp); krasse; risse inn *(fx one's name);*
2. klore (opp); rispe; ***badly scratched*** oppklort;
3. klø *(fx the dog);* klø seg på *(fx an insect bite);* ***scratch oneself*** klø seg;
4*(=scribble)* klore ned *(fx one's initials);*
5*(=erase)* stryke; ***scratch that last remark from the minutes*** stryk den siste bemerkningen fra møtereferatet;
6. *sport(=cancel)* avlyse;
7. *sport; fra konkurranse:* trekke seg *(fx from a race);* ***that horse has been scratched*** den hesten starter ikke;
8. *fig:* ***he merely scratches the surface*** han går ikke i dybden; ***we've only scratched the surface*** vi har bare pirket litt på overflaten;
9. *om fx fugl:* ***scratch about*** rote omkring *(fx for food); (se 11: scratch up);*
10.: ***scratch out*** 1. stryke ut (*el.* over); 2. klore ut *(fx sby's eyes);*
11. *om fx hund:* ***scratch up*** grave opp.
III. scratch *adj:* tilfeldig sammensatt *(fx team).*
scratch pad *(=notepad)* notisblokk.
scratch race *sport:* løp med fellesstart.
scratch start *sport:* fellesstart; *(jvf mass start).*
scratchy [ˌskrætʃi] *adj* **1.** som skraper *(fx pen);* **2***(=careless)* slurvete *(fx drawing; handwriting).*
I. scrawl [skrɔ:l] *s(=untidy handwriting)* kråketær.
II. scrawl *vb(=scribble)* rable; ***I scrawled a hasty note to her*** jeg rablet ned et lite brev til henne.
scrawny [ˌskrɔ:ni] *adj(=thin and bony)* tynn og knoklete; skranglete; ***she has a scrawny neck*** hun har en mager hals.
I. scream [skri:m] *s* **1***(loud, shrill cry)* skrik *n;* ***a scream of fury*** et rasende hyl; **2***(loud, shrill noise)* hvin *n;* hyl *n;* uling *(fx the scream of a siren);*
3. T*(,US: gas):* ***she's an absolute scream*** **T:** hun er til å le seg skakk av.
II. scream *vb* **1.** skrike; ***she screamed abuse at me*** hun skrek skjellsord til meg; ***scream one's head off*** skrike som en stukket gris;
2. hyle; ule; hvine; ***scream with laughter*** hyle av latter;
3.: ***these two reds scream at each other*** disse to rødfargene passer absolutt ikke sammen.
screaming fit *om barn:* ***have a screaming fit*** sinnaskrike; *(jvf temper tantrum).*
scree [skri:] *s:* (stein)ur *n.*
I. screech [skri:tʃ] *s:* skingrende skrik *n;* hvin *n;* ***stop with a screech of tyres*** stoppe så brått at det skriker i dekkene.
II. screech *vb:* skrike (skingrende); hvine.
I. screed [skri:d] *s* **1.** harang; tirade; **T:** lang lekse;
2. *bygg:* lire; avretterbord.
II. screed *vb; bygg(=true up; level)* avrette.
I. screen [skri:n] *s* **1.** skjerm; ***(folding) screen*** skjermbrett;
2. *TV & radar:* skjerm;
3. *film:* fremviserskjerm; lerret *n;*
4.: ***the screen*** filmbransjen;
5*(=windscreen)* frontglass;
6. *tekn:* harpe; *(jvf II. screen 5);*
7.: ***door (,window) screen*** fluenetting;
8. *fig(=cover)* dekke *n;* skalkeskjul;
9.: ***smoke screen*** røykteppe.
II. screen *vb* **1***(=hide)* skjerme; ***screen sby from view*** skjerme en; skjule en *(fx screen sby from view);* **2***(=protect)* beskytte; skjerme (*from* mot);
3*(=make a film version of)* filmatisere;
4*(=project; show)* vise frem;
5. *tekn:* harpe; ***screened sand*** harpet sand;
6. sortere; sikte *(fx applicants);*
7. *med.; som ledd i masseundersøkelse:* undersøke (*for* med henblikk på);
8. *som ledd i sikkerhetsforanstaltning:* undersøke *(fx passengers were screened as they boarded the aircraft);*
9.: ***screen off*** avskjerme; skille fra *(fx part of the room);*
10. *om skuespiller:* ***screen well*** ha filmtekke.
screen actor *(=film actor)* filmskuespiller.
screen advertisement *(,***T:** *screen ad;* **US:** *movie ad)* kinoreklame; *(jvf screen advertising).*
screen advertising *(=cinema advertising)* (det å drive) kinoreklame; *(jvf screen advertisement).*
screen examination skjermbildeundersøkelse.
screening [ˌskri:niŋ] *s* **1.** avskjerming;
2. *tekn:* harping;
3. sikting; sortering;
4. *med.:* masseundersøkelse; gjennomlysning;
5. *som ledd i sikkerhetsforanstaltning:* undersøkelse.
screening process utvelgelsesprosess.
screenplay [ˌskri:n'plei] *s:* filmmanuskript.
screen production filmprodukt; *(NB: Italian-produced films* italienske filmprodukter.)
screen-struck [ˌskri:n'strʌk] *adj(=mad on cinema)* kinogal.
screen test *for vordende filmskuespiller:* prøvefilm; ***have a screen test*** få prøvefilme.
screen version filmatisering; ***make a screen version of*** filmatisere.
screenwriter [ˌskri:n'raitə] *s:* filmmanuskriptforfatter.
I. screw [skru:] *s* **1.** skrue; ***slotted screw*** skrue med spor *(n)* i;
2. *mar(=propeller)* skrue; propell;
3. omdreining (av skrue);
4.: ***a screw of paper*** en papirtutt;
5. *vulg:* nummer *n;* knull *n.*
6. T: ***have a screw loose*** ha en skrue løs;
7. T: ***put the screws on sby*** legge press på en.
II. screw *vb* **1.** skru; ***he screwed it down*** han festet det med skruer; ***screw home****(=screw fully in)* skru helt inn; ***screw in*** skru i; skru inn; ***screw off*** skru av *(fx screw the lid off);* skru løs; ***screw on*** skru på; skru fast; ***screw sth on (to) sth*** skru noe fast på noe; ***screw together*** skru sammen; *(se 6: screw up 1);*
2. dreie; vri;

S

3. S: ***screw sby (for money)***(=*wring (money out of) sby)* hale penger ut av en; **T:** melke en; flå en;
4. *vulg:* knulle (med);
5. **T: his head's -ed on the right way** han har hodet på rett sted *n;*
6.: ***screw up*** 1(=*fasten with screws)* skru igjen; 2(=*crumple)* krølle sammen; 3.: ***screw up one's face*** fordreie ansiktet; ***screw up one's eyes*** knipe øynene *(n)* sammen; myse; 4. *vulg(=spoil; ruin))* ødelegge *(fx he screwed up everything).*
screw cap *(=screw-on lid)* skrulokk; skrukork.
screwdriver [ˌskru:'draivə] *s:* skrutrekker; ***cross -headed screwdriver*** stjerneskrutrekker.
screwed up *adj(=nervous; keyed up)* nervøs; oppspilt.
screw eye *(=eyelet screw)* øye(n)skrue.
screw-on [ˌskru:'ɔn] *adj:* til å skru på *(fx lid).*
screw thread *mask:* gjenge; skruegang.
screw top *(=screw cap)* skrulokk.
screw-top jar glass med skrulokk.
screwy [ˌskru:i] *adj* **T**(=*crazy)* sprø; skjør *(fx plan).*
I. scribble [skribl] *s(=scribbling)* rabbel *n;* smøreri *n.*
II. scribble *vb:* rable; rable ned *(fx a letter).*
scribbler [ˌskriblə] *s; neds:* blekksmører.
scribbling pad *(=notepad; scratch pad)* notisblokk.
I. scribe [skraib] *s* **1.** *hist:* skriver;
2. *bibl:* skriftklok; skriftlærd.
II. scribe *vb; tøm, etc:* risse.
scrimmage [ˌskrimidʒ] *s* **1**(=*scuffle)* batalje; forvirret slagsmål *n;* **2.** *sport* ***US****(=football practice session)* øvingskamp; **3.** *sport; i rugby(=scrum)* klynge.
scrimp [skrimp] *vb* **1.:** ***scrimp and save****(=pinch and scrape)* spinke og spare; **2. S:** *se scrump.*
scrip [skrip] *s; for aksjer:* ***scrip (certificate)*** interimsbevis.
script [skript] *s* **1.** skrift(type); ***in Arabic script*** med arabiske bokstaver;
2(=*handwriting)* håndskrift; ***his neat script*** den pene håndskriften hans;
3. *radio & TV:* tekst; manus(kript) *n;*
4. *skolev; faglig(=answer paper (in an examination))* eksamensbesvarelse.
scripted [ˌskriptid] *adj; radio, TV, etc:* med manuskript *n.*
script face *typ(=cursive)* skrivestil; skråskrift med bokstaver som henger sammen.
Scripture [ˌskriptʃə] *s:* ***(Holy) Scripture****(=the (Holy) Scriptures; Holy Writ; the (Holy) Bible)* Skriften; Den hellige skrift; Bibelen.
scripture *skolefag:* bibelhistorie.
scriptwriter [ˌskript'raitə] *s; radio & TV:* tekstforfatter.
I. scroll [skroul] *s* **1.** skriftrulle; ***the Dead Sea scrolls*** Dødehavsrullene;
2. *sammenrullet, trykt på fx pergament:* dokument *n;* (fint) diplom;
3. krusedull; snirkel; *(jvf scrollwork 1);*
4. *på fiolin:* snegl.
II. scroll *vb* **1.** lage snirklete figurer; krote; **2.** *EDB:* rulle (teksten på skjermen).
scrollwork [ˌskroul'wə:k] *s* **1.** snirkelverk; snirklete figurer; krot *n;* **2**(=*fretwork)* løvsagarbeid.
scrotum [ˌskroutəm] *s; anat:* skrotum; pung.
I. scrounge [skraundʒ] *s* **S:** ***be on the scrounge for sth*** være ute for å bomme (*el.* få tak i) noe.
II. scrounge *vb; ofte spøkef* **T:** bomme; låne (*from* av); ***scrounge on(=off) sby*** snylte på en.
scrounger [ˌskraundʒə] *s:* en som snylter på andre; en som bommer av andre; en som alltid skal låne av andre.
I. scrub [skrʌb] *s* **1.** kratt *n;* kjerr *n;* krattskog;
2. skrubbing; ***it needs a good scrub*** det bør skrubbes.
II. scrub *vb* **1.** skrubbe; skure; ***scrub out*** skure (*el.* skrubbe) ren; ***scrub with soap*** såpeskure;
2. T(=*erase)* slette; ***scrub a recording*** slette et opptak;
3. T(=*abandon)* oppgi *(fx we had to scrub the idea).*
scrubber [ˌskrʌbə] *s* **S**(=*tart)* tøs.
scrubby [ˌskrʌbi] *adj* **1**(=*covered with scrub)* krattbevokst; **2. T**(=*trashy)* elendig *(fx comedy).*
scruff [skrʌf] *s:* ***the scruff of the neck*** nakkeskinnet.
scruffy [ˌskrʌfi] *adj:* pjuskete; shabby; *om strøk:* fattigslig *(fx a scruffy neigbourhood).*
scrum [skrʌm] *s* **1.** *i rugby:* klynge;
2. *spøkef* **T**(=*jostle):* ***the morning scrum to board the bus*** kampen for å komme på bussen om morgenen.
scrummy [ˌskrʌmi] *adj* **T:** *se scrumptious.*
scrump *vb; dial:* gå på slang; ***scrump apples****(=go stealing apples)* gå på epleslang.
scrumptious [ˌskrʌmpʃəs] *adj; især brukt av barn* **T**(=*delicious)* deilig; kjempegod *(fx cake).*
scrumpy [ˌskrʌmpi] *s:* sterk eplesider.
scrunch [skrʌntʃ] *vb* **T**(=*crush; crunch)* knase; knuse.
I. scruple [skru:pl] *s:* skruppel; ***without scruple*** uten skrupler; ***I have a slight scruple about deceiving my mother*** jeg er litt betenkt ved å føre min mor bak lyset; ***he had no scruples about accepting the money*** han hadde ingen skrupler (*el.* betenkeligheter) ved å ta imot pengene.
II. scruple *vb:* ***he would not scruple to do it****(=he would have no scruples about doing it)* han ville ikke ha betenkeligheter (*el.* skrupler) ved å gjøre det.
scrupulous [ˌskru:pjuləs] *adj:* (ytterst) samvittighetsfull; ***he paid scrupulous attention to his instructions*** han tok det meget nøye med de instruksene han hadde fått; ***scrupulous cleanliness*** pinlig renslighet; ***scrupulous honesty*** absolutt hederlighet; ***he's not always scrupulous about how he achieves his aims*** han tar det ikke alltid så nøye med hvordan han når sine mål *n.*
scrupulously [ˌskru:pjuləsli] *adv:* ytterst; absolutt; ***scrupulously honest*** absolutt hederlig; ***a scrupulously clean room*** et pinlig rent værelse.
scrutinize, scrutinise [ˌskru:ti'naiz] *vb; stivt el. spøkef(=examine carefully)* undersøke nøye; granske.
scrutiny [ˌskru:tini] *s; stivt el. spøkef(=careful examination)* nøye undersøkelse; gransking; ***he gave the document a careful scrutiny*** han undersøkte dokumentet nøye.
scuba [ˌskju:bə] *s(=aqualung; underwater breathing apparatus)* pressluftapparat (for sportsdykkere).
scuba diver sportsdykker; *(jvf skin diver).*
scud [skʌd] *vb* **1.** *om skyer; stivt el. litt.:* jage *(fx clouds were scudding across the sky);* **2.** *mar(=run)* lense (for været); ***scud under bare poles*** lense for takkel og tau.
scuff [skʌf] *vb* **1**(=*drag one's feet)* subbe med bena *n;* **2**(=*wear):* ***you've scuffed the toes of your shoes*** du har fått skrapt opp tåspissene på skoene dine.
I. scuffle [skʌfl] *s:* håndgemeng *n;* lite slagsmål *n.*
II. scuffle *vb* **1.** slåss (litt); **2.** *om mus:* tasse.
scull [skʌl] *s; mar:* vrikkeåre.
sculler [ˌskʌlə] *s; mar; båttype:* sculler.
scullery [ˌskʌləri] *s:* grovkjøkken; *(se utility room).*
sculptor [ˌskʌlptə] *s:* billedhogger; skulptør.
I. sculpture [ˌskʌlptʃə] *s* **1.** billedhoggerkunst; billedhoggerarbeid; **2.** skulptur.
II. sculpture *vb:* hogge ut; skulptere; modellere.
scum [skʌm] *s* **1.** *på stillestående vann:* skum *n;*
2. *fig; neds:* avskum.
I. scupper [ˌskʌpə] *s; mar:* spygatt.
II. scupper *vb* **1**(=*scuttle)* bore i senk (ved å åpne bunnventilene); **2. T**(=*ruin)* ødelegge *(fx one's chances).*
scurf [skə:f] *s* **1**(=*dandruff)* flass *n;* **2.** *på plante el. hud:* skurv.
scurfy [ˌskə:fi] *adj:* flassete; skurvete; *(se scurf).*
scurrilous [ˌskʌriləs] *adj; stivt(=rude; abusive)* uforskammet; sjofel; ***scurrilous campaign*** sjofel kampanje; ***scurrilous poem*** smededikt.
I. scurry [ˌskʌri] *s* **1**(=*rush)* jag *n;* rush *n;* **2.:** ***I heard a scurry of feet outside****(=I heard quick steps outside)* jeg hørte travle føtter utenfor.

II. scurry *vb* **1.** *med korte, raske skritt(=scuttle)* skynde seg; styrte (*el.* fare) av sted; **2.** *om dyr(=scuttle)* smette; pile.
scurvy [ˌskə:vi] *s; med.:* skjørbuk; *(jvf scorbutic).*
scut [skʌt] *s; på fx hare:* halestubb (som står opp).
I. scuttle [skʌtl] *s(=coal scuttle)* kullboks.
II. scuttle *vb* **1.** *mar(=scupper)* bore i senk (ved å åpne bunnventilene);
2. *fig(=wreck)* torpedere; ***scuttle the talks*** torpedere drøftingene;
3(*=scurry)* smette; pile *(fx the mouse scuttled away);* ***scuttle off*** stikke sin vei.
Scylla [ˌsilə] *s; myt(sea monster)* Scylla.
I. scythe [saið] **1.** *s:* ljå.
II. scythe *vb:* slå med ljå.
sea [si:] *s* **1.** hav *n;* sjø; ***at sea*** til sjøs; på sjøen; ***by sea*** sjøveien; ***by the sea*** ved sjøen; ***on the sea*** (ute) på sjøen; ***go to sea*** dra til sjøs; ***put (out) to sea*** stikke til sjøs; ***used to the sea*** sjøvant; **2.** sjøgang; sjø; (stor) bølge; ***a choppy sea*** krapp sjø; ***there was a heavy sea running*** det var sterk sjøgang; ***the sea's getting up*** det begynner å bli (litt) sjøgang;
3(*=wave)* bølge; sjø; ***a sea broke over the ship****(=the boat shipped a sea)* en bølge slo over skipet;
4. *fig:* hav *n (fx a sea of faces);* ***meet a sea of ignorance*** støte på en bøyg av uvitenhet; **T:** ***be all at sea*** være helt på jordet; ikke forstå noen verdens ting.
sea anchor *mar:* drivanker.
seabed [ˌsi:ˈbed] *s(=seafloor)* havbunn.
sea biscuit *(=hardtack)* beskøyt; skipskjeks.
seaboard [ˌsi:ˈbɔ:d] *s; især* **US***(=seashore)* kyst.
seaboard town US *(=seaside town)* kystby.
seaborne [ˌsi:ˈbɔ:n] *adj; mil:* ***seaborne invasion*** invasjon sjøveien; ***seaborne troops*** tropper fraktet sjøveien.
(sea) cage *i havbruk:* mære.
sea calf *zo(=common seal)* steinkobbe.
sea captain sjøkaptein.
sea chest skipskiste.
sea coast *(=coast)* kyst.
sea cucumber *zo:* sjøpølse.
sea dog *litt.(=old sailor)* gammel sjømann; sjøulk.
sea eagle *zo:* havørn.
seafarer [ˌsi:ˈfɛərə] *s; litt.(=navigator; sailor)* sjøfarer; sjømann.
seafloor [ˌsi:ˈflɔ:] *s(=seabed)* havbunn.
sea food fisk og skalldyr; fiskemat.
seafront [ˌsi;frʌnt] *s* **1.** strandpromenade; **2.** husrekke mot sjøen.
sea-going [ˌsi:ˈgouiŋ] *adj:* sjøgående; havgående.
sea gull *zo(=gull)* måke.
sea hog *zo* **T***(=porpoise)* nise.
I. seal [si:l] *s* **1.** zo: sel; kobbe;
2. segl *n;* plombe; *også fig:* ***set one's seal on****(=to)* sette sitt segl på;
3. *mask; tekn:* tetning; pakning; ***the (water) seal*** vannet i vannlåsen; *(jvf air trap).*
II. seal *vb* **1***(=hunt seal)* drive seljakt;
2. forsegle; forsyne med segl *n;* plombere *(fx a door);*
3. *fig:* forsegle *(fx my lips are sealed);* besegle *(fx sby's fate);*
4.: ***seal off*** sperre av *(fx the airport).*
Sealand [ˌsi:lənd] *s; geogr:* Sjælland.
sea lane *(=shipping lane)* skipsrute.
sea legs *pl:* ***get****(=find)* ***one's sea legs*** bli sjøsterk; ***he's got his sea legs*** han er sjøsterk.
sealer [ˌsi:lə] *s* **1.** selfanger; selfangstskip;
2.: ***(floor) sealer*** gulvlakk.
sea level havflate; havets overflate; ***300 metres above sea level*** 300 meter over havet; 300 m.o.h.
sea lion *zo:* sjøløve.
seal pup *zo:* selunge.
seam [si:m] *s* **1.** søm; ***unpick****(=unstitch; undo)* ***a seam*** sprette opp en søm;
2. *mar:* nat; fuge;
3. *min & geol:* åre;
4. *tekn:* fals; skjøt; søm; fuge;
5. *fig:* ***come apart at the seams*** falle fra hverandre; gå i oppløsning.
sea mammal *zo(=marine mammal)* sjøpattedyr.
seaman [ˌsi:mən] *s* **1***(=sailor)* sjømann;
2. *i handelsflåten:* ***junior seaman*** jungmann; ***ordinary seaman*** lettmatros.
seamanlike [ˌsi:mənˈlaik] *adj:* som viser godt sjømannskap.
seamanship [ˌsi:mənˈʃip] *s:* sjømannskap.
seamen's church sjømannskirke.
Seamen's Union: ***the Seamen's Union****(,***UK:** *the National Union of Seamen)* Sjømannsforbundet.
sea mew *zo(=mew gull; common gull)* fiskemåke.
sea mile *hist; 1828,8 meter:* sjømil.
sea monster 1. sjøuhyre; **2***(=ghost of the sea)* draug.
seamy [ˌsi:mi] *adj:* ***the seamy side of life*** livets vrangside.
seance [ˌseiɔns] *s* **1.** seanse; spiritistisk sammenkomst;
2. *stivt(=session; meeting)* seanse; møte *n.*
sea nettle *zo(=stinging jellyfish)* brennmanet.
sea onion *bot(=sea squill)* strandløk.
sea perch *zo; om forskjellige arter:* havåbor; *(se II. bass).*
sea pink *bot(=thrift)* strandnellik; fjærekoll.
seaplane [ˌsi:ˈplein] *s; flyv(,***US:** *hydroplane)* sjøfly.
seaport [ˌsi:ˈpɔ:t] *s:* havneby; sjøhandelsby.
sea power sjømakt.
sea protest *jur(=ship's protest)* sjøprotest.
sear [siə] *vb* **1.** *stivt(=scorch)* svi *(fx the sun seared the grass);* **2.** *meget stivt & litt.(=burn)* svi; brenne; ***a searing****(=burning)* ***pain*** en brennende smerte.
sea ranger *(,***US:** *mariner)* eldre sjøspeider; *(jvf Sea Scout).*
I. search [sə:tʃ] *s* **1.** ettersøkning; leting (*for* etter); ***go in search of*** gå (,dra) og lete etter; ***be out on a search****(=be out searching)* være ute på søk *n;* ***start a search*** sette i gang en leteaksjon; **2.** gjennomleting; gjennomsøking; ***search of a house****(,jur: domiciliary visit)* husundersøkelse; ***personal search****(=bodily search)* kroppsvisitasjon.
II. search *vb* **1.** lete; søke (*for* etter);
2. gjennomsøke; kroppsvisitere; ***he was searched*** han ble kroppsvisitert; ***search a house*** foreta en husundersøkelse;
3. T: ***search me!****(=I really don't know!)* jeg aner ikke! neimen om jeg vet!
4.: ***search out*** finne frem; lete frem.
searching [ˌsə:tʃiŋ] *adj:* forskende; undersøkende *(fx look);* inngående; kritisk *(fx searching questions).*
searching light *fig:* ***put a searching light on sby*** rette søkelyset mot en; *(jvf searchlight).*
searchingly [ˌsə:tʃiŋli] *adv:* grundig; med ettertanke.
searchlight [ˌsə:tʃˈlait] *s:* lyskaster; *(jvf searching light).*
search line søkekjede; manngard; ***form a search line*** gå manngard; *(jvf probe line & search party).*
search party letemannskap; ***send out a search party*** sende ut et letemannskap; *(se search line).*
search warrant *jur:* husundersøkelsesordre; ransakingsordre.
sea route sjøvei.
sea rush *bot:* strandsiv.
sea salt havsalt.
seascape [ˌsi:ˈskeip] *s:* sjøbilde; marinebilde.
sea scorpion *zo:* ulke.
Sea Scout sjøspeider; *(se I. scout 1).*
sea sense sjøvett; ***have sea sense*** ha sjøvett; ***show sea sense*** vise sjøvett.
sea service *mar; sjømannens(,***US:** *sea duty)* fartstid.
seashell [ˌsi:ˈʃel] *s; zo:* strandskjell.
seashore [ˌsi:ˈʃɔ:] *s* **1***(=coast)* kyst; ***on the seashore*** ved kysten; **2.** *jur(=foreshore)* strandbelte.

seasick [ˌsi:ˈsik] *adj:* sjøsyk; ***get seasick*** bli sjøsyk.
seasickness [ˌsi:ˈsiknəs] *s:* sjøsyke.
seaside [ˌsi:ˈsaid] *s:* kyst; ***go to the seaside in the summer*** dra til kysten om sommeren; ***at(=by) the seaside*** ved sjøen *(fx a cottage at the seaside).*
seaside hotel strandhotell; badehotell.
seaside resort badested ved kysten.
seaside town *(=coastal town)* kystby; by ved sjøen.
sea slug *s; zo:* nakengjellet snegl(e).
sea snail *zo(=snailfish)* vanlig ringbuk.
I. season [ˌsi:zən] *s* **1.** årstid; ***the rainy season*** regntiden; **2.** sesong; ***high season*** høysesong; ***the off season*** tiden mellom sesongene; ***the slack(=dull; dead) season*** den stille sesongen; ***the strawberry season*** jordbærsesongen; ***at the height of the season*** midt i høysesongen; ***in season*** 1. *om matvarer:* ***strawberries are in season*** det er jordbærtid; 2*(=at the right time)* i rette tid; 3.: ***in season and out of season*** i tide og utide; ***out of season*** 1. *om matvarer(=not in season):* ***strawberries are out of season*** det er ikke årstiden for jordbær; 2*(=at the wrong time)* i utide.
II. season *vb* **1.** krydre; **2.** *fig:* krydre *(fx a talk seasoned with humour);* **3.** *om tømmer:* lagre.
seasonable [ˌsi:zənəbl] *adj* **1.** *om været(=normal)* normal; **2.** *stivt(=timely)* i rett tid; ***seasonable advice*** råd *(n)* i rett tid.
seasonal [ˌsi:zənl] *adj:* sesong-; sesongbetont.
seasoned [ˌsi:zənd] *adj* **1.** krydret; **2.** lagret;
3. *fig:* erfaren; garvet *(fx politician; troops).*
seasoning [ˌsi:zəniŋ] *s* **1.** krydder *n;* **2.** lagring.
season ticket *(,***US:** *commutation ticket)* sesongbillett; ***monthly season ticket****(=monthly ticket)* månedskort.
(sea) spray sjøsprøyt.
sea swallow *zo* **T***(=tern)* terne.
I. seat [si:t] *s* **1.** noe å sitte på; (sitte)plass; ***garden seat*** hagebenk; *stivt:* ***take a seat****(=sit down)* ta plass; ***do take a seat!*** vær så god og sitt!
2. sete *n;* ***back seat*** baksete; ***driving seat****(=driver's seat)* førersete; ***front seat*** forsete;
3. *teat, etc:* plass; billett (*for* til);
4. *i komité, etc:* sete *n;* plass; ***have a seat on the board*** sitte i styret;
5. *på klesplagg:* bak; ***trouser seat*** buksebak;
6. *evf:* bak *(fx I've got a sore seat!);*
7. *parl:* mandat *n (fx the party got 50 seats);* sete *n;* plass; ***win(,*T:** *pick up)* ***a seat*** erobre et mandat; ***keep (,lose) one's seat*** beholde (,miste) sin plass; ***take one's seat in the (House of) Commons*** ta plass i Underhuset;
8. *mask:* sete *n;* ***valve seat*** ventilsete;
9. *om rytter:* ***have a good seat*** sitte godt på hesten;
10. sete *n;* ***the seat of government*** regjeringssete; ***seat of learning*** lærdomssete; ***the brain is the seat of the mind*** forstanden sitter i hjernen;
11. *stivt:* ***country seat****(=country house)* landsted.
II. seat *vb* **1.** plassere; *stivt:* ***seat oneself****(=sit down)* sette seg; ta plass; ***please be seat****(=please sit down)* vær så god og ta plass; vær så god og sitt ned; **2***(=have seats for)* ha plass til; ha sitteplasser til.
sea tangle *bot:* bladtare; ***sweet sea tangle*** sukkertare; *(jvf seaweed & seawrack).*
seat belt sikkerhetsbelte; *i bil:* bilbelte; ***fasten one's seat belt****(,***T:** *belt up;* **US:** *hook up; Canada: buckle up)* ta på seg bilbeltet; ***fasten your seat belt and keep it fastened as long as you're in the air*** fest sikkerhetsbeltet og behold det på så lenge De er i luften; ***unbuckle****(=unfasten)* ***one's seat belt****(=unstrap oneself)* ta av seg bilbeltet (,sikkerhetsbeltet).
seat belt law: ***the seat belt law*** bilbelteloven.
seat booking *(=seat reservation)* plassbestilling.
seated [ˌsi:tid] *adj; stivt:* ***remain seated****(=keep one's seat)* bli sittende; ***be seated in an armchair*** sitte i en lenestol.
-seater [ˌsi:tə] *i sms:* -seter *(fx a four-seater).*
seating [ˌsi:tiŋ] *s* **1.** sitteplasser; stoler; ***additional seating*** ekstra sitteplasser;
2. *av gjester:* plassering (*of* av);
3. bordplan; bordplassering; ***arrange the seating*** lage en bordplan;
4. *mask:* leie *n;* sete *n.*
seating arrangement: ***the seating arrangement*** bordplasseringen; bordplanen; *(se seating 3).*
seating capacity antall sitteplasser; ***seating capacity 40*** 40 sitteplasser; sitteplasser til 40 personer.
seating plan 1. bordplan; 2. *skolev:* klassekart.
seating washer *mask:* underlagsskive.
seat reservation 1*(=reserved seat)* reservert plass; plassbillett; **2***(=seat booking)* plassbestilling.
seat reservation ticket *jernb(=reserved seat ticket)* plassbillett.
sea trout *zo:* sjøørret.
seat ticket sitteplassbillett; *(jvf standing ticket).*
sea urchin *zo:* sjøpinnsvin.
sea view havutsikt; utsikt til sjøen.
sea voyage sjøreise.
seawall [ˌsi:ˈwɔ:l] *s:* dike (mot havet).
I. seaward [ˌsi:wəd] *adj* **1.** (som vender) mot sjøsiden; ***from the seaward side****(=from the sea)* fra sjøsiden;
2. *om vind:* ***seaward****(=onshore)* ***wind*** pålandsvind.
II. seaward *adv: se seawards.*
seawards [ˌsi:wədz] *adv:* mot sjøen; mot havet.
seawater [ˌsi:ˈwɔ:tə] *s:* sjøvann.
sea-wave power [ˌsi:ˈweivˈpauə] *s; fys:* bølgekraft.
seaway [ˌsi:ˈwei] *s* **1.** *mar:* fart fremover; **2.** sjøgang; ***behave well in a seaway*** oppføre seg bra i sjøgang; **3***(=sea route)* sjøvei.
seaweed [ˌsi:ˈwi:d] *s; bot:* tang; *(jvf sea tangle & seawrack).*
seaworthiness [ˌsi:ˈwə:ðinəs] *s:* sjødyktighet.
seaworthy [ˌsi:ˈwə:ði] *adj:* sjødyktig.
seawrack *s:* oppskylt tang; *(se seaweed & wrack).*
sebaceous [siˌbeiʃəs] *adj:* talgaktig; talg-.
secant [ˌsi:kənt] *s; geom:* sekant.
secede [siˌsi:d] *vb; polit; stivt:* ***secede from****(=withdraw from; break away from)* trekke seg ut av; bryte med *(fx the American Civil War began when some of the southern states seceded from the United States).*
secession [siˌseʃən] *s; polit; om stat:* uttredelse (*from* fra); løsrivelse.
secessionist [siˌseʃənist] *s; polit(=separatist)* separatist; **US** *hist:* sørstatsmann (som var tilhenger av løsrivelse).
secluded [siˌklu:did] *adj:* bortgjemt; ensomt beliggende; ensom; ***a secluded country cottage*** et ensomt hus på landet.
seclusion [siˌklu:ʒən] *s* **1.** avsondrethet; bortgjemt beliggenhet; **2***(=privacy):* ***she did not weep till she was in the seclusion of her room*** hun gråt ikke før hun kom for seg selv på rommet sitt.
I. second [ˌsekənd] *s* **1.** sekund *n;* ***in a split second*** på brøkdelen av et sekund;
2. T*(=moment)* øyeblikk;
3. nummer *(n)* to; ***you're the second to make that mistake*** du er den andre som gjør den feilen;
4. sekundant;
5. *i bil(=second gear)* annetgir *(fx drive in second);*
6. *univ(=second-class honours degree)* haud;
7.: ***seconds*** 1. *merk:* sekundavarer; 2. **T***(=a second helping)* én porsjon til; 3. *mus:* ***sing seconds*** synge annenstemme.
II. second [ˌsekənd] *vb* **1***(=support)* støtte; ***I second that*** jeg støtter det;
2. *sport:* være sekundant; sekundere;
3 [siˌkɔnd] *om embetsmann, etc:* overføre (midlertidig til annen stilling); låne ut (*to* til); *mil:* avgi.
III. second *adj, adv, tallord* **1.** annen; andre; ***on the second of May****(=on May 2nd; on May 2)* den annen mai; den 2. mai; ***in second place*** på andre (*el.* annen)

plass; på andreplassen; på annenplassen; ***I was second in the line*** jeg var nummer to i køen;
2. nesteldst *(fx our second son);*
3.: ***you need a second pair of shoes*** du trenger et par sko til; ***a second time*** 1. én gang til; 2. for andre (*el.* annen) gang;
4.: ***every second(=other) week*** annenhver uke;
5. T: ***I heard it at second hand****(=I heard it second-hand)* jeg hørte det på annen hånd;
6.: ***be second to none*** ikke stå tilbake for noen.
Second Advent *rel:* ***the Second Advent*** Jesu gjenkomst.
secondary [ˌsekəndəri] *adj:* sekundær(-); underordnet; bi-.
secondary education UK: utdanning for elever i aldrene 11 til 16 el. 18 år *n.*
secondary industry *(=activity)* sekundærnæring.
secondary school: *se comprehensive school.*
second ballot *parl:* omvalg.
second best, second-best ['sekəndˌbest; *attributivt:* ˌsekənd'best] *adj:* nest best *(fx her second-best hat);* ***the second best****(=the next best)* den nest beste.
second childhood: ***be in one's second childhood*** gå i barndommen; være senil; være åreforkalket.
second class *s* **1.** annen klasse; **2.:** *se I. second 6.*
I. second-class ['sekəndˌklɑ:s; *attributivt:* ˌsekənd'klɑ:s] *adj* **1.** annenklasses; annenrangs; ***second-class post*** B-post;
2. *jernb, etc:* ***second-class passenger*** passasjer på annen klasse; ***second-class ticket*** annenklassesbillett.
II. second-class ['sekəndˌklɑ:s] *adv; post:* ***send it second-class*** sende det som B-post; *(se I. second -class 1).*
Second Coming *rel:* ***the Second Coming*** Jesu gjenkomst.
second cousin tremenning.
second-degree burn [ˌsekənd'digri:ˌbə:n] *s; med.:* annengradsforbrenning.
second fiddle *også fig:* ***play second fiddle*** spille annenfiolin.
second hand [ˌsekənd'hænd] *s:* sekundviser.
I. second-hand ['sekəndˌhænd; *attributivt:* ˌsekənd'hænd] *adj:* brukt; ***second-hand car****(=used car)* bruktbil; brukt bil.
II. second-hand ['sekəndˌhænd] *adv:* ***buy sth second -hand*** kjøpe noe brukt; **T:** ***hear sth second-hand****(= hear sth at second hand)* høre noe på annen hånd.
second-hand bookshop antikvariat *n.*
second-in-command ['sekəndinkəˌmɑ:nd] *s:* nestkommanderende.
second lieutenant *(fk 2nd Lt) mil* **1.** fenrik;
2. *flyv* **US***(=pilot officer)* fenrik.
second mate *mar:* førstestyrmann.
second nature: ***it's second nature to him*** det ligger ham i blodet.
second officer *mar:* førstestyrmann.
second(-)quality [ˌsekəndˌkwɔliti; *attributivt:* ˌsekənd'kwɔliti] *adj; merk:* ***second(-)quality goods*** sekunda varer.
second-rate ['sekəndˌreit; *attributivt:* ˌsekənd'reit] *adj; neds(=inferior)* annenrangs; middelmådig.
second-run cinema *(=repertory cinema)* reprisekino.
second string: ***have a second string to one's bow*** ha et alternativ.
second thoughts: ***on second thoughts I'd rather stay here*** ved nærmere ettertanke vil jeg heller bli her; ***have second thoughts*** ombestemme seg.
second wind: ***get one's second wind*** få nye krefter (etter kraftanstrengelse).
secrecy [ˌsi:krəsi] *s* **1.** hemmeligholdelse; diskresjon; ***(observance of) secrecy*** hemmeligholdelse; ***obligation to observe secrecy****(=duty not to disclose confidential information)* taushetsplikt; *om lege el. advokat:* ***(obligation to observe) professional secrecy*** taushetsplikt; ***promise****(,stivt: vow)* ***of secrecy*** taushetsløfte; ***make a promise of secrecy*** avlegge taushetsløfte;
2. hemmelighetsfullhet *(fx complete secrecy surrounded the conference);* ***in deep secrecy*** i dypeste hemmelighet; ***a show of secrecy*** hemmelighetskremmeri *n.*
I. secret [ˌsi:krət] *s:* hemmelighet; ***an open secret*** en offentlig hemmelighet; ***a profound secret*** en dyp hemmelighet; ***have secrets from sby*** ha hemmeligheter for en; ***keep a secret*** bevare en hemmelighet; ***keep sth secret*** hemmeligholde noe; ***it was kept (a) secret from him*** det ble holdt hemmelig for ham; ***worm a secret out of sby*** avlure en en hemmelighet; ***in secret****(= secretly)* i (all) hemmelighet; ***make a secret of sth*** legge skjul *(n)* på noe.
II. secret *adj:* hemmelig.
secretaire ['sekrəˌtɛə] *s; møbel:* sekretær.
secretarial ['sekrəˌtɛəriəl] *adj:* sekretær- *(fx work).*
secretariat ['sekrəˌtɛəriət] *s:* sekretariat *n.*
secretary [ˌsekrətri] *s* **1.** sekretær; ***executive secretary*** *(=secretary-executive)* sjefsekretær; kombinert sekretær og saksbehandler; ***minuting secretary*** møtesekretær;
2. *fotb; i klubb:* forretningsfører;
3.: ***secretary of embassy*** ambassadesekretær; ***first secretary*** førstesekretær;
4.: ***permanent secretary****(=permanent undersecretary of State)* departementsråd; *svarer etter rangsforholdene også til:* statssekretær; ***permanent secretary at the Home Office*** statssekretær i innenriksdepartementet.
secretary-general [ˌsekrətriˌdʒenərəl] *s:* generalsekretær *(fx of the United Nations); (jvf general secretary).*
Secretary of State *(=cabinet minister;* **US:** *secretary; minister)* statsråd.
Secretary of State for Defence *(,***T:** *Defence Secretary;* **US:** *Secretary of Defense)* forsvarsminister.
Secretary of State for Education and Science *(,***T:** *Education Secretary)* undervisningsminister.
Secretary of State for Foreign and Commonwealth-Affairs *(,***T:** *Foreign Secretary;* **US:** *Secretary of State)* utenriksminister.
Secretary of State for the Home Department *(,***T:** *Home Secretary;* **US:** *Secretary of the Interior; Attorney General)* innenriksminister og justisminister; *(jvf Attorney General & Lord Chancellor). NB Dennes to nærmeste medarbeidere har tittelen Minister of State (Home Office).*
Secretary of State for Northern Ireland statsråd for nordirske saker.
Secreatry of State for Scotland statsråd for skotske saker.
Secretary of State for Trade and Industry *(,***T:** *Trade and Industry Secretary;* **US:** *Secretary of Commerce)* handelsminister.
Secretary of State for Social Services *(,***T:** *Social Services Secretary)* sosialminister.
Secretary of the Treasury US *(=Chancellor of the Exchequer)* finansminister.
secrete [siˌkri:t] *vb* **1.** utsondre; utskille;
2. *stivt(=hide)* skjule.
secretion [siˌkri:ʃən] *s* **1.** sekresjon; utsondring;
2. sekret *n.*
secretive [ˌsi:krətiv; siˌkri:tiv] *adj:* hemmelighetsfull.
secretiveness [ˌsi:krətivnəs; siˌkri:tivnəs] *s:* hemmelighetsfullhet; hemmelighetskremmeri *n; (se secrecy 2).*
secretly [ˌsi:krətli] *adv:* i (all) hemmelighet.
secret service hemmelig tjeneste; ***the Secret Service*** Den hemmelige etterretningstjenste (*el.* E-tjeneste).
secretory [siˌkri:təri] *adj:* sekresjons-; sekretorisk.
sect [sekt] *s:* sekt.
sectarianism ['sekˌtɛəriə'nizəm] *s:* sektvesen.
I. section [ˌsekʃən] *s* **1.** (bygge)element *n;* seksjon; del

S

(fx of a newspaper); bit *(fx of a cake); bygg:* (stål)profil;
2(=*piece)* stykke *n; av appelsin:* båt;
3. snitt *n;* ***in cross section*** i tverrsnitt; ***make a section of*** gjøre et snitt gjennom;
4(=*department)* avdeling; seksjon;
5. *i samfunnet:* seksjon; gruppe;
6. *jur:* paragraf; *(se section mark);*
7. *i bok* avsnitt;
8. *mus:* avsnitt;
9. *jernb:* seksjon; strekning; *av vei:* strekning.
II. section *vb(=divide into sections)* dele i seksjoner.
sectional [ˌsekʃənəl] *adj* **1.** som består av seksjoner;
2. snitt-; *bygg:* profil-; *(se sectional interests).*
sectional bookcase seksjonsbokhylle.
sectional drawing *arkit:* snittegning; plansnitt.
sectional interests *pl:* gruppeinteresser; særinteresser; *(se national preferences & special interest).*
sectional iron *bygg:* profiljern.
sectional view utsnitt.
section mark *typ:* paragraftegn.
sector [ˌsektə] *s* **1.** *også fig:* sektor; ***the private (,public) sector*** den private (,offentlige) sektor; ***in broad sectors of the economy*** i store deler av næringslivet.
secular [ˌsekjulə] *adj:* verdslig; ***secular clergy*** sekulargeistlighet; ***the secular power*** den verdslige makt.
secularity [ˈsekjuˌlæriti] *s; stivt(=worldliness)* verdslighet.
secularize, secularise [ˌsekjuləˈraiz] *vb:* sekularisere; verdsliggjøre.
I. secure [siˌkjɔ:; siˌkjuə] *vb* **1**(=*fasten securely)* gjøre fast; lukke forsvarlig *(fx all the windows);*
2. *stivt:* sikre; sikre seg; få tak i *(fx I've secured(=got) us two seats);*
3. *stivt:* trygge; sikre *(against* mot); ***secure oneself against interruption(s)*** sikre seg mot å bli avbrutt;
4. *fin:* ***secured on*** med sikkerhet i *(fx a mortgage secured on the house).*
II. secure *adj* **1**(=*safe)* trygg; sikker *(fx job);* ***a secure knot (,lock)*** en sikker knute (,lås); ***secure against*** sikret mot *(fx burglary);* ***secure in the knowledge that ...*** trygg i forvissningen om at ...; ***feel secure about one's future*** føle seg sikker på sin fremtid;
2. forsvarlig festet; sikker; ***is the lid secure?*** sitter lokket ordentlig fast? ***make a rope secure*** feste et tau ordentlig; sikre et tau.
secured creditor prioritert kreditor.
securely [siˌkjɔ:li; siˌkjuəli] *adv:* sikkert; forsvarlig; fast; ***tie the knot securely***(=*tightly)* knyte knuten fast.
securing nut *mask(=holding nut)* festemutter.
securities *pl:* verdipapirer; ***Government securities*** statspapirer; ***listed securities*** børsnoterte verdipapirer.
securities department *i bank:* fondsavdeling.
security [siˌkjɔ:riti; siˌkjuəriti] *s* **1.** sikkerhet; trygghet; ***security against theft*** sikkerhet for tyveri *n;* ***enjoy comfort and security*** ha det trygt og godt; ***live in security*** leve i sikkerhet;
2. sikkerhetsoppbud; vakthold; sikkerhet(sopplegg); ***documents which may jeopardize national security if they go astray*** dokumenter som, hvis de kommer på avveier, kan skade rikets sikkerhet; ***a breach of security*** et brudd på sikkerhetsbestemmelsene; ***a gap in our security*** et hull i vårt sikkerhetssystem; ***there must have been some kind of lapse in security (somewhere)*** det må ha vært en svikt i sikkerhetsopplegget (et eller annet sted); ***contract out security*** sette bort vaktholdet på anbud;
3. *fin:* kausjon; sikkerhet; ***collateral security*** (ytterligere) sikkerhet; ***on(=against) security*** mot sikkerhet; ***as security for*** som sikkerhet for *(fx a debt);* ***give security*** stille kausjon; stille sikkerhet; ***there is security for the amount****(=the amount is covered)* det er dekning for beløpet;
4. salgspant; ***security in a registered vehicle*** salgspant i registrert motorkjøretøy.
security adviser US: ***national security adviser*** **US**(= *adviser on defence policy)* sikkerhetspolitisk rådgiver.
security clearance (=*(positive) vetting)* sikkerhetsklarering.
Security Council: ***the Security Council*** Sikkerhetsrådet (i FN).
security defences *mot spionasje(=security system)* sikkerhetssystem; ***plug a gaping loophole in Britain's security defences*** tette igjen et gapende hull i Storbritannias sikkerhetssystem.
security firm vaktselskap; vekterfirma.
security fund *bankv:* sikringsfond.
security grading sikkerhetsgradering; ***give too high a security grading****(=overdo the security grading of)* overgradere.
security guard (sikkerhets)vakt; vaktmann; vekter; *(jvf security officer 2 & watchman).*
security measure (=*security precaution)* sikkerhetstiltak; ***more rigid security measures in public offices*** strengere sikkerhetstiltak ved offentlige kontorer.
security officer 1. *mil:* sikkerhetsoffiser;
2. *stillingsbetegnelse(=security guard)* vaktmann; vekter; (sikkerhets)vakt.
security regulations *pl:* sikkerhetsbestemmelser.
security risk *om person:* sikkerhetsrisiko.
security scare sikkerhetsfrykt; frykt for spionasje.
security-screen [siˌkjɔ:ritiˈskri:n] *vb:* sikkerhetssjekke *(fx passengers).*
security surveillance (=*TV monitoring)* TV-overvåking *(fx security surveillance is in operation).*
security van bil som benyttes til pengetransport.
sedan [siˌdæn] *s; biltype* **US**(=*saloon)* kupé.
I. sedate [siˌdeit] *adj:* sedat; adstadig; satt.
II. sedate *vb; med.:* gi beroligende middel *n;* ***heavily sedated*** i dyp bedøvelse.
sedation [siˌdeiʃən] *s; med.:* behandling med beroligende midler *n;* ***drugs used for sedation*** beroligende midler; ***put sby under sedation*** gi en et beroligende middel.
I. sedative [ˌsedətiv] **1.** *s:* beroligende middel *n.*
II. sedative *adj:* beroligende; ***have a sedative effect*** virke beroligende.
sedentary [ˌsedəntəri] *adj* **1.** stillesittende *(fx job);*
2. *zo; om fugl(=stationary):* ***sedentary bird*** standfugl.
sedge [sedʒ] *s; bot:* ***sedge (grass)*** storr(gress).
sediment [ˌsedimənt] *s* **1.** bunnfall; ***form a sediment*** avsette bunnfall; **2.** *geol:* sediment *n;* avleiring.
sedimentary [ˈsediˌmentəri] *adj:* sedimentær.
sedimentation [ˈsedimənˌteiʃən] *s* **1.** dannelse av bunnfall; **2.** *geol:* sedimentdannelse;
3. *med.:* blodsenkning; ***have one's sedimentation checked*** ta blodsenkningen.
sedition [səˌdiʃən] *s; jur(=incitement to riot)* oppvigleri *n;* tilskyndelse til opprør *n.*
seditious [siˌdiʃəs; səˌdiʃəs] *adj; jur(=rebellious)* opprørsk; oppviglersk.
seduce [siˌdju:s] *vb* **1.** forføre *(fx a girl);*
2. *stivt(=persuade):* ***seduce sby into thinking that ...*** forlede en til å tro at ...; få en til å tro at ...
seducer [siˌdju:sə] *s:* forfører.
seduction [siˌdʌkʃən] *s(,***T:** *laying)* forføring.
seductive [siˌdʌktiv] *adj:* forførende; forførerisk.
seductress [siˌdʌktrəs] *s:* forførerinne.
sedulous [ˌsedjuləs; **US:** ˌsedʒuləs] *adj; meget stivt el. litt.(=hard-working; industrious)* flittig; iherdig.
I. see [si:] *s* **1.** bispesete; **2**(=*diocese)* bispedømme.
II. see *vb(=pret: saw; perf.part.: seen)* **1.** se; ***as you see I'm busy*** som du ser, er jeg opptatt; som du ser, har jeg det travelt; **T:** ***see anything?*** 1(=*do you see anything?)* ser du noe? 2(=*did you see anything?)* så du noe? ***see for oneself*** overbevise seg ved selvsyn; ***by seeing for themselves they found out that ...*** ved selvsyn fant de ut at ...; ***can you see into the room?*** kan du se inn i

rommet? ***he was seen leaving*** han ble sett idet han gikk;
2. tenke seg; forestille seg; se for seg; ***I can see it*** jeg ser det for meg; ***I can't see him as a teacher*** jeg kan ikke forestille meg ham som lærer; ***I can still see her as she was years ago*** jeg kan fremdeles se henne for meg slik hun var for mange år *(n)* siden;
3*(=understand)* forstå *(fx see the point of the joke)*; innse *(fx can't you see it's wrong?)*; ***see?*** forstår du (det)? ***it's Sunday, see?*** det er søndag, skjønner du det? ***oh, I see!*** å, ja! ja, jeg forstår! ***I can't see the advantage of doing that*** jeg kan ikke (inn)se fordelen ved å gjøre det; ***as far as I can see, she'll arrive on Friday*** så vidt jeg kan forstå, kommer hun på fredag; ***the way I see it, you're in the wrong*** slik jeg ser det, er det du som tar feil;
4. undersøke; se (etter) *(fx I'll see what I can do for you)*;
5*(=meet)* treffe *(fx I'll see him tomorrow)*;
6*(=visit)* besøke *(fx come and see* ***US soon!)***;
7. snakke med *(fx can I see the manager?)*; ta imot *(fx the doctor will see you now)*;
8*(=consult)* konsultere; gå til *(fx a doctor)*;
9. *når man vil ta avgjørelsen senere:* ***we'll see (about that)*** vi får se på det;
10. oppleve; se *(fx he's seen better days)*; ***the spade has seen plenty of use!*** spaden er meget velbrukt!
11.: ***let me see*** la meg se, la meg (nå) tenke meg om;
12.: ***you see*** 1. *utfyllende:* forstår du; skjønner du *(fx I'm going away, you see)*; 2. *for å gjøre oppmerksom på at man hadde rett:* ***you see!*** der ser du!
13.: ***see sby home (,to the station)*** følge en hjem (,til stasjonen); *(jvf 23)*;
14.: ***see you (later)!****(=(I'll) be seeing you!)* ha det!
15.: ***see that …****(=see (to it) that …; make sure that …)* sørge for at …;
16.: ***see about*** sørge for; ta seg av *(fx I'll see about that tomorrow)*;
17.: ***you may do as you see****(=think)* ***fit*** du får gjøre som du selv synes passer best;
18. *ergerlig utrop:* ***see here!*** hør (nå) her!
19.: ***I can't see what he sees in her*** jeg forstår ikke hva han ser i henne;
20.: ***see into the future*** se inn i fremtiden;
21.: ***we don't see much of him*** vi ser ikke stort til ham;
22.: ***see off*** 1. si adjø til *(fx he saw me off at the station)*; *(jvf sendoff)*; 2. **T***(=chase away)* jage vekk;
23.: ***see out*** 1. følge ut *(fx I'll see you out)*; 2. se ferdig *(fx we'll se the first half of the game out)*; 3*(=last)*: ***enough fuel to see the winter out*** brensel *(n)* som vil vare vinteren ut;
24.: ***see over****(=inspect)* se over; inspisere;
25.: ***see through*** 1. gjennomskue; 2. gjennomføre *(fx I'd like to see the job through)*; 3. hjelpe; støtte *(fx her family saw her through)*; 4.: ***will this money see you through till the end of the week?*** klarer du deg med disse pengene uken ut?
26.: ***see to****(=attend to; deal with)* ta seg av *(fx I must see to the baby)*; ***I must have my bicycle seen to*** jeg må se til å få reparert sykkelen min; ***see to it that …***: *se 15 ovf*;
27.: ***be seen to****(=prove to)* vise seg å; ***this organisation has been seen to fail sadly time and again*** denne organisasjonen har vist seg å svikte sørgelig gang på gang.

I. seed [si:d] *s* **1.** *bot:* frø *n*; ***grass seed(s)*** gressfrø;
2. *bibl:* sæd;
3. *golf & tennis(=seeded player)* seedet konkurransedeltager; *idrett:* seedet utøver; ***he's the no. 1 seed****(= he's the favourite)* han er favoritten;
4. *fig:* spire *(of doubt* til tvil);
5. *fig:* ***go****(=run)* ***to seed*** forfalle; bli likeglad med sitt ytre; ***go to seed through lack of exercise*** forfalle fysisk på grunn av manglende mosjon.

II. seed *vb* **1.** *bot:* sette frø; frø seg; **2.** ta steinene ut av; **3.** *sport:* seede.

seedbed [ˌsi:d'bed] *s* **1.** *gart:* frøseng; **2.** *fig:* grobunn; ***the seedbed of discontent*** grobunn for misnøye.

seed corn *(,US: seed grain)* såkorn.

seeding [ˌsi:diŋ] *s* **1.** *bot:* det å sette frø;
2. det å ta steinene ut av;
3. selvsåing;
4. *sport:* seeding.

seed leaf *bot:* frøblad; kimblad.

seedless [ˌsi:dləs] *adj:* uten steiner *(fx raisins)*.

seed pod *bot(=pericarp; seed vessel)* frøhus.

seed potato settepotet.

seedy [ˌsi:di] *adj* **1.** full av frø; **2.** *neds(=shabby)* shabby; lurvet; simpel; ***a seedy hotel*** et simpelt hotell; **3. T***(=slightly unwell)* utilpass *(fx feel seedy)*.

I. seeing [ˌsi:iŋ] *s:* det å se; ***worth seeing*** verdt å se; ***I'd never have thought it possible but seeing is believing*** jeg ville ikke ha trodd det var mulig, hvis jeg ikke hadde sett det med mine egne øyne *n*.

II. seeing *konj:* ***seeing that****(=since; in view of the fact that)* ettersom; siden; i betraktning av at.

seek [si:k] *vb(pret & perf.part.: sought)* **1.** *stivt:* søke *(fx advice)*; ***seek an opportunity abroad*** søke seg utenlands;
2. *stivt(=search for)* søke etter;
3. *bibl:* ***seek and you may find!*** søk og du skal finne!
4. *stivt:* ***seek to****(=try to)* søke å; forsøke å;
5. *stivt:* søke *(fx the shade of a big tree)*;
6. *stivt:* ***seek out****(=find)* finne (frem til) *(fx old friends)*.

seeker [ˌsi:kə] *s:* søkende; ***a seeker of justice****(=one who seeks justice)* en som søker rettferdighet.

seem [si:m] *vb:* synes; se ut til å være; ***she seems kind*** hun ser snill ut; ***he seems capable*** han virker dyktig; ***how did he seem to you?*** hvordan synes du han virket? ***it seems quite easy to me*** det forekommer meg (å være) lett; ***I still seem to hear him*** jeg synes ennå jeg hører ham; ***I mustn't seem to*** det må ikke se ut som om jeg …; ***I can't seem to please him*** det ser ikke ut til at jeg kan gjøre ham til lags; ***there seems to be a mistake*** det er visst skjedd en feil; ***so it seems!****(=it seems so)* (ja,) slik ser det ut! ***it seems that*** det ser ut som om; ***it only seems colder, but it's not really*** det bare kjennes kaldere, men det er det ikke egentlig; ***what seems to be the trouble?*** 1. hva er i veien? 2. *med bil, etc:* hva feiler det den?

seeming [ˌsi:miŋ] *adj; stivt(=apparent)* tilsynelatende.

seemingly [ˌsi:miŋli] *adv(=apparently)* tilsynelatende.

seemly [ˌsi:mli] *adj; glds(=suitable; decent)* passende; som det sømmer seg.

seen [si:n] *perf.part. av II. see:* sett.

seep [si:p] *vb(=ooze)* sive (*in* inn; *out* ut; *through* gjennom) *(fx blood seeped out through the bandage)*.

seepage [ˌsi:pidʒ] *s; stivt el. tekn:* siving.

I. seesaw [ˌsi:'sɔ:] *s(,US også: teetertotter; teeterboard)* vippehuske; **T:** dumpehuske.

II. seesaw *vb:* huske.

seethe [si:ð] *vb* **1.** *glds(=boil; stew)* koke; **2.** *fig; litt.:* ***seethe****(=boil)* ***with rage*** koke av sinne.

I. segment [ˌsegmənt] *s* **1.** *geom:* segment *n*; **2.** *zo:* ledd *n*; **3.** *stivt(=section)* stykke *n*.

II. segment [segˌment; **US:** ˌsegment] *vb:* segmentere; dele i segmenter *n*; leddele; ***segmented worm*** leddorm.

segregate [ˌsegrə'geit] *vb:* segregere; atskille.

segregation ['segrəˌgeiʃən] *s:* segregasjon; segregering; adskillelse; ***racial segregation*** adskillelse av rasene.

seine [sein] *s:* not; ***purse seine*** snurpenot.

seismic [ˌsaizmik] *adj:* seismisk.

seismogram [ˌsaizmə'græm] *s:* seismogram *n*.

sei whale [ˌsei'weil] *s; zo:* seihval.

seize [si:z] *vb* **1.** *stivt(=grab)* gripe; ***he seized her by the arm****(=he seized her arm)* han grep henne i armen;

S

2. pågripe;
3. *jur:* beslaglegge;
4. *stivt el. litt.: **fury seized him**(=he flew into a rage)* han ble grepet av raseri *n;*
5. *fig:* gripe *(fx an idea); **seize the opportunity*** gripe anledningen;
6. *fig: **seize on*** gripe med begeistring; ***he seized on the chance*** han grep begjærlig sjansen; ***seize on the idea*** gripe tanken med begeistring;
7. *mask; om stempler: **seize up*** skjære seg;
8. *litt.: **be seized with**(=be overcome by)* bli grepet av.

seizure [ˌsi:ʒə] *s* **1.** *jur:* beslagleggelse (*of* av);
2. *glds(=fit)* anfall *n;*
3. *med.: **minor (cerebral) seizure*** liten hjerneblødning; **T:** drypp *n;*
4. *mask:* fastbrenning.

seldom [ˌseldəm] *adv:* sjelden.

I. select [siˌlekt] *vb:* velge (ut); plukke ut.

II. select *adj:* (særlig) utvalgt; eksklusiv; utsøkt; ***a select**(=chosen)* ***few*** noen få utvalgte.

selection [siˌlekʃən] *s* **1.** utvelging; utvelgelse;
2. *sport(=qualifying competition)* utvelgelse; uttaking;
3. utvalg;
4. *zo: **natural selection*** avlsvalg.

selection committee *sport:* uttakingskomité.

selection race *travsport:* kriterium *n.*

selective [siˌlektiv] *adj:* selektiv; utvelgings-; ***be very selective about clothes*** være meget nøye når det gjelder klær.

selective school skole med adgangsbegrensning.

(selective) streaming (according to ability) *skolev:* utvelgelse og gruppering etter evner.

selective strikes *pl:* punktstreik.

selectivity [silekˌtiviti] *s:* utvelgingsevne.

selector [siˌlektə] *s:* velger; *TV:* programvelger.

selenium [siˌli:niəm] *s; min:* selen *n.*

self [self] *s(pl: selves)* jeg; ***his better self*** hans bedre jeg *n.*

self-absorption ['selfəbˌsɔ:pʃən] *s(=self-centredness)* selvopptatthet; selvsentrerthet.

self-addressed ['selfəˌdrest; *attributivt også:* ˌselfə'drest] *adj:* adressert til en selv.

self-adhesive ['selfədˌhi:siv] *adj(=self-sealing)* selvklebende.

self-appointed ['selfəˌpɔintid; *attributivt:* ˌselfə'pɔintid] *adj(=self-constituted)* selvbestaltet.

self-assertion ['selfəˌsə:ʃən] *s:* selvhevdelse.

self-assertive ['selfəˌsə:tiv] *adj:* selvhevdende.

self-assurance ['selfəˌʃɔ:rəns; 'selfəˌʃuərəns] *s(=assurance)* selvsikkerhet.

self-assured ['selfəˌʃɔ:d; 'selfəˌʃuəd; *attributivt:* ˌselfə'ʃɔ:d; ˌselfə'ʃuəd] *adj:* selvsikker.

self-aware ['selfəˌwɛə] *adj:* klar over egne evner og mangler.

self-cancelling ['selfˌkænsəliŋ; *attributivt:* ˌself'kænsəliŋ] *adj: **self-cancelling device*** returneringsmekanisme.

self care [ˌself'kɛə] *s:* egenomsorg.

self-catering ['selfˌkeitəriŋ; *attributivt:* ˌself'keitəriŋ] *adj: **self-catering accommodation*** sted hvor man kan leie rom *(n)* og stelle for seg selv; ***a self-catering holiday*** en ferie hvor man steller for seg selv.

self-centred *(,**US:** self-centered)* ['selfˌsentəd; *attributivt:* ˌself'sentəd] *adj(=self-absorbed)* selvopptatt; selvsentrert.

self-centredness ['selfˌsentədnəs] *s(=self-absorption)* selvopptatthet.

self-compatible ['selfkəmˌpætibl] *adj; bot:* selvbestøvende.

self-complacent ['selfkəmˌpleisənt] *adj(=complacent; self-satisfied)* selvtilfreds.

self-composure ['selfkəmˌpouʒə] *s(=composure)* fatning; (sinns)ro; ***nothing will dent his self-composure**(=nothing can upset him)* ingenting kan bringe ham ut av fatning.

self-conceit ['selfkənˌsi:t] *s(=conceit; self-importance)* selvbevissthet; innbilskhet; ***a man eaten up with self-conceit*** en helt igjennom innbilsk mann.

self-conceited ['selfkənˌsi:tid; *attributivt:* ˌselfkən'si:tid] *adj(=conceited; self-important)* selvbevisst; innbilsk.

self-confessed ['selfkənˌfest; ˌselfkən'fest] *adj(=avowed)* erklært *(fx liar); **a self-confessed rapist*** en som selv innrømmer at han har begått voldtekt.

self-confidence ['selfˌkɔnfidəns] *s(=self-assurance; confidence)* selvtillit; selvsikkerhet.

self-confident ['selfˌkɔnfidənt] *adj(=self-assured; confident)* selvsikker.

self-congratulation [ˌselfkən'grætjuˌleiʃən] *s:* det å gratulere seg selv; ***she was full of self-congratulation on her success*** hun gratulerte seg selv med sin suksess.

self-conscious ['selfˌkɔnʃəs] *adj(=shy)* sjenert; opptatt av egne feil.

self-constituted ['selfˌkɔnsti'tju:tid; *attributivt:* ˌself'kɔnsti'tju:tid] *adj(=self-appointed)* selvbestaltet.

self-contained ['selfkənˌteind; *attributivt:* ˌselfkən'teind] *adj* **1.** selvstendig; komplett *(fx flat);*
2. selvstendig; komplett *(fx unit);*
3. selvforsynt *(fx campers must be fully self-contained).*

self-contempt ['selfkənˌtempt] *s:* selvforakt.

self-contradiction ['selfkɔntrəˌdikʃən] *s(=contradiction)* selvmotsigelse.

self-contradictory ['selfkɔntrəˌdiktəri] *adj:* selvmotsigende.

self-control ['selfkənˌtroul] *s(=self-command)* selvbeherskelse; selvkontroll; ***lose one's self-control**(=lose control of oneself)* tape fatningen.

self-critical ['selfˌkritikl; *attributivt:* ˌself'kritikl] *adj (=critical of oneself)* selvkritisk.

self-deception ['selfdiˌsepʃən] *s(=self-deceit; self-delusion)* selvbedrag.

self-defeating ['selfdiˌfi:tiŋ] *adj; om plan:* som motarbeider seg selv; som er dømt til å mislykkes.

self-defence ['selfdiˌfens] *s:* selvforsvar.

self-denial ['selfdiˌnaiəl] *s:* selvfornektelse.

self-deprecating ['selfˌdepri'keitiŋ] *adj(=self-deprecatory; over-modest)* altfor beskjeden.

self-depreciation ['selfdi'pri:ʃiˌeiʃən; 'selfdi'pri:siˌeiʃən] *s(=over-modesty)* altfor stor beskjedenhet.

self-destructive ['selfdiˌstrʌktiv] *adj:* selvødeleggende.

self-determination ['selfdi'tə:miˌneiʃən] *s:* selvbestemmelse; ***right of self-determination*** selvbestemmelsesrett.

self-devotion ['selfdiˌvouʃən] *s; stivt(=self-sacrifice)* selvoppofrelse.

self-digger [ˌself'digə] *s:* selvdigger.

self-discipline ['selfˌdisiplin] *s:* selvdisiplin.

self-distrust ['selfdisˌtrʌst] *s(=lack of self-confidence)* mangel på selvtillit; manglende selvtillit.

self-doubt [ˌselfˌdaut] *s:* tvil på seg selv.

self-draining ['selfˌdreiniŋ; *attributivt:* ˌself'dreiniŋ] *adj* **1.** *mar:* selvlensende; **2.** selvdrenerende; ***a self-draining site*** en selvdrenerende tomt.

self-drive [ˌself'draiv] *adj: **a self-drive hire car*** en leiebil uten sjåfør.

self-educated ['selfˌedju'keitid; *attributivt:* ˌself'edju'keitid] *adj:* selvlært; *(jvf self-taught).*

self-effacement ['selfiˌfeismənt] *s:* selvutslettelse.

self-effacing ['selfiˌfeisiŋ; *attributivt:* ˌselfi'feisiŋ] *adj:* selvutslettende.

self-employed ['selfimˌplɔid; *attributivt:* ˌselfim'plɔid] *adj. **be self-employed*** være selvstendig næringsdrivende.

self-esteem ['selfiˌsti:m] *s; stivt(=self-respect)* selvaktelse; selvrespekt.

self-evident ['selfˌevidənt; *attributivt:* ˌself'evidənt] *adj(=obvious)* selvinnlysende; innlysende.
self-examination ['selfig'zæmiˌneiʃən] *s(=self--scrutiny; heart-searching(s))* selvransakelse.
self-explanatory ['selfiksˌplænətəri] *adj:* umiddelbart forståelig; som ikke trenger noen (nærmere) forklaring.
self-expression ['selfiksˌpreʃən] *s(=self-fulfilment)* selvutfoldelse.
self-forgetting ['selffəˌgetiŋ; *attributivt:* ˌselffə'getiŋ] *adj:* selvforglemmende.
self-fulfilling ['selfulˌfiliŋ; *attributivt:* ˌselfful'filiŋ] *adj:* selvoppfyllende.
self-fulfilment ['selffulˌfilmənt] *s:* selvrealisering.
self-glorification [ˌself'glɔ:rifiˌkeiʃən] *s:* selvforherligelse; selvopphøyelse.
self-governing ['selfˌgʌvəniŋ; *attributivt:* ˌself'gʌvəniŋ] *adj:* selvstyrt; uavhengig.
self-government ['selfˌgʌvənmənt] *s:* selvstyre.
self-guided ['selfˌgaidid; *attributivt:* ˌself'gaidid] *adj; om reise:* uten guide; ***a self-guided tour*** en tur uten guide.
self-heal [ˌself'hi:l] *s; bot:* blåkoll.
self-help [ˌselfˌhelp] *s:* selvhjelp.
self-image [ˌself'imidʒ] *s; psykol:* selvbilde.
self-important ['selfimˌpɔ:tənt] *adj; neds(=conceited;* **T:** *stuck-up)* viktig; innbilsk.
self-induced ['selfinˌdju:st; *attributivt:* ˌselfin'dju:st] *adj(=self-inflicted)* selvforskyldt; selvpåført.
self-indulgence ['selfinˌdʌldʒəns] *s:* nytelsessyke.
self-indulgent ['selfinˌdʌldʒənt] *adj:* nytelsessyk; ***he's self-indulgent*** han unner seg for mye.
self-inflicted ['selfinˌfliktid; *attributivt:* ˌselfin'fliktid] *adj:* selvforskyldt; selvpåført.
self-instructional ['selfinˌstrʌkʃənl] *adj:* selvinstruerende; ***self-instructional material*** selvinstruerende materiale.
self-interest [ˌselfˌintrist] *s:* egeninteresse; egennytte; ***act out of self-interest*** handle i egeninteresse.
self-interested ['selfˌintristid; *attributivt:* ˌself'intristid] *adj:* egennyttig.
selfish [ˌselfiʃ] *adj:* egoistisk; ***selfish endeavour*** selvisk streben.
selfishness [ˌselfiʃnəs] *s:* egoisme.
self-knowledge ['selfˌnɔlidʒ] *s:* selverkjennelse.
selfless [ˌselfləs] *adj:* uselvisk *(fx love).*
selflessly [ˌselfləsli] *adv:* uselvisk; på en uselvisk måte.
self-love ['selfˌlʌv; ˌselfˌlʌv] *s:* egenkjærlighet.
self-made ['selfˌmeid; *attributivt:* ˌself'meid] *adj* **1***(=home-made)* hjemmelagd; **2.** *fig:* som har arbeidet seg opp ved egen hjelp *(fx person).*
self-neglect ['selfniˌglekt] *s:* forsømmelse av seg selv; ***as a result of self-neglect*** fordi man har forsømt seg selv.
self-opening [ˌself'oupəniŋ] *adj:* selvåpnende.
self-pity ['selfˌpiti] *s:* selvmedlidenhet.
self-pollination ['selfpɔliˌneiʃən] *s; bot:* selvbestøvning.
self-portrait ['selfˌpɔ:trit] *s:* selvportrett.
self-possessed ['selfpəˌzest] *adj(=composed)* fattet; behersket *(fx a calm, self-possessed person).*
self-praise ['selfˌpreiz] *s:* selvros; ***self-praise is no recommendation*** selvros stinker.
self-preservation [ˌselfprezəˌveiʃən] *s:* selvoppholdelse; ***instinct of self-preservation*** selvoppholdelsesdrift.
self-protection ['selfprəˌtekʃən] *s:* egenbeskyttelse.
self-raising ['selfˌreiziŋ; *attributivt:* ˌself'reiziŋ] *adj; om mel(,***US:** *self-rising)* med bakepulver i *(fx flour).*
self-recording ['selfriˌkɔ:diŋ; *attributivt:* ˌselfri'kɔ:diŋ] *adj(=self-registering)* selvregistrerende.
self-reliance ['selfriˌlaiəns] *s(=self-help)* selvhjelp; selvstendighet.
self-reliant ['selfriˌlaiənt] *adj(=self-supporting)* selvhjulpen; selvstendig.
self-respect ['selfriˌspekt] *s:* selvrespekt.
self-respecting [ˌselfri'spektiŋ] *adj:* med respekt for seg selv.
self-restraint ['selfriˌstreint] *s(=self-control)* selvbeherskelse; ***show self-restraint*** vise selvbeherskelse.
self-restrained ['selfriˌstreind] *adj:* ***be self-restrained*** *(=show self-restraint)* vise selvbeherskelse; *(jvf self -restraint).*
self-righteous ['selfˌraitʃəs; *attributivt:* ˌself'raitʃəs] *adj:* selvrettferdig.
self-righting ['selfˌraitiŋ; *attributivt:* ˌself'raitiŋ] *adj; mar:* selvreisende; som retter seg opp selv.
self-sacrifice ['selfˌsækri'fais] *s:* selvoppofrelse.
self-sacrificing ['selfˌsækri'faisiŋ; *attributivt også:* ˌself'sækri'faisiŋ] *adj:* selvoppofrende.
selfsame [ˌself'seim] *adj; stivt(=the very same)* selvsamme.
self-satisfaction [ˌself'sætisˌfækʃən] *s:* selvtilfredshet.
self-satisfied ['selfˌsætis'faid; *attributivt:* ˌself'sætis'faid] *adj:* selvtilfreds.
self-scrutiny ['selfˌskru:tini] *s(=self-examination)* selvransakelse.
self-sealing ['selfˌsi:liŋ; *attributivt:* ˌself'si:liŋ] *adj* **1.** selvklebende *(fx envelope);* **2.** selvtettende.
self-seeker [ˌself'si:kə] *s; stivt(=egoist)* egoist.
self-seeking [ˌself'si:kiŋ] *adj; stivt(=selfish)* egoistisk.
self service [ˌselfˌsə:vis] *s:* selvbetjening.
self-service ['selfˌsə:vis; *attributivt også:* ˌself'sə:vis] *adj:* selvbetjenings-; selvbetjent.
self starter *mask(=starter motor)* selvstarter.
self-styled ['selfˌstaild; *attributivt:* ˌself'staild] *adj:* ***self -styled Christians*** folk som kaller seg selv kristne.
self-sufficiency ['selfsəˌfiʃənsi] *s(=self-support):* ***policy of self-sufficiency*** selvforsyningspolitikk; selvbergingspolitikk.
self-sufficient ['selfsəˌfiʃənt] *adj(=self-supporting)* selvforsynt; selvforsynende (*in* med).
self-supporting ['selfsəˌpɔ:tiŋ; *attributivt:* ˌselfsə'pɔ:tiŋ] *adj* **1***(=self-sufficient)* selvforsynt (*in* med); **2***(=independent)* selvforsørgende; ***she's self-supporting*** hun forsørger seg selv;
3. *om bedrift:* som kan stå på egne ben *n;*
4. *bygg(=load-bearing):* ***self-supporting wall*** bærevegg.
self-taught ['selfˌtɔ:t; *attributivt:* ˌself'tɔ:t] *adj:* selvlært *(fx he's completely self-taught).*
self-timer ['selfˌtaimə] *s; fot:* selvutløser.
self-torture ['selfˌtɔ:tʃə] *s:* selvpinsel.
self-tuition ['self'tju:ˌiʃən] *s(=private study)* selvstudium; lesing på egen hånd.
self-willed ['selfˌwild; *attributivt:* ˌself'wild] *adj:* egenrådig; sta; envis.
self-winding ['selfˌwaindiŋ; *attributivt:* ˌself'windiŋ] *adj; om klokke:* selvtrekkende.
self-worked ['selfˌwə:kt; *attributivt:* ˌself'wə:kt] *adj(=automatic)* selvbetjent *(fx lift).*
I. sell [sell] *s: se hard sell & soft sell.*
II. sell *vb(pret & perf.part.: sold)* **1.** selge; ***sell well*** selge godt; ***sell at a profit*** selge med fortjeneste; ***it was sold for £20,000*** det (,den) ble solgt for £20.000; ***hard to sell*** vanskelig å selge; ***they're selling****(=going)* ***like ripe cherries*** de går som varmt hvetebrød;
2. *om idé, etc* **T:** selge; få godtatt; ***he knows how to sell himself*** han vet hvordan han skal selge seg selv;
3. T: ***sell sby down the river****(=betray sby)* forråde en;
4.: ***sell off*** selge ut; kvitte seg med;
5. S: ***be sold****(=keen)* ***on*** være begeistret for;
6.: ***sell out*** 1. selge ut; selge unna; 2. la seg kjøpe ut; 3. **T:** ***sell out to the enemy*** samarbeide med fienden;
7. *om hus, forretning, etc:* ***sell up*** selge.
sell-by date [ˌsel'baiˌdeit] *s; for bedervelig vare:* siste salgsdato.
seller [ˌselə] *s* **1.** selger *(fx of second-hand books);*
2. T: ***it's a good seller*** det selger godt; *(se best seller).*

S

selling [ˌseliŋ] *s:* salg *n;* det å selge; ***would you like a career in selling?*** vil du ha varesalg som yrke?
selling line *merk: **a good selling line*** en god salgsvare.
selling price salgspris; *(jvf sale price).*
selling value *(=market value)* verdi ved salg *n;* salgsverdi; *(jvf sales value).*
sell-off [ˌsel'ɔf] *s:* salg; avhendelse (især til redusert pris) *(fx of the company assets).*
Sellotape [ˌselə'teip] *s(=adhesive tape; især* **US:** *Scotch tape)* limbånd; tape.
sell-out [ˌsel'aut] *s* **1***(=selling out)* det å selge ut; salg *n;*
2. T: utsolgt hus *n;* fullt hus;
3. T: salgssuksess;
4. T*(=betrayal)* forræderi *n.*
selvage, selvedge [ˌselvidʒ] *s; på stoff:* jare.
I. semaphore [ˌsemə'fɔ:] *s:* semafor; håndflagg.
II. semaphore *vb:* semaforere; signalisere med håndflagg.
semblance [ˌsembləns] *s; stivt el. spøkef: **coach them into some semblance of a football team**(=coach them into something resembling a football team)* få noe som ligner et fotballag ut av dem; ***we didn't have a semblance of a chance**(=we didn't have anything like a chance)* vi hadde ikke noe som lignet en sjanse.
semen [ˌsi:mən] *s; fysiol(=sperm)* sæd; sperma.
semester [siˌmestə] *s; især **US**(=term)* semester *n.*
semi [ˌsemi] *s* **1. T***(=semi-detached house* **US:** *duplex house)* vertikaldelt tomannsbolig;
2. *fotb(=semifinal)* semifinale;
3*(fk f semitrailer)* **US T***(=articulated lorry;* **T:** *artic)* semitrailer.
semi- [ˌsemi] *forstavelse:* halv-; semi-.
semiannual ['semiˌænjuəl] *adj:* halvårlig.
semiautomatic [ˌsemi'ɔ:təˌmætik] *adj:* halvautomatisk.
I. semibold ['semiˌbould] *s; typ: **semibold type*** halvfet.
II. semibold *adj:* halvfet.
semibreve [ˌsemi'bri:v] *s; mus(,***US:** *whole note)* helnote.
semicircle [ˌsemi'sə:kl] *s:* halvsirkel.
semicircular ['semiˌsə:kjulə] *adj:* halvsirkelformet.
semicolon ['semiˌkoulən; **US:** ˌsemi'koulən] *s; gram:* semikolon.
semiconscious ['semiˌkɔnʃəs; *attributivt:* ˌsemi'kɔnʃəs] *adj:* halvt bevisstløs.
semidark ['semiˌdɑ:k; *attributivt:* ˌsemi'dɑ:k] *adj:* halvmørk.
semidarkness ['semiˌdɑ:knəs] *s(=half-dark)* halvmørke; ***in the semidarkness of the room**(=in the half-darkened room)* i det halvmørke rommet.
semideaf ['semiˌdef; *attributivt:* ˌsemi'def] *adj(=half deaf)* halvdøv.
semidetached ['semidiˌtætʃt] *adj: **semidetached house** (,***US:** *duplex house)* vertikaldelt tomannsbolig.
semifinal ['semiˌfainəl] *s; sport:* semifinale.
semifinalist ['semiˌfainəlist] *s; sport:* semifinalist.
semigrand ['semiˌgrænd] *mus:* ~ **(piano)** salongflygel.
semiliquid ['semiˌlikwid; *attributivt:* ˌsemi'likwid] *adj:* tungtflytende.
semilunar ['semiˌlu:nə] *adj(=crescent-shaped)* halvmåneformet.
semiluxury ['semiˌlʌkʃəri] *adj: **semiluxury goods*** luksusbetonte varer.
semimanufacture [ˌsemi'mænjuˌfæktʃə] *s:* halvfabrikat.
semi-matt ['semiˌmæt] *adj; om maling:* halvmatt.
seminal [ˌseminəl] *adj* **1.** *bot:* frø-;
2. *fysiol:* sæd-.
seminar [ˌsemi'nɑ:] *s:* seminar *n.*
seminary [ˌseminəri] *s; kat:* presteseminar.
seminude ['semiˌnju:d; *attributivt:* ˌsemi'nju:d] *adj(=half-naked)* halvnaken.
seminudity ['semiˌnju:diti] *s(=half-nakedness)* halvnakenhet.
semiofficial ['semiəˌfiʃəl; ˌsemiəˌfiʃəl] *adj:* halvoffisiell; offisiøs.
semiprecious ['semiˌpreʃəs; *attributivt:* ˌsemi'preʃəs] *adj: **semiprecious stone*** halvedelsten.
semipro [ˌsemi'prou], **semiprofessional** ['semiprəˌfeʃənəl] *s:* halvprofesjonell.
semiquaver [ˌsemi'kweivə] *s; mus(,***US:** *sixteenth note)* $^{1}/_{16}$ note.
semiquaver rest *mus:* $^{1}/_{16}$ pause.
semiquote [ˌsemi'kwout] *s:* enkelt anførselstegn.
semiskilled ['semiˌskild; *attributivt:* ˌsemi'skild] *adj: **semiskilled worker**(=operative)* spesialarbeider.
semiskimmed ['semiˌskimd; *attributivt:* ˌsemi'skimd] *adj: **semiskimmed milk**(=lowfat milk; fat-reduced milk)* lettmelk.
I. semisolid ['semiˌsɔlid] *s:* halvfast substans.
II. semisolid ['semiˌsɔlid; *attributivt:* ˌsemi'sɔlid] *adj:* halvfast; ***semisolid consistency*** halvfast konsistens.
semisweet ['semiˌswi:t; *attributivt:* ˌsemi'swi:t] *adj(=half-sweet)* halvsøt.
semitrailer [ˌsemi'treilər] *s* **US** *& Canada(=articulated lorry;* **T:** *artic)* semitrailer; *(jvf tractor 2; tractor trailer; trailer truck).*
semitrained ['semiˌtreind; *attributivt:* ˌsemi'treind] *adj:* halvlært.
Semite [ˌsi:mait] *s:* semitt.
Semitic [siˌmitik] *adj:* semittisk.
semitone [ˌsemi'toun] *s; mus:* halvtone.
semiwater gas ['semiˌwɔ:tə'gæs] *s:* kraftgass.
semolina ['seməˌli:nə] *s:* semule(gryn).
senate [ˌsenit] *s:* senat *n;* **US: *the Senate*** senatet; *(jvf house 2: the House of Representatives).*
senator [ˌsenətə] *s:* senator.
send [send] *vb(pret & perf.part.: sent)* **1.** sende; ***send sby sth, send sth to sby*** sende en noe; ***send sby home*** sende en hjem;
2. *fig: **it sent him to sleep*** det fikk ham til å sove; ***send word that*** sende beskjed om at; ***she sends (you) her love*** hun ber meg hilse deg;
3. T: ***send sby about their business:*** *se 12: **send sby packing;***
4.: ***send away*** sende bort;
5.: ***send back*** sende tilbake;
6.: ***send down*** 1. **T***(=send to prison;* **US:** *send up)* sende i fengsel *n;* 2. *univ: **send sby down*** relegere *(el.* utvise) en;
7.: ***send for*** sende bud etter *(el.* på); ***send away**(=off)* **for** sende etter;
8.: ***send in*** 1. sende inn; 2. sette inn *(fx in troops);*
9.: ***send off*** 1. sende av sted; poste *(fx a letter);* 2. se vel av sted; ***send off**(=away)* ***for*** sende etter;
10.: ***send on*** 1. videresende; sende etter; 2. sende i forveien *(fx she sent her luggage on (ahead of her));*
11.: ***send out*** 1. sende ut *(fx sby; invitations);* 2.: ***send out for sth*** bestille noe brakt hjem til seg; sende etter noe;
12. T: ***send sby packing*** 1*(=send sby about their business)* jage en på dør; sette en på porten; gi en sparken; vise en vinterveien; gi en et utvetydig avslag; 2*(=break it off with sby; send sby about their business)* slå opp med en; gi en løpepass; **T:** gi en på båten;
13.: ***send round*** 1*(=circulate)* la sirkulere; sende rundt; 2. sende bort *(fx send it rund tomorrow);*
14.: ***send to*** 1. sende til; ***send him (along) to me*** send ham (bort) til meg; 2.: ***send to bed*** sende til sengs; 3.: ***send to prison*** sende i fengsel *n;*
15.: ***send up*** 1. drive i været *(fx the prices);* 2. *om temperatur: **this sent the patient's temperature up*** dette fikk pasientens temperatur til å fyke i været; 3. **S***(=make fun of)* drive gjøn *(n)* med; 4. **US***(=send to prison;* **T:** *send down)* sende i fengsel *n.*
sender [ˌsendə] *s* **1.** avsender; **2.** *radio:* sender.
sendoff [ˌsend'ɔf] *s* **T:** hjertelig avskjed; avskjedsfest *(fx give sby a good sendoff).*

sendup [ˌsend'ʌp] *s* **T***(=parody)* parodi.
Senegal ['seniˌgɔ:l] *s; geogr:* Senegal.
I. Senegalese ['senigəˌli:z] *s* **1.** senegaleser;
2. *språk:* senegalesisk;
II. Senegalese *adj:* senegalesisk.
senescence [siˌnesəns] *s; med.:* begynnende alderdom.
senescent [siˌnesənt] *adj; med.(=ageing)* aldrende.
senile [ˌsi:nail] *adj:* senil; *(se second childhood).*
senility [siˌniliti] *s:* senilitet; ***senility has set in*** alderdomssvakheten har begynt å gjøre seg gjeldende.
senior [ˌsi:njə] *s & adj:* **1.** senior; ***be my senior by two years****(=be two years older than me)* være to år eldre enn meg; ***senior sources*** høytstående kilder;
2. *s* **US** *ved fireårig 'high school':* fjerdeklassing; *(se high school 2).*
senior citizen *evf:* eldre menneske *n; evf:* pensjonist.
senior citizen's discount pensjonistrabatt.
senior high school: *se high school 2.*
seniority ['si:niˌɔriti] *s:* ansiennitet; ***promotion goes by seniority*** forfremmelse skjer etter ansiennitet.
senior officer *mil; mht. ansiennitet:* eldste offiser; ***his senior officer*** hans overordnede.
senior registrar: *se registrar.*
senior service UK: ***the senior service*** *(=the Royal Navy)* marinen.
sensation [senˌseiʃən] *s* **1.** *stivt(=feeling)* følelse *(fx a loss of sensation in the toes);* fornemmelse; ***he had a sensation of floating*** han hadde en fornemmelse av å sveve;
2. sansefornemmelse; sansning;
3. sensasjon; ***cause****(=make; create)* ***a sensation*** lage sensasjon.
sensational [senˌseiʃənəl] *adj* **1.** sensasjonell; oppsiktsvekkende;
2. T*(=very good)* fantastisk (god);
3. *neds:* sensasjonspreget *(fx magazine).*
sensationalism [senˌseiʃənə'lizəm] *s:* sensasjonsjag.
I. sense [sens] *s* **1.** sans; ***perceptible to the senses*** som kan oppfattes av sansene; ***with all senses alert*** med alle sanser våkne; ***the deception of the senses*** sansenes bedrag *n;*
2. *fig:* sans (*of* for) *(fx he has no sense of detail);* følelse; fornemmelse; ***he has a continual sense of failure*** han føler hele tiden at han ikke strekker til; ***a sense of colour*** fargesans *(fx have a good sense of colour);* ***he has no sense of colour*** han har ingen fargesans; ***a sense of direction*** retningssans; ***have you no sense of shame?*** har du ingen skamfølelse? ***I lost all sense of time*** jeg mistet ethvert begrep om tid;
3. oppfatning *(fx he has an exaggerated sense of his own importance);*
4. fornuft *(fx use your sense!);* forstand; ***common sense*** sunn fornuft; sunt vett; ***(good) sense*** forstandighet; ***his good sense in (-ing)*** hans forstandighet når det gjaldt å …; ***there's not a grain of sense in it*** det er hinsides all fornuft; ***it's full of sense*** det er til å få forstand av; ***he had more luck than (common) sense****(=he was more lucky than wise)* i hans tilfelle var lykken bedre enn forstanden; ***he should have had more sense than to …*** han burde ha forstått bedre enn å …; ***she has plenty of sense*** hun er meget fornuftig; **T:** ***he's a bit short on sense*** han er ikke særlig godt utstyrt med fornuft; ***be in possession of one's senses*** være ved sin fulle forstand; ***bring sby to his senses****(= make sby see reason)* bringe en til fornuft; få en til å ta fornuften fangen; få en til å besinne seg; ***come to one's senses*** komme til fornuft igjen; ta fornuften fange; besinne seg; ***take leave of one's senses*** *(,T: go round the bend)* gå fra forstanden; ***have the sense to say no*** være fornuftig nok til å si nei; ***talk sense*** snakke fornuft; si noe som det er mening i; ***he wouldn't talk ~*** det var ikke mulig å få et fornuftig ord ut av ham;
5. hensikt; vits; ***where's****(=what's)* ***the sense in going there in winter?****(=what's the point of going there in winter?)* hva er vitsen med å dra dit om vinteren?
6*(=meaning)* betydning *(fx this word can be used in several senses; do you mean 'funny' in the sense of 'odd'?);* **the word can't be used in that sense***(=the word can't be used to mean that)* ordet kan ikke brukes i den betydningen; ***in an adjectival sense*** med adjektivisk betydning; ***in a bad sense*** i dårlig betydning *(fx I didn't mean that word in a bad sense);* ***in the best sense of the word*** i ordets beste betydning; ***he's big in both senses of the word*** han er stor i dobbelt forstand; ***in a very different sense*** i en ganske annen betydning; ***in a double sense*** i dobbelt forstand; ***in every sense (of the word)*** i enhver betydning (av ordet); i enhver forstand; ***in a global sense****(=in a world sense)* i global forstand; i global sammenheng; ***in a legal sense*** i lovens forstand; ***in that sense*** i den betydningen; ***in the strict sense of the word****(=strictly speaking)* i strengeste forstand; ***in the sense that …*** i den forstand at …; ***I didn't mean that word in any unpleasant sense*** jeg brukte ikke ordet i noen odiøs betydning; ***in the usual sense of the word*** i den vanlige betydningen av ordet; *(se 8: make sense);*
7.: ***in a sense****(=in a way; to a certain extent)* på en måte;
8.: ***make sense*** gi mening; ***it doesn't make sense!*** det gir ingen mening! **T:** ***it makes no sort of sense to me****(= I can't make it out)* jeg blir ikke klok på det; ***that makes sense*** det kan det være mening i; det er til å forstå; ***can you make sense of her letter?*** kan du få noe ut av brevet hennes? ***I doubt whether such a plan makes sense*** jeg tviler på om en slik plan har noe for seg.
II. sense *vb(=feel)* fornemme; føle; ***I sensed that he disapproved*** jeg følte at han mislikte det; ***I sensed that all was not well*** jeg følte at ikke alt var som det skulle.
senseless [sensləs] *adj* **1***(=unconscious)* bevisstløs; sanseløs; ***be beaten senseless*** bli slått bevisstløs; ***lie senseless*** ligge bevisstløs;
2*(=foolish)* tåpelig *(fx what a senseless thing to do!);*
3*(=meaningless)* meningsløs *(fx murder).*
sense perception sanseoppfatning.
sensibility ['sensəˌbiliti] *s* **1.** *litt. el. glds(=sensitivity)* følsomhet; sensibilitet; **2.** *spøkef:* ***sensibilities****(=feelings)* følelser; ***that joke offended her sensibilities*** den spøken krenket hennes følelser.
sensible [ˌsensəbl] *adj* **1.** fornuftig *(fx shoes; suggestion; person);* forstandig; ***everybody was struck by how sensible she was*** alle ble slått av hennes forstandighet; ***be sensible about what one eats*** være fornuftig med det man spiser; ***make sensible use of the freezer*** bruke fryseren fornuftig;
2. *stivt(=noticeable)* følbar; merkbar;
3. *glds el. litt.(=aware):* ***be sensible of*** være oppmerksom på.
sensibly [ˌsensəbli] *adv:* fornuftig.
sensitive [ˌsensətiv] *adj* **1.** *om dokument, film, instrument:* følsom; ***a sensitive matter*** en følsom sak; ***a sensitive subject*** et ømtålig tema;
2. *om person(=touchy)* følsom; fintfølende; sensibel; ømfintlig; nærtagende *(fx don't be so sensitive!);* ***be sensitive about sth*** være ømfintlig når det gjelder noe;
3.: ***sensitive to*** 1. følsom overfor *(fx red light);* ***sensitive to touch*** øm for berøring; 2. *fig:* lydhør overfor; 3. *økon:* ***sensitive to fluctuations in trade*** konjunkturfølsom; *(jvf cyclical).*
sensitiveness [ˌsensətivnəs] *s:* følsomhet.
sensitivity ['sensəˌtiviti] *s* **1.** følsomhet (*to* overfor); sensibilitet; ***the swelling up was accompanied by great sensitivity to touch*** samtidig med hevelsen inntrådte en utpreget ømhet for berøring; *(jvf sensibility);*
2. følsomhet; innlevelse; ***the book shows great sensitivity*** boken er skrevet med stor innlevelse.
sensitize, sensitise [ˌsensi'taiz] *vb:* gjøre lysfølsom.
sensor [ˌsensə] *s; elekt:* sensor; *(jvf censor).*

sensory [ˌsensəri] *adj:* sanse-; sensorisk.
sensual [ˌsensjuəl] *adj* **1.** sanselig *(fx pleasures); **he led a wickedly sensual life*** han førte et meget utsvevende liv;
2. sensuell *(fx person; lips; woman).*
sensualism [ˌsensjuəˈlizəm] *s* **1.** *fil:* sensualisme;
2. *stivt(=sensuality)* sensualitet.
sensualist [ˌsensjuəlist] *s:* sensualist.
sensuality [ˈsensjuˌæliti] *s:* sensualitet.
sensuous [ˌsensjuəs] *adj:* som taler til sansene; sanselig; ***with sensuous delight*** vellystig; *(jvf carnal & sensual).*
sent [sent] *pret & perf.part. av send.*
I. sentence [ˌsentəns] *s* **1.** *gram:* setning;
2. *jur:* dom; ***pass sentence on sby*** avsi dom over en; ***the judge gave him a 6-month sentence*** dommeren ga ham seks måneders fengsel *n;* ***serve a sentence*** sone en dom; ***under sentence of death*** dødsdømt.
II. sentence *vb:* dømme *(to* til).
sententious [senˌtenʃəs] *adj; stivt(=pompous; didactic)* pompøs *(fx don't be so sententious!);* doserende *(fx a sententious piece of writing).*
sentient [ˌsentiənt] *adj; meget stivt el. spøkef:* sansende; ***a sentient being****(=a being with feelings)* et sansende vesen; et sansevesen.
sentiment [ˌsentimənt] *s* **1***(=show of feeling(s))* følelsesytring; følelser *(fx an occasion for sentiment and nostalgia); **appeal to sentiment**(=be sentimental)* appellere til følelsene; ***a wave of sentiment*** en stemningsbølge;
2*(=public feeling)* opinion *(fx anti-smoking sentiment is growing);*
3. *litt.: **sentiment(s)**(=feelings)* følelser *(fx his sentiments towards me); **noble sentiments*** edle følelser.
sentimental [ˈsentiˌmentəl] *adj:* sentimental; følelsesmessig; stemningsbetont; ***falsely sentimental*** påtatt sentimental; ***inclined to be sentimental*** litt sentimental av seg; ***strike a sentimental note*** slå på de sentimentale strenger.
sentimentalist [ˈsentiˌmentəlist] *s:* følelsesmenneske.
sentimentality [ˈsentimenˌtæliti] *s:* sentimentalitet; ***appeal to people's sentimentality*** slå på de sentimentale strenger.
sentimental value affeksjonsverdi.
sentinel [ˌsentinəl] *s; glds(=sentry)* skiltvakt.
sentry [ˌsentri] *s; mil:* skiltvakt.
sentry box *mil:* skilderhus.
sepal [ˌsi:pəl] *s; bot:* begerblad.
separable [ˌsepərəbl] *adj:* som kan atskilles.
I. separate [ˌsepəˈreit] *vb* **1.** skilles (at);
2. skille *(from* fra);
3. *jur:* separere; ***separated from*** separert fra;
4. *om skall, etc:* løsne *(fx if you boil tomatoes, their skins will separate easily);*
5. *melk:* separere.
II. separate [ˌsep(ə)rət] *adj:* atskilt; separat; særskilt; ***have a separate room*** ha eget værelse; ***the garage is quite separate from the house*** garasjen er helt atskilt fra huset; ***I like to keep my job and my home life separate*** jeg liker å holde arbeidet og hjemmelivet atskilt; ***this happened on two separate occasions*** dette skjedde ved to forskjellige anledninger.
separately [ˌsep(ə)rətli] *adv:* hver for seg; ***this must be packed separately*** dette må pakkes for seg.
separation [ˈsepəˌreiʃən] *s* **1.** utskillelse; utskilling;
2. atskillelse *(from* fra);
3. *jur(=legal separation)* separasjon.
separatist [ˌsep(ə)rətist] *s:* separatist.
sepsis [ˌsepsis] *s; med.(=blood poisoning)* blodforgiftning.
September [sepˌtembə] *s:* september; *(se June).*
septic [ˌseptik] *adj; med.:* septisk; betent; ***a septic finger*** en finger som det er gått blodforgiftning i; ***go septic****(=turn septic; become infected)* bli betent.
septic(a)emia [ˈseptiˌsi:miə] *s; med.(=blood poisoning)* blodforgiftning.
septic fever *med.(=traumatic fever)* sårfeber.
septic tank septiktank.
sepulchral [siˌpʌlkrəl] *adj; stivt* **1.** grav-; ***sepulchral monument*** gravmonument; **2.** *om stemme: **sepulchral voice*** gravrøst.
sepulchre *(,**US:** sepulcher)* [ˌsepəlkə] *s; glds el. litt. (=tomb)* grav; ***the (Holy) Sepulchre*** den hellige grav.
sequel [ˌsi:kwəl] *s* **1.** *av litterært verk:* fortsettelse *(to* av); **2.** *fig:* etterspill; ***this will have a sequel in court*** dette vil få et rettslig etterspill.
sequence [ˌsi:kwəns] *s* **1.** rekkefølge; orden; ***in the same sequence****(=order)* ***as*** i samme rekkefølge som; ***sequence****(=course)* ***of events*** hendelsesforløp;
2. *EDB, film, kortsp:* sekvens; *mat.:* sekvens; tallfølge.
sequester [siˌkwestə] *vb* **1.** *jur(=confiscate)* beslaglegge; konfiskere; **2.** *meget stivt(=isolate)* isolere *(fx the jury is sequestered in a hotel);* **3.** *litt.: **sequester oneself from urban life**(=withdraw from urban life)* trekke seg tilbake fra bylivet.
sequestrate [siˌkwestreit] *vb: se sequester 1.*
sequestration [ˈsi:kweˌstreiʃən] *s; jur(=confiscation)* konfiskasjon; konfiskering.
sequin [ˌsi:kwin] *s; på tøy:* paljett.
seraglio [seˌrɑ:liou] *s(=harem)* harem *n;* serai.
I. Serb [sə:b] *s:* serber; *språk:* serbisk.
II. Serb *adj:* serbisk.
Serbian [ˌsə:biən] *s & adj: se Serb.*
Serbia [ˌsə:biə] *s; geogr:* Serbia.
I. serenade [ˈseriˌneid] *s:* serenade.
II. serenade *vb:* synge en serenade (,serenader) for.
serene [siˌri:n] *adj* **1***(=imperturbable)* uforstyrrelig *(fx she's calm and serene);* **2.** *litt.; om været(=calm)* rolig *(fx a serene summer day).*
serenity [siˌreniti] *s:* uforstyrrelighet; opphøyd ro.
serf [sə:f] *s; hist(=villein)* livegen; *(NB en 'serf' hadde lavere status enn en 'villein').*
serfdom [ˌsə:fdəm] *s; hist(=villeinage)* livegenskap *n; (jvf serf).*
serge [sə:dʒ] *s; tekstil:* serge; sars.
sergeant [ˌsɑ:dʒənt] *s* **1.** *mil(fk Sgt;* **US:** *fk SGT)* sersjant; **2.:** ***(police) sergeant*** (politi)overkonstabel.
serial [ˌsiəriəl] *s:* føljetong; *radio & TV:* serie.
serial film *film:* episodefilm.
serialize, serialise [ˌsiəriəˈlaiz] *vb:* gi ut som føljetong; *radio & TV:* bringe som føljetong.
serial number 1. løpenummer; ***serial numbers*** fortløpende nummer *n;* **2.** *mil:* nummer *n (fx give name, rank and (serial) number).*
serial story føljetong.
series [ˌsiəri:z] *s(pl: series)* **1.** serie; **2.** rekke.
serious [ˌsiəriəs] *adj* **1.** seriøs *(fx music);*
2. alvorlig; ***make a serious attempt*** gjøre et alvorlig forsøk; ***is he serious about wanting to be a doctor?*** er det hans alvor *(n)* at han vil bli lege? ***he's quite serious*** det er hans ramme alvor.
Serious Fraud Office *(fk SFO): **the Serious Fraud Office** svarer til:* (politiets) økonomiavsnitt.
seriously [ˌsiəriəsli] *adv:* alvorlig *(fx ill).*
seriousness [ˌsiəriəsnəs] *s:* alvor *n.*
sermon [ˌsə:mən] *s:* preken; ***deliver a sermon*** holde preken.
sermonize, sermonise [ˌsə:məˈnaiz] *vb; neds: **sermonize sby*** holde moralpreken for en.
serous [ˌsiərəs] *adj:* serøs *(fx fluid).*
serpent [ˌsə:pənt] *s; glds el. litt.(=snake)* slange.
serpentine [ˌsə:pənˈtain] *adj; litt.(=winding)* buktet.
serrated [səˌreitid] *adj(=saw-toothed)* sagtakket.
serried [ˌserid] *adj: **in serried ranks**(=drawn up in ranks)* i sluttet rekke.
serum [ˌsiərəm] *s:* serum *n;* blodvann.
servant [ˌsə:vənt] *s* **1.** tjener; *(se manservant);* **2.:** *se civil servant & public servant.*

I. serve [sə:v] *s; tennis:* serve.
II. serve *vb* **1.** tjene *(fx sby);*
2. betjene; ekspedere; ***they take years to serve anyone in this shop!*** det tar evigheter å bli ekspedert i denne butikken! ***are you being served?*** får De? blir De ekspedert?
3. *landbr:* bedekke;
4. servere; ***serve sby with sth*** servere en noe; ***dinner's served*** middagen er servert;
5. tjenstgjøre; gjøre tjeneste *(fx as a soldier);* ***serve on a jury*** sitte i en jury; være jurymedlem;
6. *om straff:* sone;
7. *tennis:* serve;
8. gjøre nytten; ***it'll have to serve****(=it'll have to do)* det må gjøre nytten;
9. *jur:* forkynne; ***serve notice of the judgment on her*** forkynne dommen for henne; ***a summons has been served on him to appear in court*** han er blitt innstevnet til å møte i retten;
10.: ***it serves you right!*** det har du godt av! det er til pass til deg!
11. *ordspråk:* ***first come, first served*** den som kommer først til mølla, får først malt;
12.: ***serve one's apprenticeship*** stå i lære (*as* som);
13. *om matoppskrift:* ***this recipe serves six persons*** denne oppskriften er beregnet på seks personer.
server [ˌsə:və] *s* **1.** *tennis:* server;
2. *kat.:* messeassistent;
3.: ***(pair of) salad servers****(=salad set)* salatbestikk.
service [ˌsə:vis] *s* **1.** tjeneste; ***do sby a great service*** gjøre en en stor tjeneste; ***I owe him a service in return****(=I owe him a good turn)* jeg skylder ham en gjentjeneste; *stivt el. spøkef:* ***at sby's service****(=disposal)* til ens tjeneste; ***I'm at your service*** jeg står til tjeneste;
2. *mil:* forsvarsgren; våpengren; ***the services*** forsvarsgrenene;
3.: ***(divine) service*** gudstjeneste; ***hold a service*** holde gudstjeneste;
4. assistanse; hjelp; ***need the services of a doctor*** trenge legehjelp;
5. servise *n;* ***coffee service****(=coffee set)* kaffeservise;
6. betjening; ekspedering; service; ***poor service*** dårlig service; servicetiltak; serviceytelse; servering; *mots selvbetjening:* ***table service*** bordservering; ***after-sales service*** kundeservice; ***same-day service*** service på dagen; ***when did your car last have a service?*** når var bilen din sist inne til service? ***we don't provide service for****(=we don't do service on; we don't service)* vi driver ikke med service på; vi yter ikke service på;
7. *tennis:* serve;
8. *jur; av stevning:* forkynnelse; *i sivilsak:* ***service of judgment*** domsforkynnelse;
9. drift; ***this lift is out of service*** denne heisen er ute av drift; *om nytt materiell:* ***put into service*** ta i bruk *(fx a new plane); mar; om skip:* ***(time of) service*** fartstid; *(jvf sea service);* ***put a ship into service****(=commission)* sette et skip i fart; ta et skip i bruk;
10. *om offentlige tjenester:* ***the Customs service*** tolletaten; ***bus service*** bussrute; bussforbindelse *(fx there's a good service into the city);* ***postal service*** postgang; posttjeneste *(fx the postal service is very poor here);* ***train service*** toggang; togforbindelse; *(se civil service; health service; public service);*
11. *økon:* tjenesteytelse *(fx goods and services);*
12. *landbr:* bedekning;
13. *glds:* ***(domestic) service****(=domestic post)* huspost;
14.: ***have seen good service****(=have seen plenty of use)* være velbrukt.
II. service *vb* **1.** yte service på; ***we don't service****(=do service on)* vi yter ikke service på; ***have one's car serviced*** få service på bilen sin;
2. *økon:* ***service a loan*** betjene et lån.
serviceable [ˌsə:visəbl] *adj:* brukbar; tjenlig; hensiktsmessig; kjørbar *(fx is the car serviceable?).*
service agent *(=servicing workshop)* serviceverksted.
service area rastested (med servicemuligheter); *(jvf picnic area).*
service break *tennis:* (mulighet for) servegjennombrudd.
service charge *på regning:* service.
service chief *mil:* forsvarsgrenssjef.
service flat appartementsleilighet (med mulighet for forskjellige tjenesteytelser).
service garage *(=service workshop)* serviceverksted.
service industry servicenæring.
service instruction betjeningsforskrift.
service manager verksmester (ved fx bilverksted).
serviceman [ˌsə:vismən] *s* **1.** soldat; **2. US***(=garage hand)* servicemann.
service package servicepakke.
service pipe *bygg(=supply pipe)* stikkledning.
service pit *i smørehall:* smøregrop.
service plate US *(=side plate)* kuverttallerken.
service road atkomstvei (parallelt med hovedvei).
service sector: ***the service sector*** den tjenesteytende sektor.
service station servicestasjon.
service till *ved National Westminster Bank:* minibank; *(jvf cash dispenser).*
service times *pl:* rutetider; ***all service times shown are approximate*** de oppgitte rutetider er tilnærmede.
service use: ***for service use****(=for the use of the armed forces)* til militært bruk.
servicewoman [ˌsə:vis'wumən] *s:* kvinnelig soldat.
servicing workshop serviceverksted.
serviette ['sə:viˌet] *s(=(table) napkin)* serviett; ***paper serviette*** papirserviett.
servile [ˌsə:vail] *adj; stivt(=cringing)* servil; krypende.
servility [sə:ˌviliti] *s; stivt:* servilitet; kryping.
serving pantry anretning.
serving tray serveringsbrett.
serving trolley serveringstralle.
servitude [ˌsə:vi'tju:d] *s* **1.** *stivt(=slavery)* trelldom; slaveri *n;* **2.** *jur; i Skottland(=easement)* servitutt *n;*
3. *hist:* ***penal servitude****(=imprisonment with hard labour)* straffarbeid.
servo [ˌsə:vou] *s* **1***(=servomotor)* servomotor;
2*(=servomechanism)* servomekanisme.
servo brake *(=servo-assisted brake)* servobrems.
servo-operated [ˌsə:vou'ɔpə'reitid] *adj; mask:* servostyrt.
servo steering *(=servo-assisted steering)* servostyring.
sesame [ˌsesəmi] *s; bot:* sesam *n.*
session [ˌseʃən] *s* **1.** *parl, etc:* sesjon; ***court session*** rettsmøte;
2. US *& Skottland; univ(=term)* semester *n;*
3. *om tid som tilbringes med en eller annen aktivitet:* ***filming session*** filming; ***recording session*** opptak *n;*
4. T: ***I had a session with him this morning*** jeg hadde litt av en diskusjon med ham i dag morges.
session musician studiomusiker.
I. set [set] *s* **1.** sett *n (fx of tools);* ***a salad set*** et salatbestikk;
2. apparat *n (fx TV set);*
3*(=service)* servise *n;*
4. *tennis:* sett *n;*
5. *film & teat:* dekorasjon *(fx a film set);*
6. *om mennesker som har felles holdninger el. interesser:* klikk; gjeng *(fx a wild set);* ***the racing set*** veddeløpspublikum; ***the smart set*** den elegante verden;
7. *skolev:* kull *n (fx she's in my set);*
8. *mat.:* mengde; ***theory of sets*** mengdelære;
9. *hos frisør:* ***a shampoo and set*** vask og legg *(fx he charges £10 for a shampoo and set); (jvf hair 1: have one's set done(=set));*
10*(=direction):* ***the set of the wind*** vindretningen;
11. *litt.:* ***the delicate set of her head****(=the delicate way*

S

she holds her head) den yndige måten hun holder hodet på;
12. *jaktuttrykk:* ***the set of a gun dog when pointing*** den måten en jakthund står på når den markerer.
II. set *vb(pret & perf. part.: set)* **1.** *stivt(=put)* sette *(fx the tray down);*
2. *mar:* ***set the sails*** sette seil *n;*
3(*=lay)* dekke *(fx the table);*
4(*=fix)* fastsette *(fx the date for their wedding);* ***set a limit*** (fast)sette en grense;
5. *om oppgave, også skolev:* gi; ***set (sby) an essay*** gi (en) en stiloppgave;
6.: ***set a good example to others*** foregå andre med et godt eksempel;
7. *stivt(=cause; make):* ***his behaviour set people complaining****(=his behaviour made people complain)* oppførselen hans fikk folk til å klage;
8. *sagblad(=swage-set)* vikke;
9. *om hår:* ***have one's hair set*** få lagt håret; ***I want my hair shampooed and set*** jeg vil ha håret vasket og lagt;
10. *om betong:* størkne; *om gelé:* stivne; bli stiv;
11. stille inn; stille *(fx the alarm for 7am);* ***set one's watch by the radio*** stille klokken sin etter radioen;
12. stille opp; sette opp *(fx a mousetrap);*
13. *om sola(=go down)* gå ned;
14. *med.:* sette sammen *(fx sby's broken arm);*
15. *smykkesten:* innfatte;
16. *typ:* sette; ***have they set the type yet?*** har de satt satsen ennå?
17.: ***set about*** 1. *stivt(=attack)* fare løs på; gå løs på; 2. ta fatt på (*sth* noe); gå i gang med (*-ing* å);
18. *stivt:* ***set(=turn) them against each other*** sette dem opp mot hverandre;
19.: ***set aside*** 1(*=put aside)* legge til side (*for* til; med henblikk på); 2. *stivt(=ignore)* ignorere *(fx sby's objections);*
20.: ***set back*** 1. sinke; hemme; 2. **T**(*=cost)* koste *(fx that set me back a few pounds);* 3. trekke tilbake (*from* fra) *(fx the house was set back from the road and partly hidden by trees);*
21.: ***set down*** 1(*=put down)* sette ned; 2. *passasjerer(=put down)* sette av;
22. *om vær el. følelser:* ***set in*** sette inn med *(fx (a) dense fog set in);* komme *(fx winter set in early);* ***boredom soon set in among the children*** barna *(n)* begynte snart å kjede seg;
23.: ***set sth into sth*** felle noe inn i noe; ***a washbasin set into the bathroom cabinet*** håndvask nedfelt i baderomsmøbelet;
24.: ***set off*** 1. dra av sted; 2. få til å begynne igjen *(fx his harsh words set her off crying again);* 3. fremheve *(fx the freme sets off the picture well);* 4. *merk:* ***this will be set off against your invoice*** dette vil bli ført i motregning mot Deres faktura; 5(*=trigger)* utløse *(fx the alarm);* 6.: ***set off the fireworks*** sende opp fyrverkeriet;
25.: ***set on*** 1. kaste seg over; 2.: ***set one's dog on sby*** sette hunden sin på en; 3.: ***the country is set on the road to disaster*** landet har slått inn på veien til katastrofe; 4.: ***set sth on fire****(=set fire to sth)* sette fyr på noe; tenne på noe; stikke noe i brann;
26.: ***set oneself to do sth*** sette seg fore å gjøre noe;
27.: ***set out*** 1. dra av sted; 2(*=intend)* ha til hensikt; 3(*=display)* stille ut; 4. sette frem *(fx chairs for the guests);* 5(*=explain)* forklare *(fx one's ideas);* 6. stille opp; ***the sum is wrongly set out*** regnestykket er galt oppstilt; 7. *bygg:* ***set out a building*** sette opp salinger; 7. regne opp; føre opp; ***the amounts set out below*** de beløp som er ført opp nedenfor;
28.: ***set to*** 1. sette i gang; ta fatt; ***set to and do sth*** sette i gang og gjøre noe; 2(*=begin fighting)* begynne å slåss; 3.: ***set fire to sth****(=set sth on fire)* sette fyr på noe; tenne på noe; stikke noe i brann;
29.: ***set up*** 1(*=establish)* etablere; starte; 2(*=establish)* nedsette *(fx a committee);* 3(*=open):* ***set up an office in X*** åpne et kontor i X; ***set up shop****(=open a shop)* begynne forretning; åpne en forretning; 4(*=arrange)* sette opp *(fx the apparatus for the experiment);* 5. *typ:* sette; ***set up type*** sette sats; 6.: ***set sby up in business*** hjelpe en å begynne forretning; ***he set himself up as a bookseller*** han begynte som bokhandler; 7.: ***set oneself up as (a) judge of*** oppkaste seg til dommer over; 8. **T:** ***a drink will set you up*** en drink vil gjøre deg godt; ***the holiday has really set us up again*** ferien har virkelig gjort oss godt;
30.: ***set up house on one's own*** begynne med sin egen husholdning; ***set up home with sby*** stifte hjem sammen med en;
31.: ***set up with*** forsyne med; ***be well set up with sth*** ha et godt forråd av;
32.: ***set with pearls*** besette med perler; *(se III. set).*
III. set *adj* **1.** fast; ***at set times*** til faste tider;
2. *om tale(=written beforehand)* ferdigskrevet;
3(*=firm):* ***with the set intention of (-ing)*** i den bestemte hensikt å …;
4(*=stiff; fixed)* stiv *(fx smile);*
5. *om meninger:* fastlåst;
6. *skolev:* ***set books*** pensumbøker;
7.: ***set with*** besatt med *(fx pearls);*
8.: ***be (very) set in one's ways*** være (svært) lite elastisk;
9.: ***all set*** helt ferdig *(fx are we all set?);*
10. *sport:* ***Get ready! Get set! Go!*** Klar! Ferdig! Gå!
11. *fig:* ***be set for*** ligge an til; ***we're set for our biggest recession since the Thirties*** vi ligger an til den største nedgangstid siden trettiårene.
setback [ˌset'bæk] *s* **1.** tilbakegang; ***oil production setbacks*** tilbakegang i oljeproduksjonen;
2. tilbakeslag; ***a setback to*** et tilbakeslag for *(fx their space programme);*
3. *arkit:* tilbaketrukket (del av) bygning.
set book *skolev:* pensumbok; foreskrevet bok.
set designer *teat(=scenographer)* scenograf.
set exercise *sport(=compulsory exercise)* pliktøvelse.
set-off [ˌset'ɔf] *s* **1**(*=counterweight)* motvekt; **2.** flatterende bakgrunn; **3.** *merk:* motregning.
set painter *teat:* dekorasjonsmaler; teatermaler.
set phrase stående uttrykk.
set piece *teat:* settstykke; kulisse.
setscrew [ˌset'skru:] *s:* settskrue.
set square vinkelhake.
set(t) [set] *s:* ***(badger) set(t)*** grevlinghi.
settee [seˌti:] *s:* sofa; kanapé.
setter [ˌsetə] *s; hund:* setter.
set theory *mat.:* mengdelære.
setting [ˌsetiŋ] *s* **1**(*=mounting)* innfatning; *i ring, etc:* ***crown setting*** krabbeinnfatning;
2. *gart:* ansetning;
3. *fig:* bakgrunn; ramme (*for* om(kring));
4.: ***(place) setting*** kuvert;
5. *av betong, etc:* størkning; *av gelé:* stivning;
6. *mask:* innstilling; ***readily found setting of any valve opening required*** lettvint innstilling av en hvilken som helst ventilåpning;
7. *teat:* ***(stage) setting*** scenearrangement;
8. *til tekst, fx dikt:* musikk; ***his setting of Heine's poem*** hans musikk til Heines dikt.
setting lotion *til håret:* leggevann.
setting-up exercises *pl:* ***take setting-up exercises****(=take early-morning exercises)* gjøre morgengymnastikk.
settle [setl] *vb* **1.** anbringe; plassere *(fx oneself in an armchair);* **2.** *om støv, etc:* legge seg;
3. *om fugl:* sette seg; slå seg ned; *om nomader:* slå seg ned;
4. *om fundament(=subside)* sette seg;
5. *om fx vin:* bunnfelle seg;
6(*=settle down)* bosette seg; slå seg ned;
7. *merk(=pay):* ***settle a bill*** betale en regning;

8. avgjøre *(fx sby's future); om strid: **settle it out of court*** avgjøre det i minnelighet; ***that settles it!*** det avgjør saken!
9.: ***settle down*** 1. komme til ro; falle til ro; roe; få til å falle til ro; 2. slå seg ned; sette seg til *(for a talk* for å prate); ***he settled down with his red pencil*** han satte seg til med rødblyanten (*el.* rødstiften); 3.: ***settle down to (do) one's work*** ta fatt på arbeidet; 4. *i nytt miljø:* falle til ro; finne seg til rette; 5. sette bo *n (fx get married and settle down);*
10.: ***settle for****(=accept)* akseptere (som et kompromiss); avfinne seg med;
11.: ***settle in*** komme i orden (etter flytting); *(fx they haven't settled in yet);*
12.: ***settle on*** 1. bestemme seg for *(fx a plan);* 2. *jur:* båndlegge til fordel for;
13.: ***settle up****(=pay)* betale; ***settle up with*** gjøre opp med; betale *(fx I settled up with him);*
14.: ***settle with*** 1. avtale med *(fx the builders when they are to start work);* 2*(=settle up with; pay)* gjøre opp med; betale; 3.: ***have an account to settle with sby****(=have a bone to pick with sby)* ha noe uoppgjort med en; 4. *truende(=deal with)* ta seg av *(fx I'll settle with him later!).*

settled [setld] *adj* **1.** *om område:* bebodd;
2. avgjort; ***well, that's settled then*** så er det en avtale;
3. *om vær:* stabilt.

settlement [ˌsetlmənt] *s* **1.** ordning; avgjørelse *(fx in a dispute);* ***settlement in court*** rettsforlik; ***settlement out of court*** minnelig ordning; forlik *n; (se voluntary settlement);*
2*(=agreement)* enighet; avtale; ordning; ***reach a settlement*** komme frem til en ordning;
3. bosetning; bosetting;
4. nybyggerområde; koloni;
5. *arkeol:* boplass;
6. *jur:* båndleggelse; ***make a settlement on one's wife*** båndlegge midler *(n)* til fordel for sin kone; *(jvf settle 12.: settlement on 2);*
7. *merk(=payment)* betaling; oppgjør *n;* ***in settlement of****(=in payment of)* til dekning av;
8. *fors:* ***settlement of a claim*** *(,of claims)* skadeoppgjør;
9. *jur:* ***settlement of the deceased's estate*** arveoppgjør;
10. *også fig:* ***settlement of accounts*** oppgjør *n;* mellomværende *n.*

settler [ˌsetlə] *s:* nybygger; kolonist; settler; bureiser; ***the early settlers*** de første kolonistene.

set-to [ˌset'tu:] *s* **T:** basketak *n.*

set-up [ˌset'ʌp] *s* **T:** arrangement *n;* opplegg *n;* ***it's a funny set-up here*** det er et underlig opplegg her.

seven [ˌsevən] **1.** *s:* sjutall; **2.** *tallord:* sju.

seventeen ['sevənˌti:n; ˌsevən'ti:n] **1.** *s:* syttentall;
2. *tallord:* sytten.

seventeenth [ˌsevənˌti:nθ] **1.** *s:* sytten(de)del;
2. *tallord:* syttende.

I. seventh [ˌsevənθ] **1.** *tallord:* sjuende.

II. seventh *s* **1.** sju(ende)del; **2.** *mus:* septim.

seventy [ˌsevənti] **1.** *tallord:* sytti.

sever [ˌsevə] *vb; stivt* **1***(=cut off)* kutte av; rive av;
2*(=break off)* bryte; ***sever the connection with*** bryte forbindelsen med;
3. *jur(=divide off)* skille ut; skille fra *(fx a portion(=part) of his land).*

several [ˌsevrəl] **1.** *adj(=some; quite a few)* noen; flere; atskillige; ***several weeks passed*** det gikk flere uker;
2. *pron(=some; a few)* noen *(fx several of them are ill);* **3.** *adj; stivt(=separate):* ***they went their several ways*** de gikk hver sin vei.

severance [ˌsevərəns] *s; stivt(=breaking away)* løsrivelse; *polit(=secession)* løsrivelse *(from* fra).

severance pay*(=redundancy payment)* fratredelsesgodtgjørelse.

severe [siˌviə] *adj* **1***(=very strict)* meget streng;
2. *om været; stivt(=extreme)* streng *(fx cold);*
3. *om påkledning, stil, etc:* stiv *(fx hairstyle);*
4*(=serious)* alvorlig *(fx illness; shortage).*

severity [siˌveriti] *s(=strictness)* strenghet.

Seville [səˌvil] *s; geogr:* Sevilla.

sew [sou] *vb(pret: sewed; perf.part.: sewn)* **1.** sy; ***the arm was -n back on*** armen ble sydd på igjen; ***have you sewn my button on again yet?*** har du sydd på knappen min ennå?
2.: ***sew up*** 1. sy sammen *(fx a wound);* 2. **T:** sy sammen; få til *(fx a deal); (se sewn up).*

sewage [s(j)u:idʒ] *s:* kloakkinnhold; kloakkvann.

I. sewer [ˌsouə] *s:* syer(ske).

II. sewer [ˌs(j)u:ə] *s(=sewer pipe)* kloakkrør; kloakkledning.

sewerage [ˌs(j)u:əridʒ] *s* **1***(=sewage)* kloakkinnhold; kloakkvann; **2***(=system of sewers)* kloakksystem;
3*(=removal of sewage)* kloakering.

sewerage system kloakksystem; kloakkanlegg.

sewing basket *(=workbox; workbasket)* sykurv.

sewing circle syklubb *(fx Red Cross sewing circles);* ***it's her turn to have the sewing circle this week*** det er hennes tur til å ha syklubb denne uken.

sewn [soun] *perf.part. av sew.*

sewn up *adj; om avtale, etc* **T:** i orden; **T:** i lås *(fx is the agreement (all) sewn up?); (se I. bag 4: in the sewn up).*

I. sex [seks] *s* **1.** kjønn *n (fx what sex is the baby?);* ***the female sex*** hunkjønnet; ***the male sex*** hankjønnet; ***the opposite sex*** det motsatte kjønn;
2. kjønnsliv; sex; erotikk;
3. T*(=sexual intercourse)* samleie *n;* sex; ***casual sex*** tilfeldige seksuelle forhold *n;* ***have sex with sby*** ha sex med en; ligge med en.

II. sex *vb* **1***(=determine the sex of)* kjønnsbestemme;
2.: ***sex up****(=make sexy)* gjøre sexy.

sex act *især* **US***(=sexual act)* seksualakt; kjønnsakt.

sexagenarian ['seksədʒiˌneəriən] *s:* person i sekstiårene.

sex appeal sex appeal; tiltrekning på det annet kjønn.

sex bomb T: sexbombe.

sex-change surgery *med.:* kjønnsforandringsoperasjon.

sex chromosome *biol:* kjønnskromosom.

sex crime *(=sexual crime)* seksualforbrytelse.

sex criminal seksualforbryter; *(jvf sexual offender).*

sex determination kjønnsbestemmelse.

sex discrimination kjønnsdiskriminering.

Sex Discrimination Act *(fk SDA;* **US:** *Equal Rights Amendment (fk ERA)):* ***the Sex Discrimination Act*** likestillingsloven.

-sexed [sekst] *adj:* ***she's a highly-sexed woman*** hun har sterk seksualdrift; **T:** hun er meget sexy.

sex education*(=sex instruction)* seksualundervisning.

sex equality kjønnslikestilling.

sex guidance seksualopplysning.

sex harassment *(=sexual harassment)* sexpress *n.*

sex hygiene seksualhygiene.

sexiness [ˌseksinəs] *s:* det å være sexy; ***her sexiness*** det at hun er så sexy.

sex instruction *(=sex education)* seksualundervisning.

sexism [ˌseksizəm] *s:* kjønnsdiskriminering; kvinnediskriminering.

I. sexist [ˌseksist] *s:* person som praktiserer kjønns- eller kvinnediskriminering.

II. sexist *adj:* kjønnsdiskrimerende; kvinnediskriminerende *(fx it's sexist to say that).*

sex kitten T: ekstremt sexy jente.

sex labelling kjønnsdiskriminering (i arbeidslivet).

sexless [ˌseksləs] *adj; også fig(=asexual)* kjønnsløs.

sexlessness [ˌseksləsnəs] *s(=asexuality)* kjønnsløshet.

sex life *(=sexual life)* seksualliv; kjønnsliv; driftsliv.

sex lip *anat:* kjønnsleppe.

S

sex maniac 1 *(=rapist)* voldtekstforbryter; **2.** *spøkef:* person som er helt vill etter sex; kjønnsatlet.
sex murderer seksualmorder.
sex-neutral [ˌseks'nju:trəl] *adj:* kjønnsnøytral; ***sex -neutral occupational titles*** kjønnsnøytrale stillingsbetegnelser.
sex object seksualobjekt.
sexologist [sekˌsɔlədʒist] *s:* sexolog.
sexology [sekˌsɔlədʒi] *s:* sexologi; seksualvitenskap.
sex organ *anat:* kjønnsorgan; kjønnslem.
sex partner seksualpartner.
sexpert [ˌsekspə:t] *s; spøkef(=sexologist)* sexolog.
sex phobia seksualangst.
sexploit [ˌseks'plɔit] *s; spøkef:* kjærlighetseventyr; *(jvf sexual exploits).*
sexploitation ['sekspləiˌteiʃən] *s:* utnyttelse av sex i kunsten.
sexpot [ˌseks'pɔt] *s* **S***(=sex kitten)* ekstremt sexy kvinne.
sex problem *(=sexual problem)* seksualproblem.
sex reversal kjønnsskifte; *(jvf sex-change surgery).*
sex role kjønnsrolle; ***pattern of sex roles*** kjønnsrollemønster.
sex shop sexbutikk.
sex-starved [ˌseks'stɑ:vd] *adj:* seksuelt underernært.
sex symbol sexsymbol.
sextant [ˌsekstənt] *s:* sekstant.
sextet, sextette [seksˌtet] *s; mus:* sekstett.
sexton [ˌsekstən] *s:* kirketjener og graver.
sexual [ˌseksjuəl; ˌsekʃuəl] *adj:* seksuell; kjønnslig.
sexual attraction seksuell tiltrekning.
sexual advances *pl:* seksuelle tilnærmelser; ***fend off sby's sexual advances*** avverge ens seksuelle tilnærmelser.
sexual availability: *signal one's sexual availability to anyone who comes along* signalisere til enhver at man er tilgjengelig for sex.
sexual exploits *pl:* ***his sexual exploits*** hans erotiske bedrifter; *(jvf sexploit).*
sexual offender *jur(=sex criminal)* seksualforbryter.
sexual instinct *(=urge)* seksualdrift; kjønnsdrift.
sexual insult kjønnsdiskriminerende fornærmelse; ***be the victim of sexual insults****(=be sexually insulted)* bli utsatt for kjønnsdiskriminerende fornærmelser.
sexual intercourse samleie *n;* kjønnslig omgang.
sexuality ['seksjuˌæliti; 'sekʃuˌæliti] *s:* seksualitet.
sexually [ˌseksjuəli; ˌsekʃuəli] *adv:* seksuelt; ***sexually discriminating*** kjønnsdiskriminerende; ***sexually transmitted disease****(fk STD)* sykdom som overføres seksuelt; ***she was sexually assaulted*** hun ble utsatt for seksuelt overgrep; ***be sexually insulted*** bli utsatt for kjønnsdiskriminerende fornærmelser; *(se sexual insult).*
sexual morals *pl(=sexual morality)* seksualmoral.
sexual relations *pl:* ***they had sexual relations*** de hadde et seksuelt forhold.
sexy [ˌseksi] *adj* **1.** sexy *(fx dress; film; girl);* **2***(=fashionable; trendy)* moderne.
shabbiness [ˌʃæbinəs] *s* **1.** loslitthet; medtatthet; **2.** *glds(=meanness)* simpelhet; sjofelhet.
shabby [ˌʃæbi] *adj* **1.** loslitt; shabby; medtatt; **2.** *glds(=mean)* simpel; sjofel; ***a shabby trick*** en sjofel strek.
shabby-genteel ['ʃæbidʒenˌti:l] *adj:* fattigfornem.
I. shack [ʃæk] *s; neds:* skur *n;* ***fisherman's shack (in a fishing village)*** rorbu; fiskebu.
II. shack *vb* **S: *shack up together*** bo sammen; flytte sammen; ***shack up with*** 1. flytte sammen med, 2. sove hos.
I. shackle [ʃækl] *s* **1.** (fot)lenke; *også fig:* ***shackles*** lenker; **2.** *mar:* sjakkel *n;* heks; **3.** *tekn:* spennklo.
II. shackle *vb* **1.** lenke; **2.** *mar:* sjakle; hekse.
shad [ʃæd] *s; zo:* ***allis shad*** maisild; ***twaite shad*** stamsild.
shadbush [ˌʃæd'buʃ] *s; bot(=saskatoon)* søtmispel; blåhegg.
I. shade [ʃeid] *s* **1.** skygge; ***provide some shade from the sun*** gi litt skygge for sola; ***light and shade*** lys og skygge; ***put in the shade*** *også fig:* stille i skyggen;
2. nyanse; ***a pretty shade of blue*** en pen blåfarge; ***different shades of green*** forskjellige grønnsjatteringer; ***shade of meaning*** betydningsnyanse; ***a shade better****(=slightly better)* en tanke bedre;
3.: *(lamp) shade* (lampe)skjerm;
4. US: *window shade**(=(roller) blind)* rullegardin;
5. S *el.* **US: *shades****(=sunglasses)* solbriller.
II. shade *vb* **1.** skygge for; gi skygge *(from* for); (av)skjerme;
2.: *shade (in)* skyggelegge *(fx I've done the outlines of the drawing, but I haven't yet shaded it in);*
3.: *shade (off) into* gå over i *(fx a blue that shades into green).*
I. shadow [ˌʃædou] *s* **1.** (slag)skygge; ***there are shadows under your eyes*** du har skygger under øynene *n;* ***in the shadow of a building*** i skyggen av en bygning;
2. *på tegning, etc:* ***be in shadow*** ligge i skygge;
3. *fig:* skygge; ***he was only a shadow of his former self*** han var bare en skygge av sitt gamle jeg;
4. *person som skygger(,***T:** *tail)* skygge;
5. *fig:* antydning; skygge; ***there's not a shadow of doubt that he stole the money*** det fins ikke en skygge av tvil om at han stjal pengene;
6. T: *have a five o'clock shadow* ikke være helt nybarbert.
II. shadow *vb* **1.** kaste skygge over; **2***(,***T:** *tail)* skygge.
shadow boxing *også fig:* skyggeboksing.
shadow cabinet *polit:* skyggeregjering.
shadowy [ˌʃædoui] *adj* **1.** skyggefull; **2.** skyggeaktig.
shady [ˌʃeidi] *adj* **1***(=shadowy)* skyggefull;
2. *neds* **T***(=dishonest)* lyssky; skummel; ***a shady business*** en lyssky affære; ***a shady character*** en lyssky person.
shady side skyggeside *(fx the shady side of the house).*
shaft [ʃɑ:ft] *s* **1.** skaft *n (fx of a golf club); på boreplattform el. søyle:* skaft; *anat:* ***hair shaft*** hårskaft; ***screw shaft*** skruestamme;
2. sjakt; ***lift shaft*** heisesjakt;
3. vognstang; skåk *n;* drag *n;*
4*(=ray; beam):* ***a shaft of sunlight*** en solstripe;
5. *litt.(=arrow)* pil;
6. *mask:* (driv)aksel.
I. shag [ʃæg] *s* **1.** *zo:* toppskarv;
2. *på dyr:* ragg; lurvet pels; stritt hår;
3. finskåret, sterk røyketobakk;
4. lang, grov lo;
5. *vulg(=sex;* **S:** *screw)* nummer; ***have a shag*** få seg et nummer.
II. shag *vulg(=have sex;* **S:** *screw)* knulle.
shaggy [ˌʃægi] *adj:* raggete; strihåret; buskete; ***shaggy eyebrows****(=bushy eyebrows)* buskete øyenbryn.
shaggy-dog story humoristisk historie med absurd poeng *n.*
shag-pile carpet langhåret teppe *n.*
shah [ʃɑ:] *s:* sjah.
I. shake [ˌʃeik] *s* **1.** risting; skaking; ***give the rug a good shake*** riste ut ryen ordentlig;
2. *drikk:* shake *(fx milk shake);* ***ice-cream shake*** iskremsoda;
3. US T: *shakes**(=earthquake)* jordskjelv;
4. T: *the shakes* 1. *av redsel, etc(=fit of trembling;* **T:** *the jitters)* den store skjelven; 2*(=delirium tremens)* dilla;
5. T: *no great shakes**(=not much good)* ikke noe større tess; ikke rare greier; ***he's no great shakes at swimming*** han er ikke noe større tess til å svømme.
II. shake *vb(pret: shook; perf.part.: shaken)* **1.** riste; ***he shook his head*** han ristet på hodet; ***the dog shook***

itself hunden ristet seg; ***he shook his fist at me*** han hyttet med neven til meg; ***they were shaking****(=rolling about)* ***with laughter*** de ristet av latter; ***he needs to be shaken out of his smugness*** man må ruske ordentlig opp i den selvtilfredsheten hans; *(jvf shake-up 2: he needs a (thorough) shake-up);*
2*(=tremble)* skjelve; ***they were shaking with fear*** de skalv av redsel;
3*(=shock; upset)* ryste; sjokkere *(fx I was very shaken by the news); spøkef* **T:** ***that shook you!*** det hadde du ikke ventet, vel? ***a near brush with death had left her shaken*** hun var så vidt unnsluppet døden og hadde fått en støkk; ***the organization was shaken in its very foundations*** organisasjonen ble rystet i sine grunnvoller;
4. svekke; ***nothing will shake our resolve*** vår beslutning står fast; *fig:* ***be shaken****(=receive a blow)* få en knekk; ***my confidence in him has been (badly) shaken*** min tillit til ham har fått en (stygg) knekk;
5.: ***shake hands*** 1. håndhilse; ***shake hands with sby****(= shake sby's hand)* håndhilse på en; 2. ta hverandre i hånden; ***they shook hands on it*** de tok hverandre i hånden på det;
6. T: ***shake a leg!*** 1*(=move it!)* få opp farten! 2. *glds(= dance)* danse; ta en svingom;
7.: ***shake down*** 1. riste ned *(fx apples from a tree);* 2*(= sleep)* sove *(fx you can shake down at my place tonight); (jvf II. crash 7: shake out);*
8.: ***shake oneself free*** riste seg løs *(fx he shook himself free);*
9. *også fig:* ***shake off*** riste av seg *(fx one's pursuers);*
10.: ***shake out*** 1. riste ut *(fx a rug);* 2. *flagg:* folde ut; 3. *gym:* riste løs;
11. T: ***shake up*** 1. *flaske, etc:* riste; *pute(=plump up)* riste opp; 2. blande (ved å riste); 3. *fig(=upset):* ***he was badly shaken up by the accident*** ulykken ga ham en ordentlig støkk; 4. *fig:* ruske opp i; få sving på *(fx shake the school up).*
shakedown [ˌʃeik'daun] *s* **1***(=makeshift bed)* improvisert natteleie; *på gulvet:* flatseng; *(jvf II. shake 7: shakedown down 2);* **2.** prøve (av maskineri, etc for å finne eventuelle feil);
3. US S*(=swindle)* svindel;
4. US S*(=thorough search)* grundig undersøkelse; *(= strip search)* kroppsvisitasjon.
shakedown cruise *mar:* prøvetur; *(jvf shakedown 2).*
shaken [ˌʃeikən] *perf.part. av II. shake & adj:* rystet; sjokkert; ***I came away quite shaken*** jeg var helt rystet da jeg gikk; *(se for øvrig II. shake 3).*
shake-out [ʃeik'aut] *s; økon; i bedrift ved reduksjon av arbeidsstokken:* konjunkturtilpasning.
shaker [ˌʃeikə] *s* **1.** rister;
2. blandebeger; shaker *(fx cocktail shaker);*
3.: *se saltshaker.*
shake-up [ˌʃeik'ʌp] *s* **1.** omkalfatring; drastisk omorganisering; **2.** *fig:* ***there was a real shake-up in the firm*** det ble en ordentlig oppvask i firmaet; ***he needs a (thorough) shake-up****(=he needs to be roused)* han kan trenge at noen rusker (ordentlig) opp i ham.
shaky [ˌʃeiki] *adj* **1***(=trembling)* skjelvende *(fx voice);* **2***(=unsteady)* ustø *(fx handwriting);* ***a shaky chair****(=a wobbly chair)* en ustø *(el.* vaklevoren) stol; ***shaky letters*** ruglete bokstaver;
3. *fig:* ustø; usikker; ***shaky spelling****(=unreliable spelling)* usikker *(el.* vaklende) ortografi; *(=brittle; fragile)* skjør; skrøpelig *(fx coalition);* ***feel oneself (to be) on shaky ground*** føle seg på gyngende grunn;
4. *om ens helse:* skrøpelig;
5*(=unreliable; wavering)* upålitelig; vaklende;
6*(=unsound):* ***on a shaky basis*** på sviktende grunnlag.
shale [ʃeil] *s:* leirskifer; ***oil shale*** oljeskifer.
shall [ʃæl; *trykksvakt:* ʃəl] *vb(pret: should)* **1.** *danner 1. futurum i 1. pers:* ***I shall do it tonight*** jeg skal gjøre det i kveld; ***shall we see you next week?*** kommer vi til å se deg neste uke? ***I shall be glad when*** jeg skal være glad når;
2. *danner 2. futurum i 1. pers:* ***I shall have finished this by tonight*** jeg vil være ferdig med dette til i kveld;
3. *angir hensikt el. løfte:* ***I shan't be late tonight*** jeg kommer ikke til å bli sen i kveld; ***he shall have a bicycle if he passes his exam*** han skal få sykkel hvis han står til eksamen;
4. *i spørsmål:* ***shall I tell him or shan't I?*** skal jeg fortelle ham det, eller skal jeg ikke? ***shall we go now?*** skal vi gå (,dra) nå? ***shall you dismiss him?****(=have you decided to dismiss him?)* kommer du til å si ham opp?
5. *stivt, jur el. i regelverk:* ***you shall go if I say you must*** du må dra hvis jeg sier du skal; ***we have decided that you shall stay*** vi har besluttet at du skal bli; ***houseowners shall keep their gardens in a neat and orderly state*** huseiere må holde hagene sine i pen og ordentlig stand.
shallop [ˌʃæləp] *s; mar:* slupp.
shallot [ʃəˌlɔt] *s; bot(,***US:** *scallion)* sjalottløk.
I. shallow [ˌʃælou] *s:* ***shallows*** grunne; grunt (far)vann *n;* ***they waded across the shallows*** de vasset over på grunna.
II. shallow *adj* **1.** grunn; ***wade a little where it's shallow*** vasse litt der hvor det er grunt;
2. *om fat, etc:* flat;
3. *med.(=weak):* ***shallow breathing*** svakt åndedrett;
4. *fig:* grunn; overfladisk; ***she has a rather shallow*** *(= superficial)* ***personality*** hun er nokså overfladisk av seg.
shallow-draft [ˌʃælou'drɑ:ft] *adj; mar:* gruntgående.
I. sham [ʃæm] *s* **1***(=humbug)* humbug *(fx the whole trial was a sham);*
2*(=shamming)* forstillelse;
3*(=bluffer)* bløffmaker *(fx he's a sham!).*
II. sham *vb; stivt(=pretend)* foregi; ***he shammed illness*** han forega å være syk; ***he's only shamming*** han bare forstiller seg; han bare simulerer.
III. sham *adj; neds(=false)* forloren; uekte.
shaman [ˌʃæmən] *s:* sjaman.
shamble [ʃæmbl] *vb:* subbe; gå med slepende skritt.
shambles [ʃæmblz] *s* **1***(=mess)* (noe) rot *n;* ***his room was a shambles*** rommet hans var et eneste rot; ***we're in a bit of a shambles at the moment*** her er det litt av et rot for øyeblikket.
I. shame [ʃeim] *s* **1.** skam; ***it's a shame to treat a child like that*** det er en skam å behandle et barn slik; ***he has no sense of shame*** han eier ikke skam i livet; ***shame on you!*** fy, skam deg! ***to my eternal shame*** til min store skam;
2. T: it's a shame to sit indoors on a day like this det er synd å sitte inne en slik dag; ***what a shame that he didn't get the job*** så synd at han ikke fikk jobben; ***it would be a shame to miss that film*** det ville være synd å gå glipp av den filmen;
3.: ***put sby to shame*** skjemme en ut *(fx he works so hard that he puts me to shame).*
II. shame *vb* **1.** gjøre skamfull;
2*(=bring shame on)* bringe skam over *(fx one's parents);*
3.: ***shame sby into doing sth*** få en til å gjøre noe for skams skyld.
shamefaced [ˌʃeim'feist] *adj; stivt* **1***(=ashamed)* skamfull; **2***(=bashful)* sjenert; unnselig.
shameful [ˌʃeimful] *adj(=disgraceful)* skammelig; ***shameful behaviour*** skammelig oppførsel.
shameless [ˌʃeimləs] *adj:* skamløs; uten skam; ***she's completely shameless*** hun er helt uten skam.
shammy [ˌʃæmi] *s:* ***shammy (leather)*** pusseskinn.
I. shampoo [ʃæmˌpu:] *s* **1.** hårvaskmiddel; sjampo;
2. (hår)vask; ***shampoo and set*** vask og legg *(fx have a shampoo and set).*
II. shampoo *vb:* ***shampoo one's hair*** vaske håret.

shamrock [ˌʃæm'rɔk] *s; irsk nasjonalsymbol:* trebladet hvitkløver.
shandy [ˌʃændi] *s:* drikk som er en blanding av øl og brus el. øl og ingefærøl.
Shanghai [ˌʃæŋˌhai] *s; geogr:* Shanghai.
shanghai [ʃæŋˌhai] *vb* **1.** *hist:* shanghaie; **2.** *fig:* shanghaie; ***shanghai sby into doing sth*** tvinge (*el.* lure) en til å gjøre noe.
shank [ʃæŋk] *s* **1.** *mar; på anker:* legg;
2. *anat; oftest spøkef(=shin)* skinneben;
3. *på kniv, fil, etc(=tang; tongue)* tange; *på forskjellige typer verktøy:* mellomstykke; *på skrue:* ugjenget del; *på spiker:* del mellom hodet og spissen; *på knapp:* stilk; hals;
4. *typ:* typelegeme;
5. *spøkef:* ***go on shanks's mare(,*US:** *pony)* bruke apostlenes hester.
shan't [ʃɑ:nt] *sammentrekning av 'shall not'.*
shanty [ˌʃænti] *s* **1***(=shack)* skur *n;* **2.:** ***(sea) shanty*** oppsang.
shanty town by(del) bestående av blikkskur; fattigkvarter.
I. shape [ʃeip] *s* **1***(=form)* form; ***in the shape of*** i form av; ***in all shapes and sizes*** i alle former og størrelser; ***it's rectangular in shape*** det er rektangulært av form; ***take a more definite shape*** anta (en) fastere form; **2***(=figure)* skikkelse; ***in human shape****(=form)* i menneskeskikkelse;
3. fasong; ***keep its shape*** beholde fasongen; ***out of shape*** i ufasong;
4. T*(=form)* form; ***in excellent shape for his age*** i fin form for alderen; ***in good (,poor) shape*** i god (,dårlig) form; ***in top shape****(=form)* i toppform; ***get into (good) shape*** komme i god form;
5*(=mould)* form; ***shape for moulding jellies*** geléform;
6. forfatning; ***in good (,bad) shape*** i god (,dårlig) forfatning;
7. T: ***get****(=knock; lick)* ***into shape*** få skikk på;
8. T: ***not in any shape or form****(=not at all)* ikke i det hele tatt;
9. T: ***this may be the shape of things to come****(=this may be what the future will be like)* slik kan fremtiden komme til å arte seg.
II. shape *vb* **1***(=form)* forme *(fx wood);* ***a dress shaped to her figure*** en kjole formet etter hennes figur;
2. *fig(=form)* forme *(fx sby's life);*
3. *fig(=take shape)* ta form *(fx our plans are gradually shaping);*
4. *fig:* ***shape (up) well****(=nicely)* 1*(=work out)* utvikle seg bra; se bra ut; 2. skikke seg bra *(fx the boy's shaping well);* ***you'd better shape up!****(=pull yourself together!)* det er best du skjerper deg!
shaped [ʃeipt] *adj:* formet; ***an oddly shaped hat*** en hatt med en rar fasong; ***shaped like*** formet som; med form som.
shapeless [ˌʃeipləs] *adj:* uformelig.
shapely [ˌʃeipli] *adj:* velformet *(fx shapely legs);* velskapt *(fx she's tall and shapely).*
shaper [ˌʃeipə] *s; mask(=shaping machine)* shaper; shapingmaskin; korthøvelmaskin.
I. share [ʃɛə] *s: landbr:* ***plough share*** plogskjær.
II. share [ʃɛə] *s* **1.** andel; del; ***I had no share in the decision*** jeg hadde ikke noe med avgjørelsen å gjøre; ***accept one's share of responsibility for sth*** ta sin del av ansvaret for noe; ***he came in for his share of the blame*** han fikk sin del av skylden; ***do one's (fair) share*** gjøre sitt; dra sin del av lasset;
2. T: ***go shares with sby****(=go fifty-fifty with sby)* spleise med en;
3. *merk:* aksje; ***bearer share*** ihendehaveraksje; ***ordinary share(,*US:** *(share of) common stock)* A-aksje; ***speculate in shares*** spekulere i aksjer.
III. share *vb* **1.** dele (*with* med); ***he shares my interest in photography*** han deler min interesse for fotografering; ***we shared the money between us*** vi delte pengene mellom oss;
2.: ***share in*** 1*(=share)* dele; spleise på; 2. *fig:* ta del i;
3.: ***share and share alike*** dele broderlig;
4.: ***share****(=hand)* ***out*** dele ut.
share capital *merk(,***US:** *capital stock)* aksjekapital; ***registered****(=authorized)* ***share capital*** registrert aksjekapital.
share certificate *merk(,***US:** *stock certificate)* aksjebrev (utstedt på navn *n*); *(jvf share warrant).*
shareholder [ˌʃɛə'houldə] *s; merk(,også* **US:** *stockholder)* aksjonær; ***he's the majority shareholder in the company*** han har aksjemajoriteten i et selskapet.
shareholding [ˌʃɛə'houldiŋ] *s; merk & økon(=holding)* aksjebeholdning; ***shareholdings*** aksjeportefølje.
share issue *merk(,***US:** *issue of stock)* (aksje)emisjon.
share majority *merk(=majority of shares; også* **US:** *controlling interest)* aksjemajoritet.
share pusher aksjesvindler.
shares gamble aksjespekulasjon.
shares scandal aksjeskandale.
share warrant *(,***US:** *stock purchase warrant)* ihendehaveraksje; aksjebrev; *(jvf share certificate).*
shark [ʃɑ:k] *s* **1.** *zo:* hai; ***basking shark*** brugde; ***white shark****(=pointer)* hvithai; **2. T***(=swindler)* svindler;
3.: ***house shark****(=housing racketeer)* bolighai.
I. sharp [ʃɑ:p] *s* **1.** *mus:* kryss *n;* note med kryss for; ***A sharp*** aiss; ***C double sharp*** cisses; ***D sharp*** diss; ***F sharp*** fiss; ***sharps and flats*** svarte tangenter; **2. US***(=swindler; sharper)* falskspiller; svindler;
3. US 1*(=expert)* ekspert; 2. *neds(=know-all)* bedreviter.
II. sharp *vb; mus* **US***(=sharpen)* forhøye (en halv tone).
III. sharp *adj* **1.** skarp; spiss *(fx knife; pencil);*
2. skarp; tydelig *(fx image);*
3. *om kurve:* skarp; ***a sharp left turn*** en skarp venstrekurve;
4. *om sansning(=keen)* skarp; ***a sharp sense of smell*** en skarp luktesans;
5. *om smerte(=keen)* skarp; intens; ***he gets a sharp pain after eating*** han har store smerter etter at han har spist;
6. *om smak:* skarp;
7*(=clever; intelligent)* skarp; ***as sharp as they come*** skarp som bare det; ***that was a pretty sharp move*** det var et raffinert trekk;
8. *om skrik(=shrill)* skarp;
9. *om ansiktstrekk:* skarp;
10. *om kontrast:* skarp;
11. *mus:* for høy; ***A sharp*** aiss; ***B sharp*** hiss;
12. *fig:* skarp *(fx answer);*
13. T*(=stylish)* elegant.
IV. sharp *adv* **1.** skarpt; ***turn sharp left*** dreie skarpt til venstre;
2*(=exactly)* presis *(fx at ten o'clock sharp);*
3. *mus(=at too high a pitch)* for høyt; ***sing sharp*** synge for høyt;
4. T: ***look sharp!****(=be quick!)* skynd deg!
5. *om kjøretøy:* ***pull up sharp*** bråstoppe; bråstanse.
sharp dresser T*(=stylish dresser)* en som kler seg elegant.
sharpen [ˌʃɑ:pən] *vb* **1.** skjerpe; kvesse; slipe; bryne *(fx a knife); blyant:* spisse;
2. bli skarpere;
3. *fig:* skjerpe; ***sharpen****(=whet)* ***one's appetite*** skjerpe appetitten; *spøkef:* ***sharpen one's sword*** kvesse sitt sverd; ***sharpen one's wits****(=get one's thoughts together)* skjerpe seg; samle tankene; ***it sharpens your wits*** det skjerper forstanden;
4. *mus(,***US:** *sharp)* forhøye (en halv tone);
5.: ***sharpen up*** 1. slipe *(fx a knife);* 2. *fig(=improve)* skjerpe; skjerpe seg; bli bedre.

sharpener [ˌʃɑ:pənə] *s* **1.** knivsliper;
2.: ***(pencil) sharpener*** blyantspisser.
sharpening stone *(=whetstone)* bryne *n.*
sharper [ˌʃɑ:pə] *s(=card sharper)* falskspiller.
sharp-eyed ['ʃɑ:pˌaid; *attributivt:* ˌʃɑ:p'aid] *adj:* ***be sharp-eyed*** være skarpsynt; ha skarpt syn.
sharpie [ˌʃɑ:pi] *s* **1. US S***(=cleverdick)* luring; smarting; **2. US S***(=flashy dresser)* en som kler seg i glorete klær; **3. US S***(=card sharper; swindler)* falskspiller; svindler.
sharply [ˌʃɑ:pli] *adv:* skarpt *(fx criticize sby sharply);* ***turn sharply to the right*** dreie skarpt til høyre.
sharpness [ˌʃɑ:pnəs] *s:* skarphet.
sharp practice lyssky virksomhet; tvilsomme metoder; ***there's some sharp practice going on there*** det er noe skummelt på gang der.
sharpshooter [ˌʃɑ:p'ʃu:tə] *s:* skarpskytter.
sharp-sighted ['ʃɑ:pˌsaitid; *attributivt:* ˌʃɑ:p'saitid] *adj (=sharp-eyed)* med skarpt syn; skarpsynt.
sharp-sightedly ['ʃɑ:pˌsaitidli] *adv:* skarpsynt.
sharp-sightedness ['ʃɑ:pˌsaitidnəs] *s:* skarpsynthet.
sharp-tongued ['ʃɑ:pˌtʌŋd; *attributivt:* ˌʃɑ:p'tʌŋd] *adj:* med en skarp tunge.
sharp-witted ['ʃɑ:pˌwitid; *attributivt:* ˌʃɑ:p'witid] *adj:* skarp; våken *(fx a sharp-witted girl).*
shat [ʃæt] *spøkef; se II. shit.*
shatter [ˌʃætə] *vb* **1***(=smash)* splintre; smadre; ***be shattered****(=be smashed)* splintres; bli splintret;
2. *fig:* knuse; tilintetgjøre;
3. T*(=exhaust)* ta knekken på.
shattered [ˌʃætəd] *adj* **1.** knust; smadret;
2. T*(=exhausted)* utkjørt;
3. *fig:* ødelagt; ***rebuild one's shattered life*** bygge opp igjen sitt ødelagte liv;
4. *fig:* rystet; sjokkert; *spøkef:* ***don't look so shattered!*** se (nå) ikke så sønderknust ut!
shatterproof [ˌʃætə'pru:f] *adj:* splintsikker; splintfri.
I. shave [ʃeiv] *s* **1.** barbering; ***have a shave*** barbere seg;
2. T: ***that was a close shave!*** det var på nære nippet!
II. shave *vb* **1.** barbere (seg); ***shave one's legs*** barbere seg på bena *n;* ***shave off one's beard*** barbere av seg skjegget;
2. skave (*off* av);
3. *fig:* barbere *(fx the corner);*
4. US*(=reduce)* redusere *(fx costs).*
shaven [ˌʃeivən] *adj; attributivt & i sms:* barbert *(fx a shaven head);* ***clean shavenshaven****(=close-shaven)* glattbarbert; ***freshly shavenshaven****(=freshly-shaved)* nybarbert.
shaver [ˌʃeivə] *s:* ***(electric) shaver*** (elektrisk) barbermaskin.
shaving [ˌʃeiviŋ] *s* **1.** barbering; **2.:** ***(wood) shavings*** spon; høvelspon; kutterflis.
shaving brush barberkost.
shaving foam barberskum.
shaving kit barbersaker; barberstell.
shawl [ʃɔ:l] *s:* sjal *n.*
shawl collar sjalskrage.
she [ʃi:] **1.** *pron:* hun; **2.** *s:* hun *(fx is a cow a he or a she?).*
she bear *zo:* hun(n)bjørn.
sheaf [ʃi:f] *s(pl: sheaves)* **1.** nek *n;* **2***(=bundle)* bunt *(fx of papers);* knippe *n.*
I. shear [ʃiə] *s* **1.** klipping (av sau);
2.: ***a sheep of two shears****(=a two-shear sheep)* en toårs sau;
3. sakseblad; *(se shears);*
4. *tekn:* deformering; forskyvning.
II. shear *vb(pret: sheared (,Australia & New Zealand: shore); perf.part.: sheared, shorn)* **1***(=clip)* klippe *(fx a sheep); stivt:* ***be shorn off****(=be cut off)* bli klippet av;
2. *med metallsaks(=cut)* kutte *(fx a metal sheet in two);*
3. *stivt el. tekn:* ***shear****(=cut)* ***through*** skjære gjennom;
4. *tekn:* bli deformert; vri seg *(fx the bolt may shear);* ***shear off*** forskyve seg; *(jvf I. shear 4);*
5. *stivt el. spøkef:* ***be shorn of****(=be deprived of)* bli berøvet; bli fratatt *(fx one's authority).*
shear force *fys:* skjærkraft.
shearlegs [ˌʃiə'legz] *s: se sheerlegs.*
shears [ʃiəz] *s* **1.** (stor) saks; sauesaks; ***garden shears*** hagesaks; ***lopping shears*** grensaks; ***plate****(=tin)* ***shears*** blikksaks; **2.:** *se sheerlegs.*
shear strength *fys:* skjærfasthet.
shear stress *fys:* skjærspenning.
shearwater [ˌʃiə'wɔ:tə] *s; zo:* lire.
sheath [ʃi:θ] *s* **1***(=scabbard)* slire; skjede;
2. *bot:* skjede;
3*(=condom)* kondom *n;*
4. *tekn:* kappe; mantel;
5. *elekt; på kabel:* isolasjon.
sheathe [ʃi:ð] *vb* **1.** *stivt el. litt.(=put back into its sheath)* stikke i skjeden;
2. *tekn:* forhude; kle;
3. *elekt; kabel:* isolere.
sheathing [ˌʃi:ðiŋ] *s:* forhudning; kledning.
sheath knife slirekniv; tollekniv.
I. sheave [ʃi:v] *s; mar; mask:* (blokk)skive.
II. sheave *vb:* bunte; binde i nek *(n)* (*el.* knipper *(n)*).
Sheba [ˌʃi:bə] *s; bibl:* Saba.
shebang [ʃiˌbæŋ] *s* **US T***(=caboodle):* ***the whole shebang*** hele greia; hele sulamitten.
I. shed [ʃed] *s:* skur *n;* ***garden shed*** hageskur.
II. shed *vb(pret: shed; perf.part.: shed)* **1.** felle *(fx reindeer shed their antlers; how often does a snake shed its skin?);* ***the tree shed its leaves*** treet mistet bladene;
2*(=moult)* røyte *(fx the cat's shedding);*
3. *stivt; om lys & fig(=throw)* kaste *(fx light on a problem);*
4. *fig; stivt:* ***shed innocent blood****(=let innocent blood flow)* la uskyldig blod flyte;
5. *om aksent(=drop):* legge av seg.
she'd [ʃi:d] *sammentrekning av 'she had' el. 'she would'.*
sheen [ʃi:n] *s:* skinn *n;* skjær *n;* glans (*of* av).
sheep [ʃi:p] *s(pl: sheep)* **1.** *zo:* sau;
2. *fig:* sau; ***the black sheep of the family*** familiens sorte får *n;* ***there's a black sheep in every flock*** det er brodne kar *(n)* i alle land *n;* ***a wolf in sheep's clothing*** en ulv i fåreklær; ***separate the sheep from the goats*** skille fårene fra bukkene; ***follow sby about like a sheep*** følge etter en som en hund.
sheepcote [ˌʃi:p'kout] *s(=sheepfold)* sauekve.
sheepdog [ˌʃi:p'dɔg] *s; zo:* fårehund.
sheepish [ˌʃi:piʃ] *adj* **1***(=embarrassed)* flau; forlegen;
2*(=sheep-like)* fårete.
sheep's eyes *lett glds:* ***make sheep's eyes at sby****(=gaze adoringly at sby)* se dypt forelsket på en.
sheepskin [ˌʃi:p'skin] *s:* saueskinn.
I. sheer [ʃiə] *s; mar; i dekk:* spring.
II. sheer *vb; mar:* ***sheer off****(=swerve)* dreie av (*el.* unna).
III. sheer *adj* **1***(=vertical)* loddrett *(fx cliff);*
2. *om tekstil(=transparent)* gjennomsiktig *(fx nylon);*
3*(=absolute)* ren *(fx it was a sheer delight);* ***it's a sheer impossibility*** det er komplett umulig.
sheerlegs [ˌʃiə'legz] *s(=shearlegs)* kranbukk; saksekran.
I. sheet [ʃi:t] *s* **1.** laken *n;* ***draw sheet*** stikklaken; ***clean sheets*** rene lakener;
2. *mar; på seil:* skjøte *n;*
3. ark *n;* ***a sheet of copy paper*** et gjennomslagsark; *skolev:* ***copy sheet*** innføringsark; *skolev:* ***draft sheet****(=rough sheet)* kladdeark; ***a book in sheets*** en bok i materie;
4. (tynn) plate; ***a sheet of corrugated metal*** en bølgeblikkplate; ***a sheet of batting*** en plate vatt;

S

5. flate *(fx of ice; of water);*
6. *fig* **T:** ***it's coming down in sheets****(=it's pouring down)* det pøsregner;
7. **S:** ***three sheets in the wind****(=dead drunk)* kanonfull.
II. sheet *vb; mar:* ***sheet in the mainsail*** hale inn storseilet.
sheet anchor 1. *mar:* nødanker;
2. *fig(=mainstay; chief support)* nødanker; fast holdepunkt (i farens stund).
sheeting [ˌʃi:tiŋ] *s:* ***(linen) sheeting*** lakenlerret; ***plastic sheeting*** plastovertrekk.
sheet lead platebly.
sheet metal platemetall.
sheet metal worker *(=tinplate worker)* platearbeider.
sheet music *mus:* (musikk på) løse noteark; noter.
sheet sleeping bag lakenpose.
sheik(h) [ʃeik; **US:** ʃi:k] *s:* sjeik.
sheik(h)dom [ˌʃeikdəm; **US:**ˌʃi:kdəm] *s:* sjeikdømme *n.*
shekel [ʃekl] *s; mynt:* sekel.
sheldrake [ˌʃel'dreik] *s; zo; om hannen:* gravand.
shelduck [ˌʃel'dʌk] *s; zo; om hunnen:* gravand.
shelf [ʃelf] *s(pl: shelves)* **1.** hylle; ***on the top shelf*** på øverste hylle; ***there are shelves running round the walls*** det er hyller rundt veggene;
2. *i fjellvegg, etc(=ledge)* hylle; avsats;
3. *geol:* sokkel; ***continental shelf*** kontinentalsokkel.
shelf dummy bokattrapp; dummy.
I. shell [ʃel] *s* **1.** skall *n (fx eggshell);* (tom) belg; **2**(*= seashell)* strandskjell; skjell *n; (=snail shell)* sneglehus;
3. *kul:* ***(patty) shell*** tartelett;
4. *mil:* granat; *(jvf grenade);*
5=*cartridge)* patron; ***shotgun shell****(=shot cartridge)* haglpatron;
6. *mar:* forhudning; *(=hull)* skrog *n (fx of a ship); (se racing shell);*
7. *fig:* ***come out of one's shell*** komme ut av sitt skall; ***retire into one's shell****(=withdraw into oneself)* trekke seg inn i sitt skall.
II. shell *vb* **1.** ta skallet av; ***shell peas*** belge erter; ***shell shrimps*** rens(k)e reker; **2.** *mil:* beskyte; bombardere.
shellac [ˌʃelæk] *s:* ***shellac (varnish)****(=high-gloss varnish)* skjellakk; høyglanslakk.
shellback [ˌʃel'bæk] *s; litt.(=old salt)* sjøulk.
shell case *(=cartridge case)* patronhylse.
shellfish [ˌʃel'fiʃ] *s; zo:* skalldyr.
shellfish salad *kul:* skalldyrsalat.
shell fruit *bot:* skallfrukt.
shell shock *med.(=battle shock)* granatsjokk.
I. shelter [ˌʃeltə] *s* **1.** le *n;* ly *n;* ***we gave him shelter for the night*** vi ga ham ly for natten; ***take(=seek) shelter from the rain*** søke ly for regnet; ***under shelter of*** i ly av;
2. tilfluktssted; uværsskur; ***bus shelter*** leskur (på bussholdeplass); ***women's shelter****(=refuge)* krisesenter for kvinner.
II. shelter *vb* **1.** søke ly *n;* ***why didn't you shelter?*** hvorfor gikk du ikke under tak? hvorfor søkte du ikke ly? **2.** gi ly *n;* skjerme *(fx the trees shelter my garden);* **3.** *fig:* gi ly *(n)* til; huse; skjule; holde skjult; ***shelter in****(=seek refuge in)* søke tilflukt i.
sheltered [ˌʃeltəd] *adj* **1.** skjermet; beskyttet; ***in sheltered waters*** innenskjærs; ***be sheltered*** være i ly *n;* være skjermet; ***lead a sheltered existence*** føre en beskyttet tilværelse;
2. *merk:* ***sheltered industries*** beskyttede næringer;
3.: ***sheltered workshop*** vernet bedrift.
shelter hut uværshytte.
shelve [ʃelv] *vb* **1**(*=put up shelves in)* sette opp hyller i *(fx a cupboard);* ***one wall has been completely shelved*** det er satt opp hyller langs hele den ene veggen; **2**(*=abandon)* skrinlegge *(fx a project);*
3(*=put off)* utsette; stille i bero *(fx a project);*
4(*=slope)* skråne *(fx the river bottom shelves here);* ***on the edge of the reef where it shelves steeply downward*** på kanten av revet, hvor det er brådypt.
shelving [ˌʃelviŋ] *s* **1.** hyllemateriale; **2.** hylleplass; hyller; **3**(*=slope)* skråning(svinkel).
shemozzle [ʃiˌmɔzl] *s* **S**(*=to-do; mix-up)* ståhei; oppstuss; forvirring.
shenanigan [ʃiˌnænigən] *s* **T 1**(*=trickery; mischief)* lureri *n;* ugagn; **2.:** ***shenanigans****(=high jinks)* leven *n;* tull *n.*
I. shepherd [ˌʃepəd] *s* **1.** sauegjeter; **2.** *glds & litt.:* hyrde.
II. shepherd *vb* **1.** gjete; **2.** føre *(fx sby through a maze of corridors);* lede; ***we were shepherded into a coach*** vi ble loset inn på en buss.
shepherd's pie *kul(=cottage pie)* kjøtt- og potetmospai.
sherbet [ˌʃə:bit] *s:* sorbett.
sheriff [ˌʃerif] *s* **1.** høy embetsmann i et 'county' med især representative oppgaver; **2.** *i Skottland:* dommer i et 'county'; **3. US:** sheriff.
she's [ʃiz] *sammentrekning av 'she is' el. 'she has'.*
Shetland [ˌʃetlənd] *s; geogr:* ***the Shetlands*** Shetlandsøyene.
I. shield [ʃi:ld] *s* **1.** skjold *n;* **2. US:** ***(police) shield****(= police badge)* politiskilt.
II. shield *vb:* skjerme; verne; beskytte (*from* mot).
shield bug *zo:* bærfis.
I. shift [ʃift] *s* **1.** skift *n (fx work an eight-hour shift); på sykehus, etc:* vakt; ***split shift*** delt skift; ***after a late shift*** etter en senvakt; ***work in shifts*** arbeide i skift; ***come on (shift)*** komme på skift;
2. *EDB:* skift *n;*
3(*=change)* forandring *(fx in the wind);*
4(*=shifting)* forskyvning; *polit:* ***a massive shift to the Right*** en meget sterk høyredreining; ***a shift in****(=of)* ***emphasis*** 1. en forflytning av tyngdepunktet; 2(*=a shift of stress)* trykkforskyvning; forskyvning av trykket;
5. *lett glds:* ***make shift****(=do)* ***with*** klare seg med.
II. shift *vb* **1.** skifte plass; forskyve seg;
2. *fon:* forskyve;
3. T(*=remove; get rid of)* fjerne; ***shift stains*** fjerne flekker;
4. T(*=move)* flytte (på); *teat:* ***shift scenery*** skifte scenebilde; ***if it's not there, someone must've shifted it*** hvis det ikke er der, må noen ha flyttet på det; ***shift yourself!*** flytt deg!
5. *om det at man hele tiden skifter stilling:* ***he was shifting uneasily in his chair*** han flyttet urolig på seg der han satt;
6.: ***shift one's ground****(=change one's point of view)* skifte standpunkt;
7.: ***shift for oneself*** klare (*el.* greie) seg selv; ***let him shift for himself****(,***T:** *let him paddle his own canoe)* la ham greie seg selv; la ham seile sin egen sjø;
8.: ***shift on to*** flytte (*el.* legge) over på *(fx the load on to the other shoulder);* ***shift the blame on to****(=put the blame on)* legge skylden på; velte skylden over på;
9. *mask* **US:** ***shift (gear)****(=change gear)* skifte gir *n;* gire.
shift bonus skifttillegg.
shift character *EDB:* skifttegn.
shiftily [ˌʃiftili] *adv* **1.** stjålent; **2.** forslagent; listig; unnvikende; *(se shifty).*
shifting sand(s) flygesand.
shift key *på skrivemaskin el. datamaskin:* skifttast.
shiftless [ˌʃiftləs] *adj; glds(=lazy; incompetent)* doven; udugelig *(fx he's a rather shiftless individual).*
Shiite [ˌʃi:ait] *s(=Shia Muslim)* sjiitt; shia-muslim.
shilling [ˌʃiliŋ] *s* **1.** *hist(=five pence; 5p)* shilling; *fortsatt av og til brukt:* ***he gave the boy a shilling****(=he gave the boy five pence)* han ga gutten fem pence;

2. *i Øst-Afrika:* shilling *(fx a shilling is divided into 100 cents);* **3.** *ordspråk:* ***he looks as if he's lost a shilling and found sixpence*** han ser ut som om han har solgt smør *(n)* og ingen penger fått.
shilly-shally [ˌʃili'ʃæli] **1.** *vb(=hesitate)* nøle; vingle; **2.** *adj(=hesitant; indecisive)* nølende; vinglete.
shilly-shallier [ˌʃili'ʃæliə] *s(=indecisive person; wobbler)* vinglepave; vinglekopp.
I. shim [ʃim] *s; mask:* mellomlegg *n.*
II. shim *vb; mask:* sette inn mellomlegg *n.*
I. shimmer [ˌʃimə] *s:* skimrende lys *n;* flimrende lys.
II. shimmer *vb:* skimre; flimre; skjelve; ***shimmering with heat*** varmedirrende.
I. shimmy [ˌʃimi] *s* **1.** skjelving; vibrasjon; *mask:* forhjulsvibrasjoner; *(jvf wheel flutter);*
2. T*(=chemise)* serk; undertrøye.
II. shimmy *vb:* skjelve; vibrere; vri seg; disse.
I. shin [ʃin] *s; anat:* skinneben.
II. shin *vb:* ***shin down (,up)*** klatre ned (,opp) *(fx he shinned up a tree).*
shin guard *sport:* benskinne; leggbeskytter.
shindig [ˌʃin'dig] *s* **T** *1(=noisy party)* støyende fest; ordentlig kalas *n;* **2.:** *se shindy.*
shindy [ˌʃindi] *s* **T***(=row)* bråk *n;* ***kick up a shindy*** lage bråk; protestere voldsomt *(fx about sth).*
I. shine [ʃain] *s* **1***(=sheen; lustre)* glans; ***give one's shoes a shine*** pusse skoene sine;
2.: ***come rain, come shine****(=(come) rain or shine)* 1(*=regardless of the weather)* uansett hvordan været er (,blir); 2(*=regardless of circumstances)* uansett hvordan forholdene *(n)* er (,måtte være);
3. *fig:* ***take the shine out of sby****(=take the wind out of sby's sails)* ta luven fra en; **T:** ***take a shine to****(=become fond of)* bli begeistret for.
II. shine *vb(=pret & perf.part.: shone)* **1.** skinne; ***polish the silver spoons till they shine*** pusse sølvskjeene til det skinner av dem; ***he shone his torch*** han lyste med lommelykten (sin); ***the light was shining in his eyes*** lyset skinte i øynene *(n)* på ham; *fig:* ***her eyes shone with happiness*** øynene hennes skinte av lykke; ***shine through*** 1. skinne gjennom; 2. *fig:* komme til syne;
2. *perf.part: shined:* pusse; ***he shined****(=polished)* ***his shoes*** han pusset skoene sine;
3. T*(=be very good)* briljere; ***shine at sth****(=be very good at sth)* briljere i noe.
shiner [ˌʃainə] *s* **S***(=black eye)* blått øye.
shingle [ʃiŋgl] *s* **1.** takspon; **2.** singel; **3.** *med.:* ***shingles****(=herpes zoster)* helvetesild.
shining *adj* **1.** skinnende; blank; ***a bright, shining star*** en tindrende klar stjerne; **2.** *fig:* lysende *(fx he's a shining example to* ***US all).***
shining light US: ***he's no shining light US****(=he's not on the bright side; he won't set the Thames on fire)* han er ikke noe lys *n;* han har ikke oppfunnet kruttet.
shinsplints [ˌʃin'splints] *s;* *især* **US** *hos person som løper på hardt underlag:* smertefull muskelhevelse i leggen.
shiny [ˌʃaini] *adj:* blank *(fx hair; nose);* ***shiny****(=glossy)* ***cover*** blankt (bok)bind.
I. ship [ʃip] *s* **1.** *mar:* skip; ***desert a sinking ship*** forlate et synkende skip; ***lay up a ship*** legge opp et skip; ***a laid-pup ship*** et skip i opplag; *litt.:* ***take ship for Oslo*** *(=take a ship to Oslo)* innskipe seg til Oslo;
2. *fig:* ***when one's ship comes home*** når man vinner det store lodd;
3. T: ***pump ship*** slå lens; late vannet.
II. ship *vb* **1***(=send by ship)* skipe; sende med skip; **2.** ta ombord; innskipe *(fx goods);* ***ship the gangplank*** ta landgangen om bord; ***ship water*** ta inn vann *n;*
3. US*(=send; forward)* sende *(fx goods by rail);*
4.: ***ship off*** sende av sted; ***she wants to ship you off*** hun vil få deg av sted;
5.: ***ship as****(=sign on as)* ta hyre som *(fx first mate).*
shipboard [ˌʃip'bɔ:d] *s:* ***on shipboard****(=on board a ship)* om bord på et skip.
shipbuilding [ˌʃip'bildiŋ] *s:* skipsbygging.
ship chandler *(=ship's chandler)* skipshandler.
shipload [ˌʃip'loud] *s:* skipslast.
shipmaster [ˌʃip'mɑ:stə] *s:* skipsfører.
shipment [ˌʃipmənt] *s; merk* **1.** forsendelse med skip *n;* sending; parti *n;* **2. US***(=consignment)* forsendelse; sending; parti *n.*
shipowner [ˌʃip'ounə] *s(=owner)* (skips)reder.
shipper [ˌʃipə] *s; mar:* utskiper; vareavsender.
shipping [ˌʃipiŋ] *s* **1***(=ships)* skip *n;* **2.** skipsfart; shipping; **3.** forsendelse (med skip *(n)*); utskipning.
shipping agency *merk:* skipsagentur; spedisjonsfirma.
shipping agent *merk:* befrakter; speditør.
shipping articles *pl; mar(=ship's articles)* hyrekontrakt.
shipping bill *mar & merk:* utførselsangivelse.
shipping clerk *merk:* spedisjonsassistent.
shipping company *(=shipping firm)* rederi *n.*
shipping department spedisjonsavdeling.
shipping lane skipsled.
shipping line 1. rederi *n;* **2.** fast skipsforbindelse.
shipping master *mar:* hyrebas.
shipping note *mar & merk:* lasteseddel.
shipping office 1. skipsagentur; spedisjonskontor; skipsmeglerkontor; **2.** rederikontor;
3. hyrekontor.
shipping opportunity *mar:* skipsleilighet.
ship's articles: *se shipping articles.*
ship's biscuit *(=hardtack;* **US:** *ship biscuit)* skipskjeks; beskøyt.
ship's calls *(=shipping arrivals)* skipsanløp.
ship's engineer *mar(=engineer)* maskinist.
shipshape [ˌʃip'ʃeip] *adj(=in good order)* i fin orden.
ship's instructions *pl; mar:* ***the ship's instructions*** båtinstruksen.
ship's papers *mar:* skipspapirer; skipsdokumenter.
ship's passport *mar:* nasjonalitetspass.
shipway [ˌʃip'wei] *s(=building berth)* byggebedding.
I. shipwreck [ˌʃip'rek] *s* **1***(=wreck)* vrak; **2.** skipbrudd *n;* **3.** *fig; litt.:* ***make a shipwreck of one's life****(=wreck one's life)* lide skipbrudd *(n)* i livet.
II. shipwreck *vb:* ***be shipwrecked*** lide skipbrudd *n.*
shipwrecked [ˌʃip'rekt] *adj:* skipbrudden; ***the shipwrecked (wo)man*** den skipbrudne.
shipwright [ˌʃip'rait] *s:* skipsbygger.
shipyard [ˌʃip'jɑ:d] *s(=shipbuilding yard)* skipsverft.
shire [ˌʃaiə] *s; hist:* grevskap.
shirk [ʃə:k] *vb* **1** skulke; ***shirk school****(=play truant)* skulke skolen; **2.:** ***shirk the responsibility*** løpe fra ansvaret; ***it's no use shirking the facts****(=you must face the facts)* man må bøye seg for kjensgjerningene.
shirker [ˌʃə:kə] *s:* skulker.
shirt [ʃə:t] *s* **1.** skjorte;
2. T: ***keep your shirt on!*** hiss deg ned!
3. T: ***put one's shirt on*** satse sitt siste øre på.
shirt collar skjortekrage.
shirting [ˌʃə:tiŋ] *s:* skjortestoff.
shirtsleeve [ˌʃə:t'sli:v] *s:* skjorteerme; ***in one's shirtsleeves*** i skjorteerme.
shirttail [ˌʃə:t'teil] *s:* skjorteflak.
shirty [ˌʃə:ti] *adj* **T***(=angry)* sur; forbannet; sint.
I. shit [ʃit] *s* **1.** *vulg:* dritt; skitt;
2. *vulg:* dritt *(fx she's a conceited little shit);*
3. *om ting* **S***(=nonsense)* skitt *(fx it was a load of shit);*
4. S*(=marihuana)* marihuana;
5. S*(=damn):* ***I don't give a shit what he says*** jeg bryr meg ikke en dritt om hva han sier; *int:* ***oh, shit!****(=oh, damn it!)* skitt også!
6. S: ***scare the shit out of sby*** skremme vettet av en;
7. *vulg:* ***when the shit hits the fan****(=when the real trouble begins)* når det blir riktig ille; **S:** når moroa begynner for alvor;

S

8. *vulg:* ***get (,have) the shits****(=be scared stiff)* bli (,være) vettskremt;
9. *vulg:* ***in the shit****(=in trouble)* i dritten; *(se også shit creek).*
II. shit *vb; vulg(pret & perf.part: shit, shitted; især spøkef: shat)* skite; drite.
shitbag [ˌʃit'bæg] *s; vulg: se shitheel.*
shit creek *vulg:* ***be up shit creek (without a paddle)*** sitte til halsen i dritten.
shithead [ˌʃit'hed] *s* **1. S:** marihuanarøyker;
2. US *vulg(=shitbag; shitheel)* drittsekk.
shitheel [ˌʃit'hi:l] *s; vulg(=shitbag; twerp;* **US:** *shithead)* drittsekk.
shitless [ˌʃitləs] *adj; vulg:* ***be scared shitless****(=be scared stiff)* bli vettskremt.
I. shiver [ˌʃivə] *s* **1***(=shudder; tremble)* skjelven; gys *n;* ***it sent a cold shiver****(=cold shivers)* ***down my spine*** det fikk det til å gå kaldt nedover ryggen på meg;
2. T: ***the shivers*** noe som får en til å gyse *(fx the thought of working for him gives me the shivers);*
3.: ***shivers of glass*** glassplinter.
II. shiver *vb(=tremble)* skjelve (*with* av); ***shiver slightly with cold*** småhutre.
shivery [ˌʃivəri] *adj:* skjelven; kulsen.
I. shoal [ʃoul] *s* **1.** stim; ***shoal of fish*** fiskestim;
2. *i sjøen:* (sand)grunne.
II. shoal *vb* **1.** stime; svømme i stim; **2.** bli grunn(ere).
I. shock [ʃɔk] *s* **1.** støt *n (fx the shock brought the ceiling down);*
2.: ***(electric) shock*** støt *n;*
3. *også med.:* sjokk *n;* ***a shock to*** et sjokk for; ***get a shock*** få et sjokk; ***in a state of profound shock*** dypt sjokkert;
4. *landbr:* rauk;
5.: ***a shock****(=mop)* ***of hair*** en hårmanke.
II. shock *vb* **1.** sjokkere; ryste; **2.** *landbr:* rauke (korn *n*).
shock absorber støtdemper.
shocked [ʃɔkt] *adj:* sjokkert; rystet.
shocking [ˌʃɔkiŋ] *adj* **1.** sjokkerende; rystende;
2. T*(=very bad)* forferdelig.
shockproof [ˌʃɔk'pru:f] *adj:* støtsikker *(fx watch).*
shock wave sjokkbølge.
shod [ʃɔd] *pret & perf.part. av II. shoe.*
I. shoddy [ˌʃɔdi] *s:* sjoddi (ɔ: ull av revne filler).
II. shoddy *adj(=of poor quality)* av dårlig kvalitet; ***shoddy workmanship*** arbeid av dårlig kvalitet.
I. shoe [ʃu:] *s* **1.** sko; ***a pair of shoes*** et par sko;
2.: ***know where the shoe pinches*** vite hvor skoen trykker;
3. T: ***that's another pair of shoes (altogether)****(=that's quite another matter)* det er en helt annen sak.
II. shoe *vb(pret & perf.part.: shod)* sko *(fx a horse).*
shoeblack [ˌʃu:'blæk] *s(=bootblack)* skopusser.
shoelace [ˌʃu:'leis] *s(,også* **US:** *shoestring)* skolisse; ***do up one's shoelaces*** knyte skolissene; ***undo one's shoelaces*** knyte opp skolissene; ***my shoelaces have come undone*** skolissene mine har gått opp.
shoemaker [ˌʃu:'meikə] *s:* skomaker.
shoe polish skokrem.
shoeshine [ˌʃu:'ʃain] *s(=shoe polishing)* skopuss(ing).
shoestring [ˌʃu:striŋ] *s* **1.:** *se shoelace;*
2. *fig:* ***on a shoestring*** med meget beskjedne midler *n;* ***happily married on a shoestring*** fattige, men lykkelig gift.
shoetree [ˌʃu:'tri:] *s:* skolest.
shone [ʃɔn] *perf.part. av II. shine.*
shoo [ʃu:] *vb* **1***(=chase)* jage; skysse *(fx the birds away);* **2.** *int:* husj! sjt!
shook [ʃuk] *pret av II. shake.*
I. shoot [ʃu:t] *s* **1.** *bot:* skudd *n;* **2.** jaktselskap;
3. *for småvilt(=shooting rights)* jaktrett.
II. shoot *vb(=pret & perf.part.: shot)* **1.** skyte (*at* på; *down* ned);
2. drive jakt; gå på jakt; ***shoot grouse*** gå på rypejakt;
3. *sport(=score)* skyte *(fx a goal);*
4. styrte; tømme; *oppslag:* ***shoot no rubbish!*** søppeltømming forbudt!
5. *film:* ta opp;
6. *fig:* ***he shot a question at me*** han fyrte løs med et spørsmål til meg;
7. suse; fare *(fx he shot out of the room); om bilist:* ***shoot the lights*** kjøre mot rødt lys;
8. T: ***shoot one's mouth off*** være indiskret; **S:** slenge med leppa;
9. T: ***the report shot me to pieces****(=the report shattered me)* rapporten gjorde det helt av med meg;
10.: ***shoot up*** 1. skyte i været; 2. *om priser:* fyke (*el.* skyte) i været; 3. *om smerte:* jage; skyte *(fx the pain shot up his leg).*
shooter [ˌʃu:tə] *s* **1. T***(=gun)* skyter; **2. US S***(=needle addict)* sprøytenarkoman.
shooting [ˌʃu:tiŋ] *s* **1.** skyting; **2.** (småvilt)jakt.
shooting box [ˌʃu:tiŋ'bɔks] *s(=shooting lodge)* jakthytte.
shooting brake [ˌʃu:tiŋ'breik] *s(=estate car)* stasjonsvogn.
shooting gallery [ˌʃu:tiŋ'gæləri] *s:* innendørs skytebane.
shooting rights *pl:* jaktrett.
shooting script [ˌʃu:tiŋ'skript] *s; film:* dreiebok.
shooting star ['ʃu:tiŋˌstɑ:] *s:* stjerneskudd.
shooting war [ˌʃu:tiŋ'wɔ:] *s; mots kald krig:* ordentlig krig.
shoot-out [ˌʃu:t'aut] *s:* oppgjør *(n)* med skytevåpen; skyteepisode; *(se penalty shoot-out).*
I. shop [ʃɔp] *s* **1.** butikk; forretning; kiosk; ***you'll find our shop near the reception desk*** ved resepsjonen finner du vår kiosk; ***joke shop*** morobutikk; ***lockup shop*** forretning(slokale) hvor eieren ikke bor;
2. T*(=shopping):* ***do a big shop****(=do a lot of shopping)* gjøre storinnkjøp;
3*(=workshop)* verksted;
4. T: ***all over the shop*** spredt over det hele;
5.: ***run the shop*** 1. drive butikken; 2. **T:** stå for det hele;
6.: ***set up shop*** åpne forretning;
7.: ***shut up shop*** 1. stenge (forretningen) for dagen; 2. **T:** stenge forretningen; ***this means the firm will have to shut (up) shop****(=this means the end of the firm)* dette betyr slutten (,**T:** kroken på døra) for firmaet;
8.: ***talk shop*** snakke fag *n;* snakke om jobben.
II. shop *vb* **1***(=go shopping)* handle; gjøre innkjøp; shoppe; **2. S***(=betray)* angi; **3.:** ***shop around*** se seg om; sammenligne priser; ***shop around for sth cheaper*** se seg om etter noe som er billigere.
shop assistant *(,***US:** *salesclerk; clerk)* ekspeditør.
shop committee *i bedrift:* tillitsmannsutvalg.
shopfloor [ˌʃɔp'flɔ:] *s:* verkstedgulv; **T:** ***the shopfloor*** gulvet *(fx problems on the shopfloor).*
shop foreman *ved mindre bedrift:* verksmester.
shopfront [ˌʃɔp'frʌnt] *s:* butikkfasade.
shopkeeper [ˌʃɔp'ki:pə] *s:* handlende; kjøpmann.
shoplift [ˌʃɔp'lift] *vb:* begå butikktyveri.
shoplifter [ˌʃɔp'liftə] *s:* butikktyv; ***shoplifters will be prosecuted*** butikktyver vil bli anmeldt.
shoplifting [ˌʃɔp'liftiŋ] *s:* butikktyveri.
shop manager butikksjef.
shop manual verkstedhåndbok.
shopper [ˌʃɔpə] *s:* handlende; en som gjør innkjøp; ***shoppers*** folk som er ute og gjør innkjøp; handlende.
shopping [ˌʃɔpiŋ] *s* **1.** innkjøp;
2. *om handlingen:* innkjøp; shopping; ***household shopping*** husholdningsinnkjøp; ***she's done a lot of shopping*** hun har gjort storinnkjøp.
shopping bag innkjøpsveske; shoppingbag.
shopping basket handlekurv; innkjøpskurv.
shopping centre forretningssenter; butikksenter.

shopping channel *TV:* teletorg; ***on the shopping channel*** på teletorget; *(se telesales & teleshopping).*
(shopping) mall US *& Canada(=shopping arcade)* fotgjengerområde med butikker; *(se strip mall).*
shopping precinct shoppingområde; handlestrøk.
shopping spree: *se spree 2.*
shopping trolley trillevogn; innkjøpsvogn.
shop practice verkstedpraksis.
shop sign butikkskilt.
shopsoiled [ˌʃɔp'sɔild] *adj; merk(,***US:** *shopworn)* lett beskadiget; lett tilsmusset.
shop staff *(=sales staff)* butikkpersonale.
shop steward tillitsmann (for fagforening).
shoptalk [ˌʃɔp'tɔ:k] *s:* fagprat.
shopwalker [ˌʃɔp'wɔ:kə] *s; i varemagasin(,***US:** *floorwalker)* inspektør.
shopworn [ˌʃɔp'wɔ:n] *adj* **US:** *se shopsoiled.*
I. shore [ʃɔ:] **1.** kyst; ***go on shore*** gå i land; **2.** avstivningsbjelke; (av)stiver.
II. shore *vb:* ***shore up****(=prop up)* støtte opp.
shore-based [ˌʃɔ:'beist] *adj:* landbasert.
shore kit *mar; mil:* permisjonsantrekk; *(jvf walking -out dress).*
shore leave *mar:* landlov.
shoreline [ˌʃɔ:'lain] *s(=coastline)* kystlinje.
shorn [ʃɔ:n] *perf.part. av II. shear.*
I. short [ʃɔ:t] *s* **1***(=short film)* kortfilm;
2*(=short drink)* ufortynnet drink; vin el. brennevin; ***I'd rather have a short*** jeg vil helst ha noe annet enn øl *n;*
3. *elekt(=short circuit)* kortslutning;
4.: ***shorts*** 1. shorts; 2. **US***(=underpants)* underbukse; 3. *kasserers:* tellepenger.
II. short *vb(=short-circuit)* kortslutte.
III. short *adj* **1.** kort; kortvokst;
2*(=brief)* kortvarig; kort; ***short trips*** småturer;
3. kort; avvisende (*with* mot);
4. *om vekslepenger el. vekt:* for lite; ***give short weight*** gi for snau vekt;
5.: ***be short*** 1. mangle *(fx I was two pounds short);* ***the throw was short by two metres*** kastet var to meter for kort; 2. ha litt knapt (med penger);
6. *om knapphet(=in short supply):* ***butter's (getting) short*** det er (,begynner å bli) lite smør *n;* **T:** det kniper (,begynner å knipe) med smør; ***time's short*** det kniper med tid; ***go short*** være foruten; mangle *(fx we never went short (of anything) as children);* ***our money's running short*** vi er i ferd med å slippe opp for penger;
7. *iron:* ***short and sweet*** tydelig nok; ***make it short and sweet*** 1. fatte seg i korthet; 2. sørge for at det skjer raskt;
8.: ***short for*** en forkortelse for *(fx 'Vic' is short for 'Victor');*
9.: ***in short*** kort sagt;
10.: ***short of*** 1.: ***fall short of the target*** ikke nå frem (til målet); *fig:* ***it came****(=fell)* ***short of our target*** vi klarte ikke å nå opp til vår målsetting; ***we stopped five miles short of Salisbury*** vi stoppet fem miles før vi kom til Salisbury; 2. unntatt; ***he couldn't think how he would get all that money, short of stealing it*** han kunne ikke tenke seg hvordan han skulle få tak i så mange penger, hvis han da ikke skulle stjele dem; 3.: ***little short of*** nesten (det samme som); 4.: ***nothing short of*** intet mindre enn *(fx that would be nothing short of suicide!);*
11.: ***make short work of*** 1. gjøre kort prosess med *(fx sby);* 2. sette til livs i en fart;
12.: ***the short of it is, he's in disgrace*** han er, kort og godt, i unåde; ***...and that's the long and the short of it!*** mer er det ikke å si om den tingen! ***the long and the short of it was that ...*** enden på det hele (,**T:** enden på visen) ble at ...;
13. T: ***be short on*** mangle; være dårlig utstyrt med; ***a bit short on good looks*** ikke særlig pen; ***she's a bit short on judgment*** det kniper litt med vurderingsevnen hennes.
IV. short *adv* **1.:** ***stop short****(=stop dead)* bråstoppe; ***it brought him up short*** det fikk ham til å bråstoppe;
2. T: be caught*(=taken)* ***short*** plutselig måtte på wc *n;*
3.: ***fall short*** 1. *om skudd, etc:* ikke være langt nok; ikke nå frem; 2. ikke innfri forventningene; ikke være (god) nok; ***that's where the book falls short*** det er her boken svikter;
4.: ***run short of*** slippe opp for;
5. *merk:* ***sell short*** selge uten å være leveringsdyktig;
6.: ***sell sby short*** 1. *i forretning:* gi en for lite; 2*(=cheat sby)* svindle en; 3. undervurdere en.
shortage [ˌʃɔ:tidʒ] *s:* mangel; knapphet; manko; ***a shortage of*** mangel på.
short arse S *(=little titch; little squirt)* liten sprett.
shortbread [ˌʃɔ:t'bred] *s; slags kakekjeks; svarer i smak omtrent til:* sandkake; *(se short-crust pastry).*
shortcake [ˌʃɔ:t'keik] *s: se shortbread.*
short-change ['ʃɔ:tˌtʃeindʒ] *vb:* ***short-change sby*** gi en igjen for lite vekslepenger.
short circuit *elekt:* kortslutning.
short-circuit ['ʃɔ:tˌsə:kit] *vb; elekt:* kortslutte.
shortcoming [ˌʃɔ:t'kʌmiŋ] *s; stivt(=fault)* feil; mangel; svakhet.
short-crust pastry: ***rich short-crust pastry*** mørdeig; *(se shortbread).*
shortcut [ˌʃɔ:t'kʌt] *s; også fig:* snarvei; ***there's no shortcut to proficiency*** man blir ikke mester på en dag.
short-dated ['ʃɔ:tˌdeitid; *attributivt:* ˌʃɔ:t'deitid] *adj; om gullkantede papirer:* kortfristet.
short delivery *merk:* levering av et mindre kvantum enn avtalt.
short drink ufortynnet drink; *(se I. short 2).*
shorten [ˌʃɔ:tən] *vb* **1.** gjøre (*el.* bli) kortere; forkorte; ***the days are shortening****(=growing shorter)* dagene blir kortere;
2. *mar:* ***shorten sail*** minske seil;
3. *ved baking:* tilsette fett *n.*
shortening [ˌʃɔ:təniŋ] *s* **1.** forkorting;
2. *i bakverk:* fett *n.*
shortfall [ˌʃɔ:t'fɔ:l] *s; merk:* svikt; ***a shortfall in turnover*** en svikt i omsetningen.
short-form [ˌʃɔ:t'fɔ:m] *s; av ord:* kortform.
shorthand [ˌʃɔ:t'hænd] *s:* stenografi.
shorthanded ['ʃɔ:tˌhændid; *attributivt:* ˌʃɔ:t'hændid] *adj:* underbemannet; med for få folk *n.*
short-haul jet [ˌʃɔ:t'hɔ:lˌdʒet] *s; flyv:* kortdistansefly.
short hours *pl:* kort arbeidstid; *(jvf short time).*
short list, shortlist [ˌʃɔ:t'list] *s:* liste over de best egnede kandidater til en stilling, et stipend, etc; innstillingsliste.
short-list [ˌʃɔ:t'list] *vb(=put on the short list)* sile ut *(fx we have short-listed three of the twenty candidates);* ***be short-listed*** komme med på innstillingslisten.
short-lived ['ʃɔ:tˌlivd; *attributivt:* ˌʃɔ:t'livd] *adj* **1.** som ikke lever lenge *(fx insect; plant);*
2. kortvarig *(fx enthusiasm).*
shortly [ˌʃɔ:tli] *adv* **1***(=curtly)* kort *(fx answer rather shortly);* **2***(=soon)* snart;
3.: ***shortly****(=soon)* ***after that the police arrived*** kort etter (det) kom politiet; ***shortly before we left to get here****(=just before we came here)* like før vi reiste hit.
short notice kort varsel *n.*
short odds *pl:* gode odds; gode vinnersjanser.
short of breath *(=breathless)* kortpustet; ***he became short of breath*** han ble kortpustet.
short-range [ˌʃɔ:t'reindʒ] *adj:* kortdistanse-.
shorts *s: se I. short 4.*
short shrift: ***give sby short shrift*** gjøre kort prosess med en.
short-sighted ['ʃɔ:tˌsaitid; *attributivt:* 'ʃɔ:tˌsaitid; *fig:* ˌʃɔ:t'saitid] *adj* **1***(=near-sighted; faglig: myopic)* nærsynt;

2. *fig:* kortsynt; ***he's being very short-sighted about this*** han er svært kortsynt når det gjelder dette;
3(*=short-term*) kortsiktig; ***short-sighted planning*** kortsiktig planlegging; *(se short-term).*
short-sightedly [ˈʃɔ:tˌsaitidli] *adv:* kortsynt.
short-sightedness [ˈʃɔ:tˌsaitidnəs] *s* **1**(*=near-sightedness; faglig: myopia*) nærsynthet; **2.** *fig:* kortsynthet.
short-staffed [ˈʃɔ:tˌstɑ:ft; *attributivt:* ˌʃɔ:tˈstɑ:ft] *adj:* underbemannet; *(jvf short-handed; undermanned).*
short story novelle.
short-tempered [ˈʃɔ:tˌtempəd; *attributivt:* ˌʃɔ:tˈtempəd] *adj:* hissig; oppfarende.
short term: ***plans for the short term*** kortsiktige planer; ***in the short term***(*=taking the short view*) på kort sikt; ***not in the short term*** ikke på kort sikt; ***if not in the short term***(*=though not in the near future*) om ikke akkurat på kortere sikt.
short-term [ˌʃɔ:tˈtə:m] *adj* **1.** kortsiktig *(fx loan; plan);* ***short-term results***(*=results in the short term*) kortsiktige resultater; *(jvf short-sighted 3);*
2.: ***a short-term prisoner*** en fange med kort dom.
short-term committee (*=fast-working committee*) hurtigarbeidende utvalg.
short time (*=reduced working hours*) nedsatt arbeidstid; ***work short time***(*=be on short time*) ha nedsatt arbeidstid.
short view: ***take a short view of sth*** bedømme noe på kort sikt; ***taking the short view***(*=in the short term*) på kort sikt.
short-waisted [ˈʃɔ:tˌweistid; *attributivt:* ˌʃɔ:tˈweistid] *adj:* kort i livet.
short wave *radio:* kortbølge.
short weight *merk:* undervekt; *(jvf underweight).*
short-winded [ˈʃɔ:tˌwindid; *attributivt:* ˌʃɔ:tˈwindid] *adj:* kortpustet.
short-windedness [ˈʃɔ:tˌwindidnəs] *s:* kortpustethet.
I. shot *pret & perf.part. av II. shoot.*
II. shot [ʃɔt] *s* **1.** skudd *n;* ***fire two shots*** skyte to skudd;
2. *sport:* kule; ***put the shot*** støte kule; *(jvf shot put);*
3.: ***(lead) shot*** hagl *n;* ***powder and shot*** kuler og krutt *n;*
4. småviltjeger; *(jvf hunter 1); om skytter:* ***he's a good shot*** han er en god skytter; ***a fine pistol shot*** en dyktig pistolskytter;
5. *fotb, etc:* skudd *n; tennis:* slag *n;* ***play a good shot*** slå et godt slag;
6. foto *n;* bilde *n; film:* opptak *n;* scene;
7. *med.:* injeksjon; sprøyte;
8. T: ***have a shot***(*=go*) ***at sth*** prøve (*el.* forsøke) på noe; ***your shot!*** din tur!
9.: ***like a shot***(*=very quickly*) som et skudd;
10. *fig:* ***a shot in the arm*** en saltvannsinnsprøytning;
11. T: ***a shot in the dark***(*=a wild guess*) et skudd i tåken; en ren gjetning;
12. *fig:* ***it's a long shot, but you might find sth*** det er ikke videre sannsynlig, men det kunne jo tenkes at du fant noe;
13. S: ***call the shots***(*=be the boss*) være den som bestemmer farten; være sjefen.
III. shot *adj* **1.** *om silke:* iriserende;
2.: ***shot with*** isprengt med; ***shot with gold*** gullinnvirket; ***shot through with*** gjennomvevd av;
3. T(*=ruined*) ødelagt *(fx his nerves are shot);*
4. S: ***get shot of***(*=get rid of*) bli kvitt.
shot blaster skytebas.
shotgun [ˌʃɔtˈgʌn] *s:* haglgevær; ***pump-action shotgun***(*=pump gun;* **T:** *pump*) pumpehagle; ***sawn-off shotgun*** avsagd haglgevær.
shotgun shell (*=shot cartridge*) haglpatron.
shotgun wedding hastebryllup (fordi bruden er gravid).
shot put *sport:* kulestøt; *(jvf II. shot 2).*
shot-putter [ˌʃɔtˈputə] *s; sport:* kulestøter.
should [ˌʃud; *trykksvakt:* ʃəd] *pret av shall.*
I. shoulder [ˌʃouldə] *s* **1.** *anat:* skulder; *også fig:* ***shoulder to shoulder*** skulder ved skulder;
2.: ***hard shoulder*** bankett; veiskulder med fast dekke *n;*
3. *kul:* ***shoulder (of mutton)*** bogstykke; *(jvf brisket);*
4. *fig:* ***give sby the cold shoulder*** gi en en kald skulder; **T:** ***put one's shoulder to the wheel***(*=put one's back into it*) legge seg i selen; ***speak straight from the shoulder***(*=speak one's mind*) si hva man mener (uten omsvøp).
II. shoulder *vb* **1.** *om ryggsekk:* ta på seg; ta på ryggen;
2. US: ***shoulder arms!***(*=slope arms!*) på aksel gevær *(n)*!
3.: ***shoulder one's way through a crowd*** trenge seg frem gjennom en folkemengde;
4. *fig:* påta seg; ***shoulder a responsibility*** påta seg et ansvar.
shoulder bag skulderveske.
shoulder blade *s; anat*(*=scapula*) skulderblad.
shoulder strap skulderstropp.
I. shout [ʃaut] *s* **1.** (høyt) rop; skrik *n;* brøl *n;*
2. T(*=round (of drinks)*) omgang *(fx I'll buy the next shout).*
II. shout *vb* **1.** rope (høyt); skrike; brøle; ***shout oneself hoarse*** skrike seg hes; ***shout sth in(to) sby's ear*** rope noe inn i øret på en; ***shout at*** rope til; skrike til; brøle til; ***shout sby down*** overdøve en; ***shout for*** rope på *(fx help);*
2. *fig:* ***it's nothing to shout about***(*=it's not up to much*) det er ikke noe å skryte av.
shouting [ˌʃautiŋ] *s:* roping; skriking; brøling.
I. shove [ʃʌv] *s*(*=sharp push*) skubb *n;* dytt *n.*
II. shove *vb* **1**(*=push*) dytte; skubbe; ***he shoved his way through the crowd*** han trengte seg frem gjennom mengden;
2. T: ***shove off!***(*=buzz off!*) forsvinn! ***he's shoved off for home*** han har gått (,dratt) hjem.
I. shovel [ʃʌvl] *s* **1.** skuffe; skyffel; ***snow shovel*** snøskuffe; **US:** ***steam shovel***(*=digger*) gravemaskin;
2. *mask:* skovl.
II. shovel *vb* **1.** skuffe; skyfle; **2.:** ***he shovelled food into his mouth*** han skuffet i seg mat.
shoveldozer [ˌʃʌvəlˈdouzə] *s:* shoveldozer.
I. show [ʃou] *s* **1.** utstilling; ***motor show*** bilutstilling; ***on show***(*=on display*) utstilt;
2. *teat:* show *n;* revy;(*=variety show*) varieté; ***road show*** turnerende forestilling; ***go to a show*** gå på revy; gå på varieté; ***host one's own show*** ha sitt eget show;
3. T(*=performance*) forestilling *(fx we went to see him after the show);* ***slide show*** diasfremvisning;
4. syn *n;* ***the garden is a splendid show*** hagen er et praktfullt syn; ***it's just for show*** det er bare for et syns skyld; ***do it for show*** gjøre det for et syns skyld; ***it's all done for show*** alt er bare beregnet på å gjøre inntrykk;
5.: ***a glorious show of colour*** en strålende (*el.* yppig) fargeprakt;
6.: ***on a show of hands*** ved håndsopprekning;
7.: ***a show of strength*** en styrkedemonstrasjon;
8. *fig:* ***make a show of*** 1(*=show off*) skilte med *(fx one's learning);* 2.: ***he made a great show of it*** han gjorde stort vesen av det; 3.: ***he made a show of working***(*=he pretended to work*) han lot som om han arbeidet;
9. T *fig:* ***on with the show!*** fortsett! ***the show must go on*** livet må gå videre; ***good show!*** bravo! ***put up a good show*** gjøre det bra; klare seg fint; ***run the (whole) show*** stå for det hele; ***this is my show*** dette er det jeg som tar meg av; ***I'm sick and tired of the whole show*** jeg er lut lei det hele; ***when you get back you'll be the whole show!*** når du kommer tilbake, blir du midtpunktet! ***give the (whole) show away***(*=let the cat out of the bag*) røpe det hele; ***steal the show*** vekke størst oppmerksomhet.
II. show *vb*(*pret: showed; perf.part.: shown*) **1.** vise;

time will show det vil tiden vise; ***it just goes to show that …*** det bare viser at …; ***have nothing to show for one's trouble*** ikke ha noe igjen for strevet; ***show sby sth, show sth to sby*** vise en noe *(fx show me your new dress; I showed them to my customers);* ***show one's best side*** vise seg fra sin beste side; ***show oneself in an unflattering light*** vise seg fra en uheldig side; ***I'll show him!*** jeg skal vise ham! ***show sby out*** vise en ut;
2. (be)vise *(fx this shows(=proves) that he's a blackmailer);* ***show one's good will*** vise sin gode vilje; *fig:* ***show fight*** vise klør;
3. vises; synes; ***it hardly shows*** det synes nesten ikke;
4. vise frem; stille ut; ***show a film*** vise en film; ***this picture(=film) is now showing at the local cinema*** denne filmen går nå på stedets kino; ***be shown on TV*** bli vist i (*el.* på) TV;
5. *merk:* ***show a profit (,loss)*** oppvise gevinst (,tap *n*);
6. US ***T****(=show up)* vise seg; komme *(fx he didn't show);*
7.: ***show off*** 1. skilte med *(fx one's knowledge of French);* 2. vise frem (med stolthet); 3. vise seg; kjekke seg; gjøre seg viktig; briljere *(fx he's just showing off);* 4.: ***the dress showed off her figure*** kjolen fremhevet figuren hennes;
8.: ***show through*** vises igjennom; skinne igjennom; ***the red paint underneath shows through*** den røde malingen under skinner igjennom;
9.: ***show up*** 1. avsløre; gjøre lett synlig; ***the scratches showed up badly on the photo*** skrammene så stygge ut på bildet; 2. **T***(=arrive; appear)* komme *(fx he didn't show up);*
10.: ***show up as*** 1. være synlig som; 2. avsløre som;
11.: ***show up at one's best(=show one's best side)*** vise seg fra sin beste side.

show bill teaterplakat (i den lettere genre, fx musicals).

showbiz [ˌʃou'biz] *s* **T:** ***the showbiz****(=the show business)* underholdningsbransjen.

showbiz circuit T: ***she's a regular on the showbiz circuit*** hun er alltid å se der det foregår i underholdningsverdenen.

show business *(,***T:** *showbiz):* ***the show business*** underholdningsbransjen; *(se showbiz circuit).*

showcase [ˌʃou'keis] *s:* utstillingsmontre.

showdown [ˌʃou'daun] *s* **1.** *kortsp; poker:* det å vise opp kortene *n;* **2. T:** oppgjør *n;* ***a showdown was inevitable*** et oppgjør var uunngåelig; ***force a showdown*** tvinge motparten til å tone flagg *n.*

I. shower [ˌʃauə] *s* **1.** byge; ***(rain) shower*** regnskyll *n;* (regn)skur; ***thunder shower*** tordenbyge; ***scattered showers*** spredte byger; ***I got caught in a shower on my way here*** jeg kom ut i en regnskur på veien hit; **2.** *fig:* regn *n (fx of questions);*
3. dusj; ***have(=take) a shower*** dusje; ta en dusj.

II. shower *vb* **1.** dusje; **2.** *fig:* overøse (*with* med); ***shower sby with kindness*** være overstrømmende vennlig mot en.

shower bath *(=shower)* dusj(bad).

showerproof [ˌʃauə'pru:f] *adj; om plagg:* vannavstøtende.

showery [ˌʃauəri] *adj:* med byger; byge-; ***showery weather*** bygevær; ***it's a bit showery today*** det regner av og til i dag.

show flat demonstrasjonsleilighet.

showgirl [ˌʃou'gə:l] *s(=chorus girl)* korpike; dansepike.

showgrounds [ˌʃou'graundz] *s; pl:* utstillingsområde.

showily [ˌʃouili] *adv:* prangende; *om oppførsel:* teatralsk; ***showily(=flashily) dressed*** i glorete klær.

showing [ˌʃouiŋ] *s* **1.** fremvisning *(fx give a showing of one's work);* ***(film) showing*** (film)forestilling; ***the showing of a film*** en filmfremvisning; ***the first showing(=house)*** første forestilling (på kino);
2. *om prestasjon:* ***good showing*** bra prestasjon; ***make a good*** *(,***T:** *respectable)* ***showing*** gjøre det godt (*el.* bra); ***he made a rather poor showing at the interview*** han gjorde en nokså dårlig figur under intervjuet;
3. *om gallup(resultat):* ***on one's previous showing*** i forhold til tidligere gallup(resultat) *(fx he's 3% down on his previous showing);*
4. *stivt:* ***on your own showing****(=to judge from your own words)* ut fra hva du selv sier; ***on present showing****(=as things stand today)* ***this industry has little future*** så vidt man kan se i dag, har denne industrien dårlige fremtidsutsikter.

showing off det å kjekke seg; det å vise seg; det å gjøre seg viktig; det å briljere; kjekkaseri *n.*

showjumping [ˌʃou'dʒʌmpiŋ] *s:* sprangridning.

showman [ˌʃoumən] *s* **1.** sirkusdirektør;
2. teaterdirektør;
3. person i underholdningsbransjen; **T:** moromann.

showmanship [ˌʃoumən'ʃip] *s:* sans for PR.

shown [ʃoun] *perf.part. av II. show.*

show number 1. revynummer; **2.** uthengseksemplar.

show-off [ˌʃou'ɔf] *s:* viktigper; kjekkas.

showpiece [ˌʃou'pi:s] *s:* praktstykke (i en samling); *fig:* noe man gjerne viser frem som mønstereksempel; ***the showpiece of the exhibition*** utstillingens hovedattraksjon.

showplace [ˌʃou'pleis] *s; om herregård, gods, etc:* noe som gjerne vises frem.

show rider kunstrytter.

showroom [ˌʃou'ru(:)m] *s:* demonstrasjonslokale; utstillingslokale.

showstopper [ˌʃou'stɔpə] *s; teat* **T:** suksessnummer; stor suksess; noe som gir så langvarig applaus at forestillingen må avbrytes.

show window utstillingsvindu.

showy [ˌʃoui] *adj(=flashy)* **1.** *om plagg, etc:* prangende; glorete; **2.** *om person(=flashy)* iøynefallende (ved sin klesdrakt).

shrank [ʃræŋk] *pret av II. shrink.*

shrapnel [ˌʃræpnəl] *s; mil:* shrapnel.

I. shred [ʃred] *s* **1.** fille; trevl; strimmel; ***be(=hang) in shreds*** henge i laser; *fig:* ***his reputation is in shreds*** hans rykte er helt ødelagt; ***without a shred(=stitch (of clothing)) on*** uten en tråd på kroppen;
2.: ***tear to shreds*** rive opp; skjære opp;
3. *fig(=scrap)* fnugg *n;* ***not a shred of evidence*** ikke et fnugg av bevis *n.*

II. shred *vb* **1.** skjære (*el.* rive) i strimler;
2. *i makuleringsmaskin:* makulere.

shredded wheat *slags kornfrokost:* hvetefingrer.

shredder [ˌʃredə] *s* **1***(=grater)* råkostjern;
2*(=shredding machine)* makuleringsmaskin.

shrew [ʃru:] *s* **1.** *zo(=shrew mouse)* spissmus;
2. *om kvinne:* rivjern; hespetre.

shrewd [ʃru:d] *adj* **1.** skarpsindig; klok; smart *(fx politician);* **2.:** ***I have a shrewd idea that*** jeg har en mistanke om at; ***that was a shrewd guess!*** det var godt gjettet!

shrewish [ˌʃru:iʃ] *adj; om kvinne(=bad-tempered)* arrig.

I. shriek [ʃri:k] *s:* (skarpt, gjennomtrengende) skrik.

II. shriek *vb:* skrike; hyle.

shrift [ʃrift] *s* **1.** *glds(=confession)* skriftemål;
2. *fig:* ***give sby short shrift*** gjøre kort prosess med en.

shrike [ʃraik] *s; zo:* ***great grey shrike****(,***US:** *northern shrike)* varsler.

shrimp [ʃrimp] *s* **1.** *zo:* reke; *(jvf prawn & scampi);*
2. *neds:* ***little shrimp****(=little titch)* liten spjæling.

shrine [ʃrain] *s* **1.** helgenskrin; relikvieskrin; relikviegjemme;
2*(=holy place)* hellig sted *n;* helligdom; *fig:* tempel *n;*
3*(=tomb of a saint)* helgengrav.

I. shrink [ʃriŋk] *s* **T***(=psychiatrist)* psykiater.

II. shrink *vb(pret: shrank; perf.part.: shrunk)* **1.** krype *(fx in the wash);* krympe; *om kroppen:* synke sammen;
2*(=dwindle)* skrumpe inn *(fx our resources are shrin-*

S

*king); **the shrinking pound*** den synkende pundverdien;
3.: *shrink back* vike tilbake (*from* fra);
4.: *shrink from* vike tilbake for; kvie seg for.
shrinkage [ˌʃriŋkidʒ] *s:* krymping.
shrinkproof [ˌʃriŋk'pru:f] *adj* **US***(=shrink-resistant)* krympefri.
shrivel [ˌʃrivəl] *vb:* skrumpe inn; visne; ***shrivel up*** få til å visne.
I. shroud [ʃraud] *s* **1.** liksvøp; **2.** *mar:* vant *n;*
3. *fig:* slør *n (fx a shroud of mist).*
II. shroud *vb; litt.(=veil)* innhylle; ***shrouded in mystery*** innhyllet i mystikk.
shroud line fallskjermsnor.
Shrove [ʃrouv] *s:* ***Shrove Sunday*** fastelavnssøndag.
Shrove Monday *dagen etter fastelavnssøndag:* blåmandag.
Shrovetide [ˌʃrouv'taid] *s:* fastelavn.
Shrove Tuesday *(=Pancake Day)* fetetirsdag.
shrub [ʃrʌb] *s; bot(=small bush)* busk; ***ornamental shrub***prydbusk.
shrubbery [ˌʃrʌbəri] *s* **1.** buskas *n.* **2.** *i hage:* sted *(n)* hvor man har prydbuskbeplantning.
shrub rose *bot:* buskrose.
shrubby [ˌʃrʌbi] *adj; bot:* buskaktig; ***shrubby plant*** buskplante.
I. shrug [ʃrʌg] *s:* skuldertrekning; skuldertrekk.
II. shrug *vb* **1.: *shrug (one's shoulders)*** trekke på skuldrene; **2.: *shrug off*** 1. riste av seg; 2.: ***he shrugged it off*** han slo det bort; han skjøv det fra seg; han tok det overlegent.
shrunk [ʃrʌŋk] *perf.part. av II. shrink.*
shrunken [ˌʃrʌŋkən] *adj:* innskrumpet.
I. shuck [ʃʌk] *s* **US:** belg; skall *n.*
II. shuck *vb* **US** **1***(=shell)* ta skallet av;
2.: *shuck off**(=take off)* ta av seg *(fx one's clothes);*
3. *fig(=shake off)* legge av seg *(fx bad habits).*
shucks *pl* **US** *1. int(=damn)* pokker! **2.: *it isn't worth shucks****(=it's worthless)* det er verdiløst.
I. shudder [ˌʃʌdə] *s* **1.** gys *n;* skjelving; ***she realized with a shudder that ...*** grøssende forstod hun at ...; **T:** ***that gives me the shudders*** det får det til å løpe kaldt nedover ryggen på meg; **2.** risting; skjelving; skaking; ***a shudder went through the building*** bygningen skalv.
II. shudder *vb* **1.** gyse; grøsse; skjelve; ***he shuddered*** det grøsset i ham; ***I shudder to think of it*** jeg grøsser ved tanken (på det); *2.* skjelve; skake; riste; ***the train shuddered to a halt*** toget ristet og stoppet.
I. shuffle [ʃʌfl] *s* **1.** subbing (med føttene); ***walk with a shuffle*** subbe (med føttene); **2.** *kortsp:* stokking.
II. shuffle *vb* **1.** subbe (*el.* slepe) med føttene;
2. *kortsp:* stokke; blande *(fx the cards).*
shun [ʃʌn] *vb; stivt(=avoid)* sky; ***he was shunned by all his former friends*** han ble skydd av alle sine tidligere venner.
'shun *mil(=attention) int:* ***'shun!*** 1. rett! 2. gi akt!
I. shunt [ʃʌnt] *s* **1.** *elekt:* parallellkrets; shunt;
2. *med.:* shunt.
II. shunt *vb* **1.** *elekt:* parallellkople; shunte;
2. *jernb(,***US:** *switch)* pense; rangere; skifte spor *n.*
shunting yard *jernb(=marshalling yard;* **US:** *classification yard)* skiftetomt.
shush [ʃ; ʃuʃ] **1.** *vb:* hysje på; **2.** *int:* ***shush!****(=hush!)* hysj!
shut [ʃʌt] *vb(pret & perf.part.: shut)* **1.** lukke; lukke igjen; skyve igjen *(fx a drawer);* ***shut your books*** lukk igjen bøkene;
2. kunne lukkes *(fx the door shuts easily);* lukke seg;
3. *forretning:* stenge; lukke;
4. *om bedrift:* ***be shut (down)****(=be closed down)* bli nedlagt; opphøre; *(se 11: shut up 3);*
5.: *shut away* gjemme bort; isolere *(fx they've shut him away);*
6.: *shut down* 1. nedlegge; 2. *flyv(=shut off)* kople ut *(fx an engine);*
7.: *shut in* stenge inne; ***he shut himself in his room*** han stengte seg inne på rommet sitt;
8.: *shut off* 1*(=cut off)* stenge av for *(fx the water; one's feelings):* 2*(=isolate; separate)* isolere; stenge ute (*from* fra); 3. *om automatikk:* kople ut; 4. *flyv(= shut down)* kople ut *(fx an engine);*
9.: *shut out* 1. stenge ute; 2. stenge for *(fx plant trees to shut out the view of the road);* 3*(=exclude)* utelukke;
10.: *shut up* 1. **T:** holde munn; ***that'll shut him up!*** det vil nok lukke munnen på ham! ***she should damn****(= bloody)* ***well shut up!*** hun skulle holde kjeft for pokker! 2. stenge *(fx it's time to shut up the shop);* ***shut up the cottage for the winter*** stenge av hytta for vinteren; 3. *fig* **T: *shut (up) shop*** opphøre *(fx this means the firm will have to shut (up) shop);* 4*(=shut in):* ***he shut himself up in his room*** han stengte seg inne på rommet sitt.
shutdown [ˌʃʌt'daun] *s* **1.** *av bedrift:* nedleggelse;
2. *flyv:* utkopling *(fx of an engine).*
shuteye [ˌʃʌt'ai] *s* **T***(=snooze; nap)* blund; (liten) lur.
shut-in ['ʃʌtˌin; *attributivt:* ˌʃʌt'in] *adj:* innestengt.
I. shutter [ˌʃʌtə] *s* **1.** (vindus)skodde; **2.** *fot:* lukker.
II. shutter *vb:* sette skodder for *(fx the windows).*
shuttering [ˌʃʌtəriŋ] *s; bygg(=formwork)* forskaling.
shuttle [ʃʌtl] *s* **1.** *i vev:* skyttel; **2.: *operate a shuttle*** drive skytteltrafikk.
II. shuttle *vb* **1.** bevege seg frem og tilbake;
2. transportere (i skytteltrafikk).
shuttlecock [ˌʃʌtl'kɔk] *s* **1.** fjærball; **2.** *fig:* kasteball.
shuttle diplomacy skytteldiplomati.
shuttle service *(=commuter service)* skytteltrafikk; pendeltrafikk.
I. shy [ʃai] *s* **T** *1(=toss; throw)* kast *n;*
2. (verbalt) utfall; ***take a shy at*** gjøre et utfall mot;
3*(=attempt)* forsøk *n (fx make a shy at skating).*
II. shy *vb* **1. T***(=throw)* kaste; **2.** *om hest:* skvette; bli skvetten (*el.* sky) (*at* for); **3.** *fig:* ***shy away from*** vike tilbake for; gå av veien for.
III. shy *adj* **1.** sky; lettskremt; skvetten;
2. sjenert; sky;
3.: *shy of* 1. tilbakeholden overfor *(fx strangers);* forsiktig med å; ***don't be shy of asking*** vær ikke redd for å spørre; 2. **T** *især* **US** *& Canada:* ***be shy of****(=be short of)* mangle;
4.: *fight shy of**(=try to avoid)* prøve å unngå;
5. *ordspråk:* ***once bitten twice shy****(=a burnt child dreads the fire)* brent barn *(n)* skyr ilden.
shyster [ˌʃaistə] *s* **US***(=pettifogger)* lovtrekker.
I. Siamese ['saiəˌmi:z] *s* **1.** siameser; thailending;
2. *språk:* siamesisk.
II. Siamese *adj:* siamesisk; thailandsk.
Siberia [saiˌbiəriə] *s; geogr:* Sibir.
I. Siberian ['saiˌbiəriən] *s:* sibirer.
II. Siberian *adj:* sibirsk.
I. sibilant [ˌsibilənt] *s; fon:* vislelyd; sibilant.
II. sibilant *adj:* vislende.
sic [sik] *adv:* sic (ɔ: slik står det virkelig).
siccative [ˌsikətiv] *s:* sikkativ *n;* tørkemiddel.
I. Sicilian [siˌsiljən] *s* **1.** sicilianer; **2.** *språk:* siciliansk.
II. Sicilian *adj:* siciliansk.
Sicily [ˌsisili] *s; geogr:* Sicilia.
I. sick [sik] *s* **1.: *the sick****(=the sick people)* de syke; ***the old and (the) sick*** gamle og syke;
2. T*(=vomit)* oppkast *n.*
II. sick *vb* **1. T: *sick up****(=vomit)* kaste opp; ***he sicked it up*** han kastet det opp; **2.** *form for streik:* ***sick out*** sykmelde seg *(fx they all sicked out).*
III. sick *adj* **1.** syk; ***children and sick people*** barn *(n)* og syke; ***the sick (wo)man****(,ofte: the patient)* den syke; ***a very sick****(=ill)* ***old man*** en meget syk gammel mann; **US: *her husband's very sick****(=ill)* mannen hennes er

meget syk; *go sick(=report sick)* sykmelde seg; ***number of days sick*** antall sykedager;
2. kvalm; ***feel sick*** føle seg kvalm; være kvalm; ***that pudding made me sick*** den puddingen ble jeg kvalm av;
3.: ***be sick*** 1. kaste opp *(fx he's going to be sick);* 2. *især* **US***(=be ill)* være syk;
4. *fig:* ***be sick for one's home****(=be homesick)* ha hjemlengsel; ***sick with fear*** syk av redsel; ***she was worried sick*** hun var meget bekymret; ***feel quite sick****(=ill)* ***with anxiety*** føle seg helt syk av engstelse; ***be sick (and tired) of sth*** være (lut) lei noe.
sick bag *mar & flyv(=sickness container)* oppkastpose.
sick bay 1. *ved kostskole(=san)* sykestue; **2.** *mar:* sykelugar.
sickbed [ˌsik'bed] *s:* sykeseng; sykeleie.
sick call *leges el. prests:* sykebesøk.
sicken [ˌsikən] *vb* **1.** gjøre kvalm *(fx he sickened at the sight of blood);* **2.** *litt.(=become ill)* bli syk;
3.: ***she's sickening for a cold****(=she's got a cold coming on)* hun brygger på en forkjølelse.
sickening [ˌsikəniŋ] *adj* **1.** kvalmende *(fx smell);*
2. vemmelig; ***a sickening crunch*** en vemmelig knasende lyd.
sick headache: ***a sick headache*** hodepine med kvalme.
sickle [sikl] *s:* sigd.
sick leave sykepermisjon; ***he's on sick leave*** han har sykepermisjon.
sick list sykeliste; ***be on the sick list*** være sykmeldt; ***be reported off the sick list****(=be reported fit)* bli friskmeldt.
sickly [ˌsikli] *adj:* sykelig *(fx child; complexion).*
sickly-sweet ['sikliˌswi:t; *attributivt:* ˌsikli'swi:t] *adj:* vammel; søtladen.
sickness [ˌsiknəs] *s* **1.** sykdom *(fx there's a lot of sickness in town); mht. lønn:* ***during sickness*** under sykdom; *(jvf sick pay);* ***absence due to sickness****(=illness)* sykefravær;
2. kvalme *(fx suffer from sickness and diarrhoea).*
sickness benefit sykepenger; ***he went sick and drew sickness benefit*** han sykmeldte seg og hevet sykepenger.
sickness container *mar & flyv(=sick bag)* oppkastpose.
sickness insurance *(,også* **US:** *health insurance)* sykeforsikring.
sickness note *(,***T:** *sick note)* sykmelding.
sickness rate sykelighet; ***a high sickness rate*** oversykelighet.
sick pay lønn under sykdom; *(jvf sickness: during sick pay).*
sickroom [ˌsik'ru(:)m] *s* **1.** sykeværelse; **2.** *ved institusjon:* sykestue.
I. side [said] *s* **1.** side; ***sit side by side with Arab children*** sitte side om side med arabiske barn; ***my side is sore*** jeg er øm i siden; ***change sides*** *sport & fig:* skifte side; ***on the side of the box*** på siden av kassen; ***on all sides*** på alle kanter; ***on the north side of the town*** på nordsiden av byen; ***with one's head on one side*** med hodet på skakke; ***lying on the side was less painful for the patient than (lying) on the back*** sideleie var mindre smertefullt for pasienten enn ryggleie;
2. *mar:* ***(ship's) side*** skipsside;
3. *skolev; hist:* linje; ***the modern languages side*** språklinjen;
4. *på lasteplan:* lem;
5. *sport(=team)* lag *n; (se 8: whose side are you on?);*
6. *om slektsforhold:* side; ***on his mother's side*** på morssiden; ***he takes after his father's side*** han ligner på farens familie;
7. *jur(=party)* part; ***either side****(=each party)* hver av partene; ***both sides have given ground*** begge parter har firt på sine krav; ***neither side would give way*** ingen av partene ville fire;
8. *fig* side; ***the business side (of it)*** den forretningsmessige siden (av saken); ***a problem with many sides*** et mangesidig problem; ***whose side are you on?*** 1. hvem er det du støtter? 2. *sport:* hvilket lag spiller du på? 3. *i diskusjon:* hvem er det du holder med? ***bring him over to our side*** få ham over på vår side; ***I don't know that side of his character*** jeg kjenner ham ikke fra den siden; ***there are two sides in the dispute*** det er to sider i striden; ***there are always two sides to every story*** enhver sak har to sider; ***let's hear your side of the story*** la oss høre din versjon (av historien); ***hear both sides of the question*** høre begge sider i en sak; ***there's a great deal to be said on both sides*** det kan sies mye både for og imot; ***study a question from every****(=angle)* se et spørsmål fra alle sider; ***look on the bright side*** 1*(=be optimistic)* være optimistisk; 2*(= look on the positive side)* se det fra den positive siden; ***he always looks on the black side of things*** han er alltid så svartsynt (*el.* pessimistisk); ***show one's best side****(=show up at one's best)* vise seg fra sin beste side; *(se 16: take sides);*
9. *fig:* ***on the side*** 1. på si *(fx make money on the side);* 2. *om ektefelle:* ***have a bit on the side*** være utro;
10. *fig:* ***prices are rather on the high side****(=prices are rather high)* prisene er i høyeste laget;
11. *fig:* ***on the right (,wrong) side of forty*** på den riktige (,gale) siden av førti; ***only just on the right side of the law*** så vidt innenfor lovens grenser; ***get on the right side of sby*** gjøre seg til venns med en; ***you're on the wrong side of too many people*** du har lagt deg ut med altfor mange mennesker *n;* ***get on the wrong side of sby*** legge seg ut med en;
12. *fig:* ***have justice on one's side*** ha retten på sin side;
13. *fig:* ***be on the safe side*** være på den sikre siden;
14. *i lek:* ***pick****(=choose)* ***sides*** velge parti *n;* velge side;
15. *fig:* ***put on side****(=puff oneself up)* blåse seg opp; briske seg; kjekke seg;
16. *fig:* ***take sides*** ta parti *n;* ***he took his friend's side*** han tok parti for sin venn; *(se 8);*
II. side *vb:* ***side with sby****(=take sby's side)* ta parti for en; ***side against sby****(=take sides against sby)* ta parti mot en.
side bar brillestang.
sideboard [ˌsaid'bɔ:d] *s* **1.** *møbel:* buffet;
2.: ***sideboards*** 1*(=side whiskers;* **US:** *sideburns)* kinnskjegg; 2. *sport; på skøytebane(=boards)(,***US** *& Canada: barrier)* vant *n.*
sideburns [ˌsaid'bə:nz] *s* **US***(=side whiskers)* kinnskjegg.
side cap *mil:* båtlue.
side car *til motorsykkel:* sidevogn.
side (clearance) lights *på bil:* markeringslys; parkeringslys; *(jvf sidelight).*
side dish *kul:* noe som serveres til hovedretten (fx grønnsaker); birett.
side effect *med.:* bivirkning.
side issue biting; underordnet spørsmål *n.*
sidelight [ˌsaid'lait] *s* **1.** *mar:* sidelys;
2. *på bil:* markeringslys; parkeringslys;
3. *fig:* streiflys; ***throw a sidelight on sth*** kaste et streiflys over noe.
sideline [ˌsaid'lain] *s* **1.** *sport:* sidelinje; *(jvf touchline);*
2. T*(=part-time job)* bistilling; ekstrajobb;
3. *fig:* ***looking at this from the sidelines*** når man ser på dette fra tilskuerplass; ***stay on the sidelines*** nøye seg med å være tilskuer.
side panel karosseriplate.
side plate *(=cover(,***US:** *service) plate)* kuverttallerken.
side saddle damesal.
sideshow [ˌsaid'ʃou] *s* **1.** *på tivoli, etc:* (gjøgler)bu;
2*(=side issue)* underordnet ting; biting.
I. sideslip [ˌsaid'slip] *s* **1.** *flyv:* sideslipp;
2*(=swerve)* skrens; **3.** *ski:* skrens.
II. sideslip *vb* **1.** *flyv:* utføre sideslipp;

2*(=swerve)* skrense; **3.** *ski:* skrense.
I. sidestep [ˌsaid'step] *s* **1.** skritt *(n)* til siden; **2.** *boksing:* sidetrinn; **3.** *fig:* unnvikelsesmanøver.
II. sidestep *vb* **1.** ta et skritt til siden;
2. *boksing:* sidesteppe;
3. *ski:* tråkke; *(jvf II. pack 7: pack the snow);*
4*(=avoid):* ***I feel you're sidestepping the problem*** jeg synes du forsøker å gå utenom problemet.
side street sidegate.
I. sideswipe [ˌsaid'swaip] *s* **1.** *især* **US***(=glancing blow)* (streif)slag *(n)* fra siden; **2.** *fig* **T***(=dig)* insinuerende bemerkning; hint *n;* hipp *(n) (at* til).
II. sideswipe *især* **US** *vb:* slå til fra siden.
I. sidetrack [ˌsaid'træk] *s* **1.** *jernb(=siding)* sidespor; **2.** *fig:* sidespor.
II. sidetrack *vb; fig:* avlede; forlede; ***I got sidetracked and forgot it*** jeg ble distrahert og glemte det; ***I got sidetracked onto sth else*** 1. jeg ble avledet; 2. jeg kom bort fra temaet.
side-trip [ˌsaid'trip] *vb* **US:** ***side-trip to X****(=go a little out of one's way to X)* ta en avstikker til X.
side view: ***get a side view of*** få se noe fra siden.
sidewalk [ˌsaid'wɔ:k] *s* **US***(=pavement)* fortau *n.*
sideways [ˌsaid'weiz] *adj & adv* **1.** sidelengs; ***it goes in sideways*** det skal inn sidelengs; **2***(=from the side)* fra siden.
side whiskers*(=sideboards;* **US:** *sideburns)* kinnskjegg.
siding [ˌsaidiŋ] *s* **1.** *jernb:* sidespor; **2.** *bygg* **US** *& Canada(=cladding)* kledning; ytterpanel; ***wood siding*** trepanel.
sidle [saidl] *vb:* bevege seg sidelengs; gå sidelengs; *i håp om å unngå å vekke oppmerksomhet:* ***he sidled out of the room*** han forlot rommet så ubemerket som mulig; ***the little boy sidled up to me*** den lille gutten kom nølende bort til meg.
siege [si:dʒ] *s; mil:* beleiring; ***raise****(=lift)* ***the siege*** heve beleiringen; ***the town is under siege*** byen er beleiret; ***lay siege to****(=besiege)* beleire.
siesta [siˌestə] *s:* siesta; middagshvil.
I. sieve [siv] *s* **1***(=colander)* dørslag *n;* ***coarse sieve*** såld *n;*
2.: ***he's got a memory like a sieve*** hans hukommelse er som en sil; han husker ikke fra nese til munn.
II. sieve *vb(=sift)* sikte.
sift [sift] *vb* **1.** sikte; ***sift finely*** finsikte;
2*(=examine carefully)* sikte; vurdere;
3.: ***sift down*** drysse ned *(fx the snow sifted down);*
4.: ***sift out*** 1. sikte fra; 2. *fig:* sortere fra; skille ut.
sifter [ˌsiftə] *s:* strøboks; bøsse; *(jvf castor 3).*
I. sigh [sai] *s* **1.** sukk *n;* ***give a sigh of relief*** trekke et lettelsens sukk; **2.** *litt.(=murmur(ing))* (svak) susing.
II. sigh *vb* **1.** sukke; ***sigh for*** sukke etter;
2. *litt.(=murmur)* suse (svakt); ***the sighing of the wind outside*** susingen av vinden utenfor.
I. sight [sait] *s* **1***(=eyesight)* synsevne; syn *n; fig:* syn; ***normal sight****(=vision)* normalt syn; ***have good sight*** ha godt syn; ***lose one's sight*** miste synet; ***regain one's sight****(=get one's sight back)* få igjen synet; *(se vision 4);* ***a sad sight*** et trist syn; ***they were a curious sight*** de frembød et underlig syn; *iron:* ***she's quite a sight in that hat!*** hun er litt av et syn i den hatten! **T:** ***a sight for sore eyes*** 1. en fryd for øyet; 2*(=a most welcome sight)* et kjærkomment syn; ***you're a sight for sore eyes!*** det var deilig at du kom! *om noe komisk:* ***it was a sight for the gods****(=it was too funny for words)* det var et syn for guder; det var ubeskrivelig komisk; ***in the sight of God*** for Guds øyne *n; (se også 5: at sight);*
2. *på våpen & fig:* sikte *n;* ***in sight*** i sikte; ***be in sight of land*** ha land i sikte; ***the end is in sight*** det lakker mot slutten; *fig:* ***the end of our troubles is in sight*** slutten på våre bekymringer er nå i sikte; ***come into sight****(=view)* komme til syne; ***out of sight*** ute av syne; ***out of sight, out of mind*** ute av øye *(n),* ute av sinn *n;* ***get out of my sight!*** forsvinn! ***keep out of his sight*** hold deg unna ham; ***move out of sight*** fjerne seg; *fig:* ***lower one's sights*** slå av på ambisjonene; ***set one's sights high*** stile høyt; ***set one's sights on*** stile mot; sette seg … som mål *n;* ***set one's sights too low*** stile for lavt; sette seg for lave mål (,et for lavt mål);
3. severdighet *(fx the sights of London);*
4*(=glimpse):* ***I'd like a sight of those papers*** jeg skulle gjerne se litt på de papirene *n;*
5. S: ***a sight****(=a lot):* ***he got a sight more money than he expected*** han fikk en god del flere penger enn han hadde ventet;
6.: ***at sight*** 1*(=on sight)* straks man får øye på ham (,henne, etc); øyeblikkelig; 2. *merk:* ***payable at sight****(=on sight)* betalbar ved sikt; 3.: ***love at first sight*** kjærlighet ved første blikk *n;* 4.: ***feel uncomfortable at the sight of sth*** føle ubehag ved synet av noe;
7.: ***I know him by sight*** jeg kjenner ham av utseende *n;*
8. T: ***not by a long sight****(=chalk)* ikke på langt nær;
9: ***catch sight of*** få øye på;
10.: ***keep sight of*** 1*(=keep an eye on)* holde øye *(n)* med; 2*(=not lose sight of)* ikke miste av syne; 3. *fig:* ikke tape av syne;
11.: ***lose sight of*** 1. miste av syne; 2. *fig:* tape av syne;
12.: ***sight unseen*** usett; ***we bought it sight unseen*** vi kjøpte det usett.
II. sight *vb* **1.** *stivt(=catch sight of)* få øye på;
2. *mar:* få i sikte; ***the ship was sighted off the coast*** skipet ble observert utenfor kysten;
3. *med skytevåpen(=aim at)* sikte på; *om kanon, etc:* stille inn; sikte inn.
sight bill *merk(=sight draft)* siktveksel; sikttratte.
sighted [ˌsaitid] *adj:* seende; ***sighted people*** seende mennesker *n.*
-sighted [ˌsaitid] *i sms:* -synt *(fx near-sighted).*
sighting [ˌsaitiŋ] *s:* det å få øye på; observasjon; *om ettersøkt person:* ***after a positive sighting in X*** etterat vedkommende med sikkerhet var blitt sett (*el.* observert) i X; ***at the first sighting of land*** da man for første gang fikk land *(n)* i sikte.
sighting shot prøveskudd.
sightless [ˌsaitləs] *adj; meget stivt(=blind)* blind; ***worms are completely sightless*** markene er helt blinde.
sightly [ˌsaitli] *adj* **1***(=attractive)* pen; **2.** *især* **US***(= with a fine view)* med fin utsikt.
sight-read [ˌsait'ri:d] *vb; mus(=play (,sing) at sight)* spille (,synge) fra bladet.
sightseer [ˌsait'si:ə] *s:* turist; turist på sightseeing; (nysgjerrig) tilskuer; ***morbid sightseers*** sykelig nysgjerrige tilskuere.
sightseeing [ˌsait'si:iŋ] *s:* sightseeing; rundtur til severdigheter; ***go sightseeing*** dra på sightseeing.
sightseeing flight rundflyvning.
sightseeing tour *(=trip)* sightseeingtur.
sightseeing tourists *pl:* turister på sightseeing.
I. sign [sain] *s* **1.** tegn *n; (=omen; portent)* jærtegn; ***a bad (,good, sure) sign*** et dårlig (,godt, sikkert) tegn; ***unless all signs are misleading*** hvis ikke alle solemerker slår feil; ***as a sign of*** som tegn på; ***there were no signs of life at the house*** det var ingen livstegn i huset; ***they showed no sign(s) of interest*** de viste ingen interesse; ***is there any sign of him yet?*** er han å se ennå? ***at the first (,slightest) sign of disagreement*** ved første (,det minste) tegn til uenighet; ***he made a sign to me to keep still*** han gjorde tegn til meg at jeg skulle være rolig;
2. *på kart:* symbol *n; mat.(=sign of operation)* fortegn; ***with the sign reversed****(=with an opposite sign)* med motsatt fortegn; ***sign of equation*** likhetstegn; ***times sign****(=multiplication sign)* multiplikasjonstegn; gangetegn;
3. skilt *n;* ***electric sign*** lysreklame; ***road sign*** veiskilt;
4. *astr:* ***sign (of the zodiac)*** (himmel)tegn *n;* tegn i dyrekretsen.

II. sign *vb* **1**(*=make a sign*) gjøre tegn *n* (*to* til);
2. undertegne; skrive under; ***sign a cheque*** 1. undertegne en sjekk; 2(*=make out a cheque*) skrive ut en sjekk; ***sign***(*=write*) ***one's name*** skrive navnet sitt (*on a document* på et dokument); ***authority to sign for the firm*** prokura; fullmakt til å undertegne for firmaet; ***he signs for the firm*** han har prokura; ***sign for*** 1. undertegne på vegne av; 2. kvittere for;
3.: ***sign away*** 1. fraskrive seg (*fx all one's rights*); 2(*= make over*) skrive over (*to* på);
4.: ***sign in (,out)*** skrive seg inn (,ut); *på hotell*(*=check in (,out)*) sjekke inn (,ut); ***sign sby in at a club*** ta en med til en klubb som gjest;
5.: ***sign off*** 1. *mar:* mønstre av; 2. *radio & TV:* avslutte sendingen; *brev* **T:** avslutte; **T:** sette strek; 3. **T**(*= knock off*)) ta kvelden;
6.: ***sign on*** 1. mønstre på; ta hyre (*fx on a new ship*); 2. *om arbeidsløs:* melde seg (*fx at the job office*); ***sign on for the dole*** gjøre krav på arbeidsledighetstrygd;
7.: ***sign***(*=make*) ***over to*** skrive over på;
8.: ***sign up*** 1. melde seg på (*for* til) (*fx for a place on the outing*); (*se sign-up list*): 2(*=enlist*) melde seg til militærtjeneste; 3. *sport*(*=engage*) engasjere; undertegne kontrakt med.

I. signal [ˌsignəl] *s* **1**(*=sign*) signal *n;* tegn *n;* **US** *tlf:* ***busy signal***(*=engaged tone*) opptattsignal; ***there's fear of this acting as a signal to other categories of employees*** mange er redde for signaleffekten dette kan få for andre lønnstagergrupper;
2. *radio:* signal *n;*
3. *mil:* ***the Signals*** sambandet; ***the Royal Corps of Signals***(*fk RCS*) Hærens samband.

II. signal *vb* **1.** signalisere; **2.** gjøre tegn *n;* ***signal sby to do sth*** gi tegn (*n*) til en at en skal gjøre noe; *om bilist:* ***signal to the right***(*=indicate right*) vise til høyre.

III. signal *adj; meget stivt*(*=remarkable*) bemerkelsesverdig (*fx achievement*).

signalbox [ˌsignəl'bɔks] *s; jernb*(*=signal cabin*) blokkpost.

signal intelligence (*fk: SIGINT*) *mil:* sambandsetterretning.

signaller [ˌsignələ] *s; mil:* sambandsmann.

signalman [ˌsignəlmən] *s* **1.** *jernb*(*,***US:** *towerman*) stillverksbetjent; **2.** *mar:* signalgast.

signals fault *jernb:* feil ved signalanlegget.

signatory [ˌsignətəri] *s; stivt:* underskriver.

signatory power: ***the signatory powers*** signatarmaktene.

signature [ˌsignitʃə] *s* **1.** underskrift; navnetrekk; ***blank signature*** blankounderskrift; ***specimen signature*** underskriftsprøve; ***attest***(*,som øyenvitne: witness*) ***the signature*** attestere (,bevitne) underskriftens riktighet; **2.** *om forfattermerke:* signatur (*fx under the signature (of) "Doc"*); **3.** *typ:* ark *n;* **4.** *bokb:* signatur.

signature tune kjenningsmelodi.

signboard [ˌsain'bɔ:d] *s*(*=sign*) skilt *n.*

sign character *EDB:* fortegn.

signed contract avtaledokument.

signed copy dedikasjonseksemplar.

signet [ˌsignit] *s:* signet; (lite) segl.

significance [sigˌnifikəns] *s* **1.** *stivt*(*=importance*) betydning; viktighet (*fx of great significance*); **2.** *EDB:* vekt; **3.** *i statistikk:* signifikans.

significant [sigˌnifikənt] *adj* **1**(*=important*) viktig; betydningsfull (*fx fact*); ***no significant change in the patient's condition*** ingen vesentlig forandring i pasientens tilstand; ***without any significant delay*** uten noen forsinkelse av betydning;
2. *språkv*(*=meaningful*) betydningsbærende;
3. betegnende; megetsigende; ***it's significant that …***(*=it's typical that …*) det er betegnende at …; ***a significant***(*=meaningful*) ***look*** et megetsigende blikk;
4. *EDB:* signifikant.

signify [ˌsigniˈfai] *vb; stivt* **1**(*=show*) vise; tilkjennegi; **2**(*=mean*) bety; betegne;
3. T: ***that signifies***(*=that makes sense*) det gir mening.

sign language tegnspråk.

sign-off [ˌsain'ɔf] *s; radio:* det å avslutte sendingen.

sign-off bid *kortsp; bridge:* avslagsmelding.

I. signpost [ˌsain'poust] *s:* veiviser.

II. signpost *vb:* skilte; ***inadequately signposted*** dårlig skiltet.

sign-up list [ˌsain'ʌp'list] *s:* ***a sign-up list for the excursion is (out) in the hall*** en påmeldingsliste til utflukten er utlagt i hallen.

silage [ˌsailidʒ] *s; landbr:* ensilasje.

silage effluent *landbr:* silosaft; pressaft; avløpssaft.

I. silence [ˌsailəns] *s* **1.** stillhet; ***expectant silence*** forventningsfylt stillhet; ***a sudden silence followed his remark*** etter denne bemerkningen hans ble det plutselig stille; ***there was a long silence before anyone spoke*** det varte lenge før noen sa noe (*el.* tok ordet); ***break the silence*** bryte stillheten; ***usually the silence can virtually be heard*** vanligvis er det slik at man faktisk kan høre stillheten; ***observe a minute's silence in memory of the dead*** iaktta et minutts stillhet til minne om de døde;
2. taushet; ***her response was (a) stony silence*** hun svarte med isnende taushet; ***your silence on this subject is disturbing*** din taushet når det gjelder dette, er foruroligende.

II. silence *vb* **1.** få til å tie stille; **2.** *fig:* bringe til taushet; få til å forstumme.

silencer [ˌsailənsə] *s*(*=exhaust box:* **US:** *muffler*) eksospotte; lydpotte.

I. silent [ˌsailənt] *s*(*=silent film*) stumfilm.

II. silent *adj* **1.** stille; taus; ***he was silent on that subject*** han var taus når det gjaldt det; ***it was a silent, windless night*** natten var lun og stille; ***be silent, keep silent***(*= hold one's tongue*) tie; ***become silent*** bli taus; forstumme; *stivt:* ***he remained silent***(*=he stayed silent; he said nothing*) han forholdt seg taus; han sa ingenting;
2(*=quiet*) støyfri; lydløs;
3. *fig:* stille; ***silent grief*** stille sorg.

silent film stumfilm; (*jvf sound film*).

silently [ˌsailəntli] *adv:* stille; lydløst; ***read silently*** lese innenat; (*jvf II. read 1: silently aloud*).

silent reading innenatlesning; ***oral and silent reading*** høytlesning og innenatlesning.

Silesia [saiˌli:ʃiə; saiˌli:ziə] *s; geogr:* Schlesien.

I. Silesian [saiˌli:ʃiən; saiˌli:zjən] *s* **1.** schlesier;
2. *språk:* schlesisk.

II. Silesian *adj:* schlesisk.

I. silhouette ['siluˌet] *s:* silhuett.

II. silhouette *vb:* tegne i silhuett; ***be silhouetted*** avtegne seg i silhuett (*against* mot).

silica [ˌsilikə] *s; min:* kisel.

silicate [ˌsilikit] *s; kjem:* silikat *n;* kiselsurt salt.

siliceous, silicious [siˌliʃəs] *adj:* kiselholdig.

silicon [ˌsilikən] *s; min:* silisium *n.*

silicone [ˌsili'koun] *s; kjem:* silikon *n.*

silicosis ['siliˌkousis] *s; med.:* silikose.

silk [silk] *s* **1.** silke; ***all***(*=pure*) ***silk*** helsilke;
2. *jur* **UK:** silkekappe (som bæres av en Queen's Counsel); ***take silk*** bli utnevnt til Queen's Counsel;
3. T: *se Queen's Counsel.*

silk cotton planteull.

silk purse *ordspråk:* ***make a silk purse out of a sow's ear***(*=attempt the impossible*) forsøke det umulige; ***you can't make a silk purse out of a sow's ear***(*=you can't get blood out of a stone*) man kan ikke få talg av en trebukk.

silk thrower *zo:* silkespinner.

silkworm [ˌsilk'wə:m] *s; zo:* silkeorm.

silky [ˌsilki] *adj* **1.** silkeaktig; silkebløt (*fx hair*);
2. *om stemme*(*=ingratiating*) silkemyk.

sill [sil] *s; tøm:* svill; ***door sill*** dørstokk; dørterskel;

window sill vindusbrett; vinduspost; ***external window sill*** utvendig vindusbrett.

I. silly [ˌsili] *s* **T***(=silly person)* dust; fjols *n;* ***stop it, silly!*** hold opp, din dust! ***don't be such a silly*** ikke vær et slikt fjols.

II. silly *adj(=foolish)* dum; tåpelig; ***she was much too sensible to be silly about it*** hun var altfor fornuftig til å finne på noe dumt av den grunn; ***as you were so silly, you don't deserve any better*** siden du var så dum, kan du bare ha det så godt; ***feel silly*** føle seg flau.

silly-billy [ˌsili'bili] *s* **T***(=silly)* dust; fjols *n;* ***you silly -billy!*** din dust! ditt fjols!

silly season [ˌsili'si:zən] *s:* ***the silly season*** agurktiden (i avisredaksjon); dødsesongen.

silo [ˌsailou] *s; landbr:* silo.

silt [silt] *s:* slikk; slam *n.*

silver [ˌsilvə] *s* **1.** sølv *n;* sølvtøy; ***solid silver*** rent sølv; **2.** *sport* **T***(=silver medal):* ***take silver*** ta sølv.

silver collection [ˌsilvəkə'lekʃən] *s* **1.** sølvsamling; **2.** kronerulling; ***start a silver collection in aid of*** sette i gang en kronerulling til inntekt.

silver eel [ˌsilvər'i:l] *s; zo:* blankål.

silver fir [ˌsilvə'fə:] *s; bot(=noble fir)* edelgran.

silver foil [ˌsilvəˌfɔil] *s* **1***(=silver paper)* sølvpapir; **2***(= tinfoil)* tinnfolie; tinnfolium *n.*

silver fox [ˌsilvə'fɔks] *s; zo:* sølvrev.

silver-grey ['silvəˌgrei; *attributivt:* ˌsilvə'grei] *adj:* sølvgrå.

silver-haired ['silvəˌhɛəd; *attributivt:* ˌsilvə'hɛəd] *adj:* med sølvgrått hår; ***be silver-haired*** ha sølvgrått hår.

silver jubilee [ˌsilvəˌdʒu:bi'li:] *s:* sølvjubileum.

silver lining ['silvəˌlainiŋ; ˌsilvəˌlainiŋ] *s; fig:* lyspunkt; *ordspråk:* ***every cloud has a silver lining*** bakom skyen er himmelen alltid blå.

silver medal *sport:* sølvmedalje; *(se silver 2).*

silver-mounted ['silvəˌmauntid; *attributivt:* ˌsilvə'mauntid] *adj:* sølvbeslått.

silver paper [ˌsilvəˌpeipə] *s(=silver foil)* sølvpapir; *(jvf silver-wrapped).*

silver plate ['silvəˌpleit] *s:* sølvplett; sølvtøy.

silver-plate ['silvəˌpleit] *vb:* forsølve.

silver plating ['silvəˌpleitiŋ] *s:* forsølving.

silver polish [ˌsilvə'pɔliʃ] *s:* sølvpuss.

silver screen: ***the silver screen****(=the film industry)* det hvite lerret; filmindustrien.

silverside [ˌsilvə'said] *s; på slakt:* lårtunge.

silver spoon [ˌsilvəˌspu:n] *s:* sølvskje; ***be born with a silver spoon in one's mouth*** være født med sølvskje i munnen; være født av rike foreldre.

silver standard [ˌsilvə'stændəd] *s:* sølvmyntfot.

silverware [ˌsilvə'wɛə] *s(=silver (plate))* sølvtøy.

silver wedding [ˌsilvəˌwediŋ] *s:* sølvbryllup.

silverweed [ˌsilvə'wi:d] *s; bot:* gåsemure.

silver-wrapped [ˌsilvə'ræpt] *adj:* i sølvpapir.

silvery [ˌsilvəri] *adj* **1.** sølvblank; ***silvery hair*** sølvgrått hår; **2.** *litt.; om stemme(=as clear as a bell)* klokkeklar; klokkeren; *mus:* sølvklar.

simian [ˌsimiən] *adj:* apeaktig; ape-.

similar [ˌsimilə] *adj* **1.** lignende; lik *(fx our jobs are similar);* ***similar but not identical*** like, men ikke identiske; ***your situation is similar to mine*** din situasjon ligner min; ***something similar was done last year*** noe lignende ble gjort i fjor; ***similar in size*** omtrent like store; ***they are similar in looks*** de ser like ut; **2.** *mat.:* likedannet.

similar-angled ['siməlaˌæŋgəld; *attributivt:* ˌsimilə'æŋgəld] *adj; mat.:* likevinklet.

similarity ['simiˌlæriti] *s* **1.** likhet; **2.** *geom:* formlikhet; *(jvf likeness 1 & resemblance).*

similarly [ˌsimiləli] *adv* **1***(=in the same way; in a similar way)* på samme (*el.* en lignende) måte; **2.:** ***those similarly disposed*** likesinnede; de med samme oppfatning.

simile [ˌsimili] *s:* lignelse; sammenligning.

similitude [siˌmili'tju:d] *s; stivt(=similarity)* likhet.

I. simmer [ˌsimə] *s(=simmering)* småkoking; surring; putring; ***keep it at a simmer*** la det stå og småkoke.

II. simmer *vb* **1.** småkoke; la småkoke; la surre; **2.** *fig:* ulme *(fx his resentment simmered for weeks);* **3.:** ***simmer down*** 1. koke inn; 2. *fig* **T***(=calm down)* roe seg ned; *(fx she'll soon simmer down);* legge seg *(fx one's anger).*

simp [simp] *s* **US** ***S****(=fool; simpleton)* tosk; enfoldig narr.

I. simper [ˌsimpə] *s(=silly smile)* tåpelig smil *n.*

II. simper *vb:* smile tåpelig; si med et tåpelig smil; ***she simpered her thanks*** hun takket med et tåpelig smil.

simple [ˌsimpl] *adj* **1***(=easy)* lett; enkel; ***it's as simple as ABC*** det er veldig lett; **2.** ukomplisert; enkel *(fx a simple choice);* ***a simple dress*** en enkel kjole; ***what does this mean in simple terms?*** hva betyr dette sagt på en enkel måte? hva betyr dette i klartekst? **3.** troskyldig; naiv; **4***(=simple-minded)* enfoldig.

simple equation *mat.:* enkel ligning; førstegradsligning.

simple-minded ['simplˌmaindid; *attributivt:* ˌsimpl'maindid] *adj* **1.** enfoldig; **2.** troskyldig; naiv.

simpleton [ˌsimpltən] *s:* enfoldig tosk.

simplicity [simˌplisiti] *s* **1.** enkelhet; ***for the sake of simplicity*** for enkelhets skyld; ***it's simplicity itself*** det er meget enkelt; **2.** troskyldighet *(fx he answered with a child's simplicity);* ***childlike simplicity*** barnslig troskyldighet.

simplification ['simplifiˌkeiʃən] *s:* forenkling.

simplified [ˌsimpli'faid] *adj:* forenklet *(fx language).*

simplify [ˌsimpli'fai] *vb* **1.** forenkle; ***this can't be further simplified*** dette kan ikke forenkles ytterligere; **2.** *mat.:* ***simplify an equation*** løse opp en ligning.

simplistic [simˌplistik] *adj:* overforenklet; naiv.

simply [ˌsimpli] *adv* **1.** enkelt; på en enkel måte; ***live simply*** leve enkelt; **2***(=absolutely)* simpelthen; ganske enkelt *(fx she's simply beautiful);* **3***(=only)* bare; ***I do it simply for the money*** jeg gjør det bare for pengenes skyld; ***I simply said that …*** jeg sa bare at …; jeg sa helt enkelt at …; **4.:** ***you simply must come!****(=it's a must for you to come!)* du må ganske enkelt komme!

simulate [ˌsimju'leit] *vb* **1.** simulere; **2.** forstille seg; simulere; **3.** hykle *(fx he simulated enthusiasm).*

simulation ['simjuˌleiʃən] *s* **1.** simulering; **2.** forstillelse; ***the art of simulation*** forstillelseskunsten.

simulator [ˌsimju'leitə] *s* **1.** *apparat:* simulator; **2.** *person:* simulant.

I. simulcast [ˌsiməl'kɑ:st; **US:** ˌsaiməl'kɑ:st] *s(=simultaneous broadcasting)* samsending (mellom radio og TV).

II. simulcast *vb(=broadcast simultaneously)* samsende.

simultaneity ['siməltəˌni:iti] *s:* samtidighet.

simultaneous ['siməlˌteiniəs] *adj:* samtidig.

simultaneous broadcasting: *se I. simulcast.*

simultaneous interpretation *(=translation)* simultantolking.

I. sin [sin] *s* **1.** *rel:* synd; ***deadly sin****(=mortal sun)* dødssynd; ***sin of omission*** unnlatelsessynd; ***it would be a sin to do that*** det ville være en synd å gjøre det; **2.** *fig:* ***arriving late is a sin in his eyes*** det å komme for sent er en synd i hans øyne *n;* ***it's a sin that all that good food should go to waste*** det er både synd og skam at all den gode maten skal gå til spille; **3. T:** ***she's as ugly as sin*** hun er så stygg som arvesynden.

II. sin *vb:* synde (*against* mot).

Sinai [ˌsainai] *s; geogr:* Sinai; ***Mount Sinai*** Sinaiberget.

sin bin S 1(=*brothel*) bordell; **2.** forbedringsanstalt for vanskeligstilte barn; **3.** *sport; ishockey:* fryseboks.

I. since [sins] *konj* **1.** siden; etter at (*fx I haven't seen him since he married*); ***ever since*** helt siden; ***since***(= *after*) ***I came here*** siden (*el.* etter at) jeg kom hit; (*jvf II. since 1 & 2 & III. since*);
2(=*as; because*) siden; ettersom;
3(=*while*) mens; ***since I've been here, I have …*** mens (*el.* så lenge) jeg har vært her, har jeg …; ***since I've been talking to you*** mens jeg har snakket med deg;
4. *stivt:* ***since when***(=*and … since*): ***the doctor was here yesterday, since when she's been better***(=*the doctor was here yesterday, and she's been better since*) legen var her i går, og siden (da) har hun vært bedre.

II. since *adv* **1.** *stivt*(=*ever since*) siden; ***I've avoided him since*** siden har jeg unngått ham;
2. *stivt*(=*since then*) siden (da); siden den gang; ***we have since become friends***(=*we've become friends since then*) vi har blitt venner siden (dengang); (*jvf III. since*);
3. T(=*ago*) for … siden (*fx his wife died a year since*); ***long since*** for lengst; for lenge siden.

III. since *prep:* siden; ***since last year*** siden i fjor; ***since the war*** siden krigen; ***since his death*** siden hans død; etterat han døde; ***since then*** siden da; siden den gangen; siden dengang; (*jvf II. since 2*).

sincere [sin,siə] *adj:* oppriktig; ***frank and sincere*** åpen og oppriktig.

sincerely [sin,siəli] *adv* **1.** oppriktig; inderlig; **2.** *avslutning av brev som innledes med 'Dear Mr/Miss/Mrs NN,':* ***Yours sincerely,*** Vennlig hilsen; Med vennlig hilsen.

sincerity [sin,seriti] *s:* oppriktighet.

sine [sain] *s; mat.:* sinus.

sinecure [,sini'kjɔ:; ,saini'kjɔ:] *s:* sinekyre.

sine qua non [,saini'kwei,nɔn] *s:* absolutt betingelse (*el.* forutsetning); uomgjengelig nødvendighet.

sinew [,sinju:] *s; anat; stivt*(=*tendon*) sene.

sinewy [,sinjui] *adj* **1.** senesterk; **2.** *sj*(=*worn; worn -out*) seig(livet) (*fx sinewy old dogmas*).

sinful [,sinful] *adj:* syndig.

sing [siŋ] *vb*(*pret: sang; perf.part.: sung*) **1.** synge; ***sing at sight*** synge fra bladet; ***sing at the top of one's voice*** synge av full hals; ***sing out of tune***(=*sing off key*) synge falskt;
2. *fig:* synge; ***a punch that made his ears sing***(=*ring*) et slag som fikk det til å synge for ørene (*n*) hans;
3. S(=*grass; squeal*) tyste; sladre;
4. T: ***sing small***(=*climb down*) stikke pipen i sekk; ***make sby sing small*** gjøre en spak;
5.: ***sing out***(=*shout; call out in a loud voice*) rope høyt; **T:** ***sing out if you want more beer*** syng ut hvis du vil ha mer øl *n*.

sing-along [,siŋə'lɔŋ] *s* **T**(=*singsong*) allsang.

Singapore ['siŋ(g)ə,pɔ:] *s; geogr:* Singapore.

I. singe [sindʒ] *s:* svimerke.

II. singe *vb:* svi (*fx she singed her dress*).

singer [,siŋə] *s:* sanger(inne).

Singhalese ['siŋə,li:z]: *se Sinhalese.*

singing [,siŋiŋ] *s:* synging; ***the singing of the birds*** fuglesangen; ***her singing gets on their nerves*** syngingen hennes går dem på nervene; ***would you mind leading the singing?*** vil du være forsanger? (*jvf community singing*).

singing voice sangstemme.

I. single [siŋgl] *s* **1**(,**US:** *one-way ticket*) enkeltbillett;
2. *tennis:* ***singles*** single; ***play singles*** spille single;
3. *mus:* singleplate;
4.: ***they arrived in singles and pairs*** de ankom enkeltvis og parvis.

II. single *vb:* ***single out*** skille ut; ***he was singled out to receive special thanks for his help*** han ble ekstra valgt ut for å motta en særlig takk for hjelpen.

III. single *adj* **1.** enkelt; ***single bed*** enkeltseng; ***give me a***(=*one*) ***single reason why I should do it!*** gi meg en eneste grunn til at jeg skulle gjøre det!
2(=*unmarried*) ugift; enslig;
3. *mots dobbel:* ***a single whisky*** en whisky.

single-acting [,siŋgl'æktiŋ] *adj; mask:* enkeltvirkende.

single-action [,siŋgl'ækʃən] *adj; om skytevåpen:* som avfyrer enkeltskudd.

single bed enkeltseng.

single-breasted ['siŋgl,brestid; *attributivt:* ,siŋgl'brestid] *adj; om jakke:* enkeltspent.

single cabin *mar:* enmannslugar; enkeltlugar.

single cream (,**US:** *light cream; thin cream*) kaffefløte.

single entry (bookkeeping) enkelt bokholderi *n*.

single file: ***walk in single file*** 1(=*walk in Indian file*) gå i gåsegang; 2. *mil:* gå i enkeltkolonne.

single flex *elekt:* enleder.

single-handed ['siŋgl,hændid; *attributivt:* ,siŋgl'hændid] *adj & adv* **1.** alene; uten hjelp; ***single-handed efforts*** forsøk (*n*) på egen hånd; **2.** med én hånd; énhånds- (*fx fishing rod*).

single-lane [,siŋgl'lein] *adj; om vei:* enfelts-.

single-minded ['siŋgl,maindid; *attributivt:* ,siŋgl'maindid] *adj:* målbevisst; som bare har én ting for øye *n;* ***she pursued her career with single-minded determination*** hun forfulgte sin karriere med den største beslutsomhet.

singleness [,siŋglnəs] *s* **1.** ugift stand; **2.:** ***singleness of purpose*** målbevissthet.

single parent eneforelder; ***single parents*** eneforeldre.

single-parent [,siŋgl'pɛərənt] *adj:* ***single-parent families***(=*one -parent families*) familier med (bare) én forsørger.

single provider eneforsørger.

single room enkeltrom; enkeltværelse; ***additional charge for single room*** enkeltromstillegg.

singles club klubb for enslige.

single-seater ['siŋgl,si:tə; *attributivt:* ,siŋgl'si:tə] *adj:* enseters; ***single-seater aeroplane*** enseters fly.

single-sex [,siŋgl,seks; *attributivt:* ,siŋgl'seks] *adj:* for bare gutter el. bare jenter (*fx school*).

singlet [,siŋglit] *s:* singlet; undertrøye; ***string singlet*** (= *string vest*) helsetrøye.

single ticket (,**US:** *one-way ticket*) enkeltbillett; turbillett.

singleton [,siŋgltən] *s; kortsp:* singleton.

single-track road [,siŋgl'træk,roud] *s:* smal vei (hvor kjøretøy ikke kan møtes utenom møtestedene ('the passing places').

singly [,siŋgli] *adv*(=*one by one; separately*) enkeltvis (*fx they came all together, but left singly*).

I. singsong [,siŋ'sɔŋ] *s* **1**(,**T:** *sing-along*) allsang; (*jvf community singing*); **2.** monotont (*el.* messende) tonefall.

II. singsong *adj:* syngende; messende; ***in a singsong voice*** med monoton stemme.

I. singular [,siŋgjulə] *s:* entall; ***in the singular*** i entall.

II. singular *adj; stivt*(=*remarkable*) bemerkelsesverdig.

singularity ['siŋgju,læriti] *s; stivt*(=*oddness; peculiarity*) besynderlighet; eiendommelighet.

I. Sinhalese ['sinhə,li:z], ***Singhalese*** ['siŋə,li:z] *s* **1.** singaleser; **2.** *språk:* singalesisk.

II. Sinhalese, Singhalese *adj:* singalesisk.

sinister [,sinistə] *adj* **1**(=*ominous*) illevarslende; uhellsvanger; lumsk; ***a sinister look*** et lumskt blikk; ***sinister motives*** skumle motiver *n;*
2(=*unpredictable*) uberegnelig; skummel; lumsk; ***a sinister enemy*** en lumsk fiende;
3. *her:* venstre.

I. sink [siŋk] *s* **1.** oppvaskkum; *fig:* ***pour money down the sink*** kaste penger ut av vinduet; **2.** *flyv:* gjennomsynkning; ***a rapid sink*** en rask gjennomsynkning.

II. sink *vb*(*pret: sank; perf.part.: sunk* **1.** *også fig:* synke; ***sink deep*** synke dypt; *fig:* ***sink low*** synke dypt;

S

sit
Verb + preposition

sit in for	*være i stedet for noen*
sit in on	*delta som observatør, gjest*
sit on/upon	*å ha en plass i, for eksempel en komité*

fig: ***it's a case of sink or swim****(=it's kill or cure; it's neck or nothing)* det får briste eller bære; *om pasient:* ***the patient was sinking fast*** det gikk raskt nedover (bakke) med pasienten; ***sink to one's knees****(=go down on one's knees)* synke i kne; falle på kne;
2. senke; skyte i senk;
3.: ***sink a well*** grave en brønn;
4*(=invest)* investere; sette *(fx money in sth); (jvf 10, 5);*
5*(=drink down)* drikke; tømme;
6.: ***we're going to sink our differences and work together*** vi skal glemme våre uoverensstemmelser og samarbeide;
7. S: ***if he finds out, we're sunk****(=if he finds out, we've had it)* hvis han oppdager det, er vi solgt;
8.: ***sink down****(=collapse)* segne; falle om;
9.: ***sink in*** 1. *om fx overflatevann:* synke ned; 2. *i fx snø:* synke nedi; 3. *fig(=penetrate; be fully understood)* synke inn; 4.: ***sink****(=bury)* ***oneself in one's work*** begrave seg i arbeidet sitt; ***sink****(=immerse)* ***oneself in a work of art*** fordype seg i et kunstverk;
10.: ***sink into*** 1. synke ned i *(fx the snow);* 2. trenge ned i *(fx the ink sank into the paper);* 3. *litt.:* bore seg inn i *(fx the knife sank(=went) into his arm);* 4*(=bite into):* ***he sank his teeth into an apple****(=he bit into an apple)* han satte tennene i et eple; 5. *fig(=invest in):* ***the company sank a fortune into that film*** selskapet investerte en formue i den filmen; *(jvf ovf 4).*
sink cabinet US: *se sink unit.*
sinker [ˌsiŋkə] *s* **1.** *fisk:* søkke; **2.:** *se I. hook 5.*
sinking *adj:* ***have a sinking feeling*** ha en sugende fornemmelse i magen.
sinking fund *fin(=depreciation fund; amortization fund)* avskrivningsfond; amortisasjonsfond.
sink top *på oppvaskbenk:* benkeplate; *(jvf worktop).*
sink unit *(,US: sink cabinet; cabinet sink)* oppvaskbenk; ***double-drain sink unit*** oppvaskbenk med både kum og utslagsvask.
sinless [ˌsinləs] *adj(=free from sin)* syndfri.
sinner [ˌsinə] *s:* synder; ***a hardened sinner*** en gammel synder; ***sinners of both sexes****(=sinners, both men and women)* syndere og synderinner.
Sino- [ˌsainou] *adj; i sms:* kinesisk-; ***Sino-Soviet talks*** kinesisk-russiske forhandlinger.
sinologist [saiˌnɔlədʒist] *s:* sinolog (ɔ: kjenner av kinesisk språk *(n)* og kultur).
sinology [saiˌnɔlədʒi] *s:* sinologi.
I. sinter [ˌsintə] *s:* sinter.
II. sinter *vb:* sintre (sammen).
sinuous [ˌsinjuəs] *adj; stivt el. litt.* **1***(=winding)* buktet; slynget; **2***(=supple)* smidig; myk.
sinus [ˌsainəs] *s; anat:* bihule.
sinusitis [ˈsainəˌsaitis] *s; med.:* sinusitt; bihulebetennelse.
I. sip [sip] *s:* nipp *n;* liten slurk.
II. sip *vb: sip (at)(,US: sip at; sip on)* nippe til *(fx she sipped her gin and tonic slowly).*
I. siphon [ˌsaifən] *s* **1.** hevert; **2***(=soda siphon)* sifong.
II. siphon *vb* **1.** *ved hjelp av hevert:* stikke om *(fx a wine);* tappe *(fx petrol into a can);*
2.: ***siphon off*** 1. tappe *(fx water);* 2. *fig:* stikke unna; stikke til side *(fx some of the club's funds for one's own use).*
I. sir, Sir [səː] **1. UK:** *tittel brukt av en knight el. baronet, fx Sir Winston (Churchill);*
2. *i høflig tiltale uoversatt, men skolev:* ***Sir!*** lærer!
3. *i forretningsbrev hvor avslutningen er 'Yours faithfully,':* ***Dear Sirs,*** *intet tilsv.*
II. sir *vb:* tiltale med 'sir' *(fx don't sir me!).*
I. sire [ˌsaiə] *s* **1.** *især om hingst:* far; stamfar;
2. *hist; til konge:* herre *(fx at your service, sire).*
II. sire *vb; især om hingst:* være far til.
siren [ˌsaiərən] *s* **1.** sirene; **2.** *myt:* sirene.
siren suit *hist:* overalls.
sirloin [ˌsəːlɔin] *s; ved partering:* filetkam (av okse); ***roast sirloin (of beef)*** oksemørbradstek.
sirup [ˌsirəp] *s: se syrup.*
sisal [ˌsaisəl] *s:* sisal.
siskin [ˌsiskin] *s; zo:* (grønn)sisik.
sissy [ˌsisi] *s; neds(=cissy; mummy's boy* **US S:** *pantywaist)* mammadalt; bløtfisk; **T:** jentete gutt.
sissy face *neds; om person:* fløtefjes.
sister [ˌsistə] *s* **1.** søster; ***they are brother and sister*** de er bror og søster; de er søsken;
2*(=ward sister; charge nurse)* avdelingssykepleier;
3. *om nonne:* søster *(fx Sister Ursula).*
sisterhood [ˌsistəˈhud] *s:* nonneorden.
sister-in-law [ˌsistərinˈlɔː] *s:* svigerinne.
sisterly [ˌsistəli] *adj:* søsterlig.
Sisyphean [ˈsisiˌfiən] *adj:* ***a Sisyphean task*** et sisyfosarbeid.
Sisyphus [ˌsisifəs] *s; myt:* Sisyfos.
sit [sit] *vb(pret & perf.part.: sat)* **1.** sitte *(fx sit on the floor);* la sitte; plassere *(fx sby in a chair); om plagg:* sitte; ***that dress sits very well on you****(=that dress fits (you) very well)* den kjolen sitter meget godt (på deg); ***sit at table*** sitte til bords; *(se 8: sit down; 11: sit on; 12: sit out);*
2. *om fugl(=perch)* sitte; *på egg:* ruge;
3. *om modell:* sitte; ***sit for*** sitte modell for;
4. *parl & om komité(=be in session)* holde møte *n;* være samlet; *om jury:* være inne;
5. *skolev:* ***sit an exam****(=sit for an axam; take an exam)* ta en eksamen; være oppe til en eksamen;
6. *om plassering & beliggenhet:* ***the parcel was sitting on the table*** pakken lå på bordet; ***his car sat in the garage*** bilen hans stod i garasjen; ***the volcano sits right on the border between X and Y*** vulkanen befinner seg nøyaktig på grensen mellom X og Y;
7.: ***sit back*** 1. lene seg tilbake (i stol, etc); 2. *fig:* forholde seg passiv *(fx sit back and ignore the problems);*
8.: ***sit down*** 1. sette seg (ned); 2.: ***sit down to one's work*** sette seg ned for å arbeide; 3.: ***sit down under an insult*** finne seg i en fornærmelse; 4.: ***sit down with*** sette seg til forhandlingsbordet med;
9. *parl:* ***sit for a constituency*** representere en valgkrets;

10.: ***sit in*** 1. *skolev(=stand in)* vikariere *(fx for sby);* 2.: ***sit in on*** være til stede ved; høre på *(fx sby's lesson);* ***sit in on a seminar*** delta i et seminar; 3. *ved sivil ulydighet:* ***the students seemed tired of sitting in*** studentene så ut til å ha gått trett av den sit-in de hadde organisert; 4.: ***sit in judgment on sby*** sette seg til doms over en;

11.: ***sit on*** 1. sitte på *(fx a chair);* ***break sth by sitting on it*** sitte i stykker noe; 2. *fig* **T:** ***sit on sby*** gi en en skrape; ***get sat on*** få en skrape; 3. *fig* **T:** ikke behandle; sitte på *(fx they sat on his application);* 4*(=be a member of (a committee))* være medlem *(n)* av; sitte i;

12.: ***sit out*** 1. *om dans:* sitte over; 2*(=sit through)* bli (sittende) til det er over (*el.* slutt); 3. *fig:* ***sit(= ride) out a crisis*** ri av en krise; 4. *seilsp(,***US:** *hike out)* ri;

13. T: ***be sitting pretty*** sitte trygt (i det); være sikret;

14.: ***sit through*** bli sittende *(fx he sat through to the end); (jvf* ***12,*** *2);*

17. T: ***sit tight*** bli hvor man er *(fx sit tight and see if things improve);*

15.: ***sit up*** 1. *i sengen, etc:* sette seg opp; 2. sette opp *(fx the nurse sat him up against his pillows);* 3. sitte rett *(fx in one's chair);* 4. *istedenfor å gå til sengs:* sitte oppe; 5*(=pay attention)* bli oppmerksom; stusse; ***that made me sit up*** det fikk meg til å stusse; 6.: ***sit up to the table*** sette seg til bordet; 7. **T:** ***a cover story that really sits up and works****(=a cover story that really stands up)* en dekkhistorie som virkelig holder.

sitcom [ˌsit'kɔm] *s; teat(=situation comedy)* situasjonskomedie.

sit-down [ˌsit'daun] *s* **1***(=sit-down strike)* sittestreik; sitdownstreik; **2. T:** *se sit-down meal.*

sit-down meal [ˌsit'daun'mi:l] *s; mots stående buffet:* måltid *(n)* hvor man sitter til bords.

I. site [sait] *s* **1.** (bygge)tomt; ***building site****(= construction site)* byggeplass;

2. *arkeol:* funnsted; ***the site of the ancient city*** stedet hvor oldtidsbyen hadde ligget;

3. sted *(n)* (hvor noe har hendt) *(fx of battle).*

II. site *vb; stivt(=place; put)* plassere; anbringe *(fx where are they going to site the new school?).*

site charge leiravgift.

site engineer *ved anlegg:* byggeleder; *(jvf clerk 5: clerk of works).*

site plan *arkit* situasjonsplan; bebyggelsesplan.

site safety trygghet på arbeidsplassen.

sit-in [ˌsit'in] *s; demonstrasjonsform:* sit-in *(fx stage a sit-in for higher grants); (jvf work-in).*

sit-on [ˌsit'ɔn] *adj:* til å sitte på *(fx garden tractor).*

sitter [ˌsitə] *s* **1.** (levende) modell; **2***(=baby sitter)* barnevakt; **3***(=sitting hen)* rugehøne; liggehøne.

sitter-in ['sitəˌrin] *s(=baby sitter)* barnevakt.

I. sitting [ˌsitiŋ] *s* **1.** *tid som tilbringes med en aktivitet(=session):* ***read the book at one sitting*** lese boken i ett strekk; **2***(=meeting)* møte; **3.** bordsetning.

II. sitting *adj:* ***sitting tenant*** nåværende (,daværende) leieboer.

sitting duck *s* **T:** lett offer *n;* takknemlig offer.

sitting hen *(=sitter)* rugehøne; liggehøne.

sitting-out area ['sitiŋˌaut'ɛəriə] *s; foran hus(,også* **US:** *patio)* uteplass; *(jvf patio).*

sitting-room [ˌsitiŋ'ru(:)m] *s:* (daglig)stue; ***basement sitting-room*** kjellerstue.

situated [ˌsitju'eitid] *adj* **1.** *stivt(=placed)* plassert;

2. *stivt:* ***be situated****(=be)* befinne seg.

situation ['sitjuˌeiʃən] *s* **1.** situasjon; ***classroom situation*** undervisningssituasjon; ***a tense situation*** en spent situasjon; ***a situation where there is no choice*** en tvangssituasjon; ***the gravity of the situation*** situasjonens alvor *n;* ***my situation*** den situasjonen jeg befinner (,befant) meg i; ***be equal to the situation****(=rise to the situation)* være situasjonen voksen; ***it might grow into an awkward situation*** det kunne utvikle seg til en kjedelig situasjon; ***the situation has changed radically****(=drastically)* situasjonen har endret seg radikalt; ***the whole situation is in a state of flux*** situasjonen er flytende; ***he was in control of the whole situation*** han hadde hele situasjonen under kontroll; ***get the situation under control*** bli herre over situasjonen; ***he can handle a situation*** 1. han kan takle (,**T:** ta) en situasjon; 2. han har konduite; ***have the situation well in hand****(=have the situation under control)* ha situasjonen under kontroll; ***save the situation*** redde situasjonen; ***we take a grave view of the situation****(=we regard the situation as serious)* vi ser alvorlig på situasjonen; *(jvf I. position 5);*

2. beliggenhet;

3. *lett glds(=post)* stilling.

situational ['sitjuˌeiʃənəl] *adj:* situasjonsbetinget.

situational report situasjonsrapport.

situation comedy *teat(=sitcom)* situasjonskomedie.

six [siks] **1.** *s:* sekstall; sekser;

2. *tallord:* seks; ***six times the amount*** det seksdobbelte beløp;

3.: ***it's six of one and half a dozen of the other*** det er hipp som happ;

4.: ***at sixes and sevens*** hulter til bulter; i vill forvirring.

six-eight time *mus(=six-eight)* seksåtten(nde)delstakt.

sixfold [ˌsiks'fould] *adj & adv; stivt(=six times as much)* seksfold(ig); seksdobbelt; ***increase sixfold****(= increase six times over)* seksdoble; ***the value of the property has increased sixfold in ten years****(=the value of the property is six times what it was ten years ago)* eiendommens verdi er seksdoblet på ti år *n.*

sixfooter [ˌsiks'futə] *s:* person som er seks fot (ɔ: 1,83 m) høy.

six-shooter [ˌsiks'ʃu:tə] *s:* seksløper.

sixteen [ˌsiksˌti:n] *tallord:* seksten.

sixteenth [ˌsiksˌti:nθ] **1.** *s:* seksten(de)del;

2. *adj:* sekstende.

I. sixth [sikθ; siks(θ)] *tallord:* sjette.

II. sixth *s* **1.** sjettedel; **2.** *mus:* sekst; **3.** *skolev: se sixth form.*

sixth form [ˌsiks'fɔ:m; ˌsikθ'fɔ:m] *s; skolev:* ***the upper sixth form*** øverste klasse i den engelske videregående skole, allmennfaglig studieretning; *svarer til:* 3. gym; ***the lower sixth form*** *svarer til:* 2. gym.

sixth-form college videregående skole, allmennfaglig studieretning; *hist:* gymnas.

sixth-former elev i en av de to øverste klassene ved en videregående skole, allmennfaglig studieretning.

sixtieth [ˌsikstiəθ] **1.** *s:* seksti(ende)del; **2.** *tallord:* sekstiende.

sixty [ˌsiksti] *tallord:* seksti.

sizable *(=sizeable)* [ˌsaizəbl] *adj(=considerable)* betydelig; klekkelig *(fx a sizable sum).*

I. size [saiz] *s* **1.** størrelse; størrelsesorden; format *n;* ***they're the same size*** de er like store; ***they were the wrong size*** det var gal størrelse på dem; ***an area the size of a football field*** et område på størrelse med en fotballbane;

2. *om klær & sko:* nummer *n (fx I take size 5 in shoes);* ***the most ordinary sizes*** de mest brukte størrelsene;

3*(=sizing)* limvann;

4. T: ***that's about the size of it*** slik omtrent henger det sammen;

5. T: ***cut him down to size*** jekke ham ned.

II. size *vb* **1.** stryke limvann på;

2. *om tøy(=dress)* appretere; stive;

3. T: ***size up*** vurdere; ta mål *(n)* av; ***he sized me up*** han tok mål av meg; han så vurderende på meg.

sizing [ˌsaiziŋ] *s* **1***(=size)* limvann; **2.:** *se II. size 2.*

I. sizzle [sizl] *s(=sizzling)* fresing; susing.

II. sizzle *vb* **1.** frese *(fx in the pan);* **2. T***(=be very hot)* være stekende varm.

sizzling [ˌsizliŋ] *adj(=sizzling hot; burning hot)* brennende het; brennhet; brennvarm.

Skagerrak [ˌskægə'ræk] *s; geogr:* Skagerrak.

I. skate [skeit] *s* **1.** skøyte; ***a pair of skates*** et par skøyter; *fig* **T:** ***they'd better get(=put) their skates on*** de burde få fart på seg;
2. *zo:* skate.
II. skate *vb* **1.** gå på skøyter;
2. *fig:* ***skate over*** gli lett hen over;
3. *fig:* ***skate on thin ice*** være ute på glattisen.
skater [ˌskeitə] *s; sport:* skøyteløper; ***figure skater*** kunstløper; ***pair skater*** parløper; ***speed skater*** hurtigløper.
skating [ˌskeitiŋ] *s; sport:* det å gå på skøyter; skøyteløp; ***figure skating*** kunstløp; ***free skating*** spesialløp; friløp; ***pair skating*** parløp; ***speed skating*** hurtigløp.
skating rink *(=ice rink)* skøytebane.
Skaw [skɔ:] *s; geogr:* ***the Skaw*** Skagen.
skedaddle [skiˌdædl] *vb* **T***(=vanish)* fordufte; stikke av.
skeletal [ˌskelitəl] *adj:* skjelett-; ***skeletal structure*** benbygning.
skeleton [ˌskelətən] *s* **1.** *anat:* skjelett *n;*
2. *fig; stivt el. litt.(=outline)* skjelett *n (fx of a building)*
3. *om person:* beinrangel;
4.: ***skeleton in the cupboard*** *(,***US:** *closet)* ubehagelig familiehemmelighet.
skeleton crew *mar:* stammannskap; *(se crew).*
skeleton hand dødningehånd.
skeleton key *(=master key; passkey)* hovednøkkel.
skeleton staff det aller nødvendigste personale *(fx there will be a skeleton staff working).*
skeptic [ˌskeptik] *adj: se sceptic.*
skerry [skeri] *s* **1.** skjær *n;*
2.: ***the skerries*** 1. skjærene *n;* 2. skjærgården; ***beyond the skerries****(=in open waters)* utenskjærs; ***he lived far out in the skerries*** han bodde helt ute i øygarden.
I. sketch [sketʃ] *s* **1.** skisse; **2.** utkast; skisse; kort beskrivelse (*of* av); **3.** *teat:* sketsj.
II. sketch *vb* **1.** lage en skisse av *(fx a subject);*
2. skissere; lage et utkast til; gi en kort oversikt over.
sketchbook [ˌsketʃˈbuk] *s(=sketchpad)* skisseblokk.
sketchy [ˌsketʃi] *adj* **1.** overfladisk *(fx his knowledge of French is sketchy);* flyktig *(fx make a sketchy search for sth);* **2.** løst skissert.
I. skew [skju:] *s; stivt(=slant; bias)* skjevhet.
II. skew *adj; stivt* **1***(=askew; slanting)* skjev;
2. *fig(=biassed; slanted; skewed)* skjev; med slagside.
III. skew *vb; stivt* **1***(=make skew)* gjøre skjev; **2***(=bias; slant)* gi slagside; gi en skjevhet *(fx data).*
skewbald [ˌskju:ˈbɔ:ld] *adj; om hest:* hvitflekket; hvit- og brunflekket; *(jvf piebald).*
I. skewer [ˌskjuə] *s:* stekespidd.
II. skewer *vb:* sette (*el.* feste) på spidd *n;* spidde.
I. ski [ski:] *s; sport* **1.** ski; ***all-terrain skis****(=strong touring skis)* kraftige turski; ***a pair of skis*** et par ski; ***jumping skis*** hoppski; ***racing skis*** langrennsski; ***touring skis*** løypeski; turski; *(se ovf: all-terrain skis);* ***never set(=go) out on skis alone*** dra aldri ut på ski alene; ***put on one's skis*** ta på seg skiene;
2. *om hoppers stil:* ***drooping skis*** hengende ski; ***excellent control over skis*** ypperlig skiføring.
II. ski *vb; sport:* gå (*el.* stå) på ski; ***ski down a slope*** stå på ski ned en bakke; ***he skied there****(=he went there on skis)* han gikk dit på ski; *(jvf skiing).*
ski bindings *pl:* skibindinger; *(se release bindings & toe-strap bindings).*
skibob [ˌski:ˈbɔb] *s:* skikjelke.
skiboots [ˌski:ˈbu:ts] *s(=skiing boots)* skistøvler.
I. skid [skid] *s* **1.** sliske;
2. *montert på fly:* ski;
3. skrens; sladd; ***the road was wet and my car went into a skid*** veien var glatt, og bilen min fikk skrens.
II. skid *vb:* gli; skrense.
skid mark(s) bremsespor.
skidpan [ˌskidˈpæn] *s:* øvingsbane for glattkjøring.
skidpan (driving) course glattkjøringskurs.
skid row US *(=slum area)* slumområde; ***he ended up in skid row US*** han endte som uteligger.
skier [ˌskiə] *s; sport:* skiløper; ***a party of skiers*** en gruppe skiløpere.
skiff [skif] *s; mar:* slags liten, lett robåt.
ski flying *sport:* skiflyvning.
skiing [ˌskiiŋ] *s* **1.** skigåing; skiløping; ***after a long, hard day's skiing*** etter en lang og hard dag på ski; ***we did a lot of skiing*** vi gikk mye på ski; ***go skiing*** dra på skitur; ***cross-country skiing****(=ski-touring)* turgåing på ski; ***he likes cross-country skiing, but he's not one of those who race across the mountains*** han liker å gå på skiturer, men tilhører ikke dem som beinflyr i fjellet; ***the home of skiing*** skisportens hjemland; ***buy what you need for skiing in its country of origin*** kjøp det skiutstyret du trenger i skisportens hjemland; *(se downhill skiing & II. ski);*
2. skiføre; ***how's skiing today?*** hvordan er skiføret i dag?
skiing country skiterreng.
skiing fan skientusiast.
skiing pants *pl(=skiing trousers;* **US:** *ski pants)* skibukser.
skiing (surface) skiføre; ***good skiing (surface)****(=good snow)* godt skiføre.
skiing trip *ski:* skitur.
ski instructor skilærer; skiinstruktør.
ski jump 1. skihopp; **2***(=jumping hill;* **US:** *jump(ing) hill)* hoppbakke.
ski jumper skihopper.
ski jumping skihopping.
(ski-)jumping competition skirenn.
(ski-)jumping hill *ski(=ski jump;* **US:** *jump(ing) hill)* hoppbakke.
ski-jumping nation hoppnasjon.
skilful *(,***US:** *skillful)* [ˌskilful] *adj; stivt (=proficient; competent)* dyktig.
ski lift skiheis; *(jvf ski tow).*
skill [skil] *s* **1.** ferdighet;
2. dyktighet *(fx the job requires quite a lot of skill);* ***technical (,professional) skill*** faglig dyktighet; ***it's a very specialised skill to deal with burns*** det er et krevende spesiale å behandle brannsår; ***skill at writing*** det å være flink til å skrive; skriveførhet; penneførhet.
skilled [skild] *adj* **1.** faglært; fagutdannet; ***skilled people*** fagfolk; ***skilled work*** fagarbeid; ***skilled worker*** fagarbeider; faglært arbeider;
2. dyktig; flink *(fx craftsman);* øvet; ***skilled at, skilled in****(=good at)* flink i (*el.* til).
skillet [ˌskilit] *s* **1***(=saucepan)* kjele; **2. US***(=frying pan)* stekepanne.
I. skim [skim] *s* **1.** noe som er skummet av; **2***(=thin layer)* tynt lag.
II. skim *vb* **1.** skumme *(fx the milk);*
2. *om bevegelse(=glide)* gli lett *(fx across the snow);*
3.: ***skim through a book*** fare gjennom en bok.
ski mask US *& Canada(=balaclava (helmet))* finlandshette.
skimmed [skimd] *adj:* skummet *(fx milk);* ***semi-skimmed milk****(=lowfat milk; fat-reduced milk;* **US:** *partly skimmed milk)* lettmelk.
skim milk *(=skimmed milk)* skummet melk.
skimmings [ˌskimiŋz] *s; pl:* det som skummes av; skum *n.*
skimp [skimp] *vb* **1.:** ***skimp on****(=be stingy with)* være for sparsom med; være gjerrig på; knipe på *(fx on food);* ***they skimped him in food*** de ga ham lite mat;
2.: ***skimp a job****(=do a job badly)* gjøre en jobb dårlig.
skimpy [ˌskimpi] *adj* **1.** utilstrekkelig; snau;
2. *om plagg:* ***a bit on the skimpy(=small) side*** i snaueste laget.
I. skin [skin] **1.** *anat:* hud;
2. *zo:* skinn *n;*
3. snerp *n;*
4. skall *n (fx a banana skin);* skrell *n (fx of a peach);*

5. *bygg(=boarding)* kledning; ***outer skin of brickwork*** skallmur;
6.: ***skin and all*** med hud og hår *n;*
7.: ***by the skin of one's teeth****(=very narrowly)* med nød og neppe *(fx we escaped by the skin of our teeth);*
8. T: ***get under sby's skin****(=annoy sby)* ergre en;
9. *teat:* ***get under the skin of a part****(=get the feel of a part)* få tak på en rolle.
II. skin *vb* **1.** flå *(fx an animal);*
2. T*(=graze)* skrubbe *(fx I skinned my knee);*
3. T: ***keep one's eyes skinned*** holde skarp utkikk.
skin cream hudkrem; *(se barrier cream & I. cream 2).*
skin-deep [ˌskin'di:p] *adj(=superficial)* overfladisk; som ikke går dypt; *ordspråk:* ***beauty is only skin-deep*** skinnet kan bedra.
skin diver *sport:* fridykker; *(jvf scuba diver).*
skin diving fridykking; *(jvf scuba diving).*
skinflint [ˌskin'flint] *s* **T***(=miser)* gjerrigknark; gnier.
skin graft *med.:* hudtransplantat *n.*
skin grafting (operation) *med.:* hudtransplantasjon.
skinned [skind] *adj:* skinnfri; ***skinned and boned*** skinn- og benfri.
skin preparation hudpleiemiddel.
skinny [ˌskini] *adj:* radmager.
skinny-dip [ˌskini'dip] *vb* **US***(=swim in the nude)* bade naken.
skin search US*(=strip search)* kroppsvisitasjon; ***do a skin search on sby****(=strip-search sby)* kroppsvisitere en (ved full avkledning).
skin specialist *med.:* hudspesialist; hudlege.
skint [skint] *adj* **S***(=broke)* blakk; blank.
skintight [ˌskin'tait] *adj:* stramtsittende; tett ettersittende.
skin tonic hudvann.
I. skip [skip] *s* **1***(=hop)* sprett *n;* hopp *n (fx the little girl went along with little skips of happiness);*
2.: ***(rubbish) skip*** avfallscontainer.
II. skip *vb* **1.** hoppe; sprette *(fx the little girl skipped up the path); fig:* ***the story skips****(=moves)* ***to the present*** historien forflytter seg til nåtiden;
2. hoppe tau;
3. T: hoppe over *(fx I skipped(=dropped) lunch; skip (=drop) chapter two);* ***my heart skipped****(=missed)* ***a beat*** hjertet mitt hoppet over et slag; hjertet mitt holdt opp å slå et øyeblikk; ***you can skip****(=drop)* ***the formalities*** du kan droppe formalitetene; ***skip school****(=play truant)* skulke skolen; ***skip from one subject to another*** springe fra det ene temaet til det andre.
ski pole *ski* **US***(=ski stick)* skistav.
I. skipper [ˌskipə] *s* **T** *1. mar:* skipper; **2.** *flyv:* kaptein; **3.** *sport(=(team) captain)* (lag)kaptein; lagleder.
II. skipper *vb* **T** *1. mar:* føre; **2.** *sport:* være (lag)kaptein (*el.* lagleder) for.
skipping game: ***play skipping games*** hoppe tau *n.*
skipping rope hoppetau.
skip service containerservice.
ski rack 1. skistativ; **2.** *på bil:* skiholder.
ski resort skisenter; vintersportssted.
I. skirmish [ˌskə:miʃ] *s* **1.** *mil:* trefning; **2.** *fig:* ***preliminary skirmishes*** forpostfektninger.
II. skirmish *vb; mil:* kjempe i spredt orden.
I. skirt [skə:t] *s* **1.** skjørt *n;* ***a blouse and skirt*** bluse og skjørt; ***divided skirt*** bukseskjørt; ***flared skirt*** utsvingt skjørt; ***plaid skirt*** skotskrutet skjørt; ***wraparound skirt*** omslagsskjørt;
2. S: ***(a bit of) skirt*** et skjørt; et kvinnfolk.
II. skirt *vb* **1.** kjøre (,gå) utenom; **2.** *fig:* ***skirt round all the main problems*** gå utenom alle de viktigste problemene *n.*
skirting [ˌskə:tiŋ] *s* **1.** skjørtestoff(er);
2. *bygg(=skirting board;* **US:** *baseboard))* fotlist.
skirting board *bygg(,***US:** *baseboard)* fotlist.
ski run (utfor)løype; *(jvf downhill course).*
ski scooter snøskuter.
ski stick *(,***US:** *ski pole)* skistav.
(ski stick) disc trinse (på skistav).
ski suit skidress.
skit [skit] *s; teat:* satirisk sketsj (*on* om).
ski tip skitupp.
ski-tour [ˌski'tuə] *vb; ski:* gå på skitur.
ski-touring [ˌski'tuəriŋ] *s(=cross-country skiing)* turgåing på ski.
ski-touring race *sport:* turrenn.
ski tow *(,Canada også: rope tow)* skitrekk; *(se ski lift).*
ski track *(=piste; især* **US** *& Canada: ski trail)* skispor; skiløype.
ski trek skitur; ***make a ski trek through the woods*** gå en skitur gjennom skogen.
skitters [ˌskitəz] *s; pl* **S***(=diarrhoea;* **T:** *the trots)* diaré.
skittish [ˌskitiʃ] *adj* **1.** *om hest:* skvetten; **2.** *om pike:* overgiven; kokett; **3.** *glds(=coy)* sky.
skittle [skitl] *s* **1.** kjegle;
2.: ***skittles****(,***US:** *ninepins)* kjeglespill;
3.: ***life's not all beer and skittles****(=life's no bed of roses)* livet er ingen dans på roser.
skittle alley kjeglebane.
skive [skaiv] *vb* **T***(=shirk)* sluntre unna; skulke.
skiver [ˌskaivə] *s* **T***(=shirker)* skulker; unnalurer.
skivvy [ˌskivi] *s; neds(=maid)* hushjelp.
ski wax skismøring; ***soft ski wax*** klister *n.*
skua [ˌskjuə] *s; zo:* ***arctic skua*** tyvjo.
skulduggery [skʌlˌdʌgəri] *s* **T:** muffens *n;* svindel; fiksfakserier; lureri *n;* narrestreker.
skulk [skʌlk] *vb:* luske *(fx in the bushes).*
skull [skʌl] *s* **1.** hodeskalle; **2.:** ***skull and crossbones*** dødningehode med to korslagte knokler under.
skullcap [ˌskʌl'kæp] *s:* kalott; *(jvf calotte).*
skunk [skʌŋk] *s; zo:* stinkdyr.
sky [skai] *s* **1.** himmel; **2.** *om været:* ***grey skies*** gråvær;
3.: ***praise sby to the skies*** rose en opp i skyene.
sky-blue ['skaiˌblu:; *attributivt:* ˌskai'blu:] *adj:* himmelblå.
sky-high ['skaiˌhai; *attributivt:* ˌskai'hai] **1.** *adj:* himmelhøy; skyhøy; ***sky-high prices*** skyhøye priser;
2. *adv:* ***blow sth sky-high*** sprenge noe i luften.
sky-jack [ˌskai'dʒæk] *vb:* kapre *(fx a plane).*
skyjacker [ˌskai'dʒækə] *s:* flykaprer.
I. skylark [ˌskai'lɑ:k] *s; zo:* lerke; sanglerke.
II. skylark *vb; lett glds(=romp)* være vilter; holde leven *n.*
skylight [ˌskai'lait] *s:* (liggende) takvindu; overlysvindu.
skyline [ˌskai'lain] *s* **1***(=horizon)* horisont; ***on the skyline*** i horisonten; **2:** ***the New York skyline*** New York-himmelen.
sky marshal US: bevæpnet vakt om bord på fly *n.*
skyscraper [ˌskai'skreipə] *s:* skyskraper.
sky sign takreklame; lysreklame på taket.
skywards [ˌskaiwədz] *adv; om bevegelse:* til værs; ***shares are going skywards*** aksjekursene går i været.
skywriting [ˌskai'raitiŋ] *s:* røykskrift (på himmelen); luftreklame.
slab [slæb] *s* **1.** (tykk) plate; ***concrete slabs for pavements*** støpte fortausfliser; **2.** *forst:* ***(waste) slab*** bakhon; **3.** *i jernverk:* plateemne.
slab avalanche flakskred.
I. slack [slæk] *s; på tau:* slakk; ***take up the slack*** hale inn (på) slakken; stramme tauet.
II. slack *vb* **1.:** ***slack (off)****(=slacken off)* slakke;
2. *mht. arbeid:* slappe av *(fx he never slacks).*
III. slack *adj* **1.** slakk; løs *(fx knot);*
2. *mht. arbeid(=careless)* slapp;
3. *om disiplin:* slapp;
4. *merk:* treg *(fx business);* ***a slack season*** en dødsesong.
slacken [ˌslækən] *vb* **1***(=loosen)* løsne;
2. *mht. tempo:* ***slacken speed****(=slow down)* sakne farten;

S

3. *om vind(=abate)* avta;
4.: ***slacken off*** 1. slakke (på); fire ut; 2. *mht. arbeid:* slappe av; sette ned farten; 3.: ***work slackens off in the summer*** det blir å gjøre om sommeren;
5. **T:** ***slacken up****(=go easy; slow down)* ta det (mer) med ro.

slacker [ˌslækə] *s; neds:* slappfisk.

slack rope [ˌslæk'roup] *s; i sirkus:* slapp line; ***perform on a slack rope*** balansere på slakk line; *(jvf tightrope).*

slack tide *(=slack water)* stille vann *n* (ɔ: da flo og fjære skifter).

slag [slæg] *s* **1.** slagg *n;* **2. S***(=tart;* **S:** *scrubber)* tøs; løsaktig jente.

slain [slein] *perf.part. av slay.*

slake [sleik] *vb* **1.** *litt.(=quench)* stille *(fx one's thirst);* **2.** leske; ***slaked lime*** lesket kalk.

slalom [ˌslɑ:ləm] *s; ski:* slalåm; ***giant slalom*** storslalåm.

I. slam [slæm] *s* **1***(=bang)* smell *n;* **2.** *kortsp; bridge:* slem; ***grand slam*** storeslem.

II. slam *vb* **1.** smelle med; smelle igjen *(fx the door);* ***she slammed the cup on to the table*** hun satte fra seg koppen på bordet med et smell; ***slam the door on sby*** 1*(=slam the door behind sby)* smelle døren igjen etter en; 2*(=slam the door in sby's face)* smelle igjen døren for nesen på en;
2*(=crash):* ***slam into the wall*** kjøre rett inn i muren (,veggen);
3.: ***slam on the brakes*** bråbremse;
4. **T***(=criticize sharply)* gi på pukkelen.

slam-bang ['slæmˌbæŋ] *adv* **US T***(=slap-bang)* med et brak.

slammer [ˌslæmə] *s* **S***(=prison):* ***in the slammer*** i buret; i spjeldet.

I. slander [ˌslɑ:ndə] *s* **1.** bakvaskelse; **2.** *jur(=oral defamation)* muntlig injurie.

II. slander *vb* **1.** bakvaske; baktale; **2.** *jur:* injuriere muntlig.

slanderous [ˌslɑ:ndərəs] *adj:* ærekrenkende.

I. slang [slæŋ] *s:* slang; ***talk slang*** bruke slang.

II. slang *vb* **T:** rakke ned på; skjelle ut.

slanging match skjenneri *n;* munnhuggeri *n.*

slangy [ˌslæŋi] *adj:* slang-; slangpreget.

I. slant [slɑ:nt] *s* **1***(=slope)* skråning; ***at(=on) the slant*** på skrå; **2***(=angle)* syn(svinkel) *(fx this magazine has a new slant on fashion).*

II. slant *vb* **1***(=slope)* skråne; helle *(fx the floor slants a little);*
2. presentere på en tendensiøs måte; presentere på en bestemt måte; ***it depends on which way the story is slanted*** det avhenger av den måten historien presenteres på; ***slant the programme to appeal to younger members of the audience*** presentere programmet på en slik måte at det appellerer til de yngste blant publikum *n;*
3. *om konkurranseregler, etc(=weight):* ***slant in sby's favour*** gi en en fordel; begunstige en.

slanted [ˌslɑ:ntid] *adj(=bias(s)ed)* tendensiøs; ***slanted news*** fargede nyheter; *(se også II. slant 1, 2, 3).*

slanting [ˌslɑ:ntiŋ] *adj(=sloping)* skrånende; ***the floor is slanting****(=not quite straight)* gulvet er skjevt.

slantwise [ˌslɑ:nt'waiz] *adv(=at an angle)* på skrå.

I. slap [slæp] *s* **1.** slag *(n)* (med flate hånden); klask *n;* **2.** *fig:* ***a slap in the face*** et slag i ansiktet; ***he got off with little more than a slap on the wrist*** han slapp fra det uten stort mer enn et slag over håndleddet.

II. slap *vb* **1.** slå (med flate hånden); klaske; ***he slapped my face*** han slo til meg i ansiktet;
2.: ***slap down*** 1. klaske ned; 2. *fig* **T***(=dismiss)* avvise; avfeie *(fx sby's suggestion);* 3. *fig(=tell off sharply)* gi en skarp irettesettelse;
3.: ***slap together****(=cook up)* smøre sammen *(fx a book).*

III. slap *adv(=right)* like; rett *(fx slap into the wall).*

slap-bang ['slæpˌbæŋ] *adv* **T***(,***US:** *slam-bang)* med et brak; voldsomt.

slapdash [ˌslæp'dæʃ] *adj(=careless)* slurvete; skjødesløs.

slaphappy [ˌslæp'hæpi] *adj* **T***(=happily careless)* glad og ubekymret; opprømt og likeglad.

slapstick [ˌslæp'stik] *s; teat:* ***slapstick (comedy)*** grov farse; bløtkakekomedie.

slap-up [ˌslæp'ʌp] *adj; om måltid* **T***(=splendid)* førsteklasses; prima *(fx dinner).*

I. slash *s* **1.** *med stokk, etc:* drabelig slag *n;*
2. flenge *(fx in a skirt);*
3. *typ:* ***slash (mark)****(=oblique; solidus)* skråstrek; ***backslash*** backslash; omvendt skråstrek.

II. slash *vb* **1.** *med stokk, etc:* ***slash at*** slå etter;
2. flenge; spjære; kutte opp; ***slash one's wrists*** skjære over pulsårene på seg;
3. T*(=reduce drastically)* skjære sterkt ned på;
4. *om kritiker(=cut to pieces)* slakte.

slat [slæt] *s:* spile; sprosse; lamell.

I. slate [sleit] *s* **1.** *min:* skifer *n;*
2. *for paradishopping:* hoppestein;
3. *hist; skolev(=writing tablet)* (liten) tavle;
4. *fig:* ***start with a clean slate*** begynne forfra *(fx after being in prison);* ***wipe one's slate clean*** begynne forfra igjen; ***wipe the slate clean*** slå en strek over gamle uoverensstemmelser;
5. US*(=list of candidates in an election)* kandidatliste (ved valg).

II. slate *vb* **1.** legge skifer på *(fx a roof);* **2.** *fig* **T***(=cut to pieces)* kritisere sønder og sammen.

slattern [ˌslætən] *s; glds(=slut)* sjuske.

I. slaughter [ˌslɔ:tə] *s* **1.** slakting; **2***(=butchery)* nedslakting; myrderi *n.*

II. slaughter *vb* **1.** slakte; **2.** *fig(=butcher)* slakte (ned); **3.** *om kritiker(=slash; cut to pieces)* slakte.

slaughterhouse [ˌslɔ:tə'haus] *s:* slakteri *n.*

Slav [slɑ:v] **1.** *s:* slaver; **2.** *adj(=Slavonic)* slavisk.

I. slave [sleiv] *s:* slave; ***born a slave*** født som slave.

II. slave *vb:* ***slave (away)****(=work very hard)* slave; slite.

I. slaver [ˌsleivə] *s* **1.** slavehandler; **2.** slaveskip.

II. slaver [ˌslævə] **1.** *s:* sikkel *n;* savl *n;* **2.** *vb:* sikle; savle.

slavery [ˌsleivəri] *s:* slaveri *n.*

slave traffic *(=slave trade)* slavehandel.

slavish [ˌsleiviʃ] *adj:* slavisk *(fx imitation).*

slavishly [ˌsleiviʃli] *adv:* slavisk.

Slavonia [sləˌvouniə] *s; geogr:* Slavonia.

I. Slavonian [sləˌvouniən] *s* **1.** slavonier; **2.** *språk:* slavonisk.

II. Slavonian *adj:* slavonisk.

I. Slavonic [sləˌvɔnik] *s:* slavisk språk *n.*

II. Slavonic *adj:* slavisk.

slay [slei] *vb(pret: slew; perf.part.: slain) glds el. litt.(=kill)* slå i hjel.

slayer [ˌsleiə] *s; glds el. litt.(=killer)* drapsmann; *glds:* banemann; ***his slayer*** hans banemann.

sleaze [sli:z] *s* **T:** *se sleaziness.*

sleaziness [ˌsli:zinəs] *s(=sordidness)* snusk(ethet).

sleazy [ˌsli:zi] *adj(=sordid)* snuskete *(fx hotel).*

sled [sled] *s* **US:** *se sledge.*

I. sledge [sledʒ] *(,***US:** *sled)* **S:** slede; (stor) kjelke; ***timber sledge*** tømmerslede; *(se skibob).*

II. sledge *vb:* ake.

sledgehammer [ˌsledʒ'hæmə] *s:* slegge.

sleek [sli:k] *adj* **1***(=smooth; shiny)* glatt; blank;
2*(=well-kept)* velholdt *(fx Siamese cat);*
3. *neds:* glattslikket *(fx sleek hair; a sleek young man).*

I. sleep [sli:p] *s* **1.** søvn; ***in one's sleep*** i søvne; mens man sover; ***get to sleep*** få sove; ***get a few hours' sleep*** få noen få timers søvn; **2.:** ***go to sleep*** 1. sovne; 2. *om lem:* sovne *(fx my arm's gone to sleep);*
3.: ***put to sleep*** 1. få til å sove; 2. *evf(=kill; destroy)* avlive; ta livet av.

II. sleep *vb(pret & perf.part.: slept)* **1.** sove *(fx sleep badly);* ***sleep brokenly****(=fitfully)* sove urolig; ***sleep heavily*** sove tungt; ***sleep like a log****(=top)* sove som en ste(i)n; ***sleep the sleep of the just*** sove de rettferdiges søvn; ***sleep soundly****(=deeply)* sove dypt (*el.* fast); ***he slept right through the alarm clock*** han sov så tungt at han slett ikke hørte vekkerklokken; ***they gave him something to make him sleep*** de ga ham noe å sove på; ***you'll sleep the sounder for it*** da vil du sove bedre;
2. *om værelse, kjøretøy, etc:* ha soveplass til;
3.: ***sleep around****(=screw around;* **US** *også: play around)* gå til sengs med nær sagt hvem som helst;
4.: ***sleep away*** sove bort *(fx sleep the hours away);*
5. *med trykk på prep:* ***sleep in*** 1. bo på arbeidsstedet; 2. **T***(=oversleep)* forsove seg; 3. *sj &* **US** *& Canada(= sleep late)* sove lenge (om morgenen);
6.: ***sleep sth off*** sove bort noe; sove av seg noe; ***sleep it off*** sove det av seg; sove ut rusen; ***sleep off a big meal*** sove etter et stort måltid;
7.: ***sleep on sth*** sove på noe;
8. *med trykk på prep:* ***sleep out*** bo privat (mots bo på arbeidsstedet);
9.: ***sleep rough on the street*** være uteligger;
10. *evf:* ***sleep together*** sove sammen;
11. *evf:* ***sleep with*** sove sammen med.
sleep disorder *med.:* søvnforstyrrelse.
sleeper [ˌsli:pə] *s* **1.** sovende *(fx disturb the sleepers);* ***I'm a light (,heavy) sleeper*** jeg sover lett (,tungt);
2. *jernb:* sovevogn; sovevognskupé;
3. *jernb(,***US:** *tie)* sville;
4. *tøm(=ground sill)* bunnsville; svillestokk.
sleep-in [ˌsli:p'in] *adj:* som overnatter; ***sleep-in baby sitter*** barnevakt som overnatter.
sleeping accommodation soveplass(er).
sleeping bag sovepose; ***sheet sleeping bag*** lakenpose.
Sleeping Beauty: ***the Sleeping Beauty*** Tornerose.
sleeping car *jernb:* sovevogn.
sleeping-car attendant sovevognskonduktør.
sleeping draught *med.:* sovedrikk.
sleeping mat sovematte; *sport:* liggeunderlag.
sleeping partner *(=dormant partner; især* **US:** *silent partner)* stille deltager; passiv kompanjong.
sleeping pill *med.:* sovepille.
sleeping sickness *med.:* sovesyke.
sleeping tablet *med.:* sovetablett.
sleepless [ˌsli:pləs] *adj:* søvnløs.
sleepwalk [ˌsli:p'wɔ:k] *vb:* gå i søvne.
sleepwalker [ˌsli:p'wɔ:kə] *s:* søvngjenger.
sleepy [ˌsli:pi] *adj:* søvnig.
sleepyhead [ˌsli:pi'hed] *s* **T:** syvsover *(fx wake up, you sleepyhead!).*
sleet [sli:t] *s:* sludd *n;* ***rain and sleet*** regn *(n)* og sludd.
sleeve [sli:v] *s* **1.** *på plagg:* erme *n;* **T:** arm;
2.: ***(record) sleeve*** plateomslag;
3. *tekn:* hylse; bøssing; muffe; mansjett;
4. *fig:* ***wear one's heart on one's sleeve*** stille sine følelser til skue; ***have(=keep) sth up one's sleeve*** ha noe i bakhånden; ***laugh up one's sleeve*** le i skjegget; ***now we must roll up our sleeves and get down to it!*** nå må vi brette opp ermene *(n)* og ta fatt.
sleeve protector *(=oversleeve)* ermebeskytter.
sleigh [slei] *s:* slede.
sleigh bells *pl:* dombjeller.
sleight [slait] *s:* ***sleight of hand*** fingerferdighet; kunstgrep.
slender [ˌslendə] *adj* **1.** *stivt(=slim)* slank;
2. *stivt(=thin)* tynn;
3. *fig:* spinkel; dårlig; ***slender evidence*** et spinkelt bevis(materiale); spinkle bevis; ***on his slender income*** på hans dårlige inntekt; **T:** ***he has a very slender chance there*** der ligger han dårlig (,**T:** tynt) an; ***his arguments are very slender*** argumentene hans er syltynne.
slept [slept] *pret & perf.part. av II. sleep.*
sleuth [slu:θ] *s; glds el. spøkef(=detective)* detektiv; *spøkef:* sporhund.
S-level *skolev(fk f scholarship level)* eksamen som A-level kandidater kan melde seg opp til. Det gis tre karakterer: pass, credit og distinction *(fx he took History at S-level and gained a credit).*
I. slew [slu:] *pret av slay.*
II. slew US *& Canada* **T***(=lot):* ***a slew of*** en hel del.
I. slice [slais] *s* **1.** skive *(fx of bread);*
2. T*(=share)* (an)del; ***demand a larger slice of the cake*** forlange en større del av kaken; ***a slice of life*** et stykke virkelighet;
3*(=spatula)* spatel;
4.: ***fish slice*** fiskespade;
5. *sport; ballspill:* skru; spinn *n.*
II. slice *vb* **1***(=cut into slices)* skjære i skiver; skjære opp *(fx meat);*
2*(=cut)* skjære; ***could you slice me a piece of ham, please?*** kan du være så snill å skjære av et stykke skinke til meg? ***slice off*** kutte av; skjære av; ***slice through*** skjære gjennom;
3. *sport; ballspill:* skru.
slicer [ˌslaisə] *s(=slicing machine)* oppskjærmaskin.
slicing sausage: ***(continental) slicing sausage****(=German sausage;* **US** *også: dry sausage)* påleggpølse.
I. slick [slik] *s* **1.:** ***(oil) slick*** oljeflak; **2. US***(=glossy magazine)* blad *(n)* trykt på glittet papir *n.*
II. slick *adj* **1***(=glib; smart)* glatt; sleip; ***that was a slick move!*** den var sleip!
2*(=skilful)* dyktig *(fx goalkeeping);*
3. *især* **US***(=slippery)* glatt; sleip;
4. *om bildekk(=bald)* blank; blankslitt.
slicker [ˌslikə] *s* **US 1***(=artful crook; swindler)* lur kjeltring; svindler; ***2. neds: (city) slicker*** sleip type;
3*(=oilskin; raincoat)* regnjakke.
I. slide [slaid] *s* **1.** glidning; skliing; ***have a slide on the ice*** skli på isen;
2. akebakke; sklie; ***water slide*** vannsklie;
3. *forst(=chute)* tømmerrenne;
4. *fot:* dias *n;*
5. *på dreiebenk:* sleid;
6. *på paraply el. regnestav:* skyver;
7. *mus; på trekkbasun:* uttrekk;
8. *optikk:* objektglass; preparatglass;
9*(=hair slide)* skyvespenne;
10. *fig(=fall)* fall *n;* nedgang; ***the slide in share prices*** nedgangen i aksjekursene.
II. slide *vb(pret & perf.part.: slid)* **1.** gli; skli; ***the cups slid to the floor*** koppene gled ned på gulvet; ***slide into place*** gli på plass;
2. skyve; ***he slid it across the counter*** han skjøv det over disken;
3. *om bevegelse:* gli;
4. T: ***let things slide*** la det skure; ikke ta det så nøye.
slide bar glideskinne.
slide calliper *(,***US:** *slide caliper)* skyvelære.
slide fastener US *(=zip)* glidelås.
slide projector diasfremviser.
slide rule regnestav.
sliding door skyvedør.
sliding scale glideskala.
sliding sunroof *på bil(=slide-back top)* skyvetak.
sliding surface *også på ski:* glideflate.
I. slight [slait] *s(=snub)* fornærmelse (ved at man helt overser en) *(fx she felt the slight deeply).*
II. slight *vb:* overse; neglisjere *(fx sby).*
III. slight *adj* **1.** svak; ubetydelig; ***a slight****(=faint)* ***resemblance*** en svak likhet; ***a slight****(=faint)* ***taste*** en svak smak;
2. spedlemmet; spinkel; ***a man of slight build*** en spedbygd mann;
3.: ***slightest*** minst; ***if you have the slightest doubt, don't sign the contract*** hvis du er det aller minste i tvil, så skriv ikke under kontrakten; ***I haven't the***

S

slightest idea where he is jeg aner ikke hvor han er.
slighting [ˌslaitiŋ] *adj; stivt(=insulting)* krenkende; fornærmende *(fx make a slighting remark about sby).*
slightly [ˌslaitli] *adv:* litt; en smule; ***slightly better*** en smule bedre; litt bedre; ***slightly less than three hours****(=slightly under three hours)* knapt tre timer.
slightly built *(,attributivt: slightly-built)* spedlemmet.
I. slim [slim] *vb:* slanke seg *(fx I'm trying to slim); **are you slimming?*** er du på slankekur? slanker du deg?
II. slim *adj* **1.** slank; ***keep slim*** holde seg slank;
2. *fig(=slight)* svak *(fx chance).*
slime [slaim] *s* **1.** slim *n;* **2***(=nasty type)* ekkel type.
slimming [ˌslimiŋ] *s:* slanking.
slimming remedy slankemiddel.
slimy [ˌslaimi] *adj* **1.** slimete; **2.** *om person(=nasty)* ekkel; *(jvf slime 2).*
I. sling [sliŋ] *s* **1.** fasle; fatle;
2*(=strap)* reim; ***rifle sling*** geværreim;
3*(=catapult;* **US:** *slingshot)* sprettert.
II. sling *vb(pret & perf.part.: slung)* **1. T***(=throw; fling)* slenge; slynge; kaste; ***he was slung through the windscreen*** han ble slynget gjennom frontglasset; ***sling sth over one's shoulder*** slenge noe over skulderen;
2. *mil:* ***sling arms!*** på skulder gevær *n*!
3. *fig:* ***all the fine words they sling****(=fling)* ***about*** alle de fine ordene de slår om seg med;
4.: ***slung from****(=suspended from)* hengt opp i;
5.: ***he had a camera (slung) round his neck*** han hadde et kamera om halsen.
slingback shoes *pl:* sko med åpen hæl og hælrem.
slingshot [ˌsliŋ'ʃɔt] *s* **US:** *se I. sling 3.*
slink [sliŋk] *vb(pret & perf.part.: slunk)* liste seg; luske; ***the dog slunk off****(=away)* hunden lusket vekk.
slinky [ˌsliŋki] *adj* **T** *1(=clinging)* åletrang (og sexy) *(fx dress);* **2.** åleslank (og sexy) *(fx a slinky blonde).*
I. slip [slip] *s* **1.** det å gli *(el.* skli); ***have a nasty slip on the ice*** gli og falle stygt på isen;
2. lapsus; (liten) feil; ***a slip of the pen*** en skrivefeil; ***make a slip*** gjøre en liten feil; ***make a slip of the tongue*** forsnakke seg;
3. *fig:* feiltrinn;
4. *bot(=cutting)* stikling;
5. underkjole; ***waist slip****(=half slip)* underskjørt;
6. seddel; slipp; ***receipt slip*** kvitteringsseddel; ***slip of paper*** papirlapp; ***sales slip*** kassalapp;
7. *mar:* slipp; bedding;
8. *mask:* sluring *(fx belt slip);*
9.: ***give sby the slip*** smette fra en;
10.: ***a slip of a child*** en liten unge.
II. slip *vb* **1.** skli; gli; ***it slipped out of my hands*** det gled ut av hendene på meg; ***slip down*** gli ned; 2. *sport(=drop (down)* rykke ned *(fx from no. 2 to no. 3);*
2. glippe *(fx the knife slipped and he cut his hand);*
3. *mask; om clutch:* slure; 4. *indikerer hurtighet:* ***she slipped the letter back in its envelope*** hun stakk brevet tilbake i konvolutten; ***slip out of the room*** forsvinne ut av rommet i all stillhet; ***he slipped through their fingers*** han forsvant mellom fingrene på dem; *om rask av- eller påkledning:* ***slip into****(=put on quickly)* ta fort på seg; ***slip off****(=take off quickly)* ta fort av seg *(fx he slipped off his shoes);* ***she slipped the dress over her head*** hun smøg kjolen over hodet;
5. *om hund:* ***slip its collar*** få av seg halsbåndet;
6. *om kvalitet:* bli dårligere; ***we mustn't let things slip*** vi må ikke la alt flyte ut;
7.: ***it slipped my attention*** det unngikk min oppmerksomhet; ***it completely slipped my mind*** jeg glemte det helt; ***it might slip my memory*** jeg kunne komme til å glemme det;
8. *med.:* ***slip a disc****(=get a slipped disc)* få discusprolaps;
9.: ***let slip*** 1*(=miss)* la gå fra seg; gå glipp av *(fx an opportunity);* 2. *om bemerkning:* ***she let slip some remark about my daughter*** hun kom uforvarende til å si noe om min datter; ***the word slipped out of his mouth*** ordet fór ut av munnen på ham;
10. *om tid:* ***slip by*** gå uten at man merker det; ***the months were slipping by fast*** månedene gikk fort;
11.: ***slip down*** gli ned; 2. *sport(=drop (down)* rykke ned *(fx from no. 2 to no. 3);*
12.: ***a few mistakes had slipped into the report*** det hadde sneket seg inn noen feil i rapporten;
13.: ***slip out*** 1. smette ut; smyge seg ut; 2.: ***he slipped out to the shop*** han stakk bort i butikken; 3. *om nyhet, etc:* sive ut; lekke ut;
14. T: ***slip up****(=make a mistake)* gjøre en tabbe; ***slip up badly*** gjøre en stygg tabbe.
slipcase [ˌslip'keis] *s:* bokkassett.
slip cover *til møbel; især* **US***(=loose cover)* varetrekk.
slipknot [ˌslip'nɔt] *s:* renneknute.
slip-ons [ˌslip'ɔnz] *s(=slip-on shoes)* sko uten snøring *(el.* reim).
slipover [ˌslip'ouvə] *s; plagg:* slipover.
slippage [ˌslipidʒ] *s* **1.** glidning; **2.** svikt i fremdriften *(fx production delay due to slippage).*
slipped disc *med.:* discusprolaps.
slipper [ˌslipə] *s* **1.** tøffel; ***a pair of slippers*** et par tøfler;
2.: ***babies' slippers****(=bird's-foot trefoil)* tiriltunge.
slipperiness [ˌslipərinəs] *s* **1.** glatthet; **2.** *fig:* glatthet; sleiphet.
slippery [ˌslipəri] *adj* **1.** glatt; **2.** *fig:* glatt; sleip;
3. *fig:* ***be on slippery ground*** være på usikker grunn.
slippery slope 1. glatt bakke; **2.** *fig:* utforbakke; ***slide down the slippery slope*** gå nedoverbakke; gå utforbakke.
slip road *ved motorvei* **1***(=exit road)* avkjøring(svei); utfallsvei; **2***(,***US:** *access road; entrance ramp)* innkjøringsvei; påkjøringsvei.
slipshod [ˌslip'ʃɔd] *adj; om arbeid el. påkledning:* sjuskete.
slipstream [ˌslip'stri:m] *s* **1.** *flyv:* propellstrøm; jetstrøm; **2.** *sport(=backwash)* dragsug; ***stay in sby's slipstream*** ligge i dragsuget etter en.
slip-up [ˌslip'ʌp] *s* **T** *1(=mistake)* feil; tabbe; ***there's been a slip-up somewhere*** det er skjedd en feil et sted;
2*(=slip of the tongue)* forsnakkelse.
slipway [ˌslip'wei] *s; mar:* slipp; opphalingsslipp.
I. slit [slit] *s:* flenge; sprekk; *i skjørt:* splitt.
II. slit *vb(pret & perf.part.: slit)* spalte; flenge; ***slit open*** sprette opp *(fx an envelope with a knife).*
slit-eyed [ˌslit'aid] *adj:* med smale øyne *n;* smaløyd.
slither [ˌsliðə] *vb; på is el. i søle:* skli; rutsje.
slithery [ˌsliðəri] *adj(=slippery)* sleip; glatt.
sliver [ˌslivə] *s:* strimmel; flis; splint; ***just a sliver of cake*** bare en meget tynn skive kake.
slob [slɔb] *s* **S:** slask; ***a lazy slob*** en doven slask.
I. slobber [ˌslɔbə] *(=dribble)* **S:** savl *n;* sikkel *n.*
II. slobber *vb:* sikle; savle.
sloe [slou] *s; bot:* slåpe(bær); *(jvf blackthorn).*
sloe-black [ˌslou'blæk] *adj:* ***sloe-black eyes*** kullsorte øyne *n.*
I. slog [slɔg] *s* **T** *1(=hard work)* slit *n;* ***foot slog*** slitsom marsj; **2***(=hard blow)* hardt slag; ***he gave the ball a slog*** han slo til ballen.
II. slog *vb* **T** *1(=work hard)* slite; streve; ***we slogged****(=struggled)* ***on up the hill*** vi slet oss videre opp bakken;
2*(=hit hard)* smelle til; rappe til.
slogan [ˌslougən] *s:* motto *n;* slagord.
slogger [ˌslɔgə] *s(=hard worker)* sliter.
I. sloosh [slu:ʃ] *s(=slopping)* skvulping; skvalping.
II. sloosh *vb(=slop)* skvulpe; skvalpe.
I. slop [slɔp] *s* **1.** *sj(=sentimental nonsense; slush)* sentimentalt sprøyt; **2.** *glds(=smock; overall)* kittel;
3.: ***slops*** 1. sølevann; innhold *(n)* av toalettbøtte; 2. *fra beholder, etc:* skvett; slant; 3. *for griser(=swill)* grisemat; skyller; 4. *fig; om smakløs mat el. drikk(=dishwater)* oppvaskvann; skvip *n;* søl *n.*

II. slop *vb* **1***(=splash)* skvulpe; skvalpe; ***she slopped the soup into the bowls*** hun skvalpet suppen opp i bollene; ***slop over*** skvulpe over;
2*(=spill)* spille; søle;
3. *til griser(=feed slops to)* gi skyller;
4*(=slosh):* ***he slopped after them*** han vasset etter dem.
slop basin *ved tebord(=slop bowl)* skyllebolle.
slop bucket bøtte til sølevann; toalettbøtte.
I. slope [sloup] *s* **1.** skråning; helling;
2. bakke; ***on a gentle slope*** i en liten bakke;
3. *ski:* ***the slope before the flat****(=the outrun)* overgangen til sletta.
II. slope *vb* **1.** skråne; falle; **2.** *mil:* ***slope arms!*** på aksel gevær *n*! **3. T:** ***slope off****(=sneak off)* liste seg vekk.
sloping [ˌsloupiŋ] *adj:* skrånende; hellende.
slop pail toalettbøtte.
sloppy [ˌslɔpi] *adj* **1***(=wet; slushy)* våt; ***a sloppy track*** våt bane; ***a sloppy kiss*** et vått kyss;
2. *om drikk el. mat; neds(=watery)* tynn *(fx porridge);*
3. T*(=slovenly; careless)* sjuskete; *om arbeid, også:* slurvete;
4. *om plagg(=loose)* løstsittende;
5*(=slushy)* søtladen; ***the film was a lot of sloppy rubbish*** filmen var noe søtladent sprøyt;
6. *mask:* ***the steering's becoming sloppy*** det begynner å bli slark i styringen.
slops [slɔps] *s; pl: se I. slop 2.*
slosh [slɔʃ] *vb* **T 1***(=splash)* plaske; skvulpe; blaske *(fx slosh some water over it);* ***slosh about*** plaske omkring; **2***(=spill)* søle; skvulpe over *(fx don't slosh your tea!);* **3***(=hit)* dra til; slå til.
sloshed [ˌslɔʃt] *adj* **T***(=drunk)* full.
I. slot [slɔt] *s* **1.** sprekk; spalte; smal åpning;
2. *fig; radio & TV:* (sende)tid; ***the five o'clock slot*** sendetiden mellom klokken 17 og 18;
3. *fig(=niche)* nisje; ***it's a great slot to have*** det er en fin nisje å ha.
II. slot *vb* **1.** lage sprekk i;
2.: ***slot in*** 1. stikke inn (i en sprekk); ***slot in a cash card*** stikke inn et kontantkort; ***I slotted****(=put)* ***10 pence into the machine*** jeg la 10 pence på maskinen; 2. *fig(=fit in)* finne anvendelse for *(fx slot sby in somewhere in the firm);* 3*(=fit in)* finne tid til (på timeplan, etc);
3.: ***slot****(=fit)* ***into place*** få på plass *(fx the last piece of the puzzle).*
sloth [slouθ; **US:** slɔθ] *s* **1.** *glds el. stivt (=laziness)* dovenskap; **2.** *zo:* dovendyr.
slot machine 1. myntautomat; spilleautomat;
2*(=vending machine)* (salgs)automat.
slot meter *for elekt el. gass:* måler.
slotted [ˌslɔtid] *adj:* med spor i *(fx screw).*
I. slouch [slautʃ] *s* **1.** lutende gange (*el.* holdning);
2. T*(=sloucher)* slurvete og lat person.
II. slouch *vb:* ha en slapp (*el.* lutende) holdning.
slouch hat bredbremmet hatt.
I. slough [slau] *s; litt.; fig(=bog; swamp)* myr; sump.
II. slough [slʌf] *s:* (slange)ham; skinn *n.*
III. slough [slʌf] *vb* **1.:** ***slough (off)*** kaste hammen;
2. *om hud:* ***slough off****(=peel (off))* falle av.
I. Slovak [ˌslouvæk] *s* **1.** slovak; **2.** *språk:* slovakisk.
II. Slovak *adj:* slovakisk.
Slovakia [slouˌvækiə] *s; geogr:* Slovakia.
Slovakian [slouˌvækiæn] *adj(=Slovak)* slovakisk.
sloven [ˌslʌvən] *s; glds(=sloppy person; untidy person)* sjuskete person; *(jvf slut).*
I. Slovene [ˌslouvi:n] *s* **1.** slovener; **2.** *språk:* slovensk.
II. Slovene *adj:* slovensk.
Slovenia [slouˌvi:niə] *s; geogr:* Slovenia.
slovenly [ˌslʌvənli] *adj(=untidy; sloppy)* sjuskete.
I. slow [slou] *vb* **1.** *stivt(=slow down)* saktne farten;
2. *stivt(=slow down)* sinke; forsinke;
3.: ***slow down*** 1. saktne farten; sinke; forsinke; 2. *form for streik(=go slow)* gå sakte;
4.: ***slow up****(=slow down)* sinke *(fx the traffic).*
II. slow *adj* **1.** langsom; ***be very slow to offer help*** ikke forhaste seg med å tilby hjelp; ***my watch is five minutes slow*** klokken min går fem minutter for sakte;
2. treg; tungnem; ***he's slow at arithmetic*** han har tungt for regning; **T:** ***be slow on the uptake*** ha lang lunte.
III. slow *adv:* ***go slow*** *1.* kjøre langsomt; ***he went dead slow*** han kjørte helt langsomt; **2.** *form for streik:* gå sakte.
slowcoach [ˌslou'koutʃ] *s(,***US:** *slowpoke)* **T:** somlekopp; somlebøtte.
slowdown [ˌslou'daun] *s* **1.** *fig:* oppbremsing; nedgang;
2. US*(=go-slow (strike))* gå-langsomt-streik.; go -slow-streik.
slow learner tungnem person.
slow motion langsom kino; ***in slow motion*** i langsom kino.
slowpoke [ˌslou'pouk] *s* **US:** *se slowcoach.*
slow-witted ['slouˌwitid; *attributivt:* ˌslou'witid] *adj:* tungnem; sen i oppfatningen.
slowworm [ˌslou'wə:m] *s; zo:* stålorm.
sludge [slʌdʒ] *s:* mudder *n;* søle; kloakkslam.
I. slug [slʌg] *s* **1.** *zo:* nakensnegl(e); ***black slug*** skogsnegl; **2. T***(=bullet)* kule.
II. slug *vb* **T***(=hit hard)* rappe til; smelle til.
slugabed [ˌslʌgə'bed] *s; glds(=sleepyhead)* syvsover.
sluggard [ˌslʌgəd] *s; glds(=lay-about)* dovenpels.
slugger [ˌslʌgə] *s:* en som slår hardt; slugger.
sluggish [ˌslʌgiʃ] *adj* **1.** langsomtflytende *(fx river);* tregtflytende; **2.** dorsk; treg.
I. sluice [slu:s] *s* **1.** sluse(renne); **2***(=sluice gate)* sluseport; **3.** *på sykehus:* skyllerom.
II. sluice *vb:* ***sluice down, sluice out****(=flush down)* spyle.
I. slum [slʌm] *s* **1***(=slums)* slum; ***become a slum*** bli forslummet; **2.** slumbolig.
II. slum *vb; ofte spøkef* **T:** ***slum (it)*** **1.** leve fattigslig;
2*(=go slumming)* se seg om i slummen; se seg om på østkanten *(fx we're slumming tonight).*
I. slumber [ˌslʌmbə] *s; litt.(=sleep)* søvn; slummer.
II. slumber *vb(=sleep; doze)* sove; slumre.
slumbering *adj; litt. & spøkef(=sleeping)* sovende.
slum-bred [ˌslʌm'bred] *adj:* oppvokst i slummen.
slum clearance (slum)sanering.
slummy [ˌslʌmi] *adj:* slumpreget.
I. slump [slʌmp] *s* **1.:** ***a slump in prices*** et plutselig prisfall; **2.** *økon:* lavkonjunktur.
II. slump *vb* **1.** (la seg) falle tungt; sitte sammensunket;
2. *økon:* falle *(fx prices slumped).*
slumping [ˌslʌmpiŋ] *adj:* sammenfallen; sammensunket.
slung [slʌŋ] *pret & perf.part. av II. sling.*
slunk [slʌŋk] *pret & perf.part. av slink.*
I. slur [slə:] *s* **1.** sløret uttale;
2. *mus:* legatobue; sløyfe;
3. fornærmelse *(fx ignore the slur implied);*
4.: ***cast a slur on sby*** bakvaske en.
II. slur *vb* **1.** uttale utydelig *(fx one's words);*
2. *fon:* la ordene *(n)* gå i hverandre;
3. *mus:* synge (,spille) legato;
4. *fig:* ***slur over****(=gloss over)* glatte over.
slur campaign bakvaskelseskampanje.
slurp [slə:p] *vb* **T:** slurpe *(fx ice cream);* slurpe i seg *(fx one's tea).*
slush [slʌʃ] *s* **1.** snøslaps; **2. T***(=drip)* sentimentalt sludder.
slush fund *s* **US:** bestikkelsesfond.
slushy [ˌslʌʃi] *adj* **1.** slapsete; **2***(=sloppy)* søtladen.
slut [slʌt] *s; lett glds; om kvinne(=untidy person)* sjuske; ***she's a fearful slut about the house****(=she's frightfully untidy about the house)* hun er forferdelig uordentlig i huset.
sluttish [ˌslʌtiʃ] *adj; lett glds; om kvinne(=untidy)* sjuskete.

S

I. sly [slai] *s: on the sly* i smug.
II. sly *adj* **1.** slu; lur; listig; **2.** underfundig *(fx he made a sly reference to my mistake).*
I. smack [smæk] *s* **1***(=whack)* smekk; klask *n;*
2. T*(=smacking kiss): **a smack on the cheek*** et smellkyss på kinnet;
3.: ***(fishing) smack*** fiskeskøyte;
4. *fig(=touch): **there's a smack of corruption about this affair*** denne affæren smaker av korrupsjon;
5. S*(=heroin)* heroin *n.*
II. smack *vb* **1***(=whack)* smekke; klaske;
2.: ***smack one's lips*** smatte med leppene;
3. *fig:* smake; ***smack of*** smake av.
III. smack *adv* **T***(=straight): **run smack into the door*** løpe rett på døren.
smacker [ˌsmækə] *s* **T***(=smacking kiss)* smellkyss.
I. small [smɔ:l] *s* **1.:** ***the small of the back*** korsryggen;
2.: ***smalls*** småvask; ***do the smalls*** ta småvasken.
II. small *adj* **1.** *om størrelse:* (forholdsvis) liten; små; ***small for one's age*** liten for alderen;
2. ubetydelig; liten; lite; ***a small amount of money*** et lite beløp; ***a small business*** en liten forretning; ***there are a few small points I'd like to discuss with you*** det er et par mindre ting jeg gjerne vil diskutere med deg;
3. *stivt: **it's small wonder that …**(=it's not surprising that …)* det er ikke til å undres over at …;
4.: ***work into the small hours*** arbeide til ut i de små timer; ***wake up in the small hours*** våkne ut på morgenkvisten;
5.: ***feel small*** føle seg liten;
6.: ***look small*** 1. se flau ut; se slukkøret ut; 2*(=feel small): **she made him look small*** hun fikk ham til å føle seg liten;
7.: ***in a small voice*** spakt; lavmælt;
8.: ***in a small way*** i beskjeden målestokk; ***celebrate sth in a small way*** feire noe i beskjeden målestokk.
small ad *(=classified advertisement)* rubrikkannonse.
small arms *pl; mil:* håndvåpen.
small beer 1. *glds(=weak beer)* svakt øl;
2. T: ubetydlig ting (,person); ***he's very small beer*** han er en liten fisk.
small-bore [ˌsmɔ:lˈbɔ:] *adj:* småkalibret *(fx gun).*
small capital *typ:* kapitél *n.*
small change skillemynt; småpenger.
small claims court *jur (court with jurisdiction to try civil actions involving small claims)* domstol for behandling av søksmål om småbeløp.
small craft småbåt(er); lystbåt(er).
small eater småtærende person; finspist person; ***be a small eater****(=eat like a bird)* være småtærende *(el.* finspist).
small fry *pl* **1***(=unimportant things)* småtterier *n;* **2***(= unimportant people)* folk *(n)* som ikke betyr noe.
small packet *post:* småpakke; ***printed papers and small packets*** trykksaker og småpakker.
small potatoes *pl* **US** *& Canada(=peanuts)* småtteri *n;* peanuts *(fx that's small potatoes these days).*
smallholder [ˌsmɔ:lˈhouldə] *s:* småbruker.
smallholding [ˌsmɔ:lˈhouldiŋ] *s:* småbruk *n.*
small intestine *anat:* tynntarm.
smallish [ˌsmɔ:liʃ] *adj* **1.** nokså liten; **2.** i minste laget.
small-minded [ˈsmɔ:lˌmaindid; *attributivt:* ˌsmɔ:lˈmaindid] *adj(=narrow-minded)* sneversynt; trangsynt.
smallness [ˌsmɔ:lnəs] *s:* litenhet.
smallpox [ˌsmɔ:lˈpɔks] *s; med.:* kopper.
small print *i kontrakt: **the small print*** det som står med fint trykk *(el.* små bokstaver).
small scale liten målestokk; ***on a small scale*** i liten målestokk.
small-(scale) businesses *(=small industrial concerns)* småindustri; småbedrifter.
small screen T *(=television): **on the small screen*** på fjernsynet.
small slam *kortsp:* lilleslem.
small talk småprat; ***make small talk*** småprate.
small-time [ˌsmɔ:lˈtaim] *adj: **small-time criminals*** småforbrytere.
smarmy [ˌsmɑ:mi] *adj; neds(=very slick)* meget glatt *(el.* sleip).
I. smart [smɑ:t] *s; også fig:* (sviende) smerte *(fx he could still feel the smart of her insult).*
II. smart *vb; også fig:* svi; ***it made his eyes smart*** det fikk det til å svi i øynene *(n)* hans; ***he's still smarting from your remarks*** bemerkningene dine svir fremdeles hos ham.
III. smart *adj* **1.** *o:n slag(=sharp)* sviende *(fx slap on the cheek);*
2*(=clever)* smart; ***it was a smart piece of work****(=it was cleverly done)* det var smart *(el.* fikst) gjort;
3*(=elegant)* smart; elegant;
4. *mht. sosial status:* fin *(fx smart Oxford circles); (jvf smart set);*
5. US: don't get smart with me!*(=I won't have any of your cheek!)* ikke vær frekk i kjeften overfor meg!
smart Alec, smart alec*(=wiseacre;* **T:** *know-all; cleverdick; clever Dick) neds:* bedreviter; viktigper.
smart-ass [ˌsmɑ:tˈæs] *s* **S***(=smart Alec)* bedreviter; viktigper.
smart card smartkort.
smarten [smɑ:tən] *vb: **smarten up*** pynte på *(fx a flat);* bli fiksere *(fx in appearance); **smarten oneself up**(= dress up)* pynte seg.
smartly [ˌsmɑ:tli] *adv* **1.** smart; fikst; ***he dresses smartly*** han er fiks i klærne; ***smartly dressed*** fiks i tøyet; **2***(= sharply)* skarpt *(fx be smartly rebuked for sth);*
3.: ***the soldiers stood smartly to attention*** soldatene stod stramt i giv akt.
smart set: *the smart set* de fine; fint folk; ***Oxford's smart set*** de fine i Oxford.
I. smash [smæʃ] *s* **1***(=crash)* brak *n;*
2*(=crash)* kollisjon;
3. T*(=strong blow)* drabelig slag *n;*
4. *tennis (hard downward shot)* smash.
II. smash *vb* **1***(=break)* gå i stykker *(fx the cup smashed into little pieces); **smash to smithereens**(=knock to bits)* slå til pinneved;
2.: ***he smashed his fist down on the table*** han slo neven i bordet med et brak;
3.: ***smash into****(=crash into)* kjøre rett inn i; ***smash one's way into a house*** slå seg inn i et hus;
4.: ***smash (up)*** 1*(=break)* slå i stykker *n;* knuse *(fx windows);* 2*(=ruin): **he smashed up his car*** han ødela bilen sin.
III. smash *adv:* med et brak *n (fx the car went smash into a wall).*
smash-and-grab robbery [ˈsmæʃənˌgræbˈrɔbəri] *s:* tyveri *(n)* med ruteknusing; **S:** sjokkbrekk.
smasher [ˌsmæʃə] *s* **T:** prakteksemplar *(fx his new car's a smasher! that girl's a smasher!).*
smash hit T: kjempesuksess; knallsuksess.
smashing [ˌsmæʃiŋ] *adj* **T***(=very good)* kjempefin; fantastisk; ***we had a smashing time*** vi hadde det kjempefint.
smash-up [ˌsmæʃˈʌp] *s* **T***(=collision)* voldsomt sammenstøt *(el.* kollisjon).
smattering [ˌsmætəriŋ] *s(=superficial knowledge): **he has a smattering of French*** han kan litt fransk.
I. smear [smiə] *s* **1.** *når noe er smurt utover:* flekk *(fx of paint); (jvf I. smudge);*
2. *med.:* utstryk *n; (jvf smear test);*
3*(=piece of slander)* bakvaskelse.
II. smear *vb* **1.** smøre; smøre utover; ***don't smear it all over*** ikke smør *(el.* klin) det utover; *(jvf II. smudge);* **2***(=slander)* bakvaske.
smear campaign bakvaskelseskampanje.
smear story ondsinnet sladderhistorie.
smear test *med.(=Pap smear)* utstryksprøve.

I. smell [smel] *s* **1.** lukt; ***it has a nice smell*** det lukter godt; ***a burnt smell*** 1. lukt av brent (*el.* svidd); *om mat:* ***it has a burnt smell*** det lukter brent (*el.* svidd); 2(*=a smell of burning)* brannlukt; ***the smell of burning*** brannlukten; lukten av brent; ***there's a smell of burning in here*** det lukter brent her inne; ***a heavy smell*** en gjennomtrengende lukt;
2.: ***sense of smell*** luktesans (*fx he has a good sense of smell).*
II. smell *vb(pret & perf.part.: smelt; smelled)* **1.** *også fig:* lukte (*fx I smell gas; he could smell danger);* lukte på (*fx smell it!);* ***smell good (,bad)*** lukte godt (,vondt); *fig:* ***it smells fishy*** det stinker (*el.* lukter) lange veier; ***smell at*** lukte (prøvende) på; snuse på; ***smell of*** lukte av; ***it smells stuffy in here****(=this place has a musty smell)* det lukter innestengt her;
2.: ***smell out*** 1. lukte seg frem til; snuse opp; 2.: ***that cheese is smelling the room out!*** det lukter i hele rommet av den osten!
3. *fig:* ***it smells to high heaven****(=it smells fishy)* det stinker (*el.* lukter) lange veier; *(se I. rat: smell a smell).*
smelly [ˌsmeli] *adj* **T:** illeluktende (*fx smelly fish);* ***that dog's rather smelly today*** det lukter ikke godt av den hunden i dag.
I. smelt [smelt] **1.** *s; zo(=sparling)* krøkle; blågjel; ***lesser silver smelt*** straumsild.
II. smelt *vb* **1.** *pret & perf.part. av II. smell;*
2. *min:* smelte (ut).
smew [smju:] *s; zo:* lappfiskand.
I. smile [smail] *s* **1.** smil *n;* ***she gave an amused smile*** hun smilte og lot til å more seg; ***it wasn't possible to coax a smile out of her*** det var umulig å lokke frem et smil hos henne;
2.: ***be all smiles*** være lutter smil *n;* smile fornøyd;
3. T: ***wipe the smile off sby's face*** frata en lysten til å smile.
II. smile *vb* **1.** smile (*at* til); ***she has little to smile about*** hun har ikke mye å smile av; ***smile broadly****(=widely)* smile bredt;
2. *litt.; fig:* ***smile on*** smile til (*fx fate smiled on us);*
3.: ***keep smiling!*** opp med humøret!
I. smirk [smə:k] *s:* selvtilfreds smil *n.*
II. smirk *vb:* smile selvtilfreds.
smite [smait] *vb(pret: smote; perf.part.: smitten) glds & spøkef:* ***his conscience smote him*** han fikk samvittighetsnag; *(se smitten).*
smithereens [ˈsmiðəˌri:nz] *s; pl:* ***smash to smithereens*** *(=knock to bits)* slå til pinneved.
smith [smiθ] *s:* smed.
smithy [ˌsmiθi] *s:* smie.
smitten [ˌsmitən] **1.** *perf.part. av smite;*
2. *glds & spøkef:* ***smitten with*** rammet av (*fx flu);* ***he seems to be strongly smitten with her****(=he seems to be very much in love with her)* han ser ut til å være svært betatt av henne.
smock [smɔk] *s:* kittel; arbeidskittel.
smog [smɔg] *s:* røykblandet tåke; smog.
I. smoke [smouk] *s* **1.** røyk; ***column of smoke*** røyksøyle; ***have a smoke*** få seg en røyk; ***curl****(=twist)* ***of smoke*** røykspiral; ***the fire gave off a great deal of smoke*** det var sterk røykutvikling; ***the firemen couldn't get into the house because of the heavy build-up of smoke*** brannfolkene kunne ikke komme inn i huset pga. den sterke røykutviklingen;
2. S: ***the Smoke*** London;
3.: ***go up in smoke*** 1. *også fig:* gå opp i røyk; 2. **T**(*= lose one's temper)* fly i flint.
II. smoke *vb* **1.** ryke;
2. røyke; ***he's smoking*** han (sitter (,står) og) røyker;
3. *fisk el. kjøtt:* røyke; ***smoked salmon*** røykelaks;
4.: ***smoke out*** røyke ut.
smoke abatement bekjempelse av røykplagen; *(se smoke nuisance).*
smoke alarm *(=smoke detector)* røykvarsler.
smoke-blackened [ˌsmoukˈblækənd] *adj:* røyksvertet.
smoke emissison *(=production of smoke; build-up of smoke; the giving off of smoke)* røykutvikling.
smoke helmet røykdykkerhjelm; *(jvf breathing apparatus).*
smokehouse [ˌsmoukˈhaus] *s:* røykeri *n.*
smokeless [ˌsmoukləs] *adj:* røykfri; ***a smokeless environment at the place of work*** et røykefritt miljø på arbeidsplassen.
smoke nuisance røykplage; *(se smoke abatement).*
smoke poisoning *med.(=asphyxia)* røykforgiftning.
smokeproof [ˌsmoukˈpru:f] *adj(=smoketight)* røyktett.
smoker [ˌsmoukə] *s* **1.** røyker; ***heavy smoker*** storrøyker;
2. røykekupé;
3.: ***smokers and non-smokers*** 1. røykere og ikkerøykere; 2. kupéer for røykere og kupéer for ikkerøykere.
smokescreen [ˌsmoukˈskri:n] *s; også fig:* røykteppe.
smokestack [ˌsmoukˈstæk] *s:* skorstein; fabrikkpipe.
I. smoking [ˌsmoukiŋ] *s* **1.** ryking; **2.** røyking; ***no smoking*** røyking forbudt.
II. smoking *adj:* rykende; osende.
smoking and health røyking og helse; ***Action on Smoking and Health****(fk ASH* [ˌæʃ]*)* antirøykekampanje; ***the Independent Scientific Committee on Smoking and Health*** *svarer til:* Statens tobakkskaderåd.
smoking compartment *jernb(=smoker)* røykekupé.
smoking-related [ˌsmoukiŋriˈleitid] *adj:* som har sammenheng med røyking (*fx disease).*
smoky [ˌsmouki] *adj:* røykfylt.
smoky blue røykblå.
smoky quartz *min(=cairngorm)* røykkrystall.
smolder US: *se smoulder.*
smolt [smoult] *s; zo:* unglaks; *(jvf grilse & parr).*
smooch [smu:tʃ] *vb* **T**(*=kiss and cuddle)* kysse og kline.
smooching corner kosekrok.
I. smooth [smu:ð] *vb* **1.** glatte; ***smooth the creases out*** glatte ut foldene; ***smooth back one's hair*** glatte på håret;
2. *fig:* ***smooth the path****(=way)* ***for*** bane jevne veien for;
3. *fig:* ***smooth away difficulties*** rydde vanskeligheter av veien;
4.: ***smooth down*** 1. glatte (på); 2. berolige;
5. *fig:* ***smooth****(=gloss)* ***things over*** glatte over det hele.
II. smooth *adj* **1.** glatt (*fx skin);* jevn (*fx road);* **2.** *fig(= slick)* glatt (*fx salesman);*
3. *om bevegelse:* ***the car came to a smooth halt*** bilen stoppet mykt;
4. *fig:* jevn (*fx routine);*
5. problemfri; ***did you have a smooth flight from Nairobi?*** hadde du en fin flytur fra Nairobi? ***take the rough with the smooth*** ta det onde med det gode; ***the work made smooth progress*** arbeidet gikk jevnt og glatt fra hånden.
smoothbore [ˌsmu:ðˈbɔ:] *adj; om våpen:* glattløpet.
smooth hound *zo(=smooth dogfish)* glatthai.
smoothing plane *tøm:* pusshøvel; glatthøvel; slettøvel.
smoothly [smu:ðli] *adv; også fig:* glatt; ***it went (off) smoothly***det gikk glatt; ***things didn't go so smoothly*** så glatt gikk det ikke.
smoothness [ˌsmu:ðnəs] *s; jvf smooth* **1.** *også fig:* glatthet; ***it has the smoothness of silk****(=it's as smooth as silk)* det er glatt som silke; det er silkeglatt;
2. jevnhet;
3. problemfrihet; *(se II. smooth 5).*
smooth-spoken [ˈsmu:ðˌspoukən; *attributivt:* ˌsmu:ðˈspouken] *adj; neds(=smooth-tongued; slick)* glatt.
smote [smout] *pret av smite.*
smother [ˌsmʌðə] *vb* **1.** kvele; kveles;

S

2. *fig(=suppress)* bekjempe; undertrykke; ***smother one's anger*** undertrykke sinnet sitt;
3*(=overwhelm)* overvelde; ***they smothered him with kisses*** de rundkysset ham.
smoulder *(*,**US:** *smolder)* [ˌsmouldə] *vb* **1***(=burn slowly)* ulme; **2.** *fig:* ***a smouldering look*** et glødende (*el.* brennende) blikk; **3.** *fig; litt.(=simmer)* ulme.
I. smudge [smʌdʒ] *s(=smear)* flekk (som er gnidd utover) *(fx there's a smudge of ink on your nose).*
II. smudge *vb:* gni utover; ***smudged fingerprints*** utviskede fingeravtrykk.
smug [smʌg] *adj:* selvtilfreds; selvgod; **T:** ***he's aggravatingly smug*** han er utålelig selvgod.
smuggle [smʌgl] *vb:* smugle.
smuggler [ˌsmʌglə] *s:* smugler.
smugness [ˌsmʌgnəs] *s:* selvtilfredshet; selvgodhet.
smut [smʌt] *s* **1.:** ***smut of soot*** (liten) sotflekk;
2. usømmelig (*el.* skittent) språk; porno(grafi); ***talk smut*** fortelle skitne historier;
3. *sykdom i korn:* brann.
smutty [ˌsmʌti] *adj* **1.** sotete; **2***(=indecent)* usømmelig; vulgær; ***tell smutty stories*** fortelle skitne historier.
snack [snæk] *s* **1.** matbit; lite måltid; **2.:** ***snacks*** knask *n;* smågodt *n;* ***snacks of the chip-and-dip variety*** knask bestående av potetgull som dyppes i noe.
snack bar snackbar.
snack lunch liten lunsj.
I. snaffle [snæfl] *s; for hest(=snaffle bit)* munnbitt.
II. snaffle *vb* **T***(=pinch; swipe)* rappe.
I. snag [snæg] *s* **1***(=sharp point)* spiss; tagg; (avrevet) grenstump;
2*(=drawback; difficulty)* vanskelighet; ulempe; ***run into a snag*** støte på en vanskelighet; ***the snag about it is that*** ulempen (*el.* haken) ved det er at;
3. *i plagg(=tear; rip)* rift *n.*
II. snag *vb* **1.** bli hengende fast; få revet opp *(fx she snagged(=tore) her tights on the barbed wire);*
2. US*(=grab):* ***snag a taxi*** gripe tak i en drosje.
snail [sneil] *s* **1.** *zo:* snegl(e) (med hus *(n)*); ***edible snail*** vinbergsnegl; **2.:** ***at a snail's pace*** i sneglefart.
I. snake [sneik] *s; zo:* slange; ***ringed snake*** bueorm.
II. snake *vb; litt.(=wriggle)* sno seg; bukte seg.
snake charmer slangetemmer.
I. snap [snæp] *s* **1.** glefs *n;*
2. *om plutselig lyd:* smell *n;* ***a snap of the fingers*** et knips med fingrene; *(se 6: snap one's fingers);*
3*(=snapshot; photo)* bilde *n;* foto *n;*
4*(=snap fastener; press stud)* trykknapp; *på armbånd, håndveske, etc:* trykklås; ***magnet snap****(=snap fastener)* sneppert;
5*(=spell):* ***a cold snap*** en kuldeperiode;
6. tynn, sprø kake; flarn; *(jvf butterscotch snaps; gingersnap).*
II. snap *vb* *1.* glefse (*at* etter); snappe (*at* etter);
2. *fig:* bite; ***snap at*** bjeffe til; ***he snaped out a command*** han bjeffet en ordre;
3. knekke *(fx a branch);*
4. *fig:* briste *(fx her patience snapped);* ***he may snap****(=break down)* ***at any minute*** han kan bryte sammen når som helst;
5*(=take a photograph of)* ta et bilde av; knipse;
6. smelle med; ***snap the whip*** smelle med pisken; ***snap****(*,**US:** *snip)* ***one's fingers*** knipse med fingrene (*at* til);
7.: ***snap shut*** smekke igjen *(fx a lid);* ***snap sth into place*** smekke noe på plass;
8. *fig:* ***snap out of it*** riste av seg det dårlige humøret; ta seg sammen;
9. *mil:* ***snap to attention*** smelle hælene sammen og stille seg i givakt;
10.: ***snap up****(=grab eagerly)* snappe; gripe begjærlig.
III. snap *adj:* overilt; rask; ***make snap decisions*** ta raske beslutninger.
snap bean *bot* **US***(=green bean)* grønn bønne.
snapdragon [ˌsnæp'drægən] *s; bot:* prydløvemunn.
snap fastener **1.** *især* **US***(=press stud)* trykknapp; *på armbånd, etc:* trykklås; **2***(=magnet snap)* sneppert.
snapping beetle *zo(=click beetle)* smeller.
snappish [ˌsnæpiʃ] *adj* **1***(=snappy)* som glefser; bisk;
2. *fig(=snappy; irritable)* irritabel; kort for hodet; bisk.
snappy [ˌsnæpi] *adj* **1.:** *se snappish 1;*
2.: *se snappish 2;*
3. T*(=quick)* rask *(fx make it snappy!); (=alert)* kvikk; våken;
4. T: ***he's a snappy dresser****(=he dresses smartly)* han er fiks i klærne.
snapshot [ˌsnæp'ʃɔt] *s: se I. snap 3.*
I. snare [snɛə] *s:* snare.
II. snare *vb:* fange i snare *(fx a rabbit).*
snare drum *mus(=side drum)* skarptromme.
I. snarl [snɑ:l] *s* **1.** snerring; **2. T***(=tangle)* floke; vase.
II. snarl *vb* **1.** snerre; **2. T:** ***snarl up the machinery*** lage ugreie i maskineriet.
snarl-up [ˌsnɑ:l'ʌp] *s* **T** *1.* floke; full forvirring; **2***(=traffic jam)* trafikkork.
I. snatch [snætʃ] *s* **1.** bruddstykke; stump; ***overhear a snatch of conversation between them*** høre et bruddstykke av en samtale dem imellom; ***he caught snatches of sleep*** han fikk sove korte stunder innimellom;
2.: ***make a snatch at****(=grab at)* gripe etter.
II. snatch *vb* **1***(=grab suddenly)* snappe *(fx the lead);* ***snatch it away*** snappe det unna; ***snatch it away from sby*** snappe det vekk fra en;
2. *fig:* snappe; lure seg til *(fx a quick glance at sth);* **T:** ***he snatched a kiss*** han stjal et kyss;
3.: ***snatch at an opportunity****(=seize an opportunity)* gripe en anledning.
snatchy [ˌsnætʃi] *adj:* støtvis; rykkevis; avbrutt *(fx conversation).*
snazzy [ˌsnæzi] *adj; især om klær* **T***(=smart)* fiks.
I. sneak [sni:k] *s* **1.** snik; **2. T***(=telltale)* sladderhank.
II. sneak *vb* **1.** snike (seg); ***sneak up on sby*** snike seg innpå en; **2. T***(=tell on)* sladre på; **3.** snike seg til.
sneakers [ˌsni:kəz] *s; pl* **US***(=plimsolls; gym shoes)* joggesko.
sneaking *adj:* snikende; ***she had a sneaking admiration for his courage*** hun beundret i hemmelighet motet hans.
sneak preview *film:* forpremière.
sneaky [ˌsni:ki] *adj:* luskete; snikete.
I. sneer [sniə] *s:* hånlig flir *n.*
II. sneer *vb* **1.** flire hånlig; **2.:** ***sneer at*** ironisere over.
sneering [ˌsniəriŋ] *adj(=scornful)* hånlig *(fx comment).*
I. sneeze [sni:z] *s:* nys *n;* ***give a loud sneeze*** nyse plutselig.
II. sneeze *vb* **1.** nyse; **2. T:** ***not to be sneezeed at*** ikke å forakte; ***I wouldn't sneeze at the opportunity of working abroad*** jeg ville ikke si nei til en mulighet for arbeid *(n)* utenlands.
snicker [ˌsnikə] *vb; neds* **T***(=giggle)* flire; fnise.
snide [snaid] *adj(=sneering; insinuating)* hånlig; insinuerende *(fx remark).*
I. sniff [snif] *s* **1.** snufs *n;* **2.:** ***a good sniff of sea air*** en god porsjon sjøluft.
II. sniff *vb* **1.** snufse; **2.:** ***sniff at*** snuse på;
3.: ***not to be sniffed at:*** *se II. sneeze 2;*
4. T: ***sniff out****(=discover)* snuse opp *(fx the cause of the trouble).*
sniffer dog *(=detector dog)* narkotikahund.
sniffle [snifl] *se sniff.*
snigger [ˌsnigə] *se snicker.*
I. snip [snip] *s* **1.** *med saks(=cut)* klipp *n;*
2. avklipt stykke *n;*
3. T*(=bargain):* ***it's a snip at £10*** det er billig til £10.
II. snip *vb* **1.** *med saks:* klippe av; **2. US***(=snap):* ***snip one's fingers*** (*at* til).

I. snipe [snaip] *s* **1.** *zo:* ***common snipe*** enkeltbekkasin; ***great snipe*** dobbeltbekkasin; **2.** *mil:* skudd *(n)* fra snikskytter (*el.* skarpskytter).
II. snipe *vb:* snikskyte; ***snipe at****(=shoot at)* skyte på; *fig:* ***be snipeed at*** være skyteskive.
sniper [ˌsnaipə] *s; mil:* skarpskytter; snikskytter.
snippet [ˌsnipit] *s; av nyheter el. sladder:* bit; bruddstykke *(fx snippets of news).*
snips [snips] *s; pl:* ***tinman's snips****(=tin shears)* blikksaks.
snitch [snitʃ] *vb* **T***(=pinch)* rappe; kvarte.
I. snivel [snivl] *s; stivt(=snivelling)* snufsing; klynking; sutring.
II. snivel *vb:* snufse; klynke; sutre.
snob [snɔb] snobb; ***he's an inverted snob****(=he's a snob in an inverted (sort of) way)* han er omvendt snobbete.
snobbery [ˌsnɔbəri] *s:* snobberi *n;* ***inverted snobbery*** omvendt snobberi.
snobbish [ˌsnɔbiʃ] *adj:* snobbete.
snob value statusverdi; ***it has acquired a snob value*** det er gått snobberi *(n)* i det; det har fått statusverdi.
I. snog [snɔg] *s* **T:** klining.
II. snog *vb* **T***(=neck)* kjæle; **T:** kline (*with* med); ***a lot of snogging went on*** det var mye klining.
snook [snu:k] *s; lett glds:* ***cock a snook at****(=thumb one's nose at)* peke nese av.
snooker [ˌsnu:kə] *s; slags biljard:* snooker.
snoop [snu:p] *vb; neds:* spionere; ***snoop into other people's business*** snuse i andre folks *(n)* affærer.
snooper [ˌsnu:pə] *s:* snushane; **T:** dyneløfter.
snooping [ˌsnu:piŋ] *s; neds:* spionering; snusing; **T:** dyneløfting.
snoot [snu:t] *s* **S***(=nose)* snute.
snooty [ˌsnu:ti] *adj* **T***(=arrogant)* storsnutet; **T:** høy på pæra.
I. snooze [snu:z] *s* **T:** blund; lur; ***have a snooze for half an hour*** blunde en halv time.
II. snooze *vb* **T:** blunde; få seg en blund (*el.* lur); småsove *(fx he was snoozing in an armchair).*
I. snore [snɔ:] *s:* snork *n.*
II. snore *vb:* snorke.
snorkel [snɔ:kl] *s:* snorkel.
I. snort [snɔ:t] *s:* snøft *n; om dyr:* prust *n.*
II. snort *vb* **1.** snøfte; *om dyr:* pruste;
2. *fig:* ***snort at*** blåse (foraktelig) av;
3. S: sniffe kokain.
snorter [ˌsnɔ:tə] *s* **1.** person som snorker; **2. T:** noe som er fantastisk (imponerende, vanskelig, etc).
snot [snɔt] *s:* snørr.
snotty [ˌsnɔti] *adj:* snørrete *(fx nose).*
snout [snaut] *s; zo:* snute.
I. snow [snou] *s* **1.** snø; ***wet snow*** 1. våt snø; 2*(=sticky snow)* kladdeføre; ***drifting snow*** snødrev; ***heavily falling snow****(=heavy snowfall)* snøkav;
2. S*(=cocaine crystals)* snø;
3. *ordspråk:* ***where's the snow of yesteryear?*** hvor er snøen som falt i fjor?
II. snow *vb* **1.** snø; ***the road was snowed up****(=the road was snowbound)* veien var nedsnødd; **2.** *fig:* ***snowed under with work*** neddynget i arbeid *n.*
I. snowball [ˌsnou'bɔ:l] *s:* snøball; ***get bigger like a snowball*** vokse som en snøball.
II. snowball *vb* **1.** kaste snøball(er) på; **2.** *fig; om problem, prosjekt, etc:* vokse som en snøball.
snow-blind [ˌsnou'blaind] *adj:* snøblind.
snow-blindness [ˌsnou'blaindnəs] *s:* snøblindhet.
snow blower *(=(rotary) snow cutter)* snøfreser.
snowboard [ˌsnou'bɔ:d] *s:* snøbrett.
snowbound [ˌsnou'baund] *adj:* tilføket (av snø); igjenføket; nedsnødd; ***be snowbound*** være innesnødd; ***the road is snowbound****(=snowed up)* veien er nedsnødd.
snow-capped [ˌsnou'kæpt] *adj; om fjelltopp:* snødekt.
snow clearing snøbrøyting; snørydding.
snow-covered [ˌsnou'kʌvəd] *adj:* snødekt.
(snow)crust [ˌsnou'krʌst] *s:* skare; *(jvf wind crust & wind slab).*
snowdrift [ˌsnou'drift] *s:* snødrive.
snowdrop [ˌsnou'drɔp] *s; bot:* snøklokke.
snowdrop anemone *bot:* skogsymre.
snowfall [ˌsnou'fɔ:l] *s(=fall of snow)* snøfall; ***heavy snowfall*** snøkav; ***a terribly heavy snowfall*** et forferdelig snøkav.
snow fence snøskjerm.
snowfield [ˌsnou'fi:ld] *s:* snøbre.
snowflake [ˌsnou'fleik] *s:* snøfloke; ***(tiny) snowflake*** snøfnugg.
snow goggles *pl:* snøbriller.
snow-grooming machine *(=track setter;* **US** *& Canada: trail setter);* snøprepareringsmaskin; løype(preparerings)maskin.
snowless [ˌsnouləs] *adj:* snøbar.
snow line snøgrense.
snowman [ˌsnou'mæn] *s:* snømann; ***the abominable snowman****(,* **US:** *Bigfoot)* den avskyelige snømannen.
snowpack [ˌsnou'pæk] *s:* hardpakket, tung snø.
I. snowplough *(,***US:** *snowplow)* [ˌsnou'plau] *s:* snøplog.
II. snowplough *vb; ski(=plough with one's skis)* ploge.
snowplough turn *ski:* plogsving.
snowscape [ˌsnou'skeip] *s:* snølandskap.
snowshoe [ˌsnou'ʃu:] *s:* truge.
snow shovel snøskuffe.
snowslide [ˌsnou'slaid] *s:* snøras; *(jvf avalanche).*
snowslip [ˌsnou'slip] *s:* mindre snøras.
snowsport [ˌsnou'spɔ:t] *s:* snøidrett.
snowstorm [ˌsnou'stɔ:m] *s(=blizzard)* snøstorm.
snowsuit [ˌsnou'su:t] *s* **US***(=combination suit)* kjeledress (for barn); *(jvf boiler suit).*
snow tyre vinterdekk.
snow-white ['snouˌwait; *attributivt:* ˌsnou'wait] *adj:* snøhvit.
snowy [ˌsnoui] *adj 1.* snødekt; snø-; ***a really snowy winter*** en riktig snøvinter;
2. *litt.(=snow-white)* snøhvit.
I. snub [snʌb] *s(=slight; insult)* fornærmelse.
II. snub *vb* **1***(=slight; insult)* fornærme;
2. avbryte skarpt *(fx she snubbed him rudely).*
III. snub *adj; om nese:* oppstopper.
snub nose oppstoppernese.
I. snuff [snʌf] *s* **1.** *utbrent del av veke:* (lyse)tanne;
2. snus(tobakk);
3. T: ***he's up to snuff****(=he's no fool)* han er ikke tapt bak en låvedør.
II. snuff *vb* **1***(=put out)* slukke *(fx a candle);*
2. *om dyr(=sniff)* snuse;
3. S: ***snuff it****(=die)* vandre heden;
4.: ***snuff out*** 1*(=put out)* slukke *(fx the candle);* 2. *fig:* blåse ut *(fx a life);* 3*(=put an end to)* gjøre slutt på.
snuffer [ˌsnʌfə] *s* **1.** en som bruker snus; **2.:** ***snuffers*** lysesaks.
I. snuffle [snʌfl] *s* **T***(=loud sniff)* snufs *n;* snøft *n.*
II. snuffle *vb* **1. T***(=sniff noisily)* snufse; **2***(=speak through one's nose)* snøvle.
snuffles [snʌflz] *s; pl* **T:** ***he's got the snuffles****(=he's stuffed up)* han snakker (som om han er helt tett) i nesen.
snug [snʌg] *adj* **1.** koselig; hyggelig *(fx room)*; lun; ***be snug in bed*** ligge i sin lune seng; ***be (as) snug as a bug in a rug*** ha det som lusa i en skinnfell;
2*(=tight-fitting)* ettersittende *(fx the jacket is a nice snug fit);*
3. trygg *(fx hideout);*
4. *om inntekt(=comfortable)* pen.
snuggle [snʌgl] *vb* **T** *1.:* ***snuggle one's head into the pillows*** bore hodet (godt) ned i putene;
2.: ***snuggle up****(=nestle down; curl up)* legge seg godt til rette; krølle seg sammen;
3.: ***snuggle up to****(=nestle up to; cuddle up to; curl up*

to) smyge seg inntil.
so [sou] *adv & konj* **1.** så *(fx it was so dark that we couldn't see);* ***he isn't so much ill as depressed****(=he's depressed rather than ill)* det er ikke så meget det at han er syk, som at han er deprimert; *stivt:* ***would you be so good as to …?****(=please would you …? would you please …?)* kunne De (,du) være så snill å …? ***he left without so much as a goodbye****(=he left without even a goodbye)* han gikk (,dro) uten så meget som å si adjø; ***I can only do so much a day*** jeg kan bare gjøre et visst kvantum pr. dag;
2*(=very)* så *(fx we're so pleased to see you! everything has gone so well!);* **T:** ***he's ever so nice!****(=he's very nice!)* han er veldig grei (*el.* så grei som bare det)!
3. *predikativt som objekt:* ***I hope (,think) so*** jeg håper (,tror) det; ***he hasn't yet done so*** han har ikke gjort det ennå; ***I should hope so!*** det håper jeg da virkelig!
4*(=true):* ***is that so?*** stemmer det? er det sant? ***it can't be so!*** det kan ikke stemme;
5*(=indeed; most certainly)* også; dets *(fx I hope to win and so I shall!);*
6*(=therefore; consequently)* derfor; følgelig;
7. det samme *(fx she has a lot of money, and so has her husband);* det også *(fx "I hope we'll meet again!" – "So do I!");* ***he worked hard, and so did she*** han arbeidet hardt, og det samme gjorde hun;
8. altså; så *(fx so you think you'll like this job, then?);*
9. slik; på en slik måte *(fx it's so written that a child could understand it);* ***yes, so it seems*** ja, slik ser det ut; ***it so happens that …*** det faller seg slik at …;
10. T*(=so that)* slik at *(fx be quiet so he can sleep);*
11.: ***or so*** eller så *(fx a week or so);* ***during the last 25 or so years*** de siste 25 årene eller så;
12.: ***and so on****(=and so forth)* og så videre;
13.: ***just so****(=quite so)* nettopp *(fx "We can't expect any results till Friday." – "Just so.");*
14.: ***so as to*** 1*(=to; stivt: in order to)* for å *(fx he sat at the front so as to be able to hear);* 2. på en slik måte at; slik at *(fx try not to make a noise so as to upset your father again);*
15.: ***so as not to****(=not to; stivt: in order not to)* slik at … ikke *(fx he listened carefully so as not to miss anything that was said);* ***we hurried so as not to be late****(=we hurried so we wouldn't be late)* vi fortet oss, slik at vi ikke skulle komme for sent;
16.: ***so that*** 1*(=in order that)* slik at; 2*(=with the result that)* slik at; med det resultat at;
17.: ***so far*** så langt; ***so far, so good*** så langt er alt bra *(fx So far, so good – we've checked the equipment and everything appears to be in good order);*
18. T: ***so what?****(=does it really matter?)* (ja,) hva så?
19.: ***so to speak****(=as it were)* så å si; *(se for øvrig far 3: so so; II. if 9: so so; much 22: so so).*
I. soak [souk] *s:* ***put sth in soak*** legge noe i bløt.
II. soak *vb* **1.** bløte opp *(fx bread in milk);*
2. ligge i bløt; legge i bløt; la ligge i bløt;
3. gjøre gjennomvåt;
4.: ***soak in, soak into*** trekke seg inn (i);
5. *om flekk:* ***soak out*** fjerne ved å la ligge i bløt;
6.: ***soak through*** sive (*el.* trekke) gjennom;
7.: ***soak up*** suge opp *(fx use blotting paper to soak(= suck) up the ink; he soaks up information);* ***soak up the sun(shine)*** slikke sol.
soakage [ˌsoukidʒ] *s:* utbløting.
soaking [ˌsoukiŋ] *s:* ufrivillig bad *n.*
soaking rain regnbløyte.
soaking (wet) *adj:* gjennomvåt.
So-and-so [ˌsouənˈsou]: ***Miss So-and-so*** frk NN.
I. soap [soup] *s:* såpe; ***toilet soap*** håndsåpe; toalettsåpe.
II. soap *vb:* såpe inn *(fx she soaped the baby all over).*
soapbox [ˌsoupˈbɔks] *s* **1.** såpekasse; **2.** improvisert talerstol.
soap bubble såpeboble.
soap dish såpeskål.
soap flakes *pl:* såpespon.
soap powder såpepulver.
soapsuds [ˌsoupˈsʌdz] *s; pl(=soapy water)* såpevann.
soapy [ˌsoupi] **1.** som det er såpe på *(fx soapy hands);* såpe- *(fx water);*
2*(=like soap)* såpeaktig; som såpe;
3*(=overpolite)* overhøflig.
soar [sɔ:] *vb* **1.** sveve (høyt); **2.** *fig:* stige *(fx his voice soared easily to the top notes);* **3.** *om priser(=shoot up)* fare (*el.* skyte) i været.
soaring [ˌsɔ:riŋ] *adj* **1.** *fig(=high-flying)* høytflyvende *(fx ideas; plans);* **2.** stadig stigende *(fx popularity);* skyhøy *(fx prices).*
I. sob [sɔb] *s:* hulk *n;* ***give a sob*** hulke.
II. sob *vb:* hulke; ***sob one's heart out****(=sob bitterly)* hulke hjerteskjærende.
I. sober [ˌsoubə] *adj* **1.** edru; ***sober as a judge****(=stone -cold sober)* klinkende edru;
2. nøktern; ***his account of the accident was factual and sober*** hans redegjørelse for ulykken var saklig og nøktern; ***on sober reflection*** når man tenker nøkternt; ***a sober attitude to the problem*** en nøktern holdning til problemet.
II. sober *vb:* ***sober up*** 1. bli edru; 2. gjøre edru.
sobering *adj:* ***it had a sobering effect on him*** det fikk ham til å besinne seg.
sober-minded [ˈsoubəˌmaindid; *attributivt:* ˌsoubə ˈmaindid] *adj:* sindig; nøktern.
sober-mindedness [ˈsoubəˌmaindidnəs] *s:* (be)sindighet; nøkternhet; ro.
sobriety [souˌbraiəti] *s* **1***(=realistic outlook)* nøkternhet; **2***(=temperance)* edruelighet; edruskap.
sobriquet, soubriquet [ˌsoubriˈkei] *s; stivt & spøkef(= nickname)* tilnavn.
sob story *neds:* rørende historie.
so-called [ˌsouˈkɔ:ld] *adj; neds:* såkalt *(fx your so -called friends have gone without you!).*
soccer [ˌsɔkə] *s (fk f Association football)* fotball.
soccer practice fotballtrening; ***I go to soccer practice every Monday*** jeg går på fotballtrening hver mandag.
sociability [ˈsouʃəˌbiliti] omgjengelighet.
sociable [ˌsouʃəbl] *adj:* omgjengelig; som liker selskap *n;* selskapelig; ***I'll have one drink, just to be sociable*** jeg skal ta én drink for selskaps skyld; ***it was considered sociable to smoke*** det ble regnet som selskapelig å røyke; ***I don't feel very sociable tonight*** jeg er ikke videre selskapelig innstilt i kveld; ***our new neighbours haven't been very sociable to us*** våre nye naboer har ikke vært videre hyggelige mot oss.
I. social [ˌsouʃəl] *s* **T***(=social gathering)* selskapelig samvær *n;* ***church social*** kirkesammenkomst.
II. social *adj* **1.** sosial;
2. samfunnsmessig; samfunns-; ***social considerations*** samfunnsmessige hensyn *n;*
3. selskaps- *(fx life);* ***his reasons for calling were purely social*** han kom bare innom for å prate.
social and economic *adj(,faglig: socioeconomic)* sosialøkonomisk; sosioøkonomisk; samfunnsøkonomisk.
social anthropologist sosialantropolog.
social anthropology sosialantropologi.
social asset *(=public asset)* samfunnsgode.
social awareness samfunnsbevissthet; *(jvf socially aware).*
social benefits *pl:* sosiale ytelser; trygdeytelser; *(jvf social security benefit).*
social client *(=benefit claimant)* sosialklient.
social climber sosial streber.
social democracy *polit:* sosialdemokrati.
social democratic *polit:* sosialdemokratisk.
social deprivation sosial nød.
social education *skolev:* sosialpedagogikk.
social evening *(=social gathering)* selskapelig samvær *n;* hyggeaften.

social feelers *pl:* sosiale antenner; ***he's totally lacking in social feelers*** han mangler helt sosiale antenner.

social gossip sosietetssladder.

social graces *pl:* evne til å føre seg i selskapslivet.

social inequality sosiale misforhold.

social injustice sosial urettferdighet.

social intercourse *stivt(=socializing)* sosialt samkvem *n;* selskapelig omgang.

socialism [ˌsouʃəˈlizəm] *s; polit:* sosialisme.

socialist [ˌsouʃəlist] **1.** *s:* sosialist; **2.** *adj:* sosialistisk *(fx a socialist state).*

socialite [ˌsouʃəˈlait] *s:* fremtredende person i selskapslivet; person som omgås sosieteten.

socialize, socialise [ˌsouʃəˈlaiz] *vb* **1.** sosialisere *(fx industry);*

2. *ofte spøkef:* blande seg med de andre gjestene; *(jvf circulate 3);*

3.: ***socialize with****(=meet socially)* omgås; ha omgang med *(fx one's students).*

socialized medicine **US***(=publicly provided medical care)* offentlig helsevesen; *(jvf social medicine).*

socializing, socialising [ˌsouʃəˈlaiziŋ] *s* **1.** sosialisering; **2.** *ofte spøkef:* det å blande seg med de øvrige gjestene; **3.** det å delta i selskapslivet.

social ladder *(=social scale)* sosial rangstige; samfunnsstige; ***climb to the top of the social ladder*** klatre til topps på samfunnsstigen; ***high on the social ladder*** høyt på samfunnsstigen.

social levelling sosial utjevning.

social life 1 *(=community life)* samfunnsliv;

2. selskapsliv; ***have a full social life*** utfolde seg i selskapslivet.

socially [ˌsouʃəli] *adv:* sosialt; ***we don't meet socially*** *(=in private life)* vi omgås ikke privat; ***mix socially*** delta i selskapslivet; ***used to mixing socially*** selskapsvant.

socially aware *adj(=socially conscious)* samfunnsbevisst; *(jvf. social awareness).*

socially deprived *adj:* ressurssvak; ***socially deprived children****(=children from deprived backgrounds)* ressurssvake barn.

social medicine sosialmedisin; *(jvf socialized medicine).*

social order samfunnsorden; ***the established social order****(=the established order)* den etablerte samfunnsorden.

social policy sosialpolitikk.

social position sosial stilling.

social presence: ***a person of good social presence*** en representativ person.

social pressures *pl:* sosialt press *n.*

social scale *(=social ladder)* sosial rangstige.

social science samfunnsvitenskap.

social science research samfunnsforskning.

social scientist samfunnsviter.

social security (sosial)trygd; trygdeytelser; *(jvf National Insurance);* ***live on social security*** leve på sosialtrygd; ***improve social security*** forbedre de sosiale ytelser; ***the Department of Health and Social Security****(,***T:** *the Health Department;* **US:** *the Health Department)* sosialdepartementet.

social security benefit *om beløpet:* sosialtrygd; *(jvf social benefits & unemployment benefit).*

social security office trygdekontor; sosialsentral.

social security system trygdesystem.

social services *pl:* sosialtjeneste; sosialomsorg; *i kommune:* ***director of social services*** sosialsjef; ***Secretary of State for Social Services****(,***T:** *Social Services Secretary)* sosialminister; ***abuse of social services*** trygdemisbruk; ***abuser of social services*** trygdemisbruker.

social services director *i kommune(=director of social services)* sosialsjef.

social services sector: ***in the social services sector*** på sosialsektoren.

social skills *pl:* evne til å leve i samfunn med andre.

social studies *skolev:* samfunnsfag; ***college of social studies*** sosialhøyskole.

social success: ***she's a social success*** hun er vellykket i selskapslivet.

social worker 1 *(=social case worker)* sosialarbeider;

2.: ***college-trained social worker*** *kan gjengis:* sosionom.

social wrongs *pl:* sosiale misforhold; sosial urettferdighet.

society [səˌsaiəti] *s* **1.** samfunn *n;* **US:** ***the society*** *(= society)* samfunnet; ***demands of society*** samfunnets krav; ***be reabsorbed in society*** bli opptatt i samfunnet igjen; ***useful to society*** samfunnsnyttig; **2***(=association)* forening; *(se choral society);*

3. selskapslivet; ***introduce sby into society*** føre en inn i selskapslivet;

4.: ***high society*** sosietet(en); ***move in high society*** omgås sosieteten.

socioeconomic [ˈsousiouˈi:kəˌnɔmik] *adj(=social and economic)* sosioøkonomisk; sosialøkonomisk.

sociological [ˈsousiəˌlɔdʒikl] *adj:* sosiologisk.

sociologist [ˈsousiˌɔlədʒist] *s:* sosiolog.

sociology [ˈsousiˌɔlədʒi] *s:* sosiologi.

I. sock [sɔk] *s* **1.** (halv)strømpe; sokk; ***knee socks*** knestrømper;

2. T: ***pull one's socks up****(=pull up one's socks; pull oneself together)* ta seg sammen;

3. S: ***put a sock in it!****(=shut up!)* hold kjeft!

4. T*(=blow)* slag *n;* ***a hard sock*** et kraftig rapp.

II. sock *vb* **T***(=hit)* slå til; dra til.

socket [ˌsɔkit] *s* **1.** *anat:* leddskål; ***hip socket*** hofteskål;

2. *tekn:* fatning; ***hose socket*** slangesokkel; ***lamp socket*** lampeholder;

3. *elekt(=socket outlet)* stikkontakt.

socket set *(=set of sockets)* pipenøkkelsett.

socket spanner *(=box spanner; socket wrench)* pipenøkkel; toppnøkkel.

Socrates [ˌsɔkrəˈti:z] Sokrates.

I. sod [sɔd] *s* **1***(=turf)* gresstorv; gressmatte; ***cut****(=turn)* ***the first sod****(,***US:** *break the first ground)* ta det første spadestikk; **2. S***(=idiot)* idiot; *spøkef:* ***you lazy sod!*** din lathans!

II. sod *vb* **S***(=damn):* ***sod it!*** fa'en også! ***sod off!*** dra til helvete! ***sod you!*** fa'en ta deg!

soda [ˌsoudə] *s* **1.** *kjem:* soda; natron *n; til baking:* ***baking soda*** natron; ***bicarbonate of soda****(=sodium bicarbonate)* dobbeltkullsurt natron; sodapulver; ***caustic soda*** kaustisk soda;

2*(=soda water)* soda(vann); *(se ice-cream soda).*

soda fountain 1. *især* **US:** sodavannautomat;

2. US*(counter in drugstore or restaurant that serves drinks, ice cream, snacks, etc)* disk hvor det serveres drikkevarer, iskrem, lette måltider, etc; *kan ofte svare til:* snackbar.

soda lye *kjem(=solution of caustic soda)* natronlut.

soda pop US *(=(fizzy) lemonade)* brus.

soda water soda(vann).

sodden [ˌsɔdən] *adj* **1***(=soaked through)* gjennomvåt;

2*(=drunken):* ***a sodden type*** en fordrukken type.

sodium [ˌsoudiəm] *s; kjem:* natrium *n.*

sodium bicarbonate *kjem(=bicarbonate of soda)* dobbeltkullsurt natron; sodapulver.

sodium carbonate *kjem:* kullsurt natron; *(jvf soda: baking sodium carbonate).*

sodomite [ˌsɔdəˈmait] *s:* sodomitt.

sodomy [ˌsɔdəmi] *s:* sodomi.

sofa [ˌsoufə] *s:* sofa.

sofa bed *(=sofa sleeper; studio couch)* sovesofa.

soft [sɔft] *adj* **1.** bløt; myk; ***soft butter*** mykt smør;

2. *om drikk:* alkoholfri;

3. *om farge:* bløt; avdempet;

4. *om lyd:* dempet; lav; ***soft music*** dempet (*el.* intim) musikk; ***in a soft voice*** lavmælt; med dempet stemme;

5. *om lys:* dempet *(fx light);*
6. *om vann:* bløtt;
7. *stivt el. litt.:* bløt; myk; ***soft outlines*** myke konturer;
8. ettergivende (*with sby* overfor en); ***a soft line on welfare cheats*** en myk linje overfor dem som snyter på trygden;
9. **T***(=silly)* tåpelig *(fx don't be so soft – it won't hurt);* ***soft in the head*** sprø på nøtta; *(se soft spot).*

soft beer [ˌsɔft'biə] *s:* alkoholfritt øl.
soft-boil [ˌsɔft'bɔil] *vb:* bløtkoke *(fx an egg).*
soft-boiled *adj:* bløtkokt *(fx egg).*
soft-centred [ˌsɔft'sentəd] *adj; om sjokolade:* fylt.
soft copy *EDB; mots fast kopi:* skjermbilde.
soft drink [ˌsɔft'driŋk] *s:* alkoholfri drikk.
soften [sɔfn] *vb* **1.** gjøre bløt; *om smør:* gjøre mykt;
2. *lyd:* dempe;
3. *fig* **T:** ***soften up*** myke opp; gjøre mildere stemt.
softening-up ['sɔfniŋˌʌp] *s* **1.** bløtgjøring; **2.** *fig:* oppmykning; *(jvf limbering-up).*
soft fruit bærfrukt; bær *n;* ***soft and hard fruits*** bær og frukt; *(se woodland berries).*
softie [ˌsɔfti] *s(=softy)* **1.** godtroende tosk; **2.** pyse; bløtfisk.
softly [ˌsɔftli] *adv* **1.** bløtt; mykt *(fx her hair falls softly round her shoulders);* mildt; ***a softly blowing breeze*** en mild bris;
2. *om lyd:* lavt; ***play softly****(=play (quite) low)* spille lavt; ***walk softly*** gå stille; gå meget varsomt.
softly-softly [ˌsɔftliˌsɔftli] *adj:* forsiktig *(fx a softly -softly approach to the problem).*
soft option *(=easy alternative)* lettvint utvei (*el.* løsning); ***take the soft option*** velge en lettvint utvei (*el.* løsning) velge det letteste.
soft pedal [ˌsɔft'pedl] *s; mus:* pianopedal; demperpedal.
soft-pedal ['sɔftˌpedl] *vb* **1.** *mus:* spille med pianopedal; **2.** *fig:* gå varsomt frem; gå stille i dørene (når det gjelder *el.* mht.); tone ned *(fx an issue).*
soft roe *zo; i fisk:* melke.
soft sell stille salg; myk salgstaktikk; *(jvf hard sell).*
soft shoulder *langs vei(=soft verge)* bløt (vei)rabatt.
soft soap **1.** grønnsåpe; **2.** **T***(=flattery)* smiger.
soft-soap [ˌsɔft'soup] *vb:* smiske for *(fx sby).*
soft-spoken ['sɔftˌspoukən]; *attributivt:* ˌsɔft'spoukən] *adj:* som har en mild røst; mild.
soft spot: ***have a soft spot spot for****(=have a weakness for)* være svak for.
soft touch *(=easy game; easy mark) om person* **T:** lettlurt type.
software [ˌsɔft'wɛə] *s; EDB:* programvare; ***application software*** brukerprogramvare.
softwood [ˌsɔft'wud] *s:* bløtt tre; bløtved.
softy [ˌsɔfti] *s: se softie.*
soggy [ˌsɔgi] *adj:* vasstrukken; *sport:* ***soggy track*** regntung bane.
soigné(e) [ˌswɑ:njei] *adj(=well-groomed)* velpleid; velstelt.
I. soil [sɔil] *s* **1.** jord; jordsmonn; jordbunn;
2. *fig:* ***fertile soil*** grobunn; ***his words fell on fertile soil with them*** ordene hans falt i god jord hos dem;
3. *litt.(=territory)* jord *(fx born on Irish soil).*
II. soil *vb; stivt* **1***(=dirty)* skitne til; **2.** *fig; litt.(=stain)* skitne til *(fx sby's reputation).*
soil pipe *rørl; for kloakk:* avløpsrør; soilrør.
soiree, soirée [ˌswɑ:rei] *s:* soaré.
I. sojourn [ˌsɔdʒə:n; **US:** ˌsoudʒə:n] *s; meget stivt el. litt.(=stay)* opphold *n.*
II. sojourn *vb(=stay)* oppholde seg.
sola (bill) *merk(=sole bill))* solaveksel; eneveksel.
I. solace [ˌsɔləs] *s; litt.(=comfort)* trøst.
II. solace *vb(=comfort)* trøste.
solar [ˌsoulə] *adj:* solar-; sol- *(fx energy).*
solar dermatitis *med.(=sunrash)* soleksem.
solar eclipse *astr(=eclipse of the sun)* solformørkelse.
solarium [souˌlɛəriəm] *s:* solarium *n.*
solar plexus *anat:* solar plexus.
sold [sould] *pret & perf.part. av sell.*
I. solder [ˌsɔldə] *s:* loddetinn.
II. solder *vb:* lodde; ***soft solder*** bløtlodde.
soldering bit *(=soldering iron)* loddebolt.
soldering paste loddepasta.
I. soldier [ˌsouldʒə] *s:* soldat.
II. soldier *vb* **1.** gjøre tjeneste som soldat; **2.** *fig:* ***soldier on*** fortsette tappert; holde det gående.
soldierly [ˌsouldʒəli] *adj; stivt:* soldatmessig.
soldier of fortune lykkeridder; *(=mercenary)* leiesoldat.
sold note *merk; utstedt av megler til selger:* sluttseddel.
I. sole [soul] *s* **1.** *zo:* tungeflyndre; sjøtunge; ***lemon sole*** bergflyndre; lomre; **2.** *på skotøy:* såle.
II. sole *vb:* halvsåle; såle.
III. sole *adj; stivt(=only)* eneste; ***for the sole purpose of (-ing)*** med det ene formål å …
sole agent eneagent; eneforhandler; enerepresentant.
sole bill (of exchange) *merk: se sola (bill).*
solecism [ˌsɔli'sizəm] *s:* språkbommert; språkfeil.
sole distributor *(=sole agent)* eneforhandler.
sole heir enearving.
solely [ˌsoulli] *adv* **1***(=exclusively; only)* bare; utelukkende *(fx I write solely for pleasure);* ene og alene; ***simply and solely to help him****(=only to help him)* ene og alene for å hjelpe ham;
2. alene; ***we hold you solely responsible*** vi anser deg alene for å være ansvarlig.
solemn [ˌsɔləm] *adj:* høytidelig; ***solemn occasion*** høytidelig anledning; ***swear a solemn oath*** sverge høyt og hellig.
solemnly [ˌsɔləmli] *adv:* høytidelig.
solemnity [səˌlemniti] *s:* høytidelighet; ***the solemnity of the occasion*** stundens alvor *n.*
solemnize, solemnise [ˌsɔləm'naiz] *vb; meget stivt* **1***(=celebrate)* høytideligholde; feire;
2. *om vielse(=perform)* foreta.
solenoid [ˌsoulənɔid] *s; mask:* solenoide; skruetråd.
sole responsibility eneansvar.
sole rights *pl; jur:* enerett.
sole selling rights *pl; jur:* enerett til salg (*for* av).
sole trader: ***he's a sole trader*** han har et enmannsfirma.
solfa [ˌsɔlˌfɑ:] *s; mus:* solmisasjon.
solicit [səˌlisit] *vb* **1.** *meget stivt(=ask (for))* anmode om; be om; ***solicit a favour of sby****(=ask sby a favour)* be om en gunstbevisning; ***solicit sby's custom*** forsøke å verve en som kunde;
2. *jur:* oppfordre til utukt;
3. *meget stivt(=call for)* kreve *(fx the situation solicits urgent action).*
solicitation [sə'lisiˌteiʃən] *s* **1.** *litt.(=entreaty)* inntrengende bønn; **2.** *jur:* oppfordring til utukt.
solicitor [səˌlisitə] *jur:* advokat; *(jvf barrister).*
Solicitor General *jur:* stedfortreder for 'the Attorney General' (regjeringsadvokaten).
solicitous [səˌlisitəs] *adj; stivt(=worried; concerned)* bekymret (*about, for* for); ***he was solicitous about****(=for)* ***her comfort*** hennes ve *(n)* og vel *(n)* lå ham på hjertet.
solicitude [səˌlisi'tju:d] *s; stivt(=worry; anxiety)* bekymring; engstelse.
I. solid [ˌsɔlid] *s* **1.** fast legeme *n;* fast stoff *n;* **2.** *geom:* solid figur.
II. solid *adj* **1.** fast; i fast form; ***solid body*** fast legeme *n;* ***solid fuel*** fast brensel *n;* ***solid substances*** faste stoffer *n;* ***freeze solid*** bunnfryse;
2*(=not hollow)* massiv; ***solid gold*** massivt gull; ***it was cut into solid rock*** det var hogd inn i (selve) fjellet;
3. *fig:* solid *(fx majority; support);*
4. *typ:* ***solid line*** heltrukket linje;
5. ubrutt; tett *(fx line of the policemen);*

6.: ***for six solid hours*** i seks stive timer.
solidarity ['sɔliˌdæriti] *s:* solidaritet; samhold *n.*
solid figure *geom(=solid)* romfigur.
solid geometry *geom:* romgeometri.
solidification [sə'lidifiˌkeiʃən] *s:* overgang til fast form.
solidify [səˌlidi'fai] *vb; stivt el. tekn:* anta fast form.
solidity [səˌliditi] *s* **1.** soliditet; fasthet; **2.** massivitet; kompakthet.
solidly [ˌsɔlidli] *adv* **1***(=strongly)* solid *(fx built);* **2***(=almost unanimously):* ***vote solidly for sby*** gi en solid (*el.* kompakt) støtte under en avstemningen.
solidly-built [ˌsɔlidli'bilt] *adj:* solid bygd.
solidus [ˌsɔlidəs] *s; typ(=diagonal)* skråstrek; ***reverse solidus*** omvendt skråstrek; *(jvf backslash).*
soliloquize, soliloquise [səˌlilə'kwaiz] *vb; litt.(=speak to oneself)* snakke med seg selv; holde en enetale.
soliloquy [səˌliləkwi] *s; litt.(=monologue)* enetale; monolog.
solitaire [ˌsɔli'tɛə; 'sɔliˌtɛə] *s* **US***(=patience)* kabal.
I. solitary [ˌsɔlitəri] *s* **1.** *stivt(=hermit; recluse)* eremitt; eneboer; **2. T:** *se solitary confinement.*
II. solitary *adj* **1.** alene; enslig; ***a solitary traveller*** en enslig reisende; ***a solitary tree*** et enslig tre; et frittstående tre;
2. som foretrekker å være ensom;
3. *om sted(=lonely)* ensom;
4. *bot:* enkeltstilt;
5*(=only; sole)* eneste *(fx the solitary example); i negert setning(=single):* ***not a solitary example*** ikke et eneste eksempel;
6*(=isolated)* isolert; enkeltstående (*instance tilfelle).*
solitary confinement enecelle; isolat *n;* ***he spent two months on remand in solitary confinement*** han satt to måneder i varetekt i enecelle.
solitary soul *(=lone wolf)* einstøing.
solitude [ˌsɔli'tju:d] *s; stivt(=being alone; loneliness)* ensomhet; ***in dignified solitude*** i opphøyd ensomhet.
I. solo [ˌsoulou] *s(pl: solos) mus:* solo.
II. solo *adv:* ***fly solo*** fly solo.
solo flight *flyv:* soloflyvning.
soloist [ˌsoulouist] *s; mus:* solist.
Solomon [ˌsɔləmən] *s; bibl:* Salomo: ***the Song of Solomon****(=the Song of Songs)* Salomos høysang.
solstice [ˌsɔlstis] *s:* solverv *n (fx summer solstice).*
solubility ['sɔljuˌbiliti] *s:* oppløselighet.
soluble [ˌsɔljubl] *adj* **1.** oppløselig; ***only (very) slightly soluble in water*** tungt oppløselig i vann; **2***(=solvable)* som kan løses *(fx problem).*
solution [səˌlu:ʃən] *s* **1.** oppløsning; ***rubber solution*** gummilim; solusjon;
2. løsning (*to* på) *(fx to a problem);* ***a comprehensive solution*** en helhetsløsning; ***partial solution*** delløsning; delvis løsning;
3. *stivt(=solving)* løsning; det å løse.
solvable [ˌsɔlvəbl] *adj:* som lar seg løse *(fx problem).*
solve [sɔlv] *vb:* løse *(fx a problem);* oppklare.
solvency [ˌsɔlvənsi] *s; merk:* solvens; betalingsevne.
I. solvent [ˌsɔlvənt] *s:* oppløsningsmiddel; ***water is a solvent for salt*** vann *(n)* løser opp salt *n;* ***plastic solvent*** plastlim.
II. solvent *adj* **1.** *merk:* solvent; betalingsdyktig; **T:** ***I won't be solvent till I get paid*** jeg har ikke penger før jeg får betaling; **2.** *kjem:* oppløsende *(fx fluid).*
I. Somali [səˌmɑ:li; souˌmɑ:li] *s* **1.** somalier; **2.** *språk:* somali.
II. Somali *adj:* somali.
Somalia [səˌmɑ:liə; souˌmɑ:liə] *s; geogr:* Somalia.
sombre *(,US: somber)* [ˌsɔmbə] *adj; stivt* **1***(=dark; gloomy)* mørk; dyster; trist; **2***(=serious):* ***he was in a sombre mood*** han var alvorlig til sinns.
some [sʌm; *trykksvakt:* səm] *pron & adj* **1.** noen *(fx some books);* noe *(fx some milk);* enkelte; ***some went this way and some that*** noen gikk hit og noen dit; ***some (of them) have been sold*** noen (av dem) er solgt; ***some of what he said was true*** noe av det han sa, var sant;
2. en eller annen *(fx some person);* ***in some book or other*** i en eller annen bok; ***have I offended you in some way?*** har jeg fornærmet deg på en eller annen måte?
3. *om begrenset mengde:* noe *(fx 'Has she any experience of work?' – 'Yes, she has some.');* ***would you like some tea?*** skal du ha litt te? ***could I have some of that cheese?*** kan jeg få litt av den osten? ***I've read some of the book*** jeg har lest litt av boken;
4. *om betydelig mengde:* en god del *(fx I spent (quite) some time trying to convince her);* ***he has some cause for complaint*** han har god grunn til å klage;
5. T: litt av *(fx that was some party!);* fin; ***you're some help!*** du er en fin en til å hjelpe! ***some hope (that is)!*** jammen sa jeg smør! du tror vel det og du! ***I'll have some problem sorting out these papers*** jeg får litt av et problem med å få orden på disse papirene *n;*
6. *foran tallord:* noe sånt som *(fx it'll take some three weeks to do the job); (se også someday; sometime).*
-some *i sms:* ***foursome*** gruppe på fire.
somebody [ˌsʌmbədi] *pron(=someone)* en eller annen *(fx there's somebody at the door);* noen; **T:** ***he thinks he's somebody*** han tror han er noe (til kar); ***somebody else*** en annen; ***we need somebody German*** vi trenger en som er tysk; ***somebody (or other)*** en eller annen.
someday, some day [ˌsʌm'dei] en dag (i fremtiden).
somehow [ˌsʌm'hau] *adv* **1.** på en eller annen måte; ***it must be done somehow (or other)*** det må gjøres på en eller annen måte;
2. hvordan det nå enn kan ha seg; ***somehow, I know he'll succeed*** jeg vet liksom at han kommer til å greie det.
someone [ˌsʌm'wʌn; ˌsʌmwən] *pron: se somebody.*
someplace [ˌsʌm'pleis] **US:** *se somewhere 1.*
I. somersault [ˌsʌmə'sɔ:lt] *s:* saltomortale; kollbøtte; ***turn a somersault*** slå en saltomortale; slå kollbøtte.
II. somersault *vb:* slå en saltomortale; slå (en) kollbøtte; slå saltomortaler (*el.* kollbøtter).
I. something [ˌsʌm'θiŋ] *pron* **1.** noe *(fx there's something in what he said);* ***something hot to drink*** noe varmt å drikke; ***something queer's going on*** det er noe rart som foregår; ***something tells me she's lying*** det er noe som sier meg at hun lyver; ***that's something!*** det er da enda noe!
2.: ***something of a story teller*** litt av en historieforteller;
3. *fig:* ***make something of oneself*** bli til noe;
4.: ***see something of*** se noe til *(fx I hope we'll see something of you now that you live nearby);*
5.: ***or something*** eller noe slikt *(fx her name's Mary or Margaret or something);*
6.: ***be****(=have)* ***something to do with****(=be connected with)* ha noe å gjøre med;
7. *erstatter glemt detalj:* ***the 4 something train*** toget som går noe over 4.
II. something *adv* **1***(=a little):* ***look something like me*** ligne litt på meg (av utseende); ***shaped something like a boat*** med en fasong som minner litt om en båt; ***something over £5*** noe over £5;
2.: ***something like 500 people****(=about 500 people)* omtrent 500 mennesker *n;* noe sånt som 500 mennesker;
3. T: ***swear something awful*** banne noe aldeles forferdelig.
something-for-nothing attitude: ***the something-for-nothing attitude*** kravmentaliteten.
sometime [ˌsʌm'taim] **1.** *adv; om fortid el. fremtid:* en (eller annen) gang; engang *(fx sometime last month; we'll go to Italy sometime; I'll do it sometime);* på et eller annet tidspunkt *(fx sometime last night);* **2.** *adj; meget stivt el. litt.(=former)* tidligere; forhenværende.
sometimes [ˌsʌm'taimz] *adv;* av og til; nå og da; ***some-***

times he seems very forgetful av og til virker han meget glemsk.
somewhat [ˌsʌm'wɔt] *adv; stivt(=a little; slightly)* noe; litt *(fx he's somewhat better today).*
somewhere [ˌsʌm'wεə] *adv* **1**(,**US:** *someplace)* et eller annet sted *(fx I lost it somewhere);* et sted; ***they've come from somewhere warm*** de kommer fra et sted hvor det er varmt; ***somewhere else*** et annet sted; ***I may have seen him somewhere else*** kanskje jeg har sett ham et annet sted; ***go somewhere*** 1. reise et sted; 2. **T:** gå et visst sted (ɔ: på WC *n*); **2.** *fig* **T:** ***at last we're getting somewhere*** endelig begynner det å lysne;
3.: ***somewhere about*** omkring *(fx ten o'clock);* ***he's somewhere in his fifties*** han er et sted i femtiårene.
somnambulism [sɔmˌnæmbju'lizəm] *s(=walking in one's sleep)* søvngjengeri *n.*
somnambulist [sɔmˌnæmbjulist] *s:* søvngjenger.
somnolence [ˌsɔmnələns] *s; stivt(=sleepiness)* søvnighet; det å være søvnig.
somnolent [ˌsɔmnələnt] *adj; stivt(=sleepy)* søvnig.
son [sʌn] *s* **1.** sønn; **2.** *tiltaleform* **T:** gutten min;
3. *rel: **the Son of Man*** Menneskesønnen;
4. US S: ***son of a bitch****(=twerp)* drittsekk; *spøkef:* ***you son of a gun!*** din skøyer!
sonata [səˌnɑ:tə] *s; mus:* sonate.
sonde [sɔnd] *s* sonde; *(jvf I. probe 1 & radiosonde).*
song [sɔŋ] *s* **1.** sang *(fx sing a song);* ***he burst into song*** han begynte å synge;
2. T: ***he bought it for a song*** han kjøpte det for en slikk og (en) ingenting;
3. T*(=fuss):* ***it's nothing to make a song and dance about*** det er ikke noe å gjøre slikt vesen av; ***I made a bit of a song (about it)*** jeg gjorde litt anskrik (om det);
4.: ***for them life is one long sweet song*** for dem er livet bare fryd og gammen.
songbird [ˌsɔŋ'bə:d] *s(=warbler)* sangfugl; *(se warbler).*
songbook [ˌsɔŋ'buk] *s:* sangbok.
songsheet [ˌsɔŋ'ʃi:t] *s:* (trykt) (fest)sang; ***songsheets were passed round****(=handed out)* det ble delt ut sanger.
song thrush *zo:* måltrost.
songwriter [ˌsɔŋ'raitə] *s(=writer of lyrics)* visedikter; sangkomponist; tekstforfatter.
sonic [ˌsɔnik] *adj:* ***sonic barrier****(=sound barrier)* lydmur; ***at sonic speed****(=at the speed of sound)* med lydens hastighet.
sonic boom *(=sonic bang)* overlydsknall.
son-in-law [ˌsʌnin'lɔ:] *s(pl: sons-in-law)* svigersønn.
sonnet [ˌsɔnit] *s:* sonett.
sonny [ˌsʌni] *s; tiltaleform* **T 1.** gutten min;
2. *nedlatende:* lillegutt.
sonority [səˌnɔriti] *s:* sonoritet; klangfylde.
sonorous [ˌsɔnərəs] *adj:* sonor; fulltonende; klangfull.
sonorous figures *pl; mus:* klangfigurer.
soon [su:n] *adv* **1.** snart; ***come back soon*** kom snart igjen; ***soon afterwards*** kort etter; ***how soon can you be ready?*** hvor snart kan du være ferdig?
2.: ***too soon*** *(=too early)* for tidlig; for snart; ***Friday is too soon*** fredag er for tidlig;
3.: ***I would (just) as soon go as stay*** jeg ville like gjerne dra som å bli;
4.: ***as soon as*** så snart som; så snart; straks *(fx as soon as he had done it, he knew it was a mistake).*
sooner [ˌsu:nə] *komp av soon* **1.** tidligere; før; ***sooner than you think*** før du aner;
2. heller *(fx I would sooner stand than sit);* **T:** ***I'd soonerdie!*** jeg ville heller dø!
3.: ***the sooner the better*** jo før jo heller;
4.: ***sooner or later*** før eller siden;
5. *litt.:* ***no sooner … than*** ikke før … før; aldri så snart … før;
6.: ***no sooner said than done*** som sagt så gjort; ***this was no sooner said than done*** det var fort gjort.

I. soot [sut] *s:* sot.
II. soot *vb:* sote.
soothe [su:ð] *vb* **1**(=*calm)* berolige; **2**(=*ease)* døyve; lindre.
soothsayer [ˌsu:θ'seiə] *s:* sannsiger.
sootiness [ˌsutinəs] *s:* sotethet.
sooty [ˌsuti] *adj:* sotete; sotsvertet; sotfarget; sot-.
I. sop [sɔp] *s* **1.** stykke oppbløtt brød *n;* ***sops*** brødsoll;
2. noe som gis for å berolige el. som bestikkelse; ***he was offered another job as a sop (to his pride)*** han ble tilbudt en annen jobb som et plaster på såret; ***a sop to the electors*** valgflesk.
II. sop *vb* **1**(=*soak; dip)* bløte opp; dyppe *(fx bread in gravy);* **2.:** ***sop up****(=soak up; mop up)* suge opp; tørke opp.
sophism [ˌsɔfizəm] *s:* sofisme.
sophist [ˌsɔfist] *s:* sofist.
sophistic [səˌfistik] *adj:* sofistisk.
sophisticated [səˌfisti'keitid] *adj* **1.** *om person:* sofistikert; blasert; verdenserfaren;
2. *om frisyre el. klær:* raffinert; *om smak:* forfinet;
3(=*complicated; advanced)* avansert *(fx equipment; system).*
sophistication [sə'fistiˌkeiʃən] *s* **1.** blaserthet; raffinement; **2.** kompliserthet; **3.:** *se sophistry.*
sophistry [ˌsɔfistri] *s:* sofisteri *n.*
Sophocles [ˌsɔfə'kli:z] *s:* Sofokles.
sophomore [ˌsɔfə'mɔ:] *s* **US**(=*second-year student)* annet års student.
I. soporific ['sɔpəˌrifik] *s:* sovemiddel.
II. soporific *adj; stivt(=that makes one sleepy)* søvndyssende; ***soporific drug*** sovemiddel.
sopping wet *(=soaking wet)* dyvåt; gjennomvåt.
soppy [ˌsɔpi] *adj* **1**(=*sloppy; slushy)* søtladen *(fx film);*
2. altfor sentimental; ***soppy talk****(=sentimental talk)* kliss *n;*
3(=*soaked through)* gjennomvåt.
soprano [səˌprɑ:nou] *s:* sopran.
sorbet [ˌsɔ:bit] *s:* *se sherbet.*
sorcerer [ˌsɔ:sərə] *s:* trollmann.
sorceress [ˌsɔ:sərəs] *s:* trollkvinne.
sorcery [ˌsɔ:səri] *s:* trolldom.
sordid [ˌsɔ:did] *adj* **1**(=*dirty; squalid)* skitten; simpel *(fx neighbourhood);* snusket *(fx room);* *(=untidy)* uordentlig; rampete; ***it looks so sordid here, with weeds and rubbish all over the place*** det ser så rampete ut her, med ugress og søppel *(n)* spredt utover; **2.** *fig:* skitten *(fx affair);*
3.: ***sordid practical details like money*** kjedelige praktiske detaljer som penger.
sordino [sɔ:ˌdi:nou] *mus(=mute)* sordin.
I. sore [sɔ:] *s:* ømt sted; sår *n; fig:* ***festering sores*** verkebyller.
II. sore *adj* **1.** sår; øm; ***my side is sore*** jeg er øm i siden; ***sore feet****(=blistered feet)* skognag; ømme føtter;
2. *fig; især* **US S**(=*upset; annoyed)* ergerlig; sår;
3. *fig:* ***a sore point*** et sårt punkt (*with* hos); *(se I. sight 4: a sore for sore eyes).*
sorely [ˌsɔ:li] *adv; stivt(=badly):* ***I'm sorely in need of new shoes*** jeg trenger sårt (til) nye sko; ***he misses her sorely*** han savner henne svært; ***sorely tempted*** sterkt fristet; ***he has been sorely tried*** han har blitt hardt prøvet.
soreness [ˌsɔ:nəs] *s:* sårhet; ømhet.
sorghum [ˌsɔ:gəm] *s; bot(=durra)* durra.
sorority [səˌrɔriti] *s* **US** *(social club or society for university women)* akademisk kvinneforening *(el.* kvinneklubb).
I. sorrel [ˌsɔrəl] *s* **1.:** ***sorrel (horse)****(=bay horse)* fuks;
2. *bot:* ***wood sorrel*** gjøkesyre.
II. sorrel *adj:* rødbrun; ***sorrel horse****(=bay horse)* fuks.
I. sorrow [ˌsɔrou] *s:* sorg; ***feel sorrow*** føle sorg.
II. sorrow *vb; glds & litt.(=mourn)* sørge.
sorrowful [ˌsɔrouful] *adj(=sad)* sørgmodig; bedrøvet.

sorry

sorry, regret and excuse me

Example: I am **sorry** to tell you that the game has been cancelled.
Or: I **regret** to tell you that the game has been cancelled.
(I'm) **sorry**! is what you would say if you should bump into somebody by mistake.

To be **sorry** means to **regret**

Example: **Excuse me**, please! Could you tell me the way to Camden Lock?

Excuse me (please)! is what you would say if you need to ask a stranger for information.

sorrowing [ˌsɔrouiŋ] *adj:* sørgende.

sorry [ˌsɔri] *adj* **1.** lei seg *(fx he's really sorry for his bad behaviour); **I'm so sorry!*** jeg er så (forferdelig) lei meg! ***I'm terribly sorry!*** jeg er forferdelig lei meg; *iron: **I'm sorry I spoke!*** unnskyld at jeg sa noe! ***she's sorry now that she didn't buy it*** nå angrer hun på at hun ikke kjøpte det (,den); ***I'm sorry you can't stay longer*** det er synd du ikke kan bli lenger; ***I'm sorry (to hear) that your mother's ill*** jeg synes det er trist (å høre) at din mor er syk; ***I'm sorry about this delay*** jeg er lei meg for denne forsinkelsen; du må unnskylde denne forsinkelsen; ***say sorry (to sby)****(=apologize (to sby))* be (en) om unnskyldning; ***don't be so angry with me – I've said sorry, haven't I?*** ikke vær så sint på meg – jeg har jo bedt om unnskyldning, ikke sant? ***I'm sorry to tell you that …*** jeg må dessverre si deg at …; ***it was a failure, I'm sorry to say*** det var dessverre mislykket;
2. *int: **sorry!*** 1. unnskyld! 2.: ***sorry,(what did you say)?*** unnskyld, hva sa du? 3. *i diskusjon: **sorry, could I make a point?**(=sorry, could(=may) I say something?)* unnskyld, men kan jeg få lov (til) å si noe? ***sorry, could I just finish my point?*** unnskyld, men kan jeg få lov å snakke ferdig? unnskyld, men kan jeg få lov å gjøre meg ferdig med det jeg har å si?
3*(=sad)* bedrøvelig; elendig; ***a sorry state of affairs*** en sørgelig tingenes tilstand; ***look****(=be)* ***a sorry sight*** være et bedrøvelig syn;
4.: ***be****(=feel)* ***sorry for sby*** synes synd på en.

I. sort [sɔ:t] *s* **1.** sort; slags; ***people of that sort*** folk av det slaget; ***all sorts of books****(=books of all sorts)* alle slags bøker; ***this sort of book*** denne typen bøker; ***a sort of****(=a kind of)* en slags; *(fx she was wearing a sort of crown); **that's a silly (sort of) remark to make*** det er en tåpelig bemerkning å komme med;
2.: T: *he's a nice sort**(=not a bad sort)* han er en kjekk kar;
3. *om person; neds* **T: *I know your sort!****(=I know people like you!)* jeg kjenner deg og dine like! ***your sort was never any good!*** slike som deg har aldri vært noe tess!
4. T: *sort of**(=rather; in a way)* liksom;
5. *neds: **of sorts**(=of a sort)* en slags; et slags; ***throw together a meal of sorts*** slenge sammen et slags måltid;
6.: *out of sorts* 1. utilpass *(fx feel a bit out of sorts);* 2*(=grumpy)* gretten.

II. sort *vb* **1.** sortere; ***sort more carefully later*** finsortere siden; ***sort wrongly*** feilsortere;
2.: *sort out* 1. sortere ut; 2. ordne opp; ***sort out his problems*** ordne opp i problemene *(n)* hans; ***she's good at sorting out a mess*** hun er flink til å ordne opp i rot *n; **let things sort themselves out in their own way*** la tingene ordne seg på sin egen måte; ***we've got it sorted out now*** vi har fått ordnet opp i det nå; ***sort oneself out*** få orden på seg selv; 3.: ***I can't sort out this form*** jeg forstår meg ikke riktig på dette skjemaet; 4.: ***she hoped the doctor would sort him out*** hun håpet at legen ville klargjøre tingene for ham; 5.: ***let him get himself sorted out first****(=let him unwind first; let him collect himself first)* la ham komme til hektene først.

sorter [ˌsɔ:tə] *s* **1.** sorterer; **2.** postpakkmester.

sortie [ˌsɔ:ti] *s;* **1.** *mil:* utfall *n;* **2.** *flyv:* tokt *n.*

SOS ['esouˌes] *s:* SOS *n (fx send an SOS); (=SOS (radio) message)* etterlysning; ***broadcast an SOS for sby*** etterlyse en.

so-so [ˌsousou] *adj* **T:** sånn middels; ikke (noe) videre god.

Sotheby('s) [ˌsʌðəbi(z)] *s; verdenskjent auksjonsfirma i London:* Sotheby.

sotto voce [ˌsɔtouˌvoutʃi] *adv; stivt(=in a low voice)* lavmælt.

soufflé [ˌsu:flei] *s; kul:* sufflé; ***ice soufflé*** issufflé.

sough [sau] *vb; om vinden; litt.(=murmur)* sukke; suse.

sought [sɔ:t] *pret & perf.part. av seek.*

sought after *(attributivt: sought-after)* [ˌsɔ:t'ɑ:ftə] *adj:* ettertraktet; etterspurt.

soul [soul] *s* **1.** sjel; **2.** *mus:* soul;
3. T: *she's a kind old soul* hun er en vennlig gammel sjel; ***not a (living) soul*** ikke en levende sjel; ***he was the life and soul of the party*** han var midtpunktet i selskapet; ***keep body and soul together****(=keep alive)* opprettholde livet; ***he put his heart and soul into his work*** han la hele sin sjel i arbeidet.

soulful [ˌsoulful] *adj:* sjelfull; følelsesfull; ***soulful eyes*** sjelfulle øyne.

soulless [ˌsoulləs] *adj* **1.** sjelløs; **2***(=very dull; uninteresting)* meget kjedelig; uinteressant.

soul-searching [ˌsoul'sə:tʃiŋ] *s; fig:* sjelegranskning.

I. sound [saund] *s* **1.** lyd; ***by the sound of it*** hvis man skal dømme etter hvordan det høres ut; ***not the slightest sound escaped us*** vi ga ikke fra oss en lyd;
2. *med.(=probe)* sonde;
3. *zo(=swim bladder)* svømmeblære;

S

4. *geogr: **the Sound*** Øresund.
II. sound *vb 1.* lyde; **T:** låte; ***that sounds incredible*** det høres utrolig ut;
2. ringe; ringe med *(fx a bell);* blåse på *(fx a trumpet);* ***sound the alarm*** slå alarm; ***sound the retreat*** blåse retrett; ***sound a warning note*** slå an en advarende tone;
3. *fon(=pronounce)* uttale *(fx in 'who' the 'w' is not sounded);*
4. *med.:* sondere;
5. *mar(=take soundings)* lodde dybden; *fig:* ***sound the depths of sth*** lodde dybden i noe;
6. *fig* **S: *sound off about****(=scream about)* skrike opp om;
7.: *sound sby out**(=feel sby out)* sondere terrenget hos en; spørre en forsiktig ut; føle en på tennene; føle en på pulsen; ***I sounded out his views in my letter*** i brevet mitt spurte jeg ham forsiktig ut om hans synspunkter.
III. sound *adj* **1.** *også fig:* solid *(fx answer; firm; pupil);*
2. *også fig:* sunn *(fx investment; principle);* ***his advice is always very sound*** han har alltid gode råd *(n)* å gi; ***John would be a sound person to ask about this*** John ville være en fornuftig person å spørre om dette; ***sound of****(=in)* ***mind*** åndsfrisk; ***sound of****(=in)* ***body and mind*** som har sine sansers fulle bruk;
3*(=thorough)* grundig *(fx training);*
4.: *be a sound sleeper* sove tungt; sove godt.
IV. sound *adv: **sound asleep*** i dyp søvn; ***sleep sound****(= soundly)* sove fast; sove trygt; ***you'll sleep the sounder for it*** da vil du sove bedre.
sound barrier *(=sonic barrier)* lydmur; ***go through the sound barrier*** gå gjennom lydmuren.
soundboard [ˌsaund'bɔ:d] *s; mus:* klangbunn.
sound box *mus:* lyddåse.
sound broadcasting lydradio.
sound carrier lydleder.
sound(-film) camera lydfilmkamera.
soundhead [ˌsaund'hed] *film:* lydhode.
sounding [ˌsaundiŋ] *s* **1.** *mar:* lodding; loddskudd; ***take soundings*** lodde dybden; **2.** *fig: **take soundings*** lodde stemningen (*on* når det gjelder).
-sounding *i sms:* som lyder; ***important-sounding*** som lyder betydningsfull(t); ***odd-sounding*** som lyder besynderlig.
sounding board 1. *mus(=soundboard)* resonansbunn; **2.** *over talerstol:* lydhimmel; **3.** *fig; for synspunkter:* klangbunn; talerør *(fx for one's views).*
sounding lead *mar(=lead)* lodd.
sound insulation lydisolasjon.
soundless [ˌsaundləs] *adj:* lydløs; (helt) uten lyd; *(jvf noiseless).*
sound level lydnivå.
soundly [ˌsaundli] *adv* **1.** *lett glds: **beat sby soundly****(= give sby a thorough beating)* gi en ordentlig juling; **2.: *sleep soundly*** sove trygt; sove fast.
sound post *mus:* stemmepinne; stemmestokk.
soundproof [ˌsaund'pru:f] **1.** *adj:* lydtett; lydisolert; **2.** *vb:* gjøre lydtett *(fx a room).*
sound radio lydradio.
sound recording 1. lydsetting; **2.** lydopptak.
soundtrack [ˌsaund'træk] *s; film:* lydspor.
sound truck US *(=loudspeaker van)* høyttalerbil.
sound wave lydbølge.
I. soup [su:p] *s* **1.** *kul:* suppe; **2. T: *be in the soup*** sitte fint i det; være kommet ut å kjøre.
II. soup *vb* **T: *soup up****(=tune up)* trimme *(fx an engine).*
soup ladle suppeøse.
soup plate dyp tallerken; suppetallerken.
soup powder posesuppe.
soup spoon suppeskje.
I. sour [sauə] *vb* **1***(=become sour; make sour)* bli sur; gjøre sur; **2.** *fig; stivt(=embitter)* gjøre bitter.
II. sour *adj* **1.** sur; ***a sour taste*** en sur smak; ***taste very sour*** smake meget surt; *(se sour cream);*
2*(=cross; disagreeable)* sur; ***look sour*** se sur ut;
3. *om jobb(=unpleasant)* sur;
4.: *go sour* 1*(=turn sour)* bli sur; 2. ***T*** *fig:* gå galt; **T:** skjære seg; ***go sour on*** bli lut lei; ***life's gone sour on him*** han har ingen glede av livet lenger.
source [sɔ:s] *s* **1.** kilde; utspring; **2.** *fig:* kilde; ***from a reliable source*** fra pålitelig kilde; ***senior sources*** høytstående kilder; ***a frequent source of error*** en hyppig feilkilde;
3*(=primary source)* kildeskrift.
sour cream sur fløte; ***thick sour cream*** rømme.
sour-cream waffle *kul:* rømmevaffel.
sourdough [ˌsauər'dou] *s* **US***(=yeast(y) dough; fermenting dough)* gjærdeig; surdeig.
sour(ed) cream pudding *kul:* rømmegrøt.
sour grapes T: *it's sour grapes to him* han er bare sur fordi han ikke kan få det selv.
sourish [ˌsauəriʃ] *adj:* syrlig.
sourpuss [ˌsauə'pus] *s* **T:** grinebiter; surpomp.
sous chef [ˌsu:'ʃef] *s; på restaurant el. hotell(=assistant chef)* assisterende kjøkkensjef; *(se chef).*
souse [saus] *vb* **1***(=soak (in water))* gjøre gjennomvåt;
2*(=dip; immerse)* dyppe ned (i vann);
3. *person(=duck; dip)* dukke *(fx they soused his head in a bucket of water);*
4*(=pour water over)* slå (*el.* tømme) vann *(n)* over;
5. T: *he got soused**(=drunk)* han drakk seg full.
soutane [su:ˌtæn] *s; kat(=cassock)* prestekjole.
I. south [sauθ] *s* **1.** *kompassretningen(=South; S)* syd; sør; ***the wind is in****(=from)* ***the south*** det er sønnavind; ***to the south*** i syd (*el.* sør); mot syd (*el.* sør); ***to the south of*** syd (*el.* sør) for;
2. syd; sør; sørlig del; ***the South*** 1*(=the South of England)* Sør-England; 2. **US:** Sørstatene; 3. Syden; ***go to the South on holiday*** 1. feriere i Sør-England; 2. dra på sydenferie.
II. south *adj:* sydlig; sørlig; syd-; sør-.
III. south *adv(=towards the south)* mot syd; mot sør; ***travel south*** reise sørover.
South Africa *s; geogr:* Sør-Afrika.
I. South African [sauθˌæfrikən; sauˌðæfrikən] *s:* sørafrikaner.
II. South African *adj:* sørafrikansk.
South America *s; geogr:* Sør-Amerika.
I. South American *s:* søramerikaner.
II. South American *adj:* søramerikansk.
southbound [ˌsauθ'baund] *adj:* sydgående; sørgående.
southeast ['sauθˌi:st; *mar:* 'sauˌi:st] **1.** *s:* sydøst; sørøst;
2. *adj(=southeastern)* sydøstlig; sørøstlig;
3. *adv(=towards the southeast)* mot sydøst; mot sørøst; *om vind(=from the southeast)* fra sydøst.
southeasterly ['sauθˌi:stəli; *mar:* 'saiˌi:stəli] *adj & adv:* sydøstlig; sørøstlig.
southeastern ['sauθˌi:stən] *adj:* sydøstlig; sørøstlig.
southeastward ['sauθˌi:stwəd; *mar:* 'sauˌi:stwəd] *adj & adv:* mot sydøst; mot sørøst; *om vind(=from the southeast)* fra sydøst.
southerly [ˌsʌðəli] *adj:* sydlig; sørlig; ***in a southerly direction*** i sydlig retning; ***in a southerly climate****(=in southerly climates)* i sydlige himmelstrøk; i Syden; ***have a holiday in a southerly climate*** feriere i Syden; *(jvf I. south 2).*
southern [ˌsʌðən] *adj:* sydlig; sørlig; sydlandsk; ***southern frontier****(=frontier to the south)* sydgrense; ***his accent is southern English*** han har sørengelsk aksent; ***exotic markets in southern countries*** eksotiske markeder i Syden.
Southern Africa *s; geogr:* Det sørlige Afrika.
Southern Asia *s; geogr:* Det sørlige Asia.
Southern Cross *astr: **the Southern Cross*** Sydkorset.
southerner [ˌsʌðənə] *s* **1.** person fra Sør-England; sørlending;

2. sydlending; person fra sydlige himmelstrøk;
3. **US:** sørstatsmann; sørstatskvinne.
Southern Europe *s; geogr:* Sør-Europa.
Southern Ireland *s; geogr:* Sør-Irland.
southernmost [ˌsʌðən'moust] *adj:* sørligst; sydligst.
Southern States *s; geogr* **US:** ***the Southern States (of the USA)***(=*the South*) Sørstatene.
southernwood [ˌsʌðən'wud] *s; bot:* abrot; ambra.
South German sørtysk; sydtysk.
South Germany *s; geogr:* Sør-Tyskland.
South Pole *s; geogr:* ***the South Pole*** Sydpolen; ***the icecap of the South Pole*** sydpolkalotten.
South Schleswig *s; geogr:* Sør-Slesvig.
south-southeast *s, adj, adv:* sør sørøst.
south-southwest *s, adj, adv:* sør sørvest.
southward [ˌsauθwəd; *mar:* sʌðəd] **1.** *adj:* sørlig; sydlig *(fx direction);* **2.:** *se southwards.*
southwards [ˌsauθwədz; *mar:* ˌsʌðədz] *adv:* mot sør; mot syd *(fx we're moving southwards).*
southwest ['sauθˌwest; *mar:* 'sauˌwest] **1.** *s:* sørvest; sydvest; **2.** *adj(=southwestern)* sørvestlig; sydvestlig; **3.** *adv; om vind(=from the southwest)* fra sørvest.
souvenir ['su:vəˌniə] *s:* suvenir *n;* ***as a souvenir of my trip*** til minne om turen min.
sou'wester ['sauˌwestə] *s; hodeplagg:* sydvest.
I. sovereign [ˌsɔvrin] regjerende fyrste.
II. sovereign *adj; meget stivt(=independent):* ***a sovereign state*** en selvstendig stat; en suveren stat.
sovereignty [sɔvrənti] *s; meget stivt(=independence)* uavhengighet; suverenitet.
I. Soviet [ˌsouviət] *s; hist(=the Soviet Union)* Sovjet.
II. Soviet *adj; hist:* sovjetisk; sovjetrussisk.
I. sow [sau] *s* **1.** *zo:* purke; sugge; **2.** *ordspråk:* ***you can't make a silk purse out of a sow's ear***(=*you can't get blood out of a stone*) man kan ikke få talg av en trebukk.
II. sow [sou] *vb(pret: sowed; perf.part.: sown, sowed)* **1.:** ***sow (seed)*** så *(fx sow grass);* så til; ***the ground which has been sown*** der hvor det er sådd (til);
2. *fig; stivt(=spread):* ***sow discontent*** spre misnøye;
3. *ordspråk:* ***as you sow, so shall you reap*** som man sår, så høster man; *(se wild oat 2: sow one's -s).*
sown [soun] *perf.part. av II. sow.*
sow thistle [ˌsau'θisl] *s; bot(=milk thistle)* dylle.
soya [ˌsɔiə] *s; bot:* soya.
soya bean *(,US: soybean)* soyabønne.
sozzled [sɔzld] *adj* **T**(=*drunk*) (god og) full.
spa [spɑ:] vannkursted; kurbad.
I. space [speis] *s* **1.** *fys:* rom *n;* ***air space*** luftrom;
2.: ***(outer) space*** det ytre rom; (verdens)rommet; ***the rocket vanished into space*** raketten forsvant ut i rommet; *fig:* ***stare(=gaze) (fixedly) into space*** stirre (stivt) ut i luften;
3. *typ:* spatie; mellomrom;
4. rubrikk; *i tekst:* ***blank space*** mellomrom;
5. plass *(fx he found a space(=place) for his car);* ***space between words*** mellom rom mellom ordene; ***buy space in a newspaper*** kjøpe annonseplass i en avis; ***clear a space for*** rydde plass til; ***leave a space for sth*** la det være igjen plass til noe; ***take up a lot of space***(=*room*) oppta mye plass;
6. *om tid; stivt:* ***in that (space of) time*** i løpet av den tiden.
II. space *vb:* ***space (out)*** *1.* anbringe med mellomrom; plassere; **2**(=*spread*) spre *(fx payments over ten years);* **3.** *typ:* sperre; spatiere; slutte ut.
space age *romfart:* romalder(en).
space bar mellomromstast; ordskiller.
space capsule *romfart:* romkapsel.
spacecraft [ˌspeis'krɑ:ft] *s:* romfartøy; romskip.
spaced [speist] *adj* **1.** *typ:* spatiert; sperret; ***spaced type*** sperret skrift; **2. S:** ***spaced (out)***(=*high*) skev; high.
space flight romreise; *(se space travel).*
space heating romoppvarming.
spaceman [ˌspeismən] *s(=space traveller)* romfarer.
space platform romplattform.
space probe romsonde.
space programme romfartsprogram.
space ring *mask(=space collar)* avstandsring.
space-saving [ˌspeis'seiviŋ] *adj:* plassbesparende.
spaceship [ˌspeis'ʃip] *s:* romskip; *(se spacecraft).*
space shuttle romferge.
space suit romdrakt.
space travel romfart; (det å) reise i rommet; ***a revolution in the field of space travel*** en revolusjon på romfartens område *n.*
spacing [ˌspeisiŋ] *s* **1.** mellomrom; innbyrdes avstand;
2. *typ:* spatiering;
3. *typ:* linjeavtsand; ***single spacing*** enkel linjeavstand.
spacious [ˌspeiʃəs] *adj* **1.** romslig; rommelig;
2. vidstrakt; stor *(fx park).*
spade [speid] *s* **1.** spade; ***use a spade*** bruke en spade; spa;
2.: ***call a spade a spade*** kalle en spade en spade; kalle tingen ved dens rette navn;
3. *kortsp:* ***a spade*** en spar; ***the ten of spades*** sparti;
4. S(=*Negro*) neger.
spadework [ˌspeid'wə:k] *s:* grovarbeid.
spaghetti [spəˌgeti] *s:* spaghetti.
Spain [spein] *s; geogr:* Spania.
Spam [spæm] *s; varemerke:* svinekjøtt på boks.
I. span [spæn] *s* **1**(=*wingspan*) vingespenn;
2. (bru)spenn *n;*
3. US & *Sør-Afrika(=team)* spann *n;* parhester;
4. *litt.(=period)* tidsrom; ***for a brief span*** i en kort periode;
5. *fig(=extent)* rekkevidde; spennvidde *(fx the remarkable span of his memory).*
II. span *vb* **1**(=*stretch across*) spenne over; føre over; ***a gorge spanned by a couple of planks*** en fjellkløft hvor et par planker førte over til den andre siden;
2. *fig(=cover)* spenne over *(fx her career spans three decades).*
spangle [spæŋgl] *s(=sequin)* paljett.
Spaniard [ˌspænjəd] *s:* spanjol.
spaniel [ˌspænjəl] *s; hunderase:* spaniel.
I. Spanish [ˌspæniʃ] *s* **1.** *språk:* spansk;
2.: ***the Spanish***(=*the Spaniards; the Spanish people*) spanjolene.
II. Spanish *adj:* spansk.
I. spank [spæŋk] *s:* klaps; smekk.
II. spank *vb* **1.** smekke; **2.:** ***spank along*** feie av sted.
spanker [ˌspæŋkə] *s; mar:* mesan.
I. spanking *s:* ris *n (fx give sby a good spanking).*
II. spanking *adj; lett glds(=brisk):* ***at a spanking pace*** i strykende fart.
spanner [ˌspænə] *s* **1.:** ***(adjustable) spanner***(=*adjustable wrench*) skiftenøkkel; ***box(=socket) spanner*** pipenøkkel; toppnøkkel;
2. T: ***throw a spanner in the works*** stikke en kjepp i hjulet; strø sand i maskineriet.
I. spar [spɑ:] *s* **1.** *mar:* rundholt; **2.** *flyv:* (vinge)bjelke;
3. *min:* spat.
II. spar *vb* **1.** sparre; bokse (som trening); **2.:** ***spar (with)*** småkrangle i all vennskapelighet (med).
I. spare [spɛə] *s* **1.** reservedekk; **2**(=*spare part; replacement part*) reservedel; *(se spare part).*
II. spare *vb* **1.** *stivt:* skåne; spare; ***spare her as much as possible*** skåne henne så mye som mulig; ***spare me the details!*** spar meg for detaljene! ***you might as well have spared(=saved) yourself the trouble*** du kunne ha spart deg bryet; ***he was spared the embarrassment*** han ble spart (*el.* forskånet) for å komme i en slik forlegenhet;
2(=*manage without*) unnvære; ***I can't spare the money to buy it*** jeg har ingen penger å avse til å kjøpe det; ***can you spare me a minute or two?*** kan du avse et par minutter *(n)* til meg?

S

3. *i nektende setning:* sky; ***spare no expense*** ikke sky noen utgift; ***we will spare no effort to …*** vi skal ikke sky noen anstrengelser for å …;
4.: ***enough and to spare*** mer enn nok; ***they have enough and to spare****(=they have plenty)* de har mer enn nok;
5. *ordspråk:* ***spare the rod and spoil the child*** den som elsker sin sønn, tukter ham.

III. spare *adj* **1***(=extra)* ekstra *(fx pair of socks);* reserve-; **2***(=thin)* tynn *(fx tall and spare).*

spare bedroom gjesteværelse.

spare part *(=replacement part)* reservedel.

spare rib *på griseslakt:* nakkeribbe.

spare ribs *pl; kul:* slags mager ribbestek; *(jvf I. rib 2: roasted pork ribs).*

spare time fritid; ***in one's spare time*** i fritiden.

spare tyre 1. reservedekk; **2.** *fig; om fedme)* **T:** bilring *(fx he's got a spare tyre);* ***develop****(=put on)* ***spare tyres****(,* **US** *& Canada: love handles)* få bilringer.

sparing [ˌspɛəriŋ] *adj(=careful; economical):* ***a sparing use of cosmetics*** forsiktig bruk av kosmetikk; ***be sparing in your use of pepper*** spar på pepperet; bruk lite pepper.

sparingly [ˌspɛəriŋli] *adv:* sparsomt; forsiktig *(fx you should use it sparingly).*

I. spark [spɑ:k] *s* **1.** gnist; ***flying sparks*** gnistregn; ***strike sparks from*** slå gnister av;
2. *elekt:* ***break spark*** åpningsgnist;
3. *fig:* gnist; ***today, too, the sparks fly, but …*** også nå for tiden går det livlig for seg, men …; ***the spark's gone out of him*** han har mistet gnisten; ***rouse a spark of enthusiasm*** vekke en gnist av begeistring;
4. *iron* **T:** ***a bright spark*** en luring.

II. spark *vb* **1***(=give off sparks)* gnistre; slå gnister; **2.:** ***spark (off)****(=trigger off)* gi støtet til; få i gang.

sparking plug *lett glds: se spark plug.*

I. sparkle [spɑ:kl] *s* **1***(=glittering)* funkling; glitring; ***the sparkle of sunlight on the water*** solglitteret på vannflaten;
2. *om vin:* ***a wine full of sparkle*** en vin som perler fint;
3. *fig:* liv; ***she has a lot of sparkle*** det er mye liv i henne; hun er meget livlig.

II. sparkle *vb* **1***(=glitter)* glitre; gnistre; funkle;
2. *om vin:* perle; *(jvf sparkling wine);*
3. *fig(=shine)* briljere; glimre *(fx she really sparkled at that party).*

sparkler [ˌspɑ:klə] *s* **1. S***(=diamond)* diamant;
2. *slags fyrverkeri:* stjerneskudd.

sparkling [ˌspɑ:kliŋ] *adj* **1.** glitrende; gnistrende; funklende; **2.** perlende; musserende *(fx wine);*
3. *fig:* sprudlende *(fx humour);* ***she looked her sparkling best*** hun så absolutt strålende ut.

spark plug *mask:* tennplugg.

sparks [spɑ:ks] *s; mar* **S***(=radio officer)* telegrafist.

sparrow [ˌspærou] *s* **1.** *zo:* ***(common) sparrow****(=house sparrow)* (grå)spurv; *(se II. bunting);*
2. *fig:* ***a sparrow among hawks*** en spurv i tranedans.

sparrow hawk *zo:* spurvehauk.

sparse [spɑ:s] *adj:* spredt *(fx vegetation);* ***the illustrations in that book are rather sparse*** det er nokså sparsomt (,**T:** tynt) med illustrasjoner i den boken; ***sparse****(=scattered)* ***applause*** spredt applaus.

Spartan, spartan [ˌspɑ:tən] *adj:* spartansk.

spasm [spæzm] *s* **1.** krampe(trekning); spasme; ***a nervous spasm*** en nervøs trekning;
2. *fig:* ***a sudden spasm of energy*** et plutselig anfall av energi; ***work in spasms****(=work in fits and starts)* arbeide rykkevis.

spasmodic [spæzˌmɔdik] *adj* **1.** spasmodisk; krampaktig; **2.** *fig(=sporadic; intermittent; in fits and starts)* sporadisk; rykkevis.

spasmodically [spæzˌmɔdikəli] *adv* **1.** krampaktig;
2. *fig(=sporadically; intermittently; in fits and starts)* sporadisk; rykkevis.

I. spastic [ˌspæstik] *s; med.:* spastiker.

II. spastic *adj; med.:* spastisk.

I. spat [spæt] *s* **1.** *zo(=seed oyster)* østersyngel; **2***(=small gaiter)* kort gamasje.

II. spat *pret & perf.part. av II. spit.*

spate [speit] *s* **1.** *fig:* flom *(fx of new books);*
2.: ***in spate*** 1.: ***the river is in spate*** elva har nå stor vannføring; 2. *fig; om taler; litt. el. spøkef:* ***in full spate****(=in full swing)* i full sving.

spatial [ˌspeiʃəl] *adj:* romlig; ***spatial extent*** romlig utstrekning.

I. spatter [ˌspætə] *s* **1.** *fx ved sveising:* sprut;
2.: ***a spatter of rain*** spredt regn.

II. spatter *vb* **1***(=scatter; sprinkle)* sprute; **2***(=splash)* skvette; sprute; ***the car spattered her with water*** bilen skvettet vann på henne.

spatula [ˌspætjulə] *s* **1.** spatel; **2.** stekekniv.

spatulate [ˌspætjuˈlit] *adj:* spatelformet.

spavin [ˌspævin] *s; vet:* spatt.

I. spawn [spɔ:n] *s; zo:* (fiske)rogn; egg *n.*

II. spawn *vb* **1.** *zo:* gyte; yngle; legge egg *n;*
2. *fig; neds:* yngle; avføde; produsere (i mengdevis) *(fx useless documents); (=give rise to)* gi støtet til *(fx rumours).*

spawner [ˌspɔ:nə] *s; zo:* gytefisk; rognfisk.

spawning ground gyteplass.

spay [spei] *vb; ved fjerning av eggstokkene:* sterilisere.

speak [spi:k] *vb(pret: spoke; perf.part.: spoken)* **1.** snakke; ***he speaks French*** han kan snakke fransk; han snakker fransk; ***speak the truth*** snakke sant; ***speak to****(=talk to)* snakke med; ***roughly speaking*** stort sett; ***speaking as a student*** i egenskap av student;
2. si; ***he spoke****(=said)* ***a few words to us*** han sa noen ord *(n)* til oss; ***she saw me but didn't speak*** hun så meg, men sa ingenting; ***speak one's mind*** si sin mening;
3. tale; holde tale; ***he spoke at the meeting*** han talte på møtet; ***he spoke on …*** han snakket (*el.* foreleste) om …; ***refuse sby leave to speak*** nekte en ordet; *stivt:* ***rise (to speak)****(=begin to speak; address the meeting;* **US:** *take the floor)* ta ordet; ***no-one wanted to speak*** ingen ville ta ordet; ***speak off the agenda*** ta ordet utenfor dagsordenen; ***speak****(=rise)* ***on a point of order*** ta ordet til forretningsordenen;
4.: ***speak about****(=talk about)* snakke om;
5.: ***speak for*** være talsmann for; snakke for; ***speak for yourself!*** snakk for deg selv! ***the facts speak for themselves*** kjensgjerningene taler for seg selv;
6.: ***speak of*** 1*(=speak about; mention)* snakke om; nevne; ***he never speaks of his dead wife*** han nevner aldri sin døde kone; ***he's very well spoken of*** det sies mye bra om ham; ***it's nothing to speak of*** det er ikke noe å snakke om; 2. *stivt(=suggest)* tyde på *(fx it speaks of money);*
7.: ***speak out*** 1. snakke høyt nok; 2*(=speak straight from the shoulder)* snakke rett ut av posen;
8. T: ***I don't know him to speak to*** jeg kjenner ham ikke så godt at jeg kan innlede en samtale med ham;
9.: ***speak up*** 1. snakke høyere; 2*(=speak)* si noe; ta ordet *(fx nobody spoke up);* 3.: ***speak up for sby****(=support sby)* tale ens sak; støtte en.

speaker [ˌspi:kə] *s* **1.** taler; foredragsholder; ***principal speaker*** festtaler; ***the speaker*** 1. taleren; foredragsholderen; 2. den talende; den som snakker (,snakket) *(fx we couldn't see the speaker);* ***he's a good speaker*** 1. han er en god taler; 2. han har ordet i sin makt; **2***(=loudspeaker)* høyttaler;
3.: ***the Speaker (of the House of Commons)*** presidenten i Underhuset.

-speaker: ***an Italian-speaker*** en italiensktalende.

speaking [ˌspi:kiŋ] *s:* ***I prefer open speaking*** jeg foretrekker åpen tale; *skolev:* ***speaking and procedure for meetings****(=speeches and debates)* tale- og møteteknikk.

speaking clock: ***the speaking clock (service)*** telefonuret.
speaking in tongues *(=glossolalia)* tungetale.
speaking time *(=time allowed for speaking)* taletid.
I. spear [spiə] *s* **1.** spyd; **2.:** ***(fish) spear*** lyster; **3.** *bot:* spisst blad (*el.* skudd *(n)*).
II. spear *vb:* spidde; ***spear fish*** lystre fisk.
speargun [ˌspiəˈgʌn] *s; for undervannsfiske:* harpun.
I. spearhead [ˌspiəˈhed] *s* **1.** *mil:* angrepsspiss; **2.** *fig:* støttropp.
II. spearhead *vb:* gå i spissen for *(fx an attack).*
spearwort [ˌspiəˈwə:t] *s; bot:* ***great spearwort*** kjempesoleie; ***lesser spearwort*** grøftesoleie; *(se buttercup).*
spec [spek] *s* **T***(=speculation):* ***on spec*** som en spekulasjon; ***do it on spec*** ta sjansen; ta en sjanse; ***I went along on spec*** jeg tok sjansen og gikk.
I. special [ˌspeʃəl] *s* **1.** *merk:* ***this week's special*** ukens tilbud; **2.** *på restaurant* **T:** ***today's special****(=(special) dish of the day)* dagens rett;
3. *av avis(=special edition)* ekstrautgave; ekstranummer;
4.: ***a television special on*** et eget fjernsynsprogram om.
II. special *adj* **1.** spesiell *(fx occasion);* ***a special method*** en spesiell metode; **2.** spesial-; sær- *(fx interests).*
special agent person med spesialfullmakt.
Special Air Service *(fk SAS):* ***a Special Air Service unit****(=an SAS unit; a commando unit)* en gruppe kommandosoldater.
Special Boat Squadron *(fk SBS) mil; mar; intet tilsv; se Special Air Service.*
Special Branch: ***the (MI5 and) Special Branch*** overvåkingspolitiet.
special character *EDB:* spesialtegn.
special class *skolev:* spesialklasse.
special consideration særhensyn; særlig hensyn.
special-delivery letter [ˈspeʃəldiˌlivəriˈletə] *s; post:* (billig) ekspressbrev; *(jvf express letter).*
special education *skolev:* spesialundervisning; *fag:* spesialpedagogikk.
special interest særinteresse; *(se national preferences & sectional interests).*
special interest body interesseorganisasjon.
specialism [ˌspeʃəˈlizəm] *s; stivt(=special field)* spesiale *n (fx what's your specialism?).*
specialist [ˌspeʃəlist] *s:* spesialist.
specialist contractor leverandørspesialist.
specialist dictionary spesialordbok.
specialist press fagpresse; *(jvf scientific press & trade press).*
specialist room *skolev(=subject room)* fagrom; spesialrom.
speciality [ˈspeʃiˌæliti] *(,***US:** *specialty* [ˌspeʃəlti]*) s:* spesialitet.
specialization, specialisation [ˈspeʃəlaiˌzeiʃən] *s:* spesialisering.
specialize, specialise [ˌspeʃəˈlaiz] *vb:* spesialisere; ***specialize in*** spesialisere seg på.
special knowledge*(=expert knowledge)* sakkunnskap; sakkyndighet.
special landscape area landskapsvernområde; *(jvf national park; nature reserve; protected area).*
special library *(=specialized library; technical library)* fagbibliotek.
special licence kongebrev.
special line *merk:* spesialitet.
specially [ˌspeʃəli] *adv* **1***(=especially; particularly)* spesielt; særlig *(fx he's not specially clever);*
2.: ***specially****(,stivere: especially)* ***for you*** spesielt til deg; spesielt beregnet på deg; ***I asked for it specially*** jeg ba ekstra om det; ***I came specially to tell you the good news*** jeg kom ekstra for å fortelle deg den gode nyheten; ***I came home early specially to watch that programme*** jeg kom hjem tidlig nettopp fordi jeg ville se det programmet;
3. T*(=(more) especially; particularly)* især; særlig *(fx they are quite common, specially in hot countries).*
specially trained 1. spesialutdannet; **2.** spesialtrenet.
specially treated *adj:* spesialbehandlet *(fx leather).*
special meeting ekstramøte.
special-purpose language [ˈspeʃəlˌpə:pəsˈlæŋgwidʒ] *s:* bruksorientert språk.
special-purpose tool(s) [ˈspeʃəlˌpə:pəsˈtu:l(z)] *s(=special tool(s))* spesialverktøy.
special school spesialskole *(fx for handicapped children).*
special session ekstraordinær sesjon; ekstraordinært møte.
special subject spesialfag; *(se specialism).*
specialty [ˌspeʃəlti] *s* **US:** *se speciality.*
special waste *(=toxic waste)* spesialavfall.
species [ˌspi:ʃi:z] *s* **1.** *zo:* art *(fx there are several species of zebra);* ***wealth of species*** artsrikdom; *(jvf subspecies).* **2.** *stivt(=kind; sort)* art; slag(s).
species character *zo(=specific character)* artspreg.
specific [spəˌsifik] *adj* **1***(=precise)* presis *(fx orders);* ***be more specific about when you want us to come*** vær litt mer presis med hensyn til når du vil vi skal komme;
2*(=particular)* spesiell *(fx each organ has its own specific function);* ***is there anything specific*** *(= special; in particular)* ***you'd like to ask me about?*** er det noe spesielt du gjerne vil spørre meg om?
3. *biol:* artsegen;
4. spesifikk; *(se specific weight).*
specifically *adv; stivt* **1***(=expressly)* uttrykkelig; ***except where provision to the contrary is specifically made in the rules*** unntatt hvor annet er uttrykkelig bestemt i reglene;
2*(=specially)* spesielt *(fx designed).*
specification [ˈspesifiˌkeiʃən] *s* **1***(=specifying)* spesifisering; forklaring; ***his ideas need more specification****(=his ideas need to be specified more)* hans idéer må forklares nærmere;
2*(=detailed statement)* spesifikasjon; spesifisert oppstilling; ***specifications*** spesifikasjoner; tekniske data; ***building specifications*** byggebeskrivelse;
3.: ***specification (of a patent)*** patentbeskrivelse.
specific character *zo(=species character)* artspreg.
specific weight 1. *fys(=specific gravity)* spesifikk vekt; egenvekt; **2.** *mask; motors:* ytelsesvekt.
specify [ˌspesiˈfai] *vb:* spesifisere; ***specify the conditions*** fastsette de nærmere betingelser; *(jvf itemize).*
specimen [ˌspesimən] *s* **1***(=sample)* prøve; ***stool specimen*** avføringsprøve;
2. eksemplar *(n)* (av arten);
3. *neds:* ***he's an ugly specimen!*** han er en stygg fyr!
specimen copy *(=sample copy)* prøveeksemplar.
specimen signature underskriftsprøve.
specious [ˌspi:ʃəs] *adj; stivt* **1***(=too plausible)* be snærende *(fx argument);* **2***(=false)* falsk; ***specious claim*** urettmessig fremsatt krav *n.*
speck [spek] *s(=small spot; small stain)* liten flekk; ***a speck of dust*** et støvfnugg.
speckle [spekl] *s; mot annen bakgrunnsfarge:* flekk.
speckled [ˌspekəld] *adj:* med flekker *(jvf speckle).*
specs [speks] *s; pl* **T***(=spectacles)* briller.
spectacle [ˌspektəkl] *s* **1.** *stivt(=sight)* syn *n;* ***it was a great spectacle*** det var et flott syn;
2.: ***make a spectacle****(=fool)* ***of oneself*** blamere seg;
3. *stivt:* ***spectacles****(=glasses;* **T:** *specs)* briller; ***a pair of spectacles*** et par briller; ***where are my spectacles?*** hvor er brillene mine?
spectacle case brillefutteral.
spectacle freme brilleinnfatning.
spectacle lens brilleglass.
spectacle prescription brilleseddel.
spectacular [spekˌtækjulə] *adj* **1***(=impressive)* flott;

imponerende; **2**(*=dramatic*): ***a spectacular increase in spending*** en dramatisk økning i pengeforbruket.
spectacular play *(,T: spectacular) teat:* utstyrsstykke.
spectate [spekˌteit] *vb:* være tilskuer.
spectator [spekˌteitə] *s(=onlooker)* tilskuer.
spectator sport tilskuersport; publikumsidrett.
spectral [ˌspektrəl] *adj* **1.** *stivt el. litt.(=ghostly)* spøkelsesaktig; åndeaktig; ***in a spectral voice*** med hul røst; **2.** *fys:* spektral- *(fx colours).*
spectre *(,US: specter)* [ˌspektə] *s; også fig:* gjenferd *n;* spøkelse *n.*
spectroscope [ˌspektrə'skoup] *s:* spektroskop *n.*
spectrum [ˌspektrəm] *s(pl: spectra)* spektrum *n;* spekter *n; **the whole spectrum**(=range) **of emotion(s)*** hele spekteret av følelser.
spectrum analysis spektralanalyse.
speculate [ˌspekju'leit] *vb* **1.** spekulere; ***speculate in mining shares*** spekulere i gruveaksjer;
2. *fig; stivt:* spekulere; ***speculate about****(=think hard about; wonder about)* spekulere på (*el.* over); fundere på; grunne på.
speculation ['spekjuˌleiʃən] *s* **1.** *merk:* spekulasjon;
2. spekulasjon *(fx your speculations were all quite close to the truth); **there was great speculation among(st) the pupils as to what was happening**(=the pupils were busy guessing what was happening)* elevene spekulerte svært på hva som foregikk; ***this heightened speculation that …*** dette styrket spekulasjonene om at …; ***it was the subject of much speculation*** det var gjenstand for mange spekulasjoner.
speculative [ˌspekjulətiv] *adj* **1.** spekulasjons- *(fx purchase);* **2.** spekulativ.
speculator [ˌspekju'leitə] *s:* spekulant.
speculum [ˌspekjuləm] *s; med.:* spekulum *n.*
sped [sped] *pret & perf.part. av II. speed.*
speech [spi:tʃ] *s* **1**(*=ability to speak*) taleevne; ***lose the****(=one's)* ***power of speech*** miste talens bruk; *om talehemmet:* ***she has practically no speech*** hun kan nesten ikke snakke;
2. det å tale; tale; ***principal speech*** festtale; ***freedom of speech****(=free speech)* talefrihet; ***better in speech than in writing*** bedre i tale enn i skrift; ***make a speech*** holde en tale; ***she made quite a speech*** hun holdt en hel tale; ***a time limit was imposed on speeches*** det ble innført begrenset taletid; *(se speaking time);*
3. replikk *(fx he forgot one of his speeches);*
4. *jur:* ***closing speech****(=final speech)* sluttreplikk; sluttinnlegg; prosedyre;
5(*=spoken language*) talespråk; måte man snakker på; ***children's speech*** barns *(n)* språk *n;*
6. *gram:* ***part****(=category)* ***of speech*** ordklasse.
speech day *skolev:* årsfest; avslutningstilstelning.
speech defect *(=impediment (of speech))* talefeil.
speechify [ˌspi:tʃi'fai] *vb; neds:* holde lange taler.
speech-in-reply svartale.
speechless [ˌspi:tʃləs] *adj:* målløs; ute av stand til å si noe; ***her daring left us speechless*** hun var så dristig at vi ble helt stumme; ***in speechless amazement*** i stum forbløffelse.
speech norm normal(tale)språk; normert språk *n.*
speech-read [ˌspi:tʃ'ri:d] *vb(=lip-read)* lese på munnen.
speech reading *(=lip reading)* munnavlesning.
speech therapist logoped; talepedagog.
speech therapy logopedi.
speech writer *polit:* taleskribent.
I. speed [spi:d] *s* **1.** fart; hastighet; ***a good speed*** god fart; ***four forward speeds*** fire hastigheter forover; ***a miserably slow speed*** lusefart; ***with a craze for speed*** fartsglad; ***at a speed of*** med en hastighet av; med en fart av; ***at high speeds*** i høye (*el.* store) hastigheter; ***gather speed*** 1. skyte fart; akselerere; 2. *fig; om handling(=move faster)* skyte fart *(fx the plot gathered speed in the second act);* ***keep up a high speed*** holde en høy hastighet; ***the car was travelling at speed*** bilen kjørte fort; ***at the speed of sound*** med lydens hastighet; ***reduce speed****(=slow down)* minske farten; sette ned farten; **2. S**(*=amphetamine*) amfetamin.
II. speed *vb(pret & perf.part.: speeded, sped)* **1.** kjøre fort *(fx the car speeded(=sped) along the motorway);*
2. kjøre for fort;
3. *stivt(=hurry)* ile *(fx he sped to her bedside);*
4. *stivt(=hurry up; speed up)* påskynde *(fx his recovery);*
5.: ***speed off*** kjøre fort av sted; kjøre sin vei i all hast;
6.: ***speed up*** 1. påskynde; 2. sette opp farten.
speedboat [ˌspi:d'bout] *s(=outboard runabout)* passbåt.
speed check fartskontroll; ***radar speed check*** radarkontroll.
speed cop US: trafikkonstabel på motorsykkel.
speeder [ˌspi:də] *s(,T: speedhog)* fartssynder.
speed freak S *(=amphetamine addict)* en som er avhengig av amfetamin.
speed hump *i veibanen(=traffic ramp;* ***T:*** *sleeping policeman)* fartsdemper.
speeding [ˌspi:diŋ] *s:* fartsoverskridelse *(fx he was fined £50 for speeding).*
speed limit fartsgrense; ***exceed the speed limit*** overskride fartsgrensen.
speed-mad [ˌspi:d'mæd] *adj:* fartsgal.
speed mania fartsgalskap.
speedometer [spi:ˌdɔmitə] *s; mask:* speedometer.
speedometer cable *mask:* speedometerwire.
speed skater *sport:* hurtigløper (på skøyter).
speed skating *sport:* hurtigløp på skøyter; ***short track speed skating*** kortbaneløp på skøyter.
speed trap *(=radar trap; radar speed check)* radarkontroll.
speed trial fartsprøve.
speed-up [ˌspi:d'ʌp] *s(=acceleration)* fartsøkning.
speedway [ˌspi:d'wei] *s* **1.** speedway(bane);
2. US(*=motorway*) motorvei.
speedwell [ˌspi:d'wel] *s; bot:* ***(ivy-leaved) speedwell*** veronika; ***marsh speedwell*** veikveronika; *(jvf brooklime).*
speed wrench US *(=wheel brace)* hjulavtager; hjulkryss.
speedy [ˌspi:di] *adj:* rask *(fx answer; recovery).*
I. spell [spel] *s* **1.** trylleformular;
2. trolldom *(fx the spell of music);* fortryllelse; ***completely under her spell*** helt fortryllet av henne; ***under a spell*** tryllebundet; bergtatt; ***break the spell*** heve fortryllelsen; ***the spell was broken*** fortryllelsen var brutt; *også fig:* ***cast a spell on****(=over)* ***sby****(=put sby under a spell)* forhekse en; trollbinde en;
3(*=period*) periode *(fx a spell of cold weather);*
4. T(*=turn*) tørn *(fx do a spell at the machine);*
5. T: ***for a spell****(=short time)* en (liten) stund; ***he was only at home for the briefest of spells*** han ble bare hjemme en stakket stund.
II. spell *vb(pret & perf.part.: spelt, spelled)* **1.** stave; **2.** *om bokstaver:* bli til *(fx c-a-t spells 'cat');*
3. *stivt(=mean)* bety; ***it spells disaster*** det betyr katastrofe.
spellbind [ˌspel'baind] *vb:* tryllebinde; fengsle.
spellbound [ˌspel'baund] *adj:* tryllebundet; ***hold****(=keep)* ***sby spellbound*** holde en tryllebundet.
speller [ˌspelə] *s:* ***a bad speller*** en som er dårlig til å stave.
spelling [ˌspeliŋ] *s:* ortografi; stavemåte; staving; rettskrivning.
spelling mistake stavefeil.
spelt [spelt] *pret & perf.part. av II. spell.*
spend [spend] *vb(pret & perf.part.: spent)* **1.** *om penger & tid:* bruke; ***we haven't much to spend*** vi har ikke så mange penger å rutte med; ***spend money (,time) on*** bruke penger (,tid) på; ***most of our holiday***

spelling

British or American English?

Spelling

British	American
kidnapped	kidnaped
colour	color
defence	defense
catalogue	catalog
programme	program

Remember to decide whether to write BE or AmE and to be consequent!

trip was spent (on(=in)) travelling størstedelen av ferieturen vår gikk med til å reise; ***spend one's time reading*** tilbringe tiden med å lese;
2. *om tid:* tilbringe; ***we spent three weeks in Kenya*** vi var (*el.* tilbrakte) tre uker i Kenya; ***time well spent*** vel anvendt tid;
3. *stivt(=use up)* bruke opp *(fx all one's energy)*; ***spend oneself****(=tire oneself out)* slite seg ut;
4. T: ***spend a penny****(=pass water)* slå lens; tisse.
spender [ˌspendə] *s:* ***a big spender*** en som bruker mange penger.
spending [ˌspendiŋ] *s:* pengeforbruk; ***we must be careful with our spending*** vi må være forsiktige med pengeforbruket vårt.
spending money*(=pocket money)* lommepenger.
spending power*(=purchasing power)* kjøpekraft.
spending spree: *se spree 2.*
spendthrift [ˌspendˈθrift] *s; neds:* en som sløser med pengene; *glds:* ødeland.
spent [spent] **1.** *pret & perf.part. av spend;*
2. *adj:* utbrent; ***spent match*** utbrent fyrstikk;
3. *adj; stivt(=exhausted)* utkjørt;
4. *adj:* ferdig med å gyte.
sperm [spə:m] *s; fysiol* **1***(=semen)* sæd(væske); sperma; **2***(=sperm cell)* sædcelle.
spermaceti [ˈspə:məˌseti] *s:* spermasett; hvalrav.
spermaduct [ˌspə:məˈdʌkt] *s; anat:* sædleder.
sperm cell *fysiol:* sædcelle.
spermicidal [ˈspə:miˌsaidl] *adj; med.:* sæddrepende.
spermicide [ˌspə:miˈsaid] *s; med.:* sæddrepende middel *n.*
sperm whale *zo:* spermasetthval.
spew [spju:] *vb* **1. T***(=vomit)* spy; **2.** *fig:* ***spew (out)*** spy ut; ***flames spewed out*** flammene veltet frem.
sphagnum [ˌsfægnəm] *s; bot(=peat moss; bog moss)* torvmose; hvitmose.
sphere [sfiə] *s* **1.** *geom:* kule;
2. sfære; fagområde *(fx it's outside his sphere)*; ***sphere of activity*** virkefelt; ***in the social sphere*** i selskapslivet;
3.: ***in literary spheres****(=circles)* i litterære kretser; ***in the sphere of politics****(=in political circles)* i politiske kretser.
spherical [ˌsferikl] *adj:* krum *(fx surface)*; rund (som en kule) *(fx a spherical object)*.
sphincter [ˌsfiŋktə] *s; anat:* lukkemuskel.
sphinx [sfiŋks] *s:* sfinks.
spicate [ˌspaikeit] *adj; bot:* aksdannet; aksbærende.
I. spice [spais] *s* **1.** krydder *n;*
2. *fig:* krydder *n;* ***add some spice to life*** sette (litt) krydder på tilværelsen; *ordspråk:* ***variety is the spice of life****(=there's nothing like change)* forandring fryder.
II. spice *vb; også fig:* krydre (*with* med).
spiced [spaist] *adj:* krydret; ***heavily spiced*** sterkt krydret.
spick and span *adj(=neat and clean):* ***in half an hour he had the whole house spick and span*** på en halv time hadde han gjort huset pent og rent.
spicy [ˌspaisi] *adj* **1.** krydret *(fx a spicy cake)*;
2. *fig:* vovet; dristig; pikant *(fx story)*.
spider [ˌspaidə] *s* **1.** *zo:* edderkopp; ***harvest spider****(=harvestman;* **US:** *daddy-longlegs)* vevkjerring; **T:** langbein; *(jvf daddy-longlegs)*;
2. *mask:* ***spider (of the universal joint)*** kardangkryss; mellomakselkryss.
spiderman [ˌspaidəmən] *s; bygg:* montør av stålkonstruksjoner i stor høyde.
spider's web *(=cobweb)* spindelvev; kingelvev.

spend

bruke, tilbringe

Note: We **spend** time and money
Let us spend a week in London
Let us spend some time together

spidery [spaidəri] *adj:* edderkoppaktig.
spiel [ʃpi:l] *s; neds; især* **US** *S(=glib speech; long story)* svada; lang historie; ***sales spiel****(=sales talk)* stor salgsprat.
spigot [spigət] *s; på vinfat, etc(=bung)* spuns.
I. spike [spaik] *s* **1.** pigg; *(jvf I. barb 1; quill 2; I. stud 2);* **2.** *zo; på hjortetakk:* spiss; **3.** *bot:* aks *n.*
II. spike *vb* **1.** sette pigger på *(fx boots);*
2. *hist:* ***spike a gun*** fornagle en kanon; *fig:* ***spike sby's guns****(=thwart sby's plans)* forpurre ens planer;
3. *om drink:* sprite opp (*with* med);
4. T*(=contaminate)* forgifte; tilsette meget skadelig stoff *n;*
5. *avisspråk; om artikkel(=reject)* vrake.
spiked [spaikt] *adj* **1.** utstyrt med pigger; ***spiked shoes*** *(=running shoes; track shoes;* **T:** *spikes)* piggsko;
2. *bot(=spike-flowered)* aksblomstret; aksbærende.
spike heel *(=stiletto heel)* stiletthæl.
spikelet [ˌspaiklit] *s; bot:* småaks.
spiky [spaiki] *adj* **1.** med pigger; pigget; **2***(=irritable)* irritabel.
I. spill [spil] *s* **1***(=fall)* fall *n;* ***have a spill*** falle; *om syklist:* velte; falle av; ***2:*** *se spillway;* **3.** *hist:* fidibus.
II. spill *vb(pret & perf.part.: spilt; spilled)* **1.** spille; søle; *stivt:* ***before any blood is spilt****(=before there's any bloodshed)* før det flyter blod; *ordspråk:* ***it's no use crying over spilt milk*** det nytter ikke å gråte over spilt melk;
2. T: ***spill the beans****(=let the cat out of the bag)* være løsmunnet; røpe det hele;
3.: ***spill out*** 1. falle ut; trille ut; ***potatoes spilled out of the burst bag*** potetene trillet ut av den istykkerrevne sekken; 2. *om væske:* skvulpe ut; 3. strømme ut *(fx people spilt out into the street);* 4.: ***spill out of one's bikini*** ese (*el.* tyte) ut av sin bikini;
4.: ***spill over*** 1. renne over; 2. *om befolkning:* spre seg (*into* til); 3*(=spread)* spre seg; smitte over (*into* på); 4. *om langvarig møte:* vare (*into* til).
spillage [ˌspilidʒ] *s:* spill *n;* det som spilles.
spillway [ˌspil'wei] *s(=spill; wasteweir)* overløp.
spilt [spilt] *pret & perf.part. av II. spill.*
I. spin [spin] *s* **1.** det å snurre (*el.* virvle) rundt;
2. *om ball:* spinn *n;* skru;
3. *sport; kunstløp:* piruett;
4. T: liten, rask kjøretur;
5. *flyv & om bil:* spinn *n;*
6.: ***flat spin*** 1. *flyv:* flatt spinn; 2. *fig* **T:** ***go into a flat spin*** bli helt forstyrret.
II. spin *vb(pret & perf.part.: spun)* **1.** spinne *(fx wool);*
2. rotere; snurre rundt; (få til å) gå fort rundt; ***spin the ball*** skru ballen; ***spin a coin****(=toss up)* slå mynt og krone; ***his head was spinning*** det gikk rundt i hodet på ham; ***spin round*** snurre rundt; snu seg brått;
3.: ***spin a yarn*** spinne en ende; fortelle en historie.
spinach [ˌspinidʒ; ˌspinitʃ] *s; bot:* spinat.
spinal [spainl] *adj:* spinal-; ryggmargs-.
spinal anaesthesia *med.:* spinalbedøvelse.
spinal column *anat:* ryggsøyle.
spinal cord *anat(=spinal marrow)* ryggmarg.
spindle [spindl] *s* **1.** spindel;
2. tein; *på spinnemaskin:* spindel;
3. US*(=stub axle)* hjulspindel; forhjulstapp;
4. *mask:* ***float spindle*** flottørnål.
spindleback chair pinnestol.
spindlelegs [ˌspindl'legz] *s; om lange, tynne ben:* pipestilker.
spindly [ˌspindli] *adj* **1.** *om arm el. ben:* spinkel; tynn; **2.** *om stol, etc(=frail)* skrøpelig.
spin drier *for tøy:* sentrifuge.
spindrift [ˌspin'drift] *s(=sea spray)* sjøsprøyt.
spin-dry [ˌspin'drai] *vb; tøy:* sentrifugere.
spine [spain] **1.** *anat(=spinal column)* ryggsøyle; ***a cold shiver ran down my spine*** det løp kaldt nedover ryggen på meg;
2. *bot; på kaktus:* torn;
3*(=back of a book)* bokrygg.
spine cancer *med.:* ryggmargskreft.
spine chiller *bok el. film:* grøsser.
spinel [spiˌnel] *s; min:* spinell.
spineless [ˌspainləs] *adj* **1.** *zo(=invertebrate)* virvelløs; **2.** *neds* **T***(=weak)* holdningsløs; svak.
spinet [ˌspinit] *s; mus:* spinett.
spinnaker [ˌspinəkə] *s; mar:* spinnaker.
spinner [ˌspinə] *s* **1.** *person:* spinner(ske); *(se money -spinner);* **2.** *fisk(=spinning bait)* sluk *n.*
spinney [ˌspini] *s(=small wood; copse)* skogholt.
spinning bait *fisk:* sluk *n; (jvf spoon bait).*
spinning frame *mask:* spinnemaskin.
spinning mill spinneri *n.*
spinning wheel *mask:* rokk; spinnerokk.
spin-off [ˌspin'ɔf] *s* **1***(=spin-off product; by-product; secondary product)* biprodukt; sekundærprodukt (*of* av) *(fx gadgets that are spin-offs of space research);* **2***(=further development)* videreutvikling (*from* av) *(fx a spin-off from a successful TV series);*
3*(=ramification)* forgrening (*into* til).
spinous [ˌspainəs] *adj(=spiny)* pigget; tornet.
spinster [ˌspinstə] *s:* ugift (eldre) kvinne; *neds:* peppermø; gammel jomfru.
spiny [ˌspaini] *adj* **1.** pigget; tornet; **2.** *fig(=thorny)* tornet *(fx problem).*
spiny dogfish *zo:* hå; *(se dogfish).*
spiny lobster *zo(=rock lobster; langouste)* langust.
spiraea *(,US: spirea)* [spaiˌriə] *s; bot:* spirea.
I. spiral [ˌspaiərəl] *s; også fig:* spiral; ***inflationary spiral****(=wage-price spiral)* inflasjonsspiral.
II. spiral *adj:* spiralformet; spiral-.
III. spiral *vb* **1.** (få til å) bevege seg i en spiral; **2.** *om priser:* skru seg i været;
3. *flyv:* ***spiral down*** gå ned i spiraler;
4. *om røyk:* ***spiral up*** stige til værs i spiraler.
spiral binding spiralhefting.
spiral-bound writing pad spiralblokk.
spiral spring *(=coil spring)* spiralfjær.
spiral staircase *(=winding stairs)* vindeltrapp.
spire [ˌspaiə] *s:* (tårn)spir *n;* ***church spire*** kirkespir.
I. spirit [ˌspirit] *s* **1.** ånd *(fx the spirit of reform; the spirits of the dead);* ***congenial****(=kindred)* ***spirit*** åndsfrende; ***an evil spirit*** en ånd ond; ***a leading spirit*** en ledende kraft; ***public spirit****(=community spirit)* samfunnsånd; ***team spirit*** lagånd; ***the spirit is willing but the flesh is weak*** ånden er villig, men kjødet er skrøpelig; ***I prefer to remain a free spirit*** jeg foretrekker å være fri og frank (ɔ: forbli ugift); ***the guiding spirit of an undertaking*** den bærende kraft i et foretagende; ***we have a good spirit here in our club*** det er en fin ånd her i klubben vår; ***according to the spirit, not the letter, of the law*** etter lovens ånd og ikke etter dens bokstav; ***I'll be with you in spirit****(=I'll be thinking of you)* jeg skal følge deg i ånden; ***he took the criticism (,joke) in the right spirit*** han tok kritikken (,spøken) i den rette ånd; ***one must take****(=understand)* ***this in the spirit in which it was written*** man må forstå dette i den ånd det er skrevet; ***it depends on the spirit in which it is done*** det kommer an på hvilken ånd det gjøres i;
2. holdning; innstilling; ånd; ***that's the spirit!*** slik ja! det er den rette innstillingen!
3*(=fighting spirit)* kampånd; kampglød; kampvilje; kamplyst; ***it's not size that counts but spirit*** det er ikke størrelsen det kommer an på, men gløden; ***they lack spirit*** de mangler kampglød; det er ikke noe tak i dem;
4. sprit; alkohol; ***surgical spirit*** sykehussprit; ***white spirit*** white spirit; *(se motor spirit);*
5.: ***spirits*** brennevin; ***wine and spirits*** vin og brennevin; ***I keep off spirits*** jeg holder meg unna brennevin;
6.: ***spirits*** *om sinnsstemning:* ***be in high (,low) spirits*** være i godt (,dårlig) humør; ***this may raise his spirits*** dette vil kanskje sette ham i bedre humør; ***her spirits***

rose instantly humøret hennes ble straks bedre; ***there's nothing wrong with his spirits anyhow!*** humøret hans er det i hvert fall ikke noe å si på!

II. spirit *vb:* ***spirit away*** trylle bort.

spirited [ˌspiritid] *adj* **1.** dristig *(fx attack);* **2***(=lively)* livlig *(fx discussion).*

spiritless [ˌspiritləs] *adj:* uten temperament *n;* svak (i ånden); kraftløs; energiløs *(fx person);* livløs *(fx his performance was rather spiritless).*

spirit level *verktøy:* vaterpass *n.*

spiritual [ˌspiritʃuəl] *adj:* åndelig; sjelelig.

spiritual adviser sjelesørger.

spiritual comfort *(=spiritual consolation)* sjeletrøst.

spiritual emancipation åndelig frigjøring.

spiritualism [ˌspiritʃuə'lizəm] *s(=spiritism)* spiritisme.

spiritualist [ˌspiritʃuəlist] *s:* spiritist.

spiritualist association parapsykologisk forening.

spiritualize, spiritualise [ˌspiritʃuəˈlaiz] *vb* **1***(=give a spiritual meaning to)* gi en åndelig betydning; **2***(=make spiritual)* åndeliggjøre.

spiritual leader åndshøvding.

spiritual life sjeleliv; det åndelige liv.

spiritual sustenance åndelig føde.

spirituel(le) ['spiritjuˌel] *adj(=brilliant; witty)* spirituell; åndfull.

spirit varnish spritlakk.

I. spit [spit] *s* **1.** (steke)spidd *n;* ***roast on a spit*** steke på spidd;
2. landtunge; tange;
3. spadestikk *(fx dig it two spit(s) deep);*
4*(=spittle; saliva)* spytt *n;*
5.: ***be the dead spit of sby****(=be the spitting image of sby)* ligne en på en prikk.

II. spit *vb(pret & perf.part.: spat)* **1.** spytte; ***spit it out!*** spytt (det) ut!
2. *om ild:* sende ut; spy *(fx spit (out) sparks);*
3. *mask; om motor:* ***spit back (through the carburettor)****(=misfire)* fuske; feiltenne;
4. T: ***spit with*** fråde av; skumme av *(fx rage);*

III. spit *vb* **1***(=skewer)* sette på spidd *n;* **2.** spidde.

spit and polish T: ***give it a bit of spit and polish*** pusse litt på det.

I. spite [spait] *s* **1.** ondskap(sfullhet); ***she did it out of spite*** hun gjorde det for å være ondskapsfull; **2***(=grudge):* ***have a spite against sby*** ha et horn i siden til en;
3.: ***in spite of****(=despite)* til tross for; tross; trass i; ***in spite of the fact that …*** til tross for at … ***in spite of that I'll still go*** jeg går likevel; ***it was a success in spite of him*** det var vellykket til tross for ham; ***he did it in spite of himself*** han kunne ikke la være (å gjøre det).

II. spite *vb* **1.** være ondskapsfull mot; ergre *(fx he only did it to spite me!);*
2.: ***cut off one's nose to spite one's face*** gjøre noe som blir verst for en selv.

spiteful [ˌspaitful] *adj:* ondskapsfull.

spitefulness [ˌspaitfulnəs] *s:* ondskapsfullhet.

spitfire [ˌspit'faiə] *s:* sinnatagg; hissigpropp.

spitting image T: ***he's the spitting image of his father****(=he's the dead spit of his father)* han ligner sin far på en prikk.

spittle [spitl] *s(=spit; saliva)* spytt *n.*

spittoon [spiˌtu:n] *s* **1.** spyttebakke; **2.** *hos tannlege:* spyttekum.

I. splash [splæʃ] *s* **1.** plask *n;*
2. sprut; skvett; ***a splash of mud*** en søleskvett;
3. *om sterk fargeeffekt:* ***a splash of colour*** en fargeklatt;
4.: ***make a splash*** 1. tiltrekke seg oppmerksomhet; skape sensasjon.

II. splash *vb* **1.** skvette; søle på *(fx the car splashed my coat);* ***the sea splashed over the bows*** sjøsprøyten stod over baugen; ***splash water about*** skvette vann *(n)* omkring; ***splash sby with water*** skvette vann på en;
2. plaske; ***splash oneself*** plaske vann *(n)* på seg; ***splash across a stream*** plaske over en bekk;
3. *neds(=display)* slå opp *(fx posters);*
4. *om nyhet:* slå stort opp; ***the story was splashed across the front page*** historien ble slått stort opp på første side;
5. T: ***splash money about****(=spend money like water)* øse ut penger; strø om seg med penger;
6. *om romkapsel:* ***splash down*** lande i havet;
7. T: splash out 1*(=lash out)* slå stort på; bruke mange penger; 2.: ***splash out on****(=splurge on)* unne seg; spandere på seg.

splashdown [ˌsplæʃ'daun] *s; om romkapsel:* landing i havet.

splatter [ˌsplætə] *vb(=splash)* plaske *(fx rain splattered against the windscreen).*

I. splay [splei] *s:* skråkant; dørsmyg; vindussmyg.

II. splay *vb:* gjøre skrå; gi skråkant.

splay-footed [ˌsplei'futid] *adj:* uttilbens.

spleen [spli:n] *s* **1.** *anat:* milt; **2.** *fig(=rage):* ***vent one's spleen on sby*** la sinnet sitt gå ut over en.

spleenwort [ˌspli:n'wə:t] *s; bot:* burkne.

splendid [ˌsplendid] *adj:* strålende; praktfull; prektig; glimrende; storartet; flott *(fx piece of work);* ***that's splendid!*** det er utmerket! ***we had a splendid time in London*** vi hadde det alle tiders i London.

splendidly [ˌsplendidli] *adv:* fint; utmerket; ***everything went splendidly*** alt gikk helt fint.

splendour *(,***US:** *splendor)* [ˌsplendə] *s:* glans; prakt.

I. splice [splais] *s:* skjøt; spleis.

II. splice *vb* **1.** skjøte; spleise; **2. T:** ***get spliced****(=get married)* bli spleiset (ɔ: bli gift).

splint [splint] *s* **1.** *med.:* skinne *(fx put the broken leg in splints);* **2.** *til fletting:* spon *n.*

splint bone *anat(=fibula)* leggbe(i)n.

I. splinter [ˌsplintə] *s* **1.** *mil:* splint;
2. splint; flis; ***get a splinter in one's finger*** få en flis i fingeren.

II. splinter *vb(=shatter)* splintre.

splinter group *polit(=breakaway faction)* utbrytergruppe.

splish-splash [ˌspliʃˌsplæʃ] *int:* kliss-klass.

I. split [split] *s* **1***(=crack)* sprekk; **2.** *fig:* splittelse;
3. *gym:* ***do the splits*** gå ned i spagaten.

II. split *vb(pret & perf.part.: split)* **1.** spalte; dele; kløyve *(fx firewood);* revne *(fx the skirt split);*
2. *fig:* splitte; dele; ***split a pound note*** dele en pundseddel;
3.: ***split away from*** skille lag *(n)* med;
4. T: ***split on sby****(=tell on sby)* sladre på en;
5.: ***split (up)*** 1. dele (opp) *(into* i); ***can you split up this pound note?*** kan du dele denne pundseddelen? 2. gå fra hverandre *(fx after six months' marriage);* ***she split up from her husband****(=she left her husband)* hun gikk fra mannen sin; *(se split-up 2);*
6. T: ***split with****(=share with)* dele med *(fx sby);*
7. *mht. pris:* ***split the difference*** møtes på halvveien.

split herring flekket sild.

split infinitive *gram:* kløyvd infinitiv.

split-level [ˌsplit'levl] *adj:* på to plan *(fx dining room).*

split peas *pl:* gule erter.

split personality spaltet personlighet.

split pin *mask(=cotter pin)* låsesplint; låsepinne.

split second *(=fraction of a second):* ***for a split second she thought she saw a face at the window*** i brøkdelen av et sekund syntes hun at hun så et ansikt ved vinduet.

split-second timing [ˌsplit'sekənd ˌtaimiŋ] *s:* hårfin beregning av tiden.

split shift *om arbeidsskift:* delt skift *n.*

I. splitting [ˌsplitiŋ] *s:* ***splitting up*** (opp)deling; ***the likely solution now seems to be a splitting up (into two parts) of …*** den sannsynlige løsningen er nå en todeling av …

S

sponge

sponge	*svamp*
sponge off	*snylte, tørke opp*
sponge up	*tørke opp*
sponge a meal	*få et gratis måltid*

NYTTIGE UTTRYKK

It's about time you stop **sponging off** your parents.

Sponge up the grease, please.

II. splitting *adj: **I've a splitting headache*** jeg har en dundrende hodepine.
split-up [ˌsplit'ʌp] *s* **1.** splittelse;
2. *merk: **stock split-up*** oppdeling av aksjer;
3. *om forhold:* brudd *n;* slutt; *(se II. split 5: split up 2).*
splodge [splɔdʒ]*(,***US:** *splotch) s:* klatt.
I. splurge [splə:dʒ] *s* **1.** briljering (med sin rikdom, etc); **2. T***(=spending spree)* en ordentlig innkjøpsrunde.
II. splurge *vb* **1***(=make a splurge)* briljere; **2. T** *mht. innkjøp, etc:* (riktig) flotte seg; slå stort på; ***splurge on a slap-up dinner*** spandere på seg et flott måltid.
I. splutter [ˌsplʌtə] *s:* sprut; ***the sausages gave a splutter*** pølsene freste (*el.* sprutet) (i pannen).
II. splutter *vb* **1.** frese;
2. *om kjele når vannet koker(=hiss)* visle;
3*(=spit when speaking)* spytte; sprute;
4. snuble i ordene *n.*
spoil [spɔil] *vb(pret & perf.part.: spoilt, spoiled)*
1*(=ruin)* ødelegge *(fx one's appetite; one's holiday);* **T: *spoil sby's fun*** ødelegge moroa for en;
2. *barn:* skjemme bort;
3. T: *spoil for a fight**(=be eager for a fight)* være ivrig etter å få slåss.
spoils [spɔilz] *s; pl; stivt el. litt.(=booty)* bytte *n.*
spoilsport [ˌspɔil'spɔ:t] *s(=killjoy)* gledesdreper.
spoils system US: den praksis at gode embeter *(n)* fordeles blant tilhengere av det seirende parti.
spoilt [spɔilt] *pret & perf.part. av spoil.*
I. spoke *s* **1.** *i hjul:* eike; **2.** *fig: **put a spoke in sby's wheel*** stikke kjepper i hjulene *(n)* for en.
II. spoke *pret av speak.*
spoken [ˌspoukən] **1.** *perf.part. av speak;*
2. *adj: **spoken English*** engelsk talespråk; ***the spoken word*** det talte ord.
spokeshave [ˌspouk'ʃeiv] *s* **US***(=drawknife; drawshave)* skavehøvel; skavejern.
spokesman [ˌspouksmən] *s:* talsmann.
I. sponge [spɔndʒ] *s* **1.** svamp;
2. *med.(=tampon; cottonwool pad)* (sår)tampong;
3*(=sponge cake)* sukkerbrød;
4. gjærdeig (før den eltes);
5. throw in the sponge*(=towel)* gi opp; erklære seg slått.
II. sponge *vb* **1.** vaske med svamp;
2. *tekstil(=steam; decatize)* dekatere *(fx a cloth);*
3*(=wipe)* tørke *(off* av) *(fx the mess off the table);* ***sponge up****(=wipe up)* tørke opp;
4. *fig:* snylte; ***sponge off, sponge on*** snylte på.
sponge bag *(=toilet bag; cosmetic bag)* toalettveske.
sponge bath kroppsvask med svamp.
sponge cake *kul:* sukkerbrød; kake lagd av sukkerbrøddeig.
sponge-cake base sukkerbrødbunn: *(jvf sponge flan).*
sponge-cake mixture *(=sponge mixture)* sukkerbrøddeig.
sponge flan ferdigkjøpt sukkerbrødbunn; *(jvf sponge -cake base).*
sponger [ˌspɔndʒə] *s(,***US** ***S:*** *freeloader)* snyltegjest.
spongy [ˌspɔndʒi] *adj* **1.** svampaktig; svampet;
2. som fjærer; som gir etter; ***the brakes are spongy*** bremsepedalen fjærer;
3. *sport; om bane(=soggy)* regntung; våt.
I. sponsor [ˌspɔnsə] *s* **1.** sponsor; fadder;
2. *for nytt medlem:* fadder;
3. *rel(=godparent)* gudfar; gudmor.
II. sponsor *vb* **1***(=support)* støtte; sponse;
2. *mht. veldedig formål: **sponsor sby*** være sponsor for en *(fx on a 24-mile walk);*
3.: *a scheme sponsored**(=initiated)* ***by NN*** en plan som NN har stått fadder til.
sponsored film betalingsfilm.
sponsored walk *i veldedig øyemed:* sponset marsj; *(se II. sponsor 2).*
sponsorship [ˌspɔnsə'ʃip] *s:* støtte; sponsing.
sponsor teacher US *& Canada; skolev(=teaching supervisor)* øvingslærer.
spontaneity ['spɔntəˌni:iti; 'spɔntəˌneiiti] *s (=spontaneousness)* spontanitet.
spontaneous [spɔnˌteiniəs] *adj* **1.** spontan *(fx invitation);* **2.** naturlig; spontan *(fx recovery from an illness).*
spontaneous combustion selvantennelse.
spontaneousness [spɔnˌteiniəsnəs] *s:* spontanitet.
spoof [spu:f] *s* **T***(=parody)* parodi (*on* på).
spoof Western T: parodisk westernfilm.
spook [spu:k] *s* **T** *1(=ghost)* spøkelse *n;* skrømt *n;*
2. S *neds(=Negro)* svarting;
3. US *& Canada(=spy)* spion.
spooky [spu:ki] *adj* **T:** nifs; spøkelsesaktig.
spool [spu:l] *s:* spole *(fx of thread);* filmspole.
I spoon [spu:n] *s:* skje.
II. spoon *vb* **1.** gi med skje; **2.** øse (med skje); ***spoon soup into a plate*** øse opp suppe på en tallerken; ***spoon up*** øse opp med skje; spise med skje.
spoonbait [ˌspu:n'beit] *s; fisk:* skjesluk; *(jvf spinning bait).*
spoonerism [ˌspu:nə'rizəm] *s* eksempel *(n)* på bakvendtsnakk; ***talk in spoonerisms*** *svarer til:* snakke bakvendt *(fx 'in hunt of your frouse' for 'in front of your house' is a spoonerism).*
spoonfeed [ˌspu:n'fi:d] *vb* **1.** mate med skje; **2.** *fig: **spoonfeed sby*** mate en; gi en det inn med skjeer; ***be spoonfed*** få noe inn med skjeer; bli matet (*with* med).
spoon food skjemat.
spoonful [ˌspu:nful] *adj:* skjefull; skje.
spoor [spuə; spɔ:] *s; især om afrikanske forhold (= trail)* spor *n.*
sporadic [spəˌrædik] *adj:* sporadisk; spredt *(fx applause; gunfire).*
sporadically [spəˌrædikəli] *adv:* sporadisk.
sporangium [spəˌrændʒiəm] *s; bot(=spore case)* sporehus.

spore [spɔ:] *s; bot:* spore.
sporran [ˌspɔrən] *s; skotsk:* belteveske.
I. sport [spɔ:t] *s* **1.** sport; ***(athletic) sport*** idrettsgren; ***(athletic) -s(=athletics)*** idrett; ***a winter sport*** en vinteridrett; ***minister of sport*** sportsminister; ***go in for sport*** drive sport; ***he does some kind of sport*** han driver en eller annen form for sport; ***bobsleigh and tobogganing are not common sports*** bob og aking er en lite utbredt sport; ***engage in competitive sports*** delta i konkurranseidrett; ***take up some sport*** begynne med idrett; *(se snowsport & I. sports);*
2. T: ***he's a good sport*** han er en real (*el.* grei) kar; ***be a sport!*** vær nå grei, da!
3. *stivt:* ***make sport of(=make fun of)*** holde leven med;
4. *fig:* ***it becomes a sport*** det går sport i det.
II. sport *vb; spøkef* **1***(=wear)* gå med *(fx a pink tie);*
2.: ***he sported(=had) a black eye*** han kunne fremvise et blått øye.
sporting [ˌspɔ:tiŋ] *adj* **1.** sporty *(fx that's very sporting of you); (jvf sporty);* **2.** sports- *(fx interests).*
sporting chance *(=reasonably good chance):* ***a sporting chance*** en rimelig (god) sjanse.
sporting activities *pl; lett glds(=sports activities)* idrettsaktivitet.
sporting dog *(=hound;* **US:** *hunting dog)* jakthund.
sportingly [ˌspɔ:tiŋli] *adv:* på en sporty måte; ***he sportingly let me start first*** han var sporty og lot meg starte først.
sporting nation sportsnasjon.
sporting print (kopper)stikk *(n)* med jaktmotiv.
sporting world: ***the sporting world*** idrettsverdenen.
sportive [ˌspɔ:tiv] *adj(=playful)* leken; lystig.
I. sports [spɔ:ts] **1.** sportsgrener; idrett(sgrener); ***winter sports*** vinteridretter; vintersport;
2*(=sports meeting)* idrettsstevne; ***a school sports(=a*** *sports day)* et skoleidrettsstevne.
II. sports *(,US: sport) adj; i sms:* sports-.
sports activities *pl(,lett glds: sporting activities)* idrettsaktivitet.
sports car sportsbil.
sportscast [ˌspɔ:tsˈkɑ:st] *s; radio & TV:* sportssending.
sports centre *(=sports hall)* idrettshall.
sports contest idrettskonkurranse.
sports day idrettsdag; ***(school) sports day*** skoleidrettsstevne.
sports desk *i avis:* sportsredaksjon.
sports event idrettsarrangement.
sports fan tribunesliter.
sports ground *(=stadium; athletics ground)* idrettsplass.
sports hall *(=sports centre)* idrettshall.
sports installations *pl:* idrettsanlegg.
sports injury *(,lett glds: sporting injury)* idrettsskade.
sportsman [ˌspɔ:tsmən] *s* **1.** sportsmann; idrettsmann;
2*(=outdoor person)* friluftsmenneske;
3. person som viser god sportsånd.
sportsmanlike [ˌspɔ:tsmənlaik] *adj:* sporty; *(jvf sporting 1 & sporty).*
sportsmanship [ˌspɔ:tsmənˈʃip] *s:* ***(spirit of) sportsmanship*** sportsånd; ***show sportsmanship*** vise god sportsånd.
sports medicine specialist *med.:* idrettslege.
sports reporter *(=sportswriter)* sportsjournalist.
sportswear [ˌspɔ:tsˈwεə] *s:* sportsklær; fritidsklær.
sporty [ˌspɔ:ti] *adj* **1.** som er glad i sport; sporty; grei;
2. sportslig *(fx car); (jvf sporting & sportsmanlike).*
I. spot [spɔt] *s* **1.** flekk; prikk; punkt *n;* ***spot of grease*** fettflekk; ***leave spots*** sette flekker;
2. *på mønster:* prikk;
3. *på huden(=red mark; pimple)* rødt merke; filipens; ***come out in spots(=a rash)*** få utslett *n;*
4. *bak bilen:* ***blind spot*** dødvinkel; blindsone;
5. *i underholdingsprogram(=slot)* innslag;
6. *radio & TV(=slot):* ***advertising spot(=commercial break)*** reklameinnslag;
7*(=place)* sted *n;* ***an accident black spot*** et ulykkessted; ***a pleasant spot*** et hyggelig sted; ***a tender spot on the arm*** et ømt sted på armen;
8.: ***on the spot*** 1. på stedet; 2. **T***(=present)* til stede; 3. **T***(=at once)* på flekken;
9. T: ***in a (tight) spot(=in trouble)*** **T:** ute å kjøre; ***put sby in a spot*** sette en i (en lei) klemme;
10. T: ***a spot of(=a little)*** litt;
11. T: ***knock spots off sby*** slå en sønder og sammen.
II. spot *vb* **1. T***(=catch sight of)* få øye på; **2***(=pick out)* plukke ut *(fx the winner).*
III. spot *adv* **T:** ***spot on(=very accurate)*** meget treffende; **T:** blink; midt i blinken.
spot cash *merk:* kontant ved levering.
spot check [ˌspɔtˈtʃek] *s* **1***(=spot test)* stikkprøve;
2*(=spot road check) av bil:* veikontroll.
spot-check [ˌspɔtˈtʃek] *vb:* ta stikkprøver.
spot kick *fotb(=penalty kick)* straffespark.
spot lamp *på bil:* grøftelys.
spotless [ˌspɔtləs] *adj; også fig(=impeccable)* plettfri.
I. spotlight [ˌspɔtˈlait] *s* **1.** prosjektør; søkelys;
2. *fig:* rampelys *(fx be in the spotlight);* søkelys; ***turn the spotlight on*** rette søkelyset mot.
II. spotlight *vb(pret & perf.part.: spotlit; i betydning 2: spotlighted)* **1.** opplyse med prosjektør(er);
2. *fig:* belyse; vise tydelig *(fx the difficulties).*
spotted [ˌspɔtid] *adj* **1.** flekket *(fx hyena);*
2. prikket *(fx tie);*
3.: ***spotted with grease*** med fettflekker.
spotted fever *med.:* flekktyfus.
spot test stikkprøve.
spotty [ˌspɔti] *adj* **1.** med filipenser; kvisete;
2. *etter sykdom:* ***be spotty*** ha flekker i ansiktet.
spouse [spaus] *s; jur el. spøkef:* ektefelle.
I. spout [spaut] *s* **1.** *på kjele, kanne, etc:* tut; ***non-drip spout*** helletut;
2. kraftig stråle; sprut;
3. *fra hval:* blåst;
4. S: ***up the spout*** 1*(=ruined)* spolert; ødelagt; 2*(=pregnant)* på vei; **S:** på tjukken.
II. spout *vb:* sprute; sprøyte; ***the wound was spouting blood*** blodspruten stod fra såret; **2.** *om hval:* blåse.
I. sprain [sprein] *s:* forstuing.
II. sprain *vb:* forstue; vrikke *(fx one's ankle; one's wrist); (jvf I. muscle 1: he strained a sprain).*
sprat [spræt] *s; zo(=brisling)* brisling.
I. sprawl [sprɔ:l] *s* **1.** henslengt stilling; **2.:** ***a sprawl of buildings*** en uryddig samling bygninger; ***urban sprawl*** planløs bymessig bebyggelse; byspredning.
II. sprawl *vb* **1.** ligge utstrakt; sitte henslengt; ***he lay*** sprawled, face up han lå utstrakt med ansiktet opp; ***send sby sprawling*** sende en i gulvet (,bakken); slå en ned;
2. *om by, etc:* bre seg ut *(fx across the countryside).*
sprawling [ˌsprɔ:liŋ] *adj* **1.** *om person:* henslengt; ***a sprawling figure*** en henslengt skikkelse;
2. *om by:* viltvoksende;
3. *om håndskrift:* sprikende.
I. spray [sprei] *s* **1.** støvregn;
2*(=sea spray)* sjøsprøyt; skumsprøyt;
3. *om væske:* (fin) dusj;
4. spreder *(fx she used a spray attached to the bath taps to rinse her hair);*
5. sprøytevæske; spray; ***hair spray*** hårspray;
6*(=spray can)* sprayboks;
7. *av kuler, etc:* regn *n (fx of bullets);*
8. liten gren med blader *(n)* og blomster på; ***a spray of apple blossom*** en gren med epleblomst på;
9. liten pyntebukett; *(jvf posy).*
II. spray *vb* **1.** sprøyte *(fx fruit trees);* dusje *(fx the flowers);* ***spray a drawing*** fiksere en tegning;
2. sprøytelakkere; ***sprayed red*** rødlakkert; ***spray (on)*** påsprøyte; sprøyte på;
3. *om dyr i brunsttid:* skvette;

S

4(*=sprinkle*) sprute; ***spray sby (,sth) with water*** sprute vann *(n)* på en (,noe);
5. *med skytevåpen:* pepre; sprøyte.
spray can sprayboks.
spray gun sprøytepistol; sprøytelakkeringspistol.
spraying paint T *(=car enamel)* (bil)lakk.
spray-paint [ˌsprei'peint] *vb:* sprøytelakkere.
spray painting sprøytelakkering; *(jvf brush painting).*
spraywork [ˌsprei'wəːk] *s:* lakkeringsarbeid.
I. spread [spred] *s* **1.** spredning; utbredelse;
2. *til å smøre på:* ***(sandwich) spread*** pålegg; ***cheese spread*** smøreost;
3. T: oppdekning *(fx a fantastic spread!);*
4. oppslag; ***a full-page spread*** en helside; et oppslag over en hel side.
II. spread *vb(pret & perf.part.: spread)* **1.** spre; bre ut *(fx a map);* spile ut; ***spread one's legs*** skreve; sprike med bena *n;*
2. spre seg; gripe om seg;
3. påføre; smøre; ***spread sth on sth(=spread sth with sth)*** smøre noe på noe;
4.: ***the meeting spread(=spilled) into the early hours*** møtet varte til ut i de små timer;
5.: ***spread out*** 1. spre ut; bre ut; legge utover; 2. spre seg; 3.: ***the fields spread(=stretched) out in front of him*** jordene bredte seg ut foran ham; 4.: ***lie spread(= stretched) out on the floor*** ligge utstrakt på gulvet;
6.: ***repayments will be spread over ten years*** tilbakebetalingen vil skje over ti år *n.*
spread-eagled [ˌspred'iːgəld] *adj(=with arms and legs stretched out)* utstrakt; ***he lay spread-eagled, face up, in front of the car*** han lå utstrakt, med ansiktet opp, foran bilen.
I. spreading [sprediŋ] *s:* spredning.
II. spreading *adj* **1.** som sprer seg; **2**(*=growing; rampant)* overhåndtagende.
spreading effect ringvirkninger.
spreadsheet [ˌspred'ʃiːt] *s; EDB:* regneark.
spree [spriː] *s* **1.** rangel; ***go on a(=the) spree*** gå på rangel; gå ut for å more seg; ***go on a drinking spree*** dra ut på en pub-runde;
2.: ***go on a spending spree to London*** dra til London for å bruke penger og more seg.
sprig [sprig] *s* **1.** kvist; lite skudd; **2**(*small nail with little or no head)* dykker.
sprigged [sprigd] *adj; om tøy:* småblomstret.
sprightly [ˌspraitli] *adj:* vital *(fx old lady).*
I. spring [spriŋ] *s* **1.** kilde; ***hot springs(=thermal springs)*** varme kilder; termalkilder;
2. vår; ***he felt the stirrings of spring*** han følte vårsuget i seg; ***spring is coming(=spring is on the way)*** våren er i anmarsj; ***last spring*** i fjor vår; *både fortidig og fremtidig:* ***this spring*** denne våren; (nå) i våres; ***in (the) spring*** om våren; ***in the spring*** 1*(=in spring)* om våren; når det er vår; 2*(=next spring)* neste vår; til våren; 3*(=during the spring)* i løpet av våren; ***in the spring of 1989*** våren 1989; 4. *om nær fortid(=during the past spring; this spring)* (nå) i våres;
3. *stivt(=jump)* sprang *n;*
4. *mask, etc:* fjær *(fx the springs of a chair);*
5. fjæring; ***have spring*** fjære; *(jvf spongy);*
6. *i gulv:* svikt *(fx in the floor);*
7. *fig:* ***have a spring in one's walk*** ha en spenstig gange.
II. spring *vb(pret: sprang; perf.part.: sprung)* **1.** springe *(fx spring(=jump) into the boat);* sprette *(fx spring(=jump) to one's feet);*
2. *om felle:* smelle igjen; få til å smelle igjen;
3. *mask:* avfjære; forsyne med fjærer; ***well sprung*** godt avfjæret;
4. *mar:* ***spring a leak*** springe lekk;
5. *om fjær, etc:* ***spring back*** springe tilbake; sprette tilbake *(fx the elastic sprang back);*
6.: ***spring from*** 1*(=result from)* komme av; 2. *litt.(=be descended from)* stamme fra; 3. **T:** ***where on earth did you spring(=come) from?*** hvor i all verden kommer du fra?
7.: ***spring into action*** skride til handling; handle med en gang; ***the old man sprang (in)to life*** plutselig ble det liv i den gamle mannen; ***the debate sprang (in)to life(=the debate suddenly took off)*** plutselig ble det liv i debatten;
8. *om noe som skjer plutselig el. uventet:* ***spring a question on sby*** overrumple en med et spørsmål; ***spring a surprise on them*** la dem få en overraskelse;
9.: ***spring to mind*** falle en inn; dukke opp i tankene;
10.: ***spring up(=shoot up)*** skyte i været; skyte opp.
springboard [ˌspriŋ'bɔːd] *s* **1.** springbrett; **2.** *fig(= stepping stone)* springbrett *(for* for).
spring chicken 1. US(*=young chicken)* ung kylling;
2. T: ***she's no spring chicken*** hun er ingen ungsau.
spring-clean [ˌspriŋ'kliːn] *vb:* gjøre vårrengjøring.
spring cleaning vårrengjøring.
spring dive *sport:* sviktstup.
springe [sprindʒ] *s; til å fange små dyr i(=snare)* snare; done.
spring-gun [ˌspriŋ'gʌn] *s:* selvskudd; ***set a spring-gun for sby*** legge ut selvskudd for en.
springlike [ˌspriŋ'laik] *adj:* vårlig.
spring-loaded [ˌspriŋ'loudid] *adj; mask:* fjærbelastet.
spring onion *bot(=salad onion; green onion; scallion; Welsh onion;* **US:** *green onion)* pipeløk.
spring tide springflo.
springtime [ˌspriŋ'taim] *s(=spring)* vår; ***in the springtime of life*** i livets vår; ***in the springtime of youth*** i ungdommens vår.
spring washer *mask:* fjærskive.
spring water kildevann.
spring wheat *bot:* sommerhvete.
spring farming *(=spring work on the farm)* våronn.
springy [ˌspriŋi] *adj:* fjærende; *(jvf spongy);* ***be springy*** fjære; ***have a springy walk*** ha en fjærende måte å gå på.
I. sprinkle [spriŋkl] *s:* dryss *n (fx of snow).*
II. sprinkle *vb* **1.** drysse; strø; vanne; dusje *(fx the roses with water); tøy før stryking:* dynke; **2**(*=drizzle slightly)* småregne.
sprinkled [ˌspriŋkəld] *adj:* ***sprinkled with*** med … innimellom *(fx a field sprinkled with flowers);* ***her hair was sprinkled with grey*** hun hadde et stenk av grått i håret.
sprinkler [ˌspriŋklə] *s; på kanne el. slange:* spreder.
sprinkling [ˌspriŋkliŋ] *s; om lite kvantum:* dryss *n;* stenk *n (fx of grey);* ***there was also a sprinkling of older men*** det var også enkelte eldre menn innimellom.
I. sprint [sprint] *s* **1.** *sport:* sprint (om avstander inntil 400 m); **2.:** ***he ran up the road at a sprint*** han sprintet *(el.* løp for full fart) oppover veien (,gaten).
II. sprint *vb:* sprinte; løpe i full fart.
sprinter [ˌsprintə] *s; sport:* sprinter.
sprit [sprit] *s; mar:* spri(stake).
sprite [sprait] *s:* ***river sprite*** *kan gjengis:* nøkk.
spritsail [ˌsprit'seil] *s; mar:* spriseil.
sprocket [ˌsprɔkit] *s; mask* **1.** tann (på kjedetannhjul); **2**(*=sprocket wheel)* kjededrev; kjedehjul.
sprocket holes *i film:* perforering.
I. sprout *s; bot* **1.** spire; skudd *n;*
2.: ***(potato) sprout*** (potet)groe;
3.: ***Brussels sprout(s), brussels sprout(s)*** rosenkål.
II. sprout *vb* **1.** spire; *om potet:* få groer;
2. *om tre(=put out):* ***sprout new leaves*** få nytt løv;
3.: ***sprout up*** 1*(=grow)* vokse; 2. **T:** skyte i været.
I. spruce [spruːs] *s; bot:* ***Norway spruce(=spruce fir;*** **T:** *fir)* gran.
II. spruce *vb* **T:** ***spruce (oneself) up*** gjøre seg fin; pynte seg; fiffe seg; ***all spruced up*** i sin fineste puss; stivpyntet.

III. spruce *adj(=elegant; smart)* flott; smart *(fx look very spruce); **a spruce young man*** en flott ung mann.
sprung [sprʌŋ] *perf.part. av II. spring.*
spry [sprai] *adj; om eldre person; stivt(=active)* aktiv; kvikk *(fx a spry old gentleman; he's very spry).*
spud [spʌd] *s* **1.** *gart:* lukespade; **2. S***(=potato)* potet; ***bangers and spuds*** pølser og poteter.
spume [spju:m] *s; litt.(=foam)* skum *n.*
spun [spʌn] *pret & perf.part. av II. spin.*
spun glass *(=fibreglass; glass fibre)* fiberglass; glassfiber.
spunk [spʌŋk] *s* **1***(=tinder)* knusk; **2. T***(=courage)* mot *n; **he's got plenty of spunk*** han er virkelig modig; **3.** *vulg(=semen)* sæd; *vulg:* møy.
spun silk avfallssilke; florettsilke.
spun sugar US *(=candy floss)* sukkervatt.
spun yarn sjømannsgarn.
I. spur [spə:] *s* **1.** *zo & fig:* spore; ***the spur of ambition*** ærgjerrighetens spore;
2. *geol; fjells:* utløper;
3.: ***on the spur of the moment*** på stående fot; ut fra et øyeblikks innskytelse.
II. spur *vb* **1.** spore *(fx one's horse);* **2.:** ***spur on*** 1. spore *(fx one's horse on); 2(=urge on)* anspore.
spurge [spə:dʒ] *s; bot(=euphorbia)* vortemelk.
spurious [ˌspjuəriəs] *adj; meget stivt(=forged; false)* falsk; ***spurious****(=false)* ***information*** falske opplysninger.
spurn [spə:n] *vb; om tilbud; litt.; lett glds(=reject scornfully)* avvise med forakt; ***a spurned****(=rejected)* ***lover*** en forsmådd elsker.
I. spurt [spə:t] *s* **1.** stråle; sprut *(fx of blood);*
2. spurt; ***put on a spurt*** spurte; skynde seg; ***final spurt*** sluttspurt; ***a sudden spurt****(=burst)* ***of energy*** et plutselig anfall av energi; et krafttak.
II. spurt *vb* **1***(=gush)* sprute; ***spurt out*** sprute ut; **2***(=run fast)* spurte.
spur wheel *mask(=spur gear)* sylindrisk tannhjul.
sputter [ˌspʌtə] *vb(=splutter)* **1.** *i panne:* frese;
2. snakke fort og opphisset; snuble i ordene *(fx sputter with rage);*
3*(=spit when speaking)* spytte; sprute (når man snakker);
4. *om motor:* hakke.
sputum [ˌspju:təm] *s; med.:* oppspytt; ekspektorat *n.*
I. spy [spai] *s:* spion; ***industrial spy*** industrispion.
II. spy *vb* **1.** spionere *(for sby* for en);
2.: ***spy on*** spionere på; utspionere;
3.: ***spy out*** rekognosere *(fx scouts were sent out to spy out the land).*
spyglass [ˌspai'glɑ:s] *s:* (liten) kikkert; *(se field glasses).*
spyhole [ˌspai'houl] *s:* kikkhull.
I. squab [skwɔb] *s* **1.** *zo:* dueunge; **2.** *sj(,T: fatty; tub)* tykksak.
II. squab *adj; sj(=short and fat)* kort og tykk.
I. squabble [skwɔbl] *s(=noisy quarrel)* skjenneri *n;* høylytt krangel *(fx they had a squabble about it).*
II. squabble *vb(=quarrel noisily)* skjennes; krangle høylytt.
squad [skwɔd] *s* **1***(=working party)* (arbeids)lag *n;*
2. *mil* **US***(=section)* lag;
3. *sport(=team)* lag; ***our next Olympic squad*** vårt neste olympialag;
4. *tollv:* ***rummage squad*** ransakingslag; **T:** dødsgjeng;
5. *mil:* ***firing squad*** eksekusjonspelotong;
6. *i politiet:* avsnitt; ***drug(s) squad*** narkoavsnitt.
squad car *(=police car;* **US** *også: cruise car)* politibil.
squaddy [ˌskwɔdi] *s* **T***(=soldier)* soldat.
squadron [ˌskwɔdrən] *s; mil* **1.** eskadron; **2.** *flyv:* skvadron; **3.** *mar:* eskadre.
squadron leader *(fk Sqn Ldr)(,***US:** *major)(fk MAJ) flyv:* major.
squalid [ˌskwɔlid] *adj(=filthy; sordid)* skitten; snuskete.
I. squall [skwɔ:l] *s* **1***(=gust of wind)* stormkast;
2. *neds(=bawl)* skrik *n;* vræl *n.*
II. squall *vb; neds(=bawl)* skrike; vræle.
squally [ˌskwɔ:li] *adj:* med kraftige vindstøt *(fx a squally day).*
squalor [ˌskwɔlə] *s(=filth)* skitt.
squander [ˌskwɔndə] *vb(=waste)* kaste bort; ødsle bort.
I. square [skwɛə] *s* **1.** *mat.:* kvadrat *n;*
2. kvadratisk stykke *n;* firkant;
3*(=headsquare; headscarf)* skaut *n;*
4. *i stedsnavn(fk Sq.)* plass *(fx Leicester Square);*
5*(=try square)* vinkel; ***set square*** vinkelhake; ***T square square*** hovedlinjal;
6.: ***out of square*** ikke i vinkel; ikke vinkelrett; hjørneskakk;
7. *neds:* håpløst gammeldags person;
8. T: ***go back to square one****(=start again at the beginning)* begynne forfra igjen; ***we're back to square one****(=we're back (to) where we were)* nå er vi tilbake der hvor vi startet; nå er vi like langt.
II. square *vb* **1.** gjøre firkantet *(el.* kvadratisk);
2. *mat.(=multiply by itself; raise to the second power)* kvadrere; gange med seg selv;
3. vinkle (opp); gjøre rettvinklet; avsette vinkellinje;
4. avrette; hogge til; kanthogge *(fx timber);*
5*(=straighten):* ***he squared his shoulders*** han rettet seg opp;
6. T*(=settle):* ***square one's account with sby*** gjøre opp med en; *(jvf 9: square up);*
7. T*(=bribe)* bestikke;
8.: ***square off*** 1. dele inn i ruter; ***squared paper****(=graph paper)* rutepapir; millimeterpapir; 2. kanthogge;
9. T: ***square up****(=settle up; pay)* gjøre opp; ***square up with sby****(=settle with sby)* gjøre opp med en; *(jvf 6);*
10. T: ***square up for****(=prepare for)* forberede seg på;
11.: ***square up to*** 1. innta kampstilling overfor; 2. *fig(=face up to)* innstille seg på; ta *(fx a situation);*
12.: ***square with*** *1(=agree with)* stemme (overens) med; *2(=reconcile)* få til å stemme med *(fx theory with practice);* ***can you square it with your conscience?*** kan du gjøre det med god samvittighet?
13.: ***square the circle****(=attempt the impossible)* forsøke å løse sirkelens kvadratur; forsøke det umulige.
III. square *adj* **1.** kvadratisk; *i sms også om det som er tilnærmet kvadratisk:* firkantet; kvadrat-; ***two metres square*** to meter i firkant;
2. rett(vinklet);
3. T*(=settled; paid)* betalt;
4*(=fair)* real; ***get a square deal*** få real *(el.* ordentlig) behandling; ***a square meal*** et solid måltid *n;*
5.: ***be all square*** *1(=be even)* stå likt; *2(=quits)* kvitt; skuls *(fx if I pay you £10, shall we be (all) square?);*
6. T: ***be****(=get)* ***square with****(=get even with)* få revansj på; *(se også I. peg 8: a square square in a round hole).*
IV. square *adv(=straight)* rett *(fx look sby square in the eye);* ***square in the middle*** nøyaktig på midten.
square bracket hakeparentes *(fx in square brackets).*
square-built [ˌskwɛə'bilt] *adj:* firskåren.
squared *(=graph)* ***paper*** rutepapir; millimeterpapir.
squarely [ˌskwɛəli] *adv* **1***(=firmly; directly)* fast; direkte *(fx look squarely at sby);*
2*(=honestly)* ærlig *(fx act squarely).*
square measure flatemål; kvadratmål.
square-rigged [ˌskwɛə'rigd] *adj; mar:* skværrigget.
square root *mat.:* kvadratrot.
square sail *mar:* råseil; skværseil.
square-shouldered [ˌskwɛə'ʃouldəd] *adj(=broad-shouldered)* bredskuldret.
square timber *forst:* firkantvirke; firkant; boks.
I. squash [skwɔʃ] *s* **1. T***(=crush)* trengsel; **2.** klask *n;*
3. *om fortynnet drikk:* squash; saft *(fx lemon squash); mots ren saft ('syrup'):* leskedrikk;

4. *sport; ballspill(=squash tennis)* squash; veggtennis;
5. *bot* **US:** squash (ɔ: slags gresskar).

II. squash *vb* **1. T***(=crush)* knuse; ***squash flat*** flatklemme; klemme flat;
2. T*(=squeeze)* presse *(fx a lot into one's suitcase);*
3. klemme; ***my hand got caught in the door and my fingers were squashed****(=trapped)* hånden min ble sittende fast i døren, og fingrene ble klemt; ***be squashed****(=pressed)* ***up against*** bli klemt (*el.* presset) opp mot;
4. *fig(=crush)* knuse *(fx a rebellion);*
5. *fig:* ***squash sby****(=put sby in their place)* sette en på plass.

squashy [ˌskwɔʃi] *adj* **T***(=soft (and wet))* bløt (og våt) *(fx fruit); (=soggy):* ***squashy track*** regntung bane.

I. squat [skwɔt] *s* **1***(=squatting)* det å sitte på huk;
2*(=squatting)* husokkupasjon;
3. T: okkupert hus *n;* bygning som er velegnet for husokkupanter; ***he has a pad in a squat****(=he's squatting in an empty house)* han bor (*el.* holder til) i et tomt hus.

II. squat *vb* **1.** sitte på huk; ***squat down*** sette seg på huk;
2. *uten hjemmel:* slå seg ned; bo ulovlig; ***squat on sby's land*** slå seg ned ulovlig på annen manns grunn.

III. squat *adj* **1.** *neds:* ***small and squat*** liten og tykk;
2. *om bygning:* lav *(fx squat red-brick houses).*

squatter [ˌskwɔtə] *s:* husokkupant.

squatting [ˌskwɔtiŋ] *s* **1.** det å sitte på huk;
2. husokkupasjon.

squaw [skwɔ:] *s:* indianerkvinne.

I. squawk [skwɔ:k] *s:* kort, hest skrik.

II. squawk *vb; især om fugl:* skrike hest; skrike opp.

I. squeak [skwi:k] *s* **1.** (høyt) pip *n;*
2. *om dør, gangjern, etc:* piping; *om seng:* knirking;
3*(=escape):* ***that was a narrow****(=near)* ***squeak!*** det var på nære nippet!

II. squeak *vb* **1.** *om lite dyr:* pipe; *om fugl(=cheep)* pipe; kvidre; **2***(=creak) om dør, gangjern, etc:* pipe; *om seng el. sko:* knirke; ***the snow was squeaking under foot*** snøen knirket under føttene.

squeaky [ˌskwi:ki] *adj* **1.** *om dør, gangjern, etc(=creaking)* som piper; *om seng el. sko:* som knirker; *om lyd el. stemme:* pipende;
2. T: ***squeaky clean*** gullende ren; **US** ***T fig: be squeaky clean****(=have completely clean hands)* ha helt rene hender.

I. squeal [skwi:l] *s:* hvin *n;* skrik ***n.***

II. squeal *vb* **1.** hvine; skrike; ***squeal like a stuck pig****(=scream one's head off)* skrike som en stukket gris;
2. S*(=inform;* **S:** *grass)* tyste; sladre (*on* på).

squealer [ˌskwi:lə] *s* **S***(=informer;* **S:** *grass)* tyster; *(jvf supergrass).*

squeamish [ˌskwi:miʃ] *adj* **1***(=slightly sick)* litt kvalm;
2. pysete; ***squeamish about spiders*** pysete når det gjelder edderkopper.

squeegee [ˌskwi:dʒi:] *s; til vinduspussing:* nal.

I. squeeze [skwi:z] *s* **1.** klem *(fx give sby a squeeze);*
2. T: ***it was a (tight) squeeze*** det var (meget) trangt;
3. noen få dråper; (liten) sprut;
4. *økon:* ***credit squeeze*** kredittilstramning.

II. squeeze *vb* **1.** klemme *(fx sby's hand);* presse *(fx clay into a ball);* vri *(fx the water out of one's socks);* ***squeeze the juice from****(=out of)* ***an orange*** presse saften ut av en appelsin; ***he made room for me to squeeze by*** han gjorde plass, slik at jeg fikk presset meg forbi; ***squeeze two more in*** presse inn to til; ***squeeze through*** presse seg gjennom;
2. *fig:* presse; **T:** skvise; ***squeeze information out of sby*** presse opplysninger ut av en;
3.: ***squeeze up*** presse seg sammen (for å gi plass til flere).

squeeze box T *(=accordion)* trekkspill.

squeezy [ˌskwi:zi] *adj:* myk; ***squeezy bottle*** plastflaske.

I. squelch [skweltʃ] *s:* svupping; svuppende lyd.

II. squelch *vb:* svuppe; lage svuppende lyder; vasse (med svuppende lyder) *(fx across the marsh).*

squib [skwib] *s* **1.** *slags fyrverkeri:* gresshoppe;
2. *fig:* ***damp squib*** (stor) skuffelse *(fx it turned out to be a damp squib);* ***the whole thing will go off like a damp squib*** det hele vil ikke bli noe av.

squid [skwid] *s; zo:* tiarmet blekksprut.

squidgy [ˌskwidʒi] *adj(=soft and clammy)* bløt og klam.

squiffy [ˌskwifi] *adj* **T***(=slightly drunk)* pussa.

squiggle [skwigl] *s; om uleselig håndskrift* **T:** krusedull; ***squiggles*** kruseduller; snirkler.

squiggly [ˌskwigli] *adj; om håndskrift(=difficult to read)* snirklet *(fx write a squiggly hand).*

I. squint [skwint] *s* **1.** skjeling; **2. T***(=look):* ***let me have a squint at it*** la meg få en titt på det.

II. squint *vb* **1.** skjele; **2.** myse *(fx up at the sun).*

squint-eyed [ˌskwint'aid] *adj(,***T:** *cross-eyed)* skjeløyd.

I. squire [skwaiə] *s; hist* **1.** væpner; **2.:** ***country squire*** godseier; *(jvf gentleman farmer).*

II. squire *vb; glds el. spøkef(=escort):* ***he squired her to the dance*** han ledsaget henne til dansen.

squirm [skwə:m] *vb* **1.** sno seg; vri seg *(fx out of sby's grasp);* **2. T***(=be embarrassed)* være flau; ***it made me squirm****(=embarrassed)* det gjorde meg flau.

squirrel [ˌskwirəl] *s; zo:* ekorn *n; om skinn:* ***grey squirrel*** gråverk; ***ground squirrel*** jordekorn; *(se chipmunk; gopher).*

I. squirt [skwə:t] *s* **1.** sprut; stråle; **2.** *neds(=titch)* spirrevipp.

II. squirt *vb:* sprøyte; sprute på.

squirt gun US *(=water pistol)* vannpistol.

squish [skwiʃ] *se squelch.*

squishy [ˌskwiʃi] *se squashy.*

I. stab [stæb] *s* **1***(=stab wound)* stikksår; ***stab with a dagger*** dolkestøt;
2. *fig:* ***a stab in the back*** et dolkestøt i ryggen;
3. *om smerte:* stikk *n (fx feel a stab of pain);*
4. T: ***have a stab****(=shot)* ***at*** forsøke seg på.

II. stab *vb* **1.** dolke; stikke; ***stab him in the chest*** stikke kniven i brystet på ham; ***stab****(=stick)* ***a needle into sth*** stikke en nål i noe;
2. *også fig:* ***stab sby in the back*** dolke en i ryggen; *fig:* falle en i ryggen;
3.: ***stab at*** stikke etter *(fx he stabbed at them with a knife).*

stability [stəˌbiliti] *s:* stabilitet.

stabilization, stabilisation [ˈsteibilaiˌzeiʃən] *s:* stabilisering.

stabilize, stabilise [ˌsteibiˈlaiz] *vb:* stabilisere.

stabilizer, stabiliser [ˌsteibiˈlaizə] *s* **1.** stabilisator;
2. *flyv:* ***horizontal stabilizer****(=tail plane)* haleflate; ***vertical stabilizer*** halefinne.

I. stable [steibl] *s* **1.** stall; **2.:** ***riding stables*** ridestall.

II. stable *vb:* sette (,ha) på stallen.

III. stable *adj* **1***(=steady)* stø *(fx this chair isn't very stable);*
2. stabil;
3. som ikke så lett bringes ut av likevekt; stabil;
4. *om pasient(=in a stable condition):* ***she's said to be stable*** hun skal være utenfor fare;
5. *økon:* stabil; ***stable currency*** stabil valuta.

stableboy [ˌsteiblˈbɔi] *s(=stable lad)* stallgutt.

stable door 1 *(,***US:** *Dutch door)* stalldør;
2. *ordspråk:* ***it's too late to shut the stable door when the steed is stolen*** det er for sent å kaste igjen brønnen når barnet er druknet.

stable fly *zo:* stikkeflue.

stable lantern stallykt; fjøslykt.

stable management *landbr:* stallrøkt.

stable mate *fig:* parhest.

stab wound stikksår; knivstikk.

staccato [stəˌkɑ:tou] *adj; også mus:* stakkato; ***speak in***

staccato tones snakke stakkato (*el.* usammenhengende).
I. stack [stæk] *s* **1***(=pile)* stabel; ***haystack*** høystakk;
2. T: -s of*(=heaps of; lots of)* hauger av; masser av.
II. stack *vb* **1.** stable; stable sammen; *om høy:* sette i stakk;
2. fylle med stabler av *(fx a lorry with bricks);*
3. *kortsp; for å snyte:* ***the cards were stacked*** kortene *(n)* var blitt pakket;
4. *flyv:* holde i ventemønster; *om fly:* holde; befinne seg i ventemønster.
stackable [ˌstækəbl] *adj:* som kan stables; ***stackable chairs****(=nesting chairs)* stablestoler.
stadium [ˌsteidiəm] *s:* stadion; ***in the stadium*** på stadion; ***be admitted to the stadium*** slippe inn på stadion.
I. staff [stɑ:f] *s* **1.** *mil:* stab; ***general staff*** generalstab;
2. personale *n;* stab *(fx the teaching staff).*
II. staff *s(pl: staffs, staves)* **1.** stang *(fx flag staff);* ***barrel staff*** tønnestav;
2. *mus:* ***the staff*** de fem notelinjer.
III. staff *vb:* bemanne *(fx an office);* ***well-staffed*** godt bemannet; godt utstyrt med personale *n.*
staff holiday personalferie; ***general staff holiday*** fellesferie.
staff college *mil:* stabsskole.
staff meeting *skolev:* lærerråd.
staff nurse (utdannet) sykepleier.
staff officer *mil:* offiser ved stab.
staffroom [ˌstɑ:fˈru(:)m] *s; skolev:* lærerværelse.
staff sergeant *mil* **UK:** stabssersjant.
staff writer *i avis:* fast medarbeider.
stag [stæg] *s* **1.** *zo:* ***(royal) stag*** (kron)hjort;
2. *av hjortedyr:* han(n);
3. *merk:* emisjonsjobber.
I. stage [steidʒ] *s* **1.** *teat:* scene; ***go on the stage****(= become an actor)* gå til scenen; bli skuespiller; *fig:* ***hold the centre of the stage*** stå i sentrum *n;* være i fokus; *fig:* ***set the stage for****(=pave the way for)* bane vei for;
2. *bygg:* ***hanging stage*** hengestillas;
3. etappe; ***by stages****(=stage by stage)* etappevis; ***by****(= in)* ***easy stages*** 1. i lette etapper; 2. *fig:* i ro og mak *(fx learn French by easy stages);* ***a fresh stage in life*** en ny etappe i livet;
4. stadium *n;* punkt *n; sport:* ***at the 15-kilometre stage****(=at 15km)* ved 15-kilometeren; ***at this stage*** på det nåværende tidspunkt; nå; ***at this stage I should like to offer my warmest thanks to …*** her vil jeg gjerne rette en varm takk til …; ***in****(=by)* ***easy stages*** i korte etapper; ***it's still at the experimental stage*** det er fremdeles på forsøksstadiet; ***we have (,the matter has) now reached****(=got to)* ***a****(=the)* ***stage where …*** saken har nå nådd et punkt hvor (*el.* der) …; *(se in-between stage);*
5*(=fare stage)* (takst)sone; holdeplass som markerer takstgrense; *(jvf I. stop 4);*
6*(=object stage; specimen stage)* objektbord;
7. *romfart:* ***kick stage*** rakettrinn.
II. stage *vb* **1.** *teat:* iscenesette; oppføre;
2. *fig(= organize)* arrangere; iscenesette; ***stage a comeback*** gjøre comeback *n;*
3. *mil:* iverksette *(fx a raid).*
stage act nummer *(n)* man opptrer med på scenen.
stage box *teat:* orkesterlosje.
stagecoach [ˌsteidʒˈkoutʃ] *s; hist:* skyssvogn.
stagecraft [ˌsteidʒˈkrɑ:ft] sceneteknikk.
stage direction *teat:* sceneanvisning.
stage director *teat:* sceneinstruktør; regissør; iscenesetter.
stage experience scenevanthet; ***have stage experience*** vær scenevant.
stage facilities *pl; teat(=stage trappings)* sceneutstyr.
stage fright lampefeber.
stagehand [ˌsteidʒˈhænd] *s; teat:* scenearbeider.
stage lighting *teat:* scenebelysning.
stage-manage [ˌsteidʒˈmænidʒ] *vb; fig:* sette i scene; iscenesette; arrangere.
stage management *teat:* inspisientarbeid.
stage manager *teat:* inspisient.
stage mechanic *teat(=scene shifter)* maskinist.
stage presence *om skuespiller:* utstråling.
stager [ˌsteidʒə] *s* **T:** ***an old stager*** en gammel rev.
stage rights *pl; teat(=performing rights)* spillerettigheter; rettigheter (til et stykke).
stage set *teat:* scenebilde; kulisse og rekvisitter.
stage setting *teat:* scenearrangement.
stage-struck [ˌsteidʒˈstrʌk] *adj:* teatergal.
stage success *teat:* spillesuksess.
stage technician *teat:* scenetekniker.
stage trappings *pl; teat(=stage facilities)* sceneutstyr.
stage whisper *teat:* teaterhvisking.
stagflation [stægˌfleiʃən] *s; økon:* stagnasjon og inflasjon.
I. stagger [ˌstægə] *s(=reeling)* raving; sjangling.
II. stagger *vb* **1***(=reel)* rave; sjangle; **2.** *om ferie, etc:* forskyve; **3. T***(=astonish)* forbløffe.
staggered [ˌstægəd] *adj* **1.** *om ferier, etc:* forskjøvet; spredt (over tid); *merk:* ***staggered deliveries*** suksessiv levering; ***our holidays are staggered*** vi har ikke fellesferie; *(jvf staff holiday);* **2. T***(=astonished)* forbløffet *(fx I was absolutely staggered!).*
staggering [ˌstægəriŋ] *adj* **1.** *om slag:* som får en til å vakle; **2.** *fig:* svimlende *(fx sum);* forbløffende *(fx news; events).*
staging [ˌsteidʒiŋ] *s* **1.** *teat:* iscenesettelse; oppsetting; ***new staging*** nyoppsetting (*of* av) *(fx a play);*
2. *bygg:* ***(builder's) staging*** byggestillas.
stagnant [ˌstægnənt] *adj* **1.** *om vann:* stillestående;
2. *merk:* stagnerende *(fx economy).*
stagnate [ˌstægˈneit; stægˌneit] *vb:* stagnere.
stagnation [ˈstægˌneiʃən] *s:* stagnasjon; stagnering; stillstand.
stag party 1. mannfolkselskap; **2.** *for brudgom(=stagnight party)* utdrikningslag.
stagy (**,US:** *stagey*) [ˌsteidʒi] *adj(=theatrical)* teatralsk.
staid [steid] *adj:* adstadig; satt.
I. stain [stein] *s* **1.** flekk; ***paint stain*** malingflekk; ***cold water will take the stain out of the tablecloth*** kaldt vann vil fjerne flekken på duken; *(se grass stain);* **2***(= wood stain)* beis; *for glass el. tekstil:* farge;
3. *fig:* plett; ***a stain on one's honour*** en plett på ens ære; ***a stain on one's reputation*** en skamplett på ens gode navn *n.*
II. stain *vb* **1***(=leave spots)* sette flekker; lage flekk på; ***silk stains easily*** silke tar lett flekker;
2. farge; *tre:* beise;
3. *fig(=tarnish)* sette en (skam)plett på *(fx stain sby's reputation).*
stained glass *s:* kulørt glass *n;* farget glass.
stained-glass [ˈsteindˌglɑ:s] *adj:* ***stained-glass artist*** glassmaler.
stained-glass picture glassmaleri.
stained-glass work *om kunsten:* glassmaleri; maling på glass *n.*
stainless [ˌsteinləs] *adj* **1.** flekkfri; **2.** *fig(=unsoiled)* plettfri; uplettet *(fx reputation).*
stainless steel rustfritt stål.
stain remover flekkfjerner.
stair [stɛə] *s* **1***(=step)* trappetrinn;
2*(=(flight of) stairs)* trapp *(fx this stair goes to the attic);* ***on the stairs*** i trappen; ***fall down the stairs*** falle nedover trappen.
stair carpet trappeløper.
staircase [ˌstɛəˈkeis] *s:* trapp; ***spiral****(=winding)* ***staircase*** vindeltrapp.
stairway [ˌstɛəˈwei] *s* **1.** trappeoppgang; **2***(=staircase)* trapp.
stairwell [ˌstɛəˈwel] *s:* trappehus; trappesjakt.

S

I. stake [steik] *s* **1.** pæl; påle; stake; *hist:* ***suffer death at the stake*** dø på bålet;
2. innsats *(fx play cards for high stakes);*
3. *om investering:* eierandel; interesse *(fx have a stake in the company);*
4. *fig:* ***we all have a stake in the future of the world*** vi har alle del i verdens fremtid;
5. *fig:* ***be at stake*** stå på spill *n.*
II. stake *vb* **1.** støtte opp (med stake(r)) *(fx a new tree);*
2. satse; våge; sette (*on* på) *(fx stake £20 on a horse);* ***stake one's life for the cause of freedom*** forsvare friheten med livet som innsats; ***stake everything in a single throw****(=stake everything on one throw(=card; chance))* sette alt på ett kort;
3.: ***stake out*** 1. *om landmåler(=lay out)* stikke ut; ***stake out a piece of ground*** stikke ut et stykke jord; 2.: ***stake out a house*** overvåke et hus; holde øye med et hus.
stake-out [ˌsteik'aut] *s; av hus, etc:* politiovervåkning.
stalactite [ˌstælək'tait] *s; min:* stalaktitt; dryppstein.
I. stale [steil] *s; landbr; av dyr(=urine)* urin; piss *n.*
II. stale *vb; landbr(=urinate)* urinere; stalle.
III. stale *adj* **1.** *om brød:* gammelt; *om øl(=flat)* dovent; *om luft:* dårlig; *om nyhet:* gammel;
2. forslitt *(fx joke); om idé, etc(=uninteresting)* uninteressant; ***the pleasure of travelling abroad grows stale after a few trips*** fornøyelsen ved å reise utenlands fortar seg etter noen få turer;
3.: ***go stale*** bli sliten; miste evnen til å gjøre sitt beste.
I. stalemate [ˌsteil'meit] *s* **1.** *sjakk:* patt; **2.** *fig(=deadlock)* fastlåst situasjon; ***the discussions ended in a stalemate*** drøftingene låste seg.
II. stalemate *vb* **1.** *sjakk:* sette patt; **2.** *fig(=cause to end in a stalemate)* få til å gå i stå.
I. stalk [stɔ:k] *s(=stem)* stengel; stilk.
II. stalk *vb* **1.** lure seg inn på *(fx deer);*
2. skride *(fx out of the room); spøkef:* ***she stalked off in high dudgeon****(=highly offended)* hun gikk sin vei meget fortørnet.
stalking horse [ˌstɔ:kiŋ'hɔ:s] **1.** figur av hest, som jegeren gjemmer seg bak; **2.** *fig(=cover)* skalkeskjul.
I. stall [stɔ:l] *s* **1.** *i fjøs, etc:* bås; spilltau;
2. (salgs)bod; (markeds)bod;
3. *i kirke:* korstol;
4. *flyv:* steiling; stalling;
5.: ***finger stall*** fingersmokk;
6. *ved hesteveddeløp:* ***starting stalls*** startbokser; *(se stalls).*
II. stall *vb* **1.** sette på bås; sette i stall;
2. stoppe *(fx the car stalled);* kvele *(fx the engine);*
3. *flyv:* steile; stalle; miste farten;
4. *fig:* ***stall****(=play)* ***for time*** forsøke å vinne tid.
stallholder [ˌstɔ:l'houldə] *s:* innehaver av markedsbod (*el.* salgsbod).
stalling tactics *(=delaying tactics)* forhalingstaktikk.
stallion [ˌstæljən] *s; zo:* hingst; avlshingst.
stalls [stɔ:lz] *s; pl; teat:* parkett.
stalls seat *teat:* parkettplass; plass i parkett.
stalwart [ˌstɔ:lwət] *adj(=dependable; staunch)* pålitelig; trofast; ***a stalwart supporter*** en trofast støttespiller.
stamen [ˌsteimən] *s; bot:* støvbærer; pollenbærer.
stamina [ˌstæminə] *s(=staying power)* utholdenhet; tæl *(fx he's got plenty of stamina).*
staminate [ˌstæminit] *adj; bot:* ***staminate flower****(= male flower)* han(n)blomst.
I. stammer *s:* stamming; ***have a stammer*** være stam.
II. stammer *vb* **1.** stamme *(fx he stammers);*
2. stamme frem *(fx an apology).*
I. stamp [stæmp] *s* **1.** stempel *n;* ***(documentary) stamp****(,på varer: revenue stamp)* stempelmerke; ***rubber stamp*** 1. gummistempel; 2. *fig:* sandpåstrøing;
2*(=postage stamp)* frimerke; ***ten 8p stamps****(,***T:*** ten eights)* ti frimerker à 8p; ***put****(=stick)* ***stamps on*** sette frimerker på;
3. *fig(=hallmark)* preg *n;* ***it bears****(=has)* ***the stamp of genius*** det bærer geniets stempel *n;* ***all her work has the stamp of quality*** alt hun gjør, bærer kvalitetsstempel; ***it has a distinctive stamp of its own*** det har sitt eget særpreg;
5. *stivt(=type)* slags; type *(fx men of his stamp).*
II. stamp *vb* **1.** stampe; knuse;
2.: ***stamp one's foot*** stampe med foten; trampe i bakken (,gulvet);
3. tråkke; trampe (*on* på); ***he stamped about the house*** han trampet omkring i huset; *(se også 7: stamp out);*
4. frankere; sette frimerke(r) på; ***stamped addressed envelope*** *(fk s.a.e.)* adressert og frankert svarkonvolutt;
5. stemple; ***stamped with the exporter's name*** med eksportørens navn påstemplet;
6. *fig:* stemple *(fx this stamps(=labels) him as a cheat);* ***his name was stamped on her heart*** navnet hans var risset inn i hjertet hennes; ***stamp the party with one's personality*** sette sitt personlige preg på partiet;
7.: ***stamp out*** 1*(=eradicate)* utrydde *(fx crime);* 2.: ***stamp out a fire*** trampe på en ild til den går ut.
stamp collecting det å samle på frimerker; frimerkesamling.
stamp collection frimerkesamling.
stamp duty *(=stamp tax)* stempelavgift.
I. stampede [stæmˌpi:d] *s(=mad rush)* stormløp (*for* mot) *(fx the door);* panikkartet flukt.
II. stampede *vb* **1.** *om flokk av dyr el. mennesker:* flykte i panikk; få panikk;
2. skremme på flukt *(fx the cattle);*
3. *fig:* presse (til å handle overilt) *(fx be stampeded into buying the house).*
stamp hinge *(,***US:*** stamp mount)* frimerkehengsel.
stamping ground *spøkef:* tilholdssted; jaktmarker *(fx he's gone off to a new stamping ground);* ***your old stamping ground*** dine gamle jaktmarker.
stamp pad *(=ink pad)* stempelpute.
stamp (slot) machine frimerkeautomat.
stamp tax *(=stamp duty)* stempelavgift.
stance [stɑ:ns] *s* **1.** *sport:* måte å stå på; (fot)stilling;
2*(=attitude)* holdning; ***take up a firm stance*** innta en fast holdning (*on* til).
stanch [stɑ:ntʃ] *vb(=staunch; stem; stop):* ***stanch the flow of blood*** stanse blødningen.
I. stand [stænd] *s* **1.** posisjon; stilling; plass; *jakt:* post; ***take up one's****(=a)* ***stand at the gate****(=go to one's post at the gate)* innta sin post ved porten; *sport:* ***refreshment stand*** matstasjon;
2. *fig:* holdning; standpunkt; opptreden; ***make a stand against sth****(=resist sth)* motsette seg noe; ***make a stand for what one believes is right*** kjempe for det man tror er rett; ***his stand in****(=on)* ***this matter turned the people against him*** hans holdning (*el.* opptreden) i denne saken vendte folk mot ham; ***take a stand on a matter*** ta et standpunkt i en sak; ***take a more flexible stand*** innta en mer fleksibel holdning; ***do you take a stand on …?*** har du noe bestemt standpunkt når det gjelder …? engasjerer du deg i spørsmålet om …? ***toughen one's stand****(=harden one's attitude)* innta en hardere holdning;
3*(=rack)* stativ *n (fx an umbrella stand);*
4. forhøyning; *for skulptur, etc:* plass;
5. *teat; under turné:* opphold; *(se one-night stand);*
6. standplass; *ved utstilling, etc:* stand; ***a stand at the book fair*** en stand på bokmessen; *(se pavement stand);*
7. *forst:* bestand;
8. (tilskuer)tribune; ***sit in the stand*** sitte på tribunen; ***VIP stand*** ærestribune; *(se grandstand & judges' stand);*
9. US: ***(witness) stand****(=witness box)* vitneboks.
II. stand *vb(pret & perf.part.: stood)* **1.** stå; ***stand***

about stå og henge; ***few of the original buildings still stand*** det er få av de opprinnelige bygningene som er blitt stående; *fig:* ***know where one stands*** vite hvor man står;
2.: ***stand (up)****(=get up)* reise seg; *(se 27: stand up);*
3. *mar:* stå; seile *(fx into the harbour);*
4. *om høy gjenstand(=be):* ***the bottle stood on the table*** flasken stod på bordet;
5*(=put)* stille *(fx a ladder against the wall; he stood the milk bottle on the doorstep);*
6*(=be in force)* stå ved makt *(fx our agreement still stands);*
7. *om tilstand el. situasjon; stivt:* ***as matters now stand*** *(=in the present state of things)* under de nåværende forhold *n;* (slik) som forholdene nå ligger an; ***how do you stand financially?****(=how are you off for money?)* hvordan er det med økonomien din? ***stand well with the boss****(=be on good terms with the boss)* stå seg godt med sjefen;
8. spandere *(fx let me stand(=buy) you a drink);*
9. *i nektet setning(=bear)* tåle *(fx I can't stand him);* ***I can't stand delays*** jeg tåler ikke forsinkelser;
10*(=bear)* stå for; tåle; ***it will not stand comparison with*** det tåler ikke sammenligning med;
11. *om beleiring:* utholde *(fx a siege);*
12. *om persons høyde:* ***he stands six feet two*** han er seks fot og to tommer høy (ɔ: 1,88m);
13.: ***stand acccused of murder*** stå anklaget for mord;
14.: ***stand aside*** gå til side;
15.: ***stand back*** trekke (seg) bakover; holde seg på avstand;
16.: ***stand by*** 1. forholde seg passiv; (bare) stå der; 2. være i beredskap; være parat; 3*(=support):* ***she stood by him*** hun stod ved hans side; 4. stå ved *(fx one's promise);*
17. *av sikkerhetshensyn:* ***stand clear of****(=move away from)* holde seg unna *(fx stand clear of the doors!);*
18.: ***stand down*** 1. trekke seg; trekke sitt kandidatur (*in favour of* til fordel for); 2*(=leave the witness box)* forlate vitneboksen; 3. *på møte(=waive one's right to speak)* frafalle ordet;
19.: ***stand firm*** stå fast; ***I'm standing firm on****(=over)* ***this issue*** jeg står fast (*el.* firer ikke) i denne saken;
20.: ***stand for*** 1. bety; stå for *(fx HQ stands for Headquarters);* 2*(=represent)* stå for; representere; 3. *i nektet setning(=tolerate)* finne seg i; tolerere *(fx I won't stand for her rudeness);* 4*(=stand for election in) n;* stille til valg *(n)* i *(fx stand for one of the London constituencies);* ***stand for Parliament*** stille til valg som parlamentsmedlem;
21. *også fig:* ***stand one's ground*** holde stand; ikke gi seg;
22.: ***stand in*** 1. vikariere (*for* for); 2.: ***stand in with sby****(=join forces with sby)* gjøre felles sak med en;
23.: ***stand on*** 1. stå på; *fig:* ***stand on one's own (two) feet*** stå på egne ben; 2*(=insist on)* stå på; holde fast ved;
24.: ***stand out*** 1. *mar:* stå ut; ***stand out to sea*** stå ut i rom sjø; 2. *stivt(=hold out)* holde ut (*against* mot); 3. skille seg ut; peke seg ut; ***stand out from the crowd*** skille seg ut fra mengden; ***none of the candidates stand out as particularly suitable for the post*** det er ingen av kandidatene som peker seg ut som spesielt egnet for stillingen; ***one incident from the journey stood out in his mind****(=memory)(=one incident from the journey was firmly fixed in his memory)* en episode fra reisen stod tydelig for ham;
25. *fig; for å kontrollere:* ***stand over sby*** stå over en;
26.: ***stand to*** 1. *mil:* holde seg i beredskap; 2*(=risk (-ing))* risikere å *(fx we stand to lose £200);* 3. *om det sannsynlige:* ***he stands to get good marks****(=he's likely to get good marks)* han vil få gode karakterer;
27.: ***stand up*** 1. reise seg; 2. *fig:* stå frem *(fx but who'll stand up and say so?);* 3. *om argument & krav:* holde *(fx does this argument stand up?);* ***stand up in court*** holde for retten; holde for en domstol; 4.: ***stand sby up*** ikke holde avtalen med en *(fx she stood him up three times); (jvf 2 ovf: stand (up));*
28.: ***stand up for*** 1*(=defend; support)* forsvare; gå i bresjen for; 2.: ***stand up for oneself*** snakke for seg selv; forsvare seg;
29.: ***stand up to*** 1. tåle *(fx a car which can stand up to rough handling);* 2. ta igjen med *(fx the bigger boys).*

I. standard [ˌstændəd] *s* **1.** fane; banner; standart;
2. standard; målestokk; norm; nivå *n (fx maintain a high standard);* ***apply uniform standards*** anvende enhetlige normer; ***a double standard (of morality)****(=a double set of morals)* dobbeltmoral; ***apply a double standard*** anvende en dobbeltmoral; ***the standard of education*** nivået i skolen; utdanningsnivået; ***standard of living****(=living standard)* levestandard; ***standard of reference****(=basis for comparison)* sammenligningsgrunnlag; ***take as a standard*** bruke som målestokk; ***as a standard of*** som målestokk for; ***by modern standards, of course, that was no special achievement*** etter nåtidens målestokk var det naturligvis ingen særlig prestasjon; ***by the standards of that time*** etter datidens (*el.* den tids) forhold; ***conform to society's standards*** tilpasse seg samfunnets krav; ***lower the standard****(=lower standards)* senke nivået (*el.* standarden); ***raise the standard****(=raise standards)* heve nivået (*el.* standarden); ***a raising of (the) standards****(=a rise in standards)* en nivåhevning; en standardforbedring; ***set a good standard*** etablere en høy standard; ***he sets himself very high standards*** han stiller store krav til seg selv;
3.: ***be below standard*** ikke holde mål *n;* ***be up to standard*** holde mål *(fx her work is well up to standard);*
4. US: ***Bureau of Standards****(=trading standards service)* justervesen.

II. standard *adj:* standard; ***disc brakes are standard*** skivebremser er standard.

standard bearer fanebærer.

standard design standardmodell; standardutførelse.

standard hours *pl:* normalarbeidstid; ***work standard hours*** ha normal arbeidstid.

standard issue det som utleveres ifølge reglementet; reglementert *(fx it's standard issue; a standard issue oilskin jacket).*

standardization, standardisation [ˈstændədaiˌzeiʃən] *s:* standardisering.

standardize, standardise [ˌstændəˈdaiz] *vb:* standardisere.

standard lamp *(=floor lamp)* stålampe; gulvlampe.

standard price standardpris; enhetspris.

stand-at-ease position *gym:* hvilestilling.

I. standby [ˌstændˈbai; ˌstæmˈbai] *s* **1.:** ***a good standby*** (noe som er) greit å ty til; **2.:** ***be on standby*** 1. være i beredskap; holde seg klar; 2. *flyv:* vente på sjansebillett.

II. standby *adv; flyv:* ***travel standby*** reise på sjansebillett.

standby ticket *flyv:* sjansebillett; *(se I. ticket 1).*

I. standfirst [ˌstændˈfə:st] *s; til artikkel:* ingress.

II. standfirst *vb:* skrive ingressen til *(fx an article).*

stand-in [ˌstændˈin] *s* **1***(=substitute)* vikar;
2. *film:* stand-in.

I. standing [ˌstændiŋ] *s* **1.** det å stå; ***standing for long periods*** det å stå lenge om gangen;
2. anseelse; (sosial) stilling; ***a person of high standing*** 1. en meget ansett person; 2. en person av høy rang; ***a man of some standing*** en ansett mann; ***what's his standing locally?*** hvordan er han ansett på stedet?
3.: ***of long standing*** mangeårig *(fx friendship);* ***an agreement of long standing*** en gammel avtale;
4. *sport:* ***final standings****(=results)* endelige resultatlister.

S

II. standing *adj* **1.** stående;
2. *om vann(=stagnant)* stillestående;
3. *forst:* ***standing timber****(=growing stock)* tømmer *(n)* på rot;
4. stående; fast *(fx offer; order);* ***standing joke*** stående vits.
standing army *mil:* stående hær.
standing crop *landbr:* avling på rot; *(se I. crop 1).*
standing jump *sport; om lengdehopp:* lengde(hopp) uten tilløp; *(jvf running jump).*
standing order 1. *bankv:* fast (betalings)oppdrag;
2.: ***standing orders****(=rules of procedure)* forretningsorden; møtereglement; *(se procedure 4: rules of standing order 2).*
standing ovation stående applaus; ***foot-stamping standing ovation*** trampeklapp; ***she got****(=was given)* ***a standing ovation*** hun fikk stående applaus.
standing room ståplass.
standing ticket ståplassbillett; *(se stand ticket).*
standing timber *forst(=growing stock)* tømmer *(n)* på rot.
standoffish ['stænd,ɔfiʃ] *adj:* (kjølig) avvisende; utilnærmelig.
standover [,stænd'ouvə] *s:* ***have a standover*** stå over.
standpipe [,stænd'paip] *s:* utekran; standrør.
standpoint [,stænd'pɔint] *s(=point of view)* standpunkt; synsvinkel; synspunkt; ***from the standpoint that …*** ut fra det synspunkt (*el.* syn) at …; ***look at it from my standpoint*** se det fra min synsvinkel.
standstill [,stænd'stil] *s:* ***be at a standstill*** være gått i stå; ha stoppet helt opp; ***things were at a standstill, it seemed****(=we (etc) didn't seem to be getting anywhere;* **T:** *things were hanging fire, as it were)* det (hele) stod liksom i stampe; ***come to a standstill*** gå i stå; stoppe helt opp.
stand ticket *sport(=grandstand ticket)* tribunebillett; billett til sittetribune; *(se standing ticket & terrace ticket).*
I. stand-up [,stænd'ʌp] *s; TV:* ***straight stand-up*** direkterapport.
II. stand-up *adj* **1.** som står opp; oppstående; stiv *(fx a stand-up collar);*
2*(=standing)* stående; ***a stand-up meal*** et stående måltid;
3. *om komiker:* som opptrer solo.
stand-up comedian *teat:* komiker som opptrer solo.
stand-up fight regulært slagsmål; *(se I. fight 1).*
stank [stæŋk] *pret av II. stink.*
stanza [,stænzə] *s:* strofe; vers *n.*
I. staple [steipl] *s* **1.** *U-formet:* krampe;
2. *til stiftemaskin:* stift;
3. *i tekstil:* stapel;
4.: *se staple (commodity).*
II. staple *vb:* hefte (*together* sammen); feste ved hjelp av stiftemaskin *(fx staple it to the notice board).*
III. staple *adj; stivt:* viktigst; hoved-.
staple (commodity) *merk:* stapelvare; *(se commodity).*
staple food [,steipl ,fu:d] *s:* hovednæringsmiddel.
staple industry *(=chief industry)* hovednæring(svei).
stapler [,steiplə] *s:* stiftemaskin; heftemaskin.
I. star [stɑ:] *s* **1.** *astr:* stjerne; *typ(=asterisk)* stjerne;
2. *fig:* stjerne; ***become a star*** bli stjerne;
3. *etter slag, fall, etc* **T:** ***see stars*** så både sol og måne og stjerner;
4. T: thank one's lucky -s prise seg lykkelig.
III. star *vb* **1.** merke med stjerne;
2. ha en hovedrolle (*in* i);
3. presentere i hovedrollen *(fx this film, starring NN, will be shown next week).*
I. starboard [,stɑ:bəd] *s; mar:* styrbord (side).
II. starboard *vb; mar:* ***starboard the helm*** gi styrbords ror.
III. starboard *adj & adv:* styrbord; styrbords-; ***on the starboard side*** på styrbord side.

I. starch [stɑ:tʃ] *s; også til tøy:* stivelse.
II. starch *vb:* stive; ***starched shirt*** stivet skjorte.
starchy [,stɑ:tʃi] *adj* **1.** stivelsesholdig; ***starchy food*** stivelsesholdig mat; melmat; **2.** *fig* **T***(=stiff; formal)* stiv; formell.
stardom [,stɑ:dəm] *s:* stjernestatus; ***be catapulted to stardom overnight****(=become a star overnight)* bli stjerne over natten.
star dust *astr:* stjernestøv; stjernetåke.
I. stare [stɛə] *s(=staring look)* stirrende blikk *n;* ***an uncomprehending stare*** et uforstående blikk.
II. stare *vb* **1.** stirre (*at* på); ***stare hard at*** stirre stivt på; fiksere;
2. *fig:* ***the answer to the problem was staring us in the face*** svaret på vårt problem lå like for nesen på oss.
starfish [,stɑ:'fiʃ] *s; zo:* sjøstjerne; korstroll.
staring [,stɛəriŋ] *adj:* stirrende; ***a staring look*** et stirrende blikk.
I. stark [stɑ:k] *adj* **1.** *i døden(=stiff):* ***stark and cold*** stiv og kald;
2. *stivt(=barren)* naken; gold *(fx a stark, rocky landscape);*
3*(=sharply outlined)* skarpt avtegnet;
4.: ***a stark****(=bare)* ***room*** et nakent rom; ***the stark****(=hard)* ***facts*** de nakne kjensgjerninger; ***the stark****(=naked)* ***truth*** den nakne sannhet;
5*(=harsh)* krass *(fx realism);*
6*(=sharp; strong):* ***in stark contrast to****(=with)* i grell kontrast til.
II. stark *adv:* ***stark naked*** splitter naken; ***stark (staring) mad*** splitter gal.
starkers [,stɑ:kəz] *adj* **S***(=stark naked)* splitter naken.
starless [,stɑ:ləs] *adj:* uten stjerner *(fx night).*
starlet [,stɑ:lit] *s:* ung filmstjerne.
starlight [,stɑ:'lait] *s:* stjerneskinn; stjernelys; ***by starlight*** i stjerneskinn.
starling [,stɑ:liŋ] *s; zo:* stær.
starlit [,stɑ:'lit] *adj(=starry)* stjerneklar.
star role *film & teat(=star part)* stjernerolle.
starry [,stɑ:ri] *adj(=starlit)* stjerneklar; ***it's a starry night*** det er stjerneklart i kveld.
starry-eyed [,stɑ:ri'aid] *adj* **1.** med tindrende øyne;
2. *fig:* blåøyd; naiv.
Stars and Stripes US: ***the Stars and Stripes*** stjernebanneret.
star-spangled [,stɑ:'spæŋgəld] *adj(=studded with stars)* stjernebesatt; bestrødd med stjerner.
I. start [stɑ:t] *s* **1.** start; ***for a start****(=in the first place)* for det første; ***from the start*** fra starten av; ***this new project got off to a start yesterday*** startskuddet for dette nye prosjektet gikk i går; ***this gave him a good start in politics*** dette ga ham en god start i politikken; ***make an early start*** 1. komme tidlig av sted; starte tidlig; 2. *med oppgave:* begynne tidlig; ***make a fresh****(=new)* ***start (in life)*** begynne på nytt i livet; ***make a start on sth*** ta fatt på noe;
2. *sport:* start; startstrek; startgrop; ***the runners lined up at the start*** løperne stilte opp på startstreken; ***early (,late) start*** for tidlig (,sen) start; ***false start*** feilstart; tjuvstart; *(se false start);* ***mass start*** fellesstart (i løp med svært mange deltagere); ***scratch start*** fellesstart; ***standing start*** stående start; ***be called to the start*** bli kalt frem til start; *skøyter:* ***go to the start!*** innta plassene!
3. *også sport:* forsprang; ***a slight****(=short)* ***start*** et lite forsprang; ***a long start*** et stort forsprang; ***get ten minutes' start on*** få ti minutters *(n)* forsprang på; ***give sby two metres' start*** gi en to meters forsprang; *også fig:* ***have a start****(=lead)* ***on*** ha et forsprang på; *(jvf III. lead 2);*
4. sett; ***wake (up) with a start*** våkne med et sett; ***in****(=by)* ***fits and starts*** rykkevis; i ujevnt tempo *n (fx work in fits and starts);* ***give a start*** fare sammen;
5. *fig:* ***get off to a bad start*** begynne dårlig; få en dårlig

start; ***he got off to a false start*** han kom skjevt ut (med oppgaven); ***get off to a flying start*** få en fin start.

II. start *vb* **1.** starte; dra av sted; begynne å gå; ***he turned and started over to us*** han snudde og begynte å gå i vår retning;
2. starte; få i gang *(fx a car);*
3. begynne; starte; begynne med; gå i gang med; ***start a new job*** begynne i ny jobb; ***start the baby crying*** få babyen til å gråte; ***start sth*** begynne med noe; sette i gang noe; ***start at the beginning*** begynne med begynnelsen; ***start speaking, start to speak****(=begin speaking; begin to speak)* begynne å snakke;
4*(=jump; give a start)* fare sammen; skvette; *(se også 7 & 13: start up 1);*
5. *jaktuttrykk(=flush)* jage opp *(fx a hare);*
6.: ***start afresh****(=(all over) again)* begynne på nytt;
7.: ***start back*** 1. fare tilbake; 2. ta fatt på hjemveien;
8.: ***start from*** 1. *om pris:* begynne på; ***prices start from around £100*** prisene begynner på ca. £100; 2.: ***starting from Friday*** fra og med fredag;
9.: ***start off*** 1*(=start out)* dra av sted; starte; 2*(=start)* starte; begynne; ***what shall we start off with?*** hva skal vi starte med? ***start off on the wrong foot****(=make a wrong start)* begynne forkjært; komme galt av sted; 3.: ***start sby off as*** gi en en start som *(fx a bookseller);*
10.: ***start sby off on sth*** 1. hjelpe en i gang med noe; 2. få en til å begynne å snakke om noe;
11.: ***start on*** begynne på *(fx he hasn't started on it yet);*
12.: ***start out*** 1*(=start off)* dra av sted; starte; 2.: ***we started out to …*** til å begynne med hadde vi tenkt å …;
13.: ***start up*** 1*(=jump up)* skvette (*el.* fare) opp; 2*(=start)* starte *(fx a new club);* 3. *om plage, etc(=play up)* begynne; melde seg *(fx my eye trouble started up again);* 4. *mask:* starte *(fx the engine);* 5.: ***start****(=set)* ***up in business*** begynne forretning;
14.: ***to start with*** 1*(=to begin with)* til å begynne med; 2. *i argumentasjon(=for a start)* for det første *(fx To start with, he isn't qualified).*

starter [ˌstɑ:tə] *s* **1.** *kul:* forrett;
2. *fig* **T:** ***that's just for starters*** det er bare begynnelsen;
3.: ***he's a slow starter*** han rir ikke den dagen han saler;
4. *sport* 1. starter; ***be under starter's orders*** stå på startstreken; 2. person som starter; ***only five starters finished the race*** bare fem av dem som startet, fullførte løpet;
5. *mask(=starter motor)* selvstarter; ***the starter has jammed*** selvstarteren har hengt seg opp;
6. *elekt; for lysstoffrør:* gnisttenner.

(starter) motor *mask(=self starter)* selvstarter.

(starting) gun *sport:* startskudd; ***fire the (starting) gun*** fyre av startskuddet; ***the gun went (off) and the race began*** startskuddet gikk og løpet var i gang.

starting judge *sport:* startdommer.

starting number *sport:* startnummer.

starting order *sport:* startrekkefølge; ***the starting order was settled by (drawing) lots*** startrekkefølgen ble avgjort ved loddtrekning.

starting pay *(=initial salary)* begynnerlønn.

starting point *også fig:* utgangspunkt; ***make Nairobi the starting point of safaris****(=make Nairobi a starting point for safaris)* gjøre Nairobi til utgangspunkt for safarier; ***prices are exclusive of travel costs to and from starting point*** prisene innbefatter ikke reiseutgifter til og fra utgangspunktet.

starting price *på auksjon:* utropspris.

starting signal *sport:* startsignal.

starting time *sport:* starttid.

startle [stɑ:tl] *vb:* gi en støkk; skremme; skremme opp *(fx a bird);* ***be startled*** 1. få en støkk; 2*(=be astonished)* stusse; bli forbløffet.

startled [ˌstɑ:təld] *adj:* (opp)skremt.

startling effect knalleffekt.

star turn *(=main attraction; high point)* glansnummer; hovedattraksjon.

starvation [stɑ:ˌveiʃən] *s:* sult; ***die of starvation*** sulte i hjel.

starvation diet sultekur.

starvation wage(s) sultelønn.

starve [stɑ:v] *vb* **1.** sulte; ***starve to death*** sulte i hjel;
2. *fig; stivt:* ***be starved of*** tørste etter *(fx affection).*

starved [ˌstɑ:vd] *adj* **1.** utsultet; **2.** *fig:* underernært; ***sex-starved*** seksuelt underernært.

I. stash [stæʃ] *s; især* **US***(=cache)* gjemmested; hemmelig forråd *n.*

II. stash *vb* **T:** ***stash away*** gjemme unna *(fx money).*

I. state [steit] *s* **1.** tilstand; forfatning; ***the present state of affairs****(=the present situation)* stillingen (*el.* situasjonen) for øyeblikket; ***it's difficult to know what her state of mind is*** det er vanskelig å vite hvilken mening hun har; **T:** ***in a (real) state****(=very upset; (really) worked up)* (virkelig) opphisset; (helt) ute av seg; **T:** ***get into a state*** bli opphisset; bli ute av seg; ***what a state things have got into!*** det står virkelig ille til! ***what a state you're in!*** hvordan er det du ser ut! ***in no fit state****(=not in a(ny) fit state)* uskikket *(fx to drive a car);*
2. stat; delstat *(fx the state of Texas);* ***the United States (of America)****(=the USA; the US)* De forente stater; USA; ***the State and local authorities****(=national and municipal authorities)* stat og kommune;
3. *om avdød:* ***lie in state*** ligge på lit de parade;
4. *spøkef:* ***arrive in state*** ankomme med pomp og prakt.

II. state *vb* **1.** si; erklære; uttale; ***the witness stated****(= said)* ***that …*** vitnet uttalte (*el.* sa) at …; ***it cannot be too emphatically stated that …*** det kan ikke sies for tydelig at …; ***your letter in which you state****(=say)* ***that****(=your letter stating(=saying) that …)* Deres brev, hvor De sier at …; ***her stated aim to eliminate …*** hennes erklærte mål om å eliminere …;
2. si fra (om); fremføre; ***state one's errand*** fremføre ærendet sitt; ***state one's intentions*** si fra (om) hvilke hensikter man har; ***we have stated our opinion****(=point of view)* ***clearly in this matter*** vi har gitt vårt standpunkt i denne saken tydelig til kjenne;
3. oppgi; ***state****(=give)* ***name and address*** oppgi navn *(n)* og adresse; ***state****(=quote)* ***a price*** oppgi en pris; ***the price stated****(=quoted)* den oppgitte pris; ***meetings are held at stated****(=fixed)* ***times*** møter *(n)* holdes til fastsatte (*el.* nærmere oppgitte) tider;
4. konstatere; fastslå; ***I'm merely stating the fact*** jeg bare konstaterer faktum *n.*

State attorney US *(=counsel for the prosecution; counsel for the Crown)* aktor.

state bank US: delstatsbank (som ikke behøver være medlem av the Federal Reserve System).

statecraft [ˌsteitˈkrɑ:ft] *s; polit:* statskunst.

State Department US *(=Foreign Office): **the State Department*** Utenriksdepartementet.

State Enrolled Nurse *(=Enrolled Nurse; fk: SEN)* hjelpepleier (med toårig utdannelse).

state grant *(=state support)* statsstøtte.

stateless [ˌsteitləs] *adj:* statsløs.

state line US *mellom de enkelte stater:* statsgrense.

stately [ˌsteitli] *adj; stivt(=dignified; impressive)* verdig *(fx a stately old lady).*

stately home *(=noble home)* herregård; slott *(n)* (*el.* borg) som er åpen for allmennheten.

statement [ˌsteitmənt] *s* **1.** konstatering (*of* av);
2. melding; kunngjøring; ***make a statement*** komme med en kunngjøring;
3. uttalelse; erklæring; utsagn; påstand; ***amplify a statement*** komme med en utfyllende forklaring; ***give****(=make)* ***a statement*** uttale seg; ***I have no statement to make****(=I have no comment (to offer); I have nothing to say)* jeg ønsker ikke å uttale meg; ***the statement****(=assertion)* ***is clearly unfounded*** påstanden er helt klart ubegrunnet;

S

4(=*bank statement)* kontoutdrag;
5. *merk(=(statement of) account)* avregning; ***as per statement rendered*** ifølge avregning; ***statement of*** avregning over;
6. *for politiet:* ***make a statement*** avgi forklaring; *om politiet:* ***take statements from*** avhøre; oppta forklaring av; ***no statement has been taken in the case*** ingen er avhørt i saken.

state of the art *(,attributivt: state-of-the-art) adj:* som representerer det aller siste og beste på området; meget avansert *(fx design; technology).*

state of war krigstilstand.

State Registered Nurse *(fk SRN) hist:* sykepleier.

state's evidence US: *se queen's evidence.*

statesman [ˌsteitsmən] *s:* statsmann.

statesmanlike [ˌsteitsmən'laik] *adj:* som sømmer seg (for) en statsmann.

statesmanship [ˌsteitsmən'ʃip] *s:* statsmannskunst.

state support *(=state grant)* statsstøtte.

state trial *jur:* landssviksak; spionsak.

state visit statsbesøk.

I. static [ˌstætik] *s:* atmosfæriske forstyrrelser.

II. static *adj:* statisk *(fx electricity).*

static cord *flyv; festet til flyet(=static line)* utløsersnor (for fallskjerm).

statics [ˌstætiks] *s:* likevektslære; *(jvf structural mechanics).*

station [ˌsteiʃən] *s* **1.** stasjon; ***at the station*** på stasjonen; ***come into the station*** kjøre inn på stasjonen; *for utenriksrepresentasjon:* ***head of station*** stasjonssjef;
2. *i Australia:* ***(sheep) station*** sauefarm;
3. *mil:* ***action stations*** 1. kampstilling(er); post; 2. *int:* klart skip!

stationary [ˌsteiʃənəri] *adj* **1.** stasjonær *(fx crane);*
2. *stivt(=not moving):* ***a stationary bus*** en parkert buss.

stationer [ˌsteiʃənə] *s:* papirhandler; ***stationer's (shop)*** papirhandel.

stationery [ˌsteiʃənəri] *s* **1.** skrivesaker; **2.** *merk:* kontorartikler.

Stationery Office: ***Her Majesty's Stationery Office*** kontor *(n)* som utgir offisielle publikasjoner og leverer kontorartikler til regjeringskontorene.

station manager *jernb; ved British Rail; svarer til:* stasjonsmester.

station master *jernb; hist:* stasjonsmester; *(NB ved British Rail nå: 'station manager').*

station wagon US *(=estate car)* stasjonsvogn.

statistic [stəˌtistik] *s:* statistikk; statistisk opplysning; ***bandy statistics about*** slå om seg med statistikk.

statistical [stəˌtistikl] *adj:* statistisk.

statistician ['stætiˌstiʃən] *s:* statistiker.

I. statuary [ˌstætjuəri] *s; kollektivt(=statues)* statuer; skulpturer.

II. statuary *adj:* billedhogger- *(fx art; marble).*

statue [ˌstætju:] *s:* statue.

statuesque ['stætjuˌesk] *adj:* statuelignende; som en statue; *spøkef:* ***statuesque blonde*** staselig blondine.

statuette ['stætjuˌet] *s:* statuett.

stature [ˌstætʃə] *s* **1.** *stivt:* ***of gigantic stature*** kjempestor; ***his gigantic stature****(=his huge figure)* hans kjempestore skikkelse; **2.** *stivt(=reputation; calibre)* ry *n (fx a musician of international stature).*

status [ˌsteitəs; **US** *også:* 'stætəs] *s:* status; stilling *(fx the status of a father);* ***legal status*** juridisk stilling; rettsstilling; ***social status*** sosial status.

status line *EDB:* statuslinje.

status quo [ˌsteitəs ˌkwou] *s; stivt el. jur:* ***the status quo****(=the situation as it now is)* status quo; ***preserve the status quo*** bevare status quo.

status seeker statusjeger.

status symbol statussymbol.

statute [ˌstætju:t] *s* **1.** *jur:* (nedskrevet) lov; **2.** statutt; vedtekt.

statute-barred [ˌstætju:t'bɑ:d] *adj; om fordring; jur (= time-barred)* foreldet.

statute book *jur:* lovbok.

statute law lov vedtatt av parlamentet; positiv lov (el. rett); nedskrevet lov; *(jvf common law).*

statutory [ˌstætjutəri] *adj; jur el. stivt:* som er bestemt ved lov; lovfestet; lovbefalt; ***a statutory age limit****(=a legal age limit)* en lovfestet aldersgrense.

statutory rape US *(=sexual abuse of a minor)* utuktig omgang med mindreårig.

I. staunch [stɔ:ntʃ] *vb(=stanch; stop):* ***staunch the flow of blood*** stanse blødningen.

II. staunch *adj(=loyal)* pålitelig; trofast *(fx supporter);* ***a staunch(=firm) believer in*** en som har sterk tro på.

I. stave [steiv] *s* **1***(=barrel stave)* tønnestav; **2.** *mus:* ***stave (line)*** notelinje; **3***(=stanza)* strofe.

II. stave *vb(pret & perf.part.: staved, stove)* **1.** *skrog el. tønne:* ***stave (a hole) in*** slå in; slå hull *(n)* på;
2.: ***stave off*** 1. holde på avstand; holde (seg) fra livet; 2. *krise, etc(=ward off; postpone)* forhale; utsette.

stave line *mus:* notelinje.

staves [steivz] *s; pl av I. staff & I. stave.*

I. stay [stei] *s* **1.** *mar:* stag *n;* ***side stay*** sidestag;
2.: ***(tent) stay****(=guy)* (telt)bardun;
3. *i korsett:* spile;
3. opphold *n (fx a two days' stay in London);* ***an overnight stay*** en overnatting;
4. *jur:* ***stay of execution*** utsettelse *(fx be granted a stay of execution for a year); (jvf II. stay 2).*

II. stay *vb* **1.** oppholde seg; bo (midlertidig) *(fx at a hotel);* bli *(fx would you like to stay for supper?);* ***she's coming to stay for a week*** hun kommer for å være her en uke; ***stay in bed*** holde sengen; ***he never stays long in any job*** han blir aldri lenge i noen jobb; **2.** *jur:* utsette *(fx judgment); (jvf I. stay 4);*
3. *stivt:* ***stay one's hunger****(=stop(=stifle) one's hunger)* holde sulten stangen; holde (seg) sulten fra livet;
4.: ***stay away*** utebli; holde seg borte *(from* fra);
5.: ***stay behind*** bli igjen *(fx to finish some work);*
6.: ***stay in*** bli inne *(fx I'm staying in tonight);*
7.: ***stay out*** 1. være ute *(fx after dark);* 2. *fig(=be out on strike)* streike; 3. *fig:* ***stay out of a conflict*** holde seg utenfor en konflikt;
8. T: ***stay put*** 1. bli hvor man er; 2. ikke løsne; bli sittende (på plass);
9. *også fig:* ***stay the course*** fullføre løpet; holde ut;
10.: ***stay up*** bli oppe; ***don't stay up for me*** ikke sitt oppe og vent på meg; ***stay up late*** sitte (*el.* være) lenge oppe;
11.: ***stay with*** 1. være hos; bli hos; bo (midlertidig) hos; 2. **US T** *også(=not lose sight of)* ikke slippe av syne; ***let's stay with him!*** ikke la oss slippe ham av syne!

stay-abed [ˌsteiə'bed] *s(,US: sleepyhead)* sjusover.

stay-at-home [ˌsteiət'houm] *s* **1***(=homebird)* hjemmemenneske *(fx he's a stay-at-home (sort of man));*
2. *neds:* heimføding.

stayaway [ˌsteiə'wei] *adj:* ***stayaway pupils*** elever som skulker.

staying power *(=stamina; endurance)* utholdenhet; **T:** tæl.

stead [sted] *s* **1.** *stivt:* ***stand sby in good stead****(=be useful to sby)* komme vel med (for en); være nyttig for en; **2.** *stivt:* ***in sby's stead****(=place)* i ens sted *n.*

steadfast [ˌsted'fɑ:st] *adj; stivt* **1***(=firm)* fast; ***a steadfast gaze*** et ufravendt blikk; **2***(=loyal)* lojal; trofast.

I. steady [ˌstedi] *s* **T***(=steady girlfriend; steady boyfriend)* fast følge *n.*

II. steady *vb* **1.** berolige *(fx sby's nerves);*
2. bli roligere;
3. *int:* ***steady (on)!****(=be careful!)* vær forsiktig!
4.: ***steady oneself*** gjenvinne balansen; holde seg på bena *n.*

III. steady *adj* **1.** stø; stabil; ***the table isn't steady***

bordet står ikke støtt; **2.** *fig:* stabil; ***steady nerves*** rolige nerver; **3. T:** ***go steady*** ha fast følge *n.*
steak [steik] *s:* biff; ***cod steak*** torskebiff; ***steak and onions*** biff med løk.
I. steal [sti:l] *s* **US T***(=a good buy)* et godt kjøp.
II. steal *vb(pret: stole; perf.part.: stolen)* **1.** *også fig(=snatch)* stjele *(fx a kiss);*
2. *stivt(=slip)* snike; smette *(fx steal away; steal into the room);*
3.: ***steal up on sby****(=creep up on sby)* snike seg innpå en;
4. *stivt:* ***steal a glance at sby****(=look at sby out of the corner of one's eye)* skotte bort på en;
5.: ***steal a march on sby****(=forestall sby)* komme en i forkjøpet.
stealth [stelθ] *s; stivt:* ***the stealth of a cat*** snikingen til en katt; ***by stealth****(=in secret; secretly)* i hemmelighet; i smug; i det stille.
stealthy [ˌstelθi] *adj; stivt:* listende *(fx footsteps);* som skjer i smug; hemmelig; stjålen; ***stealthy****(=furtive)* ***glances*** stjålne øyekast.
I. steam [sti:m] *s* **1.** damp; vanndamp (over kokepunktet); *(jvf water vapour);*
2. *også fig:* ***get up steam*** få opp dampen;
3.: ***let off steam*** 1. slippe ut damp; 2. *fig:* avreagere; få utløp for sine følelser;
4. T: ***run out of steam*** slippe opp for damp; miste farten; ***the project ran out of steam*** luften gikk ut av prosjektet;
5. T: ***under one's own steam*** for egen maskin.
II. steam *vb* **1.** dampe *(fx into port; steaming coffee);*
2. *kul:* dampkoke; ***steam till tender*** mørdampe;
3.: ***steam off*** fjerne ved hjelp av damp *(fx a stamp);*
4.: ***steam open*** dampe opp *(fx a letter);*
5.: ***steam up*** 1. *om vindu, etc(=mist up)* dugge *(fx the windows steamed up);* 2. *fig* **T: *get steamed****(=worked)* ***up*** bli opphisset (*about sth* over noe).
steam bath dampbad; badstubad.
steam engine *mask:* dampmaskin.
steamer [ˌsti:mə] *s; mar(=steamboat)* dampbåt.
I. steamroller [ˌsti:mˈroulə] *s:* dampveivals.
II. steamroller *vb:* gå frem som en dampveivals; ***steamroller a bill through Parliament*** drive gjennom et lovforslag i Parlamentet.
steamship [ˌsti:mˈʃip] *s; mar:* dampskip.
steamship company dampskipslinje; dampskipsrederi.
steam shovel **US***(=excavator; (mechanical) digger)* gravemaskin.
steamy [ˌsti:mi] *adj* **1.** dampfylt; fullt av damp;
2. dugget(e); ***steamy glasses*** duggete briller;
3. *fig:* erotisk *(fx book);* ***they were having a steamy affair*** de hadde et svært hett forhold gående.
stearin [ˌstiərin] *s:* stearin *n.*
steed [sti:d] *s; glds, poet el. spøkef(=horse)* ganger; *ordspråk:* ***while the grass grows the steed starves*** mens gresset gror, dør kua.
I. steel [sti:l] *s* **1.** stål *n;* ***alloy steel*** legert stål; spesialstål; ***stainless steel*** rustfritt stål; ***tool steel*** verktøystål;
2. skjerpestål; hvessestål;
3. *hist:* fyrstål;
4. *glds; litt.:* sverd *n;* stål *n;*
5. *fig:* stål *n;* ***nerves of steel*** nerver av stål; ***have a grip of steel****(=have a very strong grip)* ha store krefter i nevene.
II. steel *vb:* ***steel oneself*** stålsette seg; ***steel oneself for sth*** stålsette seg for noe.
steel band *mus:* steelband (ɔ: orkester med instrumenter *(n)* som består av avstemte oljefat el. lignende).
steel-blue [ˈsti:lˌblu:; *attributivt:* ˌsti:lˈblu:] *adj(=steely blue)* stålblå *(fx steel-blue eyes).*
steel helmet *(,T: tin hat)* stålhjelm; *(jvf hard hat 1).*
steel-studded [ˌsti:lˈstʌdid] *adj; om dekk:* med pigger.
steel wire ståltråd.
steel wool *(=wire wool)* stålull.
steelworks [ˌsti:lˈwə:ks] *s:* ***a steelworks*** et stålverk.
steely [ˌsti:li] *adj:* stålhard; stål-; ***steely blue eyes*** stålblå øyne *n.*
I. steep [sti:p] *vb* **1. T***(=soak)* legge (,ligge) i bløt;
2. *fig; litt.:* ***be steeped in****(=be full of)* være full av.
II. steep *adj* **1.** bratt *(fx hill);* steil; **2.** *fig:* brå; steil; voldsom; **3.** *om forlangende, pris, etc(=stiff)* drøy.
steepen [ˌsti:pən] *vb(=become steeper; make steeper)* bli brattere; gjøre brattere.
steeplechase [ˌsti:plˈtʃeis] *s; sport* **1.** *hesteveddeløp:* steeplechase; hinderløp; *(jvf flat race);* **2.** *i friidrett:* 3000 meter hinderløp.
steeplejack [ˌsti:plˈdʒæk] *s:* person som arbeider i store høyder.
I. steer [stiə] *s; zo:* ungstut.
II. steer *vb* **1.** styre;
2. *fig:* styre; lose *(fx a bill through Parliament);*
3.: ***steer clear of sth (,sby)****(=avoid sth (,sby))* styre klar av noe (,en); unngå noe (,en).
steering [ˌstiəriŋ] *s:* styring; ***slack (,stiff) steering*** slakk (,stiv) styring.
steering column *i bil:* rattstamme.
steering committee *især parl:* forretningsutvalg.
steering gear *mask:* styreapparat; styremekanisme.
steering group *merk:* styringsgruppe.
steering play *i bil:* dødgang på rattet.
steering rod *mask* **1***(=drag link)* styrestag;
2*(=steering swivel arm)* hovedsvingarm.
steering wheel *i bil:* ratt *n.*
steering worm *mask:* styresnekke.
stellar [ˌstelə] *adj:* stjerne-; *faglig:* stellar-.
I. stem [stem] *s* **1.** *bot:* stilk; stengel;
2. *på glass:* stett;
3. *mar:* stavn; stevn; ***from stem to stern*** fra for til akter; fra stavn til stavn;
4. *mus:* (note)hals.
II. stem *vb* **1.** *stivt el. litt.(=staunch)* stanse; stoppe *(fx the flow of blood);* **2.** *stivt el. litt.(=check; stop)* stanse; demme opp for; **3.** *stivt:* ***stem from****(=result from; be caused by)* skrive seg fra; skyldes.
stem christie, stem Christie *ski(=stem turn)* kristianiasving.
stench [sten(t)ʃ] *s:* stank; vond lukt; *(jvf I. stink 1).*
I. stencil [stensl] *s* **1.** sjablon; **2.** *hist:* stensil.
II. stencil *vb* **1.** overføre ved hjelp av sjablon;
2. *hist:* stensilere.
stenographer [stəˌnɔgrəfə] *s; glds &* **US***(=shorthand typist)* stenograf.
stenography [stəˌnɔgrəfi] *s(=shorthand)* stenografi.
stentorian [stenˌtɔ:riən] *adj; meget stivt el. litt.(=powerful):* ***in stentorian tones*** med stentorrøst.
I. step [step] *s* **1.** skritt *n;* trinn *n;* fottrinn; ***take****(=walk)* ***a step*** ta et skritt; ***with firm steps*** med faste skritt;
2. trinn *n;* trappetrinn; ***a pair of steps****(=a stepladder)* en gardintrapp;
3*(=walk)* gange; ***I recognize his step*** jeg kjenner ham på gangen;
4. *under marsj & fig:* takt; ***keep step*** holde takten; ***in step*** i takt; ***be in step with the times*** være i takt med tiden; ***be out of step with the general public*** være i utakt med folk flest;
5. *fig:* skritt *n;* ***step by step****(=gradually)* skritt for skritt; gradvis; ***make a false step*** ta et feiltrinn; ***she needs to be told every step of the way*** hun må ha det inn med skjeer; ***he has fought this every step of the way*** han har kjempet imot dette hele veien; **T:** ***watch one's step****(=be more careful)* ta rev i seilene; være mer forsiktig; ***take steps to prevent it*** ta skritt for å forhindre det; ***take the first step (in the matter)*** ta det første skritt (i saken); ***take the necessary steps****(=action)* ta de nødvendige skritt.
II. step *vb* **1.** sette foten (*on* på); trå (*on* på);
2. *stivt(=go; walk)* gå *(fx he stepped(=walked) briskly along the road);*

3.: ***step back*** 1*(=retreat; draw back)* trekke seg bakover (*el.* tilbake); 2.: ***let's step(=go) back into the 18th century*** la oss hensette oss til det 18. århundre; ***4.: step down*** 1. *stivt:* gå ned; ***he stepped down from the train on to the platform****(=he got out of the train and on to the platform)* han gikk av toget og ned på perrongen; 2*(=de-escalate)* trappe ned; 3. tre tilbake; trekke seg (*in favour of* til fordel for);
5.: ***step forward*** 1. tre frem; ta et skritt frem; 2. *fig:* melde seg (frivillig);
6.: ***step in*** 1. *stivt(=go in; walk in)* gå inn; 2*(=intervene)* gripe inn; ta affære;
7.: ***step into*** 1. *stivt(=go into; walk into)* gå inn i; 2*(= take over)* overta *(fx sby's job);*
8.: ***step off the path*** forlate stien; gå utenfor stien;
9. T: ***step on it!*** 1*(=hurry!)* fort deg! 2*(,***US:** *step on the gas)* gi gass! **T:** klampen i bånn!
10.: ***step out*** 1. *stivt(=go out)* gå ut; 2. skritte godt ut;
11.: ***step over*** skreve over; skritte over:
12.: ***step up*** 1. *stivt(=walk up)* gå opp *(fx step up to the table);* 2.: ***step up, ladies and gentlemen!*** kom nærmere, mine damer og herrer! 3. *fig(=escalate)* trappe opp; 4. *fig(=increase)* høyne; ***step up one's offer*** høyne tilbudet.

stepdance [ˌstep'dɑ:ns] *s:* steppdans.

stepfather [ˌstep'fɑ:ðə] *s:* stefar.

stepladder [ˌstep'lædə] *s:* gardintrapp; ***five-tread stepladder*** gardintrapp med fem trinn *n.*

steppe [step] *s:* steppe.

stepping stone *s* **1.** vadestein; **2.** *fig:* springbrett (*til* for).

stepson [ˌstep'sʌn] *s:* stesønn.

step stool trappestol.

stereo [ˌsteriou] *s* **1.** stereoanlegg; **2.:** ***in stereo*** i stereo *(fx the film was made in stereo).*

I. stereotype [ˌsteriə'taip] *s* **1.** *typ(=stereotype plate)* stereotypplate; **2.** stereotyp; stereotypt bilde.

II. stereotype *vb; typ:* stereotypere.

stereotyped [ˌsteriə'taipt] *adj:* stereotyp; ***stereotyped ideas*** idéer støpt i samme form.

stereotypy [ˌsteriə'taipi] *s:* stereotypi.

sterile [ˌsterail] *adj* **1.** steril; ufruktbar; gold; **2.** *med.:* steril; **3.** *fig; stivt(=fruitless)* frukteslos.

sterility [steˌriliti] *s:* sterilitet; goldhet; ufruktbarhet.

sterilize, sterilise [ˌsteri'laiz] *vb:* sterilisere.

I. sterling [ˌstə:liŋ] *s:* sterling; engelsk valuta.

II. sterling *adj* **1.:** ***sterling silver*** sterlingsølv;
2. *fig:* god *(fx his many sterling qualities);*
3. *fig:* helstøpt.

I. stern [stə:n] *s; mar:* hekk; akterspeil; akterende.

II. stern *adj:* barsk; streng *(fx discipline; expression);* ***the sterner sex*** det sterke kjønn; ***a stern warning*** en streng formaning.

stern fast: *mar(=stern cable)* aktertrosse; akterfeste.

stern light *mar:* akterlanterne.

sternmost [ˌstə:n'moust] *adj(=aftmost)* akterst.

sternpost [ˌstə:n'poust] *s; mar:* akterstavn.

sternsheets [ˌstə:n'ʃi:ts] *s; mar:* aktertofter.

sternum [ˌstə:nəm] *s; anat(=breastbone)* brystben.

sternway [ˌstə:n'wei] *s; mar:* fart akterover.

steroid [ˌsterɔid] *s:* steroid *n;* ***anabolic steroids*** anabole steroider.

stertorous [ˌstə:tərəs] *adj(=snoring)* snorkende *(fx sound).*

stethoscope [ˌsteθə'skoup] *s; med.:* stetoskop *n.*

stethoscopy [steˌθɔskəpi] *s:* stetoskopi.

stevedore [ˌsti:vi'dɔ:] *s; mar:* stuer.

I. stew [stju:] *s* **1.** lapskaus; ***beef stew*** lapskaus på oksekjøtt; oksekjøttgryte; ***salt beef stew*** saltkjøttlapskaus; *på meny:* ***Norwegian lamb stew****(=mutton and cabbage stew)* får-i-kål;
2. *lett glds* **T:** ***be in a stew****(=be in a tight spot)* sitte i en klemme; **T:** være ute å kjøre.

II. stew *vb* **1.** småkoke;
2. stue; ***stewed beef*** (okse)kjøttgryte; ***stewed fruit*** (frukt)kompott; ***stewed rhubarb*** rabarbragrøt; *(jvf II. cream 5);* **3.** *om te* **T:** la trekke for lenge;
4. T: ***stew in one's own juice*** steke i sitt eget fett.

I. steward [ˌstjuəd] *s* **1.** *mar:* lugarjener; ***chief steward*** stuert; *(jvf stewardess 1);*
2. *flyv:* ***(cabin) steward*** steward; *(jvf stewardess 2);*
3. *i klubb, etc:* tjener *(fx call for the steward);*
4*(=attendant; crowd controller)* ordensvakt;
5. *hesteveddeløp:* ***(race) steward*** veddeløpsleder;
6. *i fagforening:* ***shop steward*** tillitsmann; *(jvf convener);*
7*(=land agent)* godsforvalter;
8. *i fengsel:* forvalter.

II. steward *vb* **1.** være forvalter (*el.* bestyrer) av;
2. være ordensvakt (ved).

stewardess [ˌstjuədəs; 'stjuəˌdes] *s* **1.** *mar:* lugardame; ***chief stewardess*** oldfrue; ***assistant chief stewardess*** assisterende oldfrue; *(jvf steward 1);*
2. *flyv; hist el. i løst språkbruk:* ***(air) stewardess****(= flight attendant)* flyvertinne; *(jvf steward 2).*

stewardship [ˌstjuəd'ʃip] *s; meget stivt* **1***(=management)* forvaltning; bestyrelse;
2*(=post as steward)* stilling som forvalter;
3*(=work; performance)* arbeid *n;* innsats.

stewed [stju:d] *adj* **1.** *se II. stew;* **2. S***(=drunk)* full;
3. *om te* **T:** bitter (fordi den har trukket for lenge).

stewed beef *kul:* oksekjøttgryte.

stewpan [ˌstju:'pæn] *s(=pan)* kasserolle; gryte.

I. stick [stik] *s* **1.** kjepp; pinne; ***stirring stick*** tvare;
2. *sport:* kølle; ***hockey stick*** hockeykølle; ***ski stick*** skistav;
3. *kul:* ***salted cocktail sticks*** saltstenger;
4.: ***a stick of rhubarb*** en rabarbrastilk;
5. *flyv* **T***(=control column):* ***the stick*** stikka;
6.: ***these few sticks (of furniture) are all we have*** disse få møblene *(n)* er alt vi har;
7. *om person:* ***a dry stick****(=a bore)* en tørrpinne; ***he's a funny old stick*** han er en snål fyr;
8. *neds el. spøkef:* ***the sticks****(=the countryside)* bondelandet; ***move out into the sticks*** flytte ut på bondelandet;
9.: ***get (hold of) the wrong end of the stick*** være på feil spor; misforstå;
10. T: ***in a cleft stick****(=in a tight spot)* i knipe; i klemme; **T:** ute å kjøre;
11. *glds:* ***give sby the stick****(=whip sby; smack sby)* la en få smake stokken;
12. T: ***give sby stick****(=scold sby;* **T:** *blow sby up)* bruke kjeft på en;
13. T: ***use the stick*** svinge pisken;
14. T: ***wield the big stick****(=parade(=show off) one's power)* vise sin makt; bruke maktspråk.

II. stick *vb(pret & perf.part.: stuck)* **1.** *med noe spisst:* stikke; ***stick a needle into sth*** stikke en nål i noe;
2. klebe; sitte fast; sitte; ***the door sticks*** døra går tregt; ***and the name has stuck*** og navnet er blitt sittende;
3. T*(=put)* legge *(fx the book on the table);*
4. T*(=stay):* ***stick indoors all day*** holde seg innendørs hele dagen; ***a car that's going to stick in the garage all the time*** en bil som kommer til å stå i garasjen hele tiden; ***I don't want to stick in this job for the rest of my life*** jeg vil ikke bli sittende i denne jobben resten av livet;
5. *i nektet setning* **T***(=stand):* ***I can't stick her*** jeg kan ikke fordra henne;
6. T*(=keep):* ***you can stick the job for all I care!*** for meg må du gjerne beholde (den) jobben!
7. *om bevis* **T***(=stand up)* holde (for en domstol);
8.: ***be stuck*** 1. sitte fast; ikke (kunne) komme videre; ***I'm stuck at home all day*** jeg kommer ikke ut av huset hele dagen; 2. *fig:* stå fast *(fx I'll help you with it if you're stuck);* ***I was totally stuck for an answer*** jeg ble helt opprådd for svar *n;*

9. *også fig:* ***get stuck*** kjøre seg fast;
10. T: ***stick****(=stay)* ***around*** holde seg i nærheten;
11.: ***stick at*** 1. holde seg til; 2.: ***they would stick****(= stop)* ***at nothing to get what they want*** de ville ikke vike tilbake for noe for å få det de vil ha; 3.: ***stick at it****(=keep at it)* holde ut; henge i; **T:** stå på;
12.: ***stick by****(=with)* holde fast ved; være lojal mot;
13.: ***stick down*** klebe igjen *(fx the flap of the envelope);*
14.: ***her name didn't stick in my mind*** navnet hennes festet seg ikke hos meg;
15.: ***stick on*** 1. suge seg fast; klebe seg fast; 2.: klebe på; klistre på *(fx a stamp on this letter);*
16.: ***stick out*** 1. stikke frem; stikke ut *(fx stick one's head out of the window);* ***his front teeth stick out*** han har utstående fortenner; *fig:* ***stick one's neck out*** stikke hodet frem; stille seg lagelig til for hugg *n;* 2. stikke seg ut; være iøynefallende; **T:** ***it sticks out a mile*** det synes på lang avstand; ***he doesn't (try to) stick out****(= he doesn't make much of an impression)* han gjør lite av seg; 3. **T:** ***stick it out*** holde ut;
17. T: ***stick out for****(=refuse to accept less than)* holde fast på kravet om *(fx a pay rise);*
18.: ***stick to*** 1. klebe ved; henge ved; klebe seg fast til; 2.: ***this food sticks to the ribs*** denne maten legger seg på sidebena; 3*(=stick with; stick by; be loyal to)* holde seg til; være lojal mot; 3*(=keep to):* ***stick to the truth*** holde seg til sannheten; ***stick to one's word*** stå fast på sitt ord;
19.: ***stick together*** 1. klebe *(el.* lime) sammen; 2. henge sammen; 3. holde sammen; ***stick together in good times and bad*** stå last og brast sammen; holde sammen i gode og dårlige tider;
20.: ***stick up*** 1. stikke opp; stritte; ***have (unruly) hairs that stick up*** ha verv i håret; ha hår som stikker opp; 2. *int* **T:** ***stick 'em up!****(=hands up!)* opp med hendene!
21. T: ***stick up for****(=defend)* ta i forsvar *n;*
22. T: ***stick with*** 1. holde seg til *(fx he stuck(=stayed) with the firm for ten years);* ***I'll stick with****(=keep to)* ***water*** jeg holder meg til vann *n;* 2.:***stuck with****(=covered with)* helt dekket av *(fx walls stuck with posters);*
23. *om ubehagelig oppgave:* ***get stuck with*** bli sittende med; ***he was stuck with it*** han ble hengende ved det.

sticker [ˌstikə] *s(=stick-on label)* klistremerke; gummiert etikett; merkelapp.

stickiness [ˌstikinəs] *s* **1.** klebrighet; **2.** *om situasjon:* kinkighet;
3. *hos person:* uvillighet.

sticking plaster *med.:* heftplaster.

stick-in-the-mud [ˌstikinðə'mʌd] *s(pl: stick-in-the -muds) neds:* ***be a stick-in-the-mud*** være kjedelig; aldri foreta seg noe; ***she's become a terrible stick-in -the-mud since she got married*** hun er blitt forferdelig kjedelig siden hun giftet seg.

stickler [ˌstiklə] *s* **T:** ***be a stickler for****(=be very fussy about)* være svært nøye når det gjelder; ***be a stickler for punctuality*** holde strengt på at man skal være punktlig.

stick-on label *(=sticker)* klistremerke; gummiert etikett; merkelapp.

stick shift US *(=manual gear (shift))* manuelt gir.

stick-up [ˌstik'ʌp] *s* **T***(=hold-up)* ran *n.*

sticky [ˌstiki] *adj* **1.** klebrig; klissen; seig; ***his hands were sticky with jam*** hendene hans var seige av syltetøy; ***sticky stuff****(,* **T:** *goo)* kliss *n;* noe klebrig noe; **2***(= sultry)* lummer *(fx a hot and sticky day);*
3. T*(=difficult)* kinkig *(fx question);* vanskelig; ***a sticky wicket****(=a difficult situation)* en vanskelig situasjon;
4. uvillig; vanskelig *(fx my mother's a bit sticky about letting me go out in the evening);*
5. T*(=unpleasant):* ***he came to a sticky end*** han fikk en brå død; det endte med forferdelse.

sticky snow *(=wet snow)* kladdeføre.

I. stiff [stif] *s* **S***(=corpse)* lik *n;* kadaver *n.*

II. stiff *adj* **1.** stiv; ***walk with a stiff leg*** gå strakbent; **2.** treg *(fx the lock's stiff);*
3. støl; stiv; ***my arms are really stiff and aching*** jeg er både stiv og støl i armene;
4. *om drink(=strong)* stiv;
5*(=difficult)* vanskelig *(fx examination);*
6*(=tiring)* anstrengende *(fx climb);*
7. *om straff(=severe)* streng;
8. *om pris(=steep)* drøy;
9. stiv; formell;
10.: ***a stiff breeze*** en stiv bris;
11.: ***keep a stiff upper lip*** bite tennene sammen; ta det tappert.

III. stiff *adv:* ***be bored stiff*** kjede seg i hjel; ***be scared stiff*** bli vettskremt.

stiffen [ˌstifən] *vb:* gjøre stiv; bli stiv; stivne.

stiff-necked [ˌstif'nekt] *adj(=stubborn)* stivnakket.

stiffness [ˌstifnəs] *s* **1***(=rigidity)* stivhet; ***stiffness of death****(=rigor mortis)* dødsstivhet;
2. *fig(=formality; reserve)* stivhet;
3. *i ski:* svikt.

stifle [staifl] *vb* **1***(=choke)* få vanskeligheter med å puste *(fx I'm stifling in this heat);* ***be stifled to death*** *(= suffocate)* bli kvalt;
2. *flammer(=smother)* kvele;
3*(=stop):* ***stifle one's hunger*** holde sulten stangen;
4. *fig(=suppress)* ***stifle a yawn*** kvele en gjesp; ***stifle a smile*** undertrykke et smil.

stifled [ˌstaifəld] *adj(=smothered)* halvkvalt; ***a stifled sob*** et halvkvalt hulk.

stifling [ˌstaifliŋ] *adj:* trykkende *(fx atmosphere);* trykkende varmt *(fx it's stifling in here).*

stigma [ˌstigmə] *s)* **1.** *bot:* arr *n;*
2. *fig(=mark of shame)* stigma *n;* skamplett; ***remove the stigma of crime from*** nedkriminalisere;
3. *rel(pl: stigmata* [stigˌmɑ:tə]*)* stigma *n;* ***stigmata*** (Jesu) sårmerker.

stigmatize [ˌstigmə'taiz] *vb* **1.** stigmatisere;
2. *fig(=brand; label)* brennemerke; stemple; ***stigmatize sby as a traitor*** stemple en som forræder.

stile [stail] *s* **1.** klyveledd; **2***(=turnstile)* korsbom; dreiekors; *(jvf turnstile counter);*
3. *på dør:* ramtre.

stiletto [stiˌletou] *s:* stilett.

I. still [stil] *s* **1.** destillasjonsapparat; ***he's got a still going*** han har en sats stående; **2.** *film(=still photography)* still(foto) *n;* stillbilde.

II. still *vb; litt.(=calm)* berolige; dempe.

III. still *adj* **1.** rolig; stille; ***absolutely still****(=as quiet as a mouse)* dørgende stille; musestille; *ordspråk:* ***still waters run deep*** stille vann *(n)* har dyp grunn; **2.** ikke musserende; som ikke bruser *(fx still orange juice);* uten kullsyre *(fx still mineral water).*

IV. still *adv* **1.** rolig; stille *(fx sit still);* ***hold sth still*** holde noe rolig *(el.* stille); ***keep still*** holde seg stille; ***lie absolutely still*** ligge musestille; ***my heart stood still*** hjertet stanset i brystet på meg;
2. fremdeles; ***he's still here*** han er her fremdeles;
3. likevel; ***he's a strange person, but still****(=and yet)* ***I like him*** han er et underlig menneske, og likevel liker jeg ham; ***he's old, and still****(=yet)* ***he's able*** han er gammel, men likevel dyktig;
4. enda; ***still better****(=better still)* enda bedre; ***still more*** 1. enda mer; 2*(=to a still greater extent)* i enda høyere grad.

stillbirth [ˌstil'bə:θ] dødfødsel.

stillborn [ˌstil'bɔ:n] *adj:* dødfødt.

still life *(pl: still lifes)* stilleben *n.*

stilt [stilt] *s:* stylte; ***walk on stilts*** gå på stylter.

stilted [ˌstiltid] *adj:* oppstyltet.

stimulant [ˌstimjulənt] *s* **1.** stimulerende middel *n;* nytelsesmiddel; ***tobacco and alcohol are stimulants*** tobakk og rusdrikk er nytelsesmidler.

S

2. *fig(=stimulus)* stimulus; stimulans.
stimulate [ˌstimju'leit] *vb:* stimulere; pirre.
stimulating [ˌstimju'leitiŋ] *adj* **1.** stimulerende;
2. *psykol(=broadening)* utviklende;
3.: ***have a stimulating effect on*** virke stimulerende på.
stimulation ['stimjuˌleiʃən] *s:* stimulering; ***stimulation of the senses*** sansepåvirkning; stimulering av sansene.
stimulus [ˌstimjuləs] *s(pl: stimuli* [ˌstimju'lai]*)*stimulus; stimulans; spore, incitament *n.*
I. sting [stiŋ] *s* **1.** stikk *n (fx a bee sting);*
2. *zo:* (gift)brodd *(fx the bee left its sting in the wound);*
3. *fig:* brodd; ***a joke with a sting in the tail*** en vits med brodd; ***the sting's in the tail****(=the worst is still to come)* det verste gjenstår; ***take the sting out of*** ta brodden av;
4*(=swindle)* svindel.
II. sting *vb(pret & perf.part.: stung)* **1.** stikke; ***he was badly stung by nettles*** han brant seg stygt på brennesler;
2. *fig(=hurt):* ***I was stung by her remark*** bemerkningen hennes gjorde vondt;
3*(=smart)* svi *(fx the smoke began to sting my eyes);*
4*(=provoke)* provosere; ***be stung into action*** få fart på seg;
5*(=cheat; swindle)* snyte; svindle;
6. S: ***sting sby for*** 1. bomme en for; 2. *om overpris:* ***he'll sting you for £40*** han kommer til å flå deg for £40.
stinginess [ˌstindʒinəs] *s* **1.** gjerrighet; **2.** smålighet; knusleri *n.*
stinging [ˌstiŋiŋ] *s:* ***I've got a frightful stinging in my thumb*** **1.** det svir fryktelig i tommelfingeren min;
2. jeg har fryktelig neglebitt i tommelfingeren.
stinging jellyfish *zo(=sea nettle)* brennmanet.
stinging nettle *bot:* brennesle.
stingy [ˌstindʒi] *adj* **1.** gjerrig; **2.** smålig; knuslete.
I. stink [stiŋk] *s* **1. T***(=stench)* stank; ***what a stink!*** for en stank! for en lukt! **2. S***(=trouble):* ***raise****(=cause)* ***a stink*** lage bråk *n;* ***there'll be a stink about this*** det vil bli bråk omkring dette.
II. stink *vb(pret: stank; perf.part.: stunk)* **1.** stinke;
2. *fig* **T:** stinke *(fx the whole thing stinks);* ***his name*** stinks navnet hans har en svært dårlig klang; ***your plan stinks****(=is hopeless)* den planen din lukter lang vei; ***he stinks with money****(,T: he's loaded)* han er stinn av penger;
3.: ***stink out*** 1. fylle (,fordrive) med vond lukt; 2. *fig:* ***stink sby out****(=give sby the cold shoulder)* fryse en ut.
stinker [ˌstiŋkə] *s* **T** *1.* usympatisk person; **2.:** ***the exam was a real stinker!*** eksamen var ufyselig vanskelig!
stinking [ˌstiŋkiŋ] *adj* **T***(=rotten)* vemmelig; ufyselig; ***I've got a stinking cold coming on*** jeg brygger på en vemmelig forkjølelse.
stinks [stiŋks] *s; skolev* **S***(=chemistry)* kjemi.
I. stint [stint] *s* **1.** *sport:* distanse *(fx a 200-metre stint);*
2*(=quota)* (arbeids)kvote; ***I've done my stint for today*** jeg har gjort mitt for i dag;
3. *om tjenesteopphold, etc(=stay)* opphold *n;*
4. *litt.:* ***without stint*** uten å være smålig; uten knussel; ***he gave help without stint****(=he was generous with his help)* han hjalp uten knussel.
II. stint *vb:* være gjerrig mot *(fx he stinted us).*
stipend [ˌstaipend] *s; især til prest:* gasje; lønn.
stipendiary [staiˌpendiəri] *adj(=paid)* lønnet.
stipple [stipl] *vb; maleteknikk:* stolpe.
stipulate [ˌstipju'leit] *vb* **1.** stipulere; sette som betingelse; ***stipulate that****(=make it a condition that)* stille den betingelse at;
2*(=state)* spesifisere; ***you must stipulate how many hours you can work*** du må spesifisere hvor mange timer du kan arbeide;
3.: ***stipulate for*** betinge seg; sette som betingelse *(fx we stipulated for marble).*
stipulation ['stipjuˌleiʃən] *s; stivt(=condition)* betingelse; vilkår *n;* ***on the stipulation that****(=on condition that)* på betingelse av at.
I. stir [stə:] *s* **1.** det å røre i; ***give the soup a stir*** rør litt i suppen; **2***(=fuss; agitation)* oppstyr *n;* oppstuss *n;* røre; ***cause a stir*** sette sinnene *(n)* i bevegelse; lage røre.
II. stir *vb* **1.** røre om; ***stir into*** tilsette (idet man rører om) *(fx stir sugar into the mixture);*
2*(=move)* røre på seg *(fx in one's sleep);* bevege seg *(fx the curtain stirred);* få til å bevege seg; **T:** ***come on, stir yourself!*** kom igjen nå, og få (litt) fart på!
3. *litt.(=move)* røre *(fx deeply stirred by the news).*
stirring stick tvare.
stirrup [ˌstirəp] *s:* stigbøyle.
stirrup cup glass *(n)* på fallrepet.
stirrup pump fotpumpe.
I. stitch [stitʃ] *s* **1.** *i søm:* sting *n; i strikketøy:* maske;
2. *med.; i sår:* sting *n;* ***they had to put in ten stitches*** det måtte sys ti sting;
3. *om smerte:* hold *n;* ***I've got a stitch (in my side)*** jeg har hold (i siden);
4. T: ***be in stitches****(=hold one's sides laughing)* holde på å le seg i hjel;
5.: ***he hadn't got a stitch (of clothing) on****(=he was completely naked)* han hadde ikke en tråd på kroppen;
6. *ordspråk:* ***a stitch in time (saves nine)*** 1. bedre føre var enn etter snar; 2*(=we might as well get it over with at once)* man kan like gjerne hoppe i det (som krype i det).
II. stitch *vb* **1***(=sew)* sy; ***stitch on*** sy på *(fx a button);* ***stitch together*** sy sammen; ***stitch together an agreement*** sy sammen en avtale; **2.:** ***stitch up****(=sew up)* sy opp *(fx a hem);* sy sammen *(fx stitch up the wound).*
stitchwort [ˌstitʃ'wə:t] *s; bot* **1***(=starwort)* stjerneblom; **2.:** ***greater stitchwort*** tvearve; ***water stitchwort*** sprøarve.
stoat [stout] *s; zo:* røyskatt; *(jvf ermine).*
I. stock [stɔk] *s* **1.** beholdning; lager *n; fig:* ***(stock of) ideas*** tankegods; ***buying for stock*** lagerkjøp; ***buy while -s last!*** kjøp før det blir utsolgt! ***sell off one's stock*** selge ut lageret sitt; ***have sth in stock*** ha noe på lager; ***out of stock*** utsolgt (*of* på);
2. *i bibliotek(=stock of books)* bokbestand;
3.: ***(fish) stock*** fiskebestand;
4. *kortsp:* ***the stock*** kjøpen;
5. *kul:* kraft *(fx soup stock; vegetable stock);*
6. *landbr* 1*(=livestock)* buskap; besetning; 2.: ***dead stock*** redskaper;
7. slekt; ætt *(fx come of old farming stock); (=descent)* avstamning;
8. *bot:* levkøy;
9*(=film stock)* råfilm;
10. *på pisk(=handle)* skaft *n; på gevær(=butt)* skjefte *n;* kolbe;
11. *økon* 1. **US***(=shares)* aksjer; 2. aksjeandel; 3.: ***stocks*** børspapirer; 4.: ***stocks and shares*** aksjer og obligasjoner; 5. *fig:* ***his stock is rising*** hans aksjer stiger;
12. *hist:* ***stocks****(=pillory)* gapestokk;
13. *mar:* ***stocks****(=building slip)* (bygge)bedding; ***on the stocks*** 1. på beddingen; 2. *fig:* på trappene;
14.: ***take stock*** 1. holde vareopptelling; 2. *fig:* gjøre opp status *(fx of one's life);* 3.: ***take stock of the situation*** vurdere stillingen; ta mål av situasjonen.
II. stock *vb* **1.** ha på lager; ta inn et lager av; *(=keep)* (lager)føre *(fx an item);*
2. *landbr:* kjøpe besetning til;
3. sette ut yngel i *(fx a stream with trout);*
4.: ***stock up*** fylle lagrene; kjøpe opp.
III. stock *adj* **1.** *merk:* som lagerføres; som alltid has på lager; ***stock sizes*** standardstørrelser; lagerførte størrelser; **2***(=common; usual)* standard- *(fx answer; argument);* stående *(fx joke; phrase).*

stockade [stɔˌkeid] *s(=palisade)* palisade.
stockbreeder [ˌstɔkˈbri:də] *s(=cattle breeder)* kvegoppdretter.
stockbreeding [ˌstɔkˈbri:diŋ] *s:* kvegavl; kvegoppdrett; ***farming and stockbreeding*** åkerbruk og kvegoppdrett.
stockbroker [ˌstɔkˈbroukə] *s:* aksjemegler; børsmegler.
stockbroker belt: ***the stockbroker belt*** det fasjonable boligstrøket (hvor aksjemeglere og andre velstående mennesker *(n)* har sine eneboliger); ***an expensive house in the stockbroker belt*** et dyrt hus i aller beste strøk.
stockbroking [ˌstɔkˈbroukiŋ] *s:* aksjemegling.
stock car 1. *jernb* **US***(=cattle truck)* kuvogn;
2. personbil med forsterket karosseri *(n)* og stor motor; olabil.
stock-car race *(,US: demolition derby)* olabilløp.
stock certificate US *(=share certificate)* aksjebrev.
stock check *merk(=inventory check)* lagerkontroll.
stock clerk lagerkontorist.
stock control 1. materialstyring; **2.** *EDB:* lagerkontroll.
stock dividend US *(=bonus share)* friaksje.
stock dove *zo:* skogdue.
stock exchange *(=stock market)* fondsbørs.
stock farm *(=livestock farm)* kvegfarm.
stockfish [ˌstɔkˈfiʃ] *s:* stokkfisk; tørrfisk; **US:** ***lyed stockfish*** lutefisk.
stockholder [ˌstɔkˈhouldə] *s(=shareholder)* aksjonær; aksjeeier.
stock index *merk(=stock file)* lagerkartotek.
stockinet [ˈstɔkiˌnet] *s; tekstil:* (bomulls)trikot.
stock-in-trade [ˈstɔkinˌtreid] *s* **1.** driftsutstyr; utstyr *(n)* *(fx a shoemaker's stock-in-trade);*
2. *merk(=trading stock)* lagerbeholdning;
3. *fig:* fast virkemiddel; det man spiller på; typisk varemerke; ***silly jokes are his stock-in-trade*** dumme vitser er hans stil.
stocking [ˌstɔkiŋ] *s* **1.** strømpe; ***a pair of stockings*** et par strømper; **2.:** ***in one's stockings*** på strømpelesten.
stocking cap topplue; ***red stocking cap*** nisselue.
(stocking) suspender *(,US: garter)* strømpestropp.
stockist [ˌstɔkist] *s:* forhandler (som mot særfordeler forplikter seg til å føre en bestemt vare).
stockjobber [ˌstɔkˈdʒɔbə] *s; merk(,***US:** *stock market speculator)* børsspekulant.
stock line *merk:* lagervare.
stockman [ˌstɔkˈmæn] *s* **1***(=cattle breeder)* kvegoppdretter;
2*(=cattleman)* fjøsrøkter;
3. US*(=warehouseman; storesman)* lagerarbeider.
stock market *(=stock exchange)* fondsbørs.
I. stockpile [ˌstɔkˈpail] *s* forråd *n;* beredskapslager; hamstringslager.
II. stockpile *vb:* bygge opp et lager; lagre; hamstre.
stock-raising [ˌstɔkˈreiziŋ] **US***(=stock farming)* kvegavl; kvegoppdrett.
stockroom [ˌstɔkˈrum] *s; i bedrift(=storeroom)* lager(lokale) *n.*
stock-still [ˈstɔkˌstil] *adj & adv:* bomstille; helt stille *(fx he stood absolutely stock-still).*
stocktaking [ˌstɔkˈteikiŋ] *s; merk:* vareopptelling.
stocky [ˌstɔki] *adj:* undersetsig; tettbygd.
stockyard [ˌstɔkˈjɑ:d] *s:* krøtterkve.
stodge [stɔdʒ] *s:* tungtfordøyelig mat.
stodgy [ˌstɔdʒi] *adj* **1.** *om mat(=heavy)* tungt fordøyelig; **2.** *om person:* kjedelig; som det ikke er noe liv i.
stoic [stouik] *adj(=stoical)* stoisk.
stoke [stouk] *vb* **1.** fyre; ***stoke (up) the fire****(=stir up the fire)* friske på ilden;
2. *fig:* ***stoke up inflation****(=fuel inflation)* fyre opp under inflasjonen;
3. *fig:* ***stoke up with****(=stuff oneself with)* proppe seg med.
stoke hold *mar:* fyrrom; *(jvf boilerhouse).*
stoker [ˌstoukə] *s:* fyrbøter.
I. stole [stoul] *s:* stola.
II. stole *pret av II. steal.*
stolen [ˌstoulən] *perf.part. av II. steal.*
stolid [ˌstɔlid] *adj* **1.** *om person; ofte neds:* langsom; upåvirkelig; sløv; **2.** *om publikum(=unresponsive)* lite lydhørt; passivt.
stolidity [stɔˌliditi] *s:* upåvirkethet.
stoma [ˌstoumə] *s(pl: stomata* [ˈstouˌmɑ:tə]*)* **1.** *bot:* spalteåpning; **2.** *med.:* stomi; utlagt tarm.
I. stomach [ˌstʌmək] *s* **1.** *anat:* mage; magesekk;
2.: ***they clutched their stomachs laughing*** de holdt seg på magen og lo; ***on an empty stomach*** på tom mage; *ordspråk:* ***an army marches on its stomach*** uten mat og drikke duger helten ikke; ***my stomach turned over*** det vendte seg i magen på meg; ***it turned my stomach****(=it made me sick)* det gjorde meg kvalm;
3. *lett glds(=desire):* ***he had no stomach for the fight****(=he didn't want the fight)* han hadde ikke lyst på kampen; ***I've no stomach for it*** jeg har ikke lyst på det.
II. stomach *vb; i nektet setning; stivt(=stand)* tåle; fordra.
stomachache [ˌstʌməkˈeik] *s:* mageknip; vondt i magen; ***get (,have) stomachache*** få (,ha) mageknip.
stomach pump *med.:* magepumpe.
stomach-pump *vb; med.:* ***stomach-pump sby*** pumpe (magen på) en.
stomp [stɔmp] *vb* **T***(=stamp; stump)* stampe; trå tungt; stavre; ***stomp angrily out of the room*** stampe sint ut av rommet.
I. stone [stoun] *s* **1.** stein; *fig:* ***leave no stone unturned****(=leave no means untried)* ikke la noe være uforsøkt;
2. *vektenhet(=14 pounds)* 6,35 kg *(fx she weighs 9 stone; he lost two stone(s) when he was ill).*
II. stone *vb* **1.** *stivt(=throw stones at)* kaste stein på; **2.:** ***he was stoned to death*** han ble steinet til døde;
3. S: ***stone the crows!*** jøss!
4. ta steinene ut av *(fx cherries); (se også stoned).*
Stone Age: ***the Stone Age*** steinalderen.
Stone-Age man steinaldermennesket.
stone-blind [ˌstounˌblaind; *attributivt:* ˌstounˈblaind] *adj(=completely blind)* fullstendig blind.
stonebreaker [ˌstounˈbreikə] *s* **1.** steinpukker; **2.** pukkmaskin.
stone broke US S*(=stony broke)* helt blakk.
stone bruise(s) US *& Canada(=chip(s) (in the paintwork or the windscreen)* steinsprutmerke(r).
stone-cold [ˌstounˌkould; *attributivt:* ˌstounˈkould] *adj:* iskald; helt kald *(fx my tea's stone-cold).*
stone-cold sober klinkende edru.
stone crab *zo:* trollkrabbe.
stonecrop [ˌstounˈkrɔp] *s; bot:* bergknapp.
stonecutter [ˌstounˈkʌtə] *s:* steinhogger.
stoned [stound] *adj* **1.** dødrukken;
2. *av narkotika:* skev.
stone-dead [ˌstounˌded; *attributivt:* ˌstounˈded] *adj:* steindød.
stone-deaf [ˌstounˌdef; *attributivt:* ˌstounˈdef] *adj(=deaf as a post)* stokkdøv.
stone-fall(s) *fra fjellskrent, etc:* steinsprang.
stone fruit *bot:* steinfrukt.
stoneless [ˌstounləs] *adj:* steinfri.
stone mason gråsteinsmurer.
stone pine *bot:* pinje.
stone quarry steinbrudd.
stone's throw [ˌstounzˈθrou] *s; fig:* steinkast *(fx a stone's throw away from here);* ***within a stone's throw of success*** med suksess innen rekkevidde.
I. stone wall [ˌstounˌwɔ:l] *s:* steinmur; ***dry-stone wall*** steingjerde.
II. stone-wall [ˌstounˈwɔ:l] *vb* **1.** *cricket:* spille defensivt; **2.** *parl:* drive obstruksjonspolitikk.

S

stoneware [ˌstoun'wɛə] *s(=crockery)* steintøy.
stonework [ˌstoun'wə:k] *s(=masonry)* murverk (av naturstein).
stonily [ˌstounili] *adv:* med iskald mine; iskaldt.
stony [ˌstouni] *adj* **1.** steinete; stein-;
2. *fig:* ***his words fell on stony ground*** ordene *(n)* hans falt på steingrund;
3. *fig:* ***he gave me a stony****(=cold; hostile)* ***stare*** han så kaldt på meg; ***her response was (a) stony silence*** hun svarte med isnende taushet.
stony broke S *(,***US:** *stone broke)* helt blakk.
stood [stud] *pret & perf.part. av II. stand.*
I. stooge [stu:dʒ] *s* **1.** komikers assistent (som er skyteskive for morsomheter);
2. mellommann *(fx use X as a stooge);*
3. US *S(=police informer;* **S:** *nark)* politispion.
II. stooge *vb* **T:** ***stooge for sby****(=run errands for sby)* være løpegutt for en.
stook [stu:k] *s; av korn(=shock)* rauk *n.*
stool [stu:l] *s* **1.** krakk *(fx music stool);* taburett *(fx kitchen stool);* ***foot stool*** fotskammel; ***fall between two stools*** falle mellom to stoler;
2*(=stools)* avføring *(fx a sample(=specimen) of sby's stool).*
stool pigeon 1. lokkedue; **2.** *især* **US S***(=police informer;* **S:** *nark)* politispion.
I. stoop [stu:p] *s* **1.** foroverbøyd stilling; ***walk with a stoop*** ha en lutende gange;
2. *rovfugls på bytte:* nedslag;
3. US*(=small porch)* lite bislag.
II. stoop *vb* **1.** *stivt(=bend)* bøye seg *(fx he had to stoop to go through the doorway);* **2.** *fig:* ***stoop to (-ing)*** nedverdige seg til å.
stooping [ˌstu:piŋ] *adj:* foroverbøyd; lutende; lut.
I. stop [stɔp] *s* **1.** stopp; stans; ***make a stop on one's journey*** gjøre et opphold *(n)* på turen; ***come to a stop*** stoppe; stanse *(fx work came to a stop for the day);* ***put a stop to sth*** sette en stopper for noe;
2. rast; ***a stop for coffee*** en kafferast;
3. *mus:* grep *n; i orgel:* ***(organ) stop*** (orgel)register *n;*
4.: ***pull out all the stops*** 1. *mus(=open all the stops)* trekke ut alle registrene; 2. *fig(=spare no effort)* anstrenge seg til det ytterste;
5.: ***(bus) stop*** (buss)holdeplass; ***regular stop*** fast holdeplass; ***request stop*** holdeplass hvor det stoppes bare på tegn *n;*
6*(=full stop)* punktum *n;*
7. *i telegram:* stopp;
8. *fot:* blender;
9.: ***stop (piece)****(=check piece)* sperreanordning;
10. *på høvelbenk:* ***bench stop****(=hook)* benkehake.
II. stop *vb* **1.** stoppe; stanse; ***the engine stopped****(=cut out)* motoren stoppet; ***her pain has stopped*** smerten hennes er borte; ***stop (-ing)*** holde opp med å; ***stop dead (in one's tracks)****(=stop short)* bråstoppe; ***he doesn't know where to stop*** 1. han vet ikke hvor han skal stoppe; 2. *fig:* han kan ikke holde måte; *fig:* ***stop while the going is good*** holde opp mens leken er god; ***stop at nothing*** ikke vike tilbake for noe;
2. T*(=stay)* bli; ***I'm not stopping*** jeg har ikke tenkt å bli; ***stop in*** bli inne; ***stop out*** bli ute *(fx he stopped out all night);* ***stop over*** overnatte; bli over;
3. *mus; hull:* lukke; *streng:* gripe; presse ned;
4*(=stop up)* sparkle; ***stop a wall*** sparkle en vegg;
5. *tannl(=fill)* plombere;
6*(=withhold)* holde tilbake *(fx sby's wages);* stoppe *(fx a cheque);*
7. T:***stop sby (from) (-ing)****(=prevent sby from (-ing))* hindre en i å;
8.: ***stop one's ears with one's hands*** holde hendene for ørene *(n)* (slik at man skal slippe å høre);
9. T:***stop a bullet*** komme i veien for en kule;
10. *fig:* ***stop****(=fill (in))* ***a gap*** tette igjen et hull;
11.: ***stop by (at sby's house)*** stikke innom (hos en);
12. *fot:* ***stop down*** blende ned; *(jvf I. stop 8);*
13.: ***without stopping for breath*** uten å trekke pusten;
14.:***stop off at*** gjøre et opphold i;
15.:***stop up*** 1. tette igjen; ***my nose is stopped up****(=is blocked)* nesen min er tett; 2. **T***(=stay up)* bli oppe *(fx stop up till 2am);* 3. sparkle; *(se* ***4*** *ovf).*
stop-and-go ['stɔpənˌgou] *adj:* ***stop-and-go driving*** lang- som, rykkevis kjøring i trafikkø.
stop button stoppknapp.
stopcock [ˌstɔp'kɔk] *s(=shut-off cock)* stoppekran.
I. stopgap [ˌstɔp'gæp] *s:* noe som brukes i mangel av noe bedre; nødløsning; ***be invited as a stopgap*** bli invitert fordi en annen har gitt avbud.
II. stopgap *adj:* midlertidig; provisorisk; ***take stopgap****(=temporary)* ***measures*** gå til midlertidige forantstaltninger.
stoplight [ˌstɔp'lait] *s* **1***(=red light)* rødt lys; stopplys;
2. *på bil(=brake light)* bremselys.
stop-go ['stɔpˌgou] *adj:* ***stop-go policies*** en stadig vekslende politikk.
stoppage [ˌstɔpidʒ] *s* **1.** stans; avbrudd;
2. *stivt(=block)* tilstopping; blokkering; ***colds usually cause a stoppage in the nose*** forkjølelse fører vanligvis til tett nese.
stopover [ˌstɔp'ouvə] *s; på reise:* stans; opphold *n.*
stopper [ˌstɔpə] *s* **1.** plugg; kork *(fx put the stopper back in!);* **2.** *stoffet:* sparkel(masse).
stopping [ˌstɔpiŋ] *s:* stans; *skilt:* ***no stopping****(,***US:** *no stopping(=standing) any time)* all stans forbudt.
stopping distance *bils:* bremsevei.
stop-press news [ˌstɔp'pres ˌnju:z] *s; i avis:* siste nytt *n.*
stop sign stoppskilt; ***drive****(=run)* ***through a stop sign*** kjøre mot stoppskilt.
stop signal 1. stoppsignal; **2.** *EDB:* stoppelement.
stop street US *& Canada(=give-way street)* gate med vikeplikt.
stopwatch [ˌstɔp'wɔtʃ] *s:* stoppeklokke.
storage [ˌstɔ:ridʒ] *s:* lagring; ***put into storage*** lagre; *fig:* ***put sth into cold storage****(=put sth on ice)* legge noe på is.
storage rack lagerreol.
storage room *(=storeroom; stockroom)* lager(rom) *n.*
storage space lagerplass.
I. store [stɔ:] *s* **1.** lager *n;* forråd *n;* ***ship's stores*** skipsproviant;
2*(=shop)* forretning; butikk; ***general store*** landhandleri *n;*
3. *fig:* forråd *n;* lager *n;*
4.: ***in store*** 1. på lager; 2. i reserve *(fx keep some chocolate in store for the walk);* 3.: ***there's a surprise in store for you*** det venter deg en overraskelse;
5.: ***set (great) store by*** (verd)sette høyt; ***they don't set much store by his advice*** de verdsetter ikke rådet (,rådene) hans videre høyt.
II. store *vb* **1.** lagre *(fx furniture); EDB:* ***store sth on the hard disk****(=load sth on to the hard disk)* lagre noe på harddisken; ***store up*** lagre; ta vare på.
store card *(=account card; charge card) i forretning, som gir kunden adgang til å kjøpe på kreditt:* kredittkort.
store cattle *landbr:* stamkveg.
storehouse [ˌstɔ:'haus] *s* **1.** lager(bygning);
2. *fig:* skattkammer *(fx of information).*
storekeeper [ˌstɔ:'ki:pə] *s* **1***(,***US:** *stockkeeper)* lagersjef; **2. US***(=shopkeeper)* handlende; kjøpmann.
storeroom [ˌstɔ:'rum] *s:* lagerrom; bod; ***attic storeroom****(=box room)* loftsbod.
store(room) operator lageroperatør.
stores clerk lagerbetjent.
storesman [ˌstɔ:zmən] *s* **1.** lagerarbeider;
2*(=forwarding clerk)* lagerekspeditør.
stores manager lagerforvalter.
storesship [ˌstɔ:z'ʃip] *s:* depotskip.
storey *(,***US:** *story)* [ˌstɔ:ri] *s:* etasje.

-storeyed [ˌstɔrid] -etasjes *(fx a two-storeyed house).*
storied [ˌstɔ:rid] *adj:* sagnomsust *(fx a country with a storied past).*
stork [stɔ:k] *s; zo:* stork.
I. storm [stɔ:m] *s:* uvær; full storm; *fig:* storm; ***a storm is gathering*** det trekker opp til uvær; ***the storm is on us*** uværet er over oss; *også fig:* ***ride out the storm*** ri stormen av; *(jvf gale);* ***the lull before the storm*** stillheten før stormen; ***a storm in a teacup*** en storm i et vannglass; *også fig:* ***take by storm*** ta med storm.
II. storm *vb* **1.** *meteorol; mil; fig:* storme *(fx out of the office);* **2.:** ***storm at sby****(=shout loudly and angrily at sby)* skjelle og smelle til en.
stormbound [ˌstɔ:m'baund] *adj:* isolert på grunn av storm.
storm centre stormsenter; uværssenter.
storm cloud uværssky.
stormy [ˌstɔ:mi] *adj* **1.** urolig; stormfull; ***a stormy day*** en uværsdag; ***a small boat on a stormy sea*** en liten båt på det opprørte hav;
2. *fig:* stormfull *(fx meeting);* ***he was in a stormy mood*** barometeret stod på storm (hos ham).
I. story [ˌstɔ:ri] *s* **US***(=storey)* etasje.
II. story *s* **1.** historie *(of* om); ***serial story*** føljetong; ***smear story*** ondsinnet sladderhistorie;
2.: ***tall story*** skipperskrøne;
3.: ***the story goes that …*** det fortelles at …; ***spin a story out of it*** gjøre en lang historie ut av det; ***I was only told half the story*** jeg fikk bare halv beskjed.
storybook [ˌstɔ:ri'buk] *s:* eventyrbok.
storybook *(=very happy)* ***ending*** meget lykkelig slutt.
storyteller [ˌstɔ:ri'telə] *s* **1.** (historie)forteller;
2*(=fibber)* skrønemaker.
I. stout [staut] *s; sterkt øl:* stout.
II. stout *adj* **1.** *stivt(=strong)* kraftig; solid;
2. *litt.(=brave)* modig; tapper; ***put up a stout resistance*** gjøre *(el.* yte) tapper motstand;
3. *om person; evf(=fat)* tykk; i godt hold *(fx a stout old lady).*
I. stove [stouv] *pret & perf.part. av II. stave.*
II. stove *s* **1.** ovn; ***light a fire in the stove*** tenne opp i ovnen; **2.:** ***(cooking) stove****(=cooker)* komfyr; ovn.
stovepipe [ˌstouv'paip] *s:* ovnsrør.
stow [stou] *vb* **1.** *især mar(=pack)* stue; **2.:** ***stow away*** 1*(=hide)* stue bort; 2. reise som blindpassasjer.
stowage [ˌstouidʒ] *s; mar(=stowing)* stuing.
stowaway [ˌstouə'wei] *s; mar:* blindpassasjer.
strabismus [strəˌbizməs] *s; med.(=squint)* skjeling.
straddle [strædl] *vb* **1.** skreve; ***straddle****(=sit astride)* ***a stool*** sitte skrevs over en taburett (,skammel); **2***(=walk with one's legs apart)* gå bredbent;
3. *sport; slalåm:* ***straddle a gate*** hekte i en port;
4. *kortsp; i poker:* doble.
strafe [strɑ:f; streif] *vb; mil; flyv:* beskyte (fra luften); bestryke *(fx enemy aircraft strafed the road).*
straggle [strægl] *vb* **1.** bre seg på en uryddig måte;
2. gå enkeltvis; gå bak resten av gruppen; ***straggle along behind the others*** komme gående bak de andre.
straggler [ˌstræglə] *s:* etternøler; en som ikke holder tritt med de andre *(fx send a car to pick up the stragglers).*
straggling [ˌstræglinŋ] *adj; om bebyggelse, etc:* uryddig.
straggly [ˌstrægli] *adj:* uryddig *(fx beard).*
I. straight [streit] *s* **1.** rett veistrekning; ***on the straight****(=along the level)* på flatmark; på rett vei;
2. *sport(,***US:** *stretch)* langside; ***back (,home) straight*** bortre (,hitre) langside; ***finishing straight*** siste langside; oppløpsside;
3. *kortsp; poker:* straight;
4. T*(=heterosexual)* heteroseksuell; heterofil; ***gays and straights*** homofile og heterofile;
5. *fig* **T:** ***he's not on the straight****(=level)* han har ikke rent mel i posen; ***keep to the straight and narrow*** holde seg til den smale vei; ***he'd already left the straight and narrow****(=he was already going downhill)* han var allerede (kommet ut) på skråplanet; ***put sby back on the straight and narrow*** få en tilbake på rett kjøl.
II. straight *adj* **1.** rett *(fx hair; line);* ***straight as an arrow*** snorrett; ***the picture isn't quite straight*** bildet henger ikke helt rett; ***your tie isn't straight*** slipset ditt sitter skjevt; ***a straight left*** en rett venstre; ***your hem isn't straight****(=your hem's uneven)* skjørtet ditt (,kjolen din) leper;
2. *geom:* like *(fx a straight angle);*
3*(=honest)* rettlinjet; ærlig *(with* overfor); ***straight as a die*** *(=thoroughly honest)* bunnhederlig; *(se straight dealing);*
4*(=frank; candid)* åpenhjertig; oppriktig; ***give me a straight answer!****(,***US:** *give it to me straight!)* svar meg ærlig! si meg det som det er!
5. *om drink(=neat)* ublandet; bar;
6. *skolev:* ***five straight A's*** fem blanke seksere;
7. T*(=heterosexual)* heteroseksuell; heterofil;
8. *om opplysning:* pålitelig; ***a straight tip on the horses*** et pålitelig veddeløpstips;
9.: ***we're now reasonably well installed and almost straight*** vi er nå så noenlunde installert og er nesten kommet i orden; ***it's all straight now*** alt er i orden nå;
10.: ***we had five straight wins****(=we had five wins in a row)* vi vant fem ganger på rad;
11.: ***get straight*** 1. bringe i orden; få orden på; 2.: ***now let's get this straight****(=now let's get the facts right)* la oss nå få dette klart; ***let me get this absolutely straight****(=clear)* la meg nå få dette helt klart;
12.: ***put straight*** 1*(=straighten)* glatte på; rette på; ***put the tablecloth straight****(=straighten the tablecloth)* glatte på duken; legge duken rett; 2. *fig:* ***put matters****(=things)* ***straight*** klargjøre situasjonen; gjøre rede for situasjonen; 3. *fig:* ***put sby straight*** forklare situasjonen for en;
13.: ***keep a straight face, keep one's face straight*** la være å le.
III. straight *adv* **1.** direkte; rett *(fx go straight home);* ***straight across the road from us*** tvers over gaten (,veien) for oss; ***keep****(=carry)* ***straight on*** fortsette rett frem;
2. *fig:* ***play straight*** spille ærlig spill *n;*
3.: ***straight away****(=at once)* med én gang;
4.: ***straight off*** 1. *se 3: straight away;* 2. uten forberedelse; **T:** på strak arm *(fx he did it straight off);* 3. uten videre; ***she just went straight off*** hun bare gikk (sin vei);
5.: ***straight out****(=frankly)* rett ut *(fx tell him straight out);*
6.: ***straight****(=right)* ***through*** 1. tvers igjennom; 2*(=on end)* i ett strekk *(fx sleep for six hours straight through);*
7.: ***come straight to the point*** komme til saken med én gang;
8. *fig* **T:** ***go straight*** holde seg klar av loven; **T:** holde seg på matta;
9.: ***speak straight from the shoulder****(=speak one's mind)* snakke fritt fra leveren;
10. *fig:* ***see straight*** se klart; ***think straight*** tenke klart.
straight acting *teat; om spillemåte:* karakterskuespill; *(se straight play).*
straight dealing ærlighet (i forretninger).
straighten [ˌstreitən] *vb* **1.** rette *(fx one's back);* gjøre rett; rette på *(fx one's tie);* rette seg ut;
2*(=make tidy)* rydde opp på (,i);
3.: ***straighten out*** 1*(=press out)* rette ut; 2. rette seg ut; 3. *fig:* ***straighten out the facts****(=get the facts straight)* få brakt kjensgjerningene på det rene; 4.: ***straighten itself out****(=right itself)* rette seg (i marsjen); jenke seg; ***it'll straighten itself out****(=it's going to be all right)* det retter seg i marsjen; det kommer til å bli bra;

S

4.: ***straighten up*** 1. rette seg opp; 2. *fig:* rydde opp i (,på).
straight-faced ['streit,feist; *attributivt:* ,streit'feist] *adj:* med et ubevegelig ansiktsuttrykk.
straightforward ['streit,fɔ:wəd] *adj* **1.** enkel; liketil *(fx job);* ***there must be a straightforward explanation*** det må finnes en enkel forklaring; **2.** *om person:* direkte; likefrem; endefrem *(fx a nice straightforward boy).*
straight play *teat:* karakterskuespill; *(se straight acting).*
straight standup *TV:* direkterapport.
I. strain [strein] *s* **1.** belastning; påkjenning;
2. *fig:* påkjenning; belastning; noe som tar på; ***mental strain*** psykisk belastning; ***it's a strain*** det tar på; ***night life's a strain*** natteliv(et) tar på; ***it's a strain on the eyes*** det tar på øynene *n;* ***a heavy strain on their resources*** en stor belastning på deres ressurser; ***it can create strains on marriages*** det kan bety belastninger på ekteskapet; ***be under heavy(=great) strain*** stå under et sterkt press; være under sterk belastning; ***put a great strain on sby*** utsette en for en stor belastning; ***stand the strain*** tåle påkjenningen;
3. *med.:* forstrekkelse; forstuing;
4. sort *(fx of wheat);* stamme *(fx of bacteria);* art *(fx of virus);* type *(fx of flu);*
5*(=breed)* rase *(fx of cattle); (se breeding strain);*
6*(=streak; touch):* ***a strain of madness in the family*** et snev av galskap i familien;
7. *stivt el. litt.:* ***strains(=tunes)*** toner; ***take the floor to the strains of a waltz*** danse ut til tonene av en vals;
8. *fig; litt.(=tone)* tone; ***continue in a more cheerful strain*** fortsette i en muntrere tone; ***and a lot more in the same strain(=vein)*** og mye mer i samme dur.
II. strain *vb* **1.** anspenne; anstrenge; anstrenge seg; ***he strained every muscle to lift the stone*** han anstrengte seg til det ytterste for å løfte steinen; *spøkef:* ***don't strain yourself*** ikke overanstreng deg; ***strain(=prick up) one's ears (to hear sth)*** spisse ører *n;* ***strain every nerve*** anstrenge seg til det ytterste (*to* for å);
2. *med.:* ***strain(=pull) a muscle*** forstrekke en muskel; ***strain one's eyes*** overanstrenge øynene *n;*
3.: ***strain one's authority*** tøye sin myndighet vel langt;
4.: ***strain at(=pull at)*** dra i; slite i;
5. sile; filtrere; ***strain the potatoes*** slå vannet av potetene (ved hjelp av dørslag); ***strain off the water*** slå av vannet.
strained [streind] *adj:* anspent; anstrengt *(fx smile).*
strainer [,streinə] *s:* sil; filter *n;* ***tea strainer*** tesil.
straining cloth *(=tammy)* silduk.
I. strait [streit] *s* **1***(=straits)* sund *n;* strede *n;* **2.** *stivt:* ***straits(=difficulties):*** ***in financial straits*** i økonomiske vanskeligheter.
II. strait *s; glds el. bibl(=narrow)* trang; ***the strait and narrow gate*** den trange port.
straitened [,streitənd] *adj:* ***be in straitened circumstances(=be badly off)*** sitte i trange kår *n.*
straitjacket [,streit'dʒækit] *s:* tvangstrøye.
straitlaced [,streit'leist] *adj(=prudish)* snerpete.
strake [streik] *s; mar:* bordgang; plankegang.
I. strand [strænd] *s* **1.** *litt.(=beach)* strand;
2. *i tauverk:* dukt; kordel;
3.: ***strands of hair*** hårstrå.
II. strand *vb* **1.** *mar(=run aground)* strande; gå på grunn;
2.: ***be stranded*** ha kjørt seg fast; ikke kunne komme videre; ***a stranded motorist*** en havarert bilist;
3. *fig:* ***be left stranded*** stå på bar bakke; bli stående på bar bakke.
strange [streindʒ] *adj* **1.** fremmed *(fx a strange (= unfamiliar) face; she found a strange man in her house);* ***strange to*** fremmed for;
2*(=odd)* rar; underlig; merkelig; ***it's strange that ...*** det er rart at ...; ***strange to say*** underlig nok; merkelig nok; ***stranger things have happened*** man skal aldri forsverge noe;
3.: ***go strange on sby(=be unfaithful to sby;*** **T:** ***cheat on sby)*** være utro mot en.
strangely [,streindʒli] *adv:* underlig; merkelig; rart; ***strangely enough*** underlig nok; merkelig nok.
strangeness [,streindʒnəs] *s* **1***(=oddness)* merkverdighet; noe som er underlig (*el.* rart);
2*(=unfamiliarity)* fremmedhet; ***the strangeness of*** det fremmede ved; ***the strangeness of her surroundings(=her strange surroundings)*** hennes fremmede omgivelser.
stranger [,streindʒə] *s* **1.** fremmed; ***a complete(=perfect) stranger*** en vilt fremmed; ***I'm a stranger here myself*** jeg er ikke kjent her selv; **T:** ***you're quite a stranger!*** jeg har ikke sett deg på aldri så lenge! ***they had become strangers to one another*** de var blitt fremmede for hverandre; ***strangers to the school*** de som ikke var kjent på skolen; **2.** *litt.:* ***be a stranger to*** være ukjent med; ***he's no stranger to computers(=he knows (all) about computers)*** han har meget god greie på datamaskiner.
strangers' gallery *parl:* tilhørergalleri.
strangle [stræŋgl] *vb* **1.** kvele; **2.** *fig:* ***strangle the country's economy*** kvele landets økonomi.
stranglehold [,stræŋgl'hould] *s; også fig:* kvelertak; strupetak.
strangulation ['stræŋgju,leiʃən] *s:* kvelning; ***killed by strangulation*** drept ved kvelning.
I. strap [stræp] *s* **1.** reim; ***watch strap*** klokkereim;
2. stropp; ***hand strap*** slingringsstropp; *(se pole strap & wrist strap).*
II. strap *vb* **1.** slå med reim *(fx they strapped him);*
2. feste (med reim(er)); spenne (*on* på); ***strap together*** binde sammen (med reim(er));
3.: ***strap in, strap down*** spenne fast; ***have you strapped the child in?*** har du spent fast ungen? ***strap oneself in, strap oneself down(=fasten one's seat bealt;*** **T:** ***belt up;*** **US:** ***hook up; Canada: buckle up)*** spenne seg fast; ta på seg bilbeltet; *(se strapped);*
4.: ***strap up(=bandage)*** bandasjere *(fx his injured knee was washed and neatly strapped up).*
straphang [,stræp'hæŋ] *vb; på fx buss:* henge i stroppen.
straphanger [,stræp'hæŋə] *s; på fx buss(=standing passenger)* ståpassasjer.
strapless [,stræpləs] *adj; om kjole, etc:* stroppløs.
strapped [stræpt] *adj:* fastspent *(fx in one's seat).*
strapping [,stræpiŋ] *adj:* (stor og) sterk.
strata [strɑ:tə] *s: pl av stratum.*
stratagem [,strætədʒəm] *s(=clever trick)* krigslist; knep *n.*
strategic [strə,ti:dʒik] *adj:* strategisk.
strategist [,strætidʒist] *s:* strateg.
strategy [,strætidʒi] *s:* strategi.
stratify [,stræti'fai] *vb(=arrange in layers)* lagdele.
stratosphere [,strætə'sfiə] *s:* stratosfære.
stratum [,streitəm] *s(pl: strata* [,strɑ:tə]*) geol & fig:* lag *n (fx social strata);* ***the upper strata(=ranks) of society*** de øvre lag *(n)* av samfunnet.
straw [strɔ:] *s* **1.** (halm)strå *n;* halm; ***a bundle of straw*** et knippe med halm;
2. *til drikk:* sugerør;
3.: ***the last straw*** dråpen som får begeret til å renne over; **T:** ***that's the last straw!*** nå får det være nok! nei, nå sier jeg stopp! ***a drowning man will clutch at straws*** den som holder på å drukne, griper etter et strå; *fig:* ***a straw in the wind(=a pointer)*** en (liten) pekepinn; ***she doesn't care a straw(=she doesn't give a damn)*** hun gir blaffen.
strawberry [,strɔ:bəri; **US:** ,strɔ:'beri] *s* **1.** *bot:* jordbær; ***pineapple strawberry*** bakkejordbær; ***wild strawberry*** markjordbær; **2. US***(=love bite)* kyssemerke.
straw hat stråhatt.

I. stray [strei] *s(=stray animal)* herreløst dyr.
II. stray *vb* **1.** *om dyr(=wander)* komme bort (fra flokken); **2.** *fig:* ***stray from the point****(=wander from the subject)* komme bort fra saken; ikke holde seg til saken.
III. stray *adj* **1.** bortkommen; herreløs *(fx dog);* **2***(=odd)* spredt *(fx a few stray remarks);*
3*(=random)* tilfeldig; tilfeldig valgt *(fx example).*
stray bullet villfaren kule.
I. streak [stri:k] *s* **1.** strime; stripe; **T:** ***like a streak of lightning****(=like greased lightning)* som et oljet lyn; **2.** *fig:* anstrøk; drag *n;* trekk *n;* ***he has a malicious streak*** han er litt ondskapsfull av seg;
3. *i spill:* ***be on a winning streak*** sitte i hell *n;* ***have a long winning streak*** sitte i hell *(n)* lenge.
II. streak *vb* **1.** fare; suse; stryke *(fx a jet streaking across the sky);*
2.: ***be streaked with*** ha striper (*el.* strimer) av;
3. T*(=run about naked in public places)* streake.
streak culture *med.:* utstrykskultur.
streaker [ˌstri:kə] *s(=person who runs about naked in public places)* streaker.
streaky [ˌstri:ki] *adj:* stripet.
I. stream [stri:m] *s* **1.** bekk; liten elv;
2. strøm; ***in streams*** i strømmer; ***against the stream*** mot strømmen; ***a stream****(=flow)* ***of abuse*** en strøm av skjellsord;
3. *skolev; hvor det praktiseres nivågruppering(=learning stream)* gruppe *(fx he's in the A stream); (se streaming).*
II. stream *vb* **1.** strømme; ***the wound was streaming with blood*** såret blødde sterkt; ***he rowed so hard that the water streamed round the bows*** han sprengrodde, slik at det riktig fosset om baugen;
2. *skolev:* gruppere etter evner; differensiere etter evner; *(jvf streaming).*
streamer [ˌstri:mə] *s* **1.** vimpel; **2.:** ***paper streamers*** serpentiner; **3.** flokkraner.
streaming [ˌstri:miŋ] *s* **1.** flokkran; **2.** *skolev: (selective)* ***streaming*** *(=grouping according to ability)* nivågruppering; differensiering etter evner; *(se I. stream 3; II. stream 2).*
I. streamline [ˌstri:m'lain] *s:* strømlinje.
II. streamline *vb:* gjøre strømlinjet; modernisere.
streamlined [ˌstri:m'laind] *adj:* strømlinjet; strømlinjeformet.
street [stri:t] *s* **1.** gate; ***busy****(=crowded)* ***street*** (sterkt) trafikkert gate; ***in****(,***US:*** on)* ***the street*** på gaten; ***in the public street*** på offentlig gate; **T:** ***be on the street****(=be homeless)* være på gaten *(fx we'll find ourselves on the street if we don't pay the rent); også om prostituert:* ***on the streets*** på gaten; ***go on the streets****(=become a prostitute)* begynne å gå på gaten; ***cross the street*** gå over gaten; ***take the first street****(=turning)* ***on the right*** ta første gate på høyre hånd; ***turn off the main street*** ta av fra hovedgaten;
2.: ***the man in the street****(=the ordinary citizen)* den vanlige borger; mannen i gaten;
3.: ***be streets ahead of****(=be much better than)* være langt bedre enn;
4. T: ***not to be in the same street as*** ikke kunne måle seg med;
5. T: ***that's (right) up my street*** det er (nettopp) noe for meg.
street brawl T: slåssing i gaten.
streetcar [ˌstri:t'kɑ:] *s* **US***(=tram)* trikk; sporvogn.
street chase jakt gatelangs.
street cleaner: *se street sweeper.*
street crossing *(,***US:** *street intersection)* gatekryss.
street dance brusteinsball.
street index gatefortegnelse.
streetlamp [ˌstri:t'læmp] *s(=streetlight)* gatelykt.
street organ *mus:* lirekasse.
street sweeper 1 *(=street cleaner; roadsweeper)* gatefeier; **2.** feiemaskin.
street urchin gategutt.
street vendor *(=hawker)* gateselger.
street violence gatevold; ***mindless street violence*** blind gatevold; ***most street violence is caused by excessive drunkenness*** det meste av gatevolden skyldes råfyll; *(se violence).*
streetwalker [ˌstri:t'wɔ:kə] *s(=prostitute)* gatejente.
strength [streŋθ] *s* **1.** styrke *(fx is your tea the right strength?);* ***strength of character*** karakterstyrke; ***be drained of strength*** bli tappet for krefter; ***get one's strength back*** få igjen kreftene;
2. *mht. bemanning:* styrke; ***below strength*** underbemannet; ***bring the police force up to strength*** bringe politibemanningen opp i full styrke;
3.: ***in great strength****(=in large numbers)* i stort antall;
4.: ***go from strength to strength****(=carry everything before it)* gå sin seiersgang;
5.: ***on the strength of*** i kraft av; i tillit til; ***not on the strength of what I saw*** ikke hvis man skal dømme ut fra hva jeg så;
6. *kortsp:* ***lead through strength*** spille gjennom styrke.
strengthen [ˌstreŋθən] *vb* **1.** bli sterkere *(fx the wind has strengthened);*
2. styrke *(fx one's muscles);*
3. *om valuta:* bli styrket (*against* i forhold til);
4*(=confirm)* bestyrke; ***this strengthens our view that …*** dette bestyrker oss i det syn at …; ***his answer strengthened my assumption*** hans svar *(n)* bestyrket meg i min antagelse.
strenuous [ˌstrenjuəs] *adj* **1.** anstrengende; **2.:** ***strenuous efforts****(=great efforts)* store anstrengelser.
I. stress [stres] *s* **1.** *fys:* (mekanisk) spenning;
2. *fon:* trykk *(fx put the stress on the first syllable);* ***double stress, even stress*** dobbelt trykk;
3. *psykol:* stress *n;* ***be under great stress*** være svært stresset; ***in times of stress*** når man er stresset;
4.: ***lay****(=put)* ***stress on****(=emphasize)* legge vekt på; understreke; ***put too much stress on dressing neatly*** legge for stor vekt på å være pent kledd.
II. stress *vb* **1***(=emphasize)* betone; understreke;
2. *fon:* legge trykk *(n)* på *(fx the first syllable).*
stress counsellor *psykol:* stressrådgiver.
I. stretch [stretʃ] *s* **1.** strekning; ***a pretty stretch of country*** et pent landskap;
2. US *sport(=straight)* langside;
3*(=period)* tidsrom; ***even after a stretch of 20 years*** selv etter (så lang tid) som 20 år;
4. T*(=term of imprisonment)* fengselsopphold; ***do a stretch*** sitte inne; sone;
5. det å strekke seg; ***he had a good stretch*** han strakte seg ordentlig;
6*(=elasticity)* elastisitet *(fx this elastic has lost its stretch);*
7.: ***at a stretch****(=on end; right through)* i ett strekk *(fx work for two hours at a stretch);*
8.: ***at full stretch*** 1. fullt utstrakt; 2. *fig:* ***be at full stretch****(=be going all out)* arbeide for fullt;
9.: ***by a stretch of the imagination****(=by stretching the imagination)* hvis man tar fantasien til hjelp; med litt godvilje; ***it's impossible by any stretch of the imagination*** det er umulig uansett hvordan man ser det.
II. stretch *vb* **1.** strekke; strekke seg *(fx across the table);* spenne (opp) *(fx a canvas);* strekkes; *om tøy:* vide seg ut; ***stretch one's legs*** strekke på bena *n;*
2. *om lønn, etc:* få til å strekke til;
3. *fig:* ***stretch a point****(=pretend not to notice)* se gjennom fingrene med det; ***stretch a theory*** trekke en teori etter hårene *n;* ***stretch the truth****(=exaggerate)* tøye sannheten;
4. *fig:* ***he isn't being stretched by the work*** han får ikke nok utfordring i arbeidet; ***be stretched to the limit***

S

være hardt presset (i arbeidet); ***stretch children and make them successful*** gi barna utfordring nok og få dem til å lykkes;
5*(=put to the test):* ***this would stretch French public opinion*** dette ville sette fransk opinion på en prøve;
6.: ***stretch out*** 1. rekke ut (*el.* frem); strekke ut; 2*(= stretch oneself out)* strekke seg; 3. *om landskap:* bre seg ut; 4. *om slag:* ***the blow stretched him out*** slaget var så kraftig at han ble liggende rett ut; 5. *fig:* ***a life of poverty stretched out before us*** vi så et liv i fattigdom foran oss.
stretchability ['stretʃə,biliti] *s; om stoff:* strekkbarhet.
stretchable [ˌstretʃəbl] *adj; om stoff:* strekkbar.
stretcher [ˌstretʃə] *s* **1.** (syke)båre;
2.: ***(canvas) stretcher*** blindramme;
3. tverrtre; sprosse (mellom stolben).
stretcher bearer sykebærer.
stretchy [ˌstretʃi] *adj; om stoff:* som strekker seg.
strew [stru:] *vb(pret: strewed; perf.part.: strewn) litt. & spøkef(=scatter)* **1.** strø; strø ut; **2.:** ***strewn with*** bestrødd med.
stricken [ˌstrikən] **1.** *litt. el. stivt:* ***stricken(=struck down) with flu*** rammet av influensa;
2. *i sms:* hjemsøkt av; rammet av; ***grief-stricken*** rammet av sorg.
strict [strikt] *adj* **1.** streng (*with* mot); ***have strict orders to*** ha streng ordre om å; ***very strict about punctuality(=keeping time)*** meget streng når det gjelder punktlighet; ***there's a strict time limit on that*** det er en streng tidsgrense når det gjelder det;
2.: ***in the strictest confidence*** i dypeste fortrolighet; ***in the strict sense of the word*** i ordets egentlige forstand.
strictly [ˌstriktli] *adv:* strengt; ***strictly speaking*** strengt tatt.
strictness [ˌstriktnəs] *s:* strenghet.
stricture [ˌstriktʃə] *s* **1.** *med.(=abnormal narrowing)* forsnevring; **2.** *meget stivt(=criticism; critical remark)* kritisk bemerkning; ***pass strictures on sth(= criticize sth)*** rette kritikk mot noe.
I. stride [straid] *s* **1***(=long step)* langt skritt;
2*(=step; walk)* gange; måte å gå på;
3.: ***make great strides(=make good progress)*** gjøre gode fremskritt;
4. *om oppgave, vanskelighet:* ***take sth in one's stride*** ta noe lett; **T:** ta noe på strak arm.
II. stride *vb(pret: strode; perf.part.; sj: stridden)* **1.** *litt.(=walk)* gå (med lange skritt); ***he strode a few metres into the fir trees****(=he walked a few metres in among the fir trees)* han gikk noen få meter inn blant grantrærne;
2. *litt.:* ***stride(=step) across the brook*** skritte over bekken;
3.: ***he strode(=walked) off in anger*** han marsjerte vekk i sinne *n.*
stridency [ˌstraidənsi] *s; meget stivt* **1.** *om lyd (=shrillness)* skarphet; **2***(=loudness)* høyrøstethet.
strident [ˌstraidənt] *adj; stivt* **1***(=shrill)* skjærende; gjennomtrengende; skingrende *(fx voice);*
2. *fig(=loud):* ***strident slogans*** høyrøstede slagord; ***a strident feminist*** en høymælt kvinnesakskvinne.
stride-standing [ˌstraid'stændiŋ] *s; gym:* bredstående.
strife [straif] *s* **1.** *stivt(=trouble; fighting)* strid; konflikt; **2. RS:** ***trouble and strife****(=wife)* kone.
I. strike [straik] *s* **1.** arbeidsnedleggelse; streik; ***buyers' strike*** kjøpestreik; ***be (out) on strike*** være i streik; ***break a strike*** bryte en streik; ***call a strike*** erklære streik; ***call off a strike*** avblåse en streik; ***go (out) on strike*** *(=strike (work))* gå til streik; streike;
2.: ***make a lucky strike*** gjøre et rikt funn;
3. *mil(=attack)* angrep; ***air strike*** luftangrep.
II. strike *vb(pret & perf. part.: struck)* **1.** *stivt(=hit)* slå *(fx sby in the face);* ramme; treffe; **T:** ***NN strikes again*** NN slår (,**T:** trår) til igjen;
2. *om klokke:* slå; *EDB:* ***strike any key*** trykke på en hvilken som helst tast;
3. *mil(=strike at)* slå til mot;
4.: ***strike sparks from*** slå gnister av; ***strike a match*** tenne en fyrstikk; rive av en fyrstikk;
5*(=strike work)* streike; gå til streik (*for* for);
6. *stivt(=find)* finne *(fx gold);* **T:** ***strike (it) lucky*** være heldig; **T:** ***strike it rich****(=make lots of money)* tjene mange penger;
7. *mus & fig:* slå an *(fx a note on the piano);* ***strike the right note*** slå an den riktige tonen;
8. stryke *(fx one's flag);*
9. *om retning man tar; stivt(=go):* ***they struck north*** de dro nordover; ***he left the path and struck (off) across the fields*** han forlot stien og la veien tvers over jordene;
10. *fig:* slå *(fx the thought struck me);* ***how does the plan strike you?*** hva synes du om planen? ***strike one as being*** gi inntrykk av å være *(fx he strikes me as being lazy);*
11. *glds el. rel:* ***strike blind*** slå med blindhet;
12.: ***strike at*** slå etter; *mil:* slå til mot;
13.: ***strike an attitude****(=a pose)* stille seg i positur;
14. *fig:* ***strike a balance*** finne den riktige balanse;
15.: ***strike****(=make)* ***a bargain*** 1. gjøre en handel; 2. gjøre en avtale *(fx we struck a bargain with each other);*
16. *fig:* ***strike a blow for*** slå et slag for;
17.: ***strike*** *(=break)* ***camp*** bryte leir;
18. *fig:* ***he was struck down by a terrible disease*** han ble rammet av en forferdelig sykdom;
19.: ***strike fear****(=terror)* ***into them*** sette skrekk i dem;
20. *stivt:* ***that remark struck****(=went)* ***home*** den bemerkningen satt;
21.: ***strike off*** 1. stryke *(fx sth off a list);* ***be struck off the medical register*** bli fratatt retten til å praktisere (som lege); 2*(=print)* trykke *(fx 50 copies);*
22.: ***strike out*** 1*(=cross out)* stryke; 2*(=set out)* dra av sted; ***strike out on one's own*** dra av sted på egen hånd;
23.: ***strike up*** 1. spille opp; falle inn (*with* med); 2.: ***strike up an acquaintance with*** stifte bekjentskap *(n)* med.
strike ballot avstemning om streik; ***national strike ballot*** uravstemning om streik.
strikebound [ˌstraik'baund] *adj:* streikerammet.
strikebreaker [ˌstraik'breikə] *s(=blackleg)* streikebryter.
striker [ˌstraikə] *s* **1.** streikende; **2.** *fotb(=forward (player))* angrepsspiller; spiss.
striking [ˌstraikiŋ] *adj:* slående; iøynefallende.
Strine [strain] *s; spøkef(=Australian English)* australsk engelsk.
I. string [striŋ] *s* **1.** hyssing; ***a piece of string*** en hyssingstump;
2. *mus:* streng; ***the strings*** 1. strengene; 2. strykerne;
3. *EDB:* streng;
4. *bot:* strengel;
5. kjede *(fx of pearls);* rekke *(fx of successes);* ***a string of shops*** en butikkjede; ***a string of friends*** mange venner;
6. *tøm:* ***string (of a staircase)*** trappevange;
7. *fig* **T:** ***there are no strings to it*** det knytter seg ingen betingelser til det; ***a gift with a string to it*** en gave som det knytter seg betingelser til;
8. *fig:* ***have two strings****(=a second string)* ***to one's bow*** ha noe (mer) i bakhånden; ha flere strenger å spille på;
9. T: ***have sby on a string*** 1. ha fullstendig kontroll med en; 2. *spøkef:* ***she has him on a string*** hun har ham på gress *n;*
10. *fig* **T:** ***pull strings*** trekke i trådene; ***pull the strings*** være den som har den egentlige kontrollen.
II. string *vb(pret & perf.part.: strung)* **1.** strenge; sette streng(er) på *(fx a violin);*
2*(=thread)* træ på snor; ***string pearls*** træ perler på en snor;

3. strengle *(fx wash and string the beans);* 4*(=stretch)* strekke *(fx wires from tree to tree);*
5. **T:** ***string along*** bli med *(fx with the others);*
6.: ***string sby along*** 1. få en til å love å samarbeide; 2. holde en for narr *(fx with false promises);* 3*(=have sby on a string)* ha en på gress *n;*
7.: ***string out*** 1*(=spread out in a line)* stille opp på rekke; 2. **S:** bli hektet på stoff;*n;*
8.: ***string up****(=hang)* henge; klynge opp *(fx sby from the nearest tree); (se også strung; strung out; strung up).*

string bag innkjøpsnett; bærenett.
string band *mus:* strykeorkester.
string beans US *kul(=chopped French beans)* snittebønner.
stringency [ˌstrindʒənsi] *s; stivt(=strictness)* strenghet.
stringent [ˌstrindʒənt] *adj* **1.** *om regel, etc; stivt(= strict)* streng;
2. *økon(=tight):* ***a stringent money market*** et stramt pengemarked;
3. *om tenkning(=closely reasoned)* stringent *(fx thinking).*
stringer [ˌstriŋə] **1.** *tøm:* langbjelke; bindebjelke;
2. *for avis; for et bestemt område:* korrespondent.
string quartet *mus:* strykekvartett.
string vest *(=string singlet)* helsetrøye.
stringy [ˌstriŋi] *adj* **1.** *om kjøtt(=sinewy)* senete; trevlete; **2.** *om grønnsak:* treen; treet.
I. strip [strip] *s* **1.** strimmel; remse; (smal) stripe *(fx a strip of lawn);* ***rubber strip*** gummilist;
2.: ***comic strip****(=strip (cartoon))* tegneserie;
3. *fotb:* spilledrakt; drakt;
4. *flyv:* ***landing strip****(=airstrip)* landingsstripe;
5. **T:** ***tear sby off a strip, tear a strip off sby****(=give sby a proper dressing-down)* skjelle en ut etter noter.
II. strip *vb* **1***(=undress)* kle av (seg); strippe; ***strip to the waist*** kle av seg på overkroppen;
2.: ***strip a bed*** ta av sengetøyet; ta av en seng; ***strip and make a bed*** skifte på en seng;
3. *bygg:* ***strip the forms*** ta av forskalingen;
4.: ***strip the thread of a nut*** skru en mutter over gjenge; ***stripped nut*** mutter gått over gjenge;
5. ta fra hverandre *(fx a rifle);*
6.: ***strip down*** 1. demontere; ta fra hverandre; 2. fjerne gammel maling (,tapet) på;
7.: ***strip sby of sth*** 1*(=deprive sby of sth)* frata en noe; 2. *mil:* ***strip sby of their rank*** degradere en;
8.: ***strip off*** fjerne; ta av; rive av *(fx the wallpaper).*
strip cartoon *(=comic strip)* tegneserie; *(se comic book).*
I. stripe [straip] *s:* stripe.
II. stripe *vb:* stripe; lage striper (i *el.* på).
striped [straipt] *adj:* stripet(e).
strip lighting lysstoffbelysning.
stripmall US & *Canada:* sammenhengende rekke forretninger; *(se mall).*
stripped-down [ˌstript'daun] *adj; om modell:* (delvis) demontert *(fx a stripped-down model).*
stripper [ˌstripə] *s* **1. T***(=striptease dancer)* stripper;
2.: ***(paint) stripper*** malingfjerner.
strip search (**US:** *skin search*) kroppsvisitasjon.
strip-search [ˌstrip'sə:tʃ] *vb:* ***strip-search sby****(,***T:*** frisk sby;* **US:** *do a skin search on sby)* kroppsvisitere en.
striptease [ˌstrip'ti:z] *s:* striptease.
striptease dancer *(,***T:** *stripper)* stripper.
strive [straiv] *vb(pret: strove; perf.part.: striven)*
1. *stivt(=try very hard):* ***strive to*** streve etter å; bestrebe seg på å;
2. *stivt(=struggle):* ***strive against*** kjempe mot.
strobe [stroub] *s; flyv:* ***strobe light*** roterende lys.
strode [stroud] *pret av II. stride.*
I. stroke [strouk] *s* **1.** *også sport:* slag *n; med øks:* hogg *n; av klokke:* slag; klemt *n;* ***on the stroke of six*** på slaget seks; ***stroke of the oar*** åretak; ***(swimming) stroke*** svømmetak; ***stroke of the pen*** pennestrøk;
2. *mask:* slag *n;* ***length of stroke*** slaglengde;
3. *med.:* slag *n;* ***a light stroke*** et lettere slagtilfelle;
4. det å klappe (*el.* stryke); strøk *n;* klapp;
5. *fig:* trekk *n (fx a masterly stroke(=move)!);* ***a stroke of genius*** en genistrek; ***a stroke of luck****(=a piece of good luck)* et lykketreff; ***a stroke (of work)*** et (arbeids)slag;
6. *fig:* ***at a stroke****(=at one stroke)* med ett slag;
7. *fig & sport:* ***off one's stroke*** ute av slag *n.*
II. stroke *vb* **1.** stryke; klappe *(fx a dog);* ***stroke the cat along its fur*** stryke katten med hårene *n;* ***he stroked her hair*** han strøk henne over håret;
2. *fig:* ***stroke sby the wrong way****(=rub sby (up) the wrong way)* stryke en mot hårene *n.*
stroke oar *mar:* taktåre; akterste roer.
I. stroll [stroul] *s(=walk)* spasertur; ***go for a stroll*** ta en spasertur.
II. stroll *vb:* spasere; gå omkring; slentre.
stroller [ˌstroulə] *s* **1.** spaserende; **2. US***(=pushchair)* sportsvogn (ɔ: type lett barnevogn).
strong [strɔŋ] *adj* **1.** sterk; kraftig; solid *(fx furniture);* ***he's as strong as an ox*** han er sterk som en okse;
2. *fig:* sterk; kraftig; ***strong evidence*** sterke bevis *n;* ***strong lens*** kraftig linse; ***strong supporter*** ivrig tilhenger; ***strong tea*** sterk te; ***a strong wish*** et sterkt ønske.
I. strongarm [ˌstrɔŋ'ɑ:m] *adj:* volds-; voldelig; som bruker makt; ***strongarm tactics*** vold; bruk av vold.
II. strongarm *vb* **US***(=use force on)* bruke makt overfor.
strongbox [ˌstrɔŋ'bɔks] *s(=small safe)* lite pengeskap.
strong gale *(,meteorol: severe gale)* liten storm.
stronghold [ˌstrɔŋ'hould] *s* **1.** *mil:* befestning; **2.** *fig:* fast borg; høyborg *(fx a Labour stronghold).*
strongly [ˌstrɔŋli] *adv:* kraftig; sterkt *(fx he smelt strongly of alcohol; I strongly disagree).*
strong meat *fig:* kraftig kost.
strong-minded ['strɔŋˌmaindid; *attributivt:* ˌstrɔŋ'maindid] *adj:* viljefast.
strongpoint [ˌstrɔŋ'pɔint] *s; mil:* befestet stilling.
strong point *fig:* ***one of his strong points*** en av hans sterke sider.
strongroom [ˌstrɔŋ'ru(:)m] *s(,***US:*** vault)* bankhvelv.
strontium [ˌstrɔntiəm] *s; min:* strontium *n.*
I. strop [strɔp] *s; for barberkniv:* strykereim.
II. strop *vb:* ***strop a razor*** stryke en barberkniv.
strophe [ˌstroufi] *s; i gresk tragedie:* strofe.
stroppy [ˌstrɔpi] *adj* **T***(=angry; difficult)* sur; vanskelig; ***get stroppy*** bli sur (*el.* vanskelig).
strove [strouv] *pret av strive.*
struck [strʌk] **1.** *pret & perf.part. av II. strike;*
2. US*(=strikebound)* streikerammet.
structural [ˌstrʌktʃərəl] *adj:* strukturell; struktur-; bygningsmessig.
structural change strukturendring.
structural defect konstruksjonsfeil.
structural engineer bygningsingeniør som arbeider med bærende konstruksjoner; statiker.
structural mechanics statikk; *(se stativs).*
I. structure [ˌstrʌktʃə] *s* **1.** byggverk *n;*
2. *bygg:* konstruksjon;
3. oppbygging; struktur; ***the structure****(=fabric)* ***of society*** samfunnsstrukturen.
II. structure *vb:* strukturere; ***a course structured on ...*** et kurs som er bygd på ...
I. struggle [strʌgl] *s(=fight)* kamp; ***the struggle for existence*** kampen for tilværelsen; ***struggle for power*** maktkamp.
II. struggle *vb:* kjempe; stri *(fx with illness);* ***struggle against injustice*** kjempe mot urettferdighet; ***struggle up from the chair*** kjempe seg opp av stolen; ***struggle along*** 1. streve seg videre; 2. *fig* **T:** så vidt klare seg (med penger).

S

strum [strʌm] *vb:* klimpre; ***strum one's guitar*** klimpre på sin gitar.
struma [ˌstru:mə] *s; med.(=goitre)* struma.
strumpet [ˌstrʌmpit] *s; glds:* tøs; hore; *bibl:* skjøge.
strung [strʌŋ] **1.** *pret & perf.part. av II. string;*
2. *adj:* ***highly strung****(,***US:*** high-strung)* nervøs.
strung out *adj* **S** *1.* nedkjørt; helt nede; **2.:** ***strung out on****(=addicted to)* henfallen til; **T:** hektet på.
strung up *adj* **T***(=highly strung)* nervøs.
I. strut [strʌt] *s; bygg:* støttebjelke; stiver.
II. strut *vb* **1.** *bygg:* stive av; støtte; **2.** spankulere.
strychnine [ˌstrikni:n] *s; kjem:* stryknin.
I. stub [stʌb] **1.** stump; ***cigarette stub****(=end)* sigarettstump; **2***(=counterfoil)* talong; ***ticket stub*** billettstamme.
II. stub *vb* **1.** *tå:* støte; slå *(fx one's toe against a stone);* **2.:** ***stub (out) a cigarette*** stumpe en sigarett.
stubble [stʌbl] *s* **1.** *av korn:* stubb; **2.** skjeggstubb; skjeggebust; ***razor and foam to deal with obstinate stubble*** høvel og skum *(n)* mot gjenstridig bust.
stubble field stubbmark.
stubbly [ˌstʌbli] *adj* **1.** kort *(fx grass);* ***have a stubbly beard*** ha skjeggstubb; **2***(=unshaved)* ubarbert; skjeggete.
stubborn [ˌstʌbən] *adj* **1***(=obstinate)* sta;
2. *fig:* seig *(fx make stubborn resistance);*
3. hardnakket *(fx cold);* gjenstridig; vanskelig.
stubby [ˌstʌbi] *adj:* stump; butt; kort og tykk *(fx stubby fingers).*
stucco [ˌstʌkou] *s:* stukk; stukkatur.
stuck [stʌk] **1.** *pret & perf.part. av II. stick;*
2. *adj:* ***be stuck*** stå fast *(fx I'm stuck!);* ***get stuck*** bli sittende fast; kjøre seg fast;
3. S: ***be stuck on sby****(=be crazy about sby)* være på knærne etter en;
4.: ***be stuck with sth*** bli sittende med noe *(fx be stuck with the bill).*
stuck-up [ˌstʌk'ʌp; 'stʌkˌʌp] *adj:* hoven; overlegen; **T:** høy på pæra.
I. stud [stʌd] *s* **1.** *bygg(=upright)* stender; stolpe; spikerslag;
2. knott *(fx football boots with studs); på dekk:* pigg;
3*(=stud horse)* avlshingst;
4. *landbr(=stud farm)* stutteri *n;*
5. racing stud*(=stable)* veddeløpsstall;
6. *tekn:* pinne; bolt; ***screw stud*** pinneskrue; ***wheel stud*** hjulbolt;
7.: ***collar stud*** krageknapp; ***press stud****(=snap fastener)* trykknapp.
II. stud *vb:* sette knotter under *(fx a pair of boots);* beslå; sette pigger i.
studded [ˌstʌdid] *adj; stivt.:* ***studded with****(=covered with; full of)* besatt med; bestrødd med; full(t) av; ***star studdedstudded*** stjernebestrødd; ***a text studded with techno-babble*** en tekst full at teknisk sjargong.
studded tyre *(=steel-studded tyre)* piggdekk.
student [ˌstju:dənt] *s* **1.** student; ***a student of bird life*** en som studerer fuglelivet; ***she's a student****(=she's at university)* hun er student; **2.** *også, især* **US***(=pupil)* elev *(fx high school students).*
student grant: *se studentship.*
student nurse sykepleierstudent.
students' discount studierabatt.
studentship [ˌstju:dənt'ʃip] *s(=student grant)* studiestipend (for universitetsstudent).
student teacher *skolev:* (lærer)kandidat; hospitant.
student teaching: *se teaching practice.*
stud farm *landbr:* stutteri *n.*
studied [ˌstʌdid] *adj:* tilsiktet *(fx insult);* demonstrativ *(fx indifference);* utstudert; tilgjort; ***he spoke with studied ease*** han snakket tilgjort utvungent; ***adopt an air of studied seriousness*** anlegge en påtatt alvorlig mine.
studio [ˌstju:diou] *s* **1.** *radio & TV:* studio *n;*
2. atelier *n.*
studio couch *(=sofa bed; sofa sleeper)* sovesofa.
studio flat *(,***US:*** studio apartment)* atelierleilighet.
studio theatre *teat(=experimental theatre)* studieteater; eksperimentteater.
studious [ˌstju:diəs] *adj* **1.** *stivt(=hard-working)* flittig; ***a quiet, studious girl*** en rolig og flittig pike;
2. *stivt(=careful):* ***his studious avoidance of unpleasant subjects*** hans omhyggelige omgåelse av ubehagelige temaer *n.*
I. study [stʌdi] *s* **1.** studie; utkast *(for* til *(fx a study for Mona Lisa); fig:* ***her face was a study****(=picture)* ansiktet hennes var et studium verdt;
2. arbeidsværelse;
3. studering(er); det å studere *(el.* lese) *(fx spend one's evenings in study); (se også 4: his studies);*
4. studium *n;* ***preliminary study*** forstudium; ***the study of English*** engelskstudiet; ***guide to the study of English*** studieveiledning for engelsk; ***years of study*** et årelangt studium; ***a course of study****(=a (degree) course)* et studium; ***this course (of study)*** dette studiet; ***a course of academic studies*** et akademisk studium; ***studies at university level*** studier på universitets- og høyskolenivå; ***his studies*** 1. studiene hans; 2. lesingen hans;
5. *skolev:* ***general area of study****(=the general studies branch)* allmennfaglig studieretning; AF;
6. gjennomgåelse; granskning; ***a close study of the documents*** en nøye gjennomgåelse av dokumentene;
7. *stivt:* ***in a brown study****(=deep in thought)* i dype tanker.
II. study *vb* **1.** studere *(fx what subject is he studying?);* ***study medicine****(=be a medical student)* studere medisin; ***he's studying to be a teacher*** han skal bli lærer; ***be studying for a degree in English*** lese *(el.* studere) engelsk (ved universitetet);
2. lære; innstudere *(fx one's part);*
3. se nøye på; studere; ***study a question in all its aspects*** sette seg inn i alle sider av en sak.
study circle studiesirkel.
study debt(s) *(=student(s')(=student's) debt(s))* studiegjeld; ***have a huge debt to pay off for one's studies*** slite med en svær studiegjeld; ***most people have debts on their education****(=training)* studiegjeld har de fleste.
study outing *skolev:* ekskursjon.
study period *skolev:* ***private study period*** studietime.
study purposes: ***for study purposes****(=for purposes of study)* i studieøyemed *(fx visit London for study purposes).*
study tour studiereise.
I. stuff [stʌf] *s* **1. T***(=things)* saker; ting; ***the plumber brought his stuff*** rørleggeren kom med sakene sine; **T:** ***know one's stuff*** kunne sine ting;
2. T*(=material)* materiale *n; (=substance)* stoff *n;*
3. T*(=cloth)* stoff *n;*
4. T*(=books)* bøker; (lese)stoff *n;*
5. T*(=remedy):* ***some good stuff for removing warts*** et godt middel til å fjerne vorter med;
6. T: ***show them what stuff you're made of!*** vis dem hva slags stoff *(n)* du er lagd av!
7. *neds* **T:** ***very poor stuff*** elendige saker *(el.* greier); ***stuff and nonsense*** tøys *n;* tull *n;* ***don't give me any of that stuff!*** ikke kom (her) med det sprøytet!
8. T: ***that's the stuff!*** sånn ja! slik skal det gjøres! ***that's the stuff to give them!*** slik skal de ha det!
9. T: ***do one's stuff*** vise hva man kan *(fx get out there and do your stuff!).*
II. stuff *vb* **1.** fylle; stappe; stoppe; *kul:* farsere; ***stuffed cabbage leaf*** kålrulett; ***stuff a bit of dinner into him*** få litt middagsmat i ham; ***stuff oneself with*** proppe seg med; fylle seg med;
2. stoppe ut *(fx a lion);*
3. S: ***get stuffed!*** ryk og reis! kom deg vekk!
4.: ***stuff up*** 1. tette igjen; ***my nose is stuffed up****(=I'm*

stuffed up) jeg er tett i nesen; 2. dytte opp i *(fx stuff a newspaper up the chimney).*

stuffed shirt T *(=conceited fool)* innbilsk narr; viktigper; **T:** blære.

stuffing [ˌstʌfiŋ] *s* **1***(=padding)* stopp;
2. *kul:* fyll;
3. T: knock the stuffing out of 1. rundjule; 2. ta knekken på.

stuffiness [ˌstʌfinəs] *s* **1.** dårlig ventilasjon; innestengthet; **2***(=formality; prudishness; stiffness)* formellhet; snerpethet; stivhet.

stuffy [ˌstʌfi] *adj* **1.** *om værelse:* dårlig ventilert; varmt og kvalmt; ***it smells stuffy in here*** det lukter innestengt her; **2. T***(=formal; prudish; stiff)* formell; snerpet; stiv *(fx she's so stuffy).*

stultify [ˌstʌlti'fai] *vb; meget stivt el. litt.* **1***(=make useless)* gjøre virkningsløs;
2. *fig:* sløve; lamme; ***become stultified*** fordummes;
3. *fig(=weaken)* svekke *(fx an argument);*
4.: ***stultify oneself****(=make a fool of oneself)* gjøre seg til narr.

I. stumble [stʌmbl] *s* **1***(=stumbling)* snubling;
2. *fig(=false step; blunder)* feiltrinn; bommert.

II. stumble *vb* **1.** snuble; ***stumble along*** snuble av sted;
2. *fig:* ***stumble across*** snuble over; komme over (helt tilfeldig); ***stumble over one's words*** snuble i ordene *n.*

stumbling block *fig:* anstøtsstein; hindring.

I. stump [stʌmp] *s* **1.** (tre)stubbe;
2. stump *(fx a stump(=stub) of pencil);* ***the stump of a tooth*** en tannstubb;
3. *cricket:* grindpinne; ***draw stumps****(=finish a day's play)* avslutte spillet for dagen;
4. *tegners:* stubb;
5. T: *stir your -s!**(=get a move on!)* få opp farten!

II. stump *vb* **1***(=stomp)* stavre; stampe *(fx he stumped angrily out of the room);*
2. *om tegner:* bruke stubb;
3. *cricket:* slå ut;
4. *fig; om spørsmål, etc* **T:** være for vanskelig for; ***you've got me stumped there!****(=you have me there!)* der blir jeg deg svar skyldig! ***I'm stumped!****(=I'm stuck!)* jeg står helt fast!
5. T: *stump up (the cash)**(=pay up)* betale; punge ut.

stumper [ˌstʌmpə] *s; cricket(=wicketkeeper)* gjerdevokter; slåer.

stumpy [ˌstʌmpi] *adj(=short and thick)* kort og tykk; stubbet.

stun [stʌn] *vb* **1***(=knock out)* slå ut; svimeslå;
2. *fig:* sjokkere; lamslå; svimeslå *(fx the news stunned(=shocked) him);* gjøre målløs; ***he was stunned by his good fortune****(=his good fortune left him speechless)* han var målløs over hellet sitt.

stung [stʌŋ] *pret & perf.part. av II. sting.*

stun gun elektrosjokkvåpen.

stunk [stʌŋk] *perf.part. av II. stink.*

stunner [ˌstʌnə] *s; om person el. ting* **T:** prakteksemplar.

stunning [ˌstʌniŋ] *adj* **T***(=marvellous)* deilig *(fx you look stunning today);* fantastisk flott *(fx dress).*

I. stunt [ˌstʌnt] *s* **1.** dristig kunststykke; **2***(=trick)* trick *n;* knep *n.*

II. stunt *vb* **1.** gjøre dristige kunststykker; **2.** *om vekst:* hemme *(fx this may stunt the baby's growth).*

stunted [ˌstʌntid] *adj:* hemmet i veksten; forkrøplet; ***his emotions are stunted*** han har et avstumpet følelsesliv; ***a stunted****(=blunted)* ***conscience*** en sløvet samvittighet.

stunt man *film:* stuntmann.

stupefaction ['stju:piˌfækʃən] *s; meget stivt* **1***(=confusion)* forvirring;
2*(=amazement)* forbløffelse; ***in complete stupefaction****(=dumbfounded)* helt forbløffet; målløs av forbløffelse;
3*(=dullness)* sløvhet; ***in his state of stupefaction he was unable to take anything in*** i sin sløve tilstand var han ikke i stand til å oppfatte noe.

stupefy [ˌstju:pi'fai] *vb; stivt* **1***(=confuse)* forvirre;
2*(=amaze)* forbløffe;
3*(=dull)* sløve; ***her senses were stupefied by the pills*** sansene hennes var sløvet av pillene.

stupendous [stju:ˌpendəs] *adj; stivt el. spøkef (=tremendous)* enorm; formidabel *(fx success).*

I. stupid [ˌstju:pid] *s; neds; i tiltale:* ***you stupid!*** din dummenikk!

II. stupid *adj* **1.** dum;
2. *stivt(=dazed)* bedøvet; helt sløv *(fx with tiredness);*
3.: ***just act stupid and you'll be all right*** *svarer til:* de dumme har det godt!

stupidity [stju:ˌpiditi] *s:* dumhet; ***an act of sheer stupidity*** en ren (og skjær) dumhet; ***there's no cure for stupidity*** mot dumheten kjemper man forgjeves; ***the book encourages stupidity in readers*** boken virker fordummende.

stupor [ˌstju:pə] *s; litt. & spøkef:* sløvhet; ***in a drunken stupor****(=hazy with drink)* sløv av drikk.

sturdily [ˌstə:dili] *adv* **1***(=resolutely; firmly)* bestemt; ***he denied the accusation sturdily*** han nektet bestemt å ha gjort det han ble beskyldt for; ***he trudged on sturdily****(=he walked sturdily(=resolutely) onwards)* han travet trøstig videre;
2*(=strongly):* ***sturdily built*** solid bygd.

sturdy [ˌstə:di] *adj* **1***(=strong and healthy)* sterk og sunn; robust; tettvokst; ***a strong, sturdy little chap*** en kraftig, tettvokst liten kar;
2. *om konstruksjon:* robust *(fx furniture);*
3. *bot(=hardy)* hardfør *(fx plant).*

sturgeon [ˌstə:dʒən] *s; zo:* stør.

I. stutter [ˌstʌtə] *s(=stammer)* (hakking og) stamming; ***he has a stutter*** hans stammer.

II. stutter *vb* **1***(=stammer)* stamme; **2.** *om motor(=misfire;* **T:** *hiccup)* fuske.

I. sty [stai] *s(=pigsty)* svinesti.

II. sty(e) *s; med.; på øyet:* sti *(fx on one's eye).*

I. style [stail] **1.** *bot:* griffel; **2.** *hist(=stylus)* skrivestift; skjærenål;
3*(=hairstyle)* frisyre;
4. kunstretning; stilart; stil;
5. fremstillingsmåte; skrivemåte; stil; ***improve the style of his essays*** få sving (*el.* skikk) på stilene hans;
6. *fig:*; ***she certainly has style!*** det er sannelig stil over henne;
7.: ***do things in style****(=make a splash)* slå stort på; *spøkef:* ***you're driving in style now!*** nå kjører du virkelig standsmessig! ***live in (considerable) style*** bo (meget) standsmessig; ***live in grand style****(=live in a big way)* leve på en stor fot.

II. style *vb* **1.** *stivt(=call)* titulere; kalle;
2*(=design)* gi stilpreg; formgi; tegne; konstruere *(fx chairs styled for comfort);*
3.: ***have one's hair cut and styled****(=done)* få håret klippet og frisert.

stylish [ˌstailiʃ] *adj:* fiks; stilig; ***stylish furniture (,clothes)*** stilige møbler *(n)* (,klær).

stylist [ˌstailist] *s* **1.** stilist; **2.:** ***(hair) stylist****(=hairdresser)* frisør.

I. stymie [ˌstaimi] *s; golf:* det at en ball blokkerer veien til hullet.

II. stymie *vb; stivt(=hinder)* legge hindringer i veien for; ***be stymied*** støte på hindringer; ***our plans were stymied****(=thwarted)* våre planer ble forpurret.

I. styptic [ˌstiptik] *s:* blodstillende middel *n.*

II. stypic *adj:* blodstillende.

styptic pencil blodstillerstift.

suave [swɑ:v] *adj; stivt* **1.** *neds:* urban; glatt; ***a suave young man*** en glatt ung mann;
2. *om opptreden(=smooth)* (glatt og) elegant;
3*(=slick):* ***suave apologies*** glatte unnskyldninger; ***suave manners*** glatte manerer.

suavely [ˌswɑ:vli] *adv; stivt(=smoothly)* glatt.
sub [sʌb] *s* **T** **1***(=submarine)* ubåt; **2***(=substitute)* vikar; **3***(=subscription)* medlemskontingent.
subacid [sʌbˌæsid] *adj; meget stivt* **1***(=sourish)* syrlig; **2.** *fig(=acid)* syrlig *(fx smile).*
sub-agency [ˌsʌb'eidʒənsi] *s; merk:* underagentur.
subaltern [ˌsʌbəltən; **US:** səbˌɔ:ltən] *s; mil:* offiser med lavere grad enn kaptein; lavere offiser.
subaquatic ['sʌbəˌkwætik; 'sʌbəˌkwɔtik], **subaqueous** [sʌbˌeikwiəs; sʌbˌækwiəs] *adj(=underwater)* undervanns-; som skjer (,forekommer) under vannet.
subcategory [ˌsʌb'kætəgəri] *s:* underavdeling.
I. subconscious [sʌbˌkɔnʃəs] *s:* ***the subconscious*** underbevisstheten.
II. subconscious *adj:* underbevisst.
subcontinent [sʌbˌkɔntinənt] *s:* subkontinent.
I. subcontract ['sʌbˌkɔntrækt] *s:* underentreprise.
II. subcontract ['sʌbkənˌtrækt] *vb:* sette bort som underentreprise.
subcontractor ['sʌbkənˌtræktə] *s:* underentreprenør.
subcrossing [ˌsʌb'krɔsiŋ] *s:* jernbaneundergang.
subcutaneous ['sʌbkjuˌteiniəs] *adj; med.:* subkutan; underhuds- *(fx fat);* ***subcutaneous tissue*** underhudsvev.
subdivide ['sʌbdiˌvaid] *vb:* underinndele; dele igjen (i mindre deler).
subdivision ['sʌbdiˌviʒən] *s* **1.** underinndeling; **2.** underavdeling.
subdue [səbˌdju:] *vb* **1.** *stivt(=defeat)* slå; kue; **2.** *fig(=suppress)* undertrykke *(fx one's fears);* ***subdue one's passions*** dempe sine lidenskaper.
subdued [səbˌdju:d] *adj* **1***(=suppressed)* underkuet; **2.** dempet *(fx subdued colours; subdued(=soft) light; subdued voices);* ***in a subdued tone****(=in an undertone)* med dempet røst; **3.** spak; stillferdig.
subedit [ˌsʌb'edit] *vb* **1.** være redaksjonssekretær; **2.** *manuskript(=copy-edit)* gjøre trykklart; **T:** vaske.
subeditor ['sʌbˌeditə; ˌsʌb'editə] *s* **1.** redaksjonssekretær; **2***(=copy editor;* **US:** *copyreader)* manuskriptredaktør; **3.** *i avisredaksjon:* redaktør.
subfusc [ˌsʌb'fʌsk] *s; univ; Oxford:* akademisk antrekk *n.*
subheading [ˌsʌb'hediŋ] *s:* undertittel.
subhuman [sʌbˌhju:mən] *adj* **1.** laverestående; ***the subhuman primates*** de laverestående primater; **2.** umenneskelig *(fx living conditions);* ***they were treated as if they were subhuman*** de ble behandlet som om de skulle være dyr.
I. subject [ˌsʌbdʒikt] *s* **1.** statsborger *(fx a British subject);* undersått; **2.** *mus(=theme)* tema *n;* **3.** *gram:* subjekt *n;* **4.** *skolev:* fag *n;* ***practical subject*** ferdighetsfag; ***special (course) subject*** studieretningsfag; **5***(=model; motif)* modell; motiv *n;* ***forest subject****(=motif)* skogsmotiv; skogsinteriør; ***the subject of the portrait****(=the person who's sat for the portrait)* den som har sittet modell til portrettet; **6.** gjenstand; *fig:* ***become the subject of*** bli gjort til gjenstand for; *(jvf I. object 1);* **7.** emne *n;* tema *n;* ***a good subject for an essay*** et godt stilemne; ***change the subject*** skifte tema; ***a subject for further investigations*** noe som bør undersøkes nærmere; ***while we're on the subject of money*** med det samme vi snakker om penger; *(jvf 6 ovf).*
II. subject [səbˌdʒekt] *vb; stivt:* ***subject to*** 1*(=submit to)* underkaste *(fx sth to a severe test);* 2*(=put through)* underkaste; utsette for *(fx be subjected to a long cross-examnination);* 3. gjøre til gjenstand for.
III. subject [ˌsʌbdʒikt] *adj; stivt:* ***be subject to*** **1***(=be prone to)* være utsatt for; ha lett for; ***northbound trains are subject to delays*** det kan oppstå forsinkelser på nordgående tog *n;* **2.** *om funksjonær:* ***subject to dismissal*** oppsigelig; *(jvf removable);* **3.:** ***the plan is subject to approval*** planen må først godkjennes; ***subject to confirmation in writing*** med forbehold om skriftlig bekreftelse; **4.:** ***subject to the proviso that …*** 1*(=on condition that)* med det forbehold at …; 2. med den klausul at …
subject area *(=area of topics)* emneområde.
subject board *skolev:* fagnemnd.
subject entry *i kartotek:* emnekort.
subject heading emneord.
subject index emneregister; emnekartotek; emneliste.
subjection [səbˌdʒekʃən] *s; stivt(=suppression)* undertrykkelse; underkuing; underkastelse.
subjective [səbˌdʒektiv] *adj:* subjektiv.
subjectivity ['sʌbdʒekˌtiviti] *s:* subjektivitet.
subject matter emne *n;* stoff *n.*
subject room *skolev:* fagrom.
sub judice [sʌbˌdʒu:disi] *jur:* ***the matter is still sub judice*** saken verserer fremdeles for retten.
subjugate [ˌsʌbdʒu'geit] *vb; stivt(=subdue)* undertvinge; underlegge seg; erobre.
subjunctive [səbˌdʒʌŋktiv] *s; gram:* konjunktiv.
I. sublease [ˌsʌb'li:s] *s:* fremleie; det å fremleie.
II. sublease [sʌbˌli:s] *vb(=sublet)* fremleie.
I. sublet [ˌsʌb'let] *s:* fremleie *(fx this flat is a sublet).*
II. sublet [sʌbˌlet] *vb:* fremleie.
sub-lieutenant *(fk sub-Lt)* ['sʌbləˌtenənt] *mil; mar(,***US:** *lieutenant junior grade, fk LTJG)* fenrik.
I. sublimate [ˌsʌblimit] *s; kjem:* sublimat *n.*
II. sublimate [ˌsʌbli'meit] *vb* **1.:** *se III. sublime;* **2.** *psykol:* sublimere.
I. sublime [səˌblaim] *s:* ***the sublime*** det sublime; **T:** ***that's going from the sublime to the ridiculous*** det må man kalle å synke dypt.
II. sublime *adj; stivt* **1***(=lofty)* sublim; opphøyet; **2.** *om prestasjon(=outstanding)* storslagen.
III. sublime *vb; kjem(=sublimate)* sublimere; sublimeres.
subliminal [sʌbˌliminl] *adj; psykol:* subliminal; som påvirker underbevisstheten *(fx advertising).*
sublimity [səˌblimiti] *s; stivt(=loftiness)* opphøyethet.
submachine gun ['sʌbməˌʃi:n'gʌn] *s(=machine pistol)* maskinpistol.
I. submarine [ˌsʌbmə'ri:n; 'sʌbməˌri:n] *s* **1.** *mar:* ubåt; **2. US***(,***T:** *sub)* landgang (ɔ: pariserloff skåret på langs og fylt med pålegg).
II. submarine ['sʌbməˌri:n] *adj:* undervanns-; undersjøisk.
submarine pen *mar:* ubåtbunker.
submerge [səbˌmə:dʒ] *vb* **1.** senke ned i vann *n;* **2.** *om ubåt(=dive)* dykke; dukke; **3.** *fig; stivt(=drown)* drukne.
submerged [səbˌmə:dʒd] *adj* **1.** undersjøisk; **2.** *om ubåt:* neddykket.
submerged gully *(=sudden deep)* brådyp.
submerged rock *(=sunken rock)* undervannsskjær.
submersion [səbˌmə:ʃən] *s* **1.** neddykking; **2.** neddykket tilstand.
submission [səbˌmiʃən] *s* **1.** underkastelse; **2.** *stivt(=handing in)* innlevering; **3.** *jur; i rettssalen:* innlegg *n;* anførsel; ***my submission is that …****(=I submit that …)* jeg vil hevde at …
submissive [səbˌmisiv] *adj:* underdanig; ydmyk; spak; ***submissive as a lamb*** myk som voks; ***be submissive to authority*** være autoritetstro.
submissively [səbˌmisivli] *adv(=meekly)* underdanig; spakt.
submissiveness [səbˌmisivnəs] *s:* underdanighet; ydmykhet; spakhet.
submit [səbˌmit] *vb* **1.** underkaste seg; ***submit to sth*** finne seg i noe; underkaste seg noe; ***submit to control*** underkaste seg kontroll; ***submit to a test*** underkaste seg en prøve;

2. *stivt(=hand in)* levere inn;
3. *også jur:* forelegge; fremlegge (*to* for); ***submit a report*** fremlegge en rapport;
4. *jur:* ***I submit that the witness is lying*** jeg vil hevde at vitnet lyver; *(se submission 3).*

subnormal [sʌbˌnɔ:ml] *adj:* subnormal; ***educationally subnormal****(fk ESN)* evneveik.

sub-office [ˌsʌb'ɔfis] *s; post:* ***rural sub-office*** C-kontor (ɔ: mindre postkontor); *hist:* poståpneri *n.*

I. subordinate [səˌbɔ:dinit] *s:* underordnet.

II. subordinate *adj:* underordnet *(fx position).*

III. subordinate [səˌbɔ:di'neit] *vb:* underordne; ***subordinate oneself (to sby (,to sth))*** underordne seg (noe (,noen)).

subordination [sə'bɔ:diˌneiʃən] *s:* underordning.

suborn [səˌbɔ:n] *vb; stivt el. jur:* ***suborn sby****(=bribe sby)* bestikke en.

subplot [ˌsʌb'plɔt] *s(=subsidiary plot)* bihandling; sidehandling.

I. subpoena [səbˌpi:nə] *jur; s(=summons)* stevning.

II. subpoena *vb(=summon)* innkalle; innstevne.

sub-postmaster ['sʌbˌpous(t)'mɑ:stə] *s:* poststyrer (ved C-kontor); *hist:* poståpner.

subscribe [səbˌskraib] *vb* **1.** *til veldedig formål, etc; stivt(=give)* gi *(fx large sums to charity);*
2. *stivt(=contribute)* bidra med;
3. *meget stivt el. jur(=sign)* undertegne;
4.: ***subscribe to*** 1. abonnere på; 2. *fig; stivt(=agree with)* være enig i;
5. *merk:* ***subscribe for shares*** tegne seg for aksjer; ***subscribed capital*** tegnet kapital.

subscriber [səbˌskraibə] *s* **1.** abonnent (*to* på); **2.** *tlf:* abonnent; **3.** subskribent (*to* på).

subscriber dialling *tlf: se subscriber trunk dialling & international subscriber dialling.*

subscriber trunk dialling *tlf(fk STD)* innenlands fjernvalg *(jvf international subscriber dialling).*

subscript [ˌsʌb'skript] *s; typ & EDB:* tegn *(n)* under linjen; *kommando:* tegn ned; *(se superscript).*

subscription [səbˌskripʃən] *s* **1.** abonnement *n;* ***annual subscription*** årsabonnement;
2. tegning (av aksjer);
3*(=membership fee)* medlemskontingent; ***annual membership subscription*** årskontingent;
4. innsamlet beløp *n;* bidrag *n;* ***by public subscription*** for offentlig innsamlede midler *n;*
5. *ved boksalg:* subskripsjon;
6. *jur(=signing; signature)* underskriving (av dokument *(n)*); underskrift (på dokument); *(jvf subscribe 3).*

subscription book subskripsjonsverk.

subsea [ˌsʌb'si:] *adj:* undervanns-.

subsea engineer undervannstekniker.

subsection [ˌsʌb'sekʃən] *s* **1.** underavsnitt (i klassifikasjonssystem); **2.** *jur:* avsnitt *(n)* (av lovparagraf).

subsequent [ˌsʌbsikwənt] *adj; stivt* **1.** påfølgende; etterfølgende; **2.:** ***subsequent to****(=after)* etter.

subsequently [ˌsʌbsikwəntli] *adv(=afterwards)* etterpå.

subservience [səbˌsə:viəns] *s:* underdanighet; servilitet.

subservient [səbˌsə:viənt] *adj; neds(=servile)* servil; underdanig; ***subservient to*** underdanig overfor.

subside [səbˌsaid] *vb* **1.** *geol:* synke; *om fundament, etc:* sette seg;
2. *om flomvann:* synke;
3. *om vind el. storm:* avta; stilne av; *om feber:* avta;
4. *spøkef:* ***subside into an armchair*** synke ned i en lenestol.

subsidence [səbˌsaidəns] *s* **1.** synking; sviktende grunn; **2.** det at noe avtar (*el.* stilner av); nedgang.

subsidiarity [səb'sidiˌæriti] *s; polit;* nærhetsprinsipp.

I. subsidiary [səbˌsidiəri] *s; merk:* ***subsidiary (company)*** datterselskap.

II. subsidiary *adj(=subordinate)* bi-; underordnet; ***a subsidiary motive*** et bimotiv; ***subsidiary to*** underordnet.

subsidiary clause *gram:* leddsetning; bisetning.

subsidiary motive bihensikt.

subsidiary plot *(=sub-plot; subplot)* bihandling.

subsidiary subject *univ; hist:* bifag; *(se intermediate subject).*

subsidize, subsidise [ˌsʌbsi'daiz] *vb:* subsidiere.

subsidy [ˌsʌbsidi] *s:* statstilskudd; ***subsidies*** subsidier; statstilskudd.

subsist [səbˌsist] *vb:* eksistere; opprettholde livet; ***subsist on****(=live on)* leve av; leve på *(fx a pension).*

subsistence [səbˌsistəns] *s; meget stivt(=existence)* eksistens; ***subsistence here is almost impossible*** det er nesten umulig å livnære seg her.

subsistence agriculture *landbr(=subsistence farming)* selvbergingsjordbruk.

subsistence crops: *se subsistence agriculture.*

subsistence diet kost som tilfredsstiller minimumsbehovet.

subsistence economy *økon:* naturalhusholdning.

subsistence level eksistensminimum *(fx wages fell to subsistence level);* ***live at subsistence level****(=have barely enough food to keep alive)* leve på et eksistensminimum; ***close to (the) subsistence level*** på sultegrensen; *(jvf poverty line).*

subsoil [ˌsʌb'sɔil] *s:* dypere jordlag; undergrunn.

subsoil water grunnvann.

subsonic ['sʌbˌsɔnik] *adj:* subsonisk; underlyds-.

subspecies [ˌsʌb'spi:ʃi:z] *s; zo:* underart.

substance [ˌsʌbstəns] *s* **1.** stoff *n;* ***solid substance****(=solid matter)* fast stoff;
2. *stivt(=content)* innhold;
3. gehalt; ***the substance of what he said*** gehalten i hans uttalelser;
4*(=main argument)* hovedpoeng;
5. *stivt:* ***in substance*** 1*(=in essence)* i det vesentlige; 2*(=in effect; in fact):* ***in substance, he was saying that the scheme was a waste of money*** det han sa, gikk ut på at planen var noe pengesløseri;
6. *glds el. litt.:* ***a man of substance****(=a wealthy man)* en velstående mann.

substandard [sʌbˌstændəd] *adj* **1.** av dårlig kvalitet;
2. *språkv:* ikke i overensstemmelse med anerkjent språkbruk.

substantial [səbˌstænʃəl] *adj* **1.** *stivt(=important; essential)* betydelig; større *(fx reform; sum);* vektig *(fx reason; evidence);*
2. *om mat:* ***a substantial****(=large)* ***meal*** et solid måltid;
3. materiell; stofflig;
4*(=strong(ly built))* solid *(fx door).*

substantially [səbˌstænʃəli] *adv* **1.** *stivt(=considerably)* vesentlig *(fx improved);*
2*(=essentially)* i det vesentlige;
3*(=essentially; more or less; very much)* i det vesentlige; stort sett *(fx our opinions are substantially the same).*

substantiate [səbˌstænʃi'eit] *vb; stivt* **1***(=confirm; strengthen)* bekrefte; styrke; underbygge *(fx a theory);* ***the committee found the allegations substantiated*** komitéen fant at påstandene medførte riktighet;
2. *meget stivt(=prove; make good)* bevise; begrunne; underbygge; godtgjøre.

substantiation [səb'stænʃiˌeiʃən] *s; meget stivt* **1***(=confirmation; strengthening)* bekreftelse; styrkelse; underbyggelse *(fx of a theory);* **2***(=proof)* bevis *n;* ***in substantiation of****(=in proof of)* som bevis på.

substantive [ˌsʌbstəntiv] *gram* **1.** *s(=noun)* substantiv *n;* **2.** *adj(=substantival)* substantivisk.

I. substitute [ˌsʌbsti'tju:t] *s* **1.** erstatning; ***no substitute for*** ingen erstatning for; ***a poor substitute for*** en dårlig erstatning for;
2. vikar; stedfortreder;

3. *sport(=reserve)* reservespiller; reserve; ***he was back on the (substitutes') bench*** han var tilbake på benken.
II. substitute *vb* **1.** sette i stedet (*for* for) (*fx substitute 4 for x in the equation);* erstatte;
2. *sport(=replace)* bytte ut; skifte ut;
3. *stivt:* ***substitute for****(=stand in for)* vikariere for; ***if you can't go yourself, find someone to substitute for you****(=if you can't go yourself, find someone to go in your place)* hvis du ikke kan gå selv, så finn en som kan gå i stedet for deg.
III. substitute *adj(=acting)* stedfortredende; vikarierende.
substitute parents *pl:* erstatningsforeldre.
substitution ['sʌbsti,tju:ʃən] *s* **1.** substitusjon; *mat. også:* innsetting;
2. innsetting (av en stedfortreder); erstatning; ***the substitution of x for y*** det at x settes i stedet for y; ***in substitution of****(=instead of)* i stedet for; som erstatning for; *sport:* utskifting; ***the substitution of A for B*** det at A byttes ut med B.
substratum [sʌb,strɑ:təm; **US:** sʌb,streitəm] *s(pl: substrata* [sʌb,strɑ:tə]*)* **1***(=underlying layer)* underliggende lag *n;* dypere lag; **2.** *språkv:* substrat *n.*
substructure [,sʌb'strʌktʃə] *s; stivt(=foundation)* underbygning; grunnlag.
subsume [səb,sju:m] *vb; meget stivt(=include)* subsumere; innordne; inkorporere; sammenfatte (*in, into, within* i; *under* under).
subtenancy [sʌb,tenənsi] *s:* fremleie(forhold).
subtenant [sʌb,tenənt] *s:* en som bor på fremleie.
subterfuge [,sʌbtə'fju:dʒ] *s; stivt* **1***(=trick)* knep *n;*
2. utflukter; ***resort to subterfuge*** ty til utflukter.
subterranean ['sʌbtə,reiniən] *adj; stivt el. litt.(=underground)* underjordisk.
subtitle [,sʌb'taitl] *s s* **1.** undertittel; mellomtittel;
2. *film:* ***subtitles*** tekst.
subtle [sʌtl] *adj; stivt* **1***(=faint)* svak *(fx scent);*
2. subtil; spissfindig *(fx argument);*
3*(=clever)* smart; snedig; lur; ***by subtle means*** på en lur (*el.* snedig) måte;
4*(=artful)* slu; underfundig; forslagen;
5*(=shrewd)* skarp *(fx mind);*
6. *om gift, etc:* snikende.
subtlety [sʌtlti] *s* **1.** subtilitet; spissfindighet *(fx legal subtleties);*
2. *glds(=shrewdness)* skarpsindighet;
3. *glds(=artfulness)* underfundighet; *(=deviousness)* forslagenhet; sluhet; smarthet.
subtly [,sʌtli] *adv:* subtilt; umerkelig.
subtotal ['sʌb,toutl] *s:* delsum.
subtract [səb,trækt] *vb:* subtrahere; trekke fra; ***subtract 4 from 8*** trekke 4 fra 8.
subtraction [səb,trækʃən] *s:* subtraksjon.
subtropical [sʌb,trɔpikl] *adj:* subtropisk; ***go somewhere subtropical*** reise til Syden et sted.
suburb [,sʌbə:b] *s:* forstad.
suburban [sə,bə:bən] *adj* **1.** forstads-; **2.** *neds:* småborgerlig *(fx her tastes are rather suburban).*
suburbanism [sə,bə:bə'nizəm] *s; neds:* småborgerlighet.
suburbanite [sə,bə:bə'nait] *s(=suburban dweller)* forstads(be)boer.
suburban train *(,US især: commuter train)* forstadstog; lokaltog; pendlertog.
suburbia [sə,bə:biə] *s; neds:* forstedene.
subvention [sʌb,venʃən] *s:* subvensjon; tilskudd fra offentlige midler *n;* statsstøtte.
subversion [səb,və:ʃən; **US:** səb,və:ʒən] *s:* omstyrtning; omveltning.
I. subversive [səb,və:siv] *s:* en som driver samfunnsfiendtlig virksomhet.
II. subversive *adj:* samfunnsnedbrytende; statsfiendtlig; ***subversive activities*** statsfiendtlig virksomhet; *fig:* moldvarparbeid; ***be a subversive influence in the class*** ha en ødeleggende virkning på disiplinen i klassen.
subvert [səb,və:t] *vb; meget stivt* **1***(=overthrow)* velte; styrte *(fx a government);* **2.** *fig(=undermine)* undergrave *(fx sby's morals).*
subway [,sʌb'wei] *s;* **1.:** ***(pedestrian) subway****(,***US:** *underpass)* fotgjengerundergang; **2. US***(=underground (railway))* undergrunn(sbane); tunnelbane.
sub-zero ['sʌb,ziərou] *adj; om temperatur:* under null.
succeed [sək,si:d] *vb* **1.** etterfølge; ***succeed to the throne*** arve tronen;
2. lykkes; ha hellet med seg *(fx he didn't succeed);* ***he's happy to have succeeded****(=done well)* ***in his chosen career*** han er glad over å ha lykkes i det yrket han har valgt; ***we were close to succeeding****(=we almost succeeded)* vi var ikke langt fra å lykkes; ***succeed in (-ing)*** klare å.
success [sək,ses] *s:* suksess; godt (*el.* heldig) resultat; ***a resounding success*** en dundrende suksess; ***a happy person with every success in life*** en lykkelig person, som alt lykkes for i livet; ***with varying success*** med vekslende hell *n;* ***be a success*** være en suksess; gjøre lykke; gjøre seg; ***if the product is a success*** hvis produktet slår an; ***have success****(=be successful; score a success)* gjøre lykke; ***she scored a great success****(=she was very successful)* hun gjorde stor lykke; *ordspråk:* ***nothing succeeds like success*** fremgang avler fremgang; ***drunk****(=flushed)* ***with success*** beruset av fremgangen; ***sated with success*** mett av fremgang.
successful [sək,sesful] *adj* **1.** heldig; vellykket; ***and this has been highly successful*** og dette har i høy grad lykkes;
2. fremgangsrik; ***be successful*** ha hellet med seg; gjøre lykke; lykkes; ***she was successful with it*** hun lyktes med det.
succession [sək,seʃən] *s* **1.** rekkefølge; rekke; ***in succession*** på rad; etter hverandre; ***in rapid****(=quick)* ***succession*** i rask rekkefølge; ***this is just another addition to a succession of unfortunate decisions*** dette føyer seg inn i rekken av uheldige beslutninger;
2. *jur:* arvefølge; ***who is next in succession to the throne?*** hvem er den nærmeste tronarving?
successive [sək,sesiv] *adj:* suksessiv; ***the successive governments*** de skiftende regjeringer; ***win three successive victories****(=win three victories in a row)* vinne tre seire på rad; ***we had five successive****(=straight)* ***wins****(=we had five wins in a row)* vi vant fem ganger på rad.
successor [sək,sesə] *s:* etterfølger; ***successor to the throne*** tronfølger.
succinct [sək,siŋkt] *adj; stivt(=concise)* konsis; knapp.
succory [,sʌkəri] *s; bot(=chicory;* **US:** *chicory)* sikori; *(se chicory).*
I. succour *(,***US:** *succor)* [,sʌkə] *s; litt.(=help)* hjelp *(fx give succour to the poor).*
II. succour *(,***US:** *succor) vb; litt.(=help)* hjelpe.
succulence [,sʌkjuləns] *s; stivt(=juiciness)* saftighet; saftrikhet.
succulent [,sʌkjulənt] *adj; stivt(=juicy)* saftig; saftrik; ***succulent plant*** saftplante.
succumb [sə,kʌm] *vb; stivt el. spøkef:* ***succumb (to)****(=give way (to)); give in (to); die (from))* bukke under (for); ***succumb****(=give way)* ***to the temptation*** falle for fristelsen.
such [sʌtʃ] *adj, adv, pron* **1.** slik; sånn; ***such an answer*** et slikt svar; ***such a book*** en slik bok; ***such books*** slike bøker; ***behaviour such as hers*** en slik oppførsel som hennes; ***other such clinics*** andre slike klinikker;
2. så; ***he was in such a hurry that …*** han hadde det så travelt at …; ***we had such fun!*** vi hadde det så morsomt!
3. *stivt el. spøkef:* den (,det, de); ***such books as he has****(=his few books; the few books he has)* de (få) bøkene han har;

4.: *such as(=as for example)* som for eksempel *n (fx animals, such as lions);*
5.: *such as it is (,was)* selv om det ikke er (,var) så mye å skryte av;
6.: *as such* som sådan *(fx it was worth little as such);*
7.: *…and such(=and suchlike)* og denslags *(fx milk, butter, cheese and such).*

such and such *adj:* den og den; det og det *(fx he said he went to such and such a place; if you go into such and such a shop and ask for such and such).*

suchlike [ˌsʌtʃ'laik] *adj & pron:* den slags; slik; slike.

I. suck [sʌk] *s:* sug *n;* slikk *n (fx I gave him a suck of my lollipop).*

II. suck *vb* **1.** suge; suge på; *om spedbarn(=feed)* die; ***suck sby's blood*** suge blod *(n)* av en; **2. T: *suck up to sby(=make up to sby; toady to sby)*** smiske for en.

sucker [ˌsʌkə] *s* **1***(=sucking disc)* sugeskål; sugeskive; **2.** *bot:* villskudd; ***root sucker*** rotskudd; **3. T***(,US også: patsy)* lettlurt tosk; ***they played him for a sucker*** de lurte ham; han gikk på limpinnen (deres); **5. T: *be a sucker for(=have a weakness for)*** være svak for *(fx he's a sucker for small blonde women).*

sucking pig *(=suckling pig)* pattegris.

suckle [sʌkl] *vb; glds(=breast-feed)* amme; gi bryst *n.*

suckling [ˌsʌkliŋ] *s* **1.** *glds(=infant)* spedbarn; **2.** *om ungt dyr, især(=sucking calf)* spedkalv.

sucks [sʌks] *int* **S: *(yah boo) sucks to you!*** æ, bæ! bæ da!

suction [ˌsʌkʃən] *s:* suging; ***a vacuum cleaner works by suction*** en støvsuger suger.

suction pump *mask:* sugepumpe.

suctorial [sʌkˌtɔ:riəl] *adj; zo:* suge- *(fx organ).*

Sudan [su:ˌdɑ:n; su:ˌdæn] *geogr: **the Sudan*** Sudan.

I. Sudanese ['su:dəˌni:z] *s:* sudaneser.

II. Sudanese *adj:* sudansk.

sudden [ˌsʌdən] *adj:* plutselig; brå; ***it was all so sudden*** alt skjedde så brått; ***all of a sudden*** plutselig; med ett.

sudden death 1. brå død; **2.** *fotb:* førstemålsspill.

sudden infant death *(fk SID [sid])* **US***(=cot death)* krybbedød.

suddenly [ˌsʌdənli] *adv:* plutselig; med ett; brått.

sudorific ['sju:dəˌrifik] *adj:* svettedrivende.

suds [sʌdz] *s; pl* **T***(=soapsuds; soapy water)* såpeskum; såpevann.

sue [s(j)u:] *vb; jur:* anlegge sak; ***sue sby*** saksøke en; ***sue sby for damages*** reise erstatningskrav mot en; ***sue for divorce*** søke skilsmisse.

suede [sweid] *s:* semsket skinn *n.*

suede shoes *pl:* semskede sko.

suet [ˌs(j)u:it] *s:* nyrefett.

Suez [ˌsu:iz] *s; geogr:* Suez.

Suez Canal *s; geogr: **the Suez Canal*** Suezkanalen.

suffer [ˌsʌfə] *vb* **1.** *også fig:* lide *(from* av); ***suffer terrible pain from one's injuries*** ha fryktelige smerter av skadene sine; ***suffer with*** ha smerter på grunn av *(fx one's bad leg);* ***his health suffered*** det gikk ut over helsen hans; ***you mustn't let your work suffer*** du må ikke la det gå ut over arbeidet ditt; ***we'll see that you don't suffer by the changes*** vi skal sørge for at omstillingen ikke skal bety noen ulemper for deg; ***you'll suffer(=pay) for this!*** dette skal du få unngjelde for! ***this author suffers in translation*** denne forfatteren taper på å bli oversatt;
2. *stivt(=tolerate)* tåle; finne seg i;
3*(=undergo)* gjennomgå *(fx changes);*
4. *glds el. litt.(=allow; permit)* tillate.

sufferance [ˌsʌfərəns] *s(=tacit permission)* stilltiende tillatelse; ***on sufferance*** med stilltiende tillatelse; på nåde.

sufferer [ˌsʌfərə] *s:* en som lider; ***be a migraine sufferer*** lide av migrene; ***fellow sufferers*** mine lidelsesfeller.

suffering [ˌsʌfəriŋ] *s:* lidelse; ***this causes many people great suffering*** dette påfører mange store lidelser.

suffice [səˌfais] *vb; meget stivt(=be enough)* være tilstrekkelig; ***suffice it to say that****(=I need only say that)* jeg trenger bare nevne at.

sufficiency [səˌfiʃənsi] *s; meget stivt: **a sufficiency of****(=enough)* tilstrekkelig (med).

sufficient [səˌfiʃənt] *adj; stivt(=enough)* tilstrekkelig.

I. suffix [ˌsʌfiks] *s; språkv:* suffiks *n;* endelse.

II. suffix [ˌsʌfiks; səˌfiks] *vb; språkv:* føye til.

suffocate [ˌsʌfə'keit] *vb:* kvele; kveles; bli kvalt; ***I'm suffocating*** jeg holder på å bli kvalt.

suffocating [ˌsʌfə'keitiŋ] *adj:* kvelende.

suffocation ['sʌfəˌkeiʃən] *s:* kvelning.

suffrage [ˌsʌfridʒ] *s* **1.** *stivt: **universal suffrage*** 1*(=popular vote)* alminnelig stemmerett; 2. *stivt(=vote): **chosen by universal suffrage*** valgt ved alminnelig avstemning.

suffuse [səˌfju:z] *vb; stivt(=spread over; flush)* bre seg over *(fx a blush suffused her cheeks).*

I. sugar [ˌʃugə] *s:* sukker *n;* ***brown sugar*** brunt sukker; ***caster sugar*** (fin) farin; ***lump(=cube) sugar*** raffinade.

II. sugar *vb:* sukre; strø sukker *(n)* på; *fig: **sugar(=gild) the pill*** sukre pillen.

sugar basin *(=sugar bowl)* sukkerskål.

sugar beet *bot:* sukkerroe.

sugar candy 1. kandissukker; **2. US***(=sweets)* godter.

sugar cane *bot:* sukkerrør.

sugar castor *(=caster)* sukkerbøsse.

sugar daddy *neds* **T:** (meget eldre) kavaler.

sugared [ˌʃugəd] *adj* **1.** sukret; **2.** *stivt: se sugary.*

sugar pea *bot(=mangetout; Canada: snowpea)* sukkerert.

sugar tongs *pl(=sugar nippers)* sukkerklype.

sugary [ˌʃugəri] *adj* **1.** sukkerholdig; søt som sukker; ***too sugary****(=too sweet)* altfor søt; **2.** *fig:* søtladen.

suggest [səˌdʒest; **US:** səgˌdʒest] *vb* **1.** foreslå; ***suggest the idea to sby*** foreslå det for en; ***I suggested Peter for the job*** jeg foreslo at Peter skulle få jobben; ***I suggest doing it in a different way*** jeg foreslår at vi gjør det på en annen måte;
2*(=hint)* antyde; ***what are you trying to suggest?*** hva er det du forsøker å si? ***I'm not trying to suggest that he's lying*** jeg vil ikke dermed si at han lyver;
3. tyde på; ***there's nothing to suggest that …*** det er ingenting som tyder på at …;
4. minne om; lede tankene hen på; ***what does this figure suggest to you?*** hva minner denne figuren deg om? ***does the name suggest anything to you?*** sier navnet deg noe?
5*(=inspire)* inspirere; ***a play suggested by a historical incident*** et skuespill inspirert av en historisk hendelse;
6.: *suggest itself* melde seg; ***an explanation suddenly suggested itself to me*** plutselig kom jeg til å tenke på en forklaring.

suggestible [səˌdʒestibl] *adj(=easily influenced)* suggestibel; lett påvirkelig.

I. suggestion [səˌdʒestʃən] *s* **1.** forslag; ***she acted on(=at) my suggestion****(=she did what I suggested)* hun gjorde som jeg foreslo; ***on(=at) the suggestion of*** etter forslag fra; ***make a suggestion*** komme med et forslag; foreslå noe; ***throw out a suggestion*** fremkaste et forslag;
2*(=hint)* antydning; ***a suggestion of a smile*** en antydning til et smil; **3.** suggesjon.

II. suggestion *vb:* suggerere.

suggestions award scheme system *(n)* med forslagspremiering.

suggestive [səˌdʒestiv] *adj* **1.** *om blikk, etc:* megetsigende; suggestiv; (som lar antyde noe) uanstendig; **2.** *stivt: **suggestive of*** som minner om; som gir inntrykk av.

suicidal ['su:iˌsaidl] *adj* **1.** selvmords-; ***feel suicidal*** gå med selvmordstanker; **2***(=extremely dangerous)* selvmordersk.

S

suicide [ˌs(j)u:i'said] *s* **1.** selvmord; ***commit suicide*** begå selvmord; **2.** *stivt(=person who takes their own life)* selvmorder.
suicide note *fra selvmorder:* avskjedsbrev.
I. suit [s(j)u:t] *s* **1.** dress; *kvinnes:* drakt;
2. *kortsp:* farge; ***follow suit*** 1. følge farge; 2. gjøre det samme;
3. *jur(=lawsuit)* prosess; sak; ***she brought a suit for damages against him*** hun anla erstatningssøksmål mot ham;
4. *litt. el. glds(=courtship)* beiling; frieri *n;*
5.: ***strong suit*** 1. *kortsp:* sterk farge; 2. *fig(=strong point)* forse; sterk side.
II. suit *vb* **1.** kle *(fx that dress suits you);*
2. passe; ***that suits me fine*** det passer meg bra; ***it suited his books*** det passet i hans kram *n;* ***that job suits her down to the ground*** den jobben passer helt fint til henne; ***suit yourself*** gjør som det passer deg;
3. *stivt(=adjust)* avpasse; ***he suited his speech to his audience*** han innrettet talen sin etter tilhørerne;
4. *litt. el. stivt:* ***suit the action to the word****(=suit one's actions to one's words)* la handling følge på ord *n.*
suitability ['s(j)u:təˌbiliti] *s:* skikkethet; (vel)egnethet; hensiktsmessighet; formålstjenlighet.
suitable [s(j)u:təbl] *adj* **1.** hensiktsmessig; egnet *(for* for);
2. *om person:* skikket; egnet; ***suitable for****(=suited for; fitted for)* egnet for; skikket for;
3*(=convenient)* passende *(fx find a suitable time).*
suitably [ˌs(j)u:təbli] *adv:* passende.
suit carrier: ***(fold-over) suit carrier*** garderobekoffert.
suitcase [s(j)u:t'keis] *s:* (hånd)koffert.
suit coat dressjakke.
suite [swi:t] *s* **1.** suite; **2.** møblement *n;* ***bedroom suite*** soveværelsesmøblement; ***lounge suite*** sofagruppe.
suited [ˌs(j)u:tid] *adj:* ***suited for****(=to)* egnet for; skikket for *(fx teaching);* ***suited to*** 1. avpasset etter; 2.: *se suited for;* ***be well suited****(=matched)* passe godt sammen.
suiting [ˌs(j)u:tiŋ] *s:* dresstoff; draktstoff.
suit-length [ˌs(j)u:t'leŋθ] *s:* ***a suit-length*** et dresstoff (*el.* draktstoff); stoff *(n)* til en dress (*el.* drakt).
suitor [ˌs(j)u:tə] *s; glds el. hist(=wooer)* frier.
sulf- US: *se sulph-.*
I. sulk [sʌlk] *s:* ***be in the sulks*** surmule; furte.
II. sulk *vb:* surmule; furte.
I. sulky [ˌsʌlki] *s; til travløp:* sulky.
II. sulky *adj:* furten; sur; mutt.
sullen [ˌsʌlən] *adj* **1.** sur; mutt; tverr; trumpete; **2.** *litt.; om himmel(=dark and gloomy)* mørk og truende.
sully [ˌsʌli] *vb; fig; litt.(=dirty)* skitne til.
sulph- *(,***US:** *sulf-): se sms.*
sulpha [ˌsʌlfə]: ***sulpha drug*** sulfapreparat.
sulphate [ˌsʌlfeit] *s; kjem:* sulfat *n.*
sulphite [ˌsʌlfait] *s; kjem:* sulfitt.
sulphur [ˌsʌlfə] *s; kjem:* svovel.
sulphur dioxide *kjem:* svoveldioksyd.
sulphurous [ˌsʌlfərəs] *adj:* svovelholdig; svovelaktig.
sultan [ˌsʌltən] *s:* sultan.
sultana [sʌlˌtɑ:nə] *s* **1***(=sultaness)* sultans kone; sultans kvinnelige slektning; **2.** liten steinfri rosin.
sultanate [ˌsʌltə'neit] sultanat *n;* sultans rike *n.*
sultry [ˌsʌltri] *adj* **1.** lummer; trykkende; **2***(=sensual)* sensuell.
I. sum [sʌm] *s* **1.** sum; pengesum; ***a small sum*** en liten sum; ***sum total****(=total sum)* samlet beløp *n;* sluttsum; hovedsum; ***the sum total of points*** den sammenlagte poengsum;
2. regnestykke; ***a simple sum*** et enkelt regnestykke; ***the sum is wrongly set out*** regnestykket er galt oppstilt; ***do a sum*** gjøre et regnestykke; ***you've done this sum wrong*** dette regnestykket har du gjort galt; ***where did I go wrong in that sum?*** hvor var det jeg gjorde feil i det regnestykket? ***the sum worked out*** regnestykket gikk opp; ***that sum won't work out*** det regnestykket går ikke opp;
3. *skolev:* ***sums****(=number work)* regning; tallbehandling;
4. *fig:* ***I've got all my sums wrong*** jeg har regnet helt feil.
II. sum *vb:* ***sum up 1.*** oppsummere; sammenfatte;
2. *jur:* gi rettsbelæring;
3. danne seg et inntrykk av; bedømme *(fx a situation).*
sumach *(,***US:** *sumac)* [ˌsu:mæk; ˌʃu:mæk] *s; bot:* sumak.
Sumatra [suˌmɑ:trə] *s; geogr:* Sumatra.
summarily [ˌsʌmərili; **US:** sʌˌmerili] *adv:* summarisk; uten videre; ***dismiss summarily*** avvise uten videre.
summarize, summarise [ˌsʌmə'raiz] *vb(=sum up)* sammenfatte; gi et sammendrag av.
I. summary [ˌsʌməri] *s:* sammendrag; oppsummering, resymé *n* (*of* av).
II. summary *adj; stivt* summarisk; kortfattet; ***a summary dismissal*** oppsigelse uten videre; ***summary executions*** summariske henrettelser; ***a summary trial*** en summarisk rettergang.
summation [sʌˌmeiʃən] *s* **1.** *meget stivt(=summary; summing-up)* sammendrag; resymé *n;* oppsummering;
2. US *jur:* ***the summation****(=the final speeches of the prosecution and defence)* aktors og forsvarers prosedyre.
summer [sʌmə] *s:* sommer; *om nær fortid:* ***during the (past) summer****(=this summer)* i løpet av sommeren; (nå) i sommer; ***last summer****(=in summer last year)* i fjor sommer; ***next summer*** neste sommer; til sommeren; ***in the summer*** 1*(=in summer)* om sommeren; 2. *=next summer;* ***this summer*** 1. (nå) i sommer; denne sommeren; 2. *=next summer.*
summer guesthouse sommerpensjonat.
summerhouse [ˌsʌmə'haus] *s(=gazebo)* lysthus.
summer solstice *astr:* sommersolverv.
summertime [ˌsʌmə'taim] *s:* ***in summertime****(=in (the) summer)* om sommeren.
summer time *(,***US:** *daylight saving time)* sommertid *(fx British Summer Time);* ***change to summer time*** gå over til sommertid.
summery [ˌsʌməri] *adj:* sommerlig.
summing-up ['sʌmiŋˌʌp] *s* **1.** oppsummering; sammendrag; sammenfatning; resymé *n;* **2.** *jur(=directions to the jury)* rettsbelæring.
summit [ˌsʌmit] *s* **1.** *stivt(=top)* (fjell)topp;
2. *fig; stivt(=peak)* topp;
3*(=summit meeting)* toppmøte; ***host a summit*** være vert(skap) ved et toppmøte.
summitry [ˌsʌmitri] *s; især* **US** *polit:* (avholdelse av) toppmøter; ***a week of summitry*** en uke med toppmøter.
summon [sʌmən] *vb* **1.** sende bud *(n)* på; tilkalle; sammenkalle til; *om diplomat:* ***be summoned home****(=be recalled)* bli hjemkalt;
2. *jur:* ***summon sby as witness*** innkalle en som vitne;
3.: ***summon (up) one's courage*** samle mot *n.*
I. summons [ˌsʌmənz] *s(pl: summonses)* **1.** *jur:* stevning; ***serve a summons on sby*** forkynne stevning for en; **2.** innkalling; beskjed *(n)* om å møte; ***summons to a meeting****(=notice of a meeting)* innkalling til et møte; møteinnkalling; **3.** *glds(=order)* ordre.
II. summons *vb: se summon 2.*
sump [sʌmp] *s; i bil:* ***sump (pan)*** bunnpanne.
sumptuous [ˌsʌmptjuəs] *adj; stivt(=lavish)* overdådig *(fx dinner); (=splendid)* praktfull *(fx sumptuous robes).*
I. sun [sʌn] *s:* sol; ***where the sun is strong*** der hvor sola tar; ***catch the sun****(=become sunburnt)* bli solbrent; ***the sun is going down****(=the sun is setting)* sola går ned; ***in the hot, broiling sun*** i solsteken; ***lie in the sun*** ligge i sola; ***the sun is rising*** sola går opp; ***soak up the sun*** slikke sol.

II. sun *vb:* ***sun oneself*** sole seg.
sunbaked [ˌsʌn'beikt] *adj(=parched)* uttørket; solsvidd.
sun bath solbad.
sunbathe [ˌsʌn'beið] *vb:* ta solbad.
sunbathing [ˌsʌn'beiðiŋ] *s:* solbading; soling.
sunbeam [ˌsʌn'bi:m] *s:* solstråle.
sunbed [ˌsʌn'bed] *s:* solseng; ***folding sunbed*** campingseng.
sunblind [ˌsʌn'blaind] *s* **1***(=awning)* markise; **2***(=Venetian blind)* persienne.
sunbonnet [ˌsʌn'bɔnit] *s; barns:* solhatt.
sunburn [ˌsʌn'bə:n] *s:* solbrenthet; solforbrenning; ***suffer from sunburn*** være plaget av solbrenthet.
sunburnt [ˌsʌn'bə:nt] *adj(=sunburned)* solbrent; ***be(=get) sunburnt*** bli solbrent.
sundae [ˌsʌndei] *s:* is med krem og frukt.
Sunday [ˌsʌndi] *s:* søndag; ***on Sunday*** på søndag; ***last Sunday*** sist søndag; **T:** ***do you think we've got a month of Sundays?*** tror du vi har evigheter å ta av? *(se Friday).*
Sunday best: ***in one's Sunday best*** i penklærne.
Sunday school søndagsskole.
sun deck 1. *mar:* soldekk; **2.** solterrasse.
sundew [ˌsʌn'dju:] *s; bot:* soldugg.
sun dial [ˌsʌn'daiəl] *s:* solur.
sundown [ˌsʌn'daun] *s; især* **US***(=sunset)* solnedgang.
sundowner [ˌsʌn'daunə] *s:* kveldsdrink.
sundrenched [ˌsʌn'drentʃt] *adj:* solbelyst; solvarm.
sundried [ˌsʌn'draid] *adj(=dried in the sun)* soltørket.
sundries [ˌsʌndriz] *s; pl:* diverse; diverse utgifter.
sun-dry [ˌsʌn'drai] *vb(=dry in the sun)* soltørke.
sundry [ˌsʌndri] *adj* **1.** *stivt(=various)* forskjellige *(fx sundry other matters);* **2.:** ***all and sundry****(=everyone)* alle (og enhver).
sunfast [ˌsʌn'fɑ:st] *adj; især* **US***(=sun-resisting)* lysekte; ***sunfast dyes*** lysekte farger.
sunflower [ˌsʌn'flauə] *s; bot:* solsikke.
sung [sʌaŋ] *perf.part. av sing.*
sunglasses [ˌsʌn'glɑ:siz] *s; pl:* solbriller.
sunhat [ˌsʌn'hæt] *s:* solhatt.
sun helmet *(=pith helmet;* **T:** *bush hat)* tropehjelm.
sunk [sʌŋk] *perf.part. av II. sink.*
sunken [ˌsʌŋkən] *adj* **1.** sunket; undervanns-; **2.** lavere enn terrenget omkring; **3.:** ***sunken cheeks*** innfalne kinn.
sunken road hulvei.
sunken rock undervannsskjær; blindskjær.
sunlamp [ˌsʌn'læmp] *s; elekt* **1.** høyfjellssol; **2.** *film:* sterk prosjektør.
sunlight [ˌsʌn'lait] *s:* sollys.
sunlit [ˌsʌn'lit] *adj:* solbelyst.
sun lounge *(,***US:** *sun parlor)* solrikt rom med store vinduer *n.*
sun lounger *(=sunbed)* solseng.
sunny [ˌsʌni] *adj* **1.** sollys; solrik; solskinns-; **2.** *fig:* ***child with a sunny disposition*** solskinnsbarn.
sunny side 1. solside; **2.** *fig:* ***on the sunny side of life*** på livets solside; ***look on the sunny side side of things*** se lyst på tingene.
sunny-side up [ˌsʌni'saidˌʌp] *adj; om speilegg* **US** *& Canada* **T***(=fried without being turned over)* stekt på den ene siden; *(jvf up-and-over).*
sunny wall solvegg; ***sit against the sunny wall*** sitte i solveggen.
sun oil *(=suntan oil)* sol(bad)olje.
sun parlor US: *se sun lounge.*
sunrash [ˌsʌn'ræʃ] *s; med.:* soleksem.
sun ray *(=ray of sunshine)* solstråle.
sunrise [ˌsʌn'raiz] *s:* soloppgang; ***at sunrise****(=at dawn)* ved soloppgang.
sunrise industry T *(=growth industry)* (ny) vekstindustri.
sunroof [ˌsʌn'ru:f] *s; på bil:* soltak.
sunset [ˌsʌn'set] *s(,***US** *især: sundown)* solnedgang.
sunshade [ˌsʌn'ʃeid] *s(=umbrella)* solskjerm; parasoll; ***collapsible sunshade*** knekkparasoll.
sunshine [ˌsʌn'ʃain] *s:* solskinn; ***bright sunshine*** klart solskinn; ***in the sunshine*** i solskinnet; i sola.
sunspot [ˌsʌn'spɔt] *s; astr:* solflekk.
sunstroke [ˌsʌn'strouk] *s; med.:* solstikk.
suntan [ˌsʌn'tæn] *s:* brunfarge (av sola); ***I'm trying to get a suntan*** jeg prøver å bli brun.
suntan cream solkrem.
suntan oil sol(bad)olje.
suntop *s:* solliv.
suntrap [ˌsʌn'træp] *s:* solrikt sted; solkrok.
sunup [ˌsʌn'ʌp] *s* **T***(=sunrise)* soloppgang.
sun visor *i bil:* solskjerm.
sun worship soltilbedelse; soldyrking.
I. sup [sʌp] *s* **1.** *især dial(=sip)* slurk; **2.** *skolev* **US** ***T****(fk f supplementary exam)(=resit)* utsatt prøve.
II. sup *vb* **1.** spise (med skje); drikke i små slurker; **2.** *glds(=have supper)* spise til kvelds.
I. super [ˌsu:pə] *s* **1.** *teat(=supernumerary)* statist; **2. T:** *se police superintendent;* **3. T:** *se supervisor.*
II. super *adj* **T***(=superb)* super; ***we had a super time*** vi hadde det helt fint; ***it was just super*** det var helt supert.
superabound ['su:pərəˌbaund] *vb; stivt(=be very abundant)* finnes i overflod.
superabundance ['su:pərəˌbʌndəns] *s; stivt el. spøkef (=great abundance)* overmål; overflod.
superabundant ['su:pərəˌbʌndənt] *adj; stivt(=very abundant)* meget rikelig.
superannuate ['su:pərˌænju'eit] *vb; stivt(=retire)* pensjonere *(fx at what age are teachers superannuated?).*
superannuated ['su:pərˌænju'eitid] *adj; stivt(=retired)* pensjonert.
superannuation ['su:pər'ænjuˌeiʃən] *s; stivt* **1***(=pensioning off)* pensjonering; **2***(=pension)* pensjon.
superb [su:ˌpə:b] *adj:* superb; prektig; storartet.
supercharged [ˌsu:pə'tʃɑ:dʒd] *adj* **1.** *mask:* forkomprimert; **2.** *fig(=highly charged)* ladet.
supercharger [ˌsu:pə'tʃɑ:dʒə] *s; mask; i bilmotor(=blower; booster)* kompressor.
supercilious ['su:pəˌsiliəs] *adj; stivt(=haughty)* hoven; overlegen *(fx she gave me a supercilious look).*
supercool [ˌsu:pə'ku:l] *vb:* underkjøle; ***supercooled rain*** underkjølt regn *n.*
supercritical [ˌsu:pə'kritikl] *adj(=hypercritical; too critical)* hyperkritisk; overdrevent kritisk.
super-duper [ˌsu:pəˌdu:pə] *int* **T:** supert! flott!
superego ['su:pərˌi:gou] *s; psykol:* overjeg.
superficial ['su:pəˌfiʃəl] *adj; også fig:* overfladisk.
superficiality ['su:pə'fiʃiˌæliti] *s:* overfladiskhet.
superficially ['su:pəˌfiʃəli] *adv:* overfladisk; på overflaten.
superfine [ˌsu:pə'fain] *adj* **1.** ekstra fin; superfin; **2.** *neds(=too subtle)* altfor subtil.
superfluity ['su:pəˌflu:iti] *s* **1.** overflødighet; **2.** *stivt el. spøkef:* overflod *(fx of possessions).*
superfluous [su:ˌpə:fluəs] *adj:* overflødig; ***superfluous hair*** sjenerende hårvekst.
super gaiters *pl; sport:* støvelovertrekk.
supergrass [ˌsu:pə'grɑ:s] *s* **S:** tyster (*el.* angiver) i stor stil; *(jvf I. grass 2).*
superheat ['su:pəˌhi:t] *vb; damp el. væske:* overhete.
superhighway [ˌsu:pə'haiwei] *s* **US***(=motorway)* motorvei.
superhuman ['su:pəˌhju:mən] *adj:* overmenneskelig.
superimpose ['su:pərimˌpouz] *vb* **1.** *stivt:* ***superimpose on****(=place (,build) on top of)* legge (,plassere) ovenpå; bygge ovenpå; **2.** *fot:* kopiere inn; **3.** *om lyd:* legge ovenpå.
superimposition ['su:pərimpəˌziʃən] *s; fot:* innkopiering (*of sth* av noe).

S

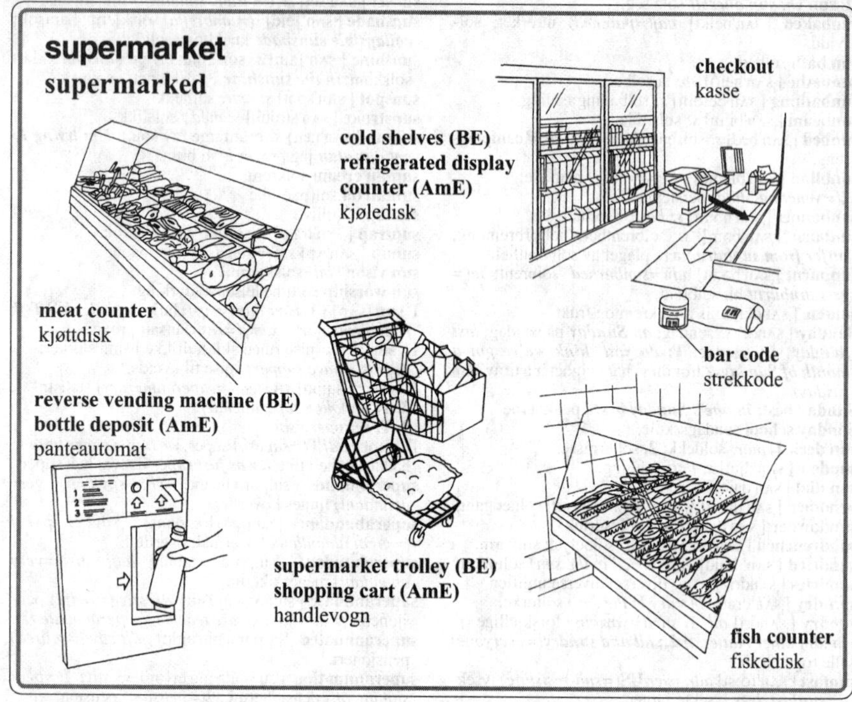

superincumbent ['su:pərin,kʌmbənt] *adj; stivt(=lying on top)* overliggende.

superintend ['su:pərin,tend] *vb(=supervise)* føre tilsyn *(n)* med; ha overoppsyn med; forestå; overvåke.

superintendent ['su:pərin,tendənt] *s* **1.:** ***(police) superintendent*** (politi)overbetjent; *(jvf chief superintendent);*
2.: ***medical****(=medical director)*administrerende overlege;
3. US: ***superintendent of nurses****(=senior nursing officer)* sjefsykepleier.

superintendent midwife *med.:* overjordmor.

I. superior [su:,piəriə] *s* **1.** overordnet; foresatt; ***he took his complaints to her superior*** han gikk til hennes overordnede med klagene sine;
2. *om en som er bedre:* overmann;
3. *rel(=prior)* prior; ***mother superior****(=prioress)* priorinne.

II. superior *adj* **1.** av høyere grad; mer høytstående; høyerestående *(fx officer);* høyere *(fx court);*
2. *stivt(=first-class)* førsteklasses *(fx wine);*
3. overlegen *(fx superior forces); **in superior numbers*** i overlegent antall; ***her superior memory*** hennes overlegne hukommelse; ***they thought they were superior people*** de trodde de var bedre enn andre;
4*(=haughty)* overlegen *(fx don't be so superior!); **look at sby in a superior way*** se overlegent på en;
5.: ***superior to*** 1*(=above in rank)* av høyere rang enn; 2. av bedre kvalitet enn; bedre enn; 3. overlegen; ***be superior to sby*** være en overlegen.

superiority [su:'piəri,ɔriti] *s:* overlegenhet.

superjet [,su:pə'dʒet] *s; flyv:* overlydsjet.

I. superlative [su:,pə:lətiv] *s; gram: **the superlative*** superlativ; ***use superlatives*** bruke superlativer.

II. superlative *adj* **1.** *gram:* superlativisk; superlativ-; *(se I. superlative);* **2***(=outstanding)* fremragende.

superman [,su:pə'mæn] *s* **1.** overmenneske;
2. T: supermann.

supermarket [,su:pə'mɑ:kit] *s:* supermarked.

supermundane ['su:pə,mʌndein] *adj; stivt(=superior to worldly things)* overjordisk.

supernatural ['su:pə,nætʃərəl] *adj:* overnaturlig.

I. supernumerary ['su:pə,nju:mərəri] *s; teat; stivt(=super; walker-on)* statist.

II. supernumerary *adj; meget stivt(=in excess of the usual number; extra)* overtallig *(fx staff).*

superpower [,su:pə'pauə] *s; polit:* supermakt.

superscribe ['su:pə,skraib] *vb; meget stivt(=write above; write on top of)* skrive på; skrive over; skrive utenpå.

superscript [,su:pə'skript] *adj; typ & EDB:* tegn *(n)* over linjen *(fx 3 is a superscript in X³); kommando:* tegn opp; *(jvf subscript).*

superscription ['su:pə,skripʃən] *s(=inscription above)* påskrift; noe som er skrevet over; overskrift.

supersede ['su:pə,si:d] *vb; stivt* **1***(=replace; take the place of)* erstatte; avløse; **2.** *fig(=oust)* fortrenge.

supersensible ['su:pə,sensibl] *adj; stivt: se supersensory.*

supersensitive ['su:pə,sensitiv] *adj(=hypersensitive; oversensitive)* overfølsom; overømfintlig.

supersensory ['su:pə,sensəri] *adj:* oversanselig; som sansene ikke kan oppfatte.

supersensual ['su:pə,sensjuəl] *adj(=supersensible; supersensory)* oversanselig; *(jvf extrasensory).*

supersession ['su:pə,seʃən] *s; meget stivt* **1***(=superseding; replacement)* erstatning; avløsning;
2. *fig(=ousting)* fortrengning.

supersonic ['su:pə,sɔnik] *adj:* supersonisk; overlyds-; ***travel at supersonic speeds*** reise med overlydshastigheter.

supersonic bang overlydssmell.

I. superstar [ˌsu:pə'stɑ:] *s; teat el. film:* superstjerne *(fx they built her up into a superstar).*
II. superstar *adj: **superstar golfer*** golfstjerne i toppklassen.
superstition ['su:pəˌstiʃən] *s:* overtro.
superstitious ['su:pəˌstiʃəs] *adj:* overtroisk.
superstructure [ˌsu:pə'strʌktʃə] *s; bygg & fig:* overbygning.
supertanker [ˌsu:pə'tæŋkə] *s; mar:* supertanker.
supervene ['su:pəˌvi:n] *vb; om noe uforutsett; meget stivt(=happen unexpectedly; occur)* oppstå; inntreffe.
supervise [ˌsu:pə'vaiz] *vb:* ha (over)oppsyn med; føre tilsyn med; overvåke *(fx the evacuation of troops).*
supervision ['su:pəˌviʒən] *s:* overoppsyn; tilsyn; *skolev: i matsal el. i skolegård:* inspeksjon; ***under the supervision(=control) of*** under tilsyn av.
supervisor [ˌsu:pə'vaizə] *s* **1.** oppsynsmann; arbeidsleder; ***self-appointed supervisor*** *spøkef:* overkikador; **2.** *skolev* **US***(=head of department)* hovedlærer; **3.** *skolev: **training supervisor**(,**US:** critic teacher; sponsor teacher)* øvingslærer.
supervisory [ˌsu:pə'vaizəri] *adj:* oppsyns-.
supine [s(j)u:ˌpain; **US:** su:ˌpain] *adj* **1.** *meget stivt(=lying flat on one's back)* liggende flatt på ryggen; **2.** *fig; stivt(=lazy; sluggish)* doven; dvask.
supper [ˌsʌpə] *s:* kveldsmat; ***have supper*** spise til kvelds; ***the Last Supper*** den siste nattverd; ***the Lord's Supper*** den hellige nattverd.
supplant [səˌplɑ:nt] *vb; stivt(=take the place of)* fortrenge *(fx one's rival).*
supple [sʌpl] *adj:* myk; smidig; spenstig.
I. supplement [ˌsʌplimənt] *s:* supplement *n;* tillegg *n;* komplettering (*to* av); ***health supplement*** kosttilskudd.
II. supplement [ˌsʌpli'ment] *vb:* supplere; ***supplement one's stock*** komplettere lageret sitt.
supplementary ['sʌpliˌmentəri] *adj; stivt(=additional)* supplerende; i tillegg; tilleggs-; ekstra.
supplementary benefit tilleggstrygd.
supplementary clause *jur; i kontrakt:* tilleggsklausul.
supplementary examination *skolev* **1.** tilleggseksamen; **2. US***(fk sup)(=resit)* utsatt prøve; *(se I. sup 2).*
supplementary textbook *skolev:* hjelpebok.
suppleness [ˌsʌplnəs] *s:* mykhet; smidighet; spenstighet.
I. suppliant [ˌsʌpliənt] *s; meget stivt el. litt. (=petitioner)* ydmyk ansøker; supplikant.
II. suppliant *adj; meget stivt el. litt.(=humbly imploring)* ydmyk og bedende.
supplicate [ˌsʌpli'keit] *vb; meget stivt el. litt.(=implore; beg humbly)* bønnfalle; be ydmykt.
I. supply [səˌplai] *s* **1***(=supplies; stock)* forråd *n;* **2.** tilførsel; tilgang; forsyning; ***power supply*** kraftforsyning; ***the supply of milk*** melkeforsyning; ***beer was in short supply*** det var liten tilgang på øl *n;* ***a varied supply of entertainment(s)*** et rikt underholdningstilbud; **3.** *økon: **supply and demand*** tilbud og etterspørsel; **4.:** ***supplies*** forråd *n;* forsyninger *(fx food supplies);* materiell *n (fx school supplies);* ***photographic supplies*** fotografiske artikler.
II. supply *vb* **1***(=provide)* skaffe; ***Norway cannot supply herself with grain*** Norge kan ikke brødfø seg selv med korn; **2.** *merk:* (kunne) levere; *(jvf deliver 1);* **3.** *merk: **supply**(=meet) **the demand*** dekke etterspørselen; **4.:** ***supply with*** forsyne med.
supply lines *pl; mil:* forsyningslinjer.
supply teacher *skolev:* lærervikar.
I. support [səˌpɔ:t] *s* **1.** *også fig:* støtte; ***lack of support*** mangel på støtte; ***lend sby moral support*** gi en moralsk støtte; ***in support of*** til støtte for; ***speak in support of*** tale for *(fx a candidate);* ***lean on sby for support*** støtte seg til en; **2.** *tekn:* stiver; støtte; **3.:** ***this was the family's only support*** dette var alt familien hadde å leve av.
II. support *vb* **1.** *også fig:* støtte; **2.** holde oppe; bære (vekten av); **3.** forsørge; ***support oneself*** forsørge seg selv; **4.** underholde; ***support**(=sustain) **life*** underholde liv; **5.** underbygge; ***his points are well supported*** hans påstander er godt underbygd; ***supported by facts*** underbygd med kjensgjerninger; **6.** *fin(=prop up)* støtte; ***(heavy) intervention to support sterling*** (store) støttekjøp av pund *n;* **7.** *glds; i nektet setning(=tolerate)* tåle; holde ut.
supportable [səˌpɔ:təbl] *adj; meget stivt(=bearable)* utholdelig; til å holde ut.
support band *mus:* oppvarmingsband.
supporter [səˌpɔ:tə] *s* **1.** tilhenger (*of* av); **2.** *sport:* supporter; **3.** *fig:* støttespiller.
supporting bandage *(=elasticized bandage)* støttebandasje.
supporting cast *teat: **the supporting cast*** birolleinnehaverne; *(jvf supporting role).*
supporting letter *(,**T:** good write-up)* støtteskriv.
supporting role *teat:* birolle; *(jvf supporting cast).*
supportive [səˌpɔ:tiv] *adj:* som støtter; støtte-; ***friends have been very supportive*** vennene har vært en god støtte.
supportive course *skolev:* støttekurs.
support team *sport:* medhjelpergruppe; støttegruppe.
suppose [səˌpouz] *vb* **1.** anta; tro; gå ut fra *(fx I suppose you'll be going to the meeting?);* ***I don't suppose he'll come*** jeg tror ikke han kommer; ***I suppose he won't come*** jeg tror ikke han kommer; han kommer nok ikke; ***yes, I suppose so*** ja, jeg antar det; ***no, I don't suppose so*** nei, jeg tror ikke det; ***I don't suppose you could lend me ten pounds?*** du kunne vel ikke låne meg ti pund, vel? ***who do you suppose**(=think) **phoned?*** hvem tror du ringte? ***there is good (,no) reason to suppose that*** det er god (,ingen) grunn til å anta at; **2.** forutsette; anta; ***but just suppose he's right*** men tenk om han har rett; ***let's suppose that …*** la oss anta at …; ***suppose**(=supposing) **you're right**(=let's suppose you're right)* la oss anta at du har rett; sett at du har rett; ***even supposing it was true*** selv om vi antar at det er sant; ***always supposing (that) he comes*** hele tiden under forutsetning av at han kommer; **3.** *ved ordre el. oppfordring: **suppose you make us a cup of tea!*** hva om du lagde en kopp te til oss? *(se supposed).*
supposed [səˌpouzd] *adj* **1.** antatt; ***his supposed date of birth*** hans antatte fødselsdato; **2.:** ***pills that are supposed to kill pain*** piller som skal være smertestillende; ***he's supposed to be an expert*** han skal være ekspert; *iron: **and he's supposed to be an expert!*** og han skal liksom være ekspert! ***he's genrally supposed to be rich*** han går for å være rik; ***we're not supposed to do that*** det har vi (egentlig) ikke lov til å gjøre; ***you're not supposed to know*** det skal du (egentlig) ikke vite.
supposedly [səˌpouzidli] *adv:* formentlig; angivelig; ***supposedly he's very experienced*** han skal være meget erfaren.
supposing [səˌpouziŋ] *konj: se suppose 2.*
supposition ['sʌpəˌziʃən] *s:* antagelse; ***a false supposition*** en falsk antagelse; ***a (mere) supposition*** et tankeeksperiment.
suppository [səˌpɔzitəri] *s; med.:* stikkpille.
suppress [səˌpres] *vb; stivt* **1***(=put down; crush)* slå ned; knuse *(fx a rebellion);* **2***(=stifle; keep back)* holde tilbake; undertrykke *(fx a yawn);* ***suppressed rage**(=inner rage)* innett raseri *n;* **3.** *om publikasjon, etc:* undertrykke; stikke under stol; fortie;

4. *elekt:* dempe; sperre for (forstyrrelse);
5. *psykol(=repress)* fortrenge.

suppression [sə͵preʃən] *s* **1.** *stivt:* undertrykkelse;
2. *av publikasjon, etc:* undertrykkelse; fortielse; hemmeligholdelse *(fx of essential facts);*
3. *elekt:* demping; sperring;
4. *psykol(=repression)* fortrengning.

suppurate [͵sʌpju'reit] *vb; om sår; med.(=run)* suppurere; avsondre puss *n;* væske.

suppuration ['sʌpju͵reiʃən] *s; om sår; med.:* avsondring av puss *n;* væsking.

supranational ['su:prə͵næʃənl] *adj:* overnasjonal.

suprarenal ['su:prə͵ri:nl] *adj; anat:* ***suprarenal gland*** *(=adrenal gland)* binyre.

supremacy [su͵preməsi] *s; stivt* **1***(=supreme rule)* overherredømme;
2. *mil:* ***air supremacy*** herredømme i luften;
3. overlegenhet *(fx his supremacy as a playwright).*

supreme [su͵pri:m] *adj* **1.** høyest; av (aller) høyeste grad; ***a supreme****(=paramount)* ***consideration****(=a consideration of the greatest importance)* et ytterst viktig hensyn *n;* ***supreme****(=utmost)* ***folly*** toppen av tåpelighet; ***the supreme ruler*** (den) øverste hersker; ***make the supreme****(=ultimate)* ***sacrifice*** bringe det høyeste offer; ***with supreme indifference****(=with the utmost(=greatest) indifference)* med suveren likegyldighet;
2.: ***reign supreme, rule supreme****(=have absolute power)* 1. være enehersker; 2. *fig:* være enerådende; ha den fulle og hele kontroll.

Supreme Being *rel:* ***the Supreme Being*** det høyeste vesen.

supreme command *mil:* overkommando; øverste hærledelse.

supreme commander *mil:* øverstkommanderende.

Supreme Court 1. US: høyesterett; **2. UK:** ***Supreme Court (of Judicature)*** høyesterett; *(se High Court (of Justice)).*

supremely [su͵pri:mli] *adv:* i høyeste grad.

supremo [su͵pri:mou] *s* **T***(=boss)* boss; sjef.

I. surcharge [͵sə:'tʃɑ:dʒ] *s* **1.** tilleggsavgift; tillegg; ***sleeping-car surcharge*** sovevognstillegg; **2.** overtrykksmerke; frimerke med overtrykk.

II. surcharge [sə:͵tʃɑ:dʒ; ͵sə:'tʃɑ:dʒ] *vb* **1.** legge tilleggsavgift på;
2. forsyne med overtrykksmerke;
3. *fig; meget stivt(=charged):* ***surcharged with*** ladet med.

I. sure [ʃɔ:; ʃuə] *adj* **1.** sikker *(fx are you quite sure?);* ***I'm not at all sure*** jeg er slett ikke sikker; ***I'm sure I don't know*** jeg vet sannelig ikke; ***it's sure to rain*** det kommer sikkert til å regne; ***you can be sure of that*** det kan du være sikker på; ***be sure of oneself*** være sikker på seg selv; ***we're sure of winning*** vi er sikre på å vinne; ***he's sure to win*** han vinner sikkert; ***what remains sure is that …****(=what is still certain is that …)* men det som fortsatt står fast, er at …;
2.: ***for sure****(=for certain)* sikkert *(fx we don't know for sure that he's dead);*
3.: ***make sure*** skaffe seg visshet; ***make sure that*** forvisse seg om at; ***make sure of (getting) a seat*** du bør sikre deg en plass; ***make sure you do it right*** sørg for at du gjør det riktig;
4.: ***as sure as I'm standing here*** så sikkert som at jeg står her; ***as sure as eggs is eggs*** så sikkert som at to og to er fire; ***as sure as fate*** så sikkert som amen i kirken;
5.: ***and sure enough*** og ganske riktig; ***I thought it would rain, and sure enough it did*** jeg trodde det ville bli regn, og det ble det ganske riktig (også);
6.: ***be sure to****(,***T:** *be sure and)* ***switch off the television*** glem ikke å skru av fjernsynet; *(se også sure thing).*

II. sure *adv* **1. US T***(=certainly)* javisst; jammen *(fx I sure am tired!);* ***sure, I'll be there tomorrow*** jeg kommer sikkert til å være der i morgen; ***that sure is pretty, that's sure pretty****(=that's really pretty)* den er virkelig pen!

surefire [͵ʃɔ:'faiə] *adj* **T & US***(=certain to succeed)* som ikke slår feil; bombesikker *(fx investment).*

sure-footed ['ʃɔ:͵futid *attributivt; også:* ͵ʃɔ:'futid] *adj:* sikker på foten; stø på bena *n.*

surely [͵ʃɔ:li] *adv* **1.** sikkert; ***slowly but surely*** langsomt men sikkert;
2. *i svar(=certainly)* ja, naturligvis; javisst *(fx May I come with you? – Surely!);*
3. *for å uttrykke det sannsynlige:* ***surely you like beer?*** du liker (da) vel øl *(n)*? ***you don't believe what she said, surely?*** du tror da vel ikke på det hun sa?

sure-sighted ['ʃɔ:͵saitid *attributivt:* ͵ʃɔ:'saitid] *adj:* ***be sure-sighted****(=have a sure eye)* ha et godt øyemål.

I. sure thing T *s* **1.** noe som ikke kan slå feil *(fx it's a sure thing!);*
2. *især* **US:** ***he's a sure thing for president****(=he's sure to become president)* han blir sikkert president.

II. sure thing *adv; især* **US***(=yes, indeed; yes, of course)* javisst *(fx Is that OK? – Sure thing!).*

surety [͵ʃɔ:rəti] *s; jur* **1***(=guarantor)* selvskyldner(kausjonist); garanti; ***stand****(=go)* ***surety for sby*** være kausjonist for en; kausjonere for en; ***stand surety to secure his release on bail*** garantere for ham, slik at han kan løslates mot kausjon;
2. *glds(=collateral (security))* sikkerhet.

I. surf [sə:f] *s(=breakers)* brenning.

II. surf *vb(=ride on a surfboard)* surfe.

I. surface [͵sə:fis] *s* **1.** flate; ***conical surface*** kjegleflate;
2. overflate; ***below (,on) the surface*** under (,på) overflaten; *om ubåt:* ***break surface*** komme opp; komme til overflaten;
3.: ***paved****(=tarred)* ***surface*** fast (vei)dekke;
4. *fig:* overflate; ***look beneath the surface*** se under overflaten; ***on the surface*** på overflaten.

II. surface *vb* **1.** *mar:* komme til overflaten; komme opp; **2.** legge fast dekke på *(fx a road);*
3. *fig; om skandale, etc(=come to the surface)* bli kjent; komme for en dag;
4. T*(=get up)* stå opp; komme ut av dynene.

surface-dry [͵sə:fis'drai] *adj:* overflatetørr; fingertørr.

surface mail *post:* overflatepost.

surface-to-air missile *mil:* bakke-til-luftvåpen.

surfboard [͵sə:f'bɔ:d] *s; sport:* surfebrett.

surf duck *zo(=surf scoter)* brilleand.

I. surfeit [͵sə:fit] *s; stivt el. spøkef:* ***a surfeit of****(=too much)* altfor mye (mat *el.* drikke).

II. surfeit *vb; om mat el. drikke; stivt el. spøkef(=feed excessively)* gi for mye mat (*el.* drikke).

surfer [͵sə:fə] *s; sport(=surfrider)* surfer.

surfing [͵sə:fiŋ] *s; sport(=surfriding)* surfing; *(jvf sailboard).*

surfrider [͵sə:f'raidə] *s; sport(=surfer)* surfer.

surf scoter *zo(=surf duck)* brilleand.

I. surge [sə:dʒ] *s* **1***(=swell; large wave)* dønning; stor bølge; bølger; **2.** *fig(=wave)* bølge.

II. surge *vb; stivt* **1.** *om vannmasser(=rush)* bruse; fosse *(fx water surged through the gap);*
2. *fig(=rush)* strømme *(fx she felt the blood surging to her cheeks);* ***the crowd surged forwards*** menneskemengden bølget fremover.

surgeon [͵sə:dʒən] *s* **1.** *med.:* kirurg; ***plastic surgeon*** plastikkirurg; plastisk kirurg; **2.** skipslege; *(se dental surgeon; oral surgeon; surgeon dentist).*

surgeon dentist *om lege som har spesialisert seg i kjevekirurgi:* kjevekirurg; *(jvf oral surgeon).*

surgery [͵sə:dʒəri] *s* **1.** kirurgi; ***cardiac****(=heart)* ***surgery*** hjertekirurgi; ***cosmetic****(=plastic)* ***surgery*** kosmetisk kirurgi;
2. legekontor; ***dental surgery*** tannlegekontor;
3*(=surgery hours)* konsultasjonstid; kontortid;
4. *med.(=operation)* operasjon; ***undergo surgery*** bli operert;

5. *med. US(=operating room)* operasjonssal.
surgery hours *pl:* konsultasjonstid; *(se surgery 3).*
surgical [ˌsə:dʒikl] *adj; med.:* kirurgisk.
surgically [ˌsə:dʒikəli] *adv; med.:* kirurgisk; ***remove sth surgically*** operere bort noe.
surgical shoe ortopedisk sko.
surgical spirit sykehussprit.
surgical store(s) bandasjistforretning.
surly [ˌsə:li] *adj* **1***(=sullen; grumpy)* mutt; tverr; sur; butt; gretten; **2.:** ***surly criticism*** surmaget kritikk.
I. surmise [sə:ˌmaiz] *stivt; s(=guess; supposition)* formodning; antagelse; gjetning.
II. surmise *vb(=guess; suppose)* formode; anta; gjette.
surmount [sə:ˌmaunt] *vb; stivt* **1***(=overcome)* overvinne *(fx a difficulty);* **2.:** ***be surmounted by*** ha plassert på toppen av seg.
surname [ˌsə:'neim] *s(=family name)* etternavn.
surpass [sə:ˌpɑ:s] *vb; stivt(=exceed; outdo)* overgå; ***surpass(=exceed) oneself*** overgå seg selv; ***he surpasses himself sometimes****(=he's larger than life sometimes)* han overgår seg selv av og til.
surplice [ˌsə:plis] *s; rel:* messeskjorte; messeserk.
surplus [ˌsə:pləs] *s:* overskudd *n.*
surplus energy overskudd (av krefter).
surplus population befolkningsoverskudd.
I. surprise [səˌpraiz] *s* **1.** overraskelse; ***it caused some surprise*** det vakte en viss forbauselse; ***"Really?" she said in surprise*** "Jasså?" sa hun overrasket; ***to the surprise of*** til forundring for; ***to my great surprise****(= much to my surprise)* til min store overraskelse; ***to his utter****(=utmost)* ***surprise*** til hans største forbauselse; ***it was a bit of a surprise to him*** det overrasket ham litt; **2.** ***take by surprise*** 1. *person(=catch unawares)* overraske; komme overraskende over; 2. *mil:* erobre ved overraskelsesangrep.
II. surprise *vb* **1.** overraske; forbause;
2. overrumple; overraske; ***surprise sby in the act****(= catch sby red-handed)* ta en på fersk gjerning; *(se også surprised).*
surprised [səˌpraizd] *adj:* overrasket; forbauset; ***I'm surprised at you!*** jeg er overrasket over deg! ***I'm surprised that****(=because)* ***he didn't say anything*** jeg er forbauset over at han ikke sa noe; ***I'm surprised that you've come****(=I'm surprised that you came; I'm surprised that you should have come)* det undrer meg at du er kommet; ***I shouldn't be surprised if …*** det skulle ikke (for)undre meg om …
surprise visit overraskende besøk *n.*
surprising [səˌpraiziŋ] *adj:* overraskende.
surprisingly [səˌpraiziŋli] *adv:* forbausende (nok); ***she feels surprisingly relaxed about it*** hun tar det forbausende rolig.
surrealism [səˌriə'lizəm] surrealisme.
surrealist [səˌriəlist] *s:* surrealist.
I. surrender [səˌrendə] *s* **1.** overgivelse; kapitulasjon; **2.** *fors:* gjenkjøp (av en polise);
3. *av rettighet, etc:* oppgivelse.
II. surrender *vb* **1.** overgi seg; kapitulere (*to* overfor); overgi (*to* til); oppgi *(fx they surrendered the town);* **2***(=hand over; give up)* (måtte) gi fra seg;
3. *krav, rettighet, etc(=give up)* oppgi;
4. *meget stivt el. litt.:* ***he surrendered (himself) to despair****(=he gave himself up to despair)* han henga seg til fortvilelse.
surreptitious ['sʌrəpˌtiʃəs] *adj; stivt* **1***(=furtive)* stjålen; ***a surreptitious glance*** et stjålent blikk; **2***(=on the sly)* i smug; ***enjoy a surreptitious cigarette*** nyte en sigarett i smug.
surreptitiously ['sʌrəpˌtiʃəsli] *adv; stivt(=furtively; secretly; on the sly)* i smug; stjålent.
surrogate mother erstatningsmor.
I. surround [səˌraund] *s* **1.** *om del av gulvet som ikke dekkes av teppet:* kant; **2.:** ***fireplace surround****(= mantel(piece))* kaminomramning.
II. surround *vb:* omringe; omgi (*with* med); ***surrounded by*** 1. omringet av; 2. omgitt av *(fx strangers).*
surrounding [səˌraundiŋ] *prep* **1.** omkring *(fx the controversy surrounding 200 children taken into care);*
2. omkringliggende; som omgir *(fx the mystery surrounding their disappearance).*
surroundings [səˌraundiŋz] *s; pl* **1.** omgivelser;
2*(=environment)* miljø *n;* omgivelser.
surveillance [səˌveiləns] *s:* overvåking; ***his home has been under surveillance*** hjemmet hans har vært overvåket.
I. survey [ˌsə:vei] *s* **1.** oversikt (*of* over); ***he gave a general survey****(=review)* ***of the situation*** han ga en generell oversikt over situasjonen;
2. *mar:* ***(inspection and) survey (of ships)*** skipsinspeksjon; besiktelse;
3*(=surveying)* oppmålingsforretning;
4.: ***the Ordnance Survey*** *svarer til:* Norges geografiske oppmåling.
II. survey [sə:ˌvei; ˌsə:vei] *vb* **1.** kartlegge; måle opp;
2. besiktige;
3*(=review)* gi en oversikt over; ta et overblikk over; ***survey the situation*** ta et overblikk over situasjonen.
surveyor [sə:ˌveiə] *s* **1.** landmåler;
2. *mar:* ***(marine) surveyor*** skipsinspektør; besiktelsesmann;
3.: ***building surveyor*** takstmann med offentlig godkjenning;
4.: ***city (,borough) surveyor*** oppmålingssjef.
survey ship *oljeind:* leteskip.
survival [səˌvaivl] *s* **1.** overlevelse; ***his chances of survival*** hans sjanser til å overleve; ***the survival of the fittest*** det at de best skikkede overlever;
2. levning *(fx this custom is a survival from the 13th century).*
survive [səˌvaiv] *vb* **1.** overleve; *fig:* klare seg; overleve;
2. leve lenger enn; overleve; ***it has survived its usefulness*** det har overlevd seg selv;
3. *om tradisjon, etc(=live on)* leve videre.
surviving [səˌvaiviŋ] *adj:* overlevende; ***have no surviving relatives*** ikke ha noen slektninger i live; ***the surviving relatives*** de etterlatte; ***the only surviving house from that period*** det eneste huset fra den tiden som er bevart.
survivor [səˌvaivə] *s:* overlevende; gjenlevende; ***the survivors*** 1. de overlevende; 2. de gjenlevende.
sus [sʌs] *s* **S** **1***(=suspicion)* mistanke; ***be arrested on sus*** bli arrestert på mistanke;
2. *=I. suspect;*
3. *=II. suspect;*
4. *=suspicious; (jvf suss).*
susceptibility [sə'septəˌbiliti] *s:* mottagelighet; ***susceptibility (to influence)*** påvirkelighet.
susceptible [səˌseptəbl] *adj; stivt* **1***(=impressionable)* påvirkelig; **2.** *stivt(=capable):* ***a remark susceptible of being misunderstood*** en bemerkning som kan misforstås;
3. *stivt:* ***susceptible to****(=liable to be affected by)* mottagelig for; ***susceptible to flattery*** mottagelig for smiger.
I. suspect [ˌsʌspekt] *s:* mistenkt; ***a murder suspect*** en som er mistenkt for mord; ***prime suspect****(=main suspect; chief suspect)* hovedmistenkt.
II. suspect [ˌsʌspekt] *adj:* mistenkelig; suspekt; ***render suspect****(=throw suspicion on)* mistenkeliggjøre.
III. suspect [səˌspekt] *vb* **1.** mistenke (*of* for); ha mistanke til (*el.* om); ***begin to suspect sby*** fatte mistanke til en; ***I began to suspect a trap*** jeg begynte å få mistanke om at det var en felle;
2*(=distrust)* nære mistro til; mistenke.
suspend [səˌspend] *vb; stivt* **1***(=hang (up))* henge (opp); ***suspend sth by a thread*** henge noe opp i en tråd; ***suspend sth from the ceiling*** henge noe i taket;
2*(=postpone)* utsette;

3. innstille (midlertidig); ***suspend payments*** innstille betalingene;
4. suspendere;
5. inndra *(fx sby's driving licence);*
6. *jur; om dom:* gjøre betinget.
suspended animation *s; med.:* skinndød.
suspended sentence *også* **US:** betinget dom; *(se probation 3).*
suspender [səˌspendə] *s* **1.:** ***(sock) suspender(*,US:** *garter)* sokkeholder; ***(stocking) suspender(*,US:** *garter)* strømpestropp;
2. US: ***suspenders****(=braces)* bukseseler.
suspender belt *(*,**US:** *garter belt)* hofteholder.
suspense [səˌspens] *s:* spenning; ***breathless suspense*** åndeløs spenning; ***keep sby in suspense*** holde en i uvisshet; ***novel of suspense*** spenningsroman.
suspension [səˌspenʃən] *s* **1.** suspensjon;
2.: ***suspension of the (driving) licence*** inndragelse av førerkortet;
3.: ***suspension of payment(s)*** betalingsstans;
4. *i bil:* oppheng *n;* avfjæring.
suspension bridge hengebru.
suspensive [səˌspensiv] *adj:* utsettende *(fx veto).*
suspensory [səˌspensəri] *s; med.:* ***suspensory (bandage)*** suspensorium *n;* skrittbind.
suspicion [səˌspiʃən] *s* **1.** mistanke; ***above suspicion*** hevet over mistanke; ***be under suspicion*** være mistenkt; ***my suspicion is that …*** jeg har mistanke om at …; ***I had my suspicions*** jeg hadde mine mistanker; jeg tenkte mitt; ***there are adequate grounds for suspicion*** det er skjellig grunn til mistanke; ***be arrested on suspicion*** bli arrestert på mistanke; ***throw suspicion on*** mistenkeliggjøre;
2*(=suspiciousness)* mistenksomhet;
3. *stivt el. spøkef(=trace)* anelse; liten smule *(fx of garlic).*
suspicious [səˌspiʃəs] *adj* **1.** mistenksom; mistroisk (*of* overfor); **2.** mistenkelig; suspekt.
suspiciously [səˌspiʃəsli] *adv:* mistenkelig.
suspiciousness [səˌspiʃəsnəs] *s* **1***(=suspicion)* mistenksomhet; **2.** mistenkelighet.
suss [sʌs] **S 1.** *s: se sus;*
2. *vb(=suspect)* ane; ***i sussed it*** det ante meg; ***suss out*** 1. *person:* få peiling på; peile ut; ta mål *(n)* av; ***she's got him well sussed out*** hun har tatt ordentlig mål av ham; 2. *ting(=work out)* ***he'll soon suss it out*** han finner snart ut av det; 3*(=reconnoitre)* rekognosere; orientere seg i *(fx the area to find the best pubs);*
3. *adj(=suspicious)* mistenkelig.
sustain [səˌstein] *vb* **1.** *stivt(=bear; carry):* ***sustain the weight of*** tåle vekten av;
2. *fig; stivt(=support)* holde oppe; ***sustain life*** underholde (*el.* opprettholde) liv *n;* ***not enough to sustain life*** ikke nok til å opprettholde livet;
3. *stivt(=keep going; keep up)* opprettholde; underholde; holde gående *(fx a conversation);*
4. *stivt(=suffer)* lide; være utsatt for; ***sustain defeat*** lide nederlag; ***sustain heavy losses*** lide store tap *n;*
5. *mus:* ***sustain a note*** holde en tone;
6. *teat; stivt(=carry):* ***sustain a part****(=role)* bære en rolle;
7. *jur(=support; confirm)* underbygge; bekrefte;
8. *jur:* ***the court sustained his claim*** retten ga ham medhold i kravet; ***the court sustained (,overruled) his objection*** retten tok (,tok ikke) hensyn til hans protest; ***objection sustained!*** protesten tas til følge!
sustainable [səˌsteinəbl] *adj:* som kan opprettholdes; bærekraftig; ***(a) sustainable development*** en bærekraftig utvikling.
sustained [səˌsteind] *adj:* vedvarende; langvarig; ***sustained****(=prolonged)* ***applause*** vedvarende applaus; ***sustained****(=thorough)* ***hard work*** gjennomført flid.
I. suture [ˌsu:tʃə] *s* **1.** *med.:* sutur; **2.** *med.(=suture thread)* sutur; tråd.
II. suture *vb; med.:* sy.
svelte [svelt] *adj; stivt(=slender (and graceful))* slank (og yndig); åleslank; *(jvf slinky).*
I. swab [swɔb] *s* **1.:** ***cotton-wool swab****(,varemerke: Q-tip)* vattpinne; *med.(=pre-injection swab)* injeksjonstørk; swab; ***round swab*** tupfer;
2. *med.; i sår(=compress; cotton-wool pad)* kompress;
3. *med.:* utstryk *n;* sekretprøve; ***take a swab*** ta et utstryk;
4. *mar, etc(=mop)* svaber;
5. *mil; for geværløp(=pull-through)* pussesnor.
II. swab *vb* **1.** *med.:* pensle *(fx a wound; sby's throat);*
2. *mar, etc:* ***swab (down)****(=mop)* svabre.
Swabia [ˌsweibiə] *s; geogr:* Schwaben.
I. Swabian [ˌsweibiən] *s* **1.** person fra Schwaben;
2. *språk:* schwäbisch.
II. Swabian *adj:* som angår Schwaben; schwaben-.
swaddle [swɔdl] *vb; glds:* reive *(fx a baby).*
swag [swæg] *s* **1. S***(=stolen goods;* **T:** *loot)* tyvegods; bytte *n;*
2. *i Australia(=swagman's pack; Matilda)* omstreifende løsarbeiders oppakning.
I. swage [sweidʒ] *s; verktøy:* svenke.
II. swage *vb:* senksmi.
I. swagger [ˌswægə] *s:* brauting; arrogant oppførsel; *om måten å gå på(=strut)* spankulering; ***he left the room with a swagger*** han spankulerte ut av rommet.
II. swagger *vb:* braute; spankulere.
swagman [ˌswæg'mæn] *s; i Australia(=vagrant worker; tramp)* omstreifende løsarbeider; *(se også swag 2).*
swain [swein] *s; glds:* bondegutt; svenn.
I. swallow [ˌswɔlou] *s; zo:* svale; *ordspråk:* ***one swallow does not make a summer*** én svale gjør ingen sommer.
II. swallow *s:* slurk; ***at one swallow*** i én slurk.
III. swallow *vb; også fig:* svelge; ***he won't swallow that*** den går han ikke på; ***he was swallowed up by the crowd*** han ble oppslukt av mengden; ***the audience swallowed every word the speaker said*** publikum *(n)* slukte hvert ord taleren sa.
swallow dive *sport(*,**US:** *swan dive)* svalestup.
swam [swæm] *pret av II. swim.*
I. swamp [swɔmp] *s:* sump.
II. swamp *vb* **1.** fylle med vann *(n)* (og få til å synke);
2. *fig:* oversvømme *(fx the market);* ***swamped with work*** neddynget i arbeid *n.*
swampy [swɔmpi] *adj:* sumpet; myrlendt.
I. swan [swɔn] *s; zo:* svane.
II. swan *vb* **T:** ***swan around, swan about*** gå og drive; ***swan****(=roam)* ***off to Italy*** flakse av sted til Italia.
I. swank [swæŋk] *s* **T***(=boaster; show-off)* skrythals; viktigper *(fx he's a terrible swank).*
II. swank *vb* **T***(=boast; show off)* skryte; blære seg.
swanky [ˌswæŋki] *adj; lett glds* **S***(=flashy)* smart; flott *(fx car);* ***swanky parties*** flotte selskaper.
swan song svanesang.
swap [swɔp] *se swop.*
sward [swɔ:d] *s(=(stretch of) grass)* gress(bakke); område *(n)* med gress *n.*
I. swarm [swɔ:m] *s* **1.** sverm *(fx of bees);* **2. T:** ***there were swarms of people on the beach*** det var et mylder (*el.* en vrimmel) av mennesker på stranden.
II. swarm *vb* **1.** sverme;
2. *fig:* myldre; vrimle; yre; sverme; ***the place was swarming with tourists*** det vrimlet med turister;
3.: ***swarm****(=climb)* ***up*** klatre opp i *(fx a tree).*
swarthy [ˌswɔ:ði] *adj(=dark-skinned)* mørkhudet.
I. swash [swɔʃ] *s* **1***(=wash of waves; splashing)* bølgeslag; skvulping; **2***(=swash channel)* sugerenne (mellom rev *(n)* og kyst).
II. swash *vb(=splash)* skvulpe.
swashbuckler [ˌswɔʃ'bʌklə] *s; lett glds:* brautende eventyrer; storskryter.
swashbuckling [ˌswɔʃ'bʌkliŋ] *adj; lett glds(=swag-*

gering (aggressively)) (aggressiv og) brautende; storskrytende.
swastika [ˌswɔstikə] *s:* hakekors.
I. swat [swɔt] *s:* smekk *(fx give the wasp a swat).*
II. swat *vb:* smekke *(fx flies); (jvf swot).*
swath [swɔθ] *s; i slåtten:* skåre.
swathe [sweið] *vb; stivt el. glds(=wrap)* svøpe (inn).
swatter [ˌswɔtə] *s(=flyswatter)* fluesmekker.
I. sway [swei] *s* **1.** svaiing; gynging *(fx of the deck under one's feet);* **2.** *litt.(=rule)* herredømme; ***hold sway*** *(=rule; be in power)* ha makten; styre.
II. sway *vb* **1.** svaie *(fx sway(=swing) one's hips in walking);* sjangle;
2*(=influence)* påvirke; ***she's too easily swayed one way or the other by her emotions*** hun lar seg altfor lett beherske av sine følelser; ***he swayed them in his favour****(=he won them over to his cause)* han vant dem over til sin sak.
sway-backed [ˌswei'bækt] *adj(=hollow-backed)* svairygget.
swear [swεə] *vb(pret: swore; perf.part.: sworn)* **1.** sverge; ***swear by*** 1. sverge ved *(fx all the saints);* ***swear by all that I hold sacred*** sverge ved alt som er meg hellig; 2. sverge til; ***swear in*** ta i ed; ***swear to*** sverge på;
2*(=curse)* banne; sverge; ***swear at sby*** banne til en.
swearword [ˌswεə'wə:d] banneord; ed.
I. sweat [swet] *s* **1.** svette; ***all of a sweat****(=dripping with sweat)* drivende våt av svette; ***cold sweat*** kaldsvette; ***be in a cold sweat*** kaldsvette; ***a good sweat often cures a cold*** et skikkelig svettetokt helbreder ofte en forkjølelse; ***hot flushes and night sweats*** hetetokter og nattesvette;
2. T: be in a sweat*(=be nervous)* være nervøs;
3. kondens(fuktighet);
4. T: *(a)* ***sweat****(=hard work)* litt av en jobb; ork *n;* ***it's a sweat having to drag the children around*** det er et ork å ha barna å slepe rundt med.
II. sweat *vb* **1.** svette; **T:** ***sweat like a pig****(=be all of a sweat)* være drivende våt av svette; ***sweat out a cold*** svette ut en forkjølelse; ***sweat with fear*** svette av redsel; **S:** ***sweat blood*** svette blod;
2. T*(=work hard)* slite; ***sweat (away) to make a living*** slite for å tjene til livets opphold; ***sweat one's guts out****(=work oneself to death)* slite livet av seg;
3. *i industrien:* ***sweated labour*** underbetalt arbeidskraft.
sweatband [ˌswet'bænd] *s; på hatt:* svettereim.
sweater [ˌswetə] *s:* genser; ***knitted sweater*** strikkejakke; ***Norwegian sweater****(=coloured knitted sweater)* lusekofte.
sweater dress genserkjole.
sweater girl brystfager jente.
sweat shop bedrift som underbetaler arbeidsstokken.
sweatsuit [ˌswet'su:t] *s* **US***(=track suit;* **US T:** *sweats)* treningsantrekk; joggedress.
sweaty [ˌsweti] *adj* **1.** svett; ***sweaty clothes*** klær med svette i; ***sweaty smell*** svettelukt; ***sweaty feet****(=perspiring feet)* svette føtter; fotsvette; ***his feet are sweaty*** han svetter på føttene; han er svett på bena *n;*
2.: ***it's sweaty work*** det er noe man blir svett av.
I. Swede [swi:d] *s:* svenske.
II. swede *s; bot(=Swedish turnip;* **US:** *rutabaga)* kålrabi; kålrot; ***mashed swedes*** kålrabistappe; *(se kohlrabi).*
Sweden [ˌswi:dən] *s; geogr:* Sverige.
I. Swedish [ˌswi:diʃ] *s; språket:* svensk.
II. Swedish *adj:* svensk.
Swedish turnip: *se II. swede.*
Sweeny [ˌswi:ni] *s* **T:** ***the Sweeny****(=the Flying Squad)* den sivilkledde uropatruljen.
I. sweep [swi:p] *s* **1.** *om feiing:* ***she gave the rooms a sweep*** hun feide i rommene;
2. T*(=chimney sweep)* (skorsteins)feier;
3. *om håndbevegelse:* ***she indicated the damage with a sweep of her hand*** hun viste skaden med en håndbevegelse;
4. *landbr:* ***hay sweep*** sleperive; *(jvf I. rake 1);*
5. *stivt el. litt.(=(wide) expanse)* vidt område; stor flate; ***the wide sweep of the bay*** den brede bukten;
6.: *se sweepstake;*
7. *fig:* ***make a clean sweep (of it)*** gjøre rent bord.
II. sweep *vb(pret & perf.part.: swept)* **1.** *også fig:* feie; ***be swept overboard*** bli feid over bord; ***the storm swept down on us*** uværet feide inn over oss; *også fig:* ***he was swept off his feet*** bena *(n)* ble feid vekk under ham; ***he swept past me*** han feide forbi meg; ***sweep sth under the carpet*** feie noe under teppet;
2. *mil; mar:* ***sweep mines*** sveipe miner;
3. *fig:* ta med storm *(fx the tune swept London);* ***sweep all before one*** ha overveldende suksess;
4.: ***sweep the board*** 1. *i spill:* vinne hele innsatsen; 2. *fig(=make a clean sweep)* gjøre rent bord;
5. *polit:* ***sweep the polls*** vinne en brakseier; *(jvf landslide 2).*
sweepback [ˌswi:p'bæk] *s; flyv:* pilform; tilbakestrøk.
sweeper [ˌswi:pə] *s* **1***(=roadsweeper)* gatefeier;
2. feiemaskin; ***carpet sweeper*** teppefeier.
sweeping [ˌswi:piŋ] *adj(=expansive)* **1.** vidtfavnende; feiende *(fx gesture);*
2*(=comprehensive; far-reaching)* gjennomgripende; omfattende;
3*(=overwhelming)* overveldende *(fx victory);*
4. *neds(=too general)* altfor generell; ***sweeping generalizations*** grove generaliseringer.
sweepings [ˌswi:piŋz] *s; pl(=litter)* sammenfeid søppel *n;* oppsop *n.*
sweepstake [ˌswi:p'steik] *(,US: sweepstakes) s; form for veddeløpslotteri:* sweepstake.
I. sweet [swi:t] *s* **1***(,***US:** *candy)* sukkertøy; ***sweets*** godter; sukkertøy; (mindre forseggjort) konfekt; **2***(=dessert;* **US:** *sweet dessert)* dessert; ***what are we having for (a) sweet?*** hva skal vi ha til dessert?
3. T: ***my sweet****(=darling; my dear)* kjære *(fx Hallo, my sweet!).*
II. sweet *adj* **1.** *om smak:* søt; *ordspråk:* ***forbidden fruit is sweet*** forbuden frukt smaker best;
2. *om smør:* usaltet;
3. *om lukt:* deilig;
4. *om lyd:* behagelig;
5. *om jord:* ikke sur;
6*(=charming)* søt; yndig;
7*(=kind and agreeable)* blid; vennlig; søt *(fx she's a sweet girl);* ***the child has a sweet nature*** barnet har et behagelig vesen;
8.: ***have a sweet tooth*** være glad i søte saker; være slikkmunnet;
9. *iron:* ***he carried on in his own sweet way*** han gjorde akkurat slik som han pleier å gjøre;
10. *lett glds:* ***be sweet on****(=be in love with)* være forelsket i.
sweetbread [ˌswi:t'bred] *s; kul:* brissel; ***calf's sweetbread*** kalvebrissel.
sweetbrier [ˌswi:t'braiə] *s; bot(=eglantine)* vinrose.
sweet cherry *bot(=heart cherry)* søtkirsebær.
sweeten [ˌswi:tən] *vb* **1.** søte; gjøre søt; **2.** bli søt;
3.: ***sweeten (up)****(=soften up)* blidgjøre.
sweetener [ˌswi:tənə] *s* **1***(=sweetening agent)* søtningsmiddel; **2. T***(=bribe)* bestikkelse;
3. T: ***tax sweetener****(=tax cut)* skattelettelse.
sweetening [ˌswi:təniŋ] *s:* søtningsmiddel.
sweetheart [ˌswi:t'hɑ:t] *s; lett glds(=boyfriend; girlfriend; darling)* kjæreste.
sweetie [ˌswi:ti] *s* **1. T***(=sweet)* sukkertøy;
2. T *i tiltale(=darling)* kjæreste; *til kvinne* **T:** søta.
sweetly [ˌswi:tli] *adv:* søtt *(fx smile sweetly);* ***she spoke sweetly to him*** hun snakket blidt med ham.
sweetmeat [ˌswi:t'mi:t] *s; glds(=sweet)* sukkertøy.

sweet oil *(=olive oil)* olivenolje.
sweet pea *bot:* blomsterert.
sweetshop [ˌswi:tˈʃɔp] *s* **1.** sjokoladebutikk;
2. US*(=teashop)* konditori *n.*
sweet talk *(=honeyed words)* søte ord *n;* ***sweet talk won't get you anywhere!*** her hjelper ingen kjære mor!
sweet tooth: ***have a sweet tooth*** være glad i søte saker (*el.* slikkerier); være slikkmunnet.
sweet william *bot:* busknellik.
I. swell [swel] *s* **1.** dønning(er); ***ground swell*** underdønning;
2. *stivt el. litt.; om lydstyrke:* ***the swell of sound*** lyden som stadig tiltok i intensitet;
3. *mus:* crescendo fulgt av diminuendo;
4. *i orgel:* tredje manual.
II. swell *vb(=pret: swelled; perf.part.: swelled; swollen)* **1***(=become swollen)* hovne opp;
2. få til å svulme opp;
3. *litt.:* svulme (*with pride* av stolthet);
4. *stivt; fig(=grow)* vokse *(fx the population swelled);* ***swell out of all reasonable proportion*** ese ut over alle hensiktsmessige former;
5*(=increase; add to):* ***swell the numbers*** øke antallet; ***I invited her to swell the numbers*** jeg inviterte henne for at det skulle bli flere av oss; ***...but the numbers swell*** men det blir stadig flere;
6. *lyd:* stige; vokse (*into* til); *(se I. swell 2);*
7.: ***swell out****(=swell)* svelle (ut); (få til å) svulme;
8.: ***swell up****(=swell)* hovne opp; *(se også swelled & swelling 1).*
swelled [sweld] **1.** *pret av II. swell;* **2.** *perf.part. av II. swell; brukes i nøytrale utsagn; jvf swollen.*
I. swelling [ˌsweliŋ] *s:* hevelse; opphovnet sted.
II. swelling *adj; stivt(=full)* svulmende; ***her swelling bosom*** hennes svulmende barm.
swelling thighs *(,***US** *& Canada: saddlebag thighs) med.:* ridebukselår; **T:** ridebukser.
swelter [ˌsweltə] *vb* **T***(=be very hot)* holde på å avgå av varme; kovne *(fx I'm sweltering in this heat!).*
swept [swept] *pret & perf.part. av II. sweep.*
swept-back, sweptback [ˌsweptˈbæk] *adj* **1.** *om hår(= combed back)* bakoverkjemt; **2.** *flyv:* pilformet; tilbakestrøket.
I. swerve [ˌswə:v] *s:* (brå) sidebevegelse; (brått) sidekast; skrens; (brå) dreining.
II. swerve *vb* **1.** svinge (brått) til siden; foreta en (brå) sidebevegelse; foreta et (brått) sidekast; skjene; dreie unna; skrense; ***the driver swerved to avoid the dog*** bilisten dreide unna for hunden; *om veddeløpshest:* bryte ut; **2.** *fig:* ***he never swerved from his purpose****(= aim)* han vek ikke fra det mål han hadde satt seg.
I. swift [swift] *s; zo:* tårnseiler; tårnsvale.
II. swift *adj; stivt el. litt.(=quick)* rask.
I. swig [swig] *s* **T***(=long gulp)* stor slurk.
II. swig *vb* **T***(=drink)* drikke; tylle i seg.
I. swill [swil] *s* **1***(=rinse):* ***she gave the cups a swill in dirty water*** hun skylte koppene i skittent vann;
2. T*(=drink)* støyt; **3***(=pigswill)* grisemat; skyller.
II. swill *vb* **1.:** ***swill around, swill about*** plaske (*el.* skvulpe) omkring;
2.: ***swill out****(=rinse out)* skylle; ***swill out your mouth*** skyll munnen; **3. T***(=gulp)* tylle i seg.
swill tub skylledunk.
I. swim [swim] *s* **1.** svømmetur; ***it's a long swim back to the shore*** det er langt å svømme tilbake til stranden; ***go for a swim, have a swim*** gå for å bade;
2. *fig* **T:** ***be in the swim*** være med på notene; ***he's getting into the swim of things*** han begynner å være med på notene; ***I'm out of the swim*** jeg er utenfor; jeg har ikke fulgt med.
II. swim *vb(pret: swam; perf.part.: swum)* **1.** svømme; ***able to swim*** svømmedyktig; ***swim on one's back*** svømme på ryggen; ***the meat was swimming in gravy*** kjøttet svømte i saus;
2.: ***swim a race*** delta i kappsvømming; delta i en svømmekonkurranse;
3.: ***my head's swimming*** det går rundt for meg; ***everything began to swim before his eyes*** alt begynte å gå rundt for ham;
4. *fig:* ***swim against the tide*** svømme mot strømmen;
5.: ***it's a case of sink or swim****(=it's kill or cure)* det får briste eller bære.
swim bladder *zo(=air bladder)* svømmeblære.
swim mask dykkermaske.
swimmer [ˌswimə] *s:* svømmer.
swimming [ˌswimiŋ] *s:* svømming.
swimming bath(s) svømmehall.
swimming belt svømmebelte.
swimming costume *(=swimsuit;* **US:** *bathing suit)* badedrakt.
swimming gala *sport:* svømmeoppvisning; uformell svømmekonkurranse.
swimmingly [ˌswimiŋli] *adv* **T***(=with a swing; very well)* helt fint; strykende *(fx it went swimmingly).*
swimming pool svømmebasseng; ***indoor swimming pool*** innendørs svømmebasseng.
swimming trunks *pl:* badebukse.
swimsuit [ˌswimˈsu:t] *s(,***US:** *bathing suit)* badedrakt; ***two-piece swimsuit*** todelt badedrakt.
I. swindle [swindl] *s:* svindel; lureri *n.*
II. swindle *vb(=cheat)* svindle; lure; ***swindle money out of sby*** lure penger ut av en; narre penger fra en.
swindler [ˌswindlə] *s:* svindler; bedrager.
swine [swain] *s:* **1.** *glds(pl: swine)(=pig)* svin *n;* gris;
2. *om person(pl: swines)* svin *n;* ***he was a swine to her****(=he treated her abominably)* han oppførte seg som et svin mot henne.
I. swing [swiŋ] *s* **1.** svingning; utslag; ***the swing of the pendulum*** pendelens utslag (*el.* svingning); ***a sudden swing in opinion*** en plutselig opinionsendring; ***a swing to the left*** en svingning mot venstre;
2. *også golf:* svingslag; slag *n;* ***he took a swing at me*** han langet ut etter meg;
3. *på leke for barn:* husking;
4. *leke for barn:* huske; slenghuske; *(se seesaw & swingboat);*
5. markert danserytme;
6. *ski:* ***forward swing*** fremsving;
7. *fig:* ***in full swing*** i full sving;
8. *fig:* ***it's swings and roundabouts****(= what you lose on the roundabouts you make up on the swings)* det man taper på karusellene, tar man igjen på gyngene;
9. T: ***get (back) into the swing (of things)*** komme inn i tingene (igjen);
10. T: ***go with a swing****(=go swimmingly)* gå strykende.
II. swing *vb(pret & perf.part.: swung)* **1.** svinge; ***swing sth*** svinge med noe; ***swing on a rope*** henge og dingle i et tau; ***swing one's hips in walking*** svaie med hoftene når man går; ***swing oneself over the wall*** svinge seg over muren; ***swing round*** svinge seg rundt; ***swing to*** svinge igjen *(fx the gate swung to);* lukke igjen;
2. T: ***you'll swing****(=be hanged)* ***for this!*** **T:** dette kommer du til å dingle for!
3. påvirke *(fx the voters in one's favour);*
4. *fig:* ***swing into action****(=get started)* få fart på seg;
5. T: he managed to swing*(=fix; wangle)* ***it so that ...*** han klarte å fikse det slik at ...; ***what swung it for me was that ...****(=what decided me was that ...)* det som avgjorde saken for meg, var at ...;
6. T*(=be alive):* ***the place really swings at night*** det går livlig for seg der i kvelds- og nattetimene.
swingboat *s:* båthuske.
swing bridge svingbru.
swingeing [ˌswindʒiŋ] *adj; stivt(=severe)* sviende *(fx fine; taxation).*
swinger [ˌswiŋə] *s* **1.** en som det er futt i;
2. S: seksuelt aktiv person (især som deltar i partnerbytte og konebytte).

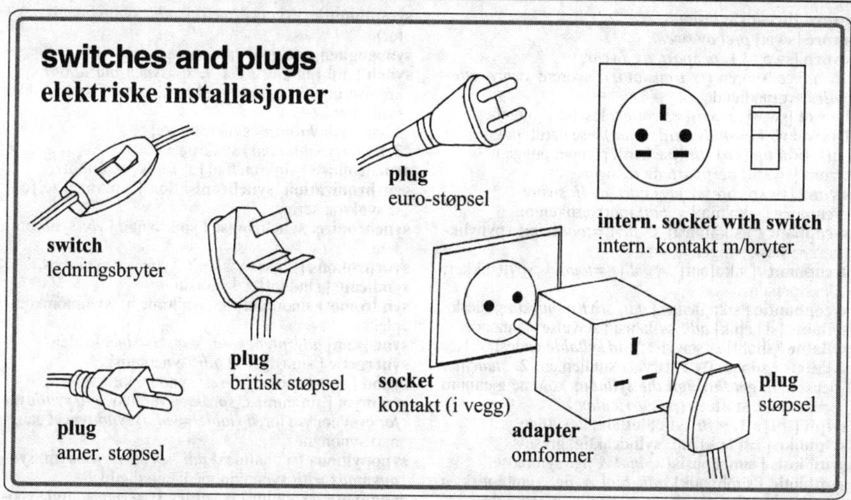

I. swinging [swiŋiŋ] *s:* svingning.
II. swinging *adj:* svingende; **T***(=lively)* livlig.
swing voter *polit(=floating voter)* marginalvelger.
swinish [ˌswainiʃ] *adj:* svinsk *(fx behaviour).*
I. swipe [swaip] *s* **T***(=hard blow)* hardt slag; ***take a swipe at*** 1. slå til; 2. slå etter.
II. swipe *vb* **1. T***(=hit)* slå *(fx the ball into the net);* **2. S***(=steal; pinch;* **T:** *nick)* kvarte; rappe.
swipes [swaips] *s; neds* **S***(=beer)* (dårlig) øl *n.*
I. swirl [swə:l] *s* **1***(=whirl; eddy)* (strøm)virvel;
2. *fig(=whirl)* virvel *(fx of events).*
I. swish [swiʃ] *s* **1.** *fra stokk som det slås med (= whistle; whoosh)* susing; **2.** slag *(n)* (med hale *el.* labb); **3.** *stivt el. litt.(=rustle)* rasling.
II. swish *vb* **1.** slå med *(fx the stick);* **2.** rasle;
3*(=whistle)* suse *(fx the bullet swished past).*
I. Swiss [swis] *s:* sveitser; ***the Swiss*** sveitserne.
II. Swiss *adj:* sveitsisk.
Swiss roll *(=jam roll;* **US:** *jelly roll)* rulade.
I. switch [switʃ] *s* **1.** *elekt:* bryter; ***light switch*** lysbryter; ***push-button switch*** trykkontakt;
2. *jernb* **US***(=points)* sporveksel;
3*(=thin stick)* kjepp; påk;
4. *på dyr:* haledusk;
5*(=tress of false hair)* løsflette;
6*(=change)* omstilling; overgang; ***make the switch from gas to electricity*** gå over fra gass til elektrisitet.
II. switch *vb* **1.** *bryter, etc:* skru *(off* av; *on* på); *(se 5, 6, 7);*
2. *jernb* **US***(=shunt)* pense;
3. *med kjepp el. pisk; om dyr med halen:* slå; piske;
4.: ***switch into German*** slå over i tysk; ***switch over to*** gå over til; bytte om til; ***switch to another programme*** skru over til et annet program; ***switch to a vegetarian diet*** gå over til vegetarkost;
5.: ***switch off*** 1. slå av; skru av *(fx the light; the TV);* ***switch(=cut) off the ignition*** skru av tenningen; 2. kople ut; kople fra; 3. *fig:* kople ut; stenge av; ***I just switch off when he starts to drone*** jeg bare stenger av når han begynner med det kjedelige snakket sitt;
6.: ***switch on*** 1. slå på; skru på *(fx the light; the TV);* 2. kople inn;
7. T: ***be switched on*** 1. være moderne innstilt; være med på notene; 2*(=be hooked on drugs)* gå på stoff *n.*
switchback [ˌswitʃ'bæk] *s(=roller coaster;* **T:** *big dipper)* rutsjebane; berg-og-dalbane; *(se big dipper).*
switchblade [ˌswitʃ'bleid] *s; især* **US***(=flick knife)* springkniv.
switchboard [ˌswitʃ'bɔ:d] *s* **1.** *tlf:* sentralbord;
2. *elekt(=control panel)* apparattavle; strømtavle.
switch box *elekt:* bryterboks.
switch fuse *elekt:* brytersikring.
switchgear [ˌswitʃ'giə] *s; elekt:* apparatanlegg.
switchman [ˌswitʃ'mæn] *s; jernb* **US***(=shunter)* sporskifter; **T:** pensemann.
switchover, switch-over [ˌswitʃ'ouvə] *s(=changeover)* overgang; omstilling *(fx to peace production).*
Switzerland [ˌswitzələnd] *s; geogr:* Sveits.
I. swivel [swivl] *s; tekn:* dreietapp.
II. swivel *vb(=pivot)* dreie seg (rundt); svinge (rundt).
swivel chair svingstol.
swiz(z) [swiz] *s* **T 1.** *om noe som ikke svarer til forventningene:* skuffelse; **2***(=swindle)* lureri *n;* juks *n;* svindel.
swizzle [swizl] *s* **T:** *se swiz(z).*
swollen [ˌswoulən] **1.** *perf.part. av II. swell; især for å betegne en uttalt grad av hevelse; jvf swelled 2;*
2. *adj:* opphovnet; oppsvulmet; ***swollen finger*** opphovnet finger; verkefinger; ***her eyes were swollen (with tears)*** øynene *(n)* hennes var opphovnet (av gråt); ***it'll give him a swollen head****(=it'll go to his head)* det kommer til å gå ham til hodet.
swollen-headed ['swoulənˌhedid; *attributivt:* ˌswoulən'hedid] *adj; om person:* oppblåst; blærete.
I. swoon [swu:n] *s; glds el. litt.(=fainting fit)* besvimelse *(fx she lay in a swoon).*
II. swoon *vb* **1.** *glds el. spøkef(=faint)* besvime;
2. *fig; spøkef:* dåne; sukke henført; ***he has all that makes girls swoon*** han har alt som får piker til å dåne.
I. swoop [swu:p] *s* **1.** *rovfugls:* nedslag; **2.** *fig:* razzia; ***drug-squad swoop*** narkotikarazzia; ***at(=in) one fell swoop*** med ett slag; på én gang; **T:** i én omgang.
II. swoop *vb* **1.** *om rovfugl:* ***swoop down on*** slå ned på;
2*(=grab)* gripe plutselig *(fx the child off the swing);*
3. *fig:* ***swoop on*** slå til mot.
I. swop [swɔp] *s(=swap)* **1. T***(=exchange)* bytte *n;* **2.:** ***swops*** frimerker (,mynter) som en samler er villig til å bytte med andre.
II. swop *vb(=swap)* **T***(=exchange)* bytte.
sword [sɔ:d] *s* **1.** *hist:* sverd *n;* ***dress sword*** gallakårde; paradekårde; **2.** *fig:* ***cross swords with sby*** krysse klinge med en; *spøkef:* ***sharpen one's sword*** kvesse sitt sverd.
swordstick [ˌsɔ:d'stik] *s(=sword cane)* kårdestokk.

S

sword thrust kårdestøt.
swore [swɔ:] *pret av swear.*
sworn [swɔ:n] **1.** *per.part. av swear;*
2. *adj:* edsvoren *(fx translator);* svoren; ***sworn enemies*** svorne fiender.
I. swot [swɔt] *s; neds(=swotter)* lesehest; pugghest.
II. swot *vb* **T***(=study hard; cram)* lese hardt; pugge (*for* til); ***swot up (on) sth*** lese hardt på noe; pugge noe.
swum [swʌm] *perf.part. av II. swim.*
swung [swʌŋ] *pret & perf.part. av II. swing.*
sycamore [ˌsikə'mɔ:] *s; bot:* morbærfikentre.
sycophancy [ˌsikəfənsi] *s; stivt(=toadyism)* spyttslikkeri *n;* slesk smiger.
sycophant [ˌsikəfənt] *s; stivt(=toady)* spyttslikker; slesk person.
sycophantic ['sikəˌfæntik] *adj; stivt(=smirking)* slesk.
syllabic [siˌlæbik] *adj:* syllabisk; stavelsesdannende.
syllable [ˌsiləbl] *s:* stavelse; ***end syllable*** endestavelse.
syllabus [ˌsiləbəs] *s* **1.** (trykt) studieplan; **2.** *students:* pensum *n; **get through the syllabus*** komme gjennom pensum (*el.* stoffet); *(jvf curriculum).*
sylph [silf] *s* **1.** *myt:* sylfe; luftalv; **2.** sylfide.
sylphlike [ˌsilf'laik] *adj:* sylfideaktig; grasiøs.
symbiosis ['simbiˌousis] *s; biol & fig:* symbiose.
symbiotic ['simbiˌɔtik] *adj; biol & fig:* symbiotisk; ***a symbiotic relationship*** et gjensidig avhengighetsforhold.
symbol [simbl] *s* **1.** symbol *n; **symbol of achievement*** prestasjonssymbol; **2.** tegn *n; **chemical symbol*** atomtegn.
symbolic(al) [simˌbɔlik(l)] *adj:* symbolsk.
symbolism [ˌsimbə'lizəm] *s* **1.** symbolikk; **2.** *i kunst:* symbolisme.
symbolize, symbolise [ˌsimbə'laiz] *vb:* symbolisere.
symmetrical [siˌmetrikl] *adj:* symmetrisk.
symmetry [ˌsimitri] *s:* symmetri.
sympathetic ['simpəˌθetik] *adj* **1.** medfølende; deltagende; ***be sympathetic towards sby*** være medfølende overfor en; **2.:** ***sympathetic to(wards)*** velvillig innstilt til *(fx idea; plan).*
sympathize, sympathise [ˌsimpə'θaiz] *vb:* sympatisere (*with* med); ***sympathize with sby*** 1. sympatisere med en; 2*(=express one's sympathy with sby)* kondolere en.
sympathizer, sympathiser [ˌsimpə'θaizə] *s:* sympatisør; ***his sympathizers*** de som sympatiserer med ham.
sympathy [ˌsimpəθi] *s* **1.** sympati; ***arouse sympathy*** vekke sympati; ***expression of sympathy*** sympatiuttalelse; ***she felt a rush of sympathy for him*** hun følte en plutselig sympati for ham; ***feel a great deal of sympathy for****(=sympathize very much with)* føle stor sympati for; ***you have my sympathy*** du har min sympati; jeg sympatiserer med deg; ***my sympathies are with her husband*** hennes mann har min sympati; ***be in sympathy with****(=agree with)* sympatisere med; være enig med; ***I have no sympathy with such a stupid attitude*** jeg har ingenting til overs for en så tåpelig holdning; *om idé, etc:* ***meet with sympathy*** finne gehør *n; **view with sympathy*** se med sympati på;
2. deltagelse; medfølelse *(fx express one's sympathy);* ***have****(=feel)* ***sympathy for sby*** ha medfølelse med en; føle med en; ***show sby one's sympathy*** vise en sin deltagelse;
3. kondolanse; ***express one's sympathy with sby****(= sympathize with sby)* kondolere en; ***letter of sympathy*** kondolansebrev; ***the Queen sent a message of sympathy to the bereaved families*** dronningen sendte et kondolansebudskap til de sørgende familier.
sympathy strike sympatistreik.
symphonic [simˌfɔnik] *adj; mus:* symfonisk *(fx form).*
symphony [ˌsimfəni] *s; mus:* symfoni.
symposium [simˌpouziəm] *s:* symposium; ***hold a symposium*** arrangere et symposium.
symptom [ˌsimptəm] *s:* symptom *n;* tegn *n* (*of* på); ***symptom of old age*** aldersfenomen.
symptomatic ['simptəˌmætik] *adj:* symptomatisk (*of* for).
synagogue [ˌsinə'gɔg] *s:* synagoge.
synch [siŋk] *film & TV* **T** *1. s(=synchronization)* synkronisering; ***in synch*** synkront; ***out of synch*** ikke synkront;
2. *vb(=synchronize)* synkronisere;
3. *adj(=synchronous)* synkron.
synchroflash [ˌsiŋkrou'flæʃ] *s; fot:* synkronblitz.
synchronization, synchronisation ['siŋkrənaiˌzeiʃən] *s:* synkronisering.
synchronize, synchronise [ˌsiŋkrə'naiz] *vb:* synkronisere.
synchronous [ˌsiŋkrənəs] *adj:* synkron; synkron-.
syndicate [ˌsindikit] *s:* syndikat *n.*
syndrome [ˌsindroum] *s:* syndrom *n;* symptomkompleks.
syne [sain] *adv, prep, konj; skotsk(=since)* siden.
synergetic ['sinəˌdʒetik] *adj:* synergetisk.
synod [ˌsinəd; ˌsinɔd] *s; rel:* synode; kirkemøte.
synonym [ˌsinənim] *s; språkv:* synonym *n; **a synonym for*** et synonym for; ***a viable****(=valid)* ***synonym*** et gangbart synonym.
synonymous [siˌnɔniməs] *adj: språkv:* synonym; ***synonymous with*** synonym med; entydig med.
synonymy [siˌnɔnimi] *s; språkv* **1***(=synonymity)* synonymi; entydighet; **2.** synonymikk.
synopsis [siˌnɔpsis] *s(pl: synopses* [siˌnɔpsi:z]*) stivt(= summary)* kortfattet sammendrag; resymé *n; til film:* synopsis.
syntactic(al) [sinˌtæktik(l)] *adj; gram:* syntaktisk.
syntax [ˌsintæks] *s; gram:* syntaks; setningslære.
synthesis [ˌsinθisis] *s(pl: syntheses* [ˌsinθi'si:z]*)* syntese; ***form a synthesis*** danne en syntese.
synthesize, synthesise [ˌsinθi'saiz] *vb:* syntetisere.
synthetic [sinˌθetik] *adj:* syntetisk; kunst-.
syphilis [ˌsifilis] *s; med.:* syfilis.
syphon [ˌsaifən] *se siphon.*
Syria [ˌsiriə] *s; geogr:* Syria.
I. Syrian [ˌsiriən] *s* **1.** syrer; **2.** *språk:* syrisk.
II. Syrian *adj:* syrisk.
I. syringe [ˌsirin(d)ʒ; siˌrin(d)ʒ] *s; med.:* ***(hypodermic) syringe*** sprøyte; ***disposable (hypodermic) syringe*** engangssprøyte; ***draw a syringe*** trekke opp en sprøyte.
II. syringe *vb(=flush out)* skylle ut med sprøyte; skylle.
syrup [ˌsirəp] *s* **1***(=fruit syrup)* (ren) saft (med høyt sukkerinnhold) *(fx raspberry syrup); (jvf I. squash 3);* **2.** sukkerlake; **3***(=golden syrup)* sirup; **4.** *med.:* sirup.
system [ˌsistəm] *s* **1.** system *n; **reduce sth to a system*** sette noe i system;
2*(=arrangement)* ordning; ***the system is open to abuse*** systemet kan lett misbrukes;
3.: ***the system*** organismen; kroppen *(fx it's good for the system!);*
4*(=method)* metode;
5*(=network)* nett *n (fx a railway system); **street system*** gatenett;
6. T: ***it's all systems go*** alt er (liksom) i orden.
systematic ['sistəˌmætik] *adj:* systematisk.
systematically ['sistəˌmætikəli] *adv:* systematisk; ***proceed (=do it) systematically*** gå systematisk til verks.
systematist [ˌsistəmətist] *s:* systematiker.
systematize, systematise [ˌsistəmə'taiz] *vb:* systematisere.
(system) hacker T: datasnok.
systems analysis *EDB:* systemanalyse.
systems analyst *EDB:* systemerer; systemplanlegger.
systems engineer *EDB:* systemkonsulent.
systems engineering *EDB:* systemarbeid.
systole [ˌsistəli] *s; fysiol:* systole; hjertets sammentrekningsfase.
systolic [siˌstɔlik] *adj; fysiol:* systolisk; ***systolic pressure*** systolisk blodtrykk.

T, t [ti:] T, t; *tlf:* **T** *for Tommy* **T** *for Teodor; capital T* stor T; *small t* liten t; **T:** *to a T(=to a tee; perfectly; very well)* på en prikk; helt fint *(fx the job suited him to a T; the dress fits you to a T); dot one's i's and cross one's t's* være meget omhyggelig.
t' *nordeng; best art = the.*
't *glds el. poet(=it): 'twill rain(=it will rain)* det vil regne; det kommer til å regne.
ta [tɑ:] *int* **T***(=thank you)* takk.
I. tab [tæb] *s* **1.** liten klaff (*el.* strimmel) (til å trekke i); *på kartotekkort:* rytter;
2. *på tøy(=loop)* hempe;
3*(=name tab; name tape)* navnebånd;
4*(=tabulator)* tabulator;
5. *flyv(=trim tab)* trimror; *balance tab* balanseror; *(se tab control);*
6. *mil:* kragedistinksjon;
7. *især* **US T:** *pick up the tab for(=pay the bill for)* betale for;
8. T: *keep tabs on* 1*(=watch)* holde øye med; 2*(=keep a check on)* holde rede på *(fx keep tabs on what's happening).*
II. tab *vb* **1.** sette hempe på; sette navnebånd på; *på kartotekkort:* sette rytter på; **2.:** *se tabulate.*
tabby [ˌtæbi] *s(=tabby cat)* stripet hun(n)katt.
tab control *flyv: rudder tab control* siderorstrim; *(se I. tab 5).*
tabernacle [ˌtæbəˈnækl] *s; rel* **1.** tabernakel; **2.** *kat.:* sakramenthus; tabernakel *n;* relikviegjemme.
I. table [teibl] *s* **1.** bord *n; coffee table(=occasional table)* salongbord; *dressing table* toalettbord; *at (the) table* ved bordet; *be at table* sitte til bords; *we were six at table* vi var seks til bords; *wait at table* varte opp ved bordet; *clear the table* ta av bordet; *lay the table* dekke bordet; *the whole table* hele bordet; alle som satt (,sitter) rundt bordet; *drink sby under the table* drikke en under bordet; *lay(=put) one's cards on the table* legge kortene på bordet; *the tables are turned* situasjonen er nå en helt annen; rollene er byttet om; *turn the tables on sby* vende spillet mot en; få overtaket på en;
2. tabell; *table of contents* innholdsfortegnelse; *sport: (points) table* (poeng)tabell; *he's top of the table with 175 points* på poengtabellen har han ledelsen med 175 poeng;
3. *geogr(=tableland; plateau)* taffelland; platå *n;*
4.: *(ground) table* grunnvannsnivå.
II. table *vb* **1***(=tabulate)* tabulere; lage en tabell over;
2. *parl; om (lov)forslag:* fremsette;
3. US *parl:* henlegge *(fx a motion).*
tableau [ˌtæblou] *s(pl: tableaux)* tablå *n.*
table clearer *i restaurant (,***US:** *bus boy)* ryddegutt.
tablecloth [ˌteiblˈklɔθ] *s:* (bord)duk; *put the tablecloth straight* glatte på duken; legge duken rett.
table dancing det at det engasjeres ved bordene.
table d'hôte [ˌtɑ:blˌdout] *s:* dagens meny.
table linen dekketøy.
table manners *pl:* bordmanérer; bordskikk; *mind one's table manners* holde bordskikk.
table mat *til å sette under varme fat:* bordskåner.
table napkin: *se napkin.*
table salt bordsalt.
tablespoon [ˌteiblˈspu:n] *s:* spiseskje.
tablet [ˌtæblit] *s* **1***(=pill)* tablett; pille; *sleeping tablet* sovetablett; *suckable tablet* sugetablett;
2. *lett glds(=plaque)* plakett; minnetavle;
3. *av såpe; stivt(=piece)* stykke *n.*
table talk 1. bordkonversasjon; **2.** *kortsp:* snakking i kortene.
table tennis *sport:* bordtennis.
tableware [ˌteiblˈwɛə] *s (,***US:** *flatware)* bordservise; kuvertartikler.
table wine bordvin.
tab line *EDB:* tabulatorlinje.
tabloid [ˌtæblɔid] *s:* dagsavis i tabloidformat.
I. taboo [təˌbu:] *s:* tabu *n; it's under (a) taboo* det er tabu; det er belagt med tabu.
II. taboo *vb:* erklære for tabu; *fig:* bannlyse.
taboo word tabuord.
tabo(u)r [ˌteibə] *s; hist:* liten tromme (brukt sammen med fløyte).
tabular [ˌtæbjulə] *adj* **1.** tabellarisk; *in tabular form* i tabellform; **2.** *geol, etc(=flat)* flat; taffel-.
tabulate [ˌtæbjuˈleit] *vb* **1.** tabulere; **2.** stille opp i tabellform (*el.* i lett oversiktlig form).
tabulation [ˈtæbjuˌleiʃən] *s:* tabellarisk oppstilling; ordning (*el.* oppstilling) i tabellform.
tabulator [ˌtæbjuˈleitə] *s:* tabulator.
tachometer [tæˌkɔmitə] *s; mask(=rev counter)* turteller.
tacit [ˌtæsit] *adj:* stilltiende; *tacit consent* stilltiende samtykke.
tacitly [ˌtæsitli] stilltiende; *it was tacitly understood that* det var en stilltiende forutsetning at; *he tacitly made up his mind to* i sitt stille sinn bestemte han seg for å.
taciturn [ˌtæsiˈtə:n] *adj; stivt(=of few words; silent)* ordknapp; fåmælt; taus (av seg).
taciturnity [ˈtæsiˌtə:niti] *s; stivt(=silence)* ordknapphet; fåmælthet.
I. tack [tæk] *s* **1.** stift (med stort hode); nudd; nellikspiker;
2. *i søm(=tacking stitch)* tråklesting;
3. *mar:* baut; strekk *n;* slag *(n)* (under kryssing); *be on the port (,starboard) tack* seile for babord (,styrbord) halser; ligge over babord (,styrbord); *we sailed on an easterly tack* vi seilte østover;
4. *mar; på sneiseil:* hals;
5.: *tack (for riding)(=saddlery)* ridetøy;
6. *fig:* kurs; fremgangsmåte; *change tack* 1. forandre retning (*el.* kurs); 2. forandre taktikk (*el.* fremgangsmåte); *on the right tack(=track)* på riktig spor; *on the wrong tack(=track)* på galt spor; *you're on the wrong tack* 1. du er på galt spor; 2*(=you've gone the wrong way to work)* du har grepet saken forkjært an; *he went off on a new tack(=he tried sth else)* han prøvde en annen måte (*el.* fremgangsmåte);
7. *fig* **T:** *get down to brass tacks* komme til saken; *when it gets(=comes) down to brass tacks(=when it comes to the crunch(=push))* når det kommer til stykket.
II. tack *vb* **1.** stifte; *tack down* stifte fast;
2. *i søm:* tråkle; neste;
3. *mar:* baute; gå over stag *n;* krysse; *ski: tack the slope* gå baut i motbakken;
4.: *tack sth on (to) sth* 1. tråkle (*el.* neste) noe fast på noe; 2*(=add sth to sth)* føye til;
5.: *tack up(=saddle and bridle)* sele på *(fx a horse).*
tackiness [ˌtækinəs] *s* **T 1***(=stickiness)* klebrighet;
2. *især* **US***(=shabbiness; dowdiness; seediness)* sjuskethet; lurvethet.
I. tackle [tækl] *s* **1***(=gear; equipment): fishing tackle* fiskeutstyr; fiskegreier; *riding tackle* ridetøy;
2. *sport; fotb, etc:* takling;

3.: *(block and) tackle* talje; ***tackles****(=lifting blocks)* taljer; **4.** *mar:* takkel *n;* takkelasje.

II. tackle *vb* **1***(=deal with)* takle; ta seg av; ***tackle sby on****(=over)* ***sth*** snakke alvorlig med en om noe;
2. *sport; fotb, etc:* takle *(fx he tackles well).*

tacky [ˌtæki] *adj* **T 1***(=sticky)* klebrig; **2.** *især* **US***(= shabby; dowdy; seedy)* shabby; lurvete; sjuskete.

tact [tækt] takt *(fx she's a person of great tact);* ***show rare tact*** utvise en sjelden grad av takt.

tactful [ˌtæktful] *adj:* taktfull; diskret.

tactic [ˌtæktik] *s:* taktikk; *mil:* ***a diversionary tactic*** en avledningsmanøver; *(se tactics).*

tactical [ˌtæktikl] *adj:* taktisk *(fx advantage).*

tactician [tækˌtiʃən] *s:* taktiker.

tactics [ˌtæktiks] *s; pl:* taktikk; ***delaying tactics****(=stalling tactics)* forhalingstaktikk; ***change one's tactics*** legge om taktikken; forandre taktikk; ***these tactics are unlikely to help you*** det er lite sannsynlig at denne taktikken vil hjelpe deg; *(se tactic).*

tactile [ˌtæktail] *adj:* taktil; følbar; føle-.

tactless [ˌtæktləs] *adj:* taktløs *(fx person; remark).*

tadpole [ˌtæd'poul] *s; zo:* rumpetroll.

taffeta [ˌtæfitə] *s; tekstil:* taft.

taffrail [ˌtæf'reil] *s; mar:* hakkebrett.

Taffy [ˌtæfi] *s; neds* **S***(=Welshman)* waliser.

I. tag [tæg] *s* **1.** merkelapp; *på gavepakke:* ***gift tag*** presangkort; ***name tag*** navnelapp; ***price tag*** prislapp;
2. *på skolisse:* snøredopp;
3*(=stock quotation)* velkjent sitat *n(fx a Latin tag);*
4. *språkv:* ***question tag*** etterhengt spørreledd;
5. *lek:* sisten *(fx play tag).*

II. tag *vb* **1.** sette merkelapp på;
2. *i leken sisten(=touch)* ta på; gi sisten;
3. T: ***tag along (with sby)*** traske etter (en); traske i hælene på en; ***he's always tagging along behind us*** han trasker alltid etter oss;
4. *fig:* ***tag on*** henge på.

Tahiti [təˌhi:ti] *s; geogr:* Tahiti.

I. Tahitian [təˌhi:tiən; təˌhiʃiən] *s* **1.** tahitier; **2.** *språk:* tahitisk.

II. Tahitian *adj:* tahitisk.

I. tail [teil] *s* **1.** *zo:* hale; stjert; ***the bird was wagging its tail*** fuglen vippet med stjerten;
2. bakende; *på bil:* hekk; stuss; ***coat tail*** frakkeskjøt; **T:** ***tails****(=tail coat)* kjole og hvitt; snippkjole; livkjole; *(se tail coat & tail end);*
3. *på mynt:* ***tails*** mynt; ***heads or tails*** krone eller mynt; ***it came down tails*** det ble mynt; ***tails I win!*** ved mynt vinner jeg! fritt for mynt!
4. *om person som skygger en annen(=shadow)* skygge; ***put a tail on sby*** la en skygge; *(se II. shadow 2);*
5. *litt.:* ***turn tail****(=turn and run away)* snu og flykte;
6. T: ***we sent them packing, tails between their legs*** vi sendte dem av sted med halen mellom bena *n;*
7.: ***the police are on his tail****(=the police are after him)* politiet er i hælene på ham; politiet er etter ham.

II. tail *vb* **1.** *om stikkelsbær:* ***(top and) tail*** rense; **2***(= shadow)* følge etter; skygge;
3. *om stemme:* ***tail away****(=off)* bli gradvis svakere;
4.: ***tail off*** 1.: *se 3: tail away;* 2. forta seg; avta *(fx his interest tailed off);* 3.: ***the crowds tailed off after a couple of weeks*** publikumsbesøket avtok etter et par uker.

tailback [ˌteil'bæk] *s:* ***tailback of traffic*** trafikkø; bilkø.

tailboard [ˌteil'bɔ:d] *s(,især* **US:** *tailgate) på lastebil:* baklem; bakfjel.

tail coat*(=dress coat; (full) evening dress; dress suit;* **T:** *tails)* kjole og hvitt; snippkjole; livkjole.

tail end 1. siste del *(fx of a story);* ***come in at the tail end of a discussion*** komme inn sist i en diskusjon;
2. *sport; ski:* ***tail end (of a ski)*** bakski;
3.: ***at the tail end of the queue*** bakerst i køen.

tailgate [ˌteil'geit] *s; på bil:* hekkdør; bakdør; *(jvf tailboard).*

tail-heavy [ˌteil'hevi] *adj; flyv:* baktung.

taillamp [ˌteil'læmp], **taillight** [ˌteil'lait] *s; på bil* **US** & *Canada(=rear light)* baklys.

I. tailor [ˌteilə] *s:* ***(men's) tailor*** skredder; ***ladies' tailor*** dameskredder.

II. tailor *vb* **1.** *om skredder:* sy; ***he has his suits tailored in London*** han får dressene sine sydd i London;
2. *fig(=adapt)* tilpasse *(to* til); ***tailored to the same pattern****(=fashioned in the same mould)* skåret over samme lest.

tailored [ˌteiləd] *adj:* fasongsydd; skreddersydd.

tailoring [ˌteiləriŋ] *s* **1.** skredderyrke; **2.** skredderarbeid; skreddersøm.

tailor-made [ˌteilə'meid] *adj; også fig:* skreddersydd.

tailpiece [ˌteil'pi:s] *s* **1.** halestykke; endestykke; bakdel;
2. *mus:* strengeholder;
3. *typ:* sluttvignett.

tailpipe [ˌteil'paip] *s* **1.** *flyv:* utblåsningsrør; **2.** *mask; på bil:* eksosrør (bak potten).

tailplane [ˌteil'plein] *s; flyv:* haleflate.

tailspin [ˌteil'spin] *s; flyv(=spin)* spinn *n.*

tailstock [ˌteil'stɔk] *s; mask; på dreiebenk(=footstock)* pinoldokke; bakdokke.

tail-wag [ˌteil'wæg] *vb; ski:* gjøre kortsving(er).

tailwind [ˌteil'wind] *s; mar & flyv:* medvind; *(jvf following wind & headwind).*

I. taint [teint] *s; stivt el. litt.(=stain)* plett *(fx on sby's character).*

II. taint *vb; stivt el. litt.* **1.** *om dårlig innflytelse (=affect slightly)* smitte *(fx be tainted by one's contact with criminals);* **2.** *om mat(=spoil)* bederve.

Taiwan [ˌtaiˌwɑ:n] *s; geogr:* Taiwan.

I. Taiwanese ['taiwəˌni:z] *s:* taiwaner.

II. Taiwanese *adj:* taiwansk.

I. take [teik] *s* **1***(=catch)* fangst;
2. *i forretning* **T***(=takings)* dagens omsetning *(fx what was the take today?);*
3. *film(=shot)* opptak *n;*
4. *med.:* vaksinasjon som har slått an;
5. T: ***be on the take*** være mottagelig for bestikkelse.

II. take *vb(pret: took; perf.part.: taken)* **1.** ta; *mil:* innta; ta; ***take a chance*** ta en sjanse; benytte en sjanse; ***he took the credit*** han tok æren; ***take prisoners*** ta fanger; ***take sby prisoner*** ta en til fange;
2. reagere på; ta; ***he really took it rather well*** han tok det virkelig pent; ***take things as they are (,come)*** ta tingene som de er (,kommer);
3. *om mat, drikke el. medisin:* (inn)ta; nyte; ***take a pill*** ta en pille; ***is there any food you can't take?*** er det noe mat du ikke tåler? ***I can't take alcohol*** jeg tåler ikke alkohol; *påskrift:* ***not to be taken internally*** ikke til innvortes bruk;
4. *gram:* styre; ta;
5*(=buy)* kjøpe; ta *(fx how many can you take?);*
6. *skolev:* ta; lese *(fx I'm taking French this year);* ***take an exam*** ta en eksamen; ***who takes you for French?*** hvem har dere i fransk? ***who takes Form IV?*** hvem er det som har 4. klasse? ***he took a Form IV class in biology*** han tok en time i biologi i 4. klasse; ***take English lessons*** ta engelsktimer;
7. ta (imot); motta; ***he took my advice*** han fulgte rådet mitt; ***take a bribe*** ta imot en bestikkelse;
8*(=hit)* treffe; ramme *(fx it took him on the chin);*
9. *kortsp & brettspill:* ta; ***take a piece*** ta en brikke; ***take a trick*** ta et stikk; *sjakk:* slå; ***take a pawn*** slå en bonde;
10*(=accept)* påta seg; ta;
11. ha plass til *(fx the car takes five people);*
12*(=rent)* leie *(fx a cottage for the summer);*
13. *om eksempel:* ta *(fx take John, for example);*
14*(=show)* vise; ***take sby over the house****(=show sby round the house)* vise en rundt i huset;
15. notere; ta *(fx the policeman took his name and address);* ***take notes*** ta notater *n;*
16. fotografere; ta *(fx a photo);*

17. kreve *(fx it takes courage)*; ***he's got what it takes*** han har det (motet) som skal til; ***it takes some believing*** det skal noe til for å tro; ***that will take some explaining*** det krever en forklaring; ***it has taken a good many of us to do it*** vi har vært mange om det; **US:** ***it takes one to know one****(=you should know! now who's talking? kettle calling pan!)* på seg selv kjenner man andre!
18. bruke *(fx what size do you take in shoes? do you take sugar (in your tea)?)*;
19*(=subtract)* trekke fra; ***take two from four*** trekke to fra fire;
20. *om lim:* virke; *om vaksine:* slå an; virke; *gart; om stikling(=strike root)* slå rot; ***glue that takes well on cloth*** lim *(n)* som virker godt på tøy *n;*
21*(=stand)* holde ut *(fx I can't take it any more!)*;
22. *om vekt(=bear)* tåle *(fx take sby's weight)*;
23. *om tid:* ta; bruke; ***take your time!*** ta den tiden du trenger! ***it took a long time*** det tok lang tid; ***you've taken****(=been)* ***a long time writing that letter!*** du har brukt lang tid på det brevet! ***this is going to take all night*** dette vil ta hele natten;
24*(=win)* ta *(fx he took the first prize)*;
25*(=drive)* kjøre *(fx he took me to the station?)*;
26. ledsage; følge *(fx sby home)*; ta med seg *(fx sby to the theatre)*; være reiseledsager for; reise med *(fx a group of students from Oslo to Paris)*;
27.: ***take sby sth*** gå bort til en med noe; ta med (seg) noe til en; ***take sby some roses*** ta med noen roser til en; ***take him a cup of tea*** gå inn (,bort) til ham med en kopp te;
28*(=subscribe to)* abonnere på *(fx the local paper)*;
29*(=deal with)* behandle; ta; ***take the questions one at a time*** ta spørsmålene ett for ett;
30. T*(=have sex with)* ta *(fx he took her)*;
31.: ***I take your point****(=I see what you mean)* jeg forstår hva du mener; ***he can't take a joke*** han forstår ikke spøk;
32*(=occupy)*: ***is this seat taken?*** er denne plassen opptatt?
33*(=affect)*: ***sudden wealth takes different people different ways*** plutselig rikdom virker forskjellig på folk;
34. *forskjellige forb:* ***take after*** ta etter; ligne på *(fx one's father)*;
take apart 1. plukke fra hverandre; ta fra hverandre; 2. **S***(=beat hollow)* slå sønder og sammen; 3. *fig; om argument(=demolish; tear to pieces)* plukke fra hverandre;
take aside ta til side *(fx they took him aside)*;
take away 1*(=deduct)*: ***take away 10 from 23*** trekke 10 fra 23; 2*(=remove)* fjerne; ta bort; 3. ta med seg; ***a pizza to take away*** en pizza til å ta med seg; 4.: ***take (away) from*** ta fra *(fx they took it (away) from him)*;
take back 1. gå tilbake med; levere tilbake; 2.: ***take sby back (,home)*** kjøre en tilbake (,hjem); 3. ta tilbake; ta igjen; 4*(=retract)* ta i seg igjen; 5. *fig:* ***take sby back to his childhood*** hensette en til ens barndom; ***that takes you back, doesn't it?*** det vekker minner *(n)* (,det minner deg om andre tider), ikke sant?
take to be ta for å være; ***how old do you take him to be?*** hvor gammel tror du han er?
take sby by surprise overraske (*el.* overrumple) en; *fig:* ***he took them by storm*** han tok dem med storm;
take down 1. ta ned; 2. *søm; bukse, etc:* legge ned; 3*(=write down)* notere; skrive opp; *(fx details in a notebook)*; 4. *flyv:* ta ned *(fx a plane)*;
take flight gripe flukten;
take for ta for *(fx what do you take me for?)*; *lett glds:* ***he took her for a wife****(=he took her to wife)* han tok henne til hustru; ***take sth for granted*** ta noe for gitt;
take from 1. ta fra; 2*(=take away from)* ta fra; frata; 3. *fig:* ***take it from me that …*** du kan stole på meg når jeg sier at …;
take in 1. ta inn; 2. gi husly; ta inn; 3*(=detain)* innbringe; 4.: ***take a lady in to dinner*** føre en dame til bords; 5. *mot betaling:* ta imot; ***take in lodgers*** leie ut værelser *n; 6(=take; subscribe to)* abonnere på *(fx a newspaper)*; 7. sy inn; ta inn; 8*(=include)* innbefatte *(fx Greater London takes in the county of Middlesex)*; 9. *mar:* berge *(fx a sail)*; 10. oppfatte *(fx I didn't take in what he said; I doubt if she's fit to take in anything at all)*; ***the children were taking it all in*** barna oppfattet alt sammen; 11. **T***(=cheat)* snyte; narre; lure *(fx you've been taken in!)*; ***you won't take him in with that*** du lurer ham ikke med det (der); 12*(=cover; include; deal with)* dekke; ta hensyn *(n)* til; ta for seg *(fx the lecture took in all the more recent developments)*; 13.: ***I'll take the car in (to work) on Monday*** jeg tar bilen (til arbeidet) på mandag;
take sth into one's head sette seg noe i hodet; ***she's taken it into her head to …*** hun har satt seg i hodet å …;
I take it that … jeg går ut fra at …; ***may I take it that …?*** kan jeg gå ut fra at …? kan jeg tolke det som at..?
take off 1. ta av *(fx one's clothes)*; *fig:* ***he was taken off the case*** han ble tatt av saken; ***he was taken off the job*** han fikk noe annet å gjøre; 2. *teat:* ta av *(fx take a play off (the bill))*; 3*(=amputate)* amputere *(fx a leg)*; 4. *i prisen:* trekke fra; 5. *flyv:* lette; ta av (*for* med kurs for); *fra vrak, etc(=lift off)* hente *(fx helicopters took off the 34-man crew)*; 6. *ski:* satse; 7. parodiere; imitere; 8. T*(=get started)* komme i gang; 9. ta … fri *(fx I'm taking tomorrow off)*; 10.: ***take sth off one's hands*** befri en for noe (ɔ: slik at man slipper bry); 11. *sport:* ***he was taken off after ten minutes*** han ble tatt ut (av spillet) etter ti minutter; 12.: ***she was taken off to hospital*** hun ble kjørt på sykehuset; 13.: ***take oneself off*** forsvinne; dra av sted; 14.: ***it takes years off you*** det gjør deg flere år *(n)* yngre; 15. **US:** ***take sby off****(=irritate sby)* irritere en;
take on 1*(=undertake)* påta seg *(fx a job)*; 2*(=employ)* ansette; ta inn; 3. ta kampen opp med; forsøke å slå *(fx I'll take you on at tennis)*; 4. *ved veddemål:* ***I'll take you on****(=you're on)* jeg slår til; jeg godtar veddemålet; 5*(=assume)* anta; få (etter hvert); 6*(=pick up)* ta opp (passasjer) *(fx the bus stopped to take on passengers)*; 7. **T***(=be upset)* ta på vei *(fx don't take on so!)*;
take out 1. ta ut *(fx money out of the bank; the roast out of the oven)*; ***take a child out of****(=away from)* ***school*** ta et barn ut av skolen; 2. *fra lomme, veske, etc(=get out)* ta frem; 3. *fra bibliotek:* låne (med seg); 4. gå ut med; ***take the dog out for a walk*** gå tur med hunden; 5*(=ask out)* be ut; invitere ut; 6. *om flekk:* fjerne; 7. *mil(=knock out; destroy)* tilintetgjøre; sette ut av spillet; 8. *kortsp; bridge:* ***take out one's partner*** melde ny farge (for å redde makker fra en dårlig kontrakt); 9. *fors:* tegne *(fx an insurance policy on sth)*;
take it out of 1*(=deduct it from)* ta det av; trekke det fra *(fx the housekeeping money)*; 2. ta på; slite på; 3. *psykol:* ***take sby out of himself*** få en til å komme ut av seg selv; få en til å tenke på andre ting (enn sine egne problemer *n*); 4. **T:** ***take it out on****(=of)* la det gå ut over;
take over ta over; ***take over from*** ta over etter; ***you can't let him come here and take (everything) over*** man kan ikke la ham komme her og ta seg til rette;
be taken*(=caught)* ***short*** plutselig måtte på wc *n;*
take to 1. bli begeistret for; ***she didn't take to the idea*** hun ble ikke begeistret for tanken; 2*(=start)* begynne *(fx he took to smoking)*;
take up 1. *fra gulv, etc(=pick up)* ta opp; 2. *søm(=shorten)* legge opp; 3. bryte opp *(fx the road)*; 4. oppta; legge beslag *(n)* på; ***don't take up so much room with your books!*** ikke oppta så mye plass med bøkene dine! 5. tiltre *(fx a job as (a) headmaster)*; 6. hale inn på *(fx the slack in a cable)*; 7. *om problem, emne, sak:* ta opp; ***I'd like to take up the point you made earlier*** jeg vil gjerne komme tilbake til det du sa tidligere; *(jvf*

ndf: I'd like to take you up on sth you said yesterday); 8(*=start going in for*) begynne med; ***take up some sport or other*** begynne med en eller annen idrett; 9.: ***take up the drive*** starte bilen ved å slippe opp kløtsjen; ***become taken up by*** bli opptatt av; ***… or whatever sport he's become so taken up by*** eller hva det nå måtte være for en idrettsgren han er blitt så sterkt opptatt av; ***take sby up on an offer***(*=accept sby's offer*) ta imot ens tilbud; ***I might take you up on that!*** kanskje jeg tar deg på ordet! *ved eventuell uenighet:* ***I'd like to take you up on sth you said yesterday*** jeg vil gjerne komme tilbake til noe du sa i går; *(jvf ovf: I'd like to take up the point you made earlier); stivt:* ***take it upon oneself to***(*=undertake to*) påta seg å;
T: ***take up with***(*=become friendly with*) beynne å vanke sammen med; ***take sth (away) with one*** ta noe med seg;
be taken with sby(*=form a liking for sby*) bli begeistret for en; ***he was quite taken with her*** han var meget begeistret for henne; han var meget betatt av henne; ***be taken with sth*** bli begeistret for noe; *lett glds:* ***be taken with the giggles***(*=have a fit of the giggles*) få et fniseanfall.

takeaway [ˌteikə'wei] *s* **1**(*,***US:** *takeout; carryout*) gatekjøkken; **2**(*=takeaway meal*)*:* ***let's get a takeaway*** la oss hente noe i et gatekjøkken.

take-home pay [ˌteik'houm'pei] *s:* nettolønn.

taken [ˌteikən] *perf.part. av II. take.*

takeoff [ˌteik'ɔf] *s* **1.** *flyv:* start; **2.** *sport:* avsprang; *ski:* sats; hopp *n; (jvf landing 2);* **3.** imitasjon; parodi.

takeoff tower *ski; i hoppbakke:* fartsoppbygg.

takeout [ˌteik'aut] *s* **US:** *se takeaway.*

takeover [ˌteik'ouvə] *s* **1.** *merk:* overtagelse; **2.** *sport; stafett(=change(over); handover; exchange)* veksling; *(jvf handover & takeover box).*

takeover box *sport; stafett:* vekslingsfelt.

taker [ˌteikə] *s; på auksjon* **1.** interessent; ***there's no shortage of takers*** det er ingen mangel på interessenter (*el.* folk som vil by); **2.** *fig:* en som er villig til å inngå et veddemål; ***any takers?*** er det noen som vil vedde?

takings [ˌteikiŋz] *s; pl:* dagens kassebeholdning; dagens omsetning.

talc [tælk] *s* **1.** *min:* talk; **2.:** *se talcum powder.*

talcum powder talkum *n.*

tale [teil] *s* **1.** *stivt(=story)* historie;
2(*=lie*) løgn; oppspinn *n;*
3.: ***tell tales***(*=spread gossip*) sladre; fare med sladder.

talent [ˌtælənt] *s:* talent *n;* ***latent***(*=hidden*) ***talent*** skjult talent; ***he shows great talent for giving realistic details*** han viser stor evne til å gi realistiske detaljer.

talented [ˌtæləntid] *adj(=gifted)* talentfull; begavet; evnerik.

I. talk [tɔ:k] *s* **1.** snakk *n;* prat; ***idle talk*** tomt snakk; (*= gossip*) sladder; ***it's the talk of the town*** hele byen snakker om det; ***he's all talk (and nothing else)*** det er bare snakk med ham; han har det bare i munnen;
2. foredrag *(n)* (*on* om); ***light talk*** kåseri *n;* flaneri *n;* ***give a talk*** holde et foredrag;
3. *polit:* ***talks*** forhandlinger; ***peace talks*** fredsforhandlinger; ***the talks were back on last night*** forhandlingene var i gang igjen i går kveld.

II. talk *vb:* snakke (*about* om); **T:** ***now you're talking (business)!*** det lar seg høre! **T:** ***talk about luck!*** du snakker om flaks! ***get oneself talked about*** bli gjenstand for folkesnakk; ***talk back*** svare uforskammet; **T:** ***talk big*** være stor i kjeften; slå på stortromma; ***talk nonsense*** snakke tull *n;* ***talk sense*** snakke fornuft; ***talk shop*** snakke fag *n;* ***talk the hind leg off a donkey***(*= talk nineteen to the dozen*) snakke i hjel seg; snakke til ørene *(n)* faller av; snakke oppover vegger og nedover stolper; ***talk till sby's head begins to swim***(*=go round*) snakke hull *(n)* i hodet på en; snakke til det går helt rundt for en; ***talk to*** (*,stivt el.* **US:** talk with) snakke med; ***she'd like someone to talk to*** hun vil gjerne ha noen å snakke med; ***I'll talk to him*** jeg skal snakke (et alvorsord) med ham; *ved avskjed:* ***nice talking to you!*** det var hyggelig å snakke med deg! *kan også svare til:* takk for hyggelig reisefølge! ***talk down to sby*** snakke til en i en nedlatende tone; *til barn:* snakke til en på en barnslig måte *(fx children dislike being talked down to);* ***talk sby into doing sth*** overtale en til å gjøre noe; ***talk sby out of sth*** snakke en fra noe; ***he talked himself out of it*** han snakket seg fra det; ***talk over*** 1.: *se talk round 1;* 2. snakke om; diskutere; ***we must talk it over*** vi må snakke om det; vi må diskutere det; ***we talked over the whole idea*** vi diskuterte det hele; ***talk round*** 1(*=persuade*) overtale; ***I talked her round to my way of thinking*** jeg fikk henne til å bli enig med meg; 2. snakke rundt *(fx they talked round it for hours) stivt el US:* ***talk with***(*=talk to*) snakke med.

talkative [ˌtɔ:kətiv] *adj:* snakkesalig; pratsom.

talker [ˌtɔ:kə] *s:* pratmaker.

talkie [ˌtɔ:ki] *s; hist* **T**(*=sound film*) lydfilm.

talking [ˌtɔ:kiŋ] *s:* snakking; ***he did all the talking*** det var han som stod for snakkingen.

talking point *s(=topic of conversation)* samtaleemne; ***the big (,main) talking point in our family*** det store (,viktigste) samtaleemnet i vår familie; ***this has become an open talking point*** dette er noe man snakker åpent om.

talking-to [ˌtɔ:kiŋ'tu:] *s* **T**(*=ticking-off*) overhaling; skrape *(fx give sby a firm talking-to).*

talk show *radio & TV(=chat show)* prateprogram.

tall [tɔ:l] *adj* **1.** høy *(fx tree; man);* **2.:** ***a tall order*** et drøyt forlangende; ***a tall story*** en skipperskrøne.

tallboy [ˌtɔ:l'bɔi] *s (,***US:** *highboy)* høy kommode (bestående av to deler plassert ovenpå hverandre).

Tallin [ˌtælin] *s; geogr(=Talin)* Tallin.

tallow [ˌtælou] *s:* talg.

I. tally [ˌtæli] *s* **1**(*=tally stick*) karvestokk;
2. *på karvestokk(=notch)* hakk *n;*
3(*=counter*) manuelt telleapparat;
4(*=account*)*:* ***keep a tally of*** holde regnskap *(n)* med.

II. tally *vb(=agree)* stemme (*with* med).

tallyman [ˌtælimən] *s; mar:* tallymann; laste- el. lossekontrollør; (kontroll)teller.

talon [ˌtælən] *s; zo:* rovfuglklo.

talus [ˌteiləs] *s* **1.** *anat(=anklebone)* talus; ristben;
2. *geol(=scree)* steinrøys; ur; talus.

tambac [ˌtæmbæk] *s(=tombak)* tambak; rødgods; *(jvf pinchbeck).*

tambourine ['tæmbəˌri:n] *s; mus:* tamburin.

I. tame [teim] *vb; også fig:* temme.

II. tame *adj* **1.** tam; **2.** *fig:* tam; kjedelig.

tamis [ˌtæmis] *s(=straining cloth; tammy)* silduk.

tammy [ˌtæmi] *s* **1**(*=tam-o'-shanter; tam*) rund, flat skottelue med dusk på; **2**(*=straining cloth*) silduk.

tamper [ˌtæmpə] *vb(=meddle):* ***tamper with*** tukle med.

tampon [ˌtæmpən] *s; med.(=sponge; cotton-wool pad)* tampong.

I. tan [tæn] *s* **1**(*=tanbark*) garvebark;
2. *på veddeløpsbane, etc:* barkstrø;
3. brunhet; brunfarge; ***with a golden tan*** gyllenbrun; med en gyllenbrun farge; ***I'm trying to get a tan*** jeg prøver å bli brun.

II. tan *vb* **1.** garve; **2.** bli brun; ***tan quickly*** bli fort brun; ***he was tanned by the sun*** han var blitt brun av sola.

III. tan *adj:* gulbrun; gyllenbrun.

I. tandem [ˌtændəm] *s* **1.** tandemsykkel; **2.** tandemforspann.

II. tandem *adj:* (anbrakt) etter hverandre.

I. tang [tæŋ] *s* **1.** *på kniv, fil, etc:* tange; **2.** *stivt(= pungent smell; strong taste)* skarp lukt (,smak); ***the air had a salty tang*** luften var ramsalt.

tangency [ˌtændʒənsi] *s:* tangering; berøring.

I. tangent [ˌtændʒənt] *s* **1.** *geom:* tangent;

2. *fig:* ***go off at a tangent****(=wander from the subject)* komme ut på viddene; komme bort fra emnet.

II. tangent *adj; geom:* tangerende; ***be tangent to*** tangere.

tangerine ['tændʒəˌri:n] *s; bot:* mandarin.

tangibility ['tændʒiˌbiliti] *s(=palpability)* håndgripelighet.

tangible [ˌtændʒibl] *adj(=palpable)* håndgripelig; ***the silence of the forest was almost tangible*** stillheten i skogen var nesten til å ta og føle på.

I. tangle [tæŋgl] *s* **1.** sammenfiltret masse; floke; ***undo****(=unravel; straighten out)* ***a tangle*** greie ut en floke; ***the garden was a tangle of old and ugly trees*** hagen var et eneste rot av gamle og stygge trær *n;*
2. *også fig:* ***all in a tangle****(=all mixed up)* i en eneste floke.

II. tangle *vb:* vikle seg inn i hverandre; filtre seg sammen; floke seg.

I. tango [ˌtæŋgou] *s(pl: tangos)* tango.

II. tango *vb:* danse tango.

I. tank [ˌtæŋk] *s* **1.** *mil:* tank; **2.** tank; beholder;
3. *fot:* fremkallertank;
4. US *S(=jail)* fengsel *n.*

II. tank *vb:* ***tank up*** tanke; fylle bensin.

tankard [ˌtæŋkəd] *s:* ølkrus; seidel.

tanker [ˌtəŋkə] *s* **1.** *mar:* tanker; **2.:** *se tank lorry.*

tank lorry *(,***US:** *tank truck)* tankbil.

tannic [ˌtænik] *adj; kjem:* garvesur; ***tannic acid****(=tannin)* garvesyre; tannin *n.*

tannin [ˌtænin] *s; kjem:* tannin *n;* garvesyre.

Tannoy [ˌtænɔi] *s; varemerke:* høyttaleranlegg; ***on****(=over)* ***the Tannoy*** over høyttaleren.

tansy [ˌtænzi] *s; bot:* reinfann.

tantalize, tantalise [ˌtæntə'laiz] *vb; spøkef(=tease)* la lide tantaluskvaler; spenne på pinebenken; plage.

tantalizing, tantalising [ˌtæntə'laiziŋ] *adj; spøkef (= tempting)* fristende; forlokkende.

tantrum [ˌtæntrəm] *s(=temper tantrum)* anfall *(n)* av dårlig humør *n; om barn:* ***have****(=throw)* ***a tantrum****(= have a screaming fit)* sinnaskrike.

Tanzania ['tænzəˌniə] *s; geogr:* Tanzania.

I. Tanzanian ['tænzəˌniən] *s:* tanzanianer.

II. Tanzanian *adj:* tanzaniansk.

I. tap [tæp] *s* **1***(,***US:** *faucet)* kran; ***at the tap*** ved springen; ***leave the taps running*** la vannet stå og renne; ***he ran the cold tap*** han lot det kalde vannet stå og renne; ***turn the tap*** skru på vannkranen; ***turn the tap off (,on)*** skru av (,på) kranen;
2. *mask; for innvendige gjenger:* gjengeskjærer;
3. lett banking; lett slag *n;* ***give a soft tap on the door*** banke forsiktig på døren;
4. *tlf:* avlyttingsinnretning; *(jvf I. bug 3 & II. tap 5);*
5. *mil* **US:** ***taps****(=lights-out)* rosignal;
6.: ***on tap*** 1*(=on draught)* på fat *(fx beer on tap);* 2. *fig(=readily available)* lett tilgjengelig *(fx you have all the information on tap);* 3. **T:** ***have sby on tap****(=have sby laid on (to help))* ha en for hånden (som kan hjelpe).

II. tap *vb* **1.** banke lett; ***he tapped at****(=on)* ***the window*** han banket lett på vinduet;
2. *mask:* skjære innvendige gjenger i;
3. tappe *(from* fra); **S:** ***tap sby for money*** slå en for penger;
4*(=exploit)* (begynne å) utnytte *(fx new sources);*
5. *tlf:* avlytte *(fx sby's phone); (jvf II. bug 1 & I. tap 4);*
6.: ***tap into*** knytte til; kople til; ***a register that can be tapped into by the police*** et register som kan gjøres tilgjengelig for politiet.

tap dance steppdans.

tap-dance [ˌtæp'dɑ:ns] *vb:* steppe.

I. tape [teip] *s* **1.** bendelbånd;
2.: ***(adhesive) tape****(=sticky tape)* limbånd; tape; ***gift tape*** snor til gaveinnpakning; ***insulating tape*** isolasjonsbånd; ***(magnetic) tape*** (lyd)bånd; ***I've got it on tape*** jeg har det på (lyd)bånd; ***(measuring) tape*** målebånd; ***masking tape*** maskeringsbånd;
3. *sport:* ***(finishing) tape*** målsnor; ***breast****(=break)* ***the tape*** bryte målsnoren; løpe i mål *n;* ***the two girls reached the tape together*** de to pikene løp i mål samtidig.

II. tape *vb* **1.** feste med limbånd; feste med tape; tape;
2. ta opp (på (lyd)bånd);
3*(=video)* ta opp på video;
4. T: ***I've got him taped****(=I know exactly what he's like)* jeg vet nøyaktig hvordan han er; ***we've got it all taped****(=we've got everything under control)* vi har alt under kontroll.

tape cartridge båndkassett.

tapeline [ˌteip'lain] *s* **US** *& Canada(=tape measure)* målebånd.

tape measure*(=measuring tape;* **US** *& Canada også: tapeline)* målebånd.

tape player båndavspiller.

I. taper [ˌteipə] *s* **1.** konusform; konisitet; tilspisset form; kjegleform; **2***(=thin candle)* tynt vokslys *(el.* stearinlys).

II. taper *vb* **1.** gjøre gradvis smalere; tilspisse; **2.:** ***taper (off)*** tilspisses; smalne av; ***taper off to a point*** løpe ut i en spiss.

tape-record [ˌteipri'kɔ:d] *vb(=record on tape)* ta opp på (lyd)bånd.

tape recorder (lyd)båndopptager.

tape recording (lyd)båndopptak.

tapering [ˌteipəriŋ] *adj(=tapered)* som løper ut i en spiss; avsmalnende; konisk; kjegleformet.

tapestried [ˌtæpistrid] *adj:* behengt med gobeliner *(el.* billedtepper).

tapestry [ˌtæpistri] *s:* gobelin; billedteppe.

tapeworm [ˌteip'wə:m] *s; zo:* bendelorm; ***beef tapeworm*** oksetinte.

tapir [ˌteipə] *s; zo:* tapir.

tappet [ˌtæpit] *s; mask:* ***(valve) tappet*** ventilløfter.

taproom [ˌtæp'ru(:)m] *s:* skjenkestue; bar.

taps [tæps] *se I. tap 5.*

I. tar [tɑ:] *s* **1.** tjære; **2. T***(=seaman)* sjømann; ***an old tar****(=salt)* en gammel sjøulk.

II. tar *vb* **1.** tjære(bre);
2. asfaltere;
3.: ***they're tarred with the same brush*** de er to alen av samme stykke *n;* de er helt like; de er av samme ulla.

tarantula [təˌræntjulə] *s; zo:* tarantell.

tardy [ˌtɑ:di] *adj; stivt(=late)* sen.

tare [tɛə] *s* **1.** *merk; vekten av emballasjen:* tara;
2. *bibl(=weed)* klint; ***distinguish the wheat from the tares*** skille klinten fra hveten.

I. target [ˌtɑ:git] *s* **1.** skyteskive; målskive; ***silhouette target*** figurskive;
2. *mil:* mål *n;*
3. *fig(=goal)* mål *n;*
4. *fig:* skyteskive; ***she's a fair target*** hun må tåle å være skyteskive;
5. *om prosjekt:* ***we're (right) on target*** vi holder tidsplanen;
6. *fig:* ***be on target for****(=be in line for; be likely to get)* ligge an til;
7. *fig;* ***be the target****(=object)* ***of*** være gjenstand for; ***he was the target of their discontent*** han var den deres misnøye gikk ut over.

II. target *vb* **1.:** ***target at****(=aim at)* sikte inn mot *(fx missiles targeted at Moscow);*
2. *fig(=direct):* ***target benefits at those most in need*** sikte inn trygdeytelsene mot dem som trenger dem mest.

target area *mil:* målområde; ***within the target area*** innenfor målområdet.

target audience det publikum noe er beregnet på.

target date den dato man har satt seg som mål *(n)* (at noe skal være ferdig).

t

target group målgruppe.
target language 1. *EDB:* målspråk; **2.** *språkv:* tilspråk; målspråk.
target practice *mil:* skyteøvelse; skiveskyting.
target-seeking [ˌtɑ:git'si:kiŋ] *adj; mil:* målsøkende.
tariff [ˌtærif] *s* **1.** *i hotell:* prisliste *(fx a copy of the tariff is placed in each bedroom);*
2. *pl: (customs) tariff* tolltariff.
tariff barrier*(=wall)* tollmur.
tariff rates *pl: **(customs) tariff rates*** tollsatser.
I. tarmac [ˌtɑ:mæk] *s* **1.** asfaltdekke; **2.** *flyv(=runway)* runway; rullebane.
II. tarmac *vb(pret & perf.part.: tarmacked)(=tar)* asfaltere.
tarmac road asfaltert vei.
tarn [tɑ:n] *s; i Nord-England(=small mountain lake)* lite fjellvann; tjern *n.*
tarnish [ˌtɑ:niʃ] *vb* **1.** anløpe *(fx silver tarnishes easily);* **2.** *fig; stivt* anløpe; ***his reputation is tarnished****(= has been shaken)* hans rykte *(n)* har fått en knekk.
tarpaulin [tɑ:ˌpɔ:lin] *s; mar, etc:* presenning.
tarragon [ˌtærəgən] *s; bot:* estragon.
I. tarry [ˌtæri] *vb; glds el. litt.* **1***(=stay)* oppholde seg; **2***(=be slow)* tøve *(fx do not tarry on the way home).*
tar sprayer asfaltarbeider.
I. tart [tɑ:t] *s* **1.** (fylt) kake; ***apple tart*** eplekake; ***congress tart*** marvpostei; ***custard tart*** linse; ***frangipane tart*** massarin;
2. T*(=prostitute)* prostituert; **T:** ludder *n.*
II. tart *vb; også neds: **tart oneself up**(=get tarted up; make oneself smart; dress up)* pynte seg; fiffe seg opp.
III. tart *adj* **1***(=bitter; sour)* besk; sur; **2.** *fig; om bemerkning, etc(=sharp)* skarp; spiss.
tartan [ˌtɑ:tən] *s:* skotskrutet stoff *n;* ***tartan skirt*** skotskrutet skjørt *n.*
Tartar [ˌtɑ:tə] *s* **1.** *folkeslag(=tatar)* tatar;
2. *fig; glds(=formidable person)* fryktinngytende person; *om mann:* ***catch a Tartar****(=catch a tartar; meet one's match)* få kam til håret sitt.
tartar *s* **1.** tannstein; **2.** *kjem:* ***cream of tartar*** vinstein; cremor tartari;
3.: *se Tartar 2.*
tartaric [tɑ:ˌtærik] *adj:* ***tartaric acid*** vinsyre.
tartar sandwich *kul:* tartarsmørbrød.
tartlet [ˌtɑ:tlit] *s(=tart; small tart)* liten fylt kake.
task [tɑ:sk] *s* **1.** oppgave *(fx an easy task);* ***household tasks*** arbeidsoppgaver i huset; ***she threw herself heartily into her task*** hun tok fatt på oppgaven med fynd og klem; ***set sby an easy task*** gi en en lett oppgave; **2.** *stivt:* ***take sby to task****(,**T:** give sby a dressing-down)* ta en fatt; ta en i skole; gi en en overhaling.
task force *mil:* kampgruppe; spesialenhet.
taskmaster [ˌtɑ:sk'mɑ:stə] *s:* en som pålegger krevende oppgaver *(fx he's a hard taskmaster).*
Tasmania [tæzˌmeiniə] *s; geogr:* Tasmania.
tassel [tæsl] dusk; kvast.
I. taste [teist] *s* **1.** smak *(fx the soup had an odd taste);* ***it's an acquired taste*** det er en smak man må venne seg til; det er en ervervet smak; ***a bad taste*** en vond smak; *(se også 3 ndf);* ***a faint****(=slight)* ***taste*** en svak smak *(of* av); ***a pampered taste*** en forvent smak; **2***(= sample)* smakebit *(fx a small taste of sth);* ***may I have a taste?*** kan jeg få smake?
3. *fig:* ***bad taste*** dårlig smak; smakløshet; ***his attempt to cheat left a bad taste in my mouth*** hans forsøk *(n)* på å snyte ga meg en flau smak i munnen; ***that was in very bad****(=poor)* ***taste*** det var en smakløshet; ***in good taste*** smakfull; ***dress in perfect taste*** kle seg utsøkt smakfullt; ***a lapse of taste*** smaksforvirring; ***a matter of taste*** en smakssak; ***acquire a taste for sth*** få smaken på noe; ***cater for modern tastes*** tilfredsstille moderne smak; ***I've already had a taste of his temper!*** jeg har allerede fått smake temperamentet hans! ***offer sth to suit all tastes*** tilby noe for enhver smak; ***to taste*** etter behag *n (fx add salt and pepper to taste);* ***each to his (or her) taste****(,**T:** each to their taste)* hver sin smak; ***be to sby's taste*** falle i smak; være etter ens smak; ***it's not to my taste*** det er ikke etter min smak; ***tastes differ****(= there's no accounting for tastes)* smak og behag *(n)* er forskjellig; smak og behag lar seg ikke diskutere.
II. taste *vb* **1.** smake; smake på; ***have you tasted this?*** har du smakt på dette? ***just taste this!*** smak på dette! ***it tastes good*** det smaker godt; **2.** *fig:* smake; ***taste blood*** få blod *(n)* på tann; ***when he first tasted power*** da han først fikk kjenne hvordan det var å ha makt.
taste bud *anat; i munnhulen:* smaksløk; ***that tickles my*** taste buds*(=my palate)* det pirrer min gane.
tasteful [ˌteistful] *adj(=in good taste)* smakfull.
tasteless [ˌteistləs] *adj:* smakløs; uten smak.
taster [ˌteistə] *s:* ***wine taster*** vinsmaker.
tasty [ˌteisti] *adj* **T:** lekker; meget god *(fx sandwich); fig; om sladder:* ***a tasty bit of gossip*** en riktig godbit; **T:** ***she's tasty!*** det er ei lekker jente!
I. tat [tæt] *vb; søm:* slå nupereller; *(jvf tatting).*
II. tat: *se tit 4: tit for tat.*
ta-ta [tæˌtɑ: təˌtɑ:] *int* **T***(=goodbye)* ha det!
Tatar [ˌtɑ:tə]: *se Tartar.*
tatters [ˌtætəz] *s; pl; litt.:* ***tatters of clothing****(=rags)* klesfiller; ***be in tatters****(=be torn)* være i filler.
tattiness [ˌtætinəs] *s(=shabbiness)* lurvethet; ustelthet.
tatting [ˌtætiŋ] *s; søm:* nupereller.
tattle [tætl] *s* **T***(=gossip; idle talk)* (løst) snakk; sladder; ***office tattle*** kontorsladder.
I. tattoo [təˌtu:] *s* **1.** *mil:* tappenstrek; ***sound the tattoo*** blåse tappenstrek;
2. militærparade om kvelden;
3.: ***beat a tattoo on the table*** tromme med fingrene på bordet;
4. tatovering *(fx arms covered with tattoos).*
II. tattoo *vb:* tatovere *(fx sth on sby's arm).*
tatty [ˌtæti] *adj* **T***(=shabby)* lurvete; ustelt.
taught [tɔ:t] *pret & perf.part. av teach.*
I. taunt [tɔ:nt] *glds; s(=jeer)* spydighet; hånsord *(fx racial taunts).*
II. taunt *vb(=jeer at; mock)* håne.
Taurus [ˌtɔ:rəs] *s; astr(=the Bull)* Tyren.
taut [tɔ:t] *adj* **1.** *stivt(=tight)* stram; *mar:* tott;
2. *fig(=tense)* spent; ***taut nerves*** spente nerver.
tauten [ˌtɔ:tən] *vb* **1***(=tighten)* stramme; ***his muscles*** tautened musklene hans strammet seg; **2.** *mar(=haul taut)* hale tott.
tautological ['tɔ:təˌlɔdʒikl] *adj:* tautologisk.
tautology [tɔ:ˌtɔlədʒi] *s:* tautologi; overflødig gjentagelse; ***that's a tautology****(=that's the same thing twice over)* det er smør *(n)* på flesk *n.*
tavern [ˌtævən] *s; glds(=inn)* vertshus; kro.
tawdry [ˌtɔ:dri] *adj(=cheap and in bad taste)* glorete; prangende *(fx jewellery);* forloren.
tawny [ˌtɔ:ni] *adj:* gulbrun *(fx the lion's tawny mane).*
tawny owl *zo(=brown owl)* kattugle.
I. tax [tæks] *s* **1.** (stats)skatt; ***benefit tax*** skatt av økonomisk fordel; ***council tax*** kommuneskatt; ***income tax*** inntektsskatt; ***tax on expenditure*** skatt på forbruk *n;* ***declare it for tax*** oppgi det til beskatning;
2. avgift; ***impose a new tax on cigarettes*** legge en ny avgift på sigaretter; *på pengegave:* ***capital transfer tax****(fk CTT)(,**US:** inheritance tax)* arveavgift; *(jvf death duty);*
3. *stivt(=strain)* belastning; ***it's a severe tax on our resources*** det er en sterk belastning av våre ressurser.
II. tax *vb* **1.** beskatte; skattlegge; legge avgift på; ***alcohol is heavily taxed*** det er høye avgifter på alkohol;
2. *stivt el. spøkef:* ***the job taxed his strength****(=the job took it out of him)* jobben tok hardt på ham;
3. *stivt:* ***tax sby with sth****(=accuse sby of sth; blame sby for sth)* beskylde en for noe; bebreide en for noe.
taxability ['tæksəˌbiliti] *s:* skattbarhet.

taxable [ˌtæksəbl] *adj:* skattepliktig; som kan beskattes; ***estimated taxable income*** antatt skattbar inntekt.
tax arrears *pl: **(income) tax arrears**(=back tax)* restskatt.
taxation [tækˌseiʃən] *s:* beskatning; ***flat-rate taxation*** flat beskatning; ***enjoy immunity from taxation*** nyte skattefrihet; ***rate (of taxation)****(,også* **US:** *tax rate)* skatteprosent.
taxation authority skattemyndighet.
taxation revenue *(=tax revenues)* skatteinntekter.
tax avoidance skatteminimalisering (innenfor lovens ramme); *(jvf tax evasion).*
tax bill T *&* **US***(=income tax demand note)* skatteseddel.
tax burden*(=burden of taxation)* skattebyrde.
tax certificate *(,***UK:** *inland revenue certificate)* ligningsattest.
tax code kort som viser skatteklasse; skattekort.
tax collector skatteoppkrever.
tax concession(s) skattelettelse(r).
tax consultant skatterådgiver; skattejuridisk konsulent.
tax cut skattenedsettelse; skattelettelse.
tax differential marginalskatt.
tax disc T*(=car (excise) licence)* motorvognavgift.
tax dodger T*(=tax evader)* skattesnyter.
tax evader skattesnyter.
tax evasion *(,***T:** *tax dodging; tax fiddling)* skatteunndragelse; skattesnyteri; *(se tax avoidance & taxman).*
tax-exempt ['tæksigˌzempt] *adj* **US:** *se tax-free.*
tax exemption skattefrihet; skattefritak.
tax expert skatteekspert.
tax-fiddling [ˌtæks'fidliŋ] *s* **T:** skattesnyteri; *(se tax evasion & taxman).*
tax form*(=tax return form)* selvangivelsesskjema.
tax-free [ˌtæks'fri:] *(,***US:** *tax-exempt)* skattefri *(fx earn money tax-free);* ***tax-free funds*** skattefri fondsopplegging.
tax haven skatteparadis.
I. taxi [ˌtæksi] *s(pl: taxi(e)s)(=taxi-cab;* **US:** *cab)* drosje; ***take a taxi****(=go by taxi)* jeg tok drosje.
II. taxi *vb; flyv:* takse.
taxi dancer pike som er betalt for å danse med gjestene; dansepike.
taxi driver drosjesjåfør.
taxidermy [ˌtæksi'də:mi] *s:* utstopping og preparering av dyreskinn.
taxidermist [ˌtæksi'də:mist] *s:* dyreutstopper.
taximeter [ˌtæksi'mi:tə] *s(,***T:** *meter)* taksameter *n.*
tax inspector ligningsrevisor; skatteinspektør; ***district tax inspector*** ligningssjef; *(NB Inspector of Taxes = skattedirektør).*
Tax Inspectorate (of the Inland Revenue): ***the Tax Inspectorate (of the Inland Revenue)*** skattedirektoratet.
taxiplane [ˌtæksi'plein] *s:* taxifly.
taxi rank*(=taxi stand;* **US:** *cab rank)* drosjeholdeplass.
taxiway [ˌtæksi'wei] *s; flyv(=taxi strip; peritrack)* taksebane; *(jvf runway).*
taxman [ˌtæksmən] *s; spøkef:* ***the taxman*** skattefuten; skattemyndighetene; ***cheat the taxman*** snyte på skatten.
tax office*(=district office of the Inspector of Taxes)* ligningskontor.
taxpayer [ˌtæks'peiə] *s:* skattebetaler; skattyter.
tax rate skatteprosent; ***tax rates*** skattesatser; ***progressive tax rates rise sharply*** skatteprogresjonen er meget sterk.
tax rebate*(=tax refund)* skatterefusjon; ***you'll get a tax rebate*** du får igjen skattepenger.
tax refugee skatteflyktning.
tax refund: *se tax rebate.*
tax refusal skattenekting.
tax refuser skattenekter.
tax relief*(=deduction)* skattefradrag; skattelettelse.
tax remission ettergivelse av skatt.
tax return: ***(income) tax return*** selvangivelse; ***(income) tax return form****(,***T:** *tax form; faglig ofte: return)* selvangivelsesskjema.
tax review omlegning av skattesystemet; skatterevisjon.
tax sweetener T: ***a tax sweetener****(=a tax cut)* en skattelettelse.
TB ['ti:ˌbi] *s; med.(=tuberculosis)* tuberkulose.
T-bone [ˌti:'boun] *s; kul:* ***T-bone (steak)*** T-benstek.
tea [ti:] *s* **1.** te; ***herbal tea*** urtete; ***lemon tea****(=tea with lemon)* te med sitron; ***a cup of tea*** en kopp te; ***two teas, please!*** to te, takk! ***brew****(=make)* ***tea*** lage te; ***afternoon tea****(,ofte bare: tea)* ettermiddagste (med kaker el. smørbrød); ***they do cheap (afternoon) teas*** det serveres ettermiddagste til gunstige priser;
2. T: ***that's not my cup of tea*** det er ikke noe for meg.
tea bag tepose.
tea break tepause.
tea caddy teboks.
tea cake tebolle (av gjærdeig, som spises med smør); *(jvf crumpet & muffin).*
teach [ti:tʃ] *vb(pret & perf.part.: taught)* undervise; undervise i *(fx teach French);* ***his wife teaches in our school*** hans kone er lærer ved vår skole; ***teach sby how to do sth*** lære en hvordan man skal gjøre noe.
teachable [ˌti:tʃəbl] *adj* **1.** som det kan nytte å undervise *(fx child);* **2.** *om ferdighet, etc:* som kan læres *(fx skill).*
teacher [ˌti:tʃə] *s:* lærer *(i* of); ***teacher of English****(= English teacher)* engelsklærer; ***native language teacher*** morsmålslærer; ***primary (school) teacher*** lærer i barneskolen; ***secondary (school) teacher*** lærer i den videregående skole; ***student teacher*** lærerkandidat; ***subject teacher*** faglærer; ***technical teacher*** (yrkes)faglærer.
teacher's aid lærerveiledningshefte.
teachers college US*(=college of education; hist: (teachers') training college)* pedagogisk høyskole; *hist:* lærerskole.
teacher training lærerutdannelse.
teach-in [ˌti:tʃ'in] *s; univ* **T:** lengre diskusjonsmøte; *univ, også:* debattuke.
teaching [ˌti:tʃiŋ] *s* **1.** doktrine; ***the teachings of Christ*** Kristi lære;
2. undervisning; ***French teaching****(=teaching French)* franskundervisning; ***ensure the quality of the teaching*** sikre kvaliteten i undervisningen; ***the teaching is on an hourly basis, without examinations or being aimed at any clearly defined level*** undervisningen er timebasert, eksamensfri og uten definert målnivå.
teaching aid læremiddel.
teaching colleague*(=fellow teacher)* lærerkollega.
teaching load *skolev:* undervisningsplikt.
teaching medium undervisningsspråk *(fx the teaching medium is English);* ***an English-medium school*** en skole hvor undervisningsspråket er engelsk.
teaching period *skolev:* undervisningstime; ***allocated teaching period*** rammetime; ***number of allocated teaching periods*** rammetimetall.
teaching post lærerstilling.
teaching practice *skolev (,***US** *& Canada: teaching internship)* hospitering.
teaching scheme undervisningsopplegg.
teaching staff lærerpersonale.
teaching supervisor *skolev (,***US:** *critic teacher; Canada: sponsor teacher)* øvingslærer; *hist:* veileder (for prøvekandidat).
tea cloth 1 *(=tea towel;* **US:** *dishtowel)* glasshåndkle; oppvaskhåndkle; **2.** *til serveringsvogn el. bord:* teduk.
tea cosy tevarmer.

teacup [ˌti:'kʌp] *s:* tekopp; ***a storm in a teacup*** en storm i et vannglass.
tea dance te dansant.
tea fancy *kul(=French pastry)* konditorkake.
tea garden konditori *(n)* med uteservering.
teak [ti:k] *s; bot:* teak.
tea kettle vannkjele.
teal [ti:l] *s; bot:* ***(common) teal*** *(,***US:** *European teal)* krikkand.
tea lady kantinehjelp; dame som lager te til de ansatte.
tea leaf teblad.
I. team [ti:m] *s* **1.** *sport:* lag *n;* ***all-star team*** stjernelag; ***away team****(=visiting team)* bortelag; ***home team*** hjemmelag; ***get in(to) a team*** komme med på et lag; ***move down (,up) in the team*** rykke ned (,opp) på laget; ***be taken****(=called)* ***into the team****(=be included in the team)* bli tatt med på laget;
2. gruppe; team *n;* ***husband-and-wife team of doctors*** legeektepar; ***they make a good team****(=they pull well together)* de trekker godt sammen;
3. *av trekkdyr:* spann *n;* ***team of oxen****(=ox-team)* oksespann.
II. team *vb:* ***team up*** slå seg sammen (*with* med).
tea maker*(=tea egg)* te-egg.
team captain *(,***T:** *skipper)* lagkaptein; lagleder.
team effort lagprestasjon; noe man er flere om; *sport:* laginnsats.
team event *sport:* lagøvelse.
teammate [ˌti:m'meit] *s:* lagkamerat.
team play *sport(=playing as a team)* lagspill; samspill.
team spirit lagånd.
teamster [ˌti:mstə] *s* **1. US***(=lorry driver)* lastebilsjåfør; **2.** fører av hestespann; kusk.
teamwork [ˌti:m'wə:k] *s* **1.** samarbeid; **2.** *fig:* lagspill; *(jvf team play).*
tea party teselskap.
tea plate*(=side plate; dessert plate)* asjett.
teapot [ˌti:'pɔt] *s:* tekanne.
I. tear [tiə] *s:* tåre; ***hot tears*** bitre tårer; ***dissolved in tears*** oppløst i tårer; ***she was in tears****(=she was crying)* hun gråt; ***burst into tears*** briste i gråt; ***shed tears*** felle tårer.
II. tear [tɛə] *s* **1.** rift; flenge;
2.: ***(wear and) tear*** slitasje.
III. tear [tɛə] *vb(pret: tore; perf.part.: torn)* **1.** rive; rive i stykker; ***tear at*** rive (og slite) i; ***tear one's hair*** rive seg i håret; ***he tore it in half*** han rev det i to; ***tear into*** 1. *om granat, etc:* rive et hull i; 2. *om vilt dyr:* kaste seg over; 3. *også fig:* angripe; 4.: ***tear to pieces*** 1*(=tear in(to) pieces)* rive i stykker; 2. *fig; om kritiker(=slaughter)* slakte; 3. *fig; om argument(= demolish; take apart)* plukke fra hverandre; ***if you can tear****(=drag)* ***yourself away from the television for a minute*** hvis du kan løsrive deg et lite øyeblikk fra fjernsynet; ***tear out*** rive ut *(fx a page in a book); (se også 8: tear up);*
2. revne; gå i stykker *(fx it tears easily);*
3. T*(=rush):* ***he tore after the bus*** han fór etter bussen;
4. T: ***that's torn it!*** det ødela det hele!
5. *om vanskelig valg:* ***be torn between … and …*** vakle mellom … og …;
6. *fig:* ***torn*** sønderflenget;
7. T: ***tear a strip off sby, tear sby off a strip****(=give sby a proper dressing-down)* gi en ordentlig inn;
8.: ***tear up*** 1*(=tear to pieces)* rive i stykker; 2. rive opp med roten; 3. *veidekke(=break up; take up)* bryte opp; rive opp.
tearaway [ˌtɛərə'wei] *s* **T:** villbasse.
tear duct *anat(=lacrimal duct)* tårekanal.
tearful [ˌtiəful] *adj:* tårefull; tårefylt.
tear gas tåregass.
tearing [ˌtɛəriŋ] *adj:* heftig; voldsom *(fx pain).*
tear-jerker [ˌtiə'dʒə:kə] *s* **T:** tåredryppende bok (,film).
tear-jerking [ˌtiə'dʒə:kiŋ] *adj; om bok el. film:* tåredryppende *(fx film).*
tearoom(s) [ˌti:rum(z)] *s(=teashop;* **US:** *sweetshop)* konditori *n; (se sweetshop).*
tear-stained [ˌtiə'steind] *adj(=wet with tears)* tårevåt.
I. tease [ti:z] *s:* ertekrok.
II. tease *vb* **1.** erte; **2.** erte opp; hisse opp (seksuelt);
3*(=card)* karde *(fx wool);*
4*(=raise the nap)* loe opp; rue;
5. US *& Canada(=backcomb)* tupere *(fx one's hair).*
teaser [ˌti:zə] *s* **1***(=tease)* ertekrok; ***she's just a teaser, she isn't really in love with you*** hun bare leker med deg, hun er ikke ordentlig glad i deg; **2***(=difficult problem)* hard nøtt.
tea set*(=tea service)* teservise.
teashop [ˌti:ʃɔp] *s(=tea room(s))* konditori *n.*
tea spoon [ˌti:'spu:n] *s:* teskje.
tea strainer tesil.
teat [ti:t] *s* **1.** *zo:* patte; spene; anat: brystvorte; *barnespråk:* pupp; **2.:** ***(rubber) teat*** *(,* **US:** ***(rubber) nipple)*** tåtesmokk.
tea things *pl:* testell.
teatime [ˌti:'taim] *s:* tetid; ***at teatime*** ved tetid.
tea towel*(=tea cloth;* **US:** *dishtowel)* glasshåndkle; oppvaskhåndkle.
tea trolley *(,især* **US:** *tea wagon)* tevogn; tebord på hjul.
technical [ˌteknikl] *adj:* teknisk; fagteknisk; fag-; faglig; *jur:* ***technical error*** 1. teknisk feil; 2*(=formal error)* formell feil; ***technical expression*** faguttrykk; ***for technical reasons*** 1. av tekniske grunner; 2. av formelle grunner.
technical aid teknisk bistand; teknisk utviklingshjelp.
technical aid officer bistandsarbeider på det tekniske plan.
technical assistance 1. teknisk assistanse; **2.:** *se technical aid.*
technical assistant 1. teknisk assistent;
2. *radio:* inspisient;
3. US *stillingsbetegnelse(=technician)* preparant; *(jvf technician).*
technical college *skolev (,***US:** *technical institute)* teknisk fagskole; *svarer til:* yrkesfaglig studieretning (ved videregående skole); *hist:* yrkesskole.
technical drawing *skolev:* teknisk tegning; yrkestegning; fagtegning.
technical institute *skolev* **US:** *se technical college.*
technicality ['tekniˌkæliti] *s* **1***(=technical detail)* teknisk detalj; formalitet; ***on a technicality*** på grunn av en formalitet;
2*(=technical term)* fagord; teknisk uttrykk.
technical jargon fagspråk.
technical knockout *boksing:* teknisk knockout.
technically [ˌteknikəli] *adv:* teknisk; teknisk (*el.* faglig) sett; ***he spoke very technically*** han benyttet svært mange faguttrykk; ***technically speaking*** 1*(=technically)* teknisk sett; formelt sett; 2*(=strictly speaking)* strengt tatt.
technical officer: ***chief technical officer*** *(,***US:** *assistant professor)* førsteamanuensis.
technical professions and skilled trades *pl:* tekniske yrker.
technical skill faglig dyktighet.
technical teacher (yrkes)faglærer.
technical term*(=technical expression)* fagord; faguttrykk; teknisk uttrykk; teknisk term.
technician [tekˌniʃən] *s* **1.** tekniker; ***construction technician*** bygningstekniker; ***dental technician*** tanntekniker; ***(graduate) chemical technician*** kjemitekniker;
2. *mil; flyv:* ***chief technician****(fk Chf Tech)(,***US:** *technical sergeant(fk TSGT))* vingsersjant;
3*(,***US:** *technical assistant)* preparant; *(NB 'engineer' svarer ofte til 'tekniker; se 'engineer').*

technique [tekˌni:k] *s* **1.** teknikk; **2.** fremgangsmåte; teknikk.
techno-babble [ˌteknou'bæbl] *s; neds(=technical jargon)* teknisk sjargong.
technocracy [tekˌnɔkrəsi] *s:* teknokrati *n.*
technocrat [ˌteknə'kræt] *s:* teknokrat.
technological ['teknəˌlɔdʒikl] *adj:* teknologisk.
technological university teknisk høyskole.
technologist [tekˌnɔlədʒist] *s:* teknolog.
technology [tekˌnɔlədʒi] *s:* teknologi; ***computerized technology*** datateknologi; ***institute of technology*** teknologisk institutt *n.*
technology-based [tekˌnɔlədʒi'beist] *adj:* ***technology -based society*** teknologisk samfunn.
technostructure [ˌteknou'strʌktʃə] *s:* ***the technostructure*** teknostrukturen; de eksperter som kontrollerer et samfunns økonomi.
teddy [tedi] *s:* ***teddy (bear)*** teddybjørn.
tedious [ˌti:diəs] *adj(=boring)* kjedelig; kjedsommelig.
tediousness [ˌti:diəsnəs] *s(=boredom)* kjedsommelighet.
tedium [ˌti:diəm] *s; stivt(=boredom; tediousness)* kjedsommelighet.
I. tee [ti:] *s* **1.** *golf:* tee; utslagssted; **2. T:** ***to a tee****(=to a T; perfectly)* på en prikk; helt fint.
II. tee *vb:* ***tee off 1.*** *golf:* slå det første slaget; **2.** *fig(=begin; start)* begynne; starte.
tee-hee ['ti:ˌhi:] *int:* hi-hi.
tee hinge T-hengsel.
teem [ti:m] *vb* **1.: *teem with*** 1. myldre av; vrimle av; kry av; **2.** *fig:* ***his mind is teeming with****(=chock-full of)* ***ideas*** hodet hans er myldrende fullt av ideer; **3. T:** ***it's teeming (down)****(=it's pouring (with rain))* det øsregner.
teen [ti:n] *adj* **T***(=teenage)* i tenårene; halvvoksen.
teenage [ˌti:n'eidʒ] *adj(=teenaged)* i tenårene; halvvoksen *(fx a teenage girl).*
teenage love ungdomsforelskelse; ungdomssvermeri.
teenager [ˌti:n'eidʒə] *s:* tenåring.
teens [ti:nz] *s; pl:* ***in one's teens*** i tenårene.
teeny [ˌti:ni] *adj* **T***(=teeny-weeny; tiny):* ***teeny (little)*** bitte liten.
teenybopper [ˌti:ni'bɔpə] *s; om pike* **T:** motegal tenåring.
teeny-weeny [ˌti:niˌwi:ni] *adj: se teeny.*
tee shot *golf:* slag fra tee'en; innspill; ***he pushed his tee shot into the rough*** innspillet hans havnet utenfor banen.
I. teeter [ˌti:tə] *s; især* **US***(=seesaw)* vippehuske; **T:** dumpehuske.
II. teeter *vb* **T***(=stagger; reel)* vakle; vingle.
teetertotter [ˌti:tə'tɔtə] *s* **US***(=seesaw)* vippehuske; **T:** dumpehuske.
teeth [ti:θ] *pl av I. tooth.*
teethe [ti:ð] *vb:* få tenner *(fx the baby's teething).*
teething ring *for baby:* bitering.
teeting troubles *fig(=initial difficulties)* barnesykdom; begynnervanskeligheter.
teetotal [ti:ˌtoutl] *adj:* totalavholdende.
teetotalism [ti:ˌtoutə'lizəm] *s(=total abstinence)* totalavhold.
teetotaller *(,US: teetotaler)* [ti:ˌtoutələ] *s(=total abstainer)* totalavholdsmann; ***teetotallers*** avholdsfolk.
Teheran, Tehran [teəˌrɑ:n; teəˌræn; 'tehəˌrɑ:n] *s; geogr:* Teheran.
tele [ˌteli] *s* **T***(=telly; television)* TV; fjernsyn.
telecamera [ˌteli'kæmərə] *s(=television camera)* TV-kamera.
I. telecast [ˌteli'kɑ:st] *s(=TV broadcast)* fjernsynssending.
II. telecast *vb(=televise)* sende i fjernsyn(et).
Telecom T: *British Telecom : se telecommunications 1: British Telecommunications.*
telecommunications [ˌtelikə'mju:niˌkeiʃənz] *s; pl* **1.** telesamband; ***post and telecommunications*** post og telekommunikasjoner; ***British Telecommunications*** *(,***T:** *British Telecom) svarer til:* Telenor; **2***(=telecommunications engineering)* teleteknikk.
telecommunications engineer teleingeniør.
telecommunications satellite*(=communications satellite)* telesatellitt.
telecommunications services *pl:* teletjenester.
teledish [ˌteli'diʃ] *s; TV(=satellite dish)* parabolantenne.
telegenic ['teliˌdʒenik] *adj:* ***be telegenic*** ha fjernsynstekke.
telegram [ˌteli'græm] *s(=cable)* telegram; ***telegram of congratulations*** gratulasjonstelegram.
telegram form *(,***US:** *telegram blank)* telegramblankett.
I. telegraph [ˌteli'grɑ:f] *s:* telegraf.
II. telegraph *vb:* telegrafere.
telegraphic ['teliˌgræfik] *adj:* telegrafisk.
telegraphic address telegramadresse.
telegraphist [tiˌlegrəfist] *s:* telegrafist; *(jvf radio officer).*
telegraph line telegraflinje.
telegraph pole*(=telegraph post)* telegrafstolpe.
telegraphy [tiˌlegrəfi] *s:* telegrafi.
telemark [ˌteli'mɑ:k] *s; ski:* ***telemark (turn)*** telemarksving.
telemarketing [ˌteli'mɑ:kitiŋ] *s(=teleselling; telephone selling)* telefonsalg.
telemeter [tiˌlemitə] *s:* avstandsmåler.
telemetry [tiˌlemətri] *s:* avstandsmåling; telemetri.
telepathic ['teliˌpæθik] *adj:* telepatisk.
telepathy [tiˌlepəθi] *s:* telepati; tankeoverføring.
I. telephone [ˌteli'foun] *s(,***T:** *phone)* telefon; ***mobile telephone****(=car phone)* mobiltelefon; ***slot telephone****(=coin-operated telephone)* telefonautomat; *(jvf call box);* ***on the telephone*** i telefonen; ***is he on the telephone?*** har han telefon? ***over the telephone*** over telefonen; ***can I contact you by telephone?*** er det mulig å ringe til deg? *(se for øvrig I. phone).*
II. telephone *vb(,***T:** *phone)* telefonere; ringe; ringe til; ***telephone for*** ringe etter; ***telephone from England to Norway*** ringe fra England til Norge; *(se for øvrig II. phone).*
(telephone) answering machine telefonsvarer.
telephone book telefonkatalog.
telephone booking telefonbestilling.
telephone booth US*(=(public) call box;* **T:** *phone box)* telefonboks.
(telephone) call telefonoppringning; telefonsamtale.
telephone exchange telefonanlegg; telefonsentral.
telephone fitter telefonmontør.
telephone instrument telefonapparat.
telephone number telefonnummer; *(se freephone number).*
telephone operator telefonist; sentralborddame.
telephone pole*(=telephone post)* telefonstolpe.
telephone receiver telefonrør.
telephone rental *tlf:* abonnementsavgift; fast avgift.
telephone subscriber telefonabonnent.
telephone subscription telefonabonnement.
telephonic ['teliˌfɔnik] *adj:* telefonisk; telefon-.
telephonist [tiˌlefənist] *s:* telefonist.
telephony [tiˌlefəni] *s:* telefoni.
telephotography ['telifəˌtɔgrəfi] *s:* fotografering med telelinse; telefotografering.
telephoto lens *fot(=long lens)* telelinse.
teleplay [ˌteli'plei] *s:* fjernsynsteaterstykke; TV-stykke.
teleprinter [ˌteli'printə] *s(=telex (machine));* **US:** *teletype machine)* fjernskriver; teleks; ***by teleprinter****(=by telex)* pr. teleks; over fjernskriveren.
TelePrompTer [ˌteli'prɔmptə] *s; varemerke:* skjerm med forstørret tekst foran taler.
telesales teleshop; ***work in telesales*** være ansatt i en teleshop; *(se teleshopping).*

t

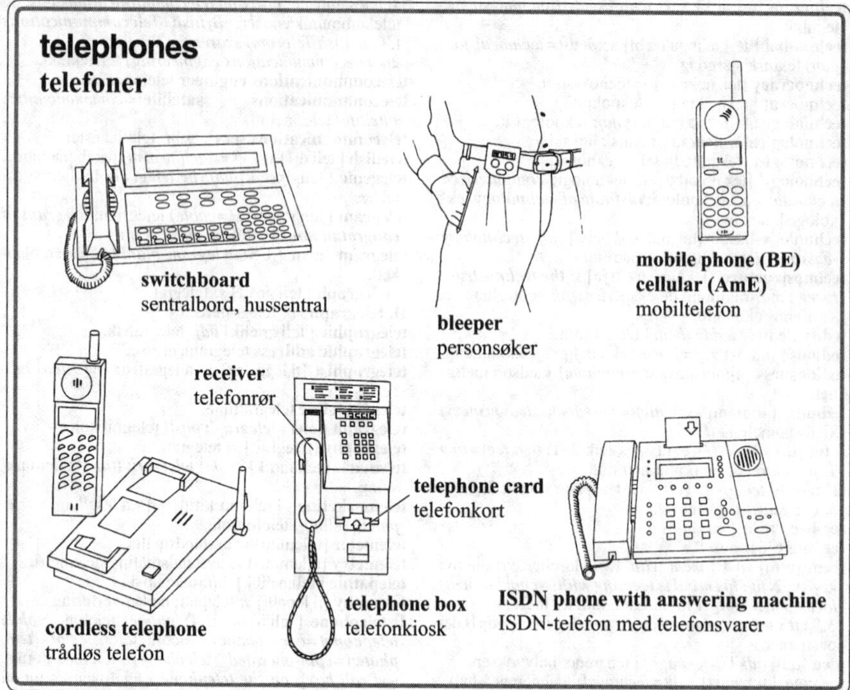

I. telescope [ˌteli'skoup] *s:* teleskop *n;* langkikkert.

II. telescope *vb* **1.** skyve sammen (slik at en del glir inn i en annen); ***the fishing rod telescopes into its handle*** fiskestangen kan skyves sammen, slik at den får plass i håndtaket;
2. *ved kollisjon:* bore seg inn i hverandre; trykke sterkt sammen;
3. *fig:* trenge sammen; forkorte *(fx a ten-day schedule into a two-day schedule).*

telescopic ['teliˌskɔpik] *adj:* teleskopisk; til å slå sammen *(fx umbrella).*

telescopic sight kikkertsikte *(fx on a rifle).*

teleselling [ˌteli'seliŋ] *s: se telemarketing.*

teleshop [ˌteli'ʃɔp] *vb:* handle på teletorget.

teleshopping [ˌteli'ʃɔpiŋ] *s:* handling på teletorget; teletorg(tjenester); *(se shopping channel & telesales).*

tele-teaching [ˌteli'ti:tʃiŋ] *s:* fjernsynsundervisning.

teletext [ˌteli'tekst] *s:* tekst-TV.

teletypewriter ['teliˌtaip'raitə] *s* **US***(=teleprinter)* fjernskriver; teleks; *(se teleprinter).*

televangelist ['teliˌvændʒəlist] *s* **US***(=TV-preacher)* TV-predikant.

televise [ˌteli'vaiz] *vb(=telecast)* sende i TV; ***televise live****(=transmit live)* sende (*el.* overføre) direkte.

television ['teliˌviʒən] *s:* fjernsyn; TV; ***closed-circuit television****(=TV monitoring)* TV-overvåking; ***shopping by television*** handling på teletorget; *(se shopping channel; telesales; teleshopping);* ***he's in television*** han arbeider i fjernsynet; ***appear on television*** komme i fjernsynet; ***broadcast on German television*** sende i tysk fjernsyn; ***we saw it on television*** vi så det på TV; ***watch television****(=watch TV; look at TV)* se på TV; *(se også telly & TV).*

telex [ˌteleks] *s:* teleks; *(se teleprinter).*

telex communications*(=teleprinter connection;* **US:** *teletype connection)* telekssamband.

telex connection teleksforbindelse.

tell [tel] *vb(pret & perf.part.: told)* **1.** fortelle *(fx a story);* ***the child can tell the time*** barnet kan klokken;
2. gi beskjed om; si til *(fx I told you so);* ***he told me to do it*** han ba meg gjøre det; ***I told you not to do it*** jeg sa til deg at du ikke skulle gjøre det;
3. si *(fx the truth);* ***tell sby one's name*** si en navnet sitt;
4. skjelne; se; ***I couldn't tell them apart****(=I couldn't tell one from the other)* jeg kunne ikke se forskjell på dem; ***can you tell the difference between them?*** kan du se forskjell på dem? ***I could tell by his face that****(=I could see from his face that)* jeg kunne se på ansiktet hans at;
5. avgjøre; fastslå; bestemme; ***it's difficult to tell at this distance*** det er vanskelig å avgjøre på denne avstanden;
6. vite; ***you never can tell****(=one never knows)* man kan aldri vite;
7.: ***all told****(=altogether)* alt i alt;
8.: ***tell on*** 1. slite på; ta på; 2. **T***(=tell tales about)* sladre på *(fx don't tell on me!);*
9.: ***tell tales*** sladre (*about* på).

teller [ˌtelə] *s* **1.** *ved valg:* stemmeteller; **2.** *bankv(=cashier)* kasserer; **3.:** ***story teller*** historieforteller.

I. telling *s:* ***there's no telling****(=it's impossible to know)* det er umulig å vite.

II. telling *adj:* virkningsfull; kraftig *(fx a telling blow);* treffende; rammende *(fx remarks).*

telling-off ['teliŋˌɔf] *s* **T***(=ticking-off; dressing-down)* overhaling; skrape.

I. telltale [ˌtel'teil] sladderhank.

II. telltale *adj:* avslørende; forrædersk.

telltale clock *vaktmanns:* kontrollur.

telly [ˌteli] *s* **T***(=television)* fjernsyn; TV; ***on the telly****(= on television; on TV)* på TV; ***look at the telly, watch telly****(=watch television; watch TV)* se på TV.

telpher [ˌtelfə] *s:* ***telpher (line)*** taubane for varetransport.

telpherage [ˌtelfəridʒ] *s:* taubanetransport.

temerity [tiˌmeriti] *s; stivt(=audacity)* dristighet.

temp [temp] *s(fk f temporary employee)* kontorvikar.

I. temper [ˌtempə] *s* **1.** temperament *n;* sinn *n;* lynne *n;* gemytt *n;* ***tempers rose to boiling point*** gemyttene kom i kok; ***he's in a bad temper(=he's in a bad mood)*** han er i dårlig humør; ***she has an even temper*** hun har et jevnt humør; ***have a short temper*** være hissig av seg; ***she kept her temper(=she stayed calm)*** hun bevarte fatningen; ***lose one's temper(,*T:** *go off the deep end)* la sinnet løpe av med seg; ***fly into a temper(= have a fit of rage)*** fare opp; ***get his temper up*** få ham sint; tirre ham;
2. *met:* hardhet; ***the temper of steel*** ståls hardhet.

II. temper *vb* **1.** *met:* herde;
2. *fig; stivt(=toughen)* herde;
3. *mus:* temperere;
4.: ***temper justice with mercy*** la nåde gå for rett.

tempera [ˌtempərə] *s:* tempera(farge).

temperament [ˌtempərəmənt] *s* **1***(=temper)* temperament *n;* lynne *n;* sinnelag *n;* **2.** *mus:* temperatur.

temperamental [ˈtempərəˌmentl] *adj* **1.** temperamentsfull; **2.** temperamentsbestemt.

temperance [ˌtempərəns] *s* **1.** *stivt(=moderation)* måtehold;
2*(=abstinence)* avhold(enhet);
3*(=sobriety)* edruelighet; edruskap.

temperance movement: ***the temperance movement*** avholdsbevegelsen.

temperate [ˌtempərit] *adj* **1.** *stivt(=moderate; sober)* måteholden; behersket; **2.** *om klima:* temperert.

temperature [ˌtempritʃə] *s* **1.** temperatur; ***have(=run) a temperature*** ha feber; ***take sby's temperature*** måle ens temperatur; ***the normal temperature of the human body is 36.9°C (98.4°F)*** menneskets normale kroppstemperatur er 36,9°C (98,4°F);
2. *fig:* ***raise the temperature of the meeting*** få opp temperaturen på møtet.

temperature chart *med.:* (skjema til) temperaturkurve.

temperature curve *med.:* temperaturkurve.

temper tantrum: *se tantrum.*

tempest [ˌtempist] *s; litt.(=violent storm)* voldsom storm; uvær.

tempestuous [temˌpestjuəs] *adj; også fig; litt.(=stormy)* stormende; voldsom.

Templar [ˌtemplə] *s; hist:* ***(Knight) Templar(=Knight of the Temple)*** tempelherre.

template [ˌtemplit] *s* **1***(=pattern)* mal; sjablon; **2.** *tøm:* dragbrett; **3.** *mar:* formtre.

temple [templ] *s* **1.** tempel *n;* **2.** *anat:* tinning.

tempo [ˌtempou] *s; mus, etc:* tempo *n.*

temporal [ˌtempərəl] *adj* **1***(=worldly)* verdslig; ***temporal power*** verdslig makt;
2. *anat:* tinning- *(fx bone);*
3. *gram:* tids-; ***temporal clause*** tidsbisetning.

temporarily [ˌtemp(ə)rərili; **US:** ˈtempəˌrærili] *adv:* midlertidig; bare for en kort tid.

temporary [ˌtemp(ə)rəri] *adj:* midlertidig *(fx job);* provisorisk; ***make a temporary repair*** reparere provisorisk.

temporary appointment **1.** midlertidig utnevnelse; **2***(=appointment for a term of years)* åremålsstilling.

temporize, temporise [ˌtempəˈraiz] *vb; stivt(=(try to) play for time)* forsøke å vinne tid.

tempo turn *ski:* temposving.

tempt [tem(p)t] *vb:* friste; ***be tempted*** la seg friste; ***be tempted to*** være (*el.* føle seg) fristet til å.

temptation [tem(p)ˌteiʃən] *s:* fristelse; ***give way to the temptation(=let temptation get the better of one)*** falle for fristelsen; ***we have temptations to overcome*** vi har fristelser å stri med; ***I just couldn't resist the temptation of (-ing)*** jeg kunne ikke motstå fristelsen til å …; jeg falt for fristelsen til å …

tempting [ˌtem(p)tiŋ] *adj:* fristende.

temptress [ˌtem(p)trəs] *s; litt.(=seductress)* fristerinne.

ten [ten] **1.** *tallord:* ti;
2. *s(=number ten)* tier;
3.: ***ten to one he finds out(=he's very likely to find out)*** ti mot en på at han finner det ut.

tenability [ˈtenəˌbiliti] *s* **1.** *om stilling:* det at den kan holdes (*el.* forsvares); **2.** *om teori(=validity)* holdbarhet.

tenable [ˌtenəbl] *adj* **1.** *om stilling:* som kan forsvares (*el.* holdes);
2.: ***this post is tenable for one year*** denne stillingen kan man inneha i ett år;
3. *om teori(=valid)* holdbar.

tenace [ˌteneis] *s; kortsp:* saks.

tenacious [tiˌneiʃəs] *adj; meget stivt* **1***(=persistent; stubborn)* hardnakket; seig; stedig; sta;
2*(=firm)* fast; kraftig *(fx a tenacious grip);*
3*(=retentive):* ***a tenacious memory*** en meget god hukommelse;
4.: ***tenacious of life(=holding on to life)*** seiglivet.

tenacity [tiˌnæsiti] *s; meget stivt* **1.** hardnakkethet; seighet; stahet; stedighet; **2***(=firmness)* fasthet; kraft *(fx the tenacity of his grip).*

tenancy [ˌtenənsi] *s:* leietid; forpaktning; ***have the tenancy of a farm*** forpakte en gård.

tenancy agreement *jur:* leieavtale; leiekontrakt.

tenant [ˌtenənt] *s* **1.** leieboer; ***buy a house with a sitting tenant*** kjøpe et hus som er bortleid; **2***(=tenant farmer)* forpakter.

tenanted [ˌtenəntid] *adj; stivt(=occupied; lived in)* bebodd *(fx is the house tenanted?).*

tenant farmer **1.** forpakter; **2.** *jur(=freeholder)* oppsitter.

tench [tentʃ] *s; zo:* suter.

I. tend [tend] *vb; glds* **1***(=look after)* gjete; **2***(=nurse)* pleie *(fx wounded soldiers).*

II. tend *vb:* ***tend to*** **1.** ha en tendens til å; ha lett for å *(fx he tends to get angry);*
2.: ***tend to(wards)*** helle mot; bevege seg mot;
3. *fig:* ***tend to(wards)*** tendere mot; ***he's tending towards our point of view(=he's beginning to incline to(wards) our point of view)*** han begynner å helle til vår oppfatning.

tendency [ˌtendənsi] *s:* tendens (*to(wards)* mot); ***a decreasing(=declining) tendency*** en avtagende tendens; ***an increasing tendency*** en tiltagende tendens; ***he has a tendency to forget things*** han har en tendens til å glemme.

tendentious [tenˌdenʃəs] *adj(=bias(s)ed)* tendensiøs.

I. tender [ˌtendə] *s* **1.** *jernb:* tender;
2. *mar:* forsyningsskip; depotskip;
3. *merk:* offentlig anbud *n;*
4. *fin:* ***legal tender*** lovlig betalingsmiddel.

II. tender *vb* **1.:** ***tender for*** legge inn anbud *(n)* på;
2. *meget stivt(=offer)* fremføre *(fx one's apologies);*
3. *meget stivt(=hand in)* levere inn *(fx one's resignation).*

III. tender adj **1***(=soft)* bløt; mør; ***tender meat*** mørt kjøtt;
2*(=sore)* øm; ***tender to the touch*** øm for berøring; *fig:* ***touch sby on a tender spot*** treffe en på et ømt punkt;
3. ømtålig; sart *(fx plant);*
4. *litt. el. spøkef(=loving; affectionate)* øm; kjærlig (*towards* mot); ***her tender care*** hennes kjærlige omsorg;
5. *fig(=touchy)* ømtålig; ***tender subject*** ømtålig tema *n;*
6. *stivt el. spøkef:* ***at a tender age(=very young)*** i svært ung alder; ***a child of tender years*** et svært ungt barn.

tenderfoot [ˌtendəˈfut] *s(pl: tenderfeet; tenderfoots) (= novice)* uerfaren nybegynner; nykomling.

t

tenderhearted ['tendəˌhɑ:tid; *attributivt:* ˌtendə'hɑ:tid] *adj(=very kind)* ømhjertet.
tenderize, tenderise [ˌtendə'raiz] *vb:* mørbanke; gjøre mør; ***tenderize the meat*** mørbanke kjøttet.
tenderizer, tenderiser [ˌtendə'raizə] *s; kul:* mørkrydder; mørsalt.
tenderloin [ˌtendə'lɔin] *s; ved partering:* mørbrad; ***beef tenderloin****(=undercut of sirloin)* oksemørbrad.
tenderness [ˌtendənəs] *s* **1***(=affection)* ømhet; kjærlighet; **2.** *for berøring(=soreness)* ømhet.
tendon [ˌtendən] *s; anat:* sene.
tendonitis ['tendəˌnaitis] *s; med.:* senebetennelse.
tendril [ˌtendril] *s; bot:* slyngtråd.
tenement [ˌtenimənt] *s; neds:* ***tenement (building)*** leiekaserne.
tenesmus [tiˌnezməs; tiˌnesməs] *s; med.:* ***rectal tenesmus*** (smertefull) avføringstrang.
tenet [ˌtenit] *s; stivt* **1***(=(basic) principle)* grunnsetning; **2.:** ***(religious) tenet****(=article of faith)* trossetning.
tenfold [ˌten'fould] *adj & adv; stivt(=ten times as much)* tidobbelt; det tidobbelte; ***increase tenfold****(= increase ten times over)* tidoble; *(se sixfold).*
tenner [ˌtenə] *s* **T***(=ten-pound note; ten pounds)* tipundseddel; ti pund *n.*
tennis [ˌtenis] *s; sport:* tennis; ***play a game of tennis*** spille en omgang tennis.
tennis court *sport:* tennisbane.
I. tenon [ˌtenən] *s; tøm:* tapp.
II. tenon *vb; tøm:* tappe.
tenon saw *tøm:* tappesag; bakksag.
tenor [ˌtenə] *s* **1.** *mus:* tenor; ***lush tenor*** smørtenor;
2. *stivt(=gist; main points)* hovedinnhold; ***the tenor of his speech*** hovedinnholdet i talen hans;
3. *jur(=wording)* ordlyd (*of* i) *(fx of a document).*
tenpin bowling *(,***US:** *tenpins)* kjeglespill med ti kjegler.
I. tense [tens] *s; gram:* tid.
II. tense *vb* **1***(=contract)* stramme; spenne;
2*(=become taut)* strammes; spennes; spenne seg.
III. tense *adj:* spent *(fx situation);* anspent.
tensile [ˌtensail] *adj(=ductile)* strekkbar.
tensile strength *i statikk:* strekkfasthet.
tensile stress *i statikk:* strekkspenning.
tensile test*(=tension test)* strekkprøve.
tension [ˌtenʃən] *s;* **1.** spennkraft *(fx the tension of a spring);* spenning; stramming; ***muscular tension*** muskelspenning;
2. *elekt:* spenning; ***high tension*** høyspenning;
3. *fig:* spenning *(fx nervous tension);* anspenthet; ***a laugh that breaks the tension*** en befriende latter; ***keep the tension taut*** holde spenningen på et høyt nivå.
tensor [ˌtensə] *s; anat:* tensor; strekkmuskel.
I. tent [tent] *s:* telt *n;* ***oxygen tent*** surstofftelt; ***ridge tent*** hustelt; ***put up a tent*** sette opp et telt; ***take down the tent****(=strike the tent)* ta ned teltet.
II. tent *vb:* telte; ligge i telt.
tentacle [ˌtentəkl] *s* **1.** *zo:* fangarm; følertråd;
2. *fig(=web; net; snare):* ***be caught in the tentacles of the law*** bli fanget i lovens garn; havne i lovens klør.
tentacled [ˌtentəkəld] *adj; zo:* med fangarmer (*el.* følertråder).
tentative [ˌtentətiv] *adj:* tentativ; forsøks-.
tentatively [ˌtentətivli] *adv:* forsøksvis; som et forsøk.
tenterhooks [ˌtentə'huks] *s; pl:* ***be on tenterhooks*** sitte (,stå) som på nåler.
tenth [tenθ] **1.** *tallord:* tiende; **2.** *s:* tiendedel; tidel.
tent peg teltplugg.
tent pole teltstang.
tent trailer liten tilhenger med tilhørende telt.
tenuous [ˌtenjuəs] *adj; fig* **1.** *meget stivt & litt.(=thin)* tynn *(fx a tenuous rope);*
2. *fig; stivt(=flimsy)* tynn; spinkel; ***a tenuous argument*** et tynt argument;
3. *fig; stivt(=weak):* ***a tenuous hold on reality*** et svakt grep på virkeligheten.
tenure [ˌtenjuə] *s* **1.** *meget stivt(=possession)* besittelse; ***feudal tenure*** lensbesittelse;
2. *stivt(=period of tenancy)* leietid;
3. *meget stivt(=appointment)* ansettelsestid; ***tenure of office****(=term of office)* embetstid.
te(e)pee [ˌti:pi] *s:* spisst indianertelt.
tepid [ˌtepid] *adj* **1.** *ofte neds(=lukewarm)* lunken; halvkald; **2.** *fig(=lukewarm)* lunken.
tepidity [teˌpiditi] *s(=lukewarmness)* lunkenhet.
tergiversate [ˌtə:dʒivə'seit] *vb; litt. & glds; spøkef(= shilly-shally)* vingle, stadig skifte mening.
I. term [tə:m] *s* **1.** periode; tid; ***term of office*** embetstid; ***she was approaching her term*** hun nærmet seg tiden (da hun skulle føde);
2. *skolev (,***US:** *semester)* semester *n;* termin;
3. *merk:* termin; frist; *for lån el. veksel:* løpetid;
4. *mat.:* ledd; ***term of an equation*** ledd i in ligning;
5.: ***terms*** betingelser; vilkår *n;* ***terms of delivery*** leveringsbetingelser; ***terms (of payment)*** betalingsbetingelser; ***on our terms*** på våre betingelser (*el.* vilkår); ***under (the terms of) this contract*** i henhold til denne kontrakten;
6*(=expression)* uttrykk; ***a collective term for*** en samlebetegnelse for; ***technical terms*** faguttrykk; tekniske uttrykk; ***in general terms*** i alminnelige vendinger; ***what does this mean in simple terms?*** hva betyr dette sagt på en enkel måte? ***I told him so in no uncertain terms*** jeg sa det til ham i meget tydelige ordelag;
7.: ***terms of reference*** mandat *n;* ***the terms of reference of a committee*** en komités mandat;
8. *økon:* ***terms of trade*** bytteforhold;
9.: ***term of years*** åremål *n;* ***appointment for a term of years****(=temporary appointment)* åremålsstilling;
10.: ***in terms of*** 1. uttrykt i *(fx in terms of money; in terms of 1994 prices);* ***give the answer in terms of a percentage*** gi svaret i prosent; 2. når det gjelder; 3*(= against; in relation to)* i forhold til *(fx the pound has appreciated in terms of other currencies);*
11.: ***in career terms*** i yrkesmessig sammenheng;
12.: ***in the short (,long) term*** på kort (,lang) sikt;
13.: ***on equal terms*** på like fot; på de samme betingelser; ***be on good (,bad) terms with sby*** stå på en god (,dårlig) fot med en; ***they're on friendly terms*** de står på en vennskapelig fot; ***be on intimate****(=familiar)* ***terms with*** stå på en fortrolig fot med; ***we're not on speaking terms*** vi er ikke på talefot;
14.: ***come to terms*** 1. komme til en forståelse (*with* med); 2.: ***come to terms with a situation*** avfinne seg med en situasjon; 3.: ***come to terms with London****(= settle in in London)* finne seg til rette i London.
II. term *vb; stivt(=call)* benevne; kalle.
termagant [ˌtə:məgənt] *s; stivt(=shrew)* arrig kvinnfolk; rivjern; xantippe.
terminable [ˌtə:minəbl] *adj:* oppsigelig; som kan sies opp.
I. terminal [ˌtə:minl] *s* **1***(=terminus)* endestasjon; terminal *(fx a bus terminal);*
2. *flyv:* ***air terminal*** flyterminal;
3. *elekt:* polklemme;
4. *EDB:* terminal;
5. *skolev(= terminal exam(ination); mock exam)* tentamen.
II. terminal *adj* **1.** ende-; slutt-;
2. *med.:* dødelig *(fx a terminal(=fatal) disease);* terminal-; ***in the terminal stages of cancer*** i siste stadium *(n)* av kreft;
3. termin-;
4. *bot:* endestilt;
5. *fon:* utlydende; utlyds- *(fx vowel).*
terminal report **1.** terminrapport; **2.** *skolev:* terminkarakter(er).

terminate [ˌtə:mi'neit] *vb* **1.** *meget stivt(=end; come to an end)* avslutte; slutte; **2.** *om svangerskap:* avbryte; **3.** *om kontrakt:* si opp.
termination ['tə:miˌneiʃən] *s* **1.** *stivt(=ending)* slutt; ***the termination of life*** livets slutt; **2.** *gram(=ending)* endelse; **3.** *av kontrakt:* oppsigelse.
terminology ['tə:miˌnɔlədʒi] *s:* terminologi.
terminus [ˌtə:minəs] *s:* endestasjon.
termite [ˌtə:mait] *s; zo:* termitt.
tern [tə:n] *s; zo:* ***(common) tern*** (,**T:** ***sea swallow***) (makrell)terne.
I. terrace [ˌterəs] *s* **1.** terrasse; ***flat with a terrace*** terrasseleilighet; *(se terraced block; terrace house);* **2***(=sitting-out area; patio)* uteplass; **3***(=terraced houses; row of houses)* sammenhengende rekke like hus *n;* rekkehus; **4.** *fotb:* ***terraces*** ståtribune; *(jvf grandstand).*
II. terrace *vb:* terrassere; anlegge i terrasser.
terraced [ˌterəst] *adj:* anlagt i terrasser.
terraced block blokk med terrasseleiligheter; ***flat in a terraced block (built up a hillside)*** terrasseleilighet.
terraced house: *se terrace house.*
terraced housing rekkehusbebyggelse.
terrace entrance *sport:* inngang til ståtribune; ***side terrace entrance*** sideinngang til ståtribune.
terrace house (,**US:** *row house)* rekkehus.
terrace ticket *sport:* ståtribunebillett.
terracotta [ˌterəˌkɔtə] *s & adj:* terrakotta.
terra firma [ˌterəˌfə:mə] *s; spøkef(=dry land)* landjorda.
terrain [təˌrein] *s; stivt(=ground)* terreng *n.*
terrazzo [təˌrætsou] *s:* terrasso; mosaikkbetong.
I. terrestrial [təˌrestriəl] *s; stivt(=earth dweller)* jordbo(er).
II. terrestrial *adj* **1.** jord-; jordisk; *stivt:* ***our terrestrial existence****(=our life here on earth)* vår eksistens her på jorda; **2.** *bot & zo:* som vokser (,lever) på land.
terrible [ˌterəbl] *adj* **1.** forferdelig; fryktelig; **2. T***(=very bad)* forferdelig; fryktelig *(fx music).*
terribly [ˌterəbli] *adv* **T 1***(=very much)* forferdelig; **T:** veldig *(fx does it hurt terribly?);* **2***(=very)* forferdelig; **T:** veldig *(fx she's terribly clever).*
terrier [ˌteriə] *s; zo:* terrier.
terrific [təˌrifik] *adj* **T 1***(=very great):* ***at a terrific speed*** i en forferdelig fart; **2***(=very good; super):* ***it was a terrific party*** det var et kjempefint selskap.
terrified [ˌteri'faid] *adj(=scared stiff)* vettskremt; livredd; ***terrified for one's life*** virkelig redd for livet sitt.
terrify [ˌteri'fai] *vb(=frighten very much; scare stiff)* vettskremme; skremme vettet av; forferde.
terrifying [ˌteri'faiiŋ] *adj:* skrekkinnjagende.
territorial ['teriˌtɔ:riəl] *adj:* territorial(-).
territorial waters *pl; jur:* territorialfarvann; ***inside (,outside) Norwegian territorial waters*** innenfor (,utenfor) norsk territorialgrense.
territory [ˌterit(ə)ri] *s* **1.** territorium *n;* **2.** *zo:* revir *n;* **3.** *fig(=area of interest)* interesseområde.
terror [ˌterə] *s* **1.** terror; ***reign of terror*** terrorvelde; skrekkvelde; **2.** skrekk; redsel; ***the terrors of war*** krigens redsler; ***in terror****(=horror-struck; horror-stricken)* redselslagen; forferdet; ***in blank terror*** i sanseløs redsel; **3. T:** redselsfull unge; *(jvf holy terror 2).*
terrorism [ˌterə'rizəm] *s:* terrorisme.
terrorist [ˌterərist] *s:* terrorist.
terrorization, terrorisation ['terəraiˌzeiʃən] *s:* terrorisering.
terrorize, terrorise [ˌterə'raiz] *vb:* terrorisere.
terror-stricken [ˌterə'strikən] *adj(=terror-struck)* redselslagen; skrekkslagen.
terry [ˌteri] *s(=terry cloth; towelling)* frottéstoff.
terse [tə:s] *adj; stivt(=concise; to the point; curt)* konsis; kort; fyndig; ***her reply was terse and rather rude*** svaret hennes var kort og temmelig uhøflig.
tertiary [ˌtə:ʃəri] *adj:* tertiær.
tertiary education *skolev:* utdanning etter videregående skole.
tesselate [ˌtesə'leit] *vb* **1***(=form into mosaic)* utføre i mosaikk; **2.** dekorere med mosaikk; lage mosaikkmønster i.
I. test [test] *s* **1.** prøve; test; ***drug(s) test*** dopingprøve; ***do tests on the food*** ta prøver av maten; **2.** *skolev:* prøve; ***we have a weekly French test*** vi har en ukentlig franskprøve; ***take an English test*** ha engelskprøve; **3.** *film:* ***she was given a test*** hun fikk prøvefilme; **4.** *fig:* ***a test of his courage*** en prøve på motet hans; ***put sby to the test*** sette en på prøve; ***stand the test****(=pass the test)* bestå prøven.
II. test *vb* **1.** prøve *(fx a new car; sby's knowledge of grammar);* ***they were tested on their French*** de ble prøvd (*el.* testet) i fransk; ***have one's eyes tested*** få øynene *(n)* sine undersøkt; **2.** *psykol:* teste.
testament [ˌtestəmənt] *s* **1.** *bibl:* testamente *n;* ***the New Testament*** Det nye testamente; **2.** *jur(=will)* testament *n;* ***his last will and testament*** hans siste vilje; **3.** *fig; stivt(=(outward) sign; proof)* (ytre) tegn *n;* bevis *n;* ***testament to****(=proof of)* bevis på; tegn på; ***the numerous congratulation cards are testament to this*** de mange gratulasjonskortene er bevis på dette; *(se testimony 3).*
testamentary ['testəˌmentəri] *adj:* testamentarisk.
testate [ˌtesteit] *adj:* ***die testate****(=leave a will)* etterlate seg et testament; *(jvf II. intestate).*
testator [teˌsteitə] *s; jur:* arvelater; testator.
testatrix [teˌsteitriks] *s; jur:* kvinnelig arvelater.
test ban *polit:* ***nuclear test ban*** kjernefysisk prøvestans.
test ban treatry *polit:* prøvestansavtale.
test board *skolev:* prøvenemnd.
test case *jur:* prinsipiell sak; prøvesak.
test drive prøvetur.
test-drive [ˌtest'draiv] *vb:* prøvekjøre *(fx a car).*
tester [ˌtestə] *s* **1.** en som prøver (*el.* undersøker); **2.** sengehimmel.
test flight *flyv:* prøveflyvning.
test-fly [ˌtest'flai] *vb; flyv:* prøvefly.
testicle [ˌtestikl] *s; anat:* testikkel.
testify [ˌtesti'fai] *vb* **1.** *jur:* ***testify against*** vitne mot; ***testify on behalf of*** vitne for; vitne til fordel for; ***eligible to testify*** vitnefør; **2.:** ***testify to*** vitne om; bekrefte.
testimonial ['testiˌmouniəl] *s* **1.** *stivt(=reference)* attest; **2***(=appreciation)* hedersgave.
testimony [ˌtestiməni] *s* **1.** *jur(=evidence)* vitneutsagn; vitneforklaring; ***sworn testimony*** beediget vitneforklaring; **2.** *rel:* vitnesbyrd; ***give testimony*** avlegge vitnesbyrd; **3.** *fig; stivt(=(outward) sign)* (ytre) tegn *n;* bevis *n;* ***be testimony of, be a testimony to****(=be proof of; go to show)* vitne om; bære vitnesbyrd om; være et bevis på.
testing [ˌtestiŋ] *adj(=demanding)* krevende *(fx task).*
testing ground 1*(=test(ing) site)* testbane; prøvefelt; **2.** *fig:* styrkeprøve *(fx this match is seen as a testing ground for the Olympics).*
testis [ˌtestis] *s(pl: testes* [ˌtesti:z]*) anat(=testicle)* testikkel.
test match *sport:* cricketlandskamp.
test paper 1. *kjem:* reagenspapir; **2.** *skolev(=question paper)* oppgaveark.
test pattern *TV:* prøvebilde.
test pilot *flyv:* testpilot.
test question *skolev:* (prøve)spørsmål; oppgave.
test tube reagensglass.
test-tube baby [ˌtest'tju:b'beibi] *s; med.(=IVF baby)* prøverørsbarn.
testy [ˌtesti] *adj; stivt(=irritable)* pirrelig; irritabel.

tetanus [ˌtetənəs] *s; med.(=lockjaw)* stivkrampe.
tetchy [ˌtetʃi] *adj; lett glds(=irritable)* pirrelig; irritabel; gretten.
tête-à-tête ['teitəˌteit] *stivt el. spøkef* **1.** *s:* tête-à-tête; samtale på tomannshånd;
2. *adj(=in private)* tête-à-tête; på tomannshånd.
I. tether [ˌteðə] *s* **1.** tjor *n;* **2.** *fig:* ***be at the end of one's tether*** ikke orke mer.
II. tether *vb:* tjore *(fx a horse).*
Texas [ˌteksəs] *s; geogr:* Texas.
Texas Ranger: ***the Texas Rangers*** statspolitiet i Texas.
text [tekst] *s* **1.** tekst; **2. (sacred) text** bibelsted; skriftsted.
textbook [ˌtekst'buk] *s:* lærebok; ***a new textbook in German*** en ny lærebok i tysk; ***supplementary textbook*** hjelpebok.
I. textile [ˌtekstail] *s:* tekstil *n;* vevd stoff *n.*
II. textile *adj:* tekstil-; vevd.
textile printing tekstiltrykk.
textliner [ˌtekst'lainə] *s:* markeringspenn.
textual [ˌtekstjuəl] *adj:* tekst-; ***textual context*** tekstsammenheng.
textural [ˌtekstʃərəl] *adj:* stofflig.
texture [ˌtekstʃə] *s* **1.** *om stoff:* tekstur; vev; vevning;
2. struktur; sammensetning; stofflighet;
3. *i kunst:* stoffvirkning;
4. *fig(=pattern)* mønster *n;* ***the texture of life in America*** livsmønsteret i Amerika.
I. Thai [tai] *s* **1.** thailender; thailending; **2.** *språk(=Siamese)* thai; siamesisk.
II. Thai *adj:* thai(landsk); siamesisk; ***a Thai woman*** en thaikvinne.
Thailand [ˌtai'lænd] *s; geogr(,hist: Siam)* Thailand.
Thames [temz] *s; geogr:* ***the Thames*** Themsen; ***he'll never set the Thames on fire*** han har ikke oppfunnet kruttet.
than [ðæn; *trykksvakt:* ðən] **1.** *konj:* enn; ***easier than*** lettere enn; ***more than*** 1. mer enn; 2. flere enn;
2. *stivt:* ***hardly****(=no sooner)* ***had we arrived than****(=when)* ***the music started****(=we had hardly arrived before(=when) the music started)* ikke før var vi kommet, så begynte musikken.
thank [θæŋk] *vb:* takke; ***thank sby for sth*** takke en for noe; ***thank God*** gudskjelov; ***thank goodness****(=God)* ***for that!*** gudskjelov for det! ***thank you!*** 1. takk! *(fx thank you (very much) for your present! thank you for an enjoyable evening!); 2(=yes, please)* ja takk; ***no thank you*** nei takk; ***yes, thank you*** *1(=thank you; yes, thanks; yes, please)* ja takk *(fx "Would you like another piece of cake?" – "Yes, thank you. I'd love a piece!");* 2. *som svar på forespørsel(=yes, thanks)* ja takk *(fx "Have you had your tea?" – "Yes, thank you."); (se for øvrig thanks & thank you).*
thankful [ˌθæŋkful] *adj(=grateful)* takknemlig; ***let's be thankful****(=glad)* ***that it's over*** la oss være takknemlige *(el.* glade) for at det er over.
thankfulness [ˌθæŋkfulnəs] *s(=gratitude)* takknemlighet.
thankfully [ˌθæŋkfuli] *adv* **1***(=gratefully)* takknemlig; **2***(=thank goodness)* gudskjelov.
thankless [ˌθæŋkləs] *adj:* utakknemlig; ***a thankless task*** en utakknemlig oppgave; *(jvf ungrateful).*
thanks [θæŋks] **1.** *s; pl:* takk; ***as a small token of thanks for a very pleasant****(=happy)* ***stay with you*** som en liten takk for et meget hyggelig opphold hos dere; ***I didn't expect any thanks for helping them*** jeg ventet (meg) ingen takk for å hjelpe dem; ***express one's thanks*** uttrykke sin takk(nemlighet); ***that's all the thanks I get!*** det er takken jeg får! ***please give him my thanks*** vær så snill å takke ham fra meg; ***our thanks go to …*** en takk til …; ***to****(=because of)* takket være; ***it's all thanks to …*** det skyldes ene og alene …; **T:** ***no thanks to****(=in spite of)* til tross for; ***we succeeded, small thanks to him*** det var ikke hans fortjeneste (,**T:** skyld) at vi klarte det; *bibl:* ***thanks be to God!*** Gud være lovet! *(se også thank you);*
2. *int* **T***(=thank you)* takk *(fx thanks for the lift);* ***thanks a lot!****(=thank you very much!)* mange takk! tusen takk! ***no thanks****(=no thank you)* nei takk; ***yes, thanks*** *1(=yes, please!)* ja takk! 2. *som svar på forespørsel(=yes, thank you)* ja takk! *(fx "Have you had your tea?" – "Yes, thanks.");* ***, but no thanks!*** takk (skal du ha), men det får nok være!
thanksgiving [ˌθæŋks'giviŋ] *s:* takkegudstjeneste.
Thanksgiving Day *(,ofte: Thanksgiving)* **US:** høsttakkefest.
thank you *s* **T***(=thanks)* takk; ***say a personal thank you to sby****(=thank sby personally; say a personal thanks to sby)* takke en personlig; ***I owe him a big thank you****(=I'm deeply grateful to him)* jeg er ham stor takk skyldig; ***say a special thank you to sby*** takke en spesielt; *(se for øvrig thank & thanks 1).*
thank-you card *(,stivt: acknowledgment)* takkekort.
thank-you letter [ˌθæŋk'ju'letə] *s:* takkebrev; *(jvf bread-and-butter letter).*
that [ðæt; *trykksvakt:* ðət] **1.** *demonstrativt pron(pl: those)* den; det; *pl:* de; ***what's that you've got in your hand?*** hva er det du har i hånden (din)? ***this is better than that*** denne (,dette) er bedre en den (,det) der; ***was that you knocking?*** var det du som banket? ***those ones over there*** de der borte; ***that son of yours*** den sønnen din;
2. *relativt pron; sløyfes oftest når det står som objekt; brukes om personer & ting:* som *(fx who is the man (that) you were talking to?);* ***the year (that) his brother died*** det året (da) hans bror døde;
3. *konj; sløyfes ofte:* at *(fx I know (that) you didn't do it);* ***there's no doubt that …*** det er ingen tvil om at …; ***so that****(,***T:** *so)* slik at; *stivt:* ***(in order) that****(=so that)* slik at; ***now that****(,***T:** *now)* nå da *(fx now that you're here);* ***that he should be accused of murder*** at han skulle bli beskyldt for mord *n;*
4. *adv* **T***(=so)* så *(fx I didn't realize she was that ill);* ***not all that good****(=not very good)* ikke så god (,bra);
5. *adv(=such):* ***that's life*** slik er livet;
6. *adv; forsterkende:* det; **T:** ***he was that angry!*** han var så sint, altså!
7. *forskjellige forb:* **T:** ***and all that****(=and that)* og slikt noe; og den slags; ***at that*** 1.: ***leave it at that*** la det bli (,være) med det; 2. attpåtil *(fx she was very angry at that); 3(=too)* også *(fx I ought to sack him, and maybe I will at that); 4(=with that)* dermed *(fx at that he left the room);* ***like that****(=in that way)* slik *(fx don't hold it like that!);* ***he is like that****(=that's the way he is)* slik er han; ***not just like that*** ikke sånn uten videre; ***that's that*** det var det; mer er det ikke å si om (,gjøre med) den saken; ***you can't go, and that's that!*** du får ikke lov til å dra, og dermed basta! ***that's that then*** (ja,) det var altså det, da; ***that's a (good) boy (,girl)****(=there's a dear)* så er du snill *(fx give me that book, that's a dear!);* det var flink gutt (jente) det *(fx "That's a (good) boy. You drink up all your milk.");* ***not that*** ikke slik å forstå at; ***not that I want to, of course*** ikke slik å forstå at jeg vil det, naturligvis; ***not that I know of*** ikke så vidt jeg vet; ***that's (to say)*** det vil si; dvs.; ***in that*** for så vidt som; idet; på den måten at …; ***with that:*** *se at that 4.*
I. thatch [θætʃ] *s:* stråtak; halmtak; takhalm.
II. thatch *vb:* tekke (med halm *el.* strå *n).*
thatched *adj:* stråtekket; med stråtak; med halmtak.
I. thaw [θɔ:] *s:* tøvær; mildvær; ***spring thaw*** vårløsning.
II. thaw *vb* **1.** tø; smelte; (få til å) smelte *(fx the sun thawed the ice);* **2.** *om mat(=thaw out)* tine (opp);
3. *fig:* tø opp;
4.: ***thaw out*** *1(=thaw)* tine (opp); 2. *fig:* tine opp; få varmen i seg *(fx thaw out in front of the fire);* tø opp *(fx the wine thawed out the guests).*

the [ði:; *trykksvakt:* ðə; *foran vokal:* ði] **1.** *best art:* -en; -et; -a; *pl:* -ne; ***the boy*** gutten; ***the girls*** jentene; *foran adj:* den; det; *pl:* de; ***the big boy*** den store gutten; ***the boy who saw him*** (den) gutten som så ham; *foran familienavn:* ***the Taylors*** familien Taylor; Taylors;
2. *forsterkende bruk* [ði:]: ***he's the man*** han er nettopp den rette *(fx he's the man for the job);*
3. *adv; foran komp:* ***she looks (all) the happier for her trip*** hun ser gladere ut etter den turen sin; ***that makes it all the worse*** det gjør det (bare) så mye verre; ***so much the worse*** så meget desto verre; ***the less so as …*** så meget desto mindre som …; ***the sooner the better*** jo før jo heller.

theatre *(,***US:** *theater)* [ˌθiətə] *s* **1.** teater *n;* drama *n;* ***go to the theatre*** gå i teateret;
2.: ***(operating) theatre*** operasjonssal;
3.: ***theatre of operations*** krigsskueplass.

theatregoer [ˌθiətəˈgouə] *s:* teatergjenger.

theatre nurse *(=theatre sister;* **US:** *operating sister)* operasjonssøster.

theatrical [θiˌætrikl] *adj:* teatralsk; teater-.

theatrical company *teat:* skuespillerselskap.

theatricals [θiˌætriklz] *s; pl:* ***amateur theatricals*** amatørteater.

thee [ði:] *pers pron; objektform av 'thou'; glds el. bibl(=you)* deg.

theft [θeft] *s:* tyveri *n.*

theft victim*(=victim of theft)* bestjålet person.

their [ðɛə] *pron:* deres *(fx their new house);* sin; si; sitt *(fx they have sold their car (,their house)); pl:* sine *(fx they took their children out of school).*

theirs [ðeəz] *pron; med subst foran el. med subst underforstått:* deres *(fx That house isn't theirs. Theirs is over there); pl:* deres; sine *(fx we took our things and they took theirs);* ***it's a habit of theirs*** det er en vane de har.

theism [ˌθi:izəm] *s:* teisme.

them [ðem; *trykksvakt:* ðəm] *pers pron* **1.** dem;
2. seg *(fx they took the boy with them); viser tilbake på 'someone' el. 'anyone':* ***if anyone brings their children with them****(=if any of them bring their children)* hvis noen av dem har med seg barna sine.

thematic [θiˌmætik] *adj:* tematisk.

theme [θi:m] *s* **1.** *stivt(=subject)* tema *n;* emne *n;*
2. US *skolev(=essay)* stil;
3. *mus:* tema *n;*
4.: ***running theme*** gjennomgangsmotiv.

theme tune **1.** *i film, etc(=theme song)* gjennomgangsmelodi; **2***(=signature tune)* kjenningsmelodi.

themselves [ðəmˌselvz] *pron* **1.** seg *(fx they defended themselves);*
2. seg selv *(fx they helped themselves; they aren't themselves);* ***they themselves*** de selv *(fx they themselves did nothing wrong);*
3. *viser tilbake på 'someone' el. 'anyone':* seg; ***if anyone has to blame themselves, it's her****(=if anyone has anything to blame themselves for, it's her)* hvis noen har noe å bebreide seg, (så) er det hun.

I. then [ðen] *adv* **1.** den gangen; den gang; da *(fx the rules then in force; if you're coming next week, I'll see you then);* ***before then*** før det (tidspunktet); før da; ***by then*** innen den tid; innen da; ***from then on(wards)*** fra da av; fra det tidspunkt av; ***there and then****(=then and there)* på stedet; straks; der og da; ***goodbye till then!*** adjø så lenge! **T:** ha det (så lenge)!
2*(=after that; afterwards)* deretter; dernest; derpå; etterpå; så *(fx I had a drink, (and) then I went home);* ***then what?*** hva så?
3*(=in that case)* i så fall; da; ***what would we do then?*** hva skulle vi da *(el.* i så fall) gjøre? ***if you're tired, then you must rest*** hvis du er sliten, må du hvile; ***then why did you do it?*** hvorfor gjorde du det da?
4. dessuten; så *(fx and then you must remember to phone Chris);* ***and then of course there's the family to consider*** og så er det naturligvis familien å ta hensyn til;
5. *ofte i slutten av en setning, hvor det spørres om en forklaring el. hvor det antydes overraskelse:* da *(fx what would you think of that, then? why did you do it, then?);* vel *(fx that was a bit of a shock, then, wasn't it?);*
6. *med underforstått begrunnelse:* altså *(fx you'll have dinner with us today, then?);*
7*(=accordingly; so)* følgelig *(fx our hero, then, was greatly relieved);*
8. *uttrykker innrømmelse:* enda; attpåtil *(fx and then he was only a beginner);* ***…but then, of course, he had travelled a lot*** men så hadde han da også reist mye; ***the pay isn't much, but then the work is easy*** lønnen er ikke stor, men så er da også arbeidet lett;
9.: ***even then*** 1. selv da *(fx I gave him £100, but even then he didn't have enough);* 2*(=even at that early date; already … then)* allerede da; allerede den gang;
10.: ***now and then****(=occasionally)* nå og da; av og til; ***every now and then*** rett som det er (,var);
11. *stivt:* ***only then, not till then*** først da; *stivt:* ***only then did he realize that …****(=he only realized then that …)* først da innså han at …

II. then *adj:* daværende *(fx the then king);* ***then living*** *(=contemporary)* dalevende.

thence [ðens] *adv* **1.** *glds(=from there)* derfra;
2. *glds(=later)* senere *(fx a week thence);* ***(from) thence****(=from that time)* fra den tiden;
3. *stivt(=for that reason)* følgelig; av den grunn.

thenceforth [ˌðensˈfɔ:θ] *adv; glds(=from that time onwards)* fra da av.

theodolite [θiˌɔdəlait] *s:* teodolitt.

theologian [ˈθiəˌloudʒiən] *s:* teolog.

theological [ˈθiəˌlɔdʒikl] *adj:* teologisk.

theological college *skolev:* presteseminar.

theology [θiˌɔlədʒi] *s:* teologi.

theorem [ˌθiərəm] *s:* teorem *n;* (lære)setning.

theoretical [ˈθiəˌretikl] *adj:* teoretisk.

theoretically [ˈθiəˌretikəli] *adv:* teoretisk.

theoretician [ˈθiəriˌtiʃən] *s(=theorist)* teoretiker.

theorize, theorise [ˌθiəˈraiz] *vb; stivt(=make (up) theories)* teoretisere; ***theorize about****(=make (up) theories about)* teoretisere omkring *(fx sth).*

theory [ˌθiəri] *s:* teori; ***on the theory that …*** utfra den teori at …; ***put forward a theory*** sette frem en teori; ***stretch a theory*** trekke en teori etter hårene *n.*

therapeutic [ˈθerəˌpju:tik] *adj:* terapeutisk.

therapeutics *s; som fag:* terapi; *(jvf therapy).*

therapeutic sport*(=rehabilitation sport)* helsesport.

therapist [ˌθerəpist] *s:* terapeut.

therapy [ˌθerəpi] *s:* terapi; behandling.

there [ðɛə] *adv* **1.** der; ***here and there*** her og der; ***in there*** der inne; ***out there*** der ute; ***over there*** der borte; ***not far from there*** ikke langt derfra;
2. dit *(fx don't go there);* ***there and back*** frem og tilbake; begge veier; dit og tilbake (igjen); bort og hjem; tur retur; ***in there*** dit inn; ***out there*** dit ut;
3. *int; trøstende:* så! så så! *(fx there, don't cry!);* ***there now!*** så så!
4. *for å vise at man har rett el. for å angi at noe er fullført:* ***there! I told you he'd do it!*** der ser du! jeg sa deg jo at han kom til å gjøre det! ***there! that's that job done!*** se så! – det var den jobben!
5.: ***there you are!*** 1. *når man rekker en noe:* vær så god! 2*(=there now!)* der kan du selv se!
6. *int; etter avslag:* ***so there!*** så! – nå kan du ha det så godt! *barnespråk:* så bæ da! *(fx I'm not giving you any, so there!);*
7.: ***there's a good boy (,girl)****(=there's a dear)* så er du snill *(fx You finish your soup now – there's a good boy);*
8. *innleder setning:* det *(fx there's been an accident; I don't want there to be any mistakes in this letter; there*

*don't seem to be any mistakes in this; it's impossible for there to be any more); **there's a garage behind the house**(=behind the house is a garage)* det er en garasje bak huset; ***there's****(,stivt: there are)* ***15 of them****(= they are 15)* det er 15 av dem; ***there's a snake in that box*** det er (*el.* ligger) en slange i den kassen; ***the best coffee there is*** den beste kaffe som finnes; ***there's no such thing*** slikt fins ikke; ***there's nothing wrong, is there?*** det er ikke noe galt, vel? ***is there anywhere near here (where) we could get a meal?*** er det et sted her i nærheten, hvor vi kunne få (kjøpt) noe å spise? ***there were cries for help*** man hørte rop om hjelp; ***once upon a time there was a boy called Jack*** det var engang en gutt som het(te) Jack; ***there's money in it*** det ligger penger i det; det er penger å tjene på det; ***there's no knowing*** det er umulig å vite; man kan aldri vite; ***there's friendship for you!*** og slikt kaller man vennskap! ***there's cheese and cheese*** ost og ost er to (forskjellige) ting; ost og ost, fru Blom! *ordspråk:* ***where there's a will, there's a way*** det man vil, det kan man; der hvor det er vilje, der er det vei;
9. *innleder setning:* der; ***there goes the bus!*** der går bussen! ***there's the bell!*** der ringer det! ***there it is*** (ja,) slik er det (nå engang); det er det ikke noe å gjøre ved;
10. *etter subst for å fremheve det:* der; ***that book there*** den boka der;
11. T: ***all there*** våken; kvikk i oppfattelsen; ***not all there*** ikke riktig vel bevart; ikke riktig klok.

thereabouts [ˌðɛərə'bauts] *adv* **T:** deromkring *(fx at the station or thereabouts; a hundred or thereabouts);* ***at 3 o'clock or thereabouts*** rundt omkring klokken tre.

thereafter ['ðɛərˌɑ:ftə] *adv; stivt(=afterwards; from that time on)* fra da av.

thereby [ˌðɛə'bai] *adv; stivt(=because of that)* dermed.

therefore [ˌðɛə'fɔ:] *adv; stivt(=so; thus)* derfor; ***he was therefore able to buy a car****(=thus he was able to buy a car)* derfor kunne han kjøpe (en) bil.

therein ['ðɛərˌin] *adv; meget stivt el. jur:* deri *(fx the book and the documents therein).*

thereinafter ['ðɛərinˌɑ:ftə] *adv; jur:* (nevnt) i det følgende.

thereupon ['ðɛərəˌpʌn] *adv; stivt(=then)* derpå; så.

I. thermal [ˌθə:ml] *s; flyv:* varm oppvind.

II. thermal *adj:* termal(-); termisk; termo-; varme-.

thermo- [ˌθə:mou] *forstavelse:* varme-; termo-.

thermometer [θə:ˌmɔmitə] *s:* termometer *n;* ***clinical thermometer*** febertermometer.

thermonuclear ['θə:mouˌnju:kliə] *adj:* termonukleær.

thermonuclear bomb*(=fusion bomb)* fusjonsbombe.

thermos [ˌθə:məs] *s:* ***thermos (flask)*** termosflaske.

thermos bag*(=cooling bag; cooler)* kjølebag.

thermostat [ˌθə:mə'stæt] *s:* termostat.

thermostatic ['θə:məˌstætik] *adj:* termostatisk.

thermostatics ['θə:məˌstætiks] *s:* termostatikk.

thermotherapy ['θə:mouˌθerəpi] *s; med.:* varmebehandling; termoterapi.

thesaurus [θiˌsɔ:rəs] *s:* begrepsordbok.

these [ði:z] *pl av this.*

thesis [ˌθi:sis] *s(pl: theses* [ˌθi:siz]*)* **1***(=dissertation)* avhandling; ***post-graduate thesis*** hovedfagsoppgave;
2. *stivt:* tese; postulat *n.*

they [ðei] *pers pron; pl* **1.** de;
2*(=people)* man; folk *(fx they say he's rich);*
3*(=(s)he):* ***if anyone does that, they are to be severely punished*** hvis noen gjør det, skal de straffes strengt;
4. *andre eksempler, hvor norsk bruker "det":* ***they were good years*** det var (noen) gode år *n;* ***what are they? – trees or animals?*** hva er det? trær *(n)* eller dyr *(n)*? ***they're animals, I think*** det er dyr, tror jeg.

I. thick [θik] *s:* ***in the thick of the forest*** i tykke skogen; midt i skogen; ***in the thick of the fight****(=in the thick of it)* der hvor det går (,gikk) som hardest for seg; **T:** ***through thick and thin*** gjennom tykt og tynt.

II. thick *adj* **1.** tykk;
2. *om væske(=viscous)* tykk; tyktflytende;
3. *om tåke el. skog(=dense)* tett; tykk; *om hår:* tykt;
4. *om stemme:* tykk; grøtet;
5. T*(=stupid)* dum; **S:** teit;
6.: ***thick with*** fylt med; full av *(fx the room was thick with smoke);* med et tykt lag av; ***the air was thick with rumours*** ryktene *(n)* svirret;
7. T: ***that's a bit thick*** det er litt drøyt; det er i stiveste laget;
8.: ***thick and fast*** tett i tett; slag i slag *(fx reports arrived thick and fast);* ***the accusations were flying thick and fast*** luften svirret av beskyldninger; ***the orders came (in) thick and fast*** bestillingene kom på løpende bånd *n;*
9. T: ***they're as thick as thieves*** de henger sammen som erteris;
10. T: ***lay it on thick****(=exaggerate)* smøre tykt på.

thicken [ˌθikən] *vb* **1***(=make thicker)* gjøre tykkere; **2***(=become thicker)* bli tykkere *(fx the fog thickened).*

thickening [ˌθikəniŋ] *s* **1.** *kul:* jevning *(for* til);
2.: ***he noticed the gradual thickening of her waist*** han la merke til hvordan hun etter hvert ble tykkere rundt livet.

thicket [ˌθikit] *s:* kratt *n;* buskas *n;* (skog)tykning.

thick-headed [ˌθik'hedid] *adj* **T 1***(=stupid)* dum;
2. *pga. alkohol el. forkjølelse(=dizzy)* ør i hodet.

thickness [ˌθiknəs] *s* **1.** tykkelse; **2***(=layer)* lag *n;* sjikt *n;* **3.** *tekn:* ***material thickness*** godstykkelse.

thickset ['θikˌset; *attributivt:* ˌθik'set] *adj* **1***(=stocky)* tettvokst; tettbygd; **2.** tettplantet *(fx hedge).*

thick-skinned ['θikˌskind; *attributivt:* ˌθik'skind] *adj* **1.** *om frukt:* med tykt skall; **2.** *fig:* tykkhudet.

thief [θi:f] *s(pl: thieves* [θi:vz]*)* tyv; ***inside thief*** hustyv; ***stop thief!*** stopp tyven! ***set a thief to catch a thief*** gammel tyv gjør god lensmann.

thieve [θi:v] *vb; stivt el. spøkef(=steal)* stjele; **T:** rappe *(fx he's always thieving my pencils).*

thievish [ˌθi:viʃ] *adj:* tyvaktig.

thigh [θai] *s; anat:* lår *n;* ***a broken thigh*** et lårbensbrudd; ***swelling thighs*** *(,US & Canada: saddlebag thighs)* ridebukselår; **T:** ridebukser.

thighbone [ˌθai'boun] *s; anat(=femur)* lårben.

thill [θil] *s(=shaft)* vognstang; skåk *n.*

thimble [ˌθimbl] *s* **1.** fingerbøl *n;* **2.:** ***cable thimble****(= terminal)* kabelsko.

I. thin [θin] *vb* **1.** tynnes; bli tynn(ere) *(fx his hair was thinning);*
2*(=dilute)* spe opp; tynne ut; fortynne;
3.: ***thin out*** 1. tynne ut *(fx plants);* 2.: ***the trees thinned out near the river*** det ble lenger mellom trærne *(n)* i nærheten av elven.

II. thin *adj* **1.** tynn; ***his hair's getting rather thin*** han begynner å bli ganske tynn i håret;
2. *om væske:* tynn *(fx beer; soup);*
3. (som bor) spredt *(fx population); om fremmøte:* ***a thin audience*** få tilhørere;
4.: ***thin air*** tynn luft; *fig:* ***disappear****(=vanish)* ***into thin air*** forsvinne som dugg for solen;
5.: ***real experts are thin on the ground****(=real experts are few and far between)* virkelige eksperter er det langt imellom;
6. *mht. økonomien* **T:** ***have a thin time (of it)*** sitte hardt i det.

thine [ðain] *pron; glds(,foran vokal: 'thy')(=your)* din; di; ditt; *pl:* dine.

thin-flowing [ˌθin'flouiŋ] *adj(=of low viscosity)* lettflytende; tyntflytende.

thing [θiŋ] *s* **1.** ting; ***what do you use that thing for?*** hva bruker du den tingen til?
2. *om person* **T:** ***she's a nice old thing*** hun er en hyggelig gammel dame;
3.: ***I hope I haven't done the wrong thing?*** jeg håper jeg ikke har gjort noe galt?

4(*=problem*)*:* ***it's just one thing after another*** det er bare det ene (problemet) etter det andre;
5. T: ***have a thing about sth*** ha en fiks idé når det gjelder noe;
6. T: ***he wants to do his own thing*** han vil stelle med sitt;
7.: ***it's a good thing you came with us*** det var bra du ble med oss; ***… and a good thing too!*** … 1. og bra var det! 2. *iron:* … og det samme var det!
8.: ***first thing (in the morning)*** med én gang (i morgen tidlig);
9.: ***for one thing …(and) for another (thing)*** for det første … (og) for det andre (*fx I can't go. For one thing, I have no money, and for another, I have too much work*);
10.: ***last thing before going to bed, I have a good wash*** det siste jeg gjør før jeg legger meg, er å vaske meg godt;
11. T: ***make a thing of***(*=make a fuss about*) gjøre et stort nummer av;
12. T: ***that was a near thing!*** det holdt på å gå galt!
13(*=love affair*) forhold (*fx have a thing going with sby*);
14.: ***the coming thing*** fremtidens løsen *n;*
15.: ***the best thing you can do is to …***(*=your best plan is to …*) det beste du kan gjøre, er å …; ***the best thing is to sit tight and see if things improve*** det beste er å forholde seg rolig og se om det blir bedre;
16. sak (*fx we must settle this thing now*); ***the thing is that …*** saken er den at …; ***that's just the thing*** det er nettopp det som er tingen; ***that's just the thing for you*** det er nettopp noe for deg; ***the thing is to say nothing*** det gjelder å ikke si noenting;
17. T: ***I don't feel quite the thing this morning***(*=I'm not feeling very well this morning*) jeg føler meg ikke helt vel i dag;
18. T: ***the whole thing*** det hele; alt sammen; ***the whole thing's off*** det hele er avlyst (*el.* avblåst); det blir ikke noe av (det hele);
19.: ***in the big scheme of things*** i den store sammenheng;
20.: ***we're rather out of things here*** vi bor jo litt utenfor folkeskikken her;
21.: ***this may be the shape of things to come***(*=this may be what the future will be like*) slik kan fremtiden komme til å arte seg;
22. T: ***how are things at home?*** hvordan står det til hjemme?
23.: ***as things are now***(*=in the present state of things*) slik som saken nå står; ***that's the way things are*** slik er det nå engang;
24.: ***things begin to look brighter*** det begynner å se lysere ut;
25.: ***let things drift***(*=let things slide; let matters take their course*) la det skure; la tingene gå sin skjeve gang; la det stå til;
26. T: ***keep things going***(*=moving*)(*=keep the wheels turning*) holde hjulene i gang;
27.: ***he's very disgruntled at the way things are going*** han er meget sur over den måten tingene utvikler seg på;
28. T: ***he has too many things on the go (at the same time)*** han har altfor mange baller i luften (samtidig);
29.: ***take a cheerful view of things***(*=look on the bright*(*=sunny*) *side of things*) 1. se lyst på tingene (*el.* situasjonen); 2. se lyst på tilværelsen;
30.: ***take things as they come***(*=are*) ta det som det kommer; ***take things as one finds them*** avfinne seg med forholdene *n;*
31. *om hallusinasjoner:* ***hear things*** høre ting (*fx she hears things*); ***see things*** se syner *n.*

thingummy [ˈθiŋəmi] *s* **T**(*=thingummyjig*) tingest; dings; greie.

I. think [θiŋk] *s* **T:** ***have a think about it***(*=think about it*) tenke på det; ***you've got another think coming!*** du kan tenke om igjen! da må du tro om igjen!

II. think *vb*(*pret & perf.part.: thought*) **1.** tenke; ***think aloud***(*=think out loud*) tenke høyt; ***think back (in time)*** tenke tilbake (i tid(en)); ***and when I think back …*** og når jeg (nå) tenker etter; ***think clearly***(*= straight*) tenke klart; ***I was just thinking (to myself) how silly this is*** jeg tenkte nettopp ved meg selv hvor tåpelig dette er; ***he talks and thinks business*** han hverken snakker om eller tenker på annet enn forretninger; ***I must think what to do*** jeg må tenke etter hva jeg skal gjøre; ***not stop to think*** ikke tenke seg om; ***without stopping to think***(*=without thinking*) uten å tenke seg om; ***be able to think on one's feet*** være snartenkt; ***think***(*=see*) ***fit*** finne for godt (*fx do as you think fit*); ***think twice***(*=hesitate*) tenke seg om; nøle (*fx I wouldn't think twice before going, if I were you*); ***but then he thought twice about it***(*=but then he changed his mind about it*) men så betenkte han seg; ***start him thinking along different lines*** pense ham inn på andre tankebaner; (*se 4: think about; 5: think of; 6: think out; 7: think sth over; 8: think through; 9: think up*);
2. anta; tenke; tro (*fx we didn't think we'd have any trouble*); synes; ***one would think that …*** man skulle tro at …; ***one would have thought so, but …*** det skulle man ha trodd, men …; ***I should think we'll be finished by the end of the week*** jeg skulle anta at vi blir ferdige i løpet av uken; ***I should***(*=would*) ***have thought she was much older*** jeg ville ha trodd hun var mye meget eldre; ***I should think so*** 1. jeg skulle anta det; 2. (ja,) det skulle jeg mene! ***I should think not!*** det skulle (da også) bare mangle! ***I think so*** jeg tror det; ***I don't think so*** det tror jeg ikke; ***I should never have thought so*** det ville jeg aldri ha trodd; *iron:* ***in a free country, I don't think!*** i et fritt land, jammen sa jeg smør!
3.: ***I can't think***(*=I don't know*) ***where I put it*** jeg kan ikke komme på hvor jeg la det (,den); ***I couldn't think what had happened*** jeg ante ikke hva som var skjedd;
4.: ***think about*** 1. tenke på; ***I have never thought seriously about it*** jeg har aldri tenkt alvorlig på det; ***this should give us all something to think about*** dette skulle gi noen hver av oss noe å tenke på; ***think about sth with pleasure***(*=think happily about sth*) tenke på noe med glede; ***he doesn't think twice about money*** han tenker ikke på pengene; 2. tenke på; huske på (*fx he has a lot of things to think about*); 3(*=think of*) tenke på; komme på den tanke; 4(*=think of*) mene om; ***I don't quite know what to think about it*** jeg vet ikke riktig hva jeg skal mene om det; 5(*=think over*) tenke over; ***think about sth***(*=think sth over*) tenke over noe; ***it needs thinking about*** det må jeg (,vi, etc) tenke nærmere på (*el.* over);
5.: ***think of*** 1(*=think about*) tenke på; huske på; 2. *i nektende setning:* huske; komme på (*fx I couldn't think of her name when I met her*); 3(*=think about*) mene om; 4. komme på (den tanken); tenke på (*fx why has no-one else thought of it?*); ***now that I come to think of it*** når jeg nå tenker nærmere etter; ***(suddenly) think of sth*** (plutselig) komme i tanker om noe; 5(*=consider*) tenke på; ta hensyn til; 6(*=regard*)*:* ***he thinks of himself as a poet*** han ser på seg selv som dikter; 7.: ***think of (-ing)*** tenke på å; overveie å; ***think better of*** 1. tro bedre om; 2.: ***think better of it***(*=change one's mind about it*) ombestemme seg; ***think highly of***(*= have a high opinion of;* **T:** *think a lot of*) sette høyt; ha en høy mening om; ***think little of***(*=not think much of*) ikke ha videre høy mening om (*fx he thought little of my work*); ***think too much of***(*=have too high an opinion of*) ha for høy mening om; ha for høye tanker om; ***think nothing of it*** 1. det er ikke noe å takke meg for; 2(*=it doesn't matter*) det er ikke så farlig; 3.: ***she thinks nothing of working hard*** hun gjør ingenting av å arbeide hardt; ***think the world of***(*=be very fond of*) sette meget høyt;

6.: *think out* 1(*=plan; work out*) tenke ut (*fx how to do it*); 2.: ***think sth out*** tenke noe gjennom; ***think things out*** tenke tingene gjennom; ***think it out for yourself*** tenk det gjennom for deg selv;
7.: ***think sth over***(*=think about sth*) tenke gjennom (*el.* over) noe; ***I want time to think things over*** jeg vil ha tid til å tenke det gjennom; ***think it over carefully*** tenke grundig over (*el.* gjennom) det; overveie det nøye;
8.: ***think through*** tenke gjennom; ***a problem*** tenke et problem (ordentlig) gjennom;
9.: ***think up***(*=invent*) finne opp; tenke ut.

thinker [ˌθiŋkə] *s:* tenker (*fx a great thinker*).

I. thinking [ˌθiŋkiŋ] *s* **1.** tenkning; ***creative thinking*** kreativ (*el.* skapende) tenkning; ***be logical in one's thinking*** tenke logisk; ***muddled***(*=woolly*) ***thinking*** uklar tenkning; ***new thinking*** nytenkning; ***that was quick thinking!*** det var snartenkt gjort! ***what sort of thinking is that?*** hva slags tankegang er det? ***it isn't thinking – it's short-sighted stupidity*** det kalles ikke å tenke – det er kortsynt stupiditet;
2. *stivt*(*=opinion*): ***current thinking on immigration*** de tanker man i dag har om innvandring;
3.: ***way of thinking*** tenkesett; ***to my way of thinking***(*= in my opinion*) etter min mening.

II. thinking *adj:* tenkende.

thinking cap T: ***put on one's thinking cap*** legge hodet i bløt.

thinking distance *ved bremsing:* reaksjonslengde.

think tank T(*=expert panel*) ekspertpanel; tenketank.

thinly [θinli] *adv:* tynt.

thinner [ˌθinə] *s:* tynner; fortynningsmiddel.

thin-skinned ['θinˌskind; *attributivt:* ˌθin'skind] *adj* **1.** tynnhudet; *om frukt:* med tynt skall; **2.** *fig*(*=touchy*) nærtagende; sensibel; (*se touchy 2*).

I. third [θə:d] *s* **1.** tred(je)del; ***two thirds*** to tred(je)deler;
2. *mat.:* ters;
3. *univ; karakter*(*=third class*) non (condemnendus);
4. *mask*(*=third gear*) tredje(gir).

II. third *tallord:* tredje; *sport:* ***come in third*** komme inn på tredjeplass.

third class 1. tredje klasse; **2.:** *se I. third 3.*

third degree tredjegradsforhør.

third-degree burn *med.:* tredjegradsforbrenning.

thirdhand ['θə:dˌhænd; *attributivt:* ˌθə:d'hænd] **1.** *adj:* tredjehånds; **2.** *adv:* på tredje hånd.

I. third party *s; jur:* tredjemann.

II. third party *adv:* ***be insured third party*** ha ansvarsforsikring.

third party insurance ansvarsforsikring (for bilister); trafikkforsikring; (*jvf personal liability insurance*).

third party liability *jur*(*=public liability*) ansvar etter loven.

third-rate [ˌθə:dˌreit; ˌθə:d'reit] *adj:* tredjeklasses.

Third World: ***the Third World*** Den tredje verden.

I. thirst [θə:st] *s:* tørst; ***have a terrible thirst*** være forferdelig tørst; ***thirst for knowledge*** kunnskapstørst; ***satisfy***(*,* **T:** *kill*) ***one's thirst with a beer*** slukke tørsten med en øl.

II. thirst *vb* **1.** *glds*(*=be thirsty*) tørste; **2.** *fig; stivt:* ***thirst for***(*=be eager for*) tørste etter.

thirsty [ˌθə:sti] *adj* **1.** tørst; ***be thirsty*** være tørst; ***thirsty***(*=dry*) ***work*** arbeid (*n*) man blir tørst av;
2. *stivt:* ***be thirsty for***(*=be eager for*) tørste etter (*fx power*).

thirteen [ˌθə:ˌti:n; ˌθə:'ti:n; θə:ˌti:n] *tallord:* tretten.

thirteenth [ˌθə:ˌti:nθ; ˌθə:'ti:nθ; θəˌti:nθ] **1.** *tallord:* trettende; **2.** *s:* tretten(de)del.

Thirteenth Amendment US: ***the Thirteenth Amendment*** US lovtillegget som avskaffet slaveriet (i 1865).

thirty [ˌθə:ti] *tallord:* tretti.

this [ðis] **1.** *demonstrativt pron*(*pl: these* [ði:z])denne; dette; *pl:* disse (*fx this car; these books*); ***this is the book I meant, not that one*** dette er den boken jeg mente, ikke den der; ***this evening*** denne kvelden; i kveld (*fx this evening, I shall go to the theatre*); ***this minute*** 1(*=at once*) med én gang; 2(*=a moment ago*): ***I was talking to him just this minute*** jeg snakket med ham for et øyeblikk siden; ***this morning*** denne morgenen; denne formiddagen; i formiddag; i dag morges; ***this year*** i år; ***like this***(*=in this way*) på denne måten; ***one of these days*** en av dagene; en dag med det første; ***this and that***(*=this that and the other*) ditt og datt; både det ene og det andre; ***what he said was this***(*=he said as follows*) han sa følgende; ***this is where I have to disagree*** her må jeg si meg uenig;
2. *adv* **T**(*=so*) så (*fx I didn't expect you to be this late; I didn't know it was this easy*); ***I've known her since she was this high*** jeg har kjent henne siden hun var en neve stor.

thistle [θisl] *s; bot:* tistel.

thither [ˌðiðə] *adv; glds*(*=to that place; there*) derhen.

thole [θoul] *s; mar*(*=tholepin*) tollepinne.

Thomas [ˌtɔməs] *s:* Thomas; ***doubting Thomas*** vantro Tomas.

thong [θɔŋ] *s* **1.** lærreim; **2**(*=whiplash*) piskesnert.

thoracic [θɔ:ˌræsik] *adj; anat:* bryst-; ***thoracic cavity*** brysthule.

thorax [ˌθɔ:ræks] *s; anat:* toraks; brystkasse.

thorn [ˌθɔ:n] *s* **1.** *bot:* torn;
2. *fig:* ***no roses without a thorn*** ingen roser uten torner; ***it's a thorn in my side***(*=flesh*) det er meg en torn i øyet; (*jvf eyesore*).

thorny [ˌθɔ:ni] *adj* **1.** tornet; full av torner; **2.** *fig:* tornefull; **3**(*=difficult*) vanskelig; vrien (*fx problem*).

thorough [ˌθʌrə] *adj* **1.** grundig; ***she has a thorough knowledge of French***(*=she speaks perfect French*) hun snakker perfekt fransk; **2.** *fig*(*=complete*): ***a thorough waste of time*** det rene tidsspille.

I. thoroughbred [ˌθʌrə'bred] *s:* rasehest; *fig:* ***this car's a real thoroughbred*** dette er en virkelig kvalitetsbil.

II. thoroughbred *adj:* fullblods-; rase- (*fx horse*).

thoroughfare [ˌθʌrə'fɛə] *s* **1.** gjennomfartsvei; ***this isn't a public thoroughfare*** dette er ingen offentlig gate; **2**(*=way through; passage through*) passasje; gjennomgang; *skilt:* ***no thoroughfare***(*=no through road*) ingen gjennomkjøring.

thoroughgoing [ˌθʌrə'gouiŋ] *adj* **1.** gjennomført grundig; **2**(*=complete*): ***a thoroughgoing mess*** et eneste rot.

thoroughly [ˌθʌrəli] *adv:* grundig; ***thoroughly healthy***(*=in perfect health*) kjernesunn; ***thoroughly trained*** gjennomtrent; ***I'm thoroughly ashamed*** jeg er dypt beskjemmet; ***he has a thoroughly***(*=an extremely*) ***bad influence on*** han har en meget dårlig innflytelse på; ***thoroughly***(*=extremely*) ***boring*** ytterst kjedelig; ***thoroughly modern***(*=very modern; the latest fashion*) tvers igjennom moderne; helt moderne; ***a thoroughly***(*=an extremely*) ***nasty person*** en tvers igjennom vemmelig person.

thoroughness [ˌθʌrənəs] *s:* grundighet.

thoroughpaced [ˌθʌrə'peist] *adj* **1.** *om hest:* gjennomtrent; fullt utlært; **2.:** ***a thoroughpaced Tory***(*=a Tory through and through*) en vaskeekte konservativ.

those [ðouz] *pl: se that 1.*

thou [ðau] *pers pron; glds*(*=you*) du.

though [ðou] **1.** *konj:* ***(even) though*** skjønt; enda; selv om (*fx I like the job, even though it's badly paid*); ***cold though***(*=as*) ***it was*** kaldt som det var (*fx cold though it was, I went out*); ***strange though it may appear***(*= seem*) enda så underlig det kan virke;
2.: ***as though***(*=as if*) som om;
3. *glds*(*=if; even if*) (selv) om;
4. *etteranstilt* **T**(*=however*) men (*fx I wish I hadn't done it, though*).

I. thought [θɔ:t] *s* **1**(*=idea*) idé (*fx I've just had a thought*); tanke; innskytelse (*fx I had a sudden

though

though – thought – tough – through

though	*enda, skjønt*
thought	*tenkte*
tough	*tøff*
through	*gjennom*
thorough	*grundig*

Av og til har engelske ord svært like skrivemåte.

*thought); **the thought crossed my mind that …*** den tanken falt meg inn at …;
2. tanke; ***think a thought*** tenke en tanke *(fx I didn't dare to think that thought); **food for thought*** stoff *(n)* til ettertanke; ***a new channel of thought*** en ny tankebane; ***in his thoughts he was already home again*** i tankene var han allerede hjemme igjen; ***if one were to pursue the line of thought that …*** hvis man skulle forfølge den tankegang at …; ***a sudden switch of thought****(=an inconsequential jump from one idea to another)* et tankesprang; ***train****(=chain)* ***of thought*** tankerekke; tankegang *(fx I can't follow your train of thought); **she's never out of my thoughts*** hun er alltid i mine tanker; ***I appreciate the thought but*** det er pent (tenkt) av deg, men; ***gather one's thoughts (together)****(=get one's thoughts together)* samle tankene (sine); ***I didn't give it a thought*** jeg ofret det ikke en tanke; ***he gave no thought to the danger*** han enset ikke faren; ***I have given it a certain amount of thought*** *(=I've thought a little about it)* jeg har tenkt litt på (*el.* over) det; ***I have never given it serious thought****(=I've never thought seriously about it)* jeg har aldri tenkt alvorlig på det; ***she kept her thoughts a secret*** hun beholdt sine tanker for seg selv; ***she didn't quite like the thought of it*** hun likte ikke helt tanken (på det); ***be lost****(=deep)* ***in thought*** sitte (,stå) i dype tanker; være fordypet i tanker; ***it occupied his thoughts****(=mind)* det beskjeftiget tankene hans; ***in such a quiet hour of the night your thoughts begin to wander*** i en slik stille nattetime begynner tankene å vandre;
3. tenkning; ***recent scientific thought*** nyere vitenskapelig tenkning;
4*(=brainwork)* tankearbeid; ***it takes a lot of thought*** det krever mye tankearbeid;
5*(=intention): **I've no thought of giving up*** jeg har ikke tenkt å gi opp;
6.: *a thought**(=a trifle; a little)* en tanke *(fx you could be a thought more enthusiastic);*
7*(=regard)* omtanke *(fx have no thought for one's mother); **without a thought for*** uten tanke på.
II. thought *pret & perf.part. av II. think.*
thought content tankeinnhold.
thoughtful [ˌθɔ:tful] *adj* **1.** tankefull; **2.** omtenksom.
thoughtfully [ˌθɔ:tfuli] *adv:* tankefullt; ***read a poem thoughtfully****(=searchingly)* lese et dikt med ettertanke.
thoughtless [ˌθɔ:tləs] *adj:* tankeløs; ubetenksom.
thought-provoking [ˌθɔ:tprə'voukiŋ] *adj:* tankevekkende.
thought reader tankeleser.
thought transference*(=telepathy)* tankeoverføring.
thousand [ˌθauzənd] *s & tallord:* tusen *n; **a****(=one)* ***thousand pounds*** (ett) tusen pund *n; **ten thousand people*** ti tusen mennesker *n; **thousands of*** tusenvis av; tusener av; **T:** ***he's one in a thousand*** han er en av tusen.; ***they sell them by the thousand*** de selger tusenvis av dem; ***they left in their thousands****(=thousands of them left)* de dro i tusenvis.
thraldom *(,***US:** *thralldom)* [ˌθrɔ:ldəm] *s; glds:* trelldom.
thrall [θrɔ:l] *s; litt. & glds* **1.** trell; **2.: *in thrall****(=spellbound)* tryllebundet.
thrash [θræʃ] *vb* **1.** pryle; denge;
2. *sport* **T***(=beat hollow)* slå sønder og sammen; **T:** banke; ***get****(=be)* ***thrashed*** bli slått ettertrykkelig *(fx get thrashed by 5 to 0);* **T:** få bank;
3. *med armene(=wave)* veive *(fx one's arms);*
4.: *thrash**(=toss)* ***about*** kaste på seg;
5.: *thrash out* diskutere seg frem til *(fx an agreement); **they thrashed it out between them*** de diskuterte seg frem til en løsning.
thrashing [ˌθræʃiŋ] *s; også fig; lett glds:* juling.
I. thread [ˌθred] *s* **1.** tråd; ***sewing thread****(=sewing cotton)* sytråd; ***the button was hanging on a thread*** knappen hang i en tråd;
2. *fig:* tråd; ***his life hangs by a thread*** livet hans henger i en tråd; *i beretning, etc:* ***lose the thread*** miste tråden; ***resume****(=pick up)* ***the thread*** ta opp tråden (igjen);
3. *mask:* ***(screw) thread*** (skrue)gjenge(r); ***strip the thread of a nut*** skru en mutter over gjenge.
II. thread *vb* **1.: *thread a needle*** træ i en nål;
2. *mask:* skjære utvendige gjenger i (*el.* på); *(jvf II. tap 2);*
3.: *thread one's way through the crowd* sno seg frem gjennom menneskemengden.
threadbare [ˌθred'bɛə] *adj* **1.** *om klær(=worn thin; shabby)* (lo)slitt; tynnslitt; **2.** *fig(=hackneyed; trite)* fortersket; forslitt *(fx argument).*
threaded [ˌθredid] *adj; mask:* gjenget; med gjenger.
threadworm [ˌθred'wə:m] *s; zo* **1***(=pinworm)* barneorm; **2***(=filaria)* trådorm.
thready [ˌθredi] *adj* **1.** trådaktig;
2. *om væske(=stringy)* seig;
3. *med.; om puls(=weak)* svak;
4. *om stemme(=thin)* tynn.
threat [θret] *s; også fig:* trussel (*to* mot); ***hidden****(=veiled)* ***threat*** maskert trussel; ris *(n)* bak speilet; ***make death threats*** komme med drapstrusler; ***the freedom of the press is coming under threat*** pressefriheten trues; ***pose a threat*** utgjøre en trussel.
threaten [ˌθretən] *vb:* true (*with* med).
threatening [ˌθretəniŋ] *adj:* truende.
three [θri:] **1.** *tallord:* tre; **2.** *s:* tretall; treer.
three-cornered [ˌθri:'kɔ:nəd] *adj:* trekantet; tresnutet.
three-D *(=3-D)* ['θri:ˌdi:] **1.** *s:* tredimensjonalt bilde; tredimensjonal virkning; ***in three-D*** tredimensjonalt; **2.** *adj(=three-dimensional)* tredimensjonal.

t

three-dimensional [ˈθri:daiˌmenʃənl] *adj:* tredimensjonal.
three-figure [ˌθri:ˈfigə] *adj(=of three figures)* tresifret; ***a three-figure number*** et tresifret tall.
threefold [ˌθri:ˈfould] **1.** *adj(=triple)* tredobbelt; trefoldig;
2. *adv(=three times as much)* tre ganger så mye; tredobbelt; *(se sixfold).*
three-legged [ˌθri:ˈlegid] *adj:* trebent; med tre ben *n.*
three-piece [ˌθri:ˈpi:s] *adj:* i tre deler; ***three-piece suit*** dress med vest; ***three-piece suite*** sofagruppe (ɔ: sofa og to lenestoler).
three-pin [ˌθri:ˈpin] *adj; elekt:* ***three-pin plug*** støpsel *(n)* med tre pinner.
three-ply [ˌθri:ˈplai] *adj:* tretrådet *(fx wool).*
three-point [ˌθri:ˈpɔint] *adj:* ***three-point landing***
1. *flyv:* trepunktlanding;
2. *fig:* heldig avslutning.
threescore [ˌθri:ˈskɔ:] *tallord; glds(=sixty)* tre snes *n.*
thresh [θreʃ] *vb; landbr:* treske.
threshold [ˌθreʃˈould] *s* **1.** *stivt(=door sill)* dørterskel;
2. *fig:* terskel; ***be on the threshold of*** stå på terskelen til;
3. *med. & psykol:* ***threshold of consciousness*** bevissthetsterskel; ***threshold of pain*** smerteterskel.
threshold value *fys, etc:* terskelverdi.
threw [θru:] *pret av II. throw.*
thrift [θrift] *s* **1.** sparsommelighet; nøysomhet;
2. *bot(=sea pink)* fjærekoll; strandnellik.
thrifty [ˌθrifti] *adj:* sparsommelig; nøysom.
I. thrill [θril] *s* **1***(=shudder of excitement)* velbehagelig gys *n (fx of expectation; of pleasure);*
2. spennende opplevelse; ***it's a real thrill*** det er virkelig spennende;
3.: ***she gets a thrill****(,***T:** *kick)* ***out of making people miserable*** hun nyter å plage folk *n.*
thriller [ˌθrilə] *s; om bok, film, etc(=spine chiller)* grøsser.
thrilling [ˌθriliŋ] *adj(=very exciting)* meget spennende.
thrive [θraiv] *vb(pret: thrived; sj: throve; perf.part.: thrived; glds el. litt.: thriven)* **1.** trives; ***children thrive on milk*** barna *(n)* trives med å få melk; ***thrive on hard work*** trives med hardt arbeid;
2. *fig(=do well)* gå godt; blomstre.
thriving [ˌθraiviŋ] *adj(=flourishing)* blomstrende *(fx business).*
throat [θrout] *s* **1.** *anat:* hals; svelg *n;* strupe; ***the hollow of one's throat****(=neck)* halsgropen; ***clear one's throat*** harke; ***have a sore throat*** ha vondt i halsen; ***hold a knife to sby's throat*** sette en kniven på strupen; ***paint sby's throat*** pensle en i halsen; ***a lump formed in his throat*** han fikk en klump i halsen; ***it stuck in his throat****(=he choked on it)* han fikk det i halsen (ɔ: i vrangstrupen); ***the words stuck in his throat*** ordene *(n)* ble sittende fast i halsen på ham; *fig:* ***ram sth down sby's throat*** gi en noe inn med skjeer; tvangsfôre en med noe; ***set them at each other's throats*** hisse dem på hverandre; **2.** *mar; på anker:* hals;
3. *mar; på seil:* kverk.
throaty [ˌθrouti] *adj; om stemme:* guttural; dyp; *(=hoarse)* hes; *om lyd:* hes; ***the throaty timbre of his voice*** den dype klangen i stemmen hans.
I. throb [θrɔb] *s:* dunking; banking; regelmessige dunk *(n)* (*el.* slag *(n)*); pulsering.
II. throb *vb; om hjerte, motor, etc:* slå; dunke; ***her throbbing sore finger*** den vonde fingeren hennes, som det banket slik i; ***her heart was throbbing*** *(=beating)* ***with excitement*** hjertet hennes slo raskt av spenning.
throbbing [ˌθrɔbiŋ] *adj:* bankende; pulserende.
throes [θrouz] *s; pl; også fig:* ***death throes*** dødskamp; *stivt el. spøkef:* ***in the throes of****(=in the middle of)* midt oppe i *(fx a minor revolution).*
thrombosis [θrɔmˌbousis] *s; med.:* trombose.
thrombus [ˌθrɔmbəs] *s; med.:* trombe; blodpropp.
throne [θroun] *s; også fig:* trone; ***come to the throne*** komme på tronen; ***the heir to the throne*** tronarvingen.
I. throng [θrɔŋ] *s; stivt el. litt.(=crowd):* ***a throng of people*** en menneskemengde; ***throngs of people*** store mengder mennesker *n.*
II. throng *vb; stivt(=crowd)* stimle sammen i *(fx the streets);* ***streets thronged with people*** gater fulle av mennesker *n;* ***they thronged into the theatre*** de strømmet inn i teateret i samlet flokk.
I. throttle [θrɔtl] *s; mask* **1***(=throttle valve)* spjeldventil; **2***(=accelerator pedal)* gasspedal; ***at full throttle*** for full gass; ***give the engine full throttle*** gi motoren full gass; ***open up the throttle****(=go faster)* gi gass; *flyv:* ***cut the throttle*** slå av motoren.
II. throttle *vb* **1***(=strangle)* kvele; strupe; *fig:* ***trade was being throttled by the government*** regjeringen la vanskeligheter i veien for handelen;
2. *mask:* drosle; ***throttle back****(=down)* slippe opp gasspedalen.
I. through [θru:] *prep* **1.** gjennom; ***all****(=right)* ***through the night*** hele natten gjennom; ***I'm halfway through the book*** jeg er halvferdig med boken; ***they shot him through the head*** de skjøt ham gjennom hodet; ***go through a bad period*** ha det vanskelig; ***she sat through the concert*** hun satt hele konserten ut;
2*(=because of)* på grunn av; pga. *(fx through his own stupidity);* gjennom; ***he got the job through a friend*** han fikk jobben gjennom en venn; ***through no fault of his*** uten at han hadde noen skyld; ***through lack of money*** av mangel på penger;
3. US: ***(from) Monday through Friday****(=from Monday to Friday)* fra mandag til og med fredag.
II. through *adj* **1.** gjennomgående *(fx train); skilt:* ***no through road****(=no thoroughfare)* ingen gjennomkjøring; **2***(=finished)* ferdig *(fx are you through yet?);* ***I'll be through writing in a few minutes*** jeg er ferdig med å skrive om noen minutter; **T:** ***you're through here!*** her (hos oss) er du ferdig! ***I'm through with this*** 1. dette er jeg ferdig med; 2. *fig(=I'm fed up with this)* dette er jeg lut lei av; ***I'm through with him!*** jeg er ferdig med ham!
III. through *adv:* (i)gjennom; ***he went straight through*** han gikk rett gjennom; ***he was just passing through*** han var her bare på gjennomreise; ***we must see the plan through*** vi må sørge for at planen blir gjennomført; *fig:* ***through and through*** tvers igjennom;
2. *tlf:* ***I'll ring you when I get through*** jeg ringer deg så snart jeg har fått forbindelsen; ***you're through*** *(,***US:** *you're connected)* nå har du forbindelsen; ***put sby through*** sette en over;
3.: ***get through*** 1. komme gjennom (*el.* frem); 2. *eksamen, etc:* komme (seg) gjennom; 4.: ***get through to sby*** få forbindelse med en;
4.: ***does this train go (right) through to Paris?*** går dette toget helt til Paris?
through flight *flyv:* direkteflyvning.
through journey gjennomreise.
throughout [θru:ˌaut] **1.** *prep:* gjennom hele *(fx the war);* ***throughout the country*** over hele landet; ***throughout last summer*** hele siste sommer; i hele fjor sommer; ***throughout the year*** hele året (igjennom);
2. *adv:* helt (*el.* tvers) igjennom; ***the house is carpeted throughout*** det er teppegulv i hele huset; *stivt:* ***remain faithful throughout****(=to the very end)* forbli trofast til det siste.
through passenger *jernb:* gjennomgangsreisende.
through street US & *Canada(=major road)* gate med forkjørsrett; *(jvf stop street).*
through ticket gjennomgangsbillett; ***can I get a through ticket to London?****(=can I book through to London?)* kan jeg få kjøpt gjennomgangsbillett til London?
throve [θrouv] *pret av thrive.*

I. throw [θrou] *s* **1.** kast *n*; ***they live a stone's throw away*** de bor bare et steinkast unna;
2. *sport(=throw-in)* innkast; ***take the throw*** ta innkastet;
3. *mask:* ***throw of crankshaft*** veivakselslag;
4. *fig:* ***stake everything in a single throw****(=stake everything on one throw(=card; chance))* sette alt på ett kort.
II. throw *vb(pret: threw; perf.part.: thrown)* **1.** kaste; ***be thrown****(=be unhorsed)* bli kastet av hesten; ***throw stones at*** kaste stein på; ***throw a ball to sby*** kaste en ball til en;
2. *med terning:* kaste; slå; ***throw a six*** slå en sekser;
3. *i brytning:* kaste;
4. *om dyr(=give birth to)* kaste; få;
5. *på pottemakerskive:* ***throw (on the wheel)*** dreie; forme *(fx a jar on the wheel);*
6. T*(=baffle; confuse)* forvirre; gjøre usikker; ***the last question of the test paper threw me*** det siste spørsmålet på prøven gjorde meg forvirret;
7*(=twist (into a thread))* sno; tvinne (garn *n*);
8. *også fig:* ***throw a fit****(=have a fit)* få et anfall;
9. T*(=give; hold):* ***throw a party*** holde et selskap;
10. *sport* **T:** ***throw the fight*** tape kampen (med hensikt);
11.: ***throw about****(=around)* 1. kaste omkring (seg); strø om seg med (*litter* søppel); 2. *fig:* ***throw****(=splash)* ***one's money about*** strø om seg med penger;
12.: ***throw oneself at*** 1*(=rush at)* kaste seg mot; 2.: ***throw oneself at sby's neck*** kaste seg om halsen på en; 3. *fig(=thrust oneself on)* legge an på *(fx she threw herself at him);*
13.: ***throw away*** 1. kaste; kvitte seg med; 2. *om sjanse:* kaste bort; kaste vrak på; 3. *penger:* kaste bort; 4. *fig:* ***throw oneself away*** kaste seg bort (*on* på);
14.: ***throw back*** 1. kaste tilbake; 2. *fig:* ***he was thrown back on his own resources*** han ble henvist til seg selv;
15.: ***throw down*** 1. kaste ned; 2. *fig:* ***throw****(=pour)* ***money down the drain*** kaste pengene ut av vinduet;
16.: ***throw in*** 1. kaste inn; 2. *fotb:* ta innkast; 3. *mask (=engage)* kople inn *(fx the clutch);* 4. *fig:* komme med *(fx a rude remark);* 5. gi attpå; gi på kjøpet; ***get sth thrown in (for good measure)*** få noe attpå; få noe på kjøpet; 6.: ***throw in one's hand****(=give up)* gi opp; 7.: ***throw in one's lot with sby*** gjøre felles sak med en; 8.: ***throw in****(=up)* ***the sponge****(=towel)* gi opp; erklære seg slått;
17.: ***throw into*** 1. kaste inn i; 2.: ***throw sth into relief*** stille noe i relieff; 3.: ***throw oneself into one's work*** kaste seg over arbeidet; 4.: ***throw oneself into (-ing)****(= devote oneself to (-ing))* gå helt og fullt inn for å;
18.: ***throw off*** 1. kaste av; kaste av seg; 2*(=get rid of)* kvitte seg med; bli kvitt *(fx one's cold);* 3. *fig:* ***throw sby off the trail****(=lead sby astray)* føre en på villspor;
19.: ***throw on*** 1. kaste på *(fx the fire);* 2. *om klær(=fling on)* slenge på seg; 3. *litt.:* ***he threw himself on the mercy of the judge****(=he put himself at the judge's mercy)* han satte sin lit til at dommeren skulle vise mildhet; 4. *fig:* ***throw****(=pour)* ***cold water on*** slå kaldt vann på; ***throw cold water on sby*** slå kaldt vann i blodet på en; 5. *fig:* ***throw light on sth*** kaste lys over noe; ***throw a sidelight on sth*** kaste et streiflys over noe;
20.: ***throw open*** 1*(=fling open)* slå opp *(fx the door open);* 2. gi uhindret adgang til; ***the competition was*** thrown open to the public alle fikk adgang til å delta i konkurransen;
21.: ***throw out*** 1. kaste ut; hive ut; 2*(=tip out; pour out)* slå ut; tømme ut *(fx the dishwater);* 3*(=reject)* forkaste *(fx the committee threw out the proposal);* 4. *mask(=disengage)* kople ut *(fx the clutch);* 5*(=send out)* sende ut; gi fra seg *(fx the fire threw out heat);* 6*(= make):* ***throw out a remark*** komme med en bemerkning; 7*(=put forward):* ***throw out an idea*** fremkaste en idé; 8.: ***he threw****(=puffed)* ***out his chest and sang****(=he drew a deep breath and sang)* han skjøt brystet frem og sang;
22.: ***throw over*** 1. kaste over *(fx a ball over the fence);* 2. *fig:* ***throw sby over****(,***T:** *chuck sby)* slå opp med en; **T:** gi en på båten (*for* til fordel for);
23.: ***throw together*** 1. samle sammen (i all hast); 2. *om måltid(=knock together)* slenge sammen; 3. *fig:* føre sammen *(fx fate threw us together);* ***be thrown together*** 1. bli rystet sammen; 2. bli kastet i armene på hverandre;
24.: ***throw up*** 1. kaste opp *(fx he threw it up to me);* 2. **T***(=vomit)* kaste opp; 3. løfte *(fx one's hands);* 4. *ofte neds(=build hurriedly)* smøre opp; 5. **T***(=give up;* **T:** *chuck in(=up))* gi opp; ***he threw up his job*** han sluttet i jobben (sin); 6*(=produce)* frembringe *(fx every generation throws up its own leaders).*
I. throwaway [ˌθrouə'wei] *s* **US** *til utdeling(=handout)* reklameseddel; reklametrykksak.
II. throwaway *adj* **1***(=disposable)* engangs- *(fx bottle);*
2*(=giveaway):* ***throwaway prices*** gibortpriser;
3. *fig(=casual)* lett henkastet *(fx remark).*
throwback [ˌθrou'bæk] *s* **1.** *biol(=reversion)* reversjon; atavistisk individ *n;*
2. *fig:* ***be a throwback to*** være en arv fra *(fx his red hair is a throwback to his grandfather).*
throw-in [ˌθrou'in] *s; sport:* innkast.
thrown [θroun] *perf.part. av II. throw.*
throw-out [ˌθrou'aut] *s* **1.** *mask(=disengagement)* utkopling *(fx of the clutch);*
2. *i bok(=fold)* utbrett;
3. noe som er vraket.
thru [θru:] **US:** *se through.*
thrum [θrʌm] *vb* **1***(=strum)* klimpre; **2.** *om vedvarende lav lyd:* tromme.
thrush [θrʌʃ] *s; zo:* trost.
I. thrust [θrʌst] *s* **1***(=push)* støt *n;* dytt; skubb;
2*(=stab)* utfall *n;* støt *n;*
3. *mil; stivt:* ***(forward) thrust****(=drive)* fremstøt;
4. *flyv:* trekkraft.
II. thrust *vb* **1.** *stivt(=push)* puffe; dytte; skubbe; ***thrust forward*** trenge seg frem;
2. *med kraft:* stikke *(fx a spade into the ground);*
3*(=force):* ***thrust sth on sby*** påtvinge en noe.
I. thud [θʌd] *s:* dunk *n;* dump lyd.
II. thud *vb:* dunke; lage en dump lyd.
thug [θʌg] *s(=hoodlum)* smågangster; råtamp.
thuggery [ˌθʌgəri] *s:* bølleuvesen; opptøyer.
I. thumb [θʌm] *s* **1.** *anat:* tommelfinger; tommel; tommeltott *(se Tommy Thumb);*
2. *fig:* ***his fingers are all thumbs*** han har ti tommeltotter;
3.: ***have green thumbs*** ha grønne fingre;
4.: ***be under sby's thumb*** være under ens pisk (*el.* tommel);
5.: ***stick out like a sore thumb****(=stick out a mile)* synes på lang avstand;
6. *int:* ***thumbs up!****(=good luck!)* lykke til!
7.: ***work by rule of thumb*** arbeide etter tommelfingerregelen.
II. thumb *vb* **1.:** ***thumb through****(=flick through; leaf through)* bla (raskt) gjennom *(fx a book);*
2.: ***thumb one's nose at*** peke nese av;
3.: ***thumb (lifts)****(=hitchhike)* reise på tommelen.
thumbnail [ˌθʌm'neil] *s; anat:* tommelfingernegl.
thumbnail sketch rask (*el.* løs) skisse.
thumbnut *s(=wing nut)* vingemutter.
thumbprint [ˌθʌm'print] *s:* tommelfingeravtrykk.
thumbscrew [ˌθʌm'skru:] *s* **1.** fingerskrue; ***knurled thumbscrew*** rulettmutter; **2.** *torturinstrument:* tommeskrue.
thumbs-down ['θʌmzˌdaun] *s* **T:** ***he gave it the thumbs -down*** han vendte tommelen ned for det.
thumbs-up ['θʌmzˌʌp] *s* **T:** ***he gave it the thumbs-up*** han godkjente det.

thumbtack [ˌθʌm'tæk] *s* **US**(*=drawing pin*) tegnestift.
I. thump [θʌmp] *s:* dunk *n;* tungt slag.
II. thump *vb:* dunke (kraftig); ***thump(=pound) the piano*** hamre på pianoet.
I. thumping [ˌθʌmpiŋ] *s:* (kraftig) dunking.
II. thumping *adj* **T 1**(*=very big*) kjempe- (*fx thumping election victory);*
2.: ***thumping good***(*=very good*) kjempegod; veldig god.
thumping sound dunkelyd.
I. thunder [ˌθʌndə] *s* **1.** torden; ***clap of thunder*** (*= thunderclap*) tordenbrak; tordenskrall; ***thunder was rolling(=rumbling) far off in the mountains*** tordenen rullet langt inne i fjellet;
2. *fig:* torden;
3. *fig:* ***steal sby's thunder*** 1. ta æren for noe en annen har gjort; 2. ta ordet ut av munnen på en.
II. thunder *vb* **1.** tordne; ***it started to thunder and lighten*** det begynte å lyne og tordne; **2.** *fig:* tordne; dundre; buldre.
thunderbolt [ˌθʌndə'boult] *s* **1.** tordenslag; **2.** *fig; stivt(=great surprise)* stor overraskelse.
thunderclap [ˌθʌndə'klæp] *s:* tordenbrak; tordenskrall.
thundercloud [ˌθʌndə'klaud] *s:* tordensky.
thundering *adj* **T**(*=very big*): ***he's a thundering idiot*** han er en kjempetosk.
thunderous [ˌθʌndərəs] *adj:* tordnende (*fx applause); **they get(=are given) thunderous(=roaring) applause*** de høster stormende bifall *n;* ***he roused the audience to thunderous applause*** han høstet stormende bifall.
thunderstorm [ˌθʌndə'stɔ:m] *s:* tordenvær.
thunderstruck [ˌθʌndə'strʌk] *adj:* som rammet av lynet; lamslått.
thundery [ˌθʌndəri] *adj:* torden- (*fx clouds; weather).*
thurible [ˌθjuəribl] *s(=censer)* røkelseskar.
Thuringia [θjuˌrindʒiə] *s; geogr:* Thüringen.
Thursday [ˌθə:zdi] *s:* torsdag; *(se Friday).*
thus [θʌs] *adv* **1.** *glds el. stivt(=in this way)* således; slik; **2**(*=and so; stivt: therefore*) derfor; ***thus he was able to buy a car*** derfor kunne han kjøpe (en) bil;
3. *stivt:* ***thus far***(*=so far*) hittil.
I. thwack [θwæk] *s; lett glds* **T**(*=whack*) kraftig slag *(n)* (med noe flatt); *om lyden:* kraftig klask *n.*
II. thwack *vb; lett glds(=whack)* **T:** gi et kraftig rapp.
I. thwart [θwɔ:t] *s; mar:* tofte; rorbenk.
II. thwart *vb; fig:* komme i veien for; komme på tvers av (*fx sby's wishes);* ***he doesn't like to be thwarted*** (*= crossed*) han liker ikke å bli motarbeidet; ***thwart(= cross) sby's plans*** krysse (*el.* forpurre) ens planer.
thy [ðai] *pron; glds(=your)* din; di; ditt; *pl:* dine; (*jvf thine).*
thyme [taim] *s; bot:* timian; ***wild thyme*** kryptimian.
thyroid [ˌθairɔid] *adj; anat:* skjoldbrusk-.
thyroid gland *anat:* skjoldbruskkjertel.
thyself [ðaiˌself] *pron; glds(=yourself)* du selv; deg selv; *brukt refleksivt:* deg.
tiara [tiˌɑ:rə] *s (headpiece with jewels)* tiara.
Tibet [tiˌbet] *s; geogr:* Tibet.
I. Tibetan [tiˌbetən] *s* **1.** tibetaner; **2.** *språk:* tibetansk.
II. Tibetan *adj:* tibetansk.
tibia [ˌtibiə] *s; anat(=shinbone)* skinnebein.
tic [tik] *s:* trekning; leamus; ***facial tic*** leamus i ansiktet; ***have a tic in one's arm*** ha leamus i armen.
I. tick [tik] *s* **1.** tikk(ing);
2. T(*=moment*): ***wait a tick*** vent et øyeblikk; ***I'll be with you in two ticks*** jeg kommer om to små strakser;
3. *ved avmerking:* hake; merke *n;* ***he put a tick by her name on the list*** han satte et merke ved navnet hennes på listen;
4. *zo:* blodmidd; ***wood tick*** flått; skogbjørn;
5. *tekstil:* bolster (for pute el. madrass);
6. T: ***on tick(=on credit)*** på kreditt; **T:** på krita; på bok; på borg.
II. tick *vb* **1.** tikke; *om tid:* ***tick away*** tikke og gå (*fx time was ticking away);* ***as the hours ticked by*** etterhvert som timene gikk;
2. T: ***I'd like to know what makes him tick*** jeg skulle gjerne vite hvordan han er innrettet; ***that's what makes me tick!*** det er 'det som får meg til å fungere!
3. *på liste, etc:* ***tick (off)*** krysse av; sette merke *(n)* ved;
4. T: ***tick sby off***(*=tell sby off*) gi en en overhaling;
5.: ***tick over*** 1. *mask(=idle)* gå på tomgang; 2. *fig:* ***keep the firm ticking over until I get back*** holde firmaet i gang til jeg kommer tilbake; ***our sales are ticking over nicely at the moment*** det er fin fart på omsetningen vår for øyeblikket.
tick bird *zo(=oxpecker)* oksehakker.
ticker [ˌtikə] *s* **1. US**(*=tape machine*) børstelegraf;
2. S(*=watch*) (lomme)ur; klokke;
3. S(*=heart*) hjerte.
ticker tape telegrafstrimmel.
I. ticket [ˌtikit] *s* **1.** billett (*for* til); ***seat ticket(=ticket for a seat)*** sitteplassbillett; ***seat reservation ticket*** plassbillett; *flyv:* ***standby ticket*** sjansebillett; ***standing ticket*** ståplassbillett; ***book of tickets*** billetthefte; ***buy(=take) a ticket(=book a ticket)*** kjøpe (*el.* løse) billett; ***buy a ticket for a play(=book (a seat) for a play)*** kjøpe billett til et teaterstykke; ***people are admitted by ticket*** det er adgang mot fremvisning av billett;
2.: ***lottery ticket*** lodd(seddel); ***drawn tickets*** uttrukne lodd(er); ***prizewinning ticket*** gevinstlodd;
3.: ***freight ticket*** fraktseddel; *fra pantelåner:* ***pawn ticket*** låneseddel; ***price ticket(=price tag; price tab)*** prislapp;
4.: ***parking ticket***(*=,* **US:** *traffic ticket*) gebyrlapp (for feilparkering); forenklet forelegg; (*jvf parking fine & ticket fine);*
5. *mar* **T:** ***master's ticket***(*=master's certificate*) skipsførerbevis; *flyv(=pilot's licence)* (fly)sertifikat *n;*
6. *polit* **US**(*=platform; party programme*) partiprogram;
7. US(*=list of candidates (put forward in an election)*) nominasjonsliste;
8. *mil:* ***get one's ticket*** bli dimittert.
II. ticket *vb* **1.** *stivt; især* **US:** ***ticketed passengers only(=ticket holders only)*** bare for passasjerer med billetter;
2. sette (merke)lapp på;
3. US(*=give a ticket fine*) gi et forenklet forelegg.
ticket agency *teat:* privat billettkontor; (*se ticket office).*
ticket attendant *ved stevne, etc:* billettkontrollør.
ticket collector *jernb:* billettkontrollør.
ticket counterfoil(*=ticket stub;* **US:** *(ticket) stub*) billettstamme.
ticket fine *jur; som alternativ til bot:* forenklet forelegg *n;* gebyrlapp.
ticket holder *teat, etc:* person med billett.
ticket machine: *(automatic) ticket machine* billettautomat.
ticket office(*=booking office*) billettkontor; (*se ticket agency).*
ticket punch: *a ticket punch*(*=a clipper*) en billettsaks.
ticket tout person som kjøper opp billetter til idrettsstevne, etc og jobber på dem.
ticket touting jobbing på billetter.
ticket window(*=booking-office window*) billettluke.
ticking [ˌtikiŋ] *s* **1.** tikking;
2. *mask:* ***ticking over*** det å gå på tomgang;
3. bolsterstoff (til madrass, etc).
ticking-off ['tikiŋ,ɔf] *s* **T**(*=telling-off*) overhaling; skjennepreken (*fx give sby a ticking-off).*
I. tickle [tikl] *s:* noe som kiler; kiling; ***he got a tickle in his throat*** det begynte å kile i halsen hans.
II. tickle *vb* **1.** kile; kildre; pirre; ***tickle the palate*** pirre ganen; ***my nose tickles*** jeg klør i nesen; ***it tickles*** det kiler; ***I tickle very easily*** jeg er veldig kilen;
2. *fig:* ***that story really tickled(=amused) me*** det syn-

tes jeg var en virkelig kostelig historie; ***it tickled***(*=appealed to*) ***his sense of humour*** det appellerte til hans humoristiske sans; **T:** ***be tickled pink, be tickled to death***(*=be very pleased*) være (,bli) svært så fornøyd (*el.* glad).

tickler [ˌtiklə] *s* **1.** en (,noe) som kiler; **2. T**(*=difficult problem; delicate problem*) vrient (*el.* kinkig) problem.

ticklish [ˌtikliʃ] *adj* **1.** kilen;
2. T(*=difficult*) vanskelig (*fx situation*);
3. T(*=touchy*) kilden; ømtålig (*fx subject*); nærtagende (*about* når det gjelder).

tick-tack-toe [ˈtiktækˌtou] *s; spill:* **US**(*=noughts and crosses*) tripp-trapp-tresko.

I. ticktock [ˌtikˈtɔk] (*,***US:** *ticktack*) *s*(*=ticking*) tikking; tikk-takk; tikk-tikk.

II. ticktock *vb*(*=tick*) tikke.

tidal [taidl] *adj:* tidevanns-; hvor det er tidevann; ***this river isn't tidal*** det er ikke tidevann i denne elven.

tidal basin tidevannsbasseng.

tidal range flomål; tidevannsmerke; (*jvf tidemark*).

tidal water(*=tide*) tidevann.

tidal waters *pl* (*,***US:** *tidewater*) farvann hvor tidevannet gjør seg (særlig) merkbart; strømfarvann.

tidal wave 1(*=tidal swell*(*=wave*)) tidevannsbølge;
2. *stor, pga. naturkatastrofe*(*=flood wave*) flodbølge.

tidbit [ˌtidˈbit] *s* **US**(*=titbit*) godbit; lekkerbisken.

tiddler [ˌtidlə] *s; zo* **T:** småfisk.

tiddly [ˌtidli] *adj* **T 1**(*=tiny*) bitteliten (*fx a tiddly scratch*); **2.** pussa (*fx she got tiddly on brandy*).

tiddlywinks [ˌtidliˈwiŋks] *s:* loppespill.

I. tide [taid] *s* **1.** tidevann; ***high tide*** høyvann; ***low tide***(*=ebb*) lavvann; fjære; ***low tide and high tide*** flo og fjære; høyvann og lavvann; ***neap tide*** nippflo; ***spring tide*** springflo; ***the tide's coming in*** det flør; ***the tide's going out*** det ebber; det er ebbe; ***turn of the tide*** tidevannsskifte; strømkantring;
2. *fig:* ***the tide of public opinion*** den vekslende offentlige mening; ***go with the tide***(*=follow the crowd; run with the herd*) følge strømmen; ***swim against the tide***(*=struggle against the trend*) svømme mot strømmen; ***the tide of battle turned*** krigslykken vendte seg; *ordspråk:* ***time and tide wait for no man*** tiden går sin gang.

II. tide *vb:* ***he gave me £30 to tide me over the weekend*** han ga meg £30, slik at jeg skulle klare meg over helgen.

tidegate [ˌtaidˈgeit] *s*(*=tidelock*) tidevannssluse.

tidemark [ˌtaidˈmɑːk] *s*(*=high-water mark*) høyvannsmerke.

tide race sterk tidevannsstrøm.

tidewater [ˌtaidˈwɔːtə] *s* **1.:** *se tide 1;* **2. US:** *se tidal waters.*

tideway [ˌtaidˈwei] *s* **1.** tidevannsstrøm i elv; **2**(*=tidal waters*) strømfarvann.

tidings [ˌtaidiŋz] *s; pl; glds el. litt.*(*=news*) tidende(r); ***good tidings of great joy*** et gledelig budskap.

I. tidy [ˌtaidi] *vb:* ***tidy (up)*** rydde (opp); ***tidy the kitchen*** rydde opp på kjøkkenet; ***'please tidy the room now'*** "vær så snill å gjøre i stand rommet nå".

II. tidy *adj* **1.** ryddig (*fx room; person*); ordentlig (*fx she's always neat and tidy*); **2. T**(*=large*): ***a tidy profit*** en pen fortjeneste; ***a tidy sum*** en pen sum.

I. tie [tai] *s* **1**(*,***US:** *necktie*) slips *n;* ***black tie*** 1. smoking; 2. *på innbydelse:* antrekk (*n*) smoking; **T:** ***white tie***(*=(full) evening dress;* **US:** *white tie and tails*) kjole og hvitt;
2. *mus*(*=bind*) (binde)bue;
3. US *jernb*(*=sleeper*) sville;
4. *sport*(*=draw*) uavgjort kamp (*fx the result was a tie*);
5. *sport:* ***cup tie*** cupturnering;
6.: ***a tie in the voting***(*=an equality of votes*) stemmelikhet;
7. *fig:* bånd *n;* ***ties of friendship*** vennskapsbånd; ***he had no ties in this life*** han hadde ikke noe som bandt ham til livet; **T:** ***a baby makes a tie***(*=a baby makes you very tied*) man er svært bundet av en baby.

II. tie *vb* **1.** knytte (*fx tie*(*=do up*) *one's shoelaces*); feste; binde fast (*on* på); *også fig:* ***I have my hands tied***(*=my hands are tied*) mine hender er bundet; ***tie a (fishing) fly*** binde en flue; ***the parcel was tied with string*** pakken var bundet sammen med hyssing; ***be tied to one's work*** være bundet til arbeidet sitt; ***the two ends of the string were tied***(*=knotted*) ***together*** de to hyssingstumpene ble knyttet sammen;
2. *sport:* spille uavgjort (*with* mot); ***they tied for second place*** de kom inn på delt annenplass;
3.: ***tie sby down*** 1. gjøre en bundet (*fx the baby ties her down a bit*); 2(*=commit sby*) få en til å binde seg (*fx to a definite date*);
4.: ***tie in*** 1. passe inn; ***it all ties in*** alt sammen passer; ***the new evidence ties in*** det nye bevismaterialet passer inn i bildet; 2. bringe i overensstemmelse (*fx plans*); ***tie in with***(*=agree with*) stemme med (*fx this doesn't tie in with what you said before*);
5.: ***tie up*** 1. binde sammen; pakke inn (*fx a parcel*); 2. *om kapital*(*=lock up*) binde; båndlegge; ***see that your money is properly tied up on yourself*** sørg for å ha særeie; 3(*=sort out*): ***tie up one's problems*** ordne problemene sine; 4.: ***tie up some loose ends*** gjøre seg ferdig med noen små detaljer som gjenstår; 5. **T:** ***tie sby up in knots*** bunte en; slå en sønder og sammen; 6.: ***be tied up***(*=be busy*) være opptatt; ***be tied up with*** 1(*=be busy with*) være opptatt med; 2(*=be connected with*) henge sammen med (*fx his depression is tied up with his home life*).

tiebreak(er) [ˌtaiˈbreik(ə)] *s; sport; tennis:* tiebreak.

tie clasp(*=tie clip*) slipsnål.

tied aid bundet bistand; bundet utviklingshjelp.

tied house 1. pub som er forpliktet til å selge bare ett bryggeris produkter (mots 'free house'); **2.** tjenestebolig; hus som følger stillingen.

tie-in [ˌtaiˈin] *s* **1.** noe som passer inn; (*se II. tie 4: tie-in in*); **2.** bok (,plate, etc) som sendes ut i tilknytning til og samtidig med film eller TV-produksjon.

tie-on [taiˈɔn] *adj:* til å knytte på; som kan knyttes på (*fx a tie-on label*).

tie pin … (*se I. pin 1*).

tier [tiə] *s* **1.** rekke; lag *n;* ***tiers*** (trinnvis stigende) rekker (*fx they sat in the front*(*=first*) *tier*); **2.** lag *n;* høyde.

tie-up [ˌtaiˈʌp] *s* **1**(*=link*) forbindelse (*fx with gangsters*); **2. US**(*=traffic hold-up*) trafikkstans.

tiff [tif] *s* **T:** knute på tråden; liten trette (*fx they've had a tiff; she's had a tiff with her boyfriend*).

tiger [ˌtaigə] *s; zo:* tiger.

I. tight [tait] *adj* **1.** tett (*fx barrel; roof*); ***airtight*** lufttett;
2. stram; trang (*fx the jacket is too tight across the chest*); fast; ***a tight knot*** en hard knute; ***the lid was too tight*** lokket satt for fast på; ***it was a tight squeeze*** det var (,ble) trangt (om plassen);
3. *fig:* stram; fast; ***a tight schedule*** et stramt tidsskjema;
4. *sport; om kamp*(*=close*) jevn;
5. T(*=mean; stingy*): ***he's tight (with his money)*** han er gjerrig;
6. T(*=drunk*) full; ***get tight*** drikke seg full;
7. S *neds*(*=prudish*) prippen; ***a tight bitch*** ei prippen tispe;
8. T: ***get up tight about sth***(*=get excited about sth*) hisse seg opp over noe;
9. T: ***sit tight*** bli hvor man er; ikke foreta seg noe;
10.: ***she keeps a tight rein on her emotions*** hun har sine følelser under god kontroll;
11. T: ***be in a tight corner***(*=spot*) være i knipe; ***put sby in a tight spot*** sette en i klemme.

II. tight *adv:* tett; **T:** ***sleep tight!***(*=sleep well!*) sov godt! ***the door was shut tight****(=tightly)* døren sluttet tett til; *(jvf tightly).*

tighten [ˌtaitən] *vb* **1.** stramme; stramme seg; ***tighten the belt by pulling the ends*** stram beltet ved å dra i endene; ***tighten (up)*** stramme; trekke (*el.* dra) til; ***tighten (up) the nuts*** dra til mutrene;
2.: ***tighten one's belt*** 1. stramme beltet; 2. *fig:* spenne inn livremmen;
3. *fig:* ***tighten up the rules*** skjerpe reglene; ***tighten up on tax dodgers*** gå hardere til verks mot skattesnytere.

tightening-up ['taitəniŋˌʌp] *s* **1.** *av bolt, etc:* etterstramming; **2.** *fig:* skjerpelse; **3.** *fig:* innstramning; det å stramme inn.

tight-fisted ['taitˌfistid; *attributivt:* ˌtait'fistid] *adj* **T**(*= mean)* gjerrig; gnieraktig.

tight fit 1 *mask(=drive fit)* drivpasning; **2.** *om tøy:* ***be a tight fit 1****(=fit tightly)* sitte stramt; være ettersittende.

tight-fitting ['taitˌfitiŋ; *attributivt:* ˌtait'fitiŋ] *adj:* stramtsittende; ettersittende.

tightknit ['taitˌnit; *attributivt:* ˌtait'nit] *adj:* tett sammensveiset; ***a tightknit community*** et tett sammensveiset samfunn.

tight-lipped ['taitˌlipt; *attributivt:* ˌtait'lipt] *adj* **1.** med sammenknepen munn; ***she was tight-lipped with anger*** hun var sammenbitt og sint;
2. fåmælt; ordknapp; ***he kept a tight-lipped silence****(= he didn't say a word)* han forholdt seg absolutt taus.

tightly [ˌtaitli] *adv:* tett; stramt; ***tightly packed****(= packed tightly)* tettpakket; ***a tightly-packed programme*** et tettpakket program.

tightness [ˌtaitnəs] *s* **1.** tetthet; ***watertightness*** vanntetthet;
2. *stivt:* stramhet; tranghet; fasthet;
3. *fig; stivt:* stramhet; fasthet;
4. T*(=meanness)* gjerrighet; påholdenhet;
5*(=drunkenness)* fullskap.

tightrope [ˌtait'roup] *s; i sirkus:* line; ***walk a tightrope*** gå på line; *(jvf high wire & slack rope).*

tightrope act linedansernummer.

tightrope walker linedanser.

tights [taits] *s; pl:* **1.** trikot *n;* **2***(=panty hose;* **US:** *pantihose)* strømpebukse; ***a pair of tights*** en strømpebukse; et par strømpebukser.

tightwad [ˌtait'wɔd] *s* **US***(=skinflint)* gnier; gjerrigknark.

tilde [ˌtildə] *s:* tilde.

I. tile [tail] *s* **1.** takstein;
2. flis; ***Dutch tile****(=glazed tile)* kakkel; glassert flis;
3. *landbr:* ***drain tile*** dreneringsrør; teglrør;
4. T: ***(out) on the tiles*** på rangel; på galeien.

II. tile *vb* **1.** legge takstein på; **2.** fliselegge.

tiled [taild] *adj:* flislagt *(fx floor).*

tile layer*(=tile setter)* fliselegger.

I. till [til] *s* **1.** kassaskuff; pengeskuff;
2*(=cash till)* kasse(apparat); ***he rang up 50p on the till*** han slo 50p i kassen; ***pay at the till****(=desk)* betale i kassen;
3. *i bank:* ***'till closed'*** "ingen ekspedering";
4.: ***rob****(=dip into)* ***the till*** forsyne seg av kassen; ***be caught with one's hand in the till*** bli grepet i å forsyne seg av kassen.

II. till *vb; landbr(=cultivate)* dyrke (opp); *(=plough)* pløye *(fx the fields).*

III. till *konj(=until)* til *(fx go on till you get to the station; I'll wait till two o'clock);* ***I didn't know till now that you were ill*** jeg visste ikke før nå at du var syk; jeg har ikke visst før nå at du var (,er) syk.

tillable [ˌtiləbl] *adj(=arable)* dyrkbar.

tillage [ˌtilidʒ] *s* **1***(=tilling)* dyrking; **2***(=tilled land)* dyrket mark (*el.* jord); jord under plogen.

I. tiller [ˌtilə] *s* **1.** *mar:* rorkult; **2.** *bot(=sprout)* skudd *(n)* (fra jordstengel).

II. tiller *vb; bot(=produce tillers)* sette skudd *(n)* fra jordstengel; buske seg.

I. tilt [tilt] *s* **1.** *hist(=jousting contest)* turnering;
2. *hist:* lansestøt;
3. *fig; glds(=dispute)* dyst;
4. *fig; stivt(=attack):* ***a tilt at****(=an attack on)* et angrep på;
5.: ***at a tilt*** på skrå; på skjeve; skjev; *(se awry);*
6*(=speed):* ***(at) full tilt****(=speed)* i full fart.

II. tilt *vb* **1.** *hist(=joust)* turnere (til hest med lanse);
2. *hist:* ***tilt a lance*** føre en lanse; rette en lanse (*at* mot);
3. *fig; glds:* ***tilt at****(=attack)* angripe; ***tilt at windmills*** slåss med vindmøller;
4. vippe *(fx one's chair backwards);* ***be tilting*** stå skjevt; stå og vippe.

timbal [ˌtimbl] *s; mus; glds(=kettledrum)* pauke.

I. timber [ˌtimbə] *s* **1.** *forst (,***US:** *lumber)* tømmer *n;* trelast; (grovere) trevirke *n;* ***constructional****(= merchantable)* ***timber*** gagnvirke; ***round****(=whole)* ***timber*** rundstokk; rundtømmer; ***saw timber****(=saw logs)* skurtømmer; sagtømmer; ***square (timber)*** firkant(virke); boks; ***standing timber*** tømmer på rot; ***trunk timber*** heltømmer; helt tømmer;
2. *bygg:* bjelke; *mar:* (tre)spant.

II. timber *vb:* bygge med tømmer *n;* kle med tømmer.

timber beetle *zo* **US***(=bark beetle)* barkbille.

timber converting [ˌtimbəkən'və:tiŋ] *s(=wood processing;* **US:** *lumbering)* treforedling.

timbered [ˌtimbəd] *adj* **1***(=wooded)* skogkledd;
2. bygd av tømmer *n;* tømmer-.

timber felling *(=felling;* **US:** *logging)* tømmerhogst.

timberland [ˌtimbə'lænd] *s* **US***(=timber forest)* tømmerskog.

timber line*(=tree line)* tregrense; skoggrense.

timber merchant trelasthandler.

timber mill*(=sawmill)* sagbruk.

timber trade handel med trelast; trelasthandel.

timberyard [ˌtimbə'jɑ:d] *s (,***US:** *lumberyard)* trelasttomt.

timbre [ˌtimbə:; ˌtæmbə] *s:* klang; klangfarge *(fx her voice had a pleasant timbre(=quality)).*

I. time [taim] *s* **1.** tid; ***time and space*** tid og rom *n;* **2***(= lifetime)* levetid; tid *(fx he was a great singer in his time; in Lincoln's time);*
3. *ved tidsangivelse:* ***the time's two o'clock*** klokken er to; ***what time is it?*** hvor mange er klokken? *sport:* ***intermediate time*** mellomtid; *sport, etc:* ***starting time*** starttid; ***winning time*** vinnertid;
4*(=apprenticeship):* ***work out one's time****(=complete one's apprenticeship)* gjøre seg ferdig med læretiden;
5. *om tid til disposisjon, om tidsfrist:* ***there will still be time tomorrow****(=tomorrow's quite soon enough)* det er tidsnok i morgen; ***they were given a very short time (in which) to answer*** de fikk en meget kort svarfrist;
6. T: ***do time****(=serve a sentence)* sone; **T:** sitte inne;
7. takt; *mus:* takt(art); ***common time*** samme takt; ***four-time*** 4/4 takt; *(jvf I. measure 4);* ***in time*** i takt; ***get out of time*** komme i utakt; *(jvf I. step 3);*
8. *om lønn:* ***get paid double time*** få 100% overtidstillegg; få 100% overtid; **T:** ***time and a half*** et overtidstillegg på 50%; 50% overtid;
9. gang; ***time after time****(=time and again; again and again)* gang på gang; ***two at a time*** to om gangen; ***four times*** fire ganger; ***four times four is sixteen*** fire ganger fire er seksten;
10.: ***times*** tid(er); ***times are hard*** det er harde tider; *ordspråk:* ***good times follow bad*** etter sol følger regn; ***move with the -s*** følge med tiden;
11. på tide; ***it's time I told you*** det er på tide at jeg forteller deg det;
12.: ***now's the time to ask him*** nå er det det rette tidspunktet å spørre ham på; nå gjelder det! ***the morning is the time to work*** det er om morgenen man skal arbeide; ***will this evening be a good time to mention it?*** vil det være et gunstig tidspunkt å nevne det i kveld?

13.: ***I had a difficult time persuading him*** det var vanskelig for meg å få overtalt ham;
14.: ***have a good time*** ha det hyggelig; ha det bra; ha gode dager; ***give sby a good time****(=make things nice(= pleasant) for sby)* hygge for en; sørge for at en har det hyggelig; ***we had a good time at the party*** vi hadde det fint (*el.* hyggelig) i selskapet;
15.: ***about this time tomorrow*** omtrent på denne tiden i morgen;
16.: ***ahead of time****(=schedule)* før tiden *(fx the bridge was finished ahead of time);*
17.: ***all the time*** hele tiden;
18.: ***all in good time*** alt til sin tid; i rett tid *(fx the work will be finished all in good time);*
19.: ***at times****(=occasionally; sometimes)* av og til;
20.: ***at the time****(=then; when it happened)* da (det skjedde); akkurat da *(fx I was away at the time);* ***at the time of the accident*** da ulykken skjedde; ***at the time of the wedding*** da bryllupet fant sted;
21. *stivt:* ***be behind time****(=be late)* være forsinket *(fx the train's behind time);*
22.: ***for all time*** for all fremtid; i all fremtid;
23.: ***for a long time****(=while)* 1. lenge; 2. på lenge *(fx I haven't seen him for a long time);* ***this is the first time we've been able to relax for a long time*** dette er første gang på lenge at vi har anledning til å slappe litt av;
24.: ***for the time being*** for øyeblikket; inntil videre; foreløpig;
25.: ***from that time (on)*** fra da av; fra den tiden;
26.: ***from time to time****(=now and then)* fra tid til annen; av og til;
27.: ***have no time for*** 1. ikke ha tid å avse til; 2. ha lite til overs for *(fx I've no time for people of that sort);*
28.: ***in time*** 1. i tide; tidsnok *(fx I arrived in time to catch the train);* 2. med tiden; 3. i takt (*with* med) *(fx they marched in time with the music);*
29.: ***in one's own time*** 1*(=at one's own rate)* i sitt eget tempo; 2. på egen tid; utenom arbeidstiden;
30.: ***in no time (at all)*** på meget kort tid; på rekordtid; meget snart (*el.* fort) *(fx he arrived in no time);* ***it took no time at all*** det tok nesten ingen tid;
31.: ***till the end of time*** til dagenes ende;
32.: ***make up for lost time*** ta igjen den tiden man har tapt;
33.: ***mark time*** 1. *mil:* marsjere på stedet; 2. *fig:* stå på stedet hvil; ***he's been marking time ever since*** hele tiden siden har han stått på stedet hvil;
34.: ***on time*** presis *(fx the train arrived on time);*
35.: ***pass the time of day with*** hilse flyktig på;
36.: ***save time*** spare tid;
37.: ***take one's time*** ta den tid(en) man trenger;
38.: ***take time off*** ta seg fri (fra arbeidet); ***take time off in lieu*** avspasere;
39.: ***waste time*** kaste bort tiden; ***you're wasting your time*** du kaster bort tiden (din); *(se total time).*
II. time *vb* **1.** ta tiden på;
2. velge tidspunkt for; ***you timed it very well****(=your timing was excellent)* du valgte et meget heldig tidspunkt;
3. *fot:* ***time the exposure for one second*** stille inn eksponeringstiden på ett sekund.
time bill *merk(=date bill)* tidveksel; datoveksel.
time bomb tidsinnstilt bombe.
time card*(=clock card)* stemplingskort.
time charter *merk:* tidscharter; tidsbefraktning.
time clock stemplingsur; stemplingsklokke.
time-consuming [ˌtaimkən'sju:miŋ] *adj:* tidkrevende.
time credit *merk:* tidsremburs; kredittremburs.
time difference*(=difference in time)* tidsforskjell; ***the time difference between Oslo and Seattle is nine hours*** tidsforskjellen mellom Oslo og Seattle er ni timer; ***the great time difference causes jet lag with****(= in)* ***most people*** den store tidsforskjellen bevirker døgnvillhet hos de fleste.
time exposure *fot:* tidseksponering; eksponering på tid.
time-honoured [ˌtaim'ɔnəd] *adj:* hevdvunnen.
time immemorial: ***from time immemorial****(=time out of mind)* i uminnelige tider.
time in lieu: *se time off in lieu.*
time interval*(=lag)* tidsintervall.
timekeeper [ˌtaim'ki:pə] *s* **1.** timeskriver;
2. *sport(=timer)* tidtager; ***chief timekeeper*** oppmann for tidtagere; ***penalty timekeeper*** tidtager for utvisninger;
3. T: ***be a good timekeeper*** være flink til å passe tiden.
time-keeping [ˌtaim'ki:piŋ] *s; sport:* tidtagning.
time lag tidsforskjell; tidsintervall; tidsforsinkelse; ***the time lag between lightning and thunderclap*** den tid som går mellom lyn og tordenskrall.
time lapse 1*(=lapse of time)* tidsforløp; **2.** *i film:* tidsforkortelse.
timeless [ˌtaimləs] *adj:* tidløs.
time limit tidsfrist; tidsgrense; tidsbegrensning; ***exceed a time limit*** oversitte en frist; ***set a time limit*** sette en tidsgrense; *(jvf deadline).*
time loss*(=loss of time)* tidstap.
timely [ˌtaimli] *adj:* i rette tid; beleilig.
time off in lieu*(=time in lieu)* avspaseringstid.
time-out ['taimˌaut] *s; sport* **US** *& Canada(=break)* pause.
timepiece [ˌtaim'pi:s] *s; stivt:* ur *n.*
timer [ˌtaimə] *s* **1.** *elekt(=time switch)* tidsbryter; tidsur; *(jvf self-timer);* **2.** *sport:* tidtager.
time scale 1. *EDB:* tidsskala; **2.:** ***think on a different time scale****(=have a different idea of time)* ha et annet tidsbegrep; ha et annet begrep om tid.
time sense*(=sense of time)* tidsfornemmelse.
timeserver [ˌtaim'sə:və] *s:* øyentjener.
time sheet timeliste; timeseddel.
time signal tidssignal.
times sign *mat.(=multiplication sign)* multiplikasjonstegn; gangetegn.
time switch *elekt(=timer)* tidsbryter.
timetable [ˌtaim'teibl] *s* **1.** timeplan; tidsskjema; ***it will be difficult for him to meet that timetable*** det vil bli vanskelig for ham å overholde den timeplanen;
2. *skolev:* timeplan; ***blank timetable*** timeplanformular; ***draw up a timetable*** legge en timeplan;
3.: ***bus (,railway) timetable*** rutebok.
timework [ˌtaim'wə:k] *s:* timebetalt arbeid.
timeworn [ˌtaim'wɔ:n] *adj; litt. el. neds(=old; worn through long use)* medtatt av elde; gammel *(fx custom); spøkef:* ***timeworn excuses*** velbrukte unnskyldninger.
timid [ˌtimid] *adj:* engstelig; redd; fryktsom; sky; forknytt.
timidity [tiˌmiditi] *s:* engstelighet; fryktsomhet; skyhet; forknytthet.
timing [ˌtaimiŋ] *s* **1.** tidsberegning; valg *(n)* av tidspunkt; **2.** *sport:* tidtagning; **3.** *mask:* innstilling; regulering; ***ignition timing*** tenningsinnstilling.
timorous [ˌtimərəs] *adj; litt.(=very timid)* forskremt; meget fryktsom.
timothy [ˌtiməθi] *s; bot:* ***timothy (grass)*** timotei.
timpani, timpany [ˌtimpəni] *s; mus(=timps)* sett pauker.
timpanist [ˌtimpənist] *s; mus:* paukeslager.
I. tin [tin] *s* **1.** *min:* tinn *n;* **2***(,***US:** *can)* hermetikkboks; blikkboks; boks; **3.** blikkeske;
4.: ***cake tin*** 1*(=baking tin;* **US:** *cake pan)* kakeform; 2. kakeboks.
II. tin *vb* **1.** fortinne; **2***(=også* **US:** *can)* hermetisere; legge ned på boks.
tin can blikkboks.
tincture [ˌtiŋktʃə] *s* **1.** *kjem:* tinktur; ***tincture of iodine*** jodtinktur; ***tincture of opium****(=laudanum)* opiumsdråper; ***(tincture of) valerian*** baldriandråper;

t

tin

Did you know that

the expression 'We eat what we can, and what we cannot eat, we can!' is American? The British say **tin** for the American **can**.

2. *stivt(=slight trace; shade)* antydning; svakt spor; **3.** *glds(=dye)* fargestoff.

tinder [ˌtində] *s(=punk; touchwood)* knusk; tønder.

tinderbox [ˌtində'bɔks] *s* **1.** *hist:* fyrtøy; **2.** *fig:* kruttønne; ***a political and social tinderbox*** en politisk og sosial kruttønne.

tine [tain] *s(=prong)* **1.** *på gaffel:* tann; **2.** *zo; på gevir:* takk; spiss.

tinfoil [ˌtin'fɔil] *s:* tinnfolie; tinnfolium *n;* stanniol(papir); *(jvf silver paper).*

ting [tiŋ] **1.** *s:* klingende lyd; pling *n;* **2.** *int(=ding)* pling.

ting-a-ling [ˌtiŋəˌliŋ] *s & int:* tingeling; klingeling; ding-ding; *(jvf I. ding-dong).*

I. tinge [tindʒ] *s; stivt el. litt.* **1.** *om farge(=touch)* anstrøk; **2.** *fig(=touch)* anstrøk.

II. tinge *vb; stivt el. litt.* **1.** *om farge(=give a touch of)* gi et skjær (*el.* anstrøk) av; **2.** *fig:* ***her laughter was tinged with anger****(=there was a trace of anger in her laughter)* latteren hennes røpet at hun var ergerlig.

I. tingle [tiŋgl] *s:* prikking; kribling.

II. tingle *vb:* prikke; krible; ***her (,his) skin tingled*** det prikket i huden; ***my fingers are tingling****(=I've got pins and needles in my fingers)* det kribler i fingrene mine; *fig:* ***she was tingling****(=trembling; quivering)* ***with excitement*** hun dirret av spenning.

tin god T: ***he's a little tin god*** han er en ordentlig liten pave.

tin hat *mil(=steel helmet)* (stål)hjelm.

I. tinker [ˌtiŋkə] *s; hist:* omreisende kjeleflikker; *(jvf tinsmith).*

II. tinker *vb* **1.** *hist:* vandre omkring som kjeleflikker; **2. T:** ***tinker with****(=fiddle with)* fikle med; klusse med; ***tinker with a car*** **T:** mekke på en bil.

I. tinkle [tiŋkl] *s* **1.** *stivt(=tinkling)* klirring; ringling; singling; ***the bell gave a tinkle*** klokken ga en liten lyd fra seg; ***they heard the tinkle of a piano*** de hørte den spede lyden av et piano; *(se også tinkling);* **2. T:** ***just give me a tinkle****(=buzz)!* bare ring til meg! **3.** *evf:* ***go for a tinkle*** gå for å tisse.

II. tinkle *vb* **1.** ringe (svakt); ringle; klirre; single; **2.** *evf(=urinate)* tisse.

tinkling [ˌtiŋkliŋ] *s:* klirring; ringling; singling; ***hear the tinkling of a bell*** høre singlingen av en bjelle.

tin loaf*(=tin bread;* **US:** *loaf bread)* formloff.

tinman [ˌtinmən] *s(=tinsmith)* blikkenslager.

tinned [tind] *adj* **1.** fortinnet; **2.** hermetisk; på boks; ***tinned food*** hermetikk; ***tinned meat*** kjøtthermetikk; ***tinned milk*** boksemelk.

tinnitus [ˌtinitəs] *s; med.(=ringing in the ears)* øresus; tinnitus.

tinny [ˌtini] *adj* **1.** tinnholdig; tinnaktig; blikkaktig; **2.** *om lyd:* klirrende; metallisk; **3.** som smaker av boks; **4.** *neds:* ***a tinny car*** en blikkboks av en bil.

tin opener *(,US: can opener)* bokseåpner; hermetikkåpner.

tin packing blikkemballasje.

tin plate *s* **1***(=sheet metal)* blikk; **2.** blikkplate.

tin-plate [ˌtin'pleit] *vb* **1***(=tin)* fortinne; **2.** beslå med tinn *n.*

tinpot [ˌtin'pɔt] *adj* **T:** elendig; lite(n) fille-; ***his tinpot firm*** det vesle fillefirmaet hans.

tinsel [tinsl] *s* **1.** flitterstas; **2.** *juletrepynt:* glitter *n;* **3.** *fig; neds:* glitter *n;* billig virak.

tinsmith [ˌtin'smiθ] *s:* blikkenslager.

tin soldier tinnsoldat.

I. tint [tint] *s* **1.** fargetone *(fx add white until it's several tints lighter);* nyanse; ***tints of green****(=green tints)* grønne fargetoner; nyanser av grønt; **2.** hårfargingsmiddel; hårfarge; **3.** *typ:* tontrykk; **4.** *stivt(=hint; trace)* snev; antydning (*of* av, til).

II. tint *vb* **1.** farge; fargelegge; **2.** *hår:* farge; **3.** *fig; stivt(=colour)* farge.

tinted [ˌtintid] *adj:* farget; tonet; ***tinted glass*** farget glass *n.*

tinware [ˌtin'wɛə] *s(=tin articles)* blikkvarer.

tin whistle*(=penny whistle)* blikkfløyte.

tiny [ˌtaini] *adj:* bitte liten; ***tiny insect*** bitte lite insekt; ***since he was a tiny boy*** siden han var en neve stor.

I. tip [tip] *s* **1.** spiss; topp *(fx of an iceberg);* tupp *(fx the tips of my fingers); på sigarett:* (filter)munnstykke; *fig:* ***it was on the tip of my tongue*** jeg hadde det på tungen; **2.** driks; tips *n;* **3.** *om opplysning:* tips *n;* vink *n;* (stall)tips; ***(red-tip)hot tips came streaming in*** det strømmet inn med hete tips; ***he gave me some good tips****(=hints)* ***on gardening*** han ga meg noen gode tips om hagestell; **4***(=(rubbish) dump)* avfallsplass; fylling.

II. tip *vb* **1***(=tilt)* vippe; legge seg over; krenge; **2.** forsyne med en spiss; sette en spiss (,holk, etc) på; **3***(=dump)* tømme; tippe; **4.** gi driks; gi drikkepenger til; tippe; ***how much should I tip him?*** hvor mye bør jeg gi ham i driks? **5***(=guess)* tippe; ***I tip him to win*** jeg tipper at han vinner; ***tip the winner*** tippe vinneren; ***he's being tipped for the job*** man tipper på at han får jobben; **6***(=raise):* ***tip one's hat to sby*** lette på hatten til en; **7***(=hit lightly)* gi et lett slag; ***his bat just tipped the ball*** balltreet hans sneiet så vidt bort i ballen; **8.:** ***tip the balance****(=scales)(=be the deciding factor)* avgjøre saken; gjøre utslaget; være tungen på vektskålen; være utslagsgivende; være den avgjørende faktor; **9. T:** ***tip sby off*** gi en et tips (*el.* en advarsel); **10.:** ***tip out*** 1*(=tip; pour out)* tømme (ut); 2. *fig(=push out)* vippe ut; **11.:** ***tip over*** ta overbalanse; velte *(fx he tipped(=knocked) the lamp over);* **12.:** ***tip up*** 1*(=tilt; tip over)* velte; vippe overende; 2. *klappsete, etc:* vippe opp; slå opp; **13. T:** ***tip sby the wink that …****(=hint to sby that …; give sby a tip(-off) that …)* gi en et vink (*el.* tips) om at …; **T:** tipse en om at …

tipcart [ˌtip'kɑ:t] *s:* tippvogn; tippkjerre.

tipcat [ˌtip'kæt] *s; lek:* vippe pinne; *(NB the cat = pinnen).*

tip-off [ˌtip'ɔf] *s* **T***(=tip)* tips *n;* vink *(n)* (*about* om); *(=warning)* advarsel.

tipper [ˌtipə] *s* **1.** en som gir driks; ***he's a mean tipper*** han er gjerrig når det gjelder å gi driks;

2.: *se tipper truck.*
tipper truck (lorry)*(=tip-up lorry (,truck); dump truck;* **US:** *dumper)* lastebil med tipp; tippvogn.
I. tipple [tipl] *s* **T***(=drink)* drink *(fx my tipple's rum; what's your favourite tipple?);*
II. tipple *vb* **T***(=drink (too much))* drikke; pimpe.
tippler [ˌtiplə] *s:* en som drikker.
tipster [ˌtipstə] en som selger tips *n.*
tipsy [ˌtipsi] *adj* **T***(=slightly drunk)* pussa; bedugget.
I. tiptoe [ˌtip'tou] *s:* ***they had to raise themselves on tiptoe*** de måtte stå på tærne; ***walk on tiptoe*** 1. gå på tærne; liste seg; 2. *fig:* gå på tå hev.
II. tiptoe *vb(=walk on tiptoe)* gå på tærne; liste seg.
tiptoe dancing tåspissdans.
tip-top ['tipˌtɔp; *attributivt:* ˌtip'tɔp] *adj:* tipp topp; førsteklasses *(fx the car's in tip-top condition).*
tip-up lorry [ˌtip'ʌp'lɔri] *s; se tipper truck (lorry).*
tip-up seat klappsete.
tirade [taiˌreid] *s; stivt el. spøkef(=long, angry speech; harangue)* tirade; harang.
I. tire [taiə] *s* **US:** *se tyre.*
II. tire *vb* **1.** trette; gjøre trett; bli trett *(fx she tires easily);* **2.:** ***tire out*** slite ut.
tired [taiəd] *adj* **1.** trett; sliten *(from* av); ***I'm so desperately tired*** jeg er så inderlig sliten;
2.: ***tired of****(,***T:** *fed up with)* trett av; ***tired of life*** lei av livet; ***I'm tired of telling you*** jeg er trett av å (måtte) si deg det.
tiredness [ˌtaiədnəs] *s:* tretthet; *litt.:* ***tiredness had got the better of him****(=he was overcome by tiredness)* han var blitt overmannet av tretthet.
tireless [ˌtaiələs] *adj:* utrettelig.
tirelessly [ˌtaiələsli] *adv:* utrettelig.
tiresome [ˌtaiəsəm] *adj; stivt(=boring; annoying)* kjedelig; irriterende.
tiring [ˌtaiəriŋ] *adj:* trettende; anstrengende; ***I don't find it tiring****(=it's no effort; it's no bother)* jeg gjør ikke noe av det; jeg blir ikke sliten av det.
tissue [ˌtisju:; ˌtiʃu:] *s* **1.** *biol:* vev *n;* ***muscular tissue*** muskelvev;
2*(=paper handkerchief; tissue paper; ofte varemerke: Kleenex)* papirlommetørkle; renseserviett; ***face tissue*** ansiktsserviett;
3. *stivt:* ***toilet tissue****(=toilet paper)* toalettpapir;
4. *fig(=web)* vev *n;* spinn *n (fx a tissue of lies).*
tissue culture *biol:* vevskultur.
tissue paper: *se tissue 2.*
I. tit [tit] *s; zo(=titmouse)* meis; ***great tit*** *(,***T:** *tomtit)* kjøttmeis; talgmeis; talgtit(e).
II. tit *s* **1. S***(=nipple)* brystvorte; **2.** *vulg(=breast)* pupp; **3.:** ***tit for tat*** like for like; takk for sist! ***give him tit for tat*** gi ham igjen med samme mynt.
titanic [taiˌtænik] *adj: stivt(=gigantic)* gigantisk.
titanium [taiˌteiniəm] *s:* titan *n.*
titbit [ˌtit'bit] *s (,***US:** *tidbit)* godbit; lekkerbisken.
titch [titʃ] *s; lett glds* **T:** ***little titch****(=little shrimp)* liten spjæling.
tithe [taið] *s; hist:* tiende.
titillate [ˌtiti'leit] *vb; stivt el. spøkef(=excite)* kildre; pirre *(fx the senses).*
titivate [ˌtiti'veit] *vb* **T:** ***titivate (oneself)*** pynte seg; gjøre seg fin (,**T:** fjong); **T:** fiffe seg.
title [ˌtaitl] *s* **1.** tittel;
2. navn *n;* benevnelse; betegnelse;
3. *sport:* (mesterskaps)tittel; ***the (world) heavyweight title*** (verdens)mesterskapstittelen i tungvekt; ***hold a title*** inneha en mesterskapstittel; ***win a title*** bli mester; vinne et mesterskap; *(se overall title);*
4. (bok)tittel; ***collective title*** samletittel; fellestittel;
5. *jur(=legal title)* hjemmel; ***have a title to*** ha hjemmel på *(el.* i); ***prove one's title to*** skaffe hjemmel på; ***abstract of title*** utskrift av grunnboken; *(jvf title deed);*
6. *film:* ***the credit titles****(=the credits)* fortekstene.
titled [ˌtaitəld] *adj:* betitlet; adelig.
title deed *jur(=deed (of conveyance))* skjøte *n;* atkomstdokument.
titleholder [ˌtaitl'houldə] *s; sport:* tittelinnehaver.
title music *films:* tittelmelodi.
title page *typ:* tittelblad; tittelside.
title role tittelrolle.
title track *på plate:* tittelspor; *(jvf title music).*
titmouse [ˌtit'maus] *s(pl: titmice) zo: se I. tit.*
titrate [ˌtaitreit] *vb; kjem:* titrere.
titration [taiˌtreiʃən] *s; kjem:* titrering.
I. titter [ˌtitə] *s(=giggle)* fnis *n;* fnising; ***she gave a nervous titter*** hun fniste nervøst.
II. titter *vb(=giggle)* fnise.
tittle-tattle [ˌtitl'tætl] *s* **T***(=gossip; chatter)* snakk *n;* prat; sladder.
titular [ˌtitjulə] *adj; stivt(=nominal)* nominell.
titular hero tittelhelt *(fx the titular hero of the play).*
tizzy [ˌtizi] *s* **T:** ***be in a tizzy*** være veldig oppskaket; ***get into a tizzy*** bli veldig oppskaket; **T:** få den store skjelven.
T-joint [ˌti:'dʒɔint] *s; tøm:* T-skjøt; T-stykke.
I. to [tu:; *trykksvakt foran vokal:* tu; *foran konsonant:* tø] *prep* **1.** *betegner retning el. mål:* til; i *(fx go to the theatre);* på *(fx go to the cinema); (jvf 3 & 10);*
2. *ved klokkeslett (,***US:** *of)* på *(fx ten to eight);*
3. *om tid(=till)* til *(fx how long is it to Easter?);*
4. mot *(fx turn one's back to sby; be kind to animals; win the match by 5 goals to 2; the odds are ten to one against);* ***this is nothing to what it might have been*** dette er ikke noe mot hva det kunne ha vært;
5. i; ***drawn to scale*** tegnet i riktig målestokk; ***there's 100 pence to the £****(=pound)* det er 100 pence i et pund;
6. for; ***drink to his health*** skåle for ham; ***known to the police*** kjent for politiet; ***read to*** lese for; ***it's important to me*** det er viktig for meg; ***useful to*** nyttig for; ***a room to oneself*** et rom for seg selv;
7. etter; ut fra; ***work to a plan*** arbeide ut fra en plan; ***work to guidelines*** arbeide etter retningslinjer;
8. forbundet med; ved *(fx there are disadvantages to this plan);*
9. på; ***it fell to****(=on)* ***the floor*** det falt på gulvet; det gikk i gulvet; ***listen to*** høre på; ***reply to*** svare på; ***react to*** reagere på;
10. til; ***give it to me*** gi det til meg; gi meg det; ***he put his ear to the door*** han la øret til *(el.* inn mot) døren; ***what did he say to that?*** hva sa han til det? ***to my surprise (,horror)*** til min overraskelse (,skrekk); ***where's the key to****(=for)* ***this door?*** hvor er nøkkelen til denne døren?
11. *forskjellige forb:* ***he'll be the first to go*** han blir den første som må gå; ***it occurred to me that …*** det falt meg inn at …; ***it seems quite easy to me*** det forekommer meg (å være) lett; jeg synes det er lett.
II. to *adv:* igjen *(fx push the door to; the door was to);* ***to and fro*** til og fra *(fx make journeys to and fro between Paris and London);* ***he walked to and from the Concert Hall****(=he walked both ways when he went to the Concert Hall)* han gikk til og fra konserthallen.
III. to *infinitivsmerke:* å *(fx to go; to write);* for å *(fx I've come to see you);* ***I'll have to leave now*** jeg må dra (,gå) nå; ***he asked me to come*** han ba meg (om) å komme; ***he told me what to say*** han fortalte meg hva jeg skulle si; ***he didn't know how to do it*** han visste ikke hvordan han skulle gjøre det; *stivt:* ***in order to*** *(= to)* for å *(fx work hard in order to earn some money);* ***he asked her to stay but she didn't want to*** han ba henne bli, men hun ville ikke.
toad [toud] *s; zo:* padde.
toadflax [ˌtoud'flæks] *s; bot:* torskemunn.
toad-in-the-hole [ˌtoudinðəˌhoul] *s; kul:* pølser innbakt i pannekakerøre.
toadstool [ˌtoud'stu:l] *s; bot; ikke i fagspråket:* fluesopp; ***she ate a poisonous toadstool*** hun spiste en giftig fluesopp; *(jvf amanita & mushroom).*

I. toady [ˌtoudi] *s:* spyttslikker; krypende person.
II. toady *vb: toady(=make up to)* ***to sby*** smiske for en.
toadyism [ˌtoudi'izəm] *s:* spyttslikkeri *n.*
I. toast [toust] *s* **1.** ristet brød *n;* toast; ***make toast*** riste brød; lage toast *(fx make a lot of toast);* ***a piece(=slice) of toast*** en skive ristet brød; et stykke toast;
2. skål; ***drink a toast to****(=drink (to) the health of)* drikke en skål for; skåle for;
3*(=toast speech)* skåltale; ***respond to a toast*** svare på en skål(tale); ***propose the toast of the ladies*** holde damenes tale; utbringe en skål for damene;
4. *fig:* ***she's the toast of London*** hun er hele Londons kjæledegge.
II. toast *vb* **1.** riste; toaste;
2. *fig* **T***(=warm)* varme *(fx one's feet in front of the fire);*
3*(=drink (to) the health of)* skåle for.
toaster [ˌtoustə] *s:* brødrister.
toastmaster [ˌtoust'mɑːstə] *s:* toastmaster.
toast rack oppsats til ristet brød.
tobacco [təˌbækou] *s:* tobakk; ***pipe tobacco*** pipetobakk.
tobacconist [təˌbækənist] *s* **1.** innehaver av tobakksforretning; **2***(=tobacconist's (shop))* tobakksforretning.
tobacco pouch tobakkspung.
-to-be [təˌbiː] *adj:* vordende; ***mother-to-be*** vordende mor; ***her husband-to-be*** hennes vordende mann.
I. toboggan [təˌbɔgən] **1.** *s:* kjelke; ***toboggan with steering wheel*** rattkjelke.
II. toboggan *vb:* ake.
toboggan run akebakke.
tocsin [ˌtɔksin] *s; stivt(=warning bell)* stormklokke; *(jvf toxin).*
today [təˌdei] **1.** *s:* våre dager; nåtiden; dagen i dag *(fx today's Thursday);* ***today and tomorrow*** dagen i dag og morgendagen; ***young people (of) today****(=young people nowadays)* dagens ungdom;
2. *adv:* i dag; ***what day is it today?*** hvilken dag er det i dag? ***a year ago today*** i dag for et år siden; ***from today*** fra i dag av; ***early today****(=(early) this morning)* i dag tidlig; ***at noon today*** i dag klokken tolv; ***that's it for today*** det var alt i dag; ***today of all days!*** (og så) akkurat i dag! ***I didn't believe it till today*** jeg har ikke trodd det før i dag.
toddle [tɔdl] *vb* **1.** *om barn:* stabbe; **2. T: *I'll just toddle home*** jeg tenker jeg rusler hjem.
toddler [ˌtɔdlə] *s:* smårolling.
toddy [ˌtɔdi] *s:* toddy *(fx a rum toddy).*
to-do [təˌduː] *s* **T***(=fuss)* ståhei; oppstuss *n (fx she made a dreadful to-do about missing the train).*
I. toe [tou] *s* **1.** *anat:* tå; ***big toe*** stortå; ***little toe*** lilletå; ***toes turned in(wards)*** innadvendte tær;
2. *på sko el. strømpe:* tå;
3. *fig:* ***be on one's toes*** 1*(=be alert)* være på vakt; 2. **T***(=be ready)* være ferdig;
4.: ***keep sby on their toes****(=keep sby busy)* holde en i ånde;
5.: ***tread on sby's toes*** tråkke en på tærne; ***tread on each other's toes*** gå i veien for hverandre.
II. toe *vb:* ***toe the line*** lystre; parere ordre; gjøre som man får beskjed om; **T:** holde seg i skinnet.
toecap [ˌtou'kæp] *s; på sko:* tåhette.
toe dance tåspissdans.
toe-dance [ˌtou'dɑːns] *vb:* danse tåspissdans.
toehold [ˌtou'hould] *s* **1.** *fjellsp:* tåfeste; **2.** *fig(=slight footing)* lite fotfeste.
toenail [ˌtou'neil] *s; anat:* tånegl.
toffee [ˌtɔfi] *s:* slags fløtekaramell; *(se butterscotch).*
tog [tɔg] *vb; glds* **T: *tog out, tog up****(=dress smartly)* kle seg smart; pynte (seg); *(jvf togs).*
together [təˌgeðə] *adv* **1.** sammen; ***get together*** komme sammen; ***together with*** sammen med; ***we're in this together*** vi sitter i samme båt; dette er vi sammen om;
2. i fellesskap *(fx together we persuaded him);*
3*(=at the same time)* samtidig *(fx they all arrived together);*
4.: ***for months together*** måneder i trekk;
5.: ***they were ten all together*** det var ti av dem i alt.
togetherness [təˌgeðənəs] *s* **1.** samvær *n;* det å være sammen; **2.:** ***a feeling(=sense) of togetherness*** samhørighetsfølelse.
toggle [ˌtɔgl] *s* **1.** *til knapphull i stedet for knapp:* pinne; **2.** *mar:* ters; **3.** *mask: se toggle joint.*
toggle joint *mask:* kneledd.
togs [tɔgz] *s; pl* **T***(=clothes)* klær; tøy *n.*
I. toil [tɔil] *s; litt.(=hard work)* slit *n.*
II. toil *vb; litt.* **1***(=work hard)* slite; **2.:** ***toil along****(=struggle along)* slite seg av sted; ***toil up a hill****(=struggle up a hill)* slite seg opp en bakke.
toilet [ˌtɔilit] *s* **1***(,US: bathroom)* toalett *n;* ***go to the toilet*** gå på toalettet; gå på WC *n;* ***where's the ladies' (toilet)?*** *(,***US:** *where's the ladies' restroom?)* hvor er dametoalettet?
2. toalett *n;* ***make one's toilet*** gjøre toalett.
toilet bag*(=toilet case; sponge bag)* toalettveske.
toilet cleaner klosettrensemiddel; toalettrens.
toilet paper toalettpapir; klosettpapir.
toilet requisites *pl:* toalettsaker; *(jvf toiletries).*
toiletries [ˌtɔilitriz] *s; pl; merk:* toalettartikler.
toilet roll toalettrull; rull klosettpapir.
toilet set toalettgarnityr.
toilet soap toalettsåpe; håndsåpe.
toilet tissue *stivt(=toilet paper)* toalettpapir.
toils [tɔilz] *s; pl; litt.(=net; snare)* ***he was caught in the toils of the law****(=he was trapped by the law)* han havnet i lovens klør.
to-ing and fro-ing [ˌtuːiŋənˌfrouiŋ] *s:* trafikk til og fra; ***the to-ing and fro-ings****(=the comings and goings)* trafikken til og fra; *fig:* ***after a lot of to-ing and fro-ings*** etter mye fram og tilbake.
I. token [ˌtoukən] *s* **1.** tegn *(n)* (*of* på); uttrykk *(n)* (*of* for); bevis *(n)* (*of* på); ***as a small token of thanks for a very pleasant****(=happy)* ***stay with you*** som en liten takk for et meget hyggelig opphold hos dere;
2. *stivt:* ***by the same token****(=in the same way; similarly; also)* dessuten; videre; likeledes; men også; på samme måte *(fx by the same token we should like to thank your wife);* ***then by the same token you can't object to …*** *(=similarly you can't object to …)* men da kan man heller ikke komme med noen innvending mot …;
3.: ***gift token****(=gift voucher;* **US:** *gift certificate)* gavekort.
II. token *adj:* symbolsk; ***token resistance*** symbolsk motstand.
told [tould] *pret & perf.part. av tell.*
tolerable [ˌtɔlərəbl] *adj* **1***(=bearable)* til å holde ut; ***barely tolerable*** nesten ikke til å holde ut; **2.** *stivt(=fairly good)* tålelig bra.
tolerably [ˌtɔlərəbli] *adv; stivt(=fairly):* ***tolerably good*** ganske god.
tolerance [ˌtɔlərəns] *s* **1.** toleranse; ***show tolerance to*** være tolerant overfor;
2. *med.:* toleranse (*to, for* overfor);
3. slingringsmonn.
tolerant [ˌtɔlərənt] *adj:* tolerant (*towards* overfor); ***be tolerant of sby's faults****(=take a lenient view of sby's faults)* se mildt på ens feil; være tolerant overfor ens feil.
tolerate [ˌtɔlə'reit] *vb* **1.** *med.:* tåle *(fx a drug);*
2*(=be tolerant towards)* være tolerant overfor;
3*(=put up with; stand)* tåle; tolerere; finne seg i; ***he won't tolerate opposition*** han tåler ikke å møte motstand.
toleration ['tɔləˌreiʃən] *s(=tolerance)* toleranse; ***his toleration of her behaviour amazed me*** det overrasket meg at han tolererte oppførselen hennes.

I. toll [toul; tɔl] *s* **1.** bomavgift; veiavgift; ***bridge toll*** brupenger;
2. *fig:* ofre *n;* ***death toll*** antall dødsofre; ***the toll of the road*** trafikkdøden; antall døde i trafikken; ***this disease took a heavy toll*** denne sykdommen krevde mange ofre *n.*
II. toll [toul] *vb* **1.** ringe (med langsomme slag *(n)*);
2. ringe med *(fx it's the sexton's job to toll the bell).*
toll bar *hvor det betales bompenger:* veibom.
tollbooth [ˌtoul'bu:θ; ˌtoul'bu:ð, ˌtɔl'bu:θ; ˌtɔl'bu:ð] *subst(=tollhouse):* bomstasjon.
toll call *tlf* **US***(=long-distance call)* samtale mellom nabokommuner; *(se trunk call).*
toll collector (,**US** også: *tollbooth collector*) bombetjent; bomvokter.
tollgate [ˌtoul'geit] *s:* (vei)bom.
toll keeper *glds: se toll collector.*
tollhouse [ˌtoul'haus] *subst(,også* **US:** *toolbooth)* bomstasjon.
toll rate *tlf; hist &* **US***(=long-distance rate)* nærtakst; takst som gjelder mellom nabokommuner; *(jvf trunk rate).*
toll road bomvei.
Tom [tɔm]: ***any(=every) Tom, Dick and(=or) Harry*** gud og hvermann; alle og enhver; Per og Pål; kreti og pleti.
tom [tɔm] *s* **1.** *zo:* han(n);*(=tomcat)* han(n)katt;
2. *mus(=tom-tom)* tamtam; ***floor tom*** gulvtamtam.
tomato [təˌmɑ:tou; **US:** təˌmeitou] *s(pl: tomatoes) bot:* tomat; ***beef(steak) tomato*** bifftomat.
tomato ketchup *kul:* tomatketchup.
tomato purée *kul:* tomatpuré.
tomb [tu:m] *s* **1.** gravkammer; **2.** *stivt(=grave)* grav; **3***(=tombstone; gravestone)* gravstein.
tombola [tɔmˌboulə] *s:* tombola.
tomboy [ˌtɔm'bɔi] *s(=wild girl)* galneheie; vilter jente.
tombstone [ˌtu:m'stoun] *s(=gravestone)* gravstein.
tomcat [ˌtɔm'kæt] *s; zo(=male cat)* han(n)katt.
tome [toum] *s; stivt el. spøkef(=large book)* stort verk; ***fat tome*** murstein.
tomfool [ˌtɔm'fu:l; 'tɔmˌfu:l] **1.** *s(=silly fool)* fjols *n;* narr; **2.** *adj(=silly)* fjollete; tåpelig.
tomfoolery ['tɔmˌfu:ləri] *s(=nonsense)* narrestreker; tøys *n (fx stop this tomfoolery at once!).*
tommy bar *del av pipenøkkel:* T-håndtak.
tommygun [ˌtɔmi'gʌn] *s* **T***(=submachine gun)* maskinpistol.
tommyrot [ˌtɔmi'rɔt] *s* **T***(=utter nonsense)* det rene sprøyt.
Tommy Thumb *barnespråk:* tommeltott.
tomorrow [təˌmɔrou] **1.** *s:* morgendagen; fremtiden *(fx tomorrow's world);* ***let tomorrow take care of itself*** ikke tenke på morgendagen;
2. *adv:* i morgen; ***tomorrow's Friday*** i morgen er det fredag; ***the day after tomorrow*** i overmorgen.
tomtit [ˌtɔm'tit] *s; zo* **T***(=great tit)* kjøttmeis.
tom-tom [ˌtɔm'tɔm] *s; mus(=tom)* tamtam.
ton [tʌn] *s* **1.** tonn *n;* ***a 3-ton lorry*** en tretonns lastebil; **T:** ***this suitcase weighs a ton!*** denne kofferten veier minst et tonn!
2. **T***(=100 miles per hour)* 100 miles i timen; ***do a ton****(=do the ton)* kjøre med 100 miles i timen;
3.: ***tons of****(=a lot of)* en (hel) masse;
4. T: ***it hit him like a ton of bricks*** han ble slått regelrett ut.
tonal [tounl] *adj; mus:* tonal; tone-.
tonality [touˌnæliti] *s: s:* tonalitet.
ton boy: *se ton-up boy.*
I. tone [toun] *s* **1.** *mus:* tone; ***whole tone*** heltone;
2. *mus(=tone colour)* tonefarge;
3. *tlf(=dialling tone;* **US:** *dial tone)* summetone;
4. *fig:* tone; ***the general tone of the meeting was friendly*** stemningen på møtet var vennlig; ***speak in low tones*** snakke lavt;
5. *stivt(=shade)* nyanse;
6. *fysiol:* (muskel)tonus; tonisitet.
II. tone *vb* **1.:** ***tone down*** tone ned; *om uttrykk:* moderere;
2.: ***tone (in) well with****(=fit in well with)* stå godt til;
3.: ***tone up*** 1. *mus:* tone opp; 2. *med.:* styrke *(fx the exercise toned up his muscles);* ***cycling keeps you toned up*** sykling er noe som holder en i form.
tone arm *mus; på platespiller:* pickuparm.
tone-deaf [ˌtoun'def] *adj:* tonedøv.
toneless [ˌtounləs] *adj:* tonløs.
tongs [tɔŋz] *s; pl(=pair of tongs)* tang.
I. tongue [tʌŋ] *s* **1.** *anat:* tunge; ***hold one's tongue*** holde munn; ***put out one's tongue at sby*** rekke tunge til en; ***he said it with his tongue in his cheek*** han sa det for spøk; ***it's on the tip of my tongue*** jeg har det på tungen; ***the tongues are wagging*** folk har det travelt med å snakke; **T:** skravla går;
2. *stivt(=language)* språk; ***native tongue****(=first language)* morsmål;
3. *stivt:* ***tongue****(=neck)* ***of land*** landtunge;
4. *stivt:* ***tongue****(=spurt)* ***of flame*** stikkflamme; ildtunge;
5. *rel:* ***speak in tongues*** tale i tunger; *(jvf glossolalia);*
6. *tøm; i pløyd bord:* fjær; ***tongue and groove*** not og fjær;
7. *i (kirke)klokke(=clapper)* knebel; kolv;
8. *i beltespenne:* nål;
9. *i sko:* pløse.
II. tongue *vb; tøm:* ***groove and tongue boards*** pløye bord *n.*
tongue-tied [ˌtʌŋ'taid] *adj:* ***be tongue-tied*** **1.** *med.:* ha for stramt tungebånd; **2.** *fig:* være stum (av sjenerthet).
tongue twister ord (,setning) som det er vanskelig å uttale.
I. tonic [ˌtɔnik] *s* **1.** styrkemiddel; **2***(=tonic water)* tonic; **3.** *fig:* styrkemedisin; **4.** *mus:* tonika.
II. tonic *adj:* styrkende.
I. tonight [təˌnait] *s:* ***tonight's party*** selskapet i kveld; ***I'm looking forward to tonight*** jeg gleder meg til i kveld.
II. tonight *adv* **1.** i kveld; **2.** i natt.
tonnage [ˌtʌnidʒ] *s:* tonnasje.
tonne *s: se ton 1.*
tonsil [tɔnsl] *s; anat:* mandel.
tonsillitis ['tɔnsiˌlaitis] *s; med.(=inflammation of the tonsils)* mandelbetennelse; tonsilitt.
tonsure [ˌtɔnʃə] *s:* tonsur; kronraking.
ton-up [ˌtʌn'ʌp] *adj; om motorsykkel:* som kan gå i minst 100 miles i timen.
ton-up boy **T***(=ton boy;* **US:** *motorcycle cowboy)* motorsykkelfantom.
too [tu:] *adv* **1.** for *(fx too late);* ***far too much, much too much*** altfor mye; ***it's too good to be true*** det er for godt til å være sant; ***it's too kind (of you)*** det er bare så altfor snilt (av deg);
2. også; ***she too*** hun også; ***me too*** jeg også;
3. T: ***that's really too bad*** det var da virkelig kjedelig; ***I'm sorry I can't come but it's just too bad*** det er synd jeg ikke kan komme, men det er (det) dessverre ikke noe å gjøre med; ***that's not too bad!*** det er slett ikke dårlig! ***not too(=very) good*** ikke god (,godt); ikke bra; **T:** ***I'm not feeling too****(=very)* ***well*** jeg føler meg ikke helt bra; ***he's not too well*** det står temmelig dårlig til med ham;
4.: ***the party didn't go too badly*** selskapet var ganske vellykket;
5.: ***Nice to meet you! – You too!*** Det var hyggelig å hilse på deg! – I like måte!
took [tuk] *pret av II. take.*
I. tool [tu:l] *s* **1.** verktøy; redskap *n;* ***air tool*** trykkluftverktøy; ***machine tool*** verktøymaskin; **2.** *fig:* redskap *n;* **3. S***(=gun)* skytevåpen.
II. tool *vb* **1.** bearbeide;

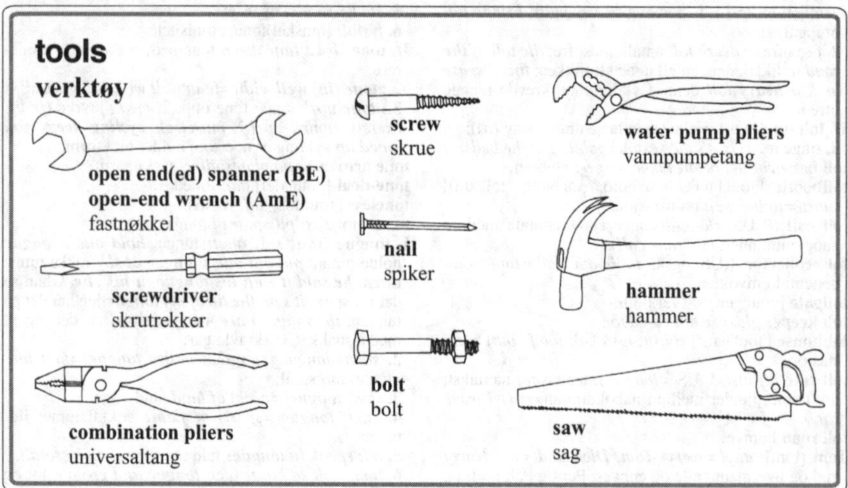

2. *bokb:* siselere; ***tooled edges*** siselert snitt *n;*
3.: ***tool up*** 1*(=equip with machinery)* utstyre med maskiner; 2. **S:** utstyre med skytevåpen.
toolbox [ˌtu:lˈbɔks] *s:* verktøykasse.
tooled up S*(=equipped with a gun (,guns))* utstyrt med skytevåpen.
tool kit*(=kit of tools)* verktøysett.
toolmaker [ˌtu:lˈmeikə] *s:* verktøymaker; ***press toolmaker*** stansemaker.
toolroom [ˌtu:lˈrum] *på maskinverksted, etc:* verktøybur.
tool shed redskapsbu; redskapsskur.
tool steel*(=high-carbon steel)* verktøystål.
I. toot [tu:t] *s(=hoot)* tut *n; (se I. tootle).*
II. toot *vb(=hoot)* tute; ***toot (on) the horn*** bruke hornet; *(se II. tootle 1).*
I. tooth [tu:θ] *s(pl: teeth* [ti:θ]*)* **1.** *anat:* tann; ***false teeth****(=dentures)* gebiss *n;* tannprotese; ***milk tooth*** melketann; ***clean one's teeth*** pusse tennene; ***cut one's first tooth*** få sin første tann; ***cut one's teeth*** 1. få tenner; 2. *fig:* ***I cut my teeth on Spitfires in the war*** jeg fikk min første erfaring på Spitfire under krigen; ***have a tooth filled*** få plombert en tann; ***I've had a tooth out*** jeg har fått trukket en tann; ***pull out a tooth****(=draw a tooth)* trekke en tann;
2. *mask, etc:* tann;
3. *på frimerke & bot; på blad* tagg;
4..: tooth and nail innbitt; **T:** med nebb *(n)* og klør;
5.: ***have a sweet tooth*** være glad i søte saker;
6. *fig:* ***pull sby's teeth*** klippe klørne ens;
7. *fig:* ***show one's teeth*** vise tenner;
8.: ***escape by the skin of one's teeth*** unnslippe med nød og neppe;
9. T: ***be long in the tooth****(=be old)* være gammel;
10. S: ***get kicked in the teeth*** få (seg) en på trynet;
11.: ***lie in****(=through)* ***one's (back) teeth****(=lie shamelessly)* lyve skamløst; lyve så det står etter;
12.: ***throw sth in sby's teeth*** kaste en noe i ansiktet;
13.: ***in the teeth of*** 1. *stivt(=against)* mot *(fx walk in the teeth of a blizzard);* 2. *stivt(=despite)* til tross for;
14. T: ***get one's teeth into sth*** bite seg fast i noe;
15.: ***cold water sets my teeth on edge*** det iser i tennene mine når jeg drikker kaldt vann;
16.: ***be armed to the teeth*** være væpnet til tennene.
II. tooth *vb* **1.** skjære tenner i *(fx a saw);* **2.** fortanne.
toothache [ˌtu:θˈeik] *s:* tannpine; tannverk; ***have toothache*** ha tannpine; ***I've got toothache very badly****(=I've got a very bad toothache)* jeg har fryktelig tannpine.
toothbrush [ˌtu:θˈbrʌʃ] *s:* tannbørste.
toothcomb [ˌtu:θˈkoum] *s* **1.** finkam; **2.** *fig:* ***go over****(=through)* ***with a (fine) toothcomb*** finkjemme noe.
toothed [tu:θt] *adj* **1.** *mask:* med tenner; **2.** *bot:* tannet.
toothpaste [ˌtu:θˈpeist] *s:* tannpasta; tannkrem; ***fluoride toothpaste*** fluortannkrem.
toothpick *s:* tannpirker.
toothy [ˌtu:θi] *adj(=showing a lot of teeth)* som viser tennene for mye *(fx she looks toothy in that photo); neds* **T:** ***she's a bit toothy*** hun viser tennene litt for mye; ***he had a toothy grin*** han viste tennene litt for mye når han smilte.
tooting [ˌtu:tiŋ] *s(=hooting)* tuting; *(se II. hoot).*
I. tootle [ˌtu:tl] *s* **T***(=little toot)* lite tut *n.*
II. tootle *vb* **T 1.** småtute; **2.** gå (,kjøre) i bedagelig tempo *n;* ***tootle along*** 1. rusle av sted; 2. trille av sted.
tootsie, tootsy [ˌtu:tsi] *s; barnespråk(=foot)* fot.
I. top [tɔp] *s* **1.** øverste del; overdel; *på bil:* tak *n; (se folding top); også fig:* topp; ***a skirt and top*** skjørt og topp; ***reach the top (of the ladder)****(=reach the top of the tree; get to the top)* nå toppen; ***be top in*** ha toppkarakter i *(fx French);* ***from top to bottom*** fra øverst til nederst; ***from top to toe****(=from head to foot)* fra topp til tå; *(se II. blow: blow one's top);* **2***(=lid)* lokk *n;* ***bottle top*** flaskekapsel;
3. plate; ***table top*** bordplate; ***marble top*** marmorplate;
4. snurrebass; ***sleep like a top****(=log)* sove som en stein;
5. *mar:* mers;
6.: ***big top*** sirkustelt;
7. at the top 1. på toppen; øverst oppe; ***at the top of the street*** øverst i gaten; ***at the top of the page*** øverst på siden; 2. *fig:* på toppen; ***the men at the top*** de som sitter på toppen; ***it's****(=life's)* ***hard at the top*** det blåser kaldt på toppene; 3.: ***they were talking at the top****(=tops)* ***of their voices*** de var meget høymælte;
8. T: ***off the top of one's head*** 1*(=off the cuff)* på stående fot; 2.: ***talk off the top of one's head*** skravle i vei;
9.: ***on top*** 1. øverst *(fx put the book on top);* ***he's a bit thin on top*** han er litt tynn i håret; 2. *sport:* ***be on top*** være på toppen; 3. *fig(=have the upper hand)* ha overtaket; ***come out on top****(=carry the day)* gå av med seieren;
10.: ***on top of*** 1. øverst oppe på; (oppe) på; 2. utenpå; ***this duvet case has to be put on top of the other*** dette dynetrekket skal trekkes utenpå det andre; 3. *fig:* ***don't***

let it get on top of you ikke la det ta knekken på deg; ***things are getting on top of me*** det er i ferd med å bli for mye for meg; ***get on top of sth*** få bukt med noe; ***the situation was on top of me before I knew it*** før jeg visste ordet av det, hadde jeg mistet kontrollen (over situasjonen); 4. *fig:* ***on top of all that*** på toppen av det hele; ***and on top of everything else I lost my ticket!*** og på toppen av det hele mistet jeg billetten min! ***it's just one thing on top of another*** det er den ene vanskeligheten etter den andre; ***two incidents that came so quickly on top of each other*** to episoder som fulgte så tett på hverandre; ***on top of everything else he managed to break his arm*** på toppen av det hele presterte han å brekke armen; 5. *fig:* ***keep on top of one's job*** holde seg på toppen i jobben sin; 6. *fig:* ***they're on top of the world*** 1. de er i den syvende himmel; 2. for dem er livet bare fryd og gammen;

11.: ***over the top****(=exaggerated; excessively dramatic)* overdrevet; overdramatisert; ***go over the top*** overdrive; ta (altfor) sterkt i; ***he goes over the top about everything*** han tar alltid så sterkt i; *(se top of the pops).*

II. top *vb* **1.** skjære toppen av; *om bær:* rense *(fx strawberries); om stikkelsbær:* ***top and tail*** rense; **2***(=surpass)* overstige *(fx exports topped £100,000);*

3. *sport; golf:* ***top the ball*** gi ballen toppspinn;

4. *teat:* ***top the bill*** være hovedattraksjon;

5.: ***top the cake with cream*** ha krem på kaken;

6. T: ***to****(=on)* ***top it all*** på toppen av det hele; attpåtil;

7.: ***top off*** avrunde *(fx one's speech with a toast to the new year):*

8.: ***top up*** fylle opp; fylle på *(fx sby's glass);* ***top up a battery*** fylle vann *(n)*på et batteri.

topaz [ˌtoupæz] *s; min:* topas.

top billing 1. *teat, varieté, etc:* plassering øverst på plakaten; **2.** annonse (,etc) på fremtredende plass; sterk PR-innsats.

top boot skaftestøvel.

top brass *mil* **T***(=brass hat(s))* høyere offiser(er).

top-class ['tɔpˌklɑ:s; *attributivt:* ˌtɔp'klɑ:s] *adj:* i toppklasse; ***a top-class player*** en spiller i toppklasse.

topcoat [ˌtɔp'kout] **1***(=(lightweight) overcoat)* kappe; **2.** *av maling, etc(=final coat)* siste strøk.

top dog T: ***be top dog*** **1.** være ovenpå; ha overtaket; **2.** være sjef.

top drawer 1. øverste skuff; **2. T:** ***he's out of the top drawer*** han tilhører det sosiale toppsjikt.

top dress *vb; gart:* overgjødsle.

top earner person med høy inntekt.

top echelon øverste sjikt *n;* toppsjikt.

top-flight [ˌtɔp'flait; 'tɔpˌflait] *adj* **T***(=excellent)* førsteklasses; i toppklassen.

top form toppform; ***be in****(=on)* ***top form*** være i toppform.

topgallant ['tɔpˌgælənt; təˌgælənt] *s; mar* **1***(=topgallant mast)* bramstang; **2***(=topgallant sail)* bramseil.

top hat*(=topper)* flosshatt.

top-heavy ['tɔpˌhevi; *attributivt:* ˌtɔp'hevi] *adj:* for tung oventil; ustabil.

topic [ˌtɔpik] *s; stivt(=subject)* emne *n;* tema *n.*

topical [ˌtɔpikl] *adj:* (dags)aktuell.

topicality ['tɔpiˌkæliti] *s; stivt(=current interest)* aktualitet.

topless [ˌtɔpləs] *adj:* toppløs; med bare bryster.

top level toppnivå.

top-level [ˌtɔp'levl] *adj:* på topplanet; på høyeste plan.

top-level athletics *sing el. pl:* toppidrett.

top management toppledelse.

top mark 1. *mar:* toppmerke; **2.** *skolev(=top marks)* toppkarakter.

topmast [ˌtɔp'mɑ:st] *s; mar:* mersestang.

topmost [ˌtɔp'moust] *adj(=uppermost)* øverst.

topnotch [ˌtɔpˌnɔtʃ] *adj* **T***(=excellent)* super; helt førsteklasses.

top of the pops: ***this tune's top of the pops in Norway*** denne melodien ligger nå på norsktoppen.

topography [təˌpɔgrəfi] *s:* topografi.

topper [ˌtɔpə] *s* **T***(=top hat; high hat)* flosshatt.

topping [ˌtɔpiŋ] *s; på mat:* pynt.

topping-out ceremony ['tɔpiŋˌaut'seremәni] *s:* kranselag.

topple [tɔpl] *vb* **1.** *også fig:* velte; **2.:** ***topple (over)****(=fall over)* falle over ende; falle utfor; ***topple over a cliff*** falle utfor et stup.

top placing *sport:* topplassering.

top price 1. toppris; **2.** toppnotering.

top priority: ***be a top priority*** ha førsteprioritet.

top-ranking [ˌtɔp'ræŋkiŋ] *adj:* meget høytstående.

top rate høyeste sats; toppsats.

tops *adj* **T:** topp *(fx he's tops in his field).*

topsail [ˌtɔp'seil] *s; mar:* merseil; *over gaffel:* toppseil; ***jib topsail*** klyvertopp; ***lower topsail*** undre merseil.

top-secret [ˌtɔpˌsi:krit; *attributivt:* ˌtɔp'si:krit] *adj:* topphemmelig; ***this is top-secret*** dette er topphemmelig.

top-security prison ['tɔpsiˌkjɔ:riti'prizn] *s:* tilnærmet rømningssikkert fengsel.

top-shaped [ˌtɔp'ʃeipt] *adj; geom:* omvendt kjegleformet.

topside [ˌtɔp'said] *s(=top)* overside.

topsoil [ˌtɔp'sɔil] *s; gart(=humus)* matjord.

top speed [ˌtɔpˌspi:d] *s:* toppfart; topphastighet; ***the car was going at top speed*** bilen hadde toppfart.

top storey ['tɔpˌstɔ:ri] *også fig:* toppetasje; øverste etasje.

I. topsy-turvy ['tɔpsiˌtə:vi] *s(=topsy-turviness)* rot *n;* kaos *n;* det at alt står på hodet.

II. topsy-turvy *adj(=upside down)* på hodet; ***it's a topsy-turvy world!*** det er en bakvendt verden vi lever i!

III. topsy-turvy *adv:* ***everything was turned topsy-turvy*** alt ble snudd på hodet; alt ble snudd opp ned.

topsy-turvydom ['tɔpsiˌtə:vidəm] *s:* den omvendte verden; bakvendthet.

top team *sport:* elitelag.

top-up [ˌtɔp'ʌp] *s* **T***(=topping up)* etterfylling.

torch [tɔ:tʃ] *s* **1***(,***US:** *flashlight)* lommelykt;
2. *også fig:* fakkel; ***pine torch*** tyrifakkel; ***a flaming torch*** en lysende fakkel;
3*(=welding torch)* sveisebrenner;
4. *fig:* ***carry a torch for*** være ulykkelig forelsket i;
5. *fig:* ***pick up the torch and carry on*** kjempe videre for saken.

torchbearer [ˌtɔ:tʃ'bɛərə] *s:* fakkelbærer.

torchlight [ˌtɔ:tʃ'lait] *s:* fakkelskjær; fakkellys.

torch relay fakkelstafett; ***the OL torch relay*** fakkelstafetten mot OL.

tore [tɔ:] *pret av II. tear.*

I. torment [ˌtɔ:ment] *s; stivt(=pain; anguish)* kval; pine; ***be in torment*** lide kval.

II. torment *vb; stivt; også fig(=plague)* plage.

tormentor [tɔ:ˌmentə] *s:* plageånd.

torn [tɔ:n] **1.** *perf.part. av II. tear;* **2.** *fig:* sønderflenget.

tornado [tɔ:ˌneidou] *s; meteorol:* tornado.

I. torpedo [tɔ:ˌpi:dou] *s; mil:* torpedo.

II. torpedo *vb:* torpedere; ***be torpedoed*** bli torpedert.

torpid [ˌtɔ:pid] *adj; stivt(=sluggish)* dvask; dorsk.

torpor [ˌtɔ:pə] *s; stivt(=lethargy; apathy; stupor)* sløvhet; apati; dvale(tilstand).

torque [tɔ:k] *s; fys:* vridningsmoment.

torque converter *tekn:* momentomformer.

torque wrench *tekn:* momentnøkkel.

torrent [ˌtɔrənt] *s* **1***(=violent stream)* stri strøm;
2. *om regn:* ***the rain fell in torrents****(=it was pouring down)* det regnet i strie strømmer;
3. *fig:* ***a torrent****(=flood)* ***of abuse*** en rivende strøm av skjellsord.

torrential [tɔˌrenʃl] *adj:* stri *(fx stream).*

torrential rain styrtregn; skybruddaktig regn *n.*
torrid [ˌtɔrid] *adj; stivt* **1***(=very hot)* brennende het; **2.** *fig:* brennende; glødende *(fx love affair).*
torsion [ˌtɔ:ʃən] *s; fys:* vridning(selastisitet).
torsk [tɔ:sk] *s; zo (,***US:** *& Canada: cusk)* brosme.
torso [ˌtɔ:sou] *s(pl: torsos)* torso.
tort [tɔ:t] *s; jur:* skadevoldende handling; sivil søksmålsgrunn (bortsett fra kontraktbrudd).
tortoise [ˌtɔ:təs] *s; zo:* landskilpadde.
tortoiseshell [ˌtɔ:təs'ʃel] *s; zo:* skilpaddeskall.
tortuous [ˌtɔ:tjuəs] *adj; stivt* **1***(=winding)* buktet; snodd; kroket; **2.** *fig(=devious):* ***tortuous methods*** krokveier.
I. torture [ˌtɔ:tʃə] *s* **1.** tortur; **2.** pine; kval; **3.** *fig:* lidelse; plage; tortur.
II. torture *vb* **1.** torturere; **2.** *fig(=plague)* plage.
Tory [ˌtɔ:ri] *s & adj:* konservativ.
Toryism [ˌtɔ:ri'izəm] *s:* konservatisme.
I. toss [tɔs] *s* **1.** kast *n;* støt *n;* ***"No!" she said with a (proud) toss of her head*** "Nei!" sa hun og kneiset (stolt) med nakken;
2. *fra hest:* ***take a toss****(=be thrown)* falle av;
3.: ***the decision depends on the toss of a coin*** avgjørelsen kan man kaste krone og mynt om;
4. loddtrekning (ved å kaste krone og mynt); ***win (,lose) the toss*** vinne (,tape) loddtrekningen;
5.: ***argue the toss****(=dispute the decision)* krangle om avgjørelsen.
II. toss *vb* **1.** kaste (opp i luften); lempe *(fx toss(=pitch) hay);* ***he tossed the book on to the table*** han slengte boka ned på bordet;
2.: ***toss a coin*** kaste mynt og krone; ***let's toss for it!*** la oss kaste mynt og krone om det!
3*(=jerk):* ***the horse tossed his head*** hesten kastet på hodet;
4.: ***toss about*** 1. kaste hit og dit; 2. kaste på seg; ligge urolig;
5.: ***toss back*** 1. *om drink:* helle i seg; 2.: ***toss (back) one's head*** kneise med nakken;
6.: ***toss off****(=toss back)* helle i seg;
7.: ***toss up*** 1. kaste opp *(fx a ball into the air);* 2. **T***(= toss a coin)* kaste mynt og krone.
toss-up [ˌtɔs'ʌp] *s* **1.** loddtrekning (ved å kaste mynt og krone); *sport; om rekkefølge, etc:* loddtrekning; ***win the toss-up*** vinne loddtrekningen; **2***(=gamble)* lotteri(spill) *n;* ***it's a toss-up whether …****(=it's doubtful whether …)* det er tvilsomt om …
I. tot [tɔt] *s* **1.** dram *(fx of whisky);* **2***(=toddler)* smårolling; ***a tiny tot*** en liten tass.
II. tot *vb:* ***tot up****(=add up)* summere; legge sammen.
I. total [toutl] *s:* sum; totalbeløp; samlet antall; ***grand total****(=sum total; total amount)* sluttsum; samlet beløp *n;* ***in total****(=all told; all in all)* sammenlagt; (alt) i alt; ***a total of 15****(=15 in all)* 15 alt i alt; ***he got a total of 100 points*** han fikk 100 poeng (alt) i alt; ***the total was****(=came to)* ***£30*** det kom på £30; ***the total amounts to*** 1*(=the sum total is)* det samlede beløp utgjør; 2*(= the total number amounts to)* det samlede antall utgjør.
II. total *vb* **1.** beløpe seg til; utgjøre (i alt); ***the group*** totalled 50*(=there were fifty people in the group)* det var femti i gruppen; **2.:** ***total up****(=add up)* legge sammen; summere.
III. total *adj* **1***(=complete)* total; fullstendig; ***a total failure*** en fullstendig fiasko; ***the car was a total wreck*** bilen var totalvrak; **2.** samlet; ***the total****(=whole)* ***amount*** hele beløpet; det samlede beløp; ***the total number amounts to*** det samlede antall utgjør; ***sum total****(=total amount; grand total)* samlet beløp; sluttsum; ***that was the sum (total) of his achievements*** det var alt han hadde prestert.
total abstainer*(=teetotaller)* totalavholdsmann.
total abstinence*(=teetotalism)* totalavhold.
total assets *pl; merk:* forvaltningskapital; sum aktiva.
totalitarian [tou'tæliˌtɛəriən] *adj:* totalitær.
totality [touˌtæliti] *s; stivt(=entirety)* helhet.
totalizator, totalisator [ˌtoutəlai'zeitə] *s (,***T:** *tote)* totalisator.
total loss *fors:* totalskade; *mar:* totalforlis.
totally [ˌtoutəli] *adv:* totalt; fullstendig; helt; ***totally insincere*** bunnfalsk.
total recall: ***have total recall*** ha evne til å huske alt.
total time total tid; sammenlagt tid; *sport(=added times)* sammenlagt tid.
I. tote [tout] *s* **T:** ***tote****(=totalizator)* totalisator.
II. tote *vb* **US***(=carry):* ***tote a gun*** gå med skytevåpen.
totem [ˌtoutəm] *s:* totem(bilde) *n.*
totter [ˌtɔtə] *vb; også fig:* vakle; ***on a tottering foundation****(=on shaky ground)* på gyngende grunn.
tottery [ˌtɔtəri] *adj* **T***(=shaky; unsteady)* ustø; skrøpelig *(fx old lady).*
I. touch [tʌtʃ] *s* **1.** berøring; ***I felt a touch on my shoulder*** jeg kjente at noen tok på skulderen min; ***it felt cold to the touch*** den var kald å ta på;
2. *fotb:* ***kick the ball into touch*** sparke ballen ut (over sidelinjen); *(se touchline);*
3. forbindelse; ***I'll be in touch!*** jeg lar høre fra meg! vi ses! ***be in touch with*** ha forbindelse (*el.* kontakt) med; ***get in touch with*** ta kontakt med; komme i forbindelse med; ***you ought to get in touch with the police*** du burde kontakte politiet; ***keep in touch with*** 1. holde forbindelsen med; 2*(=stay in touch with)* holde seg à jour med; ***we've lost touch*** vi har mistet forbindelsen med hverandre; ***be out of touch with*** 1. ikke lenger være à jour når det gjelder; 2. ikke lenger ha noen forbindelse med; ***I'll put you in touch with him*** jeg skal sette deg i forbindelse med ham;
4.: ***a touch*** 1. et snev (*of* av); 2*(=a bit):* ***he's a touch nervous today*** han er litt nervøs i dag;
5. *mus:* (finger)grep *(n)* (i streng); anslag;
6. malemåte; manér;
7. *fig:* hånd *(fx the touch of a master);* ***a woman's touch*** en kvinnehånd; ***it has the touch of genius*** det har noe genialt ved seg;
8*(=skill):* ***he hasn't lost his touch as a writer*** han har ikke mistet grepet på skrivingen sin;
9. T: ***he's totally out of touch*** han er helt utenfor;
10.: ***service with a personal touch*** personlig service;
11. *fig:* ***put the final****(=finishing)* ***touches to*** finpusse;
12. S: ***be an easy touch*** være lett å slå for penger.
II. touch *vb* **1.** røre (ved); berøre; ta på; streife; komme borti; **T:** ***I wouldn't touch a job like that*** en slik jobb ville jeg holde meg unna; ***touch wood!*** bank i bordet!
2. *geom:* tangere;
3. gjøre inntrykk på; røre *(fx I was touched by it);*
4. *med nektelse:* måle seg med *(fx there's nothing to it);*
5. *mar:* ***touch at****(=call at)* anløpe;
6.: ***touch and go, -touch-and-go*** usikker *(fx situation);* ***it was touch and go whether …*** det var høyst usikkert om …;
7. *flyv:* ***touch down*** lande;
8. T: ***touch sby for money*** bomme en for penger;
9.: ***touch off*** 1. få til å eksplodere; 2. gi støtet til;
10.: ***touch on*** 1*(=come close to)* grense til; 2. *om tema:* berøre; komme inn på;
11.: ***touch up*** 1. fikse på; 2. *fot:* retusjere; 3. **S***(=paw)* ta på (i seksuell hensikt); beføle.
touchdown [ˌtʌtʃ'daun] *s* **1.** *flyv(=landing)* landing;
2. *sport; rugby:* rørt ball;
3. *sport; ski(=landing)* nedslag; *(se landing 2).*
touch-dry [ˌtʌtʃ'drai] *adj; om maling:* fingertørr.
touched [ˌtʌtʃt] *adj* **1.** rørt; beveget; **2. T***(=not quite right in the head)* ikke riktig vel bevart; litt rar.
touching [ˌtʌtʃiŋ] *adj:* rørende *(fx story).*
touchline [ˌtʌtʃ'lain] *s* **1.** *sport; fotb & rugby(=sideline)* sidelinje; *(jvf I. touch 2);* **2.** *fig:* ***observers on the touchline*** folk på sidelinjen.
touchstone [ˌtʌtʃ'stoun] *s; fig:* prøvestein.

touchwood [ˌtʌtʃ'wud] *s(=tinder)* knusk; tønder.
touchy [ˌtʌtʃi] *adj* **1.** *fig:* ømfintlig *(fx subject);*
2. ømfintlig; nærtagende; **T:** ***touchy about criticism****(=sensitive to criticism)* ømfintlig overfor kritikk.
I. tough [tʌf] *s* **T***(=thug; rowdy)* bølle.
II. tough *adj* **1.** *også fig:* seig;
2. *fig(=difficult)* vanskelig *(fx problem);* ***he's a tough customer to deal with*** han er vanskelig å ha med å gjøre;
3. *fig:* hard *(fx competition; opposition);* **T:** ***tough as old boots*** hard som flint; *(se tough nut);*
4. hardhendt; voldsom og uregjerlig; barsk; hvor det går voldsomt for seg *(fx a tough neighbourhood);*
5. T: ***get tough with sby*** ta en hardt;
6. T: ***that was a tough go!****(=that was tough!)* det var et ordentlig kjør! det var hardt!
toughen [ˌtʌfən] *vb* **1.** gjøre seig;
2. gjøre hard; herde; ***tough (up) one's body****(=harden one's body)* styrke kroppen;
3. *fig(=harden):* ***toughen one's stand*** innta en hardere holdning.
tough nut T: friskus; ***he's a tough nut at ski-jumping*** han er en friskus i hoppbakken.
toupee [ˌtu:pei; **US:** tu:ˌpei] *s:* toupé.
I. tour [tuə] *s* **1.** turistreise; (rund)reise; rundtur (*of* i) *(fx go on a tour of Spain);* ***tour of inspection*** inspeksjonsreise;
2*(=guided tour)* omvisning (*of* i, på); ***be taken on a tour of the building*** bli vist rundt i bygningen; ***public*** tours will be conducted det vil bli arrangert omvisninger for publikum *n;*
3. *teat, etc:* turné; ***lecture tour*** foredragsturné;
4.: ***tour of duty*** tjenestetid; ***do a tour of duty in*** tjenstgjøre i; *(se conducted tour).*
II. tour *vb* **1.** reise rundt (i); **2.** *teat, etc:* være på turné; turnere; *om stykke:* bli vist i.
tour de force [ˌtuədəˌfɔ:s] *s; litt.* **1***(=feat of strength)* kraftprestasjon; **2***(=brilliant achievement)* glansprestasjon; glimrende prestasjon.
touring [ˌtuəriŋ] *s:* det å reise omkring (*el.* være på turné); ***ski touring*** turgåing på ski; ***go touring*** dra ut på reise.
touring actor *teat:* omreisende skuespiller.
touring association reiselivsforening.
touring company *teat:* omreisende teaterselskap.
touring party reisegruppe.
touring skis *pl; sport:* turski; løypeski.
tourism [ˌtuərizəm] *s:* turisme; reiseliv.
tourist [ˌtuərist] *s:* turist; ***motor tourist*** bilturist.
Tourist Authority: ***the British Tourist Authority*** Det britiske turistkontor.
tourist chalet*(=tourist hut; tourist lodge)* turisthytte.
tourist class turistklasse; ***travel tourist class*** reise på turistklasse; ***in the tourist class*** på turistklasse.
tourist guide turistvert(inne).
tourist hostel turistheim.
tourist hut*(=tourist chalet; tourist lodge)* turisthytte.
tourist season turistsesong.
tourist trade: ***the tourist trade*** turistnæringen; turistbransjen.
tournament [ˌtuənəmənt; ˌtɔ:nəmənt] *s:* turnering.
tourniquet [ˌtuəni'kei] *s; med.:* tourniquet.
tour operator turoperatør; reiseselskap; *(se travel company).*
tousle [tauzl] *vb; om håret(=rumple; dishevel):* ***tousle sby's hair*** buste en til på håret.
I. tout [taut] *s* **1***(=racecourse tout)* stallspion;
2. kundehai; *(se ticket tout).*
II. tout *vb* **1.** spionere på hester under treningen;
2. forsøke å selge; ***tout for custom*** se seg om etter kunder.
I. tow [tou] *s:* stry *n;* ***caulking tow*** dyttestry.
II. tow *s* **1.** slep *n;* tauing; ***give us a tow!*** gi oss slep!
2. *også fig:* ***in tow*** på slep *(fx he had his family in tow);* ***drive a car in tow*** kjære en bil som blir tauet.
III. tow *vb* **1.** slepe; taue; buksere;
2.: ***tow away*** taue bort;
3.: ***tow a car to get it going*** taue i gang en bil.
towards [təˌwɔ:dz]*(,***US** *også: toward) prep* **1.** mot; henimot; i retning av;
2. vendt mot *(fx his back was towards me);*
3. *om tid:* ***towards three o'clock****(=just before three o'clock)* like før klokken tre;
4. *fig:* overfor *(fx his behaviour towards me);* ***considerate towards*** hensynsfull overfor (*el.* mot); ***feel bitter towards sby*** føle bitterhet overfor en;
5. (som hjelp) til; som bidrag *(n)* til; ***save towards a holiday*** spare til (en) ferie.
towbar [ˌtou'bɑ:] *s(=towing bracket)* tilhengerfeste.
towboat [ˌtou'bout] *s(=tug)* slepebåt.
I. towel [ˌtauəl] *s* **1.** håndkle *n;* ***bath towel*** badehåndkle; ***tea towel****(=tea cloth;* **US:** *dishtowel)* glasshåndkle; oppvaskhåndkle; **2.:** ***throw in the towel****(=acknowledge defeat)* erklære seg slått; oppgi kampen.
II. towel *vb; stivt:* ***towel sby****(=rub sby down)* frottere en.
towelling [ˌtauəliŋ] *s* **1***(=terry cloth)* frotté; håndklestoff; **2.** *stivt(=rub-down):* ***give sby a towelling*** frottere en.
towelling shirt frottéskjorte.
towel rail *på badeværelse:* håndklestang.
I. tower [ˌtauə] *s* **1.** tårn *n; flyv:* ***control tower*** kontrolltårn; **2.** *fig:* ***he's a tower of strength*** han er en virkelig god støtte.
II. tower *vb; stivt el. spøkef:* ***tower above, tower over****(=rise high above)* rage over *(fx one's father).*
towering [ˌtauəriŋ] *adj* **1.** *stivt el. litt.(=very high)* tårnhøy; **2.** *fig:* ***in a towering rage*** helt rasende.
towline [ˌtou'lain] *s(=towrope)* **1.** *mar:* bukserline; buksertrosse; slepeline; **2.** slepetau.
town [taun] *s:* by; ***in town*** i byen; **T:** ***go (out) on the town*** dra ut på byen (for å more seg); ***it's the talk of the town*** alle mennesker *(n)* snakker om det; ***the whole town was in a whirl of excitement*** hele byen stod på ende; ***go to town*** 1. dra til byen; 2. **T***(=make a splash)* slå stort på; ***she really went to town*** hun slo virkelig stort på.
town council bystyre.
town councillor bystyremedlem.
town house 1. *mots landsted:* hus *(n)* i byen;
2*(expensive modern terraced house)* finere rekkehus;
3. USA *& Canada(=terraced house)* rekkehus;
4. *i Skottland(=town hall)* rådhus.
I. townie [ˌtauni] *s* **T**(=town person) bymenneske.
II. townie *adj* **T***(=town)* by-; ***townie boy*** bygutt.
town manager*(=city manager; chief executive officer;* **US:** *city manager)* byrådsleder.
town plan byplan.
town planner byplanlegger.
town planning byplanlegging; byregulering.
townsfolk [ˌtaunz'fouk] *s(=townspeople)* byfolk.
township [ˌtaun'ʃip] *s* **1. US** *& Canada:* kommune;
2. *i Sør-Afrika; hist:* ***(black) township*** svart bosetting; bydel for svarte;
3. *i Australia:* område *(n)* hvor det planlegges å anlegge en by.
townsman [ˌtaunzmən] *s* **1***(=city dweller; town dweller)* byboer; bymenneske; **2***(=fellow townsman)* person fra samme by.
townspeople [ˌtaunz'pi:pl] *s(=townsfolk)* byfolk; bymennesker.
towpath [ˌtou'pɑ:θ] *s:* trekkvei (langs kanal el. elv).
towrope [ˌtou'roup] *s(=towline)* **1.** *mar:* bukserline; buksertrosse; slepeline; **2.** slepetau.
tow truck *især* **US***(=breakdown lorry; breakdown truck)* kranbil.
toxaemia *(,***US:** *toxemia)* [tɔkˌsi:miə] *s; med.:* forgiftning; ***pregnancy toxaemia*** svangerskapsforgiftning.

t

toxic [ˌtɔksik] *adj; stivt el. faglig(=poisonous)* giftig.
toxic waste*(=special waste)* spesialavfall; problemavfall.
toxic waste disposal lagring av spesialavfall.
toxic waste site lagringssted for spesialavfall.
toxicological [ˈtɔksikəˌlɔdʒikl] *adj; med.:* toksikologisk.
toxicology [ˈtɔksiˌkɔlədʒi] *s; med.:* toksikologi.
toxin [ˌtɔksin] *s; kjem:* toksin *n.*
I. toy [tɔi] *s:* leketøy; leke; *merk: **novel toys**(=new ideas in toys)* nyheter i leketøy.
II. toy *vb: **toy with*** 1. fingre med; 2*(=peck at)* pirke i *(fx one's food);* 3. *fig:* leke med *(fx an idea).*
III. toy *adj:* leketøys-; ***toy gun*** leketøysgevær.
toyboy [ˌtɔiˈbɔi] *s* **T:** eldre kvinnes meget yngre elsker.
toyshop [ˌtɔiˈʃɔp] *s:* leketøysforretning.
I. trace [treis] *s* **1.** spor *(n) (of* av, etter); ***there's still no trace of the missing child*** det er fremdeles ikke noe spor etter det savnede barnet; ***there was no trace of it to be seen*** det var ingenting å se til det; det var som blåst bort; ***I've lost all trace of my relations*** jeg har tapt sporet av alle mine slektninger; ***he's vanished without trace*** han er sporløst forsvunnet;
2. *del av seletøy:* dragreim; *fig: **kick over the traces**(=let one's hair down)* slå ut håret;
3. *fisk(=leader)* fortom; sene; ***nylon trace*** fortom av nylon;
4*(=touch)* antydning; snev *(n) (of* av).
II. trace *vb* **1.** følge sporet etter *(fx sby);*
2*(=find)* finne;
3*(=discover)* finne (sporet etter) *(fx Roman roads in Britain);*
4. *fig(=follow)* følge *(fx the history of a movement);*
5.: ***trace sth back to sth*** spore noe tilbake til noe; ***trace a rumour back to its source*** spore et rykte tilbake til kilden;
6. tegne opp; streke opp; kalkere; *på kart:* avsette;
7. tegne omhyggelig.
traceable [ˌtreisəbl] *adj:* som kan etterspores; påviselig; ***traceable to*** som kan føres tilbake til.
trace element *kjem:* sporstoff; sporeelement.
tracer [ˌtreisə] *s* **1.** person som etterspører (tapt bagasje, etc);
2. kalkerstift; tracer;
3. *mil(=tracer bullet)* sporlyskule;
4. *med.:* sporingsisotop.
tracery [ˌtreisəri] *s* **1.** *arkit:* flettverk; snittverk; slynget mønster; *i gotikk: **(bar) tracery*** stavverk; **2***(=fine pattern)* fint mønster *(fx of light and shade).*
trachea [trəˌkiə] *s(pl: tracheae* [trəˌki:i]*) anat(=windpipe)* luftrør.
tracing [ˌtreisiŋ] *s* **1.** ettersporing; **2.** det å streke (*el.* tegne) opp; **3.** *på kalkerpapir:* kopi; kalkering.
tracing paper kalkerpapir.
I. track [træk] *s* **1.** spor *(n) (of* av, etter); ***cover one's*** tracks skjule sporene etter seg; **T:** ***stop dead in one's tracks*** bråstoppe; ***off the beaten track*** 1. utenfor allfarvei; 2. *fig:* utenom det vanlige; ***be on the track of*** være på sporet etter; *fig: **on the right (,wrong) track*** på rett spor (,på villspor); ***get**(=put) **the economy back on track**(=course)* få økonomien tilbake på rett kurs igjen;
2*(=path)* sti; tråkk *n;* ***keep-fit track*** joggesti; ***sheep track**(=goat path)* sauetråkk; geitesti;
3. *sport:* bane;*(=racetrack)* (veddeløps)bane; ***cinder track*** grusbane; ***wet**(=sloppy) **track*** våt bane;
4. *sport; ski:* løype; ***clear a track*** brøyte løype; ***along the cross-country track*** langs langrennsløypa; ***on the track*** i løypa; *(se I. trail 2 & ski trail);*
5. *jernb:* skinne; skinnespor;
6. *mar:* kjølvannsstripe;
7. *bils:* sporvidde;
8. *mus; i plate:* rille; *på lydbånd:* spor *n; del av LP-plate:* sang;
9.: ***keep track of*** holde seg à jour med; holde seg orientert om; ***keep track of the costs*** følge med på hva det koster; ***I didn't keep track of the time*** jeg holdt ikke regning med tiden;
10.: ***lose track of*** miste følingen med; ***lose track of the time*** glemme tiden; miste følingen med tiden;
11.: ***make tracks**(=set off) **for home*** ta fatt på hjemveien; ***you'd better be making tracks**(=you'd better be on your way)* det er best du kommer deg av sted.
II. track *vb* **1.** følge sporet etter; **2.** *film:* følge (med kameraet);
3.: ***track down*** spore opp; finne.
track-and-field [ˈtrækənˌfi:ld] *adj; sport:* friidretts-.
track-and-field athlete *sport:* friidrettsutøver; friidrettskvinne; friidrettsmann.
track-and-field athletics *s; sport (,***US:** *track sports)* friidrett.
tracker [ˌtrækə] *s:* person som er flink til å følge spor *n;* sporhund; ***native trackers*** innfødte sporhunder.
tracker dog*(=tracking dog)* sporhund.
track event *sport:* løpsøvelse; løp *n.*
tracking shot *film:* kjøreopptak.
track judge *sport:* løpsdommer; ***chief track judge*** overdommer.
track meeting *sport (,***US:** *track meet)* idrettsstevne (med løp *(n)).*
track official *sport:* banefunksjonær.
track record 1. *sport:* banerekord; ***hold the track record for 10,000 metres*** ha banerekorden på 10.000 meter; **2.** *fig: **what's his track record?*** hva har han å vise til (av prestasjoner)? ***have a good track record*** ha gode resultater *(n)* å vise til.
track setter *(,***US** *& Canada: trail setter)* løypemaskin.
track shoes *pl; sport(=spiked shoes; running shoes)* piggsko; *(se gym shoes).*
tracksuit [ˌtrækˈsu:t] *s:* treningsdrakt; *(jvf jogging suit).*
tract [trækt] *s* **1.** *stivt(=area)* egn; område *n;*
2. *rel:* traktat; skrift *n;*
3. *anat: **the digestive tract**(=the alimentary canal)* fordøyelseskanalen.
tractable [ˌtræktəbl] *adj; stivt(=docile)* medgjørlig.
traction [ˌtrækʃən] *s* **1.** *med.:* strekk; ***lie in traction*** ligge i strekk; **2.** *jernb: **electric traction*** elektrisk drift.
tractive [ˌtræktiv] *adj:* trekk-; ***tractive force*** trekkraft.
tractor [ˌtræktə] *s* **1.** traktor; **2***(=tractor truck)* trekkvogn; *(jvf semitrailer).*
tractor mower *gart(=garden tractor)* stor, kjørbar gressklipper.
tractor trailer *Canada(=articulated lorry;* **US:** *trailer truck)* semitrailer.
tractor (truck) trekkvogn; *(jvf semi-trailer).*
I. trade [treid] *s* **1.** handel; ***balance of trade*** handelsbalanse; ***foreign trade*** utenrikshandel;
2. næringsdrift; næringsliv; ***trade and industry*** handel og industri; ***he's in trade**(=business)* han er næringsdrivende;
3. bransje *(fx the tourist trade); **the motor trade**(=business)* bilbransjen; ***he's well in with the trade*** han er godt inne i bransjen; ***we're in the same trade**(=line of business)* vi er i samme bransje;
4. fag *n;* yrke *n;* ***the book trade*** de grafiske fag; ***the engineering trades*** maskinfagene; ***technical professions and skilled trades*** tekniske yrker; ***trade (and professional) interests*** yrkesinteresser; ***he's a carpenter by trade*** han er tømmermann av fag;
5. *mar:* fart; ***coasting trade, home trade*** innenriks fart; innenriksfart; ***foreign trade*** utenriksfart.
II. trade *vb* **1.** handle; drive handel; ha handelsforbindelse *(with* med); ***trade in fruit and vegetables*** handle med frukt og grønnsaker;
2*(=exchange)* utveksle *(fx secrets);*
3. *brukt vare: **trade in*** bytte inn; ***the car you trade in*** den bilen du bytter inn;

4.: ***trade on sby's ignorance*** utnytte (*el.* spekulere i) ens uvitenhet.
trade agreement *økon:* handelsavtale.
trade deficit *økon:* handelsunderskudd.
trade description *merk:* varebetegnelse; ***misleading trade description*** merkefalsk; falsk (*el.* ulovlig) varebetegnelse.
trade discount *merk:* forhandlerrabatt.
trade fair*(=industrial fair)* varemesse; ***the Norwegian Trade Fair Foundation*** Norges varemesse.
trade gap *økon:* ugunstig handelsbalanse.
trade-in [ˌtreid'in] *s; merk:* vare som tas i innbytte; vare som byttes inn (ved avbetalingskjøp).
trade index bransjeregister.
trade intercourse handelssamkvem.
trade interests *pl* **1.** handelsinteresser; **2***(=trade and professional interests)* yrkesinteresser.
trade journal *for handel & industri:* fagtidsskrift.
trademark [ˌtreid'mɑ:k] *s* **1.** *merk:* varemerke; ***registered trademark*** registrert varemerke;
2. *fig:* ***honesty was his trademark*** ærlighet var hans varemerke.
trade name *merk* **1***(=brand name)* varebetegnelse; merkenavn; **2.** firmanavn.
trade-off [ˌtreid'ɔf] *s; fig:* byttehandel.
trade organisation*(=organization)* bransjeforening.
trade plate *for motorkjøretøy:* prøveskilt.
trade press *for handel og industri:* fagpresse.
trade price *merk(=wholesale price)* engrospris; detaljpris; *i bokbransjen:* bokladepris; *(jvf retail price; sale price; selling price).*
trader [ˌtreidə] *s* **1.** næringsdrivende; handlende; ***traders****(=tradespeople)* næringsdrivende; handlende; ***market trader*** torghandler; **2.** *børsspråk:* en som handler på børsen for egen regning.
trade sample *merk:* vareprøve.
trade secret*(=business secret)* forretningshemmelighet.
trades exhibition *merk(=industries fair;* **US:** *trade exposition)* varemesse; industrimesse.
tradespeople [ˌtreidz'pi:pl] *s; pl(=traders)* næringsdrivende; handlende.
Trades Union Congress *(fk TUC):* ***the Trades Union Congress*** *svarer til:* Arbeidernes Faglige Landsorganisasjon (*fk* LO).
trade surplus *økon:* overskudd på handelsbalansen.
trade union fagforening; *(jvf Trades Union Congress).*
trade unionist fagforeningsmann.
trade union leader fagforeningsleder.
trade union movement fagforeningsbevegelse.
trade union secretary fagforeningsformann.
trade wind *meteorol:* passat(vind).
trading [ˌtreidiŋ] *s:* handel; handling; ***street trading*** gatehandel.
trading centre handelssenter.
trading estate*(=industrial estate)* industriområde.
trading firm handelsbedrift.
trading licence *(,***US:** *business license)* handelsbrev.
trading link *økon:* handelsforbindelse.
tradition [trəˌdiʃən] *s* **1.** tradisjon; overlevering; sagn *n;* ***according to tradition*** 1. ifølge tradisjonen; 2. ifølge sagnet; **2***(=custom)* (gammel) skikk; tradisjon.
traditional [trəˌdiʃənl] *adj:* tradisjonell.
traditionally [trəˌdiʃənli] *adv:* tradisjonelt.
I. traffic [ˌtræfik] *s* **1.** trafikk; ferdsel; ***dense traffic*** tett trafikk; ***heavy traffic*** 1. sterk trafikk; 2. tungtrafikk; ***oncoming traffic*** møtende trafikk; ***tailback of traffic*** trafikkkø; ***through traffic*** gjennomgangstrafikk; ***two-way traffic*** toveis trafikk; ***vehicular traffic and pedestrians*** kjørende og gående trafikk; ***drive against the traffic*** kjøre mot kjøreretningen; ***keep traffic flowing*** sørge for flyt i trafikken;
2. *neds(=trade)* trafikk *(fx drug traffic);* handel *(in* med).
traffic agent US*(=traffic policeman)* trafikkonstabel.
traffic block*(=traffic jam)* trafikkork.
traffic bollard trafikkstolpe.
traffic circle US*(=roundabout)* rundkjøring.
traffic cone trafikkjegle.
traffic control trafikkregulering; *ved veiarbeid:* midlertidig lysregulering *(fx 'Traffic Control Ahead').*
traffic controller *flyv:* ***air traffic controller*** flyveleder.
traffic cop US T*(=traffic policeman)* trafikkonstabel.
traffic danger point trafikkfelle.
traffic density trafikktetthet.
traffic direction*(=direction of traffic)* kjøreretning.
traffic examiner*(=driving (and traffic) examiner)* inspektør i Biltilsynet; *hist:* bilsakkyndig.
traffic hold-up trafikkstans.
Traffic Imp: ***the Traffic Imp*** trafikkdjevelen.
traffic island trafikkøy; *(jvf refuge).*
traffic jam trafikkork.
trafficker [ˌtræfikə] *s; neds:* ***trafficker in drugs*** narkotikahandler.
traffic lane kjørefelt; kjørefil.
traffic lane line kjørefeltlinje.
traffic lights *pl:* trafikklys; lyskryss; ***cross against the traffic lights*** gå over gaten på rødt lys; ***(over)shoot the traffic lights*** kjøre mot rødt lys.
traffic marking(s) veimerking; oppmerking av kjørebanen.
traffic news trafikknytt.
traffic patrolman US: patruljerende politikonstabel.
traffic policeman *(,***US:** *traffic agent (,***T:** *cop))* trafikkonstabel.
traffic ramp*(=speed hump;* **T:** *sleeping policeman)* fartsdemper (i kjørebanen).
traffic regulations *pl:* trafikkregler.
traffic sign trafikkskilt.
traffic ticket US: *se I. ticket 4.*
traffic warden *intet tilsv; kan gjengis:* trafikkbetjent.
tragedy [ˌtrædʒədi] *s; også fig:* tragedie; ***the tragedy of it*** det tragiske ved det.
tragic [trædʒik] *adj:* tragisk.
tragicomedy ['trædʒiˌkɔmədi] *s:* tragikomedie.
I. trail [treil] *s* **1***(=track)* spor *n;* ***a trail of blood*** (et) blodspor; ***on the trail of*** på sporet av; ***hot on sby's trail****(=hard on sby's heels)* like i hælene på en;
2*(=path)* sti; tråkk *n;* ***nature trail*** natursti;
3. *sport; ski; Canada(=track)* løype; ***groomed trail****(=prepared track)* preparert løype; ***break the trail****(=clear a track)* (gå foran og) brøyte løype;
4. *fig:* ***a long trail of admirers*** en hale av beundrere; ***leave a trail of debts*** etterlate seg gjeld overalt; ***blaze the trail for****(=pave the way for)* bane veien for.
II. trail *vb* **1***(=track)* følge sporet etter; ***trail him to his hideout*** følge etter ham til skjulestedet hans;
2. trekke etter seg *(fx the bird trailed its broken wing);* ***clothes were trailing from the suitcase*** det hang klær ut av kofferten;
3. *i konkurranse, etc:* ligge langt etter;
4. T: ***trail (along)****(=walk slowly (and wearily))* gå langsomt; traske slitent;
5.: ***trail behind*** sakke akterut; komme baketter;
6. *om plante; stivt(=creep)* krype; slynge seg;
7. *mil:* ***trail arms!*** i hånden gevær *n*!
trailblazer [ˌtreil'bleizə] *s* **1***(=pathfinder)* stifinner;
2. *fig(=pioneer)* banebryter; foregangsmann.
trailer [ˌtreilə] *s* **1.** tilhenger; ***tent trailer*** liten tilhenger med tilhørende telt *n;*
2. US *& Canada(=caravan)* campingtilhenger; campingvogn;
3*(,***US:** *long haul truck)* trailer; *(jvf semitrailer; tractor trailer; trailer truck);*
4. *film(=preview)* trailer (ɔ: forfilm om neste program *(n)).*
trailer park *Canada:* park for campingtilhengere; ***tent and trailer park*** leir for campingvogner og teltturister.

t

trailer truck US(*=articulated lorry;* **T:** *artic;* **US** *& Canada: semitrailer;* **T:** *semi; Canada også: tractor trailer)* semitrailer.
trailing edge *flyv:* bakkant (av bæreflate).
trail mix (konsentrert) turproviant.
trail setter *ski;* **US** *& Canada: se track setter.*
I. train [trein] *s* **1.** *jernb:* tog *n;* ***the train broke down*** det ble togstans; ***catch the train*** nå toget; rekke toget; ***because of the delayed train****(=because of the delay in the train(s))* pga. togforsinkelsen; ***miss the train*** komme for sent til toget; ***go by train*** ta toget; ***meet the trains*** være på stasjonen til togtidene;
2. *på kjole:* slep *n;*
3. rekke *(fx a train(=series) of events which ended in disaster);* ***train of thought*** tankebane; tankegang;
4. *stivt:* ***the war brought disaster in its train****(=the war brought disaster with it)* krigen førte katastrofe med seg; ***set it all in train****(=start it all)* sette det hele i gang.
II. train *vb* **1.** *sport:* trene (*for* til); ***she's into the fitness craze, and trains several times a week*** hun har kastet seg på trimbølgen og trimmer flere ganger i uken;
2. trene opp; øve opp; lære opp; ***you've trained your children very well*** du har oppdratt barna dine godt;
3. utdanne (seg); ***he was trained as a teacher*** han fikk utdannelse som lærer;
4. *om kikkert el. våpen(=aim)* sikte inn (*on, at* mot);
5. *gart:* espaliere *(fx a fruit tree);* binde opp; få til å vokse (i en bestemt retning).
train departure togavgang.
trained [treind] *adj* **1.** trent; ***thoroughly trained*** gjennomtrent; ***welltrained trained*** veltrent; ***a trained animal*** et dressert dyr; ***a welltrained trained dog*** en veldressert hund; **2.** faglært; fullt utdannet; ***she's a trained nurse*** hun er utdannet som sykepleier.
trainee [trei,ni:] *s* **1.** person som er under opplæring; praktikant; **2.** *mil* **US**(*=recruit)* rekrutt.
trainee service praktikanttjeneste.
traineeship [trei,ni:'ʃip] *s:* praktikantstilling.
trainer [,treinə] *s* **1.** trener; **2.:** ***(animal) trainer*** dressør; **3.** *flyv* **T**(*=training plane)* skolefly;
4.: ***trainers****(=gym shoes;* **T:** *daps; plimsolls)* joggesko.
train ferry *mar:* jernbaneferje; togferje.
train indicator *jernb(=indicator board)* togtidstavle; ruteoppslag.
training [,treiniŋ] *s* **1.** *sport:* trening; ***condition training*** kondisjonstrening; ***fitness training*** trim; ***pre-season training*** forhåndstrening; ***solo training****(=individual training)* egentrening; ***in (,out of) training*** i (,ute av) trening; ***he's gone into training for the race*** han har lagt seg i trening til løpet;
2. utdannelse; utdanning; opplæring; undervisning.
training college *skolev:* fagskole; *(se teachers college).*
training course *skolev:* opplæringskurs.
training programme *sport:* treningsopplegg; treningsprogram; ***a rigorous training programme*** et strengt treningsopplegg.
training ship *mar:* skoleskip.
train service *jernb:* toggang; togforbindelse; ***there's a good train service to X*** det er god togforbindelse til X.
trainsick [,trein'sik] *adj:* togsyk.
train sickness togsyke.
train times *pl:* togtider.
traipse [treips] *vb* **T** *ofte neds:* labbe; traske.
trait [trei] *s:* (karakter)trekk *n.*
traitor [,treitə] *s:* forræder; ***turn traitor*** bli forræder.
traitorous [,treitərəs] *adj; stivt(=treacherous)* forrædersk.
trajectory [trə,dʒektəri] *s; prosjektils:* bane.
tram [træm] *s(=tramcar;* **US:** *streetcar)* trikk.
tramline [,træm'lain] *s(=tramway)* **1.:** ***tramline(s)*** trikkeskinne(r); **2.** sporvei; trikkelinje; trikkerute; **3.** *tennis: **the tramlines*** korridoren.
I. trammel [træml] *s; fig; litt.:* ***trammel(s)****(=ties)* bånd *n;* ***the trammels of convention*** konvensjonenes tvangstrøye.
II. trammel *vb; stivt* **1**(*=ensnare; catch)* vikle inn (som i et nett); fange; **2**(*=hinder; restrain)* hindre; hemme.
trammel net *fisk:* trollgarn.
I. tramp [træmp] *s* **1.** landstryker;
2(*=long walk)* fottur;
3(*=sound of heavy footsteps)* tramp;
4. *neds* **S**(*=tart)* tøs;
5. *mar(=tramp steamer)* trampbåt.
II. tramp *vb* **1.** trampe; **2.** vandre; dra på fottur; **3.** *mar:* gå i trampfart.
trample [træmpl] *vb(=tread heavily (on))* trampe (på); ***they trampled the grass (underfoot)*** de tråkket ned gresset; *også fig:* ***trample on*** trampe på; *fig:* ***he trampled on her feelings****(=he hurt her feelings)* han tråkket på følelsene hennes.
trampoline [,træmpəlin; ,træmpə'li:n] *s:* trampoline.
tramp steamer *mar(=tramp)* trampbåt.
tram stop trikkeholdeplass.
tramway [,træm'wei] *s* **1.** *transportsystem(=tramways)* sporvei; trikk; trikkelinje; trikkerute; **2**(*=tramline(s))* trikkeskinne(r); **3.** sporvognselskap.
trance [trɑ:ns] *s:* transe; ***in a trance*** i transe; ***put sby into a trance*** sette en i transe.
tranny, trannie [,træni] *s* **T**(*=transistor (radio))* transistorradio; reiseradio.
tranquil [,træŋkwil] *adj; stivt(=quiet; peaceful)* rolig; stille; fredelig; fredfylt *(fx a tranquil scene).*
tranquillity [træŋ,kwiliti] *s; stivt(=quiet; peacefulness)* ro; stillhet; fredfylthet.
tranquillizer [,træŋkwil'aizə] *s; med.:* beroligende middel *n;* ***a major tranquillizer*** et sterkt beroligende middel.
trans- [trænz; træns; trɑ:nz; trɑ:ns] *forstavelse:* på den andre siden av; trans-.
transact [træn,zækt] *vb; stivt(=do; carry out; conduct)* utføre *(fx he transacted(=did) some business in Paris).*
transaction [træn,zækʃən] *s; stivt* **1**(*=business deal)* transaksjon; forretning;
2. gjennomføring *(fx of a deal);*
3.: ***transactions*** (lærd selskaps) meddelelser; (trykte) referater.
transatlantic ['trænzət,læntik] *adj:* transatlantisk; over Atlanterhavet *(fx flight; telephone call); (se trans-).*
transcend [træn,send] *vb; stivt* **1**(*=surpass)* overgå;
2. overskride; **3.** *stivt(=overcome)* overvinne.
transcendental ['trænsən,dentl] *adj:* transcendental.
transcribe [træn,skraib] *vb* **1**(*=copy; write out in full)* transkribere; skrive ut; ***the conversations were recorded on tape and then transcribed*** samtalene ble tatt opp på bånd *(n)* og deretter skrevet ut; **2.** *mus:* transponere; skrive ut.
transcript [,træn'skript] *s:* avskrift; gjenpart; ***a transcript from the minutes*** en utskrift av (møte)protokollen.
transcription [træn,skripʃən] *s* **1.:** *se transcript;*
2. transkripsjon; utskrift; omskriving; ***phonetic transcription*** lydskrift; fonetisk transkripsjon.
transept [,trænsept] *s; i kirke:* tverrskip.
I. transfer [,trænsfə:] *s* **1.** forflytning; overføring; overflytting;
2. *jur:* overdragelse; transport;
3. *bankv; bokf:* overføring; transport;
4. overføringsmønster;
5(*=transfer ticket)* overgangsbillett;
6. *typ:* overtrykk.
II. transfer [træns,fə:] *vb* **1.** forflytte; overføre; ***he has*** transferred to another school*(=he has changed schools)* han har byttet skole; *sport:* ***he has transferred to another club*** han har byttet klubb; ***Arsenal have transferred****(=sold)* ***him to Manchester United*** Ar-

senal har solgt ham til Manchester United;
2. *jur:* overdra *(fx a property to sby);* ***transfer(=give) one's rights to sby else*** overdra sine rettigheter til en annen;
3. *bankv & bokf:* overføre;
4. *tog, etc:* bytte; gå om bord på (*el.* i); ***at X I transferred to another train*** i X gikk jeg om bord i et annet tog;
5. *stivt:* ***he transferred the letter from his briefcase to his trouser pocket****(=he took the letter out of his briefcase and put it into his trouser pocket)* han flyttet brevet fra dokumentmappen til bukselommen;
6.: ***transfer one's activity****(=activities)* ***somewhere else*** henlegge sin virksomhet til et annet sted.
transferable [træns,fə:rəbl] *adj:* som kan overdras; ***this ticket is not transferable*** denne billetten kan ikke overdras.
transfer card *når bil skifter eier:* salgsmelding.
transfer charge *bankv:* overføringsgebyr.
transferee ['trænsfə,ri:] *s; jur:* den noe overdras til.
transference [,trænsfərəns; **US:** træns,fə:rəns] *s:* overføring; ***thought transference*** tankeoverføring.
transfer fee *sport; fotb:* overgangssum.
transfer grant *embetsmanns:* flyttegodtgjørelse.
transferor [træns,fə:rə] *s; jur:* overdrager.
transfer ticket *jernb, etc:* overgangsbillett.
transfer value overføringsverdi.
transfiguration [træns'figju,reiʃən] *s; stivt:* forklarelse.
transfigure [træns,figə] *vb; stivt(=transform)* forklare; forvandle.
transfix [træns,fiks] *vb; litt.* **1***(=pierce)* spidde; gjennombore;
2. *fig:* ***he was transfixed with****(=by)* ***fear****(=he was unable to move with fear)* han stivnet til i frykt.
transform [træns,fɔ:m] *vb* **1***(=change)* omforme; omskape; forvandle (*til* into); **2.** *mat. & elekt:* transformere.
transformation ['trænsfɔ:,meiʃən] *s:* omforming; forvandling; transformasjon.
transformer [træns,fɔ:mə] *s; elekt:* transformator.
transfuse [træns,fju:z] *vb; med.:* overføre *(fx blood).*
transfusion [træns,fju:ʒən] *s; med.:* ***(blood) transfusion*** (blod)transfusjon; blodoverføring.
transgress [træns,gres] *vb; stivt el. litt.* **1.** *regel(=break)* bryte; overtre *(fx the law);*
2*(=go beyond):* ***transgress the bounds of decency*** sette seg ut over sømmelighetens grenser;
3.: ***transgress against****(=sin against)* forsynde seg mot; synde mot.
transgression [træns,greʃən] *s; stivt el. litt.* **1.:** ***transgression of****(=infringement of; offence against)* overtredelse av *(fx the law);* **2.** *mht. diett:* overskridelse.
transgressor [træns,gresə] *s; stivt(=offender; sinner)* lovovertreder; en som forser (*el.* forsynder) seg.
transience [trænziəns] *s:* flyktighet; forgjengelighet.
I. transient [,trænziənt; **US:** ,trænʃənt] *s(=transient guest; transient worker)* gjennomreisende; person som arbeider et sted for et kortere tidsrom; **US:** ***transients****(=transient guests)* korttidsgjester (i hotell).
II. transient *adj:* flyktig; forbigående *(fx mood).*
transient hotel*(=transit hotel)* gjennomgangshotell.
transistor [træn,sistə] *s:* transistor.
transit [,trænzit; ,trænsit] *s:* transitt; gjennomreise; ***in transit*** 1. på gjennomreise; 2. under transporten; underveis.
transit duty gjennomgangstoll.
transit goods *pl:* gjennomgangsgods.
transit *(,***US:** *transient)* ***hotel*** gjennomgangshotell.
transition [træn,ziʃən] *s* **1.** overgang; ***period of transition*** overgangsperiode; overgangstid; ***comply with the demand for a soft transition*** imøtekomme kravet om en myk overgang; **2.** *mus(=change of key)* overgang; skifte av toneart.
transitional [træn,ziʃənl] *adj:* overgangs-.
transitional phase overgangsfase; ***in the present transitional phase it is important that …*** nå i overgangsfasen er det viktig at ….
transition problem overgangsproblem.
transition zone *sport; ski* **US***(=change of gradient in the inrun (,landing slope))* overgang til hoppet (,sletta).
transitive [,trænsitiv; ,trænzitiv] *adj; gram:* transitiv.
transitory [,trænsitəri] *adj; stivt el. litt.(=transient)* flyktig; forbigående; forgjengelig.
transit passenger gjennomreisende.
transit permit gjennomreisetillatelse.
transit visa transittvisum.
translatable [træns,leitəbl; trænz,leitəbl] *adj:* oversettelig.
translate [træns,leit; trænz,leit] *vb* **1.** oversette; ***poetry does not translate easily*** poesi er ikke lett å oversette; ***an exam question which has been translated and commented on*** en oversatt og kommentert eksamensoppgave; ***translate by, translate as****(=render by)* oversette med; ***translate a text word by word*** oversette en tekst ett ord om gangen; ***translate a text word for word*** oversette en tekst ord for ord; oversette en tekst ordrett; ***translate from French into English*** oversette fra fransk til engelsk;
2. *fig:* ***translate theories into practice*** omsette teorier i handling; ***translate words into deeds****(=suit the action to the word)* la handling følge på ord *n.*
translation [træns,leiʃən; trænz,leiʃən] *s:* oversettelse; ***simultaneous translation****(=interpretation)* simultantolking; ***translation from a foreign language into one's mother tongue*** oversettelse fra et fremmedspråk til morsmålet; ***a translation into Norwegian*** en oversettelse til norsk; ***a translation from English into French****(=an English to French translation)* en oversettelse fra engelsk til fransk; ***a mistake****(=error)* ***in translation****(=a mistranslation)* en oversettelsesfeil; en oversetterfeil.
translator [trænz,leitə; træns,leitə] *s:* oversetter; translatør; ***translator of literature****(=literary translator)* litterær oversetter.
transliterate [trænz,litə'reit] *vb:* omstave fra ett skriftsystem til et annet.
transliteration ['trænz'litə,reiʃən] *s:* omstaving fra ett skriftsystem til et annet.
translucency [trænz,lu:sənsi] *s:* gjennomskinnelighet; delvis gjennomsiktighet.
translucent [trænz,lu:sənt] *adj:* gjennomskinnelig; delvis gjennomsiktig *(fx glass).*
transmissible [trænz,misəbl] *adj; med.(=communicable)* overførbar; ***transmissible disease*** overførbar sykdom.
transmission [trænz,miʃən] *s* **1.** *med.:* overføring *(fx of a disease);*
2. *av lyd:* forplantning; overføring; *radio & TV(=broadcast)* sending; ***live transmission*** direkte sending; ***news transmission*** nyhetssending;
3. *mask:* transmisjon; overføring; ***fluid transmission*** væskekopling.
transmit [trænz,mit] *vb* **1.** *stivt(=pass on)* formidle; *med.:* overføre *(fx disease);* ***transmit****(=spread)* ***British culture*** formidle britisk kultur;
2. *radio & TV:* sende; *om lyd:* ***be transmitted****(=travel)* forplante seg;
3. *mask:* overføre;
4. *biol:* overføre; gå i arv til.
transmitter [trænz,mitə] *s; radio & TV:* sender.
transmute [trænz,mju:t] *vb; stivt(=change)* forvandle (*to* til).
transom [,trænsəm] *s* **1.** *arkit:* tverrtre; dørbjelke (mellom dør og vindu over); tverrsprosse (i gotisk vindu);
2. US*(=fanlight)* lite rektangulært vindu over dør.
transparency [træns,pærənsi] *s* **1.** gjennomsiktighet;

2(*=slide)* dias *n;* lysbilde.
transparent [træns,pærənt] *adj* **1.** gjennomsiktig; **2.** *stivt(=obvious; evident)* opplagt; åpenbar; ***a transparent excuse*** en lett gjennomskuelig unnskyldning.
transpiration ['trænspə,reiʃən] *s; bot:* transpirasjon; fordunstning; *(jvf perspiration).*
transpire [træn,spaiə] *vb* **1***(=become known)* bli kjent; **2. T***(=happen)* hende.
I. transplant [,træns'plɑ:nt] *s; med.* **1.** transplantasjon; **2.** transplantat *n.*
II. transplant [træns,plɑ:nt] *vb* **1.** *også fig:* plante om; omplante; **2.** *med.:* transplantere *(fx a kidney).*
transplantation ['trænsplɑ:n,teiʃən] *s* **1.** omplanting; **2.** *med.:* transplantering; transplantasjon.
I. transport [,træns'pɔ:t] *s* **1.** transport; ***air transport*** transport luftveien; *(jvf air freight);* ***road transport****(=road haulage)* veitransport; ***(means of) transport, (form of) transport*** transportmiddel; fremkomstmiddel; ***consider flying as against other forms of transport*** vurdere fly *(n)* kontra andre transportmidler; ***public transport*** kollektive (*el.* offentlige) transportmidler;
2. *mil:* transportkjøretøy; ***transport plane*** transportfly; **3.** *tekn:* transport; fremføring; ***film transport*** filmtransport; filmfremføring;
4. *fig; litt. & glds* ***go into transports (of joy)****(=go into raptures)* bli (helt) henrykt.
II. transport [træns,pɔ:t] *vb* **1.** *stivt(=carry)* transportere; bringe;
2. *fig:* ***the film transported****(=carried)* ***us into a different world*** filmen hensatte oss i en fremmed verden;
3. *hist(=deport)* deportere;
4. *litt.:* ***be transported with****(=be beside oneself with)* være ute av seg av *(fx grief).*
transportable [træns,pɔ:təbl] *adj:* transportabel; som lar seg transportere.
transport agency transportbyrå.
transportation ['trænspɔ:,teiʃən] *s* **1***(=transport(ing))* transport; transportering; **2.** *hist(=deportation)* deportasjon.
transport café transportkafé; kafé for lastebilsjåfører.
transport police *intet tilsv:* transportpoliti.
transport worker transportarbeider.
transpose [træns,pouz] *vb* **1.** *stivt:* ***he transposed their names on the list****(=he made their names change places on the list)* han lot navnene deres bytte plass på listen; **2.** *mus:* transponere; **3.** *mat.:* flytte over (på den andre siden av likhetstegnet).
transposition ['trænspə,ziʃən] *s* **1.** omflytting; omstilling; **2.** *mus:* transponering; **3.** *mat.:* overflytting til den andre siden av likhetstegnet.
transsexual [trænz,seksjuəl] *s* **1.** person som identifiserer seg med det motsatte kjønn; **2.** person som ved kirurgisk inngrep har skiftet kjønn *n.*
transship [træns,ʃip] *vb; mar:* omskipe.
transubstantiation ['trænsəb'stænʃi,eiʃən] *s; rel; kat.:* forvandling (av brød *(n)* og vin til Kristi legeme *n*).
transverse [,trænzvə:s] *adj:* tverrgående; tverrstilt.
transverse flute *mus(=cross flute)* tverrfløyte.
transversely [trænz,və:sli] *adv(=athwart)* på tvers.
transvestism [trænz,vestizəm] *s:* transvestitisme.
transvestite [trænz,vestait] *s:* transvestitt.
I. trap [træp] *s* **1.** felle *(fx mousetrap);* ***(police) radar trap****(=speed trap)* radarkontroll; ***be caught in a trap*** bli fanget i en felle; ***lay(=set) a trap for*** sette opp en felle for; ***he fell straight into the trap*** han gikk rett i fellen; ***lead sby into a trap*** lokke en i en felle; **2***(=trap door)* lem; falldør; ***the raised trap*** den åpne lemmen; **3.** *rørl:* ***(air) trap****(=drain trap; stench trap; U-bend)* vannlås;
4. *hist:* lett tohjuls vogn;
5. S*(=mouth):* ***keep your trap shut!*** hold kjeft!
II. trap *vb; også fig:* fange (i en felle); lokke i en felle; ***trap animals*** fange dyr i felle(r); ***she trapped him into admitting that ...*** hun fikk lurt ham til å innrømme at ...; ***he was trapped by the law*** han ble fanget i lovens garn; ***I've trapped my finger*** jeg har (fått) klemt fingeren min.
trap door lem; falldør; luke; ***trap door (in a loft)*** loftsluke.
trapeze [trə,pi:z] *s; sport:* trapes *n; (jvf trapezium).*
trapeze artist trapeskunstner.
trapezium [trə,pi:ziəm] *s; geom (,***US:** *trapezoid)* trapes *n; (jvf trapeze & trapezoid).*
trapezoid [,træpi'zɔid] *s; geom* **1.** trapesoide; **2.** *geom* **US***(=trapezium)* trapes *n.*
trapper [,træpə] *s:* pelsjeger.
trappings [,træpiŋz] *s; pl* **1.** stas; ytre prakt *(fx all the trappings of royalty);* **2.** *til hest:* stassele.
traps [træps] *s; pl* **T***(=things; belongings)* ting; eiendeler *(fx he picked up his traps and left).*
trapshooting [,træp'ʃu:tiŋ] *s(=clay-pigeon shooting)* leirdueskyting.
trash [træʃ] *s* **1.** *neds* **T:** skrap *n;* søppel *n;*
2. US*(=rubbish; junk)* søppel *n;* avfall *n;*
3. *om mennesker:* berme; pakk *n.*
trash can US*(=dustbin)* søppeldunk.
trashman [,træʃ'mæn] *s* **US***(=dustman)* søppelkjører.
trashy [,træʃi] *adj* **T***(=rubbishy)* verdiløs; som er noe skrap *n (fx novel; jewellery).*
trauma [,trɔ:mə] *s; psykol:* traume; trauma *n.*
traumatic [trɔ:,mætik] *adj:* traumatisk.
traumatic fever *med.(=septic fever)* sårfeber.
travail [,træveil] *s; litt.(=pangs of childbirth)* barnsnød; ***a woman in travail*** en kvinne i barnsnød.
I. travel [,trævəl] *s* **1***(=travelling)* det å reise; reising; ***I like travel*** jeg liker å reise;
2.: ***travels*** reise(r); ***during(=on) my travels*** når jeg er ute og reiser; på mine reiser;
3.: ***book of travel****(=travelogue)* reisebeskrivelse;
4. *mask:* vandring.
II. travel *vb* **1.** reise; ***travel light*** reise med lite bagasje; ***travel with(=by) British Airways (,by British Rail)*** reise med British Airways (,med British Rail); ***passengers travelling on BA 792 to Düsseldorf*** passasjerer som skal med BA 792 til Düsseldorf; ***he was away travelling*** han var ute og reiste; ***we shall be travelling in France*** vi skal reise rundt i Frankrike; ***they have travelled a lot*** de har reist mye; *fig:* ***news travels fast*** nyheter sprer seg raskt; ***travel west to east*** reise østover; reise fra vest mot øst;
2. bevege seg; gå *(fx travel at 900 kph); om lyd(=be transmitted)* forplante seg *(fx along a metal wire);*
3. *mask:* vandre;
4. *om dyr:* vandre; *om fugl:* trekke;
5. *merk:* reise; ***travel in*** reise i *(fx cosmetics).*
travel agency*(=bureau; travel agent(s)))* reisebyrå.
travel agent 1. reisebyråsjef;
2. en som er ansatt i et reisebyrå;
3.: ***travel agent(s)****(=travel agency)* reisebyrå *(fx have you been to the travel agent(s) yet?).*
travel allowance reisegodtgjørelse.
travel association turistforening.
travelator [,trævə'leitə] *s (,***US:** *mobile walkway)* **1.** rullende fortau; **2.** *innendørs:* rullebånd.
travel brochure*(=travel folder)* reisebrosjyre.
travel bug T*(=desire to travel)* reiselyst; *(jvf itchy feet & wanderlust).*
travel business: ***the travel business*** reiselivsbransjen.
travel company*(=tour operator)* reiseselskap; turoperatør; ***'Which(=what) company did you come (here) with?' – 'I came with Star Tour.'*** "Hvilket selskap har du kommet (hit) med?" – "Jeg er her med Star Tour."
travel costs *pl(=travelling expenses)* reiseutgifter.
travel courier*(=tour conductor)* reiseleder.
travel course reiselivskurs; reiselivslinje; ***she's got on to the travel course at X Commercial College*** hun har

travel

'Fly me to the moon ...'

When you are travelling by air to another country, there are certain things to remember. Are your passport and your credit card still valid, do you have enough cash in foreign currency, is there enough money on your VISA card or do you need traveller's cheques? And did your bags survive your last trip?

Never leave before you have got the right answers to these questions, please!

kommet inn på reiselivslinjen på X handelsskole; ***certain commercial colleges give(=offer) a one-year travel course*** enkelte handelsskoler har (*el.* tilbyr) en ettårig reiselivslinje.

travel firm: *se travel company.*

travel folder(*=travel brochure)* reisebrosjyre.

travel funds *pl(=travelling funds)* reisekasse.

travel goods *pl:* reiseeffekter; ***travel and leather goods*** reiseeffekter og portefølje.

travel grant reisestipend.

travel guide(*=guidebook)* reisehåndbok; guide.

traveling trophy *sport* **US**(*=challenge cup)* vandrepokal.

travel insurance *fors:* reiseforsikring; *(se travel medical insurance).*

travelled *(,***US:** *traveled)* [ˌtrævəld] *adj* **1.** bereist; ***widely travelled*** meget bereist; **2.:** ***a well-travelled route*** en rute som blir meget benyttet.

traveller *(,***US:** *traveler)* [ˌtrævlə] *s:* reisende; veifarende; ***pretend to be an experienced traveller***(*=act the experienced traveller)* late som om man er reisevant; ***I'm a poor traveller*** jeg har lett for å bli reisesyk.

traveller's cheque *(,***US:** *traveler's check)* reisesjekk; ***traveller's cheques***(*=travellers' cheques)* reisesjekker; ***cash a traveller's cheque*** heve en reisesjekk.

I. travelling *(,***US:** *traveling)* [ˌtrævliŋ] *s* **1**(*=travel)* reising; det å reise; reisetrafikk; ***used to travelling*** reisevant; **2.** *gym:* armgang.

II. travelling *(,***US:** *traveling) adj:* reise-; reisende; omreisende *(fx a travelling opera company).*

travelling and subsistence allowance diettpenger.

travelling bag reiseveske.

travelling companion(*=fellow traveller)* reisefelle; reisekamerat.

travelling distance: ***within travelling distance of Dover*** ikke lenger fra Dover enn at man kan reise dit.

travelling exhibition vandreutstilling.

travelling expenses *pl:* reiseutgifter.

travelling funds *pl(=travel funds)* reisekasse.

travelling rings *pl; sport:* turnringer.

travelling rug *(,***US:** *lap robe)* reisepledd.

travel medical insurance *fors:* reisesykeforsikring.

travel money T(*=foreign currency (for the purpose of travelling abroad))* reisevaluta; ***don't leave buying travel money until the last minute*** ikke kjøp reisevaluta i siste øyeblikk.

travelogue *(,***US:** *travelog)* [ˌtrævəlɔg] *s:* reisebeskrivelse; reisebrev; reisefilm.

travel pool(*=travel funds)* reisekasse.

travel poster turistplakat.

travel receipt reisebilag; kvittering for reiseutgifter.

travel restrictions *pl:* (ut)reiserestriksjoner; ***relax travel restrictions*** lempe på utreiserestriksjonene.

travel-sick [ˌtrævəl'sik] *adj:* reisesyk.

travel sickness reisesyke.

I. traverse [ˌtrævə:s; trəˌvə:s] *vb* **1.** *mil:* travers; tverrvoll;
2. *mar; ved bauting:* siksakkurs;
3. *mask(=sideways movement)* sidebevegelse;
4. *fjellsp:* travers;
5. *ski:* ***upward traverse*** skrågang oppover.

II. traverse [trəˌvə:s; ˌtrævə:s] *vb* **1.** *stivt el. glds(=cross; go across)* krysse; gå over; reise gjennom;
2. *fjellsp:* traversere;
3. *ski:* gå på skrå; kjøre på skrå *(fx traverse down a steep hill).*

traversing [trəˌvə:siŋ; ˌtrævə:siŋ] *s* **1.** *fjellsp:* traversering; **2.** *ski:* det å gå på skrå; skråkjøring.

travesty [ˌtrævisti] *s(=parody; poor imitation; caricature)* travesti; parodi; vrengebilde; karikatur; ***the trial was a travesty of justice*** rettssaken var en ren parodi.

I. trawl [trɔ:l] *s; fisk:* trål; ***beam trawl*** bomtrål.

II. trawl *vb:* tråle; fiske med trål.

trawler [ˌtrɔ:lə] *s; mar:* tråler.

tray [trei] *s* **1.** brett *n;* ***serving tray*** serveringsbrett;
2. brevkurv; ***in (,out) tray*** kurv for inngående (,utgående) post;
3. *i arkivskap:* flat skuff; bakke.

tray cloth brettserviett.

treacherous [ˌtretʃərəs] *adj* **1.** forrædersk; **2.** *fig:* lumsk; farlig.

treachery [ˌtretʃəri] *s:* forræderi *n; (jvf treason).*

treacle [tri:kl] *s* **1**(*=black treacle;* **US:** *molasses)* mørk sirup; **2**(*=golden syrup)* lys sirup.

I. tread [tred] *s* **1.** (trappe)trinn; **2.** *litt.(=steps)* fottrinn;
3.: ***(tyre) tread*** profil; slitebane.

II. tread *vb(pret: trod; perf.part.: trodden)* **1.** trå; ***tread carefully*** trå forsiktig; ***tread water*** trå vannet;
2. *stivt(=walk)* gå *(fx the long way home);*
3. tråkke *(fx a path); fig:* ***tread on sby's toes*** tråkke en på tærne;
4. *spøkef(=dance)* danse *(fx a tango);*
5. *om han(n)fugl(=copulate with)* pare seg med.

treadle [tredl] *s:* fotpedal; fotbrett; tråbrett.

treadmill [ˌtred'mil] *s; også fig:* tredemølle; *gym:* ***jogging treadmill*** tredemølle.

treason [ˌtri:zən] *s:* forræderi *n;* ***high treason*** høyforræderi; landsforræderi; *(jvf treachery).*

treasonable [ˌtri:zənəbl] *adj:* landsforrædersk.

I. treasure [ˌtreʒə] *s* **1.** skatt; ***art treasure*** kunstskatt; **2. T:** perle *(fx our new cook's a real treasure!).*

II. treasure *vb(=value very highly)* sette høyt; sette stor pris på; ***I treasure the memory of our visit to Paris*** vårt besøk i Paris er for meg et kjært minne.

treasure house *litt.(=storehouse)* skattkammer.

treasure hunt skattejakt.

treasurer [ˌtreʒərə] *s* **1.** *i forening:* kasserer; **2.** *i kommune:* ***borough (,city) treasurer*** finansrådmann.

treasure trove 1. skattefunn (som tilfaller staten) *(fx the coins were declared to be treasure trove);* **2.** *fig:*

t

verdifullt funn; gullgruve; *(se hunting ground 2).*

treasury [ˌtreʒəri] *s* **1.** skattkammer;
2.: ***the Treasury*** 1(,**US:** *the Treasury Department)* finansdepartementet; 2. statskassen;
3. US: ***Secretary of the Treasury*** *(,***US T:** *Treasury Secretary;* **UK:** *Chancellor of the Exchequer)* finansminister.

Treasury Bench *parl:* ***the Treasury Bench*** regjeringsbenken.

I. treat [tri:t] *s* **1.** ekstra traktement *n;*
2. tilstelning;
3*(=pleasant surprise):* ***there's a treat in store for you*** du har noe hyggelig i vente;
4.: ***this is my treat*** dette er det jeg som spanderer; ***stand treat*** spandere;
5.: ***a (real) treat*** riktig hyggelig *(fx it was a real treat to visit them);* en (sann) nytelse *(fx to hear him play).*

II. treat *vb* **1.** behandle *(fx sby badly; sby as one of the family; treat sby's rheumatism);*
2. betrakte; anse (*as* som);
3. *stivt(=discuss):* ***she treats this subject fully*** hun drøfter dette emnet inngående;
4.: ***treat sby to sth*** spandere noe på en; ***if you haven't enough money for the cinema, I'll treat you!*** hvis du ikke har nok penger til kinoen, skal jeg spandere på deg!

treatise [ˌtri:tiz; **US:** ˌtri:tis] *s:* avhandling.

treatment [ˌtri:tmənt] *s* **1.** behandling (*of* av); ***difference in treatment****(=differential treatment)* forskjellsbehandling; *om emne:* ***receive (an) exhaustive treatment*** få uttømmende behandling; ***rough treatment*** hardhendt behandling; ***unkind treatment*** ublid behandling; ***they have had less than fair treatment from*** de har fått en alt annet enn fair behandling av;
2. *med.:* behandling (*of* av); ***free dental treatment*** gratis tannbehandling; ***he's under treatment for a gastric ulcer****(=he's being treated for gastric ulcer)* han er under behandling for magesår; *stivt:* ***undergo treatment for sth****(=be having treatment for sth)* gjennomgå en behandling for noe; ***undergo drastic treatment*** gjennomgå en radikal kur; gjennomgå en hestekur; ***institutional treatment*** behandling i institusjon;
3. T: ***give sby the full treatment*** 1. gi en den behandling som (med rette) tilkommer en; 2. *spøkef:* ta en under behandling etter alle kunstens regler; 3. *spøkef:* ***John was really giving her the treatment at the party*** 1. John kurtiserte henne etter alle kunstens regler i selskapet; 2*(=John was really giving her a bad time at the party)* John behandlet henne virkelig dårlig i selskapet.

treatment centre *med.:* behandlingshjem.

treaty [ˌtri:ti] *s* **1.** *polit:* traktat; ***under the terms of the treaty*** i henhold til traktaten;
2. *som alternativ til auksjon:* ***sell the house by private treaty*** selge huset privat.

treaty obligation traktatmessig forpliktelse.

I. treble [trebl] *s; mus:* diskant *(fx sing treble).*

II. treble *vb:* tredoble; bli tredoblet.

III. treble *adj* **1.** tredobbel; tredobbelt; ***treble the normal dose****(=three times the normal dose)* tredobbelt dose; **2.** *mus:* diskant- *(fx a treble voice).*

treble clef *mus:* diskantnøkkel; G-nøkkel.

tree [tri:] *s; bot:* tre *n;* ***at the top of a tree*** i toppen av et tre; i en trekrone; *fig:* ***be at the top of the tree*** ha nådd toppen.

tree line*(=timber line)* tregrense.

tree trunk *bot:* trestamme.

trefoil [ˌtrefɔil; ˌtri:'fɔil] *s* **1.** *bot:* trekløver; **2.** *som ornament:* kløverblad.

I. trek [trek] *s* **1.** *om folkevandring:* tog *n;*
2. lang (og anstrengende) reise *(fx through the mountains);* ***ski trek*** (lang) skitur;
3. T: tur *(fx a trek round the supermarket).*

II. trek *vb* **1.** foreta en lang (og anstrengende) reise; reise *(fx they're trekking through the mountains);*
2. T: ***trek round the shops*** traske rundt i butikkene.

trellis [ˌtrelis] *s:* sprinkelverk; tremmeverk; *for plante(=espalier)* espalier; ***the roses grew up a trellis*** rosene vokste opp langs en espalier.

trelliswork [ˌtrelis'wə:k] *s(=latticework)* flettverk; gitterverk; sprinkelverk; tremmeverk.

trelliswork fence flettverksgjerde; *(jvf wattle hurdle).*

I. tremble [trembl] *s:* skjelving; dirring; *spøkef* **T:** ***be all of a tremble****(=be trembling all over)* skjelve over hele kroppen; ha fått (den store) skjelven; ***a tremble****(=shudder; shiver)* ***of fear*** et grøss (*el.* gys) av frykt.

II. tremble *vb* **1***(=shake)* skjelve; ***his hands trembled*** han skalv på hendene; ***tremble with*** skjelve av *(fx cold);* **2.** *fig:* ***I tremble to think what might happen*** jeg skjelver ved tanken på hva som kunne komme til å skje; ***she trembled for his safety*** hun var redd for at det skulle tilstøte ham noe.

I. trembling [ˌtrembliŋ] *s* **1***(=shaking)* skjelving;
2. *spøkef:* ***in fear and trembling*** med angst og beven; ***they go in fear and trembling of their father*** de skjelver for sin far.

II. trembling *adj(=shaking)* skjelvende.

tremendous [triˌmendəs] *adj:* enorm; kjempe-; ***tremendous savings*** enorme besparelser; ***the response to our appeal was tremendous*** den responsen vi fikk på appellen vår, var enorm; ***that required a tremendous effort*** det krevde en kjempeanstrengelse; ***we got a tremendous surprise*** vi fikk oss en kjempeoverraskelse.

tremor [ˌtremə] *s* **1.** *litt.(=shaking; quivering)* skjelving; dirring; sitring;
2*(=shudder; shiver)* gys *n (fx of excitement);*
3.: ***(earth) tremor*** (jord)rystelse;
4. *fig; stivt:* rystelse; ***organizational tremors****(=upheavals in the organization)* rystelser i organisasjonen.

tremulous [ˌtremjuləs] *adj* **1.** *litt.(=trembling)* skjelvende; sitrende; dirrende; **2.:** ***her voice sounded rather tremulous****(=unsteady)* hun var nokså skjelven i stemmen.

trench [trentʃ] *s* **1.** *mil:* skyttergrav; løpegrav; ***shelter trench*** dekningsgrav; **2.** (dyp) grøft.

trenchant [ˌtrentʃənt] *adj; stivt* **1***(=sharp; incisive)* skarp *(fx analysis);* **2***(=caustic; biting)* skarp; bitende *(fx comment; remark);* **3***(=clear-cut; distinct)* klar; tydelig.

trencher [ˌtrentʃə] *s; glds(=wooden plate)* tretallerken.

trend [trend] *s:* trend; tendens; utvikling(strekk); ***the latest trends in fashion*** de siste moteretninger; ***negative trend*** negativt utviklingstrekk; ***the trend is away from*** tendensen er på vei bort fra; ***an upward trend****(=movement)* ***in prices*** en prisoppgang; ***set the trend*** være toneangivende; bestemme moten; ***the trend reversed*** det kom et omslag.

trendsetter [ˌtrend'setə] *s* **1.** person som er toneangivende; person som bestemmer moten; **2.:** ***become a trendsetter*** bli mote; bli retningsgivende for moten.

trendy [ˌtrendi] *adj.* **T:** som slavisk følger de aller siste motene; ***trendy clothes*** klær i aller nyeste mote.

trepidation ['trepiˌdeiʃən] *s; stivt(=anxiety; fear)* engstelse; frykt.

I. trespass [ˌtrespəs] *s* **1.** *jur:* ***trespass (to property)*** eiendomskrenkelse; **2.** *bibl:* skyld; synd.

II. trespass *vb* **1.** *jur:* gjøre seg skyldig i eiendomskrenkelse; oppholde seg ulovlig på annen manns eiendom; ***the hunters were trespassing on their fields*** jegerne trengte seg inn på jordene deres uten lov; *oppslag:* ***no trespassing*** adgang forbudt (for uvedkommende);
2. *bibl:* synde; ***those who trespass against us*** de som synder mot oss;
3. *fig; stivt:* ***trespass on sby's time****(=take up too much of sby's time)* legge for sterkt beslag på ens tid.

trespasser [ˌtrespəsə] *s; jur:* person som uten lov ferdes på fremmed eiendom; *oppslag:* ***trespassers will be***

trial

To put the president on trial

Article II, Section 4 in The Constitution reads:
'The President, Vice President, and all civil officers of the United States, shall be removed from office on impeachment for, and conviction of, treason, bribery, or other high crimes and misdemeanors.'

prosecuted svarer til: adgang forbudt for uvedkommende.
tress [tres] *s; litt.: tresses(=curls)* lokker; ***her long golden tresses*** hennes lange, gylne lokker.
trestle [tresl] *s:* bukk *(fx a platform on trestles).*
trestle table bord på bukker; bukkebord.
trestletrees [ˌtresl'tri:z] *s; pl; mar:* langsaling.
triad [ˌtraiæd] *s* **1***(=group of three)* triade; **2.** *mus:* treklang.
trial [ˌtraiəl] *s* **1***(=test)* prøve *(fx give the car a trial);* ***give sby a trial as a sales representative*** gi en en sjanse som salgsrepresentant; ***a trial of strength*** en styrkeprøve; ***on trial*** på prøve *(fx he's on trial; I've a new washing machine on trial);* ***in trials it has been found that …*** i forsøk har man funnet at …;
2*(=attempt)* forsøk *n (fx three trials);*
3. *sport:* ***trial(s)****(=competition)* konkurranse *(fx sheepdog trials);*
4. *fig:* prøvelse *(fx my son is a great trial (to me));*
5. *jur:* rettslig behandling; rettergang; ***criminal trial*** straffesak; ***at the trial*** under rettssaken; ***on trial*** for retten (som tiltalt); ***be on trial for murder*** stå tiltalt for mord *n;* ***go on trial*** bli stilt for retten.
trial and error: ***by trial and error*** ved å prøve seg frem.
trial balloon *især* **US***(=feeler; kite)* prøveballong.
trial drilling *oljeind(=appraisal drilling)* prøveboring.
trial flight *flyv(=test flight)* prøveflyvning.
trial run*(=trial trip; test drive)* prøvetur.
triangle [ˌtrai'æŋgl] *s* **1.** *geom:* trekant;
2. *mus:* triangel *n;*
3. US*(=set square)* vinkelhake;
4. *fig:* trekant *(fx a marital triangle).*
triangular [traiˌæŋgjulə] *adj:* trekantet; triangulær.
triangular relationship trekantforhold.
tribal [traibl] *adj:* stamme- *(fx war).*
tribalism [ˌtraibəlizəm] *s* **1.** stammesystem;
2. stammetilhørighet;
3*(=tribal antagonisms)* stammemotsetninger.
tribe [traib] *s* **1.** stamme; **2.** *bot; zo:* stamme;
3. *neds* **T:** sleng *(fx Peter and his tribe).*
tribesman [ˌtraibzmən] *s:* stammemedlem.
tribulation ['tribjuˌleiʃən] *s; meget stivt(=troubles; misfortunes)* trengsel; *spøkef:* ***trials and tribulations*** prøvelser.
tribunal [traiˌbju:nl] *s* **1.** *hist:* tribunal *n;* **2.** domstol; ***industrial tribunal*** industridomstol; ***rent tribunal*** husleierett.
tribune [ˌtribju:n] *s* **1.** *hist:* tribun;
2. *fig:* folkefører;
3*(=raised platform; dais)* podium *n;* tribune.
tributary [ˌtribjutəri] *s:* bielv.
tribute [ˌtribju:t] *s* **1.** *hist:* skatt; **2.** tributt; hyllest; ***pay tribute to sby****(=praise sby)* rose en; ***a worthy*** *(=fitting)* ***tribute to*** en verdig hyllest til; ***tribute of flowers****(=floral tribute)* blomsterhyllest; blomsterhilsen.
trichina [triˌkainə] *s(pl: trichinas, trichinae* [triˌkaini:]*) zo:* trikin.

I. trick [trik] *s* **1.** knep *n;* trick *n;* puss *n;* ***a dirty****(=mean)* ***trick*** et sjofelt knep; ***scoundrelly****(=vile)* ***trick*** kjeltringstrek; ***he knows all the tricks*** han kan alle knepene; **T:** ***he never misses a trick****(=he's very alert)* det er ingenting som går hus *(n)* forbi hos ham; han sover ikke; ***he's picked up the trick from John*** han har lært dette (knepet) av John; ***the whole bag of tricks*** alt til faget henhørende; ***play a trick on sby*** spille en et puss; ***what tricks is he up to now?*** hva er det for noe fanteri *(n)* han farer med nå? ***be up to some tricks****(=mischief)* være ute med fantestreker; ***resort to tricks*** ty til knep; bruke knep; ***there's a trick to opening this door*** det er et knep med å åpne denne døra; ***I know a trick worth two of that*** jeg vet noe som er mye bedre;
2.: ***card trick*** kortkunst; ***conjuring trick*** tryllekunst;
3. *kortsp:* stikk; ***win the trick*** ta stikket;
4. *mar(=turn):* ***trick (at the helm)*** rortørn;
5. *om kjedelig uvane, etc:* ***have a trick of (-ing)*** ha det med å *(fx he has a trick of stammering slightly);*
6. US S*(=prostitute's customer)* (hore)kunde;
7. T: ***do the trick*** gjøre utslaget; gjøre nytten; klare seg; ***a word with any committee member will do the trick*** det klarer seg om du sier fra til et av komitémedlemmene.
II. trick *vb:* lure; narre; ***trick sby into doing sth*** lure en til å gjøre noe.
trick cyclist *spøkef* **S***(=psychiatrist)* psykiater.
trickery [ˌtrikəri] *s:* lureri *n;* snyteri *n.*
I. trickle [trikl] *s:* tynn strøm; ***there was only a trickle of water*** det bare piplet frem litt vann.
II. trickle *vb* **1.** sildre *(fx the rain trickled down my face;)* sive *(fx the water trickled out);* piple *(fx tears trickled down his cheeks);* rulle (langsomt) *(fx the ball trickled into the hole); om sand, løv, etc:* drysse *(fx the sand trickled through my fingers);* ***he trickled his finger across her tummy*** han lot fingrene gli over magen hennes;
2. *fig:* ***time trickles away*** tiden går (langsomt men sikkert); ***such reports are now beginning to trickle in*** slike rapporter begynner nå å sive inn; ***a few people trickled into the street*** en etter en kom det noen mennesker ut på gaten; ***the audience trickled out*** publikum *(n)* forsvant en etter en.
trick question*(=catch question)* spørsmål *(n)* med en felle i.
trickster [ˌtrikstə] *s; stivt el. glds:* lurendreier.
tricksy [ˌtriksi] *adj* **1.** innviklet; vrien; vanskelig;
2. *om person(=sly)* slu *(fx politician).*
tricolour [ˌtrai'kʌlə; ˌtrikələ] *s:* trikolor.
tricycle [ˌtraisikl] *s:* trehjulssykkel.
triennial [traiˌeniəl] *adj:* som skjer hvert tredje år.
I. trifle [traifl] *s* **1.** bagatell; ***trifles*** bagateller; småting; ***worry about trifles*** bekymre seg på grunn av småting; ***make a fuss over trifles*** henge seg opp i bagateller;
2. *kul:* trifle (ɔ: dessert, bestående av gelé med krem el. vaniljesaus på sukkerbrødbunn);
3. *stivt:* ***a trifle better****(=slightly better)* en tanke bedre.
II. trifle *vb:* ***trifle with*** fjase med; tøyse med; ***he's not***

to be trifled with han er ikke å spøke med; ***trifle with a girl's affections*** leke med en pikes følelser.
trifling [ˌtraifliŋ] *adj; stivt* **1.** bagatellmessig; **2**(*=unimportant*) ubetydelig; ***trifling details*** ubetydelige detaljer.
trifoliate [traiˌfouliit; traiˌfouli'eit] *adj; bot:* trebladet.
trifolium [traiˌfouliəm] *s; bot(=clover)* kløver.
I. trigger [ˌtrigə] *s* **1.** avtrekker; ***pull the trigger*** trykke på avtrekkeren;
2. *fig:* ***act as a trigger for, be a trigger for*** utløse.
II. trigger *vb:* ***trigger (off)(=start)*** utløse.
trigger-happy [ˌtrigə'hæpi] *adj:* skyteglad.
trigonometry ['trigəˌnɔmitri] *s; mat.:* trigonometri.
trilateral [traiˌlætərəl] *adj* **1.** *geom(=with three sides)* tresidet; **2.** trilateral *(fx conference).*
trilby [ˌtrilbi] *s:* ***trilby (hat)*** bløt filthatt.
trilingual [traiˌliŋgwəl] *adj:* trilingval; trespråklig.
I. trill [tril] *s* **1.** trille; **2.** *fon:* rulletone.
II. trill *vb* **1.** *om fugl:* slå triller; **2.** *fon:* ***trilled r*** rullende r.
trillion [ˌtriljən] *s* **1**(*=one million million millions;* **US:** *quintillion)* trillion; **2. US**(*=one million millions)* billion.
trilogy [ˌtrilədʒi] *s:* trilogi.
I. trim [trim] *s* **1.** *klesplagg, etc:* pynt *(fx the trim on a shirt);*
2.: ***in trim***(*=in good shape)* i fin form;
3. *flyv:* trim; ***balance trim*** balanseror;
4. *mar:* ***the trim of the sails*** seilenes stilling;
5. stussing; trimming; (hår)stuss.
II. trim *vb* **1.** trimme; stusse; beskjære; ***have one's hair trimmed*** få håret sitt stusset; ***trim the book from 500 pages to 450*** skjære ned boken fra 500 sider til 450; **2.** *flyv:* trimme;
3. besette; garnere; sette på som pynt;
4. *mar:* ***trim the cargo (,sails)*** trimme lasten (,seilene *(n));*
5. *fig:* ***he trims his sails to the wind*** han dreier kappen etter vinden.
III. trim *adj:* pen og ordentlig *(fx appearance);* ***look neat and trim*** se pen og velstelt ut.
trimaran [ˌtraimə'ræn] *s; mar:* trimaran.
trimmer [ˌtrimə] *s:* redskap som beskjærer.
trimming [ˌtrimiŋ] *s* **1.** beskjæring; trimming;
2. besetning; pynt; ***(cord) trimming*** agraman;
3. *kul:* ***trimmings*** garnering; tilbehør;
4.: ***trimmings*** avklipp *n.*
Trinity [ˌtriniti] *s:* ***the Trinity*** treenigheten; ***the doctrine of the Trinity***(*=Trinitarianism)* treenighetslæren.
trinket [ˌtrinkit] *s:* billig smykke *n;* billig pyntegjenstand *(fx postcards and trinkets).*
trio [ˌtri:ou] *s:* trio; *fig:* trekløver *n.*
I. trip [trip] *s* **1.** tur; tripp; **2.** *pga. narkotisk stoff* **S:** tripp; **3.** *fig:* ***his divorce was a really bad trip*** skilsmissen ble en virkelig påkjenning for ham.
II. trip [trip] **1**(*=stumble)* snuble; ***she tripped over the carpet*** hun snublet i teppet;
2. trippe; ***trip along*** trippe av sted; ***she came tripping in*** hun kom trippende inn;
3.: ***trip up*** 1(*=stumble)* snuble *(over* i); 2. spenne ben *(n)* for; 3. få til å forsnakke seg;
4. *mar:* ***trip the anchor*** brekke ankeret.
tripartite [traiˌpɑ:tait] *adj; meget stivt* **1**(*=divided into three parts)* tredelt; **2.** *om avtale(=involving three parties; triple)* tresidig.
tripe [traip] *s* **1.** *kul:* kalun *n;* **2. T**(*=rubbish; nonsense)* tøys *n;* tull *n.*
I. triple [tripl] *adj* **1.** tredobbelt; **2.** *om avtale(=tripartite)* tresidig; trippel-.
II. triple *vb(=treble)* tredoble; tredobles.
triple jump *sport:* tresteg.
triplet [ˌtriplit] *s:* trilling.
triplicate [ˌtriplikit] *s; stivt el. merk:* ***in triplicate***(*=in three copies)* in triplo; i tre eksemplarer.
trip meter *mask; i bil:* tripteller.
tripod [ˌtrai'pɔd] *s; fot:* fotostativ.
Tripoli [ˌtripəli] *s; geogr:* Tripolis.
tripos [ˌtraipɔs] *s(honours examination for the Cambridge BA)* adjunkteksamen i filologisk fag *(n)* ved Cambridge universitet *(fx the History tripos).*
tripper [ˌtripə] *s* **1.:** ***(day) tripper*** person på (dags)utflukt; turist *(fx a coachload of trippers);*
2. *tekn:* utløsermekanisme; sperrehake.
tripping [ˌtripiŋ] *s; sport; fotb:* hekting; benkrok; ***a foul for tripping*** forsettlig hekting.
tripwire [ˌtrip'waiə] *s:* snubletråd.
triptych [ˌtriptik] *s:* tredelt altertavle.
trisect [traiˌsekt] *vb; geom:* tredele.
trisyllabic ['traisiˌlæbik] *adj:* trestavelses-.
trisyllable [traiˌsiləbl] *s(=word of three syllables)* trestavelsesord.
trite [trait] *adj; om bemerkning, etc:* banal; triviell.
I. triumph [ˌtraiəmf] *s:* triumf; ***brilliant triumphs*** strålende triumfer; ***achieve great triumphs*** feire store triumfer; ***add triumph to triumph*** gå fra seier til seier; ***carry sby about in triumph*** bære en på gullstol.
II. triumph *vb:* triumfere; ***triumph over sby*** 1(*=win a victory over sby)* vinne over en; 2(*=exult over sby)* triumfere (*el.* hovere) over en.
triumphal [traiˌʌmfəl] *adj:* triumf-; seiers-.
triumphal arch triumfbue.
triumphal procession triumftog.
triumphal wreath seierskrans.
triumphant [traiˌʌmfənt] *adj:* triumferende.
triumphantly [traiˌʌmfəntli] *adv:* triumferende; i triumf.
triumvirate [traiˌʌmvirit] *s:* triumvirat *n.*
triune [ˌtraiju:n] *adj; rel:* treenig.
trivalent [traiˌveilənt] *adj; kjem(=tervalent)* treverdig.
trivet [ˌtrivit] *s* **1.** kokestativ (til bruk over åpen ild);
2. lavt metallstativ til å sette varme fat *(n)* på.
trivia [ˌtriviə] *s; pl; stivt(=trivial details; trivialities)* trivielle detaljer; trivialiteter.
trivial [ˌtriviəl] *adj(=unimportant)* triviell; uvesentlig.
triviality ['triviˌæliti] *s:* trivialitet.
trochee [ˌtrouki:] *s; versefot:* troké.
trod [trɔd] *pret av II. tread.*
trodden [ˌtrɔdən] *perf.part. av II. tread.*
I. troll [troul] *s; myt:* troll *n.*
II. troll *vb:* dorge; fiske med sluk *(n)* etter båt *n.*
trolley [ˌtrɔli] *s* **1.** tralle; vogn; ***serving trolley*** serveringstralle; ***tea trolley*** tevogn; *i restaurant:* ***sweet trolley*** dessertvogn;
2. US: ***trolley (car)***(*=tram (car))* trikk.
trolley bus trolleybuss.
trolley car US(*=tram (car))* trikk.
trollop [ˌtrɔləp] *s; glds(=slut)* sjuske; tøs.
trombone [trɔmˌboun] *s; mus:* basun; ***slide trombone*** trekkbasun.
I. troop [tru:p] *s* **1**(*=crowd)* flokk *(fx troops of children);*
2. *av speidere:* tropp;
3. *mil; i artilleriet, ingeniørvåpenet el. kavaleriet:* tropp; *(jvf platoon);*
4. *mil:* ***troops*** tropper; *(=soldiers)* soldater.
II. troop *vb:* gå (i flokk); ***they all trooped into his office*** alle sammen marsjerte inn på kontoret hans.
troop carrier *mil* **1.** troppetransportfly; **2**(*=troopship)* troppeskip; **3.** mannskapsvogn; personellkjøretøy.
trooper [ˌtru:pə] *s* **1.** *mil; hist(=cavalryman)* kavalerist; **2. US**(*=mounted policeman)* ridende politikonstabel; **3.:** ***swear like a trooper*** banne så det lyser.
trooping [ˌtru:piŋ] *s; mil:* ***trooping the colours*** fanemarsj.
trophy [ˌtroufi] *s:* trofé.
tropic [ˌtrɔpik] *s* **1.** *geogr:* vendekrets; ***the tropic of Cancer*** Krepsens (*el.* den nordlige) vendekrets; ***the***

Tropic of Capricorn Steinbukkens (*el.* den sørlige) vendekrets; **2.:** ***the tropics*** tropene.

tropical [ˌtrɔpikl] *adj:* tropisk; trope- *(fx medicine);* ***they're planning on going somewhere tropical*** de har tenkt å reise til Syden et sted.

I. trot [trɔt] *s* **1.** trav *n;* ***jog trot*** luntetrav; ***at a sharp(=fast) trot*** i skarpt trav; ***break into a trot*** 1. slå over i trav; 2. *om person:* begynne å løpe; **2**(*=ride*) ridetur; **3.** *spøkef:* ***the trots***(*=diarrhoea*) diaré; **4. T:** ***on the trot*** 1. *om person:* på farten; 2(*=in succession*) på rad *(fx four games on the trot).*

II. trot *vb* **1.** *også fig:* trave; ***trot one's horse*** få hesten til å trave; **2. T:** ***trot out***(*=produce*) komme med; varte opp med; kjøre opp med *(fx he trotted out an old story).*

trotter [ˌtrɔtə] *s* **1.** travhest; **2.** *kul:* ***(pig's) trotter*** griselabb; ***boiled pig's trotter*** syltelabb.

trotting [ˌtrɔtiŋ] *s:* trav *n;* det å trave; ***uneven trotting*** urent trav *(fx be disqualified for uneven trotting).*

troubadour [ˌtru:bə'duə] *s:* trubadur.

I. trouble [ˌtrʌbl] *s* **1.** bekymring; ***we've had a lot of trouble with our children*** vi har hatt mange bekymringer med barna *(n)* våre; *ordspråk:* ***a trouble shared is a trouble halved*** det er lettere å bære når man er to; ***tell sby one's troubles*** fortelle en om sine bekymringer; ***she's had her (full) share of trouble*** hun har (sannelig) hatt sitt når det gjelder bekymringer; **2.** bry *n;* ***it'll be no trouble***(*,***T:*** bother*) ***(for me)*** det blir ikke noe bry (for meg); ***go to a lot of trouble***(*,***T:*** bother*) ***to …*** gjøre seg mye bry for å …; ***put sby to a lot of trouble***(*,***T:*** bother*) skaffe en mye bry; ***take the trouble to …*** gjøre seg det bryet å …; ***take unnecessary trouble*** gjøre seg unødvendig bry; gå over bekken etter vann *n;* ***he took a lot of trouble over this design*** han gjorde seg stor umak med dette mønsteret; **3.** vanskelighet; problem(er) *(n) (fx trouble with the car);* **T:** bråk *n;* (*=snag*) ulempe; ***cause trouble*** lage vanskeligheter; ***have trouble (-ing)*** ha vanskeligheter med å; ha vanskelig for å; **T:** ***they hit***(*=got; had*) ***trouble almost immediately*** de fikk vanskeligheter nesten med én gang; *også fig:* ***if that doesn't cure the trouble …***(*=if that doesn't help …*) hvis det ikke hjelper …; ***at times of trouble*** i vanskelige tider; ***ask for trouble*** 1. være ute etter bråk; 2. *fig(=look for trouble)* utfordre skjebnen *(fx don't go asking for trouble);* ***that's asking for trouble*** det blir det bare bråk av; ***what's the trouble?*** hva er i veien? ***there'll be trouble if she finds out*** det blir bråk hvis hun oppdager det; ***be in trouble*** 1. ha vanskeligheter; ha problemer; ***we knew he would be in trouble*** vi visste at det ville gå ham galt (*el.* ille); 2. *om pike når det er uønsket(=pregnant)* være gravid; 3.: ***be in trouble with the police*** være i konflikt med politiet; ***he has been in trouble before*** han har hatt med politiet å gjøre før; ***he can't get into trouble over that*** det kan han ikke få vanskeligheter med; ***get sby into trouble*** 1. lage vanskeligheter for en; 2(*=make sby pregnant*) gjøre en gravid; ***get into trouble with sby*** komme i tottene på en; ***help sby out of trouble*** hjelpe en ut av en knipe (*el.* ut av vanskelighetene); **4.** *om sykdom el. plage:* noe galt; **T:** trøbbel *n;* ***heart trouble*** noe galt med hjertet; **T:** hjertetrøbbel; **5**(*=unrest; disturbances*) uro; ***industrial trouble*** uro i arbeidslivet; **6. RS:** ***trouble (and strife)***(*=wife*) kone; ***my trouble (and strife)***(*=my wife*) kona mi.

II. trouble *vb* **1**(*=worry*) bekymre *(fx it troubled him);* ***he was troubled by her behaviour*** hennes oppførsel bekymret ham; **2.** bry *(fx I'm sorry to trouble you);* plage *(fx he's troubled with deafness);* ***trouble to*** gjøre seg det bry å; ***don't trouble to explain!*** spar deg dine forklaringer! *meget høflig el. stivt:* ***could I trouble you to close the door?*** kunne du være brydd med å lukke igjen døra? ***I shan't trouble you with all the details*** jeg skal ikke plage deg med alle detaljene; *(se troubled).*

troubled [ˌtrʌbəld] *adj* **1**(*=worried*) bekymret; **2**(*=uneasy*) urolig *(fx a troubled sleep);* **3.** som er i vanskeligheter *(fx the troubled car industry);* **4.** *fig:* ***fish in troubled waters*** fiske i rørt vann *n;* ***pour oil on troubled water*** helle olje på opprørt hav *n.*

trouble-free [ˌtrʌbl'fri:] *adj* **1.** *om liv:* uten bekymringer; bekymringsfritt; **2.** *om bil, reise, etc:* problemfri; **3.** *om demonstrasjon, etc:* rolig; uten bråk *n.*

troublemaker [ˌtrʌbl'meikə] *s:* urostifter; bråkmaker.

troubleshooter [ˌtrʌbl'ʃu:tə] *s* **1.** *især* **US:** person som finner feil ved maskineri *(n),* etc og reparerer dem; **2.** *fig:* person som får tingene på gli igjen.

troubleshooting [ˌtrʌbl'ʃu:tiŋ] *s:* feilsøking.

troublesome [ˌtrʌblsəm] *adj:* plagsom *(fx cough);* brysom; ***troublesome times*** bekymringsfulle tider; ***nothing's too troublesome for her to do for others*** ingenting er for vanskelig for henne når det gjelder å gjøre noe for andre.

trouble spot *polit:* urosenter.

trough [trɔf] *s* **1.** trau *n;* tro; ***pig trough*** grisetro; **2.** *geol.* mulde; trau *n;* **3.** *meteorol:* lavtrykksrenne; **4.** *på kurve:* bølgedal; **5.:** ***trough (of the waves)*** bølgedal *(fx the boat went down into a trough).*

trounce [trauns] *vb; stivt el. spøkef(=thrash)* slå (grundig).

troupe [tru:p] *s; teat; glds(=company):* ***troupe of actors*** skuespillertrupp.

trouper [ˌtru:pə] *s; teat; glds(=touring actor)* medlem av en trupp; omreisende skuespiller.

trouser [ˌtrauzə] *i sms:* bukse- *(fx button; leg; pocket).*

trouser clip *for syklist:* bukseklype.

trouser hanger buksehenger; bukseklype.

trousers [ˌtrauzəz] *s; pl* **1.** bukse(r); ***a pair of trousers*** en bukse; et par bukser; *stivt:* et par benklær; ***jogging trousers*** joggebukse(r); ***windproof trousers*** vindbukser; **2.** *fig:* ***she wears the trousers*** (*,***US:*** pants*) hun bestemmer hvor skapet skal stå.

trouser seat buksebak.

trouser suit (*,***US:*** pants suit*) buksedress.

trousseau [ˌtru:sou] *s(pl: trousseaus; trousseaux)* brudeutstyr.

trout [traut] *s* **1.** *zo:* ørret; ***brook trout*** bekkørret; ***mountain trout*** fjellørret; ***red-bellied trout*** (*,***US:*** Dolly Varden trout*) bekkerøye; ***rainbow trout*** regnbueørret; ***sea trout*** sjøørret; **2.** *neds om kvinne* **T:** ***old trout*** gammel røy.

trowel [ˌtrauəl] *s* **1.** *bygg:* murskje; **2.** *gart:* ***(garden) trowel*** planteskje.

Troy [trɔi] *s; geogr; hist:* Troja.

truancy [ˌtru:ənsi] *s:* skulking; skulk.

I. truant [ˌtru:ənt] *s:* skulker; ***play truant*** (*,***US*** også: play hook(e)y*) skulke.

II. truant *adj:* som skulker *(fx a truant boy).*

truce [tru:s] *s* **1.** *mil(=ceasefire)* våpenhvile; ***flag of truce*** parlamentærflagg; **2.** *fig; polit:* borgfred.

I. truck [trʌk] *s* **1.** *især* **US**(*=lorry*) lastebil; ***piggyback truck*** biltransporttrailer; **2.** tralle; sekketralle; truck; ***fork(-lift) truck*** gaffeltruck; **3.** *jernb(=(open) goods truck)* (åpen) godsvogn; **4.** *i bibliotek:* bokvogn; **5. US:** frukt og grønnsaker; **7.** *mar:* masteknapp; flaggknapp; **8.** *stivt:* ***have no truck with***(*=have nothing to do with*) ikke ha noe å gjøre med.

II. truck *vb* **1.** transportere på lastebil (,tralle); **2. US**(*=be a lorry driver*) være lastebilsjåfør; *(se truck driver).*

III. truck *s(=barter)* tuskhandel; byttehandel.

t

IV. truck *vb(=barter)* drive byttehandel (*el.* tuskhandel).

truckage [ˌtrʌkidʒ] *s* **US 1**(*=lorry transport)* lastebiltransport; **2.** *beløp(=lorry charge)* lastebilfrakt.

truck body lasteplan *n;* ***dropside truck body*** lasteplan med lemmer.

truck driver *(=lorry driver)* lastebilsjåfør; ***long-haul truck driver****(=long-distance lorry driver)* trailersjåfør i fjerntrafikk.

trucker [ˌtrʌkə] *s* **US 1**(*=truck driver; lorry driver)* lastebilsjåfør; **2.:** *se truck farmer.*

truck farm US(*=market garden)* handelsgartneri.

truck farmer US(*=market gardener)* handelsgartner.

trucking [ˌtrʌkiŋ] *s* **US** *& Canada(=road haulage)* lastebiltransport; veitransport; ***the trucking business****(=the road haulage business)* transportbransjen.

truckle [trʌkl] *s(=castor)* (møbel)trinse.

truckle bed lav seng på trinser (til å skyve under en annen seng).

truckload [ˌtrʌk'loud] *s:* lastebillass.

truck tractor *for semi-trailer:* trekkvogn.

truck trailer *(=trailer truck)* trailer.

truculence [ˌtrʌkjuləns] *s; stivt(=aggressiveness)* aggressivitet.

truculent [ˌtrʌkjulənt] *adj; stivt(=aggressive)* aggressiv.

I. trudge [trʌdʒ] *s:* trasking; slitsom tur.

II. trudge *vb:* traske (*along* av sted); ***he trudged wearily up the hill*** han strevde seg opp bakken.

I. true [tru:] *s; mask:* ***in true****(=straight; adjusted; aligned)* rett; justert; innstilt; ***out of true****(=not quite straight; unadjusted; unaligned)* ikke rett; ikke justert; ikke innstilt; ***the wheel was running out of true****(=the wheel wasn't running true)* hjulet kastet.

II. true *vb* **1.** *mask:* ***true up*** rette inn; stille inn; **2.** avrette; kantstryke *(fx the edge of a board);* ***true up the floor****(=level the floor)* avrette gulvet; *(jvf II. screed).*

III. true *adj* **1.** sann *(fx story);* riktig; ***a true idea of*** et riktig begrep om; ***is it true?*** er det sant? er det riktig? stemmer det? ***it is claimed to be true that …*** det hevdes med krav på pålitelighet at …; ***his story is more or less true*** hans historie kommer sannheten nokså nær; ***we mustn't generalize, (it's) true, but*** man skal naturligvis ikke generalisere, men;
2. virkelig; sann *(fx friend; love);* ***a true copy*** en tro kopi; *ordspråk:* ***the path of true love ne'er did run smooth*** kjærlighetens veier er uransakelige;
3. *mus:* ren *(fx tune);*
4.: ***be true of*** holde stikk når det gjelder; gjelde; ***this is true of most people*** dette gjelder de fleste;
5. *bot & zo:* egentlig; ekte *(fx the true monkeys);* ***true to seed*** frøekte; ***true to type*** sortekte *(fx the plant is true to type); (jvf 9: true to);*
6. *om kompassretning:* ***true north*** sant nord;
7(*=straight)* riktig justert; i riktig stilling; ***the doorpost isn't quite true*** dørstolpen står ikke helt riktig;
8.: ***true as steel*** tro som gull;
9.: ***true to*** tro mot; ***true to nature*** naturtro; ***true to life****(=realistic)* virkelighetstro; grepet ut av livet; ***behave true to type*** oppføre seg slik som man kunne vente *(fx at the party she behaved true to type and flirted with all the men);* ***he's true to type****(=form)* han fornekter seg ikke; *(jvf 5: true to type);*
10.: ***come true*** gå i oppfyllelse *(fx my dream came true);* ***my predictions came true*** spådommene mine slo til.

IV. true *adv* **1.** riktig *(fx aim true);* **2.:** ***the wheel wasn't running true****(=the wheel was out of true)* hjulet kastet; **3.** *biol:* ***breed true*** være i fast kultur.

I. true-blue [ˌtru:ˌblu:] *s:* erkekonservativ (person).

II. true-blue *adj:* erkekonservativ; **T:** mørkeblå.

true-born [ˌtru:'bɔ:n] *adj:* ekte(født) *(fx Norwegian).*

true-bred [ˌtru:'bred] *adj(=purebred)* raseren.

true course *mar:* rettvisende kurs; *(jvf true heading).*

true-false test [ˌtru:ˌfɔ:ls'test] prøve hvor man skal svare ja eller nei på spørsmålene.

true heading *flyv:* rettvisende kurs; *(jvf true course).*

truelove [ˌtru:'lʌv] *s; poet(=sweetheart)* hjertenskjær.

truffle [trʌfl] *s; bot:* trøffel.

truism [ˌtru:izəm] *s:* selvinnlysende sannhet; banalitet.

truly [ˌtru:li] *adv* **1.** virkelig; oppriktig *(fx I'm truly grateful; he loved her truly);* ***a truly beautiful picture*** et virkelig vakkert bilde;
2.: ***yours truly*** 1. *spøkef(=I)* jeg; undertegnede; 2. *stivt; avslutning av brev som innledes med Dear Sir(s), Dear Madam:* ***Yours truly,****(=Yours faithfully,)* (med) vennlig hilsen.

I. trump [trʌmp] *s* **1.** *kortsp:* trumf; ***no-trumps****(,***US:** *no-trump)* grand *(fx one no-trumps);*
2. T: ***turn up trumps*** 1(*=be lucky)* ha flaks; 2. være (riktig) flink *(fx when I lost my job my he turned up trumps, helping me with my rent and so on).*

II. trump *vb* **1.** *kortsp:* stikke med trumf; ***trump high*** stikke med en høy trumf; **2.** *om bevis, etc:* ***trump up****(= invent)* dikte opp *(fx a charge against sby).*

trump card 1 *(=trump)* trumfkort; **2.** *fig:* trumfkort; ***play one's trump card*** spille ut trumfkortet sitt; ***use it as a trump card again*** trekke det fram igjen som et trumfkort.

trumped-up [ˌtrʌmpt'ʌp] *adj:* ***a trumped-up charge*** en falsk siktelse; *(se II. trump 2).*

trumpery [ˌtrʌmpəri] *s(=gaudy finery; worthless finery)* forloren stas.

I. trumpet [ˌtrʌmpit] *s* **1.** *mus:* trompet; ***blow the trumpet*** blåse trompet; **2.** *elefants:* trompetstøt; **3.** *fig:* ***blow one's own trumpet****(=sing one's own praises)* gjøre reklame for seg selv; skryte av seg selv.

II. trumpet *vb; om elefant(=call)* trompetere.

trumpet call trompetsignal.

trumpeter [ˌtrʌmpitə] *s; mil:* trompeter.

truncated [trʌŋˌkeitid] *adj* **1.** *stivt el. spøkef(=shortened)* beskåret *(fx version of a play);* **2.** *geom:* ***truncated cone*** avskåret kjegle.

truncheon [ˌtrʌntʃən] *s* **1**(*=baton of office)* kommandostav; **2**(*=baton)* politikølle.

trundle [trʌndl] *vb(=roll)* rulle; trille.

trunk [trʌŋk] *s* **1.** *bot:* ***(tree) trunk*** (tre)stamme;
2. *anat(=torso)* torso; kropp;
3. stor (metall)koffert;
4. US(*=boot)* bagasjerom (i bil);
5. *zo:* snabel.

trunk call *tlf(,***T:** *trunks)* samtale hvor fjerntakst gjelder; rikstelefonsamtale; ***dialled trunk call*** fjernvalg(samtale).

trunk dialling *tlf; systemet:* ***subscriber trunk dialling****(fk:* STD) **US:** *direct distance dialing)* fjernvalg (innenlands); *(jvf trunk call).*

trunk line 1. *jernb:* hovedbane; hovedlinje;
2. *tlf:* hovedlinje.

trunk rate *tlf:* fjerntakst; *(jvf toll rate).*

trunk road *(=main road)* hovedvei.

trunks [trʌŋks] *s* **1. T**(*=trunk call)* rikstelefonsamtale; **2.:** ***bathing trunks****(=(swimming) trunks)* badebukse; badeshorts; **3. US**(*=(under)pants)* underbukse.

trunk timber *forst:* helt tømmer; heltømmer.

I. truss [trʌs] *s* **1**(*=bundle)* bunt; knippe;
2. *bot:* klase;
3. *med.:* brokkbind;
4. *arkit:* ***roof truss*** takstol;
5. *arkit(=corbel)* konsoll(stein);
6. *bygg:* fagverk.

II. truss *vb:* ***truss (up)*** **1**(*=tie up)* binde (på hender og føtter); *kul:* binde opp *(fx a chicken and put it in the oven);* **2.** *bygg:* stive av.

truss and belt maker *(=truss maker)* bandasjist.

truss beam *bygg(=trussed beam)* fagverksbjelke.

I. trust [trʌst] *s* **1.** tillit; ***trust in****(=confidence in)* tillit

til; ***abuse of trust*** tillitsmisbruk; misbruk av tillit; ***breach of trust*** tillitsbrudd; *(jvf 3: breach of trust);* ***full of trust*** tillitsfull; ***position of trust*** betrodd stilling; ***betray one's trust*** svikte ens tillit; ***built up on mutual trust*** bygd opp på gjensidig tillit; ***take sth on trust*** godta noe uten å kreve bevis *n;* ***put one's trust in sby (,sth)*** sette sin lit til en (,noe);
2. *stivt(=care; custody)* varetekt; ***a child placed in my trust*** et barn gitt i min varetekt;
3. betrodd gods *n;* betrodde midler *n;* ***trust (of money)****(=trust property)* forvaltningsformue; ***breach of trust*** urettmessig bruk av betrodde midler; *(jv 1: breach of trust);* ***hold the property in trust for him*** forvalte midlene for ham; ***his grandmother left him £50,000 in trust*** hans bestemor etterlot ham £500.000 i båndlagte midler; *(se trust fund);*
4. stiftelse; legat *n;* ***public trust****(=charitable trust)* velgjørende stiftelse; ***establish a trust*** stifte et legat;
5. *økon:* trust; ***steel trust*** ståltrust.
II. trust *vb* **1***(=rely on)* stole på; ha tillit til; vise tillit; ***I trusted you implicitly*** jeg stolte fullt og fast på deg; ***she trusted in his ability to look after her*** hun stolte på at han var i stand til å ta seg av henne;
2.: ***trust sby with sth*** betro en noe; ***I can't trust him with my car*** jeg kan ikke betro ham bilen min;
3. *stivt el. spøkef(=hope)* håpe *(fx I trust (that) you had a good journey);* ***I trust that all will go well*** jeg håper virkelig at alt går godt.
trust company *fin:* (aksje)forvaltningsselskap.
trust deed *jur:* forvaltningsfullmakt.
trustee [trʌˌsti:] *s* **1.** *jur(=estate trustee)* bobestyrer; *bestyrer av myndlings gods:* verge; **UK:** ***public trustee*** embetsmann som en hvilken som helst privatperson kan oppnevne som eksekutor, formuesforvalter, etc;
2. *jur; av dødsbo:* ***trustee (for a deceased's estate)*** bobestyrer;
3. *jur; ved konkurs, når den er et faktum:* ***trustee in bankruptcy*** (fast) bobestyrer; ***appoint a trustee in bankruptcy*** oppnevne en (fast) bobestyrer;
4. *i institusjon el. organisasjon:* styremedlem; ***the trustees*** styret; ***trustees of a legacy*** legatstyre.
trusteeship [trʌˌsti:ˈʃip] *s:* forvaltning; vergemål; formynderskap.
trustful [ˌtrʌstful] *adj(=trusting)* tillitsfull.
trust fund betrodde midler *n;* umyndiges båndlagte midler; båndlagt kapital.
trusting [ˌtrʌstiŋ] *adj(=full of trust)* tillitsfull.
trust property *jur:* forvaltningsformue.
trustworthiness [ˌtrʌstˈwə:ðinəs] *s:* pålitelighet; troverdighet.
trustworthy [ˌtrʌstˈwə:ði] *adj:* pålitelig; troverdig.
trusty [ˌtrʌsti] *adj; glds el. spøkef(=faithful)* trofast; tro *(fx servant).*
truth [tru:θ] *s:* sannhet; ***an approximation to the truth*** en tilnærmet sannhet; ***home truth*** drøy sannhet; (ubehagelig) sannhet; ***tell sby a home truth*** si en en (ubehagelig) sannhet; ***the plain truth*** den rene sannhet; ***there's a grain of truth in what you say*** det er en (liten) kjerne av sannhet i det du sier; ***the truth of his story*** sannheten i historien hans; ***nothing hurts like truth*** ingenting er verre å høre enn sannheten; ***stretch the truth*** tøye sannheten; ***tell****(=speak)* ***the truth*** snakke sant; si sannheten; ***twist the truth****(=distort the truth)* forvrenge sannheten.
truthful [ˌtru:θful] *adj:* sannferdig; sanndru.
truthfulness [ˌtru:θfulnəs] *s:* sannferdighet; ***question the truthfulness****(=truth)* ***of a statement*** sette spørsmålstegn ved sannhetsgehalten i en påstand.
I. try [trai] *s* forsøk *n;* ***he has given everything a try****(=he has tried everything)* han har forsøkt alt mulig; han har vært borti alt mulig; ***have a try****(,T: go)* gjøre et forsøk; forsøke seg *(at* på).
II. try *vb* **1.** prøve; forsøke; ***try for a scholarship*** prøve å få et stipend; ***try the door*** kjenne etter om døra er låst;
2. sette *(el.* stille) på prøve; ***you're trying my patience*** du setter min tålmodighet på prøve;
3. *jur:* pådømme *(fx a case);* bli stilt for retten *(fx be tried for murder);*
4. T: ***try one's hand at*** forsøke seg på;
5.: ***try on*** 1. prøve på (seg); 2. **T:** ***try it on (with sby)*** prøve forsøke seg (overfor en);
6.: ***try out*** prøve (ut) *(fx new teaching methods);* ***try sth out on sby*** prøve ut noe på en.
trying [ˌtraiiŋ] *adj* **1***(=irritating)* irriterende *(fx child);*
2. vanskelig; som er en påkjenning.
try-on [ˌtraiˈɔn] *s* **T:** forsøk *(n)* på å narre; bløff; ***she realized it was a try-on*** hun innså at det var en bløff.
tryout [ˌtraiˈaut] *s* **1.** prøve; utprøving;
2. *teat(=preview)* prøveforestilling;
3. *sport(=selection)* utvelgelse; uttaking.
trysail [ˌtraiˈseil; *mar:* ˌtraisəl] *s; mar(=storm trysail)* gaffelseil (til bruk i hardt vær).
try square *tøm:* ansatsvinkel.
tsar *(=czar)* [zɑ:] *s; hist:* tsar.
tsetse [ˌtetsi; ˌtsetsi] *s; zo:* ***tsetse (fly)*** tsetseflue.
T-shirt *(=tee shirt)* T-skjorte.
T-square [ˌti:ˈskwɛə] *s:* hovedlinjal.
tub [tʌb] *s* **1.** balje; butt; stamp; ***swill tub*** skylledunk;
2. *liten, til iskrem:* bøtte; **3***(=bath(tub))* badekar;
4. *mar; neds:* balje; holk.
tuba [ˌtju:bə] *s; mus:* tuba.
tubby [ˌtʌbi] *adj* **T***(=plump; chubby)* lubben.
tube [tju:b] *s* **1.** rør *n;* ***steel tube*** stålrør;
2. tube; ***toothpaste tube*** tannpastatube;
3.: ***(tyre) inner tube*** slange (i bildekk); ***filling tube*** påfyllingsslange (fra bensinpumpe);
4. *radio* **US***(=valve)* rør *n;*
5. US *T(=TV)* TV; ***watch the tube****(=look at the telly)* se på TV; ***on the tube****(=on the telly; on the box)* på TV;
6. T: ***the tube****(=the underground;* **US:** *the subway)* undergrunnsbanen; **T:** undergrunnen;
7. *anat(=Fallopian tube; oviduct)* eggleder;
8. *anat:* ***bronchial tube*** bronkie(gren).
tube-feed [ˌtju:bˈfi:d] *vb; med.:* gi sondeernæring.
tube-feeding [ˌtju:bˈfi:diŋ] *s; med.(=naso-gastric feeding)* sondeernæring.
tubeless [ˌtju:bləs] *adj:* ***tubeless tyre*** slangeløst dekk.
tuber [ˌtju:bə] *s; bot:* rotknoll.
tubercle [ˌtju:ˈbə:kl] *s* **1.** *anat:* knute; **2.** *med.:* tuberkel.
tuberculosis [tju:ˈbə:kjuˌlousis] *s; med.(fk TB)* tuberkulose.
tuberculous [tju:ˌbə:kjuləs] *adj:* tuberkuløs.
tuberous [ˌtju:bərəs] *adj; bot:* knollet; knollformet; knollbærende.
tubing [ˌtju:biŋ] *s* **1.** rørsystem; **2.** rør *n (fx two metres of tubing);* ***a piece of tubing*** et rørstykke.
tub-thumper [ˌtʌbˈθʌmpə] *s:* voldsom predikant.
tubular [ˌtju:bjulə] *adj:* rørformet.
tubular furniture stålrørsmøbler.
TUC: *se Trades Union Congress.*
I. tuck [tʌk] *s* **1.** *søm:* legg *n;* ***put a tuck in*** sy i et legg;
2. *lett glds* **T***(=sweets;* **US:** *candy)* godter.
II. tuck *vb* **1.** *søm:* sy legg i;
2. folde; brette;
3.: ***tuck in*** 1. brette inn *(fx tuck in the loose ends; tuck the blankets in; he tucked his shirt into his trousers; he had his shirt tucked into his underpants);* 2. *om barn:* ***I tucked him in*** jeg la sengeklærne godt rundt ham; 3. **T:** spise med god appetitt;
4.: ***tuck your seat****(=bottom)* ***under*** trekk inn enden;
5.: ***you should be tucked up in bed*** du skulle vært i seng.
tuck-in [ˌtʌkˈin] *s* **S***(=big meal)* solid måltid *n.*
tuck shop *skolev; på skolens område:* godteributikk.
Tuesday [ˌtju:zdi; ˌtju:zdei] *s:* tirsdag; *(se Friday).*
tuft [tʌft] *s* **1.** dusk; dott; kvast;
2.: ***a tuft of grass****(=a tussock)* en gresstue; ***a tuft****(=clump; tussock)* ***of bilberry bushes*** en blåbærtue;

t

3. *zo:* ***a tuft of feathers****(=a crest)* en fjærtopp.
tufted [ˌtʌftid] *adj:* med dusk(er); kvastet.
tufting [ˌtʌftiŋ] *s:* ***carpet tufting*** teppeknytting.
I. tug [tʌg] *s* **1.** rykk *n;* napp *n;* ***he gave the rope a tug*** han nappet i tauet; **2.** *mar(=tugboat)* slepebåt.
II. tug *vb:* nappe; dra (*at* i).
tugboat [ˌtʌgˈbout] *s(=tug)* slepebåt.
tug-of-love [ˈtʌgəvˌlʌv] *s:* strid om foreldreretten (*over* til).
tug-of-war [ˈtʌgəvˌwɔ:] *s* **1.** *sport:* dragkamp; tautrekking; **2.** *fig:* tautrekking.
tuition [tju:ˌiʃən] *s* **1.** *skolev:* undervisning; ***extra tuition*** ekstraundervisning; ***he studies under private tuition*** han leser privat; han får undervisning privat; **2. US***(=school fees)* skolepenger.
tuition fees *univ:* studiegebyr; studieavgift.
tuition scholarship US *ved skole(=free place)* friplass.
tuition waiver US: fritagelse for semesteravgift.
tulip [ˌtju:lip] *s; bot:* tulipan.
tulle [tju:l] *s; tekstil:* tyll.
I. tumble [ˌtʌmbl] *s* **1. T***(=fall)* fall *n;* ***take a nasty tumble****(=have a nasty fall)* falle stygt; ***shares took a tumble****(=shares fell)* aksjekursene falt; **2***(=somersault)* kolbøtte.
II. tumble *vb* **1.** falle; tumle *(fx down the stairs);* **2.** *i tørketrommel:* tromle; **3. T:** ***tumble to****(=understand)* forstå *(fx she tumbled to his plan quickly).*
tumbledown [ˌtʌmblˈdaun] *adj(=dilapidated)* forfallen; falleferdig.
tumble drier*(=dryer)* tørketrommel.
tumbler [ˌtʌmblə] *s* **1.** vannglass; ølglass; **2.** *i lås:* tilholder; **3***(=tumble drier)* tørketrommel.
tumefaction [ˈtju:miˌfækʃən] *s; med.(=swelling)* hevelse; opphovning.
tumescence [tju:ˌmesəns] *s; med(=swelling)* oppsvulming; oppsvulmethet; hevelse.
tummy [ˌtʌmi] *s;* **T***(=stomach)* mage.
tummyache [ˌtʌmiˈeik] *s* **T***(=stomachache)* mageknip.
tummy button T*(=the navel)* navlen.
tumour *(,US: tumor)* [ˌtju:mə] *s; med.:* svulst; ***a tumour on the brain****(=a brain tumour)* en hjernesvulst.
tumult [ˌtju:mʌlt] *s; litt.(=commotion)* tumult; ståhei.
tumultuous [tju:ˌmʌltjuəs] *adj; stivt el. litt.* **1***(=noisy; boisterous)* larmende; støyende; **2***(=violent)* voldsom; stormende *(fx passions).*
tuna [ˌtju:nə] *s; zo(=tuna fish; tunny)* tunfisk; makrellstørje.
tundra [ˌtʌndrə] *s; geogr:* tundra.
I. tune [tju:n; *især:* **US:** tu:n] *s* **1.** *mus:* melodi; ***in tune*** 1. *mus:* stemt; rent *(fx play in tune);* 2. samstemt; avstemt etter hverandre; ***out of tune*** ustemt *(fx the piano is out of tune);* ***write the words to a tune*** skrive tekst til en melodi; *(se 4: in tune with 1);* **2.** *fon:* intonasjonsmønster; **3.** *fig:* ***call the tune*** være den som bestemmer; **T:** være den som bestemmer farten; ***he changed his tune*** pipen fikk en annen lyd; **4.:** ***in tune with*** 1. *mus:* avstemt etter; 2. *fig(=in harmony with; in keeping with)* i harmoni med; i pakt med; ***out of tune with****(=not in harmony with; not in keeping with)* ikke i harmoni (*el.* pakt) med; **5.** *ofte når det antydes at beløpet er høyt* **T:** ***to the tune of****(=amounting (in all) to)* til et (samlet) beløp av *(fx pay bills to the tune of a hundred pounds).*
II. tune *vb* **1.** *mus:* stemme; ***tune the instruments to each other*** stemme instrumentene *(n)* etter hverandre; samstemme instrumentene; **2.** *mask:* finjustere; fininnstille *(fx the engine);* **3.** *radio:* ***tune in*** stille inn (*to* på); ***stay tuned****(=stay in tune)* ikke skru bort fra stasjonen; **4.:** ***tune out*** 1. *radio; ved fininnstilling:* fjerne *(fx the interference);* 2. *fig(=switch off)* slutte å høre etter; kople ut *(fx I just tune out when they start gabbling);* **5.:** ***tune****(=adapt)* ***oneself to*** tilpasse seg *(fx a slower life);* **6.:** ***tune up*** 1. *mus(=tune instruments)* stemme instrumentene *n (fx the band started to tune up);* 2. *mask:* trimme.
tuned [tju:nd] *adj:* stemt; avstemt; fininnstilt.
tuned in *adj; fig:* lydhør (*to* overfor).
tuner [ˌtju:nə] *s:* ***(piano) tuner*** pianostemmer.
tungsten [ˌtʌŋstən] *s; min:* wolfram *n;* tungstein.
tunic [ˌtju:nik] *s* **1.** *hist:* tunika; **2.** uniformsjakke; **3.:** ***gym tunic*** ermeløs kjole som del av skoleuniform.
tuning fork *mus:* stemmegaffel.
tuning key *mus(=tuning hammer)* stemmenøkkel.
tuning kit *mask; for bil el. motorsykkel:* trimmingssett.
Tunis [ˌtju:nis] *s; geogr:* (byen) Tunis.
Tunisia [tju:ˌni:ziə; tju:ˌni:siə; **US:** tu:ˌni:ʒə] *s; geogr:* Tunisia.
I. tunnel [ˌtʌnl] *s:* tunnel.
II. tunnel *vb(=dig a tunnel)* grave tunnel.
tunny [ˌtʌni] *s; zo(=tuna)* tunfisk; makrellstørje.
tuppence [ˌtʌpəns] *s: se twopence.*
turban [ˌtə:bən] *s:* turban.
turbid [ˌtə:bid] *adj; stivt* **1***(=muddy)* gjørmet; grumset; **2.** *fig(=not clear; confused)* uklar; forvirret.
turbine [ˌtə:bin; ˌtə:bain] *s:* turbin.
turbocharger [ˌtə:bouˈtʃɑ:dʒə] *s; mask:* turbolader.
turbojet [ˌtə:bouˈdʒet] *s* **1.** *mask(=turbojet engine)* turbojetmotor; **2.** *flyv:* turbojet.
turboprop [ˌtə:bouˈprɔp] *s* **1.** *mask(=turboprop engine)* turbopropmotor; **2.** *flyv:* turboprop.
turbot [ˌtə:bət] *s; zo; fisk:* piggvar.
turbulence [ˌtə:bjuləns] *s* **1.** *meteorol:* turbulens; **2.** *stivt el. litt.(=confusion; unrest)* forvirring; uro.
turbulent [ˌtə:bjulənt] *adj; stivt* **1.** *om luft & vann(=violently disturbed)* voldsomt urolig; **2.** *fig(=stormy)* urolig; stormfull *(fx turbulent years);* *(=unruly)* i opprør *(fx mob);* *(=violent)* voldsom; ***turbulent passions*** voldsomme lidenskaper.
turd [tə:d] *s; vulg(=excrement; dung)* lort; dritt.
tureen [təˌri:n; tjuˌri:n] *s:* ***(soup) tureen*** (suppe)terrin.
I. turf [tə:f] *s* **1***(=sod)* gresstorv; **2.** gressbakke; gress *n;* **3. T:** ***the turf*** 1*(=horse racing)* hesteveddeløp; 2*(=the racecourse)* veddeløpsbanen.
II. turf *vb* **1.** legge gresstorv (som alternativ *(n)* til å så plen); torvtekke; **2. T:** ***turf****(=trow)* ***out*** kaste ut.
turf accountant *stivt(=bookmaker)* bookmaker.
turf club US*(=jockey club)* jockeyklubb.
turfed roof torvtak.
turf hut: ***(Lapp) turf hut*** (jord)gamme.
turgid [ˌtə:dʒid] *adj; stivt* **1***(=swollen)* oppsvulmet; hoven; **2***(=high-flown; bombastic)* svulstig; bombastisk.
turgidity [tə:ˌdʒiditi] *s; stivt* **1***(=swelling)* oppsvulming; oppsvulmethet; **2***(=bombast)* svulstighet.
Turk [tə:k] *s:* tyrker.
Turkey [ˌtə:ki] *s; geogr:* Tyrkia; ***Turkey in Asia*** asiatisk Tyrkia.
turkey [ˌtə:ki] *s* **1.** *zo:* kalkun; **2. US S:** ***cold turkey*** 1. brå avvenningskur fra narkotika; ***go through cold turkey*** gjennomgå en brå avvenningskur; 2. kraftige abstinenssymptomer; **T:** kraftig abstinens; **3. US** *& Canada* **T:** ***talk turkey****(=talk frankly)* snakke åpent.
turkey buzzard US: *se turkey vulture.*
turkey cock *zo:* kalkunhane.
turkey vulture *(,US også: turkey buzzard) zo:* kalkungribb.
I. Turkish [ˌtə:kiʃ] *s; språk:* tyrkisk.
II. Turkish *adj:* tyrkisk.
Turkish delight geléaktig konfekt bestrødd med melis.
turmeric [ˌtə:mərik] *s* **1.** *bot(=curcuma)* gurkemeie; **2.** *krydder av gurkemeieroten:* gurkemeie.

turmoil [ˌtəːmɔil] *s; stivt el. spøkef:* (vill) forvirring; opprør *n; **a turmoil(=storm) of passion*** en storm av lidenskaper; ***he was in a turmoil(=fever) of excitement(=his blood was racing)*** blodet bruste i årene hans; ***the whole town is in a (state of) turmoil*** hele byen er i vill forvirring.

I. turn [təːn] *s* **1.** omdreining; ***he gave the handle a turn*** han dreide håndtaket rundt;
2. *i vei:* sving; dreining; ***a turn in(=of) the road*** en sving i veien; ***do a left turn*** svinge til venstre; ***road full of twists and turns*** vei full av svinger; ***take a sharp turn*** gjøre en skarp sving; ***'no left turn'*** "forbudt å svinge til venstre"; ***where the road makes a turn*** der hvor veien gjør en sving på seg;
3. *med tau:* slag *n;* tørn;
4*(=turning):* ***take the first turn on(=to) the right*** ta første gate (,vei) til høyre;
5. (liten) tur *(fx in the park);*
6. *til å gjøre noe:* tur; ***wait one's turn*** vente på tur; ***by turns*** skiftevis; vekselvis; etter tur; ***do it by turns****(=do it in turn(s))* gjøre det etter tur; ***speak German and French by turns*** snakke vekselvis tysk og fransk; ***they're taking the lead in turn*** de veksler på med å ligge foran; de byttes på om å ha ledelsen; ***they took (it in) turns to do it****(=they took turns at doing it)* de skiftet på om å gjøre det; ***take one's turn*** gjøre noe når det blir ens tur; ***take turns with sby in washing the stairs*** skifte på med en om å vaske trappen; ***and this, in turn, will …*** og dette vil i sin tur …; og dette igjen vil …; ***out of turn*** utenfor tur; i utide *(fx speak out of turn); spøkef: **I'm sorry if I spoke out of turn*** jeg er lei meg hvis jeg har sagt noe galt;
7. vending; retning *(fx the conversation took an unexpected turn); **take a turn for the better (,worse)*** ta en vending til det bedre (,verre); ***things took a new turn*** saken tok en ny vending; ***his thoughts suddenly took a new turn****(=direction)* tankene hans tok plutselig en ny retning;
8. omslag *n;* skifte *n;* ***turn of the tide****(=tidal change)* tidevannsskifte; ***at the turn of the century*** ved århundreskiftet;
9*(=twist)* vri; ***he gave the old yarn a new turn*** han ga den gamle skipperskrønen en ny vri;
10.: *do sby a good (,bad) turn* gjøre en en tjeneste (,en dårlig tjeneste);
11. *teat:* (lite) nummer *(fx a comedy turn);* artistnummer; sirkusnummer;
12. T*(=shock)* støkk *(fx it gave me quite a turn);*
13*(=fit of dizziness)* svimmelhetsanfall *(fx she had a nasty turn);*
14. *stivt el. litt.:* ***at every turn****(=everywhere; at every stage)* overalt; ved enhver anledning;
15.: *on the turn* 1. ved et vendepunkt; i ferd med å vende; 2. i ferd med å bli sur; ***the milk's on the turn*** melken holder på å bli sur;
16. T: *done to a turn* (helt) passe stekt.

II. turn [təːn] *vb* **1.** snu *(fx one's head);* dreie; dreie på *(fx a wheel; one's head);* gå rundt; vende seg *(fx his love turned to hatred); **turn a deaf ear*** vende det døve øret til; ***turn against*** vende (seg) mot *(fx one's friends); **turn sby against sby*** sette en opp mot en; ***turn away*** 1. snu (*el.* vende) seg bort; 2. sende bort; avvise *(fx sby at the frontier);* nekte adgang; ***turn back*** 1. gjøre vendereis; snu; 2.: *se turn away;* 3. *fig:* ***turn back the clock twenty years*** skru klokka tjue år tilbake; ***turn over*** snu; vende; vende på seg; *(se 14: turn over); **turn round*** 1. snu seg (rundt); 2*(=go round)* gå rundt; 3. snu på; vende på; 4. dreie rundt; 5. *mar:* losse og laste *(fx a ship); **turn to*** 1. vende seg til *(fx sby for help);* 2.: ***turn to (one's work)****(=get down to work)* ta fatt; ***his thoughts turned to supper*** han begynte å tenke på kveldsmat;
2. *på bryter, etc:* skru; ***turn a tap*** skru (*el.* dreie) på en kran; ***turn the sound down*** skru ned lyden; ***turn over to another channel*** skru over på en annen kanal; ***turn up the heating****(=turn the heating higher)* sette på mer varme;
3. *mask(=cut on the lathe)* dreie;
4: *turn them into good citizens* gjøre dem til gode borgere;
5. bli *(fx pale); **turn traitor*** bli forræder; ***turn Catholic*** bli katolikk; ***he turned nasty*** han begynte å bli ubehagelig;
6. *om melk:* bli sur; gjøre sur;
7.: *he must have turned forty* han må være over førti; ***it's turned two o'clock*** klokken er over to;
8.: *turn down* 1. *krage, etc:* brette ned; 2. *om lydstyrke el. lyskilde:* skru ned; 3*(=refuse)* avslå *(fx sby's offer of help);* 4*(=reject)* avvise *(fx sby);*
9.: *turn in* 1*(=hand in)* levere inn; 2*(=hand over; turn over)* overlevere *(fx sby to the police);* 3. **T***(=go to bed)* gå til sengs;
10. *fig:* ***turn in on oneself****(=withdraw into oneself)* trekke seg inn i seg selv;
11.: *turn off* 1. skru av *(fx the light);* 2. *fra hovedvei, etc:* ta av *(fx is this where we turn off?);*
12. T: *turn sby off* 1. få en til å miste interessen; frata en lysten; 2. vekke avsky (,ulyst, motvilje) hos en; ***people with loud voices turn me off*** jeg kan ikke noe med høymælte mennesker; ***this music turns me off*** jeg kan ikke fordra denne musikken;
13.: *turn on* 1. skru på *(fx the light);* 2. vende seg mot; gå løs på; *også fig:* ***turn one's back on*** vende ryggen til; 3. *fig:* dreie seg om; ***all his thoughts turn on her*** tankene hans dreier seg bare om henne; 4. **T: *turn sby on*** 1. vekke ens interesse; interessere en; 2. vekke ens seksuelle interesse; få en til å tenne; *(se turn-on);*
14.: *turn out* 1*(=put out; turn off)* skru av *(fx the lights);* 2. kaste ut; jage ut; 3.: ***turn out a room*** rydde ordentlig opp (*el.* gjøre grundig rent) i et rom; 4. vrenge *(fx one's pockets);* tømme *(fx the pudding out on to a flat dish);* 5. *mil; om vakten:* kalle ut; 6*(=get out of bed)* stå opp; 7. rykke ut; *mar:* tørne ut; gå på vakt; *(jvf turnout 1);* 8. møte opp (*for* til); 9*(=produce)* produsere; fremstille *(fx 200 cars a day);* frembringe *(fx the school has turned out some first-rate athletes);* 10. bli *(fx how did the cake turn out?);* vise seg (*to be* å bli (,være)); ***he turned out to be right*** det viste seg at han hadde rett; ***it turned out that …*** det viste seg at …; ***it turned****(=worked)* ***out all right on its own****(=it sorted itself out)* det gikk i orden av seg selv; ***you were right, as it turned out*** det viste seg at du hadde rett; 11.: ***it'll turn****(=work)* ***out badly for some of them****(=it'll go badly for some of them)* det vil gå dårlig med noen av dem; 12.: ***nicely turned out*** pent kledd;
15.: *turn over* 1. snu; vende; vende på seg; ***my stomach turned over*** det vendte seg i magen på meg; ***please turn over****(fk PTO)* se neste side; 2. skru over (*to* på); ***turn over to another channel*** skru over på en annen kanal; 3. overlate *(fx one's business to sby else);* overlevere *(fx sth to the police);* utlevere; overgi *(fx sby to the police);* 4. *merk:* omsette; ***turn over £5000 a week*** omsette for £5000 i uken; 5.: ***turn sth over in one's mind****(=think sth over)* overveie noe; tenke over noe;
16.: *turn up* 1. brette opp; 2. *om lydstyrke, varme, etc:* skru opp; 3*(=appear; arrive)* dukke opp; (an)komme; 4. bli funnet; dukke opp; 5*(=discover)* oppdage; finne; 6. *kortsp:* snu *(fx a card);*
17.: *turn things upside down* snu opp ned på tingene; *(se I. cheek 1; I. corner 6; hair 10; I. head 2: turn sby's turn; I. leaf 3; I. nose 5; I. stomach 2; I. table 1; I. tail 5).*

turnabout [ˌtəːnəˈbaut] *s* **1.** *mar(180° turn)* 180° vending; **2.** *fig(=about-turn; turnaround)* helomvending; kuvending.

turnaround [ˌtəːnəˈraund] *s: se turnabout 2.*

turnbuckle [ˌtəːnˈbʌkl] *s(=screw shackle)* strekkfisk; bardunstrammer.

t

turncoat [ˌtə:n'kout] *s(=opportunist)* opportunist.
turner [ˌtə:nə] *s(=lathe turner)* dreier.
turning [ˌtə:niŋ] *s* **1***(=turn)* (vei)sving; ***take the first turning on(=to) the right*** ta første gate (,vei) til høyre; ***take the wrong turning*** ta feil vei; ta av på galt sted; ***take the turning(=corner) at full speed*** ta svingen i full fart; *(jvf I. turn 2);*
2*(=lathe work)* dreiearbeid; dreiing;
3. *søm(=seam allowance)* sømmemonn.
turning circle 1. snuplass; **2.** *bils:* vendediameter.
turning lathe *mask(=lathe)* dreiebenk.
turning point vendepunkt; ***mark a turning point*** markere et vendepunkt.
turning technique *sport; ski:* svingteknikk.
turnip [ˌtə:nip] *s; bot:* ***(early garden) turnip*** nepe; ***Swedish turnip(=swede;*** *især* **US:** *rutabaga)* kålrabi; kålrot.
turnip cabbage *bot(=kohlrabi)* knutekål.
I. turnkey [ˌtə:n'ki:] *s; hist:* slutter.
II. turnkey *adj:* ***on a turnkey basis****(=ready to be moved into)* nøkkelferdig *(fx it's sold on a turnkey basis).*
turnoff [ˌtə:n'ɔf] *s* **1***(,***US:** *turnout)* sted *(n)* hvor man tar av; avkjøring *(fx the Birmingham turnoff);* ***take a wrong turnoff****(=take the wrong turning)* ta av på galt sted;
2. *især* **US***(=exit (road))* avkjøring(svei);
3.: ***find hairy men a complete turnoff*** ikke kunne fordra hårete menn.
turn of mind *s:* legning; ***have a practical turn of mind*** være praktisk anlagt; ha praktisk legning.
turn of phrase talemåte; vending; uttrykk *n;* ***a clumsy turn of phrase***et klossete uttrykk; en språklig padde.
turn-on [ˌtə:n'ɔn] *s* **T:** ***it's a turn-on*** det er noe som får en til å tenne (seksuelt); ***what a turn-on!****(=how sexy!)* så sexy! *(se II. turn 13: turn on 4).*
turnout [ˌtə:n'aut] *s* **1.** *av vakt, etc:* utrykning; ***large turnout****(=turnout in force)* storutrykning;
2. fremmøte *(fx there was a good turnout at the meeting); polit:* ***election turnout*** *(,***US:** *voter participation)* valgdeltagelse;
3*(=output)* produsert mengde; produksjon.
turnover [ˌtə:n'ouvə] *s* **1.** *merk:* omsetning; ***net turnover*** netto varesalg; ***shortfall in turnover*** omsetningssvikt; **2.:** ***labour turnover****(=turnover in labour)* gjennomtrekk i arbeidsstokken.
turnpike [ˌtə:n'paik] *s* **1.** *glds(=tollgate)* veibom;
2. US*(=motorway with tolls)* avgiftsbelagt motorvei.
turnpike money US*(=toll money)* bompenger.
turnround [ˌtə:n'raund] *s:* omlastningsopphold; omlastningstid; *mar:* havneopphold.
turnstile [ˌtə:n'stail] *s* **1.** korsbom; **2.** *ved inngangen til stadion, etc:* ***turnstile (counter)*** telleapparat; ***click through the turnstile*** gå gjennom telleapparatet.
turntable [ˌtə:n'teibl] *s; på platespiller:* tallerken.
turntable ladder (truck) *(,***US:** *hook-and-ladder truck)* stigebil; brannbil med stige.
I. turn-up [ˌtə:n'ʌp] *s (,***US** *& Canada: cuff)* oppbrett; ***trouser turn-up*** bukseoppbrett.
II. turn-up *adj* **1.** til å brette opp *(fx a turn-up collar);*
2.: ***turn-up nose****(=turned-up nose)* oppstoppernese.
turpentine [ˌtə:pən'tain] *(,***T:** *turps)* **S:** terpentin(olje).
turps [tə:ps] *s* **1. T***(=turpentine)* terpentin;
2. *australsk* **S***(=beer)* øl *n.*
I. turquoise [ˌtə:kwɔiz; ˌtə:kwɑ:z] *s:* turkis.
II. turquoise *adj:* turkisfarget.
turret [ˌtʌrit] *s* **1.** *arkit:* (lite) tårn; **2.** *mil:* kanontårn.
turtle [tə:tl] *s* **1.** *zo:* havskilpadde; *(jvf tortoise);*
2. *kul:* ***mock turtle*** forloren skilpadde;
3. *om bil, etc:* ***turn turtle*** gå rundt; *om båt(=capsize)* kantre.
turtledove [ˌtə:tl'dʌv] *s; zo:* turteldue.
turtleneck [ˌtə:tl'nek] *adj:* ***turtleneck sweater*** høyhalset genser.

I. Tuscan [ˌtʌskən] *s* **1.** toskaner; **2.** *språk:* toskansk.
II. Tuscan *adj:* toskansk.
Tuscany [ˌtʌskəni] *s; geogr:* Toscana.
tusk [tʌsk] *s; zo:* støttann.
tusker [ˌtʌskə] *s; zo:* han(n)elefant (med store støttenner).
tussle [tʌsl] *s; ofte spøkef* **T***(=struggle; fight)* dyst; nappetak; strid.
tussock [ˌtʌsək] *s; stivt(=tuft of grass)* gresstue; *(se tuft 2).*
tut [tʌt] *int; glds(=tut-tut) uttrykk for beklagelse el. ergrelse:* uff!
tutelage [ˌtju:tilidʒ] *s; fig(=guardianship)* formynderskap; ***be kept in tutelage by foreign powers*** stå under formynderskap av fremmede makter.
tutelary [ˌtju:tələri] *adj:* ***tutelary saint****(=patron saint)* skytshelgen; ***tutelary spirit****(=guardian spirit)* skytsånd.
I. tutor [ˌtju:tə] *s* **1.** *univ:* tutor; studieveileder;
2.: ***(private) tutor*** huslærer; privatlærer.
II. tutor *vb; univ:* undervise (enkeltvis el. i grupper).
I. tutorial [tju:ˌtɔ:riəl] *s; univ:* time hos en tutor.
II. tutorial *adj:* ***tutorial post*** stilling som tutor.
tutorship [ˌtju:tə'ʃip] *s; univ:* stilling som tutor.
tut-tut [ˌtʌtˌtʌt] *int; beklagende el. ergerlig:* uff.
(tu-whit) tu-whoo [(təˌwit) təˌwu:] *int; ugles tuting:* uhu!
tux [tʌks] *s* **US T:** *se tuxedo.*
tuxedo [tʌkˌsi:dou] *s* **US***(=dinner jacket)* smoking.
TV ['ti:ˌvi:] *s(=television)* TV; fjernsyn; ***on TV****(,***T:** *on the telly; on the box)* på TV; ***on live TV*** for åpen skjerm; ***watch TV****(,***T:** *look at the telly)* se på TV; ***watch too much TV*** se for mye på TV.
TV set TV-apparat; ***have a TV set****(=have television)* ha TV.
twaddle [twɔdl] *s; lett glds* **T***(=nonsense)* vrøvl *n;* tøys *n;* tull *n.*
twaddler [ˌtwɔdlə] *s; lett glds* **T***(=jabbering fool)* vrøvlebøtte.
twain [twein] *tallord; glds(=two)* tvenne; to; ***in twain*** itu.
I. twang [twæŋ] *s* **1.** *om lyden av spent streng:* synging; klang *(fx of a guitar);* **2.:** ***nasal twang*** neselyd; snøvling; ***speak with a nasal twang*** snøvle.
II. twang *vb* **1.** *om spent streng:* synge; få til å synge;
2. *mus:* slå på *(fx one's guitar);* ***twang on a guitar****(= strum a guitar)* klimpre på en gitar.
twat [twæt; twɔt] *s; vulg(=cunt)* kuse; fitte.
I. tweak [twi:k] *s:* napp *n;* klyp *n;* ***he gave her nose a playful tweak*** han dro henne spøkefullt i nesen.
II. tweak *vb:* nappe; klype; dra i; ***he tweaked a bud from the stem*** han kløp en knopp fra stengelen.
twee [twi:] *adj; neds:* liten og søt; nusselig.
tweed [twi:d] *s:* tweed.
tweeds [twi:dz] *s:* tweeddress; tweeddrakt.
tweezers [ˌtwi:zəz] *s:* ***a pair of tweezers*** en pinsett.
twelfth [twelfθ] **1.** *s:* tolvtedel; **2.** *tallord:* tolvte.
Twelfth Day helligtrekongersdag.
twelve [twelv] *tallord:* tolv.
twentieth [ˌtwentiiθ] **1.** *s:* tjuendedel; **2.** *tallord:* tjuende.
twenty [ˌtwenti] *tallord:* tjue.
twerp [twə:p] *s; neds* **S***(=twirp)* drittsekk; suppegjøk; stor tosk.
twice [twais] *adv:* to ganger; ***once or twice*** et par ganger; ***twice three is six*** to ganger tre er seks; ***think twice about (-ing)*** betenke seg på å; ***he doesn't think twice about money*** han tenker ikke på hva ting koster.
twiddle [twidl] *vb* **T***(=twist round and round)* skru (rundt) på; ***twiddle one's thumbs*** tvinne tommeltotter.
I. twig [twig] *s; bot:* kvist.
II. twig *vb* **T***(=understand)* forstå.
twilight [ˌtwai'lait] *s:* skumring; tusmørke.
I. twill [twil] *s:* (kiper)twill.

FATALE FELLER

two

two – too

two	*to* (tallet)
too	*også, for*

Av og til er engelske ord svært like både i skrivemåte og uttale.

II. twill *adj:* kipervevd (*el.* diagonalvevd) stoff *n.*

I. twin [twin] *s* **1.** tvilling; ***identical twins*** eneggede tvillinger; ***they are twins*** de er tvillinger;
2. *fig:* ***her dress is the exact twin of mine*** kjolen hennes er nøyaktig maken til min.

II. twin *vb:* ***be twinned with*** ha … som vennskapsby (*fx Basingstoke is twinned with Alen¯on).*

twin beds *pl; mots dobbeltseng:* to enkeltsenger.

twine [twain] *s:* snor (*fx packing twine); mar:* seilgarn.

twinflower [ˌtwin'flauə] *s; bot:* linnea.

twinge [twindʒ] *s* **1.:** ***twinge (of pain)*** stikk *(n)* (av smerte); **2.** *fig:* ***a twinge of regret*** et stikk av anger.

I. twinkle [twiŋkl] *s* **1***(=twinkling)* blinking; **2.** glimt *n (fx he had a twinkle in his eye).*

II. twinkle *vb:* blinke (*fx the stars were twinkling in the sky);* glimte; ***his eyes twinkled mischievously*** det glimtet skøyeraktig i øynene *(n)* hans.

twinkling [ˌtwiŋkliŋ] *s* **1.** blinking; **2.:** ***in the twinkling of an eye****(=in a twinkling)* på et blunk; på et øyeblikk.

twin set cardigansett.

twin town vennskapsby.

I. twirl [twə:l] *s:* virvling; ***she did a quick twirl to show off her dress****(=she spun(=twirled) round to show off her dress)* hun virvlet fort rundt for å vise frem kjolen sin; ***give us a twirl*** snu deg rundt, slik at vi får se hvordan du ser ut (i kjolen din).

II. twirl *vb* **1***(=spin round)* virvle (*el.* snurre) rundt;
2. sno; tvinne (*fx she twirled(=twisted) her hair round her finger);* ***twirl one's moustache*** sno barten.

twirler [ˌtwə:lə] *s; mus:* drillpike.

twirp [twə:p] *se twerp.*

I. twist [twist] *s* **1.** dreining; vri; ***he gave my arm a twist*** han vred armen min;
2.: ***machine twist*** maskinsytråd;
3.: ***a twist of chewing tobacco*** en rull skrå(tobakk);
4(*,* **US:** *pretzel)* kringle;
5*(=bend)* sving (*fx in the road);*
6. (papir)tutt (*fx of salt);*
7. *dans:* twist;
8.: ***saved by a strange twist of fate*** reddet ved et skjebnens lune;
9. a new twist on an old theme en ny vri på et gammelt tema.

II. twist *vb* **1.** sno; tvinne (*fx she twisted her hair round her finger);* vikle (*fx sby round one's little finger);* sno seg; slynge seg; ***a twisting road*** en vei som går i slyng og sving;
2. *også fig:* vri; fordreie; forvrenge; ***twist****(=wring)* ***the neck of a bird*** vri halsen om på en fugl; ***twist sby's arm*** vri armen rundt på en; **T:** ***if you twist my arm*** hvis du insisterer; hvis du sier jeg må; ***twist and turn*** vri og vende seg; ***twist one's ankle*** få vridd ankelen sin; trå over; ***he twisted it (round) so that …*** han fikk dreid det derhen at …; ***twist the facts*** fordreie fakta *n;* ***he twists everything I say*** han vrir og vrenger på alt jeg sier; ***twist sth off*** vri noe av.

twist drill spiralbor.

twisted [ˌtwistid] *adj* **1.** snodd; vridd (*fx branch);*
2. *fig:* fordreid (*fx report);* forskrudd (*fx a twisted sense of humour).*

twister [ˌtwistə] *s* **1. T***(=swindler)* svindler;
2. *sport(=screwball)* skruball;
3. US*(=waterspout)* skypumpe;
4.: *se tongue twister.*

I. twisting [ˌtwistiŋ] *s(=dislocation)* forvridning.

II. twisting *adj:* svingete (*fx road).*

twisty [ˌtwisti] *adj:* snodd; buktet; vridd.

I. twit [twit] *s* **T***(=fool; ninny; dimwit)* tosk.

II. twit *vb* **T***(=tease)* erte.

I. twitch [twitʃ] *s(=jerk)* rykk *n;* rykning.

II. twitch *vb:* nappe i (*fx sby's sleeve);* bevege; ***the rabbit's nose twitched*** nesen til kaninen beveget seg; ***his hands were twitching*** det rykket i hendene hans.

twitch (grass) *bot(=couch grass)* kveke.

I. twitter [ˌtwitə] *s* **1***(=chirping)* kvidring; kvitring; kvidder *n;* kvitter *n;* **2. T:** ***she was all of a twitter****(=she was very excited)* hun var helt opphisset.

II. twitter *vb* **1.** kvidre; kvitre; **2***(=giggle)* fnise;
3. *neds:* kvitre (*fx she twittered (on) about her baby).*

twixt [twikst] *prep; poet(=between)* mellom; *ordspråk:* ***there is many a slip twixt the cup and the lip****(=don't halloo till you are out of the wood)* ingen kjenner dagen før sola går ned.

two [tu:] **1.** *s:* totall; toer; ***by twos*** to og to; parvis; ***by twos and threes****(=two or three at a time)* to eller tre om gangen;
2. *tallord:* to; ***put two and two together*** legge sammen to og to;
3.: ***that makes two of us*** det gjelder meg også;
4.: ***be in two minds about it*** ikke kunne få bestemt seg.

two-berth cabin [ˌtu:'bə:θ'kæbin] *mar:* tomannslugar.

two-edged [ˌtu:'edʒd] *adj* **1***(=double-edged)* tveegget;
2. *fig:* tveegget; tvetydig.

two-faced [ˌtu:'feist] *adj* **T***(=deceitful)* falsk.

twofold [ˌtu:'fould] **1.** *adj; stivt:* ***the answer is twofold****(=the answer consists of two parts)* svaret er todelt;
2. *adj; stivt(=double)* dobbelt; ***in a twofold sense*** i dobbelt forstand;
3. *adv; stivt:* ***repay the money twofold****(=pay back twice the amount)* betale tilbake det dobbelte (beløp).

two-handed ['tu:ˌhændid; *attributivt:* ˌtu:'hændid] *adj*
1. for begge hender; som man skal bruke begge hender på (*fx tool);* som må betjenes av to personer; tomanns-;
2. *kortsp:* tomanns- (*fx bridge);*
3. som kan bruke begge hender like godt (*fx he's two-handed).*

two-part [ˌtu:'pɑ:t] *adj* **1.** todelt; **2.** *mus:* tostemt.

two-part song *mus:* tostemt sang.

twopence*(=tuppence)* [ˌtʌpəns; **US:** ˌtu:pens] *s; hist(=two pence)* two pence.

twopenny-halfpenny ['tʌpəniˌheipəni] *adj(=cheap; tawdry)* billig; glorete; simpel.

two-piece [ˌtu:'pi:s] *adj:* todelt (*fx swimsuit).*

two-ply [ˌtu:'plai] *adj* **1.** toslått; totrådet; **2.** *om tekstil:* dobbeltvevd.

two-seater [ˌtu:ˈsi:tə] *s:* toseter.
I. twosome [ˌtu:səm] *s* **1.** spill *(n)* hvor to spiller mot hverandre; **2. T***(=couple)* par *n.*
II. twosome *adj:* for to; utført (,spilt) av to; som utføres (,spilles) av to.
two-time [ˌtu:ˈtaim] *vb* **S***(=be unfaithful to;* **T:** *cheat on)* bedra *(fx one's girlfriend (,boyfriend)).*
two-way [ˌtu:ˈwei] *adj:* toveis *(fx traffic).*
two-way plug *elekt(=plug adapter)* dobbeltstøpsel.
tycoon [taiˌku:n] *s:* finansfyrste; ***(business) tycoon*** næringslivstopp; ***industrial tycoon*** industrimagnat; ***newspaper tycoon*** aviskonge.
tyke, tike [taik] *s* **1***(=mongrel)* kjøter;
2. *dial(= boorish, churlish person)* ubehøvlet bondeknoll;
3. T*(=small child)* liten unge; liten fyr;
4. *neds* **S:** ***(Yorkshire) tyke*** person fra Yorkshire.
tympanic [timˌpænik] *adj:* ***a tympanic membrane****(=an eardrum)* en trommehinne.
tympanum [ˌtimpənəm] *s; anat* **1***(=middle ear)* mellomøre; **2***(=cavity of the middle ear)* trommehule; **3***(=tympanic membrane; eardrum)* trommehinne.
I. type [taip] *s* **1.** *typ:* type; skrift; skriftbilde; ***in type*** i sats; ***in large type*** med store typer; ***standing type****(= standing matter)* stående sats;
2*(=kind)* type; ***a type of*** en type..; ***what type of ...?*** hvilken type ...? ***that type of house*** den typen hus *n;* den hustypen; ***designation of type*** typebetegnelse;
3. *biol, bot, etc:* type; sort;
4. *om person* **T:** fyr *(fx he's quite a pleasant type, really);* type; ***a shady type*** en skummel type.
II. type *vb:* skrive på maskin; ***type out a letter*** renskrive et brev.
type approval typegodkjenning.
type approved*(=of an approved type)* typegodkjent.
typecast [ˌtaipˈkɑ:st] *vb; teat:* ***get typecast*** få den samme type roller hele tiden; **T:** havne i en skuff.
typeface [ˌtaipˈfeis] *s; typ(=type)* skriftbilde.
typeover *s; EDB:* ***the typeover (mode)*** overskrivfunksjonen.
type part *teat(=type of role)* rollefag; ***move into another type part*** gå over til et annet rollefag.
typescript [ˌtaipˈskript] *s:* maskinskrevet manuskript.
typeset [ˌtaipˈset] *vb; typ(=set (up))* sette (opp).
typesetting *s:* setting; sats; ***they carry out both typesetting and printing*** de utfører både sats og trykking.
typewrite [ˌtaipˈrait] *vb(=type)* maskinskrive; skrive på maskin.
typewriter [ˌtaipˈraitə] *s:* skrivemaskin.
typewritten [ˌtaipˈritən] **1.** *perf.part. av typewrite;* **2.** *adj:* maskinskrevet *(fx letter).*
typhoid [ˌtaifɔid] *s; med.:* ***typhoid (fever)*** tyfoidfeber; *ikkefaglig også:* tyfus.
typhoon [taiˌfu:n] *s:* tyfon; taifun.
typhus [ˌtaifəs] *s; med.:* ***typhus (fever)*** flekktyfus.
typical [ˌtipikl] *adj:* typisk; karakteristisk (*of* for).
typically [ˌtipikəli] *adv:* typisk; typisk nok.
typify [ˌtipiˈfai] *vb; stivt* **1***(=be typical of)* være et typisk eksempel på; være typisk for;
2*(=symbolize)* symbolisere.
typing [ˌtaipiŋ] *s* **1.** maskinskriving; **2.:** ***pages of typing*** maskinskrevne sider *(fx five pages of typing).*
typing error *på maskin(=typing mistake)* skrivefeil.
typing paper skrivemaskinpapir.
typing pool skrivemaskinstue.
typist [ˌtaipist] *s:* maskinskriver.
typographer [taiˌpɔgrəfə] *s:* typograf.
typographical [ˈtaipəˌgræfikl] *adj:* typografisk.
typography [taiˌpɔgrəfi] *s:* typografi.
tyrannical [tiˌrænikl] *adj:* tyrannisk.
tyrannize, tyrannise [ˌtirəˈnaiz] *vb:* ***tyrannize (over) sby*** tyrannisere en.
tyrannous [ˌtirənəs] *adj(=tyrannical)* tyrannisk.
tyranny [ˌtirəni] *s:* tyranni *n.*
tyrant [ˌtairənt] *s:* tyrann.
tyre *(,US: tire)* [ˌtaiə] *s:* dekk *n (fx a car tyre);* ***flat tyre*** punktering; punktert dekk; ***drive on a flat tyre*** kjøre på felgen; ***radial tyre*** radialdekk; ***re-capped tyre****(=retread; remould)* banelagt dekk; ***steel-studded tyre*** piggdekk; ***tubeless tyre*** slangeløst dekk.
tyre gauge *for bildekk:* lufttrykkmåler.
tyre lever *(,***US:** *tire iron)* dekkspak.
tyre pressures *pl:* lufttrykket i dekkene; ***check the tyre pressures*** sjekke lufttrykket i dekkene.
tyre studs *pl:* dekkpigger.
tyre tread slitebane (på dekk); (dekk)profil.
tyre wear dekkslitasje; ***irregular tyre wear*** ujevn dekkslitasje.
tyro [ˌtairou] *s; stivt(=beginner)* nybegynner.
Tyrol, Tirol [tiˌroul; ˌtiroul] *s; geogr:* ***the Tyrol*** Tyrol.
I. Tyrolean [ˈtirəˌli:ən] *s:* tyroler(inne).
II. Tyrolean *adj:* tyrolsk.

u

U, u [ju:] U, u; *tlf:* ***U for Uncle*** U for Ulrik; ***capital U*** stor U; ***small u*** liten u.
U 1 *(fk f universal) om film:* passer for alle aldrer; *(NB film for voksne klassifiseres med tallet 18);*
2*(fk f unclassified) skolev:* ikke bestått; *svarer til:* 0.
U-bend [ju:ˈbend] *s; rørl(=air trap; drain trap; stench trap)* vannlås.
ubiquitous [juˌbikwitəs] *adj; stivt(=omnipresent)* allestedsnærværende.
ubiquity [juˌbikwiti] *s; stivt(=omnipresence)* allestedsnærværelse.
udder [ˌʌdə] *s; zo:* jur *n.*
UFO [ˈju:efˌou] *s(fk f unidentified flying object)* UFO.
Uganda [ju:ˌgændə] *s; geogr:* Uganda.
I. Ugandan [ju:ˌgændən] *s:* ugander.
II. Ugandan *adj:* ugandisk.
ugh [ə:h; ux; ʌh; u:k; **US:** ʌg] *int:* æsj; fy *(fx Ugh! The cat's been sick!);* ***ugh, how disgusting!*** fy pokker, så uappetittlig!
ugly [ˌʌgli] *adj* **1.** stygg; ***ugly as sin*** stygg som arvesynden; **2***(=unpleasant; dangerous)* stygg *(fx things began to look ugly);* ***in an ugly mood*** i et farlig humør; **T:** ***an ugly customer****(=type)* en skummel type.
uh-huh [ʌˌhʌ] *int* **T***(=yes)* ja.
UK [ˈju:ˌkei] *(fk f United Kingdom):* ***the UK*** Det forente kongerike; *(=Britain)* Storbritannia; ***he lives in the UK*** han bor i Storbritannia.
ukkish [ˌʌkiʃ] *adj* **S***(=very nasty; revolting)* avskyelig; ufyselig.
Ukraine [ju:ˌkrein] *s; geogr:* ***the Ukraine*** Ukraina.
I. Ukranian [ju:ˌkreiniən] *s* **1.** ukrainer; **2.** *språk:* ukrainsk.
II. Ukranian *adj:* ukrainsk.
ukulele, ukelele [ˈju:kəˌleili] *s; mus:* ukulele.
ulcer [ˌʌlsə] *s; med.:* (kronisk) sår *n (fx her legs were covered with ulcers(=sores));* ***stomach ulcer****(= gastric ulcer)* magesår.
ulcerate [ˌʌlsəˈreit] *vb:* danne sår *n;* være full av sår.

ulceration ['ʌlsə,reiʃən] *s; med.:* sårdannelse.
ulcerous [,ʌlsərəs] *adj:* med sår *n.*
ult. [ʌlt] *se ultimo.*
ulterior [ʌl,tiəriə] *adj:* bakenforliggende; underliggende; skjult; ***an ulterior motive*** en baktanke.
I. ultimate [,ʌltimit] *s:* høydepunkt; ***the ultimate in luxury*** det ypperste når det gjelder luksus; ***the ultimate in stupidity*** toppen av dumhet.
II. ultimate *adj; stivt* **1***(=final)* endelig; øverst; ***the ultimate****(very highest)* ***authority*** aller øverste myndighet; ***they hoped for ultimate success****(=they hoped they would finally succeed)* de hadde håp *(n)* om å klare det til slutt; ***take ultimate responsibility*** ta det endelige ansvar; ***what's your ultimate goal in life?*** hvilket mål har du livet?
2. størst; høyest; ***the ultimate insult****(=the worst insult imaginable)* den verste fornærmelse man kan tenke seg; ***death is the ultimate****(=greatest)* ***sacrifice*** døden er det aller største offer; ***the ultimate sports car****(=the sports car above all others)* det aller ypperste i sportsbil;
3*(=basic)* grunnleggende *(fx principle);* egentlig *(fx cause);* fundamental; ***an ultimate truth****(=a fundamental truth)* en fundamental sannhet;
4. fjernest; ytterst *(fx the ultimate(=furthest) boundary of the universe);* ***the ultimate****(=last)* ***frontier of knowledge*** kunnskapens ytterste grense; ***the ultimate****(=very earliest; very first)* ***origins of man*** menneskets aller første opprinnelse.
ultimately [,ʌltimitli] *adv; stivt(=in the end)* omsider; til sist *(fx I hope ultimately to be able to buy a car).*
ultimatum ['ʌlti,meitəm] *s:* ultimatum *n.*
ultimo [,ʌltimou] *adv; merk; stivt(=ult.)* i forrige måned; *glds:* ultimo.
ultra- [,ʌltrə] *forstavelse:* ultra-.
ultrafashionable ['ʌltrə,fæʃənəbl] *adj:* ultramoderne.
ultramarine ['ʌltrəmə,ri:n] **1.** *s:* ultramarin;
2. *adj(=ultramarine blue)* ultramarin.
ultramodern ['ʌltrə,mɔdən] *adj:* ultramoderne.
ultrasonic ['ʌltrə,sɔnik] *adj:* som ikke kan oppfattes av det menneskelige øret; ultrasonisk *(fx dog whistle).*
ultrasound [,ʌltrə'saund] *s:* ultralyd.
ultrasound scan *(,***T:** *scan):* ***have an ultrasound scan*** få undersøkt fosteret ved hjelp av ultralyd; **T:** ta ultralyd.
ultraviolet ['ʌltrə,vaiəlit] *adj:* ultrafiolett; ***ultraviolet lamp*** kvartslampe.
ultra vires ['ʌltrə,vairi:z] *jur:* ***act ultra vires****(=exceed one's powers)* overskride *(el.* gå ut over) sine fullmakter.
Ulysses [,ju:li'si:z; ju:,lisi:z] *s; myt:* Ulysses; Odyssevs.
umbel [ʌmbl] *s; bot:* blomsterskjerm.
umbelliferous ['ʌmbi,lifərəs] *adj; bot:* skjermblomstret.
I. umber [,ʌmbə] *s:* umbra.
II. umber *adj:* umbrafarget; mørkebrun.
umbilical [ʌm,bilikl] *adj; med.:* navle-.
umbilical cord *anat(=navel string)* navlestreng.
umbilical hernia *med.(=omphalocele)* navlebrokk.
umbilicus [ʌm,bilikəs] *s; anat(=navel)* navle.
umbrage [,ʌmbridʒ] *s; glds* el. spøkef: ***take umbrage****(=offence)* ***at*** bli støtt over; bli fornærmet over.
umbrella [ʌm,brelə] *s* **1.** paraply; ***put up one's umbrella*** slå opp paraplyen;
2.: ***(sun) umbrella****(=beach umbrella; sunshade)* parasoll;
3. *fig; polit(=protection)* beskyttelse *(fx under the umbrella of the UN).*
umbrella organization paraplyorganisasjon.
umbrella stand paraplystativ.
I. umpire [,ʌmpaiə] *s* **1.** *sport; i baseball, cricket, golf, tennis:* dommer; *(jvf net-cord umpire & I. referee 2);*
2. *mil:* kampdommer;
3. *fig(=arbitrator)* oppmann; voldgiftsmann.
II. umpire *vb* **1.** *sport; i baseball, cricket, golf, tennis:* være dommer; **2.** *mil:* være kampdommer;
3. *fig(=arbitrate)* være oppmann *(el.* voldgiftsmann).
umpteen ['ʌmp,ti:n] *adj* **T***(=very many)* tusen *(fx I had umpteen things to do);* ***for the umpteenth time****(=for I don't know how many times)* for Gud vet hvilken gang.
UN ['ju:,en] *(fk f United Nations):* ***the UN****(=the United Nations)* FN; De forente nasjoner.
un, 'un [ən] *pron; dial(=one)* en; ***the little uns*** de små *(fx I caught a lot of fish but threw the little uns back).*
un- [ʌn] *forstavelse* **1.** u- *(fx unhappy; uncertain);*
2. uten å; ***uncomplaining*** uten å klage;
3. -løs; ***unconscious*** bevisstløs;
4. -fri; ***unblemished*** plettfri;
5*(=not)* ikke; ***unattacked trees****(=trees not attacked)* ikke angrepne trær; trær som ikke er angrepet;
6. av; ***unload*** lesse av; av- *(fx uncover);*
7. fra(-); ***uncouple*** kople fra; frakople;
8. opp; ***unbutton****(=undo)* knappe opp; kneppe opp;
9. in-; ***unacceptable*** inakseptabel;
10. lite; ***uninformative*** lite opplysende; ***uninviting*** lite innbydende.
unabashed ['ʌnə,bæʃt; *attributivt også:* ,ʌnə'bæʃt] *adj; stivt(=unashamed; not discouraged)* (fremdeles) like ivrig; (like) freidig; frekk.
unabated ['ʌnə,beitid; *attributivt også:* ,ʌnə'beitid] *adj:* usvekket; med uforminsket styrke; ***unabated interest*** usvekket interesse.
unable [ʌn,eibl] *adj:* ***unable to****(=not able to)* ikke i stand til å; ute av stand til å.
unabridged ['ʌnə,bridʒd; *attributivt:* ,ʌnə'bridʒd] *adj:* uforkortet *(fx edition).*
unaccented ['ʌnək,sentid; *attributivt:* ,ʌnək'sentid] *adj; fon:* trykklett; trykksvak *(fx syllable);* uten aksent.
unacceptable ['ʌnək,septəbl] *adj:* inakseptabel; uantagelig; ssom ikke kan godtas.
unaccompanied ['ʌnə,kʌmpənid; *attributivt:* ,ʌnə'kʌmpənid] *adj* **1.** uledsaget; *flyv:* ***unaccompanied baggage*** uledsaget bagasje; **2.** *mus:* uten akkompagnement *n.*
unaccomplished ['ʌnə,kɔmpliʃt; *attributivt også:* ,ʌnə'kɔmpliʃt] *adj; stivt(=unfinished)* uferdig; ufullført; ***he left with his task unaccomplished*** han reiste uten å være ferdig med oppgaven.
unaccountable ['ʌnə,kauntəbl] *adj; stivt* **1***(=inexplicable)* uforklarlig; ***for some unaccountable reason*** av en eller annen uforklarlig grunn;
2*(=puzzling; strange)* underlig.
unaccounted ['ʌnə,kauntid] *adj:* ***unaccounted for*** som det ikke er gjort rede for; som det ikke kan gjøres rede for; ***one passenger is still unaccounted for*** én passasjer er fremdeles savnet.
unaccustomed ['ʌnə,kʌstəmd] *adj; stivt* **1***(=unusual)* uvanlig;
2*(=unfamiliar):* ***unaccustomed work*** uvant arbeid *n;*
3.: ***unaccustomed to****(=not used to)* uvant med *(fx the work);* ***unaccustomed to the good life*** uvant med det søte liv.
unacquainted ['ʌnə,kweintid] *adj; stivt:* ***be unacquainted with****(=not know about)* være ukjent med; ikke kjenne til.
unadulterated ['ʌnə,dʌltə'reitid] *adj; stivt el. spøkef(=pure)* ren *(fx drink);* ***unadulterated nonsense****(=utter nonsense)* det rene tøv.
unadvised ['ʌnəd,vaizd] *adj; stivt* **1***(=rash)* forhastet; overilt; **2***(=unwise)* uklok.
unaffected ['ʌnə,fektid] *adj; stivt* **1***(=natural; not affected)* uaffektert;
2*(=sincere)* oppriktig; ikke tilgjort;
3*(=unmoved)* upåvirket *(by* av);
4. *med.(=not affected)* ikke angrepet;
5. *om arrangement(=unchanged)* uforandret.
unafraid ['ʌnə,freid; *attributivt:* ,ʌnə'freid] *adj(=fearless)* uredd.

unaided ['ʌnˌeided; ˌʌnˌeidid; ˌʌn'eidid] *adj(=without help from anyone)* ved egen hjelp; uten hjelp fra noen.
unalienable [ʌnˌeiljənəbl] *adj: se inalianable.*
unalloyed ['ʌnəˌlɔid; *attributivt:* ˌʌnə'lɔid] *adj* **1.** ulegert; **2.** *fig; om glede, etc; stivt(=pure; unmixed)* ren; ublandet.
unalterable [ʌnˌɔ:ltərəbl] *adj* ufravikelig; som ikke kan gjøres om; ***an unalterable resolve*** en ufravikelig beslutning.
unaltered [ˌʌnˌɔ:ltəd; ʌnˌɔ:ltəd] *adj(=unchanged)* uforandret.
unambiguous ['ʌnəmˌbigjuəs] *adj:* utvetydig; entydig; ***an unambiguous answer*** et entydig svar; ***an unambiguous standpoint*** et klart standpunkt.
unambitious ['ʌnæmˌbiʃəs] *adj* **1.** uten ambisjoner; **2***(=unpretentious)* upretensiøs.
unanimity ['ju:nəˌnimiti] *s:* enstemmighet.
unanimous [ju:ˌnæniməs] *adj:* enstemmig.
unanimously [ju:ˌnæniməsli] *adv:* enstemmig; ***unanimously elected*** enstemmig valgt.
unannounced [ˌʌnəˌnaunst; *attributivt også:* ˌʌnə'naunst] *adj(=without being announced)* uanmeldt.
unanswerable [ʌnˌɑ:nsərəbl] *adj; stivt* **1***(=impossible to answer)* umulig å svare på;
2*(=irrefutable)* ugjendrivelig *(fx argument);*
3*(=indisputable)* ubestridelig; som ikke kan bestrides *(fx there is an unanswerable case against him).*
unappealable ['ʌnəˌpi:ləbl; *attributivt også:* ˌʌnə'pi:ləbl] *adj; jur(=not subject to appeal)* inappellabel.
unappetizing [ʌnˌæpə'taiziŋ; *attributivt også:* ˌʌn'æpə'taiziŋ] *adj:* uappetittlig.
unappreciative ['ʌnəˌpri:ʃiətiv; *attributivt også:* ˌʌnə'pri:ʃiətiv] *adj:* uforstående (*of* overfor).
unapproachable ['ʌnəˌproutʃəbl; *attributivt også:* ˌʌnə'proutʃəbl] *adj* **1.** *om person:* utilnærmelig; **2.** *om sted(=inaccessible)* utilgjengelig.
unapt ['ʌnˌæpt] *adj; stivt(=unlikely):* ***he is unapt to agree*** det er lite sannsynlig at han vil være enig.
unarmed ['ʌnˌɑ:md; *attributivt:* ˌʌn'ɑ:md] *adj:* ubevæpnet.
unashamed ['ʌnəˌʃeimd] *adj:* skamløs; uten skam; frekk; ***unashamed flattery*** grov smiger (*el.* smisking).
unashamedly ['ʌnəˌʃeimidli] *adv; stivt.(=without restraint)* uhemmet; hemningsløst.
unasked ['ʌnˌɑ:skt; *attributivt også:* ˌʌn'ɑ:skt] *adj* **1***(=uninvited)* ubedt; **2***(=unrequested)* uoppfordret; ***unasked for****(=not asked for)* som ingen har bedt om *(fx advice);* **3.:** ***there were many unasked questions*** det var mange spørsmål som ikke ble stilt.
unassailable ['ʌnəˌseiləbl] *adj* **1.** *mil(=impregnable)* uinntagelig; **2.** *fig:* uangripelig *(fx reputation).*
unassertive ['ʌnəˌsə:tiv] *adj; stivt(=modest; shy)* beskjeden; sjenert.
unassuming ['ʌnəˌsju:miŋ] *adj(=unpretentious; modest)* fordringsløs; upretensiøs; uten pretensjoner *(fx an unassuming man);* beskjeden.
unattached ['ʌnəˌtætʃt] *adj:* ugift; ledig; ***at thirty she was still unattached*** da hun var 30, var hun fremdeles fri og frank; *spøkef:* ***lovelorn female meets unattached male*** forlatt kvinne treffer ledig mann.
unattainable ['ʌnəˌteinəbl; *attributivt også:* ˌʌnə'teinəbl] *adj:* uoppnåelig.
unattended ['ʌnəˌtendid; *attributivt også:* ˌʌnə'tendid] *adj* **1.** *om barn; stivt(=alone)* uten tilsyn; alene; **2.** *om bagasje, etc:* uten tilsyn; ubevoktet;
3. *stivt(=unaccompanied)* uledsaget; uten følge *n;*
4. *om holdeplass(=unmanned)* ubetjent.
unattractive ['ʌnəˌtræktiv; *attributivt også:* ˌʌnə'træktiv] *adj* **1.** utiltalende; **2.** ukledelig.
unauthorized, unauthorised ['ʌnˌɔ:θə'raizd] *adj* **1.** uautorisert; **2.** urettmessig *(fx use of the equipment).*
unavailing ['ʌnəˌveiliŋ] *adj; stivt(=useless; in vain)* forgjeves; nytteløs *(fx their efforts were unavailing).*
unavoidable ['ʌnəˌvɔidəbl] *adj(=inevitable)* uunngåelig.
unavoidably ['ʌnəïˌvɔidəbli] *adv:* uunngåelig; ***he was unavoidably absent****(=he had a legitimate reason for being absent)* han hadde lovlig forfall.
unaware ['ʌnəˌwɛə] *adj:* ***be unaware that …****(=not know that …)* ikke vite at …; ikke være oppmerksom på at …; ***unaware of****(=not aware of)* ikke oppmerksom på.
unawares ['ʌnəˌwɛəz] *adv:* ***catch****(=take)* ***sby unawares*** komme uforvarende på en.
unbacked ['ʌnˌbækt; *attributivt:* ˌʌn'bækt] *adj* **1.** *om bok el. stol:* uten rygg; **2.** uten (økonomisk) støtte; **3.** *om veddeløpshest:* som ingen har satset på.
unbalanced ['ʌnˌbælənst; *attributivt:* ˌʌn'bælənst] *adj* **1.** ubalansert; **2.** *fig:* overspent; lettere sinnsforvirret.
unbar [ʌnˌbɑ:] *vb(=unbolt)* skyve slåen fra *(fx a door).*
unbearable [ʌnˌbɛərəbl] *adj:* utålelig *(fx child);* ***suffer from unbearable toothache*** ha en ulidelig tannpine.
unbeatable [ʌnˌbi:təbl] *adj:* uslåelig.
unbeaten ['ʌnˌbi:tən; *også attributivt:* 'aan,bi:tøn] *adj* **1.** ikke slått; ubeseiret *(fx team);* ***an unbeaten****(=unbroken)* ***record*** en rekord som ikke er blitt slått;
2. *om egg:* upisket *(fx two unbeaten eggs).*
unbecoming ['ʌnbiˌkʌmiŋ] *adj; glds* **1.** *om klesplagg(=unattractive)* ukledelig; **2***(=not proper)* upassende.
unbeknown ['ʌnbiˌnoun] *adj* **T:** ***unbeknown to anyone****(=without anyone knowing)* uten at noen vet (,visste) om det.
unbelief ['ʌnbiˌli:f; *mots belief:* ˌʌnbi'li:f] *s* **1***(=disbelief; incredulity)* vantro; mistro; ***a look of unbelief*** et vantro blikk; ***in unbelief****(=in disbelief)* vantro *(fx he looked at us in unbelief);*
2. *rel:* vantro; ***the razor edge that divides belief and unbelief*** det smale skillet mellom tro og vantro.
unbelievable ['ʌnbiˌli:vəbl] *adj(=incredible)* utrolig.
unbelievably ['ʌnbiˌli:vəbli] *adv(=incredibly)* utrolig.
unbeliever ['ʌnbiˌli:və] *s; rel:* vantro.
unbend [ʌnˌbend] *vb* **1.** *mar(=untie)* løsne; *om seil:* slå fra; *om kabel(=cast loose)* sjakle fra; **2.** *fig; om person:* slå seg litt løs; være (,bli) litt mindre stiv.
unbias(s)ed [ʌnˌbaiəst; *attributivt:* ˌʌn'baiəst] *adj(=impartial; fair)* upartisk; uhildet; fair; saklig; objektiv; fordomsfri.
unbidden [ʌnˌbidən] *adj; litt.(=uninvited)* ubedt.
unblemished [ʌnˌblemiʃt *attributivt:* ˌʌn'blemiʃt] *adj; fig(=spotless)* plettfri; uplettet *(fx reputation).*
unblinkingly [ʌnˌbliŋkiŋli] *adv(=without turning a hair)* uten å fortrekke en mine.
unblock [ʌnˌblɔk] *vb:* fjerne noe som blokkerer; *om avløpsrør(=unclog; unstop)* rense; stake opp.
unblushing [ʌnˌblʌʃiŋ] *adj:* uten å skamme seg; skamløs; ***he's quite unblushing about it*** han skammer seg slett ikke.
unblushingly [ʌnˌblʌʃiŋli] *adv:* skamløst; frekt.
unbolt [ʌnˌboult] *vb(=unbar)* skyve bolten fra.
unborn [ʌnˌbɔ:n; ˌʌn'bɔ:n] *adj:* ufødt; ***innocent as the babe unborn*** uskyldig som barn *(n)* i mors liv *n.*
unbosom [ʌnˌbuzəm] *vb; stivt:* ***unbosom oneself to sby****(=pour one's heart out to sby)* lette sitt hjerte for en; betro seg til en.
unbound [ʌnˌbaund; *attributivt:* ˌʌn'baund] *adj:* uinnbundet *(fx book).*
unbounded [ʌnˌbaunded; *attributivt:* ˌʌn'baundid] *adj; stivt el. litt.(=unlimited)* ubegrenset; grenseløs.
unbowed [ʌnˌbaud] *adj; stivt:* ubøyd; ***with head unbowed****(=held high)* med løftet panne; ***the army was defeated but unbowed****(=not cowed)* hæren var slått, men ikke kuet; ***he was unbowed****(=unbroken)* ***by misfortune*** ulykken hadde ikke kuet ham.
unbreakable [ʌnˌbreikəbl] *adj:* uknuselig.
unbridled [ʌnˌbraidəld] *adj; litt.(=unrestrained; uncontrolled)* utøylet *(fx ambition; passion).*

unbroken [ʌnˌbroukən; *attributivt:* ˌʌn'broukən] *adj* **1.** hel; ikke i stykker *n; om vinkasse, etc:* uåpnet; **2.** *landbr:* upløyd; **3.** *om hest:* ikke innridd; ikke innkjørt; **4.** ubrutt; ***unbroken line*** 1. ubrutt linje; 2. *på vei(=solid line)* fullt opptrukket linje; **5.** *om rekord(=unbeaten)* som ikke er blitt slått; **6.** *om person:* ikke knekt.

unbuckle [ʌnˌbʌkl] *vb* **1***(=unfasten)* spenne opp *(fx one's belt);* **2. T***(=relax;* **T:** *unbutton)* slappe av.

unbuilt [ˌʌn'bilt] *adj; om tomt:* ubebygd.

unburden [ʌnˌbə:dən] *vb; litt. el. stivt:* ***unburden****(=relieve)* ***oneself of one's troubles*** lette seg for sine bekymringer; ***unburden oneself to sby****(=pour one's heart out to sby)* lette sitt hjerte for en; betro seg til en.

unbutton [ʌnˌbʌtən] *vb* **1***(=undo)* knappe opp; kneppe opp *(fx one's shirt);* **2. T***(=relax;* **T:** *unbuckle)* slappe av; **T:** løse på snippen.

uncalled-for [ʌnˌkɔ:ld'fɔ:] *adj* **1***(=unwanted; unnecessary)* uønsket; unødvendig; **2***(=undeserved; unprovoked)* ufortjent; uprovosert *(fx insult).*

uncancelled ['ʌnˌkænsəld; *attributivt:* ˌʌn'kænsəld] *s; post; om frimerke:* ustemplet.

uncanny [ʌnˌkæni] *adj; også fig:* nifs; uhyggelig.

uncap [ʌnˌkæp] *vb(=open)* ta korken av; åpne.

uncared-for [ʌnˌkɛəd'fɔ:] *adj(=neglected)* forsømt.

unceasing [ʌnˌsi:siŋ; *attributivt også:* ˌʌn'si:siŋ] *adj; stivt(=incessant; continuous)* uavbrutt; ustanselig.

unceremonious ['ʌnseriˌmouniəs] *adj* **1***(=informal)* uhøytidelig; uformell; **2***(=abrupt; rude)* brå; uhøflig.

unceremoniously ['ʌnseriˌmouniəsli] *adv* **1.** uhøytidelig; **2***(=abruptly; rudely)* uten mange omsvøp.

uncertain [ʌnˌsə:tən] *adj:* usikker; ***face an uncertain future*** gå en usikker fremtid i møte; ***he was uncertain how best to handle the situation*** han var usikker på hvordan han skulle gripe situasjonen an; ***I'm uncertain what he means*** jeg vet ikke riktig hva han mener; ***a lady of uncertain age*** en dame av ubestemmelig alder; ***I'm uncertain of my future plans*** jeg er usikker på mine videre planer; ***feel uncertain about sby*** føle seg usikker på en; ***in no uncertain terms****(=words)* i klare ordelag; uten omsvøp.

uncertainty [ʌnˌsə:tənti] *s:* usikkerhet.

unchallenged [ʌnˌtʃælindʒd] *adj* **1.** ubestridt; uimotsagt; ***let sth pass****(=go)* ***unchallenged*** la noe passere uimotsagt; *sport:* ***the record was****(=went)* ***unchallenged for several years*** rekorden ble stående i flere år *n;* **2.** *mil:* ***go unchallenged*** passere uten å bli anropt.

unchanged [ʌnˌtʃeindʒd; *attributivt:* ˌʌn'tʃeindʒd] *adj:* uforandret.

uncharitable [ʌnˌtʃæritəbl] *adj* **1***(=unkind; hard-hearted)* uvennlig; hardhjertet; ***an uncharitable word*** et uvennlig ord; **2***(=censorious)* dømmesyk; **3.:** ***put an uncharitable interpretation on sth*** utlegge noe i verste mening.

uncharted [ʌnˌtʃɑ:tid] *adj:* ikke kartlagt; uutforsket.

unchaste [ʌnˌtʃeist; *attributivt også:* ˌʌn'tʃeist] *adj(=impure)* ukysk; uren *(fx unchaste thoughts).*

unchastity [ʌnˌtʃæstiti] *s:* ukyskhet.

unchecked [ʌnˌtʃekt; *attributivt:* ˌʌntʃekt] *adj:* uhindret; ukontrollert; ***unchecked anger*** utøylet sinne.

uncircumcised [ʌnˌsə:kəm'saizd] *adj; med.:* uomskåret.

uncivil [ʌnˌsivəl] *adj; stivt(=rude)* uhøflig (*to* mot).

unclaimed [ʌnˌkleimd; *attributivt:* ˌʌnkleimd] *adj:* uavhentet; ***unclaimed luggage*** uavhentet bagasje.

unclassified [ʌnˌklæsi'faid] *adj* **1.** ugradert; ikke sikkerhetsgradert; **2.** *skolev(fk U) tilsv karakteren:* 0.

uncle [ʌŋkl] *s:* onkel.

unclean [ʌnˌkli:n; *attributivt:* ˌʌnkli:n] *adj; stivt; især rel(=ceremonially impure)* uren; ***unclean food*** uren mat.

uncleanliness [ʌnˌklenlinəs] *s; glds & litt.(=dirtiness; (a) lack of cleanliness)* urenslighet.

uncleanly [ʌnˌklenli] *adj; glds & litt.(=dirty)* urenslig.

unclog [ʌnˌklɔg] *vb(=unblock; unstop)* rense; stake opp.

unclouded [ʌnˌklaudid; *attributivt også:* ˌʌn'klaudid] *adj* **1.** *om væske(=clear)* klar; **2.** *fig:* skyfri.

uncluttered [ʌnˌklʌtəd] *adj* **1.** ikke overfylt *(fx room);* **2.** *fig:* ikke overlesset; ***uncluttered by****(=free from)* fri for.

uncoil [ʌnˌkɔil] *vb(=unwind)* vikle opp.

uncollected ['ʌnkəˌlektid] *adj:* ikke innkrevd; ikke innkassert; ikke samlet inn.

uncombed [ʌnˌkoumd] *adj:* ukjemt *(fx hair).*

uncomfortable [ʌnˌkʌmfətəbl] *adj* **1.** ubekvem; ukomfortabel; **2***(=ill at ease)* ille til mote; ***feel uncomfortable*** føle seg ille til mote; ***feel uncomfortable at the sight of sth*** føle ubehag ved synet av noe; **3***(=unpleasant)* ubehagelig; ***make life uncomfortable for sby****(=make sby's life miserable)* gjøre livet surt for en.

uncomfortably [ʌnˌkʌmfətəbli] *adv* **1.** ubekvemt *(fx dressed);* **2***(=unpleasantly)* ubehagelig; ***I became uncomfortably aware that I had insulted him*** jeg ble pinlig oppmerksom på at jeg hadde fornærmet ham.

uncommitted ['ʌnkəˌmitid] *adj* **1.** uforpliktet; ikke bundet (*to* til); **2.** alliansefri; nøytral.

uncommon [ʌnˌkɔmən] *adj(=unusual; rare)* uvanlig; sjelden.

uncommonly [ʌnˌkɔmənli] *adv(=unusually)* ualminnelig.

uncommunicative ['ʌnkəˌmju:nikətiv] *adj:* umeddelsom; lite meddelsom.

uncompetitive ['ʌnkəmˌpetitiv] *adj:* ikke konkurransedyktig *(fx industry; price).*

uncomplaining ['ʌnkəmˌpleiniŋ] *adj:* som ikke klager; tålmodig; ***with uncomplaining patience*** uten å klage.

uncomplainingly ['ʌnkəmˌpleiniŋli] *adv:* uten å klage.

uncomplicated [ʌnˌkɔmpli'keitid] *adj:* ukomplisert.

uncomplimentary ['ʌnkɔmpliˌmentəri] *adj:* lite smigrende; ***be uncomplimentary about sby (,sth)*** uttale seg i lite smigrende vendinger om en (,noe).

uncomprehending ['ʌnkɔmpriˌhendiʒ] *adj:* uforstående.

uncompromising [ʌnˌkɔmprə'maiziŋ] *adj:* kompromissløs; steil; ***uncompromising commitment*** helhjertet engasjement.

uncompromisingly [ʌnˌkɔmprə'maiziŋli] *adv:* kompromissløst; steilt; ***uncompromisingly frank*** fullstendig åpen.

unconcealed ['ʌnkənˌsi:ld] *adj; stivt(=undisguised)* utilslørt; åpenlys *(fx admiration; contempt).*

unconcern ['ʌnkənˌsə:n] *s(=indifference)* ubekymrethet; likegyldighet.

unconcerned ['ʌnkənˌsə:nd] *adj* **1***(=not worried; indifferent)* ubekymret; likegyldig; ***be unconcerned about****(=not worry about)* ikke bekymre seg om; **2.** *stivt:* ***unconcerned with****(=not interested in)* uinteressert i.

unconditional ['ʌnkənˌdiʃənl] *adj:* betingelsesløs.

unconditionally ['ʌnkənˌdiʃənəli] *adv:* betingelsesløst.

unconfirmed ['ʌnkənˌfə:md] *adj:* ubekreftet.

uncongenial ['ʌnkənˌdʒi:niəl] *adj* **1.** ikke åndsbeslektet; som ikke passer sammen; ***uncongenial****(=incompatible)* ***roommates*** værelseskamerater som ikke passer sammen; **2***(=disagreeable)* ubehagelig *(fx task);* lite hyggelig *(fx place).*

unconnected ['ʌnkəˌnektid] *adj* **1***(=unrelated)* som ikke har noen forbindelse med hverandre; **2***(=incoherent)* usammenhengende; ***unconnected speech*** usammenhengende tale.

unconscionable [ʌnˌkɔnʃənəbl] *adj; lett glds* **1***(=unreasonable)* urimelig; **T:** ***take an unconscionable time over sth*** bruke urimelig lang tid på noe;

2(=*excessive)* overdreven; ***unconscionable demands*** overdrevne krav *n.*

I. unconscious [ʌnˌkɔnʃəs] *s:* ***the unconscious*** det ubevisste.

II. unconscious *adj* **1.** bevisstløs; ***in an unconscious state*** i bevisstløs tilstand;
2. ubevisst; ***an unconscious act*** en ubevisst handling;
3(=*unintentional)* utilsiktet;
4.: ***unconscious of***(=*unaware of)* ikke klar over; ***quite unconscious of one's own beauty*** seg slett ikke sin egen skjønnhet bevisst; ***speak with unconscious wit*** være åndrik uten å vite om det.

unconsciously [ʌnˌkɔnʃəsli] *adv(=unintentionally)* utilsiktet *(fx be unconsciously rude).*

unconsidered [ˈʌnkənˌsidəd] *adj* **1.** ikke tatt hensyn til; **2**(=*not thought out; unthought-out)* ikke gjennomtenkt; uoverveid *(fx avoid unconsidered opinions).*

unconstitutional [ˈʌnkɔnstiˌtju:ʃənl] *adj:* forfatningsstridig; grunnlovstridig.

unconsummated [ʌnˌkɔnsəˈmeitid] *adj:* ikke fullbyrdet *(fx marriage).*

uncontested [ˈʌnkənˌtestid] *adj(=unchallenged)* ubestridt; uomtvistet; ***uncontested election*** valg *(n)* uten motkandidat.

uncontrollable [ˈʌnkənˌtrouləbl] *adj* **1**(=*ungovernable)* ustyrlig; ***have an uncontrollable temper*** ha et ustyrlig sinne; **2.** ukontrollerbar; som ikke lar seg kontrollere; ***become uncontrollable***(=*get out of control)* komme ut av kontroll.

uncontrollably [ˈʌnkənˌtrouləbli] *adv:* ukontrollerbart.

uncontrolled [ˈʌnkənˌtrould] *adj:* ukontrollert; uhindret; ***uncontrolled crying*** hemningsløs gråt; ***if inflation is allowed to go on uncontrolled*** hvis inflasjonen ikke blir brakt under kontroll.

unconvinced [ˈʌnkənˌvinst] *adj:* ikke overbevist (*of* om); ***I remain unconvinced*** jeg er fortsatt ikke overbevist.

unconvincing [ˈʌnkənˌvinsiŋ] *adj:* ikke overbevisende.

unconvincingly [ˈʌnkənˌvinsiŋli] *adv:* på en lite overbevisende måte.

uncooked [ˈʌnˌkukt] *adj:* ukokt; rå; ikke ferdigkokt.

uncooperative [ˈʌnkouˌɔpərətiv] *adj:* lite samarbeidsvillig; ***why are you being so uncooperative?*** hvorfor er du så lite samarbeidsvillig? hvorfor hjelper du ikke til?

uncoordinated [ˈʌnkouˌɔ:diˈneitid] *adj:* ukoordinert.

uncork [ʌnˌkɔ:k] *vb:* ***uncork a bottle*** trekke opp en flaske.

uncounted [ʌnˌkauntid] *adj(=countless)* utallig.

uncouple [ʌnˌkʌpl] *vb* **1**(=*disconnect)* kople fra;
2. *om hunder som er bundet sammen:* løse.

uncouth [ʌnˌku:θ] *adj; neds; stivt(=clumsy; ungainly; rough)* klossete; keitete; ubehjelpelig.

uncover [ʌnˌkʌvə] *vb* **1.** avdekke *(fx a dead body);* ta lokket av (*a well* en brønn);
2(=*bare)* blotte *(fx one's head);*
3. *fig(=discover)* oppdage; avdekke *(fx a plot); (= reveal)* avsløre.

uncovered [ʌnˌkʌvəd; *attributivt:* ˌʌnˈkʌvəd] *adj*
1. ikke tildekket; bar;
2.: ***uncovered loss*** udekket tap *n;*
3. *fin:* uten sikkerhet;
4. *elekt(=uninsulated)* uisolert.

uncritical [ʌnˌkritikl] *adj:* ukritisk; kritikkløs.

uncrossed [ʌnˌkrɔst; *attributivt:* ˌʌnˈkrɔst] *adj* **1.** *om sjekk:* ukrysset; **2.** uten tverrstrek *(fx uncrossed 7).*

uncrowned [ʌnˌkraund; *attributivt:* ˌʌnˈkraund] *adj:* ukronet; ***uncrowned king*** ukronet konge.

unction [ˌʌŋkʃən] *s* **1.** *kat.:* salving; salvelse; ***extreme unction***(=*anointing of the sick)* den siste olje; sykesalving; ***give extreme unction to sby*** gi en den siste olje;
2. *kat.:* salveolje;
3. *fig(=unctuousness)* salvelse; patos; ***speak with unction*** snakke med salvelse.

unctuous [ˌʌŋktjuəs] *adj* **1.** *stivt:* fettet; oljeaktig; glatt;
2. *fig; stivt(=unpleasantly suave;* **T:** *smarmy)* oljeglatt; innsmsigrende;
3. *fig; stivt(=smugly earnest; smugly virtuous)* salvelsesfull.

uncultivated [ˈʌnˌkʌltiˈveitid; *attributivt:* ˌʌnˈkʌltiˈveitid] *adj* **1.** u(opp)dyrket; **2.** *fig(=unused)* ubrukt; ikke dyrket *(fx talent).*

uncultured [ˈʌnˌkʌltʃəd] *adj:* ukultivert.

uncurl [ʌnˌkə:l] *vb:* rette ut; rulle ut.

uncustomed [ʌnˌkʌstəmd; *attributivt:* ˌʌnˈkʌstəmd] *adj:* ufortollet; ***prohibited or uncustomed goods*** forbudte eller ufortollede varer.

uncut [ʌnˌkʌt;; *attributivt:* ˌʌnˈkʌt] *adj* **1.** *om diamant:* uslipt; **2.** *om bok:* uoppskåret; *om film(=unedited)* uredigert; uforkortet.

undamaged [ˈʌnˌdæmidʒd] *adj:* uskadd; intakt.

undated [ʌnˌdeitid; *attributivt:* ˌʌnˈdeitid] *adj:* udatert *(fx letter).*

undaunted [ʌnˌdɔ:ntid] *adj; stivt el. litt.(=fearless)* uforferdet; ***continue one's fight undaunted*** fortsette kampen ufortrødent; ***he was undaunted by his failure to succeed*** han mistet ikke motet fordi om han ikke lyktes.

undauntedly [ʌnˌdɔ:ntidli] *adv:* ufortrødent; ***press on undauntedly*** fortsette ufortrødent.

undeceive [ˈʌndiˌsi:v] *vb; stivt:* ***undeceive sby***(=*disillusion sby)* rive en ut av villfarelsen.

undecided [ˈʌndiˌsaidid] *adj* **1**(=*in doubt)* i tvil; ***I'm still undecided***(=*I still haven't made up my mind; I'm still in doubt)* jeg er fremdeles i tvil; jeg har ennå ikke bestemt meg; ***I'm undecided about my plans*** jeg er i tvil med hensyn *(n)* til planene mine; ***he's undecided what to do***(=*he's in doubt as to what to do)* han vet ikke riktig hva han skal gjøre; ***she was undecided whether to go to a concert or to the cinema*** hun var i tvil om hun skulle gå på konsert eller kino;
2. ikke avgjort; ikke bestemt *(fx the date is still undecided).*

undeclared [ˈʌndiˌklɛəd; *attributivt:* ˌʌndiˈklɛəd] *adj*
1. ikke erklært; uerklært *(fx war);*
2. ikke oppgitt til fortolling;
3. ikke oppgitt til beskatning; ***undeclared income*** svart inntekt.

undefeated [ˈʌndiˌfi:tid; *attributivt:* ˌʌndiˈfi:tid] *adj:* ubeseiret *(fx army; team).*

undefended [ˈʌndiˌfendid; *attributivt:* ˌʌndiˈfendid] *adj*
1. uten forsvar;
2. *jur:* ***the case was undefended*** det ble gitt avkall på forsvar i saken;
3. *sport:* ubevoktet *(fx goal).*

undelete key *EDB:* angretast.

undemanding [ˈʌndiˌmɑ:ndiŋ; *attributivt;* ˌʌndiˈmɑ:ndiŋ] *adj:* lite krevende; ikke særlig krevende.

undemocratic [ˈʌndeməˌkrætik] *adj:* udemokratisk.

undemonstrative [ˈʌndiˌmɔnstrətiv] *adj:* som ikke viser sine følelser; reservert.

undeniable [ˈʌndiˌnaiəbl] *adj; stivt(=incontestable)* ubestridelig; ***an undeniable fact*** et ubestridelig faktum.

undeniably [ˈʌndiˌnaiəbli] *adv; stivt(=undoubtedly)* unektelig; utvilsomt; ***undeniably, he knew about the plan*** han kjente uten tvil til planen.

undenominational [ˌˌʌndiˈnɔmiˌneiʃənl] *adj:* konfesjonsløs; *(jvf nondenominational).*

undependable [ˈʌndiˌpendəbl] *adj(=unreliable)* upålitelig.

I. under [ˌʌndə] *prep & adv* **1.** under; ***go under*** gå under; ***the diver went under again*** dykkeren forsvant under vannet igjen;
2. *fig:* under *(fx work under sby; a firm under new management); **under a false name*** under falskt navn; ***the matter under discussion*** den sak som diskuteres;
3. *fig(=below)* under *(fx children under ten); **children***

of 16 and under barn på 15 år *(n)* eller derunder;
4. *om rang(=below)* lavere *(fx under the rank of colonel);*
5*(=less than)* mindre enn; under *(fx a salary under £20,000);* ***in under two hours*** på under to timer;
6*(=in the course of)* i løpet av; under;
7. *ved rubrikkbetegnelse:* under; ***it is catalogued under 'novels'*** den står katalogført under 'romaner';
8. i henhold til; ***under the terms of this treaty*** i henhold til denne traktaten;
9.: ***he's under sedation*** han har fått beroligende midler.

II. under- *forstavelse* **1.** under- *(fx underagent);*
2. for lite; utilstrekkelig; under- *(fx underpopulated);* ***an under-16 child*** et barn på under 16 år *n.*

underachieve ['ʌndərəˌtʃi:v] *vb; skolev:* komme til kort.

underachiever ['ʌndərəˌtʃi:və] *s; skolev:* tilkortkommer.

underage ['ʌndərˌeidʒ; *attributivt:* ˌʌndər'eidʒ] *adj:* mindreårig; umyndig; ***stop underage drinking*** gjøre slutt på at mindreårige drikker.

underarm odour armsvette.

underbelly [ˌʌndə'beli] **1.** *zo(=underbody)* buk;
2. *flyv:* buk;
3. *litt.:* ***soft underbelly****(=weak spot)* svakt punkt; akilleshæl; ***the soft underbelly of Europe*** Europas akilleshæl.

underbid ['ʌndˌbid] *vb(pret & perf.part.: underbid)*
1. underby; ***underbid sby****(=make a lower bid than sby)* underby en; gi et lavere bud enn en; *(jvf II. undercut 3);* **2.** *kortsp:* melde for lavt.

underbody [ˌʌndə'bɔdi] *s* **1.** *zo(=underbelly)* buk;
2. *på bil:* understell; **3.** *mar:* undervannsskrog.

underbrush [ˌʌndə'brʌʃ] *s; især* **US***(=undergrowth)* underskog; kratt *n.*

underbush [ˌʌndə'buʃ] *s* **US:** *se underbrush.*

undercarriage [ˌʌndə'kæridʒ] *s; flyv(=landing gear)* understell.

undercharge ['ʌndəˌtʃɑ:dʒ] *vb:* ***undercharge sby*** ta (seg) for lite betalt av en.

underclothes [ˌʌndə'klou(ð)z] *s; pl(=underwear; underclothing)* undertøy.

undercoat [ˌʌndə'kout] *s:* grunningsstrøk.

undercover [ˌʌndə'kʌvə] *adj:* ***undercover agent, undercover policeman, undercover (police) officer*** spaner; ***undercover drugs policeman****(,***US:** *drug agent)* narko(tika)spaner.

undercover police *pl:* spanere.

undercover policing spaning(stjeneste).

undercover work spaning.

undercurrent [ˌʌndə'kʌrənt] *s* **1.** understrøm;
2. *fig:* understrøm; understrømning *(of* av).

I. undercut [ˌʌndə'kʌt] *s* **1.** *ved partering:* ***undercut (of sirloin)****(=beef tenderloin)* oksemørbrad; **2.** *sport:* underslag.

II. undercut ['ʌndəˌkʌt] *vb* **1.** hogge bort (,fjerne, skjære bort) nederdelen av;
2. *sport:* lage underslag;
3. *merk:* underby;
4. *mask; på dreiebenk:* dreie ned.

underdevelop ['ʌndədiˌveləp] *vb; fot:* underfremkalle.

underdeveloped *adj* **1.** *fot:* underfremkalt; **2.** underutviklet *(fx country; muscle).*

underdog [ˌʌndə'dɔg] *s:* ***the underdog*** den svakere part; taperen; ***help the underdog*** hjelpe taperne (i samfunnet).

underdone ['ʌndəˌdʌn; *attributivt:* ˌʌndə'dʌn] *adj:* for lite stekt (,kokt); råstekt.

underemployment ['ʌndərimˌplɔimənt] *s:* underbeskjeftigelse; mangelfull sysselsetting.

I. underestimate ['ʌndərˌestimit] *s:* for lavt anslag.

II. underestimate ['ʌndərˌesti'meit] *vb:* anslå for lavt; undervurdere *(fx sby's strength).*

underestimation ['ʌndər'estiˌmeiʃən] *s:* undervurdering.

underexploit ['ʌndərikˌsplɔit] *vb:* ikke utnytte fullt ut.

underexpose ['ʌndərikˌspouz] *vb; fot:* undereksponere; underbelyse.

underfed ['ʌndəˌfed; *attributivt:* ˌʌndə'fed] *adj(=undernourished)* underernært.

underfloor [ˌʌndə'flɔ:] *adj:* ***underfloor heating****(=floor heating)* gulvvarme; gulvoppvarming.

underfoot ['ʌndəˌfut] *adv:* under føttene; på bakken *(fx it's wet underfoot);* ***it was nice and soft underfoot*** det var mykt og godt å gå der

undergarments [ˌʌndə'gɑ:mənts] *s; pl; stivt(=underwear)* undertøy.

undergo ['ʌndəˌgou] *vb; stivt(=go through; experience)* gjennomgå *(fx a long period of training);* ***they underwent terrible hardships*** de var utsatt for fryktelige strabaser; ***she has been undergoing medical treatment*** hun har fått legebehandling.

undergrad [ˌʌndə'græd] *s* **T:** *se undergraduate.*

undergraduate ['ʌndəˌgrædjuit] *s; univ(student who has not yet taken his first degree)* student.

I. underground [ˌʌndə'graund] *s* **1.** *geol:* undergrunn;
2. *polit:* ***the underground*** undergrunnsbevegelsen; motstandsbevegelsen;
3.: ***the underground****(,***T:** *the tube;* **US:** *the subway)* undergrunnsbanen; **T:** undergrunnen.

II. underground [ˌʌndə'graund] *adj* **1.** underjordisk; som er under jordoverflaten; **2.** *fig:* underjordisk; undergrunns-.

III. underground ['ʌndəˌgraund] *adv* **1***(=under the ground)* under jordens overflate; under jorda;
2. *fig:* ***go underground****(=go into hiding)* gå i dekning.

underground car park parkeringshus under jorda.

undergrowth [ˌʌndə'grouθ] *s(,især* **US:** *underbrush; underbush)* underskog; kratt *n.*

underhand ['ʌndəˌhænd; *attributivt:* ˌʌndə'hænd] *adj; stivt(=dishonest):* ***play an underhand game*** drive et fordekt spill; ***use underhand methods****(=means)* benytte uærlige midler *n;* gå krokveier; ***underhand scheme*** lumsk intrige; hemmelig plan; ***in an underhand way*** på en fordektig måte; *(jvf devious).*

underhung ['ʌndəˌhʌŋ; *attributivt:* ˌʌndə'hʌŋ] *adj:* ***underhung jaw****(,***US:** *undershot jaw)* underbitt.

underinsured ['ʌndərinˌʃɔ:d; 'ʌndərinˌʃuəd; *attributivt:* ˌʌndərin'ʃɔ:d; ˌʌndərin'ʃuəd] *adj; fors:* underforsikret; for lavt forsikret.

I. underlay [ˌʌndə'lei] *s* **1.** *bygg(=base course)* underlag; **2.** *for teppe:* ***(carpet) underlay*** underlag.

II. underlay ['ʌndəˌlei] *vb:* legge (*el.* plassere) under; ***underlay the carpet with felt****(=put felt under the carpet)* legge filt under teppet.

underlie ['ʌndəˌlai] *vb* **1***(=lie under (sth else))* ligge under (noe annet); **2.** *fig:* ligge til grunn for.

underline ['ʌndəˌlain] *vb* **1.** streke under; understreke;
2. *fig; stivt(=stress; emphasize)* understreke; fremheve.

underling [ˌʌndəliŋ] *s; neds(=subordinate)* underordnet; *neds:* lakei.

underlying ['ʌndəˌlaiiŋ; *attributivt:* ˌʌndə'laiiŋ] *adj*
1. som ligger under; underliggende;
2. *fig:* underliggende; ***the underlying causes*** de underliggende årsaker.

undermanned ['ʌndəˌmænd; *også attributivt:* 'ʌndə,mænd] *adj; om skip, fabrikk, etc(=short-handed)* underbemannet; med for få folk; *(jvf understaffed).*

undermentioned [ˌʌndə'menʃənd] *adj; stivt(=mentioned below)* nedennevnt; følgende.

undermine ['ʌndəˌmain] *vb* **1.** undergrave; underminere; **2.** *fig:* underminere; undergrave; svekke; bryte ned; ***this fact undermines****(=weakens)* ***his case*** dette faktum svekker saken hans.

underneath ['ʌndəˌni:θ] **1.** *adj & adv:* under *(fx look*

underneath(=under) the bed; there is water underneath(=under) the sand); ***she was wearing nothing underneath*** hun hadde ingenting (på seg) under;
2. *fig:* på bunnen *(fx he's a nice man underneath).*
undernourished [ˈʌndəˌnʌriʃt] *adj:* underernært.
undernourishment [ˈʌndəˌnʌriʃmənt] *s:* underernæring.
underpaid [ˈʌndəˌpeid; *attributivt:* ˌʌndəˈpeid] *adj*
1. underbetalt; ***be underpaid*** være underbetalt;
2. *post:* ***underpaid postage*** utilstrekkelig frankering.
underpants [ˌʌndəˈpænts] *s; pl(,***T:*** pants)* underbukse(r); ***a clean pair of underpants*** en ren underbukse.
underpass [ˌʌndəˈpɑ:s] *s* **1.** underføring; ***road underpass*** veiundergang;
2. US*(=subway)* fotgjengerundergang.
underpay [ˈʌndəˌpei] *vb:* underbetale; *(jvf underpaid).*
underperform [ˈʌndəpəˌfɔ:m] *vb(=do less well than expected)* gjøre det mindre bra enn ventet.
underpin [ˈʌndəˌpin] *vb; bygg:* støtte opp.
underprivileged [ˈʌndəˌprivilidʒd] *adj:* underprivilegert; ***the underprivileged (in society)*** samfunnets stebarn.
underproof [ˈʌndəˌpru:f; *attributivt:* ˌʌndəˈpru:f] *adj:* ***underproof spirit*** alkohol under standard styrke; *(se I. proof 4).*
underrate [ˈʌndəˌreit] *vb; stivt(=underestimate)* undervurdere; ***I underrated him*** jeg undervurderte ham.
underscore [ˈʌndəˌskɔ:] *vb(=underline)* streke under.
undersea [ˌʌndəˈsi:] *adj & adv:* undervanns-; under vannet.
undersecretary [ˈʌndəˌsekrətəri] *s* **1.** *kan svare til:* ekspedisjonssjef;
2.: ***permanent undersecretary (of state)*** *(=permanent secretary) svarer etter rangforholdene omtr til:* departementsråd *el.* statssekretær; ***permanent undersecretary at the Foreign Office*** departementsråd i utenriksdepartementet (*el.* UD); utenriksråd;
3. *hos en "Secretary of State" (minister):* ***parliamentary undersecretary (of state)*** *svarer til:* statssekretær; *(jvf parliamentary secretary);*
4. US: ***undersecretary of state*** departementsråd.
undersell [ˈʌndəˌsel] *vb(=undercut)* selge til lavere pris enn; underselge; underby.
undersexed [ˈʌndəˌsekst; *attributivt:* ˌʌndəˈsekst] *adj:* med svak seksualdrift; *(jvf oversexed).*
undershirt [ˌʌndəˈʃə:t] *s* **US***(=vest)* undertrøye.
undershoot [ˈʌndəˌʃu:t] *vb* **1.** skyte for kort; ikke skyte langt nok; **2.** *flyv:* ***undershoot (the runway)*** bedømme for kort; komme inn for lavt (og lande før rullebanen).
undershrub [ˌʌndəˈʃrʌb] *s; bot:* undervegetasjon.
underside [ˌʌndəˈsaid] *s:* underside.
underside view *om diagram(=view of (the) underside)* sett nedenfra.
undersigned [ˌʌndəˈsaind] *s; stivt:* ***the undersigned****(=the writer)* undertegnede.
undersized [ˈʌndəˌsaizd; *attributivt:* ˌʌndəˈsaizd] *adj:* under normal størrelse; ***undersized fish*** undermålsfisk.
underskirt [ˌʌndəˈskə:t] *s(=waist slip)* underskjørt.
underspend [ˈʌndəˌspend] *vb:* bruke mindre enn hva det er budsjettert med.
understaffed [ˈʌndəˌstɑ:ft; *også attributivt:* ʼʌndəˌsta:ft] *adj; om kontor, sykehus, etc(=short-staffed)* underbemannet; med for lite personale *n.*
understand [ˈʌndəˌstænd] *vb(pret & perf.part.: understood)* **1.** forstå; skjønne; ***I (quite) understand*** jeg forstår; ***make oneself understood*** gjøre seg forstått;
2. forstå seg på; ***he understands his job*** han kan sine ting;
3.: ***understand that*** få forståelsen av at; ***I understand that*** jeg forstår det slik at; ***I understood I was to be paid*** jeg forstod det som om jeg skulle få betalt; ***that's how I understood it*** slik oppfattet jeg det; ***are we to understand that you disagree?*** skal vi forstå det slik at du er uenig? ***as I understand it*** slik jeg oppfatter (*el.* forstår) det;
4.: underforstå; ***it was tacitly understood that*** det var underforstått at; ***it is understood that*** det er en forutsetning at; det er underforstått at;
5.: ***understand about****(=know about)* forstå seg på *(fx cars);*
6.: ***he gave me to understand that*** han lot meg forstå at; ***I was given to understand that*** man lot meg forstå at; man ga meg det inntrykk at.
understandable [ˈʌndəˌstændəbl] *adj:* forståelig.
understandably [ˈʌndəˌstændəbli] *adv:* forståelig nok.
I. understanding [ˈʌndəˌstændiŋ] *s* **1.** forståelse; ***a clear understanding of*** en klar forståelse av; ***intuitive understanding*** klarsyn; ***a man of understanding*** en mann med forstand; ***have a thorough understanding of the subject*** forstå emnet til bunns;
2*(=sympathy)* forståelse; ***find (sympathetic) understanding****(=find sympathy)* møte forståelse; ***show tactful understanding*** vise taktfull forståelse; vise konduite;
3.: ***reach****(=come to)* ***an understanding*** komme til en forståelse;
4.: ***on the understanding that****(=on condition that)* på den betingelse at; under den forutsetning at.
II. understanding *adj:* forståelsesfull.
understate [ˈʌndəˌsteit] *vb:* være for tilbakeholdende ved skildringen av *(fx the difficulties);* ikke ta for hardt i; ***understate the number of*** oppgi et for lavt tall på.
understatement [ˈʌndəˌsteitmənt] *s:* for svakt uttrykk *n;* understatement *n.*
I. understudy [ˌʌndəˈstʌdi] *s; teat:* dublant.
II. understudy [ˈʌndəˌstʌdi; ˌʌndəˈstʌdi] *vb; teat:* dublere; være stedfortreder for.
undertake [ˈʌndəˌteik] *vb(pret: undertook; perf.part.: undertaken)* **1.** *stivt(=guarantee)* garantere;
2. *stivt(=make):* ***undertake a journey*** foreta en reise;
3. påta seg; ***undertake to do sth*** 1. påta seg å gjøre noe; 2*(=commit oneself to doing sth)* forplikte seg til å gjøre noe.
undertaker [ˌʌndəˈteikə] *s* **1.** en som arbeider i et begravelsesbyrå; begravelsesbetjent; byråbetjent;
2. innehaver av begravelsesbyrå.
undertaking [ˈʌndəˌteikiŋ] *s; stivt*
1*(=enterprise)* foretagende *n;*
2*(=job; task)* **T:** ***it's quite an undertaking****(=it's quite a job)* det er litt av en oppgave;
3*(=promise)* (bindende) tilsagn; løfte *n;* ***give an undertaking that*** gi et løfte om at.
underthings [ˌʌndəˈθiŋz] *s; pl* **T***(=underwear)* undertøy.
undertip [ˈʌndəˌtip] *vb:* ***undertip sby*** gi en for lite drikkepenger.
undertone [ˌʌndəˈtoun] *s* **1.** *stivt:* ***speak in undertones****(=lowered voices)* snakke dempet; **2.** *fig:* undertone.
undertow [ˌʌndəˈtou] *s; mar:* utgående understrøm.
undertrick [ˌʌndəˈtrik] *s; kortsp; bridge:* be(i)t.
undervalue [ˈʌndəˌvælju:] *vb(=underestimate)* undervurdere.
I. underwater [ˌʌndəˈwɔ:tə] *adj:* undervanns- *(fx camera); mar(=below the waterline)* under vannlinjen.
II. underwater [ˌʌndəˌwɔ:tə] *adv:* under vannet; *mar(=below the waterline)* under vannlinjen.
under way 1*(=in progress)* i gang; **2.** *mar:* ***be under way*** ha kastet fortøyningene.
underwear [ˌʌndəˈwɛə] *s:* undertøy; ***winter underwear*** vinterundertøy; ***a change of underwear*** et undertøyskift.
I. underweight [ˌʌndəˈweit] *s:* undervekt.
II. underweight [ˈʌndəˌweit; *attributivt:* ˌʌndəˈweit] *adj:* undervektig.
underworld [ˌʌndəˈwə:ld] *s:* ***the underworld*** underverdenen.

underwrite [ˌʌndə'rait; 'ʌndəˌrait] *vb* **1.** påta seg å finansiere; påta seg å dekke (*the cost of* omkostningene ved);
2. *merk:* ta det økonomiske ansvaret for;
3. *sjøfors:* utstede forsikring; forsikre;
4. *merk:* ***underwrite an issue*** garantere en emisjon;
5. *fig; meget stivt(=subscribe to)* skrive under på; være enig i.

underwriter [ˌʌndə'raitə] *s* **1.** *merk:* tegningsgarant;
2. *mar:* sjøassurandør; assurandør.

undeserved ['ʌndiˌzə:vd; *attributivt også* ˌʌndi'zə:vd] *adj(=not deserved)* ufortjent.

undeserving ['ʌndiˌzə:viŋ] *adj:* ***undeserving of*** som ikke fortjener; uverdig til.

undesirable ['ʌndiˌzaiərəbl] *adj(=unwanted)* uønsket; ***undesirable alien*** uønsket utlending.

undetached ['ʌndiˌtætʃt; *attributivt:* ˌʌndi'tætʃt] *adj:* ***undetached house(,US: house in a row; row house)*** rekkehus; (*jvf terraced house*).

undeterred ['ʌndiˌtə:d] *adj:* uforknytt; ***undeterred by*** uten å la seg avskrekke av; uten å la seg påvirke av.

undeveloped ['ʌndiˌveləpt; ˌʌndi'veləpt] *adj* **1.** uutviklet; **2.** *om område:* ikke bebygd.

undies [ˌʌndiz] *s; pl* **T**(*=women's underwear*) dameundertøy.

undiluted ['ʌndiˌlu:tid] *adj* **1.** *om væske:* ufortynnet;
2. *fig:* uforfalsket; ***undiluted nonsense*** det rene tøv.

undiplomatic ['ʌndipləˌmætik] *adj:* udiplomatisk.

undirected ['ʌndiˌrektid; *attributivt:* ˌʌndi'rektid] *adj; stivt(=unguided)* uten rettledning; planløs (*fx undirected efforts*).

undisciplined ['ʌnˌdisiplind] *adj:* udisiplinert.

undisguised ['ʌndisˌgaizd] *adj(=unveiled)* utilslørt; åpen(lys) (*fx admiration*).

undistinguished ['ʌndiˌstiŋgwiʃt] *adj; stivt; neds(=poor; not very good)* dårlig; ikke videre god.

undisturbed ['ʌndiˌstə:bd] *adj* **1**(*=untouched*) urørt (*fx dust*); **2**(*=uninterrupted*) uforstyrret (*fx sleep*);
3(*=unworried*) ubekymret (*by* av).

undivided ['ʌndiˌvaidid; *attributivt:* ˌʌndi'vaidid] *adj:* udelt; ***I can now give this task my undivided attention*** jeg kan nå vie meg fullt og helt for denne oppgaven.

undo [ʌnˌdu:] *vb(pret: undid; perf.part.: undone)*
1(*=untie*) knyte opp (*fx a knot*);
2(*=unbutton*) kneppe opp;
3(*=rip up*) sprette opp (*fx a seam*);
4. gjøre om; ***what's done can't be undone*** gjort er gjort;
5(*=destroy (the effect of)*) ødelegge (virkningen av).

undock [ʌnˌdɔk] *vb* **1.** *mar:* gå (*el.* hale) ut av dokk; **2.** *romfart:* kople fra hverandre (*fx two spacecraft*).

undoing [ʌnˌdu:iŋ] *s* **1.:** *se undo;* **2**(*=ruin; downfall*) ruin; undergang; ulykke.

undo key *EDB(=undelete key)* angretast.

undone [ʌnˌdʌn] **1.** *perf.part. av undo;*
2. *adj:* ugjort; ***leave a job undone*** la en jobb stå ugjort;
3. *adj; om knute, etc:* ***come undone*** gå opp.

undoubted [ʌnˌdautid] *adj:* utvilsom.

undoubtedly [ʌnˌdautidli] *adv:* utvilsomt.

undreamed [ʌnˌdri:md], ***undreamt*** [ʌnˌdremt] *adj; stivt:* ***undreamed of****(=completely unexpected; never even imagined)* fullstendig uventet; ***technical advances undreamed of a few years ago*** tekniske fremskritt som man ikke hadde kunnet forestille seg for noen få år (*n*) siden.

I. undress [ʌnˌdres] *s* **1.** *mil:* daglig uniform;
2.: ***state of undress****(=scanty dress)* sparsom påkledning; ***in various stages of undress*** mer eller mindre påkledd.

II. undress *vb* **1.** kle av; **2**(*=get undressed*) kle av seg.

undressed [ʌnˌdrest; *attributivt:* ˌʌndrest] *adj* **1.** upåkledd;
2. ubearbeidet; utilhogd;
3. *med.:* ikke bandasjert (*fx wound*).

undue [ʌnˌdju:; *attributivt:* ˌʌn'dju:] **1**(*=not yet payable*) ikke forfalt;
2. *stivt(=excessive; too much)* utilbørlig; for mye;
3. *stivt(=unnecessary)* unødvendig (*fx with undue haste*); (*se også unduly*).

undulate [ˌʌndju'leit] *vb; litt.(=billow)* bølge.

unduly [ʌnˌdju:li: ˌʌn'dju:li] *adv; stivt(=excessively)* urimelig; overdrevent (*fx pessimistic*).

undying [ʌnˌdaiiŋ] *adj; stivt(=eternal)* evig; udødelig (*fx love; fame*).

unearned [ʌnˌə:nd; *attributivt:* ˌʌn'ə:nd] *adj* **1.** *stivt(=undeserved)* ufortjent; **2.:** ***unearned income*** arbeidsfri inntekt; ***unearned increment*** grunnverdistigning.

unearth [ʌnˌə:θ] *vb* **1.** *stivt(=dig up)* grave opp (*fx a treasure*); **2**(*=discover*) finne; oppdage;
3(*=bring to light*) avdekke; bringe for en dag (*fx a plot*).

unearthed [ʌnˌə:θt] *adj; elekt:* ujordet.

unearthly [ʌnˌə:θli] *adj* **1**(*=supernatural*) overnaturlig; **2**(*=weird*) nifs;
3. T(*=ungodly*)**:** ***get up at an unearthly hour*** stå opp på et ukristelig tidspunkt.

uneasily [ʌnˌi:zili] *adv* **1.** usikkert (*fx laugh uneasily*);
2. urolig (*fx sleep uneasily*).

uneasiness [ʌnˌi:zinəs] *s(=anxiety)* engstelse; uro; ***uneasiness about one's future*** uro med hensyn til sin fremtid.

uneasy [ʌnˌi:zi; ˌʌnˌi:zi; *attributivt:* ˌʌn'i:zi] *adj* **1**(*=apprehensive*) engstelig; urolig;
2(*=disturbed*)**:** ***an uneasy sleep*** en urolig søvn;
3(*=precarious*) usikker; ***an uneasy truce*** en usikker våpenhvile;
4(*=awkward*) keitet; usikker; ***give an uneasy laugh*** le usikkert.

uneconomic ['ʌnekəˌnɔmik; 'ʌni:kəˌnɔmik] *adj(=unprofitable)* uøkonomisk; ulønnsom; urentabel.

uneconomical ['ʌnekəˌnɔmikl; 'ʌni:kəˌnɔmikl] *adj* **1.** ikke sparsommelig; uøkonomisk; **2**(*=uneconomic; unprofitable*) uøkonomisk; ulønnsom; urentabel.

unemployed ['ʌnimˌplɔid] *adj:* arbeidsledig; arbeidsløs.

unemployment ['ʌnimˌplɔimənt] *s:* arbeidsledighet; arbeidsløshet; ***unemployment is high*** det er høy arbeidsledighet; ***a steep rise in unemployment*** en sterk stigning i arbeidsløsheten.

unemployment benefit (**,US:** *unemployment compensation*) arbeidsledighetstrygd; ***draw unemployment benefit*** heve arbeidsledighetstrygd; (*jvf I. dole & social security benefit*).

unemployment relief measure tiltak for å avhjelpe arbeidsledigheten.

unencumbered ['ʌninˌkʌmbəd] *adj:* gjeldfri; ubeheftet (*fx property*).

unending [ʌnˌendiŋ] *adj:* endeløs; uendelig.

unenterprising [ˌʌnˌentə'praiziŋ] *adj:* ***be unenterprising****(=lack initiative)* mangle foretaksomhet (*el.* initiativ).

unenviable ['ʌnˌenviəbl; ˌʌnˌenviəbl] *adj:* lite misunnelsesverdig.

unequal [ʌnˌi:kwəl] *adj* **1.** ulik; forskjellig; ***two sticks of unequal length*** to pinner av forskjellig lengde;
2. *om kamp, etc(=uneven)* ulike; ujevn;
3. *om oppgave, etc; stivt el. spøkef:* ***I feel unequal to the task****(=I don't feel up to the job)* jeg føler meg ikke voksen for oppgaven.

unequalled (**,US:** *unequaled*) [ʌnˌi:kwəld] *adj; stivt(=unrivalled)* makeløs; uten like; uovertruffet.

unequivocal ['ʌniˌkwivəkl] *adj; stivt(=unambiguous; unmistakable)* utvetydig.

unequivocally ['ʌniˌkwivəkəli] *adv(=unambiguously; unmistakably)* utvetydig.

unerring [ʌnˌə:riŋ] *adj:* ufeilbarlig; usvikelig; sikker; ***unerring judgment****(=unfailing judgment)* sikker dømmekraft.

unerringly [ʌnˌə:riŋli] *adv:* med usvikelig sikkerhet.
unethical [ˈʌnˌeθikl] *adj* **1.** uetisk; **2. US***(=immoral)* umoralsk.
uneven [ʌnˌi:vən; *attributivt:* ˌʌnˈi:vən] *adj* **1.** ujevn; ***his work is very uneven*** arbeidet hans er meget ujevnt; ***an uneven****(=unequal)* ***race*** et ujevnt (*el.* ulike) løp; **2.** *mat.(=odd)* odde; ulike; ***uneven number*** oddetall.
uneven (parallel) bars *gym; dameturn(=asymmetric bars)* skranke; *(jvf parallel bars).*
uneventful [ˈʌniˌeventful] *adj:* begivenhetsløs; ***the flight on to Paris was uneventful*** flyturen videre til Paris gikk helt greit.
unexciting [ˈʌnikˌsaitiŋ] *adj:* lite spennende.
unexpected [ˈʌnikˌspektid] *adj:* uventet.
unexpectedly [ˈʌnikˌspektidli] *adv:* uventet.
unexposed [ˈʌniksˌpouzd] *adj; fot:* ueksponert.
unfailing [ʌnˌfeiliŋ] *adj:* ufeilbarlig; usvikelig; sikker; som aldri slår feil; ***his unfailing courage*** hans aldri sviktende mot *n;* ***with an unfailing grasp*** med et sikkert grep.
unfair [ʌnˌfɛə; ˌʌnˌfɛə; *attributivt også:* ˌʌnˈfɛə] *adj(= unjust)* urettferdig; ureal; ufin; illojal (*to* mot); ***unfair dismissal*** usaklig oppsigelse.
unfairly [ʌnˌfɛəli] *adv:* urettferdig; ***he says he's been unfairly treated*** han sier han har blitt urettferdig behandlet.
unfaithful [ʌnˌfeiθful] *adj:* utro; troløs; ***unfaithful to*** utro mot.
unfaithfulness [ʌnˌfeiθfulnəs] *s:* utroskap.
unfaltering [ʌnˌfɔ:ltəriŋ] *adj:* fast; uten vakling; sikker; ***with unfaltering steps*** med sikre skritt *n.*
unfamiliar [ˈʌnfəˌmiliə] *adj:* ukjent; fremmed *(fx place);* ***unfamiliar with*** ukjent med; uvant med *(fx the work).*
unfashionable [ʌnˌfæʃənəbl] *adj* **1***(=old-fashioned)* umoderne; **2.** ikke fasjonabel *(fx neighbourhood).*
unfasten [ʌnˌfɑ:sən] *vb(=undo; untie)* løse opp; knyte opp; kneppe opp *(se undo).*
unfathomable [ʌnˌfæðəməbl] *adj; litt.* **1***(=bottomless)* bunnløs *(fx lake);* **2***(=inscrutable)* uutgrunnelig; *(= impenetrable)* ugjennomtrengelig *(fx mystery).*
unfeeling [ʌnˌfi:liŋ; *attributivt også:* ˌʌnˈfi:liŋ] *adj* **1.** ufølsom; hard; **2.** som ikke har følelser *(fx an unfeeling corpse).*
unfeigned [ʌnˌfeind; *attributivt også:* ˌʌnˈfeind] *adj; stivt(=sincere; genuine)* uhyklet; uforstilt *(fx joy).*
unfettered [ʌnˌfetəd] *adj; stivt(=free)* fri; ubundet.
unfilial [ʌnˌfiljəl; *attributivt også:* ˌʌnˈfiljəl] *adj:* som ikke sømmer seg en sønn (,datter).
unfinished [ʌnˌfiniʃt; *attributivt:* ˌʌnˈfiniʃt] *adj:* uferdig; uavsluttet.
unfit [ʌnˌfit; ˌʌnˌfit; *attributivt også:* ˌʌnˈfit] *adj* **1***(=not fit)* uegnet (*for* til); ***unfit to be a doctor*** uegnet som lege; ***unfit for teaching*** uegnet som lærer;
2. ikke i form; ***be unfit for work*** være arbeidsudyktig; ***become unfit****(=lose one's form)* miste formen; komme i dårlig form;
3. *jur:* ***unfit to plead****(=of unsound mind)* ikke tilregnelig.
unfitness [ʌnˌfitnəs] *s* **1***(=unsuitableness)* uegnethet; uskikkethet;
2. det ikke å være i form;
3. *jur:* ***unfitness to plead*** utilregnelighet.
unfitted [ʌnˌfitid] *adj; stivt(=unfit; unsuitable)* uegnet; som ikke duger (*for* for).
unflagging [ʌnˌflægiŋ] *adj; stivt(=untiring)* utrettelig.
unflappable [ʌnˌflæpəbl] *adj* **T***(=imperturbable)* rolig; som ikke så lett lar seg vippe av pinnen.
unflattering [ˈʌnˌflætəriŋ] *adj:* lite smigrende.
unfledged [ʌnˌfledʒd; *attributivt:* ˌʌnˈfledʒd] *adj* **1.** *om fugl:* (ennå) ikke flyveferdig; **2.** *fig(=callow; immature)* uutviklet; umoden *(fx writer).*
unflinching [ʌnˌflintʃiŋ] *adj; stivt(=firm; fearless)* fast; uforferdet.
unfold [ʌnˌfould] *vb* **1***(=spread out)* brette ut *(fx a newspaper);* folde ut;
2*(=disclose; explain)* røpe; forklare; ***unfold a plan to sby*** forklare en plan for en;
3*(=proceed):* ***as the story unfolds*** etter hvert som historien skrider frem;
4. *om utsikt(=open out)* åpne seg; bre seg ut;
5. *fig:* ***momentous events are unfolding*** skjellsettende begivenheter finner sted.
unforeseeable [ˈʌnfɔˌsi:əbl] *adj:* ikke til å forutse; uoverskuelig *(fx situation).*
unforeseen [ˈʌnfɔ:ˌsi:n] *adj:* uforutsett.
unforgettable [ˈʌnfəˌgetəbl] *adj:* uforglemmelig.
unforgiving [ˈʌnfəˌgiviŋ] *adj:* uforsonlig.
unformed [ˈʌnˌfɔ:md; *attributivt:* ˌʌnˈfɔ:md] *adj*
1*(=unshaped)* formløs;
2*(=undeveloped)* uferdig; uutviklet *(fx idea);*
3. *om karakter(=immature)* umoden.
I. unfortunate [ʌnˌfɔ:tʃənit] *s; litt. el. spøkef(= unfortunate person):* ***those unfortunates still working in the fields*** de ulykkelige som fremdeles arbeider på markene.
II. unfortunate *adj* **1***(=unlucky)* uheldig;
2*(=regrettable)* beklagelig; uheldig; kjedelig; ***this is of course most unfortunate*** dette er naturligvis svært kjedelig.
unfortunately [ʌnˌfɔ:tʃənitli] *adv:* dessverre; uheldigvis.
unfounded [ʌnˌfaundid; ˌʌnˌfaundid] *adj(=baseless)* uberettiget; u(be)grunnet; ***it's entirely unfounded in fact****(=it's sheer imagination)* det er fri fantasi; ***utterly unfounded*** grepet ut av luften.
unframed [ˈʌnˌfreimd; *attributivt:* ˌʌnˈfreimd] *adj:* uinnrammet *(fx picture).*
unfreeze [ʌnˌfri:z] *vb* **1.** *frosset vannrør, etc:* tine (opp);
2. *fig(=thaw)* tø opp;
3*(=relax restrictions on)* oppheve restriksjonene på; frigi *(fx prices).*
unfrequented [ˈʌnfriˌkwentid; *attributivt:* ˌʌnfriˈkwentid] *adj; stivt(=rarely visited)* lite besøkt; ***an unfrequented spot*** et sted som er lite besøkt.
unfriendliness [ʌnˌfrendlinəs] *s:* uvennlighet.
unfriendly [ʌnˌfrendli] *adj* **1.** uvennlig; **2***(=hostile)* fiendtligsinnet *(fx the natives were unfriendly).*
unfrock [ʌnˌfrɔk] *vb; om prest(=defrock)* fradømme kappe og krage.
unfulfilled [ˈʌnfulˌfild] *adj* **1.** *om spådom el. ønske:* uoppfylt; ikke oppfylt; **2.:** ***she felt unfulfilled*** hun følte seg utilfreds med tilværelsen.
unfunny [ˈʌnˌfʌni; *attributivt også:* ˌʌnˈfʌni] *adj; spøkef:* ***an unfunny joke*** en lite morsom vits.
unfurl [ʌnˌfə:l] *vb:* folde ut *(fx the flag);* folde seg ut.
unfurnished [ʌŋˌfə:niʃt; *attributivt:* ˌʌnˈfə:niʃt] *adj:* umøblert.
ungainly [ʌnˌgeinli] *adj; stivt(=clumsy; uncouth)* klossete; keitete.
ungetatable [ʌnˌgetətəbl] *adj* **T***(=inaccessible)* utilgjengelig.
unglazed [ʌnˌgleizd; *attributivt:* ˌʌnˈgleizd] *adj*
1. uglassert; **2.** *om vindu:* uten glass i.
ungodly [ʌnˌgɔdli] *adj* **1.** *lett glds(=wicked; sinful)* ugudelig; **2.** *fig; spøkef(=unearthly)* ukristelig; ***he gets up at an ungodly hour*** han står opp på et ukristelig tidspunkt.
ungovernable [ʌnˌgʌvənəbl] *adj; stivt(=uncontrollable)* uregjerlig; ustyrlig; ***an ungovernable temper*** et ustyrlig sinne.
ungraceful [ʌnˌgreisful] *adj:* stiv; ugrasiøs.
ungracious [ʌnˌgreiʃəs] *adj; stivt* **1***(=impolite)* uhøflig; **2***(=unpleasant)* ubehagelig; uvennlig; unådig.
ungraded [ʌnˌgreidid; *attributivt:* ˌʌnˈgreidid] *adj*
1. ugradert; usortert;
2. ikke inndelt i grader;
3. *om vei:* uplanert;

4. *skolev* **US**(*=one-class*) ikke klassedelt; udelt; ***an ungraded school*** en udelt skole.
ungrammatical ['ʌngrə,mætikl] *adj:* ugrammatisk; ukorrekt.
ungrateful [ʌn,greitful] *adj:* utakknemlig.
unguarded [ʌn,gɑ:did; *attributivt:* ,ʌn'gɑ:did] *adj*
1. ubevoktet; ubeskyttet;
2. *fig(=incautious; careless)* ubetenksom; uforsiktig; ***in an unguarded moment he let slip the secret*** i et ubetenksomt øyeblikk røpet han hemmeligheten.
unguided [ʌn,gaidid; *attributivt:* ,ʌn'gaidid] *adj*
1. *fjellsp:* uten fører;
2. ustyrt *(fx missile);*
3. uten rettledning; planløs; ***unguided efforts*** planløse anstrengelser.
unguent [,ʌŋgwənt] *s; meget stivt(=ointment)* salve.
unhallowed [ʌn,hæloud; *attributivt også:* ,ʌn'hæloud] *adj; stivt(=unconsecrated)* uinnviet (*ground* jord).
unhampered [ʌn,hæmpəd; *attributivt også:* ,ʌn'hæmpəd] *adj; stivt(=unhindered)* uhindret.
unhappily [ʌn,hæpili] *adv* **1.** ulykkeligvis; **2**(*=unfortunately)* uheldigvis; ulykkeligvis.
unhappy [ʌn,hæpi; *attributivt også:* ,ʌn'hæpi] *adj*
1. ulykkelig; ***extremely unhappy*** grenseløst ulykkelig; **2**(*=unfortunate)* uheldig; ***unhappy remark*** uheldig bemerkning.
unharness [ʌn,hɑ:nis] *vb:* ta seletøyet av.
unhealthy [ʌn,helθi; *attributivt:* ,ʌn'helθi] *adj*
1. usunn; **2.** *stivt(=harmful)* skadelig *(fx consequences);*
3. *fig:* usunn; ***unhealthy environment*** usunt miljø;
4. T(*=risky)* farlig; risikabel *(fx situation).*
unheard-of ['ʌn,hə:dɔv] *adj:* uhørt.
unheeded [ʌn,hi:did; *attributivt:* ,ʌn'hi:did] *adj:* upåaktet; ***it went unheeded*** man tok ikke hensyn til det.
unhelpful [ʌn,helpful] *adj:* lite hjelpsom.
unhesitating [ʌn,hezi'teitiŋ] *adj:* som ikke nøler.
unhesitatingly [ʌn,hezi'teitiŋli] *adv:* uten å nøle.
unhinge [ʌn,hindʒ] *vb* **1**(*=unhang)* løfte av hengslene *(fx a door);* **2.** *fig:* bringe forstyrrelse i; *om person:* bringe helt ut av balanse.
unhitch [ʌn,hitʃ] *vb:* kople fra *(fx a trailer); (jvf disconnect & uncouple).*
unholy [ʌn,houli] *adj* **1**(*=impious; ungodly)* ugudelig; gudløs; **2. T**(*=awful; terrible)* fryktelig; infernalsk; ***an unholy racket*** et infernalsk spetakkel.
unhook [ʌn,huk] *vb* **1.** ta av kroken; hekte av; hekte ned *(fx a picture);* ***unhook the gate*** åpne grinden;
2. *om kjole, etc:* ta opp hektene på.
unhoped-for [ʌn,houpt'fɔ:] *adj(=unexpected)* uventet; som man ikke hadde kunnet håpe på.
unhorse [ʌn,hɔ:s] *vb:* ***be unhorsed****(=be thrown)* bli kastet av hesten.
unhurried [ʌn,hʌrid; *attributivt også:* ,ʌn'hʌrid] *adj(=leisurely)* uten hastverk; ***there was time for an unhurried breakfast*** det ble tid til frokost i ro og mak.
unhurt [ʌn,hə:t; *attributivt også:* ,ʌn'hə:t] *adj:* uskadd; uten men; ***get off unhurt*** slippe uskadd fra det.
unhygienic ['ʌnhai,dʒi:nik] *adj:* uhygienisk.
uni- [,ju:ni] *forstavelse:* uni-; en-; én-; ett-.
unicorn [,ju:ni'kɔ:n] *s; myt:* enhjørning.
unidentified ['ʌnai,denti'faid] *adj:* uidentifisert.
unidiomatic ['ʌnidiə,mætik] *adj; språkv:* uidiomatisk.
unification ['ju:nifi,keiʃən] *s:* forening; samling; ***tendencies towards unification*** enhetsbestrebelser.
I. uniform [,ju:ni'fɔ:m] *s:* uniform; ***in uniform*** i uniform; ***out of uniform*** i sivil.
II. uniform *adj* **1.** enhetlig; ***of uniform quality*** av enhetlig kvalitet; ***uniform price****(=standard price)* enhetspris;
2(*=homogeneous)* ensartet *(fx style);*
3(*=monotonous)* monoton; ensformig;
4(*=identical)* konform; likelydende; ***the proposals were uniform*** forslagene var likelydende.
uniformed [,ju:ni'fɔ:md] *adj:* uniformert.
uniformity ['ju:ni,fɔ:miti] *s* **1**(*=coherence)* enhetlighet *(fx of prices; of style);*
2. *litt.(=homogeneity)* ensartethet; ***the uniformity of structure*** den ensartede strukturen;
3. *litt.(=monotony)* monotoni; ensformighet.
uniformly [,ju:ni'fɔ:mli] *adv; meget stivt(=consistently)* enhetlig *(fx goods of uniformly good quality).*
unify [,ju:ni'fai] *vb(=unite)* forene; samle.
unilateral ['ju:ni,lætərəl] *adj; fig; stivt(=one-sided)* ensidig; unilateral.
unimaginative [ʌni,mædʒinətiv] *adj:* fantasiløs.
unimpaired ['ʌnim,pɛəd; *attributivt også:* ,ʌnim'pɛəd] *adj; stivt(=uninjured; not weakened)* uskadd; usvekket; ***of unimpaired mental faculties****(=of sound mind)* åndsfrisk.
unimpeachable ['ʌnim,pi:tʃəbl] *adj; stivt* **1**(*=above reproach; irreproachable)* uklanderlig;
2. *fig(=unassailable)* uangripelig *(fx behaviour).*
unimportant ['ʌnim,pɔ:tənt] *adj:* uviktig; ***totally unimportant*** helt uten betydning; helt uviktig.
unimpressed ['ʌnim,prest] *adj:* ikke imponert (*by* av); ***he remained unimpressed*** han lot seg ikke påvirke.
unimproved ['ʌnim,pru:vd] *adj* **1.** *stivt:* som ikke har (for)bedret seg; ***his health was unimproved*** helsen hans var ikke blitt bedre; **2.** *om jord:* uoppdyrket.
uninformative ['ʌnin,fɔ:mətiv] *adj:* lite opplysende.
uninformed ['ʌnin,fɔ:md] *adj; stivt:* utilstrekkelig informert *(fx criticism);* ***an uninformed opinion*** meningen til en som ikke er skikkelig informert; ***speak on matters about which one is uninformed*** snakke om ting man ikke vet nok om.
uninhibited ['ʌnin,hibitid] *adj:* uhemmet; uten hemninger.
I. uninitiated ['ʌni,niʃi'eitid] *s; pl:* ***the uninitiated*** de uinnvidde; de som ikke har noe greie på det.
II. uninitiated *adj:* uinnvidd; uinnviet.
uninjured [ʌn,indʒəd; *attributivt:* ,ʌn'indʒəd] *adj:* uskadd.
uninspired ['ʌnin,spaiəd] *adj; stivt* **1**(*=not inspired)* uinspirert; **2**(*=dull)* åndløs; kjedelig *(fx speech).*
uninspiring ['ʌnin,spaiəriŋ] *adj:* lite inspirerende.
unintelligent ['ʌnin,telidʒənt] *adj:* uintelligent.
unintelligible ['ʌnin,telidʒibl] *adj; stivt(=incomprehensible)* uforståelig.
unintentional ['ʌnin,tenʃənl] *adj(=unintended)* utilsiktet; ikke tilsiktet.
unintentionally ['ʌnin,tenʃənəli] *adv:* utilsiktet; uforvarende; uten at det var meningen.
uninterested [ʌn,intristid] *adj:* uinteressert.
uninteresting [ʌn,intrestiŋ] *adj:* uinteressant.
uninterrupted ['ʌnintə,rʌptid] *adj* **1**(*=continuous)* uavbrutt; vedvarende; **2.** *om utsikt:* uhindret.
uninventive ['ʌnin,ventiv] *adj:* uoppfinnsom.
uninvited ['ʌnin,vaitid; *attributivt:* ,ʌnin'vaitid] *adj*
1. ubedt; uinnbudt; ubuden; **2**(*=that has not been encouraged; unwanted)* uoppfordret; uønsket.
uninviting ['ʌnin,vaitiŋ; *attributivt:* ,ʌnin'vaitiŋ] *adj:* lite innbydende.
union [,ju:niən] *s* **1.** union; forening; sammenslutning;
2.: ***industrial union*** industriforbund; ***(trade) union*** fagforening;
3. *mask:* forbindelse;
4. *meget stivt(=marriage)* ekteskap.
union branch secretary *i fagforening:* forbundssekretær.
union card fagforeningsbok.
unionist [,ju:niənist] *s* **1.** *polit:* unionist; tilhenger av union; **2.:** ***trade unionist*** fagforeningsmedlem.
unionize, unionise [,ju:njə'naiz] *vb* **1.** danne fagforening i *(fx a factory);* **2.** få til å organisere seg; få til å melde seg inn i fagforeningen.
Union Jack: ***the Union Jack*** det britiske nasjonalflagg.

union labour fagorganisert arbeidskraft; ***non-union labour*** uorganisert arbeidskraft.
uniovular ['ju:niˌɔvjulə] *adj; biol:* enegget; ***uniovular twin****(=identical twin)* enegget tvilling.
uniparous [juˌnipərəs] *adj* **1.** *zo:* som bare føder én unge om gangen;
2. *om kvinne:* som bare har født ett barn.
unique [ju:ˌni:k] *adj* **1.** *mat.:* entydig; **2.** enestående; unik; ***it's really quite unique*** det er virkelig helt enestående; ***unique of its kind*** enestående i sitt slag.
uniqueness ['ju:ˌni:knəs] *s:* ***the uniqueness in this*** det enestående ved dette.
unisex [ˌju:ni'seks] *adj:* beregnet på begge kjønn; unisex.
unisex education *(=coeducation)* fellesundervisning.
unisexual ['ju:niˌseksjuəl] *adj:* enkjønnet; *bot:* særkjønnet.
I. unison [ˌju:nisən] *s:* samklang; ***in unison*** unisont.
II. unison *adj:* unison; enstemmig; samstemt.
unit [ˌju:nit] *s* **1.** *mat.:* (tallet) én; enhet;
2. (måle)enhet; ***unit of weight*** vektenhet;
3. (bygge)element *n;* komponent; seksjon; aggregat *n;*
4. gruppe; enhet *(fx the family unit); i kommune, etc:* driftsenhet; *mil:* avdeling; gruppe;
5. *i aksjefond:* andel.
unite [ju:ˌnait] *vb* **1.** forene; *(=combine)* slå seg sammen; **2.** forene seg; stå sammen (*against* mot).
united [ju:ˌnaitid] *adj:* forent; samlet.
united front enhetlig front; felles front.
United Kingdom *s; geogr:* ***the United Kingdom (of Great Britain and Northern Ireland)****(fk the UK)* Det forente kongerike (ɔ: Storbritannia og Nord-Irland); *(se UK).*
United Nations: ***the United Nations****(=the UN)* De forente nasjoner; FN.
United States (of America) *s; geogr:* ***the United States (of America)****(=the US; the USA)* De forente stater; USA.
unit furniture seksjonsmøbler.
unit price *(=standard price)* enhetspris.
unit trust *merk(,***US:** *mutual fund)* aksjefond.
unity [ˌju:niti] *s* **1.** samhold; enighet; ***unity is strength*** enighet gjør sterk;
2. enhet; ***be fused in a higher unity*** gå opp i en høyere enhet;
3. enhetspreg; helhetspreg; helhet *(fx the unity of a work of art);*
4. *mat.:* (tallet) én;
5*(=undivided whole)* udelt hele *n.*
universal ['ju:niˌvə:səl] *adj* **1.** universell; universal- *(fx genius);*
2. *om tro, etc:* enerådende; ***be universal*** være enerådende;
3. allmenn; ***universal validity****(=general validity)* allmenngyldighet.
universe [ˌju:ni'və:s] *s:* univers *n.*
university ['ju:niˌvə:siti] *s:* universitet *n;* ***at(,***US: ***in) university*** på universitetet; *(NB lavere universitetsgrad (bachelor's degree) tas i USA ved et college).*
university college: *se college.*
university course *univ:* universitetsstudium.
university degree *univ:* universitetseksamen.
University Department of Education *univ(fk UDE) svarer til:* Senter *(n)* for lærerutdanning og skoletjeneste; *hist:* Pedagogisk seminar *n.*
university education universitetsutdannelse; ***complete a university education*** gjennomføre et universitetsstudium.
university entrance examination *univ:* opptaksprøve ved universitet.
university fees *pl; univ:* semesteravgift; *(jvf tuition fees).*
university lecturer *univ:* universitetslektor.
university level: ***at university level*** på universitetsnivå.
university man akademiker.
university student universitetsstudent; *(jvf undergraduate).*
unjust [ʌnˌdʒʌst; *attributivt også:* ˌʌn'dʒʌst] *adj:* urettferdig (*to* mot).
unjustifiable [ʌnˌdʒʌsti'faiəbl] *adj:* uforsvarlig; som ikke kan forsvares (*el.* rettferdiggjøres).
unjustified [ʌnˌdʒʌsti'faid] *adj:* ***be unjustified in thinking that*** med urette tro at.
unjustly [ʌnˌdʒʌstli] *adv:* urettferdig; ***they treated her unjustly*** de behandlet henne urettferdig.
unjustness [ʌnˌdʒʌstnəs] *s:* urettferdighet.
unkempt [ʌnˌkem(p)t] *adj; stivt el. glds(=untidy)* uflidd.
unkind [ʌnˌkaind; *attributivt også:* ˌʌn'kaind] *adj* **1***(=unfriendly)* uvennlig; ukjærlig (*to* mot);
2. *om skjebne(=harsh)* umild *(fx an unkind fate).*
unkindly [ʌnˌkaindli] *adj:* uvennlig *(fx unkindly words);* ***don't take it unkindly if*** ta det ikke ille opp om.
unkindness [ʌnˌkaindnəs] *s* **1***(=unfriendliness)* uvennlighet; **2.** ukjærlighet.
unknowing ['ʌnˌnouiŋ] *adj:* uvitende; ***an unknowing accomplice*** medskyldig uten å vite om det.
unknowingly [ʌnˌnouiŋli] *adv(=without being aware of it)* uten å være klar over det.
I. unknown [ʌnˌnoun] *s* **1.** *mat.:* ukjent; **2.:** ***the unknown*** det ukjente; ***the Unknown*** den ukjente.
II. unknown [ʌnˌnoun; *attributivt:* ˌʌn'noun] *adj* **1.** *mat.:* ukjent; ***an unknown quantity*** en ukjent størrelse; **2.** ukjent; ***it's unknown to me*** det er ukjent for meg.
III. unknown *adv:* ***unknown to me*** uten at jeg visste (om) det.
unlace [ʌnˌleis] *vb(=undo)* snøre opp *(fx a shoe).*
unladen ['ʌnˌleidən] *adj:* uten lass; *n;* ***unladen weight*** tomvekt.
unladylike ['ʌnˌleidi'laik] *adj:* som ikke passer seg for en dame; ***she's so unladylike*** hun er så lite dame.
unlatch [ʌnˌlætʃ] *vb; om dør:* åpne (ved å løfte klinken); ***leave the door unlatched*** la døren stå ulåst.
unlawful [ʌnˌlɔ:ful; *attributivt:* ˌʌn'lɔ:ful] *adj* **1***(=illegal)* ulovlig; **2.** *fig:* ***unlawful pleasures*** forbudte gleder; ***unlawful sexual intercourse****(fk USI)* utuktig omgang.
unleaded [ʌnˌledid; *attributivt:* ˌʌn'ledid] *adj* **1.** *om vindu:* uten blyinnfatning; **2.:** ***unleaded petrol*** blyfri bensin.
unlearn [ʌnˌlə:n] *vb:* glemme (noe man har lært); lære om igjen; ***he had to unlearn it*** det måtte han lære om igjen.
unleash [ʌnˌli:ʃ] *vb* **1.** *litt.:* ***unleash the dog****(=turn the dog loose)* slippe hunden løs; **2.** *meget stivt & litt.(=release)* slippe løs; ***unleash****(=create; cause)* ***yet more problems*** utløse (*el.* skape) enda flere problemer *n.*
unless [ʌnˌles] *konj* **1***(=if … not)* med mindre; hvis … ikke *(fx unless I'm mistaken, I've seen him before; don't come unless I telephone);* **2***(=except when)* unntatt når.
unlettered [ʌnˌletəd; *attributivt:* ˌʌn'letəd] *adj* **1.** uten innskrift *(fx tombstone);* uten bokstaver på;
2. *stivt(=illiterate)* uopplyst; som er analfabet.
unlicensed [ʌnˌlaisənst; *attributivt:* ˌʌn'laisənst] *adj* **1.** uten bevilling; uten skjenkerett;
2. *stivt(=unrestrained)* tøylesløs; utøylet.
unlicked [ˌʌnˌlikt; *attributivt:* ˌʌn'likt] *adj:* ***he's an unlicked cub*** han er en uoppdragen valp.
unlike [ʌnˌlaik; ˌʌnˌlaik] **1.** *adj:* ulik; forskjellig; ***they are quite unlike*** de er helt ulike;
2. *prep(=not like)* ulik; i motsetning til; ***I, unlike others, always pay my rent in time*** i motsetning til visse andre betaler jeg alltid husleien i tide; ***it's so unlike him*** det er så ulikt ham.
unlikelihood [ʌnˌlaiklihud], ***unlikeliness*** [ʌnˌlaiklinəs]

s: usannsynlighet; ***despite the unlikelihood of success*** til tross for at det var usannsynlig at det ville lykkes.
unlikely [ʌnˌlaikli] *adj:* usannsynlig; lite sannsynlig; ***he's unlikely to succeed****(=it's unlikely that he'll succeed)* det er lite sannsynlig at han vil lykkes.
unlimited [ʌnˌlimitid] *adj* **1.** ubegrenset; uinnskrenket *(fx power);* **2***(=infinite)* uendelig.
unlined [ʌnˌlaind; *attributivt:* ˌʌn'laind] *adj* **1.** uten linjer; ulinjert; **2.** uten rynker; ***an unlined skin*** glatt hud.
unlisted [ʌnˌlistid; ˌʌnˌlistid; *attributivt også:* ˌʌn'listid] *adj* **1.** ikke oppført på noen liste (,på listen); **2.** *tlf* **US:** ***unlisted number****(=ex-directory number)* hemmelig nummer *n.*
unlit [ʌnˌlit; *attributivt:* ˌʌn'lit] *adj* uopplyst; uten lys *n;* mørk; ***an unlit room*** et mørkt rom.
unload [ʌnˌloud] *vb* **1.** lesse av; *mar:* losse; **2.** fjerne patronene fra *(fx a gun);* **3.** *fig* **T** *(=give vent to; pour forth):* ***unload one's bitter feelings*** gi sine bitre følelser luft.
unlock [ʌnˌlɔk] *vb* **1.** låse opp; **2.** *typ:* slutte opp.
unlocking *s* **1.** det å låse opp; **2.** *typ:* oppslutning.
unlooked-for [ʌnˌlukt'fɔ:] *adj: stivt(=unexpected; unforeseen)* uventet; uforutsett.
unloose(n) [ʌnˌlu:s(ən)] *vb; litt.(=unfasten)* løs(n)e.
unlucky [ʌnˌlʌki] *adj:* uheldig; ***how unlucky for you!*** så uheldig for deg! ***it's unlucky to walk under ladders*** det betyr uhell å gå under en stige; ***he was unlucky enough to …*** han var så uheldig å …
unmade [ʌnˌmeid; ˌʌnˌmeid; *attributivt:* ˌʌn'meid] *adj* **1.** *om seng:* uoppredd; **2.:** ***unmade road****(,***US:** *unpaved road)* vei uten fast dekke *n.*
unmanageable [ʌnˌmænidʒəbl] *adj(=ungovernable)* uregjerlig; ustyrlig; uhåndterlig.
unmanly [ʌnˌmænli; *attributivt også:* ˌʌn'mænli] *adj:* umandig; lite mandig.
unmanned [ʌnˌmænd; *attributivt:* ˌʌn'mænd] *adj:* ubemannet; ***unmanned halt*** ubetjent stoppested.
unmannerly [ʌnˌmænəli] *adj; stivt el. lett glds:* ***he's so unmannerly*** **1***(=he has no manners)* han har ingen manerer; **2***(=he's so rude)* han er så ubehøvlet.
unmarked [ʌnˌmɑ:kt; *attributivt:* ˌʌn'mɑ:kt] *adj* **1.** umerket; uten merker på; **2.** *skolev:* urettet; **3.:** ***unmarked police car****(=nondescript)* sivil politibil.
unmarried ['ʌnˌmærid] *adj:* ugift *(fx he's unmarried).*
unmask [ʌnˌmɑ:sk] *vb* **1.** *stivt:* ***unmask sby****(=take off sby's mask)* ta masken av en; **2.** *stivt(=drop one's mask)* la masken falle; **3.** *litt.(=expose)* avsløre *(fx a traitor).*
unmatched [ʌnˌmætʃt] *adj; stivt(=unequalled)* makeløs; uten like; ***she's unmatched for beauty*** ingen er så vakker som hun.
unmentionable [ʌnˌmenʃənəbl] *adj:* unevnelig.
unmentionables [ʌnˌmenʃənəblz] *s; pl; spøkef(=underwear)* unevnelige.
unmindful [ʌnˌmaindful] *adj; stivt:* ***unmindful of the time****(=oblivious of time)* helt glemme tiden.
unmistakable [ʌnmisˌteikəbl] *adj:* umiskjennelig; tydelig; ikke til å ta feil av *(fx his meaning was unmistakable).*
unmitigated [ʌnˌmiti'geitid] *adj; stivt* **1***(=absolute)* absolutt; ***an unmitigated evil*** et absolutt onde; **2.:** ***sufferings unmitigated by any hope of an early rescue*** lidelser uten innslag av håp *(a)* om en snarlig redning.
unmoved [ʌnˌmu:vd] *adj:* ***unmoved by*** uberørt av; upåvirket av.
unmusical [ʌnˌmju:zikl] *adj:* umusikalsk; ikke interessert i musikk.
unnamed [ʌnˌneimd; *attributivt:* ˌʌn'neimd] *adj:* ikke nevnt ved navn *n.*
unnatural [ʌnˌnætʃrəl] *adj* **1.** unaturlig; ***it was unnatural for him to be so rude*** det var ikke naturlig for ham å være så uhøflig; **2***(=contrary to nature)* naturstridig; pervers.
unnaturally [ʌnˌnætʃrəli] *adv:* unaturlig; ***unnaturally loud*** unaturlig høyt; ***not unnaturally, we were worried*** det var bare naturlig at vi gjorde oss bekymringer.
unnecessarily [ʌnˌnesəsərili] *adv:* unødvendig.
unnecessary [ʌnˌnesəsəri] *adj:* unødvendig.
unneighbourly [ʌnˌneibəli] *adj; om oppførsel:* ikke som det forventes av en god nabo.
unnerve [ʌnˌnə:v] *vb; stivt(=frighten; discourage)* skremme; ta motet fra; ***they were unnerved by the incident*** hendelsen tok motet fra dem.
unnerving [ʌnˌnə:viŋ] *adj(=frightening)* som går på nervene løs; skremmende.
unnoticed [ʌnˌnoutist; *attributivt også:* ˌʌn'noutist] *adj:* ubemerket; ***go****(=pass)* ***unnoticed*** ikke bli lagt merke til.
unnumbered [ʌnˌnʌmbəd; *mots numbered:* ˌʌn'nʌmbəd] *adj* **1.** unummerert *(fx ticket);* uten sidetall; upaginert *(fx page); (jvf unpaged);* **2***(=innumerable)* talløs; utallig.
unobjectionable ['ʌnəbˌdʒekʃənəbl] *adj:* som det ikke kan reises innvendinger mot; uangripelig.
unobservant ['ʌnəbˌzə:vənt] *adj:* uobservant; uoppmerksom; ***how unobservant of me!*** så uoppmerksomt av meg!
unobserved ['ʌnəbˌzə:vd] *adj* **1***(=unnoticed)* ubemerket; **2.** *om høytid, etc(=not celebrated)* som ikke feires.
unobtainable ['ʌnəbˌteinəbl] *adj:* som ikke kan skaffes.
unobtrusive ['ʌnəbˌtru:siv] *adj:* lite iøynefallende; som man ikke så lett får øye på; ***she's quiet and unobtrusive*** hun er rolig og stillferdig; ***the house was elegant in an unobtrusive way*** huset var elegant uten å virke prangende.
unoccupied ['ʌnˌɔkju'paid; *attributivt også:* ˌʌn'ɔkju'paid] *adj* **1.** *om hus(=empty; untenanted)* ubebodd; tomt; *om sitteplass(=free; not taken)* ubesatt; ledig; **2.** *mil:* uokkupert; **3***(=idle)* ubeskjeftiget.
unoffending ['ʌnəˌfendiŋ] *adj; stivt(=innocent; harmless; inoffensive)* uskyldig; harmløs *(fx onlooker).*
unofficial ['ʌnəˌfiʃəl] *adj:* uoffisiell; ***unofficial strike*** *(=wildcat strike)* ulovlig streik; ***take unofficial action*** streike ulovlig; ***in an unofficial capacity*** uoffisielt.
unofficially ['ʌnəˌfiʃəli] *adv:* uoffisielt; ***he was given the job unofficially*** han fikk jobben underhånden.
unopened ['ʌnˌoupənd; *attributivt:* ˌʌn'oupənd] *adj* **1.** uåpnet; **2.** *om bok(=uncut)* uoppskåret.
unopposed ['ʌnəˌpouzd] *adj* **1.** *også mil:* uten å møte motstand; **2.** *parl:* uten motkandidat; uten stemmer imot.
unorganized, unorganised [ʌnˌɔ:gə'naizd; *mots organized:* ˌʌn'ɔ:gə'naizd] *adj:* uorganisert.
unoriginal ['ʌnəˌridʒinəl; *mots original:* ˌʌnə'ridʒinəl] *adj:* uoriginal; lite original.
unorthodox [ʌnˌɔ:θə'dɔks; *mots orthodox:* ˌʌn'ɔ:θə'dɔks] *adj:* uortodoks; ukonvensjonell.
unostentatious [ˌʌn'ɔstənˌteiʃəs] *adj:* som ikke trenger seg på; ikke prangende; ikke brautende; fordringsløs.
unpack [ʌnˌpæk] *vb* **1.** pakke ut; pakke ut av *(fx a suitcase);* **2.** *EDB:* pakke ut.
unpacking [ʌnˌpækiŋ] *s:* det å pakke ut; ***do one's unpacking*** pakke ut (tingene sine).
unpaged [ʌnˌpeidʒd; *attributivt:* ˌʌn'peidʒd] *adj:* upaginert; uten sidetall *(fx book); (se unnumbered 1).*
unpaid [ʌnˌpeid; *attributivt:* ˌʌn'peid] *adj* **1.** ikke betalt; ubetalt; ***an unpaid bill*** en ubetalt regning; **2.** *om arbeid:* ubetalt; ***he did unpaid work for them*** han gjorde ubetalt arbeid *(n)* for dem.
unpalatable [ʌnˌpælətəbl] *adj; stivt(=unpleasant; disagreeable; unsavoury)* som ikke smaker godt; usmakelig; ubehagelig *(fx truth);* ***an unpalatable medicine*** en vond medisin.

U

unparalleled [ʌnˌpærəˈleld] *adj* **1.** uten parallell; uten sidestykke; ***this is unparalleled in recent history****(= this has no parallel in recent history)* dette er uten sidestykke i nyere historie;
2*(=unequalled)* uovertruffet; uforlignelig; uten like; makeløs.

unpardonable [ʌnˌpɑ:dnəbl] *adj(=unforgivable)* utilgivelig.

unparliamentary [ˈʌnpɑ:ləˌmentəri] *adj:* uparlamentarisk *(fx language).*

unpatriotic [ˌʌnˈpætriˌɔtik] *adj:* upatriotisk.

unpaved [ʌnˌpeivd; *attributivt:* ˌʌnˈpeivd] *adj* **1.** ikke brulagt; **2. US***(=unmade)* uten fast dekke *n.*

unperson [ˌʌnpə:sn] *s; polit(=nonperson)* ikke-person.

unperturbed [ˈʌnpəˌtə:bd] *adj(=calm; composed)* rolig; uaffisert (*by* av).

unpick [ʌnˌpik] *vb; søm(=unstitch; undo))* sprette opp.

unpickable [ʌnˌpikəbl] *adj; om lås:* dirkefri.

unpin [ʌnˌpin] *vb:* løsne (ved å ta ut nåler, etc); ***he unpinned the notice*** han tok ned oppslaget.

unpleasant [ʌnˌpleznt] *adj:* ubehagelig; ***he's an unpleasant type*** han er en usympatisk fyr; ***not in any unpleasant sense*** ikke i noen odiøs betydning; ***get into an unpleasant****(=embarrassing)* ***position*** komme i en kjedelig stilling.

unpleasantly [ʌnˌplezntli] *adv:* ubehagelig; ***get unpleasantly close to the truth*** komme sannheten ubehagelig nær.

unpleasantness [ʌnˌplezntnəs] *s* **1.** ubehagelighet; ***the unpleasantness of the situation*** det ubehagelige ved situasjonen;
2. ubehagelig situasjon;
3. *evf(=disagreement)* uenighet; uoverensstemmelse.

unplug [ʌnˌplʌg] *vb; elekt:* kople fra; ***unplug the fridge*** kople fra kjøleskapet; ta ut støpselet til kjøleskapet.

unpolished [ʌnˌpɔliʃt; *attributivt:* ˌʌnˈpɔliʃt] *adj* **1.** upolert *(fx brass); om gulv:* ubonet; *om stein:* uslepet; *om sko:* upusset; **2.** *fig; om stil:* uslepet; ***unpolished manners*** dårlige manerer; mindre pene manerer.

unpolitical [ˈʌnpəˌlitikl; *attributivt:* ˌʌnpəˈlitikl] *adj:* upolitisk; ikke interessert i politikk.

unpopular [ʌnˌpɔpjulə] *adj:* upopulær (*with* hos); ***make oneself unpopular*** gjøre seg upopulær (*with* hos).

unpolluted [ˈʌnpəˌlu:tid] *adj:* ikke forurenset.

unpractical [ʌnˌpræktikl; *mots practical:* ˌʌnˈpræktikl] *adj(=impractical)* upraktisk.

unpractised *(,***US:** *unpracticed)* [ʌnˌpræktist] *adj(= inexperienced)* uøvd; uten praksis; uten erfaring.

unprecedented [ʌnˌpresiˈdentid] *adj; meget stivt:* uten presedens; som savner sidestykke.

unpredictable [ˈʌnpriˌdiktəbl] *adj:* uberegnelig *(fx he's so unpredictable);* lunefull *(fx weather);* uforutsigbar; uforutsigelig; ***an unpredictable****(=sinister)* ***enemy*** en lumsk fiende; *jur:* ***in an unpredictable state*** utilregnelig.

unprejudiced [ʌnˌpredʒudist] *adj* **1.** fordomsfri;
2*(=impartial)* upartisk; uhildet.

unpremeditated [ˈʌnpriˌmediˈteitid] *adj; jur:* uoverlagt.

unprepared [ˈʌnpriˌpɛəd] *adj:* ikke forberedt; uforberedt.

unprepossessing [ˌʌnˈpripəˌzesiŋ] *adj; meget stivt(= unattractive)* utiltalende; lite tiltrekkende.

unpresentable [ʌnpriˌzentəbl] *adj(=socially unacceptable)* upresentabel; lite presentabel.

unpretentious [ˈʌnpriˌtenʃəs; *attributivt:* ˌʌnpriˈtenʃəs] *adj; stivt:* uprentensiøs; fordringsløs; ***unpretentious****(=modest)* ***homes*** beskjedne hjem *n.*

unprincipled [ʌnˌprinsipəld] *adj:* prinsippløs; karakterløs; samvittighetsløs.

unprintable [ʌnˌprintəbl] *adj:* som ikke kan gjengis på trykk *(fx his answer was unprintable).*

unprivileged [ʌnˌprivilidʒd] *adj:* uprivilegert.

unprofessional [ˈʌnprəˌfeʃənl] *adj:* uprofesjonell; ufagmessig; ***unprofessional conduct*** oppførsel som er i strid med standens yrkesetikk.

unprofitable [ʌnˌprɔfitəbl] *adj:* ulønnsom; urentabel.

unpromising [ʌnˌprɔmisiŋ] *adj:* lite lovende.

unprompted [ʌnˌprɔmptid] *adj:* uten tilskyndelse (fra noen); på eget initiativ.

unpronounceable [ˈʌnprəˌnaunsəbl] *adj:* umulig å uttale.

unprotected [ˈʌnprəˌtektid; *attributivt:* ˌʌnprəˈtektid] *adj* **1.** ubeskyttet; **2.** *mil(=unarmoured)* upansret.

unproven [ʌnˌpru:vən; *attributivt:* ˌʌnˈpru:vən] *adj; fig:* uprøvd; ***a scheme of unproven value****(=an untried scheme)* en uprøvd plan.

unprovided [ˈʌnprəˌvaidid] *adj; stivt:* ***unprovided with****(=not equipped with; without)* ikke utstyrt med; uten.

unprovided-for [ˈʌnprəˌvaididˈfɔ:] *adj* **1.** uforsørget; ***he died and left his wife unprovided-for*** han døde og etterlot sin kone uforsørget;
2. *stivt(=not anticipated):* ***that eventuality was unprovided-for*** den eventualiteten hadde man ikke forutsett.

unprovoked [ˈʌnprəˌvoukt] *adj:* uprovosert.

unpublished [ʌnˌpʌbliʃt; *attributivt:* ˌʌnˈpʌbliʃt] *adj:* upublisert; *om bok:* ikke utgitt.

unpunctual [ʌnˌpʌŋ(k)tjuəl] *adj:* upunktlig; upresis.

unpunctuality [ˈʌnpʌŋ(k)tjuˌæliti] *s:* upunktlighet.

unpunished [ʌnˌpʌniʃt; *attributivt:* ˌʌnˈpʌniʃt] *adj:* ustraffet; ***go unpunished*** gå fri; slippe straff; ***if this goes unpunished*** hvis dette ikke straffes.

unputdownable [ˈʌnputˌdaunəbl; ˈʌmputˌdaunəbl] *adj; om bok* **S:** så spennende at man ikke kan legge den fra seg.

unqualified [ʌnˌkwɔliˈfaid; *attributivt:* ˌʌnˈkwɔliˈfaid] *adj* **1.** ukvalifisert; ***unqualified for the post*** ukvalifisert for stillingen; ***I'm unqualified to judge in this*** jeg har ikke forutsetning for å bedømme dette;
2. ubetinget; uforbeholden (*praise* ros).

unquenchable [ʌnˌkwen(t)ʃəbl] *adj; om tørst; stivt(= boundless)* uslokkelig.

unquestionable [ʌnˌkwestʃənəbl] *adj; stivt(=indisputable)* ubestridelig *(fx evidence).*

unquestionably [ʌnˌkwestʃənəbli] *adv; stivt(= certainly)* utvilsomt; uten tvil.

unquestioning [ʌnˌkwestʃəniŋ] *adj; stivt(=unhesitating)* urokkelig *(fx loyalty);* ***unquestioning****(=blind)* ***obedience*** blind lydighet.

unquestioningly [ʌnˌkwestʃəniŋli] *adv:* uten å stille spørsmål *(fx carry out an order unquestioningly).*

unquote [ʌnˌkwout] *int:* anførselstegn slutt; sitat *(n)* slutt.

unravel [ʌnˌrævəl] *vb* **1***(=disentangle)* bringe orden i; greie ut *(fx the tangled thread);*
2. *strikketøy:* 1. rekke opp; 2*(=get unravelled)* rakne;
3. *fig(=solve)* løse; oppklare *(fx a mystery).*

unread [ʌnˌred; *attributivt:* ˌʌnˈred] *adj* **1.** ulest *(fx it remained unread);* **2.** *stivt:* ***unread in****(=ignorant of)* uvitende når det gjelder *(fx political science).*

unreadable [ʌnˌri:dəbl] *adj* **1***(=illegible)* uleselig;
2. ikke leseverdig; så kjedelig at man ikke kan lese den.

unreal [ˈʌnˌriəl; *attributivt:* ˌʌnˈriəl] *adj:* uvirkelig.

unrealistic [ˈʌnriəˌlistik; *attributivt:* ˌʌnriəˈlistik] *adj:* urealistisk.

unreality [ˈʌnriˌæliti] *s:* uvirkelighet.

unrealizable, unrealisable [ˌʌnˌriəˈlaizəbl] *adj:* urealiserbar.

unreasonable [ʌnˌri:znəbl] *adj* **1.** ufornuftig; fornuftsstridig; urimelig *(fx he was most unreasonable about it);* ***it's wildly****(=totally)* ***unreasonable*** det er hinsides all fornuft; **2***(=excessive)* overdrevet; urimelig *(fx price).*

unreasonably [ʌnˌri:znəbli] *adv:* urimelig; overdrevent; ***unreasonably stubborn*** urimelig sta; ***he argued, quite unreasonably I think, that we should have known*** han hevdet at vi burde ha visst det, noe jeg syntes det var helt urimelig av ham.
unreasoning [ʌnˌri:zəniŋ] *adj:* fornuftsstridig; irrasjonell *(fx fear).*
unreceptive [ˈʌnriˌseptiv] *adj* **1.** *stivt(=insusceptible)* uimottagelig (*to* for); **2.** *om publikum(=unresponsive; stolid)* lite lydhørt; passivt.
unreclaimed [ˈʌnriˌkleimd; *attributivt:* ˌʌnriˈkleimd] *adj; om udyrket mark:* ikke gjenvunnet; uinnvunnet; ***unreclaimed wastelands*** uinnvunnede landområder.
unrecognizable [ʌnˌrekəgˈnaizəbl] *adj:* ugjenkjennelig.
unrecognized, unrecognised [ˈʌnˌrekəgˈnaizd] *adj* **1.** ikke gjenkjent; ***he walked along the street unrecognized by passers-by*** han gikk bortover gaten uten at forbipasserende kjente ham igjen; **2.** ikke godkjent; *om regime:* ikke anerkjent.
unrecorded [ˈʌnriˌkɔ:did; *attributivt:* ˌʌnriˈkɔ:did] *adj* **1.** ikke registrert; ikke nedtegnet; **2.** *mus:* ikke innspilt.
unredeemed [ˈʌnriˌdi:md; *attributivt:* ˌʌnriˈdi:md] *adj* **1.** *om lån(=unpaid)* uinnfridd; *om pant:* uinnløst;
2. *rel(=lost)* uforløst;
3.: *se unreclaimed;*
4. *fig(=unrelieved)* uten forsonende trekk *(fx a play unredeemed by humour).*
unreel [ʌnˌri:l] *vb(=unwind)* spole av; vikle av.
unrefined [ˈʌnriˌfaind; *attributivt også:* ˌʌnriˈfaind] *adj* **1.** uraffinert *(fx oil; sugar);*
2. *fig:* lite raffinert; *sj & spøkef:* ***unrefined manners****(= unpolished manners)* dårlige manerer; mindre pene manerer.
unreflecting [ˈʌnriˌflektiŋ; *attributivt også:* ˌʌnriˈflektiŋ] *adj; stivt(=unthinking)* tankeløs.
unrehearsed [ˈʌnriˌhə:st; *attributivt:* ˌʌnriˈhə:st] *adj* **1.** *teat:* som man ikke har hatt prøve på; ***an unrehearsed cast*** skuespillere som ikke har fått øve nok sammen; **2***(=spontaneous)* spontan; ikke innøvd.
unrelated [ˈʌnriˌleitid; *attributivt:* ˌʌnriˈleitid] *adj* **1.** ikke i slekt; **2***(=not related)* ubeslektet; ***the two events are unrelated*** de to hendelsene har ingenting med hverandre å gjøre.
unrelenting [ˈʌnriˌlentiŋ] *adj; stivt(=unbending; merciless)* ubøyelig; ubarmhjertig; ***they kept up an unrelent- ing attack*** de gjennomførte angrepet med uforminsket kraft.
unreliability [ˌʌnriˈlaiəˌbiliti] *s:* upålitelighet.
unreliable [ˈʌnriˌlaiəbl; *attributivt:* ˌʌnriˈlaiəbl] *adj* upålitelig.
unrelieved [ˈʌnriˌli:vd] *adj* **1.** uforminsket *(fx pain);*
2. *fig(=constant)* stadig; ***her unrelieved anguish*** hennes stadige kval;
3. *fig(=unredeemed)* uten forsonende trekk; uten lyspunkter *(fx boredom; monotony);* ***the atmosphere was one of unrelieved****(=total)* ***gloom*** stemningen var uttalt dyster.
unremarkable [ˈʌnriˌmɑ:kəbl] *adj:* lite bemerkelsesverdig.
unremitting [ˈʌnriˌmitiŋ] *adj; stivt(=constant)* stadig; uopphørlig.
unremunerative [ˈʌnriˌmju:nərətiv] *adj; stivt(=unprofitable)* ulønnsom; lite innbringende.
unrepeatable [ˈʌnriˌpi:təbl] *adj* **1.** *om ord el. synspunkter:* som ikke kan gjentas (*el.* gjengis); **2.** *om tilbud:* ***an unrepeatable offer*** et engangstilbud.
unrepentant [ˈʌnriˌpentənt] *adj:* forherdet; som ikke angrer; ***he's quite unrepentant about it*** han angrer slett ikke.
unreported [ˈʌnriˌpɔ:tid] *adj; om hendelser:* som ikke blir rapportert; som det ikke blir skrevet om; ***these events went unreported*** disse hendelsene ble det ikke skrevet om.
unrepresentative [ˈʌnrepriˌzentətiv] *adj* **1***(=untypical)* lite typisk; lite representativ; **2.** *polit:* ***the party is unrepresentative of the people*** partiet representerer ikke folket.
unrequited [ˈʌnriˌkwaitid] *adj; litt.(=unreturned)* ikke gjengjeldt; ***unrequited love*** ubesvart kjærlighet.
unreserved [ˈʌnriˌzə:vd] *adj* **1.** ikke reservert *(fx seat);* **2***(=frank)* åpen; ***he's quite unreserved about his feelings*** han viser sine følelser helt åpent; **3***(=unqualified)* uforbeholden *(fx approval);* forbeholdsløs *(fx enthusiasm).*
unresisting [ˈʌnriˌzistiŋ] *adj:* som ikke gjør motstand.
unresolved [ˈʌnriˌzɔlvd] *adj* **1.** *stivt(=unsolved)* uløst *(fx mystery);* **2***(=irresolute)* ubeslutsom.
unresponsive [ˈʌnriˌspɔnsiv; *attributivt også:* ˌʌnriˈspɔnsiv] *adj:* som ikke reagerer; passiv; ***an unresponsive audience*** et publikum som ikke er med; ***I suggested it but he was fairly unresponsive*** jeg foreslo det, men han virket ikke videre interessert; ***heavily sedated and totally unresponsive*** i dyp bedøvelse og helt ute av stand til å reagere.
unrest [ʌnˌrest] *s:* uro; ***area of unrest*** uroområde.
unrested [ʌnˌrestid] *adj:* uuthvilt.
unresting [ʌnˌrestiŋ] *adj; om anstrengelser; litt.(=untiring):* ***unresting efforts*** utrettelige anstrengelser.
unrestrained [ˈʌnriˌstreind; *attributivt også:* ˌʌnriˈstreind] *adj; stivt* **1***(=unchecked)* ukontrollert; uhindret; **2***(=free)* fri *(fx she felt happy and unrestrained).*
unrestricted [ˈʌnriˌstriktid] *adj* **1.** uten restriksjoner; uinnskrenket; **2.** *om vei:* uten hastighetsbegrensning.
unreturned [ˈʌnriˌtə:nd; *attributivt:* ˌʌnriˈtə:nd] *adj:* ikke gjengjeldt; ***unreturned love*** ubesvart kjærlighet.
unrewarded [ˈʌnriˌwɔ:did] *adj:* ***go unrewarded*** ikke få noen belønning.
unrewarding [ˈʌnriˌwɔ:diŋ] *adj* **1***(=thankless)* utakknemlig *(fx task);* **2.** *økon:* som gir dårlig uttelling.
unrhymed [ʌnˌraimd; *attributivt:* ˌʌnˈraimd] *adj:* urimt; rimfri *(fx verse).*
unrig [ʌnˌrig] *vb; mar:* rigge ned; takle av.
unrighteous [ʌnˌraitʃəs] *adj; rel(=sinful)* syndig; ***the unrighteous*** de syndige.
unrip [ʌnˌrip] *vb(=rip open)* rive opp; sprette opp.
unripe [ʌnˌraip; ʌnˌraip; *attributivt:* ˌʌnˈraip] *adj* **1.** umoden; ***unripe apples*** eplekart; **2.** *fig(=immature)* umoden.
unrivalled *(,US: unrivaled)* [ʌnˌraivəld; *attributivt også:* ˌʌnˈraivəld] *adj; stivt(=unequalled)* uovertruffet; uforlignelig.
unroll [ʌnˌroul] *vb* **1.** rulle ut; **2.** rulle seg ut.
unruffled [ʌnˌrʌfəld] *adj; stivt(=calm; imperturbable)* rolig (og fattet); uforstyrrelig; uanfektet.
unruly [ʌnˌru:li] *adj:* uregjerlig; ustyrlig.
unsaddle [ʌnˌsædl] *vb* **1.** ta salen av; **2***(=unhorse; unseat)* kaste av (hesten) *(fx he was unsaddled).*
unsafe [ʌnˌseif; ˌʌnˌseif; *attributivt:* ˌʌnˈseif] *adj:* utrygg; usikker; farlig; betenkelig; ***unsafe to drink*** farlig å drikke; ***feel unsafe*** føle seg usikker.
unsaid [ˌʌnˌsed; *attributivt:* ˌʌnˈsed] *adj:* usagt; ***consider it unsaid*** betrakt det som usagt; ***some things are better left unsaid*** enkelte ting bør helst forbli usagt.
unsalaried [ʌnˌsælərid] *adj:* ulønnet *(fx official).*
unsaleable *(,US: unsalable)* [ʌnˌseiləbl; ˌʌnˌseiləbl; *attributivt også:* ˌʌnˈseiləbl] *adj:* uselgelig.
unsatisfactory [ˈʌnsætisˌfæktəri] *adj:* utilfredsstillende.
unsatisfied [ʌnˌsætisˈfaid] *adj(=not satisfied)* utilfredsstilt; ***a job that leaves you unsatisfied*** en utilfredsstillende jobb.
unsatisfying [ˈʌnˌsætisfˈfaiiŋ] *adj:* utilfredsstillende; *om måltid:* som ikke metter.
unsaturated [ʌnˌsætʃəˈreitid] *adj; kjem:* umettet; ***unsaturated fatty acid*** umettet fettsyre.
unsavoury *(,US: unsavory)* [ʌnˌseivəri] *adj* **1.** *om smak:* ubehagelig; **2.** *fig:* usmakelig; ***an unsavoury assignment*** et usmakelig oppdrag.

unscathed [ʌnˌskeiðd] *adj; stivt(=unharmed)* uskadd.
unscented [ʌnˌsentid; *mots sɔented:* ˌʌn'sentid] *adj:* uparfymert.
unschooled [ʌnˌsku:ld] *adj:* uskolert; uøvd (*in* i).
unscientific ['ʌnsaiənˌtifik] *adj:* uvitenskapelig.
unscramble [ʌnˌskræmbl] *vb(=decode)* dechiffrere.
unscrew [ʌnˌskru:] *vb:* skru opp *(fx a lid);* skru av.
unscripted [ʌnˌskriptid] *adj:* uten manuskript.
unscrupulous [ʌnˌskru:pjuləs] *adj:* samvittighetsløs.
unseasonable [ʌnˌsi:zənəbl] *adj* **1.** unormal; ***unseasonable weather*** unormalt vær; **2.** *stivt(=untimely)* uheldig *(fx moment).*
unseat [ʌnˌsi:t] *vb* **1**(*=unhorse)* kaste av; **2.** *parl; stivt: **be unseated**(=lose one's seat)* ikke bli gjenvalgt.
unsecured ['ʌnsiˌkjɔ:d; 'ʌnsiˌkjuəd] *adj* **1**(*=loose)* ikke festet; løs; **2.** uprioritert (*claim* fordring).
unseemly [ʌnˌsi:mli] *adj; stivt(=improper)* upassende.
I. unseen [ʌnˌsi:n] *s; skolev:* ekstemporal(tekst).
II. unseen [ʌnˌsi:n; *attributivt:* ˌʌn'si:n] *adj* **1.** usett; **2.** *skolev: **unseen translation*** ekstemporaloversettelse.
unselfish [ʌnˌselfiʃ; *attributivt også:* ˌʌn'selfiʃ] *adj:* uegennyttig; uselvisk; uegoistisk.
unserviceable [ʌnˌsə:visəbl] *adj(=unfit for use)* ubrukelig; uanvendelig.
unsettle [ʌnˌsetl] *vb(=upset)* gjøre urolig; ***be unsettled*** 1. bli urolig; 2. *fig:* komme ut av sine vante folder.
unsettled [ʌnˌsetəld] *adj* **1.** urolig; ustabil;
2. *om støv:* som ikke har lagt seg;
3. *om spørsmål(=undecided)* uavgjort;
4.: ***lead an unsettled life*** føre en omflakkende tilværelse;
5. *om landområde:* ubebygd;
6(*=unpaid)* ubetalt;
7. *jur: **an unsettled estate*** et uoppgjort bo.
unsettling [ʌnˌsetliŋ] *adj(=upsetting)* som gjør urolig.
unsewn [ʌnˌsoun] *adj: **come unsewn*** gå opp i sømmen.
unsexy [ʌnˌseksi; *attributivt:* ˌʌn'seksi] *adj:* lite sexy.
unshackle [ʌnˌʃækl] *vb* **1.** *mar:* sjakle fra;
2. *fig; litt.(=free)* befri; løse fra lenkene.
unshakeable (,**US:** *unshakable)* [ʌnˌʃeikəbl; *attributivt:* ˌʌn'ʃeikəbl] *adj; fig(=unwavering)* urokkelig *(fx loyalty);* klippefast *(fx faith).*
unshaken [ʌnˌʃeikən] *adj: **he was unshaken by the accident*** ulykken hadde ikke brakt ham ut av fatning; ***his nerve was unshaken*** han beholdt sin kaldblodighet.
unshaped [ʌnˌʃeipt; *attributivt:* ˌʌn'ʃeipt] *adj* **1.** ikke formet; utilhogd *(fx timber):* **2.** *fig; om idé:* uferdig; ikke fullt utformet.
unshaved [ʌnˌʃeivd] *adj:* ubarbert *(fx he's unshaved).*
unshaven ['ʌnˌʃeivən; ˌʌn'ʃeivən] *adj:* ubarbert *(fx an unshaven man; he was still unshaven).*
unsheathe [ʌnˌʃi:ð] *vb; litt.: **unsheathe one's sword**(= draw one's sword)* trekke sverdet; gripe til sverdet.
unsheltered [ʌnˌʃeltəd] *adj* **1.** uten ly *n;* ubeskyttet; utsatt for vær *(n)* og vind; **2.** *om industri:* uskjermet; *om bedrift:* uvernet; *(jvf sheltered 2).*
unship [ʌnˌʃip] *vb; mar* **1**(*=discharge)* losse *(fx the cargo);* **2.**: ***unship**(=boat) **the oars*** legge inn årene.
unshrinkable ['ʌnˌʃriŋkəbl] *adj(=shrink-resistant)* krympefri.
unsightly [ʌnˌsaitli] *adj; stivt(=ugly)* stygg.
unsigned [ʌnˌsaind; *attributivt også:* ˌʌn'saind] *adj:* usignert; ikke undertegnet.
unsinkable [ʌnˌsiŋkəbl] *adj* **1.** som ikke kan synke; synkefri; **2.** usenkelig; som ikke kan senkes.
unskilful (,**US:** *unskillful)* [ʌnˌskilful] *adj; stivt(= clumsy)* klønete; klossete.
unskilled [ʌnˌskild; *attributivt:* ˌʌn'skild] *adj* **1.** ukyndig (*in* i); **2.** ufaglært *(fx worker).*
unsling [ʌnˌsliŋ] *vb* **1.** *mar:* huke av (stroppene); **2.** *mil: **unsling one's rifle*** ta geværet av skulderen.
unsmiling [ʌnˌsmailiŋ; *attributivt:* ˌʌn'smailiŋ] *adj:* som ikke smiler; gravalvorlig.
unsociable [ʌnˌsouʃəbl; *attributivt også:* ˌʌn'souʃəbl] *adj:* uselskapelig; usosial; ***an unsociable neighbourhood*** et strøk hvor man har liten kontakt med naboene.
unsocial [ʌnˌsouʃəl; *attributivt også:* ˌʌn'souʃəl] *adj* **1.** usosial; *(jvf unsociable);* **2.** *om arbeidstid:* ubekvem; ***work unsocial hours*** ha ubekvem arbeidstid.
unsoiled [ʌnˌsɔild; *attributivt:* ˌʌn'sɔild] *adj; fig:* plettfri; uplettet *(fx his reputation was unsoiled).*
unsold ['ʌnˌsould; *attributivt:* ˌʌn'sould] *adj:* usolgt.
unsolicited ['ʌnsəˌlisitid] *adj; stivt(=which has not been asked for)* uoppfordret; ***an unsolicited offer*** et spontant tilbud.
unsolved [ʌnˌsɔlvd; *attributivt:* ˌʌn'sɔlvd] *adj:* uløst.
unsought-for [ʌnˌsɔ:t'fɔ:] *adj; stivt(=unasked): **unsought-for compliments*** komplimenter man ikke har invitert til.
unsophisticated ['ʌnsəˌfisti'keitid] *adj:* naturlig; ukunstlet; enkel; ***an unsophisticated approach to the problem*** en enkel måte å nærme seg problemet på.
unsound [ʌnˌsaund; *attributivt:* ˌʌn'saund] *adj* **1.** i dårlig forfatning *(fx building);*
2. usolid *(fx enterprise);*
3. *om teori, etc:* uholdbar;
4. *jur: **of unsound mind**(=unfit to plead)* utilregnelig.
unsparing [ʌnˌspɛəriŋ] *adj; litt.(=generous)* rundhåndet (*in* med) *(fx be unsparing in one's praise).*
unspeakable [ʌnˌspi:kəbl] *adj* **1.** som ikke kan sies høyt; **2.** *mest i negative utsagn(=indescribable)* ubeskrivelig; usigelig; under all kritikk.
unspeakably [ʌnˌspi:kəbli] *adv; mest i negative utsagn(=indescribably)* ubeskrivelig; fryktelig.
unspecified [ʌnˌspesi'faid] *adj:* uspesifisert; ikke nærmere angitt; ***at some future unspecified date*** på et ikke nærmere angitt tidspunkt i fremtiden.
unspectacular ['ʌn'spekˌtækjulə] *adj(=unsensational; very ordinary)* lite bemerkelsesverdig; helt alminnelig.
unspent ['ʌnˌspent; *attributivt også:* ˌʌn'spent] *adj:* ubrukt *(fx energy; money).*
unspoken ['ʌnˌspoukən; *attributivt også:* ˌʌn'spoukən] *adj:* usagt; uuttalt *(fx unspoken thoughts).*
unstable [ʌnˌsteibl; *attributivt også:* ˌʌn'steibl] *adj*
1. ustabil; vaklende; ustø;
2. *kjem:* ustabil; løs; ubestandig *(fx compound);*
3. *om puls(=unsteady)* ujevn;
4. *psykol:* labil.
unstamped [ʌnˌstæmpt; *attributivt:* ˌʌn'stæmpt] *adj*
1. ustemplet; **2.** *post(=unpaid)* ufrankert; uten poststempel på *(fx letter); (jvf uncancelled).*
unsteadily [ʌnˌstedili] *adv:* ustøtt; ujevnt.
unsteady [ʌnˌstedi] *adj* **1.** ustø; vaklevoren *(fx chair); **be unsteady on one's legs**(=be shaky on one's feet)* være ustø på bena *n;*
2. *om puls el. rytme:* ujevn;
3. ustabil; ***the £ is still unsteady*** pundet er fremdeles ustabilt.
unstick [ʌnˌstik] *vb* **1.** få til å løsne; **2.** *om noe som er fastklebet:* slite løs.
unstinting [ʌnˌstintiŋ] *adj; stivt(=generous): **unstinting in one's praise*** gavmild med sin ros; ***unstinting help*** rundhåndet hjelp.
unstitch [ʌnˌstitʃ] *vb; søm* **1**(*=unpick)* sprette opp;
2.: ***come unstitched**(=come unsewn)* gå opp i sømmen.
unstop [ʌnˌstɔp] *vb* **1**(*=unclog)* stake opp *(fx the kitchen drain);* **2.** *på orgel:* trekke ut registrene *(n)* på.
unstrap [ʌnˌstræp] *vb:* spenne løs; spenne opp; ta remmen(e) av; ***he unstrapped himself**(=he unbuckled his seat belt)* han spente av seg sikkerhetsbeltet.
unstreamed [ʌnˌstri:md; *attributivt:* ˌʌn'stri:md] *adj; skolev:* ikke differensiert (*el.* gruppert) etter evner.
unstressed [ʌnˌstrest; *attributivt:* ˌʌn'strest] *adj:* trykksvak; ubetont (*syllable* stavelse).
unstring [ʌnˌstriŋ] *vb* **1.** ta strengene av;

2. ta av snoren *(fx beads);*
3. *fig:* ***he was unstrung by the news****(=the news upset him)* nyheten brakte ham ut av fatning.
unstrung [ʌnˌstrʌŋ; *attributivt:* ˌʌn'strʌŋ] *adj* **1.** uten strenger; med løse strenger *(fx violin);* **2.** *fig:* opprevet; brakt ut av fatning; *(jvf unstring 3).*
unstuck [ʌnˌstʌk] **1.** *pret & perf.part. av unstick;*
2. *adj:* ***come unstuck*** 1. gå opp i limingen; falle av *(fx the label had come unstuck);* 2. ***T****(=fail; go badly wrong)* slå feil; ***our plans have come unstuck*** planene våre har falt helt i fisk; ***that's where they came unstuck*** det var der det gikk galt for dem; 3. *om person; i oppgave el. tale(=get stuck)* bli stående fast.
unstudied [ʌnˌstʌdid; *attributivt:* ˌʌn'stʌdid] *adj; litt.(=natural; unaffected)* naturlig; uaffektert.
unsubstantiated ['ʌnsəbˌstænʃi'eitid] *adj; stivt* **1***(=unconfirmed)* ubekreftet *(fx rumour);*
2. *om argument(=unsupported)* ikke underbygd.
unsuccessful ['ʌnsəkˌsesful] *adj:* mislykket; ***be unsuccessful*** mislykkes; ikke ha hellet med seg; ***he's unsuccessful in everything*** ingenting vil lykkes for ham; ***be unsuccessful with women*** ikke ha hell *(n)* med seg hos kvinnene; ***be unsuccessful in (-ing)*** ikke ha hellet med seg når det gjelder å; ikke klare å.
unsuccessfully ['ʌnsəkˌsesfuli] *adv(=without success)* uten hell *n;* uten å lykkes.
unsuitability ['ʌnsu:təˌbiliti] *s* **1.** uegnethet; ***his unsuitability for the job*** det at han er uegnet til jobben; ***their unsuitability as partners is clear*** det er tydelig at de ikke passer sammen; **2***(=inappropriateness):* ***comment on the unsuitability of sby's clothes*** komme med en bemerkning om at ens klær er upassende.
unsuitable [ʌnˌsu:təbl] *adj* **1.** uegnet; uhensiktsmessig; uskikket; ***he's unsuitable for the post*** han er uegnet til stillingen; ***she's unsuitable for him*** hun er ikke den riktige for ham;
2*(=inappropriate)* upassende; ikke passende; ***it would be unsuitable to …*** det ville ikke være passende å …
unsuitably [ʌnˌsu:təbli] *adv:* upassende *(fx be unsuitably dressed);* ***be unsuitably matched*** ikke passe sammen.
unsupported ['ʌnsəˌpɔ:tid; *attributivt:* ˌʌnsə'pɔ:tid] *adj* **1.** ustøttet; uten støtte;
2. *mask:* ikke opplagret;
3. *om argument:* ikke underbygd.
unsure [ʌnˌʃɔ:; ʌnˌʃuə; *attributivt:* ˌʌn'ʃɔ ˌʌn'ʃuə] adj: ***unsure of*** usikker på; ***he's unsure of himself*** han er usikker på seg selv.
unsurpassed ['ʌnsə:ˌpɑ:st] *adj; stivt(=unequalled)* uovertruffet; ***he was unsurpassed by anybody*** ingen overgikk ham.
unsuspected ['ʌnsəˌspektid; *attributivt også:* ˌʌnsə'spektid] uant *(fx he had unsuspected talents).*
unsuspecting ['ʌnsəˌspektiŋ; *attributivt også:* ˌʌnsə'spektiŋ] *adj:* intetanende; ***she was completely unsuspecting*** hun ante slett ingenting.
unsuspicious ['ʌnsəˌspiʃəs; *attributivt også:* ˌʌnsə'spiʃəs] *adj:* umistenksom; lite mistenksom.
unsweetened [ˌʌnˌswi:tənd; *attributivt:* ˌʌn'swi:tənd] *adj:* usukret.
unswerving [ʌnˌswə:viŋ; *attributivt også:* ˌʌn'swə:viŋ] *adj* **1***(=unwavering)* urokkelig *(fx loyalty);*
2. *litt.(=very straight)* snorrett.
unsymmetrical ['ʌnsiˌmetrikl] *adj:* usymmetrisk.
unsympathetic ['ʌnsimpəˌθetik] *adj:* udeltagende; lite forståelsesfull; uforstående *(fx attitude).*
unsystematic ['ʌnsistiˌmætik; ˌʌn'sistiˌmætik] *adj:* usystematisk.
unsystematically ['ʌnsistiˌmætikəli] *adv:* usystematisk.
untainted [ʌnˌteinted; *attributivt:* ˌʌn'teintid] *adj*
1. *stivt; om mat(=fresh)* ubedervet;
2. *fig; om anseelse; stivt(=spotless; unflawed)* plettfri; ***an untainted reputation*** et plettfritt rykte;
3. *litt.(=pure; uncorrupted)* ufordervet; ***an untainted mind*** et ufordervet sinn.
untangle [ʌnˌtæŋgl] *vb(=disentangle)* greie ut.
untapped [ʌnˌtæpt; *attributivt:* ˌʌn'tæpt] *adj* **1.** *om fat:* utappet; **2.** *fig(=unexploited)* uutnyttet.
untarnished [ʌnˌtɑ:niʃt] *adj; litt.(=unblemished; spotless)* plettfri; uplettet.
untasted ['ʌnˌteistid; *attributivt:* ˌʌn'teistid] *adj* **1.** *om mat(=untouched)* urørt *(fx untasted food);*
2. *litt.:* ***the pleasures he had left untasted****(=untouched)* de gleder han hadde gitt avkall *(n)* på.
untaught [ʌnˌtɔ:t; *attributivt:* ˌʌn'tɔ:t] *adj; stivt* **1***(=ignorant; uneducated)* uvitende; uopplyst; uskolert; uten utdannelse;
2*(=natural; spontaneous)* naturlig; spontan *(fx kindness);*
3.: ***basic skills that go untaught****(=are not taught)* ***in our schools*** grunnleggende ferdigheter som det ikke undervises i ved skolene våre.
untaxed [ʌnˌtækst; *attributivt:* ˌʌn'tækst] *adj* **1.** *om inntekt:* ubeskattet; **2.** *om varer:* ikke avgiftsbelagt.
unteachable ['ʌnˌti:tʃəbl] *adj* **1.** som man ikke kan få lært fra seg; ***it is unteachable at this level*** dette kan man ikke undervise i på dette nivået;
2. *om person:* som man ikke kan få lært noen ting.
untempered ['ʌnˌtempəd; *attributivt:* ˌʌn'tempəd] *adj*
1. uherdet; **2.** *fig; litt.(=unrelieved):* ***justice untempered by mercy****(=justice without mercy)* nådeløs rettferdighet.
untenable [ʌnˌtenəbl] *adj; fig:* uholdbar *(fx theory).*
untenanted [ʌnˌtenəntid] *adj; om hus(=unoccupied; empty)* ubebodd; tomt.
unthinkable [ʌnˌθiŋkəbl] *adj:* utenkelig.
unthinking [ʌnˌθiŋkiŋ] *adj* **1.** tankeløs; ubetenksom;
2*(=uncritical)* ukritisk.
unthought-of ['ʌnˌθɔ:t'ɔv] *adj(=unexpected; undreamt -of)* uant; uventet.
unthought-out ['ʌnθɔ:tˌaut] *adj(=unconsidered)* ikke (ordentlig) gjennomtenkt.
unthread [ʌnˌθred] *vb* **1.** dra tråden ut av *(fx a needle);*
2. *fig; litt.:* ***unthread****(=sort out)* ***one's confused thoughts*** få orden på sine forvirrede tanker.
I. untidy [ʌnˌtaidi] *adj* **1***(=messy)* rotete;
2*(=unkempt)* ustelt;
3*(=slovenly)* sjuskete.
II. untidy [ʌnˌtaidi] *vb(=mess up)* rote til i.
untie [ʌnˌtai] *vb* **1***(=unfasten)* løse; knyte opp;
2. *fig(=solve)* løse *(fx a knotty problem).*
untied [ʌnˌtaid; *attributivt:* ˌʌn'taid] *adj:* ubundet.
untied aid *(=untied foreign aid)* ubundet bistand.
until [(ə)nˌtil; ʌnˌtil; *foran trykksterk stavelse også:* ˌʌnt(i)l] *prep & konj: se III. till.*
untilled [ʌnˌtild; *attributivt:* ˌʌn'tild] *adj:* udyrket; ***untilled land*** udyrket jord.
untimely [ʌnˌtaimli] *adj; stivt* **1***(=premature)* altfor tidlig *(fx his untimely death);*
2*(=inopportune; inconvenient)* ubeleilig;
3*(=unseasonable)* uheldig (anbrakt) *(fx joke);* unormal for årstiden.
untiring [ʌnˌtaiəriŋ] *adj:* utrettelig.
untitled [ʌnˌtaitəld; *attributivt:* ˌʌn'taitəld] *adj* **1.** uten tittel; **2.** ikke-adelig; uten tittel; ubetitlet.
unto [ˌʌntu(:); *foran konsonant:* 'aantø] *prep; glds; bibl(=to)* til.
untold [ʌnˌtould; 'ʌnˌtould; *attributivt også:* ˌʌn'tould] *adj* **1***(=not told)* ufortalt; ikke fortalt; ***this story is better left untold*** denne historien er det best å tie om;
2. *litt.(=countless)* utallig;
3. *litt.(=immense)* umåtelig; ***untold wealth*** umåtelige rikdommer;
4. *stivt:* usigelig; ***to their untold****(=indescribable)* ***delight*** til deres usigelige glede.
I. untouchable [ʌnˌtʌtʃəbl] *s:* kasteløs; paria.
II. untouchable *adj* **1.** som ikke må berøres; kasteløs;

U

2. *fig:* urørlig *(fx he's untouchable);*
3*(=above reproach)* hevet over kritikk.
untouched [ʌnˌtʌtʃt; *attributivt:* ˌʌn'tʌtʃt] *adj* **1***(=not touched)* urørt *(fx leave one's drink untouched);* uberørt *(fx untouched by human hand);*
2. *fig(=unaffected)* uberørt *(fx he was untouched by her tears);*
3. *fig:* ***leave the subject untouched*** ikke berøre emnet.
untoward ['ʌntəˌwɔ:d; **US:** ʌnˌtɔ:d] *adj; stivt* **1***(=unfortunate)* uheldig *(fx circumstance);* ***nothing untoward took place****(=everything went off well)* alt gikk bra;
2*(=improper)* usømmelig; upassende *(fx conduct).*
untraceable [ʌnˌtreisəbl] *adj:* som ikke kan etterspores; som ikke kan påvises; upåviselig *(fx poison).*
untrained [ʌnˌtreind; *attributivt:* ˌʌn'treind] *adj:* utrent; ikke trent opp; ***to the untrained eye (,ear)*** for det utrente øye (,øre).
untranslatable ['ʌntrænzˌleitəbl] *adj:* uoversettelig.
untravelled *(,***US:** *untraveled)* [ʌnˌtrævəld; *attributivt:* ˌʌn'trævəld] *adj* **1.** *om vei; litt.(=unused)* ubenyttet; **2***(=who hasn't travelled much)* lite bereist.
untreated [ʌnˌtri:tid; *attributivt:* ˌʌn'tri:tid] *adj:* ubehandlet; ubearbeidet.
untried [ʌnˌtraid; *attributivt:* ˌʌn'traid] *adj* **1.** uprøvd; uforsøkt; **2.** *jur:* ikke stilt for retten; *om sak:* ikke pådømt.
untrodden [ʌnˌtrɔdən; *attributivt også:* ˌʌn'trɔdən] *adj; litt.(=not trod)* ubetrådt *(fx path); fig:* ***untrodden paths****(=fresh ground)* nye veier; noe nytt.
untroubled [ʌnˌtrʌbəld; *attributivt:* ˌʌn'trʌbəld] *adj:* rolig *(fx period);* ubekymret *(fx smile);* uberørt *(fx by the heat);* ***they were untroubled by thoughts of the future*** de var ikke plaget av tanker om fremtiden.
untrue [ʌnˌtru:; ˌʌn'tru:; *attributivt:* ˌʌn'tru:] *adj*
1. usann; uriktig; ***factually untrue*** saklig uriktig;
2. *glds(=unfaithful)* utro (*to* mot);
3. *faglig(=out of true; crooked)* ikke rett; skjev *(fx door).*
untrustworthy [ʌnˌtrʌst'wə:ði] *adj(=unreliable)* upålitelig.
untruth [ʌnˌtru:θ] *s(pl: untruths* [ʌnˌtru:ðz]*) stivt* **1***(=falseness)* uriktighet; **2.** *evf(=lie)* usannhet.
untruthful [ʌnˌtru:θful] *adj* **1.** usann; **2.** *om person:* løgnaktig; usannferdig.
unturned [ʌnˌtə:nd; *attributivt:* ˌʌn'tə:nd] *adj* **1.** ikke snudd (*el.* vendt); **2.** *fig:* ***leave no stone unturned****(=try absolutely everything)* ikke la noe være uforsøkt.
untutored [ʌnˌtju:təd] *adj; stivt(=uneducated)* uskolert; uten utdannelse; uopplyst; *spøkef:* ***the untutored among us*** de uinnvidde blant oss.
untwist [ʌnˌtwist] *vb(=straighten)* rette ut *(fx a wire).*
untypical ['ʌnˌtipikl; *attributivt:* ˌʌn'tipikl] *adj:* utypisk; lite typisk (*of* for).
I. unused [ʌnˌju:zd; *attributivt også:* ˌʌn'ju:zd] *adj:* ubrukt; ubenyttet.
II. unused [ʌnˌju:st; *attributivt også:* ˌʌn'ju:zd] *adj:* ***unused to****(=not used to)* uvant med; ikke vant til.
unusual [ʌnˌju:ʒuəl] *adj:* ualminnelig; usedvanlig; uvanlig; ***nothing unusual****(=nothing out of the ordinary)* ikke noe uvanlig; intet usedvanlig; ***it's unusual for it to snow here in May*** det er ikke vanlig at det snør her i mai.
unusually [ʌnˌju:ʒuəli] *adv(=exceptionally)* usedvanlig.
unutterable [ʌnˌʌtərəbl] *adj; stivt(=untold)* ubeskrivelig; ***to their unutterable delight*** til deres usigelige glede.
unutterably [ʌnˌʌtərəbli] *adv; stivt(=indescribably)* usigelig; ubeskrivelig *(fx they were unutterably happy);* **T:** ***unutterably stupid*** utrolig dum; *(jvf indescribably).*
unvaried [ʌnˌvɛərid] *adj:* uforandret; uten variasjon; ensformig.
unvarnished [ʌnˌvɑ:niʃt; *attributivt også:* ˌʌn'vɑ:niʃt] *adj* **1.** ufernissert; **2.** *fig:* usminket *(fx truth).*
unvarying [ʌnˌvɛəriŋ] *adj(=unchanging)* uforanderlig.
unveil [ʌnˌveil] *vb* **1.:** ***unveil (one's face)*** la sløret falle; **2.** *minnesmerke:* avduke;
3. *stivt(=make public; reveal)* bekjentgjøre; avsløre.
unveiled [ʌnˌveild; *attributivt:* ˌʌn'veild] *adj* **1.** uten slør; ***go unveiled*** gå uten slør; **2.** *fig(=undisguised)* utilslørt; åpenlys *(fx contempt).*
unveiling [ʌnˌveiliŋ] *s:* avdukning; ***the official unveiling of*** den offisielle avdukning av.
unveiling ceremony avdukningsseremoni.
unventilated [ʌnˌventi'leitid; *attributivt:* ˌʌn'venti'leitid] *adj:* uten ventilasjon; uten avtrekk *n.*
unverifiable [ʌnˌveri'faiəbl] *adj:* som ikke lar seg verifisere (*el.* bekrefte).
unverified [ʌnˌverif'faid; *attributivt:* ˌʌn'veri'faid] *adj:* ubekreftet *(fx report).*
unversed [ʌnˌvə:st] *adj; stivt:* ***unversed in****(=unfamiliar with)* ubevandret i; ikke fortrolig med.
unvisited [ʌnˌvizitid] *adj; stivt:* ***we left X with the castle unvisited****(=we left X without having visited(=seen) the castle)* vi forlot X uten å ha besøkt (*el.* sett) borgen.
unvoiced [ʌnˌvɔist; *attributivt:* ˌʌn'vɔist] *adj; fon:* ustemt *(fx consonant).*
unvowelled [ʌnˌvauəld; *attributivt:* ˌʌn'vauəld] *adj:* uten vokaltegn; hvor vokaltegnene er fjernet; ***read unvowelled Arabic*** lese arabisk uten vokaltegn.
unwanted [ʌnˌwɔntid; *attributivt også:* ˌʌn'wɔntid] *adj:* uønsket; ***make sby feel unwanted*** få en til å føle seg uønsket.
unwarily [ʌnˌwɛərili] *adv; stivt(=incautiously; carelessly)* uforsiktig.
unwariness [ʌnˌwɛərinəs] *s; stivt(=incautiousness; carelessness)* uforsiktighet.
unwarlike [ʌnˌwɔ:'laik] *adj(=peaceable)* fredeligsinnet.
unwarranted [ʌnˌwɔrəntid; *attributivt:* ˌʌn'wɔrəntid] *adj* **1.** *stivt(=unjustified)* uberettiget; **2.** *stivt el. jur(=unauthorized)* uhjemlet.
unwary [ʌnˌwɛəri] *adj; stivt(=careless)* uforsiktig; ***the unwary*** de(n) som ikke er på vakt; de(n) som ikke passer på.
unwavering [ʌnˌweivəriŋ] *adj:* fast; urokkelig.
unwelcome [ʌnˌwelkəm; ˌʌn'welkəm] *adj:* uvelkommen.
unwelcoming [ʌnˌwelkəmiŋ] *adj* **1***(=cool; unfriendly)* kjølig; uvennlig; **2.** *om sted(=unfriendly; uninviting)* lite innbydende.
unwell [ʌnˌwel; ˌʌnˌwel] *adj:* utilpass; ikke helt frisk.
unwholesome [ʌnˌhoulsəm] *adj:* usunn *(fx climate; food).*
unwieldy [ʌnˌwi:ldi] *adj* **1.** (stor og) uhåndterlig; tung (å flytte på); **2.** *fig:* uhåndterlig *(fx organization).*
unwilling [ʌnˌwiliŋ; *attributivt:* ˌʌn'wiliŋ] *adj* **1.** uvillig (*to* til å);
2*(=reluctant)* motvillig;
3*(=involuntary)* ufrivillig.
unwillingly [ʌnˌwiliŋli] *adv:* uvillig.
unwillingness [ʌnˌwiliŋnəs] *s:* ulyst; ***show unwillingness to work seriously*** vise ulyst til alvorlig arbeid *n.*
unwind [ʌnˌwaind] *vb(pret & perf.part.: unwound)*
1. spole av; avhaspe; vikle av; vikle opp;
2. *om fjær:* bli slakkere;
3. T*(=relax)* slappe av.
unwise [ʌnˌwaiz 'ʌnˌwaiz; *attributivt også:* ˌʌn'waiz] *adj:* uklok; ***it was unwise of you*** det var uklokt av deg.
unwitting [ʌnˌwitiŋ] *adj; stivt* **1***(=unintentional)* utilsiktet *(fx insult);*
2.: ***I was the unwitting cause of her accident****(=I had caused her accident without being aware of it)* uten å vite det var jeg årsaken til ulykken hennes.

unwittingly [ʌnˌwitiŋli] *adv; stivt(=unintentionally)* uforvarende *(fx I was unwittingly cruel to her).*
unwonted [ʌnˌwountid] *adj; stivt(=unusual)* uvanlig; uvant.
unworkable [ʌnˌwə:kəbl] *adj; om plan(=impracticable)* ugjennomførbar; ugjennomførlig.
unworldly [ʌnˌwə:ldli] *adj* **1***(=not of this world)* ikke av denne verden; **2.** *om person(=worldly innocent; ignorant of the world)* verdensfjern.
unworn [ˈʌnˌwɔ:n; *attributivt:* ˌʌnˈwɔ:n] *adj; om klesplagg:* ny; ubrukt.
unworthy [ʌnˌwə:ði] *adj:* uverdig *(fx act; thought);* ***unworthy of*** uverdig til; som ikke fortjener *(fx notice).*
unwound [ʌnˌwaund] *pret & perf.part. av unwind.*
unwrap [ʌnˌræp] *vb:* pakke opp; pakke ut *(fx a gift).*
unwritten [ʌnˌritən; *attributivt også:* ˌʌnˈritən] *adj:* uskrevet *(fx law);* ***unwritten sources*** muntlige kilder.
unyielding [ʌnˌji:ldiŋ; *attributivt:* ˌʌnˈji:ldiŋ] *adj:* urokkelig; fast; som ikke viker en tomme.
unzip [ʌnˌzip] *vb:* ***unzip a dress*** åpne glidelåsen i en kjole.
I. up [ʌp] *s* **1.:** ***ups and downs*** medgang og motgang; **2.** *sport(=bounce):* ***hit the ball on the up*** treffe ballen på spretten.
II. up *vb* **T 1***(=increase)* legge på; sette opp *(fx the price);* **2***(=get up suddenly)* sprette opp *(fx she upped and hit him);* **3.** *om noe som skjer brått:* ***one day her husband upped and left*** en (vakker) dag gikk mannen hennes sin vei.
III. up *adj* **1.** oppadgående; som går oppover *(fx the up escalator);* ***on the up slope*** på vei oppover;
2. *om tog, etc som går til et høyereliggende sted el. til et sted som betraktes som mer betydningsfullt:* ***the up train to Oxford*** toget til Oxford; ***the up platform*** perrongen som toget inn til byen går fra;
3. *om veidekke(=dug up)* oppgravd.
IV. up *adv & prep* **1.** oppe *(fx stay up all night);*
2. opp *(fx get up; look up; pull your trousers up);*
3. ute *(fx time's up!);* utløpt *(fx his leave is up);*
4.: ***what's up?****(=what's the matter?)* hva er i veien?
5. *om pris:* gått opp; steget;
6. igjen; ***button up your jacket*** knepp igjen jakken din;
7. *sport:* ***our team was two goals up at half-time*** laget vårt ledet med to mål *(n)* etter første omgang; ***up on****(=faster than; better than)* hurtigere enn; bedre enn *(fx he's a second and a half up on world record time);*
8.: ***she could be up one day and very low the next*** hun kunne være oppe i skyene én dag og langt nede den neste;
9.: ***be up against****(=be faced with)* stå overfor; ha å gjøre med; **T:** ***be up against it*** være ute i hardt vær; **T:** være ute å kjøre;
10.: ***be up for*** vente dom (,bot) for *(fx speeding);*
11.: ***be up for sale*** være til salgs;
12. T: ***be up in arms*** være i harnisk; være meget oppbrakt;
13.: ***be well up in****(=on)* være godt inne i;
14. T: ***be up on*** 1*(=be better than)* være bedre enn; 2. være steget i forhold til; 3*(=be abreast of)* være à jour med *(fx the news; one's homework);*
15. T: ***be one up on sby*** være et hakk bedre enn en;
16.: ***up to*** 1. opp til *(fx walk up to the house);* 2. opp til; inntil *(fx up to 500 copies);* til *(fx count up to a hundred);* ***up to now****(=so far)* hittil; 3*(=until)* til *(fx the last minute);* 4*(=as far as)* (så langt som) til *(fx read up to page 40);* 5.: ***it's up to you*** det blir din sak; det er opp til deg; 6.: ***what's he up to?*** hva driver han med? ***he's up to no good*** han har ondt i sinne *n;* 7.: ***be up to doing sth*** kunne klare å gjøre noe; 8.: ***feel up(=equal) to*** føle at man kan klare *(fx a job);* 9.: ***walk up to sby*** gå bort til en.
up-and-coming [ˈʌpənˌkʌmiŋ] *adj* **T***(=promising; successful)* lovende; fremgangsrik; fremadstrebende.
up-and-down [ˈʌpænˌdaun] *adj* **1.** *om bevegelse:* opp og ned; **2***(=hilly)* kupert; **3.** *fig(=uneven)* ujevn.
up-and-over [ˈʌpənˌouvə] *adj* **US** *& Canada; om egg* **T***(=fried on both sides)* stekt på begge sider; *(jvf sunny-side up).*
up-and-over*(=overhead)* ***garage door*** vippeport.
upbeat [ˌʌpˈbi:t] *s; mus:* oppslag; opptakt.
upbraid [ʌpˌbreid] *vb; stivt el. glds: se reproach.*
upbringing [ˌʌpˈbriŋiŋ] *s:* oppdragelse; ***he had a stern upbringing*** han fikk en streng oppdragelse.
I. up-country, upcountry [ʌpˌkʌntri] *adj* **1.** som ligger (*el.* hører hjemme) inne i landet; **2.** *neds(=countrified)* bondsk.
II. up-country, upcountry *adv:* inn(e) i landet.
up-current [ˌʌpˈkʌrənt] *s; flyv:* oppvind.
I. update [ˌʌpˈdeit] *s:* oppdatering; ***I don't have an update on that*** jeg er ikke helt à jour når det gjelder det.
II. update [ʌpˌdeit] *vb(=bring up to date)* oppdatere; ajourføre *(fx a dictionary).*
updraught *(,US: updraft)* [ˌʌpˈdrɑ:ft] *s; flyv: se up -current.*
upend [ʌpˌend] *vb* **1.** stille på høykant; **2. T***(=knock down)* slå ned.
I. up-front, up front [ʌʌpˌfrʌʌnt] *adj* **T 1***(=in advance)* på forskudd; forskudds-; ***an up-front payment of ten per cent*** ti prosent betaling på forskudd;
2. *især* **US***(=frank; open; straightforward)* åpen; likefrem *(fx about sth);*
3. US*(=in front):* ***up-front seats****(=seats in front)* (sitte)plasser foran; *(=prominent)* fremtredende *(fx position).*
II. up-front, up front *adv* **T***(=as an initial investment; in advance; cash down)* som en førsteinvestering; som forskudd; kontant *(fx they demanded £500,000 up front; I want £50 up front);* ***get paid up-front*** 1. få betaling på forskudd; 2. få betaling som det skal skattes av.
up-front competence spissteknologikompetanse.
up-front technology spissteknologi.
I. upgrade [ˌʌpˈgreid] *s* **1. US***(=upgradient)* oppoverbakke; motbakke; *(jvf upgradient);* **2.** *fig:* ***on the upgrade*** på vei oppover; i fremgang.
II. upgrade [ʌpˌgreid] *vb* **1.** oppgradere; **2.** sette til mer kvalifisert arbeid; **3.** *merk:* sette opp prisen på.
upgradient [ˌʌpˈgreidiənt] *s(=uphill (slope);* **US:** *upgrade)* oppoverbakke; motbakke; ***on an upgradient*** i motbakke.
upgrading course *som kvalifiserer til bedre betalt arbeid:* etterutdanningskurs; *(jvf II. upgrade 2).*
upheaval [ʌpˌhi:vəl] *s* **1.** *geol(=uplift)* landhevning;
2. *fig:* omveltning; ***upheavals in the organization*** rystelser i organisasjonen.
I. uphill [ˌʌpˈhil] *s:* ***uphill (slope)*** oppoverbakke; motbakke; ***on an uphill*** i motbakke; i en oppoverbakke.
II. uphill [ˈʌpˌhil; *attributivt:* ˌʌpˈhil] *adj* **1.** som går oppover *(fx road);* **2.** *fig(=difficult)* vanskelig; ***it was uphill work*** *også:* det gikk tungt.
III. uphill [ˈʌpˌhil] *adv* **1.** oppover bakke *(fx it's uphill all the time);* **2.** *fig:* ***he seemed to be working uphill*** det så ut til at arbeidet gikk tungt for ham.
uphold [ʌpˌhould] *vb(pret & perf.part.: upheld) stivt* **1***(=maintain)* holde oppe *(fx morale);* opprettholde *(fx old traditions);*
2*(=support)* støtte; ***I can't uphold such practice*** jeg kan ikke være med på den slags praksis;
3. *jur(=allow)* ta til følge; ***his claim was upheld by the court*** retten tok hans påstand til følge.
upholster [ʌpˌhoulstə] *vb:* polstre; stoppe; trekke.
upholstery [ʌpˌhoulstəri] *s* **1.** møbelstopping;
2. polstring; *i bil:* trekk *n;*
3.: ***upholstery (material)*** møbelstoff.
upkeep [ˌʌpˈki:p] *s* **1***(=maintenance)* vedlikehold *n;* ***(costs of) upkeep****(=maintenance)* vedlikeholdsomkostninger;

U

2*(=running)* drift;
3*(=maintenance)* underhold *n.*

I. upland [ˌʌplənd] *s:* ***upland(s)****(=highlands)* høyland.

II. upland *adj(=highland)* høylands-.

I. uplift [ˌʌp'lift] *s* **1.** *geol(=upheaval)* landhevning;
2. *stivt el. glds:* ***his words gave us an uplift****(=his words had an edifying effect on us)* ordene *(n)* hans hadde en oppbyggelig virkning på oss;
3.: ***a bra that gives uplift*** en behå som løfter.

II. uplift [ʌpˌlift] *vb* **1.** *stivt(=lift up; raise)* løfte; heve;
2. *stivt(=cheer up):* ***her letter uplifted me*** brevet hennes muntret meg opp.

I. upload [ˌʌp'loud] *s; EDB:* opplasting; *(jvf I. download).*

II. upload [ˌʌp'loud; 'ʌpˌloud] *vb; EDB:* laste opp; *(jvf II. download).*

upmarket ['ʌpˌmɑ:kit] *adj(=posh; expensive)* dyr; fin.

upmarket let *(=prestige let)* leid statusbolig; fin og dyr leilighet.

upmarket shop*(=posh shop)* finere forretning.

upon [əˌpɔn] *prep* **1.** *stivt: se on;* **2.** *eventyrstil:* ***once upon a time there was a boy*** det var engang en gutt.

I. upper [ˌʌpə] *s* **1.** *på sko:* ***uppers*** overlær; *(jvf I. vamp 1);* **2.:** ***on one's uppers*** lutfattig; ***the firm is on its uppers*** firmaet kjører på stumpene; firmaet er helt på knærne *n.*

II. upper *adj* **1.** øvre *(fx Upper Egypt);* **2.** over- *(fx the upper arm).*

upper berth *mar:* overkøye.

upper case *typ(=capitals)* store bokstaver.

upper-case ['ʌpəˌkeis; *attributivt:* ˌʌpə'keis] *adj; typ(=capital)* stor; ***an upper-case letter*** en stor bokstav.

upper chamber *parl(=upper house)* overhus; førstekammer.

upper circle *teat:* annen losjerad; øverste galleri *n; (jvf dress circle).*

I. upper class ['ʌpəˌklɑ:s] *s* **1.** overklasse; ***the upper classes*** overklassen; **2.** *skolev:* ***the upper classes of the school*** skolens øverste klasser; *(se upper school).*

II. upper-class ['ʌpəˌklɑ:s; *attributivt:* ˌʌpə'klɑ:s] *adj:* overklasse-; som hører overklassen til.

I. upper crust ['ʌpəˌkrʌst] *s; neds* **T:** ***the upper crust****(=the upper classes)* overklassen.

II. upper-crust ['ʌpəˌkrʌst; *attributivt:* ˌʌpə'krʌst] *adj; neds* **T***(=upper-class)* overklasse- *(fx accent).*

upper-crust image: ***her upper-crust image*** hennes overklasseimage.

uppercut [ˌʌpə'kʌt] *s; sport; boksing:* uppercut.

upper deck *mar:* øverste dekk *n.*

upper hand: ***get the upper hand*** få overtaket (*of, over* på); ***have the upper upper hand*** 1*(=be in full control)* ha bukten og begge endene; ha full kontroll; 2. ha overtaket (*of, over* på).

upper house *parl(=upper chamber)* førstekammer; overhus.

upper lip 1. *anat:* overleppe; **2.** *fig:* ***keep a stiff upper lip*** ikke vise seg svak; **T:** være tøff.

I. uppermost [ˌʌpə'moust] *adj; også fig:* øverst; høyest; ***the uppermost authority****(=the very highest authority)* den aller øverste myndighet; ***the uppermost layer*** det øverste laget; ***a subject of uppermost****(=the very great- est)* ***importance*** et emne av største viktighet.

II. uppermost *adv:* øverst; ***keel uppermost*** med kjølen i været; ***thoughts of the children were uppermost in her mind*** først og fremst tenkte hun på barna *n.*

upper school *skolev:* de fire øverste klasser i en 'comprehensive school'.

upper sixth *skolev(=upper sixth form)* avgangsklassen i en 'comprehensive school' (svarer til 3. klasse i videregående skole, allmennfaglig studieretning).

upper storey *spøkef* **T:** ***the upper storey*** øverste etasje (ɔ: hodet).

upper works *pl; mar:* overskip; skipsside over vannlinjen.

uppish [ˌʌpiʃ] *adj* **T***(=superior)* kjepphøy *(fx get uppish);* overlegen *(fx young lady);* ***there's no need to be uppish about it!*** det er ingen grunn til å bli kjepphøy av den grunn!

uprate [ʌpˌreit] *vb* **1***(=upgrade)* oppgradere;
2*(=scale up; revise up)* oppjustere.

uprating [ʌpˌreitiŋ] *s* **1***(=ugrading)* oppgradering; **2***(=scaling up; upward revision)* oppjustering; ***the annual uprating of pensions*** den årlige oppjustering av pensjonene.

I. upright [ˌʌp'rait] *s* **1.** *bygg(=stud)* stender;
2. stolpe *(fx uprights two metres apart);*
3. *sport; fotb(=goal post)* målstolpe.

II. upright 1. *adj; stivt(=just and honest)* rettskaffen; ærlig;
2. *adv:* rett opp og ned; ***he got out of bed and stood upright*** han kom seg ut av sengen og stod oppreist.

upright freezer fryseskap.

upright piano *mus:* vanlig piano *n.*

uprising [ˌʌp'raiziŋ] *s; lett glds(=revolt)* oppstand; reisning.

uproar [ˌʌp'rɔ:] *s:* larm; tumult; lurveleven *n.*

uproarious [ʌpˌrɔ:riəs] *adj:* støyende; stormende *(fx applause);* ***uproarious hilarity*** løssluppen munterhet.

uproot [ʌpˌru:t] *vb* **1.** grave (*el.* rykke) opp med roten;
2. *fig:* rykke opp med roten.

uprooted [ʌpˌru:tid] *adj:* rotløs; ***uprooted exiles*** rotløse mennesker i utlendighet.

upsadaisy [ˌʌpsəˌdeizi] *int(=upsydaisy)* hoppsan-heisan; hoppla.

I. upset [ˌʌp'set] *s* **T 1.** styr *(n)* og ståk *n;* opphisselse; misstemning;
2. forstyrrelse; ***stomach upset*** magebesvær; ***children don't like upsets in their routine*** barn liker ikke forandringer i rutinen;
3*(=defeat; disappointment)* nederlag; skuffelse; ***it was an upset for us*** det var en skuffelse for oss; ***he's had a bit of an upset*** han har fått seg et lite sjokk;
4. *ved auksjon* **US:** ***upset (price)****(=reserve(d) price)* minimumspris.

II. upset [ʌpˌset] *vb(pret & perf.part.: upset)* **1***(=knock over; overturn)* velte *(fx a glass);*
2. *om mat:* ***garlic upsets me*** jeg får vondt i magen av hvitløk; ***all that food upset her stomach*** all den maten hadde magen hennes ikke godt av;
3. *fig:* kullkaste *(fx sby's plans);* ***upset the balance of nature*** forstyrre likevekten i naturen;
4. *fig:* bringe ut av likevekt; ryste; virke sterkt på *(fx his friend's death upset him very much);* ***try not to upset yourself about it*** prøv å la være å bekymre deg på grunn av det; *(se applecart: upset sby's upset).*

III. upset [ʌpˌset] *adj:* oppbrakt; oppskaket; urolig; ***he was quite upset about it*** han var helt ute av seg på grunn av det; ***deeply upset*** svært oppskaket (*by* av, over); ***get upset*** 1. bli støtt; 2. bli oppbrakt; ***upset at the thought of violence*** oppbrakt ved tanken på vold.

upset price: *se I. upset 4.*

upsetting [ʌpˌsetiŋ] *adj* **1.** som gjør en trist (*el.* bedrøvet); ***that must have been very upsetting for you*** det må ha vært en stor påkjenning for deg;
2. foruroligende; ***upsetting news*** foruroligende nyheter;
3. oppskakende; ***the divorce was very upsetting for the child*** skilsmissen var meget oppskakende for barnet;
4. støtende;
5*(=annoying)* irriterende.

upshot [ˌʌp'ʃɔt] *s* **T:** ***the upshot****(=the (final) result)* det endelige resultat; resultatet; utfallet.

upside down [ˌʌp'said ˌdaun] *adv* **1.** opp ned; med bunnen i været; **2.** *fig:* ***turn sth upside down*** snu noe på hodet; endevende *(fx a house);* ***our life had been turned upside down*** vår tilværelse var snudd helt på hodet.

upslope [ˌʌp'sloup] *s* **US**(=*uphill*) oppoverbakke.
I. upstage ['ʌpˌsteidʒ] *adv; teat(=at the back of the stage)* i bakre del av scenen; i bakgrunnen.
II. upstage [ʌpˌsteidʒ] *vb* **1.** *teat:* tvinge en skuespiller til å vende seg bort fra publikum *(n)* ved å snakke til ham fra bakre del av scenen;
2. *fig* **T**(=*steal the show from)* ta luven fra; stille i skyggen.
III. upstage ['ʌpˌsteidʒ; *attributivt:* ˌʌp'steidʒ] *adj* **1.** *teat:* bakgrunns-; **2. T**(=*haughty; aloof)* overlegen; hoven; reservert; utilnærmelig.
upstage scenery *teat:* bakgrunnskulisser.
I. upstairs ['ʌpˌstɛəz; *mots downstairs:* ˌʌp'stɛəz] *s; pl:* ***the upstairs*** **1.** overetasjen;
2. *i hus med tjenere:* herskapet.
II. upstairs [ʌpˌstɛəz; *attributivt:* ˌʌp'stɛəz] *adj:* ovenpå; ***an upstairs room*** et rom ovenpå (*el.* i annen etasje).
III. upstairs [ʌpˌstɛəz] *adv* **1.** ovenpå; i annen etasje; ***his room is upstairs*** rommet hans er ovenpå; rommet hans er i annen etasje; ***go upstairs*** gå ovenpå;
2. T: ***kick sby upstairs*** sparke en oppover (ɔ: bli kvitt en ved forfremmelse).
upstanding ['ʌpˌstændiŋ] *adj* **1.** *stivt(=erect; upright)* som står rett opp og ned; **2.** *fig(=upright)* rettskaffen; hederlig *(fx a fine upstanding young man).*
upstart [ˌʌp'stɑ:t] *s:* oppkomling.
upstate [ˌʌp'steit; ˌʌpˌsteit; *attributivt:* ˌʌp'steit] **US**
1. *adj:* som befinner seg i den nordligste (*el.* minst sentrale) del av staten;
2. *adv:* i den nordligste (*el.* minst sentrale) del av staten.
upstream [ˌʌpˌstri:m; ʌpˌstri:m; *attributivt:* ˌʌp'stri:m]
1. *adj:* som ligger lenger opp langs elva; oppgående; motstrøms-; oppstrøms-;
2. *adv:* oppover langs elva; oppover elva *(fx salmon swim upstream to spawn).*
upstroke [ˌʌp'strouk] *s* **1.** *mask:* oppslag *(fx of a piston);* **2.** *i skrivning(=upward stroke)* oppstrek.
upsurge [ˌʌp'sə:dʒ] *s; især litt.(=rush):* ***a sudden upsurge of kindness*** et plutselig anfall av vennlige følelser; ***a great upsurge of interest*** en bølge av interesse.
upswing [ˌʌp'swiŋ] *s; økon(=recovery)* oppsving *n.*
upsydaisy [ˌʌpsiˌdeizi] *int(=upsadaisy)* hoppsan-heisan; hoppsan.
uptake [ˌʌp'teik] *s* **1.** *i ildsted:* opptrekk *n;*
2. *av næring, etc(=intake)* opptak *n;*
3. T: ***be quick on the uptake*** være rask i oppfatningen; **T:** ha kort lunte; ***be slow on the uptake*** være sen i oppfatningen; **T:** ha lang lunte.
uptight [ʌpˌtait] *adj* **T**(=*tense; nervous)* anspent; nervøs.
I. up-to-date [ˌʌptə'deit] *adj; attributivt:* oppdatert; ajourført; moderne *(fx method).*
II. up to date, up-to-date ['ʌptəˌdeit] *adj; predikativt:* oppdatert; ajourført; moderne *(fx the list is quite up to date);* ***keep me up to date on****(=with)* ***your plans****(=keep me informed of your plans)* hold meg underrettet om planene dine.
up-to-the-minute, up to the minute *adj:* helt à jour; aller siste; aller nyeste; *om mote:* ultramoderne; aller nyeste; ***up-to-the-minute information****(=the very latest information)* aller siste nytt.
I. upturn [ˌʌp'tə:n] *s(=upward trend)* oppsving *n.*
II. upturn ['ʌpˌtə:n] *vb* **1**(=*turn up)* vende opp;
2(=*turn upwards)* vende oppad.
upturned ['ʌpˌtə:nd; *attributivt:* ˌʌp'tə:nd] *adj*
1. oppadvendt; **2.** omvendt *(fx bucket);* ***the upturned boat*** båthvelvet.
I. upward [ˌʌpwəd] *adj:* oppadgående *(fx movement);* stigende *(fx tendency).*
II. upward *adv: se upwards.*
upwards [ˌʌpwədz] *adv:* oppover; opp; i været *(fx look upwards);* ***and upwards*** og derover; og mer; ***from the age of 16 (and) upwards*** fra 16-årsalderen og derover; ***face upwards*** med ansiktet opp; *stivt:* ***upwards of****(=more than)* mer enn; flere enn.
upward trend *(=upward movement)* oppadgående bevegelse; ***upward trend of prices****(=tendency of prices to rise)* prisoppgang.
I. upwind [ˌʌp'wind] *s; meteorol:* oppvind.
II. upwind [ʌpˌwind] *adv:* mot vinden.
uraemia (,**US:** *uremia)* [juˌri:miə] *s; med.:* uremi; urinforgiftning.
Ural [ˌjuərəl] *s; geogr:* Ural; ***the Urals*** Uralfjellene.
uranium [juˌreiniəm] *s; min:* uran *n.*
urban [ˌə:bən] *adj:* bymessig; by-; ***urban life*** byliv(et).
urban clearway gate med stoppforbud.
urban community bysamfunn.
urban cycle *(=driving in town (traffic))* bykjøring.
urban demolition bysanering; *(jvf urban renewal).*
urban development byutvikling.
urban drift: ***the urban drift****(=the flight from the land; the rural exodus)* flukten fra landsbygda.
urbane [ə:ˌbein] *adj; stivt(=courteous; sophisticated)* urban; beleven; sofistikert; blasert; høflig.
urban environment bymiljø.
urbanity [ə:ˌbæniti] *s; stivt(=courtesy; sophistication)* urbanitet; belevenhet; blaserthet; høflighet.
urbanize, urbanise [ˌə:bə'naiz] *vb:* urbanisere; gi bypreg.
urban renewal bysanering; byfornyelse; *(se urban demolition).*
urban sprawl byspredning.
urchin [ˌə:tʃin] *s* **1.** *zo:* ***sea urchin*** sjøpinnsvin;
2.: ***street urchin*** gategutt; *(jvf guttersnipe).*
Urdu [ˌuədu:; ˌə:du:] *s; språk:* urdu.
ureter [juˌri:tə] *s; anat:* urinleder.
urethra [juˌri:θrə] *s; anat:* urinrør.
I. urge [ə:dʒ] *s:* sterk innskytelse; sterkt ønske; ***natural urges*** naturdrifter; ***feel the urge to*** ha god lyst til å; ***she gets these sudden -s*** hun får disse plutselige innskytelsene; ***have an urge to write*** ha skrivekløe.
II. urge *vb* **1.** henstille (inntrengende); be *(fx 'Come with me', he urged);* ***urge sby to*** be en innstendig om å; ***he urged us to stay*** han maste på oss om å bli; **2**(=*drive)* drive *(fx hunger urged him to steal);*
3(=*encourage)* anspore *(fx sby to do their best);*
4(=*stress)* understreke; fremheve;
5.: ***urge on*** 1. drive frem *(fx he urged(=drove) the donkey on); fig:* ***he urged****(=drove)* ***himself on*** han tvang seg selv til å gå videre; 2.: ***urge sth on sby****(=impress sth on sby)* fremholde noe for en.
urgency [ˌə:dʒənsi] *s:* det at noe haster; det at noe er presserende; ***a matter of great urgency****(=a very urgent matter)* en meget presserende sak; ***the urgency of his warning*** hans inntrengende advarsel; ***what's the urgency?****(=why are you hurrying?)* hvorfor har du (,dere) det så travelt?
urgent [ˌə:dʒənt] *adj* **1.** inntrengende *(fx appeal; request);*
2. presserende; ***an urgent matter*** en hastesak; ***an urgent****(=pressing)* ***problem*** et påtrengende problem; et presserende problem; ***in urgent cases*** i presserende tilfeller *n;* ***we are in urgent need of it****(=we're in a hurry for it)* vi trenger det med én gang.
urgently [ˌə:dʒəntli] *adv:* inntrengende *(fx I must urgently request you to ...);* ***deal urgently with an application*** ekspressbehandle en søknad; ***need sth urgently****(=be in a hurry for sth)* trenge noe med én gang; ***he urgently wants a word with you*** han må absolutt snakke med deg.
Uriah [juˌraiə] *s; bibl:* Urias.
uric [ˌjɔ:rik; ˌjuərik] *adj; kjem:* urin-.
uric acid *kjem:* urinsyre.
urinal [ˌjɔ:rinl; ˌjuərinl] *s* **1**(=*urine bottle)* uringlass;
2. urinal.
urinary [ˌjɔ:rinəri; ˌjuərinəri] *adj; anat:* urin-.

U

urinary bladder *anat:* urinblære.
urinary tract *anat: **the urinary tract*** urinveiene.
urinate [ˌjɔ:ri'neit; ˌjuəri'neit] *vb:* urinere; late vannet.
urination ['jɔ:riˌneiʃən; 'juəriˌneiʃən] *s:* urinering; vannlating.
urine [ˌjɔ:rin; ˌjuərin] *s:* urin.
urn [ə:n] *s* **1.** urne; **2**(*=cinerary urn*) askeurne; **3.:** ***tea urn*** temaskin; samovar.
urological [ju(ə)rəˌlɔdʒikl] adj; med.: urologisk.
Ursa Major [ˌə:səˌmeidʒə] *s; astr(=the Great Bear)* Storebjørn.
Ursa Minor [ˌə:səˌmainə] *s; astr(=the Little Bear;* **US** *& Canada: the Little Dipper)* Lillebjørn.
ursine [ˌə:sain] *adj:* bjørne-; bjørnelignende.
urticaria ['ə:tiˌkεəriə] *s; med.(=hives; nettle rash)* elveblest; neslefeber.
Uruguay [ˌjuərə'gwai] *s; geogr:* Uruguay.
us [ʌs; *trykksvakt:* əs; s] *pers pron* **1.** oss; ***it's us*** det er oss; **2. T**(*=me*) meg *(fx give us a kiss!).*
US(A) ['ju:es(ˌei)] *(fk f United States (of America)): **the US(A)*** USA; ***the US(A) are(=is) …*** USA er …
usable [ˌju:zəbl] *adj:* brukbar; brukelig.
usage [ˌju:sidʒ; ˌju:zidʒ] *s* **1.** *stivt(=treatment): **receive rough usage*** få hardhendt behandling; ***ill usage****(=ill-treatment)* mishandling;
2. *stivt el. litt.(=custom)* skikk *(fx ancient traditions and usages);*
3. kutyme; ***trade usage*** handelskutyme; ***common usage****(=practice)* hevd; skikk og bruk;
4. språkbruk; ***ordinary usage*** vanlig språkbruk.
I. use [ju:s] *s* **1.** bruk; anvendelse; benyttelse; ***plenty of*** uses mange anvendelsesmuligheter; ***possible uses*** anvendelsesmuligheter; ***wrong use*** gal bruk *(fx the machine was damaged by wrong use); **wrongful use****(=misuse)* misbruk *(fx of company money); **after use*** etter bruk; ***for everyday use*** til daglig bruk; ***for external (,internal) use*** til utvortes (,innvortes) bruk; ***for my use*** til mitt bruk *(fx it's too small for my use); **for one's personal use*** til eget bruk; ***for use in emergencies*** til bruk i nødstilfeller; ***find a use for sth*** finne noe å bruke noe til; ***I have no further use for them*** jeg har ikke bruk for dem lenger; ***in use*** i bruk; ***it's in general use*** det er mye brukt; det brukes mye; ***have in use****(=be using)* ha i bruk; ***come into use****(=begin to be used)* bli tatt i bruk; ***the use of*** bruken av; ***extensive use of*** utstrakt bruk av; ***loss of use*** brukstap; ***the proper****(=correct)* ***use of*** riktig bruk av; ***gain the use of one's legs again*** få igjen førligheten i bena; ***give sby the use of*** la en få bruke; ***he kept the use of his legs till the day he died*** han beholdt full førlighet i bena til han døde; ***how long has it been out of use?*** hvor lenge er det siden den (,det) var i bruk? ***go out of use****(=cease to be used)* gå av bruk; ***make use of*** gjøre bruk av; ***make extensive (,frequent) use of*** gjøre utstrakt (,flittig) bruk av; ***make good use of sth****(=put sth to good use)* gjøre god bruk av noe; ***make good use of one's time*** benytte tiden godt; ***make sensible use of the freezer****(=use the freezer sensibly)* bruke fryseren fornuftig; ***put to use*** 1(*=make use of*) gjøre bruk av; 2(*=start using*) ta i bruk;
2. *språkv:* bruk; ***this use of the word is rare*** denne bruken av ordet er sjelden; *(se usage);*
3. nytte; ***be of use*** være til nytte; gjøre nytte; ***be of use to sby*** være til nytte for en; være nyttig for en; ***he's no use*** han er ubrukelig; ***it's no use trying****(=there's no point in trying)* det nytter ikke å prøve; ***it's (of) no use****(=it's no good)* det nytter ikke; ***what's the use of (-ing)?*** hva kan det nytte å …?
II. use [ju:z] *vb* **1.** bruke *(fx a hammer; one's head); **the car uses very little petrol*** bilen bruker svært lite bensin; ***use some of the butter*** bruke (noe) av smøret; ***use violence against*** øve vold mot; ***be used for*** bli brukt til; brukes til; ***use up*** bruke opp; ***when using …*** ved bruk av; når man bruker …; ***the machine was wrongly used and damaged*** maskinen ble skadd ved galt bruk;
2. *person:* behandle; ***she felt she had been badly*** used(*=treated*) hun følte at hun var blitt dårlig behandlet; ***consent to be used****(=let oneself be used)* la seg bruke.
used [ju:zd] *adj:* brukt *(fx car); (jvf second-hand).*
used car *(=second-hand car)* bruktbil.
used car salesman bruktbilselger.
used to [ˌju:st tə; *foran vokal:* 'ju:st tu] *adj* **1.** vant til *(fx I'm not used to it); **used to (-ing)*** vant til å;
2.: ***he used to come in the morning*** han pleide å komme om morgenen (,formiddagen); ***did he use(d) to do that?*** pleide han å gjøre det? ***he didn't use(d) to do it****(=he usen't to do it)* han pleide ikke å gjøre det;
3.: ***there used to be a baker's shop here*** det var et bakeriutsalg her engang (i tiden); ***didn't you use(d) to live near me?*** bodde du ikke i nærheten av meg den gangen (,en gang i tiden)?
useful [ˌju:sful] *adj:* nyttig; ***it's useful to know****(=it's worth knowing)* det er nyttig å vite; ***it came in useful*** det kom til nytte; ***make oneself useful about the house*** gjøre nytte for seg i huset; ***useful for*** nyttig for *(fx a purpose); **useful to sby*** nyttig for en; ***it's useful for them to be told if …*** det er nyttig for dem å få vite om …; ***useful to society*** samfunnsnyttig.
usefully [ˌju:sfuli] *adv:* på en nyttig måte; ***one cannot usefully …*** det tjener liten hensikt å ….
usefulness [ˌju:sfulnəs] *s:* nytte; ***it has survived its usefulness*** det har overlevd seg selv.
useful plant nytteplante; nyttevekst; ***names of native and foreign useful plants*** navn på innen- og utenlandske nyttevekster.
useless [ˌju:sləs] *adj:* unyttig *(fx thing);* nytteløs; ubrukelig; ***render useless*** gjøre ubrukelig; ***it's useless to try*** det nytter ikke å prøve; ***useless at housework*** ikke noe tess til husarbeid.
usen't [ˌju:sənt]: *se used to 2.*
user [ˌju:zə] *s* **1.** bruker; **2. T**(*=drug addict*) stoffmisbruker; ***user of heroin*** heroinbruker.
user-friendly [ˌju:zə'frendli] *adj:* brukervennlig.
user's guide brukerveiledning.
I. usher [ˌʌʃə] *s* **1.** *teat & kino:* plassanviser; **2.: *(court) usher*** rettsbetjent.
II. usher *vb* **1.** *stivt el. spøkef(=lead; show)* føre *(fx the waiter ushered him to a table);*
2.: *usher in* 1. *stivt el. spøkef(=show in)* vise inn; 2. *stivt(=be the beginning of)* innvarsle.
usherette ['ʌʃəˌret] *s; teat & kino:* plassanviserske; *(jvf I. usher).*
I. usual [ˌju:ʒuəl] *s: **the usual*** det vanlige; *om drink: **the usual please!*** det vanlige, takk!
II. usual *adj:* vanlig; ***as usual*** som vanlig; ***it's not usual for him to be late*** han er ikke vanligvis sent ute; ***as is usual on these occasions*** som vanlig er ved slike anledninger.
usually [ˌju:ʒuəli] *adv:* vanligvis; ***be more than usually careful*** være forsiktigere enn vanlig.
usurer [ˌju:ʒərə] *s:* ågerkar.
usurious [ju:ˌʒuəriəs] *adj; meget stivt:* åger-; ublu; ***usurious rates of interest****(=extortionate (rates of) interest)* ublue rentesatser; ågerrente.
usurp [ju:ˌzə:p] *vb* **1.** *hist:* rive til seg; tilrane seg *(fx the throne);*
2. *stivt(=monopolize)* monopolisere; legge beslag på *(fx the conversation).*
usurper [ju:ˌzə:pə] *s: **usurper (of the throne)*** tronraner.
usury [ˌju:ʒəri] *s:* åger; ***practise usury*** drive åger.
Utah [ˌju:tɔ:; ˌju:tɑ:] *s; geogr:* Utah.
utensil [ju:ˌtensl] *s:* redskap *n;* verktøy *n (fx farming utensils); **cooking utensils*** kokesaker; ***domestic utensils*** husgeråd; ***eating utensils*** spiseredskaper; ***kitchen utensils*** kjøkkentøy; ***writing utensils*** skrivesaker.
uterine [ˌju:tə'rain] *adj; anat:* livmor-.

uterine cancer *med.(=cancer of the womb)* livmorkreft.
uterus [ˌju:tərəs] *s; anat(=womb)* livmor.
utilitarian [ju:'tiliˌtɛəriən] *adj:* nyttebetont.
utilitarian studies *pl:* brødstudium.
I. utility [ju:ˌtiliti] *s* **1.** *meget stivt(=usefulness)* nytte; ***limited utility*** begrenset nytte *(fx some of these gadgets have only a limited utility);*
2. offentlig gode; fellesgode (som elektrisitet, gass, etc); *(se public utility).*
II. utility *adj* **1.** bruks-; nytte-; **2.** *hist; under den 2. verdenskrig:* standard- *(fx utility clothes).*
utility animal *zo:* nyttedyr.
utility article *(=article for everyday use)* bruksgjenstand.
utility china *(=household china)* bruksporselen.
utility room *i privathus:* vaskerom.
utility value bruksverdi.
utilization, utilisation ['ju:tilaiˌzeiʃən] *s:* det å gjøre bruk av; benyttelse; utnyttelse.
utilize, utilise [ˌju:ti'laiz] *vb; stivt(=use; make use of)* bruke; gjøre bruk av; benytte; utnytte *(fx resources).*
I. utmost [ˌʌtmoust] *s: **I shall do my utmost**(=my very best)* jeg skal gjøre mitt ytterste; ***to the utmost*** til det ytterste.
II. utmost *adj:* ytterst; ***of the utmost importance*** av den aller største viktighet; ***with the utmost care*** med den ytterste forsiktighet.
Utopia [ju:ˌtoupiə] *s:* Utopia.
Utopian, utopian [ju:ˌtoupiən] *adj:* utopisk.
I. utter [ˌʌtə] *vb* **1.** *stivt(=speak)* ytre *(fx he never uttered a word);*
2. *stivt(=let out)* utstøte; gi fra seg *(fx a cry of despair).*
II. utter *adj(=absolute; total)* fullstendig: ***there was utter silence*** det var fullstendig stille; ***in utter darkness*** i stummende mørke *n.*
utterance [ˌʌtərəns] *subst: stivt* **1***(=statement; remark)* ytring; **2***(=expression)* uttrykk *n;* ***give utterance to*** gi uttrykk for.
utterly [ˌʌtəli] *adj(=completely)* helt; fullstendig ***utterly impossible*** fullstendig umulig; ***utterly ruthless*** hjerterå.
uttermost [ˌʌtə'moust] *adj; litt.: se II. utmost.*
U-turn [ˌju:'tə:n] *subst* **1.** U-sving; sving på 180°;
2. *fig; polit(=about-face)* helomvending; snuoperasjon.
uvula [ˌju'vjulə] *subst; anat;* drøvel.
uvular [ˌju:vjulə] *adj:* drøvel-; ***a uvular r*** drøvel-r.
uxorious [ʌkˌsɔ:riəs] *adj; meget stivt(=very fond of one's wife)* svært inntatt i sin kone.

V

V, v [vi:] V, v; ***V for Victory*** enkelt-v; ***capital V*** stor V; ***small v*** liten v.
v, vs*(fk f versus): se versus.*
vac [væk] *s* **T 1.:** *se vacation;* **2. T***(=vacuum cleaner)* støvsuger; ***car vac*** bilstøvsuger.
vacancy [ˌveikənsi] *s* **1.** ledig stilling; *i hotell:* ledig værelse;
2*(=empty-headedness)* tomhjernethet;
3. *fig; stivt:* tomhet; ***vacancy of mind****(=emptiness of mind)* tanketomhet; ***stare into vacancy*** stirre tomt hen for seg.
vacant [ˌveikənt] *adj* **1.** ledig *(fx room; seat);* ubesatt; ***a vacant seat on the board*** en ubesatt stilling i styret; ***vacant post****(=vacancy)* ledig stilling;
2*(=unbuilt (on))* ubebygd; ***vacant site*** ubebygd tomt;
3*(=empty)* tom; ubebodd;
4. *fig: **a vacant stare*** et tomt blikk; **T: *he looks rather vacant*** han ser ikke videre gløgg ut.
vacantly [ˌveikəntli] *adv:* med et fraværende blikk; tomt *(fx stare vacantly out of the window).*
vacate [vəˌkeit; **US:** veiˌkeit] *vb; stivt* **1***(=leave)* forlate *(fx one's hotel room); (=move out of)* flytte fra (*el.* ut av) *(fx a house);*
2. *om plass(=make available)* frigjøre;
3*(=give up)* gi fra seg *(fx one's seat);* fratre *(fx a post).*
I. vacation [vəˌkeiʃən; **US:** veiˌkeiʃən] *s* **1.** *stivt:* frigjøring; ***the vacation of the premises must be completed by Monday****(=the premises must be made available by Monday)* lokalene *(n)* må frigjøres innen mandag;
2. US*(=holiday)* ferie;
3. *univ:* ferie; *jur:* ***court vacation****(=legal vacation)* rettsferie.
II. vacation *vb* **US***(=take a holiday)* feriere.
vacationist [veiˌkeiʃənist] *s* **US***(=holiday maker)* ferierende.
vaccinate [ˌvæksi'neit] *vb; med.:* vaksinere.
vaccination ['væksiˌneiʃən] *s; med.:* vaksinering; vaksinasjon.
vaccinator [ˌvæksi'neitə] *s; med.:* vaksinerende lege.
vaccine [ˌvæksi:n] *s:* vaksine.
vacillate [ˌvæsi'leit] *vb; stivt* **1***(=shilly-shally)* vingle; **2***(=hesitate)* nøle; vakle.
vacillation ['væsiˌleiʃən] *s; stivt* **1***(=shilly-shallying)* vingling; **2***(=hesitation)* nøling; vakling; *spøkef: **after a lot of vacillation**(= to-ings and fro-ings)* etter mye frem og tilbake.
vacuity [væˌkju:iti] *s; stivt(=emptiness)* tomhet; ***mental vacuity****(=emptiness of mind)* tanketomhet.
vacuous [ˌvækjuəs] *adj; neds; stivt* **1.** *om blikk(=empty)* tom; **2***(=stupid)* enfoldig; dum; ***a vacuous** (=silly)* ***giggle*** en tåpelig fnising.
I. vacuum [ˌvækjuəm] *s* **1.** vakuum *n;* lufttomt rom; lufttomhet; **2.** *fig:* tomrom; **3. T***(=vacuum cleaner; hoover)* støvsuger.
II. vacuum *vb(=hoover)* støvsuge *(fx a carpet).*
vacuum cleaner *(,***T:** *vac; vacuum; hoover)* støvsuger; ***central vacuum cleaner*** sentralstøvsuger; *(se vac 2 & I. vacuum 3).*
vacuum cleaning støvsuging.
(vacuum) flask *(=thermos flask)* termosflaske.
vacuum pack vakuumpakning.
vacuum-pack [ˌvækjuəm'pæk] *vb:* vakuumpakke.
vagary [ˌveigəri; *især:* **US:** veˌgɛəri] *s; stivt(=whim)* lune *(fx the vagaries of the weather).*
vagina [vəˌdʒainə] *s; anat:* vagina; skjede.
vaginal [vəˌdʒainl; ˌvædʒinl] *adj; anat:* vaginal; vaginal-; skjede-.
vagrancy [ˌveigrənsi] *s; stivt el. jur:* løsgjengeri *n.*
vagrancy cell husvillarrest.
I. vagrant [ˌveigrənt] *s* **1.** *glds(=tramp)* landstryker;
2. *jur:* løsgjenger;
3. *stivt(=dosser)* herbergist; *neds:* uteligger.
II. vagrant *adj; stivt(=wandering)* omstreifende; omflakkende; vandrende *(fx musician).*
vague [veig] *adj* **1.** vag; uklar; utydelig *(fx the vague outline of a ship);*
2. *fig:* svevende; vag; utflytende *(fx his plans are so vague);* ***vague ideas****(=foggy ideas;* **T:** *fuzzy ideas)* uklare begreper *n;* ***I haven't the vaguest****(=foggiest)* ***idea*** jeg aner ikke; **T:** jeg har ikke peiling; ***have some***

U V

vague(=dim) notion of ha et uklart begrep om; ***be rather vague*** uttrykke seg nokså uklart (*el.* svevende); ***very vague and indefinite*** svært løst og utflytende; ***it's all too vague and needs tightening-up*** det hele er for utflytende og må strammes inn.
vaguely [ˌveigli] *adv* **1.** uklart; utydelig; ***I remember him very vaguely*** det er så vidt jeg husker ham; ***his face is vaguely familiar*** det err noe kjent ved ansiktet hans;
2*(=a little):* ***I felt vaguely uneasy*** jeg følte meg en tanke urolig; ***she felt vaguely irritated*** hun var en liten smule irritert.
vain [vein] *adj* **1.** forfengelig; ***vain wish*** fromt ønske; **2***(=unsuccessful)* forgjeves; ***make a vain attempt*** gjøre et forgjeves forsøk;
3. *fig(=empty)* tom *(fx vain threats);*
4.: ***in vain*** forgjeves;
5. *bibl:* ***take the name of the Lord thy God in vain*** ta Guds navn forfengelig.
vainly [ˌveinli] *adv(=in vain)* forgjeves.
vainglorious [veinˌglɔ:riəs] *adj; meget stivt(=boastful and conceited)* skrytende og innbilsk; pralende; brautende.
valance [ˌvæləns] *s:* hyllebord; kappe; gardinkappe.
vale [veil] *s; litt.(=valley)* dal; *bibl:* ***the vale of tears*** verdens jammerdal.
valediction ['væliˌdikʃən] *s; litt.(=farewell greeting)* avskjedshilsen.
valedictory ['væliˌdiktəri] *adj; litt.(=farewell)* avskjeds-; ***a valedictory sermon*** en avskjedspreken.
valence [ˌveiləns] *s; kjem: se valency.*
valency [ˌveilənsi] *(,især* **US:** *valence) s; kjem:* valens *(fx the valency of oxygen in water is 2).*
-valent [ˌveilənt] *i sms; kjem(=with a valency of)* -valent *(fx sexivalent* seksvalent).
valentine [ˌvælən'tain] *s* **1.** kjæreste (valgt på St. Valentins dag, den 14. februar); **2.** valentinkort.
valerian [vəˌliəriən] *s* **1.** *bot(=allheal)* baldrian; vendelrot; **2.:** ***(tincture of) valerian*** baldriandråper.
valet [ˌvælit; ˌvælei] *s; hist(=personal man)* kammertjener.
valet(ing) service garderobeservice.
valiant [ˌvæljənt] *adj; stivt el. litt.(=brave)* tapper.
valid [ˌvælid] *adj:* gyldig *(fx excuse; ticket);* ***not valid abroad*** ikke gyldig i utlandet; ***a valid conclusion*** en velbegrunnet konklusjon; ***valid in law****(=legally valid)* rettsgyldig; ***admit that the other person's point of view is valid*** erkjenne at den annens synspunkt har noe for seg.
validity [vəˌliditi] *s:* gyldighet; *om teori:* holdbarhet; ***of universal****(=general)****validity****(=universally valid)* allmenngyldig; ***validity (in law)****(=legal validity)* rettsgyldighet; ***this argument has little (,no, great) validity*** dette argumentet har liten (,ingen, stor) gjennomslagskraft.
valise [vəˌli:z; **US:** vəˌli:s] *s* **1.** *især* **US***(=travelling bag)* reiseveske; **2.** *glds:* vadsekk.
valley [ˌvæli] *s:* dal; ***a side valley off Hallingdal*** en sidedal til Hallingdal.
valour *(,***US:** *valor)* [ˌvælə] *s; stivt(=courage; bravery)* mot *n;* tapperhet.
valuable [ˌvæljuəbl] *adj:* verdifull; ***the truly valuable things in life*** livets sanne goder *n.*
valuables *pl(=articles of value)* verdigjenstander.
valuation ['væljuˌeiʃən] *s* **1.** *også med henblikk på 'council tax' (kommuneskatt):* verdiansettelse; taksering; ***have a valuation done on one's house****(=have one's house valued)* få huset sitt taksert; ***a commercial valuation of the house*** taksering av huset basert på markedsverdien; verditakst på huset;
2. takst(pris); takstverdi; ***that's too low a valuation****(=that valuation is too low)* den taksten er for lav; ***the house was sold at 50 per cent of the valuation*** huset ble solgt for 50% av takstverdien.
Valuation Office: ***the Valuation Office of the Inland Revenue*** *intet tilsv:* den statlige myndighet for verdiansettelse av eiendommer.
I. value [ˌvælju:] *s:* verdi (*of* av); ***human values*** menneskelige verdier; ***content as regards values*** verdiinnhold; ***the estimated value of the house*** antatt verdi av huset; ***it's of little value to me*** det er av liten verdi for meg; ***to the value of*** til en verdi av; ***get excellent value for money*** få utmerket valuta for pengene; ***he wants full value for his money*** han vil ha full valuta for pengene sine; ***instruction in values*** verdiformidling.
II. value *vb* **1.** verdsette; ***overvalue*** verdsette for høyt; ***undervalue*** verdsette for lavt;
2. *også med henblikk på 'council tax' (kommuneskatt):* taksere; ***have sth valued*** få noe taksert; ***valued at £60,000*** taksert til £60.000;
3. sette pris på; ***value old traditions*** sette gamle tradisjoner høyt.
value-added tax *(fk VAT)* merverdiavgift; *(se VAT).*
valueless [ˌvæljuləs] *adj(=of no value)* verdiløs.
valuer [ˌvæljuə] *s:* takstmann; *(jvf building surveyor & engineer-assessor).*
valve [vælv] *s* **1.** *mask, etc:* ventil; spjeld *n;*
2. *mus:* klaff; ventil;
3. *anat, bot, zo:* klaff; ***cardiac valve*** hjerteklaff;
4. *radio(,***US:** *tube)* rør.
valve rubber *mask:* ventilgummi.
valve seat *mask:* ventilsete.
valvular [ˌvælvjulə] *adj:* med ventil(er); ventil-.
valvular defect *med.:* klaffefeil.
vamoose [vəˌmu:s] *vb* **US S***(=decamp)* fordufte; stikke av.
I. vamp [væmp] *s* **1.** *på sko:* forlær;
2. *mus:* skomakerbass;
3. vamp; forførende kvinne.
II. vamp *vb* **1.** sette nytt forlær (*el.* overlær) på;
2. kompe;
3. *om kvinne(=seduce)* forføre;
4.: ***vamp up*** 1*(=invent)* finne på *(fx an excuse);* 2*(=improve)* forbedre; **T:** flikke på *(fx an old speech).*
vampire [ˌvæmpaiə] *s* **1.** vampyr; blodsuger; **2***(=vampire bat)* vampyr (ɔ: slags flaggermus).
vampish [ˌvæmpiʃ] *adj:* vampete; forførende; sexy.
van [væn] *s* **1.:** *se vanguard;*
2. *jernb:* ***goods van****(,***US:** *box car)* lukket godsvogn;
3.: ***(delivery) van****(,***US:** *panel truck)* varebil; varevogn;
4. *tennis(fk f advantage;* **US:** *ad)* fordel; ***van in (,out)*** fordel inne (,ute).
vandal [ˌvændəl] *s:* vandal.
vandalism [ˌvændə'lizəm] *s:* vandalisme; hærverk *n;* ***commit an act of vandalism****(=cause criminal damage)* begå hærverk.
vandalize, vandalise [ˌvændə'laiz] *vb:* vandalisere; ***be vandalized*** bli utsatt for hærverk.
van driver varebilsjåfør.
vane [vein] *s* **1***(=weathervane)* værhane;
2. *på vindmølle(=sail)* møllevinge;
3. *i turbin(=blade)* skovl;
4. *flyv:* ***vane (of a propeller)*** propellblad;
5. *zo; på fjær:* fane;
6. *på pil:* styrefjær.
vanguard [ˌvæn'gɑ:d] *s* **1.** *mil(,***T:** *van)* fortropp;
2. *fig:* avantgarde; ***be in the vanguard*** føre an.
vanilla [vəˌnilə] *s:* vanilje.
vanilla custard *kul:* vaniljekrem; *(jvf pastry cream).*
vanilla flavour vaniljesmak.
vanilla slice *(,Canada: napoleon)* napoleonskake.
vanish [ˌvæniʃ] *vb(=disappear)* forsvinne; ***vanish from sight*** forsvinne ut av syne; ***vanish into thin air*** forsvinne som dugg for sola; ***the money vanished like smoke*** pengene fikk ben *(n)* å gå på.
vanishing act *stivt(=disappearing act)* ***do a vanishing act*** lage et forsvinningsnummer.

vanishing point *i perspektivtegning:* forsvinningspunkt.
vanity [ˌvæniti] *s* **1.** forfengelighet; ***wound sby's vanity*** såre ens forfengelighet; **2.** *fig; stivt* tomhet; meningsløshet; **3. US***(=powder compact)* liten pudderdåse.
vanity plate US T *på bil(=personalized plate)* personlig nummerskilt med eget navn el. initialer på.
van pool US *(=car pool)* ***be in a van pool*** være med på fellestransport (til skole, etc).
vanquish [ˌvæŋkwiʃ] *vb; litt. el. stivt(=defeat; conquer)* beseire; overvinne.
van salesman salgssjåfør.
vantage [ˌvɑ:ntidʒ] *s; tennis: se van 4.*
vantage point *mil & fig:* fordelaktig stilling; godt utgangspunkt; sted *(n)* hvor man har god utsikt.
vapid [ˌvæpid] *adj; litt.(=dull; uninteresting)* kjedelig; uinteressant *(fx he's a vapid talker).*
vaporize, vaporise [ˌveipə'raiz] *vb; tekn* **1***(=evaporate)* fordampe; **2***(=cause to evaporate)* få til å fordampe.
vaporous [ˌveipərəs] *adj; stivt(=steamy)* dampaktig; dampfylt.
vapour *(,***US:** *vapor)* [ˌveipə] *s:* damp; ***water vapour*** vanndamp.
vapour trail *flyv(=condensation trail;* **T:** *contrail)* kondensstripe.
variability ['vɛəriəˌbiliti] *s:* variabilitet; det å være variabel; foranderlighet; omskiftelighet.
I. variable [ˌvɛəriəbl] *s* **1.** *mat.:* variabel størrelse; **2.** *astr(=variable star)* variabel stjerne.
II. variable [ˌvɛəriəbl] *adj* **1.** foranderlig; ustadig *(fx weather);* skiftende *(fx winds);* **2.** *også mat.:* variabel; **3.** regulerbar; ***infinitely variable*** trinnløs.
variance [ˌvɛəriəns] *s; stivt:* ***be at variance****(=disagree)* ikke stemme overens; ***(completely) at variance with****(=in total disagreement with)* (stikk) i strid med.
I. variant [ˌvɛəriənt] *s* **1.** variant; ***random variant*** tilfeldig variant;
2. *språkv(=variant form)* variant; sideform; ***first-choice (,second-choice) variant of Norwegian*** norsk hovedmål (,sidemål); ***main variant*** hovedmålsform; ***optional variant*** sidemålsform; ***regional variant*** geografisk betinget variant; ***it's not a question of two separate languages but of two written variants of the same language*** det dreier seg ikke om to forskjellige språk *(n)*, men om to skriftlige varianter av samme språk.
II. variant *adj:* varierende *(fx forms of a word);* ***variant pronunciation*** uttalevarient; ***variant reading*** avvikende lesemåte; ***variant spelling*** alternativ stavemåte.
variation ['vɛəriˌeiʃən] *s* **1.** variasjon; ***variations on the original idea*** variasjoner av den opprinnelige idé; ***by way of variation****(=for a change)* til en forandring; som en avveksling;
2. *mus:* variasjon; ***his playing is spirited and full of variation*** hans spill *(n)* er temperamentsfullt og rikt på nyanser;
3. *mar(=declination)* misvisning.
varicella ['væriˌselə] *s; med.(=chickenpox)* vannkopper.
varicose [ˌværi'kous] *adj; med.:* varikøs; med åreknuter.
varied [ˌvɛərid] *adj:* variert; avvekslende *(fx scenery);* forskjellig *(fx his excuses were many and varied).*
variegated [ˌvɛəri'geitid] *adj; bot:* broket; spraglet.
variety [vəˌraiəti] *s* **1.** variasjon; avveksling; forandring; ***variety is the spice of life****(=there's nothing like change)* forandring fryder; ***he likes a little variety****(=he likes a little change)* han liker litt avveksling;
2. *biol & bot:* varietet; slag *n;* avart;
3. type; ***snacks of the fish-and-chip variety*** knask av typen fisk og pommes frites;
4. mangfold(ighet); ***a variety of*** forskjellige slags (*el.* typer) *(fx a variety of excuses);* ***for a (whole) variety of reasons****(=for a (whole) lot of different reasons)* av mange forskjellige grunner.
variety entertainment *teat:* varietéunderholdning.
variety meat US *kul(=edible offal)* innmat.
variety show *teat:* varietetsforestilling; varietetsnummer.
variety (theatre) *teat:* varieté.
variola [vəˌraiələ] *s; med.(=smallpox)* kopper.
various [ˌvɛəriəs] *adj:* (flere) forskjellige *(fx various people have told me about you);* ***he had various reasons for doing what he did*** han hadde forskjellige grunner til å gjøre det han gjorde.
varix [ˌvɛəriks] *s(pl: varices* [ˌværi'si:z]*) med.:* åreknute; *(jvf varicose).*
I. varnish [ˌvɑ:niʃ] *s* **1.** lakk; ***boat varnish*** båtlakk; ***nail varnish*** neglelakk; **2.** lakkferniss; ***oil varnish*** oljeferniss.
II. varnish *vb* **1.** lakkere *(fx a chair);* **2.** fernissere.
varnishing day vernissasje.
varsity [ˌvɑ:siti] *s* **1. T:** *se university;* **2.** *sport* **US:** A-lag (ved universitet el. skole).
vary [ˌvɛəri] *vb* **1.** variere; veksle; forandre *(fx the routine);* ***it varies*** det varierer; det er (så) forskjellig; ***it varies from 5 to 10*** det varierer fra 5 til 10; det ligger mellom 5 og 10; ***vary from the norm*** avvike fra normen; ***vary in quality*** være av varierende kvalitet; ***opinions vary****(=differ)* ***on this point*** det er delte meninger når det gjelder dette; ***with varying success*** med vekslende hell *n;*
2*(=regulate)* regulere; ***vary the volume*** regulere lydstyrken (*el.* volumet);
3. *biol:* avvike;
4. *mat.:* ***vary as*** variere med *(fx x varies as y).*
varying [ˌvɛəriiŋ] *adj:* varierende; *(se vary).*
vascular [ˌvæskjulə] *adj; anat; bot:* kar-.
vascular bundle *bot:* karstreng.
vascular plant *bot:* karplante.
vascular tissue *bot:* strengvev.
vase [vɑ:z; **US:** veis] vase.
vasectomy [vəˌsektəmi] *s; med.:* vasektomi; ***he's had vasectomy*** han har latt seg sterilisere.
vaseline [ˌvæsi'li:n] *s; varemerke(=petroleum jelly)* vaselin.
vassal [ˌvæsəl] *s; hist:* vasall.
vassal state vasallstat.
vast [vɑ:st] *adj* **1.** *især om utstrekning(=huge; enormous)* enorm; ***vast distances*** enorme avstander;
2. T*(=very great; enormous):* ***it makes a vast difference*** det gjør en enorm forskjell; ***vast sums of money*** kjempesummer;
3.: ***in the vast majority of cases*** i de aller fleste tilfeller *n.*
vastly [ˌvɑ:stli] *adv:* ***his work has improved vastly****(=enormously)* arbeidet hans er blitt utrolig mye bedre.
vastness [ˌvɑ:stnəs] *s* **1.** vidstrakthet *(fx of a desert);* ***the vastness of outer space*** det ytre roms uendelighet;
2. *stivt:* ***the vastness of the cost****(=the enormous costs)* de enorme omkostningene.
vat [væt] *s:* fat *n;* kar *n;* tønne.
VAT ['vi:eiˌti:; væt] *(fk f value-added tax) s(,Canada: GST (fk f goods and services tax); (provincial) sales tax)* merverdiavgift; **T:** moms.
VAT refund tilbakebetaling av merverdiavgiften.
Vatican [ˌvætikən] *s:* ***the Vatican*** Vatikanet.
vaudeville [ˌvɔ:dəvil] *s; teat: se variety show.*
I. vault [vɔ:lt] *s* **1.** (kjeller)hvelv;
2.: ***burial vault*** gravkjeller; *om gravkammer:* ***family vault*** familiegrav(sted);
3. *sport:* ***pole vault*** stavsprang;
4. *gym:* oversprang; ***straddle vault*** rideoversprang.
II. vault *vb* **1.** bygge hvelv over; **2***(=jump)* hoppe *(fx he vaulted (over) the fence).*
vaulting horse *gym(=horse; buck)* hest; *(jvf pommel horse).*

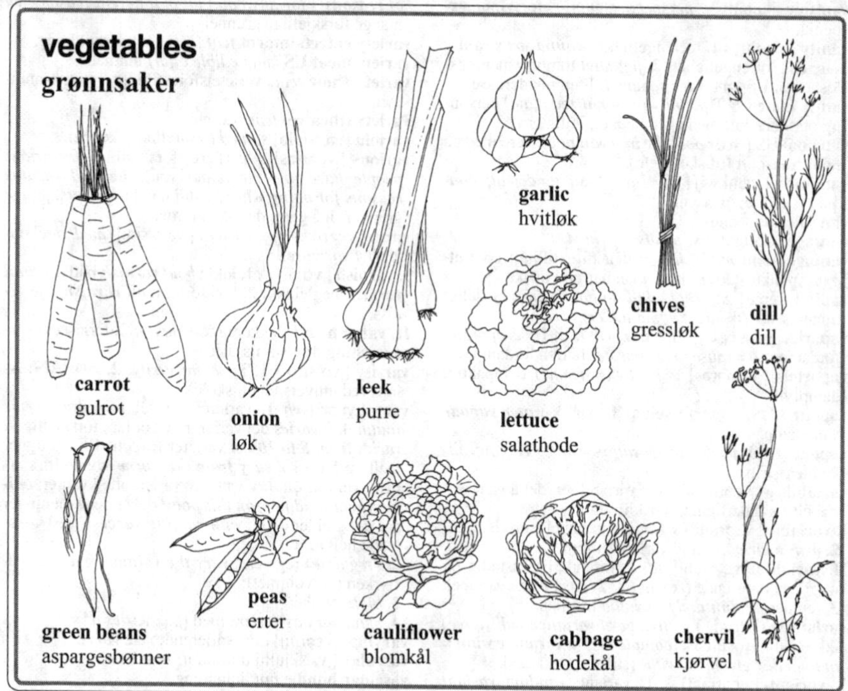

vaulting pole *sport(=pole)* stav.
vaunt [vɔ:nt] *vb; glds(=boast about)* prale med; skryte av.
VD ['vi:ˌdi:] *(fk f venereal disease)* kjønnssykdom; venerisk sykdom.
veal [vi:l] *s* **1.** kalvekjøtt; **2.** *kul:* ***fillet of veal*** kalvefilet; ***roast loin of veal*** kalvenyrestek.
veal birds *pl; kul* **US**(*=veal olives)* benløse fugler.
veal brawn *kul(=jellied veal)* kalvesylte.
veal casserole *kul:* kalvegryte.
veal cutlet *kul:* kalvekotelett.
veal escalope *kul: se veal schnitzel.*
veal fricassee *kul:* kalvefrikassé.
veal olives *pl; kul(,***US:** *veal birds)* benløse fugler.
veal roll *kul:* kalverull.
veal schnitzel *kul(=veal escalope; (Wiener) schnitzel)* wienerschnitzel; kalveschnitzel; ***braised veal schnitzel*** langstekt kalveschnitzel.
veal steak(let) *kul:* ***minced veal steak(let)*** kalvekarbonade.
vector [ˌvektə] *s; EDB, fys, mat.:* vektor.
vee [vi:] *adj:* V-formet.
vee neck V-utskjæring.
vee-necked [ˌvi:'nekt] *adj:* ***vee-necked sweater*** V-genser.
I. veer [viə] *s:* dreining; vending *(fx to the left).*
II. veer *vb* **1.** skifte retning; svinge (brått); **2.** *om vind:* dreie (med sola); *sør for ekvator;* dreie (mot sola); *(jvf II. back 6);* **3.** *fig(=swing)* svinge *(fx public opinion has veered to the left).*
veg [vedʒ] *s* **T**(*=vegetable(s))* grønnsak(er); ***meat and two veg*** kjøtt med poteter og én slags grønnsak.
vegan [ˌvi:gən] *s:* streng vegetarianer (som hverken spiser kjøtt eller melkeprodukter).
vegeburger [ˌvi:dʒi'bə:gə] *s; kul:* sandwich med grønnsakpålegg.
I. vegetable [ˌvedʒətəbl] *s* **1.** grønnsak; ***green leafy vegetables*** bladgrønnsaker; ***green vegetables****(=green herbs; greenstuff)* grønne grønnsaker (som fx kål og salat);
2. *kul:* ***creamed vegetables*** grønnsakstuing; ***vegetables in aspic*** grønnsakkabaret;
3. *om pasient:* grønnsak; hjelpeløst vrak.
II. vegetable *adj:* vegetabilsk *(fx oil);* grønnsak-; plante-; vegetarisk *(fx diet).*
vegetable kingdom *(=plant kingdom)* planterike.
vegetable man US *(=greengrocer)* grønthandler.
(vegetable) marrow *bot:* mandelgresskar; marggresskar.
vegetable plot (liten) kjøkkenhage; *(jvf kitchen garden).*
vegetable store US: ***fruit and vegetable store*** *(=greengrocer)* grønthandler.
vegetable soil *gart(=mould;* **US:** *mold)* mold(jord).
vegetable stock *kul:* grønnsakkraft.
I. vegetarian ['vedʒəˌtɛəriən] *s:* vegetarianer.
II. vegetarian *adj:* vegetarisk; vegetar-.
vegetarian diet vegetarisk diett; vegetarkost; ***be on a vegetarian diet*** leve på vegetarkost.
vegetate [ˌvedʒə'teit] *vb:* vegetere.
vegetation ['vedʒəˌteiʃən] *s:* vegetasjon.
vegetative [ˌvedʒitətiv] *adj:* vegetativ.
vehemence [ˌvi:imən s] *s; stivt(=intensity; heat)* heftighet; voldsomhet.
vehement [ˌvi:imənt] *adj; stivt(=intense; violent)* heftig; voldsom.
vehemently [ˌvi:iməntli] *adv; stivt(=violently)* voldsomt; ***she's vehemently in favour of the new bridge*** hun er en meget ivrig tilhenger av den nye brua.
vehicle [ˌvi:ikl] *s* **1.** kjøretøy *n;* ***motor vehicle*** motorvogn; motorkjøretøy; ***emergency vehicle*** utrykningskjøretøy;

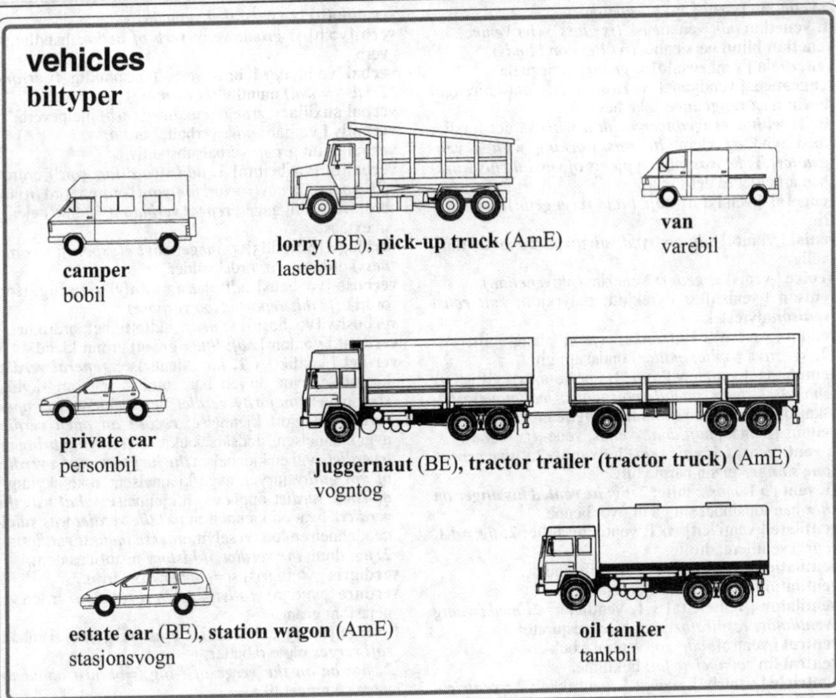

2. *kjem:* løsning(smiddel); *i maling(=base)* bindemiddel;
3. *fig; stivt(=means; tool)* middel *n;* redskap *n;* ***vehicles for spreading news****(=spreaders of news)* nyhetsspredere.
vehicle (fitness) test sertifisering (ɔ: den periodiske kontroll).
vehicle licence *(=car licence)* motorvognavgift.
vehicle tax: ***motor vehicle tax*** bilskatt.
vehicular [viˌhikjulə] *adj:* ***vehicular traffic and pedestrians*** kjørende og gående trafikk.
I. veil [veil] *s* **1.** slør *n;* ***bridal veil*** brudeslør; ***take the veil****(=become a nun)* bli nonne; **2.** *bot(=velum)* svøp *n;* **3.** *fig:* slør *n;* dekke *n;* ***under the veil of****(=on the pretext of)* under dekke av.
II. veil *vb* **1.** tilhylle; **2.** *fig:* tilsløre.
veiled [veild] *adj* **1.** med slør *n;* som går med slør;
2. *fig(=disguised)* tilslørt; skjult; ***scarcely veiled*** dårlig skjult; ***thinly veiled contempt*** dårlig skjult forakt.
vein [vein] *s* **1.** *anat:* vene;
2. *geol:* åre; ***vein of water*** vannåre;
3. *bot:* bladnerve; (blad)streng; åre;
4. *fig:* åre; ***a poetic vein*** en dikterisk åre;
5. *fig; stivt(= streak)* trekk *n;* drag *n;* anstrøk *n;*
6. *fig; stivt(=mood)* stemning *(fx in a merry vein);* ***in poetic vein****(=feeling poetic)* i lyrisk stemning;
7. *fig; litt.:* ***and a lot more in the same vein****(=and a lot more of the same sort)* og mye mer i samme dur; ***write in a happy vein****(=tone)* skrive i munter stil.
Velcro, velcro [ˌvel'krou] *s; varemerke:* borrelås.
vellum [ˌveləm] *s:* (fint) pergament.
velocity [viˌlɔsiti] *s; fys(=speed)* hastighet; ***the velocity of light*** lysets hastighet.
velodrome [ˌvi:lə'droum; ˌvelə'droum] *s; sport:* velodrom.
velour(s) [vəˌluə] *s:* velur.
velum [ˌvi:ləm] *s* **1.** *bot(=veil)* svøp *n;*
2. *anat:* ***the velum*** velum *n;* ganeseilet;
3. *zo; på manet:* randbrem;
4. *zo:* svømmeseil.
velvet [ˌvelvit] *s* **1.** fløyel; **2. S:** ***be on velvet****(=be in clover)* ha det som kua i en grønn eng.
velveteen ['velviˌti:n] *s:* bomullsfløyel; peau de pêche.
velveteen jacket peau-de-pêche-jakke.
velvet gloves *pl; fig(=kid gloves)* silkehansker; *(se kid glove 2).*
velvety [ˌvelviti] *adj:* fløyelsaktig; fløyelsbløt; fløyels-; ***velvety green*** fløyelsgrønn.
venal [vi:nl] *adj; meget stivt(=corruptible; corrupt; crooked)* bestikkelig; som kan bestikkes; korrupt.
vendace [ˌvendeis] *s; zo(,i løst språkbruk også: lake herring; powan)* lagesild; høstsik.
vendetta [venˌdetə] *s* **1***(=blood feud)* vendetta; blodhevn; **2.** *fig; stivt(=feud)* feide; ***carry on a vendetta against*** ligge i strid med; ha en feide gående med.
vending machine salgsautomat.
vendor [ˌvendə] *s:* ***street vendor*** gateselger.
I. veneer [vəˌniə] *s* **1.** finér; **2.** *fig:* ferniss; tynt lag; skall *n;* ***with a veneer of culture*** med en tynn kulturferniss; ***get beneath the veneer*** trenge gjennom skallet.
II. veneer *vb* **1.** finere; **2.** *fig:* dekke med et tynt lag ferniss.
veneer pin *tøm:* finerstift.
venerable [ˌvenərəbl] *adj* **1.** ærverdig; **2.** *archdeacons tittel:* høyærverdig; *(se archdeacon).*
venerate [ˌvenə'reit] *vb; stivt(=show great respect for; revere)* (høy)akte; akte og ære.
veneration ['venəˌreiʃən] *s; stivt(=high esteem; great respect)* høyaktelse; stor respekt; ***meget stivt: hold in veneration****(=high esteem)* høyakte; akte og ære.
venereal [vəˌniəriəl] *adj:* venerisk; ***venereal disease****(fk VD)* venerisk sykdom; kjønnssykdom.

V

I. Venetian [vəˌni:ʃən] *s:* venetianer.
II. Venetian *adj:* venetiansk *(fx glass); (jvf Venice).*
Venetian blind persienne; *(jvf Persian blinds).*
Venezuela ['veniˌzweilə] *s; geogr:* Venezuela.
vengeance [ˌvendʒəns] *s* **1.** *stivt el. litt.(=revenge)* hevn; ***seek vengeance*** søke hevn;
2. T: ***with a vengeance****(=with a will)* så det forslår; med fynd og klem; ***he was working with a vengeance****(,***T:*** he was putting plenty of vim into his work)* han arbeidet så det forslo.
vengeful [ˌvendʒful] *adj; litt.(=revengeful)* hevngjerrig.
venial [ˌvi:niəl] *adj; om synd; stivt(=pardonable)* tilgivelig.
Venice [ˌvenis] *s; geogr:* Venezia; *(jvf Venetian).*
venison [ˌvenisn] *s:* dyrekjøtt; rådyrkjøtt; *kul:* ***roast venison*** dyrestek.
venom [ˌvenəm] *s* **1.:** ***(snake) venom*** (slange)gift;
2. *fig; stivt(=spite; malice)* ondskap; gift.
venomous [ˌvenəməs] *adj* **1***(=poisonous)* giftig *(fx snake);* **2.** *fig(=spiteful; poisonous; malicious)* ondskapsfull; giftig; ***a venomous tongue*** en giftig tunge.
venous [ˌvi:nəs] *adj; anat:* venøs; vene- *(fx blood).*
I. vent [vent] *s* **1***(=air vent)* luftventil; **2.:** ***give vent to one's anger*** gi sin harme luft.
II. vent *vb* **1.** *mask:* lufte; **2.** *fig:* ***he vented his anger on her*** han lot sinnet sitt gå ut over henne.
ventilate [ˌventi'leit] *vb* **1.** ventilere; lufte; **2.** *fig(=discuss)* ventilere; drøfte.
ventilation ['ventiˌleiʃən] *s:* ventilasjon.
ventilation shaft ventilasjonssjakt.
ventilator [ˌventi'leitə] *s* **1.** ventilator; **2.** *med.(=lung ventilator; respiratory machine)* respirator.
ventral [ˌventrəl] *adj; zo:* ventral-; buk-.
ventral fin *zo(=pelvic fin)* bukfinne.
ventricle [ˌventrikl] *s; anat* **1.** ventrikkel; **2.:** ***ventricle (of the heart)*** hjertekammer.
ventriloquism [venˌtrilə'kwizəm] *s:* buktaleri *n;* buktalerkunst.
ventriloquist [venˌtrilə'kwist] *s:* buktaler.
I. venture [ˌventʃə] *s* **1.** *merk:* foretagende *n;* ***business venture*** forretningsforetagende; (finans)prosjekt; ***he made a lot of money out of his ventures in the world of finance*** han tjente mange penger på sine spekulasjoner i finansverdenen; ***one of the more controversial ventures*** et av de mer omstridte prosjekter *n;*
2. *fig:* noe man forsøker seg på; forsøk *n;* ***daring venture, bold venture****(=risky business)* vågestykke; vågespill; ***mountain-climbing is his latest venture*** fjellklatring er det siste han har gitt seg i kast med.
II. venture *vb* **1.** våge; våge seg; driste seg; ***venture to do sth****(=risk doing sth)* driste seg til å gjøre noe; ***venture to disagree*** driste seg til å være uenig; *(se disagree 2);* ***nothing ventured, nothing gained*** den som intet våger, intet vinner; ***I venture to say that …*** jeg våger å si at …; ***if I may venture an opinion*** hvis jeg kan få lov å si min mening;
2*(=risk)* våge; risikere; satse (*on* på);
3. *stivt:* ***venture on****(=take the risk of starting on)* våge seg ut på; gi seg ut på.
venture capital *(=risk capital)* risikovillig kapital.
Venture Scout *(,hist: Rover;* **US:** *Explorer)* rover.
venturesome [ˌventʃəsəm] *adj; stivt(=daring)* dristig.
venue [ˌvenju:] *s* **1.** sted *(n)* (hvor noe skal foregå); konkurranseарena; ***which ground is the venue for next week's match?*** på hvilken bane skal neste ukes kamp spilles?
2. *jur:* ***legal venue*** verneting; rettskrets; sted *(n)* hvor en rettssak skal finne sted.
Venus [ˌvi:nəs] *s; astr:* Venus.
veracious [vəˌreiʃəs] *adj; stivt(=truthful)* sanndru; sannferdig.
veracity [vəˌræsiti] *s; stivt(=truthfulness)* sanndruhet; sannferdighet.
veranda(h) [vəˌrændə] *s:* veranda.
verb [və:b] *s; gram:* verb; ***verb of action*** handlingsverb.
verbal [və:bl] *adj* **1.** ord-; verbal(-); språklig *(fx error);* **2.** *stivt(=oral)* muntlig *(fx warning).*
verbal auxiliary *gram(=auxiliary verb)* hjelpeverb.
verbally [ˌvə:bəli] *adv:* verbalt; i ord *n.*
verbal noun *gram:* verbalsubstantiv.
verbatim [və:ˌbeitim] **1.** *adj(=word for word)* ordrett *(fx report);* **2.** *adv(=word for word)* ordrett; ord *(n)* for ord; fra ord til annet; ***repeat verbatim****(=in full)* gjengi in extenso.
verbiage [ˌvə:biidʒ] *s; meget stivt el. spøkef(=wordiness)* ordgyteri *n;* ordskvalder.
verbose [və:ˌbous] *adj; neds(=wordy)* vidløftig; (for) ordrik *(fx this report is too verbose).*
verbosity [və:ˌbɔsiti] *s; neds:* vidløftighet; ordrikhet.
verdant [ˌvə:dənt] *adj; litt.(=green)* grønn(kledd).
verdict [ˌvə:dikt] *s* **1.** *jur:* kjennelse; ***general verdict*** kjennelse hvor juryen bare uttaler seg om skyldsspørsmålet; ***majority verdict*** flertallskjennelse; ***open verdict*** uavgjort kjennelse; ***record an open verdict*** avgi kjennelsen "dødsårsak ukjent"; ***return****(=bring in)* ***a verdict*** avgi en kjennelse; ***the jury returned a verdict of not guilty*** juryen avga kjennelsen "ikke skyldig"; ***quash a verdict*** oppheve en kjennelse; ***what was the verdict?*** hva lød kjennelsen på? ***the verdict was suicide*** kjennelsen lød på selvmord; *(se inquest verdict);*
2. *fig:* dom; ***the verdict of history*** historiens dom.
verdigris [ˌvə:digris] *s(=copper rust)* irr *n.*
verdure [ˌvə:dʒə] *s; stivt(=green vegetation)* grønn vegetasjon; grønt.
I. verge [və:dʒ] *s* **1.** kant *(fx grass verge);* (vei)rabatt; ***soft verges*** bløte rabatter;
2. *fig:* ***be on the verge of (-ing)****(=be just about to)* være på nippet til å.
II. verge *vb* **1***(=border)* danne kant; kante;
2. *fig:* ***verge on****(=border on)* grense til;
3. *litt.:* ***verge towards****(=slope towards)* skråne mot; helle mot.
vergeboard [ˌvə:dʒ'bɔ:d] *s; arkit(=bargeboard)* vindski.
verger [ˌvə:dʒə] *s* **1.** kirketjener; **2.** *rel:* marskalk.
verifiable [ˌveri'faiəbl] *adj:* verifiserbar; som kan bekreftes (*el.* kontrolleres); kontrollerbar.
verification ['verifiˌkeiʃən] *s:* verifisering; bekreftelse; kontroll.
verification mission: ***UN verification mission*** observatøroppdrag i FN-regi.
verify [ˌveri'fai] *vb:* verifisere; bekrefte; ***his statement cannot be verified****(=checked)* hans utsagn er ikke kontrollerbart; hans utsagn lar seg ikke bekrefte.
verily [ˌverili] *adv; glds(=truly)* sannelig.
verisimilitude ['verisiˌmili'tju:d] *s; meget stivt(=plausibility; probability)* sannsynlighet; tilsynelatende riktighet.
veritable [ˌveritəbl] *adj; stivt el. spøkef(=real)* veritabel; ren *(fx a veritable triumph).*
verity [ˌveriti] *s; meget stivt(=truth)* sannhet.
vermicelli ['və:miˌseli] *s; kul* **1.** slags trådformet spaghetti (til bruk i supper); **2.** tynne sjokoladetråder brukt som kakepynt.
vermicide [ˌvə:mi'said] *s; med.(=vermifuge)* ormemiddel.
vermiform [ˌvə:mi'fɔ:m] *adj; stivt(=wormlike)* ormlignende; ormformet.
vermilion [vəˌmiliən] *s & adj:* sinnober(rødt).
vermin [ˌvə:min] *s* **1.** *zo:* utøy *n;* skadedyr; **2.** *fig:* skadedyr; pakk *n.*
verminous [ˌvə:minəs] *adj* **1.** forårsaket av utøy *n;* **2.** befengt med utøy *(n)* (*el.* skadedyr).
vermouth [ˌvə:məθ] *s:* vermut.
I. vernacular [vəˌnækjulə] *s:* distriktets (,landets) eget språk; folkemål; dialekt.

II. vernacular *adj:* skrevet på dialekt; ***vernacular writer*** forfatter som skriver på dialekt.
vernal [ˌvə:nl] *adj; poet(=springlike)* vårlig; vår-.
vernal equinox *astr:* vårjevndøgn.
vernier [ˌvə:niə] *s:* nonius.
vernier calliper *(,***US:** *caliper)* skyvelære med nonius.
versatile [ˌvə:səˈtail] *adj* **1***(=all-round)* allsidig *(fx person);* **2.** *stivt(=all-round; with many uses)* som kan brukes til mange ting *(fx tool).*
versatility [ˈvə:səˌtility] *s; stivt(=many-sidedness)* allsidighet; mangesidighet; ***her versatility****(=all-roundness)* ***is nothing less than amazing*** hennes allsidighet er intet mindre enn forbløffende; ***a man of great versatility****(=a very all-round person)* en meget allsidig mann.
verse [və:s] *s* **1.** vers(elinje); **2.:** ***in verse*** på vers *n.*
versed [və:st] *adj; stivt:* ***be well versed in****(=have a thorough knowledge of)* være vel bevandret i; ***be well versed in the ways of the world****(=be sophisticated)* være verdensvant.
versification [ˈvə:sifiˌkeiʃən] *s:* versifisering.
versifier [ˌvə:siˈfaiə] *s:* versemaker; rimsmed.
versify [ˌvə:siˈfai] *vb:* skrive vers *n;* skrive rim *n.*
version [ˌvə:ʃən; **US:** ˈvə:ʒən] *s* **1.** versjon; ***final version*** endelig versjon; *(=final copy)* renskrift; *skolev; også:* innføring;
2. utgave; versjon;
3. *skolev:* oversettelse (fra fremmedspråket).
versus [ˌvə:səs] *prep(fk v(,især* **US:** *vs))(=against)* mot *(fx the England v Wales rugby match).*
vertebra [ˌvə:tibrə] *s(pl: vertebras, vertebrae* [ˌvə:tibri:]*) anat:* ***cervical vertebra*** halsvirvel; ***(dorsal) vertebra*** ryggvirvel; ***the vertebras, the vertebrae****(=the spine; the vertebral column)* ryggsøylen; virvelsøylen.
vertebral [ˌvə:tibrəl] *adj; anat:* virvel-; ryggvirvel-.
vertebrate [ˌvə:tibrət] *s; zo:* ***vertebrate (animal)*** virveldyr.
vertex [ˌvə:teks] *s(pl: vertices* [ˌvə:tiˈsi:z], *vertexes)*
1. *geom:* spiss; topp; toppunkt;
2. *anat(=top of the head)* isse;
3. *astr(=zenith)* senit *n.*
I. vertical [ˌvə:tikl] *s:* vertikal; *geom(=vertical plane)* loddlinje; vertikalplan; *stivt:* ***out of the vertical*** 1*(=out of plumb)* ute av lodd *n;* 2*(=not perpendicular)* ikke loddrett.
II. vertical *adj(=perpendicular)* vertikal; loddrett.
vertical stabilizer *flyv:* halefinne.
verticil [ˌvə:tisil] *s; bot(=whorl)* krans.
vertigo [ˌvə:tigou] *s; med.(=dizziness (caused by heights))* vertigo; svimmelhet.
vervain [ˌvə:vein] *s; bot(=verbena)* (lege)jernurt.
verve [və:v] *s:* liv; kraft; schwung.
I. very [ˌveri] *adj* **1***(=just; exact):* ***the very man I want to see****(=just the man I want to see)* nettopp den mannen jeg vil snakke med; ***the very thing I need!****(=just what I need)* nettopp hva jeg trenger! ***at that very minute****(=just at that moment; just then)* akkurat i det øyeblikket; akkurat da; ***those were his very****(=exact)* ***words*** slik var det ordene *(n)* hans falt;
2. helt; ***at the very top****(=right at the top)* helt øverst;
3. *brukt forsterkende:* ***our very homes are in danger****(=even our homes are in danger)* til og med våre hjem er i fare; ***the very****(=mere; merest)* ***suggestion of a sea voyage makes me feel seasick*** bare tanken på en sjøreise får meg til å føle meg sjøsyk; *(se II. very 2).*
II. very *adv* **1.** meget; svært; ***what a very pleasant day it's been!*** for en deilig dag det har vært! ***I haven't very much money*** jeg har ikke stort (med) penger; ***under very ideal conditions*** under helt ideelle forhold;
2. *brukt foran superlativ el. 'own':* ***the very best*** den (,det) aller beste; ***the very first thing you must do*** det aller første du må gjøre; ***she has a car of her very own*** hun har en bil helt for seg selv;
3.: ***very well*** 1. meget godt *(fx know sby very well);* 2. ja vel; all right; ***very well then!*** la gå da! 3.: ***it's all very well for you to say that!*** (ja,) det kan du si det!
vesicle [ˌvesikl] *s:* liten blære; ***vesicles and pustules*** blærer og pustler.
Vesper [ˌvespə] *s; astr:* aftenstjernen; Venus.
vespers [ˌvespəz] *s; kat.:* aftengudstjeneste; aftensang.
vessel [vesl] *s* **1.** *stivt(=container)* beholder *(fx a plastic vessel);* kar *n;*
2. *anat & bot:* kar *n;*
3. *mar:* fartøy; skip.
I. vest [vest] *s* **1***(,***US:** *undershirt)* undertrøye;
2. US*(=waistcoat)* vest;
3. US *flyv & mar:* ***life vest:*** *se life jacket;*
4.: ***bulletproof vest*** skuddsikker vest.
II. vest *vb; meget stivt:* ***vest certain rights in sby****(=give sby certain rights)* overdra en visse rettigheter.
vestal [vestl] *s; hist(=vestal virgin)* vestalinne.
vested [ˌvestid] *adj; stivt:* ***be vested with power to****(=be authorized to)* ha fullmakt til å.
vested interest 1. økonomisk interesse; personlig interesse; **2.:** ***the vested interest*** kapital- og grunneierinteressene.
vestibule [ˌvestiˈbju:l] *s; glds el. stivt(=entrance hall)* vestibyle.
vestige [ˌvestidʒ] *s; stivt(=trace)* spor *n;* antydning.
vestments [ˌvestmənts] *s; pl; rel:* ornat *n.*
vest pocket US *(=waistcoat pocket)* vestlomme.
vestry [ˌvestri] *s* **1***(=sacristy)* sakristi *n;* **2. US***(=parish council)* menighetsråd.
Vesuvius [viˌsu:viəs] *s:* Vesuv.
I. vet [vet] *s* **T***(=veterinary surgeon)* veterinær; dyrlege.
II. vet *vb* **1***(=examine carefully (for faults, etc))* undersøke nøye (med henblikk på feil, etc); gjennomgå kritisk *(fx a manuscript);* ***vet the language of a manuscript*** språkvaske et manuskript;
2. sikkerhetsklarere; sjekke; ***be positively vetted****(=be given a positive vetting)* bli sikkerhetsklarert; *(jvf vetting).*
vetch [vetʃ] *s; bot:* vikke; ***common vetch*** fôrvikke.
veteran [ˌvetərən] *s:* veteran; ***war veteran*** krigsveteran.
veteran car *(,Canada: antique car)* veteranbil (fra før 1919); *(jvf vintage car).*
I. veterinary [ˌvetərinəri] *s(=veterinary surgeon;* **T:** *vet;* **US:** *veterinarian)* veterinær; dyrlege.
II. veterinary *adj:* dyrlege-; veterinær-.
veterinary surgeon *(=veterinary;* **T:** *vet;* **US:** *veterinarian)* dyrlege; veterinær.
I. veto [ˌvi:tou] *s* **1.** veto *n;* ***power of veto****(=right of veto)* vetorett; ***exercise one's veto*** bruke sin vetorett;
2.: ***place an absolute veto on*** nedlegge totalforbud mot.
II. veto *vb* **1.** nedlegge veto *(n)* mot *(fx he vetoed it);* **2.** *stivt(=forbid)* nedlegge forbud mot; forby.
vetting [ˌvetiŋ] *s (jvf II. vet)* **1.** kritisk gjennomgåelse *(fx of a manuscript);* grundig undersøkelse; ***language vetting*** språkvasking;
2*(=security clearance)* sikkerhetsklarering; ***the lack of early positive vetting*** mangel på sikkerhetsklarering på et tidlig tidspunkt; ***he was given a positive vetting****(=he was positively vetted)* han ble sikkerhetsklarert.
vex [veks] *vb; stivt(=annoy; irritate)* ergre; irritere.
vexation [vekˌseiʃən] *s; stivt(=annoyance; irritation)* ergrelse; irritasjon.
vexatious [vekˌseiʃəs] *adj; stivt(=vexing; annoying; irritating)* ergerlig; irriterende.
vexed [vekst] *adj* **1.** *glds(=annoyed)* ergerlig; ***get vexed with sby about sth*** bli ergerlig på en for noe;
2. *om spørsmål(=controversial)* omstridt.
viability [ˈvaiəˌbiliti] *s* **1.** levedyktighet; **2.** *om plan, etc; stivt(=practicability)* gjennomførlighet.
viable [ˌvaiəbl] *adj* **1***(=capable of surviving)* levedyktig *(fx foetus);*

2. *stivt(=practicable)* gjennomførlig; ***the only viable method of (-ing)*** den eneste farbare vei når det gjelder å;
3*(=valid)*: ***a viable synonym*** et gangbart synonym.
viaduct [ˌvaiə'dʌkt] *s:* viadukt.
viands [ˌvaiəndz] *s; pl; meget stivt(=food; provisions)* levnetsmidler.
vibes [vaibz] *s; pl* **T:** ***what sort of vibes do you get from him?*** hvordan virker han på deg? ***I get good vibes from this music*** denne musikken setter meg i stemning.
vibrant [ˌvaibrənt] *adj; stivt* **1***(=vibrating)* vibrerende; **2.** *fig(=lively)* livfull *(fx personality);* ***vibrant****(=throbbing)* ***with life*** hvor livet pulserer;
3. *om farge(=bright)* skarp.
vibraphone [ˌvaibrə'foun] *s; mus:* vibrafon.
vibrate [vaiˌbreit] *vb:* vibrere; dirre; riste; ***the city vibrates with activity*** det er et pulserende liv i byen.
vibration [vaiˌbreiʃən] *s:* vibrering; vibrasjon.
vibrator [vaiˌbreitə] *s:* vibrator.
vicar [ˌvikə] *s* **1***(=rector)* sogneprest; **2.:** ***the Vicar of Christ*** Kristi stedfortreder (ɔ: paven).
vicarage [ˌvikəridʒ] *s(=rectory)* prestegård; prestebolig.
vicar apostolic *kat.:* apostolisk vikar (ɔ: erkebiskop el. biskop som paven overdrar sin myndighet til).
vicar-general *kat.:* generalvikar (ɔ: biskops hjelper el. stedfortreder).
vicarious [viˌkɛəriəs; vaiˌkɛəriəs] *adj; stivt* **1***(=delegated)* delegert; stedfortredende *(fx authority);*
2. *om følelser(=on sby else's behalf)* på en annens vegne *(fx vicarious pleasure);*
3. *om straff(=suffered for sby else)* for en annens skyld; ***the vicarious sacrifice of Christ*** Kristi død for menneskenes *(n)* skyld.
vice [vais] *s* **1***(,***US:** *vise)* skrustikke; ***bench vice*** tang (på høvelbenk); ***filing vice****(=hand vice)* filklo; **2***(=bad habit)* last; uvane;
3*(=immorality; prostitution)* lastefullhet; umoral; prostitusjon.
vice- [vais] vise- *(fx vice-president).*
vice-chancellor *univ:* rektor.
vice earnings *pl:* prostitusjonsinntekter.
vice girl *(=prostitute; evf: good-time girl)* gledespike; prostituert.
vice jaws *pl:* skrustikkebakker.
vice squad sedelighetspoliti.
vice versa [ˌvaisi ˌvə:sə] vice versa; omvendt; ***... or vice versa****(=or the other way round)* eller omvendt.
vicinity [viˌsiniti] *s; stivt* **1***(=neighbourhood)* nabolag *n;* ***in this vicinity*** her i nabolaget;
2.: ***in the vicinity****(=near by; in the neighbourhood)* i nærheten; ***in his vicinity****(=near him)* i hans nærhet; ***in the vicinity of*** 1*(=near to)* i nærheten av; 2. *fig(=in the neighbourhood of)* i nærheten av *(fx the total cost will be in the vicinity of a million pounds);* ***in close vicinity to****(=quite close to)* like ved; i umiddelbar nærhet av.
vicious [ˌviʃəs] *adj* **1***(=wicked)* ond; lastefull; ***lead a vicious life*** leve et ondt liv;
2*(=fierce)* arrig; *om dyr:* sint; folkevond; **3***(=fierce):* ***vicious storms*** voldsomme stormer;
4*(=cruel; brutal)* grusom; stygg; brutal; *fig:* ***a vicious blow*** et grusomt slag;
5*(=spiteful)* ondskapsfull; ondsinnet (*gossip* sladder);
6. *om angrep(=bitter)* voldsomt;
7. *fig:* ***it's a vicious circle*** det er en ond sirkel.
viciousness [ˌviʃəsnəs] **1***(=wickedness)* ondhet; lastefullhet;
2*(=fierceness)* arrighet; *dyrs:* folkevondhet;
3*(=severity; fierceness)* voldsomhet *(fx the fierceness of the storm);*
4*(=cruelty; brutality)* grusomhet; brutalitet;
5*(=spitefulness)* ondskapsfullhet; ondsinnethet;
6. *om angrep(=bitterness; virulence)* bitterhet; voldsomhet; ***the viciousness of his attack*** bitterheten (*el.* voldsomheten) i angrepet hans.
vicissitude [viˌsisi'tju:d] *s; stivt:* ***the vicissitudes of life*** livets omskiftelser.
victim [ˌviktim] *s:* offer *n;* ***an unfortunate victim of fate*** et offer for skjebnens luner *n;* ***the victim of the theft (,of the burglary)*** den bestjålne; ***victims of violence*** voldsofre; ***they became the victims of*** de ble offere for; ***he was a victim of his own stupidity*** han var et offer for sin egen dumhet; ***fall (a) victim to*** falle som offer for *(fx they fell victim to gangs).*
victimize, victimise [ˌvikti'maiz] *vb:* ***victimize sby*** la det gå ut over en; ***and this victimizes the public*** og dette går ut over folk *(n)* flest; ***she feels victimized****(=she feels she's been unfairly treated)* hun føler seg urettferdig behandlet; ***victimize sby financially*** ramme en på pengepungen.
victor [ˌviktə] *s; stivt* **1***(=conqueror)* seierherre;
2. *sport(=winner)* vinner; seierherre.
I. Victorian [vikˌtɔ:riən] *s:* viktorianer.
II. Victorian *adj:* viktoriansk.
Victorian Age: ***the Victorian Age*** viktoriatiden.
victorious [vikˌtɔ:riəs] *adj:* seierrik; seirende; ***be victorious in the struggle against ...*** gå seirende ut av kampen mot ...; ***emerge victorious****(=secure the victory; carry the day;* **T:** *come out on top)* gå av med seieren; ***he emerged victorious from the struggle*** han gikk seierrik ut av kampen.
victory [ˌviktəri] *s; også sport:* seier; ***victory on points*** poengseier; ***in the first flush of victory*** i den første seiersrus; ***only a few days before victory was ours*** bare noen få dager før seieren var vår; ***victory went to the Swedish team*** seieren gikk til det svenske laget; ***secure the victory****(=carry the day;* **T:** *come out on top)* gå av med seieren; hale seieren i land; ***gain****(=win)* ***a victory*** vinne en seier; ***the rejoicing(s) at the victory never seemed to end*** seiersjubelen ville ingen ende ta.
victory wreath *sport* **US***(=triumphal wreath)* seierskrans.
victuals [vitlz] *s; pl; glds el. spøkef(=food)* levnetsmidler; mat.
I. video [ˌvidi'ou] *s(=video film)* videofilm.
II. video *vb(=tape)* spille inn på video; ta opp på video.
video cassette ['vidioukəˌset] *s:* videokassett.
video(cassette) recorder *(fk VCR)* videoopptager.
video hire shop videoutleieforretning.
video nasty videofilm med sex og vold.
I. videotape [ˌvidiou'teip] *s:* videobånd.
II. videotape *vb(=video; tape)* ta opp på video.
videotape recorder *(=video recorder; VCR)* videoopptager.
vie [vai] *vb:* ***vie****(=compete)* ***with sby for sth*** konkurrere (*el.* kappes) med en om noe.
Vienna [viˌenə] *s; geogr:* Wien.
Vienna finger *kul; kake:* syltetøysnitte.
I. Viennese ['viəˌni:z] *s:* wiener.
II. Viennese *adj:* wiensk; wiener(-).
Viennese waltz wienervals.
Vietnam ['vjetˌnæm] *s; geogr:* Vietnam.
I. Vietnamese ['vjetnəˌmi:z] *s* **1.** vietnameser; **2.** *språk:* vietnamesisk.
II. Vietnamese *adj:* vietnamesisk.
I. view [vju:] *s* **1.** utsikt (*of* over; *over* (ut) over); severdighet *(fx see the views);* synsvidde; ***exploded view*** splittegning; ***sectional view*** utsnitt; ***disappear from view****(=go out of view)* forsvinne ut av syne; ***hidden from view*** skjult; bortgjemt; ***field of view****(=vision)* synsfelt; ***in view:*** *se 10;* ***come in(to) view*** komme innen synsvidde; komme til syne; ***we came in view of the lake*** vi kom til et sted der vi kunne se sjøen; ***have a clear view of the road*** ha fritt utsyn over veien; ***keep in view****(=keep sight of)* ikke tape (*el.* miste) av syne; ***I'm keeping every possibility in view*** jeg holder alle muligheter åpne;

2. *av bygning(=aspect)* side; ***the front (,rear) view of the house*** forsiden (,baksiden) av huset;

3.: ***a side view of sth*** noe sett fra siden;

4. anledning til å se; ***be given a private view****(=viewing)* ***of sth*** få anledning til å se noe privat; ***on view*** 1*(=on display)* utstilt; 2. utlagt; som kan besiktiges; ***the documents are on view****(=the documents may be inspected)* dokumentene *(n)* er utlagt til gjennomsyn;

5. parti *(of* fra); ***a view of the harbour*** et parti fra havnen;

6*(=picture postcard)* prospektkort;

7. *fig:* mening; oppfatning; syn *n;* ***view of life*** livssyn; ***a well authenticated view*** en vel hjemlet oppfatning; ***a distorted view of*** et skjevt bilde av; ***(point of) view*** synspunkt; synsvinkel; ***see it from our point of view*** se det fra vår side; se det fra vår synsvinkel; ***hold****(=have)* ***extreme views*** ha ekstreme synspunkter; ***my view (of the matter)*** mitt syn (på saken); ***I have no views on that*** det har jeg ingen mening om; ***I have my own views about that*** jeg har mine egne tanker om det; ***in my view****(=in my opinion)* etter min mening; etter mitt syn; ***in the British view*** ut fra britisk syn(spunkt); ***I share your view****(=I agree with you)* jeg deler ditt syn; jeg er enig med deg; ***I don't subscribe to****(=agree with)* ***that view*** jeg er ikke enig i det synet; ***the headmaster took a benevolent****(=kindly)* ***view of his behaviour*** rektor så mildt på oppførselen hans; ***take a bright****(=cheerful)* ***view of things*** se lyst på tilværelsen; ***take a different view of sth*** ha et annet syn på noe; se annerledes på noe; ***take a gloomy****(,***T:*** *dim)* ***view of the situation*** se mørkt på situasjonen; mislike situasjonen; ***take a poor****(,***T:*** *dim)* ***view of his behaviour****(=disapprove of his behaviour)* misbillige oppførselen hans; ***take a serious view of sth*** se strengt på noe; *(jvf ovf: take a benevolent view of);* ***take an unprejudiced view of the matter*** ha et uhildet syn på saken;

8. *fig:* overblikk; ***a clear view of the facts*** et klart overblikk over fakta *(n) (el.* kjensgjerningene); ***a general****(=overall)* ***view of the problem*** et generelt overblikk over problemet; ***I can't quite get a full view of the situation*** jeg kan ikke riktig overskue situasjonen; ***he lacks a broad view of things*** han mangler overblikk; ***we mustn't lose from view the fact that …*** vi må ikke tape det faktum av syne at …;

9. *fig:* ***take a long view****(=plan far ahead)* planlegge på (lang) sikt; arbeide på sikt;

10.: ***in view*** 1. innen synsvidde; i sikte; ***there was no one in view*** det var ingen å se; *(se 1: we came in view of the lake & keep in view);* 2. *fig:* i sikte *(fx no hope in view);* 3. i tankene *(fx he has the holidays in view when he says that …);* ***with this object in view****(=mind)* i denne hensikt; ***in view of*** 1. synlig for; ***in full view of*** fullt synlig for; ***in full view of thousands of people*** foran øynene *(n)* på tusener av mennesker *n;* 2. i betraktning av; ***in view of the fact that*** i betraktning av at;

11. *fig:* ***with a view to (-ing)****(=with the intention of (-ing); for the purpose of (-ing))* med henblikk på å; med sikte på å; i den hensikt å; *i annonse:* ***with view to marriage*** formål ekteskap *n.*

II. view *vb* **1.** *TV(=watch; see)* se (på) *(fx a programme);*

2. *stivt(=look at)* se på; betrakte; ta i øyesyn; besiktige *(fx a house); (jvf viewing 3);*

3. *fig(=look on)* se på; betrakte *(fx sby's actions as unnecessary);*

4*(=consider):* ***view all sides of a question*** ta alle sider ved et spørsmål i betraktning.

viewdata [ˌvjuːˈdeitə] *s:* teledata.

viewer [ˌvjuːə] *s* **1.** *TV:* seer *(fx this programme has five million viewers);* **2.** *fot:* betraktningsapparat;

3. *i dør(=door spy)* kikkhull.

viewfinder [ˌvjuːˈfaində] *s; fot:* søker.

viewing [ˌvjuːiŋ] *s* **1.** det å se på TV; ***I don't do much viewing*** jeg ser ikke så mye på TV;

2.: ***this programme will be given another viewing next month*** dette programmet vil bli sendt i reprise neste måned;

3. visning; ***open for (public) viewing on …*** visning vil finne sted *(n)* den …

viewing licence (fee) *TV(=television licence (fee))* fjernsynslisens.

viewing public: ***the viewing public*** TV-publikum *n;* seerne.

viewing room *i bibliotek, etc:* filmrom.

viewing time *TV:* sendetid; ***prime****(=peak)* ***viewing time*** beste sendetid.

viewphone *s; tlf:* bildetelefon.

viewpoint [ˌvjuːpɔint] *s(=point of view)* synspunkt.

vigil [ˌvidʒil] *s:* (natte)våking; ***her long vigils at his bedside*** all nattevåkingen hennes ved sykesengen hans; ***keep vigil (over)*** våke (over); ***keep a constant vigil at****(=by)* ***his bedside*** våke ved sengen hans hele tiden.

vigilance [ˌvidʒiləns] *s; stivt(=watchfulness)* vaktsomhet; årvåkenhet; ***a high level of vigilance must be continued*** det må fortsatt (ut)vises en høy grad av årvåkenhet.

vigilance committee US *(=neighbourhood watch committee)* borgervern; *(se vigilante).*

vigilant [ˌvidʒilənt] *adj; stivt(=watchful)* vaktsom; årvåken.

vigilante [ˈvidʒiˌlænti] *s* **US:** *medlem av 'vigilance committee':* medlem av borgervernet.

vignette [viˌnjet] *s:* vignett.

vignettist [viˌnjetist] *s:* vignettegner.

vigorous [ˌvigərəs] *adj* **1***(=energetic)* energisk *(fx make a vigorous attempt);*

2*(=strong)* kraftig;

3. *om vekst:* kraftig; *om plante:* livskraftig;

4. *fig:* kraftig; ordentlig; ***a vigorous workout in the gym after school*** et ordentlig hardkjør i gymnastikksalen etter skoletid.

vigorously [ˌvigərəsli] *adv:* kraftig; med styrke; ***it's being vigorously maintained in political circles that …*** det hevdes med styrke i politiske kretser at …

vigour *(,US: vigor)* [ˌvigə] *s; stivt(=strength; energy)* kraft; energi.

viking [ˌvaikiŋ] *s:* viking.

vile [vail] *adj* **1.** *spøkef(=terrible)* fryktelig; gyselig *(fx weather);* ***in a vile****(,***T:*** *filthy)* ***temper*** i et forferdelig humør;

2*(=disgusting)* motbydelig; ***a vile slum*** en fæl slum;

3*(=horrid; nasty):* ***say vile things about sby*** si sjofle ting om en;

4*(=mean; dirty):* ***a vile trick*** et sjofelt trick;

5. *stivt(=degrading)* nedverdigende; ***in durance vile****(=in degrading imprisonment)* i forsmedelig fangenskap.

vilification [ˈvilifiˌkeiʃən] *s; meget stivt(=slander)* bakvaskelse.

vilify [ˌviliˈfai] *vb; meget stivt(=slander)* bakvaske.

villa [ˌvilə] **1.** *hist:* villa *(fx a Roman villa);*

2. *i Italia el. Syd-Frankrike(country house with a large garden)* villa;

3. UK: *del av forstadsadresse, fx:* ***Laburnum Villas*** Gullregn Hageby.

village [ˌvilidʒ] *s:* landsby.

village hall forsamlingshus.

villager [ˌvilidʒə] *s:* landsbyboer.

villain [ˌvilin] *s* **1.** *især i drama, etc:* skurk;

2. *politiuttrykk* **S***(=criminal)* kjeltring;

3. *ofte spøkef:* ***the little villains****(=mischiefs)* de små skøyerne.

villainous [ˌvilinəs] *adj* **1.** *stivt(=wicked)* ond; skurkaktig; **2. T***(=abominably bad)* helt elendig.

villainy [ˌvilini] *s; stivt(=wickedness; villainous act)* ondskap; skurkaktighet; skurkestrek.

villein [ˌvilin] *s; hist(=serf; bondsman)* livegen bonde; *(jvf villain).*
villeinage [ˌvilinidʒ] *s; hist* **1***(=serfdom)* livegenskap; **2***(=villein service)* hoveritjeneste.
vim [vim] *s* **T***(=energy)* energi *(fx full of vim).*
vindicate [ˌvindi'keit] *vb; stivt* **1***(=justify)* rettferdiggjøre *(fx a policy);*
2. *stivt(=defend)* forsvare *(fx sby's honour);* hevde *(fx one's claim;*
3. *jur; om krav, etc(=prove (to be valid))* godtgjøre *(one's claim to sth* sitt krav på noe);
4. *jur; om person; meget stivt:* ***be vindicated****(=be proved right; be cleared)* få rett; ble renvasket; ***vindicate****(=acquit)* ***sby of*** frikjenne en for *(fx this totally vindicated him of the charges made against him);*
5. *glds(avenge)* hevne.
vindication ['vindiˌkeiʃən] *s; meget stivt* **1***(=justification)* rettferdiggjørelse; rettferdiggjøring; ***in vindication of what I said*** fpr å rettferdiggjøre det jeg sa;
2. *jur; om krav(=proving the validity)* godtgjøring (*of* av);
3*(=defence)* forsvar; hevdelse (*of* av) *(fx the vindication of one's claim);*
4. *jur; om person:* ***his vindication*** *(=his being proved right; his being cleared; his being acquitted)* det at han får rett; det at han blir renvasket; det at han blir frikjent.
vindictive [vinˌdiktiv] *adj; stivt(=revengeful; spiteful)* hevngjerrig; ondskapsfull *(fx remark);* ***feel vindictive****(=revengeful)* ***towards sby*** føle hevnlyst overfor en.
vine [vain] *s; bot* **1.** ranke; **2***(=grape vine)* vinranke; vinstokk.
vinegar [ˌvinigə] *s; kjem:* eddik; ***wine vinegar*** vineddik.
vinegary [ˌvinəgəri] *adj* **1.** *kjem:* eddiksur; **2.** *fig:* ***a vinegary smile****(=an acid smile)* et (eddik)surt smil.
vinery [ˌvainəri] *s:* vinhus.
vineyard [ˌvinjəd] *s:* vinmark; vinberg; vingård.
viniculture [ˌvini'kʌltʃə] *s; stivt* **1***(=wine-growing)* vindyrking; **2***(=wine-making)* vinproduksjon.
vino [ˌvi:nou] *s* **S***(=cheap wine)* billigvin.
vinous [ˌvainəs] *adj* **1.** vin-; vinaktig; **2.** som er lagd med vin; **3***(=addicted to wine)* henfallen til vin.
vintage [ˌvintidʒ] *s* **1.** vinhøst; **2.:** ***vintage (wine)*** årgangsvin; **3.** *fig:* årgang *(fx of 1845 vintage).*
vintage car *(,Canada: antique car) især produsert mellom 1919 og 1930:* veteranbil; *(jvf veteran car).*
vintage port årgangsportvin.
vintage year godt vinår.
viol [ˌvaiəl] *s; mus:* viol.
viola [viˌoulə] *s; mus:* bratsj; viola.
(viola da) gamba [viˌoulə də ˌgæmbə] *s; mus:* gambe.
violate [ˌvaiə'leit] *vb; stivt* **1***(=infringe; break)* krenke; bryte *(fx the law);*
2*(=desecrate)* vanhellige *(fx a sacred place);* krenke;
3. *ofte spøkef(=disturb)* krenke; forstyrre *(fx sby's privacy);*
4. *evf(=rape)* forbryte seg mot; voldta.
violation ['vaiəˌleiʃən] *s* **1.** krenkelse; brudd *n* (*of* på) *(fx a treaty);* ***in violation of*** i strid med;
2. krenkelse; vanhelligelse;
3. *ofte spøkef:* forstyrrelse; krenkelse;
4. *evf(=rape)* voldtekt.
violence [ˌvaiələns] *s* **1.** voldsomhet; **2.** vold; ***domestic violence*** vold i hjemmet; ***violence on the terraces*** tribunevold; ***crime of violence*** voldsforbrytelse; ***victim of violence*** voldsoffer; ***a (tidal) wave of violence*** en voldsbølge; ***violence and vandalism among young people*** vold og hærverk blant ungdommen; ***incite violence*** oppfordre til vold; ***use violence*** øve vold; ***robbery with violence*** grovt ran.
violent [ˌvaiələnt] *adj:* voldsom *(fx behaviour; storm);* voldelig *(fx nature);* ***a violent death*** en voldsom død; ***become violent*** bli voldsom; ***have a violent headache*** ha en voldsom hodepine; ***have violent toothache*** ha en voldsom tannpine.
violently [ˌvaiələntli] *adv:* voldsomt.
I. violet [ˌvaiəlit] *s; bot:* fiol; ***dog violet*** engfiol; ***sweet violet*** duftfiol; marsfiol.
II. violet *adj:* fiolett.
violin ['vaiəˌlin] *s; mus:* fiolin; ***play the first violin*** spille førstefiolin; *(se I. fiddle 4).*
violinist ['vaiəˌlinist] *s; mus(=violin player)* fiolinist.
violoncello ['vaiələnˌtʃelou] *s; mus(=cello)* fiolonsell; cello.
VIP ['vi:aiˌpi:] *(fk f very important person)* prominent person; VIP.
VIP stand ærestribune.
VIP treatment: ***give sby the VIP treatment*** behandle en som en VIP; gi en særbehandling.
viper [ˌvaipə] *s; zo(=adder)* hoggorm.
viral [ˌvaiərəl] *adj; med.:* virus-.
viral infection *med.(=virus infection)* virusinfeksjon.
virgin [ˌvə:dʒin] *s* **1.** jomfru; ***the Virgin (Mary)*** jomfru Maria; **2.** *astr:* ***the Virgin****(=Virgo)* Jomfruen.
virginal [ˌvə:dʒinl] *adj:* jomfruelig.
virgin forest *forst(=primeval forest)* urskog.
Virginia [vəˌdʒiniə] *s; geogr:* Virginia.
Virginia creeper *bot:* villvin.
virginity [vəˌdʒiniti] *s:* jomfruelighet; jomfrudom; dyd; ***she lost her virginity*** hun mistet dyden.
virgin landscape *(=natural landscape)* naturlandskap.
Virgo [ˌvə:gou] *s; astr(=the Virgin)* Jomfruen; ***he's (a) Virgo*** han er Jomfru.
virile [ˌvirail] *adj; med.:* viril *(fx young and virile).*
virility [viˌriliti] *s; med.:* virilitet.
virtual [ˌvə:tʃuəl; ˌvə:tjuəl] *adj:* virkelig; faktisk *(fx the virtual ruler).*
virtually [ˌvə:tʃuəli; ˌvətjuəli] *adv:* faktisk; i realiteten; praktisk talt; ***virtually impossible*** praktisk talt umulig.
virtue [ˌvə:tju:; ˌvə:tʃu:] *s* **1.** dyd; ***make a virtue of necessity*** gjøre en dyd av nødvendighet;
2. *glds(=virginity)* dyd; jomfrudom;
3*(=advantage)* fortrinn; ***it has the virtue of being small*** den (,det) har det fortrinn å være liten (,lite);
4. *stivt:* ***by virtue of****(=because of)* i kraft av; på grunn av; fordi;
5. *glds:* ***of easy virtue****(=fast; who sleeps around)* lettlivet.
virtuosity ['və:tjuˌɔsiti; 'vətʃuˌɔsiti] *s:* virtuositet.
virtuoso ['və:tjuˌouzou] *s:* virtuos.
virtuous [ˌvə:tʃuəs; ˌva:tjuas] *adj; stivt(=chaste)* kysk; dydig; meget anstendig (*el.* bra).
virulence [ˌviruləns] *s* **1.** *med.:* ondartethet; **2.** *stivt(= viciousness)* voldsomhet *(fx of an attack).*
virulent [ˌvirulənt] *adj* **1.** *med.:* ondartet; virulent;
2. *om gift:* meget kraftig;
3. *fig(=vicious)* voldsom *(fx attack);*
4. *om farge:* altfor sterk.
virus [ˌvaiərəs] *s:* virus.
virus infection *med.(=viral infection)* virusinfeksjon.
I. visa [ˌvi:zə] *s:* visum *n;* ***a 30-day visa*** visum for 30 dager; ***visitor's visa*** besøksvisum; ***apply for a visa for the United States*** søke om visum til USA; ***demand visas at the departure point*** forlange visum på utreisestedet; *(se re-entry visa).*
II. visa *vb:* visere; påtegne *(fx a passport).*
visage [ˌvisidʒ] *s; litt.(=face)* ansikt *n.*
I. vis-à-vis ['vi:zɑ:ˌvi:; **US:** 'vizəˌvi:] *s(pl: vis-à-vis) meget stivt; sj(=person opposite):* ***his vis-à-vis****(=the person opposite him)* hans vis-à-vis; den som satt (,sitter) rett overfor ham.
II. vis-à-vis *prep; stivt* **1***(=opposite)* vis-à-vis; rett (*el.* like) overfor; **2***(=in relation to)* vis-à-vis; i forhold *(n)* til *(fx a country's position vis-à-vis the EU).*
viscera [ˌviserə] *s; pl; anat:* innvoller; *(se innards & intestine).*

viscose [ˌviskous] *adj:* viskos.
viscosity [visˌkɔsiti] viskositet; væsketykkelse; ***of low viscosity*** lettflytende.
viscount [ˌvaikaunt] adelsmann med rang under 'earl' (greve); *(jvf I. count).*
viscountess [ˌvaikauntəs] *s* **1.** adelskvinne med rang under 'countess' (grevinne); **2.** viscounts hustru.
vise [vais] *s* **US:** *se vice 1.*
viscous [ˌviskəs] *adj(=thick; sticky)* tyktflytende; seig.
visibility ['viziˌbiliti] *s:* sikt; ***poor visibility*** dårlig sikt; ***car with good rear visibility*** bil med god sikt bakover.
visible [ˌvizibl] *adj:* synlig; *(=noticeable)* merkbar *(fx change);* ***visible to the naked eye*** synlig for det blotte øye.
visible horizon *mar(=apparent horizon)* kiming; naturlig horisont.
visibly [ˌvizibli] *adv:* synlig; ***he was visibly disappointed*** han var synlig skuffet.
vision [ˌviʒən] *s* **1.** syn *n;* ***binocular vision*** samsyn; ***enter sby's field of vision*** komme innenfor ens synsfelt; ***normal vision****(=sight)* normalt syn; ***his vision is poor****(=he has poor(=bad) eyes)* han har dårlig syn;
2. syn *n;* visjon; *spøkef:* ***I had visions of you missing the train*** jeg så for meg at du kom for sent til toget;
3*(=lovely sight)* vakkert syn; ***she was a vision of loveliness****(=she was very beautiful)* hun var meget vakker;
4. klarsyn; ***a man of vision*** en klarsynt mann; ***his political vision is nil*** han har ikke politisk gangsyn; ***his vision is limited*** han har et snevert perspektiv; han er så sneversynt.
I. visionary [ˌviʒənəri] *s:* fantast; svermer; drømmer.
II. visionary *adj* **1.** visjonær; synsk; **2***(=impracticable; unrealistic; utopian)* ugjennomførlig; urealistisk; svermerisk; utopisk *(fx scheme).*
I. visit [ˌvizit] *s:* visitt; besøk *n;* ***courtesy visit****(=call)* høflighetsvisitt; ***doctor's visit****(=call)* legebesøk; ***flying visit****(=short visit)* snarvisitt; snartur; ***a visit to the museum*** et besøk på museet; ***pay a short visit to Bergen*** ta en snartur til Bergen; *især* **US:** ***pay a visit to sby****(=pay sby a visit)* avlegge en et besøk; ***a (private) visit to the USA*** en besøksreise til USA; et (privat) besøk i USA; ***you can fly extra cheaply on what they call private visits*** man kan fly ekstra billig på såkalte besøksreiser; ***this fare only applies to private visits*** denne billettprisen gjelder bare for besøksreiser.
II. visit *vb* **1.** besøke *(fx sby; a place);* ***when are you due to visit the dentist next?*** når skal du til tannlegen neste gang? ***we visit (each other) quite often nowadays*** vi besøker hverandre ganske ofte nå for tiden;
2. *stivt(=afflict)* hjemsøke;
3. *bibl:* ***visit the sins of the fathers upon the children*** hjemsøke fedrenes misgjerninger på barna *n;*
4. **US:** være på besøk *n (fx visit in their home);* ***visit with*** 1*(=stay with)* være på besøk hos; 2*(=chat with)* snakke med *(fx sby on the phone).*
visitation ['viziˌteiʃən] *s* **1.:** ***(bishop's) visitation*** (bispe)visitas;
2. *rel:* hjemsøkelse; straff *(fx it was a visitation of God for their sins);*
3. *bibl:* ***know the time of one's visitation*** kjenne sin besøkelsestid;
4. *glds el. stivt(=visit)* besøk *(n)* (av overnaturlig art).
visiting card *(,* **US:** *calling card)* visittkort.
visiting hours *pl; med.; i sykehus:* besøkstid.
visiting medical officer *ved institusjon:* tilsynslege.
visiting nurse US *(omtr: community nurse)* hjemmesykepleier.
visiting order *for besøk i fengsel:* besøkstillatelse; ***receive(=get) a visiting order*** få besøkstillatelse.
visiting rights *pl(=access to one's child (,children);* **US:** *visitation rights)* samværsrett.
visiting team *sport(=away team)* bortelag.
visitor [ˌvizitə] *s* **1.** besøkende; gjest; ***we're having visitors*** vi får besøk *n;*
2. *spøkef; om innbruddstyver:* ***visitors****(=uninvited guests)* ubudne gjester.
visitors' book gjestebok; *på hotell:* fremmedbok; gjestebok.
visitors' car park *(=parking for visitors)* besøksparkering.
visitor's visa besøksvisum; *(se visa).*
visor [ˌvaizə] *s* **1.** *hist:* visir; hjelmgitter; **2.** *på lue(=peak)* skygge; **3.** *på bil:* ***sun visor*** solskjerm.
vista [ˌvistə] *s* **1.** *stivt(=view)* utsyn; utsikt;
2. *fig:* utsyn; (fremtids)perspektiv;
3.: ***he remembered his boyhood as an endless vista of sunny days*** han husket guttedagene som en endeløs rekke av solskinnsdager.
Vistula [ˌvistjulə] *s; geogr:* ***the Vistula*** Weichsel.
visual [ˌvizjuəl; ˌviʒuəl] *adj* **1.** syns- *(fx organs);* visuell; ***visual disturbance*** synsforstyrrelse;
2. *psykol:* visuell.
visual aids *pl:* visuelle hjelpemidler.
visual arts *pl:* ***the visual arts*** bildende kunst.
(visual) display unit *(fk VDU;* **T:** *computer screen)* dataskjerm.
visual image synsbilde.
visualize, visualise [ˌviʒuə'laiz] *vb* **1***(=make clear)* anskueliggjøre;
2. *stivt(=envisage; picture; imagine)* forestille seg;
3. *stivt(=picture)* se for seg *(fx I know his name, but I can't visualize him);*
4. *stivt(=foresee; envisage; expect)* regne med; vente seg *(fx we don't visualize many changes);*
5. *med.(=make visible (by surgery or by X-ray))* blottlegge.
visually [ˌviʒuəli] *adv:* visuelt; ***I remember things visually*** jeg har en visuell hukommelse; ***visually, the film is good entertainment*** visuelt sett er filmen god underholdning.
visual nerve *anat(=optical nerve)* synsnerve.
visual sensation *(=visual impression)* synsinntrykk.
I. vital [vaitl] *s; glds:* ***vitals****(=vital organs)* livsviktige organer *n; spøkef:* ***the vitals****(=the vital parts)* de edlere deler (av anatomien).
II. vital *adj* **1.** vital; **2.** livsviktig; vital; ***vital necessity*** livsbetingelse; ***vital organ*** livsviktig organ *n;* **3***(=very important)* meget viktig *(to* for).
vital function livsfunksjon.
vitality [vaiˌtæliti] *s:* levedyktighet; livskraft; vitalitet; ***full of life and vitality*** full av liv *(n)* og vitalitet.
vitalize, vitalise [ˌvaitə'laiz] *vb(=animate)* levendegjøre; sette liv *(n)* i.
vital nerve *fig:* livsnerve.
vital part vital del; livsviktig del; ***the vital parts*** de vitale *(el.* livsviktige) delene; de edlere deler.
vital process livsprosess.
vitals [ˌvaitlz] *s; pl: se I. vital.*
vital statistics **1.** befolkningsstatistikk; **2.** **T** (kvinnes) vitale mål *(n)* (ɔ: byste-, hofte- og midjemål).
vital strength *(=vitality)* livskraft; *(jvf vitality).*
vitamin [ˌvitəmin; **US:** ˌvaitəmin] *s:* vitamin; ***vitamin A*** A-vitamin.
viticulture [ˌviti'kʌltʃə] *s; stivt(=wine-growing)* vinavl; vindyrking.
vitreous [ˌvitriəs] *adj:* glassaktig; glass-; glasshard.
vitreous china sanitærporselen.
vitriol [ˌvitriəl] *s:* vitriol.
vitriolic ['vitriˌɔlik] *adj* **1.** vitriolholdig; vitriol-; **2.** *fig; stivt(=caustic)* bitende; flengende *(fx criticism).*
vitro [ˌvitrou] *s; med.:* ***in vitro fertilization****(=fk IVF)* befruktning ved hjelp av prøverørsmetoden.
vituperative [viˌtju:pərətiv] *adj; stivt el. spøkef(=abusive)* grov.
viva [ˌvaivə] *s(=viva voce)* muntlig eksamen.
vivacious [viˌveiʃəs] *adj(=lively; full of life)* livlig; livfull.

V

vocabulary

VOCABULARY

British English	American English
fag = roommate and cigarette (also homosexual today)	fag or faggot = homosexual
lift	elevator
car park	parking lot
autumn	fall
holiday	vacation

He was my fag at Eton, the English might say!

Because of differences between British and American English vocabulary, misunderstandings may easily occur. Sometimes they are funny, sometimes embarrassing.

vivacity [viˌvæsiti] *s(=vivaciousness)* livlighet; livfullhet.

viva voce [ˌvaivə ˌvoutʃi] *s: se viva.*

vivid [ˌvivid] *adj* **1**(=*lively*) livlig; ***a vivid imagination*** en livlig fantasi;
2(=*clear*) klar; ***vivid memories*** klare minner;
3. *fig:* levende *(fx description);*
4. *fig(=lifelike)* livaktig *(fx dream);*
5. *om farge(=bright)* livlig; sterk; knall- *(fx a vivid red); fig:* ***paint sth in vivid colours*** skildre noe i sterke farger.

vividly [ˌvividli] *adv* **1.** livlig; **2**(=*very clearly*) klart; tydelig *(fx remember sth vividly).*

vividness [ˌvividnəs] *s* **1**(=*clarity*) klarhet; tydelighet; **2**(=*brightness*): ***the vividness of the colours****(=the vivid colours)* de sterke fargene.

viviparous [viˌvipərəs] *adj:* som føder levende unger.

vivisect [ˌviviˈsekt; ˈviviˌsekt] *vb:* vivisekere.

vivisection [ˈviviˌsekʃən] *s:* viviseksjon.

vixen [ˌviksən] *s* **1.** *zo:* hun(n)rev; revetispe;
2. *glds(=ill-tempered woman)* arrig kvinnfolk.

viz. [viz; ˌneimli] *adv:* nemlig.

vocabulary [vəˌkæbjuləri] *s* **1.** vokabular *n;* ordforråd; ordtilfang; ***a wide****(=copious)* ***vocabulary*** et rikt vokabular *(el.* ordforråd); **2.** glossar *n;* ordliste.

vocal [voukl] *adj* **1.** stemme- *(fx apparatus);*
2. sang- *(fx exercise);* vokal *(fx music);*
3. *i forsamling:* som lar høre fra seg; ***they are beginning to get vocal*** de begynner å la høre fra seg; ***he's always very vocal at meetings*** han tar stadig ordet på møter.

vocal cords *pl; anat:* stemmebånd.

vocalic [vouˌkælik] *adj; fon:* vokalisk.

vocalist [ˌvoukəlist] *s; mus; stivt(=singer)* vokalist.

vocalize, vocalise [ˌvoukəˈlaiz] *vb* **1.** *mus:* synge (på vokaler) *(fx a tune);*
2(=*utter vocal sounds*) bruke stemmebåndene; gi fra seg lyder *(fx a gorilla was vocalizing);*
3. *språkv:* vokalisere; forsyne med vokaltegn.

vocal pitch *mus(=pitch)* stemmeleie.

vocation [vouˌkeiʃən; vəˌkeiʃən] *s* **1**(=*calling*) kall *n;* ***a sense of vocation*** en kallsfølelse;
2. *stivt(=occupation)* erverv *n;* yrke *n;*
3. T: ***she missed her vocation****(=she's got the wrong job)* hun burde vært i en annen jobb.

vocational [vouˌkeiʃənl; vəˌkeiʃənl] *adj:* yrkes-; yrkesrettet; ***non vocationalvocational*** ikke yrkesrettet.

vocational education yrkesrettet utdanning; *(jvf vocational training).*

vocational-guidance counselor US *skolev(=careers master (,mistress))* yrkesveileder.

vocational school *skolev:* fagskole; *(jvf technical college).*

vocational studies *skolev; pl:* yrkesrettede studier *n;* yrkesrettet studium; (yrkes)fagstudium.

vocational training *skolev* **1.** yrkesopplæring; yrkesutdanning; *(jvf vocational education);* ***extended vocational training*** videreutdanning i yrket;
2.: *se vocational studies;*
3.: ***science of vocational training*** yrkespedagogikk.

vociferate [vəˌsifəˈreit] *vb; stivt(=bawl; shout)* skrike; skråle.

vociferous [vəˌsifərəs] *adj; stivt(=loud; noisy)* skrålende; høyrøstet.

vodka [ˌvɔdkə] *s:* vodka.

vogue [voug] *s; stivt el. spøkef(=fashion)* mote; ***in vogue****(=in fashion)* moderne; på mote.

vogue expression moteuttrykk.

I. voice [vɔis] *s* **1.** *også fig:* stemme; ***at the top of one's voice*** så høyt man kan; av full hals; ***in a deep (,loud) voice*** med dyp (,høy) stemme; ***in a low****(=soft)* ***voice*** med lav stemme; lavmælt; ***in a lowered voice*** med dempet stemme; *også fig:* ***a powerful voice*** en kraftig stemme; ***in a tearful voice****(=with tears in one's voice)* med gråtkvalt stemme; med gråten i halsen; ***my voice broke when I was twelve*** jeg kom i stemmeskiftet da jeg var tolv (år *n*); ***his voice is beginning to crack****(=break)* han er kommet i stemmeskiftet; ***disguise one's voice*** fordreie stemmen; ***keep your voice down!****(=lower your voice!)* snakk lavere! ***make one's voice heard*** skaffe seg gehør *n;* ***raise one's voice*** heve stemmen; ***when my voice steadied down*** da jeg var ferdig med stemmeskiftet; ***lose one's voice*** miste stemmen; ***he hasn't got much of a voice*** han har ingen særlig god sangstemme;
2. *teat:* ***voices off*** stemmer i bakgrunnen;
3. *stivt el. litt.(=say):* ***I have no voice in the matter*** jeg har ikke noe å si i denne saken;
4. *gram:* ***in the active voice*** i aktiv;
5. *stivt(=expression):* ***give voice to*** gi uttrykk for;
6. *stivt:* ***with one voice*** enstemmig; alle som én; ***the committee felt they should speak on the matter with one voice****(=the committee felt they should express(=give) a unanimous opinion on the matter)* komitéen syntes at den burde avgi en enstemmig innstilling i saken.

II. voice *vb* **1.** *fon:* stemme; **2.** *stivt(=express)* uttrykke; gi uttrykk for; *stivt(=put forward)* fremføre *(fx one's complaints).*
voiced [vɔist] *adj; fon:* stemt *(fx a voiced consonant).*
voiceless [ˌvɔisləs] *adj* **1**(*=mute)* stemmeløs; stum; **2.** *fon(=unvoiced)* ustemt.
voice lesson time i stemmebruk; ***he's having voice lessons*** han tar timer i stemmebruk.
voice-over [ˌvɔis'ouvə] *s; TV:* kommentatorstemme.
voice production stemmebruk; ***learn voice production*** lære stemmebruk.
I. void [vɔid] *s* **1.** *kortsp:* renons; **2.** *fig:* tomrom *(fx her death left a void in his life);* ***the great void****(=nothingness)* det store intet; ***leave a terrible void****(=be sadly missed)* etterlate seg et smertelig savn.
II. void *adj* **1.** *jur:* ***declare (null and) void*** erklære ugyldig; **2.:** ***void of*** 1. *stivt(=devoid of; without)* blottet for; uten *(fx interest);* 2. *kortsp:* renons i.
volatile [ˌvɔlə'tail] *adj* **1.** *fys:* flyktig; **2.** *fig; stivt(=explosive)* eksplosiv *(fx situation);* **3.** *stivt; om person(=fickle)* labil; ustabil; ustadig.
volatility ['vɔləˌtiliti] *s:* ustabilitet; ustadighet.
vol-au-vent [vɔlɔˌv¬a] *s; kul:* vol-au-vent; terteskjell; ***chicken vol-au-vent*** terteskjell med lokk *n,* fylt med lys kjøttstuing; *(jvf patty case).*
volcanic [vɔlˌkænik] *adj:* vulkansk; vulkan-.
volcano [vɔlˌkeinou] *s:* vulkan.
vole [voul] *s; zo* **1.** jordrotte; ***water vole****(=rat)* vånd; vannrotte; **2.:** ***red-backed vole****(=mouse)* rødmus.
volition [vəˌliʃən] *s; stivt(=will):* ***an act of volition*** en viljeshandling; ***of one's own volition****(=of one's own free will)* av egen (fri) vilje.
volley [ˌvɔli] *s* **1.** *også fig:* salve; ***a volley of shots*** en skuddsalve; **2.** *tennis:* volley.
volleyball [ˌvɔli'bɔ:l] *s; sport:* volleyball.
volplane [ˌvɔl'plein] *vb; flyv(=glide)* sveve; gli.
volt [voult] *s; elekt:* volt.
voltage [ˌvoultidʒ] *s; elekt:* spenning.
volte-face [ˌvɔltˌfɑ:s] *s(pl: volte-face) stivt; fig(=about-turn)* helomvending; kuvending.
voltmeter [ˌvoult'mi:tə] *s; elekt:* voltmeter.
volubility ['vɔljuˌbiliti] *s; stivt(=talkativeness; eloquence)* pratsomhet; munnrapphet; veltalenhet.
voluble [ˌvɔljubl] *adj; stivt* **1**(*=verbose)* ordrik; ***a voluble protest*** en ordrik protest; **2**(*=talkative; eloquent)* pratsom; munnrapp; veltalende.
volubly [ˌvɔljubli] *adv(=with a lot of words)* med mange ord *n (fx talk volubly about the problems).*
volume [ˌvɔlju:m] *s* **1.** *stivt(=book)* bind *n; spøkef:* ***fat volume****(=thick book)* tykk bok; murstein;
2. *del av verk(fk vol.)* bind *n; av tidsskrift:* årgang; ***a companion volume to*** et bind som hører til; ***two companion volumes*** to bind som hører sammen; ***composite****(=omnibus)* ***volume*** samlebind;
3(*=cubic capacity)* rominnhold; kubikkinnhold;
4. *stivt(=amount)* kvantum *n;* mengde *(fx the volume of traffic);* ***volumes of black smoke****(=large amounts of black smoke)* store mengder svart røyk; *i produksjon:* ***the need for volume*** behovet for store serier;
5. lyd(styrke); volum *n;* ***turn up the volume*** skru opp lyden;
6. *fig:* ***speak volumes*** si en hel del; tale sitt eget tydelige språk *(fx her face spoke volumes).*
volume control *radio & TV:* volumkontroll.
volume of sales *(=volume of business)* salgsvolum.
(volume of) trade *økon; stats:* vareomsetning.
volume unit *(=unit volume)* volumenhet.
voluminous [vəˌlu:minəs] *adj; stivt el. spøkef(=large; taking up a lot of space)* voluminøs; omfangsrik.
voluntarily [ˌvɔləntərili; **US:** 'vɔlənˌtærili] *adv:* frivillig; godvillig; ***he left voluntarily*** han gikk godvillig.
voluntariness [ˌvɔləntərinəs] *s:* frivillighet.
I. voluntary [ˌvɔləntəri] *s; mus:* orgelsolo (ved gudstjeneste).
II. voluntary *adj:* frivillig; ***it's entirely voluntary*** det er en helt frivillig sak.
voluntary agent: ***man is a voluntary agent*** mennesket har sin frie vilje.
voluntary confession *rel:* selvbekjennelse.
voluntary manslaughter *jur:* forsettlig drap; *(se manslaughter 2 & I. murder 1).*
voluntary organization frivillig organisasjon.
Voluntary Service Overseas *(fk VSO)* **UK** *svarer til:* Fredskorpset; *(jvf peace corps).*
voluntary worker frivillig.
I. volunteer ['vɔlənˌtiə] *s:* frivillig.
II. volunteer *adj:* frivillig; som utføres av frivillige.
III. volunteer *vb* **1.** melde seg frivillig *(for* til); **2**(*=offer)* tilby seg *(fx to help);* komme med *(fx two or three people volunteered suggestions).*
voluptuous [vəˌlʌptjuəs] *adj; stivt el. spøkef(=sensuous; sensual)* vellystig; sensuell *(fx voluptuous(=sensuous) music);* ***voluptuous****(=sensual)* ***lips*** sensuelle lepper; ***a voluptuous****(=buxom)* ***woman*** en ferm kvinne; ***her voluptuous****(=ample)* ***curves*** hennes yppige former.
volvulus [ˌvɔlvjuləs] *s; med.:* tarmslyng.
I. vomit [ˌvɔmit] *s:* oppkast *n.*
II. vomit *vb* **1**(*=be sick;* **T:** throw up) kaste opp;
2. *litt.; fig:* ***vomit (out)****(=spew (out); pour out)* spy (ut) *(fx flames).*
voracious [vəˌreiʃəs] *adj; stivt(=greedy)* glupsk; grådig; ***have a voracious****(=ravenous)* ***appetite*** ha en glupende appetitt.
voracity [ˌvəˌræsiti] *s; stivt(=greed)* glupskhet; grådighet.
vortex [ˌvɔ:teks] *s(pl: vortexes; vortices* [ˌvɔ:ti'si:z]*) litt.* **1**(*=whirlpool)* virvel (i vannet); **2**(*=whirlwind)* virvelvind; **3.** *fig(=maelstrom)* malstrøm.
votary [ˌvoutəri] *s; meget stivt* **1**(*=advocate):* ***be a votary of*** gå sterkt inn for *(fx peace);*
2. *rel:* ***a votary of God****(=a faithful servant of God)* en tro Guds tjener.
I. vote [vout] *s* **1.** avstemning; votering; ***card vote*** skriftlig avstemning; ***a secret vote****(=a ballot)* en hemmelig avstemning; ***put sth to the vote*** sette noe under avstemning; ***take a vote*** gå til avstemning; *(jvf voting);*
2. *polit:* ***a (,the) vote****(=the right to vote; voting rights)* stemmerett; ***still without a vote*** fremdeles uten stemmerett;
3. stemme; ***cast****(=give)* ***one's vote*** avgi (sin) stemme;
4. *kollektivt:* ***the Labour vote*** arbeiderpartivelgerne;
5.: ***the vote****(=the total number of votes cast)* det totale antall avgitte stemmer; stemmene; ***they collected 30% of the vote*** de fikk 30% av stemmene;
6(*=grant)* bevilgning *(fx a vote of £50,000);*
7.: ***vote of censure****(=vote of no confidence)* mistillitsvotum; ***vote of confidence*** tillitsvotum; tillitserklæring; ***propose a vote of thanks to*** holde en liten takketale for.
II. vote *vb* **1.** *polit:* stemme *(for* for; *against* mot); ***vote Labour****(=vote for the Labour Party)* stemme på Arbeiderpartiet; *om forslag:* ***be voted through*** få flertall; gå igjennom;
2.: ***be voted on to a committee****(=be elected a member of a committee)* bli valgt inn i et utvalg (*el.* en komité); ***be voted off the committee****(=not be re-elected a member of the committee)* ikke bli gjenvalgt til utvalget (*el.* komitéen);
3(*=grant)* bevilge; ***they were voted £10,000*** de fikk bevilget £10.000;
4. T(*=declare):* ***the evening was voted a huge success by everyone*** alle var enige om at kvelden hadde vært en stor suksess;
5. T(*=propose):* ***I vote we all go home*** jeg stemmer for at vi går hjem alle sammen.
vote catcher *polit(=vote puller)* stemmesamler; stemmesanker.

vote-pulling charisma *(=appeal to voters)* velgertekke.
voter [ˌvoutə] *s:* velger; stemmeberettiget; *neds:* ***ignorant voters*** uvitende velgere; *neds:* stemmekveg.
voting [ˌvoutiŋ] *s:* avstemning; stemmegivning; ***how did the voting go?*** hvordan gikk det med avstemningen? ***abstain from voting*** ikke delta i avstemningen.
voting booth *(=polling booth)* stemmeavlukke; stemmebås.
voting procedure avstemningsregler; fremgangsmåte ved avstemninger.
voting rights *pl(=right to vote)* stemmerett; ***grant full voting rights to black people*** gi svarte full stemmerett.
voting slip stemmeseddel; *(jvf ballot paper).*
voting system *polit(=electoral system)* valgordning.
voting tie: ***a voting tie****(=an equality of votes)* stemmelikhet.
votive [ˌvoutiv] *adj:* votiv-; gitt ifølge et løfte.
votive offering votivgave.
vouch [vautʃ] *vb:* ***vouch for*** gå god for; garantere for.
voucher [ˌvautʃə] *s* **1.** *bankv:* regnskapsbilag; ***cash voucher*** kasseanvisning; **2***(=ticket; coupon)* kupong; ***meal voucher, luncheon voucher*** matkupong.
vouchsafe [ˈvautʃˌseif] *vb; meget stivt el. glds* **1***(= condescend):* ***not vouchsafe to reply*** ikke nedlate seg til å svare; **2***(=give):* ***he refused to vouchsafe any information*** han nektet å gi opplysninger.
I. vow [vau] *s:* (høytidelig) løfte *n;* ***vow of chastity*** kyskhetsløfte; ***marriage vows*** ekteskapsløfte; ***make****(= take)* ***a vow*** avlegge et løfte.
II. vow *vb* **1***(=make a solemn promise)* love (høyt og hellig); **2.** *stivt(=swear)* sverge *(fx revenge on sby);* **3.** *stivt el. glds(=declare; state; say)* erklære; si.
I. vowel [ˌvauəl] *s; gram:* vokal.
II. vowel *vb:* forsyne med vokaltegn; ***a vowelled Arabic text*** arabisk tekst tekst forsynt med vokaltegn.
vowel point *språkv; i semittisk språk:* vokaltegn.
I. voyage [ˌvɔiidʒ] *s:* ***(sea) voyage*** sjøreise.
II. voyage *vb; især litt.(=travel)* reise.
vulcanize, vulcanise [ˌvʌlkəˈnaiz] *vb:* vulkanisere.
vulgar [ˌvʌlgə] *adj:* simpel; vulgær.
vulgarity [vʌlˌgæriti] *s(=rudeness; lack of good taste)* vulgaritet; simpelhet; vulgær oppførsel.
vulgarize, vulgarise [ˌvʌlgəˈraiz] *vb:* forsimple.
vulnerability [ˈvʌlnərəˌbiliti] *s:* sårbarhet.
vulnerable [ˌvʌlnərəbl] *adj* **1.** sårbar; ***his vulnerable****(= weak)* ***point*** hans svake punkt; **2.** *kortsp; bridge:* i faresonen.
vulpine [ˌvʌlpain] *adj; stivt(=fox-like)* reveaktig.
vulture [ˌvʌltʃə] *s; zo:* gribb.

W

W, w [ˌdʌblˈju:] W, w; *tlf:* ***W for William*** dobbelt-w; ***capital W*** stor W; ***small w*** liten w.
WAC [ˌwæk] **US***(fk f Women's Army Corps)(= WRAC(fk f Women's Royal Army Corps)* lotteorganisasjon i hæren.
wacky [ˌwæki] *adj* **T***(=crazy; eccentric)* sprø; eksentrisk.
I. wad [wɔd] *s* **1.** *av løst materiale:* klump; ***a wad of cotton wool*** en bomullsdott; *(jvf I. swab 1: cotton-wool wad);* ***use sth as a wad*** bruke noe som fyllmateriale;
2. seddelbunt; ***a wad of five-pound notes*** en bunt fempundsedler;
3. US T: ***(quite) a wad, wads of money****(=(quite) a lot of dough)* en god slump penger.
II. wad *vb* **1.** presse (*el.* rulle) sammen; **2.** *plagg:* vattere; **3***(=stuff)* stoppe; fôre med vatt; ***wad down****(=pack securely with wadding)* pakke forsvarlig med vatt.
wadding [ˌwɔdiŋ] *s:* (plate)vatt; stopp.
I. waddle [wɔdl] *s:* vralting; vraltende gange.
II. waddle *vb:* vralte.
wade [weid] *vb* **1.** vade; vasse *(across* over);
2. *fig:* ***wade into*** 1*(=plunge into)* kaste seg inn i *(fx the discussion);* kaste seg over *(fx a pile of work);* 2*(= attack)* angripe; ta fatt;
3. *fig:* ***wade****(=work one's way)* ***through*** slite seg gjennom; arbeide seg gjennom.
wader [ˌweidə] **1.** *s; zo:* vadefugl; **2.:** ***(hip) waders*** vadere; vadebukser.
wadi [ˌwɑ:di] *s; i Nord-Afrika:* wadi; (ɔ: elveleie som bare fører vann *(n)* i regntiden).
wafer [ˌweifə] *s* **1.** (is)kjeks *(fx an ice-cream wafer);* **2.** *rel:* oblat.
wafer-thin [ˌweifəˈθin] *adj(=paper-thin)* løvtynn.
I. waffle [wɔfl] *s* **1.** vaffel; ***a round of waffles*** en vaffelplate; ***segment of waffle*** vaffelhjerte;
2. T*(=nonsense; rubbish)* vrøvl *n;* tull *n;* tullprat; tørrprat; snikksnakk.
II. waffle *vb* **T***(=talk nonsense)* vrøvle; tullprate; ***waffle on*** prate og prate; tørrprate.
waffle iron vaffeljern.
I. waft [wɑ:ft] *s:* vift *n;* (mildt) pust; (svak) duft.
II. waft *vb; stivt el. litt.* **1***(=float; drift)* sveve; drive; **2***(=blow)* blåse *(fx the wind wafted the leaves through the windows).*
I. wag [wæg] *s* **1.:** ***the dog gave a feeble wag*** hunden logret svakt; **2***(=joker)* spøkefugl.
II. wag *vb* **1.:** ***wag (its tail)*** logre; ***the bird was wagging its tail*** fuglen vippet med stjerten;
2. *fig:* ***wag one's finger at sby*** løfte fingeren advarende (,misbilligende) til en; ***this will set their tongues wagging*** dette vil gi dem noe å snakke om.
I. wage [weidʒ] *s(=wages)* lønn *(fx his wage is £90 a week; his wages are £90 a week);* ***basic wage*** grunnlønn; ***starvation wage(s)*** sultelønn; ***a steady wage****(=a regular pay)* fast lønn; ***a high wage, high wages*** høy lønn; ***get a job at a living wage*** få jobb til en lønn man kan leve av.
II. wage *vb; stivt(=carry on):* ***wage war*** føre krig (*against, on* mot).
wage earner *(,***US:** *wage worker)* lønnsmottager.
wage packet *(=pay packet)* lønningspose.
I. wager [ˌweidʒə] *s; stivt(=bet)* veddemål; ***make*** *(= lay)* ***a wager*** inngå et veddemål *(that* om at).
II. wager *vb; stivt(=bet)* vedde.
wages [ˌweidʒiz] *s; pl: se I. wage.*
wage slave *spøkef:* lønnsslave.
waggish [ˌwægiʃ] *adj(=joking)* spøkefull *(fx remark).*
I. waggle [wægl] *s* **1***(=wiggle)* vrikking;
2. *med hale, etc(=wagging; shaking)* vifting *(fx with a waggle of its tail);* risting.
II. waggle *vb* **1***(=wiggle)* vrikke med (*el.* på) *(fx she waggled her hips as she walked along);*
2*(=wag; shake)* vifte; riste *(fx his beard waggled as he ate).*
wag(g)on *(,***US:** *wagon)* [ˌwægən] *s* **1.** vogn; ***hay wag(g)on*** høyvogn; ***goods wag(g)on****(,***US:** *freight car)* godsvogn;
2. *astr:* ***the Wag(g)on****(=the Plough)* Karlsvognen;
3. US *i sms:* -vogn; ***tea wag(g)on****(=trolley)* tevogn;

4. T: ***go on the wag(g)on*** bli avholdsmann; gå på vannvogna.

wagtail [ˌwæg'teil] *s; zo: (white)* ***wagtail*** linerle.

waif [weif] *s* **1.** *stivt(=homeless child)* hjemløst barn; *glds el. spøkef:* ***waifs and strays*** hjemløse og fattige; **2.** *stivt(=stray animal)* herreløst dyr.

I. wail [weil] *s* **1.** klagende skrik *n;* jammer; **2.** klagende lyd *(fx of a siren);* **3. T:** ***set up a wail about sth****(=start complaining about sth)* begynne å beklage seg over noe.

II. wail *vb* **1.** *stivt(=lament)* klage *(fx weeping and wailing they followed the coffin);* ***loud wailing*** høye klagerop; **2. T***(=complain;* **T:** *moan)* klage; ***start wailing about sth*** begynne å beklage seg over noe.

wailer [ˌweilə] *s; hist:* ***professional wailer*** en som er betalt for å gråte ved begravelser; ***chorus of professional wailers*** gråtekor.

Wailing Wall *i Jerusalem:* ***the Wailing Wall*** klagemuren.

I. wainscot [ˌweinskət] *s; glds* **1***(=panelling)* panel *n;* **2***(=dado)* brystpanel.

II. wainscot *vb; glds* **1***(=panel)* panele; kle med panel *n;* **2***(=dado)* lage brystpanel; kle med brystpanel.

wainscoting [ˌweinskətiŋ] *s: se I. wainscot.*

waist [weist] *s* **1.** liv *n;* midje; livlinje; *på klesplagg:* livstykke; liv; ***have a small waist*** være smal om livet; ***what size (of) waist do you have?*** hva er livmålet ditt? ***I can't get my jacket to meet round the waist****(=my jacket won't meet)* jeg får ikke jakken igjen rundt livet; **2.:** ***the waist of a violin*** det smaleste stedet på en fiolin.

waistband [ˌweist'bænd] *s:* linning; ***the waistband of a pair of trousers*** en bukselinning; *(se neckband; wristband).*

waistcoat [ˌweis'kout] *s(,***US:** *vest)* vest.

waist-deep ['weistˌdi:p; *attributivt:* ˌweist'di:p] *adj:* ***he was waist-deep in water*** vannet rakk ham til livet.

waisted [ˌweistid] *adj; om klesplagg(=that goes in at the waist)* innsvingt i livet.

waistline [ˌweist'lain] *s* **1.** livvidde; livlinje; ***watch one's waistline*** passe på livlinjen; **2.** talje; livlinje.

waist measurement livvidde; ***what's your waist measurement?*** hvor meget måler du rundt livet?

waist pouch *(=hip bag;* **T:** *bum bag)* magebelte.

waist slip *(=underskirt)* underskjørt.

I. wait [weit] *s* **1.:** ***there was a long wait for the bus*** det ble lenge å vente på bussen; **2.:** ***lie in wait*** ligge i bakhold; ***lie in wait for*** ligge på lur etter.

II. wait *vb* **1.** vente *(for* på); ***wait for sby*** 1. vente på en; 2. passe en opp *(fx she's been waiting for him); som forberedelse til en overraskelse:* ***wait for it!*** hold deg fast! *(fx Wait for it! It's not only me coming, but all the rest of the family as well!);* ***we shan't have long to wait*** det blir ikke lenge å vente; ***wait a little!****(=wait a minute!)* vent litt! ***this matter can wait*** denne saken kan vente; ***hang about waiting*** vente utålmodig; stå der og vente; ***wait dinner (for sby)*** vente (på en) med middagen; ***he's waiting for us to leave*** han venter på at vi skal gå (,dra); ***wait until(=till) he comes*** vent til han kommer; ***wait till I tell you*** vent til jeg sier fra; ***they waited up till their daughter came in*** de satt oppe og ventet til datteren kom hjem; ***don't wait up (for me)*** sitt ikke oppe og vent på meg; ***we stood there waiting, but the bus just wouldn't come*** vi stod der og ventet (og ventet), men bussen kom ikke;
2.: ***wait at table*** servere (*el.* varte opp) ved bordet; ***wait on the guests*** oppvarte gjestene.

waiter [ˌweitə] *s:* servitør; kelner; ***head waiter*** hovmester; ***hired waiter*** leietjener.

waiting [ˌweitiŋ] *s* **1.** venting; ***all this waiting*** all denne ventingen; *trafikkskilt:* ***no waiting*** parkering forbudt; **2.** *om kelner, etc:* oppvartning; servering; betjening.

waiting game: ***play a waiting game****(=adopt a waiting attitude)* stille seg avventende; innta en avventende holdning.

waiting list venteliste; ekspektanseliste; ***put sby on a waiting list*** sette en på venteliste.

waiting period 1. ventetid; ***during the long waiting period*** i den lange ventetiden; **2.** *fors:* karenstid.

waiting room venteværelse.

waiting time 1. ventetid; **2.** *fors: se waiting period 2.*

wait-list [ˌweit'list] *vb:* ***wait-list sby*** sette en på venteliste.

waitress [ˌweitrəs] *s:* (kvinnelig) servitør; serveringsdame.

waive [weiv] *vb* **1.** *meget stivt(=give up)* frafalle (*a claim* et krav); ***waive one's right to speak****(=withdraw;* **US:** *yield the floor)* frafalle ordet; *(jvf withdraw 1);* **2***(=take no account of)* se bort fra; ***waive the age limit*** se bort fra aldersgrensen;
3. *jur(=quash)* sette til side; omstøte *(fx a sentence).*

waiver [ˌweivə] *s* **1.** *jur(=renunciation)* frafallelse (*of* av) *(fx of a claim; of a right);* **2. US** *univ:* ***tuition waiver*** fritagelse fra semesteravgift.

I. wake [weik] *s* **1.** kjølvann; *også fig:* ***in the wake of*** i kjølvannet av; ***with his wife in his wake*** med sin kone på slep *n;*
2. *rel:* våkenatt før kirkefest;
3. likvake;
4. *i Nord-England* 1. industriferie; 2. marked (i forbindelse med industriferien).

II. wake *vb(pret: woke; perf.part.: woken)* **1***(=wake up)* våkne;
2*(=wake up)* vekke *(fx go and wake the others);*
3. *fig(=evoke)* vekke *(fx memories of holidays in Spain);*
4.: ***wake up*** 1. våkne; ***wake up!*** nå må du våkne! 2. vekke;
5. *fig* **T:** ***wake up to sth****(=realize sth)* innse noe; bli klar over noe; ***he's waking up to the truth****(=the truth is dawning on him)* sannheten begynner å demre for ham.

waked [weikt] *glds; pret & perf. part. av II. wake.*

wakeful [ˌweikful] *adj* **1.** *stivt(=awake)* våken *(fx the children are wakeful);* **2.** *stivt(=sleepless)* søvnløs.

waken [ˌweikən] *vb; stivt: se II. wake.*

wakey-wakey [ˌweiki ˌweiki] *int* **T:** nå må du våkne, da!

Wales [weilz] *s; geogr:* Wales; ***the Prince of Wales*** prinsen av Wales; *(jvf Welsh).*

I. walk [wɔ:k] *s* **1.** spasertur; ***who's for a walk?*** hvem er stemt for en spasertur? ***go for a walk*** gå en tur; ***take the dog for a walk*** gå en tur med hunden; ***it's a long walk to the station*** det er langt å gå til stasjonen; **2.** spasersti; turvei; ***nature walk*** natursti;
3. gange; ***upright walk*** oppreist gange; ***I recognise him by his walk****(=step)* jeg kjenner ham på gangen;
4.: ***slow to a walk*** saktne farten og begynne å gå;
5. *fig:* ***walk of life*** samfunnsklasse; ***people from all walks of life*** folk fra alle samfunnslag.

II. walk *vb* **1.** gå *(fx to the station);* la gå i skrittgang *(fx walk the horse);* ***walk the dog*** gå tur med hunden; **T:** ***I'll walk(=see) you to the bus stop*** jeg skal følge deg til bussholdeplassen; ***walk(=see) sby home*** følge en hjem; *om hjemløs el. prostituert:* ***be walking the streets*** gå på gaten; ***walk faster than sby*** gå fortere enn en; gå fra en; ***we must walk before we run*** man må lære å krype før man kan gå; ***walk quietly****(=softly)* gå stille; ***walk upright*** gå rett; *(jvf 4: walk away from sby);*
2.: T: ***he'll walk all over you if you let him*** han kommer til å trampe på deg hvis du lar ham få lov (til det);
3.: ***walk away*** 1*(=walk off)* gå sin vei; 2. *fig:* dra av sted (*with* med) *(fx with the prize);*
4.: ***walk away from sby*** 1. gå fra en; 2*(=walk faster than sby)* gå fortere enn en; gå fra en;
5.: ***walk off*** 1*(=walk away)* gå sin vei; 2. *fig:* gå av seg *(fx one's hangover);* 3.: ***walk sby off*** gå av gårde med

en *(fx the policeman walked him off)*; 4.: ***walk sby off his feet*** få en til å gå så fort at han (,hun) blir helt utkjørt; **T:** gå en i senk;
6.: ***walk off with*** 1*(=steal)* gå av gårde med; stjele; 2. *se 3 walk away 2;*
7. *fig:* ***walk on air*** være i den sjuende himmel;
8.: ***walk out*** 1. gå ut (*of* av); 2*(=leave)* gå sin vei; 3*(=walk out on strike)* gå til streik;
9.: ***walk out on*** 1. gå fra; forlate *(fx one's wife)*; 2.: ***they walked out on the professor*** de gikk midt under professorens forelesning; 3.: ***walk out on strike****(=walk out)* gå til streik; 4. *fig:* svikte;
10. *fig:* ***walk tall*** gå med hevet hode (*el.* løftet panne).
walkabout [ˌwɔ:kə'baut] *s; polit:* uformell spasertur ute blant folk *n;* det at politiker treffer folk på grasrota.
walkaway [ˌwɔ:kə'wei] *s: se walkover.*
walker [ˌwɔ:kə] *s* **1.** fotturist; ***she's a fast walker*** hun går fort; ***we met a party of walkers*** vi møtte en gruppe fotturister; ***I'm not much of a walker*** jeg er ikke videre flink til å gå; *(jvf pedestrian 1);* **2.:** *se walking frame.*
walkie-talkie [ˌwɔ:kiˌtɔ:ki] *s; radio:* walkie-talkie.
walk-in [ˌwɔ:k'in] *adj* **1.** stor nok til å gå inn i *(fx larder);*
2. *om hus el. leilighet(=vacant)* ledig; ***walk-in****(=available)* ***space*** ledig areale; *(se walk-in thief).*
walking distance: *within walking distance* på gåavstand.
walking frame *med.; for pasient(=walker; zimmer)* rullator; gåstol.
walking-on part ['wɔ:kiŋˌɔn'pɑ:t] *s; teat(=walk-on (part); supernumerary part)* statistrolle.
walking pace skrittgang(e); skrittempo; ***at (a) walking pace*** i skritt(gang); i skrittempo.
walking papers *pl: se marching orders 2.*
walking path *(,også* **US** *& Canada: hiking trail)* tursti.
walking race *sport:* kappgang(e).
walking stick 1. spaserstokk; **2.** *zo* **US***(=stick insect)* vandrepinne.
walking tour fottur.
walk-in thief T*(=casual thief)* leilighetstyv.
walk-on [ˌwɔ:k'ɔn] *s; teat* **1.** statist; **2***(=walk-on part)* statistrolle.
walk-out [ˌwɔ:k'aut] *s:* proteststreik.
walk-over [ˌwɔ:k'ouvə] *s* **1.** lett seier; **2.** walk-over (ɔ: tildømt seier fordi motparten ikke møter).
walkway [ˌwɔ:k'wei] *s* **1.:** ***pedestrian walkway****(=path for pedestrians)* fotgjengersti; **US:** ***mobile walkway****(=travelator; travolator)* rullende fortau *n; innendørs:* rullebånd;
2. *i maskinrom:* løpebru;
3. *i leiegård:* (kjeller)korridor; utvendig etasjekorridor.
I. wall [wɔ:l] *s* **1.** mur; ***facing wall*** fasademur; ***foundation wall*** grunnmur;
2.: ***dry-stone wall*** steingjerde; ***garden wall*** hagegjerde (av stein);
3. vegg; ***mountain wall*** fjellvegg; ***outside these four walls*** utenfor disse fire veggene; ***walls have ears*** veggene har ører;
4. *anat:* ***abdominal wall*** bukvegg;
5. *fig:* ***bang one's head against a brick wall*** renne hodet mot veggen; ***come up against a wall of silence*** møte en mur av taushet; **T:** ***drive sby to the wall*** sette en til veggs; ***be pushed against the wall*** bli satt til veggs; ***go to the wall*** bukke under; lide nederlag; *også fig:* ***have one's back to the wall*** stå med ryggen mot veggen; **T:** ***drive****(=send)* ***sby up the wall*** gjøre en helt sprø.
II. wall *vb:* ***wall in*** omgi med mur; ***wall off*** 1. sette opp en skillevegg rundt; 2. *utendørs:* avgrense med mur; ***wall up*** 1. mure igjen; 2. mure inne *(fx sby alive).*
wallaby [ˌwɔləbi] *s; zo:* wallaby; krattkenguru.
wall bar *gym:* ribbe; ***wall bars*** ribbevegg; ribber.
wall board *skolev:* veggtavle; *(jvf blackboard).*
wallboard [ˌwɔ:l'bɔ:d] *s(=building board)* bygningsplate.
wall cabinet *(=cupboard)* veggskap.
wall chart veggplansje.
wall clock veggklokke; stueur.
wall cupboard *(=cabinet)* veggskap.
wallet [ˌwɔlit] *s:* lommebok.
walleyed [ˌwɔ:l'aid] *adj:* ***be walleyed****(=have an outward squint)* skjele utover.
wallflower [ˌwɔ:l'flauə] *s* **1.** *bot:* gyllenlakk; **2.** *fig:* veggpryd.
wall hanging veggteppe.
I. Walloon [wɔˌlu:n] *s* **1.** vallon; **1.** *språk:* vallonsk.
II. Walloon *adj:* vallonsk.
I. wallop [ˌwɔləp] *s* **1. T***(=hard blow)* kraftig slag *n;*
2. T*(=smack; thud)* klask *n;*
3. S*(=beer)* øl *n.*
II. wallop *vb* **T** *1(=thrash)* pryle; denge; **2***(=hit hard)* slå hardt; ***wallop the table*** slå hardt i bordet.
I. walloping [ˌwɔləpiŋ] *s; glds(=beating)* juling;.
II. walloping *adj* **T:** ***walloping (great)****(=whopping)* diger.
wall outlet *elekt(=socket (outlet))* stikkontakt; veggkontakt.
I. wallow [ˌwɔlou] *s* **1.** det å velte (*el.* rulle) seg; ***enjoy one's wallow in the hot bath*** ligge og kose seg i det varme badet; **2.** sted *(n)* hvor dyr *(n)* tar sølebad.
II. wallow *vb* **1.** velte (*el.* rulle) seg *(fx in the mud);* ***wallow in a hot bath*** ligge og kose seg i et varmt bad;
2. *mar:* stampe *(fx down the coast);*
3. *fig:* ***wallow in*** 1. velte seg i *(fx money);* 2*(=revel in; enjoy)* nyte; ***wallow in other people's misfortunes*** kose seg med andre folks ulykker.
wall painting *(=mural (painting))* veggmaleri.
I. wallpaper [ˌwɔ:l'peipə] *s:* tapet; ***hang wallpaper*** tapetsere.
II. wallpaper *vb(=paper)* tapetsere.
wall poster veggplakat.
Wall Street *finansgate i New York:* Wall Street.
wall-to-wall ['wɔ:ltəˌwɔ:l] *adj:* ***wall-to-wall carpet*** vegg-til-vegg-teppe.
wally [ˌwɔli] *s* **S***(=twerp)* drittsekk; stor tosk.
walnut [ˌwɔ:l'nʌt] *s; bot:* valnøtt.
walrus [ˌwɔ:lrəs] *s; zo:* hvalross.
I. waltz [wɔ:ls; wɔl(t)s] *s:* vals; ***she has requested a waltz*** hun har bedt om (at man skal spille) en vals.
II. waltz *vb:* danse vals; danse vals med.
wan [wɔn] *adj; stivt(=(unnaturally) pale)* (unaturlig) blek; gusten; ***a wan little face*** et blekt lite ansikt.
wand [wɔnd] *s:* ***magic wand*** tryllestav.
I. wander [ˌwɔndə] *s* **T***(=walk):* ***go for a wander*** gå en tur.
II. wander *vb* **1.** vandre; streife omkring; ***wander about in the hills and mountains*** streife om i li og fjell *n;*
2. *om blikk:* vandre (*from* bort fra); ***let one's eyes wander along the row of faces*** la blikket vandre langs rekken av ansikter;
3. *fig:* ***my attention was wandering*** jeg fulgte ikke helt med; jeg satt i andre tanker; ***his mind is wandering****(=he's delirious)* han snakker over seg; han fantaserer; ***her thoughts wandered back into the past*** tankene hennes vandret bakover i tiden; ***wander from the subject****(=get away from the subject)* komme bort fra saken;
4. *om dyr(=stray)* komme bort;
5. *om elv(=meander)* bukte seg;
6.: ***wander off*** 1. forlate resten av gruppen; 2. *fig(=get away from the subject)* komme bort fra saken; 3. *fig; pga. alder el. sykdom:* være uklar.
wanderer [ˌwɔndərə] *s* **1***(=wayfarer; traveller)* vandringsmann; veifarende;
2.: ***that child's a real wanderer****(=there's no knowing where that child will go)* den ungen farter omkring overalt.

I. wandering [ˌwɔndəriŋ] *s* **1.** vandring; **2.:** ***wanderings*** (vidløftige) reiser *(fx his wanderings).*
II. wandering *adj* **1.** omstreifende; vandrende;
2. *om blikk:* flakkende *(fx eyes);*
3. *om kurs el. elveløp:* buktet;
4. *fig; om tale:* usammenhengende.
Wandering Jew: ***the Wandering Jew*** den evige jøde.
wandering kidney *med.:* vandrenyre.
wandering lead *elekt:* skjøteledning med lampe.
wanderlust [ˌwɔndəˈlʌst] *s:* reiselyst; vandrelyst; utlengsel.
I. wane [wein] *s* **1.** *astr; om månen:* avtagende; ***the moon is on the wane*** månen er i avtagende (*el.* ne);
2. *fig:* ***his power is on the wane*** hans makt er dalende;
3. *tøm(=waney edge)* vankant.
II. wane *vb:* avta; bli stadig mindre; *stivt:* ***the daylight is waning*** dagen er på hell; det blir snart mørkt.
waney edge *tøm(=wane)* vankant.
I. wangle [wæŋgl] *s* **T:** knep *n;* noe man har fått ved knep (*el.* lureri *(n)*).
II. wangle *vb* **T***(=arrange; fix)* fikse; ordne.
wangling [ˌwæŋgliŋ] *s* **T***(=fixing)* fiksing; ordning.
waning moon *astr:* avtagende måne; *(se I. wane 1).*
wank [wæŋk] *vb; vulg(=masturbate)* ronke; masturbere.
I. want [wɔnt] *s* **1.** *stivt(=need; poverty)* nød; fattigdom *(fx live in want);* ***freedom from want*** frihet fra nød; ***suffer from want****(=be deprived)* lide nød;
2. *stivt:* ***wants****(=needs)* behov *n;* ***satisfy your wants*** tilfredsstille dine behov; ***my wants are few****(=I don't need much)* jeg har få behov *n;*
3*(=lack)* mangel; ***there's no want of*** det er ingen mangel på; ***for want of*** av mangel på;
4*(=wish)* ønske *n;* ***a long list of wants*** en lang ønskeliste;
5. *stivt:* ***be in want****(=need)* ***of sth*** trenge noe.
II. want *vb* **1.** ville *(fx he wants to go; the cat wants (to get) in; the dog wants (to get) out);* gjerne ville *(fx he said he wanted to go);* ***if you want to know*** hvis du vil vite det;
2. ville ha *(fx a beer);* ***I want it done*** jeg vil ha det gjort; ***the more they have the more they want*** mye vil ha mer;
3. ville snakke med *(fx I want the office boy);*
4*(=need)* trenge (til); mangle *(fx food and shelter);*
5. *stivt(=lack)* mangle *(fx he wants courtesy);* ***it wants two minutes to ten*** klokka mangler to minutter på ti;
6.: ***want to****(=ought to):* ***you want to see a doctor about that finger*** du bør gå til lege(n) med den fingeren;
7.: ***want for****(=lack)* mangle; *(se wanted; wanting).*
want ad US*(=classified ad)* rubrikkannonse.
wanted [ˌwɔntid] *adj* **1.** ettersøkt; ***wanted for murder*** ettersøkt for mord *n;*
2. T: ***you're wanted on the phone****(=there's a call for you)* det er telefon til deg;
3.: ***feel wanted*** føle seg verdsatt.
I. wanting [ˌwɔntiŋ] *adj* **1***(=missing):* ***be wanting*** mangle; **2***(=not up to the required standard):* ***he was found wanting*** han fylte ikke kravene *n.*
II. wanting *prep; stivt(=without)* i mangel av; uten.
wanton [ˌwɔntən] *adj* **1.** *stivt(=senseless)* formålsløs; meningsløs *(fx destruction);*
2*(=unprovoked)* uprovosert; umotivert *(fx cruelty);*
3*(=malicious)* ondsinnet *(fx damage);*
4*(=unchecked)* ukontrollert *(fx inflation);*
5. *poet(=luxuriant)* yppig; frodig *(fx growth);*
6*(=wild)* vilter *(fx wanton curls);*
7. kåt; løssluppen;
8. *litt.(=of easy virtue)* løsaktig *(fx woman).*
I. war [wɔ:] *s* **1.** krig; ***civil war*** borgerkrig; ***outbreak of war*** krigsutbrudd; ***state of war*** krigstilstand; ***threat of war*** krigstrus(s)el; ***in times of war****(=in wartime)* i krigstid; ***a war of words*** en krig med ord *n;* ***war to the knife*** krig på kniven; ***be at war (with)*** være i krig (med); ***declare war on a country*** erklære et land krig; ***enter the war*** komme (*el.* gå) med i krigen; ***wage****(=carry on)* ***war against****(=on)* føre krig mot; ***wars bring scars*** slik er krigens gang;
2. *fig:* kamp (*against* not) *(fx against disease);* ***class war****(=struggle)* klassekamp; **T:** ***have a war on with*** stå på krigsfot med;
3. T: ***he's been in the wars*** han har vært i slagsmål.
II. war *vb(=carry on war)* krige; ligge i krig.
I. warble [wɔ:bl] *s; av fugl(=warbling)* sang.
II. warble *vb; om fugl:* synge; slå triller.
warble fly *zo(=gadfly)* brems; ***ox warble fly*** okseklegg.
warbler [ˌwɔ:blə] *s; zo(=songbird)* sangfugl.
warbling [ˌwɔ:bliŋ] *s:* fuglesang.
war bonus krigstillegg.
war bride krigsbrud.
war clouds *pl:* truende krigsskyer; ***the war clouds were gathering*** det trakk opp til krig.
war college *mil(=military college;* **US:** *military academy)* krigsskole; *(jvf naval college).*
war crime krigsforbrytelse.
war crimes tribunal *jur:* krigsforbryterdomstol.
war criminal krigsforbryter.
war cry *(,***US:** *war whoop)* krigsrop.
I. ward [wɔ:d] *s* **1.** *i by:* valgkrets; *administrativ enhet:* ***city ward*** bydel; **2.** *ved sykehus* 1. stue; sengestue; ***private ward*** enerom; 2. avdeling; ***acute ward*** akuttavdeling; ***medical ward*** medisinsk avdeling;
3. *jur:* myndling; ***ward of (the) court*** person som domstolen er tilsynsverge for;
4. *i borg:* ***inner (,outer) ward****(=inner (,outer) bailey)* indre (,ytre) borggård.
II. ward *vb:* ***ward off*** **1.** avparere *(fx a blow);* **2***(=avert)* avverge *(fx a danger);* bortlede *(fx suspicion).*
war dance krigsdans; ***do a war dance*** oppføre en krigsdans.
warden [ˌwɔ:dən] *s* **1.** *ved aldershjem, studenterhjem, ungdomsherberge:* bestyrer; *for eldreleiligheter:* vaktmester (med en viss omsorgsfunksjon); *(jvf warden-controlled);*
2. US: ***warden (of a prison)****(=(prison) governor)* fengselsdirektør; *(se churchwarden; game warden; park warden; traffic warden).*
warder [ˌwɔ:də] *s* **1.** *hist; men fortsatt i løst språkbruk(=prison officer)* fengselsbetjent;
2. *ved museum:* ***(supervisory) warder*** oppsynsmann.
warding staff *ved museum:* oppsynspersonale.
wardrobe [ˌwɔ:dˈroub] *s* **1.** garderobeskap; **2.** *om klær:* garderobe.
war drum krigstromme.
-wards *(,især* **US:** *-ward)* [wəd(z)] *i sms:* ***backwards*** bakover; ***sail shorewards*** seile mot kysten.
wardship [ˌwɔ:dˈʃip] *s* **1.** umyndighetsforhold; ***children placed in wardship*** barn *(n)* som blir tatt hånd om av myndighetene;
2*(=guardianship)* formynderskap.
ward sister *med.; lett glds(=charge nurse)* avdelingssykepleier.
-ware [wεə] *i sms:* -varer; -tøy *(fx glassware).*
war effort *mil:* krigsinnsats.
wares [wεəz] *s; pl; glds(=goods)* varer.
I. warehouse [ˌwεəˈhaus] *s:* lager(bygning); pakkhus.
II. warehouse [ˌwεəˈhauz] *vb:* lagre; sette på lager *n.*
warehouseman [ˌwεəˈhausmən] *s(=storesman)* lagerarbeider.
warehousing [ˌwεəˈhauziŋ] *s:* lagring.
warfare [ˌwɔ:ˈfεə] *s:* krig(føring); ***germ warfare*** bakteriologisk krigføring.
war footing *mil:* krigsfot; ***place on a war footing*** sette på krigsfot.
warhead [ˌwɔ:ˈhed] *s; mil:* stridshode.
war-horse [ˌwɔ:ˈhɔ:s] *s* **1.** *hist(=charger)* krigshest; stridshest;
2. *fig:* ***an old war-horse*** en gammel veteran.

wariness [ˌwɛərinəs] *s; stivt(=caution)* forsiktighet; varsomhet.
warlike [ˌwɔ:'laik] *adj:* krigersk (*tribe* stamme).
warlord [ˌwɔ:'lɔ:d] *s; hist:* krigsherre.
I. warm [wɔ:m] *s* **T:** ***give your hands a warm in front of the fire****(=warm your hands in front of the fire)* varm hendene dine foran peisen.
II. warm *vb* **1.** varme *(fx one's hands);* varme opp; *fig:* ***it warmed my heart*** det gjorde meg varm om hjertet;
2. *stivt:* ***warm to*** 1*(=like)* like; ***my heart warmed to him*** jeg følte sympati for ham; 2. etter hvert begynne å like; ***he was warming to his theme*** han snakket seg varm; ***warm to the idea*** bli mer og mer tiltrukket av tanken;
3.: ***warm up*** 1. varme opp *(fx food);* 2. *sport:* varme opp; 3. bli varm; 4. *fig:* komme i stemning; ***things are*** warming up 1. nå begynner det å komme fart i sakene; 2. nå begynner det å bli farlig;
4.: ***get warmed up****(=get warm)* få varmen i seg.
III. warm *adj* **1.** varm; ***I'm too warm*** det er for varmt for meg; ***let's go inside where it's warm*** la oss gå inn i varmen;
2. *fig:* varm; hjertelig *(fx warm and friendly);*
3. *om farge:* varm;
4. *om arbeid:* ***this is warm work!*** dette er noe man blir varm av!
5. *om sted* **T:** ***the place was getting too warm for him*** det ble for hett for ham der;
6.: ***get warm*** 1. bli varm; varme seg; 2. *fig:* ***you're getting warm!*** tampen brenner!
7.: ***wrap up warm****(=dress warmly)* kle seg varmt.
warm-blooded ['wɔ:mˌblʌdid; *attributivt:* ˌwɔ:m'blʌdid] *adj* **1.** *zo:* varmblodig; **2.** *fig:* varmblodig.
war memorial krigsminnesmerke.
warm-hearted ['wɔ:mˌhɑ:tid; ˌwɔ:m'hɑ:tid] *adj:* hjertevarm; varmhjertet.
warming [ˌwɔ:miŋ] *s:* det å bli varm; oppvarming; ***global warming*** oppvarming av jordkloden.
warmish [ˌwɔ:miʃ] *adj:* ganske varmt *(fx it's warmish).*
warmly [ˌwɔ:mli] *adv:* varmt; ***dress warmly****(=wrap up warm)* kle seg varmt; ta på seg (noe) varmt tøy.
warmonger [ˌwɔ:'mʌŋgə] *s:* krigshisser.
warmth [wɔ:mθ] *s* **1.** varme;
2. *fig:* varme; ***full of warmth*** full av varme; varm;
3*(=warmth of heart)* hjertevarme.
warm-up [ˌwɔ:m'ʌp] *s; sport(=warming-up)* oppvarming.
warn [wɔ:n] *vb* **1.** advare (*against* mot; *about, of* om); ***I did warn you about this*** jeg advarte deg jo (om dette); ***warn sby against sth*** advare en mot noe; ***they warned him not to do it*** de advarte ham mot å gjøre det; **2***(,stivt: admonish)* formane *(fx one's children);*
3. *stivt(=inform)* underrette; varsle (*of* om); ***I warned him that …*** jeg gjorde ham oppmerksom på at; ***you might have warned me that you were coming*** du kunne godt ha varslet meg om at du kom;
4.: ***warn sby off*** 1. advare en mot å gjøre det; 2. nekte en adgang; 3. vise en bort; jage en.
I. warning [ˌwɔ:niŋ] *s* **1.** advarsel; ***a few words of warning*** noen advarende ord; ***he gave her a warning against driving too fast*** han advarte henne mot å kjøre for fort; **T:** ***give a horrid warning****(=set a warning example)* statuere et eksempel; ***take warning by*** ta advarsel av; ***cite him as an awful warning*** fremholde ham til skrekk og advarsel; ***voices were raised in warning against it*** det hevet seg advarende røster mot det;
2. varsel *n;* ***advance warning*** forhåndsvarsel; ***give sby a warning of*** varsle en om; ***without warning*** uten varsel;
3. formaning; ***speech of warning*** formaningstale.
II. warning *adj:* advarende; varsel-.
warning bell ['wɔ:niŋˌbel; ˌwɔ:niŋ'bel] *s:* varselklokke.
warning lamp ['wɔ:niŋˌlæmp; ˌwɔ:niŋ'læmp] *s:* kontrollampe; varsellampe.
warning light ['wɔ:niŋˌlait; ˌwɔ:niŋ'lait] *s* **1***(=warning lamp)* varsellampe; kontrollampe; ***the warning light doesn't work*** varsellampen virker ikke;
2. *fig(=warning)* advarsel *(fx it acted as a warning light to them).*
warning note advarende tone; ***sound a warning note*** slå an en advarende tone.
warning shot ['wɔ:niŋˌʃɔt; ˌwɔ:niŋ'ʃɔt] *s:* varselskudd; skremmeskudd.
warning sign ['wɔ:niŋˌsain; ˌwɔ:niŋ'sain] *s:* varselskilt; fareskilt.
warning triangle ['wɔ:niŋˌtraiæŋgl; ˌwɔ:niŋ'traiæŋgl] *s:* varseltrekant; ***it's compulsory to have a warning triangle in the car*** det er påbudt å ha varseltrekant i bilen.
war of attrition *mil:* utmattelseskrig.
war of nerves nervekrig.
I. warp [wɔ:p] *s* **1.** *mar:* varp *n;* varpetrosse;
2. *på fiskegarn:* innhalingsline;
3. *i vev:* renning; rennegarn;
4. *i trevirke:* vindskjevhet; ***a warp in the door panel*** et sted hvor dørpanelet har slått seg.
II. warp *vb* **1.** *mar:* varpe; forhale; **2.** *om trevirke:* vri seg; slå seg; **3.** *fig(=distort)* fordreie *(fx a story).*
warpath [ˌwɔ:'pɑ:θ] *s:* krigssti; ***be on the warpath*** være på krigsstien.
warped [ˌwɔ:pt] *adj* **1.** vridd; forvridd; vindskjev;
2. *fig:* fordreid; forkvaklet.
warplane [ˌwɔ:'plein] *s; mil:* krigsfly.
I. warrant [ˌwɔrənt] *s* **1.** bemyndigelse; lovlig hjemmel; *jur:* ***a warrant of attorney****(=an authorization)* et fullmaktsdokument; ***(arrest) warrant*** arrestordre; ***search warrant*** ransakingsordre; ***issue a warrant for sby's arrest*** utstede arrestordre mot en; ***not without a warrant*** ikke uten lovlig hjemmel; ikke uten tillatelse fra angjeldende myndighet;
2. *stivt(=justification)* hjemmel; ***assertion totally without warrant*** påstand som fullstendig mangler hjemmel.
II. warrant *vb* **1.** *stivt(=justify)* rettferdiggjøre *(fx nothing warranted such behaviour);*
2. *stivt(=authorize)* hjemle;
3. *glds:* ***I'll warrant he's left****(=I'm sure he's left)* jeg skal vedde på at han har dratt sin vei.
warrantable [ˌwɔrəntəbl] *adj; stivt(=justifiable)* berettiget; forsvarlig.
warrant officer *(fk WO) mil* **1.** *i hæren:* høyeste underoffisers grad;
2. *flyv:* vingløytnant; *(NB denne graden dekker også: vingkaptein);*
3. US *flyv:* ***chief warrant officer****(fk CWO)(=warrant officer)* vingkaptein;
4. *i Sør-Afrika(=police inspector)* politibetjent.
warranty [ˌwɔrənti] *s; jur(=guarantee)* garanti.
warren [ˌwɔrən] *s* **1***(=rabbit warren)* kaningård; område *(n)* yrende fullt av kaniner; **2.** *fig; neds:* kaningård; **3.** *fig(=maze)* labyrint; virvar *n.*
warring [ˌwɔ:riŋ] *adj:* krigførende; kjempende; stridende.
warrior [ˌwɔriə] *s* **1.** *hist el. i primitiv stamme:* kriger;
2.: ***the Unknown Warrior*** den ukjente soldat.
war risk(s) krigsrisiko.
Warsaw [ˌwɔ:sɔ:] *s; geogr:* Warszawa.
war scare krigsfrykt.
warship [ˌwɔ:'ʃip] *s; mil:* krigsskip.
war-stricken [ˌwɔ:'strikən] *adj:* krigsrammet *(fx area).*
wart [wɔ:t] *s* **1.** *med.:* vorte; ***wart on the foot*** fotvorte;
2.: ***warts and all*** slik som det er; med feil og det hele *(fx she accepted him warts and all).*
warthog [ˌwɔ:t'hɔg] *s; zo:* vortesvin.
wartime [ˌwɔ:'taim] *s:* krigstid; ***in wartime*** i krigstid.
wartime seaman *(=sailor)* krigsseiler.
war-torn [ˌwɔ:'tɔ:n] *adj:* krigsherjet *(fx country).*
warty [ˌwɔ:ti] *adj:* vortet.

war-weary [ˌwɔːˈwiəri] *adj:* krigstrett.
war whoop *især* **US***(=war cry)* krigsrop.
wary [ˌwɛəri] *adj; stivt(=careful)* forsiktig; ***wary of****(=careful about)* ***(-ing)*** forsiktig (*el.* varsom) med (å).
was [wɔz; *trykksvakt:* wəz] *1. & 3. pers pret av be.*
I. wash [wɔʃ] *s* **1.** vask; klesvask; ***preliminary wash*** forvask; ***in the wash*** i vasken; til vask; ***give sth a wash****(=wash sth)* vaske noe; ***hang out the wash****(=washing)* henge ut vasken; ***have a wash*** vaske seg; ***have a wash down*** vaske hele seg; *(se også washing 1);* **2.:** ***colour wash*** sterkt fortynnet fargeoppløsning;
3. *mar(=wake)* kjølvann;
4. *i sms:* -vann *(fx mouthwash);*
5.: ***come out in the wash*** 1. gå av i vask; 2. *fig:* ***it'll come out in the wash*** det ordner seg (nok) til slutt; det kommer (nok) til å gå bra.
II. wash *vb* **1.** vaske; vaske seg; ***wash and dress at leisure in the morning*** vaske og stelle seg i ro og mak om morgenen; ***go and get washed!*** gå og vask deg! ***this soap washes whiter*** denne såpen gir hvitere vask;
2. *kunst:* lavere; *(se wash drawing);*
3*(=wash up:* ***I'll wash if you wipe****(=dry)* jeg skal vaske hvis du tørker;
4. bli ren i vasken *(fx this shirt hasn't washed very well);*
5. tåle å bli vasket; ***does this dress wash?*** kan denne kjolen vaskes?
6. *om historie, etc* **T:** ***it won't wash*** den holder ikke; ***his story didn't wash with me****(,***T:** *I didn't buy his story)* jeg gikk ikke på historien hans;
7. *om vann:* vaske (*against* mot); skylle (*away* bort); ***be washed ashore*** bli skylt i land; ***he was washed in*** han ble skylt uti; ***be washed overboard*** bli skylt over bord;
8.: ***wash down*** 1. skylle i seg; skylle ned; 2. vaske (grundig) *(fx the car);* spyle *(fx the deck);*
9.: ***wash out*** 1*(=wash off)* vaske av; la seg vaske av; 2. *sport(=rain off;* **US:** *rain out)* bli avbrutt (*el.* avlyst) på grunn av regnvær;
10.: ***wash up*** 1. vaske opp; 2. **US***(=have a wash)* vaske seg (på hendene og i ansiktet); 3.: ***be washed up*** bli skylt opp *(fx on the beach);* ***the ship was washed up on the rocks*** skipet ble kastet opp på klippene;
11.: ***wash one's hands of*** ikke ville ha noe mer å gjøre med; ***I wash my hands of it!*** *også:* jeg toer mine hender!
washability [ˈwɔʃəˌbiliti] *s:* vaskbarhet.
washable [ˌwɔʃəbl] *adj:* vaskbar; vaskeekte.
washbasin [ˌwɔʃˈbeisn] *s(,***US:** *bathroom sink)* håndvask.
washboard [ˌwɔʃˈbɔːd] *s* **1.** *bygg* **US***(=skirting board)* vaskelist; **2.** *til klesvask:* vaskebrett;
3. *mar:* skvettbord; skvettgang.
washbowl [ˌwɔʃˈboul] *s:* vaskebolle; vaskevannsfat.
washcloth [ˌwɔʃˈklɔθ] *s* **US***(=face cloth; face flannel)* ansiktsklut; vaskeklut til ansiktet.
washday [ˌwɔʃˈdei] *s(=washing day)* vaskedag.
washdown [ˌwɔʃˈdaun] *s:* ***have a washdown****(=wash down)* vaske seg over det hele.
wash drawing *kunst:* tusjtegning med lavering.
washed out *(,attributivt: washed-out)* [ˈwɔʃtˌaut; *attributivt:* ˌwɔʃtˈaut] *adj* **1.** utvasket *(fx dress);* ***a washed out colour****(,***T:** *a wishy-washy colour)* en utvasket farge;
2. T*(=done in; whacked)* utkjørt; i elendig form.
washed(-)up [ˈwɔʃtˌʌp; *attributivt:* ˌwɔʃtˈʌp] *adj* **T***(=finished)* ferdig *(fx he's all washed-up as an athlete at the age of 28).*
washer [ˌwɔʃə] *s* **1.:** *se dishwasher; power washer; washing machine;* **2.** *mask:* pakning.
washerwoman [ˌwɔʃəˈwumən] *s; glds:* vaskekone.
washhand basin: *se washbasin.*
washhouse [ˌwɔʃˈhaus] *s; hist(=laundry)* bryggerhus.
washing [ˌwɔʃiŋ] *s* **1.** vask(ing); vasketøy; ***hang out the washing*** henge ut vasken;
2. skylling;
3. *kunst:* lavering.
washing day: *se washday.*
washing line *(=clothesline)* klessnor; ***pin clothes on a line*** henge klær opp på en (kles)snor.
washing machine *mask:* vaskemaskin.
washing powder vaskepulver; ***low-suds (washing) powder*** lavtskummende vaskepulver; *(se detergent).*
washing-up [ˈwɔʃiŋˌʌp] *s:* oppvask; ***do the washing-up****(=do the dishes)* vaske opp; ta oppvasken.
washing-up liquid oppvaskmiddel.
washleather [ˌwɔʃˈleðə] *s(=chamois leather; shammy)* pusseskinn; vaskeskinn.
washrag [ˌwɔʃˈræg] *s* **US:** *se washcloth.*
washout [ˌwɔʃˈaut] *s* **1.** utvasking; bortskylling; sted *(n)* hvor jorda er skylt bort; **2. T***(=failure)* fiasko.
washroom [ˌwɔʃˈru(ː)m] *s* **1.** vaskerom; *(jvf utility room);* **2. US***(=toilet)* toalett *n.*
washstand [ˌwɔʃˈstænd] *s:* vaskeservant.
washtub [ˌwɔʃˈtʌb] *s:* vaskebalje.
washy [ˌwɔʃi] *adj* **1***(=watery; weak;* **T:** *wishy-washy)* tynn; oppspedd; svak *(fx tea);* **2.** *fig(=insipid)* utvannet; ***a washy style*** en utvannet stil.
wasp [wɔsp] *s; zo:* veps; ***ruby-tail wasp*** gullveps.
WASP, wasp*(fk f white Anglo-Saxon Protestant)* **US** *neds:* (etterkommer etter) europeisk protestant (og derfor blant de privilegerte i samfunnet).
waspish [ˌwɔspiʃ] *adj; stivt(=irritable; snappish; unpleasant)* irritabel; bisk; ubehagelig.
wastage [ˌweistidʒ] *s* **1.** spill *n;* svinn *n;* **2.** *i arbeidsstokk:* ***natural wastage*** naturlig avgang.
I. waste [weist] *s* **1.** sløseri *n;* sløsing (*of* med); ***that's a waste of effort*** det er spilt møye; det kan man (bare) spare seg; ***a waste of time*** bortkastet tid; ***go to waste*** gå til spille;
2. *i sms:* -avfall; ***nuclear waste*** kjernefysisk avfall; ***toxic waste****(=special waste)* spesialavfall;
3*(=wasteland; wilderness)* øde strekning; ødemark; villmark.
4*(=printer's waste)* makulatur(papir).
II. waste *vb* **1.** la gå til spille; sløse med; ødsle bort; søle bort; kaste bort *(fx you're wasting your time!); ordspråk:* ***waste not, want not*** den som sparer, den har;
2*(=lay waste)* legge øde; ødelegge *(fx land);*
3. US *S(=kill; murder)* drepe; myrde;
4. *fysisk:* ***waste away*** tæres bort *(fx with grief); spøkef:* ***you're not exactly wasting away!*** det ser ikke ut til at du lider noen nød!
5.: ***you're wasting yourself****(=your talents))* du lar dine evner ligge brakk; du får ikke realisert deg selv.
III. waste *adj* **1.** øde; uoppdyrket; ***lay waste*** legge øde; ***lie waste*** ligge uoppdyrket; **2.** avfalls-; spill- *(fx oil).*
wastebasket [ˌweistˈbɑːskit] *s* **US***(=wastepaper basket)* papirkurv.
wastebin [ˌweistˈbin] *s(=rubbish bin)* søppelspann.
wasted [ˌweistid] *adj:* bortkastet; ***that's (so much) wasted effort*** det er spilt møye; ***a wasted life*** et forspilt liv; ***a wasted opportunity*** en sjanse man har latt gå fra seg.
waste disposal [ˌweis(t)disˈpouzl] *s(=refuse collection and disposal)* renovasjon; ***toxic waste disposal*** lagring av spesialavfall.
waste disposer [ˌweis(t)disˈpouzə] *s(,***US:** *garbage disposer)* avfallskvern.
wasteful [ˌweistful] *adj:* ødsel; ***a wasteful process*** en prosess hvor mye går til spille; en uøkonomisk prosess.
waste heat recovery [ˌweistˌhiːtriˈkʌvəri] *s:* varmegjenvinning.
wasteland [ˌweist,lænd] *s* **1.** ødemark; villmark; uoppdyrket mark;
2. *fig.:* ødemark; ***a cultural wasteland*** en kulturell ødemark.
waste oil [ˌweistˈɔil] *s:* spillolje.

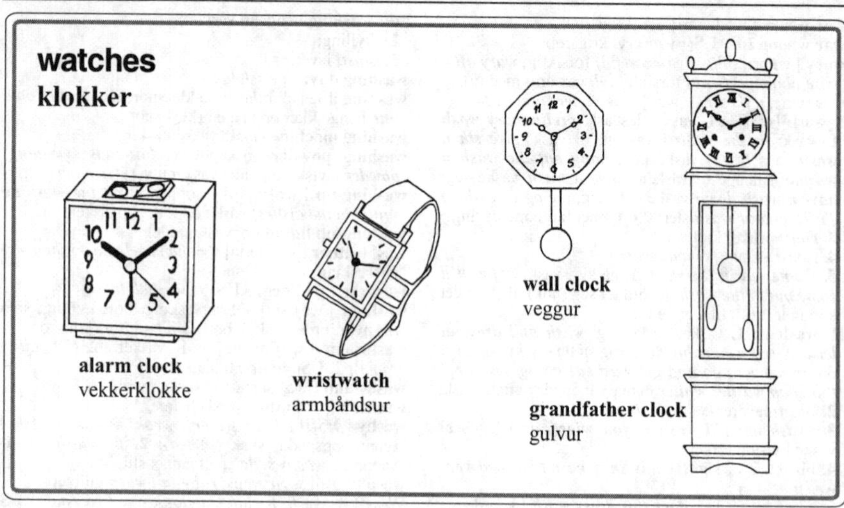

wastepaper ['weis(t)ˌpeipə; ˌweis(t)'peipə] *s:* avfallspapir.
wastepaper basket ['weis(t)ˌpeipə'bɑ:skit; ˌweis(t) 'peipə'bɑ:skit] *s(,***US:** *wastebasket)* papirkurv.
waste pipe [ˌweis(t)'paip] *s; fra håndvask el. kjøkkenvask:* avløpsrør; *(jvf soil pipe).*
waster [ˌweistə] *s* **1***(=good-for-nothing)* døgenikt; udugelig fyr;
2*(=wasteful person)* en som sløser; ***he's a terrible waster of gas*** han sløser forferdelig med gassen;
3.: ***it's a money waster****(=it's a waste of money)* det er pengesløseri; ***time waster****(=waste of time)* tidsspille; ***what a time waster!*** for et tidsspille!
waste wool [ˌweis(t)'wul] *s(=wool waste)* polergarn.
I. watch [wɔtʃ] *s* **1.** vakt; *mil:* vakt(post); ***keep watch*** holde vakt; holde utkikk;
2. *mar:* vakt; ***watch below*** frivakt; ***middle watch*** hundevakt;
3. ur; ***pocket watch*** lommeur.
II. watch *vb* **1***(=look at)* betrakte; se på; ***there was a crowd of people watching*** det stod mange mennesker *n* der og så på; ***watch television****(,***T:** *look at the telly)* se på TV; ***I wasn't watching*** jeg var uoppmerksom; jeg så ikke så nøye etter *(fx "Did you see what he did?" – "No, I wasn't watching.");* ***we're watching the case*** vi følger nøye med i saken; ***watch the road in front of you!*** se på veien foran deg! ***watch this young actress, she'll be a star*** legg merke til denne unge skuespillerinnen, for hun kommer til å bli en stjerne; *ordspråk:* ***a watched pot never boils*** når man venter på at det skal koke, koker det aldri; når man står og venter på at noe skal skje, skjer det aldri;
2*(=keep watch)* holde vakt;
3. holde øye med; passe på *(fx a prisoner);*
4. være forsiktig; passe på; ***watch (it)!*** pass på! pass opp! ***he watched his chance and slipped out*** han benyttet anledningen og snek seg ut; *(jvf 6: watch for 2);* ***watch where you put your feet*** pass på hvor du setter føttene; ***watch your language!*** pass munnen din! ***watch your manners!*** oppfør deg (ordentlig)! ***watch one's step*** være forsiktig med hva man sier eller gjør; opptre med større forsiktighet; **T:** ta rev *(n)* i seilene *n;*
5. våke *(by sby's bedside* ved ens seng); ***watch over a sick child*** våke over et sykt barn;
6.: ***watch for*** 1*(=look out for)* holde utkikk etter; 2*(=wait for)* vente på *(fx a signal from sby);* vokte på; ***watch for one's chance*** vente *(el.* vokte) på en sjanse; ***watch for sth to happen*** vente på at noe skal skje; 3*(=watch out for; look out for)* legge nøye merke til; *(jvf 8, 1);*
7.: ***watch out****(=watch it)* passe seg; *int:* pass deg!
8.: ***watch out for****(=look out for)* 1. holde utkikk etter; se etter *(fx the postman);* 2. passe seg for; ***watch out for him, he's crafty*** pass deg for ham, for han er slu; 3.: ***watch out for trouble*** passe på så det ikke blir bråk.
watch chain urkjede; klokkekjede.
watchdog [ˌwɔtʃ'dɔg] *s* **1.** vakthund; **2.** *fig:* vokter; **T:** vaktbikkje; ***(government) watchdog*** *(=watchdog body)* kontrollorgan.
watcher [ˌwɔtʃə] *s* **1***(=observer)* iakttager;
2. *mil; i etterretningstjenesten:* skygge;
3. *litt.:* person som våker; *hist:* våkekone.
watch fire vaktbluss; vaktbål.
watchful [ˌwɔtʃful] *adj; stivt(=vigilant; alert)* vaktsom.
watchfulness [ˌwɔtʃfulnəs] *s; stivt(=vigilance; alertness)* vaktsomhet.
watch glass urglass; klokkeglass.
watchmaker [ˌwɔtʃ'meikə] *s:* urmaker.
watchman [ˌwɔtʃmən] *s:* vaktmann; ***night watchman*** nattevakt; *(jvf security guard & security officer 2).*
watch night *rel:* våkenatt.
watchstrap [ˌwɔtʃ'stræp] *s(,***US:** *watchband)* klokkerem.
watchword [ˌwɔtʃ'wə:d] *s* **1.** *mil(=password;* **US:** *parole)* feltrop; passord; **2***(=slogan)* slagord; valgspråk; motto *n.*
I. water [ˌwɔ:tə] *s* **1.** vann *n;* ***running water*** rennende vann; ***spring water*** kildevann; ***stagnant****(=standing)* ***water*** stillestående vann; ***above water*** over vannet; *også fig:* ***keep one's head above water*** holde hodet over vannet; ***go by water*** reise til vanns; bruke båt; ***in water*** i vann; *også fig:* ***in deep water*** på dypt vann; ***under water*** under vannet; *(jvf underwater);* ***be under water*** stå under vann; ***have water laid on (to a house)*** få lagt inn vann (i et hus); *evf:* ***pass water****(=urinate)* late vannet; *fig:* ***pour****(=throw)* ***cold water on sby*** gi en litt kaldt vann i blodet; *fig:* ***of the first water*** av reneste vann; av ypperste kvalitet; ***blood is thicker than water*** blod er tykkere enn vann; ***hold water*** 1. holde vann; 2. *fig:* holde *(fx his alibi didn't hold water);* holde stikk; stå for (en nærmere) kritikk; **T:** ***spend money like water*** strø om seg med penger; ***go through fire and***

water for sby gå gjennom ild og vann for en; *med.:* ***water on the knee*** vann i kneet; ***all that's water under the bridge****(=all that's ancient history (now))* alt det der hører fortiden til;
2.: ***waters*** 1. vann(masser) *(fx the waters of the Nile);*2. farvann *(fx Norwegian waters);* ***in smooth waters*** i smult farvann; 3. *med.:* ***the****(=her)* ***waters broke*** fostervannet gikk;
3. *fig:* ***fish in troubled waters*** fiske i rørt vann *n.*
II. water *vb* **1.** vanne; gi vann *n;*
2. *om dyr:* drikke vann *n;*
3.: ***her mouth watered at the sight of all the food*** tennene hennes løp i vann *(n)* ved synet av all maten; *fig:* ***the scandal will make their mouths water!****(=the scandal will set their tongues wagging!)* skandalen vil gi dem noe å snakke om!
4.: ***water down*** 1. spe opp med vann; 2. *fig:* vanne ut *(fx the truth).*
water authority *myndighet:* vannverk *n (fx Wessex Water Authority); (jvf waterworks 1).*
water bed vannseng.
water beetle *zo(=diving beetle)* vannkalv; ***great water beetle*** vannskjær; *(jvf water devil).*
water bird *zo:* vannfugl.
water blister *(=blister)* vannblemme.
water boatman *zo* **1.** buksvømmer; **2***(=backswimmer)* ryggsvømmer.
waterborne [ˌwɔ:tə'bɔ:n] *adj* **1.** *mar:* ***be waterborne****(= be floating)* flyte; ligge på vannet;
2. *mil:* transportert sjøveien *(fx troops);*
3. *om handel:* som skjer sjøveien;
4. *med.; om smitte:* overført gjennom vannet.
water bottle 1. vannflaske; **2.** *mil:* feltflaske.
water bowser vanntank (på hjul); vanntankvogn.
waterbucket [ˌwɔ:tə'bʌkit] *s:* vannbøtte.
water bug *zo:* vannbille.
water cannon *(pl: water cannon(s))* vannkanon.
water carrier 1. vannbærer;
2. *astr:* ***the Water Carrier****(=Aquarius)* Vannmannen.
water cart *(,US: water wagon)* vannvogn; sprøytebil.
water closet *(fk wc; WC) stivt(=lavatory)* vannklosett.
watercolour *(,***US:** *watercolor)* [ˌwɔ:tə'kʌlə] *s* **1.** vannfarge; akvarellfarge; **2***(=watercolour painting)* akvarell; ***paint watercolours****(=paint in watercolour)* male akvareller.
watercolourist *(,***US:** *watercolorist)* [ˌwɔ:tə'kʌlərist] *s(=watercolour painter)* akvarellmaler.
water conduit *rørl(=conduit; water supply pipe)* vannledning; *(jvf water main & water pipe 1).*
water-cooled [ˌwɔ:tə'ku:ld] *adj; mask:* vannavkjølt.
watercourse [ˌwɔ:tə'kɔ:s] *s:* vassdrag *n;* ***main watercourse*** hovedvassdrag.
watercress [ˌwɔ:tə'kres] *s; bot:* grønn engelskkarse; brønnkarse; vannkarse.
water devil *s; zo:* vannkalvlarve; *(jvf water beetle).*
waterfall [ˌwɔ:tə'fɔ:l] *s:* foss.
water fog vassrøyk.
waterfowl [ˌwɔ:tə'faul] *s; zo:* fugl(er) som holder til i el. ved ferskvann (fx ender, gjess og svaner).
waterfront [ˌwɔ:tə'frʌnt] *s:* sjøside; strandpromenade; område *(n)* langs vannet; ***they were walking along the waterfront*** de gikk langs vannet.
water gate *vann(=sluicegate; floodgate)* sluseport.
water gauge *vann(=water-level gauge)* vannstandsmåler.
water heater varmtvannsbereder.
water hose vannslange.
watering can*(,***US:** *pot)* vannkanne; hagekanne.
watering place 1. vanningssted; **2***(=spa)* vannkursted.
water jar vannkrukke.
water jug vannmugge.
water jump *sport:* vanngrav.
water level vannstand; ***when the water level is low*** ved lav vannstand.
water lily *bot:* vannlilje; nøkkerose.
waterline [ˌwɔ:tə'lain] *s; mar:* vannlinje; ***below the waterline*** under vannlinjen.
water main *rørl:* hovedvannledning.
watermark [ˌwɔ:tə'mɑ:k] *s* **1.** vannstandsmerke; ***high watermark*** høyvannsmerke; **2.** *på papir:* vannmerke.
watermelon [ˌwɔ:tə'melən] *s; bot:* vannmelon.
water mill vannmølle; kvern.
water ouzel *zo(=dipper)* fossekall.
water pipe 1. *rørl:* vannrør; **2***(=hookah)* vannpipe.
water power *(=hydroelectric power)* vannkraft.
waterproof [ˌwɔ:tə'pru:f] **1.** *vb:* gjøre vanntett; impregnere; **2.** *adj:* vanntett.
water rat *zo(=water vole)* vånd; vannrotte.
water-repellent [ˌwɔ:təri'pelənt] *adj:* vannavstøtende.
water's edge vannkant; ***down by the water's edge*** nede ved vannkanten.
water seal *rørl:* ***the water seal*** vannet i vannlåsen; *(jvf air trap).*
watershed [ˌwɔ:tə'ʃed] *s; geogr(,***US:** *water parting)* vannskille.
water shrew *zo:* vannspissmus.
water-sick [ˌwɔ:tə'sik] *adj; landbr:* vannsyk.
waterside [ˌwɔ:tə'said] *s:* vannkant; bredd; strand.
I. water-ski [ˌwɔ:tə'ski:] *s; sport:* vannski.
II. water-ski *vb; sport:* stå på vannski.
water slide vannsklie.
waterspout [ˌwɔ:tə'spaut] *s* **1.** *meteorol:* skypumpe;
2. *fra tak:* vannspyer.
water strider *zo(=pond skater)* vannløper; skomaker.
water system vassdrag; *(jvf watercourse).*
water tank vanntank.
water tap *rørl:* vannkran; spring.
water-thinnable [ˌwɔ:tə'θinəbl] *adj:* vannoppløselig.
watertight [ˌwɔ:tə'tait] *adj; også fig:* vanntett.
water vapour *(,***US:** *water vapor)* vanndamp.
water vole *zo(=water rat)* vånd; vannrotte.
water wagon *især* **US** ***1****(=water cart)* vannvogn;
2. T: ***go on the water wagon*** gå på vannvogna (ɔ: bli avholdsmann).
waterway [ˌwɔ:tə'wei] *s:* vannvei.
waterwheel [ˌwɔ:tə'wi:l] *s:* vannhjul.
water wings *pl; for barn:* svømmevinger.
waterworks [ˌwɔ:tə'wə:ks] *s; pl* **1.** vannverk *n; (jvf water authority);*
2. T: ***he has trouble with his waterworks****(=he has urination problems)* han har vanskeligheter med vannlatingen;
3. T: ***turn on the waterworks****(=start crying)* begynne å gråte; **T:** skru på krana.
watery [ˌwɔ:təri] *adj:* vandig; vannholdig; vannaktig; vassen; ***a watery grave*** en våt grav; ***watery gruel*** vassvelling.
watt [wɔt] *s; elekt:* watt; ***how many watts is that bulb?*** hvor mange watt er den pæren på?
I. wattle [wɔtl] *s* **1.** kvistflettverk; **2.** *zo; hos fugl:* hakelapp; kjøttlapp; *hos fisk(=barb(el))* haketråd; skjeggtråd; *(jvf dewlap).*
II. wattle *vb:* flette med kvister; lage kvistflettverk.
wattle-and-mud hut leirklint hytte.
wattle hurdle *(=wattle fence)* flettverksgjerde.
I. wave [weiv] *s* **1.** bølge; ***sound wave*** lydbølge;
2. *i håret:* fall;
3. *fig:* bølge; ***heat wave*** hetebølge; ***make waves*** lage bølger;
4.: ***with a wave of the hand*** med en flott gestus; ***give sby a wave****(=wave to sby)* vinke til en.
II. wave *vb* **1.** bølge; vaie *(fx flags were waving in the breeze);* **2.** *hår:* ondulere; ***her hair waves naturally*** hun har naturlig fall i håret; *(se wavy 3);*
3. vinke *(to* til); ***wave one's arms about*** vifte med armene; gestikulere; ***wave aside*** 1. vinke til side; 2. *fig(=brush aside; make light of)* feie til side; blåse av; ***wave sby on*** vinke en frem.

waveband [ˌweivˈbænd] *s; radio:* bølgebånd.
waved [weivd] *adj:* bølget; bølge-; *om hår:* ondulert.
wavelength [ˌweivˈleŋθ] *s; radio:* bølgelengde; ***we're not on the same wavelength*** vi er ikke på bølgelengde.
waver [ˌweivə] *vb* **1.** *fig(=flag; fail)* vakle *(fx his courage began to waver);*
2*(=be irresolute)* være ubeslutsom; nøle;
3. *om blikk:* vakle;
4. *litt.; om flamme(=flicker)* blafre; blaffe.
waverer [ˌweivərə] *s(=indecisive person;* **T:** *shilly--shallier)* ubeslutsom person; **T:** vinglepave.
I. wavering [ˌweivəriŋ] *s* **1.** vakling;
2. *litt.(=flickering)* blafring; blaffing.
II. wavering *adj* **1.** vaklende; ubeslutsom; vankelmodig; **2.** *litt.(=flickering)* blafrende; blaffende.
wavy [ˌweivi] *adj* **1.** bølgende; bølget; bølge- *(fx line);*
2. *om trevirke:* ***wavy grain*** flammet ved;
3. *om håret:* med fall; ***she has wavy hair*** hun har fall i håret.
I. wax [wæks] *s* **1.** voks;
2.: ***sealing wax*** lakk (til å forsegle med);
3.: ***car wax*** bilvoks; ***floor wax****(=floor polish)* bonevoks;
4.: ***(ski) wax*** skismøring; ***base wax*** grunnsmøring; ***crust wax*** skarevoks; ***soft wax*** klister *n.*
II. wax *vb* **1.** vokse;
2. bone;
3. *ski:* smøre; vokse; ***the skis will backslip if they have been wrongly waxed*** skiene vil glippe hvis de er blitt galt smurt; *(se hot-wax).*
III. wax *vb* **1.** *om månen:* tilta; ***a waxing moon*** tiltagende måne;
2. *stivt el. spøkef(=increase)* øke; tilta;
3. *stivt el. spøkef(=become)* bli *(fx begin to wax cheerful after a bottle of wine).*
wax bean *bot* **US***(=butter bean)* voksbønne.
waxberry [ˌwæksˈbəri] *s; bot:* snøbær.
wax crayon fettstift; oljekritt.
waxed [wækst] *adj* **1.** vokset; **2.** bonet; **3.** *ski:* smurt.
waxed cambric *(=downproof cambric)* dunlerret.
waxing blowtorch *ski:* smørelampe.
waxing cork *ski:* smørekork.
waxmoth [ˌwæksˈmɔθ] *s; zo:* bimøll.
wax polish bonevoks.
waxwing [ˌwæksˈwiŋ] *s; zo:* sidensvans.
waxwork [ˌwæksˈwə:k] *s(=wax figure)* voksfigur.
waxworks [ˌwæksˈwə:ks] *s; pl:* vokskabinett.
waxy [ˌwæksi] *adj(=like wax; wax-like)* voksaktig.
way [wei] *s* **1.** vei *(fx this door is the only way out);* ***he lives across the way*** han bor tvers over veien; han bor på den andre siden av gaten; ***all the way*** hele veien; ***we came a back way*** vi kjørte hit på småveier; ***I'm with you all the way*** jeg står helt og holdent på din side; ***ask the****(=one's)* ***way*** spørre om veien; spørre seg frem; ***I asked him the way*** jeg spurte ham om veien; ***bar****(=block)* ***the way*** sperre veien; *om trafikant:* ***give way (to)*** vike (for); ***are you going my way?*** skal du samme vei som jeg? *også fig:* ***lead the way*** gå foran; føre an; ***lose one's way****(=get lost)* gå seg vill; gå seg bort; ta feil av veien; ***I missed the way****(=I went the wrong way)* jeg tok feil av veien; ***it's a long way away*** det er langt borte; *it's a long way round* det er en stor omvei; ***it's a long way to X*** det er langt til X; ***where's the way in (,out)?*** hvor er inngangen (,utgangen)? ***be in the way*** være (,stå) i veien; ***I'll find my own way out*** jeg finner veien ut selv; ***get in the way*** 1. komme i veien; 2.: ***it got in the way of their view of the sea*** det sperret for utsikten deres til havet; ***get out of the way*** gå av veien; *også fig:* ***look the other way*** se til en annen kant; ***this loss has put him back a long way*** dette tapet har satt ham sterkt tilbake;
2. *fig:* vei; utvei; råd; ***she'll find a way****(=she'll think of sth)* hun finner nok på en råd; ***I see no other way out of it****(=I can see no alternative)* jeg ser ingen annen utvei; ***he took the easy way out and avoided making a decision*** han gjorde det lett for seg og unngikk å ta en avgjørelse;
3. måte *(fx I know a good way of doing it);* ***in a way*** på en måte; ***(in) that way*** på den måten; ***in the good old way****(=on the good old lines)* etter god gammel oppskrift; ***go on in the same old way*** fortsette i de vante baner; ***I'll help in every way possible*** jeg skal hjelpe så godt jeg (bare) kan; ***in the best possible way*** på best mulig måte; ***we'll find a way of doing it*** vi skal nok finne en måte å gjøre det på;
4. *om vane el. måte å være på:* ***he's got an unpleasant way with him****(=he's got an unpleasant manner)* han har en ubehagelig måte å være på; ***that's only a way he has*** det er bare hans måte å være på; ***he has a way of (-ing)*** han har det med å; ***the British way of life*** den britiske livsstil;
5. *om vilje:* ***get****(=have)* ***one's (own) way*** få viljen sin; få sin vilje; ***go one's own way*** gå sine egne veier; ***they've had it all their own way too long*** de har fått viljen sin altfor lenge;
6. *om tilstand:* ***that's the way things are*** slik er det nå engang; ***he's in a bad way*** det står dårlig til med ham;
7. *ved deling:* ***split it four ways*** dele det på fire;
8. *når bevegelsen understrekes:* ***push****(=elbow)* ***one's way through the crowd*** skubbe seg frem gjennom mengden;
9. *mar:* fart *(fx the ship kept her way);*
10. *forskjellige forb:* ***I know my way about town*** jeg er kjent i byen; ***way ahead of*** *fig:* langt foran *(fx be way ahead of sby);* ***all the way*** 1. hele veien; ***all the way here (,home)*** hele veien hit (,hjem); 2. *fig:* over hele linjen; hele veien; ***by the way*** fra det ene til det andre; apropos; ***by way of*** 1*(=via)* via *(fx travel by way of Bristol);* 2*(=as)* som *(fx she said it by way of (an) insult);* 3*(=in order to)* for å; i den hensikt å; ***the way is now clear for …*** alt er nå duket for …; ***down our way*** på våre kanter; ***have you never come our way?*** har du aldri vært på våre kanter? ***when I'm around that way*** når jeg er på de kanter; ***from the way he talked anyone would have thought I was a common thief*** etter den måten han snakket på, skulle man tro jeg var en alminnelig tyv; ***be in the family way*** være på vei; være med barn *n;* ***make one's way in the world*** slå seg frem i verden; ***in the way of*** med hensyn til; av; ***is that all you have in the way of luggage?*** er det alt du har av bagasje? ***stand in the way of progress*** hindre utviklingen; ***get into bad ways****(=go off the straight path;* **US:** *wander from the straight and narrow)* komme på skråplanet; ***he said nothing one way or the other*** han sa ikke noe hverken fra eller til; ***have a way with*** være flink til å behandle *(fx children);* ***she has a way with her****(=she's charming)* hun har et vinnende vesen; ***have it both ways*** få både i pose og sekk; **T:** ***that argument cuts both ways*** det argumentet slår begge veier; ***on the way*** underveis; på vei *(fx they're on the way);* ***you pass it on your way home*** du kommer forbi det på hjemveien; ***on the way here*** på veien hit; ***on the way out*** 1. på veien ut; 2. *fig:* på vei ut *(fx these customs are on the way out);* ***on the right way****(=road)* på rett vei; ***he's on the way to becoming an alcoholic*** han er på vei til å bli alkoholiker; ***way out*** utvei; ***that will be our best way out*** slik slipper vi best fra det; ***out of the way*** 1. ut av veien; unna; ***get one's homework out of the way*** få leksene unnagjort; ***keep those matches out of his way*** hold fyrstikkene unna ham; 2. avsides; 3. *om omvei:* ***I don't want to take you out of your way*** jeg vil ikke at du skal ta en omvei for min skyld; 4*(=unusual)* uvanlig; ***that's nothing out of the way these days*** det er ikke noe uvanlig nå for tiden; ***there was nothing out of the way about what he said*** det var ikke noe uvanlig ved det han sa; 5.: ***go out of one's way to help*** virkelig anstrenge seg for å hjelpe; 6.: ***keep out of sby's way*** holde seg unna en; ***that***

should go a long way towards convincing him det burde langt på vei overbevise ham; ***pay one's way*** betale for seg; ***the company isn't paying its way*** selskapet er ulønnsomt; ***it's the other way round****(=the reverse is the case)* det omvendte er tilfelle *n;* det er omvendt; ***pull different ways*** trekke hver sin vei; ***put it the right way up*** sette det med den riktige siden opp; ***rub sby (up) the wrong way:*** *se II. rub* ***10,*** *2;* ***under way*** 1. *mar:* i fart; 2. *fig(=in progress)* i gang; ***get under way****(=get going)* komme i gang; starte.

waybill [ˌwei'bil] *s; merk(=consignment note)* fraktbrev.

wayfarer [ˌwei'fɛərər] *s; glds(=traveller)* veifarende.

waylay [weiˌlei] *vb; stivt(=ambush)* overfalle fra bakhold; ligge på lur etter; ***two of the lorries were waylaid*** to av lastebilene havnet i bakhold *n.*

ways and means 1. (penge)midler *n;* ***a ways and means committee*** en finanskomité; **2.** måte (å skaffe penger på).

wayside [ˌwei'said] *s* **1.** *stivt el. glds(=roadside)* veikant;**2.** *fig:* ***fall by the wayside****(=not survive; fail)* mislykkes; måtte gi opp; falle fra.

wayside flowers *pl:* blomster som vokser langs veien.

wayside stall kiosk langs veien.

wayward [ˌweiwəd] *adj; især om barn; stivt(=self-willed)* selvrådig; egensindig; fullt av nykker.

WC, wc [ˌdʌbl'juːˌsiː] *s; stivt(fk f water closet)* WC *n;* wc; vannklosett; *(se lavatory).*

we [wiː] *pron:* vi.

weak [wiːk] *adj* **1.** svak; ***a weak alibi*** et svakt alibi; *rel:* ***weak in the faith*** svak i troen; ***the weaker sex*** det svake kjønn; ***weak at****(,****US*** *& ofte når det gjelder skolefag: weak in)* svak i; dårlig i; ***he's weak at French****(=his French is weak)* han er svak i fransk; ***go weak****(,****T:*** *wobbly)* ***at the knees*** bli matt i knærne *n;* **2.** *gram:* svak *(fx a weak verb).*

weaken [ˌwiːkən] *vb* **1.** svekke; gjøre svak; *også fig:* ***weaken one's grip****(=hold)* løsne på grepet; ***he tried to weaken****(=undermine)* ***our position*** han prøvde å svekke vår stilling; ***this fact weakens****(=undermines)* ***your case*** dette faktum svekker saken din; ***weakened by old age*** alderdomssvak;
2*(=become weak; get weak)* bli svak;
3. *om væske(=dilute; thin)* spe opp; tynne ut; gjøre svakere.

weak-kneed [ˌwiːk'niːd] *adj; fig(=weak; irresolute)* veik.

weakling [ˌwiːkliŋ] *s:* svekling.

weakness [ˌwiːknəs] *s* **1.** svakhet; ***weakness of old age*** alderdomssvakhet; **2***(=weak point)* svakhet;
3.: ***sign of weakness*** svakhetstegn;
4. *fig:* svakhet; ***have a weakness****(=soft spot)* ***for*** ha en svakhet for *(fx strawberries).*

weak-sighted ['wiːkˌsaitid; *attributivt:* ˌwiːk'saitid] *adj:* svaksynt.

weak-willed ['wiːkˌwild; *attributivt:* ˌwiːk'wild] *adj(=weak)* viljesvak.

weal [wiːl] *s; på huden:* stripe (etter slag *n*).

wealth [welθ] *s* **1.** rikdom; ***untold wealth*** umåtelige rikdommer; *zo:* ***wealth of species*** artsrikdom;
2. *meget stivt:* ***a wealth of****(=a lot of)* et vell av; ***have a wealth of knowledge about****(=know a lot about)* kunne mye om.

wealth-creating [ˌwelθkri'eitiŋ] *adj:* verdiskapende.

wealth tax formuesskatt.

wealthy [ˌwelθi] *adj; stivt(=rich)* rik; (meget) velstående; *(jvf prosperous & se resource-wealthy).*

wean [wiːn] *vb* **1.** venne fra (brystet); **2.** *fig:* ***wean sby from a bad habit*** få en fra en dårlig vane.

weapon [ˌwepən] *s; også fig:* våpen *n; jur:* ***carry an offensive weapon*** bære (*el.* gå med) et farlig våpen.

weaponry [ˌwepənri] *s(=weapons)* våpen *n.*

I. wear [wɛə] *s* **1.** slitasje; ***the wear on the engine*** slitasjen på motoren; ***wear and tear*** slitasje; ***he looks very much the worse for wear*** han ser meget sliten ut;
2.: ***clothes for everyday wear*** klær til hverdagsbruk;
3.: -klær; ***children's wear****(=clothes)* barneklær; ***men's wear****(=menswear; men's clothing)* herrekonfeksjon; ***summer wear****(=clothes)* sommerklær.

II. wear *vb(pret: wore; perf.part.: worn)* **1.** slite *(fx a hole in the carpet);* bli slitt *(fx it has worn in places);* ***wear badly*** være lite slitesterk; ***wear well*** være slitesterk; ***she may be sixty-five, but she's worn well*** selv om hun er sekstifem, har hun holdt seg godt; ***wear thin*** 1. bli tynnslitt; tynnslite; 2. *fig:* ***my patience is wearing thin*** tålmodigheten min er i ferd med å bli tynnslitt;
2. ha på seg; gå med *(fx spectacles; a tie);* ***all I've got are the clothes that I'm wearing*** alt jeg har, er det jeg står og går i; ***this coat's a bit too dressy to wear to work*** denne jakken er litt for pen å gå på arbeidet med; ***I've nothing to wear to the party*** jeg har ingenting å ha på meg i selskapet; ***the way she wears her hair*** den måten hun har håret sitt på;
3. *stivt(=have)* ha *(fx wear an angry expression);*
4. T*(=accept; put up with)* finne seg i; godta;
5.: ***wear away*** 1. slite bort (*el.* vekk); 2. bli slitt bort; forsvinne;
6.: ***wear down*** 1. slite ned; 2. *fig:* bryte ned *(fx sby's resistance);*
7.: ***wear off*** 1. *om forelskelse, smerte, etc:* forta seg; gå over; gi seg; 2. bli slitt av;
8. *om tid:* ***wear on****(=drag on)* slepe seg av sted; gå langsomt; ***the meeting wore on*** møtet trakk ut;
9.: ***wear out*** 1. slite ut; bli utslitt *(fx my socks have worn out);* 2. *fig:* slite ut; 3. ta slutt; ***his patience wore****(=gave)* ***out*** tålmodigheten hans tok slutt.

III. wear *vb(pret: wore; perf.part.: worn) mar(=wear ship)* kuvende.

weariness [ˌwiərinəs] *s; stivt(=tiredness)* tretthet.

wearisome [ˌwiərisəm] *adj; stivt(=tiring)* trettende.

I. weary [ˌwiəri] *vb; stivt* **1***(=tire)* gjøre trett; trette;
2.: ***weary of****(=get tired of)* gå trett av.

II. weary *adj; stivt(=tired)* trett; sliten; ***she gave a weary smile*** hun smilte trett; ***make one's weary way up the hill****(=struggle up the hill)* slite seg opp bakken; ***weary of****(=tired of)* trett av; ***weary of life****(=tired of living)* livstrett.

I. weasel [wiːzl] *s* **1.** *zo:* ***(snow) weasel*** snømus;
2. beltebil; weasel; **3. T:** slu og upålitelig fyr.

II. weasel *vb; især* **US** *& Canada* **T 1***(=use weasel words; be ambiguous)* bruke tvetydige ord *n;*
2. *om forpliktelse, etc:* ***weasel****(=wriggle)* ***out of*** vri seg unna.

weasel word *især* **US** *& Canada* **T***(=ambiguous word; ambiguity; equivocation)* tvetydig ord *n;* tvetydighet.

I. weather [ˌweðə] *s* **1.** vær *n;* ***bad weather*** dårlig vær; ***it's fine weather*** det er fint vær; ***the weather continued fine*** været holdt seg fint; ***in all weathers****(=in all kinds of weather)* i allslags vær; ***make heavy weather of sth****(=find sth difficult)* synes at noe er vanskelig (*el.* strevsomt); ***under the weather*** 1. utilpass; uopplagt; ***feel a little under the weather*** føle seg litt utilpass; 2. *evf(=drunk)* full;
2. *mar:* ***the weather side****(=the windy side; the windward side)* lo side; ***on the weather bow*** tvers til lo.

II. weather *vb* **1.** utsette for vind og vær *n;* forvitre; ***the rocks have been weathered smooth*** klippene er blankskurte;
2. *mar:* gå på lo side av; ***weather the storm*** ri av stormen;
3. *fig(=survive)* komme godt gjennom; overleve;
4. *om materiale:* ***weather well****(=be weather-resistant)* tåle vind og vær *n.*

III. weather *adj; mar:* lo; ***on the weather bow*** tvers til lo; ***the weather****(=windward; windy)* ***side*** lo side.

weather-beaten [ˌweðə'biːtn] *adj* **1.** værbitt *(fx face);* **2.** *om sted:* medtatt av vær *(n)* og vind.

FATALE FELLER

weather

weather – whether

weather *vær*

whether *enten*

Av og til er engelske ord svært like både i skrivemåte og uttale.

weather board *bygg:* panelbord (med eller uten not og fjær) som benyttes til utvendig, liggende kledning.
weather boarding *bygg(=horizontal cladding;* **US** *& Canada: horizontal siding)* liggende, utvendig kledning; vestlandspanel.
weather-bound [ˌweðəˈbaund] *adj:* værfast.
weather bow *mar: **on the weather bow*** tvers til lo.
weather bureau US *meteorol(=weather centre)* værvarslingsstasjon; meteorologisk institutt *n.*
weathercast [ˌweðəˈkɑːst] *s; Canada: se weather forecast.*
weather chart *meteorol:* værkart.
weather cock 1 *(=weather vane in the form of a cock)* værhane; **2.** *fig:* værhane; en som dreier kappen etter vinden.
weather forecast *(,Canada: weathercast)* værmelding; værvarsel; værutsikter.
weatherglass [ˌweðəˈglɑːs] *s* **1***(=barometer)* barometer *n;* **2.** *bot: **shepherd's weatherglass**(=poor man's weatherglass; scarlet pimpernel)* legenonsblom.
weather helm *mar:* logjerrighet; ***have a weather helm*** være logjerrig.
weatherman [ˌweðəmən] *s* **T***(=meteorologist;* **T:** *met man; met officer)* meteorolog.
weather side *mar: se III. weather.*
weatherstrip [ˌweðəˈstrip] *s; på bil:* tetningslist; gummilist *(fx a door weatherstrip).*
weather vane værhane; *(jvf weather cock 1).*
I. weave [wiːv] *s; om måten noe er vevd på(=texture)* vev *(fx an open weave); **a close weave*** tett vev.
II. weave *vb(pret: wove; perf.part.: woven)* **1.** veve *(fx on a loom);* **2.** *fig; litt.:* veve; spinne; fortelle; ***weave a fascinating tale****(=tell a fascinating story)* fortelle en fengslende historie.
III. weave *vb(pret & perf.part.: weaved): **weave about** (=reel about)* vakle omkring; ***the car was weaving****(= zigzagging)* ***in and out of the traffic*** bilen snodde seg gjennom trafikken.
weaver [ˌwiːvə] *s:* vever.
weaver bird *zo:* veverfugl.
web [web] *s* **1.** *zo:* svømmehud;
2. *zo: **spider's web*** edderkoppspinn;
3. *fig: **it's a web****(=tissue)* ***of lies*** det er et vev av løgner.
webbed [webd] *adj; zo:* med svømmehud; ***webbed foot*** svømmefot.
Webb's lettuce *(,***US:** *iceberg (lettuce))* issalat.
wed [wed] *vb(pret & perf.part.: wed(ded))* **1.** *stivt el. spøkef(=marry)* gifte seg;
2. *stivt(=combine)* forene; ***simplicity wedded to****(= combined with)* ***beauty*** enkelhet forent med skjønnhet.
we'd [wiːd] *fk f we had; we would; we should.*
wedding [ˌwediŋ] *s:* bryllup *n; **church wedding*** kirkebryllup.
wedding bouquet brudebukett.
wedding cake bryllupskake.
wedding ceremony vielse.
wedding day bryllupsdag.
wedding dress brudekjole.
wedding ring vielsesring; giftering.

I. wedge *s* **1.** kile; ***drive a wedge between X and Y*** drive en kile inn mellom X og Y;
2. *om noe kileformet: **a wedge of cheese (,cake)*** et stykke ost (,kake);
3. *fig: **this is only the thin end of the wedge*** dette er bare begynnelsen (til noe som blir verre).
II. wedge *vb* **1.** kile fast; kile (ut); sprenge med kile(r);
2.: ***my foot wedged in the crack*** foten min ble sittende fastkilt i sprekken; ***wedge oneself in*** presse seg inn.
wedge-shaped [ˌwedʒˈʃeipt] *adj:* kileformet.
wedlock [ˌwedˈlɔk] *s; stivt el. glds(=married state)* ektestand; ***holy wedlock*** den hellige ektestand; ***be born out of wedlock****(=be illegitimate)* være født utenfor ekteskap.
Wednesday [ˌwenzd(e)i] *s:* onsdag; *(se Friday).*
I. wee [wiː] *s(=weewee)* **T:** tiss *n; **do a wee*** tisse.
II. wee *adj; dial el.* **T***(=tiny)* bitte liten; ***a wee house*** et bitte lite hus; ***too wee****(=too small)* for liten; ***a wee bit****(=a tiny bit; a tiny wee bit)* bitte lite grann; ***a wee bit better****(=a tiny bit better)* bitte lite grann bedre; **US:** ***in the wee****(=small)* ***hours*** i de små timer.
I. weed [wiːd] *s* **1.** ugress *n;* ugressplante; ***the garden is full of weeds*** hagen er full av ugress; *ordspråk: **ill weeds grow apace*** ukrutt forgår ikke;
2. T: tynn og skranglete person;
3. S*(=marijuana)* marihuana.
II. weed *vb* **1.** luke; luke i *(fx the garden);*
2.: ***weed out*** 1. luke ut; 2. *fig:* luke ut; fjerne; ***weed out the unsuitable candidates*** luke ut de uegnede kandidatene.
weedkiller [ˌwiːdˈkilə] *s(=herbicide)* ugressdreper.
weedy [ˌwiːdi] *adj* **1.** full av ugress *n;* **2.** tynn og skranglete.
week [wiːk] *s:* uke; ***a week ago today*** i dag for en uke siden; ***every week*** hver uke; ***every other week*** annenhver uke; hverannen uke; ***(for) three weeks*** i tre uker; ***a week from today*** i dag om en uke; ***in a week****(=in a week's time)* om en uke; ***in a week or so*** om en ukes tid; ***last week*** (i) forrige uke; ***all last week****(=the whole of last week)* hele forrige uke; ***a week last Thursday*** torsdag for en uke siden; ***next week*** neste uke; til uken; ***for the last****(=past)* ***three weeks*** i de siste tre ukene; ***the week after next*** ikke (i) neste uke, men den deretter; ***£10 per week****(=£10 a week)* £10 i uken; £10 pr. uke; £10 om uken; ***to the end of the week*** uken ut; ***it's been weeks since I last saw her*** jeg har ikke sett henne på ukevis.
weekday [ˌwiːkˈdei] *s:* ukedag; hverdag.
I. weekend [ˈwiːkˌend; ˌwiːkˈend] *s:* helg; weekend; ***during****(=over)* ***the weekend*** i helgen; i weekenden; ***they went there at****(,***US:** *on)* ***weekends*** de dro dit i helgene; ***they spent weekends there*** de tilbrakte helgene der.
II. weekend [ˈwiːkˌend] *vb(=spend the weekend)* tilbringe helgen (*el.* weekenden) *(fx weekend at Dover).*
III. weekend [ˌwiːkˈend] *adj* helge-; weekend-.
weekend campers *pl:* folk som drar på telttur i weekenden.
weekend case overnattingskoffert.

weekend cottage hytte.
weekender ['wi:kˌendə] *s* **1.** weekendgjest; en som drar på helgetur; **2**(*=weekend return*) returbillett som gjelder i helgen.
weekend motorist helgekjører; søndagsbilist.
weekend visit helgebesøk.
weekly [ˌwi:kli] **1.** *s:* ukeblad; tidsskrift som kommer én gang i uken;
2. *adj:* ukentlig (*fx visit*); uke- (*fx wages*);
3. *adv:* én gang i uken; ukentlig; ***weekly paid***(*=paid by the week*) ukelønnet.
weep [wi:p] *vb*(*pret & perf.part.: wept*) *stivt el. litt.*(*=cry*) gråte; ***weep tears of happiness***(*=joy*) gråte gledestårer.
weeping willow *bot:* sørgepil.
I. weepy [ˌwi:pi] *s* **T:** tåredryppende film.
II. weepy *adj* **T:** ***feel weepy***(*=feel like crying*) føle trang til å gråte.
weever [ˌwi:və] *s; zo:* ***greater weever*** fjesing; ***lesser weever***(*=stingfish*) liten fjesing.
weevil [wi:vl] *s; zo*(*=snout beetle*) snutebille.
weewee [ˌwi:'wi:] *s: se I. wee.*
weft [weft] *s; i veving*(*=woof; filling*) islett *n;* innslag *n;* veft.
weigh [wei] *vb* **1.** veie; ***the scales weigh light*** vekten viser for lite;
2. *mar:* ***weigh anchor*** lette anker *n;*
3. *fig:* veie; ***weigh the chances*** veie sjansene mot hverandre; ***weigh every word carefully*** veie sine ord (*n*) på gullvekt; ***weigh up the pros and cons*** veie for og (i)mot; ***it's very much a matter of weighing the various interests against each other*** det er i høy grad et spørsmål om å veie de forskjellige interesser mot hverandre;
4.: ***weigh down*** 1. tynge; presse ned; 2. *fig:* tynge; ***weighed down with***(*=with*) ***sorrow*** tynget av sorg;
5.: ***weigh in*** 1. *sport; før kampen*(*=be weighed*) bli veid; 2. **T**(*=weigh*) veie (*fx he weighed in around 12 stone*); 3.: ***weigh in*** veie inn; 4. **T**(*=join in*) gi sitt besyv med i laget; blande seg inn;
6. *fig:* ***weigh on*** tynge; hvile tungt på; ***it weighs heavily on him*** det hviler tungt på ham;
7.: ***weigh out*** 1. *om varer:* veie opp; 2. *om jockey etter løpet:* bli veid;
8.: ***that didn't weigh with him***(*=he attached no importance to that*) det tilla han ingen vekt.
weighbridge [ˌwei'bridʒ] *s:* bruvekt.
weigh-in [ˌwei'in] *s; sport:* veiing; ***at the weigh-in*** ved veiingen.
weighing machine (stor) personvekt.
I. weight [weit] *s* **1.** vekt; vektmengde; ***live weight*** levende vekt; ***specific weight***(*=gravity*) egenvekt; ***unit of weight*** vektenhet; ***sell by weight*** selge i løs vekt; ***give short weight*** gi dårlig vekt; ***feel the weight of*** løfte på; kjenne på; ***that thing won't take***(*=bear; carry*) ***my weight!*** det der bærer ikke min vekt! ***she's trying to get her weight down***(*=she's trying to lose weight*) hun prøver å gå ned i vekt; ***keep one's weight down*** ikke legge på seg; ***it's worth its weight in gold*** det er verdt sin vekt i gull *n;*
2. *sport:* vekt; vektklasse;
3. vekt(lodd); lodd *n* (*fx the weights of a clock*); ***set of scale*** (*,balance*) ***weights*** loddsett;
4. *fig:* vekt; ***carry weight*** veie tungt; ***his views don't carry much weight*** hans meninger tillegges ikke stor vekt; ***attach greater weight***(*=more importance*) ***to*** legge større vekt på; ***it lends weight to my assertion*** det styrker min påstand; ***pull one's weight*** gjøre sitt; ***that's a weight off my mind!*** så behøver jeg ikke bekymre meg mer om det! ***win by sheer weight of numbers*** vinne fordi man er tallmessig overlegen;
5. *fig* **T:** ***throw one's weight about***(*,***US T:** *act big*) blære seg; jekke seg (opp).
II. weight *vb* **1.** feste lodd (*n*) på; **2.** *ski:* ***weight the inside ski*** legge tyngden på innerste ski;
3. *i statistikk:* veie; gi vekttall;
4. *fig; om konkurranseregler, etc*(*=slant*): ***weight in sby's favour*** begunstige en (*fx the contest is weighted in his favour*).
weighting [ˌweitiŋ] **1.** vekttall(system); ***all questions carry equal weighting***(*=carry equal marks; count as equal*) alle spørsmålene (*n*) veier like mye;
2. *ski:* belastning;
3. stedstillegg (*fx a London weighting of £900*).
weightless [ˌweitləs] *adj:* vektløs.
weightlessness [ˌweitləsnəs] *s:* vektløshet.
weight-lifting [ˌweit'liftiŋ] *s; sport:* vektløfting.
weight loss vekttap; vektreduksjon.
weight slip veieseddel.
weight transfer *sport, fx ski:* tyngdeoverføring.
weight unit (*=unit of weight*) vektenhet.
weighty [ˌweiti] *adj* **1.** *stivt*(*=important*) vektig; tungtveiende; ***a weightier argument*** et mer tungtveiende argument; **2.** *stivt el. spøkef*(*=heavy*) tung.
weir [wiə] *s* **1.** *i elv, for å øke vannstanden*(*,***US:** *overflow dam*) grunndam; **2.** *i elv, for å fange fisk:* fiskedam.
weird [wiəd] *adj* **1**(*=uncanny*) nifs; uhyggelig;
2. T(*=odd; strange*) snodig; rar; underlig.
weirdie, weirdy [ˌwiədi] *s* **T:** raring; snåling.
weirdo [ˌwiədou] *s*(*pl: weirdos*) **T:** *se weirdie.*
I. welcome [ˌwelkəm] *s:* velkomst; velkomsthilsen; ***it's a great pleasure for me to be able to bid you all welcome to*** det er en stor glede for meg å kunne ønske dere alle velkommen til; ***give sby a very friendly welcome*** ta meget vennlig imot en; ***give sby a smiling welcome*** ønske en velkommen med et smil; ***the children gave him a noisy welcome*** barna hilste støyende på ham; ***outstay one's welcome*** trekke for store veksler på ens gjestfrihet; ***receive a very warm welcome*** få en meget hjertelig mottagelse.
II. welcome *vb* **1.** ønske (*el.* hilse) velkommen (*fx we were warmly welcomed by our host; she will welcome the chance to see him again*); ***we welcome this step*** dette tiltaket hilser vi med glede;
2. *int:* velkommen! velkommen hit (til oss)! ***welcome home!*** velkommen hjem! ***welcome to Norway!*** velkommen til Norge! ***welcome to our house!*** velkommen til oss!
III. welcome *adj:* velkommen; kjærkommen; ***a welcome change*** det en kjærkommen forandring; ***he was always welcome in their home*** han var alltid velkommen i deres hjem *n;* ***you're welcome to read it*** du må gjerne lese det; ***wish***(*=bid*) ***sby welcome*** ønske en velkommen; *som svar på en takk: **you're welcome!*** ingen årsak! ikke noe å takke for! ***make sby (very) welcome*** ta (meget) godt imot en.
welcoming [ˌwelkəmiŋ] *adj*(*=friendly*): ***give sby a welcoming smile*** ønske en smilende velkommen; ***he was warm and welcoming*** han var hjertelig og tok godt imot oss (etc); ***the crowds raised a welcoming cheer***(*=a cheer of welcome*) ***for him*** mengden ga ham en jublende velkomst.
I. weld [weld] *s; sveising*(*=welded joint*) sveis; sveisefuge.
II. weld *vb:* sveise (*together* sammen).
welder [ˌweldə] *s:* sveiser.
welding [ˌweldiŋ] *s:* sveising; ***we don't do welding*** vi utfører ikke sveisearbeider.
welding torch sveisebrenner; sveiseapparat.
weldless [ˌweldləs] *adj:* helsveiset.
welfare [ˌwelfɛə] *s:* velferd; ve og vel; trivsel; ***she was concerned for her child's welfare*** hun var bekymret for sitt barns ve og vel; **T:** ***live on welfare***(*=live on social security*) leve på trygd.
welfare cheat person som snyter på trygden.
welfare officer 1 (*=social worker*) sosialarbeider;
2. *mil:* velferdsoffiser.

welfare state velferdsstat.
welfare work 1. velferdsarbeid; **2**(*=social work*) sosialarbeid.
I. well [wel] *s* **1.** brønn; ***hand-dug well*** håndgravd brønn;
2. *mar:* ***(fish) well*** fiskebrønn; ***live well*** brønn for levendefisk;
3. *om det som er bra:* ***leave(=let) well alone*** la det være med det; la det være bra som det er; ***wish sby well*** ønske en (alt) godt.
II. well *vb(=flow)* strømme (*fx tears welled from her eyes*); ***well forth, well out*** velle frem; strømme ut.
III. well *adj; predikativt* **1.** frisk; ***get well*** bli frisk (*el.* bra) (*of* av); ***I don't feel at all well*** jeg føler meg slett ikke bra; **2.** bra; ***it's as well that this happened*** det var like bra at dette hendte; ***all's well that ends well*** når enden er god, er allting godt; ***that's all very well but*** det er vel og bra, men.
IV. well *adv:* godt (*fx sleep well; treat sby well; he did his job extremely well*); bra; ***how well did you do in the exam?*** hvor godt gjorde du det til eksamen? ***he likes to eat well(=he's fond of good food)*** han er glad i god mat; ***I hope everything's going well with you*** jeg håper alt går bra med dere; ***you may well look ashamed!*** du kan godt se skamfull ut! ***you can't very well refuse*** du kan ikke godt si nei; ***you can damn well do it yourself, you idiot!*** du kan jamen gjøre det selv, din idiot! ***he jolly well had to do it (all over) again*** han måtte pent gjøre det om igjen; ***pretty well all the family(=almost all the family)*** nesten hele familien; ***you know well enough what I mean*** du vet nok hva jeg mener; ***as well*** 1(*=too; also*) også (*fx there were other people there as well; she's pretty as well*); 2.: ***(just) as well*** like gjerne; ***he might just as well have stayed at home*** han kunne like gjerne ha blitt hjemme; ***as well as*** 1. like bra (*el.* godt) som; 2. både ... og; ***he's skilful as well as strong*** han er både dyktig og sterk; ***you'll have to pay as well as help with the tea*** du må både betale og hjelpe til med serveringen; 3(*=in addition to*) i tillegg til (*fx she works in a restaurant in the evening as well as doing a full-time job during the day*); ***well off:*** *se well-off;* **T:** ***you're well out of it*** du kan være glad som ikke er der; **T:** ***you're well out of that firm*** du kan være glad du ikke lenger er ansatt i det firmaet; **T:** ***do well out of(=make a good profit on(=out of))*** tjene godt på; ***be well over(=past) forty*** være godt over førti; ***be well up in a subject*** være godt inne i et fag (*el.* emne).
V. well *int:* nå; vel; nå ja (*fx well, it can't be helped*); ***well, as I was saying, I saw him last week*** vel, som jeg sa, så traff jeg ham i forrige uke; ***well, what about it?*** 1. nå, hva blir det til? 2. hva gjør vel det? vel, hva med det? ***well, well!*** sier du (virkelig) det! nei, jaså! ***well, yes*** tja; å ja; å jo; ***well, so I did*** ja, det gjorde jeg også!
we'll [wi:l] *fk.f. we shall; we will.*
well-advised ['wələd,vaizd] *adj; predikativt(=wise):* ***you'd be well-advised to sell now*** det ville være klokt av deg å selge nå.
well-appointed [,welə,pointid] *adj; stivt(=well-equipped)* velutstyrt; velinnrettet (*fx house*); velutrustet (*fx ship*).
well away T: ***he feels well away in his new surroundings(=he likes it very much in his new surroundings)*** han liker seg meget godt i sine nye omgivelser.
well-balanced [,wel,bælənst; *attributivt også:* ,wel'bælənst] *adj* **1.** godt avbalansert; ***a well-balanced diet*** en allsidig kost; **2.** *fig:* avbalansert; likevektig.
well(-)behaved [,welbi,heivd; *attributivt:* ,welbi'heivd] *adj:* veloppdragen (*fx he's quiet and well-behaved*); ***a well(-)behaved party*** en pen og pyntelig fest.
well-being [,wel,bi:iŋ; ,wel'biiŋ] *s; stivt(=welfare; health and happiness)* ve og vel (*fx concerned about sby's well-being*); trivsel; velvære (*fx physical well -being*).
well-beloved [,welbi,lʌvd; *attributivt:* ,welbi'lʌvd; ,welbi'lʌvid] *adj; stivt el. spøkef(=beloved)* høyt elsket (*fx my well-beloved wife*).
well borer brønnborer.
well-born ['wel,bɔ:n; *attributivt:* ,wel'bɔ:n] *adj; stivt(=of good family)* av god familie.
well-bred ['wel,bred; *attributivt:* ,wel'bred] *adj* **1.** *stivt el. lett glds(=well-mannered)* med pene manerer; dannet; kultivert (*fx lady*); **2.** *om dyr(=with a good pedigree)* av god rase; med fin stamtavle.
well-brought-up [,wel'brɔ:t,ʌp] *adj:* som har fått god oppdragelse (*fx girl*).
well-built [,wel,bilt; *attributivt:* ,wel'bilt] *adj(=muscular)* kraftig bygd; muskuløs.
well-chosen [,wel,tʃouzən; *attributivt:* ,wel'tʃouzən] *adj:* velvalgt (*fx a few well-chosen words*).
well-conducted [,welkən,dʌktid; *attributivt også:* ,welkən'dʌktid] *adj* **1**(*=well-organized*) velorganisert (*fx meeting*). **2.** *lett glds(=well-behaved)* veloppdragen.
well-connected [,welkə,nektid; *attributivt også:* welkə'nektid] *adj* **1**(*=of a good family*) av god familie; **2.** med gode (sosiale) forbindelser.
well(-)cut ['wel,kʌt; *attributivt:* ,wel'kʌt] *adj; om klær:* med godt snitt (*n*) i (*fx well-cut clothes*).
well-defined ['weldi,faind; *attributivt:* ,weldi'faind] *adj:* veldefinert; skarpt avgrenset; ***a well-defined position(=standpoint)*** et markert standpunkt.
well digger brønngraver.
well-directed [,weldi'rektid] *adj(=well-aimed)* velrettet (*fx blow; kick*).
well-disposed ['weldis,pouzd; *attributivt:* ,weldis'pouzd] *adj:* velvillig innstilt (*towards* til).
well-doer [,wel'duə] *s:* en som gjør godt mot andre; rettskaffent menneske.
well-doing [,wel'du:iŋ; 'wel,du:iŋ] *s:* velgjørenhet; godgjørenhet; rettskaffen opptreden.
well(-)done [,wel,dʌn; *attributivt:* ,wel'dʌn] *adj:* godt stekt (,kokt); gjennomstekt; gjennomkokt.
well-earned ['wel,ə:nd; *attributivt:* ,wel'ə:nd] *adj:* velfortjent; ***a well-earned rest*** en velfortjent hvil.
well-educated [,wel,edju'keitid; 'wel,edju'keitid; *attributivt:* ,wel'edju'keitid] *adj:* velutdannet.
well(-)equipped [,weli,kwipt; *attributivt:* ,weli'kwipt] *adj; også fig:* velutstyrt; godt rustet.
well-established [,weli,stæbliʃt; *attributivt:* ,weli'stæbliʃt] *adj:* veletablert; godt innarbeidet.
well-fed ['wel,fed; *attributivt:* ,wel'fed] *adj:* velnært (*fx child*); i godt hold.
well-founded ['wel,faundid; *attributivt:* ,wel'faundid] *adj:* velfundert (*fx argument*); velbegrunnet.
well-groomed ['wel,gru:md; *attributivt:* ,wel'gru:md] *adj:* velpleid (*fx woman*); velstelt (*fx lawn; woman*).
well-heeled ['wel,hi:ld; *attributivt:* ,wel'hi:ld] *adj* **T**(*=rich*) rik; **T:** velbeslått.
wellies [,weliz] *s; pl(=wellingtons; rubber boots; gum boots)* gummistøvler.
well-informed ['welin,fɔ:md; *attributivt:* ,welin'fɔ:md] *adj:* velinformert; velorientert; kunnskapsrik.
wellingtons [,weliŋtənz] *s; pl(=wellies; rubber boots; gum boots)* gummistøvler.
well-intentioned ['welin,tenʃənd; *attributivt også:* ,welin'tenʃənd] *adj(=well-meaning)* velmenende; (*=well-meant*) velment.
well(-)kept ['wel,kept; *attributivt:* ,wel'kept] *adj:* velholdt (*fx house*).
well-knit ['wel,nit; *attributivt:* ,wel'nit] *adj:* velbygd (*fx athlete*).
well-known ['wel,noun; *attributivt:* ,wel'noun] *adj:* velkjent.
well-lined ['wel,laind; *attributivt:* ,wel'laind] *adj* **T**(*=well-filled*) velfylt; ***well-lined coffers*** velfylte pengekister.
well-loved [,wel,lʌvd; *attributivt:* ,wel'lʌvd] *adj:* av-

holdt *(fx a well-loved public figure).*
well-made ['welˌmeid; *attributivt:* ˌwel'meid] *adj* **1.** godt lagd; dyktig lagd; **2***(=shapely)* velskapt.
well-mannered [ˌwelˌmænəd; *attributivt:* ˌwel'mænəd] *adj:* med pene manerer.
well-meaning ['welˌmi:niŋ; *attributivt:* ˌwel'mi:niŋ] *adj:* velmenende.
well-meant ['welˌment; *attributivt:* ˌwel'ment] *adj:* velment.
wellness [ˌwelnəs] *s; psykol(=well-being)* velvære *n;* ***high-nesslevel wellness*** velvære på et høyt plan.
well-nigh [ˌwel'nai] *adv; stivt(=almost)* nesten; så godt som.
well(-)off [ˌwelˌɔf; *attributivt:* ˌwel'ɔf] *adj* **1***(=rich)* rik; velstående; **2. T:** heldig (stilt); ***you don't know when you're well(-)off*** du vet ikke hvor heldig du er.
well-orchestrated ['welˌɔ:ki'streitid; ˌwelˌɔ:ki'streitid; *attributivt:* ˌwel'ɔ:ki'streitid] *adj; om demonstrasjon, etc(=well-organised)* velorganisert.
well-ordered [ˌwelˌɔ:dəd; *attributivt:* ˌwel'ɔ:dəd] *adj:* velordnet *(fx household).*
well(-)paid [ˌwelˌpeid; *attributivt:* ˌwel'peid] *adj:* godt betalt *(fx job; worker).*
well-preserved [ˌwelpriˌzə:vd] *adj* **1.** velbevart; **2.** som har holdt seg godt *(fx woman).*
well-proportioned [ˌwelprəˌpɔ:ʃənd; *attributivt også:* ˌwelprə'pɔ:ʃənd] *adj:* velproporsjonert.
well(-)read [ˌwelˌred; *attributivt:* ˌwel'red] *adj:* belest; ***he's well(-)read in history*** han har lest mye historie.
well-regulated [ˌwelˌregju'leitid; *attributivt:* ˌwel'regju'leitid] *adj:* velordnet; ***a well-regulated household*** en velordnet husholdning.
well-reported [ˌwelriˌpɔ:tid; *attributivt:* ˌwelri'pɔ:tid] *adj:* som det er skrevet mye om; ***such well-reported matters as*** ting det er skrevet mye om, som for eksempel *n.*
well(-)reputed [ˌwelriˌpju:tid; *attributivt:* ˌwelri'pju:tid] *adj; merk(=of good standing)* vel ansett; velansett.
well room kursal.
well-rounded [ˌwelˌraundid; *attributivt:* ˌwel'raundid] *adj* **1***(=well-constructed)* velformet *(fx sentence);*
2. vel avrundet; allsidig *(fx education);*
3. *om person; spøkef(=plump)* lubben.
well(-)run [ˌwelˌrʌn; *attributivt:* ˌwel'rʌn] *adj:* veldrevet *(fx school).*
well(-)spent [ˌwelˌspent; *attributivt:* ˌwel'spent] *adj:* velanvendt; ***well(-)spent money****(=money well spent)* velanvendte penger.
well(-)spoken [ˌwelˌspoukən; *attributivt:* ˌwel'spoukən] *adj* **1.** som fører et kultivert språk; som snakker dannet;
2.: ***well(-)spoken words****(=well-chosen words)* velvalgte ord *n.*
wellspring [ˌwel'spriŋ] *s; også fig:* kilde.
well(-)stocked [ˌwelˌstɔkt; *attributivt:* ˌwel'stɔkt] *adj(=well(-)supplied)* velforsynt.
well(-)supplied [ˌwelsəˌplaid; *attributivt:* ˌwelsə'plaid] *adj:* velforsynt; ***well(-)supplied in****(=with)* velforsynt med.
well sweep brønnvippe.
well thought of, well-thought-of*(,attributivt: well-thought-of)* ['welˌθɔ:t'ɔv] *adj(=highly(-)thought(-)of)* velansett; ansett.
well-thought-out [ˌwel'θɔ:tˌaut] *adj:* veluttenkt; godt uttenkt; gjennomtenkt *(fx plan).*
well-thumbed [ˌwelˌθʌmd; *attributivt:* ˌwel'θʌmd] *adj; om bok:* velbrukt *(fx dictionary).*
well timed *(,attributivt: well-timed)* [ˌwelˌtaimd; *attributivt:* ˌwel'taimd] *adj; stivt el. spøkef(=timely)* som skjer i rett tid; ***your arrival was well timed*** du hadde valgt det rette tidspunktet å ankomme på.
well-to-do [ˌweltəˌdu:; *attributivt:* ˌweltə'du:] *adj:* velstående *(fx family).*
well-trained ['welˌtreind; *attributivt:* ˌwel'treind] *adj:* veltrent.
well-tried [ˌwelˌtraid; *attributivt:* ˌwel'traid] *adj:* velprøvd; ***a well-tried remedy*** et velprøvd legeråd; ***the well-tried old methods*** de gamle velprøvde metodene.
well-turned [ˌwelˌtə:nd; *attributivt:* ˌwel'tə:nd] *adj* **1***(=shapely)* veldreid; velformet *(fx ankle);*
2. *fig:* velturnert *(fx compliment).*
well-upholstered ['welʌpˌhoulstəd] *adj; spøkef(=plump; well-rounded)* lubben.
well-wisher [ˌwel'wiʃə] *s:* person som vil en vel; gratulant; ***his well-wishers*** de som vil (,ville) ham vel.
well-worn ['welˌwɔ:n; *attributivt:* ˌwel'wɔ:n] *adj* **1.** velbrukt *(fx jacket);* **2.** *neds:* velbrukt *(fx excuse);* fortersket; slitt.
I. Welsh [welʃ] *s* **1.:** ***the Welsh*** waliserne; **2.** *språk:* walisisk.
II. Welsh *adj:* walisisk.
welsh *vb:* snyte; stikke av; ***welsh on one's debts****(=run away from one's debts)* løpe fra gjelden sin; ***he welshed on his employer****(=he cheated his employer)* han snøt arbeidsgiveren sin.
Welsh bread: ***sweet Welsh bread*** waleskringle.
welsher [ˌwelʃə] *s(=cheater; swindler)* en som snyter; bedrager; en som ikke betaler sin spillegjeld.
Welshman [ˌwelʃmən] *s:* waliser.
Welsh onion *bot(=salad onion; green onion; scallion; **US:** green onion)* pipeløk.
Welsh rarebit *kul(=Welsh rabbit)* rett bestående av ristet brød med smeltet og krydret ostemasse på.
I. welt [welt] *s* **1.** *på sko; mellom såle og overlær:* rand; **2***(=rolled hem)* skoning;
3. *på plate:* fals.
II. welt *vb* **1.** randsy; ***welted shoes*** randsydde sko;
2. forsyne *(el.* utstyre) med skoning;
3. false; lage fals på.
I. welter [ˌweltə] *s; stivt el. spøkef(=jumble)* virvar *n.*
II. welter *vb; stivt el. litt.:* ***welter in****(=wallow in)* velte seg i *(fx one's own blood; in crime).*
welterweight [ˌweltə'weit] *s; sport:* weltervekt.
wench [wentʃ] *s; glds el. spøkef(=lass)* jente.
wend [wend] *vb; glds & litt. el. spøkef:* ***wend one's way****(=move along (slowly))* rusle; vandre; ***wend****(=make)* ***one's way home*** vandre hjemover.
Wendy house *for barn(,**US:** playhouse)* lekehus; dukkestue.
went [went] *pret av II. go.*
wept [wept] *pret & perf.part. av II. weep.*
were [wə:; *trykksvakt:* wə] **1.** *pret av be;*
2. *pret konjunktiv av be:* ***if I were you****(=if I was you)* hvis jeg var i ditt sted.
we're [wiə] *fk f we are.*
I. west [west] *s* **1.** vest; ***from the west*** fra vest; ***in the west*** i vest; vestpå; ***in the west of Scotland*** i det vestlige Skottland; ***west of, to the west of*** vest for; vestenom; ***west of the mountains*** vestafjells; ***to(wards) the west****(=westwards)* mot vest; vestover;
2. *på kompasset(=West, W)* vest; ***west-by-north*** vest til nord;
3.: ***the West*** Vesten; ***in the West*** i Vesten; i de vestlige land *n.*
II. west *adj:* vest- *(fx the west coast; West Africa).*
III. west *adv* **1***(=towards the west)* mot vest *(fx the house faces west);* **2. S:** ***go west*** 1. bli ødelagt; gå vest; 2. *om sjanse(=go by the board; go phut)* gå fløyten.
westbound [ˌwest'baund] *adj(=going towards the west)* som går vestover; vestgående; ***the westbound carriageway*** vestgående kjørebane; ***be westbound*** ha kurs vestover; kjøre vestover.
West Country: ***the West Country****(=the southwest of England (,esp. Devon, Cornwall and Somerset)* Sydvestengland.
westerly [ˌwestəli] *adj:* vestlig.
I. western [ˌwestən] *s:* villvestfilm; western.

W

what

'What?' **Hva sa du?**

NYTTIGE UTTRYKK

Pardon? brukes i alle sammenhenger, også formelle.
Pardon me? brukes mest i amerikansk.
What's that?
Come again?
Say again?
Eh? regnes som uhøflig, som «hæ?» på norsk.
What? svært uformelt, regnes som uhøflig.

II. western *adj:* vestlig; vest- *(fx Western Australia);* vestre; vestafjelsk; ***the western hemisphere*** den vestlige halvkule; ***the Western world*** den vestlige verden.
Western Church *rel: **the Western Church*** 1*(=the Roman Catholic Church)* den romersk-katolske kirke; 2. de vesterlandske kirker.
Westerner [ˌwestənə] *s:* person som bor i vest; **US:** person fra veststatene; veststatsamerikaner.
Western Europe *geogr:* Vest-Europa.
Western European *adj:* vesteuropeisk.
Western European Union *(fk WEU): **the Western European Union*** Vestunionen *(fk* VEU).
westernization, westernisation [ˈwestənaiˌzeiʃən] *s:* innføring av Vestens sivilisasjon; europeisering.
westernize, westernise [ˌwestəˈnaiz] *vb:* innføre Vestens sivilisasjon og idéer i; europeisere.
westernmost [ˌwestənˈmoust] *adj:* vestligst.
Western Norway *(=West Norway; the West country)* vestlandet; ***in Western Norway****(=in the West(=west) of Norway)* på vestlandet.
I. West Indian *(=Westindian)* **S:** vestindier.
II. West Indian *(=Westindian) adj:* vestindisk.
West Indies *s; geogr: **the West Indies*** Vestindia.
Westminster [ˌwestˈminstə] *s* **1***(=City of Westminster)* bydel i London (hvor bl.a. Parlamentet ligger); **2***(=the Houses of Parliament at Westminster)* Parlamentet.
Westminster Abbey *kirke i London; ved siden av Parlamentet:* Westminster Abbey.
West Norway: *se Western Norway.*
West Point US: militærbase i New York State, hvor krigsskolen (the U.S. Military Academy) holder til.
west-southwest *s:* vestsørvest; vestsydvest.
westward [ˌwestwəd] *adj:* vestlig.
westwards [ˌwestwədz] *adv(=towards the west)* vestover.
I. wet [wet] *s* **1***(=moisture; wetness)* fuktighet; væte; **2***(=rain; rainy weather)* regn(vær) *n, (fx come in out of the wet);*
3. *neds* **T***(=drip)* pyse;
4. *polit:* moderat politiker; ***the wets in the Cabinet*** de moderate i regjeringen.
II. wet *vb(pret & perf.part.: wet(ted))* **1***(=make wet)* gjøre våt; fukte *(fx one's hair);*
2.: ***wet the bed*** tisse i sengen; ***wet oneself*** tisse på seg;
3.: ***wet the deal*** drikke kjøpskål;
4.: ***wet one's whistle*** fukte strupen.
III. wet *adj* **1.** våt *(fx paint);* ***get wet*** bli våt; ***wet through*** gjennomvåt; *(se wet snow);*
2*(=rainy)* regnfull; ***a wet day*** en regnværsdag;
3. *mht. alkohol:* ikke tørrlagt *(fx the village is now wet on Sundays);*
4. T: pysete;
5. *om politiker:* moderat; *(jvf I. wet 4).*
wet blanket *fig* **T***(=killjoy)* gledesdreper; en som ødelegger stemningen; ***he was a wet blanket*** han ødela stemningen.
wet-ears [ˌwetˈiəz] *s* **S***(=greenhorn)* grønnskolling.
wet fish *mots frossenfisk(=fresh fish)* fersk fisk.
wet fly *fisk:* våtflue; våt flue.
wether [ˌweðə] *s:* (gjeld)vær; kastrert vær.
wet nurse amme.
wet-nurse [ˌwetˈnə:s] *vb* **1.** *glds(=breast-feed)* amme; **2***(=mollycoddle)* degge med; dulle med;
3. *fig; om prosjekt, etc:* ta seg ekstra godt av.
wet snow 1. våt snø; **2***(=sticky snow)* kladdeføre.
wet-suit [ˌwetˈsu:t] *s; sport:* våtdrakt.
I. whack [wæk] *s* **1. T***(=blow)* smekk; slag *n;*
2. T *om lyden(=smack)* klask *n;*
3. T*(=go): **have a whack at*** forsøke seg på *(fx let's have a whack at it).*
II. whack *vb* **1. T***(=hit)* slå til; dra til;
2. *vulg: **whack off****(=masturbate)* ronke;
3. T: *whack**(=hammer)* ***out a tune on the piano*** hamre en melodi på pianoet.
whacked [wækt] *adj* **T***(=exhausted)* utkjørt; **T:** gåen.
whacking [ˌwækiŋ] **1.** *s* **T***(=beating)* juling;
2. *adj* **T***(=whopping)* diger; kjempestor;
3. *adv* **T: *whacking big, whacking great*** kjempestor; diger *(fx a whacking big lie).*
I. whale [weil] *s* **1.** *zo:* hval; **2. T: *have a whale of a time****(=have great fun)* ha det veldig morsomt.
II. whale *vb(=go whaling)* drive hvalfangst; fange hval.
(whale) blubber *zo:* hvalspekk.
whalebone [ˌweilˈboun] *s* **1.** *zo(=baleen)* hvalbarde;
2. *i korsett(=stay)* spile.
whalebone whale *zo(=baleen whale)* bardehval.
whaler [ˌweilə] *s* **1***(,også **US:** whaleman)* hvalfanger;
2. *mar(=whaling ship)* hvalfanger(skip).
I. whang [ˌwæŋ] *(=wham) s(=blow; bang)* slag *n;* knall *n.*
II. whang *(=wham) vb* **1***(=hit)* slå til; dra til;
2. *int:* bom;
3*(=bang): **whang into sth*** smelle inn i noe.
I. wharf [wɔ:f] *s(pl: wharfs, wharves)* brygge; kai.
II. wharf *vb:* legge til kai.
wharfage [ˌwɔ:fidʒ] *s* **1.** bryggeplass; kaiplass;
2. kaier; kaianlegg; **3.** kaipenger.
wharfside [ˌwɔ:fˈsaid] *s:* bryggekant; kaikant.
wharfside shed sjøbu.
I. what [wɔt] *pron; substantivisk* **1.** hva *(fx what is he? I mean what I say);* det som *(fx what happened was an accident);* noe som *(fx he took what looked like a gun out of his pocket);* det; ***did you find what you wanted?*** fant du det du ville ha? ***please lend me what you can*** vær så snill å låne meg det du kan; ***what's he called?*** hva heter han? ***I spoke to (that man), what's his***

name? jeg snakket med (den mannen), hva var det nå han het? ***he knows what's what*** han vet hva det dreier seg om; **T:** han er ikke tapt bak en vogn; ***what's yours?****(=what would you like to drink?)* hva vil du ha å drikke? *avvisende:* ***yes, so what?*** ja, hva så? ja, hvordan det? *(jvf II. why: yes, why?);* ***what's that to you?*** hva har du med det å gjøre? ***you know what they are (like)*** du vet hvordan de er; ***what about …?*** hva med …? *(fx a glass of milk?);* ***what … for****(=why)* hvorfor *(fx what did you do that for?);* ***what's that used for?*** hva brukes det til? ***and what have you*** og Gud vet hva; og så videre; ***and what's more*** og hva mere er; og dessuten; ***what if …?*** hva om …? **T:** ***what of it*** (ja,) og hva så? ***what the devil …?*** hva fanden …? *(fx what the devil shall we do now?);* ***what the hell do you think you're doing?*** hva fanden er det du tror du gjør? ***what with*** med *(fx he's very busy what with all these guests to feed);* på grunn av *(fx what with having no exercise and being overweight, he had a heart attack);* ***what with … and what with …*** dels på grunn av … dels på grunn av …; ***what with one thing and (what with) another*** dels på grunn av det ene, dels på grunn av det andre; ***what with one thing and another, I completely forgot!*** og det ene med det andre gjorde at jeg glemte det helt bort!

II. what *pron; adjektivisk* **1.** hvilken; hvilket; hvilke *(fx I don't know what books I shall need);* ***what day is it today?*** hvilken dag er det i dag? ***what record do you want?*** hvilken plate vil du ha? ***what size shoes do you take?*** hvilket nummer bruker du i sko?
2. det (som); ***buy what food you want*** kjøp det du vil ha av mat; ***what (little) money he had*** det (vesle) han hadde av penger; ***what little I know about it*** det vesle (*el.* lille) jeg vet om det;
3. hva; ***what good would that do?*** hva godt ville det gjøre? ***what sort of …?*** hva slags …?
4. *forsterkende:* for; for noe; for en; for et; for noen; ***what a nuisance!*** så ergerlig! ***what nonsense!*** for noe tøys *n!* ***what fools they were!*** for noen tosker de var!

whatever [wɔtˌevə] *pron:* hva … enn *(fx whatever he did);* ***choose whatever you want*** velg akkurat det du vil ha; ***show me whatever you have*** vis meg det du har; ***whatever reason can he have?*** hvilken (rimelig) grunn kan han ha? ***whatever reasons you may have*** hvilke grunner du enn måtte ha; ***whatever good can come of that?*** hva i all verden skal det være godt for? ***whatever happens, I'm going*** jeg drar, uansett hva som skjer; **T:** ***I'm going to do it whatever (happens)*** jeg har tenkt å gjøre det uansett; ***whatever do you mean?*** hva i all verden er det du mener? ***whatever did he do that for?*** hvorfor i all verden gjorde han det? ***nothing whatever****(=nothing at all)* ikke noe i det hele tatt; slett ikke noe; ***of any shape whatever*** av enhver form; i en hvilken som helst form; ***… or whatever*** eller hva det nå kan være; ***or whatever they're called*** eller hva det nå er de kalles.

whatnot [ˌwɔt'nɔt] *s(=what-d'you-call it)* tingest; dings; greie.

what's [wɔts] *fk f what is; what has.*

whatsoever ['wɔtsouˌevə] *pron: se whatever.*

wheat [wi:t] *s; bot:* hvete; ***hulled wheat*** hel hvete.

wheatear [ˌwi:t'iə] *s; zo:* steinskvett.

wheat flour *(=white flour; plain flour)* hvetemel; *(jvf wholemeal flour).*

wheat germ *bot:* hvetekim.

wheat grain *bot(=grain of wheat)* hvetekorn; ***whole wheat grain*** hel hvete.

wheat meal: ***hard wheat meal****(=graham flour)* hvetegrøpp.

wheedle [wi:dl] *vb:* smiske; godsnakke; fralure (ved godsnakking el. smisking) *(fx £100 out of sby).*

I. wheel [wi:l] *s* **1.** hjul *n;* ***front wheel*** forhjul; ***change wheels*** skifte hjul; ***change the tyre on a wheel*** legge om et hjul;
2*(=steering wheel)* ratt *n;* ***at the wheel*** ved (*el.* bak) rattet;
3. *fig:* ***the wheel has come full circle*** ringen er sluttet; ***keep the wheels turning****(,***T:** *keep things moving(=going))* holde hjulene *(n)* i gang; ***that's what makes the wheels go round*** det er det som får hjulene til å gå rundt;
4. US: ***I feel like a fifth wheel****(=I feel I'm one too many)* jeg føler at jeg er femte hjul *(n)* på vogna.

II. wheel *vb* **1.** trille *(fx one's bicycle);*
2. *mil; kommando:* ***left (,right) wheel!*** bryt av til venstre (,høyre)!
3. *om fugl i flukt:* ***wheel about*** kretse omkring;
4.: ***wheel round*** snu seg brått rundt; bråsnu;
5.: ***wheel and deal*** kjøpslå; forhandle; ***wheeling and dealing behind the scenes*** kjøpslåing (*el.* forhandlinger) bak kulissene.

wheelbarrow [ˌwi:l'bærou] *s:* trillebår; trillebør.

wheelbase [ˌwi:l'beis] *s; mask:* hjulavstand.

wheel brace *mask(,***US:** *speed wrench)* hjulkryss.

wheel camber *mask:* hjulstyrt.

wheelchair [ˌwi:l'tʃɛə] *s:* rullestol.

wheel clamp *(,***US:** *Denver boot)* hjullås (for feilparkert bil).

wheel cylinder *mask(=slave cylinder)* hjulsylinder.

wheel flutter *mask:* hjulvibrasjoner; *(jvf I. shimmy 1).*

wheelhouse [ˌwi:l'haus] *s; mar:* rorhus; styrehus.

wheel loader *mask:* hjullaster.

wheel nut *mask:* hjulmutter; *(jvf wheel stud).*

wheel rim *mask:* hjulfelg.

wheel stud *mask:* hjulbolt; *(jvf wheel nut).*

wheel suspension *mask:* hjuloppheng(ning).

wheel tracking *mask:* forstillingskontroll; ***wheel tracking and balancing*** avbalansering og forstillingskontroll.

I. wheeze [wi:z] *s* **1.** pipende pust; ***the wheezes of the baby*** pustelydene fra babyen; **2. T***(=clever trick)* smart trick *n.*

II. wheeze *vb* **1.** puste tungt; hive etter pusten;
2. gispe *(fx "Pass me my pills," he wheezed).*

wheezy [ˌwi:zi] *adj* **1.** forpustet; pipende *(fx breathing);*
2. T*(=clever)* smart; lur.

whelk [welk] *s; zo:* trompetsnegl(e); kongesnegl(e).

when [wen; *trykksvakt:* wən] *adv & konj* **1.** *adv(=at what time)* når; ***say when!*** si stopp når jeg har fylt i nok;
2. *konj:* da *(fx when he came home, he was tired; they were dancing when I came in);* når *(fx when I come home in the evening, I'm usually tired);*
3. *brukt relativt:* da; ***at a time when*** på et tidspunkt da; ***he stayed on until 1972 when he left the country*** han ble til 1972, da han forlot landet; ***now's the time when we must fight*** nå er tiden kommet da vi må kjempe;
4. *konj(=if; in the event that)* hvis; når *(fx a contestant is disqualified when he disobeys the rules);*
5. *adv:* ***since when*** 1. hvor lenge *(fx since when has he been here?);* 2. og siden; ***the doctor was here yesterday, since when she's been better****(=the doctor was here yesterday, and she's been better since)* legen var her i går, og siden (da) har hun vært bedre.

whence [wens] *adv; meget stivt* **1***(=from where)* hvorfra *(fx nobody knows whence he came);*
2.: ***(from) whence****(=to the place from which):* ***they returned (from) whence they came*** de dro tilbake dit de kom fra;
3.: ***whence it follows that …****(=from this it follows that …)* det følger av dette at …

whenever [wenˌevə] *adv & konj* **1***(=when; every time)* når; hver gang (når) *(fx the roof leaks whenever it rains);*
2*(=when; at any time)* når (som helst) *(fx come and see me whenever you like);*
3*(=when; no matter when)* når; når det enn måtte være; uansett når; ***whenever possible, he tries to help***

W

når det er mulig, prøver han å hjelpe;
4.: *whenever (in the world)?* når i all verden? ***whenever did you find the time (for that)?*** når i all verden fikk du tid (til det)?
5. T: *or whenever* 1(*=or at any time*) eller når det skal være (*fx he might turn up today, tomorrow, or whenever*); 2(*=or whenever it was*) eller når det (nå) var; 3(*= or whenever it is (,is going to be)*) eller når det nå er (,blir).

where [wɛə] *adv & konj:* hvor (*fx where are we now?*); ***near where he lives*** nær det sted hvor han bor; ***I can't see him from where I am*** jeg kan ikke se ham herfra; ***this is where I live*** det er her jeg bor; ***where am I wrong?*** hvor er det jeg tar feil? ***he wants a house, where(=while) I would prefer a flat*** han vil ha hus *n*, mens jeg ville foretrekke en leilighet.

I. whereabouts [ˌwɛərəˌbauts] *s:* oppholdssted; ***his present whereabouts are a secret*** hvor han oppholder seg for øyeblikket, er en hemmelighet; ***I don't know his whereabouts*** jeg kjenner ikke til hvor han oppholder seg.

II. whereabouts *adv:* hvor omtrent (*fx whereabouts is it?*).

whereas [wɛərˌæz] *konj; stivt(=while)* mens (derimot).

whereby [wɛəˌbai] *adv* **1**(*=according to which*) ifølge hvilken (,hvilket, hvilke); ***a law whereby children get cheap milk*** en lov som gir barn (*n*) billig melk;
2. *stivt(=by which)* hvorved; ***the means whereby he got here before us*** den måten han kom hit før oss på.

I. wherefore [ˌwɛə'fɔː] *s:* ***the whys and wherefores***(*= (all) the reasons*) (alle) grunnene.

II. wherefore *adv; glds(=why)* hvorfor.

wherein [wɛəˌrin] *adv; stivt el. glds(=in which)* hvori.

whereupon ['wɛərəˌpɔn] *adv; stivt(=and then; after which)* hvoretter; og så.

wherever [wɛərˌevə] *adv & konj* **1.** hvor … enn; uansett hvor; overalt hvor; ***go wherever he tells you to go*** dra dit hvor han måtte be deg om å dra;
2.: *wherever did you find that?* hvor i all verden fant du det?
3(*=whenever*) når; der hvor (*fx wherever (it's) possible he'll do it*).

wherewithal [ˌwɛəwið'ɔːl] *s; stivt el. spøkef(=money; means):* ***I don't have the wherewithal to go on holiday*** jeg har ikke penger til å dra på ferie (for).

wherry [weri] *s:* robåt som er spiss i begge ender.

whet [wet] *vb* **1**(*=sharpen*) slipe; bryne (*fx on the grindstone*); **2.** *fig:* skjerpe (*fx one's appetite*).

whether [ˌweðə] *konj* **1**(*=if*) om (*fx I don't know whether it's possible*); ***I wonder whether he heard?*** jeg lurer på om han hørte det?
2. om (hvorvidt) (*fx he was in doubt whether this was the right thing to do*); ***there is doubt (as to) whether*** det hersker tvil med hensyn til om …;
3.: *whether … or* enten … eller (*fx whether you like the idea or not*); ***he didn't know whether to accept or refuse*** han visste ikke om han skulle si ja eller nei.

whetstone [ˌwet'stoun] *s(=sharpening stone)* bryne *n*.

whew [fjuː; hwjuː; hwuː] *int(=phew)* puh! (*se phew*).

whey [wei] *s:* myse; valle.

which [witʃ] *pron* **1.** *av bestemt antall:* hvilken; hvilket; hvilke; hva for en; hva for ei; hva for et (*fx which tie should I wear?*); ***Give me the book. – Which one?*** Gi meg boken. – Hvilken? ***Give me the books. – Which ones?*** Gi meg bøkene. – Hvilke? ***which is which?*** hva er hva? hvem er hvem? ***which is Mildred and which is Betty?*** hvem er Mildred, og hvem er Betty? ***which of the two girls do you like best?*** hvilken (*el.* hvem) av de to jentene liker du best? ***which is the more likely of these two possibilities?*** hvilken av disse to mulighetene er den mest sannsynlige?
2. som (*fx this is the book which(=that) was on the table; the church, which is very old, will be pulled down*);
3. hvilket; noe som (*fx they said I'd done it, which was untrue*); ***he can sing, which is an advantage*** han kan synge, noe som er en fordel;
4.: *at which* der; hvor; ***temperatures at which life cannot exist*** temperaturer hvor liv er umulig; ***in which*** der; hvor; ***a stroke in which the ball is hit on the bounce*** et slag hvor (*el.* der) ballen treffes på spretten; ***your letter of June 1st, in which you mention that …*** Deres brev av 1. juni, der De nevner at …; ***in which case*** (og) i så fall (*fx he may come, in which case I'll ask him*).

whichever [witʃˌevə] *pron* **1**(*=the one(s) which (,who)*) den (,det, de) som (*fx take whichever you like best*); ***the prize will go to whichever of them writes the best essay*** premien går til den av dem som skriver den beste stilen;
2(*=any*) hvilken (,hvilket) som helst;
3(*=no matter which*) hvilken (,hvilket, hvilke) … enn; uansett hvilken (,hvilket, hvilke) (*fx whichever you choose, make sure it's a good one*).

whiff [wif] *s* **1**(*=puff*) pust *n* (*fx of fresh air*);
2(*=slight smell*) svak duft (*fx of petrol*);
3. *med.* **T**(*=anaesthetic*): ***give him a little whiff*** gi ham en liten narkose;
4. *fig(=hint)* antydning (*fx of scandal*).

I. while [wail] *s* **1.** stund; ***after a while*** etter en stund; ***all the while***(*=all the time*) hele tiden; ***a good while, quite a while*** en god stund; ***a little while***(*=bit*) ***longer***(*=for a bit longer*) en liten stund til; litt til; ***a short***(*=little*) ***while ago*** for en liten stund siden; for litt siden; ***I lived there for a while*** jeg bodde der en stund; ***she'll be here in a while*** hun kommer hit om en stund; ***it'll be a good while before they get here*** det vil ta en god stund før de kommer; ***he wrote to us once in a while*** han skrev til oss en gang imellom (*el.* av og til);
2.: *worth one's while* bryet verdt; ***it's not worth your while reading this book*** det er ikke bryet verdt for deg å lese denne boka; **T: *if you do this job for me I'll make it worth your while*** hvis du gjør denne jobben for meg, skal du ikke ha gjort det for ingenting.

II. while *vb:* ***while away the time*** fordrive tiden.

III. while *konj* **1.** mens; ***while there's life, there's hope*** så lenge det er liv (*n*), er det håp *n*; ***while this was happening*** mens dette skjedde; ***fall asleep while reading*** sovne mens man leser;
2(*=whereas*) mens (derimot);
3. *stivt(=although)* selv om (*fx while I sympathize, I can't really do very much to help*);
4(*=at the same time as*) samtidig som; ***… while marketing has been intensified …*** samtidig som markedsføringen er blitt intensivert.

whilst [wailst] *konj(=while)* mens; (*se III. while 1*).

whim [wim] *s:* lune *n*; innfall *n*; grille; ***full of whims***(*= strange fancies*) full av griller; ***it was only a whim***(*= passing fancy*) det var bare et lune (*el.* en stemning); ***as the whim takes her*** etter som det faller henne inn.

whimbrel [ˌwimbrəl] *s; zo:* småspove; (*jvf curlew*).

I. whimper [ˌwimpə] *s:* klynk *n*; ***a whimper of pain*** et klynk av smerte; ***without a whimper*** uten et klynk; ***give a whimper*** klynke.

II. whimper *vb:* klynke.

whimsical [ˌwimsikl] *adj* **1.** *glds: se capricious;*
2(*=playful*): ***a whimsical smile*** et lekent smil;
3(*=fanciful*) fantasifull (*fx story*);
4(*=erratic; unpredictable*) ujevn; uberegnelig (*fx in one's work*).

whimsicality ['wimsiˌkæliti] *s* **1**(*=capriciousness*) lunefullhet;
2(*=oddness*) snodighet; snurrighet;
3. *i kunst og litteratur(=mannerism)* manierthet; affektasjon.

whimsically [ˌwimsikəli] *adv(=playfully)* lekent; ***… she thought whimsically to herself …*** tenkte hun lekent ved seg selv.

whimsy [ˌwimzi] *s; litt.* **1***(=whim)* lune *n;* **2***(=whimsicality)* lunefullhet; **3***(=fanciful idea)* fantastisk idé (*el.* innfall); forskrudd idé.

whin [win] *s; bot(=furze; gorse)* gulltorn.

whinchat [ˌwin'tʃæt] *s; zo:* buskskvett.

I. whine [wain] *s:* klynk(ing); jammer; pistring; uling *(fx of a dog in pain; of an engine).*

II. whine *vb:* klynke; jamre; pistre; ule; ***the dog was whining to be let in*** hunden ulte for å bli sluppet inn; ***don't come whining****(=moaning)* ***to me about it!*** du behøver ikke komme og jamre deg til meg om det!

whiner [ˌwainə] *s* **T***(=moaner)* jammerdunk.

whining [ˌwainiŋ] *s:* klynking; jamring; uling.

I. whinny [ˌwini] *s:* knegging; vrinsk *n.*

II. whinny *vb:* knegge; vrinske.

I. whip [wip] *s* **1.** pisk; svepe; ***the crack of a whip*** et piskesmell; *fig:* ***a fair crack of the whip****(=a fair chance)* en fair sjanse; ***with a flick of one's whip*** med en piskesnert; **2.** *kul(=mousse; soufflé)* fromasj; **3.** *parl:* ***(party) whip*** innpisker; ***chief whip*** sjef for innpiskerne; sjefinnpisker; **4.** *parl:* innkalling til votering; ***a three-line whip*** et kategorisk påbud om å møte til votering.

II. whip *vb* **1.** piske *(fx a horse);* pryle *(fx a child);* **2.** *krem, etc(=beat)* piske; ***whipped to a froth*** stivpisket; **3.** *om flagg:* smelle (friskt) *(fx in the wind);* **4.** *mar:* surre *(fx a rope);* **5. T***(=defeat; beat)* slå; **6.** pile; stikke; fare *(fx round the corner);* **7. S***(=steal;* **T:** *nick)* rappe; *(se II. swipe 2);* **8.:** ***whip away*** snappe *(fx she whipped my cup away);* **9.:** ***whip back*** 1. *om fjær(=lash back)* smelle tilbake; 2*(=rush back)* skynde seg tilbake (igjen); **10.:** ***whip the orchestra into a frenzy*** bringe orkesteret til voldsomme høyder; **11.:** ***whip****(=lick)* ***sth (,sby) into shape*** få skikk på noe (,en); **12.:** ***whip sby into hospital*** få en i all hast brakt til sykehuset; **13.:** ***whip off*** 1*(=whisk off)* nappe vekk; 2*(=tear off):* ***whip off one's clothes*** rive av seg klærne; 3.: ***an adder whipped off the road*** en hoggorm buktet seg lynrapt av veien; **14.:** ***whip on*** 1. *hest:* piske frem; 2. *fig(=urge on)* anspore; drive frem; 3.: ***whip****(=throw)* ***on one's clothes*** kaste på seg klærne; **15.:** ***whip out*** 1. rive frem *(fx whip out a gun);* 2*(=nip out)* stikke ut; **16.:** ***whip round*** 1*(=whirl round)* bråsnu; tverrsnu; 2.: ***the car whipped****(=zoomed; zipped)* ***round the corner*** bilen suste rundt hjørnet; 3*(=nip round):* ***whip round to the baker*** stikke bort til bakeren (som snarest); 4. **T:** samle inn penger; sende rundt hatten; *(se whip-round);* **17.:** ***whip up*** 1*(=beat (up))* piske *(fx a couple of eggs);* 2. **T:** lage i stand *(fx sth to eat);* 3. *fig:* stable på bena *n;* stampe frem *(fx support for a project);* 4. *fig(=stir up):* ***whip up a warlike atmosphere*** piske opp en krigsstemning.

whip hand 1. den hånden man holder pisken med; **2.** *fig:* ***have the whip hand over sby*** ha overtaket på en.

whiplash [ˌwip'læʃ] *s:* piskesnert.

whiplash (injury) *med.:* nakkesleng; whiplash.

whipped cream pisket kremfløte; krem.

whipper-in [ˌwipəˌrin] *s(pl: whippers-in) jaktuttrykk:* pikør.

whippersnapper [ˌwipə'snæpə] *s; lett glds(,***T:** *squirt)* spirrevipp.

whippet [ˌwipit] *s; zo:* whippet (ɔ: liten engelsk mynde); *(jvf greyhound).*

whipping boy*(=scapegoat)* syndebukk; ***use sby as a whipping boy*** gjøre en til syndebukk.

whipping cream piskefløte; kremfløte; *(jvf whipped cream).*

whipping post *hist(=flogging post)* kak; skampæl; ***whip sby at the whipping post*** kakstryke en.

whip-round [ˌwip'raund] *s* **T:** innsamling; ***have a whip-round****(=pass the hat round)* samle inn penger *(fx for sby's birthday);* **T:** sende hatten rundt.

whir: *se whirr.*

I. whirl [wəːl] *s* **1.** virvel; snurring; ***disappear in a whirl of dust*** forsvinne i en støvsky; **2.** *fig:* ***a whirl of entertainment*** en virvel av fornøyelser; ***his head's in a whirl****(=his head's spinning)* det går rundt for ham; ***the town was in a whirl of excitement*** byen stod på ende.

II. whirl *vb* **1.** virvle; snurre; ***whirl round*** snurre rundt; **2.** *fig:* ***my head's whirling*** 1*(=spinning))* det går rundt i hodet på meg *(fx with impressions);* 2*(=I'm feeling dizzy; my head's spinning)* det går rundt for meg; jeg blir svimmel.

whirligig [ˌwəːli'gig] *s* **1.** noe som går fort rundt; **2***(=humming top)* snurrebass.

whirlpool [ˌwəːl'puːl] *s* **1.** virvel(strøm); malstrøm; **2***(=Jacuzzi)* boblebad.

whirlwind [ˌwəːl'wind] *s* **1.** *meteorol:* virvelvind; **2.** *fig:* ***a whirlwind of change in Europe*** en virvelvind av forandringer i Europa.

I. whirr [wəː] *s(=humming; whirring)* surring; summing *(fx of insects);* svirring; *(=buzzing)* during; ***the whirr*** *(=noise)* ***of wings*** vingesus.

II. whirr [wəː] *vb(=hum)* surre; summe; svirre; *(=buzz)* dure.

I. whisk [wisk] *s* **1.:** ***(egg) whisk*** visp; **2.** feiende bevegelse; ***the cow gave a whisk of her tail*** kua dasket med halen.

II. whisk *vb* **1.** *kul(=beat)* piske *(fx egg whites);* **2.** *om rask bevegelse:* ***whisk sby away*** snappe en med seg; ***whisk sby off to the doctor*** skynde seg til legen med en.

whisker [ˌwiskə] *s* **1.** *zo:* værhår; **2.:** ***whiskers*** 1. *zo:* værhår; 2. kinnskjegg.

whiskey [ˌwiski] *s:* irsk (*el.* amerikansk) whisky; *(jvf whisky).*

whisky [ˌwiski] *s:* whisky.

I. whisper [ˌwispə] *s* **1.** hvisking; ***speak in a whisper, speak in whispers*** føre en hviskende samtale; hviske; **2***(=rumour)* rykte *n;* ***whispers of scandal*** rykter om skandale.

II. whisper *vb* **1.** hviske; **2.:** ***it's whispered****(=rumoured)* ***that …*** det går rykter *(n)* om at …

whist [wist] *s; kortsp:* whist.

I. whistle [wisl] *s* **1.** fløyt *n;* plystring; **2.** fløyte; ***penny whistle****(=tin whistle)* blikkfløyte; ***blow one's whistle*** blåse i fløyta; *sport:* ***blow the whistle****(=stop the game)* blåse i fløyta; stoppe kampen; *sport:* ***blow the final whistle*** blåse av kampen; **3. T:** ***blow the whistle on sby****(=inform on sby)* angi en; **4.:** ***wet one's whistle*** fukte strupen.

II. whistle *vb* **1.** plystre; fløyte; *om kuler:* hvisle; ***whistle at a girl*** plystre til ei jente; ***whistle to a dog*** plystre på en hund; **2. T:** ***whistle for*** skyte en hvit pinne etter *(fx he can whistle for his money).*

whistle buoy *mar:* fløytebøye; lydbøye.

whistle lanyard *mar:* fløytesnor.

whistle stop *s* **US** *& Canada* **1.** stoppested (hvor toget bare stopper på signal); **2***(=short stop)* kort opphold *n;* **3***(=small place)* småsted.

whistle-stop tour US *& Canada* **1.** *polit:* valgturné (til småsteder); **2.** lynvisitt.

whit [wit] *s; litt.(=bit):* ***not a whit*** ikke det grann.

I. white [wait] *s* **1.** hvit farge; hvitt *n;* **2.** *om person:* hvit;

3.: ***the white (of an egg)(=an egg white)*** en (egge)hvite;
4.: ***the whites of her eyes*** det hvite i øynene *(n)* hennes.
II. white *adj* **1.** hvit; ***go white as a sheet*** bli likblek; **2***(=with milk in it):* ***white coffee*** kaffe med melk i.
white anemone *bot; upresist(=wood anemone; windflower)* hvitveis; hvitsymre.
whitebait [ˌwait'beit] *s; zo:* småsild.
white (blood) cell *biol:* hvitt blodlegeme.
white bream *zo; fisk:* flire.
white coal *elekt(=water power)* hvite kull; vannkraft.
white collar hvit snipp.
white-collar worker hvitsnipparbeider.
white elephant *også fig:* hvit elefant; kostbar, men unyttig ting (som det er vanskelig å få solgt).
white ensign *mar:* britisk orlogsflagg.
white-faced [ˌwait'feist] *adj:* hvit i ansiktet.
white feather *glds(=cowardice)* feighet.
whitefish [ˌwait'fiʃ] *s* **1.** *zo:* sik; **2.** *i britisk fiskeindustri:* fisk som er hvit i kjøttet.
white-fronted [ˌwait'frʌntid] *adj; zo:* hvitbrystet.
white frost *(=hoarfrost)* rimfrost.
white goods [ˌwait'gudz] *s; pl; merk(=whites)* hvitevarer; *(jvf brown goods).*
Whitehall ['waitˌhɔ:l] *s* **1.** gate i London (hvor regjeringskontorene ligger); **2.** *fig(=the British Government)* den britiske regjering.
white heat hvitglød.
white horse 1. hvit hest; **2.** bølge med skumskavl.
white-hot ['waitˌhɔt; *attributivt:* ˌwait'hɔt] *adj:* hvitglødende *(fx a white-hot poker).*
White House US: ***the White House*** Det hvite hus (ɔ: presidentboligen).
white lead blyhvitt.
white lines *pl; på vei:* ***double white lines*** dobbelt opptrukket linje.
whiten [ˌwaitən] *vb(=make white)* gjøre hvit.
white narcissus *bot(=pheasant's-eye)* pinselilje.
white noise *(=acoustic perfume)* støykulisse; nøytral lydeffekt.
white paper, White Paper *polit(government report on a problem) svarer til:* stortingsmelding.
white poplar *bot(=abele)* sølvpoppel.
whites [waits] *s; pl; merk: se white goods.*
white spirit *kjem:* white spirit.
white-tailed [ˌwait'teild] *adj; zo:* med hvit stjert.
white tie 1. hvit sløyfe (som del av antrekket kjole og hvitt);
2*(=evening dress)* kjole og hvitt; *på innbydelse:* antrekk: kjole og hvitt.
I. whitewash [ˌwait'wɔʃ] *s* **1.** hvittekalk; kalkmaling;
2. *fig:* hvitmaling; hvitvasking; forsøk på å dekke over.
II. whitewash *vb* **1.** hvitte; kalke *(fx a wall);*
2. *fig(=gloss over; cover up)* dekke over; hvitmale;
3. *fig(=launder):* ***whitewash money*** hvitvaske penger.
whitewood [ˌwait'wud] *s:* hvitved; gran.
whither [ˌwiðə] *adv & konj; glds el. litt.:* hvorfra.
whiting [waitiŋ] *s* **1.** hvittekalk; slemmekritt;
2. *zo; fisk:* hvitting; ***blue whiting*** blågunnar; kolmule.
whiting pout *zo(=bib)* skjeggtorsk.
whitish [ˌwaitiʃ] *adj:* hvitaktig; nesten hvit.
whitlow [witlou] *s; med.:* betent neglerot; neglerotbetennelse.
Whit Monday 2. pinsedag.
Whitsun [ˌwitsən] *s:* pinse; ***at Whitsun*** i pinsen.
Whitsunday, Whit Sunday ['witˌsʌndi] *s:* 1. pinsedag.
Whitsuntide [ˌwitsən'taid] *s:* pinse(tid).
Whit week pinseuken.
whittle [witl] *vb* **1.** spikke; skjære til *(fx a toy);* ***whittle at*** spikke på *(fx a piece of wood);*
2. *fig:* ***whittle away*** redusere gradvis; ***whittle down*** skjære ned på; redusere *(fx the list of applicants to just two);* ***whittle down expenses*** skjære ned på utgiftene.

I. whiz(z) [wiz] *s* **T:** ***be a whiz(z) at sth(=be very good at sth)*** være veldig flink til (,i) noe.
II. whiz(z) *vb* **1.** frese *(fx the fireworks whizzed, banged and crackled); om pil:* svirre; visle; ***the bullets whiz(z)ed(=zipped) past him*** kulene pep ham om ørene *n;*
2.: ***whiz(z)(=whisk) sby along to the hospital*** få en i all hast av sted til sykehuset; ***the car was whiz(z)ing(=zooming) along*** bilen suste *(el.* oste) av sted.
whizzer [ˌwizə] *s* **T***(=pickpocket)* lommetyv.
whiz(z) kid T: fremgangsrik ung forretningsmann; **T:** gullgutt; ***a financial whiz(z) kid*** *(=wizard)* et finansgeni; ***the City whiz(z) kids****(=high-fliers)* gullguttene i City.
who [hu:] **1.** *spørrepron:* hvem *(fx who was it? who are they?);*
2. *relativt pron:* som *(fx he who lived here has left; the people (who) you were talking to; Syria, who(=which) was partly to blame, …); (se også whom).*
whoa [wou] *int* **1.** *til hest:* ptro; **2.** hei *(fx whoa, wait a minute!).*
whodunit ['hu:ˌdʌnit] *s* **T***(=detective story)* kriminalroman.
whoever [hu:ˌevə] *pron* **1***(=anyone who; the person who)* den som; hvem som enn *(fx whoever finds it will get a reward);*
2*(=no matter who):* ***whoever rings, tell them I'm out*** uansett hvem som ringer, så si jeg er ute;
3*(=who in the world)* hvem i all verden *(fx whoever said that?).*
I. whole [houl] *s:* hele *n;* helhet; ***a connected whole*** et sammenhengende hele; ***as a whole*** som en helhet; ***the whole of society*** hele samfunnet; ***in whole or in part*** helt eller delvis; ***on the whole*** i det store og hele; stort sett.
II. whole *adj:* hel *(fx there wasn't a cup left whole);* hele *(fx the whole class; three whole weeks);* **T:** ***he feels a whole lot better now*** han føler seg mye bedre nå.
wholefood [ˌhoul'fu:d] *s:* fullverdig (fiberrik) mat; sunn mat; *(jvf junk food).*
whole gale *meteorol; om vindstyrke 10(=storm)* full storm.
whole-grain [ˌhoul'grein] *adj:* ***whole-grain bread*** brød *(n)* med hele korn *(n)* i; *(jvf wholemeal: wholemeal bread).*
whole-grain rice naturris.
wholehearted ['houlˌhɑ:tid; *attributivt:* ˌhoul'hɑ:tid] *adj:* helhjertet; ***wholehearted support*** helhjertet støtte.
wholeheartedly ['houlˌhɑ:tidli] *adv:* helhjertet.
whole hog T: ***go the whole hog*** ta skrittet fullt ut; løpe linen ut.
wholemeal [ˌhoul'mi:l] *adj:* ***wholemeal bread****(=wholewheat bread)* brød *(n)* av sammalt hvetemel; *(jvf whole-grain: whole-grain bread);* ***wholemeal flour****(=wholewheat flour)* sammalt hvetemel; *(jvf wheat flour).*
I. wholesale [ˌhoul'seil] *s; merk:* engrossalg; ***sell by wholesale****(=sell wholesale)* selge en gros; *(jvf I. retail).*
II. wholesale *adj & adv* **1.** *merk:* en gros *(fx sell wholesale);* ***buy goods wholesale*** kjøpe varer en gros;
2. *fig(=on a large scale)* i stor målestokk; i stor stil.
wholesale dealer *merk(=wholesaler)* grossist.
wholesale murder*(=mass murder)* massemord.
wholesome [ˌhoulsəm] *adj; også fig(=healthy)* sunn.
wholly [ˌhoulli] *ad; stivt* **1***(=completely)* helt *(fx incompetent; convinced);* **2***(=solely)* utelukkende; bare *(fx a book dealing wholly with herbs).*
wholly owned *adj(=100% owned)* heleid.
whom [hu:m] *pron; avhengighetsform* **1.** *spørrende; stivt(=who)* hvem *(fx whom did you give it to?);*
2. *spørrende; etter prep:* ***to whom did you give it?****(=who did you give it to?)* hvem ga du det til?

3. *relativt; stivt:* som; ***this is the man whom I gave it to****(=this is the man (that) I gave it to)* dette er den mannen jeg ga det til;
4. *relativt; etter prep; stivt:* ***this is the man to whom I referred****(=this is the man I referred to)* dette er den mannen jeg refererte til.
I. whoop [hu:p] *s* **1***(=loud cry (of joy, etc))* hyl *n;* høyt skrik *(fx give a whoop of joy);*
2. *med.; hos kikhostepasient:* kiking; gisp *n.*
II. whoop *vb* **1.** skrike (av glede, etc); huie; hyle;
2. *med.; om kikhostepasient:* kike; gispe.
whoopee [wuˌpi:] *int:* heisan! hurra! *(jvf whoops):*
whooper [ˌwu:pə] *s; zo(=whooper swan)* sangsvane.
whooping cough [ˌhu:piŋ'kɔf] *s; med.:* kikhoste.
whoops [wups; wu:ps] *int(=oops)* heisan! au da!
I. whoosh [wu:ʃ] *s:* sus *(n)* (gjennom luften); susing; blaff *n (fx the fire suddenly gave a whoosh).*
II. whoosh *vb(=whizz; zoom)* suse *(fx cars whooshing along);* ***a whooshing noise*** en susende (*el.* svisjende) lyd.
whop [wɔp] *vb* **T***(=beat)* banke; jule opp; denge; pryle.
whopper [ˌwɔpə] [ˌwɔpə] *s; lett glds* **T 1***(=bumper)* deising; ***a whopper of a fish*** en diger fisk;
2*(=whacking big lie)* kjempeløgn; diger løgn.
whopping [ˌwɔpiŋ] **T 1.** *adj(=very big)* diger; kjempe- *(fx they won a whopping majority);*
2*(=very):* ***whopping great*** kjempe-; kjempestor; kjempediger.
I. whore [ˌhɔ:] *s; neds:* hore.
II. whore *vb:* hore; bedrive hor *n.*
whorl [wə:l] *s* **1.** spiralring; *i sneglehus:* vinding; *bot(=verticil)* krans; **2.** *litt.(=curl; twist)* spiral.
whorled [ˌwə:ld] *adj(=verticillate)* **1.** *bot:* kransstilt;
2. *zo:* spiralsnodd; med sneglehusvindinger.
whortleberry [ˌwə:tl'beri] *s* **1***(=bilberry;* **US** *& Canada: blueberry; huckleberry)* blåbær;
2.: ***red whortleberry****(=cowberry)* tyttebær;
3.: ***bog whortleberry*** blokkebær; skinntryte.
whose [hu:z] *pron* **1.** *genitiv av 'who':* hvis *(fx a man whose reputation has suffered);* **T:** hvem sin (,sitt, sine) *(fx whose car is this? whose is this car?);* ***whose car did you come back in?*** hvilken (,**T:** hvem sin) bil kom du tilbake i?
2. *genitiv av 'which':* hvis *(fx a house whose windows are broken);* ***which is the book whose pages are torn?*** hvilken bok er det som har istykkerrevne sider?
I. why [wai] *s(=reason):* ***he wants to know the whys and wherefores*** han vil vite grunnene.
II. why *adv* **1.** hvorfor *(fx why did he do it?);* ***the reason (why)*** grunnen til (at); ***that's (the reason) why*** det er grunnen (til at …); det er derfor at …; ***so that's why*** det var (,er) altså det som er grunnen; ***why is it that …?*** hva kommer det av at …? ***Did you go to Paris last week? – Yes, why?*** dro du til Paris i forrige uke? – Ja, hvordan det? *(jvf what: yes, so what?);*
2. *int:* jammen *(fx why, it's John!);* nå da *(fx why, don't be silly!);* ***Have you got a car? – Why, of course!*** Har du bil? – Javisst!
wick [wik] *s:* veke; ***lamp wick*** lampeveke.
wicked [ˌwikid] *adj* **1***(=evil)* ond *(fx man);*
2. T*(=very bad)* stygg *(fx a wicked thing to do!);* ***a wicked waste*** et stygt sløseri;
3*(=mischievous)* skøyeraktig *(fx grin).*
wicker [ˌwikə] *s:* vidjekvist (til kurvarbeid).
wicker basket flettet kurv; vidjekurv.
wicker bottle kurvflaske; *(jvf demijohn).*
wicker chair kurvstol.
wickerwork [ˌwikə'wə:k] *s:* kurvfletning; kurvarbeid.
wicket [ˌwikit] *s* **1.** grind; port;
2. *sport; i cricket:* gjerde; *også(=pitch; strip)* bane;
3. *ved idrettsplass, etc:* billettluke;
4. US*(=window)* (billett)luke; ekspedisjonsluke;
5. *fig:* ***bat on a sticky wicket****(=be in an awkward situation)* være i vanskeligheter.
wicketkeeper [ˌwikit'ki:pə] *s; sport; i cricket:* gjerdevokter.
I. wide [waid] *s; i cricket:* ball som går forbi.
II. wide *adj* **1.** bred *(fx one metre wide; a wide street);*
2. vid *(fx this jacket's too wide for me);*
3. *fig:* stor; bred; ***in the whole wide world*** i hele den vide verden; ***a wide choice of*** et godt utvalg i *(fx hats);* ***have a wide experience of (-ing)*** ha bred erfaring i å …; ***win by a wide margin*** vinne med god margin; ***give sby (,sth) a wide berth*** gå langt utenom en (,noe); holde seg langt unna en (,noe);
4. omfattende; ***her wide knowledge of the subject*** hennes omfattende kunnskaper i emnet;
5. S*(=shrewd; astute)* slu; smart *(fx wide boys).*
III. wide *adv* **1.** vidt *(fx she opened her eyes wide);* ***wide open*** vidt åpen; vidåpen; ***far and wide*** vidt og bredt;
2.: ***wide apart*** langt fra hverandre;
3.: ***wide of*** utenfor; ved siden av; langt fra *(fx of the truth); fig:* ***wide of the mark****(=beside the point)* på siden av saken; ved siden av.
wide-angle [ˌwaid'æŋgl] *adj; fot:* vidvinkel-.
wide awake *(,attributivt: wide-awake)* ['waidəˌweik; *attributivt:* ˌwaidə'weik] **1***(=fully awake)* lysvåken;
2. *fig(=alert)* årvåken; (lys)våken; ***wide awake young lady of many talents*** våken ung dame med mange talenter.
wide-eyed [ˌwaid'aid] *adj* **1***(=big-eyed)* storøyd;
2. *fig(=naive)* naiv.
widely [ˌwaidli] *adv:* vidt; bredt *(fx smile widely(=broadly); yawn widely(=broadly));* ***widely different*** vidt forskjellige; ***widely known*** kjent i vide kretser; velkjent; ***his remarks were widely publicized*** hans bemerkninger fikk stor publisitet; ***widely read*** 1. *om bok el. forfatter:* meget lest; 2. *om person(=well-read)* belest; ***widely travelled*** bereist.
widen [ˌwaidən] *vb* **1***(=make wider)* gjøre bredere; **2***(=widen out; become wider)* bli bredere; vide seg ut.
wide-ranging [ˌwaid'reindʒiŋ] *adj:* vidtspennende; vidtfavnende *(fx her wide-ranging interests).*
widespread [ˌwaid'spred] *adj:* (alminnelig) utbredt; ***widespread suffering*** store lidelser; ***there is widespread fear that …*** man nærer stor frykt for at …
I. widow [ˌwidou] *s:* enke; ***become a widow, be left a widow*** bli enke.
II. widow *vb:* ***be widowed*** bli enke (,enkemann).
widowed [ˌwidoud] *adj:* som er blitt enke (,enkemann); ***her widowed mother*** hennes mor, som er enke.
widower [ˌwidouə] *s:* enkemann.
widowhood [ˌwidou'hud] *s:* enkestand.
width [widθ] *s:* vidde; bredde.
wield [wi:ld] *vb* **1.** *stivt el. litt.(=use)* bruke; håndtere *(fx an axe);*
2. *fig(=exert)* øve *(fx influence);*
3*(=exercise)* utøve; ha *(fx authority).*
wiener [ˌwi:nə] *s; kul* **US** *& Canada(=frankfurter)* wienerwurst.
(Wiener) schnitzel *kul(=veal escalope; veal schnitzel)* wienerschnitzel; kalveschnitzel.
wife [waif] *s(pl: wives)* kone; *meget stivt:* hustru; ***my wife****(,***T:** *the wife)* min kone; **T:** kona; ***husband and wife****(=a married couple)* ektefolk; ektepar; ***this husband and wife are an odd couple*** det er et underlig ektepar.
wife-beater [ˌwaif'bi:tə] *s(=wife batterer)* koneplager.
wifely [ˌwaifli] *adj; stivt el. spøkef:* kone-; hustru-; ***her wifely duties*** hennes hustruplikter.
wife-swapping [ˌwaif'swɔpiŋ] *s:* konebytte.
wig [wig] *s:* parykk.
wigeon, widgeon [ˌwidʒən] *s; zo:* brunnakke; blesand.
wiggle [wigl] *vb:* sno seg; vri seg; ***wiggle one's bottom*** vrikke på rumpa.
Wight [wait] *s; geogr:* ***the Isle of Wight*** (øya) Wight.
I. wild [waild] *s* **1***(=wilds)* villmark; ødemark; ***the***

mountain wilds fjellheimen; ***live (out) in the wilds*** bo ute i ødemarken;
2.: ***in the wild*** i vill tilstand.
II. wild *adj* **1.** vill; ***wild animal*** vilt dyr; ***wild rose*** vill rose;
2. vilter; løssluppen;
3*(=haphazard):* ***a wild guess*** en tilfeldig gjetning;
4*(=rash; reckless)* forhastet; uvøren *(fx plan);*
5. *fig:* vill (*with* av); ***lead a wild life*** leve et vilt liv;
6. T*(=furious)* rasende;
7.: ***it's a wild****(=gross)* ***exaggeration*** det er en grov overdrivelse.
III. wild *adv:* vilt; ***grow wild*** vokse vilt; ***run wild*** 1. *om barn:* løpe vilt; 2. vokse vilt; ***their garden is running wild*** hagen deres er et villnis; 3. *fig:* løpe løpsk; ***spending has been running wild*** pengeforbruket har løpt løpsk; ***let one's imagination run wild*** la sin fantasi løpe av med seg.
wild angelica *bot:* sløke.
wild basil *bot:* kransmynte.
wild briar *bot; upresist(=wild rose)* villrose (ofte om 'dog rose' (steinnyperose) og 'sweetbrier' (vinrose).
wildcat [ˌwaild'kæt] *s; zo:* villkatt.
wildcat drilling *oljeind:* leteboring; prøveboring.
wildcat scheme *neds:* eventyrlig plan; fantastisk plan.
wildcat strike*(=unofficial strike)* ulovlig streik.
wild celery *bot:* hageselleri.
wild cherry *bot(=sweet cherry)* søtkirsebær; *(se cherry 1).*
wild duck *zo:* villand.
wildebeest [ˌwildi'bi:st] *s; zo(=gnu)* gnu.
wilderness [ˌwildənəs] *s* **1.** villmark; ødemark; ***a wilderness of snow and ice*** ødslige vidder av snø og is; **2.** villnis *n.*
wild-eyed [ˌwaild'aid] *adj:* (som er) vill i blikket.
wildfire [ˌwaild'faiə] *s; fig:* ***spread like wildfire*** spre seg som ild i tørt gress *n;* ***they were getting through the mowing like wildfire*** det gikk meget radig med slåtten.
wildfowl [ˌwaild'faul] *s; zo:* ville fugler; fuglevilt.
wild goose *zo(=greylag)* grågås; villgås.
wild-goose chase [ˌwaild'gu:s'tʃeis] *s:* ***send sby out on a wild-goose chase*** sende en ut i et håpløst ærend.
wildlife [ˌwaild'laif] *s:* dyreliv; ville dyr *(n)* og planter; ***preserve the wildlife of the area*** bevare dyrelivet i området; ***his interest in wildlife*** hans naturinteresse.
Wildlife Fund *hist: se World Wide Fund for Nature.*
wildlife reserve*(=nature reserve)* naturreservat.
wildly [ˌwaildli] *adv; også fig:* vilt; ***wildly enthusiastic*** vilt begeistret; ***wildly exaggerated*** vilt overdrevet; ***it's wildly****(=totally)* ***unreasonable*** det er hinsides all fornuft.
wildness [ˌwaildnəs] *s:* villhet.
wild oat *s* **1.** *bot:* floghavre;
2. *fig; især om ungdom:* ***sow one's wild oats*** løpe hornene *(n)* av seg; rase fra seg.
wild pansy *bot(=heartsease)* stemorsblomst.
wild rose *bot: se wild briar.*
wiles [wailz] *s; pl; neds:* knep *n;* list; ***women's wiles*** kvinnelist; ***a woman's wiles*** en kvinnelist.
wilful [ˌwilful] *adj* **1.** *stivt(=obstinate; self-willed)* egensindig; egenrådig; **2***(=intentional)* overlagt *(fx murder);* forsettlig.
I. will [wil] *s* **1.** vilje; ***against my will*** mot min vilje; *neds:* ***act at one's own sweet will****(=act at one's own discretion)* handle etter eget forgodtbefinnende; ***free will*** den frie vilje; ***the will to live*** livsviljen; ***of one's own free will****(=of one's own accord)* av egen fri vilje; ***have a will of one's own*** ha sin egen vilje; *bibl:* ***Thy will be done*** skje din vilje; ***with the best will in the world*** med den beste vilje av verden; ***where there's a will, there's a way*** man kan hvis man vil;
2.: ***(last) will*** testament *n;*; ***contest a will*** bestride et testament; ***make a will*** sette opp et testament; ***be remembered in a will*** bli tilgodesett i et testament; ***reading of the will*** testamentsåpning; *(se også II. intestate);*
3. *meget stivt:* ***at will*** etter forgodtbefinnende; etter ønske *n;* som det passer en; ***the soldiers fired at will****(=on impulse)* soldatene skjøt etter forgodtbefinnende;
4.: ***with a will****(=with a vengeance)* med fynd og klem; så det forslår; ***he was working with a will*** han arbeidet så det forslo; *(se deed 1: take the deed for the will).*
II. will *vb(pret & perf.part.: willed)* **1.** *glds:* ville *(fx the emperor wills it, so it must be done);* ***God has (so) willed it*** det er Guds vilje;
2. *jur(=leave (by will))* testamentere *(fx sby sth);*
3. ønske inderlig (ved å bruke all sin viljekraft); ***he*** willed himself to stay awake han tvang seg selv til å holde seg våken; ***he willed the ball into the net*** han hypnotiserte ballen til å gå i nettet.
III. will *vb(pret: would)* **1.** *danner 1. futurum:* ***they will****(=they'll)* ***be very angry*** de vil bli meget sinte; de kommer til å bli meget sinte; ***will****(=shall)* ***we see you again next week?*** får vi se deg (,dere) igjen neste uke?
2. *uttrykker vilje:* ***I will****(=I'll)* ***do that for you if you like*** jeg skal gjøre det for deg hvis du vil; ***I will not****(=I won't)* ***do it*** jeg vil ikke gjøre det;
3. *ved ordre & anmodning:* ***shut the window, will you, please?*** vil du være så snill å lukke igjen vinduet? ***will you please stop talking!*** kan du være så snill å holde munn!
4. *uttrykker vanemessighet:* ***sometimes they will play a trick on him*** av og til spiller de ham et puss; ***accidents will happen*** ulykker skjer; ***he would go to town twice a week*** han pleide å dra (inn) til byen to ganger i uken;
5. *uttrykker mulighet:* ***this bucket will hold ten litres of water*** denne bøtten rommer ti liter vann *n;*
6. *uttrykker sannsynlighet:* ***that****(=that'll)* ***will be the postman*** det er nok postbudet;
7. *uttrykker ønske el. håp:* ***you will****(=you'll)* ***be polite to Mother, won't you?*** du er vel høflig mot mor, ikke sant?
willie [ˌwili] *s: barnespråk(=willy, penis)* tiss(emann); *(jvf I. bit 8: bits).*
willies [ˌwiliz] *s; pl* **T:** ***give sby the willies****(=scare sby)* gjøre en nervøs; skremme en; gå en på nervene.
willing [ˌwiliŋ] *adj:* villig *(fx a willing helper; she's willing to help in any way she can);* ***God willing*** med Guds hjelp; hvis Gud vil; ***he was more than willing to do it*** han gjorde det mer enn gjerne; ***I said I would be willing for Jennifer to go next year*** jeg sa jeg var villig til å la Jennifer reise neste år.
willingly [ˌwiliŋli] *adv:* gjerne *(fx Will you help? -Yes, willingly!);* ***most willingly*** mer enn gjerne.
willingness [ˌwiliŋnəs] *s:* beredvillighet; vilje; ***express one's willingness to …*** erklære seg villig til å …; ***they showed great willingness to do their bit*** de la stor innsatsvilje for dagen; ***they showed a reasonable amount of willingness to collaborate*** de viste en rimelig grad av vilje til imøtekommenhet; ***willingness to work hard*** flid; innsatsvilje; ***his willingness to work hard****(=his hard work)* hans flid; hans innsatsvilje.
will-o'-the-wisp ['wiləðəˌwisp] *s* **1.** lyktemann; irrlys;
2. *fig; forlokkende, men flyktig mål:* irrlys.
willow [ˌwilou] *s; bot:* pil(etre); vier; ***weeping willow*** hengepil.
willow grouse *(,***US:** *willow ptarmigan)* lirype.
willowherb [ˌwilou'hə:b] *s; bot(=rosebay willowherb; især* **US** *& Canada: fireweed)* geit(e)rams.
willow tit *zo(,***US:** *black-capped chickadee)* granmeis.
willow warbler *zo:* løvsanger.
willowy [ˌwiloui] *adj(=tall and slender)* høy og slank.
willpower [ˌwil'pauə] *s:* viljestyrke.
willy-nilly [ˌwiliˌnili] *adv; lett glds(=whether you like it or not)* enten man vil eller ei.
wilt [wilt] *vb* **1.** *om plante:* henge med bladene; sykne hen; **2.** *fig(=droop)* bli slapp (*el.* svak).

wily [ˌwaili] *adj; stivt(=cunning; sly)* slu; listig; ***a wily bird*** en ordentlig luring.
willy: *se willie.*
wimp [wimp] *s; neds om mann* **T:** kvinnfolk; ikke noe ordentlig mannfolk *(fx he's a wimp).*
I. win [win] *s; sport, etc:* seier; ***a clear win*** en klar seier; *sport:* ***an easy win*** en lettkjøpt seier; ***have a big win on the pools*** vinne store penger i tipping; ***we had five straight wins*** vi vant fem ganger på rad; ***she's had two***
wins out of four races hun har vunnet to løp (,renn) av fire.
II. win *vb(=pret & perf.part.: won)* **1.** vinne; seire; **T:** ***OK, you win!*** OK, jeg gir meg! **T:** ***you can't win all the time****(=you can't always be lucky)* man kan ikke vinne (*el.* være heldig) hele tiden; ***win against*** vinne over; ***win £20 at cards*** vinne £20 i kortspill; ***win hands down*** vinne en lett seier; *fig:* ***win the day*** seire til slutt *(fx common sense will win the day);* ***win sby's heart*** vinne ens hjerte; ***win a prize*** vinne en premie; ***this ticket will win you a prize*** dette loddet vinner du på; *sport:* ***X won his pair****(=heat)* ***against Y*** X vant samløpet med Y;
2*(=extract)* utvinne; ***win metal from ore*** utvinne metall av malm;
3. S*(=organize; lift)* stjele; **S:** orge;
4.: ***win back*** 1. *sport:* gjenerobre *(fx a challenge cup);* 2. vinne tilbake *(fx a friend);*
5. *fig:* ***win out****(=win the day)* gå av med seieren; seire til slutt;
6.: ***win sby over****(=round)* vinne en for seg; ***you'll have to win over the whole committee*** du må få hele utvalget (,komitéen) over på din side;
7.: ***win through*** 1. kjempe seg gjennom; 2. *fig:* lykkes *(fx in the end);* 3. vinne frem *(fx with one's view).*
I. wince [wins] *s:* det å krympe seg; rykning; ***he gave a wince(of pain)*** han rykket til (av smerte).
II. wince *vb:* rykke til; krympe seg (av smerte); ***wince under the insult*** krympe seg under fornærmelsen; ***without wincing*** uten å blunke.
I. winch [wintʃ] *s* **1.** vinsj; vinde; heisespill; ***cable winch*** kabelvinsj; **2.** *mar: se windlass.*
II. winch *vb:* ***winch up*** heise (*el.* vinsje) opp.
I. wind [wind] *s* **1.** vind; ***down wind****(=following wind)* medvind; ***we had the wind behind us****(=we had the wind in our backs)* vi hadde medvind; *(se headwind);*
2. *mar:* vind; ***with the wind abeam*** med vinden på tvers; ***against the wind*** mot vinden; ***run before the wind*** lense; ***sail close to the wind*** 1. seile tett opp til vinden; 2. *fig:* bevege seg på grensen av det tillatelige;
3. T*(=breath)* pust *(fx it took all the wind out of him; stop to get one's wind back);* ***get one's second wind*** få nye krefter (etter kraftanstrengelse); ***run out of wind*** miste pusten;
4*(=flatus)* tarmgass; vind (i magen); ***break wind*** prompe;
5. *mus:* ***the wind****(=the wind players)* blåserne;
6*(=compass direction):* ***the four winds*** de fire kompassretninger;
7*(=idle talk):* ***he's all wind*** det er bare snakk med ham;
8*(=scent)* fert; teft; ***get wind of sth****(=scent sth)* få ferten (*el.* teften) av noe;
9. *mar:* vannlinje; vanngang; ***between wind and water*** 1. i vanngangen; 2. *fig:* på et ømt punkt;
10. *fig:* ***see which way the wind blows*** se hvilken vei vinden blåser; ***fling caution to the winds*** kaste all forsiktighet over bord; **T:** ***get the wind up****(=get frightened)* bli skremt; **T:** ***put the wind up sby****(=frighten sby)* skremme en; ***there's sth in the wind*** det er noe i gjære; ***like the wind****(=very quickly)* som en vind; ***take the wind out of sby's sails*** ta luven fra en.
II. wind [wind] *vb:* ta pusten fra.
III. wind [waind] *vb(pret & perf.part.: wound)* **1.** *om vei, etc:* slynge seg; bukte seg; sno seg;
2. vikle (*round* rundt); nøste (opp);
3. *klokke, etc(=wind up)* trekke opp;
4.: ***wind down*** 1. *om urverk:* gå ned; 2*(=reduce gradually)* trappe ned; 3. *om person(=relax)* falle til ro (etter arbeidspress, etc);
5.: ***wind up*** 1. nøste opp *(fx wool);* 2. sveive opp *(fx a car window); om urverk:* trekke opp *(fx a clock);* 3. *fig.:* **T:** trekke opp; ***he's trying to wind me up*** han prøver å trekke meg opp; ***be (,get) wound up*** være (,bli) oppspilt (*about sth* på grunn av noe); 4. **T***(=end)* slutte *(fx the meeting finally wound up at about ten o'clock);* 5. **T***(=end up)* ende *(fx he'll wind up in jail);* ***we wound up by going to a pub for a drink*** vi avsluttet med å gå på pub for å få en drink; 6. *merk:* avvikle; likvidere *(fx a business).*
wind-abeam course *seilsp(=reaching course)* slør; ***luff from a wind-abeam course*** loffe opp fra slør.
wind-astern course *mar(=running (before the wind))* lens.
windbag [ˌwind'bæg] *s; neds:* pratmaker.
wind band *mus:* blåseorkester.
wind-band recital *mus:* harmonikonsert.
windblown [ˌwind'bloun] *adj:* forblåst *(fx hair; tree).*
windbreak [ˌwind'breik] *s:* vindskjerm; lebelte.
windcheater [ˌwind'tʃi:tə] *s(,***US:** *windbreaker)* vindjakke.
wind cone *flyv(=windsock)* vindpølse.
winded [ˌwindid] *adj(=out of breath)* andpusten.
windfall [ˌwind'fɔ:l] *s* **1.** nedfallsfrukt; **2.** *forst:* rotvelte; **3.** *fig:* uventet hell *n;* ***have a windfall from the pools*** vinne uventet i tipping.
windfall apples *pl:* nedfallsepler.
windflower [ˌwind'flauə] *s; bot(=wood anemone)* hvitveis; hvitsymre.
I. winding [ˌwaindiŋ] *s* **1.** vinding; vikling; buktning;
2. *elekt:* vikling;
3. *av ur:* opptrekk *n.*
II. winding *adj:* buktet; slynget; *om vei:* svingete.
winding staircase*(=spiral staircase)* vindeltrapp.
winding-up ['waindiŋˌʌp] *s; merk(=liquidation)* avvikling; likvidasjon; ***controlled winding-up*** styrt konkurs.
windlass [ˌwindləs] *s; mar:* ankerspill (med vannrett aksel); *(jvf capstan).*
windmill [ˌwind'mil] *s:* vindmølle.
window [ˌwindou] *s:* vindu *n;* ***casement window*** sidehengslet vindu; ***pivot window*** vippevindu; ***sash window*** skyvevindu; heisevindu.
window box blomsterkasse utenfor vinduet; verandakasse.
(window) catch vindushasp.
window cleaner vinduspusser.
window dressing 1. vindusdekorasjon; **2.** *fig:* skuebrød; fasade; propaganda.
window frame vinduskarm.
windowpane [ˌwindou'pein] *s:* vindusrute.
window-shopping [ˌwindou'ʃɔpiŋ] *s:* ***go window-shopping*** gå og se i vinduer *n.*
window sill 1. *arkit* vindusbrett; ***external window sill*** utvendig vindusbrett; **2.** vinduspost.
wind pack: *se wind slab.*
windpipe [ˌwind'paip] *s; anat(=trachea)* luftrør.
windproof [ˌwind'pru:f] *adj:* vindtett *(fx mitten).*
windscreen [ˌwind'skri:n] *s(,***US:** *windshield)* frontglass; ***zone-toughened windscreen*** herdet frontglass.
windscreen sticker etikett til frontglasset.
windscreen washer vindusspyler(anlegg).
windscreen washer liquid vindusspylervæske.
windscreen wiper vindusvisker; *(jvf wiper blade).*
windshield [ˌwind'ʃi:ld] *s* **US:** *se windscreen.*
windsock [ˌwind'sɔk] *s; flyv:* vindpølse.
windsurfing [ˌwind'sə:fiŋ] *s; sport(=boardsailing)* brettseiling.

windswept [ˌwind'swept] *adj; litt.(=windy)* forblåst.
I. windward [ˌwindwəd] *s; mar: **to windward (of)*** til lo (for).
II. windward *adj:* lo; ***the windward side(=the weather side; the windy side)*** lo side; *(se weather bow).*
windy [ˌwindi] *adj* **1.** forblåst *(fx coast);*
2.: ***it's windy today*** det blåser i dag;
3. *mar: **the windy side:** se II. windward;*
4. som gir en luft i magen.
I. wine [wain] *s* **1.** vin; ***sparkling wine*** musserende vin;
2. *fig: **new wine in old bottles*** ny vin på gamle skinnsekker;
3. *ordspråk: **good wine needs no bush*** en god vare anbefaler seg selv.
II. wine *vb: **wine and dine sby*** spandere fin middag med tilbehør på en; **T:** smøre en.
wine bar vinstue.
winebibber [ˌwain'bibə] *s; spøkef:* vindranker.
wine cask vinfat; vinanker.
wine cellar vinkjeller.
wine estate vingods.
wine list vinkart.
wine merchant vinhandler.
I. wing [wiŋ] *s* **1.** *zo & flyv:* vinge; ***clip sby's wings*** stekke vingene ens; ***take sby under one's wing*** ta en under sine vinger;
2. *på bil:* skjerm;
3. *av hus:* fløy;
4. *polit:* fløy;
5. *mil; flyv; to el. tre skvadroner:* ving;
6. *teat: **the wings*** kulissene; *(se I. flat 6).*
II. wing *vb* **1.** *jaktuttrykk(=wound in the wing)* vingeskyte; såre i vingen; **2***(=wound (in the arm))* såre (i armen) *(fx he was winged by a sniper).*
wingbeat [ˌwiŋ'bi:t] *s; pl(=flapping of wings)* vingeslag; ***the wingbeat of a large bird*** vingeslagene fra en storfugl.
wing chair ørelappstol.
wing commander *(fk Wing Cdr)(,**US:** lieutenant-colonel)(fk LTC) flyv:* oberstløytnant.
winged [wiŋd] *adj* **1.** som har vinger; ***winged game(,**T:** feather)*** fjærvilt; **2.** *jaktuttrykk:* vingeskutt;
3*(=wounded (in the arm)* såret (i armen).
winged pea *bot:* aspargesert.
winger [ˌwiŋə] *s; sport:* vingspiller.
wing flap *flyv(=balancing flap)* balanseklaff.
wing mirror *på bil:* skjermspeil.
wing nut*(=thumb nut)* vingemutter.
wing rib *på slakt:* oksekam.
wing sheath *zo(=elytron; elytrum)* dekkvinge.
wingspan [ˌwiŋ'spæn] *s* **1.** *zo:* vingefang; **2.** *flyv:* vingespenn.
I. wink [wiŋk] *s* **1.** blinking; blunking; blunk *n;*
2. T: ***forty winks(=a nap)*** en blund; ***I didn't get a wink (of sleep) all night*** jeg fikk ikke blund på øynene *(n)* i hele natt;
3. T: ***tip sby the wink(=drop sby a hint)*** gi en et tips; **T:** tipse en (*that* om at).
II. wink *vb* **1.** blunke (*at* til); *fig: **wink at sth**(=turn a blind eye to sth)* lukke øynene for noe; se gjennom fingrene med noe; **2.** *om lys; litt.(=twinkle)* blinke.
I. winkle [wiŋkl] *s; zo(=periwinkle)* strandsnegl(e).
II. winkle *vb: **winkle out*** 1. (klare å) få ut *(fx winkle a stone out from inside one's shoe);*
2. *fig: **you must try to winkle some money out of him*** du må prøve å få noen penger ut av ham.
winner [ˌwinə] *s* **1.** vinner; ***come out a winner*** 1. vinne; 2. *i spill:* komme ut med gevinst; *sport: **X came out the winner of the pair*** X vant samløpet; ***he emerged outright winner*** han vant en klar seier; *(jvf II. win 1: X won his pair against Y);*
2. T: ***it's a winner!*** det er helt topp! ***this product's a real winner*** dette produktet er en virkelig suksess;
3. *kortsp(=winner card)* (spille)stikk *n.*
(winner's) rostrum *sport:* seierspall; ***on the (winner's) rostrum*** på seierspallen; *(se rostrum).*
winning [ˌwiniŋ] *adj* **1.** som vinner; vinner- *(fx horse);*
2. vinnende *(fx smile).*
winning streak *i spill:* hell *n; sport(=run of wins)* seiersrekke; ***have a winning streak(=be on a winning streak)*** sitte i hell; ***he had a long winning streak*** 1. han satt i hell lenge; 2. *sport:* han fikk en lang rekke seire.
winnings [ˌwiniŋz] *s; pl:* (spille)gevinst.
winning time *sport:* vinnertid.
winnow [ˌwinou] *vb(=clean)* renske *(fx corn).*
wino [ˌwainou] *s; især* **US T:** forsoffen vindranker.
I. winter [ˌwintə] *s:* vinter; ***in winter(=in the winter)*** om vinteren; ***in the winter*** 1*(=in winter)* om vinteren; 2*(=next winter)* neste vinter; 3*(=during the winter)* i løpet av vinteren; 4. *om nær fortid(=during the past winter; this winter)* denne vinteren; nå sist vinter; ***in the winter of 1940*** vinteren 1940; ***last winter*** *(=in the winter last year)* ifjor vinter; ***winter is coming****(=on the way)* vinteren er i anmarsj; ***winter's in the air*** det er vinter i luften.
II. winter *vb(=spend the winter)* overvintre; tilbringe vinteren.
winter cherry *bot:* jødekirsebær.
winter coat 1.: (lady's) winter coat vinterkåpe;
2. *dyrs:* vinterdrakt.
Winter Games: ***the Winter Games****(=the Winter Olympic Games)* vinterlekene; vinter-OL; *(se Olympic Games).*
winter garden [ˌwintə'gɑ:dən] *s:* vinterhage.
wintergreen [ˌwintə'gri:n] *s; bot: **(common) wintergreen**(,**US:** shinleaf)* vintergrønn.
winterize [ˌwintə'raiz] *vb; især* **US** *& Canada(=make ready for winter use)* gjøre klar for vinteren *(fx one's car).*
winter quarters *pl; mil:* vinterforlegning; vinterkvarter.
winter resort vintersportssted.
winter solstice *astr:* vintersolverv.
winter sport vinteridrett *(fx a winter sport); **winter sports*** vinteridretter; vintersport.
wintry [ˌwintri] *adj* **1.** vinter-; vinterlig *(fx it's wintry today);* **2.** *fig(=cold)* kjølig *(fx smile).*
I. wipe [waip] *s* **1.** det å tørke av; ***give the table a (quick) wipe*** tørke (fort) av bordet;
2.: ***(antiseptic) wipe*** (antiseptisk) våtserviett; *del av klosettpapir* **T:** tørk.
II. wipe *vb* **1.** tørke (av); *om oppvask(=dry (up))* tørke (opp);
2.: ***wipe away*** tørke bort *(fx one's tears);*
3. *vulg: **wipe that smile off your face!*** tørk av deg det fliret!
4.: ***wipe out*** 1. *fig:* viske ut; befri seg for *(fx the memory of terrible events);* 3*(=eradicate)* utrydde; tilintetgjøre;
5.: ***wipe up*** tørke opp.
wiper [ˌwaipə] *s(=windscreen wiper)* vindusvisker.
wiper blade (vindus)viskerblad.
I. wire [waiə] *s* **1.** (metall)tråd; ledning; ***barbed wire***-piggtråd; *(jvf razor wire); tlf: **the wires were down*** det var linjebrudd;
2. US T*(=telegram)* telegram *n;*
3. *i sirkus: **high wire*** høy line;
4. T: ***we must've got our wires crossed****(=we must have misunderstood each other)* vi må ha misforstått hverandre;
5. US: ***pull wires****(=pull strings)* trekke i trådene;
6.: ***live wire*** 1. *elekt:* strømførende ledning; 2. energibunt; *om barn:* vilter krabat.
II. wire *vb* **1.** feste med ståltråd;
2.: ***wire a house for electricity*** legge inn strøm (*el.* elektrisitet) i et hus; ***wire up a car to steal it*** kople en bil for å stjele den;

3. T*(=telegraph)* telegrafere;
4.: ***wire off*** sette ståltrådgjerde rundt.
wire brush stålbørste.
wire cloth*(=wire mesh)* trådduk; *(jvf wire gauze).*
wire cutter*(=(pair of) cutting nippers)* avbitertang.
wired glass *(,***US:** *wire glass)* trådglass.
wire fence ståltrådgjerde; *(jvf chicken-wire fence).*
wire gauze fin trådduk; fluenetting; *(se gauze).*
wire-haired [ˌwaiə'hɛəd] *adj:* ruhåret *(fx terrier).*
wireless [ˌwaiələs] *adj:* trådløs.
(wire-)mesh fence nettinggjerde.
wire netting netting; ståltrådnetting.
wire tapping *tlf:* telefonavlytting.
wiring [ˌwaiəriŋ] *s:* ledningsnett; elektrisk opplegg.
wiring diagram *elekt:* koplingsskjema.
wiry [ˌwaiəri] *adj* **1.** *om person(=sinewy)* senesterk; **2.** *om hår(=rough):* ***wiry hair*** stritt hår.
wisdom [ˌwizdəm] *s:* visdom; klokskap; ***doubt the wisdom of sth*** tvile på om noe er klokt; *spøkef:* ***I bow to your superior wisdom!*** jeg bøyer meg for din visdom (*el.* klokskap)!
wisdom tooth *anat:* visdomstann.
wise [waiz] *adj* **1.** klok; vis; ***a wise old man*** en klok gammel mann; ***be wise after the event****(=have hindsight)* være etterpåklok; ***he was more lucky than wise*** lykken var bedre enn forstanden;
2. T: ***be wise to****(=be aware of)* være klar over; ***sby must have put him wise to it*** en eller annen må ha orientert ham om det;
3.: ***no one will be any the wiser*** ingen vil få vite noe om det; ***I'm none the wiser*** jeg er like klok.
-wise [waiz] *i sms* **1***(=as regards; from the point of view of)* med hensyn til; -messig; ***taxwise*** skattemessig; **2.:** *se clockwise; crosswise; likewise; otherwise.*
wiseacre [ˌwaiz'eikə] *s:* bedreviter; *(jvf smart Alec & know-all).*
wisecrack [ˌwaiz'kræk] *s; neds* **T***(=joke)* vittighet; morsomhet *(fx tired of his wisecracks).*
wise guy *iron* **T:** luring *(fx OK, wise guy, you try and fix it); (jvf smart Alec & wiseacre).*
wisely [ˌwaizli] *adv:* klokt; klokelig.
I. wish [wiʃ] *s* **1.** ønske *n;* ***wish for*** ønske om; ***express the wish that …*** uttrykke ønske om at …; ***they granted him three wishes*** de lot ham få oppfylt tre ønsker; ***you shall have your wish*** du skal få ditt ønske oppfylt; ***it's long been my wish to go there*** jeg har lenge villet dra dit; ***you can make three wishes*** du kan ønske deg tre ting;
2. *om hilsen:* ***with every good wish*** med alle gode ønsker *n;* ***he sends you his best wishes for the future*** han sender deg sine beste ønsker for fremtiden.
II. wish *vb* **1.** ønske; ***wish sby many happy returns*** ønske en til lykke med dagen; gratulere en med dagen; ***wish sby well, wish sby every happiness*** ønske en alt godt; ***I wish I were****(=was)* ***in your place*** jeg skulle ønske jeg var i ditt sted; ***I wish I knew*** jeg skulle ønske jeg visste det; *stivt:* ***we wish****(=want)* ***to book …*** vi vil gjerne bestille …; *stivt:* ***if you wish****(=if you like)* hvis du vil;
2.: ***wish for*** ønske; ønske seg *(fx everything he could wish for);* ***if you wish for an interview, write to make an appointment*** hvis du vil ha en samtale, så skriv og avtal tid;
3.:***wish sth on (to) sby****(=foist sth on to sby)* prakke på en noe; ***it was wished on us*** det ble prakket på oss.
wishbone [ˌwiʃ'boun] *s; zo; på fugl:* gaffelben.
wishful [ˌwiʃful] *adj:* ***wishful thinking*** ønsketenkning.
wish-wash [ˌwiʃ'wɔʃ] *s* **T***(=dishwater)* tynt skvip.
wishy-washy ['wiʃiˌwɔʃi; *attributivt:* ˌwiʃi'wɔʃi] *adj* **1***(=weak; washy)* tynn; svak *(fx tea);*
2. *fig(=weak)* kraftløs; svak;
3. *om forsøk(=half-hearted)* halvhjertet;
4. *om farge(=watered out)* utvasket;
5. *om argument(=weak)* svakt;
6. *om historie el. rykte(=vague)* uklar;
7. *om støtte(=vague)* uklar *(fx in a sort of wishy-washy way he's supporting it).*
wisp [wisp] *s* **1.** dott; ***wisp of hair*** hårdott; hårtjafs; ***wisp of hay*** høydott; **2.** tynn stripe *(fx of smoke);* ***a little wisp of a girl*** en tynn liten jentunge.
wispy [ˌwispi] *adj* **1.** *om hår:* pistrete; **2.:** ***wispy clouds*** små skydotter.
wistful [ˌwistful] *adj* **1***(=sad)* vemodig; **2.** lengselsfull.
wistfulness [ˌwistfulnəs] *s(=sadness)* vemod *n.*
I. wit [wit] *s* **1.** vidd *n;* åndrikhet; ***brilliant wit*** strålende vidd *n;* ***quick wit*** munnrapphet; ***full of wit*** full av vidd; åndfull; ***sparkling with wit*** gnistrende av vidd; **2.** *spøkef(=sense; brains)* forstand; vett *n;* ***nobody had the wit****(=sense)* ***to bring a bottle opener*** ingen hadde omløp nok i hodet til å ta med en flaskeåpner;
3. *person:* vittig hode *n;*
4. *litt.:* ***wits****(=understanding)* forstand; ***it needed the wits of a woman to think of that*** det måtte kvinneforstand til for å tenke på det;
5. *i forskjellige faste forb:* ***be at one's wits' end*** ikke vite hverken ut eller inn; ***live by one's wits*** leve av å lure folk *n;* ***frighten****(=scare)* ***sby out of their wits*** skremme vettet av en; ***have****(=keep)* ***one's wits about one*** holde hodet kaldt; *iron:* ***you must ask sby who's got their wits about them!*** du må henvende deg til en som er oppegående! ***it sharpens your wits*** det skjerper forstanden; *ofte spøkef:* ***use your wits!****(=head!)* bruk vettet ditt!
II. wit *adv; glds el. jur:* ***to wit****(=namely)* nemlig.
witch [witʃ] *s* **1.** heks; **2.** *zo:* smørflyndre.
witchcraft [ˌwitʃ'krɑ:ft] *s:* hekseri *n;* heksekunst.
witch doctor heksedoktor.
witch hunt 1. heksejakt;
2. *fig:* heksejakt; klappjakt; ***go on a witch hunt****(=go witch-hunting)* gå på heksejakt.
witch trial hekseprosess.
with [wið; wiθ] *prep* **1.** med *(fx write with a pen);* sammen med *(fx play with the other boys);*
2. hos *(fx stay with sby);* ***here with us*** her hos oss; ***it's a habit with me*** det er en vane hos meg; ***a weakness I had noticed with****(=in)* ***him*** en svakhet jeg hadde lagt merke til hos ham;
3. for; med *(fx I bought it with your money);*
4. av *(fx pale with anger);*
5. til *(fx bring me some gravy with this steak);*
6*(=in spite of)* til tross for; med *(fx love her with all her faults);*
7*(=except for)* med unntak *(n)* av; med *(fx they were very similar, with one important difference);*
8. T: ***be with sby*** 1. forstå en; være med *(fx are you with me so far?);* 2. støtte; være enig med; ***I'm with you all the way!*** jeg støtter deg fullt ut!
9. T: ***with it****(=fashionable; modern)* moderne *(fx try to be with it); (se with-it: a with-it dress);*
10. *stivt:* ***with that****(=at that point; then)* dermed *(fx 'Goodbye,' he said, and with that, he left).*
withdraw [wiθˌdrɔ:; wiðˌdrɔ:] *vb(pret: withdrew; perf.part.: withdrawn)* **1.** trekke tilbake; trekke seg tilbake (*from* fra); *i forsamling:* ***I withdraw!*** jeg frafaller (ordet)! ***order sby to withdraw****(=order sby to sit down; stop sby (speaking))* frata en ordet;
2. *fig:* trekke tilbake *(fx one's support);* ta (*el.* trekke) tilbake *(fx a remark);*
3.: ***withdraw from*** 1. trekke seg ut av; 2. *sport:* trekke seg fra; 4.: ***withdraw money from the bank****(= take(= draw) money out of the bank)* ta penger ut av banken; ***withdraw money from one's account*** ta ut penger fra sin konto;
4. *bankv:* ***withdraw from circulation****(=call in)* inndra (for innløsning);
5.: ***withdraw into oneself*** trekke seg inn i seg selv.
withdrawal [wiθˌdrɔ:əl; wiðˌdrɔ:əl] *s* **1.** *mil & fig(= pullout)* tilbaketrekning (*of* av);

2. det å trekke tilbake; ***the withdrawal of his support*** det at han trakk (,trekker) støtten sin tilbake;
3. *jur:* ***withdrawal of the charge*** tiltalefrafall;
4. *fra bankkonto:* uttak; ***cashpoint withdrawal*** minibankuttak;
5. *bankv; for innløsning(=calling in)* inndragelse.
withdrawal form *bankv(=withdrawal slip)* uttaksblankett; *(jvf pay-out slip).*
withdrawal symptom *med.:* abstinenssymptom.
withdrawn [wiθˌdrɔ:n; wiðˌdrɔ:n] *adj:* reservert; tilbakeholden.
withe [wiθ] *s; glds(=withy)* vidjebånd.
wither [ˌwiðə] *vb:* visne.
withered [ˌwiðəd] *adj:* vissen.
withering [ˌwiðəriŋ] *adj; fig:* tilintetgjørende *(fx look).*
withers [ˌwiðəz] *s; pl; zo:* manke; ryggkam.
withhold [wiθˌhould; wiðˌhould] *vb(pret & perf.part.: withheld)(=keep back)* holde tilbake *(fx his name is being withheld).*
within [wiˌðin] *prep & adv* **1.** *stivt(=inside)* inne; inne i; inni; innenfor;
2. innenfor *(fx this area);* ***within a few miles of the town*** bare noen få miles fra byen; ***within the bounds of possibility*** innenfor mulighetenes grenser; ***live within one's income*** sette tæring etter næring; ***within (reasonable) limits*** innen(for) rimelige grenser; ***from within(=from (the) inside)*** innenfra;
3. innen *(fx ten days);* ***within a month of his death*** før (*el.* innen) det var gått en måned etter hans død.
with-it [ˌwið'it] *adj:* ***a with-it dress*** en moderne kjole; *(se with 9).*
without [wiˌðaut] *prep & adv.:* uten; ***go without*** være uten *(fx go without sleep);* ***he drove away without saying goodbye*** han kjørte av sted uten å si adjø.
withstand [wiθˌstænd; wiðˌstænd] *vb; meget stivt(pret & perf.part.: withstood)(=resist)* motstå; stå imot; ***withstand a strong challenge from*** motstå en sterk utfordring fra.
withy [ˌwiði] *s:* vidjebånd.
I. witness [ˌwitnəs] *s:* vitne *n;* ***a witness for the defence*** et forsvarsvitne; ***a hostile witness*** et vitne for motparten; ***a witness for the prosecution*** et vitne for aktoratet; ***bear witness(=testimony) to*** bære vitnesbyrd om; vitne om; ***he can bring witnesses*** han har vitner (på det); ***call witnesses*** føre vitner; stille vitner; ***be a witness of*** være vitne til; ***have a witness to*** ha (et) vitne på; ***in the presence of witnesses(=before witnesses)*** i vitners nærvær *n;* ***statement made by a (,the) witness*** vitneutsagn; *(jvf testimony).*
II. witness *vb; stivt(=be a witness of)* være vitne til.
witness box *jur(,***US:*** witness stand)* vitneboks; ***enter the witness box****(,***US:*** take the stand)* ta plass i vitneboksen.
witticism [ˌwiti'sizəm] *s; stivt(=joke)* vittighet.
wittingly [ˌwitiŋli] *adv; stivt(=deliberately; knowingly)* med vitende *(n)* og vilje.
witty [ˌwiti] *adj:* vittig; åndrik; ***brilliantly witty*** 1. strålende vittig; 2. strålende åndrik.
wizard [ˌwizəd] *s* **1.** trollmann;
2. *fig* **T:** trollmann; kløpper; ***she's a wizard at making pastry*** hun er en kløpper til å bake kaker.
wizardry [ˌwizədri] *s:* hekseri *n;* trolldom.
wizened [ˌwizənd] *adj; stivt* **1.** *om frukt(=withered)* vissen; **2***(=shrivelled; wrinkled)* inntørket; rynket; ***the wizened old frame*** den inntørkede gamle skrotten.
wo [wou] *int: se whoa.*
I. wobble [wɔbl] *s:* ustøhet; vakling; slark.
II. wobble *vb* **1.** vakle; være ustø; **2.** slarke.
wobbler [ˌwɔblə] *s(=shilly-shallier)* vinglepave; vinglekopp.
wobbly [ˌwɔbli] *adj* **1.** ustø; slarkete; *sport; ski:* ***a wobbly landing****(=touchdown)* et ustøtt nedslag;
2. *etter sykdom:* ustø (på bena *n*); ***I felt wobbly at the knees*** jeg følte meg matt i knærne *n; (jvf wonky).*
woe [wou] *s; spøkef:* ***he told a tale of woe****(=he told a sad story)* han fortalte en bedrøvelig historie.
woebegone [ˌwoubi'gɔn] *adj; litt. el. stivt(=sad)* bedrøvet; ***a woebegone face*** et bedemannsansikt.
woeful [ˌwouful] *adj; stivt(=sad)* bedrøvet.
wog [wɔg] *s* **S:** mørkhudet utlending; dego.
woke [wouk] *pret av II. wake.*
woken [ˌwoukən] *perf.part. av II. wake.*
I. wolf [wulf] *s(pl: wolves)* **1.** *zo:* ulv;
2. T*(=womanizer)* skjørtejeger;
3. *fig:* ***wolf in sheep's clothing*** ulv i fåreklær;
4.: ***lone wolf*** einstøing;
5.: ***cry wolf*** slå falsk alarm; *(jvf false alarm).*
II. wolf *vb:* ***wolf one's food****(=eat greedily)* sluke maten.
wolffish [ˌwulf'fiʃ] *s; zo: se catfish.*
wolfish [ˌwulfiʃ] *adj* **1.** ulveaktig; ulve-; **2.:** ***a wolfish appetite*** en grådig appetitt.
wolf spider *zo(=hunting spider)* ulveedderkopp.
wolf whistle (beundrende) plystring.
wolverine [ˌwulvə'ri:n] *s; zo(=glutton;* **US** *& Canada: carcajou)* jerv.
woman [ˌwumən] *s(pl: women* [ˌwimin]*)* kvinne; voksen kvinne; *neds:* kvinnfolk; *om daghjelp, etc:* kone *(fx a woman comes in to do the cleaning);* ***woman's intuition*** kvinnelig intuisjon; ***after the manner of women****(=in true female fashion)* på kvinnevis; *(jvf lady).*
woman character *i fx bok:* kvinneskikkelse.
woman dentist kvinnelig tannlege.
woman-hater [ˌwumən'heitə] *s:* kvinnehater.
womanhood [ˌwumən'hud] *s* **1.** det å være kvinne; ***reach womanhood*** bli kvinne;
2*(=womankind)* kvinnekjønnet; kvinner (i sin alminnelighet).
womanish [ˌwuməniʃ] *adj; om mann:* kvinnfolkaktig; *(jvf mannish).*
womanize, womanise [ˌwumə'naiz] *vb; neds* **T:** gå på kvinnfolkjakt; være skjørtejeger.
womanizer, womaniser [ˌwumə'naizə] *s; neds:* skjørtejeger; kvinnejeger.
womankind [ˌwumən'kaind] *s; stivt(=women)* kvinnekjønnet; kvinner (i sin alminnelighet).
womanliness [ˌwumənlinəs] *s; stivt(=femininity)* kvinnelighet.
womanly [ˌwumənli] *adj; stivt(=feminine)* kvinnelig.
woman of the world verdenskvinne; verdensdame; ***she's become quite a (little) woman of the world*** hun er blitt en riktig (liten) verdensdame.
womb [wu:m] *s; anat(=uterus)* livmor; uterus.
women [ˌwimin] *s; pl av woman.*
womenfolk [ˌwimin'fouk] *s; pl:* kvinner; *ofte neds:* kvinnfolk.
women's campaigner kvinneforkjemper.
women's choir kvinnekor.
women's institute *(fk WI)* husmorlag; ***the National Federation of Women's Institutes*** *svarer til:* Norges Husmorforbund.
women's liberation *(,ofte iron: women's lib)* kvinnefrigjøring; kvinnesaken.
women's refuge krisesenter for kvinner.
won [wʌn] *pret & perf.part. av II. win.*
I. wonder [ˌwʌndə] *s* **1.** under *n;* ***that's no wonder*** det er ikke til å undres over;
2. undring; ***stare with wonder*** stirre med undring (*at* på).
II. wonder *vb* **1.** undres; undre seg (*at* over); ***it's not to be wondered at*** det er ikke til å undres over; ***I shouldn't wonder****(=be surprised)* ***if he's late*** det skulle ikke undre meg om han kommer for sent; ***I wonder you don't leave****(=I'm surprised you don't leave)* det forundrer meg at du ikke reiser (din vei);
2. spekulere på; lure på; ***I wonder why*** jeg lurer på hvorfor; ***What's going to happen next? – I wonder!*** Hva kommer til å skje nå? – Det lurer jeg på også!

wonderful [ˌwʌndəful] *adj* **1**(=*marvellous)* praktfull; vidunderlig;
2(=*lovely)* deilig;
3(=*marvellous;* **T:** *fantastic)*: ***she's a wonderful woman*** hun er en fantastisk kvinne.
wonderland [ˌwʌndəˈlænd] *s:* eventyrland.
wonderment [ˌwʌndəmənt] *s; stivt: se I. wonder 2.*
wonky [ˌwɔŋki] *adj* **T 1**(=*wobbly)* ustø *(fx chair);*
2(=*bad)* dårlig *(fx knee);*
3(=*wobbly; shaky; poorly)* skral; utilpass;
4(=*shaky)* dårlig *(fx machine);* ***your arithmetic must be wonky*** det må være noe i veien med regneferdigheten din; ***go wonky***(=*wrong)* bli dårlig *(fx our TV has gone wonky again).*
wont [wount] *s; stivt el. litt.(=habit)*: ***as is his wont***(= *as he usually does)* slik han har for vane.
won't [wount] *fk f will not.*
woo [wu:] *vb(=court)* **1.** *glds & litt.:* fri til; **2.** *fig:* fri til; forsøke å vinne for seg.
wood [wud] *s* **1.** tre *n;* ***made of wood*** lagd av tre *n;* ***touch wood!***(,**US:** *knock on wood!)* bank i bordet!
2. skog; ***in the wood(s)*** i skogen; *fig:* ***he can't see the wood for the trees*** han ser ikke skogen for bare trær *n; fig:* ***we're not out of the wood yet*** vi er ikke trygge ennå; det er ennå langt igjen; *ordspråk:* ***don't halloo till you're out of the wood*** gled deg ikke for tidlig;
3. *om øl el. vin:* ***drawn from the wood*** tappet fra fat *n;*
4(=*firewood)* ved; vedbrenne *n;*
5. *golf:* trekølle.
wood alcohol(=*methanol)* tresprit; metanol.
wood anemone *bot(=windflower; ofte: white anemone)* hvitveis; hvitsymre.
wood ant *zo:* ***red wood ant*** rød skogmaur.
woodbine [ˌwudˈbain] *s; bot* **1**(=*honeysuckle)* kaprifolium; vivendel; **2. US**(=*Virginia creeper)* villvin.
wood carver treskjærer.
wood carving 1. treskjærerkunst; **2.** treskjærerarbeid; treskurd.
wood chisel *tøm:* stemjern.
wood-chopper [ˌwudˈtʃɔpə] *s:* vedøks.
wood coal *s(=charcoal)* trekull.
woodcock [ˌwudˈkɔk] *s; zo:* rugde.
wood conversion(=*timber conversion;* **US:** *lumber manufacture)* treforedling.
woodcraft [ˌwudˈkrɑ:ft] *s* **1.** skogkyndighet; skogsvett; **2.** treskjærerkunst.
woodcut [ˌwudˈkʌt] *s:* tresnitt.
woodcutter [ˌwudˈkʌtə] *s(,***US:** *lumberjack)* tømmerhogger.
wooded [ˌwudid] *adj:* skogkledd; bevokst med trær.
wooden [ˌwudən] *adj* **1.** av tre *n;* tre- *(fx chair);*
2. *fig(=stiff)* stiv; ***a wooden stare*** et stivt blikk.
wooden spoon 1. treskje; **2.** *fig(=booby prize)* treskje; jumbopremie.
wood filler *bygg:* formtre.
wood grouse *zo(=capercaillie)* tiur; *(se I. grouse 1).*
woodland [ˌwudlənd] *s:* skog; skogsterreng; ***it's good for you to walk on a soft surface, such as grass or earth, but rough woodland (terrain) is best of all*** det er sunt å gå på mykt underlag, som gress eller jord, men det aller beste er kronglete skogsterreng.
woodland berries *bot(=wild berries)* skogsbær.
woodland bird *zo:* skogsfugl.
woodlouse [ˌwudˈlaus] *s; zo(,***US:** *sowbug)* skrukketroll; benkebiter.
woodman [ˌwudmən] *s* **1**(=*forest worker)* skogsarbeider; **2.:** *se woodsman 1.*
woodpecker [ˌwudˈpekə] *s; zo:* hakkespett.
wood pigeon *zo(=ringdove)* ringdue.
woodpile [ˌwudˈpail] *s* **1.** vedstabel; **2. T:** *se nigger 2: a woodpile in the woodpile.*
wood pimpernel *bot:* skogfredløs.
woodprint [ˌwudˈprint] *s(=woodcut)* tresnitt.
wood processing [ˌwudˈprousesiŋ] *s(=wood conversion; timber conversion* **US:** *lumber manufacture)* treforedling.
wood products market: ***the wood products market*** treforedlingsmarkedet.
wood pulp *treforedling:* tremasse; ***chemical wood pulp***(=*chemical pulp)* kjemisk tremasse; cellulose; ***mechanical wood pulp*** mekanisk tremasse; slipemasse; slip; *(jvf mechanical pulp).*
(wood) shavings *pl:* spon; høvelspon; kutterflis.
woodshed [ˌwudˈʃed] *s:* vedskjul; vedbod.
woodsman [ˌwudzˈmən] *s* **1.** *glds(=man used to the woods)* skogskar; skogsvant kar; **2. US**(=*woodman; forest worker)* skogsarbeider.
wood sorrel *bot:* vanlig gjøkesyre.
wood spirit(=*wood alcohol; methanol)* tresprit; metanol.
wood stain trebeis.
wood tick *zo:* skogbjørn; flått.
woodwind [ˌwudˈwind] *s; mus:* ***the woodwind*** treblåserne.
woodwool [ˌwudˈwul] *s:* treull.
woodwork [ˌwudˈwə:k] *s* **1.** treverk; **2.** snekkerarbeid; trearbeid; *skolev:* (tre)sløyd.
woody [ˌwudi] *adj* **1.:** *se wooded;* **2.** treaktig; ved-; **3. T: it's too woody here** det er for mange trær *(n)* her.
wooer [ˌwu:ə] *s; glds el. litt.(=suitor)* frier.
I. woof [wu:f] *s* **1.** *i vevd stoff(=texture)* vev; **2**(=*weft)* innslag; islett *n.*
II. woof [wuf] *int:* voff; *(jvf bow-wow).*
wool [wul] *s* **1.** ull; ***all***(=*pure)* ***wool*** helull;
2.: ***(knitting) wool*** (strikke)garn *n;* ***ball of wool*** garnnøste;
3. T: ***pull the wool over sby's eyes***(=*fool sby; deceive sby)* føre en bak lyset; kaste en blår i øynene *n.*
woolgathering [ˌwulˈgæðəriŋ] **1.** *s:* åndsfraværelse; manglende konsentrasjon;
2. *pres part:* ***be woolgathering*** sitte og dagdrømme; være langt borte.
I. woollen *(,***US:** *woolen)* [ˌwulən] *s:* ullstoff; ullplagg.
II. woollen *(,***US:** *woolen) adj:* ull-; av ull.
I. woolly *(,***US:** *wooly)* [ˌwuli] *s* **T 1**(=*knitted garment)* ullplagg; **2**(=*woollen underwear)* ullundertøy.
II. woolly *(,***US:** *wooly) adj* **1**(=*woollen)* ull-; av ull; **2**(=*like wool)* ullen; ullaktig;
3. *fig(=vague; confused)* ullen; uklar; vag; ***woolly thinking*** uklar (*el.* forvirret) tenkning;
4. *TV(=blurred)* uskarp.
woolsack [ˌwulˈsæk] *s* **1.** ullsekk; **2**(=*seat of the Lord Chancellor in the House of Lords):* ***the woolsack*** lordkanslerens sete i Overhuset.
wool waste(=*waste wool)* polergarn.
woops [wups; wu:ps] *int: se whoops.*
woozy [ˌwu:zi] *adj* **T**(=*dazed; dizzy)* omtåket; ør *(fx feel woozy).*
wop, Wop [wɔp] *s; neds(=Italian)* italiener; dego.
Worcester [ˌwustə]**:** ***Worcester sauce*** worcestersaus.
I. word [wə:d] *s* **1.** ord *n; bibl:* ***the Word*** ordet; ***the Word of God*** Guds ord; ***the words*** 1. ordene; 2. teksten *(fx write the words to a tune);* ***by word of mouth*** muntlig; ***there's no word for it*** det finnes ikke noe ord for det; ***that's just the word for it!*** det er nettopp ordet! ***hungry isn't the word (for it)*** sulten er ikke det rette ordet; ***catch a quick word with sby*** få vekslet noen ord *(n)* med en; ***I'll make him eat his words!*** de ordene *(n)* skal han få ta i seg igjen! ***get a word in edgeways*** få flettet inn et ord; ***don't move till I give the word!*** stå (,sitt) stille til jeg sier fra! ***say the word*** si fra; ***you've only to say the word*** du må bare si fra; ***have a word in sby's ear*** hviske en noe i øret; ***have a word with sby*** veksle noen ord med en; *(se 4: have -s);* ***not a word passed his lips*** ikke et ord kom over hans lepper; ***put in a good word for*** legge inn et godt ord for; ***take him at his word*** ta ham på ordet; ***take sby's word for it*** tro en på ens ord; ***you can take my word for it*** jeg innestår

for at det er som jeg sier; ***translate a text word by word*** oversette en tekst ett ord om gangen; ***word for word*** ord for ord; ordrett; *(jvf verbatim & word-for-word);* **2***(=promise)* ord *n;* løfte *n;* ***break one's word*** bryte sitt ord; ***he's a man of his word*** han står ved sitt ord; ***keep one's word****(=be as good as one's word)* holde ord;
3. beskjed *(fx he sent word that he'd be late);* ***I've had no word from him*** jeg har ikke hørt noe fra ham;
4.: ***have words****(=quarrel)* krangle; trette (*with* med);
5.: ***in a word****(=in short)* kort sagt; ***in other words*** med andre ord *n;* ***in his own words*** med hans egne ord; ***in so many words*** med rene ord; ***not in so many words*** ikke med rene ord;
6. *glds:* ***help sby by****(=in)* ***word and deed****(=give sby help and advice)* bistå en med råd *(n)* og dåd;
7. *lett glds:* ***upon my word!*** æresord!
8. *int:* ***my word!****(=my goodness!)* du store all verden!
II. word *vb:* formulere; ***a carefully (,sharply) worded letter*** et forsiktig (,skarpt) formulert brev.
wordage [ˌwə:didʒ] *s; meget stivt* **1.** *kollektivt(=words)* ord *n;* **2***(=wordiness)* ordgyteri *n.*
word-blind [ˌwə:d'blaind] *adj:* ordblind.
word blindness *s(,med.: dyslexia)* ordblindhet.
word-for-word *adj(=verbatim)* ordrett *(fx translation).*
wordiness [ˌwə:dinəs] *s* **1***(=a lot of words; a lot of talk)* mange ord *n;* ordrikdom; prat; ***there's too much wordiness in this report****(=this report is too wordy)* denne rapporten er for ordrik; **2.** *neds:* ordgyteri *n.*
wording [ˌwə:diŋ] *s* **1.** ordlyd; **2.** formulering; språklig utforming; ***any of us may be guilty of clumsy wording*** noen hver av oss kan komme til å formulere oss klossete; ***in this case the wording can be improved if the complement is moved forward in the sentence*** her kan formuleringen reddes hvis komplementet flyttes lenger frem i setningen.
word of honour æresord; ***I give you my word of honour*** jeg gir deg mitt æresord.
word order *gram:* ordstilling.
word-perfect [ˌwə:dˌpə:fikt; *attributivt:* ˌwə:d'pə:fikt] *(,US: letter-perfect) adj:* ***be word-perfect*** kunne noe helt feilfritt (*el.* ordrett).
wordplay [ˌwə:d'plei] *s(=play on words)* ordspill; lek med ord *n.*
word processor [ˌwə:d'prousesə; 'wə:dˌprousesə] *s(ofte fk WP* ['wi:ˌpi:]*)* tekstbehandlingsmaskin.
word puzzle bokstavgåte.
word spacer *typ:* ordskiller.
word-splitting [ˌwə:d'splitiŋ] *s(=hairsplitting)* ordkløveri.
wordy [ˌwə:di] *adj(=verbose)* ordrik; som inneholder for mange ord *n (fx speech; essay); (jvf voluble).*
wore [wɔ:] *pret av II. wear.*
I. work [wə:k] *s* **1.** arbeid *n;* verk *n (fx the works of Dickens);* ***preliminary work*** forarbeid; ***collected works*** samlede verker; ***his literary works*** hans litterære verker; hans forfatterskap; ***work of reference*** oppslagsverk; ***he did my work*** han gjorde arbeidet mitt; *fig:* ***do all the hard work*** trekke lasset; ta det tyngste løftet; ***willing hands make light work*** lysten driver verket; ***it's all my own work*** det er mitt eget verk; ***it was the work of a moment*** det var gjort på et øyeblikk; ***it's the work of vandals*** det er vandalers verk; ***these sentences are unmistakably the work of a non-native English speaker*** disse setningene bærer et umiskjennelig preg av ikke å ha blitt skrevet av en person med engelsk som morsmål; ***be out of work****(=be out of a job; be unemployed)* være arbeidsløs; ***work is the real recipe for happiness****(=work (is what) makes life enjoyable)* arbeid gjør livet verdt å leve; ***he got the work going****(=moving (along))* han fikk arbeidet i gang; ***at work*** 1. på arbeidet; 2. i arbeid; ***he's at work on a new novel*** han arbeider på (*el.* med) en ny roman; ***don't disturb me at my work!****(=let me have some peace while I'm working!)* ikke forstyrr meg i arbeidet! ***set to work*** gå i gang (*on* med); ***start work*** begynne å arbeide; **2***(=place of work)* arbeid(ssted) *n;* ***at work*** på arbeidet; ***commute to work*** pendle til arbeidet; ***I got to work very late*** jeg kom meget sent på arbeidet; ***get late to work****(= arrive late for work)* komme for sent på arbeidet; ***go to work*** gå på arbeidet; ***be in and out of work*** ha bare tilfeldige jobber; ***he left work at 4.30pm*** han gikk fra arbeidet klokken 4.30;
3.: ***works*** 1. verk *n (fx a gasworks);* 2*(=factory; plant)* anlegg *n;* 3. mekanisme; verk *n (fx a clockworks);* 4. *bibl:* gjerninger *(fx the devil and all his works);* ***good works*** gode gjerninger; 5.: ***public works*** offentlige arbeider; 6. **T:** ***give sby the works****(=give sby the full treatment)* la en få gjennomgå; 7. **T:** ***the whole works****(=all of it;* **T:** *the whole caboodle)* hele greia; det hele; *(se spanner 2: throw a work in the works);*
4. *fig:* ***it's all in a day's work*** det hører med (til jobben); det er slikt som hører med;
5. *fig:* ***have one's work cut out*** stå foran en vanskelig oppgave; ***he'll have his work cut out to finish the job in time*** han får sin fulle hyre med å bli ferdig tidsnok;
6. *fig:* ***make short work of sby*** gjøre kort prosess med en;
7. *fig:* ***go the right way to work*** gripe saken riktig an.
II. work *vb* **1.** *også fig:* arbeide (*for* for) *(fx work hard; work well; work for sby);* ***work long hours*** ha lang arbeidstid;
2. bearbeide; arbeide med; ***work the dough*** kna deigen;
3. forarbeide (*into* til) *(fx flint into tools);*
4*(=embroider)* brodere *(fx flowers on a dress);*
5. *om patent:* utnytte; gjøre bruk av;
6. *maskin, gård, gruve:* drive; ***not working*** ute av drift;
7*(=operate)* betjene *(fx a machine);* ***the lifts don't work at night*** heisene går ikke om natten;
8*(=drive)* drive; ***he worked us hard*** han drev oss hardt;
9. *om sportsfisker:* ***work a stream*** fiske i en elv;
10. *om salgsrepresentant:* arbeide i *(fx work Surrey);* ta for seg *(fx both sides of the street);*
11. virke; fungere *(fx show me how the machine works);* ***if my plan works*** hvis planen min virker (som den skal); ***I don't think it'll work*** jeg tror ikke det går; ***the way it works is this: if you want to …*** *(,***T:** *the way it works is, if you want to …)* det virker slik at hvis du vil …; ***but it won't automatically work under English conditions*** men dette kan ikke uten videre overføres på engelske forhold; *(jvf 28: work out 4);*
12. bevirke *(fx time has worked(=brought about) many changes);* utrette; ***this worked wonders*** dette gjorde underverker; ***work****(=arrange)* ***it so that …*** ordne det slik at …; få det til slik at …;
13. *fig(=mature)* modnes; ***let the idea work in their minds*** la det (*el.* tanken) modnes hos dem;
14. *om bolt, mutter, etc:* ***work loose*** løsne;
15. *mar:* ***work one's passage*** arbeide seg over;
16.: ***work one's way out of*** arbeide seg ut av;
17.: ***work one's way up****(=come up the hard way)* arbeide seg opp;
18.: ***work oneself free****(=extricate oneself)* arbeide seg løs; komme seg fri; komme løs;
19.: ***work oneself into a towering rage*** arbeide seg opp til et voldsomt raseri; *(jvf 33, 4);*
20.: ***work at****(=work on)* 1. arbeide på (*el.* med); ***I've been working at these figures*** jeg har regnet på disse tallene *n;* 2. *fig:* ***you must work at it*** du må arbeide (aktivt) med det; du må arbeide med deg selv (slik at du kan klare det); ***I'm working at it*** jeg gjør så godt jeg kan; jeg arbeider (aktivt) med meg selv; *(jvf 26: work on 1);*
21.: ***work by:*** *se 26: work on 2;*
22.: ***work down (,up)*** arbeide seg ned (,opp) *(fx the roots worked down between(=among) the stones);*
23.: ***work for*** 1. arbeide for *(fx work for what one*

*wants); **work for a cause*** arbeide for en sak; 2. *skolev:* lese til *(fx he's working(=studying) for an exam);*

24.: *work in* 1. *salve, etc:* gni inn; arbeide inn; 2. *fig(= include (in))* innarbeide; flette inn; ***work this incident into the book*** flette denne episoden inn i boken; 3.: ***work in(=with) wood*** arbeide i (*el.* med) tre; 4.: ***language to be worked in****(=working language)* arbeidsspråk; 5. finne tid til; passe inn *(fx I'll work this job in during the day);* finne plass for; innarbeide; 6*(=ride in)* ri inn *(fx a horse);*

25.: *work off* 1. få utløp for *(fx one's anger);* arbeide av seg *(fx some of one's excess energy);* 2.: ***work off some of the debt*** arbeide av (noe) på gjelden; ***work off the****(=one's)* ***debt*** nedbetale (hele) gjelden ved å arbeide; 3*(=run on)* bli drevet med; gå med; ***work off batteries*** gå med batterier *n;*

26.: *work on* 1. arbeide med (*el.* på) *(fx a car);* ***we'll keep working on this*** vi skal arbeide videre med dette (problemet); *(jvf **20:** work at 1);* 2*(=work by; operate on)* arbeide med *(fx this welding torch works on acetylene);* 3. *fig:* forsøke å overtale; bearbeide *(fx I'm working on him);* 4. *fig(=go on):* ***we've no clues to work on*** vi har ingenting å gå (*el.* arbeide) etter;

27.: *work open* lirke opp *(fx a door);*

28.: *work out* 1. få (lirket) ut *(fx a nail out of one's shoe);* 2.: ***work its way out*** verke ut *(fx the splinter he'd got in his finger worked its way out);* 3. utarbeide *(fx an agreement; a plan);* ***work out in detail*** utarbeide i detalj; utpensle; 4. drive hardgym; 5. regne ut;*(= convert)* omregne; ***I worked out the sum in my head****(=I did it in my head)* jeg regnet det ut i hodet; 6. *om regnestykke:* gå opp *(fx it (,the sum) won't work out); (jvf 7: that's unlikely to work out);* 7. ordne seg; bli bra; gå (bra); ***that's unlikely to work out*** 1. det går nok ikke (som man har tenkt); 2. det regnestykket går nok ikke opp; ***work out badly****(=turn out badly; go badly)* gå dårlig *(fx for sby);* ***do you think it'll work out?****(=do you think it's going to be all right?)* tror du det går bra? ***it worked****(= turned)* ***out all right on its own****(=it sorted itself out)* det gikk i orden av seg selv; ***it'll all work out in the end*** alt kommer til å ordne seg til slutt; ***but life doesn't work (out) that way*** men slik går det ikke i livet; ***their marriage didn't work out*** ekteskapet deres gikk ikke; ***things will work themselves out*** det kommer til å ordne seg; 8. finne ut; regne ut; finne ut av *(fx I can't work out how many should be left);* 9. *mht. utgifter:* bli *(fx it'll work out expensive);* 10.: ***work out one's notice*** stå oppsigelsestiden ut;

29.: *work over* 1. gå grundig over; 2. **T***(=beat up)* jule opp; 3. **US***(=revise)* omarbeide; bearbeide på nytt;

30.: *work (one's way) through* arbeide (seg) igjennom; ***he still hasn't worked through his grief*** han har ennå ikke fått bearbeidet sorgen;

31.: *work one's fingers to the bone* slite livet av seg;

32.: *work to* 1. arbeide etter *(fx a plan);* 2. *teat, etc:* ***work to a live audience*** opptre for et levende publikum; 3. *om arbeidstager:* ***work to rule*** holde seg strengt til arbeidsreglementet; *(jvf work-to-rule);*

33.: *work up* 1. opparbeide *(fx I can't work (,**T:** get) up any enthusiasm for this project);* ***work up an appetite*** opparbeide appetitt; ***work up a feeling for*** opparbeide en stemning for; ***work up a sweat*** holde på til man blir svett; ***work****(=build)* ***up a good lead over*** opparbeide en stor ledelse over; 2*(=process)* bearbeide; forarbeide *(fx sth); (jvf 3 & working-up);* 3. *om skjørt, etc:* gli opp; 4. hisse opp *(fx she worked herself up into a fury); (se worked up);* 5*(=build up)* arbeide opp *(fx a business);*

34.: *work up to* 1. arbeide seg opp til *(fx the more difficult exercises);* 2. stige til *(fx a climax);*

35.: *work with* 1. arbeide med *(fx a tool);* 2*(=operate with)* operere med; arbeide med *(fx a small capital);* 3. samarbeide med; ***work closely with other teachers*** ha et nært samarbeid med andre lærere; ***people who work with foreign****(=other)* ***countries*** folk *(n)* som arbeider med utenlandske forbindelser; **T:** folk som jobber på utlandet.

workable [ˌwəːkəbl] *adj* **1***(=practicable)* gjennomførbar *(fx plan);* **2.** bearbeidelig; *(jvf machinable);* **3.** *min; om forekomst:* drivverdig.

workaday [ˌwəːkəˈdei] *adj* **1***(=everyday)* hverdags-; **2***(=prosaic; ordinary)* prosaisk; ordinær.

workaholic [ˈwəːkəˌhɔlik] *s* **T***(=work junkie)* arbeidsnarkoman.

work area*(=working area)* arbeidsområde; arbeidsplass.

workbench [ˌwəːkˈbentʃ] *s:* arbeidsbenk.

workbook [ˌwəːkˈbuk] *s; skolev:* arbeidsbok.

workbox [ˌwəːkˈbɔks] *s:* syskrin.

work colleague arbeidskollega.

workday [ˌwəːkˈdei] *s* **US:** *se working day.*

worked out *(,attributivt: worked-out)* [ˈwəːktˌaut; *attributivt:* ˌwəːktˈaut] *adj:* utregnet; oppstilt; ***a fully worked out sum*** et ferdig oppstilt regnestykke.

worked up *(,attributivt: worked-up)* [ˈwəːktˌʌp; *attributivt:* ˌwəːktˈʌp] *adj* **1.** bearbeidet; forarbeidet; **2***(=excited)* opphisset; ***don't get all worked up!*** hiss deg ned!

worker [ˌwəːkə] *s* **1.** arbeider; arbeidstager; ***(un)skilled workers*** (u)faglærte arbeidere;

2.: *he's a real worker**(=he works really hard)* han arbeider virkelig hardt.

worker ant *zo:* arbeidsmaur.

Workers' Educational Association *(fk WEA):* ***the Workers' Educational Association*** *tilsvarer:* Arbeidernes Opplysningsforbund *(fk* AOF).

work ethic arbeidsmoral.

work experience [ˌwəːkiksˈpiəriəns] *s:* yrkeserfaring; *skolev:* ***they did work experience there through their school*** de var utplassert der gjennom skolen.

workfare [ˌwəːkˈfɛə] *s* **US:** arbeidsledighetstrygd.

workforce [ˌwəːkˈfɔːs] *s* **1.** *i bedrift(=(working) staff)* arbeidsstokk; **2.** arbeidende befolkning *(fx the country's workforce is growing rapidly).*

workhorse [ˌwəːkˈhɔːs] *s* **1***(=farm horse)* arbeidshest; **2.** *om person* **T:** arbeidshest (i foretagende, etc); ***he's the workhorse*** han er den som drar lasset.

workhouse [ˌwəːkˈhaus] *s; hist:* fattighus.

I. working [ˌwəːkiŋ] *s* **1.** arbeid *n;* drift *(fx electric working);* gange *(fx the smooth working of a machine);* ***resume normal working*** gå tilbake til normal drift;

2. forarbeidelse; bearbeidelse; bearbeiding;

3.: *workings* 1. gruveganger; utgravinger; 2. *mat.:* utregninger; 3. virkemåte; måte noe fungerer på; ***supervise the workings of one's department*** ha oppsyn med arbeidet i sin avdeling.

II. working *adj* **1.** arbeids-, drifts-; driftsmessig;

2. arbeidende; som arbeider *(fx woman);*

3. brukbar *(fx knowledge of French).*

working area [ˌwəːkiŋˈɛəriə] *s:* arbeidsområde.

working capital [ˈwəːkiŋ ˌkæpitlˈ ˌwəːkiŋˈkæpitl] *s:* arbeidskapital; driftskapital.

I. working class [ˈwəːkiŋˌklɑːs; ˌwəːkiŋˈklɑːs] *s:* arbeiderklasse.

II. working-class [ˈwəːkiŋˌklɑːs; ˌwəːkiŋˈklɑːs; *attributivt:* ˌwəːkiŋˈklɑːs] *adj:* arbeiderklasse-; typisk for arbeiderklassen *(fx his attitudes are very working -class);* ***he's working-class*** han tilhører arbeiderklassen.

working committee [ˌwəːkiŋkəˈmitiː] *s:* arbeidsutvalg.

working conditions [ˌwəːkiŋkənˈdiʃənz] *s; pl*

1. arbeidsforhold; ***ensure adequate working conditions*** sikre hensiktsmessige arbeidsforhold;

2*(=running conditions)* driftsforhold.

working couple [ˌwəːkiŋˈkʌpl] *s:* yrkesektepar; *(jvf professional couple).*

working day [ˌwə:kiŋ'dei] *s(*,**US:** *workday)* arbeidsdag.
working document [ˌwə:kiŋ'dɔkjumənt] *s:* arbeidsdokument; *(jvf agenda papers).*
working drawing [ˌwə:kiŋˌdrɔ:iŋ; ˌwə:kiŋ'drɔ:iŋ] *s(= workshop drawing)* arbeidstegning.
working environment [ˌwə:kiŋin'vairənmənt] *s:* arbeidsmiljø; ***improved working environment*** bedre arbeidsmiljø.
working expenses [ˌwə:kiŋiks'pensiz] *s; pl; merk (= running expenses; operational expenses)* driftsutgifter; driftsomkostninger; driftskostnader.
working group [ˌwə:kiŋ'gru:p] *s:* arbeidsgruppe.
working hours [ˌwə:kiŋ'auəz] *s; pl:* arbeidstid; ***after working hours****(=after hours)* etter arbeidstid.
working knowledge [ˌwə:kiŋˌnɔlidʒ] *s:* ***have a working knowledge of French*** ha brukbare franskkunnskaper.
working language [ˌwə:kiŋ'læŋgwidʒ] *s(=language to be worked in)* arbeidsspråk.
working life [ˌwə:kiŋ'laif] *s* **1.** arbeidsliv; **2.** *maskindels, etc(=wear life)* levetid.
working lunch [ˌwə:kiŋ'lʌntʃ] *s:* arbeidslunsj.
working majority ['wə:kiŋməˌdʒɔriti] *s:* beslutningsdyktig (,*parl:* regjeringsdyktig) flertall.
workingman [ˌwə:kiŋmən] *s:* arbeidsmann; arbeider; *(jvf workman).*
working order [ˌwə:kiŋ'ɔ:də] *s:* ***in (good) working order*** i (god) stand.
working-out ['wə:kiŋˌout] *s:* utarbeidelse; *(se II. work 28, 5).*
working party [ˌwə:kiŋ'pɑ:ti] *s:* arbeidsutvalg; ***a working party was set up*** det ble nedsatt et arbeidsutvalg.
working plan [ˌwə:kiŋ'plæn] *s* **1.** arbeidsprogram; **2.** *merk:* driftsplan.
working practices [ˌwə:kiŋ'præktisiz] *s(=working routines)* arbeidsrutiner.
working scholarship [ˌwə:kiŋ'skɔləʃip] *s; univ:* arbeidsstipend.
working staff [ˌwə:kiŋ'sta:f] *s* arbeidsstokk.
working title [ˌwə:kiŋˌtaitl; ˌwə:kiŋ'taitl] *s; boks el. films:* arbeidstittel.
working week *(*,**US:** *workweek)* arbeidsuke.
working woman [ˌwə:kiŋˌwumən; ˌwə:kiŋ'wumən] *s* **1.** arbeidskvinne; **2.** *evf(=prostitute)* prostituert.
workload [ˌwə:k'loud] *s* **1.** *mask:* arbeidsbelastning; **2***(=burden of work)* arbeidsbyrde.
workman [ˌwə:kmən] *s* **1.** arbeider; håndverker; **2.:** ***a bad workman*** en som gjør dårlig arbeid.
workmanlike [ˌwə:kmən'laik] *adj:* fagmessig; ***done in a good workmanlike manner*** utført på en god og fagmessig måte.
workmanship [ˌwə:kmən'ʃip] *s:* fagmessighet; faglig dyktighet; ***first-class workmanship*** fagmessig utførelse; ***a superb piece of workmanship*** et utsøkt arbeid.
workmate [ˌwə:k'meit] *s* **T:** arbeidskamerat.
work of art kunstverk.
workout [ˌwə:k'aut] *s* **1.** *sport:* treningsprogram; **2.** *gym* **T:** hardgym *(fx have a vigorous workout).*
workpeople [ˌwə:k'pi:pl] *s(=workers)* arbeidere.
work permit arbeidstillatelse; ***a first-time work permit*** førstegangs arbeidstillatelse.
workpiece [ˌwə:k'pi:s] *s:* arbeidsstykke.
work-place [ˌwə:k'pleis] *s(=place of work)* arbeidsplass.
work priority: ***decide work priority*** prioritere arbeidsoppgavene.
works access *oppslag:* ***works access only*** bare for anleggstrafikk; *(jvf works traffic).*
works committee bedriftsforsamling.
works doctor bedriftslege.
works engineer driftsingeniør.
work schedule arbeidsplan; *(se I. schedule 1).*
work sheet 1. arbeidsseddel; arbeidsordre; **2.** *skolev:* ark med arbeidsoppgaver.
workshop [ˌwə:k'ʃɔp] *s:* verksted.
workshop drawing arbeidstegning.
workshy [ˌwə:k'ʃai] *adj:* arbeidssky.
works manager *merk:* driftsleder; verksmester.
(works) management driftsledelse; bedriftsledelse.
works traffic anleggstrafikk; *(jvf works access).*
worktable [ˌwə:k'teibl] *s* **1.** arbeidsbord; **2.** sybord.
worktop [ˌwə:k'tɔp] *s:* arbeidsplate; benkeplate.
work-to-rule ['wə:ktəˌru:l] *s:* streng overholdelse av arbeidsreglementet, slik at forsinkelser oppstår.
world [ˌwə:ld] *s* **1.** *også fig:* verden; ***the animal world*** dyrenes verden; ***all over the world*** over hele verden; ***man of the world*** verdensmann; ***part of the world*** verdensdel; ***now that my children are out in the world*** nå da barna *(n)* mine er ute av redet; ***it's not the end of the world!*** det er da ikke 'så langt (heller)! ***he's the world's worst cook*** han er verdens verste kokk!
2.: ***they're worlds apart*** de er fullstendig ulike; ***he moves in a world apart*** han lever i sin egen verden;
3.: ***he's not long for this world****(=he hasn't long to live)* han har ikke lenge igjen (å leve);
4.: ***he's come****(=gone)* ***down in the world*** det har gått utforbakke med ham; ***he's risen****(=gone up)* ***in the world*** det har gått bra for ham; han har gjort det bra;
5. *stivt:* ***bring into the world****(=give birth to)* sette til verden; ***come into the world****(=be born)* komme til verden;
6. T: ***it makes a world of difference****(=it makes an enormous difference)* det gjør en meget stor forskjell; ***it did him a world of good****(=it certainly did him a lot of good)* det hadde han meget godt av; ***she thinks the world of you****(=she certainly thinks a lot of you)* hun setter deg meget høyt;
7.: ***have the best of both worlds*** ha det beste av to verdener; ha det så godt som noen kunne ønske å ha det; ***want the best of two worlds*** ville ha det beste av alt;
8.: ***dead to the world****(=fast asleep)* tapt for denne verden;
9. T: ***it looked for all the world as if he was going to win****(=it certainly looked as if he was going to win)* det så virkelig ut som om han skulle vinne;
10.: ***not for the world*** ikke for alt i verden;
11. T: ***out of this world****(=absolutely fantastic)* helt fantastisk *(fx her cooking is just out of this world);*
12.: ***what in the world …?*** hva i all verden …?
13. T: ***be on top of the world*** være i perlehumør; være i den sjuende himmel.
world affairs *pl:* ***at the heart of world affairs*** i verdensbegivenhetenes sentrum *n.*
world champion*(*,**US:** *world's champion) sport:* verdensmester; ***England****(=the English team)* ***are (the) world champions*** det engelske laget er verdensmestere.
world championship*(*,**US:** *world's championship) sport:* verdensmesterskap; ***the world championship in skating*** verdensmesterskapet på skøyter; *(jvf world title).*
world class *sport:* verdensklasse.
world-class [ˌwə:ld'klɑ:s] *adj; sport:* av verdensklasse; i verdensklasse(n) *(fx a world-class high jumper).*
World Cup *sport:* verdensmesterskap; VM; ***reach****(= get as far as)* ***the World Cup finals in football*** nå sluttspillet i VM i fotball.
World Fair*(=world exhibition)* verdensutstilling.
world fame*(=worldwide fame)* verdensberømmelse; verdensry; ***of world fame****(=world-famous)* verdensberømt.
world-famous ['wə:ldˌfeiməs; *attributivt:* ˌwə:ld'feiməs] *adj:* verdensberømt; ***a world-famous person*** en verdensberømthet.
World Health Organization: ***the World Health Organization****(=the WHO)* Verdens helseorganisasjon.

world history verdenshistorie.
world importance: ***event of world importance*** verdensbegivenhet.
worldliness [ˌwə:ldlinəs] *s:* verdslighet.
worldly [ˌwə:ldli] *adj:* verdslig *(fx worldly pleasures).*
worldly-wise [ˈwə:ldliˌwaiz; *attributivt:* ˌwə:ldliˈwaiz] *adj:* verdensklok.
world order verdensorden; ***a new economic (world) order*** en ny økonomisk verdensorden.
world peace verdensfred; ***make an effort for world peace*** gjøre en innsats (*el.* slå et slag) for verdensfreden.
world picture *(,***US** *også: world view)* verdensbilde.
world power verdensmakt.
world record *(,***US:** *world's record)* verdensrekord; ***set up a world record*** sette verdensrekord.
world sense: ***in a world sense*** i global sammenheng.
world's best *s & adj:* verdens beste; ***a world's best performance*** en prestasjon som er verdens beste.
world spirit*(=spirit of the universe)* verdensånd.
world title *sport:* verdensmestertittel; tittel som verdensmester; ***contend for the world title*** kjempe om verdensmesterskapet; *(jvf world championship).*
world tour*(=journey round the world)* reise jorden rundt.
world trade verdenshandelen.
world war verdenskrig; ***World War One****(=the First World War; World War I; the Great War)* den første verdenskrig.
world-weary [ˌwə:ldˈwiəri] *adj: litt.(=tired of life)* livstrett.
worldwide [ˌwə:ldˈwaid; ˈwə:ldˌwaid; *attributivt:* ˌwə:ldˈwaid] **1.** *adj(=world-embracing)* verdensomspennende *(fx markets);*
2. *adv(=all over the world)* over hele verden *(fx it's sold worldwide).*
worldwide fame verdensberømmelse.
World Wide Fund for Nature *(fk WWFN):* ***the World Wide Fund for Nature*** Verdens Naturfond; *(se Wildlife Fund).*
I. worm [wə:m] *s* **1.** *zo:* mark; ***use worms as bait*** fiske med mark;
2. *zo:* orm; larve; ***(intestinal) worm*** innvollsorm; *ordspråk:* ***even a worm will turn*** det finnes grenser for hva man kan finne seg i;
3. *mask:* snekke; ***steering worm*** styresnekke; ***worm and sector*** snekke og rulle;
4. *mask(=screw thread)* skruegjenge;
5. ussel type; kryp *n.*
II. worm *vb* **1.** *vet:* gi ormekur *(fx worm a dog);*
2. *fisk:* ***worm for trout*** fiske ørret med mark;
3. T: ***worm one's way*** snike seg *(fx to the front of the crowd); neds:* ***he wormed his way into her affections****(=he ingratiated himself with her)* han innyndet seg hos henne;
4*(=coax):* ***worm sth out of sby*** lirke (*el.* lure) noe ut av en *(fx she wormed the secret out of him).*
worm-eaten [ˌwə:mˈi:tən] *adj:* markspist.
worm gear *mask* **1***(=worm drive)* snekkedrev; **2***(= worm wheel)* snekkehjul.
wormwood [ˌwə:mˈwud] *s; bot:* ***(common) wormwood*** malurt.
wormy [ˌwə:mi] *adj* **1.** full av mark *(fx flour);* **2***(=worm-eaten)* markspist; markstukken.
worn [wɔ:n] **1.** *perf.part. av II. wear;* **2.** *fig(=worn -out)* forslitt; seig(livet *(fx worn old dogmas).*
worn-out [ˈwɔ:nˌaut; *attributivt:* ˌwɔ:nˈaut] *adj*
1. *om ting:* utslitt;
2. *om person:* helt utslitt;
3. *fig:* forslitt *(fx excuse);* seig(livet) *(fx old dogma).*
worried [ˌwʌrid] *adj:* bekymret; ***that's got me worried****(=that worries me)* det bekymrer meg.
worrier [ˌwʌriə] *s:* person som stadig bekymrer seg over et eller annet *(fx he's a worrier).*
I. worry [ˌwʌri] *s:* bekymring *(fx be a constant (source of) worry to one's mother);* ***he has no worries about the future*** han har ingen bekymringer når det gjelder fremtiden; ***that's the least of my worries*** det er noe som bekymrer meg aller minst; ***it's a great worry to us all*** det er en stor bekymring for oss alle.
II. worry *vb* **1.** bekymre; bekymre seg; **T:** ***not to worry!****(=don't worry!)* ta det med ro! ***that didn't worry him*** det bekymret ham ikke; ***that doesn't worry me at all*** det har jeg et avslappet forhold til; ***that worries me****(=that's got me worried)* det bekymrer meg; ***she's had a lot to worry her*** hun har hatt mange bekymringer;
2. plage *(fx don't worry me just now – I'm busy!);* ***worry the life out of sby*** plage (*el.* mase) livet av en;
3. *stivt; om hund(,***T:** *be at)* jage; bite etter; plage *(fx the sheep);* ***the dog has been worrying my shoes again*** hunden har herjet med skoene mine igjen.
worrying [ˌwʌriiŋ] *adj:* bekymringsfull; foruroligende; ***an extremely worrying condition*** en ytterst foruroligende tilstand.
I. worse [wə:s] *s:* ***a change for the worse*** en forandring til det verre; ***things are going from bad to worse for the firm*** det blir bare verre og verre for firmaet; ***worse was to come*** det skulle bli verre; ***and there's worse to come*** og verre vil det bli; ***should there be a turn for the worse*** hvis det skulle oppstå en forverring.
II. worse *adj(komp av bad)* **1.** verre; dårligere *(fx his chances of winning are worse than mine; I feel worse today than I did yesterday);* ***worse than ever*** verre enn noensinne; ***it could have been worse!*** det kunne vært verre! ***get worse*** bli verre; ***make worse*** forverre; ***make things****(=matters)* ***worse****(=make bad worse)* gjøre galt verre;
2. *stivt:* ***he'll be the worse for it some day****(=he'll suffer for it some day)* han får svi for det en (vakker) dag; ***the child was none the worse for being left out in the cold*** barnet hadde ikke tatt skade av å ha blitt etterlatt ute i kulda; **T:** ***be the worse for drink****(=be drunk)* være full; **T:** ***look a bit the worse for wear****(,***T:** *look a bit groggy)* se litt medtatt ut *(fx after last night's party);* ***for better or for worse*** på godt og vondt; ***I don't think any the worse of you*** jeg liker deg ikke dårligere for det (*el.* av den grunn).
III. worse *adv(komp av badly)* verre; ***she behaves worse than ever*** hun oppfører seg verre enn noensinne; ***you might do worseworse than (to) marry him*** du kunne få en verre mann enn ham.
worse off *adj:* verre stilt; ***we're now worse off than before*** vi er nå verre stilt enn før.
worsen [ˌwə:sn] *vb* **1***(=make worse)* gjøre verre; **2***(= become worse)* bli verre; forverres; forverre seg.
worsening [ˌwə:sniŋ] *s:* forverring.
I. worship [ˌwə:ˈʃip] *s* **1.** *også fig:* dyrkelse; tilbedelse; ***ancestor worship*** anedyrkelse; ***worship of God****(=divine worship)* gudsdyrkelse; ***image worship*** billeddyrking; ***acts of worship*** kultiske handlinger (*el.* seremonier); ***(form of) worship*** kult(us); (form for) religionsutøvelse; ***freedom of worship*** fri religionsutøvelse; ***place of worship*** 1. kultsted; kultminne; 2*(=house of God)* gudshus; ***rites of worship*** religiøse riter;
2. *tittel til fx fredsdommer og enkelte borgermestere:* ***Your Worship*** *kan fx gjengis* 1. herr dommer; 2. Deres nåde; ***His Worship the Mayor of Chester*** hans nåde, borgermesteren av Chester.
II. worship *vb* **1.** dyrke; tilbe;
2. T*(=adore)* tilbe; forgude;
3. *stivt:* ***he worships every Sunday****(=he goes to church every Sunday)* han går i kirken hver søndag.
worshipful [ˌwə:ʃipful] *adj* **1.** *glds(=respectful)* ærbødig;
2. *som del av tittel til fx fredsdommer, enkelte borgermestere, gamle handelsselskaper i City of London:* velaktet; æret; ***the worshipful*** den ærede *(fx the Wor-*

shipful Mayor of Oxbridge; the Right Worshipful Mr Jones).

worshipper [ˌwəːˈʃipə] *s* **1.** *i sms:* -tilbeder *(fx sun worshipper);* **2.** *stivt(=churchgoer)* kirkegjenger; ***devout worshippers*** fromme kirkegjengere.

I. worst [wəːst] *s: **the worst*** det verste; ***that's the worst of keeping rabbits*** det er det verste ved å holde kaniner; ***be prepared for the worst*** være forberedt på det verste; ***the worst of it is that …*** det verste av det hele er at …; ***we're over(=past) the worst of it*** vi er over det verste; ***he got the worst of the argument*** han trakk det korteste strå i diskusjonen; ***do one's worst*** gjøre all den skade man kan; ***do your worst!*** bare gjør det, du! ***tell me the worst!*** si meg det som det er! ***he's the worst I've ever known for getting people's names wrong*** han er den verste jeg noen gang har kjent når det gjelder å ta feil av folks navn; ***at worst*** i verste fall; ***at one's worst*** på sitt verste; ***if the worst comes to the worst*** om det verste skulle skje; ***get the worst of it*** trekke det korteste strå.

II. worst *vb; stivt(=defeat)* beseire; vinne over.

III. worst *adj(superl av bad)* verst; dårligst; ***the worst film of the three*** den dårligste av de tre filmene.

IV. worst *adv(superl av badly)* verst; dårligst; ***he sings worst of all*** han synger dårligst av alle.

worsted [ˌwustid] *s; tekstil:* kamgarn.

worst-off [ˌwəːstˈɔf] *adj:* verst stilt.

-wort [wəːt] *i sms; ofte:* -urt; ***salt-wort*** sodaurt.

I. worth [wəːθ] *s* **1.** verdi; ***artistic worth*** kunstnerisk gehalt; ***human worth*** menneskeverd; ***of little worth*** av liten verdi;
2.: ***fifty pounds' worth of tickets*** billetter for femti pund; ***£200 worth of goods****(=two hundred pounds' worth of goods)* varer for £200; *fig:* ***get one's money's worth****(=get value for one's money)* få valuta for pengene.

II. worth *adj:* verdt; verd; ***it's worth the money*** det er pengene verdt; ***it was well worth the effort*** det var vel verdt innsatsen; ***worth considering****(=worth thinking about)* verdt å overveie (*el.* tenke på); ***this book's worth reading*** denne boken er det vel verdt å lese; ***worth (one's) while*** bryet verdt; umaken verdt; ***not worth (while) having*** ikke noe å samle på; ***we'll make it worth your while*** vi skal sørge for at du ikke taper på det; *(se worthwhile);* **T:** ***for all one is worth*** alt hva man kan; av alle krefter; ***for what it's worth*** for det det måtte være verdt; dårlig som den (,det) er; ***his house, for what it's worth****(=his house, poor though it is)* huset hans, enda så dårlig som det er; ***I'm telling you this for what it's worth*** jeg kan ikke innestå for riktigheten av det jeg her forteller deg; ***it's as much as my job's worth*** det kan koste meg jobben.

worthiness [ˌwəːðinəs] *s* **1***(=respectability)* respektabilitet; **2.** *om sak:* fortjenstfullhet.

worthless [ˌwəːθləs] *adj(=of no value)* verdiløs.

worthwhile [ˌwəːθˌwail; *attributivt:* ˌwəːθˈwail] *adj:* som er bryet verdt; som lønner seg; ***a worthwhile cause*** en sak det lønner seg å kjempe for; ***he felt he was doing a worthwhile job*** han syntes han gjorde en brukbar jobb.

I. worthy [ˌwəːði] *s; lett glds el. spøkef:* storkar; ***the village worthies*** landsbyens fremste menn.

II. worthy *adj* **1.** *stivt(=deserving)* fortjenstfull; verdig *(fx opponent);*
2. *stivt(=worthy of respect)* som fortjener respekt; aktverdig;
3.: ***worthy of*** som fortjener; verdig; ***worthy of help*** verdig til å få hjelp; ***worthy of a better cause*** en bedre sak verdig; ***a performance worthy of a champion*** en forestilling som var en mester verdig; ***worthy of respect*** som fortjener respect; aktverdig.

would [wud] *pret av III. will.*

would-be [ˌwudˈbiː] *adj: **a would-be author*** en som gir seg ut for å være forfatter.

I. wound [wuːnd] *s; også fig:* sår *n;* ***surgical wound****(=operation wound)* operasjonssår; ***lick one's wounds*** slikke sine sår; ***open up old wounds*** rippe opp i gamle sår.

II. wound *vb; også fig:* såre; ***wound sby's vanity*** såre ens forfengelighet; *(se også wounded & wounding).*

III. wound [waund] *pret & perf.part. av III. wind.*

I. wounded [ˌwuːndid] *s: **the wounded*** de sårede.

II. wounded *adj:* såret *(fx soldier);* ***it's only wounded vanity*** det er bare såret forfengelighet.

wounding [ˌwuːndiŋ] *adj:* sårende; ***it was wounding to his pride****(=it wounded his pride)* det var sårende for hans stolthet.

woundwort [ˌwuːndˈwəːt] *s; bot:* svinerot; legevalurt.

wove [wouv] *pret av II. weave.*

woven [ˌwouvən] *perf.part. av II. weave.*

I. wow [wau] *s* **1. S***(=great success)* kjempesuksess;
2. *om lydforvrengning:* wow.

II. wow 1. *vb* **S***(=excite (the audience))* begeistre (publikum); **2.** *int:* oi; neimen; å; tjo hei.

I. wow-wow [ˌwauˈwau; ˌwauˌwau] *s; barnespråk(=dog; bow-wow)* vovvov.

II. wow-wow *vb(=bow-wow)* **1.** gjø; si vov-vov;
2. *int:* vov-vov.

WPC [ˌdʌbljuːˌpiːˌsi] *(fk f woman police constable) subst:* kvinnelig politikonstabel.

WRAC [ræk; ˈdʌbljuːˈɑːreiˌsiː] *(fk f Women's Royal Army Corps)* hærens kvinnekorps; ***a WRAC*** lotte i hæren.

wrack [ræk] *s; bot(=seawrack)* tang.

wraith [reiθ] *s* **1***(=ghost)* spøkelse *n;* skrømt *n;*
2. *sees før el. etter vedkommendes død:* dobbeltgjenger.

I. wrangle [ræŋgl] *s; neds(=quarrel)* krangel.

II. wrangle *vb; neds(=quarrel)* krangle; kjekle (*about, over* om).

wrangler [ˌræŋglə] *s* **1***(=quarrelsome person)* kranglefant; **2.** *univ; ved Cambridge:* person som har oppnådd laud til embetseksamen i matematikk.

I. wrap [ræp] *s* **1.** *sj(=shawl)* sjal *n;*
2. T: ***keep sth under wraps****(=keep sth (a) secret)* holde noe hemmelig.

II. wrap *vb* **1.** vikle (*round* rundt); ***wrap sby round one's little finger*** vikle en rundt lillefingeren;
2.: ***wrap (up)*** 1. pakke inn; tulle inn *(fx the baby in a warm shawl);* ***wrapped in*** innhyllet i *(fx a cloak);* 2. **S:** ***wrap up!****(=shut up!)* hold kjeft!
3. *fig:* ***wrap in****(=surround with)* omgi med; ***wrapped in****(=surrounded by)* 1. omgitt med; 2.: ***wrapped in mystery*** omgitt av mystikk; ***be wrapped up in****(=be engrossed in)* være oppslukt av; gå helt opp i *(fx one's work);* ***wrapped up in oneself****(=self-centred)* selvopptatt.

wraparound [ˌræpəˈraund] *s* **1.** *EDB(=word wrapping)* rundhopp; **2.** *gym:* kjempesleng.

wraparound skirt*(=wrapover skirt)* omslagsskjørt.

wrapper [ˌræpə] *s* **1.** papiromslag; innpakning; ***newspaper wrapper*** avisomslag; *post:* ***item sent in a postal wrapper****(=item sent under open cover)* C-postsending; **2***(=dust jacket)* smussomslag.

wrapping [ˌræpiŋ] *s:* innpakning; ***Christmas wrapping*** julepapir; ***gift wrapping*** gavepapir.

wrapping paper innpakningspapir; ***brown wrapping paper*** brunt (innpaknings)papir; kraftpapir.

wrasse [ˌræs] *s; zo(=labrid)* leppefisk.

wrath [rɔ(ː)θ; **US:** ræθ] *s; litt.(=anger)* vrede.

wreak [riːk] *vb; stivt el. litt.:* ***wreak havoc****(=cause destruction)* forårsake ødeleggelse.

wreath [riːθ] *s(pl: wreaths* [riːðz; riːθs]*)* **1.** krans; ***wreath of flowers*** blomsterkrans; ***laurel wreath*** laurbærkrans; ***triumphal wreath****(=victory wreath)* seierskrans; *stivt:* ***the placing****(=laying)* ***of wreaths*** kransenedleggelse; ***lay a wreath on*** legge en krans på *(fx a coffin; sby's grave);* ***lay a wreath at a statue*** legge ned krans ved en statue; ***make a wreath*** flette (*el.* lage) en krans;

2. *stivt el. litt.(=curl):* ***wreaths of smoke*** røykspiraler.

wreathe [ri:ð] *vb* **1.** *litt.:* ***wreathe****(=make)* ***a garland*** flette en krans;

2. *litt.:* (be)kranse; ***wreathed****(=covered)* ***in flowers*** kranset med blomster;

3. *litt.(=curl)* sno seg;

4. *fig:* ***his face was wreathed****(=covered)* ***in smiles*** ansiktet hans var bare smil *n.*

wreath-laying [wri:θ'leiiŋ] *s(=laying of wreaths)* kransenedleggelse; ***the ceremony of wreath-laying*** kransenedleggelsesseremonien.

I. wreck [rek] *s* **1.** *mar:* vrak *n;*

2. T: vrak *(n)* (av en bil);

3. *fig:* vrak *n;* ***turn him into a physical and mental wreck*** gjøre ham til et fysisk og psykisk vrak.

II. wreck *vb* **1.** *mar:* ***be wrecked*** forlise;

2*(=damage; ruin)* gjøre skade på; ødelegge; ***wreck a marriage*** ødelegge et ekteskap; ***wreck one's life*** ødelegge livet sitt; ***you've wrecked my plans*** du har ødelagt planene mine.

wreckage [ˌrekidʒ] *s* **1.** vrakrester; vrakdeler; *av hus, etc:* ruiner; sørgelige rester; **2.** *litt.(=wrecking)* ødeleggelse; tilintetgjørelse *(fx of sby's dreams).*

wrecker [ˌrekə] *s* **1.** person som ødelegger ting;

2. bilopphogger;

3. US*(=breakdown lorry)* bergingsbil; kranbil;

4. nedrivningsentreprenør.

wren [ren] *s; zo:* gjerdesmett.

Wren *s* **T***(=member of the Women's Royal Naval Service)* medlem av Marinens kvinnekorps; **T:** lotte i marinen.

I. wrench [rentʃ] *s* **1***(=violent twist; violent pull)* voldsom vri; voldsomt rykk;

2*(=spanner)* nøkkel; ***(adjustable) wrench*** skiftenøkkel; ***monkey wrench*** universalnøkkel; ***socket wrench*** pipenøkkel; **US:** ***speed wrench****(=wheel brace)* hjulkryss;

3. *fig:* ***it will be a wrench to leave*** det blir vanskelig å rive seg løs og reise.

II. wrench *vb* **1.** *om brå bevegelse(=pull; twist)* rykke; vri *(fx sth out of sby's hand);* ***wrench the door open*** rive opp døra;

2. *med.; stivt(=sprain)* vrikke; forstue.

wrest [rest] *vb* **1.** *stivt(=twist)* vri *(fx sth from sby);* ***wrest****(=wring)* ***a confession from****(=out of)* ***sby*** fravriste en en tilståelse;

2. *litt.:* ***wrest a living from the stony soil****(=make a hard living from the stony soil)* fravriste den steinete jorda et levebrød.

I. wrestle [resl] *s;* **1.** *sport(=wrestling match; wrestling)* brytekamp; bryting;

2. *fig:* ***have a wrestle with sby*** kjempe med en.

II. wrestle *vb* **1.** *sport:* bryte (*with* med); ***he wrestled him to the ground*** han la ham i bakken; **2.** *fig:* ***wrestle with****(=struggle with)* kjempe med; slite med.

wrestler [ˌreslə] *s; sport:* bryter.

wrestling [ˌresliŋ] *s* **1.** *sport:* bryting;

2.: ***arm wrestling****(=elbow-wrestling):* ***do arm wrestling with sby*** bryte håndbak med en.

wretch [retʃ] *s* **1.** *glds el. stivt:* ***poor wretch****(=poor creature; poor thing)* stakkar;

2. *neds(=cheeky blighter)* frekkas; skurk.

wretched [ˌretʃid] *adj* **1***(=miserable)* elendig; ussel; ***in a wretched state*** i en elendig forfatning; **2.** *i utrop:* ***I've lost my wretched socks!*** jeg har mistet de elendige sokkene mine!

wretchedness [ˌretʃidnəs] *s(=misery)* elendighet; usselhet.

I. wriggle [rigl] *s:* vrikk *n.*

II. wriggle *vb* **1.** vrikke; bukte seg; **2.:** ***wriggle out of*** 1. vri seg ut av; 2. *fig(=get out of)* vri seg unna; komme seg ut av *(fx an awkward situation).*

I. wring [riŋ] *s:* ***give the clothes a wring****(=wring out the clothes)* vri ut klærne.

II. wring *vb(pret & perf.part.: wrung)* **1.:** ***wring (out)*** vri; vri ut (*of* av); vri opp; ***wring one's hands*** vri sine hender (i fortvilelse); **T:** ***wring sby's neck*** vri halsen om på en;

2. *fig:* fravriste; ***wring some information from****(=out of)* ***him*** vri noen opplysninger ut av ham; ***wring (money out of) sby*** vri penger ut av en; **T:** melke en; flå en.

wringer [ˌriŋə] *s; mask:* vrimaskin.

wringing wet *adj* **T***(=soaking wet)* dyvåt.

I. wrinkle [riŋkl] *s* **1.** rynke; **2. US** *& Canada; i tøy(=crease)* fold; rynke.

II. wrinkle *vb:* rynke; krølle; gjøre krøllete.

wrinkled [ˌriŋkəld] *adj* **1.** rynkete; skrukkete;

2. US *& Canada; om klær(=crushed; crumpled; creased)* krøllete; ***your dress is all wrinkled*** kjolen din er helt krøllete.

I. wrinkly [ˌriŋkli] *s* **S** *neds(=old person)* gammelt menneske; **S:** fossil *n.*

II. wrinkly *adj(=wrinkled)* rynkete; *(se wrinkled).*

wrist [rist] *s; anat:* håndledd; ***she slashed her wrists*** hun skar over pulsårene (sine).

wristband [ˌrist'bænd] *s:* ermelinning.

wrist loop *på skistav(=wrist strap;* **US:** *pole strap)* stropp; stavstropp.

wristwatch [ˌrist'wɔtʃ] *s:* armbåndsur.

wristwatch bracelet lenke til armbåndsur.

writ [rit] *s* **1.** *glds:* ***Holy Writ****(=the Bible)* Skriften;

2. *jur:* stevning; ***issue a writ against*** ta ut stevning mot; ***serve a writ on sby*** forkynne stevning for en.

write [rait] *vb(pret: wrote; perf. part.: written)* **1.** skrive; ***write neatly*** skrive pent; ***write****(=sign)* ***one's name*** skrive navnet sitt; ***write (out) a cheque*** skrive (ut) en sjekk; ***he writes for a living*** han lever av å skrive;

2.: ***write about*** 1. skrive om; **T:** ***it's nothing to write home about*** det er ikke noe større å skryte av; ***a lot is being written about …*** det skrives mye om …;

3.: ***write away for sth****(=send away(=off) for sth)* sende etter noe;

4.: ***write back*** 1. skrive tilbake; 2. *bokf:* tilbakeføre;

5.: ***write down*** 1. skrive opp (*el.* ned); 2. *økon:* skrive ned *(fx the pound);*

6.: ***write for*** 1. skrive etter *(fx more money);* 2. **T***(=apply for)* søke på *(fx a job);*

7.: ***write in*** 1. skrive med *(fx in pencil);* 2. *til radio, etc:* skrive inn *(fx to say one likes the programme);* 3. *i dokument, etc(=insert)* føye til;

8.: ***write off*** 1. *merk:* avskrive *(fx a loss);* skrive av; 2. kjøre til vrak *n;* 3.: ***write****(=send)* ***off for information*** skrive etter opplysninger;

9.: ***write on*** 1. skrive på *(fx write on this sheet);* 2.: ***write on top of the rough draft*** skrive over i kladden;

10.: ***write out*** 1*(=copy out)* skrive av (som straff); ***write it out from memory*** skrive det av etter hukommelsen; 2*(=make out)* skrive ut *(fx a cheque);* 3*(=copy out)* føre inn; renskrive; ***write the letter (out) again!*** skriv brevet om igjen! 4.: ***write oneself out*** skrive seg tom; 5.: ***write sby out of one's will*** utelukke en fra testamentet sitt;

11.: ***write (to) sby*** skrive til en; ***write a letter to sby*** skrive et brev til en;

12.: ***write up*** 1. renskrive *(fx one's notes);* 2. ajourføre *(fx a diary);* 3. *bokf:* føre inn; 4. *økon:* skrive opp *(fx the pound).*

write-back [ˌrait'bæk] *s; bokf:* tilbakeføring (*of* av).

write-down [ˌrait'daun] *s; merk:* nedskrivning; avskrivning.

write-off [ˌrait'ɔf] *s* **1.** *merk:* avskrivning; *(se write -down);* **2.** totalvrak *(fx his car's a write-off).*

writer [ˌraitə] *s* **1.** forfatter; skribent;

2.: ***the writer of the letter*** brevskriveren; ***the writer (of this letter)*** undertegnede;

3.: ***I'm a poor writer*** 1*(=I'm a poor correspondent)* jeg er en dårlig brevskriver; 2. jeg har en elendig håndskrift.
writer's cramp *med.:* skrivekrampe.
write-up [ˌrait'ʌp] *s:* ***good write-up*** **1***(=good review)* god anmeldelse; **2***(=supporting letter)* støtteskriv.
writhe [raið] *vb; stivt(=twist and turn):* ***writhe in agony*** vri seg av smerte.
writing [ˌraitiŋ] *s* **1.** skriving; skrivearbeid; forfatterskap *n;* forfattervirksomhet; ***good at writing*** flink til å skrive; skrivefør; ***take up writing as a career*** slå inn på forfatterbanen;
2*(=handwriting)* håndskrift *(fx I can't read his writing);*
3. skrift; ***writings*** skrifter; verker *n;* ***have it in writing*** ha det skriftlig; ***put it in writing*** sette det på trykk; *fig:* ***the writing on the wall*** skriften på veggen;
4*(=manner of writing)* stil *(fx good writing should be clear and direct);*
5. US: ***at (this) writing****(=at the time of writing)* når dette skrives.
writing-case [ˌraitiŋ'keis] *s:* skrivemappe.
(writing) desk skrivebord.
writing-down ['raitiŋˌdaun] *s; merk:* nedskrivning; ***writing-down of capital*** kapitalnedskrivning.
writing pad skriveblokk; ***spiral-bound writing pad*** spiralblokk.
writing paper*(=notepaper)* skrivepapir; brevpapir.
written [ˌritən] **1.** *perf.part. av write;* **2.** *adj:* skriftlig *(fx a written answer; a written exam).*
written character skrifttegn.
written language skriftspråk.
written word: ***the written word*** det skrevne ord.
I. wrong [rɔŋ] *s* **1.** urett; *ordspråk:* ***two wrongs don't make a right*** enda en urett fjerner ikke den første; ***he can do no wrong*** han er ufeilbarlig; ***do sby a wrong*** gjøre en en urett; ***do sby grievous wrong*** gjøre en blodig urett; ***you do him wrong to suggest that*** du gjør ham urett når du antyder at;
2. *jur:* rettsbrudd; ***civil wrong*** overgrep mot privatperson; ***public wrong*** forseelse mot det offentlige;
3.: ***be in the wrong*** ha urett; ta feil; ***he always puts me in the wrong*** han gir alltid meg skylden; han stiller alltid meg i et uheldig lys.
II. wrong *vb; stivt(=treat unfairly):* ***wrong sby*** forurette en; øve urett mot en; handle galt overfor en.
III. wrong *adj; motsatt riktig:* gal *(fx the wrong direction);* ***the wrong answer*** galt svar; *tlf:* ***you have the wrong number*** du har fått feil nummer *n;* ***that's the wrong one*** det er den gale; det er ikke den riktige; ***he went into the wrong room*** han gikk inn i galt værelse; ***go the wrong way*** gå (, kjøre) feil (*el.* i feil (*el.* gal) retning); ta feil av veien; ***on the wrong side of forty*** på den gale siden av førti; ***it's the wrong time to go there*** det er galt tidspunkt å dra dit på; ***he said (,did) the wrong thing*** han sa (,gjorde) noe galt; ***be wrong*** 1. være galt; 2*(=be mistaken)* ta feil; ha urett; ***you're not far wrong*** du tar ikke mye feil; ***be seriously wrong*** ta alvorlig feil; ***there's sth wrong here*** her er det noe som er galt; **T:** ***be wrong in the head*** ikke være riktig klok; ***it's wrong to steal****(=stealing is wrong)* det er galt å stjele; ***it would be wrong to say that he's lazy****(=I'll say this for him: he isn't lazy)* det ville være galt å kalle ham doven; ***I was wrong in thinking that …*** det var galt av meg å tro at …; ***that was wrong of me*** det var galt (gjort) av meg; ***you were wrong to do that*** det var galt av deg å gjøre det; ***what's wrong?*** hva er det som er galt? ***what's wrong with you?*** hva er det som er i veien med deg? ***I got the time all wrong*** jeg så feil på klokken.
IV. wrong *adv:* galt *(fx spell a name wrong; guess wrong);* ***you're doing it all wrong*** du gjør det helt galt; ***you did wrong to …*** du gjorde galt i å …; ***don't get me wrong*** ikke misforstå meg; ***he got the answer wrong****(=he misunderstood the answer)* han misforstod svaret; ***you must've got it wrong*** 1*(=you must have misunderstood)* du må ha misforstått; 2*(=you must have misheard)* du må ha hørt feil; ***get in wrong with sby****(=get into trouble with sby)* legge seg ut med en; ***go wrong*** 1. ta feil av veien; ***you can't go wrong*** det er ikke mulig for deg å ta feil av veien; du kan ikke ta feil; 2*(=make a mistake)* gjøre feil; 3. *om maskin, etc:* svikte; ***something went wrong with the gears*** det ble noe galt med giret; 4. *fig:* gå galt *(fx for sby);* **T:** skjære seg; ***what went wrong?*** hva var det som skar seg? ***something went badly wrong*** det var noe som gikk meget galt; ***it went all wrong*** det gikk helt galt; ***he didn't put a foot wrong*** han begikk ingen feil; ***they told you wrong****(=you've been wrongly informed)* du har fått gale opplysninger; *(se wrongly).*
wrong connection *tlf:* feilringning.
wrongdoer [ˌrɔŋ'du:ə] *s; stivt:* en som forser seg; en som gjør noe galt.
wrongdoing [ˌrɔŋ'du:iŋ] *s; stivt:* forseelse; forsyndelse.
wrong-foot [ˌrɔŋ'fut] *vb:* ***wrong-foot sby****(=catch sby off his guard)* komme overraskende på en; overraske en.
wrongful [ˌrɔŋful] *adj; stivt* **1***(=wrong; unjust)* gal; urettferdig;
2*(=unlawful)* urettmessig *(fx dismissal).*
wrong handling *av maskin, etc:* feilbetjening; feil bruk.
wronghead [ˌrɔŋ'hed] *s:* vrien person; **T:** vriompeis.
wrong-headed ['rɔŋˌhedid; *attributivt:* ˌrɔŋ'hedid] *adj(=very stubborn)* meget sta; påståelig (når det gjelder å fastholde noe som er galt); meget stri.
wrongly [ˌrɔŋli] *adv (jvf IV. wrong)* galt; på gal måte; ***he acted wrongly*** han handlet galt; ***book wrongly*** feilnotere (en bestilling); ***we calculated wrongly*** våre beregninger slo feil; ***wrongly addressed letter*** galt adressert brev *n;* ***a wrongly spelt word****(=a misspelt word)* et galt stavet ord; ***it was wrongly supposed that …*** det ble feilaktig antatt at …
wrong placing feilplassering.
wrote [rout] *pret av write.*
wrought [rɔ:t] *adj; glds el. stivt* **1.** smidd;
2. tilvirket; forarbeidet; ***highly wrought*** fint forarbeidet;
3. utsmykket; dekorert; ***silver-wrought*** sølvinnvirket; *(se wrought up).*
wrought iron smijern.
wrought-iron craftsman [ˌrɔ:t'aiənˌkrɑ:ftsmən] *s(=art metal worker)* kleinsmed.
wrought-iron gate [ˌrɔ:t'aiənˌgeit] *s:* smijernsport.
wrought up *(,attributivt: wrought-up)* ['rɔ:tˌʌp; *attributivt:* ˌrɔ:t'ʌp] *adj(=worked up)* opphisset; oppskaket.
wrung [rʌŋ] *pret & perf.part. av wring.*
wry [rai] *adj* **1.** *sj(=twisted; bent to one side)* skjev *(fx a wry neck);*
2.: ***make a wry face****(=pull a face)* gjøre en grimase; ***a wry smile*** et skjevt smil.
wryly [ˌraili] *adv:* skjevt *(fx he smiled wryly).*
wynd [waind] *s; skotsk(=narrow lane)* smug; trang gate.

X, x [eks] X, x; *tlf: **X for Xerxes*** X for Xerxes; ***capital X*** stor X; ***small x*** liten x; ***Mr X*** herr X; **T:** ***x number of*** masser av …; en hel masse …; ***x pounds*** x pund *n;* ***x marks the spot*** stedet er merket med en x.
X-certificate: *se X film.*
xenophobe [ˌzenəˈfoub] *s:* fremmedhater.
xenophobia [ˈzenəˌfoubiə] *s:* fremmedhat.
I. Xerox [ˌziərɔks] *s:* fotokopi.
II. xerox *vb:* fotokopiere *(fx have a letter xeroxed).*
X film *(=film with an X-certificate;* **US:** *X-rated film)* film forbudt for personer under 18 år *n.*
Xmas [ˌeksməs; ˌkrisməs] *s* **T***(=Christmas)* jul; *(se Christmas).*
I. X-ray [ˌeksˈrei] *s; med.* **1.** røntgenstråle; **2***(=X-ray photograph)* røntgenbilde; ***X-rays on the girl showed that …*** røntgenbilder av piken viste at …; ***read****(=scan)* ***an X-ray*** se på et røntgenbilde; ***go to hospital for an X-ray***dra til sykehuset for å få tatt et røntgenbilde; ***they took an X-ray of my arm*** de tok et røntgenbilde av armen min.
II. X-ray *vb; med.:* røntgenfotografere *(fx sby's arm).*
X-ray photograph *med.(=X-ray)* røntgenbilde.
X-ray therapy *med.:* røntgenterapi; røntgenbehandling.
X-word [ˌkrɔsˈwə:d] *s(=crossword (puzzle))* kryssord.
xylophone [ˌzailəˈfoun] *s; mus:* xylofon; ***finger xylophone*** fingerxylofon.

Y, y [wai] Y, y; *tlf: **Y for Yellow*** Y for yngling; ***capital Y*** stor Y; ***small y*** liten y.
yacht [jɔt] *s; mar:* yacht; lystyacht.
yacht club yachtklubb; seilerklubb.
yachting [ˌjɔtiŋ] *s; mar* **1.** seiling; **2.** *pres part: **go yachting*** seile.
yachtsman [ˌjɔtsmən] *s; mar:* seiler; lystseiler.
yah [jɑ:] *int* **1***(=yes)* ja; **2.** *foraktelig:* hø(h).
yak [jæk] *vb* **S***(=jabber)* skravle (i ett kjør).
Yalta [ˌjæltə] geogr: Jalta.
yam [jæm] *s; zo* **1.** yams(rot); **2. US***(=sweet potato)* søtpotet.
I. yank [jæŋk] **T** *1. s(=jerk)* rykk *n;* hardt napp.
II. yank *vb(=jerk)* rykke; nappe hardt; ***yank it out*** rive det (,den) ut.
Yank *s* **T***(=American)* amerikaner.
I. Yankee [ˌjæŋki:] *s* **T** *1(=American)* amerikaner; **2***(=inhabitant of the Northern US)* nordstatsamerikaner.
II. Yankee *adj; ofte neds* **T***(=American)* yankee-; amerikansk.
I. yap [jæp] *s: se Yuppie.*
I. yap [jæp] *s* **1.** bjeff *n;* **2. T***(=chatter)* skravl; ***it's been yap, yap, yap all day*** det har ikke vært noe annet enn prat opp og prat i mente hele dagen.
II. yap *vb* **1.** bjeffe; gneldre; **2***(=chatter)* skravle.
yappy [ˌjæpi] *adj* **1.** *om hund:* gneldrete; **2***(=chatty)* skravlete.
I. yard [jɑ:d] *s* **1.** *mål:* yard (ɔ: 0,914 m); **2.** *mar:* rå.
II. yard *s* **1***(=courtyard)* gård(splass);
2.: ***(poultry) yard****(=chicken run)* hønsegård;
3*(=railway yard)* jernbanetomt;
4. *forst: **timber yard**(,***US:** *lumber yard)* tømmeropplag(stomt);
5. *mar(=shipyard)* (skips)verft *n;*
6. US *også(=garden)* hage; ***front yard****(=front garden)* forhage;
7. T: ***the Yard*** Scotland Yard.
yardarm [ˌjɑ:dˈɑ:m] *s; mar:* rånokk.
yardstick [ˌjɑ:dˈstik] *s* **1.** yardstokk; **2.** *fig:* målestokk; ***apply the same yardstick to everybody*** skjære alle over én kam.
yarn [jɑ:n] *s* **1.** *av bomull el. syntetiske fibre:* garn *n;* ***cotton yarn*** bomullsgarn;
2. T*(=tall story; long story)* skipperskrøne; lang historie; ***spin a yarn*** spinne en ende; fortelle en skipperskrøne.
yarn reel garnvinde.
yarrel's blenny *zo:* hornkvabbe.
yarrow [ˌjærou] *s; bot(=milfoil)* ryllik.
yatter [ˌjætə] *vb* **T***(=chatter)* skravle.
I. yaw [jɔ:] *s; flyv & mar; avvik fra kursen:* gir.
II. yaw *vb; flyv & mar:* gire; *(jvf I. yaw).*
yawl [jɔ:l] *s; mar* **1.** yawl; **2.** *hist(=jolly boat)* skipsbåt.
I. yawn [jɔ:n] *s:* gjesp; ***he gave a yawn of sheer boredom*** han gjespet av lutter (*el.* bare) kjedsommelighet; ***stifle a yawn*** kvele en gjesp.
II. yawn *vb:* gjespe; ***yawn noisily*** gjespe høylytt; ***yawn wide*** gjespe stort; **T:** ***yawn one's head off*** gjespe kjeven av ledd *n.*
yawning [ˌjɔ:niŋ] *adj; stivt el. spøkef:* gapende *(fx a yawning hole in the road).*
yd [jɑ:d(z)] *(fk f yard(s))* yard.
I. ye [ji:; *trykksvakt:* ji] *pron; glds el. dial(=you)* dere.
II. ye [ði:; ji:] *best artikkel; glds; av og til beholdt i navn(=the): **Ye Olde Englishe Tea Shoppe.***
I. yea [jei] *s; parl: **the yeas and the nays*** ja- og neistemmene.
II. yea *adv* **1. T***(=yes)* ja; **2.** *glds(=indeed)* (ja,) sannelig.
yeah [jɛə] *adv* **T***(=yes)* ja.
year [jiə; jə:] *s* **1.** år *n;* ***a year*** 1. et år; 2*(=per annum; per year; annually)* i året; pr. år; ***a good year*** et godt år; et positivt år; ***a memorable year****(=a year to be remembered)* et merkeår; ***she's five years old*** hun er fem år gammel; ***this year*** i år; dette året; ***last year*** i fjor; ***this past****(=last)* ***year****(=in the past year)* i året som gikk; dette siste året; ***year after year****(=one year after another)* år etter år; ***for years (and years)*** 1. i årevis; 2. på mange år; på årevis; ***not for donkey's years*** ikke på mange herrens år; ***he stayed here for two years*** han var (*el.* ble) her i to år; ***we haven't seen him for five years*** vi har ikke sett ham på fem år; ***he's wise for his years*** han er klok for sin alder; ***his early years****(=his childhood; his boyhood)* barndommen hans; ***from year to year****(=from one year to the next)* fra år til år; år om annet; ***from his earliest years*** fra sin tidligste barndom; ***the following year****(=the year after; the next year)* året etter; ***in the following years****(=in later years)*

i årene som fulgte; i de påfølgende år; ***in a year, in a year's time*** om et år; om et års tid; ***the last few years of his life*** hans siste leveår; ***in the next few years****(=in the years to come)* i årene fremover; i årene som kommer; ***in the year 1969****(=in 1969)* i (året) 1969; ***year in, year out*** år ut og år inn; ***he's getting on in years*** han begynner å trekke på årene; ***in later years****(=later in life)* senere i livet; i årene som fulgte; ***in****(=during)* ***recent years****(=in the last(=past) few years)* i de senere år; de siste årene; ***next year*** neste år; ***the next year****(= the following year; the year after)* året etter; ***many years of experience****(=the experience of many years)* mange års erfaring; ***appointment for a term of years*** åremålsstilling; ***over the year****(=in the course of the year)* i årets løp; ***over the years*** i årenes løp; opp gjennom årene; ***over a period of 15 years*** i løpet av 15 år; ***all (the) year round, the whole year round****(,* **US:** *all year round; year-round)* (hele) året rundt; ***the whole year*** hele året; ***he got ten years*** han fikk ti år(s fengsel *n*); ***it takes years*** det tar mange år; ***they take years to serve anyone in this shop!*** det tar evigheter å bli ekspedert i denne butikken! ***it's taken years off her*** hun ser flere år yngre ut; ***with the passage****(=passing)* ***of the years*** etter hvert som årene gikk (,går);
2*(=age group; class; set)* årgang; årskull; kull *n;* ***someone in one's year*** en kullkamerat;
3. *landbr(=harvest year)* år *n;* ***a bad year (for the crops)*** et dårlig år; et uår.

yearbook [ˌjiə'buk] *s:* årbok.

yearling [ˌjiəliŋ] *s:* dyr *(n)* som er ett år gammelt; *om hest:* ettåring.

yearly [ˌjiəli] **1.** *adj:* årlig; ***yearly payments*** årlige (inn)betalinger;
2. *adv(=every year; year by year))* hvert år *n;* år for år.

yearn [jə:n] *vb; litt. el. stivt(=long)* lengte; ***yearn for****(= long for)* lengte etter.

yearning [ˌjə:niŋ] *s; litt. el. stivt(=longing)* (dragende) lengsel; ***man's deepest yearnings*** menneskets dypeste lengsler; ***a yearning for*** en dragende lengsel etter.

year of birth *(=year of one's birth)* (ens) fødselsår.

year of mourning sørgeår.

year-round ['jiəˌraund; *attributivt:* ˌjiə'raund] *adj & adv* **US** *& Canada:* året rundt; ***open year-round****(= open all the year round)* åpen året rundt.

yeast [ˌji:st] *s:* gjær; ***brewer's yeast*** ølgjær.

yeast dough *(=yeasty dough; fermenting dough;* **US:** *sourdough)* gjærdeig; surdeig.

yeasty [ˌji:sti] *adj:* gjær-; ***taste yeasty*** smake av gjær.

I. yell [jel] *s* **T***(=scream; shout)* hyl *n;* skrik *n;* ***he gave a loud yell*** han skrek (*el.* hylte) høyt.

II. yell *vb* **T***(=scream; shout)* hyle; skrike; ***she yelled a warning to us*** hun skrek en advarsel til oss.

I. yellow [ˌjelou] *s:* gult; gul farge; ***the yellow of an egg****(=the yolk of an egg)* det gule i et egg; eggeplommen.

II. yellow *vb:* gulne *(fx the leaves are yellowing).*

III. yellow *adj* **1.** gul; **2. T***(=cowardly)* feig.

yellow bunting *zo(=yellowhammer)* gulspurv.

yellowish [ˌjelouiʃ] *adj:* gulaktig; gullig.

Yellow Pages, yellow pages*(=classified telephone book)* fagfortegnelse; yrkesliste.

yellow press skandalepresse; sensasjonspresse.

I. yelp [jelp] *s:* (kort) bjeff *n;* hyl *n.*

II. yelp *vb:* bjeffe; hyle (*with pain* av smerte).

Yemen [ˌjemən] *s; geogr:* Yemen.

I. yen [jen] *s; japansk myntenhet(pl: yen)* yen.

II. yen *s* **T***(=strong desire)* sterkt ønske *(fx he had a yen to go abroad).*

yeoman [ˌjoumən] *s* **1.** *hist(=small freeholder)* fribonde; selveierbonde; **2.:** *se yeoman of the guard.*

yeoman of the guard *(=yeoman warder; yeoman;* **T:** *beefeater)* medlem av det engelske livgardekorps (som tjenstgjør ved Tower of London).

yes [jes] *adv:* ja; jo.

yes-man, yes-person [ˌjes'mæn; ˌjes'pə:sən] *s* **T***(=puppet)* nikkedukke; ***a society composed of docile conforming yes-people****(=yes-persons)* et samfunn bestående av føyelige, konforme nikkedukker.

yesterday [ˌjestədi; ˌjestə'dei] **1.** *s:* gårsdagen;
2. *adv:* i går; ***yesterday morning*** i går morges; ***the day before yesterday*** i forgårs.

yesteryear [ˌjestə'jiə] *s & adv* **1.** *litt.(=the past)* fortiden; **2.** *ordspråk:* ***where's the snow of yesteryear?*** hvor er snøen som falt i fjor?

yet [jet] adv **1.** enda; ennå; ***he may come yet*** han kan enda komme; det er enda (*el.* fremdeles) mulig at han kommer; ***not yet*** ikke ennå; ikke enda; ***not just yet*** ikke riktig ennå;
2. *foran adj i komp; stivt(=even)* enda *(fx yet worse; yet greater progress);*
3. *stivt(=but; nevertheless)* men; likevel; *stivt:* dog *(fx strange and yet true);* ***I have failed, yet I shall try again*** jeg klarte det ikke, men jeg skal prøve igjen; ***he's pleasant enough, (and) yet I don't like him*** han er hyggelig nok, og likevel liker jeg ham ikke;
4. *foran 'another' & 'more'(=still):* ***yet another problem*** enda et problem; ***yet more potatoes*** enda flere poteter;
5. *litt.:* ***nor yet****(=neither)* heller ikke.

yeti [ˌjeti] *s:* ***the yeti****(=the abominable snowman;* **US:** *Bigfoot)* den avskyelige snømann.

yew [ju:] *s; bot:* barlind.

yid [jid] *s; neds* **S***(=Jew)* jøde.

Yiddish [ˌjidiʃ] *s & adj:* jiddisch; jiddisk.

I. yield [ji:ld] *s:* utbytte; avkastning; ***the yield****(=dividend)* ***on the shares is 15%*** utbyttet på disse aksjene er 15%; ***prospective yield*** forventet utbytte.

II. yield *vb* **1.** *stivt(=give away)* gi etter; gi seg *(fx the door yielded);* ***he yielded this point*** på dette punktet ga han etter; **US:** ***yield the floor****(=waive one's right to speak)* stryke seg fra talerlisten; frafalle ordet;
2. *om utbytte, avkastning, resultat, etc:* yte; gi; ***a bond that yields 12 per cent*** en obligasjon som gir 12 % utbytte; ***yield****(=give)* ***results*** gi resultater;
3*(=bring in)* innbringe *(fx it will yield millions);*
4.: ***yield to*** 1*(=give way to)* vike for; 2. gi etter for; bøye av for; 3*(=surrender to)* gi fra seg til; avgi til.

yippee [jiˌpi:] *int* **T***(=hurrah; hoorah)* hurra.

yob(bo) [ˌjɔb(ou)] *s* **S***(=hooligan)* ramp; bølle; ***yob(bo)s*** pøbel; ramp *(fx a bunch of yobs).*

I. yodel [joudl] *s:* jodling.

II. yodel *vb:* jodle.

yoga [ˌjougə] *s:* yoga.

yog(h)urt, yoghourt [ˌjɔgət' ˌjougət] *s:* yoghurt.

yogi [ˌjougi] *s:* yogi.

yo-heave-ho [ˌjou'hi:vˌhou] *int; mar:* hiv-ohoi.

yoke [jouk] *s* **1.** *også fig:* åk *n;* **2.** *på kjole:* bærestykke.

yokel [joukl] *s(=country bumpkin)* bondeknoll.

yolk [jouk] *s:* (egge)plomme.

yonder [ˌjɔndə] *adj & adv; litt. el. dial:* ***yonder village****(=that village over there)* den landsbyen der borte; ***(over) yonder****(=over there)* der borte.

yonks [jɔŋks] *s* **T:** ***in yonks****(=for ages)* på evigheter.

yore [jɔ:] *s; glds:* ***in days of yore****(=in the past)* i fordums dager; før i tiden.

you [ju:] *pron* **1.** *sing:* du; deg; De; Dem;
2. *pl:* dere; **3.** *ubest pron(=one)* man;
4. *foran* **S:** ***you fool!*** din tosk; ***you stupid fools!*** dere er noen dumme tosker!

you-know-what [ˌju:nou'wɔt] *s:* noksagt; ***he's a you -know-what*** han er en noksagt.

I. young [jʌŋ] *s:* ***the young****(=young people)* de unge; ***clothes for the young*** ungdomsklær; ***they defend their young*** de forsvarer ungene sine.

II. young *adj:* ung; ***young ones*** unger; avkom; ***young people*** unge mennesker *n;* ungdom(mer); de som er unge; ***two young people*** to ungdommer; to unge mennesker.

younger [ˌjʌŋgə] *komp av II. young:* yngre.
youngest [ˌjʌŋgist] *superl av II. young:* yngst.
young fashion(s) ungdomsmoter; ungdomsklær.
youngish [ˌjʌŋgiʃ] *adj:* nokså ung; temmelig ung.
youngster [ˌjʌŋstə] *s:* unggutt; yngling; ***she's no youngster!*** hun er ingen yngling! ***with two growing youngsters*** med to gutter i oppveksten.
your [jɔ:; *trykksvakt også:* jə] *pron* **1.** din; ditt; dine; deres; Deres *(fx your car);*
2. *i tiltale:* ***Your Majesty*** Deres majestet;
3. T: ***that's your typical commuter*** det er det som er den typiske pendler.
yours [jɔ:z] *pron (jvf your)* **1.** din; ditt; dine; deres; Deres *(fx this car is yours; yours is on the other side of the street);*
2. *som avslutning av brev:* ***Yours faithfully(,)*** (med) vennlig hilsen (når brevet åpner med 'Dear Sir, 'Dear Sirs', *el.* 'Dear Madam'; ***Yours sincerely(,)*** (med) vennlig hilsen (når brevet åpner med 'Dear Mr …', 'Dear Mrs …' *el.* 'Dear Miss …');
3. *spøkef:* ***what's yours?****(=what would you like to drink?)* hva vil du ha å drikke? *(se også truly 2: yours yours).*
yourself [jɔ:ˌself] *pron:* du (,De) (selv); deg (,Dem) (selv); ***you can jolly well do that yourself!*** det kan du få lov å gjøre selv! *når 'you' brukes i betydningen 'man':* seg; ***you can dry yourself with one of those towels*** man kan tørke seg med et av de håndklærne *n.*
yourselves [jɔ:ˌselvz] *pron; pl av yourself.*
youth [ju:θ] *s(pl: youths* [ju:ðz]*)* **1.** ungdom *(fx he spent his youth in France);* ***the elixir of eternal youth may be within our grasp*** eliksiren som gir evig ungdom, kan være innen rekkevidde; ***enjoy your youth!*** nyt ungdommen! ***he lived there in his youth*** han bodde der i sin ungdom; ***friend of one's youth*** ungdomsvenn;
2. unge mennesker *n;* ungdom *(fx modern youth);*
3. *ofte neds om gutt:* ungdom; unggutt *(fx that long-haired youth has no manners).*
youth centre ungdomshus.
youth club ungdomsklubb; ungdomslag; ***religious youth club*** kristelig ungdomsforening.
youth custody *jur; om straffen:* ungdomsfengsel.
youth custody centre *(,***T:** *borstal)* ungdomsfengsel.
youthful [ˌju:θful] *adj* **1.** ungdommelig;
2*(=young)* ung *(fx youthful dancers);*
3. *stivt el. litt.(=of youth)* ungdoms-; som hører ungdommen til; ungdommelig *(fx optimism; pleasures).*
youth hostel ungdomsherberge; *(jvf warden 1).*
youth leader ungdomsleder.
Youth Training Scheme*(fk YTS)* yrkesopplæringsprogram for arbeidsløs ungdom.
youthswear [ju:θs'wɛə] *s; merk(=youth fashion(s); clothes for young people)* ungdomsklær.
I. yowl [jaul] *s; især fra dyr(=howl)* hyl *n.*
II. yowl *vb(=howl)* hyle.
yo-yo [jou'jou] *s; leketøy:* jojo; ***it's going up and down like a yo-yo*** det går opp og ned som en jojo.
yuck*(=yuk)* [jʌk] *int* **S***(=ugh; bah)* æsj.
yucky*(=yukky)* [ˌjʌki] *adj* **S***(=nasty; disgustingly messy)* vemmelig; klissete; grisete.
I. Yugoslav [ˌju:gə'slɑ:v] *s; hist:* jugoslav.
II. Yugoslav *adj; hist:* jugoslavisk.
Yugoslavia ['ju:gəˌslɑ:viə] *s; geogr; hist:* Jugoslavia.
yuk(ky): *se yuck & yucky.*
yule, Yule [ju:l] *s; glds(=Christmas)* jul.
yuletide, Yule-tide [ˌju:l'taid] *s; glds(=Christmastime)* juletid; ***at this glad yuletide*** i denne søte juletid.
yummy [ˌjʌmi] **T***(=delicious; really nice)* lekker *(fx could I have some more of that yummy cake?).*
yum-yum ['jʌmˌjʌm] *int:* nam-nam; mm.
Yuppie [ˌjʌpi] *s* **T:** japp.

Z

Z, z [zed; **US:** zi:] Z, z; *tlf:* ***Z for Zebra*** Z for Zakarias; ***capital Z*** stor Z; ***small z*** liten z.
Zaire [zɑ:ˌiə] *s; geogr:* Zaire.
I. Zairean [zɑ:ˌiəriən] *s:* zairer.
II. Zairean *adj:* zair(i)sk.
Zambia [ˌzæmbiə] *s; geogr:* Zambia.
I. Zambian [ˌzæmbiæn] *s:* zambier.
II. Zambian *adj:* zambisk.
zander [ˌzændə] *s; zo; fisk(=pikeperch)* gjørs.
zany [ˌzeini] *adj* **T***(=crazy)* sprø.
Zanzibar ['zænziˌbɑ:] *s; geogr:* Zanzibar.
I. Zanzibari ['zænziˌbɑ:ri] *s:* innbygger av Zanzibar.
II. Zanzibari *adj:* zanzibar(i)sk.
I. zap [zæp] *s (=pep)* schwung; futt; fynd og klem; ***she's full of zap*** det er futt i henne; ***we need a bit more zap in these translations*** vi trenger litt mer schwung (*el.* fart) over disse oversettelsene.
II. zap *vb* **1.** *TV(=clear from the screen)* fjerne fra skjermen;
2. *TV* **T***(=fool around with the remote control)* leke med fjernkontrollen;
3. *især* **US T***(=kill)* kverke; drepe;
4. *int:* vips;
5. US: *zap up(=revamp)* pusse på; fiffe på *(fx a play).*
zapper [ˌzæpə] *s; TV* **T:** en som stadig skifter kanaler; en som leker med fjernkontrollen.
zappy [ˌzæpi] *adj; især* **US T 1***(=fast-moving; quick)* rask *(fx a zappy little car);* **2***(=lively; energetic; dyamic)* livlig; energisk; dynamisk *(fx the zappy presentation of a TV commercial).*
zeal [zi:l] *s* **1.** *stivt el. spøkef(=eagerness; keenness)* sterk iver; tjenstiver; nidkjærhet; ***misguided zeal*** misforstått tjenstiver; **2.** *stivt; oftest iron(=enthusiasm)* begeistring; iver; ***she shows great zeal for her work*** hun er meget ivrig i tjenesten.
Zealand [ˌzi:lənd] *s; geogr:* Sjælland.
zealot [ˌzelət] *s; hist el. stivt(=fanatic; too enthusiastic supporter)* fanatiker; overivrig tilhenger.
zealous [ˌzeləs] *adj; stivt(=enthusiastic; eager)* ivrig; tjenstivrig; nidkjær.
zebra [ˌzebrə; ˌzi:brə; **US:** ˌzi:brə] *s; zo:* sebra.
zebra crossing fotgjengerovergang; *(se pedestrian crossing & pelican crossing).*
zenith [ˌzeniθ; **US:** ˌzi:niθ] *s* **1.** *astr:* senit;
2. *fig(=peak)* topp *(fx at the zenith of one's career).*
zephyr [ˌzefə] *s; litt.(=gentle breeze)* mild bris.
I. zero [ˌziərou] *s* **1.** null *n;* **2.** *også fig:* nullpunkt; ***at zero*** ved null grader.
II. zero *vb* **1.** nullstille *(fx an instrument);*
2. *mil:* ***zero in*** skyte inn (et våpen) (*on* på); ***zero in on a target*** skyte seg inn på et mål;
3. *fig:* ***zero in on*** 1*(=focus on)* fokusere på; 2*(=crowd round)* flokke seg om *(fx they zeroed in on Miss World).*
zero growth *økon:* nullvekst.
zero hour *mil:* iverksettelsestid (for angrep).
zero option *polit:* null-løsning.
zero setting nullstilling; innstilling på null.

zest [zest] *s* **1.** *kul(=peel of an orange or lemon): **add the zest of a lemon*** tilsett skall *(n)* av en sitron;
2. *fig; stivt(=great enthusiasm; gusto)* stor begeistring; iver; velbehag *n; **she joined in the game with great zest*** hun deltok ivrig i (ball)spillet; ***her zest for living*** hennes appetitt på livet;
3. *fig; stivt(=spice)* krydder *n; **add(=give) zest to life*** sette krydder på tilværelsen.
Zeus [zju:s] *s; myt:* Zeus.
I. zigzag [ˌzig'zæg] *s:* siksak; siksakmønster.
II. zigzag *vb:* gå i siksak; ***zigzag in and out of the traffic*** sno seg gjennom trafikken.
zigzag line siksaklinje.
Zimbabwe [zimˌbɑ:bwi; zimˌbɑ:bwei] *s; geogr:* Zimbabwe.
Zimbabwean ['zimbɑ:bˌwi:ən] *s:* zimbabwer.
zimmer [ˌzimə] *s; for pasient(=zimmer aid; walking frame; walker)* rullator; gåstol.
zinc [ziŋk] *s; min:* sink.
zinc white *(=Chinese white)* sinkhvitt.
I. zing [ziŋ] *s* **1.** høy, skingrende lyd; piping *(fx the zing of a bullet);* **2. T***(=pep; zap)* futt; *(jvf I. zip 3).*
II. zing *vb* **T***(=zip; whizz)* hvine; fløyte; pipe *(fx a bullet zinged past her ear).*
Zion [ˌzaiən] *s:* Sion.
Zionism [ˌzaiə'nizəm] *s:* sionisme.
Zionist [ˌzaiə'nist] *s:* sionist.
I. zip [zip] *s* **1.:** *se zip fastener;*
2*(=whizzing)* vislende lyd; visling;
3. T*(=pep; zap)* futt; ***he's full of zip*** det er virkelig futt i ham.
II. zip *vb* **1.** lukke med glidelås; ***zip up one's trousers*** ha igjen glidelåsen i buksen sin;
2*(=whizz)* visle *(fx a bullet zipped past him);* svirre;
3*(=zoom; whizz)* suse; fare *(fx we zipped through the town).*
zip code US *(=postcode)* postnummer.
zip fastener *(,US: **zipper**; slide fastener)* glidelås.
zip-up [ˌzip'ʌp] *adj:* med glidelås *(fx a zip-up dress).*
zit [zit] *s* **US** *& Canada(=pimple; spot)* filipens; kvise.
zither [ˌziðə] *s; mus:* sitar; ***Norwegian zither*** langeleik.
zodiac [ˌzoudi'æk] *s; astr: **the zodiac*** dyrekretsen; ***sign of the zodiac*** himmeltegn.
zombie [ˌzɔmbi] *s* **1.** *i Vestindia(dead body which is revived and controlled by witchcraft)* zombi; **2. T:** søvngjengeraktig person; dorsk og uintelligent person.
zonal [zounl] *adj:* sone- *(fx boundary).*
I. zone [zoun] *s* **1.** sone; ***no-parking zone*** område *(n)* med parkeringsforbud; ***paved zone*** gågate; *(jvf pedestrian precinct); **smokeless zone*** røykfri sone;
2. *geogr:* sone; ***the Temperate Zone*** den tempererte sone.
II. zone *vb* **1.** inndele i soner;
2. *i byplanlegging:* regulere; ***this neighbourhood has been zoned as residential*** dette området er regulert for boligformål.
zoning [ˌzouniŋ] *s* **1.** inndeling i soner;
2. *i byplanlegging:* regulering (*of an area* av et område).
zonked [zɔŋkt] *adj* **S 1***(=drunk)* full;
2*(=high on drugs; stoned)* i narkorus; skev;
3*(=whacked)* helt utkjørt.
zoo [zu:] *s(pl: zoos)(,stivt: zoological gardens)* dyrehage; zoologisk hage.
zoo keeper dyrepasser; vokter i dyrehage.
zoological ['zuəˌlɔdʒikl] *adj:* zoologisk.
zoological gardens *stivt(=zoo)* dyrehage; zoologisk hage.
zoologist [zuˌɔlədʒist] *s:* zoolog.
zoology [zuˌɔlədʒi] *s:* zoologi.
I. zoom [zu:m] *s* **1***(=(loud) buzz (of sth moving fast)* dyp brumming (av noe som beveger seg fort) *(fx of an aircraft);*
2. *flyv:* kraftig opptrekk *n;*
3. *fig:* plutselig oppsving;
4. *film & fot(=zoom lens)* zoomlinse;
5. *film(=zooming)* zooming.
II. zoom *vb* **1***(=whizz)* fare; suse; ***the car was zooming along*** bilen suste av sted; ***she zoomed off into the house*** hun fór som et lyn inn i huset; ***we zoomed through town*** vi suste gjennom byen;
2. *om noe som beveger seg fort(=buzz)* brumme;
3. *flyv:* trekke kraftig opp;
4. *fig:* skyte i været;
5. *film:* zoome; ***zoom in (,out)*** zoome inn (,ut) *(fx zoom in on the door).*
zoom lens *film & fot:* zoomlinse.
zucchini [tsu:ˌki:ni; zu:ˌki:ni] *s; bot* **US***(=courgette)* buskgresskar.
Zulu [ˌzu:lu(:)] *s & adj:* zulu.
Zürich [ˌzjuərik] *s; geogr:* Zürich.
zwieback [ˌswi:'bæk; ˌzwi:'bæk] *s* **US***(=rusk)* kavring.

UREGELMESSIGE VERB
IRREGULAR VERBS

Infinitiv		*Preteritum*	*Perfektum partisipp*
arise	*oppstå*	arose	arisen
awake	*våkne*	awoke	woken (up) (jvf. wake)
be	*være*	was/were	been
bear	*bære*	bore	borne
bear	*føde*	bore	born/borne
beat	*slå*	beat	beaten
become	*bli*	became	become
beget	*avle*	begot	begotten
begin	*begynne*	began	begun
bend	*bøye*	bent	bent
bereave	*berøve*	bereaved/bereft	bereaved/bereft
beseech	*bønnfalle*	besought	besought
bet	*vedde*	betted/bet	betted/bet
bid	*befale*	bade	bidden
bid	*gi bud, by*	bid	bid
bind	*binde*	bound	bound
bite	*bite*	bit	bitten
bleed	*blø*	bled	bled
blow	*blåse*	blew	blown
break	*brekke, bryte*	broke	broken
breed	*avle*	bred	bred
bring	*bringe*	brought	brought
build	*bygge*	built	built
burn	*brenne*	burnt/burned	burnt/burned
burst	*briste*	burst	burst
buy	*kjøpe*	bought	bought
(can)	*kunne*	could	(been able to)
cast	*kaste*	cast	cast
catch	*fange*	caught	caught
choose	*velge*	chose	chosen
cleave	kløyve	cleft	cleft
cling	*klynge seg*	clung	clung
come	*komme*	came	come
cost	*koste*	cost	cost
creep	*krype*	crept	crept
cut	*hogge*	cut	cut
deal	*handle*	dealt	dealt
dig	*grave*	dug	dug
do	*gjøre*	did	done
draw	*trekke*	drew	drawn
dream	*drømme*	dreamt/dreamed	dreamt/dreamed
drink	*drikke*	drank	drunk
drive	*kjøre*	drove	driven
dwell	*bo*	dwelt	dwelt
eat	*spise*	ate	eaten
fall	*falle*	fell	fallen
feed	*mate*	fed	fed
feel	*føle*	felt	felt
fight	*kjempe*	fought	fought
find	*finne*	found	found
flee	*flykte*	fled	fled
fling	*slenge*	flung	flung
fly	*fly*	flew	flown
fly	*flykte*	fled	fled
forget	*glemme*	forgot	forgotten
forsake	*svikte*	forsook	forsaken
freeze	*fryse*	froze	frozen
get	*få*	got	got
give	*gi*	gave	given

go	*gå*	went	gone
grind	*male*	ground	ground
grow	*vokse*	grew	grown
hang	*henge*	hung	hung
hang	*henge (i galge)*	hanged	hanged
have	*ha*	had	had
hear	*høre*	heard	heard
hide	*skjule*	hid	hidden
hit	*ramme*	hit	hit
hold	*holde*	held	held
hurt	*skade*	hurt	hurt
keep	*beholde*	kept	kept
kneel	*knele*	knelt	knelt
knit	*strikke*	knitted/knit	knitted/knit
know	*vite*	knew	known
lay	*legge*	laid	laid
lead	*føre*	led	led
lean	*lene*	leaned/leant	leaned/leant
leap	*hoppe*	leaped/leapt	leaped/leapt
learn	*lære*	learnt/learned	learnt/learned
leave	*forlate*	left	left
lend	*låne (ut)*	lent	lent
let	*la*	let	let
lie	*ligge*	lay	lain
light	*tenne*	lit/lighted	lit/lighted
load	*laste*	loaded	loaded/laden
lose	*tape, miste*	lost	lost
make	*gjøre, lage*	made	made
(may)	*få lov til*	might	(been allowed to)
mean	*mene*	meant	meant
meet	*møte*	met	met
mow	*slå (gress)*	mowed	mown
(must)	*må*	must	(had to)
(ought)	*burde*	ought	
pay	*betale*	paid	paid
put	*legge, sette, stille*	put	put
read	*lese*	read	read
rend	*rive i stykker*	rent	rent
rid	*befri*	rid	rid
ride	*ri, kjøre*	rode	ridden
ring	*ringe*	rang	rung
rise	*reise seg, stå opp*	rose	risen
run	*løpe*	ran	run
say	*si*	said	said
see	*se*	saw	seen
seek	*søke*	sought	sought
sell	*selge*	sold	sold
send	*sende*	sent	sent
set	*sette*	set	set
sew	*sy*	sewed	sewed/sewn
shake	*ryste*	shook	shaken
(shall)	*skulle*	should	(been obliged to)
shed	*felle (tårer)*	shed	shed
shine	*skinne*	shone	shone
shoe	*sko*	shod	shod
shoot	*skyte*	shot	shot
show	*vise*	showed	shown
shrink	*krympe, vike*	shrank	shrunk
shut	*lukke*	shut	shut
sing	*synge*	sang	sung
sink	*synke*	sank	sunk
sit	*sitte*	sat	sat
slay	*slå i hjel*	slew	slain
sleep	*sove*	slept	slept
slide	*gli*	slid	slid

sling	*slynge*	slung	slung
slink	*luske*	slunk	slunk
slit	*flekke, skjære opp*	slit	slit
smell	*lukte*	smelt	smelt
smite	*slå*	smote	smitten
sow	*så*	sowed	sowed/sown
speak	*snakke*	spoke	spoken
speed	*ile*	sped	sped
spell	*stave*	spelt/spelled	spelt/spelled
spend	*bruke (penger)*	spent	spent
spill	*spille*	spilt/spilled	spilt/spilled
spin	*spinne*	spun	spun
spit	*spytte*	spat	spat
split	*splitte*	split	split
spoil	*ødelegge*	spoilt/spoiled	spoilt/spoiled
spread	*spre, bre seg*	spread	spread
spring	*springe*	sprang	sprung
stand	*stå*	stood	stood
steal	*stjele*	stole	stolen
stick	*klebe*	stuck	stuck
sting	*stikke (med brodd)*	stung	stung
stink	*stinke*	stank	stunk
strew	*strø*	strewed	strewed/strewn
stride	*skride*	strode	stridden
strike	*slå*	struck	struck
string	*trekke på snor*	strung	strung
strive	*streve*	strove	striven
swear	*sverge*	swore	sworn
sweep	*feie*	swept	swept
swell	*svulme*	swelled	swollen
swim	*svømme*	swam	swum
take	*ta*	took	taken
teach	*undervise, lære (bort)*	taught	taught
tear	*rive i stykker*	tore	torn
tell	*fortelle*	told	told
think	*tenke*	thought	thought
thrive	*trives*	throve	thriven
throw	*kaste*	threw	thrown
thrust	*støte*	thrust	thrust
tread	*tre*	trod	trodden
wake up	*våkne; vekke*	woke (up)	woken up
wear	*ha på seg, gå med*	wore	worn
weave	*veve*	wove	woven
weep	*gråte*	wept	wept
(will)	*ville*	would	wanted to
win	*vinne*	won	won
wind	*vinde, sno*	wound	wound
wring	*vri*	wrung	wrung
write	*skrive*	wrote	written

BRITISK-ENGELSK OG AMERIKANSK-ENGELSK
BRITISH ENGLISH AND AMERICAN ENGLISH

Det meste er likt, men det er en del forskjeller i uttale, skrivemåte og betydning.
Mostly the same, but there are some differences in pronunciation, spelling and meaning.

FORSKJELLIG SKRIVEMÅTE
DIFFERENCES IN SPELLING

British	*American*
colour	color
labour	labor
favour	favor
marvellous	marvelous
traveller	traveler
centre	center
metre	meter
theatre	theater
defence	defense
licence	license
catalogue	catalog
cheque	check
tyre	tire
programme EDB: program	program
aluminium	aluminum

FORSKJELLIG BETYDNING
DIFFERENCES IN MEANING

at the moment	presently
autumn	fall
(bank) note	(bank) bill
bathroom	bath
toilet	bathroom
public lavatory	comfort station
bill	check
flat	apartment
block of flats	apartment building
block of service flats	apartment hotel
legal holiday	bank holiday
meat market	butcher's shop
motel and flats	apartment motel
braces	suspenders
suspender	garter
suspender belt	garter belt
break	recess
caretaker	janitor
car park	parking lot
chemist's	drugstore
corn	grain
curtains	drapes

dinner jacket	tuxedo
down-and-out	hobo
dustbin	ashbin
form	blank
full stop	period
ground floor	first floor
headmaster, headmistress	principal
holiday	vacation
lift	elevator
lorry, truck	truck
maize	corn
pavement	sidewalk
petrol	gas(oline)
queue, line	line
railway	railroad
rubber, eraser	eraser
shop, store	store
tape-measure	tapeline
term	semester
underground	subway
(pedestrian) subway	underpass
pedestrian crossing	crosswalk

TALL
NUMBERS

Hele tall skrives slik:
Whole numbers are written out thus:

105	a hundred and five; one hundred and five
225	two hundred and twenty-five
1001	a thousand and one; one thousand and one
10 250	ten thousand, two hundred and fifty
1 000 000	one million
1 000 000 000	one billion

Ved flersifrede hele tall over 999 brukes gjerne komma i engelsk, der hvor vi setter punktum. Vårt 10.000 blir derfor til 10,000. Men mellomrom mellom tusengruppene forekommer også både i norsk og engelsk.

In figures over 999 a comma is used in English, instead of the point used in Norwegian, so that 10.000 becomes 10,000 in English. A space between the thousands is sometimes used in English as in Norwegian.

Når større tall, som f.eks. telefonnumre, leses opp, benyttes 'oh' for null, og to like sifre benevnes 'double'. Nummeret 205 3881 leses derfor slik: two oh five three double eight one. Nummeret 205 8881 leses slik: two oh five eight double eight one.

When large figures are read out loud, such as telephone numbers, 'oh' is used for zero, and two identical numbers are given as 'double'. Thus the number 205 3881 is read thus: two oh five three double eight one. The number 205 8881 is read as two oh five eight double eight one.

DESIMALBRØKER
DECIMALS

0.256 (decimal) point two five six; nought point tow five six; US: (zero) point two five six
0.5 (decimal) point five; nought point five; US: (zero) point five

Man må være oppmerksom på at komma slik vi bruker det i norsk, skal være punktum. Det heter jo også 'decimal point'. Se Tall ovenfor.

Note that a point replaces the comma used in Norwegian, and this is called 'decimal point'. See Numbers above.

BRØK
FRACTIONS

$^{1}/_{2}$ one half, a half
$2^{1}/_{2}$ two and a half
$^{1}/_{3}$ one third, a third
$3^{1}/_{3}$ three and a third
$3^{2}/_{3}$ three and two thirds
$^{3}/_{4}$ three quarters
$^{1}/_{5}$ one fifth, a fifth
$^{1}/_{8}$ one eighth, an eighth
$5^{2}/_{8}$ five and two eighths
$^{9}/_{5}$ nine fifths
$^{15}/_{7}$ fifteen sevenths
$^{5}/_{9}$ five ninths

MÅL OG VEKT
WEIGHT AND MEASURE

Linear measure

1 inch	= 1 in, 1" = 2,54cm
1 foot	= 1 ft, 1' = 12 inches = 30,48cm
1 yard	= 1 yd = 3 feet = 0,9144m
1 mile	= 1760 yards, 1750 yds = 1609,3m
1 nautical mil	= 1/60 degree = 1 minute = 1852m

Square measure

1 square inch	= 6,54 cm^2
1 square foot	= 0,093 m^2
1 square yard	= 0,836 m^2
1 acre	= 4840 square yards = 4,05 da.
1 square mile	= 640 acres = 2590 da.

Volume

1 cubic inch	= 16,39 cm^3
1 pint	= 0,568 litre
1 quart (GB)	= 1,136 litre
1 quart (US)	= 0,946 litre
1 (imperial) gallon	= 4 quarts = 4,546 litres
1 (US) gallon	= 0,83 imperial gallons = 4 quarts = 3,785 litres
1 bushel (GB)	= 8 imperial gallons = 36,37 litres
1 bushel (US)	= 8 gallons = 35,24 litres
1 cubic foot	= 0,0283 m^3
1 cubic yard	= 07,646 m^3
1 barrel	= 158 litres
6,29 barrels	= 1 m^3

Weight

1 ounce	= 28 g
1 pound	= 457 g
1 stone	= 14 pounds = 6,35 kg
1 cwt	= 1 hundredweight = 112 pounds = 50 kg
1 metric ton	= 1 tonne = 1000 kg
1 register ton	= 2,83 m^3
1 short ton (US)	= net ton = 2000 pounds = 907,184 kg
1 long ton	= 2240 pounds = 1016,5 kg

MYNT
MONEY

BRITISH COINS

1 pound (£1 = 100 pence (100p)

Small change

1 penny (1p)
2 pence, twopence (2p)
5-pence piece (*el.* coin), 5-penny piece (*el.* coin), 5p
10-pence piece (*el.* coin), 10-penny piece (*el.* coin), 10p
20-pence piece (*el.* coin), 20-penny piece (*el.* coin), 20p
50-pence piece, 50-penny piece (*el.* coin), 50p

Notes

five-pound note (£5); **T**: fiver
ten-pound note (£10); **T**: tenner
twenty-pound note (£20)

AMERICAN COINS

Small change

1 c	a penny
5 c	five cents; five-cent coin; nickel; *Canada*: beaver
10 c	ten cents; ten-cent coin; dime; *Canada*: blue nose
25 c	quarter; *Canada*: moose
50 c	a half-dollar

Notes

$1	1 dollar bill; a greenback; **T**: a buck; *Canada*: loonie
$5	a five-dollar bill
$10	a ten-dollar bill
$20	a twenty-dollar bill

Large notes: $50, $100, $500, $1000, $10,000

KLOKKESLETT
THE TIME OF DAY

	British	*American*
5.55	five to six	five of six
6.00	six o'clock, 6am, 6a.m.,	six o'clock, 6AM
6.10	ten past six	ten after six
6.15	a quarter past six, six fifteen	a quarter after six
6.30	half past six, six thirty; **T**: half six	six thirty
6.45	a quarter to seven, six forty-five	a quarter of seven
12.00	noon, midday	(12) noon, midday
19.00	7pm, 7p.m., nineteen hours	7PM, nineteen hours
19.40	7.40pm, 7.40p.m., nineteen forty	7.40PM, nineteen forty
24.00	midnight, twenty-four hours	(12) midnight, twenty-four hours

I flyruter, togtabeller o.l., både i UK og US, er det etter hvert blitt vanlig å angi klokkeslett etter døgnets 24 timer, slik det lenge har vært vanlig i militær språkbruk.

In flight schedules, railway timetables, etc., in both the UK and the US, it has gradually become usual to give times in the 24-hours system, as has long been the case in military terminology.

DATOER
DATES

British	*American*
3 April, 1996	April 3, 1996
3rd April, 1996	4.3.1996
April 3rd, 1996	

Månedsnavnene kan forkortes slik:

The names of the months can be abbreviated thus:

Jan, Feb, Mar, Apr, May, Jun, Jul, Aug, Sept, Oct, Nov, Dec

TEMPERATUR
TEMPERATURE

Fahrenheit – Celsius

Trekk fra 32 og multipliser med 5/9

Subtract 32 and multiply by 5/9

Celsius – Fahrenheit

Multipliser med 9/5 og legg til 32

Multiply by 9/5 and add 32

Fahrenheit	*Celcius*
−13°	−25°
14°	−10°
32°	0°
50°	10°
95°	35°
89,6°	32°
98,6°	37°
100,4°	38°
104°	40°
107,6°	42°
212°	100°

kuldegrad/degree of frost; 10 kuldegrader/minus 10 degrees Celsius

varmegrad/degree above zero; 10 varmegrader /10 degrees Celsius

Vann fryser ved 32°F og koker ved 212°F. I den engelsktalende verden vil '13 kuldegrader' i regelen bety −13°F, svarende til −25°C i den øvrige del av verden.

Water freezes at 32°F and boils at 212°F. In the English-speaking part of the world, '13 degrees of frost' will as a rule mean −13°F, corresponding to −25°C in the rest of the world.

Menneskets normale kroppstemperatur er 36,9°C (98,4°F).

The normal temperature of the human body is 36.9°C (98.4°F).

HELLIGDAGER OG HØYTIDER
HOLIDAYS AND FESTIVALS

British holidays and festivals

1 January	*New Year's Day*
March/April	*Easter* *Good Friday* – People eat hot cross buns in memory of the crucifixion of Jesus Christ. *Easter Sunday* – the day of the Resurrection. Children are given Easter eggs.
May/June	*Whit Sunday* Whit Monday
31 October	*Halloween, Hallow'en* (see US list)
5 November	*Guy Fawkes Day* – On that day, in 1605, Guy Fawkes tried to blow up the Houses of Parliament. He was sentenced to death and executed. People light bonfires and often burn a Guy Fawkes figure. Children ask for "a penny for the guy".
25 December	*Christmas Day* – Children are given presents in the morning. The traditional dinner is turkey and Christmas pudding.
26 December	*Boxing Day* – People used to give money or gifts in boxes to their servants, the milkman, postman and dustman. That's how the day got its name.

American holidays and festivals

January 1	*New Year's Day*
3rd Monday in January	*Martin Luther King Day* – In commemoration of the black clergyman who fought so bravely for equal rights for black people. He was assassinated in 1968.
February 14	*Valentine's Day* – Valentine died a Christian martyr. Many people send greeting cards to friends, or small gifts to close friends.
3rd Monday in February	*President's Day* – A celebration of the birthday of the first President of the United States, George Washington. Gradually the day has come to celebrate all former American Presidents.
4th Monday in May	*Memorial Day* 1. Also called Decoration Day, A day, May 30, set aside in most states of the US for observances in memory of dead members of the armed forces of all wars: now officially observed on the last Monday in March. 2. Any of several days, such as April 26, May 10, or June 3, similarly observed in various Southern states.
July 4	*Independence Day* – A holiday commemorating the adoption of the Declaration of Independence on July 4, 1776. Also called the *Fourth of July.*
1st Monday in September	*Labor Day* – Labor Unions arrange parades.

October 9	*Leif Erikson Day* – In honour of the Viking who discovered America 1000 years ago.
2nd Monday in October	*Columbus Day* – In commemoration of Columbus who rediscovered America in 1492 (October 12).
October 31	*Halloween, Hallowe'en* – Children dress up in funny costumes and knock on neighbours' doors, shouting "Trick or Treat". Usually they're given candy or fruit. If they don't get anything, they may "punish" their neighbour in some way: soaping windows, cutting clotheslines, etc. The real meaning of "Halloween" is the eve of All Saints' Day, a Catholic celebration of the Saints.
November 11	*Veterans' Day* – Originally to honour veterans of the First World War (1914–1918). Now veterans of all wars in which American soldiers have been involved are honoured.
4th Thursday in November	*Thanksgiving Day* – In commemoration of the first immigrants who came to America, the Pilgrim Fathers. They came on the Mayflower and settled on the east coast in 1620. Half of them died during the first winter. On Thanksgiving Day families gather to enjoy a traditional dinner.
25 December	*Christmas Day* – The day when Christmas presents are given. Families have their traditional Christmas dinner.

ADMINISTRATIV INNDELING
ADMINISTRATIVE UNITS

ENGLAND

County	*Centre*
Greater London	London
Greater Manchester	Manchester
Merseyside	Liverpool
South Yorkshire	Barnsley
Tyne and Wear	South Shields
West Midlands	Wolverhampton
West Yorkshire	Wakefield
Avon	Bristol
Bedfordshire	Bedford
Berkshire	Reading
Buckinghamshire	Aylesbury
Cambridgeshire	Cambridge
Cheshire	Chester
Cleveland	Teesside
Cornwall	Truro
Cumbria	Carlisle
Derbyshire	Matlock
Devon	Exeter
Dorset	Dorchester
Durham	Durham
East Sussex	Lewes
Essex	Chelmsford
Gloucestershire	Gloucester
Hampshire	Winchester
Hereford and Worcester	Worcester
Hertfordshire	Hertford
Humberside	Hull
Kent	Maidstone
Lancashire	Preston
Leicestershire	Leicester
Lincolnshire	Lincoln
Norfolk	Norwich
Northamptonshire	Northampton
Northumberland	Newcastle upon Tyne
North Yorkshire	Northallerton
Nottinghamshire	Nottingham
Oxfordshire	Oxford
Shropshire	Shrewsbury
Somerset	Taunton
Staffordshire	Stafford
Suffolk	Ipswich
Surrey	Kingston upon Thames
Warwickshire	Warwick
West Sussex	Chichester
Wight, Isle of	Newport
Wiltshire	Trowbridge

WALES

County	*Centre*
Clwyd	Mold
Dyfed	Carmarthen
Gwent	Newport
Gwynedd	Caernarvon
Mid Glamorgan	Merthyr Tydfil
Powys	Brecon
South Glamorgan	Cardiff
West Glamorgan	Swansea

SCOTLAND

Region	*Centre*
Borders	Newtown St. Boswells
Central	Stirling
Dumfries and Galloway	Dumfries
Fife	Glenrothes
Grampian	Aberdeen
Highland	Inverness
Lothian	Edinburgh
Orkney	Kirkwall
Shetland	Lerwick
Strathclyde	Glasgow
Tayside	Dundee
Western Isles	Stornoway

NORTHERN IRELAND

County	*Centre*
Antrim	Belfast
Armagh	Armagh
Down	Downpatrick
Fermanagh	Enniskillen
Londonderry	Londonderry
Tyrone	Omagh

AMERIKAS FORENTE STATER
THE UNITED STATES OF AMERICA

Area	*State*	*Abbr.*	*State capital*
New England:	Maine	ME	Augusta
	New Hampshire	NH	Concord
	Vermont	VT	Montpelier
	Massachusetts	MA	Boston
	Rhode Island	RI	Providence
	Connecticut	CT	Hartford
Central Atlantic states:	New York	NY	Albany
	New Jersey	NJ	Trenton
	Pennsylvania	PA	Harrisburg
North-eastern central states:	Ohio	OH	Columbus
	Indiana	IN	Indianapolis
	Illinois	IL	Springfield
	Michigan	MI	Lansing
	Wisconsin	WI	Madison
North-western central states:	Minnesota	MN	St. Paul
	Iowa	IA	Des Moines
	Missouri	MO	Jefferson City
	North Dakota	ND	Bismarck
	South Dakota	SD	Pierre
	Nebraska	NE	Lincoln
	Kansas	KS	Topeka
South-Atlantic states:	Delaware	DE	Dover
	Maryland	MD	Annapolis
	Virginia	VA	Richmond
	West Virginia	WV	Charleston
	North Carolina	NC	Raleigh
	South Carolina	SC	Columbia
	Georgia	GA	Atlanta
	Florida	FL	Tallahassee
South-eastern central states:	Kentucky	KY	Frankfort
	Tennessee	TN	Nashville
	Alabama	AL	Montgomery
	Mississippi	MS	Jackson
South-western central states:	Arkansas	AR	Little Rock
	Louisiana	LA	Baton Rouge
	Oklahoma	OK	Oklahoma City
	Texas	TX	Austin
Mountain states:	Montana	MT	Helena
	Idaho	ID	Boise City
	Wyoming	WY	Cheyenne
	Colorado	CO	Denver
	New Mexico	NM	Santa Fe
	Arizona	AZ	Phoenix
	Utah	UT	Salt Lake City
	Nevada	NV	Carson City
Pacific states:	Washington	WA	Olympia
	Oregon	OR	Salem
	California	CA	Sacramento
	Alaska	AK	Juneau
	Hawaii	HI	Honolulu
District of Columbia:	Washington DC		

FORKORTELSER
ABBREVIATIONS

Forkortelser som uttales som det ord de representerer (f.eks. **amt,** som uttales 'amount', og **Adm.**, som uttales 'Admiral'), står i listen oppført uten uttaleveiledning. Når forkortelsene uttales som ord, er de forsynt med lydskrift (f.eks. **Benelux** [ˌbeni,lʌks]).

Det er en tendens til å skrive forkortelser, især vitenskapelige faguttrykk, universitetsgrader og navn på organisasjoner, uten punktum mellom bokstavene. Stort sett er punktumene utelatt i nedenstående liste, men i de fleste tilfeller er begge former (med og uten punktum) like korrekte.

No pronunciation is given for abbreviations which, when spoken, are pronounced in the same way as the full form of the word(s) concerned (e.g. **amt** which is pronounced as 'amount' and **Adm.** as 'Admiral'). For abbreviations which are pronounced as words, a transcription is provided (e.g. **Benelux** [ˌbeni,lʌks]).

There is a tendency to spell abbreviations, esp. of scientific terms, university degrees, and the names of organizations, without full stops between the letters. The full stops have generally been left out in the list below, but it should be understood that in most cases both forms (with or without full stops) are equally correct.

AA *se ordboken.*
AAM *air-to-air missile.*
AB US: *Bachelor of Arts.*
ABA *American Bar Association.*
abbr(ev). *abbreviated; abbreviation.*
ABM *antiballistic missile.*
AC *author's correction.*
ACAS [ˌeikæs] *Advisory, Conciliation and Arbitration Service.*
ACK *acknowledgment.*
actg. *acting.*
ACW *aircraftwoman.*
Adm. *Admiral.*
admin [ˌædmin] *administration.*
advt. *advertisement.*
AEC *Atomic Energy Commission.*
AFC *automatic frequency correction.*
AFV *armoured fighting vehicle.*
AGM *annual general meeting.*
AI *artificial intelligence.*
AID US: *Agency for International Development.*
AIDS [eidz] *Acquired Immune Deficiency Syndrome.*
AM US: *Master of Arts.*
am, a.m. *ante meridiem.*
AMA *American Medical Association.*
amt *amount.*
anon. [əˌnɔn] *anonymous.*
ans *answer.*
a.o.b., A.O.B. *any other business.*
APEX [ˌei'peks] **1.** *Advance Purchase Excursion;*
2. *Association of Professional, Executive, Clerical, and Computer Staff.*
approx. *approximate(ly).*
apt. *apartment.*
arr. *arrival; arrive(s).*
ARW *air-raid warden.*
ASA 1. *Advertising Standards Authority;*
2. *American Standards Association.*
ASCII [ˌæski] *American Standard Code for Information Interchange.*
ASH [æʃ] *Action on Smoking and Health.*
ASM *air-to-surface missile.*
ASPCA *American Society for the Prevention of Cruelty to Animals.*
asst *assistant.*
asstd *assorted.*
assy *assembly.*
ATC *air traffic control.*
ATD *Art Teacher's Diploma.*
ATP *Air Transport Pilot's Licence.*
att., atty *attorney.*
AUEW *Amalgamated Union of Engineering Workers.*
Aug. *August.*
AVA *audiovisual aids.*
Ave. *Avenue.*
AVM *Air Vice Marshal.*
AWACS, Awacs [ˌeiwæks] *airborne warning and control system.*
BA *Bachelor of Arts.*
BAA *British Airports Authority.*
BAAS *British Association for the Advancement of Science.*
BAe *British Aerospace.*
BAOR *British Army of the Rhine.*
B & B, b and b *bed and breakfast.*
BCom [bi:ˌkɔm] *Bachelor of Commerce; (jvf MBA).*
bdc *bottom dead centre.*

BEd [biːˌed] *Bachelor of Education.*
Benelux [ˌbeniˈlʌks] *Belgium, the Netherlands and Luxembourg.*
BEng [biːˌendʒ] *Bachelor of Engineering.*
BG *Brigadier-General.*
bhp *brake horsepower.*
BIF *British Industries Fair.*
bk *book.*
bkg *banking.*
B/L, b/l *bill of lading.*
bldg *building.*
BMA *British Medical Association.*
BMTA *British Motor Trade Association.*
BMus [ˈbiːˌmʌs] *Bachelor of Music.*
bn *billion.*
B.O., b.o. *body odour.*
bor *borough.*
BOTB *British Overseas Trade Board.*
Bp *bishop.*
BR *British Rail.*
BRCS *British Red Cross Society.*
Brig 1. *Brigadier;* **2.** *brigade.*
Brig-Gen *Brigadier-General.*
Brit [brit] **1.** *Britain;* **2.** *British.*
Bro. [brou] *Brother.*
Bros. *Brothers.*
BS 1. *bill of sale;* **2.** *British Standard;* **3. US:** *Bachelor of Science.*
BSE *bovine spongiform encephalopathy.*
BSI 1. *British Standards Institution;* **2.** *Building Societies Institute.*
BSR *blood sedimentation rate.*
BST *British Summer Time.*
Bt *Baronet.*
BTA *British Tourist Authority.*
BTEC *Business and Technician Education Council.*
BTU *Board of Trade Unit.*
BUPA *British United Provident Association.*
bus *business.*
CA *Chartered Accountant.*
CAA *Civil Aviation Authority.*
CAB *Citizens' Advice Bureau.*
CACA *Chartered Association of Certified Accountants.*
CAD *computer aided design.*
CAI *computer aided instruction.*
cal *calorie(s).*
Cantab [ˌkæntæb] *se ordboken.*
CAP *common agricultural policy.*
cap *capital.*
Capt *Captain.*
CARD [kɑːd; ˌsiːeiɑːˌdiː] *Campaign Against Racial Discrimination.*
CARE [kɛə] *Cooperative for American Relief Everywhere.*
carr. fwd *carriage forward.*
carr. pd. *carriage paid.*
CAT *College of Advanced Technology.*
Cath *Catholic.*
CB *confinement to barracks.*
CBA *cost-benefit analysis.*
CBC *Canadian Broadcasting Corporation.*
CBE *Commander of the (Order of the) British Empire.*
CBI *Confederation of British Industry.*
CBR *chemical, bacteriological, and radiation.*
CBS *Columbia Broadcasting System.*
cc, c.c. 1. *carbon copy; carbon copies;* **2.** *cubic centimetre(s).*
cc. *chapters.*
CD 1. *Corps Diplomatique; Diplomatic Corps;* **2.** *certificate of deposit.*
C/D *consular declaration.*
c.d. *cum dividend.*
c/d, C/d *carried down.*
Cdn *Canadian.*
Cdr *Commander.*
Cdre *Commodore.*
CEGB *Central Electricity Generating Board.*
CEI *Council of Engineering Institutions.*
CEng *Chartered Engineer; (se NEO: sivilingeniør).*
Cert. *Certificate.*
CFE *College of Further Education.*
CGL *City and Guilds of London.*
CGS *Chief of General Staff.*
CGT *General Confederation of Labour.*
ch., chap *chapter.*
ChB *Bachelor of Surgery.*
CHE *Campaign for Homosexual Equality.*
chem 1. *chemical;* **2.** *chemistry;* **3.** *chemist.*
chk *check.*
chm 1. *chairman;* **2.** *checkmate.*
ChM *Master of Surgery.*
CI *Channel Islands.*
CIA *Central Intelligence Agency.*
CID *Criminal Investigation Department.*
c.i.f. *se ordboken.*
CIFE *Colleges and Institutes for Further Education.*
CIGS *hist: Chief of the Imperial General Staff.*
CIS *Chartered Institute of Secretaries.*
Clo *close.*
cm *centimetre.*
cmd *command.*
Cmdr *commander.*
Cmdre *Commodore.*
CMG *Companion of (the Order of) St Michael and St George.*
cml *commercial.*
cmnd *command.*
CMS *Church Missionary Society.*
C/N *credit note.*
CNAA *Council for National Academic Awards; (se ordboken).*
CND *Campaign for Nuclear Disarmament.*
CO *Commanding Officer.*

Co. **1.** *Company;* **2.** *county.*
c.o.a. *contract of affreightment.*
COD *cash on delivery.*
C of A *Certificate of Airworthiness.*
C of C *Chamber of Commerce.*
C of E **1.** *Church of England;* **2.** *Council of Europe.*
C of S *Church of Scotland.*
COHSE [ˌkouzi] *Confederation of Health Service Employees.*
COI *Central Office of Information.*
Col *Colonel.*
col **1.** *colour;* **2.** *coloured;* **3.** *column.*
coll. **1.** *college;* **2.** *colloquial.*
com, comm **1.** *commerce;* **2.** *commercial;* **3.** *committee.*
Com, Comm **1.** *Commander;* **2.** *Commodore;* **3.** *Commonwealth;* **4.** *Communist.*
comdg *commanding.*
Comdr *Commander.*
Comdt *Commandant.*
comp. **1.** *compare;* **2.** *comparative;* **3.** *composition;* **4.** *comprehensive.*
con **1.** *consul;* **2.** *consolidated.*
Con, Cons *Conservative.*
conf *conference.*
conj **1.** *conjunction;* **2.** *conjugation;* **3.** *conjunctive.*
constr *construction.*
cont., contd *continued.*
Corp **1.** *Corporal;* **2. US:** *Corporation.*
Coy *mil: Company.*
C/P *charter party.*
C.P.A. **1. US:** *certified public accountant;* **2.** *claims payable abroad.*
cpd *compound.*
CPI *commodity price index.*
Cpl *Corporal.*
CPO *Chief Petty Officer.*
CPT US: *captain.*
CRE *Commission for Racial Equality.*
Cres., Cresc. *Crescent.*
CRO **1.** *Criminal Records Office;* **2.** *Community Relations Officer.*
CSA *Child Support Agency.*
CSCE *Conference on Security and Cooperation in Europe.*
CSE *Certificate of Secondary Education.*
C Sups *combat supplies.*
CUSO [ˌkju:sou] *Canadian University Services Overseas.*
cswy *causeway.*
CT *College of Technology.*
CV *curriculum vitae.*
cwt *hundredweight(s).*
DA **1.** *district attorney;* **2.** *Diploma of Art;* **3.** *duck's arse.*
D/A, d.a. **1.** *deposit account;* **2.** *documents for acceptance.*
DANIDA [dəˌni:də] *Danish International Development Agency.*
dB, db *decibel(s).*
DBE *Dame Commander of the Order of the British Empire.*
DCB *Dame Commander of the Order of the Bath.*
DCM *Distinguished Conduct Medal.*
DD *Doctor of Divinity.*
DDSc *Doctor of Dental Science.*
DEA US: *Drug Enforcement Administration.*
Dec. *December.*
deg. *degree(s).*
DoE, DOE *Department of the Environment.*
dep. **1.** *depart(s);* **2.** *departure.*
Dep., Dept., dep, dept. **1.** *department;* **2.** *deputy.*
DES *Department of Science and Education; (se ordboken: department 2).*
Det. *Detective.*
DHSS *Department of Health and Social Security; (se ordboken: department 3).*
DI *Detective Inspector.*
dial *dialect.*
diam *diameter.*
dict **1.** *dictionary;* **2.** *dictator.*
dim **1.** *dimension;* **2.** *diminutive.*
Dip *Diploma.*
DipEd ['dipˌed] *Diploma in Education; (se ordboken: education).*
dir *director.*
DIY ['di:aiˌwai; 'du:itjɔˌself] *Do-It-Yourself.*
DLitt ['di:ˌlit] *Doctor of Letters.*
DM **1.** *Deutsche Mark(s);* **2.** *Doctor of Medicine.*
DMI *director of military intelligence.*
DMus ['di:ˌmʌs] *Doctor of Music.*
D/N *debit note.*
do *ditto.*
doc *document.*
DOD US: *Department of Defense.*
DOE *Department of the Environment.*
DOS *disk operating system.*
DOT *Department of Trade.*
doz. [dʌz; ˌdʌzən] *dozen.*
dp, DP *data processing.*
DP **1.** *displaced person;* **2.** *data processing.*
DPhil ['di:ˌfil] *Doctor of Philosophy.*
DPP *Director of Public Prosecutions.*
DPT *diphtheria, pertussis and tetanus.*
dpt *department.*
DS *Detective Sergeant.*
DSc *Doctor of Science.*
DTI *Department of Trade and Industry.*
DVLC *Driver and Vehicle Licensing Centre.*
dwt *deadweight tonnage.*
EC *European Community.*
ECU [ˌeikju:; ˌi:ˌsi:ˌju:] *European Currency Unit.*
Ed. **1.** *Editor;* **2.** *education.*

EDP, edp *electronic data processing.*
EEA *European Economic Area.*
EEC *European Economic Community.*
EFTA [ˌeftə] *European Free Trade Association.*
e.g., eg [ˈiːˌdʒiː] *for example.*
elec, elect 1. *electric(al);* **2.** *electricity.*
EMA *European Monetary Agreement.*
EMF *European Monetary Fund.*
Emp. 1. *Emperor;* **2.** *Empress.*
EMS *European Monetary System.*
EMU *European Monetary Union.*
enc, encl 1. *enclosed;* **2.** *enclosure.*
Eng. 1. *England;* **2.** *English.*
EOC *Equal Opportunities Commission.*
EPW *enemy prisoner of war.*
ERA US: *Equal Rights Amendment.*
ERM *Exchange Rate Mechanism.*
ESL *English as a second language.*
ESN *educationally subnormal.*
ESP *extrasensory perception.*
Esq. *Esquire.*
ETA *estimated time of arrival.*
ETD *estimated time of departure.*
EU *European Union.*
euph *euphemistic.*
Euratom [juəˌrætəm] *European Atomic Energy Community.*
exor *executor.*
ext 1. *extension;* **2.** *exterior;* **3.** *external(ly);* **4.** *extinct.*
F 1. *Fahrenheit;* **2.** *Fellow.*
FA *Football Association.*
FAA 1. *Fleet Air Arm;* **2. US:** *Federal Aviation Administration.*
FAO *Food and Agriculture Organization.*
FAS, f.a.s. *free alongside ship.*
FBA *Fellow of the British Academy.*
FBR *fast breeder reactor.*
FC *Football Club.*
FBI US: *Federal Bureau of Investigation.*
FCA *Fellow of the Institute of Chartered Accountants.*
FCO *Foreign and Commonwealth Office.*
FCPO *Fleet Chief Petty Officer.*
FDA US: *Food and Drug Administration.*
Feb. *February.*
fem. 1. *female;* **2.** *feminine.*
FH *fire hydrant.*
FIFA [ˌfiːfə] *International Football Federation.*
fig. 1. *figurative(ly);* **2.** *figure.*
Fl 1. *Florida;* **2.** *focal length.*
Fla. *Florida.*
Flt Lt *Flight Lieutenant.*
Flt Off *Flight Officer.*
Flt Sgt *Flight Sergeant.*
FM 1. *Field Marshal;* **2.** *frequency modulation; frequency-modulated.*
FO 1. *Foreign Office;* **2.** *Flying Officer;* **3.** *Field Officer.*
f.o.b. *se ordboken.*
f.o.c. *free of charge.*
fps *frames per second.*
fr *franc(s).*
Fri. *Friday.*
FSA *Fellow of the Society of Actuaries.*
ft. *foot; feet.*
FWD 1. *four-wheel drive;* **2.** *front-wheel drive.*
fwd. *forward.*
g *gram(me)(s).*
gal(l) *gallon(s).*
GATT [gæt] *General Agreement on Tariffs and Trade.*
gaz *gazette.*
GB *Great Britain.*
GCE *General Certificate of Education.*
GCHQ *Government Communications Headquarters; (jvf NSA).*
GDP *gross domestic product.*
GEC *General Electric Company.*
Gen *General.*
gen 1. *genitive;* **2.** *genus.*
geog 1. *geography;* **2.** *geographic(al).*
geol 1. *geology;* **2.** *geologic(al).*
geom 1. *geometry;* **2.** *geometric(al).*
Ger *German.*
GHQ *General Headquarters.*
Gk *Greek.*
GLC *Greater London Council.*
Glos. *Gloucestershire.*
GM 1. *general manager;* **2.** *guided missile.*
gm(s) *gram(s).*
GMC *General Medical Council.*
GMT *Greenwich Mean Time.*
Gnds *Gardens.*
GNP *gross national product.*
govt, Govt *government; Government.*
GP *general practitioner.*
Gp Capt *Group Captain.*
GPO *general post office.*
Gr *Greek.*
gr 1. *grade;* **2.** *grain;* **3.** *gram;* **4.** *gravity;* **5.** *gross.*
gram 1. *grammar;* **2.** *grammatical.*
Gro *Grove.*
gr.wt. *gross weight.*
GS *General Staff.*
GSCE *General Certificate of Secondary Education.*
GSO *General Staff Officer.*
gt 1. *great;* **2.** *gilt.*
gtd *guaranteed.*
gyn, gynaecol 1. *gynaecology;* **2.** *gynaecological.*
ha *hectare.*
h and c *hot and cold.*
Hants *Hampshire.*
HBM *His (,Her) Britannic Majesty.*
hdbk *handbook.*

HDip *higher diploma.*
hdqrs *headquarters.*
her *heraldry.*
Here., Heref. *Herefordshire.*
Herts *Hertfordshire.*
HEW US: *Department of Health, Education and Welfare.*
hf *half.*
HF *high frequency.*
hg 1. *hectogram;* **2.** *haemoglobin.*
HGV *heavy goods vehicle.*
HI *Hawaii.*
HIH *His (,Her) Imperial Highness.*
hist 1. *history;* **2.** *historian;* **3.** *historical.*
hl *hectolitre.*
HM 1. *headmaster;* **2.** *headmistress;* **3.** *Her (,His) Majesty.*
HMF *Her (,His) Majesty's Forces.*
HMG *Her (,His) Majesty's Government.*
HMI *Her (,His) Majesty's Inspector (of Schools).*
HMS *Her (,His) Majesty's Ship.*
HMSO *Her (,His) Majesty's Stationery Office.*
HNC *Higher National Certificate.*
HND *Higher National Diploma.*
HO *Home Office.*
hon 1. *honour;* **2.** *honourable;* **3.** *honorary.*
Hon *(the) Honourable.*
Hons *Honours.*
hort *horticultural.*
hos, hosp *hospital.*
HP 1. *hire purchase;* **2.** *horsepower;* **3.** *high pressure;* **4.** *Houses of Parliament.*
HQ *headquarters.*
hr *hour.*
HRH *Her (,His) Royal Highness.*
HRW *heated rear window.*
HSE *Health and Safety Executive.*
HSH *Her (,His) Serene Highness.*
HSO *Higher Scientific Officer.*
HST *high speed train.*
ht *height.*
humor 1. *humorous;* **2.** *humorously.*
HV 1. *high-voltage;* **2.** *high velocity.*
HW 1. *high water;* **2.** *hot water.*
HWM *high-water mark.*
hwy *highway.*
Hz *hertz.*
IA 1. *Institute of Actuaries;* **2.** *Iowa.*
IAAF *International Amateur Athletic Federation.*
IABA *International Amateur Boxing Association.*
IAEA *International Atomic Energy Agency.*
IAM *Institute of Advanced Motorists.*
IAS *indicated airspeed.*
IATA [aiˌa:tə] *International Air Transport Association.*
IB *Institute of Bankers.*
ib. *ibidem.*
IBA *Independent Broadcasting Authority.*
IBM *International Business Machines.*
IBRD *International Bank for Reconstruction and Development.*
ICAO *International Civil Aviation Organization.*
ICBM *intercontinental ballistic missile.*
ICJ *International Court of Justice.*
ICRF *Imperial Cancer Research Fund.*
ICU *intensive care unit.*
ID 1. *identity;* **2.** *Idaho;* **3.** *intelligence department;* **4.** *inner diameter.*
i e, i. e. *that is.*
IE *Indo-European.*
IEA *International Energy Agency.*
IFAD *International Fund for Agricultural Development.*
IFC *International Finance Corporation.*
IFR *Instrument Flight Rules.*
IL *Illinois.*
ILEA ['ai'eli:ˌei; ˌiliə] *Inner London Education Authority.*
Ill *Illinois.*
ill, illus, illust 1. *illustrated;* **2.** *illustration.*
ILO 1. *International Labour Organization;* **2.** *International Labour Office.*
ILS *Instrument Landing System.*
IM *intramuscular.*
IMF *International Monetary Fund.*
IMO *International Maritime Organization.*
in. *inch(es).*
Inc. US: *incorporated.*
incl. 1. *included;* **2.** *including;* **3.** *inclusive.*
INF *intermediate-range nuclear forces.*
inf. 1. *infinitive;* **2.** *inferior;* **3.** *influence;* **4.** *information;* **5.** *infra.*
info [ˌinfou] **T:** *information.*
ins. 1. *insurance;* **2.** *inches.*
insp. *inspector.*
inst. 1. *instant;* **2.** *institute;* **3.** *institution.*
inter *interjection.*
in trans *in transit.*
intro., introd. *introduction.*
IRA *Irish Republican Army.*
IRC *International Red Cross.*
IRO *International Refugee Organization.*
ISBN *International Standard Book Number.*
ITB *Industry Training Board.*
ITV *Independent Television.*
IUD *intrauterine device.*
IVB *invalidity benefit.*
IVF *in vitro fertilization.*
J *joule(s).*
JA 1. *Judge Advocate:* **2.** *joint account.*
J/A *joint account.*
JAG *Judge Advocate general.*
Jan. *January.*
jct., jctn. *junction.*

Jnr *Junior.*
JP *Justice of the Peace.*
Jr *Junior.*
Jul. *July.*
Jun. *June.*
k *carat.*
KANU [ˌka:nu] *Kenya African National Union.*
KBE *Knight of the British Empire.*
kg *kilogram(s), kilogramme(s).*
kilo *kilogram(me).*
KG *Knight of the (Order of the) Garter.*
km *kilometre(s).*
KO, ko *knock out.*
kph *kilometres per hour.*
Kt *Knight.*
kV *kilovolt.*
kW, kw *kilowatt.*
LA 1. *Los Angeles;* **2.** *Louisiana;* **3.** *Legislative Assembly.*
La. *Louisiana.*
La *lane.*
Lab *Labour.*
LAC *Leading Aircraftman.*
LACW *Leading Aircraftwoman.*
Lancs. *Lancashire.*
lang. *language.*
Lat. 1. *Latvia;* **2.** *Latin.*
lb *pound(s).*
lbw *leg before wicket.*
LCC *London City Council.*
LCJ *Lord Chief Justice.*
L/Cpl, LCpl, Lance-Cpl *Lance Corporal.*
LD 1. *lethal dosage;* **2.** *Low Dutch.*
Ld *lord.*
LDC *less-developed country.*
LEA *Local Education Authority.*
LHA *Local Health Authority.*
Lib. *Liberal.*
LIBOR *London interbank offered rate.*
Lieut *Lieutenant.*
Lincs. *Lincolnshire.*
lit 1. *literature;* **2.** *litre.*
Litt D *Doctor of Letters.*
LJ *Lord Justice.*
LL *Lord Lieutenant.*
LLB *Bachelor of Laws.*
LLD *Doctor of Laws.*
LLM *Master of Laws.*
LNG *liquefied natural gas.*
LSE *London School of Economics.*
Lt *Lieutenant.*
LTA *Lawn Tennis Association.*
Lt-Col *Lieutenant-Colonel.*
Ltd. *Limited.*
Lt-Gen *Lieutenant-General.*
LV 1. *low velocity;* **2.** *low voltage;* **3.** *luncheon voucher.*
LVT 1. *landing vehicle, tracked;* **2.** *landing vehicle (tank).*
LWT *London Weekend Television.*
m 1. *metre(s);* **2.** *mile(s);* **3.** *million;* **4.** *married;* **5.** *masculine.*
MA 1. *Master of Arts;* **2.** *Military Assistant.*
MAFF *Ministry of Agriculture, Fisheries, and Food.*
Maj *Major.*
Maj-Gen *Major-General.*
M & S *Marks and Spencer.*
Man Dir *managing director.*
mar. *maritime.*
Mar. *March.*
masc. *masculine.*
Mass. *Massachusetts.*
max. [mæks] *maximum.*
MBA US: *Master of Business Administration; (jvf BCom).*
MC 1. *Master of Ceremonies;* **2.** *Military Cross;* **3.** *Medical Corps.*
MCP *male chauvinist pig.*
MCPO *Master Chief Petty Officer.*
MCQ *multiple-choice question.*
MD 1. *Doctor of Medicine;* **2.** *Managing Director.*
ME *Middle English.*
meas. *measure.*
med. [med] **1.** *medical;* **2.** *medicine;* **3.** *mediaeval;* **4.** *medium.*
MEng *Master of Engineering.*
MEP *Member of the European Parliament.*
met. 1. *meteorology;* **2.** *meteorological;* **3.** *metropolitan.*
mfd *manufactured.*
mfg *manufacturing.*
mg *milligram(me)s.*
MG *machine gun.*
mi. *mile(s).*
min. 1. *minimum;* **2.** *minute(s);* **3.** *mineralogy;* **4.** *mining.*
Min *Minister.*
misc. 1. *miscellaneous;* **2.** *miscellany.*
mixt *mixture.*
ml *millilitre(s).*
MM *Military Medal.*
mm *millimetre(s).*
MoD [ˈemouˌdi:; mɔd] *Ministry of Defence.*
MOH *Medical Officer of Health.*
mol. 1. *molecular;* **2.** *molecule;* **3.** *mole.*
mol. wt. *molecular weight.*
Mon. *Monday.*
MORI [ˌmo:ri] *Market and Opinion Research Institute.*
morph. 1. *morphological;* **2.** *morphology.*
MOT *Ministry of Transport.*
MP 1. *Member of Parliament;* **2.** *Metropolitan Police;* **3.** *Military Police;* **4.** *Military Policeman.*
MPhil [ˈemˌfil] *Master of Philosophy.*
MR 1. *map reference;* **2.** *Master of the Rolls.*

MRA *Moral Re-Armament.*
MRC *Medical Research Council.*
MRCA *multi-role combat aircraft.*
MRCOG *Member of the Royal College of Obstetricians and Gynaecologists.*
MRCP *Member of the Royal College of Physicians.*
MRCS *Member of the Royal College of Surgeons.*
MRCVS *Member of the Royal College of Veterinary Surgeons.*
MS 1. *manuscript;* **2.** *multiple sclerosis;* **3. US:** *Master of Science.*
MSC 1. *Manpower Services Commission;* **2.** *Metropolitan Special Constabulary.*
MSc [ˈemesˌsiː] *Master of Science.*
MSS *manuscripts.*
Mt 1. *mount(ain):* **2.** *Matthew.*
MTB *motor torpedo boat.*
MTech [ˈemˌtek] *Master of Technology.*
mth *month.*
mus. 1. *museum;* **2.** *music;* **3.** *musical;* **4.** *musician.*
mv *millivolt.*
MV *motor vessel.*
mW *milliwatt.*
MY *Motor Yacht.*
myth, mythol 1. *mythological;* **2.** *mythology.*
NAAFI [ˌnæfi] *Navy, Army, and Air Force Institutes.*
NACODS *National Association of Colliery Overmen, Deputies and Shotfirers.*
NACRO, Nacro [ˌnækrou] *National Association for the Care and Resettlement of Offenders.*
NAI *nonaccidental injury.*
NALGO [ˌnælgou] *National and Local Government Officers' Association.*
NAO *the National Audit Office.*
NASA [ˌnæsə] **US:** *National Aeronautics and Space Administration.*
NATFHE *National Association of Teachers in Further and Higher Education.*
NATO [ˌneitou] *North Atlantic Treaty Organization.*
naut. *nautical.*
nav. 1. *navigable;* **2.** *navigation.*
NBC US: *National Broadcasting Corporation.*
NBG, nbg T: *no bloody good.*
NCB *National Coal Board.*
NCD *no-claims discount.*
ncv *no commercial value.*
NEB 1. *National Enterprise Board;* **2.** *New English Bible.*
NEC *National Executive Committee.*
NEDC *National Economic Development Council.*
neg. *negative.*
neut. *neuter.*
NF 1. *National Front;* **2.** *Newfoundland;* **3**(*=N/F*) *no funds.*
Nfld *Newfoundland.*
NFS 1. *National Fire Service;* **2.** *not for sale.*
NFU *National Farmers' Union.*
NFWI *National Federation of Women's Institutes.*
NGA *National Graphical Association.*
NGk *New Greek.*
NHI *National Health Insurance.*
NHS *National Health Service.*
NIS *National Intelligence Service.*
No., no. *number.*
nom. *nominative.*
NOP *National Opinion Poll.*
NORAD [ˌnɔːˈræd] *Norwegian Agency for International Development.*
Norf *Norfolk.*
norm. *normal.*
Northants [nɔːˌθænts; nɔːθˌhænts] *Northamptonshire.*
Northumb *Northumberland.*
nos. *numbers.*
Notts [nɔts] *Nottinghamshire.*
Nov. *November.*
NP *Notary Public.*
nr *near.*
NSA US: *National Security Agency; (jvf GCHQ).*
NSB *National Savings Bank.*
NSPCC *National Society for the Prevention of Cruelty to Children.*
NSW *New South Wales.*
NT 1. *New Testament;* **2.** *National Trust;* **3.** *no trumps.*
NTBR *not to be resuscitated.*
NTP *normal temperature and pressure.*
nt. wt. *net weight.*
NUBE [ˌnjuːbi] *National Union of Bank Employees.*
NUGMW *National Union of General and Municipal Workers.*
num. *numeral.*
NUM *National Union of Mineworkers.*
NUPE [ˌnjuːpi] *National Union of Public Employees.*
NUR *National Union of Railwaymen.*
NUS 1. *National Union of Seamen;* **2.** *National Union of Students.*
NUT *National Union of Teachers.*
NWT *Northwest Territories (of Canada).*
NY *New York.*
NYC *New York City.*
NZ *New Zealand.*
o. 1. *ohm;* **2.** *old.*
OAP *old-age pensioner.*
OAU *Organization of African Unity.*
OBE 1. *Officer of the (Order of the) British Empire;* **2.** *out-of-the-body experience.*

obj. **1.** *object;* **2.** *objective.*
obs. **1.** *obsolete;* **2.** *obstetrical;* **3.** *obstetrics.*
OC *Officer Commanding.*
occas. *occasionally.*
oct. *octavo.*
Oct. *October.*
OE *Old English.*
OECD *Organization for Economic Cooperation and Development.*
OFT *Office of Fair Trading.*
OM *Order of Merit.*
ONC *Ordinary National Certificate.*
OND *Ordinary National Diploma.*
OP **1.** *observation post;* **2.** *out of print.*
op **1.** *operation;* **2.** *opera;* **3.** *opposite;* **4.** *opus;* **5.** *operator;* **6.** *optical.*
OPEC [ˌoupek] *Organization of Petroleum Exporting Countries.*
OR **1.** *Oregon;* **2.** *other ranks;* **3.** **US:** *operating room.*
orig **1.** *origin;* **2.** *original(ly).*
OS *ordinary seaman;* **2.** *Ordnance Survey;* **3.** *out of stock;* **4.** *outsize.*
OSD *optical scanning device.*
OT **1.** *Old Testament;* **2.** *occupational therapy;* **3.** *occupational therapist;* **4.** *overtime.*
OTC *Officers' Training Corps.*
OU *Open University.*
OXFAM [ˌɔksfæm] *Oxford Committee for Famine Relief.*
oz., oz *ounce(s).*
p **1.** *penny; pence;* **2.** *page;* **3.** *past;* **4.** *participle;* **5.** *per.*
PA **1.** *particular average;* **2.** *power of attorney;* **3.** **US:** *public accountant.*
Pa. *Pennsylvania.*
p.a. *per annum.*
par., para. *paragraph.*
P & L *profit and loss.*
p & p *postage and packing.*
part. *participle.*
pass. *passive.*
pat. **1.** *patent;* **2.** *patented.*
PAYE *Pay As You Earn.*
pc **1.** *personal computer,* **2.** *per cent;* **3.** *postcard;* **4.** *price;* **5** *(pl: pcs) piece.*
PC **1.** *police constable;* **2.** *Privy Councillor;* **3.** *Parish Council(lor);* **4.** *Prince Consort.*
PCC *Press Complaints Commission.*
PGCE *Post-Graduate Certificate in(=of) Education.*
pd *paid.*
Pde *Parade.*
PE *physical education.*
pen *peninsula.*
PEP *Political and Economic Planning.*
PER *Professional Employment Register.*
perh *perhaps.*
perm *permanent.*
pers. **1.** *person;* **2.** *personal.*
PG **1.** *paying guest;* **2.** *postgraduate;* **3.** *parental guidance.*
PhD *Doctor of Philosophy.*
phil *philosophy.*
phon *phonetics.*
phr *phrase.*
phys **1.** *physics;* **2.** *physical.*
physiol *physiology.*
PI *petrol injection.*
pkg *package.*
pkt *packet.*
Pl. *Place.*
PLA *Port of London Authority.*
PLC, plc *public limited company.*
PLO *Palestine Liberation Organization.*
pls *please.*
PM **1.** *Prime Minister;* **2.** *postmortem;* **3.** *Provost Marshal.*
pm, p.m. *post meridiem.*
PMG **1.** *Postmaster General;* **2.** *Paymaster General.*
PMS **US:** *premenstrual syndrome.*
PMT *premenstrual tension.*
PO **1.** *Petty Officer;* **2.** *Pilot Officer;* **3.** *postal order;* **4.** *Post Office.*
POB *Post Office Box.*
pol, polit **1.** *politics;* **2.** *political.*
pop. **1.** *population;* **2.** *popular;* **3.** *popularity.*
pos. **1.** *positive;* **2.** *position.*
POW *prisoner of war.*
pp **1.** *pages;* **2.** *per pro.*
PPS **1.** *Parliamentary Private Secretary;* **2.** *further postscript.*
pr **1.** *pair;* **2.** *present;* **3.** *price;* **4.** *pronoun.*
PR *public relations.*
prep. **1.** *preposition;* **2.** *preparation;* **3.** *preparatory.*
pres. *present.*
Pres. *President.*
prev. *previous.*
PRO **1.** *Public Record Office;* **2.** *public relations* officer.
pro. *professional.*
prod. **1.** *produce;* **2** *production.*
Prof. *Professor.*
pron. **1.** *pronoun;* **2.** *pronunciation;* **3.** *pronounced.*
Prot. *Protestant.*
PS **1.** *Police Sergeant:* **2.** *postscript.*
PSA *Property Services Agency.*
PSV *public service vehicle.*
pt. **1.** *pint(s);* **2.** *part;* **3.** *port;* **4.** *point.*
PTA *Parent-Teacher Association.*
Pte *mil: Private.*
ptg *printing.*
PTO *please turn over.*
PVC *polyvinyl chloride.*
PW *policewoman.*

QB *Queen's Bench.*
QC *Queen's Counsel.*
QM *quartermaster.*
QMG *Quartermaster General.*
qr. *quarter.*
qt *quart.*
qty *quantity.*
quot. *quotation.*
qy *query.*
RA 1. *Royal Academy;* **2.** *Rear Admiral;* **3.** *Royal Artillery.*
RAA *Royal Academy of Arts.*
RAC *Royal Automobile Club.*
RADA *Royal Academy of Dramatic Art.*
RAEC *Royal Army Educational Corps.*
RAF ['a:reiˌef; ræf] *Royal Air Force.*
RAH *Royal Albert Hall.*
RAMC *Royal Army Medical Corps.*
RAOC *Royal Army Ordnance Corps.*
RB *Rifle Brigade.*
RC 1. *Red Cross;* **2.** *Roman Catholic;* **3.** *reinforced concrete.*
RCA *Royal College of Art.*
RCM *Royal College of Music.*
RCMP *Royal Canadian Mounted Police.*
RCN 1. *Royal College of Nursing;* **2.** *Royal Canadian Navy.*
RCP *Royal College of Physicians.*
rcpt *receipt.*
RCT *Royal Corps of Transport.*
Rd *road.*
RDC *Rural District Council.*
RDF *Rapid Deployment Force.*
RE 1. *religious education;* **2.** *Royal Engineers.*
regt *regiment.*
rel. 1. *relative;* **2.** *relation;* **3.** *relating.*
REME [ˌri:mi] *Royal Electrical and Mechanical Engineers.*
Rep. 1. *republic;* **2.** *Republican.*
retd *retired.*
Rev., Revd. *Reverend.*
RFH *Royal Festival Hall.*
RGN *Registered General Nurse.*
RGS *Royal Geographical Society.*
RH *Royal Highness.*
RHG *Royal Horse Guards.*
RI 1. *Rhode Island;* **2.** *Royal institution;* **3.** *religious instruction.*
RM 1. *Royal Marines;* **2.** *Royal Mail;* **3.** *Resident Magistrate.*
RMA *Royal Military Academy.*
RMT *Rail, Maritime and Transport Union.*
RN *Royal Navy.*
RNAS *Royal Navy Air Service.*
rpm 1. *revolutions per minute;* **2.** *retail price maintenance.*
RPO *Royal Philharmonic Orchestra.*
RRB *Race Relations Board.*
RSA 1. *Royal Society of Arts;* **2.** *Royal Scottish Academy;* **3.** *Royal Scottish Academician.*
RSCN *Registered Sick Children's Nurse.*
RSPB *Royal Society for the Protection of Birds.*
RSPCA *Royal Society for the Prevention of Cruelty to Animals.*
RS *Royal Society.*
RSG *rate support grant.*
RSV *Revised Standard Version (of the Bible).*
RSVP *please answer (répondez s'il vous plaît).*
rt *right.*
Rt Hon *Right Honourable.*
RUC *Royal Ulster Constabulary.*
RV *recreational vehicle.*
rwp *rainwater pipe.*
ry, rwy *railway.*
SA 1. *South Africa;* **2.** *Salvation Army;* **3.** *sex appeal;* **4.** *small arms.*
SAA *South African Airways.*
SAC *senior aircraftman.*
SACEUR *Supreme Allied Commander Europe.*
SAE *Society of Automotive Engineers.*
sae, S.A.E. *stamped addressed envelope.*
SALT [sɔ:lt] *Strategic Arms Limitation Treaty.*
SAM [sæm] *surface-to-air missile.*
SAS 1. *Special Air Service;* **2.** *Scandinavian Airlines System.*
Sat. *Saturday.*
SAYE *save-as-you-earn.*
sb. *substantive.*
SBN *Standard Book Number.*
SBS *Special Boat Squadron.*
s/c *self-contained.*
Sc *Scots.*
SCE *Scottish Certificate of Education.*
SCF *Save the Children Fund.*
sch. *school.*
sci-fi [ˌsai'fai] *science fiction.*
SCM *State Certified Midwife.*
Scot. *Scotland.*
SDA *Sex Discrimination Act.*
SDP *Social Democratic Party.*
SEAC *Schools Examination and Assessment Council.*
SEATO [ˌsi:tou] *Southeast Asia Treaty Organization.*
sec. 1. *second;* **2.** *secondary;* **3.** *secretary;* **4.** *section.*
sect. *section.*
secy *secretary.*
sen 1. *senate;* **2.** *senator;* **3.** *senior.*
SEN *State Enrolled Nurse; (se I. nurse).*
Sep., Sept. *September.*
SERC *Science and Engineering Research Council.*
Serg, Sergt *Sergeant.*
SERPS *State Earnings Related Pension Scheme.*
SF *science fiction.*
SFO *Serious Fraud Office.*

SG *Solicitor General.*
sg *specific gravity.*
sgd *signed.*
Sgt *Sergeant.*
SHAEF [ʃeif] *Supreme Headquarters Allied Expeditionary Forces.*
Shak *Shakespeare.*
SHAPE [ʃeip] *Supreme Headquarters Allied Powers Europe.*
SIDA [ˌsi:də] *Swedish International Development Agency.*
sig. *signature.*
sing. *singular.*
SIS *Secret Intelligence Service.*
sit 1. *situated;* **2.** *situation.*
SM *sergeant major.*
sm *small.*
s/m *sadomasochism.*
snr *senior.*
SO 1. *Scientific Officer;* **2.** *Stationery Office.*
soc. [səˌsaiəti; sɔk] *society.*
sociol. 1. *sociological;* **2.** *sociologist;* **3.** *sociology.*
SOCO [ˌsokou] *scene-of-crime officer.*
SOE *Special Operations Executive.*
SOGAT [ˌsougæt] *Society of Graphical and Allied Trades.*
sol. 1. *solicitor;* **2.** *soluble;* **3.** *solution.*
SOLAS *Safety of Life at Sea.*
Som. *Somerset.*
specif *specific(ally).*
SPRC *Society for the Prevention and Relief of Cancer.*
SPUC *Society for the Protection of the Unborn Child.*
sq. *square.*
Sqn Ldr *Squadron Leader.*
SR *senior registrar.*
SRC *Science Research Council.*
SRMN *State Registered Mental Nurse.*
SRN *State Registered Nurse.*
SSRC *Social Science Research Council.*
SSM *surface-to-surface missile.*
St 1. *Saint;* **2.** *street.*
sta. 1. *station;* **2.** *stationary.*
Staffs [stæfs] *Staffordshire.*
STD *sexually transmitted disease.*
std *standard.*
stg *sterling.*
stge *storage.*
stn *station.*
subj. 1. *subject;* **2.** *subjunctive.*
subst. *substantive.*
suff. *suffix.*
Sun. *Sunday.*
sup. 1. *superlative;* **2.** *superior;* **3.** *supplement(ary).*
superl. *superlative.*
supp, suppl *supplement(ary).*
supt *superintendent.*
surg. 1. *surgeon;* **2.** *surgery;* **3.** *surgical.*
surv. 1. *survey(ing);* **2.** *surveyor.*
SWAPO [ˌswa:pou] *South-West Africa People's Organization.*
Sx *Sussex.*
syl., syll. *syllable.*
sym. *symmetrical.*
syn. 1. *synonym;* **2.** *synonymous.*
syst. *system.*
TAB [tæb; ˈti:eiˌbi:] *typhoid-paratyphoid A and B (vaccine).*
tb 1. *trial balance;* **2.** *tuberculosis.*
TB 1. *torpedo boat;* **2.** *tuberculosis.*
tbs., tbsp. *tablespoon(ful).*
TC 1. *technical college;* **2. US:** *teachers college.*
TCBM *transcontinental ballistic missile.*
Tce. *terrace.*
TD 1(*=td.) touchdown;* **2. US:** *Treasury Department.*
tech 1. *technical(ly);* **2.** *technician;* **3.** *technological;* **4.** *technology.*
technol 1. *technological;* **2.** *technology.*
TEFL [ˌtefl; ˈti:i:efˌel] *Teaching (of) English as a Foreign Language.*
tel. 1. *telephone;* **2.** *telegraph;* **3.** *telegram;* **4.** *telegraphic.*
temp. 1. *temperature;* **2.** *temporary;* **3. T:** *temporary employee.*
Ter., Terr. *terrace.*
TES *Times Educational Supplement.*
TESL [ˌtesl; ˈti:i:esˌel] *Teaching (of) English as a Second Language.*
TESSA *Tax Exempt Special Savings Account.*
Test. *Testament.*
Tex. 1. *Texas;* **2.** *Texan.*
TGWU *Transport and General Workers' Union.*
TMA *terminal manoeuvring area.*
Th. *Thursday.*
Tho, Thos *Thomas.*
Thurs. *Thursday.*
tot. *total.*
tr 1. *transitive;* **2.** *translated;* **3.** *translation;* **4.** *translator.*
transl. 1. *translation;* **2.** *translated.*
treas. *treasurer.*
TU *trade union.*
TUC *Trades Union Congress.*
Tu., Tue., Tues. *Tuesday.*
TWA *Trans-World Airlines.*
typ., typog. 1. *typographer;* **2.** *typography.*
U 1. *film: universal;* **2.** *skolev: unclassified.*
UAE *United Arab Emirates.*
UAR *United Arab Republic.*
UC *University College.*
UCCA [ˌʌkə] *Universities Central Council on Admissions.*

UCL *University College London.*
UDE *University Department of Education.*
UDI *Unilateral Declaration of Independence.*
u.f.s., U.F.S. *under folded seal.*
UN *United Nations.*
unan *unanimous.*
UNCTAD [ˌʌŋktæd] *United Nations Commission on Trade and Development.*
UNESCO [juːˌneskou] *United Nations Educational, Scientific, and Cultural Organization.*
UNHCR *United Nations High Commission for Refugees.*
UNICEF [ˌjuːni'sef] *United Nations (International) Children's (Emergency) Fund.*
univ. 1. *university;* **2.** *universal.*
UNO [ˌjuːnou] *United Nations Organization.*
UNRWA [ˌʌnrə] *United Nations Relief and Works Agency.*
UPI *United Press International.*
UPOW *Union of Post Office Workers.*
URC *United Reformed Church.*
USA 1. *United States of America;* **2.** *United States Army.*
USAF *United States Air Force.*
USN *United States Navy.*
USO *unit security officer.*
usu *usual(ly).*
V 1. *volume;* **2.** *volt(s);* **3.** *voltage;* **4.** *velocity.*
v *versus.*
vac. *vacant.*
var. 1. *variable;* **2.** *variant;* **3.** *variation;* **4.** *variety;* **5.** *various.*
VAT [væt; 'viːeiˌtiː] *value-added tax.*
vb 1. *verb;* **2.** *verbal.*
VC 1. *Vice Chairman;* **2.** *Vice Chancellor;* **3.** *Vice Consul;* **4.** *Victoria Cross.*
VCR *video cassette recorder.*
VD *venereal disease.*
VDU *visual display unit.*
vel. *velocity.*
VHF *very high frequency.*
vi *intransitive verb.*
VIP *Very Important Person.*
Visc *Viscount(ess).*
viz [ˌneimli; viˌdiːli'set] *videlicet.*
vocab [ˌvoukæb] *vocabulary.*
vol. *volume.*
VP *Vice-President.*
vs 1. *verse;* **2.** *især* **US** *(=v) versus.*
VSO *Voluntary Service Overseas.*
VSOP *Very Special Old Pale; (type of brandy).*
Vt. *Vermont.*
vt *transitive verb.*
VTOL [ˌviːtɔl] *vertical takeoff and landing.*
VTR *video tape recorder.*
vulg. 1. *vulgar;* **2.** *vulgarity.*
Vulg. *Vulgate.*
w. 1. *week;* **2.** *weight;* **3.** *white;* **4.** *wicket;* **5.** *wide;* **6.** *width;* **7.** *wife;* **8.** *with.*
W 1. *Watt;* **2.** *west; westerly; western.*
WAAF *Women's Auxiliary Air Force.*
WAC US: *Women's Army Corps.*
War., Warw. *Warwickshire.*
WAR *Women Against Rape.*
Wat. *Waterford.*
WBA *World Boxing Association.*
WC 1. *water closet;* **2.** *postdistrikt: West Central.*
WCdr *Wing Commander.*
WCT *World Championship Tennis.*
WD 1. *War Department;* **2.** *Works Department.*
WEA *Workers' Education Council.*
Wed., Weds. *Wednesday.*
WEU *Western European Union.*
WFTU *World Federation of Trade Unions.*
Wg Cdr *Wing Commander.*
WHO *World Health Organization.*
WI 1. *Women's Institute;* **2.** *West Indies;* **3.** *West Indian;* **4.** *Wisconsin.*
Wilts. [wilts] *Wiltshire.*
wk 1. *week;* **2.** *work.*
wkly *weekly.*
Wlk *i gatenavn: Walk.*
Wm *William.*
wmk *watermark.*
w/o *without.*
WO *Warrant Officer.*
Worsc. *Worcestershire.*
WOW 1. *war on want;* **2.** *waiting on weather.*
WP 1. *word processor;* **2.** *word processing.*
wpb *wastepaper basket.*
WPC *Woman Police Constable.*
wpm *words per minute.*
WPS *Woman Police Sergeant.*
WRAC [ræk; 'dʌbljuː'ɑːreiˌsiː] *Women's Royal Army Corps.*
WRAF *Women's Royal Air Force.*
WRNS [renz; 'dʌbljuː'ɑːrenˌes] *Women's Royal Naval Service.*
WRVS *Women's Royal Voluntary Service.*
wt. *weight.*
WWF *hist: World Wildlife Fund.*
WWFN *World Wide Fund for Nature.*
WX *women's extra-large size.*
XTC *ecstasy.*
yd *yard(s).*
YHA *Youth Hostels Association.*
YMCA *Young Men's Christian Association.*
Yorks. [jɔːks] *Yorkshire.*
yr *year.*
YWCA *Young Women's Christian Association.*
ZANU [ˌzaːnuː] *Zimbabwe African National Union.*
ZAPU [ˌzaːpuː] *Zimbabwe African People's Union.*
zoo, zool 1. *zoology;* **2.** *zoological.*
ZPG *zero population growth.*

BRANNINSTRUKS

Hvis det oppstår brann, rett deg da etter nedenstående instruks:

- Ring sentralbordet, linje 300, med én gang, og informer om brannstedet idet du oppgir rom og etasje.
- Lukk døren til rommet med en gang.
- Benytt ikke heisene. Hvis det blir strømstans, vil heisene ikke fungere.
- Når du forlater rommet, følg da de grønne trekantene så vel som alarmsymboler.

INSTRUCTIONS IN CASE OF FIRE

In case of fire, please obey the following instructions:

- Dial the operator, extension 300, immediately, and inform him of the site of the fire, specifying the floor and room.
- Close the door of the room at once.
- Never use the lifts. In case of power cut, the lifts will not function.
- When leaving the room always follow the green triangles, as well as other emergency symbols.

NATURVETTREGLENE
THE COUNRTY CODE

1. Legg ikke igjen søppel / Leave no litter.
2. Lukk alltid igjen grinda / Fasten all gates.
3. Unngå å skade hekker og gjerder / Avoid damaging fences, hedges and walls.
4. Pass på at du ikke blir årsak til brann / Guard against all fire risk.
5. Ha kontroll med hundene / Keep dogs under control.
6. Hold deg til stier når du skal over dyrket mark / Keep to paths across farmland.
7. Sørg for å verne om alle vannkilder / Safeguard all water supplies.
8. Beskytt alle former for dyre- og planteliv / Protect all forms of wildlife.
9. Kjør forsiktig på landeveien / Go carefully on country roads.
10. Respekter livet på landet / Respect the life of the countryside.

MAT OG DRIKKE
FOOD AND DRINK

Starters/Appetisers	*Forretter*
soup of the day	dagens suppe
paté, patty	liten postei, paté
paté de foie gras, gooseliver patty	gåseleverpostei
chilled melon	iskald melon
smoked salmon	røykelaks
prawn cocktail	rekecocktail

Fish and crustaceans	*Fisk og skalldyr*
cod	torsk
crayfish; US: crawfish	kreps
eel	ål
flounder	flyndre
haddock	kolje, hyse
halibut	hellefisk, kveite
herring	sild
pickled herring	sursild
kipper	røykesild
lobster	hummer
mackerel	makrell
mussels	blåskjell
plaice	rødspette; kongeflyndre
prawns	store reker, nordsjøreker
salmon	laks
shrimps	reker
sole	tungeflyndre; sjøtunge
lemon sole	bergflyndre; lomre
trout	ørret
whiting	hvitting

Meat	*Kjøtt*
beef	oksekjøtt
chop	kotelett
cutlet	liten kotelett
lamb cutlet	lammekotelett
ham	skinke
lamb	lammekjøtt
Norwegian lamb stew	får-i-kål
mutton	fårekjøtt
pork	svinekjøtt
roast beef	oksestek, roastbiff
roast duck	andestek
roast pork	svinestek
sausages	pølser
steak	biff
steak and onions	biff med løk
veal	kalvekjøtt
fillet of veal	kalvefilet
roast loin of veal	kalvenyrestek

Poultry	*Fugl, fjærfe*
chicken	kylling
goose	gås
turkey	kalkun

Game	*Vilt*
ptarmigan	(fjell)rype
hare	hare
quail	vaktel
venison	dyrekjøtt, rådyrkjøtt
roast venison	dyrestek

Potatoes and vegetables	*Poteter og grønnsaker*
baked potato	bakt potet
boiled potatoes	kokte poteter
chips (,US: French fries)	pommes frites
crisps (,US: chips)	potetgull
mashed potatoes	potetstappe
creamed potatoes	potetpuré
beans	bønner
broccoli	brokkoli
cabbage	kål
carrots	gulrøtter
cauliflower	blomkål
chives	gressløk
cucumber	slangeagurk
garlic	hvitløk
leek	purre, purreløk
lettuce	salat
Webb's lettuce (,US: iceberg)	issalat
mushroom	sopp
onion	løk
peas	erter
radishes	reddiker

Sweets, desserts	*Desserter*
apple pie	eplepai
blackberries	bjørnebær
raspberries	bringebær
strawberries	jordbær
cakes	kaker
ice cream	is
sherbet	sorbett

Beverages	*Drikkevarer*
beer	øl
mixer	blandevann
wine	vin
lemonade	limonade
fizzy lemonade	brus
still lemonade	limonade uten kullsyre
mineral water	mineralvann

FORMAL LETTERWRITING

The British way:

Moderne Møbler AS Kr. Augusts gate 10 N-0130 Oslo Norway	your address
3 May 1999	date
The Sales Manager Modern Interior Ltd 65 High Street LONDON WC4 9MW UNITED KINGDOM	the name or title of the person you are writing to
Dear Sir or Madam/Dear Mr or Mrs or Ms Jones	opening of the letter
Our firm participated at the interior fair in London last week. We liked your products and we would like to order some of your wallpaper and carpets that your firm displayed there. If possible, we would order six packages of wallpaper no 146/221 and five carpets no 451, three carpets no 344 and four carpets no 197. Enclosed you will find your catalogue with pictures of the products in question.	
We are looking forward to hearing from you soon.	conclusion
Yours faithfully/Yours sincerely Nina Nilsen Sales Manager	closing with your signature
Enclosure	notify that you have enclosed something

When you write Dear Sir or Madam you must end the letter with Yours faithfully.
If you use Dear Mr etc, you must use Yours sincerely.
Be aware that you can write the date **either** on the left side **or** the right side of the the paper.

FORMAL LETTERWRITING

The American way:

University Press 146 Down Street New York, LW 4561 USA May 3, 1999	your address and date
Bokforlaget AS Nils Jensens vei 7 N-0130 Oslo NORWAY	name and address
Dear Sir or Madam: or Dear Mr or Mrs or Ms Jones	opening
We are writing to confirm that we are coming to Oslo next week. We will like to visit your stand at the book fair in addition to the other appointments we have made. Could you be as kind as to give us further information about the fair? We are looking forward to seeing you in Oslo.	formal style with no contractions
Sincerely yours, or Yours truly,	conclusion
Beth Wilson Editor	closing with your signature

4 (th) May 1999 (britisk dato)
May 4, 1999 (amerikansk dato)

Dear Karen,

It was so nice to see you again. We haven't seen each other since Christmas, you know. That's a very long time for good friends!

informal style with contractions

I have an awful lot to do these days with the exams coming up soon. I hope I'll pass both. I've read a lot lately, so my chances are fairly good, I'd say.

By the way, I've ordered 4 tickets for the concert in June that we talked about.

See you.

Take care.

Love

Peter

Norsk-engelsk

FORORD

Gyldendals blå norsk-engelske ordbok utgis fra 1978 av Kunnskapsforlaget og fremtrer med nærværende, 4. reviderte utgave i helt ny skikkelse, så vel typografisk som innholdsmessig. Den er også blitt vesentlig forøket i omfang.

I løpet av mitt mangeårige arbeid med en større norsk-engelsk ordbok har jeg blitt konfrontert med en rekke problemer som ordbøker erfaringsmessig helst går utenom. Dette er forståelig, da det å løse slike på en tilfredsstillende måte ofte er forbundet med omhyggelige og tidkrevende undersøkelser. Et godt eksempel er stillingsstrukturen i etatene, som undertegnede har viet atskillig tid og interesse. Meget kjedelig er det imidlertid når – som så ofte er tilfelle – fullstendig gale oversettelser gjentas fra ordbok til ordbok og således erverver seg et slags kvalitetsstempel. Den som benytter ordboken, vil formodentlig finne at denne utgaven har ryddet godt opp blant disse overleverte misforståelsene.

Av plasshensyn er arkaiserende og dialektiske ord og vendinger stort sett sløyfet, likeledes høytekniske eller vitenskapelige termini, samt uttrykk som hører den høylitterære stil til. Dette til fordel for ord av høyere frekvens og en rikholdigere fraseologi. Følgelig vil ski- og skøyteenstusiaster kunne konstatere at deres interessefelt ikke er blitt forsømt, samtidig som bil- og trafikktekniske ord og uttrykk likeledes er godt dekket, fra *rusk i forgasseren* til *planfritt kryss.*

Men selv om ordboken således spenner over mange felter og imøtekommer mange interesser, har den i første rekke et praktisk siktepunkt. Merkantil engelsk inntar derfor en bred plass og vil kreve enda mer i kommende utgaver. Men samtidig vil forhåpentligvis også skolens folk finne at deres spesielle sektor er viet behørig oppmerksomhet. Denne praktiske målsetting understrekes ytterligere ved de mange henvisninger som ordboken er forsynt med.

Et banebrytende verk, som har vært en uvurderlig hjelp og et nyttig korrektiv under arbeidet, er Einar Haugens Norwegian-English Dictionary. Dette har en klar appell til den engelsktalende norskstudent, mens nærværende ordbok – tradisjonen tro – først og fremst vender seg til den norske engelskstuderende. Vidt forskjellige som de er i intensjon og opplegg, antas de to ordbøkene å kunne supplere hverandre.

Et nytt trekk ved denne utgaven er det at også amerikansk engelsk registreres i en viss utstrekning og da især i de tilfeller hvor misforståelser kan oppstå.

Mange institusjoner i Norge og England fortjener takk for den bistand de har ytet ved å besvare henvendelser eller hjelpe til med å skaffe de rette kontakter. Det er ikke mulig å nevne dem alle, men jeg vil dog rette en spesiell takk til British Council i Oslo for all assistanse gjennom mange år. Under arbeidet med skogbrukstermini har Den kanadiske ambassade likeledes vært til stor hjelp, og jeg er den en særlig takk skyldig.

Den aller største takk skylder jeg imidlertid universitetslektor Joan Tindale, som gjennom en årrekke har vært knyttet til Norges allmennvitenskapelige forskningsråds store norsk-engelske prosjekt som konsulent. Meget av det stoff som var tiltenkt dette større, nå skrinlagte ordboksverk, er å finne mellom disse permer.

Til sist en spesiell takk til alle de fagfolk på ulike områder som i årenes løp har vært kontaktet og som har bidratt med verdifulle opplysninger. Uten slik hjelp fra interesserte enkeltpersoner ville en ordboksforfatter snart måtte fortvile.

1978 *W. A. Kirkeby*

Femte utgave er utvidet og revidert.

1988 *W. A. Kirkeby*

Sjette utgave er forsynt med tipsrammer. Det vil si tekstrammer som forklarer språklige problemer og gir kulturopplysninger, samt illustrasjoner med norske og engelske betegnelser på begreper innen forskjellige emner som frukt, grønnsaker, verktøy, kjøretøyer, matlaging m.m. Tekstrammene er skrevet av Gerd Åse Hartvig og Synnøve Holand, og illustrasjonsrammene er tegnet av Thomas Minker og Lena Akopian.

Midtsidene har fått nytt brevoppsett. Dessuten er det satt inn nye, detaljerte kart foran og bak i boken.

2000 KUNNSKAPSFORLAGET

BRUKERVEILEDNING

~ betegner at oppslagsordet gjentas, for eksempel **abonnement:** *si opp sitt* ~.

Foranstilt - betegner at oppslagsordet gjentas uten bindestrek som en del av et samensatt ord eller en bøynings- eller avledningsendelse, for eksempel **abbed ... -i.**

| (en lang, loddrett strek) foran et ord betegner at kun den del av ordet som står foran streken, gjentas i det følgende ved -, for eksempel **ande|dam ... -egg.**

ˈ (en kort, loddrett strek) foran et ord betegner at ordet er betont, for eksempel **være ˈom seg.**

Dersom et bindestreksord, for eksempel absent-minded, skal deles, settes bindestreken først på neste linje for å vise at bindestreken er en del av selve ordet, for eksempel absent
-minded.

Parentes ( ) om en oversettelse vil si at denne kan tas med eller utelates, for eksempel rise (to the bait). I et eksempel som **nålebrev** paper of needles (,pins) er parentes og komma brukt for å vise at ordet kan oversettes både med 'paper of needles' og 'paper of pins', men at 'needles' og 'pins' ikke er synonyme. På lignende måte er komma og parentes benyttet for å vise den amerikanske formen eller stavemåten, for eksempel 'declare oneself in favour (,**US:** favor) of something'. Komma foran **US** indikerer i slike tilfelle at kun det umiddelbart foranstående britisk-engelske ord byttes ut.

Når et ord eller et uttrykk ikke har noen ekvivalent i engelsk, gis undertiden en forklaring eller definisjon i skarpe klammer (se **II. kår**).

= angir ofte omtrentlig samsvar, for eksempel mellom norske og engelske institusjoner, hvor det ene uttrykk strengt tatt ikke er å betrakte som en oversettelse av det annet.

(-ing) brukes for å markere at man på engelsk i angjeldende uttrykk bruker verbets ingform, for eksempel *stå seg på å* ... gain by (-ing) (fx you would gain by waiting for a couple of more days).

PREFACE

This revised fourth edition of my Norwegian-English Dictionary appears in an entirely new guise, both in respect of typography and contents, and has been considerably enlarged.

In the course of my work over many years on the compilation of a major Norwegian-English dictionary I have been confronted by a number of problems which in my experience, bilingual dictionaries tend to shun. This is understandable as the satisfactory solution of such problems often requires painstaking and time-consuming investigations. A good example is the appointments structure of the different branches of the Civil Service, to which the writer has devoted a great deal of time and labour. It is, however, greatly to be deplored when – as is often the case – entirely false translations are repeated from dictionary to dictionary and thus by dint of repetition acquire a spurious air of authority. The reader will presumably find that in the present edition the majority of these traditional misunderstandings have been eliminated.

To save space, obsolescent and dialectal words and phrases have largely been omitted. This also applies to terms of highly specialized technical and scientific nature and to such as are only found in formal literary style. This has been done in order to make way for words that occur more frequently and for a richer phraseology. Skiing and skating fans will thus be able to ascertain that their particular sphere of interest has not been neglected, while, at the same time, ample space has been provided for motoring terms, ranging from 'dirt in the carburettor' to 'crossing with flyover'.

But although the dictionary thus covers a number of fields and caters for a variety of interests, it is primarily practical in purpose. For this reason commercial English claims considerable space and will demand yet more in future editions. At the same time it is hoped that educationists too will find that due attention has been devoted to their particular needs. This practical approach is further emphasized by the large number of cross references with which the dictionary is provided.

An epoch-making work which has been an invaluable help and a useful corrective is Einar Haugen's Norwegian-English Dictionary. This work caters primarily for the requirements of the English-speaking student of Norwegian, while the present dictionary – in accordance with the traditional practice – is intended first and foremost for the Norwegian student of English idiom. Widely different as they are in purpose and arrangement, the two dictionaries may be assumed to supplement each other.

A new feature of the present edition is that American English is also recorded to a certain extent, especially in cases where ambiguities can arise.

Many institutions in Norway and Britain deserve thanks for the assistance they have rendered in replying to inquiries or in helping to establish the right contacts. It is not possible to mention them all, yet I should like to thank the British Council in Oslo especially for assistance rendered over a number of years. In the course of my work on forestry terms, the Canadian Embassy was likewise very helpful, and I should like to express my gratitude.

But above all I am indebted to Mrs Joan Tindale, lecturer in English at Oslo University, who for a number of years was attached in the capacity of adviser to the major Norwegian-English dictionary undertaking under the auspices of the Norwegian Research Council for Science and the Humanities. Much of the material intended for this larger, now abandoned, dictionary project has been embodied in this book.

In conclusion, a special word of thanks is due to the host of experts in various fields who, over the years, have been consulted and have contributed valuable information. Without such help from interested individuals a lexicographer would be bound to despair.

1978 *W. A. Kirkeby*

Fifth edition, enlarged and revised in 1988.

This is the sixth edition with added text-boxes.

1999 KUNNSKAPSFORLAGET

USER'S GUIDE

~ replaces the head word, e.g. **abonnement:** *si opp sitt ~*.

A preceding **-** indicates that the head word is repeated without a hyphen as part of a compound or before an inflectional or derivative suffix, e.g. **abbed ... -i.**

| (a rising vertical) indicates that only the part of the head word which comes before it is repeated. This repetition is introduced by a -, e.g. **ande|dam ... -egg.**

ˈ (a short vertical stroke) placed in front of a word indicates that the word is stressed, e.g. *være ˈom seg.*

If a hyphenated word, e.g. absent-minded, has to be divided, the hyphen is placed at the beginning of the next line to show that the hyphen is part of the word, e.g. absent
-minded.

Brackets ( ) are used to indicate that the word or words enclosed in them may be included or left out of the translation, e.g. rise (to the bait). In such an example as **nålebrev** paper of needles (,pins), the brackets and comma are used to show that the word may be translated both by 'paper of needles' and 'paper of pins', but that 'needles' and 'pins' are not synonymous. Similarly, a comma and brackets are used to show the American form or spelling, e.g. 'declare oneself in favour (,**US:** favor) of something'. In such cases a comma before **US** always indicates that only the British-English word immediately before it is replaced.

When a word or expression has no equivalent in English an explanation or definition is sometimes offered in square brackets (see **II. kår**).

= often indicates approximate correspondence, e.g. between Norwegian and English institutions, where the terms thus brought together cannot strictly be regarded as translations one of the other.

(-ing) is used to show that in English the ing-form of the verb is used in the expression concerned, e.g. *stå seg på å* ... gain by (-ing) (*fx* you would gain by waiting for a couple of more days).

a

A, a A, a; *har en sagt a, får en også si b* in for a penny, in for a pound; *fra a til å* from A to Z; *A for Anna (tlf)* A for Andrew.
à *(prep = til)* **1.** or, (from) ... to; *3 à 4 dager* 3 or 4 days; *10 à 12* (from) 10 to 12; **2**(*til en pris av)* at; *5 flasker à 40p* 5 bottles at 40p (each); **3**(*som hver inneholder)* of, each containing; *2 kasser à 25 flasker* 2 cases of 25 bottles.
Aachen *(geogr)* Aix-la-Chapelle, Aachen.
ab *(merk; prep = fra)* ex; *~ fabrikk* ex works, ex factory; *~ lager* ex warehouse; *~ London* delivered in L.; *fritt ~ London* f.o.b. London.
abbed abbot. **-i** *(kloster(kirke))* abbey *(fx* Westminster Abbey). **-isse** abbess. **-verdighet** abbacy, abbatial dignity.
abbor *(åbor)* perch.
abc 1(*skolebok)* spelling-book, ABC (book); **2**(*grunnelementer)* ABC *(fx* the ABC of finance), rudiments *(fx* the r. of chemistry).
abdikasjon abdication. **abdisere** *(vb)* abdicate; *~ til fordel for sin sønn* abdicate in favour of one's son.
aber: *det er et ~ ved det* there is a snag *(el.* catch) to it *(el.* in it).
ablegøyer *(pl)* monkey tricks, pranks; *gjøre ~ med* play tricks *(el.* pranks) on, make fun of.
abnorm abnormal. **-itet** abnormity, abnormality.
A-bombe A-bomb, atom(ic) bomb.
abonnement subscription *(på* to); *si opp sitt ~* cancel one's s.; *tegne ~ på en avis* take out a s. for a newspaper, subscribe to a n.
abonnements|aften subscription night. **-avgift** subscription (fee); *(tlf)* telephone rental. **-billett** season ticket, pass. **-forestilling** season-ticket *(el.* subscription) performance.
abonnent *(på avis, tlf)* subscriber; *(i teater)* box *(el.* seat) holder.
abonnere *(vb)* subscribe *(på* to); *~ på en avis (også)* take a newspaper; *~i teatret* have a box, have a season ticket (for the theatre); *(se subskribere).*
abort miscarriage; *(kunstig fremkalt)* abortion; *kriminell ~* criminal a., an illegal operation.
abortere *(vb)* miscarry; have a miscarriage; abort.
abortus provocatus procured abortion.
Abraham: *i -s skjød* in Abraham's bosom.
abrot *(bot)* southernwood, abrotanum.
Absalon Absalom.
abscess *(byll)* abscess.
absentere *(vb): ~ seg* absent oneself; *(i stillhet)* take French leave.
absint 1. absinthe; **2**(*bot)* wormwood.
absolusjon absolution; *få ~ for sine synder* receive a. for one's sins; *gi en ~* give sby a., absolve sby.
absolutisme absolutism, absolute rule.
absolutist, -isk *(subst & adj)* absolutist.
absolutt *(adj)* absolute; *(adv)* absolutely, utterly, completely; *(avgjort, ubetinget)* certainly, definitely, decidedly *(fx* he is d. clever); *~ ikke* certainly not; *ja, ~!* yes, definitely! yes, emphatically so! certainly! *du må ~ se den filmen* you (simply) 'must see that film; *~ nødvendig* absolutely necessary, indispensable; *det tror jeg ~* I definitely think so; *han vil ~ gjøre det* he insists on doing it; *jeg er ~ sikker på at ...* I am positive that.
absorber|e *(vb)* absorb. **-ing** absorption.
absorberingsevne absorption capacity.
absorpsjon absorption *(fx* atmospheric a.).
abstinens abstinence.
abstinenssymptom (drug) withdrawal sympton.
abstra|here *(vb)* abstract *(fra* from). **-ksjon** abstraction. **-ksjonsevne** power *(el.* faculty) of abstraction, abstractive faculty.
I. abstrakt *(gram)* abstract (noun).
II. abstrakt *(adj)* abstract; *(adv)* abstractly, in the abstract; *et ~ begrep* an abstract concept, an abstraction *(fx* beauty is an a.).
absurd absurd, preposterous. **-itet** absurdity.
absurdum: *redusere ad ~* reduce to (an) absurdity.
acetyl *(fys)* acetyl.
acetylen acetylene *(fx* a. burner).
I. ad *(prep, glds): ~ omveier* by detours, by a roundabout way; *(fig)* by roundabout methods; *~ gangen (= om gangen)* at a time *(fx* three at a t.); *(se vei C).*
II. ad *(adv): bære seg ~, etc: se de respektive verb, fx bære, følge, hjelpe, skille.*
III. ad *(latinsk prep): ~ punkt 1* re point one; *(se absurdum, libitum, notam).*
Adam Adam; *-s fall* the fall of Man, the Fall.
adams|drakt: *i ~* in his *(,etc)* birthday suit; in the altogether. **-eple** *(anat)* Adam's apple.
addend addend, summand. **addenda** *(pl)* addenda.
addere *(vb)* add (up); **T** tot up; *(uten objekt)* do an addition; do sums.
addisjon addition. **-sfeil** error in addition, mistake in (the) adding up. **-sstykke** addition, sum. **-stabell** table of addition. **-stegn** addition sign, positive sign, plus sign.
adekvat *(fullgod)* adequate.
adel nobility, noble birth; *(lav-)* gentry; *av ~* of noble birth; *være av gammel ~* belong to the old nobility; *~ forplikter* the nobly born must nobly do; noblesse oblige; *rikets ~* the peers of the realm. *(se høyadel; lavadel).*
adelig noble, aristocratic, high-born; *(ofte også)* titled *(fx* a t. officer); *en ~ person* a person of noble family *(el.* birth); *de -e* the aristocracy; *(hist)* the nobles.
adels|brev patent of nobility. **-byrd** noble descent. **-båren** of noble birth. **-dame** noblewoman, peeress; titled lady, lady of rank. **-gods** nobleman's estate. **-kalender** peerage (book).
adelskap nobility; *~ forplikter: se adel.*
adels|krone (nobleman's) coronet. **-mann** nobleman; *(hist)* noble; *(som tilhører lavadelen)* titled gentleman, g. of rank. **-merke** *(fig)* hallmark *(fx* the work bears the h. of genius). **-preg** stamp of nobility. **-privilegier** *(pl)* aristocratic privileges. **-skjold** coat of arms, escutcheon. **-stand** nobility; *-en* the Nobility; *opphøye i -en: se adle.* **-stolthet** pride of birth, aristocratic pride. **-tittel** title (of nobility). **-velde** (government by the) aristocracy, aristocratic government.
adgang 1(*tillatelse til å komme inn)* admission, admittance; **2**(*mulighet for å oppnå visse goder, etc)* access *(til* to; *fx* a. to books, a. to carry on trade); use *(fx* have the use of a library);

opportunity *(til* for); facility, facilities *(fx* f. for golf and tennis); **3***(vei til)* access *(fx* the country has no a. to the sea); approach *(fx* the only a. to the house); ~ *forbudt* no admittance, no entrance; *(til park, skog, etc)* Trespassers will be Prosecuted; ~ *forbudt for uvedkommende* No Admittance (except on Business); Trespassers will be Prosecuted; *fri* ~ free admission; *det er fri (el. gratis)* ~ admission is free; *ingen* ~ no admittance; private; *med* ~ *kjøkken* with use of kitchen; *få* ~ *til* obtain *(el.* gain) admittance to; *få* ~ *til å drøfte det* get a chance of discussing it; *jeg fikk ikke* ~ I was not permitted to enter; *ha* ~ *til* have access to; *ha fri* ~ *til* have free access to *(fx* garden, library); *han har lett* ~ *til å studere* he has every facility for study; *nekte en* ~ *til* refuse *(el.* deny) sby admittance to, refuse to admit sby to; *tiltvinge seg* ~ *til huset* force one's way into the house, force an entrance into the house.

adgangs|begrensning restricted admission; *det er* ~ admission is restricted. **-berettigelse** right of admission, right of entry. **-kort** admission card, entrance card. **-rett:** *se -berettigelse.* **-tegn:** *se -kort.* **-tillatelse** admission, permission to enter.

adjektiv adjective. **-isk** adjectival; *(adv)* adjectivally.

adjunkt [person who has taken the lower university degree of' cand. mag.', which consists of three intermediary subjects, but no main subject] *(kan gjengis)* secondary school teacher; *(se lektor).*

adjunkt|eksamen [examination qualifying for the degree of' adjunkt' (the cand. mag. degree) or the degree itself]; = B.A. (,B.Sc.) examination; B.A. (,B.Sc.) degree. **-stilling** = teaching post at a secondary school, mastership.

adjutant *mil (generals el. kongelig)* aide(-de-camp), A.D.C. (*NB pl:* aides-de-camp, A.D.C.'s); *(regiments-, etc)* adjutant, military assistant *(fk* M.A.).

adjutant|snorer *(pl)* aiguillettes. **-stab** adjutant branch; *sjef for H.M. Kongens* ~ Chief of His Majesty's Aides-de-Camp. **-stilling** aide-de-campship; adjutancy.

adjø good-bye; *si* ~ *til en* say good-bye to sby, take leave of sby.

adle *(vb)* ennoble; *(i England også)* raise to the peerage, create a peer(ess); *(om lavadel)* make a baronet (,knight, lady, *etc),* knight; *arbeidet -r* = hard work is the best patent of nobility; hard work is good for the soul.

adling ennoblement; knighting.

adlyde obey; *ikke* ~ disobey.

administrasjon administration, management.

administrasjons|apparat administrative machine(ry); **T** a. set-up. **-sekretær** assistant keeper; *(se museumsarkivar).* **-utgifter** management *(el.* administrative) expenses.

administrativ administrative; *-e evner* a. powers *(el.* ability).

administrator administrator; president of a court of law; *(av et bo)* trustee.

administrer|e *(vb)* manage, administer; *retten -es av* the court is presided over by; *-ende direktør* managing director *(fk* Man. Dir.), **US** *(også)* vice president *(fk* V-P).

admiral admiral *(fk* Adm); **US** admiral *(fk* ADM). **-itet** admiralty. **-itetsretten** the Court of Admiralty.

admirals|embete admiralty, admiralship. **-flagg** admiral's flag. **-rang** flag-rank, admiral's rank. **-skip** admiral('s ship), flagship.

admiralstab naval staff. **-ssjef** chief of naval staff.

Adolf Adolph(us).

adopsjon adoption.

adoptere *(vb)* adopt; *(om institusjon)* affiliate.

adoptering: *se adopsjon.*

adoptiv|barn adopted *(el.* adoptive) child. **-far** adoptive father.

adr.: *se adresse.*

adressant addresser, sender; *(jvf utskiper, vareavsender).*

adressat addressee; *(postanvisnings-)* payee; *(jvf varemottager).*

adresse address; direction; ~ *herr N.N.* c/o Mr. N.N.; *besørge etter -n* forward as per address; *feil* ~ the wrong address; *du har kommet til feil* ~ *(fig)* you have mistaken your man; you have come to the wrong person; **T** you've come to the wrong shop; *der kom han til feil* ~ *(fig)* he mistook his man there; he picked on the wrong person there.

adresse|avis advertiser. **-bok** address book, directory. **-forandring** change of address. **-kalender:** *se -bok.* **-kontor** *(opplysningsbyrå)* inquiry *(el.* information) office. **-kort** address card. **-lapp** address label, tie-on label.

adresser|e *(vb)* address, direct; *(varer)* consign; *den var -t til meg (om bemerkning)* that was one for me.

Adriaterhavet *(geogr)* the Adriatic.

advar|e *(vb)* warn *(mot* against; *om* of), caution *(mot* against); *(formane)* admonish; *han lot seg ikke* ~ he would not take warning; ~ *ham mot å gjøre det* warn him not to do it, warn him against doing it; ~ *ham om at* ... warn him that. **-ende** warning, cautionary; admonitory. **-sel** warning, caution; admonition.

advent Advent *(fx* First Sunday in A.).

adverb adverb. **adverbial, adverbiell** adverbial.

adverbielt *(adv)* adverbially.

advis *(merk)* advice; ~ *om* a. of; *under* ~ under a. *(se forsendelsesadvis).*

adviser|e *(vb)* advise; *de varene De -te oss om i Deres brev av* ... the goods of which you advised us by your letter of ...

advokat **1***(høyesteretts-)* barrister; *(som yrkestittel)* barrister-at-law; *(i retten, som aktor, forsvarer, prosessfullmektig)* counsel (NB *pl:* counsel); *(ved skotsk rett og ofte i land utenfor England)* advocate; *(i Irland & Skottland ofte)* counsellor; US public attorney; *(som yrkestittel)* attorney-at-law; **2***(tidligere overrettssakfører)* solicitor; **3***(jurist)* lawyer; **4***(fig)* advocate; *-ene* the counsel; *(som stand)* the legal profession; *(om* 'barristers') the Bar; *bli høyesteretts-* qualify as barrister, go *(el.* be called) to the Bar; *engasjere en* ~ employ a solicitor *(el.* lawyer) (NB *ikke* 'barrister'); *gå til en* ~ see a lawyer (,**US:** attorney), take *(el.* obtain) legal advice; *to -er har blitt oppnevnt som forsvarere* two counsel have been briefed for the defence, the defence has briefed two counsel; *saksøkerens (,saksøktes)* ~ counsel for the plaintiff (,defendant); *min* ~ my lawyer; *(når saken pågår)* my counsel; **US** my attorney; (NB the client employs the solicitor, who then briefs a barrister if the case is to go to Court); *(se overlate).*

advokat|firma firm of lawyers. **-fullmektig** [fully qualified solicitor working as a junior in all legal capacities for a firm of lawyers]. **-kappe** barrister's gown *(el.* robes).

aero|drom aerodrome, airport. **-dynamikk** aerodynamics. **-naut** aeronaut. **-nautikk** aeronautics. **-plan** (aero)plane; **US** airplane; *(se fly).*

aerosol aerosol.

aerosol|emballasje, -pakning *(til trykkforstøvning)* aerosol pack.

aerostat aerostat.

a

Afrika

Africa

The word Africa means filled with sun, and this sunny continent is divided into 53 independent states (1997). The borders between the countries and their names, have changed very much over the years and are still changing. The first Europeans discovered the continent at the end of the 15th century. In 1958 there were 27 states of which only 9 were independent, the rest were European colonies.

Africa today is marked by political instability and economic problems. And again they lose many of their inhabitants – some 200 years ago, because of the slave trade – now because of AIDS.

affeksjon affection.
affeksjonsverdi sentimental value.
affekt excitement; emotion; *(sterkere)* passion; *komme i* ~ become *(el.* get) excited; *(sterkere)* fly into a passion.
affektasjon affectation. **affektert** affected.
affisere *(vb)* affect.
affære affair; *ta* ~ take action, step in; *-r (forretnings-)* business affairs.
afgan|er, -sk Afghan.
Afganistan *(geogr)* Afghanistan.
Afrika Africa. **afrikaner, -inne, afrikansk** African.
afrikareisende African traveller.
aften evening, night; *(før større kirkefest; også poet)* eve *(fx* Christmas Eve); *en* ~ one evening; *god* ~*!* good evening! *det lakker mot* ~ it is getting dark; *i* ~ tonight, this evening; *i morgen* ~ tomorrow evening *(el.* night); *i går* ~ *(el. aftes)* last night, yesterday evening; *i forgårs* ~ the night before last; *den følgende* ~ (on) the following evening; *om -en* in the evening, of an evening, at night; *kl. 10 om -en* at ten p.m. *(el.* at night); *invitere en til -s* invite *(el.* ask) sby to supper; *(se også kveld).*
aften|andakt evening prayers. **-avis** evening paper. **-bønn** evening prayer(s). **-falk** *(zool)* red-footed falcon; *(se falk).* **-gudstjeneste** *(i skole, hjem)* evening prayers; *(i kirken)* evening service; evensong; *(kat)* vespers; complin(e). **-kjole** evening dress. **-klokke** evening bell; *(kat)* Angelus. **-kåpe** evening coat *(el.* cloak *el.* wrap). **-messe** evening mass. **-nummer** *(av avis)* evening edition. **-rød(m)e** afterglow, sunset glow. **-sang 1.** *se -gudstjeneste;* **2***(sang)* evening song.
aftens|bord supper table. **-bruk:** *til* ~ *(om klær, etc)* for evening wear.
aften|selskap evening party. **-skole** evening *(el.* night) school; evening classes.
aftens(mat) evening meal, supper; *varm aftens* hot supper; *(i Nord-England)* ham tea.
aftensol evening sun, setting sun.
aftenstemning *(som maleritittel, etc)* evening (hour).
aften|stjerne evening star, Vesper, Hesperus, Venus; *(bot)* dame's violet, rocket. **-stund** evening. **-toalett** evening dress; *gjøre sitt* ~ dress (for dinner); *de skjønne -er* the beautiful evening dresses. **-tur** evening walk. **-underholdning** evening entertainment; ~ *med dans* entertainment and dance; *musikalsk* ~ musical evening.

agat agate; *sort* ~ jet.
agave *(bot)* agave.
age: *holde i* ~ keep in check.
agent agent *(for* for). **agentur** agency; *(se overta).*
agenturfirma firm of agents.
agenturforretning agency business; *drive* ~ carry on an agency business.
agere *(vb)* act, play, pose as; ~ *døv* pretend to be deaf; **US** act deaf; ~ *velgjører* pose as a benefactor.
agglomerat agglomerate.
agglutinerende agglutinative.
aggregat aggregate, unit, set *(fx* a pumping set); *(se blinklysaggregat).*
aggressiv aggressive.
aggressivitet aggressiveness.
agio *(merk)* agio; *(fordelaktig)* premium, gain on exchange; *(ufordelaktig)* loss on exchange; *med* ~ at a premium.
agiotasje agiotage, stockjobbing.
agit|asjon agitation, propaganda; *(for å verve stemmer)* canvassing. **-ator** agitator, propagandist; canvasser. **-atorisk** agitative; ~ *kraft* propagandist force; ~ *tale* propaganda speech.
agitere *(vb)* agitate, make propaganda; propagandize; ~ *for en sak* agitate for a cause; ~ *for sine meninger* make propaganda for one's opinions.
agn bait; *sette* ~ *på* bait *(fx* a hook).
agnat agnate. **-isk** agnate, agnatic.
agne *(vb)* bait; ~ *en krok* bait a hook.
agner *pl (på korn, som avfall)* chaff, husks; *de spredtes som* ~ *for vinden* they scattered like chaff before the wind.
agnfisk baitfish.
agnor barb (of a fishhook).
agnostiker agnostic.
agn|sild bait-herring, **-skjell** mussel.
agraff agraffe, clasp; brooch.
agraman ornamental lacework.
agrar, agrarisk agrarian.
agronom agronomist.
agronomi agronomy, science of agriculture.
agronomisk agronomical.
agurk cucumber; *(sylte-)* gherkin, *(se frilandsagurk; slangeagurk).*
agurksalat cucumber salad.
ah! ah! oh! **aha!** aha!
à jour up to date, abreast of the times; *bringe (el. føre) noe* ~ bring sth up to date, post *(el.* date) sth up; update sth; *boka er ført helt* ~ the

book has been brought right up to date; *holde bøkene* ~ keep the books posted (*el.* entered) up to date; *holde seg* ~ *med* keep up to date with; *holde oss* ~ *med* keep us up to date with, keep us (well) informed of, keep us posted (up) as to; *være helt* ~ be right up to date, be posted close up.
ajourføre *(vb)* update (*fx* sth).
akademi academy.
akademiker 1. university man; (university) graduate; *(ofte)* professional (wo)man; **2**(*medlem av et akademi)* academician.
akademisk academic(al); ~ *borger* member of a university, university man; ~ *borgerbrev* certificate of matriculation; ~ *dannelse* a university education, an academical training; ~ *grad* university degree; *det har kun* ~ *interesse* it is of purely academic interest; *(se ungdom).*
akantus *(bot)* brankursin(e); *(arkit)* acanthus (leaf).
akasie *(bot)* acacia.
ake *(vb)* sledge, toboggan; ~ *ned en bakke* t. (*el.* sledge) down a hill (*el.* slope); ~ *nedover gelenderet* slide down the banisters (**,US:** banister); ~ *seg fremover* edge along, edge one's way.
ake|bakke sledging hill; bob-run, **-føre** sledging (*fx* good sledging); tobogganing.
akeleie *(bot)* columbine.
aker: *se åker.*
ake|sport sledging, tobogganing; *(se aking).* **-tur** toboggan (*el.* sledge) ride.
akevitt aquavit, akvavit.
akilles|hæl Achilles' heel. **-sene** Achilles' tendon.
aking *(olympisk øvelse)* luge; *(se akesport).*
akk! ah! alas! ~ *ja!* alas yes!
akklamasjon acclamation; *med* ~ by a.
akklimatiser|e acclimatize. **-ing** acclimatization.
akkommodasjon *(biol)* accommodation.
akkommodasjonsveksel *(merk)* accommodation bill; **T** kite.
akkommodere *vb (avpasse)* accommodate;~ *øyet for forskjellige avstander* adapt (*el.* adjust) the focus of the eye to various distances.
akkompagn|atør accompanist. **-ement** accompaniment. **-ere** *(vb)* accompany.
akkord *(om arbeid)* (piecework) contract; *(jur, merk)* composition, (deed of) arrangement; *(kompromiss)* compromise; *(mus)* chord, harmony; *arbeide på* ~ work by contract; *(om lønnsmottager)* do (*el.* be on) piecework; *by 50%* ~ offer a composition of 50p in the pound; *gå på* ~ *med sine kreditorer* compound (*el.* make a composition) with one's creditors; *gå på* ~ *med sin samvittighet* compromise with one's conscience; *overta på* ~ contract for, undertake by contract; *vi har satt det bort på* ~ *til* we have placed the contract with; *utby på* ~ let by contract; *-ens ånd* the spirit of compromise.
akkordant compounder.
akkord|arbeid *(større)* contract work; *(mindre)* piecework. **-arbeider** pieceworker. **-ere** *(vb)* bargain *(om* about); *(med kreditorer)* compound *(om* for). **-forslag** proposed composition, proposal for a c., scheme of arrangement.
akkredi|tere *vb (minister, ambassadør)* accredit; ~ *en hos* open a credit for sby with; *den -terte* the person accredited. **-tiv** letter of credit; *(sendemanns)* credentials, letter(s) of credence.
akkumulator accumulator, storage battery. **-batteri** storage battery; *(se batteri).*
akkurat *(adj)* exact, accurate; *(om person)* precise, punctual; *adv (nettopp)* exactly, precisely, just so; ~ *som* just like; **T** the same as (*fx* he's just doing a job the same as all of us); ~ *som om* just as if; *(snart vil du få gode inntekter)* – ~ *som om jeg ikke alt har det!* anyone would think I hadn't ˈnow! just as if I hadn't ˈnow!
akkuratesse accuracy; punctuality.
akkusativ the accusative (case).
a konto *(i løpende regning)* on account.
akrobat acrobat.
akromatisk *(fargeløs)* achromatic.
aks *(bot)* ear, spike; *sanke* ~ glean, gather ears of corn; *sette* ~ ear, set ears.
aksdannet spiky, spicate.
akse axis *(pl:* axes); *dreie seg om sin* ~ turn on its axis; *jordens* ~ the axis of the earth.
I. aksel *anat (skulder)* shoulder.
II. aksel *(hjul-)* axle, arbor, axle-tree; *(driv-)* shaft; *(tynn, fx på sykkelhjul)* spindle; *mar (skrue-)* stern-shaft; *på én* ~ without change of wagon; *(se bakaksel; drivaksel; forbindelsesaksel; kamaksel; mellomaksel).*
akselblad *(bot)* stipule.
akselerasjon acceleration. **-sevne** *(bils)* acceleration (*fx* the car has a terrific a.), accelerating capacity; **T** pick-up (*fx* the car has a lightning p.-u.).
akselerere *(vb)* accelerate, speed up; *-nde hastighet* increasing speed, acceleration.
aksel|lager axle bearing; shaft bearing. **-tapp** shaft journal.
aksent accent; *uten* ~ unaccented, unstressed; *(uten fremmedartet uttale)* without a foreign accent.
aksentuasjon accentuation, stressing.
aksentuere *(vt)* accentuate, stress, emphasize, emphasise, accent.
aksentuering accentuation, emphasis, stressing.
aksept *(merk)* acceptance; accepted bill (of exchange); *alminnelig (,betinget, kvalifisert)* ~ general (,conditional, qualified) acceptance; ~ *in blanko* blank acceptance; *tre måneders* ~ acceptance at three months; **etter** ~ on acceptance; **forevise** *til* ~ present for acceptance; **forsyne** *med* ~ provide (*el.* furnish) with acceptance; *forsyne en tratte med* ~ accept a draft; *forsynt med Deres* ~ provided (*el.* furnished) with your acceptance; duly accepted; **innfri** *sin* ~ take up one's acceptance, meet one's acceptance; *protestere for* **manglende** ~ protest for non-acceptance; **meddele** ~ accept; **mot** *tre måneders* ~ against three months' (*el.* 90 days') acceptance; *(se ovf: tre måneders ~);* **nekte** ~ refuse acceptance; **telegrafisk** ~ acceptance by wire (,cable); *oversende* **til** ~ send for acceptance; *vi vedlegger tratten til* ~ *og retur* we are enclosing our draft, which you will please furnish with your acceptance and return to us; *(se akseptere; partialaksept; II. veksel).*
akseptabel *(adj)* acceptable.
akseptant *merk (veksel-)* acceptor.
akseptbesørgelse: *vi vedlegger tratte til* ~ *og retur* we enclose draft, of which kindly obtain (*el.* procure) acceptance and return to us.
akseptbok *(merk)* bills payable book.
akseptere *(vt)* accept; *(veksel)* accept, sign, honour; *akseptert veksel* accepted bill (of exchange), acceptance; *ikke akseptert* unaccepted; *besørge akseptert* obtain (*el.* procure) acceptance of; ~ *hans betingelser* accept his terms; *nekte å* ~ *en veksel* dishonour a bill (by non-acceptance), refuse acceptance; *vi håper å komme fram til en ordning som begge parter vil kunne* ~ we hope to arrive at an arrangement (that is) agreeable (*el.* acceptable) to both parties; *sende tilbake i akseptert stand* return duly accepted (*fx* return the draft duly accepted); ~ *et tilbud* accept an offer; close with an offer.
akseptfornyelse *(merk)* renewal of acceptance.
akseptgjeld *(merk)* liability on bills; bills payable.

akseptkonto *(merk)* bills payable account.

akseptkreditt *(merk)* acceptance credit.

akseptnektelse *(merk)* non-acceptance, refusal to accept.

aksidens|arbeid *(det å)* jobbing (work), job-printing; *(det som skal settes opp)* job, job-work, display work; *(den ferdige trykksak)* job, job-work, display work, specimen of job-printing. **-avdeling** *(i setteri)* jobbing section, job-work section *(el.* room). **-sats** jobbing composition. **-setter** jobbing compositor. **-trykk** jobbing, job-printing; *vi påtar oss aksidens- og boktrykk* we undertake jobbing and bookwork. **-trykker** jobbing printer, commercial *(el.* general) printer. **-trykkeri** jobbing office, commercial *(el.* general) printers. **-trykning** job-printing, commercial *(el.* general) printing.

aksise *(forbruksavgift)* excise; *(bytoll)* octroi.

aksisepliktig liable to excise (,octroi).

aksje share; *(kollektivt)* stock; **US** stock; *(andel av aksjekapital)* stock; *-ne falt (,steg)* the shares fell (,rose); *-ne gir 5%* the shares yield 5 per cent; *ha -r i* have *(el.* hold) shares in; *holde på -ne* hold on to one's shares; *-nes størrelse* the denomination(s) of the shares; *-ne står i ...* the shares are (quoted) at; *hans -r står høyt hos (fig)* his stock is high with, he is in high favour with; *hans -r står lavt (fig)* his stock is low; *tegne -r* subscribe(for) shares, take (up) shares; *tegne -r i* take shares in, subscribe to; *tegne seg for en ~* take *(el.* subscribe) a share; *tildele -r* allot shares; *tildeling av -r* allocation of shares.

aksje|andel stock; *overta en ~* take over part of the stock. **-bank** joint-stock bank; **US** incorporated bank. **-beholdning** shareholding. **-eier** shareholder, stockholder. **-fond** unit trust; **US** mutual fund. **-foretagende** joint-stock enterprise. **-kapital** share capital; **US** (capital) stock; **-leilighet** = owner-tenant flat. **-majoritet** majority of shares, share m.; **US** controlling interest; *erverve -en* purchase a majority holding; **US** acquire a controlling interest. **-megler** stock-broker. **-selskap** joint-stock company; **US** stock company, corporation; *(med begrenset ansvar)* limited (liability) company; *A/S B. & Co.* B. & Co., Ltd.,; **US** B. & Co., Inc. **-spekulasjon** speculation in shares, stock-jobbing. **-tegning** subscription (of *(el.* for) shares). **-utbytte** dividend(s).

aksjon action; *gå til ~* take action. **-sutvalg** action committee; *-et for protest mot ...* the committee for the protest against ...

aksjonær shareholder, stockholder; member of the company.

aksle *(vb): ~ seg fram* shoulder one's way *(fx* through a crowd).

aksling *(på maskin)* shaft.

I. akt 1 *(handling)* act, ceremony; **2***(av skuespill)* act; *første ~* the first act, act one; **3** *(naken modell)* nude; **4***(dokument)* deed, document; *sakens -er* the documents of *(el.* in *el.* relating to) the case; *legge til -ene* file; *tegne ~* draw from the nude *(el.* from life).

II. akt ban; *erklære i rikets ~* put under the ban of the realm, outlaw.

III. akt *(oppmerksomhet)* attention, care, heed; *giv ~! (kommando)* 'shun! *(fk.f.* attention!); *gi (nøye) ~ på* pay (great) attention to, give heed to, take notice of; *han ga ikke ~ på min advarsel* he did not heed my warning, he gave no heed to my w.; *ta seg i ~* take care; beware *(for* of); *(anseelse)* esteem; *holde i ~ og ære* honour (,**US:** honor), hold in esteem.

akte *(vb)* **1***(vise aktelse for)* esteem; respect; *~ høyt* think a great deal of; think much *(el.* highly) of; *~ og ære* esteem highly; *(meget stivt)* revere; **2***(ha til hensikt)* intend; mean, propose; plan; *hvor -r du deg hen?* where are you going?

aktelse respect, regard, esteem, deference; *nyte ~* be respected, be held in respect; *nyte alminnelig ~* enjoy *(el.* be held in) general esteem; *pga. sin ærlighet steg han i sin lærers ~* because of his honesty he went up in his teacher's opinion; *vinne alles ~* win the respect of all; *vise en ~* show sby respect; *av ~ for* out of respect for, in *(el.* out of) deference to; *~ for loven* respect for the law.

akten|for *prep* **1***(innabords)* abaft; aft of; **2***(utabords)* astern of. **-fra** *adv* **1***(innabords)* from abaft; **2***(utabords)* from astern. **-om** *(prep)* astern of.

akter *(innabords)* aft, abaft; *(utabords)* astern.

akter|dekk after-deck. **-del** hind part. **-ende** stern. **-feste, -fortøyning** stern fast. **-hånd** *(mar): være i ~* be at the tail end (of a rope). **-inn** *adv (mar)* aft, from astern; *vind rett ~* wind right *(el.* dead) aft. **-klyss** *(mar)* stern-pipe. **-lanterne** stern light. **-lastet** *(mar)* trimmed by the stern.

akterlig *adj & adv (mar)* **1***(akterut)* astern; abaft, aft; **2***(som kommer aktenfra)* from astern, on the quarter; *med ~ vind* with the wind on the quarter; *mer ~* more aft; *vinden blir ~* the wind is veering aft; *-ere enn tvers* abaft the beam.

akter|lik *(på seil)* after leech (rope). **-merke** *(amning)* stern mark. **-over** *adv* **1***(innabords)* aft; **2***(utabords)* astern; *fart ~* sternway; *full fart ~* full speed astern. **-pigg** after peak. **-plikt** sternsheets. **-rom** after hold. **-skarp** after peak; *(utabords)* run. **-skip** stern, after body; *skarpt ~* sharp run. **-skott** after bulkhead. **-speil 1** *(mar)* buttock; **2***(spøkefullt: bakdel)* behind; **T** bottom. **-spill** main capstan.

akterst 1 *(innabords)* aftermost, aftmost, nearest the stern; **2***(utabords)* sternmost; rearmost; *-e roer* stroke; *-e åre* stroke, stroke oar.

akter|stavn sternpost, main post; *(akterende)* stern. **-stavnskne** sternson. **-tofter** *(pl)* sternsheets. **-trapp** companion ladder. **-trosse** stern rope, stern cable.

akterut *adv* **1***(innabords)* abaft, astern, aft *(fx* he went aft); **2***(utabords)* astern; *full fart ~* full speed astern; *sakke ~ (mar)* drop astern; *(fig)* lag *(el.* drop) behind, fall behind schedule; *være ~ for sin tid* be behind the times.

akterutseil|e *vb (mar)* leave astern, outsail; *(fig)* leave behind; *bli -t (også fig)* be outdistanced; *(fig)* be *(el.* get) left behind; *A ble -t av B* B left A far behind.

I. aktiv *(gram)* the active (voice); *i ~* in the active (voice).

II. aktiv *(adj)* active; *-t (adv)* actively; *delta -t i* take an active part in; *i ~ tjeneste (mil)* on the active list.

aktiva *(pl)* assets; *~ og passiva* assets and liabilities.

aktiviser|e *(vb)* activate, set to work; *(fig)* bring into play *(fx* b. their capacities for memorizing into play); *bli -t (fig, også)* come into play *(fx* if the linguistic feeling has ample opportunities for coming into play ...).

aktivisering activation; *(se for øvrig aktivisere).*

aktivitet activity; *sette i ~* activate, set to work.

aktivkapital active *(el.* working) capital.

aktivum asset; *(se aktiva).*

akt|klasse nude *(el.* life) class. **-messig** documentary.

aktor counsel for the prosecution, prosecuting counsel, prosecutor; **US** state attorney; *opptre som ~* appear for the prosecution; *(se advokat).*

aktorat prosecution.

NYTTIGE UTTRYKK

alder

age

There are four ways of denoting age:
a ***nine-year-old*** *girl*
a *girl* ***of nine***
a *girl (who is)* ***nine years of age***
a *girl at* ***the age of nine***

The three words are connected with hyphens because they form one adjective

aktpågivende attentive; *(påpasselig)* watchful, vigilant, (on the) alert.
aktpågivenhet attention; *(påpasselighet)* watchfulness, vigilance, alertness.
akt|som attentive; careful. **-somhet** attention; care. **-stykke** document. **-ualitet** current interest, new value, topicality; *det har -ens interesse* it is of current interest; *spørsmålet har ingen* ~ the question is of no interest at the present moment. **-uel|l** topical, current, of current interest; *meget -t* of very great present interest. **-verdig** worthy of respect, estimable, respectable. **-verdighet** worthiness, respectability.
akupunktere *vi (med.)* acupuncture.
akupunktur *(med.)* acupuncture.
akust|ikk acoustics *(pl)*. **-isk** acoustic.
akutt acute.
akva|marin aquamarine. **-rell** water-colour (painting); *male -er* paint in water-colour, paint water-colours. **-rellmaler** water-colour painter. **-rium** aquarium.
akvedukt *(vannledning)* aqueduct.
I. al *(kjerneved)* heartwood, heart, duramen.
II. al *(geol)* hard pan.
III. al: *se avl.*
alabast alabaster.
à la carte à la carte, by the bill of fare.
alarm *(anskrik)* alarm; *blind* ~ false a.; *blåse* ~ sound the a.; *slå* ~ give the a.
alarmberedskap: *politiet ble satt i* ~ the police received emergency orders.
alarmere *(vb)* alarm. **-nde** alarming *(fx* rumours).
alarm|klokke alarm bell. **-plass** alarm post, place of assembly.
albaner Alban.
Albanerfjellene the Alban Mount.
Albania Albania.
albansk Albanian, Albanese.
albatross *(zool)* albatross.
albino albino.
albue elbow; *bruke -ne (også fig)* use one's elbows; *skubbe til ham med -n* nudge him; *(kraftigere)* hit him with (a blow of) one's elbow.
albu|ben *(anat)* ulna, elbow bone. **-knoke** *(anat)* olecranon. **-ledd** elbow joint.
album album.
albumin *(eggehvitestoff)* albumin; *(jvf eggehvite).*
albumose *(kjem)* albumose.
albunerve *(anat)* ulnar nerve.
alburom elbow room *(fx* give me elbow room; he's got no elbow room); *i sin gamle stilling hadde han ikke noe* ~ *(også)* in his old post he had no scope for his abilities.
albuskjell *(zool)* (common) limpet.
albuspiss point of the elbow, funny-bone, olecranon.
albustøt **1***(støt med albuen)* nudge; **2***(støt på albuen)* blow on the elbow.
albustøtte elbow support; *skyte med* ~ fire from rest with elbow support.
aldehyd *(kjem)* aldehyde.
aldeles *(adv)* quite *(fx* clear, finished, ready, right); entirely, completely *(fx* mistaken, misunderstood); altogether, absolutely *(fx* incomprehensible, necessary, unreadable, useless); totally, utterly, perfectly; *det er* ~ **galt** it's all *(el.* entirely) wrong; ~ **ikke** not at all, by no means; nothing of the kind *(el.* sort); **T** *(også)* not a bit! ~ **ingen grunn** no reason whatever; ~ **som** just like; ~ **som om** just as if; for all the world as if; ~ **umulig** quite *(el.* altogether) impossible.
alder *(også geol & arkeol)* age *(fx* the Stone Age; the Middle Ages); *bære sin* ~ *godt* not look one's age *(fx* he doesn't look his age); *den farlige* ~ the dangerous age; *det nytter ikke å fornekte sin* ~ there's no arguing with Anno Domini; *oppnå en høy* ~ live to *(el.* attain) a great age; live to be very old; [*forb. med prep*] *barn* **av** *alle aldre* children of all ages; *liten (,stor)* **for** *sin* ~ small (,tall) for one's age; *i en* ~ *av fem år* at the age of five; at five years of age; at five years old; *i en* ~ *da* at *(el.* of) an age when *(fx* at that time he was at an age when people don't usually give things like that a thought); *i en* ~ *fra 20 til 30 år* between the ages of twenty and thirty; *i sin beste* ~ in the prime of life; in one's prime; *i en høy* ~ at a great age; late in life; *dø i en høy* ~ die very old; die at a good old age; die at an advanced age; *i en meget høy* ~ in extreme old age; *i min* ~ at my age; at my time of life; *i ung* ~ early (in life); at an early age; *det går over* **med** *-en* you grow out of it; *det kommer med -en* it comes with increasing years; *hun er* **over** *den* ~ *da man føder barn* she's past child-bearing; *en gutt* **på** *din (egen)* ~ a boy of your (own) age; *da jeg var på din* ~, *hadde jeg* ... at your age *(el.* when I was your age), I had ...; *han er på* ~ *med meg; han er på min* ~ he's my age; *vi er på samme* ~ we're of an age; *hvilken* ~ *er det på det gamle slottet?* what's the age of that old castle?
alderdom (old) age; *-men* old age; *(meget) høy* ~ extreme old age; *tiltagende* ~ senescence.
alderdommelig *(adj)* antiquated, old-fashioned.

alderdomsbarn child of one's old age; old man's child.
alderdomsskrøpelighet (senile) decrepitude.
alderdomssløv *(adj)* senile.
alderdomssløvhet senility; dotage; *lide av ~* be in one's dotage.
alderdomssløvsinn 1. = *alderdomssløvhet;* **2** *(med.)* senile dementia.
alderdomssvak decrepit, enfeebled by age.
alderdomssvakhet decrepitude, weakness of old age; *dø av ~* die of old age.
aldersformann *(kan gjengis)* chairman by seniority.
alders|forskjell difference in age, disparity in years. **-grense** age limit, retiring age, age for compulsory retirement; *falle for -n* retire on reaching the age limit, reach retiring age, be put on the retired list.
aldershjem old people's home; home for old people; home for the aged; *(se sykehjem).*
alderstegen stricken *(el.* advanced) in years, aged.
alderstillegg 1. increment; **2***(om fedme)* middle -aged spread.
alderstrinn age, stage (*fx* the baby has reached the talking stage).
alderstrygd old-age insurance, old-age pension assurance; *de -ede* the old-age pensioners.
aldrende ageing, elderly; *(med.)* senescent.
aldri never; *~ ... lenger* never ... any more, never ... any longer, no longer; *~ kom de på besøk lenger, og ~ skrev de* they no longer came visiting, and they never wrote *(el.* nor did they ever write); *~ viste han henne den minste oppmerksomhet lenger, slik som før i tiden, og aldri kom han med en hyggelig bemerkning* no longer did he pay her the slightest attention, as in the past, and he never made a pleasant remark; *~ mer* no more; nevermore; *nå har jeg ~ hørt så galt!* well, I never! *du tror da vel ~ at* ... surely you don't think that ...; *~ i livet* never in all my life (*fx* n. in all my l. have I seen anything like it); *(som avslag)* never; **T** not on your life; not if I know it; *det går ~ i verden* it won't work; it can't possibly come off; *~ så galt at det ikke er godt for noe* it's an ill wind that blows nobody good; *~ så lite* ever so little *(el.* slightly); *om han er ~ så rik* no matter how rich he is; however rich he may be; *om han hadde ~ så mange* however many he had; no matter how many he had; *~ så snart ... før* no sooner ... than; *man skal ~ si ~* never is a strong word; never is a long time; *nesten ~* hardly ever, scarcely ever, almost never; *dette kan vel ~ være Deres klær?* these couldn't possibly be your clothes, could they? these are never your clothes?
ale: *~ opp* breed, rear.
Aleksandria *(geogr)* Alexandria.
aleksandrin|er, -sk Alexandrian; *(vers)* alexandrine.
alen *glds (0,627 meter, omtr)* two feet; *en engelsk ~ (1,143 meter)* an English ell; *de er to ~ av ett (el. samme) stykke* they are of a piece; *måle en annen med sin egen ~* measure another by one's own standard.
alene alone, by oneself; *helt ~* all alone; *være ~* be alone; *en ulykke kommer sjelden ~* misfortunes never come singly; it never rains but it pours; *(adv)* only, merely, solely; *ikke ~ ... men også* not only ... but (also); *i Oslo ~* in Oslo alone; *ene og ~ for å* ... only *(el.* merely) to; *vent til vi blir ~* wait till we are alone *(el.* get by ourselves).
Aleutene *(geogr)* the Aleutians.
alfabet alphabet.
alfabet|isere *(vb)* alphabetize. **-isk** alphabetic.

alfons pimp, souteneur, prostitute's bully, mackerel); **S** ponce, prosser.
alfonseri pimping; *leve av ~* live on the immoral earnings of a woman.
alge *(bot)* alga *(pl:* algae); *(tang)* seaweed.
algebra algebra. **-isk** algebraic(al).
Alger *(byen)* Algiers. **-ie** *(landet)* Algeria.
algir|er, -erinne, -sk Algerian.
alias *(også kalt)* alias.
alibi alibi; *bevise sitt ~* prove one's *(el.* an) alibi; *omstøte hans ~* overthrow his a.; *skaffe seg et ~* provide oneself with an a., establish an a.; *et vanntett ~* a cast-iron a.
alka|li *(kjem)* alkali. **-lisk** alkaline.
alke *(zool)* razor-billed auk, razor-bill; *(se alkekonge).*
alkekonge *(zool)* little auk; *(se alke; geirfugl).*
alkjemi: *se alkymi.*
alkohol alcohol; *(brennevin)* spirits, liquor; **US** (hard) liquor; *han er forsiktig med ~ når han kjører bil* **T** he's careful about drinking and driving; *for meget ~ i blodet* an above-the-limit amount of alcohol in one's blood.
alkoholholdig alcoholic, containing alcohol; *meget ~* high-proof (*fx* spirits).
alko|holiker alcoholic, habitual drinker; *(periodedranker)* dipsomaniac. **-holisere** alcoholize. **-holisk** alcoholic. **-holisme** alcoholism.
alkohol|misbruk alcohol abuse. **-misbruker** person who over-indulges in alcohol; person who drinks too much. **-påvirket** under the influence of drink; in liquor; **T** under the influence.
alkotest breathalyser test (*fx* take the b. t.), breathtest; *de lot ham ta -en (også)* they breathtested him.
alkove alcove.
alkymi alchemy. **-st** alchemist. **-stisk** alchemic(al).
all, alt; *pl* **alle.**
1) substantivisk bruk:
A alt everything, all; *(hva som helst)* anything; *~ annet* everything else; *~ annet enn dum* anything but stupid; *~ engelsk (,norsk, etc)* everything English (,Norwegian, *etc); hun er mitt ett og ~* she is everything to me; *det er ~ for ham* it means everything to him; *fremfor ~* above all, first and foremost; *ønske en ~ godt* wish sby all the best; *~ hva* all that; *15 i ~* 15 in all, a total of 15; *~ i ~* all things considered, all in all; all told, in all; *det blir 12 ~ i ~* that's twelve in all *(el.* all told); *i ett og ~* in every respect; *~ sammen* all (of it) (*fx* take it all; it is all his fault; all of it is his); *når ~ kommer til ~* after all; when all is said and done; *han er i stand til ~* he is capable of anything; he'll stick *(el.* stop) at nothing; *tross ~* after all, in spite of everything; *~ vel!* all's well! *~ vel om bord* all well on board;
B alle all (*fx* all were happy, we were all (of us) happy); everybody, everyone; *(hvem som helst)* anybody; *~ andre* everybody else; *(enhver annen)* anybody else; *~ de andre* all the others; *~ og enhver* everybody, anybody, each and all; *en gang for ~* once (and) for all; *én for ~ og ~ for én* each for all and all for each, one for all and all for one; *~ dere* all of you; *~ sammen* all (of them, us, *etc);* **T** every man jack of them; *~ som en* one and all, to a man (*fx* they rose to a man); *~ tre* all three, the three of them; *~ vi som* ... all of us who ...;
C alles of all, of everybody, everybody's; *~ øyne vendte seg mot henne* all eyes turned to her.
2) adjektivisk bruk:
all, alt, alle all (*fx* all the butter, all the apples); *han har all grunn til å* he has every reason to;

i all korthet briefly; *all mulig pynt (og stas)* all sorts of ornaments, every sort of ornament; *all mulighet for* every possibility of; *all verden* all the world, the whole world; *hva i all verden skal jeg gjøre?* what on earth shall I do? *uten all verdi* without any value (whatsoever), entirely valueless, entirely without value; *han arbeider alt (det) han kan* he is working all he can; *jeg skynder meg alt (det) jeg kan* I am hurrying all (*el.* as much as) I can; *det nytter ikke alt det jeg arbeider* no matter how much I work it is no use; *til alt hell* luckily, fortunately; *alt mulig* everything possible; all sorts of things; *alle deler av* every part of; *alle hverdager* every weekday, on weekdays; *alle mann på dekk!* all hands on deck! *alle mennesker* all men; *på alle måter* in every way; *alle slags* all kinds (*el.* sorts) of, every kind (*el.* sort) of, all manner of; *alle slags mennesker* all sorts of people;

3) adverbiell bruk:

alt: ~ *etter* according to (*fx* they give a. to their means); ~ *ettersom* according as.

alle: *se all.*

allé avenue.

allego|ri allegory. **-risere** allegorize. **-risk** allegoric(al).

allehelgens|aften All Saints' Eve, Hallow-Eve; *(skotsk* & **US**) Hallowe'en. **-dag** All Saints.

I. allehånde *(subst)* all sorts of things; *(krydder)* allspice, pimento.

II. allehånde *(adj)* all manner of, all kinds of, all sorts of.

allemannseie common (*el.* public) property.

aller *adv (foran superlativ)* very (*fx* the very last man), of (them, us, *etc*) all (*fx* the richest of them all), by far (*fx* by far the most common); much (*fx* much the largest); ~ **best** the very best, best of all; ~ *best som* just as, at the very moment when; ~ **flest** by far the greatest number (of); *de* ~ *fleste* ... the great majority of ...; *dem er det* ~ *flest av* they are by far the most numerous; *de* ~ **færreste** very few (people); *de* ~ *færreste av dem* very few of them, a very small minority of them; ~ **først** first of all; *fra* ~ *først av* from the very first; ~ **helst** *vil jeg* I should like best, I should greatly prefer; ~ **helvetes** devilish; *en* ~ *helvetes kar* a devil of a fellow; ~ **høyest** highest of all; *den* ~ *høyeste* the Most High; ~ **høyst** at the (very) utmost; ~ **kjærest** dearest (of all), most beloved; ~ **kristeligst** most Christian; ~ **mest** most of all; *for det* ~ *meste* usually, in the vast majority of cases; ~ **minst** smallest of all; least of all; *mine* ~ **nærmeste** those nearest and dearest to me; *det så jeg* ~ **nødigst** I should like that least of all; ~ **nødvendigst** most necessary (of all); ~ **nådigst** most gracious(ly);~ **sist** last of all; *vente til* ~ *sist* wait to the very end (*el.* last); ~ **øverst** very topmost; *(adv)* at the very top.

allerede already; ~ *den gang* even at that time; even in those days; at that early period; ~ *av den grunn* for that reason alone; ~ *i det tolvte århundre* as early as the twelfth century; ~ *nå* already, even now; ~ *tidlig* (quite) early; ~ *de gamle visste* even the ancients knew; ~ *samme dag* the very same day; ~ *den omstendighet at* . . . the very fact that . . .

alle|sammen: *se all 1) B.* **-slags** of all kinds, every kind (*el.* manner) of, all kinds (*el.* sorts) of. **-steds** everywhere, in all places. **-stedsnærværende** omnipresent, ubiquitous.

alle vegne: *se vegne.*

allfader *(myt)* the Allfather.

allfarvei public highway; *utenfor* ~ *(fig)* off the beaten track.

allgod all-good.

all|godhet supreme goodness. **-guddom** supreme deity.

allianse alliance. **-fri** non-aligned (*fx* the non-aligned countries).

allier|e *(vb)* ally (*seg med* oneself with *el.* to); ~ *seg med (også)* join forces with. **-t** allied (*fx* England and France were allied in the war); *(subst)* ally, allied power; *de -e* the Allies.

alligator alligator.

allikevel: *se likevel.*

allitterasjon *(bokstavrim)* alliteration.

allkjærlig all-loving.

allmakt omnipotence.

allmektig almighty, all-powerful, omnipotent; *den -e* the Almighty, God Almighty.

allmenn *se almen.*

allmue *se almue.*

all|sidig many-sided (*fx* a m. man), all-round (*fx* an a. athlete, education), versatile (*fx* a v. intellect, person, writer), universal; *en* ~ *drøftelse* a full (*el.* comprehensive) discussion; *mine interesser er ganske -e* my interests are fairly all-round; I have fairly all-round interests; *en* ~ *kost* a balanced diet; *(se også belyse).* **-sidighet** versatility, many-sidedness.

allslags *se all 2) & slags.*

alltid always, at all times, on all occasions; *det kan jeg* ~ *gjøre* I can do that at any time; ~ *siden* ever since; *det er da* ~ *noe* it is something at least; *det kan vi* ~ *ordne* we can always arrange that.

allting everything; *hvorom* ~ *er* however that may be.

all-tysk pan-German.

all verden *se all 2) & verden.*

allvitende omniscient, all-knowing. **allvitenhet** omniscience.

alm *(tre)* elm.

alm. *(fk. f. alminnelig).*

almanakk almanac.

almen general, common, public, universal. **-befinnende** *(med.)* general condition (*el.* health), general state (of health). **-dannelse** general education, all-round education; general knowledge (*el.* culture). **-dannende** educational, educative; *(om skole)* aiming at imparting general rather than technical knowledge; *en* ~ *skole (kan gjengis)* an all-round type of school.

almen|gyldig universally valid, of universal (*el.* general) validity (*el.* application), universal, commonly accepted. **-gyldighet** universal (*el.* general) validity. **-heten** the public; *(ofte =)* the man in the street.

almenning common land(s); common.

almen|interesse general interest. **-menneskelig** universal; human.

almen|sannhet universal truth; *(trivialitet)* commonplace. **-utdannelse** all-round education; *(se almendannelse).* **-vel** common good (*el.* weal).

almen|nytte public good, public utility. **-nyttig** of public utility.

I. alminnelig *(adj)* common; general; ordinary; *(uten unntak)* universal; ~ *brøk* vulgar fraction; *-e dødelige* ordinary mortals; *til* ~ *forbauselse for* to the general surprise of; ~ *menneskeforstand* common sense; *-e mennesker* ordinary people; *(ofte =)* the man in the street; ~ *stemmerett* adult (*el.* universal) suffrage; ~ *valg* general election; ~ *verneplikt* general conscription; *bli mer og mer* ~ come into more general use (*fx* disc brakes are coming into more general use); become more and more common.

II. alminnelig *(adv)* commonly; generally, in general, currently (*fx* it is c. believed that ...);

universally; ordinarily; ~ *anvendt* in general use; ~ *utbredt* widespread; *(om anskuelser)* widely held; *han er mer enn ~ dum* he is extraordinarily stupid; he is exceptionally stupid. **-gjørelse** generalization. **-het** generality; *i (sin) ~* in general, generally; *skuespill i sin ~* plays in general; *verden i sin ~* the world at large *(el.* in general). **-vis** generally, usually, as a rule, ordinarily.

almisse charitable gift, alms; *(kollektivt)* charity; *be om en ~* ask for alms; *gi -r* give alms; *leve av -r* live on charity.

almue common *(el.* humble) people, countryfolk; *(som stand)* peasantry; *den norske ~ (også)* rural Norway; *-n (også)* the populace.

aloe *(bot)* aloe. **-holdig** aloetic.

alpakka *(dyr, ull)* alpaca.

al pari *(merk)* at par.

alpe- alpine *(fx* a. flower). **-fiol** *(bot)* cyclamen. **-horn** alpenhorn.

Alpene *(geogr)* the Alps.

alpe|rose *(bot)* rhododendron. **-tropper** *(mil)* alpine troops.

alpin alpine; *den -e rase* the a. race, the Alpines.

alrune *(bot)* mandrake.

alskens: *se all 2) & slags.*

I. alt *(mus)* contralto, alto.

II. alt *(verdens-)* universe, world.

III. alt: *se all.*

IV. alt *(adv): se allerede.*

altan balcony.

alter altar; *gå til -s* go to Communion.

alter|bilde: *se -tavle.* **-bok** service book. **-bord** Communion table. **-duk** altar cloth.

alterert agitated, upset; **US** het up.

alter|gang Communion; *~ holdes* the Holy Communion is celebrated. **-kar** altar vessel. **-klede:** *se -duk.* **-lys** altar candle.

alternativ alternative.

alternere *(veksle)* alternate *(med* with).

alter|skap triptych. **-stake** altar candlestick. **-tavle** altarpiece; *(med fløyer)* triptych. **-vin** Communion wine.

altetende omnivorous.

altfor *(adv)* too, all too, much *(el.* far) too; to a fault *(fx* he is cautious to a f.); *(dannes ofte ved sms med* over- *(fx* over-ambitious)); **T** too ... by half *(fx* too clever by half); *jeg kjenner ham ~ godt* I know him all *(el.* much) too well; *~ mye* far too much, altogether too much; a great deal too much; *i så ~ mange tilfeller* in all too many cases.

altnøkkel *(mus)* alto clef.

altomfattende all-embracing, all-including, universal.

altoppofrende self-sacrificing, devoted.

altoppslukende: *~ interesse* absorbing interest.

altru|isme *(uegennytte)* altruism. **-ist** altruist. **-istisk** altruistic.

altsanger, -inne alto singer.

altså 1 *(følgelig)* consequently, therefore, accordingly; so *(fx* he had paid for the horse, so he took it with him); thus *(fx* thus X equals Y); *~ kommer han i morgen* so he'll be coming tomorrow; *så er det ~ ikke i dag likevel* so it's not today after all; **2***(med underforstått begrunnelse)* then *(fx* you will dine with us today, then?), so *(fx* so you despise me? so you won't?); **3***(forsterkende)* do *(fx* I do like him); *han er veldig kjekk ~* **T** he's 'so nice! *han der Johnson er gærn ~!* that Johnson is 'crazy! **4***(overgangsord)* well; *~ som jeg sa, så traff jeg henne i går* well, as I was saying, I met her yesterday.

aluminium aluminium; **US** aluminum.

alun alum. **-beis** alum mordant. **-garver** tawer; *(jvf garver).* **-holdig** aluminous.

alv elf, fairy.

alve|aktig elfish, elfin, fairy-like. **-dans** fairy dance. **-lett** fairy-light. **-pike** elf-maid.

alvor 1 *(mots. spøk, sorgløshet)* seriousness; **2** *(verdighet, strenghet)* gravity; **3***(fare, viktighet, betydning)* seriousness, gravity; **4***(iver, oppriktighet)* earnestness; *bevare -et* preserve one's gravity, keep a straight face; *nå begynte det å bli ~* now it was becoming serious; *gjøre ~ av* carry out *(fx* one's plan, threat, *etc); gjøre ~ av det* set about it seriously, set about it in earnest; *er det Deres ~?* are you serious? are you in earnest? do you really mean it? *det er da ikke Deres ~!* you are not serious; surely you don't mean that! *det er mitt (ramme) ~* I am in (dead) earnest; *for ~* seriously *(fx* I am s. thinking of going away), in earnest; really *(fx* this time it is r. dangerous); *(for godt)* for good; *for ramme ~* quite seriously, in real earnest, in dead earnest; *ta fatt for ~* set to work in earnest, start in earnest; *(se spøk).*

I. alvorlig *(adj)* serious; grave; earnest; *(streng, verdig)* grave; *det blir en ~ historie for ham* he will get into serious trouble over this; *en ~ konkurrent* a dangerous competitor; *holde seg ~* keep serious, keep a straight face; *legge ansiktet i -e folder* put on a grave face.

II. alvorlig *(adv)* seriously, earnestly, gravely; *(i høy grad)* thoroughly, seriously *(fx* frightened); *mene det ~* be serious (about it), mean it seriously, be in earnest; **T** mean business; *det var ikke ~ ment med den beskjeden* I wasn't serious about that message; I was only joking when I gave you (,him, *etc)* that m.; *se ~ på saken* take a serious (,*sterkere:* grave) view of the matter; *ta ~* take (sby, sth) seriously; *man kan aldri ta ham (riktig) ~* one can never take him quite seriously; he's never quite serious; he always has his tongue in his cheek; *han tar sitt arbeid ~ (også)* he is an earnest worker; *~ sint* really angry; *gg~ talt* seriously (speaking), to be serious; *(se mene & tenke).*

alvors|blikk grave look. **-full** earnest, serious, grave. **-mann** earnest man. **-ord** serious word(s); *si en et ~* speak seriously to sby; have a serious talk with sby.

amalgam amalgam. **-ere** *(vb)* amalgamate.

amanuensis scientific officer; senior technical officer; *(se førsteamanuensis).*

amasone Amazon.

Amasonelva the Amazon.

amatør amateur.

ambassade embassy. **-råd** counsellor (of e.).

ambassadør ambassador.

ambisjon ambition.

ambolt *(også i øret)* anvil.

ambra 1. ambergris; **2***(bot)* boy's-love, southernwood.

ambros|ia 1. ambrosia; **2***(bot)* ragweed, bitterweed, hogweed. **-isk** ambrosial.

ambulanse(bil) ambulance. **-båre** stretcher.

amen amen; *så sikkert som ~ i kjerka* sure as fate; sure as eggs is eggs.

Amerika America.

amerika|båt transatlantic liner. **-farer** transatlantic traveller, passenger to or from America. **-feber** craze to emigrate to A., emigration urge.

amerikaner, -inne American.

amerikanisere Americanize.

amerikanisme Americanism.

amerikansk American; *~ olje* castor oil.

ametyst amethyst.

amfi|bium amphibious animal, amphibium. **-bisk** amphibious. **-teater** amphitheatre. **-teatralsk** amphitheatrical.

amme *(subst)* nurse; *(vb)* nurse, suckle.

ammoniakk ammonia. **-holdig** ammoniacal.
ammunisjon ammunition.
amne|stere grant *(fx* sby) an amnesty. **-sti** amnesty.
Amor Cupid.
amoralsk amoral, non-moral.
amortisasjon amortization, amortizement, redemption, repayment of principal. **-sfond** sinking fund; *(se fond).* **-skonto** depreciation fund account; *(for lån el. obligasjoner)* sinking *(el.* redemption) fund account. **-slån** loan redeemable in annual instalments. **-somkostninger** depreciation costs. **-stid** period of amortization.
amortisere *(vb)* amortize, redeem, pay off; ~ *en gjeld* pay off *(el.* extinguish) a debt.
amper *(irritabel)* fretful, peevish.
ampere amp(ère). **-meter** ammeter.
ampulle ampoule; *(især* **US)** ampule.
amput|asjon amputation. **-tere** *(vb)* amputate.
amulett amulet, charm.
I. an *adv (i forb. med verb: se disse).*
II. an *(prep, merk)* to *(fx* to cleaning *[rengjøring]* ten hours at two pounds an hour).
anabaptist *(gjendøper)* Anabaptist.
anakronisme anachronism.
analfabet illiterate. **-isme** illiteracy, illiterateness.
analog analogous *(med* with, to). **-i** analogy; *i* ~ *med* by a. with, on the a. of.
analyse analysis *(pl:* analyses); *(gram, også)* parsing.
analysere *(vb)* analyse; *(gram: setning)* analyse, break down *(fx* b. down a sentence into its components); *(også enkelt ord)* parse.
analytisk analytic(al).
ananas pineapple.
anarki anarchy. **anarkist(isk)** anarchist.
anatema anathema.
anato|m anatomist. **-mere** *(vb)* anatomize, dissect. **-mering** anatomizing, dissection. **-mi** anatomy. **-misk** anatomic(al).
anbefal|e *(vb)* recommend, commend; *vi -er Dem å* . . . we would recommend that you . . .; we would advise you to . . .; ~ *seg* take one's leave, retire. **-elsesverdig** recommendable. **-ende** recommendatory. **-ing** recommendation; commendation, reference, introduction.
anbefalings|brev, -skriv letter of introduction.
anbringe *(vb)* put, place, fix; *(penger)* invest; ~ *et slag* strike a blow; *dårlig anbrakt* misplaced, out of place, ill-timed; *vel anbrakt* well-placed, well-timed *(fx* a w.-t. joke); *(om penger)* well invested; *et vel anbrakt slag* a well-directed blow.
anbringelse placing *(etc);* investment; *(se pengeanbringelse).*
anbud estimate; *(offentlig)* tender; **US** *(også)* bid; *(prisantydning)* quotation; **T** quote *(fx* can you give me a quote for painting the house); ~ *på levering av* . . . a tender for the supply of . . .; *gi* ~ *på* estimate for *(fx* please estimate for installing central heating in the bungalow at 10 Wessex Road); **US** submit an estimate on; *(om offentlig anbud)* submit *(el.* send in) a tender for, tender for; *innhente* ~ *(på)* invite tenders (for the supply of); ~ *utbes* tenders are invited; *åpning av innkomne* ~ *på* . . . opening of the tenders received for . . .; *(jvf tilbud).*
anbudsåpning opening of (the) tenders.
and 1*(zool)* duck; **2***(skrøne, «avisand»)* hoax, canard.
andakt devotion; *(kort gudstjeneste i hjem, på skole, etc)* prayers. **andakts|bok** prayer-book, devotional book. **-full** full of devotion, devout. **-stund, -time** hour of devotion.
ande|dam duck-pond. **-egg** duck's egg. **-hagl** duck-shot. **-jakt** duck-shooting; **US** duck hunting.
andektig devout; *(oppmerksom)* attentive; *i* ~ *taushet* in religious silence. **-het** devoutness.
andel share, part, portion, quota; *betale etter* ~ pay pro rata; *ha stor* ~ *i* have a large share in; *kjøpe ens* ~ buy sby out; *min* ~ *i utbyttet* my share of the profits; *som utgjør Deres* ~ *av utgiftene* which represents your share of the cost.
andels- *(jvf samvirke-)* co-operative. **-haver** member of a co-o. society.
andelsleilighet *(ferieleilighet som disponeres en viss tid hvert år)* time-share flat; *blokk bestående av -er* time-share apartment block.
andelsselskap co-operative society. **-system** profit-sharing system. **-vis** *(adv)* pro rata.
ande|mat *(bot)* duckweed, duck's meat. **-skjell** *(zool)* barnacle. **-stegg** *(zool)* drake. **-ste(i)k** roast duck.
andføttes *(adv)* head to feet *(fx* they were sleeping h. to f.).
andpusten out of breath, breathless.
andre: *se annen.*
andreaskors (X) St. Andrew's cross.
and|rik *(zool)* (= *andestegg)* drake. **-unge** *(zool)* duckling.
andøve *(vb)* lay *(el.* lie *el.* rest) on the oars.
ane *(vb)* suspect, guess, have a foreboding *(el.* presentiment) of; *det -r jeg ikke* I have no idea; *før jeg ante noe* before I could say Jack Robinson *(el.* knife); *han ante fred og ingen fare* he was (quite) unsuspecting; **T** he thought everything in the garden was lovely; *uten å* ~ *noe* without suspecting anything, unsuspectingly; ~ *uråd* suspect mischief; **T** smell a rat.
anekdote anecdote. **-aktig** anecdotal. **-samling** collection of anecdotes.
anelse 1. suspicion, foreboding, presentiment, misgiving; **2***(svak forestilling)* inkling; suspicion; idea; *jeg hadde ingen* ~ *om at* I had no idea that; **3***(lite grann)* suspicion; touch; hint; flavour.
anelsesfull full of presentiment.
anemi anaemia. **anemisk** anaemic.
anemone *(bot)* anemone; *(se blåveis; hvitveis).*
aner *pl* (noble) ancestors, forebears, ancestry.
aner|kjenne *(vb)* acknowledge, admit, recognize, recognise; *(godkjenne)* approve *(fx* approved methods); *(rose, påskjønne)* appreciate, recognize, recognise; *(godta)* accept *(fx* an accepted truth); ~ *et krav* admit a claim; *ikke* ~ refuse to acknowledge; *ikke* ~ *et krav* reject a claim. **-kjennelse** acknowledg(e)ment, recognition; appreciation; *finne tilbørlig* ~ receive due recognition; *vinne* ~ obtain *(el.* gain) recognition. **-kjennelsesverdig** creditable. **-kjennende** appreciative, appreciatory. **-kjent** (generally) recognized *(el.* recognised); *så* ~ *dyktig* of such generally recognized ability.
anestesi anaesthesia. **-lege** anaesthetist.
anfall attack, assault, charge, onset; *(av sykdom)* attack, fit, access; *(utbrudd)* outburst, spasm. paroxysm; ~ *av feber* access of fever; ~ *av fortvilelse* fit of despair; *fikk et* ~ *av* was taken with a fit of.
anfekte *(vb): han lot seg ikke* ~ *av det* he was unaffected by it; it left him cold.
anfektelse scruple *(fx* religious scruples), temptation; *-r (også)* troubles *(fx* sexual troubles).
anføre *vb (befale)* command; *(gå i spissen for)* head, lead; *(innføre)* enter, book; *(angi)* state, give, refer to; *(påberope seg)* allege, adduce, advance, urge, plead; *(sitere)* cite, quote; *anfør det på meg* put that down to me; *de varene som står (,sto) anført på fakturaen* the goods

charged on the invoice; ~ *til sin unnskyldning* plead (*fx* he pleads that he has been ill); ~ *noe til sin unnskyldning* make sth one's excuse; *hva har du å ~ til din unnskyldning?* what have you to say for yourself? ~ *grunner* state reasons; ~ *som eksempel* quote as an instance (el. example).

anfør|er leader, chief; *(i et opprør)* ringleader. **-sel** command, leadership; entering, booking; statement, quotation; *(se anføre)*. **-selstegn** *(pl)* inverted commas, quotation marks, quotes; ~ *begynner (i diktat)* quote; open inverted commas; ~ *slutter* unquote; close i. c.; *sette i* ~ put in quotation marks.

ang.: *se angående.*

I. ange *(subst)* fragrance, odour, perfume, scent.

II. ange *(vi)* emit odour *(el.* fragrance), shed fragrance, smell *(av* of).

angel (fish)hook.

angel|sakser Anglo-Saxon. **-saksisk** Anglo-Saxon.

angelus Angelus. **-klokke** Angelus (bell).

anger regret; *(sterkere)* repentance, remorse, penitence, contrition, compunction; *føle* ~ *over* repent of. **-full** repentant, penitent, contrite, remorseful. **-løs** unrepentant; guiltless, blameless.

angi *(vb)* state, mention, report; *(melde, røpe)* inform against, denounce; *(vise)* indicate, point out; *(til fortolling)* declare (at the custom house); ~ *en grunn* state a reason; ~ *tonen (mus)* give the pitch; *(fig)* set the tone; *(i moter)* set *(el.* lead) the fashion; ~ *verdien* indicate *(el.* state *el.* declare) the value; *-tt verdi* declared value.

angina pectoris *(med.)* angina (pectoris).

angivelig *(adj)* ostensible, alleged; *(adv)* ostensibly, allegedly.

angi|velse statement; *(nøyere)* specification; *(se toll-)*; information, denunciation; *med* ~ *av* stating. **-ver(ske)** informer, denouncer. **-veri** informing.

angjeldende: ~ *dokumenter* the relative documents, the d. in question; ~ *person* the person concerned, the p. in question.

angler *(folkestamme)* Angles.

angl|ikansk Anglican; **US** Episcopalian; *den -e kirke* the Anglican Church, the Church of England. **-isere** *(vb)* anglicize. **-isisme** anglicism.

anglo|amerikansk Anglo-American. **-man** anglomaniac. **-mani** anglomania.

angre *(vb)* regret, be sorry for; *(sterkere)* repent, repent of. **-nde** repentant, penitent; *en* ~ *synder (også spøkef)* a repentant sinner.

angrep attack, assault, aggression, onset; *(heftig, av tropper)* charge; *blåse til* ~ sound the charge; *fornye -et (også fig)* return to the charge.

angreps|bevegelse offensive movement. **-krig** aggressive *(el.* offensive) war, war of aggression. **-middel** means of attack. **-mål** object of attack. **-plan** plan of attack. **-politikk** aggressive policy. **-rekke** *(i fotballag)* forward line. **-spiller** *(i fotballag)* forward. **-vis** *(adv)*: *gå* ~ *til verks* act on the offensive, take the offensive.

angrepsvåpen offensive weapon.

angrip|e *(vb)* attack, assail; *(fiende, også)* engage; *(heftig, som kavaleri)* charge; *(virke sterkt på)* affect; *(skade)* injure; *(tære)* corrode; *(bestride)* contest; *(en kapital)* encroach on. **-elig** assailable, vulnerable. **-er** attacker, assailant, aggressor.

angst *(subst)* dread, fear, apprehension *(for* of), alarm, anxiety; *av* ~ *for* for fear of; *med* ~ *og beven* with fear and trembling; *han gikk i dødelig* ~ *for at det skulle bli oppdaget* he was haunted by the fear that it would be found out. **-full** anxious, fearful. **-rop, -skrik** cry of terror, shriek. **-svette** cold perspiration. **-tilstand** anxiety state.

angå *(vb)* concern, regard, relate to, bear on, have reference to; *hva -r det meg?* what is that to me? *det -r ikke Dem* it's none of your business; it does not concern you; *hva -r* as to, as for, as regards, as respects; **hva meg -r** as to me, as for me, I for one; *hva det -r* as to that, for that matter; *(på det punkt)* on that score *(el.* point *el.* head).

angående *(prep)* respecting, regarding, concerning, touching, relative to, about, as to, with regard to, as regards.

anhang *(tillegg)* appendix.

anhold|e *(vb)* arrest; take into custody; detain; *(skip)* arrest, lay an embargo on; ~ *om hennes hånd* ask her hand in marriage; *(jvf arrestere)*. **-else** arrest; detention.

anilin aniline.

animalsk animal.

anim|ere *(vb) (oppmuntre)* encourage, urge, incite, prompt; *(gjøre opprømt)* enliven, animate. **-ert** animated, lively; *(om person)* exhilarated, in high spirits. **-ositet** animosity.

aning *(svak luftning i ellers stille vær)* cat's paw, catspaw.

anis anise; *(frukt)* aniseed.

anislikør anisette.

anke *subst & vb (jur)* appeal; ~ *over (vb)* appeal against; *(se straffeutmåling)*.

ankel ankle. **-spark** *(i fotball)* ankle kick; *(det å)* ankle kicking.

anke|mål *(klagemål)* complaint, grievance. **-protokoll** complaints book. **-punkt:** *se -mål.*

I. anker *(hulmål)* anker; *(brukt mindre presist)* barrel, keg, cask; *(for vann i skipsbåt)* (water) breaker.

II. anker *(skipsanker)* anchor; *(i mur)* brace, tie, cramp(-iron); *(del av dynamo)* armature; *-et går* the a. comes home; *kappe -et* cut the cable; *kaste* ~ cast *(el.* drop) a.; *kippe -et* fish the a.; *komme til -s* come to an a.; *lette (- hive)* ~ weigh a.; raise anchor; *ligge til -s (el. for* ~*)* ride at a. **-bedding** *(mar)* riding bitts. **-bolt** *(i mur)* anchor bolt, tie bolt, brace. **-bøye** *(mar)* a. buoy. **-kjetting** (chain) cable. **-legg** *(mar)* anchor shank; **-mann** anchor; *(fig)* mainstay, strongest link, backbone. **-plass** anchorage, anchoring ground. **-spill** windlass. **-tau** cable.

ankestevning summons on appeal.

I. anklage *(subst)* accusation; *(jur: tiltale)* charge *(for* of), indictment *(for* for); *sette en under* ~ *for* charge sby with.

II. anklage *(vb)* accuse *(for* of), charge *(for* with); *(for riksrett)* impeach; *(se tiltale)*.

anklage-: *se tiltale- & påtale-.*

anklager: *den offentlige* ~ the public prosecutor; **US** the prosecuting attorney, the district attorney *(fk* D.A.); *(se også aktor)*.

ankomme *(vb)* arrive *(til Oxford* at Oxford, *til London* in L., *til England* in E.), come (to), reach (a place).

ankomst arrival *(til* at, *(til land el. større by)* in); *ved min* ~ on *(el.* at) my arrival.

ankomstperrong arrival platform.

ankomsttid time of arrival; *antatt* ~ *(flyv)* estimated time of arrival *(fk* ETA); *(se avgangstid)*.

ankre *(vb)* anchor.

anlagt 1. *perf part.: se anlegge;* **2.** *adj (om karakteren)* inclined, fitted *(fx* he is naturally f. for that work); *gjestfritt (,selskapelig)* ~ hospitably (,socially) inclined; *praktisk* ~ of a practical turn, practical.

anledning 1 *(høve, gunstig tidspunkt)* opportunity, chance; **2***(hendelse, grunn, foranledning)* occasion, cause; **3***(gunstige vilkår for)* facility, opportunity; *benytte -en* take the opportunity; *vi håper at det vil bli ~ til å drøfte inngående spørsmålet om ...* we hope that there will then be an opportunity for thorough discussion of the question of ...; *få ~ til å gjøre noe* get an opportunity of doing (*el.* to do) sth; *hvis du får ~* if you get the chance; *jeg har ikke ~ til å røpe forfatterens navn* I am not at liberty to reveal the author's name; *for -en* for the occasion; *ord laget for -en* nonce-word; *ord som passer for -en* words suited to the occasion, appropriate words; *i ~ av* on the occasion of; *(i forbindelse med, om sak)* in connection with; *i dagens ~* in honour of the occasion (*el.* event); *i den ~* on that occasion; *i sakens ~* in this (*el.* the) matter (*fx* we hope to hear from you in this m. by return (of post)); *ved ~* some day; when I *(,etc)* get the opportunity; *ved enhver ~* on every occasion; at every turn (*fx* they will find things to steal at every turn); *ved første ~* at the first (favourable) opportunity; **T** first chance; *ved given ~* if and when an opportunity offers; *ved passende ~* when a suitable opportunity arises; when occasion serves; *(se også foranledning, leilighet, rik).*

anlegg 1*(det å anlegge)* building, construction, erection; **2***(byggeprosjekt, etc)* (building) project; **3***(grunnlegging)* establishment, foundation; **4***(fabrikk-, maskineri, etc)* plant, works, factory, installation; **5***(måten noe er anlagt på)* layout; **6***(medfødt evne)* talent, turn, aptitude *(for* for); **T** knack *(for* of); *ha meget gode ~ for realfag* have a marked talent for science and mathematics, be extremely gifted in the fields of s. and m.; **7***(medfødt disposisjon)* predisposition, tendency; **8***(biol, av organ)* anlage, rudiment; *(gen)* gene; **9***(støtte)* rest; *i ~ (om skytevåpen)* at the ready; *(se I. evne).*

anlegge *(vb)* **1***(bygge, etc)* build, erect, construct, make, set up, lay down (*fx* build, erect, set up a factory; build, construct, lay down a railway); **2***(grunnlegge)* found; **3***(opprette)* found, establish (*fx* a factory); **4***(by, gate, hage, etc)* lay out; *(vei, kloakk)* lay; **5***(legge på)* apply (*fx* a bandage); **6***(klær, mine, etc)* put on, assume, affect; *(begynne å gå med)* start wearing, begin to wear; **7***(planlegge)* plan; *en godt anlagt park* a well-planned park; **8***(penger)* invest; *~ en sak mot en (jur)* bring an action against sby; *~ sorg* go into mourning *(for* for); *når man -r denne målestokk* measured by this standard.

anleggsaktiva property, plant and equipment.

anleggsarbeid construction work; road (,railway) building.

anleggsarbeider construction worker; *(jvf anleggsslusk).*

anleggs|brakke workmen's hut (*el.* shed). **-gartner** landscape gardener. **-ingeniør** construction(al) engineer; *(se ingeniør: sivilingeniør).* **-kapital** invested capital; business capital; capital invested in permanent assets. **-kontor** site office. **-midler** *(pl)* fixed assets; *(se driftsmidler).* **-slusk** *(neds)* navvy; *(jvf anleggsarbeider).* **-trafikk** works traffic. **-utstyr** site plant. **-virksomhet** construction work; *bygge- og ~* building and c. w.

anliggende affair, concern, business, matter; *i viktige -r* in matters of importance.

anløp *(mar)* call; *(se skipsanløp).*

anløpe *(vb) (mar)* touch at, call at; *(stål)* temper; *(få en viss farge)* become oxidized (*el.* tarnished).

anløps|plass, -sted stopping place, place (*el.* port) of call. **-tid** time of arrival.

anmarsj: *være i ~* be approaching; be on the way.

anmasse *(vb): ~ seg* arrogate, usurp. **-lse** arrogance, usurpation. **-nde** arrogant, presumptuous, overbearing.

anmelde 1*(vb)* announce, notify, give notice of; **2***(til en autoritet)* report; **3***(tollpliktige varer)* declare; **4***(bok)* review (*fx* a book); **5***(mar): ~ protest* note a protest, cause a p. to be noted.

anmeld|else announcing *(,etc);* announcement, notification; notice; *(av bok)* review; notice. **-er** announcer; reviewer, critic.

anmeldereksemplar review copy.

anmerk|e *vb (merke)* mark; *(opptegne)* note, put down. **-ning** remark; comment, note, annotation; *gi en en ~ (på skolen)* put sby's name down; *gjøre -er om* comment on; *forsyne med -er* annotate. **-ningsprotokoll** *(på skolen)* black book.

anmod|e *(vb): ~ om* request, solicit; *~ en om noe* ask sby for sth. **-ning** request; *etter ~* by r., on r.; *etter ~ av* at the request of; *med ~ om* requesting; *på Deres ~* at your request, as requested (by you); *på senderens ~* at the sender's request.

Anna Ann, Anne.

annaler *(pl)* annals. **annalforfatter** annalist.

anneks parish of ease; *(bygning)* annex(e).

anneksjon annexation.

anneks|kirke chapel of ease. **-sogn:** *se anneks.*

annekter|e *(vb)* annex. **-ing** annexation.

I. annen, annet *(ordenstall)* second; *annet bind* volume two, the second volume; *den annen (el. andre) august* (on) the second of August, (on) August 2nd; *for det annet (el. andre)* secondly, in the second place; *for annen gang* for the second time; *annen hver* every other, every second; *den andre døra herfra* the next door but one; *den andre hansken min* the fellow to my glove.

II. annen, annet *pron (pl: andre)* other;

A [*brukt adjektivisk*] **annen, annet, andre** other (*fx* the other book; some other day; other people); *annen manns eiendom (jur)* the property of another party; *det annet kjønn* the opposite sex; **en annen** another (*fx* knife, person), some other (*fx* day, time); *(se også B: en annen); en helt annen kvalitet* an altogether different quality; *en annen morgen* (on) another morning; *en annen ordning* another (*el.* some other) arrangement; *en eller annen dag* some day (or other); *på en eller annen måte* somehow (or other), in some way (or other); *et eller annet sted* somewhere (or other); *det ene år* **etter** *det annet (el. andre)* one year after another, year after year; **fra** *ende til annen* from one end to the other, from end to end; *fra ord til annet* word by word; *fra tid til annen* from time to time; **ingen** *annen mann* no other man, no one else; **intet** *annet sted* nowhere else; **med** *andre ord* in other words; **på** *den annen side* on the other side (*fx* of the house); *(fig)* on the other hand;

B [*brukt substantivisk*] *a)* **annen;** *den ene etter den annen (el. andre)* one after the other, one after another; *en annen* somebody else, another, another person; *en annens hatt* somebody else's hat; *en eller annen* somebody (or other), someone, some person; *enhver annen* anybody else, anyone else; *hvem annen?* who else? *hvem annen enn ...* who (else) but; *ingen annen* no one else, nobody else, no other person; *ingen annen enn* no one but; *b)* **annet;** *alt annet* everything else; *alt annet enn* anything but; *blant annet (fk bl.a.)* among other things, inter alia; (ɔ: *blant andre)* among others; including (*fk* some people, including myself, agree with him); (ɔ: *for bare å nevne en ting)* for one thing (*fx* for one thing he is very good at Latin); *det annet (el. andre)* the other thing, the other one; (ɔ: *det* *øvrige)* the rest; *det ene med det annet (el. andre)* one thing with another; *ikke annet, intet annet* nothing else; *ikke annet enn* nothing but; only; *det er ikke annet å gjøre* there is no alternative; *det er ikke annet å gjøre enn å . . .* there is nothing left for us but to . . ., nothing remains but to . . ., there is nothing for it but to; *jeg kan ikke annet* I cannot do otherwise; I cannot help it; *noe annet* something else; anything else (*fx* is there a. else I can do?); *noe (ganske) annet* something (quite) different;

C andre *(pl)* others, other people; *andre av hans bøker* other books of his; *han snakket aldri med andre enn naboene* he never spoke to any but the neighbours; **alle** *andre* everybody else, everyone else; (ɔ: *enhver annen)* anybody else, anyone else; *alle andre enn* everybody except; anybody but, anyone but; *alle de andre* all the others, all the rest (of them); **blant** *andre* among others, among whom; *(se B ovf);* **de** *to andre* the two others, the other two; **dere** *andre* the rest of you; **hvem** *andre?* who else? **ingen** *andre* nobody else, no one else, no others; *ingen andre enn* none but, no one but, no one except; **vi** *andre* the rest of us; *han gjorde ting som vi andre bare fantaserer om* he did things that the rest of us just dream about.

annendag: ~ *jul* Boxing Day; ~ *pinse* Whit Monday, Whitsun Bank Holiday; ~ *påske* Easter Monday.

annen|dagsbryllup second day's (wedding) festivities. **-flyger** co-pilot, second pilot. **-gradsforbrenning** second-degree burn; *(se brannsår; forbrenning).* **-gradslikning** quadratic equation. **-hver** *(pron & adj)* every other; *fri ~ lørdag* free (on) alternate Saturdays. **-hånds** second -hand, **-maskinist** *(mar)* second engineer. **-rangs** second-rate. **-sidesark** *(merk)* continuation sheet. **-steds** elsewhere, in some (,any) other place. **-stedsfra** from another place. **-stedshen** somewhere else, to some other place. **-stemme** *(mus)* second; *synge ~* sing seconds *(til* to).

annenstyrmann *(mar)* third officer; third mate.

I. annerledes *(adj)* different; *han er ~ enn andre* he is different from others; *~ enn jeg trodde* d. from what I thought; *han er ikke ~* that is his way; *livet er nå engang ikke ~* life is like that; **T** such is life; *jeg ville ikke ha henne ~* I would not have her d.; *det er blitt ~* things have *(el.* it has) changed *(el.* become d.).

II. annerledes *(adv)* differently, otherwise, in a different *(el.* another) way; *(i høyere grad)* far more, much more; *ganske ~ godt* far better; *ganske ~ vanskelig* far more difficult; *saken må ordnes ~* the matter must be arranged otherwise *(el.* in a different way); *stille seg ~ til en sak* take a different view of a matter.

annerledes|tenkende those who think differently. **-troende** those adhering to other creeds.

annet: *se annen.*

Anno Domini Anno Domini, in the year of our Lord; *Anno 1713* in the year 1713.

annonse advertisement; **T** ad, advert (*fx* I put an ad(vert) in the paper to sell my car); *sette en ~ i avisen* put *(el.* insert) an advertisement in the paper; put a notice *(el.* an ad(vert)) in the paper. **-byrå** advertising agency. **-re** *(vb)* advertise; *(kunngjøre)* announce, publish, make public.

annonsør advertiser.

annorak: *se anorakk.*

annuitet 1. annuity; **2**(*mat.)* problem in annuities.

annuitetslån loan repayable in annuities.

annull|ere cancel, annul; render null and void. **-ering** cancellation, annulment.

anode *(den positive elektrode)* anode.

anonym anonymous, **-itet** anonymity.

anorakk anorak, parka.

anord|ne *vb (ordne)* arrange; *(befale)* order, ordain, decree; *(medisin)* prescribe. **-ning** arrangement; order, ordinance, decree; prescription.

anorganisk inorganic.

anretning 1*(av bord til festmåltid)* arrangement of a (,the) table; **2***(bord)* banquet table, table; **3***(det som anrettes)* dish; meal, repast; **4***(værelse)* serving pantry; *kold ~* a cold dish *(el.* meal).

anretningsbord serving table.

anrette *(lage til)* prepare, arrange, serve; *(forårsake)* do, make, cause, affect; *~ skade* cause *(el.* do) damage; *~ ødeleggelser* cause destruction, work *(el.* wreak) havoc.

anrop challenge; *(mar)* hail; *(over radio, etc)* call.

anrop|e *(vb)* challenge; *(mar)* hail, address (*fx* a ship); *(fra skip)* speak; *(over radio, etc)* call.

ansamling collection.

ansats 1 *(anlegg)* disposition, tendency, predisposition *(til* to); **2***(rudiment, begynnelse)* rudiment; **3***(fremspring)* projecting edge, shoulder; **4***(mus) (leppestilling)* embouchure; *(av tone)* attack; *~ til hale* rudiments of a tail; *ha ~ til fedme* be inclined to be stout.

anse *(vb): ~ for* consider (to be) (*fx* I c. him (to be) a fool), regard as, look upon as, take for; *han er ikke den mann jeg anså ham for* he is not the man I took him for; *det -s for sannsynlig at . . .* it is thought likely that . . .

anseelse reputation, esteem, standing, prestige, respectability; *en mann med høy ~* a man of high standing; *miste (sin) ~* lose prestige; *nyte stor ~* enjoy a good reputation, be held in high esteem, be well regarded; *uten persons ~* without respect of persons; *vinne ~* win a reputation (for oneself).

anselig *(statelig)* stately, impressive; *(stor)* considerable (*fx* a c. amount), good-sized, goodly; **T** tidy (*fx* a t. price); *(betydelig)* considerable, important, distinguished; *(se antall).* **-het** stateliness, impressiveness.

ansett of (high) standing, (highly) esteemed, of good repute, well thought of, respectable; *et (vel) ~ firma* a firm of (good) standing, a f. of good repute, a respectable f.; *være dårlig (,vel) ~* have a bad (,good) reputation, be ill (,well) reputed, be given a bad (,good) character; *et høyt ~ verk* a highly thought-of work.

ansette *(vb)* appoint (*fx* sby to an office), engage (*fx* e. him as shop assistant, secretary); *han er ansatt på et kontor* he is (employed) in an office; *være ansatt i politiet* be in the police; *bli fast ansatt* receive a permanent appointment, be permanently appointed; *(mots. konstituert)* have one's appointment confirmed; *han er fast ansatt hos* he is on the permanent staff of, he is permanently employed by; *(se stilling).*

ansettelse appointment, engagement, employment, job; *(av verdi)* estimate, valuation; *få (,søke) ~ i firmaet* get (,apply for) a job with the firm; *fast ~* a permanent appointment *(el.* job); *(mots. konstituering)* confirmation of one's appointment; *(se stilling).*

ansettelses|brev letter of appointment. **-vilkår** *(pl)* conditions of appointment; *(se stilling* 4).

ansiennitet seniority; *etter ~* by seniority.

ansikt face; *skjære -er til* make faces at; *se en rett i -et* look sby (full) in the face; *bli lang i -et* pull a long face; *si en noe rett opp i -et* tell sby sth to his face; *sette opp et alvorlig ~* put on a grave face; *(se for øvrig sette: ~ opp); stå ~ til ~ med* stand face to face with.

ansikts|drag feature. **-farge** complexion. **-form** shape of the face. **-klut** face cloth. **-løftning** *(og-*

så fig) face lift. **-trekk** facial feature. **-uttrykk** expression of face; (facial) expression.
ansjos anchovy.
anskaffe *(vb)* get, obtain. *vi skal ~ oss en hund* we're going to get a dog; *~ seg klær* fit oneself out (with clothing), provide oneself with clothes; *~ seg et lager av* lay in a stock of; *~ seg varer* lay in (a stock of) goods; buy *(el.* procure) goods.
anskaffelse getting, obtaining; *(jvf ny-).*
anskrevet: *han er dårlig (,godt) ~* he is badly (,well) reported on; he is not (,he is) thought well of; *være dårlig ~ hos en* be in sby's bad books; *være godt ~ hos en* stand well with sby, be in sby's good books; be in (high) favour with sby; *et vel ~ firma* a well-reputed firm.
anskrik outcry, shout of alarm; *gjøre ~* give the alarm, cry out; *(oppfordre til forfølgelse)* raise a hue and cry.
anskuelig clear, lucid, plain. **-gjøre** render plain *(el.* intelligible), elucidate, illustrate. **-gjørelse** elucidation, illustration. **-het** lucidity.
anskuelse *(litt, filos)* intuition, perception; *(synsmåte, mening)* view, opinion, way of looking at things.
anskuelses|evne intuitive power. **-metoden** the object lesson method. **-undervisning** object teaching, visual instruction; **T** *(fig)* object lesson.
anslag *(mus)* touch; *(tekn)* impact; *(vurdering)* estimate, valuation; *(plan)* plot, design; *(slag på tastatur, etc)* stroke; *et ~ mot hans liv* a design on his life; *~ pr. min. (på skrivemaskin)* = words per minute *(fk.* w.p.m.) *(fx* my speed in typing is 50 w.p.m.).
anslå *vb* **1***(mus)* strike; **2***(vurdere)* estimate, rate, value, compute *(til* at); *~ for høyt* overrate, overvalue; *~ for lavt* underrate, undervalue; *hva -r De skaden å beløpe seg til?* what is your estimate of the extent of the damage? *han anslo henne til å være omtrent fire år (også)* he took her age to be about four; *jeg -r mitt tap til £. . .* I estimate *(el.* put) my losses at £. . .; *jeg -r vekten til 5 pund* I estimate the weight at five pounds; I make the weight five pounds.
anspenne *(vb)* strain; *~ alle (sine) krefter* strain every nerve, use every effort.
anspent intense, strenuous, tense; *(oppspilt)* keyed up; *helt ~* all tensed up.
anspenthet tension.
anspore *(vb)* spur on, stimulate, incite, instigate, urge, fire; *~ en til å gjøre sitt beste* put sby on his mettle.
anstalt *(institusjon)* institution, establishment; *(ofte =)* home *(fx* a h. for mentally deficient children); *behandling i ~ (med.)* institutional treatment; *-er (pl)* fuss; *(se foranstaltning).* **-maker** fussy person. **-makeri** (unnecessary) fuss.
anstand deportment; grace. **anstandsdame** chaperon.
anstendig decent, proper; *en ~ pike* a decent girl. **-het** decency, decorum, propriety. **-vis** *(adv)* in decency.
anstift|e *(vb)* instigate, stir up, raise, excite, foment; *~ mytteri* stir up a mutiny, foment a m. **-else** instigation; *(se tilskyndelse).* **-er** instigator.
anstigende: *komme ~* turn up, roll up *(fx* the whole family rolled up).
anstikke *vb (et fat)* broach, tap.
anstille *(vb)* institute; *~ undersøkelse(r) over noe* make *(el.* institute) inquiries about sth, inquire into sth; *han anstilte seg syk* he simulated illness; he pretended to be ill.
anstreng|e exert, strain; *~ seg (for å)* endeavour (to), exert oneself (to). **-else** effort; exertion; strain; *ved egne -r* by one's own efforts; without help from anyone; unaided. **-ende** strenuous, fatiguing, tiring, exhausting, exerting, trying; *det er meget ~ (også)* it is a great strain; *~ arbeid* hard work.
anstrengt strained; *et ~ smil* a forced smile.
anstrøk *(fargeskjær)* tinge; *(antydning)* tinge, touch, dash, suspicion; *med et ~ av blått* tinged with blue.
anstøt *(forargelse)* offence, scandal; *vekke ~* give offence *(hos* to); *ta ~ av* take offence at.
anstøtelig offensive, indecent.
anstøtssten stumbling block.
anstå *(vb): ~ seg* become, be proper, be suitable; *som det -r seg en tapper soldat* as becomes a gallant soldier; *som det -r seg en herre* as is suitable *(el.* proper) for a gentleman.
ansvar responsibility; *(erstatningsplikt)* liability; *stå til ~* be held responsible *(el.* answerable) *(for* for; *overfor* to); *på* **eget** *~* at one's own risk *(el.* peril); *handle på eget ~* act on one's own responsibility; *det er ikke mitt ~* **S** it's not my baby; *dra (el. trekke) til ~* call to account; *fralegge seg -et for* wash one's hands of; *ha ~ for* be responsible for *(fx* the home is r. for the children); *jentene hadde hun -et for* the girls were her responsibility; *~* **overfor** *velgerne* electoral r.; *denne opplysningen er strengt konfidensiell og gis* **uten** *~ for oss* this information is strictly confidential and is given without any responsibility on our part; *påta seg et ~* burden *(el.* saddle) oneself with a responsibility; let oneself in for a responsibility.
ansvarlig responsible; *(økonomisk & jur)* liable, accountable *(for* for; *overfor* to, before).
ansvarlighet responsibility, liability, accountability *(fx* for a debt).
ansvarsforsikring third party insurance; *(se forsikring).*
ansvars|fri free from responsibility. **-full** responsible. **-følelse** sense of responsibility. **-havende** person (,officer) in charge.
ansøke *(vb): ~ om (søke om)* apply for, petition for, make application for; *~ om audiens* solicit an audience; *(se søke: ~ om).*
ansøker applicant, petitioner.
ansøkning *(søknad)* application *(om* for); *(andragende)* petition *(om* for); *~ om benådning* p. for mercy; *(se søknad).*
anta *vb (en lære)* embrace, espouse, adopt; *(ta imot)* accept; *(tro, forutsette)* suppose, assume, take it; *~ form* assume a form; *~ kongetittelen* assume the regal title; *jeg vil ~ det* I expect so; *funnene er langt eldre enn fra først av -tt* the finds are much earlier *(el.* older) than had at first been thought; *(se ta: ~ imot).*
antakelig *(adj)* acceptable; admissible, eligible; *-e betingelser* acceptable terms; *(adv)* probably, (very) likely, in all probability.
antakelse acceptance; adoption; *(formodning)* supposition, assumption, hypothesis, theory.
antall number; *et stort ~* a large *(el.* great) n.; *i ~* in number, numerically; *i et ~ av* numbering, to the number of *(fx* to the n. of 5,000); *i et så anselig ~* in such considerable numbers; *overgå i ~* outnumber.
Antarktis *(geogr)* the Antarctic.
antarktisk antarctic.
antaste *(vb)* accost; *(glds = angripe)* assault, attack.
antedatere *(vb)* antedate, predate, backdate.
antegn|e *(vb)* write down, put down, note, make a note of. **-else, -ing** note, remark, observation *(til* on).
I. antenne *subst. (radio)* aerial; *(især* **US)** antenna *(pl:* antennae).
II. antenne *vb (noe brennbart)* set fire to, set on

fire; kindle (*fx* the spark kindled the dry wood). **-lig** inflammable, combustible, ignitable.
antesiper|e *(vb)* anticipate. **-ing** anticipation.
antikk *(subst & adj)* antique; *-en* antiquity. **-samling** collection of antiques.
Antikrist Antichrist.
antikva *(typ)* roman letters (*el.* type).
antik|var second-hand bookseller; *(finere)* antiquarian b.; *(se riks-)*. **-variat** second-hand bookshop; *(finere)* antiquarian b.; *(se riks-)*. **-varisk** second-hand. **-vert** antiquated.
antikvitet antique; *(ofte =)* (old) curiosity. **-shandel** antique shop, curiosity shop. **-shandler** antique dealer.
antilope *(zool)* antelope.
antiluftskyts anti-aircraft guns, ack-ack guns.
antimakassar antimacassar.
antimon *(kjem)* antimony.
antipati antipathy, dislike. **-sk** antipathetic.
antipode antipode.
antisemitt anti-Semite. **-isk** anti-Semitic. **-isme** anti-Semitism.
antisept|ikk antiseptic method. **-isk** antiseptic; ~ *middel* antiseptic.
antitese antithesis.
antologi anthology.
antrasitt anthracite; hard coal.
antrekk dress, attire; **T** get-up; *daglig* ~ ordinary clothes; *(til selskap)* informal dress; *(på innbydelse)* dress informal; *kom i alminnelig daglig* ~ don't (bother to) dress; *det blir daglig* ~ *(i selskapet)* dress will be informal; ~*galla (på innbydelse)* dress formal; *sivilt* ~ civilian clothes; *(om politi)* plain clothes; *et underlig* ~ **T** a queer get-up; ~ *valgfritt (på innbydelse)* dress optional.
antropolog anthropologist. **-i** anthropology.
antrukket *(adj)* dressed; *være enkelt (,pent)* ~ be simply (,well) dressed.
Antwerpen *(geogr)* Antwerp.
antyde *(vb)* indicate, give a hint of; *(la forstå)* suggest, intimate; *(foreslå)* suggest; *som navnet -r* as the name implies; *(se måte)*.
antydning *(vink)* hint, suggestion, intimation; *(tilkjennegivelse)* indication; *(smule)* suggestion, suspicion, touch (*fx* a suggestion of pepper); *(svakt tegn på)* trace, suspicion, faint touch *(til* of). **-svis** by way of suggestion.
anvend|e *vb (bruke)* employ, use *(til* for); *(tid, penger)* spend (*fx* s. money on sth); *(teori, lignelse)* apply *(på* to); ~ *makt* use (*el.* employ) force; ~ *et middel* use (*el.* employ) a means; *det kan -es til* it may be used for; *pengene er vel -t* the money was well spent; ~ *sin tid vel* make good use of one's time; *(se også anvendt)*.
anvendelig of use, usable, fit for use, applicable; *(nyttig)* serviceable, useful; *et meget* ~ *plagg* a most useful garment.
anvendelighet usefulness, use, applicability.
anvendelse employment, use, application; *finne* ~ *for noe* put sth to use; *få* ~ *for* find a use for, turn to account; *... og da kommer telegrafen til* ~ ... in which case the telegraph is called into service; *(se mening)*.
anvendelsesområde area of application; range of uses (*fx* the range of uses for nitrogen is steadily increasing).
anvendt applied (*fx* art, science).
anvise *vb* **1***(tildele)* assign, allot; **2***(merk: gi ordre til utbetaling)* pass for payment; ~ *et beløp til utbetaling* order an amount to be paid out; *«-s til utbetaling»* ''passed for payment''; ~ *på en bank* draw (a cheque) on a bank; *firmaet har bedt oss* ~ *på Dem pr. 3 måneder* the firm has requested us to draw on you every 3 months; ~ *pengemidler* appropriate funds, make an appropriation.
anvisning **1***(veiledning)* direction(s), instructions; **2***(tildeling)* assignment, allotment; *(av pengemidler)* appropriation; **3***(penge-)* cheque, order to pay; *(bank-)* bank draft; *etter hans* ~ according to his instructions.
aorta *(den store pulsåre)* aorta.
ap fun, chaff; *drive* ~ *med* make fun of.
apal: *se epletre.*
apanasje appanage, civil list annuity.
aparte *(adj)* odd, queer, out of the way.
apa|ti apathy. **-tisk** apathetic.
I. ape monkey; *(menneskelignende)* ape.
II. ape *(vb):* ~ *etter* mimic, ape (*fx* sby's manners); *(tøyse)* play the ape.
ape|aktig apish, monkey-like, simian. **-katt** monkey; *(fig): (etteraper)* ape. **-kattstreker** monkey tricks.
Apenninene *(geogr)* the Apennines.
aperitiff aperitif.
apestreker *(pl)* foolery, monkey tricks; *drive* ~ *med* make fun of.
aplomb self-possession, assurance, aplomb.
apokryf(isk) apocryphal; *de -iske bøker* the Apocrypha.
Apollon *(myt)* Apollo.
apoplek|si apoplexy. **-tiker, -tisk** apoplectic.
apost|el apostle; *Apostlenes gjerninger* the Acts (of the Apostles); *reise med -lenes hester* go on foot; *(glds)* go on Shanks's mare (*el.* pony). **apostolisk** apostolic(al); *den -e trosbekjennelse* the Apostles' Creed.
apostrof apostrophe. **-ere** *(vb)* apostrophize.
apotek chemist's (shop); retail pharmacy; *(på skip, hospital)* dispensary; **US** drugstore, pharmacy.
apoteker dispensing chemist; **US** druggist, pharmacist; *(se provisor; reseptar)*.
apoteker|gutt chemist's apprentice. **-krukke** gallipot. **-kunst** pharmacy. **-medhjelper** chemist's assistant. **-varer** drugs. **-vekt** apothecaries' weight; *(apparatet)* dispensing scales.
apparat apparatus; *(tlf)* instrument.
appartementsblokk apartment block; **US** apartment house (*el.* building).
appell **1***(jur)* appeal; **2***(henstilling)* appeal; *rette en* ~ *til* appeal to, make an appeal to (*fx sby's generosity)*; **3***(mil)* assembly; *(signalet)* assembly (call) (*fx* sound the a.); *(navneopprop)* roll call; **4***(fektning)* alarm; **5***(jeger)* training; *hunden har* ~ the hound is well trained; **6** *(fart)* spirit, go, dash (*fx* carry out an exercise with dash); *(se tilslutning)*.
appellabel appealable, subject to appeal.
appellant appellant.
appelldomstol court of appeal.
appellere *(vb)* appeal *(til* to), lodge an appeal *(til* with); ~ *en dom (i sivilsaker)* appeal (against) a judgement; *(i straffesaker)* appeal (against) a sentence; *en kan* ~ *til* ... an appeal lies to ...; ~ *til velgerne* go to the country.
appelsin orange. **-båt** section (of an orange). **-kjerne** orange pip. **-skall** orangepeel.
appendicitt *(blindtarmbetennelse)* appendicitis.
appetitt appetite; *dårlig* ~ a poor a.; *god* ~ a good (*el.* hearty) a.; *ødelegge -en* take away (*el.* spoil) one's a. **-lig** appetizing. **-vekkende** appetizing, tempting.
applaudere *(vb)* applaud.
applaus applause, plaudits.
appor|tere *(vb)* retrieve, fetch and carry. **-ør** *(hund)* retriever.
appre|tere *(vb)* dress, finish. **-tur** finish.
approb|asjon approbation, sanction. **-ere** *(vb)* approve (of), sanction.

FATALE FELLER

arbeidsgiver

employer – employee

an employer **arbeidsgiver**
an employee **arbeidstaker**

Av og til er ord i engelsk svært like både i skrivemåte og uttale.

aprikos apricot.
april April; *narre en* ~ make an April fool of sby; *første* ~ April Fool('s) Day. **aprilsnarr** April fool.
apropos by the way, apropos; speaking of, talking of; *komme* ~ be apropos.
ar *(flatemål: 100 m²)* are.
araber Arab; *(hesten)* Arab. **-inne** Arab woman.
arabesk arabesque.
Arabia *(geogr)* Arabia.
arabisk *(språket)* Arabic; *(adj)* Arabian; Arab *(fx* the A. states); *-e tall* Arabic numerals.
arak arrack.
arameisk Aramean, Aramaic.
arbeid work, labour (,**US:** labor); *(beskjeftigelse)* employment; *(som skal utføres)* task, job; *hardt* ~ hard work; **T** a stiff job; *lønnet* ~ paid employment; *gå tilbake til lønnet* ~ return to paid employment; *en forfatters -er* the works of an author; *de offentlige -er* the public works; *han får -et unna* he's a quick worker; *være* **i** ~ be at work; *(mots, arbeidsløs)* be in work, have a job; *i fullt* ~ hard at work; *han lærer en hel del i -et* he learns a great deal on the job; *sette en i* ~ set sby to work; *gå* **på** ~ go to work; *ta fatt på -et* get down to one's work, get down to it, get started on one's work; *holde en strengt* **til** *-et* make sby work hard; *det* ~ *han blir satt til* the job he is required to do; **under** *-et* while at work, while working; during the course of one's employment; while the work was being done; *det er under* ~ it is in hand, it is in course of preparation; *være* **uten** ~ be out of work; *(se arbeidsløs);* **ved** *sine henders* ~ by the labour of one's hands, by manual labour.
arbeide *(vb)* work, labour (,**US:** labor); *(strengt)* toil; *(som en trell)* drudge; ~ *grundig* work thoroughly; ~ *på* work at, be at work on; ~ *på å* strive to; ~ *seg fram* work one's way; ~ *seg fram mot en løsning* work one's way towards a solution; ~ *seg igjennom* work (one's way) through, struggle through; ~ *seg opp (fig)* work one's way; ~ *seg ut av* work one's way out of.
arbeider worker, working man, workman; *(grov-)* labourer (,**US:** laborer); *(fabrikk-)* factory worker *(el.* hand), workman, operative; *(i mølle, spinneri, etc)* mill hand, mill operative; *(i statistikk)* wage-earner; *(u)faglærte -e* (un)skilled workers.
arbeiderklassen the working class(es).
Arbeiderpartiet the Labour Party.
arbeiderske woman worker.
arbeids|besparende labour-saving; **US** labor-saving. **-byrde** burden of work; *økt* ~ an increased b. of w.; *på den måten er -n jevnt fordelt, og det blir en god del fritid på alle* in this way the work is shared equally, and everybody has a good deal of spare time. **-dag** working-day. **-deling** sharing of labour, division of labour *(el.* work). **-dyktig** able to work, capable of working, able-bodied. **-dyktighet** working ability. **-evne** capacity for work. **-folk** workers, workpeople. **-formann** foreman; chargehand. **-formidlingskontor** employment (,labour) exchange. **-fortjeneste** earnings; *tapt* ~ the loss of e., the loss of money. **-gang** cycle (of operations); sequence of operations; (working) process. **-giver** employer. **-giverforening** employers' federation. **-glede** pleasure in *(el.* enjoyment of) one's work; enthusiasm for one's work. **-hest** farm horse; *(fig)* hard worker; **T** slogger. **hjelp** labour; help *(fx* we're short of help). **-innsats** work, contribution, effort; *vise evne til jevn og god* ~ show an ability to work steadily and well. **-inntekt** earned income. **-iver** eagerness *(el.* zeal) for work. **-jern:** *se -hest.* **-kapital 1.** working capital; **2.** net working capital; net circulating *(el.* current) capital. **-klær** working clothes. **-kraft** capacity for work *(fx* his c. for w. was considerably diminished after his illness), working power, strength to work; number of hands, labour. **-ledig** out of work, unemployed; **T** out of a job; *gjøre* ~ throw out of work, lay off. **-ledighet** unemployment. **-ledighetstrygd** unemployment benefit; *syke- og* ~ sickness and unemployment benefit; *(se syketrygd).* **-lyst** love of work; *jeg har ingen* ~ I don't feel like working. **-lønn** wages, pay; *(fortjeneste)* earnings. **-løs** out of work, unemployed; **T** out of a job; *gjøre* ~ throw out of work, lay off. **-løshet** unemployment. **-mann** working man, labourer (,**US:** laborer). **-maur** working ant, worker (ant). **-mengde** amount of work (to be done). **-menneske** hard worker.
arbeidsmoral work ethic; *de har en meget høy* ~ their work ethic is impeccable.
arbeids|måte working method. **-nedleggelse** strike.
arbeidsom hard-working, industrious. **-het** industry.
arbeidsplass place of work; *ord og uttrykk fra -en i en videre forstand* words and phrases with a bearing on the working situation in a wider sense.
arbeidsplate worktop.
arbeids|priser cost of labour, rates of wages. **-program** working plan. **-psykologi** industrial psychology. **-rapport** progress report. **-redskap** tool, implement. **-ro** peace to work *(fx* he couldn't get any p. to w.). **-sparende** labour-saving; **US** labor-saving. **-språk** working language, language to be used, language to be worked in *(fx* English, French or Spanish are the languages most experts will be required to work in). **-stans** work stoppage, stoppage of work. **-studie** work study, time-and-motion study; **US** motion and time study. **-styrke** number of hands. **-tegning** working drawing, (working) plan, (work)shop drawing. **-tempo** (working) speed, (rate of) speed in working. **-tid** (working) hours; *etter -en* after

hours; *kort* ~ short hours; *nedsatt* ~ short time (*fx* work s. t., be on s. t.). **-ufør** handicapped, incapable of (*el.* unfit for) paid employment, disabled; *han er 30%* ~ he is 30 per cent disabled; *helt* ~ permanently disabled, permanently unfit for paid employment; (*jvf yrkesvalghemmet*). **-uførhet** inability to earn a living; disability; *delvis* ~ partial incapacity (for full employment); *varig* ~ permanent disability. **-uførhetstrygd** disablement (,sickness) benefit. **-uke** work(ing) week, number of hours worked weekly; *en 40-timers* ~ a forty-hour week; *-n skal skjæres ned til 42 timer* the number of hours worked weekly is to be reduced to 42. **-ulykke** working accident, accident at work; (*fors*) industrial accident; *det var en* ~ it was (classified as) an industrial accident. **-uniform** (*mil*) fatigue dress. **-utvalg** working committee. **-vilje** willingness to work, the will to work. **-vilkår** working conditions; *lønns- og* ~ rate(s) of pay and w. c. **-villig** willing to work. **-vogn** cart, waggon. **-værelse** study. **-ytelse** output (of work), work, output per worker per hour. **-år** working year; *et godt* ~ a good year for work.

arbitrasje (*kursspekulasjon, vekselhandel*) arbitrage; (*voldgift*) arbitration.

arbitrær arbitrary.

areal area; (*flateinnhold*) acreage; (*golv-*) floorage, floor space.

arena arena; (*til tyrefektning*) bullring.

arg indignant, furious.

Argentina (*geogr*) the Argentine, Argentina.

argentin|er, -sk Argentine.

argument argument. **-asjon, -ering** argumentation, reasoning; (*se logisk*). **-ere** (*vb*) reason, argue.

arie (*mus*) aria.

arier Aryan.

arilds tid: *fra* ~ from time immemorial.

arisk (*indo-europeisk*) Aryan.

aristokrat aristocrat. **-i** aristocracy. **-isk** aristocratic(al).

aritme|tikk algebra. **-tisk** algebraic(al), arithmetic(al).

I. ark ark; *Paktens* ~ the Ark of the Covenant; *Noas* ~ Noah's Ark.

II. ark (*papir*) sheet. **-antall** number of sheets.

arkeolog archaeologist. **-i** archaeology. **-isk** archaeologic(al).

Arkimedes: *Arkimedes' lov* the Archimedean principle.

arkipelag archipelago.

arkitekt architect. **-onisk** architectural, architectonic. **-ur** architecture.

arkiv archive(s); (*merk*) files, correspondence file, records; (*riks-*) Public Records; (*stedet*) Public Record Office; *i vårt* ~ on (*el.* in) our files.

arkiv|alier documents, records. **-ar** archivist, keeper of the archives; (*merk*) filing clerk; (*se riks-*).

arkivere (*vb*) file (away), place on the correspondence file.

arkiv|mappe folder, (letter-)file, filing jacket. **-skap** filing cabinet.

arkont archon.

Arktis (*geogr*) the Arctic Zone.

arktisk arctic.

arkvis by the sheet.

arm arm; *plass til å røre -ene* elbow-room; ~ *i* ~ arm-in-arm; *kaste seg i -ene på en* throw oneself into sby's arms; *med -ene i siden* with arms akimbo.

armada armada; *den uovervinnelige* ~ the (Invincible) Armada.

armatur fittings.

arm|band: *se -bånd.* **-bevegelse** gesture. **-bind** armlet, arm-band (*fx* UN arm-bands). **-brudd** fracture of an arm. **-brøst** crossbow. **-bøyninger** (*pl*) 'arms bend' exercises. **-bånd** bracelet. **-båndsur** wristwatch.

armé army. **-korps** army corps.

Armen|ia (*geogr*) Armenia. **a-er, a-erinne, a-sk** Armenian.

armere *vb* (*forsterke*) reinforce; (*beskytte*) armour.

arm|hule armpit. **-kraft** strength of arm. **-ledd** brachial joint. **-lengde** length of the arm, arm's length. **-lene** *se -stø.*

armod poverty, penury.

armpress *gym* (*kroppsheving*) press-up; **US** push-up.

arm|ring bracelet, arm-ring. **-stake** branched candlestick. **-stol** arm-chair. **-strikk** arm-band. **-stø** arm, elbow-rest.

arne(sted) hearth; (*fig*) hotbed (*for* of).

aroma aroma. **-tisk** aromatic.

Aron Aaron.

arr 1. scar, cicatrice, seam; **2**(*bot*) stigma.

arrangement arrangement, organization; (*av bokside, hage, etc*) layout; (*forenings-, etc*) event (*fx* the events planned for our spring season); *stå for -et* be in charge.

arranger|e (*vb*) arrange, organize (*fx* a meeting); **T** get up (*fx* a dance, a tennis match); **US** fix up; *det var -t (ɔ: avtalt spill)* it was a put-up job.

arrangør organizer, person in charge of the arrangements.

arrdannelse cicatrization.

arrest 1(*beslagleggelse*) arrest of property, seizure; (*av skip*) arrest, embargo; **2**(*fengsling*) custody, detention; **3**(*anholdelse*) arrest, detention; **4**(*lokale*) jail; prison; *belegge med* ~ (*skip*) seize, impound, place an arrest on, lay (*el.* impose) an embargo on; *holde en i* ~ detain sby, hold sby in custody; *sette en i* ~ put (*el.* take) sby into custody.

arrestant prisoner.

arrestasjon arrest, detention.

arrestere (*vb*) arrest; take into custody.

arrest|forretning arrest, seizure. **-lokale** county jail, lock-up. **-ordre** warrant (for sby's arrest); arrest warrant.

arret scarred.

arrig ill-tempered; bad-tempered; ~ *kvinne* ill-tempered woman, shrew, vixen, termagant. **-het, -skap** ill-temper, ill-nature.

arroganse arrogance.

arrogant arrogant.

arsenal arsenal.

arsenikk arsenic. **-forgiftning** arsenic poisoning. **-holdig** arsenical.

art (*beskaffenhet*) nature; (*slags*) sort, kind, variety; (*biol*) species; *skadens* ~ the nature of the damage.

arte (*vb*) ɔ: ~ *seg* turn out, shape, develop; *gutten -r seg bra* the boy is shaping well; *slik som forholdene -t seg* as things were; *vi vet ikke hvordan høsten vil* ~ *seg* we do not know how the harvest will turn out (*el.* what the h. will be like).

arterie artery. **-blod** arterial blood.

artianer [matriculation candidate]; (*se artium & russ*).

artig (*rar*) funny; odd. **-het** courtesy, politeness.

artikkel article; *den (u)bestemte* ~ the (in)definite article; *leder- (i avis)* leader, leading a.; **US** editorial.

-artikler (*pl*) supplies (*fx bygningsartikler* builders' supplies).

artik|ulasjon articulation. **-ulere** (*vb*) articulate.

artilleri artillery, ordnance. **-løytnant** lieutenant in the artillery. **-st** artillerist, artilleryman; (*mar*) gunner.

arti|sjokk, -skokk (*bot*) artichoke.

artist artiste. **artistisk** artistic.
artium: *examen* ~ = (the examination for the) General Certificate of Education (Advanced Level) (*fk* G.C.E.(A.)), A-levels; *ta* ~ take one's A-levels, sit for A-levels; **US** graduate at school; *hun skal ta* ~ *på reallinjen til våren* she is to sit for A-levels in science this spring; she will be taking her A-levels in science in the spring; *ta* ~ *som deleksamen* take one A-level at a time; *han går i 3. klasse i realgymnaset og tar* ~ *til våren (kan gjengis)* he is in the top form on the science side and will be taking the equivalent of the G.C.E. (Advanced Level) in the spring.
artiumskarakterer *(pl)* A-level grades; *hvor det er stor rift om plassene, kreves gode* ~ where pressure on places is heavy, high A-level grades will be demanded.
artiumskurs A-level course.
artiumsoppgave A-level paper (for the GCE examination).
artiumsvitnemål General Certificate of Education (Advanced Level).
arts|bestemme *(vt)* determine the species of. **-bestemmelse** determination of species. **-egen** specific. **-felle** congener; *dens ville -r* its feral congeners.
arts|forskjell difference in kind; *(biol)* specific difference. **-forskjellig** different in kind; *(biol)* specifically different. **-immunitet** *(biol)* natural immunity. **-karakter** *(biol)* specific character. **-merke** *(biol)* specific character. **-navn** specific name, n. of the species.
arv inheritance; *(fig)* heritage; *få i* ~ succeed to, come into; *gå i* ~ *(være arvelig)* be hereditary; *gå i* ~ *til* descend to, pass to; *tiltre en* ~ enter upon an inheritance; *ved* ~ by inheritance.
I. arve *(bot): rød* ~ scarlet pimpernel.
II. arve *(vb)* inherit, succeed to; ~ *en* succeed to sby's property, be sby's (sole) heir; *(se også tilfalle).*
arve|avgift death duty. **-berettiget** entitled to inherit, capable of inheriting. **-fall** *(jur)* the time at which a contingent interest in property vests. **-fiende** traditional enemy. **-følge** order of succession. **-følgekrig** war of succession. **-gods** inheritance. **-later** testator. **-laterske** testatrix.
arvelig heritable, inheritable, hereditary; ~ *hos* hereditary in; *er* ~ *i visse familier* runs in families. **-het** inheritability; *(biol)* heredity. **-hetslov** law of heredity.
arve|lodd hereditary share, share of (an) inheritance; *(jur)* portion (of an inheritance). **-løs** disinherited; *gjøre* ~ disinherit, cut off with a shilling. **-prins** heir presumptive (to the throne). **-rett** right of inheritance *(el.* succession); *(jur, rettsregler)* law of inheritance and succession. **-rettslig:** *-e regler* rules of inheritance. **-rike** hereditary monarchy. **-skifte** administration of a deceased person's estate; division of an inheritance *(el.* estate). **-smykke** piece of family jewellery; *(ofte)* heirloom. **-stykke** heirloom. **-synd** original sin; *stygg som -en* as ugly as sin.
arv|ing heir; *(kvinnelig)* heiress, inheritress, inheritrix; ~ *etter loven* intestate successor, legal heir; *nærmeste* ~ heir apparent; *rettmessig* ~ lawful successor; *(når det ikke er livsarvinger)* heir presumptive; *innsatte ham som min* ~ made him my heir; *melde seg som* ~ present one's claim to the estate; *han meldte seg som* ~ he claimed to be heir to the estate. **-taker** inheritor, heir.
A/S *(fk. f. aksjeselskap): A/S Titan* Titan, Ltd; **US** Titan, Inc.
asbest asbestos.
aseptisk aseptic.
asfalt asphalt. **-dekke** *(på vei)* asphalt paving; *(jvf veidekke).* **-ere** *(vb)* asphalt; *(ofte)* tar *(fx* tarred road).
Asia *(geogr)* Asia. **a-t** Asian. **a-tisk** Asiatic, Asian; *A-tisk Tyrkia* Turkey in Asia.
asjett side-plate, tea plate; dessert plate.
ask *bot (tre)* ash; *av* ~ ash, ashen.
aske ashes; *(bestemt slags)* ash *(fx* bone a., cigar a.); *(utglødet kull)* cinder(s); *(jordiske levninger)* dust, ashes; *forvandle til* ~ reduce to ashes; *komme fra -n i ilden* jump out of the frying-pan into the fire.
aske|beger ash-tray. **-farget, -grå** ash-coloured; *(om ansiktet)* ashen (grey), ashy-pale. **-onsdag** Ash Wednesday.
Askepott Cinderella.
askese asceticism.
aske|skuff *(i ovn)* ash-pan. **-urne** cinerary urn.
asket, asketisk ascetic.
asketre 1. ash-tree; **2.** ash-wood.
Asorene *(geogr)* the Azores.
Asovhavet *(Det asovske hav)* the Sea of Azof.
asp: *se osp.*
asparges asparagus. **-bønner** *(pl)* French beans. **-hode** asparagus tip.
aspir|ant aspirant *(til* to); candidate *(til* for); *(se politiaspirant).* **-asjon** aspiration. **-ere** *vb (fon)* aspirate; ~ *til* aspire to.
assimilasjon assimilation. **assimilere** *(vb)* assimilate *(med* to); ~ *seg* assimilate *(med* with).
assist|anse assistance. **-ent** assistant.
assistent|lege 1. senior registrar (,**US:** resident); *(jvf reservelege);* **2***(lavere, omfatter til dels kvalifikasjonskandidat)* (junior) registrar; **US** assistant resident.
assistere *(vb)* assist *(ved* in).
assortere *(vb)* assort. **assortiment** assortment.
assosiere *(vb)* associate *(med* with).
assurandør 1 *(om selskap)* insurance company, insurer; *(spesielt liv)* assurance company, assurer; **2***(om person)* insurance man, insurer; *(sjøforsikring)* underwriter; *(agent)* insurance agent.
assuranse insurance; *(se forsikring).* **-sum** sum insured. **-svik** insurance fraud; *(mar)* barratry.
assurer|e *(vb)* insure; *det var ikke -t* there was no insurance; *(se forsikre).*
assyrer Assyrian.
Assyria *(geogr)* Assyria. **assyrisk** Assyrian.
asters aster.
astigmatisk astigmatic.
astma asthma. **-tiker, -tisk** asthmatic.
astral|lampe astral lamp. **-legeme** astral body.
astro|log astrologer. **-logi** astrology. **-nom** astronomer. **-nomi** astronomy. **-nomisk** astronomic(al).
asur azure. **-blå** azure, sky-blue.
asyl asylum, (place of) refuge. **-rett** right of asylum. **-søker** asylum seeker.
I. at *(konj)* that; *jeg tviler ikke på at* I do not doubt that; *jeg vet at han er ærlig* I know that he is honest; I know him to be honest; *det undrer meg at du kom* I'm surprised that you've come *(el.* that you came); *det at han skrev* the fact of his writing, the fact of his having written; *den omstendighet at han kom* the fact of his coming; *følgen av at han kom* the consequence of his coming; *det er ikke noe galt i at han gjør dette* there is no harm in his doing this; *nyheten er for god til at jeg kan tro den* the news is too good for me to believe it; *at jeg kunne være så dum!* how could I be so stupid! that I could be so stupid!
II. at *(adv): bære seg* ~, *etc: se de respektive verb, fx bære, følge, hjelpe, skille.*
atavisme atavism, reversion.
atei|sme atheism. **-st** atheist. **-stisk** atheistic(al).

a

atelier studio; *(systue)* work-room; *(se filmatelier).*

atelier|leder chief conservation officer; *(se konservator).* **-leilighet** studio flat; **US** studio apartment.

Aten *(geogr)* Athens.

Atene Athena.

atener, atensk Athenian.

atferd *(oppførsel)* behaviour; **US** behavior; *(handlemåte)* proceedings, conduct.

atferds|forstyrrelse behaviour disorder. **-mønster** behaviour pattern. **-psykologi** behaviourism.

atkomst 1 *(berettiget krav)* title, right, claim; **2** *(vei, passasje)* (way of) approach, (means of) access; *lett ~ til* easy access to; *-en var vanskelig* access was difficult.

atkomst|brev, -dokument title deed.

Atlanterhavet *(geogr)* the Atlantic (Ocean).

atlas atlas.

atlask satin.

atlet body-builder; *(se idrettsmann).*

atletisk athletic.

atmosfær|e atmosphere. **-isk** atmospheric(al); *-e forstyrrelser (i radio)* atmospherics.

atom atom. **-bombe** atom bomb. **-energi** nuclear *(el.* atomic) energy. **-forsker** nuclear physicist, atomic researcher. **-forskning** nuclear energy research, atomic research. **-fri** atom-free *(fx* an a.-f. zone). **-fysikk** atomic physics. **-kjerne** atomic nucleus. **-kjernefysikk** nuclear physics. **-kraft** atomic *(el.* nuclear) power, atomic energy; *fredelig utnyttelse av -en* peaceful exploitation of atomic power; peaceful use of atomic power *(el.* of the atom). **-kraftverk** atomic power plant, nuclear power station. **-reaktor** atomic reactor. **-spaltning** nuclear *(el.* atomic) fission. **-sprenghode** nuclear *(el.* atomic) warhead *(fx* on a rocket). **-sprengning** the splitting (up) *(el.* shattering) of atoms; **T** atom-smashing. **-tegn** chemical symbol. **-teori** atomic theory. **-vekt** atomic weight. **-våpen** nuclear weapon.

atskille *(vb)* separate; *(raser)* segregate; *~ seg (avvike)* differ *(fra* from); *(se atskilt).*

atskillelse separation; *(rase-)* segregation; *(mil)* disengagement.

atskillig *(adj)* considerable, not a little, no little; *(substantivisk)* several things; *(adv)* considerably, rather, a good deal, not a little; *~ flere* several more; *-e* several, not a few, quite a few.

atskilt separate, distinct, apart; *holde X og Y ~ (ɔ: ut fra hverandre)* dissociate X and Y.

atsplitte scatter, disperse. **-lse** scattering, dispersion, dispersal.

atspre|(de) *vb (sinnet)* divert, amuse; *(jage bort tanker)* chase away; *(virke distraherende)* distract; *~ ham i hans sorg* take his mind off his grief; *~ seg* amuse oneself. **-delse** distraction; *(forlystelse)* diversion, recreation, relaxation; *-r (pl)* amusements.

atspredt *(åndsfraværende)* absent-minded, preoccupied. **-het** absence of mind, absent-mindedness, preoccupation.

atstadig demure, staid, sedate. **-het** demureness, staidness, sedateness.

attaché attaché; *militær-* military attaché.

attachere *(vb)* attach.

atten *(tallord)* eighteen. **-de** eighteenth.

attentat attempt; *gjøre ~ på en* make an attempt on sby's life.

atter again, once more; *~ og ~* again and again, over and over (again), time and again; *stein og ~ stein* stones and yet more stones; *mens ~ andre påstår at* ... others, again, maintain that . . .

attest certificate, testimonial; *(som overskrift)* to whom it may concern; *han fikk en god ~* he received a good testimonial.

attestere *(vb)* attest (to), certify (to), bear witness to; *herved -s at* . . . this is to certify that . . .

attestering certification, attestation.

attestkopi copy of testimonial; *bekreftede -er* certified copies of testimonials.

attføring re-employment; rehabilitation *(fx* the State R. Centre).

Attika *(geogr)* Attica.

attisk Attic.

attityde attitude, posture; *stille seg i ~* strike an attitude.

attpå in addition, into the bargain; *det får du ~* that's thrown in. **-klatt, -sleng** *(spøkefullt om barn født lenge etter sine søsken)* afterthought.

attraksjon attraction.

attrapp take-in, dummy, sham.

attributiv attributive. **attributt** attribute.

I. attrå *(subst)* desire, craving, longing *(etter* for; *etter å* to).

II. attrå *(vb)* desire, covet.

attråverdig desirable.

au! oh! oh, dear! ouch!

audiens audience; *få ~ hos* obtain an a. of *(el.* with).

audio-visuell: *-e hjelpemidler* audio-visual aids; *rom for -e hjelpemidler (i skole)* audio room.

auditiv *adj (psykol)* audile, auditory.

auditorium lecture room; *(tilhørerne)* audience.

augur augur.

august (the month of) August.

August Augustus.

I. auke *(subst): se økning.*

II. auke *(vb): se øke.*

auksjon auction, (public) sale, auction sale; *selge ved ~* auction, sell by a.; *sette til ~* put up to a.

auksjonarius auctioneer.

auksjons|bridge auction bridge. **-dag** day of the sale. **-gebyr:** *se -omkostninger.* **-hammer** auctioneer's hammer; *komme under -en* come under the hammer. **-katalog** sale catalogue. **-lokale** auction room. **-omkostninger** auctioneer's fees. **-plakat** notice of sale. **-pris** auction price. **-regning** auction bill. **-sum** proceeds of an auction.

aur gravel, gritty soil, shingle.

aurikkel *(bot)* auricula.

auspisier *(pl)* auspices; *under hans ~* under his auspices.

Australia *(geogr)* Australia. **australier, -inne** Australian. **australsk** Australian.

autentisk authentic.

autobiograf autobiographer. **-i** autobiography.

autodafé auto-da-fé *(pl:* autos-da-fé).

autodidakt self-taught person.

autograf autograph. **-samler** collector of autographs. **-samling** collection of autographs.

autokrat autocrat. **-i** autocracy. **-isk** autocratic.

automat automaton; *(salgs-)* slot machine, automatic (vending) machine, machine; *(gass-)* slot meter; *(telefon-)* slot telephone.

automatisering automation *(fx* now that the plant has gone over to automation many workers have been made redundant).

automatisk automatic; *(adv)* -ally.

autor|isasjon authorization. **-isere** *(vb)* authorize. **-isert** authorized, licensed. **-itet** authority.

autoritetstro *(subst)* orthodoxy.

I. av *prep (om den handlende person i passiv)* **by:** *han er aktet av enhver* he is respected by everyone; *av natur* by nature; *han lever av sin penn* he lives by his pen; *kjenne en av navn* know sby by name; *snekker av yrke* a joiner by trade; *bilder av italienske mestere* pictures by Italian masters; **for:** *gifte seg av kjærlighet* marry for love; *hoppe av glede* leap for joy; *av mangel på* for want of; *av mange grunner* for many reasons; *av frykt for* for fear of; **from:** *jeg har hørt det av min søster* I have heard it from my sister; *lide av* suffer from; *av nødvendighet* from (*el.* out of) necessity; **in:** *av størrelse (,år)* in size (,years); *en av hundre* one in a hundred; *det er rosverdig av Dem* it is praiseworthy in you; **in the way of:** *er det alt De har av bagasje?* is that all you have in the way of luggage? **of:** *en av dem som* one of those who; *av viktighet* of importance; *i kraft av* by virtue of; *ved hjelp av* by means of; *bygd av tre* built of wood; *konge av Norge* King of Norway; *Deres brev av 10. d.m.* your letter of the 10th instant; *en venn av min far* a friend of my father's; *av seg selv* of oneself, of one's own accord; **off:** *hjelpe en av hesten* help sby off his horse; *vask såpa av ansiktet (ditt)* wash the soap off your face; **on:** *leve av grønnsaker* live on vegetables; *avhengig av* dependent on; *av den grunn* on that account; **out of:** *langt av veien* far out of the way; *ni av ti* nine out of ten; *av fortvilelse* out of desperation; **to:** *en venn (,fiende, slave) av (fig)* a friend (,enemy, slave) to; **with:** *av hele mitt hjerte* with all my heart; *rød (,svart) av* red (,black) with; *halvdød av tretthet (,latter)* half dead with fatigue (,laughter); *av gangen (= om gangen)* at a time.

II. av *(adv): fra først av* from the first; *fra barn av* from a child; *av med klærne!* off with your clothes! *av med hattene!* hats off; *bli av med* get rid of; *av og til* now and then; occasionally; from time to time; once in a while; *fargen går av* the colour rubs off.

avanse *merk (brutto fortjeneste)* gross profit; *(jvf fortjeneste).* **-ment** promotion, preferment.

avansements|kurs promotion qualifying course. **-muligheter** chances *(el.* prospects) of promotion. **-regel** promotion procedure. **-stilling** promotion; *stasjonsformann er en ~ for stasjonsbetjent* the post of leading porter is *(el.* represents) p. for a porter.

avansere *vb (rykke fram)* advance; *(forfremmes)* be promoted, rise *(fx* he rose to be a general).

avantgarde vanguard, van.

avart variety, subspecies.

avbalansere *(vb)* balance; poise.

avbalansering balancing; *(av hjul)* wheel balancing.

avbarke *(vb)* bark, peel, remove the bark.

avbeite *(vb)* graze down.

avbenytt|e *(vb)* have the use of. **-else** use; *etter -n* when done with, after use.

avbestill|e *(vb)* cancel, countermand. **-ing** cancellation, countermand, counter-order.

avbetal|e pay off; pay instalments on; *~ noe i månedlige avdrag* pay sth off by monthly instalments. **-ing** paying off; *(avdrag)* instalment; *(systemet)* hire-purchase system; H.P. system; *på ~* by instalments, on easy terms; **T** on the 'never-never'; *ta noe på ~* get *(el.* buy) sth on the hire-purchase system; buy sth on hire purchase. **-ingssalg** *(ratesalg)* sale by instalments.

avbikt apology; *gjøre ~* apologize *(hos en for* to sby for).

avbilde *(vb)* depict, portray.

avbildning *(konkret)* picture, depiction.

avbinde *vb (med.)* ligate, tie up; *(om sement: størkne)* set; *~ et hus* put up the framework of a house.

avbitertang (a pair of) nippers *(el.* pincers).

avblek|e bleach (out); *-et* discoloured, faded.

avblende: *se blende; -t lys (bils)* dipped lights.

avblomstre *(vb): se blomstre: ~ av; en -t skjønnhet* a faded beauty.

avblås|e *(vb)* blow off; *~ kampen* stop the game, blow the whistle; *det hele er -t* the whole thing's off.

avbrekk *(hinder)* check, set-back; *(opphold)* break; *ferje-* ferries *(fx* with f. across the numerous fjords); *gjøre et ~ i studiet* take a break in one's studies; *lide ~* suffer a set-back.

avbren|ne: *se brenne: ~ av; -t fyrstikk* spent match.

avbrudd interruption, intermission.

avbruddsforsikring loss of profit insurance, consequential loss insurance; *(se forsikring).*

avbrutt abrupt; *(i bruddstykker)* fragmentary; *(adv)* intermittently, by fits and starts.

avbryte *vb (en tilstand)* break, interrupt; *(en handling)* interrupt; *(opphøre med)* discontinue, break off; *(for en tid)* suspend; *(falle inn med en bemerkning)* interrupt, cut in *(fx* with a remark), interpose; *(hindre en i å snakke)* cut short *(fx* she cut him short); *~ arbeidet* break off (the) work; *vi ble avbrutt (tlf)* we were cut off; *~ driften* stop work, discontinue (,suspend) operations; *~ forbindelsen med et firma* break off the connection with a firm; *~ en reise* break a journey *(fx* I shall b. my j. at X).

avbrytelse breaking (off), interruption; suspension; discontinuation; interposing, cutting in; *(avbrudd, opphold)* break, intermission, interval; *(avbrytende bemerkning)* interruption *(fx* constant interruptions prevented him from finishing his speech); *~ av reisen* break of (the) journey; **US** stop-over; *med -r* intermittently.

avbryterfjær breaker spring.

avbryterkontakt breaker contact *(el.* switch).

avbryterspiss breaker point.

avbud: *sende ~* send an excuse; send one's excuses; cancel the engagement; **T** cry off.

avbygd [isolated, out-of-the-way rural district].

avbøte *(vb)* parry, ward off, avert.

avbøy|e *(vb)* deflect, turn off, bias. **-ning** deflection, turn.

avdal isolated valley.

avdampe *(vb)* evaporate, vaporize.

avdanket *(forhenværende)* retired, superannuated, ex- *(fx* an ex-soldier); *(uttjent)* cast-off *(fx* an old c.-o. coat).

avdekke *(vb)* uncover, lay open; *(statue)* unveil; *(fig)* disclose, reveal.

avdele *vb (med skillevegg)* partition off.

avdeling division, partition; *(av forretning)* branch, department; *(rom)* compartment; *(mil)* unit, detachment; *(mus)* movement; *(av veddeløp)* heat. **-sbetjent** *(i fengsel)* [rank between principal prison officer and prison officer]. **-skontor** branch office. **-slege:** *se overlege: assisterende ~.* **-spike** *(på sykehus)* domestic; *(inntil 1974)* ward maid. **-ssjef** department head. **-ssykepleierske** (ward) sister; **US** head nurse.

avdem|me *(vb)* dam (up). **-ning** damming (up); *(konkret)* dam.

avdempe *(vb)* subdue, soften *(el.* tone) down.

avdra *vb (avbetale)* repay by instalments.

avdrag part payment; *(termin)* instalment; *betale ~ på* pay instalments on; *(se rente).* **-sfri** *(om statslån, etc)* irredeemable; *lånet er -tt de første 5 år* principal repayable after 5 years; no repayment (is required) for the first 5 years. **-svis** by instalments.

avdrift deviation; *(mar)* leeway, drift.

avduk|e *(vb)* unveil. **-ing** unveiling (ceremony).

avdø *(vb)* die.

avdød *(adj)* dead, deceased, departed, late *(fx* my late husband); *-e, den -e* the dead man (,woman), the deceased; *min for lengst -e far* my father who died long ago.

ave (Maria) Ave (Maria).

avers obverse (side), face.
aversjon aversion *(mot* to), dislike *(mot* to, of); *få ~ mot* take a dislike to.
aver|tere *(vb)* advertise *(etter* for). **-tissement** advertisement; **T** ad; advert; *rykke inn et ~* advertise.
I. avfall **1***(skrot, søppel)* rubbish; **T** junk; **US** *(også)* trash; *(rester)* refuse, waste *(fx* rubber w.); **2***(husholdnings-)* (household) rubbish, garbage; **3***(matpapir, etc)* litter; **4***(av fisk, skinn, slakt, etc)* offal(s); **5***(hogst-)* brush, felling waste; *avlessing av ~ forbudt* shoot no rubbish; tipping prohibited.
II. avfall *(mar)* falling off; *støtt for ~!* keep her to!
avfalls|dynge rubbish heap, refuse heap. **-kvern** waste disposer. **-produkt, -stoff** waste (product).
avfarge *(vb)* decolour.
avfatt|e *(vb)* draw up, compose, word, couch, frame; *~ et telegram* write out *(el.* word) a telegram; *-et i juridiske vendinger* couched in legal terms; *(se forfatte; forme).* **-else** drawing up, composition, framing, wording.
avfeie *(vb)* brush aside *(fx* his objections); *~ en* shake (,**T:** choke) sby off; get rid of sby; **US** brush sby off; *hun avfeide ham kort (også)* she was very short with him. **-nde** slighting, offhand, brusque.
avfeldig decayed, decrepit. **-het** decay, decrepitude.
avferdige *(vb)* put off, dismiss, dispose of, brush aside. **-nde** dismissive *(fx* remark).
avfinne *(vb): ~ seg* come to an arrangement, come to terms *(med* with); *(med sine kreditorer)* compound with; *~ seg med forholdene* take things as one finds them. **-lse** composition, arrangement; *(erstatning)* compensation. **-lsessum** compensation.
avfolk|e *(vb)* depopulate. **-ing** depopulation.
avfyr|e *vb (fyre av)* fire, let off, discharge; *det ble avfyrt et skudd mot ham* a shot was fired at him. **-ing** firing, letting off, discharge.
avføde *vb (litt.)* give rise to.
avfør|e *(vb): ~ seg sine klær* take off *(el.* divest oneself of) one's clothes. **-ende** aperient, laxative; *~ middel* aperient; *(mildt)* laxative. **-ing** motion, evacuation; *han har normal ~* his stools are regular; he has r. stools; *har De ~?* how are the bowels? *har De hatt ~?* have your bowels moved? **avføringsmiddel:** *se avførende: ~ middel.*
avføringsprøve stool specimen, sample of one's stool.
avgang departure.
avgangs|dag day of departure. **-eksamen** leaving examination; *(også* **US**) final e.; **T** finals. **-hall** *(flyv)* departure hall *(el.* lounge). **-havn** *(mar)* port of sailing. **-klasse** final-year class *(el.* form), top form. **-perrong** departure platform. **-signal** starting signal. **-stasjon** departure station. **-tid** time of departure; *antatt ~ (flyv)* estimated time of departure *(fk* ETD); *(se ankomsttid).* **-vitnemål** (school) leaving certificate; leaver's report; **US** diploma.
avgass waste gas; *(eksosgass)* exhaust gas.
avgi *(vb)* **1***(levere fra seg)* hand over, give up, surrender; **2***(fremkomme med)* make, submit *(fx* a report); **3***(kjem)* liberate, produce; *50% av de -tte stemmer* 50 per cent of the total poll; *~ varme* give off heat, emit heat; *(se betenkning; erklæring; forklaring; I. stemme).*
avgift **1***(til det offentlige)* duty, tax; *(i pl også)* dues, charges; *(forbruks-)* tax, excise (duty) *(fx* the e. on beer and tobacco); **2***(gebyr)* fee; *(lisens-)* (licence) fee; *(eksport-)* export levy; **3** *(bro-, kanal-, vei-)* toll *(fx* the Panama Canal tolls); *legge en ~ på noe* impose a duty (,tax, *etc)* on sth; *(se hundeavgift; kranavgift; kursavgift; landingsavgift; leiravgift; lisensavgift; losavgift; merverdiavgift; omsetningsavgift; parkeringsavgift; tollavgift).*
avgifts|fri duty-free. **-frihet** exemption from duty. **-pliktig** liable to duty, dutiable.
avgjort **1***(utvilsom)* unquestionable, certain; **2** *(som er gått i orden)* settled; **3***(utpreget)* decided; *(adv)* decidedly, certainly, definitely, unquestionably; *en ~ sak* a settled thing; *anse for ~* take for granted; *vi betrakter saken som opp- og ~* we consider the case (as) closed; *saken er opp- og ~* the affair is settled and done with; **T** it's a settled thing; *ja, ~!* yes, definitely; *pasienten har det ~ bedre* the patient is decidedly *(el.* definitely) better.
avgjøre *vb (ordne)* settle; *(bestemme)* decide, determine; *det avgjør saken* that settles it; *intet er avgjort med hensyn til hva som videre skal foretas i saken* nothing has been decided as to further steps in the matter; *(se også avgjort).*
avgjørelse settlement, decision; *treffe en ~* take a decision, make a d.; *(se øyeblikk).*
avgjørende *(om virkning, svar, slag)* decisive, conclusive, final; *i en ~ tone* in a decisive tone; *~ betydning* vital importance; *den ~ stemme* the casting vote; *i det ~ øyeblikk* at the critical moment; *~ prøve* crucial test; *~ for* decisive of; *~ for meg* decisive for me.
avglans reflection.
avgrense *(vb)* bound, limit, delimit *(fx* it is difficult to d. this subject); *skarpt -t (fig)* well-defined.
avgrunn abyss, gulf, precipice; *en ~ av fortvilelse* an abyss of despair; *på -ens rand* on the brink of the precipice; *(fig)*on the verge of ruin.
avgrøft|e *(vb)* drain. **-ing** drainage, draining.
avgud false god, idol.
avguderi idolatry; *drive ~ med* idolize.
avguds|bilde idol. **-dyrkelse** idolatry. **-dyrker** idolater.
avgå *vb (dra bort)* set off, depart, start, leave; sail; *(fra embete)* retire; *~ til* leave for; *~ ved døden* die, depart this life; *-ende post* outward mail; *den -ende regjering* the outgoing Ministry; *-ende skip (pl)* outgoing ships, sailings.
avhandling treatise, thesis, dissertation *(om* on).
avhaspe *(vb)* wind off, reel off.
avhende dispose of; *(overdra)* transfer, make over, alienate *(til* to). **avhendelig** transferable.
avhendelse disposal; alienation; transfer(ence).
avheng|e *(vb): ~ av* depend on. **-ig** dependent *(av* on); *gjensidig -e av hverandre* (mutually) interdependent. **-ighet** dependence. **-ighetsforhold** (state of) dependence *(til* on).
avhente *(vb)* collect, call for, claim.
avhjelpe *vb (et onde)* remedy, set right; *(urett)* redress *(fx* a wrong); *(savn, etc)* supply; meet *(fx* a long-felt want); *(lette, mildne)* relieve *(fx* distress); *-nde tiltak* relief measure(s), remedial action.
avhold abstinence, temperance; *total-* total a.
avholde *(vb)* **1***(la finne sted)* hold *(fx* a course, a dance), arrange; **2***(holde fra)* keep, prevent, restrain, stop *(fra å* from -ing); *~ seg fra (nekte seg)* abstain from; *(fristelse)* refrain *(el.* abstain) from.
avhold|else holding *(fx* the h. of a general meeting). **-ende** abstinent, abstemious. **-enhet** abstinence; abstention, abstemiousness.
avholds|folk teetotallers, total abstainers. **-kafé** temperance café. **-løfte** (total abstinence) pledge. **-mann** teetotaller, total abstainer. **-saken** teetotalism, the temperance movement.
avholdt liked, popular; *ikke ~* disliked, un-

popular; *meget* ~ *av* a great favourite with, very popular with.
avhøre *(vb)* interrogate, take statements from; *(vitne i retten)* examine, hear.
avhøring hearing, examination, interrogation.
avis newspaper, paper; *gå med -er* do a newspaper round; *holde en* ~ take (in) a paper; *sette noe i -en* put sth in the (news)paper; *si opp en* ~ discontinue a n., cancel *(el.* discontinue) one's subscription to a n.; *skrive i -ene (om innlegg)* write to the papers.
avis|and (newspaper) hoax, canard. **-artikkel** newspaper article; *(kort)* paragraph.
avis|bud newsman, newsboy. **-ekspedisjon** newspaper office.
avisfeide newspaper war, press controversy.
avislitteratur journalistic literature.
a viso *(merk)* after sight *(fx* bill payable after sight).
avis|papir *(makulatur)* old newspapers; *(til trykning)* newsprint; *pakket inn i* ~ wrapped up in a newspaper. **-redaktør** editor of a newspaper. **-reporter** reporter; **T** newshound. **-salg** sale of newspapers. **-selger** *(på gata)* newsvendor, paper-man, paper-boy; *-s standplass* newsstand. **-skriveri** *(neds)* penny-a-lining. **-spalte** newspaper column.
a vista *(merk)* at sight, on demand.
avkall renunciation; *gi* ~ *på* give up, renounce, relinquish, waive; *(skriftlig)* sign away.
avkastning *(utbytte)* yield, profit(s), return, proceeds; *gi god* ~ yield *(el.* give) a good return, yield a good profit; *skogens* ~ the forest yield *(el.* crop).
avkjem|me *(vb)* comb off; *-t hår* combings.
avkjøl|e *(vb)* cool; refrigerate; *(i is)* ice; *-es* cool (down). **-ing** cooling (down), refrigeration, chilling.
avkjønne *(vb)* unsex.
avklare *vb (væske)* make clear, clarify, defecate; *(fig)* clarify. **avklaring** *(også fig)* clarification.
avkle *(vb)* undress, strip; *(fig)* strip *(for* of); *-dd til beltestedet* stripped to the waist.
avkledning undressing, stripping. **-sværelse** dressing-room, dressing-cabin, cubicle.
avkledthet nakedness, state of undress, scanty dress.
avkok decoction.
avkoloniser|e *(vt)* decolonize. **-ing** decolonization.
avkom offspring, progeny; *(jur)* issue.
avkople *(vb): se frakople & kople:* ~ *av.*
avkopling relaxation, recreation.
avkorte *(vb):* **1.** *se korte:* ~ *av & forkorte;* **2** *(gjøre fradrag)* deduct from.
avkortning *(fradrag)* deduction *(i* from), curtailment *(i* of); ~ *i arv* curtailment of an inheritance.
avkreft|e *(vb)* weaken, enfeeble; *(bevis)* weaken (the force of), invalidate. **-else** weakening, enfeeblement, invalidation. **-et** weakened, enfeebled.
avkreve *(vb):* ~ *en noe* demand sth from *(el.* of) sby.
avkriminalisere *(vt)* decriminalize; remove the stigma of crime from.
avkristne *(vb)* dechristianize.
avkrok hole-and-corner place, out-of-the-way place.
avkrysse *(vb): se krysse:* ~ *av.*
avl *(grøde, avling)* crop, produce, growth; *(kveg-)* breeding.
avlagre *(vb)* mature, season; *-t (om varer)* well seasoned.
avlagt: *se avlegge; -e klær* cast-off *(el.* discarded) clothes *(el.* clothing); **T** cast-offs.
avlang oblong.
avlaste *(vb)* relieve *(for* of, from).
avlastning relief; *som* ~ *for* for the r. of.
avlat indulgence. **-sbrev** letter of indulgence. **-skremmer** pardoner.
avle *vb (frembringe)* beget, procreate; generate, engender; *(fig)* beget, breed, engender; *-t i synd* begotten in sin; *(av jorda)* raise, grow.
avlede *vb (om vann, etc)* draw off, drain off; *(lede bort)* divert *(fx* his attention; the river into another valley); *(til jord)* earth, ground; *(gram, kjem, mus)* derive; ~ *varme* conduct away heat; ~ *mistanken fra ham* divert suspicion from him; *et -t ord* a derivative.
avledning diversion, drawing off; earthing, grounding; *(gram)* derivation.
avlednings|endelse (derivative) suffix, formative suffix. **-manøver** *(mil & fig)* diversion, diversionary manoeuvre; *foreta en* ~ *(fig)* draw a red herring across the track *(el.* trail). **-rør** outlet tube. **-tegn** *(mus)* accidental.
avle|dyktig procreative, prolific. **-dyktighet** capability of procreation.
avlegge *(vb)* **1***(glds = ta av seg, legge fra seg, slutte å bruke);* **2***mar (avtegne på kart)* chart, mark; **3***(typ)* distribute; **4***(bier)* hive; ~ *ham et besøk* pay him a visit *(el.* call); ~ *bevis på noe* give proof of sth; ~ *ed* take an oath; ~ *en prøve* submit to a test, undergo *(el.* have) a t.; *(se beretning; løfte; regnskap; tilståelse; vitnesbyrd).*
avlegger *(bot)* cutting, layer; *(av bier)* swarm.
avlegs antiquated, obsolete, out of date.
avleir|e *(vb)* deposit; ~ *seg* settle, form layers. **-ing** deposit, layer, stratum.
avlesbar *(adj): lett* ~ *skala* easy-to-read scale.
avles|e *(vb)* read. **-ning** reading.
avless|e *(vb): se lesse:* ~ *av.* **-ing** unloading, tipping.
avlever|e *(vb)* deliver. **-ing** delivery.
avling *(årsgrøden)* crop, produce; *(se avle).*
avliv|e *(vb)* put to death, kill; destroy *(fx* the dog was to be destroyed); *(påstand)* dispose of; *(teori)* explode; ~ *et rykte* scotch a rumour; put an end to a r. **-else** putting to death.
avlokke *(vb)* draw from; wheedle out of; ~ *ham en tilståelse* elicit a confession from him.
avls|bruk 1. home farm; **2***(landbruk)* agriculture, farming. **-dyr** breeder. **-hingst** studhorse; stud; stallion. **-hoppe** brood mare. **-stasjon** breeding centre *(el.* farm). **-valg** (natural) selection.
avlukke *(lite)* cubicle; *(kott)* closet.
avlure *(vb):* ~ *en noe* worm sth out of sby; ~ *en kunsten* pick up the trick from sby; *(se avlokke).*
avluse *(vb)* delouse.
avlyd *(språkv)* ablaut, gradation.
avlys|e *(vb)* cancel, declare off, call off; ~ *en panteobligasjon* cancel a mortgage; ~ *et foredrag (,et møte, et salg)* cancel a lecture (,a meeting, a sale). **-ning** cancelling, cancellation.
avlytte *vb (tlf & tlgr, fra linjen)* tap; **T** milk; *(tlf, fra sentralen)* listen in on the telephone; *(tlf & radio, som arbeid)* monitor; *(ved å plassere skjult mikrofon)* bug *(fx* the flat was bugged).
avlønn|e *(vb)* pay. **-ing** pay, salary.
avløp discharge; issue; outward flow; *(mulighet for å renne bort)* outlet; *(åpning)* outlet; outfall; *(i kum, badekar, etc)* plug-hole; *gi* ~ *for sine følelser* give vent to one's feelings; *(se vann).*
avløps|grøft drain, ditch. **-hull** *(rennesteinssluk)* gully-hole; *(i badekar, etc)* plug-hole. **-renne** gutter. **-rør** drainpipe; *(fra takrenne)* downpipe; *(fra håndvask, etc)* waste pipe; *(fra toalett)* soilpipe. **-tut** spout.
avløs|e *vb (vakt, arbeid)* relieve; *(følge etter)* suc-

ceed, replace, follow, supersede; ~ *vakten* relieve the watch. **-er** relief (man), successor.
avløsning relief.
avlåse *(vb)* lock (up).
avmag|re *(vb)* emaciate. **-ring** emaciation.
avmakt impotence; *(besvimelse)* swoon, faint; *falle i* ~ fall into a faint *(el.* swoon).
avmarsj marching off, march; departure.
avmarsjere *(vb)* march (off), depart.
avmektig *(kraftløs)* powerless, impotent; fainting, in a fainting fit, in a swoon. **-het** impotence, powerlessness.
avmerke *(vb)* mark out *(el.* off).
avmønst|re *(vb)* discharge, pay off, sign off; *mannskapet -rer* the crew signs off. **-ring** discharge, paying off; *(sjømannens)* signing off.
avmålt measured, formal; *med -e skritt* with measured steps. **-het** formality, reserve.
avparere *(vb)* parry; *(et spørsmål)* fence.
avpass|e *(vb)* adapt *(etter* to), suit, fit, adjust, proportion. **-ing** adaptation, adjustment.
avpatruljere *(vb)* patrol.
avpress|e *(vb)* press out, squeeze out; ~ *en noe* extort *(el.* force) sth from sby; wring sth from sby. **-ing** pressing; extortion; *(jvf utpressing).*
avreagere *vb (psykol)* abreact; work off *(fx* one's annoyance); **T** blow off steam.
avregning settling of accounts, settlement; *(skriftlig oppgave)* statement (of account), account; *avslutte en* ~ balance an account; *foreta* ~ settle (accounts); *gjøre* ~ *med* settle (accounts) with.
I. avreise *(subst)* departure, setting out; *kort før vår* ~ *hit* shortly before we left to get here; *(ofte)* just before we came here; *(se fremskynde).*
II. avreise *(vb)* depart, start, set out, leave *(til* for).
avrette *vb (mur)* level; *(dressere)* train; *(hest)* break in.
avrigge *(vb)* unrig, dismantle, strip.
avrime *(vt)* defrost *(fx* a fridge).
avring(n)ing *(tlf)* ring-off.
avrisse *(vb)* outline, trace.
avrivning tearing off; rub-down; *en kald* ~ a cold rub-down. **avrivnings|blokk** (tear-off) pad. **-kalender** tear-off calendar.
avrund|e *(vb)* round (off); *-et (om stil)* well balanced, rounded. **-ing** rounding (off).
avsanne *(vb)* deny, contradict; *regjeringen -t meldingen* the Government issued a denial of the report.
avsats *(hylle i bergvegg, etc)* ledge; *(trappe-)* landing.
avsavn deprivation. **-sgodtgjørelse** compensation *(fx* for loss of holiday); compensatory allowance.
avse *(vb)* afford, do without, spare; ~ *til* spare for; ~ *tid til å* find time to.
avseil|e *(vb)* sail; ~ *fra* sail from, leave. **-ing** sailing; *før -en* before sailing.
avsend|e *(vb)* forward, send (off), dispatch; *(med skip)* ship; *(penger, også)* remit. **-else, -ing** dispatch, sending, shipment; *ved -(e)n* at the time of shipment, on shipment. **-er** sender, dispatcher; *(avskiper)* shipper; *(i radio)* transmitter.
avsender|adresse return address. **-anlegg** *(radio)* wireless transmitting station, transmitter. **-kontor** *(post)* office of dispatch; *(tlgr)* office of origin.
avsetning **1***(salg)* sale; *(marked)* market; **2***(i regnskap)* appropriation, allocation; **3***(avleiring)* deposition; **4.** *mar (avsats på mast)* hound, step; *(på dekk)* break; *dekk uten* ~ flush deck; **5***(jur)* sequestration; **6***(med transportør)* protraction; *finne (el. få) dårlig* ~ sell badly; *finne (el. få) god* ~ sell well, find a ready market *(el.* sale), meet with a ready sale; *det er god* ~ *på denne varen* this article is selling well *(el.* readily); *det er ingen* ~ *på disse varene* there is no market for these goods; these goods will not sell; *livlig* ~ a brisk sale; *finne (el. få) rivende* ~ sell rapidly, have a rapid sale; **T** sell like hot cakes; *vi har rivende* ~ *på dette produktet (også)* we are doing a roaring trade in this product; *finne* ~ *på* find a sale *(el.* a market *el.* an outlet) for; *foreta -er til skatter* make provision for taxes.
avsetnings|forhold marketing conditions. **-muligheter** *(pl)* marketing possibilities. **-vanskeligheter** *(pl)* marketing difficulties.
avsette *vb (fra embete)* remove; dismiss; *(konge)* depose, dethrone; *(selge)* dispose of, sell, find a sale *(el.* market) for; *(på kart)* mark off, lay down; *(kjem)* deposit; *(midler)* set aside, set apart *(fx* funds); appropriate; *(jur)* sequestrate.
avset|telig removable; saleable, marketable. **-telighet** removability; saleability. **-telse** removal, dismissal; deposition, dethronement.
avsi: ~ *dom* give judg(e)ment; pronounce *(el.* pass) sentence; *(se dom; fengslingskjennelse).*
avsides remote, out-of-the-way; *(adv)* aside; ~ *replikk* aside.
avsidesliggende outlying *(fx* an o. farm).
avsile *(vb)* strain off; *avsilte erter* strained pea soup.
avsindig mad, crazy; *(rasende)* frantic; *en* ~ a maniac; *(se gal).*
avsjelet lifeless, dead, inanimate.
avskaff|e *(vb)* abolish, do away with; abrogate. **-else** abolishing, abolition; abrogation.
avskalling peeling (off); *(med)* desquamation.
avskilte *vb (bil)* remove the number plates from; *bilen ble -t* the car had its number plates removed.
avskip|e *(vb)* ship; *fortsette å* ~ continue shipments. **-er** shipper.
avskipning shipping, consignment, shipment. **-sdokumenter** *(pl)* shipping documents. **-ssted** place of shipment. **-stid** time of shipment.
avskjed *(avskjedigelse)* dismissal, discharge; *(frivillig)* retirement, resignation; *(det å skilles)* parting; *(det å ta avskjed)* leave, leave-taking; *få* ~ *i nåde* be honourably discharged; *få* ~ *på grått papir* **T** be sacked *(el.* fired); *gi en* ~ dismiss sby; *søke* ~ retire (from office); *ta* ~ take (one's) leave; *ta* ~ *med dem* take leave of them; *gå uten å ta* ~ take French leave; *-en mellom dem* their parting; *-en mellom mor og sønn* the parting of mother and son; *til* ~ at parting; *et ord til* ~ a parting word; *ved -en* at parting; when he *(,etc)* left, at his *(,etc)* departure; *(se I. nåde).*
avskjedige *(vb)* dismiss, discharge. **-t** dismissed; *(som har tatt avskjed)* retired.
avskjeds|ansøkning resignation. **-beger** parting cup, stirrup cup. **-fest** farewell party; send-off *(fx* we'll give them a good send-off). **-hilsen** parting salutation. **-kyss** parting kiss. **-lag** farewell party. **-ord** parting word. **-preken** farewell sermon. **-scene** parting scene. **-stund** hour of parting.
avskjære *vb (skjære av)* cut; *(avbryte)* cut, interrupt; *(utelukke)* bar, preclude; ~ *en ordet* cut sby short; ~ *en tilbaketoget* cut off sby's retreat; ~ *en veien* intercept sby; *avskåret fra å svare* not in a position to answer, precluded from answering.
avskjæring cutting off, preclusion, interception; *(av damp)* cut-off; *(balje)* tub. **-sventil** cut-off valve.
avskoge *(vb)* deforest.
avskrap|e *(vb)* scrape (off). **-ing** scraping (off); *(hud-)* abrasion.

avskrekk|e *(vb)* deter, frighten; *(mildere)* discourage; *han lar seg ikke ~* he is not to be daunted. **-elsessystemet** *(jur)* the deterrent system. **-ende** deterring, discouraging; *fremholde en som et ~ eksempel* make an example of sby.
avskrift copy, transcript; *(fusk i skolen)* cribbing; *bekreftet ~* certified copy; *rett ~* certified correct; *ta ~ av* take a copy of; *-ens riktighet bekreftes* = I certify this to be a true copy.
avskriftsfeil error in copying; transcriber's e.
avskrive *vb (merk): ~ en sum* write off a sum; *(fig)* discount *(fx* this possibility is heavily discounted by politicians); regard as lost.
avskriv|er copyist. **-erarbeid** copying work. **-erfeil:** *se avskrifts-.* **-ning** copying, transcription; *(merk)* writing off.
avskum *(slett person)* scum (of the earth): *menneskehetens ~* the offscourings of humanity, the scum of the earth.
I. avsky *(subst)* violent dislike *(for* of, for); disgust *(for* at, for, towards); detestation *(for* of); loathing *(for* of, for); abhorrence *(for* of); aversion *(for* to, for); *få ~ for* come to loathe; *(mildere)* take a dislike to; *vekke hans ~* disgust him.
II. avsky *(vb)* detest, abhor, abominate, loathe; *jeg -r slanger* I have a horror of snakes; *(se pest).*
avsky(e)lig abominable, detestable, odious, hateful, disgusting, loathsome. **-het** *(litt)* detestableness; *(handling)* atrocity.
avskygning *(nyanse)* shade, nuance.
avskutt *(perf. part.): han fikk armen ~* he had an arm shot off.
avskår|et *(adj): -ne blomster* cut flowers; *(se avskjære).*
avslag **1***(i pris)* reduction (of *el.* in prices); *(godtgjørelse)* allowance; *(rabatt)* discount; **2***(forkastelse, avvisning)* rejection; *(avvisende svar)* refusal; *et bestemt ~* a flat refusal; *få ~* be refused, meet with a refusal; *gi ~ i prisen* reduce the price, make a reduction; *gi en et ~ på £2* knock £2 off the price; *gi en et ~* refuse sby's request, refuse sby.
avslapning, avslappelse relaxation; slackening.
avslappet relaxed; *en ~ atmosfære* a relaxed atmosphere.
avslip|e *vb (slipe bort)* grind (off). **-(n)ing** grinding (off).
avslitt *(adj)* worn.
avslutning **1.** closing, conclusion, termination; close, end, finish; **2***(inngåelse av kontrakt, etc)* conclusion, entering, making; **3***(det ytterste av noe)* end; *(det øverste)* the upper end, the top; **4***(fest ved skole)* end-of-term celebration; *(ofte)* Prize Day, Speech Day, breaking up; *bringe noe til en ~* bring sth to a conclusion *(el.* close); *skolen holdt en fest ved -en av kurset* the school gave a party to celebrate the end of the course; the s. gave a celebration (party) at the end of the c.; *hopperen hadde en fin ~ (på sitt hopp)* the jumper rounded off *(el.* finished off) his flight nicely; *(se også ferdig).*
avslutte *(vb)* **1***(fullføre)* finish, conclude, close, bring to a close *(el.* conclusion), end; **2***(inngå)* conclude, make *(fx* m. a contract); **3***(gjøre opp bøker, etc)* close, balance; *~ en forretning (el. handel)* close a transaction *(el.* bargain); *(se også årsregnskap).*
avsløre *(vb)* **1.** = *avduke;* **2***(røpe)* disclose; bring to light; reveal; **3***(blotte noe slett)* expose *(fx* a crime), show up *(fx* a fraud, a swindler); *~ sitt indre jeg* reveal one's inner self *(el.* one's ego).
avslå *vb (en anmodning, bønn)* refuse, deny; *(tilbud)* refuse, reject *(fx* an invitation).
avsmak distaste, dislike; *få ~ for* take a dislike to; *gi en ~ for* give sby a distaste for.
avsnitt *(av sirkel, bue)* segment; *(av bok)* section; *(passus)* passage; *(del av lovparagraf)* subsection; *(tids-)* period; *«nytt ~» (ved diktat)* "new paragraph"; *sørge for skikkelig overgang mellom -ene (i stil)* see that one paragraph leads on to the next.
avson|dre *(vb)* separate; isolate; *(med.)* secrete. **-dret** isolated, retired; *leve ~* live in retirement, lead a retired life.
avsondring separation; isolation; *(med.)* secretion.
avspark *(fotb)* kick-off.
avspasere *vb* [take time off (from work) as compensation for unpaid overtime]; *de to dagene har jeg tenkt å ~ i forbindelse med påskeferien* I'm thinking of taking those two days off in connection with my Easter holiday.
avspeile *(vb)* reflect; mirror; *~ seg* be reflected; *hans personlighet -r seg i arbeidet hans* his personality is reflected in his work.
avspeiling reflection.
avspenning relaxation; *(polit)* détente.
avspent relaxed, less tense.
avsperre *(vb)* bar, block up.
avspise *(vb): ~ en med noe* put sby off with sth.
avspore *(vt)* derail *(fx* a train); *(vi): se spore: ~ av; -t ungdom* young people (who have) gone astray.
avsporing derailment.
avstamning descent, extraction, origin; *et ord av gresk ~* a word of Greek derivation *(el.* origin), a word derived from Greek.
avstand distance; *i en ~ av* at a distance of, within a distance of; *med en ~ av to tommer mellom hver* at intervals of two inches; *den ~ telefonsamtalen går over* the distance to which the call is made; *på ~* at a distance; *på lang ~* from a great distance; *få begivenhetene litt på ~* get (the) events in their proper perspective; *(se også uhildet); holde seg på god ~ fra noe* give sth a wide berth; *holde en på ~* keep sby at a distance, keep sby at arm's length; *ta ~ fra* keep aloof from, dissociate *(el.* differentiate) oneself from; *(se behørig).*
avstandsbriller *(pl)* long-distance spectacles.
avstands|bedømmelse judging of distance. **-innstilling** *(fot)* focusing; *bildet er tatt med gal ~* the picture is out of focus. **-måler** rangefinder, telemeter. **-skive** *(mask)* spacer.
av sted away, off, along; *~ med deg!* off you go! be off! *komme galt ~* get into a scrape; *(også om pike)* get into trouble; *(se sted B).*
avstedkomme *(vb)* cause, occasion, bring about.
avstemme *(vb)* **1***(avpasse)* harmonize, adapt, attune; **2***(farger)* match, harmonize; **3***(radio)* tune (in), syntonize; *være avstemt etter (fig)* be attuned to; *(se også avstemt).*
avstemning *(se avstemme)* harmonization, attuning; matching; tuning (in), syntonization, syntony; *(stemmeavgivning)* voting, vote; *(hemmelig)* ballot; *(parl)* division; *(skriftlig, især ved stortingsvalg)* poll(ing); *foreta ~* take a vote (,poll, ballot) *(fx* on a question); proceed to a vote; *(parl)* divide *(fx* on a question); *hemmelig ~* voting by ballot, secret vote, ballot; *vedtatt uten ~* passed without being put to the vote; *~ ved håndsopprekning* voting by (a) show of hands.
avstemt *(se avstemme)* harmonious; matched; syntonic, in tune; *i vakkert -e farger* in delicately blended*(el.* matched) colours.
avstenge *vb (stenge ute el. inne)* shut off, cut off.
avstengt *(om dør, etc)* locked, bolted, barred; *(fig)* secluded, sequestered.

avstigning dismounting, alighting; *av- og påstigning utenom holdeplassene forbudt* passengers may not enter *(el.* board) or leave the train except at the appointed stopping places.

avstik|ke *(vb)* mark out, stake out; *(vin)* rack off. **-kende** incongruous; *(om farge)* glaring, gaudy; *(fig)* eccentric, conspicuous. **-ker** detour; *(i talen)* digression.

avstive *(vb)* stay, support, hold up; *(vegg)* shore up; *(med murverk)* buttress; *(gjøre stivere)* stiffen.

avstraff|e *(vb)* punish; chastise. **-else** punishment; chastisement; *korporlig* ~ corporal punishment.

avstumpe *(vb)* dull, blunt, truncate; *(sløve)* dull, blunt. **-t** blunt, blunted, obtuse, truncated.

avstøp(ning) casting; *(konkret)* cast.

avstå *vb (overlate)* renounce, give up, relinquish, make over; *(landområde)* cede, surrender *(til* to); ~ *fra (oppgi)* desist from. **-else** renunciation, relinquishment; *(av land)* surrender, cession.

avsvekke *(vb)* weaken, enfeeble; *en -t vokal* a weakened vowel.

avsverg|e *(vb)* abjure, renounce; *(se I. tro).* **-ing** abjuration, renunciation.

avsvi *(vb): se svi:* ~ *av; en -dd landsby* a burnt-down village.

avsøk|e *(vb)* search; *(mil)* reconnoitre. **-ning** search(ing); reconnaissance.

avta *vb (minske, svekkes)* fall off, decrease, decline; *(om sykdom, vind)* abate; *farten -r* the speed slackens; *vinden -r (også)* the wind is dropping *(el.* going down). **-gende:** *månen er i* ~ the moon is waning; *hans popularitet er* ~ his popularity is on the wane; *(se utbytte).* **-ger** *(kjøper)* buyer, purchaser. **-gerland** importing country, customer (country).

avtakle *(vb)* dismantle, unrig; *(mast)* strip.

I. avtale *(subst)* agreement, appointment, arrangement; *etter (forutgående)* ~ as previously arranged, according to a previous arrangement; *etter* ~ *med Smith* as I (,we, *etc)* had arranged with Smith; *det er en* ~ that is a bargain; *er det en* ~*? (avgjort)* that's settled, then? **T** is it a go? *det var en fast* ~ it had been definitely agreed (on); *treffe* ~ make an arrangement *(om å* to); *treffe* ~ *med en (om å møtes)* make an appointment with sby; *jeg er her ifølge* ~*, jeg har en* ~ *her (også)* I am here by appointment; *(se forutgående; gjensidig; handelsavtale; lønnsavtale; makt; tiltredelse; varehandelsavtale).*

II. avtal|e *(vb)* agree on, appoint, fix, arrange; *dersom intet annet er -t (også)* in the absence of any understanding to the contrary; *det er -t at P. skal møte (fram) kl. 14* it has been agreed that P. is to come at 2 o'clock; *foreløpig kan vi* ~ *at jeg ringer Dem fra X på torsdag* for the present we can arrange that I ring you up from X on Thursday; ~ *tid* fix a time; make an appointment; *jeg har -t å møte min kone her* I've arranged to meet my wife here; *(se ndf: avtalt).*

avtaledokument signed contract.

avtaleloven *(jur)* [Norway's contract act of 1918].

avtalerett *jur (rettsreglene)* contract law.

avtalt *(adj)* arranged, agreed (up)on; ~ *møte* appointment, rendezvous; ~ *spill* a put-up job; *levering vil skje som* ~ delivery will be made *(el.* effected) as agreed; *til* ~ *tid* at the appointed time *(el.* hour).

avtjene *(vb):* ~ *sin verneplikt* do one's military service; (**UK**) do one's national service; *avtjent verneplikt* completed national *(el.* military) service.

avtrappe *(vb)* graduate, scale (down) *(fx* wages).

avtrede*(subst)* lavatory.

avtrekk *(for røyk)* outlet, vent; *hard i -et (om våpen)* hard on the trigger; *han er sen i -et (fig)* he is rather slow off the mark. **-er** trigger; *(utløser)* (shutter) release; *trykke på -en* pull the trigger. **-erbøyle** trigger guard. **-erfjær** trigger spring.

avtrykk 1*(i bløtt stoff)* imprint *(fx* his shoes left imprints on the ground); impression; **2***(reproduksjon, opptrykk)* print, impression, copy, reprint; **3***(prøve-)* (brush) proof.

avtvinge *(vb):* ~ *en noe* extort *(el.* force) sth from sby; ~ *en et løfte* exact a promise from sby.

avvei wrong way; *føre på -er* mislead, misguide, lead astray; *komme på -er* go astray, go wrong, get off the right path.

avveie *vb (fig)* weigh *(fx* one's words, the chances); ~ *sine uttrykk* choose one's expressions carefully; mind one's p's and q's.

avvekslende *(adj)* alternating; varied, varying; *(adv)* alternately, by turns; *et* ~ *landskap* a varied landscape; ~ *hvitt og sort* white and black alternately.

avveksling 1*(forandring)* change; break *(fx* they want a b. from the routine of factory or office); **2***(variasjon)* variety, change, variation; *en behagelig* ~ a pleasant change *(fx* it makes a p. c.); *bringe* ~ *i hans tilværelse* lend variety to his existence; *han liker litt* ~ he likes a change; he is fond of ringing the changes; *som en* ~ by way of variety; *til en* ~ for a change *(fx* he was quite polite for a c.).

avven|ne *vb (fra å die)* wean; *(fra stimulanser)* cure; get (sby) off sth *(fx* we must try to get him off heroin and keep him off); *man må få ham -t med det* he must be broken of the habit.

avvenningsklinikk drug addiction clinic.

avvenningskur cure *(el.* treatment) for alcoholism (,morphinism, *etc);* aversion treatment.

avvente *(vb)* await, wait for; ~ *begivenhetenes gang* await developments, await (the course of) events; **T** wait and see; ~ *nærmere ordre* await further instructions; ~ *sin sjanse* wait for *(el.* await) one's chance; watch one's opportunity.

avventende waiting, expectant; *innta en* ~ *holdning* adopt *(el.* take up) a waiting attitude.

avverge *(vb)* ward off, parry, avert.

avvergende deprecating *(fx* he made a d. gesture), deprecatory.

avvik deviation; departure; *(kompassnålens)* deviation; *det er et* ~ *fra* it is a departure from; *uten* ~ undeviating(ly), unswerving(ly).

avvik|e *vb (vike av, skeie ut)* swerve, depart, deviate, diverge; *(være uoverensstemmende)* differ *(fra* from), disagree (with), be at variance (with). **-else:** *se avvik.* **-er** *(psykol)* deviant.

avvikende diverging; *(innbyrdes)* divergent, mutually contradictory.

avvik|le *(vb)* unroll, unwind; ~ *en forretning* wind up a business; *det vil ta flere timer å* ~ *løpet* it will take several hours to get through *(el.* finish) the race. **-ling** unrolling, unwinding; winding up (of a business).

avvirke *(vb): se hogge.*

avvise *(vb)* **1***(nekte adgang)* refuse (admission); send away, turn away; **2***(forkaste)* reject, turn down; *(lovforslag, også)* throw out; **3***(avslå, si nei til)* refuse *(fx* an offer of marriage, a request); *(andragende, benådningsansøkning, etc)* dismiss; **4***(hånlig tilbakevise)* spurn; **5***(nekte å anerkjenne)* repudiate; **6***(mil)* repel, repulse *(fx* an attack, the enemy); ~ *som fremmed vev* reject as a foreign tissue *(fx* suppress the mechanism which might cause his new heart to be rejected as a foreign tissue); ~ *en anke* dismiss an appeal; *han lar seg ikke* ~ he will not be refused, he will take no refusal; he won't be put

off (*el.* rebuffed); *en kan ikke ~ den mulighet at . . .* one cannot exclude the possibility that. . .
avvisende unsympathetic, discouraging, deprecatory; *et ~ svar* a refusal; *stille seg ~ til* decline, refuse (*fx* r. an offer).
avviser|rekkverk guard rail, safety (*el.* guard) fence. **-(stein)** corner post. **-stolpe** guide post.
avvisning *(se avvise)* refusal (of admission), sending away, turning away; rejection; dismissal; spurning; repudiation; repulse. **-sgrunn** *(jur)* ground for dismissal of a case. **-skjennelse** *(jur)* order of dismissal; nonsuit (*fx* the plaintiff was nonsuit(ed)).
avvæp|ne *(vb)* disarm. **-ning** disarming, disarmament.

b

B, b; *(mus) (fortegnet)* flat; *(tonen)* B flat; *b for a (mus)* A flat; *dobbelt b (mus)* double flat; *sette b for (mus)* flatten; *B for Bernhard* B for Benjamin.
Babel: *-s tårn* the Tower of Babel.
babelsk Babel-like, Babylonian; *~ forvirring* Babel, Babylonian confusion.
bable *(vb)* babble, speak indistinctly.
I. babord *subst (mar)* port; *om ~* on the port side, to port.
II. babord *adj (mar)* port; *~ baug* the port bow.
III. babord *adv (mar)* aport; *hardt ~* hard a.; *~ med roret* port the helm.
baby baby; *bytte (bleie) på -en* change baby's nappy; **T** change baby.
baby|forkle *(spisesmekke)* feeder, apron with a bib. **-golf** midget golf. **-kurv** bassinette.
Babylon *(geogr)* Babylon. **-ia** Babylonia.
babylonier, babylonsk Babylonian.
baby|seler *(pl)* baby reins. **-seng** (baby) cot, crib. **-tøy** baby wear (*el.* things).
back *(i fotball)* (full) back.
bacon bacon; *frokost-* breakfast bacon.
bad bath, bathroom; *(sjø-)* bathe, swim; *(kur-)* hydro; spa; *(badeanstalt)* (public) baths; *ta et ~* take (*el.* have) a bath; *(utendørs)* go for a swim, go bathing; *et varmt ~* a hot bath; *ligge ved ~* take the waters (at a spa); *han fikk et ufrivillig ~* he got a soaking.
bade *(vb)* take (*el.* have) a bath; *(utendørs)* go for a swim, go swimming, go bathing; bathe; *(i sola)* bask, sun-bathe; *(del av legeme)* bathe (*fx* one's eyes, a swollen finger); *~ et barn* give a child a bath, bath a child; *dra ut for å ~* go for a bathe (*el.* swim); *-t i svette* bathed in perspiration ; *-t i tårer* in (a flood of) tears.
bade|anlegg 1. bathing facilities; **2.** = *-anstalt.* **-anstalt** (public) baths; *(svømmebasseng)* swimming pool; *(svømmehall)* swimming bath; *(kur-)* hydro. **-balje** (bath) tub. **-ball** beach ball. **-basseng** bathing (*el.* swimming) pool. **-bukse** (swimming) trunks, swim briefs. **-drakt** bathing costume, b. suit, swimsuit; *todelt ~* two-piece b. s. **-dukke** bathable doll. **-dyr** rubber beach toy. **-gjest 1.** bather, holiday maker; *(ofte =)* visitor; **2**(*neds)* specimen (*fx* a nice s.). **-hette** bathing cap. **-hotell** seaside hotel. **-hus** bathing hut; *(på hjul)* bathing machine. **-håndkle** bath towel. **-kar** bath tub, bath, tub. **-kåpe** bathing wrap, bath robe.
badeliv bathing, seaside life, the life of a seaside resort; crowd of bathers; *i X er det et yrende ~* X is teeming with bathers, bathing is in full swing at X.
badende *(subst)* bather.
bade|nymfe bathing beauty. **-plass** bathing place (*el.* beach). **-rett** access to bathing beach; *tomt med ~* site with a. to b. b. **-ring** bathing ring. **-salt** bath salts. **-sesong** bathing season. **-sko** *(pl)* beach sandals; **T** flip-flops. **-stamp** wooden bath tub.
badested 1 *(strandbredd)* bathing place (*el.* beach); **2**(*by)* seaside resort, watering place; **3** *(ved mineralsk kilde)* spa; health resort; *(vannkuranstalt)* hydro.
bade|strand bathing beach. **-ulykke** bathing accident; *(dødelig)* fatal b. a., bathing fatality. **-vann** bath water; *kaste barnet ut med -et* throw out the baby with the b. w.; *tappe (~) i karet* fill up the bath tub; *tappe ut -et* run off the b. w. **-vekt** bathroom scales. **-værelse** bathroom.
bading bathing; *omkomme under ~* be (*el.* get) drowned while bathing.
badstubad steam bath; *(finsk)* sauna.
badstue bathhouse; *(finsk)* sauna.
bag 1(*sekk, veske)* bag; **2**(*barnevogns-)* carry-cot.
bagasje luggage; (*mil* & **US**) baggage; *overvektig ~ (flyv)* excess luggage; *reise med lite ~* travel light.
bagasje|brett, -bærer *(på sykkel, etc)* (luggage) carrier. **-forsikring** luggage insurance. **-grind:** *se takgrind.* **-innlevering** *(flyv)* baggage check-in. **-nett** (luggage) rack. **-oppbevaring** *(jernb)* left-luggage office, cloakroom. **-rom** luggage compartment; *(i bil)* boot. **-utlevering** *(flyv)* baggage claim. **-vogn** *(jernb)* luggage van; **US** baggage car.
bagatell trifle; *henge seg i -er* make a fuss over trifles; *kaste bort tiden med -er* trifle away one's time; *det er en ren ~* it's nothing, it's a mere trifle.
bagatellisere *(vb)* minimize, belittle; play down (*fx* a story); *(med forakt)* pooh-pooh.
bagatellmessig trifling.
Bagdad *(geogr)* Baghdad.
bagler [member of the Bishops' party in the Norwegian civil wars].
bagvogn *(barnevogn)* pram with detachable carry-cot.
Bahamaøyene *(geogr)* the Bahama Islands, the Bahamas.
bai *(tøy)* baize.
I. baisse *(subst)* decline of the market, fall in prices (*el.* quotations); *(sterkt)* slump; *spekulere i -n* bear, speculate for (*el.* on) a fall.
II. baisse *(vi)* bear, speculate for (*el.* on) a fall.
bajas clown; *(fig)* buffoon; *spille ~* play the b.
bajasstreker *(pl)* buffoonery.
bajonett bayonet; *med opplantede -er* with fixed bayonets.

I. bak 1 *(rygg, bakside)* back *(fx* the b. of one's hand); **2***(bakdel)* behind, seat, posterior(s); *(vulg)* bottom; *(se rumpe); (dyrs)* hindquarters, haunches; **3***(bukse-)* seat (of the trousers); *falle på -en* fall on one's seat *(el.* behind); sit down *(fx* his skis ran away with him and he sat down); *ha mange år på -en* be well on in years; *han har 20 år på -en* he is twenty; *lage ris til egen ~* make a rod for one's own back; lay up trouble for oneself; *(se III. bak).*

II. bak *(prep)* behind, at the back of, in *(el.* at) the rear of; *~ kulissene (fig)* behind the scenes; *(teat)* off-stage; *stå ~ (være årsak til)* be at the bottom *(el.* back) of; *han er ikke tapt ~ en vogn* he is no fool; The's up to snuff; there are no flies on him.

III. bak *(adv)* behind, in the rear, at the back *(fx* the dress fastens at the b.); *~ fram* back to front; *få et spark ~* **T** get a kick in the seat of one's pants, get a kick on one's behind; *(vulg)* get a kick in the bottom *(el.* rear); *han ga gutten et spark ~* **T** he kicked the boy's behind; *ligge ~ (stikke under)* be at the bottom *(el.* back) of (it); *her ligger det noe mer ~* there is more to this than meets the eye; *se på noe både foran og bak* look at sth in front and behind; *de som sto bak, presset seg fram* those in the rear *(el.* at the back) pressed forward.

bak|aksel rear *(el.* back) axle. **-akseldrev** *(mask)* drive pinion; *(se drev, pinjong).* **-ben** hind leg; *reise seg på -a (fx om hest)* rear on its hind legs; rear; *sette seg på -a (fig)* show fight, cut up rough. **-binde** *(vb): ~ en* tie sby's hands behind his back, pinion sby. **-bygning** back building *(el.* premises). **-dekk** *(på bil)* rear tyre (,**US:** tire). **-del** *(menneskes)* behind, seat, posterior(s); *(vulg)* bottom, backside; *(især dyrs)* hindquarters, haunches. **-dør** back door; *(især om skjult inngang)* postern (door); *holde en ~ åpen (fig)* leave a line of retreat open for oneself; *gå -a* **1** go in by the back door; **2***(fig)* use underhand means to gain one's end. **-dørspolitikk** backstairs policy.

bake *(vb)* bake; *~ brød* bake *(el.* make) bread; *kan du ~?* do you know how to bake? *hun er flink til å ~* she is good at baking; *~ seg i sola* bask in the sun.

bakelitt bakelite.

bakende 1. hind part, posterior end, tail-end, rear end; **2.** = *bakdel.*

baken|for behind, at the back of. **-fra** = *bakfra.* **-om** = *bakom.*

bake|plate *(for stekeovn)* oven plate, baking shelf; **US** baking sheet. **-pulver** baking powder.

baker baker; *gå til -en* go to the baker('s); *gi -ens barn brød* carry coals to Newcastle; *rette ~ for smed* [make the innocent suffer for the guilty].

bakerbutikk baker's (shop).

bakeri bakehouse, bakery.

bakerst *(adj)* hindmost; *(adv)* at the (very) back; *de -e* those at the back; *-e rekke* the back row.

baketter *(prep)* behind, after; *(adv)* afterwards; *(jvf etter & etterpå).*

bakevje back eddy; *(også fig)* backwater; *(fig)* impasse, deadlock; *industrien befinner seg i en ~* the industry is stagnating; *forhandlingene var kommet inn i en ~* (the) negotiations had reached a deadlock *(el.* had arrived at an impasse); *vi må komme oss ut av denne -n* we must pull ourselves out of this backwater.

bakfra from behind, from the rear; *(baklengs)* backwards *(fx* say the alphabet b.); *hun dolket ham ~* she stabbed him in the back.

bak fram back to front.

bak|gate back street. **-grunn** *(også fig)* background; *komme (el. tre) i -en (fig)* recede into the b. *(fx* they have rather receded into the b.); *danne -en for* form the b. of, serve as a b. to; (NB the Yorkshire which is the b. to her novel); *holde seg i -en* keep (oneself) in the b.; efface oneself; **T** take a back seat; *sett på ~ av* (viewed) in the light of; *det må ses på ~ av* it must be viewed *(el.* seen) against the background of; *det måtte tre i -en for* it was eclipsed by. **-grunnskulisser** *(pl)* upstage scenery. **-gård** backyard; back premises. **-hjul** rear *(el.* back) wheel. **-hode** back of the head. **-hold** ambush, ambuscade; *legge seg i ~ for* waylay; *ligge i ~ for* lie in wait for. **-hånd** *(kort)* fourth hand, last player; *ha noe i ~* have sth in reserve; have sth up one's sleeve; have sth to fall back on; *(se trumf).* **-håndsmelding** fourth-hand bid.

bak i *(prep & adv)* in *(el.* at) the back of; *se ~ boka* look at the end of the book; *sitte ~ bilen* sit in the back of the car.

Bakindia *(geogr)* Further India.

I. bakk *subst (mar)* forecastle (*,fk:* fo'c'sle) head.

II. bakk *adv (mar)* aback; *brase ~* brace aback; *slå ~ i maskinen* reverse the engine.

bakkant back *(el.* rear) edge; *(flyv; av bæreflate)* trailing edge.

I. bakke *(subst)* hill, rising ground, rise; *(høyde)* hill, eminence, elevation; *(jordsmonn)* ground; *legge en i -n* get sby down; *han måtte i -n* he had to bite the dust; *midt i -n* halfway up the hill; *oppover-* uphill; *nedover-* downhill; *det går nedover- med ham* he is going downhill; *på -n* on the ground; *bli satt på bar ~ (fig)* be left high and dry; be thrown on one's own resources; *sove på bare -n* sleep on the bare ground.

II. bakke *(brett)* tray; salver.

III. bakke *(slags snøre)* long line.

IV. bakke *vb (seil, maskin)* back; reverse *(fx* the engine); *~ fyrene* bank the fires; *~ av* back off; *~ opp (støtte)* back up; *~ ut* back out.

bakke|drag range of hills. **-kam** hill crest. **-kneik** short, steep (part of) slope; *(fig)* difficulty. **-land** hilly country.

bakkels pastry; *(jvf vannbakkels).*

bakkenbart whiskers.

bakkeopphold *(flyv)* ground stop.

bakke|rekord *(ski)* hill record; *hva er -en der?* what is the record for that hill? **-sjef** *(ski)* jump director. **-skrent, -skråning** hillside, slope. **-start** *(med bil)* uphill start, hill start; *(det å)* starting while on a slope. **-stopp** *(flyv)* ground stop.

bakket hilly.

bakketopp hilltop.

bak|klo hind claw. **-klok** wise after the event; **US** hindsighted; *være ~* **US** have hindsight. **-klokskap** belated wisdom, wisdom after the event; **US** hindsight. **-knappet:** *en ~ kjole* a dress that buttons down the back. **-kropp** hind part (of the body); *(på insekt)* abdomen.

bakksag tenon saw; *(se sag).*

Bakkus Bacchus. **bakkus|dyrker** Bacchanalian. **-fest** bacchanal *(pl.:* -ia), drunken revelry. **-stav** thyrsus.

bak|lader breech loader. **-lastet** (too) heavily loaded at the back. **-lem 1***(zool)* hind limb; **2** *(på lasteplan)* tailboard, tailgate. **-lengs** backward; *falle ~* fall over b. **-lomme** hip pocket. **-lykt** rear light, tail light. **-lås:** *døra er gått i ~* the lock has jammed.

bakom behind; at the back of; *gå ~ huset* go round to the back of the house.

bakover backwards; *legge seg ~* lie back; lean back.

bakoverbøyning *(gym)* back bend.

bakpart back part; hind part; *(på dyr)* hindquarters, haunches.

bak|på *(adv)* behind, at *(el.* on) the back; *(prep)* behind, at the back of, on the back of; *han fikk sitte ~ en lastebil* he got a lift on the back of a lorry; *komme ~ en* steal upon sby. **-re** hinder, rear. **-rom** *(i båt)* stern sheets. **-rus** hangover; *være i ~* have a h.
bak|sete back seat; *(på motorsykkel)* pillion; **US** buddy seat; *(se eksosrype).* **-side** back; reverse (of a coin); *-n av medaljen (fig)* the other side of the picture; *på -n av* behind, at the back *(el.* rear) of; *(bakpå)* on the back of *(fx* the envelope). **-skjerm** rear mudguard, rear wing. **-slag** *(rekyl)* recoil, kick; *(i motor)* backfire. **-sleng** *(med fiskestang)* backward drive.
bakst baking; *(porsjon)* batch.
bakstavn *(mar)* stern.
bakste|fjøl pastry board. **-helle** griddle. **-ved** firewood for baking.
bak|strev reaction. **-strever** reactionary. **-stuss T** bottom. **-svissel** cantle, hind bow. **-tale** slander, backbite, run down. **-talelse** slander, backbiting; running down. **-taler, -talerske** slanderer, backbiter. **-talersk** slanderous. **-tanke** secret thought, mental reservation, ulterior motive; **T** little game; *han kjente mine -r* he knew my little game. **-teppe** *(teat.)* back cloth.
bakterie bacterium *(pl:* bacteria), germ, microbe.
bakteriedrepende germicidal.
bakteriedyrkning cultivation of bacteria.
bakteriestamme strain of bacteria.
bakteriolog bacteriologist. **-i** bacteriology.
bak|trapp back stairs. **-tropp** rear party; *danne -en* bring up the rear. **-tung** back-heavy, tail-heavy. **-ut:** *slå ~* kick out behind. **-vakt** second -call night duty. **-vaske:** *se -tale.* **-ved** behind. **-vei** back way, rear entrance; *gå (inn) -en* go in by the back door; *gå -er (fig)* use backdoor influence. **-vendt** turned the wrong way; *(fig)* awkward *(fx* this is a very a. way of doing it); *(adv)* the wrong way; awkwardly *(fx* he handled the tool very a.); *ta ~ fatt på en sak* put the cart before the horse. **-vendthet** awkwardness.
bakverk pastry, (cakes and) pastries.
bakvindu rear window; *(faglig)* backlight; *oppvarmet ~* heated backlight.
bakværelse back room; *(i butikk)* back-shop.
balalaika *(russisk sitar)* balalaika.
balanse balance; *holde -n* keep one's balance; *miste -n* lose one's balance; overbalance.
balansere 1. balance, keep one's balance, balance oneself; poise oneself *(fx* p. oneself on one's toes); **2***(merk: vise balanse)* balance *(fx* my accounts b.).
balanseror *(flyv)* aileron.
baldakin canopy, baldachin.
bale *vb (streve)* struggle, toil.
balg *(slire)* sheath.
balje tub.
Balkan *(geogr)* the Balkans. **-halvøya** the Balkan Peninsula. **-statene** the Balkan States, the Balkans.
balkong balcony; *(i teater)* dress circle.
I. ball ball; *rørt ~ (rugby)* touchdown; *gjøre en ~ (biljard)* pocket a ball; *slå ~* play the ball.
II. ball ball; *på -et* at the ball; *gå på ~* go to a ball.
ballade *(dikt)* ballad; **(T** = *ståhei)* **T** row, shindy; *lage ~* **T** kick up a row.
ballast ballast; *hive -en* unballast the vessel; *legge -en til rette* trim the ballast; *ta inn ~* take in ballast.
ballblom *(bot)* globe-flower.
balldronning queen of the ball.
I. balle *subst (vare-)* bale; *en ~ papir* ten reams of paper.
II. balle *subst (tå-, hånd-)* ball.
III. balle *(vb): ~ sammen* bundle up.
ballerina *(danserinne)* ballerina.
ballett ballet. **-danser** b. dancer. **-danser(inne)** b. dancer, ballerina. **-mester** b. master. **-personale** (corps de) ballet.
ballfeber ball nerves.
ball|kavaler partner. **-kjole** dance frock *(el.* dress). **-kledd** dressed for a ball.
ball|kort programme. **-løve** ballroom lion.
ballong balloon; *(glass-)* balloon; *(i kurv)* demijohn, carboy.
ball|sal ballroom. **-sko** *(pl)* dancing shoes, ball slippers, (lady's) evening shoes. **-spill** (ball) game; *(det å)* ball playing. **-spiller** ball player. **-tre** bat.
balsam balsam; *(også fig)* balm. **-duft** balsamic odour.
balsamere *(vb)* embalm.
balsamering embalming.
balsamisk balmy, balsamic, fragrant.
balsatre balsa (wood).
baltisk Baltic.
balustrade balustrade.
bambus|rør bamboo cane. **-stokk** (bamboo) cane.
bamse bear; *(i eventyr)* (Master) Bruin.
banal commonplace, trite, banal.
banalitet commonplace, triteness, banality.
banan banana.
bananskall banana skin; **US** b. peel.
bananstikker *(elekt)* banana plug.
I. band: *se bånd.*
II. band *(mus)* band *(fx* jazz band).
bandasje bandage.
bandasjere *(vb)* bandage, dress.
bandasjist truss maker; *(forretning)* surgical store(s).
bande gang.
bande|fører gang leader. **-medlem** gangster, member of a gang.
banderole banderol(e).
bandhund: *se bånd-.*
banditt bandit, gangster.
bandolær bandolier.
bandy bandy. **-kølle** bandy.
I. bane *subst (død)* death; *det hogget ble hans ~* that blow proved mortal to him; that was his death blow.
II. bane *(subst)* **1***(vei)* course, path, track; **2.** *se jernbane;* **3***(veddeløps-)* running track, (racing) track; *(for hester)* racecourse, turf; **4***(cricket-, fotball-)* ground; field; pitch; **5***(golf-)* (golf) course, links; **6***(kjegle-)* skittle alley; **7***(rulleskøyte-, kunstig skøyte-)* rink *(fx* skating r.), track *(fx* he holds the t. record for 10,000 metres); *(løperfelt)* lane *(fx* inside (,outside) l.); **8** *(skyte-)* range; **9***(sykkel-)* cycle-racing track; **10***(tennis-)* (tennis) court; **11***(prosjektils)* trajectory; **12***(planets)* orbit; **13***(uværs)* track; **14** *(livs-)* career, course; **15***(på ambolt, hammer)* face; **16***(papir-)* length; **17***(på bildekk)* tread; **18***(radio)* lane; *bryte seg nye -r (fig)* break new ground; *gå i ~ om* orbit *(fx* o. the sun); *øl i lange -r* **T** lots of beer; *i riktig ~ (om romskip)* on a true course; *med ~* by rail; *bringe noe på ~* bring sth up *(fx* b. up a subject); *slå inn på en ~* enter on a course; *(se bortebane; hjemmebane; innendørs: ~ bane).*
III. bane *(vb)* level, smooth; clear; *~ vei* clear the way; *~ veien for* pave *(el.* prepare) the way for; *~ seg vei* make one's way *(fx* through the crowd).
bane|arbeider *(jernb)* permanent way labourer. **-avdeling** *(jernb)* civil engineering department.

VOCABULARY

banneord

Vi har lett for å tro at banneord er en viktig del av det engelske språket, særlig på grunn av amerikanske filmer. Men husk at det er forskjell på amerikansk og engelsk kultur. Dessuten er det viktig å vurdere hva slags filmer det er snakk om. Film er fiksjon og ikke virkelighet.

Uansett, vær forsiktig med bruk av banneord både skriftlig og muntlig. Husk at du alltid skal tilpasse språket etter forholdene!

banebrytende epoch-making, path-breaking; *være* ~ be a pioneer; break new ground.
banebryter pioneer.
banebåke *(flyv)* (airport) runway beacon.
banedirektør *(jernb)* chief civil engineer; *(se jernbanedirektør).*
banefunksjonær *(ved stevne)* track official.
banehalvdel *(fotb)* side; *bytte* ~ change ends *(el.* goals); **T** change round; *inne på motpartens* ~ over the half-way line.
banehogg death blow, death stroke.
banelegeme *(jernb)* permanent way, superstructure.
bane|legge *vb (et bildekk)* retread, remould; re -cap *(fx* a tyre); *et -lagt dekk* a retread, a remould.
baneløp track race.
banemann slayer.
bane|mester *(jernb)* district inspector. **-rekord** track record. **-strekning** *(jernb)* section. **-stump** *(jernb)* short stretch of line *(el.* track).
banesår mortal wound.
banevokter *(jernb)* lengthman.
bange: *se redd.*
banjerdekk *mar (nederste dekk)* orlop deck.
banjo banjo. **-ist** banjoist, banjo player.
I. bank *(pryl)* a thrashing, a beating.
II. bank *(pengeinstitutt)* bank; *i -en* at *(el.* in) the b.; *deponere i -en* deposit at the b.; *ha penger i -en* have money in *(el.* at) the b.; *sette i -en* pay into the b., deposit at the b.; *sette penger i -en* put money into the b., bank m., pay m. into the b.; *sprenge -en (kort)* break the b.; *pengene står i -en* the money is at *(el.* in) the b.; *ta penger ut av -en* take money out of the b., withdraw m. from the b.; *hvilken* ~ *bruker De?* with whom do you bank? who are your bankers?
bank|aksept banker's acceptance. **-aksje** bank *(el.* banking) share. **-anvisning** bank(er's) draft *(fx* a b. d. for £50). **-bok** bank book; *(kontra-)* passbook. **-bokholder** bank accountant. **-boks** safe-deposit box, (private) safe. **-bud** bank messenger. **-depositum** bank deposit. **-direksjon** board of directors (of a bank). **-direktør** bank manager; *(i nasjonalbank)* governor. **-diskonto** bank rate.
I. banke *subst (sand-, tåke-)* bank *(fx* fog b.).
II. banke *(vb)* **1***(slå)* beat, knock, rap; *(lett)* tap; **2***(pryle)* beat, thrash; *(se I. bank);* **3***(rense for støv)* beat *(fx* a carpet); **4***(beseire)* beat, lick; ~ *grundig* beat hollow; **5***(om lege ved undersøkelse)* tap; **6***(om hjerte, puls)* beat, throb; **7***(om motor med tenningsbank)* pink; *(jvf hogge); det -r* sby is knocking; *det -t (på døra)* there was a knock (at the door); *motoren -r* the engine has got a knock; *(om tenningsbank)* the e. is pinking; *-nde tinninger* throbbing temples; *bank i bordet!* touch wood! **US** knock on wood; ~ *noe inn i (hodet på) en* drum *(el.* knock) sth into sby('s head); ~ *på (døra)* knock (at the door).
bankebiff: *se bankekjøtt.*
bankekjøtt **1***(i rå tilstand)* stewing beef; **2***(rett)* stewed steak.
I. bankerott *(subst)* bankruptcy, failure.
II. bankerott *(adj)* bankrupt; *gå* ~ go b.
bankesignal knocking (signal).
bankett **1***(fest)* banquet; **2***(veikant)* verge; **US** shoulder.
bankeånd rapping spirit.
bank|forretning banking business. **-funksjonær** bank clerk. **-heftelse** mortgage (granted to the bank). **-holder** *(bankør)* keeper of the bank.
bankier banker. **-firma** banking firm.
banking knocking; throbbing, beating; tapping; *(se II. banke).*
bankinnskudd bank deposit.
bank|konto banking account. **-krakk** bank crash. **-lån** bank loan. **-note** bank note; **US** bank bill.
bankobligasjon bank bond.
bankobrev insured letter; **US** money letter; *(jvf rekommander|e:* **-t brev & verdibrev).**
bank|provisjon banker's commission. **-ran** bank robbery, holdup *(el.* stickup) in a bank. **-revisor** auditor (to a bank). **-sjef** bank director; *(bestyrer)* b. manager; *(i nasjonalbank)* governor.
bankør *(bankholder)* keeper of the bank.
bann ban, excommunication, anathema; *sette i* ~ excommunicate.
bannbulle bull of excommunication.
banne *(vb)* swear, curse; use profane language; ~ *som en tyrk* swear like a trooper; ~ *på* swear to; ~ *på at* swear that. **banneord** swearword.
banner banner. **-fører** standard bearer.
banning cursing, swearing, bad language.
bannlys|e *(vb)* excommunicate, anathematize; *(forvise)* banish. **-ning** excommunication; banishment.
bann|satt confounded, infernal. **-stråle** fulmination (of an interdict).
bantam *(dverghøne)* bantam. **-vekt** bantam weight.
baptist Baptist.
I. bar *subst (på nåletrær)* sprigs of spruce or pine.
II. bar *subst (skjenke|***disk, -rom)** bar.
III. bar *(adj)* bare; *et -t lys* a naked light; *i -e skjorta* in his shirt; *med -e føtter* barefoot, in one's bare feet; *med -e ben* bare-legged; *bli satt på* ~ *bakke* be left high and dry; *da foreldrene døde, var hun faktisk på* ~ *bakke* at the death of her parents *(el.* when her parents died)

she was left high and dry; *på -e bakken* on the bare ground; *på -e kroppen* on the bare skin.
barakke: *se brakke.*
bararmet bare-armed.
barbar barbarian.
barbari barbarism; *(grusomhet)* barbarity.
barbarisering barbarization.
barbar|isk barbarian, barbaric; *(grusom)* barbarous. **-isme** barbarism.
barbent barefoot(ed).
barber barber; *(ofte)* hairdresser.
barberblad razor blade.
barbere *vb (også fig)* shave; ~ *seg* shave.
barber|-høvel safety razor. **-kniv** razor. **-kost** shaving brush. **-maskin:** *elektrisk* ~ electric shaver. **-salong** barber's shop. **-skilt** barber's sign; **UK** barber's pole. **-skum** shaving foam. **-stell** shaving tackle *(el.* outfit). **-såpe** shaving soap.
I. barde *(skald)* bard.
II. barde whalebone, baleen. **-hval** baleen whale.
bardun *(tau på skip)* (back)stay, guy (rope).
I. bare *(vb):* ~ *seg* help; *jeg kunne ikke* ~ *meg for å le* I could not help laughing; *jeg kunne ikke* ~ *meg* I could not help it.
II. bare 1*(adv)* only; *(sterkere)* merely, just *(fx* j. one little bit), but *(fx* there is but one answer to that question); **2.** *konj (= hvis* ~, *når* ~*)* if only *(fx* I'll pay you if you will only wait; if only you will tell me why), as long as; *(= gid)* I only hope, I (do) hope, if only *(fx* if only I were stronger); *hvis jeg* ~ *kunne!* how I wish I could! ~ *en gang* just once; ~ gjør det do it (by all means), go ahead and do it; ~ *hold munnen din!* you hold your tongue! ~ *le, De!* all right! laugh! *dagen gikk*~ *så altfor fort* the day passed (by) all too quickly; *jeg skyndte meg så meget jeg* ~ *kunne* I was as quick as I could be; ~ *syng!* sing away! ~ *vent!* just (you) wait! *jeg arbeider som* ~ *det* I'm working flat out; *det er* ~ *det at* ... only.
barett *(dame-)* toque; *(geistligs)* biretta.
barfot barefoot(ed).
barfrost black frost.
barfugl *(zool)* capercaillie, wood grouse.
bar|halset bare-necked. **-hodet** bare-headed.
barhodist [person who refuses on principle to wear a hat or a cap]; *han er* ~ *(ofte =)* he is one of the no-hat brigade.
barhytte shelter of spruce branches.
barhytte shelter of spruce branches.
bariumgrøt *(med.)* barium meal.
I. bark *(skip)* bark, barque.
II. bark *(på tre)* bark; *mellom -en og veden* between the devil and the deep (blue) sea.
barkasse *(storbåten)* launch, longboat; *(sjefs-)* barge.
bark|e *vb (garve)* tan; *(avbarke)* bark, disbark; *-et (hardhudet)* horny, callous; *(værbitt)* weather -beaten.
barlind *(bot)* yew.
barm bosom; *gripe i sin egen* ~ look nearer home.
barmeis *(zool)* coal tit(mouse).
barmhjertig compassionate, merciful; *-e brødre* Brothers of Charity; *den -e samaritan* the good Samaritan; *-e Gud!* my God!
barmhjertighet compassion, mercy, pity; *ha* ~ *med oss!* have mercy (up)on us! **-sdrap** euthanasia, mercy killing. **-sgjerning** work of mercy.
barn child; *(sped-)* infant, baby; babe; ~ *født etter farens død* posthumous child; *få* ~ have a baby; *han har ingen* ~ he has no family; *fra* ~ *av* from childhood; *være med* ~ be with child; **T** be in the family way; *brent* ~ *skyr ilden* a burnt child dreads the fire; once bitten twice shy; *det vet hvert* ~ every schoolboy knows that; *av* ~ *og fulle folk får en høre sannheten* children and fools speak the truth.
barnaktig childish, puerile, infantile.
barnaktighet childishness, puerility.
barndom childhood; *(tidligste)* infancy; *handelens* ~ the infancy of commerce; *fra -men av* from childhood, from a very early age, ever since one was a child; *i min tidlige* ~ in early childhood; *gå i -men* be in one's dotage, be in one's second childhood.
barndoms|dager days of childhood. **-liv:** *se barndom.* **-venn(inne)** childhood friend.
barne|alder childhood. **-avl** the procreation of children. **-barn** grandchild. **-barnsbarn** great grandchild. **-bidrag** *(til uekte barn)* paternity order; *(jvf -trygd).* **-bok** children's book. **-dåp** christening. **-eventyr** nursery tale. **-far** alleged father; *utla ham som* ~ fathered the child upon him. **-flokk** crowd of children; (large) family. **-født:** *er* ~ *i N.* is a native of N.; ~ *på landet* country-born and bred. **-gråt** the crying of a child (,of children). **-hage** nursery school; kindergarten.
barnehagelærer UK *(etter to års kurs og avlagt eksamen for NNEB (fk.f. National Nursery Examination Board))* nursery nurse.
barne|kopper smallpox. **-krybbe** day nursery. **-lammelse** polio(myelitis), infantile paralysis.
barnelærdom what is learnt in childhood; *min* ~ what I learnt as a child *(el.* at my mother's knee); *det hører med til min* ~ I learnt that as a child *(el.* at my mother's knee).
barnemat 1. infant food, baby food; **2***(lett)* child's play *(fx* that should be child's play for you).
barnemishandling baby battering.
barne|mor mother (of an illegitimate child). **-mord** child murder, infanticide. **-morder(ske)** infanticide. **-oppdragelse** education of children, (the) bringing up of children. **-pike** nurse; *(især yngre)* nursemaid. **-pleierske** children's nurse; *(i daghjem, etc)* nursery nurse. **-regle** dip, counting-out rhyme. **-rik** having many children; *-e familier* large families. **-rim** nursery rhyme. **-rov** kidnapping. **-rumpe** child's bottom; *glatt i fjeset som en (nyvasket)* ~ with a face as smooth as a baby's bottom; as smooth in the face as a baby's b. **-seler** *pl (gåseler)* leading reins; **US** leading strings. **-selskap** children's party. **-sikring:** *bakdørene har* ~ *(i bil)* the rear doors have child safety locks. **-sko** child's shoe; *han har trådt sine* ~ he is no child. **-skole** primary school; **US** grade school. **-skrål** the shouts *(el.* screams *el.* screaming) of children.
barnesnakk 1. children talking; *(fig)* child's talk; **2***(snakk om barn)* talk(ing) about children.
barne|spesialist children's specialist, pediatrist, pediatrician. **-språk** children's language; baby talk. **-stemme**child's voice. **-strek** childish trick. **-stue** *(på hospital)* children's ward. **-sykdom** children's disease; *(fig)* teething trouble(s), initial weakness. **-tro** the faith of one's childhood; *miste sin* ~ lose one's faith. **-trygd** child benefit; *(hist)* family allowance. **-utsettelse** *(hist)* exposure of infants. **-vakt** baby sitter, sitter-in; *sitte* ~ baby-sit. **-venn** friend to children. **-vennlig:** *se politikk.*
barnevern: *se barnevernsarbeid.*
barneverns|akademi nursery nurses college. **-arbeid** child care. **-nemnd** child care department; **US** juvenile authorities *(pl);* (NB *i England står vanskeligstilte (,etc) barn under tilsyn av en* Children's Officer, *ungdommer under 17 år under tilsyn av en* Probation Officer); *bli tatt hånd om av -a* = be put in the care of a

Children's (,Probation) Officer; be put on probation.
barne|vis: *på* ~ like a little child; as is the way of children. **-vise** song for children. **-vogn** pram; *(glds)* perambulator; *(især* **US**) baby carriage. **-våk** [being kept awake at night by a child]; *(se også nattevåk(ing)).* **-år** *(pl)* childhood years.
barnlig **1***(som er egen for barn)* childish; **2***(om voksne, ikke neds)* childlike; **3***(i forhold til foreldrene)* filial *(fx* love, obedience); ~ *uskyld-* childlike innocence; *(jvf barnslig).*
barn|løs childless. **-løshet** childlessness.
barnsben: *fra* ~ *av* from childhood, from a child.
barnslig *(også neds)* childish; puerile, infantile. **-het** childishness.
barnsnød: *være i* ~ be in labour.
I. barokk *subst (= barokkstil)* baroque.
II. barokk *(adj)* odd, singular, grotesque.
barometer barometer. **-fall** fall of the b. **-kurve** barometric curve. **-stand** barometric height.
baron baron; *baron X* Lord X ; *(om utenlandsk* ~*)* Baron X. **baronesse** baroness. **baronett** baronet, *(etter navnet fk til)* Bart., Bt. *(fx* Sir Lawrence Mont, Bart.).
baroni barony.
baronisere *(vb):* ~ *en* make *(el.* create) sby a baron.
barre **1***(av sølv, gull)* bar, ingot; *(av jern)* bloom; **2.** *mar (sand-)* bar.
barriere barrier.
barrikade barricade.
barrikadere *(vb)* barricade.
barsel confinement; childbirth; **-feber** childbed fever, puerperal fever. **-kone** woman in confinement. **-pasient** materity patient; *(fagl)* confinement case.
barselseng childbed; *dø i* ~ die in childbed; *komme i* ~ be confined; *ligge i* ~ lie in.
barsk harsh, stern, severe; *(om stemme, vesen)* gruff, rough; *(om blikk)* fierce, stern; *(om klima)* inclement, severe, rough; *-t vær* rough *(el.* severe) weather. **-het** harshness, sternness, gruffness, severity; inclemency; *(se barsk).*
barskog conifer(ous) forest.
bart moustache; **US** mustache.
Bartolomæus Bartholomew. **-natten** the Massacre of St. B.
bartre *(bot)* conifer.
baryton barytone; **US** baritone.
barytonhorn *(mus)* euphonium.
bas **1.** ganger, gang foreman; **2***(den beste)* boss; *(kjernekar)* first-rate fellow; **T** brick.
basalt basalt.
basar bazaar; *holde* ~ arrange a b.; *(jvf utlodning).*
base *(kjem & mil)* base; *(flyv)* station.
Basel *(geogr)* Basle, Basel.
basere *(vb)* base, found, rest *(på* on).
basilika basilica.
basilikastil: *i* ~ basilican.
basilikum *(bot)* common *(el.* sweet) basil.
basilisk **1***(fabeldyr)* basilisk, cockatrice; **2***(zool)* basilisk.
basill bacillus *(pl:* bacilli), germ, microbe.
basillebærer germ carrier, (microbe) carrier.
basis *(grunnlag)* basis *(pl:* bases), foundation; *(mat.)* base; *på* ~ *av* on the basis of.
basisk *(kjem)* basic; alkaline; ~ *elektrode* low-hydrogen electrode; *gjøre* ~ make alkaline, basify.
bask *(lydelig slag)* slap, thwack, smack.
baske *(vb)* slap, thwack; ~ *med vingene* flap its wings.
basketak brush, set-to, tussle.
basker, baskisk Basque.
basrelieff bas-relief.
bass *(mus)* bass, basso.
bassanger bass singer, basso.
basseng reservoir; *(havne-, etc)* basin; *(se badebasseng).*
bassist bass singer; bass player.
bass|note *(mus)* bass note. **-nøkkel** bass clef. **-stemme** bass (voice). **-streng** bass string.
bast bast; bass.
basta *(int)* enough of it! *og dermed* ~*!* and that's that! and that's flat! and there's an end of it!
bastant good-sized *(fx* loaf of bread), substantial *(fx* meal); well-built, powerfully built *(fx* fellow).
bastard **1.** *zool, bot (krysning)* hybrid; *(zool, også)* half-breed, crossbreed; mongrel (dog); **2***(uekte barn)* bastard, natural *(el.* illegitimate) child; **3***(person)* half-breed, half-caste, mestizo; *(sterkt neds)* mongrel. **-art** hybrid species. **-rase** hybrid race.
baste *(vb)* bind, tie; *-t og bundet* bound hand and foot.
bastion bastion.
bastskjørt = grass skirt.
basun trombone; *(bibl)* trumpet. **-blåser** trombonist; trombone player. **-engel** cherub.
batalje *(slagsmål)* fight.
bataljon *(mil)* battalion.
bataljonssjef *(mil)* battalion commander.
batikk batik.
batist *(lintøy)* batiste, cambric.
batong baton, truncheon.
batteri battery; *(vannkran)* combination tap, mixing battery; *(mus)* (set of) drums, drum kit; *-et er utladet* the battery has gone flat *(el.* has got run down); *et utladet* ~ a run-down b.; *-et må lades opp* the b. needs recharging. **-dekk** *(mar)* gun deck.
baufil hack saw; *(se sag).*
I. baug *(mar)* **1.** bow(s), head; **2***(bidevindskurs)* tack; *babords* ~ the port bow; *fyldig* ~ full bows; *le (,lo)* ~ lee (,weather) bow; *skarp* ~ lean *(el.* sharp) bow; clipper bow; *gi en et skudd for -en (også fig)* fire a shot across sby's bow; *ligge over samme* ~ keep *(el.* be) on the same tack; *på alle -er og ender (fig)* here, there, and everywhere.
II. baug: *se bog.*
baug|anker *(mar)* bower (anchor). **-bånd** *(mar)* breasthook, forehook. **-port** *(mar)* bow port. **-sjø** head sea. **-spryd** *(mar)* bowsprit.
baun beacon.
bausag hack saw; *(se sag).*
baut *(mar)* tack, about; *gå* ~ tack, go about, stay; *gjøre hel* ~ wear (round ship); *gjøre* ~ *i motbakke (ski)* tack a slope; *den holdt på å gå* ~ *(mar)* she was in stays.
bautastein (old Scandinavian) stone monument.
baute *(vb)* go about, tack; ~ *seg opp* beat to windward.
bavian *(zool)* baboon; *(mar; båtvakt)* boatkeeper.
Bayern *(geogr)* Bavaria. **bayersk** Bavarian.
be *(vb)* **1***(anmode)* ask, beg, request; tell *(fx* t. Mr. Smith to come over here); *(innstendig)* implore, entreat, beseech *(fx* they besought him to do it), beg *(fx* I beg of you to do nothing of the sort); *(nøde)* press; *(merk: tillate seg)* beg; **2***(innby)* ask, invite *(fx* sby to a party); **3***(en bønn, etc)* offer (up), say; **4.** *vi (holde bønn)* pray, say one's prayers; **5.** *vi (tigge)* beg; *jeg -r Dem unnskylde at jeg er så sen* I apologize for being so late; *min far -r meg hilse (Dem)* my father asks to be remembered to you; *det -s bemerket at* ... please notice that ...; *-s returnert innen ti dager* please return within ten days; *han lot*

seg ikke ~ *to ganger* he did not need telling twice; ~ *seg fri* ask for a day *(,etc)* off, beg off; ~ *seg fritatt* beg to be excused, excuse oneself; ~ **for** *ham* intercede for him; *(til Gud)* pray for him; ~ *for sitt liv* ask them *(,etc)* to spare one's life, plead for one's life; ~ *ham* **inn** ask him to come in; *han ba meg inn (også)* he asked me in; ~ **om** ask (for) *(fx* ask sby's advice; ask for money; we will do as you ask), beg (for), request; *(til Gud)* pray for; ~ *ham om det* ask him for it, ask it of him; ~ *om ordet* ask permission to speak; ~ *om pent vær (fig)* cry mercy; *tør jeg* ~ *om saltet?* may I have the salt, please? may I trouble you for the salt? ~ **om at** *det må bli gjort* ask that it (may) be done; ~ **pent** ask nicely, plead *(fx* he pleaded with his father for more pocket money); *han ba så pent om å få bli med oss* he asked so pathetically to be allowed to come with us; ~ **til** *Gud (om det)* pray to God (for it); ~ *ham til middag* invite him for *(el.* to) dinner, ask him to d.; *jeg er bedt* **ut** *i kveld* I've got an invitation for tonight; *han hadde bedt henne ut på dans* he had asked her (to come out with him) to a dance; *(se frita; tigge; årsak).*

bearbeide *(vb)* *1(råstoffer, etc)* treat, work (up); *(maskinelt)* tool, machine, finish; *(jorda)* till, cultivate; **2***(tillempe)* adapt *(fx* a book for the stage, a play from the French); revise *(fx* a book); edit *(fx* a manuscript); touch up *(fx* the story was touched up by a journalist); *(mus)* arrange; **3***(prøve å overtale)* press, work on, influence, try to persuade, be at; *(valgkandidater)* lobby; **4***(slå løs på)* belabour, hammer away at, pummel; ~ *et musikkinstrument* play away on a musical instrument; ~ *en sak (jur)* handle *(el.* deal with) a case, be on a case, be in charge of a case.

bearbeidelig workable, that lends itself to working up, tractable; *(om metaller)* ductile; *(på verktøymaskin)* machin(e)able. **-het** workability; machin(e)ability, machining properties.

bearbeidelse *(se bearbeide)* working (up), treatment, preparation; machining, finish(ing); *(av jorda)* tillage, cultivation; adaptation, revision; arrangement *(fx* of a piece for the piano); persuasion; belabouring, pummelling; ~ *for film* screen adaptation.

bebo *(vb)* occupy, live in, dwell in; *(et land; om gruppe mennesker også hus)* inhabit; *(se også bebodd).*

bebodd *(hus, rom)* inhabited, occupied; *(av person som betaler leie)* tenanted; *(sted, etc)* inhabited *(fx* i. areas).

beboelig *(sted, etc)* (in)habitable; *(hus, etc)* (in)-habitable, fit to live in, fit for habitation.

bebo|elighet habitableness. **-else** habitation. **-elseshus** dwelling house.

beboer occupier, occupant, inmate *(av et hus* of a house); resident *(av* in, of), dweller *(av* in); *(innbygger)* inhabitant *(fx* the earth and its inhabitants).

bebreid|e *(vb)* reproach, upbraid; ~ *ham en forseelse* reproach him with an offence. **-else** reproach. **-ende** reproachful.

bebude *(vb)* announce, herald, betoken, foreshadow; *den -de opptrapping av krigen* the stepping up of the war that has been announced.

bebygge *(vb)* cover with buildings, build on; develop; *(kolonisere)* settle, colonize; *(se også bebygd).*

bebygd built-up, built-over *(fx* area), built-on, developed *(fx* sites); *tett-* densely built-over; *for tett* ~ overbuilt.

bebyggelse **1***(det å)* building *(av* on); **2***(bygninger)* buildings, houses; **3***(bebygd område)* built-up area; *(bosettelse)* settlement; *bymessig* ~ urban area; *eksisterende* ~ existing buildings; *tegninger som viser beliggenhet i forhold til eksisterende* ~ drawings showing location plan in relation to existing buildings; *høy (,lav)* ~ high (,low) houses; *spredt* ~ scattered houses; sparsely built-up area; *tett* ~ densely built-up area; close settlement.

bebyggelsesplan *(for område)* development plan.

bebyggelsestype type of (building) development.

bebyrde *(vb)* burden, encumber; *jeg vil ikke* ~ *Dem med* I will not trouble you with.

bed *(i en hage)* bed.

bedagelig: *i et* ~ *tempo* at a leisurely pace; *han hadde et* ~ *vesen* he was a quiet, level-headed sort of man.

bedaget *(gammel)* aged, stricken in years.

bedding **1.** *mar (underlag for skip)* slip, slipway; **2***(bygge-)* building berth, stocks; **3***(for fortøyning)* bitts; *kaste til -s* bitt the cable, take a turn round the bitts; *komme på* ~ *for å repareres* be hauled up on the slipway for repairs; *sette et skip på* ~ *(ɔ: påbegynne bygging av)* lay down a vessel.

beddings|bjelke crosspiece of the bitts; *(på treankerspill)* strongback. **-blokk** keel block. **-slag** bitter, turn round the bitts; *gjøre* ~*: se ovf: kaste til beddings.* **-slisker** *(pl)* bilgeways, sliding ways.

bede|dag day of prayer. **-hus** chapel; *(ofte =)* Little Bethel; **US** meeting house. **-kammer** oratory.

bedek|ke *vb (ved paring)* cover; *(om hest)* serve; *la et dyr* ~ have an animal mated; **-ning** **1.** covering, cover; **2***(astr)* occultation.

bedende *(adj)* appealing, pleading.

bederv|elig perishable. **-et:** *bli* ~ go bad; *varer som lett blir* ~ perishable goods.

bedeskammel kneeler, kneeling stool.

bedra *(vb)* deceive, impose upon, take in; *(for penger)* cheat, defraud; ~ *en for* swindle sby of; *skinnet -r* appearances are deceptive; *verden vil -s* the world will be taken in.

bedrag **1***(selv-, illusjon)* delusion, illusion; **2***(det å narre(s), svike(s))* deceit, fraud, swindle; **3.** **=** *bedrageri; et fromt* ~ a pious fraud; *et optisk* ~ an optical delusion *(el.* illusion); *list og* ~ ruse and trickery; *sansenes* ~ the deception of the senses.

bedrager cheat, swindler; *(svikefull person)* deceiver; *(som gir seg ut for en annen)* impostor.

bedrageri fraud, swindle; *(svik)* deception; imposture; *(sjøassuranse)* barratry; *gjøre seg skyldig i* ~ commit a fraud, act fraudulently.

bedragersk fraudulent *(fx* a f. transaction); *(falsk, svikefull)* deceitful; *(skuffende, villedende)* delusive; *(forrædersk)* treacherous; ~ *forhold (jur)* fraud; *i* ~ *hensikt* with fraudulent intent.

I. bedre better; *til det* ~ for the better; ~ *folk* **T** good-class people; ~ *kvalitet* better quality; superior quality; *en* ~ *middag* a good dinner; *bli* ~ get *(el.* become) better, improve; *dette blir* ~ *og* ~ this is getting better and better; *forlanger ikke* ~ asks no better; *De gjør* ~ *i å* you had better; *står seg* ~ is better off; *vet ikke* ~ knows no better; *ingen* ~*? (ved auksjon)* going; *(se også vite).*

II. bedre *vb (forbedre)* better, improve; **-s** mend, improve; get better; *(se forbedre).* **-stilt** better off.

bedrift exploit, achievement; *(næringsdrift)* trade, business; industry; enterprise.

bedriftsdemokrati industrial democracy, employee participation.

bedrifts|gruppe industry group. **-idrett** [sports organized by firm for employees]. **-ledelse** management; *(personene)* board of managers; *dårlig* ~ bad management, mismanagement. **-leder** business manager. **-lege** medical officer (of an industrial concern). **-lære** *se yrkesøkonomi.* **-renn** [skiing contest organized by firm for employees]. **-råd** industrial council; *(som representerer de ansatte)* works *(el.* shop) committee; staff committee. **-stans 1** *(midlertidig)* interruption of work, stoppage (of work); breakdown *(fx* of machinery); **2***(nedleggelse)* a closing down of works, shutdown, shutting down *(fx* the shutting down of a factory).

bedriftsøkonomi business administration; science of industrial management; *(jvf driftsøkonomi).*

bedriftsøkonomisk: *B- institutt* the Institute of Business Administration; *-e faktorer (kan fx gjengis)* factors affecting the operational efficiency (of the factory); *-e problemer* problems of practical economics; problems of business management.

bedring improvement; *(etter sykdom)* convalescence, recovery; *det er inntrådt en* ~ there is a change for the better; *han er i* ~ he is recovering; *god* ~ *!* I hope you'll soon be better! *(se forbedring).*

bedrive *(vb)* commit; *(bestille)* do; ~ *hor* commit adultery.

bedrøv|e *(vb)* distress, grieve, sadden; *-et* sorry, grieved, distressed *(over* at). **-elig** sad, dismal; *(ynkelig)* sorry. **-else** sorrow, distress, grief, sadness.

bedugge *(vb)* bedew. **-t** dewy; *(beruset)* slightly fuddled.

beduin Bedouin.

bedyr|e*(vb)* asseverate, protest, declare solemnly, avow *(fx* he avowed it to be true); ~ *sin uskyld* protest one's innocence; *han -te høyt og hellig at* ... he solemnly declared that ...; he swore that ...

bedyrelse asseveration, solemn declaration, protestation; *(se forsikring & påstand).*

bedømme *(vb)* judge, judge of; *(vurdere)* evaluate.

bedømmelse judgment; assessment; evaluation.

bedømmelseskomité judging committee.

bedøv|e *vb (ved slag, støy & fig)* stun, stupefy; *(ved legemidler)* anaesthetize; *(forgifte i vond hensikt)* drug; *-ende midler* anaesthetics. **-else** stupefaction; *(med.)* anaesthetization; *(tilstand)* stupor; *under* ~ under an anaesthetic. **-elsesmiddel** anaesthetic, narcotic.

bedår|e *(vb)* charm, captivate, fascinate; *(sterkere)* infatuate. **-ende** charming, delightful, enchanting, ravishing, delicious.

beedige *(vb)* confirm by oath, swear (to); *-t erklæring* sworn statement, declaration on oath, affidavit.

befal [commissioned and non-commissioned officers]; *vernepliktig* ~ reserve officers; ~ *og mannskap (mar)* officers and crew; ~ *og menige* all ranks.

befale *vb (byde)* command, order; ~ *over* command; *De har bare å* ~ you only have to say the word; *som De -r* as you please.

befal|ende commanding; peremptory, imperative. **-ing** command, order(s); *etter* ~ *av* by order of; *ha* ~ *over* have the command of; *på hans* ~ at his command; *(se også kommando & ordre).* **-ingsmann** officer (in command).

befals|elev *(hær & flyv)* officer cadet. **-havende** commanding officer; officer in command. **-skole** *(også* **US**) officers' training school. **-skoleelev:** *se befalselev.*

befare *vb* **1***(undersøke)* survey; **2.:** ~ *en elv* navigate a river.

befaring 1. survey; **2***(mar)* navigation.

befatning dealings; *ha* ~ *med en (også)* have to do with sby.

befatte *(vb):* ~ *seg med* have to do with, occupy oneself with, concern oneself with.

befengt: ~ *med* infested with.

beferdet frequented, crowded, busy; *gata er sterkt* ~ it's a busy street; the street carries a great deal of traffic.

befest|e *vb (styrke)* consolidate, confirm, strengthen; *(mil)* fortify; ~ *sitt ry* consolidate *(el.* establish) one's reputation. **-ning** fortification; *-er (også)* defensive works, defences.

befestningsanlegg fortifications, defensive works.

befinne *(vb):* ~ *seg* be, find oneself; *han befant seg ikke vel* he was not feeling well.

befinnende (state of) health.

befipp|else perplexity, flurry. **-et** flurried, disconcerted, perplexed; *gjøre* ~ flurry, disconcert.

beflitte *(vb):* ~ *seg på å* ... endeavour to, strive to, try hard to, do one's best to.

befolke *(vb)* people, populate; *(bebo)* inhabit; ~ *og dyrke opp de ubebodde områdene* settle and cultivate the uninhabited areas; *tett -et* densely *(el.* thickly) populated *(el.* peopled); *tynt -et* sparsely *(el.* thinly) p.; *-et med arabere* Arab -populated *(fx* in Arab-populated regions).

befolkning population; *en tallrik* ~ a large p.; *hele Londons* ~ the whole p. of London.

befolknings|overskudd surplus population. **-statistikk** population statistics. **-tetthet** density of (the) p., p. density *(fx* the highest p. d. in Europe). **-tilvekst** increase in population.

befordre *vb (sende)* forward; *(transportere)* convey, carry; ~ *en over i evigheten* **S** bump sby off; ~ *videre* (re)forward.

befordring 1. forwarding; **2.** conveyance.

befordrings|middel (means of) conveyance. **-måte** mode of conveyance.

befrakte *(vb)* freight, charter; *(slutte)* fix.

befrakt|er charterer. **-ning** freighting, chartering affreightment. **-ningskontrakt** *(certeparti)* charter party *(fk* C/P). **-ningsregler** *(pl)* rules of affreightment; *(i England)* the Carriage of Goods by Sea Act. **-ningstid** charter period.

befri *(vb)* free, set free, release; liberate; ~ *for* free from, deliver *(el.* save) from, rid of; *(frita for)* exempt from; ~ *en for noe (også)* take sth off one's hands; ~ *familien for sitt nærvær* relieve the family of one's presence. **-else** freeing, deliverance, release; liberation; *(fritagelse)* exemption. **-er** deliverer, liberator.

befrukte *(vb)* fertilize, fecundate; *(bare om dyr)* impregnate; *(fig)* inspire, stimulate. **-ning** fecundation, fertilization; *kunstig* ~ (artificial) insemination.

befruktnings|dyktig capable of fertilizing; *(som kan besvangres)* capable of conceiving, c. of becoming pregnant. **-evne** fertilizing capacity; ability to conceive. **-hindrende** contraceptive; ~ *middel* contraceptive.

befullmektige *(vb)* empower, authorize.

befullmektiget *(subst)* attorney, proxy; *(adj)* authorized; ~ *minister* (minister) plenipotentiary.

beføle *(vb)* feel; *(fingre på, famle hen over)* finger; **T** paw.

beføyd, beføyet justified, authorized; *(grunnet)* well founded, just, justified.

begav|else gifts, powers, talents. **-et** gifted, talented; *han er* ~ *(også)* he possesses talent; *en* ~ *gutt* a naturally gifted boy; *høyt* ~ brilliant; *musikalsk* ~ musical; *svakt* ~ backward.

begeistr|et *(adj)* enthusiastic; *(adv)* enthusiastically; *bli* ~ *for noe* become enthusiastic over sth, take a fancy to sth. **-ing** enthusiasm *(for* for, about); *i den første* ~ in the first flush of enthusiasm; *(se kjølne & stormende).*

beger cup, beaker, goblet; *-et fløt over* the cup was full to overflowing; *dråpen som får -et til å flyte over* the last straw (that breaks the camel's back); *-et er fullt* my (,his, *etc)* cup is full; *tømme gledens ~ til bunns* drain the cup of pleasure to the dregs.
beger|blad *(bot)* sepal. **-klang** clinking of glasses. **-svinger** *(spøkef)* tosspot; *gamle -e* seasoned tosspots.
begge both; *(hver av to)* either; *vi ~* both of us, we both; *~ to* both; *~ deler* both; *~deler er riktig* both are right (*el.* correct); either is correct; *~ har rett* they are both right; *som ~* both of whom, who both of them; *i ~ tilfelle* in either case.
begi *(vb)*: *~ seg på vei* set out; *~ seg ut på en reise* set out on a journey.
begivenhet event, occurrence, incident; *en gledelig ~* (ɔ: *familieforøkelse)* a happy event; *fattig på -er* uneventful; *hele verden venter i spenning på -enes videre utvikling* the whole world anxiously awaits the march of events; *(se avstand; uhildet; I. vente; verdens***|begivenhet, -historisk).**
begjær desire, appetite, lust.
begjære *(vb)* desire, covet; *(forlange)* demand; *~ en til ekte* ask sby's hand in marriage; *du skal ikke ~ din nestes hustru* thou shalt not covet thy neighbour's wife; *alt hva hjertet -r* everything one can wish for; everything the heart could desire; *~ siktede satt i varetekt* remand the prisoner in(to) custody; *(se varetekt).*
begjæring *(anmodning)* request; *(krav)* demand.
begjærlig *(adj)* desirous *(etter* of); eager *(etter* for); *(grisk)* greedy, covetous, avid; *~ etter å* eager to.
begjærlighet *(griskhet)* desire, covetousness, greed(iness), avidity.
beglo *(vb)* stare at.
begonia *(bot)* begonia.
begrave *(vb)* bury, inter; *(fig)* bury.
begravelse funeral; burial, interment; *være til stede ved en ~* attend a funeral.
begravelses|avgifter funeral fees. **-byrå** firm of undertakers; **US** funeral home. **-omkostninger** funeral expenses. **-ritual** burial service. **-skikker** funeral ceremonies, burial customs.
begrense *(vb)* bound; *(holde innen visse grenser)* limit; *(innskrenke)* reduce, restrict, curtail; *~ seg til* limit (*el.* confine) oneself to; *jeg -t meg til det aller nødvendigste* I confined myself to (the) bare necessities; I did not go beyond what was strictly necessary.
begrenset limited; restricted; *begrensede importrestriksjoner* a limited range of import controls; *utgave i ~ opplag* limited edition; *ilden var nå ~* the fire was now within bounds.
begrensning limitation; restriction, curtailment.
begrep notion, idea, conception *(om* of); *gjøre seg ~ om* form an idea (*el.* notion) of; *det har jeg ikke ~ om* I have no idea; *står i ~ med å* is going to, is about to, is ready to, is on the point of (-ing), is in the act of (-ing).
begrepsforvirring confusion of ideas.
begrip|e *(vb)* understand, comprehend; *(tenke seg)* conceive; *hva jeg ikke -er, er at ...* **T** what gets me beat is that ... **-elig** comprehensible, conceivable; *forsøkte å gjøre ham ~ at ...* tried to make him understand that ... **-eligvis** of course.
begripelse: *langsom i -n* **T** slow in (*el.* on) the uptake.
begrodd overgrown *(med* with); *(om skipsbunn)* foul.
begrunne *(vb)* state the reason for, give (the) grounds for; *(bevise)* give proof of, make good; *han -r sine krav med ...* he bases his claims on ...; *jeg vet ikke hva han -r sitt krav med* I do not know on what grounds his claim rests; *vel -t* well-founded.
begrunnelse *(motivering)* reasons, grounds; *(argument)* argument; *(underbyggelse)* basis; *med den ~ at* on the ground that.
begunstig|e *(vb)* favour; **US** favor. **-else** favour; **US** favor.
begynne *(vb)* begin, start *(med* with); commence; *~ å snakke* begin to speak (*el.* speaking), start speaking (*el.* to speak); *jeg må ~ å pakke* I must get on with my packing; *du -r å bli stor pike nå* you're getting a big girl now; *det -r fint, må jeg si! (iron)* that's a nice start, I must say! *vinteren -r tidlig* the winter sets in early; *~ sin egen husholdning* set up house for oneself; *~ igjen* begin over again, start afresh; *~ på noe* begin sth *(fx* he began the essay); *~ på arbeidet kl. 9* start work at nine; *(se skole); vel begynt er halvt fullendt* well begun is half done.
begynnelse beginning, commencement, outset; *i -n* at first, to begin with; *i -n av krigen* in (*el.* during) the early part of the war; *i -n av talen* in the early part of (*el.* at the beginning of) his (,her, *etc)* speech; *straks i -n* at the very beginning; at the (very) outset; right at the start; *fra -n til enden* from beginning to end; *en god ~ på dagen* a good start to the day; *-n til enden* the beginning of the end; *begynne med -n* begin at the beginning; *gjøre -n* take the first step; *ta sin ~* begin; *det er bare -n – hva blir det neste? (fig, ofte)* it's the thin end of the wedge.
begynnelses|bokstav initial; *stor ~* initial capital; *liten ~* small initial letter. **-grunner** *(pl)* rudiments, beginnings, elements.
begynnende incipient.
begynner beginner, novice. **-arbeid:** *et ~* the work of a beginner. **-bok** beginner's book *(fx* a beginners' book in French). **-kurs** elementary course. **-lønn** initial salary; starting pay.
begå *(vb)* commit *(fx* a crime).
behag pleasure, satisfaction; *etter ~* at pleasure, as you like; *finne ~ i* take pleasure (*el.* delight) in.
behage *(vb)* please; *som De -r* as you please; *hva -r?* (I) beg your pardon? *(forbløffet)* what? *behag å ta plass* please sit down; sit down (if you) please; *anstrenge seg for å ~* try hard to please; make an effort to please.
behagelig agreeable, pleasant; *(tiltalende)* engaging, attractive; *forene det nyttige med det -e* combine the useful with the agreeable; *et ~ vesen* pleasant manners, a pleasant manner.
behagelighet pleasantness, agreeableness.
behage|lyst desire to please. **-syk** anxious to please. **-syke** excessive desire to please.
behandle *(vb)* handle, manage, deal with; *(godt, dårlig)* treat, use; *(drøfte)* discuss; *(handle om)* treat of; *(patient)* treat; *~ en dårlig* treat sby badly, ill-treat sby; *~ en sak* handle a case.
behandling handling, management; treatment, usage; discussion; *gi en kunde reell ~* give a customer a fair deal; *-en av et enkelt ord fyller ofte flere spalter* several columns are often needed to deal with a single word. **-småte** (mode of) treatment, manner of dealing with sth; *(med.)* therapy.
behansket gloved.
behefte *(vb)* burden, encumber; *eiendommen var sterkt -t* the estate was heavily mortgaged; *-t med gjeld* encumbered with debt.
beheftelse encumbrance.
behendig dexterous, deft, nimble; *han kom seg meget ~ ut av det hele (fig)* he got out of it very neatly. **-het** dexterity, nimbleness.

behengt ~ *med ordener* plastered with decorations.

behersk|e *(vb)* rule (over), govern, sway, master; *(lidenskap, stemme)* be master of, control; *de som -r engelsk* those who speak English.

beherskelse **1***(selv-)* self-control; self-command; restraint; **2***(herredømme)* control (*fx* of one's emotions; one's feelings; one's voice); ~ *av (ɔ: dyktighet i)* command of (*fx* a language), mastery of (*fx* a language; a subject).

behersket *(rolig)* controlled; restrained; moderate; *(om stil etc.)* restrained; ~ *optimisme* mild (*el.* cautious) optimism.

behjelpelig: *være en* ~ help *(el.* assist) sby; give sby a (helping) hand (*med å* in (-ing)).

behjertet dauntless, intrepid, resolute. **-het** courage, intrepidity, resolution.

behold: *er i* ~ remains, is left; *i god* ~ in safety, safe and sound; *(især om varer)* in good condition.

beholde *(vb)* keep, retain; *disse klærne -r fasongen* these clothes keep their shape; *la en* ~ *noe* leave sth to sby, let sby keep sth; *la en* ~ *livet* spare sby's life; ~ *frakken på* keep one's coat on.

beholder container, receptacle; *(tank)* tank.

beholdning stock (of goods), supply; *(kasse-)* cash balance; *(se slutt; varebeholdning).*

behov *(subst)* need, requirement; *de blindes* ~ the needs of the blind (*fx* an institution geared to the needs of the blind); *det er tilstrekkelig for hans enkle* ~ that's enough for his simple needs; *legemlige* ~ bodily needs; *et organisk* ~ an organic need; *de helt spesielle* ~ *hos dem som skal oversette teknisk stoff* the specialised requirements of translators of technical material; **dekke** *-et* meet (*el.* supply) the demand; *vi må være forberedt på å kunne dekke -et helt ut* we must see that we are able *(el.* in a position) to meet the demand in its entirety; *dekke Deres* ~ meet (*el.* cover *el.* fill) your requirements (*fx* we can meet your requirements in (*el.* of) coffee); cover (*el.* meet) your needs; *dekke sitt eget* ~ cover (*el.* meet) one's own requirements (*el.* needs); supply one's own needs;
[*forb. med prep*] **etter** ~ according to requirements; as required; *-et* **for** the need for; *-et for sikkerhet* the need for security; *dekke -et for en praktisk og hendig lommeordbok* supply the need for a practical and handy pocket dictionary; *ha* ~ *for* need, require, be in need of; *de har selvfølgelig et minst like stort* ~ *for kjærlighet som andre mennesker* they obviously have at least as much need of love as other people; *jeg har et sterkt* ~ *for hans hjelp* I badly need his help; *det er et sterkt* ~ *for skip* ships are badly wanted; ships are in great demand; there is a great demand for ships; *det er et økende* ~ *for offentlig og privat pengestøtte* there is a growing need for public and private financial aid; *til tross for at omsetningen har vært god, har det imidlertid vært et økende* ~ *for ...* despite the fact (*el.* in spite of the fact) that the turnover has (*el.* the sales have) been good, there has, however, been an increasing demand for ...; *det er all sannsynlighet for at -et for skipsutstyr stadig vil øke i årene fremover* it is highly probable that the demand for ships' fittings will increase steadily in the next few years (*el.* in the years to come); *(se også II. dekke).* **-behov** requirement (*fx* vitamin requirement).

behovsdekning provision for needs; satisfaction of wants (*el.* needs); covering of requirements.

behovsprøving means test.

behørig *(adj)* due, proper; *i* ~ *form* in due form; *i* ~ *stand* in proper condition; *holde seg på* ~ *avstand* keep at a safe distance; *på* ~ *måte* duly; in due form.

behøve *(vb)* need, want, require, stand in need of; *det -s ikke* there is no need for that; *du -r ikke å komme* you need not come; *du -r ikke møte meg på stasjonen* don't trouble to meet me at the station; *er det noen som -r å få vite det?* need anybody know? *det -r man ikke fortelle ham (ɔ: fordi han allerede vet det)* he doesn't need to be told; *det -r neppe å sies* it need hardly be said.

behåret hairy.

beile *(vb):* ~ *til* make love to, woo, court; ~ *til ens gunst* court sby's favour.

beil|er suitor, wooer. **-ing** wooing, courtship.

bein: *se ben.*

beinfly *(vb)* race *(el.* chase) along; *han liker å gå på skiturer, men tilhører ikke dem som -r i fjellet* he likes cross-country skiing, but he's not one of those who race across the mountains.

beis stain; *tre-* wood stain.

beise *(vb)* stain; *(metall)* pickle.

I. beite *(agn til fisk)* bait.

II. beite grazing land, pasture.

III. beite *(vb)* graze.

bek pitch. **-aktig** pitchy.

bekjemp|e *(vb)* fight, oppose, combat, struggle with; fight down. **-else** fight *(av* against), combating *(av* of); *tiltak til* ~ *av* measures for combating.

bekjenn|e *vb (tilstå)* confess; *(innrømme)* admit, confess (to); ~ *kulør (fig)* show one's colours; ~ *seg skyldig* plead guilty; ~ *seg til en religion* profess a religion.

bekjenn|else *(tilståelse, tros-)* confession; *(av religion)* profession; *gå til* ~ make confession, make a clean breast of it. **-er** one who professes or follows (a religion); *Edvard B-en* Edward the Confessor.

I. bekjent *(subst)* acquaintance; *en god* ~ a friend.

II. bekjent *(adj)* (well-)known; noted, familiar; *det er alminnelig* ~ *at* it is common knowledge that; *så vidt meg* ~ as far as I know; *som* ~ as is (well) known; as you know; ~ *for* known for, famous for; ~ *med* acquainted with; familiar with; *jeg kan ikke være* ~ *av at* I would not have it known that; *det kan vi ikke godt være* ~ *av* we could not very well do that; *du kan ikke være* ~ *av annet* you cannot in decency do otherwise; *den boka kan du ikke være* ~ *av* you can't admit to writing a book like that; *vi kan ikke være* ~ *av å selge slike varer* it won't do for us *(el.* it won't pay us) to sell such goods; *du kan ikke være* ~ *av den kjolen* you can't appear in *(el.* be seen with) that dress.

bekjent|gjøre *(vb)* make known, announce; *(i blad)* advertise, publish. **-gjørelse** announcement, (official) notice; advertisement.

bekjentskap acquaintance; *gjøre (el. stifte)* ~ *med* become acquainted with, make the acquaintance of; *ved nærmere* ~ on closer acquaintance.

bekjentskapskrets circle of acquaintances.

bekk brook; beck; *(skotsk)* burn; **US** creek; *liten* ~ brooklet; *gå over -en etter vann* = miss the obvious; *(ofte =)* take unnecessary trouble; **US** go all around the barn to find the door.

bekkasin *zool (enkelt-)* common snipe; *(dobbelt-)* great snipe. **-snipe** *(zool)* red-breasted snipe.

bekkeblom *bot (soleiehov)* marsh marigold.

bekke|drag, -far course of a brook.

bekken basin; *(stikkbekken)* bedpan; *(musikkinstrument)* cymbal; *(anat)* pelvis.

bekkerøye *(zool)* red-bellied trout; **US** Dolly Varden trout.
bekkesig brooklet, trickle.
beklage *(vb)* regret, deplore; ~ *en* be sorry for sby, pity sby; ~ *seg over* complain of; *jeg -r meget at* I am very sorry that; *jeg -r å måtte meddele Dem* I regret to inform you; I regret having to inform you; *han er meget å* ~ he is much to be pitied.
beklagelig regrettable, deplorable, unfortunate.
beklagelse regret; *det er med* ~ *jeg må meddele Dem at* it is with regret that I have to inform you that; *vi ser med* ~ *at De ikke kan godta våre betingelser* we note with regret *(el.* we regret to note) that you cannot accept our terms; *(se for øvrig beklage; forsinkelse; purring; se).*
beklagelsesverdig pitiable, to be pitied.
bekle *(vb)* cover; ~ *et embete* fill *(el.* occupy) an office, hold an o.; ~ *med papir* paper; ~ *med bord (,planker)* board (,plank); ~ *med metallplater* case with *(el.* encase in) metal sheets.
bekledning *(klær)* clothing; *(overtrekk av bord)* boarding; *(innvendig)* lining.
bekledningsgjenstand: *se klesplagg.*
beklemmelse uneasiness, anxiety.
beklemt anxious, uneasy, down-hearted.
beklemthet anxiety, uneasiness.
beklippe *vb (hekk)* trim; *(fig)* curtail, abridge.
beknip: *være i* ~ **T** be in a jam; be in a tight corner *(el.* spot); *komme i* ~ get jammed.
bekomme *(vb)* agree with; *det vil* ~ *Dem vel* it will do you good; *det bekom ham ille at han* he fared the worse for (-ing); *vel* ~*! (ved måltidet sies ikke noe tilsvarende i England); (iron)* much good may it do you!
bekomst: *få sin* ~ be done for; *(bli skjelt ut)* **S** cop it (hot); *han fikk sin* ~ **T** they *(,etc)* settled his hash; *han har fått sin* ~ he had it coming to him.
bekoste *(vb)* pay *(el.* defray) the cost of, pay for.
bekostning cost, expense; *på min* ~ at my expense; *på egen* ~ at his *(,etc)* own e.; *på offentlig* ~ at (the) public e.; *på* ~ *av* at the e. of; *på* ~ *av sannheten* at the sacrifice of truth.
bekranse *(vb)* wreathe, garland.
bekransning wreathing *(fx* w. of the statue).
bekrefte *(vb)* **1***(stadfeste)* confirm, corroborate, bear out; **2***(erkjenne)* acknowledge; **3***(bevitne riktigheten av)* attest *(fx* a signature), witness; verify *(fx* a document); ~ *mottagelsen av* acknowledge receipt of; *rett avskrift -s* certified (to be) correct; *en -t avskrift (el. gjenpart)* a certified copy.
bekreftelse confirmation, corroboration; affirmation; acknowledg(e)ment; attestation; verification; *til* ~ *av* in confirmation of; *(jur)* in witness of; ~ *på* confirmation of.
bekreftende affirmative; in the affirmative; *(se benektende).*
beksvart pitchy, pitch-black.
bektråd wax-end, waxed thread.
bekvem *(passende)* fit, fitting, proper, suitable; *(beleilig)* convenient; *(lett)* easy; *(makelig, hyggelig)* comfortable; *gjøre seg det -t* make oneself comfortable; *-t tøy* comfortable clothes.
bekvemme *(vb):* ~ *seg til* bring oneself to, persuade oneself to.
bekvemmelighet comfort, convenience, accommodation; *huset er utstyrt med alle moderne -er* the house is fitted with every modern convenience. **-shensyn** consideration of convenience; *av* ~ for the sake of convenience.
bekymre *(vb)* worry, trouble; *det -r meg* that's got me worried; that worries me; ~ *seg for* worry about *(fx* do not w. about that); ~ *seg med* trouble oneself with; ~ *seg om* care about, trouble oneself about, worry about; *hvorfor* ~ *seg om det?* why worry about that?
bekymret worried, anxious, concerned *(for* about) *(fx* we are c. about this matter).
bekymring care, concern, anxiety, worry; *jeg har ingen -er når det gjelder fremtiden* I have no worries about the future; *det er ingen grunn til å ta -ene på forskudd* there is no need to meet trouble halfway.
belage *(vb):* ~ *seg på* prepare (oneself) for, make ready for.
belagt covered; *(om tunge)* coated, furred; *(om stemme)* husky; *helt* ~ *(om hotell, etc)* fully booked up; *denne formen er godt* ~ *i vår tekst* this form is well instanced in our text; *(se også belegge).*
belast|e *(vb)* load, charge; *(konto)* debit, charge *(ens konto for* sby's account with); ~ *Deres konto* charge to your account; ~ *med dobbelt porto* charge double postage on.
belastet: *arvelig* ~ with a hereditary weakness; *en* ~ *samvittighet* a bad conscience.
belastning *(tyngde)* load, weight; *under sterk* ~ under a heavy load; *(fig)* strain; *(elekt, etc)* load; *med stor (el. høy)* ~ under a heavy load; *på alle -er (om brenner, etc)* at *(el.* on) all loads, at all capacities; *arvelig* ~ hereditary taint *(el.* streak); *det er en arvelig* ~ it's a family failing *(el.* weakness); *stamming kan være en arvelig* ~ stammering may be hereditary; *den* ~ *som det har vært for begge parter* such a strain as it has been for both parties; *det vil bety en* ~ *av forholdet mellom de to land* it will mean a strain on relations between the two countries.
belegg coat(ing), facing, lining; *(skorpet)* incrustation; *(på tunga)* fur; *(på sykehus)* number of patients, beds filled; *(i hotell)* number of visitors; *hotellet har fullt* ~ the hotel is full *(el.* filled to capacity); *fullt* ~ *(om passasjerer, etc)* full complement *(fx* another six names will be necessary to make up the f. c. of passengers); *(eksempel)* instance; ~ *for* instance of; *jeg har* ~ *for det* I can quote instances in support of it.
belegge *(vb)* cover; *(m. overtrekk)* coat; *forstå å* ~ *sine ord* know how to put things; ~ *med arrest* place under arrest; *(skip)* lay an embargo on; ~ *med sitater* support with quotations; ~ *med toll* levy duty on; *belagt med høy toll* subject to a high duty; *det er belagt med høy toll (også)* a high duty is charged on it; *(se også belagt).*
beleilig convenient, opportune, seasonable; *(adv)* opportunely, just in time; *så snart det er* ~ *for Dem* at your earliest convenience; *når det er* ~ *for Dem* when(ever) it is convenient for *(el.* to) you; *gripe det -e øyeblikk* choose the right moment, take time by the forelock.
beleir|e *(vb)* besiege, lay siege to, beleaguer. **-er** besieger. **-ing** siege; *heve en* ~ raise a s.
beleirings|skyts heavy artillery. **-tilstand** state of siege; *erklære en by i* ~ proclaim a town in a state of siege. **-tropper** besieging forces.
belemre *(vb):* ~ *med* saddle with, encumber with.
belesse *(vb)* load, burden *(med* with).
belest well *(el.* deeply) read. **-het** extensive reading, wide reading.
beleven courteous. **-het** courtesy.
belg *(bot)* shell, pod, legume; *(dyreskinn)* skin; *(blåse-)* bellows.
belge *vb (erter)* shell, pod.
belg|frukt pulse, leguminous fruit, legume.
Belgia *(geogr)* Belgium. **belgier(inne)** Belgian.

belgisk Belgian.
belgmørk pitch-dark.
belgplante leguminous plant.
beliggende lying, situated; *(om hus også)* standing; *(se sentral).*
beliggenhet position; situation, site; *(geogr)* position; *(med hensyn til vær, sol)* exposure, aspect; *(mus)* order; position; *huset har en pen ~* the house is nicely situated; *huset har en vakker ~ ved en liten sjø* the house is in a lovely (*el.* beautiful) position beside a small lake; *tegninger som viser ~ i forhold til eksisterende bebyggelse* drawings showing location plan in relation to existing buildings.
belive *(vb)* animate, quicken. **-t** animated, lively, spirited.
I. belje *vb (tylle i seg)* gulp, swill.
II. belje *vb (brøle)* bellow, roar, squall; *sette i å ~* begin to squall.
belladonna *(medikament)* belladonna; *(bot)* deadly nightshade.
belte belt, girdle; *(geogr)* zone; *Venus' ~* the girdle of Venus; *Orions ~* the belt of Orion. **-dyr** *(zool)* armadillo. **-spenne** (belt) buckle. **-sted** waist; *kle av seg til -et* strip to the waist; *under -et (også fig)* below the belt (*fx* hit b. the b.). **-traktor** caterpillar (tractor).
belure *(vb)* watch (secretly).
belyse *(vb)* light, light up, illuminate; *(fig)* throw light on, illuminate, elucidate.
belysning lighting, illumination, light; *til ~ av* in elucidation of; *feil ~ (fot)* incorrect exposure; *(jvf innstilling).*
belysnings|apparat lighting apparatus. **-gass** illuminating gas. **-middel** illuminant. **-teknikk** illumination engineering.
belær|e *(vb)* instruct, teach; *la seg ~* be taught, take advice. **-ende** instructive. **-ing** instruction.
belønne *(vb)* reward, recompense, remunerate *(for* for).
belønning reward, recompense, remuneration; *(pris-)* award, prize; *som ~* as a reward; by way of r.; *utlove en ~ for* offer a reward for.
beløp amount; *hele -et* the total (amount); *et høyt ~* a large a., a big sum; *et ~ på* an a. of; *til et ~ av* to the a. of; *til et (samlet) ~ av* amounting (in all) to; totalling; *det innkomne ~* the a. (*el.* sum) received; *de ~ som skal betales* the charges (*fx* the c. are postage and fees); *slå -et i kassen* ring up the sale (on the cash register).
beløpe *(vb): ~ seg til* amount (*el.* come) to; *fakturaen -r seg til* the invoice is for (*el.* amounts to); *mine utgifter -r seg til* my total expenses come to; *~ seg i alt til* total, aggregate; *hva kan det ~ seg til?* what may it come to?
belåne *vb (låne på)* raise money (*el.* a loan) on, borrow money on; *(fast eiendom)* mortgage.
belåning *(av fast eiendom)* mortgage.
bemale *(vb)* paint, daub.
bemann|e *(vb)* man. **-ing** manning; *(mar: mannskap)* crew.
bemektige *(vb): ~ seg* seize (on), take possession of, possess oneself of.
bemerke *vb (legge merke til)* notice, observe; *(merke seg)* note, take note of; *(ytre, si)* remark, observe; *vi ber Dem ~ at* please (take) note that; *til dette vil jeg ~ at ...* to this I would like to say that ...; *~ innholdet* note the contents; *det fortjener å -s* it deserves notice; *gjøre seg -t* make oneself conspicuous; *(se ufordelaktig).*
bemerkelsesverdig remarkable, noteworthy, notable; *~ god* remarkably good.
bemerkning remark, observation; *(kritisk)* comment; *gjøre en ~* make a remark; *han kom aldri med en hyggelig ~* he never made a pleasant remark; *jeg trekker min ~ tilbake* I withdraw what I said; *(se randbemerkning).*
bemidlet of means, well off, well-to-do.
bemyndige *(vb)* authorize, empower.
bemyndigelse authority, authorization; *etter ~* by order; *gi ~ til* authorize; *(se fullmakt)*
bemøye *(vb): ~ seg* take the trouble *(med å* to).
ben *(i kroppen)* bone; *(lem)* leg; *(på møbel)* leg; *få med deg -a!* stir your stumps! get a move on! *hans formue fikk fort ~ å gå på* he went through his fortune in no time; *ha ~ i nesa* have plenty of backbone; *ha ett ~ i hver leir* have a foot in both camps (*fx* he tried to have a f. in both camps); *hjelpe ham på -a (fig)* put him on his legs again; *holde seg på -a* keep one's feet; *komme på -a igjen* regain one's feet, spring (*el.* leap) to one's feet; *spenne ~ for en* trip sby up; *stille en hær på -a* raise an army; *strekke på -a* stretch one's legs; *stå med ett ~ i hver leir* keep (*el.* steer) a middle course; run with the hare and hunt with the hounds; *stå på egne ~* stand on one's own legs; *ta -a på nakken* take to one's heels; *være på -a* be up and about; *(etter sykdom også)* be on one's feet again; *hele byen er på -a* the whole town is astir; *hele Oslo var på -a (også)* all Oslo was out in the streets; *være dårlig (,rask) til -s* be a bad (,good) walker; *(se bruke & tykk).*
benaktig bony, osseous.
benarbeid *(svømmers)* leg action.
ben|brudd fracture. **-bygning** bone structure; *han har en grov ~* he is big-boned, he is of heavy build; *(se legemsbygning).* **-dannelse** bone formation.
bend bend. **-e** *(vb)* bend. *~ opp* prize open.
bendel|bånd tape. **-orm** *(zool)* tapeworm.
bendsel *(mar)* seizing. **bendsle** *vb (mar)* seize.
benediktiner Benedictine.
benefiseforestilling benefit performance.
benekt|e deny; *det kan ikke -es at* there is no denying the fact that; it cannot be denied that; *han -er at han har ...* he denies having ...; he denies that he has ... **-else** denial. **-ende** *(adj)* negative; *(adv)* in the negative; *~ svar* answer in the negative, negative reply.
benet bony, osseous.
benevn|e *(vb)* name, call, designate, term, denominate. **-else** name, appellation, designation. **-ing** *(mat.)* denomination; *gjøre om til felles ~* reduce to a common denominator.
benevnt: *~ tall* concrete number; *sammensatt ~ tall* compound number; *addisjon med -e tall* compound addition.
benfly *(vb): se beinfly.*
benfri boneless, boned; *(se benløs).*
Bengal *(geogr)* Bengal. **b-er(inne), b-sk** *(språk)* Bengali; *b-sk lys* Bengal light; *Den b-ske bukt* the Bay of Bengal.
bengel *(skjellsord)* lout.
benhinnebetennelse *(med.)* periostitis.
benk bench; seat; *spille for tomme -er* play to an empty house.
benke *(vb)* seat, bench.
benklær trousers; **T** & **US** pants; *(under-)* pants, drawers; *(jvf bukse).*
benkurtise: *drive ~ med en* **US** play footsie with sby.
ben|lim bone glue. **-løs** boneless, legless; *-e fugler (rett)* veal olives, olives (of veal); **US** veal birds. **-mel** bone meal. **-muskulatur** leg muscles. **-protese** artificial leg.
bensin benzine; *(til motor)* petrol; **US** gas(oline); *kjøre tomt for ~* run out of petrol; *bilen sluker ~* the car drinks petrol; *(se også II. fylle).*

bensin|ekspeditør filling station *(el.* petrol pump) attendant. **-forbruk** fuel *(el.* petrol) consumption *(fx* the car does 20 to 24 m. p. g. *(fk. f.* miles per gallon); *bilen bruker ca. 0,8 l pr. mil* the car does about 38 miles per *(el.* to the) gallon. **-kanne** petrol can; *(flat)* jerrycan, jerrican. **-motor** petrol engine. **-måler** fuel *(el.* petrol) gauge. **-pumpe** fuel pump; *(på bensinstasjon)* petrol pump. **-sluker T** car that drinks petrol; **US T** gas guzzler. **-stasjon** filling station, service station; **US** gas pump. **-tank** petrol tank. **-tilførsel** fuel supply.

ben|skinne *(til rustning)* greave; *(av lær)* pad; *(med.)* splint. **-sol** *(kjem)* benzene; *(merk)* benzol. **-splint** splinter of bone. **-stump** stump of a leg; fragment of bone.

benvei short cut; *(se snarvei).*

benvev *(anat)* osseous tissue; *(se vev 2).*

benytt|e *(vb)* use, make use of, employ; *(som kilde)* consult; ~ *en anledning* take an opportunity; *jeg -er anledningen til å ...* I take this opportunity to ...; ~ *eksperter til arbeidet* employ experts for the job; ~ *tiden godt* make good use of one's time; put one's time to good use; ~ *sin tid på beste måte* make the most of one's time; ~ *seg av* take advantage of *(fx* sby); avail oneself of; profit by. **-else** use; utilization, employment.

benåde *(vb)* pardon; *(for dødsdom)* reprieve.

benådning *(ettergivelse av straff)* pardon, mercy; reprieve.

benådnings|rett prerogative of mercy. **-søknad** petition for mercy.

Beograd *(geogr)* Belgrade.

beordre *(vb)* order, direct; ~ *en til tjeneste* post sby for duty; *-t til London* ordered to London.

beplant|e *(vb)* plant; ~ *på nytt* replant. **-ning** planting; *(konkret)* plantation.

beramm|e *(vb)* fix; ~ *et møte til kl. 3* fix *(el.* set) a meeting for 3 o'clock; **US** schedule a meeting for 3 o'clock; ~ *en tid for møtet* fix a time for the meeting. **-else** fixing (of a meeting); fixing a time (for a meeting); *-n av dette møtet til neste fredag* the fixing of this meeting for next Friday.

berberiss *(bot)* barberry. **-busk** barberry bush.

berede *(vb)* prepare; ~ *lær* dress *(el.* curry) leather; ~ *veien for en* pavethe way for sby.

bereden *(til hest)* mounted.

bered|ning *(av lær)* dressing, currying. **-skap** state of readiness, (military) preparedness; *holde i* ~ hold in readiness; *være i* ~ *(mil, om tropp, etc.)* be on readiness *(fx* be on 12 hours' r.). **-skapstiltak** *(pl)* preparedness measures; **US** alert measures. **-skapstrinn** state of preparedness; **US** alert stage.

beredvillig ready, willing. **-het** readiness, willingness; alacrity, promptitude; *med den største* ~ with the greatest promptitude *(el.* alacrity); most readily *(el.* willingly).

beregne *(vb)* compute, calculate; *(anslå)* estimate; *(regne med)* allow *(fx* three days for discharging); ~ *virkningen av* estimate *(el.* gauge) the effect of; ~ *et egg til hver* allow an egg for each person; *dette prosjekt -s å være ferdig den 5. mai* the estimated date of completion of this project is May 5th; *frakten -s etter kubikkfot* freight is calculated on cubic feet; *skipet -s å være lasteklart på fredag* the ship is expected to be ready to load on Friday; ~ *seg (i betaling)* charge; *beregn Dem en skikkelig timelønn* allow yourself proper payment per hour; ~ *seg for meget av en* overcharge sby; ~ *for meget for varene* overcharge for the goods; *jeg har -t disse varene til* I have charged these goods at; ~ *feil* miscalculate; *kasse og emballasje -s ikke* there is no charge for case and packing; *det -s ikke gebyr* no fees are charged; *(se også beregnet).*

beregnelig calculable.

beregnende calculating, scheming, designing.

beregnet *(tilsiktet)* intentional, designed; *(utstudert)* studied *(fx* all his gestures are s.); *en* ~ *produksjon på ...* an estimated output of; *arbeidet ble ferdig innen den tid som var* ~ the work was completed within the scheduled time *(el.* in schedule time); *en vel* ~ *fornærmelse* a calculated insolence; ~ *på* designed *(el.* intended) for; ~ *på å* designed *(el.* calculated) to; *boka er* ~ *på det brede publikum* the book is intended for *(el.* appeals to) the general public.

beregning calculation, computation, reckoning; *(vurdering, anslag)* estimate; *etter en løselig* ~ at *(el.* on) a rough calculation, at *(el.* on) an approximate estimate; *en forsiktig* ~ a conservative estimate; *hvis alt går etter* ~ if everything turns out as expected; *våre -er slo feil* we calculated wrongly; we made a miscalculation; *ta feil i sine -er* be out in one's calculations; *ta med i -en* take into account, allow for, include in one's calculations, take into consideration.

beregnings|feil error in calculation. **-grunnlag** basis of calculation. **-måte** method of calculation.

bereist travelled; *han er meget* ~ he has travelled a lot; *en meget* ~ *mann* a great traveller, a well-travelled man.

beretning statement, account, report; *avlegge* ~ *om* make a report on, report on, give an account of.

berette *(vb)* relate, report, record; ~ *om* tell of, relate.

berettige *(vb)* entitle; *(se berettiget).*

berettigelse *(rettmessighet)* justice, legitimacy; *(gyldig grunn, begrunnelse)* justification; *ha sin* ~ be legitimate, be just; *(eksistens-)* have a raison d'être; *denne skatten har mistet sin* ~ this tax has no further justification.

berettiget just, legitimate; justified; justifiable; *et* ~ *krav* a legitimate *(el.* justifiable) claim; ~ *til noe* entitled to sth; *være* ~ *til å gjøre noe* be entitled to do sth, have a *(el.* the) right to do sth; *han er ikke* ~ *til å* he has no right to.

berg mountain; *(se fjell).*

bergart species of rock; *-er* rocks *(fx* the r. in which petroleum is found).

berge *vb (redde)* save; rescue; *(skip)* salvage; *(avling)* gather in; ~ *føda* secure a livelihood, support life, keep body and soul together; ~ *et seil* take in a sail; ~ *synketømmer* salvage sinkers.

bergelønn *(mar)* salvage money.

bergflyndre *(fisk)* lemon sole; *(se flyndre).*

berg|full mountainous, hilly. **-gylte** *(fisk)* ballan wrasse.

berging saving, rescue, rescuing; salvage.

bergingeniør mining engineer; *(se ingeniør).*

bergings|damper salvage ship. **-forsøk** attempt to save; attempt at salvage. **-kompani** salvage company. **-kontrakt** salvage agreement. **-omkostninger** salvage expenses. **-selskap:** *se -kompani.*

berg|kam crest (of a mountain). **-krystall** rock crystal. **-kutling** *zool (fisk)* painted goby **-land** mountainous country. **-lendt** mountainous. **-mester** mine superintendent.

berg- og dalbane scenic railway, switchback; **T** big dipper; **US** roller coaster.

berg|pass mountain pass, (rocky) defile. **-prekenen** the Sermon on the Mount. **-sildre** *(bot)* saxifrage. **-slette** tableland.

berg|tatt spell-bound, bewitched; spirited off into the mountain. **-vegg** rocky wall. **-verk** mine.

b

bergverks|distrikt mining district. **-drift** working of mines; mining (industry).
berider circus rider. **beriderske** female circus rider, equestrienne.
berik|e *(vb)* enrich. **-else** enriching, enrichment.
beriktig|e *(vb)* correct, rectify. **-else** correction, rectification.
berikelsesdrift *(økon)* acquisitive instinct.
Beringstredet *(geogr)* the Bering Strait.
Berlin Berlin.
berliner Berliner. **-krans** [ring-shaped biscuit formed of strips of pastry with ends crossed, and containing flour, eggs and a large proportion of butter].
berme dregs, lees; *samfunnets* ~ the dregs of society.
Bern Berne. **b-er** Bernese.
Bernhard Bernard.
I. bero *(subst): stille saken i* ~ leave the matter (for the present), let the matter rest.
II. bero *vb (finnes)* be; *det -r på Dem* it depends on you; it rests with you; *det -r på en misforståelse* it is due to a misunderstanding; *la saken* ~ *så lenge (også)* let the matter stand over for the time being; *la det* ~ *til en annen gang* leave it for another time; *la det* ~ *med det* let the matter rest there; leave things as they are.
berolig|e *(vb)* soothe, calm (down), quiet, reassure, set at rest. **-else** reassurance, relief; *det er en* ~ *å vite* it is a comfort to know. **-ende** reassuring, soothing, comforting; ~ *middel* sedative.
berope *(vb):* ~ *seg på noe* plead *(el.* urge) sth; *(se påberope).*
berserk berserk. **berserkergang** fury of a berserk; *gå* ~ go berserk.
berus|e *(vb)* intoxicate, inebriate; ~ *seg* get drunk *(el.* tipsy); *(se beruset).* **-else** intoxication, inebriation. **-ende** intoxicating, intoxicant; ~ *drikker* intoxicants.
beruset drunk, tipsy, intoxicated *(av* with); ~ *av seieren* elated with victory; *i* ~ *tilstand* in liquor, under the influence of drink; **T** under the influence; *(se fyllekjøring).*
beryktet disreputable, notorious; *en* ~ *forbryter* a notorious criminal.
berøm|me *(vb)* praise, laud, extol; ~ *seg av* boast of. **-melig** *(rosverdig)* praiseworthy; *(navnkundig)* glorious, illustrious. **-melighet** praiseworthiness. **-melse** *(ros)* praise, eulogy; *(navnkundighet)* celebrity, fame, renown.
berømt celebrated, famous; *vidt* ~ far-famed; ~ *for* famous for; *gjøre* ~ make famous.
berømthet celebrity; fame; *en* ~ a celebrity.
berør|e *(vb)* touch; *(omtale)* touch on, hint at; *saken ble ikke -t med et ord* not a word was said about the matter; *jeg følte meg pinlig -t* it made a painful impression on me; *prisene -es ikke av* prices are not affected by; *(se gripe:* ~ *inn i).* **-ing** touch, contact; *komme i* ~ *med* get into touch with.
berøringspunkt point of contact.
berøv|e *(vb)* deprive of. **-else** deprivation.
besatt possessed; *(av fienden)* occupied; ~ *av djevelen* possessed by the devil; ~ *av ærgjerrighet* possessed with ambition; *fullt* ~ full up; *skrike som* ~ scream like mad; *stillingen er ikke* ~ the post is vacant; *(se også besette).*
bese *(vb)* view, inspect, look over.
begegl|e *vb (også fig)* seal. **-ing** sealing.
beseile *vb (mar)* navigate.
beseire *(vb)* vanquish, beat, get the better of, conquer, overcome; ~ *vanskeligheter* surmount difficulties.
beseirer victor.
besetning *(av kveg)* livestock; stock; *(påsydd pynt)* trimming(s); *(mar: mannskap)* crew; hands; *(garnison)* garrison; *hele -en omkommet (,reddet)* all hands lost (,saved).
besetningsbånd braid, ribbon (for trimming).
besett|e *vb (land)* occupy; *(plass, rolle)* fill (up); *(utstyre, pynte)* trim; *han besatte 4. plass (i konkurranse)* he came in fourth; ~ *rollene* cast the parts; ~ *med frynser* fringe; ~ *med perler* set with pearls; ~ *med snorer* lace; ~ *hans plass med en annen* replace him with sby else; *alle hans timer er besatt* all his hours are taken up; *(se også besatt).* **-else** occupation; *(av en ånd)* possession; ~ *av et embete* appointment to an office.
besikte inspect, survey; *bli -t og merket som tankskip (mar)* be surveyed and marked as a tanker.
besiktelse inspection, survey.
besiktige, besiktigelse: *se besikte, besiktelse.*
besiktigelses|forretning *(mar)* survey. **-mann** surveyor; *-ens besøk om bord* the survey visit. **-rapport** survey report.
besindig level-headed, sober(-minded), cool, steady. **-het** coolness, sober-mindedness, steadiness.
besinnelse: *tape -n* lose one's head; *bringe en til* ~ bring sby to his senses; *komme til* ~ regain one's composure, recover one's senses.
besitt|e *(vb)* possess, be possessed of; *(eie)* own. **-else** possession; *den som har den faktiske* ~, *står meget sterkt (jur)* possession is nine points of the law; *komme i* ~ *av* obtain p. of; come into p. of; *ta i* ~ take p. of.
besjele *(vb)* animate, inspire; *være -t av* be imbued with, be animated by *(el.* with).
besk bitter, acrid.
beskadig|e *(vb)* damage, injure, hurt. **-et** *(også om frukt)* bruised. **-else** damage, injury *(av* to).
beskaffen: *annerledes* ~ different; *være slik* ~ *at* be so constituted that; *hvordan er dette stoffet -t?* what is the nature of this substance?
beskaffenhet nature, character; *(tilstand)* condition; *(egenskap)* quality; *jordbunnens* ~ the nature of the soil; *kullets* ~ the natural properties of coal; *et lands naturlige* ~ the general character *(el.* natural conditions) of a country; *sakens* ~ the nature of the case.
beskat|ning taxation; *(kommunal)* rating; *(ligning)* assessment; *flat* ~ flat-rate taxation. **-ningsrett** power of taxation.
beskatte *(vb)* **1.** tax; lay a tax on; *(kommunalt)* rate; *(ligne)* assess; **2***(utnytte for sterkt)* overtax *(fx* the resources of the whaling grounds are being increasingly overtaxed); overwork; *(om elv, etc)* overfish; *hvalen blir sterkt -t* whales are heavily hunted; *de høyest-de* those in the highest taxation group(s).
beskhet acridity, bitterness.
beskikk|e *vb (ansette)* appoint; ~ *sitt hus* put one's house in order. **-else** appointment.
beskjed *(opplysning)* information; *(forholdsordre)* instructions; *(bud)* message; *(svar)* answer; *det er* **grei** ~ *(ɔ: sagt uten omsvøp)* that's plain speaking; *jeg fikk bare* **halv** ~ I was only told half the story; **klar** ~ *(ɔ: ordre)* definite orders; *De skal få nærmere* ~ you shall hear further from us (,me, *etc); han fikk* ~ *om å komme* he was told to come; *jeg fikk* ~ *om at (også)* word came that ... ; *vi har nettopp fått* ~ *om at ...* we have just got word that; *jeg ga ham ordentlig* ~ *(ɔ: irettesatte ham)* I gave him a piece of my mind; *jeg ga ham uttrykkelig* ~ *om ikke å komme for sent* I told him expressly not to be late; *jeg vil ha full* ~ *om stillingen* I must know exactly how matters stand; I must be told

the true position of affairs; *legge igjen* ~ leave a message; *overbringe en* ~ deliver a message; *sende en* ~ send sby word; let sby know; *send meg* ~ (please) send me word, let me know; *ta imot* ~ take a message; *vite god* ~ be well informed; *vite god* ~ *med* know, be up to; *jeg vet* ~ *om det* I know all about it; *jeg vet bedre* ~ I know better; *(se også vite).*

beskjeden modest, unassuming; *(måteholden)* moderate. **-het** modesty; ~*er en dyd* modesty is the best policy.

beskjeftige *(vb)* employ *(fx* the factory employs 100 men); occupy, engage; ~ *sine tanker med et problem* bring one's mind to bear on a problem; *-t med* occupied with, engaged on *(el.* in); *være -t med* be occupied with, be at work on *(fx* a problem); *alt personale som er -t med kontorarbeid* all staff employed on clerical work; *(se også oppta); være -t med å* be employed *(el.* occupied *el.* engaged) in (-ing).

beskjeftigelse occupation, employment, pursuit *(fx* feminine pursuits, literary pursuits); *finne* ~ find employment; *lønnet* ~ wage-earning employment; *uten* ~ with nothing to do; idle; *(arbeidsløs)* out of employment *(fx* he is out of e.); *(se arbeidsløs).*

beskjemm|e *(vb)* shame, disgrace, dishonour (,**US:** dishonor); *(gjøre skamfull)* abash; *(gjøre skam på)* put to shame. **-else** shame, disgrace, dishonour (,**US:** dishonor). **-ende** shameful, disgraceful, dishonourable (,**US:** dishonorable).

beskjære *(vb)* clip, trim; cut (down); *(trær)* prune, lop, trim. *(bokb)* cut (the edges of); *(fig)* curtail, reduce.

beskjæring clipping, trimming, cutting; *(av trær)* pruning, lopping, trimming; *(fig)* reduction, curtailment, cutting (down) *(fx* a cutting down of expenses).

beskriv|e *(vb)* describe; *ikke til å* ~ indescribable. **-else** description, account; *nærmere* ~ more detailed description *(el.* specification); *overgå all* ~ beggar description *(fx* it beggars d.); *over all* ~ beyond description.

beskrivende descriptive *(fx* a d. poem).

beskue *(vb)* gaze at, view, contemplate.

beskuelse contemplation.

beskyld|e *(vb):* ~ *for* accuse of; charge with. **-ning** accusation, charge *(for* of); *(se I. tiltale); rette en* ~ *mot* bring an accusation against.

beskyte *(vb)* fire on *(el.* into); *fra dette fort kan hele havnen -s* this fort commands the harbour.

beskytt|e *(vb)* protect, guard, defend; ~ *mot regnet* shelter from the rain. **-ende** protecting, protective.

beskyttelse protection; defence; patronage; *stille seg under ens* ~ place oneself under the protection of sby; *under kanonenes* ~ under cover of the guns; *søke* ~ *mot* seek protection against; *(ly)* seek shelter from; *søke en slags høyere* ~ seek the protection of some sort of Higher Being.

beskyttelses|farge protective colouring. **-merke** trade mark. **-middel** means of protection. **-toll** protective tariff.

beskytter protector; patron. **-inne** protectress; patroness.

beskøyt (ship's) biscuit; *-er (også)* hard tack.

beslag 1 *(metallplate, etc.)* (metal) furnishing(s), fittings *(fx* door and window f.), mount(ings) *(fx* umbrella mounts, furniture mountings); furniture *(fx* lock f.), armature *(fx* yellow brass is used for pump and engine a.); fastenings *(fx* window, door f.); ironmongery, hardware *(fx* window h.); **2***(jur: arrest, konfiskering)* seizure, arrest, confiscation; *legge* ~ *på* seize; place an arrest on *(fx* a ship); confiscate, seize *(fx* smuggled goods); *(ved admiralitetsordre)* lay an embargo on (a ship), lay (a ship) under embargo; **3.:** *legge* ~ *på ens krefter* tax sby's strength; *legge* ~ *på ens oppmerksomhet* engage sby's attention; *legge* ~ *på ens tanker* occupy sby's mind; *legge* ~ *på ens tid* occupy sby's time, take (up) sby's time *(fx* this work takes (up) all my time); make a demand on sby's time; *det er meget som legger* ~ *på min tid* I have many demands on my time; *får jeg legge* ~ *på Dem et øyeblikk?* may I have your attention for a moment? can you spare me a few minutes? *legge for sterkt* ~ *på ens tid (om person)* trespass on sby's time, take up too much of sby's time; *(om arbeid)* take up too much of sby's time.

beslaglegge *(vb)* **1***(konfiskere)* seize, confiscate; *(fast eiendom, midlertidig)* sequestrate; **2***(til krigsbruk)* requisition; **3***(oppta, stille krav til)* occupy *(fx* the work occupies most of his time); *være beslaglagt* (2) be under requisition *(fx* the ship is under r. to the Ministry of Transport); *(se beslag 2: legge* ~ *på).*

beslagleggelse *(jvf beslag)* seizure, arrest; confiscation; embargo; *(midlertidig, av fast eiendom)* sequestration; *-n er opphevet (om skip)* the embargo has been removed. **-sforretning** seizure, arrest.

beslekt|et *(i slekt)* related *(med* to, *fx* she is r. to him); *(lignende)* cognate *(fx* words, ideas); related *(fx* languages, phenomena); allied, kindred *(fx* races, languages, articles); *-ede fag* allied subjects; *-ede næringer* allied *(el.* related) trades *(el.* industries); *-ede sjeler* kindred souls *(el.* spirits).

beslutning 1*(forsett)* resolve; *fatte en* ~ make up one's mind; make a r.; *det er min faste* ~ *å* ... I am firmly resolved to, I am determined to; **2***(avgjørelse)* decision; *en endelig* ~ a final d.; *fastholde sin* ~ adhere to one's d.; keep up one's resolve; **3***(vedtatt forslag)* resolution; *styret har fattet følgende* ~ the board has passed *(el.* adopted) the following r.; *(se for øvrig bestemme(lse)).*

beslutningsdyktig: *et* ~ *antall* a quorum; *forsamlingen er* ~ the necessary q. is present, the q. is reached, we have *(el.* form) a q.; *forsamlingen var ikke* ~ there was not a q; *et* ~ *flertall* a working majority.

beslutte *(vb)* decide, determine, make up one's mind; *(stivt)* resolve; *(vedta)* resolve; *jeg har -t meg til å* I have decided *(el.* made up my mind) to; I have resolved to; *jeg er (fast) -t på å* I am (firmly) resolved *(el.* determined) to.

besluttsom resolute, determined. **-het** resolution, decisiveness, determination.

beslå *(vb)* mount; *(hest)* shoe; *(seil)* furl; ~ *med spiker* stud; *godt -tt (med penger)* in funds.

besmitt|e *(vb)* pollute, defile, contaminate. **-else** pollution, contamination.

besnære *(vb)* fascinate, allure.

bespar|else saving; economy; *en stor* ~ a great saving. **-ende** economical.

bespis|e *(vb)* feed. **-ning** feeding.

bespott|e *(vb)* mock, scoff, deride, sneer at; ~ *Gud* blaspheme (God). **-elig** *(blasfemisk)* blasphemous, profane. **-else** *(blasfemi)* blasphemy, profanity.

I. best *(el. beist)* beast, brute.

II. best *(adj)* best; *av -e sort* of the best quality; *det -e jeg kan gjøre* the best thing I can do; *i -e fall* at best; *alt var i -e gjenge* everything was going on as well as could be; *i den -e hensikt* from the best motives; *i -e mening* with the best (of) intentions; for the best; *i sin -e alder* in the prime of life; *han ble* ~ he was first, he won; *det er* ~ *slik* it is better (that it

bestemt artikkel

TRICKY TALES

What's the difference between English and Norwegian?

Before boarding *the Titanic* in the harbour, the passengers strolled around Oslo. Some went to *the Grand Cafe* at *the Grand Hotel* for a cup of tea and to read *the Herald Tribune*. Others went to *the National Gallery* and *the Munch Museum* while others went to the *National Theatre*. Some just sat down in a park chatting about climbing the *Alps*, crossing *the Atlantic* and finally sailing down *the Nile* . . . missing *the United States* and *the Netherlands* . . .

If you translate this text you will soon see that Norwegian often drops the definite article **the** where it is a must in English.

should be) so; it is better that way; *du gjør (gjorde)* ~ *i å gjøre det* you had better do it; *du gjør* ~ *i å holde munn!* you would do well to be quiet! **den** *-e* the best; the best one; *(av to)* the best one; *(stivere)* the better one; *hun er den -e av dem alle* she's the best of the lot; *den -e til å* ... the best person to ...; *den første den -e* the first comer; *det blir* **det** *-e* that will be the best plan; *det -e av det hele var* the best part of it was; *det -e du kan gjøre er* the best thing you can do is; your best plan is; *han skyndte seg det -e han kunne* he made the best of his way; *til det -e* for the best; **gjøre sitt -e** do one's best; try one's best; do the best one can; **T** put one's best foot forward; *han gjorde sitt -e* he did his best; *jeg skal gjøre mitt -e* I shall do my best; *jeg vil bare* **ditt -e** I'm only thinking of your own good; *(stivt)* I only have your best interest at heart; *tenke på* **deres** *-e* think (of) what's best for them; *(stivt)* have their best interests at heart; **bli** ~ be first; win; *du* **gjør** ~ *i å* ... you'd better ...; the best thing you can do is to ...; ... *som* ~ *jeg* **kunne** as best I could; *allting gikk som* ~ *det kunne* things were going as best they could; **like** ~ like best (*fx* what I like best; the ones he liked best); *like* ~ *av alt* like best of all; like most of all (*fx* they liked icecream best (*el.* most) of all); **på** ~ *mulig måte* in the best possible way; *hun er den av søstrene som ser* ~ *ut* she's the best looking of the sisters; *det er* ~ **slik** it's better (that it should be) so; it's better that way; *slik slipper vi* ~ *fra det* that will be our best way out; ~ **som** (just) as (*fx* just as he was going to leave the room his brother came in); ~ *som han satt og arbeidet (også)* in the middle of his work; **synes** ~ *om* like best; prefer, *hvordan skal vi* ~ **unngå** *det?* how shall we best avoid it? what would be the best way of avoiding it? how best to avoid it? *du* **vet** *(selv)* ~ 'you know best; *det ville* **være** ~ *om* it would be best if; the best plan would be to; *det er* ~ *du skynder deg* you'd better hurry (up).

bestalling commission, patent of office.

bestand *(dyr)* stock (*fx* of whales); *(skog-)* stand; *anlegg av* ~ establishment of a stand. **-del** ingredient, component (part), constituent (part); *oppløse(s) i sine enkelte -er* disintegrate; *dette inngår som en fast* ~ *i* ... this forms part and parcel of ...

bestandig *(adv)* constantly, continually; always; *for* ~ for good, for ever. **-het** durability; constancy.

bestands|bonitet *(forst)* stand quality class.

beste *(se også II. best)*: *det allmenne* ~ the common good, the public weal; *det er til ditt eget* ~ it is for your own good; *til felles* ~ for our (,their, *etc*) common good; *til* ~ *for* for the good (*el.* benefit) of; *til* ~ *for meg* for my own good; *ha noe til* ~ *(ha lagt penger til side)* be in easy circumstances; *han hadde lagt seg noe til* ~ he had put something by (for a rainy day); *ha en til* ~ *(gjøre narr av en)* make fun of sby; *gi en historie til* ~ tell a story.

beste|borger respectable citizen; bourgeois. **-far** grandfather. **-foreldre** grandparents. **-mann:** *bli* ~ come out top *(el.* best) (*fx* in an exam).

bestemme *(vb)* **1**(*fastsette, beramme)* fix, arrange (*fx* fix the price; the meeting was fixed (*el.* arranged) for Friday), appoint (*fx* a place, a time for the meeting); ~ *en norm* set a standard; ~ *farten* set the pace; ~ *tid og sted* fix the time and place, fix (*el.* settle) the day and the place;

2 *(treffe avgjørelse om)* decide; *(sterkere)* resolve, determine; *(om lov: foreskrive)* provide, lay down, stipulate, prescribe (*fx* as prescribed by law); *den hvite mann bestemte, de innfødte hadde ingenting å si* the white man decided everything (*el.* made all the decisions), the natives had no say; *det er jeg som -r!* **T** what I say goes! *det kan De* ~ I will leave that to you; it lies with you to decide; *hver enkelt må selv* ~ *hva han vil gjøre med det* each one has to decide for himself what to do about it; *kanskje De vil la oss vite hva De -r Dem til* perhaps you will let us know your decision; *som styret måtte* ~ as the Board may determine; *denne lov -r at* ... this Act provides that; *som loven -r* as laid down (*el.* as provided) by the law; *som kontrakten -r* as stipulated in the contract; *til den pris som har blitt bestemt* at the price stipulated;

3 *(være bestemmende for)* govern, determine (*fx* prices are determined by the relation between supply and demand);

4 *(bringe på det rene, fastslå ved vitenskapelig undersøkelse)* determine (*fx* d. a plant, d. the alcohol percentage); ~ *grensen for* define (the limits of); ~ *nærmere* define (more closely); *(gram)* qualify (*fx* when an adverb of time is added to q. the verb); *nærmere bestemt (gram)* qualified;

5 *(beregne, utse)*: *varene er bestemt for et oversjø-*

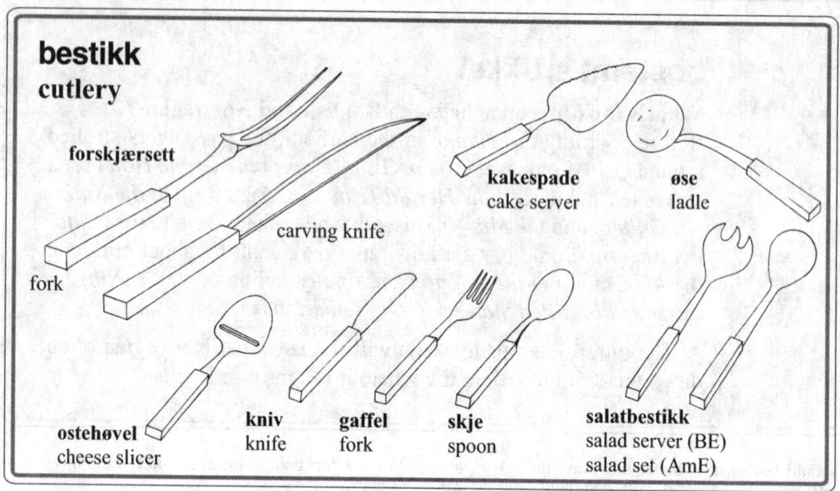

isk marked the goods are intended (*el.* destined) for an overseas market;
6: ~ *over* have the entire disposal of (*fx* these funds), dispose of; *(personer)* control;
7 *(gram):* ~ *et adjektiv (,substantiv)* qualify an adjective (,substantive);
8: ~ **seg** make up one's mind, come to a decision, decide on what to do; *få en til å* ~ *seg* get sby to make up his mind; get sby to decide; **T** bring sby up to scratch; *du kan (liksom) aldri få bestemt deg* you never seem able to make up your mind; *(se bestemt).*

bestemmelse 1 *(avtale)* arrangement, agreement; *(reglement)* regulations; **2***(i lov, kontrakt)* stipulation, provision; *(klausul)* clause; *alminnelige -r* general provisions; *lovfestede -r (jur)* statutory provisions; *ifølge denne lovs -r* pursuant to the provisions of this Act; as provided in this Act; *ifølge kontraktens -r* according to the terms of the agreement; as stipulated in the contract; **3***(beslutning)* decision; *ta en* ~ take a d., make a d., make up one's mind; *ta en* ~ *når det gjelder å ...* make a decision about (-ing); **4***(av møtetid, etc)* fixing (of a meeting); **5***(stedet)* destination; **6***(øyemed)* purpose; *oppfylle sin* ~ have the intended effect; **7***(skjebne)* destiny; **8***(ved vitenskapelig undersøkelse)* determination.

bestemmelsessted (place of) destination.

bestemor grandmother; **T** granny.

I. bestemt *adj (fastsatt)* fixed, appointed, stated, set, certain; *(nøyaktig)* definite, precise; *(særskilt)* particular; *et* ~ *hotell* a particular hotel; one h. in particular (*fx* if you could mention a p. h. where you'd like to put up); *(om karakter)* determined, firm; *(av skjebnen)* destined; *den -e artikkel* the definite article; ~ *avslag* a flat refusal; *jeg fikk det -e inntrykk at* I had (*el.* got) the definite impression that; ~ *svar* definite answer; *-e timer* stated hours; **i** *en* ~ *hensikt* for a particular purpose; with a p. motive; *i en* ~ *tone* in a decisive tone; *(bydende)* in a peremptory tone; **på** *en* ~ *dag* on a certain day; **ved** *en* ~ *anledning* on a certain occasion.

II. bestemt *(adv)* definitely; decidedly; positively; peremptorily; *jeg tør ikke si det* ~ I can't say for certain; I don't know for certain. **-het** decision, determination; firmness.

bestenotering *(idrettsmanns)* personal best.

bestevilkårssatser *(pl)* most-favoured-nation rates.

besti|alitet bestiality, brutishness. **-alsk** bestial, beastly, brutish, brutal.

bestig|e *vb (hest)* mount; *(fjell, trone, etc)* ascend, climb. **-ning** ascending; ascent, climb.

bestikk 1 *(etui)* case (*fx* of instruments); **2.** *mar (stedsbestemmelse)* (dead) reckoning; *etter* ~ by dead reckoning; *-ets bredde (,lengde)* latitude (,longitude) by d. r.; *gjøre opp -et* work out the reckoning; *gjøre galt* ~ *(også fig)* miscalculate, be out in one's reckoning; **3***(spise-)* knife, fork and spoon (set); *vi har et komplett sølv- i dette mønsteret* we have a complete set of silver (cutlery) with this pattern.

bestikk|e *(vb)* bribe. **-elig** corrupt(ible), venal. **-elighet** corruptibility. **-else** bribery, corruption; *(stikkpenger)* bribe; *ta imot* ~ take a bribe; *et opplagt tilfelle av* ~ a clear case of bribery.

bestikkende plausible, specious.

bestikklugar *(mar)* chart house, chart room.

bestille *vb (utføre)* do; *(forlange, sikre seg)* bespeak, order, engage; ~ *billett* book (a ticket) (*fx* book to London); **US** reserve a ticket; *(se billett);* ~ *varer* order goods; *varen er bestilt* the article is on order; ~ *værelse* book a room; *(se også bortbestilt);* ~ *time hos* make an appointment with (*fx* one's dentist for 3 o'clock); *jeg har bestilt time pr. telefon* I have an appointment by telephone; *jeg har bestilt time hos tannlegen (også)* T I have a dental appointment; *har De bestilt? (i restaurant, etc)* have you given your order? have you ordered (yet)? have you already ordered? *hva har De her å* ~*?* what business have you here? *ha å* ~ *med* have to do with, have dealings with; *det har lite med saken å* ~ that has very little to do with the case; *jeg vil ikke ha noe å* ~ *med* I will have nothing to do with; *han skal få med meg å* ~ I shall give it him; *(se I. etter).*

bestilling occupation; order (*på* for); *(på hotellværelse, etc)* booking (*fx* a large number of bookings); *-en ønskes gjort i herr B.'s navn* the booking (*el.* reservation) is to be made in Mr. B.'s name; *etter* ~ to order; *en stor* ~ a large order; *ta imot -er* take orders; *pga. det store antall -er vi alt har mottatt for 10. juni og følgende dager, kan vi ikke reservere Dem det*

værelse De ber om owing to the large number of bookings already entered for June 10th and the following days, we are unable to reserve the accommodation you request; *(se II. lage 1; ordre).*
bestillingsblankett order form.
bestillingsseddel order slip; order form (*el.* sheet); *(i bibliotek)* requisition form.
bestjele *(vb)* steal from, rob; *jeg har blitt bestjålet* I have had my money stolen; I have been robbed of my money; my m. has been stolen from me; *den bestjålne* the victim (of the robbery).
bestorme *vb (fig)* assail, importune; ~ *med tilbud* overwhelm with offers.
bestreb|e *(vb):* ~ *seg* strive, endeavour *(på å* to). **-else** endeavour, effort.
bestride *vb* **1***(benekte)* deny; dispute, challenge; **2***(utrede)* pay; ~ *omkostningene* pay the expenses.
bestryke *(vb)* coat; *(mil)* enfilade, sweep.
bestrø *(vb)* strew, sprinkle.
bestråle *(vb)* irradiate, shine upon.
bestråling irradiation; ray treatment, radiation treatment, radiotherapy.
bestrålingsfelt *(røntgen)* gate of entry.
bestyr|e *(vb)* manage, be in charge of, administer. **-else** management, administration.
bestyrer manager; *(skole-)* headmaster (,**T:** head), principal; *(av konkursbo)* trustee (of an estate in bankruptcy).
bestyrerinne manageress; *(skole-)* principal, headmistress.
bestyrk|e *(vb)* confirm, corroborate, bear out; ~ *en i* confirm sby in; *dette -r oss i det syn at* ... this strengthens our view that .... **-else** confirmation, corroboration.
bestyrt|else consternation, dismay. **-et** dismayed *(over* at).
bestøve *vb (befrukte)* pollinate.
bestøvning *(befruktning)* pollination.
bestå *vb (være til)* exist, be in existence; *(vare)* last, endure; *så lenge verden -r* as long as the world goes on; ~ *av* consist of, be composed of; ~ *en prøve* pass a test; *(eksamen)* pass (an examination); ~ *i* consist in; *(se eksamen).*
bestående existing; *det* ~ the existing state of things; the established order.
besudle *(vb)* sully; defile; soil (*fx* he wouldn't soil his hands with this).
besvangre *(vb)* get with child, make pregnant; *bli -t av* become pregnant by.
besvangring getting with child.
besvangringstid period of possible conception.
besvar|e answer, reply to; *(ved å gjøre det samme, fx en hilsen)* return; *(løse)* solve; *kandidaten må forsøke å* ~ *alle deler av oppgaven* all sections of the paper should be attempted. **-else** answer, reply; solution; *(oppgave)* paper, answer; *(se eksamensbesvarelse; finpusse).*
besverg|e *vb (ånder)* conjure up, raise, invoke; *(mane bort)* exorcise, lay; *(be)* conjure, adjure, beseech. **-else** *(sang, formular)* conjuring, exorcism, adjuration. **-elsesformular** formula of exorcism; incantation.
besvim|e *(vb)* faint; **T** pass out; *(glds el. litt.)* swoon. **-else** faint, fainting fit; **T** passing out; *(glds el. litt.)* swoon.
besvogret related by marriage *(med* to).
besvær *(bry)* trouble, inconvenience; *falle en til* ~ be burdensome (*el.* a nuisance) to sby; *ha* ~ *med å* have some difficulty in (-ing); *volde en mye* ~ put sby to a great deal of trouble (*el.* inconvenience), give sby a great deal of trouble; *med* ~ with difficulty.
besvære *(vb)* trouble, bother; ~ *seg over* complain of.
besvær|ing complaint; *(grunn til å klage)* grievance. **-lig** troublesome; *(påtrengende)* importunate; *(anstrengende)* arduous; *(vanskelig)* difficult. **-lighet** trouble, inconvenience; difficulty; hardship; *livet er fullt av -er* life is full of troubles.
besynderlig strange, curious, odd, queer; ~ *nok* strange to say; oddly enough. **-het** strangeness, oddity.
besyv: *gi sitt* ~ *med i laget* put in a word or two, put in one's oar.
besøk visit, call; *(om teater, etc)* attendance; *dårlig* ~ a poor attendance; *avlegge en et* ~ pay sby a visit, call on sby; pay sby a call; *(især* **US**) pay a visit to sby; *et* ~ *hos, i, på,* a visit to; *de var her på* ~ they were here visiting; *på* ~ *hos* on a visit to; *han er på* ~ *hos venner i England* he is on a visit to friends in E.; *(se også besøke); hun er på* ~ *hos oss* she is staying with us on a visit; *avlegge en et uventet* ~ drop in on sby; *stort* ~ *(ved tilstelning)* a large attendance; *det store* ~ *i anledning (vare)messen* the many visitors (*el.* the large influx of visitors) to the Fair; *(se III. vel).*
besøk|e *(vb)* visit, come (*el.* go) to (*el.* and) see (*fx* I will come and see you tomorrow); call on (*fx* a person), call at (*fx* a place), pay a visit to (*fx* a museum); pay a call (*fx* p. him a call); *(et sted ofte, søke hen til)* frequent (*fx* tourists f. this district), patronize (*fx* the hotel is patronized by commercial travellers); *vi har ikke for vane å* ~ *hverandre* we are not on visiting terms; *han ankom til England for å* ~ *kjente (også)* he arrived in England for a private visit; *slike møter blir godt -t* such meetings are well attended; *møtet var godt -t* there was a good attendance at the meeting; *teatret var godt -t* the theatre was well attended.
besøkende visitor; caller.
besørge *vb (sørge for)* see to; *(ordne med, ta seg av)* attend to, arrange (for) (*fx* arrange for the order to be cancelled; I shall attend to that); *(utføre)* do, perform; *forsikringen -s av Dem* insurance to be effected by you; *(befordre)* carry, convey; *(sende)* forward, transmit; ~ *vaskingen* do the washing; ~ *de løpende forretninger* attend to routine business; ~ *et brev* post a letter; ~ *noe gjort* see that sth is done.
besådd: ~ *med* strewn (*el.* dotted) with.
bet *(kort)* undertrick; *bli* ~ go down; *få to -er* be (*el.* go) two down, go down two; lose two tricks; get two undertricks; *sette en i* ~ *(fig)* put sby in an awkward position; *være i* ~ be at a loss; *han er aldri i* ~ *for et svar* he is never at a loss for an answer; *i* ~ *for penger* **T** hard up; **S** pushed for the stuff.
beta *vb (imponere, gripe)* move, stir, thrill, impress, fascinate; *dypt -tt* deeply moved; *han er helt -tt av henne* he has fallen for her completely; *han var meget -tt av henne (også)* he was much taken with her.
betakke *(vb)* ~ *seg* say no to sth, say no thank you to sth; refuse (to take part); *(høflig)* decline (with thanks); *jeg -r meg* I'll have none of it.
betalbar payable.
betale *(vb)* pay; *(for ting man har kjøpt)* pay for; *jeg -r (ɔ: spanderer)* I'll pay; let me pay; ~ *av på* pay off, pay instalments on; ~ *for* pay for; *jeg ville ikke ha det om jeg fikk betalt for det!* I wouldn't have it for all the tea in China! *han betalte for meg på kino* he paid for me at the pictures; ~ *for seg* pay for oneself, pay up (*fx* he could not pay up at the hotel), pay one's way; ~ *kontant* pay cash; ~ *prompte,* ~ *med én gang* pay on the nail; ~ *en med sam-*

betingelse

terms or condition

VOCABULARY

*What are your **terms of payment?***	Hva er **betalingsbetingelsene?**
*Please state your **terms of payment and delivery.***	Vennligst oppgi Deres **betalings- og leveringsbetingelser**
On **condition** that . . .	På **betingelse** av . . .

In business use **terms** about conditions offered or agreed upon. **Condition** is about «tilstand» and «vilkår».

me mynt pay sby in his own coin; *-s høyt* fetch high prices; *det skal De komme til å ~!* I will make you pay for this! I will get even with you for this; *~ med gull* pay in gold; *det kan ikke -s med penger* it is invaluable, it can't be bought for money; *de beløp som skal -s er porto og avgifter* the charges are postage and fees; *~ seg* pay; pay off (*fx* the expensive equipment pays off); *men det -r seg for ham på andre måter* but it will pay (him) in other ways.

betaler payer.

betaling *(det å)* paying; *(konkret)* payment; *(lønn)* pay; *ta ~ for* accept payment for; *(beregne)* charge for; *stanse sine -er* suspend payment; *mot ~* for payment; *~ pr. sju dager* (our terms are) net cash (with)in seven days; *~ pr. 30 dager ÷2%* payment in 30 days less 2 per cent (discount); *~ kontant mot dokumentene* cash against documents; *mot ~ av* on payment of; *den sene -en* the delay in paying (*el.* in making payment); *sen ~* postponed (*el.* delayed *el.* late) payment (*NB* I am sorry for the delay in settling your account); *til ~ av, som ~ for* in payment (*el.* settlement) of; *ved ~ av* on payment of; *(se delbetaling).*

betalings|balanse balance of payments; *styrke vår ~* strengthen our basis of payments; *underskudd på -n* a balance of p. deficit (*fx* a substantial b. of p. d.), a deficit in overall payments. **-betingelser** *(pl)* terms (of payment). **-dagen** the date (*el.* the day) of payment. **-dyktig** solvent. **-dyktighet, -evne** solvency, ability to pay, financial capacity; *hans manglende ~* his inability to pay.

betalingsforhold: *de bedrede hjemlige ~* the improvement in the discharge of internal commitments.

betalingsfrist time allowed for payment, term of payment, respite; period of credit; *forlenge -en* extend the period of credit (*el.* the term of payment); *(se frist; overholde; utløp).*

betalings|innstilling suspension of payment(s). **-middel** means (*el.* medium) of payment; *(økon)* exchange medium; medium of exchange; *lovlig ~* legal tender; **US** tender. **-måte** method (*el.* mode) of payment. **-udyktig** insolvent, incapable of paying. **-union:** *Den europeiske ~* the European Payments Union. **-utsettelse** extension (of time), period of grace (*fx* he asked for a period of grace); delay (*fx* he asked for delay till 10 June). **-vilkår** terms of payment.

betalt paid; *(under regning)* received; *varene er ~* the goods are (*el.* have been) paid for; *kjøpt og ~* bought and paid for; *ta seg godt ~* charge a good price.

I. bete *(rotfrukt)* beet.

II. bete *(lite stykke): se bit.*

betegn|e *(vb)* **1**(*bety, være tegn på)* denote, mark, signify, indicate; constitute (*fx* the blockade constitutes a new phase of the war); **2**(*beskrive)* describe, represent; *~ som* describe as; characterize as; *kort strek -er at ordet gjentas* short stroke means (*el.* denotes *el.* indicates) that the word is repeated; *produksjonen i år -er en rekord* this year's production marks a record; *han blir -et som hard og urettferdig* he is described (*el.* represented) as stern and unjust; *(se vendepunkt).*

betegn|else *(benevnelse)* designation, term; *(beskrivelse)* description. **-ende** *(rammende, treffende)* apt, apposite (*fx* remark), to the point (*fx* a remark very much to the point); *(typisk)* characteristic; *~ for* characteristic of; *det er ~ at* it is significant that; *~ nok* characteristically.

betenk|e *(vb)* consider, bear in mind; *~ en med noe* bestow sth upon sby; *~ seg (nøle)* hesitate; *(skifte sinn)* change one's mind, think better of it; *hun -te seg* she hesitated; she had second thoughts (about it); she thought better of it; *han -te seg både én og to ganger før han gjorde det* he gave it a great deal of thought before doing it; he thought twice before doing it; *~ seg på å* hesitate to; *det var vel -t av ham å* he was well advised to.

betenkelig critical; serious; unsafe, precarious; doubtful; *det -e i å ...* the danger (*el.* risk) of (-ing); *det hadde en ~ likhet med ...* it was suspiciously like ... *hans sykdom tok en ~ vending* his illness took a dangerous course.

betenkelighet scruple, hesitation, doubt, uncertainty, misgiving; *få -er* **T** get cold feet, lose one's nerve; *han har plutselig fått -er* he has suddenly got scruples; *ytre -er* express one's doubts; *ha -er ved å gjøre noe* hesitate to do sth.

betenkning hesitation, scruple; *(sakkyndig erklæring)* opinion; *(innberetning)* report; *avgi en ~ (om utvalg)* make a report, report; *(om sakkyndig)* give (*el.* submit) an opinion; *avgi en ~ om (om utvalg)* report on; *(om sakkyndig)* give an opinion on ; *avgi sin ~ om* pass (*el.* give) one's judgment on; *uten ~* unhesitatingly; *(se også øyeblikk).*

betenkningstid time for reflection, time to think it over; *(jur)* stay of execution; *be om ~* ask for a s. of e.; *en dags ~* a day to think the matter over in.

betenksom thoughtful, considerate.

betenkt *(bekymret, urolig)* uneasy (*fx* he was uneasy about it); anxious, troubled; *han ble ~ ved det* he became nervous about it; he did not like the idea; *dette gjorde ham meget ~* this made him think; this put him in a very thoughtful mood; *alvorlig ~* seriously disturbed (*fx* they have been seriously disturbed by the stories put about that the agreement is a conscious betrayal of the African); *(se bekymret; urolig).*

betennelse inflammation; *det går ~ i såret* the wound goes septic.

betent *(adj)* infected, inflamed.

betids in (good) time.

betimelig seasonable; *i ~ tid* in good time.

betinge *(vb)* **1***(være en betingelse for)* determine, condition; *være -t av* be determined by, be conditioned by, depend on; *dette tilbud er -t av at De sender oss ordren innen* ... this offer is made subject to receipt of your order within ...; **2***(gi grunnlag for, kreve)* call for; *det vil ~ tilleggspremie* it will be subject to an additional premium; **3***(forutsette)* presuppose (*fx* success presupposes both ability and training), be conditional on, be subject to, be contingent upon (*fx* the acceptance of these terms is conditional on the approval of our directors); **4:** *~ seg* stipulate for; *(forbeholde seg)* reserve (to oneself); *~ seg rett til å* reserve the right to; *(se enerett); ~ seg at* make it a condition that; *(se betinget).*

betingelse 1 *(avtalte vilkår)* terms (*fx* terms of payment, terms of delivery); *oppgi Deres -r* state your terms; *på de oppgitte -r* on the terms stated; *våre -r er 2 1/2% pr. 30 dager* our terms are 2 1/2% (discount) at 30 days; our terms are 2 1/2% discount for cash in 30 days; our terms are 2 1/2% (discount) on (*el.* for) payment within 30 days; *våre vanlige -r* our usual terms; **2** *(forutsetning for avtale, etc)* condition(s); *(som en betinger seg)* stipulation; *(bestemmelse i kontrakt)* provision(s), terms; *-n var at* ... the condition was that ..., it was on c. that; *avtalte -r* conditions (*el.* terms) agreed upon; *på visse -r* on certain conditions; *på en ~* on one condition; *på ~ av at* on condition that; on the understanding that; *stille en ~* make (*el.* impose) a condition; *stille den ~ at* make it a condition that, stipulate that; *hans eneste ~ er at* his only stipulation is that; *stille en sine -r* impose conditions on sby; **3***(krevet egenskap hos person)* qualification, requirement; *han har de beste -r for å* he is eminently qualified to; *han har de beste -r for å fylle stillingen* he is fully qualified (*el.* has every qualification) for the post; he has all the requirements for the post; *(krevet egenskap hos ting)* requirement(s); requisite(s); *(muligheter for)* facilities for (*fx* Norway has facilities for every kind of winter sport); *oppfylle alle -r for* satisfy all the requirements for; **4***(forutsetning): være en ~ for* be a prerequisite of; *en absolutt ~ for* an indispensable condition for; a sine qua non of; *(jvf forutsetning).*

betingelses|konjunksjon *(gram)* conditional conjunction. **-setning** conditional clause.

betinget conditional (*av* on); *(begrenset)* qualified; modified; *~ av arv* conditioned by heredity; *~* **dom** (*også* **US**) suspended sentence; **UK** *(for mindre forseelse; i forhørsrett)* binding over; *få ~ dom* (*også* **US**) get a suspended sentence; be put (*el.* placed) on probation; **UK** *(for mindre forseelse; i forhørsrett)* be bound over (to keep the peace).

betitlet titled.

betje|ne *(vb)* serve; operate; work; *~ (ɔ: ekspedere) publikum* serve the public; *~ sporvekselen* throw over the points; *(især* **US***)* operate the switches; *~ et tog* start a train; *~ seg av* make use of, employ. **-ning** service, working; *(oppvartning)* attendance; attendants, (serving) staff.

betjent *se fengselsbetjent; forstbetjent; førstebetjent; førstetolloverbetjent; godsbetjent; politibetjent; rettsbetjent; stasjonsbetjent; stillverksbetjent; tollbetjent; tolloverbetjent; trafikkbetjent; verksbetjent.*

betle *(vb)* beg *(om* for).

betler beggar, mendicant. **-i** begging, beggary, mendicancy. **-ske** beggar-woman.

betlerstav: *bringe en til -en* reduce sby to beggary.

betone *vb (uttale med aksent)* accent, accentuate; *(fremheve)* emphasize, emphasise, lay stress on.

betong concrete; *armert ~* reinforced c.; *forspent ~* prestressed c.; *(se ferdigbetong).* **-bil** mixer truck.

betoning accentuation, emphasis; intonation.

betrakt|e *(vb)* look at, gaze at, view, regard; *~ som* look (up)on as, regard as, consider as, consider (to be); *betrakt det som usagt* consider that unsaid.

betraktelig considerable; *(adv)* considerably; *(se betydelig).*

betraktning consideration, contemplation, reflection, meditation; *(bemerkning)* comment; *anstille -er over* reflect on; *i ~ av* in view of, considering; *ta i ~* take into consideration; allow for, make allowance for; *sette ut av ~* leave out of consideration (*el.* account); *komme i ~* be taken into consideration, be considered; *dette kommer mindre i ~* this is a secondary consideration.

betraktningsmåte view, point of view.

betre(de) *(vb)* set foot on.

betrekk cover; *(jvf bilpresenning & varetrekk).*

betro *(vb): ~ en noe* confide sth to sby, commit sth to sby's charge, trust sby with sth, entrust sth to sby; *~ en at* tell sby in confidence that; *hun var ikke i humør til å ~ seg til noen* she wasn't in a confiding mood.

betrodd *(om person)* trusted; confidential (*fx* a c. clerk); *-e midler* trust funds; *~ stilling* position of trust.

betrygg|else reassurance, security; safeguard; *en ~* a safeguard. **-ende** adequate, satisfactory; *(se beskyttelse; sikkerhet).*

betutt|else confusion, bewilderment, perplexity. **-et** confused, bewildered, perplexed, taken aback.

betvile *(vb)* doubt, question.

betvinge *(vb)* subdue, conquer; repress, check, curb, control; *~ seg* control oneself. **-er** subduer, conqueror, master.

bety *(vb)* signify, mean, denote; represent (*fx* this would represent a significant surrender to economic pressure from X); involve (*fx* this involves (*el.* means) coping with large numbers of people); *(være av viktighet)* matter; *et feiltrinn ville ~ døden* a false step would mean death; *døden betydde ingenting for ham* death was nothing to him; *det har ikke noe å ~* it does not matter; *som om det hadde noe å ~* as if that mattered; *har meget å ~* is of great consequence; *det -r meget hvordan det blir gjort* it makes a difference how it is done; *har lite å ~* is of little consequence; *noe som skulle ~ en frokost* an apology for a breakfast; *det -r ikke noe godt* it's a bad omen; it bodes ill; *en mann som har noe å ~* an influential man.

betyde *vb (la forstå)* give to understand.

betydelig *(adj)* considerable; *(adv)* considerably; *en ~ forfatter* an important (*el.* well-known) writer (*el.* author).

betydning *(av ord)* meaning, signification, sense;

ordenes ~ *er forsøkt innkretset ved et rikt utvalg av eksempler* an attempt has been made to give the meaning of words as precisely as possible by supplying a generous selection of examples; *(viktighet)* significance, importance, consequence; *av* ~ of importance, of consequence, important; *ikke av noen* ~ of no consequence; *få* ~ *for* become important for; *få praktisk* ~ become of practical importance; *i dårlig* ~ in a bad sense; *i overført* ~ in a figurative sense; in a non-literal sense; *i en viss* ~ in a sense; *i videre* ~ by extension of meaning; *i* ~ *av* in the sense of; *legge en dårlig* ~ *i* put a bad construction on.

betydningsfull *(viktig)* important; *(uttrykksfull)* expressive, significant; *en* ~ *person* a somebody; *-e personer* important persons, persons of great account.

betydnings|løs *(ubetydelig)* insignificant, unimportant. **-løshet** insignificance, unimportance.

beund|re *(vb)* admire. **-rende** admiring; *(adv)* admiringly. **-rer** admirer. **-ring** admiration; *(se ublandet).* **-ringsverdig** admirable; *(adv)* admirably.

bevandret well versed, practised, skilled *(i* in), conversant, familiar *(i* with).

bevar|e *(vb)* keep, preserve; *Gud* ~ *kongen!* God save the King! *(Gud) -es! (undrende)* good gracious! good heavens!; *(innrømmende)* of course, most certainly; *nei,* ~ *meg vel!* good Lord no! ~ *fred* preserve the peace; ~ *taushet* keep silent; ~ *for* save from; ~ *mot* protect *(el.* save) from. **-t** *(i behold)* preserved, extant; *en godt* ~ *hemmelighet* a closely guarded secret.

bevaring keeping, preservation. **-smiddel** preservative.

beve *(vb)* tremble, shake, quake, quiver; ~ *av frykt* shake with fear; ~ *for* dread; *(se beven).*

beveg|e *(vb)* move, stir; *(formå)* induce, prompt; *han lot seg ikke* ~ he was not to be moved; he remained inflexible; ~ *seg* move; *(mekanisk)* travel, work; *jorda -er seg om sin akse* the earth revolves *(el.* turns about *(el.* round) its (own) axis; *(se også beveget).* **-elig** movable; *(mest fig)* mobile; *lett* ~ impressionable, susceptible, excitable; ~ *kapital* liquid capital. **-elighet** mobility; movability; susceptibility, excitability.

bevegelse movement, motion; *(røre)* stir; *(mosjon)* exercise; *(sinns-)* agitation, emotion, excitement; *komme i* ~ be set moving, start, get going, get into motion; *sette i* ~ set in motion, set going, set moving, start; *sette blodsirkulasjonen i* ~ cause the blood to circulate; *sette himmel og jord i* ~ move heaven and earth, leave no stone unturned; *sette sinnene i* ~ cause a public reaction, cause a stir, agitate the public mind; *sette seg i* ~ get going; move (off); start; *(fig)* take action, move, make a move, begin to act, get going, get busy; *være i stadig* ~ be in constant motion.

bevegelses|evne power of locomotion. **-frihet** freedom of movement. **-nerve** motor nerve.

beveget *(rørt)* moved, affected, stirred; *(begivenhetsrik)* eventful, dramatic; *en* ~ *stemme* a voice touched with emotion; a voice quivering with emotion.

beveggrunn motive, inducement.

beven *(litt.)* trembling, tremor; *med frykt og* ~ in *(el.* with) fear and trembling.

bevendt: *det er dårlig* ~ *med ham* he is in a bad way; *det er ikke rart* ~ *med hans kunnskaper* his knowledge is not up to much.

bever *(zool)* beaver. **-hytte** beaver('s) lodge. **-rotte** *(den sydamerikanske)* coypu. **-skinn** (fur of the) beaver, beaver pelt.

beverte *(vb)* entertain, treat.

bevertning *(det åbeverte)* entertainment; *(mat og drikke)* food and drink.

bevertningssted inn, public house; **T** pub.

bevilg|e *(vb)* grant; *(ved avstemning)* vote *(fx* Parliament voted large sums); *han er ansvarlig for at de -ede beløp ikke overskrides* he is responsible for ensuring that grants are not exceeded. **-ning** *(av penger)* grant; *fordele -er* allocate funds; *trykt med* ~ *fra* printed on a grant form; *(parl)* appropriation *(fx* grant or withhold appropriations; fix appropriations). **-ningsrett** right to grant supplies.

bevilling licence; **US** license; *gi* ~ grant a l.; *ha* ~ hold a l.; *løse* ~ take out a l.; *søke* ~ apply for a l.; *advokaten ble fratatt sin* ~ the solicitor was struck off the rolls. **-shaver** licensee.

bevinget winged; *bevingede ord* familiar quotations.

bevirke *(vb)* effect, work, bring about, cause; *dette -t at* ... this had the effect of (-ing).

bevis evidence; proof (NB *pl:* proofs) *(på, for,* of); *(uttrykk for følelser, etc.)* proof, demonstration, evidence *(på* of); *det er ingen* ~ *mot arrestanten* there is no case against the prisoner; *anføre som* ~ *at* ... put in evidence that ...; *avkrefte et* ~ invalidate *(el.* reduce *el.* weaken) a piece of evidence; *et fellende* ~ a damning piece of evidence; *føre* ~ *for* prove, demonstrate, furnish proof *(el.* evidence) of; *på grunn av -ets stilling* because of the state of the evidence; *som* ~ *på* in proof of; *et* ~ *på det motsatte* a proof of the contrary; *et* ~ *på at* a proof that.

bevisbyrde burden *(el.* onus) of proof *(fx* the b. of p. lies with *(el.* is on) the plaintiff).

bevis|e *(vb)* prove, demonstrate, show; ~ *sin påstand* establish *(el.* make good) one's case. **-føring** (line of) argument, demonstration; production of evidence; the calling of e. **-kjede** chain of evidence. **-kraft** weight as evidence, validity (as evidence).

bevislig demonstrable, provable.

bevismateriale evidence.

bevisopptagelse hearing *(el.* taking) of evidence; *gå i gang med -n* begin with the hearing of the evidence.

bevisst *(adj)* **1***(som kommer fram i bevisstheten)* conscious; **2***(gjort med vilje)* deliberate; *halvt*~ semiconscious(ly); subconscious(ly); *en* ~ *løgn* a deliberate lie *(fx* tell a deliberate lie); *ikke meg* ~ (ɔ: *ikke så vidt jeg vet)* not that I know of; *være seg noe* ~ be conscious *(el.* aware) of sth; *han var seg ikke* ~ *å ha gjort noe galt* he was not conscious of having done anything wrong; *være seg selv* ~ be conscious; be in a state of consciousness; *han er* ~ *løgnaktig* he is deliberately untruthful.

-bevisst -minded *(fx* price minded).

bevissthet consciousness; *bringe en til* ~ restore sby to consciousness; *tape -en* lose consciousness, become unconscious; *komme til* ~ *igjen* regain consciousness, come to; *i -en om* conscious of; *i -en om at* conscious *(el.* aware) that, in the knowledge that; *ved* ~ conscious.

bevisstgjøre *(vb):* ~ *en* make sby (fully) aware *når det gjelder* of); ~ *seg selv* make oneself (fully) aware.

bevisstgjøringsprosess process of increasing awareness *(fx* this is a process of increasing awareness, which will necessarily take some time).

bevissthetsspaltning *(psykol)* divided consciousness.

bevissthetsterskel *(psykol)* threshold of consciousness.

bevæpne

Did you know that
Norway and Britain are among the only countries in the world where the police are unarmed?

bevisstløs unconscious; *i ~ tilstand* in an unconscious state; unconscious.
bevisstløshet unconsciousness.
bevitn|e *vb (stadfeste)* certify, testify (to), attest; *(skrive under på)* witness; *jeg kan ~ at* I can certify that; *herved -es at* this is to certify that; *vær vennlig å ~ underskriften* please attest *(el.* witness) the signature. **-else** attestation; certificate.
bevokst covered, overgrown.
bevokt|e *(vb)* watch, guard. **-ning** watch, guard; *under ~* under guard, under escort *(fx* the prisoners were sent to the camp under escort); *(se skarp).* **-ningsfartøy** guard ship.
bevre *(vb)* quiver.
bevæpn|e *(vb)* arm. **-et** armed. **-ing** arming; *(våpen)* arms; armament.
beære *(vb)* honour, favour (,**US:** favor); *føle seg -t* feel honoured (,**US:** honored); *han behaget aller nådigst å ~ oss med sitt nærvær* he deigned to favour us with the honour of his presence.
beånde *(vb)* inspire, animate.
bh *(bysteholder)* **T** bra.
bi: *stå en ~* assist sby, stand by sby; *legge ~ (mar)* heave to, lay to; *ligge ~* lie to, lie by.
bi(e) *(subst)* bee. **-avl:** *se birøkt.*
bibehold retention; *med ~ av* retaining.
bibel Bible. **-fortolkning** exegesis. **-historie** biblical history; *(skolefag)* scripture. **-kritikk** biblical criticism. **-ord** text. **-selskap** Bible society. **-sk** biblical, scriptural, scripture. **-språk** scriptural language. **-sted** Bible passage, (sacred) text.
bibemerkning incidental remark.
bi|beskjeftigelse spare-time job; **T** sideline. **-betydning** connotation; implication.
biblio|fil bibliophile, bibliophilist. **-graf** bibliographer. **-grafi** bibliography. **-man** bibliomaniac. **-mani** bibliomania.
bibliotek library; *(se håndbibliotek; leiebibliotek).*
bibliotekar 1. librarian; **2***(ved universitetsbibliotek)* assistant (university) librarian; (university) **US** librarian; *(se biblioteksassistent; bibliotek-sjef; førstebibliotekar; overbibliotekar).*
bibliotekfilial branch library.
bibliotekkort *(lånekort)* library ticket.
biblioteksassistent library assistant; *(se bibliotekar).*
biblioteksjef chief librarian; *(jvf overbibliotekar).*
bibliotekskole library school; *Statens ~* the Norwegian School of Library and Information Science.
bibringe *(vb): ~ en en forestilling* give sby an idea, convey an idea to sby; *~ ham kunnskaper* impart knowledge to him.
bicelle cell of honeycomb, alveolus.
bidevind *adv (mar)* close-hauled, by the wind.
bidra *(vb)* contribute; *~ med noe* contribute sth; *~ til* c. to; *(fig)* contribute to, make for, conduce to, be conducive to; *(se vesentlig).*
bidrag contribution; *(tegnet)* subscription; *levere ~ til* contribute to; *trykt med ~ fra* printed on a grant from.
bidragsyter contributor; subscriber.
bidronning *(zool)* queen bee.
bidronninggelé *(zool)* royal jelly.
bielv tributary, affluent.
bierverv extra source of income; **T** sideline; *(jvf bistilling).*
bifag: *se mellomfag.*
bifall applause, acclamation; *(samtykke)* approval; *stormende ~* tumultuous applause, a storm of applause; *fremkalle stormende ~ (også)* bring down the house; *vinne ~* meet with *(el.* gain) approval; *vinne alminnelig ~* meet with general approval.
bifalle *(vb)* approve (of), consent to, agree to; *bli bifalt av* be approved by, have the approval of.
bifalls|klapp plaudits *(pl).* **-mumling** murmur of approval. **-rop** shout of applause, (loud) cheer; loud cheering; *han ble hilst med ~* he was greeted with loud cheers. **-salve** round of applause. **-storm** roar of applause. **-ytring** cheer, applause.
biff beefsteak, steak; *~ med løk* (fried) steak and onions; *rå ~* underdone steak, rare steak; *torske-* cod steak; *greie -n* **T** pull *(el.* bring) it off, make it, manage (it); *(også* **US**) make the grade; *han greier nok -en* **T** he'll be sure to make it.
biff|gryte beef stew. **-pai** (beef)steak pie.
bi|figur minor *(el.* subordinate) character. **-fortjeneste** extra profit *(el.* gain); incidental earnings, perquisites; **T** profits on the side; *skaffe seg en ~ ved å ...* add to *(el.* eke out) one's income by (-ing).
bigam|i bigamy. **-ist** bigamist.
bigott bigoted. **-eri** bigotry.
bi|gård apiary, bee garden. **-handling** sub-plot; subplot; subsidiary plot; secondary plot. **-hensikt** subsidiary motive; *(jvf baktanke).* **-hensyn** secondary consideration.**-hold** bee-keeping. **-hule** *(anat)* sinus. **-hulebetennelse** sinusitis; **T** sinus trouble. **-inntekt:** *se bifortjeneste.* **-interesse** subsidiary interest; **T** sideline. **-kake** honeycomb.
bikke *(vb): ~ over* lean (over), topple (over), totter.
bikkje (**T** = *hund): det er flere flekkete -r enn prestens (sjelden:)* there are more Jacks than one at the fair; *det er mange -r om beinet* there are more round holes than round pegs.
bikkjeslagsmål cat-and-dog fight.
bi|klang undertone, note *(fx* there was a note of anger in his voice). **-klase** cluster of bees. **-knopp** *(bot)* adventitious bud. **-kronblad** *(bot)* coronal leaf. **-krone** *(bot)* corona.
bikse *(storkar)* bigwig.
bikube beehive, hive.
bil (motor)car; **US** *(også)* auto(mobile); *(drosje)* taxi; *holde ~* run *(el.* keep) a car; *kjøre ~* drive (a car); *kjøre ~ i påvirket tilstand* be drunk in charge of a car; *(jvf fyllekjøring); jeg har hatt et uhell med -en* I have had a breakdown with my car; my car has broken down.
bilag *(til brev)* enclosure; *(regnings-)* voucher; *(i*

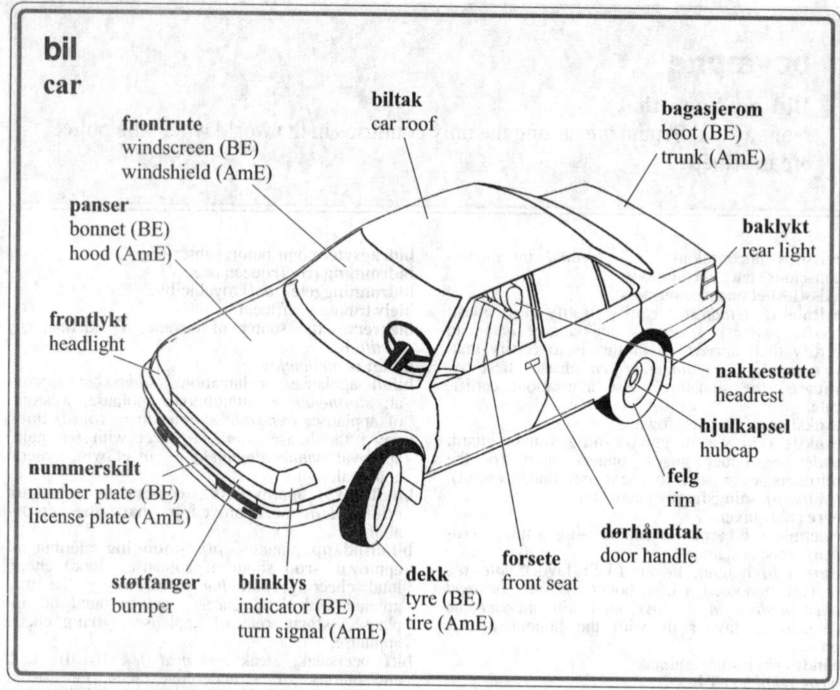

bok) appendix, supplement; *(i overenskomst, traktat)* schedule.

biland dependency.

bil|bensin petrol, motor spirit; **US** gas(oline). **-beskatning** the taxation of motor vehicles. **-bransje** motor trade *(el.* business); *han er i -n* he is in the m. b. **-brev** *(mar)* builder's certificate. **-brukstyv** joy-rider. **-bølle** road hog.

bilde picture; *(portrett, også)* portrait; *(fotografi)* photograph; **T** photo; *(speil-)* reflection; *(også fig)* image *(fx* in the i. of God; the i. left on the retina); *(metafor)* metaphor, simile, image; *levende -r* moving *(el.* living) pictures; *sin fars uttrykte ~* the very image *(el.* p.) of his father; *danne seg et riktig ~ av situasjonen* form a true p. of *(el.* a correct idea of) the situation; *disse tall gir ikke noe riktig ~ av markedssituasjonen* these figures are not the true reflection of the state of the market; *komme inn i -t* get *(el.* come) into the p.; *være i -t* know *(el.* be informed) about sth; **T** be in the p.; *på -t* in the p.; *et ~ på* a picture of *(fx* these figures show a true p. of the trade); *han er ute av -t* he's no longer in the picture, he's no longer considered a competitor *(se også situasjon; skjev A; øverst).*

bildekk 1. (motor) car tyre (,**US:** tire); *(se dekk);* **2***(mar)* car deck.

bildende *(adj): ~ kunst* the visual arts, the fine arts, the arts of design, the plastic arts.

bil|dilla T: *han har ~* he's mad on cars, he's got a craze for cars, he's motor-mad. **-dur** the sound of cars (,of a car), engine noise.

I. bile *(subst)* broad axe.

II. bile *(vb)* go by car, go in a car, motor.

bilegge *(forlike)* adjust *(fx* a difference), settle *(fx* a dispute, a strike).

bileggelse adjustment, settlement *(fx* of a dispute).

bil|fabrikk motor works *(NB* a m. w.), car factory. **-faglærer** motor engineering teacher. **-ferje** car ferry. **-forhandler** car dealer. **-forsikring** motor insurance; **US** automobile i. **-frakk** car coat. **-fører** driver. **-gal** motor-mad, car-mad. **godtgjørelse** car allowance; mileage allowance; *(ofte)* mileage. **-hold** keeping a car; *mine inntekter strekker ikke til ~* my income does not run to a car. **-holdeplass** taxi rank, cab rank; **US** cabstand, taxi stand. **-horn** motor horn. **-industri** motor industry; **US** automobile industry.

biling motoring.

bil|isme motoring. **-ist** motorist.

biljard (game of) billiards; *(bord)* billiard table; *spille ~* play billiards; *spille et parti ~* have a game of billiards.

biljard|ball billiard ball; *blank som en ~* (ɔ: *skallet)* bald as a coot. **-hull** pocket. **-kule:** *se -ball.* **-kø** billiard cue. **-spill** (game of) billiards.

bil|kirkegård car dump, breaker's yard. **-kjøring** motoring. **-kolonne** column *(el.* convoy) of motor vehicles; line (,**T:** string) of cars; **US** motorcade. **-kontroll 1.** roadworthiness check; **2***(vei-)* spot (road) check. **-konvoi** *(mil)* motor transport convoy. **-kortesje** line of cars; **T** string of cars; **US** motorcade. **-lakk** car enamel; **T** car paint. **-lakkerer** car painter. **-lass** carload *(fx* a c. of sand).

bille *(zool)* beetle.

billed|ark picture sheet. **-bibel** illustrated *(el.* pictorial) Bible. **-blad** illustrated paper. **-bok** picture book. **-bånd** picture strip, film strip; *(film uten lydspor)* visuals, mute. **-båndopptaker** video tape recorder. **-dyrkelse** image worship, iconolatry. **-dyrker** image worshipper, iconolater.

billede: *se bilde.*

billed|flate 1. picture surface; **2***(fys)* perspective plane. **-frekvens** *(film)* frames per second, f.p.s. **-galleri** picture gallery. **-hogger** sculptor. **-hoggerarbeid** sculpture, (piece of) statuary. **-hoggerinne** sculptress. **-hoggerkunst** (art of) sculpture. **-kort** *(kort)* court card.

billedlig *(adj)* figurative, metaphorical; *(adv)* -ly; ~ *talt* figuratively *(el.* metaphorically) speaking; *et ~ uttrykk* a figure of speech, a metaphor.

billedplan picture plane; *(fot)* focal plane; *(geom)* picture plane, perspective plane; projection plane.

billed|prakt (splendid) imagery. **-reportasje** news pictures. **-rik** full of images; figurative, metaphorical. **-rikdom** (abundant) imagery. **-skjærer** (wood) carver. **-skjønn** strikingly beautiful, of great *(el.* outstanding) beauty *(fx* a woman of great *(el.* outstanding) b.). **-språk** figurative language, imagery. **-storm** breaking of images, iconoclasm, iconoclastic riot. **-stormende** iconoclastic. **-stormer** image breaker, iconoclast. **-strid** iconoclasm. **-støtte** statue. **-tekst** caption. **-utsnitt** detail (of picture); *(foto)* trimmed print. **-verden** world of images, imagery *(fx* Shakespeare's i.). **-verk** pictorial work, illustrated work.

billett 1. ticket *(fx* railway t.); **2***(svar på annonse)* reply to an advertisement; **3***(lite brev)* note; *legge inn ~ på en annonse* reply to an advertisement; *Bm (fk. f ~ merket)* = apply Box *(fx* apply Box X); *løse ~* take *(el.* buy) a ticket, book (a ticket) *(fx* I have booked to London); *kjøpe ~ til et teaterstykke* book for a play; *har alle fått -er?* any more fares, please? *må jeg få se -ene, takk!* tickets, please; *~ til annen klasse* second-class ticket; *~ helt fram, takk!* right through, please; *vi har ~ helt fram til X* we are booked through to X.

billett|automat (automatic) ticket machine. **-hefte** book of tickets; coupon book. **-inntekt** *(ved fx sportsstevne)* gate money; *(i teater)* box-office receipts. **-kontor** booking office; **US** ticket office; *(i teater)* box-office; *(ved kino ofte)* paybox; (NB *oppslag:* Book Here). **-kontroll** inspection of tickets; *(stedet)* barrier *(fx* tickets must be shown at the b.). **-kontrollør** *(ved sportsplass, etc)* gateman; *(i teater)* attendant; *(se jernbaneekspeditør, konduktør, togkontrollør).* **-luke** (booking-office) window; *(i teater)* (box-office) window; *(ved sportsplass, etc)* wicket. **-pris 1** *(tog, etc)* fare; **2.** (price of) admission, entrance fee, admission fee. **-saks** clipper, ticket punch. **-salg** sale of tickets; *-et (det samlede)* the booking; *-et begynner kl. 10* the booking office (,box-office) opens at 10 a.m. **-selger 1** *(ved sportsstevne, etc)* gateman; **2:** *se jernbaneekspeditør.* **-tang** ticket punch.

billettør *(på buss, trikk)* conductor; *(kvinnelig)* conductress; **T** clippie; *(jvf konduktør).*

billig *(pris-)* cheap, low-priced, inexpensive; *(neds)* cheap; *(rimelig, berettiget)* fair, reasonable, just, equitable; *(adv)* cheap(ly) *(fx* buy sth cheap), on the cheap *(fx* he got it on the cheap), inexpensively *(fx* live i.), at a low price, for very little; *~ elektrisitet* low-cost electricity; *~ transport* low-cost transportation; *få det for en ~ penge* get it cheap; *maskinen er ~ i drift* the engine is economical; the e. has a low running cost; *det faller -ere* it comes cheaper; *selge ~* sell cheap; *slippe ~* get off cheaply *(el.* light) *(fx* he got off light); *vanvittig ~* **T** dirt cheap.

billig|billett excursion ticket. **-bok** paperback.

billige *vb (bifalle)* approve of, sanction, assent to; **T** o.k. *(fx* the report was o.k.'d by the directors); *jeg -r ikke ... (også)* I disapprove of.

billigelse approval *(av* of), approbation *(av* of), sanction *(av* of), assent *(av* to); *hans ~ av planen* his approval of *(el.* assent to) the scheme; *med hans fulle ~* with his full approval.

billighet 1 *(pris-)* cheapness, inexpensiveness; **2** *(rimelighet)* fairness, reasonableness, justice, equity; *med ~* in fairness. **-sgrunner:** *av ~* for reasons of equity. **-skrav** *(jur)* claim in equity.

billion a million millions; *(hist)* billion; **US** trillion.

bil|lys headlight (of a car); *-et* the headlights. **-løp** motor *(el.* car) rally; *(på bane)* motor *(el.* car) race. **-mekaniker** *(faglært)* motor mechanic; *(motor- og understellsreparatør)* light (,heavy) (motor) vehicle mechanic; *(se bilreparatør).* **-mekanikk** motor (vehicle) engineering; automobile engineering; *(se maskinlære; maskinteknikk).* **-merke** make (of car). **-opphoggeri** breaker's yard. **-oppretter** panelbeater. **-pledd** (motoring) rug. **-presenning** car cover; *(fasongsydd)* shaped c. c. **-ramp** road hog(s). **-registeret** = The Motor Tax Office (of X County Council). **-reise** car journey, (motor) drive *(fx* did you enjoy the drive to Bristol?). **-rekvisita** car *(el.* motor) accessories. **-rekvisitaforretning** car *(el.* motor) accessory shop, motor accessory dealer('s). **-reparatør** car repairer; *(faglært)* motor mechanic; *(ikke faglært, ofte)* garage hand. **-ring** car tyre (,**US:** tire). **-sakkyndig** *se biltilsynet.* **-salmaker** motor upholsterer. **-selger** car salesman. **-skatt** motor vehicle tax. **-skilt:** *se nummerskilt.* **-slange** tyre (,**US:** tire) inner tube. **-sport** motor sport.

Biltilsynet *(kan gjengis)* the Official Driving and Motor Vehicle Examiners; *inspektør i ~* driving (and traffic) examiner.

biltrafikk motor traffic.

biltur (motor) drive *(fx* go for a d.); **T** spin, run; *(lengre, især om rundtur)* motor tour; *(som passasjer, især)* ride; *(utflukt med turbil)* excursion by coach; *på ~ i Tyskland* motoring in Germany, on a motor tour in G.; (se I. tur).

bil|turist motor tourist. **-tyv** car thief. **-utleie** car hire service; *en leid bil* a self-drive hire car. **-utstilling** motor show. **-vask** car wash; *(det å)* car washing. **-vei** motor road; *(jvf motorvei).* **-verksted** (car) repair shop; *(mindre)* garage. **-vrak** wrecked car; ramshackle car; **T** old crock.

bimåne paraselene, mock moon.

bind *(på bok)* binding; cover *(fx* put a c. on a book); *(del av verk)* volume *(fx* a work in six volumes, a six-volume work); *(for øynene)* bandage; *med ~ for øynene* blindfold(ed); *gå med armen i ~* carry one's arm in a sling.

binde *(vt)* **1***(feste)* tie, tie up *(fx* t. a horse to a tree; tie up a dog), bind; **2***(holde sammen)* bind *(fx* the roots b. the sand); **3***(knytte)* tie *(fx* a knot); **4***(forene)* unite, cement; *(kjem)* combine; **5***(gjøre ufri)* trammel, fetter; **6***(forplikte)* bind *(fx* this promise binds me for life), commit *(fx* I don't want to c. myself); **7***(innbinde)* bind; **8***(virke forstoppende)* constipate, bind the bowels; *~ buketter* make bouquets; *~ ens hender* tie (up) sby's hands; *(fig)* tie sby's hands; *~ kapital* tie up *(el.* lock up) capital; *~ kranser* make wreaths; *~ nek* make *(el.* bind) sheaves; *~ penger* tie up money *(fx* in a business); *~ an med* tackle; *man er svært bundet av en baby* a baby makes one very tied; **T** a baby makes a tie; *~ en for øynene* blindfold sby; *~ en på hender og føtter* bind sby hand and foot; *~ noe sammen* tie sth together; *han hadde ikke noe som bandt ham til livet* he had nothing to live for; he had no ties in this life; *~ seg* bind *(el.* pledge *el.* commit) oneself; *han måtte ~ seg himself for five years.*

binde|evne *(om lim, etc.)* binding power. **-hud**

(øyets) conjunctiva. **-ledd** (connecting) link. **-middel** binder, binding material *(el.* agent). **-nål** *(garnnål)* netting needle.
bindende *(forpliktende)* binding *(for* on, for, *fx* the orders he takes are b. on the firm he represents; the agreement is b. on both parties); firm *(fx* a f. offer); *et* ~ *løfte* a binding promise; *før jeg avgir et* ~ *svar* before I commit myself; *med* ~ *virkning for meg* binding on me.
bindeord *(konjunksjon)* conjunction.
binder 1 *(selvbinder)* binder; **2***(murstein)* header.
binders paper clip.
binde|strek hyphen; *forsynt med* ~ hyphenated *(fx* a h. name). **-vev** *(anat)* connective tissue; *(se vev 2).*
binding *(ski-)* binding.
bindings|verk timber frame(work); *lett* ~ light framework. **-verkshus** half-timbered house.
bindsterk voluminous; *skrive -e bøker om* write fat volumes on.
binge bin *(fx* grain bin).
binne *(zool)* she-bear.
binnsåle insole.
binyre *(anat)* suprarenal gland, adrenal gland.
biodynamisk: ~ *dyrket* organically grown.
bio|graf *(levnetsskildrer)* biographer. **-grafi** biography. **-grafisk** biographic(al).
biolog biologist.
biologi biology.
biologisk biological.
biomstendighet incidental circumstance.
bi|person subordinate character. **-plan** biplane. **-planet** satellite. **-produkt** by-product. **-rett** side dish.
birkebeiner *(hist)* Birchleg; *(se bagler).*
birolle subordinate role, small part.
birøkt bee-keeping. **-er** bee-keeper.
bisak matter of secondary importance.
bisamskinn muskrat skin.
bisarr bizarre, odd.
bisetning (subordinate) clause, dependent clause.
bisette *(vb)* bury, inter (sby's ashes), lay (sby's ashes) in the grave.
bisettelse burial, interment; funeral.
I. bisk doggie; *-en!* (come) here, boy! *flink ~!* there's a good boy!
II. bisk *(adj)* snappish, fierce, gruff.
Biskayabukta *(geogr)* the Bay of Biscay.
biskhet snappishness, fierceness.
biskop bishop. **biskoppelig** episcopal.
bislag porch.
bisle *(vb)* bridle.
bismak subflavour, slight flavour, smack, tang *(fx* the wine has a t. of the cask); strange taste; **T** funny taste; **US** *(også)* off taste; *mat med en ubehagelig* ~ food with an unpleasant taste.
bismer steel yard. **-pund** *(glds)* = 12 lb.
bisonokse *(zool)* bison.
bisp bishop.
bispe|dømme bishopric, diocese; see. **-embete** see, episcopate, office of bishop. **-hue** mitre. **-sete** episcopal residence; see, cathedral city. **-stav** pastoral staff, croiser, crozier, bishop's crook. **-stol 1.** episcopal seat; **2***(embete)* see *(fx* he was offered the see of Winchester). **-visitas** episcopal visitation.
bispinne bishop's wife.
bissel *(munnbitt)* bit; *(tøyle)* bridle; *legge* ~ *på (,ta-et av)* bridle (,unbridle) (a horse). **-stang** branch (of a bit).
bissevov *(barnespråk)* bow-wow, wow-wow.
bistand assistance, aid; *yte en* ~ give *(el.* lend) sby assistance; *juridisk* ~ legal advice; *søke juridisk* ~ take legal advice.
bister *(barsk)* fierce, grim, gruff, stern.
bistikk (bee) sting.
bistilling *(motsatt hovedstilling)* part-time post *(el.* job); **T** sideline.
bistå *(vb)* assist, aid.
bisverm swarm of bees.
bit bit, morsel, piece *(av* of); *(mat-)* **T** bite *(fx* have a b. to eat); *jeg kunne ikke få ned en eneste* ~ *til* I couldn't eat another bite.
bite *(vb)* bite; *(om kniv, etc)* cut, bite *(fx* the saw bites well); *(om fisk)* rise to the bait, take *(el.* swallow) the bait, bite; ~ *en av* cut sby short, interrupt sby; ~ *etter* snap at; ~ *fra seg (fig)* hit back, fight back; hold one's own; ~ *i* bite; *den bet meg i fingeren* it bit my finger; ~ *i et stykke brød* bite into a slice of bread; ~ *seg fast i noe* catch hold of sth with one's teeth, bite on to sth; *det kan du* ~ *deg i nesen på!* you bet your boots *(el.* life)! ~ *noe i seg* swallow; ~ *i det sure eplet* swallow the bitter pill; ~ *i gresset* bite the dust; ~ *over* bite in two; ~ *på kroken (om fisk, også fig)* swallow *(el.* take) the bait, rise (to the bait); *ingenting -r på ham* he is proof against anything; he is thick-skinned; ~ *tennene sammen* clench one's teeth; **bites** bite each other; *han er ikke god å* ~ *med* he is an ugly customer.
bitende biting, cutting; *(fig)* caustic, sharp; *en* ~ *kald vind* a nipping wind; *det er en* ~ *kulde* it is bitterly cold.
bitering *(for baby)* teething ring
bitestikkel *(anat)* epididymis; appendix testis.
biting secondary matter.
bitt bite; *få* ~ get a bite *(el.* rise) *(fx* I didn't get a single bite).
bitteliten very small, tiny.
I. bitter bitter; *(om smak, etc)* acrid, bitter; *en* ~ *stund* an hour of bitterness; *bitre tårer* hot tears, tears of distress.
II. bitter *(magebitter)* bitters; *en dram* ~ a glass of bitters. **-essens** bitters.
bitterhet bitterness, acridity, acrimony.
bitterlig *(adv)* bitterly; ~ *kaldt* bitter(ly) cold.
bittermandel bitter almond.
bittersøt *(jvf sursøt)* bitter-sweet.
bivirkning side effect; *(m.h.t. medisin, også)* adverse effect.
bivoks bees' wax.
bivuakk *(mil)* bivouac. **bivuakkere** *mil (vb)* bivouac.
bivåne *vb (overvære)* be present at, attend.
biårsak subordinate cause.
bjart bright, clear, light.
bjeff yelp, yap. **-e** *(vb)* yelp, yap.
bjelke beam; *(især jern-)* girder; *(gulv-)* joist; *(tak-)* rafter. **-lag** tier of beams. **-loft** raftered ceiling.
bjelle jingle, little bell. **-klang** jingling, jingle, sound of bells. **-ku** bell cow.
bjerk: *se bjørk.*
bjølle: *se bjelle.*
bjørk *(bot)* birch.
bjørke|bark birch bark. **-skog** birch wood. **-tre** birch (tree). **-ved** birchwood.
bjørn bear; *brun* ~ brown bear; *den grå* ~ the grizzly bear; *Den store* ~ the Great Bear; *Den lille* ~ the Lesser Bear; *selg ikke skinnet før -en er skutt* don't count your chickens before they are hatched.
bjørne|aktig bearish. **-bær** *(bot)* blackberry. **-far** bear's track. **-hi** bear's (winter) lair. **-jakt** bear-hunting. **-jeger** bear hunter. **-labb** bear's paw. **-mose** *(bot)* haircap (moss), hairmoss. **-skinke** bear ham. **-skinn** bear's skin. **-skinnslue** bearskin. **-spor:** *se -far.* **-tjeneste** disservice, ill turn; *gjø-*

re en en ~ do sby a disservice. **-trekker** bear leader. **-unge** bear's cub.

bla *(vb)* turn over the leaves; ~ *i* turn over the leaves of; ~ *igjennom en bok* leaf *(el.* look) through a book; **US** page through a b.; ~ *om* turn over (the leaf); ~ *videre til s. 20* turn to page 20.

blad *(på tre, i bok)* leaf *(pl:* leaves); *(på kniv, saks, gress)* blade; *(åre-)* (oar) blade; *(avis)* (news)paper; *(tidsskrift)* magazine, periodical; *når bjørka har blader* when the birch is in leaf; *spille fra -et* play at sight; sight-read; *synge fra -et* sing at sight; sight-read; *ta -et fra munnen* speak out, speak one's mind; not to mince matters; *han er et ubeskrevet* ~ he is an unknown quantity; *-et kan vende seg* the tables may turn; *(se vende: ~ seg).*

blad-: *se også avis-.*

bladaktig foliaceous, resembling a leaf.

bladdannelse foliation.

-bladet -leaved *(fx* four-leaved).

bladfjær leaf spring, laminated spring, plate spring.

bladformet formed like a leaf.

bladgrønnsaker *(pl)* green leafy vegetables.

blad|grønt *(bot)* chlorophyll; **T** leaf-green. **-gull** goldleaf; *uekte* ~ leaf metal. **-hengsel** flap hinge. **-hjørne** *(bot)* axil. **-knopp** leaf bud. **-lus** aphis, greenfly, plant louse. **-løs** leafless; *(fagl)* aphyllous. **-mose** *(bot)* moss. **-neger** *(neds)* newshound. **-plante** foliage plant. **-prakt** leafy splendour. **-ribbe** *(bot)* rib. **-rik** leafy. **-rikdom** leafiness. **-salat** lettuce. **-smører** newspaper scribbler. **-stilk** leaf stalk, petiole. **-sølv** leaf silver. **-tinn** tinfoil. **-tobakk** leaf tobacco.

blaff *(svakt vindpust)* breath *(el.* puff) of wind; *(krusning)* cat's paw; *et kort* ~ *(fig; om kortvarig anstrengelse el. suksess)* a flash in the pan; *slokne med et* ~ *(om lys)* puff out; *det gir jeg -en i* **T** I couldn't care less.

blaffe *vb (om lys)* flicker; *(om seil): se blafre.*

blafre *(vb)* flap; *(om lys)* flicker; *begge seilene -r fritt* both sails are flapping free.

blakk 1. fallow, pale; *(om hest)* dun; **2***(pengelens)* broke, cleaned out.

blakne *(vb)* get fallow *(el.* pale).

blamasje disgrace, scandal; *(fadese)* blunder.

blamere *(vb)* disgrace, make a fool of; ~ *seg* make a fool of oneself, make a blunder; **T** put one's foot in it.

blandbar: *-e væsker* miscible fluids.

blande *(vb)* mix, mingle, blend; *(kort)* shuffle; ~ *seg i andres saker* meddle in other people's business; *unnskyld at jeg -r meg inn (i en samtale), men ...* excuse me for interrupting, but ...; **T** excuse my butting *(el.* chipping) in, but ...; *(se borti).*

blandebatteri mixing battery, mixer *(el.* combination) tap.

blandet mixed, mingled; *hund av* ~ *rase* mongrel; *skrifter av* ~ *innhold* miscellaneous writings.

blanding mixing, mixture, compound; blend; *(broket)* medley; *(av metall)* alloy, amalgamation; *fet (,mager)* ~ *(bensin)* rich (,lean) mix; *med en* ~ *av håp og frykt* with mingled hope and terror.

blandings|del ingredient. **-farge** mixed colour. **-forhold** proportions of a mixture; *(sammensetning)* composition. **-form** hybrid form. **-rase** crossbreed; *(folk)* hybrid race. **-språk** mixed language.

blank shining; shiny; glossy *(fx* the seat of his trousers is g.); *(især om metall)* bright; *(pengelens)* cleaned out, broke; *et -t avslag* a flat refusal; *med -e våpen (fig)* in a fair fight; ~ *som et speil* smooth as a mirror; *la stå -t* leave blank; *trekke -t* draw.

blanke *(vb)* polish, brighten.

blankett form; **US** blank.

blank|het brightness, polish. **-is** bare ice.

blanko in blank.

blanko|aksept blank acceptance. **-fullmakt** carte blanche. **-kjøp** bull purchase. **-kreditt** blank credit. **-sjekk** blank cheque. **-tratte** blank draft. **-underskrift** paper signed in blank; blank signature. **-veksel** blank bill.

blankpolering polishing.

blankslitt glossy, shiny.

blanksverte blacking.

blant among; from among *(fx* he was chosen from among ten applicants); ~ *andre* among others, for one; ~ *annet* for one thing, among other things, inter alia; *jeg* ~ *andre* I, for one.

blasert blasé.

blaserthet blasé state of mind.

blasfe|mi blasphemy. **-misk** blasphemous.

blass pale, colourless (,**US:** colorless).

bledning *(forst)* selection felling; (,**US:** cutting).

blei *(kile)* wedge; *(vrien person)* wronghead.

bleie (baby's) napkin, nappy; **US** diaper; *papir-* disposable *(el.* paper) nappy; **US** disposable diaper.

bleik: *se blek.*

bleike *(vb)* bleach. **-tøy** bleach linen.

blek pale; *(litt blek)* palish; *(svært blek)* pallid; *(likblek)* white, wan; *bli* ~ turn pale; ~ *av skrekk* pale with terror; *han ble både rød og* ~ his colour came and went.

blekblå pale blue.

blek|fet flabby. **-gul** pale yellow; straw-coloured. **-het** paleness, wanness.

I. blekk *(jern-): se blikk.*

II. blekk *(skrive-)* ink; *(se II. blekke).* **-aktig** inky.

I. blekke *subst (bot; lite blad)* small leaf.

II. blekke *(vb)* stain with ink; ~ *seg til på fingrene* get ink on one's fingers.

blekk|flaske ink bottle. **-flekk** ink stain, ink spot, blot.

blekk|smører scribbler, ink slinger. **-sprut** *(zool)* cuttlefish; *(åttearmet)* octopus; *(liten, tiarmet)* squid.

blekne *(vb)* turn pale; *(om farge & fig)* fade.

blek|nebbet pale-looking. **-rød** pink.

blemme blister; *(frostblemme)* chilblain.

I. blende *subst (min)* blende.

II. blend|e *(vb)* dazzle; *(vindu)* darken; *(om bilist)* dip the (head)lights; *la seg* ~ *av* be dazzled by; be deceived by. **-ende** dazzling.

blender *(fot)* diaphragm, stop *(fx* what stop are you using?). **-innstilling** aperture adjustment. **-åpning** aperture.

blending dazzling; *(mørklegging)* blackout.

blendverk delusion, illusion; mirage, phantom.

blest *(oppstuss): lage (el. skape)* ~ *omkring noe (,om et arrangement)* make a great fuss *(el.* to-do) about sth (,about an arrangement); *det har stått* ~ *om(kring) saken* there has been a great deal of fuss about the matter; the matter has been given a lot of publicity; *det stod* ~ *om ham* he made *(el.* got) himself noticed; he was a colourful personality.

bli 1*(hjelpevb i passiv)* be *(fx* he was killed); get *(fx* he got *(el.* was) caught); **US** *(også)* become; *hun så at han ble drept* she saw him killed; *han -r ofte forvekslet med broren* he is often mistaken for his brother; *nei, det ble ikke (snakket) så mye engelsk* no, we didn't speak English so (very) much; ~ *solgt for (også)* go for *(fx* the house went for £90,000);

2*vi (forbli)* stay, remain; ~ *her* stay here; *-r*

han lenge her? will he be here long? *hvor lenge ble du der?* how long did you stay (*el.* stop) there? *jeg vil gjerne få deg til å* ~ I want to (*el.* should like to) get you to stay; *gåten var og ble uløselig* the mystery remained insoluble; *han er og -r en narr* he's a fool and always will be; ~ *liggende (i sengen)* stay in bed; *(om gjenstand i bevegelse)* come to rest; ~ *sittende (,stående)* remain sitting (,standing); ~ *sittende til det hele er over (om forestilling, etc)* sit it out; *(jvf ndf:* ~ *til siste slutt); han ble værende der i to år* he stayed there for two years;

3*vi (overgang til annen tilstand, stilling, tro, etc)* become; *(ved adj)* get, become (*fx* angry, rich); go (*fx* mad; they went quite wild over it); *(langsomt)* grow (*fx* old); *(plutselig el. ved meningsendring, trosendring, etc)* turn (*fx* pale, red); ~ *bedre* get (*el.* become) better; improve; *hun drakk medisinen, men ble ikke bedre* she drank (*el.* took) the medicine but did not improve; ~ *blek (blekne)* turn pale; ~ *forræder* turn traitor; ~ *frisk* get well; *(se II. frisk);* ~ *gift* get married; *hun begynte å* ~ *grå (i håret)* her hair was going grey; *jeg ble kald over det hele* I went cold all over; ~ *katolikk (,protestant, kristen)* turn Catholic (,Protestant, Christian); ~ *kjent* come to be known, become known; ~ *konge* become king; *han vil* ~ *kunstner* he wants to become (*el.* to be) an artist; ~ *lys! (bibl)* let there be light! ~ *profesjonell (om idrettsutøver)* turn professional; ~ *rik* get (*el.* become) rich; *det -r sent* it's getting late; ~ *sint* get angry (*på en* with sby); ~ *sur (om melk, etc)* turn sour; ~ *syk* fall ill, be taken ill, get ill, become ill; *det -r vanskelig* it will be difficult; it is going to be difficult; ~ *voksen* grow up; ~ *våt (på bena)* get (one's feet) wet;

4*vi (beløpe seg til)* be, make, come to (*fx* that will be £2);

5*vi (oppstå, bli arrangert)* arise, come on, be; *det vil* ~ *dans* there will be dancing; *det ble stille* there was a silence; *det ble uvær* there was a storm; a storm came on; *det ble vanskeligheter* difficulties arose;

6 *vi (vise seg å være)* be, turn out (to be), prove; *jeg håper det -r en pike (om ventet baby)* I hope it will be a girl; *han -r en bra ektemann for henne* he will make her a good husband;

7 *vi (fylle år)* be; *han -r 20 år i morgen* he'll be 20 (years old) tomorrow;

8 *vi (skje): det skal* ~*!* as you wish! *[forb. med prep, adv, konj] det ble ikke noe* **av** it came to nothing; nothing came of it; *det -r ikke noe av bryllupet* the wedding is off; *det -r det ikke noe av* that won't come off; *(truende)* not if I can help it! over my dead body! *det ble ikke noe av planene våre* our plans fell through; *det ble ikke noe av prosjektet* the project did not materialize; *det -r ikke noe av turen* the trip won't come off; *jeg burde slå plenen, men det -r det ikke noe av i dag* I ought to mow the lawn, but I shan't get round to (doing) it today; *hvor -r det av ham?* what can be keeping him? *hvor er det -tt av boka mi?* where has my book got to? *hvor er det -tt av ham?* what has become of him? *hva skal det* ~ *av ham?* what is to become of him? *det -r penger av det* it all adds up; ~ *av med* get rid of; *(miste)* lose; *(få solgt)* dispose of; get off one's hands; *det var da (enda) godt vi ble av med ham!* good riddance! ~ **borte** *(utebli)* stay away; *(gå tapt, forsvinne)* be lost, disappear; *boka er -tt borte (er kommet bort)* the book is lost; *jeg -r borte i morgen* I shan't be here tomorrow; *jeg -r ikke lenge borte* I shan't be long; *-r du lenge borte?* will you be (away) long? *jeg -r borte i 14 dager* I am going away for a fortnight; *han -r borte et år* he will be away for a year; *han er -tt helt borte (vi ser ham ikke lenger)* he has completely disappeared; *om oljen skulle* ~ *borte* if oil supplies were to be cut off; ~ **borte fra** stay away from (*fx* stay away from a meeting); *(skulke)* cut (*fx* cut a lecture); *han ble* **borte på** *sjøen* he was lost at sea;

han arbeidet i to dager og **dermed** *ble det* he worked for two days and that was all;

~ **hjemme** stay at home; *(forbli)* remain at home; ~ *hjemme fra skolen* stay home from school; stay away from school;

~ **igjen** stay behind; stay on; *(om rest)* be left (over); *det ble ikke noe igjen* nothing was left over;

~ **inne** stay indoors, stay in; remain indoors; *(holde seg inne)* keep indoors;

~ **med** come along (*fx* she came along with us); *hvem -r med?* who's coming (along)? *hvis Frankrike -r med (i krigen)* if France joins in (*fx* we shall win the war if France joins in); *det er veldig hardt for ham at ikke han også får* ~ *med* it's very hard on (*el.* sad for) him that he can't go too; *la det* ~ *med det* leave it at that; let the matter rest there; *det ble med det (også)* that was the end of that; there the matter dropped; *det ble ikke med det* that was not all; that was not the end of it; the matter did not stop there; *jeg tenker det -r med det!* (ɔ: *det er ikke mer å snakke om)* there's nothing more to be said about it; *men det ble med tanken* but it never got any further; but nothing ever came of it; *han lot det*~ *med truselen* he confined himself to the threat; ~ **med inn,** *da!* come along in!

det -r **mellom** *oss* this is to go no further; we will keep it to ourselves; it is just between ourselves; keep it to yourself;

når *-r det?* when is it to be?

~ *lenge* **oppe** stay up late;

~ *(natten)* **over** stay overnight, stay (*el.* stop) the night; *de ble der natten over (også)* they made a night stop there;

~ **over** *tiden* (ɔ: *lenger enn tillatt)* stay longer than permitted; outstay one's time; stay on; *det er vel ikke verdt å* ~ *over tiden (om sykevisitt, etc)* **T** I suppose I'd (,we'd, *etc)* better not stay too long; *han ble noen minutter over tiden* he stayed on for a few minutes;

~ **til** *(komme til verden)* come into existence, come into being; *jeg så det* ~ *til* I saw it being made; *nå, hva -r det til?* well, what about it? *hva skal alt dette* ~*til?* how is it all going to end? ~ *til intet* come to nothing.

blid mild, gentle; *hans -e vesen* his gentleness; *ikke se på med -e øyne* frown on, take a stern view of.

blidelig, blidt *(adv)* mildly, gently.

blid|gjøre *(vb)* soften, mitigate. **-het** mildness, gentleness.

I. blikk look, glance, eye; *alles* ~ all eyes; *en pen håndveske fanget hennes* ~ a nice handbag caught her eye; *ha* ~ *for* have an eye for; *med et eneste* ~ at a glance; *sende ham et* ~ give him a look; *ved første* ~ at first sight.

II. blikk *(jern-)* sheet metal; tin plate.

blikk|boks tin; (*især* **US**) can. **-emballasje** tin packing. **-enslager** tinsmith, tinman. **-eske** tin. **-fang** eye catcher. **-plate** tin plate. **-spann** tin pail.

blikk|tøy tin articles. **-varer** *(pl)* tinware.

blind blind; *den -e* the blind man (,woman); *de -e* the blind; ~ *for* blind to; ~ *på det ene øyet* blind in (*el.* of) one eye; ~ *alarm* false alarm; ~ *høne kan også finne et korn* a blind man may hit the mark; ~ *kjærlighet* blind love;

kjærlighet gjør ~ love is blind; ~ *lydighet* blind *(el.* implicit) obedience; ~ *tillit* implicit confidence; *-t (adv)* blindly, heedlessly.
blinddør blind door.
I. blinde: *i* ~ in the dark, blindly; *(uten å se seg for)* blindly, rashly, heedlessly.
II. blinde *vb (gjøre blind)* blind.
blinde|bukk blind man's buff. **-mann** *(kort)* dummy; *hos* ~ in dummy.
blindfødt born blind.
blindgate blind alley, cul-de-sac; *(også fig)* dead end.
blindhet blindness.
blinding *(arkit)* bricked-up *(el.* blind) window.
blind|passasjer stowaway. **-ramme** canvas stretcher. **-skjær** sunken rock. **-tarm** *(anat)* caecum; *(vedhenget)* appendix; *ta -en* have one's a. removed. **-tarmbetennelse** appendicitis.
blingse *(vb)* squint. **-t(e)** squint-eyed, cross-eyed.
blink 1. *(glimt)* gleam, flash; *(med øyet, som signal)* wink; *(av munterhet)* twinkle; **2**(*sentrum i skyteskive)* bull's eye; *skyte* ~ score a bull, hit the bull's eye; *(fig også)* hit the mark; *han skjøt seks -er* he scored *(el.* made) six bulls.
I. blinke *(vb)* gleam, twinkle, glimmer; *(med øynene)* blink; *(som tegn)* wink *(til* at); *(gi lyssignal)* flick.
II. blinke *vb (trær til felling)* mark, blaze.
blinkeøks *(forst)* marking axe; *(se øks).*
blink|fyr flashing light. **-lys** flashlight; *(på bil)* flashing indicator, flasher.
blinklysaggregat flasher unit; *(se aggregat).*
blink|skudd hit. **-skyting 1.** target shooting, target practice; **2**(*det at man treffer blinken)* bull's-eye shooting.
blitz *(fot)* flash lamp; *elektron-* flash gun; (*NB* **US:** flashlight = *lommelykt).*
blivende: *her er ikke noe* ~ *sted* we can't stay here; let's move on.
blod blood; *en prins av -et* a prince of the blood (royal); *-ets bånd* the ties of blood; *rød som* ~ scarlet; *la -et flyte* spill blood; *det er gått dem i -et* it has become part of their nature; *det ligger i -et* it's in their blood; *slå kaldt vann i -et!* don't get excited! keep cool! *svømme i* ~ swim *(el.* welter) in blood; *hans* ~ *kom i kok* his blood boiled; his blood was up; *med kaldt* ~ in cold blood; *han har fått* ~ *på tann* he has tasted blood; *slå en til -s* beat sby till the blood flows; *mitt* ~ *ble til is* my blood ran cold; *sette vondt* ~ make bad blood; *utgyte* ~ shed blood; ~ *er tykkere enn vann* blood is thicker than water; *(se vann).*
blod|appelsin blood orange. **-bad** massacre, slaughter. **-bestenkt** blood-stained. **-brekning** haematemesis, vomiting of blood. **-brokk** haematocele. **-byll** blood abscess. **-bøk** *(bot)* copper beech. **-dannelse** blood formation, forming *(el.* formation) of b., haematogenesis. **-dannende** blood-forming, haematogenetic. **-dråpe** drop of blood. **-dryppende** dripping with blood. **-dåd** bloody deed. **-dåp** blood baptism. **-eik** *(bot)* scarlet oak. **-farget** blood-stained. **-fattig** anaemic. **-fattigdom** anaemia. **-flekk** blood stain. **-flekket** blood-stained. **-forgiftning** blood poisoning, sepsis, septic(a)emia. **-gang** dysentery. **-hevn** blood vengeance *(el.* revenge); vendetta; *(feide som medfører* ~*)* blood feud. **-hevner** avenger of blood. **-hund** bloodhound; *(se sporhund).*
blodig 1(*blodbestenkt)* blood-stained; **2**(*som koster blod)* bloody; **3**(*ublu)* exorbitant; *hans -e ansikt* his blood-stained face; *en* ~ *kamp* a bloody battle; *en* ~ *urett* a grievous injustice; *Maria den -e* Bloody Mary; *hevne seg* ~ take a bloody revenge; *han var* ~ *i ansiktet* he had blood on his face; *(se ironi).*
blod|igle leech. **-jaspis** bloodstone. **-kar** blood vessel. **-klump** clot of blood. **-legeme** blood corpuscle; *hvitt* ~ leucocyte; *rødt* ~ red blood corpuscle; erythrocyte. **-løs** bloodless. **-løshet** bloodlessness. **-mangel** anaemia. **-midd** *(zool)* tick; *(se midd).* **-omløp** circulation (of the blood). **-overføring** blood transfusion. **-penger** blood money. **-propp 1.** blood clot; **2.** thrombus; **3** *(trombose)* thrombosis.
blodprøve 1. blood test; *(blodtelling)* blood-count; **2**(*selve blodet)* blood sample; specimen of blood.
blod|pudding black pudding. **-pøl** pool of blood. **-pølse** *(omtr =)* black pudding. **-rensende:** ~ *middel* depurant, blood cleanser. **-rik** full of blood; plethoric. **-rikhet** plethora. **-rød** blood-red, crimson.
blodsdråpe drop of blood; *Kristi* ~ *(bot)* fuchsia; *slåss til siste* ~ fight to the last gasp; die in the last ditch; die hard.
blod|senkning (blood) sedimentation; *ta -en* have one's sedimentation checked; *han har 4 i* ~ his sedimentation is 4; BSR is 4 mm per hour. **-serum** serum.
blodshest blood horse.
blod|skam incest; *i* ~ incestuously. **-skutt** *(om øyne)* bloodshot. **-slit** hard labour; exhausting labour; gruelling work. **-spor** track of blood. **-sprengt** bloodshot. **-spytting** spitting of blood, haemoptysis.
blodsslektskap blood relationship; *(stivt)* consanguinity.
blod|stigning congestion; running of blood to the head. **-stillende** styptic, haemostatic; ~ *middel* styptic, haemostatic. **-stillerstift** styptic pencil. **-styrtning** violent haemorrhage. **-suger** bloodsucker, vampire; *(fig også)* extortioner. **-sugeri** *(fig)* extortion, bloodsucking. **-sukker** blood sugar.
blodsutgytelse bloodshed; blood-letting.
blod|system circulatory system. **-tap** loss of blood, haemorrhage. **-trykk** blood pressure. **-type** blood group. **-tørst** bloodthirst(iness). **-tørstig** bloodthirsty. **-underløpen** livid. **-uttredelse** extravasation, effusion (of blood). **-vann** serum. **-væske** plasma. **-åre** vein. **-årebetennelse** phlebitis.
blokade blockade; *økonomisk* ~ economic blockade; *bryte -n* run the b.; *heve -n* lift *(el.* raise) the b. **-bryter** blockade runner. **-skip** blockading vessel. **-tilstand** a state of blockade.
blokk block; *(skomakers)* boot-tree.
blokke *(vb):* ~ *ut* put on the block, stretch.
blokkebær *(bot)* bog whortleberry.
blokkere *(vb)* blockade; *(sperre)* block (up); *(typ)* turn (a letter); *(låse seg; om hjul)* lock; *(arbeidsplass)* boycott.
blokkering 1. blockade; **2.:** *følelsesmessig* ~ emotional blockage.
blokkfløyte *(mus)* recorder.
blokk|hus 1(*mil)* blockhouse; **2**(*til trisse)* (pulley) shell. **-leilighet** flat (in a block). **-post** *(jernb)* signalbox, signal cabin.
Blokksberg *(geogr)* the Brocken; *dra til* ~*!* go and jump in the lake! go to blazes!
blokk|signal *(jernb)* block signalbox. **-strekning** *(jernb)* block section. **-system** *(jernb)* block interlocking system. **-trisse** pulley.
Blom: T *ost og ost, fru* ~ there's cheese and cheese; *god og god, fru* ~ *(som svar uttrykk for at man ikke er helt enig; kan gjengis)* yes and no.
blomkarse *(bot)* Indian cress, climbing nasturtium.
blomkål *(bot)* cauliflower.
blomst *(plante)* flower; *(plantedel som bærer frukten fram)* blossom; *(blomstring)* bloom; *(fig)*

flower; cream (*fx* the c. of England's youth); *nyskårne -er* fresh-cut flowers; *i ungdommens (fagreste)* ~ in the bloom of youth; *retoriske -er* flowers of speech; *stå i* ~ be in flower; *(om frukttrær, især)* be in blossom; *(om roser, etc også)* be in bloom; *sette -er* flower, blossom, bloom, put forth flowers.
blomster|anlegg 1. flower garden; **2***(blomsterdannelse)* flower formation. **-bed** bed of flowers. **-beger** *(bot)* calyx. **-blad** *bot (kron-)* petal. **-bord** flower stand. **-bukett** bunch of flowers; *(glds)* nosegay, bouquet. **-bunn:** *se fruktbunn.* **-dannelse** *(bot)* flower formation. **-duft** scent of flowers. **-dyrking** the cultivation of flowers, floriculture. **-eng** flowery meadow, flower-studded m. **-fest** floral fête. **-flor** profusion of flowers. **-forretning** florist's (shop), flower shop. **-frø***(bot)* flower seeds. **-gartner** florist. **-glass** vase. **-hage** flower garden. **-handler** florist. **-knopp** *(bot)* flower bud; *(især på frukttre)* blossom bud. **-krans** garland, wreath of flowers. **-krone** *(bot, blomstens kronblader)* corolla. **-kurv** flower basket, basket of flowers. **-løk** *(bot)* flower bulb. **-maler** flower painter. **-maleri** flower painting. **-pike** flower girl. **-plante** flowering plant. **-potte** flowerpot. **-rik** flowery. **-rike** floral kingdom. **-skjerm** *(bot)* umbel. **-språk** language of flowers, floral language. **-stilk** *(bot)* (flower) stem, stalk, peduncle. **-støv** *(bot)* pollen. **-torg** flower market. **-utstilling** flower show. **-vase** flower vase. **-vrimmel** profusion of flowers.
blomstre *(vb)* flower, blossom, bloom, be in flower *(el.* blossom *el.* bloom); *(om hage, etc)* be gay with flowers; *(fig)* flourish, thrive, prosper; ~ *av* shed its blossoms; *(falme)* fade, wither, decay; *den har -t av* it has done flowering. **-ende** flowering; *(fig)* flourishing; prosperous; (*fx* a prosperous business); *(om stil)* florid, flowery; *(om utseende)* florid; *en ung,* ~ *pike* a girl in the bloom of youth.
blomstring flowering; *i full* ~ in full bloom, in full flower. **-stid** flowering season; *(fig)* flourishing period.
blond blond(e), fair, fair-haired.
blonde(r) lace.
blonde|krage lace collar. **-skjørt** lace-trimmed skirt. **-stoff** lace.
blondine fair girl, blonde.
blot sacrifice. **blote** *(vb)* sacrifice.
I. blott *(adj): se med det -e øye* see with the naked eye.
II. blott *(adv = bare)* only, merely, but; *(ene og alene)* solely; *det er en saga* ~ it's a thing of the past.
blott|e *(vb)* bare, denude, lay bare; ~ *hodet* uncover (one's head); *med -et hode* bare-headed, uncovered; ~ *seg for penger* run short of money, leave oneself without money; ~ *sin uvitenhet* betray one's ignorance; ~ *seg (krenke bluferdigheten)* expose oneself indecently; *(i boksing, etc)* relax one's guard. **-else** baring, exposure.
blottende: ~ *ung* very young; green; *da vi ennå var* ~ *unge* in our tender years; in our golden youth.
blotter T flasher; *(se blotting).*
blottet: ~ *for* without, devoid of, empty of; ~ *for frykt* devoid of fear; ~ *for penger* penniless, without a penny; *han er* ~ *for stolthet* he's got no pride; *med* ~ *overkropp* stripped to the waist.
blotting *(jur)* indecent exposure; *(se blotter).*
blott|legge *(vb)* expose, lay bare. **-stille** *(vb):* ~ *seg (røpe seg)* commit *(el.* compromise) oneself; ~ *seg for* expose oneself to; lay oneself open to *(fx* criticism).
blu|ferdig bashful, coy. **-ferdighet** bashfulness, coyness; *krenkelse av -en* indecent exposure; *(se blotting).*
blund snatch of sleep, nap; **T** snooze, forty winks; *Jon* ~ the sandman; *få seg en* ~ take a nap, get forty winks; *det kom ikke* ~ *på mine øyne* I couldn't get a wink of sleep.
blunde *(vb)* doze, snooze, take a nap.
blunk twinkle; *på et* ~ in the twinkling of an eye, in a tick, in a wink.
blunke *(vb)* blink, twinkle; ~ *til* wink at.
bluse blouse.
bluss *(ild)* blaze, flame; *(signal-)* flare.
blusse *(vb)* blaze, flame; *(bruke blussignaler)* burn flares; ~ *opp* burst into flame, blaze up; *(fig)* flare up.
blussende flushed; ~ *rød* blushing deeply; *hun ble* ~ *rød (også)* she went bright red; *med* ~ *kinn* with glowing cheeks.
bly *(subst)* lead; *av* ~ leaden.
blyaktig resembling lead, plumbeous.
blyant pencil. **-skisse** pencilled sketch. **-passer** (pair of) compasses for pencil. **-spisser** pencil sharpener.
blyant|strek pencil stroke. **-stump** stump *(el.* stub) of pencil, pencil stub. **-tegning** pencil drawing. **-viskelær** pencil eraser; **T** rubber.
blyerts lead ore.
blyfri *(adj):* ~ *bensin* unleaded petrol.
blyg *(adj)* bashful, shy, coy. **-es** *(vb)* blush, be ashamed *(ved* at).
blyghet, blygsel bashfulness.
blygrå leaden (grey), livid.
bly|holdig plumbiferous. **-hvitt** white lead. **-klump** lump of lead. **-lodd** plummet.
bly|tekker plumber. **-vann** Goulard's extract, lead water.
I. blære 1*(luft-)* bubble; *(vable)* blister; *(urin-)* bladder; *(i jern)* flaw, blister; *(i glass)* blister, bleb; **2***(oppblåst person)* windbag.
II. blære *(vb):* ~ *seg* swagger, throw one's weight about, talk big.
blære|aktig vesicular. **-betennelse** inflammation of the bladder, cystitis, **-katarr** catarrh of the bladder, cystorrhea.
blæreri *(blæret opptreden)* showing off; throwing one's weight about; talking big.
blærestein *(med.)* bladder stone, vesical calculus.
blæret *(adj)* blistered, blistery; vesicular; *(fig)* swaggering, conceited.
blæretang *(bot)* bladder wrack.
blø *vb (miste blod)* bleed; ~ *seg i hjel* bleed to death.
blødersykdom haemophilia.
blødme silly joke.
blødning bleeding, haemorrhage.
bløff bluff. **bløffe** *(vb)* bluff.
I. bløt: *legge i* ~ put in soak *(fx* clothes); *legge sitt hode i* ~ rack *(el.* cudgel) one's brains; *ligge i* ~ soak, steep; *la ligge i* ~ leave to soak.
II. bløt *(adj)* soft; *-e farger* soft *(el.* mellow) colours; *-t hjerte* a soft heart; *-t stål* mild steel; *bli* ~ *om hjertet* soften, be touched; ~ *på pæra* **S** barmy *(el.* dotted) in the crumpet; soft in the head, soft-headed, dotty; **US** nuts.
bløt|aktig soft, effeminate; *gjøre* ~ render effeminate, enervate. **-aktighet** softness, effeminacy. **-bast** *(bot)* phloem. **-dyr** *(zool)* mollusc.
bløte *(vb):* ~ *opp* soak *(fx* bread in milk); ~ *ut* macerate, steep *(fx* flax, skin).
bløt|gjøre *(vb)* soften, mollify. **-het** softness. **-hjertet** soft- *(el.* tender-)hearted. **-kake 1***(stor, med fyll og overtrekk)* layer cake; *(med krem, også)* cream gâteau; *et stykke* ~ a piece of layer

cake; **2**(*liten, forseggjort*) French pastry, tea fancy. **-kokt** soft-boiled.
bløyt: *se I. bløt.*
bløyte (*vb*): *se bløte.*
blå (*adj*) blue; *-tt øye (av slag)* black eye; ~ *ringer under øynene* dark rings round the eyes; *slå en gul og* ~ beat sby black and blue; *i det* ~ in the air (*fx* that's all in the air); *en bemerkning ut i det* ~ a random remark.
blåaktig bluish.
blåbringebær (*bot*) dewberry; (*se bringebær*).
blå|bær (*bot*) bilberry, whortleberry; **US** huckleberry. **-bærtur:** *dra på* ~ go to pick bilberries; (*svarer til*) go blackberrying; (*NB* blackberry = *bjørnebær*). **-farget** blue; dyed blue. **-frossen** blue with cold. **-grå** bluish grey, blue-grey. **-hai** blue shark. **-hval** blue whale; (*se hval*).
blå|klokke (*bot*) harebell; (*i Skottland*) bluebell. **-leire** blue clay.
blålig bluish.
blå|lys will-o'-the-wisp, marshfire; (*signal*) blue (*el.* Bengal) light. **-mandag** Blue Monday, a Monday off (work); *holde* ~ take Monday off (unofficially). **-meis** (*zool*) blue titmouse. **-måke** (*zool*) glaucous gull, herring gull.
I. blåne (*subst*) blue (*el.* hazy) distance; purple hill (*el.* mountain).
II. blåne *vb* (*bli blå*) become blue; (*gjøre blå*) dye blue.
blåpapir carbon paper; (*se gjennomslag*).
blår (*stry*) tow; *kaste en* ~ *i øynene* throw dust in sby's eyes, pull the wool over sby's eyes, hoodwink sby.
blårev (*zool*) arctic fox; (*merk*) blue fox (fur).
blåruss [boy or girl sitting for final exams at commercial college].
blårutet blue-chequered.
blåse (*vb*) blow; ~ *sterkt* blow hard; ~ *av noe* wave sth aside; (*ikke ta alvorlig*) make light of sth; *blås i det!* never mind! *blås i hva det koster!* blow the expense! ~ *liv i (også fig)* breathe (some) life into; *jeg -r i det* I couldn't care less; I don't care a damn about it; *jeg -r i ham* I don't care a pin for him; *det var som blåst bort* there was no trace of it to be seen; ~ *over ende* blow down; *det blåste opp* the wind was rising (*el.* getting up); ~ *(på) fløyte* play the flute; ~ *(på) trompet* play (*el.* blow) the trumpet. **-belg** (pair of) bellows. **-instrument** (*mus*) wind instrument; *-ene* the wind.
blåsel (*zool*) bearded seal, hooded seal.
blåseorkester wind band.
blåser (*mus*) wind player; *-ne (mus)* the wind.
blåserør blowpipe, blowtube; (*indiansk våpen*) blowpipe.
Blåskjegg Bluebeard.
blåskjell (*zool*) mussel.
I. blåst wind, windy weather.
II. blåst *adj (rent og ryddig)* tidy, neat; *alt var som* ~ *i hennes kjøkken (også)* everything was spick and span in her kitchen.
blå|stripet with blue stripes. **-strømpe** bluestocking. **-sur** on the turn; off (*fx* the milk is off), acescent. **-svart** bluish black, blue-black. **-symre** (*bot*) blue anemone. **-syre** Prussic acid.
blåveis (*bot*) blue anemone; **S** (*blått øye*) black eye.
b-moll (*mus*) B-flat minor.
BNP (*fk. f. bruttonasjonalprodukt*) GNP (*fk. f.* gross national product).
I. bo (*jur*) estate, property, assets; (*se døds-, konkurs-*); *behandle et* ~ administer an estate; *gjenoppta et* ~ reassume an estate; *-ets gjenopptagelse* the reassumption of the estate; *gjøre opp -et* wind up the estate; *overlevere sitt* ~ *til konkurs* file a petition in bankruptcy; *sette* ~ set up house, settle (down); *sitte i uskiftet* ~ retain undivided possession of the estate; *skifte et* ~ divide an estate; *ta et* ~ *under behandling* take over the administration of an estate; *-et vil gi 50%* the estate will pay 50 pence in the pound.
II. bo (*vb*) **1**(*fast*) live, reside; **2**(*midlertidig*) be staying, stay; (**US** *også*) stop; *jeg -r billig* my rent is low; *det er billig å* ~ *her* living is cheap here; ~ *borte* live away from home; *bli -ende* stay on, go on living here (,there, *etc*); *ha noen -ende hos seg* have sby staying with one; *her skal De* ~ *(til gjest)* this will be your room; *hun -r hos sin søster* she lives at her sister's; she is staying with her sister; *jeg -r hos noen kjente* I'm staying with friends; *hvor -r du?* where do you live? (*om midlertidig opphold*) where are you staying? ~ *sammen (med en)* share a flat (,house, *etc*) (with sby); (*om ektefeller, etc*) live together; ~ *til gata* have rooms (,a room) facing the street, have front rooms (,a front room); (*se også gate*).
boa (*kvelerslange, pelskrage*) boa.
boarding card (*flyv*) boarding card (*el.* pass).
bobehandling (*jur*) administration of an estate (,of estates).
bobestyrer trustee.
I. boble (*subst*) bubble.
II. boble (*vb*) bubble.
boblebad whirlpool.
boblehall air-house.
boblejakke quilted anorak.
bod: *se bu.*
Bodensjøen (*geogr*) Lake Constance.
bodmeri (*slags pantsettelse av skip*) bottomry.
boer Boer.
bog (*på dyr*) shoulder.
boggi bogie; **US** truck.
bog|lam shoulder-shot. **-ledd** shoulder joint. **-ring** (horse) collar. **-tre** hame.
bohave furniture; (*naglefast*) fixtures.
bohem Bohemian. **-vesen** Bohemianism.
boi (*slags tøy*) baize.
boikott boycott; embargo; *olje-* oil embargo.
boikotte boycott. **boikotting** boycott.
bok book; *en* ~ *papir* a quire of paper; *Bøkenes Bok* the Book of Books; *snakke som en* ~ talk like a book; *jeg har Dem ikke i mine bøker* your name is not on my books; *føre bøker* keep books, keep accounts; *føre inn i bøkene* enter in the books. **-anmeldelse** book review. **-attrapp** shelf dummy. **-auksjon** book sale. **-avl** literature. **-bestand** (*biblioteks*) stock of books. **-bil** travelling library. **-bind** book cover, binding.
bokbinder bookbinder. **-i** bookbinder's shop, (book) bindery. **-svenn** journeyman bookbinder.
bokeiermerke book-plate.
bokelsker bibliophile, book-lover.
bokfink (*zool*) chaffinch.
bokflom spate of books, book spate.
bok|forlag book-publishing business, book publishers. **-form:** *i* ~ in book form. **-fortegnelse** catalogue of books. **-føre** (*vb*) enter, book; ~ *likelydende* book in conformity. **-føring** entering; booking; (*som fag*) bookkeeping. **-gull** gold leaf. **-handel** book trade, bookselling trade; (*butikk*) bookshop; **US** book store; *er ikke lenger i -en* is out of print.
bokhandler bookseller. **-forening** booksellers' association. **-medhjelper** booksellers' assistant.
bok|holder bookkeeper; accountant. **-holderi** (*kontor*) bookkeeping department; (*det å*) bookkeeping; *enkelt og dobbelt* ~ single and double entry bookkeeping; *dobbelt* ~ b.-k. by double entry; *enkelt* ~ b.-k. by single entry.
bokhvete buckwheat. **-gryn** buckwheat groats.

b

VOCABULARY

bolig

How do you live?

I grew up in a small city in a **detached** house with a garden. In my street there were also **semi-detached** houses. At the end of the street there was a **bungalow** and it was not as old as our house. There were no **blocks of flats** in my time, but they had started to build **terraced** houses before I left. Now I live in Oslo in a **bed-sitter.**

bokhylle bookshelf; *(reol)* bookcase.
bokkøl bock (beer).
boklig literary; ~ *lærdom* book learning; *-e sysler* intellectual work; *han er mest opptatt av -e sysler* he is mainly engaged in intellectual work.
bok|lærd book-learned; *en* ~ a scholar. **-lærdom** book learning. **-merke** book marker. **-mål 1.** literary *(el.* written) language; *(neds)* bookish language; **2.** one of the two official languages in Norway. **-omslag** (dust) jacket. **-orm** bookworm. **-reol** bookcase.
I. boks *(tøm)* square.
II. boks *(blikk-)* tin; **US** can; *(rom i bank)* safe deposit box; *(te-)* tea caddy; *(i språklaboratorium)* booth, cubicle; *en* ~ *erter* a tin of peas; *i -er (hermetisert)* tinned *(fx* t. meat); **US** canned.
boks|e *(vb)* box. **-ehanske** boxing glove. **-ekamp** boxing match, prize fight.
bokser boxer; prize fighter.
boksesprit: *se tørrsprit.*
bokseøl canned beer.
bokseåpner tin (,**US:** can) opener.
boksing boxing.
bok|skap (closed) bookcase, glass-fronted b. **-skred** book sale; *høstens* ~ *(pl)* the autumn book sales. **-språk** literary *(el.* written) language.
bokstav letter, character; *små -er* small letters; *(typ)* lower-case letters; *store -er* capital letters; *etter -en* literally; *beløpet må angis både med tall og -er* the amount should be stated both in figures and words.
bokstavelig *(adj)* literal; *(adv)* literally, in a literal sense; ~ *sant* strictly true; ~ *talt* literally, positively.
bokstavere *(vb)* spell; ~ *feil* misspell.
bokstavering spelling.
bokstav|feil *(typ)* letter mistake. **-gåte** logogriph. **-karakter** grade (by letter), letter grade; *(jvf tallkarakter).* **-ord** *(kortord)* initial word *(fx* NATO). **-regning** algebra. **-rekke** alphabet. **-rett, -riktig** literal. **-rim** alliteration. **-skrift** alphabetic writing.
boksåpner tin opener; **US** can opener.
boktrykk letterpress printing, presswork; *publikasjoner i* ~ printed publications, publications in print.
boktrykker printer. **-i** printing office, printing house. **-kunsten** the art of printing. **-presse** printing press. **-svenn** journeyman printer. **-sverte** printer's ink, printing ink.
I. bol *(kropp uten lemmer)* trunk.
II. bol *(vepse-, etc)* nest.
bole *vb (bibl)* whore, fornicate *(med en* with sby).
bolig house, dwelling, abode, residence; *(leilighet)* flat, rooms. **-blokk** block of flats; **US** apartment building. **-byggelag** house building cooperative *(el.* co-operative). **-enhet** dwelling *(el.* housing) unit. **-felt** housing estate; **US** development area; *privat* ~ private estate. **-forholdene** the housing situation. **-fradrag** [the deduction in pay representing the rent of an official dwelling]; housing deduction. **-kjøkken** dining kitchen; *stort* ~ *med spisekrok* large kitchen with dining alcove. **-lov** housing act. **-massen** the aggregate number of dwellings. **-miljø** (housing) environment. **-minister** Minister for Housing and Construction. **-nød** housing famine. **-rådmann** chief housing officer. **-sektor** housing sector *(fx* in the h. s.); *(se ligge:* ~ *godt an).* **-sjef** director of housing. **-spørsmålet** the housing question. **-standard** housing standard, s. of h. **-strøk** residential area. **-søkende** *(adj)* house-hunting; *(subst)* house hunter.
boline *(mar)* bowline.
bolk 1. partition wall; *(mellom båser)* stall-bars; *(tidsrom)* period, spell.
I. bolle *(til drikkevarer)* bowl, basin.
II. bolle *(hvete-)* bun, muffin; *(med rosiner i)* currant bun; *(kjøtt-)* quenelle, meat ball; *(mel-)* dumpling. **-deig** bun dough; *(til kjøttboller)* meat farce.
bolsjevik Bolshevik, Bolshevist.
bolsjevisme Bolshevism.
bolster *(underpute)* bolster; *(på madrass, etc)* ticking.
bolt *(jernnagle)* bolt, iron pin; *(i seil)* lining (cloth), bolt rope; *(fjellsp)* piton; **T** peg; *ekspansjons-* (expansion) bolt.
bolteklatring *(fjellsp)* piton climbing; *(med ekspansjonsbolter)* (expansion) bolt climbing. **-pistol** cartridge hammer.
boltre(*vb):* ~ *seg* romp, gambol, frolic, tumble about.
bolverk bulwark, safeguard.
I. bom 1*(veisperring)* bar; *(til avkreving av bompenger)* toll bar, turnpike; **2***(jernb)* (level-crossing) gate; **3***(til sperring av innseiling)* boom; **4***(hindring)* barrier, bar, hindrance; **5***(slå)* bar; **6***(gym)* beam; **7.** *mar (til seil)* boom; **8.** *mar (laste-)* derrick, cargo boom; **9***(på vev)* beam.
II. bom *(feilskudd)* miss; *skyte* ~ miss (the mark).
III. bom: *gå på -men* **T** be on the bum, go about begging.
IV. bom *(adv)* absolutely, completely; *sitte* ~ *fast* be completely stuck; *tie* ~ *stille* be absolutely silent; *vi må tie* ~ *stille!* mum's the word!
bomasse *(jur)* gross estate.
bombard|ement bombardment. **-ere** *(vb)* bomb; shell; ~ *en med spørsmål* bombard sby with questions.
bombast bombast. **-isk** bombastic, high-sounding.
bombe *(subst & vb)* bomb: **-attentat** bomb out-

rage. **-sikker** bomb-proof. **-tokt** air *(el.* bombing) raid. **-treff** hit; *huset hadde fått et direkte* ~ the house had taken a direct hit.

I. bomme *(subst)* large wooden box; *(niste-)* lunch box.

II. bomme *(vb)* miss (the mark); *(«slå« en for penger)* bum; *jeg -t ham for £5* I touched him for £5; ~ *på et eksamensspørsmål* mess up *(el.* make a mess of) an exam question; misunderstand an exam question.

bommende *(adv): sitte* ~ *fast* be stuck completely.

bommert blunder; **T** howler; *begå en* ~ make a blunder.

bompenger turnpike money, toll, toll money.

bomskudd miss, unsuccessful shot, bad shot; **T** boss shot.

bomsterk as strong as a horse, Herculean.

bomstille stock-still, absolutely silent; *være* ~ keep perfectly quiet; *(se IV. bom).*

bomull cotton (wool); *renset* ~ medicated cotton.

bomulls|dyrking cotton cultivation, cotton-growing. **-flanell** flannelette. **-fløyel** cotton velvet. **-frøolje** cottonseed oil. **-garn** cotton (yarn). **-lerret** calico. **-spinneri** cotton mill. **-tråd** cotton thread. **-tøy** cotton material. **-varer** *(pl)* cottons. **-veveri** cotton mill.

bom|vakt toll man. **-vei** turnpike road.

bon: *se bong.*

bonde farmer; *(små-)* peasant farmer; *(hist, fri-)* yeoman, freeholder; *(landsens mann)* peasant, countryman; villager; *(neds)* clodhopper, boor; *(sjakk)* pawn; *det kan du innbille bønder* tell that to the marines!

bonde|aktig boorish, countrified, rustic. **-anger:** *i dag har jeg* ~ I'm having regrets today; I wish I hadn't made a fool of myself. **-arbeid** farm work. **-befolkning** agricultural population. **-bryllup** country wedding. **-egg** farm *(el.* fresh) egg(s); free-range egg(s).

bonde|fanger confidence man. **-ful** *(adj)* sly; shrewd (like a peasant). **-født** born of peasants. **-gutt** peasant boy. **-gård** farm. **-jente** country lass. **-knoll** clodhopper; **US S** hick. **-kone** country woman, farmer's wife. **-kost** rustic fare. **-mann** peasant, countryman. **-møbler** *(pl)* peasant furniture. **-mål** country dialect. **-pike 1.** = *-jente;* **2**(*rett): tilslørte -r* brown Betty with whipped cream. **-rose** *bot (peon)* peony. **-skikk** country fashion. **-smør** farm butter. **-stand** peasantry. **-stil:** *hyttemøbler i* ~ peasant-style cottage furniture. **-stolthet** rustic pride. **-tamp** boor. **-venn** friend of the peasantry. **-vis:** *på* ~ after the fashion of peasants.

bondsk boorish, rustic.

bone *(vb)* polish, (bees)wax.

bonevoks floor polish; floor wax; wax polish.

bong voucher, ticket; *(til kassen)* bill; **US** check; *(totalisator-)* (tote) ticket.

bonitere *vb (forst)* value. **bonitering** valuation.

bonitet *(forst)* quality class, productivity class, site class.

bonus bonus; *(i bilforsikring)* no-claims discount.

bonustap loss of bonus *(,i bilforsikring:* no-claims discount).

boom *(økon)* boom.

boomerang *(australsk kastevåpen)* boomerang.

bopel (place of) residence; address; *fast* ~ permanent address, fixed a.; *alle med fast* ~ *i Norge* all residents in Norway; *uten fast* ~ of no fixed a.

I. bor *(grunnstoff)* boron.

II. bor *(redskap)* drill; *lite vri-* gimlet; *stort* ~ auger.

boraks *(kjem)* borax.

I. bord *(kant)* border, edge, trimming.

II. bord table; *dekke -et* lay the table; *dekke av -et* clear the table; *gjøre rent* ~ *(fig)* make a clean sweep of it; *ta av -et: se dekke av -et; etter -et* after dinner; *stå opp fra -et* rise from table; *slå i -et (fig)* put one's foot down; *maten er på -et* dinner is served; *sette seg bort til -et* sit up to the table; *sette seg til -s* sit down to dinner *(el.* supper); *sitte til -s* be (seated) at table; *føre en dame til -s* take a lady in to dinner; *sette foten under eget* ~ set up for oneself, set up house; *(gifte seg)* marry and settle down; *penger (betalt eller tilbudt) under -et (for hus el. leilighet)* key money; *drikke en under -et* drink sby under the table; *han havnet under -et (også)* he was overcome by liquor; *ved -et* at table, during dinner *(el.* supper); *varte opp ved -et* wait at table.

III. bord *(skipsside)* board; *gå fra -e* disembark, go ashore; *legge fra -e* shove off; *legge roret i -e* put the helm hard over; *(se også om bord og over bord).*

IV. bord *(fjøl, planke)* board.

bord|ben leg of a table. **-bestilling** table reservation. **-bønn** grace. **-dame** (dinner) partner. **-dekning** laying the table. **-duk** table cloth.

borde *vb (entre)* board; *(legge til)* run alongside.

bordell brothel.

bord|ende head of the table; *(nederste)* foot *(el.* bottom end) of the table.

bord|kant edge of a (,the) table. **-kavaler** (dinner) partner. **-klaff** table flap. **-kniv** table knife. **-konversasjon** table talk. **-kort** place card. **-løper** table runner. **-oppsats** centre piece. **-plate** tabletop. **-setning:** *annen* ~ the second dinner (,lunch, *etc);* the second service. **-skikk** table manners; *holde* ~ mind one's table manners. **-skuff** table drawer. **-tale** after-dinner speech. **-teppe** table cover, table cloth. **-vin** table wine.

bore *(vb)* bore; *(i metall)* drill; *(slitte sylindre)* rebore; ~ *en brønn* bore *(el.* sink) a well; ~ *i senk* sink *(fx* a ship); *(ved å åpne bunnventilene)* scuttle; ~ *kniven i ens hjerte* plunge the knife into sby's heart. **-avdelingssjef** *(oljeind)* drilling superintendent. **-bille** boring beetle. **-ferdig:** *bilen er* ~ the car is (about) ready for a rebore; *en* ~ *motor* an engine in need of a rebore. **-maskin** drilling machine. **-plattform** oilrig. **-rigg** drilling rig. **-rør** *(oljeind)* drill pipe.

boresjef *(oljeind)* tool pusher; drilling section leader; *assisterende* ~ drilling section leader assistant.

boreslam *(oljeind)* drilling mud *(el.* fluid).

boretts|haver member of a co-operative building society. **-lag** *(andelslag)* [housing co-operative organized for one particular project only]; *(kan gjengis)* housing cooperative; *(jvf boligbyggelag).*

boretårn *(oljetårn)* derrick.

I. borg *(slott)* castle.

II. borg *(kreditt)* credit; *ta på* ~ take on credit.

borge *(vb):* ~ *for* vouch for, answer for.

borger citizen. **-brev:** *akademisk* ~ certificate of matriculation. **-dyd** civic virtue. **-konge** citizen king. **-krig** civil war.

borgerlig civil, civic; *(jevn)* plain, simple; ~ *drama* domestic drama; *en* ~ *(mots. adelig)* a commoner; ~ *frihet* civic liberty; ~ *stilling* position in civil life; *stå opp (,gå til sengs) i* ~ *tid* keep good hours; ~ *vielse* civil marriage; ~ *viet* married before the registrar. **-het** plainness, simplicity.

borgermester mayor. **-dyd:** *forsiktighet er en* ~discretion is the better part of valour (,**US:** valor). **-embete** mayoralty. **-mage** paunch, corpo-

ration; *(jvf alderstillegg).* **-mine** air of great importance.
borger|plikt duty of a citizen, civic duty. **-rett** nationality; **US** citizenship; *ordet har fått ~* the word has been naturalized. **-skap 1:** *se -rett;* **2** *(samtlige borgere)* citizens, citizenry, middle classes. **-standen** the middle classes. **-væpning** militia, civic guard(s). **-ånd** public spirit, good citizenship.
borg|fengsel dungeon. **-fred** *(fig)* truce **-frue** lady of the castle; châtelaine. **-gård** (castle) courtyard. **-herre** lord of the castle.
borgstue servants' hall.
borgtårn **1***(i muren)* turret; **2***(det midterste, innerste)* keep.
boring boring; drilling; sinking; *(kaliber, løp)* bore; *(av bilmotor)* rebore; *(det å)* reboring; *(se bore).*
bornert narrow-minded.
bornerthet narrow-mindedness.
borre *(bot)* burdock; *(frukten)* bur(r).
borsyre boric acid, boracic acid.
bort away, off; *~ i alle vegger* wide of the mark, out of all reason; *det er jo ~ i alle vegger!* what utter rot! it's sheer moonshine! *han må ~* he must go; *bort med det!* take it away! *~ med fingrene!* hands off! *gifte ~* marry off; *jage ~* drive away, expel; *kalle ~* call away; *bli kalt ~ (ved døden)* pass away; *Gud har kalt ham ~* God has taken him to himself; *klatte ~* fritter away, waste; *rydde ~* clear away; *(fig)* remove, smooth away; *se ~ fra* ignore, leave out of account; *sende ~* dismiss, send away; *skjemme ~* spoil; *jeg stikker ~ til deg i kveld* I'll come round to your place tonight; *ta ~* remove, take away; *vende ~* avert, divert, turn away; *vise ~* dismiss, refuse admittance, turn away; expel; *ødsle ~* dissipate, squander, waste; *(se også gå: ~ seg bort).*
bortbestilt booked (up) *(fx* all the seats are b. up); *alt er ~ hos oss* we are fully booked up.
borte away; absent; *død og ~* dead and gone; *der ~* over there; *være ~* be lost *(el.* gone); *bli ~ (utebli)* stay away; *(gå tapt)* be lost; *jeg blir ikke lenge ~* I shall not be long; *om oljen skulle bli ~* if oil supplies were to be cut off; *den jenta er ikke ~ (rosende)* **T** that girl has got what it takes; she's quite a girl; *langt ~* far away, far off; *~ bra, men hjemme best* there's no place like home; East or West, home is best; *et stykke ~* some way off, at a *(el.* some) distance *(se også gate).*
borte|bane *(fotb)* away ground; *de spiller på ~* they are playing away. **-boerstipend** maintenance grant for students living away from home. **-kamp** away match, away fixture.
bortenfor *(prep)* off, beyond; *(adv)* beyond.
bortest *(adj)* furthermost.
bortfall *(språkv)* disappearance, dropping *(av* of).
bortfalle *(vb)* disappear, be dropped; *disse forpliktelser -r* these obligations no longer apply; *«-r» (som svar på spørsmål på skjema)* "not applicable" *(fk.* n.a. *el.* N/A).
bortforklare *(vb)* explain away.
bort|forpakte *(vb)* farm out, (let on) lease. **-forpaktning** farming out. **-fortolke** *(vb)* explain away.
bort|føre *(vb)* carry off; abduct; kidnap; *la seg ~ av* run away with, elope with. **-førelse** carrying off; abduction; kidnapping: *(kvinnes frivillige)* elopement (with).
bortgang *(død)* death; *(glds el. litt.)* demise, passing (away).
bortgjemt hidden (away), remote.
borti 1. against; *komme (el. sneie) ~ noe* brush *(el.* graze) against sth; *komme ~ noe (fig = komme galt av sted)* get into trouble; **2.** over in; *han holder på ~ fjøset* he is working over in the cowshed; *blande (el. legge) seg ~ noe* meddle with sth; poke one's nose into sth; *han har vært ~ (ɔ: har prøvd) alt mulig* he has given everything a try.
bortimot **1***(prep)* toward; **2***(adv)* almost, approximately.
bortkastet futile, in vain; *det var ~ på ham* it was lost on him; *det var nok en ~ tur for deg å komme (hit)* it seems you've had a wasted journey.
bort|kommet lost, gone; *-komne saker* lost property; *jeg tror nok jeg så temmelig -kommen ut* I suppose I was looking rather lost.
bortlede *vb* **1***(vann)* drain off; **2***(tanker)* divert; **3***(mistanke)* ward off; avert; *~ mistanken fra seg selv* avert *(el.* ward off) suspicion from oneself.
bortlodning lottery, raffle; *(se utlodning).*
bortom *(prep & adv)* over to, as far as; *stikk ~ i morgen* come round tomorrow.
bortre further *(fx* the f. side of the lake).
bortreise **1***(utreise; mots. hjemreise)* outward journey; journey there; **2***(fravær pga reise)* absence (due to travel(ling)); **3***(mest litt.: det å reise bort)* leaving; going away; departure, *på -n var vi innom Paris* on the way out we called at *(el.* stopped over in) Paris; *forretningen er stengt pga. ~* the shop is closed on account of absence.
bortreist away (from home); out of town; *han er ~* he's away at the moment; *han er ~ for et par dager* he'll be away *(el.* gone) for a couple of days.
bortsett: *~ fra* apart from; *rent ~ fra at* quite apart from the fact that.
bortskjemt spoilt *(fx* a spoilt child).
bortvendt *(adj)* averted.
bortvisning dismissal, expulsion.
borvann boric acid solution, boracic lotion.
borvinde brace; *~ med skralle* ratchet brace.
bosatt resident, settled, domiciled; *være ~ i* reside in; *jeg er 30 år, gift og ~ i X* I am 30 years old, married and resident *(el.* living *el.* live) in X.
bosette *(vb): ~ seg* settle, take up residence, set up house. **-lse** settling, establishment, setting up house.
Bosnia *(geogr)* Bosnia. **bosnisk** Bosnian.
Bosporus *(geogr)* the Bosporus.
bosted: *se bopel.*
bostedskommune place of residence; town *(etc)* of residence.
bostedstillegg cost-of-living bonus.
bostyre **1***(ved dødsbo)* (appointed) trustees (for a deceased's estate); **2***(ved konkurs)* [administrators (in bankruptcy)]; *(NB i UK svarer dette til et samarbeid mellom* the committee of inspection *(kreditorutvalget) og* the trustee in bankruptcy *(den faste bobestyreren)).*
bostøtte housing benefit (supplement); rent allowance; living allowance; *(se tilleggstrygd).*
bot **1***(lapp)* patch; **2***(mulkt)* fine, penalty; **3***(forbedring)* amendment, correction; **4***(botshandling)* penance; *råde ~ på* remedy; make good *(fx* a deficiency); right *(fx* a wrong); rectify; *det er naturlig at staten forsøker å rå(de) ~ på disse forhold gjennom sosial lovgivning* it is natural that the state should attempt to remedy *(el.* compensate for) this through social legislation; *spille en rolle når det gjelder å rå(de) ~ på noe av det som er galt i verden* play a part in rectifying some of the troubles from which the world is suffering; *gjøre ~* (4) do penance; *love ~ og bedring (om forbryter)* promise good

behaviour (,**US:** behavior); promise to behave, promise to turn over a new leaf.

botani|ker botanist. **-kk** botany. **-sere** *(vb)* botanize. **-serkasse** (botanist's) vasculum. **-sk** botanical.

botemiddel remedy *(for* for).

botferdig penitent, repentant, contrite. **-het** penitence, repentance, contrition.

botforer *(pl)* overshoes.

botnisk: *Den -e bukt* the Gulf of Bothnia.

bots|dag day of repentance. **-fengsel** penitentiary. **-predikant** preacher of repentance. **-øvelse** penance, penitential exercise.

bra *(adj)* good, honest, worthy; *(adv)* well; *en ~ kar* a decent chap; *en ~ pike* a good girl; *bli ~* get well *(av* of); *nå hadde hun det ~* she was doing well now; *det er ~, gutten min* well done, my boy; *med meg er det ~* I am all right; *det er vel og bra, men* that is all very well, but; *jeg føler meg ikke riktig ~ i dag* I don't feel quite the thing this morning; *jeg håper alt går ~ med dere* I hope everything is going well with you.

brageløfte promise of (a) great deed(s).

brak crash, bang; *(torden-)* peal.

brake *(vb)* crash; *presse og radio -t løs* the press and the radio were thundering away *(el.* were filling the air *el.* were hard at it).

I. brakk *(om vann)* brackish.

II. brakk *(om jord)* fallow; *ligge ~* lie fallow.

brakke *(mil)* barracks; *(arbeids-)* workmen's hut *(el.* shed). **-by, -leir** hutted camp.

brakkland fallow land.

brakknese pug nose; *(se nese).*

brakkvann brackish water.

bram ostentatious display, show; *med brask og ~* ostentatiously. **-fri** unostentatious.

bramin Brahmin.

bram|rå *(mar)* topgallant yard; *(se I. rå).* **-saling** *(mar)* topmast cross-trees. **-seil** *(mar)* topgallant sail; *splitte mine ~!* shiver my *(el.* me) timbers! *(se seil).* **-stag** *(mar)* topgallant stay; *(se stag).* **-stang** *(mar)* topgallant mast, royal mast; *(se røylstang).*

brande: *en diger ~ (av en mann)* a big lump of a man; *han var en ~ til å arbeide* he worked like a fury.

brann fire; *(kjempe-)* conflagration; *(brennende stykke tre)* firebrand; *(i korn)* smut; *komme i ~* catch fire, take fire; *sette (el. stikke) i ~* set on fire, set fire to; *(også fig)* fire; *stå i ~* be on fire; *hvis det bryter ut ~* if there is a fire outbreak.

brann|alarm fire alarm, fire call. **-alarmapparat** fire-alarm (apparatus). **-belte** *(i skog)* fire break, fire lane. **-bil** fire engine; *(faglig, også)* fire appliance; **T** pump; *(stigebil)* turntable ladder. **-bombe** incendiary (bomb), fire bomb. **-byll** anthrax, carbuncle.

brannet dark-striped, brindled, tabby.

brann|fakkel incendiary torch; *(fig)* firebrand. **-fare** danger of fire, fire hazard. **-farlig** inflammable, liable to catch fire. **-folk** firemen, fire brigade. **-formann** leading fireman. **-forsikring** fire insurance. **-gate:** *se -belte.* **-gavl** fireproof gable. **-hake** fire hook. **-ingeniør** =deputy assistant chief (fire) officer; **-inspektør** divisional (fire) officer. **-konstabel** fireman. **-lukt** smell of burning. **-mann** fireman. **-mester** station (fire) officer; **US** fire captain; *over-* assistant divisional (fire) officer; *under-* subofficer; **US** fire lieutenant. **-pil** fire arrow. **-polise** fire (insurance) policy. **-redskaper** fire-fighting equipment. **-salve** ointment for burns. **-seil** jumping sheet. **-sikker** fireproof. **-sjef** chief fire officer; **US** fire marshal; *vara-* deputy *(el.* assistant) chief fire officer; **US** deputy fire marshal. **-skade** damage by fire. **-slange** fire hose. **-slokningsapparat** fire extinguisher. **-sprøyte** fire engine. **-stasjon** fire station; *hoved-* fire brigade headquarters. **-sted** scene of a fire. **-stiftelse** arson, incendiarism. **-stifter** arsonist, incendiary, fire-raiser; **US** fire-bug. **-stige** fire escape. **-sår** burn. **-takst** valuation for insurance; *(verdien)* insured value. **-tau** rescue rope. **-tomt** burnt-out ruins. **-vakt** fire watcher. **-varslingsapparat** fire-alarm box. **-vesen** *(systemet)* fire service; *(konkret)* fire brigade; **US** fire department. **-øks** fireman's axe. **-øvelse** fire drill.

bransje business, trade, line; *han er godt inne i -n* he is well in with the trade.

bransjeforretning dealer; (*NB* in England the specific trade is usually stated).

bransjekunnskaper *(pl)* knowledge of the trade.

bras *(mar) (tau ved begge ender av en rå)* brace; *le ~* lee brace; *luv ~* weather brace; *klare -ene* make it, manage (it), pull *(el.* bring) it off; *(også* **US**) make the grade.

I. brase *vb (styrte)* crash; *~ imot* knock against; *~ ned* come down with a crash; *~ sammen* collapse, crash in; *(kollidere)* crash into each other.

II. brase *vb (mar)* brace; *~ an* b. to; *~ bakk* b. aback.

III. brase *vb (steke)* fry, frizzle, cook.

Brasil *(geogr)* Brazil.

brasilian|er, -sk Brazilian.

brask: *med ~ og bram* ostentatiously.

brasme *(fisk)* bream.

brast: *stå last og ~ sammen* stick together in good times and bad.

bratsj *(mus)* viola, tenor violin. **-ist** viola player.

bratt *(steil)* steep, precipitous; *~ stigning* steep rise; *(se II. stå: ~ ned).*

braute *(vb)* brag, bluster, swagger.

bravade *(brautende opptreden)* swashbuckling.

bravo! bravo! **-rop** (shout of) bravo, cheer.

bravur *(glimrende sikkerhet)* bravura; *med ~ (også)* brilliantly. **-arie** bravura aria. **-nummer** show-piece, star turn.

I. bre *(subst)* glacier; *(snø-)* snowfield, field of eternal snow.

II. bre *(vb)* spread; *~ høy* spread out hay; *de bredte (el. la) et teppe over barnet* they laid *(el.* put) a blanket over the child; *~ over seg et teppe* cover oneself with a blanket; *~ ut* spread out *(fx* papers on the table); *~ seg* **1***(gjøre seg bred)* spread oneself; *ikke ~ deg slik med bøkene dine* don't take up so much room with your books; 2. spread; *(om by også)* grow; *hvis de ytterliggående elementene i (el. innen) partiet får (lov til å) ~ seg* if the extreme *(el.* extremist) elements (with)in the party are allowed to spread; *~ seg ut (om landskap)* spread out; stretch out; *sletten bredte seg ut foran oss* the plain spread *(el.* opened out) before us; *(litt.)* the plain lay spread out before us.

bred *adj (vid)* broad, wide; *seks fot lang og fire ~* six feet by four; *~ over baken* **T** broad in the beam; *gjøre -ere* widen, broaden; *-t (adv)* broadly; *vidt og -t* far and wide. **-bladet** *(bot)* broad-leaved; *(kniv)* broad-bladed.

bredd *(av elv)* bank, riverbank; *(av innsjø el. hav)* shore; *ved havets ~* on the seashore; *gikk over sine -er* overflowed its banks; *de skrå -er* the stage; the boards.

bredde width, breadth; *(geografisk)* latitude; *i -n* across; *på 15° nordlig ~* in 15° northern latitude, in latitude 15° north. **-grad** degree of latitude; parallel; *på våre -er* in our latitudes. **-sirkel** circle of latitude.

breddfull brimful, brimming, full to overflowing.
bred|flabbet broad-jawed. **-fotet** broad-footed.
bred|side broadside. **-skuldret** broad-shouldered. **-skygget** broad-brimmed. **-snutet** *(sko)* square-toed. **-sporet** broad-gauge(d). **-stående** *(gym)* stride-standing.
bregleppe bergschrund.
bregne *(bot)* fern, bracken.
brekant glacial apron.
breke *(vb)* bleat, baa. **breking** bleating, baaing.
brekk *(beskadigelse)* breakage.
brekkasje breakage.
brekkbønner *(pl)* (chopped) green beans.
brekke *(vb)* break, fracture; ~ *nakken* break one's neck; ~ *lasten* break bulk; ~ *om (typ)* make up; ~ *opp* break open; ~ *seg* vomit, be sick; **T** cat.
brekk|jern: *se -stang.* **-middel** emetic. **-stang** crowbar, jemmy, jimmy; *(fig)* lever. **-vogn** *(jernb)* brake van; **US** caboose.
brekning vomiting; *(se blodbrekning).*
brem border, edge.
I. brems *(insekt)* gadfly, botfly, warble fly.
II. brems brake; *-ene sviktet* the brakes failed.
bremse *(vb)* brake; *(fig)* check, restrain; ~ *på inflasjonen* put a brake on inflation.
bremse|apparat braking apparatus. **-belegg** brake lining. **-bånd** brake band. **-kloss** brake block. **-lengde** braking distance. **-lykt** brake lamp. **-lys** brake light, stop light. **-mann** *(jernb)* brakeman. **-pedal** brake pedal. **-sko** brake shoe. **-slange** brake hose. **-sylinder** wheel *(el.* brake) cylinder. **-vei** stopping distance. **-væske** brake fluid.
bremsing braking.
brenn- [intensifying prefix, mostly dialectal]; *(se brennhast; brennkald; brennkulde).*
brenn|bar combustible, inflammable. **-barhet** combustibility, inflammability.
I. brenne *(subst): se ved.*
II. brenne *(vt)* burn; scorch, sear; commit to the flames; *(lik)* cremate; *(om nesle)* sting; *(vt & vi; brennevin)* distil; distil spirits; *(vi)* burn, be on fire; *det vil ikke* ~ **1***(i ovn, etc)* the fire won't light *(el.* burn); **2***(om ved, etc)* it won't burn *(el.* catch (fire)), it won't take fire; *brent barn skyr ilden* a burnt child dreads the fire; once bitten, twice shy; ~ *kaffe* roast coffee; *brent mandel* burnt almond; ~ *teglstein* bake tiles; *lukte brent* smell of burning; ~ *av begjær* burn with desire; ~ *av (et skudd)* fire off (a shot); *(fyrverkeri)* let off *(fx* fireworks); ~ *etter å* be dying to *(fx* he was dying to speak); *det har brent hos ham* there has been a fire at his house; *det -r i ovnen* there's a fire in the stove; ~ *inne* die in a (,the) fire; be trapped in a (,the) fire; ~ *en inne* kill sby by setting fire to his house; ~ *inne med noe* be left with sth on one's hands; **T** be landed with sth; ~ *ned* be burnt down; ~ *opp* be burnt, be destroyed by fire; *det har brent i natt på to steder* there was a fire last night in two places; *huset brant ned* the house was burnt down; ~ *seg* burn oneself; *(fig)* burn one's fingers; *jeg brente meg på en nesle* I was stung by a nettle.
brenne|merke **1***(subst)* brand, stigma; **2***(vb)* brand; *(fig)* stigmatize. **-merking** branding; *(fig)* stigmatizing.
brennende scorching, burning; ~ *spørsmål* burning question.
brennenesle stinging nettle.
brenner *(i lamper)* burner.
brennevin distilled spirits, brandy. **brennevins|-brenner** distiller. **-brenneri** distillery.
brennglass burning-glass.
brennhast big hurry; *hvorfor har du slik ~?* **T** what's the big hurry?
brenning **1.** burning; **2***(av teglstein)* baking; **3***(i sjøen)* surf, breakers.
brennkald biting cold; *det var -t (især)* it was biting cold.
brennkulde biting cold.
brenn|manet sea nettle, stinging jellyfish, cyanea. **-offer** burnt offering. **-punkt** focus; *i begivenhetenes* ~ in the focus of events.
brennstoff fuel; *et nødvendig ~ for den industrielle produksjon* a fuel (which is) necesary to industrial production.
brennvidde focal length *(fx* a f. l. of 12 mm).
brensel fuel. **-besparende** fuel-saving. **-forbruk** fuel consumption. **-(s)verdi** value as fuel, heating value.
bresje breach; *skyte ~ i* make a breach in; *stille seg i -n for* step into the b. for, make a stand for, stand up for.
bre|sluk moulin. **-sprekk** crevasse.
I. brett board; *(bakke)* tray; *på ett* ~ at once, at one go; in one lot.
II. brett turned-down *(el.* turned-up) edge; fold; *legge en ~ på* turn down; *legge ~ på (fig)* attach importance to, lay stress on.
brette *(vb):* ~ *opp* turn up; ~ *ned* turn down; *må ikke -s!* do not bend!
brettspill board game.
brev letter; *(mindre)* note; *et lite ~ skrevet i all hast* a hasty note; *et ~ knappenåler* a paper of pins; *ubesørgelig* ~ dead letter; *veksle ~ med en* correspond with sby.
brev|ark (sheet of) notepaper, letter-paper. **-due** carrier (pigeon), homing pigeon. **-form** epistolary style; *i* ~ in the form of a letter. **-hode** letter-head. **-kasse** letter box; **US** (letter) drop. **-kort** post card; **US** postal card. **-mappe** letter case. **-ombæring** delivery. **-ordner** letter file. **-papir** notepaper, writing paper; *(luksuspapir)* fancy paper. **-porto** postage, postage on letters. **-post** letter post. **-presse** paperweight, letter weight. **-skriver** letter writer. **-skrivning** letter writing. **-stil** epistolary style of writing. **-veksle** *(vb)* correspond. **-veksling** correspondence; *stå i ~* correspond. **-vekt** letter *(el.* postal) scales; letter balance.
bridge *(kortspill)* bridge.
brigade *(mil)* brigade. **-general** brigadier, brigadier general.
brigg *(mar, tomastet skip)* brig.
brikke table mat, cocktail mat; *(øl-)* beer mat; **US** coaster; *(liten duk)* doily; *(i spill)* man, piece.
brikett briquette; **US** briquet.
briljant brilliant.
briljantine *(hårmiddel)* brilliantine.
briljere *vb (glimre)* shine.
brille|futteral spectacle case. **-glass** spectacle lens. **-innfatning** spectacle frame. **-mops** *(neds)* **S** goggles.
briller *(pl)* spectacles, glasses; *lese-* reading glasses.
brilleseddel prescription for spectacles.
brille|slange *(zool)* hooded snake; cobra. **-stenger** *(pl)* side bars.
I. bringe *(bryst)* chest.
II. bringe *vb (til den talende)* bring; *(ellers)* take, carry, convey; *bring meg den boka* bring me that book; *bring dette brevet på posthuset* take *(el.* carry) this letter to the post office; ~ *et offer* make a sacrifice; ~ *ulykke* bring bad luck; ~ *det vidt* be very successful, achieve great things, go far; ~ *for dagen* bring to light; ~ *fram* bring forward; *~lys i* clear up; ~ *i erfaring* learn, ascertain; ~ *en sak vel i havn*

bring a matter to a successful issue; ~ *ham inn på (emne)* draw him on to talking of; ~ *oss opp i vanskeligheter* land us in difficulties; ~ *noe over sitt hjerte* bring oneself to; ~ *på bane* broach; bring up; ~ *en på fote igjen* set sby on his feet again; ~ *en på andre tanker* make sby change his mind; ~ *en til seg selv* bring sby round; ~ *til taushet* silence; ~ *en til å* ... make sby ...; *(se likevekt).*

bringebær *(bot)* raspberry. **-busk** raspberry bush. **-syltetøy** r. jam.

bris breeze; *frisk* ~ fresh b.; *laber* ~ moderate b.; *lett* ~ gentle b.; *(jvf vind: flau ~, svak ~; påfriskende).*

I. brisk *bot (einer)* juniper.

II. brisk *(fast seng)* bunk; *tre-* plank bed.

briske *(vb):* ~ *seg* show off, swagger; **T** put on side; ~ *seg av noe* plume oneself on.

brisling *(fisk)* sprat, brisling.

brissel *(en kjertel)* sweetbread.

brist *(feil)* flaw; *(mangel)* defect; *en* ~ *i karakteren* a flaw in sby's character; *en* ~ *i hans logikk* a fault in his logic.

briste *vb (revne)* crack, burst; *(gå i stykker)* break; *(gi etter)* give way; *(slå klikk)* fail; *det får* ~ *eller bære* it's neck or nothing; it's a case of sink or swim; *få hans hjerte til å* ~ break his heart; ~ *i gråt* burst into tears; ~ *i latter* burst out laughing; burst into a laugh (of derision, *etc); -nde øyne* dying eyes; *brustne øyne* glazed eyes.

briste|ferdig ready to burst. **-punkt** breaking point; *på -et* at b. p.; *spenne til -et* strain to b. p.; *(se tålmodighet).*

brite Briton; **US:** Britisher; *-ne* the British.

britisk British.

bro: *se bru.*

I. brodd sting; *ta -en av* take the sting out of; *stampe mot -en* kick against the pricks; *det har ikke* ~ *mot* it is not directed against.

II. brodd *(is-)* ice spur; crampon; *(på hestesko)* frost-nail; **US** calk.

brodden *(adj): det er brodne kar i alle land* there is a black sheep in every flock; *brodne panner* broken heads.

brodere *(vb)* embroider. **brodergarn** embroidery cotton, e. wool.

broderfolk sister nation.

broderi embroidery. **-forretning, -handel** needlework shop. **brodering** embroidering.

broderlig brotherly, fraternal. **-het** fraternal spirit, brotherliness.

broder|mord fratricide. **-morder** fratricide. **-ånd** brotherly spirit; *(se for øvrig bror-).*

brokade brocade.

broket parti-coloured, motley, variegated; *-e farger* gay colours; *det ser* ~ *ut* things look awkward, things are in a mess; *han gjorde det* ~ *for meg* he made it difficult for me.

brokk *(med.)* rupture, hernia; *få* ~ rupture oneself.

brokk|belte hernial belt. **-bind** truss, suspensory, hernial bandage.

brokker *subst (pl)* fragments, scraps, bits.

brokkfugl *(zool)* plover.

brom *(kjem)* bromine.

brom|kalium *(kjem)* potassium bromide. **-syre** *(kjem)* bromic acid.

bronkial bronchial.

bron|kier *(pl)* bronchia. **-kitt** bronchitis.

bronse bronze. **-alder** bronze age. **-farget** b.-coloured. **-medalje** b. medal. **-re** bronze.

bror brother; *(pl:* brothers); *(medmennesker, ordensbrødre, etc)* brethren; *(munk)* brother, friar; *brødrene Smith* the brothers Smith; the Smith brothers; *(firmanavn)* Smith Brothers, Smith Bros.

bror|datter niece, brother's daughter. **-folk** sister nation. **-hånd** fraternal hand. **-kjærlighet** fraternal *(el.* brotherly) love. **-parten** the lion's share. **-skap** brotherhood, fraternity. **-sønn** nephew.

brosje *(brystnål)* brooch.

brosjert paper-bound.

brosjyre booklet, brochure, folder.

brosme *(fisk)* torsk; *(jvf brasme).*

brotsj broach, reamer (bit).

brotsje *(vb)* broach *(fx* a hole).

brottsjø breaker, heavy sea.

bru bridge; *(gym)* back-bend (position); *bryte alle -er (fig)* burn one's boats; *slå* ~ *over* throw a bridge over, bridge (over). **-bue** arch (of a bridge).

brud bride; *stå* ~ be married.

brudd *(revne)* breach, break, gap; *(med.)* fracture; *diplomatisk* ~ diplomatic rupture; *et* ~ *med* a break with, a departure from; *det kom til* ~ *mellom dem* there was a break *(el.* a rupture) between them; they broke with each other; they fell out; ~ *på ledningen* pipe burst, a burst p.; *i hvilke land begås det flest* ~ *på Menneskerettighetserklæringen?* in which countries are there most contraventions of the Declaration of Human Rights?

brudden broken, fractional; ~ *brøk* complex fraction.

brudd|flate fracture surface, surface of fracture. **-stykke** fragment. **-stykkeaktig** fragmentary.

brudeand *(zool)* wood duck.

brude|drakt bridal dress *(el.* costume). **-ferd** wedding procession. **-folk** bride and bridegroom. **-følge** wedding *(el.* bridal) procession. **-kjole** wedding dress.

brudekke decking *(el.* flooring) of a bridge.

brude|krans bridal wreath; *(i England)* orange blossom. **-par** bride and bridegroom, newly -married couple. **-pike** bridesmaid. **-slør** bridal veil. **-utstyr** trousseau.

brudgom bridegroom.

brudulje T shindy, row; *lage* ~ kick up a row.

brugde *(zool)* basking shark.

Brugge *(geogr)* Bruges.

bruhode *(mil)* bridgehead; *(på kyst)* beachhead.

I. bruk use, employment; *(skikk)* practice, custom, usage; *gjøre* ~ *av* make use of; *få* ~ *for* be going to need *(fx* I don't think we're going to need that); find a use for; *ha* ~ *for* want; need; be in need of; *har du* ~ *for dette?* would this be any good to you? would this be (of) any use to you? *det blir nok* ~ *for det* it will come in handy; *penger jeg ikke hadde* ~ *for med en gang* money I had no immediate use for; *til* ~ *for* for the use of; *til* ~ *overfor mine kunder* to use with my customers, to show my c.; *ingen* ~ *for* no use for; *det er skikk og* ~ *her* it is common practice here; *gå av* ~ fall out of use, fall into disuse; *ha i* ~ have in use, be using; *ta i* ~ start using, put to use, take into service; adopt *(fx* a new method); *bli tatt i* ~ begin to be used; *det ble tatt i* ~ *(også)* it was put to use; *de er for små til mitt* ~ they are too small for my use.

II. bruk *(gårds-)* farm; *(bedrift)* mill, works, factory.

brukar (bridge) pier.

bruk|bar fit for use, usable, serviceable, useful, in working order; *han er ikke* ~ he's no use; *i* ~ *stand* serviceable. **-barhet** fitness for use, usefulness.

bruke *(vb)* use, employ; make use of; *(forbruke)* consume; *(pleie)* be in the habit of; *(penger)* spend; *han -r alt han tjener* he spends all his income; he lives up to his i.; *de adresser han skulle ~ når han skrev til meg* the addresses at which he was to write to me; *~ (el. ta) bilen til jobben* take the car to work; travel to work by car; *han brukte all sin styrke* he put out all his strength; *~ sin tid godt* make good use of one's time; *~ noe mot en sykdom* take something for a complaint; *~ munn* scold; **T** jaw; *~ bena* make use of one's legs; *vi brukte to dager på å* it took us two days to; we took two days to; *~ lang tid på å* be slow in (-ing); *~ opp* consume, expend, use the whole; *~ seg (bruke munn)* scold; **T** jaw; *det -s ikke her til lands* it is not the custom in this country; *brukte klær* second-hand clothes; *de mest brukte størrelser* the most ordinary sizes; *(se I. marg).*

brukelig: *se brukbar.*

bruker user.

bruks|anvisning directions for use. **-eier** mill owner; manufacturer. **-forening** co-operative society, supply association; *(utsalg)* co-operative stores; **T** co-op. **-gjenstand** article for everyday use, article for daily use, utility article. **-kunst** hand-made (*el.* hand-crafted) articles; *(mest i museumssammenheng)* applied art; *stilfull ~, strikkegarn og kofter* stylish hand-crafted articles, knitting wool and sweaters. **-ord** word in daily use; *dette er ikke noe vanlig ~* this word is not in common use (*el.* is seldom or never heard). **-rett** right of use.

bruktbil used car, second-hand car; *~ som har gått lite* low-mileage used car. **-forhandler** dealer in used cars, second-hand car dealer.

brulegge *(vb)* pave. **-r** paviour. **-rjomfru** rammer, paviour.

brulegging paving; pavement.

brum growl. **-basse T** growler.

brumme *(vb)* growl; *(fig)* grumble; *~ i skjegget* mutter to oneself.

brun brown; *~ saus* gravy; *du er fin og ~* you've got quite a tan; you're as brown as a berry.

brune *(vb)* brown *(fx* b. them quickly in hot dripping); *(huden)* bronze; tan; *-t smør* browned butter.

brunhåret brown-haired.

brunkull brown coal, lignite.

brunst *(hundyrs)* heat; *(handyrs)* rut, rutting.

brun|stekt done brown. **-stein** manganese dioxide, pyrolusite.

brunstig in heat; *(om handyr)* rutting.

brunsttid mating season; *(om handyr, også)* rutting season; *(om hundyr, også)* period of heat.

brus *(brusende lyd)* rushing sound, roar; *(sakte)* murmur; *(oppbrusing)* effervescence, fizz; *(limonade)* fizzy lemonade; **T** pop.

I. bruse *(bot) se brisk.*

II. bruse *(vb)* effervesce, froth, foam; *(havet)* roar, rush; *han -r lett opp* he is apt to blaze (*el.* flare) up; *~ over (ved gjæring)* run over.

brus|hane *(zool)* ruff. **-hode** hothead.

brusk cartilage, gristle. **-aktig** cartilaginous, gristly. **-vev** *(anat)* cartilaginous tissue; *(se vev 2).*

Brussel *(geogr)* Brussels.

brustein paving stone, pavement stone.

brusteinsball street dance.

brusten *(om øyet)* glazed.

brutal brutal; *en ~ person* a bully, a brute. **-itet** brutality.

brutto|beløp gross amount. **-fortjeneste** gross profit. **-inntekt** gross income; **US** gross earnings. **-premie** *(fors)* gross premium. **-vekt** gross weight.

I. bry *(subst)* trouble, inconvenience; pains *(fx* here's a pound for your pains); *jeg fikk fri reise for -et* I had my journey for my trouble; *gjør deg ikke noe ~ for min skyld* don't trouble yourself on my account; *ha ~ med* have trouble with; *hadde du meget ~ med det?* did it give you much trouble? *hadde du meget ~ med å finne huset?* did you have much bother (in) finding the house? *jeg har veldig mye ~ med ham* I have no end of trouble with him; *ha ~ med å* be put to the trouble of (-ing); *denne forsinkelse har skaffet oss mye ~* this delay has given us a great deal of trouble *(el.* inconvenience); *det er ikke noe ~* it will be no trouble; *vil det bety (el. være) meget ~ for deg å ...* will it be much trouble for you to ...

II. bry *(vt)* trouble, put to trouble, inconvenience; *(plage)* bother; *må jeg ~ Dem med å ...* may I trouble you to ...; *De må unnskylde at vi -r Dem med denne saken* you must forgive (*el.* excuse) us for troubling you in this matter; *hun ville ikke ~ sin søster med å (be henne) se etter barna* she did not want to trouble her sister with looking after the children; *~ seg med å* trouble to, bother to; *~ seg om* care about (*el.* for), mind; *han -dde seg aldri noe større om sin søster* (ɔ: *gjorde aldri noe større for henne)* he never did anything much for his sister; *å, bry Dem ikke om det!* don't trouble yourself; never you mind; don't bother about that; *~ deg ikke om meg* don't mind me; *jeg -r meg ikke om det* I don't care about it (*el.* for it); *jeg -r meg ikke om å gå* I don't care to go (*el.* about going); *(se inntrykk; slippe).*

brydd embarrassed.

bryderi: *se I. bry.*

brygg brewing; *(drikk)* brew.

Brügge *(geogr)* Bruges.

I. brygge *(laste-)* wharf; *(for passasjertrafikk)* pier; jetty; *(kai)* quay, landing stage; *(liten; privat)* landing stage; *ved brygga* at the wharf (,quay); *(om skip, også)* alongside the wharf; *(svarer etter engelske forhold til)* in the docks.

II. brygge *(vb)* brew; *jeg -r på en forkjølelse* I've got a cold coming; *(jvf forkjølelse).*

brygge|arbeider docker, dock worker; **US** longshoreman. **-avgift** quay dues, quayage. **-formann** quay master; *(se formann).* **-kar** brewing vat. **-lengde** quayage.

brygge|panne 1. copper; **2**(*underovn & gryte)* (combined) copper and heater. **-rist** ash grate for copper heater.

bryggeplass quayage; *(hvor skipet legger til)* berth.

brygger brewer. **-hest** dray horse; *(se hest).* **-hus** laundry, wash-house.

bryggeri brewery.

brygge|sjauer: *se -arbeider.*

bryllup wedding, marriage; *(poet)* nuptials; *holde ~* celebrate a wedding, be married; *være i ~* be at a wedding.

bryllups|dag wedding day. **-fest** wedding festivities. **-gave** wedding present. **-reise** honeymoon (trip); wedding trip; *de var på ~ i Italia* they went to Italy for their honeymoon.

bryn *(anat)* eyebrow, brow; *(skog-)* fringe (*el.* edge) of a wood.

brynde concupiscence, sexual passion; *(om dyr)* heat.

I. bryne *(subst)* whetstone; sharpening stone; *olje-* hone.

II. bryne *(vb)* sharpen, whet.

brynje *(hist)* coat of mail.

brysk brusque, gruff, blunt.

brysom troublesome, trying.

bryst breast; *(også om lunger, etc)* chest; *(kvinne-)* breast *(pl:* breasts); *(barnespråk)* teat, tit; *(av storfe)* brisket; *benfritt ~* boned brisket; *gi et barn ~* breast-feed a baby, give a baby the breast; *et svakt ~* a weak chest.

brystben *(anat)* sternum; breast bone.
brystbilde half-length portrait.
bryste *(vb)*: ~ *seg* swagger *(av* about).
bryst|finne pectoral (fin). **-harnisk** breastplate. **-karameller** cough pastilles. **-kasse** chest. **-kjertel** mammary gland. **-lomme** breast pocket. **-ning** parapet. **-nål** brooch (pin). **-panel** dado. **-stemme** chest voice. **-svømning** breast stroke. **-tone** chest note *(el.* tone).
brystverk 1*(med.)* abscess on the breast; *(smerte i brystet)* pain in the chest *(el.* breast); **2***(på orgel)* swell-box, swell organ.
bryst|vern breastwork, parapet. **-virvel** *(anat)* thoracic vertebra. **-vorte** *(anat)* nipple.
bryte *vb* **1***(brekke)* break; **2***(ikke overholde)* break *(fx* the law; a promise; the rules); violate, infringe; **3***(om lyset)* refract; **4***(om sjøen)* break; **5***(sport)* wrestle; **6***(tlf)* ring off, hang up; *ikke bryt forbindelsen! (tlf)* hold the line, please! ~ *sitt hode* rack *(el.* cudgel) one's brains; ~ *isen* break the ice; ~ *kull* win *(el.* work) coal; ~ *sitt løfte* break one's promise; ~ *tausheten* break silence; ~ **av** break off; *(i talen)* stop; *bryt av til venstre!* left wheel! ~ **fram** break *(el.* burst) forth, emerge; *sola brøt fram* the sun broke through; *dagen brøt fram* the day broke *(el.* dawned); ~ **inn** break in, force an entrance; ~ *inn i et hus* break into a house; ~ **løs** break loose; *(om opprør, etc)* break out; ~ **med** *en* break with sby; ~ *med en vane* break oneself of a habit; ~ **opp** break *(el.* force) open; *(fra selskap)* break up; *selskapet brøt opp* the party broke up; ~ **på** *det tyske* have a German accent; ~ **sammen** breakdown, collapse; ~ **ut** *(av fengsel)* break prison; *ilden brøt ut* the fire broke out.
brytekamp wrestling match.
bryter wrestler; *(elekt)* switch.
brytetak wrestling trick *(el.* grip), hold.
brytning breaking; *(sport)* wrestling; *(fys)* refraction; *(fig)* conflict.
brytnings|feil *(i øyet)* error of refraction. **-tid:** *en litterær* ~ a time of literary upheaval. **-vinkel** *(fys)* angle of refraction.
brød 1. bread; **2***(avlangt rundstykke)* long roll, frankfurter roll; *varm pølse med* ~ hot dog; *et brød* a loaf (of bread); *ristet* ~ toast; *den enes død, den annens* ~ one man's loss is another man's gain; *gi oss i dag vårt daglige* ~ *(bibl)* give us this day our daily bread; *smuler er også* ~ half a loaf is better than no bread; *gå som varmt hvete-* find a ready sale, sell like ripe cherries; *mennesket lever ikke av* ~ *alene (bibl)* man shall not live by bread alone; *tjene sitt* ~ earn *(el.* make) a living, earn one's livelihood *(el.* living); *tjene sitt* ~ *ved hederlig arbeid* make an honest living; *være i ens* ~ eat one's bread; *ta -et ut av munnen på en* take the bread out of sby's mouth;
brød|bakke bread basket; bread plate. **-blei T** hunk of bread. **-boks** bread bin; **US** bread box. **-deig** bread dough; *(se deig).*
brøde guilt.
brød|fjel bread plate, bread board. **-frukt** *(bot)* breadfruit. **-fø** *(vb)* support. **-kniv** bread knife. **-korn** bread grain; breadstuffs *(pl); (se korn).* **-leiv** chunk *(el.* hunk) of bread. **-løs** *(uten erverv)* out of work, out of a job. **-mangel** scarcity of bread. **-skalk** outside slice, first cut; **US** heel (of a loaf).
brød|skorpe bread crust. **-smule** bread crumb. **-spade** peel. **-studium** utilitarian study.
brøk fraction; *alminnelig* ~ vulgar fraction; *brudden* ~ complex f.; *(u)ekte* ~ (im)proper f.; *forkorte en* ~ reduce a fraction; *gjøre om en* ~ invert a fraction. **-del** fraction. **-regning** fractional arithmetic; **T** fractions. **-strek** fraction line, stroke.
brøl roar, bellow; *fra mengden steg det opp et tordnende* ~ from the host rose a thunderous shout. **brøle** *(vb)* roar, bellow.
brøl(e)ape *(amerikansk apeslekt)* howler; *(se ape).*
brønn well; *det er for sent å lukke -en når barnet er druknet* it is too late to lock the stable door after the horse has been stolen. **-borer** well borer. **-graver** well digger. **-karse** *(bot)* watercress. **-kur:** *ta* ~ take *(el.* drink) the waters. **-vann** well water.
brøyte *(vb)* clear the road (of snow); *det er -t vei helt fram til hyttedøra* a road is kept open right up to the entrance to the cabin; ~ *løype (ski)* break a *(el.* the) track.
brøyte|bil snow plough (truck). **-kant** bank of snow; US snowbank. **-tropp** *(mil)* snow-clearing platoon.
brå abrupt, sudden; *-tt (adv)* abruptly, suddenly; *stanse -tt* stop short. **-bremse** *(vb)* slam on the brakes. **-dyp:** *det er -t like ved land* there is deep water close to the shore. **-hast** big hurry.
bråk *(subst)* noise; *(krangel)* bother, trouble; **T** row, shindy; *lage* ~ **T** kick up a row, raise hell, make a hullabaloo; *det blir (det) bare* ~ *(av)* that's asking for trouble.
bråke *(vb)* make a noise. **-nde** noisy, boisterous.
bråkete noisy; *full og* ~ drunk and disorderly.
bråkjekk cocky, brash.
bråkmaker troublemaker; *en full* ~ a disorderly drunkard.
bråkulde a sudden spell of cold.
bråmett suddenly unable to eat any more.
brå|sinne sudden anger; a sudden burst of anger. **-stanse** *(vb)* stop short, stop dead (in one's tracks).
bråte: *en hel* ~ *med* **T** lots of; heaps of.
bråtebrann *(kan gjengis)* rubbish fire; bonfire from a heap of brush.
bråtebrenning [the burning off of withered grass and leaves in spring].
brått *(adv): se brå.*
brå|vakker pretty at first sight. **-vende** *(vb)* turn short. **-vending** a sharp turn; *i en* ~ **T** in a hurry.
I. bu *(subst)* booth, stall.
II. bu *(vb): se bo.*
III. bu *(int)* boo.
bud 1*(befaling)* command, order; dictate; *(bibl)* commandment; **2***(beskjed)* message; **3***(visergutt)* errand boy, office boy; *(se visergutt); (sendebud)* messenger; *(som leverer melk etc)* roundsman; **US** delivery man; **4***(tilbud)* offer; *(ved auksjon)* bid, bidding; *de ti* ~ the Ten Commandments; *det 4.* ~ *(svarer hos anglikanerne til)* the fifth commandment; *det 5.* ~ = the sixth commandment; *det 9. og 10.* ~ = the tenth commandment; *gjøre et* ~ make a bid, bid *(fx* he bid £20 for the piano); *-et venter* bearer waits; *sende* ~ *etter* send for; *sende* ~ *til en* send word to sby; send a message to sby; send round to sby.
budbringer bearer of a message, messenger.
Buddha Buddha.
buddhismen Buddhism.
buddhist Buddhist.
buddhistisk Buddhist(ic).
budeie milkmaid, dairymaid.
buden invited; *han var ikke* ~ he hadn't been invited.
bud|formann *(post)* postman higher grade; *(se formann).* **-grense** *(i poker)* ceiling, limit. **-penger** *(pl)* porterage charge. **-rute** *(post)* delivery walk, round *(fx* a postman on his r.).
budsjett budget; *(overslag over statsutgifter)* Estimates; *som angår -et* budgetary; *legge fram -et*

present (*el.* introduce *el.* submit) the b.; *oppføre noe på -et* include sth in the b.; budget for sth; *på -et* in the b.; *sette opp et* ~ draw up a b.

budsjett|debatt debate on the budget. **-ere** *(vb): ~ med* budget (for) (*fx* a new car this year), include in the budget. **-forslag** budget; *legge fram et* ~ present a b. **-komité** *(parl)* = Committee of Ways and Means. **-messig** budgetary; *~ sett* from a b. point of view.

budskap *(også fig)* message; *kanskje -et går dypere?* perhaps the message runs deeper?

budstikke *(hist)* [wooden stick or iron bar (later a cylinder or similar shape, in which to place a written message), which used to be sent from farm to farm to summon people, esp. to attend the' thing' (council) or to defend the country]; *la -n gå rundt* send a message round.

budveske postman's bag; *(avisveske)* newspaper delivery bag.

bue bow; *(fiolin)* bow, fiddlestick; *(hvelving)* arch; *(sirkel-)* circular arc; *(linje)* curve; *skyte med pil og* ~ shoot with bow and arrows; *spenne en* ~ bend (*el.* draw) a bow; *spenne -n for høyt (fig)* aim too high. **-formet** curved, arched. **-føring** *(mus)* bowing. **-gang** arcade, archway. **-lampe** arc lamp. **-orm** *(zool)* ringed snake. **-skyting** archery, shooting with bow and arrows. **-skytter** archer, bowman. **-streng** bowstring. **-strøk** stroke of the bow.

buffer *(fjærende støtapparat)* buffer.

buffet *(spisestuemøbel)* sideboard; *(disk i restaurant)* buffet, refreshment bar; *stående* ~ (standing) buffet; *selskap med stående* ~ buffet party, buffet luncheon (,supper, *etc*).

bugne *(vb)* bulge, bend; *de -nde seil* the bellying sails (*el.* canvas); *grenen -r av frukt* the branch bends under the weight of the fruit; the b. is weighed down with fruit; *bordet -r av retter* the table groans under the weight of the dishes.

buk abdomen; *(bibl & glds)* belly.

bukett bunch of flowers, bouquet; *(ofte spøkef)* nosegay.

buk|finne ventral (*el.* pelvic) fin. **-gjord** saddle girth. **-hinnebetennelse** peritonitis.

I. bukk **1**(*geite-*) he-goat; **T** billy-goat; *(rå-)* buck; **2**(*trebukk til bord*) trestle; **3**(*for bil*) (service) ramp, car ramp; *(smøre-)* greasing ramp; *(se også smøregrop);* **4**(*mastebukk på skip*) sheers; **5**(*kuske-*) box; **6**(*gym*) buck; *hoppe* ~ (play) leap-frog; *hoppe ~ over noe (fig)* skip sth; *stå* ~ make a back; *stå ~ for en* make a back for sby (at leap-frog); *den som står* ~ the back; *skille fårene fra -ene (bibl)* separate the sheep from the goats.

II. bukk *(hilsen)* bow; *gjøre et* ~ make a bow.

bukke *(vb)* bow; *~ dypt (for en)* make (sby) a low bow; *~ og skrape* bow and scrape (*for* to); *~ under for* succumb to, be overcome by.

bukkeben: *sette* ~ [stand stiff-legged]; *(svarer til)* cut up rough, show fight.

bukke|skinn buckskin. **-skjegg** goat's beard. **-sprang** caper, capriole; *gjøre* ~ cut capers.

bukking bowing; *~ og skraping* bowing and scraping.

buklanding wheels-up landing, belly landing.

buksbom *(bot)* box. **-hekk** box hedge.

bukse: *se bukser.*

bukse|bak trouser seat. **-ben** trouser leg. **-brett** trouser turn-up; **US** trouser cuff. **-henger** trouser hanger. **-klype** **1.** trouser hanger; **2**(*for syklist)* trouser clip. **-knapp** trouser button. **-linning** waistband. **-lomme** trouser pocket. **-løs** without trousers (on).

buksepress crease (in trousers); *en knivskarp* ~ a knife-edged crease.

bukse(r) **1**(*lange*) trousers; **US** pants; *(korte)* shorts; **2**(*under-*) pants, drawers; **US** trunks; *(jvf bade-); gjøre i buksa* dirty (*el.* make a mess in) one's pants, fill one's pants; *han skalv i buksene* his heart sank to his boots.

buksere *(vb)* tow, take in tow.

bukser|båt tug. **-ing** towing, towage. **-line** tow line. **-penger** towage. **-trosse** towing cable, hawser.

bukseseler(*pl*) braces, pair of b.; **US** suspenders; (NB (sock) suspender = **US** garter *(sokkeholder);* (stocking) suspender = **US** garter *(strømpestropp);* suspender belt = **US** garter belt *(hofteholder)).*

buksesmekk flies, fly; *-en din er åpen* your flies are undone.

bukspytt pancreatic juice. **-kjertel** pancreas.

bukt *(hav-)* bay; *(større, langstrakt)* gulf; *(mar, på tau)* bight; *få ~ med* get the better of, overcome (*fx* difficulties, one's opponents); *vi har fått ~ med krisen (også)* we have broken the back of the crisis.

buktaler ventriloquist.

buktaler|aktig ventriloquial. **-i** ventriloquism.

bukte *(vb): ~ seg* wind (in and out); *(om elv, også)* meander; *en hoggorm -t seg lynrapt av veien* an adder whipped off the road; *~ seg fram* wriggle along.

buktet winding, sinuous; *(sterkt)* twisting, tortuous.

buktning winding, curve, bend; *slangens -er* the twisting of the snake; the sinuous movements of the snake.

bulder [big, crashing noise and rumble]; *(kan gjengis)* din, rumble; boom (*fx* the b. of the sea); *kampens* ~ the din of battle.

buldre *vb (larme, rumle)* rumble; *(skjenne)* rage and fume, bluster; *(om kalkun)* gobble.

buldrebasse blusterer.

I. bule *(danse-, etc)* dive; **US** *(også)* joint; *en simpel* ~ a low dive.

II. bule *(forhøyning på gjenstand)* bulge; *(på skjold)* boss; *slå -r (om tapet, etc)* cockle (*fx* the wallpaper was badly cockled); *(jvf bulk).*

bulevard boulevard.

bulgar Bulgarian.

Bulgar|ia *(geogr)* Bulgaria. **b-sk** Bulgarian.

buljong meat broth, beef tea, clear (meat) soup, bouillon.

buljongterning bouillon cube, beef cube.

bulk dent; *rette opp (el. ut) en* ~ press out (*el.* straighten out) a dent; *forskjermen fikk en stygg* ~ the front wing got a nasty dent (*el.* was crumpled).

bulke *(vb)* **S** collide, dent (in), make a dent in (*fx* he made (*el.* got) a dent in his father's car); *han -t med en drosjebil* **1.** he crashed into a taxi; **2**(*sneiet borti)* he left his mark on a taxi.

bulket *(adj)* dented.

bulldogg bulldog.

bulldoser bulldozer.

bulle *(pavelig)* bull, papal bull.

bulletin bulletin.

bulmeurt *(bot)* henbane.

bum *(int)* bang.

bumerke **1.** mark (used as signature by an illiterate person); **2**(*i moderne reklame)* brand image.

I. bums thud, bang; *falle med et* ~ bump down, sit down with a flop (*el.* flump), flop down; fall with a thud.

II. bums *(int)* bang.

bumse: *en (kraftig)* ~ a big clumsy creature; a big lump of a woman; *(jvf brande).*

bumset(e) *(adj)* ungainly, inelegant, awkward, lumpy, lumpish.

bunad national costume.

bundet *adj (av binde); ~ kapital* locked-up capi-

butikk

I butikken

Unnskyld, har dere batterier?	*Excuse me, do you sell batteries?*
Unnskyld, hvor finner jeg batterier?	*Excuse me, where do you keep the batteries?* *Excuse me, where can I find batteries?*
Unnskyld, hvor mye koster disse?	*Excuse me, how much are these, please?*

tal; ~ *mandat* limited mandate; *bunden oppgave* (paper on a) set subject; ~ *stil* rhymed style; verse; ~ *varme* latent heat.

bundsforvandt *(forbundsfelle)* ally.

I. bunke heap, pile.

II. bunke *(vt): ~ sammen* heap up.

bunker bunker. **-kull** bunkers, bunker coal.

bunn bottom; *(i tøy)* ground, groundwork; *nå ~ (med føttene)* touch bottom; *(fig)* touch bedrock *(fx* prices touched bedrock in the depression); *ikke nå ~* be out of one's depth; *slå -en ut på* knock the bottom out of; *til -s, til -en* to the bottom; *(fig)* thoroughly; *komme til -s i* get to the bottom of; *i ~ og grunn* at bottom; really; in reality; *med -en i været* bottom up.

bunnbord *(i bil)* floor board.

bunne *vb (nå bunnen med føttene)* touch bottom; *~ i* originate in, be due to, be the result of.

bunn|fall sediment, deposit; *(kjem, også)* precipitate; *(av vin)* lees, dregs. **-felle** *(vb)* precipitate, deposit, settle; *~ seg* settle. **-felling** precipitation, settlement. **-fordervet** utterly depraved. **-fryse** *vb (om vann)* freeze solid; freeze right through. **-garn** ground net, pound net. **-hederlig** thoroughly honest, straight as a die. **-løs** bottomless, unfathomable; *være i ~ gjeld* be head over ears in debt; *~ uvitenhet* abysmal ignorance. **-panne** *(i bil)* sump (pan). **-rekord** (all-time) low; *nå en ny ~* hit a new low; *(se rekord).* **-råtten** completely rotten.

bunn|skrape *vb (skip)* scrape the bottom; *(sjøbunnen)* dredge; *(fig)* scrape to the bottom, drain, deplete. **-slepenot** trawl. **-stilling** *(stemplers)* bottom dead centre *(fk.* B.D.C.). **-ulykkelig** very unhappy, very miserable *(fx* she was very m. *(el.* upset) about not being able to come with us). **-vev** *(renning)* warp.

bunt bunch *(fx* of keys; of radishes).

bunte *(vb)* bunch, make up in bunches *(el.* bundles), bundle (together).

buntmaker furrier. **-varer** *(pl)* furs and skins.

buorm *se bueorm.*

bur cage; *i ~* caged; *sette i ~* cage, put in a cage.

burde: *se bør.*

bureiser person who starts a farm on new land; settler.

bureising farming of new land.

Burgund *(geogr)* Burgundy. **b-er** Burgundian; *(vin)* burgundy. **b-isk** Burgundian.

burkne *(bot)* spleenwort.

burlesk burlesque.

burnus *(arabisk kappe)* burnous(e), Arab cloak.

bus: *løpe ~ på* bounce against, run straight into.

buse: *~ inn i* rush into, barge into, burst into; *~ på* rush (blindly) on; *(fig)* go straight to the point, not stop to think; *~ ut (med)* blurt out.

busemann *(skremmebilde)* bugbear, bogey.

busette *(vb): se bosette.*

busk bush, shrub; *huke seg ned bak en ~ (spøkef)* go behind a hedge.

buskaktig bushy, shrubby.

buskap cattle, livestock; *(småfe)* flock; *(storfe)* herd.

buskas scrub, brush, thicket.

busket *(om pels)* shaggy; *en ~ hale* a bushy tail; *-e øyenbryn* bushy *(el.* tufted *el.* shaggy) eyebrows.

busk|mann Bushman. **-nellik** *(bot)* sweet william. **-plante** shrubby plant. **-rik** bushy, shrubby.

I. buss *(omnibus)* bus; *komme med -en* come by bus, come on the bus; *ta -en* take the bus; **T** bus it; *hun tok -en (også)* she came on the bus, she came by bus; *hvilken ~ skal jeg ta til X?* what number bus do I take for X?

II. buss *(skrå, lite stykke skråtobakk)* quid of tobacco.

busse: *være gode -r med* **T** be thick with, be hand in glove with; *de er gode (el. fine) -r* they're great chums, they're as thick as thieves.

busserull (workman's) blouse.

bussforbindelse bus service; couch service; *-n i distriktet besørges av ...* the district is served by *(fx* Green Line Coaches).

busslomme bus layby, bus bay; bus pull-in.

bust bristle; *reise ~ (fig)* bristle (up), show fight; *med strittende ~ (om hund)* with hackles up.

bustet dishevelled, untidy; *hun er ~ på håret* her hair is dishevelled.

butikk shop; **US** store; *~ drevet av eieren* independently owned shop; *drive ~* keep a shop; **US** run a store; *stenge -en* **T** shut up shop; pack up, knockoff. **-personale** sales staff.

I. butt *(subst)* tub.

II. butt *adj (ikke spiss)* blunt, thick, obtuse.

III. butt *adj (mutt)* sulky, surly, snappish.

butterdeig puff paste; *(se mørdeig; tertedeig).*

buttet chubby, plump.

B-vitamin vitamin B; *B-vitaminkomplekset* the vitamin B complex.

I. by *(subst)* town; *(om viktigere byer & engelske bispeseter)* city; **US** city; *-enes ~ (Roma)* the city of cities; *~ og bygd* town and country; *dra til -en* go to town; *(især om London)* go up (to town); *jeg skal en tur ut i -en* I'm going out; *gå på -en* **T** go on the town.

II. by *(vb)* **1***(befale)* order, command, bid; **2** *(innby)* ask, invite; **3***(tilby)* offer *(fx* o. sby a cigar); **4***(ved auksjon)* bid *(fx* he bid twenty pounds for the horse); ~ *først* make the first bid; ~ *høyt (,lavt)* bid high (,low); ~ *en dame armen* offer one's arm to a lady; *la seg* ~ *noe* put up with sth, stand for sth (*fx* I would not stand for that); *la seg* ~ *hva som helst* take everything lying down, pocket every insult; **T** eat dirt; ~ *en opp til dans* ask sby to dance; ~ *opp en dame (også)* ask a lady for a dance; *hun var glad over å danse med enhver som bød henne opp* she was glad to dance with anyone who asked her; ~ *over en* outbid sby; ~ *på (ved kjøp)* make an offer for; *(ved auksjon)* bid for; *(tilby)* offer; *dette -r på visse fordeler* this offers certain advantages; *programmet bød på sang* the programme included singing; *når anledningen -r seg* when the opportunity offers; ~ *seg til* volunteer (one's services); ~ *en velkommen* bid (*el.* wish) sby welcome; *(se velkommen).*

byarkitekt city architect.

by|befolkning townspeople, town population. **-bud** messenger, town porter, delivery boy. **-del** part of a town; neighbourhood.

bydende peremptory, commanding, imperative; *en* ~ *nødvendighet* an absolute necessity; *en* ~ *tone* a peremptory tone, a tone of command; *et* ~ *vesen* a peremptory manner.

byfogd 1(*jur*) stipendiary magistrate; **2.** public registrar and notary public.

byfogdembete: *Oslo* ~ [the office of public registrar and notary public in the city of Oslo].

byfolk townspeople.

byfornyelse redevelopment; *(jvf bysanering).*

bygartner *(svarer til)* director of parks and cemeteries.

bygd rural district, parish; *folk i -a* people in the district; local people; villagers.

bygde|folk country people, villagers. **-interesser** local interests. **-lag** regional society; *Gudbrandsdalslaget* the Society of Gudbrandsdalers in Oslo. **-vei** country road; lane; *(på kart)* secondary road.

bygds: *de ventes til* ~ *i morgen (kan gjengis)* they are expected (to arrive) in the district tomorrow.

byge 1(*regnskyll*) (rain) shower; **2**(*vind- med el. uten regn*) squall; **3**(*torden-*) thunder shower; *få en* ~ *over seg* be caught in a shower.

bygevær showery weather, squally weather.

I. bygg *(bot)* barley.

II. bygg *(bygning)* building.

bygg|aks ear of barley. **-brød** barley bread.

bygge *(vb)* build, construct; *bygd i utlandet* foreign-built; ~ *om et hus* alter a house; ~ *opp (også fig)* build up; *alt det han hadde bygd opp gjennom mange år* all that he had built up through many years; ~ *opp igjen* rebuild; ~ *på* go on (*fx* I have nothing definite to go on); base on; *(ha som emne)* be founded (*el.* based) on; *(utvide)* add to, add (*fx* this wing was added in 1780); ~ *på et hus* enlarge a house.

bygge|arbeid building work, b. operations. **-bedding** *(mar)* building berth (*el.* slip); shipway. **-fag** building trade. **-fond** b. fund. **-grunn** b. site. **-leder** clerk of works. **-lån** b. loan. **-materialer** b. materials. **-måte** style of building; b. method. **bygge- og anleggsvirksomhet** building and construction work. **-overslag** builder's estimate. **-plass** site. **-regnskap** building accounts. **-skikk** building tradition; style of building; architectural style. **-slipp** *se byggebedding.* **-stopp** building stop. **-teknikk 1.** = *byggteknikk;* **2.** construction technique. **-teknisk** civil engineering; building. **-tillatelse** building licence. **-virksomhet:** *se anleggsvirksomhet.*

bygging *(det å)* building, construction; *under* ~ *under (el.* in) c., in course of c. (*el.* erection), building (*fx* the house is b.).

bygg|korn barley corn, grain of barley. **-mel** barley meal.

byggmester builder, master builder.

byggryn barley groats; pearl barley.

byggshop builders' merchant.

byggteknikk *(fag)* civil engineering, constructional engineering, building technology; *(se byggeteknikk.*

bygning building, house; *(legems-)* build, frame (*fx* his slender f.; his slight b.); *(bygningsmåte)* structure (the s. of the atom, of a ship).

bygnings|arbeider builder, building worker. **-artikler** *(pl)* builders' supplies; *forhandler av* ~ builders' merchant. **-entreprenør** building contractor. **-fag** building trade. **-ingeniør** civil engineer, construction(al) engineer; *(se ingeniør).* **-lov** building regulations (set down by law); *i strid med -ens bestemmelser* contrary to (*el.* in violation of) the building regulations. **-sjef** chief building inspector. **-snekker** joiner (in the building trade). **-tekniker** construction technician. **-teknisk** building; *Forsvarets bygningstekniske korps (kan gjengis)* the Joint Construction Service; **UK** the Royal Engineers; the Royal Electrical and Mechanical Engineers; *(se forsvar).* **-vesen** building (activities); *(myndigheter)* building authorities; *bygnings- og oppmålingsvesenet* the building and surveying department (*el.* office); *(svarer til)* town and country planning office.

bygsel lease, leasehold; *på* ~ on lease. **-avgift** (ground) rent (*fx* pay a g. r. of £10 per annum). **-brev** lease. **-tomt** leasehold site (*fx* the cottage is on a l. s.).

bygsle *(vb)* lease, take over the lease of (*fx* a site); ~ *bort* lease, let (out) on lease; *bonden -t bort en hyttetomt* the farmer leased a site for a cottage; *-t tomt* leasehold site (*fx* the cottage is on a l. s.).

bykjerne nucleus (*el.* centre) of town, city hub.

bykjøring driving in town (*el.* traffic).

bykommune county borough; *(se kommune).*

byks bound, jump.

bykse *(vb)* bound, jump.

byliv town life.

byll boil, abscess. **byllepest** bubonic plague.

bylt bundle. **-e** bundle, tie up in a bundle.

by|mann, -menneske townsman, town-dweller.

bymessig urban; ~ *bebyggelse* urban district (*el.* area).

bymiljø urban environment.

bynytt town news, news from town.

byplanråd town and country planning committee.

byrd birth, descent.

byrde burden, load, weight; *falle til* ~ be a burden to. **-full** burdensome, onerous, troublesome.

byregulering town planning.

byrett UK 1(*første instans i sivile saker*) county court; **2**(*første instans i straffesaker*) stipendiary magistrate's court; *(i London)* Metropolitan Stipendiary Court; *Oslo* ~ *(kan fx gjengis)* City of Oslo Stipendiary Magistrate's Court.

byrettsdommer 1(*ved' county court' el.' crown court'*) circuit judge; *(hist)* county court judge; **2**(*ved' magistrate's court'*) stipendiary magistrate; *(i London)* Metropolitan Stipendiary Magistrate; *(med minst 10 år ansiennitet også)* recorder (*fx* the Recorder of London).

byrå office; bureau.

byrå|krat bureaucrat. **-krati** bureaucracy. **-kratisk** bureaucratic. **-kratisme** officialism; *(ofte)* red tape. **-sjef** *(svarer til)* assistant secretary.

bysanering urban renewal; *(jvf byfornyelse).*

Bysants *(geogr)* Byzantium. **bysantiner** Byzantine. **bysantisk** Byzantine.

by|sbarn: *vi er* ~ we are fellow townsmen (,fellow townswomen). **-selger** salesman. **-skriver** *(hist)* town clerk.

I. bysse: *(mar)* galley.

II. bysse *(vt)* lull (asleep *el.* to sleep).

byssegutt *(mar)* galley boy.

byste bust. **-holder** brassiere; **T** bra. **-mål** bust *(fx* a 36-inch b.).

bystyre *(kommunestyre i by)* city council, town council; *(jvf kommunestyre).* **-medlem** town *(el.* city) councillor.

bytelefon *(motsatt hustelefon)* incoming call; *(motsatt riks-)* local call.

I. bytte *(subst)* **1***(ombytting)* exchange; *(innbytte)* part exchange; *ta i* ~ take in exchange; *et hvilket som helst bilmerke tas i* ~ any make of car is accepted in part exchange; *tilby i* ~ offer in exchange; *i* ~ *mot* in exchange for; **2***(røvet bytte)* captured goods, booty, spoil(s), plunder; **T** loot; *et lett* ~ an easy prey *(for* to).

II. bytte *(vb)* exchange *(fx* one thing for another); change *(fx* would you mind changing places with me?); *nå skal dere* ~ *besvarelser og rette for hverandre* now you're to exchange answers and correct each other's work; ~ *sko* change one's shoes, put some other shoes on; ~ *inn (om brukt vare)* trade in; ~ *om de to glassene* exchange the two glasses, change the two glasses round; ~ *på sengene* change the bedclothes; ~ *ut* replace.

bytte|handel barter, exchange. **-motor** reconditioned exchange engine; **T** works overhaul. **-objekt** thing offered in exchange; thing that can be offered in e.

bæ *(breking)* baa! *(hånlig)* sucks (to you)! boo to you! *jeg vil ikke dra, så* ~ *da!* I won't go, so there!

bær *(bot)* berry; soft fruits *(pl);* ~ *og frukt* soft and hard fruits.

bære 1. carry *(fx* a basket in one's hand); **2***(støtte, holde oppe)* support *(fx* a roof supported by pillars), bear *(fx* the whole weight of the house), carry; **3***(være iført, gå med)* wear *(fx* a coat, a ring); **4***(tåle, holde ut)* bear, endure; *saltvann -r mer enn ferskvann (ɔ: har større oppdrift enn)* salt *(el.* sea) water is more buoyant than freshwater; ~ *frukt* bear fruit; ~ *et tap* bear a loss; ~ *seg (lønne seg)* pay; *(ta på vei)* take on, go on *(fx* she goes on terribly when she is angry); ~ *seg at med noe* go about sth; ~ *nag til ham* bear him a grudge; ~ *vitnesbyrd om* bear witness to; *hvor -r det hen?* where are we going? ~ *over med* bear with; ~ *på en hemmelighet* have a secret; *(se briste).*

bære|bolt *(for kingbolt)* bush (for kingpin). **-bør** handbarrow. **-evne** *(skips)* carrying capacity, dead weight measurement. **-flate 1***(lagerflate)* bearing surface; **2***(flyv)* aerofoil; **US** airfoil. **-lager** pillow bearing; *(se II. lager).*

bærende: *den* ~ *kraft i* the backbone of, the principal support of, the mainstay of; ~ *vegger* load-bearing walls.

bæreplog (integral) mounted plough.

bærepose carrier bag.

bærer *(jernb)* porter; *(smitte-)* carrier; *(av et navn)* bearer.

bærerakett booster (rocket); launching vehicle.

bære|stol sedan (chair); *(i Kina, India)* palanquin. **-tillatelse** *(for skytevåpen)* firearms certificate *(el.* licence). **-vegg** load-carrying wall.

bærtur: *dra (el. gå) på* ~ go berry-picking, go picking berries, go berrying; *(se I. tur).*

bæsje *(barnespråk)* do ba-ba; *jvf gjøre B:* ~ *stort).*

bøddel hangman, executioner.

bøffel *(zool)* buffalo. **-hud** buffalo hide. **-lær** buff.

Böhm|en *(geogr)* Bohemia. **b-er, -isk** Bohemian.

bøk *(bot)* beech.

bøke|lund beech grove. **-nøtt** beechnut. **-skog** beech forest. **-tre 1.** beech (tree); **2***(ved)* beech, beechwood.

bøkker cooper. **-verksted** cooper's shop. **-øks** rounding *(el.* hollow) adze (,**US** adz).

I. bølge wave; *(større)* sea; *(poet)* billow; *grønn* ~ linked (,**US:** synchronized) traffic lights; *-ne gikk høyt omkring valget* feeling over the election ran high; *en* ~ *slo over skipet* a sea broke over the ship; the boat shipped a sea; *seile på -n den blå* sail the seas.

II. bølge *(vb)* wave, undulate; *kampen -t fram og tilbake* the battle raged backwards and forwards.

bølge|bevegelse undulation, wave motion. **-blikk** corrugated iron. **-bryter** breakwater. **-dal** trough of the waves. **-demper** oil bag. **-gang** (rough) sea; *(fig)* fluctuations. **-lengde** wavelength; *vi er ikke på samme* ~ *(fig)* we are on different wavelengths; **-linje** wave line, wavy line. **-måler** wave meter.

bølgende wavy; waving *(fx* corn); undulating *(fx* landscape); *(om terreng, også)* rolling *(fx* country); *(om barm)* heaving; *(om menneskemengde)* surging *(fx* crowds); *som henger løst og* ~ flowing *(fx* locks), rippling.

bølgepapp corrugated paper.

bølge|rygg (wave) crest. **-slag** wash (of the waves), dash *(el.* beat *el.* impact) of the waves; *(svakt)* ripple. **-t** wavy *(fx* hair). **-topp** (wave) crest, crest of a wave.

bøling cattle, livestock; *(av småfe)* flock; *(av storfe)* herd; *en* ~ a drove of cattle; *hele -en (fig)* **T** the whole lot; the whole caboodle.

bølle *(ramp, rå person)* rough, rowdy; hooligan.

bøllet(e) *(adj)* rowdy; *(ubehøvlet)* churlish.

bønn *(anmodning)* request *(om* for); *(appell)* appeal; prayer; *be en* ~ say a prayer, offer (up) a p.; *en* ~ *om hjelp* an urgent request for help, an appeal for help; *på hans* ~ at his entreaty; *rette en* ~ *til* make an appeal to; *jeg har en* ~ *til Dem* I have a favour to ask of you; I should like to ask you a favour.

bønne *(bot)* bean; *(asparges-)* French bean; string bean; *(hage-)* kidney bean; *(se snitte- & stang-); (kaffe-)* coffee bean, coffee berry.

bønnebok prayer book, book of prayers.

bønnemøte prayer meeting.

bønne|stake, -stang bean pole, bean stick.

bønnfalle *(vb)* implore; *(stivt)* entreat; *(litt.)* beseech.

bønnhøre *(vb):* ~ *en* grant sby's prayer.

bønnlig imploring, pleading, appealing.

bønnskrift petition.

I. bør *subst (byrde)* burden, charge, load.

II. bør *subst (medvind)* fair wind.

III. bør *vb (pres. av burde)* ought to; should *(fx* you shouldn't do that); *du* ~ *gjøre det* you ought to do it; *det* ~ *gjøres* it ought to be done; *som seg hør og* ~ as is meet and proper; *han nektet, som seg hør og* ~ he very properly refused.

børs exchange; *(fonds-)* stock exchange; *(vare-)* produce exchange; *London* ~ the Stock Exchange; **T** the House; *(utenlandsk, ofte)* bourse *(fx* the (Paris) Bourse); *Oslo* ~ Oslo Stock Exchange; *på -en* on' Change; on the stock exchange; *notere på -en* quote on stock exchange. **-dag** market day.

børse gun. **-kolbe** butt end of a gun. **-løp** gun

barrel. **-maker** gunmaker. **-pipe** gun barrel. **-skudd** gunshot.
børs|forretninger business on the Stock Exchange. **-kurs** quotation, market price. **-megler** stockbroker. **-notering** (Stock Exchange) quotation. **-papirer** listed stock *(el.* shares *el.* securities), stocks and shares. **-rykte** rumour on 'Change. **-spekulant** stockjobber; **US** stock market speculator. **-spekulasjon** speculation on the Stock Exchange, stockjobbing.
I. børste subst *(til klær, også elekt)* brush.
II. børste *(vb)* brush.
børstid 'Change time, business hours.
bøs *(bister)* fierce, gruff.
bøss sweepings; *ikke det* ~ **T** not the least bit, not a bit.
bøss|e box; *spytte i -a* **T** pay up, fork out, stump up, sign on the dotted line.
bøte *vb (sette i stand)* mend, repair; *(betale bøter)* be fined; ~ *for* pay *(el.* suffer) for; ~ *med livet* pay with one's life, suffer death; ~ *på en mangel* supply a want, remedy a defect, make up for a deficiency.
bøtelegge *(vb)* fine; *(se forelegg).*
bøtte bucket. **-is** tub ice. **-papir** hand-made paper.
bøy *(bøyning)* bend, curve.
I. bøye *subst (til fortøyning, sjømerke)* buoy; *(rednings-)* life-buoy; *forsyne med -r* buoy; *(se opplagsbøye).*
II. bøye *(vb)* bend; *(gram)* inflect; decline; ~ *av* deflect; ~ *seg (om person)* submit, give in; ~ *seg for* submit to, bow to *(fx* the chairman's decision); ~ *seg for ens ønsker* bow to sby's wish(es); yield to sby's wish(es).
bøyelig flexible, pliable, pliant.
bøyelighet flexibility, pliability, pliancy.
bøyemuskel *(anat)* flexor.
bøyg obstacle; *ja, det er den store -en* **T** yes, that's the great snag *(el.* that's the great obstacle to be overcome); *han støtte på en* ~ *av uvitenhet* he met a sea of ignorance.
bøyle hoop, ring; *(på hengelås)* bow; *(avtrekker-)* guard.
bøylehest *(gym)* pommel horse.
bøyning bending; *(gram)* inflection; declension.
bøynings|endelse inflectional suffix *(el.* ending). **-form** inflected form. **-lære** accidence. **-mønster** paradigm. **-måte** (mode of) inflection; *(verbal, også)* conjugation; *(nominal, også)* declension.
både ... og both ... and *(fx* both the office and the factory were destroyed by fire); *bedre enn både ull og bomull* better than either wool or cotton; *han er større enn både du og jeg* he's taller than both you and me; he's taller than either you or I; *både med hensyn til kvalitet og pris* with regard to both quality and price, with regard to quality as well as price.
båe sunken rock, skerry.
båke *(mar)* beacon; landmark; *(se banebåke; ledebåke; radiobåke).*
bål fire, bonfire; *(likbål)* pyre, (funeral) pile; *døde på -et* suffered death at the stake; *lage et* ~ build a fire; ~ *til koking* cookfire.
bålferd *(likbrenning)* cremation.
bånd band, tie, bond, string; *(til pynt, ordensbånd)* ribbon; *(panne-, hår-)* hair ribbon; *(anat)* ligament; *(fig)* bond, tie; *(vennskaps-)* bond of friendship; *(hemmende)* check, curb, restraint; *legge* ~ *på* curb, restrain, put a curb on; *holde en hund i* ~ keep a dog on a leash; *(se II. knytte).*
båndavspiller tape player.
bånd|besetning trimming; *med* ~ trimmed with ribbons. **-hund** (chained) watchdog. **-opptaker** tape recorder. **-sag** band saw; *(se sag).*
I. båre *(lik-)* bier; *(syke-)* stretcher.
II. båre: *se bølge.*
båren: *født og* ~ born and bred.
bås stall, box; *(til kalv, gris, etc)* pen; *(på restaurant)* booth, box; *sette på -en* stall; *han er ikke god å stå i* ~ *med (fig)* he's hard to get along with.
båt boat; *(liten, flatbunnet)* punt; *(appelsin-)* quarter; *gå i -ene* take to the boats; *de kom med -en* they came on the boat.
båt|bru boat bridge, pontoon bridge, landing stage. **-bygger** boat builder. **-byggeri** boat builder's yard. **-bygging** boat building. **-dekk** boat deck. **-feste** mooring; *tomt med strandrett og* ~ site with right to beach and mooring.
båt|formet, -formig boat-shaped. **-fører** boatman.
båthavn boat harbour.
båthvelv overturned bottom; *(større)* hull of a capsized boat; *ri (el. sitte) på -et* cling to the upturned boat, cling to the bottom of the boat; *båten gikk rundt, og mannskapet kom seg opp på -et* the boat capsized *(el.* overturned) and the crew managed to climb on to the hull.
båt|instruksen the ship's instructions. **-ladning** boatload. **-lag** boat's crew; party of boats. **-lakk** boat varnish. **-lengde** boat's length. **-lue** sidecap. **-mannskap** boat's crew. **-naust** boat house. **-ovn** galley range. **-rett** mooring right; *båt- og fiskerett* mooring and fishing rights. **-ripe** (boat's) gunwale.
båtshake boathook; *(forst)* pike pole.
båtsmann boatswain. **-smatt** b.'s mate. **-spipe** b.'s whistle *(el.* call).
båt|stø landing place. **-talje** boat tackle. **-transport** conveyance by boat. **-tur** boating excursion *(el.* trip); *(se I. tur).* **-utleie** boat hire service.

C

C, c *(også mus)* C, c; *C for Cæsar* C for Charlie; *liten c (mus)* middle C; *ta den høye c (mus)* take top C.
ca. about, ab., abt.; approx. *(fk.f.* approximately); *(især ved årstall)* circa, ca.
California *(geogr)* California; *(se kalifornisk).*
campe *(vb)* camp.
camping camping. **-plass** c. ground *(el.* site); **US** campground. **-stol** camp stool. **-tilhenger** caravan (trailer); **US** trailer. **-tur** camping trip. **-vogn:** *se -tilhenger.*
Canada *(geogr)* Canada; *(se kanadisk).*
cand. *(fk. f. candidatus);* ~ *jur.* = Bachelor of Laws, B.L.L.; ~ *mag.* = Bachelor of Arts, B.A.;

Bachelor of Science, B.Sc.; **US** Bachelor of Arts; A.B.; Bachelor of Science; B.S.; *(se adjunkt)*; ~ *med.* Bachelor of Medicine, M.B.; ~ *philol.* Master of Arts, M.A.; ~ *real.* Master of Science, M.Sc.; *(se lektor)*; ~ *theol.* Bachelor of Divinity, B.D. *Forkortelsene settes etter navnet, fx* Peter Smith, Esq., M.A., Mr. Peter Smith, M.A.
cardigansett twin set.
carport carport.
carte blanche *(uinnskrenket fullmakt, frie hender)* carte blanche.
celeber celebrated, renowned; *-t besøk* distinguished visitor(s).
celle cell. **-dannelse** cytogenesis, cell formation. **-dannet, -formet** cytoid. **-kjerne** nucleus. **-system** cellular system. **-vev** cellular tissue.
cellist *(mus)* (violon) cellist.
cello *(mus)* cello, violoncello.
cell|ofan cellophane. **-ull** synthetic wool. **-uloid** celluloid. **-ulose** chemical pulp; *(cellstoff)* cellulose. **-ulosetømmer** chemical pulpwood; *(se sliptømmer)*.
Celsius centigrade; *30 grader* ~ 30 degrees centigrade.
census census.
centi|gram centigram(me). **-liter** centilitre. **-meter** centimetre.
centner hundredweight, cwt.
cerebral *adj (anat)* cerebral; ~ *parese (med.)* cerebral palsy.
certeparti *(merk)* charter party, charter; *ifølge* ~ as per charter.
cess *(mus)* c flat. **cessess** *(mus)* C double flat.
cesur caesura.
Ceylon *(geogr)* Ceylon; *(se singaleser; singalesisk)*.
champagne champagne; **T** bubbly.
champignon edible mushroom.
champion champion.
chanse: *se sjanse.*
chargé d'affaires chargé d'affaires.
charmant charming.
charmantisere *(vb)*: ~ *seg* make oneself beautiful.
charme charm, fascination.
charmere *(vb)* charm, fascinate.
charmør charmeur.
charpi lint; charpie; *plukke* ~ make lint.
charterfly charter(ed) plane (*el.* aircraft).
chartre *vb (merk)* charter.
chassis chassis.
chevaleresk *(ridderlig)* chivalrous.
chic *(fiks, flott)* chic, stylish, smart.
chiffoniere chiffonier.
Chile *(geogr)* Chile.
chilener, chilensk Chilean.
chilesalpeter Chilean nitrate, Chile salpetre, Chile nitre.
choke *(vb)* choke.
cicerone cicerone, guide.
cif *(merk)* c.i.f.; *kjøpe* ~ buy c.i.f.
cikade *(zool)* cicada.
ciss *(mus)* C sharp.
cistercienser *(munk)* Cistercian.
cisterne cistern, tank.
cisternevogn *(jernb)* tank wagon.
citadell citadel.
citrus *(bot)* citrus.
citrusfrukter citrus fruits.
clairvoyance second sight, clairvoyance.
clairvoyant clairvoyant.
clou: *dagens* ~ the great hit (of the day); *(det morsomste)* the star turn.
clutch *se kløtsj.*
cocktail cocktail. **-kjole** cocktail dress. **-skap** cocktail cabinet; **US** liquor c.
coma coma; *falle i* ~ slip off into a coma.
contumaciam: *in* ~ by default.
cosinus *(mat.)* cosine.
crème: *crème de la crème* the pick of the bunch, crème de la crème; *(se ellers krem)*.
crescendo crescendo.
cricket cricket. **-bane** cricket ground. **-spiller** cricketer.
croupier croupier.
cul-de-sac blind alley, cul-de-sac.
cup cup, cup match.
cupfinale final(s), cup final.
cyankalium potassium cyanide.
Cæsar Caesar.
cæsarisk caesarean.

d

D for David D for David.
d. *(fk. f. dag)* day; *(fk. f. dato)* date; *(fk. f. den)* the; *(fk. f. død)* died; *d.å. (fk. f. dette år)* this year, the present year.
I. da *(adv)* **1.** then, at that time, by then; *fra* ~ *av* from then onwards, from that time onwards; *nå* ~ now that; **2**(*i så fall)* if so (*fx* ask him if he is coming, and if so, when); **3**(*trykksvakt, ofte i spørsmål)* then (*fx* what is his name, then?) **4**(*i følelsesbetonte uttrykk ofte ikke oversatt, fx det var* ~ *storartet* that's splendid); *god natt* ~*!* (well,) good night! *du kommer* ~ *vel?* you're coming, aren't you? *du kjenner* ~ *Smith?* you (do) know S., don't you? *det var* ~ *godt du kom* I'm so glad you came; *ja* ~ yes; *la gå da!* all right, then! *hvorfor tok han det* ~*?* then why (*el.* why then) did he take it? *du er* ~ *vel ikke syk?* you aren't ill, are you? *du kan* ~ *vel ikke* ... surely you cannot ...
II. da 1 *(tidskonj)* when (*fx* when I asked him for help ...); ~ *jeg åpnet kassen, fant jeg* ... when I opened (*el.* on opening) the case, I found ...; **2**(*årsakskonj)* as, since, seeing that; ~ *han ikke kan levere i tide, må jeg* ... as he cannot deliver in time, I must ...; I must ..., since (*el.* seeing that) he cannot deliver in time; ~ *jeg var fraværende, kunne jeg intet gjøre* being absent I could do nothing.
I. daddel *(bot)* date.
II. daddel *(klander)* blame, censure; *uten frykt og* ~ without fear and without reproach. **-fri** blameless, irreproachable. **-palme** date palm. **-verdig** blameworthy, reprehensible.
dadle *(vb)* blame, censure, reprehend, find fault

with. **-syk** censorious, fault-finding. **-syke** censoriousness.

dag day;
[*A: forb. med subst; B: med ubest art & pron; C: med adj, tallord, vb; D: med prep & adv*]

A: *i -ens anledning* in honour of the occasion *(el.* event); *-ens arbeid* the day's work; *-ens avis* today's paper; *bære -ens byrde og hete* bear the brunt (of the battle); *-s dato* this day, this date, today's date; *til -s dato* till this day, to date, up to the present date; *(se dato); til -enes ende* till the end of time; *ved -ens frembrudd* at dawn; *-ens helt* the hero of the hour *(el.* day); *-ens lys* the light of day; *-ens mann* the man of the moment; *-ens mote* the fashion of the day *(el.* of today); *natt og ~* night and day; *de er så forskjellige som natt og ~* they are as different as night from day *(el.* as chalk from cheese); *massemord hører til -ens orden* wholesale murder is the order of the day; *regnskapets (el. dommens) ~ (fig)* the day of reckoning; *-ens rett* today's special; *-ens spørsmål* the problems of the day *(el.* of today); *vredens ~* the day of wrath;

B: annenhver ~ every other day; *i morgen* **den** ~ tomorrow without fail; *i* **disse** *-er* at present, (just) now; during the last few days; *i disse -er bygges det en ny bru over elva* a new bridge over the river is (in process of) being built; *det forhandles i disse -er* negotiations are now in progress; **en** ~ one day; *(om fremtiden)* some *(el.* one) day; *en vakker ~ (om fremtiden)* one fine day; *i morgen er det atter en ~* tomorrow is another day; *en av -ene* one of these days; **en** *~ var han forsvunnet* one day he was gone; *en ~ i forrige uke* one day last week; *en ~ i neste uke* some *(el.* one) day next week; **hver** ~ every day; *hver ~ har nok med sin plage (bibl)* sufficient unto the day is the evil thereof; **samme** ~ (on) the same day; (on) that very day; *samme ~ han kom* (on) the same day that he arrived; on the day of his arrival; *allerede samme ~* the *(el.* that) very same day; *tidlig samme ~* early the same day; earlier that day; *i* **våre** *-er* in our day, today, nowadays;

C: *han har sett* **bedre** *-er* he has seen better days; he has come down in the world; **ende** *sine -er* end one's days; **fjorten** *-er* a fortnight, two weeks; **US** two weeks; **forleden** ~ the other day; *seks* **fulle** *-er* six clear *(el.* whole) days; *den* **følgende** ~ the following day, (the) next day; *de gode* **gamle** *-er* the good old days; *i gamle -er* in the old days, in former times; *på sine gamle -er* in his *(etc)* old age; *gjøre seg en* **glad** ~ make a day of it; **god** ~! good morning (,afternoon)! *si god ~ til en (ɔ: hilse på en)* greet sby; pass the time of day with sby; *jeg gir en god ~ i ham* I don't care a fig for him; *ha gode -er* be in clover, have a good time (of it); *i gode og vonde -er* for better or for worse; through good and evil report; through thick and thin; *jeg har hatt en* **hard** ~ I've had a tough *(el.* hard) day; **T** I've had a bit of a day; **hele** *-en* all day (long), the whole day; *hele -en i ~* all (of) today; *hele -en igjennom* all day long, throughout the day; *ved* **høylys** ~ in broad daylight; **klart** *som -en* (as) clear as (noon)day; *-ene* **kom** *og gikk* the days came and went; the days passed; day succeeded day; *så snill som -en er* **lang** as good as gold; *i* **mange** *-er* for many days; *de* **siste** *-ene* (during) the last few days; *de siste -er før jul* the last few days before Christmas; the few days immediately preceding C.; *de siste -er i hver måned* the last few days in *(el.* of) each month; *de siste -ers hellige (ɔ: mormonene)* the Latter-Day Saints; **ta** *-ene som de kommer* take each day as it comes; live one day at a time; *i mine* **unge** *(,yngre) -er* when I was young(er); in my young days; *en* **vakker** *~ (om fremtiden)* one fine day; *(se også B); den* **ytterste** *~ (ɔ: dommedag)* the Day of Judgment; **åtte** *-er* eight days; *(ɔ: en uke)* a week;

D: *det gryr* **av** ~ dawn is breaking; *en av -ene (i nær fremtid)* one of these days; *komme av -e* meet one's death; *(se også dø); ta av -e* put to death; *(evf)* put to sleep; *ta seg selv av -e* commit suicide; take one's own life; *i løpet av et par -er* within a few days; *han døde gammel og mett av -e* he died full of years; *på denne tid av -en* at this time of (the) day; *-en* **derpå** *(etter rangel)* the morning after; *-en-derpå-følelse* **T** hangoverish feeling; *-en-derpå-stemning* **T** morning-after mood; *-en* **etter** (the) next day, the following day; *~ etter ~* day after day, day by day; ~ **for** ~ from day to day, day by day; *bringe for -en* bring to light, lay bare, reveal; *denne gjenstanden, som den mest hektiske leting ikke har klart å bringe for -en (el. for en ~)* ... this object, which a frantic search has failed to produce ...; *komme for en ~, komme for -en* turn up; come to light, transpire, become known; *alt kommer for en ~* murder will out; **T** it'll all come out in the wash; *legge for -en* display, show, manifest; *for åtte -er siden* a week ago; **fra** *den ~ av* ever since that day; ever since then; *fra og med den -en* on and after that day; *fra ~ til ~* from day to day; from one day to the next; *fra den ene ~til den neste* overnight *(fx* public feeling changed overnight); **i** ~ today, to-day; *(især poet)* this day; *-en i ~* today; *hele -en i ~* all (of) today; *hvilken ~ er det i ~?* which day (of the week) is it? *i ~ er det lørdag* today is Saturday; *av i ~* of today; *jeg kjenner det den ~ i ~* I can still feel it; *i' Times' for i ~* in today's Times; *avisen for i ~* today's paper; *med posten for i ~* by today's post *(el.* mail); *i ~ for tjue år siden* twenty years ago today; *i ~ for åtte -er siden* a week ago today; *fra i ~ av* from today on, from this day on *(el.* onwards), as from today; *innen 14 -er fra i ~* within a fortnight from today; *inntil i ~* up to *(el.* till) this day, till now, until now, up to the present moment, up to now; *i ~ om et år* (in) a year from today; *i ~ morges* this morning; *i -ene som kommer* in the days to come; *til lykke* **med** *-en!* best wishes for the day! **om** *-en* by day; during the day; in the daytime; *(pr. dag)* per day; a day *(fx* £10 a day); *jeg arbeider om -en denne uken* I am working days this week; **T** I'm on days this week; *om noen -er* in a few days; *nå om -en* these days; nowadays; *om et par -er* in a day or two; in a couple of days; *han er sin far* **opp** *av -e* he is the image of his father; he is his father all over; **på** *-en* to a day *(fx* five years to a day); *betale på -en* pay promptly; pay on the due date; *på denne tid av -en* at this time of day; *det var langt på -en* the day was far advanced; *senere på -en, lenger ut på -en* later in the day; *hvilken tid på -en er det?* what time of day is it? **til** *langt på ~(en)* till late in the day; *nå til -s* nowadays; these days; today; ~ **ut** *og ~ inn* day after day; day in, day out; *ut på -en* later in the day; *kan jeg bli her -en ut?* may I stop *(el.* stay) here for the rest of the day?

dag|arbeid day work. **-blad** daily (paper). **-bok** diary; *(bokføring)* journal; *(skips)* log(book); *(på skole)* class *(el.* form) register; *føre -a (i skolen)* mark the register. **-brekning** dawn, daybreak; *(se daggry).* **-driver** idler, loafer. **-driveri** idling, loaf-

ing. **-driverliv** a life in idleness; **-drøm** day-dream.
dages *(vb): det* ~ the day is dawning.
dagevis: *i* ~ for days (on end).
daggert dagger.
daggammel one day old.
daggry dawn, daybreak; *ved* ~ *(i grålysningen)* at dawn, at break of day, at the crack of dawn.
daghjem day nursery; *kommunalt* ~ *(også)* community day care.
dagjeldende *(adj)* then in force.
daglig daily; *(alminnelig)* ordinary, common; *tre ganger* ~ three times a day; ~ *antrekk* ordinary clothes; *(til selskap)* informal dress, day dress; *(på innbydelse)* dress informal; *kom i alminnelig* ~ *antrekk* don't (bother to) dress; *til* ~ ordinarily; *til* ~ *bruk* for everyday use; *(om klær)* for everyday wear. **-dags** everyday. **-liv** daily *(el.* everyday) life. **-stue** sitting-room, living room. **-tale** everyday speech; *i* ~ colloquially.
dagligvareforretning grocery shop.
dag|lønn 1*(en dags lønn)* day's wage(s); day wage; *en* ~ *på* a day's wage of *(fx* £2); **2***(mots. akkordlønn, ukelønn)* wages (paid) by the day; *arbeide for* ~ be paid by the day. **-ning** dawn. **-penger** daily allowance. **-renning** dawn, daybreak; *i -en* at the crack of dawn.
dagsaktuell current; of current interest; live *(fx* issues); topical.
dags|arbeid day's work. **-befaling** *(mil)* orders of the day. **-inntekt** daily income, daily receipts.
dag|skift day shift. **-skole** day school.
dags|kurs current rate. **-lys** daylight; *ved* ~ by *(el.* in) d. **-marsj** day's march. **-nytt** *(radio)* the news. **-orden** agenda, order paper; *punkt på -en* item on the a.; *stå på -en* be on the a.; *til* ~*!* (Mr. Chairman, I rise upon) a point of order! *ta ordet til* ~ rise upon a point of order; *utenfor* ~ out of order, not in order. **-presse** daily press. **-pris** current price, today's price. **-regn:** *det ble* ~ it rained all day. **-reise** day's journey.
dagstur day trip; *ta en* ~ go out for the day, go somewhere for the day; *(se I. tur).*
dagstøtt *(adv)* every day.
dagsverk day's work *(fx* I've done a good day's w.); man-day *(fx* ten man-days).
dagtjeneste day duty; *jeg har* ~ *denne uka* I am on *(el.* I am working) days this week.
dag|vakt *(vakt om dagen)* day watch; *(på skip)* morning watch. **-viss** unfailing, regular.
dakapo! encore! *forlange* ~ call for an encore.
daktyl dactyl. **daktylisk** dactylic.
dal valley, dale. **-bu** dalesman. **-bunn** bottom of a valley.
Dalarna *(geogr)* Dalecarlia.
dale *(vb)* sink, go down; ~ *ned på* descend (up)on; *hans lykke begynner å* ~ his fortune is on the wane.
daler dollar; *spare på skillingen og la -en gå* be penny-wise and pound-foolish.
dalevende then living, contemporary.
dal|føre (long) valley, extensive v. **-gryte** bowl-shaped valley; *(geol)* cirque, botn.
Dalila Delilah.
dal|rype *(zool)* willow grouse. **-søkk** hollow, dip *(fx* a village situated in a dip between the hills).
I. dam *(spill)* draughts; **US** checkers; *(brikke gjort til dam)* king; *bli* ~ become king; *få* ~ make a king; *gjøre til* ~ crown; *spille* ~ play draughts.
II. dam *(vann)* pond; *(mindre)* pool; *(demning)* dam, barrage.
damask damask.
dambrett draughtboard; **US** checkerboard.
dambrikke draughtsman; **US** checker.
dame lady; *(kort)* queen; *(bord-, dansepartner, etc)* partner; *mine -r (og herrer)!* ladies (and gentlemen)! *-nes valg!* ladies to choose their partners! *spille fin* ~ play the fine lady; *en virkelig* ~ a perfect lady; *føre en* ~ *til bords* take a lady in to dinner; *holde -nes tale* propose the toast of the ladies.
dame|aktig ladylike. **-bekjentskap** lady friend. **-bind** sanitary towel. **-frisør** ladies' hairdresser. **-garderobe** 1*(stedet)* ladies' cloakroom; **2***(klær)* ladies' clothes. **-hatt** lady's hat. **-konfeksjon** ladies' wear; ladies' (ready-made) clothing; *norsk* ~ *med tilsig fra kontinentet* Norwegian ladies' clothing with a Continental touch. **-moter** ladies' fashions **-selskap** ladies' party; **T** hen-party; *i* ~ in the company of ladies (,a lady); in female company. **-steng** *(kort)* queen covered *(el.* guarded). **-tekke:** *han har* ~ he has a way with women; he is a ladies' man; he is a hit with the ladies. **-venn** ladies' man; *han er en* ~ *(også)* he is fond of the ladies; **T** he's a bit of a one for the girls. **-veske** lady's bag; **US** purse.
dammusling *(zool)* freshwater mussel, freshwater clam; *(se musling).*
damoklessverd sword of Damocles.
damp *(vann-)* vapour; **US** vapor; *(av kokende vann)* steam; *(røyk, dunst)* smoke, fume, exhalation; *for full* ~ (at) full steam, with all her steam on; *(fig også)* full blast *(fx* work is proceeding f. b.); *gå for full* ~ go full speed, go full steam; *få -en opp (også fig)* get up steam; *ha -en oppe* have steam up; *hold -en oppe!* keep steam up! *med -en oppe* with steam up; *sette full* ~*på* put on full steam; *stenge av -en* cut off the steam.
damp|aktig vaporous, steamy. **-bad** steam bath. **-bakeri** steam bakery. **-båt** steamboat, steamer. **-drevet** steam-driven. **-drift** steam power *(el.* operation).
dampe *(vb)* steam; *(bevege seg ved damp)* steam, puff *(fx* the train was puffing out of the station; the ship steamed into port); *han -t på sin sigar* he puffed (away) at his cigar.
damp|er steamer. **-fart** steam navigation. **-fartøy** steamer, steam vessel. **-fløyte** steam whistle. **-form:** *i* ~ in the form of steam. **-hammer** steam hammer. **-kjel(e)** boiler. **-kjøkken** steam kitchen. **-koking** steam cooking. **-kraft** steam power. **-maskin** steam engine. **-mølle** steam mill. **-måler** steam gauge, manometer. **-presse** steam press. **-sag** steam sawmill.
dampskip steamer, steamship.
dampskips|anløpssted port of call for steamers. **-ekspedisjon** shipping office. **-ekspeditør** shipping agent. **-flåte** steamship fleet. **-forbindelse** steamship service *(el.* connection). **-linje** steamship line, steamer service. **-rute** **1.** steamship route; **2.** steamer service. **-selskap** steamship company.
damp|skorstein funnel. **-sky** cloud of steam. **-sylinder** steam cylinder. **-treskemaskin** steam threshing machine. **-tørret** steam-dried. **-utvikling** generation of steam. **-vaskeri** steam laundry. **-veivals** steam roller. **-ventil** steam valve.
damspill draughtboard (with men).
dandere *(vb)* fashion, shape, arrange.
Danelagen the Danelaw.
dank: *drive* ~ idle about, loaf.
Danmark Denmark.
danne *(vb)* **1***(forme)* form; **2***(skape)* create; **3** *(utgjøre)* form, constitute, make (up) *(fx* grey walls make the best background for paintings); **4***(få i stand, organisere)* form *(fx* f. a society); ~ *grunnlaget for* form the basis of; ~ *seg* form (itself); *være i ferd med å* ~ *seg* be in process of formation; ~ *seg et begrep om* form an idea of.

dannelse *(grunnleggelse)* formation; *(kultur)* culture, education, refinement; *(det å oppstå)* rise, growth; *han har hjertets* ~ he is one of nature's gentlemen.
dannelsestrinn standard of education.
dannet *(veloppdragen)* polite and well-mannered; well-bred; cultured; refined; *(av fin opptreden)* ladylike; gentlemanly, gentleman-like; *en* ~ *ung mann* a polite and well-mannered young man; *(stivt)* a well-bred young man; *det dannede selskap* polite society; *de befant seg i* ~ *selskap* they were in cultured company; *(se opptreden).*
dans dance; *(handlingen)* dancing; *gå på* ~ **1.** go to a dance; **T** go to a hop; **2.** go dancing; *være ute av -en* be out of the running; *livet er ingen* ~ *på roser* life is no bed of roses; **T** life is not all cake and ale, life is not all jam.
danse *(vb)* dance; *(om hest)* prance; ~ *elendig* T dance like a sack of potatoes; ~ *etter ens pipe* be at sby's beck and call, dance to sby's pipe, do sby's bidding; ~ *godt* be a good dancer; ~ *ut* take the floor *(fx* they took the floor to the strains of a waltz); *de -nde* the dancers, those dancing. **-gal** crazy about dancing, dancing-mad. **-gulv** dance floor. **-lærer** dancing teacher. **-moro** dancing party. **-musikk** dance music. **-pike** chorus girl; dancing girl.
danseplass dancing place; open-air dance floor.
danser, danserinne dancer.
danse|sal ballroom. **-sko** dancing shoe. **-skole** dancing school. **-tilstelning** dance; **T** dance night. **-trinn** dance step. **-tur** figure. **-øvelse** dancing exercise.
dansing dancing.
dansk Danish; *en -e* a Dane.
danskhet Danishness.
dansk-norsk Dano-Norwegian; Danish-Norwegian.
dask *(subst)* slap. **daske** *(vb)* slap.
data data. **-anlegg** computer system. **-behandling** d. processing; computing. **-maskin** computer. **-sikring** data protection. **-sjef** data processing manager. **-skilt** data plaque. **-skjerm** (visual) display unit; VDU. **-tek** data library.
datasnok T (system) hacker.
Datatilsynet *(svarer til)* the Data Protection Registrar.
datere *(vb)* date; ~ *seg fra* date from, d. back to.
datiden that age, that time.
dativ *(gram)* the dative (case); *står i* ~ is in the dative.
dato date; *(dag i måneden)* day of the month; *dags* ~ this date, today's date, this day; *til dags* ~ till this day, (up) to (the present) date; *av gammel* ~ of old date *(el.* standing); *av ny* ~ of recent date, recent; *av senere* ~ of a later date; *fra* ~ from date, from today, after date; from the above date; *tre måneder fra* ~ *(veksel)* three months after date; *senest en uke fra* ~ within *(el.* not later than) a week from today; a week from now at the latest; *pr. tre måneders* ~ at three months' date; at 3 m/d.
datoveksel *(merk)* period bill, term bill, time bill; *(se II. veksel).*
datter daughter. **-barn** daughter's child. **-datter** granddaughter, daughter's daughter.
datum: *se dato.*
dauing ghost, spectre.
davit *(mar)* davit.
daværende of that time, at that time, then; *den* ~ *eier* the then owner; *hans* ~ *stilling* his position at the *(el.* that) time.
de *(personlig pron)* they; *(demonstrativt pron)* those; *(adjektivets bestemte artikkel)* the; *de som* ... those who; *de husene som* the houses which; *de eplene som ligger i kurven, er gode* those in the basket are good apples; *de drepte (,reddede)* those *(el.* the) killed (,rescued); *de fraværende* the absent.
De *(pron)* you; *De der!* hey you! you there!
d.e. *(fk. f. det er)* that is, i.e.
debatt debate; *sette noe under* ~ make sth the subject of a debate; bring sth up for discussion. **-ere** *(vb)* debate, discuss, argue.
debet debit; *til* ~ *for Dem* to your debit, to the d. of your account. **-nota** debit note, D/N. **-side** debit side.
debitere *(vb)* debit; *vi har debitert Dem for beløpet* we have debited you with the amount.
debitor debtor.
debitorreskontro sales ledger, debtors' ledger *(el.* accounts).
debut debut, first appearance.
debutant actor making his first appearance; beginner; *(kvinnelig)* actress (,etc) making her first appearance; beginner; *(i selskapslivet)* debutante; **T** deb.
debutere *(vb)* make one's first appearance (on the stage), make one's debut.
decharge discharge.
dechiffrer|e *(vb)* decipher, decode. **-ing** deciphering, decoding.
dedikasjon dedication.
dedisere *(vb)* dedicate; *(enkelt eksemplar)* inscribe *(fx* a book to sby).
deduksjon deduction.
I. defekt *(subst)* defect.
II. defekt *(adj)* defective; ~ *tilstand* defectiveness.
defensiv defensive; *på -en* on the defensive.
definere *(vb)* define. **definisjon** definition.
definitiv(t) *(adj)* definite, final, definitive; *(adv)* -ly.
deflasjon *(økon)* deflation.
deflatorisk deflationary.
defroster *(på bil)* defroster, demister.
deg *(personlig pron)* you; *(refleksivt)* yourself; *(etter prep)* you; *vask* ~*!* wash yourself!
degenerasjon degeneration.
degenerere *(vb)* degenerate.
degge *(vb):* ~ *for* coddle, mollycoddle; ~ *for (el. med) en* mollycoddle sby.
degrad|ere *(vb)* degrade; ~ *til menig* reduce to the ranks. **-ering** degradation.
deig dough; *(kake-)* pastry; **US** dough; *sette* ~ prepare the dough.
deigaktig doughy; pasty.
deilig beautiful, charming, lovely *(fx* scenery); delightful *(fx* a d. journey); enjoyable *(fx* we had an e. bathe before breakfast); delicious *(fx* a d. perfume); *(iron)* nice; fine. **-het** beauty, loveliness.
deise *(vb)* tumble, topple, fall heavily.
deising: *en ordentlig* ~ **T** a thumping big one.
de|isme deism. **-ist** deist. **-istisk** deistic(al).
dekadanse decadence.
dekade decade.
dekadent decadent.
dekanus dean, head of a faculty.
dekk 1*(skipsdekk)* deck; **2***(bil-)* tyre; **US** tire; *slangeløse* ~ tubeless tyres; ~ *med hvite kanter* white-wall tyres.
dekkadresse accommodation address.
dekkblad *(bot)* bract, subtending leaf.
I. dekke *(subst)* cover, covering; *(lag)* layer, coat; *(vei-)* road surface; *vei med fast* ~ tarmac road, tarred road; *midlertidig* ~ temporary surface; *legge nytt* ~ *på en vei* resurface a road; *under* ~ *av* under cover of; *spille under* ~ *med* act in collusion with.
II. dekke *(vb)* cover *(fx* c. a roof with tiles;

snow covered the ground; this paint covers well; c. the army's retreat; this rule covers all cases); *(om oversettelse)* convey *(el.* cover) the meaning *(fx* I don't think that word will quite convey the meaning); *(se også dekkende); (om utgifter)* meet, cover, defray; *(om bokser): han -r godt* he has a good defence; *(forbryter)* assist a criminal to escape justice; *(jur)* be an accessory after the fact; *(motspiller)* mark *(fx* m. the outside wing); *(i sjakk)* cover *(fx* the castle is covered by the bishop); *vi har -t* **alt** *(om emne)* we have covered the whole ground; ~ **bordet** lay *(el.* set) the table; ~ *middagsbordet* lay the table for dinner; *hun liker å sette seg til -t bord* she likes to sit down to a prepared meal; **T** she likes things to be ready made; she likes to be spoon-fed; ~ *ens* **behov** meet *(el.* cover) sby's needs *(el.* requirements); fill sby's requirements; ~ *sitt eget behov* cover *(el.* meet) one's own requirements *(el.* needs); supply one's own needs; *mitt behov er -t* my needs are supplied; ~ **etterspørselen** meet *(el.* supply) the demand; ~ *den stigende etterspørselen* meet the increasing demand; *fabrikken skal* ~ *det utenlandske* **marked** the factory is meant to cater for the foreign market; ~ **omkostningene** meet *(el.* cover *el.* defray) the expenses; ~ *en* **risiko** cover a risk; ~ *et* **tap** make up *(el.* make good) a loss; ~ *et* **underskudd** cover *(el.* make up *el.* meet) a deficit; ~ **utgiftene** cover *(el.* meet *el.* pay *el.* defray) the expenses; *jeg vil ha mine utgifter -t* I want to have my expenses paid; ~ **seg** *(sikre seg)* secure *(el.* protect) oneself; reimburse oneself; ~ *seg mot tap* secure *(el.* cover) oneself against loss; take precautions against loss; ~ **hverandre** *(om begrep)* cover one another *(fx* the two concepts do not c. one another); *begrep som -r hverandre (logikk)* coextensive concepts; *de to ordene -r hverandre ikke* the two words are not interchangeable; *trekanter som -r hverandre* superposable *(el.* congruent *el.* coincident) triangles; **-t av** under cover of *(fx* the darkness); **-t i** *ryggen av* protected in the rear by; *-t i ryggen av en skog* with one's rear protected by a wood; ~ **opp for** *en* treat sby lavishly; do sby proud; ~ **over** *(skjule)* cover up *(fx* c. up a mistake), cloak *(fx* one's real designs); *(unnskylde)* gloss over; ~ *på (bordet)* lay the table; lay up; ~ **til** *(skjule)* cover up; *(legge noe over)* cover *(fx* c. sby with a blanket); ~ *(bordet) til tre* lay for three; *det er -t til 20 (personer)* the table is laid for twenty; *jeg har -t til Dem her* I have put you here; *det er ikke -t til ham* there is no cover (laid) for him; ~ *til en til* lay another place; *(se også ordforråd).*

dekken (horse) cloth.

dekkende *(om oversettelse)* good, adequate *(fx* an a. translation); *en helt* ~ *oversettelse (også)* an accurate translation; *vil* 'adequate' *være (en)* ~ *(oversettelse)?* will *(el.* does)' adequate' meet the case?

dekketøy table linen.

dekketøyskap linen cupboard.

dekkevne *(om maling)* covering power.

dekkfarge body colour, solid colour.

dekk|innlegg flap (tyre). **-kropp** tyre carcass.

dekks|båt decked boat. **-hus** *mar (ruff)* deck house. **-last** deck cargo. **-passasjer** deck passenger.

dekkvinge *(på bille, etc)* elytron, elytrum *(pl:* elytra), wing sheath.

deklamasjon declamation, recitation, recital. **-snummer** recital piece.

deklamator reciter.

deklam|atorisk declamatory. **-ere** *(vb)* declaim, recite.

deklarasjon declaration.

deklarere *(vb)* declare.

deklasser|e *(vb): bli -t (fig)* lose caste, go down in the world.

deklin|abel declinable. **-asjon** *(gram)* declension; *(kompassnålens misvisning)* declination.

deklinere *(vb)* decline.

dekning covering; settlement; *vi har ennå ikke fått* ~ *for vårt tilgodehavende* we have not yet received *(el.* are still without) a settlement of our (outstanding) account; *depositumet vil i et slikt tilfelle bli brukt som hel eller delvis* ~ *av nevnte reparasjon(er)* in such a case the deposit will serve as payment, in whole or in part, for the above-mentioned repairs; *det gjelder å ha* ~ *for hva man sier* one must have proof of what one says; *det finnes ingen* ~ *for en slik påstand* there is nothing to bear out an assertion of that kind; *han har ikke* ~ *for en slik påstand* he cannot prove such an assertion; *til* ~ *av* in payment *(el.* settlement) of; *til* ~ *av våre omkostninger* to cover our costs; *til* ~ *av våre utgifter* to cover our costs; *gå i* ~ go into hiding, go to earth; *han ligger i* ~ he is lying low; *søke* ~take cover, seek cover; *(mot regn, etc)* take shelter; *være i* ~ be under cover; *det er* ~ *for beløpet* the amount is covered; there is security for the amount; *det er (ikke)* ~ *for sjekken* the cheque is (not) covered; *(se tilgodehavende).*

dekokt decoction.

dekolletert low-necked, low-cut, décolleté(e).

dekorasjon decoration; *-er (teat)* scenery. **dekorasjons|forandring** change of scenery. **-maler** decorative painter; *(teater-)* set painter. **-snekker** *(teat)* stage carpenter.

dekorativ decorative, ornamental.

dekoratør decorator.

dekorere *(vb)* decorate.

dekorum propriety, decorum.

dekret decree. **dekretere** *(vb)* decree, order.

deksel cover, lid.

dekstrin dextrin.

del part, portion; *(av bok)* part; *(andel)* share; *begge -er* both; *en* ~ some, a number of; *en* ~ *beskadiget* somewhat damaged; *denne -en av befolkningen* this section of the population; *en* ~ *av det* part of it; *en god (el. hel)* ~ a great deal, a good deal; **T** a lot *(fx* he knows a lot); *en god* ~ *smør* **T** a lot of butter; *(foran flertallsord)* a good many; **T** a lot of *(fx* a good many books, a lot of books); *en* ~ *av det* part of it; *en av -ene* one or the other; *(hvilken som helst)* either; *ingen av -ene* neither; neither the one nor the other; *de gjør ikke sin* ~ *av arbeidet* they don't pull their weight, they don't do their share (of the work); *levere nye -er (som erstatning for defekte)* deliver parts for replacement; replace parts; *ha* ~ *i* have a share in; *vi har alle* ~ *i en stor nasjonal arv* we are all part-owners of a great national inheritance; *ta* ~ *i* take part in, partake of, be a party to, share in, participate in, join in; *(vise deltagelse for)* sympathize with; *jeg for min* ~ personally, for my part; *for en* ~ in part, in some measure; *for en stor* ~ largely, in large measure, to a great extent; *for størstedelen* for the most part, mostly; **til** *-s* partly, in part; *(se overveiende).*

delaktig concerned, involved *(i* in); *være* ~ *i* be a party to *(fx* the crime).

delaktighet participation; *(i forbrytelse)* complicity.

delbar divisible.

delbetaling part payment.

dele *(vb)* divide, part; ~ *byttet* d. the booty *(el.* the spoils); ~ *et pund* split up a pound;

~ *hans anskuelser* share his views; ~ *i to* cut in two; ~ *i to like deler* divide into two equal portions (*el.* parts), split, halve; ~ *inn i grupper* divide into groups; ~ *inn tiden sin* map out one's time; ~ *mellom* divide between; ~ *halvt med* go halves with; ~ *likt* share and share alike; ~ *ut bøkene* hand (*el.* share) out the books; ~ **seg** divide; (*i grener, etc*) branch, ramify.
deleg|asjon delegation. **-ere** (*vb*) delegate. **-ert** delegate. **-ertmøte** meeting of delegates, delegate meeting.
deleier part-owner.
delelig divisible.
delfin (*zool*) dolphin.
delforsendelse part shipment, consignment in part.
delikat (*lekker*) delicious, dainty, tasty, savoury; (*utsøkt*) choice; (*fintfølende, «kilden»*) delicate; *en ~ sak* a delicate matter.
delikatere (*vb*): ~ *seg med* enjoy, treat oneself to.
delikatesse (*rett*) delicacy, dainty; (*finfølelse*) delicacy.
delikatesseforretning delicatessen shop.
deling division, partition; *Polens* ~ the partition of Poland.
delinkvent criminal, culprit, delinquent.
delirium delirium. **delirium tremens** delirium tremens, d.t., the d.t.'s, the horrors, the jim-jams.
delkredere (*merk*) del credere.
dels in part, partly; ~ ... ~ partly ... (and) partly; ~ *med makt,* ~ *med list* partly by force, partly by policy; ~ *på grunn av* ... ~ *på grunn av* ... what with ... and what with ...; *resultatet skyldes ~ hans dyktighet, ~ et usedvanlig hell* the result is due partly to his ability and partly to exceptional luck; *arbeiderne bodde ~ på gårdene og ~ i landsbyene* some of the labourers lived on the farms, while others lived in the villages; *det var ~ tyskere, ~ franskmenn* some of them were Germans, and some Frenchmen.
I. delta (*subst*) delta.
II. delta (*vb*) take part, participate (*i* in); (*være til stede ved*) attend; ~ *i et foretagende* join (*el.* engage) in an undertaking; ~ *i et kurs* attend a course. **-gelse** participation; (*medfølelse*) sympathy; *framfør for ham vår dypt følte* ~ kindly convey to him our profound sympathy (in the great loss he has sustained).
deltagende sympathetic, sympathizing; (*adv*) with sympathy.
deltager participant; (*merk*) partner; (*i konkurranse*) competitor; *en av -ne* (*fx i en utflukt, etc*) one of the party; a member of the party.
deltidsarbeid part-time work.
delvis (*adj*) partial; part (*fx* payment); (*adv*) in part; partly; partially (*fx* damaged); (*se II. helt*).
dem (*personlig pron*) them; (*se også de*).
Dem (*personlig pron*) you; (*når ordet peker tilbake på subjektet i samme setning*) yourself (*pl:* yourselves).
dema|gog demagogue.**-gogisk** demagogic.
demarkasjonslinje line of demarcation.
demen|tere (*vb*) deny, disclaim, disavow. **-ti** (official) denial, disclaimer, disavowal.
demisjon: *inngi sin* ~ hand in one's resignation. **demisjonere** (*vb*) resign.
dem|me (*vb*) dam; ~ *opp for* dam up, stem (*fx* s. the current); (*fig*) stem, repress, restrain. **-ning** dam, weir; (*større*) barrage.
demobilisere (*vb*) demobilize; **S** demob.
demokrat democrat. **-i** democracy.
demokratiser|e (*vb*) democratize. **-ing** democratization.
demokratisk democratic.
demole|re *vb* (*mil*) demolish. **-ring** demolition.
demon demon. **demonisk** demoniac, demoniacal.
demonstrant demonstrator.
demonstrasjon demonstration. **-sbil** demonstration model. **-sleilighet** show flat.
demonstrativ demonstrative, ostentatious; *en ~ taushet* a pointed silence, a disapproving s.; *han gikk -t ut av værelset* he left the room pointedly (*el.* in protest).
demonstrere (*vb*) demonstrate.
demontere (*vb*) dismantle (*fx* a factory), dismount, disassemble (*fx* a machine); (*ta fra hverandre*) take to pieces, strip down (*fx* an engine); (*for å bruke delene om igjen*) cannibalize (*fx* an engine); ~ *en rifle* strip a rifle.
demoralise|re (*vb*) demoralize. **-ring** demoralization.
dempe *vb* (*forminske*) subdue, moderate, damp; (*kue*) suppress; (*lyd*) muffle, deaden; (*et instrument*) mute; ~ *ballen* (*volleyball, etc*) parry the ball; **T** take the sting out of it; ~ *bølgene* calm the waves; ~ *fargen* soften the colour; ~ *ilden* subdue the fire; ~ *sine lidenskaper* subdue one's passions; ~ *et opprør* quell an insurrection; ~ *sin stemme* lower one's voice; *-t lys* subdued (*el.* soft) light; *-t musikk* soft music; *med -t røst* in a subdued tone, in an undertone.
dempepedal soft pedal.
demper damper; *legge en ~ på* check, curb, put a wet blanket on.
demre (*vb*) dawn; *det -r gjennom tåken* it looms through the fog; ~ *for en* dawn on sby. **-nde** dawning; *et ~ håp* the dawn of a new hope.
demring twilight; (*daggry*) dawn.
den (*personlig pron*) it; (*om dyr ofte*) he, she; (*demonstrativt pron*) that; (*adjektivets best. artikkel*) the; ~ ... *selv* itself; ~ *som* he (,she) that; he (,she) who; ~ *mann som* the man who; ~*som selv er mor eller far til et slikt barn* any mother or father of a child like that; anyone who is the mother or father of a child like that; ~ *tosken!* fool that he is; the fool! *den og den* so and so; *den går ikke* **T** that won't do; *den var verre!* **T** how annoying! that's too bad!
denasjonalisere *vb* (*oppheve nasjonaliseringen av*) denationalize.
denaturer|e (*vb*) denature, methylate; *-t sprit* methylated spirits.
dengang then, at the time; at that time; *det var `dengang!* times have changed! (*begeistret*) those were the days! *den gang (da)* (at the time) when.
denge (*vb*) beat, thrash, whip, flog.
denne (*pron*) this, this one (*fx* which car will you have? I'll have this one); (*= den sistnevnte*) the latter; *den 6. -s* the 6th instant (*el.* inst.).
denslags that sort of thing; such things; ~ *gjøres ikke blant oss* that sort of thing is not done by (*el.* among) people like us; ~ *mennesker* people of that kind (*el.* sort); ~ *små fortredeligheter* little troubles of that kind (*el.* sort); (*se for øvrig slag*).
dental (*subst & adj*) dental.
departement department; (*forvaltningsgren*) department; ministry; **US** department; (*konkret*) Government office (*el.* department); *-et har bestemt at ... (kan fx gjengis)* the Ministry (*,etc*) has ruled that ...; the Government office concerned has decided that; *forespørre i -et* inquire at the Ministry; inquire at the Government office concerned; *dette er ikke mitt ~* **T** this is not within my province.
departemental departmental; ~ *stil* d. style; (*neds*) officialese.
departements|kontor Government office. **-råd** (*svarer til*) permanent undersecretary (of State)

(*fx* permanent undersecretary at the Home Office); **T** permanent secretary; *(se utenriksråd).*
departementssjef (Cabinet) minister; *(for de fleste departementers vedkommende)* Secretary of State.
depesje dispatch.
deplasement *(skips)* displacement.
deponer|e *(vb)* deposit, lodge. **-ing** depositing.
deport|asjon deportation. **-ere** *(vb)* deport.
deposisjonsavtale deposit agreement.
depositum deposit.
depot depot.
depresjon *(i alle betydninger)* depression; *begå selvmord i ~* commit suicide while in a depressed state of mind.
deprimere *(vb)* depress. **-nde** depressing.
deput|asjon deputation. **-ert** deputy.
der *(adv)* there; *~ borte* over there; *hvem ~?* who is there? *(mil)* who goes there? *~ er han* there he is; *~ hvor* where; *~ i landet* in that country; *det er der De tar feil* that is where you are wrong.
derav: *~ følger* hence it follows; *~ ser vi at* from this we see that; *~ kommer all den sykdommen* hence all this sickness.
dere *(personlig pron)* you; *kan ~ her foran høre hva N. sier?* can you people at the front hear what N. says?
deres *pron (som adj)* their; *(som subst)* theirs.
Deres *pron (som adj)* your; *(som subst)* yours.
deretter **1.** then, after that, afterwards, subsequently; thereafter; **2***(i overensstemmelse med det(te))* accordingly; *(som ventet)* as expected; *... og bør innrette seg ~* ... and should plan accordingly; *året ~* the next *(el.* following) year; *kort ~* shortly afterwards; *det ble ~ (også)* the result was as might be expected.
der|for thus; and so; for this *(el.* that) reason; *(stivt)* therefore; *det var ~ jeg ...* that's (the reason) why I ...; *derfor kunne han kjøpe bil* thus he was able to buy a car; *han arbeidet hardt og kunne ~ spare penger* he worked hard, and so was able to save money; he worked hard and was thus able to save money; *(stivt)* he worked hard, and therefore he was able to buy a car; *vi håper ~ at (stivt)* we therefore hope that; we hope, therefore, that. **-fra** from there, thence, from thence; *reise ~* leave there. **-hen** there; *det har nå kommet ~ at vi ikke kan ...* we have now reached the stage where we cannot ...; *(se dreie).* **-i** therein; *~ tar De feil* you are wrong there. **-iblant** among them, including. **-imot** on the other hand; *andre ~ tror at ...* others, on the contrary, believe that ...
der|med with that; so saying; at this; *~ lukket han døra* with that *(el.* so saying *el.* at this) he closed the door; *~ var saken avgjort* that settled the matter; *~ er ikke sagt at ...* it does not follow that ...; *~ vil han* by so doing he will ...; *~ var det gjort* that did it. **-nest** next, then, in the next place. **-omkring** thereabouts; somewhere near there. **-over:** *£10 og ~* £10 and upwards. **-på** **1.** = *deretter;* **2.:** *dagen ~* the next day; *(etter rangel)* the morning after; *dagen derpå-følelse* **T** hangoverish feeling; *dagen derpå-stemning* **T** morning-after mood.
dersom *(konj)* if; in case.
dertil besides; *~ kommer at* add to this (the fact) that; *i ~ bestemte bøker* in books provided for that purpose; *~ kommer hans provisjon* to this must be added his commission; *(se også hertil).*
derunder: *£10 og ~* £10 and less, £10 and under.
derved thereby; by that means, by so doing.
dervisj dervish.
derværende: *et ~ firma* a local firm, a firm in that town.
desavue|re *(vb)* disavow, repudiate. **-ring** disavowal, repudiation.
desember December.
deser|tere desert. **-tør** deserter, runaway.
desidert decided; *(adv)* -ly.
desigram decigram(me).
desiliter decilitre.
desillusjonere *(vb)* disillusion.
desillusjonering disillusionment.
desimal decimal. **-brøk** d. fraction; *endelig ~* terminating decimal; *endeløs ~* non-terminating decimal. **-komma** d. point. **-regning** d. arithmetic. **-vekt** d. balance.
desimere *(vb)* decimate. **desimering** decimation.
desinfeksjon disinfection. **-smiddel** disinfectant.
desinfiser|e *(vb)* disinfect; *-ende midler* disinfectants. **-ing** disinfection.
desmer *(zool)* civet, musk. **-katt** *(zool)* civet cat. **-urt** *(bot)* moschatel.
desorgani|sere *(vb)* disorganize. **-sasjon, -sering** disorganization.
desorientere *(vb)* confuse, puzzle, bewilder, disconcert.
desosialisere *(vb)* desocialize.
desperasjon desperation. **desperat** desperate; *(rasende)* furious.
despot despot. **-i** despotism. **-isk** despotic. **-isme** despotism.
I. dess *(mus)* D flat.
II. dess: *se desto.*
dessert sweet; *(især frukt, etc)* dessert; **US** dessert. **-skje** d. spoon. **-tallerken** d. plate.
dess|uaktet nevertheless, notwithstanding, all the same. **-uten** besides, in addition, moreover. **-verre** unfortunately, I am sorry (to say), I am afraid *(fx* I am a. I have not read your book); *jeg må ~ meddele at ...* I regret to say that; *vi blir ~ nødt til å* we shall reluctantly be compelled to; *det er ~ sant* it is unfortunately true.
destillasjon distillation.
destillat distillate. **-ør** distiller.
destiller|e *(vb)* distil; **US** distill. **-kar** still. **-kolbe** retort.
desto the; *~ bedre* the better, so much the better; *ikke ~ mindre* nevertheless, none the less; *jo ... ~ ...* the ...the ...; *så meget ~ verre* the more's the pity; *varmluftgjennomstrømningen blir ~ større* the circulation of warm air will be proportionately greater.
det **1***(personlig pron)* it; *(om skip og land ofte)* she; **2***(demonstrativt pron)* that *(fx* that house over there); **3***(adjektivets best. art.)* the *(fx* the big house); **4***(foreløpig subjekt)* it *(fx* it is possible that his father knows; it is difficult to learn French); **5***(subjektsantyder)* there *(fx* there are many mistakes in this letter; there seems to be some misunderstanding); **6***(passiv): det bygges et hus* a house is (being) built; *det selges store mengder* large quantitites are sold; *det er foretatt mange forandringer* many changes have been made; **7***(upersonlige uttrykk)* it *(fx* it is cold; it is late; it is ten miles to Oslo); **8***(trykksterkt)* that; *det må det ha vært* that must have been it; *men det er umulig* but that is impossible; *men markedet er ikke gått tapt for `det* but that has not lost us the market; *hvorfor gjorde du det?* why did you do that? *og det litt raskt!* and that quick! *(fx* run upstairs, Tom, and that quick!); *De sier ikke det!* you don't say so? *hvorfor det?* why? *og hvem har ikke det?* and who has not? *det er det jeg vil vite* that is what I want to know; **9***(i forbindelse med verbet være): hvilken dag er det i dag?* what day is it today? *i dag er det torsdag* today is Thursday; *det er min*

søster she is my sister; *det er mine brødre* they are my brothers; *hva er det? det er kuer* what are they? they are cows; *er det deg?* is that you? *var det deg som banket?* was that you knocking? *er det dine brødre?* are those your brothers? *det er det også* so it is; *han er rik og det er hun også* he is rich and so is she; *det var hans ord* those were his words; *det er nettop hva det er (,var)!* that's exactly it! **10.:** *det at* the fact that (*fx* the fact that he has not complained); *det er ikke det at han ikke vet det* it isn't as if he didn't know (it); *det som* what (*fx* what we must do is to increase our sales); *det som nå trengs, er* what is wanted now is; *det å reise* travelling; **11.:** *det begynner å se lysere ut* things begin to look brighter; *De gjør det vanskelig for meg* you make things (*el.* matters) difficult for me; *jeg håper (,tror) det* I hope (,think) so; *det banker* sby is knocking, there's a knock; *det gleder meg å høre at ...* I am glad to hear that ...; *det lyktes meg å selge* I succeeded in selling; *ja, jeg vet det* yes, I know.

detalj detail, particular; *selge i* ~ sell (by) retail; retail; *handle en gros og en detalj* deal wholesale and retail; *gå i -er* enter (*el.* go) into details. **detalj|ert** detailed. **-handel** retail trade. **-handler** retailer.

detaljist retailer, retail dealer, shopkeeper.

detaljpris *(pris til detaljist)* trade price; *(se utsalgspris).*

detektiv detective. **-roman** detective story; **T** mystery; **S** deteccer.

detonasjon *(eksplosjon, knall)* detonation.

detroniser|e *(vb)* dethrone. **-ing** dethronement.

dette *(pron)* this; this one (*fx* which glass will you have? I'll have thisone); ~ *eller hint* this or that; *det var ingen som sa han skulle gjøre* ~ *eller hint* nobody told him to do things (*el.* to do anything); nobody ordered him about.

devaluer|e *(vb)* devaluate (*fx* the pound); devalue (*fx* if Norway decided to devalue too ...). **-ing** devaluation.

devise motto.

diadem tiara; *(hist)* diadem.

diagnose diagnosis; *stille en* ~ diagnose, make a diagnosis; diagnosticate.

diagonal diagonal.

diagonalgang *(ski)* diagonal gait; **T** the diagonal.

diagram diagram, graph.

diakon deacon; male nurse. **diakonisse** deaconess; nursing sister, welfare worker.

dialekt dialect; *snakke* ~ speak a d., speak with a regional accent. **-betont** with a regional colouring (*fx* words with a r. c.).

dialek|tiker dialectician. **-tikk** dialectics. **-tisk** dialectical.

dialog dialogue.

diamant diamond. **-ring** d. ring. **-sliper** diamond cutter. **-slipning** diamond cutting. **-smykke:** *et* ~ a piece of diamond jewellery; *-r (pl)* diamond jewellery, diamonds.

diame|ter diameter. **-tral** diametrical; *-t motsatt* diametrically opposite (*el.* opposed) (to) (*fx* a d. opposed view; a view d. opposed to yours); *vi er -e motsetninger* we are poles apart; we are diametrical opposites of each other; we are the exact opposite of each other.

diaré diarrhoea; *ha* ~ **T** be on the trot.

I. die *(subst)* mother's milk; *gi* ~ breast-feed, give (*fx* a baby) the breast.

II. die *vb (om barnet)* feed, suck; *(om moren)* breast-feed.

diesel|drevet Diesel-powered. **-elektrisk** Diesel-electric.

I. diett *(om kosten)* diet; regimen; *holde* ~ be on a diet, diet; *holde streng* ~ keep a strict d.; *leve på* ~ live on a d., diet; *sette en på streng* ~ put sby on a strict d.

II. diett(godtgjørelse) *(dagpenger)* daily allowance.

diettpenger *(pl)* travelling and subsistence allowances (*fx* they are entitled to t. and s. a.); *(dagpenger)* daily allowance.

differanse difference; *(merk)* balance; *(overskudd)* surplus.

differensial differential.

differensialdrev 1 *(solhjul)* sunwheel; **2***(mellomhjul, planethjul)* planet wheel.

differensialklokke differential case; *deksel for* ~ differential case cover.

differensiere *(vb)* differentiate.

differensiering differentiation.

differensrekke arithmetical progression.

differere *(vb)* differ.

difteri diphteria.

diftong diphthong.

diftongere *(vb)* diphthongize.

digel crucible, melting pot; *(se støpeskje).*

diger bulky, enormous, huge; thick, heavy, stout; *et -t best* a huge beast.

dignitar *(subst)* dignitary.

digresjon digression.

dike *(oppkastet voll)* dike.

dikkedarer *(omsvøp)* fuss, frills; *det er ingen* ~ *med ham* there are no frills on him; there's no nonsense about him.

diksel adze; **US** adz.

diksjon diction.

dikt poem; *(noe oppdiktet)* fiction. **-art** kind of poetry, branch of literature.

diktat dictation; *(påbud)* dictate; *skrive etter* ~ write from dictation; *skrive etter ens* ~ write from sby's dictation; *stenografere etter sjefens* ~ take one's employer's dictation down in shorthand.

diktator dictator. **diktatorisk** dictatorial.

diktatur dictatorship.

dikte *vb (oppdikte)* invent; *(skrive poesi)* write poetry, ~ *sammen* invent; **T** cook up (*fx* he had quite a job cooking up a likely story).

dikter poet.

diktere *(vb)* dictate (*en noe* sth to sby); ~ *en noe rett i maskinen* d. sth to sby on the typewriter; *jeg lar meg ikke* ~ I won't be dictated to!

dikter|evne poetic talent. **-gasje** poet's pension. **-inne** poetess. **-isk** poetic(al). **-natur** poetic nature. **-talent** poetic talent. **-verk** work of poetry. **-ånd** poetic genius. **-åre** poetic vein.

diktning (the writing of) poetry, writing; *(diktervrk)* work (of poetry).

dilemma dilemma.

dilettant amateur, dilettante. **-forestilling** private theatricals, amateur performance. **-messig** amateurish, dilettantish.

diligence stagecoach.

I. dill *(bot)* dill.

II. dill *(tull og tøv)* rot, nonsense.

dilla (**T** = *delirium tremens)* the horrors, the jumps; *(se delirium).*

dilt jog trot. **dilte** *(vb)* jog along.

dim dipped lights; *kjøre på* ~ drive with one's lights dipped.

dimbryter (headlights) dipper switch.

dimensjon dimension.

dimensjonshogst *(forst)* felling (,**US:** cutting) to a diameter limit; diameter-limit felling (,**US:** cutting).

diminutiv diminutive. **-endelse** d. suffix.

dimittere *(vb)* dismiss; *(demobilisere)* demobilize; **S** demob.

dimittering *(demobilisering)* demobilization.

din *pron (som adj)* your; *(som subst)* yours; ~ *hatt* your hat; *hatten er* ~ the hat is yours; ~ *tosk* you fool.
dingeldangel gewgaws, rattletraps.
dingeling ting-a-ling.
dingle *(vb)* dangle, swing; *(i galgen)* swing; ~ *med bena* dangle one's legs.
diplom diploma. **-at** diplomat(ist). **-ati** diplomacy. **-atisk** diplomatic; *ad* ~ *vei* through diplomatic channels.
direksjon *(styre)* board of directors; *han sitter i -en* he is on the Board (of Directors); *(jvf ledelse).* **-ssekretær** company secretary.
direkte 1.*(adj)* direct *(fx* a d. steamship service; a d. tax); ~ *utgifter* out-of-pocket expenses; **2.** *adv (uten omvei)* direct, straight; *hun har det* ~ *fra X (også)* she has it at first hand from X; *kjøpe varer* ~ *fra fabrikken* obtain goods direct *(el.* straight) from the factory; *nedstamme* ~ *fra en* be directly descended from sby; be a direct descendant of sby; *sende varer* ~ *til en* dispatch *(el.* send) goods direct to sby; *du må vende deg* ~ *til ham* you must contact him direct; you must get into direct communication with him; **3.** *adv (umiddelbart)* directly *(fx* the coast population is d. dependent on the fisheries); *jeg er ikke* ~ *berørt* I am not directly concerned.
direkte|koplet direct-coupled. **-virkende** direct-acting.
direktiver *(pl)* directions, instructions, directives.
direk|torat directorate; *(embete)* directorship; *Direktoratet for statens skoger* [the Directorate of State Forests]; *(svarer i England til)* the Forestry Commission. **-trise** manageress; directress; *(se direktør).* **-tør** (general) manager; **US** *(også foran navnet)* president; *(medlem av et styre)* director; *(for offentlig institusjon)* director; *(museums-)* keeper; *(fengsels-)* (prison) governor; *(sykehus-)* medical superintendent; *administrerende* ~ managing director *(fk* Man. Dir.).
direktørstilling (managing) directorship; **US** presidency; *være med i kappløpet om -en* be in the running for the appointment as director.
dirigent *(møteleder)* chairman; *(mus)* bandmaster; *(orkester-)* conductor.
dirigere *(vb)* conduct; *(lede et møte)* be in the chair; preside (over a meeting).
dirk picklock. **dirke** *(en lås)* pick; *som kan -s opp (om lås)* pickable.
dirkefri unpickable, burglar-proof.
dirre *(vb)* quiver, vibrate.
dirring quivering, vibration.
I. dis *(tåke)* haze.
II. dis: *være* ~ [address each other as' De' instead of the familiar' du'].
disfavør: *i vår* ~ against us, to our disadvantage, in our disfavour (,**US:** disfavor).
disharmo|nere *(vb)* be discordant, jar. **-ni** discord, disharmony, dissonance. **-nisk** discordant, disharmonious, jarring.
disig hazy. **-het** haziness.
disiplin *(tukt)* discipline; *(fag)* subject, branch of knowledge.
disipliner|e *(vb)* discipline. **-ing** discipline, disciplining.
disiplinær disciplinary; *noen -e vanskeligheter har han ikke* he has no difficulty in keeping discipline.
disiplinær|forseelse breach of discipline. **-straff** disciplinary punishment.
disippel *(bibl)* disciple.
disk counter; *stå bak -en* serve behind the c.
diskant *(mus)* treble.
diske *(vb):* ~ *opp for en* do sby proud; ~ *opp med* serve up, dish up; *han -t opp med noen muntre historier* he produced some funny stories.
diskedame *(på kafé, etc)* assistant behind the counter, counter assistant.
diskenspringer *(neds)* counter-jumper.
diskonter|e *(vb)* discount. **-ing** discounting.
diskonto *(den offisielle)* bank rate; *(privat)* discount rate(s). **-forhøyelse** increase in the discount *(el.* bank) rate. **-nedsettelse** reduction of the b. r. **-sats** discount rate, rate of d.
diskontør discounter.
diskos discus. **-kaster** discus-thrower.
diskotek disco, discothèque.
diskresjon discretion; *(taushet)* reticence, secrecy; *jeg ber Dem bruke disse opplysningene med* ~please make discreet use of this information; ~ *en æressak (svarer til)* strictly confidential.
diskret discreet; *opptre* ~ act discreetly.
diskriminere *(vb)* discriminate *(mot* against).
diskriminering discrimination.
diskusjon discussion; *innlede en* ~ initiate a d.; *åpne -en* take up the d.
diskusjons|gruppe discussion group, colloquium. **-innlegg** contribution to a (,the) discussion; *han hadde et lengre* ~ he spoke at length during the discussion.
diskutere *(vb)* discuss; ~ *seg fram til en løsning (av spørsmålet)* arrive at a solution (to the question) through discussion; *la oss* ~ *detaljene* let's work out the details; *det er ikke det vi -r* that's not the point of the discussion; that's not what we're discussing *(el.* talking about).
diskvalifisere *(vb)* disqualify. **diskvalifisering** disqualification.
dispasje *(merk)* average statement; a. adjustment.
dispasjere*(vb)* make the adjustment; draw up an average statement.
dispasjør average adjuster.
dispen|sasjon exemption. **-sere** *(vb)* exempt, grant exemption *(fra* from).
disponent manager; managing owner.
disponere *vb (bestyre)* manage; *(bruke)* employ; *(ordne)* dispose; arrange; *en godt disponert stil* a well-arranged essay (,composition); ~ *over* have the disposal of, have at one's disposal; *De kan* ~ *over oss* you can make use of our services.
disponibel disposable, available, at one's disposal, at hand *(fx* the means at h.).
disposisjon 1*(rådighet)* disposal; *stille til Deres* ~ place at your d.; **2***(bestemmelse, forføyning)* arrangement, disposition; *treffe -er* make arrangements *(el.* dispositions); take steps *(el.* measures); *treffe bindende -er* enter into commitments; **3***(utkast)* outline, framework *(fx* essay outline; framework of a composition).
disposisjonsfond *(merk)* = retained profits.
disput|as *(doktor-)* [defence of a thesis]. **-ere** *(vb)* argue, debate.
disputt dispute, argument.
diss *(mus)* D sharp.
disse *(pron)* these; (= *de sistnevnte)* the latter.
dissekere *(vb)* dissect.
disseksjon dissection. **-skniv** scalpel. **-srom** dissecting room.
dissens dissent; *under* ~ with dissenting votes; *men under* ~ *(også)* but not unanimously.
dissenter dissenter, nonconformist.
dissentere *(vb)* dissent.
dissenter|kirke chapel. **-prest** minister.
dissimilasjon dissimilation; *(fysiol)* catabolism.
dissonans dissonance, discord.
dissosiasjon dissociation.
dissosiere *(vb)* dissociate.
distanse distance; *(se avstand).*
distansere *(vb)* distance, outdistance, outstrip.

distingvert distinguished, distinguished-looking.
distinksjon distinction; *(mil)* badge (of rank); *(på ermet)* chevron, stripe(s).
distinkt distinct.
distrahere *(vb)* distract, disturb.
distraksjon absence of mind, absent-mindedness, distraction; *i* ~ (quite) absent-mindedly; in a fit of absent-mindedness.
distré absent-minded.
distribuer|e *(vb)* distribute. **-ing** distribution.
distribusjonsapparat distributing organization; *(salgs-)* marketing o.
distribusjonsliste mailing list; *vennligst gi oss beskjed dersom De ikke allerede står på vår* ~please let us know if you are not yet on our mailing list.
distrikt district; *(retts-)* circuit; *(politikonstabels)* beat; *(postbuds)* round.
distriktslege medical officer of health *(fk* M.O. H.).
distriktssjef *(jernb)* general (regional) manager.
dit there; *det er 30 miles* ~ *(ut)* it is 30 miles (out) there.
ditt *(pron)* your, yours; *(se din).*
ditt og datt one thing and another; this and that; this, that, and the other.
ditto ditto, the same.
diva *(primadonna)* diva.
divan couch.
diverg|ens divergence; **-ere** *(vb)* diverge, differ; *-nde oppfatninger* divergent views.
diverse sundry, various; ~ *artikler* sundries; ~ *omkostninger* sundry expenses, sundries; *(subst)* sundries; *(bokf også)* sundry items; *konto pro* ~ sundries account.
divi|dend *(tall som skal deles)* dividend. **-dende** dividend.
dividere *(vb)* divide; ~ *16 med 2* divide 16 by 2.
divi|sjon *(regningsart, hæravdeling)* division. **-sjonsstykke** division sum. **-sjonstegn** d. sign; (NB *det eng. tegn ser slik ut* ÷, *fx* 21÷7=3). **-sor** divisor.
djerv *(uredd)* fearless, intrepid; *(modig)* bold, brave, courageous. **-het** fearlessness, intrepidity; boldness, bravery, courage.
djevel devil, fiend.
djevelsk devilish, diabolical; fiendish; *le* ~ laugh a fiendish laugh.
djevelskap devilry, devilment.
djevelunge imp, little devil.
djevle|besettelse state of being possessed by a devil, demoniacal possession. **-besvergelse** exorcism. **-besverger** exorcist. **-spill** diabolo.
djunke *(kinesisk skip)* junk.
djup: *se dyp.*
do *(privét)* privy.
do. *(fk. f. ditto)* ditto, do.
dobbelt 1. double, twofold; ~ *bokføring* double-entry book-keeping, (book-keeping by) double entry; ~ *bunn* double *(el.* false) bottom *(fx* the ship has a d. b.; a box with a f. b.); *gjøre* ~ *arbeid* do double work; *i* ~ *bredde* in double width; *i sin -e egenskap av ...* in his dual capacity of ...; *i* ~ *forstand* in a twofold sense; *mellom* ~ *ild* between two fires; ~ *så* twice as *(fx* twice as good); ~ *så mange* twice as many, double the number; ~ *så mye* twice as much, as much again; double the quantity; ~ *så stor som* twice as large as, double the size of; **2** *(med best. art.) det -e* twice as much; *betale det -e av hva vi burde* pay the double of what *(el.* twice as much as) we should, pay twice *(el.* double) what we should; *øke til det -e* double; **3***(adv)* doubly *(fx* it is d. difficult), double *(fx* see d.).
dobbeltfastnøkkel double-ended spanner (,**US:** wrench).
dobbelt|gjenger double. **-hake** double chin. **-het** doubleness; *(bare fig)* duplicity. **-kløtsje** *(vb)* double de-clutch. **-løpet:** ~ *børse* double-barrelled gun. **-moral** a double set of morals. **-parkering** double-banking, parking alongside a standing vehicle. **-spill** *(fig)* double-dealing; *han driver* ~ he is playing a double game.
dobbeltspor *(jernb)* double track *(el.* line); *anlegg av* ~ laying of a second track, doubling (of a single line); duplication (of the present track).
dobbelt|sporet double-track(ed); ~ *bane (også)* double line. **-støpsel** (plug) adapter. **-værelse** double room; double-bedded room; *(med to enkeltsenger)* twin-bedded room; room with two beds.
dog however, yet, still; *det er* ~ *for galt* it is really too bad; really this is too bad! *og* ~ (and) yet; *det skal* ~ *gjøres* after all, it must be done.
doge doge.
dogg: *se dugg.*
I. dogge *subst (zool)* mastiff.
II. dogge *(vb): se dugge.*
dogma|tiker dogmatist. **-tikk** dogmatics. **-tisere** *(vb)* dogmatize. **-tisk** dogmatic.
dogme dogma.
dokk *(for skip)* dock; *tørr-* dry-dock; *gå i* ~ go into d.; *skipet trenger til å komme i* ~ the ship requires docking.
dokk|arbeider docker, dock worker; **US** *(også)* longshoreman. **-avgifter** *(pl)* dockage.
dokke: *se dukke.*
dokkformann dock master.
dokk|sette *(vb)* dock. **-setting** docking.
doktor doctor; *dr. ing.* Doctor of Engineering *(fk* D. Eng.); *dr. jur(is)* Doctor of Laws *(fk* LL.D.); *dr. med.* Doctor of Medicine *(fk* M.D.); *dr. philos.* Doctor of Philosophy *(fk* Ph.D.); *professor, dr. med. L. Ask* Professor L. Ask, M.D.; *(se I. lege).*
doktorand candidate for the doctorate.
doktor|avhandling thesis (for the doctorate). **-disputas** [defence of a thesis]. **-grad** doctor's degree, doctorate; *tildele en -en* confer a doctor's degree on sby.
doktrine doctrine. **-ær** doctrinaire.
dokument document, deed, paper, instrument.
dokumentarfilm documentary (film).
dokumentasjon documentation; documentary proof.
dokumentere *(vb)* document, prove, substantiate; ~ *seg* prove one's identity.
dokumentering documentation, substantiation.
dokumentfalsk forgery (of documents).
dolk dagger, poniard. **dolke** *(vb)* dagger, stab.
dolkestøt stab (with a dagger).
dollar dollar. **-glis** [ostentatious American car].
I. dom *(kuppel)* dome.
II. dom: *se domkirke.*
III. dom 1*(i kriminalsak)* sentence; **2***(i sivilsak)* judgment, decision; **3***(i voldgift)* award, decision; **4***(i sport)* judgment, decision; **5***(mening)* opinion, judgment, verdict *(fx* the verdict of history; the verdict of the public);
[*A: forb. med adj; B: med vb; C: med foranstilt prep*]
A [*forb. med adj*] **betinget** ~ binding over; *(især* **US)** suspended sentence; *få betinget* ~ be bound over; *(især* **US)** get a suspended sentence; *en hard* ~ (1) a severe *(el.* stiff) sentence; *en urimelig hard* ~ a savage sentence; *en* **mild** ~ a light sentence *(fx* he got off with a light sentence);
B [*forb. med vb*] **appellere** *en* ~ appeal against a judgment (,sentence); **avsi** ~ (1) pass sentence

(over (up)on); (2) pass *(el.* deliver) judgment; give a decision; (4) make an award; *(se ndf: forkynne -men); -men* **faller** (1) sentence is pronounced; (2) judgment is delivered; *-men faller i dag* (2) a decision will be reached today; judgment will be given today; *det er falt ~ i saken* (2) there has been a finding in the case; the case has been decided; judgment has been passed; **felle** ~ *over* (1) pass sentence (up)on; (2) pass judgment (up)on; *(især i ikke-jur forstand)* pronounce judgment on; **forkynne** *-men* (1) pronounce (the) sentence; (2) pronounce judgment; *(se ovf: avsi ~);* **fullbyrde** *en* ~ (1) carry out a sentence; *-men* **gikk** *ham imot* (2) judgment was given against him; the case went against him; he lost the case; *hvis -men går disse firmaer imot* (2) in the event of a court ruling against these firms; *-men* **lød** *på 6 måneders fengsel, ubetinget* the sentence was 6 months' unconditional imprisonment; *-men lød på 3 års fengsel* the sentence was *(el.* he (she, *etc)* was sentenced to) three years' imprisonment; *-men ble* **omgjort** *til 30 dagers betinget fengsel* the sentence was commuted to a suspended sentence of 30 days' imprisonment; **omstøte** *en* ~ (1) quash a conviction; (2) reverse a judgment; *jeg vil* **se** ~ *i saken* (2) I will take the matter to court; **stadfeste** *en* ~ dismiss an appeal;

C [*forb. med foranstilt prep*] *betale i dyre -mer* pay exorbitant prices (,an exorbitant price); **T** pay fancy prices (,a fancy price); pay through the nose; **på** *-mens dag* on the Day of Judgment; *oppta* **til** *-s* submit for judgment; *det at en sak opptas til -s* the submission of a case for judgment; *sitte til -s over* sit in judgment on; *bli skutt* **uten** *lov og* ~ be shot out of hand; *avgjøre* **ved** ~ decide in court; *en sak som er avgjort ved* ~ res judicata; *(se idømme; fengselsstraff; kjennelse; uteblivelsesdom).*

dombjelle harness bell.

domene domain; crown land.

dom|felle *(vb)* convict; *den -felte* the convicted person, the person convicted. **-fellelse** conviction.

domin|ere *(vb)* dominate; domineer; lord it. **-erende** dominating; *(fremherskende)* predominant; *(som spiller herre)* domineering; *en ~ beliggenhet* a commanding *(el.* dominating) position; *en ~ innflytelse* a dominating influence.

dominikaner Dominican (friar).

domino domino; *(spill)* dominoes. **-brikke** domino.

domisil domicile. **-iere** domicile, make payable.

domkirke cathedral.

dommedag the Day of Judgment.

dommer 1*(jur)* judge; *(ved høyesterett el. appelldomstol)* justice (NB *brukes etter Mr., fx* Mr. Justice D. was on the Bench); *(byretts-)* town stipendiary magistrate; *(i større by)* recorder; *(freds-)* magistrate, Justice of the Peace, J.P.; **2***(ved dyrskue, kapproing, kappseilas, utstilling, veddeløp)* judge; *(baseball, cricket, golf, tennis)* umpire; *(fotball)* referee; **US** umpire; *(boksing)* referee; *(ved militære øvelser)* umpire; *-ne (kollektivt)* the Bench; *(om standen)* the judiciary, the Bench; *oppkaste seg til ~ over* set oneself up as judge of, set oneself up in judgment over, set up to judge; *være* ~ (2) umpire; referee *(fx* he refereed the football match); act as umpire; act as referee; *X var ~ i saken* the case was heard before X; *D-nes bok (bibl)* (the Book of) Judges.

dommer|bord *(sport)* referee stand. **-ed** judicial oath. **-embete** judgeship; justiceship; recordership; *(som fredsdommer)* commission of the peace; *(se også dommer).* **-fullmektig** registrar; *(se dommer);* *The judge of a County Court is assisted by a registrar who acts as assistant judge and is in charge of the office staff. **-mine** judicial manner; magisterial air. **-stand** judiciary; *-en (også)* the Bench.

dompap *(zool)* bullfinch.

domprost dean.

doms|avgjørelse *(i sivilsak)* judgment; judicial decision, ruling. **-avsigelse** passing of a sentence; *(i sivilsak)* delivering judgment; *(se også -forkynnelse).* **-forkynnelse** pronouncement of sentence; *(i sivilsak)* service of judgment. **-fullbyrdelse** carrying out of a sentence; *(i sivilsak)* execution of a judgment. **-mann** [lay magistrate]. **-premisser** *(pl)* grounds of the judgment, grounds for j.

domstol court of justice; law court; *(utenlandsk)* tribunal; *bringe en sak for -en* go to court about a matter; *i den enkelte sak settes -en med fem dommere* there are five judges on the bench in each case.

domsutsettelse conditional postponement of sentence.

Donau the Danube.

done *(subst)* snare, gin. **-fangst** bird-snaring.

donkraft jack.

dont task, business, job; *passe sin* ~ mind one's business.

doppsko ferrule.

dor 1. (nail) punch; **2***(til å utvide hull med)* drift; *(oppspenningsdor)* mandrel; mandril.

dorg trolling line. **-e** *(vb)* troll.

dorme *(vb)* doze.

dorsk sluggish. **-het** sluggishness.

dose: *se dosis.*

dosent reader; senior lecturer; **US** associate professor. **-ur** lectureship.

dosere *(vb)* lecture on, teach.

doserende didactic.

dosis dose.

dosser|e *vb (vei)* camber *(fx* the bends are well cambered). **-ing** camber; *(det å)* cambering.

dott wisp *(fx* of hair, hay); tuft; *(om person)* nincompoop, spineless person; *han er en ~ (også)* he's a wet; *en ~ bomull* a wad of cotton; *jeg fikk -er i ørene* **T** my ears popped.

doven lazy, idle; *(øl, etc)* flat, stale.

dovendyr *(slags pattedyr)* sloth; *(doven person)* lazy fellow, slacker, idler, lazybones.

dovenskap laziness.

dovne *vi (om lem)* grow numb; **T** *(om fot)* go to sleep; *~ seg* idle, laze.

dr. *(fk. f. doktor)* doctor, Dr.; *(se doktor).*

dra *vb (trekke)* draw, pull; drag; ~ *i noe* pull at sth; *han dro henne i håret (også)* he gave her hair a tug; *(bevege seg)* go, pass, march, move; *(reise)* go away, leave; *jeg -r i morgen* I shall be leaving tomorrow; I am leaving tomorrow; *en -gen sabel* a drawn sword; ~ *et sukk* heave *(el.* fetch) a sigh; ~ *fordel av* profit by, derive advantage from; ~ *av sted* set out; *(med premie)* bear away *(fx* several prizes); ~ *bort* go away, leave; ~ *fram* bring out, pull out, produce *(fx* he produced a document from his pocket); *han -r hjem hver helg* he goes (,T: pushes) home every weekend; ~ *hjemover* make for home; set out on one's homeward journey; ~ *i tvil* question; throw doubt on; ~ *igjen* start back (again) *(fx* he had no sooner arrived than he was told to start back again); ~ **seg** *(dovne seg)* idle, be lazy; *ligge og ~ seg* laze in bed; ~ *deg vekk!* take yourself off! beat it! ~ *til (bolt, mutter)* tighten up; ~ *til en* **T** fetch sby a clout, sock sby one; ~ *til ansvar* call to account; ~ *til seg* attract; *la en motor ~ tungt* let an engine labour, allow an e. to labour; ~

ujevnt (om motor) run unevenly; ~ *ut* march out, go out; *(mil)* sally forth *(el.* out); *(trekke i langdrag)* drag on *(fx* the war dragged on); *(vt)* spin out *(fx* an affair), drag out; *det -r ut (også)* progress is slow; ~ *utenlands* go abroad.
drabant halberdier, yeoman of the guard; *(iron)* henchman; *(astr)* satellite.
drabantby dormitory town.
drabelig tremendous, colossal.
draft *(mar)* chart.
drag 1*(rykk)* pull; **2***(ånde-)* breath; **3***(av sigar, etc)* puff; **4***(slurk)* draught; pull *(fx* he took a long pull at his glass); **5***(åretak)* stroke; **6***(ansiktstrekk)* feature; **7***(trekk, egenhet)* streak, strain; **8***(antydning)* touch, strain; **9***(strekning)* stretch; *(jvf bakke-, høyde-);* **10***(strøm-)* current; *(dragsug)* backsweep; **11***(slag)* stroke, rap; *(jvf nakke-);* **12***(på kjøretøy)* shaft (of a carriage); **13***(med fiskegarn)* haul (of a net); cast; *et ~ av romantikk* a touch *(el.* strain) of romance; *med ett ~* (1) with one pull; *drikke noe i lange ~* (4) take long draughts of sth; *ta dype ~* drink deep; *tømme i ett ~* (4) drink at a (single) draught, drink at one d.; *nyte i fulle ~* enjoy to the full; *ro med lange ~* (5) pull long strokes; *det lå et ~ av spott om hans munn* there was a trace of scorn about his mouth; *det var et østlig ~ i lufta* there was a touch of east wind (in the air); *det er et kaldt ~ i lufta* there is a cold nip *(el.* a nip of cold) in the air; *åskammens rolige ~* the soft *(el.* gentle) contour of the ridge.
drage: *se drake.*
dragelse *(tiltrekning)* attraction, fascination.
dragende fascinating, compelling; *en ~ lengsel etter* a yearning for.
drag|kamp tug of war. **-kiste** chest of drawers; **US** bureau. **-kjerre** hand *(el.* push) cart. **-not** dragnet.
dragon *(mil)* dragoon.
dragreim *(trekkline; del av seletøy)* trace.
dragsug backsweep, backwash; *(utadgående understrøm)* undertow.
drake *(fabeldyr)* dragon; *(leketøy)* kite; *(liten seilbåt)* dragon; *(sint kvinnfolk)* termagant, vixen.
drakonisk Draconian, Draconic.
drakt *(kledning)* dress, costume, suit; *(spaser-)* coat and skirt, (tailor-made) costume, suit; *en ~ pryl* a beating, a hiding.
dram *(brennevin)* drink, nip, swig; **US** *(også)* shot.
drama drama. **-tiker** dramatist. **-tisere** dramatize. **-tisk** dramatic. **-turg** dramatic adviser. **-turgi** dramaturgy; theatrecraft. **-turgisk** dramaturgic.
drammeglass brandy glass; **US** shot glass.
dranker drunkard, sot, heavy drinker.
drap manslaughter, homicide; murder; *forsettlig ~* voluntary manslaughter; *overlagt ~* murder; *(i ikke-jur. språkbruk ofte)* wilful murder; *uaktsomt ~* involuntary manslaughter.
drapere *(vb)* drape, hang (with drapery).
draperi drapery.
draps|mann homicide, killer. **-sak** homicide case.
drasse *vb (dra på)* drag (along).
drastisk drastic.
draug sea monster, ghost of the sea.
dravle curds (of milk); ~ *med fløte* curds and cream.
dregg *(mar)* grapnel. **-e** *(vb): ~ etter* dredge for, grapple for.
dreibar revolving.
drei|e *(vb)* turn; *(på dreiebenk)* turn, cut on the lathe; *(la gå rundt; rotere)* rotate; *vinden har -d seg* the wind has shifted *(el.* veered); *jorda -er seg om sin akse* the earth revolves about *(el.* on) its own axis; ~ *av* turn (aside); *(mar)* bear away; ~ *bi (mar)* bring to; heave to; ~ *samtalen inn på* lead the conversation on to; ~ *ned (i dreiebenk)* (machine) undercut *(fx* undercut right down to clean and undamaged material; machine undercut the surface to remove all damaged material); ~ *om hjørnet* turn the corner; ~ *seg om* turn (up)on *(fx* the whole debate turns on a single point); *det er det spørsmålet -er seg om* that is what the question is about; *alle hans tanker -er seg om henne* all his thoughts turn on her; *det -er seg om minutter* it is a question of minutes; *det -er seg om hundre pund* it is a matter of a hundred pounds; ~ *seg om på hælen* turn (round) on one's heel; *det -er seg om hvorvidt* the question is whether; *han fikk -d det derhen at...* he twisted it (round) so that; *han fikk -d det derhen at det var X som hadde forgått seg (også)* he managed to make it look as if it was X who had committed the offence; *han fikk -d saken derhen at hans klient fikk rett* he managed to turn the case to his client's advantage.
dreie|benk (turning) lathe. **-bok** *(film)* shooting script; scenario. **-boksforfatter** scriptwriter; scenario-writer.
dreiel *(diagonalvevd tøy)* drill.
dreier turner.
dreie|skive *(jernb)* turntable; *(pottemakers)* potter's wheel. **-stål** turning tool.
dreining turn, turning; *(omdreining)* rotation.
drektig pregnant, big (with young), with young. **-het 1.** state of being with young; **2***(mar)* tonnage, burden.
drener|e *(vb)* drain. **-ing** draining (of the soil), land drainage. **-ingsrør** drainpipe.
drepe *(vb)* kill, slay, put to death; *(fig)* kill, deaden *(fx* his cruelty killed *(el.* deadened) any feeling I had for him); extinguish *(fx* the war had extinguished all human feelings in him); *sorgen drepte alle følelser hos henne (også)* her grief left her utterly numbed.
drepende mortal; *(kjedelig)* tiresome.
dresin *(jernb)* rail tricycle.
dress suit.
dress|ere *(vb)* train; *(om hester og hunder, også)* break, break in; *-ert selhund* performing seal.
dresstoff suiting (cloth), material for a suit; *et ~ (også)* a suit-length.
dressur training, breaking in.
dressør trainer; (horse) breaker.
drett *(fiske-)* haul.
I. drev *mask (hjul)* (drive) gear, pinion; *forskyvbart ~* sliding gear; *(se bakakseldrev; reversdrev).*
II. drev *(opplukket hamp)* oakum.
drevaksel *(mask)* gear shaft, pinion shaft.
dreven expert, experienced, practised, skilled.
drift 1*(av maskin, etc)* running, working *(fx* the r. of the factory, of the machine), operation(s) *(fx* the operation of a machine; operations are at a standstill); *(jernb)* traffic, (train) services, (railway) operations, running of the railways; *(av en forretning)* conduct, management *(fx* the c. of a business); **2***(tilbøyelighet)* urge, bent, inclination, instinct; *(kjønns-)* sexual instinct, sex urge; **3.** *mar (avdrift)* leeway; drift; **4***(kveg-)* drove; *elektrisk ~* electric working, (the use of) electric power; *(jernb: motsatt damp-)* electric traction; *innføre elektrisk ~ (jernb)* electrify (a railway); *innføring av elektrisk ~* electrification (of a railway); *begynne -en (sette i gang produksjonen, etc)* start operation; begin work(ing); *i ~* at work, in operation; going; *billig i ~* cheap to run; cheap in the running; economical; with a low running cost; *i full ~* in full swing *(el.* work); at full capacity; to capacity *(fx*

they are operating to capacity); *komme i ~ (mar)* break *(el.* go) adrift; *(om fabrikk)* come into operation, come into full production; *sette i ~* start (running); put into operation; *(jernb)* put into service *(el.* operation); *ta opp -en: se begynne -en; være i ~ (mar)* be adrift, drift; *(om kjøretøy, maskin)* be in service; *(om jernbanelinje)* be in operation; be running; *en indre ~* (2) an (inner) urge; *av egen ~* of oneself; on one's own initiative; *sanselige -er (også)* sensual appetites; *ute av ~* out of operation *(el.* service); not working; *ta ut av ~ (om kjøretøy, maskineri)* take out of service.

driftekar (cattle) drover.

driftig active, enterprising. **-het** enterprise.

drifts|anlegg factory plant. **-bestyrer** manager. **-bygning 1.** works building; *(ofte)* premises; **2***(på gård)* outbuilding. **-ingeniør** works engineer. **-inspektør** *(jernb)* operating superintendent. **-kapital** (gross) working capital. **-konto** *(merk)* working account. **-ledelse** *(jernb)* operating management. **-leder** works manager. **-liv** sex life. **-materiell** working plant; *(jernb)* rolling stock. **-messig** *(se drift)* working *(fx* methods); *-e forbedringer* increased efficiency, improvements of the service; *av -e hensyn* for operational purposes. **-midler** *pl (merk): varige ~* property, plant and equipment; *(se anleggsmidler).*

drifts- og trafikkavdeling *(jernb)* traffic department.

drifts- og trafikkdirektør *(jernb)* assistant general manager (traffic); (NB *dennes tre underdirektører er* 'operating officer',' commercial officer' *og* 'motive power officer').

drifts|omkostninger *(pl)* working expenses, running expenses. **-overskudd** *(merk)* operating profit; trading profit; working profit. **-regnskap 1.** internal accounts; operational accounts; revenue *(el.* current) account; **2***(økon; i utenriksregnskap)* current account. **-sikker** reliable. **-sikkerhet** reliability; *hvor kravene til ~ er meget høye* where reliability requirements are stringent. **-utgifter** *(pl)* working expenses. **-utstyr** running equipment. **-økonomi** business economy; *(jvf bedrifts-).* **-år** business year; *året 19– var et godt ~ for firmaet* the year 19– was a prosperous year for the firm.

drikk drink, beverage; *(det å drikke)* drinking; *sterke -er* strong drinks, intoxicants.

I. drikke *(subst): mat og ~* food and drink; *han er forsiktig med sterke -er når han kjører bil* **T** he's careful about drinking and driving.

II. drikke *(vb)* drink; *hva vil De ~?* what will you have? **T** what's yours? *jeg liker ikke å ~ melk uten noe til* I don't like drinking milk on its own; I don't like drinking milk without anything with it; *~ som en svamp* drink like a fish; *han -r* he is addicted to drinking; he drinks; *~ ens skål* drink sby's health; *~ tett* drink hard; *~ seg full* get drunk; *~ en full* make sby drunk; *~ av flaska* drink out of the bottle; *~ seg i hjel* drink oneself to death; *~ opp* **1.** drink up; **2***(fig)* spend on drink (,**T:** booze); *slutte å ~ (om alkoholikere)* **T** get off the booze; *~ (el. ta) en tår over tørsten* have a drop too much; *(se også tylle: ~ i seg).*

drikke|bror boozer. **-kar** drinking vessel. **-lag** boozing session; drinking bout.

drikkelig drinkable, fit to drink.

drikke|ondet the evil of drink(ing). **-penger** *(pl)* tip, tips, gratuity. **-vann** drinking water. **-varer** *(pl)* drinks, beverages. **-vise** drinking song.

drikk|feldig given to drink, addicted to drinking. **-feldighet** drunkenness, addiction to drinking, intemperance.

drikking drinking.

drikkoffer drink offering, libation.

drill drill; *elektrisk ~* drill gun.

drillbor drill. **drille** *(vb)* drill, bore.

drink drink; *en sterk ~* a stiff drink.

driste *(vb): ~ seg til* dare, venture *(fx* v. to say ...).

dristig bold, daring; audacious; *de -ste forventninger* the most sanguine expectations.

dristighet boldness, daring, audacity.

drivaksel 1. axle shaft; **2***(mellomaksel)* drive shaft, propeller shaft.

driv|anker *(mar)* sea anchor. **-benk** forcing frame, hotbed. **-boggi** *(jernb)* motor bogie; **US** power truck.

I. drive *(subst)* drift (of sand, snow, *etc).*

II. drive *vb* **1***(handel)* carry on, engage in *(fx* trade); *(fabrikk)* operate, run; *(gård)* run, work; *(tømmer)* float; *(fangst, fiske)* carry on; *~ smått (,stort)* do business in a small (,large) way; **2** *(et yrke)* follow, pursue *(fx* an occupation); *(undersøkelser)* carry on; *(sport)* go in for *(fx* sport, games); *(studier)* pursue; **3***(en maskin)* drive, work, operate; *(hjul)* move, turn; **4***(om vind, strøm; fyke (sammen))* drift; **5***(tvinge)* drive, force; *(fig)* impel, urge, prompt; *(planter)* force; **6***(gå sin skjeve gang)* drift *(fx* let things d.); **7***(mar)* caulk; **8.** emboss *(fx* a silver vase embossed with a design of flowers); *nå -r han (på) igjen!* (ↄ: *nå holder han på (med det) igjen)* now he's at it again! *gå og ~* idle *(fx* he idles about town all day); *~ fram* propel; *(fig)* drive forward, impel, urge on; *~ i land (mar)* drift ashore; *~ prisene i været* force prices up; *~ en plan igjennom* carry a scheme through; *~ inn en fordring* collect a debt; *(ad rettens vei)* recover a claim, enforce payment of a claim; *~ med tap* operate at a loss; *~ omkostningene ned* press *(el.* force) costs down; *~ tilbake* drive back, repel; *~ det langt* achieve great things; *han -r det nok til noe* he is bound to go far *(el.* get on); he will go a long way; *~ noe for vidt* push things too far; *~ sitt spill med* play tricks on; *lysten -r verket* willing hands make light work; *-nde våt* dripping *(el.* wringing) wet.

driv|fjær *(også fig)* mainspring; *(person)* prime mover; *(motiv)* prime motive, incentive. **-garn** drift net. **-garnfiske** drift-net fishing. **-garnfisker** *(om båten)* drifter. **-hjul** driving wheel; *(fig)* motive power. **-hus** hothouse; *(uten kunstig varme)* greenhouse. **-husplante** *(også fig)* hothouse plant. **-is** drift ice. **-kraft** motive power. **-ladning** low explosive (charge). **-re(i)m** driving belt. **-stoff** fuel; propellant. **-tømmer** drift timber, floating timber. **-våt** dripping *(el.* wringing) wet.

drogerier *(pl)* drugs. **drogerihandler** druggist.

dromedar *(zool)* dromedary.

drone *(zool) (hannbie)* drone.

dronning queen; *spille ~* queen it; *ballets ~* the queen of the ball.

dronningaktig queenly, queenlike.

dronningbonde *(i sjakk)* queen's pawn.

droplet dapple, piebald.

drops boiled sweets; *(ofte)* drops; **US** hard candy; *syrlige ~* acid drops; acid sugars.

drosje taxi(cab), **US** cab. **-bil** taxi(cab), **US** cab. **-holdeplass** taxi rank, taxi stand, cab stand, cab rank. **-ran** taxi hold-up. **-sjåfør** taxi driver. **-takst** taxi fare(s), cab fare(s).

drosle *(vb)* throttle.

drue *(bot)* grape. **-formet** grapelike. **-høst** vintage, **-klase** cluster of grapes. **-saft** grape juice. **-sukker** grape sugar, glucose.

drukken intoxicated, drunk, tipsy, in liquor, the

d

drosje

Did you know that
the cab drivers in GB like to get paid through the cab window? That means you have to get out of the car to pay. The habits are certainly different in different countries!

worse for liquor; *(foran subst)* drunken; ~ *av glede* intoxicated *(el.* drunk) with joy.
drukkenbolt drunkard; **T** boozer.
drukkenskap drunkenness, inebriety.
drukne *(vt)* drown; *(vi)* be drowned; *han -t katten* he drowned the cat; *han -t* he was drowned; *han er nær ved å* ~ he is drowning; *den -r ei som henges skal* he who is born to be hanged will never be drowned.
drukning drowning; *døden skyldtes* ~ death was by drowning.
druknings|døden death by drowning; *han led* ~ *(ofte)* he found a watery grave. **-ulykke** drowning fatality.
drunte *(vb)* loiter, dawdle.
dryade dryad.
dryg: *se drøy.*
drypp drop, drip, dripping.
drypp|e *(vb)* drip; *(om lys)* gutter; ~ *en stek* baste a roast; ~ *av* drip off; *(et filter)* drain; *det -er fra takene* the eaves are dripping. **-ing** dripping.
dryppsmøring drip *(el.* drop feed) lubrication, drip oiling.
dryppstein stalactite. **-shule** stalactite cave.
dryss *(av snø, etc)* sprinkle, powder; gentle fall.
drysse *(vt)* sprinkle; *(vi)* fall (in small particles); sift down *(fx* the snow sifted down).
drøfte *(vb)* discuss, debate, talk over.
drøftelse discussion, talk(s); *(se allsidig).*
drøm dream; *i -me* in a dream, in one's dreams.
drømme *(vb)* dream, be in a dream; ~ *om* dream of; *drøm behagelig!* pleasant dreams!
drømme|aktig dreamlike. **-bilde** vision, phantasm. **-liv** dream life. **-løs** dreamless. **-nde** dreamy. **-r** dreamer.
drømmeri daydream; reverie; *fortape seg i -er* go off into a reverie; *fortapt i -er* lost in (a) reverie.
drømmerisk dreamy.
drømme|syn vision. **-tyder** interpreter of dreams. **-tydning** interpretation of dreams. **-verden** dream world.
drønn boom, crash, bang.
drønne *(vb)* boom, crash, bang.
drøv cud; *tygge* ~ chew the cud, ruminate; *(fig)* harp *(på* on).
drøvel *(anat)* uvula; *gi ham en på -en* **S** sock him one on the kisser.
drøv|tygge *(vb)* ruminate; *(fig)* harp on. **-tygger** ruminant. **-tygging** rumination, chewing the cud; *(fig)* harping.
drøy 1*(i bruk)* economical (in use), that goes a long way *(fx* money goes a long way in that country); *det er -t (også)* a little of it goes a long way; *-ere enn* more economical than; **2***(i omfang)* bulky; **3***(stiv)* stiff *(fx* a stiff price), smart *(fx* a smart price, a s. distance); *et -t stykke arbeid* a tough job, a stiff piece of work; *en ~ klatretur* a stiff climb; *en ~ påstand* a bold assertion; *-e sannheter* home *(el.* hard) truths; *det er (dog) for -t* that's beyond a joke; it's going too far; *det er temmelig -t, syns du ikke?* that's pretty stiff, don't you think?
drøye *vb* **1***(vare, trekke ut)* drag on; *det drøyde en stund før han betalte* it was some time before he paid; **2***(forhale, oppsette)* delay; *han drøyde med betalingen* he delayed *(el.* put off) payment; ~ *med å gjøre noe* delay *(el.* put off *el.* postpone) doing sth; *vi -r litt til og ser om de kommer* we'll hang on for a little while and see if they come; **3.:** ~ *på noe,* ~ *noe ut* make sth last longer, make sth go far, spin sth out.
dråk *(subst)* good-for-nothing.
dråpe drop; *de ligner hverandre som to -r vann* they are as like as two peas; *en ~ i havet* a drop in the ocean. **-formet** drop-shaped. **-teller** dropping tube, drop counter. **-vis** drops, drop by drop.
ds. *(fk. f.dennes)* inst. *(fk. f* instant).
d.s. *(fk. f det samme)* the same.
d.s.s. *(fk. f det samme som)* the same as.
du *(pron)* you; *(bibl)* thou; *du ... selv* you ... yourself; *du gode Gud!* great heavens!
dublé *(gull-)* filled gold.
dublere *(vb)* double; *(en rolle)* understudy.
dublett duplicate.
due *(zool)* pigeon; *(især fig)* dove. **-egg** pigeon's egg. **-hus** pigeonhouse, dovecot(e).
duell duel *(på* with).
duel|lant duellist. **-lere** *(vb)* duel, fight a duel. **-lering** duelling.
due|post: *med* ~ by carrier pigeons. **-slag:** *se -hus.*
duett duet.
due|unge young pigeon. **-urt** *(bot)* willowherb.
duft fragrance, odour (,**US** odor), perfume, scent.
dufte *(vi)* emit odour *(el.* fragrance); *det -t av roser* there was a scent of roses.
duftende fragrant, odorous, scented.
duge *(vi)* be good, be fit; *det -r ikke til noe* it's no good; it won't do, it isn't good enough; *det -r ikke å* it won't do to; *som slett ikke -r* worthless; *jeg -r ikke til* I'm no good at (-ing); *han -r ikke til selger* he is not much good *(el.* no good) as a salesman; *vise hva en -r til* show what one can do; show what one is worth; *(se mat).*
dugelig fit, able, capable; ~ *til* fit for, capable of. **-het** fitness, ability, capability.
dugg dew; *forsvinne som ~ for sola* vanish like dew before the sun; vanish into thin air. **-dråpe** dewdrop.
dugge *vt* (be)dew; *(vi)* gather dew; *(om vindusrute, etc)* become steamy, become misted; *det -r* the dew is falling.
dugget dewy; *-e brilleglass* steamy glasses.
dugg|fall dewfall. **-frisk** dewy; (as) fresh as the morning dew. **-perle** dewdrop. **-rute** *(for bil)* anti-mist screen.
dugnad voluntary communal work; **US** *(ofte)*

bee (*fx* a husking bee); *gjøre ~ på et hus* join the neighbours in giving a hand with a house.
dugurd lunch.
duk *(bordduk)* (table) cloth; *(seilduk)* canvas; *legge -en på bordet* lay (*el.* spread) the cloth; *ta -en av bordet* remove the cloth.
dukat ducat.
I. dukke *(subst)* doll; *(marionett-)* puppet; *(garn-)* skein.
II. dukke *(vb)* duck, plunge, dip, immerse; dive; *~ en (fig)* put sby in his place; *~ fram* emerge, become visible; **T** pop out; *~ opp* rise to the surface, emerge; *(komme til syne)* turn up; **T** show up.
dukke|aktig doll-like. **-hus** doll's house.
dukken: *gå ~ (fig)* be pushed under; come a cropper; *(om firma)* fold up; **T** go bust.
dukkert plunge, dive; *(ufrivillig)* ducking, soaking; *gi en en ~* duck sby; *ta seg en ~* have a dip.
dukkestue doll's house.
dukknakket stooping.
dulgt hidden, veiled.
dulm|e *(vb)* assuage, allay, soothe. **-ende** soothing. **-ing** alleviation, soothing, assuagement.
dult push, shove.
dulte *(vb)* push, shove.
dum *(uklok)* foolish, silly; *(lite intelligent)* stupid; *(irriterende)* stupid (*fx* I can't open that s. door); *~ som en stut* as stupid as an owl; a perfect idiot; bone-headed; crassly stupid; *han er litt ~ av seg* he's a little on the stupid side; *det er -t å gjøre det* it (*el.* that) is a stupid thing to do; *(fullt) så ~ er jeg ikke* I know better than that; *ikke så -t!* not half bad! *han er ikke så ~ som han ser ut til* he is not such a fool as he looks; *det var -t av meg å...* it was foolish (*el.* unwise) of me to...; *-t snakk* (stuff and) nonsense; *en ~ strek* a piece of foolishness; a stupid thing.
dum|dristig foolhardy, rash. **-dristighet** foolhardiness, rashness.
dumhet stupidity; foolishness; *(dum strek)* piece of foolishness; *gjøre (el. begå) en ~* make a blunder; do a stupid thing; *si -er* talk nonsense; *ingen -er nå!* now, no nonsense!
dumme *(vb): ~ seg (ut)* make a fool of oneself; put one's foot in it.
I. dump *subst (fordypning)* depression; hollow, dip; *(lyden av fall)* thud.
II. dump *(adj)* dull; *(bare om lyd)* hollow, muffled.
dumpe *vb* **1***(til eksamen)* fail (in (*el.* at) an examination); **T** be ploughed; **2***(merk)* dump (*fx* d. goods on a market); *~ ned* drop down.
dumpehuske T *(vippe)* seesaw; **US** teeter.
dumpekandidat 1. ploughed candidate; **2.** possible failure.
dum|rian fool, blockhead. **-snill** kind to a fault. **-stolt** pompous; **T** bumptious. **-stolthet** pomposity; **T** bumptiousness.
dun down; *med ~ på haken* downy-chinned. **-bløt** downy, fluffy.
dunder banging, roar, thunder.
dundre *(vb)* thunder, bang, roar; *~ på døra* thump (on) the door, bang on the door; *en -nde hodepine* a splitting headache; *en -nde løgn* a thundering lie.
dundyne eiderdown (quilt), down quilt.
dunet downy.
I. dunk *subst (av tre)* keg; *(av blikk)* can, drum.
II. dunk *(subst)* thump, knock, thud; *dunk! dunk!* thump! thump!
dunke *(vb)* knock, thump.
dunkel dark, dim, obscure; *en ~ erindring* a dim (*el.* vague) recollection.
dunkjevle *(bot)* reed mace, cattail.
dunlerret downproof cambric.
dunst vapour (,**US:** vapor), exhalation. **-e** *vb (stinke)* stink, reek; *~ bort (også fig)* evaporate.
dunteppe down quilt.
dupere *(vb)* dupe, impose on, bluff, hoodwink; *hun lot seg ikke ~ av ham* she was not impressed by him.
duplikat duplicate.
duplikk rejoinder.
duplo: *in ~* in duplicate.
dupp *(på snøre)* float, bob.
duppe *(saus)* sauce.
I. dur *(mus, toneart)* major; *C-dur* C major.
II. dur *(lyd)* drone, murmur; hum (*fx* the distant h. of traffic); *(sterkere)* boom, roar.
durabel substantial, tremendous.
dure *(vb)* drone, murmur; *(sterkere)* roar, boom.
durk|dreven cunning, crafty. **-drevenhet** cunning, craftiness.
I. dus: *leve i sus og ~* live in a whirl of pleasures.
II. dus: *bli ~* [agree to drop the formal address of'De' for the familiar' du']; *drikke ~ med en* (have a) drink with sby (as a sign that the formal' De' is from now on being dropped in favour of' du'); *være ~* address each other as 'du' (instead of' De'); *være ~ med en (svarer til)* be on first-name terms; *være ~ med en* be on first-name terms with sby; be on familiar terms with sby.
III. dus *(adj)* soft, mellow, subdued.
dusin dozen. **dusin|kram** junk, cheap trash. **-menneske** commonplace person. **-vis** by the dozen.
dusj shower (bath), douche; *en kald ~* a cold shower, a douche of cold water.
dusje *(vb)* (take a) shower; douche; *(sprøyte)* spray.
dusk tuft; *(til stas)* tassel. **-elue** tasselled cap.
duskregn drizzling rain, drizzle.
duskregne *(vb)* drizzle.
dusting: *se tomsing.*
dusør reward; *en høy ~* a high r.; *utlove en ~* offer a r.
duv|e *vb (mar)* pitch; *(til ankers)* heave and set; *~ sterkt* pitch heavily. **-ing** pitching; *(til ankers)* heaving and setting.
dvale lethargy, torpor; *(unaturlig)* trance; *(vinter-)* hibernation; *falle i ~* begin to hibernate; fall into a trance; *ligge i ~* hibernate; *(fig)* lie dormant; *våkne av -n (også fig)* wake up. **-lignende** lethargic, trancelike (*fx* a t. sleep), torpid. **-tilstand** lethargy, torpor, torpid (*el.* dormant) state; trance; hibernation.
dvask supine, somnolent, indolent, torpid, inert, languid. **-het** supineness, torpor, indolence.
dvele *(vb)* tarry, linger; *~ ved* dwell (up)on.
dverg dwarf. **-aktig** dwarfish. **-bjørk** dwarf birch. **-fluesnapper** red-breasted flycatcher. **-folk** pygmy tribe. **-signal** *(jernb)* dwarf (*el.* ground) signal.
dvs. *(fk. f. det vil si)* that is; i. e.
dy *(vb): ~ seg* refrain *(for å* from -ing), restrain (*el.* contain) oneself; *han kunne ikke ~ seg* he could not help himself.
dybde depth; *(fig)* profundity. **-forholdene** *(mar)* the soundings; the depths (of water).
dyd virtue; *gjøre en ~ av nødvendighet* make a virtue of necessity.
dydig virtuous. **dydighet** virtuousness.
dydsiret demure, smug.
dyds|mønster paragon of virtue. **-predikant** moralist. **-preken** moralizing sermon.
dyffel *(ullstoff)* duffel.
dykker *(også fugl)* diver. **-apparat** diving appara-

dyp

deep/deeply

The river is too **deep** to cross — **dyp**
I miss my love **deeply** — **dypt, veldig**

I den første setningen kunne vi ha sagt **a deep river,** dvs at **deep** er adjektiv.

Deeply er knyttet til verbet **miss,** altså adverb (til verbet) og derfor **-ly.**

tus. **-drakt** diving suit. **-klokke** diving bell. **-maske** swim mask.

dyktig *(adj)* competent, capable, able, proficient, efficient, skilful, expert; *(begavet)* gifted; *(adv)* well, efficiently *(etc); en ~ elev* a gifted *(el.* competent *el.* able *el.* promising) pupil; *en (meget) ~ fotballspiller* a fine football player; *fremragende ~* brilliant; *en ~ lærer* a capable *(el.* good) teacher; *han behandlet situasjonen på en meget ~ måte* he handled the situation very ably; *han fikk ~ bank* he got a sound beating *(el.* a proper licking); *han ble ~ våt* he got soaked to the skin, he got completely drenched; *(se for øvrig flink).*

dyktighet competence, capability, ability, proficiency, efficiency, skill; *hennes ~ ved pianoet* her proiciency at the piano; *(se frakjenne).*

dyktighetsattest certificate of competence; *(for kyndighet i språk)* certificate of proficiency.

dylle *(bot)* sowthistle.

dynam|ikk dynamics. **-isk** dynamic.

dynamitt dynamite. **-attentat** dynamite outrage, d. attempt *(fx* d. a. on Hitler's life).

dynamo dynamo, generator. **-meter** dynamometer.

dynast|i dynasty. **-isk** dynastic.

I. dyne *(klitt)* dune.

II. dyne *(i seng)* quilt; *(fjær-)* featherbed. **-trekk, -var** quilt cover.

I. dynge *(subst)* heap, mass, pile; *en hel ~* a whole lot.

II. dynge *(vb): ~ opp* heap up, pile up; *~ seg opp* pile up, accumulate; *~ arbeid på en* heap work on sby.

dyngevis: *i ~* in heaps.

dynke *(vb)* sprinkle.

dynn mire, mud. **-aktig, -et** miry, muddy.

I. dyp *(subst)* deep, depth; *-et* the deep; *komme ut på -et (om badende)* get out of one's depth; be carried into deep water.

II. dyp *(adj)* deep, profound; *bli -ere* deepen; *et -t bukk* a low *(el.* deep) bow; *~ elendighet* extreme misery; *en ~ hemmelighet* a profound secret; *~ søvn* profound sleep; *i ~ søvn* fast asleep, deep in sleep; *~ taushet* deep *(el.* profound) silence; *~ uvitenhet* great *(el.* crass) ignorance; *(se dypt).*

dyp|fryse *(vb)* deep-freeze. **-fryser** deep freezer.

dypfryst deep-frozen *(fx* d.-f. goods).

dypgående *subst (mar)* draught (of water).

dyppe *(vb)* dip; plunge, immerse.

dypsindig profound, deep. **-het** profundity; profound remark.

dypt *(adv)* deeply, deep; profoundly; *~ inn i skogen* far into the wood; *bøye seg ~* bow low; *skipet stikker for ~* the ship draws too much water; *sukke ~* heave a deep sigh; *synke ~ i ens aktelse* sink low in sby's estimation. **-følt** deeply felt, heartfelt. **-gående** *(om røtter)* striking deep; *(mar)* deep-draught; *(fig)* profound, thorough, searching. **-lastet** deeply laden. **-liggende** *(fig)* deep-rooted, deep-seated; *~ øyne* deep-set eyes. **-seende** penetrating.

I. dyr *(subst)* animal; *(mest om større pattedyr)* beast; *(av hjorteslekten)* deer; *(neds)* brute, beast; *gjøre til ~* bestialize, brutalize.

II. dyr *adj (se også dyrt)* **1.** expensive, high-priced; **2**(*i forhold til verdien)* dear *(fx* I don't want it, it's too dear); **3**(*som har kostet mange penger)* costly *(fx* jewellery), expensive;

bli *-ere* become more expensive, get dearer; *alt er blitt -ere* everything has gone up; *smøret er blitt -ere (også)* (the price of) butter has gone up; butter has become more expensive to buy; **gjøre** *noe -ere* raise the price of sth; **være** *-(t)* be expensive; be dear; *være (alt)for ~(t)* be (much) too expensive; be (much) too dear; *det er altfor -t (også)* the price is exorbitant; *her er det -t* it is expensive to live here; this is an expensive place to live in; *det er -t å reise* travelling is expensive; *det er -ere å ...* it is more expensive to ...; it costs more to ...; *det er -ere enn* it is more expensive than, it is dearer than, it costs more than; *hvor -t er det?* how much does it cost? *det kan da ikke være så forferdelig -t?* it can't cost such an awful lot of money; it can't be so terribly expensive, can it? *det er mindre -t* it is less expensive, it costs less; **den -este** *(av to)* the most (,*stivere:* more) expensive one *(fx* I'll take the more expensive one); *mitt -este* **eie** my dearest possession; *det er en ~* **fornøyelse** *(fig)* it's an expensive business; it's expensive; *nå er* **gode råd** *-e!* this is where we could do with some really sound advice; good advice would be worth its weight in gold; now we're in a mess! *dette blir ham en ~* **historie** **1**(*vil koste mange penger)* this will cost him a great deal of money; **2**(*han kommer til å lide for det)* he will pay dear for this; it will cost him dear; *det -este* **klenodiet** *(fig)* the brightest jewel; *det er en ~* **sport** *(fig)* it's an expensive business *(fx* it's an expensive business to build a house); *det er -e* **tider** *vi lever i* everything is expensive nowadays; everything has gone up; **i -e dommer** at vast *(el.* great) expense; at an exorbitant price; *betale i -e dommer* pay a lot *(fx* for sth); **T** pay a fancy price, pay through the nose; *de bodde på luksushotell i -e*

dommer they stayed at a luxury hotel at vast expense; *de kjøpte huset i -e dommer* they bought the house at vast expense.
dyreart *(zool)* species of animal.
dyrebar *(adj)* **1.** dear; **2***(kostelig)* precious.
dyrebeskyttelsesforening society for the prevention of cruelty to animals.
dyrehage zoological garden(s), zoo.
dyrehagl buckshot.
dyrehud *(hjortelær)* deer skin.
dyrekjøpt *(adj)* dearly bought.
dyre|kjøtt venison. **-krets** zodiac. **-liv** animal life. **-maler** painter of animal life. **-passer** keeper (at a zoo).
dyre|rike animal kingdom. **-rygg** saddle of venison. **-stek** roast venison. **-temmer** animal trainer. **-verden** *(alle dyr innenfor et område)* fauna; *(dyrerike)* animal kingdom.
dyrisk animal; brutish, bestial. **-het** brutishness, bestiality.
dyrkbar cultivable, arable, tillable.
dyrke *vb (jorda)* cultivate, till; *(korn, etc)* grow, raise; *(gi seg av med)* go in for; *(studere)* study, pursue the study of; *(en kunst)* practise *(fx* painting, singing), be a votary of *(fx* art, music); *(tilbe)* worship *(fx* God).
dyrk|else cultivation, study, pursuit; worship. **-er** cultivator; tiller; votary; worshipper, devotee. **-ning** cultivation; tillage; *(av korn, etc)* growing, raising. **-ningsmåte** method of cultivation.
dyrlege veterinary (surgeon), vet.
dyr|plager tormentor of animals. **-plageri** cruelty to animals. **-skue** cattle show.
dyrt *(adv): se ovf: II. dyr.*
dyrtid period of high prices, time of dearth *(el.* scarcity), dearth, scarcity, dear times; ~ *hersker og hungersnød står for døra* scarcity prevails *(el.* dear times prevail) and famine is imminent.
dyrtids|krav pay claims due to high cost of living, cost-of-living claim. **-priser** famine prices, high prices due to scarcity. **-tillegg** cost-of-living bonus *(el.* allowance).
dyse jet; nozzle (pipe); *(på vannkanne)* rose; *blåse gjennom -ne* blow through the jets; *skitt i -ne* dirt in the jets; *(se forgasserdyse; hoveddyse; tomgangsdyse).*
dysenteri *(blodgang)* dysentery.
I. dysse *(steinaldergrav)* dolmen, cromlech, cairn.
II. dysse *(vb):* ~ *i søvn* lull to sleep; ~ *ned en skandale* hush up a scandal; *jeg kan ikke* ~ *ned denne saken* **T** I can't hold the lid on this affair.
dyst combat, fight, bout; *våge en* ~ *med en* enter the lists against, break a lance with; *våge en* ~ *for* take up the cudgels for, break a lance for.
dyster sombre, gloomy, dismal, melancholy, depressing; ~ *mine* gloomy air.
dytt push, nudge, prod.
dytte *vb* **1***(tette)* stop (up), plug, block up *(fx* a hole); **2***(puffe)* push, shove; *(lett)* nudge; *de -t på hverandre og fniste* they nudged and giggled.
dyvåt drenched.
dø *(vb)* die; *(om plante)* die (off); *da hennes foreldre -de* when her parents died; at *(el.* on) the death of her parents; *vi må alle* ~ we all have to die (some day); ~ *av feber* die of fever; ~ *av latter* die with laughter; ~ *av sorg* die of grief; ~ *av sult* die of starvation; ~ *bort: se* ~ *hen;* ~ *for egen hånd* die by one's own hand; ~ *for morderhånd* die at the hand of a murderer; ~ *for fedrelandet* die for one's country; ~ *hen* die away, die down, fade away; *han skal ikke* ~ *i synden* he won't get away with it; he has not heard the last of it yet; ~ *ut* die out; *(se døende).*
I. død *(subst)* death, decease, demise, end; *den visse* ~ certain death; ~ *og pine!* gosh! golly! by Jove! *du er -sens* you are a dead man; *finne sin* ~ meet one's d., perish; *han tok sin* ~*av det* it was the death of him; *ligge for -en* be at death's door, be dying, be on one's deathbed; *gå i -en* die, face death, meet one's death; *tro inntil -en* faithful unto death; *mot -en gror ingen urt* there is no medicine against death; *gremme seg til -e* take one's death of grief; *kjede seg til -e* be bored to death; *avgå ved -en* die; *(formelt)* pass away.
II. død *(adj)* dead, inanimate; ~ *som en sild* as dead as a doornail, dead as mutton; *de -e* the dead; *den -e* the dead man (,woman); the deceased; *legge ballen* ~ lay the ball dead; trap the ball; stop the ball by trapping it (with one's foot); *-t kast (sport)* a no throw; *ligge som* ~ lie as one dead; *han var* ~ *lenge før den tid* he had died long before that time; *han er nå* ~ *(og borte)* now he is dead (and gone); *(se sprang: dødt* ~*).*
død|blek deadly pale, pale as death. **-bringende** fatal, lethal. **-drukken** dead-drunk; **T** blind (to the world); **S** blotto.
dødelig deadly, mortal; fatal; ~ *angst* mortal fear; *en* ~ a mortal; *for alminnelig -e* to ordinary mortals; ~ *fiende* mortal enemy; ~ *forelsket* head over ears in love; ~ *fornærmet* mortally offended; *en* ~ *sykdom* a mortal disease, a fatal illness; ~ *sår* mortal wound; ~ *såret* mortally wounded; ~ *utgang* fatal issue; *med* ~ *utgang* fatal.
dødelighet mortality, death-rate. **-sforholdene** mortality. **-stabell** mortality table.
død|fødsel stillbirth. **-født** stillborn. **-gang** backlash, play, lost motion; *(tomgang)* running light, running without load; ~ *på rattet* steering play, rim movement *(fx* the steering wheel has excessive r. m.). **-kjør|e** *(vb): bil med -t motor* car with a duff engine. **-kjøtt** proud flesh. **-lignende** deathlike. **-linje** *(fotb)* dead line.
dødning *(gjenferd)* ghost, spectre. **-aktig** ghostlike, ghostly, spectral, cadaverous. **-be(i)n** dead men's bones; *korslagte* ~ crossbones. **-hode** death's head, skull.
dødpunkt dead centre; *komme over -t* pass (the) d. c.; *nederste* ~ bottom d. c., B.D.C., lower d. c.; *øverste* ~ top d. c., T.D.C., upper d. c., U.D.C.
dødpunktstilling dead centre (position).
døds|angst *(angst for døden)* fear of death, mortal dread *(el.* fear). **-annonse** death notice, funeral announcement. **-attest** certificate of death. **-bo** estate of a deceased person; **US** decedent estate. **-budskap** news *(el.* tidings) of (sby's) death. **-dag** death-day; dying day *(fx* I shall remember it till my d. d.). **-dom** death sentence. **-dømt** sentenced to death; *(fig)* doomed.
dødsens: ~ *alvorlig* deadly serious; *du er* ~ you're a dead man.
døds|fall death; *på grunn av* ~ *i familien* owing to bereavement; *(se skifterett).* **-fare** danger of one's life. **-fiende** mortal enemy. **-forakt** contempt for *(el.* of) death; *gå på med* ~ **T** go at *(el.* for) it baldheaded, go at it hammer and tongs. **-formodningsdom** judgment of presumption of death. **-kamp** death struggle. **-kulde** chill of death. **-leie** deathbed. **-liste** death roll. **-maske** death mask. **-merket** doomed, marked *(fx* he was then already a m. man). **-måte** manner of death. **-seiler** *(spøkelsesaktig skip)* phantom ship. **-skrik** dying cry, cry of agony, death-shriek. **-stille** silent as the grave, deathly still. **-stillhet** dead silence. **-stivhet** stiffness of death; rigor mortis.
døds|straff capital punishment; death penalty;

dømme

'We sentence you to . . .'

The use of a jury in England can be traced back to 1066. A jury is summoned to render a verdict in a case in a court of justice. The use of a jury in England can be traced back to 1066. In England a jury consists of 12 persons and 15 or less in Scotland. Any person between the age of 21 and 60 may be called to do jury duty. Attendance is the citizen's duty. You must of course have a clean record to attend.

In the USA there are two types of jury for criminal trials, i.e. the grand and petit jury. The grand jury decides on the initiation of a criminal trial. If the grand jury has reason to suspect a person of having committed a crime, the person has to stand trial before a petit jury which determines the question of guilt.

under ~ on pain of death. **-stund** hour of death. **-støt** deathblow. **-sukk** dying groan; *(se sukk).* **-svette** death sweat. **-syk** mortally ill. **-synd** mortal sin, deadly sin. **-tanker** *(pl)* thoughts of death. **-tegn** sign of d. **-trett** dead tired, dead-beat, dog-tired. **-ulykke** fatal accident; *-r i trafikken* road casualties, road accident deaths. **-år** year of his (,her, *etc*) death. **-årsak** cause of death.

dødvanne dead water;*(fig)* stagnation, backwater.

døende dying; *en* ~ a dying man (,woman); *syke og* ~ the sick and the dying.

døgenikt good-for-nothing, ne'er-do-well.

døgn day and night, 24 hours; *fire timer i -et-* four hours in *(el.* out of) the twenty-four; four hours a day; *-et rundt* day and night, all the 24 hours; *i fem* ~ for five days (and nights); *til alle -ets tider* at all hours.

døgn|flue *(zool)* May fly. **-litteratur** ephemeral literature. **-rytme** diurnal rhythm; *-n hans* the hours he keeps.

døl dalesman. **-ekone** daleswoman.

dølge *(vb)* conceal, hide.

dølgsmål concealment; *fødsel i* ~ concealment of birth, clandestine childbirth.

dømme *(vb)* judge, form a judgment of; *(om domstol)* pronounce judgment, pass sentence, sentence, judge; condemn; *De kan* ~ *selv* you may *(el.* can) judge for yourself; *etter alt å* ~ apparently; to all apperance; *når vi -r ham etter vår målestokk* if we judge him by our standard; *han ble dømt for tyveri* he was sentenced *(el.* got a sentence) for theft; he was convicted of theft; ~ *om* judge of; ~ en til døden sentence *(el.* condemn) sby to death; pass sentence of death on sby; *dømt til døden ved skytning* sentenced to death by firing squad; *du -r ut fra deg selv* you judge from yourself.

dømmekraft (power of) judgment, discernment.

dømmende: ~ *myndighet* judiciary power *(el.* authority).

dømme|syk censorious. **-syke** censoriousness.

dønn rumble, boom. **dønne** *(vb)* rumble, boom.

dønning swell; *under-* ground swell; *det gikk svære -er* there was a heavy swell.

døpe *(vb)* baptize; christen *(fx* he was christened John after his father). **-font** (baptismal) font. **-navn** Christian name.

døper baptizer, baptist; *døperen Johannes* St. John the Baptist.

dør door; *der er -a* you know where the door is; *vise en -a* show sby the door; *stå for -en (være forestående)* be at hand, be near; *(især om fare)* be imminent; *lukke -a for nesen på en* shut the door in sby's face; *feie for sin egen* ~ sweep before one's own door; *for åpne (,lukkede) -er* with the doors open (,closed); *for lukkede -er (jur)* in camera; *(i Parlamentet)* in secret session; *gå ens* ~ *forbi (unnlate å besøke en)* fail to look sby up; *bo* ~ *i* ~ *med en* live next door to sby, be sby's next-door neighbour; *banke på -a* knock at the door; *jage en på* ~ turn sby out; *renne på -ene hos en* camp on sby's doorstep; pester sby (with one's visits); *følge en til -a* see sby out; *stå i -a* stand in the doorway.

dørfylling door panel.

dørgende: ~ *full* chock-full; ~ *stille* stock still.

dør|gløtt *(subst): i -en* in the half-opened door. **-hank** door handle.

dørk deck, floor, flooring.

dør|karm door case, door frame. **-klokke** door bell. **-plate** door plate.

dørslag sieve, colander, strainer.

dørstokk (door) sill.

dør|stolpe doorpost; *(i bil)* door pillar. **-terskel** door sill; *(se terskel).* **-vokter** doorman; doorkeeper; *(utenfor kino, etc)* door attendant; commissionaire; doorman. **-åpning** doorway.

døs doze.

døse *(vb)* doze; ~ *av (gli over i blund)* doze off; ~ *tiden bort* doze away one's time.

døsig drowsy.

døsighet drowsiness.

døv deaf; ~ *for* deaf to; ~ *på begge ører* deaf of *(el.* in) both ears; *vende det -e øre til* turn a deaf ear.

døve *(vb)* deafen; *(dempe, lindre)* deaden; *(sløve)* blunt; ~ *smerten* deaden the pain.

døveskole school for the deaf.

døv|het deafness. **-stum** deaf-and-dumb; *en* ~ a d.-and-d. person; a deaf-mute.

døye *(vb)* put up with; endure, suffer; *(fordra)* stand, bear; brook, digest; ~ *vondt* rough it, have a hard time.

døyt: *jeg bryr meg ikke en* ~ *om det* I don't care a hang for it, I don't care two hoots, I don't care a brass farthing.

då *(bot)* hemp nettle.

dåd deed; achievement; exploit, act; *med råd og* ~ by word and deed.

dåds|kraft energy. **-kraftig** active; energetic.

-trang thirst for action; desire to do great things.
dådyr *(zool)* fallow deer. **-skinn** buckskin.
då|hjort *(zool)* fallow buck. **-kalv** fawn. **-kolle** doe.
dåne *(vb)* faint; *(glds el. litt.)* swoon. **-ferdig** ready to faint.
dåp baptism, christening.
dåps|attest certificate of baptism; *(svarer i praksis til)* birth certificate. **-kjole** christening robe. **-pakt** baptismal covenant. **-ritual** baptismal service.
I. dåre *(subst)* fool.
II. dåre *(vb): se bedåre.*
dårlig *(slett)* bad, poor; *(syk)* ill, unwell, poorly; *(om arm, ben, etc)* bad; *det er ~ med ham i dag (om en syk)* he is doing badly today; *et ~ hode* a poor head; *en ~ unnskyldning* a lame *(el.* poor) excuse; *~ vær* bad weather.
dårskap folly; piece of folly; *(se unngjelde).*
dåse tin, box. **-mikkel** nincompoop; *han er en ~* **T** *(også)* he's a wet.

d e

e

E, e *(også mus)* E, e; *E for Edith* E for Edward.
eau de cologne Eau-de-Cologne.
I. ebbe *(subst)* ebb, ebb-tide, low tide; *(fig)* ebb; *~ og flo* ebb and flow, the tides, low tide and high tide; *det er ~* the tide is going out, it is low tide; *det er ~ i kassa* funds are at a low ebb; I am short of funds.
II. ebbe *(vb)* ebb; *det -r* the tide is going out; *det begynner å ~* the tide is beginning to go out; *~ ut (fig)* ebb (away) *(fx* his enthusiasm was beginning to ebb (away)).
ebbe|strøm falling tide, ebb-tide. **-tid** ebb-tide; *ved ~* at ebb-tide.
ebonitt ebonite; **US** *(også)* hard rubber.
ed oath; *avlegge ~* take an oath *(på* on), swear *(på* to); *jeg vil avlegge ~ på det* I'll take my oath on that; *falsk ~* perjury; *avlegge falsk ~ (jur)* commit perjury; *sverge falsk ~* perjure oneself; *bekrefte med ~* affirm by oath; *ta en i ~* swear sby in.
edda Edda. **-dikt** Eddaic poem.
edder venom; *spy ~ og galle* spit out one's venom; *full av ~* venomous.
edder|kopp spider. **-koppspinn** spider's web, cobweb.
eddik vinegar. **-fabrikk** vinegar factory. **-sur** vinegary; *(kjem)* acetic. **-syre** acetic acid.
edel noble; *~ vin* noble wine; *edle metaller* fine *(el.*precious) metals; *de edlere deler* the vital parts.
edel|gran *(bot)* silver fir; noble fir. **-het** nobleness, nobility.
edelkastanje *(bot)* sweet chestnut.
edelmodig noble-minded; magnanimous; generous.
edelmodighet noble-mindedness; magnanimity; generosity.
edelste(i)n precious stone; *(især slepet)* gem.
Eden Eden; *-s Hage* The Garden of Eden.
eder|dun eiderdown. **-fugl:** *se ærfugl.*
edfeste *(vb)* swear, swear in; *være -t* be on one's oath, be sworn in. **edfestelse** swearing in.
edikt edict.
edru sober.
edruelig of sober habits, temperate.
edruelighet sobriety.
edruskap 1. sobriety; **2.** temperance.
edruskapsarbeid temperance work; information work on the problems caused by alcohol.
edruskapsdirektorat: *Statens ~* the National Anti-alcohol Directorate.
edruskapsnemnd: *(kommunal) ~* (local authority) temperance board.
edruskapslovgivning temperance legislation.
eds|avleggelse taking an oath, taking one's oath. **-forbund** confederacy. **-formular** form of an oath.
edsvoren sworn *(fx* a sworn interpreter).
Edvard Edward.
effekt effect; *for -ens skyld* for (the sake of) effect; *-er (løsøre)* personal effects; *(verdipapirer)* securities. **-full** impressive, striking.
effektiv effective; efficient; *(probat)* efficacious; *~ hestekraft* effective horse power *(fk* E.H.P.); *et -t middel* an efficacious remedy; *-e arbeidsmetoder* efficient working methods; *(virkelig, mots. nominell)* actual *(fx* a. saving); *~ rente* a. interest; *~ tollsats* a. duty; *~ verdi* a. value.
effektivisere *(vb)* increase the efficiency of, make more efficient.
effektivitet effectiveness; *(om legemiddel)* efficacy; *(yteevne)* efficiency; *større ~* greater effectiveness.
effektuer|e *(vb)* execute; *~ en ordre* e. *(el.* fill) an order. **-ing** *(merk)* execution *(av en ordre* of an order).
eftasverd [afternoon meal].
eføy *(bot)* ivy. **-kledd** ivy-mantled.
egen own *(NB alltid med eiendomspron, fx* my own, his own, *etc);* of one's own; *(karakteristisk)* peculiar *(for* to), characteristic *(for* of), proper *(for* to); *(særegen)* peculiar *(fx* he has a p. look in his eye); *(underlig)* strange; odd *(fx* he has an odd way of looking at you); *av egne midler* out of one's own money; *til eget bruk* for my (,his, *etc)* own use; *han har (sitt) eget hus* he has a house of his own.
egenart distinctive character, peculiarity.
egenartet distinctive, peculiar. **-het** peculiarity, singularity.
egenfinansiering financing out of (person's or firm's) own capital; *(merk)* equity finance; internal finance; funds generated internally.
egen|hendig written with one's own hand, in one's own handwriting, autograph; *~ skrivelse* letter in his (,her, *etc)* own hand; autograph letter; *må inngi ~ søknad* must apply in one's own handwriting. **-interesse** self-interest; *handle i ~*act from motives of s.-i. **-kapital 1.** (one's) own capital; **2***(merk)* equity (capital); owners' equity; proprietary capital; **US** capital ownership; *bunden ~* capital reserves; *fri ~* revenue

reserves; ordinary shareholders' funds. **-kjærlig** selfish. **-kjærlighet** selfishness.

egen|mektig arbitrary, high-handed; *(adv)* arbitrarily; ~ *å skaffe seg rett* take the law into one's own hands. **-mektighet** arbitrariness, high-handed methods. **-navn** proper name. **-nytte** self-interest, selfishness, self-seeking. **-nyttig** selfish, self- interested, self-seeking. **-omsorg** *(pasients)* self-care. **-rådig** wilful; self-willed; arbitrary. **-rådighet** wilfulness; arbitrariness. **-sindig** obstinate, stubborn, headstrong, pig-headed, mulish. **-sindighet** obstinacy; pig-headedness; mulishness.

egenskap quality; property; characteristic; *en av jernets -er* one of the properties of iron; *hans dårlige -er* his bad qualities *(el.* points); *en utpreget* ~ *ved* a marked property of *(fx* elasticity is a m. p. of rubber); *i* ~ *av* in the capacity of; in one's c. of; as.

I. egentlig *(adj)* proper, real *(fx* the r. work consists in (-ing)); actual *(fx* the a. construction work was begun a week ago); virtual *(fx* he is the v. ruler of the country); *den -e arkeologi* archeology proper; *i ordets -e betydning* in the true sense of the word; *i* ~ *og figurlig betydning* literally and figuratively; *det -e England* England proper; *i* ~ *forstand* strictly *(el.* properly) speaking; *den -e grunn* the real reason.

II. egentlig *adv (i virkeligheten)* really *(fx* it was r. my fault; he's rather nice, r.; I'm glad I did not go, r.); in reality, actually; *(strengt tatt)* strictly speaking, properly speaking; *(hvis det gikk riktig for seg)* by rights *(fx* we ought by r. to have started earlier); *(når alt kommer til alt)* after all *(fx* after all, what does it matter?); *(bestemt, nøyaktig)* exactly *(fx* I don't know e. what happened); *(opprinnelig)* originally; *(undertiden oversettes det ikke, fx* when are we going to have that drink? just what do you want me to do?); *ikke* ~ not exactly, not precisely, not quite *(fx* he did not a. invent it); hardly *(fx* that is h. surprising); ~ *kan jeg ikke fordra ham* frankly, I detest him; *det var* ~ *ikke så vanskelig* it wasn't really very difficult; *vi skal* ~*ikke gjøre det* we are not supposed to do it.

egentrening solo *(el.* individual) training.

egen|veksel promissory note. **-vekt** specific weight. *(el.* gravity); *motorkjøretøys* ~ net vehicle weight. **-verdi** intrinsic value; *det litterære studium har stor* ~ the study of literature is very valuable in itself. **-vilje:** *se -rådighet.*

I. egg *subst (på verktøy)* edge.

II. egg *(subst)* egg; *hakke hull på et kokt* ~crack a boiled egg; *legge* ~ lay eggs; *-et vil lære høna å verpe!* go and teach your grandmother *(el.* granny) to suck eggs! *ligge på* ~ sit, brood.

egge *(vb)* incite, instigate, stir, urge on, egg on.

egge|dosis eggnog, egg-flip. **-glass** egg cup. **-hvite** white of an egg, albumen.

eggehvite|holdig albuminous. **-stoff** albumin, protein. **-streng** chalaza.

egge|plomme yolk (of an egg), egg yolk. **-røre** scrambled eggs. **-skall** eggshell.

egg|formet egg-shaped, oviform. **-leder** oviduct. **-legging** laying (of eggs). **-løsning** ovulation. **-skjærer** egg slicer. **-stokk** ovary.

egle *(vb)* pick a quarrel, quarrel; ~ *seg inn på* pick a quarrel with.

egn region, tract, parts; *her i -en* in these parts.

egne *(vb):* ~ *seg til* be fit for, be suited for *(el.* to), be suitable for; *det arbeid de -r seg best til* the work for which they are best suited; *jeg -r meg ikke til å være lærer* I am not cut out to be a teacher; ~ *seg fortrinnlig for* be eminently suitable for; *en mann som -r seg* a suitable person; **T** a man who fills the bill.

egnet *(adj)* fit, suitable, fitted; *ikke* ~ unfit, unsuitable; *på et dertil* ~ *tidspunkt* at some appropriate time; *den bemerkningen var* ~ *til å vekke mistanke* that remark was liable to arouse suspicion.

ego|isme selfishness, egoism, egotism. **-ist** egoist, egotist. **-istisk** selfish, egoistic(al), egotistic(al).

Egypt *(geogr)* Egypt. **e-er, e-isk** Egyptian.

ei *(adv):* ~ *blott til lyst* not for pleasure alone; *dengang* ~ *(sa Tordenskjold)* no you don't! ~*heller* nor, neither; *hva enten han vil eller* ~ whether he likes it or no(t).

eid isthmus, neck of land.

I. eie *subst (besittelse)* possession; *få det til odel og* ~ have it for one's own; *i privat* ~ privately owned.

II. eie *(vb)* own, possess; *alt det jeg -r og har* all my worldly goods, all I possess.

eieforhold *(jur): bringe klarhet i -et* settle the question of ownership.

eieform *(gram)* the possessive (case), the genitive.

eiegod very kind-hearted, sweet-tempered; *(om barn)* as good as gold; *han er et -t menneske* he is as decent a soul as ever breathed. **-het** kind-heartedness, goodness.

eiendeler *(pl)* property; possessions, belongings.

eiendom property; *(jord-)* landed property; land; *(hus, lokaler)* premises; *fast* ~ (real) property; **US** real estate; *annen manns* ~ *(jur)* the property of another party; *(se behefte).*

eiendommelig peculiar, characteristic, strange, remarkable, singular. **eiendommelighet** peculiarity, (peculiar) feature, characteristic.

eiendoms|besitter landed proprietor. **-fellesskap** community of property. **-krenkelse** *(jur)* trespass to property; *(se personkrenkelse).* **-megler** estate agent; **US** real-estate man, realtor. **-overdragelse** transfer of property; *(se overdragelse).* **-pronomen** possessive pronoun.

eiendoms|rett (right of) ownership; *(se overdragelse).* **-salg** sale of real property. **-skatt** property tax; **UK** land tax.

eier owner, proprietor; *være* ~ *av* be the owner of; *skifte* ~ change hands. **-inne** owner, proprietress; *(se eier).*

eier|mann owner; *den rette* ~ the rightful owner; *(se eier).* **-mine:** *med* ~ with a proprietorial air.

eik *(bot)* oak.

eike *(i hjul)* spoke.

eike|bark oak bark. **-blad** oak leaf. **-løv** *(pl)* oak leaves.

eikenøtt *(bot)* acorn.

eike|skog oak wood, oak forest. **-tre** oak tree; *(ved)* oak wood.

eim *(damp; duft)* vapour; **US** vapor.

einebær *(bot)* juniper berry.

einer *(bot)* juniper. **-låg** decoction of juniper.

einstape *(bot)* bracken, brake.

einstøing lone wolf.

ekkel disgusting; nasty; *et -t spørsmål* an awkward question, a poser.

ekko echo; *gi* ~ echo; *(fig)* re-echo, resound.

eklatant striking, conspicuous; ~ *nederlag (seier)* signal defeat (,victory); *et* ~ *bevis på* a striking proof of; *et* ~ *brudd på* an outright breach of.

eklipse *(formørkelse)* eclipse.

ekorn *(zool)* squirrel; **US** chipmunk.

eks- *(forhenværende)* ex-, late.

eksakt exact; ~ *vitenskap* exact science.

eksaltasjon (over-)excitement.

eksaltert (over-)excited; overwrought, unbalanced.

eksamen examination; **T** exam; *(universitetsgrad)* degree; *avholde* ~ hold an examination; *bestå* en ~, stå til ~ pass an e.; *ikke bestå ~, stryke til ~* fail at (*el.* in) an e.; **T** be ploughed, plough; **US** be flunked out; *fremstille seg til ~*present oneself for an e.; enter (one's name) for an e.; *gå opp til ~* take an e., sit (for) an e., sit the e.; *lese til ~* read (*el.* work) for an e.; *(om universitets-)* work for a degree; *melde seg opp til ~* enter (one's name) for an e., register for an e.; *muntlig ~* oral (*el.* viva voce) e.; **T** viva; *(jvf muntlig); skriftlig ~* written e.; *ta (en) ~*pass an e.; *(universitetsgrad)* take a degree, graduate; *ta en god ~* do well in the e., pass one's e. well; *(universitets-)* get a good degree; *han tok ingen ~ (ved universitetet)* he left the University without a degree; *trekke seg fra ~* withdraw from an (,the) examination, drop out; *underkaste seg en ~ i* let oneself be examined in; *være oppe til ~* sit for an e., take an e.; *han har nettopp vært oppe til ~* he has just taken (*el.* sat for) his e.; *under ~* during (*el.* in) the exams; in the course of the exams; *(se også eksamen; gå: ~ opp; sist: -e del av eksamen; nød).* *In technical terms, examinations can be divided into two groups:' internal' and' external'. Internal examinations are those set and marked by the members of the staff of a single school. No one outside the school has any say in what is done. External examinations, on the other hand, are set and marked, and controlled throughout, by examining bodies established for the purpose.

eksamensberettiget: *en ~ skole* = a recognized (*el.* authorized) school; *(jvf eksamensrett).*

eksamens|besvarelse answer; examination paper; set of answers; *(faglig, også)* script. **-bevis** (examination) diploma; *(fra skole)* school certificate. **bord:** *ved -et (fig)* before the examiners.

eksamens|fag examination subject; *alle valgfag er ~* all optional subjects are exam courses; examinations will include all optional subjects.

eksamens|feber exam nerves; *(blant medisinere også)* examinitis. **-karakter** exam(ination) mark(s). *(om bokstavkarakter)* exam(ination) grade; **US** e. grade. **-krav** examination requirement; *-ene i engelsk er strengere enn i fransk* the examinations are of a higher standard in English than in French; a higher s. is required in E. than in F. **-lesning** working (*el.* reading) for an examination (,a degree). **-oppgave** examination question; question paper; *(besvarelse)* examination paper, answer; *(faglig, også)* script. **-ordning** examination structure (*el.* system). **-rett:** *skole med (full) ~* recognized (*el.* authorized) school; *skole uten ~* non-recognized (*el.* unauthorized) school. **-sjau:** *vi er nå midt oppe i -et* we're in the middle of the business of exams now. **-tid** examination time; *«~: 5 timer»* 'time allowed: 5 hours'. **-tilsyn** invigilation; *(person)* invigilator. **-vitnemål** examination certificate; educational (,professional) certificate.

eksamin|and examinee; candidate. **-asjon** examination. **-ator** examiner. **-ere** *(vb)* examine, question.

eksegese exegesis. **ekseget** exegete.

eksegetisk exegetic.

ekseku|sjon *(også jur)* execution; *gjøre ~* levy e. *(i* on); *gjøre ~ hos debitor* levy e. against the debtor. **-sjonsforretning** execution (proceedings). **-tiv** executive. **-tor** executor; *(kvinnelig)* executrix.

eksekvere *(vb): ~ en dom (i straffesak)* carry out a sentence; *(sivilsak)* execute a judg(e)ment.

eksellense excellency; *Deres ~* Your Excellency.

eksellent excellent. **eksellere** *(vb)* excel.

eksem *(med.)* eczema.

eksempel example, instance; *(presedens)* precedent; *(opplysende)* illustration; *belyse ved eksempler* exemplify, illustrate by examples; *for ~* for instance, for example, say; *jeg for ~kommer ikke* I for one am not coming; *et ~ på* an example of; an instance of; *et ~ på det motsatte* an instance to the contrary; *anføre som ~* instance; *foregå ham med et godt ~* set (*el.* give) him a good example; *gi ~* give an example; *statuere et ~* make an example of him (,her, *etc);* punish him (,her, *etc)* as a warning to others; *ta ~ av* take e. by; *følge -et* follow suit; *være et ~ for andre* set (*el.* give) a good example.

eksempelløs unparalleled; unexampled; unprecedented.

eksempelvis as an example.

eksemplar *(av bok)* copy; *(av arten)* specimen; *i to -er* in duplicate.

eksemplarisk exemplary. **eksemplariskhet** exemplariness.

eksenter- eccentric *(fx* shaft, movement).

eksentertapp eccentric pin.

eksentrisk eccentric; *(fig også)* odd.

eksepsjonell exceptional.

ekserpere *(vb)* extract, excerpt.

ekserser|e *(vb)* drill. **-plass** drill ground, parade ground. **-reglement** drill book.

eksersis drill.

eksesser *(pl)* outrages.

ekshaust *(el. eksos)* exhaust.

ekshaust|potte exhaust box, silencer; **US** muffler. **-rør** exhaust pipe; *(bak potten)* exhaust stub; **US** muffler tail pipe. **-ventil** exhaust valve.

eksil exile; *i selvvalgt ~* in voluntary exile.

eksistens existence; life; *(person)* character; *tvilsomme -er* suspicious characters.

eksistens|berettigelse reason for existence, raison d'être; *dokumentere (el. vise) sin ~* justify one's existence. **-middel** means of subsistence; *uten eksistensmidler* destitute. **-minimum** subsistence level *(fx* wages fell to s. l.). **-mulighet** possibility of making a living.

eksistere (vb) exist; *(holde seg i live)* exist, subsist; *det -r ikke lenger* it no longer exists; it has gone out of existence; *(faktisk) -nde* existing; *ikke -nde* non-existent.

eksklu|dere *(vb)* expel. **-siv** exclusive. **-sive** exclusive of, exclusive. **-sjon** expulsion.

ekskommunikasjon excommunication.

ekskommunisere *(vb)* excommunicate.

ekskrementer *(pl)* excrements, faeces.

ekskresjon *(fysiol)* excretion; excreting.

ekskret *(fysiol)* excreted matter; excretion; *-er* excretions; excreta.

ekskursjon excursion.

ekslibris book-plate, ex libris.

eksos: *se ekshaust.* **-rype T** [female occupant of a' peach perch' or' flapper bracket']; pillionaire.

eksotisk exotic.

ekspan|siv expansive.

ekspansjon expansion.

ekspansjonsbolt *(fjellsp)* (expansion) bolt; *(se bolt; bolteklatring).*

ekspansjonstrang need of expansion, desire for e., urge to expand; *(ofte)* pressure of population.

eksped|ere *vb (sende)* dispatch, forward, send; *(bestilling)* execute; *(skip)* dispatch; *(varer på tollbua)* clear *(fx* goods through the Customs); *(gjøre av med)* dispose of, settle; *(en kunde)* attend to, serve; *blir De -ert?* is anyone attending to you? are you being served? is anyone serving you?

ekspedisjon **1.** forwarding, sending; *(av reisegods)* registration *(fx* hand in your heavy luggage for r.); **2***(kontor)* general office; *(avis-)* circulation department; **3***(ferd)* expedition. **-sfeil**

(merk) mistake in forwarding. **-slokale** general office.
ekspedisjonssjef *(svarer til)* deputy secretary; *(den fulle tittel)* deputy undersecretary of State; *(for mindre avd.)* undersecretary; *(den fulle tittel)* assistant undersecretary of State; *(jvf departementsråd & statssekretær).*
ekspedisjonstid office hours; hours of business.
ekspedi|trise shopgirl, shop assistant; saleswoman; **US** *(også)* clerk. **-tt** expeditious, prompt. **-tør** shop assistant, salesman; *(på kontor)* dispatch clerk, forwarding clerk; *damskips-* shipping agent.
ekspektanselist|e: *stå på -a* be on the waiting list.
eksperiment experiment. **-al, -ell** experimental. **-ere** *(vb)* experiment. **-ering** experimenting.
ekspert expert *(i* on); *være ~ på* be an e. on, be an authority on *(fx* Roman law).
eksploder|e *(vb)* explode; *da -te jeg* **T** then I just blew my top off; *(se flint).*
eksplosiv explosive.
eksplo|sjon explosion. **-sjonsfare** danger of e.
ekspo|nent index, exponent. **-nering** exposure.
eksport exportation, export; *(det å)* exporting; *drive ~* export. **-ere** *(vb)* export. **-firma** export firm. **-forbud** export prohibition; *~ på* a ban *(el.* an embargo) on. **-forretning** export firm. **-vare** export. **-ør** exporter.
ekspress express; *med ~* by e. **-tog** express (train).
ekspropri|asjon expropriation. **-ere** *(vb)* expropriate.
ekstase ecstasy; *falle i ~* fall into an e.; *(fig)* go off into ecstasies *(over* over).
ekstempore *(adj)* extempore, extemporary; *(adv)* extempore, off-hand, on the spur of the moment.
ekstemporer|e *(vb)* extemporize, speak extempore; *(på skolen)* do unseens; do an unseen. **-ing** extemporization; doing unseens.
ekstra extra. **-arbeid** extra work, overtime work; *(se påta: ~ seg).* **-avgift** surcharge. **-betaling** extra pay; *ta ~ for* make an additional charge for. **-blad** special (edition).
ekstraksjon extraction. **ekstrakt** extract; *(utdrag)* abstract, extract.
ekstranummer *(blad)* special (edition); *(da capo)* encore *(fx* give an e.).
ekstraomkostninger *(pl)* extra charges; *(utlegg)* extra expenses *(el.* outlays.)
ekstraordinær extraordinary, exceptional; *~ generalforsamling* extraordinary general meeting.
ekstra|skatt surtax, additional tax. **-tog** special train. **-undervisning** *(for elev)* extra tuition. **-utgifter** *(pl)* additional expenses; extras.
ekstravaganse extravagance.
ekstravagant extravagant.
ekstrem extreme. **-itet** extremity.
I. ekte *(subst): ta til ~* marry.
II. ekte *(vb)* marry.
III. ekte *adj (uforfalsket)* genuine, real, true; *~barn* lawfully begotten child; legitimate c., c. born in (lawful) wedlock; *~ brøk* proper fraction; *~ farge* fast dye *(el.* colour); *~ fødsel* legitimacy.
ekte|felle spouse, partner. **-folk** husband and wife, a married couple. **-født** legitimate, born in (lawful) wedlock. **-halvdel** better half. **-hustru** wedded *(el.* lawful) wife. **-make:** *se -felle.* **-mann** husband. **-pakt** marriage settlement. **-par** married couple. **-seng** conjugal bed.
ekteskap marriage, matrimony; *(glds, jur & poet)* wedlock; *(liv)* married life; *i sitt første ~hadde han en datter* by his first marriage he had a daughter; *inngå ~* marry; *en sønn av første ~* a son of the first marriage; *et barn født utenfor ~* an illegitimate child; *(se lyse & lysning).*
ekteskapelig matrimonial, conjugal; *(se gnisninger).*
ekteskaps|brudd adultery. **-bryter** adulterer. **-bryterske** adulteress. **-byrå** matrimonial agency. **-kontrakt** marriage articles *(el.* pact). **-løfte** promise of marriage; *brutt ~* breach of promise.
ektestand matrimony, marriage, married state; *(glds & poet)* wedlock.
ektevie *(vb)* marry.
ekteviv *(nå bare spøkefullt)* spouse.
ekthet genuineness; *(om dokument, etc)* authenticity *(fx* the a of. this letter).
ekvator *(geogr)* the equator, the line; *under ~* on the equator.
ekvatorial equatorial.
ekvidistanse contour interval.
ekvilibrist equilibrist.
ekvipasje equipage, carriage.
ekvipere *(vb)* equip, fit out.
ekvipering equipment, fitting out.
ekviperingsforretning *(herre-)* men's outfitter *(el.* shop), man's shop; **US** men's furnisher's.
ekvivalent equivalent.
elastikk elastic, rubber band.
elastisitet elasticity; *(fig, også)* flexibility.
elastisk elastic.
elde old age, age; antiquity; *svart av ~* black with age.
eldes *(vb)* grow old, age.
eldgammel *(adj)* exceedingly old; *(ikke om person)* immemorial *(fx* i. oaks); *(som tilhører en gammel tid)* ancient *(fx* an a. city); *den er ~(også)* it's as old as the hills; *fra ~ tid* from time immemorial.
eldre older; *(om familieforhold, dog aldri foran* than) elder *(fx* my e. brother); *(temmelig gammel)* elderly, old; *(om ansiennitet, rang, etc)* senior; *~ arbeidere* older workers; *hans ~ bror* his elder (*,ofte:* older) brother; *en ~ dame* an elderly lady; *samfunnets behandling av de ~*society's treatment of the elderly.
eldst oldest; *(om familieforhold)* eldest; *han har to brødre, hvorav den -e er en kollega av meg* he has two brothers of whom the elder *(el.* older) one is a colleague of mine; *min -e datter (når man bare har to)* my elder daughter; *(når man har flere)* my eldest daughter; *fra de -e tider* from the earliest times.
eldste *subst (i religionssamfunn)* elder.
elefant *(zool)* elephant; *gjøre en mygg til en ~*make mountains out of a molehill.
eleganse elegance.
elegant elegant, smart, fashionable.
elegi elegy. **elegisk** elegiac.
elektrifiser|e *(vb)* electrify *(fx* e. a railway system). **-ing** electrification.
elektri|ker electrician. **-sermaskin** electrical machine, electrostatic machine.
elektrisitet electricity; *henrette ved ~* electrocute.
elektrisitets|lære science of electricity. **-måler** electric meter.
elektrisk electric; *~ anlegg (i bil)* wiring (layout); *~ drift (av kjøretøy)* electric drive; *~ lys* electric light *(el.* lighting); *~ strøm* electric current; *skjult ~ opplegg (i hus)* concealed wiring.
elektro|avdeling *(jernb)* **1.** mechanical and electrical engineering department; **2.** signal and telecommunications engineering department. **-direktør** *(jernb)* **1.** chief mechanical and electrical engineer; **2.** chief signal and telecommunications engineer. **-formann** *(jernb)* **1***(for ledningsreparatører)* leading overhead traction lineman; **2***(for maskinister)* (electrical) control supervi-

sor; **3**(*for elektromontører)* foreman of electrical fitters; *(se formann).*
elektro|ingeniør electrical engineer. **-kjemi** electrochemistry. **-kjemisk** electrochemical. **-lyse** electrolysis. **-magnet** electromagnet. **-magnetisk** electromagnetic. **-magnetisme** electromagnetism. **-mester** *(jernb)* **1**(*lednings-)* power supply engineer; **2**(*stillverks-)* signal engineer; **3**(*telegraf-)* telecommunications engineer; **4**(*lys-)* outdoor machinery assistant; **5**(*lade-)* running maintenance assistant.
elektro|metallurgi electrometallurgy. **-metallurgisk** electrometallurgical. **-montør** *(jernb)* electrical fitter. **-motor** electric motor, electromotor.
elektron electron. **-blitz** *(fot)* flash gun. **-hjerne** electronic brain
elektronikk electronics.
elektroplett electroplate.
elektroskop electroscope.
elektroteknikk electrotechnics.
element element, unit. **-ær** elementary.
elendig *(adj)* wretched, miserable.
elendighet wretchedness, misery *(fx* human misery; the wretchedness *(el.* misery) of human existence); *fattigdom og ~* misery and want; *nød og ~* extreme poverty; misery and want *(el.* hardship); *leve et liv i ~* lead a life in misery.
elev pupil;*(se pliktoppfyllende & positiv).*
elevaktivitet extra-curricular activity, out-of-school activity.
elev|arbeid pupil's work. **-demokrati** [a greater say by pupils in the running of the school]; student participation. **-råd** school council; **US** student government. **-øvelse** practical work *(fx* in science lessons).
elevasjon elevation.
elevator lift; **US** elevator; *(se heis).*
elevere *(vb)* elevate.
elfenben ivory.
elfenbens- ivory.
Elfenbenskysten *(geogr)* the Ivory Coast.
elg *(zool)* elk; **US** moose. **-horn** elk antlers. **-hund** (Norwegian) elkhound. **-jakt** elk hunting. **-ku** female elk, cow elk; **US** cow moose. **-okse** male elk, bull elk; **US** bull moose.
Elias Elias; *(profeten)* Elijah.
eliksir elexir.
eliminasjon elimination.
eliminere *(vb)* eliminate.
Elisa *(bibl)* Elisha.
Elise Eliza.
elite pick, elite. **-mannskap** picked crew, picked men.
eller or; *~ også* or else; *enten han ~ jeg tar feil* either he or I am wrong; *verken han ~ jeg* neither he nor I; *han kunne ikke se verken tjeneren ~ hunden* he could not see either the servant or the dog; *få ~ ingen* few if any.
ellers or else; otherwise; *(hva det øvrige angår)* for the rest; *(i andre henseender)* in other respects; *(til andre tider)* ordinarily; generally; *(utover det)* beyond that *(fx* but b. that nothing was done); *~ takk* thank you all the same; *nei, ~ takk! (iron)* thank you for nothing! nothing doing! *~ ingen* nobody else; *~ intet* nothing else; *~ noe?* anything else?
elleve *(tallord)* eleven. **-årig, -års** eleven-year-old.
ellevill beside oneself, wild, mad; *~ av glede* mad with joy; *en ~ farse* a riotous farce.
ellevte *(tallord)* eleventh; *den ~ august* the eleventh of August, August 11th.
ellevtedel eleventh (part).
ellipse ellipsis; *(geometrisk)* ellipse.
elliptisk elliptic(al).
Elsass *(geogr)* Alsace.
elsk: *legge sin ~ på* take a fancy to, show a particular liking for; *jeg har lagt min ~ på det (også)* it has taken my fancy; *han har lagt sin ~ på deg (iron)* he's after you; he's after *(el.* out for) your blood.
elske *(vb)* love; *ha samleie* make love; have intercourse; *~ høyere* love better *(el.* more); *~ høyt* love dearly; *hun -t sine barn høyest av alt* she loved her children most of all *(el.* above all); *høyt -t* dearly beloved; *~ en igjen* return sby's love; *gjøre seg -t av* win the love of, endear oneself to; *~ med* make love with; *(vulg)* screw; *min -de* my love, my darling; *de -nde* the lovers; *et -nde par* a pair of lovers, a (loving) couple.
elskelig lovable; *en ~gammel dame* a dear old lady.
elskelighet lovableness.
elsker lover. **-faget** juvenile lead parts.
elskerinne mistress.
elskerrolle (part of the) juvenile lead *(fx* he is getting too old for j. leads).
elskov love.
elskovs|barn love child. **-bånd** tie of love. **-dikt** love poem. **-drikk** love philtre, love potion. **-full** amorous. **-gud** god of love, Cupid. **-kval** pangs of love. **-middel** aphrodisiac, love philtre. **-ord** *(pl)* words of love. **-pant** pledge of love. **-rus** amorous rapture. **-sukk** amorous sigh.
elskverdig **1**(*tiltalende)* engaging, amiable, charming, pleasant; **2**(*forekommende, meget vennlig)* kind, obliging, courteous; *~ mot ham* kind to him; *det er nesten altfor ~* you are too kind; *det er meget ~ av Dem* it's very kind of you; *vil De være så ~ å skrive til ham?* would you kindly write to him? would you do me the favour of writing to him? will you be so kind as to write to him? *fru X har vært så ~ å stille sitt hus til vår disposisjon* Mrs. X has very kindly placed her house at our disposal; *de opplysninger De var så ~ å gi oss* the information you so kindly gave us.
elskverdighet **1**(*det å være elskverdig)* amiability; **2**(*elskverdig handling)* kindness, courtesy; *av ~*out of kindness; *vi ble behandlet med den største ~* we were treated with every courtesy; *han var lutter ~* he was all kindness; *si -er* pay compliments.
elte *(vb)* knead.
elting kneading.
elv river; *~ i gjennombruddsdal (geol)* superimposed river; *ved -en* on the river.
elveblest *(med.)* nettle rash, urticaria.
elve|bredd riverbank, bank of a river, riverside; *ved -en* by the river(side), beside the river, on the riverbank, on the bank of the r. **-drag** river valley. **-dur** roar of a r. **-far** *(især uttørret)* gully. **-leie** river bed. **-munning, -os** mouth of a r.; *(bred, med tidevann)* estuary. **-politiet** the River Police. **-rettigheter** *(jur)* riparian rights. **-trafikk** riverborne traffic.
elys|ium Elysium. **-eisk** Elysian.
emalje enamel. **-farge** enamel colour.
emaljere *(vb)* enamel.
emanasjon emanation.
emansipasjon emancipation.
emansipere *(vb)* emancipate.
embal|lasje packing. **-lere** *(vb)* pack (up); *(pakke inn)* wrap (up); *mangelfullt emballert* badly packed; *en pent emballert vare* a nicely got-up article; *varer som allerede er emballert, behøver ikke veies* such goods as are already put up in packets need not be weighed;
*(NB wrapped in paper // packed in cardboard boxes, in cases, casks, crates // contained in bottles); *(se oppføre).*
embargo embargo; *legge ~ på* lay an e. on.

embete office, (government) post; *et fett* ~ a lucrative office; **T** a fat job; *bekle et* ~ hold *(el.* fill) an office; *søke et* ~ apply for a post; *bli ansatt i et* ~ be appointed to a post; *bli avsatt fra et* ~ be dismissed from an office; *på embets vegne* by *(el.* in) virtue of one's office, ex officio.

embets|bolig official residence. **-bror** colleague. **-drakt** official dress. **-ed** oath of office.

embetseksamen degree (examination); final university examination; *matematisk-naturvitenskapelig* ~ *(lektoreksamen)* an Honours degree in Science, a Science degree (Honours); *språklig-historisk* ~ *(lektoreksamen)* an Honours degree in Arts, an Arts degree (Honours); *(se også lektor & lektoreksamen).*

embets|forretning function, official business. **-førsel** discharge of office. **-mann** (government) official; senior official; senior public servant, officer of the Crown; office-holder; *(i etatene & lign.)* senior civil servant; *høy* ~ high official. **-mannsvelde** bureaucracy; officialdom. **-maskineri** machinery of government. **-messig** official. **-misbruk** abuse of office. **-myndighet** official authority. **-plikt** official duty. **-standen** the Civil Service; the officials, the official class.

embetstid term of office; *i sin* ~ while in office.

embetstiltredelse coming into office; taking office; assuming office; assumption of office; taking up one's official duties.

embetsvirksomhet official activities.

emblem emblem.

emeritus emeritus; *professor* ~ emeritus professor.

emigrant emigrant.

emigrasjon emigration.

emigrere *(vb)* emigrate.

emisjon issue.

emittere *(vb)* issue.

emmen cloying, sickeningly sweet; insipid, vapid, flat, stale.

emne **1***(fig)* subject, theme, topic; **2***(stoff, materiale)* material.

emnekatalog subject index.

emolumenter *pl. (fordeler, inntekter)* emoluments.

I. en, et *(art)* a; *(foran vokallyd)* an; *(foran adj. som er brukt substantivisk)* a... man (,woman, person) *(fx en død* a dead man; *en syk* a sick person); *(i enkelte forbindelser)* a piece of *(fx* a p. of advice, a p. of information); *(i ubest tidsangivelse)* one *(fx* it happened one morning); *(ɔ: omtrent, cirka)* about *(fx om en tre-fire dager* in about three or four days); some *(fx for en tjue år siden* some twenty years ago); *(ɔ: en viss)* a certain, one *(fx* one Mr. Smith); *en annen bok* another book; *han løp som en gal* **T** he was running like mad *(el.* like blazes); *en (vakker) dag* one (fine) day; some day; *kom og besøk meg en mandag* come and see me on a Monday; *en tre-fire timer* (some) three or four hours.

II. en, ett *(tallord)* one; *en eneste bok* one single book; *en gang* once; *en gang for alle* once (and) for all; *på én gang (= på samme tid)* at the same time, simultaneously; *det er én måte å gjøre det på* that is one way of doing it; *en og samme* one and the same; *alle som en* one and all, to a man, everyone; **T** every man Jack of them; *på en, to, tre (ɔ: i en fart)* in a tick; in a wink; *en* **av** *dagene (ɔ: i en nær fremtid)* one of these days; *en av dem* one of them; *en av dere* one of you; *(av to)* either of you *(fx* have either of you got a match? do either of you know anything about it?); *er det en av dere som vet om...* does (,*mindre korrekt:* do) one of you know if...; *er en av disse (to) bøkene din?* is (**,T:** are) either of these books yours? *en* **etter** *en* one by one, one after another; *en* **for** *alle og alle for en* each for all and all for each; *(jur)* jointly and severally; *en* **til** another *(fx* may I have a. cake?); *(og så ikke flere)* one more *(fx* there is one m. chance); **den ene** one (of them); *det ene benet mitt* one of my legs; *den ene halvdelen* one half; *og det ene med det annet* and one thing with another; **ett** *er sikkert* one thing is certain; *ett er (det) å ... et annet å ...* it is one thing to ... (and) another to ... *(fx* it is one thing to promise and another to perform); *ett* **av to** one of two things, (either) one (thing) or the other; *(ɔ: du må selv velge)* take your choice; *hun er hans ett og* **alt** she is everything to him; **i** *ett og alt* entirely, in every respect; *i ett kjør* without a break; *i ett vekk* incessantly, continually, without interruption; **med** *ett* all at once, all of a sudden, in a flash *(fx* in a f. he realised that ...); *det kommer ut* **på** *ett* it amounts to the same thing, it makes no difference, it's all the same, it's all one; **under** *ett* together, collectively; *de selges under ett* they are sold together *(el.* as one lot); they are not sold separately; *sett under ett må 19- karakteriseres som et middels år* taking it all round *(el.* as a whole) 19- may be termed an average year.

III. en, et *(ubest pron)* someone, somebody, one; *(ɔ: man)* one, you; *(se man); en eller annen* someone, somebody (or other), some person; *en eller annen havn* some port (or other); *i en eller annen form* in some form or other; *på en eller annen måte* somehow (or other), in some way or other; *et eller annet sted* somewhere; *et og annet* one thing and another *(fx* they talked of one thing and another), something *(fx* he knows s.); *hva er han for en?* what sort of fellow is he? *det kommer en* someone is coming; *slå etter en* strike at sby; hit out at sby; *ens venner* one's friends, your friends; *det er en som har tatt hatten min* someone has taken my hat; *det var en som spurte om prisen* someone asked the price.

enakter one-act play.

enarmet *(adj)* **1.** one-armed; **2***(bot):* ~ *forgrenet* uniparous.

en bloc together, in the lump, en bloc; *behandle dem* ~ lump them together; *kjøpe dem* ~buy them together, buy them in the lump.

enbåren: *Gud ga sin sønn den enbårne* God gave His only begotten Son.

encellet *(adj)* one-celled.

encyklopedi encyclop(a)edia.

I. enda *(adv)* **1***(fremdeles)* still *(fx* he is still here); *vi har* ~ *ti minutter* we have ten minutes yet; *(ved nektelse)* yet *(fx* don't go yet); ~ *har ingenting blitt gjort* as yet nothing has been done; *han har* ~ *ikke gjort det* he has not done it yet; *det er* ~ *ikke for sent* it is not too late yet; *klokka var 11, og han var* ~ *ikke oppe* it was 11 o'clock and (yet) he had not got up; though it was 11 o'clock he wasn't up yet; *.. og det er* ~ *ikke det verste* and that isn't the worst of it either; *ikke* ~ not yet, not as yet; *enden er ikke* ~ it's not the end yet, it's not over yet; **2***(hittil, ennå)* so far; ~ *aldri* never so far, never as yet, never hitherto; **3***(ved komparativ)* still, even *(fx* still better, better still; even more difficult); *men det skulle bli* ~ *verre* but there was worse to come; **4***(i tillegg, ytterligere)* ~ *en* one more, another; ~ *en til* yet another; *en til og* ~ *en til* another and yet another; *jeg skal ha* ~ *to til av deg* I want another two from you yet; *bli* ~ *et par dager* stay for another few days; stay a few days more; ~ *flere* still more; *og* ~ *mange flere* and many more besides; *(se ennå 3)*; **5***(så sent som)* as late as; as recently as; ~ *i forrige århundre* as late as the last century; ~*for tre uker siden* as recently as three weeks ago; **6***(likevel): og ~ ville han* and yet he would ..., and, in spite of this, he would ...; **7***(endog): ~ før han kjente henne* even before he knew her; **8***(i hvert fall, bare): hvis man ~ kunne få snakke med ham* if only one could speak to him; *hvis han ~ ville betale* if he would pay at least; if only he would pay; *det er da ~ noe* that is something at least; **9** *(til nød): det får (nå) ~ være, men ...* well, let that pass, but ...; *det kan jeg (nå) ~ gå med på, men ...* I can accept that at a pinch, but ...; *det fikk ~ være det samme hvis han bare ville betale* I wouldn't mind so much if only he would pay.

II. enda *(konj = skjønt)* (al)though, even; ~ *så svak han er* feeble though he is, feeble as he is; *(jvf I. enda (ovf) & ennå).*

I. ende *(subst)* end, termination; *(ytterste)* extremity; *(øverste)* top; *(bakdel)* posteriors, behind; **T** bottom, seat; *(tauende)* rope; *få ~ på en kjedsommelig dag* get through a tedious day; *gjøre ~ på* put an end to, make an end of; *hva skal -n bli?* where will it all end? *spinne en ~*spin a yarn; *ta en ~ med forskrekkelse* end in disaster; *ta en sørgelig ~* come to a sad end; *når -n er god, er allting godt* all's well that ends well; **fra** *~ til annen* from end to end, from one end to the other; **på** ~ on end; *være* **til** ~be at an end; *komme til ~ med* finish, terminate, conclude, bring to an end; *(se I. vise).*

II. ende *(vb)* end, finish, close, terminate, conclude; ~ *med* result in; ~ *med å si* end by saying; ~ *på* end in.

endefram straightforward, direct.

ende fram straight on.

endekker monoplane.

endelig *adj (begrenset)* finite, limited; *(avsluttende, avgjørende)* final, ultimate, definitive; *(adv)* at last, at length, finally, ultimately; *(for godt)* definitely; *gjør ~ ikke det* don't do that whatever you do; *det må De ~ ikke glemme* be sure not to forget; *han måtte ~ smake på kakene hennes* he simply had to sample her cakes.

endelighet finiteness.

endelikt end, death.

end|else, -ing ending, termination; suffix.

ende|løs endless, interminable; **T** *(om tale, etc)* a mile long. **-punkt** extreme point, terminus.

en detail retail *(fx* we sell (by) r.; we r. goods).

ende|stasjon terminus, terminal *(fx* a bus terminal). **-tarm** rectum.

endetil direct, straightforward.

endevende *(vb)* turn upside down, ransack.

endog *(adv)* even.

endosse|ment endorsement. **-nt** endorser. **-re** *(vb)* endorse, back.

endre *(vb)* alter; amend.

endrektig harmonious. **-het** harmony, concord.

endring alteration; *(se tilsvarende).*

endringsforslag amendment; *stille et ~* move an amendment.

ene: ~ *og alene* solely; ~ *og alene for å* for the sole purpose of (-ing); merely to...

ene|agent sole agent. **-agentur** sole agency. **-arving** sole heir. **-barn** only child.

eneberettiget: *være ~ til* have the monopoly of, have the exclusive privilege of; *være ~ til å selge (også)* have the exclusive right to sell.

eneboer hermit, anchorite, recluse. **-liv** solitary life, hermit's life.

enebolig detached house; *vertikaltdelt ~* semi-detached house; *(se også utsiktstomt).*

ene|forhandler sole distributor *(el.* concessionaire). **-forhandling** sole distribution, sole sale. **-herredømme** absolute mastery. **-hersker, -herskerinne** absolute monarch.

enemerker *(pl)* precincts; *gå inn på en annen manns ~ (fig)* poach on sby's preserves.

enepike general servant, maid-of-all-work.

ener one, number one; *(mat.: tallet 1)* unit; *(person)* champion.

enerett monopoly, exclusive right; *forbeholde seg -en til å* reserve for oneself the right to.

energi energy; *vie all sin ~ til noe* apply *(el.* devote) all one's energy to sth; *han var så full av ~ at han gjorde tre manns arbeid* he had so much *(el.* was so full of) energy that he did the work of three men. **-forbruk** consumption of energy. **-mengde** quantity of energy.

energisk energetic; *(adv)* energetically.

enerver|e *(vb)* enervate; *virke -ende* have an enervating effect; *det er -ende (også)* it gets on one's nerves.

enerådende, enerådig absolute, autocratic; *(om mening, tro, etc)* universal; *være ~* reign supreme, have absolute power *(el.* control); *(på markedet)* control the market; *(om mening, etc)* be universal.

enes *(vb)* agree, come to an understanding.

enesamtale private interview.

eneste one, only, sole, single; ~ *arving* sole heir; *ikke en ~* not one; *en ~ gang* only once, just once; *den ~* the only one; *den ~ boka* the only book; *de ~* the only (ones); ~ *i sitt slag* unique; *hver ~* every (single); *hver ~ en* every single one; everyone, everybody; *det ~* the only thing; *det ~ merkelige ved* the only remarkable thing about; *han var ~ barn* he was an only child.

enestående unique, exceptional, unexampled; *en ~ anledning (el. sjanse)* a unique opportunity, a chance in a thousand; **T** the chance of a lifetime.

ene|tale soliloquy, monologue. **-tasjes** one-storeyed, one-storied; *(se etasje).* **-veksel** sola bill. **-velde** absolutism, autocracy, absolute monarchy; despotism; *det opplyste ~* enlightened despotism. **-veldig** absolute, autocratic.

enevolds|herre absolute ruler, autocrat, despot, dictator. **-konge** absolute king. **-makt** absolute power. **-regjering** absolute government.

enfold simplicity; *o, hellige ~!* O sancta simplicitas!

enfoldig simple; *en ~ stakkar* a simpleton.

enfoldighet simplicity.

I. eng meadow.

II. eng *(adj):* narrow; *i -ere forstand* in a more restricted sense; *i -ere kretser* in select circles.

en gang, engang *(en enkelt gang)* once, on one occasion; *(i fortiden)* once, one day; at one time; *(i fremtiden)* some day, at some future date; *det var ~* once upon a time there was, there was once; *tenk Dem ~* just fancy, just imagine; *ikke ~* not even; *kommer De nå endelig ~* here you are at last; ~ *imellom* now and then, sometimes, occasionally; ~ *til så mye* as much again; ~ *til så stor* as big again.

engangsbruk *(av ord)* nonce-use.

engangsord nonce-word.

engasjement engagement; *(ofte)* contract *(fx* a c. for two years, a two-year c.); involvement *(fx* the firm's i. in these countries); commitment; *(forpliktelse)* liability; *følelsesmessig ~* emotional commitment; *sosialt ~* social commitment; *deres voldsomme ~ på systemets side* their fierce commitment to the system.

engasjere *(vb)* engage; *(til dans)* ask for a dance.

engel angel.

engelsk English; *på ~* in English; *hva heter*

e

stol på ~? what is the English for' stol'?; *den -e kirke* the Anglican Church, the Church of England; ~ *syke* rickets.

engelsk|-amerikansk Anglo-American. **-elev** English pupil *(fx* he has been my E. p. for two years). **-fiendtlig** anti-English, anti-British, anglophobe. **-filolog** person with a degree in English; *han er ~* he has (taken) a degree in English; *en innfødt ~* an English native speaker with a degree in English.

engelsk|fransk Anglo-French; English-French *(fx* dictionary). **-født** English born. **-kunnskaper** *(pl)* one's knowledge of English; *det går jevnt fremover med hennes ~* her knowledge of E. is steadily improving; *han har gode (,solide, grundige) ~* he has a competent (,sound, thorough) k. of E.; *~ er nødvendig* knowledge of E. is essential. **-mann** Englishman. **-mennene** *(hele nasjonen el. gruppe)* the English; the British. **-norsk** Anglo-Norwegian, Anglo-Norse *(fx* The Anglo-Norse Society); *en engelsk-norsk ordbok* an English-Norwegian dictionary. **-prøve** English test *(fx* we're going to have an E. t. today). **-rødt** Indianred. **-sinnet** pro-English, pro-British, anglophile. **-talende** English-speaking. **-vennlig** pro-English, pro-British, anglophile.

engerle *(zool)* water wagtail.

engifte monogamy; *leve i ~* be monogamous.

eng|kall *(bot)* yellow rattle. **-karse** *(bot)* cuckoo flower. **-kløver** *(bot)* red *(el.* purple) clover. **-land** meadow land.

England England.

engle|aktig angelic. **-barn** little angel, cherub. **-hår** white floss (for Christmas tree). **-kor** choir of angels.

englender(inne) Englishman (,Englishwoman).

englerke *(zool)* skylark.

engle|røst angel's voice, angelic voice. **-skare** host of angels. **-vinge** angel's wing.

en gros wholesale; *selge ~* sell (by) wholesale.

engros|forretning wholesale business. **-handel** wholesale trade. **-pris** wholesale price, trade price.

eng|soleie *bot (smørblomst)* upright meadow buttercup; *(mindre presist)* buttercup. **-syre** *(bot)* common sorrel.

engste *(vb): ~ seg* feel uneasy *(el.* concerned *el.* alarmed).

engstelig uneasy, apprehensive; *(bekymret)* anxious; *~ og innesluttet* anxious and reticent; *~for* anxious about, uneasy about, afraid for; *vi begynte å bli -e for at du ikke skulle komme* we were beginning to be anxious *(el.* afraid) that you might not come.

engstelse uneasiness; anxiety, concern; *min ~ steg* my anxiety mounted.

enhet unity; *(størrelse)* unit; *nasjonal ~* national unity; *tidens og stedets ~* the unities of time and place; *gå opp i en høyere ~* be fused in a higher unity. **-lig** *(adj)* uniform *(fx* goods of a u. quality); *(se norm).*

enhetsbrøk *(mat.)* unit fraction.

enhetspris standard price; uniform price; *(pris pr. enhet)* unit price.

enhjørning unicorn.

enhovet whole-hoofed; *~ dyr* soliped.

enhver any, every; *(enhver især)* each; *(bare substantivisk)* everyone, everybody; *(hvem som helst)* anyone, anybody; *alle og ~* everybody, anybody.

enig *(attributivt)* united *(fx* a u. people *(el.* nation)); *(som predikatsord)* agreed; *de var -e* they were agreed; *bli -e* come to an agreement *(el.* to terms); *bli -e om å* agree to; *bli -e om en plan* agree (up)on a plan; *man er blitt ~ om å ...* it has been agreed to ...; *jeg er ~ med ham* I agree with him; *der er jeg ~ med Dem* I am with you there; *være ~ med seg selv* have made up one's mind; *være hjertelig ~ med en* be heartily in agreement with sby.

enighet agreement, concord; *(samhold)* unity; *komme til ~ med* come to terms with, reach an understanding *(el.* a settlement) with; **T** get together with; *~ gjør sterk* unity is strength.

enke widow; *(rik, fornem)* dowager; *hun ble tidlig ~* she was early left a widow; she was left *(el.* became) a w. early (in life); *sitte som ~*be a widow. **-drakt** widow's weeds. **-dronning** queen dowager; *(kongens mor)* queen mother. **-frue** widow; *enkefru Nilsen* Mrs. Nilsen.

enkel simple, plain; *-t (adv)* simply, plainly; *~ kost* plain fare; *en ~ og grei unge* an easy child (to deal with); *kle seg -t* dress simply. **-het** plainness, simpleness.

enkelt single; *(ikke sammensatt)* simple; *(ikke dobbelt)* single *(fx* a s. room); *(særegen, personlig)* individual; *(ensom)* solitary *(fx* the garden only contained one s. tree); *det er såre ~* it's quite simple, it's simplicity itself; *(jvf lett); av den enkle grunn at...* for the simple reason that; *en ~ gang* once; *hver ~ må selv bestemme hva han vil gjøre med det* each one has to decide for himself what to do about it; *hver ~gjest* each individual guest; *-e* some, a few; *-e bemerkninger* a few (stray) remarks; *noen -e ganger* occasionally; *den -e* the individual; *i hvert ~ tilfelle* in each individual case; *i dette -e tilfelle* in this particular case.

enkeltbekkasin *(zool)* common snipe.

enkelt|billett single ticket. **-heter** *(pl)* details, particulars; *gå inn på ~* go *(el.* enter) into details; *~ om* details of, particulars of; *nærmere ~*further details *(el.* particulars). **-knappet** single-breasted. **-løpet** single-barrelled. **-mann** (the) individual. **-mannsfirma** one-man firm, individual enterprise. **-person** individual, person.

enkeltspor single track *(el.* line).

enkeltspordrift *(jernb)* either direction working, reverse running.

enkelt|vis singly, individually. **-værelse** single (bed)room; *(på sykehus)* private room.

enke|mann widower. **-pensjon** widow's pension. **-sete** dowager house. **-stand** widowhood.

enmanns- one-man *(fx* a one-man operation). **-betjent:** ~ *buss* one-man bus. **-lugar** single cabin.

enmastet *(mar)* single-masted.

enn *(etter komp.)* than; *(foran komp.: se I. enda 3); andre ~* others than; *andre bøker ~* other books than; *ikke annet ~* nothing but; *hva annet ~* what (else) but; *ingen andre ~* none but; *ingen annen ~* no one but; *hva som ~skjer* whatever happens; *hvor mye jeg ~ leser* however much I read; *hvor morsomt et besøk i Windsor ~ kunne være* however nice a visit to Windsor might be; *~ si (for ikke å snakke om)* let alone, still less; *~ videre* further, moreover.

ennå **1***(fremdeles)* still *(fx* he is s. here); *(ved nektelse)* yet, as yet; *~ ikke* not yet; not as yet; *han har ~ ikke kommet* he has not come yet; *~ en tid* a while longer, some time yet; *(jvf I. enda 1);* **2***(så sent som)* as late as, as recently as; *~ for tre uker siden* as late *(el.* recently) as three weeks ago; **3***(ytterligere): ~ en gang* once more, once again; *~ en grunn* one more reason; *det tar ~ år før ...* it will be years yet before ...; *(jvf I. enda 4).*

enorm enormous.

enquete *(i avis)* (newspaper) inquiry.

en passant by the way, in passing, incidentally.

enrom: *i ~* in private, privately.

ens identical, the same; *alle barna går ~ kledd*

entalls- og flertallsord

TRICKY TALES

Ord	Eksempler
Measles	*Measles* ***was*** *a lethal disease in the old days.*
News	*That* ***was*** *interesting news!*
The United States	*The United States* ***is*** *an enormous country.*
The United Nations	*The United Nations* ***was*** *founded in 1945 on the basis of The League of Nations.*

Mange mengdeord står i **flertall** og tar verbet i **entall**

e

the children are all dressed alike. **-artet** homogeneous, uniform. **-artethet** homogeneousness, uniformity.

ensbetydende: *være ~ med* amount to (*fx* such a reply amounts to a refusal); be tantamount to; be equivalent to.

ense *(vb)* regard; heed; notice; pay heed to.

ensemble ensemble.

ens|farget *(likt farget)* of one colour; *(med én farge)* one-coloured; *(ikke mønstret)* plain. **-formig** monotonous, undiversified, humdrum, drab (*fx* a d. existence); *drepende ~* deadly monotonous. **-formighet** monotony, sameness.

en|sidet one-sided. **-sidig** one-sided, unilateral; *(partisk)* partial, bias(s)ed, one-sided; *han er ~(også)* he has a one-track mind. **-sidighet** one-sidedness, partiality, bias.

enskinnebane *(jernb)* monorail railway.

enslig solitary, single; *en ~ gård* an isolated farm; *to -e* a married couple without children.

enslydende sounding alike, of identical sound; homonymous; *(av samme ordlyd)* identical (*fx* the copies are i.); *~ ord (pl)* homonyms.

ensom lonely, lonesome, solitary.

ensomhet loneliness, solitude.

enspenner one-horse carriage.

ensporet *(også fig)* single-track; *(se ensidig).*

enstavelses- monosyllabic.

enstavelses|ord monosyllable. **-tonelag** the single tone, accent I; *(motsatt: tostavelsestonelag* the double tone, accent II).

ensteds somewhere.

enstemmig *(felles for alle)* unanimous; *(adv)* unanimously; in unison.

enstemmighet unanimity.

enstonig monotonous. **-het** monotony.

enstrøket *(mus)* once-marked, with one stroke.

enstydig synonymous. **-het** synonymy.

entall singular; *i ~* in the s.

enten either; *~ ... eller* either .... or; *~ det er riktig eller galt* whether it is right or wrong; *~det nå er sånn eller slik* be that as it may, however that may be; *~ han vil eller ei* whether he likes it or no(t).

entente entente.

entomo|log entomologist. **-logi** entomology. **-logisk** entomological.

entoms one-inch; *~ planker* planks one inch thick.

I. entré **1**(*forstue)* (entrance) hall; **2**(*adgang)* admission; **3**(*avgift for adgang)* admission fee; *betale ~* pay to get in; pay one's entrance; *ta ~* make a charge for admission.

II. entre *vb* **1**(*gå til værs i vantene)* go aloft, mount the rigging; **2**(*gå om bord i)* board.

entrenøkkel front-door key.

entre|prenør (building) contractor. **-prenørfirma** firm of contractors; **US** construction firm. **-prise** contract; *(under-)* subcontract; *sette bort i ~* put out on contract.

entring boarding; *(se II. entre 2).* **-sforsøk** attempt at boarding.

entusias|me enthusiasm. **-t** enthusiast. **-tisk** enthusiastic; *(se begeistret).*

entydig **1.** unambiguous; clear; plain; with one meaning; unequivocal; **2**(*mat.)* unique (*fx* solution).

enveis|gate one-way street. **-kjøring** one-way traffic.

enveisventil check valve; *(se ventil 3).*

envis obstinate. **-het** obstinacy.

enøyd one-eyed; *blant de blinde er den -e konge* in the kingdom of the blind, the one-eyed man is king.

epide|mi epidemic. **-mihospital** isolation hospital. **-misk** epidemic.

epigram epigram. **-dikter** epigrammatist. **-matisk** epigrammatic.

epiker epic poet.

epikure|er Epicurean. **-isk** Epicurean.

epilep|si *(med.)* epilepsy, falling sickness. **-tiker** epileptic. **-tisk** epileptic(al).

epilog epilogue.

episk epic; *~ dikt* epic (poem).

episode incident, episode.

episodefilm serial film.

episodisk episodic.

epistel epistle.

epitel *(anat)* epithelium.

epitelvev *(anat)* epithelial tissue; *(se vev 2).*

eple *(bot)* apple; *bite i det sure ~* swallow the bitter pill; take one's medicine; *-t faller ikke langt fra stammen (omtr=)* like father, like son; he (,she, *etc)* is a chip off the old block; *et stridens ~* a bone of contention, an apple of discord.

eple|blomst apple blossom. **-gelé** apple jelly. **-kake** apple flan; **US** apple cake. **-kart** unripe apple. **-kjerne** apple pip. **-mos** apple sauce. **-most** **1.** (unfermented) apple juice; **2.** new cider. **-skive** apple fritter. **-skrell** apple peel. **-skrott** apple core. **-slang:** *gå på ~* go scrimping. **-terte** apple turnover, apple puff. **-tre** apple tree. **-vin** cider.

epoke epoch, era. **-gjørende** epoch-making; *være ~ (også)* make history, introduce a new era.

epos epic (poem), epos.

epålett epaulet.

eremitt hermit. **-bolig** hermitage.

eremittkreps *(zool)* hermit crab, pagurian.

erfare *(vb)* learn, ascertain, be informed; *(opple-*

ve, få føle) experience, find; *det har jeg fått ~*I know it to my cost.
erfaren experienced *(fx* an e. teacher); ~ *i* e. in.
erfaring experience, practice; *mine -er* my experience; *jeg er blitt et par -er rikere* I have learnt one or two things (by experience); *så er vi i hvert fall den -en rikere!* well, that's one thing we've learnt by (bitter) experience! *bringe i* ~ learn, ascertain, find; *jeg har brakt i ~at ... (også)* my attention has been called to the fact that ...; *vi har brakt i* ~ *at* we learn that, we understand that; *gjøre sine -er* gain *(el.* learn by) experience; *jeg har gjort flere -er* I have experienced on several occasions; I have learnt several things by experience; *jeg har gjort den ~at (også)* I have found that; *gjøre gode (,dårlige) -er med en (,noe)* find sby (,sth) satisfactory (,unsatisfactory); *høste -er* gain experience; *det er alltid interessant å høste -er* it's always interesting to be able to gain experience; *tale av* ~ speak from experience; *(se også høste & utveksle).*
ergerlig annoying, irritating; vexatious; *han er* ~ he is irritated; *bli* ~ *over* be vexed *(el.* annoyed) at; *være~ på* be vexed with, be annoyed with; *denne skuffen går ikke igjen, er det ikke ~?* this drawer won't shut; isn't it a bother?
ergometersykkel exercise bicycle.
ergre *(vb)* annoy, vex; ~ *seg* be vexed, be annoyed; ~ *seg over* be vexed at, be annoyed at.
ergrelse annoyance, vexation, irritation *(over noe* at *(el.* about) sth); *mange -r* a great deal of annoyance, many vexations, many worries, a lot of trouble; *hun har hatt mange -r (også)* she has had a lot to worry her.
erholde *(vb)* obtain, get; receive.
erind|re *(vb)* remember, recollect, call to mind, recall; *så vidt jeg kan* ~ to the best of my recollection; as far as I remember. **-ring** memory, remembrance; recollection, reminiscence; *(gave)* keepsake; memento, souvenir; *til* ~ *om* in memory of; *ha i* ~ bear in mind; *måtte De alltid ha denne tid ved gymnaset i X i kjær* ~ may you always recall *(el.* look back upon) your stay at the grammar school in X with pleasure; *vekke -er om* awake(n) memories of.
erindringsevne ability to remember; *(psykol)* (faculty of) retention, retentiveness.
erindringsfeil lapse of memory.
erke|biskop archbishop. **-dum** bone-headed, thick -headed; **T** thick. **-engel** archangel. **-fe** arrant fool. **-fiende:** *de er -r* they are at daggers drawn. **-hertug** archduke. **-kujon** arrant coward. **-sludder** stuff and nonsense; absolute rubbish; **T** poppycock, bosh; *det er noe* ~ *(også)* it's all nonsense. **-slyngel** thorough-paced scoundrel, villain of the deepest dye, arch villain.
erkjenne *(vb)* acknowledge, own, admit, recognize; ~ *mottagelsen av* acknowledge receipt of; *han erkjente at han hadde urett* he admitted that he was in the wrong; *vi -r å ha begått en feil* we admit having made a mistake; *jeg -r nødvendigheten av dette skritt* I acknowledge the necessity of this step; *jeg -r meg slått* I recognize that I am beaten; ~ *kravets riktighet* admit the claim; ~ *seg skyldig* plead guilty.
erkjennelse acknowledg(e)ment, admission, recognition; *(forståelse)* comprehension, understanding; *i* ~ *av* in recognition *(el.* acknowledgment) of; *komme til sannhets* ~ be brought to see the truth.
erkjent|lig thankful, grateful; appreciative; *vise seg* ~ show one's gratitude. **-lighet** gratitude, appreciation.
erklære *(vb)* declare; *(høytidelig)* affirm; *(mindre høytidelig)* state; ~ *England krig* declare war on E.; *undertegnede N.N. -r hermed* ... I the undersigned N.N. (do) hereby declare ...; ~ *for å være* pronounce (to be) *(fx* the expert pronounced the painting to be a forgery; the instrument was pronounced perfect); ~ *seg for* declare for, d. in favour of; ~ *seg villig til å* express one's willingness to.
erklæring declaration; statement; pronouncement; *(proklamasjon)* proclamation; *(sakkyndig betenkning)* opinion; *(rapport)* report; *(attest)* certificate; *(høytidelig, fx i retten)* affirmation; *avgi en* ~ make *(el.* give) a declaration; make *(el.* issue) a statement; *be ham avgi en* ~ ask him for a statement; *(sakkyndig)* ask him for an opinion.
erlegge *(vb)* pay, disburse; *(se forskuddsvis).*
erme sleeve. **-beskytter** cuff-shield.**-forkle** pinafore. **-linning** *(på skjorte)* wristband.
ernær|e *(vb)* maintain, support; ~ *kone og barn* support a wife and family; *(fysisk)* nourish; cater for; ~ *seg av* live on; *(om dyr)* feed on *(fx* grass); ~ *seg som* earn a livelihood as; *(se forsørge).* **-ing** nourishment, nutrition; *dårlig ~*malnutrition.
erobre *(vb)* conquer; capture *(fx* a fortress; a market).
erobrer conqueror.
erobring conquering, conquest; capture *(av* of).
erotikk eroticism, sex; **T** sexiness.
erotisk erotic *(fx* person, poem); sexy *(fx* film, book).
erstatning compensation, indemnity; damages; *(fornyelse, ombytning)* replacement; *(surrogat)* substitute; *forlange £500 i* ~ demand £500 damages; *som* ~ by way of compensation; *yte full* ~ pay compensation in full.
erstatnings|krav claim for compensation; *gjøre* ~ *gjeldende* make a claim for compensation, claim damages. **-plikt** liability. **-pliktig** liable (to make compensation); liable to pay damages.
erstatte *(vb)* replace; *(gi erstatning)* compensate, indemnify (sby for), make good *(fx* we shall m. g. this loss), make up for *(fx* we shall make up to you for this loss).
I. ert *(bot)* pea; *gule -er* split peas.
II. ert: *gjøre noe på* ~ do sth on purpose.
erte *(vb)* tease *(med* about); *det var noe man stadig -t ham med* it was a standing joke against him; *han kunne* ~ *en sten på seg* he would drive a saint to distraction.
erte|belg *(bot)* pea pod; *(uten erter)* pea shell. **-blomst 1***(blomst av blomstererten)* pea flower; **2***(Lathyrus odoratus)* sweet pea. **-blomstrende** *(bot): de* ~ the pea family; **US** the pulse family.
erte|krok tease(r). **-ris** *(bot)* pea sticks; *de henger sammen som* ~ they are as thick as thieves. **-suppe** pea soup. **-voren** given to teasing.
erting teasing.
erts ore. **-holdig** ore-bearing.
erverv trade, occupation; *(se yrke).*
erverv|e *(vb)* acquire, obtain, gain; ~ *seg* acquire. **-else** acquiring, acquisition, acquirement.
ervervs|gren branch of industry (,trade). **-kapital** *merk (produktiv kapital)* productive capital; capital invested in trade. **-kilde** source of income. **-livet:** *beskjeftiget i* ~ gainfully occupied *(fx* women g. o.). **-messig** occupational, commercial, trade. **-virksomhet:** *drive selvstendig* ~ be self-employed.
Esaias Isaiah.
ese *vb (gjære)* ferment; *(heve seg)* rise.
esel *(zool)* donkey; *(mest fig)* ass.
eselrygg *(jernb)* hump yard; **US** double incline.
eselspark *(fig)* cowardly revenge; *(ofte =)* stab

etnisk

Ethnic minority groups

The ethnic minority groups represent about six per cent of the population of Great Britain.

The largest ethnic minority groups are those of African and Caribbean descent. The next largest are Indians, Pakistani and Bangladeshis.

in the back; *gi en et* ~ stab sby in the back; hit a man when he is down.

eseløre *(i bok)* dog-ear, dog's-ear *(fx* a dog's-eared book); *lage -r i en bok* dog's-ear a book.

I. esing *(gjæring)* fermentation.

II. esing *mar (på båt)* gunnel, gunwale.

eskadre *mil (mar)* squadron. **-sjef** *mil (mar)* commodore; squadron commander.

eskadron *(mil)* squadron; *en stridsvognss-* a s. of tanks, a tank s.; **US** a tank company.

eskadronsjef *(mil)* squadron commander.

eske *(subst)* box. **-lokk** box lid. **-ost** cream cheese.

eskimo Eskimo *(pl:* Eskimos).

eskorte escort. **-re** *(vb)* escort.

esle *vb (bestemme til et øyemed)* earmark, intend; *(tiltenke)* intend; mean; *(levne, forbeholde)* leave, reserve; *det var eslet (til) deg* it was meant *(el.* intended) for you.

espalier espalier, trellis, trellis-work; *danne* ~ line the street *(el.* route); *(ved seremoni)* form a lane.

esperanto Esperanto.

esplanade esplanade.

esprit esprit, wit.

I. ess: *være i sitt* ~ be in high spirits, feel fit; be in one's element; *ikke i sitt* ~ out of sorts, not himself; *jeg er ikke riktig i mitt* ~ I don't feel quite myself, I'm not quite up to things.

II. ess *(kort)* ace; *-et fjerde* four to the ace.

III. ess *(mus)* E flat.

essay essay. **-ist** essayist.

esse forge, furnace.

essens essence.

essensiell essential.

estetiker aesthete; **US** esthete. **estetikk** aesthetics; **US** esthetics. **estetisk** aesthetic; **US** esthetic.

Estland *(geogr)* Estonia. **est|lender, -nisk** Estonian.

et: *se en.*

etablere *(vb)* establish; ~ *seg* establish oneself in business, set up (for oneself) in business, open *(el.* start) a shop; *(i nytt miljø)* settle in; ~*seg som tannlege* set up as a dentist.

etablering establishment.

etablerings|kapital initial capital. **-tilskudd** *(ved tiltredelse av stilling)* installation grant; *(jvf tiltredelsesgodtgjørelse).*

etablissement establishment.

etappe stage; *i fem -r* in five stages; *(i stafett)* leg; *siste* ~ home leg *(fx* he ran the home leg).

etappevis stage by stage *(fx* the plan will be carried out s. by s.).

etasje storey, floor; *(især* **US***)* story; *i første* ~ on the groundfloor; **US** on the first floor; *annen* ~ the first floor; **US** the second floor; *en* ~*høyere* one floor up; *øverste* ~ the top floor; *(spøkende om hodet)* the upper storey.

-etasjes: *en fire- bygning* a four-storeyed building.

etasjeseng two-storeyed bunk; **T** double decker.

etat department, service; *tolletaten* the Customs Service. **-ene** the Civil Service.

ete *(vb)* **1.** eat greedily; gormandize; **2***(fortære, om skarpe væsker)* corrode; *-r seg igjennom* eats its way through; *(jvf spise).*

I. eter *(stor-)* glutton.

II. eter *(kjem)* ether.

eterisk ethereal.

etikett *(merkelapp)* label, stick-on label, sticker; *(luftpost-)* air-mail sticker; ~ *til frontrute* windscreen (,US: windshield) sticker; *sette* ~*på* label *(fx* l. bottles); *(se også prislapp).*

etikette etiquette.

etikk ethics.

etisk ethic(al).

etiologi *med. (læren om sykdomsårsaker)* aetiology.

Etiopia *(geogr)* Ethiopia.

etiopisk Ethiopian.

etno|grafi ethnography. **-grafisk** ethnographic. **-logi** ethnology.

etologi ethology.

etse *(vb)* corrode; *(med.)* cauterize; ~ *bort en vorte* remove a wart with acid; ~ *seg inn i* eat into, attack *(fx* metal); *en -t tegning* an etching.

etsende caustic, corrosive; ~ *substanser* caustics, corrosives.

etsteds *(adv)* somewhere.

ett: *se en.*

I. etter *(prep)* **1***(om tid)* after *(fx* after his death, after dinner, after the war), subsequent to *(fx* s. to our arrival); *straks* ~ *mottagelsen av Deres brev* immediately on receipt of your letter; ~ *å ha skrevet* after having written, after writing, after he (,she, *etc)* had written; ~ *å ha tenkt over saken, har jeg kommet til at...* on thinking it over I have come to the conclusion that; **2***(bak)* after, behind *(fx* he came walking after *(el.* behind) the rest of them; he came a long way behind us); **3***(nest etter)* after, next to *(fx* next to music he loved poetry best); **4***(som etterfølger)* after, in succession to *(fx* James II reigned after *(el.* in succession to) Charles II); **5***(ifølge, i overensstemmelse med)* according to, in accordance with, from, by, of; ~ *anmodning* by request; ~ *min mening* in my opinion, to my mind; ~ *hva jeg kan forstå, er det galt* from all I can see it is wrong; ~ *det jeg har hørt* from *(el.* according to) what I have heard; *bestille* ~*prøve* order from sample; *selge* ~ *prøve* sell by sample; ~ *vårt mønster nr. 36 A* of *(el.* in accordance with) our pattern No. 36 A; *levering av blå sjeviot* ~ *den prøven De sendte oss* delivery of Blue Serge in accordance with *(el.* of the same quality as) the sample you enclosed; *klokka er 6* ~ *min klokke* it is 6 o'clock by my watch; **6***(som betegner hensikten)* for *(fx* advertise for a cook; run for help; telephone for a taxi); *gå hjem ~ boka di* go home and get your book; go home for your b.; **7***(beregnet etter, på grunnlag av)* by *(fx* sell sth by weight); **8***(som etterligning av)* after *(fx* after a model), from *(fx* drawn from real life); **9***(i sport m.h.t. mål, poeng, etc)* down *(fx* we are two goals down); **10***(rekkefølge)* after *(fx* day after day; one after another); *tre år ~ hverandre* three years running *(el.* in succession); *arve ~* inherit from; *gripe ~* catch at; *handle ~ sin overbevisning* act from conviction; *det har han ~ sin far* he got that from his father; *hva kommer du ~?* what do you want? what are you doing here? *lukk døra ~ deg!* shut the door after you! *rope ~ ham* shout after him; *(for å tilkalle ham)* shout for him; *skyte ~* shoot at, fire at; *slå døra i ~ en* slam the door on sby; **alt** ~according to; **alt ~ som** according as *(fx* the temperature varies a. as you go up or down); *alt ~ som papiret er tykt eller tynt* according to whether the paper is thick or thin; **den ene** *~den andre* one after another *(el.* the other); in succession *(fx* she had three admirers in s.); **litt** *~ litt* gradually, by degrees, little by little; ~**som 1***(i forhold til)* according as *(fx* prices vary a. as goods are scarce or plentiful); **2***(fordi)* as, since, seeing that, inasmuch as; ~ **hvert som** as *(fx* please keep us supplied with these new patterns as they are brought out; we shall remit for these items as they fall due; the temperature drops as you go up); *med politimannen tett ~ seg* with the policeman in hot pursuit.

II. etter *(adv)* **1** after *(fx* Tom came tumbling a.); **2***(om tidsfølge også)* afterwards *(fx* soon a.), later *(fx* a week l.); *året ~* the following year, the year after; *to år ~* two years later *(el.* after); *dagen ~* the day after, next day, the next *(el.* following) day; *høre ~* listen; *hør ~!* listen to me! attend to me! *kort ~* shortly afterwards, soon after(wards), a little later, a short while after; *lenge ~* long afterwards; *en tid ~* some time afterwards; *(= litt etter)* a little later; *straks ~* immediately afterwards; *et øyeblikk ~* a moment later *(el.* afterwards); *bli ~* fall behind; *komme ~* follow; *ligge ~* be behind *(med* with, *fx* one's work); *slå noe ~ i en bok* look sth up in a book; *være ~ med arbeidet* be behind with one's work.

etter|anmeldelse *(til sportsstevne, etc)* late entry *(el.* entering). **-ape** *(vb)* ape, mimic, imitate, copy. **-arbeid** complementary *(el.* supplementary) work *(fx* there's a good deal of s. w. to be done), touching-up (work), finishing process, finish.

etterat, etter at after; *~ han hadde mottatt* after he had received ..., after receiving; having received; *~ tollen er blitt forhøyet* now that the duty has been increased; *~ jeg nå kjenner ham* now that I know him; *~ de begynte å koke sin kaffe med atomkraft, har de lært at ...* since beginning to make their coffee by means of atomic power, they have learnt that ...

etterbarberingsvann after-shave lotion; **T** after shave.

etter|behandle *(vb)* give a finishing treatment, finish, touch up; *(med.)* after-treat. **-behandling** finishing treatment, finishing process; *(med.)* after-treatment. **-beskatning** supplementary taxation. **-beskatte** *(vb)* impose a supplementary tax on. **-bestil|le** *(vt)* give a repeat order for, reorder, order afterwards; *(vi)* repeat an order; *(sende inn en tilleggsordre)* supplement an order; *vi har -t (også)* we have ordered a fresh supply. **-bestilling** repeat order; *(tilleggs-)* supplementary *(el.* additional) order; *foreta ~* supplement an order.

etterbetaling additional payment; *(av lønn, etc; også* **US***)* back pay.

etterbyrd afterbirth.

etterdater|e *(vt)* post-date. **-ing** post-dating.

etterdønning *(fig)* repercussions *(fx* the r. of the war); aftermath *(fx* the a. of the war).

etterforsk|e *(vb)* inquire into, investigate. **-ning** inquiries, investigation(s).

etterfylle *(vb)* fill up, top up, replenish.

etterfølg|e *(vt)* follow, succeed. **-else** succession; following; *et eksempel til ~* an example (to be copied) *(fx* let him be an e. to you). **-elsesverdig** worthy of imitation. **-ende** following; *(senere)* subsequent, succeeding; *(derav følgende)* consequent; *i hvert ~ år* in each subsequent year. **-er, -erske** successor.

etter|gi *(vb)* remit, forgive, pardon, excuse; *~ en en gjeld* release sby from a debt, let sby off a debt; *~ skatter (,en straff)* remit taxes (,a punishment); *resten -gir jeg deg* I'll let you off the rest. **-givelse** remission *(fx* of a penalty). **-givende** indulgent, yielding, compliant. **-givenhet** compliance, indulgence.

ettergjøre *(vt)* imitate; *(forfalske)* forge *(fx* f. his signature); counterfeit *(fx* c. a coin).

etterglemt left behind.

etter hvert: *se hver.*

etterhøst aftercrop; *(etterslått, også fig)* aftermath.

etterhånden gradually, by degrees, little by little.

etterklang *(fig)* echo.

etterkomme *(vt)* comply with.

etterkommer descendant.

etterkrav *(jur)* supplementary claim; *(oppkreving): sende mot ~* send C.O.D. (= Cash on Delivery); *varene vil bli sendt mot ~ (også)* the amount will be collected on delivery.

etterkrigs- post-war.

etterlat|e *(vb)* leave, leave behind; *~ seg* leave (behind); *-te skrifter* posthumous works; *de -te* the surviving relatives, the bereaved; *det var ikke stort faren etterlot henne* her father did not leave her much; her father left her badly off; *(se savn).*

etterla|tende negligent, remiss. **-tenhet** negligence, remissness. **-tenskap** property left, effects.

etterlev|e *(vb)* live up to. **-else:** *~ av* living up to. **-ende** surviving; *de ~* the surviving relatives; the bereaved.

etterlign|e *(vb)* imitate, copy; *(skatteligne)* make a supplementary assessment. **-else** imitation, copy. **-elsesevne** imitative gift. **-elsesverdig** worthy of imitation. **-er** imitator. **-ing 1.** imitation, copy; **2***(skatteligning)* supplementary assessment.

etterlyse *(vt)* advertise for, ask for; *(i radio)* broadcast an S.O.S. for sby; *(om politiet)* institute a search for; publish a description of a missing person; *han er etterlyst av politiet* he is wanted by the police; *i forbindelse med drapssaken -r politiet ... (uttrykkes ofte slik:)* The police has issued the name of a man they believe can help them. His name is ...

etterlysning advertisement of loss; inquiry; search; S.O.S. (message); *sende ut en alminnelig ~(om politiet)* put out a general call.

etterlyst missing; *(av politiet)* wanted (by the police); *(se for øvrig etterlyse).*

ettermann successor.

ettermat second course; **T** afters.

ettermiddag afternoon; *i ~* this afternoon; *om -en* in the a.; *kl. 3 om -en* at 3 o'clock in the a., at 3 p.m.; at 3 pm; *kl. 3 lørdag ~* at 3 o'clock on Saturday a.; *om -en den 23. ds. (el. d.m.)* on the a. of the 23rd instant.

ettermiddags- afternoon.
ettermiddags|kjole afternoon dress. **-undervisning:** *skolen har* ~ the school is working a double shift.
ettermæle posthumous reputation.
etternavn surname, family name.
etternevnte the following, those whose names appear below, those named below.
etternøler *(som er sent ute)* late-comer.
etterparti *(mil)* rear party.
etterplapr|e *(vb)* parrot. **-ing** parroting.
etterpå *(adv)* afterwards, subsequently; later *(fx* come, arrive, turn up later); *dette kom han først til å tenke på* ~ this was an afterthought; ~ *er det is å få* there is icecream to follow; *han drakk en whisky* ~ he followed up with a whisky.
etterpåklok: *være* ~ be wise after the event; **US** have hindsight.
etterpåklokskap belated wisdom, wisdom after the event; *(især* **US***) hindsight.*
etterretning advice, information, news, intelligence; *en* ~ a piece of information *(el.* news); *(mil)* a piece of intelligence; *de siste -er* the latest news.
etterretningssjef *(mil)* director of military intelligence *(fk* DMI).
etterretningssvesen *(mil)* (military) intelligence service.
etterrett sweet; *(også* **US***) dessert.*
etterrettelig: *holde seg noe* ~ conform *(el.* adhere) to sth, observe *(el.* comply with) sth, keep sth in mind.
etterse *(vb)* inspect, examine, go over, look over; *(kontrollere)* check up on, check (over), inspect.
ettersende *(vb)* forward, send on.
ettersetning main clause following subsidiary clause.
ettersiktveksel bill payable after sight; *(se II. veksel).*
etter|skrift postscript. **-skudd:** *i* ~ in arrears; *være i* ~ *med* be in a. with, be behindhand with; *ferie på* ~ a postponed holiday; *få sin gasje på* ~ get one's salary in arrears.
etterskudds|betaling after-payment. **-bevilgning** retrogressive *(el.* delayed) grant. **-rente** interest on arrears; *(i bokføring)* interest on overdue accounts, interest for the period overdue. **-vis** *(hver måned)* payable at the end of each month.
etter|slekt posterity. **-slep** lag; ~ *i lønnen* wages lag. **-slipe** *(vb)* re-grind. **-slått** aftermath, aftergrass. **-smak** after-taste; *det har en ubehagelig* ~it leaves an unpleasant taste (in the mouth).
ettersmelting subsequent fusion; *belegget trenger ingen* ~ the deposit needs no subsequent fusion.
ettersom as, since, seeing that; *det er alt* ~ that's as may be; **T** it's all according.
ettersommer late summer; Indian summer; *ut på -en* late in the summer.
etterspill epilogue; *(mus)* postlude; *saken får et rettslig* ~ the matter will have legal consequences.
etterspore *(vt)* track, trace.
etterspurt: *disse varene er meget* ~ these goods are in great demand; ... *er særlig* ~ ... is in particularly great demand.
etterspørsel demand; *det er liten* ~ *etter* there is small demand for; *-en avtar* the demand is growing less brisk; *deres produksjon overstiger -en* their production is exceeding the demand; *tilgang og* ~ supply and demand; *plutselig og stor* ~ a boom; *(se også dekke).*
etterstramme *(vb)* tighten up *(fx* bolts, nuts), retighten.
etterstreb|e *(vt)* aim at, aspire to; ~ *ens liv* plot against sby's life; *en meget -et stilling (også)* a post for which there is much competition; *(se ettertraktet).*
ettersyn inspection; ~ *og reparasjon* overhaul; *til* ~ for inspection, on view, to be viewed; *ved nærmere* ~ on closer examination *(el.* inspection).
ettersynsgrav inspection pit, (garage) pit.
ettersøk|e *(vt)* search for. **-ning** search.
ettertanke reflection; *stoff til* ~ food for thought; *ved nærmere* ~ on reflection, on second thoughts.
ettertelle *(vt):* ~ *pengene* count the money over, re-count the money.
ettertid future; *for -a* in future, for the future.
ettertrakte *(vb): se etterstrebe.*
ettertraktet *(adj): sterkt* ~ much-coveted, sought-after; highly *(el.* greatly) prized; *en ~stilling* a much-coveted post; **T** a plum; *(jvf etterstrebe).*
ettertrykk emphasis, stress; *(av bok)* piracy; ~ *forbudt* all rights reserved; *legge* ~ *på* lay stress on, stress, emphasize, accentuate. **-elig** emphatic; forcible; *(adv)* emphatically; forcibly; *han ble satt* ~ *på plass* he was put in his place in no uncertain terms.
etterundersøkelse *(med.)* follow-up examination.
etterutdanningskurs up-grading course; *(se I kurs).*
etterveer after-pains; *(fig)* (painful) after-effects; repercussions *(etter* of).
etterverdenen posterity.
ettervern *(for lovovertredere)* after-care; supervision.
ettervirkning repercussion, after-effect; *(ofte =)* reaction.
ett-tall (the figure) one.
ettårig one-year *(fx* a one-year course); *(om plante)* annual.
etui case.
etyde study, etude.
etyll *(kjem)* ethyl.
etymolog etymologist.
etymo|logi etymology. **-logisk** etymological.
Eugen Eugene.
Europa Europe.
europeer European. **europeisk** European.
Eva Eve. **-datter** daughter of Eve.
evakuer|e *(vb)* evacuate. **-ing** evacuation.
evange|lisk evangelical. **-list** evangelist. **-lium** gospel; *Matteus'* ~ the Gospel according to St. Matthew.
eventualitet eventuality, contingency.
eventuell possible, any, prospective *(fx* p. customers).
eventuelt *(adv)* possibly, if possible, perhaps, if necessary, if desired; *(på dagsorden)* any other business; a.o.b.
eventyr *(opplevelse)* adventure; *(fortelling)* fairy-tale, nursery-tale, story; *(folke-)* folktale; *gå ut på* ~ go in search of adventure, seek adventures.
eventyr|aktig unreal, like sth out of a fairy-tale. **-er** adventurer. **-erske** adventuress.
eventyrlig *(fantastisk)* fantastic; *(overordentlig stor)* extraordinary, exceptional, prodigious, fabulous *(fx* sum of money); *(utrolig)* incredible; *(vidunderlig)* wonderful, marvellous; *et* ~ *liv* an adventurous life; *(se I. plan 4).*
eventyr|lyst love *(el.* spirit) of adventure; *han var fylt av* ~ he was inspired with the spirit of adventure. **-lysten** adventurous. **-prins** fairy prince; Prince Charming. **-slott** fairy palace. **-verden** fairyland, wonderland.
evfemisme euphemism.
evig *(adj)* eternal, perpetual, everlasting; ~ *og*

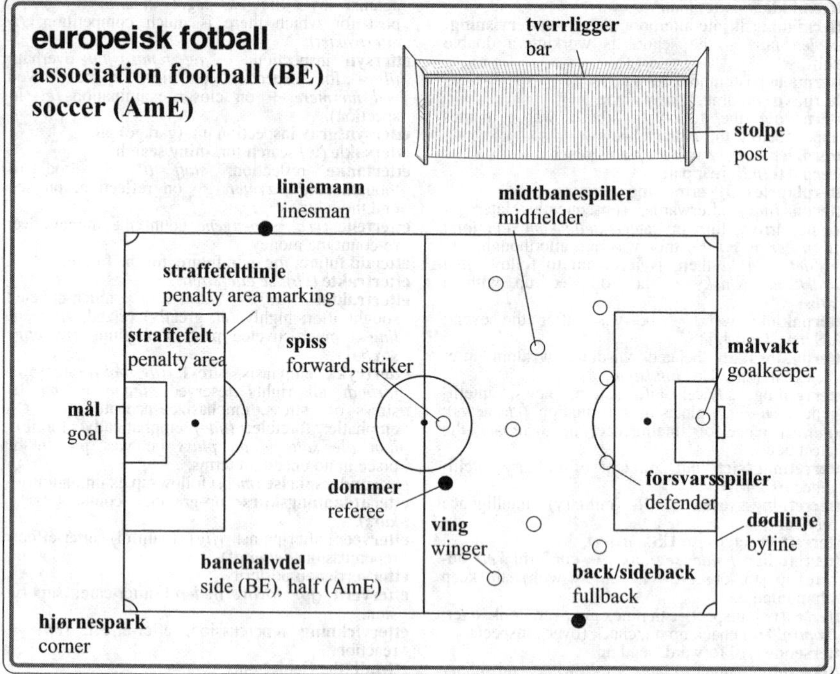

alltid constantly; always, for ever (*fx* they are f. e. on the move); *den -e fordømmelse* everlasting damnation, perdition; *den -e ild* (the) perpetual fire; *den -e jøde* the wandering Jew; *det -e liv* eternal life; ~ *snø* perpetual snow; *den -e stad* the Eternal City; *til* ~ *tid* for ever, for evermore; *gått inn til den -e hvile* gone to his rest; *for* ~ for ever; *hver -e en* every one (of them); **T** every mother's son, every man Jack (of them).

eviggrønn evergreen.

evighet eternity; *en hel* ~ an age; ages; *fra* ~ *til* ~ *(bibl)* for ever and ever; *tror du vi har -er å ta av?* **T** do you think we've got a month of Sundays? *tror du jeg har tenkt å stå her oppe i all ~?* **T** do you think I'm going to stand up here till Kingdom come? *aldri i* ~ never.

evighetsblomst everlasting (flower); cudweed.

evinnelig *(adj)* continual, perpetual, everlasting; *dette -e regnværet* this everlasting rain; *i det -e* eternally, for ever.

evje eddy; *(se bakevje).*

I. evne 1*(kraft til å virke, handle)* ability, capability, capacity, power; *-n til å ...* the ability *(el.* power) to ..., the capability of (-ing); *deres manglende* ~ *til å* their inability to; *hverken vilje eller* ~ *til å* neither the will nor the power to; *etter beste* ~ to the best of one's ability; *etter fattig* ~ to the best of one's modest abilities; in a small way; *jeg hjalp ham etter fattig* ~ *(også)* I did my humble best to help him; **2***(begavelse)* ability; faculty; *intellektuelle -r* intellectual powers (*el.* capacity); *medfødt* ~ innate ability; *skapende* ~ creative powers; *ha -r* be gifted; possess abilities; *ha* ~ *til å lære fra seg* have a gift for teaching; *han har sjeldne -r* he is exceptionally gifted; he is brilliant; **3***(økonomisk)* means; *landets økonomiske* ~ the economic resources of the country; *leve over* ~ live beyond one's means; *(se også produksjonsevne; II. ringe).*

II. evne *(vb)* be capable of (-ing), have the ability *(el.* power) to, be able to.

evne|løs incapable, incompetent.

evnemessig: ~ *sett er de på omtrent samme nivå* they are roughly of the same ability.

evneretardasjon *(psykol)* mental retardation; *undersøkelsen viser at* ~ *ikke er noe absolutt, men skapt av samfunnets spesielle krav* the inquiry shows that mental retardation is not an absolute, but is created by the special demands of society. **-rik** gifted, talented. **-svak** with a low intelligence quotient, mentally handicapped.

evneveik *(psykol)* mentally retarded; *de -e har et urealistisk aspirasjonsnivå* the mentally retarded have an unrealistic level of aspiration; *spesialskole for* ~ *ungdom* special school for retarded young people.

evnukk eunuch.

evolusjon evolution. **-steori** theory of evolution.

ex: ~ *auditorio* from *(el.* among) the audience; ~ *skip* ex ship, free overside; ~ *lager* ex warehouse.

extenso: *in* ~ in extenso, in its entirety.

F, f *(også mus)* F, f; *F for Fredrik* F for Frederick.
fabel fable. **-aktig** fabulous, fantastic.
fable *(vb)* talk nonsense; ~ *om* talk wildly about; dream about.
fabrikant manufacturer, maker.
fabrikasjon manufacture.
fabrikasjons|feil flaw, defect (in workmanship); *en vare med* ~ a defective article. **-konto** factory cost account. **-kostnader** cost of manufacture *(el.* production), manufacturing costs; *(i bokføring)* manufacturing expenses; *direkte* ~prime *(el.* first) cost. **-metode** manufacturing method, method of manufacture.
fabrikat manufacture, make, product; *av eget* ~ of our own make.
fabrikere *(vb)* manufacture; make, produce; *(oppdikte, forfalske)* fabricate, invent; **T** cook up *(fx* a likely story).
fabrikk factory, mill; *(verk)* works *(fx* a chemical works).
fabrikk|anlegg factory works, manufacturing plant. **-arbeid** *(laget på fabrikk)* factory-made. **-arbeider** factory *(el.* industrial) worker; *(i tekstilfabrikk)* mill hand. **-bestyrer** factory *(el.* works) manager. **-by** manufacturing town, industrial t. **-drift 1***(det å drive fabrikk)* factory management *(el.* operation); manufacturing (operations); **2***(industri)* manufacturing industry, factory production *(fx* machinery and f. p. put an end to the old society of craftsmen). **-eier** factory owner; *(av tekstilfabrikk)* mill owner. **-feil** flaw, defect (in workmanship); *en vare med* ~ a defective article. **-industri** manufacturing industry; *(jvf næringsvei).* **-inspektør** factory inspector. **-lokale(r)** factory premises. **-merke** trade mark.
fabrikk|messig on an industrial basis; on a manufacturing scale; ~ *drift* operations on a m. s.; ~ *fremstilling* large-scale production *(el.* manufacture); ~ *tilvirket* factory-made. **-ny** straight from the works; brand-new *(fx* the firm only deals in b.-n. cars). **-overhalt:** ~ *motor* reconditioned engine; **T** works overhaul. **-pakket** pre -packed *(fx* goods). **-pris** factory price; maker's price; *til* ~ at f. p. **-tilsyn** factory inspection. **-tilvirket** factory-made. **-tilvirkning** factory-scale production. **-utslipp** factory effluent. **-vare** factory product; factory-made article; manufactured *(el.* machine-made) article. **-virksomhet** manufacturing (operations); *drive* ~ carry on m. operations.
fabulere *(vb)* give one's imagination (a) free rein; let one's i. run riot.
face: *en* ~ full face.
fadder godfather; godmother; sponsor; *stå (el. være)* ~ *til* stand *(el.* be) godfather *(,etc)* to; *en plan som han har stått* ~ *til* a scheme sponsored by him. **-gave** christening gift. **-sladder** gossip, gossiping.
fader: *se far.* **-kjærlighet** paternal love.
faderlig fatherly, paternal.
fader|mord parricide. **-morder, -morderske** parricide. **-vår** the Lord's Prayer; *kunne noe som sitt* ~ have sth at one's fingers' ends; *kan mer enn sitt* ~ **T** is up to snuff.
fadese blunder.
fag 1*(skolefag)* subject; **2***(ervervsgren)* trade, skilled trade; **3***(om liberalt erverv)* profession; **4** *(område)* department, line *(fx* it is not my l.), sphere *(fx* it is outside my sphere); **5***(avgrenset flate i bindingsvegg, etc)* bay; **6***(av hylle)* compartment, pigeon -hole; **7***(del av oppdelt vindu)* light; *et* ~ *gardiner* a pair of curtains; *et vindu med tre* ~ a three-light window; *av* ~ *(om håndverker, etc)* by trade; *(om liberale erverv)* by profession; *alt til -et henhørende (fig)* the whole bag of tricks; *hans* ~ *er klassiske språk* he is a classical scholar; *han kan sitt* ~ he understands his job *(el.* subject); he knows his job backwards *(el.* inside out); *snakke* ~ talk shop; *valgfritt* ~ optional subject; **US** elective subject; *(se kjernefag).*
fag|arbeid skilled work. **-arbeider** skilled workman, specialized worker; *(håndverker)* craftsman; *(i brukskunst)* artisan. **-betont** *(om skole)* emphasizing technical subjects, with a t. bias; *en* ~ *skole* a school with emphasis on technical subjects; a technical school; *(se yrkesskole).* **-bevegelse** trade union movement, labour movement. **-bibliotek** specialized *(el.* technical) library, special library. **-blad** trade paper; *(vitenskapelig)* scientific periodical; *(for lærere, leger, jurister)* professional paper. **-bok** specialized book (,textbook); technical book.
fager fair; *fagre ord* fair words.
fagfelt: *typisk norske -ers ordforråd* typically Norwegian technical terms; *(se også I. felt).*
fag|folk *(pl)* skilled hands, experts, specialists, professionals; *(jvf fagarbeider).* **-forbund** federation (of trade unions) *(fx* the Miners' Federation of Great Britain). **-fordeling** *(i skole)* [distribution of subjects on timetable]; *hvordan bør -en være?* how should the various subjects be distributed (on the timetable)? **-forening** trade union; **US** labor union.
fagforenings|bok union card. **-foreningsformann** trade union secretary. **-leder** trade union leader.
fag|fortegnelse *(tlf)* classified telephone book (,*hist:* diectory). **-gruppe** *(universitetslærere i et fag)* department *(fx* the English d.); *(ved eksamen)* group, combination. **-krets** range of subjects, sphere, field; *vedkommende må ha fransk i sin* ~ the person concerned must have French as one of his (,her) subjects. **-kunnskap** expert *(el.* special *el.* professional *el.* technical) knowledge; *hans fremragende -er* his expert knowledge; his excellent knowledge of this subject (,in this field, *etc).* **-kyndig** skilled, expert. **-lig** professional, technical, skilled, special, specialist; ~ *dyktighet* technical skill; professional skill; *han står* ~ *meget sterkt* he is highly capable in his field; he is highly qualified in his own subject(s); *på det -e området* within his (,her *etc)* own subject; *-e spørsmål* technical questions.
faglitteratur specialist literature; *(vitenskapelig)* scientific l.; *jeg leser helst* ~ my favourite reading matter is on technical subjects; *skjønnlitteratur og* ~ *(omtr. =)* fiction and non-fiction.
fag|lærer 1. subject teacher; *jeg var hans klasseforstander og* ~ *i fransk* I was his form master and taught him French. **2***(ved yrkesfaglig studieretning)* technical teacher. **-lært** skilled;

trained (in a trade); *ikke* ~ unskilled. **-mann** expert, specialist. **-messig** *(faglig)* technical, skilled, professional; ~ *utførelse* first-class workmanship *(el.* craftsmanship). **-område** sphere, line; *det er utenfor hans* ~ it is not his line, it is outside his sphere; *(se også I. felt).* **-organisasjon** trade organization; *(se også fagforening).* **-organisert:** *-e arbeidere* trade unionists.

fagott *mus (trebláseinstrument)* bassoon.

fagrom *(i skole)* specialist room.

fagsjargong jargon; *(stivt)* cant; *teknisk* ~ technical jargon.

fagskole high school *(fx* of decorative art); *teknisk* ~ technical college.

fagstudium specialized study; *(yrkes-)* vocational study.

fagtegning *se yrkestegning.*

fagutdannelse *(yrkes-)* vocational training; special training.

faguttrykk technical term; trade term.

fajanse faience, glazed earthenware and porcelain; delft.

fakir fakir.

fakke *(vt)* catch.

fakkel torch, link, flambeau. **-bærer** torch bearer. **-tog** torchlight procession.

faks *(zool)* mane.

faksimile facsimile.

faksjon faction.

fakta: *pl av faktum.*

fakter *(pl)* gestures.

faktisk *(adj)* founded on fact, actual; real; *(adv)* actually, in fact, as a matter of fact. *de -e forhold* the facts; the actual facts; the factual situation; *-e opplysninger* factual information, plain facts; *den -e eier* the virtual owner.

faktor factor; *(typ)* foreman (compositor); *-enes orden er likegyldig* [factors are interchangeable].

faktotum right-hand man.

faktum fact; *se det* ~ *i øynene at* ... face (up to) the fact that ...; accept the fact that ...; ~ *er at* ... in fact, in point of fact, as a matter of fact.

faktura invoice *(pl:* -s); ~ *i 2 eksemplarer* duplicate i.; *ifølge* ~ as per i.; ~ *på 20 kasser* i. for *(el.* of) 20 cases; ~ *på £10* i. for *(el.* amounting to) £10; *skrive ut en* ~ make out an i.; *-en skrives ut på dette beløpet, og detaljisten innrømmes en forhandlerrabatt* the goods are invoiced at this price and the retailer is allowed a trade discount; *det ble skrevet (ut)* ~ *på disse hattene den 19. mars* these hats were invoiced on the 19th March; *(se anføre, I. gjelde, oppføre & påføre).* **-beløp** invoice amount; amount as per invoice; *-et* the a. of the i. **-dato** date of invoice. **-pris** invoice(d) price; *til* ~ at the price invoiced, at invoice(d) p. **-skriver** invoice clerk.

fakturer|e *(vb)* invoice; **US** bill; *de ble -t med £50* they were invoiced at £50; *de -te varer* the goods invoiced; *de -te priser* the prices invoiced.

faktureringsmaskin invoicing machine.

fakul|tativ optional. **-tet** faculty.

falanks phalanx.

falby *(vb)* offer for sale.

fald *(kant, søm)* hem.

falde *(vb)* hem.

falk *(zool)* falcon. **falkejakt** falconry.

fall fall; downfall; tumble; *(helning(svinkel))* slope *(fx naturlig* ~ natural s.); *i* ~ in case; *i alle* ~ *(iallfall)* at any rate, at all events, in any case; *i hvert* ~ at any rate, at all events; *(i det minste)* at least; *i motsatt* ~ if not; otherwise; *i så* ~ in that case, in that event, if so; *og i så* ~ and if so; in which case; *i beste* ~ at best; *i verste*~ at worst; *det var sterkt snø-* there was a heavy fall of snow; *stå for* ~ *(fig)* be about to fall *(el.* collapse); *hovmod står for* ~ pride goes before a fall; *regjeringen står for* ~ the government is about to collapse *(el.* is in danger of collapse); *(se ta C).*

falldør trapdoor; *(ved hengning)* drop.

falle *(vb)* fall, drop, tumble; *(i krig)* fall, be killed; *barometeret -r* the barometer *(el.* glass) is falling; ~ *så lang en er* fall full length, come a cropper; *jeg falt i elva så lang jeg var* I fell all my length *(el.* fell bodily) into the river; *teppet -r* the curtain falls; *det falt noen ord* some words were spoken; *jeg lot noen ord* ~ *om det* I let fall a few words about it; *det er falt dom i saken (om sivilsak)* there has been a finding in the case; the case has been decided; judgment has been passed; *ta det som det -r* take it as it comes; *det -r seg slik at* it so happens that; *da falt det seg slik at* ... then it happened that ...; *når det -r seg slik* when the opportunity offers; *det -r meg lett* I find it easy; *la saken* ~ let the matter drop; ~ **av** fall off *(el.* from); come off; *(om hår)* come out; *(mar)* fall off; *(seilsp)* bear away; ~ *av på kursen* bear away off one's course; *det -r av seg selv* it's a matter of course; it goes without saying; *(det er lett)* it's quite easy; ~ **bort** drop; be dropped; *spørsmålet -r bort* the question drops; *dermed -r denne innvendingen bort* that disposes of this objection; ~ **for** *fiendens hånd* die at the hand(s) of the enemy; ~ *for fiendens sverd* fall by the sword of the enemy; *bemerkningen falt ham tungt for brystet* he resented the remark; he took exception to the remark; ~ *for fristelsen* succumb to the temptation; ~ **fra** fall off; *(dø)* die; *(melde forfall)* drop out *(fx* two of the runners dropped out); ~ **i** *(på is)* fall through; ~ *i hendene på en* fall into sby's hands; *det -r i min smak* it is to my taste; ~ *i staver* go off into a reverie; ~ *i tanker* be lost in thought; ~ *i øynene* be conspicuous; ~ **igjennom** be rejected; *(forslag)* be defeated; *(ved valg)* be defeated; *(ved eksamen)* fail; **T** be ploughed; *(gjøre fiasko)* fall flat *(fx* the whole arrangement fell flat), fall through *(fx* the scheme fell through), come to nothing *(fx* the plan came to nothing); *det -r meg* **inn** it occurs to me; *det kunne aldri* ~ *meg inn* I shouldn't dream of (doing) such a thing; ~ **inn i** *et land* invade a country; ~ **inn under** *(fig)* come *(el.* be) under; ~ **ned** fall down; *la seg* ~ *ned (fra noe i fart)* drop off; *(se også ytterlig);* ~ **om** fall down; tumble down, come down, drop; ~ *død om* drop dead; *hun falt meg om halsen* she fell on my neck; ~ **på** *(om natt, mørke, etc)* fall, close in; *natten -r på* night is coming on; *natten falt på* night came (on), n. fell; *ansvaret -r på ham* the responsibility is his *(el.* rests with him); *arbeidet ville* ~ *på meg* the work would fall on me; *han falt på å gifte seg* he took it into his head to marry; *hvordan -r du på det?* what makes you think of that? *skylden vil* ~ *på Dem* the blame will be laid on you; ~ **sammen** collapse; ~ *sammen med* coincide with; be identical with; ~ **tilbake** fall back; ~ **tilbake på** *(fig)* fall back on; *ha noe å* ~ *tilbake på* have sth put by to fall back on; have a nest egg; ~ **til ro** calm down, quieten down, grow quiet; settle down; ~ **ut** fall out; ~ **ut i** fall into; *(se fisk & unåde).*

falleferdig falling to pieces, tumbledown, in a state of decay, ramshackle.

fallen fallen; ~ *engel* fallen angel; ~ *pike* fallen *(el.* ruined) girl; *falne og sårede* killed and wounded.

fallende falling; ~ *tendens (om priser)* downward tendency.

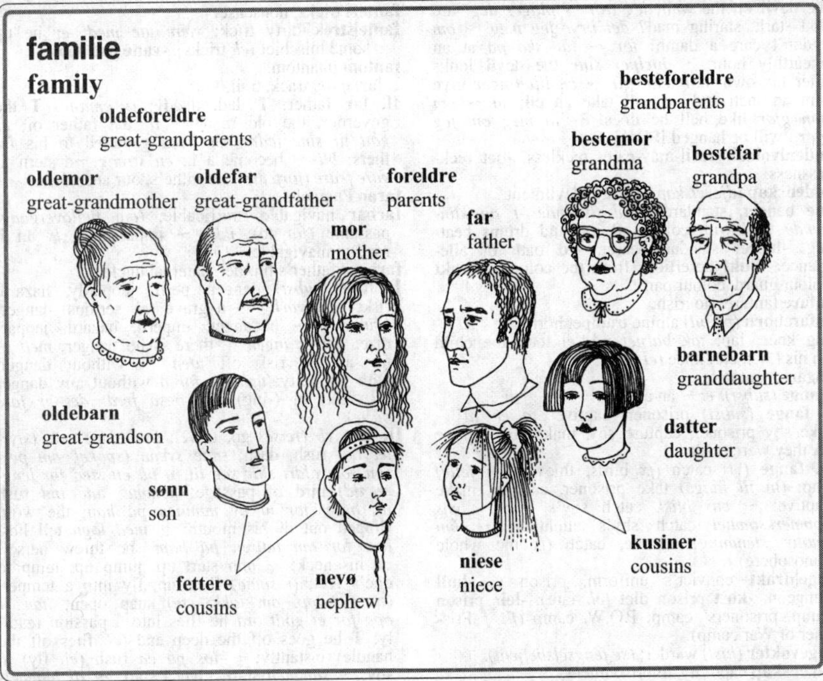

fallent bankrupt.
fallesyke *(med.)* epilepsy, falling sickness.
fallforgasser down-draft carburettor.
fall|gitter portcullis. **-gruve** pitfall. **-hastighet** falling velocity. **-høyde** height of fall, drop; *fossen har en ~ på 20 m* the waterfall is 20 metres high.
I. fallitt *(subst)* bankruptcy, failure; *gå ~* go bankrupt, fail.
II. fallitt *(adj)* bankrupt; *erklære seg ~* file a petition in bankruptcy; go into bankruptcy; *erklære en ~* make sby bankrupt; *(se konkurs)*.
fallitterklæring *(fig)* admission *(el.* confession) of failure.
fall|lem trapdoor. **-nett** *(mar)* (overhead) netting. **-port** *(mar)* port lid, port flap.
fallrep *mar (inngangsåpning i skipssiden)* gangway; *glass på -et* stirrup cup.
fallrepstrapp *(mar)* accommodation ladder.
fallskjerm parachute. **-drakt** parasuit. **-hopper** parachutist. **-sele** parachute harness. **-snor** shroud line.
falltilførsel gravity feed; *med ~* gravity-fed.
fallviser *(jernb)* gradient post; **US** grade post.
falløks guillotine.
falme *(vb)* fade.
fals fold; flange, rabbet; *(innsnitt i pløyd bord)* groove; tongue.
false *(vb)* fold; groove, rabbet.
falseben folding stick; folder.
falsehøvel grooving plane; rabbet plane.
falsejern folding tool.
falsemaskin folding machine.
falsett falsetto.
I. falsk *subst (dokumentfalsk)* forgery.
II. falsk *adj (ettergjort)* counterfeit; forged; *(uriktig)* false, wrong; *-e sedler* forged (bank)notes; *~ diamant* imitation diamond.
III. falsk *(adv)* falsely; *skrive ~* forge; *spille ~* cheat (at cards); *(mus)* play out of tune; *sverge ~* perjure oneself; *synge ~* sing out of tune.
falskhet falseness, falsity; *(svikefullhet)* falseness, deception; *(dobbeltspill)* double dealing; duplicity.
falsk|myntner coiner; counterfeiter. **-myntneri** coining; counterfeiting. **-ner** forger (of documents). **-neri** forgery; *begå ~* commit f.
falsk|spill card-sharping. **-spiller** cheat; *(profesjonell)* card-sharper.
falsum *(forfalsket dokument)* forgery.
familie family; *i ~ med* related to, a relation of; *av god ~* of good family. **-foretagende** family business; *drevet som et ~* run on family lines. **-forhold** family affairs; family circumstances. **-forsørger** breadwinner. **-hemmelighet** *(av ubehagelig art)* skeleton in the cupboard. **-krets** family circle. **-likhet** family likeness. **-liv** domestic life, home life. **-navn** family name; surname. **-tvist** family quarrel. **-vennlig:** *se hus: familievennlig ~.*
familiær familiar.
famle *(vb)* grope; fumble *(etter* for); *~ seg fram* grope one's way; *~ ved* fumble at; finger with.
famling groping.
fanati|ker fanatic. **-sk** fanatic(al). **-sme** fanaticism.
fanden the devil; Old Nick; *for ~!* damn it all! *~ og hans oldemor* the devil and his dam; *~ til fyr* a devil of a fellow; *~ til vær* blast that weather! *det var som ~!* oh hell! *dra ~ i vold!* go to hell! *som bare ~* like hell; *~ er løs* there's the devil to pay, hell is loose, the fat is in the fire; *... og da er ~ løs* that's when you get the devil of it; *male ~ på veggen* paint

the devil on the wall; *jeg tror ~ plager deg!* are you stark, staring mad? *det bryr jeg meg ~ om* I don't care a damn! *før ~ får sko på* at an unearthly hour; *~ hjelper sine* the devil looks after his own; *når man gir ~ en lillefinger* give him an inch and he will take an ell; *så ~ om han gjør* like hell he does! *~ ta meg om jeg gjør* I will be hanged if I do.
fandenivoldsk devil-may-care; reckless. **-het** recklessness.
fandenskap *(djevelskap)* devilry, devilment.
fane banner, standard; *med flyvende -r og klingende spill* with colours flying and drums beating. **-bærer** standard-bearer. **-ed** oath of allegiance. **-flukt** desertion (from the colours). **-vakt** colour guard, colour party.
fanfare fanfare, flourish.
fanfarehorn *(på bil)* alpine trumpet horn.
fang knee, lap; *tok barnet på -et* took the child on his (,her, *etc)* knee *(el.* lap).
fangarm tentacle.
I. fange *(subst): et ~* an armful.
II. fange *(subst)* prisoner, captive; *ta en til ~* take sby prisoner, capture sby, make sby captive *(fx* they were made c.).
III. fange *(vt)* catch *(fx* birds, thieves); *(i felle)* trap; *(ta til fange)* take prisoner, capture, make captive; *~ ens blikk* catch sby's eye; *~ ens oppmerksomhet* catch sby's attention; *~ inn (motiv, stemning)* capture, catch *(fx* the whole atmosphere).
fange|drakt convict's uniform, prison u. **-hull** dungeon. **-kost** prison diet *(el.* fare). **-leir** prison camp, prisoners' camp; P.O.W. camp *(fk. f.* Prisoner of War camp).
fangevokter *(hist)* warder; *(se fengselsbetjent).*
fangenskap captivity, imprisonment.
fangline *(mar)* painter.
fangst catching, taking; *(av fisk)* catch, haul, take; *~ og fiske, handel og håndverk, skipsfart og skogbruk* hunting and fishing, commerce and crafts, shipping and forestry.
fangst|felt fishing (,whaling, sealing, *etc)* ground. **-folk** *(pl)* hunters; whalers; sealers. **-mann:** *se -folk.* **-redskap** fishing (,whaling, sealing, *etc)* gear. **-skute** whaling (,sealing) vessel.
fant *(landstryker)* tramp; **US** hobo; *gjøre en til ~* ruin sby.
fantaktig unreliable; trampish, like a tramp.
fantasere *vb (mus)* improvise; *(i villelse)* rave; be delirious.
fantasi **1***(skapende f., innbilningskraft)* imagination *(fx* he has no i.); **2***(noe skapt av f.)* fantasy, figment (of the brain); **3***(hallusinasjon)* hallucination; **4***(genre i musikk, litteratur)* fantasia, fantasy; *dikterisk ~* poetic imagination; *det hele er fri ~* it is entirely unfounded in fact, it is sheer imagination, it is pure invention; *en frodig ~* a fertile imagination; *han har en livlig ~* he has a lively i.; *i -en så han* in (his) i. he saw ...; *ikke i min villeste ~* not in my wildest dreams; *la -en løpe løpsk* give (a) free rein to one's i.; *(se virkelighet).*
fantasi|bilde imaginary picture, chimera, illusion, figment. **-foster** figment, chimera, invention. **-full** imaginative. **-fullhet** imaginativeness. **-løs** unimaginative. **-pris** fancy price.
fantast visionary, dreamer, fantast.
fantasteri ravings, dreams.
fantastisk fantastic; *en ~ pike (ɔ: en alle tiders pike)* **T** a terrific girl; *han er helt ~* **T** he's absolutely great; *~ roman* fantasy; *så ~ det enn lyder* fantastic as it may seem; *han er ~ flink* he is fantastically clever.
fante|følge gipsy gang. **-gå** *(vb)* walk out (without giving notice).
fanteri tricks; nonsense.
fante|strek dirty trick; *være ute med -er* be up to some mischief *(el.* tricks). **-vane** bad habit.
fantom phantom.
I. far*(spor)* track, trail.
II. far father; **T** dad, daddy; *(i omtale)* **T** the governor, the old man; *~ til* the father of; *er gått til sine fedre* has been gathered to his fathers; *bli ~* become a f.; *en streng ~*a stern f.; *våre fedre (forfedre)* our fathers, our ancestors.
farao Pharaoh.
farbar navigable; trafficable; *(om fjellovergang)* passable *(for* to); *ikke ~* impassable *(fx* an i. road); innavigable.
farbror father's brother, paternal uncle.
I. fare *(subst)* danger, peril, jeopardy, hazard, risk; *en alvorlig ~* a grave *(el.* serious) danger; *bringe i ~* endanger, imperil, hazard, jeopardize; *det er ingen ~* there is no danger; *med ~ for* at the risk of; *uten ~* without danger, with impunity; *uten ~ for å* without any danger *(el.* risk) of (-ing); *(se også ferd: det er fare på -e).*
II. fare *vb (reise)* go, travel; *(om skip)* sail; *(styrte, ile)* rush, dash; *-nde svenn (spøkef. om person som aldri slår seg til ro på ett sted for lengre tid)* bird of passage; *komme -nde inn* rush in; *ordet for ut av munnen på ham* the word slipped out of his mouth; *~ med løgn* tell lies; *hun for om halsen på ham* she threw herself on his neck; *~ opp* start up, jump up, jump to one's feet; *(i sinne)* flare up, fly into a temper; *(ɔ: gå opp, om lokk, etc)* snap open; *han -r opp for et godt ord* he flies into a passion readily; **T** he goes off the deep end *(el.* flies off the handle) instantly; *~ løs på en* rush *(el.* fly) at sby; *~ sammen* start, give a start; *~ til himmels* ascend into heaven; *~ til sjøs* be a sailor, sail; *~ vill* lose one's way, go astray.
faredag [day on which servants used to change jobs]; *(svarer omtr. til)* quarter day.
farefri free from danger, safe.
farefull dangerous.
faremoment element of risk *(el.* danger).
faren: *ille ~* in a bad way.
fareskilt *(trafikkskilt)* warning sign.
faresone danger zone.
faretruende perilous, dangerous, menacing.
farfar (paternal) grandfather.
I. farge *(subst)* colour; **US** color; *(fargestoff)* dye; *(kort)* suit; *bilen har to -r (også)* the car has a duotone finish; *skifte ~* change colour; *(kort)* switch to another suit; *hvilken ~ er det på kjolen din?* what colour is your dress?
II. farge *(vb)* colour (,**US:** color); dye; *(hår)* tint; *~ av* rub off, come off; *slipset har -t av på skjorta* the colour of the tie has run on to the shirt.
farge|blanding mixture of colours. **-blind** colour-blind. **-blindhet** colour-blindness. **-blyant** crayon, coloured pencil. **-brytning** refraction of colours. **-bånd** typewriter ribbon. **-handel** (oil and) colour shop. **-handler** (oil and) colourman.
farge|lagt coloured. **-legge** *(vb)* colour; *(fotografi)* tint. **-legging** colouring; tinting.
farge|lære chromatology. **-løs** colourless. **-løshet** colourlessness. **-prakt** rich colours, glowing colours.
farger dyer.
farge|ri *(verksted)* dye-works. **-rik** richly coloured; *(også fig)* colourful. **-rikdom** rich colouring. **-sammensetning** colour scheme. **-sans** a sense of colour, c. sense. **-skrin** paint-box. **-spill** play of colours. **-stoff** *(i huden)* pigment; *(typ)* colouring matter; *(til farging av fiberstoffer)* dye(stuff). **-symfoni** colour symphony. **-tone** shade. **-trykk** colour-printing. **-virkning** colour effect.

farging colouring; dyeing; tinting.
farin castor sugar; *(se sukker).*
farise|er Pharisee. **-isk** pharisaic(al). **-isme** Pharisaism.
farkost vessel, craft.
farlig dangerous, perilous, risky; not safe; *en ~ forbryter* a dangerous criminal; **US** a public enemy; *det er ikke så ~ om vi kommer for sent* it doesn't matter much if we are late; *han er ~ syk* he is dangerously ill.
farma|si pharmacy. **-søyt** pharmacist, pharmaceutical chemist. **-søytisk** pharmaceutic(al).
farmer farmer.
farmor (paternal) grandmother.
I. farse *(kjøtt-)* forcemeat.
II. farse farce; *en ellevill ~* a riotous farce.
farseaktig farcical.
farskap fatherhood, paternity.
farskapssak paternity case; *blodprøve i ~* paternity blood test.
farsnavn patronymic; surname.
farsott epidemic.
farsside: *på -n* on the father's side, paternal.
fart **1***(bevegelse)* motion; *i ~* in motion; *gjøre ~ (forover) (mar)* make headway; *skipet beholdt -en* the ship kept her way; **2***(hastighet)* speed, velocity, rate, pace; *skyte god ~* go at a good round pace; **3***(trafikk, seilas)* navigation, trade *(fx* oversea(s) t.; the London t.); *i ~på X* (engaged) in the X trade; *-en på Nord-Kina* trade with North-China ports; *skip som går i fast ~* ships that sail on fixed routes; **4***(rute)* service *(fx* a liner in the Bombay s.); *skip som går i fast ~* ships that sail on fixed routes; *skip i utenriks ~* foreign-going ships; *gå i ~ på* trade to; *skipet går i ~ på England* the ship runs to English ports; *skipet går i ~ mellom X og Y* the ship runs between X and Y; *sette et skip i ~*put a ship into service *(el.* in commission); *bestemme -en (sport, også fig)* set the pace; *få ~ på det* **T** give things a push; chivvy things along; *få ~ på sakene (også)* make things hum; *nå har det begynt å bli ~ på sakene* things are going ahead like a house on fire; things have begun to hum; *for full (,halv) ~* (at) full (,half) speed; *i full ~* at full speed; at top speed; *det gikk i en ~* it was quick work; *det er ~ over ham* he's full of go; *sette opp -en* put on speed; speed up; *på -en* on the run; on the move; on the go *(fx* I've been on the go all day); *stå på -en* be about to go *(el.* leave); *under ~* while driving; at normal running speeds; *det er forbudt å åpne dørene under ~* do not open the doors while the train is in motion *(el.* is moving); *øke -en* put on more speed; increase speed; accelerate; *(se avta, skyte, slakke).*
farte *(vb): ~ omkring* knock about; *~ omkring i Europa* travel about Europe.
fartsgalskap speed mania.
farts|grense speed limit; *overskride -n* exceed the s. l. **-oppbygg** *(i skibakke)* take-off tower. **-plan** time table; schedule. **-prøve** speed trial. **-tid** (time of) service; *(sjømannens)* sea service; **US** sea duty.
fartøy vessel; craft, boat.
farvann water(s); *(lei, renne)* fairway; *være i -et (fig)* be in the offing; be in sight; *urent ~* foul water(s); *åpent ~* open waters.
farvel good-bye; *si ~ til* say good-bye to.
fasade front, frontage, façade.
fasan *(zool)* pheasant.
fascisme Fascism. **fascist** Fascist. **fascistisk** Fascist.
fase phase, stage.
fasett facet. **fasettere** *(vb)* facet.
fasevinkel *(jernb)* angle of phase displacement.
fasit answer. **-bok** answer book, answers, key.
fasjonabel fashionable.
fasle sling; *ha armen i ~* have one's arm in a sling.
fasong shape, cut.
fast firm; *(mots. flytende)* solid; *(tett)* solid, compact; *(standhaftig)* firm, steadfast; *(om stemme)* firm, steady; *(om markedet)* firm; *(bestemt)* fixed; *en ~ ansettelse* a permanent appointment; *bli ~ ansatt* receive a permanent appointment, be permanently appointed; *~ arbeid* permanent work; *-e arbeidere* regular hands; *~ eiendom* (real) property; US real estate; *~ fot* a firm footing; *et ~ forsett* a firm resolution; *det er mitt -e forsett å ...* I am firmly resolved to ...; *~ føde* solid food; *en ~ kunde* a regular customer; *~ lønn* a fixed salary; *-e priser* fixed prices; *-e regler* fixed rules; *~ rygg (bokb)* tight back; *bli ~ ved* persist in; *gjøre ~* fasten, make fast; *holde ~ ved (el. på)* hold on to, stick to; *sitte ~* stick, be stuck; be firmly secured; *sitte ~ i salen* have a good seat; *(fig)* sit tight in one's saddle; be in a secure position; be secure; *slå ~: se fastslå; stå ~ (fig)* be at a deadlock; be stuck; *det står ~* it is an established fact; *(se oppdrag).*
I. faste *(subst)* fast; *(fastetiden)* Lent.
II. faste *(vb)* fast.
faste|dag fast-day. **-kost** lenten fare.
fastelavn Shrovetide. **fastelavns|bolle** (Shrovetide) bun. **-løyer** *(pl)* Shrovetide fun. **-mandag** Shrove Monday. **-søndag** Quinquagesima Sunday.
fastende: *jeg er ~* I have not yet eaten anything, I have not broken my fast; *på ~ hjerte* on an empty stomach, first thing in the morning.
fastepreken Lent sermon.
fastetid time of fasting, Lent.
fastgjøre *(vb)* fasten, fix, secure, make fast.
fasthet firmness; solidity; compactness.
fast|holde *vt (påstand)* stick to, maintain, adhere to; *~ sin forklaring* stick to one's original statement; *~ et uttrykk* refuse to withdraw an expression. **-land** mainland; continent; *det europeiske ~* the Continent, Continental Europe. **-lands-** continental.
fastlegge *(vb)* lay down *(fx* rules); fix, determine; *nøye fastlagte grenser* well-defined limits, precisely defined limits.
fastleggelse laying down; fixing, determination.
fastlønt with a fixed salary; *være ~* draw a f. s.
fastnøkkel open-end spanner (,**US**: wrench).
fast|sette *vb (en tid)* appoint, fix; *(en pris)* fix; *(betingelser)* stipulate; *(regler)* establish, lay down; *loven -r at* the law provides *(el.* lays down) that; *som fastsatt i loven* as laid down in the law; *~ lønnen til* fix the wages at; *til fastsatt tid* at the appointed time. **-settelse** appointment, fixing; stipulation; establishment.
fastslå *vb (bevise)* establish; *(bevitne)* record; *(konstatere)* ascertain; *~ hans identitet* establish his identity; *det er vitenskapelig -tt at* science has established the fact that; *(se også konstatere & purring).*
fat dish; *(tønne)* cask, barrel; *vin fra ~* wine from the wood; *øl fra ~* draught beer.
fatal unlucky, unfortunate, calamitous. **-isme** fatalism. **-ist** fatalist. **-itet** calamity; misfortune.
fatamorgana mirage.
fatle sling; *(se fasle).*
fatning **1***(sinnsro)* composure, self-possession; **2***(holder, etc)* holder, socket; *objektiv-* lens mounting; *bringe ut av ~* disconcert, discompose, discomfit, embarrass, put out; *(ved blikk)* stare out of countenance; outface; *miste (el. tape) -en* lose one's composure; **T** lose one's head;

get panicky; *uten å tape -en* with composure; composedly; coolly; calmly.

fatt 1*(tak, grep): få ~ i* get hold of; *ta ~ (på et arbeid)* set to work; get down to it; *han tok ~ på arbeidet (også)* he got down to his work; he turned to his work; *vi må ta ~ for alvor* we must buckle to, we must set to work in earnest, we must settle down seriously to work; *det er på tide vi tar ~ (også)* it's time we turned to; it's time we got started; **2.:** *det er galt ~* there's sth wrong; *det er galt ~ med ham* he's in a bad way; *hvordan er det ~ med ham?* how are things with him? *nå, er det slik ~ !* so that's the way it is!

fatte *vb (begripe)* comprehend, understand, conceive; *~ lett* be quick in the uptake, be quick-witted; *~ en beslutning* come to a decision; *~ nytt håp* find new hope; *de -t nytt håp* their hopes revived; *~ mot* take courage; *~ seg* compose oneself, be composed; *~ seg i korthet* be brief *(fx* invite speakers to be brief); *jeg -t meg i korthet* I made it *(el.* kept it) brief *(el.* short); I expressed myself briefly.

fatteevne comprehension, faculty of understanding; *det ligger utenfor et barns ~* that is beyond the scope of a child's understanding.

fatter T *(i omtale)* the governor, the old man.

fattet composed, collected, calm, cool, self-possessed; *blek men ~* pale but resolute.

fattig poor; *den -e* the poor man; *de -e* the poor; *~ i ånden* of inferior intellect, lacking in wit; *(bibl)* poor in spirit; *de -e i ånden (bibl)* the poor in spirit; *~ på* poor in, deficient in; *etter ~ leilighet* to the best of my poor ability; *noen få -e ord* a mere handful of words; *en ~ trøst* (a) poor *(el.* meagre) comfort; (a) poor consolation; *jeg er 100 kroner -ere* I'm a hundred kroner worse off; I'm the poorer by a h. k.; I'm a h. k. down. **-bøsse** poor box. **-dom** poverty; *(litt.)* penury, indigence; *nedsunket i ~* sunk in poverty.

fattig|folk *(pl)* poor people, the poor. **-fornem** shabby-genteel. **-kasse** *(glds)* poor relief fund; *komme på -n* **T** go on the dole. **-kvarter** poor quarter. **-lem** pauper; **T** have-not. **-mann 1.** poor man; **2.** fried cruller. **-slig** beggarly, poor, mean. **-vesen** *(glds)* (system of) poor relief; poor-law authorities.

faun faun.

fauna fauna.

favn embrace; *(mål)* fathom; *en ~ ved* a cord of wood; *på 9 -er vann* in nine fathoms of water; *styrte seg i ens ~* rush into sby's arms; *tok ham i ~* took him into his (,her) arms.

favne *(vb)* embrace, clasp, hug; *~ opp (mar)* fathom.

favneved cord wood.

favntak embrace; **T** hug.

favor|isere *(vb)* favour; **US** favor. **-itt** favourite.

favør favour; **US** favor; *i min ~* to my advantage; *(merk)* to my credit, in my favour; *en saldo i min ~* a balance to my credit.

I. fe fairy.

II. fe *(dyr)* cattle; *(dumrian)* blockhead, fool, ass, oaf; **S** nitwit, sucker, numskull.

feaktig fairy-like.

feavl cattle breeding.

feber fever; *få ~* develop *(el.* run) a temperature; *(få en febersykdom)* catch a fever; *ha ~* have *(el.* run) a temperature, be feverish; *han har litt ~* he's got a slight temperature. **-aktig** feverish; *i ~ spenning* in a fever of expectation. **-drøm** feverish dream, delirium. **-døs** feverish doze. **-fantasi** feverish hallucination.

feberfri free from fever, non-febrile; *-e dager* days free from fever; *på dager da han er ~* on the days when his temperature is normal; *pasienten har vært ~ i to dager* for the last two days the patient's temperature has been back to normal.

feber|het feverish; feverishly hot *(fx* cheeks). **-kurve 1.** temperature chart; **2.** t. curve. **-stillende** antipyretic, febrifugal; *et ~ middel* an antipyretic, a febrifugal. **-termometer** clinical thermometer. **-tilstand** feverish condition. **-villelse** delirium.

febril febrile, feverish.

febrilsk feverish, hectic; *~ travelhet* feverish activity.

februar February.

fedd *(garnmål)* skein.

fedme fatness, corpulence, obesity.

fedredyrkelse ancestral worship.

fedreland (native) country; *få et nytt ~* adopt a new country; *Amerika ble hans annet~* America became his second home *(el.* country).

fedrelands|historie national history. **-kjærlighet** patriotism, love of one's country. **-sang** national anthem, patriotic song. **-sinnet** patriotic, public-spirited. **-venn** patriot.

fedrene *(adj)* paternal, ancestral.

fedrift 1. cattle breeding *(el.* rearing); *(mots åkerbruk)* pastoral farming; **2***(flokk)* drove of cattle.

fehird|e *(hist)* royal treasurer. **-sle** *(hist)* treasury district.

fehode fool; **T** blockhead; dummy; *(glds* **T**); numskull.

fei: *i en ~* in a tick *(el.* wink); in a flash; in no time.

feide *(subst)* quarrel; *(mellom familier)* feud; *(litterær)* controversy.

feie *(vb)* sweep; *~ en ovn* clean out a stove; *~ en av* shake (,**T** choke) sby off; be short with sby; get rid of sby; **US** *(også)* brush sby off; *~ av sted* scorch *(el.* sweep) along, go at a spanking rate; *~ alt foran seg* sweep all before one, sweep the board; *~ til side* brush aside; *nye koster -r best* new brooms sweep clean; *fei for Deres egen dør* sweep before your own door.

feie|brett dustpan. **-hullslokk** *(på ovn)* sweeping cover. **-kost** hand-brush; *(se også langkost).*

feig cowardly, dastardly. **-het** cowardice; *vise ~* show the white feather.

I. feil *(feiltagelse)* mistake; *(feil man begår)* mistake, fault; *(mindre)* slip; *(skrive-, trykk-)* error; *(det å regne, telle, dømme feil)* error *(fx* an e. of judgment); *(mangel)* defect.

II. feil *(adj)* wrong, erroneous, incorrect; *en ~ hatt* somebody else's hat; *gå inn i et ~ værelse* enter the wrong room; *(se belysning & innstilling).*

III. feil *(adv)* amiss, wrong, erroneously; *~ datert* misdated; *gå ~* go the wrong way, miss the way; *se ~* be mistaken; *skrive ~* make a slip of the pen; *skrive ~ av* miscopy; *skyte ~* miss (the mark); *slå ~* be a failure, fall through *(fx* his plans fell through); go wrong; *våre beregninger slo ~* we calculated wrongly; we made a miscalculation; *når fisket slo ~* when the catch *(el.* fishing *el.* fisheries) failed; *høsten har slått ~* the harvest is a failure; *ta ~* be mistaken, be wrong *(fx* you are not far w.); **T** get it wrong; *jeg tar ~* I am mistaken; *ta litt ~* **T** be a bit off; *han tok ikke mye ~* he was not far out; *ta ~ av en* be mistaken in sby, get sbywrong; *du kan ikke ta ~ av veien* you can't miss it.

feiladressere *(vt)* misdirect, direct wrongly.

feil|aktig faulty, erroneous, wrong; *fremstille ~* misrepresent. **-aktighet** incorrectness. **-bar** fallible.

feilbedømme *(vb)* misjudge; miscalculate; ~ *avstanden* misjudge *(el.* miscalculate) the distance.
feildatere *(vt)* misdate.
I. feile *(vi)* err, make mistakes; *(på et mål)* miss; *å ~ er menneskelig* to err is human.
II. feile *vb (være i veien med): hva -r det ham?* what's the matter with him? what ails him? what's wrong with him? *det -r ham ikke noe* he is all right.
feil|fri faultless, free from faults, flawless, impeccable; *i ~ stand* in perfect condition. **-frihet** faultlessness, flawlessness. **-grep** error, mistake, slip. **-lesning** misreading. **-regning** miscalculation. **-skjær** *(skøyte-)* false stroke. **-skrift, -skrivning** slip of the pen. **-skudd** miss. **-slagen** unsuccessful, abortive. **-slutning** erroneous inference. **-slått:** *se -slagen.* **-søking** fault finding. **-tagelse** mistake; *ved en ~* by mistake. **-tenning** misfiring. **-trekk** wrong move. **-trinn** false step, slip.
feilvurdere *(vb)* misjudge; miscalculate.
feilvurdering miscalculation, misjudgment; wrong assessment; *en fullstendig ~ av situasjonen* a completely wrong assessment of the situation.
feire *(vb)* celebrate, solemnize, keep *(fx* keep one's birthday); *(gjøre stas på)* fete *(fx* he was feted as a hero); *~ jul på den gode gamle måten* keep Christmas in the old style; *vi har tenkt å ~ (denne) dagen (også)* we will make this an occasion.
feiret popular, much admired.
feit: *se fet.*
fekar drover; cattle dealer.
fekte *(vb)* fence; *(gjøre heftige bevegelser)* gesticulate *(fx* with a fork), brandish *(fx* a fork). **-hanske** fencing glove. **-kunst** art of fencing. **-mester** fencing master.
fekter fencer, swordsman.
fektning fencing; *(trefning)* skirmish, engagement.
fele *(mus)* fiddle.
feleger cattle camp, drover's camp.
felespiller fiddler.
felg *(på hjul)* wheel rim; *fast ~* integral rim; *kjøre på -en* drive on a flat tyre (,**US** tire); *jeg kjører på -en (også)* I've a flat.
fell pelt; skin (rug), fur *(el.* skin) bedcover.
I. felle *subst (kamerat)* fellow, companion, associate.
II. felle *(subst)* trap; *(fig)* pitfall; *gå i -n* be caught in the trap, fall into the trap; *sette opp en ~ for* set a trap for; *det er en ~ i det spørsmålet* there is a catch in that question.
III. felle *(vt)* **1***(hugge ned)* fell, cut (down) *(fx* timber); **2***(slå til jorden)* knock down, fell; **3***(drepe)* kill, slay; **4***fig (styrte)* overthrow *(fx* the Government, a tyrant); **5***(jur)* convict *(fx* we have enough evidence to convict him); **6***(la falle)* cast, shed *(fx* shed tears; the tree shed its leaves; reindeer shed their antlers); *(om fjær)* moult; *(om ham)* slough; **7***(i strikking)* decrease; *et -nde bevis* a damning piece of evidence; *~ en dom over* pass judg(e)ment on; *(se dom); ~ en i straffefeltet (fotb)* bring sby down in the penalty area; *~ hår* shed one's hair; *(se også røyte); ~ en maske i slutten av pinnen* decrease a stitch at the end of the row; *hun er i den alder da hun -r tenner* she's at the age of losing her teeth; *~* **av** *(i strikking)* cast off; *~ noe* **inn** *i noe annet* fit sth into sth else; *~ noe inn (el. ned) i noe* recess sth into sth *(fx* the lock is recessed *(el.* set) into the edge of the door); *~* **ned** *(mat.)* draw a perpendicular from *(fx* draw a perpendicular from X to Y).
felles common, joint; *ved ~ hjelp* between them (,us, *etc); ~ interesser* common interests, interests in common; community of interests; *~ mål* common measure; *for ~ regning* on joint account; *gjøre ~ sak med* join hands with, make common cause with; *vår ~ venn* our mutual friend; *være ~ om noe* have sth in common; be partners in sth.
felles|anliggende joint concern. **-bo** joint estate.
felleseie **1***(privatpersoners)* joint property; *(samfunns, stammes)* communal property; **2***(det å eie, om privatpersoner)* joint ownership; *(om samfunn, stamme)* communal ownership; **3***(systemet, prinsippet)* communal ownership; collectivism.
felles|ferie general staff holiday. **-grav** common grave. **-kjønn** *(gram)* common gender. **-måltid** communal meal *(fx* dinner will be a c. m.). **-navn** *(gram)* common name. **-nevner** common denominator. **-preg** common stamp. **-skap** fellowship, (spirit of) community; *opptre i ~* act in concert *(el.* together); make common cause; *i ~ med* jointly with, together with.
felles|skole co-educational school. **-tittel** collective title. **-undervisning** co-education.
I. felt field; ground; *(i brettspill)* square; *(område)* department, province *(fx* this is rather outside my p.), sphere *(fx* it's outside my s.), field *(fx* that's not my f.), line *(fx* it's not my l.); *-et (sport)* **1.** the field *(fx* of runners, riders, *etc);* **2.** the field, the main body *(fx* of runners, *etc);* **T** the bunch; *(hesteveddeløp)* the ruck *(fx* 'Cherry Girl' took the lead, leaving the r. far behind).
II. felt *(mil)* field; *dra i -en* take the field.
felt|artilleri *(mil)* field artillery. **-flaske** canteen. **-fot:** *på ~* on a war footing. **-herre** commander, general. **-herredyktighet** generalship. **-herrekunst** strategic art, strategy. **-kjøkken** field kitchen. **-lasarett** field hospital. **-liv** camp life, campaigning. **-manøver** field manoeuvre (,**US**: maneuver). **-marskalk** field marshal. **-messig:** *~ antrekk* field uniform, battle order, heavy marching order. **-prest** army chaplain, chaplain to the forces *(fk* C. F.); **T** padre. **-rop** watchword, password, countersign. **-seng** folding bed, camp bed. **-sjef** *(oljeind)* offshore manager. **-slag** pitched battle.
feltspat felspar, feldspar.
feltspole field coil.
felt|staffeli field easel. **-stol** camp stool. **-tjeneste** field service. **-tog** campaign. **-vakt** picket. **-vikling** field windings.
fem *(tallord)* five; *gå ~ på* **T** **1***(bli lurt)* be badly caught; **2***(forspille sin sjanse)* **S** miss the boat; *der gikk jeg ~ på* (1) I was badly caught there; I was badly taken in over that; *han er ikke ved sine fulle ~* he's not all there.
fem|akts five-act. **-dobbelt** fivefold, quintuple. **-fingret** *(bot)* quinate. **-foll** fivefold, quintuple. **-fotet:** *~ vers* pentameter.
feminin feminine. **-um** *(gram)* the f. (gender), f. noun.
feminisme feminism.
feminist feminist.
femkamp *(sport)* pentathlon.
fem|kant pentagon. **-kantet** pentagonal.
femling quintuplet; *-er* **T** quins.
fem|mer *(kort)* five; *(om penger)* five-kroner piece; *(sporvogn, etc)* number five; (NB fiver = *fempunds- eller femdollarseddel).* **-sidet** five-sided, with five sides. **-tall** the figure five.
femte *(tallord)* fifth; *det ~ bud (svarer hos anglikanerne til)* the sixth commandment; *for det ~* fifthly, in the fifth place; *~ hjul på vogna* one too many; *være ~ hjul på vogna* play gooseberry.

f

fem(te)del fifth part, fifth.
femten *(tallord)* fifteen.
femtende *(tallord)* fifteenth.
femte|part: *se -del.*
femti *(tallord)* fifty.
fena|knoke [knuckle-bone of mutton ham]. **-lår** cured leg of mutton; *(omtr. =)* mutton ham.
fender fender.
fenge *(vb)* catch fire, take fire, ignite, kindle.
fengelig inflammable.
feng|hette percussion cap. **-hull** vent. **-krutt** priming. **-rør** tube. **-sats** primer.
fengsel prison, gaol, jail; **US** prison, jail, penitentiary; *(straff)* imprisonment; *bryte seg ut av fengslet* break jail, escape from prison; *bli dømt til tre måneders ~* be sentenced to three months' imprisonment, get a three months' sentence; **T** get three months; *komme i ~* go to jail, be imprisoned; *sette en i ~* put sby in prison, imprison sby; *sitte i ~* be in prison; **T** do time; **S** do a stretch; *bot eller ~* fine or imprisonment.
fengsels|anstalt penal institution. **-betjent** prison officer; *(hist)* warder; **US** prison guard. **-direktør** (prison) governor; **US** warder (of a prison). **-gård** prison yard. **-kirke** prison chapel. **-lærer** tutor organizer. **-prest** prison chaplain. **-straff** (term of) imprisonment. **-vesenet** the prison service; the prison administration.
fengsle *(vb)* imprison, put in prison, commit to prison, confine; *(sperre inne)* incarcerate; *(vekke interesse hos)* captivate, fascinate, charm; *(legge helt beslag på)* absorb, engross; *~ ens oppmerksomhet* arrest *(el.* catch) sby's attention; *~ sine tilhørere* hold one's audience spell-bound, captivate one's audience.
fengslende absorbing, enthralling; *(interessant)* highly interesting.
fengsling imprisonment.
fengslingskjennelse *(jur)* committal order; *avsi ~ over* commit for trial.
fenomen phenomen|**on** *(pl:* -a).
fenomenal phenomenal.
fenrik *(mil)* second lieutenant; *(flyv)* pilot officer; **US** second lieutenant; *(sjøoffisers grad)* sublieutenant; **US** ensign; *~ (M)* engineer-sublieutenant.
ferd expedition; *(oppførsel)* conduct, behaviour (,**US**: behavior); *være i ~ med* be about; be in the process of *(fx* China is in the p. of developing into one of the world's greatest shipping nations); *gi seg i ~ med* set about, embark on, address oneself to; *hva er på -e?* what's the matter? *det er noe på -e* there's something in the wind; *det er noe galt på -e* there's something wrong *(el.* amiss); *det er fare på -e* there's danger afoot; mischief is brewing.
ferdes *vb (reise)* journey, travel; *(være i bevegelse)* move, walk; *~ i skog og mark* walk about the woods and fields.
ferdig *adj* **1***(rede)* ready; **2***(fullendt)* finished, done; **3***(utkjørt)* (absolutely) worn out, all in, dead-beat; *-e produkter* finished products; *vi* **blir** *~ med det i løpet av morgendagen* we shall finish it tomorrow in the course of the day; *det vil holde hardt å bli ~ (med dette arbeidet) til i morgen* it will be touch and go whether we (,I, *etc)* get this (job) finished by tomorrow; **gjøre** *~* get ready; *(fullende)* finish; **være** *~* **1.** be ready *(fx* are you ready?); have finished (one's work); **2***(fig)* be finished, be done for, have had it *(fx* he's had it); *etter denne skandalen er han ~* this scandal has finished him; **T** this scandal has done for him; this scandal has cooked his goose; *han er ikke (helt) ~ ennå* (1) he isn't (quite) ready yet; *stolen er nå helt ~* the chair is now quite finished; *jeg er helt ~* (3, *også)* I'm properly done up; *dette prosjektet beregnes å være ~ den 5. mai* the estimated date of completion of this project is May 5th; **være ~ med** have done with, have finished (with); *(fig)* be through with, have done with; *er du først nå ~ med arbeidet?* haven't you finished your work until now? have you only just finished your work? *er du ~ med blekket?* have you done with the ink? have you finished using the ink? *er du ~ med boka?* have you finished the book? *jeg er ~ med ham (fig)* I'm through with him; I've done with him; *da ekspeditrisen var ~ med kunden* when the shopgirl had finished with the customer; when the shopgirl had finished serving the customer; *jeg er ~ med permisjonen min* **T** my leave is up; **være ~ til trykning** be ready for the press, be ready for the printers, be ready to go to press.
ferdighet dexterity, skill, proficiency. **-sfag** *(i skole)* [subject demanding practical skill]. **-smerke** *(for speidere)* merit badge, proficiency badge.
ferdighus prefabricated house; **T** prefab.
ferdiglaget ready-made.
ferdigprodukt finished product, manufactured product; *råprodukter og -er* raw and manufactured products.
ferdigsydd ready-made.
ferdsel (road) traffic; *(se trafikk).*
ferdselsåre traffic artery; *(se hovedferdselsåre).*
ferdskriver *(flyv)* flight recorder; black box.
ferie holiday(s); *(især* **US***) vacation; (om embetsmanns, etc)* leave *(fx* he's on long leave in Europe); *(parl)* recess; *(jur)* recess, vacation; *(se sommerferie);* **god** *~!* (a) pleasant holiday! have a nice holiday! enjoy your holiday! *han ønsket dem god ~* he wished them a pleasant holiday; *~* **i** *utlandet* holiday(s) abroad; *to måneder er en* **lang** *~* two months is a long holiday; *~* **ved** *kysten* holiday(s) at the seaside; seaside holiday(s) **få** *fire ukers ~* get four weeks' holiday; **ha** *~* have a holiday; be having a holiday; be on holiday; *vi hadde en riktig fin ~* we had a very good *(el.* nice) holiday; we had a lovely holiday; **ta** *~* have *(el.* take) a holiday; *de kommer til å* **tilbringe** *-n i Paris* they will spend *(el.* be spending) their holiday(s) in Paris; *du* **trenger** *~* you need a holiday; **i** *-n* in the holidays, during the holidays; *hva har du tenkt å gjøre i -n?* what are you going to do for your holiday (this year)? *jeg vet ikke riktig hva jeg skal gjøre i -n* I don't know exactly what I shall be doing for my holidays; I don't know exactly what I shall do during *(el.* with) my holidays; *reise hjem i -n* go home for the holiday; *dra (el. reise)* **på** *~* go on (a) holiday; go on one's holiday; *han er på ~ i Spania* he is on holiday in Spain; he is holidaying in Spain; *(se juleferie; påskeferie; skoleferie; sommerferie);*
*Try and steer clear of any trouble these holidays!// We've had almost a week of the holiday without him already - such a waste!
ferie|dag day of a (,the) holiday; *på min første ~* on the first day of my holiday. **-kurs** holiday course. **-lesning** holiday reading. **-opphold** holiday (stay).
feriere *(vb)* be on a holiday.
ferie|reise holiday trip. **-reisende** holiday maker. **-stemning** holiday mood. **-tur** holiday trip. **-vikar** leave substitute; *(hjelpeekspeditør)* relief counter hand; *-er* casual staff.
ferist cattle grating.
I. ferje *(subst)* ferry boat, ferry.
II.ferje *(vb)* ferry.

ferjeavbrekk: *med ~ over de mange fjorder* with ferries across the numerous fjords.
ferje|folk *(pl)* ferrymen. **-mann** ferryman. **-sted** ferry.
ferment ferment.
ferniss varnish. **-ere** *(vb)* varnish.
fernissering varnishing.
fernisseringsdag varnishing day.
fersk fresh; *(fig)* green; *gripe på ~ gjerning* catch red-handed, catch in the (very) act.
fersken *(bot)* peach.
fersk|het freshness. **-vann** fresh water. **-vanns-** freshwater.
fert scent; *få -en av* scent; *(også fig)* get wind of.
fesjå cattle show.
fess *(mus)* F flat.
fest **1**(*privat)* celebration *(fx* we are having a little c. tonight); *(jvf selskap);* **2**(*offentlig)* celebration, festival, function, ceremony; **3**(*festmiddag)* feast, banquet; **4**(*barnehjelpsdag, basar, etc, ofte)* fête; **5**(*musikk-)* festival; **6**(*rel)* feast *(fx* the f. of St. Anthony), festival *(fx* the great Church festivals); *en stor ~* (1) a great celebration; **T** a great to-do; (2) a great festival, an important function; great festivities; (3) a big feast *(el.* banquet); *det var en ~ å høre ham* it was a treat to hear him; *(se avslutning).*
fest|aften gala night. **-antrekk** gala (dress), full dress; *(kjole og hvitt)* evening dress. **-arrangør** organizer of a (,the) festival; person in charge of the arrangements. **-belysning** festive illumination. **-blankett** greetings telegram form; *telegram på ~* greetings telegram. **-dag** *(offentlig)* public holiday; *(kirkelig)* feast day, festival; *(gledesdag)* day of rejoicing *(el.* festivity), great day, gala day, red-letter day. **-deltager** participant (in the celebrations, banquet, *etc).*
I. feste *(subst)* hold, grip; *(fot-)* foothold, footing.
II. feste *vb* **1**(*holde fest)* celebrate, have a party, have a jollification; feast; **2**(*gjøre fast)* fasten, make fast, secure, fix *(fx* a loose plank); attach; *~ blikket på* fix one's eyes on; *~ oppmerksomheten på* fix one's attention on; *~ noe på papiret* commit sth to paper *(el.* to writing); *~ seg i erindringen* impress itself on one's memory; *~ seg ved noe (legge merke til)* notice, take notice of; *(tillegge betydning)* attach importance to; *en -r seg særlig ved at* ... special importance is attached to the fact that ...; **3**(*tjenere)* hire *(fx* farm hands), engage *(fx* servants); *~ seg bort* take service; *la seg ~ hos* enter sby's service; *(se huspost).*
festemutter holding nut.
fest|forestilling gala performance. **-humør** festive spirits *(el.* mood).
festivitas festivity.
fest|kledd in gala; festively dressed, gaily dressed; *(i kjole og hvitt)* in evening dress. **-komité** (entertainment) committee, organizing committee. **-konsert** gala concert. **-lig** festive; *(morsom)* amusing; *(hyggelig)* nice; pleasant; *(munter)* lively; *en ~ anledning* a f. occasion; *~ dekorert* gaily decorated; *det var ~* it *(el.* that) was fun. **-ligheter** *(pl)* festivities, celebrations. **-middag** banquet.
festne *(vb): ~ seg (størkne)* harden *(fx* the mixture hardened into a solid mass); *(anta fast form)* assume definite form; *(om språkbruk)* become established; *(se II. feste 2).*
festning *(mil)* fortress, fort. **festnings|anlegg** fortification. **-arbeid** fortification. **-verk** fortification. **-vold** rampart.
fest|plass fête grounds. **-program** programme (,**US:** program) (of the festivities). **-sal** assembly hall. **-skrift** memorial volume, homage v., Festschrift; *(NB* a Miscellany in honour of X). **-stemning** festive mood *(el.* atmosphere); *byen var i ~* the town was in a festive mood; the t. was given up to rejoicing. **-tale** principal speech. **-tog** procession.
fet fat; *-e typer* heavy type *(fx* in h. t.), bold-faced type; *et -t embete* a lucrative office.
fetere *(vb)* make much of, fête.
fetevarehandler *(glds)* pork butcher.
fetevarer *glds (pl)* delicatessen.
fetisj fetish.
fetisjdyrkelse fetishism, fetish worship.
fetladen running to fat, fattish, on the fat side, plump(ish), somewhat stout, podgy.
fetning fattening.
fetsild fat herring.
fett *(subst)* fat; *(til smøring)* grease; *det er ett ~* it's all the same *(for meg* to me); *bli stekt i sitt eget ~* stew in one's own juice; *(glds)* be hoist with one's own petard. **-aktig** fatty. **-dannelse** formation of fat.
fette *(vb)* grease, besmear with grease.
fetter cousin; male cousin. **-skap** cousinship.
fettet greasy.
fett|flekk grease spot. **-gehalt** fat content. **-innhold** fatty content. **-kjertel** sebaceous gland. **-klump** lump of fat. **-kopp** grease cup. **-sprøyte** grease gun. **-stift** wax crayon. **-stoff** fatty substance, fat. **-svulst** fatty tumour (,**US:** tumor). **-syre** fatty acid; *(sebacinsyre)* sebacic acid; *(u)mettet ~* (un)saturated fatty acid. **-vev** adipose *(el.* fatty) tissue.
Fia *(i tegneserie)* Maggie; *hun er en ordentlig ~* she's a shrew; *«~ og Fiinbeck»* 'Bringing up Father'.
fiasko failure, fiasco; **T** flop; *gjøre ~* fail (utterly).
fiber fibre; **US** fiber.
fideikommiss trust, settlement; *(gods)* entailed property *(el.* estate).
fidibus spill, pipe light(er).
fidus *(tillit)* confidence *(til* in).
fiende enemy; *(glds & poet)* foe; *dødelig ~* mortal e.; *menneskehetens største ~* the greatest enemy of mankind; *være en ~ av* be an enemy of; *skaffe seg -r* make enemies; *gjøre en til sin ~* make an enemy of sby; *gå over til -n* go over to the enemy; *gå i -ns tjeneste* take service against one's own country.
fiendsk hostile, inimical.
fiendskap enmity; hostility; *i ~ med* at enmity with.
fiendtlig hostile.
fiendtlighet hostility; *gjenoppta -ene* reopen hostilities.
fiff knack, trick.
fiffe *(vb): ~ seg* have a wash and brush-up, have a clean-up.
fiffig clever; *(listig, snedig)* cunning, sly; *det var ~ gjort* that was cleverly done; *det var ikke videre ~ gjort* that wasn't very smart.
figur figure; *gjøre en god ~* make a good show; *gjøre en meget god ~* make a brilliant show; **T** cut a dash; *gjøre en ynkelig ~* cut a poor figure; *ha en god ~* have a good figure; *portrett i hel ~* full-length portrait.
figurere *(vb)* figure.
figurlig figurative.
Fiinbeck *(i tegneserie)* Jiggs; *(se Fia).*
fik box on the ear.
fike *(vb)* box sby's ears.
fiken *(bot)* fig. **-blad** fig leaf; *(danserinnes, etc)* cache sex. **-tre** fig tree.
fikle *(vb)* fumble; *~ med* tamper with.
fiks smart; chic; *~ idé* fixed idea; obsession; idée fixe; *~ og ferdig* all ready; *det var -t gjort*

it was a smart piece of work; ~ *i tøyet* smartly dressed.

fikse *vb* **1**(*merk*) bear (the market), sell short, speculate for a fall; **2**(*greie å skaffe seg el. ordne*) wangle (*fx* he can always w. a leave); **3.:** ~ *på noe* smarten sth up; *historien ble -t på av en journalist* the story was touched up by a journalist; ~ *seg: se fiffe seg.*

fiksér|bad fixing bath. **-bilde** puzzle picture.

fiksere *vb* (*fastsette*) fix; (*se stivt på*) look fixedly at, stare hard at; ~ *en tegning* spray a drawing.

fiksfakserier (*pl*) hanky-panky; (*dikkedarer*) fuss.

fiksjon fiction.

fikslinje (*mask, etc*) reference line.

fiksstjerne fixed star.

fil 1. file; **2**(*kjøre-*) lane; *skifte* ~ change lanes; *velg* ~*!* get in lane!

filantrop philanthropist. **-i** philanthropy.

filantropisk philanthropic.

filateli philately, stamp collecting.

filatelist philatelist.

file *vb* (*bearbeide med fil*) file.

filer|e (*vb*) net. **-ing** netting.

filet (*stykke av kjøtt el. fisk*) fillet; (*hos slakt*) tenderloin; (*se indrefilet*).

filharmonisk philharmonic.

filial branch; *åpne en* ~ open a branch.

filial|bank branch bank. **-bestyrer** branch manager. **-kontor** branch office.

filigransarbeid filigree.

filipens pimple, spot; *full av -er* pimpled, spotty.

Filippinene (*geogr*) the Philippines.

filippinsk Philippine.

filkjøring driving in lanes; (*jvf fil 2*).

fille rag, tatter; *rive i -r* tear to pieces; *samle -r* pick rags. **-dukke** rag doll. **-frans** ragamuffin. **-gamp** jade. **-greier** (*pl*) rubbish; *det er noen ordentlige* ~ it's just r.! **-kremmer** rag-and-bone man, rag-man. **-onkel** [father's or mother's male cousin]; (*ofte*) uncle (by adoption). **-rye** woven rug, rug. **-tante:** *se -onkel.*

fillet(e) ragged, tattered.

film film; *lyd-* sound f.; *jeg hørte det på* ~ I heard it on the films; *jeg hørte uttrykket på en* ~ I heard this expression in a f.; *kjøre en* ~ *baklengs* run (*el.* play) a f. backwards; *lage en* ~ make (*el.* produce) a f.; *se en* ~ see a film (*el.* picture); **T** do a flick, go to the flicks; *spille inn en* ~ make a f.; *vise fram* (*el. kjøre*) *en* ~ show a f., run (through) a f.; (*se søtladen*).

filmarkitekt art director.

film|atelier film studio. **-atisere** (*vb*) film, filmize, make a screen version of. **-atisk** filmic, cinematic. **-avisen** the newsreel. **-byrå** film agency.

filme (*vb*) film, take a film, make a film; (*opptre i film*) act in a film (*el.* in films); ~ (ɔ: *gjøre opptak*) *på stedet* shoot location scenes.

film|instruktør film director. **-kamera** film camera; (*især* **US**) movie camera; (*se smalfilmkamera*) **-kontroll** film censorship. **-redigering** editing. **-selskap** f. company. **-skuespiller** f. actor, screen a. **-skuespillerinne** f. actress, screen a. **-stjerne** film star. **-tekst** subtitle (*fx* French films with English subtitles).

filolog 1. Arts (*el.* arts) student; student of (German, French, *etc*) language and literature; (*glds*) philologist; **2.** holder of an Arts degree; holder of degree of' cand. philol.' or' cand. mag.'; *realistene har gjennomgående en kortere studietid enn -ene* it is usually quicker to get a science than an Arts degree.

filologi Arts; arts; arts subjects; (study of) language and literature; (*glds*) philology; *germansk* ~ Germanic studies; *klassisk* ~ classics.

filologisk literary and linguistic (*fx* studies); (*glds*) philological; ~ *student: se filolog 1.*

filosof philosopher. **-ere** (*vb*) philosophize. **-i** philosophy. **-isk** philosophic(al).

filspon (*pl*) filings.

filt felt.

filter filter, strainer; (*se luftfilter*).

filthatt felt hat.

filtre (*vb*): ~ *seg sammen* become matted (*el.* entangled).

filtrerapparat filter. **filtrere** (*vb*) filter, strain.

filtrering filtration, straining.

filtrer|papir filter paper. **-pose** jelly-bag.

filt|sko felt shoe. **-såle** felt sole.

filur sly dog; clever Dick.

fin fine; (*sart*) delicate; (*fornem*) distinguished; (*passende*) proper; (*utsøkt*) choice; *ha -e fornemmelser* have social aspirations; be genteel; *det er -e greier!* (*iron*) here's a nice (*el.* pretty) kettle of fish! here's a fine go! this is a fine mess! (*jvf flott*); *en* ~ *hentydning* a delicate hint; ~ *hørsel* a quick ear; *en* ~ *iakttager* a shrewd observer; *en* ~ *personlighet* a noble personality; *den -e verden* the fashionable world, the w. of fashion; *han hadde det -t* (*i selskapet*) he had a fine time (at the party); *-t trykk* small print; *-e nyanser* nice shades.

finale finale; (*sluttkamp*) final, finals (*fx* he was in the finals).

finans finance; *hvordan er det med -ene dine?* **T** how are your finances?

finansbokføring financial accountancy (*el.* accounting).

finans|budsjett budget. **-departementet UK** the Treasury; **US** the Treasury Department; (*i andre land*) the Ministry of Finance. **-er** (*pl*) finances. **-forvaltning** management of the public revenue (and finance); (*vesenet*) the Treasury. **-fyrste** business magnate; tycoon. **-iell** financial; *av -e hensyn* for f. reasons; ~ *støtte* f. support. **-ier** financier. **-iere** (*vb*) finance; (*støtte*) back.

finansiering financing; *overta -en av noe* undertake the f. of sth, finance sth: *sikre -en av et foretagende* assure the financing of an enterprise.

finansieringsplan financing plan (*el.* scheme *el.* programme).

finans|mann financier. **-minister UK** Chancellor of the Exchequer; **US** Secretary of the Treasury; (*i andre land*) Minister of Finance, Finance Minister. **-operasjon** financial transaction; *det var ingen* ~ it was not a very lucrative proposition. **-politikk** financial policy. **-politisk** politico-financial. **-rådmann** chief financial officer. **-toll** fiscal duty. **-utvalg** finance committee; **UK** (*dels*) the Committee of Ways and Means; (*dels*) the Committee of Supply. **-vesen** finance (department). **-år** fiscal year; (*jvf regnskapsår*).

fin|brenne (*vb*) refine. **-bygd** delicate, delicately built, of delicate build.

fin|er veneer; (*kryss-*) plywood. **-ere** (*vb*) veneer.

finesse subtlety; nicety, finer point (*fx* the f. points of the game); *det er en* ~ *ved dette apparatet* there is a special point about this apparatus.

finfin A one, superfine, tip-top.

finfølelse delicacy, tact.

finger finger; *ha en* ~ *med i spillet* have a f. in the pie; *vil ikke røre en* ~ *for å* will not lift a finger to; *gi ham en* ~*, og han tar hele hånden* give him an inch and he will take an ell; *fingrene av fatet!* hands off! *han klør i fingrene etter å* ... his fingers itch to ...; *få fingrene i* lay hands on; *se gjennom fingrene med* connive at, wink at; *få over fingrene* get a rap on the knuckles; *jeg skal ikke legge fingrene imellom* I shall not spare him (,her, *etc*); *telle på fingrene*

count on one's fingers; *han kan det på fingrene* he has it at his fingers' ends; *se en på fingrene* watch sby closely, keep an eye on sby; *han har et øye på hver* ~ he has all his eyes about him.
fingeravtrykk fingerprint.
fingerbredde the breadth of a finger, finger's breadth (*fx* two finger's breadths).
fingerbøl thimble; *(for kasserer, etc)* fingerette.
fingere *(vb)* feign, pretend, simulate.
fingerferdig handy, dexterous, good with one's hands, skilful (*el.* deft) with one's fingers.
finger|ferdighet handiness, dexterity; *(mus)* skill of execution. **-kløe** itching fingers. **-krampe** cramp in the finger(s); *(fagl)* dactylospasm (of the finger). **-kyss** blown kiss; *sende en et* ~ blow sby a kiss. **-nem** handy, dexterous, good with one's hands, nimble-fingered. **-nemhet** handiness, dexterity. **-pek** hint, intimation, pointer, lead (*fx* give me a lead); *(jvf pekefinger).*
finger|setning *(på piano)* fingering. **-smokk** *(bandasje)* finger-stall; **T** dolly. **-spiss** finger tip; *hun er kunstnerinne til -ene* she is an artist to her finger tips; she is an a. through and through; *han kjente det helt ut i -ene* he could feel it right down to his finger tips; *(se fingertupp).* **-språk** finger language, manual alphabet. **-tupp** finger end, f. tip, end (*el.* tip) of the finger; *(se fingerspiss).* **-tykk** as thick as a finger, about half an inch thick. **-øvelser** *(pl)* finger exercises.
fingre *(vb)* finger; ~ *ved noe* finger sth.
finhet fineness; delicacy.
fin|innstille, *(vb)* adjust (*el.* set) finely. **-justere** *(vb)* trim; tune (*fx* the engine).
finish finish; *overflate-* surface finish.
finkam small-toothed comb.
finke *zool (fugl)* finch.
finkjemme *(vb)* comb (*fx* a wood for missing children).
finkornet fine-grained.
Finland *(geogr)* Finland.
fin|male *(vb)* grind finely. **-masket** fine-meshed.
finmekaniker instrument maker, precision mechanic.
finmekanikk precision (*el.* fine) mechanics.
finn Laplander, Lapp.
I. finne *subst (finnlender)* Finn.
II. finne *subst (på fisk)* fin.
III. finne *subst (i huden)* blackhead, pimple.
IV. finne *(vb)* find; *jeg kan ikke ~ boka akkurat nå (også)* I can't lay my hands on the book just now; ~ *døden* meet one's death; ~ *kjøpere* find buyers; ~ *leilighet* find an opportunity; ~ *sted* take place; *dersom De -r for godt* if you think proper, if you choose; ~ *fram* find, bring to light; find one's way; *hunden hans er helt usedvanlig flink til å ~ hjem igjen (også)* his dog has extraordinary homing instincts; ~ *igjen* recover; ~ *på* think of, hit (up)on; ~ *tilbake* find one's way back; ~ *ut* find out; ~ *ut av* make out; *jeg kan hverken ~ ut eller inn* I can make nothing of it; ~ *seg i* put up with, stand; submit to; *det er grenser for hva jeg vil ~ meg i* there is a limit to what I will put up with; ~ *seg til rette (ɔ: bli vant til forholdene)* find one's legs; settle in; *han har funnet seg godt til rette ved vår skole* he has settled well in our school.
finner finder.
finner|lønn (finder's) reward.
finnes *vb (passiv av å finne)* be found; *(være til)* be, exist; *(forekomme)* occur, exist.
finnested 1. finding place; **2**(*bot & zool)* habitat.
finnet *(i ansiktet)* pimpled, spotty.
finnhval *(zool)* fin whale; finback; finner.
finnsko [Lapp slippers of reindeer skin].
fin|pusse *(vb)* clean, polish; *(pynte på)* trim; *(legge siste hånd på)* finish; *(mur)* lay on (*el.* apply) the setting coat; ~ *noe (fig)* give the finishing touch to; *bruk en del tid på å ~ besvarelsen omhyggelig* spend some time in careful revision of your work. **-sikte** *(vb)* sift finely.
finsk Finnish.
Finskebukta the Gulf of Finland.
fin|skåret cut fine, shredded (*fx* tobacco). **-spist:** *være* ~ be a small eater. **-støtt** finely powdered.
finte *(i fektekunst)* feint; *(list)* trick, ruse; *(spydighet)* jibe, dig (*fx* that was a d. at me); *en velplassert* ~ a home thrust.
fintfølende sensitive; delicate.
finvask fine washing.
fiol *(bot)* violet. **-blå** violet.
fiolett violet.
fiolin *(mus)* violin; **T** fiddle; *spille annen ~ (fig)* play second fiddle. **-bue** violin bow.
fiolinist violinist.
fiolin|kasse violin case. **-nøkkel** violin clef. **-stol** bridge of a violin. **-streng** string of a violin. **-virtuos** virtuoso on the violin; great violinist.
fiolon|sell *(mus)* violoncello. **-sellist** violoncellist.
fiolrot *(bot)* orris root.
fippskjegg pointed beard, goatee.
fir|bent four-legged, four-footed, quadruped; *et ~ dyr* a quadruped; *våre -e venner* our animal friends. **-bladet** *(bot)* four-leaved; *(om propell)* fourblade. **-dobbelt** quadruple, fourfold; *det -e beløp* four times the amount, an a. four times as large. **-doble** *(vb)* quadruple, multiply by four.
I. fire *(tallord)* four; *på alle* ~ on all fours; *i ~ eksemplarer* in four copies, in quadruplicate; ~ *lange (i poker)* four of a kind; *tjue-* twenty-four.
II. fire *(vb)* ease off, pay out (*fx* a line); veer (away); lower; *(fig)* yield, give way; *(se part).*
firedel fourth, quarter.
Firenze *(geogr)* Florence.
firetakts- four-stroke (*fx* a f.-s. engine).
firetall (figure) four; *(se sekstall).*
fir|fisle *(zool)* lizard. **-hendig** *(mus)* for four hands. **-hendt** four-handed. **-kant** quadrangle. **-kantet** quadrangular. **-klang** *(mus)* seventh chord. **-kløver 1**(*bot)* four-leaf clover; **2**(*fire)* quartet. **-kort** *(kort)* happy families.
firling quadruplet; *få -er* give birth to quadruplets.
firma firm; *under* ~ under the style of.
firmabil company car.
firmafortegnelse *(bransjefortegnelse i telefonkatalog)* classified directory.
firmament firmament.
firma|merke trade mark. **-navn** firm name. **-register** register of firms; *-et* the Commercial Register; the Trade Register **UK** the Registrar of Companies; *(se handelsregister).* **-stempel** firm's stamp.
firmenning third cousin.
firskåren square(-built), thickset, stocky.
fir|spann: *kjøre med* ~ drive four-in-hand. **-spenner** four-horse(d) carriage. **-sprang:** *i fullt* ~ at a gallop, at full speed.
fir|stemmig *(mus)* four-part. **-strøken** *(mus)* four -lined.
firtoms four-inch.
firårig four-year-old.
fis *(vulg)* wind; *(vulg)* fart. **fise** *vb (vulg)* break wind; *(vulg)* fart.
fisk 1(*zool)* fish; **2**(*typ)* pie; *så frisk som en* ~ fresh as a daisy, fit as a fiddle; *hverken fugl eller* ~ neither fish nor flesh nor good red herring; neither (the) one thing nor the other; *-en biter ikke* the fish won't bite; *falle i* ~ go wrong, go to pot; *(typ)* be pied; *våre planer falt*

fullstendig i ~ our plans came to nothing, our plans fell about our ears; *i slikt selskap føler jeg meg som en ~ på land* in such company I feel like a fish out of water; *jeg føler meg som -en i vannet* I feel completely in my element; I feel just right.

I. fiske *(subst)* fisheries, fishing; *ha ~ som levevei* fish for a living; *(se hjemme-, kyst-, silde-).*

II. fiske *(vb)* fish, angle (for fish); *~ i en elv* fish a river; *~ ørret* fish for trout; *han er flink til å ~ (også)* he is good with rod and line; *~ i rørt vann* fish in troubled waters; *~ med flue* fly-fish, *~ med mark* bait-fish; *~ tomt* unstock, draw.

fiske|agn bait. **-aktig** fishlike, fishy. **-avl** fish farming; pisciculture. **-ben** fishbone; *(ski)* herring-bone; *hun satte et ~ i halsen* she got a fishbone (stuck) in her throat; a fishbone stuck in her throat. **-bestand** (fish) stock; stock(s) of fish; fisheries resources; *(i statistikk, også)* fish population. **-bestikk** fish knife and fork. **-blære** sound. **-bolle** fish ball. **-brygge** fish pier. **-brønn** *(i båt)* fish-room, well; *(for levende fisk)* live-well. **-båt** fishing boat *(el.* smack). **-fangst** *(utbytte)* haul, catch. **-farse** [minced fish]. **-garn** fishing net. **-gjelle** gill. **-greier** *(pl)* fishing tackle. **-handler** fishmonger. **-hermetikk** tinned fish (products); **US** canned fish. **-hermetikkindustri** fish-packing industry. **-kake** fish cake. **-kort** fishing licence. **-krok** fishhook. **-lim** fishglue. **-lukt** smell of fish, fishy smell. **-lykke:** *kanskje De vil prøve -n?* perhaps you would like to to try some angling? **-melke** milt, soft roe. **-oppdrett** fish farming; pisciculture. **-oppsynsmann** bailiff.

fisker fisherman; *(sports-)* angler, fisherman. **-båt** fishing boat *(el.* smack).

fiske|redskap fishing tackle. **-rett** fish dish; *(rettighet)* right of fishing, fishing right(s).

fiskeri fishery.

Fiskeri|departementet the Ministry of Fisheries. **-grense** fishing limit *(fx* a 12-mile f. l.). **-lov** Fisheries Act. **-oppsyn** fishery protection, f. inspection. **-oppsynsskip** f. protection vessel. **-produkter** *(pl)* fish produce.

fiskerisp fish-scale.

fiskerjente fisherman's daughter.

fiskerkone fisherman's wife; *(som selger fisk)* fishwife.

fiskerogn roe, hard roe; *(især gytt)* spawn.

fiske|ruse: *se ruse.* **-skjell** fish-scale. **-skøyte** (fishing) smack. **-snøre** fishing line, fishline. **-spade** fish slice. **-stang** fishing rod. **-stim** shoal of fish. **-torg** fishmarket. **-tur** fishing trip *(el.* expedition); *(ofte =)* fishing holiday *(fx* he is on a f. h. in Norway); *dra på ~* go (out) fishing. **-utklekking** hatching (of fish). **-vann** good lake for fishing. **-vær 1.** fishing station; **2.** fishing weather. **-yngel** fry; *sette ut ~ i en elv* stock a river with fry.

fiss *(mus)* F sharp.

I. fistel *(med.)* fistula.

II. fistel *mus (stemme)* falsetto.

fjas foolery, tomfoolery, nonsense.

fjase *(vb)* flirt; *~ bort tiden* fool away one's time.

fjel *(brett)* board.

fjell mountain, hill; *(om grunnen)* rock; *~ og dal* mountain and valley, hill and dale; *skog og ~ (poet)* wood and fell; *fast som ~* as firm as a rock; *hogd i harde -et* cut out of the solid rock; *på -et* in the mountains; *til -s* up into the mountains; *(se forrevet).*

fjell|bekk mountain brook *(el.* stream). **-bu** mountain dweller, highlander. **-bygd** mountain district.

fjellerke *(zool)* shore lark.

fjell|folk *(pl)* highlanders, mountain people. **-hammer** crag. **-heimen** *(kan gjengis)* the mountain wilds. **-kam** m. crest. **-kjede** range of mountains. **-klatrer** mountaineer, alpinist. **-kløft** ravine. **-knaus** rock *(fx* the house is shut in between high rocks). **-land** mountainous country. **-massiv** mountain mass; massif. **-rabbe** mound of rock; *(jvf åsrygg).* **-ras** rockslide. **-reglene** the mountain code. **-rygg** mountain ridge. **-rype** *(zool)* ptarmigan. **-sikringstjenesten** the mountain rescue service. **-skred** landslide. **-skrent** cliff, precipice. **-stue** mountain inn. **-tind** m. peak. **-tomt 1.** rocky site; **2.** site in the mountains. **-topp** mountain top; *(se svimlende).*

fjelltur mountain tour, walking tour in the mountains; *(kortere)* mountain walk; *(det å, også)* hill-walking; *dra på ~* go on a walking tour in the mountains, go tramping in the mountains; *(se I. tur).*

fjell|vann mountain lake. **-vegg** rock wall. **-vett** common sense in the mountains; *vis sunt ~!* show some common sense in the mountains! **-vidde** mountain plateau. **-ørret** m. trout.

fjerde *(tallord)* fourth; *det ~ bud (svarer hos anglikanerne til)* the fifth commandment; *for det ~* in the fourth place, fourthly. **-del** fourth (part), quarter; *-s note (mus)* crotchet. **-mann:** *være ~* make a fourth. **-part:** *se -del.*

fjern far, far-off, distant, remote; *i det -e* in the (remote) distance; *fra ~ og nær* from far and near; *det være -t fra meg å* far be it from me to; *ikke den -este idé om* not the remotest idea of; *ι en ikke ~ fremtid* in the not distant future; *i en ~ fremtid* at some remote future date; *-e tider* the distant past, d. periods; *(se også fjernt).*

fjerne *(vb)* remove *(fx* soot from the valve heads), take away *(fx* cars taken away by the police); *~ seg* go away, withdraw.

fjernelse removal; withdrawal.

fjern|het remoteness; distance. **-ledning** *(jernb)* transmission line. **-lys** *(på bil)* main *(el.* full *el.* driving) lights, main *(el.* high) beam. **-melder** *(jernb =* **T** lang linje) distant signal. **-seer** televiewer. **-skriver** teleprinter. **-syn** television, TV; **T** telly; *internt ~* closed-circuit television; *se på ~* **T** look at the telly; *(se også TV).* **-synsapparat** TV set.

fjernt *(adv)* far, far off, remotely, distantly.

fjernutløser *(fot)* distance release.

fjernvalg *(tlf)* dialled trunk call; trunk dialling; **US** direct distance-dialling.

fjernvarme heating from a distant supply source; district heating; **US** heating from a central heating-plant.

fjes T mug.

fjetret spell-bound, bewitched.

fjolle *(vb)* behave like an idiot. **fjollet** foolish, silly. **fjollethet** foolishness, silliness.

fjols (drivelling) fool, idiot, halfwit.

fjompenisse T pipsqueak.

fjong stylish, smart; **S** posh.

fjord inlet; *(i nordiske land)* fjord. **-botn** head of the fjord. **-gap** mouth of the fjord; *et ~* the m. of a f.; *-et* the m. of the f. **-tur** f. cruise.

fjor|gammel: *se årsgammel.* **-kalv** yearling calf.

fjorten *(tallord)* fourteen; *~ dager* a fortnight; **US** two weeks.

fjortendaglig fortnightly; **US** every two weeks.

fjortende fourteenth.

fjorten|(de)del fourteenth. **-årig, -års** fourteen-year-old.

fjoråret last year.

fjær feather; plume; *(på lås, etc)* spring; *smykke seg med lånte ~* strut in borrowed plumes;

not og ~ (i pløyd bord) groove and tongue; *(se pjusket).*
fjær|aktig feathery. **-ball** shuttlecock. **-blad** spring leaf. **-bukk** spring bracket *(el.* hanger). **-busk** plume. **-dannet** penniform, shaped like a feather. **-drakt** plumage; feathers. **-dyne** featherbed.
I. fjære *(ebbe)* ebb, ebb-tide, low water; *(strand)* beach, sands; *flo og ~* the tides; low tide and high tide; *(sj)* ebb and flow.
II. fjære *vb (gi etter)* have spring, be resilient, be springy.
fjærende elastic, springy; resilient.
fjær|fe poultry. **-feavl** poultry breeding. **-felling** moulting.
fjæring springing; *uavhengig ~* independent s.
fjærkledd feathered; plumed.
fjær|kledning plumage; feathers. **-klipp** *(om hårfasong)* feathercut. **-kre:** *se -fe.* **-lett** feathery, light as a feather. **-opphengning** spring suspension. **-penn** quill (pen). **-ring** circlip. **-sky** cirrus (cloud). **-topp** tuft of feathers, crest. **-vekt** *(sport)* featherweight. **-vilt** winged game,' feather'.
fjøl: *se fjel.* **fjør:** *se fjær.*
fjøs cowshed, cowhouse; *(i Skottland)* byre, **US** cow barn. **-drift** dairying. **-krakk** milking stool. **-nisse T** old fog(e)y. **-røkter** cattleman. **-stell** dairy management.
fjåset foolish.
fk *(= forkortet)* abbr., abbrev.; *fk.f. (= forkortet for)* abbrev. for.
flabb *(gap)* chaps, jaws; *(nesevis fyr)* impudent fellow; *(laban)* unlicked cub, puppy.
flabbet impertinent, cheeky.
flaberg (naked) rock, flat rock.
flabrød *(flatbrød)* [thin wafer crispbread].
flagg flag; ensign; *føre norsk ~* fly *(el.* carry) the Norwegian flag; *føre falsk ~* fly *(el.* sail under) false colours (,**US** colors); *heise ~* hoist the flag; *stryke ~* strike one's colours; *hilse med -et* dip the flag; *seile under falsk ~* sail under false colours; *han har tonet ~ (fig)* he has shown himself in his true colours.
flagg|dag: *offentlig ~* official flag-flying day; *(se merkedag).* **-duk** bunting.
flagge *(vb)* put out flags, fly a flag; *~ for* fly the flag in honour of; *~ på halv stang* fly the flag at half mast.
flaggermus *(zool)* bat.
flagging the flying of flags.
flaggkvartermester *mar (i Royal Navy intet tilsv);* **US** senior chief petty officer *(fk* SCPO); *(NB en eneste person har i Royal Navy graden* Fleet Chief Petty Officer *(fk* FCPO); i US Navy: Master Chief Petty Officer of the Navy *(fk* MCPO)).
flaggline *(mar)* flag halyard.
flaggskip flagship.
flagg|smykt gay with flags, beflagged. **-stang** flagstaff.
flagrant flagrant; *in flagranti* in the very act.
flagre *vb (også fig)* flutter; *(med vingene)* flap; *-nde lokker* flowing locks.
flak flake; *(av is)* floe.
flakke *(vb): ~ om* roam, wander; *med -nde øyne (neds)* shifty-eyed.
flakong (small) bottle, flacon.
flaks *(med vingene)* flapping, flutter; **T** *(hell): ha ~* be in luck, be lucky.
flakse *(vb)* flap; *fuglen -t med vingene* the bird flapped its wings; *han -r med armene (ski)* he is wind-milling.
flambere *(vb)* flame *(fx* a pancake).
flamingo *(zool)* flamingo.
flamlender Fleming.
I. flamme *(subst)* flame; *(i trevirke)* wave (grain); *åpen ~* naked flame; *bli fyr og ~ for* become enthusiastic about; *huset står i -r* the house is in flames.
II. flamme *vb (brenne)* blaze; flame; *en -nde ild* a blazing fire; *~ i været* flare up, blaze up.
flamme|hav sea of flames; blaze; *omkomme i -havet* perish in the flames. **-skjær** fiery glow. **-skrift** fiery characters. **-spill** the play of flames; *det levende ~* the open fire, the flickering flames.
flammet waved, flamed.
flamsk Flemish.
Flander|n *(geogr)* Flanders. **f-sk** Flemish.
flanell flannel.
flanellograf flannelboard; *bilde satt opp på ~* flannelgraph.
flanke flank; *falle i -n* attack in the flank. **-angrep** flank attack.
flankere *(vb)* flank.
flarn snaps; *~ med smørkrem* butterscotch snaps.
I. flaske bottle; *(medisin- også)* phial; *helle på -r* bottle; *øl på -r* bottled beer.
II. flaske *(vb): ~ opp* bring up by hand; *~ seg* work out, pan out; *det -r seg nok* it will work out all right in the end; *nå begynner det å ~ seg* T now things are beginning to hum.
flaske|bakke coaster. **-etikett** label. **-fôr T** drink(s); **T** booze. **-hals** bottleneck. **-kork** cork, stopper. **-pant** bottle deposit *(fx* 20p including the b. d.); deposit on the bottle; *betale pant for flaska* pay a deposit *(fx* of 10p) on the bottle; *5p i ~* 5p back *(el.* refund) on the bottle. **-post** message enclosed in a bottle (esp. from shipwrecked mariners, *etc);* drift bottle. **-skår** *(pl)* broken bottles.
flass *(i håret)* dandruff *(fx* he has a lot of d.); scurf.
flasse *(vb)* have dandruff *(el.* scurf); suffer from dandruff *(el.* scurf; *~ av (om maling)* flake off; scale off; *(om hud)* peel off; *maling som -r av* flaking paint; *han -r av på nesen* his nose is peeling.
flat flat; *(jevn)* level, even; *(slukøret)* crest-fallen; *føle seg ~* feel silly;*den -e hånd* the flat of the hand; *på ~ mark* on the flat, on *(el.* along) the level; *slå ham ~* **T** wipe the floor with him, knock him into a cocked hat.
flat|brystet flat-chested; **T** flat as a board. **-brød:** *se flabrød.* **-bunnet** flat-bottomed.
flate **1***(utstrakt areal)* expanse *(fx* a huge e. of water), sheet *(fx* a broad s. of water, ice, snow); *(slette)* plain, level; **2***(overflate)* surface; **3***(flat side)* flat *(fx* the f. of the hand, the f. of the sword); *plan ~* plane; *skrå ~* inclined plane.
flate|innhold area. **-lyn** sheet lightning. **-måling** area measuring.
flat|het flatness. **-lus** *(zool)* crab louse.
flatseng shakedown on the floor; *ligge på ~* have a bed made up on the floor; *(stivere)* be accommodated on the floor.
flattang flat-nose pliers, flat bit.
flattere *(vb)* flatter.
flattrykt flattened.
flau **1***(skamfull)* ashamed; **2***(pinlig)* embarrassing, awkward; **3***(banal)* insipid, vapid; **4***(merk)* dull, slack, stagnant; **5***(om vind)* light; *~ vind* light air; **6***(om smak)* insipid, tasteless, flat, stale; *-t øl* flat beer. *gjøre en ~* embarrass sby; *~ mine* sheepish face; *det ville være -t for oss om* ... we should look pretty silly if ...; *jeg er ~ over at* I am ashamed that.
flauhet flatness; dullness *(etc, se flau).*
flause *(fadese)* blunder.
flegma phlegm. **-tiker** phlegmatic person. **-tisk** phlegmatic.
fleinskallet bald.

flertall

'A foot loose . . .' – uregelmessig flertall

TRICKY TALES

På engelsk kan substantiv bøyes på ulike måter. Ikke alle substantiv følger den vanlige regelen som er tillegg av **-s** og **-es.**

1. Vokalendring

man	*men*	*mouse*	*mice*
foot	*feet*	*tooth*	*teeth*

2. -f blir til -v + es

thief	*thieves*	*wife*	*wives*
knife	*knives*	*calf*	*calves*

fleip impertinence, cheek; *(harmløst)* flippancy.
fleipet impertinent, cheeky; *(harmløst)* flippant.
flekk 1. stain, spot, mark; *(liten)* speck; *(større, uregelmessig)* blotch; *(klatt)* blot *(fx* b. of ink); **2***(merke på dyrs hud, etc, del av mønster)* spot; *(liten)* speckle; *fjerne -er* remove stains; *det setter -er* it leaves spots; *kom ikke av -en* made no progress; *var ikke til å få av -en* could not be induced to move.
flekke *(vb): ~ tenner* bare one's teeth.
flekket spotted, stained; *(spettet)* speckled; *~ sild* split herring; *(se bikkje).*
flekk|pagell *(fisk)* common sea bream. **-steinbitt** *(fisk)* smaller catfish.
fleksibel flexible.
flekterende: *~ språk* inflectional *(el.* inflective) language.
fleng: *i ~* indiscriminately, promiscuously.
I. flenge *(rift)* slash, gash; *(i tøy)* rent, tear.
II. flenge *(vb)* slash; tear.
flens|e *(vb)* flense. **-ing** flensing.
flere more; *(atskillige)* several; *(forskjellige)* various; *... og enda mange ~* and many more besides; *~ ganger* several times; *hvem ~?* who else? *ikke ~* no more; nobody else; *etter ~ månders fravær* after months of absence.
fler|guderi polytheism. **-het** plurality; majority. **-koneri** polygamy. **-sidig** many-sided, versatile; *en ~ overenskomst* a multilateral agreement. **-sidighet** versatility. **-stavelsesord** polysyllable. **-stemmig** polyphonic; *~ sang (det å)* part-singing.
flerre *(vb)* tear.
flersylindret: *~ motor* multi-cylinder engine.
flertall *(pluralis)* the plural (number); *(de fleste)* majority, plurality, generality; *det parti som har ~ i kommunestyret* the party which has a majority on the council.
flertalls|styre, -velde majority rule.
fler|tydig ambiguous. **-tydighet** ambiguity.
flervalgsoppgave multiple-choice paper.
flerårig several years old; *~ plante* perennial.
flesk pork; *stekt ~* = fried ham; *det er smør på ~* it's the same thing twice over; *du selger ~!* **T** slip on show! *(fk* S.O.S.); Charlie's dead!
fleskebog hand of pork; *(jvf skinke).*
fleske|fett pork fat. **-pannekake** ham pancake. **-pølse** pork sausage. **-svor** (bacon) rind.
flesket fat, flabby.
flest most; *som folk er ~* like the ordinary run of people; *de -e* most people; *de -e bøkene mine* most of my books; *i de -e tilfelle* in most *(el.* in the majority of) cases.
fletning plait, braid; *(det å flette)* plaiting, braiding.
I. flette *(subst)* plait; *(glds)* braid; *(nedover nakken)* pigtail; *(se musefletter).*
II. flette *(vb)* plait, braid; *~ en korg* make a basket; *~ en krans* make a wreath.
flettebånd ribbon for tying plaits.
flid diligence; *(arbeidsomhet)* industry; *(om åndsarbeid, også)* application; *gjøre seg stor ~* take great pains.
flight *(flyv)* flight *(fx* flight SK 691); *(se også flyvning).*
flik flap; corner; *(bot)* lobe.
flikk *(lapp)* patch.
flikke *(vb)* patch; *(sko)* cobble; *~ på* patch up.
flikkflakk: *slå ~* **1***(gym)* do a fly spring; **2:** *se II. floke.*
flikkverk patching, patchwork.
flimre *(vb)* flicker, shimmer.
flimring (TV) flicker.
flink clever, able; *~ i historie* clever *(el.* good) at history; *en ~ elev* an able pupil, a gifted p.
flint *(steinart)* flint; *fly i ~* be bursting with rage, fly into a rage; **T** fly off the handle; go off the deep end; *jeg var så sint på meg selv at jeg kunne fly i ~* I could kick myself; *hard som ~ (om person)* hard as iron *(el.* steel); **T** tough as nails; tough as old boots.
flintebørse flintlock.
flintestein flint.
flir grin; *(hånlig)* sneer.
flire *(vb)* giggle; *(hånlig)* sneer.
I. flis chip, splinter; *få en ~ i fingeren* get a splinter in one's finger.
II. flis *(flat stein)* tile; *(i brulegning)* flag(stone); *(vegg-, etc)* tile.
flise|gutt *jernb (stikningsassistent)* assistant surveyor. **-lagt** flagged; tiled. **-legger** tile-setter. **-spikkeri** hair -splitting, quibbling. **-t** chippy, splintery.
flitter tinsel. **-stas** tinsel.
flittig hard-working *(fx* a h.-w. pupil), diligent, studious, industrious, sedulous; *~ besøker* frequent visitor; *gjøre ~ bruk av* make diligent use of; *studere ~* study hard; *(se pliktoppfyllende).*
flo *(mots. ebbe)* flood tide, flood; *~ og fjære* low tide and high tide; the tides; *(se I. fjære).*
flod river. **-bølge** tide *(el.* tidal) wave; *(fig)* flood, wave. **-hest** *(zool)* hippopotamus; **T** hippo.

floghavre *(bot)* wild oat(s); wild oat grass.
I. floke *(subst)* tangle; *(forvikling)* tangle, complication, state of confusion; *i* ~ in a tangle; *løse en* ~ unravel a t., find a way out of a t.; *(se også vrang).*
II. floke: *slå* ~ beat goose, beat booby; *(spøkef)* beat oneself; *(jvf flikkflakk).*
III. floke *(vb):* ~ *seg sammen* become tangled.
floket tangled, complicated.
flokk *(skare)* crowd; troop, party, band, body; *(fe)* herd; *(sauer)* flock; *(hunder, ulver)* pack; *(fugler)* flight, flock; *ferdes i* ~ be gregarious; *løfte i* ~ pull together, join hands; *i* ~ *og følge* in a body.
flokke *vb (samle i flokk)* gather, collect; ~ *seg* flock, crowd, throng.
flokkes *(vb)* flock, crowd, gather; ~ *om* crowd round.
flokkevis: i ~ in crowds, in flocks.
flokk|silke spun silk. **-ull** flock (wool).
flokse *(flyfille)* gadabout.
flom flood; *(av ord)* torrent; *(oversvømmelse)* inundation, flood(s); *jeg håper du ikke har blitt fordrevet av -men* I hope you're not flooded out; *-men krevde 30 menneskeliv* the floods claimed thirty lives *(el.* victims); *-men truer landsbyen* the floods are threatening the village.
flom|belysning flood lighting *(el.* lights). **-belyst** flood-lit. **-herje|t:** *de -de områder* the flood-stricken areas. **-løp** spillway.
flomme *(vb):* ~ *over* overflow, run over.
flomskade damage caused by floods; *bygningene har fått store -r* the buildings have been badly damaged by the floods.
flomvann floods, flood water; *brua ble revet bort av -et* the bridge was swept away by the flood(s).
flo|mål *(el. -merke)* high-water mark.
I. flor *(sørgeflor)* crape.
II. flor *(blomstring)* bloom, flowering, blossom; *stå i* ~ bloom, be in full bloom; *(fig)* flourish.
flora *(bot)* flora.
Floren|s Florence. **f-tiner, f-tinerinne** Florentine. **f-tinsk** Florentine.
florere *vb (ha fremgang)* flourish, thrive, prosper.
florett foil. **-fektning** foil-fencing.
floskel empty phrase; *retoriske floskler* flowery rhetoric, flowers of rhetoric.
floss *(lo)* nap.
flosse *(vb)* fray. **flosset** *(slitt)* frayed.
flosshatt top hat, silk hat; **T** topper.
flotid flood-tide.
flotilje *(mar)* flotilla.
flott *mar (flytende)* afloat; *(fin, pyntet)* spruce, smart, dashing; *(rundhåndet)* liberal; generous, free with one's money; ~ *fyr* dashing fellow; *det er -e greier (anerkjennende)* **T** that's something like! that's the goods! *bringe* ~ *(mar)* get afloat; *komme* ~ get afloat, get off (the ground), be refloated; *leve* ~ live luxuriously; *(jvf fin).*
flotte *(vb):* ~ *seg* spread oneself, do things in style.
flottenheimer person of expensive habits.
flotthet extravagance, lavishness.
flottør float: *(i forgasser)* carburettor float; *(i sisterne)* ball-cock.
flottør|hus *(i forgasser)* carburettor chamber; **US** carburetor bowl. **-nål** *(i flottørhus)* float spindle *(el.* valve).
flu *(skjær)* reef, shelf.
flue *(zool)* fly; *dø som -r* die like flies; *slå to -r i ett smekk* kill two birds with one stone; *ha -r ihodet* have a bee in one's bonnet; *sette en -r i hodet* turn one's head; put ideas into sby's head.
flueeske *(sportsfiskers)* fly box.
flue|fanger flycatcher, flytrap, flypaper. **-netting** wire gauze. **-papir** flypaper. **-skitt** flyspecks, flyspots. **-smekker** flyswatter. **-snapper** *zool (fugl)* flycatcher. **-snelle** *(fiskesnelle)* fly reel. **-sopp** *(bot)* toadstool. **-stang** fly rod.
fluidum fluid, liquid.
fluks *(= straks)* at once, immediately, forthwith.
flukt *(det å flykte, det å fly)* flight; *(fra fangenskap)* escape; *tidens* ~ the flight of time; *vill* ~ rout, disorderly flight *(el.* retreat); *gripe -en* take flight; fly, flee; *slå på* ~ put to flight, rout; *i* ~ *med* flush *(el.* level) with, in line with *(fx* in l. with his previous statements); *-en fra landsbygda* the drift from the country, the flight from the land, the rural exodus.
flukt|forsøk attempted escape, attempt to escape, dash for liberty; *(fra fengsel)* **T** jailbreak bid; *under et* ~ while attempting to escape. **-stol** deck chair.
fluktu|asjon fluctuation. **-ere** *(vb)* fluctuate.
flunkende: ~ *ny* brand-new.
fluor *(kjem)* fluorine; *tilsette* ~ fluoridate *(fx* water); *(se fluorid).*
fluoren *(kjem)* fluorene.
fluorescerende fluorescent.
fluorforgiftning fluorosis.
fluorid *(kjem)* fluoride; *tilsatt* ~ fluoridated; ~ *i melk* fluoride in milk.
I. fly *subst* (aero)plane; *(kollektivt)* aircraft; **US** *(også)* airplane; *han drar av sted med* ~ *til X* he's setting off by plane to X; *han tok* ~ *til X* he took the *(el.* a) plane to X, he went by plane *(el.* air) to X, he flew *(el.* travelled by air) to X; *sende med* ~ send by air.
II. fly *(subst)* mountain plateau.
III. fly *(vb)* fly; travel *(el.* go) by air; take a *(el.* the) plane; *(fare, styrte)* rush; dash; dart; *døra fløy opp* the door flew open; *han liker ikke å* ~ he dislikes flying; he doesn't like travelling by air; *han har fløyet over Atlanterhavet* he has flown across the Atlantic; ~ *løs på en* fly at sby; ~ *jorda rundt (om reporter, etc)* fly about the world; *(se flint & flyvende).*
fly|alarm air-raid warning, alert; *en kortvarig* ~ a short alert. **-billett** air(line) ticket; plane *(el.* flight) ticket. **-dekke** air cover. **-dyktig** airworthy; *(om fugleunge)* fledged. **-elev** student pilot. **-frakt** air freight.
flyfille T *(neds)* gadabout.
flyge: *se III. fly.*
flygel grand piano, grand.
fly(g)ende: *se flyvende; flyende sint* in a towering rage, in a violent temper.
flyger: *se flyver.*
flyging: *se flyvning.*
flyhavn airport.
flying *(farting)* gadding about.
flykapring hijacking; air piracy; *forsøk på* ~ hijack attempt.
flykte *(vb)* run away, fly, take flight, flee *(fra* from); *(fra fangenskap)* escape *(fra* from); ~ *for fienden* run away before the enemy.
flyktende fleeing *(fx* the f. troops), fugitive.
flyktig *(kort, ubestandig)* fleeting, passing, transient, inconstant; *(overfladisk)* superficial, casual, cursory; *(hurtig)* quick; *(som lett fordamper)* volatile; *et* ~ *bekjentskap* a casual acquaintance; *et* ~ *blikk* a fleeting glance; *en* ~ *hilsen* a casual greeting.
flyktighet *(se flyktig)* transitoriness, inconstancy, superficiality, quickness; volatility.
flyktning fugitive, runaway; *(politisk)* refugee; *(p.g.a. militære operasjoner)* displaced person, D.P.
flyktningeorganisasjon refugee organization; *Den*

VOCABULARY

flyplass

At the airport

You are going abroad by air and have just arrived at the airport. You enter the departure hall and try to find the check-in counter for your flight. The hall is big, and there are so many check-in-islands – where is yours? You find it, check in and get a boarding card (with your luggage tag). You have remembered to tag your bags, right? Ready for the security check? If you have something metallic on you or in your pockets, remove it (just put it on the counter) or else it will beep while passing through the gate. Have a nice flight!

internasjonale ~ the International Refugee Organization *(fk* IRO).

fly|ledelse *(i lufthavn): se flyveledelse.* **-maskinist** flight engineer. **-mekaniker** air mechanic. **-motor** aircraft engine.

flyndre *(fisk)* flounder; *(kollektivt)* flatfish; *konge-* plaice; *sand-* sole.

flyoffiser air force officer.

fly|plass aerodrome, airfield. **-post** air mail; *med* ~ by a. m. **-rute** *(vei)* airway, air route; *(befordringstjeneste)* air service; *drive en* ~ operate an a. s. **-selskap** airline. **-sertifikat** pilot's licence. **-sikkerhet** air safety; *-en har etterhvert blitt et stort problem p.g.a. storm og tåke* air safety has come to be a great problem on account of storms and fog. **-stevne** air display.

flyte *vb (renne)* flow, run; *(på vannet)* float; *det vil* ~ *blod* there will be bloodshed; ~ *over* run over, overflow. **-bru** floating bridge. **-brygge** floating stage; *-r (pl)* **T** *(spøkefullt om føtter)* hoofs; *(om sko)* canoes, beetle *(el.* clod) crushers. **-dokk** floating dock. **-evne** buoyancy.

flytende fluid, liquid; *(tale)* fluent; ~ *foredrag* fluency of speech; *tale* ~ *engelsk* speak English fluently, speak fluent English; *i* ~ *tilstand* in a liquid state; *(se situasjon).*

fly|tid flying time, duration of a (,the) flight; *(bare om prosjektil)* time of flight; *-tider (avgangstider)* flights. **-time 1.** hour flown; **2.** flying lesson.

flytning removal.

flytningsgodtgjørelse compensation for removal expenses, payment of r. e.

flyttbar portable, movable.

flytte *(vb)* move; remove; ~ *inn* move in; ~ *ned (en elev)* move (a pupil) down a class; ~ *ned (,ut, etc) knappene* move the buttons down (,out, *etc);* ~ *en opp* move sby up (to the next form); *han ble -t opp* he went up, he got his remove, he moved up; *ikke bli -t opp (om elev)* stay down, not be moved up; **US** miss being promoted, miss one's promotion; *han ble ikke -t opp i år* he did not go up this year; ~ *seg* move, make room; *kunne du ikke* ~ *deg litt til høyre?* couldn't you move a little to the right?

flytte|bil furniture van, pantechnicon (van). **-byrå** firm of (furniture) removers. **-dag** removing day. **-folk** (furniture) removers. **-lass** vanful of furniture; removal load.

flyttfugl *(zool)* bird of passage.

flyttsame nomadic Lapp.

fly|tur flight; **T** hop. **-ulykke** (air) crash; *(mindre)* flying accident.

flyve: *se III. fly.*

flyve|blad leaflet, handbill, flysheet. **-båt** flying boat, seaplane. **-egenskaper** *(pl)* flying qualities. **-evne** ability to fly. **-ferdig** *(om fugl)* fledged. **-fisk** flying fish. **-fjær** flight feather. **-fot** foot with a flight membrane. **-idé** (passing) whim *(el.* fancy). **-kunst** aviation, (art of) flying. **-ledelse** *(i lufthavn)* aircraft control. **-leder** air traffic control officer.

flyvende flying; *i* ~ *fart* in a hurry, at top speed; ~ *tallerken* flying saucer.

flyver airman, flyer, flier; *(som fører maskinen, også)* pilot; *første-* chief *(el.* first) pilot; *annen-* second pilot, co-pilot, relief pilot.

flyvertinne air hostess, stewardess.

flyvesand shifting sand; *(om strekninger)* shifting sands.

fly|vinge wing. **-virksomhet** air activity.

flyvning flying, aviation; flight; *det er ingen -er til Paris i dag* there are no flights to Paris today; *foreta flere -er på Nord-Norge* lay on more flights to North Norway.

flyvåpen *(mil)* air force; *(se luftforsvar).*

flø *(om sjø): det -r* there is a rising tide, the tide is up.

flørt flirtation; *(person)* flirt.

flørte *(vb)* flirt.

I. fløte *(subst)* cream; *skumme -n* skim the milk, skim the cream off (the milk); *(fig)* take the lion's share.

II. fløte *(vb)* float, raft *(fx* timber); **US** drive.

fløte|aktig creamy. **-fjes** sissy face. **-horn** *(kake)* cream horn, French horn. **-kopp:** *se romkake.* **-mugge** cream jug. **-saus** cream sauce.

fløtning floating, rafting; **US** log driving.

fløtningsarbeid floating, rafting; **US** drive operation; *(det å)* log driving.

fløy *(vind-)* vane; *(av bygning)* wing; *(av dør)* leaf. **-dør** folding door.

fløyel velvet.

fløyels|aktig velvety. **-bløt** soft as velvet, velvety.

fløymann *(mil)* pivot; marker *(fx* right (,left) m.).

fløyt *(subst)* whistle; *(fugle-)* call *(fx* the call of a bird).

I. fløyte *subst (mus)* flute; *(pipe)* whistle, pipe.

II. fløyte *(vb)* whistle, pipe; *toget -t* the train whistled *(,elekt:* hooted).

fløyteklaff *(mus)* flute key.

fløyten: *gå* ~ **T** go by the board, go west, go phut; *så gikk det* ~*!* then `that's finished! that's torn it! that was that! *så gikk den ferien* ~ *(også)* then that holiday was *(el.* is) washed out.

fløyte|spiller flute player, flutist, flautist. **-stemme** flute (part). **-tone** flute tone, flutelike note.

fløyting whistling; piping.

flå *(vb)* flay, skin; *(fig)* fleece; ~ *av* strip off; *-dd til skinnet (fig)* bled white; *(se også overgang).*
flåeri fleecing, extortion.
flåhakke *(vb)* pare the turf off.
flåing flaying, skinning.
flåkjeft loose talker. **-et** flippant, loose-mouthed.
flåseri flippancy, disrespect.
flåset flippant, loose-mouthed, disrespectful.
flåte 1*(tømmer-)* (timber) raft; *rednings-* life raft; **2***(samling skip)* fleet *(fx* a f. of 50 ships; the fishing f.; a steamship f.; a f. of whalers); *koffardi-* f. of merchantmen; **3***(marine): Flåten* the Navy; *handels-* merchant *(el.* mercantile) marine, merchant navy; *hjemme-* Home Fleet; *liten* ~ flotilla.
flåte|basis naval base. **-besøk** visit of naval units. **-demonstrasjon** naval demonstration. **-manøver** naval manoeuvre. **-mønstring** naval review. **-stasjon** naval base, naval station.
fnatt *(med.)* itch, scabies. **-et** itchy. **-midd** itch mite, scab mite.
fnise *(vb)* giggle, titter.
fnising giggle, titter.
fnokk *(bot)* pappus.
fnugg speck (of dust); *(snø-)* flake, snowflake; *(fig)* scrap, shred.
fnyse *(vb)* snort; *(fig)* fret (and fume), chafe; *-nde sint* fuming with rage. **fnysing** snorting, snort.
fob *(fritt om bord)* f.o.b. *(fk.f.* free on board).
fogd *(hist)* bailiff.
I. fokk drifting snow; snowstorm.
II. fokk *mar (seil)* foresail.
fokke|bras *(mar)* forebrace. **-mast** foremast. **-skjøt** foresheet.
foksterrier fox terrier.
fokus *(brennpunkt)* focus *(pl:* foci *el.* focuses).
I. fold fold; *(legg)* pleat, fold; *(merke etter fold)* crease; *legge sitt ansikt i alvorlige -er* put on a grave face; *komme i sine gamle -er igjen* settle down (once more) in one's old ways; *alt har nå kommet i sine vante -er igjen* things have gone back into the old groove; *komme ut av sine vante -er* be unsettled.
II. fold: *gi fem* ~ yield fivefold.
folde *(vb)* fold, pleat; ~ *hendene* fold one's hands; ~ *noe sammen* fold up sth; ~ *ut* unfold.
folde|kast fold (of drapery). **-kniv** clasp knife.
I. fole *zool (ung hest)* foal; *(hankj.)* colt; *(hunkj.)* filly.
II. fole *vb (føde føll)* foal.
foliant folio.
foliere *(vb)* foil; *(nummerere)* foliate.
folio folio; *(konto)* current account; *på* ~ at call.
folio|ark foolscap (sheet). **-konto** current account; *innskudd på* ~ deposit at call, demand deposit; *(se konto).*
folk *(nasjon)* people *(pl:* peoples); *(mennesker)* people; *(arbeidere)* hands; *-ene (tjenerskapet)* the servants; *jeg kjenner mine* ~ I know the type; *hva vil* ~ *si?* what will people say? *hvis det kommer ut blant* ~ if that should get abroad.
folke|avstemning popular vote; *(om grensespørsmål, etc)* plebiscite; *(om lovforslag, etc)* referendum; *holde* ~ take a referendum (,a popular vote), hold *(el.* take) a plebiscite. **-bevegelse** popular movement. **-bibliotek** public library. **-bok** popular book. **-diktning** popular poetry. **-etymologi** popular etymology. **-ferd** race, type. **-fest** national festival, public rejoicing. **-fiende** enemy of the people.
Folkeforbundet *(hist)* the League of Nations.
folke|forlystelse popular entertainment. **-forsamling** popular assembly. **-gave** gift of the people. **-gunst** popularity, popular favour (,**US:** favor). **-helt** national hero. **-hop** crowd of people, mob. **-høgskole** [folk high-school]. **-karakter** national character. **-kirke** national *(el.* established) church. **-komedie** melodrama. **-leder** leader of the people. **-lesning** popular reading.
folkelig popular.
folke|liv street life, crowds; *-livet i Tyskland* German life and manners. **-livsbilde** *(maleri)* crowd picture. **-lynne** national character. **-masse** crowd. **-mengde 1.** population; **2.** = *-masse.* **-minner** *(pl)* local traditions. **-minneforskning** folklore. **-mord** genocide. **-munne:** *komme på* ~ get oneself talked about. **-møte** popular meeting.
folkeopinion public opinion; *gi etter for -en* yield to the pressure of public opinion.
folkeopplysning enlightenment of the people, general education; *-en står høyt* the standard of general education is high.
folke|parti popular party. **-rase** race (of people). **-register** national register; *(kontor)* registration office. **-reisning** popular rising. **-rett** *(jur)* international law. **-rik** populous. **-sak** national question; national cause. **-sagn** legend.
folkeskikk (national) custom; *(veloppdragenhet)* good manners, mannerliness; *han har ikke* ~ he has no manners; *utenfor -en* miles from anywhere, at the back of beyond; *vi bor jo litt utenfor -en her ute* we're rather out of things here.
folkeskole *(hist)* primary school; **US** grade school; *(se barneskole).*
folke|slag people, nation. **-snakk** talk, gossip, scandal. **-stamme** group (of peoples), race.
folke|stemning public feeling. **-taler** popular speaker. **-tall** number of inhabitants; *(i statistikk)* population; *(se innbyggerantall).* **-telling** census. **-tellingsliste** census paper. **-tom** deserted. **-tribun** tribune (of the people). **-vandring** migration (of nations, tribes). **-venn** friend of the people. **-vilje** national will. **-vise** folk song, ballad. **-væpning** arming of the people; militia. **-ånd** national spirit.
folklore folklore. **folklorist** folklorist.
folksom much frequented, crowded, populous.
folunge: *se føll.*
fomle *(vb)* fumble *(etter* for; *med* with).
fommel *(klosset person)* bungler.
fond fund; *(kapital)* funds; *(til støtte for kunst, vitenskap, etc)* foundation.
fonds|børs stock exchange. **-marked** stock market.
fone|tiker phonetician. **-tikk** phonetics. **-tisk** phonetic.
fonn *(snø-)* snowdrift.
font font, baptismal font.
fontene fountain.
I. fôr *(til klær)* lining *(fx* silk l.).
II. fôr *(for dyr)* feed, fodder *(fx* dry fodder); *(kraft-)* feeding stuff(s); *gi hestene* ~ feed the horses, give the horses a feed.
III. for *(prep)* **1***(foran)* before, at *(fx* throw oneself at sby's feet; before my (very) eyes); *lukke døra* ~ *(nesen på) en* shut the door in sby's face; *jeg ser det* ~ *meg* I can see it; *jeg ser ham* ~ *meg* I see him in my mind's eye; I can picture him; *se seg* ~ look where one is going; *sove* ~ *åpne vinduer* sleep with the windows open; *vike tilbake* ~ shrink from; *det er gardiner* ~ *vinduene* there are curtains at the windows; **2***(til beste for, bestemt for, for å oppnå, på grunn av)* for *(fx* work, fight, speak for sby; I will do it for you); *begynne* ~ *seg selv* set up for oneself; *erklære seg* ~ *noe* declare oneself in favour (,**US:** favor) of sth, declare for sth; *være stemt* ~ *noe* be in favour of sth, be for sth; *gjerne* ~ *meg* I don't mind; it's all right with me; I have no objection; **3***(om interessefor-*

hold) for, to *(fx* good, pleasant, bad for; a pleasure, a disappointment for; bow, read to; fatal, important, new to; impossible, useful to *(el.* for); a danger, a loss, a surprise to; it is easy, difficult, impossible for him to do it); *åpen ~ publikum* open to the public; **4***(til forsvar mot)* from, to *(fx* close one's door to; conceal from); *søke ly ~* take shelter from; **5***(med hensyn til)* to, from; *fri ~* free from; *blind ~* blind to; *være fremmed ~* be a stranger to; *ha øre ~ musikk* have an ear for music; **6***(beregnet på)* for; *leie et hus ~ sommeren* take a house for the summer; *~ godt* for good; **7***(istedenfor, til gjengjeld for)* for *(fx* he answered for me; pay 50p for a book); *2% rabatt ~ kontant betaling* 2% discount on *(el.* for) cash payment; *jeg kjøpte den ~ mine egne penger* I bought it with my own money; *han spiser ~ to* he eats enough for two; **8***(om fastsatt pris)* at *(fx* these are sold at 20p a piece); **9***(hver enkelt for seg)* by, for *(fx* day by day; word for word); **10.: for å** *(med infinitiv)* to, in order to; *~ ikke å* (so as) not to; *~ ikke å snakke om* not to mention, let alone; **11***(andre tilfelle): bo ~ seg selv* live by oneself; *hva er dette ~ noe?* what is this? *~ lenge siden* long ago; *~ hver gang jeg ser ham* every time I see him; *til venstre ~* to the left of; *av frykt ~* for fear of; *varer ~ £30* thirty pounds' worth of goods, £30 worth of goods; *stoffet kan være like godt ~ det* the material need not be any worse for that; *jeg kan ikke gjøre noe ~ det* I can't help it; *jeg kan ikke hjelpe ~ at han er ...* I can't help his being ...; *denne påstand har meget ~ seg* there is a strong case for such an assertion; *det er en sak ~ seg* that is a thing apart; *i en klasse ~ seg* in a class apart *(el.* of its own); in a class by itself; *denne maskinen må pakkes ~ seg* this machine must be packed separately *(el.* in a separate case); *det er bra nok i og ~ seg, men ...* it's good enough in its way, but ...

IV. for *adv (altfor)* too *(fx* too big, too much); *en ~vanskelig oppgave* too difficult a task, a too difficult t.; *han er ~ gammel for denne stillingen* he is too old a man for this post; *~ og imot* for and against, pro and con *(fx* we argued the matter pro and con); *grunnene ~ og imot* the pros and cons (of the matter); *det kan sies meget ~ og imot* there is a great deal to be said on both sides; *fra ~ til akter (mar)* from stem to stern.

V. for *(konj)* for, because *(fx* don't call me Sir, because I won't have it; he ran, for he was afraid); *~ at: se forat.*

foraksel front axle.

forakt contempt *(for* for), disdain, scorn; *nære ~ for* feel contempt for; *med ~ for* in contempt of.

forakte *(vb)* despise, disdain, scorn, hold in contempt; *ikke å ~* not to be despised *(el.* disdained); **T** not to be sneezed at.

foraktelig *(som fortjener forakt)* contemptible, despicable; *(som viser forakt)* contemptuous.

foraktelighet contemptibleness.

foran *(prep)* before, in front of; *(adv)* before, in front, in advance; *~ i boka* somewhere in the earlier part of the book; at the beginning of the b.; *gå ~* take the lead; *holde seg ~* keep the lead, keep ahead; *komme ~* take the lead; *være ~* lead.

foranderlig changeable, variable; fickle, inconstant. **-het** changeability, variability; fickleness.

forandre *(vb)* change; alter, convert; *det -r saken* that alters the case; *~ seg* change.

forandring change, alteration; *til en ~* by way of variation, for a change; *~ fryder* variety is the spice of life; a change is as good as a rest.

forankre *(vb)* anchor. **-t** *(fig)* deeply rooted; *en dypt ~ fordom* a deeply ingrained prejudice.

foranled|ige *(vb)* bring about, occasion, give rise to; *(føre til)* lead to. **-ning** occasion, cause; *på min ~* on my initiative; *på ~ skal jeg få opplyse at ...* as requested, I can inform you that ...; *ved minste ~* on the slightest provocation.

foranstalt|e *(vb)* cause to be done, arrange. **-ning** *(det å foranstalte noe)* arrangement, organization; *(sikkerhets-)* measure, step; *treffe -er* take *(el.* adopt) measures, take steps, take action.

foranstående the above; the foregoing.

forarbeid *(subst)* preliminary work.

forarbeide *(vb)* work up; manufacture; process.

forarbeidelse working up; manufacture.

forarg|e *(vb)* scandalize, give offence to; *(bibl)* offend; *-es over* be scandalized at. **-elig** scandalous, shocking; annoying, irritating. **-else** scandal, offence; annoyance, indignation; *vekke ~* cause offence; *ta ~ av* take offence at, be scandalized at; *til stor ~ for* to the great annoyance of.

forarm|e *(vb)* impoverish. **-else** impoverishment. **-et** impoverished.

forat *(konj)* that, in order that; so that; *vi fortet oss ~ vi ikke skulle komme for sent* we hurried so as not to be late; we hurried in order not to be late.

forband *(i mur)* bond.

forbann|e *(vb)* curse; damn; *~ seg på at* swear that. **-else** curse; imprecation; malediction; *mitt livs ~* the curse of my life.

forbannet accursed, cursed; **T** damn(ed), confounded, damnable, beastly; *(grovt uttrykk)* bloody *(fx* I wish that b. rain would stop).

forbarm|e *(vb): ~ seg over* take pity on, have mercy on; have pity on, have compassion on. *Gud ~ seg!* (God) bless my soul! **-else** compassion, pity.

forbasket confounded, infernal; **T** blooming; flipping.

forbaus|e *(vb)* surprise, astonish; *(jvf forbløffe).* **-else** surprise, astonishment; *(se også størst).* **-ende** surprising, astonishing; *et ~ godt resultat* a surprisingly good result.

forbauset surprised; *sette opp et ~ ansikt* put on a s. face; *(adv)* in surprise.

forbed|re *(vb)* better, improve, amend; *~ jorda (ɔ: jordsmonnet)* condition the soil; *~ seg* improve; mend one's ways; reform. **-ring** improvement, betterment; amelioration; amendment. **-ringsanstalt** *(hist)* reformatory; *(se ungdomsfengsel).*

forbehold reservation, proviso; *jeg sier det med alt ~* I say this with great reservations.

forbeholde *(vb): ~ seg* reserve (for oneself); *(se betinge & enerett).*

forbeholden reserved. **-het** reserve.

forbe(i)n foreleg.

forbe(i)nes *(vb)* ossify.

forbe(i)ning ossification.

forbered|e *(vb)* prepare; *~ en på noe* prepare sby for sth; *~ seg på en lekse* prepare a lesson.

forberedelse preparation; *alle disse -ne* all these preparations; *mange -r måtte til* great preparations were necessary; *det skal ikke mange -r til* not much preparation will be needed *(el.* necessary); *treffe -r til* make preparations for.

forberedende preparatory; *~ prøve (ved Universitetet)* preliminary examination *(fx* in Latin).

forberedelseshugst liberation felling (,**US:** cutting), preparatory felling (,**US:** cutting).

forberedelses|kurs preparatory course; *(innføringskurs)* induction course; *(se I. kurs).*
forberedelsesskole UK *(betalende; forbereder til en' public school')* preparatory school; **T** prep school.
forberg promontory; headland, foreland.
fôrbete *(bot)* mangel(-wurzel).
forbi *(prep)* by, past; beyond; *adv (om sted)* by, past; *(om tid)* at an end, gone, over; *gjøre det ~ (om forlovelse)* break it off; *gå ~* go by, pass by, go past; *elven går like ~ huset vårt* the river flows right past our house; *veien går like ~ landsbyen* the road runs quite close to the village; *(jvf forbigå); kjøre ~* drive past; *det er ~ med ham* it's all over with him; *komme ~* get past, get by *(fx* please let me get by); *skyte ~* miss; *(se snakke).*
forbi|gå *(vb)* pass over; *(utelate)* omit, leave out; *(ved forfremmelse)* pass over; *~ en feil (ɔ: ikke kommentere)* pass *(el.* gloss) over a mistake; *~ i taushet* pass by in silence. **-gåelse** passing over, neglect; *(ved forfremmelse)* failure to promote; omission. **-gående:** *i ~* in passing, incidentally.
forbikjøring 1. passing; **2***(det å innhente og kjøre forbi)* overtaking; *~ forbudt!* no overtaking!
forbikjøringsfelt overtaking lane.
forbilde prototype; *(mønster)* model, pattern; *ta til ~* take as a model.
forbind|e *(vb)* connect, combine; *(et sår, en såret)* dress, bandage; *~ en med (tlf)* put sby through to; *(se for øvrig: sette B); jeg -er ingen bestemt forestilling med det* it conveys nothing to me; *forbundet med (fx fare)* attended with; *den fare som er forbundet med det* the danger involved; the d. incident to it; *jeg er Dem meget forbunden* I am very much obliged to you.
forbindelse 1*(sammenheng)* connection *(fx* the connection between A and B); *(berøring, kontakt)* contact; **2***(bindeledd)* link, tie; connection, joint; **3***(det å forbinde noe)* connecting, joining *(fx* the joining of two towns by a railway); connection; **4***(pr. brev, telefon, etc)* communication(s); *(ferdsel, etc)* communication *(fx* there is no direct communication between the two wings of the house; communication between the islands was difficult; *(tlf)* connection; **5***(befordringstjeneste)* service *(fx* the service between Bergen and Newcastle; the air service to Cairo); *(jernb)* train service *(fx* the train service between Harwich and Cambridge is bad); **6***(korresponderende, mellom befordringsmidler)* connection *(fx* you can get a connection at Crewe, there's no connection between the ferry and the train); **7***(om interesseforhold, tilknytning)* connection, association *(fx* the traditional association of Liberalism and Free Trade); **8***(samkvem, personlig forhold)* connection, relations *(fx* the relations between the party leaders); contact *(fx* there is not enough contact between employer and employed); communication *(fx* we are in daily communication with the firm); **9***(person)* connection *(fx* he is one of our best connections); contact *(fx* all his French contacts); *(ofte)* man *(fx* our man in Paris); *(bankspråk, om utenlandsk ~)* correspondent; **10***(mekanisk)* joint, connection; **11***(kjem)* compound *(fx* carbon compounds); combination *(fx* the laws of chemical combinations); **12***(mil)* communication(s) *(fx* cut the enemy's communication with his base); **13** *(forlovelse)* engagement; **14***(ekteskap)* alliance; **15***(om erotisk forhold)* affair *(fx* he had an affair with her; she had numerous affairs); liaison; **16***(av ord)* collocation, combination; *(vending)* phrase; *(sammensetning)* compound; *(kontekst)* context *(fx* in this context the word means something different); *-ns annet ledd* the second component of the phrase;
[*A: forb. med adj; B: med vb; C: med prep*]
A [*forb. med adj*] *daglig ~ i begge retninger* a daily service in both directions; *den diplomatiske ~* diplomatic relations *(fx* break off *(el.* sever) diplomatic relations); *en direkte ~ til London* (5) a direct service to London; *dårlig ~ (elekt)* a bad connection; *faste -r* (16) stock phrases; *frie -r mellom kjønnene* promiscuity; *det er gode -r dit* the place is well served by public transport; *han har gode -r* he has good connections; he has influential friends; he knows the right sort of people; he has pull; *han har meget gode -r (også)* he is very well connected; *kjemisk ~* chemical combination; *(resultatet)* compound; *inngå kjemisk ~ og danne* ... combine to form ...; combine into ...; *en løs ~* (15) an affair, a liaison; (11) unstable compound; *løse -r* (15, *også)* promiscuity; *nær ~* intimate connection *(fx* the intimate connection between the two things); *deres nære~, den nære ~ mellom dem (om personer, også)* their intimacy; *han har nær ~ med* he is closely associated with; *med de rette -r er intet umulig* you can do anything with a little string-pulling; *telefonisk ~, den telefoniske ~* telephone communication(s); *den telegrafiske ~ med Japan* telegraphic communication(s) with Japan; *våre utenlandske -r (merk)* our foreign connections *(el.* contacts); *(se 9 ovf);*
B [*forb. med vb*] **avbryte** *-n med et firma* break off the connection with a firm; *avbryte -n med en (også)* break off *(el.* sever) relations with sby; *ikke bryt -n! (tlf)* hold the line, please! *-n ble brutt (tlf)* we (,they, *etc)* were cut off; **få** *~ (tlf)* get through, be put through; *han fikk ~ (også)* the call was put through; *få ~ med* get through to *(fx* sby; London); be put through to *(fx* sby; London); *jeg ringer Dem så snart jeg har fått ~* I'll ring you when I get through; *nå* **har** *De -n (tlf)* you're through; **US** you're connected; *ha forretnings- med* have business relations *(el.* connections) with, have dealings with; *han har gode -r: se A; spørsmålet har en viss ~ med utenrikspolitikken (også)* the question has a certain bearing on foreign policy; the question bears on foreign policy; *det har direkte ~ med dette spørsmålet* it bears directly on this question; **inngå** *en ~ med* become engaged to; (10) form an alliance with; (11) combine with; *inngå en ~ under sin stand* marry below one; **knytte** *en ~* establish a connection; *knytte ~ med (også)* establish relations *(el.* contact) with; **skaffe** *seg nyttige -r* form useful connections *(el.* contacts); get to know the right people;
C [*forb. med prep*] **i** *denne ~* (1) in this connection, in this context *(fx* in this context I should like to say that ...); *det er ikke aktuelt i denne ~* that point does not arise in this connection; **i ~ med** (1) in connection with *(fx* I came here in connection with the Fair); *(sammen med)* along with *(fx* these minerals are found along with volcanic rocks); together with, in conjunction with *(fx* act in conjunction with sby); *i ~ med dette* (1) in this connection; (16) in this context; *holde seg i ~ med en* keep in touch with sby; *komme i ~ med* get in touch with; make contact with; contact *(fx* they tried to contact their embassy in Paris); *sette i ~ med* (1) connect *(fx* they connected his visit with the summit meeting); (3) connect with; (8) put in touch with; *jeg satte ikke de to tingene i ~ med hverandre* I did not connect the two things in my mind; *sette seg i ~ med* get in touch with;

f

make contact with; contact; ... *så nøl ikke med å sette Dem i ~ med oss* so please do not hesitate to get in touch with us; *stå i ~ med* (1) be connected with *(fx* this phenomenon is connected with the rotation of the earth); (4) be in communication with; (6) connect with; (8) be in touch *(el.* contact) with; *(om forretnings-)* have dealings with, have business relations *(el.* connections) with; *(elekt)* be connected to *(fx* this is connected to a battery); *stå i daglig ~ med* (4) be in daily communication with; *stå i intim ~ (med hverandre)* be intimately connected; *stå i vennskapelig ~ med* be on friendly terms with; *de ting som står i ~ med det* the things connected with it; *tre i ~ med* get in touch with, make contact with; form a (business) connection with; enter into business relations with; *det er ingen som helst ~* **mellom** *de to begivenhetene* the two events are totally unconnected; **uten** *~ med* unconnected with, unrelated to; *vi har vært uten ~ med ham i en måned* we have been out of touch with him for a month; *det er uten ~ med saken* it has no bearing on the matter; *(se fordel; gjenoppta; sammenheng).*

forbindelses|ledd (connecting) link, connection, joint; *tjene som ~ mellom* form a link between. **-linje** *(mil)* line of communication. **-mutter** union nut. **-punkt** junction, point of union. **-rør** connecting pipe.

forbinding dressing, bandaging.

forbindingssaker *(pl)* dressing materials *(el.* appliances).

forbindtlig obliging. **-het** *(forpliktelse)* obligation; *(høflighet)* obligingness; *uten ~ (merk)* without any obligation, without engagement; *(jur, merk)* without prejudice *(fx* we give you this information w. p.).

forbistret *se forbasket.*

forbitre *(vb)* embitter; *-t over* exasperated at. **-lse** embitterment; exasperation.

forbli *(vb)* remain, stay.

forblind|e *(vb)* blind. **-else** blindness, infatuation.

forblommet covert, ambiguous; enigmatic, equivocal; *la en forstå på en ~ måte at* ... hint darkly that ...

forblø *(vb): ~ seg* bleed to death.

forblødning bleeding to death; loss of blood, haemorrhage; *(især* **US)** hemorrhage.

forbløffe *(vb)* amaze, take aback, disconcert; astound; *(sterkt)* dumbfound, nonplus; **T** flabbergast; *uten å la seg ~* unperturbedly; *det -t ham (også)* it staggered him; **T** it made him sit up.

forbløffelse amazement, bewilderment; *til alminnelig ~* to the a. of everybody; *til hans ~* to his amazement.

forbløffende amazing, astounding, staggering; *~ hurtig* with amazing rapidity.

forbløffet amazed, astounded, taken aback, disconcerted.

forblåst *(om sted)* windswept.

forbokstav initial.

forbrenne *(vb)* burn.

forbrenning 1. burning; **2***(kjem)* combustion; **3***(brannsår)* burn(s); **4***(fys)* metabolism; *fett-* fat metabolism; *en førstegrads-* a first-degree burn. **-smotor** internal combustion engine. **-sprodukt** product of combustion. **-srom** combustion chamber.

forbrent burnt; *(av sola)* scorched; *(jvf sol-).*

forbruk consumption; *enstigning i det personlige ~* a rise in personal consumption.

forbruk|e *(vb)* consume, use. **-er** consumer.

forbrukerråd consumers' council.

forbruks|artikler *(pl)* articles of consumption. **-avgift** consumption tax; excise (duty).

forbruks|forening co-operative society. **-varer** *(pl)* consumer(s') goods.

forbryte *vb (fortape)* forfeit; *hva har jeg forbrutt?* what is my offence? *~ seg* offend, commit an offence.

forbrytelse crime; *en alvorlig ~* a serious crime.

forbryter criminal.

forbryter|ansikt the face of a criminal, jailbird face. **-bane** a career of crime. **-sk** criminal.

forbryterspire budding criminal.

forbud *(det å forby)* prohibition; *nedlegge ~ mot* prohibit.

forbuden forbidden; *~ frukt smaker best* forbidden fruit is sweet.

forbudslov Prohibition law.

forbudsmann, forbudstilhenger prohibitionist.

forbudsvennlig *(adj)* prohibitionist.

forbund federation, association; *(mellom stater)* confederation, alliance, league; *slutte et ~* enter into a league *(med* with).

forbunden obliged *(fx* we are much o. to you for your prompt reply); *(se forbinde).*

forbundsfelle ally.

forbundssekretær *(i fagorganisasjon)* union branch secretary.

forbundsstat federal state.

forby *(vb)* forbid; *(særlig ved lov)* prohibit; *strengt forbudt* strictly prohibited; *det -r seg selv* it is out of the question; it is simply impossible.

forbygning 1. front building; **2.** retaining wall, prop.

forbytning exchange (by mistake); *ved en ~* by a mistake.

forbytte *(vb): jeg har fått hatten min -t* I have got a wrong hat by mistake; *et -t barn* a changeling.

forbønn intercession; *(rel)* intercessory prayer; *gå i ~ for meg hos* intercede for me with.

force majeure Act of God *(el.* Providence); force majeure; vis major; *det er ~* it is a case of force majeure.

fordamp|e *(vb)* evaporate. **-ning** evaporation.

fordanser leader (of a dance).

fordekk *(mar)* fore deck; *(på bil, sykkel)* front tyre (,**US:** tire).

fordekt covert; *(adv)* covertly; *drive et ~ spill* play an underhand game.

fordektig *(adj)* suspicious.

fordel advantage; *(vinning)* gain, profit; *-er og mangler* advantages and disadvantages; *med ~* profitably, with advantage; *til ~ for* for the benefit of; *vise seg til sin ~* appear to advantage; *høste ~ av* derive advantage *(el.* benefit) from, profit by; *forandre seg til sin ~* change for the better.

fordelaktig advantageous, favourable (,**US:** favorable); *et ~ ytre* a prepossessing appearance; *et mindre ~ ytre* an unprepossessing a.; *vise seg fra den -ste siden* appear to the best advantage.

fordel|e *(vb)* distribute, apportion, divide; *(spre)* disperse; *~ rollene* assign the parts; *~ seg på* be spread over. **-er** *(i motor)* ignition distributor. **-ing** distribution, division, apportionment; dispersion. **-ingsskive** distributor disc *(el.* disk).

forderve *(vb)* spoil; *(skade)* damage; *(moralsk)* pervert, deprave; corrupt; *for lite og for meget -r alt* enough is as good as a feast; moderation in all things.

fordervelig pernicious; *(se bedervelig).*

fordervelse ruin, destruction, corruption, depravation, depravity; *styrte en i ~* ruin sby.

fordervet depraved, corrupt, demoralized; *arbeide seg ~* work oneself to the bone; *le seg ~* be ready to die with laughing; *slå en ~* beat sby up, beat sby black and blue.

fordi because; *om ikke annet så ~* if only because; *hadde det ikke vært ~* ... were it not for the fact that ...
fordob|le *(vb)* double, redouble. **-ling** doubling.
fordom prejudice, bias; *(se forankret).*
fordoms|fri unprejudiced; unbias(s)ed. **-frihet** freedom from prejudice. **-full** prejudiced, bias(s)ed.
fordra *(vb)* bear, endure; *jeg kan ikke ~ ham* I can't stand him; *jeg kan ikke ~ vin* I detest wine; *de kan ikke ~ hverandre* they hate each other like poison.
fordragelig tolerant. **-het** toleration, tolerance.
fordre *(vb)* claim, demand, require.
fordrei|e *(vb)* distort, twist; *(forvanske)* pervert, misrepresent; *~ hodet på en* turn sby's head. **-ning** distortion, perversion.
fordring claim, demand; *beskjedne -er* modest *(el.* moderate) demands; *(til livet)* modest *(el.* moderate) requirements; *en foreldet ~* a statute-barred debt; *anmelde sin ~ i boet* give notice of one's claim against the estate; *stille for store -er til* make too heavy demands on, overtax *(fx* o. one's strength); *utestående -er* outstanding claims *(el.* accounts); *(se også drive: ~ inn en fordring; foreldes; krav & rett).*
fordrings|full pretentious; *(nøyeregnende)* particular *(fx* he is very p. about his food); *(som stiller strenge krav)* exacting, demanding. **-haver** creditor. **-løs** unassuming, unpretentious, unostentatious. **-løshet** unpretentiousness, unostentatiousness, modesty.
fordriv|e *(vb)* drive away, oust, banish, expel *(fx* the Jews were expelled from the country); dispel *(fx* d. his fears; the sun dispelled the mist); *~ tiden* while away the time. **-else** driving away, ousting, banishment, expulsion.
fordrukken drunken; alcohol-sodden; **T** boozed up. **-het** drunkenness, addiction to drink, intemperance.
fordufte *(vb)* evaporate; *(spøkende)* vanish (into thin air), make oneself scarce.
fordum in (the) days of old.
fordummelse reduction to a state of stupidity.
fordums former, quondam.
fordunk|le *(vb)* darken, obscure; *(overstråle)* eclipse, outshine. **-ling** darkening.
fordunst|e *(vb)* evaporate. **-ning** evaporation; *(fra planter)* transpiration.
fordype *(vb)* deepen; *~ seg i* lose oneself in, become (deeply) absorbed in; *-t i* deep in, buried in; *-t i betraktninger* lost in meditation.
fordypelse absorption.
fordypning depression, hollow *(fx* in the ground); *(mindre, i materiale)* dent, indentation; *(se bulk); (i arm, ansikt, smilehull)* dimple; *(i vegg)* recess, niche.
fordyr|e *(vb)* raise the price of; make more expensive. **-else** rise in price, increase in cost; *~ av* rise in the price of, increase in the cost of.
fordølg|e *(vb)* conceal *(for* from).**-else** concealment.
fordøm|me *(vb)* condemn, denounce; *(bibl)* damn. **-melse** condemnation, denunciation; *(bibl)* damnation.
fordømt *(forbannet)* confounded, damned; *~!* damn it! confound it! *de -e* the damned.
fordøy|e *(vb)* digest. **-elig** digestible. **-elighet** digestibility. **-else** digestion; *dårlig ~* indigestion; *(se hjelpe).* **-elsesorganismen** the digestive apparatus.
I. fôre *vb (gi dyr fôr)* feed.
II. fôre *vb (sette fôr i)* line; *(med pelsverk)* fur; *(med vatt)* wad.
III. fore *(adv): gjøre seg ~* take (great) pains *(med noe* over sth); *ha noe ~* have sth in hand; *har du noe ~ i kveld?* are you doing anything tonight? have you anything on tonight? *sette seg ~ å ...* decide to, set oneself the task of (-ing), set out to, undertake to, take it into one's head to, set one's mind on (-ing) *(fx* he had set his m. on getting it); *han hadde satt seg ~ å bevise* he was concerned to prove.
forebringe *(vb)* submit.
forebygge *(vb)* prevent.
forebyggelse prevention; *til ~ av* for the p. of.
forebyggende preventive; *et ~ middel mot* a prophylactic for; *~ melding (kort)* pre-emptive bid, shut-out bid.
foredle *(vb)* **1.** breed (to improve the strain); **2.** manufacture, work up, finish.
foredling 1. breed improvement; **2.** (the) finishing (of the goods), processing *(fx* the p. of raw materials); improvement; *tre-* wood conversion. **-sindustri** processing industry.
fore|dra *(vb)* deliver; execute. **-drag** *(tale)* talk; address; discourse; *(forelesning)* lecture; *(radio-)* talk; *(fremsigelse)* delivery; *(spill el. sang)* execution; *holde ~ om* deliver a lecture on; give a talk on. **-dragsholder** speaker; lecturer.
forefalle *(vb)* happen, occur, take place, pass; *-nde arbeid* any odd jobs; *han gjorde -nde arbeid* he did odd jobs *(fx* about the farm); he performed any jobs that might turn up.
foregangsmann pioneer, initiator, leader.
fore|gi *(vb)* pretend, *(stivt)* feign; sham; *han foregа å være syk* he pretended to be ill; *(stivt)* he shammed illness. **-givende** pretence, pretext; *under ~ av* on the pretext of; pretending. **-gripe** *(vb)* anticipate; *~ begivenhetenes gang* anticipate events.
foregå *(vb)* take place, go on, be in progress; *~ andre med et godt eksempel* set a good example to others; *(se tilbaketog).* **-ende** preceding, previous; *den ~ dag* the day before, the previous *(el.* preceding) day.
fore|havende intention, purpose, project. **-holde** *(vb): ~ en noe* point out sth to sby.
fore|komme *vb* **1***(finnes)* exist, be in evidence *(fx* sharks are in e. along the coast); **2***(inntreffe)* occur, happen; be met with *(fx* it is met with everywhere in England); be found; **3***(synes)* seem, appear; *slikt bør da ikke ~!* that sort of thing ought not to happen! *det -r meg at* it appears to me that. **-kommende** obliging. **-kommenhet** obligingness, courtesy, kind attention.
forekomst occurrence, existence.
forelde|s *vb (bli utidsmessig)* become obsolete; *-t* **1.** out of date, antiquated, obsolete; **2***(om fordringer)* barred *(fx* a b. claim); statute-barred *(fx* these debts are s.-b. after three years).
foreldre *(pl)* parents.
foreldreforening parent-teacher association.
foreldreløs orphan; *et -t barn* an orphan.
foreldremyndighet custody *(fx* she obtained a divorce and c. of the child of the marriage).
forelegg 1*(fremlagt dokument)* exhibit; **2***(overslag)* estimate; **3***(jur): forenklet ~* ticket fine; *utferdige ~ mot en* give sby a ticket fine.
forelegge *(vb)* place *(el.* put) before, submit to; *alle negative karakterer skal ha vært forelagt en oppmann (kan gjengis)* all fail marks must have been referred to an extra examiner.
fore|lese *(vb)* lecture *(over* on). **-leser** lecturer.
forelesning lecture; *holde -er over* give lectures on, lecture on; *holde en ~ for studentene* give a l. to the students; *gå på -er* attend lectures.
forelesnings|katalog lecture list. **-rekke** course of lectures.
foreligge *(vb)* **1.** be, exist, be available *(fx* the figures for last year are not yet available); *-r det noe om det?* is anything known about it?

det -r en misforståelse there is a mistake; *det -r ikke noe nytt* there is nothing new to report; there is no fresh news; *hvis ikke andre instrukser -r* in the absence of other instructions; **2***(til drøftelse)* be at issue, be under consideration; *det spørsmål som -r* the question under consideration; *denne sak forelå til behandling* this matter *(el.* question) came up for discussion; *de saker som -r til behandling (i møte)* the business that lies before the meeting; the items that will come up for consideration; *(se også foreliggende & synes).*

foreliggende: *den ~ sak* the matter *(el.* case) under consideration; the point under discussion; *(i møte, også)* the question before us, the business before the meeting; *i det ~ tilfelle* in the present case.

forelske *(vb): ~ seg i* fall in love with.

forelskelse love, falling in love. **forelsket** in love *(i* with); *forelskede blikk* amorous glances.

foreløpig *(adj)* preliminary, provisional; *en ~ kvittering* an interim receipt; *en ~ ordning* a provisional *(el.* temporary) arrangement; *et ~ overslag* a provisional estimate; *en ~ undersøkelse* a preliminary investigation; *(adv)* temporarily, provisionally; *(inntil videre)* for the time being, for the present; for the moment *(fx* I can think of nothing else for the m.); so far *(fx* so far I have not seen much of him).

forende front part; *(mar)* head, bows.

forene *(vb)* unite, join, combine, connect; *~ det nyttige med det behagelige* combine the pleasant with the useful; combine business with pleasure; *~ seg* unite; *~ seg med* join; *la seg ~ med* be consistent with; *det lar seg ikke ~ med* it is inconsistent *(el.* incompatible) with; *De forente nasjoner* the United Nations; *De forente stater* the United States.

forening union, combination; association; *selskapelig ~* society, club; *i ~* combined, jointly, in concert, between them; *i ~ med* coupled *(el.* together) with.

forenings|arbeid committee work *(fx* c. w. takes up a lot of his time); club work. **-liv:** *han er svært aktiv i -et (kan gjengis)* he is on a lot of committees; he is a member of a lot of clubs; *han er en kjent person i stedets ~ (kan gjengis)* he is a prominent member of a number of committees locally. **-virksomhet** *se foreningsarbeid.*

forenkl|e *(vb)* simplify. **-ing** simplification.

forenlig: *~ med* consistent *(el.* compatible) with.

fore|satt superior; superior officer; *(verge)* guardian. **-sette** *(vb): ~ seg* determine. **-skrevet** prescribed; *(se måte).*

fore|skrive *(vb)* prescribe (sth to sby), order; *loven -skriver* the law provides. **-slå** *(vb)* propose, suggest; *(stille forslag)* propose, move *(fx* I move that the Annual Report be approved). **-speile** *(vb)* hold out expectations (,hopes, prospects, *etc)* of; *~ seg* picture to oneself, imagine. **-spørre** *(vb)* inquire, ask. **-spørsel** inquiry; *som svar på Deres ~ i brev av ...* in reply to the i. in your letter of ...; in r. to your i. in a letter dated ...; *~ om tran* i. for cod-liver oil; *en ~ om et firma* an i. about *(el.* respecting) a firm; *Deres brev med ~ om vi kan ...* your letter inquiring whether we can ...; *~ om levering av* i. about delivery of; *(se foreta).*

forestille *(vb)* represent; *hva -r det?* what does it represent? *~ seg* imagine, picture to oneself; *De kan nok ~ Dem* you may easily imagine.

forestilling **1***(teater-, etc)* performance; **T** show; *(om første, annen, etc)* house *(fx* we've got seats for the second house at the Palladium); **2***(oppførelse, stykke)* performance, play; **3***(begrep, tanke)* conception, idea; *uriktig ~* misconception; **4***(innsigelse)* remonstrance; *(henstilling)* representation; **5***(neds: affære, sak)* business; **S** show *(fx* I'm sick and tired of the whole show); *gjøre en -er* remonstrate with sby; *gjøre -er til ministeren* make representations to the minister; *gjøre seg en ~ om* form an idea of, form a conception of; form an impression of; *gjøre seg falske -er om* have illusions about; *(se vekke).*

forestå *(vb)* **1***(lede)* manage, conduct, be at the head of, be in charge of; *han -r innkjøp av ...* he is responsible for the purchase of ...; *~ et embete* fill an office; **2***(kunne ventes)* be at hand, approach; be imminent; *hva som -r meg* what awaits me. **-ende** approaching, forthcoming; *(også om noe truende)* imminent; *være ~ (også)* be in the offing.

foresveve *(vb): det -r meg dunkelt at* I have a dim *(el.* vague) idea that.

fore|ta *(vb)* undertake *(fx* a journey), make *(fx* inquiries); *~ reparasjoner* do repairs; *ingen ser ut til å ville ~ seg noe i sakens anledning* nobody seems willing to make a move *(el.* to take any steps) in the matter; *intet er avgjort m.h.t. hva som videre skal -tas i saken* nothing has been decided as to further steps in the matter. **-tagende** undertaking, enterprise, venture. **-taksom** enterprising. **-taksomhet** enterprise. **-taksomhetsånd** spirit of enterprise.

forete *(vb): ~ seg* overeat.

foreteelse phenomenon *(pl:* phenomena).

foretrede audience; *få ~ hos* obtain an audience with.

foretrekke *(vb)* prefer *(for* to).

forett *(adj)* overfed, gorged, surfeited.

forevig|e *(vb)* immortalize, perpetuate; *(fotografere)* photograph. **-else** perpetuation, immortalization.

forevis|e *(vb)* show; produce *(fx* one's passport); *(tratte; veksel)* present. **-ning** showing; production; *(av tratte; veksel)* presentation; *ved ~ av* on showing; on production (,presentation) of.

forfall **1***(om betaling)* maturity, falling due; *ved ~* when due; on the due date; on maturity; *innfri vekselen ved ~* meet the bill on m. *(el.* at m.); *etter ~* after the due date; after m.; *før ~* before falling due; **2***(nedgang, oppløsning)* decline, decay; *(om bygning)* disrepair, dilapidation, decay; *alminnelig fysisk ~* general physical deterioration; *komme i ~* fall into decay; **3***(motivert uteblivelse)* excuse for absence; *lovlig ~* lawful absence; *ha lovlig ~* have a legitimate reason for being absent; *han har lovlig ~ (også)* he has legitimate leave of absence.

forfall|e *(vb)* decay; be falling to pieces; *(veksel, etc)* fall due, mature (for payment), be payable; *~ til (fx drikk)* become addicted to.

forfallen *(adj)* **1.** in decay, in (bad) disrepair, derelict *(fx* a d. house); **2***(merk)* due, payable; matured *(fx* a m. bill); *(når forfallsdagen er passert)* overdue; **3***(drikkfeldig)* addicted *(el.* given) to drink.

forfalls|dag *(merk)* due date, day of payment; *(bare om veksler)* date of maturity. **-periode** period of decadence. **-tid** maturity, time of payment; *... skjønt det var langt over ~ (om veksel)* although the bill was long overdue.

forfalsk|e *(vb)* falsify; fake; *(dokument)* forge; *(en vare)* adulterate. **-er** faker; *kunst-* art faker. **-ning** falsification, faking, forgery; adulteration.

forfatning *(tilstand)* state, condition; *(stats-)* constitution; *i en sørgelig ~* in a miserable *(el.* terrible) state; *han er ikke i den ~ at han kan reise* he is in no condition to travel.

forfatnings|brudd violation of the constitution.

-kamp constitutional struggle. **-messig** constitutional. **-stridig** unconstitutional.

forfatte *(vb)* write, compose.

forfatter author, writer.

forfatter|honorar author's fee; *(prosenter av salg)* royalty. **-inne** authoress. **-navn** name of the author; *(psevdonym)* pen name, nom de plume. **-ry** literary reputation. **-skap** authorship; literary work. **-talent** literary talent. **-virksomhet** literary activities.

forfedre *(pl)* forefathers, ancestors, forbears.

forfeile *(vb)* miss, fall short of. **-t** unsuccessful, mistaken, wrong, abortive; a failure.

forfekte *(vb)* assert, maintain, advocate, champion. **-r** champion, advocate *(av* of).

forfengelig vain; *ta* ~ take in vain. **-het** vanity.

forferd|e *(vb)* terrify, appal, dismay, horrify; *stå ganske -et* stand aghast *(over* at). **-elig** terrible, dreadful, awful, appalling, frightful. **-else** terror, horror, fright, consternation, dismay; *det kommer til å ende med* ~ he is riding for a fall; *det tok en ende med* ~ it ended in disaster.

forfilm *(kortfilm)* short; *(del av helaftensfilm)* preview, trailer; *(tegne-)* cartoon; *jeg så den som* ~ I saw the trailer of it.

forfin|e *(vb)* refine. **-else** refinement.

forfjamselse confusion, bewilderment, flurry.

forfjamset confused, bewildered.

forfjor: *i* ~ the year before last.

forfjær front spring.

forflate *vb (fig)* banalize, vulgarize.

forflere *(vb)* multiply.

forflyt|te *(vb)* transfer. **-ning** transfer; *(mil)* movement; ~ *langs landevei (mil)* road m.; ~ *utenfor landevei (mil)* cross-country m.

forfløyen giddy, frivolous; *(om tanke)* wild.

forfordel|e *(vb):* ~ *en* treat sby unfairly, give sby less than his share; *kjemien er blitt sørgelig -t i skolen* chemistry has been deplorably neglected in our schools *(el.* in our school curricula).

forfra from the front; *(mar)* from forward, from ahead; *(om igjen)* over again, from the beginning; *sett* ~seen from in front; *begynne* ~ start afresh, make a fresh start.

forfranske *(vb)* frenchify.

forfremm|e *(vb)* promote, advance; *bli -et (også)* get one's promotion, obtain p.; *han ble -et til kaptein* he was promoted (to the rank of) captain. **-else** promotion, advancement; *(jvf avansement).*

forfrisk|e *(vb)* refresh. **-ende** refreshing. **-ning** refreshment.

forfrossen frozen, benumbed with cold; *(frostskadd)* frost-bitten.

forfrys|e *(vb)* freeze. **-ning** frost-bite; *(se fryse:* ~ *av seg).*

forfuske *(vb)* bungle, botch.

forfølg|e *(vb)* **1.** pursue; *(for retten)* prosecute; **2***(for anskuelser)* persecute; **3***(spor)* trace; **4***(drive gjennom)* follow up; *(se også tankegang).* **-else** pursuit; persecution. **-elsesvanvidd** persecution mania.

forfølger 1. pursuer; **2.** persecutor.

forfølgning *(jur)* prosecution; *han er under* ~ *for tyveri* he is being prosecuted for theft.

forfør|e *(vb)* seduce; *han -te sin venns kone (også)* he committed misconduct with his friend's wife. **-else** seduction. **-ende** seductive, alluring. **-er, -erske** seducer. **-erisk** seductive.

forføyning measure, step; *stille til ens* ~ place at sby's disposal.

forgangen bygone, gone by.

for|gape *(vb):* ~ *seg i* fall in love with, fall for; *(ting)* take a fancy to. **-gapt:** ~ *i* infatuated with; **T** stuck on.

forgasser carburettor; **T** carb; *rusk i -en* dirt in the c.

forgasser|dyse spray nozzle, jet; *(jvf hoveddyse & tomgangsdyse).* **-ising** freezing of the carburettor. **-justering** c. adjustment.

forgift|e *(vb)* poison. **-et** poisoned. **-ning** poisoning.

forgjeldet in debt, deep in debt, deeply in debt; encumbered *(fx* his estate is e.).

forgjengelig perishable; *(flyktig)* transient, transitory, passing. **-het** perishableness; transitoriness.

forgjenger, -ske predecessor.

forgjeves *(adj)* vain; *(adv)* in vain, vainly.

forglemme *(vb): ikke å* ~ not forgetting; last (but) not least. **-lse** forgetfulness; *(uaktsomhet)* oversight, omission; *ved en* ~ through an oversight, inadvertently; *det hele var en (ren)* ~ *fra min side* it was (merely) a lapse of memory on my part.

forglemmegei *(bot)* forget-me-not.

forgodtbefinnende: *etter* ~ at pleasure, at one's discretion; **T** at one's own sweet will; *De må handle etter eget* ~ you must use your own discretion.

forgremmet careworn.

forgrene *(vb):* ~ *seg* ramify, branch (off). **-t** ramified; *vidt* ~ widely ramified, with many ramifications.

forgrening ramification.

forgreningsveksel *(jernb)* diverging points.

forgripe *(vb):* ~ *seg på (øve vold mot)* lay violent hands on, use violence against; *(stjele)* make free with *(fx* sby's whisky), misappropriate, steal.

forgrunn foreground; *(av scenen)* front of the stage; *komme i -en* come to the front *(el.* fore).

forgrunnsfigur prominent figure; *(i maleri, etc)* foreground figure.

forgrått red-eyed (with weeping); *-e øyne* red eyes.

forgud|e *(vb)* idolize. **-else** idolatry.

forgylle *(vb)* gild.

forgylling gilding.

forgå *(vb)* perish; *(om verden)* come to an end; *han holder på å* ~ *av nysgjerrighet etter å få vite* he is dying to know.

forgård forecourt.

forgårs: *i* ~ the day before yesterday.

forhal|e *(vb)* delay, retard; ~ *tiden* procrastinate; *(mar) (flytte)* shift. **-ing** delay; *(mar)* shifting.

forhalings|politikk a policy of procrastination; dilatory policy; *(ofte)* playing for time. **-taktikk** delaying tactics. **-veto** suspensive veto.

forhall (entrance) hall, vestibule.

forhandle *vb (vare)* distribute, handle, deal in, sell *(fx* an article; are you prepared to handle our product?); *(drøfte)* discuss; *(underhandle)* negotiate; ~ *med* discuss terms with, negotiate with *(fx* he is negotiating with them about my job).

forhandler 1*(person som underhandler)* negotiator; **2***(merk)* dealer, distributor. **-pris** trade price. **-rabatt** trade discount.

forhandling negotiation; talks *(fx* the Warsaw t.); sale; *(drøftelse)* discussion; *kollektive -er* = collective bargaining; *(se også I. stå: gå i* ~*).*

forhandlings|emne subject of negotiation(s). **-evne** skill as a negotiator. **-fred** negotiated peace. **-grunnlag** basis for negotiation. **-leder** leader of a delegation. **-organ** negotiating body. **-protokoll** minutes (of proceedings). **-styrke** bargaining strength.

forhaste *(vb):* ~ *seg* be in too great a hurry; be over-hasty.

forhaste|t rash, hasty, premature; *trekke -de slutninger* jump to conclusions.

f

forhatt hated, detested; *gjøre seg ~ hos en* incur sby's hatred.
forheks|e *(vb)* bewitch; enchant. **-ing** bewitching; enchantment.
forheng curtain.
forhenværende former, sometime, late, ex-.
for|herde *(vb)* harden. **-herdet** hardened, callous.
forherlig|e *(vb)* glorify. **-else** glorification.
forhindre *(vb)* prevent *(i* from); *han er -t pga forretninger* he is held up on *(el.* by) business.
forhindring prevention, hindrance, impediment, obstacle. **-smelding** *(kortsp)* pre-emptive bid.
forhippen: *~ på* bent on, keen on.
for|historie previous history. **-historisk** prehistoric.
forhjul front wheel; *-enes spissing* the toe-in (of the front wheels).
forhjuls|drevet with front (wheel) drive. **-drift** front (wheel) drive. **-justering** alignment *(el.* adjustment) of the front wheels. **-opphengning** front suspension. **-tapp** stub axle, steering stub *(el.* knuckle); **US** spindle. **-vibrasjoner** *(pl)* shimmy.
forhodefødsel sincipital presentation.
forhold **1***(omstendighet, tilstand, vilkår)* conditions *(fx* social c.), circumstances, situation, (state of) things, affairs; *-et er det at...* the fact (of the matter) is that; *det stemmer ikke med det faktiske ~* it is not in accordance with facts; *et ~ en fester seg ved* a noticeable feature; *gjøre ham oppmerksom på -et* call his attention to the fact; *lysere~ (pl)* brighter conditions; *han kommer fra små ~* he has a humble background; he has humble origins; *de stedlige ~* local conditions; *-ene i Norge* the conditions prevailing in Norway; the state of affairs *(el.* of trade *el.* of business) in Norway; *-ene i dag* present-day conditions; *de usikre ~ for tiden* the uncertainty of present conditions *(el.* of the times), the present uncertainty; *komme tilbake til normale ~* get back to normal conditions *(el.* the normal state of affairs); *som -ene nå ligger an* as matters now stand; in the present circumstances; under existing conditions; *slik som -ene på markedet ligger an for øyeblikket* in the present state of the market; *når -ene ligger godt til rette* under favourable conditions; *etter den tids ~* by the standards of that time; *så snart -ene tillater det* as soon as circumstances permit; *under ellers like ~* other things being equal; *under normale ~* under normal conditions; in the ordinary course of events; *under de nåværende ~* as things are at present; with things as they are; *dette betyr sveising under tryggere ~* this ensures safer welding; **2***(målestokk)* ratio; *(proporsjon)* proportion, ratio; *-et mellom import og eksport* the ratio of imports and exports; *lønningene steg i samme ~* wages rose proportionately; *i -et 1 til 3* in the proportion *(el.* ratio) of 1 to 3; *i ~ til* in proportion to, proportionately to; according to *(fx* prices vary a. to quality); on *(fx* a great improvement on all former attempts); *i ~ til prisen er tøyet av god kvalitet* the cloth represents good quality for the money; *i ~ til i fjor* on last year *(fx* prices are up by 2 per cent on l. y.); *(se ligge: ~ godt an); stå i ~ til* be in proportion to; *ikke stå i ~ til* be out of (all) proportion to; *stå i omvendt ~ til* be in inverse proportion *(el.* ratio) to; **3***(forbindelse, sammenheng med)* relation(s), connection *(fx* my c. with this affair); *dollar i ~ til £* the dollar in relation to the £; **4***(omgang, forståelse)* relations, terms; *vårt ~ til Amerika* our relations with America; *-et til de offentlige myndigheter* relations with the public authorities; *stå i ~ til* have relations with; have an affair with *(fx* a woman); associate with *(fx* he had been associating with a girl of 16), be intimate with; *stå i et vennskapelig ~ til* be on friendly terms with; **5***(oppførsel)* conduct; *(se oppmerksom).*
forholde *(vb)* **1***(unndra): ~ en noe* withhold *(el.* keep) sth from sby; **2.:** *~* **seg** *(opptre)* behave, conduct oneself; *(handle, gå fram)* act, proceed *(fx* how am I to act in this matter?); *~ seg avventende* assume an attitude of expectation, maintain an expectant a., adopt a waiting a.; *hvordan det enn -r seg (med det)* however that may be; however matters may really stand; *~ seg nøytral* remain neutral; *~ seg rolig* keep quiet; *saken -r seg slik* the fact (of the matter) is this, the facts are these; *hvordan -r det seg med* ... what about, what is the position as regards ...; *hvordan -r det seg med dette?* what are the facts? what is the real truth of the matter? *det -r seg riktig at* ... it is a fact that ...; *10 -r seg til 5 som 16 til 8* 10 is to 5, as 16 to 8.
forholdsmessig proportional; *~ andel* quota, pro rata share.
forholds|ord preposition. **-ordre** instructions, directions. **-regel** measure. **-tall** proportional; *(se forhold 2).* **-tallsvalg** election by the method of proportional representation. **-vis:** *en ~ andel* a proportionate share; *~ få* comparatively few; *(se I. lett).*
forhud *(anat)* foreskin, prepuce.
forhud|e *(vb)* sheathe. **-ning** sheathing.
forhus front building.
forhutlet down at heel, shabby, seedy.
forhyr|e *(vb)* engage, ship, sign on *(fx* s. on a sailor); *~ seg (mønstre på)* sign on, ship *(fx* ship *(el.* sign on) as carpenter, sign on for a voyage). **-ing** engagement, signing on; *(jvf hyre).*
forhør examination; interrogation; *ta i ~* examine, interrogate.
forhøre *(vb)* examine, interrogate; *~ seg* inquire *(om* about); *~ seg angående en stilling* inquire about a post; **T** look into a job; *jeg forhørte meg hos hennes venner, men ingen hadde sett henne* I checked with her friends, but nobody had seen her.
forhørs|dommer stipendiary magistrate, (examining) magistrate; *(i London)* metropolitan police magistrate. **-protokoll** records. **-rett** magistrate's court.
forhøye *(vb)* **1***(om priser)* raise, put up, advance *(fx* a. the price (by) 10%); *(øke)* increase *(fx* i. the capital); **2***(påbygge)* heighten, raise; **3***(gjøre sterkere, større; fig)* enhance, heighten; *~ verdien av* enhance the value of; *~ virkningen av* enhance *(el.* heighten) the effect of; *til -de priser* at advanced prices.
forhøyelse rise, advance *(fx* an a. in *(el.* of) prices; an a. in the price of ...), increase *(av* of, in; *fx* an i. in salary); heightening; enhancement; *(se diskontoforhøyelse).*
forhøyning elevation, eminence, rising ground; *(i værelse)* raised platform.
forhånd *(kort)* lead; *være i ~* have the lead; *på ~* beforehand, in advance.
forhånden *(adv)* at hand; available; **-værende** *(til disposisjon)* available; *(rådende)* existing.
forhånds|bestille *(vb)* book in advance; order in advance; make a reservation. **-bestilling** *(av billetter, etc)* advance booking; booking in advance. **-diskusjon** preliminary discussion. **-inntrykk** impression received in advance.
forhåndskarakter *se standpunktkarakter.*
forhåndsmelding **1.** advance notice, prior n.; **2***(kort)* opening bid.
forhånds|reklame advance publicity. **-salg** *(av billetter)* advance bookings.
forhåne *(vb)* outrage, insult, scoff at.

forhånelse insult, outrage.
forhåp|entlig it is (to be) hoped; I hope, we hope, let us hope that. **-entligvis:** *se forhåpentlig.* **-ning** hope, expectation; *gi ham ikke for store -er (også)* don't raise his hopes too much; *gjøre seg ~ om* hope, have hopes of. **-ningsfull** hopeful.
forhår front hair.
Forindia *(geogr)* India.
I. fôring *(av klær)* lining.
II. fôring *(av dyr)* feeding.
forjage *(vb): se fordrive.*
forjeksel premolar; *(se kinntann).*
forjett|e *(vb): det -ede land* the Promised Land.
forkalk|e *(vb)* calcify. **-ning** calcification; *(se åreforkalkning).*
forkammer *(i hjerte)* auricle.
forkast|e *(vb)* reject, turn down. **-elig** reprehensible, objectionable, improper. **-elighet** reprehensibility, impropriety. **-else** rejection; dismissal.
forkavet overwhelmed (with work); in a bustle, flurried.
forkjemper champion, advocate.
forkjetre *(vb)* accuse of heresy; stigmatize as heretical; *(nedsette)* condemn, denounce, decry, disparage.
forkjetring accusation of heresy; stigmatization (as heretical); denunciation.
forkjæl|e *(vb)* spoil; *(degge med)* coddle, molly-coddle *(fx* sby). **-ing** spoiling; coddling, molly-coddling.
forkjælt spoilt *(fx* a spoilt child).
forkjærlighet predilection *(for* for), partiality *(for* to), prejudice *(for* in favour of).
forkjært wrong; *(adv)* wrong, the w. way.
forkjøl|e *(vb): ~ seg* catch (a) cold; develop a cold; *(se forkjølet).*
forkjølelse cold; *jeg brygger på en ~* I've got a cold coming on; *jeg har en ~ jeg ikke kan bli kvitt* I have a cold hanging about me.
forkjølet: *bli ~* catch a cold; *jeg er ~* I have a cold; I've got a cold.
forkjøp: *komme en i -et* forestall sby, steal a march on sby; *han kom meg i -et (også)* he was too quick for me.
forkjøpsrett (right of) pre-emption; (first) refusal, option.
forkjørsrett priority, right of way; *A har ~ for B* A has the right *(el.* a right) of way over B; *respektere ens ~* give way to sby; *vei med ~* major *(el.* priority) road.
forklar|e *(vb)* explain, account for; *(herliggjøre)* glorify, transfigure; *forklar ham det* explain it to him; *det -er feiltagelsen* that accounts for the mistake; *~* **seg** explain; *(unnskylde seg)* explain oneself; *(for retten)* give evidence; *vi kan ikke ~ oss hvorfor De...* we are at a loss to understand why you ...; *det -er seg selv* it explains itself; that is self-explanatory.
forklarelse transfiguration, glorification.
forklarende explanatory.
forklaret *(adj)* transfigured, glorified.
forklaring explanation; *(vitne-)* evidence; deposition; *avgi ~* make a statement; *(for retten)* give evidence; *(under ed)* depose; *oppta ~* hold an inquiry; *som ~* by way of explanation; *~ på* explanation of; *som ~ på* in e. of; *(se sannsynlig).*
forklarlig explicable, explainable; *av lett -e grunner* for obvious reasons.
I. forkle apron; *(barne-)* pinafore.
II. forkle *(vb)* disguise; *han -dde seg som en kvinne* he disguised himself as a woman. **-dd** in disguise, disguised; *~ som* disguised as, in the disguise of; *gå ~ omkring blant fienden* go among the enemy in disguise.
forkledning disguise; *i ~* in disguise; *gjennomskue -en hans* see through his disguise.
forklein|e *(vb)* belittle, disparage. **-else** disparagement; discredit.
forklud|re *(vb)* bungle. **-ring** bungling.
forknoke *(av gris)* leg.
forknytt timid, faint-hearted; *(forsagt)* dispirited.
forkommen exhausted, starving, overcome *(av* with); down-and-out.
forkopre *(vb)* copperplate.
forkort|e *(vb)* shorten, abridge; *(ord)* abbreviate; *(brøk)* reduce; *(i tegning)* foreshorten. **-else, -ning** shortening, abridgment, abbreviation; *(av brøk)* reduction.
forkromme *(vb)* chromium-plate, chrome-plate.
forkromming 1*(det å)* chromium-plating, chrome -plating; 2*(forkrommede deler)* chromium plate.
forkropp *(zool)* forepart of the body.
forkrøplet stunted, dwarfed.
forkuet cowed, subdued.
forkull|e *(vb)* char; carbonize. **-ing** carbonization.
forkunnskaper *(pl)* previous knowledge, grounding *(fx* a good g. in Latin); *~ ikke nødvendig* no previous training is necessary.
forkvakle *(vb)* warp, bungle; *(se hjerne).*
forkynn|e *(vb)* announce, proclaim; *(ordet)* preach; *(jur)* serve *(fx* s. a writ on sby); *~ dom* serve judgment on. **-else** announcement, proclamation; preaching; service.
forlabb *(zool)* forepaw.
forladnings|gevær, -kanon muzzle loader.
forlag publishing firm *(el.* house), (firm of) publishers; *-et (især)* the publishers; *utgitt på eget ~* published at one's own expense; *utkommet på Gyldendal Norsk F-* published by G.N.F.; *boka er utsolgt fra -et* the book is out of print.
forlags|artikkel publication. **-bokhandel:** *se forlag.* **-bokhandler** publisher. **-direktør** publisher. **-redaktør** editor. **-rett** copyright; *bøker med registrert ~* registered copyright works.
forlange *vb (be om)* ask for; *(som betaling)* ask, demand; charge *(fx* he charged £10 for it; what did they ask for it?); *(kreve, fordre)* demand, request, claim, insist on, press for *(fx* they are pressing for higher wages); *~ noe av en* demand sth from sby; *jeg -r at De gjør det* I insist that you do so; I insist on your doing so; *jeg -r av deg at du skal ...* I require you to ...
forlangende request, demand; *på ~* on demand, on application, on request; *på hans ~* at his request.
forlate *vb (fjerne seg fra)* leave; *(svikte)* forsake, abandon, desert; *(tilgi)* forgive; *~ dette sted* leave here; *hermed -r vi ... (et emne)* so much for ...; *forlat oss vår skyld* forgive us our trespasses; *~ seg på* rely on, depend on, trust.
forlatelse pardon; *(av synder)* forgiveness; *jeg ber om ~* I beg your pardon.
forlatt abandoned, deserted; *(latt i stikken)* forsaken, abandoned; *~ skip* derelict. **-het** abandonment, desolation; loneliness.
forlede *(vb)* lead astray; *~ til* delude into, lure into, lead on to.
forleden: *~ dag* the other day.
forlegen embarrassed, perplexed; *(av vesen)* shy, self-conscious; *aldri ~ for svar* never at a loss for an answer.
forlegenhet embarrassment, perplexity; *sette i ~* embarrass *(fx* sby); *være i ~* be at a loss *(fx* for an answer); be hard up *(fx* for money); *vi er i øyeblikkelig ~ for* we are in urgent need of; we are in a hurry for.
forlegg|e *(vb)* **1.** mislay; **2***(utgi)* publish. **-else** mislaying; *(se forlegge 1).*
forlegger publisher.

forlegning *(mil)* camp; *(innkvartering)* billeting, quartering; *(i felt)* bivouac.

forlegningsområde *(mil)* billeting area.

forlenge *(vb)* **1.** lengthen; elongate; prolong; extend (*fx* one's visit); **2***(geom)* prolong; extend (*fx* a line).

forlengelse lengthening; elongation; prolongation.

forlenger extension (piece); *(del av pipenøkkel)* extension bar; *(se pipenøkkel).*

forlengs forward(s); *kjøre* ~ *(i tog)* sit facing the engine.

for lengst long ago.

forles|e *(vb):* ~ *seg* read too hard *(el.* much). **-t** over-worked.

forlik compromise, amicable settlement; *(jur)* settlement of a civil claim in law without judicial process but which settlement is enforceable by a court as a judgment debt; *(ordning)* agreement, adjustment, arrangement; *(forsoning)* reconciliation; *slutte* ~ come to an agreement; *slutte* ~ *med* come to an agreement with, come to terms with, make a compromise with; *det ble* ~ a compromise *(el.* agreement) was reached.

forlike *(vb)* reconcile; conciliate; *(bilegge)* compromise, settle; ~ *partene* reconcile the parties; *de har blitt forlikt* they have made it up; *(blitt enige)* they have come to terms; ~ *seg med sin skjebne* become reconciled to one's fate.

forliksklage *(jur)* written request (to a minor civil court) for an originating summons; *ta ut* ~ procure an originating summons (from a minor civil court).

forliksmegling *(jur)* arbitration arrangement by a minor civil court.

forliksråd *(jur)* [minor civil court with power to deal with claims by arbitration].

forlis shipwreck. **forlise** *(vb)* be lost, be wrecked; *forliste sjøfolk* shipwrecked seamen.

forlokke *(vb)* seduce, inveigle, lure *(til* into); *-nde* alluring, seductive; *det -nde ved å bli forretningsmann* the inducements of a business career.

forlo|ren *(uekte)* false, mock, sham; *den -rne sønn* the Prodigal Son; ~ *hare* meat loaf; ~ *skilpadde* mock turtle.

forlove *(vb):* ~ *seg* become engaged *(med* to).

forlovelse engagement *(med* to).

forlovelsesring engagement ring.

forlover chief bridesmaid, maid of honour; *(brudgommens)* best man.

forlov|et engaged (to be married); *hans -ede* his fiancée; *hennes -ede* her fiancé.

forluke *(mar)* forehatch.

forlyd initial sound.

forlyde *(vb): det -r* it is reported; *etter -nde* according to report.

forlyste *(vb):* ~ *seg* amuse oneself.

forlystelse amusement, entertainment.

forlystelses|skatt entertainment tax. **-sted** place of entertainment.

forlær *(på sko)* vamp; *(se overlær).*

forløfte *(vb):* ~ *seg* overstrain oneself by lifting; ~ *seg på noe (fig)* overreach oneself in an attempt to do sth.

forløp lapse; *etter ett års* ~ after *(el.* at the end of) a year; *(gang, utvikling)* course, progress; *ha et normalt* ~ take a natural course.

forløpe *(vb)* **1.** elapse; *i det forløpne år* in *(el.* during) the past year; *det forløp i stillhet* it passed off quietly; **2.:** ~ *seg* blunder; forget oneself; let oneself be carried away.

forløpelse blunder.

forløper forerunner; *(litt.)* precursor; herald, harbinger (*fx* the swallow is the h. of spring).

forløs|e *vb (om fødsel)* deliver; *(religiøst)* redeem. **-er** redeemer. **-ning** redemption; *(nedkomst)* delivery.

forløyet lying, mendacious. **-het** mendacity.

form form, shape; *(kake-)* cake tin; *(støpe-)* mould; **US** mold; *bestemt (,ubestemt)* ~ *flertall (gram)* the definite (,indefinite) plural; *i* ~ fit; *i fin* ~ very fit; in top shape; in good form; in great form; *i* ~ *igjen* back on form (again); *ikke i* ~ not in form; **T** off colour; *i* ~ *av* in the form *(el.* shape) of; *en* ~ *for* a form of; *ta* ~ take shape *(el.* form); *henge seg for meget i -ene* insist too much on the formalities *(el.* on forms); pay too much attention to forms; *holde på -ene* observe the proprieties; *holde seg i* ~ keep fit; *passe på -en* (ɔ: *den slanke linje)* keep one's figure; *for -ens skyld* as a matter of form.

formalitet formality, (matter of) form; *ordne med de nødvendige -er* complete the necessary formalities.

formalprosedyre [formal part of the legal proceeding].

formane *(vb)* exhort, admonish.

formaning exhortation, admonition.

formann 1*(arbeids-)* foreman (*fx for banearbeidere* of permanent way labourers); **2***(dirigent, valgt leder)* chairman; *styrets* ~ the chairman of the Board; **3***(for jury)* foreman; **4***(veksellære)* prior endorser; **5:** *rettens* ~ President of the Court; *med X som* ~ (2) under the chairmanship of X; *(se anleggs-; brann-; brygge-; bud-; dokk-; elektro-; fagforenings-; faktor; lager-; lesse-).*

formannskap [executive committee of local council]; *(kan gjengis)* Council of Aldermen. **-smedlem** = alderman; *(jvf kommunestyre & kommunestyremedlem).*

formannsverdighet chairmanship, speakership, presidency.

formasjon formation; *(mil)* formation, order.

formaste *(vb):* ~ *seg til å gjøre noe* presume to do sth; have the audacity to do sth. **-lig** presumptuous. **-lighet** presumption.

format *(bok-)* size, format;*(om personlighet)* size, calibre, stature; *i mindre* ~ on a smaller scale; *i stort* ~ large-sized; *av* ~ *(fig)* of importance, great.

forme *(vb)* form, shape; *(støpe)* mould (,**US** mold), cast; *(avfatte)* word, frame; ~ *seg* take shape.

formel formula.

formelig actual, veritable, regular; *(adv)* actually, absolutely, positively.

formel|l *(adj)* formal; *en* ~ *feil* a formal error; a technical error. **-t** *(adv)* formally.

formening opinion, judgment; *det tør jeg ikke ha noen* ~ *om* I dare not express an opinion on this; *har De noen* ~ *om dette spørsmålet?* are you able to express an opinion on this question?

formentlig supposed; *(adv)* supposedly; I suppose, I believe.

former moulder; **US** molder.

formere *vb (mil)* form; draw up in order; *(forøke antallet)* increase, multiply; ~ *seg* multiply (*fx* the Arabs are multiplying); propagate; *som -r seg sterkt* prolific (*fx* they are as prolific as rabbits); *araberne, som -r seg så sterkt (el. raskt)* the rapidly multiplying Arabs.

formering *(mil)* formation; *(øking)* multiplication; propagation.

formeringsevne procreative powers.

form|feil formal *(el.* technical) error, irregularity. **-fullendt** perfect (in form), finished; elegant, correct. **-fullendthet** elegance, correctness.

formgivning fashioning, moulding (,**US:** molding); *(form)* form; *(av industriprodukter)* industrial design.

formiddag morning; *i* ~ this morning; *kl. ti om-en* at ten (o'clock) in the morning, at 10 a.m., at 10 am.

formiddags|gudstjeneste morning service. **-mat** lunch.

formidl|e *vb* **1***(skaffe, utvirke)* get, procure; arrange; effect *(fx* a reconciliation between the parties); be instrumental in bringing about; ~ *kontakt med* establish contact with; ~ *et lån* arrange (*el.* negotiate) a loan; ~ *utgivelsen av en bok* be in charge of the publication of a book; **2***(megle)* mediate; act as an intermediary; **3***(behandle): bankene -r store beløp* the banks handle large amounts; large amounts pass through the banks. **4***(bringe videre til andre)* pass on; impart; ~ *britisk kultur* spread (*el.* pass on *el. stivt* transmit) British culture; *det er denne kulturen vi forsøker å* ~ it's this culture we're trying to pass on; ~ *kunnskaper* impart (*el.* disseminate) knowledge; ~ *sine tanker* put one's ideas across.

formidler intermediary.

formidling *(se formidle)* (1) procurement; arrangement; (2) mediation; *ved hans* ~ through him.

formilde *vb (bløtgjøre)* mollify, soften; *-nde omstendighet* extenuating circumstance.

forming *(i skole)* art; (NB' art' *innbefatter ikke sløyd* (woodwork)).

formingsfag art subject; *(se forming).*

formingslærer art teacher; *(se forming);* *Art Teacher's Diploma (*fk* ATD).

forminsk|e *(vb)* make smaller; reduce; ~ *tegningen* make the drawing smaller; reduce the scale of the drawing; decrease, diminish, lessen; *-es* decrease, diminish; *i -et målestokk* on a reduced scale. **-else** decrease, diminution, reduction.

form|kake Madeira cake, cut-cake. **-kurve** *(fotballags, i tipping)* form forecast; *-r (på kart)* form lines. **-loff** white tin loaf. **-lære** *(gram)* morphology; *(om bøyningsformer, også)* accidence. **-løs** formless, shapeless. **-løshet** formlessness; shapelessness.

formod|e *(vb)* suppose, presume; *som Deres ord lar* ~ as your words would imply. **-entlig** probably, presumably, most likely, in all likelihood, I suppose, I dare say.

formodning supposition, surmise, guess, conjecture.

form|sak matter of form. **-sans** sense of form. **-spørsmål** question of form, formality.

formtre 1. wood filler; **2***(mar)* template.

formue fortune, property; *ha en* ~ *på £10 000* be worth £10,000.

formuende wealthy, well off, of fortune *(fx* a man of f.).

formuerett law of property.

formues|fellesskap community of goods. **-forhold** financial circumstances. **-forøkning** capital appreciation. **-masse** estate, property. **-skatt** (general) property tax.

formular form; *(se blankett; skjema).*

formuler|e *(vb)* formulate. **-ing** formulation.

formynder guardian. **-skap** guardianship.

formørke *(vb)* darken, obscure; *(astr)* eclipse.

formørkelse darkening; eclipse.

formå *(vi)* be able to; be capable of (-ing); *(vt)* prevail on, persuade, induce; ~ *mye hos en* have great influence with sby; *alt hva man -r* everything in one's power; *ikke* ~ *å* be unable to; *du må ta til takke med det huset -r* you must take potluck.

formål object, aim, end, purpose.

formålsparagraf objects clause.

formålstjenlig suitable for the purpose, expedient.

fornavn Christian name, first name.

fornedr|e *(vb)* debase, degrade. **-else** debasement, degradation.

fornekte *vb (ikke vedkjenne seg)* renounce, disown; *han -r seg ikke* (ɔ: *det ligner ham)* that's him all over; that's just what he would do.

fornektelse denial; disavowal; renunciation.

fornem distinguished, of distinction, of position, of rank; *en* ~ *mann* a man of rank; ~ *mine* grand air; *den -me verden* the world of rank and fashion. **-het** distinction, high rank.

fornemme *(vb)* feel, sense, be sensible of; *(erfare, merke)* perceive, notice.

fornemmelse feeling, perception; *ha fine -r* put on airs, think one is somebody; *jeg har en* ~ *av at* ... I am under the impression that ...; *(se sviende; uhyggelig; uklar).*

fornik|le *(vb)* nickel-plate. **-ling** nickel plating.

fornorske *(vb)* norwegianize.

fornuft reason; *den sunne* ~ common sense; *tale* ~ talk sense; *bringe en til* ~ bring sby to his senses; *ta imot* ~ listen to reason; *(se tilsi).*

fornuftig reasonable, rational, sensible; *et* ~ *vesen* a rational being; *intet* ~ *menneske* no one in his senses; *være så* ~ *å* have the sense to; *jeg kunne ikke få et* ~ *ord ut av ham (også)* he wouldn't talk sense.

fornuft|igvis reasonably, in reason. **-smessig** rational. **-smessighet** rational character. **-sstridig** absurd, irrational. **-svesen** rational being.

forny|e *(vb)* renew; *(gjenstand)* renovate; *(veksel)* renew; *(bytte ut)* replace; *etter -et overveielse* on reconsidering the matter; *ta under -et overveielse* reconsider. **-else** renewal; renovation; replacement.

fornyelses|dato date of renewal. **-kostnader** (cost of) renewals.

fornærm|e *(vb)* offend, insult, affront. **-elig** insulting, offensive. **-else** insult, offence, affront. **-et** offended *(på* with, *over* at); *føle seg* ~ *over* take offence at; *han ble* ~ *over mitt svar (også)* he was put out by my reply.

fornøden requisite, needful, necessary; *gjøre sitt fornødne* relieve oneself; *nekte seg det fornødne* deny oneself the necessaries of life. **-het** necessity, requirement; *(se nødvendig).*

fornøyd pleased, satisfied, content(ed); ~ *med* satisfied (*el.* pleased) with, happy with; *jeg har alltid vært* ~ *med den forretningen* I've always got satisfaction at that shop.

fornøye *(vb)* please, delight, gratify. **-lig** amusing, delightful, pleasant.

fornøyelse pleasure, delight; diversion, amusement; *betale -n* **T** foot the bill; *finne* ~ *i* take pleasure in, delight in; *ha* ~ *av* derive satisfaction from; *det er meg en stor* ~ *å* it gives me great pleasure to; *jeg har ikke den* ~ *å kjenne ham* I have not the privilege of knowing him; *ja, med* ~ with pleasure; *god* ~*!* have a good time! *(se forretning: i -er & størst).*

fornøyelsesliv entertainment(s); means of entertainment; *det var et rikt* ~ *i X* there was a varied supply of entertainment(s) in X.

fornøyelsestur: *det er ingen* ~ it's no picnic.

forord preface, introduction *(til* to); *(især når det er skrevet av en annen enn tekstforfatteren)* foreword.

forord|ne *(vb)* decree, ordain; *(om lege)* prescribe. **-ning** ordinance, decree; *kongelig* ~ royal decree; **UK** Order in Council.

forover forward; *full fart* ~ full speed ahead. **-bøyd** stooping. **-strøket:** ~ *vinge (flyv)* swept-forward wing; *(se tilbakestrøket).*

forpakt|e *(vb)* rent, take a lease of; ~ *bort* lease, rent *(til* to). **-er** tenant, lessee; tenant farmer. **-ergård** tenant farm.

forpaktning tenancy, lease; *ta en gård i* ~ take a lease of a farm. **-savgift** (farm) rent.

forpeste *(vb)* poison, infect.

forpigg *(mar)* fore peak.

forpint tortured, racked.

forpjusket rumpled, tousled.

forplant|e *(vb)* propagate; *(overføre)* transmit; ~ *seg (om dyr)* breed, propagate; *(om lyd)* be transmitted, travel. **-ning** propagation; transmission.

forplantnings|evne power of reproduction. **-redskap** reproductive *(el.* generative) organ.

forplei|e *(vb)* board, feed, cater for. **-ning** board, food; *-en er god* the food is good; they do you well.

forplikt|e *(vb)* bind, engage; ~ *seg til å* undertake to, bind oneself to. **-else** obligation *(overfor* to); commitment; liability; *oppfylle sine -r* fulfil one's obligations. **-ende:** ~ *for* binding on.

forpliktet bound, obliged, under an obligation; *jeg føler meg ikke* ~ I feel no obligation; *være* ~ *ved lov til å* be required by law to *(fx* the local authorities are r. by l. to appoint a finance committee).

forplum|re *(vb)* muddle up, confuse. **-ret** muddled, confused.

forplumring muddling, confusion.

forpost outpost.

forpostfektning (outpost) skirmish.

forpote *(zool)* forepaw.

forpuppe *(vb):* ~ *seg* pass into the chrysalis state; pupate.

forpurr|e *(vb)* frustrate, foil. **-ing** frustration.

forpustet breathless, out of breath.

forrang precedence, priority *(fremfor* to); *ha -en fremfor* take precedence over.

forranglet debauched.

forregne *(vb):* ~ *seg* miscalculate, make a miscalculation; *du har -t deg* you are out in your calculations.

forrente *(vb)* pay interest on; *bedriften -r så vidt anleggskapitalen* the company's profits barely suffice to meet the interest on the invested capital; *å* ~ *med 10%* interest to be paid at the rate of 10% *(el.* 10 per cent); ~ *seg* yield interest; *(om obligasjon)* bear interest; *(betale seg)* pay; *summen -r seg med 5%* the sum yields *(el.* bears *el.* carries) interest at 5 per cent; ~ *seg godt* give a good return, yield *(el.* return) a good interest; *en pengeanbringelse som -r seg godt* an investment that returns good interest.

forrentning (payment of) interest; ~ *av* payment of interest on.

forrest foremost, front; *(adv)* in front; *gå* ~ go first, walk in front, lead the way.

forresten *(hva det øvrige angår)* for the rest; *(ellers, for øvrig)* otherwise; *(i andre henseender)* in other respects; *(på andre måter)* in other ways; *(utover det som før er nevnt)* it remains to be said; *(apropos)* by the way, that reminds me.

forretning business; *(næringsvei)* trade; *(butikk)* shop; *(enkelthandel)* transaction; *(embets-)* function, duty; *drive* ~ carry on (a) business, keep a shop, trade, be in business, be engaged in business; *få i stand (el. gjøre) en fin* ~ pull off a first-class deal; *han har en meget innbringende kolonial-* he has a very good business as a grocer; *gjøre en dårlig* ~ make a bad bargain; *det er gått* ~ *i det* it has become commercialized; it's just business now; *løpende -er* current business; *han hadde nettopp vært innom en* ~ *og kjøpt en klokke* he had just been into a shop and bought a watch; *han har to -er* he has two businesses; *i -er* on business; *er De i London for fornøyelsens skyld eller i -er?* are you in London on pleasure or on b.? *(se innlate; strykende).*

forretnings|anliggender *(pl)* business affairs. **-brev** business letter. **-bruk:** *til* ~ for business purposes. **-bygg** commercial building. **-drift** business management. **-forbindelse** *(også om person)* business connection; business friend; *tre i* ~ *med et firma* enter into business relations with a firm; open up *(el.* form) a connection with a f.; take up b. connections with a f.; *stå i* ~ *med (også)* have b. relations with. **-foretagende** business concern. **-fører** manager. **-gate** shopping street. **-liv** business life, trade. **-lokale** business premises *(pl).* **-mann** business man, businessman. **-messig** businesslike; *den -e siden av saken* the business side (of it); *på strengt* ~ *basis* on a strictly business footing. **-ministerium** caretaker government. **-orden** (rules of) procedure; routine; *(parl)* order of business; *(reglene)* rules of order, rules of procedure; *(parl)* standing orders; *(sakliste)* agenda; *begå et brudd på -en* commit an infringement; *til -en* on a point of order *(el.* clarification). **-reise** business trip. **-sak** business affair. **-språk** commercial language. **-standen** business circles *(pl);* traders; *-en i X* the X business community. **-vant** *(adj)* with experience in a shop.

I. forrett *(forrettighet)* prerogative, privilege.

II. forrett *(mat)* first course, entrée.

forrette *(vb)* perform, discharge, execute; *(som prest)* officiate; ~ *ved en begravelse* officiate at a funeral; *han kom hjem med vel -t sak* he returned home after having fully accomplished his purpose.

forrettighet prerogative, privilege.

forrevet torn; scratched; *(om kystlinje, fjelltinder)* rugged; *(om skyer)* tattered.

forrige former, previous; ~ *gang* last time; ~ *uke* last week; *hele* ~ *uke* all last week, the whole of last week; *den 4. i* ~ *måned* the 4th of last month; the 4th ult. *(fk. f* ultimo).

forrigg *(mar)* fore rigging.

forrigle *vb (låse)* lock.

forringe *(vb)* reduce; *(i verdi)* depreciate, diminish the value of, detract from the v. of; *(nedsette i folks omdømme)* disparage; *(gjøre ringere i anseelse)* detract from; *-s* deteriorate.

forringelse reduction; depreciation, disparagement; deterioration.

forrykende furious, tremendous, violent; *i* ~ *fart* at a tremendous pace.

forrykke *(vb)* displace; upset *(fx* the balance); dislocate; disturb.

forrykt *(avsindig)* crazy, cracked, mad. **-het** craziness.

forræd|er traitor *(mot* to). **-eri** treachery; *(høy-)* treason. **-ersk** treacherous, treasonable. **-erske** traitress.

forrær *(mar)* fore-yards.

forråd supply, store, provision; *ha* ~ *av* have a store of.

forråde *(vb)* betray.

forråds|avdeling *(jernb)* supplies department. **-direktør** *(jernb)* = supplies and contracts manager.

forrådskammer storeroom.

forråe *(vb)* brutalize.

forråtn|e *(vb)* rot, putrefy, decay. **-else** putrefaction, decay, decomposition; *gå i* ~ putrefy, rot, become putrid, decay, decompose.

forsagt diffident.

forsagthet diffidence.

forsake *(vb)* renounce, give up. **-lse** renunciation; self-denial.

forsalg advance sale; *(av billetter)* advance bookings.
forsamle *(vb)* assemble, congregate, gather together; ~ *seg* meet, assemble.
forsamling assembly, meeting, gathering; *(deltagere)* assembly; *(tilhørere)* audience; *(se forslag).*
forsamlings|frihet freedom of assembly; *(se frihet).* **-hus** assembly building; *(på landet)* village hall; *(rel)* meeting house. **-lokale(r)** assembly rooms.
forsanger choir-leader; leader of the (community) singing; *kanskje du vil være ~?* would you mind leading the singing? *(se sanger 1).*
forsatsblad flyleaf.
forseelse *(jur)* offence; *(feil)* fault, error; *begå en ~ mot* commit an offence against.
forseg|le *(vb)* seal, seal up. **-ling** sealing; *under ~* under seal.
forseil *(mar)* headsail.
forsendelse sending, forwarding, dispatch, transmission, posting; *(også* **US**) mailing; *(med skip)* shipping, shipment; *(varesending)* consignment, shipment; *en post-* a parcel of goods; *-n av* the forwarding *(el.* dispatch) of; *(se utlandet).*
forsendelses|advis advice of dispatch. **-kostnader** *(pl)* forwarding (,shipping) charges. **-måte** method of dispatch, method of conveyance.
forsenker countersink bit.
forsentkommer late-comer.
forsere *(vb)* force; ~ *fram* force on; *det nytter ikke å forsøke å ~ fram et slikt prosjekt* it's no use trying to push a project like that; ~ *produksjonen* speed *(el.* step up) production.
forsert forced, strained; *i ~ tempo* at a forced rate *(fx* the project was hurried on at a forced rate).
forsete front seat; presidency; *passasjer i -t* front-seat passenger; *ha -t* preside, take the chair.
forsett purpose; *med ~* deliberately; on purpose, purposely; *gode -er* good intentions.
forsettlig intentional, wilful, studied.
forside front; *(av bok)* front cover (of a book), front (of a book); *(av veksel)* face.
forsidepike cover girl.
forsikre *(vb)* assure; *(assurere)* insure; *eleven -t at han hadde skrevet stilen uten hjelp* the pupil gave an assurance that he had written the essay without help from anyone; ~ *høyt og dyrt (fig)* vow; ~ *et hus* insure a house; *den -de* the insured.
forsikring assurance; insurance; *tegne ~* take out *(el.* effect) an insurance; *(se ansvarsforsikring; avbruddsforsikring; bagasjeforsikring; bilforsikring; innboforsikring; innbruddsforsikring; kapitalforsikring; kaskoforsikring; livsforsikring; reisegodsforsikring; trafikkforsikring; tyveriforsikring; varekredittforsikring; vennskapsforsikring).*
forsikrings|agent insurance agent. **-art** class of insurance. **-betingelse** condition of insurance. **-gjenstand** subject of insurance, property insured. **-klausul** insurance clause. **-polise** insurance policy. **-premie** insurance premium. **-selskap** insurance company. **-taker** policy-holder.
forsiktig **1***(om person)* careful; prudent, circumspect, wary; *(i handling, overfor fare, risiko)* cautious; **T** cagey; *(diskret)* discreet *(fx* he is d.; make d. inquiries); **2***(som vitner om forsiktighet)* guarded *(fx* a g. reply), conservative *(fx* a c. estimate); *i -e vendinger* in guarded terms; *være ~* be careful; take care, be on one's guard; **T** watch one's step; *det er best å være ~* it's as well to be on the safe side; *være ~ med å gi kreditt* be cautious in giving credit; *vær ~ med smøret* (**T** = *spar på)* go easy on the butter; *~! (påskrift)* (Handle) With Care; **3***(adv)* carefully, cautiously; guardedly *(fx* he spoke g. about the coming year); *banke ~ på døra* give a soft tap on the door; *lukke døra ~ (også)* ease the door shut.
forsiktighet care, caution, circumspection, prudence, wariness; *(se mane).* **-sreg|el** (measure of) precaution, precautionary measure; *ta -ler* take precautions.
forsimple *(vb)* vulgarize.
forsimpling vulgarization.
forsinke *(vb)* delay.
forsinkelse delay; *vi vil gjerne få uttrykke vår beklagelse over den ~ som er oppstått* we would like to express our regret for the delay that has occurred; *denne ~ fra Deres side setter oss i en meget kjedelig stilling overfor vår kunde* this delay on your part puts us in a very awkward position towards our customer; *(jvf ville).*
forsinket late, belated, behind time; overdue.
forsire *(vb)* decorate, adorn, ornament.
forsiring decoration, ornament.
forskal|e *vb (bordkle)* board. **-ing** formwork *(fx* for the walls); shuttering; *(mindre)* casting frame. **-ingsbord** *(pl)* formwork boards, rough boards. **-ingssnekker** shutterer.
forskanse *(vb)* entrench.
forskansning entrenchment.
forske *(vb)* (carry on) research. **-nde** searching; *et ~ blikk* a searching glance.
forsker researcher, research worker; *(stillingsbetegnelse)* research officer, principal scientific officer.
forskerstudium research studies; *et 4-semesters videregående ~* 4 terms of advanced research studies.
forskerånd spirit of inquiry.
forskip *(mar)* forepart (of a vessel).
forskjell difference; distinction; *det er ~ på bøker* **T** there are books and books; *jeg kan ikke se noen ~* it looks the same to me; ~ *i alder* difference of *(el.* in) age; ~ *i år* difference in years; *gjøre ~ på (el. mellom)* distinguish, make a distinction between; *uten ~* indiscriminately.
forskjellig different *(fra* from); *(tydelig atskilt)* distinct; *(atskillige)* several, various; *(blandet, av blandet innhold)* miscellaneous; *(diverse)* sundry *(fx* s. expenses); *være ~* differ; *på ~ måte* differently, in different ways, in a different way.
forskjellig|artet varied, heterogeneous; *(mangfoldig)* diversified. **-het** diversity, dissimilarity.
forskjellsbehandling difference in treatment, differential treatment; *de reagerer mot en slik ~* they resent such a difference in treatment; they resent being treated so differently.
forskjerm front wing *(el.* mudguard); **US** front fender.
forskjærkniv carver, carving knife; bread knife.
forskjønn|e *(vb)* embellish, grace, beautify. **-else** embellishment. **-elsesmiddel** cosmetic.
forskning research.
forsknings|oppgave research assignment. **-stilling** research post. **-stipendiat** research scholar. **-termin** *(også* **US**) sabbatical year. **-utgifter** *(pl)* expenditure on research.
forskole preparatory school; **T** prep school.
I. forskott: *se forskudd.*
II. forskott *(mar)* fore bulkhead.
forskrekke *(vb)* frighten, scare. **-lig** frightful.
forskrekkelse fright; *det endte med ~* the upshot was disastrous; *(jvf forferdelse).*
forskremt scared, frightened.
forskreve *(vb): ~ seg (kan fx gjengis)* find oneself doing the splits.
forskrift regulation, rule; *-er* regulations, rules, directions, instructions; *lovens -er* the provisions

of the Act; *-ene gjelder bare skip som har mekaniske fremdriftsmidler* the regulations only apply to ships which are mechanically propelled.

forskriftsmessig regulation (*fx* size, uniform); *det er av største betydning at behandling og vedlikehold skjer* ~ it is of the utmost importance that handling and maintenance rules are strictly adhered to.

forskrudd eccentric, extravagant.

forskudd advance (of money); *betale på* ~ pay in advance; *gi* ~ advance, make an advance (*fx* they advanced him £10; we made an advance to the captain); ~ *på* an advance (against *el.* on) (*fx* ask for an a. (on one's wages)); ~ *på arv: se arveforskudd; som* ~ *på arven* in advance of his (,her, *etc*) inheritance; *betale på* ~ pay in advance; *han pleide å gi dem* ~ *på lønnen deres* they used to receive advances on their salaries from him; *ta noe på* ~ *(fig)* anticipate (*fx* one's triumph).

forskudds|betaling prepayment, payment in advance. **-vis** in advance; *som erlegges* ~ payable in advance, to be paid in advance; *leien, kr 400,- pr. mnd., betales*~ *for et kvartal om gangen* the rent, kr 400,- per month, is to be paid quarterly, in advance; *(se forskudd).*

forskutter|e *(vb)* advance (*fx* a. sby money). **-ing** advance (of money).

forskyldt: *få lønn som* ~ get one's deserts.

forskyv|e *(vb)* displace; ~ *seg* get displaced; shift (*fx* the cargo has shifted).

forskyvning displacement, shifting; dislocation (*fx* the dislocation of trade; the shift taking place in our foreign trade).

forskåne *(vb)* spare; *forskån meg for enkelthetene* spare me the details.

forslag 1*(til overveielse el. vedtagelse, tilbud)* proposal; *gjøre et* ~ make a p., propose (*fx* make sby a p.);*godta et* ~ accept a p.; agree to a p.; *sette fram et* ~ put forward a p. *(om, for* of); *et* ~ *om å* ... a p. to ...; **2***(henstilling, vink, antydning; svakere enn* proposal) suggestion; *komme med et* ~ make a s.; *etter Deres* ~ *har vi* ... at your s. we have ...; *på mitt* ~ at my s.; *på* ~ *av* on the s. of; **3***(plan, prosjekt, som settes fram til drøftelse)* proposition; *(som skal settes under avstemning)* motion; *(lov-)* bill; *stille et* ~ put (*el.* move) a motion; *stille* ~ *om* move that (*fx* I m. that the report be adopted); *-et ble satt under avstemning* the motion was put to the vote; *-et ble vedtatt under dissens* the motion was carried (*el.* passed), but not unanimously; *-et ble vedtatt (,forkastet) med 6 stemmer mot 4* the motion was carried (,rejected) by six votes to four; *vedtatt* ~ resolution (NB a motion is a proposition to be put to the vote, and it becomes a resolution when it is carried); ~ *til budsjett* budget estimates; ~ *til kontrakt* draft agreement; *(se motivere & tilsvarende).*

forslagen crafty, cunning.

forslagsstiller proposer; *(av resolusjonsforslag)* mover.

forslitt worn-out; *(fig)* hackneyed, stale.

forsluken greedy (*på* of), voracious.

forslukenhet greediness, voracity.

forslå *vb (strekke til)* suffice, be sufficient, avail; *han arbeidet så det forslo* he worked with a will; **T** he put plenty of vim into it; *(jvf monne).*

forslått bruised, battered.

forsmak foretaste (*på* of).

forsmedelig disgraceful, ignominious.

forsmedelse ignominy.

forsmå *(vb)* slight, disdain, refuse; *ikke å* ~ **T** not to be sneezed at; *-dd frier* rejected suitor; *jeg håper De ikke vil* ~ *denne gave* I hope you will accept this gift.

forsnakk|e *(vb):* ~ *seg* make a slip of the tongue; *(si noe man ikke skulle)* let out a secret, let the cat out of the bag. **-else** slip of the tongue.

forsnevr|e *(vb)* narrow, contract, constrict. **-ing** contraction.

forsommer early (part of) summer.

forsone *(vb)* reconcile; ~ *seg med en* be reconciled with sby; ~ *seg med noe* reconcile oneself to sth; *-nde trekk* redeeming feature.

forsoning reconciliation. **-spolitikk** policy of appeasement *(el.* conciliation).

forsonlig conciliatory, forgiving; placable. **-het** placability, conciliatory spirit; *vise* ~ be conciliatory.

forsorg public assistance; *(hist)* poor relief.

forsove *(vb):*~ *seg* oversleep (oneself).

forspann team; *nytt* ~ relay.

forspent: *en vogn* ~ *med fire hester* a carriage and four.

forspill prelude; overture; *(på teatret)* prologue; *(lite, selvstendig stykke)* curtain raiser.

forspil|le *(vb)* forfeit, lose; *(for andre)* spoil, mar; *et -t liv* a wasted life; *-t lykke* lost happiness.

forspise *(vb):* ~ *seg* overeat; ~ *seg på lammestek* eat too much roast lamb.

forsprang start, lead; *beholde -et* keep the lead; *få et* ~ *på ham* get the start of him; *(påbegynne tidligere enn)* steal a march on him; *(innhente)* gain the lead over him, take the lead of him; *få ti minutters* ~ *på* get ten minutes' start of; *ha et* ~ *på* have the lead *(el.* start) of; *(fig)* have an initial advantage over; *et stort* ~ a long lead *(el.* start); *et lite* ~ a slight *(el.* short) lead.

forspørre *(vb): man kan aldri få forspurt seg* it never hurts to ask.

forstad suburb. **forstads-** suburban.

forstadstog suburban train; *(også* **US**) commuter train.

forstand 1*(mots. sinnssykdom)* sanity (*fx* they trembled for his sanity); *gå fra -en* go mad, lose one's reason; **T** go off one's head *(el.* nut); go round the bend *(el.* twist); *har du gått fra -en? (også)* are you off your head? have you taken leave of your senses?

2*(tenke- & fatteevne)* intellect; *(klokhet)* intelligence; **T** brains; *(fornuft, vett)* reason, sense; *sunn* ~ common sense (*fx* he has a lot of common sense); *vanlig sunn* ~ ordinary common sense; *det er til å få* ~ *av* it's full of sense; it's instructive; *det går over min* ~ it's beyond me; *også dyrene har* ~ animals can also reason; *ha* ~ *på noe* understand sth, understand about sth (*fx* he understands about cars); be a judge of sth; *han har ikke* ~ *på* ... he knows nothing about...; *det har du ikke* ~ *på!* **T** a fat lot 'you know about that! *min* ~ *står stille* I'm at my wits' end; *lykken var bedre enn -en* he (,she, *etc)* had more luck than judgment; he (she, *etc)* was more lucky than wise;

3*(betydning)* sense; *i ordets* **beste** ~ in the best sense of the word; *i* **bokstavelig** ~ literally, in a literal sense (*fx* this must not be taken literally *(el.* in a literal sense)); in the literal sense (*fx* this must not be taken in the literal sense of the word); *i* **den** ~ in that sense; *i* **dobbelt** ~ in a double sense; *han er stor i dobbelt* ~ he is big in both senses of the word; *i* **egentlig** ~ properly speaking, in the proper sense of the word; *i mer enn* **én** ~ in more senses than one; **i lovens** ~ in a legal sense; *i en* **snevrere** ~ in a more restricted sense; *i* **strengeste** ~ strictly speaking; in the strict sense of the word *(el.* term); *i ordets* **vanlige** ~ in the usual sense of the word; *i* **videste** ~ broadly speaking.

forstander principal, manager, director, superintendent.
forstanderskap management, direction; (board of) directors.
forstandig sensible, intelligent. **-het** (good) sense, common sense; *alle ble slått av hennes* ~ everybody was struck by how sensible she was.
forstands|menneske matter-of-fact person. **-messig** rational, intellectual.
forst|assistent, -betjent forester, ranger.
forstavelse prefix.
forstavn *(mar)* stem, bow, bows.
forsteine *(vb)* petrify.
forsteining petrifaction.
forstem|mende discouraging, depressing; *det virker* ~ it has a depressing *(el.* disheartening) effect. **-t** dejected, dispirited, disheartened, depressed, cast down, blue.
forstene *(vb): se forsteine.*
forsterk|e *(vb)* strengthen, fortify; reinforce; ~ *sine anstrengelser* increase *(el.* double) one's efforts. **-er** *(i radio)* amplifier. **-ning** reinforcement, strengthening; *føre fram -er (mil)* bring up reinforcements; *store -er* large *(el.* heavy) reinforcements.
forstill|e *vb (sin stemme, etc)* disguise, dissimulate; ~ *seg* pretend, dissemble, feign, simulate, sham. **-else** dissimulation, sham, disguise. **-elseskunst** dissimulation.
forstilt feigned.
forst|kandidat Master of Forestry *(fk* M.F.); **US** Bachelor of Forestry *(fk* B.F.). **-mann** forester; *(se skogvokter).*
forstikke *(vb):* ~ *seg* hide.
forstokkelse obduracy, pig-headedness.
forstokket obdurate, pig-headed.
forstopp|e *(vb)* choke (up), obstruct. **-else** obstruction; *(med.)* constipation; *ha* ~ *(med.)* be constipated.
forstrek|ke *(vb)* strain *(fx* s. a muscle); *jeg har forstrukket halsen* I have a crick in my neck; *(jvf forstue); (en med)* advance *(fx* sby £10); ~ *en med kontanter* supply sby with cash.
forstudier *(pl)* preliminary studies.
I. forstue *(subst)* (entrance) hall.
II. forstue *(vb)* strain, sprain *(fx* one's ankle).
III. forstue *vb (om last):* ~ *seg* shift.
forstuing sprain, strain; *(se muskelbrist; senestrekk).*
forstumme *(vb)* become silent; *(om lyd)* cease, die down.
forst|vesen forestry matters; f. authorities. **-vitenskap** forestry.
forstykke front; *(i skjorte)* shirt front.
forstyrre *(vb)* disturb; interrupt, interfere with; *(bringe i uorden)* disarrange; derange; *(bry)* trouble; *(forvirre)* confuse; *(komme til uleilighet)* intrude; *jeg håper jeg ikke -r* I hope I am not intruding; *unnskyld at jeg -r Dem* (I'm) sorry to trouble you; ~ *balansen i naturen* upset the balance of nature.
forstyrrelse disturbance; interruption; derangement, trouble, intrusion.
forstyrret confused; *(i hodet)* mentally deranged, crazy.
forstørr|e *(vb)* enlarge; magnify. **-else** enlargement; magnification. **-elsesglass** magnifying glass.
forstøte *(vb)* cast off, disown, repudiate.
forstå *(vb)* understand, comprehend; *(fatte, innse)* realize, see, appreciate, grasp; *(slutte seg til)* understand, gather *(fx* I understood from what you said that he was dead; you will have gathered from our latest letters that ...); *(kunne)* know *(fx* he knows how to hold audiences spellbound); *jeg kan godt* ~ *at* ... I can quite understand that ...; I fully appreciate that; *som De -r* as you will understand *(el.* realize); *han -r ikke spøk* he can't take a joke; *hva jeg ikke -r er at* ... **T** what gets me beat is that ...; *er det noen som ikke -r? (i skole)* anyone not clear? *la en* ~ *at* ... give sby to understand that ..., intimate to sby that; *så vidt jeg -r* as far as I can make out; *er det så å* ~ *at...?* am I to understand that ...? *dette må ikke -s slik at* this must not be taken to mean that ...; *jeg forsto Dem så at* ... I understood you to say that; *ikke så å* ~ *at* not that *(fx* not that I fear him); *det -r* **seg** of course! naturally! obviously! *det -r seg selv* it explains itself, it is self-explanatory; ~ *seg på* understand about, have a knowledge of, be a judge of; *han -r seg på biler* he knows about cars; *hva -r man ved ...?* what is meant by ...?
forståelig understandable, intelligible, comprehensible; *(som kan unnskyldes)* pardonable *(fx* a p. mistake); *gjøre det* ~ *for* make it intelligible to; *lett* ~ easy to understand; *av lett -e grunner* for obvious reasons; *gjøre seg* ~ make oneself understood *(el.* intelligible).
forståelighet intelligibility, comprehensibility.
forståelse *(det å forstå)* understanding, comprehension; *(klar oppfattelse av)* realization; *(betydning)* sense; *(samfølelse)* understanding, sympathy; *komme til en* ~ come to an understanding; *leve i god* ~ *med* live in harmony with; *møte* ~ find understanding *(el.* sympathy), find sympathetic understanding; *vise* ~ *for* sympathize with, feel sympathy for; *den rette* ~ *av disse bestemmelser* the proper interpretation of these provisions. **-sfull** understanding; *en kjærlig og* ~ *familie* a loving and understanding family.
forståsegpåer would-be authority, wiseacre.
forsulten starved, starving, famished.
forsumpe *(vb)* **1***(stagnere)* stagnate; **2. T** go to the dogs.
forsure *(vb)* embitter; ~ *tilværelsen for en* embitter sby's life.
forsvar defence; **US** defense; *si til* ~ *for* say in defence of; *til sitt* ~ in one's defence; *ta i* ~ defend; *ta ham i* ~ *(også)* stand up for him; *Forsvarets høyskole* the Joint Staff College; *(se bygningsteknisk).*
forsvare *(vb)* defend; justify, advocate; *jeg kan ikke* ~ *å* I do not feel justified in (-ing); ~ *seg* defend oneself; *(se ta:* ~ *igjen).*
forsvarer defender; *(jur)* counsel for the defence; *advokat X møtte som* ~ Mr. X appeared for the defence; *(se oppnevne).*
forsvarlig defensible, warrantable, justifiable; *(sikker)* secure; *(adv)* properly, securely; *i* ~ *stand* in proper condition; *holde i* ~ *stand* keep in good repair; *låse en dør* ~ lock a door securely.
forsvars|departement Ministry of Defence; **US** Defense Department. **-distrikt** local defence district; **UK** (Army) subdistrict. **-evne** defensive power. **-forbund** defensive alliance. **-krig** defensive war. **-linje** line of defence. **-løs** defenceless. **-middel** (means of) defence. **-minister** Minister of Defence; **UK** Secretary of State for Defence; **T** Defence Secretary; **US** Secretary of Defense. **-plan** plan of defence, defence plan. **-saken** (the cause of) national defence. **-skrift** defence. **-stab** *(mil)* defence staff. **-tale** speech in defence *(for* of); *(jur)* speech for the defence **-utgifter** *(pl)* defence expenditure. **-vennlig** in favour of (a strong) national defence. **-verker** *(pl)* defences. **-vilje** will to defend the nation. **-vitne** witness for the defence. **-våpen** defensive weapon.
forsverge *(vb)* forswear; *man skal ingenting* ~ let **US** make no promises about it; you never can tell; stranger things have happened.

forsvinn|e *(vb)* disappear, vanish; *forsvinn!* get out! **-ende** vanishing; *(fig)* infinitesimal, minimal. **-ing** disappearance. **-ingsnummer:** *lage et ~* do a disappearing act. **-ingspunkt** vanishing point.

forsvunnet gone, lost, missing; *en ~ bok* a lost book; *den forsvunne* the missing person

forsyn providence; *-et* Providence; *trosse -et* fly in the face of Providence.

forsynd|e *(vb): ~ seg* sin, offend; *~ seg mot god grammatikk* offend against grammar; *~ seg mot reglene for god tone* commit a breach of etiquette. **-else** sin, offence.

forsyn|e *(vb)* supply, furnish, provide; *(ved bordet)* help *(med* to); *forsyn Dem!* help yourself; *vel -t (med varer)* well-stocked *(med* with, in, *fx* I am well stocked in dark colours); well-supplied *(fx* shop, ship).

forsyning supply; provision; *så snart vi får inn ytterligere -er* as soon as further stock comes to hand.

forsyningstropper *(pl): Hærens ~* **UK** Royal Army Service Corps; **US** Army Supply Corps.

forsynlig provident, prudent. **-het** foresight, prudence.

forsøk experiment, attempt *(på* at); *det er et ~ verdt* the attempt is worth making; *hans første litterære ~* his first literary effort; *et mislykket ~* a failure; *våge -et (også)* take the plunge.

forsøke *(vb)* try, attempt; *~ seg som lærer* try one's hand at teaching.

forsøks- experimental. **-dyr** animal used for experiments. **-heat** *(sport)* eliminating heat, elimination heat. **-kanin** rabbit used for experiments; *(fig)* guinea pig; *jeg vil ikke være ~ for ham* I don't want him to experiment on me. **-leder** projects leader. **-opplegg** experimental scheme. **-vis** experimentally, by way of experiment, tentatively.

forsølv|e *(vb)* silver-plate. **-ing** silver-plating.

forsømme *(vb)* neglect; *(unnlate å)* fail *(el.* omit) to; *~ en leilighet* miss an opportunity, let an o. pass; *jeg har ikke noe å ~ med det* I have nothing else to do; *(se forsømt).*

forsømmelig negligent, neglectful; *(med betaling)* remiss. **-het** negligence; remissness.

forsømmelse neglect, negligence; *en grov ~* an act of gross negligence; *(unnlatelse)* omission, failure; *(det å overse)* oversight; *ved en ~ fra vår side* through an oversight on our part.

forsømt neglected; *innhente (el. ta igjen) det -e* make up for lost time; recover lost ground; catch up with arrears of work.

forsøpling refuse-dumping, dumping of r.; *~ av naturen* r.-d. in the country.

forsørg|e *(vb)* provide for, maintain, support. **-else** provision, support, maintenance.

forsørgelses|bidrag family allowance. **-byrde** family responsibilities; *han har ingen ~* he has no dependents. **-plikt** obligation to maintain sby, duty to support sby. **-pliktig** under a duty to support sby, bound to maintain sby.

forsørger supporter; *(familie-)* breadwinner.

forsøte *(vb)* sweeten.

forsåpe *(vt)* saponify.

forsåpning saponification.

I. fort *(subst)* fort.

II. fort *(adv)* fast, quickly; *han kunne ~ ha blitt overkjørt* he might easily have been run over.

forta *(vb):* **1.** *~ seg* pass off; wear away; **2** *(overanstrenge seg)* overstrain oneself; *(se overanstrenge).*

fortann front tooth, incisor.

fortape *(vb): ~ seg i* lose oneself in, be lost in; *~ seg i drømmerier* go off into a reverie.

fortapelse *(av rettighet)* forfeiture; *(fordømmelse)* perdition.

fortapt lost; *(motløs)* disheartened, dejected; *den -e sønn* the Prodigal (Son); *vi er ~* we're lost, we're done for; **T** we've had it; *~ i drømmerier* lost in (a) reverie.

fortau pavement; **US** sidewalk.

fortaus|kafé pavement café. **-kant** kerb(stone); **US** curb(stone), curbside, curb line.

forte *(vb): ~ seg* hurry; *~ seg med frokosten* hurry over one's breakfast; *fort deg i seng nå! (sagt til barn)* get off to bed now, and be quick about it!

fortegn *(mat.)* sign; *(mus)* signature; *med motsatt ~* with the sign reversed, with an opposite sign; with opposite signs; *(kun fig)* in reverse *(fx* D-Day was Dunkirk in r.).

fortegnelse list, inventory *(over* of); *oppta ~ over, sette opp en ~ over* make *(el.* draw up) a list *(el.* an inventory) of.

fortegnet *(adj)* out of drawing, distorted.

fortegning **1.** model; **2***(feiltegning)* incorrect drawing, distortion.

fortekst *(til film)* credit title.

fortelle *(vb)* tell; relate; *han fortalte at ...* he told me (,us, *etc)* that; *det -s at* a story is going about that ...; *etter hva det blir fortalt* by all accounts.

fortell|er narrator. **-ing** narrative, tale, story.

fortenke *(vb): ~ en i* blame sby for.

fortenning pre-ignition; advanced ignition.

forteppe curtain.

forterpet commonplace, trite.

fortersket hackneyed, trite.

fortetning condensation.

fortette *(vb)* condense.

fortgang: *få ~ i* speed up *(fx* production), expedite, push on; *få ~ i saken* speed up matters, get things moving.

fortid past, the past; *la -en være glemt* let bygones be bygones; *hans ~* his past life, his former life; *tilhører -en* is a thing of the past.

fortids|minnesmerke ancient monument; memorial of the past. **-levninger** *(pl)* antiquities, relics (of the past).

fortie *(vb)* conceal *(for* from), keep secret, suppress, hush up, be silent about.

fortielse concealment, suppression (ofthe truth); non-disclosure.

fortil *(adv)* in front.

fortin|ne *(vb)* tin. **-ning** tinning.

fortjene *(vb)* deserve, merit; *det -r å merkes* it is worthy of note.

fortjeneste earnings, gain, profit; *(fortjenthet)* merit, deserts; *ha god ~ på* make a good profit on *(el.* out of); *selge med ~* sell at a profit; *dette var hele min ~* that was all I made by it; *dersom det gikk oss etter ~* if we had our deserts; *uten min ~* through no merit of mine; *(se også tjene).*

fortjenstfull deserving, meritorious.

fortjenstmargin profit margin.

fortjenstmedalje Order of Merit.

fortjent: *gjøre seg ~ til* merit, deserve, be deserving of; *han har gjort seg ~ av sitt land* he deserves well of his country.

fortløpende consecutive, continuous.

fortne *(vb): ~ seg (om klokke)* gain; *klokken din -r seg* your watch is fast; *klokken min -r seg 2 minutter i døgnet* my watch gains a minute a day.

fortolk|e *(vb)* interpret, expound; *(legge en betydning i)* construe. **-er** interpreter, expounder. **-ning** interpretation, exposition; construction. **-ningskunst** art of interpretation; *(teologi)* hermeneutics.

fortoll|e *(vb)* pay duty (on), clear *(fx* a consignment). **-et** duty paid. **-ing** payment of duty; Customs clearance.
fortom *(på snøre)* snell, snood.
fortone *(vb): ~ seg* appear, seem; *det -t seg for meg som om* ... it seemed to me as if ...
fortopp *(mar)* foretop.
fortred harm, mischief, hurt; *gjøre ~* do harm; *han gjør ikke en katt ~* he would not hurt a fly.
fortred|elig annoying. **-elighet** trouble, annoyance.
fortreffelig excellent, splendid, admirable. **-het** excellence.
fortrekke *(vb)* **1***(fjerne seg)* go away, make off; decamp; **2***(om ansiktsuttrykk)* distort, twist; *~ ansiktet* make a wry face; *uten å ~ en mine* without wincing, without moving a muscle of one's face; *han måtte ~* he was obliged to withdraw.
fortreng|e *(vb)* expel, oust, crush out; *(avløse)* displace, supersede, supplant. **-sel:** *til ~ for* to the displacement of; *(fig)* to the neglect of.
fortrinn *(prioritet)* precedence, priority, preference; *(god egenskap)* good point, merit, advantage; *ha ~ fremfor* take the precedence of, take priority over; have the advantage over; *gi en -et* prefer sby; *gi en -et fremfor* give sby the preference over *(fx* other buyers).
fortrinnlig superior, excellent, capital; *(adv)* (pre-)eminently, excellently.
fortrinnlighet superiority, excellence.
fortrinnsrett preference, priority.
fortrinnsvis by preference, preferentially.
fortrolig confidential; *en ~ venn* an intimate friend; *stå på en ~ fot med* be on intimate terms with; *gjøre seg ~ med* make oneself familiar with; familiarize oneself with; *jeg gjorde ham til min -e* I took him into my confidence; *være ~ med (kjenne godt til)* be familiar with, be well acquainted with; *(se sak A).*
fortrolighet confidence; familiarity, intimacy; *ha ~ til* have confidence in; *i ~* in confidence, confidentially.
fortropp *(mil)* vanguard.
fortrukket distorted, drawn.
fortrylle *(vb)* charm, enchant, fascinate.
fortryllelse charm, enchantment, fascination, spell; *heve -n* break the spell.
fortryllende charming, enchanting, ravishing.
fortrøstning reliance, trust, confidence; *(se I. lit).*
fortrøstningsfull confident.
fortsatt continued; *min -e aktelse* my c. esteem; *føre til -e forretninger* lead to a continuance of business; *loven har ~ gyldighet* the law remains in force; *markedet er ~ svakt* the market continues weak.
fortsette *(vi)* continue, go on; *(vt)* carry on, proceed with, keep on with; *~ i den gamle tralten* continue in the same old rut; *~ i det uendelige* go on for ever; *fortsett innover i vognen!* pass along the car, please! **US** step forward, please! *(se også fortsatt).*
fortsettelse continuation; *~ følger* to be continued.
fortumlet confused, perplexed.
Fortuna Fortune; *fru ~* Dame Fortune.
fortvile *(vb)* despair; *det er til å ~ over* it is enough to drive one to despair.
fortvilelse despair, desperation; *bringe til ~* drive to despair; *med -ns kraft* with a strength born of desperation; *være på -ns rand* be at the point of despair.
fortvilet desperate; *(noe svakere, om person)* despairing, in despair, disconsolate; *(adv)* desperately.
fortyk|ke *(vb)* thicken. **-kelse, -ning** thickening.
fortynne *(vb)* dilute, thin. **-t** diluted.
fortynning dilution.
fortysk|e *(vb)* Germanize. **-ning** Germanization.
fortære *(vb)* consume; *(sluke, etc)* devour; *-s (om metall)* corrode, be eaten away; *-s av sorg* be consumed with grief.
fortæring consumption.
fortøye *vb (skip)* moor; *(båt)* make fast.
fortøyning mooring.
forulemp|e *vb (tilføye overlast)* molest. **-else, -ning** molestation.
forulyk|ke *(vb)* lose one's life, be lost, perish; *skipet -ket* the ship was lost *(el.* wrecked); *de -kede* the victims of the accident, the casualties.
forunderlig strange, surprising; *(underlig)* singular, odd; *(adv)* strangely, singularly; *~ nok* strange to say, strange as it may seem, strangely enough.
forundersøkelse preliminary inquiry *(el.* investigation).
forund|re *(vb)* surprise; *~ seg over* wonder at, marvel at, be surprised at; *det -rer meg at* I wonder that; *det skulle ikke ~ meg om* I should not be surprised if ... **-ring** wonder, surprise; *til min ~* to my surprise; *til ~ for* to the s. of.
forunne *(vb)* grant.
forurense *vb (gjøre uren)* contaminate, pollute, foul.
forurensning contamination, pollution, fouling; *-er* impurities, foul matter.
forurensningsproblem pollution problem; *-er (også)* problems of pollution.
forurett|e *(vb)* wrong, injure; *den -ede* the injured party. **-else** wrong, injury.
forurolige *(vb)* disquiet, alarm; *vi føler oss -t ved disse begivenheter* we are disquieted by these events. **-nde** alarming, disquieting.
forut ahead; *(i skip)* forward; *~ for* ahead of; *(i tid)* before, previous to; *han er ~ for sin alder* he is beyond his years; *rett ~* right ahead; *~ og akter (mar)* fore and aft; *gå ~ for* precede; *hva har gått ~ for dette? (ɔ: hva har hendt tidligere i stykket, romanen, etc)* what has happened up to this point? *en seiler ~!* a sail ahead!
forut|anelse presentiment; presage. **-bestemme** *(vb)* predetermine; predestine. **-bestemmelse** predetermination; predestination. **-bestille** *(vb): se forhåndsbestille.* **-betale** *(vb)* pay in advance, prepay. **-betalt** prepaid. **-datere** *(vb)* antedate.
foruten *(prep)* besides, in addition to.
forut|fattet preconceived. **-gående** foregoing, preceding, prior. **-inntatt** predisposed, prejudiced *(for* in favour of, *mot* against); *være ~ mot en* have a bias against sby, be bias(s)ed against sby.
forutsatt: *~ at* provided that, on condition that, on the understanding that, assuming that.
forutse*(vb)* foresee.
forutseende *(fremsynt)* foresighted; *(forsynlig)* provident.
forutseenhet foresight.
forutsetning supposition, assumption, presupposition; *(betingelse)* condition; *(egenskap)* qualification *(fx* he has every q. necessary for such a post); *det var en stilltiende ~ at* it was tacitly understood that; *på bristende -er* on false premises; *ut fra den ~ at* on the assumption that.
forutsette *vb (gå ut fra)* suppose, presuppose, assume; *jeg -r at* I take it for granted that.
forut|si *(vb)* foretell, predict, forecast. **-sigelse** prediction.
forutskikke *vb (meddele i forveien)* premise *(fx* a remark); *~ en bemerkning (også)* make a preliminary remark.
forvakt first-call night duty; *(se bakvakt).*

f

forvalg **1***(tlf): se retningsnummer;* **2***(forhåndsinnstilling)* presetting.
forvalte *(vb)* manage, administer; ~ *dårlig* mismanage; ~ *midler* administer funds.
forvalt|er manager; *(i fengsel)* steward. **-ning** administration, management.
forvand|le *(vb)* change, transform, convert; ~ *til* change *(el.* convert) into. **-ling** change, transformation; *(også zool)* metamorphosis.
forvansk|e *(vb)* distort, misrepresent; *(ødelegge)* corrupt, pervert. **-ning** distortion, misrepresentation; corruption, perversion.
forvar|e *(vb)* keep; *han er ikke riktig vel -t* he's not all there; *vel -t er vel spart* fast bind fast find. **-ing** keeping, custody, safe keeping; charge; *ha i* ~ have charge of; *ta i* ~ take charge of.
forvarme *(vt)* preheat; *ikke -t* unpreheated.
forvarmer preheater.
forvarsel omen, presage.
forvask *(av tøy)* preliminary wash.
forveien: *i* ~ beforehand; in advance; *(tidligere)* previously; *gå i* ~ go ahead; lead the way; *sende i* ~ send in advance.
forveksle *(vb)* mistake, confuse, mix up; ~ *med* mistake for, confuse with *(fx* you have confused us with another firm).
forveksling mistake, confusion; *det foreligger en* ~ there is some mistake; *(om 2 personer)* it is a case of mistaken identity.
forven|ne *(vb)* spoil, pamper. **-t** spoilt; *(smak)* pampered.
forventet expected; anticipated.
forventhet pampered taste.
forventning expectation, anticipation; *det svarte ikke til min* ~ it fell short of my expectations; *mot* ~ contrary to expectation(s); *over* ~ more than (could be) expected; *i* ~ *om* in expectation of. **forventningsfull** expectant, full of expectation.
forver|re *(vb)* make worse, worsen; aggravate; *-s* deteriorate. **-ring** worsening, deterioration, aggravation; *skulle en* ~ *inntre* should there be a turn for the worse, should there be a worsening of these conditions.
forvik|le *(vb)* entangle, complicate. **-ling** complication, entanglement.
forville *(vb):* ~ *seg* lose one's way, stray, go astray.
forvillelse: *ungdommens -r* the aberrations of youth.
forvir|re *(vb)* confuse, perplex, disconcert, bewilder; *(bringe ut av fatning)* put out *(fx* he was put out by the interruptions); *det som -r ham er at* ... what he's getting confused about is that...; ... *som han, -rende nok, oversatte med* ... which, confusingly enough, he translated by. **-ret** confused; ~ *snakk* nonsense.
forvirring confusion, bewilderment; *bringe* ~ *i noe* throw sth into confusion.
forvise *(vb)* banish, exile.
forvisning banishment, exile.
forvisse *(vb):* ~ *seg om* make sure of; ascertain, assure oneself of; ~ *seg om at* make sure that, satisfy oneself that; *være -t om* be sure of; *De kan være -t om at* you can *(el.* may) rest assured that.
forvissning assurance, conviction; *en fast* ~ *om at* a firm c. that.
forviten(skap): *se nysgjerrig(het).*
forvitre *(vb)* disintegrate, weather; *(smuldre)* crumble.
forvitring disintegration; crumbling.
forvokst: *et* ~ *barn* an overgrown child.
forvold|e *(vb)* cause; *omfanget av den -te skade (også)* the amount of the damage sustained.
forvorpen depraved, reprobate, abandoned.
forvorpenhet depravity.
forvreng|e *(vb)* distort, misrepresent. **-ning** distortion, misrepresentation.
forvri *(vb)* twist, dislocate, luxate; *(forstue)* sprain; *(fig)* warp, pervert.
forvridd distorted, twisted (out of shape).
forvridning twisting, dislocation, luxation; spraining.
forvrøvlet garbled *(fx* a g. version); *(om person)* muddle-headed.
forværelse anteroom.
forvåket exhausted with watching.
foryng|e *(vb)* rejuvenate. **-else** rejuvenation.
forære *(vb):* ~ *en noe* make sby a present of sth, present sby with sth.
foræring present, gift; *få i* ~ receive as a gift; *jeg fikk det i* ~ *av* it was given to me by.
forøde *(vb)* dissipate.
forødelse dissipation, waste.
forøk|e *(vb)* increase, augment, add to, enhance. **-else** increase, augmentation, enhancement. **-et** *(om utgave)* enlarged.
forønsket desired, wished-for.
forøve *(vb)* commit, perpetrate. **forøver** perpetrator.
for øvrig: *se øvrig.*
forår spring.
forårsake *(vb)* cause, occasion, bring about.
fosfat *(kjem)* phosphate.
fosfor *(kjem)* phosphorus. **-escere** *(vb)* phosphoresce. **-escerende** phosphorescent.
fosforsur phosphorated; *-t salt* phosphate.
fosforsyre *(kjem)* phosphoric acid.
foss waterfall, cataract.
fosse *(vb)* cascade, gush; *(skumme)* foam; ~ *ned* (ɔ: *styrte ned)* pour down; ~ *opp* well up.
fosse|dur the roar of a waterfall. **-grim** [fiddle-playing supernatural being believed to dwell beneath waterfalls]; *(kan gjengis)* nix. **-kall** *(zool)* dipper. **-stryk** rapid. **-utbygging** harnessing *(el.* development) of waterfalls.
fossil *(subst & adj)* fossil.
fosskoke *(vb)* boil fast.
foster foetus, fetus; *(umodent)* embryo; *(fig)* production; *et* ~ *av hans innbilningskraft* a product of his imagination. **-barn** foster child. **-bror** foster brother. **-drap, -fordrivelse** criminal abortion, foeticide, illegal operation. **-fordrivende** abortive. **-fordriver(ske)** abortionist.
foster|hinne membrane of the foetus (,embryo); *innerste* ~ amnion; *ytterste* ~ chorion. **-leie** *(stilling)* presentation *(fx* footling p.); lie of the foetus. **-liv** f(o)etal life. **-lyd** f(o)etal souffle, sound of (the) foetus. **-lære** embryology. **-stilling** lie of the foetus; presentation; *gal* ~ malpresentation. **-utvikling** *(med.)* embryogeny. **-vann** amniotic fluid; *-et* **T** the waters *(fx* she is losing the w.).
fot **1***(anat, etc)* foot *(pl:* feet) *(fx* of a man, of a hare, of a mountain, of a staircase); **2***(fundament, underlag)* base *(fx* of a machine); **3***(i profilbjelke)* bottom flange; **4***(bot)* base *(fx* the base of a leaf); **5***(lengdemål: 30,48 cm)* foot *(pl:* feet) *(fx* three feet long; *dog også* foot *i pl i forb. som* 5 foot 10 (= 5 feet 10 inches);
få -en innenfor get *(el.* secure *el.* gain) a foothold; *når han først har fått -en innenfor* once he has got inside; *få (,ha) kalde føtter (også fig)* get (,have) cold feet; *så lett som* ~ *i hose* **T** dead easy; as easy as falling off a log; as easy as winking *(el.* shelling peas); as easy as pie; .. *hvor aldri noen hvit mann har satt sin* ~ where no white man has ever set foot; *jeg vil aldri sette min* ~ *i hans hus* I will never set foot in his house; *sette* ~ *under eget bord* set up house for oneself;

[*forb. med prep & adv*]
for *ens føtter* at sby's feet; *kaste seg for ens føtter* throw oneself at sby's feet; *legge dem for sine føtter (fig)* carry them off their feet; *hele verden ligger for hans føtter* the whole world is at his feet; ~ *for* ~ foot by foot; *slå dem ned for -e* knock them down indiscriminately; *slå opprøret ned for -e* stamp out the rebellion; *stritte imot* **med** *hender og føtter (fig)* resist tooth and nail; *med føttene samlet* (with) feet close together; *en klamp om -en (fig)* a drag; **T** a bind; *hun er en klamp om -en på ham (også)* she's like a millstone round his neck; *bundet* **på** *hender og føtter* bound hand and foot; *kravle på hender og føtter* crawl on one's hands and knees; *bringe firmaet på -e igjen* put (*el.* help) the firm on its legs again; *komme på -e igjen* get straight (*fx* I want £60 to get straight); pick up (again) (*fx* his business is beginning to pick up again); *(se II. frisk: bli* ~ *igjen); de står på en fiendtlig* ~ they are on hostile terms; *stå på en fortrolig* ~ *med ham* be on intimate terms with him; be on terms of intimacy with him; *stå på god* ~ *med* be on good terms with; *jeg står på en god* ~ *med ham (også)* I'm well in with him; *konkurrere på like* ~ *med* compete on equal terms with; *stå på like* ~ *med* be on the same (*el.* on an equal) footing with; be on a basis of equality with; *leve på en stor* ~ live in grand style; live in a big way; **på stående** ~ off the cuff; offhand (*fx* I couldn't tell you offhand what it means); here and now (*fx* I can't tell you here and now); *laget på stående* ~ improvised (*fx* speech); *svare på stående* ~ answer offhand; improvise a reply; *stå på svake føtter (fig)* be shaky; be tottering; be on its last legs; *stå på en vennskapelig* ~ *med ham* be on friendly terms with him; **til** *-s* on foot (*fx* they arrived on foot); *falle til -e* submit, come to heel; *trå* **under** *føtter* trample under foot; *ved -en gevær (mil)* (with) arms at the order; *(kommando)* order arms! *(se også gevær); ved -en av* at the foot of (*fx* the mountain, the stairs); *(se også ben).*

fot|arbeid footwork (*fx* of boxer, tennis player); leg action (*fx* of swimmer). **-avtrykk** the mark of a foot (,of feet), footprint(s). **-bad** foot bath. **-ball 1**(*ball*) football; **2**(*spill*) football; **T** soccer; **US** soccer; *spille* ~ play f.; *spille offensiv* ~ play attacking football. **-ballbane** football ground (*el.* pitch). **-balldommer** referee.

fotballe *(anat)* ball of the foot.

fotball|kamp football match; **US** soccer game. **-lag** f. team, f. side (*fx* the school has a strong f. side); *et* ~ *(også)* an eleven. **-ramp** football hooligans. **-spiller** footballer, football player; **US** soccer player.

fot|brems foot brake. **-bryter** foot switch; *(nedblendingskontakt)* foot dipper switch.

fotefar footprint; *(se fotspor).*

fotende *(av seng)* footboard.

fot|fall prostration; *gjøre* ~ *for* prostrate oneself before. **-feste** footing, foothold; *få* ~ gain (*el.* get) a f. (*fx* in a market); *miste -t* slip, lose one's footing (*el.* foothold).

fot|folk *(pl)* infantry, foot. **-fødsel** delivery with a foot(ling) presentation.

fotgjenger pedestrian.

fotgjenger|felt pedestrian lane. **-overgang** (pedestrian) crossing (*fx* cross the street on the crossings); zebra crossing; **US** crosswalk. **-sti** pedestrian walkway; path for pedestrians. **-undergang** (pedestrian) subway; **US** underpass (NB **US** subway = *tunnelbane).*

fot|lenker *(pl)* fetters. **-note** footnote.

foto photo; *(se bilde; fotografi).*

fotoatelier photographer's studio.

fotoforretning photographer's (shop); photo shop; *(som bare selger filmutstyr)* film supplier's (shop).

fotogen *(adj)* photogenic.

fotograf photographer.

fotografere *(vb)* photograph.

fotografering photography; *(det å)* photographing.

fotografi photograph, photo. **-album** photo album. **-apparat** camera. **-ramme** photo frame.

fotografisk photographic.

foto|gravyr photogravure. **-kopi** photocopy. **-kopiere** *(vb)* photocopy. **-litografi** photolithography. **-safari** photographic safari, photo-safari. **-statkopi** photostat copy.

fotpleie pedicure, chiropody.

fotpleier pedicurist, chiropodist.

fotpumpe stirrup pump.

fotrapp fleet-footed.

fotsbredd foot-breadth; *ikke vike en* ~ not budge an inch.

fot|sid reaching down to the feet, ankle-length; ~ *kjole* full-length dress, long d.; *hun har* ~ *kjole (også)* her dress sweeps the floor. **-skade** foot trouble. **-skammel** footstool. **-sopp** athlete's foot. **-spark** kick.

fotspor footmark, footprint; *gå i ens* ~ follow in sby's footsteps.

fot|svette sweaty (*el.* perspiring) feet. **-såle** sole of the foot. **-trinn** (foot)step, footfall.

fottur walking tour; hike; tramp (*fx* he went for a long t. in the woods); *dra av sted på* ~ go on a walking tour; *han er på* ~ *i Jotunheimen* he is walking in J.

fot|turist hiker, rambler. **-tøy** footwear, boots and shoes. **-vask** washing one's feet.

foyer foyer, lobby.

fra 1(*prep*) from; away from (*fx* we are five miles away from the station); *han er* ~ *Oslo* he is from Oslo, he is a native of O.; *smilende kelnere gikk til og* ~ *bordet deres* smiling waiters crossed to and from their table; *han gikk til og* ~ *konserthallen* he walked to and from the Concert Hall; he walked both ways when he went to the C. H.; *foreta reiser til og* ~ *mellom X og Y* make journeys to and fro between X and Y; ~ *tid til annen* from time to time; ~ *i dag av* from today; as from today; ~ *den tid av* since then; from that time (onward); *jeg vet det* ~ *før av* I know it (*el.* that) already; ~ *mandag av* from Monday onwards; ~ *først av* from the first; at first; *(se først);* ~ *nå av* henceforth, from now on; ~ *og med 1. mai til og med 3. juni* from May 1st to June 3rd inclusive; ~ *og med 3. til og med 12. mai* from the 3rd to the 12th of May inclusive; from 3rd to 12th May, both days inclusive; from May 3rd to May 12th inclusive; ~ *og med i dag* as from today, from this day onwards; *være* ~ *seg selv* be beside oneself; ~ *hverandre: se hverandre; det gjør hverken* ~ *eller til* that makes no difference; *ikke så mye at det gjorde noe* ~ *eller til* not so much that it mattered; not so much that it made any difference; *trekke* ~ deduct; **2** *(konj):* ~ *jeg var 4 år gammel* since I was four years old; ~ *jeg var barn* since I was a child, from my childhood.

frabe *(vb):* ~ *seg gjenvalg* decline re-election; *jeg må* ~ *meg enhver innblanding* I will thank you not to interfere; *det vil jeg ha meg -dt* I won't have (any of) that.

fradrag deduction; *etter* ~ *av omkostninger* deducting expenses; *føre noe til* ~ *(i skatten)* enter sth as deductible; *(se fradragsberettiget).*

fradragsberettiget deductible; *hjemmerepresenta-*

f

sjon er ikke lenger ~ entertaining at home is no longer deductible; *kun representasjon i forbindelse med besøk fra utlandet er* ~ only entertaining in connection with visits from abroad may be claimed on *(el.* is deductible).
fradragspost deduction item.
fradømme *(vb)* sentence to lose, deprive of; ~ *en de statsborgerlige rettigheter* deprive sby of civil rights, deprive sby of Norwegian *(,etc)* citizenship.
fradømmelse deprivation, loss *(fx* of a right); ~ *av de statsborgerlige rettigheter* deprivation of civil rights, d. of Norwegian *(,etc)* citizenship.
frafall desertion, defection; *(fra religion)* apostasy; *(jur)* withdrawal *(fx* of a charge).
frafalle *(vb)* give up, abandon, relinquish, waive *(et krav* a claim); *jeg -r (ordet)* I waive my right to speak! **US** I yield the floor; *jeg -r min innvending* I drop my objection.
I. frafallen *(subst)* apostate.
II. frafallen *(adj)* apostate.
fraflytte *(vb)* leave, move from, vacate; *den -nde leier* the outgoing tenant.
fragment fragment. **-arisk** fragmentary.
fragå *vb (benekte riktigheten av)* deny; go back on.
frakjenne *(vb)* deprive of, sentence to lose; *en kan ikke* ~ *ham hans dyktighet* his ability cannot be denied *(el.* is beyond dispute).
fraksjon *(del av et politisk parti)* section, wing.
frakk coat, overcoat; *(regn-)* raincoat. **frakke|krage** coat collar. **-skjøt** coattail.
frakople *(vb): se kople: ~ fra.*
frakopling uncoupling; disconnecting; *til- og frakopling utføres lett med én hånd og uten verktøy* connecting and disconnecting is easily done with one hand without the aid of any tool; ~ *under fart (jernb)* slipping (of wagons).
frakt 1*(gods)* cargo, freight; **2***(beløp)* freight charge; freightage; *(jernbane-)* carriage (,**US:** freight); ~ *betalt* carriage (,freight) paid; **US** freight prepaid; ~ *ubetalt* carriage (,freight) forward, freight on delivery; **US** freight not prepaid; *fallende -er* falling freight rates; declining freights; *gode -er* good rates; *høye -er* high rates; *stigende -er* rising freight rates, rising freights; *utgående* ~ outward freight; *få* ~ get *(el.* obtain) a cargo; *få* ~ *hjem* get a homeward cargo; *slutte* ~ fix a ship, close a charter, close a freight.
frakt|beretning freight report. **-brev** *(jernb)* consignment note, way-bill; **US** freight bill; *(konnossement)* bill of lading *(fx* B/L). **-damper** cargo steamer, freighter; *(stor)* cargo liner.
frakte *vb (føre)* carry, transport, convey; *(befrakte)* freight, charter.
frakt|fart carrying trade; *gå i* ~ be engaged in the c. t. **-fly** cargo plane *(el.* aircraft). **-forholdene** the state of the freight market. **-forhøyelse** rise *(el.* increase) of freights, advance in freight-rates. **-forskudd** advance on the freight. **-fri** freight paid; *(jernb)* carriage paid, c. free; **US** freight prepaid. **-gods** goods; **US** freight; *(med skip)* cargo; *(befordringsmåte)* ordinary goods service; *sende som* ~send by goods (,**US:** freight) train. **-inntekt:** *tapt* ~ loss of hire; *-er* freight earnings. **-kontrakt** charter party. **-krig** freight (-cutting) war, rate war, rate-cutting campaign. **-kurs** rate of freight. **-liste** freight list, list of freights. **-marked** *(mar)* freight market. **-moderasjon** reduced rate(s). **-nedsettelse** reduction of *(el.* in) freight rates. **-notering** freight quotation, q. of freight, q. of rates. **-omkostninger** freight charges. **-saldo** balance of freight. **-sats** rate of freight, f. rate. **-seddel** *(jernb)* freight ticket. **-slutning** fixture. **-tilbud** offer of freight *(el.* tonnage). **-tillegg** supplementary freight charge, additional *(el.* extra) freight.
fraktur black letter; German type; *(med)* fracture.
fraktvilkår *(pl)* terms of freight.
fralands- off-shore. **-vind** off-shore wind.
fralegge *(vb):* ~ *seg* disavow, disclaim *(fx* disclaim (the) responsibility for).
fralokke *(vb)* coax out of; wheedle out of *(fx* w. sth out of sby).
fralure *(vb):* ~ *en noe* trick sby out of sth.
fram forth, forward, on; *lenger* ~ further on; ~ *med dere!* get out! ~ *og tilbake* backwards and forwards, to and fro; *det er langt* ~ we have a long way before us.
fram-: *se også sms med frem-.*
frambringe: *se frembringe.*
framdrift 1. propulsion; **2.** energy, push, enterprise, drive; *det er ingen* ~ *i ham* he lacks drive; *rapport om -en* progress report.
framdriftsplan *(for prosjekt, etc)* plan of progress.
frametter along *(fx* they walked a. the road); *(se fremover).*
fram|ferd conduct, proceeding; *(se framdrift 2).*
framfor: *se fremfor.*
framgang advance, progress; *(trivsel)* prosperity; *gjøre* ~ make progress; *til X, med ønske om god* ~ *i studiet av det norske språks mysterier* to X, with every good wish for your future progress in the study of the mysteries of the Norwegian language. **-småte** plan, method, line of action; course; *bruke en* ~ follow a practice.
framhaldsskole *(hist)* = secondary modern school.
framifrå excellent.
framkalle: *se fremkalle.*
framkommelig: *se fremkommelig.*
framkomst: *se fremkomst.*
framlegg motion, proposal; *(se fremlegge).*
framleie: *se fremleie.*
framlyd initial sound.
framme *(adv): se III. fremme.*
framover: *se fremover.*
frampå: *se frempå.*
framsteg: *se fremskritt.*
framstegsparti progressive party.
framstøt *(angrep)* (forward) thrust, push, drive.
fram|stående projecting; *(person)* prominent. **-syn** foresight; *vise* ~ show f.
framsynt *(forutseende)* farsighted, far-seeing; *(synsk)* second-sighted, visionary; *-e menn* men with foresight; men who look ahead; *han er* ~ *(også)* he takes a long view.
frank: *fri og* ~ free (as air); **US** free as the breeze.
franke|re *(vb)* stamp; *dette brevet er utilstrekkelig -rt* this letter is underpaid *(el.* understamped); **US** this l. has insufficient postage. **-ring** stamping; *utilstrekkelig* ~ underpaid postage. **-ringsmaskin** franking machine, postal franker.
Frankfurt am Main Frankfort-on-Main.
franko *(om brev)* post free, postage paid; *(jernb)* carriage paid; *(salgsklausul)* franco; *sende* ~ send post free *(el.* post paid).
Frankrike France.
fransk French;*på* ~ in French; *oversette til* ~ translate into French; ~ *visitt* flying visit.
fransk|-engelsk Franco-English; French-English *(fx* dictionary). **-mann** Frenchman; *-mennene (om hele nasjonen)* the French. **-sinnet** pro-French.
frarane *(vb)* rob of *(fx* rob sby of sth).
fraråde *(vb)* advise against, dissuade from.
frasagn legend; *det gikk* ~ *om* ... stories were

fred

peace – piece – peas

peace	**fred**
piece	**stykke**
peas	**erter**

Av og til er engelske ord svært like i både skrivemåte og uttale.

told of ...; *det gikk underlige ~ om hva han gjorde* curious legends were told about his doings.
frase empty phrase, set phrase, fine phrase. **-maker** phrasemonger, ranter. **-makeri** rant.
fraseologi phraseology; *få innarbeidet en riktig ~* get one's idioms right.
frasi *(vb): ~ seg* renounce, relinquish; *~ seg tronen* abdicate. **-gelse** renunciation, renouncement, relinquishment; abdication.
fraskilt divorced.
fra|skrive *vb (frakjenne)* deprive of, deny; *~ seg retten til* waive *(el.* renounce) the right to; *~ seg ansvaret* disclaim responsibility. **-sortere** *(vb)* sort out, weed out, discard. **-sortert:** *-e varer* damaged goods; *(med feil)* defective goods, rejections, throw-outs; *(tilsmussede)* soiled goods. **-spark** kick-off; *friske ~ (også fig)* powerful *(el.* energetic) kicks. **-stjele** *(vb)* rob of, steal from. **-støtende** repulsive, forbidding; *(se motbydelig).*
frata *(vb)* deprive of; *~ ham kommandoen* relieve him of his command.
fraternisere *(vb)* fraternize.
fratre *(vb)* retire from, withdraw from, vacate, relinquish, resign; *~ et embete* resign office; *~ en stilling* give up *(el.* retire from) a position.
fratredelse retirement, withdrawal, resignation; *arbeiderne er sagt opp til ~ 31. mai* the workmen have received notice to terminate employment on May 31st.
fratredende retiring; *den ~ styreformann* the r. chairman.
fratrekk deduction.
fratrukket deducted.
fravike *vb (avvike fra)* depart from, deviate from; *~ en tidligere uttalt rettsoppfatning* quash a previous court ruling.
fravikelse departure, deviation.
fravriste *(vb)* wrest from, wring from.
fravær absence; *føre inn -et (på skole)* mark the register; *glimre ved sitt ~* be conspicuous by one's absence.
fraværende absent; *de ~* the absent; *(fra arbeid, skole)* the absentees; *de ~ har alltid urett* the absent are always in the wrong; *med et ~ blikk* vacantly; *(se oppføre).*
fred peace; *han ante ~ og ingen fare* **T** he thought everything in the garden was lovely; *la en være i ~* leave sby alone; *holde ~* keep peace; *(om stater)* keep the peace; *hold ~!* shut up! *slutte ~* make peace, conclude peace; *lyse ~ over ens minne* pray for sby's soul to be at rest; *~ over hans minne* peace be with him; *man har ikke ~ lenger enn naboen vil* it takes two to keep the peace; *ved -en i Kiel* by the peace of K.
fredag Friday; *(se onsdag).*
frede *vb (beskytte)* preserve, protect; *(bygning, etc)* schedule as a(n ancient) monument; *han vil gjerne ha en liten -t plett for seg selv* he would like a peaceful little spot for himself.
fredelig peaceful.
fredelighet peacefulness.
fredhellig sacred, sacrosanct.
fredløs outlaw; *(bot)* willowweed. **fredløshet** outlawry.
fredning protection, preservation.
fredningsbestemmelser *(pl)* preservation regulations; *(for vilt)* close-time regulations. **-tid** close season *(el.* time).
freds|betingelse peace term. **-brudd** breach of the peace. **-dommer** justice of the p. **-elskende** peace -loving. **-forskning** peace research. **-forstyrrer** disturber of the peace.
freds|megler mediator, peace mediator, mediator for peace. **-megling** mediation for peace.
fredsommelig peaceable. **-het** peaceable disposition.
freds|pipe pipe of peace. **-prisen** the (Nobel) Peace Prize. **-saken** the cause of peace, the peace movement. **-slutning** conclusion of peace, peace settlement. **styrke** peace force. **-tider** times of p. **-traktat** peace treaty. **-underhandling** peace negotiation. **-venn** pacifist. **-vennlig** peace-loving; pacifist.
fredsæl *(fredselskende)* peace-loving.
fregatt *(mar)* frigate.
fregne freckle. **fregnet** freckled.
freidig *(utvungen)* free and easy; *(frekk)* unblushing; **T** cool, cheeky; *med ~ mot* nothing daunted; unabashed(ly), undaunted(ly); *en ~ påstand* a bold assertion; *han var ~ nok til å* he had the assurance to. **-het** ease; assurance, (self-)confidence; **T** cheek; coolness; *(se frekkhet).*
frekk barefaced, impudent, audacious, shameless; **T** cheeky; *han var ~ nok til å si ...* he had the face *(el.* impudence) to say; *han var ~ og prøvde å spille uskyldig (også)* he tried to brazen it out. **-het** audacity, impudence; **T** cheek; *-ens nådegave* the cheek of the Devil.
frekvens frequency; *høy ~* high frequency; *lav ~* low frequency. **-måler** frequency meter.
frekventere *(vb)* frequent, attend.
I. frelse *(subst)* rescue, deliverance; *(saliggjørelse)* salvation.
II. frelse *(vb)* save, rescue.
frelser: *vår Frelser* our Saviour, the Redeemer.
Frelsesarméen the Salvation Army.
frem: *se fram.*
frem-: *se også sms med fram-.*
fremad forward, on(ward), ahead. **-skridende** advancing, progressive. **-strebende** go-ahead.
frembringe *(vb)* produce, yield; generate *(fx friction generates heat).* **-lse** production; *(konkret)* product.

frembrudd outbreak; *dagens* ~ peep of day, daybreak; *ved mørkets* ~ at nightfall.
fremby *(vb)* offer, present; ~ *til salg* offer for sale; *bli frembudt for salg (også)* come up for sale.
fremdeles *(adv)* still.
fremdriftsrapport progress report.
fremfor *(adv)* before, above, beyond, in preference to; ~ *alt* above all.
fremfusen|de impetuous. **-het** impetuosity.
fremføre *(vb)* present, put on *(fx* a new play); put forward, make, prefer *(fx* a request); ~ *grunner for* adduce *(el.* advance) reasons for; ~ *en klage* make *(el.* lodge) a complaint; ~ *som unnskyldning* offer as an excuse; ~ *sitt ærend* state one's errand.
fremgå *(vb): det -r av det han sier* it is evident *(el.* it appears) from what he says; *betydningen -r av sammenhengen* the context brings out the meaning; *blant annet vil det* ~ *at* ... among other things it will be apparent that; *det -r av disse kjensgjerninger at* ... from these facts it follows that ...; *det fremgikk av hans uttalelser* it appeared from the general tenor of his remarks; *(jvf II. følge).*
fremherskende predominant, prevalent, prevailing; *være* ~ prevail, be prevalent.
fremheve *(vb)* set off, throw into relief; stress, emphasize.
fremholde *(vb)* point out; ~ *noe overfor en* point sth out to sby; ~ *betydningen av* stress the importance of.
frem|kalle *vb (forårsake)* cause, bring about, give rise to; *(fot)* develop; ~ *beundring* evoke admiration; ~ *munterhet* provoke mirth; ~ *en situasjon* provoke a situation; ~ *en stemning* evoke a mood; *han var en mester i å* ~ *stemninger* he was a master at evoking moods. **-kaste** *(vb):* ~ *en formodning* throw out a suggestion; ~ *et spørsmål* raise a question, bring a matter up.
frem|komme *(vb)* **1***(med forslag)* bring forward, offer *(fx* a suggestion), put forward *(fx* a proposal); ~ *med protest* put in a protest; ~ *med en anmodning* put forward a request; **2***(oppstå):* ~ *av* result from; **3***(bli kjent)* come to light, become known, emerge *(fx* no new facts emerged as a result of these investigations). **-kommelig** passable; *(om sjø, elv, også)* open, navigable. **-komst** arrival; *(tilsynekomst)* appearance; *ved -en* on arrival. **-komstmiddel** conveyance, means of locomotion. **-legge** *vb (som bevis)* produce; ~ *rapport* present *(el.* submit) a report; ~ *for* submit to, present to, lay before. **-leggelse** production, presentation.
frem|leie *(subst)* subletting; sublease. **-leier** subtenant.
fremlyd *(fon)* initial sound.
I. fremme *(subst)* furtherance, promotion, encouragement, advancement; *til* ~ *av* in *(el.* for the) furtherance of.
II. fremme *(vb)* further, promote, encourage, advance; ~ *et forslag om dette i Stortinget* place *(el.* put) a motion on this before the Storting; *regn -r plantenes vekst* rain promotes the growth of plants; ~ *tiltale mot* bring a charge against; *(stivt)* prefer a charge against; ~ *vennskapet mellom folkene* promote *(el.* foster) friendship between the nations.
III. fremme *adv (foran)* in front, ahead; *(synlig)* displayed, on view, exposed to view, out, on show; *(på scenen)* on, on the stage; *(gjenstand for overveielse)* under consideration *(el.* discussion); *(gjenstand for oppmerksomhet)* in the news *(fx* it has been very much in the news lately), to the fore; *(ved målet)* at one's destination, there; *når er vi ~?* when will we be there? when are we due to arrive? *når er vi* ~ *i København?* when are we due (to arrive) in Copenhagen? *vi hadde alle fotografiene* ~ we had all the snapshots out; *langt* ~ far ahead; *langt* ~ *for sin tid* far ahead of one's time; *lenger* ~ further ahead, further on; *la noe ligge* ~ leave sth (lying) about; display sth; *la det stå* ~ leave it (standing) about; *hans navn har vært* ~ *i forbindelse med...* his name has been mentioned in connection with; *spørsmålet har vært meget* ~ *i den senere tid* the question has been much to the fore lately.
fremmed strange; unknown; unfamiliar; *(utenlandsk)* foreign; alien; *et* ~ *ansikt* an unfamiliar *(el.* strange) face; *en* ~ *dame* a strange lady; ~ *hjelp* outside assistance; *-e språk* foreign languages; *(se lærer); under et* ~ *navn* under an assumed name; *kald og* ~ cold and distant; *en* ~ a stranger; *(besøkende)* a visitor; *vilt -e* complete strangers; *be -e* invite company; *jeg er* ~ *her* I'm a stranger here; *det er* ~ *for meg* I know nothing about it; *det er meg* ~ it is alien to my nature.
fremmedarbeider foreign worker.
fremmedartet strange, alien, outlandish.
fremmed|bok visitors' book. **-herredømme** foreign rule. **-kontoret** the Aliens Registration Office; **UK** the Aliens Division of the Home Office. **-kontrollskjema** Aliens Registration form. **-legeme** extraneous matter. **-ord** foreign word. **-ordbok** dictionary of foreign words (and phrases).**-språk** foreign language(s); *det kreves at også lærere i* ~ *kan norsk* teachers of foreign languages are also required to have a knowledge of Norwegian. **-språkundervisning** foreign-language tuition *(el.* instruction).
fremmelig forward, precocious.
frem|møte *(subst)* appearance, attendance; *personlig* ~ ''apply in person''. **-møtt** in attendance.
fremover forward; ahead; *(av sted)* along; *(i fremtiden)* in future, hereafter; *i lang tid* ~ for a long time to come; *gå* ~ progress, make progress; improve; *det går* ~ *med arbeidet* work is making good progress; the work is getting on.
frempå *(adv)* in front; *snakke* ~ throw out a hint *(om* about); *snakke* ~ *om at* ... hint that ...
fremragende *(utmerket)* prominent, eminent, brilliant.
fremre: *det* ~ *huset (mots. det bakre)* the house in front; *(av flere)* the foremost house.
fremrykket advanced.
fremrykning advance.
fremsende *(vb)* forward, transmit.
fremsette *(vb): se sette B:* ~ *fram 2.*
fremsi *(vb): se si:* ~ *fram.*
fremsigelse recital, recitation.
fremskaffe *(vb)* procure, get; *(se I. skaffe 1).*
frem|skreden advanced; *da tiden var så langt* ~ it being so late. **-skridende** advancing.
fremskritt progress, advance, step forward; *teknologiske* ~ technological advance; *gjøre* ~ make progress, get on; *(se rivende).*
fremskutt *(mil)* advanced.
fremskynde *(vb)* hasten, accelerate, expedite, quicken; ~ *krisen* bring on the crisis; ~ *utviklingen* speed up developments.
fremspring 1. projection; **2.** overhang.
fremspringende projecting, salient; overhanging.
I. fremst *(adj)* front; foremost; leading.
II. fremst *(adv)* in front; *først og* ~ primarily, first of all.
fremstamme *(vb)* stammer out.
fremstille *(vb)* produce; make; *(avbilde)* represent; *(rolle)* play, act, interpret; *(skildre)* give an

account of; describe; ~ *seg* present oneself; *bli fremstilt som vitne* be called as a witness.
fremstilling representation; account, description; *(fabrikasjon)* making, production, manufacture; *(stil)* style of writing, diction; *en detaljert* ~ a detailed account; *før De begynner -en* before you proceed with *(el.* start) production.
fremstillings|evne descriptive power. **-måte** style; process (of manufacture). **-omkostninger** *(pl)* cost(s) of production.
fremstøt *(angrep)* (forward) thrust, push, drive.
fremstå *(vb): se stå: ~ fram.*
fremstående: 1. projecting; **2***(person)* prominent.
fremsyn foresight; *vise* ~ show foresight.
fremsynt far-sighted; far-seeing; *(synsk)* second -sighted; visionary.
fremtid future, futurity; *i -en* in future, for the future; *i en ikke altfor fjern* ~ in the not (too) distant future; *i nær* ~ in the near future, shortly, before long, at an early date; *i nærmeste* ~ in the immediate *(el.* very near) future, very shortly, before very long; *engang i -en* at some future date *(el.* time), on some future occasion; *det var ingen ~ for ham der* he had no prospects *(el.* future) there; *-en ligger åpen foran deg* you have the future at your feet; you have a dazzling f. before you; *skape seg en* ~ make *(el.* carve out) a career (for oneself).
fremtidig future; prospective.
fremtids|bilde vision of the future. **-musikk:** *det er* ~ it belongs to the future. **-perspektiv** perspective *(fx* it opens up a dismal p.), vista *(fx* it opens up new vistas). **-planer** *(pl)* plans for the future. **-post, -stilling** post with a good future *(el.* with (good) prospects). **-utopi** utopian vision of the future. **-utsikter** *(pl)* (future) prospects, prospects for the future.
fremtoning sight; apparition; figure; *da vi kom dit, møtte det oss en besynderlig ~ i døra* when we got there, a strange apparition met us at the door.
fremtre *(vb)* appear, make one's appearance; *(se også tre: ~ fram).*
fremtreden *(vesen)* bearing, behaviour (,**US:** behavior), manner(s), conduct *(fx* her c. during this period has been impeccable); *han har en pen ~ (også)* he is well-mannered; *han har en sikker* ~ he has a confident manner.
fremtredende prominent, conspicuous, pronounced, marked, distinctive; *være sterkt* ~ come out strongly; *spille en ~ rolle* play a prominent part.
fremtrylle *(vb): se trylle: ~ fram.*
frem|tvinge *(vb)* force, enforce; compel; ~ *en krise* force a crisis. **-vise** *(vb)* show, exhibit, display. **-viser** (film) projector. **-visning** display, exhibition; *(av dokumenter, etc)* production, presentation; *(av film)* showing; *mot ~ av billett* by ticket *(fx* people are admitted by t.).
frem|vise, -visning: *se fram-.*
frende kinsman, kinswoman, relative; ~ *er ~ verst* [one's own relatives are often one's worst critics]; *(jvf skotsk ordtak:* friends agree best at a distance). **-løs** without kinsmen, lonely.
fres speed; *for full* ~ at top speed; full out *(fx* our mills are going full out); *det er ~ i ham* **T** he has plenty of vim.
frese *(vb)* **1.** fizzle; *(sprake)* crackle; *(sprute)* sputter; *(visle)* hiss; *(om katt)* spit; **2***(tekn)* mill, cut; ~ *av* mill off.
fresedybde milling depth; *(se frese 2).*
fresemaskin milling machine, miller, cutter.
fresko fresco. **-maleri** fresco painting.
I. fri *(subst): i ~ (om gir)* in neutral, out of gear; *i det* ~ in the open (air); *sette bilen i* ~ put the car in neutral.
II. fri *(adj)* free; *(ledig)* disengaged, at liberty; *(utvungen)* free and easy; ~ *som fuglen* free as air; ~ *adgang til* free access to; ~ *kjærlighet* free love; *gi -tt løp* give vent to; give free rein to *(fx* one's imagination); ~ *utsikt* unobstructed view; *og alt -tt* and all found *(fx* wages £200 and all found); *gå* ~ get off scot-free; *ha* ~ have a day off, have a holiday; be off duty; *vi har ~ i morgen* we have tomorrow off; *når vi hadde et øyeblikk* ~ whenever we had a moment of leisure; *den hånd jeg hadde* ~ my disengaged hand; *be seg* ~ ask for leave of absence; ask for a day *(,etc)* off; *må jeg være så ~?* may I take the liberty? ~ *av (mar)* clear of; ~ *for* free from *(fx* debt), free of, exempt from *(fx* duty); *(ren for)* free from *(fx* injurious chemicals); *-tt for å slippe!* leave me out! *det er ikke -tt for at han drikker* he is not free from drinking; *det står Dem -tt for å gjøre det* you are free *(el.* at liberty) to do it; *ta seg* ~ take time off from the office (,from work, *etc);* take a holiday; *ordet er -tt* the debate is opened, everyone is now free to speak; the meeting is open for discussion; **US** the floor is open for discussion; *ha -e hender* be free to act, have afree hand.
III. fri *vb (beile)* propose, make an offer of marriage; **T** pop the question; ~ *til en pike* propose to a girl; ~ *til publikum* pander to the public.
IV. fri *vb (redde)* deliver; *Gud ~ og bevare oss!* Lord deliver us! ~ *oss fra det onde!* deliver us from evil!
fri|aften evening off. **-areal** (piece of) open ground; recreational area.
fri|billett free ticket, complimentary t.; *(på jernb, etc)* (free) pass; *(tjenestebevis)* duty pass. **-bord** *(mar)* freeboard. **-bytter** freebooter. **-båren** freeborn.
fridag holiday, day off; *en halv* ~ a half-holiday; *en hel* ~ a whole-holiday.
frieksemplar free copy; presentation copy.
frier wooer; *(glds);* suitor. **-brev** letter of proposal. **-føtter:** *gå på* ~ be courting, go courting.
frieri proposal, offer of marriage.
friettermiddag *(hushjelps, etc)* afternoon out *(fx* it is my a. out).
frifinne *(vb)* acquit, find not guilty *(fx* they found him not guilty).
frifinnelse acquittal.
frifot: *være på* ~ be walking free *(fx* he's still walking free); *(stivt)* be at large; *(også* **US***)* be on the loose.
frigi *(vb)* free, release.
frigid frigid. **frigiditet** frigidity.
frigivelse release.
frigjort emancipated *(fx* an e. woman), released, (made) independent of.
frigjøre *(vb)* set free; release; liberate; ~ *seg for (sosialt)* emancipate oneself from; ~ *en fra hans arbeid* release sby from his job.
frigjøring liberation; emancipation.
frihandel free trade.
frihavn free port.
frihet freedom, liberty; *dikterisk* ~ poetic licence; *ta seg den ~ å* take the liberty of (-ing); *ta seg -er* take liberties; ~ *under ansvar (svarer til)* freedom subject to the consequences of the law; *(se forsamlingsfrihet; talefrihet; trykkefrihet; ytringsfrihet).*
frihets|berøvelse loss of liberty, imprisonment. **-brev** charter. **-dag** Independence Day. **-kamp** fight *(el.* struggle) for freedom *(el.* liberty). **-krig** war of independence. **-straff** imprisonment; term of i.; prison sentence, sentence of imprisonment. **-trang** thirst for liberty.

frihjul *(på sykkel)* free wheel.
fri|håndstegning free-hand drawing. **-idrett** (light) athletics; **US** track sports. **-idrettsmann** (track and field) athlete. **-idrettsstevne** athletic meeting.
frikadelle (meat) rissole.
frikassé fricassee, stew.
frikirke free church.
frikirkelig free church.
frikirkeprest minister, parson.
frikjenne *(vb)* acquit *(for* of). **frikjennelse** acquittal.
frikort *(teater-, etc)* complimentary ticket, free ticket; *(jernb)* free ticket.
friksjon friction.
friksjonsflate friction surface.
friksjonsløs frictionless.
frikvarter break; **US** interval, recess.
frilager bonded warehouse; *på ~* in bond.
frille *(hist)* mistress, concubine.
frilufts|liv outdoor life. **-menneske** outdoor *(el.* open -air) person. **-restaurant** open-air restaurant; tea garden, beer garden, wine garden. **-teater** open-air theatre.
frilyndt broad-minded, liberal.
frimenighet independent congregation.
fri|merke stamp, (postage) stamp; *10 -r à 8p* ten 8p stamps; **T** ten eights; *10 -r à 2½p* ten 2½p stamps; **T** ten two-and-a-halves. **-merkesamler** stamp collector. **-merkesamling** collection of stamps. **-merkeslikker** stamp licker. **-minutt:** *se frikvarter.*
frimodig frank, candid, outspoken; *-e ytringer* plain talk. **-het** frankness, candour, outspokenness.
frimurer freemason. **-i** freemasonry, masonry. **-losje** masonic lodge. **-tegn** masonic sign.
friplass *(på skole)* free place, scholarship; **US** tuition scholarship.
fripostig bold(faced), forward. **-het** boldness, forwardness.
frise frieze.
friser Frisian.
friserdame hairdresser.
frisere *(vb): ~ en* do sby's hair.
frisersalong hairdressing saloon.
frisinn liberalism, broad-mindedness.
fri|sinnet: *se -lyndt.*
frisisk Frisian.
I. frisk: *på ny ~* anew, afresh; *begynne på ny ~* start afresh; *han begynte på ny ~ (også)* he began again with renewed vigour.
II. frisk fresh; *(sunn)* healthy, in good health, well, hearty; *bli ~* get well *(av* of); *~ som en fisk* as fit as a fiddle; as fresh as a daisy; *-e farger* cheerful colours; *-t mot!* cheer up! *(se mot); trekke ~ luft* take the air, breathe some fresh air.
friske *(vb)* freshen; *~ opp* refresh; *(kunnskaper)* brush up; *~ på (om vind)* freshen; *~ på ilden* stir up the fire.
friskfyr spark; jaunty fellow.
friskhet freshness; *(rørighet)* vigour.
friskmeld|e *(vb): bli -t* be reported fit, be reported off the sick list; *han er -t* he is off the sick list.
friskne *vb (om vind)* get up, freshen; *~ til* regain one's strength, recuperate, recover; **T** pick up.
friskole free school.
frispark *(fotb)* free kick.
frispråk: *han har ~* he may say what he likes.
frist (NB *jvf leveringsfrist)* time-limit, deadline, period allowed, term; *(især galgen-)* respite, grace; *-en er for kort* the time allowed is too short; *15. mai er siste ~* May 15th is the final date *(el.* time-limit); *når er siste ~ for påmelding (fx til eksamen)?* when is the closing date for entries? *siste ~ for innlevering av ...* the deadline for the submission of ...; *overholde -en* keep to the time-limit; *oversitte en ~* exceed a term *(el.* time-limit); *sette en ~* fix a date *(fx* for payment), set a term, fix a deadline; *-en utløper* the time-limit expires; *den fastsatte ~* the time *(el.* date) stipulated; *vi kan ikke levere innen den fastsatte ~ (også)* we cannot deliver within the time limited by you; *-en for innbetaling av kontingent er nå utløpt* your subscription is now overdue.
fristat free state.
friste *vb (føre i fristelse)* tempt; *~ lykken* try one's luck; *føle seg -t* be tempted; *~ til kritikk* invite criticism.
fristed (place of) refuge, sanctuary, asylum.
frist|else temptation; *falle i ~* fall into t.; *falle for -n* succumb to (the) t.; *motstå -n* resist the t. **-er** tempter. **-erinne** temptress.
frisyre hair style.
frisør hairdresser; *(se firserdame; frisersalong).*
frita *(vb)* exempt, excuse *(for* from). **-gelse** exemption, immunity.
fritalende blunt, plainspoken.
fritenker freethinker, atheist.
fritenkeri freethinking, atheism.
fritid leisure (time), spare time.
fritidsdress leisure suit.
fritidshus holiday home.
fritidssenter recreation centre.
fritidssysler *(pl)* leisure activities.
fritime *(i skole)* free period.
frittblivende without engagement, subject to confirmation.
fritte *(vb): ~ en ut* pump sby.
fritt|liggende, -stående detached, isolated; *-stående øvelser (turning)* floor exercises; floor.
frityr deep fat. **-steke** *(vb)* deep-fry.
frivakt *(mar)* watch below; *ha ~* be off duty; *(mar)* be below.
I. frivillig *(subst)* volunteer; *melde seg som ~* volunteer.
II. frivillig *(adj)* voluntary; spontaneous. **-het** voluntariness, spontaneity.
frivol frivolous; *(lettferdig)* loose, immoral.
frivolitet frivolity; looseness, immorality.
frk. Miss *(fx* Miss Johnson); *(se frøken).*
frodig vigorous; luxuriant; *(altfor ~)* rank; *(om person)* full-bodied, buxom; *(om fantasi)* exuberant; *(se vegetasjon).*
frodighet vigour (,**US:** vigor); luxuriance; rankness; buxomness; exuberance.
frokost breakfast; *hva har du spist til ~?* what have you had for breakfast? *(se forte: ~ seg).*
from *(gudfryktig)* pious; *et -t bedrag* a pious fraud; *et -t ønske* a vain wish.
fromasj mousse, soufflé.
fromesse matins; *(se II. messe).*
fromhet piety.
fromme: *på lykke og ~* at random, haphazardly; hit or miss.
front front; *gjøre ~ imot* turn against, face.
frontal frontal.
frontglass windscreen; **US** windshield; *''Windscreen Replacement Service''.
frontkollisjon head-on collision.
front|lykt, -lys *(på bil)* headlamp, headlight.
frosk frog. **froske|kvekk** croaking of frogs. **-mann** frogman. **-unge** tadpole.
frossen frozen; *~ av seg* chilly, unable to keep warm. **-fisk** frozen fish.
frost frost.
frost|fri *(sted)* frost-proof. **-klar** clear and frosty. **-knute** chilblain. **-røyk** frost mist, frost smoke. **-skadd** injured by frost. **-vær** frosty weather.

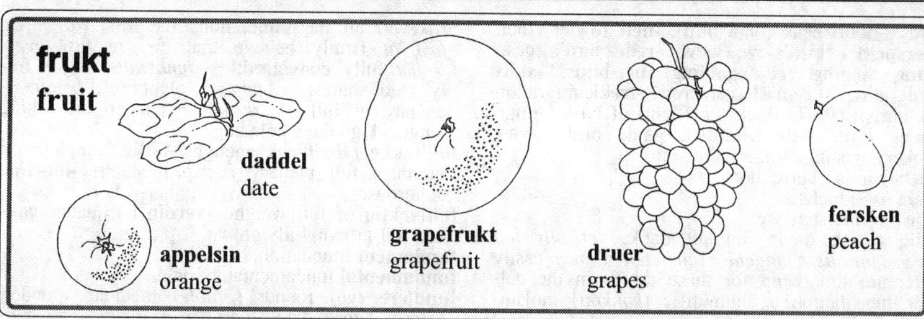

frotté *(stoff)* terry cloth.
frotterbørste fleshbrush.
frottere *(vb)* rub.
frotter|hanske washing glove. **-håndkle** bath towel. **-ing** rubbing. **-svamp** loofah.
fru Mrs, Mrs. *(fx* Mrs. Brown); *herr og ~ Brown* Mr. and Mrs. Brown.
frue married woman, wife; *Deres ~* your wife; *(i tiltale helst hele navnet, fx* Mrs. Brown); *er -n hjemme?* is Mrs. Brown (,etc) at home?; *(når navnet ikke nevnes)* madam; *ministrene med -r var til stede* the Ministers, accompanied by their wives, were present; *Vår Frue* Our Lady.
fruentimmer *(neds)* female, woman.
frukt fruit; *(fig)* fruit, product, result; *~ og bær (ofte)* soft and hard fruits; *bære ~* bear fruit; *høste -en av* reap the fruits *(el.* benefits) of; *sette ~ (om tre)* put forth fruit, bear fruit; *forbuden ~ smaker best* forbidden fruit is sweet.
frukt|avl fruit growing. **-bar** *(om jord)* rich, fertile; *(som formerer seg sterkt, også fig)* prolific; *-t samarbeid* fruitful co-operation; *gjøre ~* fertilize.
fruktbarhet richness, fertility; *(som formerer seg sterkt)* fecundity.
frukt|blomst blossom. **-blomstring** blossom time (of the fruit trees); blossom *(fx* go and see the blossom in Hardanger); *under -en* when the fruit trees are blossoming. **-bringende** productive, profitable. **-bunn** *(bot)* floral receptacle, torus. **-butikk** fruit shop. **-bærende** fruit-bearing, fructiferous.
fruktesløs fruitless, futile, unavailing. **-het** fruitlessness, futility.
fruktgrøt [stewed fruit thickened with potato flour].
frukt|hage orchard. **-handel** fruit trade. **-handler** fruiterer. **-kniv** fruit knife. **-knute** *(bot)* ovary.
fruktsommelig pregnant, with child; in the family way; *bli ~* become pregnant.
fruktsommelighet pregnancy.
frukt|tre fruit tree. **-vin** fruit wine. **-år:** *engang det var et godt ~* once when it was a good year for fruit.
frustrasjon frustration.
frustrere *(vb)* frustrate.
fryd joy, delight.
fryde *(vb)* rejoice, gladden, cheer; *~ seg ved* rejoice at.
frydefull joyful, joyous.
frykt fear, dread, apprehension *(for* of); *av ~ for at* for fear that; *uten ~ for følgene* fearless of the consequences; *hun ble plutselig grepet av ~* she was seized with a sudden fear; *nære ~ for* stand in fear of; be in fear of; *jeg nærer ingen ~ for at* I have no fear that.
frykte *(vb)* be afraid of; fear, dread, apprehend; *~ for* fear.
fryktelig fearful, dreadful, terrible; *(adv)* awfully, frightfully *(fx* f. lonely).
fryktinngytende awe-inspiring, formidable.
fryktløs fearless, unafraid. **-het** fearlessness.
fryktsom timid, timorous.
fryktsomhet timidity, timorousness.
frynse fringe; *besette med -r* fringe.
frynsegode fringe benefit.
frynset T *(uærlig)* bent.
fryse *(vb)* freeze, congeal; *(om person)* be cold, feel cold; freeze; *jeg -r* I am cold; *jeg -r som en hund* I'm frozen stiff, I'm as cold as ice; *det frøs sterkt* it froze hard; *~ av seg en finger* lose a finger through frost-bite; *~ i hjel* freeze to death; *skipet frøs inne* the ship was frozen in; *han frøs på hendene* his hands were cold; *~ til* freeze over *(el.* up).
fryseboks 1. freezer; **2**(*i kjøleskap)* ice box.
frysepinne [person who finds it difficult to keep warm]; *jeg er litt av en ~* I'm rather a chilly person.
frysepunkt freezing point; *under -et* below f.p.
fryseri cold storage plant.
frysevæske anti-freeze solution; *(se kjølevæske).*
I. frø *(subst)* seed; *gå i ~* run to seed.
II. frø *(vb): ~ seg* scatter, spread.
frøbrød [white loaf with poppy seed on top].
frøhandler seedsman, dealer in seeds.
frøken *(foran navn)* Miss *(fx* Miss Brown; Miss Mabel); *(etternavn for eldste datters vedkommende, fornavn for de yngres); (lærerinne)* teacher; *frøknene Brown* the Miss Browns, the Misses Brown.
frøolje seed oil.
I. fråde *(subst)* froth, foam; *-n sto om munnen på ham* he foamed at the mouth.
II. fråde *(vb)* foam.
fråtse *(vb)* gormandize, gorge (oneself); *~ i (fig)* revel in. **-r** glutton.
fråtseri gluttony.
fuga *mus (fuge)* fugue.
I. fuge *(subst)* joint; groove; *komme ut av sine -r* get out of joint.
II. fuge *(vb)* joint.
fugemasse grouting (cement).
fugl bird; *(fjærfe)* fowl; poultry; *en ~ i hånden er bedre enn ti på taket* a bird in the hand is worth two in the bush; *hverken ~ eller fisk* neither flesh nor fowl; **US** neither fish nor fowl; *la den -en fly* think no more of that; put that out of your head.
fugleaktig birdlike.
fugle|berg nesting cliff, bird cliff. **-bestand** stock of birds. **-brett** bird table. **-bur** birdcage. **-børse** fowling piece. **-egg** bird's egg. **-fangst** bird-catching, birding. **-fløyt** the call of a bird (,of birds). **-frø** bird seed. **-ham:** *i ~* transformed into a bird. **-handel** bird trade; *(butikk)* bird-shop. **-handler** bird-dealer. **-konge** *(zool)* gold-crest; *(rødtoppet)* firecrest. **-kvitter** chirping of

birds. **-nebb** beak (of a bird). **-nett** fowler's net. **-perspektiv** bird's-eye view. **-rede** bird's nest. **-sang** singing *(el.* warbling) of birds. **-skitt** bird's dirt. **-skremsel** scarecrow. **-trekk** migration (of birds); *(flokk)* flock *(el.* flight) of birds. **-unge** young bird. **-vilt** wildfowl, game birds. **-vær** rookery, nesting cliff.

fuks bay horse, sorrel horse.

fuksia *(bot)* fuchsia.

fukte *(vb)* moisten, wet.

fuktig moist, damp, humid; dank; *det blir lett for ~ for disse tingene i kjelleren* it may easily be(come) too damp for these things in the cellar. **-het** dampness, humidity; *(konkret)* moisture. *-hetsmåler* hygrometer.

ful *(adj)* cunning, sly.

fuling T knowing one.

full full *(av* of), filled with, replete (with); *(fullstendig)* complete; *(om månen)* full, at full; *(beruset)* drunk; *~ og bråkete* drunk and disorderly; *en ~ mann* a drunken man; *mannen er ~* the man is drunk; *drikke seg ~* get drunk; *ha -t opp av* have plenty of; *i ordets -e betydning* in every sense of the word; *skrike av ~ hals* roar; *spille for -t hus* play to capacity; *i -t mål* to the full; *-t navn* name in full; *den -e sannhet* the whole truth; *-e seil* full sails; *for -e seil* all sails set; *ta skrittet -t ut: se ndf: fullt (adv); slå -t slag (om klokka)* strike the hour.

full|befaren able-bodied; *~ matros* efficient deck hand, able(-bodied) seaman. **-blods** thoroughbred. **-blodshest** thoroughbred (horse).

fullbringe *vb (bibl): det er fullbrakt* it is finished.

full|byrde *(vb)* accomplish, perform; *(dom)* execute, carry out. **-byrdelse** accomplishment; *(om dom)* execution. **-båren** fully developed.

full|ende *(vb)* complete, finish; *vel begynt er halvt -endt* well begun is half done. **-endt** accomplished, consummate, perfect. **-føre** *(vb)* carry through, complete; *~ det (sak, arbeid, etc)* go through with it; *~ hoppet (ski)* hold the jump; *~ løpet (om skiløper)* stay the course *(fx* he had not got the stamina to stay the course); *~ sin utdannelse (også)* get through with one's education. **-førelse** completion, accomplishment; *arbeidet nærmer seg -n* work is nearing completion. **-god** adequate, convincing, satisfactory; *~ med* on a par with.

full|kommen perfect, complete; *(adv)* perfectly, quite, fully. **-kommenhet** perfection.

fullmakt *(bemyndigelse)* authority; *(prokura)* procuration; *(skriftlig)* power of attorney; *(selve dokumentet)* authorisation; *(jur også)* warrant of attorney; *uinnskrenket ~* unlimited power of attorney; *gi ~ til (bemyndige)* authorise; authorize, empower, give authority to; *utstyre med ~* invest with powers of attorney; *i henhold til ~* by authority; *stemme pr. ~* vote by proxy.

fullmakts|erklæring power of attorney; *(dokumentet)* warrant of a. **-giver** principal.

fullmektig solicitor's managing clerk; **US** law clerk; *(på statskontor: se kontor-); (jur)* attorney, authorized agent *(el.* representative); *(stedfortreder)* proxy.

full|moden fully ripe. **-myndig** of age. **-måne** full moon; *det var ~ i går* it was full moon yesterday; *(mer beskrivende)* there was a f. m. yesterday. **-proppet** crammed. **-rigger** full-rigged ship. **-skap** drunkenness, inebriety.

fullstendig complete, full, entire; *(adv)* completely, quite, entirely, totally, fully, wholly.

fullstendiggjøre *(vb)* complete, make complete.

fullt *(adv)* completely, fully, quite; *ikke ~ så stor* not quite so *(el.* as) large *(el.* big); *like ~ (likevel)* all the same, none the less; *tro ~ og fast at* firmly believe that; *~ og fast overbevist* fully convinced; *~ innbetalte aksjer* fully paid shares; *~ opp av* plenty of; *betale ~ ut* pay in full; *ta skrittet ~ ut* go the whole length; **T** go the whole hog.

full|takke *(vb)* thank enough. **-tallig** complete (in number), full, plenary *(fx* a p. meeting). **-tonende** sonorous.

full|vektig of full weight. **-verdig** adequate. **-voksen** full-grown, fully grown.

fundament foundation, base.

fundamental fundamental, basic.

fund|ere *(vb)* found; *(gruble)* meditate, ponder; *(merk)* consolidate, fund *(fx* a funded *(el.* consolidated) loan); *-ert gjeld* funded *(el.* permanent)debt; *en dårlig -ert påstand* an ill-founded assertion. **-ering** foundation; *(grubling)* meditation, pondering, speculation.

fungere *(vb)* act, officiate; *(om maskineri)* work, function; *disse medlemmer skal ~ ett år* their term of office shall be one year. **-nde** acting.

funke spark.

funkle *(vb)* sparkle, glitter.

funksjon duty, function.

funksjonshemmet functionally disabled; handicapped.

funksjonær employee; official; officer; *jernbane-* railway employee *(el.* official).

funn *(subst)* find, discovery.

I. fure *subst (rynke)* wrinkle, line.

II. fure *(vb)* furrow; groove.

furér *(hist)* quartermaster sergeant.

furet *adj (rynket)* wrinkled.

furie fury, virago.

furore sensation; *gjøre ~* cause a sensation; be all the rage.

furt|e *(vb)* sulk, be in the sulks. **-ekrok** sulking corner; *(om person)* sulky person. **-en** sulky. **-ing** sulking, sulks.

furu pine (tree); *(materiale)* pinewood, deal, red -wood.

furu|bord deal table. **-kongle** pine cone. **-mo** pine barren. **-nål** pine needle. **-nålspastiller** *(pl)* = menthol and eucalyptus pastilles. **-planke** deal plank. **-skog** pinewood, pine forest. **-tre** pine (tree).

fusel fusel. **-fri** free from fusel.

fusentast *(glds)* scatterbrain; hothead.

fusjon **1***(merk)* merger *(av* of); **2***(atomfysikk & fig)* fusion.

fusjonere *vb (merk)* merge.

fusk cheating; *fare med ~* cheat; *~ og fanteri* hanky-panky.

fuske *(vb)* cheat *(fx* at the examination), crib, use a crib; *(om motor)* misfire, spit back (through the carburettor), run unevenly; *motoren begynte å ~ og stoppet* the engine misfired and cut out; *~ i spill* cheat at play; *~ i (drive litt med)* dabble in.

fuskearbeid scamped work.

fuskelapp *(i skole)* crib; *(se lapp).* **fusk|eri, -ing:** *se fusk.*

fustasje cask, barrel.

fut *(hist)* bailiff.

futt life, sparkle *(fx* in champagne); **T** go; *det er ikke noe ~ i dette ølet* **S** there's no kick in this beer; *han tok fatt på arbeidet med ~ og klem* he got to work with a vengeance.

futteral case, cover.

futurisk *(adj)* future, futuric.

futurisme futurism.

futurist futurist.

futuristisk *(adj)* futuristic.

futurum *(gram)* the future (tense).

fy! ugh! whew! fie! *~ skam deg!* you ought to

be ashamed (of yourself)! shame! shame on you! ~ *da* for shame.

fyke *(vb)* drift; *(om sand, sne, gnister)* fly; *(se også piske)*; ~ *opp (bli sint)* flare up. **-nde** dashing, flying, rushing; *i* ~ *fart* with lightning speed; ~ *sint* in a towering rage, in a violent temper, furious.

fylde plenty, abundance; *(om stemme)* body *(fx* his voice has no b. to it); *tidens* ~ the fullness of time.

fyldest: *gjøre* ~ give satisfaction, be satisfactory, be up to the mark; *gjøre god* ~ *for seg* acquit oneself well; *gjøre* ~ *for* serve instead of, replace; *han gjør* ~ *for to* he is worth two; *gjøre* ~ *for sin lønn* be worth one's salt.

fyldestgjørende satisfactory, adequate.

fyldig full, plump, buxom, well-rounded; *(rikholdig)* copious; *(om vin)* full-bodied, rich; *båten har -e linjer* the boat has a rounded line. **-het** plumpness; copiousness; *(om vin)* body.

I. fylke *(subst)* county; *(se kommune; bykommune; landkommune)*.

II. fylke *(vb)* array, draw up (in battle array); ~ *seg* array oneself (for battle); ~ *seg rundt* rally round.

fylkes|mann [chief administrative officer of a' fylke']; *(kan gjengis)* regional *(el.* provincial) commissioner. **-skogmester** *(intet tilsvarende)* [county forester]. **-skogsjef** [chief county forester]. **-ting** [chief administrative body of a' fylke']; *(se kommunestyre)*.

fylking battle line, phalanx.

I. fyll *(i mat)* stuffing; filling; *(i konfekt, etc)* centre(s)*(fx* chocolates with hard and soft centres); *(stopp)* padding, stuffing; *(i mur)* rubble; *(fyllekalk)* padding.

II. fyll *(drukkenskap)* drunkenness; drinking; *bli arrestert for* ~ be picked up (by the police) for drunkenness; *i -a* in drink, when drunk, under the influence of drink; ~ *er ikke fest* drinks don't make a party.

I. fylle *(subst): se fylde.*

II. fylle *(vb)* fill; *vi stoppet for å* ~ *bensin* we stopped to fill up; ~ *(bensin) helt opp* fill up *(fx* «Fill her up, please!»); ~ *betingelser* fill conditions; ~ *en gås* stuff a goose; *fyll deres glass!* fill your glasses; *barnet -r to år i dag* the child is two today; ~ *på* fill in, pour in, put in *(fx* put two gallons in this can); *hvor meget (bensin) fylte De på sist?* how much petrol did you put in last time? ~ *på fat (,tønner)* put into casks (,barrels); ~ *vin på flasker* fill wine into bottles, bottle wine; *det -r ikke mye* it does not take up much room; ~ *ens plass* fill *(el.* take) sby's place; ~ *igjen et hull* fill up a hole; ~ *igjen en brønn* close up a well; ~ *igjen en grøft* fill in *(el.* up) a ditch; ~ *ut (skjema)* fill in; complete *(fx* a form); **US** *(også)* fill out.

fylle|arrest drunk cell; **US T** drunk tank. **-bøtte** boozer. **-fest** drunken party; boozing session; **T** boozy session. **-kalk** padding. **-kjører** drunken driver; drunk driver. **-kjøring** drunken driving. **-opptøyer** *(pl)* drunken riots. **-penn** fountain pen. **-ri:** *se III. fyll.*

fyllest: *se fyldest.*

fyllik drunken bum.

fylling *(i dør el. panel)* panel; *(i tann)* filling; *(for søppel, etc)* (garbage) dump.

fynd emphasis, pith; *med* ~ *og klem* with a will, powerfully; *han tok fatt på arbeidet med* ~ *og klem* he got to work with a vengeance.

fyndig pithy, terse, to the point.

fyndord word of wisdom, apothegm.

I. fyr *(om person)* chap; *(lett glds)* fellow; **US** guy; *en snurrig* ~ a funny chap *(el.* bloke); a funny customer; *(neds)* an odd fish; *en vennlig liten* ~ **T** a friendly little bugger.

II. fyr *(ild)* fire; *han er* ~ *og flamme* he is all enthusiasm; **T** he's as keen as mustard; *sette* ~ *på* set fire to; *ta* ~ catch fire; *det tok* ~ *i kjolen* the dress caught fire.

III. fyr *(lys for sjøfarende)* light; lighthouse; *fyr- og merkeliste* list of lights and buoys.

fyrabend knocking-off time; *ta* ~ knock off; *skal vi ta* ~*?* shall we call it a day? *arbeide på* ~ work on one's own time; have work on the side.

fyrbøter stoker, fireman; **US** stoker.

fyre *(vb)* fire; *(passe en ovn)* stoke; *(skyte)* fire; *fyr!* fire! give fire! ~ *for kråka* [waste heat, e.g. by leaving the door open]; ~ i ovnen light a fire in the stove; ~ *opp* light a fire; *ovnen er rask og grei å* ~ *opp* the stove is easily and conveniently operated; *fyr opp med litt småved foran i ovnen* start the fire with some kindling at the feed door.

fyrhus boilerhouse.

fyrig fiery, spirited, ardent, fervent; *(hest)* fiery, high-mettled.

fyrighet ardour, fervour; **US** ardor, fervor.

fyring firing; stoking; *avbrutt* ~ intermittent firing; ~ *med koks* f. with coke; *de vil ha det lettvintere med -en (også)* they want cleaner and easier fuel-handling.

fyringsolje fuel oil; domestic oil, heating oil.

fyrop *(pl)* cries of «shame!».

fyr|rom boiler room, boilerhouse; *(mar)* stoke hold. **-skip** lightship.

fyrste prince. **-dømme** principality. **-hus** princely *(el.* royal) house. **-kake** [macaroon cake]. **-lig** princely; *(fig)* lavish, sumptuous; *(adv)* in a princely manner. **-slekt** race of princes.

fyrstikk match; *en brennende* ~ a lighted match; *en utbrent* ~ a spent m.; *tenne en* ~ strike a m., touch off a m.; *disse -ene tenner dårlig* these matches strike badly. **-eske** matchbox; box of matches. **-fabrikk** match factory.

fyrstinne princess.

fyr|stål steel (used with flint to start a fire). **-tøy** *(hist)* tinder-box; *(sigarettenner)* lighter. **-tårn** lighthouse.

fyrverker pyrotechnist. **-i** (display of) fireworks; *(se nyttårssalutt)*.

fyr|vesen lighthouse system *(el.* service). **-vokter** lighthouse keeper.

fysiker physicist.

fysikk **1.** physique; **2***(faget)* physics. **-øvelser** practical physics, physics practical.

fysiognomi physiognomy.

fysiokjemiker *(hist)* physical chemist; *(se bioingeniør)*.

fysio|log physiologist. **-logi** physiology. **-logisk** physiological.

fysisk physical; *i* ~ *henseende* physically.

fæl awful, terrible; disgusting, horrible, horrid, nasty; *en* ~ *unge* a horrid child, *det ville være -t om* it would be too bad if, it would be awful *(el.* terrible) if; *-t (adv)* awfully, terribly; *-t til vær* awful weather; *-t ubehagelig* very unpleasant.

fælen frightened, alarmed.

færing **1***(båt)* four-oared boat, four-oar; **2***(geogr)* Faroese.

færre, færrest: *se II få.*

Færøy|ene *(geogr)* the Faroe Islands. **-ing** Faroese.

fø *vb (nære)* feed, nourish; maintain, support.

I. føde *(næring)* food; *(dyrs)* feed; *ta* ~ *til seg* take food; *slite for -n* work hard to make a living.

II. føde *vb (bringe til verden)* bear; *(om dyr)*

bring forth; *(om hest)* foal; *(om ku)* calve; *(om gris)* pig, litter.

føde|by native town. **-land** native land. **-middel** article of food, foodstuff.

føderåd [provision made for a retiring farmer on handing over the farm to his heir or successor].

føde|sted birthplace. **-stue** delivery room. **-varer** *(pl)* foodstuffs; provisions.

fødsel birth; *(nedkomst)* delivery; *av* ~ by birth; *norsk av* ~ born in Norway; *fremskynde -en* induce labour; *under -en* during labour; *kvele i -en (fig)* nip in the bud.

fødsels|attest birth certificate. **-dag** birthday; *(på skjema)* date of birth. **-dagsbarn** birthday boy (,girl). **-dagsgave** birthday present. **-hjelp** midwifery, obstetric aid. **-stiftelse** lying-in hospital, maternity hospital. **-tang** obstetric forceps. **-veer** pains of childbirth, labour.**-vitenskap** obstetrics. **-år** year of (one's) birth.

født born; *fru Bay født Lie* Mrs. Bay née Lie; *han er* ~ *i 1922* he was born in 1922; *han er* ~ *i Oslo* he is a native of Oslo; *hun er den -e skuespillerinne* she is a born actress.

-født by birth *(fx* he is a Norwegian by birth); *en norsk- dame* a lady born in Norway.

føflekk birthmark.

følbar tangible, perceptible, noticeable.

føle *(vb)* feel; perceive, sense; ~ *avsky for* detest, be disgusted at; *han følte faren* he sensed the danger; ~ *tapet meget sterkt* feel the loss very keenly; ~ *trang til å* feel like (-ing), feel inclined to; *få å* ~ *(fig)* be made to feel, find to one's cost; ~ *for* feel for, sympathize with; *det er hardt å* ~ *på* it feels hard; *til å ta og* ~ *på* palpable, tangible; ~ *en på tennene* sound sby; ~ **seg** feel; ~ *seg bra* feel fine; *jeg -r meg mest vel når jeg er alene* I'm happiest on my own *(el.* when alone); ~ *seg liten* feel cheap; ~ *seg litt rar* have a funny feeling; ~ *seg som et annet menneske* feel (quite) another man (,woman); *vi må* ~ *oss fram* we must feel our way, we must proceed tentatively; ~ *seg forpliktet til å* feel obliged *(el.* bound) to; *(se fisk).*

føle|horn feeler, antenna *(pl:* antennae); *trekke -hornene til seg (fig)* draw *(el.* pull) in one's horns. **-hår** tactile hair.

følelig perceptible; severe *(fx* a s. loss).

følelse **1***(fornemmelse)* sensation, sense, feeling; **2***(følesans)* sense of touch, tactile sense; **3***(oppfatning)* feeling, sense *(fx* a strong sense of duty); **4***(mottagelighet for sanse- el. følelsesinntrykk)* sensibility *(fx* women often have more sensibility than men); **5***(sterk følelse; sinnsbevegelse)* emotion *(fx* she could hardly speak because of emotion); **6***(forutanelse)* feeling, presentiment; **T** hunch; **7***(varme; som påkaller følelser el. medfølelse)* pathos *(fx* there was a wonderful pathos in the way he told of his sufferings);

[*A. forskjellige forb.; B: forb. med prep*]

A: ~ *er* **alt** feeling is all; *med* **blandede** *-r* with mixed feelings; with conflicting emotions; **edle** *-r* noble feelings; noble sentiments; *(poet)* lofty feelings *(el.* sentiments); **fornuft** *og* ~ intellect and emotion(s), reason and feeling; *(litt.)* sense and sensibility; **gi** *sine -r luft* give vent to one's feelings; *han har* **ingen** *-r* he has no feelings; *har De (da) ingen -r?* have you no feelings? **instinktiv** ~ instinctive feeling, instinct; **nære** *fiendtlige -r* entertain hostile feelings *(overfor* towards); *nære vennlige -r for* feel friendly towards, be well *(el.* kindly) disposed towards, entertain friendly feelings towards; *din bemerkning viser at min* ~ *var* **riktig** your remark shows that my feeling *(el.* instinct) was right; *man har da* **sine** *-r* one has one's feelings; **T** one doesn't like to be trampled on; *jeg har en* ~ **som om ...** I feel as if ...; *en mann med* **sterke** *-r* a man of strong feelings *(el.* emotions); *-ne* **steg** *til uante høyder* emotions reached fever point; **stille** *sine -r til skue* show *(el.* display) one's feelings openly; *(demonstrativt)* wear one's heart on one's sleeve; **såre** *ens -r* hurt sby's feelings; **ømme** *-r* tender feelings;

B: *en* ~ **av** *avsky* a feeling of aversion; *en* ~ *av fare* a feeling of danger; a presentiment of danger; *en* ~ *av sult (,kulde)* a feeling *(el.* sensation) of hunger (,cold); *han har ingen* ~ *av hva som er riktig og hva som er galt* he has no sense of right and wrong; *hun lar seg helt og holdent lede av sine -r* she is entirely ruled by her feelings *(el.* by her heart); *en behagelig* ~ *av varme* a pleasant feeling *(el.* sensation *el.* sense) of warmth; *en* ~ *av velvære* a feeling of well-being; *jeg har en* ~ *av at ...* I have a feeling that ...; *jeg hadde en sterk* ~ *av at ...* I had a strong feeling that ...; I was very conscious that ...; *jeg hadde en sterk* ~ *av at det var et menneske til i rommet* I felt clearly another person's presence in the room; I was acutely conscious of another person's presence in the room; *jeg har en sterkere og sterkere* ~ *av at ...* I am becoming increasingly conscious that ...; it is being increasingly borne in upon me that ...; *man hadde en alminnelig* ~ *av at ...* it was generally felt that ...; there was a general feeling that ...; *ha* ~ **for** *musikk* have a feeling for music; *ha -r for en* have feelings for sby; *hun har ingen -r for sin familie* she has no feelings for her family; *nære varme -r for en* have warm feelings towards sby; have a soft spot for sby; have a warm corner in one's heart for sby; *(se også A: nære vennlige -r); han la en god del* ~ *i det* he put a good deal of feeling into it; *han la ikke noe større* ~ *i det* he did not put a great deal of feeling into it; *jeg har ingen* ~ *i armen* my arm is numb; I have no feeling in my arm; my arm is *(el.* has gone) dead; *en mann* **med** ~ a man of feeling, a man of active sympathies; a soft-hearted man; *snakke (,spille, etc) med* ~ speak (,play, *etc)* feelingly *(el.* with (much) feeling); *leke med en kvinnes -r* play with a woman's affections; *hans -r* **overfor** *meg* his feelings *(el.* sentiments) towards me; *hans (ømme) -r overfor min søster* his tender feelings *(el.* sentiments) towards my sister; *det har man på -n* that is a matter of instinct; *ha på -n at ...* have a feeling that ...; know instinctively that ...; feel it in one's bones that ...; *jeg hadde på -n at noe var galt* I sensed that sth was wrong; I felt that sth was wrong; *stole på -n* rely on instinct; *appellere til velgernes -r* appeal to the emotions of the voters; **uten** ~ *(om arm etc)* numb; *jeg er uten* ~ *i armen* my arm is numb; I have no feeling in my arm; my arm is *(el.* has gone) dead; *(se også fornemmelse; sans).*

følelses|betont emotional. **-full** emotional; *(neds også)* soulful. **-liv** emotional life. **-løs** *(hard)* unfeeling, callous; *(fysisk)* insensible *(overfor* to); *(av kulde)* numb. **-løshet** insensibility, callousness; numbness. **-messig** emotional, sentimental. **-sak** matter of sentiment. **-utbrudd** outburst of feeling.

følelære feeler gauge.

følenerve sensory nerve.

føler *(fig)* feeler; **T** tease.

føleri sentimentality.

føle|sans sense of touch, tactile sense. **-tråd** feeler, tentacle.

I. følge *(subst)* **1***(det å følge)* company; *i* ~ *med* in c. with; together with; *hvor lenge har dere hatt ~?* how long have you been walking out? *han har ~ med en russisk pike* he is going about with a Russian girl; *ha fast ~ (ɔ: være kjærester)* go steady; *han har fast ~ med en pike* he has a steady girl friend; *slå ~ med* go along with (*fx* he went along with her (,them, etc)); *jeg skal slå ~ med Dem* I will accompany you; *jeg slo ~ med ham* I joined (company with) him; **2***(prosesjon)* train, procession; *(ved begravelse)* mourners; *(fornem persons)* suite, train of attendants, retinue; *bringe elendighet i sitt ~* bring misery in its train; *vi var flere i ~* there was a (whole) party of us; there were several of us in a group; *i flokk og ~* in a body; **3***(resultat)* result, consequence; *få alvorlige -r* have serious consequences; *ha til ~* result in, involve, entail; *ha til ~ at* have the result that; *ta -ne av* take the consequences of; *trekke -r etter seg* involve consequences; *uten -r for meg (merk & jur)* without prejudice; *som (en) ~ av* as a consequence (*el.* result) of, in consequence of; *som ~ av dette må vi* in consequence we must ..., consequently we must; *som ~ av at* owing to the fact that; **4***(rekkefølge)* order, succession; **5.:** *ta til ~* comply with (*fx* a request); entertain (*fx* a claim), allow (*fx* the claim has been allowed); *kravet er ikke tatt til ~* the claim has been disallowed; *ta protesten til ~* take account of the protest; *ta en innstilling til ~* accept a recommendation.

II. følge *(vb)* **1***(komme etter)* follow, succeed; *(som etterfølger)* succeed, follow; *som -r* as follows (*fx* the report concludes as follows); «... og så -r ...» now (*el.* next) we have ... (*fx* a comment by Mr. X); the next item is (*fx* the next item is Beethoven's first symphony); **2***(følge med, ledsage)* accompany, go with; come with (*fx* he came with the others); *~ en hjem* see sby home; *~ en ut* see sby to the door, see sby out; *du behøver ikke ~ meg ut* I'll see myself out; I can find my own way out; *~ en med øynene til en er ute av syne* watch sby out of sight; *innlagt -r en sjekk på £5* we are enclosing our cheque for £5; *(lett glds)* enclosed please find our c. for £5; *kvittering -r innlagt* receipt is enclosed; *Deres brev med hvilket fulgte sjekk* ... your letter enclosing cheque; **3***(rette seg etter)* act on, follow (*fx* sby's advice); *~ ens råd (også)* take sby's advice; *~ reglene* comply with the rules; **4***(bli resultatet av, bli forårsaket av)* ensue, follow, result; *~ av* result from, ensue from; *herav -r at* hence it follows that; *det -r av seg selv* it follows as a matter of course; that goes with out saying; *det -r av dette at* ... it therefore follows that; *det -r ikke av dette at* ... it does not follow that; *det tap som -r av dette* the resulting loss, the loss involved; **5***(forstå, studere)* follow; *~ med stor oppmerksomhet* follow with great attention; *man -r saken nøye* the matter is being kept under close observation; *hun har ingen vanskelighet med å ~ undervisningen* she has no difficulty in keeping up; *han har store vanskeligheter med å ~ undervisningen i fransk og bør ta privattimer om mulig* he has great difficulty in keeping up in French, and should have private coaching if possible; *~ med (på skolen)* be attentive, pay attention, listen carefully, attend; *(være faglig på høyde)* be able to follow, keep up (with); *jeg har ikke fulgt med på en stund (ɔ: føler meg utenfor)* **T** I'm out of the swim; *~ med i* follow, keep oneself posted in; *~ opp (fig)* come (*el.* fall) into line; *~ opp en sak* follow up a matter; **6***(plan, framgangsmåte)* follow, adopt (*fx* a plan); *~ forelesninger* attend lectures; *(se også fremgå; oppmerksom; strøm: følge -men).*

følgebrev *(post)* dispatch note.

følgelig consequently, in consequence, so, accordingly.

følgende the following; *~ ord* the following words; *~ er en fortegnelse over* the following is a list of; *han sa ~*what he said was this, he said as follows; *i det ~* in what follows, below; *på hverandre ~* consecutive, successive; *det derav ~ tap* the consequent loss; *(se også pris).*

følge|rik significant. **-riktig** logical, consistent. **-seddel** delivery note, advice note. **-skriv** covering (*el.* accompanying) letter (*til* to). **-svenn** follower, attendant, companion.

føling touch; *få ~ med* get (*el.* be brought) into touch with; *ha ~ med* be in touch with; *holde ~ med* keep in touch with; *miste -en med* lose touch with.

føljetong serial.

føll *(zool)* foal; *(hingste-)* colt; *(hoppe-)* filly.

følle *(vb)* foal.

føllhoppe brood mare, mare with foal.

følsom emotional, sensitive, sentimental; *et -t instrument* a delicate instrument. **-het** sensitiveness, sensitivity; sentimentality.

føne *vb (hår)* blow-wave.

føn(vind) foehn, dry thaw wind.

I. før *adj (korpulent)* stout.

II. før *(adv)* **1***(tidligere)* before; *(forut for noe annet)* previously; *~ i tiden* formerly, in the past; *~ i tiden bodde han i Oslo* he used to live in Oslo; *dagen ~* the day before; *noen dager ~ hans fødselsdag* with his birthday just a few days off; *forskjellig fra ~* different from what it was before; *han visste fra ~ at* ... he knew from before (*el.* earlier) that ...; *nå som ~* now as before; *med en styrke som aldri ~* with unprecedented strength; *~ eller siden* sooner or later; some time or other; *hverken ~ eller siden* neither before nor since, at no time before or after; *~ om årene* in past years, in the past; **2.:** *jo ~ jo heller* the sooner the better; **3.:** *ikke ~ ... ~* no sooner ...than; *neppe ...~* scarcely (*el.* hardly) ... when; *(jvf III. før & IV. før).*

III. før *(konj)* before; *ikke ~* not before; *(først da)* not till, not until (*fx* we cannot reply till our manager returns); *han hadde knapt gått en mil ~ snøstormen var over ham* he had scarcely (*el.* barely) gone a mile when the blizzard caught up with him; *han hadde neppe åpnet døra ~ de stormet inn* no sooner had he opened the door than they rushed in; hardly had he opened the door when they rushed in; *det skulle gå seks år ~ all ild opphørte og ytterligere to år ~ krigen var over* six years were to pass until all firing ended, and two more years before the war was actually over.

IV. før *(prep)* **1.** before, previous to, prior to (*fx* prior to 1960); *bli gammel ~ tiden* grow prematurely old; **2.:** *ikke ~ (mots. etter)* not before; *(først da)* not till, not until (*fx* we cannot deliver these goods before Christmas; we cannot send them till Friday); *ikke ~ i juli* not until (*el.* till) July; *ikke ~ om et par dager* not for a(nother) day or two; *(jvf II. før (adv)).*

I. føre *(subst)* (state of) the roads, state of the ground; road conditions; snow conditions; *glatt ~* slippery roads; *det er glatt~* the roads are slippery; the going is slippery; *skiene henger igjen på dette -t* one's skis stick in this snow; *på all slags ~* on all sorts of snow; *(jvf skiføre & føreforhold).*

II. føre *(vb)* **1***(frakte)* carry, convey, transport; **2***(regnskap)* keep (*fx* accounts); *(brevveksling)* conduct, carry on (*fx* the correspondence is conducted in English); *~ dagbok* keep a diary; **3** *(ha på lager)* stock (*fx* an article), deal in; *vi*

-r et stort lager we keep a large stock; **4**(*lede*) conduct (*fx* water); (*vise vei*) guide, lead; (*fartøy*) command, be in command of; (*navigere*) navigate; (*lokomotiv*) drive; (*fly*) pilot (*fx* a plane); (*krig*) make (*el.* carry on) war, wage war; (*i dans*) take (*fx* take one's partner); (*jur: en sak*) conduct (*fx* c. one's own case); (*forhandlinger*) carry on (*fx* negotiations).

[*Forb. med prep & adv*] ~ **an** lead the way; take the initiative; ~ *en* **bak** *lyset* deceive sby, dupe sby; **T** pull the wool over sby's eyes; ~ **bort** take away, remove; *vil ikke* ~ **fram** will lead nowhere; ~ *en klasse fram til eksamen* prepare a form for the (final) examination; *jernbanen skal -s fram til X* the railway is to be carried through to X; ~ *et rør* **gjennom** *veggen* run a pipe through the wall; ~ **i** *regning* charge to account;~ *en i ulykke* bring trouble upon sby; cause sby's ruin; ~ **igjennom** carry through, put into effect; (*jvf gjennomføre*); ~ **inn** (*postere*) enter (*fx* an item); ~ *inn en stil* (*renskrive*) write out an essay, make (*el.* write) a fair copy of an essay; *han hadde ikke tid til å* ~ *inn alt* he did not have time to copy it all out; ~ *inn varer* import goods (into the country); *det ville* ~ *for* **langt** (*el. vidt*) *å gå i detaljer* considerations of space (,of time) forbid me to go into details; ~ **med** *seg* involve, bring in its train, result in, lead to; *det ene -r det annet med seg* one thing leads to another; *forfremmelse -r med seg høyere lønn* promotion carries with it higher pay; ~ **opp** (*bygning*) erect, put up (*fx* a house); ~ *opp en klasse i engelsk* be responsible for a form's English up to the final examination; *han har ført opp til artium to ganger i tysk* he has twice prepared forms for the final exam(ination) in German; (*jvf artium*); ~ *opp som inntekt* place to account of income; (*i selvangivelse*) return as income; ~ *en opp i vansker* land (*el.* involve) sby in difficulties; *det -r en trapp opp til inngangsdøra* the house has steps going up to the front door; ~ *krigen* **over** *på fiendens territorium* push the war into the enemy's country; *en fjellkløft hvor et par planker førte over til den andre siden* a gorge spanned by a couple of planks; ~ *partene* **sammen** bring the parties together; ~ **til** lead to, result in; *det førte til at vi måtte ...* it led to our having to ...; *dette vil ikke* ~ *til noe* this will lead us nowhere; *noe som lett -r til forsinkelse og ekstra utgifter* which tends to cause delay(s) and extra expense; which can easily cause delay(s) and extra expense; ~ *til Deres kredit* pass (*el.* place) to your credit; (*se også press*); *kan -s* **tilbake** *til* (*fig*) may be traced back to, may be ascribed to; ~ **ut** *i livet* realize (*fx* a plan), launch (*fx* a new enterprise).

III. føre (*adv*) before; *bedre* ~ *var enn etter snar* look before you leap; a stitch in time saves nine.

føreforhold (*pl*) road conditions; (*om skiføre*) snow (conditions); *skrekkelige* ~ appalling road conditions.

førekteskapelig ante-nuptial.

førende leading.

førenn (*konj*) before.

fører (*veiviser*) guide; (*bil-*) driver; (*partifører*) leader.

fører|hus (driver's) cab.

førerkort driving licence; **US** driver's license; *gyldig* ~ valid (driving) licence; *internasjonalt* ~ international driving licence (*el.* permit); *midlertidig* ~ **UK** provisional (driving) licence; *inndra ens* ~ disqualify sby from driving, suspend sby's licence; *få -et inndratt* be disqualified (from driving), have one's (driving) licence suspended; *han fikk -et inndratt for 6 måneder* he was disqualified (from driving) for 6 months; *person som har fått -et inndratt* disqualified driver; *miste -et* forfeit one's licence; have one's licence revoked.

førerløs *adj* (*om bil, lokomotiv, etc*) without a (*el.* its) driver, driverless; (*om fly*) without a (*el.* its) pilot, pilotless (*fx* p. the aircraft came plunging down); (*om parti, gruppe*) without a leader, without leaders, with no leader(s), leaderless; (*om person el. gruppe*) without guidance.

førerprøve driving test; **T** L-test; *når skal du opp til -n?* when are you taking your (driving) test?

fører|skap leadership. **-sete** driver's seat.

førhet stoutness, plumpness.

førhistorisk pre-historic.

førkrigs pre-war.

førlig (*frisk*) able-bodied, fit, sound.

førlighet health, vigour (,**US:** vigor).

førnevnt above-mentioned, mentioned (*el.* referred to) above (*el.* earlier), aforesaid.

førskole nursery school; **US** kindergarten; preschool.

førskolealder preschool age.

førskolelærer UK (*som etter to års kurs har avlagt eksamen for NNEB (fk. f. National Nursery Examination Board)*) nursery nurse; (*se barnevernsakademi*).

I. først (*adv*) first; (*i førstningen*) at first; *gå* ~ lead the way; ~ *på vinteren* early in the winter; ~ *i mai* early in May; (*ikke før*) not until May; *det er* ~ *fredag* it's not until Friday; *han kom* ~ *for en halv time siden* he came only half an hour ago; ~ *nå* not until now; only now; *kommer du* ~ *nå?* have you only just come? ~ *da* not till then; only then; *når* ~ (when) once; ~ *nylig* only recently; *det er* ~ *om to dager* it's not for two days (yet); *det er* ~ *om en halv time* it's not for (*el.* it won't be for) another half hour yet; *de skal* ~ *ha bryllup om et halvt år* they are not to be married for six months yet; *fra* ~ *av* from the first, at first, orginally, from the outset; *fra* ~ *til sist* from first to last; from start to finish; *med hodet* ~ head first (*el.* foremost); (*se også II. sist*).

II. først (*ordenstall*) first; *den -e den beste* the first that comes along, the first comer; *de to -e* the first two; *for det -e* in the first place, first, firstly, to begin with; *med det -e* soon, before long, shortly, at an early date; *med det aller -e* very shortly; *ikke med det -e* not for some time, not just yet; *noe av det -e han sa* one of the first things he said; *ved -e leilighet* at the first opportunity; *et av de -e nummer* an early number; *en av de -e dagene* one of the next few days; **T** one of these days; *en av de -e dagene i august* early in August; *-e juledag* Christmas Day; *-e påskedag* Easter Sunday; *-e pinsedag* Whitsunday; *-e, andre, tredje gang (ved auksjon)* going, going, gone.

førsteamanuensis senior scientific officer, chief technical officer; (*se amanuensis*).

førstearkivar deputy keeper of public records; **US** deputy archivist (of the United States); (*se arkivar*).

førstebetjent **1**(*i politiet*) (police) chief inspector; **US** (precinct) police lieutenant; district lieutenant. **2**(*i fengsel*) principal (prison) officer; (*se betjent*).

førstebibliotekar (*ved universitetsbibliotek*) Deputy Librarian; **US** assistant chief librarian; (*se bibliotekar*).

første|dagsstempel (*post*) first-day cover. **-fiolin** first violin. **-fødselsrett** (right of) primogeniture. **-født** first-born. **-gangsfødende** giving birth for the first time; primiparous. **-gangstjeneste** *(mil)* initial service, basic training. **-gir:** *se gir.* **-grøde** first fruits. **-hjelp** first aid. **-hånds** first-hand. **-kapellmester** conductor. **-klasses** first-class, first-rate. **-konservator** (deputy) keeper; *(ved mindre museer og samlinger)* curator; **US** chief curator. **-laborant** senior laboratory assistant. **-mann** *(først ankommet)* first comer, the first to arrive *(fx* the first guest to arrive); *han ble ~* he came in first, he was first. **-maskinist** first engineer; *(før 1960)* chief engineer; **-preparant** senior technician; **US** senior technical assistant. **-prioritet** first mortgage. **-rangs** first-class, first-rate. **-reisgutt** rookie sailor, rookie. **-sekretær** *(i etatene)* chief executive officer; senior e. o.; *(ved ambassade)* first secretary, chancellor.

førstestyrmann **1***(etter 1960)* second officer; second mate; **2***(før 1960): se overstyrmann.*

førstetolloverbetjent **1***(sjef for flere «gjenger» som visiterer om bord)* waterguard superintendent; **2***(lossesjef)* landing officer; *(se tolloverbetjent).*

førstkommende next; *den 3. ~* on the 3rd next; *~ mandag* on Monday next.

førstnevnte the first mentioned; *(av* to) the former.

førstning: *i -en* at first.

førti *(tallord)* forty.

førti|ende fortieth. **-årig** forty-year-old.

føye *(vb): ~ en* humour (,**US:** humor) sby; **T** play along with sby; *~ sammen* join, unite, put together; *~ til* add; *vi kan ~ til at ...* we would add that ...; *~ seg* yield, fall in(to) line; *~ seg etter* conform to, humour, comply with.

føyelig indulgent, compliant, pliant, placable, complaisant, accommodating. **-het** pliancy, compliance, complaisance.

I. få *(vb)* **1.** get; **2***(motta)* get, receive; have *(fx* you shall have the book tomorrow; I have just had a letter from him); **3***(oppnå, skaffe)* get, obtain; **4***(erverve)* get, acquire; **5***(tjene, få betalt)* get *(fx* I get £25 a month; I got 50p for the book); **6***(en sykdom)* get; *(høytideligere)* contract; *(om infeksjonssykdom)* catch *(fx* he caught influenza); **7***(bringe til verden)* have *(fx* she had a child by him), give birth to, bear; *(om mann)* have *(fx* he had a child by her); get *(fx* he is unable to get children); *(stivt)* beget; **8***(om mat, drikkevarer, etc)* have *(fx* we had roast lamb for dinner); **9***(om straff)* get *(fx* he got 6 months); **10***(til ekte)* marry *(fx* the hero marries the heroine in the end); **11***(i forb. med perf. part. bevirke at)* get, have *(fx* I got him punished; he had his leg amputated; he had his luggage taken to the station); *(om noe som lykkes)* succeed in *(fx jeg fikk løftet steinen* I succeeded in lifting the stone), manage to *(fx* I managed to get my hand free); **12***(om uhell)* get *(fx* he got his hand into the wheel; he got his arm broken); *han fikk ermet inn i maskineriet* his sleeve (got) caught in the machinery; *jeg har -tt Deres brev* I have (received) your letter; *hvor har du -tt den (el. det)?* where did you get it? *jeg fikk den billig* I got it cheap; *hvor -r man (kjøpt) den?* where can you get it? *han fikk en god tredjeplass* he came in a good third; *du skal ~!* won't you catch it! you'll catch it from me! *-r De? (i forretning)* are you being attended to? *man vet hva man har, men ikke hva man -r* a bird in the hand is worth two in the bush; *~ hverandre* be married, marry each other; *~ en liten* have a baby; *De skal ~ pengene Deres* you shall have your money; *du -r bli hjemme* you will have to stay at home; *jeg -r vel gjøre det* I suppose I shall have to do it; *jeg -r gjøre det selv* I'll have to do it myself; *snart -tt er snart gått* easy come, easy go; *-r jeg lov til (å gjøre) det?* may I do it? *la meg ~* let me have; *~ se!* let me see! *vi -r se* we'll see *(på det* about that); *jeg tror vi -r regn* I think we shall have rain; I think it's going to rain; *~ unger (om dyr)* bring forth young; *~ sin vilje* get *(el.* have) one's (own) way; *~ sitt* get what is due to one, get one's share; *jeg fikk vite* I got to know, I heard, I was informed; *det -r være som det vil* be that as it may; *den beste som er å ~* the best that's to be had, the best there is, the best obtainable *(el.* available *el.* procurable); *det er å ~* it is to be had, it is obtainable; *det er ikke å ~ lenger* it is no longer obtainable; *denne artikkel -s hos* this article can be had *(el.* obtained) from; *-s hos alle bokhandlere* is to be had *(el.* is obtainable) from all booksellers; *disse pillene -s på ethvert apotek* these pills are sold by all chemists; *nærmere opplysninger -s hos* for further particulars apply to ...;

[*Forb. m. adv & prep*] *~* **av** *lokket (,klærne, etc)* get the lid (,the clothes, *etc)* off: *hvem har du -tt den av?* who gave you that? *den har jeg -tt av min kone* my wife gave me that; *hunden fikk av seg halsbåndet* the dog slipped its collar; *~ varene av sted* get the goods off; have the goods sent; *~ av veien* get out of the way; *~* **bort** remove; *~* **fatt i** *(el. på)* get hold of; come across, pick up; *(gripe fatt i)* catch hold of; *~ ham* **fra** *det* get him to drop it, talk him out of it, induce him to give it up, dissuade him from doing it; *boka -s hos alle bokhandlere* the book is obtainable *(el.* available) at all booksellers *(el.* booksellers'); *~* **igjen** get back; *(gjenvinne)* recover, get back, regain; *(unngjelde)* pay dearly for, suffer for; *~ noe igjen for bryet* have sth to show for one's trouble; *~ igjen på et pund* get change for a pound; *~ 6 pence igjen* receive 6p change; *~ noe* **imot** *ham* take a dislike to him; *~ mange imot seg* make many enemies; *~* **inn** *penger* get money in; *~ inn de pengene han skylder meg* collect the money he owes me; *jeg kan ikke ~ inn i mitt hode hvordan* it absolutely beats me how ...; *~ ham inn på hans yndlingstema* set him off on his pet subject; *~ ham* **med** *(fx på et foretagende)* get him to join; secure his services; *hvis vi bare kunne ~ X med oss* if only we could get X to go along with us; *jeg fikk ham med (fx på turen)* I got him to come, too; *du har -tt med det vesentligste (fx i stiloppgave)* you have included the main points; *~* **ned** *(om mat, etc)* get down, swallow; *~* **opp** *(åpne)* get open, open; *(løse)* untie, undo, get untied, get undone; *(av sengen)* get up, get out of bed; *(kaste opp)* bring up; *~ opp døra* get the door open, open the door; *~* det **på** *ham* prove it against him; *~ på seg frakken* get one's coat on; *jeg kunne ikke ~ på lokket* the lid refused to go on; I could not get the lid to fit; *~* **til** *(greie)* manage, succeed in (-ing); *(arrangere)* fit in *(fx* that will be difficult to fit in); *~ ham til å gjøre det* make him do it, get him to do it; prevail upon him to do it, induce *(el.* persuade) him to do it; *ikke med sin beste vilje kunne han ~ seg til å tro dette om sin venn* with the best will in the world he couldn't make himself believe this of his friend; *jeg kunne ikke ~ meg til å gjøre det* I could not bring *(el.* get) myself to do it; I could not find it in my heart to do it; *det fikk meg til å tenke* that set me thinking; *~ en til å tro* lead sby to believe, make sby believe *(el.* think); *jeg fikk det til 200* I made it (out to be) 200; *hva fikk du det til?* what did you make it? *han forsøkte å ~ det til at ...* he tried to make out that ...; *~* **tilbake** get back; *~ noe* **ut** *av ham* get sth out of him; *(lokke)* wheedle sth out of him; *jeg fikk ikke*

f

noe ut av det I could make nothing of it; *han fikk ikke noe ut av meg* **T** he did not get any change out of me; *hva -r du ut av hans svar?* what do you make of his reply? *(se gang D).*
II. få *(adj)* few; *færre* fewer; *A har ~ bøker. B har færre og C har færrest av alle* A has few books, B has fewer and C has fewest of all; *ikke færre enn* no fewer than; *kun ~* only a few; *svært ~* very few; *ytterst ~* a very small number; *noen ~* a few, some few; *noen ~ utvalgte* a chosen few; *ikke (så) ~* not a few, a fair number, a good many, quite a few; *det var ikke (så) ~ av dem* **T** there were a good few of them; *~ eller ingen* few if any; *for ~* too few; *med ~ ord* in a few words, briefly; *han er flittig som ~* there are few to equal him for industry; *om noen ~ dager* in a few days; *vi samlet sammen de ~ tingene vi hadde igjen* we got together what few things were left us; *de færreste er i stand til å ...* few are capable of (-ing).
fåfengt futile, ineffectual, vain; *det er ~ å* it is useless *(el.* hopeless) to; *(se forgjeves).*
fåmannsvelde oligarchy.
fåmælt of few words, taciturn, silent. **-het** taciturnity.
fånytte: *til -s* in vain, uselessly.
får: *se sau; får-i-kål* mutton and cabbage stew; *(på meny)* Norwegian lamb stew.
fåre|hund collie. **-kjøtt** mutton. **-lår** leg of mutton. **-skinn** sheepskin. **-stek** roast mutton.
fåret sheepish, sheep-like; stupid.
fåtall minority; *et ~* a m. of, a small number of.
fåtallig few in number; *en ~ forsamling* a not very numerous assembly, a small a.
fåtallighet small number, paucity.

g

G, g *(også mus)* G, g; *G for Gustav* G for George.
Gabon *(geogr)* Gabon.
gabardin gaberdine, gabardine.
gaffel fork; *(til seil)* gaff; *(åre-)* rowlock; *(telefon-)* cradle; receiver hook. **-ben** *(på fugl)* wishbone. **-biter** *(pl)* fillets of pickled herring. **-bolt** clevis pin; *(se låsebolt).* **-deling** bifurcation, forking. **-delt:** *se -formet.* **-fokk** *(mar)* fore-trysail. **-formet** forked, fork-shaped, bifurcated. **-seil** gaff sail; trysail. **-truck** fork(lift) truck.
gafle *(vb)* fork; *~ i seg* eat voraciously, bolt one's food; **T** shovel it in with both hands.
gagn benefit, good, gain, advantage, profit; *gjøre ~* do good; *gjøre mer skade enn ~* do more harm than good; *gjør ~ for to* is worth two, does the work of two; *til ~for* for the good of; *være til ~ for en* benefit sby, be of b. to sby; *til -s (grundig)* thoroughly, with a vengeance, to good purpose; *(se også I. skade B).*
gagne *(vb)* benefit, profit, be of use to, be good for.
gagnlig beneficial, advantageous; serviceable, useful.
gagnvirke constructional timber.
I. gal *(subst)* crow; *(se hane-).*
II. gal *(adj)* **1***(forrykt)* mad, crazy, demented; **US T** nuts; *bli ~* go mad; **T** go round the bend *(el.* twist); *være splitter ~* be stark staring mad; *det er til å bli ~ av* it is enough to drive one mad; *være ~ etter* be crazy *(el.* mad) about; **2***(sint)* angry, mad, furious; **3***(feil)* wrong, incorrect; *ikke så -t* not so bad; quite good; *aldri så -t at det ikke er godt for noe* it's an ill wind that blows nobody any good; *gjøre -t verre* make matters worse; *det er ikke noe -t i at han gjør dette* there is nothing wrong in his doing this; *det -e ved det er at ...* the worst of it is that; the trouble is that; *hva -t er det i det?* where is the harm? *jeg har ikke gjort noe -t* I've done nothing wrong; *(jvf galt (adv): gjøre noe ~); jeg har ikke gjort deg noe -t* I haven't done you any harm, I haven't done anything to you; *jeg har noe -t med magen* I've got some trouble with my stomach; *det er noe -t fatt med* there is sth wrong with; *nå har jeg aldri hørt så -t!* well, I never (heard the like of it)! *om -t skal være* if the worst comes to the worst; *som en ~* like mad; *-e streker* mad pranks; *komme på -e veier (fig)* go wrong; *(se galt (adv)).*
galant attentive, courteous, chivalrous; *~ eventyr* amour, amorous affair. **-eri** courtesy, chivalry; *(varer)* fancy articles *(el.* goods).
galanteri|handel fancy-shop; *(virksomhet)* trade in fancy goods. **-handler** dealer in fancy articles. **-varer** *(pl)* fancy articles *(el.* goods).
gale *(vb)* crow.
galeas *(mar)* hermaphrodite brig, ketch.
galehus madhouse, Bedlam.
galei galley; *gå på -en* go on the spree; go on the booze; *hva ville han på den -en?* he was asking for it; he had only himself to thank for it. **-slave** galley slave.
galfrans madcap.
galge gallows; (NB a gallows); *-n ble tatt ned* the gallows was *(el.* were) pulled down.
galgen|frist short respite. **-fugl** gallows-bird. **-humor** grim *(el.* sardonic) humour.
galimatias gibberish, nonsense.
galla full dress, gala; *antrekk ~ (på innbydelse)* dress formal; *i full ~* in full dress, in gala; *(spøkef)* in one's best bib and tucker.
galla|antrekk evening dress. **-forestilling** gala performance. **-kårde** dress-sword. **-middag** gala banquet. **-uniform** full dress uniform. **-vogn** state carriage.
I. galle *(anat)* bile; *(fig & hos dyr)* gall; *utøse sin ~* vent one's spleen *(el.* spite).
II. galle *(bot)* gall (nut).
galle|blære *(anat)* gall bladder. **-feber** bilious fever.
galler Gaul.
galleri *(plass i teater; malerisamling)* gallery; *spille for -et* play to the gallery.
galle|stein gallstone. **-syk** bilious.
Gallia Gaul.
gallionsfigur *(også fig)* figurehead.
gallisisme Gallicism.

gallisk Gallic.
gallupundersøkelse Gallup poll.
gallveps *(zool)* gall wasp.
galmanns|snakk the talk of a madman. **-verk** the act of a madman.
galneheie tomboy; wild girl; *(glds)* hoyden.
galning madcap; *(gal mann)* madman.
galon gold (,silver) braid, galloon.
galopp gallop; *i* ~ at a gallop; *i full* ~ at full gallop; *kort* ~ canter; *ri i kort* ~ canter.
galoppade gallopade.
galoppere *(vb)* gallop; *-nde tæring* galloping consumption; acute phthisis.
galskap madness, insanity; *(raseri)* rage, frenzy; *(gal strek)* mad prank.
galt *(adv)* wrong *(fx* they told you w.); *(foran perf. part.)* wrongly *(fx* I was wrongly informed); *bære seg* ~ *ad med noe* set about sth in the wrong way; *gjøre noe* ~ (ɔ: *på feil måte)* make a mistake, do sth the wrong way; *(jvf II. gal: jeg har ikke gjort noe -t); det var* ~ *gjort av meg* that was wrong of me; *gå* ~ take the wrong road; *(fig)* go wrong, fail, miscarry; *det gikk* ~ it went wrong, it failed; *det var nær gått* ~ *med ham* he had a close shave *(el.* a narrow escape), he almost came to grief; *komme* ~ *av sted* be unfortunate; come to grief; *(uttrykkes ofte ved)* mis- *(fx regne* ~ miscalculate; *stave* ~ misspell; *svare* ~ answer wrongly *(sj:* wrong); *uttale* ~ mispronounce); *(jvf II. gal (adj)).*
galt(e) *(zool)* hog.
galva|nisere *(vb)* galvanize, electroplate. **-nisk** galvanic.
gamasjer *(pl)* gaiters; *(lange)* leggings; *(korte)* spats.
game game; *han er* ~ *for hva som helst* he's game for anything; *han var* ~ *for å prøve det* he was game to try it.
gamla T the old lady.
gamlehjem home for the aged, old people's home.
gamlen T the old man.
gamling old man.
gamme (Lapp) turf hut.
gammel old; *(fra gamle tider)* ancient; *(som har bestått lenge)* of long standing; old-established; *(motsatt frisk, om brød, øl)* stale; *av* ~ *dato* of old standing; *40 år* ~ forty years of age, aged forty; *fra* ~ *tid* from time immemorial; *de gamle* the old (ones); *den gamle* the old man (,woman); *la alt bli ved det gamle* leave things as they were; *hvor* ~ *er han?* how old is he? *på dem som vokser opp, ser man best hvor* ~ *man selv blir* watching young people makes you feel your age; *henge ved det gamle* cling to the old order of things; *på sine gamle dager* in his old age; *i gamle dager* in the old days; in (the) days of old, in former times; ~ *jomfru* old maid, spinster.
gammel|dags old-fashioned, antiquated, out-of-date *(fx* methods), out of date *(fx* these methods are o. of d.); *helt* ~ *(om ord, etc)* obsolete; *lett* ~ slightly archaic.
gammel|kjent familiar. **-kjæreste** old flame. **-klok** precocious. **-koneaktig:** *det er allerede noe* ~ *ved henne* there is already something of an old woman about her.
gammel|manns- senile. **-mannssnakk** senile twaddle. **-modig** oldish, old-young *(fx* the old-young face). **-norsk** Old Norwegian, (Old) Norse. **-ost** [highly pungent, light brown cheese].
gammen: *leve i fryd og* ~ have a merry life of it, live happily, live in joy and delight.
gamp (work) horse; *(neds)* jade.
gand Lapp magic *(el.* sorcery).

I. gane *(subst)* palate, roof of the mouth; *den bløte* ~ the soft palate; *åpen* ~ cleft p; *fukte sin* ~ wet one's whistle.
II. gane *vb (fisk)* gut. **-kniv** knife used for gutting.
gane|lyd *(fon)* palatal sound. **-seil** *(anat)* soft palate, velum.
gang **1***(det å gå)* walk, walking, going; **2***(måte å gå på)* walk *(fx* a dignified w.), gait *(fx* an unsteady g.), step; **3***(bevegelse, drift)* working, running, movement, motion, action, operation; **4***(virksomhet, forløp)* course, progress *(fx* the p. of the negotiations), march *(fx* the m. of events); **5***(om tiden)* course *(fx* the c. of life), march *(fx* the m. of time), lapse *(fx* the rapid l. of time); *(gjentagelse)* time *(fx* five times; we lost every time we played), occasion *(fx* on every o.); **6***(havegang, etc)* walk, path; *(korridor)* passage, corridor; *(entré)* hall; *(i kirke, fly)* aisle; *(underjordisk)* subterranean passage, gallery *(fx* the moles make extensive galleries); **7***(i fortelling)* action, plot; **8***(anat)* duct;

A [*Forb. m. subst*] *arbeidets jevne* ~ the smooth flow of work; *begivenhetenes* ~ (4) the course *(el.* march *el.* progress) of events; *gå all kjødets* ~ go the way of all flesh; *-en i hans tanker* the train of his thoughts; *-en i fortellingen* (7) the plot of the story; *det er verdens* ~ (4) that is the way of the world! such is life! that is the way things are!

B [*Forb. m. adj, tallord, «den», «denne»*] *en* **annen** ~ another time; *(senere)* some other time; on another occasion; *(ofte =)* next time *(fx* n. t. I shall know better how to deal with him); *for annen* ~ a second time, for the second time; *utsette noe til en annen* ~ put sth off till a later occasion *(el.* till another time); **atskillige** *-er* several times, on several occasions; **den** ~ then, (at) that time, in those days; *den ~(en) (da)* (at the time) when; *den -en vi giftet oss (oftest)* when we were first married; *ja, det var den ~!* times have changed; **denne** *-en* this time; *for denne ene -ens skyld* for this once; **en** ~ once; on one occasion; *to -er* twice; *en eller to -er* once or twice; *et par -er* a couple of times, two or three times; *én* ~ *for alle* once (and) for all; *snakk ikke alle på én ~!* don't all talk at the same time; don't all speak at once; *en halv* ~ *for mye* too much by half; *en halv* ~ *til* half as much again; *en* ~ *til* once more, once again; *gjør det ikke en* ~ *til* don't do it again! don't let it happen again! **en eneste** ~ only once; once only; *ikke en eneste* ~ not once; **en enkelt** ~ once, on one (single) occasion; *enkelte -er* occasionally, on some occasions; **en sjelden** ~ once in a while, rarely, on very rare occasions; **flere** *-er* on several occasions, several times; **forrige** ~ last time; **hver** ~ each time, every time; *(når som helst)* whenever *(fx* w. you feel like it); **jevn** ~ *(om maskin)* smooth running; **langsom** ~ (2) slow pace; *(om maskin)* slow running; **mange** *-er* many times, many a time, time and again, over and over again; **neste** ~ (the) next time; **noen** ~ ever *(fx* have you ever); *hvis De skulle være i byen noen* ~ if you're likely to be in town at any time; **oppreist** ~ (2) upright walk; **rolig** ~ *(om maskin)* smooth running; **siste** ~ the last time; *for siste* ~ for the last time.

C [*Forb. m. vb*] *feberen må gå sin* ~ the fever must run its course; *retten må gå sin* ~ justice must take its course; *tiden gikk sin* ~ time rolled on, time passed; *tingene gikk sin* ~ things took their own course; *tingene må gå sin* ~ things must run their course; *det gikk sin skjeve* ~ they (,we, *etc)* muddled along; *la tingene* gå sin skjeve ~ let things take their (own) course; let things slide; *gå en en høy* ~ run sby close, give sby a close run (*fx* he gave his opponent a c. r.); *6 i 12 går en to-* six into twelve goes twice; *3 -er 2 er 6* three twos are 6; three times two is six; *1 -er 5 er 5* once five is five, one times five is five; *ha sin* ~ *i huset* come and go freely, be a regular visitor; *holde hjulene i* ~ *(i bedrift; også fig.)* keep the wheels turning; *komme i* ~ *(om maskin)* begin working; *(om maskin, organisasjon, etc)* start up; *(om person)* get going, get started, get into one's stride; find one's feet; *(se også D: forb. m. prep.); regulere -en på en maskin* regulate the working of a machine; *være i* ~ *(om maskin)* be working; *(om motor)* be running; *(om person)* be at work; **T** be at it; *(se også D: forb. m. prep).*

D [*Forb. m. prep*] *en* **ad** *(el. om)* **-en** one at a time; *et par dager ad -en* for a couple of days running; for a couple of days at a time; *lenge ad -en* for a long time together, long; *litt ad -en (gradvis)* gradually, little by little, by degrees; *han leste litt ad -en* he read only a little at a time; **for** *annen (,tredje, etc)* ~ a second (,third, *etc)* time, for the second (,third, *etc)* time; *for en -s skyld* for once; *(jvf B);* **i** ~ working, in operation (*fx* the mill is working *(el.* is in operation)); in motion (*fx* while the train is in m.); in progress (*fx* the work is in p.); on foot (*fx* preparations are on foot; a project is on f. to build a new bridge); proceeding (*fx* discussions are p.); *(om motor)* running; *i full* ~ in full swing *(el.* activity); *godt i* ~ well under way, well in hand (*fx* the work is well in h.); *få i* ~ *bilen* get the car going; *bringe handelen i* ~ *hurtigst mulig* get trade started as quickly as possible; *få en i* ~ *(med arbeidet)* get sby started; *få samtalen i* ~ get the conversation going; **T** start the ball rolling; *gå i* ~ set to work, start, begin; *gå i* ~ *(med det som skal gjøres)* get *(el.* come to business; **T** get cracking; *gå i* ~ *med* start, set about, make a start with, proceed (*fx* kindly p. with the order), put in hand *(el.* work) (*fx* put anorder in h.); go ahead (*fx* go ahead with the shipment); *gå i* ~ *med det* set *(el.* get) to work on it, start on it; *gå i* ~ *med arbeidet* set to work, start work; *gå i* ~ *med å gjøre noe* set about doing sth, start doing sth, proceed to do sth; *ha arbeid i* ~ have work in hand; *holde i* ~ keep going, keep running (*fx* we must keep our mills r.); *komme i* ~ make a start, set to work, begin working, start; *(også om motor)* get going; *(fig)* get going, get into one's stride, get started; *jeg har ikke kommet i* ~ *(med det) ennå* I haven't got started (on it) yet; *sette i* ~ start (up), set going (*fx* an engine), set *(el.* put) in motion, set on foot; put into production (*fx* put a new factory into p.); *(undersøkelse)* institute (*fx* an inquiry); *(foretagende)* launch (*fx* an enterprise); ... *har satt i* ~ *et stort skipsbygningsprogram* has initiated *(el.* embarked on *el.* entered upon *el.* started) a large shipbuilding programme; *alarmen ble satt i* ~ the alarm was set off; *være i* ~ be going, be working, be operating, be in action, be in operation; *fabrikken er i* ~ the factory is working; *motoren er i* ~ the engine is running; *skipet er i* ~ the ship is under way; *være i* ~ *med* be at work (up)on (*fx* a book); *en* ~ **imellom** sometimes, once in a while, now and then, occasionally, off and on; *familien* **over** *-en* the family across the landing *(el.* next door), the f. in the next flat; ~ **på** ~ again and again, over and over (again), time and again, time after time; *eleven ble sendt på -en for dårlig oppførsel* the pupil was put out of the classroom for being impudent; *kjenne en på -en* (2) recognize sby by his walk *(el.* step); *(se også gjenge).*

gang|art gait, walk; *(om hest)* pace. **-bar** *(om mynt)* current; *(om varer)* marketable, merchantable, salable. **-barhet** currency; salability. **-bro** footbridge. **-dør** hall door; *(hoveddør)* front door.

I. gange *subst (om motor)* running; *rolig* ~ quiet r.

II. gange *(vb)* multiply.

ganger *(poet)* steed.

gangetegn multiplication sign.

gangfelt pedestrian crossing, zebra crossing.

gang|før able to walk. **-jern** hinge. **-klær** wearing apparel, clothing.

ganglie *(anat)* ganglion.

gangspill *(mar)* capstan.

gangster gangster.

gangsti (foot)path; *«offentlig* ~*»* **UK** "public footpath".

gangsyn good enough vision *(el.* sight) to walk *(el.* for walking); *ha* ~ see well enough to walk; *han har ikke engang politisk* ~ his political vision is nil; *(se syn).*

gangtid *(elektrisk motors, etc)* running time; *(klokkes)* winding time; movement (*fx* a clock with an eight-day movement); *(selvtrekkende klokkes)* (power) reserve (*fx* a watch with a 48-hour reserve); *opptrekksmotoren har en* ~ *på to minutter* the clockwork motor runs for two minutes; *uret har en* ~ *på 48 timer* the watch goes for 48 hours with one winding.

ganske *adv (aldeles)* quite, entirely, wholly; *(temmelig)* fairly, pretty; *jeg er* ~ *enig med ham* I quite agree with him; *en* ~ *stor ordre* quite a large order; *en* ~ *annen sak* quite a different matter; **US** *(også)* a horse of a different color; *noe* ~ *annet* something quite different; ~ *visst* certainly, to be sure.

I. gap mouth, throat (of an animal); *(åpning)* gap, opening, chasm; *døra står på vidt* ~ the door is wide open; *(se hav-).*

II. gap *(om person)* fool; joker, chatterbox.

gape *(vb)* gape; *(gjespe)* yawn; ~ *over for mye* bite off more than one can chew; *et -nde svelg* a yawning chasm; *et -nde sår* a gaping wound; *stuen sto -nde tom* the empty room gaped at them (,him, *etc).*

gapestokk pillory; *sette i -en* pillory.

gap|et flippant, foolish. **-ord** insult; *de kastet* ~ *etter ham* they flung insults at him. **-skratte** *(vb)* laugh uproariously, roar with laughter.

garantere *(vb)* guarantee, warrant.

garanti guarantee (*fx* he had a new gearbox fitted under g.); security; *(se ønskelig).* **-fond** guarantee fund.

garantist guarantor, surety.

garantitid time *(el.* period) of guarantee.

garasje garage.

gard: *se gård.*

garde guard; *-n* the Guards. **-kaserne** barracks of the Guards.

gardere *(vb)* guard, safeguard.

garderobe wardrobe; *(værelse)* cloakroom; **US** checkroom; *(skuespillers, i teater)* dressing room; *ha en rikholdig* ~ have an ample wardrobe; be amply provided with clothes.

garderobe|dame cloakroom attendant; **US** checkroom girl. **-merke** cloakroom ticket; **US** hat *(el.* coat) check. **-service** valet(ing) service. **-skap** wardrobe.

gardgutt heir to a farm; *(se for øvrig gårds-).*

gardin curtain; *(på bil)* radiator blind; *et fag -er* a pair of curtains; *henge opp -er* put up *(el.* fix up) curtains; *trekke for -ene* draw the curtains; *trekke fra -ene* draw the curtains (back).

gardin|brett pelmet. **-kappe** frill, valance. **-preken**

curtain lecture. **-snor** c. cord. **-spiral** spiral wire; *(svarer i England til)* taunt-rail. **-stang** (extension) c. rod. **-stoff** c. material *(el.* fabric). **-trapp** stepladder.
gardist guardsman.
gardjente heiress to a farm; *(se for øvrig gårds-).*
gardstaur fence pole (,**US:** picket).
garn yarn, thread; *(bomulls-)* cotton; *(strikke-)* knitting wool; *(fiske-)* fishing net; *fange en i sitt* ~ entangle sby in one's meshes; *han er blitt fanget i sitt eget* ~ he has been caught in his own trap; *ha sine ~ ute etter* be angling for.
garn|binding netting. **-bruk** fishing gear, nets; *(se fiske).*
garner|e *(vb)* trim; *(mat)* garnish. **-ing** trimming, garnish.
garn|fiske net fishing. **-hespel** skein.
garnison *(mil)* garrison.
garn|lenke chain of nets; number of nets tied together. **-nøste** ball of wool *(el.* yarn). **-vinde** yarn reel, wool-winder.
gartner gardener.
gartneri *(handels-)* market garden; **US** truck garden.
garve *vb (huder)* tan.
garve|bark tan(ning) bark, tan. **-r** tanner. **-ri** tannery. **-stoff** tannin. **-syre** tannic acid.
gas *(tøy)* gauze. **gasbind** bandage.
gasell *(zool)* gazelle.
gasje salary, pay; *en høy* ~ a large *(el.* high) s.; *De ansettes med full ~ f.o.m. den* ... you are on full pay from; *heve sin* ~ draw one's s.; *(se lønn(ing)).*
gasjepålegg increase of salary, rise *(fx* get a rise); **US** salary rise.
gasjer|e *(vb)* pay; *høyt -t* highly paid.
gasometer *se gassmåler.*
gass gas; *gi* ~ rev (up) (the car); *(for å øke hastigheten)* accelerate; *jeg måtte gi mye ~ for å komme opp den bakken* **T** I had to rev (her) up quite hard to get up that hill; *gi full* ~ **(T:** *trå klampen i bånn)* **T** give it the gun, open out the taps, put your foot down; *(også* **US***)* step on the gas, step on it. **-aktig** gaseous. **-beholder** gasometer. **-belysning** gas light(ing). **-bluss** gas light; gas jet, gas flame. **-brenner** (gas) burner.
I. gasse *(subst)* gander.
II. gasse *(vb):* ~ *seg med* feast on, regale oneself with.
gasser *(person)* Madagascan, Malagasy.
gassisk *(språk)* Madagascan, Malagasy.
gass|flamme *se -bluss.* **-flaske** gas cylinder. **-flaskesentral** gas cylinder depot. **-hane** gas cock, gas tap. **-maske** gas mask. **-måler** gas meter. **-pedal** accelerator (pedal), throttle; **US** gas pedal. **-regulering** *(i motor)* throttle lever *(el.* control). **-spjeld** throttle (valve). **-verk** gasworks.
gast *(mar)* sailor, seaman.
gastrisk gastric.
gastro|nom gastronomer. **-nomi** gastronomy. **-nomisk** gastronomic(al).
gat|e street; *på -a* in the street; *den lille gutten som bor litt lenger borte i -a* the little boy a few doors away; *(se også vilter); gå omkring i -ene* walk about the streets; *de gikk ~ opp og ~ ned* they walked *(el.* trailed) up and down the streets; they walked and walked, up one s. and down the next; they trailed the length of the streets; *gå over -a* cross the street; *i samme -e (fig)* in the same vein; *vindu til -a* front window; *værelse til -a* front room; *(se ta C).*
gatebekjentskap chance acquaintance (picked up in the street); **T** pick-up.
gate|dør front door. **-dørsnøkkel** latchkey. **-feier** street sweeper, street cleaner. **-gutt** street urchin. **-kryss** street crossing; *et* ~ a crossing, a crossroads. **-langs** *(adv)* up and down the streets, the length of the streets *(fx* they trailed the l. of the s.). **-legeme** roadway. **-lykt** street lamp. **-opptøyer** *(pl)* street riot(s). **-parti** streetscape; street scene. **-pike** street walker, prostitute; **T** pro. **-renovasjon** street cleaning, scavenging. **-salg** street trading. **-sanger** street-singer. **-selger** street trader, hawker; *(med vogn)* barrow boy; *-s bod* (street trader's) stall; *-s vogn* barrow. **-språk** vulgar speech. **-stein** paving stone. **-uorden** disorderly conduct (in a public place).
gatt *(zool)* anus; *(mar)* hole, vent. **-finne** anal fin.
gauk *(zool)* cuckoo; *(som driver ulovlig brennevinshandel)* **US** bootlegger.
gauk|e *(vb)* **US** bootleg. **-esyre** *(bot)* wood-sorrel. **-ing US** bootlegging.
gaul *(subst)* howl. **gaule** *(vb)* howl.
gaupe *(zool)* lynx.
gave gift, present; *(til institusjon)* donation, endowment; *(evne)* gift, talent, endowment; *motta som* ~ receive as a gift, be made a present of; **T** be given; *talens* ~ **T** the gift of the gab. **-brev** deed of gift. **-kort** gift token; **US** gift certificate.
gavl gable.
gavlvegg end wall.
gavmild liberal, generous. **-het** liberality, generosity; *storslagen* ~ munificence, lavish generosity.
gavott *(mus)* gavotte.
geberde *(subst & vb)* gesture; *~seg* behave; *~ seg som om* ... **T** carry on as if ...
gebet 1. territory; **2***(fig)* domain, province.
gebiss set of artificial teeth, denture.
gebrokken broken; *på -t norsk* in broken Norwegian; *snakke -t norsk* speak broken Norwegian.
gebyr fee; *(se beregne).*
gedigen *(sølv, etc)* pure, solid, sterling; *(fig)* genuine, excellent.
gehalt content; percentage; *(fig)* (intrinsic) value; *erts av liten* ~ low-grade ore.
geheng sword belt.
gehør (musical) ear; *ha* ~ have a good ear (for music), have an ear for music; *spille etter* ~ play by ear; *finne* ~ *(om person)* gain a hearing; *(om idé)* meet with sympathy; *skaffe seg* ~ make one's voice heard; *(se også musikalsk).*
geil ruttish; *(om hundyr)* in heat.
geip grimace, pout, grin.
geipe *(vb)* make faces, pout.
geirfugl *(zo)* great auk; *(se alkekonge).*
geistlig clerical, ecclesiastical; *den -e stand* the clergy; *en* ~ a clergyman.
geistlighet clergy.
geit *(zool)* goat; nanny-goat.
geitdoning *(forst)* double sledge (,**US:** sled); logging sledge.
geitebukk *(zool)* he-goat, billy-goat.
geitehams *(zool)* hornet.
geite|melk goat's milk. **-ragg** goat's hair.
geitost [sweet, brown cheese made of goat's milk].
geitrams *(bot)* willow herb; rosebay willow.
gelatin gelatin(e).
gelé jelly; *(kjøtt-)* aspic, meat jelly; *i* ~ jellied. **-aktig** jelly-like; gelatinous.
geledd rank; line; *på* ~ lined up.
gelender banister(s), railing.
gemal, -inne consort; *(spøkef)* husband; wife.
gemen base, mean, vile. **-het** baseness, vileness, meanness.
gemse *(zool)* chamois.
gemytt temper, disposition, mind; *berolige -ene* pour oil on the troubled waters.
gemyttlig pleasant, convivial, congenial, genial.

gendarm gendarme.
gêne inconvenience, nuisance; *være til ~ for* be inconvenient *(el.* troublesome) for, cause *(fx* sby) a great deal of inconvenience *(el.* trouble); *til betydelig ~ for* to the considerable inconvenience of.
genea|log genealogist. **-logi** genealogy. **-logisk** genealogical.
general *(mil)* **1.** general *(fk* Gen); **US** general *(fk* GEN); **2***(flyv)* air chief marshal; **US** general *(fk* GEN).
generaladvokat judge advocate; *(jvf krigsadvokat).*
general|agent general agent. **-agentur** general agency. **-direktør** director general; *(merk)* managing d. *(fx* Man. Dir.). **-feltmarskalk** *(mil)* field marshal. **-forsamling** general assembly, general meeting.**-fullmakt** general power of attorney. **-guvernør** governor-general. **-importør** (importer and) concession(n)aire *(for* for). **-inne** general's wife. **-intendant** *(mil)* quartermaster general.
generalisere *(vb)* generalize.
generalisering generalization.
general|issimus generalissimo. **-konsul** consul-general. **-konsulat** consulate-general. **-krigsadvokat** = judge advocate general; *(dennes stedfortreder i retten)* judge advocate. **-løytnant** *(mil)* **1.** lieutenant-general *(fk* Lt.-Gen); **2***(flyv)* air marshal; **US** lieutenant general *(fk* LTG). **-major** *(mil)* **1.** major-general *(fk* Maj-Gen); **2***(flyv)* air vice-marshal; **US** major general *(fk* MG).
generaloverhal|e *(vb)* give *(fx* an engine) a general overhaul; *en -t motor* an overhauled engine; a thoroughly overhauled e.; *(jvf fabrikkoverhalt).*
general|prøve dress rehearsal.
generalsdistinksjon general's badge of rank.
generals|sekretær secretary-general *(fx* of the United Nations); *(i fx fagforbund)* general secretary; *(se landsorganisasjon).*
generalstab *(mil)* general staff. **-skart** ordnance map.
generasjon generation.
generator generator.
genere *(vb): se sjenere.*
generell general.
generisk generic.
Genève Geneva. **genfer** Genevan. **G-sjøen** *(Genève-sjøen)* the Lake of Geneva.
geni genius.
genial ingenious,of genius; *en ~ idé* a brilliant idea; *han var en ~ kunstner* he was an artist of genius *(el.* an inspired a.); *denne maskinen var en ~ oppfinnelse* this machine was the invention of a genius *(el.* was a brilliant invention).
genialitet genius, ingeniousness; *(oppfinnsomhet)* ingenuity.
genistrek stroke of genius.
genitiv *(gram)* the genitive (case).
genius genius *(pl:* genii), guardian angel.
Genov|a Genoa. **g-eser, g-esisk** Genoese.
genre style, manner, genre; *noe i den ~* something like that. **-maleri** genre (picture).
genser pullover, sweater.
gentil gentlemanly, magnanimous.
geo|graf geographer. **-grafi** geography. **-grafisk** geographical.
geo|log geologist. **-logi** geology. **-logisk** geological. **-metri** geometry. **-metrisk** geometrical; *~ rekke* geometrical progression *(el.* series).
georgine *(bot)* dahlia.
geranium *(bot)* geranium.
geriljakrig guerilla warfare.
german|er Teuton. **-isere** *(vb)* Germanize. **-isme** Germanism. **-ist** Germanic philologist.
germansk Teutonic, Germanic; *(om språket)* Germanic.
gesandt ambassador, minister, envoy.
gesandtskap embassy, legation.
gesims cornice.
geskjeft *(neds)* business.
geskjeftig fussy, interfering; *en ~ person* a busybody.
gest gesture.
gestikuler|e *(vb)* gesticulate. **-ing** gesticulation.
gestus gesture.
getto *(jødekvarter)* ghetto.
gevant drapery, loosely-hanging clothes.
gevekst excrescence.
gevinst profit, gain(s); *(i lotteri)* prize; *(i spill)* winnings; *~ og tap* profit and loss; *komme ut med ~* come out a winner.
gevir antlers *(pl).*
gevær rifle, gun; *i ~!* to arms! *rope i ~* call to arms; *på aksel ~!* slope arms! *presentere ~* present arms. **-kolbe** rifle butt. **-kompani** rifle company. **-kule** bullet. **-løp** barrel (of a rifle), gun barrel. **-munning** muzzle (of a rifle). **-pipe:** *se -løp.* **-rem** rifle sling. **-salve** burst of rifle fire.
gi *(vb)* give; *(yte)* yield, produce; *(betale)* pay; *(kort)* deal; *~ galt* misdeal; *det er Dem som skal ~* it is your deal; *ga jeg meg selv denne (dårlige) korten?* did I deal this to myself? *Gud ~* God grant, would to God; *jeg skal ~ ham (truende)* I'll give it him; *~ et eksempel* give *(el.* quote) an example; *~ en hånden* shake hands with sby; *~ en rett* agree with sby; *~ av seg* yield, produce; *~ etter* give way; yield; *~ labb! (til hund)* give me a paw! *~ en en lekse* set sby a lesson; *jeg -r ikke mye for den slags* I don't think much of that kind of thing; I don't much care for that sort of thing; *~ fra seg* give up, surrender, part with; *~ igjen* give back, return; *~ (penger) igjen* give change; *~ igjen på* give change for; *jeg kan ikke ~ igjen* I have no change; *~ en inn* haul sby over the coals; **T** blow sby up, give it sby hot; *~ en noe med* give sby sth to take along; *~ om (kort)* have a new deal, redeal; *det ble -tt om* there was a new deal; *~ til kjenne* make known; *~ tilbake: se ~ igjen; ~ ut (penger)* spend; *~ ut for* pass off as *(el.* for); *det -r seg av seg selv* it goes without saying, it is self-evident; *~ seg* give up *(el.* in); *(svikte)* give way; *(gå over)* wear off; *nei, nå får du ~ deg!* oh come on! *(jvf tørn: ta ~); han -r seg ikke (selv om det stadig går galt)* he always comes back for more; *han var ikke den som ga seg* he was not the sort to give in; *~seg av med* have to do with; *~ seg tid* take one's time; *~ seg til å* take to (-ing); start (-ing), begin to; *~ seg til å gråte* burst into tears; start to cry; *~ seg ut for* pass oneself off as; *det -s* there is, there are; *(se given).*
gid *(int)* I wish; if only; *~ det var så vel!* **1.** no such luck! **2.** that would be good news; *~ pokker tok ham!* confound him!
gidde *(vb): ~ å gjøre noe* find the energy to do sth; be bothered to do sth; *jeg -r ikke* I can't be bothered; it's too much fag; *jeg -r ikke å lese den boka* I cannot be bothered to read that book; *når han -r å gjøre noe* when he chooses to work; *han gadd ikke engang forhøre seg* he did not even take the trouble to inquire; *jeg gadd vite om* I wonder if.
giddeløs *(adj)* listless *(fx* the heat made us listless).
I. gift *(subst)* poison; venom; *det kan du ta ~ på!* you bet your boots! you bet your life!
II. gift *(adj)* married *(med* to); *~ mann med kone som arbeider* married man with a working wife.
giftblander(ske) brewer of poison; poisoner; *(jvf giftmorder).*
gifte *(vb)* marry; *~ bort* marry off; marry *(fx*

he married his daughter to a rich man); ~ *seg* get married; be married, marry; ~ *seg med en* marry sby, get *(el.* be) married to sby; ~ *seg til penger* marry a fortune, marry money.
gifteferdig marriageable; *i ~ alder* of a m. age.
giftekniv matchmaker.
giftermål marriage.
gifte|syk anxious to be married. **-tanker:** *gå i ~* **1.** be day-dreaming; **2.** contemplate matrimony.
gift|fri non-poisonous, free from poison. **-gass** poison gas.
giftig *(også fig)* poisonous, venomous; *(i høy grad)* virulent; *(fig også)* waspish *(fx* comments). **-het** poisonousness, venomousness; virulence.
gift|kjertel poison gland. **-mord** poisoning (case), murder by poisoning. **-morder** poisoner. **-slange** poisonous snake. **-tann** poison fang.
gigant giant. **-isk** gigantic.
gigg *(både om kjøretøy og båt)* gig; *(mus)* jig.
gikt rheumatism; gout. **-brudden** rheumatic, gouty. **-feber** rheumatic fever.
giktisk rheumatic.
gild great, fine, capital, excellent; *(om farger)* gaudy; *det skulle være -t* that would be great.
gilde 1. feast, banquet; *(se selskap);* **2***(laug)* guild; *han kommer til å betale -t* he will have to foot the bill. **-sal** banqueting hall.
I. gildre *(subst)* trap, snare.
II. gildre *(vb)* set a trap.
giljotin guillotine. **-ere** *(vb)* guillotine.
gimmerlam *(zool)* ewe lamb.
gips gypsum; *(brent)* plaster; *han har armen i ~* he has his arm in plaster. **-avstøpning** plaster cast.
gipse *(vb)* plaster; put in plaster *(fx* an arm).
gips|er plasterer. **-figur** plaster figure. **-maske** plaster mask. **-mel** powdered gypsum.
I. gir 1*(mar)* yaw; **2***(mask)* gear; *høyt, lavt ~* high, low g.; *første ~* first g., bottom *(el.* low) g.; *kjøre på høy-* go on top (gear); *sette bilen i tredje ~* go into third gear; *sette bilen i ~* throw the car (,**T:** her) into gear; *gå ned i annet ~* change into second gear.
II. gir *(fly & mar; om ufrivillig kursavvik)* yaw.
giraff *se sjiraff.*
girant *(merk)* endorser.
I. gire *(vb)* gear; *~ ned* g. down, change down.
II. gire *vb (flyv & mar)* yaw; *(jvf II gir).*
girere *(vb)* endorse; *(overføre)* transfer.
giret *(adj): høyt ~* with a high gear.
giring change of gears, throwing into gear.
girkasse gear box.
girlande garland, festoon.
giro 1*(overføring)* transfer (from one account to another by endorsement); **2***(post-)* postal giro.
giroblankett giro form. **-innbetalingskort** giro inpayment form. **-konto 1** *(i bank)* current account; **2***(post-)* postal giro account.
girstang gear(-shifting) lever; change; **US** gearshift lever; *~ montert i gulvet* floor-mounted gear lever, f.-m. change; *sette -a i annet gir* put the gear lever into second; engage the second gear.
gisp gasp. **gispe** *(vb)* gasp; ~ *etter luft* gasp for air.
gissel hostage.
gissen cracked; not tight, leaky; *(om skog)* sparse, thin.
gitar guitar.
gitt *(int)* really *(fx det var morsomt ~!* that was r. fun!); **US** boy *(fx* boy, that sure was fun!).
gitter grate; grating, lattice; *(i fengsel)* bars; *(i radio)* grid. **-dør** grated door. **-port** wrought-iron gate. **-slange** *(zool)* reticulated python. **-verk** lattice work.
given, givet, gitt: *en given sak* a matter of course; a foregone conclusion; *det er ikke enhver gitt* it is not given to everybody; *anse for gitt* take for granted.
givende helpful, productive, valuable *(fx* a v. discussion); rewarding; *få noe til -s* be made a present of sth, get sth for nothing, be handed sth on a silver plate.
giver giver, donor; *en glad ~* a cheerful giver.
giverland donor country; *i både giver- og mottagerlandene* in both the donor and the receiving countries.
gjalle *(vb)* ring, resound, echo, reverberate; *~ en i møte* come echoing over to sby.
gjallende ringing, resounding.
gjedde *(fisk)* pike; *ung ~* pickerel.
gjel gully, ravine, mountain pass.
I. gjeld *se prestegjeld.*
II. gjeld debt; *komme i ~* run into debt; *sette seg i ~* run into debt; *sitte i bunnløs ~* be over head and ears in debt; *stifte ~* contract debts (,a debt); *stå i ~ til en* be indebted to sby; owe sby money.
III. gjeld *(gold)* barren; dry; *(om handyr)* castrated.
I. gjelde *vb (være verd)* be worth; *(være i kraft)* apply, be in force; *(angå)* refer to, apply to, concern; *~ for* pass for, be looked upon as; be regarded as; *det -r ikke!* that is not fair! *det kan ikke ~ for noe bevis* that cannot be taken as a proof; *billetten -r 45 dager* the ticket is available for 45 days; *de fakturaer som denne betaling -r* the invoices covered by this payment, the i. to which this p. refers; *det parti denne betaling -r, ble levert* ... this payment is in respect of a consignment delivered *(fx* on March 15th); *(sommeren har kommet) det samme -r vel for lengst England, går jeg ut fra* that must have applied to E. some time ago, I expect; *denne lov -r ikke mer* this Act is no longer in force; *det -r å finne* ... it's a matter *(el.* case) of finding ...; ... *og så -r (,gjaldt) det å finne en bensinstasjon (også)* ... and now to find a filling station; *her -r det å ha mot* here all depends on courage; *det -r også for dette* it holds good of this too; *regelen -r bare for* the rule only holds good *(el.* is only valid) for, the rule onlyworks with *(el.* applies to); *nå -r det* now is the time! *når det -r (ɔ: vedrørende)* concerning, about *(fx* I have no worries about the future); *det -r hans ære* his honour is concerned; *som om det gjaldt hans liv* for dear life, as if his life depended on it; *om det -r mitt liv* to save my life; *det -r meg* it is aimed at me; *(angår meg)* it concerns me; *det -r (ɔ: kan sies om) meg også* it is also the case with me; it's the same thing with me.
II. gjelde *vb (kastrere)* geld, castrate, emasculate.
gjeldende *(herskende)* prevailing *(fx* the p. views); *(om lov)* in force; *(bestående): de ~ lover* the existing laws; *bli ~* come into force, take effect; *de ~ bestemmelser* the regulations in force; *til ~ kurs* at the current *(el.* prevailing) rate (of exchange); *til ~ norsk pris* at the price ruling *(el.* current) in Norway; **gjøre ~ 1***(påstand)* assert, claim; *(som argument)* argue; **2***(om krav)* advance *(fx* a claim); *(se krav);* **3** *(innflytelse)* bring to bear; **4***(som unnskyldning)* plead; *de nye restriksjonene vil bare bli gjort ~ i begrenset utstrekning* the new restrictions will have only a limited application; *i hans favør blir det også gjort ~ at* in his favour it is also stressed that; *gjøre seg ~* assert oneself; be in evidence, manifest itself, make itself felt; *(se I. gjelde).*

gjeldfri free from *(el.* of) debt, out of debt; ~ *eiendom* unencumbered property.
gjeldfrihet being free from debt; being unencumbered.
gjelding *(kastrat)* eunuch; *(det å)* gelding, castration.
gjeldsbevis written acknowledgment of debt; an IOU; *(se gjeldsbrev).*
gjeldsbrev written aknowledgement of debt; an IOU; *(egenveksel)* promissory note.
gjeldsbrevlån loan against promissory note.
gjelds|byrde burden of debt. **-fengsel** debtors' prison. **-fordring** claim. **-post** item (of a debt), debit item.
gjelle *(på fisk)* gill. **-åpning** gill slit, gill cleft.
gjemme *(vb)* hide, conceal; *(oppbevare)* keep; ~ *for* hide from; ~ *på noe* keep sth; ~ *det beste til sist* leave the best bit till the last; ~ *unna* put out of sight; save for later; *den som -r, den har* = hiders are finders; he that hides can find; ~ *seg* hide.
gjemmested hiding-place; repository.
gjemsel: *leke* ~ play hide-and-seek.
gjen|besøk return visit. **-bo(er)** neighbour across the street *(el.* way). **-dikte** *(vb)* re-create, reproduce, retell. **-drive** *(vb)* refute, confute. **-drivelse** refutation. **-døpe** *(vb)* rebaptize. **-døper** anabaptist. **-døperi** anabaptism.
gjen|ferd apparition, spectre, ghost; **US** spook; *hans* ~ his ghost *(el.* spirit). **-forening** reunion. **-forsikre** *(vb)* reinsure. **-forsikring** reinsurance. **-fortelling** [retelling of a German (,English) story in one's own words]; *(kan gjengis)* renarration. **-fødelse** regeneration. **-født** reborn.
gjeng set, crowd, clique; *(arbeids-, bande)* gang; party; *hele -en* the whole lot of them.
gjenganger *se gjenferd.*
gjenge *(på skrue)* thread; *(låsgjenge)* ward; *(gang)* course, progress; *være i god* ~ be progressing *(el.* proceeding) satisfactorily *(el.* favourably); *aller best som arbeidet var i god* ~ in the middle of work; *alt er kommet i* ~ *igjen* everything has resumed its regular course; *tingene kom i sin gamle* ~ things fell back into their old groove; *saken er i god* ~ the matter is well in hand; *(se også gang).*
gjengi *(vb)* **1***(uttrykke)* repeat, express, render, reproduce; cite, quote; ~ *etter hukommelsen annonsen i ...* write out from memory the advertisement in ...; ~ *galt* misquote; *vi -r nedenfor* we give below ...; ~ *in extenso* repeat in full, report verbatim; **2***(oversette)* render, translate. **-velse** *(fremstilling)* representation; *(oversettelse)* version, rendering.
gjengjeld return; retribution; *gjøre* ~ reciprocate *(fx* I hope I shall be able to r.); make returns; *(til straff)* retaliate; *de har gjort meget for meg på mange måter, så dette er et lite forsøk på å gjøre* ~ they have done quite a lot for me in many ways, so this is a modest attempt at repaying them; *til* ~ in return; *(derimot)* on the other hand.
gjengjelde *(vb)* return, repay; *(om følelser, etc)* reciprocate; ~ *ondt med godt* return good for evil.
gjengrodd *(om hage)* overgrown; *(om sår)* healed.
gjengs **1***(gangbar)* current; **2***(alminnelig forekommende)* prevalent, prevailing.
gjen|innføre *vb (varer)* re-import; *(system, etc)* reintroduce, restore, revive; reimpose *(fx* price controls). **-innsette** *vb (i stilling)* reinstate, restore *(fx* to one's old post). **-kalle** *(vb)* recall; ~ *seg (i erindringen)* recall, recollect, call (back) to mind. **-kallelig** *(om remburs)* revocable. **-kjenne** *(vb)* recognize, recognise, identify. **-kjennelig** recognizable, recognisable. **-kjennelse** recognition, identification. **-kjøp** repurchase; *(innløsning)* redemption.
gjenklang echo, resonance; *(fig)* sympathy.
gjenlevende surviving; *(subst)* survivor.
gjen|lyd echo, resonance. **-lyde** *(vb)* echo, resound, ring, reverberate *(av* with).
gjen|løse *(vb)* redeem. **-løser** redeemer. **-løsning** redemption.
gjenmæle: *ta til* ~ *mot* reply sharply to, retort to; defend oneself *(fx* against an accusation).
gjennom **1***(prep)* through; ~ *ørkenen* across the desert; *han kom inn* ~ *vinduet* he came in at *(el.* through) the window; he entered by the w.; *penger han hadde lagt til side opp* ~ *årene* money he had put aside through the years; *komme seg* ~ get through; *slå seg* ~ *(fig)* fight one's way to success; *vi har vært* ~ *alt (om emne)* we have covered the whole ground; **2** *(adv)* thoroughly; ~ *ærlig* thoroughly honest.
gjennomarbeide *(vb)* go *(el.* work) through, work over, prepare thoroughly.
gjennombake *(vb)* bake through, bake thoroughly.
gjennombløt wet through, soaked.
gjennombløte *(vb)* drench; soak.
gjennombore *(vb)* pierce, perforate; *-nde blikk* piercing look *(el.* glance).
gjennombrudd breakthrough *(fx* the b. in finding a drug to prolong human life); success; *komme til* ~ *(fig)* break through, force its way.
gjennombrutt *(om mønster)* open-work.
gjennombryte *(vb)* break through, penetrate.
gjennomfart passage.
gjennomfrossen *(forfrossen)* chilled to the bone.
gjennomføre *(vb)* carry through; carry out, work out, accomplish, go through with, effect; *han fikk gjennomført planen* he pulled off the plan.
gjennomføring carrying out, accomplishment.
gjennomførlig practicable, feasible. **-førlighet** practicability, feasibility.
gjennomført consistent; thorough.
gjennomgang passage, thoroughfare.
gjennomgangs|billett through ticket; *selger De -er til London?* can I book through to L.? **-gods** transit goods. **-motiv** running theme, constantly recurring t.; *(i kunst, etc)* leitmotiv, leitmotif. **-reisende** person travelling *(el.* passing) through; **US** transient; *(jernb)* through passenger *(fx* t. passengers to Paris).
gjennomgangsstadium transition stage.
gjennomgangs|tog through train. **-toll** transit duty. **-vei** thoroughfare. **-vogn** *(motsatt kupévogn)* corridor carriage; **US** vestibule car.
gjennomgløde *(vb)* make red-hot (all through), make incandescent; *(fig)* inflame.
gjennomgripende thorough, radical, sweeping.
gjennomgå *vb (lide)* go through, suffer, undergo; *(gjennomse)* examine, go over, look over, go through; ~ *kritisk (fx manuskript)* vet *(fx* he had his manuscript vetted); ~ *en lekse med en* go over a lesson with sby; *jeg tenker han (,hun) fikk* ~ *på kammerset* **T** I imagine *(el.* reckon) he (,she) went through it when they got on their own.
gjennomgåelse going through *(el.* over), examination, study *(fx* a close s. of these documents); *ved nærmere* ~ *av dokumentene* on examining the documents closer; ~ *av trykt stoff (lærers)* commentary on printed matter.
gjennomgående *(adj)* through; *(adv)* on the whole, generally.
gjennomhullet perforated; *(med kuler)* riddled.
gjennomkjørsel passage; ~ *forbudt* no thoroughfare.
gjennomkokt boiled through, (well) done.
gjennomlese *(vb)* read through, peruse.

gjennomlesning reading, perusal.
gjennomlyse *(vb)* X-ray; *(egg)* candle.
gjennommarsj march (through).
gjennompløye *(vb)* wade through, work one's way through *(fx* a book).
gjennompryle *(vb)* beat up, give a sound thrashing.
gjennomreise *(subst)* through journey *(el.* passage); *han var her på* ~ he was passing through here.
gjennomse *(vb)* look over, inspect, revise; *-tt utgave* revised edition.
gjennomsiktig transparent; *(fig)* lucid.
gjennomsiktighet transparency; lucidity.
gjennomskjær|e *(vb)* cut (through); *(om elver)* traverse, intersect *(fx* a country intersected by many waterways). **-ing** cutting (through).
gjennomskue *(vb)* see through.
gjennomskuelig: *lett* ~ easily seen through.
gjennom|slag *(kopi)* carbon copy. **-slagsark** sheet of copy paper *(fx* 500 shets of copy paper). **-slagspapir** copy paper.
gjennomsnitt *(middeltall)* average; *i* ~ on an average, on the average.
gjennomsnittlig average, mean; *(adv)* on an *(el.* the) average.
gjennomstekt (well) done; baked right through *(fx* cake).
gjennomstreife *(vb)* roam through; *(om følelse)* thrill, pervade.
gjennomsyn inspection, examination; *til* ~ on approval *(fx* send books on a.); *ved* ~ *av bøkene* on going through *(el.* over) the books.
gjennomsyre *vb (fig)* permeate, pervade.
gjennomsøke *(vb)* search. **-tenke** *(vb)* think out, consider thoroughly.
gjennomtrekk a draught *(fx* I'm sitting in a d.); *det er* ~ *i lærerstaben* the (teaching) staff is constantly changing, there are constant changes of (teaching) staff; *det er mindre* ~ *blant kvinnelige ansatte enn blant menn* the turnover among female staff members is less than among men.
gjennomtrenge *(vb)* penetrate, pierce, permeate; *(om væske)* soak, saturate.
gjennomtrengende piercing; penetrating; ~ *blikk* piercing glance; ~ *kulde* piercing cold.
gjennomtrett *(adj)* thoroughly tired; **T** dead-beat, done in.
gjennomtørr thoroughly dry; quite dry; *(knusktørr)* dry as a bone.
gjennomveve *(vb)* interweave.
gjennomvæte *(vb)* drench, soak.
gjennomvåt drenched, wet through.
gjenoppblussing fresh outbreak.
gjenoppbygge *(vb)* rebuild.
gjenoppfriske *(vb)* revive, reconstruct; brush up *(fx* one's French); *(biol)* regenerate; *han -t minnene fra skoledagene* he passed in review the memories of his schooldays.
gjenopplev|e *(vb)* relive, live over again; *de -de krigens redsler ved synet av* ... they lived through the horrors of war again at the sight of .... **-else** living through again.
gjenopplive *(vb)* revive, resuscitate.
gjenopplivelse revival, resuscitation.
gjenopprette *(vb)* restore, re-establish.
gjenopprettelse restoration, re-establishment.
gjenoppstå *(vb)* rise again.
gjenoppta *(vb)* resume; ~ *en sak (jur)* reopen *(el.* retry) a case; *saken vil bli -tt* the matter will be taken up again; ~*sine tidligere forbindelser* resume one's former connections; *(se fiendtlighet).* **-gelse** resumption; reopening *(fx* of a case).
gjenopptreden reappearance.
gjenpart copy, duplicate; *ta en* ~ *av* copy, duplicate.
gjensalg resale. **-sverdi** resale value.
gjensidig mutual, reciprocal; *en slik avtale har ingen hensikt hvis den ikke er* ~ such an agreement is meaningless unless there is give and take on both sides; *etter*~ *overenskomst* by mutual consent. **-het** reciprocity, mutuality.
gjensitter 1 [pupil who has not been moved up]; **US** repeater. **2** [pupil who has been kept in after school by way of punishment].
gjensitting *(som straff i skole)* detention (after school); being kept in after school by way of punishment; *(se sitte:* ~ *igjen).*
gjenskape *(vb)* recreate.
gjen|skinn reflection. **-skjær** (faint) reflection.
gjenspeil|e *(vb)* reflect, mirror. **-ing** reflection.
gjenstand 1*(ting)* object, thing; **2***(emne, anledning)* subject *(fx* of conversation, of meditation); **3***(mål for følelse, etc)* object *(fx* of hatred, of love, of pity, of studies); ~ *for angrep* the object of attack; the target for *(el.* of) criticism; ~ *for latter* laughing-stock *(fx* become a l.-s.); *gjøre til* ~ *for* make the subject of; *være* ~ *for* (2) be the subject of; (3) be the object of; ~ *for beundring (,medlidenhet)* the object of admiration (,pity); *han var ikke* ~ *for meget oppmerksomhet* he did not receive much attention.
gjenstridig unmanageable, refractory, obstinate, stubborn. **-het** refractoriness, obstinacy.
gjenstå *(vb)* remain; be left; *den -ende tid av kontrakten* the unexpired term of the contract; *det -r da bare for meg å takke Dem* it only remains for me to thank you; *det verste -r* the worst is still to come; the sting is in the tail; *(se også stå:* ~ *igjen & verst).*
gjensvar rejoinder, response, retort.
gjensyn meeting (again); *på* ~! see you later! I'll be seeing you! *(lett glds)* so long!
gjenta *(vb)* repeat, reiterate; ~ *seg (om begivenhet, etc)* recur; ~ *til kjedsommelighet* repeat ad nauseam; *-gne (el. -tte) ganger* repeatedly, over and over again.
gjentagelse repetition, reiteration; recurrence.
gjentjeneste return service; *jeg skylder ham en* ~ I owe him a good turn.
gjen|valg re-election; *frasi seg (,ta imot)* ~ decline (,accept) r.; *stille seg til* ~ offer oneself for r., stand again; **US** run again *(fx* for an office); *(se også II. ønske).* **-velge** *(vb)* re-elect.
gjenvinne *(vb)* **1.** regain, win back, recover, retrieve; ~ *sin helbred* be restored to health; **2***(resyklere)* recycle *(fx* rubbish).
gjenvinning 1. winning back; recovering; regaining; retrieving; **2***(resyklering)* recycling *(fx* of rubbish); recovery; reclamation.
gjenvinningsanlegg recovery plant.
gjenvisitt return visit.
gjenvordighet adversity, hardship.
gjenværende remaining; left; *de* ~ **1.** the remaining ones; the ones remaining; those remaining; the rest; **2***(de etterlatte)* the surviving relatives; the bereaved (family).
gjerde fence; *(se steingjerde).*
gjerde|smutt *(zool)* wren. **-tråd** fencing wire.
gjerne 1*(uttrykker ønske, vilje): ja,* ~ *det* yes, why not; *jeg vil(le)* ~ I should like to; *(sterkere)* I am anxious to *(fx* know), I am eager to *(fx* do my share); *jeg vil* ~ *høre om De* ... I should be glad to hear whether you ...; *vi imøteser* ~ *nye ordrer fra Dem* we should be glad to receive your further orders; *vi vil* ~ *at De skal* ... we should be glad if you would ...; *så* ~ *jeg ville* much as I should like to, however much I might wish it; *jeg ville likeså* ~ I would just

as soon; **2**(*med glede*) gladly, readily, with pleasure, willingly; *inderlig* ~ with the greatest of pleasure; *så ~!* certainly! with pleasure! *mer enn* ~ most willingly; *jeg skal mer enn ~ hjelpe Dem* I shall be only too pleased to help you; *jeg vil mer enn ~ gjøre det* I shall be delighted to do it; *det ville jeg forferdelig* ~ I'd love to! *vi etterkommer ~ Deres ønske* we shall gladly comply with your wishes; *jeg skulle ~ ha hjulpet Dem* I should have liked (*el.* should have been pleased) to help you; **3**(*det ville være rimelig*): *De kunne ~ hjelpe meg* you might help me; *man ser ~ at* it would be appreciated if; *jeg kunne likså* ~ I might just as well; **4**(*tillatelse, innrømmelse*): *De kan ~ sende med noen silkeprøver* you might include some samples of silk; *jeg tror ~ det* I quite believe that; I have no doubt of it; *han må ~ komme* he is welcome; *De kan ~ få det* you are welcome to it; ~ *for meg* I have no objection; *for meg kan De ~ reise* you may go for what I care; **5**(*det er mulig*): *det kan ~ være* that may be so; it is quite possible; *det kan ~ være at* it may be that, it is just possible that; it is very likely that; *det kan ~ være, men* ... possibly, but (*fx* ''He's a gentleman.'' –' 'Possibly, but he doesn't behave like one.''); **6**(*som regel*) as a rule, generally, usually; *det blir ~ tilfelle* that is apt to be the case; *slik går det* ~ that is usually the way; *han pleide ~ å komme om kvelden* he would come in the evening, he came as a rule in the evening.

gjerning deed, act, action, doing, work; *Apostlenes -er* the Acts (of the Apostles); *mørkets -er* deeds of darkness; *tegn og underlige -er* signs and wonders; *på fersk* ~ in the very act; red-handed (*fx* he was caught r.-h.); *i ord og* ~ in word and deed; *en god* ~ a good deed; *gjort ~ står ikke til å endre* what is done cannot be undone; it is no use crying over spilt milk; *han ligger på sine -er* he has got his deserts.

gjernings|mann perpetrator, culprit. **-ord** verb. **-sted** scene of a (*el.* the) crime.

gjerrig miserly, stingy, avaricious, niggardly; **US T** (*også*) tight. **-het** avarice, stinginess. **-knark** miser, skinflint; **US T** tightwad.

gjesling *bot ((hann)rakle)* catkin.

gjesp yawn. **-e** (*vb*) yawn; ~ *stort* yawn wide.

gjest guest; (*besøkende*) visitor; (*i vertshus*) guest, patron; *ubuden* ~ unwelcome visitor; uninvited guest; **T** gate-crasher.

gjeste (*vb*) visit.

gjeste|bud banquet, feast. **-opptreden** guest performance. **-rolle** guest performance; *gi -r* give g. performances, appear as a guest; **US** guest star (at a theater). **-spill** guest performance.

gjeste|vennlig hospitable. **-vennskap** hospitality. **-værelse** spare bedroom.

gjestfri hospitable. **gjestfrihet** hospitality.

gjestgiver innkeeper, landlord. **-i** inn. **-ske** landlady.

gjete (*vb*) herd, tend; ~ *på* watch, keep an eye on.

gjeter(gutt) shepherd (boy).

gjetning guessing; guess, conjecture, surmise, guesswork.

gjetord report, rumour (,**US:** rumor).

gjette (*vb*) guess, conjecture, surmise; ~ *en gåte* solve a riddle; ~ *riktig (,galt)* g.right (,wrong); ~ *på* guess at, make a guess at; ~ *på at* guess that; *jeg -r på at det blir uavgjort (fotb)* I'm going for a draw; *jeg -r på at han er 40 år* I should put his age at 40; ~ *seg fram* proceed by conjecture, guess; ~ *seg til* guess.

gjev fine; splendid; **T** grand.

gjord *(rem om hestens kropp)* girth.

gjorde *vb (en hest)* girth.

gjær yeast; *flytende* ~ wet yeast; *(se ølgjær).*

gjærdeig yeast dough.

I. gjære: *i* ~ going on, brewing, in the wind.

II. gjære (*vb*) ferment, work; (*snekkeruttrykk*) mitre.

gjæring fermentation; (*snekkeruttrykk*) mitring.

gjærings|middel ferment. **-prosess** process of fermentation.

gjær|kasse (*snekkers*) mitre box. **-lås** fermentation lock. **-salt** yeast nutrient.

gjærnæringstablett yeast nutrient tablet.

gjæte (*vb*): *se gjete.*

gjæv *se gjev.*

gjø (*vb*) bark, bay (*på* at); *den hund som -r, biter ikke* barking dogs seldom bite; *-ende hoste* barking (*el.* hacking) cough.

gjø(de) (*vb*) fatten (up).

gjødning manuring; (*kunst-*) fertilizer.

gjødnings|middel, -stoff fertilizer.

gjødsel manure, dung; (*kunst-*) fertilizer. **-greip** dung fork. **-haug** dunghill, dungheap, manure heap.

gjødsle (*vb*) fertilize, manure.

gjøgl humbug, buffoonery.

gjøgle (*vb*) juggle; (*drive narrestreker*) play the buffoon. **-r** juggler; clown.

gjøglerstreker (*pl*) juggling tricks.

gjøgris fatted (*el.* fat *el.* fattening) pig, porker.

gjøing barking, bark.

gjøk: *se gauk.*

gjøkalv fatted (*el.* fattening) calf.

gjøn fun; *drive* ~ make fun (*med* of).

gjøne (*vb*) make fun, jest, joke.

gjøre (*vb*) **1**(*utføre, besørge*) do; **2**(*frembringe, foreta*) make (*fx* a fire, a journey); **3**(*bringe i en viss tilstand*) render, make (*fx* sby happy); **4**(*være av betydning*) matter; **5**(*forårsake*) do (*fx* do harm, do good); cause (*fx* cause sby grief, pain); **6**(*besøke som turist*) do (*fx* do Paris); **7**(*tilbakelegge*) do (*fx* do fifty miles an hour); **8**(*som gjentagelse av et vb*) do (*fx* «You don't work». – «Yes, I do!»); [*A: forb. m. subst; B: med «at»; adj; pron; adv; C: med vb; D: med prep & derav dannede adv*]

A [*forb. m. subst*] ~ *godt arbeid* do good work; ~ *sitt arbeid godt* do one's work well; ~ *en feil* make a mistake; ~ *forretninger* do business; *denne tallerkenen må ~ tjeneste som fat* this plate will have to do for a dish; (*For øvrig må uttrykk med subst søkes under disse, fx: avtale, begrep, figur, forsøk, gjerning, håp, mening, nytte, oppfinnelse, plass, plikt, regel, sak, skade, skam, tjeneste, uleilighet, umak, ære, ærend);*

B [*forb. m. «at», adj, pron & adv*] *dette gjør* **at** ... the result is that; *dette kan ~ at De blir* ... this may cause you to be ...; *dette har muligens gjort at* this may have had the effect that (*el.* of -ing); *dette gjorde at huset ble revet* this caused the house to be pulled down; *dette gjorde at han ble syk* this had the effect of making him ill; this made him ill; *han gjør ikke* **annet** *enn å skjenne* he does nothing but scold; he is always scolding; *det er ikke annet (for oss) å* ~ there is no alternative; *han gjør oss* **bedre** *enn vi er* he makes us out to be better than we are; ~ *sitt* **beste** do one's best; (*se også ndf (sitt)*); *det vil* ~ **det** (ɔ: *gjøre utslaget, etc*) that will do the trick; *kan ikke mindre ~ det?* can't you do with less? has it got to be as much as all that? ... *og det gjorde vi* and so we did; *men det gjør jeg ikke!* but I shall do nothing of the kind (*el.* no such thing)! *det gjør man ikke* that is not done; ~ *det bra* do all right (*fx* he is doing all right); *firmaet gjorde det dårlig (,godt)* *i fjor* the firm did badly (,well) last year; *han har gjort det godt* he has done well for himself; he has been successful; *han gjorde det godt på skolen* he did well at school; ~ *det godt igjen (forsones)* make it up (again); ~ *fast (mar)* make fast, belay; *(seil)* furl, stow; ~ *en noe* **forståelig** make sth clear to sby; ~ *seg forståelig: se ndf (seg); det gjør meg* **godt** it does me good; *nå skal det ~godt med et glass øl (spøkef)* a glass of beer seems indicated; *jeg gjør så godt jeg kan* I do *(el.* am doing) my best; *det var godt gjort!* (that's) well done! that's a good effort! **hva** *gjør det?* what does it matter? what difference does it make? what's the harm in that? *hva gjør vel det?* what does it matter? **T** who cares? *hva gjør det om han leser brevet?* where is the harm in his reading the letter? *hva har de gjort deg?* what have they done to you? what harm have they done you? *si meg hva jeg skal* ~ tell me what to do; *hva vil du jeg skal ~?* what do you want me to do? what would you have me do? *hva skal vi så ~ (gripe til)?* whatever shall we do next? *jeg visste ikke hva jeg skulle* ~ I did not know what to do; *han vet nok hva han gjør* he knows what he is about *(el.* what he is doing); *det gjør* **ingenting** *(el. ikke noe)* it does not matter; never mind! that's all right! *det gjør ingenting fra eller til* it makes no difference either way; it makes no odds; *han gjør det ikke* **lenge** he won't last long; *det var* **lumpent** *(,pent) gjort* it was a mean (,fine) thing to do; *dette gjør* **meget** *til å forbedre stillingen* this does a great deal to improve the position; this goes a long way towards improving the p.; *ikke så meget at det gjør noe* nothing worth mentioning; **T** nothing to write home about; *det gjør ikke* **noe:** *se ovf (ingenting); det gjør vel ikke noe?* I hope it's all right? *det kan vel ikke ~ noe om vi forteller ham det?* there can be no harm in telling him; *han har aldri gjort deg noe* he has never done you any harm; *ikke snakk, men gjør noe!* stop talking and do sth; stop talking and get on with it; ~ *noe av seg: se D (av);* ~ *en* **oppmerksom** *på noe* call sby's attention to sth; point sth out to sby; *du gjorde* **rett** *i å være på vakt* you were right to be on your guard; *det gjorde du rett i* you did well; you were right; ~ **seg 1***(ta seg godt ut)* look well, have a good effect, make a good show; **2***(gjøre lykke)* be a success; *det gjorde seg ikke* it was no success; **T** it cut no ice; *(se også D (av));* ~ *seg bebreidelser* reproach oneself; ~ *seg bedre enn en er* pretend to be better than one is, make oneself out (to be) better than one is; ~ *seg et ærend* feign an errand; ~ *seg forståelig (el. forstått) (for en)* make oneself understood (to sby); *de kunne ikke ~ seg forstått for hverandre* they could not make themselves mutually understood; ~ *seg til* put on airs, give oneself airs; ~ *seg til gode med* regale oneself with *(fx* a cigar); ~ *seg til herre over* make oneself master of *(fx* the whole country); ~ **sitt** do one's best; do all in one's power; *jeg skal ~ mitt* I'll do my part *(el.* share); **T** I'll do my bit; ~ *sitt til* play one's part *(fx* cheap power has played its part in developing this industry); *dette gjør sitt til å* ... this tends to; ~ *sitt ytterste* spare no effort, exert oneself to the utmost; ~ **stort** *(om barn)* do one's duty, do number two; do big jobs; *det gjør ikke stort* it does not greatly matter; *det gjør ikke stort fra eller til* it does not make much difference either way; *det gjør hverken fra eller til: se D (fra);* ~ **vondt** hurt; *det gjør vondt* it hurts; *det gjør vondt i foten (min)* my foot hurts; *(uttrykk med andre adj må søkes under disse, fx bemerket, blid, frisk, gal, gjeldende, kjent, klok, latterlig, vel);*

C *[forb. m. verb] det* **blir** *ikke gjort* it doesn't get done; **få** *en til å ~ noe* make sby do sth, get sby to do sth; persuade sby to do sth; *få det gjort* get it done *(el.* finished); get it off one's hands; *det får han aldri gjort* he'll never get that done; he'll never get through that work *(el.* job); *få gjort mye* get through a lot of work; get a lot of w. done; get a lot of w. off one's hands; *jeg fikk gjort en hel del i dag* I got through a lot of work today; **gjort** *er gjort* what's done cannot be undone; *men gjort var gjort* however, the deed was done; **ha** *noe å ~* have sth to do; *jeg har noe å ~, jeg har noe jeg skal ha gjort* I have some work to do; *vi har fullt opp å* ~ we are very busy; we have our hands full; *jeg har ikke noe særlig å* ~ I have nothing in particular to do; *ha meget å* ~ be very busy, have a lot of work to do, have a great deal to do; *jeg har altfor meget å* ~ **T** I have too much on my plate; *ha mindre å* ~ be less busy; *søndag har jeg minst å* ~ Sunday is the day when I am least busy; *ja, du har nok å* ~ you've got your hands full; you've got your work cut out for you; *ha å ~ med: se D (med); du* **kunne** *ikke ~ noe bedre* you could not do better; *vi kunne ikke ~ annet enn å vente* there was nothing for us to do but wait; there was nothing for it but to wait; *det* **lar** *seg (ikke)* ~ it can(not) be done *(el.* arranged); *så godt det lot seg* ~ as well as in any way possible; *så vidt det lot seg* ~ as far as possible; to the greatest possible extent; ~ *og late som en vil* do whatever one likes; *det* **må** *-s* it must be done; *det må du gjerne ~!* by all means, do! *gjør som det blir sagt!* do as you are told! *det er lite å* ~ there is not much to do; *(merk)* trade is slack; *det er lite å ~ i tekstilbransjen* there is little doing in textiles;

D *[forb. m. prep og derav dannede adv]* ~ *det* **av** *med ham* dispose of him, account for him, finish him off; **T** settle his hash; *(drepe)* do away with him; **T** do him in; *hvor har du gjort av boka?* where have you put the book? what have you done with the book? ~ *for meget av det gode* overdo it *(fx* he has overdone it); *hvor har han gjort av seg?* what's become of him? where has he gone? *jeg visste ikke hvor jeg skulle ~ av meg* I did not know what to do with myself; I did not know where to turn; ~ *meget av (gjøre stas av)* make much of; *(sterkere)* make a great fuss of; *(se også ndf (ut));* ~ *meget av seg* be effective, produce a marked effect; ~ *ekstra meget av seg* be especially effective, make an exceptionally good show; ~ *noe av seg* show (up)to advantage, appear to a.; look well, have a good effect, make a good show; ~ *noe* **etter** imitate sth, copy sth; *jeg kan ikke* ~ **for** *det* it is not my fault; I cannot help it; *jeg kan ikke~ for at han er ...* I cannot help his being ...; it is not my fault that he is; *han gjør meget for sine venner* he does a lot for his friends; *det gjør hverken* **fra** *eller til* it makes no difference (either way); it makes no odds; *jeg kan ikke innse at det gjør noe fra eller til* I don't see that it makes any odds; ~ **i** *buksen* dirty one's pants; ~ *i stand rommet sitt* do one's room; ~ *ham* **imot** cross him; act against his wishes; *når du får* **med** *ham å ~* when you get to do with him; *du skal få med meg å ~!* you'll catch it from me! *ha å ~ med* have to do with, deal with, have dealings with *(fx* a firm); be up against *(fx* a strong man); *alt som har med ... å ~* everything connected with; **T** everything to do with; *det har noe med*

... *å* ~ it has (,**T:** is) sth to do with; *det har ikke noe med saken å* ~ it is totally irrelevant; it is not to the point at all; it has nothing to do with the case; *jeg har nok å* ~ *med å* ... I have my work cut out to; *(se også: ha B (med)); alt hva du gjør* **mot** *andre* all that you do to others; *gjør mot andre som du vil at de skal* ~ *mot deg* do as you would be done by; *(«Likte du deg der?»)* – *«***Om** *jeg gjorde!»* I should (jolly well) think I did! *(se III. om);* ~ *høyre om* turn right; ~ *om i penger* turn into cash; ~ *noe om igjen* do sth again, do sth (all) over again; ~ *om en brøk* invert a fraction; ~ *om til (forandre)* alter *(el.* convert) into; *(regne om til)* convert into; *gjøre om til nektende form (gram)* put *(el.* turn) into the negative (form); *det er om å* ~ it is important; *det er om å* ~ *for oss å...* we are anxious to; *det er meg meget om å* ~ *at du skal lese brevet* I am very anxious that you should read the letter; *er det så meget om å* ~ *(ɔ: så viktig)?* is it of such importance? is it so terribly important? is it so vital? *det er meg ikke så meget om å* ~ I do not greatly care; *det er bare om å* ~ *å holde balansen* it is only a question of keeping one's balance; ~ **opp** settle (up); **T** square up; *(fig)* fight it out; ~ *opp et bo* wind up an estate; ~ *opp kassen* balance the cash; ~ *opp vårt mellomværende (også fig)* settle our account; ~ *opp noe i minnelighet* settle sth amicably; *(jur)* settle sth out of court; ~ *opp et regnskap* settle *(el.* square) an account; *(avslutte)* make up *(el.* balance) accounts; ~ *opp status* strike a *(el.* the) balance; draw up a balance sheet; *(fig)* take stock *(fx* of one's life); ~ *opp varme* light a fire (in the stove), make a fire; ~ **opp med** *en* settle (accounts) with sby; **T** get square with sby; *(fig)* have it out with sby, settle (accounts) with sby; **T** settle sby's hash; ~ *opp med seg selv* have it out with oneself; ~ *opp med sin egen samvittighet* ransack one's own conscience; settle sth with one's own c.; *det var gjort* **på** *et øyeblikk* it was the work of a moment; ~ *en* **til** *noe* make sby sth *(fx* m. him a bishop); ~ *en til sin fiende* make an enemy of sby; *han er på langt nær så rik som man gjør ham til* he is not nearly as rich as he is made out (to be); ~ *en tanke til sin* adopt an idea; *ikke stå der og gjør deg til!* come off it! stop pretending! ~ *noe* **unna** get sth done, get sth out of the way, finish sth; ~ *en presedens* **ut** *av det* turn it into a precedent; ~ *for meget ut av noe* make too much of sth; *jeg må få gjort* **ved** *sykkelen min* I must have my bicycle seen to; *hva kan man~ ved det?* what can one do about it? *det er ikke noe å* ~ *ved (det)* there is nothing to be done about it; there is nothing one can do about it; *(det kan ikke unngås)* there is no help for it; it cannot be helped; there it is! *det er ikke mer å* ~ *ved det* there is nothing more to be done about it; *du skulle* ~ *noe ved den forkjølelsen* you ought to do sth about that cold of yours; *(se I. få; II. stå B: han har mye å* ~ *i; sørge:* ~ *for at det blir gjort).*

gjøremål business, duties, doings, task(s); *det var mange* ~ *på gården som krevde hans oppmerksomhet* there were a number of tasks on the farm that demanded his attention.

gjørlig practicable, feasible.

gjørme mire, mud, dregs. **-t** turbid, muddy, miry.

I. gjørs *(fisk)* zander.

II. gjørs *(vb):* ~ *på noe* do sth on purpose *(el.* in defiance); make a point of doing sth.

gjørtler brazier.

gjøs *(mar)* jack.

glad glad, happy, joyful, joyous, cheerful; ~ *i* fond of; *han er* ~ *i pengene sine* he is very attached to his money; *jeg er* ~ *jeg slapp helskinnet fra det* I was glad to get off unhurt; ~ *over å høre om det* glad to hear of it; *jeg er like* ~ I don't care; *gjøre seg en* ~ *dag* make a day of it; *(se giver).*

gladelig gladly, cheerfully; *han ville* ~ *betale* ... he would not think twice about paying *(fx* 50p for a cigar).

gladiator gladiator.

glam *(hunde-)* baying.

glamme *(vb)* bay, bark.

glane *(vb)* stare, gape *(på* at).

glans lustre; gloss; *(stråle-)* brilliance, radiance; *(prakt)* splendour (,**US:** splendor), glory; *kaste* ~ *over (fig)* lend lustre to; *han kaster* ~ *over sin skole (også)* he is an honour to his school; *klare seg med* ~ come out with flying colours; *ta -en av (også fig)* take the shine out of; *vise seg i all sin* ~ appear in all one'sglory.

glansbilde scrap; *(fig)* picture postcard.

glans|løs lustreless, lack-lustre; *(matt, trist)* dull, dead. **-løshet** dullness, deadness. **-nummer** star turn; main attraction, high point. **-papir** glazed paper. **-periode** golden age; zenith *(fx* the z. of the Roman Empire); *(persons)* palmy days. **-rolle** star part, best part; **US** star role. **-tid:** *se -periode.*

glasere *(vb)* glaze; *(overtrekke med sukker)* ice; **US** frost.

glass glass; *(ølglass)* tumbler; *(mar)* bell; *slå seks* ~ strike six bells; *sette i* ~ *og ramme* frame and glaze; *et* ~ *vann* a glass of water.

glassblåser glassblower.

glasshus: *en skal ikke kaste stein når en selv sitter i* ~ those who live in glass houses should not throw stones.

glass|håndkle tea towel, tea cloth. **-kuppel** lamp globe. **-maleri** stained-glass painting; stained-glass picture. **-manet** jellyfish. **-mester** glazier. **-perle** glass bead. **-skår** fragment of glass; *(pl)* broken glass. **-tøy** glassware. **-vatt** glass wool. **-verk** glassworks, glass factory. **-øye** glass eye. **-ål** *(zool)* elver; *(se ål).*

glasur glaze; *(sukker-)* icing; **US** frosting.

glatt smooth *(fx* surface); *(om hår)* straight, sleek; *(uten mønster)* plain *(fx* ring); *(slik at man glir)* slippery; *(slesk)* smooth, oily; ~ *som en ål* (as) slippery as en eel; *han har en* ~ *tunge* he has a glib tongue; *gå* ~ *(fig)* go without a hitch, go (off) smoothly; *alt gikk* ~ *(også)* everything was running smoothly; *gi ham det -e lag (fig)* let him have it.

glattbarbert clean-shaven, close-shaven, smooth -shaven; *(se nybarbert).*

glatte *(vb)* smooth; ~ *over* gloss over *(fx* facts); ~ *ut* smooth out, iron out *(fx* the differences between the parties).

glatt|het smoothness; straightness, sleekness; plainness; slipperiness; oiliness. **-høvel** smoothing plane. **-høvle** *(vb)* plane smooth. **-håret** sleek-haired; *(om hund)* smooth-haired, straight -haired. **-is** icy surface; *lokke ham ut på -isen (fig)* get him out on thin ice; set a trap for him. **-kjemme** *(vb)* comb neatly *(fx* c. one's hair n.). **-kjøringsbane** *(øvingsbane for glattkjøring)* skidpan. **-løpet** *(gevær)* smooth-bore. **-raket** clean-shaven, close-shaven, smooth-shaven. **-slepet** polished, ground. **-slikket** *(om person)* sleek, smooth; ~ *hår* sleek hair.

I. glede *(subst)* joy, delight, pleasure; *bordets -r* the pleasures of the table; *alt var idel* ~ everything was sheer joy; *det er meg en* ~ *å* I am happy to, it gives me pleasure to; *ute av seg av* ~ beside oneself with joy; *gråte av* ~ weep for joy; *finne* ~ *i* delight in, take pleasure in; find pleasure in; *jeg har ingen* ~ *av det* it gives me no satisfaction; *med* ~ with pleasure, gladly; *til stor* ~ *for* to the great delight of; *jeg ser med* ~ *av Deres brev at* ... I note with pleasure from your letter that...; I am pleased to note from your letter that ...; *(se også II. glede: det -r oss å se av Deres brev at ...).*

II. glede *(vb)* please, delight, make happy, gratify; *det -r meg å* I am glad to; *det -r oss å se av Deres brev at* ... we are pleased to learn *(el.* note *el.* see) from your letter that...; we are gratified to see from your l. that; *det ville* ~ *oss å høre Deres mening om dette omgående* we should be glad *(el.* pleased) to have *(el.* hear) your views on this by return (of post); *det -r meg at* I am glad that; ~ *seg over* rejoice at; ~ *seg til* look forward to *(fx* I am looking forward to coming).

gledelig joyful, joyous, glad, gratifying, pleasant; *en* ~ *begivenhet* a happy event; ~ *jul* a merry Christmas. **-vis** happily.

gledeløs joyless, cheerless, dreary.

gledes|bluss bonfire. **-budskap** glad tidings. **-dag** day of rejoicing. **-dans** dance for joy; *oppføre en* ~ dance for joy. **-dreper** kill-joy, sour-face; **T** wet blanket; *(især* **US**) sourpuss. **-pike** prostitute; **T** pro. **-rus** transport of joy. **-skrik** shout of joy. **-tegn** token of joy.

gledestrålende beaming *(el.* radiant) with joy.

gledestårer *(pl)* tears of joy.

glefs snap. **-e** *(vb)* snap *(etter* at); ~ *i seg* bolt, wolf *(fx* one's food).

glemme *(vb)* forget; *(utelate)* omit, leave out; *jeg har glemt hans navn* I forget his name; *jeg har helt glemt det* it has quite slipped my memory; I've quite forgotten; *det hadde jeg rent glemt* I quite forgot that; ~ *bort noe* forget sth completely; **T** clean forget sth; ~ *igjen* leave (behind) *(fx* leave one's umbrella on the bus; the luggage was left behind); ~ *seg* forget oneself.

glemmeboka: *gå i* ~ be forgotten, sink into oblivion.

glemsel oblivion, forgetfulness; *synke i* ~ sink into oblivion; *være dekket av -ens slør* be buried in (the dust of) oblivion; *-ens slør har forlengst senket seg over denne begivenheten* this event sank into the mists of oblivion long ago.

glemsom forgetful, absent-minded.

glemsomhet forgetfulness, absent-mindedness.

glente *(zool)* kite.

gletsjer glacier.

I. gli *(subst): få på* ~ set going, help *(fx* sby) to get started.

II. gli *(vb)* slide, glide; *(om hjul)* skid; ~ *bort fra hverandre (fig)* drift apart; *ord som har -dd inn i språket* words that have become part and parcel of the language; ~ *lett inn i et selskap* be a good mixer; ~ *ned (bli svelget)* go down; *disse sokkene -r ned hele tiden* these socks keep slipping down; *la fingrene* ~ *over en flate* run one's fingers over a surface; *la blikket* ~ *over* run one's eye over; ~ *over i* merge into; slide *(el.* pass) into, gradually become; ~ *tilbake* slide back; *(fig)* lapse.

glide|flukt glide; volplane; *gå ned i* ~ glide down; volplane. **-fly** glider.

glide|lyd *(fon)* glide. **-lås** zip fastener; **US** zipper. **-skala** sliding scale.

glimmer *(min)* mica.

glimre *(vb)* glitter; *(fig)* shine; *det er ikke gull alt som -r* all that glitters is not gold; all is not gold that glitters; ~ *ved sitt fravær* be conspicuous by one's absence.

glimrende brilliant, splendid, excellent.

glimt gleam; *(flyktigblikk)* glimpse; *(av lyn el. fyr)* flash; *få et* ~ *av* catch a glimpse of; *han fikk et vennlig* ~ *i øynene* his eyes twinkled in a friendly way. **glimte** *(vb)* gleam, flash.

glinse *(vb)* glisten, shine.

I. glipe *(smal åpning)* opening, crack.

II. glipe *(vb)* come apart *(fx* at the seams), come undone; gape; ~ *med øynene* peer.

glipp: *gå* ~ *av* lose, miss, fail to obtain; *jeg gikk* ~ *av den første delen av talen hans* I missed the first part of his speech.

I. glippe *(vb)* slip (away), slip out of one's grasp; *(om ski: gli bakover)* slide backwards *(fx* the skis slide backwards on a slope if they have been wrongly waxed); *det glapp ut av hendene på meg* it slipped out of *(el.* from) my hands; it slipped through my fingers; *hemmeligheten glapp ut av ham* he let the secret slip out.

II. glippe *vb (med øynene)* blink.

glis grin; *(hånlig)* sneer. **glise** *(vb)* grin; *(hånlig)* sneer.

glissen 1. sparse, thin; widely scattered, far apart; **2.** cracked; draughty.

glitre *(vb)* glitter, sparkle.

glitte *(vb)* glaze, calender.

I. glo *(subst)* live coal, ember; *-en på en sigarett* the light of a cigarette.

II. glo *(vb)* stare, gaze, gape *(på* at).

global global; *i* ~ *sammenheng* in a world sense.

globus globe.

gloende *(glødende)* glowing, red-hot; *sanke* ~ *kull på hans hode* heap coals of fire on his head; ~ *rød* flaming red, fiery red.

glo|het *(adj)* scorching hot; *(rødglødende)* red -hot, burning hot. **-hete** red heat.

gloret *(gild)* gaudy, glaring.

glorie halo, nimbus. **glorverdig** *(spøkef)* glorious.

glorød fiery red.

glose word; *oppgitt* ~ word provided *(fx* 3 words are p. in this translation); *han greier ikke å nyttiggjøre seg oppgitte -r og uttrykk* he can't manage to make use of words and expressions that are given. **-bok** notebook. **-forråd** vocabulary. **-prøve** vocabulary test *(fx* English v. t.).

glossar glossary.

glugg *(adv): vi koser oss* ~ *i hjel* **T** we're having the time of our lives; *le seg* ~ *i hjel* **T** die *(el.* be dying) with laughter, split (one's sides) with l., laugh until one's sides ache; *(også* **US**) laugh oneself sick.

glugge peep-hole; *-r (øyne)* **T** peepers.

glupende ravenous, voracious *(fx* appetite).

glupsk greedy, ravenous, voracious; *(om rovdyr)* ferocious, fierce. **-het** ravenousness; ferocity.

glykose glucose; grape sugar.

glyserin glycerine.

glød *(subst)* **1.:** *se glo;* **2***(fig)* glow.

gløde *(vb)* make red-hot; glow; *(fig)* burn *(av* with).

glødelampe incandescent lamp.

glødende red-hot; glowing; *(fig)* ardent.

glødetråd *(i glødelampe)* filament.

I. gløgg *(subst)* mulled claret.

II. gløgg *(adj)* smart; shrewd.

gløtt (fleeting) glimpse; rift (in the clouds); *få et* ~*av* catch a glimpse of; *på* ~ ajar, open just a crack *(fx* he left the window open just a crack); on the latch *(fx* leave the door *(el.* the window) on the l.); *sette på* ~ set ajar; leave *(fx* the door) on the latch; *døra sto på* ~ *(også)* the door was pushed to.

gnage *(vb)* gnaw.

gnager *(zool)* rodent.

gnaske *(vb)* crunch, munch.

gneis gneiss.

gneldre *vb (bjeffe)* yelp; yap, bark. **-bikkje** *(neds)* yelping dog.

gni *(vb)* rub; ~ *seg i hendene* rub one's hands.
gnidder cramped writing.
gnidning rubbing; friction.
gnidningselektrisitet frictional electricity.
gnidningsmotstand friction.
gnidre *(vb)* write a cramped hand. **-t** cramped, crabbed.
gnidsel: *se gnissel.*
gnier miser, skinflint; **US T** tightwad.
gnieraktig niggardly, stingy, miserly.
gnieraktighet, gnieri niggardliness, stinginess, miserliness.
gnikke *(vb):* ~ *på fela* scrape *(el.* saw) away at the fiddle.
gnisninger *pl (fig)* friction; *de hadde ekteskapelige* ~ *av den grunn* they had some family friction (**,T:** a family row) over it.
gnisse *(vb)* creak, squeak; ~ *mot noe* be rubbed against sth.
gnissel: *gråt og tenners* ~ weeping and gnashing of teeth.
gnist 1. spark; **2***(fig)* spark; trace; *(stivt)* vestige; **3. T***(telegrafist)* sparks; *vekke en* ~ *av begeistring* rouse a spark of enthusiasm; ~ *av håp* ray of hope; *han har mistet -en* the spark has gone out of him; *slå -er av* strike sparks from.
gnistre *(vb)* sparkle; *hans øyne -t av sinne* his eyes flashed with anger.
I. gnu *(slags antilope)* gnu, wildebeest.
II. gnu *(vb)* rub; ~ *på skillingen* be miserly, be stingy.
gny din, clamour (**,US:** clamor).
gnål fussing; nagging; importunities.
gnåle *(vb)* fret, fuss, nag; ~ *om noe* **T** go on about sth; ~ *på det samme* harp constantly on the same thing; *(se plate).*
god 1*(gunstig, nyttig, formålstjenlig)* good *(fx* a g. quality); *-e gamle dager* the good old days; *-e nerver* good *(el.* sound *el.* steady) nerves; *skrivemaskinen er fremdeles* ~ the typewriter is still quite usable; *-e tider* prosperous times; *-t og ondt* good and evil; *det -e og det onde som fins i menneskene* the good and the evil that are in mankind; *finne for-t å* choose to; think fit *(el.* proper) to; see fit to; *for meget (el. mye) av det -e* too much of a good thing; *gjøre for meget av det -e* overdo it *(fx* he's overdone it); *få -t av* have the benefit of; *gjøre det -t igjen 1.* make amends for it; *(stivt)* repair the omission; 2*(forsones)* make it up (again); *ha -t av* benefit by, derive benefit from; *det har han -t av* that will do him good; *det har du -t av!* serves you right! *nyte -t av* derive benefit from; profit by *(el.* from); *hva skal det være -t for?* what is the good of that? *dette er bare -t* this is all to the good; *det er -t at* it is a good thing that; *som -t er* which is fortunate (for us, *etc); T* and a good job too! *intet er så -t som* there is nothing like; *de kan være meget -e hver for seg* they have both (,all of them have) got their points; *han er* ~ *for (om det økonomiske)* he's worth; he's good for; *gå* ~ *for (kausjonere)* stand security for; *(garantere for)* guarantee; *vise folk hva man er* ~ what one is capable for *(ɔ: hva man duger til)* show people what one can do *(el.* of); show one's paces; **2***(lett)* easy; *det er -t å se* it is easy to see; *det er ikke -t å si (,vite) om* it is hard to say (,tell) whether; **3***(rikelig, rundelig): -e lommepenger* a good spending allowance; adequate pocket money; ~ plass plenty of room; *en* ~ *mil* a good *(el.* full) mile; *-t og vel* fully, well over, rather more than; **4***(på det nærmeste): så -t som* nearly, almost, as good as, next to, practically; *det er så -t som avgjort* it is practically *(el.* all but) settled; *så -t som ingen* scarcely any; **5***(om det sannsynlige): det er -t mulig at...* it is just possible that; **6***(andre uttrykk): jeg holder meg for* ~ *til å gjøre slikt* I am above doing such a thing; *ta ham med det -e* use kindness; try persuasion; *man må ta ham med det -e (også)* he won't be driven; **vær så** ~! *(ofte intet tilsvarende uttrykk på engelsk; når man rekker en noe):* here you are, sir (,madam); *(når det inviteres til bords)* dinner (,breakfast, *etc)* is ready; *(når man gir tillatelse til noe)* you are quite welcome; (ɔ: *ja, så gjerne)* by all means; *vær så* ~ *å forsyne Dem* help yourself; do take some (,one, *etc); vær så* ~ *å ta plass* please take a seat; *er eggene -e ennå?* are the eggs still all right? *de er like -e om det* one is as much to blame as the other; *det er -t nok, men* ... that is all very well, but ...; *for -t* for good, permanently; ~ *og sint* good and angry; *jeg ønsker Dem alt -t* I wish you every happiness; *(se også godt (adv); dag & meget).*
god aften! good evening!
godartet benign, mild.
godbit 1*(lekkerbisken)* titbit; **US** tidbit; **2***(fig)* goody *(fx* this passage contains some real goodies).
god dag! good morning! good afternoon! *(ved presentasjon)* how do you do?
gode *(subst)* good; benefit *(fx* material benefits); blessing; *det høyeste* ~ the supreme good; *til* ~ due; *han har ett års hyre til* ~ he has one year's pay due; *det beløp jeg har til* ~ the amount due *(el.* owing) to me; the a. to my credit; the balance in my favour; *gjøre seg til* ~ *med en sigar* indulge in a cigar; *det kom meg til* ~ *at jeg hadde* ... I benefited from having; it stood me in good stead that I had ...; *(jvf god).*
godeste: *du* ~! good gracious!
godfjott foolishly good-natured person; simpleton; *(se dott).*
godgjørende beneficient, charitable.
godgjørenhet beneficence, charity.
godhet goodness; kindness; *fatte* ~ *for* take a liking to; *ha den* ~ *å* be so kind as to, have the goodness to.
god|hetsfullt kindly. **-hjertet** kind-hearted. **-hjertethet** kind-heartedness.
godkjenne *(vb)* sanction, approve (of), endorse; o.k. *(fx* the report was o.k.'d by Mr. X); *ikke* ~ *et krav* disallow a claim.
god|kjennelse sanction, approval. **-lag:** *være i* ~ be in high spirits. **-lyndt** friendly, good-natured, likeable. **-låt** *(fra baby)* (contented) gurgling. **-modig** good-natured. **-modighet** good nature.
gods 1*(varer)* goods; *avdeling for ankommende (,utgående)* ~ *(jernb)* inwards (,outwards) office; **2.** landed property; estate *(fx* he has an estate in Scotland).
gods|befordring conveyance of goods; goods traffic; **US** freight transportation; freight traffic. **-betjent** *(jernb)* goods clerk. **-eier** estate owner; landowner; *(lett glds)* gentleman farmer; *(hist)* landed proprietor; squire. **-ekspedisjon** *(jernb)* **1.** goods (**,US:** freight) service; **2***(lokalet)* (goods) forwarding office, goods office, parcels office; **US** freight office; *bestyrer av* ~ goods agent. **-forvalter** land agent, steward. **-hus** goods shed, goods depot; **US** freight shed *(el.* house). **-husbetjent** *se -betjent.* **-håndtering** goods handling. **-kontrollør** goods manager.
godskrift: *til* ~ *på min foliokonto nr. 86* to the credit of my Current Account no *(el.* No.) 86.
godskrive *(vb)* credit; ~ *meg beløpet* place the amount to my credit, credit me with the a., credit my account with the a.
godslig good-natured.
godsnakke *(vb)* speak gently, coax; *det måtte*

meget godsnakking til før han samtykket **T** he took a lot of coaxing.

gods|rampe (un)loading platform, goods-shed p. **-skiftetomt** freight marshalling yard. **-spor** goods track, goods line; *(sidespor)* goods (,**US:** freight) siding. **-stasjon** goods station; **US** freight depot. **-tog** goods train; **US** freight train; *skiftende ~* slow goods train; *(se tog 1).* **-tomt** goods (,**US:** freight) yard. **-trafikk** goods traffic, carrying traffic; **US** freight traffic; *gjennomgående ~* goods in transit. **-tykkelse** material thickness; *sveise og skjære -r på inntil henholdsvis 8 og 50 mm* weld material thicknesses up to 8 mm and cut items up to 50 mm thick. **-vogn 1.** goods wagon; **US** freight car; *(åpen)* (open) truck; *(lukket)* goods van; **2**(*bagasje-)* luggage van; **US** baggage car.

godt *(adv)* well *(fx* the goods are well packed); *det begynner ~ (iron)* that's a nice start, I must say! *jeg har det ~* I'm (very) well; I'm all right; *ha det ~!* good luck! take care of yourself! *(mor deg)* have a good time! *de dumme har det ~!* if you're daft (*el.* stupid) enough, you can get away with it! just act stupid and you'll be all right! *gå ~* go well; turn out well; *det kommer ~ med* it's welcome; *kort og ~* in short; in so many words *(fx* he told me in so many words that ...); *han er, kort og ~, i unåde* the short of it is, he's in disgrace; *han svarte kort og ~* he answered briefly and to the point; *jeg kan ~ forstå at* I (can) quite understand that...; *det kan ~ være* that may well be (the case); maybe; *jeg kunne ikke ~ gjøre noe annet* I could not very well do otherwise; *det lukter (,smaker) ~* it smells (,tastes) good (*el.* nice); *mene det ~ med en* mean well by (*el.* towards) sby; *de mente det ~ med ham (også)* they meant to do their best for him; *se ~ ut* be good-looking; *(helsemessig)* look fit; *han sitter ~ i det* he's well off (*el.* well to do); *sove ~* sleep well; *(trygt)* sleep soundly, be sound asleep, be fast asleep; *sov ~!* sleep well; *du vet ~ at ...* you know very well that; *~ og vel* rather more than, fully, quite; *~ og vel to engelske mil* a good two miles; *(se også god).*

godta *(vb)* accept; pass; admit *(fx* a claim); *(godkjenne)* approve; *oppnå å få -tt en idé (også)* sell an idea.

godtagelse acceptance; *(godkjenning)* approval.

godte *(vb): ~ seg over* (ɔ: *være skadefro pga.)* gloat over (*el.* on) *(fx* she gloats over my misfortune).

godter *(slikkerier)* sweets; goodies; **US** candy, *(knask)* nibbles; snacks.

godtfolk (good) people; *hvor ~ er, kommer ~ til* birds of a feather flock together.

godtgjøre *(vb)* **1**(*erstatte): ~ et tap* make good aloss, indemnify *(fx* sby) for a loss; *(refundere)* refund; reimburse *(fx* sby for his expenses); *jeg vil ~ Dem alle Deres utlegg* I will refund you all your outlays; *(som prisavslag)* allow *(fx* we are willing to allow you 9p per yd.), make *(fx* sby) an allowance *(fx* of 9p per yd.). **2**(*bringe på det rene)* establish; **3**(*bevise)* prove.

godtgjørelse **1**(*prisavslag, innrømmelse)* allowance; *(reise-)* travelling a.; *(tilbakebetaling)* refund(ment) *(fx* make sby a £10 refund; the refundment of such outlays is out of the question); *forlange en ~* claim an a.; *yte en ~* make an a.; **2**(*erstatning)* compensation; **3**(*lønn, betaling)* remuneration; *(honorar)* fee; *han ville gjøre hva som helst mot en ~* he would do anything for a consideration; **4**(*det å bringe på det rene)* establishment; **5**(*bevis)* proof.

godtkjøp bargain; *varer til ~* goods at bargain prices.

godtkjøps|roman novelette. **-salg** bargain sale. **-vare** cheap article.

godtroende credulous, gullible, naïve, too confiding.

godtroenhet credulity, gullibility, naïveté.

godvenner: *være ~ med en* be hand in glove with sby; *gjøre seg ~ med en* make friends with sby.

god|vilje goodwill; *legge -n til* do one's best. **-villig** *(adv)* voluntarily.

godvær fair weather; *i ~* on fine days.

gold barren, sterile; *(om kyr, også)* dry; *(bot)* neuter.

goldhet sterility, barrenness.

I. golf *(bukt)* gulf.

II. golf *(spill)* golf. **-bane** golf links.

Golfstrømmen the Gulf Stream.

golv: *se gulv.*

gom, gomme gum.

gomle *(vb): ~på noe* munch sth.

gondol gondola; *(til ballong)* basket, car.

gondolfører gondolier.

gongong gong.

gonoré gonorrh(o)ea; **T** the clap.

gople *bot (storklokke)* giant campanula.

gordisk Gordian; *løse den -e knute* cut the Gordian knot.

gorilla *(zool)* gorilla.

goro [a kind of wafer baked on a patterned, rectangular iron].

goter Goth.

gotikk Gothic (style).

gotisk Gothic; *-e bokstaver (fraktur)* black letter; German type; *(skrevet)* German hand.

gourmet gourmet.

grad degree; *(rang)* rank, grade; *termometeret viser 8 -ers kulde* the thermometer shows 8 degrees below freezing (*el.* below zero); *offiserer av høyere ~ enn major* officers above the rank of major; *i den ~* to such a degree; *i den ~ at ...* so much so that ...; *i høy ~* highly, in (*el.* to) a high degree; in a large (*el.* great) measure, largely, greatly; *noe som i høy ~ har lykkes* and this has been highly successful; *i hvor høy ~* to what extent; *i høyeste ~* in the highest degree, most, exceedingly, extremely; *i samme ~ som* in proportion as *(fx* national income will increase in p. as peace is restored); *i stadig stigende ~* to an ever-increasing extent; to a growing extent; more and more; *til en viss ~* in some measure; up to a point; to some extent; to a certain extent; *(se stadig).*

gradasjon gradation; *(gradinndeling)* graduation.

grad|bue graduated arc. **-bøye** *(gram)* compare *(fx* an adjective). **-bøyning** comparison. **-ere** *(vb)* graduate; *(etter kvalitet, etc)* grade; *(sikkerhets-)* grade (for security); classify. **-ering** graduation; grading; *(sikkerhets-)* grading (for security); classification. **-estokk** thermometer.

grad|inndeling graduation. **-måling** measurement of degrees. **-sbetegnelse** rank, title *(fx* a list of ranks within the police force; the Customs ranks). **-sforskjell** difference of (*el.* in) degree; *det er bare en ~* the difference is only one of degree. **-vis** *(adj)* gradual; *(adv)* gradually, by degrees.

grafiker graphic artist.

grafikk prints; graphic art(s).

grafisk graphic; *en ~ fremstilling* a graph, a chart, a graphic representation.

grafitt graphite.

grafolog graphologist. **-i** graphology.

grahambrød graham bread; *(se brød).*

grafse *(vb): ~ til seg* grab; be out for everything one can get; line one's pockets; *alle -r til seg det de kan (få tak i)* they are all out for

g

grammatikk

'It ain't necessarily so . . .'

TRICKY TALES

There are even grammatical differences between British and American English.

British English	American English
I've just seen her	*I just saw her*
Have you seen the programme?	*Did you see the program?*
Have you got a new car?	*Do you have a new car?*
He isn't at home	*He ain't home*

everything they can get; people are out for everything they can get; *(jvf II. hale).*

gram gram, gramme.

grammatikalsk grammatical. **grammatiker** grammarian. **grammatikk** grammar. **grammatikkparagraf** grammar section; *de fikk noen -er i lekse* they were given some grammar sections to prepare.

grammatisk grammatical.

grammofon gramophone; **US** phonograph. **-plate** gramophone record *(el.* disc). **-stift** gramophone needle.

gran *bot (tre)* spruce, spruce-fir; **T** fir; *(merk)* white-wood; *snøtunge -er* snow-laden spruces.

granat **1***(edelsten)* garnet; **2***(frukt)* pomegranate; **3***(mil)* shell; *(mindre)* grenade. **-eple** pomegranate. **-splint** shell splinter.

granbar sprigs of spruce.

grand *(i bridge)* no-trump; *gjøre storeslem i ~* score a grand slam in no-trump.

grangivelig *(adv)* exactly, precisely; *~ som om* exactly *(el.* for all the world) as if.

grandios grandiose.

grandonkel grand- *(el.* great-)uncle.

granitt *(min)* granite. **-brudd** granite quarry.

grankongle *(bot)* spruce cone; **T** fir cone.

I. grann *(liten smule)* bit, atom, (smallest) particle; *hvert ~* every last bit; *ikke det ~* not the slightest bit; *jeg var ikke det ~ redd* I wasn't a bit scared; *ikke det skapende ~* absolutely nothing.

II. grann *(adj)* slender; *(om stemme)* high-pitched, thin.

granne neighbour; **US** neighbor.

granske *(vb)* inquire into, investigate; *~ nøye* scrutinize; *et -nde blikk* a searching look.

granskning inquiry, investigation; scrutiny; *(vitenskapelig)* research, investigation. **-skomité** investigating committee.

granskjegg *(bot)* spruce lichen.

granskog spruce forest.

grantre: *se gran.*

grapefrukt *(bot)* grapefruit.

grasiøs graceful.

grasrot: *i -a* among the grass roots.

grassat: *gå (el. løpe) ~* run riot, run amuck.

grassere *vb (herje)* rage, be rife, be rampant.

gratiale bonus, gratuity.

gratie grace.

gratis free; gratis; *(stivt)* gratuitous; *(adv)* free (of charge), gratuitously; *det er ~* it's free; there is no charge; *jeg fikk det nesten ~* I got it for hardly any money; **T** I got it dirt cheap; *gjøre noe ~* do sth for nothing. **-eksemplar** free copy *(fx* of a book); complimentary copy; presentation copy. **-passasjer** non-paying passenger; **US** deadhead. **-prøve** free sample.

gratul|ant congratulator; *(ofte)* guest. **-asjon** congratulation. **-asjonskort** greetings card *(fx* for birthday, wedding, *etc); hun fikk en mengde ~ i anledning fødselsdagen* she had a lot of birthday cards. **-ere** *(vb)* congratulate *(med* on); *(se hjertelig).*

graut: *se grøt.*

grav *(for døde)* grave; *(stivt)* tomb; *(festnings-)* moat, ditch; *den hellige ~* the Holy Sepulchre; *taus som -en* (as) silent as the grave; *en våt ~* a watery grave; *følge en til -en* attend sby's funeral; *den som graver en ~ for andre, faller selv i den* [he who sets a trap for others, falls into it himself]; *(kan ofte gjengis)* it's a case of the biter bit; *legge en i -en (fig)* bring sby to his grave; *stå på -ens rand* have one foot in the grave.

grav|alvor dead seriousness; solemnity; (undue) gravity, unsmiling; portentous gravity. **-alvorlig** dead serious; unsmiling; solemn; *... sa han ~* ... he said unsmilingly.

grave *(vb)* dig; *~ i hagen sin* dig one's garden; *~ ut (,opp)* dig out (,up); unearth; *~ ned* bury; *~ seg i nesen* pick one's nose; *-r seg inn i* digs his (,her, *etc)* way into; *spørre og ~* be inquisitive; ask repeatedly and inquisitively.

gravemaskin excavator; mechanical navvy; **US** steam shovel.

gravemaskinfører digger driver.

graver *(og kirketjener)* sexton.

gravere *(vb)* engrave.

graverende aggravating, grave, serious; *~ omstendigheter* aggravating circumstances; *(jvf skjerpende).*

grav|funn grave find. **-haug** grave-mound; *(høy)* barrow. **-hvelving** (burial) vault.

gravid pregnant.

graviditet pregnancy.

gravit|asjon gravitation. **-ere** *(vb)* gravitate. **-etisk** pompous, solemn.

gravkammer (built) tomb.

gravlaks brine-cured salmon.

grav|legge *(vb)* entomb. **-lund** cemetery, graveyard. **-mæle** (sepulchral) monument.

gravrust deep-seated rust, pitting.

gravrøst sepulchral voice.

grav|røver tomb robber, grave robber. **-skrift** epitaph. **-sted** burial place. **-stein** gravestone; tombstone. **-støtte** tombstone; headstone;

(arkeol) stela. **-urne** sepulchral urn. **-øl** funeral (feast); wake.

gravør engraver.

gre *(vb):* ~ *seg* comb one's hair; *(børste, gre, stelle)* do one's hair *(fx* «Go and do your hair!»).

grei *(klar, tydelig)* clear, plain, obvious; *(real)* straight; *(ærlig, oppriktig)* straightforward; *(lett)* easy; *det er en enkel,* ~ *måte å gjøre det på* that's a good, simple way of doing it; that's a nice, easy way of doing it; *taleren ga en* ~ *orientering om den politiske situasjon (også)* the speaker explained the political situation in clearly defined terms; *ikke* ~ (ɔ: *vrien)* difficult, awkward; *det er ikke -t* it is no easy matter; *han er en* ~ *kar* he's a straightforward chap; he's a decent sort; *han er ikke* ~ he's not easy to deal with; *kort og -t* short and sweet (**,US:** snappy) *(fx* that's short and sweet); *det er* ~ *skuring* it's plain sailing; *det er ikke så -t for John* things aren't too easy for John.

I. grei|e *(subst)* affair, business, matter; **T** thing *(fx* the whole thing lasted an hour); *(tingest)* thingamy, thingummy, thingumabob, thingumajig; *-er (pl)* things; affairs, *den vesle -a der* **T** that little thingumajig; *jeg er lei hele -a* I'm tired of the whole business; *dette er fine -er (iron)* this is a pretty kettle of fish; a fine mess this is; *ikke rare -er* nothing to brag about; **T** nothing to write home about; *få* ~ *på* find out about *(fx* he has found out about it); get to know about; *jeg kan ikke få noe* ~ *på ham (ɔ: forstår meg ikke på ham)* I can't make him out; **US** I can't figure him out; *ha* ~ *på noe* know (all) about sth; *noe som det er* ~ *på (ɔ: noe som duger, som forslår)* sth that works; sth effective; *det er ikke* ~ (ɔ: *orden) på noen ting* things are in a mess; everything is in a tangle *(el.* in confusion *el.* in disorder).

II. greie *(vt)* manage, cope with; make *(fx* a hill, a jump); negotiate *(fx* it's a difficult corner for a big car to negotiate; my horse negotiated the fence well); *en av de bittesmå kalvene greide ganske enkelt ikke bakken* one very small calf simply could not manage the gradient; *vi -r det nok* we'll make it; *han greide det (ɔ: hadde hell med seg)* he pulled it off; *jeg greide det ikke lenger* I couldn't keep it up any longer; *hun blir skuffet hvis det er noe hun ikke -r ordentlig med én gang* she gets disappointed if she can't do things easily at the first attempt; ~ *en situasjon* cope *(el.* deal) with a situation; *vi greide ikke å starte bilen* we couldn't start (up) the car;

[*A: forb. med prep: B: med «seg»*]

A [*forb. med prep*] ~ **med** *(ordne med)* arrange; see about *(fx* I'll see about it); *(se også ta:* ~ *seg av);* ~ **opp** put straight, straighten out, clear up; *vi må* ~ *opp i denne floken* we must straighten out this tangle; we must clear up this muddle; ~ *opp i saken* put matters straight; *det er ikke så helt enkelt å* ~ *ut denne floken* it's not such an easy matter to clear up this muddle *(el.* to straighten out this tangle); ~ *ut om et spørsmål* discuss a question (at some length); clear up a question; consider *(el.* review) a question; explain sth at length; *(se utgreiing);*

B [*forb. med «seg»*] ~ **seg** *(klare seg)* manage; cope *(fx* how is he coping?); do *(fx* we can't do without money, can we?) *(være nok)* be enough; meet the case *(fx* will £10 meet the case?); do the trick *(fx* a bit of string will do the trick); *(så vidt)* pull through, scrape through *(fx* we shall pull *(el.* scrape) through somehow); get along; *(økon: hverken vinne el. tape)* break even; *det -r seg* that's enough; that will do; *det -r seg fint* **T** that'll do nicely; *dette brødet må* ~ *seg både til lunsj og kvelds* this loaf will have to do for lunch and supper; *det -r seg så vidt (også)* it's going to be a close thing; ~ **seg med** manage with, do with, get along with; ~ *seg med sin gasje* manage on one's income; make ends meet; ~ *seg med de pengene en har* get along with what money one has; manage on one's money; *jeg kan ikke* ~ *meg med så lite penger* I can't manage *(el.* get along) with so little money; *jeg-r meg godt med £20* I can manage very well with £20; £20 will be quite sufficient; £20 will be adequate; *du må* ~ *deg med de pengene du har, til du kommer hjem* you must make your money last till you get home; *kan du* ~ *deg med kaldt kjøtt til middag?* can you do with cold meat for dinner? ~ **seg uten** do without, manage without; *du må* ~ *deg uten ferie i år* you will have to do without a holiday this year; *(se også klare).*

g

grein: *se gren.*

greip (manure) fork, dung fork; prong.

Grekenland Greece.

greker Greek.

grell garish, glaring, loud; *i den -este motsetning til* in glaring contrast with; *stikke grelt av imot* contrast strongly with.

gremme *(vb):* ~ *seg* grieve *(over* about); be annoyed, fret; ~ *seg til døde* take one's death of grief, eat one's heart out.

gremmelse grief, sorrow.

gren branch; *(bare på tre)* bough; *(avdeling)* branch, department, section; *komme på den grønne* ~ prosper, get on in the world; **S & US** come into the chips; *være på den grønne* ~ be in clover; **T** be flush; **S & US** be in the chips; *(se også grønn).*

grenader grenadier.

grend hamlet, cluster of farms, neighbourhood.

grene *(vb):* ~ *seg ut* branch out, fork, ramify.

I. grense *(subst)* **1.** frontier, border; *(by-)* town boundary; *naturlig* ~ natural boundary; *tremils-* three-mile limit; **2***(punkt, grad, mål)* limit *(fx* price l.); *over alle -r* beyond all bounds; *dette går over alle -r* this goes beyond all reason *(el.* bounds); *innenfor mulighetens -r* within the bounds of possibility; *innenfor rimelige -r* within (reasonable) limits; *innenfor snevre -r* within narrow limits; *holde seg innenfor visse -r* keep within certain limits; *nå er -n nådd* that is the limit; *sette* ~ *for* set a limit to; *ensteds må -n trekkes* the limit must be drawn somewhere; *trekke en fast* ~ draw a hard and fast line; *en skarp* ~ a sharp *(el.* clearly defined) line.

II. grense *(vb):*~ *til* border on; *(fig også)* verge on; *det -r til det utrolige* it is hardly to be believed; it is almost incredible; *mistanke, som -r til visshet* suspicion amounting (almost) to certainty.

grense|befaring survey of the frontier. **-by** frontier town. **-krig** borderwar. **-land** border district; *tankens* ~ the far frontier of the human mind. **-linje** boundary line; *(fig)* borderline. **-løs** boundless; unbounded, endless, unlimited; excessive; *-t ulykkelig* extremely unhappy. **-løshet** boundlessness. **-pæl** boundary post *(el.* marker). **-revisjon** rectification of the frontier. **-skjell** boundary marker. **-snitt** *(EDB)* interface. **-stat** border state. **-tilfelle** borderline case; marginal case. **-vakt** frontier guard; **US** border guard.

grep 1*(etter noe)* grasp, grip; **2***(hjuls)* grip *(fx* the front wheels started to lose grip); **3***(på dør)* handle; *han har et godt* ~ *på klassen* he has the class well under control; *et godt* ~ *på undervisningen* a firm grasp of the teaching; *et heldig* ~ a lucky move; *ha det rette -et (på det)* have

the knack of it; *med sikkert* ~with an unfailing grasp; *gi en et skikkelig ~ på tale- og skriftspråket* give sby a sound grasp of the spoken and written language; *et taktisk ~* a tactical move.
grepa *(prektig)* excellent, first-class, great.
grepet (deeply) moved, overwhelmed *(av* by).
gresk Greek.
gress grass; *bite i -et* bite the dust; *mens -et gror, dør kua* while the grass grows the steed starves; *ha penger som ~* have money to burn; be rolling in money; *tjene penger som ~* make heaps of money; *ha en på ~* have sby on a string; *(se grasrot).*
gressbane grass pitch; grass playing field; *(tennis)* grass court; *spille på ~* play on (the) grass.
gressbevokst *(adj)* grass-grown.
gresse: *se beite.*
gresselig *(adj)* awful, horrible; *(adv)* awfully; *~ morsomt* awfully funny.
gress|enke grass widow. **-enkemann** grass widower.
gressgang pasture.
gresshoppe **1***(zool)* grasshopper; **2***(fyrverkeri)* squib.
gress|kar *(bot)* gourd, pumpkin. **-løk** *(bot)* chives, chive garlic; *en bunt ~* a bunch of chives.
gretten cross, bad-tempered, morose, disgruntled, peevish; nagging; **T** grumpy; *være ~ over noe* be cross about sth, grumble about *(el.* over) sth, fret over sth; *være ~ på en* be cross with sby.
grettenhet crossness, bad temper, moroseness, peevishness; **T** grumpiness.
grev hoe.
greve count; *(engelsk)* earl. **-krone** coronet.
grevinne countess.
grevling *(zool)* badger.
grevlinghi badger set(t); badger's earth *(el.* burrow).
grevlinghund *(zool)* dachshund; **T** dachsie.
grevskap county.
gribb *(zool)* vulture.
grid *(hist)* protection, safe-conduct; mercy, quarter, pardon.
griff *(heraldisk dyr)* griffin.
griffel **1.** slate pencil; **2***(bot)* style.
griljere *(vb)* grill.
grille caprice, fancy, whim; *sette en -r i hodet* turn sby's head, put ideas into sby's head, put a bee in sby's bonnet.
grim ugly, hideous.
grimase grimace; *gjøre -r* grimace, make faces.
grime halter; *legge ~ på* halter.
grimet grimy, streaky.
grimhet ugliness, hideousness.
grin grimace, sneer; (constant) complaining; nagging, fretting; whining; *(om lyd)* squeak *(fx* the squeak of an unoiled hinge).
grind gate, wicket.
grind|hval *(zool)* pilot whale, blackfish. **-sag** frame saw. **-stolpe** gatepost. **-vokter** (level-) crossing keeper.
grine *vb (være gretten)* be cross, fret; *(skjenne)* nag; *(gråte)* cry.
grinebiter crosspatch, (old) crab, grumbler.
grinet cross, peevish; nagging; **T** grumpy; *være ~* be cross; grumble, fret; *(jvf gretten).*
gripe *(vb)* catch, seize, grab, grasp, grip; *(pågripe)* apprehend; *(om anker)* grip *(fx* the anchor grips); *~ flukten* take flight; *~ en leilighet* seize an opportunity, avail oneself of an opportunity; *~ en tanke* seize an idea; *~ an* go about; *~ saken an på den rette måten* go the right way to work; *~ etter* catch at; *~ fatt i* lay hold of; grasp, clutch; *han grep for seg* he put his hand before him; *~ i lommen* put one's hand in one's pocket; reach *(el.* dip) into one's pocket; *~ i sin egen barm* look nearer home; *~ en i løgn* catch sby lying *(el.* in a lie);*~ inn* intervene; act *(fx* the policeman refused to act); *~ inn i* interfere with *(el.* in), intervene in *(fx* the conflict); *(ubeføyet)* meddle with *(el.* in); *disse skattene må nødvendigvis ~ inn i det økonomiske liv* these taxes cannot but react on economic life; *~ inn i hverandre* interlock; *~ om seg* spread; *han grep seg til lommen* he put his hand to his pocket; *~ til en utvei* resort to *(el.* have recourse to) an expedient; *~ til våpen* take up arms; *grepet ut av livet* true to life; *grepet ut av luften* utterly unfounded.
gripende moving, stirring.
griperedskap prehensile organ.
gris *(zool)* pig; *en heldig ~* **T** a lucky dog.
grise *vb (få grisunger)* farrow, litter; *~ til* dirty, soil; mess up; *~ seg til* soil one's clothes; make a mess of oneself.
grise|binge pigsty. **-bust** pig's bristles. **-hus** piggery. **-jobb** messy *(el.* dirty) job. **-labb** *(kul)* (pig's) trotter; *(jvf syltelabb).* **-mat** slops; (pig)swill. **-oppdretter** pig breeder. **-prat** smutty talk; foul language. **-purke** sow with young. **-ri** dirt, filth; smut; *for noe ~!* what a mess!
griset dirty, filthy; obscene, smutty.
grisgrendt sparsely populated.
grisk greedy *(etter* of); grasping. **-het** greed.
grisle *vb* [give a glossy surface to loaf of bread].
grissen far apart, scattered, sparse, thin.
grisunge young pig, piglet.
gro *(vb)* grow; *(om sår)* heal; *~ fast* strike root.
grobian boor, lout.
grobunn fertile soil; *god ~ for (fig)* favourable conditions for the growth of.
groe *(i potet)* (potato) sprout.
grokjøtt: *godt ~* flesh that heals readily; *jeg har godt ~* I heal easily *(el.* quickly); *jeg har dårlig ~* I am slow in healing.
grom excellent; **T** grand.
grop depression, hollow.
gros: *se en gros.*
gross gross; *det store ~* the masses.
grossist wholesale dealer, wholesaler, merchant.
grotesk grotesque.
grotid period of growth.
grotte grotto, cave.
grov coarse; *(uanstendig)* coarse, gross; *(uhøflig)* rude; *(svær)* large, big; *~ feil* gross error; *~ forbrytelse* serious crime; felony; *~ løgn* gross lie; *~ løgner* impudent *(el.* outright) liar; *en ~ spøk* a coarse jest; *(som rammer en fysisk)* a piece of horseplay; *~ stemme* gruff voice; *-e trekk* coarse features; *i -e trekk* in broad outline *(fx* he stated his views in broad outline); *i -e trekk er dette ...* broadly speaking, this is ...; *-t tyveri* grand larceny; *en ~ villfarelse* a gross illusion; *det er for -t* that's the limit!
grov|arbeid unskilled labour; *(fig)* spadework. **-brød** coarse, dark rye bread, black bread. **-bygd** heavily built. **-fil** bastard file.
grovhet coarseness; grossness; rudeness; roughness; rude remark; *si en -er* be rude to sby; *(komme med usømmelige bemerkninger)* say obscenities to sby.
grov|kornet coarse-grained; *(fig)* coarse, crude. **-lemmet** coarse-limbed. **-male** *(vb)* rough-grind. **-masket** coarse-meshed, large-meshed. **-sikte** *(vb)* rough-sift. **-skåret** coarse-cut *(fx* tobacco). **-sliping** rough-grinding *(se sliping).* **-smed** blacksmith. **-spunnet** coarse-spun. **-telling** preliminary count, rough count.
gru horror, terror; *det er en ~å se* it is a horrible *(el.* shocking) sight; *det slo ham med ~* it

made him shudder; ... *så det var en* ~ **T** something awful.

grub|le *(vb)* muse, ponder, brood, ruminate *(over* on). **-lende** brooding. **-ler** brooder. **-leri** brooding, meditation, speculation.

I. grue *(ildsted)* hearth stone, fireplace.

II. grue *(vb):* ~ *for* dread, worry about; ~ *seg* be nervous; ~ *seg for (el. til)* dread, worry about; *han -r seg for å gå ut i det kalde vannet (også)* he hesitates to go into the cold water; *jeg -r meg til eksamen* I'm nervous about the exam(ination); *uff! jeg -r meg alt!* oh dear! I'm dreading it already!

gruelig awful, horrible.

grums sediment, grounds, dregs.

grumset muddy, thick, turbid.

grundere *(vb)* ground.

grundig *(adj)* thorough; ~ *kjennskap til* a thorough knowledge of; *(adv)* thoroughly.

grundighet thoroughness.

grunker (**T** = *penger*) **T** dough; **US** dough, jack.

I. grunn *(subst)* **1***(årsak)* reason, cause *(fx* the causes of our failure); *(beveggrunn)* ground, motive *(fx* I see no m. for his action); reason *(fx* there can be no r. for your resignation; tell me your reasons for refusing); **2***(nødvendighet)* need *(fx* there is no need to spend a lot of money on it); **3***(havbunn)* ground, bottom *(fx* the ship touched ground *(el.* b.)); **4***(jordbunn)* soil *(fx* on Norwegian soil); ground; *(fig)* field *(fx* have the f. to oneself); *(bygge-)* site, plot, piece of land; **5***(grunnvold)* foundation(s), substructure, groundwork; *(fig)* basis, foundation, groundwork; *han ga som* ~ (1) he gave *(el.* stated) as his reason; *-en var den at* (1) the reason was that; *-en kan bare være feil kalkulasjon blant fabrikanter som* ... the reason can only be (a) miscalculation on the part of producers who ...; *-en* **til at** (1) the reason why; *det er -en til at* that's (the reason) why; *kan det tenkes andre -er (til dette)?* are there other conceivable reasons (for this)? *det kan knapt tenkes noen annen* ~ any other reason is hardly conceivable; *vi rår -en alene* we have the field to ourselves; *stille vann har dyp* ~ (3) still waters run deep; *hvor særlige -er foreligger* (1) in special cases, when special circumstances make it desirable, under special conditions; *gyngende* ~ *(fig)* unsafe ground; shaky ground; *på gyngende* ~ *(om foretagende)* on a tottering foundation; on a shaky *(el.* unsafe) foundation; on thin ice *(fx* skate on thin i.); *ta* ~ (3) ground, run aground;

[*Forb. m. foranstilt prep*] **av** *en eller annen* ~ for some reason (or other); *av den* ~ for that reason, on that score *(el.* account); *av den enkle* ~ *at* ... for the simple reason that; *ene og alene av den enkle* ~ *at* ... for the sole and simple reason that; *av gode -er* for (very) good reasons; *av den gode* ~ *at* for the very good reason that; *av hvilken* ~ for what reason? why? *uvisst av hvilken* ~ for some unknown reason; *av praktiske -er (årsaker)* for practical reasons *(fx* they had decided to do it f. p. r.); *(om motivering)* on practical grounds; **fra** *-en av* from the bottom *(el.* foundations); *(fig)* radically, thoroughly; *lære noe fra -en av* start on sth from the bottom; *lære matlaging fra -en av* learn cooking from first principles; *bygge opp huset igjen fra -en av* rebuild the house from cellar to roof; **i** *-en* fundamentally; *(når alt kommer til alt)* after all, when you come to think of it *(fx* it was rather stupid of him, when you come to think of it); come to that, when all is said and done; *(egentlig)* really, in reality, at bottom *(fx* he is a good man at b.); *hvorfor ikke i -en?* why not, come to that? why not, after all? **med** *god* ~ with good reason; *sette* **på** ~ *(skip)* ground, run aground; *skipet står på* ~ the ship is aground; the ship has struck; *stå høyt på* ~ be high and dry; *på* ~ *av* on account of, owing to, because of, by reason of; *på* ~ *av at* owing to the fact that; *brenne ned* **til** *-en* be reduced to ashes; burn down to the ground; *legge til* ~ base on, take for one's basis, use as the point of departure; *legge til* ~ *for* make the basis of; *ligge til* ~ *for* underlie, form the basis of; *gå til -e (fig)* perish, be lost; **T** go to the dogs; *det er* ~ *til behersket optimisme* there is reason for mild *(el.* cautious) optimism; **uten** ~ *(ɔ: unnskyldning)* without excuse; *de som er fraværende uten (god)* ~ those who are absent without good excuse; *(se også I. skulle 14).*

[*Forb. m. etterfølgende prep*] *gi* ~ *til å tro at* give reason to believe *(el.* for the belief) that ...; *ha* ~ *til å tro at* have (every) reason to believe that; *det er ingen* ~ *til engstelse* there are no grounds for anxiety; *få fast* ~ *under føttene* (4) set foot on dry land; *(føle seg sikker)* be on firm *(el.* sure) ground; *ha fast* ~ *under føttene* be on firm ground; *(se skjellig).*

II. grunn *(adj)* shallow.

grunn|areal area. **-arbeider** (building) site labourer. **-avgift** ground rent. **-begrep** fundamental conception. **-betydning** basic meaning, fundamental *(el.* essential) m. **-bok** register of deeds; register of land; *(jvf tinglyse).* **-brott** ground swell.

I. grunne *subst (i sjøen)* bank, shoal, shallow; *få av grunna* get off, refloat; *på grunna* in the shallows.

II. grunne *(vb)* **1***(overstryke med maling)* ground, prime; **2***(grunnlegge)* found, establish, lay the foundation of; **3:** ~ *på* 1. ruminate on, chew over, turn over in one's mind, think over; *(stivt)* ponder *(fx* he was pondering the events of the day); 2. found on, base on, ground on *(fx* he grounds his arguments on experience); ~ *seg på* rest on, be based on.

grunn|eiendom landed property. **-eier** landowner, property owner.

grunnfag *(univ)* basic *(el.* primary) course; *engelsk* ~ basic English (course); primary English (course). *(jvf mellomfag).*

grunn|falsk fundamentally wrong. **-farge** primary colour; *(fremherskende)* predominating colour. **-feste** *(vb)* consolidate, establish firmly. **-fjell** bedrock. **-flate** base. **-form** original *(el.* primary) form; *(gram)* the positive. **-forskjell** fundamental difference. **-forskjellig** essentially different.

grunnforskning basic (scientific) research.

grunning *(maling)* priming; primer; *(mattmaling)* undercoat.

grunnkapital capital stock.

grunnlag basis, foundation; *danne -et for* form the basis of; *på* ~ *av* on the basis of; *på sviktende* ~ on a shaky basis *(el.* foundation) *(fx* the matter was raised on a s. b.); on an unsound basis; on insufficient grounds *på fritt* ~ independently *(fx* we have made this decision independently).

grunnlagsinvestering basic investment.

grunn|legge *(vb)* found, lay the foundation of, establish. **-leggelse** foundation. **-legger** founder.

grunnlinje *(mat)* base (line); *(tennis)* base line.

grunnlov constitution; *-givende forsamling* constituent assembly.

grunnlovs|brudd violation of the Constitution. **-dag** Constitution Day. **-forandring** constitutional amendment, a. of *(el.* to) the constitution. **-messig** constitutional. **-stridig** unconstitutional.

grunnlønn basic wage *(el.* pay); basic salary *(el.* rate), commencing salary.

g

grunnlov

Did you know that

Britain does not have a written constitution, i.e. no single, consolidated document? Both Norway and the USA have written constitutions.

grunn|løs groundless, baseless. **-løshet** groundlessness. **-mur** foundation wall.
grunn|plan ground plan. **-prinsipp** fundamental principle.
grunn|pris basic price. **-regel** fundamental rule. **-rik** wealthy, affluent. **-riss** ground plan; outline. **-setning** (fundamental) principle; maxim. **-sette** *(vb)* run aground. **-skatt** land tax.
grunnskole: *niårig ~ (kan gjengis)* the nine-year (compulsory primary and secondary) school.
grunn|skudd hit between wind and water; *(fig)* death-blow. **-slag** *(tennis)* ground stroke. **-stamme** (parent) stock. **-sten** foundation stone. **-stoff** element. **-støte** *(vi)* run aground. **-syn** basic view.
grunn|takst basic rate. **-tall** cardinal number. **-tanke** fundamental idea. **-tone** keynote. **-trekk** essential feature. **-vann** ground water; subsoil water.
grunnverdi land value.
grunnvoll foundation, basis, groundwork; *legge -en til noe* lay the basis *(el.* foundation) of sth; *rystet i sin sjels -er* shaken to the depths of one's being.
grunnærlig thoroughly honest, the soul of honesty (*fx* he is the s. of h.).
grunthøvel router (plane).
gruoppvekkende ghastly, shocking, horrible.
gruppe group; *i -r på to og tre* by twos and threes; *i -r på fem* in groups of five.
gruppebillett *(jernb)* collective *(el.* party) ticket.
gruppemøte *(polit)* party meeting; political meeting; **T** political get-together.
grupperabatt group moderation.
gruppere *(vb)* group; *~ seg* group.
grupperom 1. room for group activities (in a school); **2***(i hotell)* private room (*fx* private room to accommodate 8-12 persons (*el.* people)).
gruppeundervisning group (class)work; group teaching.
grus gravel; *legge i ~* lay in ruins, reduce to rubble; *synke i ~* fall in ruins, crumble. **-bane** *(sport)* gravel pitch; gravel playing field; *(for løpere)* cinder track; *(tennis)* hard court. **-gang** gravel walk. **-lagt** gravelled.
grusom cruel. **-het** cruelty.
grus|tak gravel pit. **-vei** gravelled road; *(oftest)* unmade road, earth-road; **US** dirtroad.
grut *(i kaffe)* grounds; *spå i (kaffe)- =* tell fortunes from the tea leaves.
gruve *(subst)* pit; *(bergverks-)* mine. **-arbeid** mining (work). **-arbeider** miner, pitman. **-distrikt** mining district. **-drift** mining (operations). **-nedgang** pithead. **-skrekken** miners' claustrophobia (*fx* he was overcome by m. c.). **-streik** miners' strike.
I. gry *(subst)* dawn, daybreak; *(se daggry).*
II. gry *(vb)* dawn, break; *dagen -r* the day dawns, the day is breaking, it is dawn.
gryn *(kollektivt)* grain; peeled grain, hulled grain, pearled grain; pearled barley; *(pl)* grits, groats; **T** *(= penger)* dough; **US** *(også)* jack. **-sodd** barley broth.
grynt *(subst)* grunt. **grynte** *(vb)* grunt.

I. gryte stewpan, pan; pot; *(fordypning i terrenget)* hollow; *jern-* cast-iron pan; *emaljert jern-* enamelled cast-iron pan; *små -r har også ører* little pitchers have long ears; *(ofte =)* not before the child! *stekt i ~* braised.
II. gryte *(rett)* casserole; *lever-* liver casserole.
gryte|klut kettle holder, potholder. **-lokk** pot lid. **-rett** casserole; *ferdige -er, patéer og lunsjbrett* ready-made casseroles, pâtés and luncheon trays. **-skap** pan cupboard. **-skrubb** pan scourer, pan scrub. **-stek** pot roast. **-steke** *(vt)* pot-roast.
grøde *(poet)* crop, produce, yield.
grøft ditch; trench; *kjøre bilen i grøfta* ditch the car; *kjøre en forretning i grøfta* **T** run a business into the ground.
grøfte *(vb)* dig ditches; drain (land) by means of ditches.
grøfte|graver ditcher, ditch digger. **-kant** edge of a ditch. **-lys** *(på bil)* spotlight, spot-lamp.
Grønland Greenland. **grønlandsk** Greenland; *(språket)* Greenlandic.
grøn|lender, -lenderinne Greenlander.
grønn green; verdant; *(uerfaren)* green, raw, callow; *~ av misunnelse* green with envy; *han er ~* he's a greenhorn; *i det -e* in the open, out of doors; *komme på den -e gren* do well for oneself, prosper; **T** & **US** come into the chips; *sove på sitt -e øre* be fast asleep; *i hans -e ungdom* in his tender years; *(se også gren).*
grønn|aktig greenish. **-blå** greenish blue.
grønnes *(vb)* become *(el.* turn) green; *(om trær, etc)* put forth leaves, burst into leaf.
grønn|fôr green fodder. **-kål** curly kale; *(som dyrefôr)* kale, kail, borecole; *(se kål).*
grønnlig greenish.
grønn|saker *(pl)* vegetables; *revne rå ~* raw-grated vegetables. **-saktorg** vegetable market. **-skolling** greenhorn, rookie.
grønn|svær greensward, turf. **-såpe** soft soap.
grønske green seaweed; *du har fått en -flekk på buksebaken din* you've got a grass stain on your trouser seat.
grønt *(subst)* green; greenery; *(suppe-)* greens, green-stuffs. **-handler** green-grocer; **US** fruit and vegetable store; vegetable man.
grøpp *(grovmalt korn)* coarsely ground grain; grits (used for fodder).
grøsse *(vb)* shudder, shiver; *det -t i ham* he shuddered; it made his flesh crawl; *det -r i meg bare jeg tenker på det* I shudder to think of it.
grøt porridge; *gå som katten om den varme -en (prøve å unngå)* fight shy of it; *(nøle med å komme til saken)* beat about the bush; *(se rødgrøt).*
grøtomslag poultice; *(se omslag).*
grå grey (,**US:** gray); grizzled; *(fig)* dull; gloomy; *-tt vær* overcast weather; *det setter ham ~ hår i hodet* it's enough to give him grey hair; *male -tt i -tt* paint in drab colours. **-aktig** greyish. **-blå** bluish grey.
gråbein: *se ulv.*
gråbeinsild *(zool)* large winter herring; *(se sild).*
grådig greedy, voracious. **-het** greed, voracity.

grågås *(zool)* greylag, wild goose.
gråhegre *(zool)* grey heron.
grå|håret grey-haired. **-kledd** dressed in grey. **-melert** mixed grey. **-or** *(bot)* hoary alder. **-sprengt** grizzled. **-spurv** *(zool)* (common) sparrow; *(se spurv).*
gråt crying; *(mest poet)* weeping; *briste i ~* burst into tears; *med ~ i stemmen* in a tearful voice; *være oppløst i ~* be dissolved in tears. **-blandet** mingled with tears.
gråte *(vb)* cry, weep; *~ av glede* weep for joy; shed tears of joy; *~ for* cry for, weep for *(fx* what are you crying for?) *~ seg i søvn* cry oneself to sleep; *~ sine modige tårer* cry *(el.* weep) bitterly, cry one's heart out; *~ over noe* cry because of sth, cry over sth; *det er til å ~ over* it's enough to make you cry; *~ ut* have one's cry out *(fx* let her have her cry out); **T** have a good cry.
gråteferdig about to cry, on the verge of tears, half crying.
gråtekone *(hist)* professional mourner.
gråtkvalt stifled by sobs, tearful.
gråtrost *(zool)* fieldfare.
grå|verk grey squirrel. **-vær** overcast weather; *det er ~* it is overcast.
guano guano.
gubbe old man; greybeard; *en gammel ~* **T** an old geezer.
Gud, gud god *(fx* a healthen god); *(kristendommens)* God; *Gud!* good heavens! oh goodness: *(utrykk for utålmodighet el. irritasjon)* oh God! *(se ndf A: gode gud);*
A [*forskjellige forb*] *den* **allmektige** *Gud* God Almighty, Almighty God; *et Guds* **barn** a child of God; *Gud* **bevares!** *Gud bevare meg vel!* good heavens! bless me! *ja, Gud bevares* (ɔ: *gjerne for meg)* by all means; of course; *Guds* **bud** the (Ten) Commandments; the Decalogue; *. . . hvis gud er* **buken** *(bibl)* whose god is their belly; *den gudene elsker, dør ung* (those) whom the gods love die young; *Gud* **Fader** God the Father; *Guds* **finger** the hand of God; *Gud* **for** *en stygg hatt hun har!* Lord what an ugly hat she has! *måtte Gud* **forby** *det! (glds); Gud* **fri** *og bevare!* God forbid! *dyrke* **fremmede** *guder* worship strange gods; *(glds* **T**) be unfaithful to one's husband (,wife); *du skal ikke ha fremmede guder for meg (bibl)* thou shalt have no other gods but me; *Gud* **gi** *at . . .* God grant that . . .; would to God that . . .; *(du)* **gode** *gud!* goodness me! good heavens! good gracious! good Lord! *Gud* **hjelper** *dem som hjelper seg selv* God helps them that help themselves; *så (sant) hjelpe meg Gud!* so help me God! **kjære** *Gud! (i bønn)* dear God, . . .; *Guds* **kvern** *maler langsomt* (ɔ: *det tar tid før rettferdigheten skjer fyldest)* the mills of God grind slowly but they grind exceeding small; *Guds* **lam** the Lamb of God; *Gud skje lov: se gudskjelov; Gud være* **lovet!** *(rel)* God be praised! *en Guds* **lykke** a most fortunate thing; *misbruke Guds* **navn** take God's name in vain; *du skal ikke misbruke Herrens din Guds navn! (bibl)* thou shalt not take the name of the Lord thy God in vain! *i Guds navn* in the name of God; *(ja,) i Guds navn!* (ɔ: *la gå)* all right then! well, if you must you must! *hva i Guds navn . . .?* what on earth . . .? *Guds* **nåde** the grace of God; *keiser av Guds nåde* Emperor by the grace of God; *. . . da gud nåde deg!* then God have mercy on you! *(truende)* then God help you! **gud og hvermann** every Tom, Dick and Harry; *Guds* **ord** the word of God *(fx* preach the word of God); *Guds* **rike** the kingdom of God; *mennesket spår, Gud* **rår** man proposes, God disposes; *for Guds* **skyld!** for God's sake! for goodness' sake! *det var et* **syn for guder** it was a sight for the gods; it was a hilarious *(el.* great) sight; it was quite hilarious to look at; it was too funny for words; (ɔ: *det var et vakkert syn)* it was a glorious sight; *Guds* **sønn** the Son (of God); *ved Guds* **tilskikkelse** by a divine dispensation; *et Guds* **under a** miracle; *det var et Guds under at han unnslapp* he had a miraculous escape; *Gud* **velsigne** *Dem!* God bless you! *Guds* **velsignelse** God's blessing; *en guds ~ med mat* food in plenty; plenty of food; *(se velsignelse); om Gud* **vil** God willing; *gud* **vet** God *(el.* heaven) knows; *gud vet hva han vil* God *(el.* the Lord) only knows what he wants; *han har, gud vet av hvilken grunn, . . .* he has, for some reason best known to himself, . . .; *gudene må vite (også)* goodness knows *(fx* goodness knows what he's up to); *gudene skal vite at de må . . .* goodness knows, they have to . . .; *(ja,) det skal gudene vite!* that's most certainly true! *Han er uforskammet. – Ja, det skal gudene vite (at han er)!* He's impudent. – I'll say he is! *skue Guds* **åsyn** behold the face of God; *for Guds åsyn* before God; in the sight *(el.* presence) of God; **B** [*forb med prep*] *forlatt* **av** *Gud og mennesker* god-forsaken; forsaken by God and man; *ingenting er umulig* **for** *Gud* with God all things are possible; *et syn for guder: se A; han er hos Gud* he is with God; *Gud være* **med** *deg!* God be with you; God bless you! *stole* **på** *Gud* trust in God; **ved** *Gud!* by God! *ved den levende Gud* by the living God; *(se elskovsgud; halvgud; havgud; husgud; jaggu; neigu; skytsgud; solgud; vingud; værgud).*
gudbarn godchild.
gudbenådet *(adj)* inspired; *(litt.)* divinely gifted *(fx* artist).
Gudbrandsdalslaget *~ i Oslo* [the Society of Gudbrandsdalers in Oslo].
gud|dom god, deity; divinity. **-dommelig** divine. **-dommelighet** divinity, deity.
gude|bilde idol. **-drikk** nectar; drink fit for the gods. **-gave** godsend.
gudelig godly, devout, pious; devotional; *(neds)* sanctimonious. **gudelighet** godliness, piety; *(neds)* sanctimoniousness.
gudelære mythology.
gud|far godfather. **-fryktig** devout, god-fearing, pious. **-fryktighet** piety, devoutness. **-inne** goddess.
gud|løs godless, ungodly, impious. **-løshet** godlessness, impiety. **-mor** godmother.
guds|barn child of God. **-begrep** concept of God. **-bespottelig** blasphemous. **-bespottelse** blasphemy. **-bespotter** blasphemer. **-dyrkelse** worship, cult. **-forgåen** abandoned, profligate, depraved. **-forlatt** godforsaken. **-fornektelse** atheism. **-fornekter** atheist. **-frykt** fear of God. **-hus** house of God, place of worship. **-jammerlig** pitiable, wretched.
gudskjelov thank God; thank goodness; fortunately; *~ for det* and a good thing, too.
gudsord word of God; *et ~ fra landet* a little innocent, a country cousin.
gudstjeneste (divine) service; *etter -n* after church.
gudsønn godson.
guffe S: *gi full ~ (gi full gass)!* let it rip! put your foot down! step on it! *radioen stod på for full ~* the radio was on full blast.
guffen *(adj)* **S 1***(ubehagelig; vemmelig)* nasty *(fx* it was a nasty experience); *det var kaldt og -t å starte om morgenen* it was nasty and cold starting up in the morning; *det var en helt igjennom ~ dag* it was a thoroughly nasty day; *jeg føler meg ~* I feel poorly (,**T:** nasty); I don't

g

feel at all well; **T** I feel ghastly (*el.* grim); **2**(*lumpen*) mean; *det var -t gjort* what a mean thing to do; it (*el.* that) was a mean thing to do; *ikke vær så ~ da!* **T** don't be so horrid (*el.* rotten)!

gufs gust, puff (of wind); sudden rush of air; *det sto en kald ~ fra døra* there was a rush of cold air from the door.

Guiana *(geogr)* Guiana; *fra (el. som angår) ~* Guianese.

Guinea *(geogr)* Guinea. **-bukta** the Gulf of Guinea.

gul yellow; *(trafikklys)* amber; *slå en ~ og blå* beat sby black and blue; *han ergret seg ~ og grønn* it irritated him beyond endurance; *~ feber* yellow fever. **-aktig** yellowish.

gul|blakk fallow, pale yellow. **-brun** tawny; yellowish brown.

gul(e)rot *(bot)* carrot.

gul|grå yellowish grey. **-håret** golden-haired. **-hvit** yellowish white, cream-coloured.

gull gold; *det er ikke ~ alt som glimrer* all is not gold that glitters; *love ~ og grønne skoger* promise wonders, promise the moon and the stars; *tro som ~* true as steel; *det er ~ verdt* it is worth its weight in gold.

gull|alder golden age. **-barre** gold bar. **-brand** ring finger. **-briller** gold-rimmed spectacles. **-brodert** gold embroidered. **-bryllup** golden wedding. **-dublé** filled gold.

gullenke gold chain.

gull|fisk *(zool)* goldfish. **-fot** gold standard. **-førende** auriferous, gold-bearing. **-graver** gold digger, prospector. **-gruve** gold mine. **-gul** golden yellow. **-holdig** containing gold. **-høne** golden hen; *(zool)* lady beetle (*el.* bird); **US** ladybug. **-håret** golden-haired.

gullig yellowish.

gull|innfatning gold setting. **-kalv** golden calf. **-kant** gilt edge. **-kjede** gold chain. **-klump** lump of gold, (gold) nugget. **-korn** grain of gold; *(fig)* pearl.

gullmedalje gold medal; *drikke til den store ~* drink like a fish. **-vinner** gold medallist.

gullmynt gold coin.

gullokket with golden curls.

gull|papir gilt paper. **-penger** *(pl)* gold (coins). **-regn** *(bot)* laburnum. **-sko** gold slipper. **-smed** **1.** goldsmith; jeweller; **2**(*insekt*) dragonfly.

gullsnitt gilt edges.

gull|snor gold braid. **-stol** golden chair; *bære en på ~* chair sby, carry sby in triumph. **-støv** gold dust. **-tresse** gold braid. **-ur** gold watch; *dobbeltkapslet ~* gold hunter. **-vasker** gold washer. **-vekt** gold scales; *(vekten av gull)* gold weight; *veie sine ord på ~* weigh every word carefully; pick and choose every word one says.

gullåre vein of gold.

gulne *(vb)* turn yellow, grow y., yellow.

gulpe *(vb)* belch; regurgitate; *~ opp* throw up.

gulrot: *se ovf.: gul(e)rot.*

gul|sott hepatitis; *(glds)* jaundice. **-spurv** *(zool)* yellow hammer; yellow bunting; *(se spurv).* **-stripet** yellow-striped.

gulv floor; *legge ~ i* floor (*fx* a room); *han la ham i -et* he got him down; *han måtte i -et (om bryter)* he was floored (*el.* thrown); *vaske -et* wash the floor; *(se synke).* **-belegg** floor covering. **-flis** floor tile. **-klut** floor cloth. **-lakk** floor sealer. **-matte** mat. **-planke** flooring board. **-skrubb** scrubbing brush. **-tamtam** floor tom -tom. **-teppe** carpet.

gumler *(zool)* edentate, toothless mammal.

gummi rubber; *(klebemiddel)* gum. **-bånd** *(strikk)* rubber band. **-dimensjon** *(bildekks)* tyre (,**US:** tire) size.

gummiere *vb (om tøy)* rubber, proof; **US** rubberize; *(om frimerke, etc)* gum.

gummi|lister *pl (for bilruter)* rubber strips. **-maling** rubberized paint. **-strikk** elastic (rubber) band. **-støvler** *(pl)* rubber boots; gum boots.

gump *zool (på fugl)* rump.

gunst favour; **US** favor; *til ~ for* in favour of; *til ~ for meg* in my favour; *stå i ~ hos* be in favour with; *komme i ~ hos* gain (sby's) favour.

gunst|bevisning favour (,**US:** favor), mark of f.

gunstig favourable (,**US:** favorable), propitious; *vente på -ere tider* wait for better times; wait for more propitious times.

gurgle *(vb): ~ (seg)* gargle; *(om lyden)* gurgle. **-vann** gargle.

gusten sallow, wan. **-het** sallowness.

gutere *(vb)* relish (*fx* I did not quite r. his jokes).

gutt boy, lad; *(læregutt)* apprentice, boy; *da jeg var ~* when I was a boy; *fra ~ av* from one's boyhood, from a boy; *bli snill ~ (fig)* come to heel; *en av de store -a* **T** one of the big guns, one of the high-ups; *(se røyk).* **-aktig** boyish; puerile. **-aktighet** boyishness; puerility.

gutte|alderen boyhood. **-barn** boy child. **-klær** boy's clothes. **-skole** boys' school. **-slamp:** *en stor ~* a great lout of a boy. **-strek** boyish prank. **-år** years of one's boyhood.

guttunge boy.

guttural *(adj & subst)* guttural, throaty.

guvernante governess.

guvernør governor.

gyger *(trollkjerring)* giantess, woman troll.

gylden *(mynt)* guilder, gulden; *(hist)* florin.

gyldig valid; *(om billett, også)* available; **US** good (*fx* g. on different lines); *(om mynt: gangbar)* current; *en ~grunn* a valid excuse, a good reason; *uten ~ grunn* without sufficient reason; *gjøre ~* make valid (*fx* it has been made valid until the end of May); *ikke ~ i utlandet* not valid abroad.

gyldighet validity; availability; *ha ~* be valid, hold good, apply; *denne regel har allmenn ~* this rule is of general application.

gyldighetstid period of validity; duration.

gylf *(i bukse)* fly.

gyl|len golden; *-ne dager* palmy days; *den -ne middelvei* the golden mean; *~ regel* golden rule.

gyllen|lakk *(bot)* wallflower; gillyflower. **-lær** gilt leather.

gylt *(zool)* gilt.

gymnas *hist* (the sixth forms of) grammar school; the sixth forms of comprehensive school; **US** (junior) college; (NB *pike- (i England ofte)* sixth form (*el.* the sixth forms) of high school); *(se økonomisk: ~ gymnas).*

gymnasiast *hist (kan gjengis)* sixth-former; **US** (junior) college student.

gymnasklasse *(hist)* sixth form.

gymnasråd *hist: se videregående: Rådet for ~ opplæring.*

gymnassamfunn *(hist)* school debating society; *formann i -et* president of the s. d. s.

gymnast gymnast. **-iker** gymnast.

gymnastikk physical education; PE; gymnastics; **T** gym; *(se holdningsgymnastikk; tankegymnastikk).* **-lærer** physical education master; gym instructor; **T** gym master; *(svarer ofte til)* games master. **-oppvisning** gymnastic display. **-sal** gymnasium. **-sko:** *se turnsko.* **-skole:** *Statens ~ (hist): se idrettshøyskole: Norges ~.*

gymnastisere *(vb)* do gymnastics, perform g.

gymnasundervisning *(hist)* teaching at sixth-form level, A-level teaching.

gynekolog gynaecologist.

I. gynge *(subst)* swing.
II. gynge *(vb)* swing, rock; *-nde grunn (fig)* unsafe ground, shaky ground; thin ice; *(se I. grunn).*
gynge|hest rocking horse. **-stol** rocking chair.
gys shudder, shiver. **gyse** *(vb)* shudder; *det -r i meg* I shudder; ~ *tilbake for* shrink from.
gyselig horrible, appalling, dreadful, frightful; **T** poisonous *(fx* it's a p. play); *(adv)* awfully, terribly, dreadfully, frightfully.
gyte *(vb)* pour; *(om fisk)* spawn; ~ *olje på ilden* add fuel to the fire.
gytje mud. **-bad** m. bath.
gyve *(vb)* fly.
gyvel broom.
Göteborg *(geogr)* Gothenburg.
gå *(vb)* **1.** go *(fx* come and go; I shall have to go now; I saw the wheels go round); **2***(på sine ben)* walk, go on foot; go *(fx* he went in); *gikk du hele veien hit?* did you walk all the way (when you came) here? *det er fint (el. deilig) å ~ i dette været* walking is pleasant in this weather; *de gikk og de gikk, gate opp og gate ned* they walked and walked, up one street and down the next; they trailed the length of the streets; they trailed up and down the streets; **3** *(om befordringsmiddel)* go; *hvor ofte -r trikken?* how often does the tram pass? *den -r hvert 12. min.* there is a service every 12 minutes; *når -r neste trikk?* when is the next tram? when does the next tram go? *(avgå)* leave; *(om skip også)* sail; *toget -r langsomt* the train is slow; *på motorveiene -r det fort* you get on quickly on the motorways; **4***(om tid)* go by, pass, elapse; *(langsomt)* wear on *(fx* time wore on; as the evening wore on); **5***(om begivenhet)* go (off), pass off, come off; **6***(om vei, etc)* go *(fx* how far does this road go?), lead *(fx* this path leads to the town); run *(fx* the road runs quite close to the village); *veien gikk gjennom dalen et godt stykke* the road followed the valley for a considerable distance; **7***(om maskin)* run *(fx* the engine is running smoothly), work; *motoren har -tt 70 000 km* the engine has done 70,000 km; **8***(berettes, verserer)* go *(fx* the story goes that he has been in jail), be going about; **9***(oppføres, spilles)* be on, be performed; *(om film)* be on, be shown *(fx* a new film is being shown at the Scala); *stykket har -tt lenge* the play has had a long run; **10***(bli solgt)* sell *(fx* the goods sell well; what brands are selling in Norway?), be sold, go; **11***(om forretning: svare seg)* pay *(fx* how to make one's business pay); *forretningen -r* the business is doing all right; *forretningen -r godt (i sin alminnelighet)* business is good; **12***(forbrukes, gå i stykker)* go *(fx* his money goes to cigarettes; the clutch has gone); **13***(gå an, være passende)* do *(fx* will this tie do?), pass muster; **14***(hende)* happen *(fx* it so happened that we met soon after); «~» *(på trafikkfyr)* cross; cross now; **US walk;** *det er noe som -r (om sykdom)* it's something that's going round just now; it's going the rounds at the moment; there's a lot of it about just now; *den -r ikke! (ɔ: den duger ikke, står ikke for en nærmere prøve)* **T** that won't wash! *men slik skulle det ikke ~* but that was not to be; *det gikk dårlig med ham* **1.** he did badly; he came off badly; he had bad luck; he was unsuccessful; he got on badly; things went badly for him; **2***(han var syk)* he was in a bad way; things were going badly with him; he was getting on badly; *det ser ut til å ~ dårlig* things seem in a bad way; it looks none too good; it looks as if things are going wrong; *han gikk begge veier (ɔ: både fram og tilbake)* he walked both ways; *det gikk som best det kunne* things were allowed to drift; *posten -r kl. 5* the post (,**US:** mail) goes at five o'clock; *denne varen -r ikke* this article does not sell; *det -r ikke (ɔ: lar seg ikke gjøre)* it can't be done; it is not practicable; it won't work; *det gikk som jeg tenkte* it turned out as I expected; *det får ~ som det kan* things must take their course; *det -r ham godt* he is doing well; things are going well with him; *hvordan skal dette ~?* how is this to end? *hvordan -r det (med deg)?* how are you getting along? how are things with you? *hvordan gikk det på arbeidet i dag?* how did you get on at work today? how did work go today?
[*Forb. m. adv & prep*] **gå an** do *(fx* it won't do); *det -r jo an å forsøke* there is no harm in trying; *det -r ikke an å* it does not do to; *det -r aldri an* that will never do; *det får nå enda ~ an, men* ... let that pass, but ...; *han er så glemsom at det -r ikke an* **T** he's impossibly forgetful; *det -r til nød an* it might *(el.* would have to) do at a pinch; it would do if need be; **T** it might pass in a crowd;
gå av *(ta avskjed)* retire, resign; *(om skudd)* go off; *(om farge)* come off, rub off; *(stige av tog, etc)* get off, get out, alight (from); ~ *av toget* get off the train, leave the train; ~ *av med seieren* win *(el.* carry) the day; *hva -r det av ham?* what's the matter with him? what's come over him? ~ *av mote* go out (of fashion);
gå bort go away, leave; *(ɔ: dø)* pass away; *han gikk bort til vinduet* he went *(el.* walked) over to *(el.* up to) the window; he went to the window, he moved *(el.* walked) across to the window; ~ *seg bort* get lost; go missing *(fx* he went missing in the mountains); *jeg har gått meg helt bort* I'm completely lost;
gå bra go well; turn out well *(el.* right); *alt kan jo ~ bra til slutt* everything may turn out right *(el.* for the best) in the end; *jeg håper det -r bra for henne* I hope it goes all right for her; *det er ingenting som -r bra for ham noen gang* nothing ever goes right for him; *jeg håper alt -r bra med deg* I hope everything is going well with you; *(jvf gå godt).*
gå bøyd walk with a stoop;
gå dårlig 1*(om klokke)* keep bad time; **2***(forløpe)* go badly; turn out badly; *det ser ut til å ~ dårlig* things seem in a bad way; it looks none too good; it looks as if things are going wrong: *det har -tt dårlig for dem* things have not been going well for them; *(se ndf: gå galt);*
gå etter *(hente)* go for; *(rette seg etter)* go by; *ha noe å ~ etter (fig)* have something to go on; ~ *etter lyden* go by the sound;
gå fint: *det -r fint* it's going well; *(se gå bra & gå godt);*
gå for *(regnes for)* pass for *(fx* he passed for a German); be considered, be supposed to be; *(bli solgt for)* fetch, go for *(fx* it went for £10); *(ved auksjon, også)* be knocked down for; *(arbeide for)* work for *(fx* he worked for £10 a month); *han er -tt for dagen (fra arbeid, etc)* he has gone for the day;
gå for seg happen, occur, come about; *da det gikk verst for seg* when things were at their worst;
gå foran *(prep)* go before, precede; *(adv)* lead the way; walk *(el.* go) ahead, precede;
gå forbi *se forbi;*
gå forut for precede;
gå fra leave; *(glemme igjen)* leave behind; *(fraregnes)* be deducted; *han måtte ~ fra gården* he had to give up his farm; *(ofte =)* he was sold up; ~ *fra kone og barn* desert one's wife and family; ~ *fra et kjøp* withdraw from a bar-

gain; ~ *fra sitt ord* withdraw one's word; go back on one's word; ~ *fra en plan* give up *(el.* abandon) a plan; ~ *fra et tilbud* withdraw *(el.* cancel) an offer;

gå fram *(bære seg ad)* go about it, act, proceed *(fx* p. with caution); ~ *fremover* progress, make progress; *det går fremover med forretningen* business is steadily improving; *vi går sakte men sikkert fremover* we are forging ahead;

gå galt: *alt -r galt* everything's going wrong; **S** everything's going haywire; *da kunne det ~ (riktig) galt* then you *(etc)* could be in (serious) trouble; *(se ovf: gå dårlig);*

gå glatt *(fig)* go (off) smoothly; go without a hitch;

gå godt *(jvf gå bra)* **1***(om klokke)* keep good time; **2***(om bil)* run smoothly *(fx* the car's running less smoothly than it used to); **3***(forløpe)* go well; turn out well *(el.* right); *det -r jo riktig godt!* you're *(etc)* getting on with it quite well!

gå hen: ~ *hen og gifte seg* go off and get married; ~ *ubemerket hen* pass off unnoticed; ~ *ustraffet hen* go *(el.* pass) unpunished;

gå i: ~ *i hundene* go to the dogs; ~ *i en klasse (på skolen)* be in a form *(el.* class); ~ *i kystfart* be *(el.* run) in the coasting trade; ~ *i lås (om dør)* lock; *(se baklås); det gikk mark i det* it became worm-eaten (**US**: wormy); *det gikk møll i det* the moths got at it; ~ *i seg selv (angre)* repent, see the error of one's ways; ~ *i hverandre* be interwoven, interlace; *hun -r i sitt 18. år* she is in her 18th year; ~ *i sorg* wear mourning; ~ *i spissen* lead; *(fig)* take the lead; ~ *i stykker* break, go to pieces, come to pieces; ~ *i stå* stop, come to a stop; *(om urverk)* run down; *(om forhandlinger)* reach a deadlock, break down; *alle våre planer har gått i stå (også)* all our plans have failed *(el.* fallen through); ~ *i søvne* walk in one's sleep; *de klærne han gikk og sto i* the clothes he stood up in; ~ *i vannet* be taken in, be fooled; **T** come a cropper, be led up the garden path; ~ *i vasken* come to nothing, fizzle out, go to pot; **T** go phut; **S** go down the sink *(el.* drain); ~ *i været (om priser)* rise, go up; *(sterkt)* rocket, soar;

gå igjen 1. leave again *(fx* he was here for a few minutes, but he left again); **2***(om gjenferd)* haunt *(fx* the house, the room); walk; **3***(om dør, etc)* shut, swing to; *denne skuffen -r ikke igjen* this drawer won't shut; **4***(om feil, etc)* recur *(fx* this misprint recurs several times); run through *(fx* this error runs through all his work); *det er et trekk som (nokså ofte) -r igjen hos ham (ɔ: forfatteren)* it is a (fairly) recurrent feature of his style;

gå igjennom *(passere)* pass (through); *(om vei, etc)* run *(el.* go *el.* pass) through; *(falle gjennom isen)* fall through; *(trenge gjennom)* go through, penetrate; *(om væsker)* soak through; *(gjennomgå, se ovf)* go through, look through, go over; *(lide)* undergo, experience, go through; *(bli vedtatt)* be carried, pass *(fx* the bill passed and became law); *forslaget gikk igjennom* the proposal was passed; *(parl)* the motion was carried; *(parl: lovforslaget)* the bill was passed; *planen gikk igjennom* the scheme was carried into effect; *(se også gjennomgå);*

gå ille *(jvf gå galt): det vil ~ ille* it will end in trouble; *det vil ~ deg ille* it will work out badly for you; *(ɔ: fordi du er for dristig, etc)* you're riding for a fall;

gå imellom go between, intervene; *(megle)* mediate;

gå imot: *dommen gikk ham imot* judgment went against him;

gå i møte go to meet *(fx* she went to meet him); *(fig)* meet, face *(fx* we face the future with confidence);

gå inn *(tre inn)* go in, enter; *(om en avis)* cease publication; ~ *inn for* go in for; *han gikk meget sterkt inn for* he went in most emphatically for; he was a strong advocate of; *han gikk meget sterkt inn for at* he was a strong advocate of (-ing); he did his utmost to ensure that; he went in most emphatically for *(fx* the erection of a new building); ~ *inn i* enter; ~ *inn i kurven (om fx skøyteløper)* take the curve *(el.* bend); ~ *inn på (noe)* agree to; *(en spøk)* fall in with; *(drøfte, undersøke)* go into *(fx* we need not go into that question now); *han er -tt inn i sitt 18. år* he has entered his 18th year; *denne planen gikk inn igjen* that plan was abandoned; ~ *inn til deg selv!* go to your room! *la oss ~ inn til damene!* let us join the ladies;

gå innpå: ~ *hardt innpå en (ɔ: presse en)* press sby hard; **T** drive sby to the wall;

gå langsomt walk (,go) slowly; *arbeidet -r langsomt* (the) work is making slow progress; work is getting on very slowly; progress is slow; *det -r langsomt* it's a slow process; *timene -r så langsomt på et kontor* the hours go by so slowly in an office;

gå langt walk far *(fx* did you walk far today?); ~ *for langt* **1.** walk too far; **2***(fig)* go too far; ~ *hvor langt det skal være (fig)* go to any lengths;

gå med *(en person)* go with; *(ha følge med)* go out with; go about with *(fx* he's going about with a Russian girl); *(ha på seg)* wear *(fx* she doesn't wear tights in summer); *hvordan -r det med helsa?* how's your health? *hvordan -r det med prosessen?* how's your lawsuit progressing? *slik -r det med de fleste* that's the way with most people; *hele sommeren -r med* it takes all summer; *det -r med (på kjøpet)* that's thrown in; *det -r mye med* a lot is consumed *(el.* used); *det kommer til å ~ med mange penger til det* a lot of money will go on that; ~ *med på (vilkår)* accept *(el.* agree to) *(fx* the terms); *(anmodning)* accede to; *(ordning)* consent to, agree to *(fx* an arrangement); *(krav)* allow *(fx* a claim); *(forslag)* fall in with *(fx* a proposal);

gå ned 1*(om sola)* go down, set; **2***(om urverk)* run down; **3***(om pris)* fall, go down; **4***(flyv)* land; come down; touch down; put down *(fx* he put down on a lake); **5***(forlise)* go down; *han gikk ned med Titanic* he was drowned in the loss of the Titanic; **6.:** ~ *ned i vekt* lose weight;

gå om: ~ *3. klasse om igjen* remain in the third form; ~ *om igjen et år (ɔ: kontinuere)* repeat a year; *la handelen ~ om igjen* cancel the deal;

gå omkring go about; go round; *jeg -r omkring med en plan* I am nursing a scheme;

gå opp *(om vindu, dør)* open, swing open, fly open; *døra gikk opp (også)* the door came open; *(om sol, teppe, pris)* rise; *(om knute)* come undone; *(i knappingen)* come unbuttoned; *(om regnestykke)* come right, work out; *(om ligning)* come out; *(om kabal)* come out; *(om sår)* open (again);

(om is) break (up); *døra gikk opp og igjen* the door opened and shut; *7 -r opp i 49* 49 is divisible by 7; ~ *opp i røyk* go up in smoke; ~ *opp til (eksamen)* sit for (an examination), take; *det gikk opp for meg* it dawned (up)on me; *endelig gikk det opp for meg at ...* at length I realised *(el.* understood *el.* became aware) that ...; *sannheten gikk opp for ham* he realised the truth; *betydningen av hans ord gikk plutselig opp for meg* I suddenly saw *(el.* realised) the meaning of his words; *det gikk plutselig opp for meg at*

it flashed upon me that; ~ *helt opp (om regnestykke)* work out exactly, w. out just right; *(i divisjon)* come out even; *hun -r helt opp i hagestell* she has a mania for gardening; she has a g. mania; *det -r opp i opp* that makes it even;
gå oppover *se oppover;*
gå over cross; *(overskride)* exceed, go beyond; *(om stavhopper, etc)* clear *(fx* he cleared 5.13); *(smerte)* pass off, cease; *(vrede)* vanish, pass away; *(uvær)* cease, subside; *(til en mening)* come round (to an opinion); ~ *over streken* go too far, overstep the mark; ~ *over i en annen farge (kort)* go out into another suit; ~ *over i historien* become history; *det er -tt over (el. inn) i vårt språk* it has passed into our language; ~ *over til noe annet* go (*el.* pass) on to sth else; ~ *over til fienden* go over to the enemy; join the enemy; ~ *over fra ett system til et annet* change from one system to another; *tronen gikk over til kongens datter* the throne passed to the King's daughter; ~ *over til kristendommen* be converted to Christianity; ~ *over til den katolske kirke* join the Roman Catholic Church;
gå på *(fremover)* go ahead, go on, push ahead *(el.* forward); *(befordringsmiddel)* get on *(el.* into) *(fx* she got on the train), board *(fx* a bus, a train), enter; *(om hanske, etc)* go on; *(fortere)* quicken one's pace; *(angripe)* attack; *jeg -r ikke på `den!* tell that to the marines! you can't fool me; *(især* **US***)* tell me another! I don't buy that! ~ *på ball* go to a ball; ~ *på kaféer* frequent cafés; ~ *løs på* go for; *det -r på livet løs* it is a matter of life and death; *han -r like løs på saken* he does not beat about the bush; ~ *tilbake på (vise til)* refer to; *det -r på hans regning* it is placed to his account; *munnen -r på ham* he talks incessantly; he is always chattering; *det -r for ofte på* it happens too frequently; *det -r 100 pence på et pund* 100 pence make a pound; there are a hundred pence to a pound; *-r på melodien* ... is sung to the tune of ...;
gå rett walk upright;
gå rundt walk about, go round; *(dreie seg)* turn round; *(rotere)* rotate, revolve; *flaska gikk rundt* the bottle went round; *nøkkelen -r ikke rundt* the key won't turn; ~ *rundt i huset (,gatene)* walk about the house (,the streets);
gå sammen *(løpe sammen)* meet, converge; *(om farger)* blend; *(følges)* walk together; *(regelmessig)* go about together; *de -r godt sammen* they get on well together; *(om ektepar, etc også)* they live together quite compatibly (*el.* amicably);
gå stille walk softly (el. smoothly); ~ *stille i dørene* **1.** avoid slamming the doors; close the doors quietly; **2***(fig)* keep a low profile; make oneself inconspicuous;
gå til: *vannet gikk ham til halsen* the water came up to his neck; *hvor mye tøy -r det til kjolen?* how much material will be needed for the dress? *disse pengene skal ~ til å betale bilen (også)* this sum is earmarked to pay for my car; *hvordan gikk det til?* how did it happen? *hvordan kunne det ~ til? (også)* how could that possibly be? *slik gikk det til at* thus it happened *(el.* came to pass) that; *slik -r det til i verden* that's the way of the world; *det gikk muntert til* it was a jolly affair; *det gikk underlig til med den saken* it was a queer business; *klokka -r til 12 (ɔ: klokka er snart 12)* it is getting on for twelve; ~ *til scenen* go on the stage; *det er 'det pengene -r til!* that's the way the money goes; ~ *seg til (om plan, system)* get going *(fx* the thing has to get going first); *når planen har -tt seg til* once the plan runs smoothly;
gå tilbake go back, return; *(om hevelse)* go down, subside *(fx* the swelling in my cheek is going down); *(trekke seg tilbake)* fall back, retreat; *(om kvalitet)* deteriorate; *(om pris)* recede *(fx* prices receded to a very low level); *(om forretning)* decline, lose ground; *det er -tt tilbake med forretningen* the business is not what it used to be; the b. has declined; *det -r tilbake med partiet* the party is losing ground; *det -r tilbake med ham* his business has declined, he has lost ground; *(om popularitet)* hisstar is on the wane; *det -r tilbake til (om tid)* it goes *(el.* dates) back to;
gå under *(synke)* go down, founder; *(gå til grunne)* be destroyed; *skipet gikk under* the ship went down; *han -r under navn av* he passes by the name of;
gå unna *(om varer)* be sold, sell; *de -r unna som varmt hvetebrød* they are selling *(el.* going) like hot cakes *(el.* ripe cherries);
gå ut go out *(fx* he has just gone out); leave the room; *(om ild, lys)* go out; *(vinne i spill)* go out *(fx* how many points do you want to go out *(el.* to win?)); *med to grand -r vi ut (bridge)* two no-trumps will give us the rubber; *(utgå)* be omitted, be left out; cancel *(fx* this item must be cancelled); *(melde seg ut)* leave, retire from; ~ *ut blant folk* mix with people; ~ *ut fra (sted)* leave; *(ta sitt utgangspunkt i)* take as one's starting point; *(forutsette)* assume; *(stivt)* presume;
gå ut over: *men det gikk ut over ham selv* but he was himself the sufferer *(el.* the victim); *verst har det -tt ut over eksportørene* exporters have been the worst sufferers; *hvis du fortsetter på den måten, -r det ut over helsa* if you go on at that rate you will injure your health; *la sitt raseri ~ ut over en* vent one's rage (up)on sby; *la det ikke ~ ut over meg!* don't take it out on me! *han lot det ~ ut over sin sekretær* he took it out on his secretary; *det -r ut over hans helbred* his health suffers;
gå ut på *(ta sikte på)* aim at; have for its object; *en erklæring som -r ut på at vi* ... a declaration to the effect that we ...; *hans forslag -r ut på at* ... his proposal is (to the effect) that ...; *det talen hans gikk ut på* the general drift of his speech; *jeg så hva alt dette gikk ut på* I perceived the drift of all this;
gå utenom 1. go round *(fx* sth); avoid; **2***(fig)* evade; shirk; dodge; ~ *utenom saken* evade *(el.* shirk *el.* dodge) the issue; **T** beat about the bush; ~ *utenom problemene* by-pass the problems; pass the problems by;
gå ved *(innrømme)* admit;
gå videre go ahead, go on; pass along *(fx* pass along the platform please); *la ~ videre* pass on; *(se høyt: elva går ~; samme; utenom 2; vei);*
gåbortkjole afternoon dress.
gåen T 1.: *se utkjørt;* **2***(i stykker)* gone (west); *kløtsjen er ~* the clutch has had it; the clutch has gone (west).
gågate pedestrian precinct; paved zone.
går: *i ~* yesterday; *i ~ aftes* last night, yesterday evening; *i ~ morges* yesterday morning.
gård yard, (court)yard; *(bonde-)* farm; *(større)* estate; *værelse til -en* back room; *på (bonde)-en* on the farm; *gå omkring på -en* walk about the farm. **-bruker** farmer. **-eier** house owner; *(vert)* landlord.
gård|mann farmer. **-mannskone** farmer's wife.
gårdsbestyrer farm manager.
gårds|bruk farm; farming; ~ *basert på melkeproduksjon* dairy farm. **-drift** farming, farm work, running a farm; ~ *for melkeproduksjon* dairy farming. **-gutt** farm hand. **-hund** farm watchdog.

-plass (court)yard. **-vei** [road leading to a farm or group of farms].
gårsdagen the previous day.
gås *(zool)* goose; *(fig)* goose; *det er som å skvette vann på -a* it's like pouring water on a duck's back.
gåse|fett goose fat. **-fjær** goose feather; *(til penn)* goose quill. **-gang** single file, Indian file; *gå i ~* walk in single file *(el.* in Indian file). **-hud** gooseflesh; *jeg har ~ over hele kroppen* I'm goosey all over. **-kjøtt** goose(flesh). **-kråser** (goose) giblets. **-leverpostei** pâté de foie gras. **-stegg** *(zool)* gander. **-vin** Adam's ale, water. **-øyne** inverted commas, quotation marks; **T** quotes.
gåstol 1*(for barn)* baby-walker; **US** go-cart; **2***(for pasient)* walking frame.
gåsunge *(zool)* gosling; *-r (bot)* pussy willows.
gåte puzzle, riddle; enigma; *løse en~* solve a riddle; unravel a puzzle; *det er meg en ~* it is a mystery to me; it puzzles me; **T** it beats me; *tale i -r* speak in riddles.
gåtefull enigmatic; puzzling; mysterious.
gåtefullhet mysteriousness; mysterious attitude (,behaviour).

H, h H, h; *(mus)* B; *H for Harald* H for Harry; *(lyden staves)* aitch; *sløyfe h'ene* drop one's aitches.
I. ha! *(int)* ha! *han sier ~ og ja til alt* he'll agree to anything; **T** he's a yes-man.
II. ha 1. have; **2***(besitte)* have, possess, have got *(fx* have you got a knife?); **3***(være utstyrt med)* have *(fx* the knife has a long handle; my room has a large window; he has some good qualities); have got *(fx* it's got a long tail); **4***(om sykdom)* have, have got *(fx* he's got pneumonia); **5***(som hjelpeverb)* have *(fx* he has taken the book);
A [*Forb. m. «det»*] *der -r vi det!* that's it! there you are! *-r De det?* **1.** have you? **2***(i diktat)* have you got that? *... og hvem har ikke det?* and who has not? *det -dde jeg aldri trodd om ham* I should never have thought it of him; *det -dde vært en lett sak for Dem* it would have been an easy matter for you; *jeg -r det!* (ɔ: *-r kommet på det)* I have it! *~ det alle tiders* have no end of a good time; have the time of one's life *(fx* we were having the t. of our lives); enjoy oneself immensely; *~ det bra (el. godt)* have a pleasant time (of it), have a good time (of it); **T** have it good *(fx* Britain has never had is so good); *~ det bra!* enjoy yourself! *(avskjedshilsen)* all the best! take care of yourself! *~ det godt med seg selv* feel good about oneself; *han -r det bra (økonomisk)* he's well *(el.* comfortably) off; he's doing well; *(om helbred)* he's well, he's feeling well; he's fit, he enjoys good health; *han vet ikke hvor godt han -r det (økonomisk)* he doesn't know when he's well off; *pasienten -r det godt* the patient is doing well; *han -r det dårlig* he's badly off, he's in a bad way; he's having a hard time; *(om helbred)* he's ill, he's not feeling well; *hvordan -r du det?* how are you? how are you getting on? *(især til pasient)* how are you feeling? *slik skal han ~ det!* (ɔ: *slik skal han behandles)* that's the way to treat him; *han -r det med å la andre betale for seg* he is in the habit of letting other people pay for him; he is given to letting other people pay for him; *han -r det med å få raserianfall* he is liable *(el.* subject) to fits of rage; *han -r det med å lyve* he is given to *(el.* has a tendency to) lie; he is inclined to lie; *hvordan -r De det med brensel?* how are you off for fuel? *hvordan -r det seg med denne saken?* what are the facts *(el.* what is the real truth) of the matter *(el.* the case)? how does the matter stand? *hvordan -r det seg med gjelden din?* what about your debt? *jeg vet ikke hvordan det -r seg med forretningen hans* I do not know how his business is getting on; *hvordan det enn -r seg* however that may be; *~ det vondt* suffer;
B [*Forb. m. prep & adv*] *jeg skal ikke ~ noe* **av** *at han leser brevene mine* I won't have him reading my letters; *det vil jeg ikke ~ noe av!* I won't have it! *det -r du godt av!* serves you right! *-dde du godt av ferien?* did you get much benefit from your holiday? did your h. do you any good? *han -r det* **etter** *sin far* he takes after his father in that; he has got that from his f.; *hva vil du ~* **for** *den? (om prisforlangende)* what will you take for it? what do you want for it? *(jvf eksempler under* C); *~ for seg (pønse på)* be up to *(fx* what is he up to?); have to do, have in front of one *(fx* a difficult task); *vi -r hele dagen for oss* we have all (the) day before us; *han visste ikke hvem han -dde for seg* he did know whom he was talking to (,dealing with); *det -r intet for seg* it has no foundation in fact; there is nothing in it; *~ meget for seg* have much *(el.* a lot) to recommend it; *denne påstand -r meget for seg* this assertion has much to recommend it; *han -r hele livet* **foran** *seg* he has a whole lifetime before him; *(se også ovf (for)); hvor -r du det* **fra** *?* **1***(om ting)* where did you get that (from)? **2***(om noe som fortelles)* who told you that? *~* **fram:** *det var `det jeg ville ~ fram* that's the point I wanted to make; *~* **i** *(tilsette)* add *(fx* a. a little flour); *~ noe* **igjen** have sth left (over); *jeg -r ingenting igjen for alt bryet (også)* I have nothing to show for all my trouble; *det -dde vi ikke noe igjen for* (ɔ: *kom vi ikke langt med)* that did not get us anywhere; *~ noe* **imot** *ham* dislike him; *jeg -r ikke noe imot ham* I don't mind him; I have nothing against him; I have no objection to him; *-r De noe imot å fortelle meg det?* would you mind telling (me)? *-r De noe imot at jeg røyker?* do you mind if I smoke? do you mind my smoking? *-r De noe imot forslaget?* have you any objection to the proposal? *hvis De ikke -r noe imot det, ville jeg gjerne* ... if you don't mind, I should like to; *jeg -r meget imot at han gjør det* I strongly object to his doing it; *jeg skulle ikke ~ noe imot* ... I shouldn't mind ...,

I could do with (*fx* a cool glass of beer); ~ **med** *(bringe med seg): -r du boka med?* have you brought the book? *det -r jeg ikke noe med* that's no business (*el.* concern) of mine; it's not my business; *det -r svært lite med `det å gjøre* that has got very (,**T**: precious) little to do with it; *dette -r ikke noe med Dem å gjøre* this has nothing to do with you; that is none of your business; *De -r ikke noe med å forsvare ham* it is not your business to defend him; *jeg -r -tt med ham å gjøre før* I have had sth to do with him before; *jeg -r ikke -tt noe med ham å gjøre* I have had no dealings with him; *(se også gjøre D (med)); vi -dde saken* **oppe** *på siste møte* we discussed the matter at the last meeting; the m. came up for discussion at the last meeting; ~ **på** *(fylle på): ~ på litt vann (,bensin, etc)* put some water (petrol, *etc*) in; *(om klær)* wear, have on (*fx* she had hardly anything on); *hva skal vi ~ på oss i kveld?* what are we going to wear tonight? *-r du en kniv på deg?* have you got (such a thing as) a knife on you? *han -dde alltid en revolver på seg* he always carried a revolver; *politiet -r ikke noe på meg* the police have got nothing on me; *han vil ~ deg* **til** *å (flykte, etc)* he wants you to (escape, *etc*); *han vil ~ ham til adjutant* he wants him for his aide-de-camp; *han vil ~ oss til å tro at* ... he will have us believe that ...; *vil du virkelig ~ meg til å tro at ...?* do you seriously want me to believe that ...? *han vil ~ det til at* he will have it that; he makes out that; *det er verre enn han vil ~ det til* it is worse than he tries to make out; *han ville ~ det til at vi -dde behandlet ham urettferdig* he made out that we had treated him unfairly; *hva -r man ellers politiet til?* what else is the police for? *~ en til nabo* have sby for (*el.* as) a neighbour; *~ meget* **til overs** *for en* be very fond of sby;

C [*Andre forbindelser*] *du -r å gjøre som jeg sier!* you will do what I tell you! **der** *-r vi dem!* there they are! *der -r vi forklaringen!* that's the explanation! there we have the e.! *~ en egenskap* possess (*el.* have) a quality; **her** *-r du et pund!* here is a pound for you! *her -r De meg!* here I am! *man vet aldri* **hvor** *man -r ham* you never know where you have (got) him; *det -r intet å gjøre med* it has (got) nothing to do with; *(se også gjøre D (med)); det* **kan** *vi ikke ~!* we can't have that! *vi -r* **langt** *hjem* we have a long way home; *vi -r enda langt hjem* we are still far from home; *han -r* **lett** *for det* he is a quick learner; *jeg -r lett for å glemme* I am apt to forget; I often forget; *(se også falle (en lett)); han -dde vondt for å gjøre det* he hated to do it; it cost him a great effort to do it; it went against the grain with him to do it; he had to force himself to do it; *han* **skal** *~ seg et bad* he is going to have a bath; *jeg skal ikke ~ te* I don't want any tea; *(høfligere)* no tea for me, please; *hva skal De~ for den?* what do you want for it? what will you take for it? *hva skal vi ~ til middag?* what are we having (*el.* going to have) for dinner? *hvor meget skal De ~? (om betaling)* how much will that be? how much is that? *jeg skal~ £10* I want £10; *jeg skulle ~ et pund te (i butikk)* I want a pound of tea, please; could I have a pound of tea, please? **US** *(som oftest)* I would like a pound of tea; *takk, jeg -r! (svar på tilbud om mer)* thank you, I have some (already); thank you, I've got all I want; no more, thanks! *jeg skal ikke ~ ham til å blande seg i mine saker* I won't have him meddle (*el.* meddling) in my affairs; *hva* **vil** *De ~?* what do you want? *(tilbud)* what will you have? *(om drink også)* what's yours? *hva vil du ~ for å spa om hagen?* what do you want for digging the garden? *vil De ikke ~ en sigar?* won't you have a cigar? **T** have a cigar! *hvordan vil du ~ pengene?* how will you take (*el.* have) the money?

Haag *(geogr)* the Hague.

habil (legally) competent, able, efficient.

habilitet (legal) competence; legal capacity; *testasjons-* testamentary capacity.

habitt get-up (*fx* a man in a strange get-up).

habitus: *hans åndelige ~* his intellectual make-up; his moral character.

hage garden; **US** *(også)* yard (*fx* our front y. is just a lawn); *(frukt-)* orchard; *(palme-)* palm court (*fx* in the p. c. of a London hotel); *(heste-)* (enclosed) pasture.

hage|arkitekt landscape gardener. **-benk** garden seat. **-bruk** gardening, horticulture. **-bruksutstilling** horticultural show. **-by** garden city; *(ofte =)* garden suburb (*el.* estate). **-fest** garden party. **-gang** g. walk (*el.* path). **-kanne** watering can. **-saks** garden shears. **-sanger** *(zool)* garden warbler. **-selskap:** *se -fest.* **-sprøyte** garden sprayer. **-stol** g. chair; *(liggestol)* camp chair; **US** canvas chair. **-stue** [room opening on to a garden].

hagl hail; *(et enkelt)* hailstone; *(av bly)* shot; *(grovere)* buckshot.

haglby(g)e hail-shower, hailstorm.

haglbørse shotgun; *(mindre)* fowling piece.

I. hagle *(subst)* shotgun; *(mindre)* fowling piece.

II. hagle *(vb)* hail; *slagene -t nedover ham* the blows rained down on (*el.* fell about) him; *det -t med skjellsord* terms of abuse poured down; *svetten -t av ham* the perspiration poured down his face.

hagl|korn hailstone. **-vær** hailstorm.

hagtorn *(bot)* hawthorn.

hai *(zool)* shark.

I. hake *(subst)* hook; *(fig)* drawback *(ved* to); *(jvf aber).*

II. hake *subst (ansiktsdel)* chin.

III. hake *(vb)* hook; *~ seg fast i* hook on to.

hake|kløft dimple in the chin. **-kors** swastika. **-orm** *(zool)* hookworm. **-rem** chin strap. **-skjegg** goatee. **-spiss** point of the chin.

hakk notch, indentation; *et ~ bedre enn de andre (fig)* a cut above the others; *være et ~ bedre (enn andre)* **T** *(også)* be one up.

I. hakke *(subst)* hoe; pick, pickaxe, mattock.

II. hakke *(vb)* hack, hoe; *(om fugler)* peck *(på* at); *(kjøtt)* chop, mince; *(i tale)* stutter; *jeg -r tenner av kulde* my teeth are chattering with cold; *~ på (fig)* carp at; **T** pick at.

hakke|blokk chopping block. **-brett** chopping board; *(mar)* taffrail.

hakkeloven *(fig)* the pecking order.

hakkels chaff; chopped straw; *skjære ~* cut chaff, chop straw. **-maskin** chaffcutter.

hakke|mat *(finhakket kjøtt)* minced meat; *(fig)* mincemeat (*fx* make m. of him). **-spett** *(zool)* woodpecker.

hal pull, haul.

I. hale *(subst)* tail.

II. hale *(vb)* haul, pull; *~ an (mar: seil)* haul home; *~ seg (om vind)* shift, haul; *~ stiv* haul tight (*el.* taut); *hal vekk! (mar)* haul away! *der er det ikke noe å ~ for deg* **T** *(neds)* there's nothing for you to get out of it; there's nothing in it for you; *~ i buksene* hitch up one's trousers; *~ saken (vel) i land (fig)* carry (*el.* bring) sth off; *det var han som halte hele foretagendet i land* he was the one who brought the whole thing off; *~ inn* haul inn; *~ inn på et skip* gain on a ship; *han halte raskt innpå i kurven* he caught up fast (*el.* came up well) at the bend; *vi har halt innpå med 5 minutter* we have gained 5 minutes (on our opponent); ~ *ned* haul down; ~ *opp (el. fram) av lomma* pull *(el.* draw) out of one's pocket; *det nyttet ikke å ~ noe ut av ham* he was not to be drawn; ~ *ut tiden* play for time; *(se seier).*

hale|ben tail bone; *(anat)* coccyx. **-dusk** switch. **-finne** *(zool)* tail fin; *(flyv)* vertical stabilizer. **-fjær** tail feather. **-gatt** *(mar)* mooring pipe.

half *(fotb)* half.

halfback *(fotb)* halfback.

I. hall hall.

II. hall *(skråning)* slant, slope.

halleluja hallelujah!

hallik pimp, procurer; **S** ponce; *være ~ for* pimp for.

hallikvirksomhet pimping.

halling Halling dance.

hallo hello! *(tilrop)* hey! hullo! hallo! *(over høyttaler)* attention, please!

hallomann *(i radio)* announcer.

hallusinasjon hallucination.

hallusinere *(vb)* hallucinate.

halm straw. **-presse** straw press.

halm|strå straw; *den som holder på å drukne, griper etter et ~* a drowning man will grasp at a straw *(el.* clutch at straws). **-tak** thatched roof. **-visk** wisp of straw.

haloi *(subst)* uproar, hullabaloo, hubbub, row; *lage ~* **T** kick up a row.

hals neck; *(strupe)* throat; *(på note)* stem; *(til seil)* tack; *brekke -en* break one's neck; *gi ~* give tongue; *strekke~* crane (*el.* stretch) one's neck; *knekke -en på en flaske* crack a bottle; *rope av full ~* shout at the top of one's voice; *le av full ~* roar with laughter; *ha vondt i -en* have a sore throat; *helle i -en på en* pour down sby's throat; *med gråten i -en* on the brink *(el.* verge) of tears, with tears in one's voice; *med hjertet i -en* with my (,his, *etc)* heart in my (,his *etc)* mouth; *falle om -en på en* fall on sby's neck; throw oneself at sby; *vri -en om på en* wring sby's neck; *over ~ og hode* in hot haste, precipitately, in a great hurry, headlong; *få noe på -en* be saddled with *(fx* a lot of poor relations); *få en sykdom på -en* contract a disease; *det skaffet ham mange fiender på -en* it got him a lot of enemies; *på sin ~ (fig)* body and soul.

hals|betennelse inflammation of the throat, angina, sore throat. **-brann** heartburn. **-brekkende** breakneck. **-byll** boil in the throat. **-bånd** necklace; *(til hund)* collar.

halse *vb (gjø)* give tongue, bay; *mar (kuvende)* wear (ship), jibe.

halsesyke sore throat; *det er bare vanlig tredagers ~* it's just an ordinary throat infection.

halsgrop the arch of the neck *(fx* in the arch of her neck).

halsgropsmykke pendant (on a short chain); ~ *av gull* gold pendant.

halshogge *(vb)* behead, decapitate.

halshogging beheading, decapitation.

hals|hvirvel cervical vertebra. **-katarr** bronchial catarrh, pharyngitis. **-kjede** necklace; *(av perler også)* rope *(fx* a r. of pearls). **-linning** neck band.

halsløs: ~ *gjerning* reckless act, desperate undertaking, risky business.

hals|muskel cervical muscle. **-onde** throat complaint *(el.* trouble). **-pastiller** *(pl)* cough pastilles, cough candy sugars. **-pulsåre** carotid artery. **-spesialist** throat specialist, laryngologist.

halsstarrig stubborn, obstinate.

halsstarrighet stubbornness, obstinacy.

halstørkle scarf; *(glds)* neckerchief.

halt lame; limping; ~ *på det ene benet* lame in one leg.

halte *(vb)* limp, walk with a limp; *-nde (fig)* lame *(fx* excuse); halting *(fx* comparison).

halthet lameness.

halv half; *en ~ alen* half an ell; *for ~ pris* at half price; *barn ~ pris* children half-price; *-e forholdsregler* half-measures; *-e Norge* half Norway; *et -t år* half a year, six months; *to og en ~ engelske mil* two miles and a half, two and a half miles; *en ~ gang til så lang* half as long again; *klokka er ~ tolv* it is half past eleven (o'clock); *klokka slo ~* it struck the half-hour; *det -e* half (of it); **-t** *(adv)* half; *-t om -t* half; *dele -t* go halves *(med* with), go fifty-fifty *(med* with); *han gjør ingenting -t* he does nothing by halves; *(se pris).*

halv|annen one and a half. **-automatisk** semi-automatic. **-bemannet** half-manned. **-bevisst** half conscious, semi-conscious.

halvbind *(bokbind)* half-binding.

halv|blind half-blind. **-blods** half-blood, half-bred; *(subst)* half-breed, half-caste. **-bror** half brother.

halvdags|hjelp daily help working half days; part-time daily help, half-time daily help. **-post** half-time post *(el.* job); half-day post *(el.* job).

halvdel half; *-en* half of it, one half; *-en av* (one)half (of) *(fx* half the books, one h. of the books); the half of *(fx* the last h. of the year); *i første ~ av talen* in *(el.* during) the first half of the speech.

halvdød half dead.

halvere *(vb)* halve; *(i geometri)* bisect.

halv|erme half-sleeve. **-fabrikat** semimanufacture; semi-finished product; semimanufactured article. **-ferdig** half-finished; *jeg er ikke ~ med å spise* I have not half done eating. **-fetter** second cousin. **-flaske** half-bottle. **-full** half full; *(om menneske)* half drunk. **-gal** half mad. **-gammel** elderly, middle-aged. **-gjort** half-done. **-gud** demigod. **-het** incompleteness; *(fig)* indecision, vacillation; *(halve forholdsregler)* half-measures. **-høyt** *(adv)* in a low voice, in an undertone, under one's breath, in a half-whisper, half aloud. **-kaste** half-caste. **-krets** semicircle; half-circle. **-kule** hemisphere. **-kuleformet** hemispherical. **-kusine** second cousin. **-kvalt** half-smothered, stifled. **-kvedet:** *han forstår en~ vise* he can take a hint.

halvlært semi-skilled.

halv|mett still hungry; **T** half full up; *jeg er ikke ~* I have not half done eating. **-moden** half -ripe. **-mørke** half-light, semi-obscurity, semi-darkness. **-måne** half-moon, crescent. **-månedlig** fortnightly. **-part** half; *den ene -en* one half (of it); *bare -en av velgerne* only half (of) the electors. **-pensjon** half-pension, demi-pension; *(ved skole & pensjonat, også)* half-board. **-profil** semi-profile; *portrett i~* s.-p. portrait. **-silke** silk-cotton. **-sirkel** semi-circle. **-sirkelformig** semi -circular. **-slitt** *(om tøy)* threadbare, shiny.

halvsove *(vb)* doze, drowse.

halv|spenn *(om skytevåpen)* half-cock; *i ~* at h.-c. **-stekt** half-done. **-stikk** half hitch; *dobbelt ~* clove hitch. **-strømpe** sock. **-studert** half-educated, semi-educated; ~ *røver* half-educated bluffer. **-søsken** half sisters and half brothers. **-søvn:** *i -e* half asleep; *i -e hørte jeg at det gikk i døra* I was already *(el.* still) half asleep when I heard the door go. **-såle** *(vb & subst)* half-sole. **-tak** lean-to roof. **-tid** *(fotb): ved ~* at half time *(fx* the score at h. t. was 3–2; it's h. t.). **-tone** *(mus)* semitone. **-tullet** **T** not quite all there; crack-brained. **-tulling** simpleton, half-witted person.

halvvei: *på -en* halfway, midway; *møtes på -en*

(fig) split the difference; *bli stående på -en* give up *(el.* stop)halfway.
halvveis halfway, midway; *(nesten)* almost; half *(fx* I'm half hoping she won't come); *jeg har ~ lyst til å* I have half a mind to.
halv|vill half-savage; half-wild; *(om hest)* half -broken. **-voksen** adolescent, teenage, half-grown *(fx* a h.-g. squirrel); *en ~ pike* a teenage girl, a girl in her adolescence, an adolescent girl. **-våken** half awake.
halv|øy peninsula. **-åpen** half-open. **-år** six months; *et ~* a period of six months; **-årig** half a year old. **-årlig** half-yearly, bi-annual; *(adv)* every six months, twice a year. **-års** of six months. **-årsvis** half-yearly; *(adv)* every six months, twice a year.
ham *(subst)* skin; *(litt.)* slough; *skifte ~* cast (off) its skin; lose its skin; *(stivt)* shed its skin.
hamle *(vb): kunne ~ opp med* be able to cope with; be a match for; *A kan ikke ~ opp med B* (ɔ: *kan ikke måle seg med) (også)* A is not in it with B; *han kan ~ opp med hvem som helst (også)* he can take on anybody.
hammer hammer; *(tre-)* mallet; *(på dør)* knocker; *(i øret)* malleus, hammer; *komme under -en* come under the hammer. **-hai** *(zool)* hammerhead. **-hode** hammer head. **-slag** hammer stroke. **-tegn** sign of the hammer.
hamn: *se havn.*
hamp hemp; *av ~* hempen; *bort i -en* **T** ridiculous, crazy *(fx* a c. idea).
hampe|frø hempseed. **-tau** hemp rope.
hamre *(vb)* hammer.
hamskifte sloughing; **US** shedding of skin.
hamstre *(vb)* hoard.
han he; *~ ... selv* he ... himself; *~ der* the chap over there; *dette er ~ som ...* this is the man who ...
han|bie *(zool)* drone. **-blomst** *(bot)* male flower.
hand: *se hånd.*
handel trade *(fx* the trade in tropical fruits, the corn trade); *(det å handle)* trading *(fx* trading with the enemy is prohibited); *(som levebrød)* trade, commerce, business *(fx* he's in business); *(i større stil, internasjonal)* commerce *(fx* c. flourished during his reign); commercial activities, business life; *(enkelt transaksjon)* (business) deal; transaction;
bringe i -en put on *(el.* bring into) the market, offer for sale; *slutte en ~* close a transaction; *drive ~* carry on trade, trade *(fx* with sby); *drive ~ med (om varen)* trade *(el.* deal) in; *gjøre en god ~* make a good bargain; *gjøre -en om igjen* cancel the deal; *(jur: heve kjøpet)* repudiate the sale *(el.* the bargain); *komme i -en* come on the market; *er ikke i -en* is not on the market; *det er ikke lenger i -en* it is no longer on the market; it is not sold any more; it is off the market; *~ med utlandet* foreign trade (dealings); *vår ~ med (el. på) England* our trade with E.; *~ og vandel* dealings; method of doing business.
handels|attaché commercial attaché. **-avtale** trade agreement; *(traktat)* commercial treaty. **-balanse** balance of trade, trade b.; *aktiv (el. gunstig) ~* favourable t. b.; *passiv (el. ugunstig) ~* adverse *(el.* unfavourable) t. b.; *et stort underskudd i -n med utlandet* a large foreign trade deficit. **-bedrift** trading firm *(el.* company); *(se produksjonsbedrift).* **-betjent** salesman; **US** clerk. **-brev** trading *(el.* tradesman's) licence; **US** business license; *som har ~* certificated *(fx* a c. grocer); *løse ~* obtain a trading licence. **-bu** general (country) store. **-by** commercial *(el.* trading) town. **-departementet** the Ministry of Commerce; the **UK** Department of Trade; **US** the Department of Commerce. **-fag** commercial subject; *lærer i ~* business studies teacher. **-firma** commercial firm, business house. **-flagg** merchant flag; *-et (det britiske)* the Red Ensign. **-flåte** merchant navy *(el.* marine); mercantile marine, merchant service *(el.* fleet). **-forbindelse 1***(om person, firma)* business connection; **2***(abstrakt: forhold, samkvem)* trade *(el.* commercial *el.* business) relations *(el.* intercourse *el.* dealings) *(med* with; *mellom* between); trading link *(fx* a country with which we have substantial trading links). **-foretagende** commercial undertaking, c. enterprise. **-gartner** market gardener; **US** truck farmer.
handelsgymnas *(hist)* commercial college.
handelsgymnasiast *(hist)* pupil at a commercial college; *-er (også)* pupils of commercial colleges.
handelshøyskole advanced commercial college; (NB The College of Business Administration and Economics, Bergen).
handelsjordbruk cash-crop farming; *(se jordbruk).*
handels|kalender trade (,**US**: business) directory. **-kandidat** Bachelor of Commerce; B. Com. **-kjøp** contract of sale; (in Norway: a contract between two commercial enterprises); *(se også sivilkjøp).* **-kompani** trading company. **-korrespondanse** commercial correspondence, business correspondence. **-kutyme** trade usage. **-kyndig** trained in business; having a commercial training; *en ~ (sakkyndig)* a business expert. **-kyndighet** commercial knowledge. **-lære** commercial science. **-mann** trader, dealer, shopkeeper. **-marine** *se -flåte.* **-minister** Minister of Commerce; **UK** Secretary of State for Trade; **T** Trade Secretary; **US** Secretary of Commerce. **-monopol** commercial monopoly. **-moral** commercial morality, business morals; *det ville være dårlig ~* it would be commercially dishonest. **-omsetning** trade, volume of trade. **-ordbok** commercial dictionary. **-overskudd** trade surplus. **-partner** trading *(el.* trade) partner. **-politikk** commercial *(el.* trade) policy. **-politisk** pertaining to commercial policy; *-e forbindelser* trade relations.
handelsregister register of companies; *-et* **UK** the Companies Registry; the Registrar of Companies; trade *(el.* commercial) register; *føre et firma inn i H-et* register (,**US:** incorporate) a company.
handelsregning business *(el.* commercial) arithmetic.
handels|reisende commercial traveller; *~ på provisjonsbasis* commission traveller. **-rett** commercial law. **-selskap:** *ansvarlig ~* trading partnership. **-sentrum** trading centre, mart, emporium; *London utviklet seg til å bli Europas ~* London developed into the general mart of Europe. **-skip** merchantman. **-skole** commercial school; *etter endt ettårig ~* after a one-year commercial course. **-stand** commercial *(el.* business) community. **-standsforening** mercantile association *(fx* Oslo Mercantile Association); *Norges Handelsstands Forbund* Federation of Norwegian Commercial Associations. **-traktat** commercial treaty.
handels|uttrykk commercial term.
handels|vare commodity; *-r (også)* merchandise. **-vei** trade route. **-verdenen** the world of commerce, the business world. **-virksomhet** commercial activity; business, trade; *drive ~* carry on business, trade. **-vitenskap** commercial science. **-øyemed:** *i ~* for business purposes.
handikap handicap; disability. **handikappe** *(vb)* handicap.
handlag: *se håndlag.*
handle *(vb)* act; *(gjøre innkjøp)* deal *(fx* I deal there as well); *(drive handel)* trade, deal, do

h

business; ~ *deretter* act accordingly; ~ *etter* act on; ~ *etter eget forgodtbefinnende* use one's own discretion; ~ *med noe* deal in sth; ~ *med en* do business with sby; ~ *mot ens vilje* act against sby's wishes; ~ *om* be about; deal with; *(stivt)* treat of; *gutten som denne historien -r om* the boy who's the subject of this story; the boy this story's about.

handledyktig vigorous, energetic.

handledyktighet activeness, vigour (,**US**: vigor), energy.

handle|form *(gram)* the active (voice). **-frihet** freedom of action; *gi en ~ (frie hender) (også)* give sby plenty of rope. **-kraft** energy, activeness, vigour (,**US**: vigor), efficiency; **T** push, drive. **-kraftig** energetic, active, vigorous, efficient, dynamic. **-måte** conduct, course *(el.* line) of action, procedure *(fx* we don't approve of your p.).

handlende *(subst)* trader; tradesman.

handling action; act; *(høytidelig)* ceremony, function; *en grusom* ~ an act of cruelty; *en -ens mann* a man of action; a doer; *-en foregår i Frankrike* the scene is laid in France; the scene is F.; the story (,the play, *etc)* takes place in F.; *(se henlegge); det er mangel på ~ i stykket* there is a lack of action in the play; *la ~ følge på ord* suit the action to the word; *skride til* ~ take action.

handlingslamme *(vb)* paralyse; hamstring.

handlingslammet paralysed; hamstrung; incapable of action; unable to act *(el.* take action).

han|due *(zool)* cock pigeon. **-dyr** male.

hane *(zool)* cock; **US** rooster; *(på kran)* (stop)-cock; tap; *være eneste ~ i kurven* be the master of the harem; **T** be the only man at a hen party; *(føre det store ord)* be (the) cock of the walk; *(se spansk).* **-ben:** *gjøre ~ til* court, make up to. **-bjelke** tie beam. **-gal** cockcrow; *ved* ~ at c. **-kam** cock'scomb. **-kylling** *(zool)* cockerel, young cock. **-marsj** goose step.

han|esel *(zool)* jackass, male ass. **-fisk** *(zool)* milter. **-fugl** *(zool)* male bird, cock. **-føll** *(zool)* colt.

hang bent, bias, inclination, propensity.

hangar *(flygemaskinskur)* hangar.

hangarskip aircraft carrier.

hangle *(vb)* be ailing; ~ *igjennom* get through by the skin of one's teeth; (barely) scrape through.

hanglet(e) ailing; **T** off colour; *han har vært litt ~ i det siste* he's been a bit off c. lately.

han|hare *(zool)* buck hare. **-kanin** buck rabbit. **-katt** *(zool)* tomcat; *(erotisk mann)* goat *(fx* he is an old g.).

hank handle.

hankeløs without a handle.

hankjønn male sex; *(gram)* the masculine (gender).

hann he, male; *(om visse fugler)* cock; *(sms med hann-: se han-).*

Hannover Hanover.

hanplante *(bot)* male plant.

hanrakle *(bot)* catkin.

hanrei deceived husband; *(glds & litt.)* cuckold; *gjøre en til ~* seduce sby's wife; *(glds & litt.)* cuckold sby.

hanrev *(zool)* he-fox, dog fox.

hans his; *hatten ~* his hat; *hatten er ~* the hat is his; *brorens og ~ brev* his brother's letters and his own.

Hans: ~ *og Grete* Hansel and Gretel.

hans|a *(hist)* Hanse. **-aforbundet** the Hanseatic League. **-eat** member of the Hanseatic League. **-eatisk** Hanseatic.

hansestad Hanseatic town.

hanske glove.

hanspurv *(zool)* cock sparrow.

hansvane *(zool)* cob (swan), male swan.

Harald Harold; ~ *hårfagre* Harold the Fair-haired.

hard hard; *(streng)* harsh, severe; hard; ~ *mot* severe on, hard on, harsh towards; *han er ~ mot sin sønn* he is hard on *(el.* severe with) his son; ~ *som stein (om ting)* hard as a rock, hard as iron; **T** hard as a brick *(el.* as bricks); *(se flint); der hvor det går -est for seg* right in the thick of it; *jeg har hatt en ~ dag* I've had a tough *(el.* hard) day; **T** I've had a bit of a day; *ha ~ mage* be constipated; *det ville være -t om* it would be hard lines if; *-t mot -t* measure for measure; *sette -t mot -t* meet force with force; *det er -t for ham at ikke han også kan få bli med* it is very hard on him *(el.* sad for him) that he can't go too.

hardfrossen frozen hard.

hard|før hardy, tough; *en ~ plante* a study *(el.* hardy) plant. **-førhet** hardiness, toughness.

hardhaus hardy chap, tough chap.

hardhendt hard-handed, rough. **-het** hard-handedness, roughness.

hardhet hardness.

hard|hjertet hard-hearted, unfeeling, callous. **-hjertethet** hard-heartedness. callousness, callosity. **-hudet** thick-skinned, callous. **-hudethet** *(fig)* callousness, callosity, thick skin. **-kokt** hard-boiled.

hardnakket stiff-necked, obstinate, persistent; *holder ~ fast på den tro at* persists in believing that. **hardnakkethet** obstinacy, stubbornness, persistency.

hardt *(adv)* hard; *fare ~ fram mot en* treat sby harshly; take a strong line against sby; *det holdt ~* it was difficult, it was (quite) a job; *han sitter ~ i det* **T** he's hard up; *han sov ~* he slept heavily; ~ *babord! (mar)* hard aport! ~ *i le! (mar)* hard to leeward! *trenge ~ til noe* need sth (very) badly.

hare *(zool)* hare; *forloren ~* meat loaf; *ingen vet hvor -n hopper* there is no telling what is going to happen; *(se harepus).*

hare|hjerte: *ha et ~* be chicken-hearted, be a coward. **-hund** *(zool)* beagle, harrier. **-jakt** hare-hunting, hare-shooting. **-labb 1.** hare's foot; *fare over noe med en ~ (fig)* pass lightly over sth, slur over sth, give sth a lick and a promise; **2** *(bot)* cottonweed.

harem harem, seraglio.

hare|munn harelip. **-pus** bunny. **-skår** harelip; *ha ~* be harelipped. **-stek** roast hare. **-unge** *(zool)* young hare, leveret.

harke *(vb)* hawk.

harlekin harlequin.

harm *(adj)* indignant *(på* with); *(se fortørnet).*

I. harme *(subst)* indignation, resentment; *(poet)* wrath, ire.

II. harme *(vb)* anger, exasperate. **-lig** annoying.

harmful resentful, indignant, angry.

harmløs harmless, inoffensive.

harmonere *(vb)* harmonize; be in harmony *(el.* keeping); *ikke ~ med* be out of keeping with; *få til å~ med (stemme med)* reconcile *(fx* it is difficult to r. A's evidence with B's).

harmoni harmony, concord, unison.

harmonika *(mus)* accordion; *(se harmonikk).*

harmonikk *mus (munnspill)* mouth organ, harmonica.

harmonilære harmonics.

harmo|nisere *(vb)* harmonize. **-nisk** harmonious.

harmonium *(mus)* harmonium.

harnisk armour; **US** armor; *bringe en i ~* infuriate sby, enrage sby, make sby see red; *komme i ~* flare up, fly into a rage *(el.* a temper); *han var i ~* his blood was up; he was up in arms.

I. harpe *(subst)* harp; *spille på ~* play the harp, harp.

II. harpe *(vb)* screen; *-t kull* screened coal.

harpe|spill harp-playing. **-spiller** harpist.

harpiks resin; *(når terpentinoljen er avdestillert)* rosin; *(til violinbue)* rosin. **-aktig** resinous.

harpun harpoon. **-er** harpooner. **-ere** *(vb)* harpoon.

harselas banter, raillery.

harselere *(vb)* poke fun at, mock at, scoff at, make game of.

harsk rancid; *(fig)* grim, gruff. **-het** rancidity.

harv *(subst)* harrow; *fjær-* spring-tooth h.; *skåldisk* h.; *valse-* rotary hoe.

harve *(vb)* harrow.

has: *få ~ på* get the better of *(fx* an opponent); lay by the heels *(fx* the police will soon lay the thief by the heels); *vi har fått ~ på ham* **T** we've got him by the short hairs.

hasard 1. hazard, risk; **2.** gambling, game of chance; *spille ~* gamble. **-spill** game of chance; gambling. **-spiller** gambler.

hase *(sene)* hamstring; *(ledd)* hock, hough; *(på menneske)* hollow *(el.* back) of the knee; *skjære -ne over på* hamstring; *smøre -r* take to one's heels; show a clean pair of heels, show one's heels.

hasj(isj) hashish; **T** hash, pot, weed; *(se marihuana).*

hasp(e) *(subst)* hasp, catch.

hassel *(bot)* hazel. **-nøtt** hazelnut, filbert. **-rakle** hazel catkin.

hast haste, hurry; *det har ingen ~* there's no hurry; *i all ~* in a hurry; in haste; *et lite brev skrevet i all ~* a hasty note, a note which has (had) been written in a hurry; *i rivende ~* in great haste, with the greatest possible dispatch; *han har ikke noen ~ med å* he is in no hurry to.

haste *(vb)* hasten, hurry; *(upersonlig)* be urgent; *det -r med varene* the goods are urgently required; *det -r med denne saken* this matter is urgent *(el.* requires immediate attention); *det -r ikke* there's no hurry; *når det -r* when it's urgent.

hasteordre *(merk)* rush order.

hastig hurried, quick; hasty.

hastighet (rate of) speed, rate, velocity; *med en ~ av* at a speed of; *(se holde).*

hastverk hurry, haste; *ha ~* be in a hurry; *hvorfor har du slikt ~?* why are you in such a hurry? *~ er lastverk* more haste, less speed; slow and steady wins the race.

hastverksarbeid rush job, rush work; *(neds)* scamped work.

hat hatred *(til* of), hate; *bære (el. nære) ~ til en* hate sby, have a hatred of sby; *legge en for ~* come *(el.* grow) to hate sby; conceive a hatred of sby; make sby the object of one's hate; *vekke ~* excite hatred.

hate *(vb)* hate; *(avsky)* detest, abhor; *~ som pesten* hate like poison *(el.* like sin); *~ å måtte ...* hate having to ...

hatefull spiteful, malicious, rancorous.

hatsk rancorous. **-het** rancour; **US** rancor.

hatt hat; *han er høy i -en (fig)* he is too big for his boots, he is high and mighty; *stiv ~* bowler; *gi en noe å henge -en på* give sby a handle; give sby cause for complaint; *sette -en på* put on one's hat; *ta -en av* take off one's hat *(for* to); *ta til -en* touch one's hat; *trykke -en ned over ørene på en* pull sby's hat (down) over his ears; *være på ~ med* have a nodding acquaintance with; *være mann for sin ~* be able to hold one's own, be able to take care of oneself; *sannelig min ~!* (well,) of all things! *-en av for deg (,for det)!* I take off my hat to you (,to that)!

hatte|brem hat brim, brim (of a hat). **-fabrikk** hat factory. **-forretning** hat shop; *(dame-)* milliner's (shop). **-maker** hatter; *det er forskjell på kong Salomo og Jørgen ~* there's a difference between a king and a cat. **-nål** hatpin. **-pull** crown of a hat.

hatteske hatbox; *(til damehatt også)* bandbox.

haubits howitzer.

haud *(illaudabilis)* = second class (in a university examination); *(se immaturus; innstilling 5; laud(abilis); non (contemnendus).*

haug hill; *(dynge)* heap; *(stabel)* pile; *(jord-, grav-)* mound; *gammel som alle -r* (as) old as the hills.

haugevis in heaps, by heaps; *~ av penger* heaps of money.

haugtusse: *se hulder.*

hauk *(zool)* hawk; *~ over ~* diamond cut diamond; the biter bit.

hauk|e *(vb)* call, hoot, shout. **-ing** call, cattle call.

hauke|nebb hawk's bill. **-nese** hawk nose.

haus head, skull; **T** noodle.

hausse rise in prices; *(sterk)* boom; **US** bull market; *spekulere i ~* speculate for a rise, bull the market.

haussespekulant bull, speculator for a rise.

hautrelieff high relief.

hav sea; *(verdenshav)* ocean; *~ og land* land and water, sea and land; *-ets frihet* the freedom of the seas; *det åpne ~* the open sea; *på det åpne ~* on the open sea, in mid-ocean; *(jur)* on the high seas; *over -et* above sea level; *på -ets bunn* on the bottom of the sea; *til -s* to sea *(fx* it was carried out to sea); *ute på -et* out at sea; *ved -et* by the sea, at the shore, at the seaside; *(se også sjø).*

Havana *(geogr)* Havana. **havaneser** Havanese.

havarer|e *vb (om skip)* **1***(totalt)* be wrecked *(fx* the ship has been wrecked); **2***(bli mer el. mindre skadd)* be damaged; *(om maskinskade)* be disabled *(fx* the ship has been disabled), have a breakdown; *(se maskinskade); -t bilist* stranded motorist; *-te varer* damaged goods.

havari 1. *(forlis)* (ship)wreck, loss of ship; **2***(skade)* (sea) damage, accident, average; *(på maskin)* damage *(fx* damage to the engine), breakdown *(fx* owing to the b. of the engine); *gross-* general average; *partikulært ~* particular a.; *lide ~* **1***(totalt)* be wrecked; **2.** receive *(el.* suffer *el.* sustain) damage; **3***(om maskin)* be damaged, break down; *hvordan oppsto -et? (om lystbåter, også)* how did the accident occur?

havari|anmeldelsesskjema: *~ for lystbåter* small craft claim form; particulars of accident to vessel. **-attest** certificate of average, a. certificate. **-besiktigelse** damage survey, survey (of the damage). **-brev, -erklæring** average bond. **-fordeling** averaging, distribution of average. **-oppgjør** adjustment of a., a. adjustment; *(dispasje)* a. statement. **-sak** case of a. **-signal** distress signal. **-skade** damage.

havarist 1. damaged ship; *(sterkt)* wrecked s.; *(med maskinskade)* disabled s.; **2.** shipwrecked seaman.

havarm arm of the sea.

hav|blikk dead calm. **-bruk** fish farming; fish breeding. **-bryn 1.** edge of the sea; where sea and shore meet; **2.** horizon, skyline; *i -et* on the horizon. **-bukt** bay. **-bunn** bottom of the sea, sea floor, sea bed.

hav|dyp deep, depths of the ocean. **-dyr** marine animal. **-dønning** ocean swell.

havesyk covetous. **havesyke** covetousness.

hav|frue mermaid. **-gap** where the fjord meets the open sea; the mouth of the fjord. **-gud** sea god. **-katt** *(zool)* catfish. **-klima** insular climate. **-måke** *(zool)* greater black-backed gull.
havn harbour (,**US**: harbor), port; *(fig)* haven; *bringe en sak vel i ~* bring a matter to a successful issue; *ligge i ~* be in port; *søke ~* put into a harbour.
havne *(vb): ~ i (fig)* end in, land in; *~ i papirkurven (også)* be consigned to the waste-paper basket; *~ på hodet* land on one's head; *han -t på 13. plass* he finished 13th.
havne|anlegg harbour (,**US**: harbor) works. **-arbeider** docker, dock labourer; **US** longshoreman. **-avgifter** *(pl)* harbour *(el.* dock) dues *(el.* charges). **-by** seaport town. **-fogd** harbour (,**US**: harbor) master.
havne|kontor harbour master's office. **-los** h. pilot. **-myndigheter** *(pl)* port authorities. **-plass** berth. **-politi** harbour (,**US**: harbor) police, dock *(el.* river) police. **-vesenet** the port authorities *(fx* the Port of London Authorities *(fk* the P.L.A.)).
havre *(bot)* oats *(pl)*. **-gryn** rolled oats. **-grøt** oatmeal porridge. **-mel** oatmeal.
havrett the law of the sea.
havrettsminister Minister for the Law of the Sea.
havre|velling oatmeal gruel. **-åker** oat field.
havseiler *(mer)* ocean racer.
havskilpadde *(zool)* turtle; *(se skilpadde).*
havsnød distress (at sea); *skip i ~* ship in distress.
havørn *(zool)* white-tailed eagle; *(se ørn).*
havål *(zool)* conger (eel); *(se ål).*
hebraisk Hebrew; *det er ~ for meg* it's all Greek to me.
hebreer Hebrew.
Hebridene *(geogr)* the Hebrides.
hede *(lyngkledd landstrekning)* heath, moor.
hedendom heathendom.
heden|sk heathen, pagan; *den -ske tid* pagan times. **-skap** paganism, heathenism.
heder honour (,**US**: honor), glory. **-full** glorious, honourable (**US**: honorable). **-(s)kront** honoured (**US**: honored), illustrious.
hederlig honourable (,**US**: honorable); *(redelig)* honest; *~ omtale* honourable mention. **-het** honesty, integrity.
heders|bevisning mark *(el.* token) of respect, mark of distinction. **-dag** great day. **-gjest** guest of honour (**US**: honor). **-mann** honourable (,**US**: honorable) man, man of honour (,**US**: honor); *(ofte =)* gentleman). **-plass** place of honour (,**US**: honor). **-tegn** medal. **-tittel** title of honour (,**US**: honor).
hedning heathen, pagan.
hedre *(vb)* honour (,**US**: honor).
I. hefte *(del av bok)* part, number; *(bok)* pamphlet, brochure, booklet; exercise book; *(på sverd)* hilt.
II. hefte *vb (oppholde)* delay, detain, keep; *(feste)* fix, attach, fasten; *(klebe)* stick; *(bok)* stitch; *~ med knappenåler* pin; *~ opp* tuck up; *det -r stor gjeld på denne eiendommen* this estate is heavily encumbered; *~ sammen (med heftemaskin)* staple together *(fx* s. papers together); *(se oppholde).*
heftelse *(gjeld)* encumbrance, local land charge; *(pante-)* mortgage.
heftemaskin stapler, staplingmachine; *(i bokbinderi)* stitching machine.
heftevis in parts.
heftig vehement, violent, impetuous; *(smerte, etc)* acute, intense, severe. **-het** vehemence, violence, impetuosity; intensity.
heftplaster sticking plaster, adhesive plaster.
hegemoni hegemony.
hegg, heggebær *(bot)* bird cherry.
hegn fence; *(levende)* hedge.
hegre *(zool): grå-* heron.
I. hei *(subst)* heath, moor; *-ene* the uplands, the hills.
II. hei hey! heigh! hello there! *~ på deg! (som hilsen)* hello! **US** hi!
heia! *(tilrop)* come on! *(til skøyteløper)* skate! *være med å rope ~* join in the cheers.
heiagjeng cheering gang *(el.* crowd).
heiarop cheer.
heie *(vb)* cheer; *~ fram* roar on *(fx* r. sby on); *~ på* cheer.
heilo *(zool)* golden plover.
heim: *se hjem.*
heime: *se hjemme.*
heimføding backwoodsman; rustic; stay-at-home; **US S** hick.
heimkunnskap *(skolefag)* home economics *(fk* H.E.), domestic science; **US** home economics.
heimstadlære *(skolefag)* local studies; environmental studies.
heipiplerke *(zool)* meadow pipit.
heire *se hegre.*
heis lift; **US** elevator; *(vare-)* hoist; *komme i -en* get into hot water; get into trouble; *(om pike)* get into trouble.
heise *(vb)* hoist; *(om flagg og lette ting)* run up; *~ flagget (især)* raise the flag; *~ opp buksene* hitch up one's trousers; *~ på skuldrene* shrug one's shoulders.
heise|apparat hoisting apparatus, hoist. **-fører** lift attendant, liftman, lift boy; **US** elevator operator. **-kran** crane. **-tårn** hoist.
I. hekk hedge; *(hinder)* hurdle.
II. hekk *(del av skip)* stern.
hekke *vb (yngle, ruge)* nest, brood.
hekkeløp hurdle (race).
hekkeplass nesting place.
hekkjolle *(mar)* stern boat, dinghy.
hekkmotor rear engine.
I. hekle *(subst)* flax comb, hackle; *(til fiskefangst)* rake, rake-hooks.
II. hekle *(vb)* crochet; *(lin og hamp)* comb, hackle. **-arbeid** crochet work. **-nål** crochet hook. **-tøy:** *se -arbeid.*
heks witch, sorceress; *en gammel ~* an old hag; *slem som en ~* bad as a witch.
hekse *(vb)* practise witchcraft.
hekse|gryte witches' cauldron. **-kunst** witchcraft; *det er ingen ~* that's an easy thing to do; it's easily done; *-er* spells and charms. **-mester** wizard, sorcerer, conjurer.
hekseri witchcraft, sorcery, black magic; *det er ikke noe ~* it's easily done; that's an easy thing to do.
hekseskudd crick in the back *(fx* he's got a c. in his back), a touch of lumbago.
hektar hectare (= 2.47 acres).
I. hekte *(subst)* hook; *-r og kroker* hooks and eyes; *komme til -ne (fig)* come to one's senses; recover, pick up.
II. hekte *(vb)* clasp, hook; *~ opp* unclasp, unhook.
hektisk hectic.
hekto *se hekto(gram).*
hektograf hectograph.
hektografere *(vb)* hectograph.
hektogram hectogram *(fk* hg); (svarer i praksis til) quarter (of a pound) *(fx* a quarter of sweets); (NB *merk uttrykk som* 'a quarter-pound packet of tea',' a q.-p. block of chocolate').
hel *adj (se også helt (adv));* **1***(uskadd)* whole *(fx* there was not a w. pane in the house), unbroken, intact; **2***(fullstendig, udelt, etc)* complete *(fx*

a c. stoppage), whole, entire (*fx* my china service is still entire); **3**(*ublandet*) all (*fx* all wool); pure (*fx* p. wool); **4. -e** the whole (*fx* the w. amount, the w. house, the w. country), the whole of (*fx* Norway, the town); all (*fx* all Norway); all of (*fx* all of the country); *langs -e kysten* all along the coast; *-e verden* the whole world, all the world; (*ved tallord*) quite, as much as, no less than, as many as (*fx* quite ten miles; as much as £100), whole (*fx* two whole years); *det var -e tre mennesker der (spøkef)* there were all of three people there; (*i tidsuttrykk*) all (*fx* all day, all the time); *-e natten* all night, the whole night; *klokka slo* ~ it (*el.* the clock) struck the hour; *fem (minutter) over* ~ five minutes past the hour; *hver -e og halve time* every hour and half-hour, precisely at the hour and half-hour; *jeg har hele tiden visst at* I have known all along that; *en* ~ **del** a good (*el.* great) deal (*av* of); (*pl*) a great many, a great number, quite a number (of); **det -e** the whole (thing), all of it; *det er det -e* that's all; *det -e eller en del av* ... all or part of ...; *det -e er en misforståelse* the whole thing is a misunderstanding; *i det -e* in all, altogether, as a whole; *verden i det -e* the world at large (*el.* in general); **i det -e tatt** (*i det store og hele*) on the whole, generally speaking, taken all in all; (*overhodet; NB ikke i bekreftende setninger*) at all (*fx* I will have nothing at all to do with him; is he at all suitable for the post? it is uncertain whether we shall get our money at all); (*når alt kommer til alt*) everything considered; (*kort sagt*) altogether (*fx* he is a bully and a blackmailer, altogether an unpleasant chap); *det han sier (,sa) er i det -e tatt ikke noe svar på spørsmålet* his statement doesn't begin to answer the question. **av** *-e mitt hjerte* with all my heart; **i** *-e den tiden* during the whole of that time; *svart* **over** *det -e* black all over.

helaften: *-s program* full-length programme (,**US**: program), p. that fills the whole evening.

helaftensforestilling (*film*) single performance.

helaftenstykke single feature, full-length play.

helautomatisk fully automatic, all-automatic.

hel|befaren (*mar*) able-bodied. **-bind** full binding.

helbred (*helse*) health; *ha (en) god* ~ be in good health, enjoy good h.; *det tok på hans* ~ it affected his h.; *sviktende* ~ failing h.; *pga. sviktende* ~ owing to ill-health; (*jvf helse; trekke: -s med & underminere*).

helbred|e (*vb*) cure, restore to health; (*lege*) heal; ~ *for* cure of. **-elig** curable. **-else** cure; (*det å komme seg*) recovery.

helbreds|hensyn: *av* ~ for reasons of health. **-tilstand:** *hans* ~ the state of his health.

heldagsprøve (*på skolen*) all-day (written) test.

heldig lucky, fortunate; successful; prosperous; (*om uttrykk*) felicitous; happy (*fx* a h. remark); (*gagnlig*) beneficial; (*tilrådelig*) advisable; *en* ~ *gris* **T** a lucky dog, a lucky beggar; *et* ~ *innfall* a happy idea; *et* ~ *ytre* a prepossessing appearance; *et* ~ *øyeblikk* an opportune moment; *falle* ~ *ut* be a (great) success, turn out well; *et* ~ *utfall* a successful result; *vi slapp -ere fra det* we were more fortunate; *det traff seg så* ~ *at vi hadde* luckily (*el.* fortunately) we had; *jeg er aldri* ~ I never have any luck; *jeg var så* ~ *å* I had the good fortune to, I was so fortunate as to, I was fortunate (enough) to; *jeg er så* ~ *å ha* ... I am fortunate in having; *jeg var så* ~ *å finne ham hjemme* I had the (good) luck to find him at home; *han har vært* ~ *med lærer* he has been lucky with his teacher; *på noen måter er jeg* ~ *stilt* I am at an advantage in some ways; *det er noen som er -e* some people have all the luck; *den slags skoler er ikke -e* schools of that kind are a mistake; *det hadde vært -st om vi hadde* ... it would have been best if we had ...; *den -ste måten* the best way; (*se III. vær*).

heldigvis luckily, fortunately, as good luck would have it.

I. hele (*subst*) whole; entity; *et ordnet* ~ an ordered whole; *et sammenhengende* ~ a connected whole.

II. hele (*vb*) heal; *-s* be healed, heal up.

III. hele *vb* (*hjelpe tyv*) receive stolen goods.

heler receiver of stolen goods; **S** fence; handler; *-en er ikke bedre enn stjeleren* the receiver is no better than the thief.

heleri receiving stolen property; receipt of stolen property.

helfet (*adj*): ~ *ost* full-cream cheese.

helflaske large bottle.

helg holiday(s), Sunday; *i -en* over (*el.* during) the weekend.

helgardere (*vb*): ~ *seg* protect oneself; protect one's retreat.

helgardert absolutely safe.

helgeklær one's Sunday best.

helgen saint. **-bilde** image of a saint. **-dyrkelse** the worship of saints, hagiolatry. **-glorie** halo (of a saint). **-legende** legend. **-levninger** (*pl*) relics. **-skrin** shrine, reliquary.

Helgoland (*geogr*) Heligoland.

helgryn whole grain.

helhet whole, totality, entirety; *i sin* ~ in its entirety, in full.

helhets|inntrykk general impression. **-løsning** comprehensive (*el.* overall) solution; *det gjelder å finne en* ~ it's a matter of finding a comprehensive solution. **-preg** unity (*fx* the u. of a work of art). **-syn** comprehensive (*el.* overall) view, general view. **-virkning** general (*el.* total) effect.

helhjertet hearty; *en* ~ *oppslutning* a h. response.

helikopter helicopter. **-flyplass** heliport.

helkornbrød: *et* ~ a loaf of wholemeal bread, a wholemeal loaf, a wheatgerm loaf.

I. hell (*bakke-*) inclination; *på* ~ (*avtagende*) on the wane, waning.

II. hell (*lykke*) good luck, success; *for et* ~! what (a stroke of) luck! *sitte i* ~ be in luck; *ha* ~ *med seg* succeed, be successful; *hadde det* ~ *å* had the good fortune to; *til alt* ~ as good luck would have it; fortunately; luckily.

Hellas (*geogr*) Greece.

I. helle (*subst*) flag, flagstone, slab of rock.

II. helle (*vi*) slant, slope, incline, lean; *dagen -r* the day is waning; the day is drawing to a (*el.* its) close; ~ *til et parti* lean towards a party; (*vt*) (*skjenke*) pour.

helle|fisk, -flyndre (*zool*) halibut.

hellelagt flagged, paved with flagstones.

hellener Greek, Hellene. **hellenistisk** Hellenistic.

hellensk Greek, Hellenic.

heller rather, sooner; *jo før jo* ~ the sooner (*el.* earlier) the better; *håret var* ~ *mørkt enn lyst* the hair was dark rather than blond; *han ville jo intet* ~ he asked for nothing better; *jeg vil* ~ *vente* I would rather wait; I prefer to wait; ~ *enn* rather than, sooner than (*fx* I would rather drink tea than coffee); ~ *ikke* nor (*fx* nor must we forget that ...); ~ *ikke var de vakre* they were not good-looking either; *ikke jeg* ~ nor do I, nor can I (*,etc*); nor I either; *'jeg sa* ~ *ikke et ord* and 'I didn't say a word either; *verken ... eller ... og* ~ *ikke* neither ... nor ... nor yet; *det har* ~ *aldri vært påstått* nor has it ever been asserted; *det har jeg* ~ *ikke*

h

sagt indeed, I have said no such thing; *(se snarere; II. ønske).*

hellerist(n)ing rock carving *(el* engraving).

I. hellig holy, sacred; *ikke noe er ~ for ham* nothing is sacred to him; *ved alt som er ~* by all that is sacred; *Den -e ånd* the Holy Ghost; *den -e jomfru* the Blessed Virgin, the Holy Virgin; *~ krig* holy war; *Det -e land* the Holy Land; *den ~ skrift* the Holy Writ; *den -e stad* the Holy City; *den -e ektestand* (the) holy (state of) matrimony; holy wedlock; *de -e* the saints; *de siste dagers -e* the latter -day saints; *det -e* sacred things *(fx* he made fun of s. things); *det aller -ste* the Holy of Holies.

II. hellig *(adv): love høyt og ~* promise solemnly.

hellig|aften eve of a church festival. **-brøde** sacrilege. **-dag** holiday; *offentlig ~* public holiday; official (*el.* legal) holiday; *søn- og helligdager* Sundays and holidays. **-dagsgodtgjørelse** pay for work done on a public holiday; *(svarer til)* public holiday bonus. **-dagstillegg** public holiday bonus. **-dom** sanctuary; sanctum, *(ting)* sacred thing.

hellige *(vb)* hallow, consecrate, sanctify; *(holde hellig)* observe; *(innvie)* devote, dedicate (to); *-t vorde ditt navn!* Hallowed be thy name! *hensikten -r midlet* the end justifies the means.

helliggjøre *(vb)* hallow, sanctify.

helliggjørelse hallowing, sanctification.

hellighet holiness, sacredness; sanctity *(fx* the sanctity of marriage); *Hans Hellighet* His Holiness.

hellig|holde *(vb)* observe, keep holy; *(feire)* celebrate. **-holdelse** observance; celebration.

helligtrekongersdag Twelfth Day, Epiphany.

helling *(skråning)* slope, incline; *(på tak)* pitch; *(fig)* inclination *(til* to), bias, leaning *(til* towards). **-svinkel** angle of inclination.

helmelk full cream milk.

helnote *(mus)* semibreve; **US** whole note.

helomvending 1*(mil)* about-turn; **US** about-face; **2***(fig)* about-turn; turnabout; turnaround; U-turn; *(også* **US***)* about-face; *gjøre ~* execute a complete turn (*el.* a U-turn); *en dramatisk ~ i skolepolitikken* a dramatic about-turn on schools policy.

heloverhaling general overhaul.

helrandet *(bot)* entire.

helse *(subst)* health; *du vil få god ~ og føle deg bedre* you'll enjoy good health and feel better; *god ~ gir deg et bedre liv* good health gives a better life; fitness lets you enjoy life more; *ha god ~* be in good health; enjoy good health; *få helsa igjen* recover.

helse|bot cure, remedy; *det er ~ i skoglufta* the forest air is (a) good medicine. **-bringende** *(adj)* curative, health-bringing, healthful, healthy.

helse|direktorat Public Health Department of the Ministry of Social Affairs; **UK** *(inntil 1/11 1968)* Ministry of Health; **US** Bureau of Health; *The Department of Health and Social Security was created on Nov. 1, 1968, from the Ministry of Health and the Ministry of Social Security. **-direktør** director-general of public health, d.-g. of health services; **UK** *(inntil 1/11 1968)* Minister of Health; *(se helsedirektorat).* **-etaten** the health service. **-farlig** injurious to health, unwholesome; noxious. **-kost** health foods. **-kø** Health Service queue. **-lære** hygienics. **-løs** broken in health, invalid; *slå ham ~* cripple him for life.

helsemessig: *en ~ risiko* a health hazard; a hazard to health; *av -e grunner* **1.** for reasons of (personal) health, for health reasons, for medical reasons; **2.** for sanitary reasons, for r. of hygiene.

helseomsorg health care.

helseråd 1. board of health; **2***(stedet)* health centre; *(se helsestasjon).*

helsesektoren the (public) health sector; *det bør legges mer vekt på utbygging av ~* more emphasis should be given to developing the health sector; more attention should be paid to developing the health sector; *(se helsetjenesten; helsevesen).*

helsesport rehabilitation sport; therapeutic sport.

helse|stasjon *(for mor og barn)* maternal and child health centre; *(jvf helseråd 2).* **-stell:** *offentlig ~* public health (service). **-søster** health visitor *(fk* H.V.); **US** public health nurse.

helsetjenesten the health service *(fx* a post in the health service).

helsetrøye stringvest.

helsevesen public health service; *psykisk ~* mental health service; *(se helsetjenesten).*

helsidesbilde full-page illustration *(el.* picture).

helsilke all silk, pure silk.

helskinnet safe and sound, unhurt; *(adv)* safely, unhurt.

helskjegg full beard.

helst preferably; *(etterstilt)* for preference; *(især)* especially, particularly; *jeg vil ~* I should prefer; *du bør ~ gå* you had better go.

helstøpt *(fig)* sterling.

I. helt *(subst)* hero.

II. helt *(adv)* **1.** quite *(fx* q. alone, q. finished, q. impossible, q. mad, q. normal; I q. agree with you; he is q. well now); entirely *(fx* an e. satisfactory result; I had e. forgotten it); totally *(fx* I had t. forgotten it; the food is t. unfit for human consumption; his sight is t. gone; he t. misunderstood my meaning; a t. wrong impression); wholly *(fx* we are not w. satisfied; few men are w. bad); altogether *(fx* a. *(el.* quite) impossible; the method is not a. new; you have a. misunderstood me; it is a. wrong to do that; he is not a. a fool); fully *(fx* I f. *(el.* quite) agree with you; I am f. convinced of his innocence); completely *(fx* the army was c. defeated; we were c. taken by surprise; the work is c. *(el.* quite) finished); perfectly *(fx* a p. fresh product; I will be p. open with you); all *(fx* I like to have a compartment a. to myself; a. alone; you're getting a. mixed up; these calculations are a. wrong; your clothes are a. muddy); utterly *(fx* I was u. mistaken, an u. false view); **2***(ganske, riktig)* quite *(fx* the dinner was q. good; q. a good dinner; you are getting to be q. a famous man);

[*Forskjellige forb.*] *det er ~* **annerledes** it is totally different; *han er blitt et ~* **annet** *menneske* he is completely changed; he has become (quite) a different man; *det er noe ~ annet* that is (sth) quite different, that is quite another matter; **T** that's another pair of shoes; that's a different kettle of fish altogether; *~ eller* **delvis** wholly or partly, wholly or partially, wholly or in part; *~ og* **fullt,** *~ og holdent* entirely, completely, wholly, altogether; *det hadde jeg ~* **glemt T** *(også)* I had clean forgotten it; *kjøre ~* **langsomt** drive quite slowly, drive dead slow; *dette er det ~* **riktige** this is the very thing; *ikke ~* **slik** *som jeg gjerne ville hatt det* not quite what I wanted; not quite as I wanted it; *det er ~* **utelukket** it is quite *(el.* totally) out of the question; it is quite impossible; *~* **utsprunget** *(om blomst)* full-blown; *(om tre)* in full leaf; *~* **utviklet** fully developed; full-grown;

[*Forb. med prep & adv*] *det gjorde det ~* **av** *med ham* that finished him completely; *~ av stål* all-steel *(fx* an a.-s. car); *~* **bak** *hagen* right *(el.*

all the way) behind the garden; *jeg gikk ~* **bort** *til ham* I went close (up) to him; *~ borte på torget* as far away as (in) the market place; ~ **foran** *huset* right in front of the house; ~ **forut** *(mar)* to the head of the fo'c'sle; **T** chock forward; ~ **fra** *de var barn* ever since they were children; *jeg har kjent henne ~ fra hun lærte å gå* I have known her ever since she could walk; *~ fra de ble gift* since they were first married; *~ fra Japan* all the way from Japan; ~ **igjennom** all *(el.* right) through; thoroughly *(fx* a t. honest man); ~ **inn** *i jungelen* all the way into the jungle; *~ inn til benet* right up to the bone; as far as the bone; ~ **inne** *i hulen* right in the cave; far into the cave; a long way into the cave; *han gikk ~* **ned** *i dalen* he went all the way down into the valley;~ **nede** *i dalen* right down in the valley; as far down as the v.; *aksjene var ~ nede i £2* the shares were as low as *(el.* were right down at) £2; *~ nede i Italia* as far south as Italy; *gjøre ~* **om** execute a complete turn; *helt om! (mil)* about turn! **US** about face! ~ **oppe** *på toppen* right on (,at) the top; *han ble ~* **til** *latter* he made a complete fool of himself; *~ til (om tid)* right up to; ~ **ut** *(fullt ut)* in full, wholly, entirely; *beherske et språk ~ ut* have a complete command of a language; *beherske teknikken ~ ut* master the technique to perfection; *skrive ordet ~ ut* write the word in full; *man kan høre det ~ ut på gata* you can hear it all the way into the street; *~ ut på landet* far into the country; *~ ut til kysten* all the way to the coast; *varene svarer ~ ut til prøven* the goods are fully equal to sample; ~ **ute** *på landet* far out in the country; in the depths of the country; *(se også hel (adj)).*

helte|dikt epic. **-diktning** heroic poetry. **-død:** *dø -en* die the death of a hero. **-dåd** heroic deed. **-gjerning** heroic deed. **-modig** heroic, brave. **-mot** valour (,**US**: valor), heroism. **-rolle** heroic part. **-ry** heroic fame. **-sagn** heroic legend. **-skikkelse** heroic figure. **-vis:** *på ~* heroically. **-ånd** heroic spirit, heroism.

heltid full time; *summen av ti års arbeid, både på ~ og deltid* the sum total of 10 years of both full and part-time work *(el.* effort).

heltidsbeskjeftigelse wholetime occupation.

heltinne heroine.

heltømmer whole timber; *(se tømmer).*

helull pure wool, all-wool.

helvete hell; *dra til ~!* go to hell! *gjøre en ~ hett* make it hot for sby; *en -s kar* the devil of a chap.

helvetesild *(hudsykdom)* shingles.

helveteskval infernal torment.

helvetesmaskin infernal machine.

helvetesstein lunar caustic, nitrate of silver.

helårs|dress all-the-year-round suit, round-the-year suit. **-olje** multigrade oil.

hemme *(vb)* check, restrain, hamper; *-t i veksten* retarded in growth.

hemmelig secret; *(i smug)* clandestine; *~ ekteskap* clandestine marriage; *holde noe ~* keep sth secret *(for* from), keep sth dark.

hemmelighet secret; *en offentlig ~* an open secret; *gjorde ingen ~ av det* made no secret of it; *i all ~* secretly, in secret; *ha -er for en* have secrets from sby.

hemmelighetsfull mysterious; *(om person)* secretive; *en ~ mine* an air of mystery. **-het** mysteriousness; secretiveness.

hemmelighetskremmeri secretiveness.

hemmelig|holde *(vb)* keep secret, keep dark; *det ble -holdt for ham* it was kept (a) secret from him; he was kept in the dark about it. **-holdelse** concealment, (observance of) secrecy; *(fortielse)* suppression *(fx* of the truth, of essential facts).

hemmende restrictive, restraining; *virke ~ på* have a restraining effect on.

hemning inhibition; *uten -er* uninhibited, without inhibitions *(fx* he's entirely without inhibitions; he's entirely uninhibited; he has no inhibitions at all).

hemorroider *(pl)* haemorrhoids; *(især* **US***) hemorrhoids.*

hempe loop, button-hole loop.

hems *(halvloft over sperreloftstue)* (small) loft-room.

hemsko drag, clog, hindrance; *det virker som en ~ på ham* **T** it cramps his style.

hen *(= bort)* away; off; *falle ~ i en døs* doze off; *hvor skal De ~?* where are you going? where are you off to? *stirre ~ for seg* stare into vacancy.

henblikk: *med ~ på* with a view to; with an eye to; *lese noe igjennom med ~ på trykkfeil* read sth through for *(el.* in search of) misprints.

I. hende: *i ~: se hånd.*

II. hende *(vb)* happen; occur; take place; *det kunne nok ~* may be; *det har hendt ham en ulykke* he has met with an accident; he has had an accident; *slikt kan ~ den beste* these things will happen; *det -r (ɔ: forekommer) at han er sint* he's sometimes angry; there are times when he's angry; he has been known to be angry; *det er ikke noe som -r hver dag* that doesn't happen every day; it's not an everyday occurence.

hendelse occurrence; *(tildragelse)* incident; happening *(fx* strange happenings in the middle of the night); *(begivenhet)* event, occurrence, incident; *(episode)* incident, episode; *en ulykkelig ~* an unfortunate accident.

hendelsesforløp course of events; *redegjøre for -et* give an account of the course of events; relate how things happened; *(ɔ: gi et sammendrag)* review the course of events.

hendelsesrik eventful.

hendig deft, dexterous; *(om ting, også)* handy.

hendighet deftness, dexterity; handiness.

hendø *vb (om lyd)* die away *(el.* down).

henfalle *(vb)* fall, lapse; *~ i grublerier* fall into a reverie.

henføre *vb (henrykke)* entrance, transport; *~ til (vise til)* refer to.

henført *adj (fig)* entranced.

heng *(svak vind)* (light) breeze.

I. henge *(vi)* hang, be suspended *(fx* from the ceiling); *det hang en lampe over bordet* there was a lamp *(el.* a lamp hung) above *(el.* over) the table; *(sjelden)* there hung a lamp above the table; *stå og ~* hang about; *~ etter (fig)* lag behind; *dette betyr at lønningene blir -nde etter i kappløpet med prisene* this means that wages get left behind prices; this causes a time lag between the rise in prices and wages; *(se kappløp); han -r alltid etter meg* he is always trailing after me; *~ fast* stick; *han hang fast med foten* his foot caught; *treet -r fullt av frukt* the tree is loaded with fruit; *~ i* keep at it, work hard; *~ i en tråd (også fig)* hang by a thread; *~ med hodet* hang one's head; **T** be down in the mouth; *~ over bøkene* be poring over one's books; *han -r alltid over arbeidet sitt* he cannot tear himself away from his work; *~ på veggen* hang on the wall; *~ sammen* hang together, stick together; cohere; *det -r sammen med ... (ɔ: det skyldes, er en følge av)* it is a consequence of ...; it is attributable to; *det -r ikke riktig sammen* there is something wrong; *~ ved* adhere to; *(av hengivenhet)* be attached to; cling to.

h

henge

hung or hanged?

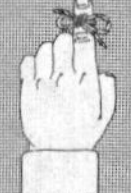

TRICKY TALES

The verb **to hang** has two meanings and may be inflected in two different ways.

Hanging is an execution method, which was not abolished in Great Britain until the early 1970's. **Hanged** is only used in the sense **executed** by hanging. In all other meanings, the past tense and the past participle are **hung.**

*I have **hung** the washing on the line.*	Jeg har **hengt** klesvasken på snoren.
*He **hung** up on me.*	Han **la på** røret.

II. henge *(vt)* hang (NB *a verbo:* hang – hung – hung); suspend; *(drepe ved henging)* hang (NB *a verbo:* hang – hanged – hanged); *-s, bli hengt* be hanged; **S** swing *(fx* you'll s. for this!); *det blir han ikke hengt for* he can't get into trouble over that; ~ *opp* hang up; suspend; ~ *opp gardiner* put up *(el.* fix up) curtains; ~ *opp en kule i en tråd* suspend a ball by a thread; ~ *seg* hang oneself; ~ *seg i* fasten on *(fx* he fastened on a small error); ~ *seg på* (ɔ: *slutte seg til bevegelse etc)* join *(el.* jump on) the bandwagon; ~ *seg ut (om klesplagg)* lose creases by hanging; **T** hangout; *(se også hengende).*

henge|bjørk *(bot)* weeping birch; drooping birch. **-bru** suspension bridge. **-bryster** *(pl)* sagging breasts. **-hode** killjoy, wet blanket; *(skinnhellig)* sanctimonious person. **-krøller** *(pl)* ringlets. **-køye** hammock. **-lampe** hanging lamp, suspended lamp. **-lås** padlock. **-myr** quagmire.

hengende hanging, pendent; *bli* ~ catch, stick; remain hanging; *bli* ~ *ved det* (ɔ: *måtte beholde det)* be left with it; **T** be stuck with it.

hengepil *(bot)* weeping willow.

hengeskavl overhanging cornice.

hengi *vb (se også hengiven):* ~ *seg til (henfalle til)* indulge in, give oneself up to, become addicted to *(fx* drink); ~ *seg til fortvilelse* abandon oneself *(el.* give oneself up) to despair; *(vie sin tid til)* devote oneself to, dedicate oneself to; *(seksuelt)* give oneself to.

hengivelse devotion *(til* to), loyalty; abandonment; *(seksuelt)* giving oneself.

hengiven devoted *(fx* a d. friend), attached *(fx* she was greatly a. *(el.* devoted) to him); *Deres hengivne* Yours sincerely; **US** Sincerely yours.

hengivenhet affection *(fx* I won his a.), attachment, devotion, devotedness *(for* to); *fatte* ~ *for* become attached to; *nære* ~ *for* be fond of, be (deeply) attached to, be devoted to.

hengsel hinge.

hengsle *(tømmer-)* boom.

hengslet(e) *(adj)* ungainly.

henhold: *i* ~ *til* in accordance *(el.* conformity)-with; *(under henvisning til)* with reference to; *i* ~ *til kontrakt* under a contract *(fx* I am delivering this coal under a c.); *i* ~ *til lov av* ... pursuant to the Act of ...; *i* ~ *til vedlagte liste* as per list enclosed; *i* ~ *til Deres forlangende* in compliance with your request.

henholde *(vb):* ~ *seg til* refer to; rely on.

henholdsvis respectively *(fx* they get 8 and 10 pounds r.); as the case may be.

henhøre *(vb):* ~ *under* fall under, come under; come *(el.* fall) within; *(se høre:* ~ *under; sortere).*

henimot towards; *(ved tallangivelse)* close upon, about, approximately.

henkaste *(vb)* let fall, throw out, drop; *-t ytring* casual remark; *en lett -t tone* an offhand tone, a casual tone.

henlede *(vb)* direct; ~ *oppmerksomheten på* direct *(el.* draw *el.* call) attention to.

henlegge *(vb):* ~ *en sak (jur)* dismiss *(el.* drop) a case; *saken ble henlagt (også)* proceedings were stayed; ~ *et lovforslag* shelve a bill; ~ *handlingen i stykket til Frankrike* lay the scene in France; *romanen er henlagt til en engelsk industriby* the novel is set in an English industrial town; *historien er henlagt til korstogstiden* the time of the action is *(el.* the story takes place in) the period of the Crusades; *(jvf handling); han har henlagt sin virksomhet til* ... he has transferred his activities *(el.* activity) to; ~ *sin virksomhet til et annet sted* transfer one's activity *(el.* activities) somewhere else.

I. henne *(adv): jeg vet ikke hvor han er* ~ I don't know where he is; *hvor har du vært* ~*?* where(ever) have you been?

II. henne *(pron)* her.

hennes *(pron)* her *(fx* it's her hat); hers *(fx* the car is hers).

henrett|e *(vb)* execute. **-else** execution.

Henrik Henry.

henrive *(vb)* carry away, transport; *(henrykke)* fascinate, enrapture, charm; *la seg* ~ *til* be incited to, be led on to.

henrivende fascinating, charming.

henrykke: *se henrive.*

henrykkelse rapture, ecstasy; *falle i* ~ *over noe* go into raptures over sth.

henseende respect, regard; *i den* ~ in that respect; *i alle -r* in all respects; in every respect, in every way; *i enhver* ~ in every respect *(el.* way); *i legemlig* ~ physically; in point of physique; *i politisk* ~ politically; *i teknisk* ~ technically; *i økonomisk* ~ from an economic point of view; economically.

hensette *(vb)* throw *(fx* it threw him into a fury; it threw him into a state of uncontrolled rage); ~ *seg til* transport oneself in imagination to,

imagine oneself in; *hensatt i hypnose* put in a trance.
hensikt intention; purpose; *har en dypfryser noen egentlig ~?* does a deep freezer have a real purpose? *det har ingen ~ å gni salt i såret* there's no point in rubbing salt in the wound; *oppnå sin ~* achieve (*el.* attain) one's end; attain one's objective; *brevet virket mot sin ~* the letter produced the reverse of the desired effect; *svare til sin ~* answer (*el.* serve) its purpose; *med ~* on purpose, intentionally; *uten ~* unintentionally; *i den ~ å* with the intention of (-ing); with intent to (*fx* shoot with intent to kill; break in w. i. to steal); *ha til ~ å* intend to (*el.* -ing); *jeg gjorde det i den beste ~* I acted for the best; *reelle -er* honourable (,**US**: honorable) intentions.
hensiktsløs purposeless, pointless, futile.
hensiktsmessig suitable, adequate, appropriate, serviceable; *(praktisk)* practical. **-het** suitability, appropriateness, expediency.
henslengt discarded, thrown away; *en ~ ytring* a casual remark; *ligge ~ (om person)* sprawl.
henstand respite, further (*el.* more) time.
hen|stille *(vb)* suggest, request; *jeg -r til Dem å* I would request you to; *(sterkere)* I appeal to you to. **-stilling** suggestion, request; *(sterkere)* appeal; *etter ~ fra* at the suggestion (*el.* request) of; *rette en ~ til ham om å* request him to, call on him to; appeal to him to.
hen|stå *(vb): la saken ~ for en stund* let the matter stand over for a while. **-sykne** *(vi)* droop, languish, wilt, wither (away).
hensyn **1**(*omtanke)* consideration; respect, regard; **2**(*beveggrunn)* consideration; motive; reason; **3**(*henblikk, betraktning, henseende): **med ~ til*** *(fk m.h.t.)* with (*el.* in) regard to, in respect of, regarding, respecting, as to; *jeg husket feil med ~ til prisen* I made a mistake about the price; *med ~ til både pris og kvalitet, såvel med ~ til pris som kvalitet* with regard to both price and quality; with regard to price as well as quality; *Deres mening med ~ til mulighetene for å ...* your views as to the possibility (*el.* prospect) of (-ing);
[*A: forb. med adj.; B: med prep.; C: med vb*]
A [*forb. med adj*] *lokale ~* considerations of local interest(s), local considerations; *ta* **menneskelige** *~* show human consideration; take human factors into account; **personlige** *~ må komme i annen rekke* personal considerations must take second place; *(se også ndf: uten personlige ~);* **politiske** *~* political considerations; *når* **praktiske** *~ synes å kreve det* as convenience may suggest; **uvedkommende** *~* considerations that are not to the point; extraneous considerations; *et* **viktig** *~* an important consideration; *et ytterst viktig ~ (også)* a paramount consideration; **økonomiske** *~* economic considerations;
B [*forb. med prep*] **av ~ til** *(person)* out of consideration for; *(p.g.a.)* on account of; *av ~ til hans familie ble hendelsen dysset ned (også)* for his family's sake the incident was hushed up; **uten ~ til** without regard to, in disregard of, regardless of; *uten ~ til følgene* regardless of (*el.* irrespective of) the consequences; *alle skyldige vil, uten ~ til stilling, bli strengt straffet* all those guilty will be severely punished regardless of their positions; *(helt) uten ~ til at ...* in (complete) disregard of the fact that ...; *uten ~ til om ...* irrespective of whether ...; no matter whether ... or not; *uten ~ til om det regner* (no matter) whether it rains or not; *uten personlige ~* irrespective of person, without respect of person;
C [*forb. med vb*] *dette -et* **går foran** *alle andre* this consideration is paramount to all others; *tre ~ er* **lagt til grunn for** *tekstutvalget* three factors have been taken into consideration in selecting the texts; **ta ~ til** **1**(*ting, forhold)* think of, consider, take into account, take into consideration; make allowances for; **2**(*person)* show consideration for (*el.* towards); be considerate towards (*el.* to); consider (*fx* he has his sister to consider); consider the needs of (*fx* consider the needs of the academic students); *ta ~ til de helt spesielle behov hos dem som skal oversette teknisk og merkantilt stoff* consider the specialized requirements of translators of technical and commercial material; *jeg må ta ~ til magen min* I have to be careful what I eat; I have to be careful of my stomach; *det er så mange ~ å ta* there are so many things (,people) to be considered; there are so many things to be taken into account; there is so much to consider; **ikke ta ~ til** disregard, ignore, take no account of, take no notice of; *han tar ikke ~ til andre* he has no consideration for anyone (*el.* for others); *du tar ikke ~ til meg!* you've no consideration for me! *han tok ikke (noe) ~ til hva jeg sa* he took no notice of what I said; *vi kan ikke ta ~ til disse reklamasjonene* we cannot consider (*el.* entertain) these claims; *han tar* **ingen** *~ til andre menneskers følelser* he shows no consideration for other people's feelings.
hensyns|betegnelse *(gram)* indirect object. **-full** considerate, thoughtful, kind. **-fullhet** consideration, thoughtfulness, considerateness. **-ledd** *(gram)* indirect object.
hensynsløs inconsiderate; thoughtless; *(skånselløs)* unscrupulous; *(ubarmhjertig)* ruthless; *(uvøren)* reckless.
hensynsløshet inconsiderateness; lack of consideration, thoughtlessness; ruthlessness; recklessness.
hente *(vb)* **1.** fetch, go and get; bring; *(hos noen)* call for; *(hos flere)* collect; *varer -s og bringes* goods collected and delivered; *pakker -s og bringes (også)* collection and delivery of parcles; *jeg -r deg kl. 6* I'll call for you at six o'clock; *en drosje vil ~ deg på stasjonen* a taxi will meet (*el.* fetch) you at the station; *vi ble -t på stasjonen* we were met at the station; *~ pakken på postkontoret* claim the parcel at the post office; **2.** derive, draw, get (*fx* the material is drawn (*el.* taken) from the Middle Ages); *~ næring fra* draw (*el.* derive) nourishment from.
hentyde *vb (sikte til)* allude (*til* to), hint (*til* at).
hentydning allusion, hint.
henved about, nearly, close upon.
henvende *(vb)* address, direct; *~ oppmerksomheten på* call (*el.* draw *el.* direct) attention to; *De må ha Deres oppmerksomhet særlig henvendt på* you must pay special (*el.* give close) attention to ..., you must give (*fx* this matter) your close attention; *vi skal ha oppmerksomheten henvendt på saken* we shall give the matter our attention; *vi har vår oppmerksomhet henvendt på saken* the matter is engaging our attention; *~* **seg 1.** apply (*fx* a. in person at 10 Ashley Gardens); **2**(*med forespørsler)* inquire (*fx* i. at the office); *~* **seg til** **1**(*sette seg i forbindelse med)* communicate with (*fx* c. direct with the bankers); **2**(*for å få hjelp, opplysninger, etc)* apply to (*fx* sby for help, advice, information); **3**(*rådføre seg med)* consult (*fx* c. one's lawyers on a subject); **4**(*søke tilnærmelse)* approach (*fx* we have not yet approached the company on the subject); *be ham ~ seg til X* refer him to X; *(se oppmerksomhet).*
henvendelse communication; application; *(fore-*

h

spørsel) inquiry; *etter ~ fra* at the request of; *~om hjelp (,betaling)* application for help (,payment); *vi fikk en ~ fra firmaet for en tid siden (også)* we were approached by the company some time ago; *~ skjer til* applications to be made to; *alle -r må rettes til selskapet og ikke til enkeltpersoner* all communications to be addressed to the Company and not to individuals; *rette en skriftlig ~ til* apply by letter to ...; *ved ~ til* on application to, on applying to; *ytterligere opplysninger fås ved ~ til* for further information please write to.

henvise *(vb)* refer *(til* to); *(fx* I r. to my letter; I must r. you to my colleague); *være henvist til seg selv* have to stand on one's own feet, be left to one's own resources, have to rely on oneself *(el.* look out for oneself), have to shift for oneself; *vi er henvist til oss selv (også)* we are thrown upon our own resources *(el.* initiative); *han er henvist til å snakke engelsk hele tiden* he is obliged *(el.* compelled) to speak English all the time; he has to speak E. all the time; he is reduced to speaking E. all the time.

henvisning reference; *under ~ til* referring to, with reference to.

her here; *~ i byen (,landet)* in this town (,country); *~ fra byen* from this town; *~ og der* here and there.

herald|ikk heraldry. **-isk** heraldic.

herav of this.

herbarium herbarium.

I. herberge *(vertshus)* inn; *(ungdoms-)* (youth) hostel.

II. herberge *(vb)* give shelter to, lodge.

herde *(vb)* harden; *~ stål* temper steel; *~ seg* make oneself hardy; *~ seg mot noe* harden *(el.* inure) oneself to sth; *~ seg ved hjelp av kalde bad* toughen oneself *(el.* keep oneself fit) by cold baths; *-t (om person)* hardy; *(om stål)* tempered.

herdebred *glds el. litt. (bredskuldret)* broad -shouldered.

herding hardening; *(av metall)* tempering.

her|etter henceforth, in future, from now on. **-fra** from here; *(i regnskap)* from this; *langt ~* a great distance off, far from here.

herje *(vb)* ravage, lay waste, devastate, harry.

herjing ravaging, ravages, havoc, devastation.

herk *(skrap)* junk, rubbish.

herkomst descent, parentage, extraction, origin(s); *av ringe ~* of humble origin(s).

Herkules Hercules. **herkulisk** Herculean.

herlig excellent, glorious, grand, magnificent; *et ~ måltid* a delightful meal.

herlig|gjøre *(vb)* glorify. **-gjørelse** glorification.

herlighet glory, magnificence, grandeur; *det er hele -en* that's the whole lot; **T** that's the whole caboodle.

hermafroditt hermaphrodite.

herme *(vb): ~ etter* mimic, copy.

hermed herewith, with this.

hermelin ermine.

hermetikk tinned *(el.* canned) products *(el.* food(s) *el.* goods *el.* foodstuffs); **US** canned food(s) *(el.* goods). **-boks** tin; **US** can. **-fabrikant** canner. **-fabrikk** cannery. **-industry** canning industry. **-åpner** tin opener; **US** can opener.

hermetisere *(vb)* bottle; sterilize, preserve; *(fabrikkmessig, legge i boks)* can; *(se hermetisering).*

hermetisering hermetic preservation *(el.* preserving), bottling; sterilization; *ved ~ får man sterilisert og lukket glassene i én operasjon* in hermetic preservation, sterilization and sealing are effected in one operation.

hermetisk hermetic; *~ lukket* hermetically sealed.

herming mimicry.

Herodes Herod.

heroin heroin; **S** smack; scag; horse.

hero|isme heroism. **-isk** heroic.

herold herald.

herostratisk: *~ berømmelse* unenviable notoriety.

herover over here, on this side.

herr *(merk)* Mr, Mr.; *(pl)* Messrs; *de to -er Forester* the two Mr. Foresters; *-ene Forester (firmanavn)* Messrs Forester.

I. herre lord; master; *(mann)* gentleman; *H-n* the Lord; *H-ns salvede* the Lord's Anointed; *~ gud!* dear me! good God; *(unnskyldende)* after all *(fx* he's only a child a. a.); *i mange -ns år* for many a long year; *i det -ns år ...* in the year of our Lord; *H-ns vilje skje!* God's will be done! *min ~!* sir! *mine -r!* gentlemen; *mine damer og -r!* ladies and gentlemen! *være sin egen ~* be one's own master; *være ~ over (fig)* be master of, master; *bli ~ over* get the better of; master, become master of; *av grunner som jeg ikke er ~ over* for reasons beyond my control; *bli ~ over ilden* get the fire under control; *spille ~* lord it *(over* over); **T** do it big; *(legge seg etter pene manerer)* play the gentleman; *kona er ~ i huset* the grey mare is the better horse; it is she who wears the breeches; the wife rules the roost; *som -n er, så følger ham hans svenner* like master like man; *(se gjøre B; leve).*

II. herre: *denne ~, dette ~* **T** this here.

herrebesøk: *«~ ikke tillatt»* 'male *(el.* men) visitors not allowed'.

herred *(landkommune)* administrative county; *(se kommune).*

herreds|kasserer chief cashier.

herredsrett *(jur)* **UK 1***(første instans i sivile saker)* county court; **2***(første instans i straffesaker)* stipendiary magistrates' court; *(se for øvrig byrett).*

herredsskogmester [rural district forester].

herredsstyre county council; *(jvf kommune & kommunestyre).*

herredømme 1. sway, rule, dominion; **2***(fig)* grasp; mastery; *(meget stivt)* command; *~ over seg selv* self-control; *den viderekomne student som allerede har et temmelig godt praktisk ~ over språket* the advanced student whose practical grasp of the language is already fairly good.

herre|ekviperingsforretning men's outfitter, men's shop, man's shop; **US** men's furnishers. **-gård** stately home; noble home; manor (house). **-konfeksjon** menswear; men's clothing, gentlemen's outfitting; **US** men's furnishings. **-løs** ownerless. **-måltid** first-class meal, meal for a gourmet; *(glds)* lordly repast; *det var det rene ~* it was a meal for a gourmet. **-selskap** *(samvær med herrer)* men's company; *(innbudte herrer)* men's party; **T** stag party. **-sete** manor (house). **-skredder** (men's) tailor. **-toalett** men's lavatory *(el.* toilet); **T** gents *(fx* where's the gents?)

herrnhuter Moravian.

herskap master and mistress of a household; *(ofte =)* family *(fx* the maid eats with the f.).

herskapelig elegant, luxurious; *et ~ hus* **T** a house fit for a king (to live in).

herske *(vb)* sway, rule; reign, prevail, predominate; *det -r enighet om at* there is general agreement that ...; it is agreed that ... **-nde 1.** ruling; **2.** prevailing, prevalent.

hersker sovereign; master, ruler. **-blikk** commanding eye, imperious glance. **-inne** mistress. **-makt** supreme authority, sovereignty. **-mine**

commanding air. **-natur:** *han er en* ~ he is a born ruler (of men).
herskesyk thirsting for power, power-seeking; *(arrogant)* imperious; *(dominerende)* domineering; **T** bossy.
herskesyke thirst for power, craving for power; *(arroganse)* imperiousness; **T** bossiness.
her|steds here. **-til** *(hit)* here; *(i tillegg til dette)* in addition to this; ~ *kommer omkostninger (el. gebyr) (også)* to this we must add charges; *like før vi dro* ~ immediately *(el.* shortly) before we left to get here; just before we came here; *nyheten har ikke nådd* ~ the news has not reached here. **-tillands** in this country.
hertug duke. **-dømme** duchy. **-inne** duchess.
her|under under here, below here; *(medregnet)* including. **-ved** herewith, hereby, by this; *(ved hjelp av dette)* by this means. **-værende** of this town, local.
hes hoarse, husky. **-(e)blesende** out of breath; breathless; flurried; *(fig)* flustered.
I. hesje *(subst)* hay-drying rack.
II. hesje *(vb)* dry hay on a rack.
heslig ugly; *(avskyelig)* hideous.
heslighet ugliness; hideousness.
I. hespe *subst (garn-)* hank.
II. hespe *(vb)* form into hanks.
hespetre 1. wool-winder, yarn-reel; **2***(fig)* bitch; *(glds)* shrew.
Hessen *(geogr)* Hesse. **hesser, hessisk** Hessian.
hest *(zool)* horse; *(i gymnastikksal)* (vaulting) horse; *til* ~ on horseback, mounted; *stige til* ~ mount, get on one's horse; *stige av -en* dismount, get off one's horse; *sette seg på den høye* ~ get on one's high horse; *sette seg på den høye* ~ *overfor en* take a high line with sby; *spille på flere -er (fig)* **T** play the field; *(se fjording; gyngehest; kløvhest; ridehest; travhest).*
hestebrems *(zool)* horsefly. **-dekken** horse cloth, horse blanket. **-dressur** horse-breaking. **-handel** horsedealing; *(den enkelte)* horse deal; *(fig)* (piece of) horse trading; *inngå en* ~ *med en* do a piece of horse trading with sby; **US** make a horse trade with sby. **-hov** horse's hoof; *(fandens)* cloven foot; *(bot)* coltsfoot; *stikke -en fram* show the cloven foot, reveal one's real nature. **-hår** horsehair. **-igle** *(zool)* horseleech. **-kastanje** *(bot)* horse chestnut. **-kjenner** judge of horses, judge of horseflesh. **-kraft** horsepower, h.p. **-kur** heroic treatment *(el.* remedy), drastic remedy, kill-or-cure remedy. **-man, -manke** horse's mane. **-marked** horse fair. **-møkk** horse dung. **-passer** groom. **-pære** horse ball. **-sko** horseshoe. **-tyv** horse thief, horse stealer. **-tyveri** horse-stealing. **-veddeløp** horse race.
het hot; *den -e sone* the torrid zone; *-e viner* dessert wines; *bli* ~ *om ørene (fig)* get the wind up; *det er svært -t mellom dem* they are as thick as thieves; they are very much in love; *det gikk -t til* it was hot work.
I. hete *(subst)* heat; *i stridens* ~ in the heat of battle.
II. hete *(vb)* be called, be named; *hva -r det på norsk?* how do you say that in Norwegian? what is the Norwegian for that? what is that in Norwegian? *som det -r i visa* as the song has it, as the song goes; *det er noe som -r å være ...* there is such a thing as being ...
hete|blemmer prickly heat, heatrash. **-dis** heat haze. **-slag** heatstroke.
heterofil *(subst & adj)* heterosexual; **T** straight; *-e og homofile* **T** straights and gays.
heteroseksuell *(subst) & adj)* heterosexual.
hetitt *(hist)* Hittite.
hette hood, cowl, cap.
hetære hetaera.
hevarm lever.
hevd 1*(sedvane)* established custom *(el.* practice), tradition, common usage; *(jur)* prescriptive right *(el.* title); *få* ~ *på (jur)* gain *(el.* acquire) a (p.) right *(el.* title) to; *det har fått* ~ it is a practice established by usage; *en skikk som har gammel* ~ a time-honoured custom; *det er* ~ *på denne stien* this path is a right of way; **2***(god stand): holde i* ~ preserve, maintain; *holde en skikk i* ~ preserve *(el.* keep up) a custom.
hevde *(vb)* maintain, assert, claim; *(opprettholde)* uphold *(fx* the honour of one's country); *han -t meget sterkt at* he maintained most emphatically that; *det -s at ... (også)* the point is being made that ...; ~ *sin plass,* ~ *seg* hold one's own; assert oneself.
hevdsrett prescriptive right *(el.* title).
hevdvunnen time-honoured (,**US**: time-honored), old-established; *(se praksis).*
heve *(vb)* raise; *(fjerne)* remove; *(kontrakt)* cancel; *(møte)* close; *(stemmen)* raise; ~ *forlovelsen* break off the engagement; ~ *et kjøp* cancel a purchase *(el.* deal); *(jur)* repudiate a contract of sale; ~ *penger* draw money; ~ *en karakter* raise a mark (,grade), give a better mark (,grade); *erklære møtet for -t* declare the meeting closed; ~ *en sjekk* cash a cheque (,**US**: check); ~ *til skyene* praise to the skies; *da retten ble -t* when the court rose; ~ *seg* rise, swell; *(om fjell)* tower, rear itself (,themselves); *(om deig)* rise; ~ *seg over noe* rise above sth, be above sth; *være -t over (fig)* be above; *-t over all ros (,tvil)* beyond all praise (,doubt).
hevelse swelling.
hevelsesmiddel *(for bakverk)* raising agent.
hevert pipette; *(togrenet)* siphon, syphon.
hevn revenge, vengeance; ~ *over* revenge on; *ta en grusom* ~ *over* inflict a cruel revenge on; *-en er søt* revenge is sweet.
hevnakt act of revenge.
hevne *(vb)* revenge, avenge; ~ *seg på* revenge oneself on, avenge oneself on, take vengeance on; *det -r seg* it brings its own punishment.
hevner avenger.
hevngjerrig vindictive, revengeful.
hi winter lair; *ligge i* ~ hibernate.
hieroglyff hieroglyph. **-isk** hieroglyphic.
hige *(vb)* aspire *(etter* to), yearn *(etter* for).
hikk hiccough, hiccup.
hikke *(vb & subst)* hiccough, hiccup.
hikst gasp. **hikste** *(vb)* gasp.
hildre *(vb)* **1.** hover on *(el.* over) the horizon; **2***(dial)* appear larger than in reality; *(i tåke og disig luft)* tower up (in fog and mist).
hildring mirage, fata morgana; hallucination, illusion.
hilse *(vb)* greet; bow to; *(mil)* salute; ~ *på en* greet sby; *(besøke)* pay sby a call, go and see sby; *jeg hilste på ham, og han hilste igjen* I greeted him and he acknowledged me *(el.* greeted me back); I greeted him and he returned the greeting; I moved to him and he moved back; *jeg skal komme og* ~ *på Dem* I shall come and see you; ~ *med flagget* dip the flag; ~ *med hurrarop* cheer; *han hilste ikke på meg i går* **T** he gave me the go-by yesterday; *hun hilste ikke på meg* she cut me dead; *han ba meg* ~ *alle hans venner* he desired to be remembered to all his friends; he asked me to remember him to all his friends; *hils ham fra meg* remember me to him; give him my compliments; *hils ham fra meg og si at* tell him with my compliments that; *jeg skulle* ~ *fra professoren og si* the professor's compliments, and ...; *hils henne fra meg (også)* give my love to her; *hils hjemme* good wishes to all at home; *jeg kan*

h

~ *fra* I have just seen; ~ *en velkommen* welcome sby; *dommen ble hilst velkommen av ...* the sentence was welcomed by ...; *(se hjertelig).*

hilsen *(personlig)* greeting; *(sendt)* greeting, compliments; *(mil)* salute; *besvare en* ~ return a greeting; *(mil)* return a salute; *med vennlig* ~ with sincere regards, with kind regards; *med* ~ *fra G. Fry & Co.* with the compliments of G. Fry & Co.; *(merk, også)* with compliments; *(ved høytid)* with the compliments of the Season; *med* ~ *fra forfatteren* with the author's compliments; *de sender alle en vennlig* ~ all unite in kindest regards; *kjærlig* ~ *fra* love from; *som en* ~ in greeting; *han løftet hånden til* ~ he raised his hand in a salute.

Himalaya the Himalayas.

himle *vb (med øynene)* roll one's eyes.

himling panelled ceiling.

himmel *(himmerike)* heaven; *(himmelhvelving)* sky; *-en (fig)* heaven; *under åpen* ~ in the open; out *(fx* sleep out); *-en er overskyet* the sky is overcast; *sola stod høyt på -en* the sun was high; *sette* ~ *og jord i bevegelse* move heaven and earth; *et lyn fra klar* ~ a bolt from the blue; *å* ~*!* oh Heavens! *for -ens skyld* for Heaven's sake; *fare til -s* ascend to heaven; ~ *og jord gikk i ett* the horizon was completely blotted out; the snowstorm was blinding; *komme til -en* go to heaven; *i den syvende* ~ in the seventh heaven.

himmel|blå sky-blue, azure. **-bryn** skyline; *langt ut mot -et (poet)* far off, on the very brink of heaven. **-fallen** fallen from the sky; *han sto som* ~ **T** you could have knocked him down with a feather.

himmelfart Ascension; *Kristi -sdag* Ascension Day.

himmel|flukt heavenward flight. **-hvelving** vault of heaven, firmament. **-høy** sky-high; *stå -t over en (fig)* be far above sby. **-legeme** heavenly body, celestial body, orb. **-rom** outer space; heavens. **-ropende** *(adj)* crying *(fx* it's a crying shame). **-seng** four-poster.

himmelsk heavenly, celestial; *det -e rike* the Heavenly Kingdom; *(Kina)* the Celestial Empire.

himmel|sprett tossing in a blanket; leap into the air. **-stige** Jacob's ladder. **-stormende** heaven-defying. **-stormer** Titan. **-strebende** soaring *(fx* flight, ambition); *(høy)* towering. **-strøk** zone, latitude, skies *(fx* under distant skies). **-tegn** sign of the zodiac. **-vendt** upturned.

himmelvid enormous.

himmelvidt *(adv)* widely; *de er* ~ *forskjellige* they are worlds apart; they are as different as chalk from cheese.

himmerik heaven, Paradise.

hin: *dette og -t* this and that.

hind *(zool)* hind.

hinder hindrance, impediment, obstacle; *(ved ritt)* jump, fence; *være til* ~ *for* be a hindrance to; obstruct; *det er ingenting til* ~ *for* there is nothing to prevent. **-løp** steeplechase.

hindre *(vb)* prevent, hinder, obstruct, impede; ~ *en i å* prevent sby from (-ing).

hindring hindrance, obstacle, impediment, obstruction; *legge -er i veien for* put obstacles in the way of; *støte på -er* meet with obstacles.

hindu Hindu.

hingst *(zool)* stallion.

hinke *(vb)* limp, hobble; *(se halte).*

hinne membrane, pellicle; *(svært tynn)* film.

hinneaktig *(adj)* membranous, filmy.

hinsides beyond; on the other side (of); *et* ~ a hereafter; *det er* ~ *all fornuft* it's wildly *(el.* totally) unreasonable; ~ *godt og ondt* beyond good and evil.

hinsidig: *det -e* the hereafter, the life to come.

I. hipp innuendo, dig; *det var et* ~ *til deg* that was a dig at you; that was one for you.

II. hipp!: ~~ *hurra!* hip hip hurray!

III. hipp: *det er* ~ *som happ* it's six of one and half a dozen of the other; it makes no difference; I don't really care.

hird (king's) bodyguard, king's-men.

hirse *(bot)* millet.

hisse *(vb)* agitate, excite, work up, goad; ~ *opp* excite, egg on, work up; ~ *seg opp* work oneself up; *hiss deg ikke opp* don't lose your temper! **T** keep your hair *(el.* shirt) on! ~ *dem på hverandre* set them at each other's throats.

hissig hot-blooded, quick-tempered; *(fyrig, heftig)* fiery, ardent; *(ivrig)* eager; keen; *-e ord* heated words; ~ *på (el. etter)* keen on; *ikke så* ~*!* take it easy! *bli* ~ lose one's temper, fly into a passion.

hissighet (hot) temper; fieriness; *i et øyeblikks* ~ in the heat of the moment.

hissigpropp *(lett glds)* hothead.

hist: ~ *og her* here and there; *opptre* ~ *og her* occur sporadically.

historie **1***(historisk beretning, vitenskap)* history; **2***(fortelling)* story; **3***(sak)* affair, business; *-n* history; *den nyere* ~ modern history; *en sørgelig* ~(3) a sad affair, a sad business; *det er en fin* ~ that's a pretty kettle of fish; *hele -n* the whole business; *derom tier -n* that is not on record; *(jvf vitterlig); det vil gå over i -n* it will go down in history; it will become h.; *gjøre en lang* ~ *ut av det* spin a story out of it; *skape* ~ make history.

historie|forsker historian. **-forskning** historical research. **-skriver** writer of history.

histori|ker historian. **-sk** historic(al); *på* ~ *grunn* on historic ground.

historisk *(adj)* **1.** historical *(fx* novel; in historical times); **2***(betydningsfull)* historic *(fx* battle; event); *på* ~ *grunn* on historic ground.

hit here; ~ *og dit* here and there; hither and thither; ~ *inn* in here; ~ *med boka!* give me the book (directly)! *(se også hertil).*

hitte|barn foundling. **-gods** lost property.

hittegodskontor lost property office.

hittil till now, so far, thus far, as yet, up to now, up to this time, up to the present; hitherto.

hive *vb (trekke, hale)* heave; hoist *(fx* anchor); *(kaste)* throw, heave; *(om sjøen)* rise and fall; *hiv ohoi!* heave ho! ~ *etter pusten* gasp for breath.

hjalt hilt.

hjell loft (of loose boards); *(til å tørke fisk på)* drying rack.

hjelm helmet.

hjelmbusk plume (of a helmet), crest.

hjelmgitter visor.

hjelp help; *(bistand)* assistance, aid; *(arbeids-)* labour; help *(fx* we're short of help); *(understøttelse)* support, relief; *(legemiddel)* remedy *(mot* against); ~*!* help! *avhengig av fremmed* ~ dependent on other people's help *(el.* on h. from other people); *med Guds* ~ God willing; *til John med takk for all* ~ *(på gavekort, etc)* to *(el.* for) John, with (many) thanks for all your help; *komme en til* ~ come to sby's assistance; *rope om* ~ cry out for help; *søke* ~ *hos en* apply to sby for help; *ta til* ~ have recourse to; *ta fantasien til* ~ draw on one's imagination; *ta natten til* ~ sit up all night; burn the midnight oil; *være til* ~ *for en* be of assistance to sby; *jeg håper dette vil være Dem til* ~ I trust this will be helpful to you; *være til god* ~ *for* *en* be a great (,**T:** big) help for (*el.* to) sby; be of great help to sby; be very helpful to sby; *uten* ~ unaided; without help from anyone (*fx* the pupil gave an assurance that he had written the essay without h. from anyone); *ved* ~ *av* by means of; with the help of; with the aid of; *ved felles* ~ between us (,you, them, *etc*); *(se tilsagn; utviklingshjelp).*

hjelpe *(vb)* help, aid, assist; *(gagne)* avail, be of use, be of help; *(om legemidler)* be good *(mot* for); *det hjalp* it had a good effect; *det har ikke hjulpet meg* I am none the better for it; *hva -r det?* what use is it? *hva -r det å* what is the good of (-ing); *det -r ikke* it's no good; it's no use; that's no help; *det får ikke* ~ it can't be helped; there is no help for it; *(Nå er vi sent ute). – Det får ikke* ~ *om det blir sent* it can't be helped if it's late; *så sant* ~ *meg Gud* so help me God! *svømte ut for å* ~ *meg* swam to my aid; ~ *en av med* rid sby of; *jeg kan ikke* ~ *for det* I can't help it; ~ *en fram i verden* help sby to get on in the world; *det -r mot hodepine* it is good for headaches; ~ *en med å* assist sby in (-ing); ~ *ham på med frakken* help him on with his coat, help him into his coat; *det -r på fordøyelsen* it assists digestion; *for å* ~ *på inntektene* to eke out one's income; ~ *på ens hukommelse* jog sby's memory; ~ *til* lend a (helping) hand; *(se også stryke 5);* ~ *en til rette* help sby, lend sby a (helping) hand; *vi må -s at* we must help one another; ~ *seg med* make shift with; ~ *seg så godt man kan* manage for oneself.

hjelpe- auxiliary (*fx* verb); relief (*fx* organization).

hjelpe|aksjon relief action; relief scheme (*fx* start a r. s.), relief measures (*fx* organize r. m.); *de satte i gang en* ~ *til fordel for vanføre barn (også)* they ran a campaign to help disabled children. **-fond** relief fund. **-kilde** resource. **-lærer** *(ved universitetet)* part-time lecturer. **-løs** helpless. **-løshet** helplessness. **-mann** *(på lastebil)* driver's mate. **-middel** remedy, aid, help.

hjelpepleier UK *(etter 2-årig kurs med hovedvekt på det praktiske arbeid)* State Enrolled Nurse (*fk* SEN), Enrolled Nurse; *(se pleieassistent; sykepleier).*

hjelpeprest curate; *(i den anglikanske kirke)* deacon.

hjelper helper, assistant.

hjelpe|tropper auxiliaries, auxiliary troops. **-verb** auxiliary (verb); verbal auxiliary.

hjelpsom ready to help, willing to help, helpful. **hjelpsomhet** readiness to help, helpfulness.

I. hjem *(subst)* home; *i -met* in the home; *det var mitt annet* ~ it was a home from home.

II. hjem *(adv)* home; *dra* ~ go home; *gå nedenom og* ~ *(om foretagende)* fold up; *(om person)* go to the dogs; *da han kom* ~ when he got back home; *ta* ~ *en vare* import an article; *(se refreng).*

hjembygd native district; *hun er fra hans* ~ she is from his n. d. (*el.* from the same country district as he).

hjemfalle *(vb)* revert *(til* to).

hjem|fart *(til sjøs)* homeward voyage, passage home. **-frakt** homeward freight. **-føre** *(vb)* import; bring home. **-kalle** *(vb)* summon home, recall. **-komst** return (home), home-coming; *ved min* ~ on my return home; on returning home.

hjemland native country.

hjemle *(vb)* **1**(*gi hjemmelsbrev på)* give a title to; *(til skjøte)* convey; *(overdra)* vest; *(bevise)* establish, make out; *(bevise sin atkomst til)* prove one's title to; *(om lov, vedtekt: gi (el. være) hjemmel for)* authorize, justify, warrant; *-t i* founded on (*fx* the right f. on the law of the province); **2**(*kunne støtte, underbygge, begrunne)* bear out, support; *en vel -t oppfatning* a well authenticated view.

hjemlengsel homesickness; nostalgia, longing for home; *ha* ~ be homesick.

hjemlig domestic, home-like, cosy, snug, comfortable; ~ *hygge* a h.-l. atmosphere.

hjemløs homeless. **-het** homelessness.

hjemlån 1(*av bøker)* borrowing books for use outside the library, taking out books; **2**(*merk)* home approval.

hjemme at home; *(hjemvendt)* home; back (*fx* he's back from France); *her* ~ with us; *(her i landet)* in this country; *man har det best* ~ home's best; it's best to stay at home; *skipet hører* ~ *her* the ship belongs here; *det hører ingen steder* ~ it's neither here nor there; *(passer seg ikke)* it's quite out of place; *høre* ~ *i* be a native of; *lat som du er* ~ make yourself at home; *være* ~ be at home; *være alene* ~ be alone (in the house); *jeg er alene* ~ *i kveld* I shall be (*el.* I'll be) at home on my own tonight; I'm alone tonight; *være* ~ *fra skolen* be home from school; *er B.* ~*?* is B. in? *han var ikke* ~ he was not at home; *jeg er ikke* ~ *for noen* I won't see anybody; I'm not at home to anybody; *jeg er ikke* ~ *for henne* I'm not at home to her; *være* ~ *i* be at home in; *(stivt)* be conversant with; *(se også hilse & sted A).*

hjemme|arbeid homework, work at home; *(som ervervssystem)* outworking. **-avlet** home-grown, home-bred. **-bakt** home-made. **-bane** home ground; *kamp på* ~ home match (*el.* game); *på* ~ *(også fig)* on home ground; *spille på* ~ play at home; **US** play a home game.

hjemmebrenner illicit distiller.

hjemmebrenning illicit distilling.

hjemmebrent *(subst)* = hooch; **US** *(også)* moonshine.

hjemmefiske inshore fishing.

hjemmeforbruk home consumption.

hjemme|fra away from home; *da jeg reiste* ~ when I left home. **-fryser** freezer, conservator, storage-freezer cabinet.

hjemme|gjort home-made; *(fig, neds)* homespun. **-hjelp** home help. **-hørende** native (of), belonging to; *(bosatt)* domiciliated, resident *(i* in); *(om skip)* registered *(i* at). **-industri** home (*el.* cottage) industry; home crafts industry. **-kamp** *(fotb)* home match (*el.* game). **-kjent** acquainted with the locality.

hjemmel 1(*lovlig besittelse (atkomst) til noe)* title, proof; *ha* ~ *(på)* have a title (to), have a proof of lawful acquisition; *skaffe* ~ *på* prove one's title to; **2**(*gyldighet, lovlighet)* warrant, authority; *det fins ikke noen lov- for* there is no legal authority for; there exists no legal basis for; *hvilken* ~ *har De for den uttalelsen?* what authority have you for that statement? *handle uten* ~ act without authority; *det savner enhver* ~ it is entirely unwarranted; *med* ~ *i (jur)* pursuant to (*fx* p. to these regulations); *til* ~ *for fordringen legger jeg ved* in proof of the claim I enclose ...

hjemmelag *(sport)* home side.

hjemmelaget home-made.

hjemmelekser *(pl)* homework, home lessons.

hjemmeliv home life.

hjemmelsmann authority, informant.

hjemmemenneske stay-at-home; homebird.

hjemmeoppgave *(lekse)* homework; *gjøre -ne* do one's homework.

hjemmeseier *(fotb)* home win (NB *i tipping:* 2 homes, 1 away, 1 draw).

hjemme|sitter stay-at-home; *(ved valg)* abstainer;

h

US non-voter. **-stil** essay as homework; homework essay; *gi* ~ set an e. as h.
hjemmesykepleier community nurse; *(overordnet; svarer til avdelingssykepleier ved sykehus)* district nurse.
hjemmevant at home; at ease; *han virker så ~ at man skulle tro han hadde vært her ofte før* he seems so much at home that one might think he had often been here before.
hjemmeværende living at home *(fx* they have two children living at home); ~ *husmor* full-time housewife; ~ *sjøfolk i kystdistriktene* seamen (living) ashore; maritime personnel ashore.
hjem|over homeward; *vende nesen* ~ make for home; set out for home. **-reise** home journey; *(med skip)* homeward passage *(el.* voyage). **-sendelse** sending home; *(til fedrelandet)* repatriation.
hjemstavn native soil, home.
hjemstavns|lære regional study. **-rett:** *han har ~ i Oslo (kan gjengis)* he is registered as a resident of Oslo.
hjemsted domicile; *(forsørgelseskommune)* [one's own local authority (where one has a right to public support if in need of it)]; *(mar)* home port; port of registry; *på -et* in one's own district (,town).
hjemsøke *(vb)* visit *(på* upon); *(forurolige, plage)* afflict, infest; ~ *fedrenes synder på barna* visit the sins of the fathers upon the children; *de hjemsøkte* the victims *(fx* of a disaster).
hjemve homesickness; *ha* ~ be homesick.
hjemvei way home; *begi seg på -en* make for home, set out for home; *jeg har lovt å følge ham et stykke på -en* I have promised to walk part of the way back *(el.* home) with him; *være på -en* be on one's way home; *(mar)* be homeward bound.
hjemvendt returned.
hjerne brain; *(forstand)* brains; *den store* ~ the great brain, the cerebrum; *den lille* ~ the cerebellum; the lesser brain; *-n bak foretagendet* the mastermind of the undertaking; *bry sin* ~ cudgel *(el.* puzzle *el.* rack) one's brains; *legge sin ~ i bløt: se ovf (bry); ha fått film (,etc) på -n* have got the pictures *(,etc)* on the brain; *i hennes stakkars, forkvaklede* ~ in her poor, twisted mind.
hjerne- cerebral, of the brain.
hjerne|betennelse inflammation of the brain, brain fever. **-blødning** cerebral haemorrhage. **-bløthet** softening of the brain. **-boring** trepanning. **-hinne** membrane of the brain. **-hinnebetennelse** cerebrospinal meningitis. **-masse** cerebral matter. **-rystelse** concussion (of the brain). **-skalle** skull, cranium. **-slag** (apoplectic) stroke. **-spinn** figment (of the brain). **-sykdom** disease of the brain. **-virksomhet** cerebration, cerebral activity.
hjerte heart; *-t mitt banker* my heart beats, my heart throbs; *lette sitt* ~ unbosom oneself; *det som -t er fullt av, løper munnen over med* out of the abundance of the heart the mouth speaks; *tape sitt* ~ lose one's heart; *-ns gjerne* by all means, with all my heart; *-ns glad* overjoyed; *-ns glede* heartfelt joy; *-ns god* tender-hearted; *-ns mening* one's (profound) conviction; *-ns venn* bosom friend; **av** *hele mitt* ~ with all my heart; *av -ns lyst* to my (,his, *etc)* heart's content; *av et oppriktig* ~ sincerely; *ha* ~ **for** have some feeling for; *det kommer* **fra** *-t* it comes from my heart; I am in earnest; *det skjærer meg* **i** *-t* it cuts me to the quick; it causes me a pang; *i sitt innerste* ~ in his heart of hearts; *lett* **om** *-t* light-hearted; *denne viten gjorde oss imidlertid ikke lettere om -t* this knowledge, however, did nothing to lighten our hearts; *jeg er tung om -t* my heart is heavy; I am sick at heart; *jeg kan ikke bringe det* **over** *mitt ~ å, jeg har ikke ~ til å* I have not the heart to; I cannot find it in my heart to; *ha noe* **på** *-t* have something on one's mind; *det som ligger meg mest på* ~ what I have most at heart; *hånden på -t!* honour bright! *han har -t på rette sted* his heart is in the right place; *legge seg på -t* lay to heart; *bærer* **under** *sitt* ~ carries under her heart.
hjerte|angst agony of fear. **-banking** palpitation (of the heart). **-blod** heart's blood. **-feil** organic heart disease. **-fred** peace of mind. **-god** warm-hearted; kind-hearted; *hun er et -t menneske* she's a thoroughly nice person; she's as good as gold; she has a heart of gold. **-infarkt** cardiac infarction, infarct of the heart; thrombosis. **-kammer** ventricle (of the heart).
hjerte-karsykdom cardiovascular disease.
hjerte|klaff cardiac valve; **-klapp** palpitation of the heart; *det ga meg* ~ it made my heart go pit-a-pat. **-knuser** lady-killer. **-lag** a kind heart; *ha* ~ have one's heart in the right place.
hjertelig *(adj)* hearty, cordial; *(oppriktig)* sincere; *(adv)* heartily, cordially; *gratulere en* ~ offer sby one's sincere congratulations; *hilse ~ på en* greet sby warmly; *le* ~ laugh heartily; *vi lo* ~ we had a good laugh; *takke en* ~ thank sby cordially; ~ *gjerne* with all my heart.
hjertelighet cordiality; *(oppriktighet)* sincerity.
hjerte-lungemaskin life-support machine; heart-lung machine.
hjerte|løs heartless; *(hensynsløs)* callous. **-løshet** heartlessness; callousness.
hjertenskjær *(subst)* sweetheart.
hjerteonde heart trouble.
hjerter *(kort)* hearts; ~ *ess* the ace of hearts; *en* ~ a heart.
hjerterom: *hvor det er ~, er det også husrom* where there is a will, there is a way.
hjerte|rot *(fig)* innermost heart, the (very) cockles of one's heart; *det varmet meg helt inn til hjerterøttene* it warmed the very cockles of my heart. **-sak:** *det er en ~ for ham* he has it very much at heart; it is a matter very near to his heart. **-skjærende** heart-rending.
hjerteslag heartbeat; *(lammelse)* heart failure.
hjertestyrkende fortifying.
hjerte|styrker pick-me-up. **-sukk** deep sigh. **-sykdom** heart disease. **-transplantasjon** heart transplant, heart transplantation. **-transplantasjonspasient** heart-transplant patient. **-venn** bosom friend; *de er -er* **S** they are kittens in a basket.
hjord herd, flock.
hjort *(zool)* deer, hart, stag.
hjorte|kalv fawn, young deer. **-kolle** hind. **-skinn** buckskin, deerskin. **-takk** stag's antler; *(kjem)* (salt of) hartshorn. **-takksalt** salt of hartshorn.
hjul wheel; *slå ~ (gym)* turn *(el.* throw *el.* do) cartwheels; *han er femte ~ på vogna* he's one too many, he's playing gooseberry; *stikke kjepper i -ene for en* put a spoke in sby's wheel.
hjul|aksel(wheel) axle. **-beint** bandy-legged, bow-legged. **-damper** paddle steamer. **-maker** wheelwright. **-spindel** stub axle. **-spor** rut, wheel track. **-visp** rotary beater, mechanical (egg) whisk.
hjørne corner; *(humør, sinn)* humour (,**US**: humor), mood; *om -t* round the corner; *svinge om -t* turn the corner; *han bor på -t av* he lives at the corner of; *(se også øverst).*
hjørne|butikk corner shop. **-kamin** corner fireplace; *(se kamin).* **-seksjon** *(møbel)* corner unit; **-skap** corner cupboard. **-stein** cornerstone. **-tann** canine tooth; *(se tann; øyentann).*
hk. *(fk. f. hestekrefter)* h.p. *(fk. f.* horsepower).

hm hem! ahem! h'm!
hobby hobby.
hobbyforretning DIY shop; do-it-yourself shop.
hockey hockey. **-kølle** h. stick.
hode head; *(avis-)* heading; headline; *(pipe-)* bowl; *(begavelse)* brains, intelligence, head;
A [*Forb. med adj*] *de beste -r i landet* the best brains of the country; *et godt* ~ a brainy chap (,girl, *etc); et* ~ *høyere* a head taller, taller by a head; *kloke -r* brainy people, clever p.; *(iron)* wiseacres; *urolige -r* turbulent elements, hot-heads; *et vittig* ~ a wit;
B [*Forb. med vb*] **bruke -t** use one's head; **bry** *sitt* ~ rack *(el.* cudgel) one's brains; **bære** *-t høyt* carry one's head high; **bøye** *-t* bow *(el.* bend) one's head; **følge** *sitt eget* ~ have *(el.* go) one's own way, please oneself, refuse to listen to advice; **ha** ~ *til* have a (good) head for; *ha et godt* ~ have good brains; **holde** *-t kaldt* keep cool, keep one's head, have one's wits about one; retain one's composure; **legge** *sitt* ~ *i bløt* rack *(el.* cudgel) one's brains; *de* **stikker** *-ne sammen* they put their heads together;
C [*Forb. med prep*] *det er ikke* **etter** *mitt* ~ it is not to my liking; *kort* **for** *-t* snappish; *ha litt* **i** *-t (være beruset)* **T** be tipsy, be squiffy; *ha vondt i -t* have a (bad) headache; *regne i -t* reckon in one's head, reckon mentally; *sette seg noe i -t* take a thing into one's head; *slå en i -t* hit sby over the head; **T** give sby a crack on the nut; *jeg kan ikke få det* **inn i** *mitt* ~ I cannot get it into my head; it is beyond me; *henge* **med** *-t* hang one's head; be down in the mouth; *se* **over** *-t på en (fig)* look down (up)on sby; slight *(el.* ignore) sby; *vokse en over -t (fig)* become too much for sby; *vanskene vokser oss over -t* the difficulties are more than we can cope with *(el.* are getting beyond our control); *sette saken* **på** *-t* turn things upside down; *stupe på -t (ut i vannet)* take a header; *treffe spikeren på -t* hit the nail on the head; *som stiger* **til** *-t (fx om vin)* heady; *jeg kan ikke få det ut av -t* I cannot get it out of my head; *få det ut av -t ditt!* put it out of your head! *(se I. først).*
hode|arbeid brainwork. **-bry** worry, trouble; *volde en* ~ cause sby worry *(el.* trouble); puzzle sby. **-bunn** scalp. **-fødsel** cephalic presentation. **-gjerde** head (of the bed), headboard. **-kulls** headlong; *kaste seg* ~ *ut i noe* plunge h. *(el.* head foremost) into sth, plunge head over heels into sth. **-kål** common cabbage. **-løs** headless. **-pine** headache; *jeg har (en fryktelig)* ~ I have a (splitting) headache; ~ *med kvalme* a sick headache; *jeg har ofte* ~ I often get headaches. **-plagg** headdress, headgear. **-pute** pillow. **-pynt** headdress, head ornament. **-regning** mental calculation, mental arithmetic. **-telefon** headphone, earphone.
hoff court; *ved -et* at Court.
hoff|ball Court ball. **-dame** lady-in-waiting.
hofferdig haughty. **-het** haughtiness.
hoff|leverandør purveyor to the Court. **-marskalk** Marshal of the Court; **UK** Lord Chamberlain (of the household); *(se hoffsjef).* **-narr** Court jester.
hoffolk *(pl)* courtiers.
hoffrøken lady-in-waiting.
hoff|sjef Lord Chamberlain; **UK** Master of the (Queen's *el.* King's) Household. **-sorg** Court mourning. **-stallmester** Crown Equerry; **(UK)** Master of the Horse.
hofte hip; *-r fest! (gym)* arms akimbo! *(se svaie).* **-betennelse** coxitis. **-holder** *(glds)* suspender belt, girdle; **US** garter belt; *(jvf strømpestropp, sokkeholder og bukseseler).* **-kam** iliac crest. **-ledd** hip joint. **-skade** dislocation of the hip. **-skål** hip socket.
hogg cut, slash, blow.
hogge *(vb)* cut, hew; *(smått)* chop; *(med nebbet)* peck; *(tømmer)* fell; **US** *(især)* cut; *(om bilmotor)* knock; *(mar)* pitch; ~ *av* cut off; ~ *etter* strike at *(fx* with an axe); ~ *ned for fote* cut down indiscriminately; ~ *opp (bil, skip)* break up; ~ *ved* chop wood; *skipet -r* the ship is pitching; ~ *over* cut (in two); ~ *sønder og sammen* cut to pieces; ~ *til* **1.** strike; **2***(avrette)* square *(fx* timber, a stone); **3***(gi form)* shape; ~ *ut i stein* carve in stone; *han har hogd seg i hånden* he has cut his hand; ~ *seg gjennom* cut one's way through *(fx* the enemy).
hogg|estabbe chopping block. **-jern** chisel.
hoggorm *(zool)* viper, adder.
hoggtann fang; *(større)* tusk.
hogst felling; **US** cutting.
hogst|avfall brush, felling waste; **US** logging waste. **-forbud** prohibition of felling (,**US**: cutting).
hogstmoden mature.
hoi *int (mar)* ahoy!
hokuspokus hocus-pocus, funny business; mumbo-jumbo.
hold **1***(tak)* hold, grasp, grip; **2***(karakter)* backbone, firmness; **T** guts; **3***(avstand)* range, distance; **4***(muskelømhet)* pain *(el.* stitch) in the side; **5***(kant)* quarter, source; **fra** *alle* ~ from all quarters; *fra annet* ~ from another quarter; *fra høyeste* ~ on the highest authority; *fra pålitelig* ~ from a reliable source; *fra velunderrettet* ~ from a well-informed quarter; *være* **i** *godt* ~ be stout; **T** be well covered; *hun er i godt* ~ *(spøkef. også)* she's plump and pleasant; **på** *enkelte* ~ in some quarters; *på hundre meters* ~ at 100 metres' range; *på høyeste* ~ *(fig)* at top level; at the highest level; *på informert* ~ *hevdes det at de er ...* according to informed sources they are ...; *på informert* ~ *her mener man at ...* informed opinion here is that ...; *på kloss* ~ at close range; *på langt* ~ at a great distance, far off; *(om skudd-)* at long range; *på mange* ~ *mente man at ...* it was widely felt that ...; *på nært* ~ at close quarters, near at hand; *(skudd-)* at short range.
holdbar **1***(om bruksgjenstand)* durable, lasting; *(om stoff)* good-wearing, that wears well; *(om matvarer)* that keeps, that will keep, keeping *(fx* a k. apple); non-perishable; **2***(påstand)* tenable, that holds water; **3***(grunn)* valid. **-het** **1.** wear, durability, wearing quality; keeping quality; **2.** tenability; validity; *prøve -en av denne teorien* test the tenability of this theory.
holde *(vt)* hold; *(ikke briste)* stand the strain, hold *(fx* the cable won't hold); *(beholde, vedlikeholde, oppholde)* keep; *(feire)* keep, observe; celebrate; *(underholde)* maintain; *(vedde)* bet; *(en avis)* take (in); *(romme)* hold; (**T** = *være tilstrekkelig)* be sufficient, do *(fx* I've five kroner left, that will just about do to cover it); ~ *sin del av avtalen (gjøre som avtalt el. som det ventes av en)* **T** do one's stuff; deliver the goods; ~ *bil* keep *(el.* run) a car; ~ *en høy hastighet* keep up a high speed; ~ *hest* keep a horse; ~ *møte* hold a meeting; *møtet ble holdt i går kveld* the meeting was (held) last night; ~ *sitt ord* keep one's word; ~ *orden* maintain order; ~ *pusten* hold one's breath; ~ *sengen* keep one's bed; *må* ~ *sengen (også)* is confined to (his) bed; ~ *stikk* prove true, p. correct; be true, be correct; hold water; hold good; ~ *strengt* keep a tight rein on *(fx* the boy); ~ *en tale* make a speech; ~ *en tone* hold *(el.* sustain) a note; ~ *en med klær* keep sby in clothes; ~

en med selskap keep sby company; ~ *lag med* associate with, keep company with; ~ *tilbake* hold back, keep back; ~ *tårene tilbake* keep (*el.* fight) back one's tears; *det vil* ~ *hardt* it will be hard work; it will be touch and go (*fx* whether we finish this tomorrow); *det vil* ~ *hardt for ham å nå toget nå* he'll be hard put to it to catch the train now; ~ **seg** *(om matvarer)* keep; *(m.h.t. avføring)* contain (*el.* restrain) oneself; *(om tøy)* wear well; *(skikk, etc)* survive (*fx* this custom survives in India); persist (*fx* the rumour still persists); *hvis det gode været -r seg* if the weather remains fine; ~ *seg for munnen* hold one's hand before one's mouth; ~ *seg for nesen* hold one's nose; ~ *seg for ørene* stop one's ears; *han holdt seg for seg selv* he kept himself to himself, he kept himself apart; ~ *seg inne* stay in(doors), keep indoors; ~ *seg inne med en* keep in with sby; ~ *seg oppe (også fig)* keep afloat; ~ *seg på bena* keep on one's feet; ~ *seg til* stick to; ~ *seg strengt til sannheten* keep strictly to the truth; ~ *seg borte* keep away; *prisene -r seg faste* prices keep (*el.* remain) firm, prices are well maintained; ~ *seg rolig* keep quiet; ~ *seg unna politikk* keep out of politics; ~ **an** *(hest)* pull up, rein in; ~ **av** be fond of, love; *(mar)* bear away, keep off; ~ **fast** hold on; ~ *fast ved* hold on to, stick to (*fx* he stuck to his explanation); ~ **for** hold to be, consider to be; look upon as; ~ **fra** *hverandre* keep separate; ~ **fram** hold out (*fx* one's hand, a child); *hold deg* **fram-på,** *ellers spiser de andre opp alt sammen* stick close, or the others will eat it all up; ~ **igjen** hold back, resist; ~ *øynene igjen* keep one's eyes shut; ~ **med** side with, agree with; ~ **opp** hold up; ~ *opp med å* leave off, cease, stop (-ing); *hold opp med det der!* stop it! **T** chuck it! ~ *farten oppe* keep up the pace; ~ **på** keep, detain; *(en mening)* stick to, adhere to; *(foretrekke)* be for; ~ *på gamle kunder* keep (*el.* retain) old customers; *han holdt strengt på at det skulle gjøres* he insisted that it must be done; ~ *på med* be engaged in, be busy with; ~ *på å ...* be (-ing); ~ *på sitt* stick to one's opinions; **T** stick to one's guns; *jeg holdt på mitt* I persisted; I insisted; **T** I stuck to my guns; ~ **sammen** keep together; ~ *til* be; *hvor har du holdt til?* where have you been? *klubben -r til i en gammel skole* the club is housed in an old school building; the premises of the club are an old school building; ~ **tilbake** keep (*el.* hold) back; ~ **ut** endure, stand, put up (with), hold out (against); *hold ut!* (ɔ: *ikke gi deg)* stick it! ~ *ut fra hverandre* keep distinct; distinguish, keep apart; ~ **ved like** keep up, keep in repair.

holden: *en* ~ *mann* a well-to-do man, a prosperous man; *helt og -t* entirely, wholly.

holde|plass *(buss-, etc)* stop; *(se drosje-)*; *(jernb)* unmanned halt; *(jvf stoppested).* **-punkt** fact; basis; *ikke noe* ~ *for klagene* no factual evidence in support of the complaints; *det eneste faste* ~ *i hans tilværelse* the only fixed point in his life; his sheet anchor.

holdning bearing, carriage; *(oppførsel)* conduct, behaviour (,**US**: behavior); *(innstilling)* attitude; *innta en fast* ~ *i saken* take a strong stand in the matter; *overfor myndighetene inntok han en steil* ~ he adopted a rigid attitude towards the authorities; *den* ~ *X har inntatt i denne saken* the attitude X has taken in this matter; *(se underlig).*

holdningsfeil poor deportment; *(faglig)* postural fault.

holdningsgymnastikk callisthenics; (*især* **US**) calisthenics.

holdningsløs weak, half-hearted, vacillating, spineless. **-het** weakness, spinelessness; *(moralsk)* lack of moral balance.

holdt! halt! *gjøre* ~ halt.

I. holk *(beslag, ring)* ferrule; *(dunk, kar)* tub.

II. holk *(skip)* hulk.

Holland Holland. **hollandsk** Dutch.

hollender Dutchman; *-ne* the Dutch. **-inne** Dutchwoman.

holme holm, islet.

holmgang *(hist)* single combat; *(fig)* battle royal, passage of arms.

holt *(skog-)* clump of trees, grove.

Homer Homer. **h-isk** Homeric.

homofil *(subst & adj)* homosexual; **T** homo; gay; *-e og heterofile* **T** gays and straights.

homofili homosexuality.

homogen *(ensartet)* homogeneous.

homoseksualitet homosexuality.

homoseksuell *(subst & adj)* homosexual; **T** homo; *(lett glds)* queer; *(se homofil).*

homøo|pat homeopath(ist). **-pati** homeopathy. **-patisk** homeopathic.

honning honey. **-kake** gingerbread. **-søt** sweet as honey, honeyed.

honnør honour (,**US**: honor); *gjøre* ~ *(mil)* salute; *gjøre* ~ *for flagget* salute the colours; *med full* ~ with full honours; *fire -er (kort)* four honours.

honnørbillett *(kan gjengis)* reduced-rate ticket; **UK** *(jernb)* senior citizen's railcard.

honorar fee; *mot et passende* ~ for an appropriate fee.

honoratiores *(pl)* dignitaries; **T** bigwigs.

honorere *(vb)* pay; *(veksel)* honour (**US**: honor), meet, take up.

hop multitude, crowd; *den store -en* the multitude, the (common) herd, the masses.

hope *(vb):* ~ *seg opp* accumulate, pile up.

hopetall: *i* ~ in great numbers, by the dozen (,hundred, *etc).*

hopp jump, leap; hop; *(i skibakke)* take-off; *lengde-* long jump.

hoppbakke jumping hill; **US** jump(ing) hill.

I. hoppe *subst (zool)* mare.

II. hoppe *(vb)* jump; leap, hop; *hjertet -t i ham* his heart gave a bound; ~ *over (ɔ: ikke ta med)* skip; ~ *over et gjerde* jump (over) a fence, leap (over) a fence; ~ *tau* skip; ~ *ut (med fallskjerm)* bail (*el.* bale) out; *(se krype).*

hopper jumper; *(ski-)* ski-jumper.

hoppetau skipping rope.

hopp|lengde *(ski)* distance; *måle -n* record the d. **-norm** jumping style. **-renn** jumping competition; *spesielt* ~ special j. c.

hoppsa *(int)* hallo, hello; *(også* **US**) whoops.

hoppsan-heisan *(int)* up(s)-a-daisy.

hoppsjef *(ski)* take-off director.

hoppski jumping ski; *(se ski).*

hor adultery; *du skal ikke bedrive* ~ thou shalt not commit adultery.

Horats Horace.

horde horde. **-vis** in hordes; *dyr som lever* ~ gregarious animals.

hore *(subst)* whore, prostitute; **T** pro, tart.

horisont skyline; *(også fig)* horizon; *i -en* on the h.; *det ligger utenfor hans* ~ it is beyond the range of his mind; it is beyond (*el.* outside) his ken; *utvide sin (åndelige)* ~ widen one's intellectual h., broaden one's mind; *utvide sin faglige* ~ widen one's professional h.

horisontal horizontal.

hormon hormone.

horn horn; *ha et* ~ *i siden til en* have a grudge against sby; *løpe -ene av seg* sow one's wild oats.

hornaktig horny, corneous.
horn|blåser hornist; *(mil)* bugler. **-briller** horn-rimmed spectacles. **-et** horned. **-formet** horn-shaped. **-gjel** *(fisk)* garfish.
hornhinne *(anat)* cornea. **-betennelse** inflammation of the cornea; keratitis.
horn|hud horny skin, callosity. **-kvabbe** *(fisk)* yarrel's blenny. **-kveg** horned cattle. **-musikk** brass music; *(jvf musikkorps)*. **-signal** *(mil)* bugle call.
hornvev *(anat)* cornual tissue; *(se vev 2)*.
horoskop horoscope; *stille ens ~* cast sby's horoscope.
hortensia *(bot)* hydrangea.
hos with; *(i ens hus)* at sby's *(fx* at his uncle's (house)); *han har vært ~ meg* he has been with me; *~ min onkel* at my uncle's; *sitte ~ en* sit with sby; *~ romerne* among the Romans; *i gunst ~* in favour with; *en svakhet ~* a weakness in *(fx* the w. I had noticed in him); *en vane ~* a habit with; *spise middag ~* have dinner with; *ta tjeneste ~ en* enter into sby's service; *de liker å se folk ~ seg* they like having people in; *det forekommer hos Byron* it occurs in Byron; *som det heter ~ Byron* as Byron has it; as Byron says; *det står hos Shakespeare* the quotation comes from Shakespeare.
hose: *gjøre sine -r grønne hos en* curry favour (**US**: favor) with sby; court sby; go out of one's way to please sby; *så lett som fot i ~* as easy as falling off a log.
hose|bånd garter; *(se sokkeholder)* **H-båndsordenen** the Order of the Garter. **-lest:** *på -en* in one's stockings.
hosianna *int (bibl)* hosanna.
hospital hospital, infirmary; *(se sykehus)*.
hospitalsprest hospital chaplain.
hospit|ant *(ved skole)* student teacher. **-ere** *(vb)* do one's teaching practice; sit in on classes. **-ering 1.** observation; **2.** school practice; *sammenhengende ~* block practice. **-eringstime** observation lesson.
hospits hospice.
hoste *(subst & vb)* cough; *~ seg i hjel* **T** cough one's head off. **-anfall** fit of coughing. **-pastiller** cough lozenges.
hostie *(nattverdsbrød)* host.
hotell hotel; *bo på (et) ~* stay at a h.; *drive (et) ~* run a h.; *ta inn på (et) ~* put up at a h. **-direktør** hotel manager. **-eier** hotel proprietor. **-fagskole** hotel and catering school *(el.* college). **-gutt** porter, boots; **S** buttons; **US** bellboy, bellhop. **-tjener** hotel porter; **-veien T:** *gå ~* train for the hotel business. **-værelse** hotel room; *bestille -r* book rooms in a hotel, book hotel accommodation, make hotel reservations; *bestilling av ~* hotel reservation.
hottentott Hottentot.
I. hov *(gude-)* pagan temple, place of worship.
II. hov *(på hest)* hoof; (NB *pl:* hoofs *el.* hooves).
hovdyr hoofed animal, ungulate.
hoved|agentur principal agency. **-angrep** main attack. **-anke** principal grievance, p. *(el.* main) objection. **-anklage** main *(el.* principal) charge. **-arbeid** main work. **-arving** principal heir (,heiress). **-attraksjon** chief attraction *(fx* the c. a. of an exhibition); **T** the real draw. **-avdeling** principal *(el.* main) department; *(hovedkontor)* head office; *(mil)* main body. **-beskjeftigelse** chief occupation. **-bestanddel** main ingredient. **-bok** ledger. **-bokholder** chief accountant. **-brannstasjon** fire brigade headquarters. **-bygning** main building. **-dyse** *(i forgasser)* main jet.
hovedfag main (,**US**: major) subject; *han har (tatt) historie som ~* he has taken history as a main subject; his main subject was history; *han studerer historie som ~* he's taking *(el.* reading) history as his main subject; **US** he's majoring in history; *(se hovedfagsstudium)*.
hovedfags|eksamen *(graden, kan gjengis)* honours degree; *ta ~* take one's main subject. **-kandidat** main subject candidate (for examination). **-oppgave** post-graduate thesis. **-student** student doing his (,her) main subject. **-studium** the study of a main subject *(fx* the s. of a m. s. takes a long time); *engelsk som ~ er svært krevende* the requirements of English as a main subject are very severe.
hoved|feil cardinal fault; chief defect. **-forhandler** main dealer, main agent. **-forhandling** *(jur)* main hearing. **-formål** chief aim, main objective. **-forskjell** main difference. **-gate** main street. **-grunn** principal reason. **-gård** main farm. **-inngang** main entrance. **-innhold** chief contents. **-karakter** average mark *(el.* rating); **US** average grade; *(se karakter)*. **-kasserer** chief cashier. **-kilde** main source. **-kontor** head office. **-kreditor** principal creditor. **-kvarter** headquarters. **-ledning** main pipe; *(elekt)* mains. **-linje** *(jernb)* main line. **-løp** main channel. **-mangel** main defect. **-mann** principal; *(i opprør)* ringleader. **-masse** bulk. **-motiv** chief motive; *(mus)* leitmotif. **-næring** staple *(el.* principal *el.* main *el.* chief) industry. **-næringsmiddel** principal *(el.* staple) food, principal article of consumption.**-nøkkel** master key, passkey.
hoved|oppgave 1. main task; **2:** *se hovedfagsoppgave.* **-person** principal character, main character, chief character. **-post** principal item. **-postkontor** head post office; general post office *(fk.* G.P.O.). **-prinsipp** fundamental *(el.* leading) principle. **-produkt** staple product. **-punkt** main point. **-redaktør** chief editor; *(se sjefredaktør)*. **-regel** main rule, principal rule. **-register** general index. **-rengjøring** spring cleaning; *holde ~* spring-clean, turn out all the rooms. **-rent:** *gjøre ~: se -rengjøring.* **-rolle** main *(el.* chief) part; *(teat)* leading part; lead; *(film)* leading role; *innehaver av ~* (fe)male lead; lead; *innehaverne av -r* the principals; *spille -n* play the lead; *(fig)* take the leading part *(i* in). **-rute** main route. **-sak** main point; *i ~* essentially; in essence; *i -en* for the most part; largely; in the main. **-sakelig** *(adv)* mainly, principally. **-sete** head office, headquarters. **-setning** *(gram)* principal sentence, main clause. **-skip** *(i kirke)* nave.
hovedstad capital, capital city; *alle hovedstedene i Europa* all capital cities in Europe; all the capitals of Europe.
hovedstads- of *(el.* in) the capital.
hoved|stadsbeboere inhabitants of the capital. **-stasjon** *(jernb)* main *(el.* central) station. **-stilling** full-time post *(el.* job). **-styrke:** *hans ~ (fig)* his force, his strong point. **-sum** (sum) total. **-taler** main speaker. **-tanke** leading idea. **-tema** main theme; *...men alle disse er strengt underordnet -et* all these, however, are strictly subsidiary to the main theme. **-trapp** front stairs. **-trekk** main *(el.* essential) feature. **-tyngde** *(fig)* emphasis; *rapporten legger -n på de økonomiske faktorer* the emphasis of the report is on the economic factors; *(jvf hovedvekt)*. **-vannledning** water main. **-vei** main road. **-vekt** emphasis; *legge -en på* lay particular stress on; *(jvf hovedtyngde)*. **-vitne** principal witness.
hoven swollen; **T** puffed up *(fx* her face is all puffed up); *et -t øye* **T** a puffed-up eye; *(fig)* arrogant, haughty; **T** stuck-up, puffed-up. **-het** swelling; *(fig)* arrogance.
hovere *(vb)* crow, gloat *(fx* he gloated over me); *(juble, triumfere)* exult *(fx* over a vanquished enemy); triumph.
hoveri *(hist)* villeinage.

h

hoveriarbeid *(hist)* villein service.
hovering crowing, gloating; exultation; *(se hovere).*
hoveritjeneste *(hist)* villeinage.
hovmester butler; *(på restaurant)* head waiter.
hovmod haughtiness, arrogance, pride; ~ *står for fall* pride goes before a fall. **-ig** haughty, arrogant; overbearing, proud.
hovne *(vb):* ~ *opp* swell; **T** puff up (*fx* her eye puffed up); gather (*fx* my finger's gathering).
hov|skjegg fetlock. **-slag** hoofbeat; clattering of horses' hoofs. **-spor** hoofprint.
hu: *se hug.*
hubro *(zool)* eagle owl; **US** (great) horned owl.
hud skin; *(av større, korthåret dyr)* hide; *skjelle en -en full* haul sby over the coals; *med ~ og hår* skin and all; *(fig)* lock, stock, and barrel (*fx* he accepted the programme l., s., and b.); raw (*fx* he swallowed it all raw).
hud|avskrapning abrasion. **-farge** colour (of the skin); *(ansiktets)* complexion. **-fille** skin flap. **-fletning** flaying, flogging; *(bibl)* scourging; *(fig)* castigation. **-flette** *(vb)* flog, flay; *(bibl)* scourge; *(fig)* castigate, flay. **-fold** fold (of the skin). **-lege** dermatologist, skin specialist. **-løs** excoriated, raw; *(ved gnidning)* galled. **-løshet** excoriation. **-pleie** care of the skin. **-sliping** *(med.)* dermabrasion. **-spesialist** skin specialist; dermatologist.
hud|stryke *vb (bibl)* scourge; *(se hudflette).*
hudsykdom skin disease.
huff! oh! ugh!
hug mind, mood; *det rant meg i -en* I called it to mind; *hans ~ står til det* his mind is bent upon it; *kom i ~ at du helligholder hviledagen* remember the Sabbath day, to keep it holy.
hugenott Huguenot.
hugg, hugge: *se hogg, hogge.*
hui: *i ~ og hast* with all possible speed; hurriedly, in great haste, with all haste.
huie *(vb)* hoot, yell; *(om vinden)* howl.
huk: *sitte på ~* squat.
huke *(vb) ~ seg ned* squat down, crouch; *(av frykt)* cower; *~ seg ned bak en busk* **T** *(spøkef)* go behind a hedge.
hukommelse memory; *en god ~* a good memory; *etter -n* from memory; *-n min svikter* my memory fails me; *(se gjengi).*
hukommelses|feil slip of the memory, lapse (of memory). **-kunst** mnemonics. **-sak:** *det er en ~* it's a question of memory. **-tap** loss of memory; amnesia.
hul hollow; *(konkav)* concave; *den -e hånd* the hollow of the hand; *ha noe i sin -e hånd (også fig)* hold sth in the hollow of one's hand.
hulbrystet hollow-chested.
hulder wood nymph.
I. hule *(subst)* cave, cavern; grotto; *(vilt dyrs hule)* den.
II. hule *(vb)* hollow; *~ ut* hollow (out).
hule|boer cave dweller, caveman, troglodyte. **-forsker** cave explorer.
hulhet hollowness; falsity, falseness.
huljern gouge.
hulke *(vb)* sob.
hulkinnet hollow-cheeked.
hull hole; *(om sted, neds)* **T** godforsaken hole, dump, one-horse town, dead and alive place; *(stukket)* hole, puncture; *(åpning)* hole, aperture; *(gap)* gap; *(lakune)* gap; *(meget stivt)* lacuna; *slå ~ i* make a hole in; *påvise ~ i ens argumentasjon* pick holes in sby's argument; *slå ~ på et egg* crack an egg, break an egg (*fx* she broke two eggs into a cup); *stikke ~ på byllen (fig)* prick the bubble; *et ~ i loven* a gap *(el.* loophole) in the law; *ta ~ på (en tønne)* broach (a barrel); *ta ~ på en flaske* open a bottle; *ta ~ på kapitalen* break into one's capital.
hullet full of holes; in holes.
hullfald hemstitch; *sy ~* hemstitch.
hullkort punch(ed) card; *(ofte)* card; **US** punch card.
hullsalig blissful, gracious.
hullsøm hemstitch.
hulmål measure of capacity.
hulning hollow, depression, cavity.
hulrom cavity, hollow space; *kroppens ~* the orifices of the body.
hul|slipe *(vb)* grind hollow. **-speil** concave mirror.
hulter: *~ til bulter* pell-mell, helter-skelter, at sixes and sevens, in a mess.
hulvei sunken road. **huløyd** hollow-eyed.
human humane. **-etikk** humanistic ethics. **-etisk** humanistically ethical. **-isme** humanism. **-ist** humanist. **-istisk** humanistic. **-itet** humanity.
humbug humbug. **-maker** humbug, swindler.
I. humle *zool (insekt)* bumblebee; *han lar humla suse* **T** he's going the pace; he's going it; he's letting it rip.
II. humle *(bot)* hop; *(blomstene, varen)* hops.
hummer *(zool)* lobster. **-klo, -saks** lobster's claw. **-teine** lobster-pot.
humor humour; **US** humor; *ha sans for ~* have a sense of h. **-ist** humorist. **-istisk** humourous; *ha ~ sans* have a sense of humour (,**US**: humor).
hump *(i vei)* bump.
humpe *(vb)* limp, hobble; bump *(av sted* along, *fx* on a rough road), jolt (*fx* the car jolted over the rough road); *vogna -t og ristet* the carriage bumped and shook. **humpet** bumpy, rough.
humre *vb* **1***(om hest)* whinny, neigh; **2***(le)* chuckle.
humør spirits; mood; *i dårlig ~* in bad humour; in low spirits, out of sorts; *i godt ~* in good humour; in high spirits; *de kom i godt ~* they got into a good mood (*el.* into good spirits); they were cheered up; *ta noe med ~* grin and bear it, put up with sth cheerfully; *la oss forsøke å ta det med godt ~ (også)* let us try to be cheerful about it; *det tar på -et* it's exasperating. **-syk** moody. **-syke** blues; *han lider av ~* he's got the blues.
I. hun *(pron)* she.
II. hun *(subst)* female, she; *(om fugler ofte)* hen (bird).
hun|ape *(zool)* she-monkey. **-bjørn** *(zool)* she-bear. **-blomst** *(bot)* female flower.
hund *(zool)* dog; *(om jakthunder også)* hound; *mange -er om beinet* more round pegs than round holes; *røde -er* rose rash; German measles; *gå i -ene* go to the dogs, go to the bad; *som en våt ~* quite abashed; *skamme seg som en ~* be thoroughly ashamed of oneself; *en skal ikke skue -en på hårene* appearances are deceptive; *leve som ~ og katt* lead a cat-and-dog life; *der ligger -en begravet* there's the rub.
hundeaktig dog-like.
hunde|dager *(pl)* dog days. **-galskap** *(med.)* rabies. **-halsbånd** dog collar. **-hus** kennel. **-hvalp** pup, puppy. **-kaldt** beastly cold. **-kjeks** dog biscuits; *(bot)* wild chervil. **-koppel** leash of hounds; pack of hounds.
hunde|lenke dog chain. **-liv** dog's life. **-lukt** doggy odour, smell of dog. **-skatt** dog tax. **-slekt** genus of dogs. **-spann** dog team. **-stjerne** dog star. **-syke** *(vet)* distemper. **-vakt** *(mar)* middle watch. **-vær** nasty weather, foul weather.
hundre *(tallord)* a hundred; *ett ~* one hundred; *to ~ egg* two hundred eggs. **-de** *(ordenstall)* hundredth.
hundre|del hundredth. **-vis:** *i ~* by the hundred. **-år** century. **-årig** a hundred years old. **-åring**

centenarian. **-årsdag** centenary *(for* of); *-en for (også)* the hundredth anniversary of. **-årsjubileum** centenary.

hundse *(vb)* browbeat, bully, push around, hector; treat like a dog.

hundsk dog-like; contemptuous, bullying.

hun|due *(zool)* hen pigeon. **-elefant** *(zool)* she-elephant, cow-elephant. **-esel** *(zool)* she-ass. **-fisk** *(zool)* female fish, spawner. **-fugl** *(zool)* female bird, hen bird.

hunger hunger; *(hungersnød)* famine; *dø av ~* starve to death; *~ er den beste kokk* hunger is the best sauce.

hungers|død death by starvation; *dø -en* starve to death. **-nød** famine.

hungre *(vb): se sulte, være sulten; ~ etter* hunger for.

hun|hare *(zool)* doe-hare. **-hund** *(zool)* she-dog, bitch. **-kanin** *(zool)* doe-rabbit. **-katt** *(zool)* she-cat, tabby-cat. **-kjønn** *(gram)* the feminine (gender); *(kvinne-)* female sex. **-kjønnsendelse** feminine ending. **-løve** *(zool)* lioness.

hunn: *se II. hun.*

hun|rakle *(bot)* female catkin. **-rev** *(zool)* vixen, she-fox. **-rotte** *(zool)* female rat. **-spurv** *(zool)* hen sparrow. **-tiger** *(zool)* tigress. **-ørn** *(zool)* hen eagle, female eagle.

huri houri.

hurlumhei hubbub, hullabaloo, an awful row; **S** razz(a)mataz(z) *(fx* they enjoyed the razzmataz of the election night).

hurpe bag; bitch; cow *(fx* that old cow!); *en gammel ~* an old hag; an ugly old woman.

hurpet *(adj)* unpleasant, sour.

I. hurra cheer, hurra(h), hurray; *la oss rope et tre ganger tre ~ for* three cheers for.

II. hurra *int* hurra(h)! hurray! *rope ~* give a cheer, cheer; *rope ~ for ham* cheer him; give him three cheers; *ikke noe å rope ~ for (fig)* nothing to write home about; nothing to make a song and dance about.

hurragutt lively, noisy chap.

hurrarop cheer, cheering.

hurtig *(adj)* quick, fast; rapid, speedy.

hurtighet quickness, speed, rapidity, celerity, promptitude, dispatch.

hurtig|løp sprinting, sprint race; *(på skøyter)* speed skating; *(på rulleskøyter)* speed roller skating; *Norgesmesterskapet i ~ på skøyter* Norwegian speed skating championship. **-løper** (fast) runner, sprinter; *(på skøyter)* speed skater. **-rute** fast service; *(skip)* express coastal steamer, fast coaster.

hurtigtog fast train, express train, express.

hurtigtogsfart: *med ~* at express speed.

hurv: *hele -en* **T** the whole lot of them; the whole bunch; the whole kit; the whole (kit and) caboodle.

hus 1. house; building *(fx* the buildings on the farm); **2***(handelshus)* house, firm; **3***(parl)* House *(fx* the whole House applauded); **4***(fyrstehus)* House *(fx* the House of Hanover); **5***(husholdning)* house *(fx* keep house); **6***(familie)* house *(fx* the young son of the house); household, family; **7***(mask)* casing, housing; *(se kløtsjhus);* **8***(sneglehus)* (snail) shell;

[*A: forb. med subst; B: med adj; C: med vb; D: med adv & prep*]

A [*forb. med subst*] *-et har en pen beliggenhet* the house is nicely situated; *-ets frue* the lady *(el.* mistress) of the house; *Guds hus* the House of God; *~ og hjem* house and home *(fx* they were driven from house and home); *-ets unge sønn* the young son of the house;

B [*forb. med adj*] *et familievennlig ~* a house (that is) suitable for *(el.* well-suited to) family life; *fullt ~ (kort)* full house; *(om teater)* a full house; a crowded *(el.* packed) house *(fx* they were playing to a crowded house); *stykket gikk for fullt ~ i et halvt år* the play drew crowded houses for six months; *spille for fullt ~* play to a full *(el.* crowded) house; *trekke fullt ~* fill the house, draw crowds; *slik er det når det tar fyr i gamle ~ (kan gjengis)* there's no house like an old house; *godt ~ (om teater)* a good house *(fx* we are getting very good houses); *spille for tomt ~* play to an empty house; *holde åpent ~* keep open house;

C [*forb. med vb*] *beskikke sitt ~ (bibl)* set one's house in order; *ta til takke med hva -et formår* take pot-luck; *føre ~ for ham* keep house for him; be his housekeeper; *føre stort ~* do a lot of entertaining; live in (grand) style; *holde ~* keep house; *(ta på vei)* rage, storm; go up in the air; carry on; *holde et farlig ~* **T** make no end of a row; kick up an awful row; *stelle -et for ham* keep house for him; be his housekeeper; **T** do for him *(fx* a woman came in daily and did for him);

D [*forb. med adv & prep*] *en venn* **av** *-et* a friend of the family; *gå mann av -e* turn out to a man; turn out in full force; **foran** *-et* in front of the house, before the house; *det gikk meg ~* **forbi** *(fig)* it escaped me; **T** I didn't get the message; **fra** *~ til ~* from house to house; **i** *~ (om avling, etc)* (gathered) in; *bor du i ~ eller i leilighet?* do you live in a house or in a flat? *han bor i samme ~ som vi* he lives in the same house with us; *bringe i ~* get in; gather in *(fx* gather in the harvest); *komme i ~* get in; get in out of the rain (,snow, *etc); jeg setter aldri mer mine ben i hans ~* I shan't set foot inside his house again; *være herre i eget ~* be master in one's own house; **i -et** in the house; *(på stedet)* on the premises; *(om småjobber, etc ofte)* about the house, about the place *(fx* she complained that her husband didn't do more about the place); *i -et ved siden av* next door; in the house next door; *bli i -et* stay in the house; stay indoors; *vaktmesteren bor i -et* the caretaker lives on the premises; *han har sin søster boende i -et* his sister lives with him; *vi har malerne i -et* we've got the painters in; *gå til hånde i -et* help about the house; help in the house; *her i -et* in this house; *herren og fruen i -et* the master and mistress of the house; *møblene hører* **til** *-et* the furniture belongs to the house; *om sommeren er det ~* **under** *hver busk* in (the) summer you can keep house under the hedges; *gå* **ut av** *-et* leave the house; go out of the house; *han går aldri ut av -et* he never leaves *(el.* goes out of) the house; *han spiser oss ut av -et* he eats us out of house and home.

husapotek (family) medicine chest.

husar hussar.

hus|arbeid house work, domestic work, household work. **-behov:** *til ~: se -bruk.*

husbestyrerinne housekeeper.

husbond master; *(ektemann)* husband. **-sfolk** master and mistress (in a rural household).

husbruk: *til ~* for home purposes; for household use; barely adequate(ly), barely *(el.* hardly) enough, just passably; *han kan også snekre litt til ~* he can do a little carpentry for fun, too; *(Kan De spille piano også, da?) – Ja, men bare til ~* Yes, just enough to amuse myself *(el.* just for fun); *de kan ikke mer engelsk enn til ~* their knowledge of English is modest.

husbukk *(zool)* house longhorn.

husdyr domestic animal; (house) pet; farm animal.

husdyrbestand livestock.

huse *(vb)* house; *(fig)* harbour; **US** harbor.
huseier house owner; owner of a house.
husere *(vb)* ravage, play havoc with; ~ *med* bully, hector, order about; *(også* **US**) push around; *de onde ånder som huserte på stedet* the evil spirits that haunted the place.
hus|fang building materials. **-far** head of a family, master of the house; *en god* ~ a good family man.
husflid home crafts (industry), domestic industry; arts and crafts; *(som skolefag)* handicrafts.
husflidsartikler *(pl)* articles of domestic industry; home (arts and) crafts articles.
husflidsfag handicraft; domestic craft; cottage craft.
husfred domestic peace; *hva gjør man ikke for -ens skyld* anything for a quiet life; *krenkelse av -en (jur)* violation of the privacy of a person's house; trespass (in a person's house, offices, *etc); (i Skottland)* hamesucken.
husfritt rent-free (*fx* live r.-f.).
hus|frue mistress (of the house). **-geråd** domestic *(el.* kitchen) utensils. **-hjelp** domestic help *(el.* servant), maid. **-hjelpsassistent** home help; *(jvf hjemmehjelp; husmorvikar).* **-holderske** housekeeper. **-holdning** housekeeping, management of a house.
husholdnings- household. **-bok** book of household accounts. **-jern** cast-iron kitchen equipment. **-penger** *(pl)* housekeeping allowance *(el.* money). **-saker** *(pl)* household affairs. **-skap** grocery *(el.* spice *el.* kitchen) cabinet. **-vekt** kitchen scales.
husj *(int)* shoo!
I. huske *(subst)* swing.
II. huske *vb (gynge)* seesaw, swing, rock; ~ *et barn på knærne* jig a child (up and down) on one's knees; give a child a ride on one's knees.
III. huske *(vb)* remember, recollect, call to mind; *jeg -r godt* ... I well remember ...; *jeg -r ikke navnet hans* I forget his name; *hvis jeg ikke -r feil* if my memory serves me right; ~ *på* remember, mind, bear in mind; ~ *en (for) noe* remember sby for something; *siden så langt tilbake som noen kan (,kunne)* ~ within living memory (*fx* w. l. m. they were neat and comfortable homes).
huske|lapp, -liste memo; shopping list. **-regle** mnemonic; **T** donkey bridge. **-seddel 1.** = *-lapp;* **2***(henvisnings-)* reference slip.
huskestue: *det vil bli en ordentlig* ~ **T** there will be the devil of a row *(se brudulje; spetakkel).*
huskjent well acquainted with the house.
huskjole house frock.
huskors domestic nuisance; *(om kvinne)* vixen, holy terror.
huslege family doctor.
husleie rent; *(se sitte: ~ med en lav husleie).*
husleie|bok rent book. **-godtgjørelse** rent allowance. **-kontrakt** tenancy agreement. **-loven** *(i England)* the Landlord and Tenant (Rent Restriction) Act. **-nemnd** rent assessment committee; **-rett** rent tribunal. **-stigning** rent rise *(el.* increase).
huslig 1. domestic; relating to home life; **2***(flink i huset)* domesticated; *-e plikter* domestic duties; *(husmorens også)* housewifely duties; *en ~ scene* a family row.
huslighet domesticity.
hus|ly shelter. **-lærer** private tutor *(for* to). **-løs** houseless; *(se -vill).*
hus|mann *(hist)* cotter, crofter. **-mannsplass** cotter's farm.
hus|mor housewife; *(ved elev- eller søsterhjem)* home sister; **US** housemother. **-morkurs** cookery course *(el.* classes). **-morlag** women's institute. **-mortime** *(i radio, svarer til)* talk for housewives. **-morvikar** home help. **-mår** *(zool)* stone *(el.* beech) marten. **-nød** housing shortage. **-orden** *(kan gjengis)* the regulations (*fx* in accordance with the r., silence is requested after 11p.m.). **-post** domestic post; **T** d. job; *hun har* ~ she has a d. p.; *(glds)* she is in service, she is in a situation; *ta* ~ take a d. p. **-postill** collection of sermons (for family use). **-rom** accommodation, room; *(se hjerterom).* **-råd** household remedy. **-spurv** *zool (gråspurv)* house sparrow. **-stand** household. **-stell** *(skolefag)* domestic science; **US** home economics; *Statens lærerskole i* ~ the State College for Home Economics Teachers. **-telefon** house telephone, inter-office t., interphone; *(det enkelte apparat)* extension. **-telt** ridge tent. **-tomt** (building) site; **US** building lot *(el.* site).
hustru wife; *ta henne til* ~ take her for a w.; take her to wife.
hus|tukt domestic discipline. **-tyrann** domestic tyrant. **-undersøkelse** search (of a house), domiciliary visit.
husvant familiar with the house; feeling at home.
husvarm warmed up (by being indoors); *(fig)* over-familiar; too familiar; *bli ~hos en familie* become a friend of the family; *har ikke den husholdersken din begynt å bli temmelig ~?* hasn't that housekeeper of yours begun to be too familiar *(el.* to make herself too much at home)?
husvarme 1. warmth of the house; *han hadde ikke fått -n i seg ennå* he hadn't got warmed up indoors yet; **2.** feeling of intimacy due to living in the same house.
husvenn friend of the family.
husvert landlord; *(kvinnelig)* landlady.
hus|vill homeless, houseless. **-vær(e)** shelter, lodging.
hutle *(vb): ~ seg igjennom (hangle igjennom)* just keep body and soul together.
hutre *vb (av kulde)* shiver, tremble (with cold).
huttetu *int (uttrykk for at man fryser)* brr; *(ved tanken på noe nifst)* oo; ooh.
I. hva *(int & spørrepron)* what (*fx* what is it?); *det er vel fint, ~?* that's just fine, isn't it? ~ *(for noe)? (utrop)* what!
A *[forskjellige forb.]* ~ **annet?** what else? ~ *annet enn* what but (*fx* what but a miracle can save us?); ~ *(behager)?* (I) beg your pardon? pardon? what (did you say)? ~ *skal du ha for å spa om hagen?* what do you want *(el.* how much do you want) for digging the garden? ~ *gir du meg! (iron)* I like that! can you beat it!~ *nytt?* what news? any news? ~ *nå? se II. nå; ~ var det jeg sa? se III. si A;* ~ **slags** what kind of; what type of; *~slags menneske er han?* what sort of man is he? ~ **som** *(innleder spørrende bisetning)* what (*fx* I don't know what happened); *(se II. hva & III. hva);* ~ **så?** well, what about it? who cares? **T** so what? *og hvis de ikke kommer,* ~ *så?* and what if they don't come? ~ **tid?** when? *(m.h.t. klokkeslett)* what time? **vet** *du ~? se vite;* ~ **er** *han? (om yrke)* what is he? what does he do for a living? ~ *er klokken?* what's the time? what time is it? *(se gjøre B; II. nytte; III. si A; vite);*
B [*forb. med prep & «om»*] ~ *kommer det* **av?** why is that? how do you account for that? ~ *kommer dette av?* why is this? ~ **for** *(en, et, noen)* what; ~ *er det for en? (ɔ: hva slags menneske er han)* what sort of man is he? ~ *for en (ɔ: hvilken) bok vil du ha?* which book will you have? which of the books will you have? ~ *er det for en fyr? (hvem er det)* who is that chap? who is he? ~ *for et hus er det?* what house is that? ~ *for en mann er det?* what man

is that? *(hvem er det?)* who is he? *(hvordan er han?)* what kind of man is he? ~ *for en støy var det?* what noise was that? ~ *for noen bøker?* what books? ~ *for noe?* what? ~ *for noe!* what! ~ *i all verden er i veien?* whatever is the matter? ~ *rart er det i det?* what's strange about that? what's so funny about that? *og ~ (så)* **med** *henne?* and what about her? ~ **om** what if *(fx* what if he refuses?), suppose, supposing *(fx* supposing he comes, what am I to say? supposing it rains, what shall I do?), what about; ~ *om vi tok en liten spasertur?* what about taking a little walk? ~ *bryr jeg meg om det?* what do I care about that? ~ *er det som er så morsomt* **ved** *(el. med) det?* what's so funny about that? what's the joke? I don't see the joke;

II. hva *(relativt pron): alt ~* all that, everything (that) *(fx* don't believe everything they tell you); ~ *meg angår* as far as I am concerned; as for me; ~ *jeg hadde av penger* what money I had; *etter ~ jeg har hørt (,sett)* from what I have heard (,seen); *etter ~ jeg kan se* as far as I can see; ~ *du sa er helt riktig* what you said is quite true; .. *men ~ verre var: han slo sin kone* but what was worse, he beat his wife.

III. hva *(ubest relativt pron)* whatever, what; *kall det ~ du vil* call it what(ever) you like; ~ **annet** what else? ~ *annet enn et mirakel kan redde oss?* what else but a miracle can save us? ~*du så enn gjør* whatever you do; ~ *det (nå)* **enn** *var* whatever it was; ~ *som enn skjer* whatever happens; no matter what happens; whatever may happen; come what may; *jeg har rett, ~ du (så) enn måtte tro* I am right whatever you may think; ~ **som helst** anything *(fx* he'll do anything for me); *jeg skal gi deg ~ som helst* ... I will give you anything; *gjør ~ som helst du har lyst til* do whatever you like.

IV. hva *(konj): ~ enten ... eller* whether ... or *(fx* whether he comes or not); ~ *enten været er godt eller dårlig* whatever the weather; rain or shine; ~ *enten han vil eller ei* whether he likes it or not.

hval *(zool)* whale. **-barde** whalebone, baleen. **-blåst** blow, spouting (of a whale). **-fanger** *(skip el. person)* whaler. **-fangst** whaling. **-hai** *(zool)* whale shark. **-kokeri:** *flytende ~* floating factory, factory ship.

hvalp *(zool)* puppy, pup, whelp.

hvalpesyke distemper.

hvalpet puppyish.

hval|rav spermaceti. **-ross** walrus. **-spekk** (whale) blubber. **-unge** whale calf, young whale.

I. hvelv arch, vault; *(bank-)* strongroom; bank vaults.

II. hvelv *(båt-)* overturned (boat) bottom; *(se båthvelv).*

hvelve *(vb)* arch, vault; overturn *(fx* a boat); ~ *seg* arch, vault; *himmelen som -t seg over oss* the overarching sky.

hvelving arch, vault.

hvem *(pron)* who; ~ *av dem?* which of them? ~ *av dere vet?* which of you know(s), how many of you know ...? ~ *av oss kan ennå huske ...* who of us can still remember ...; ~ *vet?* who knows? ~ *der?* who is that? who goes there? ~ *som helst* anybody; ~ *som helst som* whoever.

hvemsomhelst: *han er ikke en ~* he is not just anybody.

hver *(pron)* every; each; ~ *den som* whoever; ~ *annen* every second, every other; ~ *annen time* every two hours; *litt av -t* a little of everything; ~ *især* each; *i -t fall* at any rate, at all events; *(i det minste)* at least; *de gikk ~ sin vei* each went his own way, they went their several ways; *de hadde ~ sin bil* each had his own car; *etter -t* little by little, gradually; as time went by; as you go along *(fx* it's difficult at first, but it will be easier as you go along); *etter -t som* as; *etter -t som det blir nødvendig (også)* as and when it becomes necessary; *gi ~ sitt* give every man his due; ~ *for seg* separately; *de bor ~ for seg* they live apart (from one another); *de fem delene pakkes ~ for seg* each of the five parts is packed separately; *han kan være her -t øyeblikk* he may be here any minute; *trekke ~ sin vei* pull different ways; *Gud og -mann vet* all the world knows.

hverandre *(pron)* each other, one another; *etter ~* one after another, in succession; *være fra ~* stay apart; be separated; *tett på ~* in rapid succession.

hverdag weekday; *den grå ~* the usual jog trot; the monotonous round of everyday life; *om -en* on weekdays.

hverdags- everyday.

hverdags|bruk: *til ~* for everyday use; *(om klær)* for e. wear. **-klær** everyday clothes.

hverdags|lig everyday, ordinary; humdrum, jogtrot, monotonous. **-livet** everyday life. **-menneske** ordinary *(el.* commonplace) person.

hverken *(konj): ~ eller* **1.** neither ... nor *(fx* n. I nor he knows ...; n. he nor I know); **2***(etter nektelse)* either ... or *(fx* they found nothing, e. in the cabinet or elsewhere); *det er ~ fugl eller fisk* it's neither flesh nor fowl (nor good red herring); it's neither here nor there; ~ *mer eller mindre* neither more nor less; *han sa ikke noe ~ fra eller til* he said nothing the one way or the other; *det gjør ~ fra eller til* it *(el.* that) makes no difference; *jeg vet ~ ut eller inn* I am at my wits end; *(se også III. si C).*

hvermann everybody, everyone; *(se ovf: hver).*

hvese *(vb)* hiss. **hvesing** hissing.

hvete wheat.

hvete|bolle (London) bun. **-brød 1.** wheat bread; **UK** *(oftest)* white bread; **2***(liten, avlang kake med strøsukker på)* Swiss bun, sugar bun; *de går som varmt ~* they are selling *(el.* going) like hotcakes *(el.* like ripe cherries); *bøkene gikk som varmt ~ (også)* the books sold like billy-(h)o.

hvetebrødsdager *(pl)* honeymoon; *par som feirer ~* honeymooners.

hvete|høst wheat harvest. **-kli** bran. **-mel** white (wheaten) flour, wheat flour, plain flour; *siktet ~* sifted white flour; *sammalt ~* wholewheat flour.

hvil rest; *ta seg en ~* take a rest.

I. hvile *(subst)* rest, repose; *finne ~* find rest; *gå inn til den evige ~* go to one's rest, go to one's long home.

II. hvile *(vb)* rest, repose; ~ *tungt på* weigh heavily on;~ *seg* rest; take a rest.

hviledag day of rest.

hvile|løs restless. **-løshet** restlessness.

hvilepause interval of *(el.* for) rest; rest time, rest period; **T** breather.

hvilested place of rest, resting place; *(for kortere hvil, også)* haulting place.

hviletid time of rest, resting time.

hvilken *(hvilket, hvilke):* **1***(spørrende pron)* what; *(av best antall)* which; ~ *er ~?* which is which? **2***(relativt, om personer)* who(m); *(ellers)* which; **3***(ubest relativt pron)* whatever, whichever; ~ *forskjell er det på X og Y?* what is the difference between X and Y? *hvilken provisjon vil De (komme til å) betale?* what commission will you pay? *av ~ grunn?* for what reason? ~ *av disse to mulighetene er den mest sannsyn-*

h

hvile

språklige hvileskjær

NYTTIGE UTTRYKK

then, sort of, kind of

*There's no **sort of** dilly dally about her.* (She doesn't hesitate.)

På engelsk som på norsk gjelder regelen at man ikke bruker disse uttrykkene skriftlig fordi de virker malplasserte og gjør det skriftlige språket tyngre.

lige? which is the more likely of these two possibilities? ~ *av dem?* which of them? *hvilke* (ɔ: *hva for noen) bøker liker du?* what books do you like? *de sa at jeg hadde gjort det, hvilket var løgn* they said I had done it, which was a lie; ~ *vei jeg enn vendte meg* whichever way I turned; ~ *som helst* ... any; any ... whatever; *(substantivisk)* anybody; *hvilket som helst tall* any number whatever.

hvin squeal *(fx* the squeals of the pigs); shriek.

hvine *(vb)* squeal; *(om person, også)* shriek; *(om kuler)* whistle.

I. hvis *konj (dersom)* if, in case; ~ *man skal tro ham* ... assuming that he is telling the truth ...; ~ *bare* if only; ~ *du bare vil si meg hvorfor* if only you'll tell me why; ~ *jeg bare kunne!* how I wish I could! ~ *ikke* unless, if ... not; *(i motsatt fall)* if not; ~ *det er så* if so, supposing that to be the case; ~ *'han ikke hadde vært* but for him; if it had not been for him.

II. hvis *(pron)* whose; *(bare om dyr og ting)* of which; *til ~ ære* in honour of whom.

hviske *(vb)* whisper; ~ *noe i øret på en* whisper sth in sby's ear. **-nde** whispering; *(adv)* in a whisper, in whispers.

hvisking whispering.

hvit white; *det -e i øyet* the white of the eye.

hvite *(eggehvite)* white (of an egg).

hvite|vareavdeling *(i forretning)* household linen department. **-varehandler** linen draper. **-varer** *(pl)* linen drapery *(el.* goods), white goods, whites.

hvit|glødende white-hot, incandescent. **-het** whiteness. **-håret** white-haired.

hvitkalket whitewashed.

hvit|kledd dressed in white. **-kål** cabbage. **-løk** garlic.

hvitne *(vb)* whiten; pale.

hvitrev *(zool)* arctic fox.

hvitslip *(treforedling)* mechanical pulp.

hvitsymre *se hvitveis.*

hvitte *(vb)* whitewash.

hvitting *(fisk)* whiting.

hvitvaske *(vt)* whitewash; ~ *svarte penger* whitewash (,*også* **US**: launder) money not declared for tax; whitewash black money.

hvitveis *(bot)* white anemone.

hvor *(sted)* where; *(grad)* how; ~ *er du?* where are you? ~ *lenge* how long; ~ *mange* how many; ~ *meget* how much; ~ *meget han enn* ... however much he *(fx* tried); ~ *som helst* anywhere, wherever; ~ *stor var ikke min forundring* what was my surprise; ~ *vakker hun er!* how beautiful she is!

hvorav of which, of whom; *(stivt)* whereof ... ~ *de fleste (om personer)* most of whom; *(om ting)* most of which.

hvordan how; ~ *har De det?* how are you? *fortell meg ~ han er* tell me what he is like; ~ *kommer jeg raskest til stasjonen herfra?* which is the best way to the station from here? ~ *enn* however; ~ *De enn gjør det* no matter how you do it; however you do it.

hvoretter *(adv)* after which.

hvorfor *(adv & konj)* why, what ... for; ~ *det?* why so? ~ *i allverden* why on earth.

hvorfra from where, where; from which.

hvorhen where.

hvori in which. **-blant** among whom; among which. **-gjennom** through which. **-mot** *(adv)* whereas, while.

hvorledes *se hvordan.*

hvor|om: ~ *allting er* however that may be. **-på** on what, on which; *(om tid)* after which, when, whereupon, following which.

hvorunder under which; *(om tid)* in the course of which.

hvorvidt *(om)* whether; *(i hvilken utstrekning)* how far, to what extent.

hyasint *(bot)* hyacinth.

hybel room, lodgings; bed-sitter; bed-sit; **T** place; *(students, også)* digs; *bo på ~* live in lodgings; *ha ~med egen inngang* have a room with independent access; *vi kan gå på -en min* **T** we can go to my place *(el.* digs).

hybel|boer single person living alone. **-hus** block of bed-sitters *(el.* bachelor flats). **-leilighet** bachelor flat.

hydrat hydrate.

hydraulisk hydraulic.

hydrofoil hydrofoil boat.

hyene *(zool)* hyena.

I. hygge *(subst)* comfort, cheerfulness, cheerful atmosphere, cosiness; *(se skape 2).*

II. hygge *(vb)*: ~ *for en* make sby comfortable; ~ *seg* feel at home, make oneself comfortable.

hyggelig comfortable, snug, cosy, home-like, cheerful, friendly, pleasant; *(gjengis ofte med ord som)* charming, attractive; nice; *en ~ prat* a cosy chat; *gjøre det~ for ham* make him comfortable; *ha det ~* have a pleasant *(el.* good) time *(fx* I had a very good time with them in the holidays); *ha det ~ hjemme i kveld* have a nice quiet evening at home; *det var ~ å høre fra deg* I was (very) pleased to have your letter; *det er bare ~ å hjelpe Dem* I am glad to be able to help you; *det var så ~ å ha deg (som gjest)* we enjoyed having you; *det var ~ at du kunne komme* I'm so glad you could come; *her var det ~* it's pleasant here; nice place, this.

hygiene hygiene, sanitation, public health; *(fag)* hygienics; *(se helselære).*

hygienisk hygienic.

hypotese

hypotetisk konjunktiv

Vanlig preteritum	*I was*
Ved hypotetisk konjunktiv brukes **were** for alle personer	*If I **were** you, I would do exactly the same.*

Verbet endrer seg i engelsk når vi snakker om noe som ikke er virkelig, men bare noe vi forestiller oss (hypotetisk).

h

hykle *(vb)* feign, simulate, dissemble; play the hypocrite *(for* to).
hykler hypocrite. **-i** hypocrisy. **-sk** hypocritical. **-ske** hypocrite.
hyl howl, yell; *sette i et ~* let out a yell.
hyle *(vb)* howl, yell.
hylekor 1. howling chorus, chorus of howls; **2***(som forstyrrer)* booing *(el.* jeering) crowd.
hyll *(bot)* elder.
I. hylle *(subst)* shelf; *(nett i kupé)* rack; *(i fjellet)* ledge; *han har kommet på feil ~ (her i livet)* he's a square peg in a round hole; he's a misfit; *han har kommet på sin rette ~* he's found his proper niche in life; he's the right man in the right place; *legge på hylla (fig: henlegge, skrinlegge)* shelve, bury, pigeonhole; abandon *(fx* a project); *han har lagt studiene på hylla* he has given *(el.* thrown) up his studies; *sette en bok i hylla* put a book in the shelf; *(se bokhylle).*
II. hylle *(vb)* cover, envelop, wrap (up); *(se innhylle).*
III. hylle *(vb)* acclaim, applaud, cheer, hail; pay homage *(el.* tribute) to; *(hist; lensherre)* do homage to; *(ny fyrste)* swear allegiance to; *~ i ord men ikke i gjerning* pay lip service to.
hyllebær *(bot)* elderberry.
hyllemargskule pith ball.
hylleskap wardrobe (,cupboard) with shelves.
hyllest homage, tribute; cheers.
hylse case, casing; *(patron-)* cartridge case; *(for grammofonplate)* sleeve; *(se plateomslag).*
hylster cover, case; *(pistol-)* holster; *hans jordiske ~* his mortal frame.
hymen *(anat)* hymen.
hymne hymn.
hyper|bel *(mat.)* hyperbola. **-bol** *(retorisk)* hyperbole.
hyperkritisk hypercritical.
hypnose hypnosis; *hensatt i ~* put in a state of h., put in a trance.
hypnot|isere *(vb)* hypnotize. **-isk** hypnotic. **-isme** hypnotism.
hypokonder hypochondriac. **-sk** hypochondriac.
hypokondri hypochondria.
hypo|tek mortgage. **-teklån** mortgage loan. **-tenus** *(mat.)* hypotenuse. **-tese** hypothesis. **-tetisk** hypothetic(al).
hypp! gee-up! **US** giddap!
hyppe *vb (poteter)* earth up, hill, ridge.
hyppig *(adj)* frequent; *(adv)* frequently. **-het** frequency.
hyrde shepherd; *den gode ~* the Good Shepherd. **-brev** pastoral letter. **-dikt** pastoral (poem), bucolic. **-diktning** pastoral poetry.
hyrde|stav pastoral staff, crook; *(fig)* crosier. **-time** hour of love, lovers' hour. **-tone** *(fig)* dulcet note.
hyrdinne shepherdess, shepherd girl.
I. hyre 1. *mar (lønn)* pay, wages; *(tjeneste)* job, berth; *få ~* sign on; **T** get a berth; *søke ~* look for a berth; *ta ~ (med et skip)* sign on; *ta ~ som* sign on as; ship as; **2***(besvær): ha sin fulle ~ med å* be hard put to it to, have one's work cut out to, have a job to *(fx* I had a job to get him out of the house); **3***(sett klær)* oilskins.
II. hyre *(vb)* hire, engage; *~ mannskap* sign on *(el.* engage) a crew.
hyre|bas shipping master. **-kontrakt** articles (of agreement), signing on articles.
hyse *(zool)* haddock.
hysj *(int)* hush! shush!
hysje *(vb)* hush; *(gi mishag til kjenne)* hiss; *~ på en* shush sby; hiss at sby.
hyssing string; twine *(fx* packing t.); *knyte ~ om en pakke* tie up a parcel with string.
hyste|ri hysterics. **-risk** hysteric(al); *bli ~, få et ~ anfall* go into hysterics.
hytt: *i ~ og vær* at random.
I. hytte *(subst)* (country) cottage; *(på fjellet, især)* cabin; *(turist-)* hut; *(mar)* poop; *(se I. lys).*
II. hytte *(vb)* **1.** look after, take care of; *fanden -r sine* the devil looks after his own; *~ sitt (eget) skinn* look out for oneself; **2.** shake one's fist *(til* at).
hytte|møbler peasant-style *(el.* rustic) furniture. **-stemning** cottage (,cabin) atmosphere; *oppleve ekte ~* experience a cosy c. atmosphere; *det skaper ~* it creates a cosy c. atmosphere; *peisovnen skaper varme og ekte ~* the combined stove and fireplace gives you warmth and the snugness of a cottage hearth. **-tur** [weekend trip to a cottage or cabin]; *dra på ~* spend the weekend at a c.; *(se I. tur).*
hæ *(int)* eh? what?
hæl heel; *høye -er* high heels; *skjeve -er* heels worn down on one side; *tynne, høye -er* stiletto heels; *tynne -er* pencil-slim heels; *slå -ene sammen* click one's heels; *følge i -ene på ham* dog his footsteps; *være hakk i -ene på en* be hard on sby's heels; *sette nye -er på* re-heel.
hær *(mil)* army; *(hærskare)* host. **-avdeling** *(mil)* detachment, unit.
hær|fang booty, spoils of war. **-ferd** military campaign, raid, warlike expedition.
hærfører commander (of an army).
Hærkalenderen the Army List; **US** the Army List and Directory.
hær|makt forces. **-skare** host. **-skrik** battle cry. **-styrke** (military) force. **-ta** *(vb)* conquer, occupy; *en -tt kvinne* an abducted woman.
hærverk 1. (act of) vandalism; (act of) criminal

høflig

høflig form

blir gjerne uttrykt med stor forbokstav i engelsk og norsk, men engelsk har ikke stor bokstav på pronomenet, slik vi har.

Derimot har engelsk stor bokstav ved titler, også når de står inne i setningen.

Mr, Mrs, Miss, Ms, Sir, Sirs, Madam og Mesdames
Dear Mr Johnson
Dear Sir

damage; *(jur)* wilful (*el.* malicious) damage (to property); **2***(hist)* plundering, ravaging.

hø (copula-shaped) mountain.

høflig civil; *(utpreget høflig)* polite, courteous.

høflighet civility; politeness, courtesy.

høg: *se høy.*

høker small grocer; huckster.

høkre *(vb)* huckster.

høl *(i elv)* pool.

hølje *(vb): det -r ned* it is pouring down; it is coming down in sheets.

høne *(zool)* hen, fowl; *jeg har en ~ å plukke med deg (fig)* I have a bone to pick with you.

høne|blund forty winks, snooze. **-kylling** hen chicken.

høns fowls, poultry.

hønse|fugl gallinaceous bird. **-gård** poultry yard; chicken run. **-hauk** *(zool)* goshawk. **-hold** chicken raising. **-hus** hen house, hencoop; **US** hen house. **-netting** chicken wire. **-ri** poultry *(el.* chicken) farm; hennery. **-stige** hencoop ladder; *(også* **US)** chicken runway; *(fig)* breakneck stairs.

hørbar audible.

høre *(vb)* hear; *(høre etter)* listen; *(oppfatte)* catch; *(komme til å høre tilfeldig)* overhear; *(eksaminere)* question, examine (orally), hear *(fx* h. sby a lesson; Jane is hearing Mary her lesson); *~ en klasse* question a class, examine a c. (orally), ask questions round a c.; **US** quiz a c.; *bli hørt (på skolen)* be examined, be questioned *(fx* he was examined in *(el.* questioned on) grammar); *hør her!* listen! look here! I say; **US** say; *nei, hør nå her! (indignert)* look here, you! *nei, hør nå her; det går for vidt* (now) look here, that's going too far; *ikke så han hørte det* not in his hearing; *det lar seg ~* now you're talking! that's more like it; that's something like; that's a bit of all right; *få ~* learn; *jeg har hørt si* I have heard (it said); I have been told; *nå har jeg hørt det med!* well I never! well, wonders never cease! *man skal ~ meget før ørene faller av!* what next? well, did you ever hear such nonsense? that beats everything! can you beat it! *hva er det jeg -r?* what is this I hear? *som det seg hør og bør* as it should be; *(glds)* as is meet and proper; *jeg har hørt det* **av** *min søster* I have heard it from my sister; ~ **etter** listen to, attend to, pay attention, follow *(fx* if you don't f. you can't answer); *han -r bare etter med det ene øret* he is only half listening; *~ ~* **feil** mishear; *det var kanskje bare jeg som hørte feil?* perhaps I didn't quite catch what you said? *du må ha hørt feil* you must have misheard; you must've got it wrong; *folk som -r* **hjemme** *i Yorkshire* people native to Yorkshire; *de -r alle hjemme i denne kategorien* they all come under this heading; they all fall into this general category; *de -r alle hjemme i samme kategori* they all belong in (*el.* to) the same category; they all come under the same heading; **innom** *en* call on sby; ~ **inn under** fall under; ~ **med:** *det -r med* that's part of it; that goes with it; *de plikter som -r med til stillingen* the duties that go with the post; ~ **om** hear of; *jeg har hørt bare godt om ham* I have heard nothing but good of him; *ville ikke ~ noe om det* would not hear of it; ~ **på** listen to; *hun -r bare på det ene øret* she can only hear with one ear; she is deaf in one ear; *gutten -r ikke på sin mor* the boy does not obey his mother; *man -r på den måten hun snakker på, at hun ikke er herfra* you can hear from the way she speaks that she's not from here; *ja, man kan godt ~ på henne at hun ikke er engelsk* yes, you can easily hear she's not English; yes, it's easy to hear that she isn't English; *~ på en stilling* inquire about a post; **T** look into a job; *han -r ikke på det øret (fig)* he turns a deaf ear to it; he is deaf as far as that subject is concerned; ~ **sammen** belong together; go (well) together *(fx* the two colours go well together); ~ **til** belong to; *~ til i* belong in; *~ til (el. hjemme) på et sted* be a native of a place; *jeg har ikke hørt noe til ham* I have heard nothing from him; I have had no news of him; *~ ham til ende (la ham snakke ut)* hear him out; *(se også hyggelig).*

høreapparat hearing aid.

hørebriller [glasses with built-in hearing aid].

høreredskap *(anat)* auditory organ.

høre|rør *(på telefon)* receiver. **-sans** sense of hearing.

hørevidde: *innenfor (,utenfor) ~* within (,out of) earshot.

høring 1*(avhør i offentlig nedsatt komité)* hearing; *-ene i senatskomitéen* the hearings by the Senate Committee; **2***(polit)* public inquiry; *holde en ~ om forholdene i Nicaragua* hold a public inquiry into conditions in Nicaragua; **3***(polit; om forslag)* inquiry *(fx* this inquiry was held too late to influence Parliament's treatment of the motion); *være ute til ~* be circulated for (public) comment; *dette forslaget er nå ute til ~* this proposal is now being considered by the appropriate bodies; *In the **UK** a' green paper' is a publication with a green cover – usually a proposal to which the

government is not committed but would like public comment on.
høringsinstans *(se høring 3)* body entitled to comment.
hørlig audible; perceptible.
hørsel hearing.
høst *(innhøstning)* harvest; *(avling)* crop; *(årstiden)* autumn; **US** fall; *i ~* this autumn; *om -en* in (the) autumn; *til -en* in the autumn.
høste *(vb)* harvest, reap; *~ inn* gather in, harvest, get in; *slik som du sår, du engang -r (bibl)* for whatsoever a man soweth, that shall he also reap; *~erfaring* gain experience, learn by experience; *~ fordel av* benefit by, profit by, derive (an) advantage from; *~ laurbær* win laurels; *~ stormende bifall* rouse the audience to thunderous applause; bring down the house; *(se erfaring).*
høstferie *(ved skole)* holiday in the autumn term; *(ofte =)* half-term holiday.
høst|fest harvest festival. **-folk** harvesters, reapers. **-jevndøgn** autumnal equinox. **-takkefest** harvest thanksgiving festival.
høsttid harvest time.
høstutsikter *(pl)* harvest prospects.
høvding chief, chieftain; leader; *åndslivets -er* the leaders of cultural life.
I. høve *(subst)* chance, occasion; opportunity; *nytte -t* avail oneself of the opportunity, take (advantage of) the opportunity; *(se også anledning).*
II. høve *(vb)* fit, suit, be convenient (*el.* suitable); *(se også passe).*
høvedsmann leader, captain.
høvel plane; *(se grunt-, not-, puss-, skrubb-).*
høvel|benk carpenter's bench. **-flis** wood shaving(s).
høvelig convenient, appropriate, fitting, suitable.
høvel|jern plane iron. **-maskin** planing machine, planer. **-spon** shaving(s).
høvisk *(beleven)* courteous; *(ærbar)* modest.
høvle *(vb)* plane (down); *glatt-* plane smooth; *-t last* planed wood (*el.* goods); *~ kantene av et bord* plane the edges off a board; chamfer a board. **-ri** planing mill.
høvling planing.
I. høy *(subst)* hay.
II. høy *(adj)* high, lofty; *(person, tre, etc)* tall; *(lydelig)* loud; *~ sjø* a heavy (*el.* high) sea; *det er ~ sjø (også)* the sea runs high; *det ligger for -t for meg* it is beyond me; it is over my head; *~ alder* advanced age; great a.; *i en ~ alder* at an advanced age; *de -e herrer (iron)* the bigwigs; the powers that be; *han er fire fot ~* he is four feet tall; *snøen ligger tre fot ~* the snow is three feet deep; *på sin -e hest* on his high horse; *-t til loftet* lofty; *en ~ mann* a tall man;*~ panne* high forehead; *i egen -e person* in person; *Den -e port* the Sublime Porte; *en ~ pris* a high price; *en ~ stemme* a loud voice; *(som ligger høyt)* a high voice; *ha en ~ stjerne hos en* stand high in sby's favour; be well in with sby; *det er på -e tid* it is high time; **høyere** higher, taller; louder; *en ~ klasse (på skole)* a senior form (*el.* class); a higher class; *(for viderekomne)* an advanced class; *han fikk begynne i en ~ klasse* he was allowed to start in a higher class; *de ~ klasser (i samfunnet)* the upper classes; *(på skole)* the upper forms; *~ offiserer* high-ranking officers; *i ~ forstand* in a higher sense; *(se også høyere 2);* **høyest** highest, tallest; loudest; *det -e gode* the supreme good; *den -e nytelse* the height of enjoyment; *den -e nød (,fare)* the utmost distress (,danger); *-e pris* the highest price, top price; *den Høyeste* the Most High; *i -e grad* in the highest degree; *på -e sted (fig)* in the highest quarter; *(se også høyt (adv)).*
høyadel (high) nobility; *(se adel).*
høy|akte *(vb)* esteem highly. **-aktelse** high esteem. **-alter** high altar. **-barmet** high-bosomed. **-bent** *(person, dyr)* long-legged. **-borg** *(fig)* stronghold.
høy|brystet high-chested. **-båren** high-born.
høyde height; elevation; *(nivå)* level; *(vekst)* height, stature, tallness; *(lydens)* loudness; *(mus)* pitch; *(geogr & astr)* altitude; *fri ~* headroom; headway; *på ~med Cadiz* off Cadiz; *holde på ~ med* keep in line with (*fx* tools were improved to k. in l. with other advances); *være på ~ med* be on a level with, be up to the level of, be on a par with; be (,prove) equal to (*fx* prove e. to the situation; the goods are fully e. to the sample); abreast of (*fx* be a. of the times); *være på ~ med (ɔ: ikke dårligere enn) naboene (om materiell streben)* keep up with the Joneses; *ikke være på ~ med* fall short of.
høyde|måler altimeter. **-måling** height measuring; altimetry. **-punkt** height, climax, summit, zenith; *det var dagens ~* it quite made the day. **-ror** *(flyv)* elevator. **-sprang** high jump; high jumping.
høye *(vb)* bring in the hay, do the haying.
høyenergifysikk high-energy nuclear physics.
høyere 1*(adj): komparativ av II. høy;* **2***(adv): ~ oppe* higher up; *snakke ~* speak louder; *snakk ~!* speak up! louder please! *~lønnet* better paid; more highly paid; *sette X ~ enn Y* prefer X to Y; *(se også II. høy: høyere (ovf)).*
høyereliggende higher, more elevated; *tåke i ~ strøk* fog on hills.
høyest 1*(adj): superlativ av II. høy;* **2***(adv)* highest, loudest (*fx* who can shout l.?); *sette noe ~* prefer sth to everything else.
høyestbeskatte|t: *de -de* the highest taxpayers.
høyesterett *(intet tilsvarende; kan gjengis)* Supreme Court (of Justice); *H-s kjæremålsutvalg (kan gjengis)* the Appeals Committee of the Supreme Court.
høyesterettsadvokat *(intet helt tilsvarende; kan gjengis)* barrister; *(yrkestittel)* barrister-at-law; *(se advokat).*
høyesterettsdommer *(kan gjengis)* Supreme Court judge.
høyesterettsjustitiarius *(kan gjengis)* President of the Supreme Court of Justice; *(i flere Commonwealth-land)* chief justice; **US** Chief Justice of the United States.
høyfjell high mountain(s). **-shotell** mountain hotel. **-ssol** sunlamp.
høy|forræder one guilty of high treason, traitor. **-forræderi** high treason. **-forrædersk** treasonable. **-frekvens** *(i radio)* high frequency.
høy|gaffel pitchfork, hayfork. **-halset** high-necked.
høyhet highness; elevation, loftiness, sublimity; *(tittel)* Highness; *Deres kongelige ~* Your Royal Highness.
høyhælt high-heeled.
høy|kant: *på ~* on edge, edgewise; *maten gikk ned på ~* he (,we, *etc*) did ample justice to the meal. **-kultur** (very) advanced civilization. **-land** highland, upland.
høylass load of hay, hayload.
høylender *(skotte)* Highlander.
høylig *(adv)* highly, greatly.
høyloft hayloft.
høylys: *ved ~ dag* in broad daylight.
høylytt loud; *(adv)* aloud, loudly.
høy|messe morning service; High Mass. **-modig** magnanimous. **-modighet** magnanimity. **-mælt** loud-spoken; vocal (*fx* a vocal minority); *(stivt)* vociferous.

h

høyne *(vb)* raise, elevate.
høyonn haymaking; *han var kommet for å hjelpe til med -a* he had come to help with the haymaking.
høypullet high-crowned.
høyre right; *(parti)* the Conservative Party, the Conservatives; *et medlem av Unge Høyre* a Young Conservative; *på ~ hånd* on the right hand; *han er min ~ hånd* he is my right-hand man; *til ~* to the right; *(på ~ side)* on the right; on your *(,etc)* right; *~ om! (mil)* right turn! *retning ~! (mil)* right dress!
høyreblad *(avis)* Conservative paper.
høyrebølge *(polit)* move to the right; wave of right-wing attitudes.
høyreist noble, stately.
høyremann Conservative.
høyreratt right-hand drive.
høyresving *(ski): foreta en ~* do a right turn, execute *(el.* carry out) a turn to the right.
høyrygg *(av storfe)* high ribs; *~ med ben* high ribs on the bone.
høyrygget high-backed.
høy|rød crimson, scarlet *(fx* she turned scarlet). **-røstet** loud, vociferous. **-røstethet** loudness. **-sinn** *se -modighet.* **-sinnet:** *se -modig.*
høyskole: *almenvitenskapelig ~ (,hist: lærerhøyskole) (svarer til)* postgraduate college; *handels-* advanced commercial college; *teknisk~* technological university; college of advanced technology.
høyspenning high tension *(el.* voltage).
høyspent high-tension, high-voltage.
høyspentledning *(høyspentkabel)* high-voltage power line *(el.* cable).
høyspentmast (power) pylon.
høyst *(adv)* most, highly, extremely; *~ forskjellig* widely different; *~ nødvendig* absolutely necessary, most essential; *det er ~ sannsynlig* it's more than likely.
høystakk hayrick, haystack.
høystbydende the highest bidder.
høystemt high-flown, grandiloquent.
høystrå hay-stalk.
høysåte haycock.
høyt *(adv)* highly, high; *(om stemme)* loud; *lese ~* read aloud; *(med høy stemme)* read loud(-ly); *~ aktet* highly respected; *elva går ~* the river is running high; the r. is in spate *(el.* flood); the r. is swollen; *spille ~* play high; *~ regnet* at the outside, at the most; *elske en ~* love sby dearly; *sverge ~ og dyrt* swear a solemn oath; *(se også II. høy).*
høyteknisk: *-e termini* terms of a highly specialized technical nature; *uttrykk av ~ og altfor vitenskapelig karakter* terms of a too highly specialized technical and scientific nature.
høyteknologi high technology; **T** high tech.
høyteknologisk *(adj)* high-technology *(fx* equipment); **T** high-tech.
høytflyvende high-flying; *(fig)* soaring, ambitious; *(oppstyltet, overspent)* high-flown *(fx* language, style, ideas).
høytid festival; *bevegelig ~* movable feast; *de store -er* the high festivals.
høytidelig solemn, ceremonious; *ta ~* trouble about *(fx* we must not t. about small misfortunes); *ta en ~* take sby seriously. **-het** solemnity, ceremony; *(se I. over 7).* **-holde** *(vb)* celebrate. **-holdelse** celebration.
høytidsdag festival; *(ofte)* red-letter day *(fx* the day when he passed his exam was a r.-l. day).
høytidsfull solemn.
høytidsstund solemn occasion.
høyt|lesning reading aloud. **-liggende** high-lying, (standing) on high(-lying) ground. **-lønnet** highly paid *(el.* salaried).
høytrykk *(også fig)* high pressure; *(meteorol)* high (barometric) pressure; *arbeide under ~* work at high pressure; work under great p.
høytrykks|område: *se -rygg.*
høytrykksrygg *(meteorol)* **1.** ridge of high pressure; **2.** elongated area of h. p. extending from the centres of two anticyclones; **3***(løsere bruk)* anticyclone *(fx* an a. over Iceland is now approaching the coast of Norway).
høyt|stående *(om rang)* high, of high rank, high -ranking; superior *(fx* s. culture). **-taler** loudspeaker. **-taleranlegg** loudspeaker installation, public address system. **-travende** high-flown, bombastic.
høytysk High German.
høy|vann high water *(el.* tide); *ved ~* at high tide. **-vannsmerke** high-water mark; tidemark. **-velbåren** *(intet tilsvarende; kan undertiden gjengis)* (right) honourable; *(spøkef)* high and mighty. **-verdig** *(kvalitet)* superior, high-grade *(fx* h.-g. ore). **-vokst** *(forst)* long-boled *(fx* a l.-b. pine); tall *(fx* a tall young man).
høyærverdighet: *Deres ~ (til biskop)* Right Reverend Sir; *(til erkebiskop)* Most Reverend Sir; *(til kardinal)* Your Eminence.
høyættet high-born.
I. hå *zool (slags hai)* spiny dogfish.
II. hå *(etterslått)* aftermath, second crop of hay.
hå|brand *(zool)* porbeagle; mackerel shark. **-gjel** *(zool)* black-mouthed dogfish. **-gylling** *(zool)* rabbit fish.
hå|kall, -kjerring *(zool)* Greenland shark.
hålke [icy, slippery surface on roads, etc].
hålkeføre icy *(el.* slippery) road(s), icebound roads *(fx* motorists were slipping and sliding their way along icebound roads); *det er ~* the roads are slippery *(el.* icy); it's slippery walking; *det er det rene ~* the road is like a sheet of ice *(el.* glass); the r. is one sheet of ice; the r. is sheer ice.
hån scorn, derision, disdain; *en ~ mot* an insult to.
hånd hand; *(kort)* hand *(fx* hold a good hand); *den flate ~* the flat *(el.* palm) of the h.; *den hule ~* the hollow of the h.; *han har ham i sin hule ~* he has him completely in his power; he has him in the hollow of his h.; *gi en -en* shake hands with sby; *gi hverandre -en* shake hands; *rekke en en hjelpende ~* lend sby a hand; *leve* **av** *sine henders arbeid* live by the labour of one's hands; *slå -en av en* drop sby, throw sby over; *slå hendene sammen av forferdelse* hold up one's hands in horror; **for** *-en* at hand, handy; *dø for egen ~* die by one's own h.; *dø for ens ~* die at sby's hands; *jeg kunne ikke se en ~ for meg* I could not see my h. before me; **fra** *~ til munn* from h. to mouth; *få fra -en* get done; *den gikk fra ~ til ~* it was handed about *(el.* round); *fra første ~* on the best authority; at first h.; *ha* **frie** *hender* have a free h.; have free play; *gi en frie hender* give *(el.* allow) sby a free h.; *ha hendende* **fulle** have one's hands full; *falle* **i** *hendene på en* fall into sby's hands; *han tok det første som falt ham i -en* he took *(el.* chose) the first and best; *klappe i hendene* clap one's hands; *legge hendene i fanget* sit idle; *ta en i -en* take sby's h.; take sby by the h.; *ta imot et tilbud* **med** *begge hender* jump at an offer; *han lovte med ~ og munn* he pledged his word; *med egen ~* with one's own h.; *skrevet med hans egen ~* written in his h.; *ha penger* **mellom** *hendene* have money; *det ble borte mellom hendene på meg* it slipped through my fingers; *holde sin ~* **over** shield, protect,

hold a protecting h. over; *bundet* **på** *hender og føtter* tied h. and foot; *på annen* ~ at second h.; *på egen* ~ of one's own accord; on one's own (initiative); for oneself; at one's own risk; *(alene)* single-handed; *skyte på fri-* shoot without rest; *tegne på fri-* do free-hand drawing; *på høyre* ~ on the right h.; *(side)* on the right, on your (,his, *etc)* right; *på rede* ~ at hand; *han har alltid et svar på rede* ~he is always ready with an answer; he is never at a loss for an answer; *legge* ~ *på en* lay (violent) hands on sby; *legge siste* ~ *på noe* put the finishing touch(es) to sth; *-en på hjertet!* honour bright! on my honour! (on my) word of honour! **T** cross my heart! *gå en* **til** *-e* assist sby; lend sby a h.; *under hans* ~ *og segl* under his h. and seal; *(se også ta C:* ~ *for seg med hendene).*

håndarbeid needlework; *(motsatt maskinarbeid)* handwork; *(som påskrift)* hand-made; *et* ~ a piece of needlework.

håndbagasje hand luggage; **US** hand baggage.

hånd|bak 1. back of the hand; **2.** arm-wrestling; elbow-wrestling; *vri* ~ *med en* do e.-w. with sby. **-ball** ball of the hand; *(spill)* handball. **-bevegelse** gesture; *med en* ~ with a motion of his (,her, *etc)* hand; *bladet kan skiftes ut med en eneste* ~ the blade can be changed in a single movement. **-bibliotek** reference library. **-bok** manual, handbook, companion *(fx* the Gardener's Companion). **-brekk, -brems** hand brake. **-drevet** manually operated. **-drill:** *elektrisk* ~ drill gun.

håndfallen puzzled, perplexed, at a loss (what to do); bewildered; *han var helt* ~ **T** you could have knocked him down with a feather.

hånd|fast hefty, robust; ~ *humor* robust humour. **-festning** *(hist)* coronation charter. **-flate** palm of the hand. **-full** handful.

hånd|gemeng rough and tumble, scuffle, mêlée; *et alminnelig* ~ a free fight; *komme i* ~ come to blows, start scuffling; *det kom til et* ~ *mellom dem* they came to blows. **-gjort** hand-made. **-granat** hand grenade. **-grep** manipulation, grip; *(i eksersis) (pl)* manual exercises; *med enkle* ~ *kan ovnen omstilles til vedfyring* in one or two simple movements the stove can be adapted for wood-burning.

håndgripelig palpable; tangible.

håndgripelighet palpability; *det kom til -er mellom dem* they came to blows; *han gikk over til -er* he began to use his fists; he became violent.

håndheve *(vb)* maintain, enforce.

håndhever maintainer, enforcer; *ordenens* ~ the custodian of order.

hånd|jern *(pl)* handcuffs; *legge* ~ *på* handcuff. **-klapp** clapping of hands. **-kle** towel. **-koffert** suitcase; **US** *(også)* valise.

håndkraft *(mots. damp-, maskin-)* hand power, manual power; *med* ~ by hand.

hånd|kyss kiss on the hand. **-lag** handiness, the (proper) knack, manual dexterity. **-langer** helper, assistant; *(murer-)* hodman. **-ledd** wrist. **-linning** wristband, cuff. **-pant** pledge. **-penger** *(pl)* deposit (to confirm a deal). **-pleie** manicure. **-presse** hand press. **-rot** *(anat)* carpus. **-rotsben** *(anat)* carpal bone. **-sag** handsaw.

håndsbredd handbreadth.

håndskrevet hand-written; manuscript.

håndskrift handwriting, hand.

håndskytevåpen small (fire)arm.

håndslag handshake; *gi hverandre* ~ *på handelen* shake hands on the deal.

håndsopprekning show of hands; *ved* ~ by s. of h. *(fx* voting by s. of h.; the voting was done by a s. of h.; call for a s. of h.); on a show of hands *(fx* the motion was carried on a s. of h.).

håndspåleggelse laying on of hands *(fx* in blessing); touch (to effect a cure).

håndsrekning a (helping) hand.

håndstående *(gym)* handstand; ~ *stup* handstand dive.

hånd|sydd hand-sewn, handmade. **-såpe** toilet soap. **-tak** *(skaft)* handle; grip. **-talje** burton.

håndtere *(vb)* handle, manage, wield.

håndterlig handy, easy to handle.

håndtrykk handshake.

håndvarm lukewarm, tepid *(fx* wash in t. water); moderately warm.

håndvask 1*(det å)* (the) washing (of) one's hands, hand washing; **2***(kum)* wash basin; **US** bathroom sink; lavatory. **3***(vasketøy)* clothes to be washed by hand.

håndvending: *i en* ~ in no time, in the twinkling of an eye, in a tick *(el.* wink).

håndverk trade; craft; ~ *og industri* trade and industry; the trades and industries.

håndverker craftsman; artisan; *vi har -e i huset denne uka* **T** we're having the workmen *(el.* the builders) in this week; *(se kunsthåndverker).* **-lære:** *være i* ~ serve one's craft apprenticeship.

håndverksbrev *(mesterbrev)* master builder's (,baker's, etc.) certificate; *løse* ~ = obtain a trading licence; *(se brev; handelsbrev; svennebrev).*

håndverksfag craft; *-ene* the crafts; *håndverks- og industrifag (pl)* crafts and industrial subjects.

håndverks|folk craftsmen; artisans; *(ofte også)* workmen. **-laug** craft union; *(hist)* guild. **-lærling** craft apprentice. **-mester** master craftsman; master artisan; *(i byggefagene ofte)* builder. **-messig** craftsmanlike; *den -e utførelse* the workmanship; *en god* ~ *utførelse* good workmanship.

håndveske handbag; lady's bag; **US** purse; *(for menn, til reisebruk)* **US** pocket book.

håndvevd hand-woven.

håne *(vb)* scorn, scoff at, mock, deride.

hånflir sneer.

hånlatter scornful laughter.

hånle *(vb):* ~ *av en* laugh sby to scorn.

hånlig *(adj)* contemptuous, scornful, derisive.

hånsmil sneer.

hånsord jibe, taunt.

håp hope; *(fremtidshåp, utsikt, også)* expectation; *fatte nytt* ~ find new hope; *de fattet nytt* ~ *(også)* their hopes revived; *legen ga ham* ~ *om fullstendig helbredelse* the doctor made him hopeful of a complete recovery; *gi godt* ~ *for fremtiden* promise well for the future; *gi lite* ~ hold out little hope; *gjøre seg* ~ *om* hope for, have hopes of; *i* ~ *om at* in the hope that, hoping that; *jeg har* ~ I have some hope; *jeg har godt* ~ *om at han vil* I have good hopes that he will; I am hopeful that he will; *jeg har ikke noe større* ~ *om å få teaterbillett så sent* I have not much hope of *(el.* I am not very hopeful about) getting a theatre ticket so late; *jeg har det beste* ~ *om at (også)* I have strong hopes that; *oppgi -et* give up *(el.* abandon) hope; *gi opp -et om å ...* give up hope of (-ing); *gi opp alt* ~ *om å ...* give up all hope of (-ing); *sette sitt* ~ *til ham* pin one's faith on him; *sette sitt* ~ *til fremtiden* put one's faith in the future; *være ved godt* ~ be of good cheer; *så lenge det er liv, er det* ~ while there is life there is hope.

håpe *(vb)* hope; *(sterkere)* trust; *(med objekt)* hope for *(fx* hope for the best); *det vil jeg* ~ I hope so; *det vil jeg da ikke* ~ I (should) hope not; *en får* ~ it is to be hoped.

håpefull hopeful, promising; *en* ~ *ung mann* a

hopeful *(el.* promising) young man; *(iron)* a young hopeful.

håpløs hopeless; *det er ganske -t* it's a hopeless case.

håpløshet hopelessness.

hår *(anat, bot)* hair;
[*A: forb. med adj; B: med vb; C: med prep*]

A [*forb. med adj*] *ikke et ~ bedre* not a bit better; *den ene er ikke et ~ bedre enn den andre* there is nothing to choose between them; *hun har et flott ~* she's got lovely *(el.* beautiful) hair; *noen få grå ~* a few grey hairs; *det satte ham grå ~ i hodet* it caused him endless worries; it was enough to turn his hair grey; *kortklipt ~* short hair; close-cropped hair; *ha kort(klipt) ~* wear one's hair short; have short *(el.* close-cropped) hair; *stivt ~* stiff hair, bristly hair; *stritt ~* unruly *(el.* difficult) hair; *han har rett og stritt ~* he's got straight, unruly hair;

B [*forb. med vb*] *fjerne ~* depilate; *(som skjønnhetspleie)* remove superfluous hair(s); *få ~* grow hair; *gre -et* comb *(el.* do) one's hair; *jeg må (se til å) få klipt -et mitt* I must get my hair cut; *jeg har ikke krummet et ~ på hans hode* I haven't touched *(el.* hurt) a hair on his head; *få -et lagt* have one's hair done *(el.* set); get one's hair done *(el.* set); *løse -et* let one's hair down; *jeg begynner å miste -et* I'm losing my hair; my hair is coming out; I'm going bald; *nappe ut et ~* pull out a hair; *-ene reiste seg på hodet mitt* my hair stood on end; *det fikk -ene til å reise seg på hodet mitt* it made my hair stand on end; *sette opp -et* put one's hair up; put one's hair in curlers; *ta ned -et (løse håret)* let one's hair down;

C [*forb. med prep*] *han dro henne i -et* he gave her hair a tug; he pulled her hair; *rive seg i -et* tear one's hair; **med** *hud og ~* skin and all; *han sluker alle disse teoriene med hud og ~* he swallows all these theories raw; *han er skotte med hud og ~* he's a Scot to the core of his being; *med -et i uorden* dishevelled; with untidy hair; *stryke katten med -ene* stroke the cat along its fur; *stryke en* **mot** *-ene (fig)* rub sby (up) the wrong way; *jeg slapp fra det på et hengende ~* I had a narrow escape; it was a near thing *(el.* a close shave); **T** it was a narrow squeak; *det var på et hengende ~ at jeg ikke ble truffet av skuddet* the shot missed me by a hair *(el.* hair's breadth); *det var på et hengende ~ at han ikke ble overkjørt* he narrowly escaped being runover; he just missed being run over; he was within an ace of being run over; he escaped being run over by a hair's breadth; *(se suppe).*

hår|avfall loss of hair. **-bevokst** hairy. **-bunn** scalp. **-børste** hair brush. **-bånd** hair ribbon, headband; *(sløyfe)* bow.

hår|farge colour of the hair. **-fargingsmiddel** hair-dye; tint. **-fasong** hair-do. **-felling** shedding the hair; *(om dyr også)* moulting. **-fin** fine as a hair; *(fig)* subtle, minute; *en ~ sprekk* a hairline crack; *skille -t* make a hairline distinction. **-fjerner** superfluous-hair remover; depilatory.

hår|fletning plait; plaiting; *(se I. flette).* **-formet** hair-like, capillary. **-kledning** coat, fur. **-klipp** haircut *(fx* have a h.). **-kløver** hairsplitter. **-kløveri** hairsplitting.

hår|lakk hair lacquer *(fx* h. l. holds the hair in place). **-lokk** lock (of hair). **-løs** hairless. **-manke** bush *(el.* shock) of hair; mop of hair; abundant crop of hair. **-nett** hair net. **-nål** hairpin. **-nålsving** hairpin bend. **-pisk** pigtail. **-pleie** care of the hair. **-pynt** ornament for the hair, hair o. **-reisende** hair-raising; *(neds)* appalling, horrible. **-rik** hairy. **-rot** hair-root. **-rulle** hair roller. **-rør** capillary tube.

hårsbredd hairbreadth; hair's breadth; *ikke vike en ~* not budge an inch.

hår|skill parting (of the hair). **-sløyfe** bow. **-spenne** hair grip. **-spray** hair spray. **-strå** strand of hair; *noen få ~* a few strands of hair; a wisp of hair. **-sveis:** *du har en fin ~* your hair is looking very smart. **-sår** *(adj)* **1.:** *han er ~* he can't stand having his hair pulled; **2***(fig)* sensitive, thin-skinned, touchy; *han er slett ikke ~* he has no chips on his shoulder at all.

hår|tjafs tuft of hair; wisp of hair. **-toningsmiddel** rinse *(fx* a blue rinse). **-vann** hair wash, hair lotion. **-vask** shampoo; *«vask og legg £0,50»* ''shampoo and set £0.50''. **-vekst** growth of the hair; *(selve håret)* (crop of) hair, head of hair; *en frodig ~* an abundant crop of hair; *(se sjenerende).*

håv landing net.

håve *(vb): ~ inn penger* rake in money; **T** coin the money; coin it in.

i

I. I, i I, i; *I for Ivar* I for Isaac; *prikken over i'en (fig)* the finishing touch(es); *sette prikker over i'ene* dot one's i's; *sette prikken over i'en (fig)* give sth the finishing touch, give sth the crowning touch, top sth off.

II. i 1. *prep (om sted i videste forstand, område, etc)* in *(fx* in England, in the garden, in the house, in a box, in a hole; in the newspapers, in the rain, in the air; in the army); **2***(foran navn på større byer)* in *(fx* in London; *dog* NB: he has never been to London; he paid a visit to Paris); **3***(foran navn på mindre byer)* at *(fx* we stopped at Lincoln); *(i betydningen «inne i» dog)* in *(fx* old houses in Lincoln; the King was besieged in L.); *(når man er fra stedet, også om mindre by)* in *(fx* here in Brampton); *i Oxford* in Oxford; *(ved universitetet)* at Oxford; **4***(om adresse, punkt, sted av liten utstrekning)* at *(fx* I live at No. 4); *i kirken* at church; in church; *i taket* on the ceiling; suspended *(el.* hung) from the ceiling; **5***(om høytider, etc)* at, during *(fx* at Easter; at Christmas; during the Christmas of 1965); **6***(mål for bevegelse)* to *(fx* go to church); *(jvf på & til); (inn i, ned i, opp i, ut i)* into, in *(fx* put one's hand in one's pocket; put the key in the lock; he fell in the canal); *hoppe i vannet* jump into the water; *klatre opp i et tre* climb into *(el.* up) a tree, climb a tree; *komme i vanskeligheter* get into difficulties; **7***(inne i)* in, inside *(fx* in(side) the house), within; **8**(*i tidsbestemmelser)* in (*fx* in (the year) 1965); *i sommer* this summer; *i år* this year; *i mai* in May, during May; *(i mai som kommer)* this May, this coming May; *en dag i juni 1707* one (*el.* on a) day in June 1707; *først i juni* early in June, in the early part of June; at the beginning of June; *(se for øvrig måned, uke, år); (om tidspunktet)* at (*fx* at this moment); *(om varigheten)* for (*fx* I have lived in London for five years); during (*fx* I was in India d. the hot season); **9**(*om samhørighetsforhold)* of (*fx* the professor of German; the capital of the country, the University of Oxford; the events of 1914; he is a teacher of English); *(i enkelte tilfelle)* in (*fx* a commercial traveller in cotton; a speculator in railway shares); on (*fx* an expert on that question); **10**(*mat.: om potens)* to the ... power (*fx* ten to the fifth power); **11**(*om betalingsmiddel)* in (*fx* pay in English money; the quotation should be in English currency); by means of (*fx* the fee is payable by m. of stamps); in (*fx* pay £200 in taxes, in reward, in compensation); *han ga meg en bok i julegave* he gave me a book for a Christmas present; **12**(*om midlet, det noe er lagd av, etc)* in (*fx* paint in oils; a statue in bronze; carved in wood); **13**(*med hensyn til)* in (*fx* his equal in strength; the stove is small in size but large in capacity); for (*fx* he is a regular Nero for cruelty); **14**(*om lyskilde)* by (*fx* reading by lamplight);

[*Forskjellige forb.*] *i og for seg, i seg selv* in itself (*fx* the system is not bad in itself); taken by itself, per se; as fas as it goes; *god nok i seg selv* good enough in itself; *i og med dette* by that very fact, ipso facto; *i og med at De gjør det* by doing so, by the very fact of doing so; from the (very) moment of your doing so; *i og med vedtagelsen av* by the very act of adopting ...; *i annen etasje* on the first floor; **US** on the second floor; *i den andre enden av værelset* at the other end of the room; *i ferien* in the holidays (*fx* I had a very good time with them in the holidays); *reise hjem i ferien* go home for the holidays; *i flertall* in the plural; *nr. 3 i sin klasse* third in his class; *i sjøen* at sea; *40 miles i timen* forty miles an hour; forty miles per hour; 40 m.p.h.; *to ganger i timen* twice an hour; *2 i 14 er 7 (14 : 2 = 7)* 2 into 14 is 7 (14 ÷ 2 = 7); *dra i krigen* go to the wars; *han dro henne i håret* he gave her hair a tug; *få tak i noe* get hold of sth; *ha en klasse i fransk* have (,take) a form in French; *vi har X i historie* we have Mr. X for history; Mr. X takes us for h.; *døra henger i gangjernene* the door hangs on its hinges; *holde henne i hånden* hold her hand, hold her by the hand; *han kastet boka i veggen* he flung the book at the wall; *komme i forretninger* call on business; *ligge i influensa* **T** be down with the flu; *sette i å le* burst out laughing; *han satt i telefonen i en halv time* he was on the telephone for half an hour; *hun sitter i telefonen i timevis* **T** she's stuck on the telephone for hours; *skjære seg i fingeren* cut one's finger; *hun slo ham i hodet med en paraply* she hit him over the head with an umbrella; *snuble i en stein* stumble over a stone; *jeg tar det i meg igjen* I take that back; **T** forget it; *han vasket seg godt i ansiktet* he washed his face well; *han var skitten i ansiktet* his face was dirty; *det var ingen vinduer i værelset* there were no windows to the room; *er det noe rart i det?* is there anything odd about that? *han er flink i matematikk* he is good (*el.* clever) at mathematics (,**T:** maths).

III. i *(adv)* in; shut (*fx* the door is shut); *med hull i* with a hole (,holes) (in it); *en kurv med poteter i* a basket with potatoes in it; a b. containing potatoes; *til å lese i på reisen* to read during the journey.

iaktta *vb (betrakte)* watch, observe; *(legge merke til)* notice; *(etterleve)* observe; ~ *taushet* observe silence.

iakttagelse observation; *(overholdelse)* observance (*fx* a strict o. of these rules).

iakttagelsesevne powers of observation; *skarp* ~ acute powers of observation.

iakttager observer; *han er en god* ~ he is very observant; *en skarp* ~ a keen observer.

iallfall at any rate; *(i det minste)* at least.

ibenholt ebony.

iberegne *(vb)* include; *-t* including, inclusive of (*fx* including (*el.* inclusive of) postage); *-t alle omkostninger* inclusive of all charges, all charges included; *alt -t* everything included; *fra mandag til lørdag, begge dager -t* Monday to Saturday inclusive.

iblandet mixed with.

iblant 1(*adv = av og til)* at times, occasionally; *en gang* ~ once in a while; **2**(*prep)* among (them) (*fx* with wild flowers among them); intermixed.

iboende *(fig)* immanent, inherent, innate.

i dag today, to-day, *i «Times» for* ~ in today's Times; ~ *for tjue år siden* twenty years ago today; ~ *for åtte dager siden* a week ago today; ~ *om et år* (in) a year from today; *fra* ~ *av* from today on, from this day on (*el.* onwards), as from today; *innen 14 dager fra* ~ within a fortnight from today; ~ *morges* this morning; *(se for øvrig dag).*

idé idea, notion; *få en* ~ hit on an idea, be struck by an idea; *han fikk en* ~ an idea came into his head; *plutselig fikk jeg den* ~ *at ... (også)* it flashed through my mind that ...; *gjøre seg en* ~ *om* form an idea of, imagine; *det ga ham -en* that gave him the idea, that suggested the idea to him; *mangle -er* be hard up for ideas; *en genial* ~ a stroke of genius; **T** a brainwave; *en god* ~ a good idea, a good plan; a happy thought; *en lys* ~ a bright idea; **T** a brainwave.

ideal *(forbilde)* ideal (*fx* he is a man of high ideals).

idealis|ere *(vb)* idealize. **-me** idealism. **-t** idealist.

idealistisk idealistic.

idéassosiasjon association of ideas.

ideell ideal, perfect.

idéfase thinking phase.

idé|historie history of ideas. **-historiker** historian of ideas. **-løs** uninspired. **-løshet** lack of inspiration.

identifi|kasjon identification. **-sere** *(vb)* identify.

identisk identical. **identitet** identity.

identitets|kort identity card. **-merke** identity disk (*el.* disc).

ideologi ideology. **ideologisk** ideological.

idérik full of ideas, inventive, fertile.

idérikdom wealth of ideas.

idet 1(*om tid: da, i samme øyeblikk som, samtidig med at)* as; *nettopp* ~ just as; ~ *han kom inn, så han* ... on entering he saw; as he entered he saw ...; ~ *han rakte meg brevet, sa han* ... handing me the letter, he said ...; ~ *vi viser til vårt siste brev* referring to our last letter; **2**(*om grunnen)* as, since, because; *(for så vidt som)* in that.

idéutforming shaping ideas.

idéverden world of ideas, imaginary world.

idiom idiom. **idiomatisk** idiomatic.

idiosynkrasi idiosyncrasy.

idiot idiot, imbecile; *(som skjellsord, også)* fool;

i

idiomer

Idiomer er det samme som faste uttrykk. Idiomer kan ha samme sentrale ord, men ordet har ofte forskjellig betydning. Se idiomene med **blue** og **boot** nedenfor:

NYTTIGE UTTRYKK

Engelsk	Norsk
Once in a ***blue*** *moon*	**En (meget) sjelden gang**
I feel ***blue.***	Jeg føler meg **trist.**
A ***blues***	En **trist** sang.
To give somebody ***the boot.***	Gi noen **sparken**
The ***boot*** *was on the other foot*	**Situasjonen hadde snudd.**
He was angry ***to boot.***	**Attpåtil** var han sint.

din ~! you (big) fool! *John den -en!* that fool John!
idiotanstalt *(vulg)* lunatic asylum.
idioti idiocy; *(dumhet)* stupidity.
idiotisk idiotic.
idiotisme idiocy.
idiotsikker foolproof.
idrett athletics, athletic sports; sport(s); *en form for ~* a form (*el.* kind) of sport; *begynne med ~* take up some form (*el.* kind) of sport; start doing some kind of sport; start going in for sports; get involved in sport; *drive ~* go in for athletics; take part in athletics; engage in athletic activities.
idretts|anlegg sports installations; sports centre. **-bukse** running shorts. **-fag** physical education subject. **-forbund** athletic federation. **-forening** athletic association. **-gren** branch of athletics; **-høyskole** *Norges ~* the Norwegian State College of Physical Education and Sport. **-lag** athletic club. **-mann** athlete, sportsman. **-merke** [badge awarded for all-round proficiency in sports and athletics]. **-plass** athletics ground, stadium, sports ground. **-stevne** athletics *(el.* sports) meeting. **-stjerne** athletics star; sports star. **-øvelse** athletic field event.
idyll idyl, idyll; *den rene ~* a perfect idyll; *forstyrre -en (fig)* intrude; *(se skjærgårds- & sørlands-).*
idyllisk idyllic.
idømme *(vb): ~ en noe* sentence sby to sth; *~ en en bot* fine sby; impose a fine on sby; *han ble idømt en bot på £10* he was fined £10; *~ en en fengselsstraff* sentence sby to (a term of) imprisonment; *han ble idømt en straff for tyveri* he was sentenced for theft.
i fall*(konj)* in case.
i fjor last year.
i forfjor the year before last.
i forgårs the day before yesterday.
i forveien *se forveien.*
ifølge *(prep)* in accordance with *(fx* your instructions), in compliance with *(fx* your request); according to *(fx* a. to these figures); *(i kraft av)* pursuant to *(fx* p. to policy 934); *~ denne kontrakts bestemmelser* under the terms of this agreement *(el.* contract); *~faktura* as per invoice; *~ innbydelse* by invitation; *~ regning* as per statement; *~ ordre og for regning av* by order and for account of; *~ teksten* according to the text; *jeg er kommet ~ avertissement* I have come in answer to an advertisement.
iføre *(vb): ~ seg* put on; *iført grønn frakk* dressed in a green coat.
igangsettingsapparat starting gear.
igangværende in progress; *de ~ maskiner* the machines in operation; *den ~ undersøkelse* the investigation in progress.
igjen again; *(lukket)* shut; *(til overs)* left, remaining *(fx* I've got £5 left; the remaining £5); *(deretter)* in his (,her, its, *etc)* turn *(fx* I gave the papers to a friend, who in his turn presented them to the British Museum); *~ og ~* again and again, over and over again, time and again; *om ~* over again; *om ~!* once more! *jeg ga ham en pundseddel og fikk ~ 10p* I handed him a pound note and received 10p change; *du får ~ (veksle)penger på den (ɔ: pengeseddelen)* there's some change to come on that; *han fikk fire kroner ~* he got four kroner change *(el.* back); *hvor er de pengene du fikk ~?* where's the change? *gi ~* give back, restore; *(vekslepenger)* give change *(på* for); *De har gitt meg ~ galt* my change is not right; *slå ~* hit back; return a blow; *ta ~* take back *(fx* he must t. back the goods); *(yte motstand)* fight back; give as good as one gets; *han har meget å ta ~* he will have to work hard to catch up; *det er ikke mye ~* there is not much left; *ikke mine ord ~!* that's between you and me; mum's the word; *det er langt ~* it's a long way yet; *(m.h.t. arbeid)* a great deal still remains to be done; we are not out of the wood yet; *da de ikke hadde langt ~ til X* when it was not far to X; when they were approaching X; when they were only a short distance away from X; when they had not much further to walk (,drive) to get to X; *de hadde enda 4 miles ~ til X* they still had four miles to go to reach *(el.* get to) X.
igjengrodd overgrown; overrun.
igjennom through; *slå seg ~* fight one's way through; *(fig)* make *(el.* fight) one's way in the world; get on; *helt ~* thoroughly; out-and-out; *hele dagen ~* all day long; *hele året ~* all the year round; *hele boka ~* throughout the book.
igle *(zool)* leech; *sette -r* apply leeches.
ignorant ignorant person, ignoramus.
ignorere *(vb)* take no notice of, ignore, disregard; *(ikke ville hilse på)* cut, cut dead.
i går yesterday; *~ aftes* last night; *~ morges* yesterday morning.

ihendehaver holder, bearer; *obligasjonen lyder på -en* the bond is payable to the holder.
ihendehaverobligasjon bond payable to bearer.
ihendehaverpolise bearer policy.
ihendehaversjekk bearer cheque.
ihendehaverveksel bill payable to bearer.
iherdig energetic, persevering, persistent.
iherdighet perseverance, tenacity, persistence.
i hjel dead, to death *(fx* work oneself to death); *slå* ~ kill, put to death; *slå tiden* ~ kill time; *stikke* ~ stab to death; *sulte* ~ die of starvation.
ikke not; ~ *lenger* no longer *(fx* he no l. has an account at *(el.* with) your bank); ~ *mer* no more; ~ *mindre* no less; ~ *desto mindre* nevertheless, none the less; all the same; *i* ~ *liten grad* in no slight degree; ~ *jeg heller: se heller;* ~ *noe (,noen) (adj)* no; ~ *noe (subst)* nothing; ~ *noen (subst)* nobody; ~ *det?* no? really? is that so? *om ... eller* ~ whether ... or not.
ikke- non- *(fx* non-member); *(foran adj)* un- *(fx* unskilled = *ikkefaglært).*
ikkeangrepspakt non-aggression pact, pact of non-aggression.
ikle *(vb): se iføre.*
ikrafttreden coming into force *(el.* effect *el.* operation).
i-land industrial(ized) nation; developed nation; ~ *og u-land* developed and developing nations.
ilbud express message; *(person)* special messenger, express m.; *utlevering ved* ~ *(post)* (by) special delivery.
ild fire; *gjøre opp* ~ make *(el.* light) a fire; *gi* ~ *(mil)* fire; *gå gjennom* ~ *og vann for en* go through fire and water for sby; *komme i -en (fig)* come under fire; *leke med -en* play with fire; *(ɔ: utsette seg for fare)* court danger; *-en slikket mot himmelen* the fire licked the sky; *sette* ~ *på* set on fire, set fire to; *puste til -en (fig)* add fuel to the fire; fan the flames; *brent barn skyr -en* once bitten twice shy; *tenne (,slokke) -en* light (,put out) the fire; *være i -en* be under fire.
ilddåp baptism by fire.
ildebrann fire; *(omfattende)* conflagration.
ilder *(zool)* polecat, fitchet.
ild|fast fireproof, fire-resisting; ~ *stein* firebrick. **-flue** *(zool)* firefly. **-full** ardent, fiery. **-fullhet** ardour (,**US**: ardor), fire.
ildkule fireball.
Ildlandet *(geogr)* Tierra del Fuego.
ildmørje flaming mass, mass of flame *(fx* the town was one m. of f.); *(glør)* live embers.
ildne *(vb)* animate; fire, inspire.
ildprøve ordeal by fire; *(fig)* ordeal.
ildraker poker.
ildregn shower of fire.
ildrød fiery red, burning red; *han ble* ~*i hodet* he went bright red; *(av sinne)* he went purple in the face (with anger).
ilds|fare danger of fire; fire hazard. **-farlig** combustible, inflammable.
ildsikker fireproof.
ildskjær gleam *(el.* light) of the (,a) fire.
ildskuffe fire shovel.
ildslue flame of fire.
ildsprutende fire-breathing *(fx* dragons);~ *berg* active volcano.
ilds|påsettelse arson, incendiarism. **-påsetter** incendiary.
ildsted fireplace; hearth.
ildstrøm torrent of fire.
ild|tang fire tongs; *jeg ville ikke ta i ham med en* ~ I wouldn't touch him with a bargepole (,**US**: with a tenfoot pole). **-tilbedelse** fire worship. **-tilbeder** fire worshipper.
ildvåpen firearm(s).
I. ile *subst (oppkomme)* spring, well.
II. ile *(vb)* hasten, hurry, make haste, speed; ~ *en til hjelp* hurry to sby's aid.
ilegg *(på ovn)* firebox. **ileggs|dør** *(i ovn)* firedoor, feed door. **-rom** firebox.
ilegge *(vb): se idømme.*
ilgods fast goods, express goods; *sende som* ~ send as express g., send by passenger train.
ilgods|ekspedisjon *(jernb)* express office; *il- og fraktgodsekspedisjon (jernb)* parcels office. **-pakke** special delivery parcel, express p.; *(jvf ilbud).*
iligne *vb (skatt)* assess; *(om kommuneskatt)* rate; *han ble -t kr. ...* he was assessed (,rated) at kr. ...
iling 1. shudder; **2***(krusning)* cat's paw; catspaw; *(kastevind; byge)* squall; *en kald* ~ a cold shiver.
ilk(e) callus; callosity; bunion.
ille bad *(fx* things are so bad that I haven't a penny in my pocket); *(adv)* badly; *det kommer til å gå* ~ it will end in trouble; *det vil gå deg* ~ you're riding for a fall; you'll suffer (for it); *det er* ~ that's a bad thing; *ta noe* ~ *opp* take sth amiss; *(se tilre(de)).*
illebefinnende indisposition; *få et* ~ feel indisposed.
illegal illegal. **-itet** illegality.
illegitim illegitimate. **-itet** illegitimacy.
illeluktende evil-smelling; foul-smelling; stinking.
ille|sinnet ill-natured. **-varslende** ominous, threatening; *det knaket* ~ *i taket igjen* there came another ominous crash from the roof.
illgjerning crime. **-smann** criminal, evil-doer, malefactor.
illojal unfair, disloyal; ~ *konkurranse* unfair competition.
illojalitet disloyalty; unfairness.
illskrike *(vb)* scream (,**US**: yell) at the top of one's voice.
illudere *(vb):* ~ *som* give a convincing representation of.
illumi|nasjon illumination. **-nere** *(vb)* illuminate.
illusjon illusion; delusion; *jeg har ingen -er om* I have no illusions about; *rive en ut av -en* disillusion sby.
illusorisk illusory.
illustrasjon illustration.
illustrere *(vb)* illustrate.
illustrert illustrated, pictorial.
ilmarsj forced march.
ilpakke express parcel.
ilsamtale *(tlf)* special priority call.
ilsk: *se ilter.*
ilsom hurried, precipitate.
iltelegram express telegram.
ilter hot-headed, irascible, angry.
imaginær imaginary; ~ *gevinst (merk)* i. profit, paper profit.
imellom between; *(blant)* among; *en gang* ~ sometimes, once in a while; ~ *oss sagt, oss* ~ between ourselves; between you and me; *legge seg* ~ intervene, interpose; *(se også mellom).*
imens *(adv)*in the meantime, meanwhile; *(se også mens).*
imidlertid *(i mellomtiden)* meanwhile, in the meantime; *(men)* however.
imitasjon imitation. **imitativ** imitative.
imitere *(vb)* imitate.
immateriell immaterial.
immatrikuler|e *(vb): la seg* ~*, bli -t* matriculate *(el.* register *el.* enrol) at a university.

i

immatrikulering enrolment (at a university), matriculation.
immaturus [fail mark in a university examination]; **S** plough; *(se haud (illaudabilis); innstilling 5; laud(abilis); non (contemnendus)).*
immun immune *(mot* to, against, from).
immunitet immunity.
imot 1*(prep)* against; *gå ~ noe (fig)* go against sth; *(motarbeide)* oppose; *hvis De ikke har noe ~ det* if you do not mind; if you have no objection; *jeg har ikke noe ~ å fortelle* ... I don't mind telling ...; *være ~ noe* be against sth, be opposed to sth; **2***(adv)* against; *for og ~* pro and con, for and against; *gjøre ham ~* cross him, act contrary to his wishes; *hva er det som har gått deg ~?* what has upset you? what's (gone) wrong? *si ~* contradict; *tvert ~* on the contrary; *(se også II. mot).*
imperativ *(gram)* the imperative (mood).
imperfektum *(gram)* the past (tense).
impertinent impertinent, pert.
implisere *(vb)* implicate, involve.
imponer|e *(vb)* impress; *hans mot -er meg* his courage impresses me; *det -te meg meget* I was deeply impressed by it; I found it most impressive; *det -er meg ikke* I am not impressed (by it *el.* by that); *uten å la seg ~ av* unimpressed by; unawed by. **-ende** impressive; *(ved størrelse, verdighet, etc)* imposing; *(om byggverk, etc også)* awe-inspiring.
import importation, import; *(varene)* imports; *-en i første kvartal* imports (*el.* import trade) in the first quarter.
importere *(vb)* import.
import|firma importing firm. **-handel** import trade. **-vare** import; *(matvare)* food import (*fx* dates were the first food import to carry the cost of devaluation).
importør importer.
impotens impotence. **impotent** impotent.
impregnere *vb (om tøy)* impregnate, proof.
impresario manager, impresario.
impresjonisme impressionism.
improvisasjon improvisation.
improvisator improviser.
improvisere *(vb)* improvise, extemporize.
improvisering improvisation.
improvisert impromptu (*fx* an i. speech); improvised; makeshift (*fx* arrangement); off-the-cuff (*fx* remark, speech).
impuls impulse. **impulsiv** impulsive.
imøtegå *(vb)* oppose, meet, refute; disprove.
imøtekomme *(vb)* meet, oblige, accommodate (*fx* a customer); *vi skal mer enn gjerne ~ Deres ønsker* we shall be most willing to comply with your wishes; we shall be most pleased to carry out your wishes. **-nde** obliging, kind; forthcoming, accommodating; *han var så ~ å stille sitt hus til disposisjon* he obligingly put his house at our disposal.
imøtekommenhet obligingness, kindness, courtesy; willingness to please, accommodating attitude; *gjensidig ~ (også)* spirit of give and take; (willingness to make) mutual concessions; *vise ~* be obliging, be accommodating, be willing to oblige; *han viste alltid stor ~ overfor oss* he was always very accommodating towards us; he was always willing to meet (*el.* oblige) us; he was always willing to make us concessions; *vi takker Dem for Deres ~* we thank you for your kindness.
imøtese *(vb)* look forward to, anticipate, expect, await; *vi -r Deres snarlige svar* we look forward to (receiving) your early reply; *(se gjerne).*
inappellabel unappealable, inappealable, final.
incitere *(vb)* stimulate, incite.
indeks index; price index.
indeks|familie [wage-earning family approximating average standard of living as determined by price index]. **-regulering** adjustment *(el.* regulation) of the price index. **-tall** index figure.
inder Indian; *(ofte)* Asian.
inderlig heartfelt; sincere; *(heftig)* intense; *be ~* pray fervently; *elske ~* love dearly; *det gjør meg ~ vondt* I am terribly sorry; *jeg ønsker ~* I wish with all my heart; *~ gjerne* with all my heart; with the greatest of pleasure; *(om tillatelse)* by all means; *være ~ lei noe* be thoroughly sick of sth; *~ overbevist om seier* sincerely (*el.* firmly) convinced of victory.
inderlighet heartiness, sincerity; intensity.
India *(Forindia)* India.
indianer (Red) Indian, American Indian. **-hytte** wigwam. **-høvding** Indian chief. **-kone, -kvinne** squaw.
indiansk (American) Indian; *(faglig)* Amerindian.
indignasjon indignation.
indignert indignant *(over* at); *(se ergerlig).*
indigo indigo. **-blått** indigo blue.
indikativ *(gram)* the indicative (mood).
indirekte indirect; *~ tale* i. (*el.* reported) speech; *(adv)* indirectly (*fx* i. she gave him to understand that ...); by implication.
indisiebevis circumstantial evidence.
indisium indication; *(jur)* circumstantial evidence.
indisk Indian; *(ofte)* Asian.
indiskresjon indiscretion.
indiskret indiscreet, tactless.
indisponert *(uopplagt)* indisposed.
individ individual.
individualiser|e *(vb)* individualize. **-ing** individualization.
individ|ualitet individuality. **-uell** individual; *det er individuelt* that's (*el.* it's) an individual matter.
indoktrinere *(vb)* indoctrinate.
indoktrinering indoctrination.
indolens indolence. **indolent** indolent.
I. indre *(subst)* interior (*fx* the i. of the earth); heart, mind; *hans ~* his inner being; *siste ~ (skøyter)* the last inside lane (,**US**: inner track).
II. indre *(adj)* inner, interior; *(innenriks)* internal, domestic; *~ anliggender* internal affairs; *~ verd* intrinsic value; *det ~ øye* the mind's eye.
indrefilet middle rib steak of beef; entrecôte; **T** rib steak of beef.
indre|medisin internal medicine. **-medisiner** internist.
indre|misjon home mission. **-politisk** concerning domestic politics, domestic, internal. **-sekretorisk:** *~ kjertel* endocrine (gland), ductless gland.
induksjon induction.
induksjonselektrisitet induced electricity.
industri industry; *-en* the manufacturing industries (*el.* trades); *handel og ~* trade and industry; *håndverk og ~* the crafts and industries. **-alisme** industrialism. **-arbeider** industrial worker. **-artikler** industrial products. **-departement** ministry of industry; **UK** Department of Industry. **-drivende** industrialist. **-ell** industrial. **-forbund:** *Norges ~* the Federation of Norwegian Industries. **-foretagende** industrial undertaking. **-messe** industries fair. **-minister UK** Secretary of State for Industry; **T** Industry Secretary. **-sentrum** industrial centre. **-utslipp** industrial effluent. **-utstilling** industrial exhibition.
infam infamous; nasty; *en ~ bemerkning* a nasty remark.
infanteri *(mil)* infantry, foot (soldiers). **-st** in-

infinitiv

the preposition **til** or the infinitive marker **å**?

TRICKY TALES

*How far is it **to** Trondheim from here?*	(preposisjonen **til**)
***To** be or not **to** be: that is the question.*	**Å** være eller ikke være, det er spørsmålet (infinitivsmerket **å**)

The difference is important, but sometimes not easy to detect at first sight.

*I look forward **to seeing** you!*
***On hearing** the news he was shocked.*

Important: The verb takes the **ing-form** after a preposition.

fantryman; **S** foot-slogger; *-er* **T** foot *(fx* 30 foot).
infeksjon infection.
infeksjonssykdom infectious disease.
infernalsk infernal.
infinitiv *(gram)* the infinitive (mood). **-isk** infinitive, infinitival. **-smerke** *(gram)* infinitive marker.
infisere *(vb)* infect; *(fig)* taint *(med* by, with).
infisering infection.
inflasjon inflation.
inflasjonsskrue inflationary spiral.
influensa influenza; **T** (the) flu.
influere *(vb)* influence; *la seg ~ av* be influenced by; *~ på* influence, have *(el.* exert) an influence on, affect.
inform|asjon information.
informatikk computer science.
informere *(vb)* inform *(en om noe* sby of sth); *~ seg om* seek *(el.* get) information about.
ingefær ginger.
ingen *(adj)* no; not any *(fx* he had no money; we did not find any money); *(især foran* of, *el. etter nylig nevnt subst)* none; *~ av dem* none of them; *(om to)* neither of them; *(subst)* no one, nobody; *(om to)* neither; *jeg har ~ penger, og du har heller ~* I have no money, and you don't have any either; I have no money, and you have none either; *~ kan hjelpe meg* nobody can help me; *~ lege kan hjelpe meg* no doctor can help me; *~ annen enn du* no one but you; *(se mening).*
ingeniør *(også mil)* engineer; *mil (ofte også)* sapper; *(berg- el. bygnings-)* civil engineer; *(anleggs-)* construction(al) e.; *(bygnings- som særlig arbeider med bærende konstruksjoner, fx bruer, kaier, råbygg for hus)* structural e.; *rådgivende ~* consultant engineer; *(se kjemiingeniør).*
ingeniør|arbeid engineering; piece of e. **-fag** *(teknologi)* technology. **-firma** engineering firm; *rådgivende ~* firm of consultant engineers. **-teknisk** engineering. **-vesen** engineering; *Det Kommunale ~ (svarer til)* the City Engineer's Department. **-vitenskap** (science of) engineering. **-våpenet** the engineer corps; **UK** the (Corps of) Royal Engineers.
ingenlunde by no means, not at all.
ingenmannsland no man's land.
ingensteds nowhere; *det hører ~ hjemme* it is neither here nor there.
ingenting *(intet)* nothing; *nesten ~* almost nothing, hardly *(el.* scarcely) anything, practically nothing; *late som ~* look innocent; look as if nothing were the matter.
ingrediens ingredient.
inhabil disqualified; *gjøre ~* disqualify. **-itet** disqualification.
inhaler|e *(vb)* inhale. **-ing** inhalation.
initialer *(pl)* initials.
initiativ initiative; lead *(fx* we expect a l. from him); *ta -et til* take the initiative in *(fx å gjøre noe* doing sth); *på ~ av* on the initiative of; *på eget ~* on one's own initiative; *på engelsk ~* on the initiative of England.
injisere *vb (med.)* inject.
injuriant libeller; **US** libeler.
injurie defamation; *(skriftlig)* libel. **-prosess** action for libel, libel action.
injuriere *(vb)* defame; *(skriftlig)* libel.
inkarn|asjon incarnation. **-ert** incarnate; inveterate *(fx* an i. bachelor).
inkassator (debt) collector.
inkasso debt collection, collection (of debts); *(ved rettens hjelp)* recovery; *besørge ~* collect (a debt), undertake the collection of a debt; *rettslig ~* legal recovery; *få inn pengene ved hjelp av rettslig ~* recover the amount legally; obtain payment through the process of the Court; *vi må la beløpet inndrive ved hjelp av rettslig ~(også)* we shall have to recover the amount through our solicitors; *til ~* for collection; *(se også innkassere).*
inkasso|byrå debt-collecting agency, debt collectors. **-forretning** debt-collecting business. **-omkostninger** collection charges. **-provisjon** collection charges. **-veksel** bill for collection.
inklinasjon inclination. **-sparti** love match.
inkluder|e *(vb)* include; comprise; *alle utgifter er -t i beløpet* the amount includes all charges.
inklusive inclusive of, including; *prisen er ~ frakt* the price is inclusive of freight; the p. includes freight; *~ emballasje* packing included.
inkognito incognito; *reise ~* travel incognito.
inkompetanse incompetence.
inkompetent incompetent.
inkonsekvens inconsistency.
inkonsekvent inconsistent.

inkubasjonstid incubation period.
inkurabel incurable.
inkurie inadvertence, oversight; *ved en ~* through an oversight, inadvertently.
inkvisisjon inquisition.
inkvisitorisk inquisitorial.
inn in; *~ av* in at, in by; *~ i* into; *slå rutene ~* break the windows; *~ med ham!* in (here) with him! bring him in! *~ til London* up to London.
inna-: *se også innen-.*
innabords on board, aboard; *han har fått for mye ~ (spøkef)* he's half seas over; he's three sheets in the wind.
innad in, inwards. **-vendt** introverted, introspective.
innafor: *se innenfor.*
innank|e *(vb)* appeal. **-ing** appealing, appeal.
innarbeide *(vb)* work in; work up *(fx* a business; a market for); introduce; *~ på markedet* introduce into the market; *en godt -t forretning* a well-established business.
innaskjærs in sheltered waters.
innbefatte *(vb)* include, comprise, embrace; *heri -t* including; *prisene -r ikke reiseutgifter til og fra utgangspunktet* prices are exclusive of travel costs to and from starting point.
innbegrep *(typisk uttrykk)* essence, quintessence *(fx* this poem represents to me the q. of beauty).
innberetning report; *avgi ~ om* submit a report on.
innberette *(vb)* report.
innbetale *(vb)* pay (in).
innbetaling payment.
innbil|le *(vb)* make (sby) believe; *det skal du ikke få -t meg!* don't tell me! tell that to the marines! *~ seg* imagine, fancy.
innbilning imagination, fancy; *en filosof i egen ~* a would-be philosopher.
innbilningskraft imagination.
innbilsk conceited; *en tvers igjennom ~ mann* a man eaten up with self-conceit.
innbilskhet conceit, conceitedness, self-conceit.
innbilt imaginary, fancied, imagined.
innbinde *(vb)* bind. **innbinding** binding.
innbitt *(fig)* repressed, stifled *(fx* s. anger).
innblandet implicated, mixed up in; *bli ~ i en sak* get mixed up *(el.* involved) in a matter.
innblanding meddling, interference *(fx* his i. with my affairs).
innblikk insight; *få ~i* gain an i. into; get an i. into; *få ~ i det engelske skolevesen* get (an) insight into the English education(al) system.
innbo furniture, movables; *det fattigslige -et hennes* her few sticks of furniture.
innboforsikring house contents insurance; *(se forsikring).*
innbrenning *(av emalje, etc)* baking, stoving; burning in.
innbringe *vb (om pris)* make, fetch, realize *(fx* these goods fetched *(el.* made *el.* realized) a good price); *(gi fortjeneste)* bring in, yield; earn *(fx* the money his writing earned); *investering som -r fem prosent* investment that brings in *(el.* returns) five per cent; *hans litterære arbeid -r ham £500 i året* his literary work brings him £500 a year; he makes £500 a year by his l. w.; *dette vil ~ ham den pene sum av £20 000* **T** this will net him a cool £20,000.
innbringende lucrative, profitable, remunerative; *han har en meget ~ kolonialforretning* he has a very good business as a grocer; *det er ikke videre ~* there's not much profit in it; it doesn't pay.
innbrudd housebreaking; *(om natten)* burglary; *gjøre ~ i et hus* break into a house; *det har vært ~ i huset* the house has been broken into; *det var ~ hos oss forrige uke* our house was broken into last week; we had burglars last week; **T** our house was (,we were) burgled last week.
innbruddsforsikring burglary insurance; *(se forsikring).*
innbruddssikker theft-proof; anti-theft; *(dirkfri)* unpickable.
innbruddstyv burglar; housebreaker.
innbruddstyveri *se innbrudd.*
innbuktning (inward) bend *(el.* curve); *her gjør elvebredden en ~* the bank curves inwards here.
innbundet *(om bok)* bound.
innby *(vb)* invite; *~ til kritikk* invite criticism.
innbydelse invitation; *avslå en ~* decline an i.
innbydende inviting; tempting, attractive; *lite ~* uninviting.
innbydere *(til dannelse av aksjeselskap)* promotors *(fx* the p. of a company).
innbygd [inner part of a district]; *en ~* an inland district; *Trysil ~* central Trysil.
innbygger inhabitant *(i* of) *(fx* the inhabitants of the country).
innbyggerantall number of inhabitants, population figure.
innbyrdes mutual, reciprocal; *(adv)* among themselves, with each other; mutually, reciprocally; *plassert med fem meters ~ avstand* spaced five metres apart.
innbytte *(av brukte ting ved kjøp av nye)* part exchange.
inndele *(vb)* divide; classify; *~ i* divide into.
inndeling division; classification.
inndra *(vb)* **1***(konfiskere)* confiscate, seize; *(se førerkort);* **2***(til innløsning)* call in *(fx* gold coins have been called in by the Government), withdraw *(fx* w. notes from circulation); **3***(stilling)* abolish; *(liste)* close *(fx* a list); *~ en tillatelse* cancel *(el.* withdraw *el.* revoke) a permission.
inndrag|else, -(n)ing 1. confiscation, seizure *(av* of); **2.** calling in, withdrawal; **3.** abolition; *(se inndra).*
inndriv|e *(vb)* collect; *(jur)* recover (legally), enforce payment (of amount due, *etc)* through legal measures. **-ning** collection; recovery.
inne in, within; *der ~* in there; *~ i pakken* inside the parcel; *langt inne i landet* far inland; *en by ~ i landet* an inland town; *være ~ i noe* be well up in, be familiar with sth; *holde seg~* keep indoors; *langt (el. midt)~ i* in the heart of *(fx* the forest); *langt ~ på fjellet* in the heart of the mountains; *du er ~ på noe der* you have a point there.
innearbeid work indoors.
inn(e)bygd built-in *(fx* cupboard).
innebære *(vb)* involve, imply.
innefrossen frozen up, icebound.
inne|ha *(vb)* hold; *~ en høy stilling* have *(el.* hold *el.* occupy) a high position. **-haver** owner, proprietor, occupant; *(av embete)* holder.
inneholde *(vb)* contain; hold.
inneklemt wedged in *(fx* be w. in between two stones); shut in *(fx* the house is shut in between high rocks).
inneliv indoor life, life indoors; keeping *(el.* staying) indoors.
innelukke *(vb)* shut in, shut up.
I. innen within; *(før)* before; *~ jeg reiser* before leaving; before I leave; *~ da* by then, by that time; *~ idrett foretrekker jeg stuping* my favourite sport is diving.
II. innen-: *se også inna-.*

innenat: *kunne lese* ~ be able to read; *lese* ~ read silently.
innenatlesing silent reading.
innenbygds local; *(adv)* locally.
innenbys local, within the town; *(adv)* locally.
innen|dørs indoor, inside; *(adv)* indoors, in the house; ~ *(skøyte)bane* covered rink; *på* ~ *bane (også)* on covered ice. **-for** inside; *(en grense)* within *(fx* w. ten miles of Oslo); ~ *dette området* within this area; *falle* ~ fall within. **-fra** from within, from the inside. **-lands** in this country; at home.
innenlandsk domestic, home; ~ *handel* domestic trade; *-e brever* inland letters.
innenriksdepartement Ministry of the Interior, M. of Home Affairs; **UK** Home Office; **US** Department of the Interior.
innenrikshandel domestic *(el.* home) trade.
innenriksminister Minister of the Interior; **UK** Home Secretary; **US** Secretary of the Interior.
inner|del inner part, interior. **-kant** inside edge. **-lomme** inside pocket.
innerst inmost, innermost; *i mitt -e hjerte* in my heart of hearts; ~ *i fjorden* at the head of the fjord; ~ *i værelset* at the farther end of the room; *ligge* ~ *(i seng)* lie *(el.* sleep) on the inside; *helt* ~ *(i seng)* right on the inside *(fx* I'd rather sleep right on the inside).
innersving inside of a curve *(el.* bend); *(fig): ta -en på en* get the better of sby; be too clever for sby; cut ahead of sby; **S** slip sby a mickey.
innesitting sedentary life; staying *(el.* keeping) indoors.
inneslutte *vb (lukke inne)* confine, lock up; *(omringe)* surround. **-t** reticent, reserved; *(fåmælt)* taciturn.
innesluttethet reticence, reserve; *(fåmælthet)* taciturnity.
innesperre *(vb)* shut up, lock up, imprison; *et skip som er -t i isen* a ship jammed in the ice; an icebound ship. **innesperring** confinement, imprisonment, detention.
innestengt shut up, locked up, confined; *(om følelser)* pent-up *(fx* pent-up feelings); *føle seg* ~ feel cooped up *(fx* one feels c. up in such a small flat).
innestå *vb (være ansvarlig for)* answer for, vouch for; *jeg -r for summen* I guarantee the sum; ~ *med sin person for* be (held) personally responsible for.
innestående (cash) on deposit; *(i bokføring)* cash at bank.
innett suppressed; ~ *raseri* suppressed rage.
innetter in along, in through *(fx* in through the fjord).
inneværende present, current.
innfall *(fiendtlig)* inroad, raid, incursion; invasion; *(tanke)* idea, thought, whim; *jeg fikk et* ~ a thought struck me.
innfallen emaciated; haggard, drawn; *innfalne kinn* hollow cheeks.
innfalls|lodd axis of incidence. **-port** *(fig)* gateway *(til* to, of). **-vinkel** angle of incidence.
innfange *(vb)* capture, catch; *(jvf III. fange:* ~ *inn).*
innfartsvei (main) road into a town *(fx* the main roads into Oslo); main approach *(fx* one of the main approaches to Oslo).
innfatning mounting, setting; *(brille-)* rim.
innfatte *(vb)* mount, frame, set.
innfelle *(vb)* inlay, insert.
innfiltret entangled, enmeshed, mixed up *(i* in).
innfinne *(vb):* ~ *seg* appear, arrive, come; **T** turn up, show up; *(om plikt)* attend *(fx* they were ordered to attend).
innflytelse influence; *gjøre sin* ~ *gjeldende (på)* bring one's influence to bear (on); make one's i. felt (on); *ha* ~ *hos* have i. with; *ha* ~ *på* influence, have an i. on; *(se III. lik & I. smule).*
innflytelsesrik influential.
innflytningsgilde house-warming (party).
innflytter 1*(i et hus)* new tenant *(el.* occupier); **2.** immigrant; *(også)* outsider *(fx* an o. who comes to Oslo).
innflyttet *(adj)* from other parts of the country *(fx* the town is unpopular with poets and authors from other parts of the country); *(se flytte:* ~ *inn).*
innfor|live *(vb)* incorporate *(i* in). **-livelse** incorporation *(i* in, into).
innforstått: *erklære seg* ~ *med noe* agree to sth.
innfri *(vb)* meet, redeem; ~ *en veksel* meet *(el.* honour *el.* take up) a bill.
innfrielse redemption; honouring, taking up, meeting.
innful cunning, sly.
innfødt native; indigenous *(fx* the i. population); *de -e* the natives; *en* ~ *nordmann* a native of Norway, a Norwegian by birth.
innfør|e *(vb)* import; *(i selskap, noe nytt)* introduce; *stilen skal være ferdig -t til fredag* your essay must be copied out by Friday; *(se II. føre:* ~ *inn).*
innføring introduction *(i* to); *(av stil, etc)* copying out (of an essay); *(se II. føre:* ~ *inn & innføre).*
innføringsark sheet of exercise paper.
innføringsbok exercise book *(fx* a maths e. b.).
innføringskurs induction course; *(se I. kurs).*
innførsel importation, import *(av* of); *(innførte varer)* imports; *(jvf import & importvarer).*
innførsels-: *se import-.*
inngang entry, entrance; *med egen* ~ with a private entrance, with independent access *(fx* a room with i. a.); *ved -en* at the door; *stå ved -en til sin karriere* be on the threshold of one's career.
inngangs|billett admission ticket. **-penger** entrance fee; *(inntekter av idrettsstevne, etc)* gatemoney; *jeg betalte £1 i* ~ I paid £1 to get in.
inngi *(vb)* **1.** send in, hand in, submit *(fx* an application); *(anbud)* submit *(fx* a tender); *(klage)* lodge *(fx* a complaint); *(rapport)* submit, send in; ~ *sin oppsigelse* tender one's resignation; **2.** inspire *(en noe* sby with sth).
I. inngifte *(subst)* intermarriage.
II. inngifte *(vb): se gifte:* ~ *seg inn i.*
inngivelse *(se inngi)* (1) sending in, submission; (2) inspiration, impulse.
inn|gjerde *(vb)* fence in. **-gjerding** fencing (in); enclosure, fence.
inngravere *(vb)* engrave.
inngrep encroachment; *(med.)* operation; ~ *i næringsfriheten* restraint of trade; *gjøre* ~ *i* encroach upon *(el.* on).
inngripende radical, thorough.
inngrodd deep-rooted, ingrained; inveterate *(fx* an i. bachelor); *(med.)* ingrown, ingrowing *(fx* an i. toenail).
inngyte *vb (fig)* inspire with, instil, infuse.
inngå *vb (avtale, forpliktelse)* enter into *(fx* an agreement); ~ *ekteskap med* marry; ~ *forlik med* make a compromise with, come to terms with; ~ *et veddemål* make a bet *(med* with); ~ *i (som ledd i)* form part of, be included in; *(som bestanddel)* enter into, be *(el.* become) an integral part of; *-tte beløp* amounts received, receipts; *(se hestehandel).*
inngående 1 *(på vei inn til)* incoming; *(mar)* inward bound; *for* ~ entering; *inn- og utgående skip* vessels entered and cleared;~ *varer* imports; ~ *post* incoming mail; **2***(grundig)* thor-

ough, intimate (*fx* he has a t. (*el.* i.) knowledge of this trade), close; *han ble ~ eksaminert* he was closely questioned.

innhegning fence, enclosure.

innhente *(vb)* catch up with; draw level with; *(ta igjen, kjøre forbi)* overtake; **US** pass; *~ anbud på* invite tenders for; *~ opplysninger om* obtain information about; make inquiries about; *~ tillatelse til* obtain permission to; *~ sakkyndig uttalelse* procure an expert opinion; *~ det forsømte* make up for lost time (*el.* for the time lost), recover lost ground.

innhogg: *gjøre ~ i* make inroads into (*el.* on).

innhold contents *(pl)* (*fx* the c. of a parcel, bottle, letter); *selve -et* the c. proper (*el.* themselves), the actual c.; *(det kvantum som fins i noe)* content (*fx* the alcoholic c. of the wine); *fett-* fat content; *volum-* volume; *(ordlyd)* tenor; *(av bok, tale (mots. form))* (subject) matter, content(s); *et telegram av følgende ~* a telegram to the following effect; *uten ~* empty; *det øvrige ~ av Deres brev* the (content(s) of the) rest of your letter.

innholds|berøve *vb (post)* rifle; *pakken har blitt -berøvet* the parcel has been rifled. **-berøvelse** rifling. **-fortegnelse** table of contents. **-løs** empty, inane, without content.

innholdsmessig *(adv)* as regards content(s); *~ bra. Du har fått med det vesentlige* Good as to content. You have included the main points.

innholdsrik comprehensive (*fx* a c. programme); *(begivenhetsrik)* eventful, full (*fx* a full life); *(betydningsfull)* significant, important.

innhul hollow, concave.

innhylle *(vb)* envelop, wrap (up), muffle up; *-t i* enveloped in, wrapped in (*fx* a cloak); *-t i tåke* shrouded (*el.* blanketed) in fog.

innhøst|e *(vb): se høste: ~ inn.* **-ning** harvesting, reaping, gathering in.

inni inside, within.

inniblant **1***(prep)* among, between; **2***(adv)* occasionally, once in a while; now and then, betweentimes.

innimellom **1***(prep)* in between; **2***(adv)* = *inniblant 2.*

innjage *(vb): ~ en skrekk* strike terror into sby, strike sby with terror.

innkalkulere *(vb)* include in the price; reckon in.

innkall|e *(vb)* **1.** summon; *(mil)* call up (*fx* call up the class of 1960); **US** draft, induct; *han ble innkalt til hæren (,marinen)* he was called up into (*el.* for) the army (,navy); **2***(aksjekapital)* call in (share capital). **-else, -ing** summons; calling in; *(mil)* calling up, call-up; call-up orders; **US** drafting, induction. **-ingsskriv(else)** *(mil)* call-up papers.

innkapsle *vb (med.)* encapsulate; *~ seg* become encysted, encyst itself.

innkasser|e *(vb)* pocket, rake in (*fx* all he cares about is pocketing (*el.* raking in) the commission); *(merk)* collect; *(inndrive)* recover; *~ hos* collect from (*fx* c. an account from a firm); *(fig)* receive (*fx* applause). **-ing** collection; recovery.

innkast *(fotb)* throw-in.

innkaster *(spøkef)* touting doorman, door tout.

innkjøp purchase (NB *også om det innkjøpte, fx* she filled the car with her purchases; he made a neat parcel of my purchases); *foreta et ~* make a purchase; *gjøre ~* shop, go shopping, do one's shopping; *folk som er ute og gjør ~* shoppers; *gå ut og gjøre ~* go shopping.

innkjøpe *(vb): se kjøpe: ~ inn.*

innkjøps|avdeling buying department, purchasing d. **-bok** *(merk)* purchase book, p. account. **-konto** purchase account. **-nett** string bag. **-pris** purchase price, buying price. **-sjef** chief buyer, buyer; **US** purchasing manager. **-veske** shopping bag.

innkjøring *(av ny bil)* running in.

innkjøringstid *(for motor)* running-in period, breaking-in period.

innkjøringsvei *(til motorvei)* slip road.

innkjørsel carriage entrance (*el.* gateway); drive.

innkjørsignal *(jernb)* home signal.

innklag|et *(jur): den -ede* the defendant.

innklarer|e *(vb)* enter inwards; *(skip)* clear inwards. **-ing** entry, clearance inwards.

innkomme *(vb): -nde fartøyer* incoming vessels; arrivals; *beløpet er -t* the amount has been paid in; *(se beløp).*

innkomst income; *(stats)* revenue; *(kort)* entry.

innkomstkort *(kort)* entry card.

innkrev|e *(vb)* collect, demand payment of. **-(n)ing** collection; recovery.

innkvartere *(vb)* lodge; *(mil)* quarter, billet.

innkvartering lodging; *(mil)* quartering, billeting; *privat ~* private accommodation; staying with a family; *vi ville foretrekke privat ~* we should prefer to be accommodated (*el.* lodged) with a private family; we should prefer to stay with a family.

innlagt: *~ følger kvittering* receipt is enclosed; *(lett glds)* please find r. enclosed.

innland: *-et* the inland, the interior; *både i ~ og utland* both at home and abroad; *til ~ og utland (merk)* to home and foreign markets.

innlasting shipping, loading.

innlate *(vb): ~ seg i diskusjon med* enter into a discussion with; *~ seg i samtale* enter into conversation; *~ seg på* engage in, enter on; embark on; *~ seg på å* undertake to; *jeg visste ikke hva jeg innlot meg på* I did not know what I was letting myself in for; *jeg vil ikke ~ meg på en så dårlig forretning* I won't let myself in for such a bad deal; *ikke innlat deg med ham* don't get too involved with him; don't become too familiar with him; *ikke innlat deg med de menneskene (også)* have nothing to do with those people; *før jeg -r meg på dette problemet* ... before going into this problem ...

innlatende communicative, forthcoming; *et ~ smil* a smile of invitation.

innlede *(vb)* introduce; begin, open; *~ forhandlinger* enter into negotiations.

innledende preliminary, introductory, opening.

innleder *(første taler)* first speaker.

innledning introduction; opening.

innledningstale introductory speech.

innlegg *(i brev)* enclosure; *(i diskusjon)* contribution; *(jur)* pleading; *siste ~ (flyv)* final approach; *-ene gikk i retning av å understreke at...* the various contributions to the debate (,discussion) tended to emphasize that ...; *(se diskusjonsinnlegg; partsinnlegg; stridsinnlegg).*

innlegge *(vb): han har innlagt seg store fortjenester av vitenskapen* he has rendered great services to science; *han ble innlagt for blindtarmbetennelse* he was sent to hospital with appendicitis; *(se legge: ~ inn).*

innleggelse hospitalization; *(fra sykehusets side)* admission (*på* to).

innleggelsesseddel hospital ticket.

innleggssåle **1.** arch support; **2***(ekstrasåle)* insole.

innlemm|e *(vb)* incorporate, annex; *(innarbeide)* embody (*fx* his notes were embodied in the article). **-else** incorporation, annexation.

innlevere *(vb)* hand in, send in, put in (*fx* an application); *(deponere)* deposit; *(avlevere, avgi)* deposit (*fx* not until the last voter had deposited his ballot).

innlevering handing in, sending in; *(av post)* handing in, posting, mailing; *«~ i luka (,ved*

skranken)» (post) «mailing at window (,counter)».
innlosjere *(vb)* lodge; ~ *seg* take lodgings; *(se innkvarter|e & -ing)*.
innlyd: *i* ~ *(gram)* medially.
innlysende evident, obvious.
innløp *(til havn)* entrance, approach.
innløpe *vb (ankomme)* arrive, come in, come to hand.
innløse *(vb)* redeem *(fx* a bond); *(konossement)* take up *(fx* the bill of lading); *(innfri veksel)* take up *(el.* honour *el.* pay) a bill; *jeg har innløst alle aksjene mine* I've cashed in all my shares; ~ *et pantelån* redeem a mortgage; amortize a mortgage; ~ *varer* take up goods; *(få dem frigitt)* have goods released; ~ *en sjekk* cash *(el.* pass) a cheque.
innløs(n)ing redemption; taking up; *(se innløse)*.
innlån deposits.
innlånsrente interest on deposits, deposit rate.
innmari: *en* ~ *kjeltring* a real scoundrel; *(se innful)*.
innmark home fields; *400 mål* ~ 100 crop acres.
innmarsj entry.
innmat entrails; *(av slaktekveg)* pluck; *(det innvendige av ting)* insides; *(polstring, innmat i dyne, etc)* stuffing; *ta -en ut av* draw *(fx* d. a chicken).
innmelde *(vb)* enter; ~ *seg: se melde:* ~ *seg inn.*
innmeldelse, innmelding application for membership; enrolment; entry; registration.
innmeldingsblankett application *(el.* entry) form.
innom in at; *stikke* ~ drop in; pop in; *jeg har nettopp vært* ~ *en forretning* I have just been into a shop; *jeg stakk bare* ~ *for å høre hvordan det står til* I've just popped in to see how you're (all) getting on; **T** I've just popped in to say hello; *hun har vært* ~ *narkotika også* **T** she's been into drugs too.
innordne *(vb)* arrange, adapt; ~ *seg* adapt oneself; fall into line.
innover *(adv)* inwards; towards the centre; *(prep)* along.
innpakning packing, wrapping. **-spapir** wrapping paper.
innpass entry.
innpasse *(vb)* fit in, work in; ~ *i* fit into.
innpisker *subst (i parlamentet)* whip.
innplante *(vb)* implant *(fx* an idea into his mind).
innplant(n)ing implantation.
innpode *(vb)* indoctrinate *(fx* sby with sth), implant *(fx* an idea into sby's mind); *(se pode)*.
innprege *(vb)* stamp *(i* on); *(se innprente)*.
innprent|e *(vb)* impress *(fx* sth on sby); inculcate into; **T** drum *(fx* sth into sby); ~ *seg* fix in one's mind. **-ing** impressing; inculcating.
innpå *(prep)* close upon; *(adv)* close, near; *gå* ~ *en* worry one; *hale* ~ catch up, make up leeway; *(i veddeløp)* close the gap; catch up on the man ahead; *hale* ~ *en* gain on sby; *han halte raskt* ~ *i svingen* he caught up fast *(el.* came up well) at the bend.
innpåmarsj *(mil)* advance to contact.
innramme *(vb)* frame *(fx* a picture).
innrede *(vb)* fit up, fit out; build; ~ *et nytt værelse* build another room; ~ *kjelleren (,loftet)* build a room (,rooms) into the cellar (,the loft); ~ *en butikk* fit up a shop.
innredning fitting up *(el.* out); building; *kjøkken med* ~ *i rustfritt stål* kitchen fitted out in stainless steel; *(se innrede)*.
innredningsarbeid internal work; installation work; work of fitting up *(el.* out).
innregistrere *(vb)* register.
innreise entry *(i* into, *fx* e. into Norway).
innreisetillatelse entry permit, visa.
innretning arrangement; *(redskap)* contrivance, device.
innrette*(vb)* arrange; ~ *det slik at* manage things in such a way that; ~ *seg* arrange matters; make one's arrangements; ~ *seg etter de nye forhold* adapt oneself to the new conditions; *han -t seg slik at han fikk gjort alle til lags* he so arranged matters as to please everyone; ~ *seg på å* be prepared to; *(jvf ordne)*.
innringe *(vb)* surround.
innrisse *(vb)* scratch, engrave, carve.
innrullere *(vb)* enlist; *la seg* ~ enlist.
innrullering enlistment.
innrykk 1. influx; **2***(typ)* indentation.
innryk|ke *(vb): se rykke:* ~ *inn.* **-ning** insertion *(fx* of an advertisement); *(om hær)* entry.
innrømme *(vb)* **1.** allow, grant, give; **2***(ikke nekte)* admit, own; **3***(si seg enig i)* agree *(fx* I a. *(el.* admit) that the cloth is not up to sample); grant *(fx* I grant the truth of what you say); *jeg -r Dem 2% provisjon* I allow you a 2% commission; *jeg må dessverre* ~ *min uvitenhet* I'm afraid I have to admit my ignorance; *han var ærlig nok til å* ~ *at problemet var vanskelig* he was honest enough to admit that the problem was difficult *(el.* was a difficult one); *men vi skal gjerne* ~ *at* ... but we are (quite) ready to admit that ...; *han -r at han har vært der* he admits to having been there.
innrømmelse allowance, admission; concession; *gjøre en* ~ make a concession; *gjøre -r overfor* make concessions to; *gjøre en liten* ~ *(også)* stretch a point *(fx* we are willing to s. a p.).
innrømmelseskonjunksjon *(gram)* concessive conjunction.
innsalg: *under -et* during the introductory marketing period.
innsamling collection; *foreta en* ~ *til inntekt for* get up *(el.* start) a subscription in aid of.
innsamlingsaksjon fund-raising campaign.
innsats stake *(fx* in gambling); *(bidrag)* contribution, effort; *(prestasjon)* achievement *(fx* I'd like to reward you for this wonderful a.); effort *(fx* his efforts in the cause of peace); *(krigs-)* war effort; *hans* ~ *på dette felt* his work *(el.* contribution) in this field; *jeg takker dere for -en* I thank you for the hard work you've done *(el.* put in *el.* put into this); *gjøre en god* ~ do a good job, make a good job of it *(fx* he has made a very good job of it); *han har gjort en utmerket* ~ *(også)* he has done a very good job indeed; he has done some very good work indeed.
innsatsvilje will(ingness) to do one's best, will(ingness) to contribute; *det er -n det kommer an på* it's the will to contribute that counts; *de la stor* ~ *for dagen* they showed great willingness to do their bit.
I. innsatt *(subst)* prisoner, inmate *(fx* the inmates of the prison); *de -e* the prisoners.
II. innsatt *adj (se innsette; sette B:* ~ *inn);* ~ *med* impregnated with; treated with *(fx* all internal parts have been treated with this varnish).
innse *(vb)* see, realize; ~ *nødvendigheten av* realize the necessity of, be alive to the n. of.
innseiling entrance, (seaward) approach *(til* to).
innsend|e *(vb): se sende:* ~ *inn.* **-else** sending in; *(av pengebeløp)* transmitting, remitting.
innsender contributor.
innsett|e *(vb)* install; ~ *igjen* reinstate; *han innsatte ham til sin arving* he made him his heir; ~ *i sitt sted* substitute; *(se sette:* ~ *inn)*. **-else** installing; *(gjen-)* reinstatement.
innside inside; *på -n* on the i.; *på -n av* inside.
innsig oozing in, seeping in; drifting, (gradual)

i

approach; *(fig)* infiltration; *(se også sige: ~ inn & tilsig).*
innsigelse objection, protest; *gjøre ~ mot* protest against; raise objections to; *(se nedlegge).*
innsikt insight *(i* into), knowledge *(i* of).
innsiktsfull showing insight, well informed.
innsjekking *(flyv & mar)* check-in; checking-in.
innsjø lake; *(se tilsig).*
innskipe *(vb)* ship, load, take on board, put on board; *~ seg* go on board, embark; *~ seg til Afrika* take ship for Africa.
innskipning shipping, shipment; *(av personer)* embarkation.
innskjerpe *(vb)* enjoin *(en noe* sth on sby), impress on *(fx* i. on him that ...).
innskjerpelse enjoining.
innskott *se innskudd.*
innskrenke *(vb)* reduce, curtail, restrict; limit, confine; *~ seg til* confine oneself to. **-t** restricted, limited; *(dum)* unintelligent, dense, dull, slow-witted.
innskrenk|ethet stupidity, denseness, dullness. **-ning** reduction, curtailment, limiting, restriction; *(forbehold)* qualification.
innskriden interference, intervention.
innskrift inscription, legend.
innskrive *vb (mat.)* inscribe; *la seg~* enter one's name; *innskrevet bagasje (jernb)* registered luggage (,**US:** baggage).
innskrumpet shrunken, shrivelled, crumpled up, wizened.
innskudd contribution; *(på leilighet)* premium; *(i spill)* stake *(fx* in gambling); *(i bank)* deposit.
innskuddskapital invested capital; capital put up.
innskuddsleilighet [flat on which a premium is paid].
innskuddsrente (rate of) interest on deposits *(el.* on money on deposit) *(fx* a small rate of interest is paid by the bank on money on deposit); *(jvf rentemargin).*
innskyte *(vb)* insert; put in *(fx* «Oh, no!» he put in); *(om penger)* deposit, invest *(fx* money in a business).
innskytelse impulse, inspiration; *en plutselig ~* a sudden impulse.
innskyter depositor; investor.
innslag element *(fx* a novel with a strong e. of religion); strain; *(islett)* weft, woof; *lyriske ~* lyrical passages *(el.* elements); *befolkningen har et sterkt ~ av negerblod* the population has a strong infusion of negro blood.
innslipe *vb (se slipe: ~ inn); innslipt ventil* ground-in valve.
innsmigre *(vb): ~ seg* ingratiate oneself *(hos* with), curry favour *(hos* with).
innsmigrende ingratiating.
innsmuglet smuggled in.
innsnevring narrow pass; narrowing (down), limitation; *(av havet)* narrow passage, strait(s).
innsnike *(vb): ~ seg* slip in, creep in *(el.* into).
innsnitt incision, notch.
innspille *(vb)* produce, shoot, make *(fx* a film); *være godt innspilt (sport, etc)* work together as a perfect team, be well co-ordinated; *(mus)* play together as one; *de er fabelaktig godt innspilt* their teamwork is marvellous; *(se spille: ~ inn).*
innspilling *(mus)* recording; *(film-, etc)* production; rehearsal; *(om film)* shooting *(fx* the s. has begun).
innspilt *se innspille.*
innsprøyte *(vb)* inject.
innsprøytning injection.
innspurt final spurt *(fx* put on a f. s.).
innstendig urgent, pressing, earnest; *(adv)* urgently *(fx* I urgently request you to ...), earnestly; *(se inntrengende).*
innstevn|e *(vb)* summon. **-ede** *(jur)* the defendant. **-ing** summons.
innstifte *(vb)* establish, found, institute.
innstiftelse establishment, founding *(av* of).
innstigningstyv *(også* **US)** cat burglar.
innstillbar *(adj)* adjustable.
innstille *(vb)* **1***(apparat)* set, adjust; focus *(fx* a camera; the binoculars are not properly focused for me); tune *(fx* a radio); *(kontrollere, regulere)* check; *~ tenningen* time the ignition, set the i.; **2***(stanse)* cease, discontinue, suspend, stop *(fx* stop work; suspend *(el.* stop) payment; this air service has been suspended); cancel *(fx* the train, concert *(,etc)* has been cancelled); **3***(foreslå utnevnt)* nominate, propose, recommend *(fx* r. sby for promotion); **4***(forberede på): ~ seg på* prepare for, prepare to, make up one's mind to; *velvillig innstilt overfor* well-disposed towards, favourably inclined towards; *(se også justere).*
innstilling **1***(justering, etc)* setting, adjustment; *(fot)* focus; *feil ~* incorrect focus; *lettvint ~ av (en) hvilken som helst ventilåpning* readily found setting of any valve opening required; **2** *(opphør)* stoppage; suspension *(fx* of hostilities); *(avlysning, etc)* cancellation; **3***(forslag om utnevnelse)* nomination; recommendation; *ta en ~ til følge* accept a recommendation; **4** *(komités)* report *(om* on); **5***(universitetskarakter; intet tilsv.; kan gjengis)* first class with special mention; *(se haud (illaudabilis); immaturus; laud(abilis); non (contemnendus));* **6***(mentalitet; åndelig holdning)* mentality; attitude *(til* to, towards); point of view *(til* as regards); outlook; approach *(fx* the Chinese have a different approach to marriage); *hele hans ~* his general attitude; his general outlook; his general mentality; *en sunn~* a healthy attitude; *den -en vil føre oss gjennom vanskelighetene* that spirit will see us through our difficulties; *ut fra hans spesielle ~* from his particular point of view; *(se justering; tenningsinnstilling).*
innstudere *(vb)* study.
innsugning suction; *(om motor)* intake, suction, induction, inlet.
innsugnings|grenrør intake manifold, inlet m. **-kanal** *(til firetaktsmotor)* intake manifold. **-rør** inlet pipe, induction p. **-slag** suction stroke, induction s. **-ventil** suction valve, intake v., inlet v.
innsunken sunken, hollow.
innta *vb (måltid)* have *(fx* he had lunch at a restaurant); consume *(fx* huge quantities of beer); *(høytideligere)* partake of; *~ et måltid (også)* eat; *(henrykke, vinne)* captivate, charm; *~ en by (,festning)* take *(el.* capture) a town (,fortress); *~ sin plass* take one's seat; *(i en rekke)* drop into place; *~ plassene! (ved start)* on your marks! *dette problem -r en bred plass i hans forskning* this problem takes up *(el.* occupies) a large part of his research work; *følgende bes -tt i Deres blad* may I request the courtesy of your columns for the following? *være -tt i* be in love with; **T** be sweet on; be charmed with *(fx* I'm quite c. with your garden); *(se holdning & underlig).*
inntagende captivating, engaging, charming.
inntak intake.
inntakskost *(merk)* purchase cost, material(s) cost.
inntakskostpris *(merk)* purchase cost, material(s) cost.
inntaksområde *(for skole)* catchment area (of a school).
inntegne *(vb): se tegne inn.*
inntekt income; *antatt ~* estimated i.; *(stats-)* revenue; *(av skuespill, konsert, etc)* receipts, takings, proceeds *(pl); -er og utgifter* income *(,stats:*

revenue) and expenditure; *ha en ~ på* have an income of; *-er på £1000 og derunder* incomes not exceeding £1,000; *til ~ for* in aid of, for the benefit of; *en god ~* a good income *(fx* he enjoys a g. i.); *store -er* a large income; *-ene ble større (ɔ: folk begynte å tjene mer)* incomes rose *(el.* grew *el.* increased); *ta noe til ~ for* cite sth in support of; *han tok det til ~ for seg selv* he turned it to account; he made capital of it; *(se sikker).*

inntekts|kilde source of income; *(statens)* source of revenue. **-lignet:** *~ for kr 60 000* taxable income (of) 60,000 kroner. **-skatt** income tax *(av* on); tax on income.

inntil *(prep & konj)* as far as, to; *(i berøring med)* against *(fx* leaning a. the wall); *bildet henger helt ~ veggen* the picture hangs flat against the wall; *~ et beløp av* ... up to an amount of; up to an a. not exceeding ...; *(i tidsuttrykk)* till, until; *~ da* till then; *~ i dag* (even) to this day, even today; *~ nylig* down to recent times; *~ nå* until now, so far, thus far; *~ videre* until further notice, pending further notice, for the moment, for the time being; *~ året 1900* up *(el.* down) to the year 1900; *det kan vare ~ ett år* it may last up to a year; *~ for få år siden* up to a few years ago; *~ han kommer (også)* pending his arrival; *(se også utbygge).*

inntilbens: *gå ~* walk with one's toes turned inwards.

inntog entry; *holde sitt ~* make one's entry, enter.

inntre *(vb)* happen, occur, come to pass, set in; *det har inntrådt en krise* a crisis has arisen.

inntreffe *vb (hende)* happen, occur; *~ samtidig med* coincide with; *det inntrufne* the occurrence; what has happened; *nylig inntruffet (også)* recent; *på grunn av inntrufne omstendigheter* owing to (unforeseen) circumstances; *på grunn av senere inntrufne omstendigheter* owing to intervening circumstances; *hvis intet uforutsett -r* if nothing unforeseen happens; barring accidents.

inntrengen intrusion.

inntrengende *(innstendig)* urgent, pressing; *vi må ~ anmode Dem om å* ... we must urgently request you to.

inntrenger intruder; *(angriper)* invader.

inntrykk impression; *helhets-* general impression; *~ av* impression of *(fx* my first impression of London); *-et av det forferdelige de hadde opplevd satt ennå i dem* the impression of the horror they had experienced was still with them; their minds were still filled with vivid memories of their terrible experience; *mottagelig for ~* impressionable; *mottagelighet for ~* impressionability; *~ på* impression on *(fx* he made a strong impression on them);

han kunne ikke få **dannet** *seg noe ~ av ordboken på den korte tiden* he could not get any impression of the dictionary in such a short time; **etterlate** *det ~ at* ... leave the impression that ...; **fjerne** *(el. rydde av veien) det ~ at* ... dispel the impression that ...;

få *et ~* have an impression; *(stivt)* receive an impression; *få et ~ av* get an impression of; get an idea of; *jeg fikk det bestemte ~ at ..* I had the definite impression that ..; *det var det -et jeg fikk* that was the impression I had; **T** *(også)* that was how it came over to me; *jeg fikk nærmest det ~ at han ikke ville* I rather got *(el.* had) the impression that he did not want to; he rather impressed me as being unwilling; *du har fått et feilaktig ~* you have been given a wrong impression; *jeg fikk et godt ~ av ham* he impressed me favourably; *hvilket ~ fikk du av henne?* what was your impression of her? what impression did you have of her? how did she impress you? how did she strike you? *jeg fikk (det) samme -et* I had the same impression; *man får et tydelig ~ av at* ... one has a distinct impression that ...; *han må få et underlig ~ av oss* he must think us very odd;

bare for å **gi** *deg et ~* just to give you an impression; *for å gi deg et ~ av boka* to give you an idea of the book; *gi ham det ~ at* ... give him the impression that ...; *gi ~ av at* ... convey the impression *(el.* suggestion) that ... *(fx* the book conveys the suggestion that its author is not altogether at home with his subject); *gi ~ av å være* ... seem to be, appear to be, give (one) the impression of being, strike one as being, convey the impression of being ...;

gjøre *et ~* make an impression; *(stivt)* produce an impression; *hans bestemthet gjorde ~ på dem* his firmness impressed them; *for å gjøre ~ på de uvitende* in order to impress the ignorant; *gjøre ~ med noe* make an impression with sth *(fx* I'm sure you'll make an impression with that!); *gjøre et dypt ~ på dem* make a deep impression on them; *hans tale gjorde et dypt ~* his speech made *(el.* created) a great impression; his speech was most impressive; **T** his speech went home; *han gjør alltid et dårlig ~* he always makes *(el.* gives) a bad impression; *gjøre et godt ~ på dem* make a good *(el.* favourable) impression on them; impress them favourably; *han bryr seg ikke om hvilket ~ han gjør* he doesn't bother what impression he makes; *hvilket ~ gjorde det på ham?* what impression did it make on him? how did it affect him? *gjøre et sterkt ~ på dem* make a strong impression on them; impress them strongly; *byen gjør et trist ~* the town gives a dreary *(el.*gloomy) impression; **ikke gjøre** *noe ~* fail to make an impression; make no impression; fail to impress; **T** cut no ice *(på en* with sby); *det gjorde ikke noe ~ på ham (også)* it left him cold; it was lost on him; *det gjorde ikke noe større ~ på ham (også)* it didn't cut a tremendous amount of ice with him;

ha *~ av at* ... have an *(el.* the) impression that ... be under the impression that ...; *jeg har det ~ at* ... it is my impression that...; *jeg hadde det bestemte ~ at* ... I had the definite impression that ...; **skape** *det ~ at* ... give *(el.* create) the impression that ...; **skildre** *sine ~* describe one's impressions; **utveksle** *~* exchange impressions; **T** compare notes; *de møttes for å utveksle ~ fra sine respektive opphold i Afrika* they met to exchange impressions of their respective stays in Africa; *i X har 'det ~ vokst seg fram at de har blitt behandlet nesten som en koloni* in X the impression has grown up that they have been treated rather in the terms of a colony; *(se også oppleve).*

inntullet bundled (up), wrapped (up).

innunder below, under; *~ jul* just before Christmas.

innvandre *(vb)* immigrate.

innvandrer immigrant.

innvandring immigration.

innvandringsstopp immigration stop.

innvarsle *(vb)* inaugurate, herald, proclaim.

innved against, close by *(el.* to).

innvende *(vb)* object *(mot* to); *jeg har ingenting å ~ mot det* I have no objection.

innvendig internal; inside; *det -e* the inside; the interior; *le ~* laugh to oneself.

innvending objection *(mot* to); *gjøre -er* raise *(el.* make) objections; demur; *ikke gjøre noen ~* offer no objection.

innvidd: *de -e* the initiated, those in the secret; **T** those in the know.
innvie *(vb)* consecrate; *(til noe)* dedicate; *(høytidelig åpne)* inaugurate; ~ *i (en hemmelighet)* initiate into.
innvielse *(se innvie)* consecration; dedication; inauguration; initiation.
innvik|le *(vb)* entangle; involve, implicate; *være -let i en sak* be involved in a case, be implicated; ~ *seg i* entangle oneself in; ~ *seg i selvmotsigelser* contradict oneself, involve oneself in contradictions.
innviklet intricate, complex; *gjøre* ~ complicate.
innvilg|e *(vb)* consent *(i* to); grant; **-else** granting; consent.
innvinn|e *(vb)* earn, gain; *(få tilbake)* recover; *(land)* reclaim; ~ *plass* save space. **-ing** gain, recovery; reclamation.
innvirk|e *(vb):* ~ *på* act on, influence, affect. **-ning** influence, effect.
innvoller *pl (anat)* viscera; **T** innards; *(løst brukt)* intestines, bowels, inside(s); *(menneskers)* **T** guts; *(dyrs, fugls, etc)* entrails; *(fisks)* guts; *ta innvollene ut av* eviscerate *(fx* an animal), disembowel, gut *(fx* fish, rabbit, *etc); draw (fx* a fowl).
innvortes 1*(adj): til* ~ *bruk* for internal use; **2** *(adv)* inwardly, internally.
innvåner inhabitant.
innynde *(vb):* ~ *seg* ingratiate oneself *(hos* with).
innøv|e *(vb)* practise, drill. **-else, -ing** practising, practice, drilling.
innånd|e *(vb)* inhale, breathe in. **-ing** inhalation.
insekt insect; **T** creepy-crawly.
insektdrepende insecticidal, insecticide; ~ *middel* insecticide.
inseminasjon insemination.
inserat notice, article.
insignier *(pl)* insignia.
insinuasjon insinuation, innuendo.
insinuere *(vb)* insinuate, hint.
insistere *(vb)* insist *(på* on); ~ *på at noe blir gjort* insist that sth be done (about it), insist on sth being done; *hvis De -r på det* if you insist; *(jvf forlange).*
insolv|ens insolvency. **-ent** insolvent.
inspeksjon inspection; *(ved eksamen)* invigilation; **US** proctoring; *den lærer som har* ~ *(i skolegården)* the master on duty.
inspeksjonsgrav (inspection) pit, garage pit.
inspeksjonsplan *(for tilsyn ved eksamen, etc)* invigilation list.
inspektrise woman inspector; *(ved skole)* vice-principal, assistant p.; second mistress.
inspektør inspector; *(i varemagasin)* shopwalker; floorwalker; *(ved skole)* vice-principal, second master; deputy head; *(lufte-, tilsynshavende ved eksamen)* invigilator; **US** proctor.
inspir|asjon inspiration. **-ere** *(vb)* inspire.
inspiser|e *(vb)* inspect; *(ved eksamen)* invigilate; **US** proctor. **-ing** inspection.
inspisient *(teat)* stage *(el.* house) manager.
installasjon installation.
installer|e *(vb)* install; *vi er nå så noenlunde -t og har nesten kommet i orden* **T** we're now reasonably well installed and almost straight.
instans: *første* ~ court of the first instance; *i første* ~ in the first instance; *i siste* ~ in the last resort; finally; *de lavere -er* the lower courts.
instinkt instinct.
instinktiv instinctive; *-t (adv)* -ly.
instinktmessig instinctive; *(adv)* -ly.
institusjon institution.
institutt institute, institution.
instituttbestyrer principal (of an institute).
instruere *(vb)* instruct, give directions, direct.
instruks instructions *(pl).*
instruksjon instruction, direction.
instruksjonsbok *(bileiers)* instruction book, (car) owner's handbook.
instruksjons|sykepleierske, -søster sister tutor; **US** instructor nurse.
instruktiv instructive.
instruktør instructor; coach; (film) director.
instrument instrument. **-al** instrumental. **-ere** *vb (mus)* orchestrate. **-ering** *(mus)* orchestration, scoring; instrumentation. **-maker** instrument maker.
insubordinasjon insubordination.
intakt intact.
inte|gral integral. **-gralregning** integral calculus. **-grerende** integral. **-gritet** integrity.
intellekt intellect.
intellektuell intellectual.
intelligens intelligence.
intelligent intelligent.
intendant *(ikke-britisk hær)* intendant; *(intendanturoffiser) (også* **US**) *quartermaster officer.*
intendantur *(om ikke-britisk hærordning)* intendancy; *Hærens* ~ **1.** *(***UK:** *dekkes til dels av)* Royal Army Service Corps; **2.** US Army Quartermaster Corps.
intens intense.
inten|sitet intensity. **-siv** intensive.
intensivere *(vb)* intensify.
intensivkurs crash course.
interessant interesting, of interest; *(tankevekkende)* suggestive; *gjøre seg* ~ show off; make oneself look interesting; *for å gjøre seg* ~ *(også)* for effect *(fx* she wears glasses only for effect).
interesse interest; *nyhetens* ~ the charm of novelty; *ha* ~ *for noe* take an interest in sth; *det ligger ikke i min* ~ it is not in my interest; *arbeide (aktivt) for klubbens -r* take an active interest in the club; *nære levende* ~ *for det* take a vivid *(el.* lively) interest in it; *vareta ens* ~ look after one's interest; *vekke ens* ~ arouse sby's i., interest sby; *vise* ~ *for* take an i. in; *kapital- og grunneierinteressene* (the) vested interests; *(se imøtekomme; II. knytte; skape 2; usvekket).*
interesseløs uninteresting; uninterested.
interessent shareholder; partner; interested party; possible buyer *(el.* purchaser); *det meldte seg tre -er (også)* three people said they were interested.
interessentskap partnership.
interesseorganisasjoner *(pl)* professional and industrial bodies.
interessere *(vb)* interest; ~ *seg for* take an interest in, be interested in; *begynne å* ~ *seg for (også)* turn one's attention to.
interessert interested; *være* ~ *i* be interested in; take an interest in; have an interest in *(fx* an undertaking); *jeg er ikke personlig* ~ I am not directly concerned; this is not a matter of personal concern to me; *(se sterkt).*
interessesfære sphere of interest.
interfoliere *(vb)* interleave *(fx* a book).
interimsbevis provisional *(el.* interim) certificate; cover note; *(for aksjer)* script (certificate).
interimsregjering provisional government.
interiør interior; *ovnen passer inn i ethvert* ~ the stove blends easily with any scheme of furnishing.
interiørarkitekt interior decorator *(el.* designer).
interjeksjon *(gram)* interjection.
intermesso intermezzo.
intern internal; *(indrepolitisk)* domestic *(fx* a purely d. matter); *dette må være en* ~ *oppgave for den enkelte skole* this must be a (private) matter for the individual school.
internasjonal international.

internasjonale *(også om sangen)* the International(e).
internat boarding school.
internere *(vb)* intern.
internering internment.
interpell|ant questioner, interpellant. **-asjon** question, interpellation. **-ere** *(vb)* put a question to (sby), interpellate.
interpolere *(vb)* interpolate.
interpunksjon punctuation. **-stegn** punctuation mark.
interrail interrail; *reise med (el.* på) ~ travel by interrail; go by interrail; *reise rundt i Europa på* ~ travel about (in) Europe by interrail (*el.* on an interrail ticket); tour Europe by interrail.
interrailbillett interrail ticket; *med* ~ on an interrail ticket; *(se interrail).*
interregnum *(tronledighet)* interregnum.
interrogativ *(spørrende)* interrogative.
intervall interval; *(se mellomrom).*
interven|ere *(vb)* intervene. **-sjon** intervention.
intervju interview. **intervjue** *(vb)* interview.
intervjuer interviewer.
I. intet *(subst)* nothing, nothingness *(fx* the great n.).
II. intet *(pron): se ingenting; man får ~ for ingenting* one achieves nothing without working for it *(el.* without pains).
intetanende unsuspecting; *(adv)* -ly.
intetkjønn *(gram)* the neuter (gender).
intetsigende insignificant, meaningless.
intim intimate; *bli ~ med ham* get on i. terms with him.
intimitet intimacy; *(se utuktig: ~ omgang).*
intole|ranse intolerance. **-rant** intolerant.
intonasjon intonation.
inton|ere *vb (mus)* intone. **-ering** intonation.
intransitiv *(gram)* intransitive.
intrigant *(adj)* intriguing, scheming.
intrige *(subst)* intrigue; plot *(fx* the p. of a story). **-maker** schemer, intriguer.
intrigere *(vb)* intrigue, scheme.
intrikat intricate, complicated; difficult, ticklish; *et ~ spørsmål* an awkward question, a puzzler, a poser.
intro|duksjon introduction. **-dusere** *(vb)* introduce; *~ noe på det britiske marked* introduce sth on (to) the British market.
introspektiv introspective.
intuisjon intuition; *kvinnelig* ~ woman's intuition; feminine *(el.* female) intuition.
intuitiv intuitive; *-t (adv)* intuitively.
invalid **1***(subst)* disabled person; **2***(adj): bli helt* ~ be totally disabled.
invalidepensjon disablement (,**US:** disability) pension.
invaliditet disablement.
invasjon invasion.
inventar *(bohave)* furniture; *fast* ~ fixtures; *(om uunnværlig el. uunngåelig person)* fixture.
inventarliste inventory.
inversjon inversion.
invertere *(vb)* invert.
investere *(vb)* invest *(i* in).
investering investment.
investeringskapital investment capital
invitasjon invitation *(til* to).
inviter|e *(vb)* invite; ask *(fx* are you sure it will be all right if we ask him?); *(kort)* invite; *jeg ble ikke -t* I wasn't asked; *~ henne ut* (offer to) take her out; *~ fra kongen (kort)* lead from the king; *~ i en farge (kort)* lead *(el.* open) a suit; *~ på kaffe* ask to *(el.* for) coffee; *han -te meg på en kopp kaffe* he asked me out for a cup of coffee; he asked me to have a cup of coffee with him; *han -te noen andre sammen med ham* he invited some other guests (whom he would like) to meet him.
invitt *(kort)* invitation; lead.
ion ion.
Irak *(geogr)* Iraq. **iraksk** *(adj)* Iraqi.
Iran *(geogr)* Iran. **iransk** *(adj)* Iranian, Persian.
ire(r) Irishman; *-ne* the Irish.
irettesette*(vb)* reprove, rebuke, reprimand.
irettesettelse reprimand, reproof, rebuke; *(se påpakning).*
iris *bot (sverdlilje)* iris.
Irland *(geogr)* Ireland, Eire.
irlender Irishman; *-ne* the Irish.
ironi irony; *blodig* ~ deadly i.; *skjebnens* ~ the i. of fate.
ironisere *(vb)* speak ironically.
ironisk *(adj)* ironic(al).
irr verdigris, copper rust.
irrasjonal irrational; *~ størrelse (mat.)* surd.
irre *(vb)* become coated with verdigris, rust.
irret *(adj)* coated with verdigris, rusted.
irreell unreal.
irregulær irregular; *-e tropper* irregulars.
irrelevant *(saken uvedkommende)* irrelevant.
irreligiøs irreligious. **-itet** irreligion.
irritabel irritable.
irritasjon irritation.
irritasjonsmoment irritant.
irritere *(vb)* get on sby's nerves, irritate.
irsk *(adj)* Irish.
Irskesjøen the Irish Sea.
is ice; ice cream; *-en er sikker* the ice is safe *(el.* sound); *svak* ~ thin *(el.* unsafe) ice; *whisky med* ~ whisky on *(el.* over) the rocks; *bryte -en (fig)* break the ice *(fx* at last the ice was broken); *mitt blod ble til* ~ my blood froze; *han gikk gjennom -en og druknet* he fell through the ice and was drowned; *legge på* ~ put on (the) ice; *(fig)* put in(to) cold storage; *det var ~ på dammen* the pond was iced over; *våge seg ut på tynn ~ (fig)* venture out on thin ice; take a big risk; *(se islagt).*
is|aktig icy. **-avkjølt** iced.
is|berg iceberg. **-bjørn** *(zool)* polar bear. **-blokk** block of ice. **-blomst** *(på ruten)* frostwork, ice fern. **-bolt** *(fjellklatring)* (ice) piton.
isbrann [scorching of the grass owing to the sun burning through a thin ice cover].
is|bre glacier. **-brodd** crampon. **-bryter** *(mar)* ice-breaker.
iscenesett|e *(vb)* produce, stage; *(om film)* direct; *(fig)* stage, engineer. **-else** production, staging; *(om film)* direction, directing; *(scenearrangement)* (stage) setting. **-er** producer; *(film)* (film) director.
isdannelse ice formation; *(på fly)* ice accretion.
is|dekke sheet of ice. **-drift** drifting ice.
ise *(vb): skipet var helt -t ned* (ɔ: *nediset)* the ship was completely icebound; *det -r i tennene* my teeth are on edge; *det -r i tennene når jeg drikker kaldt vann* cold water sets my teeth on edge.
iseddik glacial acetic acid.
isenkram hardware, ironmongery. **-forretning** ironmonger's (shop), hardware shop (,**US:** store). **-handler** ironmonger; hardware dealer. **-varer** *(pl)* ironmongery; *(også* **US***)* hardware.
iset *(adj)* ice-covered, icy; slippery with ice.
is|fast frozen over *(fx* lake, river); *(om skip)* icebound. **-fjell** iceberg. **-flak** ice floe. **-flate** sheet *(el.* expanse) of ice, frozen surface. **-fri** ice-free. **-fugl** *(zool)* king-fisher. **-gang** breaking-up of the ice; *det var ~ i elva* the river was full of drifting ice.
ishav arctic *(el.* polar) sea; *(Nord)ishavet* the Arctic Ocean; *Sørishavet* the Antarctic Ocean.

ishavs|farer one who sails the Arctic (,the Antarctic). **-skute** polar *(el.* arctic) vessel.
ishockey ice hockey. **-kølle** ice-hockey stick.
I. ising icing; *(se ise).*
II. ising *zool (sandflyndre)* dab.
isj *(int)* ugh; *(irritert)* there now *(fx* t. now! if it isn't raining!); **US** phooey, ugh.
isjias *(med.)* sciatica.
is|kald ice-cold, icy, cold as ice; *han tok det -t* **T** he was as cold as a cucumber. **-kasse** icebox. **-klump** lump of ice; *føttene mine er som -er* my feet feel like (lumps of) ice, my feet are cold as ice. **-krem** ice cream. **-krembar** ice-cream parlour (**US:** parlor). **-krembeger** ice-cream cup, ice(-cream) tub. **-kremkiosk** ice-cream stall. **-kremmerhus** ice-cream cone.
islagt frozen, covered with ice, iced over *(fx* the lakes remained frozen *(el.* iced over) right up to the month of May).
islam Islam. **-ismen** Islamism. **-itt** Islamite.
Island *(geogr)* Iceland.
islandsk Icelandic; ~ *mose* Iceland moss.
islender *(genser)* Fair Isle sweater.
islending Icelander; *(hest)* Iceland pony.
islett woof, weft; *(fig)* sprinkling, strain.
isløsningen the breaking-up of the ice; *(se isgang).*
isne *(vb): det fikk mitt blod til å* ~ it made my blood run cold. **-nde** freezing, chilling, icy.
isolasjon 1. insulation; **2***(det å avsondre)* isolation.
isolat solitary confinement; **T** solitary; *i* ~ in solitary confinement.
isolator insulator.
isolere *(vb)* **1.** insulate; **2***(avsondre)* isolate.
ispinne ice lolly; *(med sjokoladeovertrekk)* choc ice. **-pose** ice bag.
isprengt sprinkled (with), interspersed with; *(om stoff)* shot (with); *(om farge)* speckled with.
Israel *(geogr)* Israel.
israeler Israeli.
israelsk Israeli.
israelitt Israelite. **-isk** Israelitic.
isranunkel *(bot)* glacier crowfoot.
isrose *se isblomst.*
isse *(anat)* crown, top (of the head); *(faglig)* vertex. **-bein** *(anat)* parietal bone. **-lapp** *(anat)* parietal lobe.
is|skap icebox. **-svull** patch *(el.* lump) of ice; *farlige -er på fortauene* dangerous patches *(el.* lumps) of ice on the pavements.
issørpe brash (of ice).
i sta(d) *(adv)* a while ago.
istandsette *(vb)* repair, mend.
istandsettelse repair, repairing, mending.
istapp icicle.
istedenfor, i stedet for *(prep)* instead of; in lieu of.
istemme *(vb)* join (in singing), chime in; *(begynne å synge)* strike up.
ister *(fett)* leaf fat. **-sild** *(zool)* matie (herring). **-vom** potbelly.
istid glacial age, ice age.
istme isthmus.
i stykker: *se stykke.*
istykkerrustet rusted out *(fx* r.-o. door bottoms).
i stå *se I. stå.*
isvann ice water.
især particularly, especially; *(etterstilt)* in particular; *hver* ~ each; ~ *når* particularly *(el.* above all) when.
Italia Italy.
italiener Italian. **italiensk** Italian.
ivareta *(vb): se vareta.*
iver eagerness; keenness; *(nidkjærhet)* zeal; *(lyst)* zest; *(varm interesse for)* ardour; **US** ardor; *med* ~ eagerly; *(se lyse: iveren lyste ut av øynene på henne).*
iverksett|e *(vb)* effect, carry into effect, carry out, implement; initiate, start; ~ *planen* put the plan into effect. **-else** carrying into execution *(fx* of a judgment); realization, implementation.
ivre *(vb)* say eagerly; ~ *for en sak* be an eager *(el.* keen) supporter of a cause.
ivrig eager; keen; zealous, ardent; ~ *etter å* eager *(el.* anxious) to; *bli* ~ get excited; ~ *i tjenesten* zealous; *(altfor)* over-zealous; *han er svært* ~ **T** he's as keen as mustard; *jeg er ikke lenger så* ~ *på å kjøre bil* I am no longer keen on motoring.
ørefallende easy to hear, striking; **T** catchy.
øynefallende conspicuous; *(slående)* striking; *(meget* ~, *også)* glaring *(fx* his faults are too g. to be overlooked); *på en* ~ *måte* conspicuously; *hvis du gjør det på en så* ~ *måte, merker han det straks* if you're so obvious about it he will notice straight away; *det er meget* ~ it is very conspicuous; **T** it sticks out a mile; it hits you in the eye.

J, j J, j; *J for Johan* J for Jack.
ja *(bekreftende)* yes; *(ja endog, til og med)* in fact, indeed *(fx* they are a first-class firm, in fact, one of the best in the trade; indeed, I am almost certain that ...); *(ved vielse)* I will; *(ved avstemning i underhuset)* aye; *(i overhuset)* content; *(som innledningsord)* well; *få (pikens)* ~ be accepted; *han fikk hennes* ~ she accepted his proposal; *gi ham sitt* ~ accept his proposal; *si* ~ *til* accept; *svare* ~ answer yes, answer in the affirmative; ~ *gjerne!* certainly! ~ *men* (yes) but; *(se også jaså & javel).*
jabbe *(vb)* **1.** trudge, plod; pad *(fx* she padded out in her stocking(ed) feet); **2.** jabber, talk indistinctly.
jade jade.
jafs gulp *(fx* swallow it at one gulp), mouthful; *i en* ~ in one mouthful.
jafse *(vb):* ~ *i seg* bolt *(fx* one's food), wolf down; **US** *(også)* chomp.
jag 1. chase, hunt; **2.** (mad) rush, bustle; *et* ~ a rush; *(se også kjør).*
jage *(vt)* chase; hunt; *(fordrive)* drive (away, off, out, *etc); hunt (fx* h. him out of the country; h. the cat out of the garden); *(vi):* ~ *av sted* tear along; *jeg ble -t opp av senga kl. 6 i dag*

morges they routed me out of bed at six this morning; ~ *på* urge on, hurry *(fx* h. sby); ~ *på dør* turn out; ~ *på flukt* put to flight.
jager *(mar)* destroyer; *(undervannsbåt-)* submarine chaser; *(fly)* fighter (plane); *(seil)* flying jib.
jagerfly fighter (plane).
jaggu *(ed)* by God.
jaguar *(zool)* jaguar.
jakke coat, jacket.
Jakob James; *(bibl)* Jacob. **j-iner** Jacobin.
jakobsstige Jacob's ladder.
I. jakt *subst (fartøy)* sloop; *(lyst-)* yacht.
II. jakt *(subst)* chase, shooting; *(storvilt-)* hunting; ~ *på* hunt for *(fx* the hunt for the criminal began); *gjøre* ~ *på* hunt, pursue; *gå på* ~ go (out) shooting; *de opptok -en på forbryteren* they set off in pursuit of the criminal; *være på* ~ *etter (fig)* be on the look-out for, hunt *(fx* I have been hunting that edition for years).
jakt|avgift *(-kort)* game licence.
jakte *(vb)* hunt; shoot *(fx* he fishes, but doesn't shoot); ~ *på* hunt for.
jakt|falk *(zool)* gerfalcon. **-gevær** sporting (,**US:** hunting) rifle. **-hund** sporting dog; hound; **US** hunting dog. **-kniv** hunting knife. **-leopard** *(zool)* cheetah. **-marker:** *de evige* ~ *(myt)* the Happy Hunting Grounds; *dra til de evige* ~ **T** go to one's Father; be gathered to one's fathers; *sende en til de evige* ~ **T** send sby to Kingdom Come; launch sby into eternity; send sby to the happy hunting grounds.
jakt|rett shoot; hunting right(s), shooting right(s), right to hunt *(el.* shoot), sporting rights; *leie* ~ lease a shoot; **US** lease hunting rights *(el.* a hunting preserve). **-selskap** hunting (,shooting) party; *(ved parforsejakt)* hunt. **-terreng** hunting ground. **-tid** hunting *(el.* shooting) season, open season; *det er ikke* ~ there is no hunting *(el.* shooting).
jam-: *se jevn-.*
jam|be iamb(us). **-bisk** iambic.
jammen certainly, indeed, to be sure.
jammer complaining; **T** moaning; *(litt.)* lamentation, wailing; *(elendighet)* misery; *en* ~ *å se* a miserable sight. **-dal** *(bibl = jorden)* vale of tears.
jammerlig *(adj)* miserable, wretched, pitiable.
jammerlighet wretchedness, pitiableness.
jammerskrik cry of distress.
jamn: *se jevn.*
jamre *(vb)* complain; ~ *seg* complain; **T** moan; *(litt.)* lament, wail; *(stønne)* moan, groan.
jamsi(de)s side by side, abreast.
jamstilling equality; *(se jevnstille).*
janitsjar janissary; *(i orkester)* trap drummer.
janitsjarmusikk janissary music.
januar January.
Japan Japan.
japaneser(inne) Japanese (woman).
japanesisk, japansk Japanese; *japansk ris* puffed rice.
jare selvage; selvedge.
jarl earl. **-edømme** earldom.
jasmin *(bot)* jasmine.
jaspis *(min)* jasper.
jas(s)å well, well; *(virkelig)* really? indeed?
jatte *(vb):* ~ *med en* play *(el.* go) along with; give in to *(fx* you must not always give in to him; it doesn't help); *en som -r med alle* **T** a yes-man; *(se føye).*
Java Java.
javaneser Javanese. **javanesisk** Javanese.
javel yes! yes, sir! *(mar)* aye aye (,sir)! *(se vel).*
jazz jazz; *danse* ~ dance to j. music. **-konsert** jazz show.
Jeanne d'Arc Joan of Arc.
I. jeg *(subst)* ego, self; *mitt annet* ~ my alter ego; *ens bedre* ~ one's better self; *appellere til hans bedre* ~ appeal to his better nature *(el.* feelings).
II. jeg *(pron)* I; ~ *selv* I myself;~ *så det selv* I saw it myself; ~ *arme synder* a poor sinner like me; *det er jeg* (,**T:** *meg)* it's me; *min kone og* ~ my wife and I; my wife and myself.
jeger hunter. **-korps** *(mil)* corps of chasseurs.
jeg-form: *i* ~ in the first person.
jekk *(bil-)* (car) jack.
jekke *(vb)* jack *(opp* up); ~ *seg (opp) (fig)* throw one's weight about; swagger; *(yppe strid)* get nasty; **US** *(også)* act big; *jekk deg ned! (også* **US***)* pipe down! ~*en ned* **T** take sby down a peg (or two); ~ *ut (rival): han prøver å* ~ *meg ut* he's trying to get between me and my girl; he's trying to cut me out with my girl.
jeksel *(anat)* molar.
jenke *vb (avpasse):* ~ *på noe* put sth right, straighten sth out, put sth to rights; ~ *seg etter* adapt oneself to; *det -r seg* the matter will right itself *(el.* will straighten itself out); it will settle down all right.
jens: *en pikenes* ~ a ladies' man.
jente girl; *jenta (ɔ: kjæresten) har slått opp med meg* **S** my girl has walked out on me; *en* ~ *i hver havn (ofte)* a wife in every port of call; *(jvf kjei).*
jentefut [man who chases girls]; *(kan gjengis)* skirt chaser.
jentunge little girl; *(bare) en liten* ~ a (mere) chit of a girl.
Jeremi|as Jeremiah. **j-ade** jeremiad.
jern iron; *gammelt* ~ scrap iron; *smi mens -et er varmt* strike while the iron is hot; *ha mange* ~ *i ilden* have many irons in the fire; *han er et* ~ he's a hard worker.
jernalder Iron Age.
jernbane railway; **US** railroad; *med -n* by rail.
jernbane- railway; **US** railroad.
jernbane|anlegg railway construction. **-arbeider** railway worker.
jernbanedirektør 1 *(sjef for en av de åtte' regions' ved* British Rail) regional director; **2:** *se banedirektør, drifts- og trafikkdirektør, elektrodirektør, forrådsdirektør, maskindirektør, personaldirektør, økonomidirektør, som alle har tittelen «jernbanedirektør».*
jernbane|drift operation of railways, railway service. **-ekspeditør** booking clerk; *(som betjener tog)* station foreman; *(se stasjonsformann).* **-forbindelse** railway connection. **-fullmektig** *(fung. stasjonsmester)* station inspector; *(innendørs)* senior booking clerk. **-funksjonær** r. employee *(el.* official). **-fylling** r.embankment. **-knutepunkt** (r.) junction. **-kupé** (r.) compartment. **-linje** (r.) line. **-mann** railwayman; r. employee *(el.* official). **-materiell** r. matériel; *rullende* ~ rolling stock. **-nett** r. system. **-overgang** level crossing *(fx* an ungated (,a gated) l. c.); **US** grade crossing. **-restaurant** station restaurant, (station) refreshment room; *(mindre)* buffet. **-skinne** rail. **-skjæring** railway cutting. **-stasjon** railway station; **US** railroad depot *(el.* station). **-strekning** section of the (,a) line.
jernbanesville (railway) sleeper.
jernbanetakster *(pl)* railway (freight) charges; r. passenger rates.
jernbanetomt railway yard; railway premises, r. grounds; *(se godstomt & skiftetomt).*
jernbane|transport carriage by rail. **-ulykke** railway accident. **-undergang** subcrossing. **-vogn** railway carriage; *(faglig)* (r.) coach; **US** railroad car.
jernbeslag iron fittings; *(på fx kasse)* iron band(s).

j

jernbinder iron fixer.
jern|blekk, -blikk sheet iron. **-bryllup** seventieth wedding anniversary.
jernbyrd *(hist)* [ordeal by carrying hot iron].
jern|filspon iron fillings. **-grep** *(fig)* iron grip, stranglehold *(fx* break the Red s. on vital supply lines).
jern|hard hard as iron; *(om person, også)* hard, unyielding; merciless; ~ *disiplin* rigid *(el.* iron) discipline; ~ *vilje* iron will. **-helbred:** *se -helse.* **-helse** iron constitution. **-holdig** ferruginous, iron-bearing.
jern|lunge *(apparat)* iron lung. **-malm** iron ore. **-pille** *(med.)* iron pill. **-seng** iron bedstead; the iron frame of a bed. **-stang** iron bar. **-støperi** iron foundry. **-teppe** iron curtain; *ha* ~ *(fig)* have a blackout; *jeg fikk* ~ *(også)* my mind went blank. **-varehandler** ironmonger; **US** hardware dealer. **-vilje** iron will.
jerpe *zool (hønsefugl)* hazel grouse.
jerseytrøye jersey jacket.
Jerusalem Jerusalem; *-s skomaker* the Wandering Jew.
jerv *(zool)* glutton; wolverine.
jesuitt Jesuit. **jesuittorden** order of Jesuits.
jesuittisk Jesuitical.
jesuittisme Jesuitism.
Jesus Jesus; ~ *Kristus* Jesus Christ.
jeté jetty.
jet|fly jet plane. **-jager** jet fighter.
jetpropellfly prop jet aircraft.
jette giant. **-gryte** *(geol)* pothole.
jevn even, level; *(glatt)* smooth; *(ensartet)* uniform; *(enkel)* plain, simple; ~ *gang* steady pace; *et -t humør* an even temper; *med* ~ *hastighet* at an even speed; *med -e mellomrom* at regular intervals; *i -e kår* in modest circumstances; *den -e mann* the common man, the man in the street; ~ *produksjon* a regular output; *(se jevnt (adv)).*
jevnaldrende (of) the same age; *han er* ~ *med meg* he's my age.
jevnbred of uniform breadth.
jevnbyrdig *(i dyktighet)* equal in ability; ~ *med* equal to; on a par with; *deres -e* their equals.
jevndøgn equinox.
jevne *(vb)* level, even; *(fig)* smooth (down), adjust, set right; ~ *suppe med mel* thicken soup with flour; ~ *veien for* smooth the path for; ~ *med jorden* level with the ground.
jevn|føre *(vb)* compare; *(se sammenligne).* **-føring** comparison; *(se sammenligning).*
jevngod: ~ *med* as good as, equal to.
jevnhet smoothness, evenness.
jevning **1.** levelling, evening, smoothing; **2***(til suppe)* thickening.
jevnlig *(adj)* frequent; *(adv)* frequently, often.
jevnsides side by side, abreast, alongside.
jevnstille *(vb)* place on an equal footing *(med* with); *jevnstilte former* alternate (linguistic) forms; *(se jamstilling).*
jevnt *(adv)* evenly; smoothly; in a regular manner; gradually; steadily; *avta* ~ decrease gradually *(el.* steadily); ~ *dyktig* of average ability; ~ *godt* fairly well; ~ *og trutt* steadily.
jibbe *vb (seilsp)* gybe; ~ *på lens* gybe on a run.
jo 1 *(som svar på nektende spørsmål)* yes; certainly; to be sure; *(nølende)* well; well, yes; *å* ~*!* *(bedende)* please, do! ~ *visst!* certainly! of course! *(iron)* indeed! **2***(trykksvakt adv)* after all, of course, you know; *De må* ~ *vite at* you must indeed know that; *vi visste* ~ *godt at* we certainly knew that; of course we knew that ...; *der er han* ~*!* why, there he is! *jeg er* ~ *likså høy som du* I'm just as tall as you are, you know; *her kommer jeg* ~*!* here I come, don't you see? *de kunne* ~ *ikke være der bestandig* of course, they couldn't always stay there; *(gjengis ofte med trykk på verbet) det vet du* ~ but you ˋknow that; *han er* ~ *din sønn* he ˋis your son; **3***(konj): jo ... jo* the ... the; ~ *før* ~ *heller* the sooner the better; the earlier the better *(fx* the earlier you send the machines, the better); ~ *fler(e)* ~ *bedre* the more the merrier; ~ *mer jeg øver meg, desto dårligere synger jeg* the more I practise, the worse I sing; *veien blir smalere* ~ *lenger vi går* the road gets narrower the farther we go.
jobb job, piece of work; *en behagelig* ~ **T** a soft *(el.* cushy) job; *alle de fine -ene* **T** all the plum jobs; *(se også innsats).*
jobbe *(vb)* **1***(neds)* speculate (in stocks); **2. T** work. **-r** speculator. **-tid** boom period.
jobbing stockjobbing.
jockey jockey.
jod iodine.
jod|forbindelse iodine compound. **-holdig** iodic.
jodle *(vb)* yodel.
joggesko *(pl)* track shoes; trainers; running shoes; **T** daps.
johanitter|orden Order of Malta. **-ridder** Knight of Malta.
Johan(nes) John.
joik [chant on a monotone, used by Lapps to tell the story of a person or past event].
joike *(vb)* [chant on a monotone with a strong rhythm]; *(kan gjengis)* chant; *(jvf joik).*
jojo *(leketøy)* yo-yo *(fx* it was going up and down like a yo-yo).
jolle dinghy, jolly boat.
jomfru **1***(møy)* virgin; *gammel* ~ old maid; ~ *Maria* the Virgin Mary; **2***(astr): Jomfruen* Virgo; the Virgin.
jomfrubur maiden's bower.
jomfrudom virginity, maidenhood.
jomfruelig virgin, virginal. **-het** virginity.
jomfruhinne *(anat)* hymen; maidenhead.
jomfrunalsk spinsterish, old-maidish.
jomfru|tale maiden speech. **-ære** maiden honour.
jommen *(adv):* ~ *sa jeg smør! (iron)* what a hope! don't you believe it! *i et fritt land,* ~ *sa jeg smør (iron)* in a free country, I don't think!
jonsok Midsummer Day. **-bål** bonfire celebrating Midsummer Night. **-kveld** Midsummer Eve. **-natt** Midsummer Night.
jord earth; *(overflate)* ground; *(jordbunn, land)* soil, land; *(jordegods)* land; *dyrket* ~ cultivated land; *her på -a* here on earth; *-ens produkter* the products of the soil; *-en dreier seg om sin akse* the earth revolves on its axis; *falle i god* ~ fall into good ground; *spøken falt i god* ~ the joke went down; *falle til -en* fall to the ground; *følge en til -en* follow sby to the grave; *sette himmel og* ~ *i bevegelse* move heaven and earth; *synke til -en* sink to the ground; *slaget strakte ham til -en* the blow laid him low; the b. sent him to the ground; *under -en* under ground, underground *(fx* work u.).
jordaktig earthy.
Jordan *(geogr)* Jordan.
jordaner Jordanian.
jordansk Jordanian.
jord|arbeider construction worker. **-bruk** agriculture, farming; *(se handelsjordbruk; selvbergingsjordbruk).* **-bruker** farmer. **-bruksskole** agricultural school; **UK** *(ofte)* farm institute; *(jvf landbrukshøyskole).*
jordbunden earth-bound, prosaic, materialistic, pedestrian *(fx* literature ceased to soar and became p.); *hans jordbundne tankegang* = he never had a lofty thought.
jordbunn soil.

jordbær *(bot)* strawberry; *mark-* wild s. **-saft** strawberry syrup. **-syltetøy** strawberry jam.
I. jorde *subst* (arable) field; *være helt på -t* **T** be all at sea; be out of touch; have got the wires crossed; be barking up the wrong tree; be on the wrong track *(el.* scent); be very much mistaken.
II. jorde *(vb)* bury, inter.
jordegods landed property, lands.
jordeiendom landed property, lands.
jordeier landed proprietor, landowner; *(se grunneier).*
jord(e)liv earthly existence, the *(el.* this) present life, life on earth.
jorderike *(poet)* the earth, the world.
jorderosjon *(geol)* soil erosion.
jord|fall *(geol)* subsidence. **-farge** earthen colour.
jord|fellesskap *(hist)* communal ownership of land. **-feste** *(vb)* bury, inter. **-festelse** burial, interment. **-flyting** *(geol)* soil creep. **-forbindelse** *(radio)* earth connection. **-freser** rotavator; soilmiller. **-hytte** mud hut.
jordisk earthly, terrestrial, worldly; *-e levninger* mortal remains.
jord|klode globe. **-klump** lump of earth. **-lag** stratum of earth. **-ledning** earth (lead); **US** ground. **-loppe** flea beetle; *(gulstripet)* turnip flea. **-magnetisme** terrestrial magnetism. **-nøtt** peanut, groundnut.
jordmor midwife.
jordmorelev pupil midwife.
jord|olje crude oil. **-omseiler** circumnavigator (of the globe). **-omseiling** circumnavigation (of the globe). **-overflate** surface of the earth. **-periode** geological period.
jordpåkastelse ceremony of sprinkling earth on the coffin; *(svarer til)* graveside ceremony; *forrette -n* officiate at the g. c.
jord|ras landslide, earth slip. **-skifte** *(kan gjengis)* severance; (*NB* Severance means the division of lands formerlig held in a single ownership or the severing of one portion of such land). **-skjelv** earthquake. **-skorpen** the crust of the earth *(fx* under the c. of the earth). **-skred** landslide. **-skyld** ground rent. **-slag 1.** type of soil; **2***(meldugg)* mildew. **-slått** *(adj)* damp-stained; *(muggen, full av meldugg)* mildewed; *(om papir)* foxed.
jordsmonn soil, ground.
jordstyre [council committee concerned with questions of land and forest use].
jordsvin *(zool)* aardvark, ant bear.
jord|trell, -træl toiler on the land; **US** grubber.
jordtretthet *(geol)* soil exhaustion.
jordulv *(zool)* aardwolf.
jord|vendt *(adj)* concerned with earthly things, earth-bound; *(jvf jordbunden).* **-vei** (cultivated) farm land. **-voll** earthwork, rampart.
jorte *(vb)* chew the cud.
Josef Joseph; **T** Joe. **-ine** Josephine.
jotun *(pl: jotner) (myt)* giant.
jour: *à* ~ up to date (NB *attributivt:* up-to-date, *fx* an up-to-date list); posted up; *à* ~ *med* posted (up) in; informed on *(fx* we shall keep you i. on the situation); *føre à* ~ bring up to date, post up, date up.
jourhavende on duty, on watch.
journal journal; *(hospitals)* case record; *(den enkelte pasients)* case sheet; *(mar)* log(book); *føre* ~ keep a journal (,a case record, a log); *føre inn i -en* enter in the j. (,the log, *etc).*
journal|ist journalist, (press) reporter. **-istikk** journalism. **-istisk** journalistic.
jovial jovial, genial, jolly. **-itet** joviality.
jubel exultation, jubilation; *(glede)* rejoicings; *latter og* ~ laughter and joy. **-år** (year of) jubilee; *en gang hvert* ~ **T** once in a blue moon.
jubilere *(vb)* celebrate a jubilee.
jubileum jubilee; anniversary; *feire et* ~ celebrate an anniversary.
jubileumsutgave jubilee edition.
jubileumsår year of celebration; *i -et er NN formann* NN is chairman in this year of celebration.
juble *(vb)* shout (with joy), exult, be jubilant.
jublende jubilant, exultant.
jubling exultation, jubilation.
Judas Judas.
judaskyss Judas kiss; *(ofte)* kiss of death.
judaspenger *(pl)* Judas money, traitor's wages; (his) thirty pieces of silver; *(ofte)* blood money.
judisiell judicial; *han ble varetektsfengslet for* ~ *observasjon* he was remanded in custody for medical report.
jugl gaudy finery, rubbish.
jugoslav Yugoslav.
Jugoslavia Yugoslavia.
jugoslavisk Yugoslav; Yugoslavian.
juks 1. trickery, deceit; **2.** rubbish, trash.
jukse *(vb)* cheat. **-maker** cheater.
jul Christmas; **T** Xmas; *feire* ~ celebrate *(el.* keep) Christmas; *i -en* at Christmas; over the C. period; **T**: over Christmas; *vi hadde en rolig* ~ our Xmas passed quietly; *ønske en gledelig* ~ wish sby a merry Christmas.
julaften Christmas Eve; *lille* ~ the night before C. Eve.
jule *(vb): se pryle.*
julebord: *han skal på* ~ *(kan gjengis)* he is going to a Christmas dinner.
jule|bukk *(intet tilsv.; i Engl. julaften)* carol singer. **-dag** Christmas Day; *annen* ~ Boxing Day. **-evangelium** gospel for Christmas Day; **US** C. gospel. **-ferie** C. holidays. **-fest** Christmas (celebrations). **-gave** Christmas gift *(el.* present).
jule|glede 1. Christmas gaiety *(el.* joy); **2***(bot)* winter-flowering begonia. **-handel** C. trade; *i London på* ~ in L. on a C. spree. **-helg** C. season. **-hilsen** Christmas greeting. **-kake** *(omtr =)* fruit loaf. **-klapp** C. gift; *(til postbud, etc)* C. box. **-knask** C. titbits. **-kort** C. card. **-kveld** *se julaften.*
jule|lys Christmas candle. **-merker:** *hvis ikke alle* ~ *slår feil* unless all signs mislead. **-morgen** C. morning. **-natt** C. night. **-nek** C. sheaf (of oats) (hung out for the birds to feed on). **-nissen** *(svarer til)* Father Christmas; **US** Santa Claus. **-rose** *(bot)* hellebore. **-salme** C. hymn. **-sang** C. song.
julestemning Christmas spirit *(el.* feeling), spirit of C., Christmassy atmosphere; *det ble liksom ingen riktig* ~ *det året* it was as if we couldn't really get the spirit of C. that year; *være i* ~ **T** feel Christmassy; *jeg er i* ~ *(også)* I've got the C. feeling.
jule|stjerne 1. Star of Bethlehem; **2.** [star at the top of the Christmas tree]; *(kan gjengis)* Christmas tree star; **3***(bot)* poinsettia. **-stri** rush *(el.* work) before C., C. rush.
juletentamen *(kan gjengis)* Christmas (term) examination *(fx* in English, *etc).*
jule|tid Christmastime. **-travelhet** Christmas rush *(el.* busy period), C. pressure period.
juletre C. tree; *høste -et* take *(el.* get) the decorations off the C. tree, strip the C. tree (of its decorations). **-fest** *(kan gjengis)* Christmas ball. **-fot** stand for a (,the) C. tree, C. tree stand. **-pynt** C. tree decorations.
jule|uke Christmas week. **-utstilling** C. display. **-ønsker** wishes as regards Christmas presents;

jury
The jury

The jury in Norway is established by law since 1887 and consists of 10 members all being laymen. The members are between the ages of 18 and 65, all with a clean record, of course. The jury decides the verdict. To reach a verdict at least seven of the members must agree on whether the defendant is guilty or not. Very seldom a verdict will be overruled. The jury is used in certain trials.

han hadde en lang liste med ~ he had a long list of things he would like for Christmas.
juli July; *(se også I. sist).*
juliansk Julian.
juling beating, thrashing, bashing *(fx* get a b.).
jumbo bottom *(fx* I was b., he was top); *(jvf bestemann).*
jumbopremie booby prize; wooden spoon; *få* ~ **T** *(også)* come bottom.
jumpe *(vb)* jump, leap.
jumper jumper.
jungel jungle.
jungmann *(mar)* junior seaman; **US** seaman recruit.
juni June.
junior junior.
junker (young) nobleman, squire; *(tysk)* junker. **-herredømme** squirearchy; *(tysk)* junkerism.
Juno Juno.
junoisk Junoesque, stately.
Jupiter Jupiter, Jove.
jur *(zool)* udder.
jura *se jus.*
juradannelse *(geol)* Jurassic formation.
juridikum *(juridisk embetseksamen)* examination in law; law examination; *ta* ~ graduate in law.
juridisk legal, juridical; *Det -e fakultet* the Faculty of Law; *i* ~ *forstand* in a legal sense; ~ *sett* from a legal point of view; ~ *sett kan han ikke gjøre deg noe* he has no legal handle against you; **T** legally he has nothing on you; *i -e spørsmål* in legal matters; *han har* ~ *embetseksamen* he has graduated in law; he has taken a law degree; ~ *kandidat* graduate in law; ~ *konsulent* legal adviser; *sakens -e side* the legal aspect of the affair; ~ *student* law student; *søke* ~ *hjelp* seek legal aid *(el.* assistance), seek legal advice.
jurisdiksjon jurisdiction.
jurisprudens jurisprudence.
jurist *(rettslærd)* jurist; *(praktiserende)* lawyer; legal practitioner; *(student)* law student; *den som vil bli* ~, *må ha evne til å se de vesentlige momenter i et komplisert saksforhold* anyone wanting to become a lawyer must have the ability to grasp the essentials of a complicated case; *(se advokat).*
juristeri legalistic hair-splitting, legal quibbling.
jury jury; panel of judges *(fx* in a beauty contest); *være medlem av en* ~ *(jur)* serve on a jury.
juryliste (jury) panel.
jurymann juror, juryman.
jus law, jurisprudence; *lese (el. studere)* ~ read *(el.* study) law; *(for å bli* 'barrister') read for the bar; *(jvf juridikum).*
just just, precisely, exactly; *ikke* ~, ~ *ikke* not exactly.
justerdirektør chief trading standards officer; *(hist)* director of weights and measures.
justere *(vb)* adjust; *(regulere)* regulate; *(trelast)* machine; ~ *lyset (på bil)* adjust *(el.* align) the headlights; ~ *motoren* tune the engine; *(jvf innstille).*
justering adjustment, adjusting; tuning; *motor*-engine tune-up.
justervesen *(svarer til)* Office of Weights and Measures; **US** Bureau of Standards.
justis (administration of) justice. **-departement** Ministry of Justice; **UK** *(intet tilsv.; svarer ofte til)* the Home Office; **US** Department of Justice. **-minister** Minister of Justice; *(***UK** *fordelt på flere, især)* Lord Chancellor, Home Secretary; **US** Attorney-General. **-mord 1.** miscarriage of justice; **2***(henrettelse)* judicial murder.
justitiarius Lord Chief Justice.
jute jute.
jutul *se jotun.*
juv gorge; **US** canyon, gorge.
juvel jewel, gem. **-besatt** jewelled.
juveler jeweller. **-butikk** jeweller's shop.
juvelskrin jewel case.
jyde Jutlander.
Jylland *(geogr)* Jutland.
jypling *(neds)* young whippersnapper.
jysk Jutlandish.
jærtegn sign, omen, portent.
jævel *(vulg)* devil; *han er en* ~ *(også)* he's a bastard; *han er en heldig* ~ he's a lucky bastard.
jævla S: *se jævlig.*
jævlig 1*(adj)* devilish; hellish; *han er* ~ **T** he's a nasty customer; he's a devil; *det er for* ~ **T** that's really too bad; **2***(adj)* **T** *(fordømt)* flipping; blooming; flaming *(fx* you flaming idiot!); **3***(adv)* **T** *(veldig)* damn; *han er en* ~ *all right kar* he's a damn good chap; *ikke* ~ *sannsynlig* **T** not bloody likely; *(vulg)* not fucking likely; *(jvf sabla).*
jøde Jew.
jøde|dom Judaism, Jewry. **-forfølgelse** persecution of (the) Jews. **-hat** anti-Semitism. **-hater** anti-Semite. **J-land** Palestine, the Holy Land.
jødinne Jewess. **jødisk** Jewish.
jøkel glacier. **-elv** glacier torrent.
jøss(es) **T** O Lord! Jimini! *(cockney)* stone the crows! holy smoke! **US** gee!
jøssing [Norwegian patriot during World War II].
jål foolishness, nonsense; showing off.
jåle *(subst)* silly woman, show-off; *(jvf interessant: gjøre seg* ~*).*
jålet affected, foolish, silly.

k

K, k K, k; *K for Karin* K for King.
kabal *(kort)* patience; **US** solitaire; *-en går opp* the p. comes out; *legge* ~ play p.; **US** play s.; *legge flere -er* play several games of p.
kabale *(intrige)* cabal, intrigue.
kabaret cabaret (show); *(mat; kan gjengis)* hors d'oeuvres; *fiske-* fish in aspic; *grønnsak-* vegetables in aspic.
kabaretfat (sectioned) hors d'oeuvre dish.
kabb *(planke-): se kubbe.*
kabel cable.
kabel|lengde *(mål)* cable length. **-sko** cable terminal. **-telegram** cablegram.
kabin cabin; *(se lugar).*
kabinett cabinet.
kabinett|sekretær (the King's) private secretary. **-spørsmål** question *(el.* matter) of confidence; *stille* ~ demand a vote of confidence.
kabriolet cabriolet, convertible *(el.* drophead) car; **US S** vert.
kabyss *(mar)* galley.
kadaver corpse, cadaver, carcass.
kadaverdisiplin blind, slavish discipline.
kader cadre.
kadett *(mar)* midshipman; *(jvf befalselev).*
kafé café; **S** caff; *(svarer ofte til)* restaurant.
kafeteria cafeteria.
kaffe coffee; *be en til* ~ ask sby in for afternoon coffee; *brenne* ~ roast c.; *koke* ~ make c.; ~ *med fløte (el. melk)* white c.; *svart* ~ black c.; *(se invitere).*
kaffe|blanding blend of coffee. **-bord** coffee table. **-bønne** c. bean. **-dokter** laced coffee. **-grut** c. grounds; *spå i* ~ *(svarer til)* tell fortunes from the tea leaves.
kaffein *se koffein.*
kaffe|kanne coffeepot; **US** *(også)* coffee server. **-kjele** [kettle for making coffee]; *(intet tilsv., svarer til)* coffeepot. **-kopp** coffee cup; *(kopp kaffe)* cup of c. **-kvern** coffee grinder; *(også* **US**) c. mill.
kaffer Kaffir.
kaffe|servise coffee service, c. set. **-slabberas** coffee party; **T** bun fight; **S** hen party; **US** *(også)* coffee klatsch. **-traktemaskin** (coffee) percolator; **T** coffee-maker. **-tur:** *dra på* ~ go on a picnic, go picnicking; *(se I. tur).* **-tørst** longing for coffee; *jeg er* ~ I feel like a cup of coffee. **-tår** (small) cup of c.
kaftan caftan.
kagge keg.
kahytt cabin; *(se også lugar).*
kahyttsgutt cabin boy.
kai quay, wharf; *fra* ~ *(om levering)* ex quay; *legge til* ~ come alongside q.; *ved* ~ alongside q.
kaianlegg quay structures *(el.* works).
kaie *(zool)* jackdaw.
Kain Cain. **kainsmerke** brand of Cain.
kai|lengde (lineal) quayage; **US** (lineal) wharf capacity. **-penger** *(pl)* quay dues. **-plass** moorage, mooring space; mooring accommodation; *(for enkelt skip)* quay berth; *(jvf båtstø).*
kajakk kayak. **-padler** kayaker.
kajennepepper Cayenne pepper; *(hele)* chillies.
kakadu *(zool)* cockatoo.
kakao cocoa. **-bønne** cocoa bean.
kake cake; *bløt-* layer cake; cream cake; *(liten konditor-)* French pastry, tea fancy; *småkaker* tea cakes; **US** cookies; *(jvf konditorkake); tørre -r (kun om de flate)* biscuits; **US** cookies; *mele sin egen* ~ feather one's (own) nest; look after number one; *(især på uærlig vis)* line one's pocket; *ta hele kaka* **T** *(fig)* bag the whole lot.
kakebaking cake making.
kakeboks biscuit *(el.* cake) tin.
kakebu *(mil)* **T** glasshouse; **US** guardhouse *(fx* get ten days in the g.).
kake|bunn flan case; base of a layer cake. **-deig** pastry; **US** dough. **-fat** cake dish. **-form** cake tin; baking tin; **US** *(også)* cake pan.
kakelinne [period of mild weather in December, when Christmas cakes are being made].
kakemons: *han er en ordentlig* ~ he has a passion for cakes; **T** he's a great one for cakes.
kakerlakk *(zool)* cockroach.
kakespade *(også* **US**) cake server.
kaketrinse pastry jagger.
kakevase cake stand.
kaki khaki. **-kledd** dressed in khaki.
kakke *vb (banke)* tap, knock, rap; *(om fugl)* peck; ~ *hull på et kokt egg* crack a boiled egg.
kakkel glazed tile; Dutch tile.
kakkelovn (tiled) stove; (NB *svarer i England til kamin:* fireplace); **US** (tiled) heating stove.
kakkelovnskrok chimney corner; *(svarer til)* inglenook.
kakle *(vb)* cackle. **kakling** cackling.
kakse **1***(storbonde)* farmer in a large way; **2***(person som slår stort på)* bigwig, swell.
kakstryke *(vb)* whip (at the whipping post).
kaktus *(bot)* cactus; (NB *pl* cacti *el.* cactuses).
kala *(bot)* calla.
kalamitet calamity.
kalas **T** jollification, binge; *spise- og drikkekalas* **T** blow out.
kald *adj (se også kaldt)* cold *(fx* it is cold today; the tea is quite c.; his manner to me was extremely c.); *(også geogr)* frigid *(fx* the f. zones; the room was positively f.); *(ubehagelig ~, også)* chilly *(fx* a c. room); *(om vesen)* cold, frigid *(fx* with f. politeness); *(uerotisk)* frigid; *(kaldblodig)* cool, calm, composed; ~ *anretning* cold buffet (,lunch, supper, *etc); (se koldtbord); med -t blod* in cold blood; *holde hodet -t* keep a cool head, keep cool, keep one's head; *slå -t vann i blodet på en* damp sby's ardour *(el.* enthusiasm); **T** throw cold water on sby; *i en* ~ *tone* in a frigid tone; *det var -t i været* the weather was cold; *helt* ~ *(også)* stone cold; *være* ~ *mot en* treat sby with coldness; *jeg er* ~ *på hendene* my hands are cold; *(se også kjølig).*
kaldblodig *(rolig)* cool; composed; *(om dyr)* cold -blooded; *(adv)* in cold blood; coolly.
kaldblodighet coolness, composure.
kald|flir sneer. **-flire** *(vb)* sneer. **-rett** cold dish; cold plate. **-røyke** *(vb)* suck an unlighted pipe, draw on an u. pipe.
kaldstart *(om bil)* starting from cold, s. with a cold engine, cold starting.
kaldsvette *(vb)* be in a cold sweat.

kaleidoskop kaleidoscope.
kalender calendar. **-år** c. year.
kalesje (collapsible) hood; *(også* **US***)* folding top.
kalfatre *vb (mar)* caulk. **-r** caulker.
kali *(kjem)* potash.
kaliber calibre; **US** caliber.
kalibrere *(vb)* calibrate.
kalif caliph.
kalifat caliphate.
kalifornisk Californian.
kali|hydrat hydrate of potash. **-lut** potash lye. **-salpeter** nitrate of potash.
kalium potassium.
I. kalk *(alter-)* chalice; *(fig)* cup; *tømme smertens bitre* ~ drain the cup of bitterness; *(se beger).*
II. kalk calcium; *(jordart)* lime; *(mur-)* mortar; *(til hvitning)* whitewash; *(pussekalk)* plaster; *brent* ~ quicklime. **-brenner** lime burner. **-brudd** limestone quarry.
kalke *(vb)* lime; *(hvitte)* whitewash; *-de graver* whited sepulchres.
kalker|e *(vb)* trace. **-papir** tracing paper.
kalkulasjon calculation, estimate; *(merk)* cost accounting. **-sbok** cost ledger, costing book. **-sfeil** error in *(el.* of) calculation, miscalculation. **-spris** calculated price, cost price.
kalkulatør calculator; *(merk)* cost accountant.
kalkulere *(vb)* calculate; ~ *en vare for høyt* overprice an article.
kalkun *(zool)* turkey. **-hane** turkey cock.
kalkyle calculation, estimate.
I. kall old man.
II. kall calling, vocation; *(prestekall)* living; *(se røkte).*
kalle *vb (også radio & tlf)* call; ~ *bort* call away; *bli kalt bort (ɔ: dø)* pass away; ~ *en* **T** call sby bad names; ~ *en opp etter* call sby after; ~ *på* call; ~ *på en (ved hjelp av personsøker)* give sby a bleep; call sby on his bleep; ~ *sammen (til) et møte* call *(el.* convene) a meeting; ~ *tilbake* call back, recall; withdraw, retract; *føle seg -t til å* ... feel called upon to; *du kommer som -t* you are the very man (,woman) we (,I) want; ~ *til live (ɔ: skape)* call into being; *(gjenoppvekke)* call (back) to life; ~ *ut* call out; *(se fremkalle & tilbakekalle).*
kallelse calling, vocation.
kallesignal call-sign.
kalli|grafi calligraphy. **-grafisk** calligraphic.
kallsinnehaver *(ɔ: sogneprest)* incumbent (of a living); *(se sognekall).*
kallskapellan resident curate.
kalmus *(bot)* calamus, sweet flag.
kalori calorie, calory.
kalori|behov calorific requirement(s). **-innhold** calorific value. **-meter** calorimeter.
kalosje galosh, golosh; *(pl også)* rubbers.
kalott skullcap; *(katolsk prests)* calotte.
kalv *(zool)* calf; *ku med* ~ cow in calf.
kalvbe(i)nt knock-kneed.
kalve *vb (også om bre)* calve; ~ *for tidlig* slip *(fx* the cow has slipped her calf).
kalve|binge calf stall. **-brissel** sweetbread. **-dans** capers; *(rett av råmelk)* biestings pudding. **-frikassé** veal fricassee. **-karbonade** minced veal steaklet. **-kjøtt** veal. **-nyrestek** loin of veal. **-rull** veal roll. **-skinn** calfskin; *(pergament)* vellum. **-stek** roast veal; *(hele stykket)* joint of veal. **-sylte** jellied veal, veal brawn.
kalvin|isme Calvinism. **-ist** Calvinist. **-istisk** Calvinistic.
kam comb; *(bølge-)* crest; *(på slakt)* loin, back; *(okse-)* wing rib; ribs; *skjære alle over én* ~ treat all alike; apply the same yardstick to everybody; lump them all together; *få* ~ *til håret sitt* catch a Tartar; meet one's match; *rød i -men* flushed.
Kam *(bibl)* Ham.
kamaksel *(mask)* camshaft; *overliggende* ~ overhead camshaft.
kamé cameo.
kamel camel. **-driver** camel driver.
kameleon *(zool)* chameleon.
kamelhår camel hair.
kamelia *(bot)* camelia.
kamera camera.
kameramann (operative) cameraman, cameraman operator.
kamerat friend, companion; comrade; **T** pal, chum; *(se lekekamerat; skolekamerat).*
kameratekteskap companionate marriage.
kameratkjøring car sharing to work (to reduce peak-hour traffic).
kameratskap comradeship, good fellowship, friendship.
kameratslig friendly; **T** chummy; *(som en god kamerat)* sporting *(fx* that was not very s. of you); *(uformell)* informal; *(adv)* in a friendly spirit, in a spirit of good fellowship.
kameravinkel camera angle.
kamfer camphor. **-drops** *(kan omtr. tilsvare)* glacier mints. **-dråper** *(pl)* camphorated spirits. **-kule** mothball.
kamgarn worsted; *tretrådet* ~ 3-ply worsted.
kamgarnsstoff worsted (fabric).
kamille *(bot)* camomile. **-te** camomile tea.
kamin fireplace (with chimneypiece); ~ *for rett vegg* [fireplace for straight section of wall]; *(kan gjengis)* wall fireplace; (NB *i England er alle kaminer for rett vegg).* **-gesims** mantelpiece. **-gitter** fender, fire guard. **-innsats** fireplace. **-omramning** chimneypiece. **-rist** fire grate.
kammer chamber.
kammerduk cambric.
kammertjener valet.
kammertone *(mus)* concert pitch.
kammusling *(zool)* scallop.
I. kamp fight, combat, struggle; *vill* ~ *(også)* scramble *(fx* the s. for raw materials); *-en om pengene (fig)* the scramble for *(el.* the chase after) money; ~ *på liv og død* life-and-death struggle.
II. kamp *(fjelltopp)* round hilltop.
kampanje campaign.
kampberedt ready for action, in fighting trim.
kampdommer *se dommer.*
kampdyktig able to fight, in fighting trim. **-het** efficiency, fighting power *(el.* qualities).
kampere *(vb)* camp.
kampestein boulder.
kamp|felle comrade-in-arms. **-gny** din of battle. **-hane** gamecock, fighting cock; *(fig)* pugnacious person. **-helikopter** (helicopter) gunship.
kamp|iver, -lyst fighting spirit. **-lysten** eager to fight, full of fight. **-plass** battlefield, battleground. **-skrift:** *politiske -er* works of political controversy. **-trett** tired of fighting; *han er* ~ *(også)* there's no fight left in him. **-tretthet** *(mil)* combat fatigue. **-votering** divisive voting.
kamuflasje camouflage.
kamuflere *(vb)* camouflage.
kanadi|er, -sk Canadian.
kanal *(gravd)* canal; *(naturlig vannløp & fig)* channel; *(i bilkarosseri)* duct.
kanalisere *(vb)* canalize.
kanalisering canalization.
kanalje rogue, villain.
kanalsvømmer cross-Channel swimmer.
kanapé settee; *(mat)* canapé.
kanarifugl *(zool)* canary.

Kanariøyene the Canary Islands; the Canaries.
kandidat **1***(ansøker)* candidate, applicant *(til* for); **2***(ved valg)* candidate; **3***(eksamens-)* candidate, examinee; **4***(som har bestått eksamen)* graduate *(fx* in medicine, in letters); **5***(på sykehus)* house officer, house surgeon (,physician), houseman; **US** intern(e); **6***(hospitant ved skole)* student teacher.
kandidatur candidateship, candidature.
kandis rock; **US** rock candy.
kandisere *(vb)* candy.
kanefart sleighing, sleigh ride.
kanel *(bot)* cinnamon.
kanevas canvas.
kanin *(zool)* rabbit; *(i barnespråk)* bunny.
kanne can; pot.
kanne|støper pewterer; *politisk ~* amateur politician, armchair p.; *«Den politiske ~»* 'The Tinker Turned Politician'.
kannibal cannibal. **-sk** cannibal.
kannik canon.
kano canoe; *sammenleggbar (,ikke sammenleggbar) ~* folding (,rigid) canoe; *(se flytebrygger).*
kanon gun; *(især glds & flyv)* cannon; *heller -er enn smør* guns before butter; *skyte spurver med -er* break a butterfly on a wheel; crack a nut with a sledge hammer; *(adv): ~ full* dead-drunk; blind (to the world); **S** blotto.
kanonade cannonade.
kanonbåt gunboat.
kanonér gunner.
kanon|føde cannon fodder. **-ild** gunfire; *(vedvarende)* cannonade.
kanoniser|e *(vb)* canonize. **-ing** canonization.
kanon|kule cannon ball. **-port** *(mar)* gun port. **-salutt** gun salute, salute of guns *(fx* receive sby with a s. of g.). **-skudd** gunshot. **-stilling** gun site.
kanoroer canoeist.
kanskje perhaps, may be.
kansler chancellor.
kant edge, border, margin, rim; *(egn)* region, part of the country; *på den ~* in that quarter; *fra alle -er* from every quarter; from all directions; *på ~* on edge, edgewise; *komme på ~ med en* fall out with sby; *komme på ~ med myndighetene* get on the wrong side of the autorities *(fx* we did not want to get on the wrong side of the a.); *være på ~ med tilværelsen* be at odds with life; *når jeg er på de -er* when I'm around that way; *på alle -er* at every turn; here, there, and everywhere; *til alle -er* in all directions.
kantarell *(bot)* chantarelle.
kantate *(mus)* cantata.
kante *(vb)* border, edge, trim.
kantet angular, edged; *(fig)* rough.
kanton canton.
kantor cantor, precentor.
kantre *(vb)* capsize.
kantstein curbstone.
kaos chaos.
kaotisk chaotic; *her er det -e tilstander hele dagen* we're in a state of chaos all day.
kap. *(fk. f. kapittel)* chapter.
kapasitet capacity; *(om person)* expert.
kapell chapel; *(orkester)* orchestra.
kapellan curate. **kapellani** curacy.
kapellmester orchestra conductor.
kaper *(hist)* privateer. **-brev** letter of marque. **-fartøy** privateer.
kapers capers.
kapillarlodding capillary brazing; *(se lodding).*
kapital capital; *bevegelig ~: se likvid ~; bundet ~* locked-up capital; *båndlagt ~ (ɔ: umyndiges båndlagte midler)* trust fund; *død ~* dead capital; *fast ~ (ɔ: faste aktiva)* fixed capital; *flytende ~* circulating capital; *fri ~* free capital; *ledig ~* idle capital; *likvid ~* liquid capital; *risikovillig ~* venture *(el.* risk) capital; *rørlig ~: se fri ~; og renter* principal and interest; *den totale investerte ~* the total capital investment; *binde ~ som dårlig kan unnværes* lock up capital which can ill be spared; *slå ~ på* make capital out of; *(se aksjekapital; aktivkapital; anleggskapital; arbeidskapital; driftskapital; egenkapital; ervervskapital; grunnkapital; innskuddskapital; investeringskapital; lånekapital; omløpskapital; realkapital; stamkapital; startkapital).*
kapital|anbringelse investment (of capital). **-dekning** capital cover. **-flukt** flight of capital. **-forsikring** insurance for a lump sum; *(se forsikring).* **-forvaltning** capital management. **-innsprøytning** injection of capital.
kapitalisere *(vb)* capitalize.
kapital|isme capitalism. **-ist** capitalist. **-krevende** capital-demanding. **-mangel** lack of capital; *(knapphet)* shortage of capital. **-omsetning** capital turnover; *(se omsetning).* **-plassering** investment of capital. **-sterk** financially strong; well-capitalized; well supplied with capital; with a large capital.
kapitaltilførsel **1.** *(kapitaltilvekst)* influx of capital, inflow of capital funds; **2.** addition of capital.
kapitalutbytte return on capital; profit from investment.
kapitalutgifter *(pl)* capital outlays; capital expenditure.
kapitalvarer *(pl)* capital goods.
kapitél capital.
kapittel chapter; *første ~* c. one; *det er et ~ for seg* that's a chapter *(el.* an epic) in itself; that's sth entirely on its own; that's a very different matter *(fx* the holiday was wonderful, but the weather was a very d. m.); *det er et sørgelig ~* that's a sad story.
kapitul|asjon capitulation. **-ere** *(vb)* capitulate.
kaplak *(godtgjørelse til skipper)* primage.
I. kapp *(forberg)* cape, promontory, headland.
II. kapp *(planke-)* (stub) ends.
III. kapp: *om ~ med* in competition *(med* with); *løpe om ~* run a race *(med* with, against); (NB I'll beat you to the top of that hill); *skyte om ~ med* have a shooting match with; *(se for øvrig sms m. kapp-).*
I. kappe *(overplagg)* cloak; *(som verdighetstegn)* gown; *(hodepynt)* cap; *(munke-)* hood, cowl; *bære -n på begge skuldrer* run with the hare and hunt with the hounds, be a double-dealer; *ta det på sin ~* take the responsibility; *(se vind).*
II. kappe *(vb)* cut; *oppkappet ved* logs of wood.
kappelyst competitive spirit.
kappes *(vb)* compete, contend, vie *(med* with).
kappestrid competition, contest, rivalry.
kappete *(vb)* have an eating contest *(med* with).
kappflyvning air race.
kappgang walking race.
kappgå *(vb)* take part in a walking race, walk a race *(med* with, against).
kapping *(forst)* cross-cutting, cutting into lengths; **US** bucking.
kappkjøre *(vb)* drive a race *(med* with, against).
kappkjøring driving race.
Kapplandet Cape Colony.
kappløp running race; *(fig)* scramble; *være med i -et om direktørstillingen* be in the running for the appointment as director; *(se kamp; ligge: bli liggende etter).*
kappritt horse race.

kappro *(vb)* row a race *(med* with, against).
kapproing regatta, boatrace. **-båt** racing boat.
kapp|ruste *(vb)* take part in the armaments race, compete in armament. **-rusting** armaments race; arms race.
kappsag cross-cut saw.
kappseilas sailing race, yacht race; regatta.
kapp|svømme *(vb)* swim a race *(med* with, against). **-svømming** swimming race.
kapre *(vb)* seize, capture; get hold of *(fx* a taxi); *~kunder* capture customers; **T** rope in customers.
kaprifolium *(bot)* honeysuckle, woodbine.
kapriol caper; *gjøre -er* cut capers.
kapri|se caprice, whim. **-siøs** capricious.
kapseise *vb (mar)* capsize.
kapsel capsule; watch case, cover; *(til flaske)* (bottle) cap; capsule; *(jvf kork; skrukork).*
kapsle *vb (flaske)* cap; *inn-* encapsulate, incapsulate; ~ *seg inn: se innkapsle: ~ seg.*
Kappstaden Cape Town.
kaptein *(mil)* **1.** captain *(fk* Capt); **US** (army) captain *(fk* CPT); **2***(flyv)* flight lieutenant *(fk* Flt Lt); **US** captain *(fk* CPT); **3***(mar)* captain; *(på handelsskip, også)* master.
kapteinløytnant *(mar)* lieutenant-commander *(fk* Lt-Cdr); **US** lieutenant-commander *(fk* LCDR).
kapusiner capuchin (friar).
kaputt ruined, done for; **US** *(også)* kaput.
I. kar vessel; *(stort)* vat.
II. kar *(mann)* man; *(fyr)* chap, fellow; **US** *(også)* guy; *han er ~ for sin hatt* he can hold his own; *(se pokker).*
karabin carbine.
karaffel decanter; *(til vann)* water jug, carafe.
karakter 1*(beskaffenhet)* character *(fx* the c. of the soil, the c. of English institutions); nature *(fx* a problem of a very difficult n.); **2***(personlig egenskap)* character, disposition *(fx* a bad d.); *(karakterfasthet)* strength of character; **T** back-bone, grit, guts *(fx* he did not have the guts to do it); *(jvf personlighet);* **3***(skole-)* mark(s); *(bokstav-)* grade; *(måneds-, avgangs-)* school report *(fx* pupils with the best reports), marks; *en dårlig ~* (3) a bad mark, low marks *(fx* he got low marks for that paper; get low marks in mathematics); *fransk-* French mark(s); marks in F.; *det gis en ~ for hver av de fire prøvene* one set of marks is given for each of the four tests; *det gis tre -er i faget* marks are given for three subdivisions of the subject; *ha -en av* (1) be in the nature of *(fx* this demand is in the n. of an ultimatum); *som har -en av* ... having the character of; *skifte ~* (1, 2) change one's *(,its, his, etc)* character, assume another c.; *resultatet av denne eksamen teller som én ~* the marks obtained at this exam(ination) count as one unit.
karakter|anlegg disposition. **-bok** mark book; *(ofte =)* school report; **US** report card; *(ofte)* report *(fx* I've got my r.). **-brist** defect in one's character. **-dannende** character-forming. **-danning** character formation. **-egenskap** characteristic, quality, trait. **-fast** firm, strong; *en ~ mann* a man of (strong) character. **-fasthet** firmness *(el.* strength) of character; **T** backbone, grit, guts. **-feil** flaw in his *(,her, etc)* character. **-givning** the awarding of marks, marking, giving marks.
karakteriser|e *(vb)* characterize; *~ som (også)* describe as *(fx* he described her as an adventuress); *er -t ved* is characterized by. **-ing** characterization.
karakteristikk characterization; character sketch; *(mat., språk & teknisk)* characteristic; *det er en treffende ~* that hits off the case exactly.
karakteristisk characteristic, distinctive; *det -e ved* the distinctive feature of, the characteristic *(el.* salient *el.* outstanding) feature of; *~ for* characteristic of, typical of; *han sa, ~ nok, at* ... characteristically he said that ...
karakterjag *(i skole)* mark hunting, mark grubbing.
karakterkomedie high comedy.
karakterløs spineless, feeble, weak, lacking in character. **-løshet** spinelessness, feebleness, weakness, lack of character.
karakteroppgjør *(på skole)* quarterly report; *det leses hardt nå like før -et* some hard work is going on now, just before the quarterly marks are given *(el.* just before the q. report is made).
karakterrolle *(teat)* character part.
karakterskala scale of marks.
karakter|sterk forceful, firm, of strong character. **-styrke** strength *(el.* force) of character. **-svak** spineless, weak, feeble, lacking in character. **-svakhet** spinelessness, feebleness, weakness (of character). **-system** system of marking, marking system. **-tegning** character sketch; *(det å)* delineation of character; character drawing. **-trekk** trait of character, feature, characteristic.
karambolasje *(i biljard)* cannon; **US** carom.
karambolere *(vb)* cannon *(med* into, against); **US** carom.
karamell caramel.
karantene quarantine *(fx* be in q.); isolation.
karat carat.
karavane caravan.
karbad tub bath.
karbid carbide.
karbol carbolic acid.
karbolvann solution of carbolic acid.
karbonade *(okse-)* minced steak (rissole); hamburger; beefburger; Hamburg steak; *(tilsatt oppmalt brød)* Vienna steak; **US** meat patty; *~ med løk* minced steak and onions.
karbonadedeig *(okse-)* minced steak; beef mince; *(jvf kjøttdeig).*
karbonadesmørbrød (open) hamburger sandwich.
karbonpapir carbon paper.
karbunkel carbuncle.
kardang|aksel *(mask)* propeller shaft, drive shaft. **-ledd** universal joint.
I. karde *(subst)* card.
II. karde *(vb)* card.
kardemomme cardamom.
kardialgi *(med.)* cardialgia, heartburn.
kardinal cardinal.
kare *(vb): se karre.*
karét coach.
karfolk menfolk, men.
karikatur caricature. **-tegner** caricaturist, cartoonist.
karikere *(vb)* caricature.
karjol carriole, cariole.
Karl Charles.
Karlsvognen *(astr)* Charles's wain; the Great Bear; **US** the Big Dipper.
karm frame, case; *(mar: luke-)* coaming.
karmin carmine. **-rød** carmine.
karmosin crimson. **-rød** crimson.
karnapp bay.
karnappvindu bow window, bay window.
karneval carnival; *(maskeball)* fancy-dress ball; **US** masquerade ball.
karolingerne *(pl)* the Carolingians.
karosse coach.
karosseri body (of a motor-car), coachwork.
karosseri|arbeid bodywork, coachwork. **-bolt** body (mounting) bolt. **-fabrikk** body-building factory. **-maker** body *(el.* coach) builder, body maker. **-stolpe** body pillar. **-verksted** body shop.
karpe *(fisk)* carp.

kassaapparat

Ved kassaapparatet:

Jeg skulle gjerne ha disse (ved kassen).	*Just these, please.*
Tar dere VISA-kort?	*Do you take VISA?*
Kan jeg få kvittering?	*May I have the receipt, please?*
Kan jeg å kasselappen?	*May I have the docket, please?*

karre *(vb)* dig, poke, rake; ~ *ut av pipa* clean out one's pipe; ~ *seg på bena* scramble to one's feet; ~ *seg ut av senga* drag oneself out of bed.
karré square.
karri curry.
karriere *(løpebane)* career; *(om hest)* run; *gjøre* ~ make a career.
karrig scanty, meager, skimpy; *(om jord)* unproductive.
karse *(bot)* cress.
karsk 1. healthy, well; **2.** bold.
kars|lig masculine, manly. **-stykke** (great) feat, manly deed; **US** *(også)* stunt.
I. kart map; *(sjø- & vær-)* chart; *(post: brev-)* bill; *(se målestokk).*
II. kart *(umoden frukt)* unripe berry *(el.* fruit).
kartell cartel.
kartlegge *(vb)* map; *(farvann)* chart; *man arbeider med å ~ behovet for* ... they are now working on a survey of the demand *(el.* need) for ...
kartleser *(ved billøp)* navigator.
kartlesing map reading.
kartmappe map case.
kartonere *(vb)* bind *(fx* a book) in paper boards.
kartong *(eske)* carton; *(større)* cardboard container; *(papp)* cardboard; pasteboard; *stiv* ~ millboard.
kartongeske cardboard box.
kartotek card index, card file; *føre ~ over* keep a file of; *(jvf arkiv).*
kartotek|kort index *(el.* file) card. **-skap** filing cabinet. **-skuff** card index, file box. **-system** card index system.
kartsignatur map signature.
karttegn map signature.
kart|tegner cartographer. **-tegning** cartography; map-making.
karusell merry-go-round, roundabout; *det man taper på -ene, tar man igjen på gyngene* (ɔ: *det ene oppveier det annet)* what you lose on the roundabouts you make up on the swings.
I. karve *bot (planten)* caraway; *(frøene)* caraway seeds.
II. karve *(vb)* cut, shred.
karvekål *(bot)* new sprouts of the caraway plant.
kasein casein.
kasematt casemate.
kaserne barracks. **-gård** barrack square.
kasino casino.
kasjmir cashmere.
kasjott S jug *(fx* get 14 days in the j.).
kaskade cascade.
kaskoforsikring *(mar)* hull insurance; *(for bil)* comprehensive (motor) insurance; *(se forsikring).*
kaspisk: *Det -e hav* the Caspian (Sea).
kassa|apparat cash register; *(se slå: ~ beløpet i kassen).* **-beholdning** cash in hand, cash balance.
kassabel useless, worthless.
kassa|bok cashbook. **-dame** till lady; girl at the till; *(i supermarked)* check-out girl. **-ettersyn** checking the cash. **-konto** cash account. **-kontor** cashier's office, pay office. **-kreditt** bank overdraft; overdraft facilities. **-lapp** check, sales slip. **-manko** cash deficit, adverse cash balance. **-oppgjør** balancing the cash, the balancing of cash accounts. **-suksess** *(om teaterstykke)* box-office success.
kasse 1*(pengemidler)* funds; **2***(pakk-)* (packing) case; *(mindre)* box *(fx* box of cigars); *(sprinkel-)* crate; **3***(gym)* box horse; *felles* ~ common purse *(fx* household expenses are paid out of their c. p.); *betale i -n* pay at the desk; *forsyne seg av -n (om ekspeditør)* rob the till; help oneself from the till; dip into the till *(fx* she was caught dipping into the till); *fylle -n (om teaterstykke)* be a good draw; **T** be good box office; *gjøre opp -n* balance the cash; *det går i statens* ~ it goes to the State *(el.* to the Treasury), it goes into State funds; *ha -n* have *(el.* be in charge of) the cash; *(i klubb, etc)* keep the purse; *stikke av med -n* make off with the money, abscond (with the money); **S** welsh *(fx* he welshed with the funds); *være pr.* ~ be in funds, be flush; *ikke være pr.* ~ be out of funds; *det er ebbe i -n* I am short of funds.
kasse-: *se kassa-.*
kassebedrøver embezzler.
kasse|bord (box and) case boards. **-fabrikk** packing-case factory, box factory.
kassere *vb (forkaste)* scrap, discard; ~ *inn penger* collect money.
kasserer cashier; paymaster; *(i forening)* treasurer; *bank-* bank cashier, teller.
kasserolle casserole; *(med én hank)* saucepan, (stew)pan *(fx* stainless steel pans); *(jvf gryte; kjele).*
kassestykke box-office play, draw.
kassesvik embezzlement, defalcation; *(om offentlige midler)* peculation; *begå* ~ embezzle; *(se kasse: forsyne seg av -n).*
kassett *(fot)* cassette; film (,plate) holder.
kassettspiller cassette (tape) player.
kast throw, cast; *(vind-)* gust (of wind); *et ~ med hodet* a toss of the head; *gi seg i ~ med* get to work on *(fx* he got to w. on the safe); grapple with *(fx* a problem); tackle.
kastanje *(bot)* chestnut; *vill* ~ horse chestnut; *rake -ne ut av ilden for en* be sby's cat's-paw.
kastanjebrun chestnut.
kastanjetter *(pl)* castanets.
I. kaste *(subst)* caste; *miste sin* ~ lose caste.
II. kaste *(vb)* throw, cast; *(i været)* toss; *(i baseball)* pitch; *(i cricket)* bowl; *hjulet -r* the wheel

katt

Did you know that
a black cat crossing your path means good luck in Britain? Both in Norway and the USA it is taken to mean exactly the opposite.

is running out of true; ~ *lys over* throw light on; ~ **av** throw off; *(rytter)* throw; ~ *av seg (gevinst)* yield; ~ **bort** throw away; ~ *seg bort* throw oneself away; ~ *perler* **for** *svin* cast pearls before swine; ~ *seg for ens føtter* throw oneself at sby's feet; ~ **i** *fengsel* throw (*el.* fling) into prison; ~ *en stein i hodet på en* hit sby's head with a stone; ~ *seg* **ned** *i en stol* fling oneself into a chair; ~ *seg* **om** *halsen på en* fall on sby's neck, fling one's arms round sby's neck; ~ **opp** vomit; ~ **over** *(i søm)* baste, tack; ~ **over bord** throw overboard; ~ **seg over 1** *(angripe)* fall upon, throw (*el.* hurl) oneself upon; **T** go for, come down on; **2***(ta ivrig fatt på)* throw oneself into (*fx* the work); **3***(spise grådig av)* throw oneself on (*fx* the food); ~ **på** *dør* turn out (of doors); ~ *stein på en* throw a stone (,stones) at sby; ~ *klærne på seg* fling one's clothes on; jump into one's clothes; ~ **til** *jorden* fling down, throw (down); ~ **ut** turn out; *(av leilighet)* evict, turn out; ~ *seg ut i det* go (*el.* jump) off the deep end; take the plunge; *(se streiflys)*.
kasteball *(også fig)* shuttlecock.
kasteline *(mar)* heaving line.
kastell castle, citadel.
kasteløs without caste, pariah; *(også fig)* outcaste.
kastemerke caste mark.
kastenot casting net.
kastesluk spoonbait; **US** casting plug.
kastespyd javelin.
kastesøm overcast seam.
kastevesen caste system.
kastevind sudden gust (of wind).
kastevåpen missile.
kasteånd caste spirit.
kastrat eunuch; *(om hest)* gelding.
kastrere *(vb)* castrate.
kasuist casuist. **-ikk** casuistry. **-isk** casuistic(al).
kasus *(gram)* case.
katafalk catafalque.
katakombe catacomb.
katalep|si catalepsy. **-tisk** cataleptic.
katalog catalogue; **US** catalog.
katarr catarrh. **-alsk** catarrhal.
katastrofal catastrophic(al), disastrous.
katastrofe catastrophe, disaster (*fx* it ended in d. (*el.* ended disastrously)).
katedral cathedral.
kategori category. **-sk** categorical.
katekisere *(vb)* catechize.
katekisme catechism.
katet *(i rettvinklet trekant)* leg.
kateter 1*(i skole)* (master's) desk; *(universitets-)* lectern; *(lærestol)* chair; **2***(med.)* catheter.
katode cathode.
katolikk Catholic, Roman Catholic.
katolisisme Catholicism.
katolsk Catholic.
katrineplomme *(bot)* French plum.
katt cat; *ikke en* ~ **T** not a soul; *han gjør ikke en* ~ *fortred* he wouldn't hurt a fly; *gå som -en om den varme grøten* beat about the bush; fight shy of sth; *kjøpe -en i sekken* make a bad bargain (*el.* deal); *(lett glds)* buy a pig in a poke; *leve som hund og* ~ lead a cat-and-dog life; *i mørke er alle katter grå* all cats are grey in the dark; *når -en er borte, danser musene på bordet* when the cat is away, the mice will play.
kattaktig cat-like, feline.
katte (female) cat.
kattefjed: *på* ~ stealthily, with noiseless tread, with velvet tread.
Kattegat *(geogr)* the Cattegat.
kattehale 1*(zool)* cat's tail; **2.** (purple) loosestrife.
katte|klo *(zool)* cat's claw. **-lukt** catty smell. **-pine** hole, fix, scrape, pickle (*fx* be in a p.). **-pus** pussy.
katte|slekt *(zool)* genus of cats, cat tribe. **-vask** an apology for washing, a lick and a promise, a quick wash.
kattost *(bot)* mallow.
katt|ugle *(zool)* brown owl. **-unge** kitten.
kattøye 1*(zool)* cat's eye; **2***(på sykkel, etc)* cat's eye, rear reflector.
kaudervelsk double Dutch, gibberish, gobbledygook.
kausjon security; *(for gjeld, etc)* guarantee; *(ved løslatelse)* bail; *stille* ~ give security; go bail; *bli løslatt mot* ~ be bailed out; be released on bail; *løslatt mot* ~ *(også)* out on bail; *stikke av mens man er på frifot mot* ~ break bail; **US** jump one's bail.
kausjonere *(vb)* become (*el.* stand) security for; *(ved løslatelse)* go bail (*for* for).
kausjonist surety; bail.
kaut *(kry)* proud.
kautel *(jur)* precaution, safeguard.
kautsjuk rubber, caoutchouc.
I. kav *(subst)* struggling; *(travelhet)* bustle; *(se også kjør)*.
II. kav *(subst)* **1.** dense snowfall; **2.** heavy spray.
III. kav *(adv)* completely; ~ *dansk* broad Danish; *(jvf vaskeekte)*.
kavalér gentleman; *(ball-, bord-)* partner; ~ *til fingerspissene* a perfect gentleman.
kavaleri cavalry; horse.
kavalerist cavalryman, trooper.
kavalérmessig gentlemanly; gallant.
kavalkade cavalcade.
kave *(vb)* flounder, scramble; *(ha det travelt)* bustle about; *(streve)* toil, struggle; ~ *etter* snatch at.
kaviar caviar, caviare.
kavl wooden float (on fishing net).
kavle roller. **-bru** cordwood bridgeway; **US** corduroy bridge. **-sjø** *(mar)* choppy sea.
kavring *(også* **US***)* rusk.
kediv khedive.
keeper *(fotb)* goalkeeper; keeper; **T** goalie.
kei: *se kjed.*
keip oarlock, rowlock.
keiser emperor; *gi -en hva -ens er* = render unto Caesar the things that are Caesar's; *hvor*

intet er, har selv -en tapt sin rett (omtr =) you can't get blood out of a stone.
keiserdømme empire.
keiserinne empress.
keiser|lig imperial. **-prins** Prince Imperial. **-rike** empire. **-snitt** *(med.)* Caesarean operation.
keitet *(adj)* awkward, clumsy. **-het** awkwardness, clumsiness.
keiv|e left hand. **-hendt** left-handed.
kelner waiter.
kelt|er Celt. **-isk** Celtic.
kemner town *(el.* city) treasurer.
kenguru *(zool)* kangaroo; *kratt-* wallaby.
kentaur centaur.
Kenya *(geogr)* Kenya.
kenyan|er, -sk Kenyan.
kepaløk *(bot)* common onion.
keramiker ceramist, potter.
keramikk ceramics, earthenware, pottery.
KFUK *(fk. f. Kristelig forening for unge kvinner)* Y.W.C.A. *(fk. f.* Young Women's Christian Association).
KFUM *(fk. f. Kristelig forening for unge menn)* Y.M.C.A. *(fk. f.* Young Men's Christian Association).
kg *(fk. f. kilogram)* kilo(gram), kg.
kgl. *(fk. f. kongelig)* Royal.
kike *vb (under kikhoste)* whoop.
kikhoste *(med.)* whooping cough.
kikk: *få ~ på* catch sight of; *ta en ~ på* have a look at; take a peep at; *(glds el. spøkef)* take a look at.
kikke *(vb)* glance, peep; **US** *(også)* peek;*~ etter* **1**(ɔ: *lete etter)* look for; **2**(ɔ: *se etter)* look after; *~ fram* peep (out); *~ litt i en bok* dip into a book; turn over the pages of a book; *~ inn gjennom vinduet* look in at the window; *ikke kikk!* now don't look!
kikker Peeping Tom, voyeur.
kikkert binoculars *(pl),* field glasses *(pl); (teater-)* opera glasses; *(lang)* telescope; *ha i -en (ha et godt øye til)* have one's eye on *(fx* he's got his eye on her). **-sikte** telescopic sight.
kilde source; *livets ~* the fountain of life; *fra pålitelig ~* on good authority, from a reliable source; *Nilens -r* the headwaters of the Nile; *(jvf kildeelv); (se hold; rykte).*
kildeelv: *en av Nilens -er* one of the headwaters of the Nile.
kilden *adj (sak)* delicate, ticklish.
kilde|skrift (primary) source. **-sted** source. **-studium** study of sources. **-vann** spring water; *kjærlighet og ~* love in a cottage.
kildre *vb (fig)* tickle, titillate; *det -t hans humoristiske sans* it tickled his sense of humour.
I. kile *(subst)* wedge; *(i tøy)* gore, gusset.
II. kile *(vb)* tickle.
III. kile *(vb)* wedge;*~ seg fast* jam.
kileformet wedge-shaped, cuneiform.
kilen *(lett å kile)* ticklish; *(se II. kile).* **-het** ticklishness.
kileskrift cuneiform writing.
kilevink *(ørefik)* box on the ear.
killebukk *(zool)* kid, young billy goat.
killing *(zool)* kid.
kilo, kilogram kilo, kilogram(me).
kilometer kilometer.
kimblad *(bot)* seedleaf, cotyledon; *indre ~* endoderm.
kimcelle germ cell.
I. kime *(subst)* germ, embryo.
II. kime *vb (ringe)* ring, chime; *det -r* the bells are ringing; *~ på dørklokka* lean on the (door)-bell, ring the doorbell with a resounding peal.
kimæ|re chimera. **-risk** chimeric(al).
Kina *(geogr): se China.*
kinematograf cinema, cinematograph; *(se kino).*
kineser Chinese *(fx* one C., two C.); **T** Chinaman *(pl:* Chinamen); **S** Chink; *du store ~!* great Scot! **-inne** Chinese (woman).
kinesisk Chinese.
kingbolt kingpin, steering pivot *(el.* knuckle), swivel pin; *bærebolt for ~* bush for kingpin; *-enes helling bakover (,innover)* the backward (,inward) inclination of the kingpins; *det er slark i -ene* the kingpins have a fair amount of play in them; (NB the kingpins and bushes require attention).
kingel spider. **-vev** spider's web, cobweb; *(flyvende sommer)* gossamer.
kinin quinine.
kink *(bukt på tau)* kink; *~ i ryggen* a crick in the back; *få et ~ i ryggen* crick *(el.* (w)rick) one's back.
kinkig *(vanskelig, lei)* ticklish, delicate; awkward.
kinn *(anat)* cheek. **-bakke** *zool (på insekt)* mandible.
kinnben *(anat)* cheekbone, malar *(el.* zygomatic) bone; *brudd på -et* fracture of the malar bone *(el.* cheek-bone); fractured cheekbone.
I. kinne *(subst)* churn.
II. kinne *(vb)* churn.
kinn|skjegg whiskers; **US** sideburns, mutton chop whiskers. **-tann** molar, back tooth.
kino cinema; **US** movie (theater); *i langsom ~* in slow motion *(fx* the whole thing happened in slow m.); *gå på ~* go to the pictures, go to the cinema; **S** go to the flicks, do a flick; **US** go to the movies; *jeg hørte uttrykket på ~* I heard the expression in a film *(el.* on the films).
kino|forestilling cinema show *(el.* performance); **S** flick; **US** movie show *(el.* performance). **-gal** mad on cinema, screen-struck. **-gjenger** cinemagoer, filmgoer; **US** moviegoer. **-maskinist** projectionist. **-sal** cinema auditorium.
kiosk kiosk, bookstall, newsstand.
kipen frisky.
kippe *(vb)* jerk, flip up; *(om sko)* slip off at the heels.
kippskodd without socks *(el.* stockings) *(fx* you mustn't go without s.).
kirke church; *gå i -n* go to church; *han er i -n* he is at church; *jeg har vært i -n* I have been to church.
kirke|bakke hill leading up to a church; church green. **-bok** church register. **-bønn** church prayer; *(i England)* common prayer. **-bøsse** poor box. **-departement:** *Kirke- og undervisningsdepartementet* the Ministry of Church and Education; **UK** Department of Education and Science *(fk* DES); *(se undervisningsminister).* **-far** Father (of the Church). **-fest** church festival. **-gang** churchgoing, going to church. **-gjenger** churchgoer. **-gulv** church floor; *komme nedover -et* walk down the aisle; *stå på -et* be confirmed.
kirke|gård graveyard, cemetery; *(ved kirken)* churchyard. **-historie** church history, ecclesiastical h. **-klokke** church bell. **-konsert** sacred concert.
kirkelig ecclesiastical; church *(fx* a c. wedding).
kirke|lov Church law, canon law. **-musikk** church music, sacred music. **-møte** synod, church conference. **-rett** canon law. **-ritual** church ritual. **-rotte:** *så fattig som en ~* as poor as a church mouse. **-samfunn** religious community. **-sang** church singing. **-skip** nave. **-sogn** parish. **-spir** church spire. **-stol** pew. **-tid** service time; *etter ~* after church. **-tjener** verger, pew opener; *(også graver)* sexton. **-tukt** church discipline. **-tårn** church steeple. **-ur** churchclock. **-verge** churchwarden. **-år** ecclestiastical year, church year.
kiropraktiker chiropractor.

kiropraktikk chiropractic.
kirschstang extending curtain rod.
kirsebær *(bot)* cherry. **-likør** cherry brandy. **-stein** cherry stone; **US** cherry pit. **-stilk** cherry stalk.
Kirsten giftekniv matchmaker.
kirurg surgeon; *(se kjevekirurg & tannlege).*
kirurgi surgery. **-sk** surgical.
I. kis *(min)* pyrite ore.
II. kis T chap; **US** guy.
kisel *(ren)* silica; *(kjem)* silicon. **-aktig** siliceous. **-stein** siliceous rock; *(en enkelt)* s. stone.
kisle *vb (få kattunger)* kitten, have kittens.
kiste chest; *(lik-)* coffin. **-bunn** bottom of a chest; *han har noe på -en* he has a little nest egg; he has provided against a rainy day. **-glad** as pleased as Punch. **-klær** one's Sunday best.
kitt *(subst)* putty.
kitte *(vb)* putty; ~ *igjen en sprekk* fill *(el.* stop) up a crack with putty.
kittel *(håndverks-)* overall; *(leges, etc)* (white) coat, smock.
kiv quarrel, wrangling. **-aktig** quarrelsome.
kives *(vb)* quarrel, wrangle.
kjake jaw, jowl; *(jvf kjeve & kinn).*
kjangs T chance, opportunity; *få ~ hos* get off with, pick up *(fx* a girl); *han har fått ~* he's clicked (with a girl).
kjap|p fast, quick; *et -t (ɔ: nesevist) svar* a pert answer; *det gikk -t* it was quick work; *la det gå litt -t!* look sharp about it!
kjappe *(vb): ~ seg* hurry; *(se kjapp).*
kjas bustle, fuss; *(strev)* toil, grind; *for et ~!* **T** what a fag! ~ *og mas* toil and moil; fuss; *med ~ og mas* with great difficulty; *(se kjør).*
kjase *(vb)* fuss, struggle *(med* with); *hun -r hele dagen* she fusses about all day.
kje *(zool)* kid, young goat.
kjed: ~ *av* fed up (with), sick of.
kjedder *(på bil)* joint moulding.
I. kjede *(subst)* chain; *(hals-)* necklace.
II. kjede *(vb)* bore; ~ *seg* be bored; ~ *seg i hjel* be bored stiff *(el.* to death).
kjedekollisjon pile-up, concertina crash.
kjedelig boring, dull, tiresome; *(pinlig)* awkward; *(uheldig)* unfortunate; *(ergerlig)* annoying *(fx* it's a. to miss the train); *det var ~* that's too bad; *det var ~ med den boka (også)* I'm sorry about that book; *det -e er at ...* the pity*(el.* trouble) is that ..., the snag is that ...; *en ~ fyr* a bore; **S** a binder; *(se også stilling).*
kjedelighet: *vi har hatt mange -er* we have had a great deal of unpleasantness; *komme opp i -er* get into an embarrassing *(el.* unpleasant) position; *(se også stilling).*
kjedsommelig tedious; boring. **-het** tediousness, wearisomeness, boredom, tedium.
kjee *vb (få kje)* kid.
kjeft *(vulg = munn)* jaw; *hold ~! (vulg)* shut up! hold your tongue! *ikke en ~* not a (living) soul; *grov ~* abuse, coarse language; *bruke ~ på* scold; **T** jaw at; *få ~* get a scolding; *få huden full av ~* **S** be bawled out; *dette kommer jeg til å få ~ for (også)* I shall get into a row for this; *stoppe -en på en* shut sby up.
kjeftament T trap.
kjeftause *se kjeftesmelle.*
kjefte *(vb)* scold; **T** jaw; *-s* bicker.
kjeftesmelle chatterbox, gossip; *(arrig kvinne)* shrew.
I. kjegle *subst (mat.)* cone; *avskåret ~* truncated cone.
II. kjegle *(vb): se kjekle.*
kjegle|dannet conical. **-snitt** conic section.
kjei (**T** = *pike)* girl; **T** bird; *(også* **US**) *chick; skirt; job, piece; bint; (søt pike)* **T** peach; *et fint lite ~* a smashing bit of fluff; a heart throb; *et flott ~* a well-set-up girl, a strapping girl; **S** a well-packed piece of merchandise, a lively piece of goods; *-et hans* his pin-up girl, his best girl; *(se også jente).*
kjekk brave; *(frisk, i form)* fit *(fx* feel fit); *en ~ kar* a good *(el.* decent) sort; *hun er ~ og sjarmerende om ikke akkurat pen* she is a good sort and has plenty of charm, though she is not exactly pretty *(el.* good-looking).
kjekl quarrelling; wrangling, squabble; bickering.
kjekle *(vb)* quarrel, wrangle, squabble, bicker.
kjeks biscuit; *(jvf kake: tørre -r).*
kjeksis ice-cream cone *(el.* cornet).
kjele 1. kettle; *(kasserolle)* saucepan, (stew)pan; *(med to hanker)* casserole; *(jvf gryte & kasserolle); 2(damp-)* boiler.
kjeledress 1 *(for voksne)* boiler suit; **US** coveralls, **2***(for barn)* combination suit, storm suit; *(også* **US***)* snowsuit.
kjeleflikker tinker.
kjelke sledge (,**US** sled), toboggan.
kjeller cellar.
kjellerbod storage room, storeroom (in the cellar).
kjeller|etasje basement. **-hals** cellar entrance. **-lem, -luke** trapdoor (of a cellar). **-trapp** basement stairs, area steps.
kjeltring scoundrel. **-aktig** scoundrelly. **-pakk** a pack of scoundrels. **-strek** dirty trick, scoundrelly trick.
kjemi chemistry; chemical science; **T** stinks.
kjemiingeniør 1*(vesentlig kjemiteknikk)* chemical engineer; **2***(vesentlig almen & teoretisk kjemi)* chemical scientist.
kjemikalier *(pl)* chemicals.
kjemiker chemist.
kjemisk chemical; ~ *fri for* chemically free from; *(fig)* completely devoid of; ~ *ren* chemically pure.
kjemi|teknikk chemical engineering. **-øvelser** *pl (i skole)* practical work (in chemistry); practical chemistry, c. practical; **T** *(ofte)* practical (in chemistry).
kjemme *(vb)* comb.
I. kjempe *(subst)* giant.
II. kjempe *(vb)* fight, struggle; ~ *med seg selv* struggle with oneself; ~ *seg fram* fight one's way; *de -nde* the combatants; the contending parties.
kjempe|arbeid gigantic *(el.* Herculean) task. **-flott** excellent; **S** wizard, smashing; *(se også suveren).* **-krefter** *(pl)* great strength. **-messig** gigantic. **-skritt** giant stride. **-soleie** *(bot)* greater spearwort. **-sterk** strong as a giant, of giant strength. **-stor** huge, gigantic; **T** whopping big. **-suksess** huge success; **S** smash hit. **-tabbe** great mistake; **T** big blunder; howler. **-vekst** *(med.)* gigantism.
kjennbar noticeable, perceptible.
I. kjenne: *gi til ~* make clear; show; *gi seg til ~* make oneself known.
II. kjenne *(vb)* know; feel, perceive; *jeg har kjent henne siden hun var en neve stor* I have known her ever since she could walk; ~ *en lukt* notice a smell; *kjenn på den deilige lukten!* just smell that wonderful smell! *lære en å ~* get to know sby; *det var ved den anledning jeg lærte min kone å ~* it was on that occasion that I first met my wife; *jeg har aldri hatt anledning til å lære ham å ~ (ofte)* I have never had an opportunity *(el.* chance) to meet him; I have never chanced to meet him; ~ *skyldig* find guilty; ~ *en* **av** *utseende (,navn)* know sby by sight (,name); ~ **etter** feel; ~ *i lommen sin etter* feel in one's pocket for *(fx* he was feeling in his pocket for a penny); ~ *etter om det er brudd*

noe sted feel whether there are any bones broken; *jeg -r dem ikke* **fra** *hverandre* I don't know one from the other; I can't tell them apart; ~ **igjen** recognize, recognise; ~ **på** **1**(*berøre*) touch; **2**(*smake på*) taste; **3**(*løfte på*) feel the weight of; *kjenn på denne kofferten!* just feel the weight of this suitcase! *jeg -r på meg at* I have a feeling that; I feel instinctively that; *på seg selv -r man andre!* the pot calls the kettle black! kettle calling pan! **T** now who's talking? 'you should know! *hvis jeg -r ham* **rett** if I know him at all; ~ **til** know about; *jeg -r til et slikt firma* I know of such a firm; *jeg -r til at folk har blitt straffet for mindre enn det* I've known people to be punished for less than that; ~ *noe* **ut og inn** know sth from A to Z; know sth thoroughly; know all there is to know about sth; know sth inside out; know sth in (its every) detail; ~ *en ut og inn* know sby through and through; *-s* **ved** acknowledge, own; *(se kjent)*.

kjennelig recognizable (*på* by); *(merkbar)* perceptible, discernible.

kjennelse decision, ruling; *(jurys)* verdict.

kjennemerke (distinctive) mark, distinctive feature, distinguishing characteristic.

kjenner connoisseur, expert, judge. **-mine** air of a connoisseur.

kjennetegn mark, sign (*på* of); hallmark; *-et ved* the h. of; ~ *for forsvarsgren (mil)* service distinguishing symbol; ~ *for generaler* general officers' markings (*el.* tabs); *uten særlige* ~ = no special distinguishing mark.

kjennetegne *(vb)* characterize, distinguish, mark.

kjenning *(bekjent)* acquaintance; *en gammel ~av politiet* an old lag.

kjenningsmelodi signature tune; *(når programmet er slutt)* signing-off tune.

kjennskap knowledge (*til* of); *(se fremmed: det er meg ~)*.

kjensel: *dra~ på* recognize, recognise.

kjensgjerning fact; *fordreie -ene* distort the truth; twist the facts; *få brakt -ene på det rene* straighten out the facts.

kjensle feeling; sense (*av* of); *(se følelse)*.

kjent known, familiar; *et ~ ansikt* a familiar face; *et ~ firma* a well-known firm; *bli* ~ become known; get about (*el.* round); *bli ~ med* get to know, become acquainted with; *han har ikke lett for å bli ~ med folk* he does not make contacts easily; *han har lett for å bli ~ med folk* **T** he's a good mixer; *gjøre seg ~ med* get to know, become acquainted with (*fx* he must b. a. with the wishes and requirements of the consumers); *de som ikke var ~ på skolen, kunne* ... strangers to the school were able to ...; *jeg er ikke ~ her* I don't know my way about here; *han er godt ~ i byen* he knows the town well; *det er en ~ sak at* ... it is a matter of common knowledge that ...; *være ~ med at* ... be aware that ...; *(se klar: være ~ over)*.

kjentmann one who knows the locality.

kjepp stick; *som -er i hjul* like a house on fire. **-hest** *(fig)* consuming interest, obsession; hobby; *(fiks idé)* fad, craze; *ri sin ~* pursue one's craze.

kjepphøy arrogant, overbearing, cocky.

I. kjerne *subst (smør-)* churn.

II. kjerne *subst (nøtte-)* kernel; *(i appelsin, eple)* seed; *(fig)* core, heart, essence, nucleus.

III. kjerne *(vb)* churn.

kjerne|fag *(i skole)* core subject; basic subject. **-hus** *(bot)* core.

kjernekar splendid chap; brick; *han er en ~ (også)* he's one of the best.

kjernekraftverk nuclear power plant (*el.* station).

kjernemelk buttermilk.

kjerne|punkt core, crux (of the matter); essential point. **-sunn** thoroughly healthy. **-tropp** crack unit; *-er* picked troops, crack troops; hard core (of an army).

kjerr *(kratt)* brushwood, scrub, thicket.

kjerre (small) cart; **S** *(om bil)* old crock, old banger; old crate, rattletrap.

kjerring old woman; **T** *(= hustru)* wife.

kjerringrokk *(bot)* horsetail.

kjerringråd old woman's remedy.

kjerring|sladder, -snakk old woman's twaddle.

kjerte candle, taper; torch.

kjertel *(anat)* gland. **-syk** scrofulous. **-syke** glandular disease, scrofula.

kjerub cherub.

kjetter heretic. **kjetteri** heresy.

kjetterjakt *(også fig)* heresy hunt (*fx* a h. h. for persons of radical views).

kjettersk heretical.

kjetting chain; *-er* (tyre) chains, non-skid chains.

kjeve jaw. **-ben** jawbone. **-bensbrudd** fracture of the jaw; fractured jaw.

kjevekirurg oral surgeon; *(lege som har spesialisert seg i kjevekirurgi, ofte)* surgeon dentist.

I. kjevle *(subst)* rolling pin.

II. kjevle *(vb)* roll out; ~ *(ut) en deig* roll out a dough.

kjevledeig dough for rolling out.

kjoks *(i dreiebenk)* chuck.

kjole *(damekjole)* dress, frock; gown; *(herres)* dress coat, tailcoat; **T** tails; *(preste-) (intet tilsv., kan gjengis)* gown; *lang ~* long dress; *(glds)* gown; *~ og hvitt* (full) evening dress; **T** white tie; tails; **US** white tie and tails; *(se legge B: ~ ned, ~ opp, ~ ut)*.

kjolesøm dress-making.

kjoletøy dress material.

kjone *(tørkehus for korn)* oast-house.

kjortel coat.

kjæle *(vb)* fondle, caress, pet; *~ for* (ɔ: *forkjæle)* pamper, coddle (*fx* a child).

kjæle|barn, -degge pet, darling, coddled child (,animal).

kjælen loving, affectionate; kittenish (*fx* a k. girl); mawkish (*fx* manners, voice).

kjælenavn pet name.

kjæling caressing; *(se kjæle)*.

kjær dear; *-e! (int)* dear me! *mine -e* my dear ones, those dear to me; *mitt -este* what is dearest to me; *inderlig ~* dearly beloved; *måtte De alltid ha denne tiden ved handelsgymnaset i X i ~ erindring* may you always recall (*el.* look back upon) your stay at the commercial college in X with pleasure.

kjæremål *jur (anke)* appeal; *forkaste -et* dismiss the appeal; *godkjenne -et* allow the appeal.

kjæremålsutvalg committee on appeals; *Høyesteretts ~ (kan gjengis)* the Appeals Committee of the Supreme Court.

kjæreste lover, friend; *(kvinnelig)* sweetheart; **S** (his) pin-up girl; (his) (best) girl; **T** (her) young man; *de to -ne* the two lovers. **-folk** *(pl)* lovers.

kjærkommen welcome.

kjærlig loving, affectionate; *(overdrevent)* fond; *et ~ blikk* an affectionate (*el.* a loving) look (*el.* glance).

kjærlighet love, affection; *(menneske-)* charity; *tro, håp og ~* faith, hope, and charity; *en mors ~* the love of a mother; *~ til* **1**(*personer)* love for (*fx* his love for his wife); *(mer generelt)* love of (*fx* his great love of the French); **2**(*dyr, ting, etc)* love of; *~ på pinne* lollipop, licker lolly; **US** (candy) sucker; *~ ved første blikk* love at first sight; *alt er tillatt i krig og ~* all is fair in love and war; *ulykke-*

k

lig ~ unhappy love affair, unrequited love; *gammel* ~ *ruster ikke* old love lies deep.
kjærlighets|brev love letter. **-erklæring** declaration of love. **-eventyr** love affair. **-historie** love affair; *(fortelling)* love story. **-pant** pledge of love.
kjær|tegn caress. **-tegne** *(vb)* caress, stroke, fondle, pet.
kjød *(bibl)* flesh; *gå all -ets gang* go the way of all flesh.
kjødelig carnal; *(bibl)* fleshly; ~ *bror* own *(el.* full) brother; *-e søsken* full brothers and sisters; ~ *slektning* blood relation.
kjødelighet carnality, sensuality; *(bibl)* fleshliness.
kjødslyst *(bibl)* carnal desire.
kjøkemester master of ceremonies; *(bibl)* governor of the feast.
kjøkken kitchen; *(matlaging)* cuisine; *med adgang* ~ with kitchen facilities, with use of k.
kjøkken|benk kitchen (floor) unit; *(oppvaskbenk)* sink unit; *(glds)* kitchen workbench. **-departement** culinary department. **-forkle** kitchen apron. **-hage** kitchen *(el.* vegetable) garden. **-hjelp** *(på restaurant)* kitchen hand. **-inngang** backstairs; *(utvendig, ned til kjøkkenet)* area steps; *(se kjøkkenvei)*. **-møddinger** *pl (forhist)* kitchen middens, shellmounds, shellheaps. **-salt** cooking salt. **-sjef** *(overkokk)* chef. **-skriver** kitchen snooper. **-trapp** backstairs; service stairs. **-tøy** kitchen utensils. **-vei:** *gå -en* use the backstairs, enter by the backstairs. **-vekt** (set of) kitchen scales.
kjøl keel; *på rett* ~ on an even keel; *få på rett* ~ right; *få en på rett* ~ *(fig)* make sby go straight; *komme på rett* ~ right itself; *med -en i været* bottom up, keel up.
kjøle *(vb)* cool, chill.
kjølebag cooling bag, cooler, thermos bag; *(stiv)* cooler box.
kjøledisk refrigerated display counter *(el.* cabinet); refrigerating counter.
kjøleelement cooler brick.
kjølelast refrigerated cargo.
kjølemiddel coolant *(fx* the c. is water).
kjøler cooler, refrigerator; *(i bil)* radiator.
kjøler|gitter grill(e). **-kappe** radiator shell. **-legeme** r. core.
kjøle|rom cold-storage chamber. **-skap** fridge. **-tekniker** refrigeration service engineer. **-vann** cooling water. **-vannspumpe** c. w. pump. **-vifte** cooling fan. **-vogn** refrigerator van.
kjøl|hale *vb (et skip)* careen; *(en mann)* keelhaul. **-haling** careening; keelhauling.
kjølig cool; chilly; *behandle en* ~ treat sby coldly *(el.* with coldness), be cool to sby. **-het** coolness.
kjølmark *(zool)* wireworm.
kjølne *(vb)* cool, cool (down); cool off *(fx* his enthusiasm had cooled off).
kjøl|svin *(mar)* keelson. **-vann** wake. **-vannslinje** line ahead. **-vannsstripe** track.
kjønn sex; *(gram)* gender; *det annet* ~ the opposite sex; *det smukke* ~ the fair sex; *det sterke* ~ the sterner sex; *det svake* ~ the weaker sex.
kjønns|akt copulation, intercourse; mating. **-atlet** *(spøkef)* sex maniac; (NB sex maniac *også* = *voldtektsforbryter)*. **-bestemmelse 1.** sex determination; **2***(gram)* determination of gender. **-bestemt** sex-linked *(fx* s.-l. characters).
kjønns|bøyning *(gram)* inflection for gender. **-celle** *(biol)* gamete; sex cell. **-del** genital, (external) sexual organ. **-diskriminerende** sexually discriminating; *bli utsatt for* ~ *fornærmelser* be the victim of sexual(ly discriminating) insults; be sexually insulted. **-diskriminering** sex discrimination. **-drift** sexual instinct *(el.* urge); **US** sex urge; *med abnormt sterk* ~ oversexed. **-endelse** *(gram)* termination indicating gender. **-forhold** sexuality. **-forskjell** sexual difference, distinction of sex; *(gram)* distinction of genders. **-kvotering** allocation by *(el.* according to) sex quota(s); ~ *i arbeidslivet* allocation of jobs according to sex. **-lem** sexual organ. **-leppe** sex lip. **-lig** sexual; *(adv)* sexually. **-liv** sexual life; *(også* **US***) sex life.* **-løs** sexless, asexual. **-løshet** asexuality, sexlessness. **-moden** sexually mature. **-modenhet** sexual maturity. **-modning** puberty, pubescence. **-nytelse** sexual gratification. **-nøytral:** *-e betegnelser* neutral-gender terms. **-organer** *(pl)* sexual organs, genitals; **US** *(også)* sex organs. **-rolle** sex role; *den kvinnelige* ~ the female sex role; *-ne er byttet om* the sex roles have been reversed. **-rollemønster** pattern of sex roles; *-et er mer fastlåst i de lavere sosiale lag enn i de høyere* sex roles are more rigid in the lower social strata than the upper. **-skifte** sex reversal.
kjønrøk lampblack.
kjøp purchase; buying; *(det kjøpte eller solgte)* bargain; *et godt* ~ a bargain; **T** a good buy; *få noe på -et* get sth into the bargain; get sth thrown in (for good measure); *heve et* ~ cancel a purchase; *(jur)* repudiate a contract of sale.
kjøpe *(vb)* buy, purchase *(av* from); *hva har du kjøpt for pengene?* what have you bought with the money? ~ *inn* buy in; *det man har kjøpt inn* one's purchases; *han pakket pent inn det jeg hadde kjøpt* he made a neat parcel of my purchases; ~ *opp* buy up; ~ *seg fri (mot løsepenger)* ransom oneself; *han må selvfølgelig selge til en høyere pris enn den han -r til* needless to say, he must sell at a higher price than he buys for; *(se I. prøve)*.
kjøpe|kontrakt contract of sale, sales contract; *(jvf handelskjøp & sivilkjøp)*. **-kraft** purchasing power; spending power. **-lyst** inclination *(el.* desire) to buy; *manglende* ~ *(tilbakeholdenhet fra kjøpers side)* sales resistance.
kjøpelyst|en eager to buy; *de -ne* the crowd of eager shoppers; the prospective *(el.* intending) purchasers *(el.* buyers).
kjøper buyer, purchaser; *være* ~ *til* be in the market for; *-ne holder seg tilbake* buyers are holding back; *(jvf innkjøpssjef)*.
kjøpesum purchase price.
kjøpetvang: *uten* ~ without obligation to buy; *«ingen* ~*»* 'no obligation (to purchase)'.
kjøpmann *(detaljist)* retailer, shopkeeper, storekeeper; **US** storekeeper; *kjøpmenn (koll.)* tradespeople.
kjøpmannsforretning general shop.
kjøpskål: *drikke* ~ wet a (,the) deal.
kjøpsloven UK the Sale of Goods Act.
kjøpslå *(vb)* bargain, haggle *(om* for).
kjøpstad (market) town; country town, provincial town.
kjør: *i ett* ~ at a stretch, without a break, on end, running; continually; *her (hos oss) går det i ett (eneste)* ~ *hele dagen* we're in a whirl all day; the day passes in a whirl; *et ordentlig* ~ **T** a tough go; *det var et ordentlig* ~ *(også)* that was tough.
kjørbar passable, safe for driving; *(om bil, etc)* serviceable, in (good) running order, road worthy.
kjør|e *(vi)* go *(fx* in a car, by bus, *etc)*, drive *(fx* they drove over to X in their car); **US** *(oftest)* ride; *(på sykkel)* ride, cycle; *(om bil)* go *(fx* this car can go very fast), run *(fx* the car ran into a hedge); *(om tog)* run, go, travel; *vt (transportere)* take, drive, run *(fx* they ran me over to the village in their car); carry, convey *(fx* goods to Liverpool); *(la en få* ~ *med)* give (sby) a lift; *(se sitte på);* ~ *en film* run (through) a film,

show a f.; ~ *en film baklengs* run (*el.* play) a f. backwards; *vi -te alt hva bilen var god for* the car was going at top speed; **T** we were going all out; *komme -ende* come driving along (*el.* up), drive up; ~ **seg fast** get stuck; (*fig*) reach a deadlock; ~ **forbi** (*innhente*) overtake, pass; (*passere*) pass, go past; *det -te en bil forbi huset* a car drove past the house; ~ **fort** drive fast, speed; *en som -er fort* a scorcher, a speeder; ~ **i** *grøfta* drive into the ditch, land in the d.; ~ *i vei* go ahead; ~ **inn** (*maskin, etc*) run in; (*hest*) break in; ~ *inn en forsinkelse* catch up on a delay, make up for a d.; ~ **inn i** *hverandre* ram one another, interlock nose to tail; *han -te inn i en sidegate* he turned down a sidestreet; ~ **inn til** *fortauskanten og stoppe* pull in to the edge of the pavement and stop, pull up at the kerb; *kjør ikke for tett* **innpå** *bilen foran* **T** don't crowd the man in front; ~ (*ytterst*) **langsomt** go (dead) slow; ~ **med** *klampen i bånn* **T** go flat out, go all out; ~ **midt i** *veien* drive on the crown of the road, hug the middle of the road; ~ **mot** *rødt lys* cross on the red, shoot the traffic lights, drive (*el.* cross) against the lights;~ *mot stoppskilt* drive through (*el.* run) a stop sign; ~ *en* **ned** (*med bil, etc*) knock sby down, run sby down; ~ **opp** *et hus* **T** run up a house; ~ *oss* **opp i** *vansker (fig)* land **US** in difficulties; ~**opp med** (*fig*) bring up, bring forward; ~ **opp på** *siden av* pull (*el.* draw) up alongside; (*kjøretøy i fart*) draw level with; ~ **over** *en* run over sby; *over mot venstre* pull over to the left ~ **på** run against, run into, cannon into (*el.* against); bump into, hit (*fx* he hit a child); (*jvf:* ~ *ned);* *kjør på!* drive on! **T** let her rip! **US** step on the gas! ~ **uforsvarlig** drive recklessly; (*jur*) drive to the public danger; ~ **ut** (ɔ: *forlate eget felt*) pull out, pull over; ~ *ut bilen (av garasje)* run the car out (of the garage); ~ *ut til siden* pull into the side; ~ **utfor** *veien* run off the road.

kjøre|bane roadway, carriageway; *dobbelt* ~ dual c. **-bruvekt** weighbridge. **-doning** horse-drawn vehicle, rig. **-egenskaper** (*pl*) driving characteristics; *bilen har utmerkede* ~ it is an excellent car to drive.

kjøre|elev learner-driver, L-driver. **-felt, fil** (traffic) lane (*fx* a six-lane highway); driving area.

kjøreglede enthusiasm for driving; *en helt ny* ~ an entirely new sensation for the driver.

kjøre|hastighet travelling speed; (*fartsgrense*) speed limit. **-kar** (*kusk*) driver; teamster. **-komfort** riding comfort.

kjørel vessel, container.

kjøreopptak (*film*) tracking shot.

kjøre|prøve (*hos bilsakkyndig*) practical (driving) test; **US** driver's test; (*se førerprøve*). **-retning** direction of traffic. **-sikkerhet** safe driving, safe motoring. **-skole** school of motoring, driving school. **-tid** running time, time taken. **-time** (*hos sjåførlærer*) driving lesson. **-tur** drive; **T** spin, run; (*som passasjer*) ride; **US** drive, ride. **-tøy** vehicle.

kjøring driving, motoring; *sikker* ~ safe d. (*el.* m.).

kjørsel driving.

kjøter (*neds*) cur, mongrel.

kjøtt flesh; (*som føde*) meat; (*på frukt*) flesh, pulp.

kjøtt|bein meaty bone; bone with some meat on it. **-berg** mountain of flesh. **-bolle** meat ball. **-deig** minced (,**US**: ground) meat; mince; *fin* ~ (= *bolledeig*) meat farce; (*jvf karbonadedeig*); (*NB* 'minced meat' *må ikke forveksles med*' *mincemeat*' *som er en blanding av oppskårne epler, rosiner etc. brukt som fyll i pai*). **-ekstrakt** meat extract. **-etende** carnivorous.

kjøtt|farse sausage meat; forcemeat. **-forgiftning** meat poisoning; ptomaine poisoning. **-full** fleshy. **-gryte** (*fig*) fleshpot. **-hermetikk** tinned (,*især* **US**: canned) meat; **T** bully beef; *noen bokser* ~ some tins of meat. **-hue** (*neds*) fathead; **US** meathead. **-kake** rissole. **-kontroll** meat inspection. **-kvern** mincer; **US** meat grinder; *la noe gå gjennom -a* put sth through the mincer. **-mat** meat (dish). **-meis** (*zool*) titmouse. **-pudding** meat loaf. **-pålegg** cooked meats; **US** cold cuts. **-rett** meat dish. **-trevl** shred of meat (,flesh).

klabb: *hele -et* **T** the whole boiling (*el.* caboodle).

kladd (rough) draft; rough copy; *listen foreligger som* ~ the list is in the draft stage; *dere skal ha stilen ferdig på* ~ *til i morgen* you must have your essays written out in rough by tomorrow; *han brukte for lang tid på -en og fikk ikke tid til å føre inn alt sammen* he spent too much time over his rough copy and didn't get time to copy it all out; *ikke feildisponer tiden, slik at dere bruker så lang tid på -en at dere ikke rekker å føre inn alt sammen* don't misjudge the time, and spend so long on the rough copy that there isn't time to copy it all out.

kladde (*vb*) **1.** draft, make a rough draft (of); **2** (*under skiene): skiene dine -er* the snow is sticking under your skis; your skis are clogged up.

kladde|ark rough sheet. **-blokk** (*også* **US**) scratch pad. **-bok** rough book (*fx* a rough maths book); jotter. **-føre** wet snow, sticky snow. **-papir** rough paper.

klaff leaf, flap; (*på blåseinstrument*) key; (*ventil*) valve.

klaffe 1(*stemme*) tally; agree; **2**(*gi det ønskede resultat*) work out, pan out; *jeg håper det -r* **T** I hope it will work (all right); I hope it will be O.K.; *denne gangen må det*~ this time it ˋmust succeed (*el.* work *el.* be O.K.).

klaffefeil (*med.*) valvular defect.

I. klage (*subst*) complaint; (*jamring*) wailing; *føre* ~ *over* complain of; *inngi en* ~ *på* lodge (*el.* make) a complaint against.

II. klage (*vb*) complain(*over* of, *til* to); *han -t sin nød for meg* he poured out his troubles to me; *gråte og* ~ weep and wail; *gråtende og -nde fulgte de kisten* weeping and wailing they followed the coffin; *de sto rundt den døende mannen og -t høylytt* lamenting loudly they stood round the dying man.

klage|brev letter of complaint. **-frist** period for entering a complaint; *-en er 10 dager* complaints must be submitted within 10 days; *-en utløper den 30. sept.* complaints (,appeals) must be lodged not later than September 30th. **-muren** the Wailing Wall. **-mål** complaint, grievance.

klagende plaintive.

klagepunkt (*jur*) complaint, grievance; (*i tiltale*) count (of an indictment), charge.

klager, -ske (*jur*) plaintiff.

klage|sang dirge, elegy, lament. **-skrift** written complaint.

klam clammy, damp. **-het** clamminess, dampness.

klamme (*typ*) bracket; *sette i -r* bracket, put in brackets, enclose in brackets; *runde -r* parentheses.

klammeri loud quarrel, brawl, row; *komme i* ~ get into a brawl.

klamp (*kloss*) block; (*mar*) chock, clamp, cleat; (*om foten*) drag, clog (*fx* be a c. on sby); **S** bind; *hun er en* ~ *om foten på ham* she is like a millstone round his neck; *-en i bånn!* **S** let her rip! step on it! **US** step on the gas!

klamre (*vb*): ~ *seg fast til* cling to.

K

klander blame, criticism; reprimand, rebuke.
klandre *(vb)* find fault with, blame, rebuke.
klang sound, ring; clink, chink. **-bunn** *(mus)* soundboard. **-farge** timbre, tone colour. **-full** sonorous, resonant. **-fylde** sonorousness, sonority. **-løs** toneless, dull.
klapp 1. slap; **2.** applause, clapping (of hands).
klappe *(vb)* **1***(i hendene)* clap (one's hands), applaud; **2***(som kjærtegn)* pat, caress; ~ *en på skulderen* tap sby on the shoulder, tap sby's shoulder; *«...og så -r vi!»* *(også* **US)** let's give him a big hand! *-t og klart* (all) ready; **T** all set.
klapperslange *(zool)* rattlesnake.
klapp|jakt battue; *drive* ~ *på* round up *(fx* the police were rounding up the gangsters). **-myss** *(zool)* hooded seal.
klapp|salve round of applause. **-sete** folding seat; *(kino, teater)* tip-up seat. **-stol** folding chair.
klapre *(vb)* clatter, rattle; *(om tenner)* chatter.
klaps slap.
klapse *(vb)* slap.
klar clear; *(lys, strålende)* bright; *(tydelig)* clear, plain, evident; *det er -t at* it is obvious *(el.* plain *el.* clear) that; *det er -t at vi ikke kan ...* clearly *(el.* obviously) we cannot ...; ~ *beskjed* **1.** a plain answer; **2.** definite orders; *telegrammet inneholdt et -t formulert avslag* the telegram contained a clearly worded refusal; *han ga meg ikke noe -t svar m.h.t. om han kunne komme* he gave me no definite *(el.* clear-cut) answer as to whether he could come or not; *taleren ga en* ~ *og grei orientering om den politiske situasjon* the speaker explained the political situation in clearly defined terms; *jeg har det ikke -t for meg selv ennå* I'm not clear about it myself yet; *-t som dagen (fig)* clear as day; ~ *flamme* bright flame; *han er* ~*(ɔ: ferdig) nå* he is ready now; *-t til bruk* ready for use; ~ *til å vende (mar)* ready about; *gjøre -t skip* clear the ship (for action); *gå* ~ *av* clear, miss; *ha et -t blikk for* have an open eye for; *det sto -t for ham at ...* it was clear to him that ...; *det ligger -t i dagen* it is quite obvious; *bli* ~ *over noe* realize sth; *være* ~ *over* (fully) realize, fully *(el.* quite) understand; *klar, ferdig, gå!* on your marks, get set, go! *alt -t fra høyre (,venstre)!* all clear on the right (,left)!
klare *(vb)* clear; *(avklare)* clarify; *(kaffe)* allow to settle; *(greie)* manage; ~ *seg (,***T***: biffen)* hold one's own, pull through, find a way out; manage; *de -r seg nok* **T** *(også)* they will muddle through (all right); ~ *seg uten* make do without, do without, manage without; *(se også II. greie).*
klarere *(vb)* clear; *inn-* clear *(fx* a ship) inwards; *ut-* clear outwards.
klarering *(merk)* clearance (inwards *el.* outwards).
klareringsdokument clearing bill, (bill of) clearance; *(for utklarering)* clearance label.
klarhet clearness; clarity; *bringe* ~ *i* throw light on; *få* ~ *i noe* have sth cleared up; **T** get sth straight.
klarhodet clear-headed.
klarinett *(mus)* clarinet.
klarinettist *(mus)* clarinettist; **US** clarinetist.
klaring clearing; clearance.
klarsynt clear-sighted.
klarsynthet clear-sightedness.
klarøyd bright-eyed; *(fig)* clear-sighted.
klase cluster, bunch.
klask smack, slap. **klaske** *(vb)* smack, slap.
klasse class; *(på skolen)* form, class; *han går i min* ~ he is in my class; *de går i for store -r* they are taught in oversized classes; *høyere* ~*: se høyere; sette i* ~ *med* class with; *skriftlig* ~ class with written work.
klasse|bevisst class-conscious. **-forskjell** class distinction. **-forstander** form master, f. teacher *(fx* f. t. to 3A); *han er* ~ *for to klasser i år* he is in charge of two forms this year; he is form master of *(el.* for) two forms this year. **-fradrag** family allowance. **-hat** class hatred. **-kamerat** *(glds)* classmate, form mate; *vi var -er* he was in my form; we were in the same form. **-kamp** class struggle. **-kart** seating plan, form chart, chart of the form *(el.* class). **-lærer** *se -styrer.* **-styrer** form master *(el.* teacher) *(for* to). **-tur** form *(el.* class) outing *(el.* excursion); *(lengre)* form *(el.* class) trip; *de dro på* ~ *til Paris* the whole class went to *(el.* had a trip to) Paris. **-værelse** classroom, form room.
klassifisere *(vb)* classify, class.
klassifisering classification.
klassiker classic; classical scholar.
klassisisme classicism.
klassisk classic(al); ~ *musikk* **US S** longhaired music.
klatre *(vb)* climb; ~ *opp (ofte)* go up *(fx* he went up a rainpipe and climbed on to the roof); ~ *opp i et tre* climb into a tre, climb (up) a tree; ~ *opp i toppen på et tre* climb to the top of a tree; ~ *i trær* climb trees; ~ *rundt i trærne* climb about in the trees; ~ *møysommelig oppover en fjellside* toil (,**T**: slog) up a mountain.
klatre|fot climbing foot. **-fugl** climber.
klatrelag: ~ *i tau* roped party.
klatrer climber.
klatt *(blekk-)* blot; *(smør-)* lump *(fx* of butter).
klatte|gjeld petty debts, small debts. **-maler** slapdash painter. **-maling** daubing, slapdash painting.
klausul clause, proviso.
klauv *se klov.*
klauvsyke foot-rot; hoof-rot; *munn- og* ~ the foot-and-mouth disease.
klave (cow's) collar.
klaver *(mus)* piano. **-konsert** piano(forte) recital; r. of piano music; *(stykke)* piano concerto, keyboard concerto. **-musikk** piano music, keyboard music. **-stemme** *(mus)* piano part.
klaviatur *(også typ)* keyboard.
kle *(vb)* clothe, dress; *(passe)* become, be becoming; *være -dd i* wear; ~ *på en* dress sby; ~ *på seg* dress; put on one's clothes; ~ *seg naken* strip; ~ *av seg* undress, take off one's clothes; strip; ~ *seg om* change; ~ *seg ut som* dress up as, get oneself up as.
klebe *(vi)* stick *(ved* to); *(vt)* stick, paste; *(se klistre).*
klebebånd adhesive tape.
klebefri non-sticky.
kleberstein *(min)* steatite; *(også* **US***)* soapstone.
klebestoff adhesive.
klebrig sticky, adhesive. **-het** stickiness, adhesiveness.
klede *(subst)* cloth.
kledelig becoming.
kledning covering; exterior finish; *(med planker)* planking; *(panel)* wood(en) panelling, wainscot, wainscot(t)ing, boarding; skin *(fx* a fibreglass quilt in the space between the inner and outer skins); *(plate-)* plating.
klegg *(zool)* gadfly, horsefly.
kleiv steep path.
klekke *(vb)* hatch.
klekkelig substantial, sizable *(fx* sum of money); generous, handsome *(fx* tip).
klem pinch, crush; *(omfavnelse)* hug, squeeze; *på* ~ *(om dør)* ajar; open just a crack; on the

latch (*fx* he left the door on the latch); *med fynd og ~* forcibly.

klematis *(bot)* clematis.

I. klemme *(subst)* clip; *(fig)* difficulty, scrape; **T** tight spot; *komme i ~* get into a scrape; *sette en i ~* put *(el.* get) sby in a fix; put sby in a tight corner.

II. klemme *(vb)* squeeze; *(om skotøy, etc)* pinch; *kysse og ~* hug and kiss; *jeg har (fått) klemt fingeren min* I've pinched my finger; *~ av* pinch off; *~ i vei* fire away, go ahead; work away (at sth); *klem i vei!* go ahead! get cracking! *han sto klemt mellom to tykke damer* he was wedged in between *(el.* sandwiched (in) between) two fat women; *~ på: se ~ i vei; ~ seg sammen* squeeze together; *~ til* squeeze hard.

klemt *(subst)* toll, clang.

klemt|e *(vb)* toll, ring; clang. **-ing** tolling; ringing; clanging.

klenge *(vb)* cling, stick; *~ på* cling to, hang on to; attach oneself to; *~ seg inn på* force one's company (up)on.

klenget(e) clinging (*fx* the child is so c.); importunate.

klengenavn nickname.

klenodie jewel, gem, treasure.

klepp *(hake)* gaff.

kleppe *(vb)* **1.** gaff (*fx* fish); **2.** split (*fx* fish); *(se klippfisk).*

kleptoman kleptomaniac. **-i** kleptomania.

kleresi clergy.

klerikal clerical, church.

kles|børste clothes brush. **-drakt** dress, attire. **-henger** clothes hanger, coat hanger. **-klype** clothes-peg; **US** clothespin. **-korg** clothes basket. **-kott** (clothes) closet. **-plagg** garment, piece of clothing; *(se plagg).*

kles|skap wardrobe; *(innbygd)* (clothes) closet. **-snor** clothesline; washing line.

kli (wheat) bran. **klibrød** bran bread.

klient client. **klientel** clientele.

I. klikk: *slå ~* fail, come to nothing; go wrong.

II. klikk set, clique.

III. klikk *(om lyd)* click.

klikke *(vb)* **1.** fail, misfire; **2.** *~ seg sammen (ɔ: danne klikk)* clique; **3***(om lyden)* click.

klikkevesen cliquishness, cliquism.

klima climate; *vi er på vei inn i et hardere økonomisk ~* we are approaching harder times economically.

klimatisk climatic.

klimp|re *(vb)* strum, thrum (*fx* on a piano); pick (*fx* the strings of a guitar); **US** plink, pluck; *(neds)* plunk. **-ing** *(også)* tinkle-tankle.

klin *(søl)* slop, smear; *(neds om kjærtegn)* petting.

kline *(vb)* **1.** paste, smear; daub; **2***(kjæle)* pet; neck; *~ til* dirty; *~ seg inntil* stick close to.

klinefest S necking party.

I. klinge *(subst)* blade; *gå en på -n (for å få en avgjørelse, etc)* press the point; *da man gikk ham på -n, innrømmet han at ...* hard pressed, he admitted that ...; *jeg gikk ham ikke nærmere inn på -n* I did not press him any further; *gå en hardt på -n* press sby hard (*fx* for an explanation); **T** put sby through it; *krysse ~ med* cross swords with.

II. klinge *(vb)* sound, ring; *(om glass, klokker)* chink, clink, tinkle, jingle; *-nde mynt* hard cash.

klingeling *(int)* ting-a-ling. **klingklang** *(int)* ding-dong.

klinikk clinic. **-assistent** clinical assistant. **-fullmektig** senior clinical worker.

klining *(det å kline)* petting; **S** necking; *(jvf kjæle & kjærtegne).*

klinisk clinical.

I. klinke door handle, lever handle.

II. klinke *vb (med glassene)* touch glasses *(med* with).

klinknagle split rivet.

klinte *(bot)* corn cockle.

klipp clip, cut, snip.

I. klippe *(subst)* rock.

II. klippe *(vb)* cut; *(billett)* punch; *(ører, vinger)* clip; *(negler)* pare; *(hekk, hund)* trim; *~ håret* have a haircut; cut one's hair; *jeg vil -s* I want a haircut; *~ sauer* shear sheep; *~ ut* cut out; *(se snauklippe).*

klippe|blokk (block of) rock. **-fast** firm as a rock.

klippe|grunn rocky ground. **-kort** punch card. **-kyst** rocky coast. **-vegg** rock wall.

klippfisk split cod, dried cod; *(faglig)* clipfish, klipfish; *(jvf kleppe 2).*

klirr clink, jingle, clatter, rattle.

klisjé *(typ)* (printing) block; *(fig)* cliché, set phrase.

kliss sticky mass, stickiness; *(fig)* sentimental talk; **S** soppy talk.

klisse *(vb)* stick; *(ikke snakke rent)* lisp.

klisset smeary, sticky; **US** *(også)* gooey.

kliss-klass *(int)* splish-splash; **US** *(også)* slurp-slurp.

klissvåt soaking wet, drenched, soaked, wet through (and through); *(se våt).*

klister 1. paste; **2,** soft ski-wax.

klisterhjerne T retentive memory.

klistre *(vb)* paste.

klo *(zool)* claw; *(en rovfugls)* claw, talon; *komme i klørne på en* get into sby's clutches; *vise klør (fig)* show fight; *med nebb og klør (fig)* tooth and nail; *slå -a i* grab, pounce on, lay by the heels (*fx* the police will soon lay the thief by the heels).

kloakk sewer. **-anlegg** sewerage system; sewers, drains; *være tilkoplet det kommunale ~* be connected to the municipal sewerage system; be on main drainage. **-innhold** sewage. **-ledning** sewer pipe, sewage p. **-renseanlegg** sewage (disposal) works *(el.* plant); sewage purification plant. **-rør** sewage pipe, sewer p.; *(mindre)* drain p. **-utslipp** discharge of sewage; *(se utslipp).* **-vann** sewage.

klode planet; earth, world.

klodrian bungler, clumsy fool; **US** *(også)* oaf.

klok wise, clever; *(forsiktig)* prudent; *~ kone* quack; *han er ikke riktig ~* he's not quite all there; *jeg kan ikke bli ~ på det* I cannot make it out, I can make nothing of it.

klokelig *(adv)* wisely, sensibly.

klokk|e bell; *(ur)* clock, watch; *(slagur)* clock; *hva er -a?* what's the time? what time is it? *-a er tolv* it's twelve (o'clock); *-a er halv ett* it's half past twelve (o'clock); *-a er mange* it's late; *se hvor mange -a er* see what the time is; *si hva -a er* tell the (right) time; *-a mangler fem minutter på fem* it's five minutes to five (o'clock); *-a er ikke mye over sju* it's just over seven; *-a fire* at four o'clock; *si ham hva -en er slagen* tell him what's what; *vite hva -en er slagen* know where one stands; *(se se: ~ feil).*

klokke|blomst *(bot)* bellflower. **-bytte** watch trading. **-bøye** bell buoy. **-formet** bell-shaped. **-klang** the sound *(el.* ringing *el.* chime) of bells. **-lyng** *(bot)* bell heather.

klokker sexton; bell ringer; parish clerk; *når det regner på presten, drypper det på -en* [when it rains on the vicar, some drops will fall on the parish clerk; i.e. when a prominent person obtains a great advantage, his subordinate gets a smaller one]; *(kan fx gjengis slik)* he benefited from what rained on the vicar (,on his boss, *etc).*

klokkereim watchstrap; **US** watchband.

k

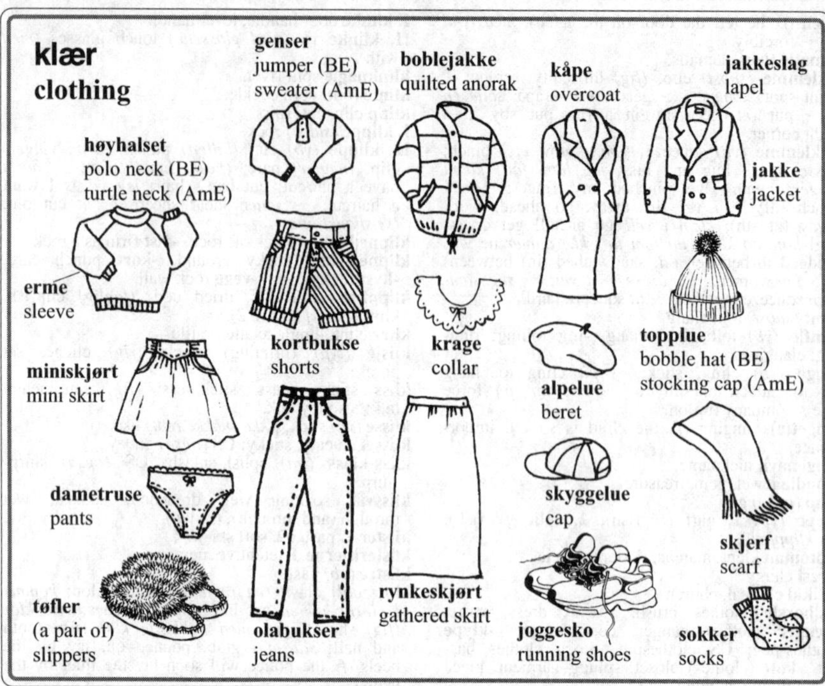

klokkerkjærlighet: *ha en ~ for* have a soft spot for; have a soft place in one's heart for.
klokke|slag stroke of a bell. **-slett** hour. **-spill** chimes; carillon; **US** *(også)* glockenspiel. **-streng** bell pull; *han henger i -en* he can't call his soul his own. **-støper** bell founder. **-time** hour by the clock.**-tårn** bell tower, belfry.
klokskap wisdom, prudence, cleverness.
klopp (rustic) footbridge.
I. klor *(kjem)* chlorine.
II. klor *(merke etter kloring)* scratch.
kloral chloral.
klore *(vb)* scratch; *(om skrift)* scrawl; *~ ned et par ord* scrawl a few words.
klorkalk *(kjem)* chloride of lime.
kloroform *(kjem)* chloroform. **-ere** *(vb)* chloroform.
klorvann chlorine water.
klosett lavatory, toilet. **-papir** toilet paper; *en rull ~* a toilet roll. **-sete** lavatory *(el.* toilet) seat. **-skål** lavatory pan; (toilet) bowl.
kloskate *(fisk)* starry ray.
I. kloss *(subst)* block; *(bygge-)* brick.
II. kloss *(adv)* close; *~ opptil* quite close to.
klosset clumsy, awkward.
klosshale *vt (mar)* haul taut; tauten.
klossmajor bungler, (clumsy) fool; **US** big oaf, big clod, clumsy ox.
klossrevet *mar (med alle rev tatt inn)* close-reefed.
kloster monastery, convent; cloister; *(nonnekloster)* nunnery; *gå i ~* turn monk; take the veil.
kloster|bror friar, monk. **-kirke** chapel of a convent. **-liv** monastic life.
klov *(zool)* hoof *(pl:* hoofs *el.* hooves). **-dyr** *(zool)* cloven-footed animal; **US** cloven-hoofed animal.
klovn clown.
klovsyke foot-rot, hoof-rot; *munn- og ~* the foot-and-mouth disease.
I. klubb *(blod-)* black pudding.
II. klubb club; *(ofte =)* society *(fx* the school film society).
I. klubbe *(subst)* wooden hammer *(el.* club), cudgel; *(som verktøy)* mallet; *(formanns-)* gavel.
II. klubbe *(vb)* club, gavel, call to order; *~ ned en taler* stop a speaker with one's gavel; **US** take away the floor from a speaker.
klubb|formann *(i fagforening)* convener. **-genser** club sweater. **-lokale** clubroom. **-medlem** member of a club.
kludder bungling, mess; difficulty, unpleasantness.
kludre *(vb)* bungle.
klukk cluck.
klukke *(vb)* cluck; *(i flaskehals)* gurgle, glug.
klukkhøne brood hen, sitting hen.
klukklatter chuckle.
klukkle *(vb)* chuckle.
klump lump, clump; *(jord-)* clod; *(mel-)* lump of flour.
klumpe *(vb): ~ seg* lump, get *(el.* become) lumpy;*~ seg sammen (om mennesker)* bunch together, huddle (together).
klumpet lumpy.
klumpfot clubfoot.
klunger *(bot)* bramble, brier. **-kjerr** bramble bush. **-rose** *(bot)* dog rose.
klunk 1*(av noe flytende)* gurgle; **2***(tiur-)* call (of a capercailzie); **3***(på instrument)* strumming; *(se klimpre);* **4.** drink, swig *(fx* from the bottle).
klunke *(vb)* **1.** gurgle; **2***(om tiur)* call; **3***(på instrument)* strum; *(se også klimpre).*
kluss 1. mess, trouble; **2.** blot; *ha ~ med* have

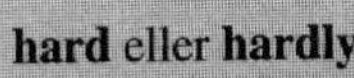

knapp

TRICKY TALES

hard eller **hardly**

He always works ***hard.*** **hardt**
He can ***hardly*** *walk on the slippery road.* **knapt**

Dette viser at ikke alle ord som ender på **–ly,** er adverb. Her er det betydningsforskjell mellom **hard** og **hardly.**

trouble with (*fx* the engine); *det må være noe ~ et eller annet sted* **T** something must have gone wrong somewhere; something must be wrong somewhere.
klusse *(vb)* blot; *~ med (fig)* tamper with, mess with; *(se også klå & klåfingret).*
klut rag, cloth; *hver eneste ~ (mar)* every stitch of canvas.
klutepapir rag paper.
I. klynge *(subst)* cluster, group, knot.
II. klynge *(vb): ~ seg til* cling to; *(jvf klenge & klenget(e)); ~ opp* **T** string up (*fx* a criminal).
klynk whimper, whine.
klynke *(vb)* whimper, whine.
I. klype *(subst)* clip; *(liten mengde)* pinch (*fx* of salt).
II. klype *(vb)* pinch; *(se knipe).*
klyse clot.
klyss *mar (hull til ankerkjettingen)* hawsehole.
klystér enema, clyster.
klystérsprøyte enema syringe, rectal syringe.
klyve *(vb)* climb; *(se klatre).*
klyveled stile.
klyver *(mar)* jib. **-bardun** jib guy.
klær clothes; *fare i -ne* scramble into one's clothes; *~ skaper folk* fine feathers make fine birds; *i fulle ~* fully dressed.
klø *(vt)* scratch; *(vi)* itch; *~ seg i hodet* scratch one's head; *jeg -r i fingrene etter å* my fingers are itching to; *jeg -r i fingrene etter å fike til ham (også)* I'm just itching to slap his face.
kløe itch(ing).
kløft cleft, crevice; *(mellom grener)* fork.
kløftet cleft, having crevices; forked.
kløkt shrewdness, sagacity, cleverness.
kløktig shrewd, clever, sagacious.
kløne bungler; fumbler; clumsy person; *(se klossmajor).*
klønet awkward, clumsy.
kløpper T wizard; *han er en ~ til å regne* he's a wizard at arithmetic.
kløtsj clutch; *trå inn -en* depress the c. pedal, declutch.
kløv pack.
kløver 1*(bot)* clover; **2***(kort)* club; *melde fire ~* bid four clubs; *~ er trumf* clubs are trumps.
kløver|blad *(bot)* clover leaf. **-eng** clover field. **-ess** *(kort)* (the) ace of clubs.
kløv|hest pack horse. **-meis** pannier. **-sal** pack saddle, pair of panniers.
kløyve *(vb)* cleave, split; *~ ved* split wood.
klå *(vb)* finger, touch, monkey (about) with (*fx* stop monkeying (about) with those tools!); *(se klusse: ~ med).*
klåfinger [person with an urge to finger things]; *(omtr =)* twiddler, knob twiddler.
klåfingret apt to finger (*el.* tamper) with things; **US** itchy-fingered. **-het** urge to finger (*el.* twiddle with) things.
kna *(vb)* knead.
knabb knoll.
knabbe *(vb)* **T** *(ta uten lov)* grab, snatch.
knagg peg.
knake *(vb)* creak, groan; *det -t i trappen* the stairs were creaking; *-nde morsomt* **T** great fun.
knakke *vb (banke)* knock.
knakkpølse smoked sausage; **US** knackwurst.
knall report, explosion, crack, pop, bang.
knallbonbon cracker, party cracker; **US** party favor.
knalle *(vb)* bang, explode; *skuddet -t* the shot rang out.
knalleffekt sensation, startling effect; *(neds)* cheap effect, playing to the gallery.
knallert power-assisted cycle; **T** power-bike, pop -pop, pipsqueak.
knallgass oxyhydrogen gas, detonating gas.
knall|hette, -perle percussion cap.
knallrød fiery red, bright scarlet.
knallsuksess roaring success; tremendous hit (*fx* he made a t. h. with that play); **US** rousing success.
I. knapp *subst (i klær)* button; *(løs, til snipp, etc)* stud; *holde en ~ på* plump for (*fx* I think I'll plump for Mr. X); *telle på -ene* be undecided; try to make up one's mind; toss for it.
II. knap|p *(adj)* scant, scanty, short; *et -t flertall* a narrow majority; *A har en ~ ledelse på B* A is just ahead of B; *det er -t med poteter i år* potatoes are short (*el.* in short supply) this year; *det begynner å bli -t med brød* bread is running low; *det er -t med penger* money is scarce; *(se også knapt & knepen).*
I. knappe *(vb)* button; *~ igjen* button up; *~ opp* unbutton, undo (the buttons of) (*fx* she undid her blouse); *(se også kneppe).*
II. knappe *(vb): ~ av på* cut down, reduce.
knappenål pin; *en kunne nesten høre en ~ falle* you could have heard a pin drop.
knappenåls|brev paper of pins. **-hode** pinhead. **-stikk** prick from a pin; *(fig)* pinprick.
knapphet scarcity, shortage (*på* of); brevity, briefness.
knapphull buttonhole.
knappsoleie *se ballblom.*
knapt *(adv)* barely, scarcely, hardly; *han kunne ~ gå* he was barely able to walk; *vår tid er så ~ tilmålt at ...* our time is so limited that ...; *(se også II. knapp).*
knark: *gammel ~* old fogey; **S** old geezer.
knas: *gå i ~* break into a thousand pieces (*fx* mirror, glass, *etc); slå i ~* smash (to smithereens), smash to shivers.
knase *(vb)* crackle, crunch, crush, grate.
knaske *(vb)* crunch (*på noe* sth).
knastørr bone dry, dry as a bone; *(se knusk).*
knatt *(fjell-)* crag; *(se knaus).*
knaus crag, rock, knoll, tor; *(se fjell-).*

k

kne knee; *(ledd)* joint; *falle på* ~ go down on one's knees; *han har knær i buksene* his trousers are baggy at the knees; *han er kommet på knærne (fig)* he is on his last legs; he is a broken man; *trygle en på sine knær om noe* ask *(el.* beg) sby for sth on one's bended knees; **T** beg sby most humbly for sth; *tvinge en i* ~ bring sby to his knees; *være på knærne* **T** be hard up; be down on one's luck.
knebel gag.
knebelsbart (handlebar) moustache; **US** mustache.
kneble *(vb)* gag.
knebøying genuflection; *(gym)* knee-bending.
kne|dyp knee-deep. **-fall** kneeling, genuflection; *(plass foran alter)* communion rail. **-fri** *(om skjørt, etc)* that shows the knees; ~ *mote* above -the-knee look. **-frihet** above-the-knee length *(el.* look).
knegge *(vb)* neigh, whinny; *(le)* chuckle.
kne|gå *(vb):* ~ *en* give sby the knee. **-høy** knee high. **-høne** *(feiging)* coward; **US** *(også)* chicken; *(en som jatter med)* yes-man.
kneik short, steep hill; short, sharp rise in the road; *den verste -a (fig)* the worst stumbling block; the biggest *(el.* worst) hurdle; *vi er over -a* we're over the worst; we've turned the corner; **US** we're over the hump.
kneipe pub, dive; **US** dive, saloon; **US S** honky-tonk; *(se I. bule).*
kneise *vb (om ting)* tower, rear itself; ~ *med nakken* toss one's head; *idet hun -t med nakken* with her head in the air.
I. knekk *(brunt sukkertøy)* toffee; toffee squares.
II. knekk crack; *(slag)* blow; *få en* ~ receive a blow, be badly shaken; be dented; *deres stolthet fikk en alvorlig* ~ their pride was severely dented; *min tillit til ham har fått en (stygg)* ~ my confidence in him has been (badly) shaken; *det ga ham en* ~ *for livet* he was never the same man again; *ved X gjør dalen en skarp* ~ *på seg og fortsetter rett vestover* at X the valley makes a sharp turn *(el.* turns sharply) and continues straight westwards; *nesten ta -en på* take it out of, almost finish *(fx* that long climb almost finished me *(el.* took it out of me)); ~ *på kurven* a break in the curve.
knekke *(vb)* crack, snap; ~ *en nøtt* crack a nut; *grenen knakk* the branch snapped; *stemmen knakk* his voice cracked *(el.* broke); ~ *halsen* break one's neck; ~ *sammen* collapse, fold up.
knekkebrød crispbread; **US** *(omtr =)* rye crisp.
knekkende *(adv): det er meg* ~ *likegyldig* **T** I don't care two hoots; *(se også knusende).*
knekket broken.
knekkparasoll collapsible sunshade.
knekt **1***(lett glds)* fellow; **2***(kort)* jack, knave.
knele *(vb)* kneel.
kneledd knee joint.
knelepute hassock, kneeler.
knep *(fiff)* trick; *bruke* ~ resort to tricks; *det er et* ~ *med det* there is a knack in *(el.* to) it; *det er et gammelt* ~ that's an old dodge; *han kan -ene* he knows the ropes; he knows (all) the tricks; he's up to all the dodges; he's up to every trick.
knepen *se II knapp.*
knepp *(subst)* click.
I. kneppe *vi (lage en kneppende lyd)* click; ~ *på en felestreng* strum a fiddle string; *(se klimpre).*
II. kneppe *(vt)* button (up) *(fx* a garment); ~ *igjen alle knappene* do up all the buttons; ~ *opp* unbutton, undo *(fx* she undid her blouse); ~ *på* button on; *til å* ~ *på* button-on *(fx* b.-o. collar).
knepping *(lyden)* clicking.
I. knert: *en liten* ~ **T** *(= dram)* **T** a tot, a swig.
II. knert blow, stroke, flick.
knerte *vb (slå lett)* flick; *(hogge)* chop; *(skyte)* pop.
kne|sette *(vb)* adopt. **-skade** a bad knee. **-skjell** kneecap. **-strømper** *(pl)* knee-length socks *(el.* stockings).
kniks curtsy. **-e** *(vb)* (drop a) curtsy.
knip pinch, squeeze; ~ *i magen* an attack of colic; *(se mageknip).*
knipe *(vb)* pinch; ~ *en tyv* catch *(el.* nab) a thief; *når det -r* at a pinch; *det knep!* that was a hard rub *(el.* a close shave); *det -r for ham* he is in difficulties; **T** he's hard up; ~ *på* be sparing of; ~ *på maten* skimp sby in food *(fx* they skimped him in food); ~ *seg i armen* pinch one's arm.
knipen *(gjerrig)* miserly, stingy, niggardly.
knipe|tak pinch, scrape; *i et* ~ at a pinch. **-tang** pliers *(pl),* nippers *(pl).*
kniple *(vb)* make lace.
knipling lace, lacework.
kniplingsbesetning lace trimming.
kniplingskrage lace collar.
knippe bunch; bundle.
knips snap, rap.
knipse *(vb)* snap one's fingers *(til* at).
knipsk prudish. **-het** prudery.
knirk creak, squeak; *uten* ~ *(fig)* without a hitch.
knirke *(vb)* creak *(fx* the board, the hinge, the snow creaks); squeak; ~ *og knake* creak and groan; *samarbeidet -t en smule* their collaboration was not entirely smooth.
knirkefri without a jar *(el.* hitch); *-tt samarbeid* perfect collaboration; *det gikk -tt* it went off without a hitch *(el.* scratch).
knis giggle, titter, snicker, **US** snicker.
knise *(vb)* giggle, titter, snicker; **US** snicker.
knistre *vb (om hund)* whine.
knitre *(vb)* crackle; *(om løv, papir)* rustle; *(om snø)* creak.
kniv knife; *ha -en på strupen (fig)* have the halter round one's neck; *med -en på strupen (fig) (også)* at the point of the sword; *krig på -en* war to the knife.
kniv(s)blad blade of a knife *(fx* the b. of a knife).
kniv|skaft handle of a knife. **-skarp** as sharp as a razor; *(fig)* keen *(fx* competition). **-smed** cutler. **-spiss** point of a knife. **-stikk** stab; knife wound. **-stikker** stabber.
knoke *(anat)* knuckle; *(ben)* bone.
knokkel *(anat)* bone.
knoklet bony, angular; *(~ og mager)* rawboned, scraggy.
knoll **1.** knoll; **2***(bot)* tuber.
Knoll *(i tegneserie)* Fritz; (NB *Tott:* Hans); *«~ og Tott»* the Katzenjammer Kids.
knollet tuberous.
knollselleri *(bot)* turnip-rooted celery.
knollsoleie *(bot)* bulbous meadow buttercup.
knop knot.
knopp *(bot)* bud; *skyte -er* be in bud, put forth buds.
knoppe *(vb):* ~ *seg* bud.
knoppskyting *(bot)* budding, gemmation.
knort gnarl, knot.
knortekjepp knotty stick.
knortet knotty, gnarled.
knot affectation in speaking.
knote *(vb)* speak affectedly.
I. knott button, knob.
II. knott *(insekt)* midge, blackfly.
knubbord *(pl)* sharp words.
knudret rugged; rough; knotted, knotty.

knuge *(vb)* press, squeeze; *føle seg -t av angst* be weighed down by anxiety; ~ *til sitt bryst* clasp in one's arms; *(se omfavne).*
knugende oppressive; crushing; *en* ~ *fornemmelse* a feeling of oppression.
I. knurr *(fisk)* gurnard.
II. knurr *(lyden)* growl, snarl.
knurre *(vb)* growl, snarl; *(fig)* grumble.
knurrhår whiskers *(pl).*
knusbedårende T: *for en* ~ *hatt!* what a love *(el.* dream) of a hat!
knuse *(vb)* crush, smash; break *(fx* a cup); shatter *(fx* all resistance); ~ *all motstand (,en organisasjon, et politisk parti)* crush all resistance (,an organization, a political party); *med knust hjerte* with a broken heart.
knusende crushing; *et* ~ *slag* a crushing blow; *det var ham* ~ *likegyldig* he did not care a damn *(el.* two hoots).
knusk tinder, punk. **-tørr** bone dry, dry as a bone, dry as dust, tinder-dry.
knusle *(vb):* ~ *med* be stingy *(el.* niggardly) with.
knuslet stingy, niggardly.
knussel stinginess, niggardliness.
Knut Canute.
knute knot; *(utvekst)* bump, protuberance; *løse en* ~ untie *(el.* undo) a knot; *-n er så hard at det er umulig å få den opp* the knot is so tight that it is impossible to get it undone *(el.* to untie it); *slå en* ~ tie a knot; *det er* ~ *på tråden (fig)* they have had a tiff; *det er -n* (ɔ: *vanskeligheten)* there is the rub *(el.* catch); *(se uløselig).*
knutekål *(bot)* kohlrabi; *(jvf kålrabi).*
knutepunkt junction *(fx* a railway j.).
knuterosen *(med.)* erythema nodosum.
knutt knout.
I. kny *(subst)* slightest sound; *han ga ikke et* ~ *fra seg* not the slightest sound escaped him.
II. kny *(vb)* breathe a word; *uten å* ~ without a murmur.
knyte *(vb)* tie; ~ *opp* untie, undo; *(se II. knytte).*
I. knytte *(subst)* bundle.
II. knytte *(vb)* **1:** *se knyte;* **2***(binde, filere)* knot, net; **3***(fig)* attach, bind, tie; ~ *en forbindelse* establish a connection; ~ *neven* clench one's fist; ~ *neven til en* shake one's fist at sby; ~ *sammen* connect, link up; *de bånd som -r våre to land sammen* the bonds which unite our two countries; ~ *noen bemerkninger til* say a few words about, make a few comments on; ~ *en betingelse til sitt samtykke* attach a condition to one's consent; *lønningene er -t til prisindeksen* the wages are geared to the price index; ~ *seg til* attach to, associate with; *en gave som det -r seg en betingelse til* **T** a gift with a string to it; *det -r seg en viss interesse til* some interest attaches to; *hans navn er -t til* his name is associated with; *den sak hans navn er så nøye -t til* the cause with which he *(el.* his name) is (so closely) identified; *det -r seg en historie til dette* thereby hangs a tale.
knyttneve clenched fist.
knøl mean *(el.* stingy) person.
knølen T stingy, mean.
knøtt *se pjokk.*
knøttende *(adv):* ~ *liten* tiny.
koagulere *(vb)* coagulate.
koalisjon coalition.
koalisjonsregjering coalition government, c. cabinet.
kobbe *(zool)* seal.
kobbel *se koppel.*
kobber *se kopper.*
kobbunge *(zool)* young seal.
koble *(vb): se kople.*
koblerske procuress.
kobolt cobalt.
kobra *(zool)* cobra; *spyttende* ~ spitting cobra.
I. kode code.
II. kode *(zool)* pastern.
kodeks (legal) code.
kodi|fikasjon codification. **-fisere** *(vb)* codify.
kodisill codicil.
koeffisient coefficient.
koffardi|fart merchant service; *fare i* ~ be in the merchant service; **-skip** merchantman, merchant ship.
koffein caffeine; **US** caffein.
koffernagle *(mar)* belaying pin.
koffert suitcase; *(stor)* trunk.
kofte sweater; *(se lusekofte).*
kogger *(til piler)* quiver; *(se standkogger).*
kohe|rens coherence. **-sjon** cohesion.
koie cabin, hut; **US** (lumber) camp.
koieovn camp stove; ~ *med tilhenger* c. s. with extension.
kok boiling, boiling state; *komme i* ~ *(fig)* reach boiling point, boil *(fx* his blood boiled); *gemyttene kom i* ~ tempers rose to boiling point; *sjøen står i* ~ the sea is seething *(el.* boiling).
kokain cocaine.
kokarde cockade.
koke *(vb)* boil; *(lage mat)* cook; ~ *kaffe* make coffee; *det kokte i meg* my blood boiled; ~ *opp* boil up; ~ *over* boil over; *slutte å* ~ go off the boil; *eplene er godt egnet for koking* the apples are good for cooking *(el.* are good cookers).
koke|apparat cooking apparatus. **-bok** cookery book; **US** cookbook. **-hull** *(på ileggskomfyr)* cooking-plate aperture. **-kar** cooking vessel. **-kunst** (art of) cooking, culinary art. **-plate** cooking plate; *(elektrisk)* hot-plate. **-punkt** boiling point. **-saker** *(pl)* cooking utensils.
kokett *(adj)* coquettish.
kokette *(subst)* coquette, flirt.
kokettere *(vb)* flirt; *han -r nærmest med at han ingenting vet om det* he more or less boasts that he doesn't know a thing about it; *hun -r med sin alder* she behaves as though she were younger than she really is.
koketteri coquetry, flirtation.
kokhet *(adj)* boiling hot, piping hot.
koking boiling *(se koke).*
kokk cook.
kokke (female) cook.
kokkerere *(vb): hun kunne da* ~ *litt* **T** she managed meals of sorts.
kokning boiling; cooking; *(se koke).*
kokong cocoon.
kokos|bolle snowball. **-makron** coconut macaroon. **-nøtt** coconut. **-palme** coco palm.
koks coke. **-boks** scuttle, coal scuttle.
koksalt cooking salt.
kol *se II. kull.*
kolbe 1*(på gevær)* butt; **2***(kjemi)* flask.
koldbrann *(med.)* gangrene; *det går* ~ *i såret* the wound is becoming gangrenous.
kold|feber *glds (med.)* ague. **-gaffel** cold-meat fork.
koldjomfru barmaid.
koldkrem cold cream.
koldsindig cool, cold.
koldtbord fork *(el.* buffet) supper (,luncheon, *etc); **US** (også)* knee supper.
kolera *(med.)* cholera.
koleriker choleric.
kolerisk choleric.
kolibri *(zool)* hummingbird.
kolikk colic.
kolje *(fisk)* haddock.

koll *se II. kolle.*
kollbøtte somersault; *slå -r* turn somersaults; *bilen gjorde* ~ the car turned turtle.
I. kolle *(trekar)* wooden bowl.
II. kolle hill, peak, rounded mountain top.
III. kolle female animal without horns; *(om ku)* hornless cow; **US** muley cow.
kolle|ga colleague; *våre -ger i England (ɔ: de som har stillinger svarende til våre)* our opposite numbers in England.
kollegial *(kameratslig)* fraternal, loyal towards one's colleagues; *han handlet ikke -t* he did not act like a good colleague; *han er ikke* ~ he is not a good colleague; *av -e hensyn* out of consideration for *(el.* loyalty to) one's colleagues.
kollegialitet loyalty (to one's colleagues), professional loyalty; collegiate spirit.
kollegium collegium; *Det akademiske* ~ the Senate; *i samlet* ~ at a plenipotentiary meeting.
kolleksjon collection; assortment.
kollekt *(innsamling)* collection *(fx* take up the c.); *(bønn)* collect.
kollektiv *(subst & adj)* collective.
kollektskål *(rel)* plate; *sende -en rundt* pass the plate.
kolli package, parcel, piece (of luggage).
kolliantall number of packages.
kollidere *(vb)* collide; **T** prang; smash into, crash into; *(fig også)* clash; *(mar også)* run foul of *(fx* two ships ran foul of each other in the fog); *(jvf bulke).*
kollisjon collision; *front-* head-on collision; *(se kjedekollisjon).*
kollisjonskrater impact crater.
kollisjonsskadd damaged by collision *(fx* a car damaged by collision).
kolon colon.
koloni colony.
kolonial *(adj)* colonial.
kolonial|butikk grocer's (shop). **-bransjen** the grocery business *(fx* he is in the g. b.). **-forretning** grocer's shop; *(se innbringende).* **-handel** grocery trade. **-handler** grocer. **-varer** *(pl)* groceries.
kolonihage allotment (garden).
koloni|sasjon colonization. **-sere** *(vb)* colonize, settle. **-st** colonist, settler.
kolonnade colonnade.
kolonne column.
koloratur *(mus)* coloratura. **-sanger(inne)** coloratura singer.
kolorere *(vb)* colour; **US** color; *(mus)* embellish.
kolorist colourist; **US** colorist.
koloritt colour(ing); **US** color(ing).
koloss colossus *(pl* colossi *el.* colossuses). **-al** colossal, enormous, stupendous, staggering *(fx* a s. amount, sum).
kolportasje (book) canvassing; **US** door-to-door selling; *(av religiøse skrifter)* colportage; *(mottagelse av ordrer)* subscription bookselling.
kolport|ere *(vb)* canvass, sell books by canvassing; sell books by subscription; **US** sell door-to-door; *(rykte, etc)* retail, circulate, spread *(fx* rumours). **-ør** canvasser; book salesman, travelling bookseller; **US** salesman, peddler *(fx* of books).
koma *(med.)* coma.
kombi [combined van and minibus].
kombinasjon combination. **-sevne** faculty *(el.* power) of combination.
kombiner|e *(vb)* combine; *-t renn (ski)* the Nordic Combination.
komediant *(neds)* play-actor; **S** ham actor.
komedie comedy; *spille* ~act, play; *(forstille seg)* be play-acting; put on an act; *det er en ren* ~ it is a farce.

komet comet. **-bane** comet's orbit. **-hale** comet's tail.
komfort comfort. **-abel** comfortable.
komfyr kitchen range; *(elektrisk)* (electric) cooker; **US** range, (electric) stove.
komiker comedian.
komikk comedy, comic effect(s); *situasjonen er ikke helt blottet for* ~ the situation is not without comedy *(el.* is not completely lacking in c.), the s. has its comical side.
komisk comical, comic; funny; *det -e ved det er at ...* what's comic about it is that...; the joke is that ...
komité committee; *personal-* staff c.; *redaksjons-* drafting c.; *danne en* ~ set up *(el.* establish) a c.; *nedsette en* ~ appoint a c.; *sitte i -en* be on the c.
komitébehandling consideration in a committee *(av* of); *-en tok lang tid* the committee stage took a long time.
komma comma; *(ved desimalbrøk)* (decimal) point *(fx* 0.5). **-feil** misplaced (,omitted) comma; comma splice.
komman|dant commandant. **-dere** *(vb)* order; command; *du må ikke la ham* ~ *deg slik* you must not let him boss you about like that.
kommandittselskap limited partnership, partnership company.
kommando command; *(kommandoord)* word of command; *ha -en, føre -en* be in command.
kommando|bru bridge. **-løype** *(mil)* assault course. **-ord** word of command. **-plass** *(mil): fremskutt* ~ advanced headquarters; **US** advanced command post; *(se kommandostilling).* **-stav** baton. **-stilling** *(mil)* command.
kommandør *(i marinen)* commodore; *(av ridderorden)* commander.
kommandørkaptein *(i marinen)* captain.
I. komme *(subst)* coming, arrival; *vårens* ~ the coming of spring.
II. komme *(vb)* come; *(ankomme)* arrive; *(komme et sted hen)* get *(fx* how did you get to London?); *kjøkkenutstyr i plast er -t for å bli* plastic kitchenware is here to stay; ~ *gående* come walking; *jeg kommer!* (I'm) coming! *hvorfor kom du ikke?* why did you not come? what kept you away? *... men han kunne ikke* ~ but he could not come; **T** but he couldn't make it; *Kina -r i shipping* China emerges as a shipping nation; *dagen (el. den dag) kom da* the day came when; *natten kom* night came (on), night fell; *nå -r det* **an** *på hva han vil gjøre* the question now is what he is going to do; *det -r an på deg* it rests with you; *det -r an på* it depends, that depends; *det er ikke 'det det -r an på (ɔ: det det dreier seg om)* that's not the point; *kom an!* come on! ~ **av** *(grunnen, mar)* come off, get off; *det -r av* it comes from, it is due to; *hva -r dette av?* why is this? ~ *av sted* get away; get off, get going, start; *jeg må* ~ *meg av sted* **T** I must get a move on; ~ **bort** *fra saken* wander *(el.* get away) from the subject; *man kom snart bort fra den tanken* this idea was soon dropped; ~ *bort til* come up to; ~ **etter** *(ɔ: for å hente) noe* come for sth; ~ *etter med neste tog* come on by the next train; ~ **forbi** come *(el.* pass) by; get by *(fx* please let me get by); ~ **fore** *(om en sak)* come on; ~ **fra** *hverandre* be separated, drift apart; ~ *dårlig fra det* make a bad job of it; make a mess of it; ~ *godt fra det* make a good job of it, give a good account of oneself, acquit oneself well; *(fra ulykke)* escape unhurt, not be hurt; *(fra frekkhet, vågestykke)* get away with it; ~ **fram** get on; rise (in the world); ~ *fram fra* emerge from; ~ *fram med* produce, bring forward;~ **i** *dårlig*

selskap get into bad company; ~ *i forbindelse med* get into touch with, make contact with, form a connection with; *la oss ~ i gang* let us get on with it; *jeg har ikke -t i gang (med det) ennå* I haven't got started (on it) yet; ~ *i hus* get indoors; ~ *i veien for en* cross sby; ~ **igjen** come back, return; *jeg skal ~ igjen en annen gang* I shall call again; *når -r toget hans* **inn?** what time does his train get in *(el.* arrive)? *han kom inn som nr. 27* he finished 27th *(fx* in the 500 metres); ~ *inn i et arbeid* settle into a job; **T** get into a job *(fx* I haven't got into it yet); *jeg tror jeg vil like det når jeg -r inn i det* I think I'll like it when I get settled in; ~ *inn på et spørsmål* touch on a question *(el.* subject); *greie å ~ en inn på livet* (ɔ: *oppnå å få kontakt med)* contrive to make contact with sby; ~ *inn under en lov* come under an Act; *jeg -r ikke så* **langt** *i dag* I shan't get round to it today *(fx* I ought to mow the lawn, but I shan't get round to it today); *han ville bli jurist, men kom aldri så langt* he wanted to be a lawyer, but he never got that far; *hvorfor -r du* **med** *alle disse tåpelige argumentene?* why are you bringing up all these foolish arguments? ~ **ned** get down; ~ **nærmere** approach, come closer; ~ **opp** *(til eksamen)* be examined *(fx* in French); *vi trenger ytterligere £5 for å ~ opp i det beløp som vil være nødvendig* we still need £5 to make up the required amount; ~ *opp mot* compare with, equal; *det er ingenting som -r opp mot* there is nothing to touch *(fx* mountain air for giving you an appetite); ~ **over** get over *(fx* he never got over it); *(støte på)* meet *(fx* when you m. a word you don't know, consult a dictionary); ~ **på** happen, come to pass; come up *(fx* the trip came up very suddenly); *(pris)* come to; *når du -r på jobben i morgen tidlig, må du ...* tomorrow morning when you get to your job, you must ...; ~ *på et tog* get on (to) *(el.* get into) a train, enter *(el.* board) a t.; *natten kom på* night came on; *jeg kan ikke ~ på navnet* I cannot think of his name; *hvordan kom De på det (innfallet)?* what put that into your head? ~ *på tale* be mentioned; *det -r ikke på tale* (ɔ: *det er utelukket)* that is out of the question; *vi -r* **sent** we're late; ~ **til** get at, reach; *nå -r turen til meg* now it is my turn; ~ *til kort: se II. kort;* ~ *til krefter* recover (one's strength), regain one's strength; recuperate; *(se ndf:* ~ *seg); hvordan -r jeg raskest til stasjonen herfra?* which is the best way to get to the station from here? ~ *til en slutning* arrive at a conclusion; *det var nå -t til det at* matters had now arrived at such a pass that; *hertil -r at* besides, moreover, add to this that; ~ *til å (tilfeldig)* happen to; *vi kom til å snakke om det* we got to talking about it; *hvordan kom hun til å ta ham for franskmann?* how did she come to take him for a Frenchman? *hvis jeg skulle ~ til noe* if anything should happen to me; *det -r til å beløpe seg til* it will amount to; *det -r til å koste* it will cost; *jeg -r til å gjøre det* I shall do it; *han vil ~ til å angre det* he will regret it; ~ *til seg selv (etter besvimelse, etc)* come round, come to; ~ **ut** get out *(fx* he couldn't get out); *(om bok)* be published; *boka skal ~ ut i august* the book is due out in August; *det er -t ut blant folk* it has come out; it has become known; ~ *ut av* get out of; *det kom ingenting ut av det* nothing came of it; ~ *ut av det med en* get on with sby; ~ *dårlig ut av det med en* get in wrong with sby; *dere -r godt ut av det med hverandre* you get on like a house on fire; ~ *mye ut blant folk* go about *(el.* out) a great deal; *det -r ut på ett* it's all one, it comes to the same thing; *du har -t skjevt ut (om stiloppgave)* you have got off to a false start; *det kom* **uventet** it happened unexpectedly; it was quite unexpected; ~**ved** concern, regard; *det -r ikke saken ved* that is beside the point; *det -r ikke meg ved* it's no business of mine; *hva -r det meg ved?* what is that to me? what has this to do with me? *skal vi se til å ~* **videre***? (ɔ: gå vår vei)* **T** shall we make a move now? ~ **seg** improve, be improving; *(bli frisk)* recover *(fx* he recovered slowly after his long illness); recuperate, regain one's strength; **T** pick up *(fx* he'll pick up all right); ~ *seg av en sykdom* recover from an illness; ~ *seg av sine sår* recover from one's wounds; *han -r seg godt* he is getting better; *jeg skal ~ meg dit på egen hånd i kveld* I'll make my way there alone this evening; ~ *seg til å ...* get down to (-ing) *(fx* he never got down to writing letters); *(se uforvarende).*

kommende coming, next; *i ~ uke* next week.

kommensurabel commensurable.

kommentar comment *(til* on); *(til tekst)* commentary; *(se også bemerkning & II. knytte).*

kommentere *(vb)* comment on; *ministerens tale ble livlig kommentert i pressen* there were lively comments in the press on the minister's speech.

kommersiell commercial.

kommisjon commission; *i ~* on commission; on consignment; *ta varer i ~* take goods on consignment.

kommisjonsforretning 1. buying and selling goods on consignment; **2.** transaction carried out by a commission agent for a principal.

kommisjons|gebyr commission. **-handel** (general) commission business. **-lager** consignment stock, stock on commission. **-varer** *(pl)* consigned goods, goods on commission.

kommisjonær commission agent.

kommissariat commissariat.

kommissær commissary, commissioner.

kommittent *(vareavsender)* consignor.

kommode chest of drawers; **US** bureau.

kommunal *(i by)* municipal; *(ellers)* local authority, local, town; *(i England også)* council; ~ *administrasjonssjef* (ɔ: *byrådsleder)* town manager.

kommunalforvaltning local administration, local government.

kommune 1. local authority, local council, municipality; **US** township; **2. UK** county council *(fx* Kent County Council); *(bykommune)* county borough council *(fx* Leeds County Borough Council); *(løsere bruk)* local authority, local council; *(som administrativ enhet)* administrative county; *(om bykommune)* county borough; *(om mindre bykommune uten fullstendig kommunalt selvstyre)* non-county borough, municipal borough; **-n** (ɔ: *kommunestyret)* the (county) council; *de større -r* the larger local authorities; *-r det vil være naturlig å sammenligne oss med* local authorities in a comparable position; *(se ligge: ~ an).*

kommune|arbeider council worker; **US** civic employee. **-ingeniør** council engineer; *(se ingeniørvesen: Det kommunale ~; oppmålingssjef).* **-kasserer** chief cashier. **-skatt** local taxes; **UK** rates.

kommunestyre local council; local authority; **UK** county council; county borough council; city *(el.* town) council; *(i London)* the Greater London Council; *(i Manchester)* the Greater Manchester Council; *(se kommune & kommunalforvaltning).*

kommunestyremedlem local councillor; **UK** county councillor; borough councillor, district councillor.

kommunikasjon communication. **-smidler** *(pl)* means of communication.
kommuniké communiqué.
kommunion *se altergang.*
kommunisere *(vb)* communicate.
kommunisme Communism.
kommunist Communist. **-isk** Communist(ic).
kompakt compact; *(fys)* dense.
kompani *(mil)* company; *(ingeniør-)* squadron *(fx* engineer s.); *1.* ~ A Company *(fk* A Coy); *(jvf eskadron).*
kompanikontor *(mil)* orderly room; *(se daghavende & vaktjournal).*
kompanisjef company commander.
kompaniskap partnership; *(sivilt selskap)* professional partnership; *gå i* ~ enter into partnership.
kompanjong partner; *oppta som* ~ take into partnership; *passiv* ~ sleeping partner.
kompar|asjon comparison. **-ativ** *(subst)* the comparative (degree).
komparere *(vb)* compare.
kompass compass. **-nål** compass needle. **-rose** compass card. **-strek** point of the compass.
kompensasjon compensation.
kompetanse competence; *overskride sin* ~ exceed one's powers; *(se også undervisningskompetanse).*
kompetent competent.
kompis T pal, chum.
kompleks complex; *(av bygninger)* group of buildings; block.
komplement *(gram)* complement.
komplementær *merk (i kommandittaksjeselskap)* general partner.
komplett complete; ~ *latterlig* utterly ridiculous; *i* ~ *stand* (when) complete. **-ere** *(vb)* complete; *(supplere)* supplement.
komplikasjon complication.
kompliment compliment.
komplimentere *(vb)* compliment *(for* on).
kompli|sere *(vb)* complicate. **-sert** complex, complicated.
komplott plot, conspiracy.
kompo|nere *(vb)* compose. **-nist** composer. **-sisjon** composition.
komposisjonslære theory of composition.
kompost compost. **-haug** compost heap, garden dump.
kompott compote, stewed fruit.
kompresjon compression; *motor med høy* ~ high -compression engine; *-en på en av sylindrene er merkbart dårligere enn på de andre* one of the compressions is noticeably weaker than the others.
kompresjons|forhold compression ratio. **-kammer** c. chamber. **-måler** c. gauge. **-slag** c. stroke.
kompress compress.
kompressor compressor.
komprimere *(vb)* compress.
kompromiss compromise. **-forslag** proposal for a compromise.
komse Lapp cradle.
kondemnere *(vb)* condemn *(fx* a house).
kondens *(i forgasser)* condensation.
kondensator condenser.
kondens|ere *(vb)* condense. **-ering** condensation.
kondens|stripe *(flyv)* condensation *(el.* vapour) trail; **T** contrail. **-vann** water of condensation, condensation water; condensate.
kondisjon condition: *i god* ~ in good condition; in good (physical) shape.
kondisjonalis *(gram)* conditional; *1.* ~ past-future (tense); *2.* ~ past-future-perfect (tense).
konditor confectioner; *(glds)* pastry cook.
konditor|i café, tea-room(s); teashop. **-kaker** *(pl)* French pastries, tea fancies. **-varer** *(pl)* confectionery.
kondolanse sympathy; *(stivt)* condolence; *(se kondolere).*
kondolansebrev letter of sympathy.
kondolansevisitt visit of condolence.
kondolere *(vb)* express *(el.* offer) one's sympathy; *(stivt)* offer one's condolences; ~ *en* offer sby one's sympathy *(el.* condolences), express one's sympathy with sby; condole with sby *(i anledning av* on); *-r!* I'm sorry!
kondom condom.
kondor *zool (slags gribb)* condor.
konduite judgment, poise, savoir faire; *han har* ~ he can handle a situation; *vise* ~ show tactful understanding.
konduite|messig judicious, prudent, skilful. **-sak** matter left to individual judgment.
konduktør train ticket collector; *(togfører)* (passenger train) guard; *(trikke-, buss-)* conductor; *(kvinnelig)* **T** clippie; **US** conductor, ticket taker.
konduktørvogn *(jernb)* guard's van; brake van; **US** caboose.
kone *(hustru)* wife; *(kvinne)* woman; *lille* ~ wifie; wifey; *en gift* ~ a married woman; ~ *i huset* mistress of the house; *ta til* ~ marry, take for one's wife; *mannen ville én ting, kona noe annet* the husband wanted one thing, the wife another *(el.* something else).
kone|båt umiak, women's boat. **-plager** wife-beater.
konfeksjon ready-made clothing.
konfeksjons|avdeling *(i forretning)* ready-made (clothes) department. **-fabrikk** clothing mill *(el.* factory). **-industri** ready-made clothing industry. **-klær** *(pl)* ready-made clothes; **US** store clothes. **-sydd** ready-made.
konfekt (assorted) chocolates; *han sparte ikke på -en (også* **US***)* he didn't pull his punches.
konfektforretning confectioner's (shop); *(jvf sjokoladebutikk).*
konferanse conference.
konferansier compère; *være* ~ *ved* c. *(fx* the show).
konferere *(vb)* confer *(med* with; *om* about); *(sammenligne)* compare, check.
konfesjon confession, creed.
konfesjonsløs *(adj)* undenominational.
konfidensiell confidential; *en* ~ *bemerkning* an off-the-record remark; *men det er helt konfidensielt da, vet du* but that's off the record, you know.
konfirmant candidate for confirmation, confirmand, confirmee.
konfirmasjon confirmation.
konfirmasjonsattest certificate of confirmation.
konfirmere *(vb)* confirm.
konfiskasjon confiscation, seizure.
konfiskere *(vb)* confiscate, seize.
konflikt conflict; *(arbeids-)* labour dispute; *han har vært i* ~ *med loven før* he has been in trouble before.
konform conformal, in conformity *(med* with).
konfront|asjon confrontation; *(for å identifisere mistenkt)* identification parade. **-ere** *(vb)* confront.
konfus confused.
konføderasjon confederation, confederacy.
konføderert confederate.
kong *(byll)* boil, carbuncle.
konge king. **-dømme** monarchy; *(rike)* kingdom. **-familie** royal family. **-flagg** royal standard. **-flyndre** *(fisk)* plaice. **-hus** royal house *(el.* family), dynasty. **-krone** royal crown. **-kroning** coronation of a king.

kongruens

concord

Det må være et bestemt kongruens (samsvar) mellom ord, f.eks. mellom subjekt og verbal, slik som:
I og **am, you** og **are** osv., eller **he** og **stands.**

Example: *The* ***girl,*** *who was in her teens,* ***was*** *standing at the door*
Subjektet er **girl,** ikke **teens.**

Husk at det virkelige subjektet bestemmer om verbalet skal stå i entall eller flertall.

kongelig royal, regal, kingly; *det -e hus, de -e* the Royal Family.
konge|losje royal box. **-makt** royal power. **-mord** regicide. **-morder** regicide.
konge|par royal couple. **-pjolter** [drink of brandy and champagne]. **-rekke** line of kings, list of kings. **-rike** kingdom.
konge|røkelse incense. **-stol** royal seat. **-tiger** *(zool)* Bengal tiger. **-venn** royalist.
kongeørn *(zool)* golden eagle.
kongle *bot (på nåletrær)* cone.
konglomerat conglomeration *(av* of); *(geol)* conglomerate.
kongoleser, kongolesisk Congolese.
kongress congress.
kongru|ens congruity; *(mat.)* congruence; *(gram)* concord *(med* with). **-ent** congruent.
kongs|emne heir apparent; pretender to the throne. **-gård** King's royal palace; King's estate.
kongstanke great idea; *hans* ~ the great idea that inspired him.
konisk conical.
konjakk brandy; *(ekte)* cognac.
konjakkranser *pl (kaker)* brandy rings.
konjakklikør liqueur brandy.
konjektur conjecture.
konjugasjon *(gram)* conjugation.
konjugere *vb (gram)* conjugate.
konjunksjon *(gram)* conjunction.
konjunktur(er) **1***(i sosialøkonomi)* economic *(el.* trade) cycle(s), business cycles; **2***(merk)* state of the market, (general) trade outlook, general business *(el.* trading) conditions, trade conditions, business prospects *(el.* outlook); *dårlige -er* trade depression; bad state of trade; slump; *den fallende* ~ *skyldes årstiden* the downward economic trend is due to seasonal factors; *gode -er* (period of) trade prosperity, prosperous *(el.* good) times, period of good trade; *det er gode -er (også)* trade is flourishing; there is a boom; *det er for øyeblikket gode -er innen shipping* shipping is in a prosperous state at present; *gode og dårlige -er* periods of prosperity and depression; *gunstige -er* favourable trade conditions; a sellers' market; *nedadgående -er* downward tendency (of the market), downswing, trade recession; *stigende -er* rising *(el.* upward) tendency (of the market), upswing; *med de nåværende -er* in the present state of the market.
konjunktur|bedring a general improvement in trade, an upward movement *(el.* trend) of trade, trade revival. **-bestemt** conditioned by the state of the market. **-bevegelse** cyclical movement, cycle; *de periodiske -r* the trade cycle(s). **-bølger** *(pl)* economic cycles. **-forskning** research into trade cycles. **-omslag** turn of the market *(el.* the business cycle). **-oppgang:** *se -bedring; -en (også)* the rising business curve. **-oversikt** economic review. **-politikk** cyclical policy. **-skatt** excess profits tax. **-svingninger** *(pl)* fluctuations of the market *(el.* of prices *el.* of trade), trade fluctuations. **-utvikling** trend of trade.
konk S broke.
konkav *(buet innover)* concave.
konkludere *(vb)* conclude.
konklusjon conclusion.
konkret concrete.
konkretisere *(vb)* concretize; put *(fx* an idea) in concrete form; put in concrete terms.
konkubi|nat concubinage. **-ne** concubine.
konkurranse competition; ~ *klubber imellom* inter-club event; *en* ~ a competition, a contest; *fri* ~ open competition, freedom of c.; *hensynsløs* ~ cut-throat *(el.* reckless) c.; *illojal* ~ unfair c.; *skarp* ~ keen *(el.* severe) c.; ~ *på kniven* cut-throat c.; *vi kan ikke følge med i -n* we are no longer able to compete; we have been outstripped by our competitors; *ta opp -n med* enter into c. with; *vi må ta opp -n (også)* we must try to meet *(el.* fight) this c.; *utelukke (ɔ: trosse) all* ~ defy c.;
[*Forb. med prep*] *-n* **om** *noe* the c. for sth; *melde seg* **til** *-n* enter for the c.; **utenfor** ~ hors concours; *delta utenfor* ~ take part without competing; *starte utenfor* ~ start as a non-official competitor.
konkurranse|deltager competitor, entrant; contestant. **-dyktig** able to compete, competitive *(fx* prices, articles). **-dyktighet** competitive power, ability to compete. **-fisking** *(blant sportsfiskere)* match fishing. **-foretagende** rival *(el.* competitive) enterprise. **-forhold:** *-ene (pl)* the competition. **-sport** competitive sport.
konkurrent **1.** competitor, rival; **2***(ved konkurranse om stilling, etc, også)* candidate; *han har en* ~ (2) he has a competitor *(el.* rival); there is another candidate in the field; *en farlig* ~ a dangerous competitor *(el.* rival) *(fx* a d. r. of the champion); *en farlig* ~ *til mesterskapstittelen* a dangerous rival for the championship; *-er til* competitors for *(fx* the prize); *slå sine -er* beat one's rivals *(el.* competitors).
konkurrere *(vb)* compete *(med* with, *om* for); ~ *på (el. under) like vilkår* compete on equal terms; ~ *ut* oust *(fx* he ousted his competitors); *(se III. lik).*

konsert

concert or **concerto**

We can go to a ***concert*** *and listen to a* ***concerto,*** *e.g. Grieg's* ***Concerto in A minor.***

Vi kan gå på **konsert** og lytte til **en konsert,** f.eks. Griegs **A-mollkonsert.**

konkurrerende competing, rival (*fx* r. firms); ~ *merker* competing (*el.* rival) makes.
konkurs bankruptcy, failure; *erklære* ~ declare bankrupt; *gå* ~ fail (in business); go bankrupt, go into bankruptcy; **T** go bust; *slå til* ~ make bankrupt; *firmaet er* ~ the firm is bankrupt; *overlevere sitt bo til* ~ file (*el.* present) a bankruptcy petition; *(om selskap)* file (*el.* present) a petition for winding up. **-begjæring** bankruptcy petition, p. in b.; *(selskaps)* (company's) petition for winding up. **-behandling** proceedings in bankruptcy, bankruptcy proceedings. **-bo** bankrupt estate, e. of a bankrupt, e. in bankruptcy. **-bobestyrer** trustee in bankruptcy; *(midlertidig; oppnevnt av retten)* receiver (for a bankrupt estate); *(se bostyre).* **-fordring** claim against a bankrupt estate. **-lov** Bankruptcy Act. **-masse** bankrupt estate, estate in bankruptcy. **-melding** bankruptcy notice.
konkylie conch, shell.
konnossement bill of lading (*fk* B/L); ~ *over (el. på)* B/L for; *gjennomgående* ~ through B/L.
konsekvens **1**(*følgeriktighet*) consistency; *mangel på* ~ inconsistency; **2**(*følge*) consequence; *ta -ene (av det)* take the consequences; **3**(*slutning*) conclusion; *dra -en av noe* draw the conclusion from sth.
konsekvent consistent; *(adv)* -ly.
konsentrasjon concentration.
konsentrasjonsevne power of concentration, ability to concentrate.
konsentrasjonsleir concentration camp.
konsentrat *(kjem)* concentrate; *(fig)* condensation, condensed account (*av* of).
konsentrer|e *(vb)* concentrate; ~ *seg* concentrate (*om* on); keep one's mind on one's job; *han -te seg ikke* his mind was not on his job; *han -te seg om landingen (også)* he gave all his attention to the landing; *ikke la dette affisere deg; hvis du det gjør, vil du ikke kunne* ~ *deg* you must not let this affect you; if you do, it will break your concentration.
konsept (rough) draft; *(se kladd); bringe fra -ene* disconcert, put out; *gå fra -ene* lose one's head; **T** fly off the handle; blow one's top.
konseptpapir rough paper; draft paper; **US** scratch paper.
konsern group of companies; combine; *(i løst språkbruk: stor bedrift)* concern.
konserngruppe consolidated group.
konsernregnskap consolidated accounts; group accounts; **US** consolidated financial statement.
konsert concert; *(musikkstykke)* concerto; *holde en* ~ give a concert; *(se klaverkonsert).*
konsert|flygel concert grand. **-hus** concert hall. **-mester** leader (of an orchestra); **US** concertmaster. **-sal** concert hall.
konservatisme conservatism.
konservativ conservative; *stokk* ~ ultra-conservative.
konservator **1.** assistant keeper; *(ved mindre museer og samlinger ofte)* assistant curator; **US** associate curator; *teknisk* ~ conservation officer; **2**(*første-*) keeper, deputy k.; curator; **US** chief curator; *(teknisk* ~*)* chief (,senior) conservation officer.
konservatorassistent: *teknisk* ~ assistant conservation officer; junior conservation officer.
konservatorium conservatory.
konserver *(pl)* preserves; tinned (*el.* canned) goods; **US** canned goods; *når glasset først er åpnet, holder konserven seg meget kort tid* once the jar is opened the contents only last for a very short time.
konservere *(vb)* keep, preserve.
konservering preserving, preservation; *(jvf hermetisere & sylte).*
konserveringsmiddel preserving agent (*fx* chemical p. agents).
konsesjon concession, licence (,**US**: license).
konsesjonshaver concessionaire.
konsignant *(merk)* consignor.
konsignator *(merk)* consignee.
konsignere *vb (merk)* consign.
konsil council.
konsipere *(vb)* draft; conceive.
konsis concise.
konsistens consistency. **-fett** cup grease.
konsolide|re *(vb)* consolidate. **-ring** consolidation.
konsoll console; *(hylle)* bracket.
konsonant *(gram)* consonant. **-fordobling** *(gram)* doubling of consonants, consonant doubling.
konsortium syndicate.
konspirasjon conspiracy, plot.
konspirere *(vb)* conspire, plot.
konstabel **1.** (police) constable, policeman; (NB *tiltales som* 'officer' (*fx* excuse me, o., but could you tell me the way to ...)); *patruljerende* ~ beat policeman; **T** beat bobby; **2**(*mar*) petty officer apprentice; **US** petty officer third class; *(se brannkonstabel; menig: leden de* ~*; overkonstabel).*
konstant invariable, constant, stable; *han har vist* ~ *form i ukevis* he has shown consistent form for weeks.
Konstantinopel *(geogr)* Constantinople.
konstater|e *(vb)* ascertain, find; *(bemerke)* note (*fx* we are pleased to n. that ...); state; *(påvise)* demonstrate (*fx* d. the presence of strychnine in the body); *da man undersøkte de leverte varer, ble det -t betydelige skader* an examination of the goods delivered revealed extensive damage; *jeg bare -er faktum* I merely state the fact; *jeg -er at X ikke har snakket sant* I want to place it on record (*el.* to call attention to the fact) that X has not spoken the truth; *han -te (ɔ: slo fast) at* ... he made the point that ...
konstellasjon constellation; *de politiske -er* the political situation.

konstern|asjon consternation. **-ert** dismayed, taken aback.
konstitu|ere *(vb)* depute; ~ *seg som* set oneself up as, constitute oneself as; *-erende generalforsamling* statutory general meeting.
konstituert deputy, acting *(fx* a. minister).
konstitusjon constitution. **-ell** constitutional.
konstruere *(vb)* construct; *(gram)* construe.
konstruksjon construction; structure. **-sfeil** fault in design; f. in construction; structural defect. **-soppgave** *(mat.)* geometrical problem.
konstruktør constructor, designer.
konsul consul.
konsulat consulate. **-gebyr** consular fee. **-vesen** consular service.
konsulent adviser, consultant; *(i etatene):* ~ *I* senior principal; ~ *II* principal; *juridisk* ~ legal adviser; *teknisk* ~ consulting engineer.
konsultasjon consultation.
konsultasjons|tid office hours; *(leges)* surgery hours. **-værelse** *(legekontor)* surgery, consulting room.
konsum consumption; *(se forbruk).* **-ent** consumer.
konsumere *(vb)* consume; *(se forbruke).*
kontakt **1***(strømslutning, etc)* contact; **2***(bryter)* switch; *(jvf kontaktbryter);* **3***(stikkontakt)* plug; *tilkoplings-* terminal; *(se A ndf: teknisk* ~*);* **4** *(geol)* contact; **5***(mil)* contact *(fx* our troops are in contact with the enemy); **6***(fig)* touch, contact;
[*A: forb. med adj & pron; B: med vb & prep*]
A [*forb. med adj & pron*] **direkte** ~ (1) direct contact; **dårlig** *(,god)* ~ (1) bad (,good) contact; **elektrisk** ~ electric contact; **god** *faglig* ~ *med lærerkolleger* good professional contact with teaching colleagues; **manglende** ~ a lack of contact(s); (1) a disconnection *(fx* there is a break in the feed wire or a disconnection at the other end of this wire); **menneskelig** ~ human contact; **nær** ~ close contact; *gjennom* **stadig** ~ *med ledende rederier følger vi nøye den tekniske maritime utvikling* by keeping in constant touch with *(el.* through constant contact with) leading shipping firms we are able to follow technical maritime developments closely; **teknisk** ~ (3) power plug; **vår** ~ *med japanske verft har blitt betydelig styrket* our contacts with Japanese yards have been considerably reinforced;
B [*forb. med vb & prep*] **få** ~ *med* get in touch with; **ha** ~ *med* be in touch with; have contact with; *ha god* ~ *med verden utenfor* have strong links with the outside world; *han hadde nær personlig* ~ *med ...* he had close personal relations with ...; *britene ville slett ikke ha noen* ~ *med dem* the British refused to have any contact with them whatever; **holde seg** *i* ~ *med* keep in touch with; **komme** *i* ~*med* get in touch with *(fx* sby); come into contact with; *man bør unngå at flussmidlet kommer i direkte* ~ *med huden* flux should not be allowed to come into contact with the skin; *komme i personlig* ~ *med* get in touch with sby personally; **lette** *-en mellom lærere og elever* facilitate communication between staff and pupils; **miste** *-en med* lose touch with *(fx* I have lost touch with him); *det er vanskelig å oppnå personlig* ~ *med ham* it's difficult to get in touch with him personally; **søke** ~ try to get to know sby *(el.* (some) people); *hun søker* ~ she is trying *(el.* she wants) to get to know (some) people; she wants to make friends; *søke* ~ *med* get in touch with *(fx* sby); **ta** ~ *med* get in touch with *(fx* sby), contact *(fx* sby); *ta* ~ *med et firma* approach *(el.* make contact with) a firm; *ta* ~ *med oss når det gjelder ...* get in touch with us regarding ...; *(se forbindelse; skape; søke).*

kontaktbryter *(avbryter)* contact breaker.
kontaktflate **1***(mask)* contact face, contacting surface; **2***(fig) ha en bred* ~ be a good mixer, have a large circle of acquaintances.
kontaktspiss *(fordelerbryterkontakt)* breaker point.
kontaktutvalg co-ordinating committee *(fx* a c.-o. committee was formed).
kontant cash; *fiks* ~ prompt cash; *i -er* in cash; *netto* ~ net cash; ~ *mot dokumenter* cash against documents; ~ *ved levering* cash on delivery; ~ *salg* cash sale; *betale* ~ pay cash (down), pay in cash; *selge mot* ~ sell for cash; *han mangler -er* he is short of cash *(el.* ready money); *jeg kan ikke skaffe til veie de nødvendige -er* I cannot find the necessary cash; I cannot put my hand on the n. c.
kontant|beløp cash amount; *(ved kjøp på avbetaling)* initial down payment; deposit *(fx* minimum deposits were increased). **-betaling** cash payment *(el.* terms), payment in cash. **-dekning** *(bankv)* cash ratio. **-rabatt** cash discount, sight credit. **-salg** cash sale. **-utlegg** out-of-pocket expenses. **-verdi** cash value.
kontekst context.
kontinent continent; *på K-et* on the Continent.
kontinental continental. **-sokkel** continental shelf.
kontingent **1***(mil)* contingent; **2***(medlems-)* subscription; **T** sub; *et medlem som har betalt sin* ~ a paid-up member.
konto account *(fk* a/c); *sperret* ~ *(interimskonto)* suspense account; *betale a* ~ pay on account; *en a* ~ *betaling* a sum paid on a.; *debitere (,kreditere) Deres* ~ *for beløpet* debit (,credit) your account with the amount; *føre på* ~ *(fx om varer man kjøper i forretning)* enter *(fx* did you want it entered, madam?); *skal dette føres på Deres* ~ *eller betaler De kontant?* is this to go on your account, or are you paying cash? *den feilen går på din* ~ **T** you are to blame for that mistake; *likvidere en* ~ close an a. *(fx* your Deposit Account has now been closed at this office); *vi har, slik De ber om, overført det gjenstående beløp på Deres* ~ *pluss renter til vår filial i Bath, slik at De kan heve beløpet der* as requested, we have transferred the balance of your account plus interest to our Bath branch for collection by you; *sette penger inn på en* ~ pay money into an account; *sett det på min* ~ *(ɔ: anfør det på meg)* put that down to me; *skrive på ens* ~ put down to sby's account; *åpne en* ~ *i en bank* open an account with a bank; *(se foliokonto; interimskonto; lønnskonto; sjekkonto; sparekonto).*
kontoinnehaver account-holder.
kontokurant account current *(fk* A/C) *(pl:* accounts current).
kontor office; *(leges)* consulting room, surgery; *på -et* at *(el.* in) the office; *yngstemann på* ~ junior clerk.
kontorarbeid office *(el.* clerical) work; *(som fag)* office routine *(el.* methods); *(hjemme hos seg selv)* paper work.
kontorassistent *(i etatene)* clerical assistant; assistant clerical officer.
kontordame typist, office girl, lady *(el.* female) clerk; *hun er* ~ she is in an office.
kontorfullmektig **1***(i etatene):* ~ *I* senior clerical officer; head clerk; ~ *II* clerical officer; clerk; **2. UK** *(hos* 'solicitor') legal executive.
kontorist clerk.
kontorkrakk office stool; *han sliter -en* **T** *(neds)* he's a quill-driver *(el.* pen pusher); he pushes a pen all day.
kontor|personale office staff. **-post** job in an office; clerical appointment *(fx* apply for a c. a.);

k

clerkship. **-sjef** office manager, head clerk; *(i departement)* assistant secretary. **-søster** medical secretary; (doctor's *el.* dentist's) receptionist. **-tid** office hours.

kontoutdrag bank statement; statement (of account), S/A.

kontra versus; *pro og ~* pro and con.

kontra|alt *(mus)* contralto. **-bande** contraband. **-bass** *(mus)* double-bass; contrabass. **-bok** passbook.

kontra|hent contracting party. **-here** *(vb)* contract.

kontrakt contract; *(ofte)* agreement; *en fet ~* a fat contract; *slutte (el. inngå) ~* enter into a contract *(el.* agreement), make a contract *(om* for); *i henhold til denne ~* under this contract; *(se oppfylle).*

kontrakt|brudd breach of contract; *begå ~* commit a b. of c. **-forhold** contractual relation *(el.* obligation(s)); contract. **-messig** contractual, according to contract.

kontraktstridig contrary to (the terms of) the contract, in contravention of the terms of the contract.

kontraktsvilkår *(pl)* terms of the contract.

kontraktutkast draft agreement.

kontra|ordre counter-order, contrary order(s), orders to the contrary. **-prøve** counterverification, counter test. **-punkt** *(mus)* counterpoint. **-signere** *(vb)* countersign.

kontrast contrast. **-ere** *(vb)* contrast.

kontrastvæske *(kjem)* contrast fluid *(el.* medium).

kontraventil *(mask)* non-return valve; *(se ventil).*

kontreadmiral rear admiral.

kontroll supervision, control; check, inspection; *hun har ingen ~ over den hunden* she has no control over that dog; *levere inn en avføringsprøve til ~* hand in a specimen of one's stool for examination *(el.* analysis).

kontrollampe warning lamp; pilot lamp *(el.* light).

kontrollere *(vb)* check, verify, inspect.

kontrollmåle *vb (tekn)* check.

kontrollorgan controlling body.

kontrollør inspector, supervisor.

kontrollpost checkpoint; *(i orienteringsløp)* control; *bemannet ~* manned control.

kontrollpult switch desk; control desk.

kontrovers controversy. **-iell** controversial.

kontur outline, contour.

kontusjon *(med.)* contusion, bruise.

konvall *(bot)* lily of the valley.

konveks convex.

konveksitet convexity.

konvensjon *(overenskomst; skikk og bruk)* convention.

konvensjonell *(hevdvunnen)* conventional.

konversasjon conversation.

konversasjonsleksikon encyclopaedia.

konversere *(vb)* converse, chat, talk, make conversation, entertain *(fx* e. one's dinner partner).

konvertere *(vb)* convert.

konvertitt convert.

konvoi convoy. **-ere** *(vb)* convoy.

konvolutt envelope.

konvul|sivisk convulsive. **-sjon** convulsion.

kooperativ co-operative.

koordinasjon co-ordination.

kop *(subst)* gaping fool.

kope *(vb)* gape, stare.

kopi copy; *(om kunstverk; fig også)* replica; *(fot)* print. **-blekk** copying ink. **-blyant** indelible pencil.

kopiere *(vb)* copy, duplicate; *(med kalkerpapir)* trace; *(fot)* print, make prints.

kopipapir copying paper.

kople *(vb)* couple; *~ av (fig)* relax, divert *(el.* amuse) oneself; *~ fra* uncouple; *~ inn (fig)* bring in *(fx* it looks as if the authorities will have to be brought in); *~ om* reconnect; connect up differently; switch (over); *~ sammen* connect; *~ til* connect *(fx* c. a lamp to a battery); plug in; *(om kringkaster)* link (up) *(fx* link up transmitters); *~ en ringeklokke til lysnettet (også)* run a bell off the light circuit; *~ ut (elekt)* cut off, cut out, interrupt; disconnect; switch off; *(se også tilkoplet).*

kopling coupling; *(kløtsj)* clutch; *enkeltplate-* single-plate clutch.

koplingsboks clutch housing.

koplingsskjema *(elekt)* diagram of connections.

kopp cup; *~ og skål* a cup and saucer; *en ~ te* a cup of tea; **T** *(også)* a cup of char.

kopparr pockmark.

kopparret pockmarked.

koppeattest vaccination certificate.

I. kopper *(sykdom)* smallpox; variola.

II. kopper *(metall)* copper.

kopper|aktig coppery. **-gruve** copper mine. **-mynt** c. coin, copper. **-rød** copper-coloured. **-skilling** copper. **-smed** coppersmith. **-stikk** copperplate; *(ofte =)* print. **-vitriol** blue vitriol.

kopra copra.

kor chorus; *(sangerne)* choir; *(i kirke)* chancel, choir; *blandet ~* mixed voices; *for blandet kor-* for mixed voices; *synge noe i ~* sing sth in chorus; *de sang den i ~ (også)* they all joined in the song.

koral *(salmemelodi)* choral(e).

korall *(koralldyrs bolig)* coral.

koralløy coral island; atoll.

Koranen the Koran.

korde *(mat.)* chord.

kordong cordon; contraceptive, condom; **T** French letter; **US T** safe.

Korea *(geogr)* Korea.

koreaner Korean.

koreansk Korean.

korg basket; *(stor)* hamper; *(se ellers kurv).*

korgutt choirboy, acolyte.

korint currant (raisin).

kork 1. cork; *(skru-)* screw cap, screw-on stopper; **2***(trafikk-)* (traffic) jam.

korka: T *han er ~ (dum)* he's thick(-headed).

korkbelte cork belt.

korkemaskin corking gun.

korketrekker corkscrew.

korn corn, grain; **US** grain; *(gryn, partikkel)* grain; *-et står godt* the grain *(el.* corn) looks promising *(el.* is coming on well); *ta på -et (sikte på)* draw a bead on; *(etterligne)* hit off (exactly *el.* to a T) *(fx* he hit off Aunt Mary to a T).

korn|aks *(bot)* ear, spike of corn. **-avl** *(det å)* grain cultivation; *(grøden)* corn crop, cereal crop. **-blomst** *(bot)* cornflower. **-bånd** sheaf, sheaf of corn.

kornet granular, grainy.

kornett *(mus)* cornet.

korn|kammer granary. **-land** corn-growing country. **-mangel** scarcity of corn. **-mo** heat lightning. **-nek** sheaf of corn. **-rensing** winnowing. **-snø** *(kornet snø)* corn snow. **-sort** cereal, species of grain. **-åker** corn field, grain field.

koronartrombose *(med.)* coronary thrombosis.

korp *(zool)* raven.

korporal *(mil)* **1.** corporal *(fk* Cpl); **2***(flyv)* corporal; **US** airman 1st class; *-er og menige* (1) other ranks; *vise-* **1.** lance corporal *(fk* Lance-Cpl); **2***(flyv): se vingsoldat.*

korporasjon corporation.

korporlig corporal, bodily.

korps corps, body; *(mus)* band; *Forsvarets bygningstekniske ~* **UK** *(omtr =)* Royal Engineers;

Royal Electrical and Mechanical Engineers; *Hærens våpentekniske~* = the Army Ordnance Corps.
korpsånd esprit de corps.
korpulense corpulence.
korpulent corpulent, stout.
korpus body.
korreks reprimand; *(jvf påpakning).*
korrekt correct; accurate, exact. **-iv** corrective.
korrektur proof (sheet); *lese ~ på* read the proofs of; *(se spaltekorrektur).*
korrektur|ark proof sheet. **-avtrykk** proof sheet; *annet ~* second proof, revise. **-godtgjørelse** charge for corrections. **-leser** proofreader. **-lesning** proofreading. **-rettelse** correction in the proofs. **-tegn** proofreader's mark.
korrelasjon correlation *(fx* between X and Y).
korrespondanse correspondence.
korrespondent correspondent; *(på kontor)* correspondence clerk; *(se utenlandskorrespondent).*
korresponder|e *(vb)* correspond; *et -ende tog* a (train) connection; *toget -er med et annet i Crewe* the train connects with another at Crewe; *toget og båten -er i X* the train connects with a boat at X.
korridor corridor.
korrigere *(vb)* correct.
korrupsjon corruption.
korrupt corrupt.
kors cross; *bære sitt ~* bear one's cross; *gjøre -ets tegn* make the sign of the cross; *han la ikke to pinner i ~ for å hjelpe meg* he did not lift *(el.* stir) a finger to help me; *legge armene over ~* fold one's arms; *legge bena over ~* cross one's legs; *med bena over ~* cross-legged; *krype til -et* eat humble-pie; kiss the rod; *~ på halsen!* cross my heart!
kor|sang choral singing; *(enkelt sang)* part song. **-sanger** chorister.
korsar corsair.
kors|blomstret *(bot)* cruciferous (plant). **-bånd** postal wrapper; *som ~* by printed paper post, under open cover, by book post. **-båndsending** article sent under open cover *(el.* by book post), a. sent in a postal wrapper.
korse *(vb): ~ seg* cross oneself, make the sign of the cross; *~ seg over* be shocked *(el.* scandalized) at.
korsedderkopp *(zool)* garden spider, cross spider.
korsett corset, stays.
kors|fane banner of the cross. **-farer** crusader. **-feste** *(vb)* crucify. **-festelse** crucifixion. **-formet** cruciform.
Korsika *(geogr)* Corsica. **k-ner, k-nsk** Corsican.
kors|lagt crossed, folded. **-nebb** *(zool)* crossbill. **-rygg** lumbar regions, small of the back. **-sting** cross stitch. **-tog** crusade. **-troll** *(zool)* starfish. **-vei** *(også fig)* crossroads *(fx* be at the c.); *være ved en ~ (fig)* be at the parting of the ways *(fx* when she was at the p. of the w. she was stricken by doubt).
I. kort card; *gi ~* deal; *gode ~* a good hand; *jeg har elendige ~* **T** I've got a hand like a foot; *kaste -ene* chuck one's hand in; *legge -ene på bordet (fig)* put one's cards on the table; *sette alt på ett ~ (fig)* stake all in a single throw; stake everything on one card *(el.* chance); **T** put all one's eggs in one basket; *spå i ~* tell fortunes by cards.
II. kort *(adj)* short; *(kortfattet)* brief; *om ~tid* soon, shortly, before long; *for ~ tid siden* a short time ago; recently; *~ etter* shortly after; *på ~ sikt (merk)* at short sight; *(se I. sikt); ~ sagt* in short; in brief; *~ og godt* in so many words; *komme til ~* fail; be inadequate; *(skolev)* underachieve; *(se tilkortkommer); ~ for hodet* short-tempered, snappish, huffy; *gjøre ~ prosess* make short work of it; *trekke det -este strå* get the worst of it; **US** be on the losing end.
kortbeint short-legged.
korte *(vb): ~ av* shorten; *~ av på* reduce, curtail; *de synger for å ~ veien* they sing songs to cheer the way.
kortevarer *(pl)* haberdashery.
kortfattet concise, brief.
kortfilm short film; **T** short.
korthalset short-necked.
korthet shortness; *(bare om tid og tale)* brevity, briefness; *i ~* briefly, in a few words.
korthus house of cards; *hans planer falt sammen som et ~* his plans collapsed like a house *(el.* pack) of cards.
kort|håret short-haired. **-klipt** close-cropped.
kortkunst card trick.
kortleik *se kortstokk.*
kortsiktig short, short-term; *~ lån* short-term loan.
kortslutning 1. short circuit; **T** short; *fremkalle ~* short-circuit; **2.** = *-shandling; (se også overledning).*
kortslutning(shandling) act committed in a moment of extreme strain *(el.* tension); a mental blackout; *hans selvmord var en ~* his suicide was a sudden irrational reaction to a tense situation; *det må ha vært en kortslutning hos henne når hun giftet seg med den mannen* she must have had a mental blackout when she married that man; she must have married that man in a moment of madness.
kortslutte *(vb)* short-circuit.
kortspill card-playing; *i ~* at cards.
kort|spiller card-player. **-stokk** pack (,**US**: deck) of cards. **-sving** *(ski): gjøre ~* tail-wag.
kortsynt *(fig)* short-sighted. **-het** *(fig)* short-sightedness.
kortvarig short(-lived), transitory, brief. **-het** shortness, briefness.
kort|vegg end wall, short wall. **-vokst** short.
korvett *(mar)* corvette.
koryfé leader; **T** bigwig; **US** leader, top man; *en av -ene* **T** one of the bigwigs *(el.* big guns); **US** one of the brass.
I. kos T cosiness; **US** coziness; *(se hygge).*
II. kos *(se kurs); dra sin ~* go away, make off.
kosakk Cossack.
kose *(vb)* make things cosy (,**US**: cozy) *(el.* pleasant) *(for* for); *~ med* cuddle *(fx a* baby); *som liker å bli kost med* cuddly; *~ seg* have a good *(el.* enjoyable) time; *vi -r oss glugg i hjel* we are having the time of our lives; *(se for øvrig hyggelig).*
koselig comfortable, cosy (,**US**: cozy), snug, nice, pleasant; *(se hyggelig).*
kosinus *(mat.)* cosine.
kosmetikk cosmetics. **kosmetisk** cosmetic.
kosmetolog cosmetologist.
kosmonaut cosmonaut.
kosmopolitisk cosmopolitan.
kosmopolitt cosmopolite, cosmopolitan.
kosmos cosmos.
I. kost *(mat)* food, fare; *~ og lønn* board and wages; *mager ~* scanty fare, poor diet; *ha fri ~* have free board; *ha en i -en* have sby as a boarder; *holde seg selv med -en* get one's own meals; *være i ~ hos* board with.
II. kost *(feiekost)* broom, brush; *nye -er feier best* new brooms sweep clean.
III. kost *(teater): ~ og mask* dress rehearsal.
kostbar precious, valuable; *(dyr)* expensive, costly; *gjøre seg ~* require much pressing *(el.* asking). **-het** costliness, expensiveness.

k

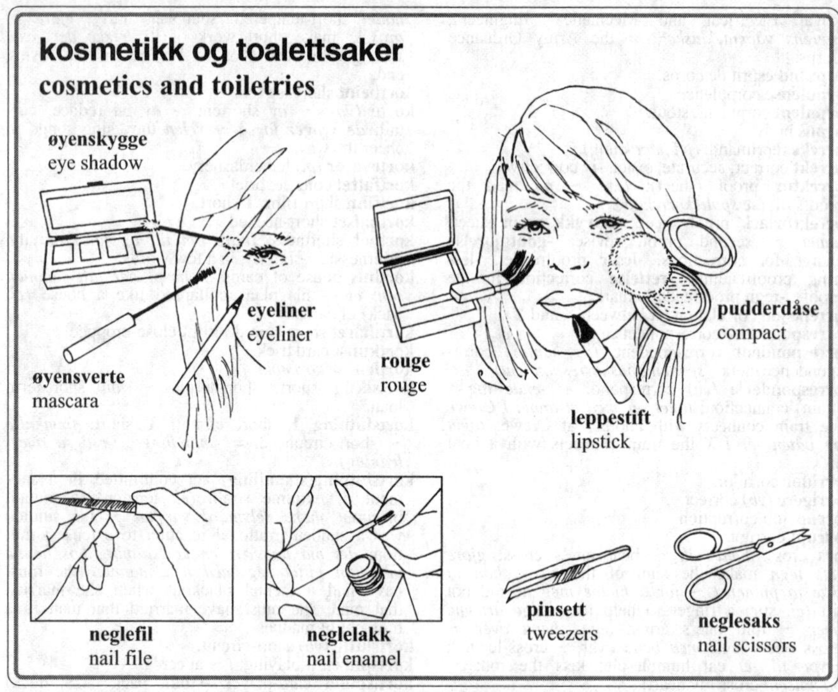

koste *(vb)* cost; *(ofte)* be *(fx* butter was 50p a pound; how much is that cigar?); *hva -r det?* how much is it? *det -r ikke noe* there's nothing to pay; *hva -r det Dem?* what does it cost you? *(det får)* ~ *hva det vil* at any price, at all costs; no matter what the cost, whatever the cost; ~ *mye på* spend a good deal of money on.
kostebinderi: *hele -et* **T** the whole caboodle *(el.* boiling).
kostelig costly; precious; *(morsom)* priceless.
kosteskaft broomstick.
kostforakter: *han er ingen* ~ he's not squeamish.
kostgodtgjørelse allowance for board; **US** per diem.
kosthold fare, diet.
kostnad cost.
kostpenger living expenses; housekeeping money *(fx* the h. m. won't go round). **-skole** boarding school.
kostyme costume. **-ball** fancy-dress ball; **US** costume ball. **-maker** maker of (theatrical) costumes. **-prøve** dress rehearsal.
kote *(på kart)* contour line; *sette av en* ~ run a c. l.
kotelett chop; *(liten, fx kalve-)* cutlet; *(se oksekotelett).*
kotelettkam loin.
kotelettstykke *(på gris)* loin; *(se kam).*
koteri coterie.
kotiljong cotillon, cotillion.
kott *(lite)* closet; *(på loft, etc)* storeroom.
kovne *(vb)* be suffocating; be very hot; **T** swelter *(fx* I'm sweltering in this heat).
koøye *se kuøye.*
kr *(fk. f. krone).*
kra *(int): kra-kra!* caw-caw!
krabat *(fyr)* chap; *en vilter* ~ *(om barn)* an unlicked cub; *(om gutt)* **T** a little monkey.
I. krabbe *(subst)* crab; *mate -ne* feed the fishes.
II. krabbe *(vb)* crawl, creep, scramble; ~ *til køys* scramble into bed.
krabbefelt creep(er) lane, lane for slow-moving traffic.
krafs scrape, scratch.
krafse *(vb)* claw, scratch;~ *seg fram* scratch along; ~ *til seg* grab, snatch; *(se grafse:* ~ *til seg).*
kraft strength; *(evne, legemlig & åndelig)* power; *(makt)* force; *(kraftighet)* vigour; **US** vigor; *(energi)* energy; *(maskins)* power; *(kjøtt-, etc)* juice; *teatrets beste krefter* the best actors of the theatre; *unge krefter (fig)* youthful energy; *anspenne alle krefter* strain every nerve; *komme til krefter* recover one's strength; *legge* ~ *i* throw one's strength into; *går med full* ~ is going full speed; *prøve krefter med* try one's strength against; *av alle krefter* with might and main, with all one's might; *i sin ungdoms fulle* ~ in the full vigour (,**US**: vigor) of youth; *i* ~ *av* by virtue of; *sette i* ~ put in *(el.* into) force; *sette ut av* ~ annul, cancel, invalidate; *tre i* ~ come into force*(el.* operation), take effect, become effective; *med sine siste krefter nådde han stranden* with his last ounce of strength he reached the shore; *vie alle sine krefter til en oppgave* devote all one's energies to a task; *(se samspill; sette B).*
kraft|anstrengelse exertion, effort; *nye -r* fresh efforts; **-fôr** (feed) concentrates; grain feed; concentrated cattle foods *(el.* feed(ing) stuffs). **-forsyning** electricity (and gas) supply, power supply.
kraftfull vigorous.

kraftidiot prize idiot.
kraftig strong, powerful, vigorous, energetic; *(om mat)* heavy, nourishing; ~ *bygd* muscular, with a powerful frame.
kraftkar great strong hulk of a fellow; strong hulking chap; *han er en* ~ he is as strong as an ox.
kraft|ledning power line; **US** power transmission line. **-ledningsstolpe** power line pole. **-løs** powerless.
kraft|overføring transmission (of power). **-papir** brown wrapping paper. **-patriot** super-patriot; chauvinist. **-prestasjon** feat, display of strength. **-prøve** trial of strength. **-spill** waste of energy.
kraft|stasjon power station. **-tak** vigorous pull; *(fig)* all-out effort. **-uttrykk** oath, swear word; strong language. **-utvikling** generation of power.
krage collar. **-ben** *(anat)* collar bone, clavicle.
krake *(kroket tre)* stunted tree; *(svekling)* weakling; ~ *søker make* birds of a feather flock together; like will to like.
krakilsk quarrelsome; cantankerous.
I. krakk *(handelskrise)* crash, collapse; *bank-* bank failure *(el.* crash *el.* smash).
II. krakk *(til å sitte på)* stool; (short) bench.
III. krakk poor wretch; *du kan kalle meg en* ~ *om* ... I'll be blamed if ...; ... *hvis ikke kan du kalle meg en* ~*!* ... or I'm a Dutchman!
krakkmandel thin-shelled almond.
I. kram *(subst)* trash; *det passet inn i hans* ~ it suited his books; it was grist to his mill.
II. kram *(adj, om snø)* wet, sticky.
krambu general store, country store.
kramkar pedlar; **US** peddler.
kramme *vb (klemme)* crumple, crush.
krampaktig convulsive; forced.
I. krampe staple; *jern-* cramp iron.
II. krampe *(med.)* spasm; convulsions; *(i ben, arm)* cramp.
krampe|anfall convulsive fit, spasm. **-gråt** convulsive sobbing. **-latter** hysterical laughter. **-stift** staple. **-trekning** convulsion; *ligge i de siste -er* be breathing one's last; **US** be in the throes of death.
kramse *(vb)* finger, fumble at, paw; clutch.
kran crane; *(vann-, etc)* (water) tap, cock, faucet tap; *skru på -a* turn the tap; *jeg får ikke skrudd på -a* the tap won't turn.
kran|avgift cranage. **-fører** crane operator, crane driver, craneman.
krangel quarrel; *de kom i* ~ they had a quarrel; **T** they had a row; *(se tilløp).*
krangle *(vb)* pick a quarrel, start trouble; bicker, wrangle. **-fant, -pave** quarreller, quarrelsome chap. **-syk** quarrelsome.
kranium *(anat)* cranium, skull.
krans wreath, garland; *legge ned en* ~ lay a wreath.
kransarterie *(anat)* coronary artery.
kranse *(vb)* crown, wreathe.
kranse|kake [cone-shaped pile of almond cakes]; *(stykker)* almond sticks. **-lag, -skål** [party to celebrate completion of roof of a new house] = topping-out ceremony.
krapp *(kort)* short; *(trang)* narrow; *(brå)* sudden; ~ *sjø* choppy sea; *en* ~ *sving* a sudden turn.
krapyl rabble, dregs of society.
krasle *(vb)* rustle, scurry.
krass *(adj)* gross; crass; harsh.
krater crater.
kratt thicket, scrub, underbush.
krattbevokst covered with scrub.
krattskog thicket; undergrowth; scrub; copse; coppice.
krav *(forlangende)* demand *(om* for; *til en* on sby); *(høfligere)* request *(om* for; *til en* to sby); *(fordring)* demand; *(jur)* claim *(fx* his c. for compensation; I have a claim on the company for compensation); *(ved eksamen)* requirement *(fx* the requirements in Latin); *lovens* ~ the requirements of the law; *(se ndf: etterkomme lovens* ~*); drøye* ~ **T** stiff demands; *store* ~ great *(el.* severe) demands; *stille store* ~ pitch one's demands high; *tidens* ~ modern requirements; *han stiller strenge* ~ he is demanding *(el.* exacting); he is hard to please; **etterkomme** *et* ~ comply with a demand; *etterkomme hans* ~ *(også)* satisfy his demands; satisfy his claims; *etterkomme lovens* ~ comply with legal requirements; **fastholde** *et* ~ insist on a claim; **frafalle** *et* ~ waive *(el.* renounce) a claim; **fremsette** *et* ~ make *(el.* advance) a demand; *(jur)* make *(el.* advance *el.* set up *el.* put forward) a claim; **gjøre** *et* ~ **gjeldende** put in *(el.* set up) a claim; advance *(el.* put forward) a claim; *gjøre hele -et gjeldende* claim the whole amount; set up the whole claim; *gjøre* ~ *på noe* demand sth; *(jur & fig)* claim sth, lay claim to sth; make a claim to sth *(fx* does anyone make a c. to this purse?); put in a claim for sth *(fx* nobody has put in a c. for the purse so far); *ha* ~ *på noe (,noen)* have a claim on sth (,sby); *penger jeg har* ~ *på* money due to me; *de har* ~ *på diettpenger* they are entitled to travelling and subsistence allowances; *stille* ~ *til* make demands on; *vi kan tilfredsstille ethvert* ~ *som måtte bli stilt til oss* we can meet *(el.* satisfy) any demand made upon us; *den vil dekke de* ~ *som stilles til et oppslagsverk i denne størrelsesorden* it will satisfy the requirements of a reference book of this size; *(se III. lov; oppfylle; III. reise; II. skjerpe; stå B).*
kravbrev collection letter, reminder, application for payment.
kravle *(vb)* crawl; *de -t om bord i en 1933-modell Morris* they piled into a 1933 Morris.
kravløs undemanding, unexacting.
krav|melding *(i bridge)* forcing bid; **US** demand bid. **-mentalitet** demanding attitude *(el.* mentality); *(ofte)* something-for-nothing attitude. **-stor** exacting in one's demands, demanding, exacting.
kreativ creative.
kredit *(mots. debet)* credit; *føre til ens* ~ enter *(el.* book *el.* pass *el.* place) to sby's c., pass *(el.* place) to the c. of sby's account; *(se også kreditt & tilgodehavende).*
kreditere *(vb)* credit; ~ *en for et beløp* credit sby with an amount, credit an a. to sby; ~ *ens konto for et beløp* credit sby's account with an amount; enter *(el.* book *el.* pass) an amount to sby's credit; *De bes* ~ *oss beløpet pr. 1. januar* please *(el.* kindly) credit us for the amount as of January 1st; ... *som vi ber Dem* ~ *oss* ... which kindly credit to our account.
kreditiv letter of credit *(fx* a l. of c. for £300 on Westminster Bank); *utstede et* ~ issue a l. of c.
kreditnota credit note *(fk* C/N) *(fx* a credit note for £20).
kreditor creditor.
kreditorutvalg *(ved konkurs)* committee of inspection; *(se bostyre 2).*
kredit|post credit item. **-saldo** credit balance. **-side** *(også fig)* credit side; *(i bokf.)* creditor side.
kreditt *(jvf kredit)* credit; *på* ~ on credit; **T** on tick; *åpen* ~ open credit; open account; *en* ~ *på* ... a credit of *(fx* £500), credit for *(fx* £500); *gi (innrømme, yte)* ~ give *(el.* allow) c.; *forlenge -en* extend one's c.; *han ber om å få -en forlenget* he asks for an extension of c.; *han nyter utstrakt* ~ his credit rating is excel-

k

lent; *utvide en* ~ expand a c., extend the amount of c.

kreditt- credit; *(se også sms med kredit-).*

kreditt|bank credit bank, commercial bank. **-brev** letter of credit. **-givning** the giving of credit. **-innsprøytning** injection of credit *(fx* into a business). **-opplag 1.** bonded warehouse; **2***(om varene)* storage in bond; *varer på* ~ goods in bond. **-opplysning** credit report, status *(el.* financial) report; *få* ~ *på en* get a credit rating on sby; obtain a credit report on sby, obtain information respecting the standing of sby; make a credit investigation about sby. **-opplysningsbyrå** commercial inquiry agency. **-svekkelse** impairment of credit. **-tilstramning** credit squeeze *(el.* stringency), restriction *(el.* contraction) of credit; tightening of credit facilities. **-utvidelse** expansion of credit. **-verdig** worthy of credit, credit-worthy, sound.

kreere *(vb)* create; ~ *en til doktor* confer a doctorate on sby.

kreft *(med.)* cancer; *(i tre)* canker. **-aktig** cancerous; cankerous. **-svulst** *(med.)* cancerous tumour.

krek poor creature, poor thing.

kreke *(vb)* crawl, creep; ~ *seg* drag oneself.

krekling *(bot)* crowberry.

krem whipped cream; *(hud-)* cream; *(egge-, vanilje-)* custard.

kremasjon cremation.

krematorium crematorium; **US** crematory.

kremere *(vb)* cremate.

krem|farget, -gul cream-coloured, creamy. **-fløte** full cream; **US** whipping cream.

kremmeraktig mercenary.

kremmer|hus cornet. **-sjel** mercenary soul; *han er en* ~ he is a mercenary fellow.

kremt hawk(ing), clearing one's throat.

kremte *(vb)* clear one's throat.

krenge *(vb)* tilt on one side, careen, heel; *(om fly)* bank.

krengning *(mar)* heel, heeling (over); *(om fly)* banking.

krengningsstabilisator *(på bil)* stabilizer bar, anti-roll bar, anti-sway bar.

krenke *(vb)* violate; ~ *en* hurt *(el.* offend) sby; *det -r vår rettferdighetssans* it offends our sense of justice.

krenkelse violation; infringement *(fx* an i. of our rights); offence *(av* against); ~ *av bluferdigheten* offence against public decency; ~ *av husfreden (jur)* violation of the privacy of a person's house; trespass (in a person's house, offices, *etc); (i Skottland)* hamesucken; ~ *av opphavsrett* piracy; ~ *av privatlivets fred (også jur)* invasion of privacy; *(se husfred).*

kreol, -erinne Creole.

krepp crepe. **-nylon** nylon crepe.

kreps *(zool)* crawfish; *K-ens vendekrets* the Tropic of Cancer.

krepse *(vb)* catch crawfish.

krepsegang retrograde movement; *gå* ~ go backward.

kresen particular, fastidious; **T** choosy; *dette skulle appellere til den kresne kjøper* this should appeal to the discriminating buyer.

kresenhet fastidiousness, squeamishness.

kreti og pleti every Tom, Dick, and Harry.

kretiner cretin.

kretinisme cretinism.

kretong cretonne.

krets 1*(av mennesker)* circle *(fx* literary circles; he does not belong to that circle); **2***elekt (strøm-)* circuit; **3***(distrikt)* district; **4***(valg-)* constituency; **US** district;

[A: forb. med subst & adj; B: med vb; C: med prep & adv]

A *[forb. med subst & adj] de beste -er* the best circles; *(se C: han vanker i de beste -er); det er bare kjent i en engere* ~ it is only known to a (select) few; very few people know about it; *familie-* family circle; *en innbudt* ~ a number of invited guests; *jordens* ~ the terrestrial orb; *leser-* circle of readers *(fx* a growing circle of readers); *hans nærmeste* ~ his intimate friends; his close friends; *en sluttet* ~ a narrow circle; a select few; *en snevrere* ~ a narrow circle; a small number of people; *en utvalgt* ~ a select *(el.* chosen) few; some intimate friends; *vide -er* wide circles; large numbers of people; *(se C: i vide -er); åpen (,sluttet)* ~ *(elekt)* open (,closed) circuit;

B *[forb. med vb] slutte -en* close the ring; *(elekt)* close *(el.* complete) the circuit; *-en er sluttet (fig)* the circle is complete; the wheel has come full circle; *slå* ~ *om* form a circle round; *(fig)* rally round; *-er som står regjeringen nær* Government circles; circles which enjoy the confidence of the Government;

C *[forb. med prep & adv] slikt gjør man ikke i bedre -er* that isn't done; *denslags gjøres ikke i våre -er* that sort of thing isn't done in our circle; *han vanker i de beste -er* he moves in the best circles; *i sakkyndige -er* among experts; in competent quarters; *kjent i vide -er* widely known; *en avis som leses i vide -er* a widely read newspaper; *i videre -er* in wider circles; more widely; *i vitenskapelige -er* in the world of science; in the scientific world; *beregnet på en snevrere* ~ not intended for the general public; esoteric.

kretsbevegelse circular motion; gyration.

kretse *(vi):* ~ *om* circle *(fx* circle the moon).

kretsfengsel county jail.

kretsing *(det å)* circling.

kretsløp circulation, circular motion; gyration; circuit *(fx* the circuit of the moon round the earth); *(elekt)* circuit.

kreve *(vb)* demand; claim; require; *dette arbeidet -r sin mann helt ut* one has to give oneself up completely to this work; *det -r mot* that takes courage; ~ *ens oppmerksomhet* demand one's attention; *det -s av disse at de kan norsk* these are required to have a knowledge of Norwegian; ~ *en for penger* press sby for money; ~ *inn penger* collect money; ~ *til regnskap* call to account; ~ *sin rett* claim one's right; *(se oppmerksomhet).*

krible *vb (i huden)* tingle, prickle; ~ *og krable* crawl, creep; *det -r i fingrene mine* my fingers are tingling; I've got pins and needles in my fingers; *det -r i fingrene mine etter å* ... my fingers are itching to ...

krig war; *under -en* during the war; *under hele -en* during the entire war; for the whole of the war; *erklære* ~ declare war on; *føre* ~ wage war, make war, carry on war *(med* against, on); *gå i -en* go to the war; *ligge i* ~ *med* be at war with; *tjene i -en* serve in the war; *slik er -ens gang* wars bring scars; *-ens midtpunkt* the focal point of the war; *(se også kjærlighet & styrte).*

kriger warrior. **-sk** martial, warlike, belligerent. **-ånd** warlike spirit.

krigførende belligerent; **US** warring.

krigføring warfare.

krigsadvokat judge advocate; *(jvf generaladvokat).*

krigs|blokade military blockade. **-brud** war bride. **-bytte** booty, spoils (of war). **-dans** war dance. **-erklæring** declaration of war. **-fange** prisoner of war (*fk* POW). **-fangenskap** *(mil)* captivity; *komme i* ~ be taken prisoner. **-fare** danger of war. **-forbryter** war criminal. **-forbryterdomstol** war crimes tribunal. **-forbryterprosess** war crimes trial.

krigs|forlis loss due to war risk, loss due to enemy action. **-forlise** *(vb)* be lost by enemy action, be sunk, be mined, be torpedoed.

krigs|fot: *sette på* ~ place on a war establishment *(el.* on a war footing); *stå på* ~ *med (fig)* have a war on with. **-frykt** fear of war, war scare.

krigs|førsel warfare. **-gal** war-mad; bent on war. **-galskap** war-madness; warmongering. **-gud** god of war. **-herjet** devastated (by war); **US** *(også)* war-torn. **-hisser** warmonger. **-humør:** *være i* ~ be on the warpath. **-hyl** war whoop; *han satte i et* ~ he let out a war cry. **-innsats** war effort. **-korrespondent** war correspondent. **-kors** *(mil)* military cross. **-kunst** art of war, strategy. **-kyndig** skilled in the art of war. **-list** stratagem. **-makt** military power.

krigs|maling war paint. **-maskin** war machine. **-materiell** war material. **-minister** minister for war. **-ministerium** Ministry for War; *(i* **UK***)* War Office; **US** Defense Department. **-rett** court-martial; *stilles for* ~ be court-martialled. **-rop** war cry. **-rustning** armament. **-råd** council of war. **-seiler** wartime seaman (*el.* sailor). **-skadeserstatning** war indemnity. **-skip** battleship, warship. **-skole** war college. **-skueplass** combat zone *(el.* area), area *(el.* theatre) of operations; front, scene of battle. **-stemning:** *piske opp en* ~ whip *(el.* stir) up a warlike atmosphere. **-stien** the warpath. **-tid** time of war. **-tilstand** state of war. **-tjeneste** active service. **-tummel** turmoil of war. **-vesen** military matters. **-viktig** of military importance. **-vitenskap** military science.

krik corner; *gå i -er og kroker* follow a zigzag course; *i alle kroker og -er* in every nook and corner.

krikkand *(zool)* teal.

Krim *(geogr)* the Crimea.

kriminal criminal. **-betjent** *(ikke gradsbetegnelse, kan gjengis)* detective inspector, C.I.D. inspector; *(i løst språkbruk ofte)* detective.

kriminalkomedie comedy thriller.

kriminalist criminalist.

kriminallaboratorium forensic laboratory.

kriminalpoliti criminal police, plain-clothes police (force); **UK** Criminal Investigation Department *(fk* C.I.D.); **US** Federal Bureau of Investigation *(fk* F.B.I.); *(se politi).*

kriminalsak criminal case.

kriminalvern crime prevention.

kriminel|l criminal; *-t dårlig* **T** shamefully bad.

krimskrams rubbish; *(nipsting)* knick-knack.

kringkast|e *(vb)* broadcast. **-ing** broadcasting.

kringkastingssjef director of broadcasting.

kringle twist; coffee bread ring; **US** pretzel; *lette kaffekringler* light coffee twists; *(se waleskringle; wienerkringle).*

kringvern *(mil)* all-round defence, perimeter.

krinkelkroker *(pl)* nooks and corners.

krinoline crinoline.

krise crisis *(pl:* crises). **-herjet** hard-hit, depressed *(fx* a d. area); *(se fremtvinge).* **-senter** centre for battered wives (*el.* women); women's refuge. **-tid** period of (economic) crisis, period of depression.

krisle *(vb)* tickle, tingle, prickle.

kristelig Christian; religious *(fx* a r. youth club).

kristen Christian; *en* ~ a Christian. **-dom** Christianity. **-domskunnskap** *(fag)* religious knowledge. **-het** Christendom. **-kjærlighet** charity. **-tro** Christian faith.

Kristian Christian.

Kristi blodsdråpe *(bot)* fuchsia.

Kristi himmelfart the Ascension.

Kristi himmelfartsdag Ascension Day.

Kristine Christine, Christina.

kristne *(vb)* christianize.

Kristoffer Christopher.

kristtorn *(bot)* holly.

Kristus Christ; *før* ~ B.C., before Christ. **-bilde** image of Christ.

krita: *på* ~ **T** on tick; *ta på* ~ buy *(el.* go) on tick.

kriterium criterion; *kriterier* criteria.

kritiker critic; *(anmelder)* reviewer.

kritikk criticism; *(anmeldelse)* review; *under all* ~ beneath contempt; unspeakable *(fx* these hotels are u.); worse than useless; *(se utsette:* ~ *seg for kritikk).*

kritikkløs uncritical.

kritisere *(vb)* criticize; *uten på noen måte å ville* ~ without in any way wishing to criticize.

kritisk critical.

kritt chalk.

krittaktig chalky.

kritte *(vb)* chalk.

kritthus: *være i -et hos en* **T** be in sby's good books *(el.* graces).

kritthvit white as chalk.

krittpasser board compasses.

kritt|pipe clay pipe, earthen pipe. **-tegning** crayon drawing.

I. kro *(vertshus)* inn, public-house; **T** pub; *(glds)* tavern.

II. kro *(hos fugler)* crop, craw.

III. kro *(vb):* ~ *seg* strut, boast; plume oneself (on sth).

krok corner, nook; *(jern-)* hook; *(fiske-)* hook; *bite på -en (fig)* swallow the bait; *dra* ~ pull fingers; play finger-tug; *få på -en* hook; *den gamle -en* the poor old body; *en stakkars* ~ a poor creature; *(se krøke).*

krokan [crushed caramel and almond mixture]; *(svarer til)* crushed nougat; **US** almond brittle.

kroket crooked, bent, tortuous.

kroki (rough) sketch.

krokket croquet. **-bøyle** croquet hoop.

kroklisse bobbin lace, pillow lace, bone lace.

krokne *(vb)* become bent *(el.* crooked).

krokodille *(zool)* crocodile. **-tårer** *(pl)* crocodile tears.

krokrygget with stooping shoulders; hunch-backed.

krokstige *(hakestige)* hook ladder.

krokus *(bot)* crocus.

krokvei round-about way; *-er (fig)* crooked ways; *gå -er* use indirect *(el.* underhand) means.

krom chromium; chrome.

kromatisk chromatic.

kronblad *(bot)* petal.

krondyr *(zool)* red deer.

I. krone *(subst)* crown; cap; *(på tann)* crown; cap; *(pave-)* tiara; *(adels-)* coronet; *(på mynt)* heads; *(tre-)* top, crown; *-n på verket* the crowning glory; *sette -n på verket* crown the achievement.

II. krone *(vb)* crown; ~ *med hell* crown with success.

kronemutter castellated nut.

kronerulling silver collection.

kronglebjørk crooked birch-tree.

kronglet(e) crooked, gnarled, twisted; difficult; *terrenget var* ~ the ground was difficult; *en -e sti* a difficult path, a winding path *(el.* track).

kron|gods crown land(s). **-hjort** *(zool)* (royal) stag. **-hjul** crown wheel, bevel gear.

kronidiot prize fool.

k

kronikk chronicle; *(i avis)* feature article; *(i radio, etc)* report, news analysis.
kroning coronation.
kronisk chronic.
krono|logi chronology. **-logisk** chronological; ~ *sett* in order of time *(fx* in o. of time Caesar's work in Gaul was the prelude to ...). **-meter** chronometer.
kronprins UK Prince of Wales; *(i andre land)* Crown Prince.
kronprinsesse *(prinsen av Wales' gemalinne)* Princess of Wales; *(ellers)* Crown Princess.
kron|rake *(vb)* shave the crown of. **-raket** tonsured. **-raking** tonsure. **-trane** *(zool)* crested crane.
kropp *(legeme)* body; *(uten hode, armer og ben)* trunk; *skjelve over hele -en* tremble all over; *han har ikke skjorta på -en* he has hardly a shirt to his back.
kropps|arbeid manual labour. **-bøyning** bending of the trunk. **-visitasjon** (personal *el.* bodily) search. **-visitere** *(vb)* search; **T** frisk *(fx* f. sby). **-øving** *(skolefag)* physical education *(fk* P.E.); gymnastics; **T** gym.
krot scroll-work, decorative carving (,painting); scrawl, scribbling.
krote *(vb)* scroll, deck with scrolls, decorate by carving (,painting); *(rable)* scrawl, scribble.
krukk|e pitcher, jar; *(apoteker-)* gallipot; *-a går så lenge tilvanns at den kommer hankeløs hjem (oftest)* he (,she, they, *etc)* did it once too often.
krull scroll, flourish; cluster, curl.
krum curved, crooked; spherical; *gå på med ~ hals* **T** go at it hammer and tongs; go at *(el.* for) it bald headed.
krum|bøyd bowed, bent. **-kake** [cone-shaped, wafer-like sweet biscuit baked in a special iron]; *(kan gjengis)* wafer cone *(el.* cornet).
krumme *vb (gjøre krum)* bend, bow; *jeg vil ikke ~ et hår på hans hode* I will not touch *(el.* hurt) a hair on his head.
krumrygget bent, stooping.
krumspring caper, gambol; *(fig)* dodge; *gjøre ~* cut capers; cavort.
I. krus mug.
II. krus *(stas)* fuss; *gjøre ~ av* make a great fuss about; *hun gjør for meget ~ av barna sine* she makes too much fuss over *(el.* about) her children.
kruse *vb (vann, etc)* curl, ripple; *(sterkere)* ruffle; *(hår)* curl.
krusedull flourish, scroll; *-er (fig)* circumlocutions.
kruset curly, curled; *(om negers hår)* kinky.
krusifiks crucifix.
krusmynt *(bot)* curled mint.
krus(n)ing curling; *(på vann)* ripple.
kruspersille *(bot)* curled parsley.
krutt powder, gunpowder; *skyte med løst ~* fire blanks; *han har ikke oppfunnet -et* he is no conjurer; he will never set the Thames on fire; *ikke et skudd ~ verdt* not worth powder and shot; *spare på -et (fig)* hold one's fire; save one's energy; *nå spares det ikke på -et* (ɔ: *nå settes det hardt mot hardt)* it's a fight to the finish; **T** they're not pulling their punches.
krutt|kjerring firecracker. **-lapp** cap (for toy pistol). **-røyk** gunsmoke. **-tønne** gunpowder barrel; *(også fig)* powder keg *(fx* the Balkans, the p. k. of Europe).
I. kry *(adj)* proud; stuck-up, cocky.
II. kry *(vb)* swarm, be full of; be alive with *(fx* the street was alive with vehicles).
krybbe manger, crib; *når -n er tom, bites hestene* when poverty comes in at the door, love flies out of the window.
krybbebiter crib-biter.
krybbedød *(med.)* cot death; *(fagl)* sudden infant death.
krydder, -i spice, seasoning.
kryddernellik *(bot)* clove; *(se nellik).*
krydre *(vb)* spice, season.
krydret spiced, seasoned.
krykke crutch; *gå med -r* walk on crutches.
krympe *(vb)* shrink; *~ seg* flinch, shrink, wince; *~ seg sammen* shrink.
krympefri unshrinkable; **US** shrink-proof.
kryp creepy thing, crawling insect; worm, snake; *stakkars ~!* (you) poor thing!
krypdyr *(zool)* reptile.
krype *(vb)* creep; *(kravle)* crawl; *(om tøy)* shrink; *alle som kunne ~ og gå* all the world and his wife; *en må lære å ~ før en kan gå* we must walk before we run; *~ for en* fawn on sby, cringe before sby; lick sby's boots; *(for lærere)* toady, crawl; *en kan likeså gjerne hoppe i det som ~ i det* we might as well get it over at once; *~ sammen* crouch; *barna krøp sammen for å holde varmen* the children huddled together for warmth.
krypende crawling; fawning, cringing.
kryperi cringing, fawning.
krypinn little shed; *et lite ~ (om leilighet, etc)* a poky little place.
kryp|skytter poacher. **-skytteri** poaching.
krypsoleie *(bot)* creeping buttercup.
I. kryptogam *subst (bot)* cryptogam.
II. kryptogam *adj (bot)* cryptogamous.
krysantemum *(bot)* chrysanthemum.
krysning cross, hybrid; crossing *(av* of); *(mar)* cruising; tacking. **-slinje** *(skøyter)* crossing line.
kryss cross; *(mus)* sharp; *(i tipping)* draw; *(vei-)* crossroads; *planfritt ~* (crossing with) flyover (,**US**: overpass); *~ i taket!* what a sensation! hoist the flag! *sette ~ ved det som passer (på skjema, etc)* check *(el.* tick (off)) as appropriate; *(se krysse: ~ av).*
kryssbytte *(vb): ~ hjulene (på bil)* interchange the front and rear wheels diagonally.
krysse *(vb)* cross; *(om dyr)* cross; *(mar)* tack, beat; *(uten bestemt kurs)* cruise; *~ av (på liste)* check off, tick off; *(sette kryss ved)* put a cross *(el.* mark) against; *~ ens planer* thwart *(el.* cross) sby's plans; *jeg har ikke tenkt å ~ ham* I'm not going to beg him for anything; *~ hverandre* cross each other, intersect; meet *(fx* the trains meet at Geilo); *våre brev har -t hverandre (også)* my letter has crossed yours; *han -r foran X (om skøyteløper)* he is crossing in front of X.
krysser *(mar)* cruiser.
kryssfinér plywood.
kryss|forhør cross questioning; *(av motpartens vitne)* cross-examination. **-henvisning** cross reference.
kryssild *(mil & fig)* cross fire.
kryssordoppgave crossword puzzle.
krysstokt *(mar)* cruise.
kryssveksel *(jernb): dobbelt ~* (,**T**: *engelskmann)* double crossover, scissors crossing; *(jvf skinnekryss).*
krystall crystal; cut glass, crystal (glass).
krystallaktig crystalline.
krystall|form crystalline form. **-klar** (clear as) crystal, crystal clear.
krystallisere *(vb)* crystallize.
krystallisering crystallization.
kryste *(vb)* crush, squeeze, press; *(omfavne)* clasp in one's arms, hug.
kryster *(feiging)* coward.
krøke *(vb)* bend, crook; *den må tidlig -s som god krok skal bli* early practice makes the master; **T** there's nothing like starting young; it

pays to catch them young; *(lett glds)* as the twig is bent, the tree is inclined; ~ *seg sammen* double up.
krøll *(subst)* curl, frizzle; *slå ~ på seg* curl up; *slå ~ på halen* curl one's tail.
krølle *(vb)* curl; *(om papir, klær)* crease, crumple, rumple; ~ *sammen* crumple up; ~ *seg* curl up, wrinkle.
krøllet curly; crumpled, creased; *-e bilder* crumpled *(el.* bent) pictures.
krølltang curling iron.
krølltopp curlyhead, curlytop.
krønike chronicle.
krøpling cripple.
krøtter cattle.
krøtterkve stockyard.
krøtterhold animal husbandry.
kråke *(zool)* crow; *stupe* ~ turn somersaults. **-bolle** *(zool)* sea urchin; **US** *(også)* sea porcupine. **-fot** *(bot)* club moss. **-mål** gibberish. **-sølv** mica. **-tær** *(dårlig skrift)* pot-hooks, scrawls.
krås *(på fugl)* gizzard, giblets.
kråsesuppe giblet soup.
ku cow; *glo som ei ~ på en rødmalt vegg* stare like a stuck pig; gaze stupidly *(fx* at sth); *ha det som -a i en grønn eng* be in clover; *mens graset gror, dør -a* while the grass grows the steed starves.
kubaner, kubansk Cuban.
kubb log-ends; *(forst)* shorts; (mechanical) pulpwood; *sevjebarket* ~ clean-barked pulpwood; sap-peeled pulpwood; *(se tremasse, tømmer).*
kubbe log, stump.
kubbeaksel 1*(girkubbe)* lay shaft; **US** countershaft; **2.:** *se mellomaksel.*
kubbestol log chair.
kube hive.
kubein *(brekkjern)* jemmy, crowbar; **US** *(også)* pinchbar.
kubikk|fot cubic foot. **-innhold** cubic content, cubage; *(mar)* cubic capacity. **-rot** cube root; *utdragning av -a* extraction of the cube root. **-sjarmør** = rocker, ton-boy *(fx* black-leather-coated ton-boys). **-tall** cube, cube of a number.
kubisk cubic(al).
kubisme *(en kunststil)* cubism.
kubist cubist. **kubistisk** cubistic.
kubjelle 1. cowbell; **2***(bot)* pasqueflower.
kubus cube.
KUD *(fk. f. Kirke- og undervisningsdepartementet)* DES *(fk.f.* Department of Education and Science).
kue *(vb)* cow, subdue.
kufanger *(jernb)* cowcatcher.
kugjødsel cow manure.
kuguar *(zool)* cougar, puma, American panther, mountain lion.
ku|hale cow's tail. **-hud** cowhide.
kujon coward; **T** funk; *han er en ~* he's yellow. **-ere** *(vb)* bully, cow, browbeat. **-eri** cowardice.
kujur *(zool)* cow's udder.
kukake cow dropping; **US** *(også)* cow cake, cow pie.
kukelure *(vb)* mope, sit moping; *skal du sitte inne og ~ i hele dag?* are you going to stick in(doors) all day?
kukopper *pl (med.)* cowpox.
kul 1. boss, bulge, knob, protuberance; **2***(i terrenget)* bump; **3***(i hoppbakke)* brow *(fx* he just managed to get over the b.); **4***(etter slag)* bump, swelling.
kulant easy, expeditious; *-e vilkår* easy terms.
kulde cold, frost; *(egenskap)* coldness; frigidity; *det er en bitende ~* it's bitterly cold; *gyse av ~* shiver with cold; *15 graders ~* 15 degrees of frost, 15 below zero, 15 below freezing; *kulda har slått seg* the frost has broken.
kuldegrad degree of frost *(el.* cold).
kuldegysning cold shiver.
kuldskjær sensitive to cold; *han er ikke så ~ som jeg* he doesn't feel the cold the way I do. **-het** sensitiveness to cold.
kuldslå *(vt)* take the chill off (by adding warm water); *-tt vann* lukewarm water.
kule 1. ball; **2***(liten av papir, brød, etc, også fig)* pellet; **3***(gevær-, etc)* bullet; *(kanon-)* ball; **4***(på rekkverk, seng, etc)* knob; *-r og krutt* powder and shot; *hele kula* **T** the whole bunch *(el.* gang); *skyte en ~ gjennom hodet på en* blow sby's brains out; *støte ~ (sport)* put the shot *(el.* weight).
kule|formet ball-shaped, globular. **-lager** ball bearing. **-ledd** ball joint, ball-and-socket joint. **-lyn** ball lightning. **-mage** pot-belly. **-penn** ball -point (pen); biro. **-ramme** counting frame, abacus.
kule|regn shower of bullets. **-rund** ball-shaped, round, spherical; *(om øyne)* beady. **-sprøyte** machine gun. **-støt** *(sport)* shot put, shot-putting, putting the shot *(el.* weight). **-støter** shot putter.
kuli *(subst)* coolie.
kulinarisk culinary.
kuling breeze, wind; *liten ~* strong breeze; *sterk ~* gale; *stiv ~* near gale; *(jvf bris & storm).*
kulingvarsel gale warning.
kulisse *(teat)* flat; *-r* wings; scenery; *-r og rekvisitter* stage set; *bak -ne* behind the scenes.
I. kull *(unger)* brood, hatch; *(av pattedyr)* litter.
II. kull *(tre-)* charcoal; *(stein-)* pit coal; *(kjem)* carbon; *hvite ~* (electricity generated by) water power; **T** white coal; *gloende ~* living coals; *sanke gloende ~ på ens hode* heap coals of fire on sby's head; *ta inn ~* coal, bunker.
kullbeholdning coal reserves *(el.* resources); *verdens ~* the c. reserves of the world.
kullboks coal scuttle.
kullbørste carbon brush.
kulldistrikt coal region, coal-mining district.
kulle *vb (ta inn kull)* coal, bunker.
kullemper coal trimmer, coal heaver.
kullfelt coalfield.
kull|forbruk consumption of coal. **-forekomst** coal deposit. **-gruve** coal mine, coalpit, colliery. **-gruvearbeider** collier. **-gruvedrift** coal mining, working of coal mines. **-handler** coal dealer. **-streik** coal (miners') strike.
kullhydrat *(kjem)* carbohydrate; *(i kosten også)* starch.
kullhydratinnhold carbohydrate content *(fx* dishes with a high carbohydrate content).
kullkaste *(vb)* upset *(fx* his calculations, his plans), frustrate *(fx* a plan); ~ *hans planer* **T** *(også)* put a spoke in his wheel.
kullkjeller coal cellar.
kulloksyd *(kjem)* carbon monoxide.
kull|opplag coal depot. **-os** *(kjem)* carbon monoxide. **-produksjon** coal production; *(se unngå).*
kullstift charcoal pencil.
kullstoff *(kjem)* carbon. **-holdig** *(kjem)* carbonaceous.
kullsur *(adj)*: *-(t) kali* potassium carbonate.
kullsvart coal-black, jet-black.
kull|sviertro blind belief *(på* in). **-syre** *(kjem)* carbonic acid.
kulltegning charcoal drawing.
kullutvinning coal winning, coal getting.
kulminasjon culmination.
kulminere *(vb)* culminate.
kulp deep pool (in a river), hole (in a river).
kulse *(vb)* shiver, shudder with cold.

kult broken stones; crushed rock; *(til vei)* road stones; road metal.
kulten *(adj)* disgusting, annoying; *det var -t gjort* that was a dirty trick.
kultivator cultivator.
kultivere *(vb)* cultivate.
kultivert 1. cultured *(fx* person; voice); **2.** cultivated *(fx* land).
kultur culture, civilization; *(se trafikkultur).*
kultur|arv cultural heritage. **-attaché** cultural attaché. **-beite** cultivated pasture, enclosed p. **-bærer** culture bearer.
kulturdepartement: *kultur- og vitenskapsdepartement* Ministry of Arts and Science.
kultur|film documentary (film). **-folk** civilized nation. **-gode** cultural asset. **-historie** history of civilization, cultural history; social history. **-historiker** cultural historian. **-historisk** cultural-historical; ~ *betinget* determined by c.-h. factors. **-krets** culture group, c. complex, cultural complex. **-politikk** cultural and educational policy. **-politisk** relating to cultural and educational policy; cultural, educational and political *(fx* considerations). **-språk** cultural language, civilized l.; l. that possesses a literature, literary l.
kultur|stat civilized country. **-trinn** stage of civilization *(el.* cultural development); level of culture. **-utvikling** cultural development.
kultus cult.
kulvert *(stikkrenne)* culvert.
kulør colour; **US** color.
kulørt coloured; **US** colored.
kum bowl, basin; *(stor beholder)* tank.
kumlokk *(over kloakk)* manhole cover.
kummann *(brannkonstabel): intet tilsv.;* **US** tillerman.
kummer grief, distress, affliction.
kummerlig miserable, wretched.
kumulere *(vb)* **1.** cumulate; **2**[replace one candidate's name by another on the ballot paper].
kumulativ cumulative.
kumulering [replacement of one candidate's name by another]; *det er kun tillatt å foreta to -er* only two candidates' names may be replaced by others.
kun *se bare.*
kunde customer, patron, client; *fast* ~ regular customer. **-behandling:** *gi individuell* ~ give individual attention to customers. **-hai** tout. **-krets** circle of customers; *forretning med en stor* ~ shop with a large custom; *skaffe seg en* ~ work up a connection. **-struktur** customer profile. **-veileder** customer consultant.
kunne *(vb)* **1***(være i stand til)* be able (to); **2***(ha lært; forstå)* know *(fx* he knows French); *(foran infinitiv)* know how to *(fx* he knows how to do it); *jeg kan ikke* I cannot, I can't, I am unable to; *jeg kunne* I could, I was able to; *jeg har ikke -t* I have not been able to; *jeg ville ha ringt deg før hvis jeg hadde -t* I would have phoned you sooner if I could; *dette ville ikke ~ skje i fremtiden* this cannot happen in future; this will not be allowed to happen in future; *han kan meget* (1) he is a very able person; he is very capable; (2) he knows a lot; *han kan ingenting* (1) he is quite incapable; he can't do a thing; (2) he does not know anything; *de måtte ~ alt selv* they had to know how to do everything themselves; they had to be able to do everything themselves; *la ham nå vise hva han kan* (1) let him show what he can do; (2) let him show what he knows; ~ *lese (,skrive)* be able to read (,write); *vi må være forberedt på å ~ dekke behovet helt ut* we must see that we are able *(el.* in a position) to meet the demand in its entirety; *han kan komme hvert øyeblikk* he may come at any moment; *det kan du ha rett i* you may be right about that; *det kan godt være sant* it may (well) be true; *jeg hadde -t hjelpe hvis* ... I could have helped if ...; I could have been able to help if ...; *jeg beklager ikke å ~ hjelpe* I regret not being able to help; *kanskje jeg ~ hjelpe deg* I might be able to help you; *kan jeg gå nå?* can I go now? *ja, det kan du* yes, you may *(el.* can); *jeg er redd han kan (komme til å gjøre det)* I am afraid he may (do it); *hvor gammel kan hun være?* how old may *(el.* might) she be? *jeg synes godt du ~ hjelpe (lett bebreidende)* I think you might help; .. *slik at vi kan (,kunne)* ... so that we may (,might); *du kan stole på meg* you can rely on me; ~ *sin lekse* know one's lesson; *kan han engelsk?* does he know *(el.* speak) English? *hun kan sitte i timevis uten å si et ord (om vanen)* she will sit for hours without saying a word; ~ *jeg få en flaske øl? (i butikk)* could I have a bottle of beer? I want a bottle of beer; **US** *(helst)* I would like a bottle of beer; *(privat anmodning)* may *(el.* could) I have a bottle of beer, please? *(når det spørres om hva man vil ha)* could I have a bottle of beer? I would like a b. of beer; *det kan ikke 'jeg gjøre for* it's not my fault; *han kan ikke for det* he can't help it; *det kan greie seg* that will do; *nå kan det være nok! (irettesettelse)* that's enough from you! ~ *sine ting* know one's business; know one's job; **T** know one's stuff; *arbeidet gikk som best det ~* the work was done (just) anyhow; *det gikk som best det ~* things were going as best they could; things were left to settle themselves; things were allowed to drift; they (,we, *etc)* muddled along; they (,we, *etc)* let things slide; *som best jeg kan* as best I can; *hvordan kan jeg vite at* ... how am I to know that ...; *det kan man ikke (ɔ: det er upassende)* it isn't done; *han kan umulig være tyven* he cannot possibly be the thief; *den kan vel veie 4 kg* I should think it must weigh about four kilogrammes; *det skal jeg ikke ~ si* I couldn't say; I wouldn't know; *kan du tie stille!* will you be quiet! *man kan hva man vil* where there's a will there's a way; *det kan jeg ikke noe med* I'm a poor hand at that; I'm no good at that; *jeg kan ikke med ham (også)* **T** he's not my cup of tea.
kunngjøre *(vb)* make known, announce; *(formelt)* notify, proclaim. **-ing** announcement; notification, proclamation.
kunnskap knowledge, information; *få ~ om* receive information of; be informed of; *gode -er* special(ised) knowledge; a thorough *(el.* good) knowledge *(i* of); *gode -er i matematikk* a good knowledge of mathematics; *han har overfladiske -er i engelsk* he has a smattering of English; *komme til ens ~* come to one's notice; ~ *er makt* knowledge is power.
kunnskapsintensiv demanding highly skilled knowledge.
kunnskaps|krav knowledge demanded *(fx* the k. d. by the school). **-nivå** level of learning *(fx* measure the l. of learning reached). **-område** area of knowledge. **-rik** well-informed. **-skole** school where factual knowledge is all-important. **-tilfang** (wealth of) information, (store of) knowledge; *et stort ~* great *(el.* wide) knowledge.
kunst art; *(behendig)* trick; *-en å herske* the art of ruling; *det er nettopp -en* that's the secret; that's where the difficulty comes in; *det er ingen ~* that's easy enough; *gjøre -er* perform tricks; *de skjønne -er* the fine arts; ~ *og håndverk* arts and crafts; *kunst- og håndverksskole* college of arts and crafts; *(se ndf: kunstakademi & kunstindustriskole); det er hele -en* that's all there is

to it; *ved* ~ artificially; *svarte-* the Black Arts, black magic.
kunst|akademi academy of fine arts; college of art and design (*fx* Croydon College of Art and Design); *Statens* ~ the National Academy of Fine Arts. **-anmelder** art critic. **-art** (branch of) art, art form. **-elsker** art-lover. **-ferdig** *(om ting)* elaborate, ingenious. **-ferdighet** elaborateness, ingenuity. **-fiber** man-made fibre. **-gjenstand** art object. **-gjødning** fertilizer. **-grep** *(knep)* trick, dodge, artifice.
kunst|handel art shop. **-handler** art dealer. **-historie** art history. **-håndverk** handicraft(s); *(varer)* art wares, artware, handicraft products; *salgsutstilling for* ~ crafts centre; *(se håndverk)*. **-håndverker** craftsman designer; *(se håndverker)*.
kunstig *(ikke naturlig)* artificial; *(etterligning)* imitation; *(særlig om kjemiske produkter)* synthetic; *ved -e midler* by artificial means; *(se befruktning)*.
kunst|industri applied art; *(fabrikkmessig)* industrial art; *Statens Håndverks- og Kunstindustriskole* the National College of Applied Arts and Crafts. **-kjenner** judge of art, connoisseur. **-kritiker** art critic. **-kritikk** art criticism.
kunstlet affected, artificial.
kunstlys *(fot)* artificial light.
kunstløp *(skøyte-)* figure skating.
kunst|løs artless, simple, unaffected. **-maler** artist, painter.
kunstner artist. **-bane** artistic career.
kunstnerinne (woman) artist.
kunstnerisk artistic; ~ *dyktighet* artistic skill; ~ *leder* art director.
kunstner|liv artist's life; life in artistic circles. **-lønn:** *-er og stipendier* stipends and scholarships for artists, artists' s. and s. **-natur** artistic temperament. **-sjargong** art jargon. **-stolthet** artist's pride, professional pride. **-verd** artistic merits.
kunst|nytelse artistic enjoyment. **-pause** (rhetorical) pause, deliberate pause; *han gjorde en* ~ *(også)* he paused to give his words time to soak in. **-produkt** artificial product; work of art. **-retning** style (of art), school (of art). **-ridning** show riding. **-rytter** show rider. **-samling** art collection. **-silke** artificial silk, rayon. **-skatt** art treasure. **-skole** art school, school of art. **-smedarbeid** art metal work. **-stoppe** *(vb)* mend invisibly. **-stopping** invisible mending. **-stup** fancy dive; *(det å)* fancy diving. **-stykke** feat, trick. **-trykkpapir** art paper. **-utstilling** art exhibition; **US** art exhibit. **-verk** work of art.
kup: *se kupp.*
kupé compartment; *(bil)* saloon; *(finere)* coupé (*fx* a sports c.).
kupert hilly, undulating, broken, rolling (*fx* rolling country; broken country (*el.* ground)).
kuplett *(versepar)* couplet.
kupong coupon; dividend warrant; *(på postanvisning, etc)* counterfoil; **US** stub. *en* ~ *med 12 rette (i tipping)* an all-correct forecast.
kupp 1. coup; **2***(journalistisk)* scoop; **3***(stats-)* coup d'état; **4***(ved tyveri)* haul; **5***(overraskelse)* surprise; *gjøre et godt* ~bring (*el.* pull) off a coup (,a scoop); (4) get away with a big haul; *ved et* ~ (5) by surprise.
kuppel cupola, dome; *(lampe-)* globe. **-formet, -formig** domed. **-hue T:** *ha* ~ have a hangover.
kuppelstein cobble-stone; *brulegge med* ~ cobble (*fx* the street is cobbled).
kuppkamp *(fotb)* cup tie.
I. kur: *gjøre* ~ *til* make love to, court.
II. kur *(helbredelsesmetode)* cure, treatment; *gjennomgå en* ~ undergo a treatment; *forebyggelse er bedre enn* ~ prevention is better than cure.
kuranstalt sanatorium; **US** sanitarium.
kurant *jur (gangbar)* current; *(salgbar)* marketable, merchantable, saleable.
kurator trustee; *sosial-* social worker; welfare officer; *(på sykehus)* almoner.
kurbad spa.
kure *(vb)* take a cure.
kurér courier, dispatch carrier.
kurere *(vb)* cure, heal; **T** doctor.
kurfyrst|e elector, electoral prince. **-endømme** electorate. **-inne** electress.
kurgjest visitor (to a health resort); patient.
kuriositet curiosity; *for -ens skyld* for the sake of c.; *jeg nevnte det for -ens skyld* I referred to it as a matter of c.; *som en* ~ as a curiosity; *om ikke annet skulle dette i hvert fall ha -ens interesse* this may be of (some) interest as a c. at least.
kuriosum curiosity; *(ting, også)* curio.
kurmakeri love-making.
kurre *(vb)* coo. **kurring** cooing.
I. kurs *(kursus)* course; *ta et* ~ attend (*el.* follow) a c.; *ta et* ~ *i* take a c. of, take (*el.* attend) classes in; *et* ~ *bygd opp etter ovennevnte retningslinjer (også)* a course structured on the principles set out above; *det burde lages et spesielt språk-* a separate language course ought to be drawn (*el.* built) up (*el.* ought to be constructed); *(se etterutdanningskurs; forberedelseskurs; grunnkurs; innføringskurs; orienteringskurs; overgangskurs; videreutdanningskurs).*
II. kurs 1. course; *(flyv)* heading; **2***(merk)* exchange rate, rate (of exchange); *pundkursen* the rate of the pound; *(se pundkursen); fortsette sin* ~ keep one's course; keep on; *skipet har* ~ *rett vestover* the ship is bearing due west; *sette -en hjemover* make for home; head for home; set one's course for home (*fx* the pigeons set their course for home); *sette -en mot* make for, shape (a) course for; set one's c. toward (*fx* he set his c. toward the ridge); *alle sammen satte -en mot baren* they all headed for the bar; *de satte -en østover* they headed eastward; *regjeringen slo inn på en ny* ~ the Government adopted a new policy (*el.* took a new line); *stikke ut en* ~ plot a course; *stå høyt i* ~ be in great demand; *(fig)* be regarded highly; *han sto høyt i* ~ *hos sin sjef* his boss thought very highly of him; *beskjedenhet står vanligvis ikke høyt i* ~ *nå for tiden* modesty is not usually regarded highly nowadays; people generally attach little value to modesty nowadays; *disse verdipapirene står høyt i* ~ these securities are in great demand; *stå lavt i* ~ be at a discount; *til dagens* ~ at today's (*el.* at the current) rate (of exchange); *til en* ~ *av* at the rate of; *(jvf II. styre & vei).*
III. kurs *(elekt)* circuit; *lys-* lighting c.; *teknisk* ~ power c.
kursal kursaal, pump room.
kursavgift fee for a (,the) course; *kvittering for betalt* ~ *medbringes* please bring receipt showing fee for course has been paid; please bring the receipt for the course; *(se avgift).*
kurs|beregning calculation of exchange. **-deltager** student (at a course), participant (in a course). **-differanse** difference in the rate of exchange (*el.* in the e. rate). **-endring** change of course. **-fall** fall in rates; fall in prices and rates. **-forandring** change of course. **-forskjell** *(valuta)* difference in exchange; *(verdipapirer)* difference in price.
kursiv italics. **-skrift** italics.
kursleder 1. course supervisor; **2***(løsere bruk: en som leder og/eller organiserer et kurs)* organizer of the (,a) course.

k

kursliste exchange list.
kursnotering exchange quotation.
kursorisk cursory; for general reading *(fx* a book f. g. r.).
kurssted location of a course; *-et skal være ...(ofte)* the venue for the course will be ....
kurs|svingning fluctuation of exchange. **-tap** loss of exchange.
kursted health resort.
kursus *se I. kurs.*
kurtasje *(meglerlønn)* brokerage.
kurtisane courtesan.
kurtise flirtation.
kurti|sere *(vb)* flirt with. **-sør** flirt.
kuruke cowpat.
kurv basket; *(stor)* hamper; *(flat papp- el. sponkurv for bær el. frukt)* punnet *(fx* a punnet of strawberries); *hun ga ham -en (fig)* she refused him; she turned him down; *være eneste hane i -en* be the master of the harem; **T** be the only man at a hen party; *(føre det store ord)* be (the) cock of the walk.
kurv|arbeid basketwork, basketry. **-ball** *(sport)* basketball. **-blomstret** *(bot)* composite.
kurve *(subst)* **1.** curve, bend; **2***(grafisk)* curve, graph; *temperatur-* temperature chart; **3***(på kart)* contour line; *(se kote); en skarp* ~ a sharp curve in the road; *veien slynger seg steilt oppover i krappe -r* the road winds upwards in a series of tight bends *(el.* curves); *når man kjører fort i -ne* when cornering fast; *han kjørte for fort i -n* he came round the corner too fast; *(se uoversiktlig).*
kurvestabilitet stability in curves, cornering stability.
kurveveksel *(jernb)* curved points; **US** curved switches.
kurv|flaske wicker bottle; *(svært stor)* demijohn. **-fletning** wickerwork; basketwork, basketry. **-maker** basket maker. **-stol** wicker chair.
kusine cousin.
kusk coachman, driver. **-ebukk** driver's seat.
kusma *(med.)* mumps.
kustus: *holde* ~ *på* keep under control, curb, check.
kut *(løp)* run; *ta -en* cut and run.
kutråkk cow track, cattle track.
I. kutte *(subst)* (monk's) cowl.
II. kutte *(vb)* cut *(av* off); ~ *ut* (ɔ: *sløyfe)* cut out, leave out, omit; *(bekjentskap)* drop *(fx* they have dropped him (altogether)).
kutter *(mar)* **1.** cutter; **2***(fiske-)* motor fishing vessel.
kutyme usage, custom; *det er* ~ *at* it is customary that.
kuvende *vb (mar)* veer, wear.
kuvending **1***(mar)* veering, wearing; **2***(fig)* about turn; about-face, U-turn *(fx* execute a U-turn); *(stivt)* volte-face.
kuvert cover, place; *50p pr.* ~ 50p per head. **-pris** covercharge.
Kuwait *(geogr)* Kuwait.
kuwaiter Kuwaiti.
kuwaitisk Kuwaiti.
kuvøse *(med.)* incubator.
kuøye *(mar)* porthole.
kvabb fine sand.
kvad *(subst)* lay, song.
kvaderstein *(subst)* ashlar.
kvadrant *(subst)* quadrant.
kvadrat square; *to fot i* ~ two feet square. **-fot** square foot. **-innhold** square content; *(areal)* area. **-isk** quadratic, square.
kvadratrot square root; *trekke ut -en av* extract the square root of.
kvadr|atur *(geom & astr)* quadrature. **-ere** *(vb)* square. **-ilje** quadrille.
kvae *(subst)* resin.
kvakk|salver quack. **-salveri** quackery.
I. kval agony, anguish, torment.
II. kval *(zool): se hval.*
kvalfull agonizing, painful.
kvalifikasjon qualification; *(se forutsetning).*
kvalifikasjonskandidat *(omfatter til dels assistentlege)* junior registrar; **US** j. resident; *(se assistentlege).*
kvalifiser|e *(vb)* qualify; *et brukket ben -te til sykepermisjon* a broken leg rated sick leave.
kvalifisert qualified; *høyt -e gifte kvinner* highly qualified married women.
kvalitativ qualitative.
kvalitet quality; *dårlig* ~ poor *(el.* inferior) q.; *av utsøkt* ~ first-class, choice; *dette stoffet er av langt bedre* ~ this material is far better *(el.* superior) in q.; this m. is of a much better q.; *(se III. like; I. skaffe; tilnærmelsesvis).*
kvalitets|arbeid workmanship of high quality, high quality w. **-feil** defect (as regards quality); ~ *i materialer* defects and deterioration in materials. **-forringelse** deterioration, reduction in quality.
kvalitets|stempel *(på gull- og sølvvarer, også fig)* hallmark; *fullstendig gale oversettelser gjentas fra ordbok til ordbok og erverver seg således et slags* ~ entirely false translations are repeated from dictionary to dictionary and thus acquire a kind of authenticity. **-stål** high-grade steel. **-valg** *(biol)* natural selection.
I. kvalm *subst (støy)* row; *lage* ~ **T** kick up a row; ~ *i gata* street brawl; *(se for øvrig bråk & II. lage:* ~ *bråk).*
II. kvalm *(adj)* **1** close, oppressive, stuffy; **2** sick.
kvalme *(subst)* nausea, sickness; *hodepine med* ~ a sick headache; *(se hodepine).*
kvalmende nauseating.
kvante *(fys)* quantum.
kvanti|tativ quantitative. **-tet** quantity.
kvantum quantity; *losset* ~ outturn. **-srabatt** *(merk)* quantity discount.
kvart quarter; *(jvf hekto).*
kvartal **1.** quarter (of a year); **2.** district, row; **US** (city) block, block of houses.
kvartals|avregning quarterly statement; *(oppgjør)* quarterly settlement. **-beretning** q. report. **-vis** quarterly.
kvartark quarto sheet.
kvartback *(rugby)* quarterback.
kvartbind quarto volume.
kvarte *vb* (**T** = *stjele*) **T** hook, pinch, snitch; nab; **S** whip, swipe.
kvarter **1.** quarter, district, area, part of the town; **2***(om tiden)* quarter (of an hour); **3***(oppholdssted)* quarters; *klokka er et* ~ *over elleve* it's a quarter past eleven; *et* ~ *på tolv* a quarter to twelve; *gå i* ~ take up quarters.
kvartermester *mil (mar):* ~ *I* chief petty officer *(fk* CPO); **US** chief petty officer *(fk* CPO); petty officer first class; ~ *II,* ~ *III* petty officer *(fk* PO); **US** petty officer second class; *(se flaggkvartermester).*
kvartermesteraspirant *mil (mar)* acting petty officer; *(se konstabel 2).*
kvarterslag quarter-stroke; *slå* ~ *(pl)* strike the quarters.
kvartfinale *(fotb)* quarter final(s).
kvartett *(mus)* quartet.
kvartformat quarto.
kvarts quartz; *pulverisert* ~ potter's flint. **-åre** vein of quartz.
kvas: *kvist og* ~ brushwood, faggots.
kvass sharp, keen.

kvast tassel, tuft; *(pudder-)* powder puff; *(bot)* cyme.
kve *(subst)* pen; fold; *(se krøtterkve; sauekve).*
kvede *(frukt)* quince.
kvee *vb (sette i kve)* fold.
kveg cattle.
kveg|avl cattle breeding, cattle rearing; (live)stock breeding, stock farming, rearing of stock; *(især* **US***) stock-raising.* **-bestand** stock of cattle; *(et lands)* cattle population. **-drift** herd of cattle, drove of cattle. **-driver** *(driftekar)* drover.
kveg|handel trade in cattle. **-oppdrett:** *se -avl.* **-oppdretter** stock breeder; cattle breeder. **-pest** cattle plague.
kveike *(vb): se tenne.*
kveil *(subst)* coil (of rope); *(enkelt)* fake.
kveile *(vb)* coil (up).
kveise *se kvise.*
kveite *(fisk)* halibut.
kveke *bot (ugress)* couch grass.
kveker quaker.
kvekk *(om frosk)* croak; *han ga ikke et ~ fra seg* he did not utter a sound; *jeg forstår ikke et ~* **T** I'm quite at sea.
kvekke *(vb)* croak.
kveld evening; *(se aften); fra morgen til ~* from morning till night; *fra tidlig om morgenen til sent på -en* from early in the morning till late at night; *i ~* this evening, tonight; *om -en* in the e.; *ta -en* knock off (work) *(fx* we knocked off at half-past five); *la oss ta -en* **T** let's pack up *(el.* shut up shop); let's call it a day; *det er på tide å ta -en* it's time to stop (,**T**: pack up) work; it's time to knock off.
kvelde *vb (om personer)* knock off (work at nightfall).
kvelding twilight, dusk; *i -en* at dusk.
kveldskurs evening course *(el.*classes); *på ~* at evening classes; at night school.
kvelds|mat supper. **-møte** *(parl)* night sitting. **-runde** evening rounds. **-stell** evening work; **T** e. chores. **-undervisning** evening classes; teaching in the evening. **-vakt** late duty.
kvele *(vb)* strangle; *(ved noe i luftrøret)* choke; *(volde åndedrettsvansker)* choke, suffocate, smother; *(en motor)* stall; *~ en gjesp* stifle a yawn; *(fig)* quell; stifle, smother; *jeg holder på å bli kvalt* I'm nearly choking; *~ i fødselen* nip in the bud; *~ et opprør i fødselen* scotch a mutiny.
kvelerslange *(zool)* boa constrictor.
kvelning strangling, suffocation, choking.
kvelningsanfall choking fit.
kvelstoff *(kjem)* nitrogen. **-holdig** nitrogenous.
kvelv *(båt-): se hvelv.*
kven person of Finnish stock.
kveppe *(vb)* give a start; *det kvapp i ham* he gave a start.
kverk throat; *ta -en på (ɔ: utmatte)* finish *(fx* that long climb nearly finished me); *(drepe)* **S** put paid to.
I. kverke *vet (hestesykdom)* strangles.
II. kverke *vb (kvele)* throttle; *(drepe)* kill; **S** do *(fx* sby) in.
kvern mill; *gjennom -a (fig)* through the wringer. **-bekk** millstream. **-kall** water wheel. **-renne** millrace.
kverulant quarrelsome *(el.* cantankerous) person.
kversill *vet (hestesykdom)* strangles.
kvese *(vb): se hvese.*
kvesse *(vb)* whet, sharpen.
kveste *(vb)* hurt, injure.
kvestelse bruise, contusion.
kvestor bursar.
kvestur bursary, bursar's office.
kvidder chirp(ing), twitter.
kvidre *(vb)* chirp, twitter.
kvie *(vb): ~ seg for å* be reluctant to, shrink from *(fx* one rather shrinks from doing anything of the sort).
kvige *(zool)* heifer. **-kalv** cowcalf.
kvik|k *(oppvakt)* alert, bright, clever, smart; *(livlig)* lively; *han er et -t hode* he's bright; he's a bright chap; **S** there are no flies on him; he's quick in *(el.* on) the uptake.
kvikke *(vb): ~ opp* cheer up, enliven, act as a tonic (on sby); **T** buck up *(fx* a drink will b. you up); *som -r opp* stimulating, tonic.
kvikk|sand quicksand. **-sølv** mercury, quicksilver. **-sølvtermometer** mercury thermometer.
kvin *sehvin.*
kvinne woman *(pl:* women).
kvinneaktig effeminate.
kvinneaktighet effeminacy.
kvinne|forening women's club. **-hater** woman hater, misogynist. **-hånd:** *her trengs det en ~* a woman's touch is needed here. **-ideal** ideal of a woman. **-jeger** woman hunter. **-kjønn** female sex, womankind. **-klinikk** maternity hospital. **-klær** female dress, woman's clothes. **-lege** gynaecologist.
kvinnelig feminine; womanlike; womanly *(fx* w. virtues); *(av kvinnekjønn)* female, woman *(fx* female labour; a woman dentist); *det evig -e* the eternal feminine.
kvinnelighet womanliness, femininity.
kvinne|list female cunning, woman's wiles. **-menneske** *(ringeaktende)* woman. **-saken** feminism; women's lib(eration); *kvinnesak er samfunnssak (kan gjengis)* women's liberation is social liberation. **-sakskvinne** feminist. **-skikkelse** female figure; woman character *(fx* in a book). **-sykdom** women's disease. **-vis:** *på ~* after the manner of women, in true female fashion.
kvinnfolk woman; *(pl)* womenfolk.
kvinnfolkaktig *(om mann)* womanish.
kvint **1***(mus)* fifth; *(fiolinstreng)* soprano string, chanterelle; **2***(i fekting)* quinte.
kvintessens quintessence.
kvintett *(mus)* quintet.
kvise *(subst)* spot, pimple, acne pimple.
I. kvist *(gren)* twig, sprig; *(i trevirke)* knot.
II. kvist *(i et hus)* attic, garret.
kviste *(vb)* lop off (the twigs).
kvistet twiggy; knotty.
kvisteved brushwood, branchwood.
kvist|fri *(bord, etc)* knotless, free from knots. **-hull** knot-hole. **-kammer** (room in the) attic; *(især neds)* garret. **-leilighet** attic flat.
kvitre *se kvidre.*
kvitt: *bli~ noe* get rid of sth; *nå er vi ~* now we are quits; *spille ~ eller dobbelt* play double or quits.
kvitte *(vb): ~ seg med* get rid of, dispose of; *du burde ~ deg med den uvanen* you should get out of that bad habit; *(se lagerbeholdning).*
kvitter chirping.
kvittere *(vb)* receipt *(fx* a bill); *~ for mottagelsen av noe* sign for sth; *~ med forbehold* give a qualified signature.
kvittering receipt; *(post)* certificate of posting *(fx* a c. of p. is given for a registered packet); *~ følger vedlagt* receipt is enclosed herewith; *mot ~* against r.; **US** in return for r.; *(se II. følge 2; kursavgift).*
kvitteringsblankett receipt form; *den mottatte ~ sendes tilbake i utfylt stand* the receipt received is to be completed *(el.* filled in) and returned.
kvitteringstalong receipt portion *(fx* the r. p. of the form).
kvote quota.

k

kvotient quotient; *intelligens-* intelligence quotient *(fk* IQ).
kvotientrekke geometric(al) progression.
kykeliky *(int)* cock-a-doodle-doo.
kyklop Cyclops *(pl:* Cyclopes).
kyklopisk Cyclopean.
kyle *(vb)* fling, toss (with violence).
kylling *(zool)* chicken; *(mat)* chicken *(fx* roast c.); *(liten)* spring chicken; poussin; *(stor)* broiler. **-bur** chicken coop. **-høne** mother hen. **-mor** mother hen.
kyndig skilled, competent; *(sak-)* expert, competent; *språk-* proficient in languages; *under ~ veiledning* under expert guidance.
kyndighet knowledge; skill, proficiency.
kyn|iker cynic. **-isk** cynical. **-isme** cynicism.
kypriot Cypriot.
kypriotisk Cypriot.
Kypros Cyprus.
kyprosvin Cyprus wine.
kyrasér cuirassier.
kyrass cuirass, breastplate.
kyse *(subst)* bonnet.
kysk chaste. **-het** chastity; *(fig)* chasteness.
kyss *(subst)* kiss; **S** hit or miss.
kysse *(vb)* kiss; *~ på fingeren til en* blow sby a kiss.
kyst coast, shore; *langs -en* along the coast, coastwise; *utenfor -en* off the coast; *krigsskipet krysset opp og ned utenfor -en* the warship cruised up and down off the coast; *seile til fjerne -er* sail to distant shores.
kystbatteri *(mil)* coastal defence battery.
kyst|beboer inhabitant of the coast. **-by** coastal town, seaside town; **US** seaboard town. **-båt** coastal steamer, coasting vessel, coaster. **-fart** coasting trade; coastal navigation; coastwise trade. **-farvann** inshore waters. **-fartøy** coasting vessel. **-fiske** inshore fishing *(el.* fisheries), coast fisheries. **-fisker** inshore fisherman. **-fyr** coast light. **-linje** coastline; shoreline. **-strekning** stretch of coast. **-stripe** coast(al) strip. **-vakt** coastguard.
kyt bragging, boasting.
kyte *(vb)* brag, boast.
I. kø *(biljard)* cue.
II. kø queue; *stille seg i ~* queue up; get in line; **US** get on line; *stå i ~* stand in a q., wait in line; **US** wait on line.
København Copenhagen. **k-er** Copenhagener.
kølle club, cudgel; *(politi-)* baton.
Köln Cologne.
I. køy(e) berth; *(hengekøye)* hammock.
II. køye *vb (gå til køys)* go to bed; **T** hit the hay.
køye|klær bedding. **-plass** berth. **-seng** bunk (bed); *-er (pl)* (a pair of) bunks; *(se etasjeseng).*
kål cabbage; *gjøre ~ på* make hay of, make short work of; **S** bump *(fx* sby) off; *(mat)* polish off *(fx* the food); *koke bort i -en* come to nothing; **T** fizzle out; peter out.
kål|blad cabbage leaf. **-hode** (head of) cabbage. **-mark** caterpillar. **-rabi** Swedish *(el.* yellow) turnip, swede; *(især* **US***) rutabaga; (NB kohlrabi = knutekål).* **-rabistappe** mashed swedes. **-rot:** *se -rabi.* **-rulett** stuffed cabbage leaf.
kåpe coat; *(fig)* cloak; *dekke med kjærlighetens ~* cover with the cloak of charity.
I. kår circumstances *(pl); han sitter i dårlige ~* he is badly off, he is in poor *(el.* bad *el.* straitened *el.* reduced) circumstances; *han sitter i gode~* he is well off; he is in easy *(el.* comfortable) circumstances.
II. kår [accommodation and support provided by the new owner of landed property for its former owner, esp. by a son for his father].
kårde sword, rapier. **-støt** sword thrust.
kåre *(vb)* choose, elect; select.
kår|mann [retired farmer living on his own farm]; *(jvf II. kår).* **-stue** [cottage in which the retired farmer lives]; *(jvf II. kår).*
kås|eri causerie. **-ør** causeur.
kåt 1. wanton, wild; **2.** wanton; *(vulg)* randy; *(om mann, også)* horny; **US** horny. **-het** wantonness; *(villskap)* wildness. **-munnet** flippant. **-munnethet** flippancy.

L

L, l L, l; *L for Ludvig* L for Lucy; *mørk l* dark l *(mots.* clear l).
l *(fk. f liter)* litre; **US** liter.
I. la *vt & vi* **1***(tillate)* let *(fx* he would not let me go; let me know what happened; don't let the fire go out; let us go now, shall we?); allow to *(fx* will you allow me to go now?); permit to *(fx* we have permitted our defences to be neglected); *~ en få noe* give sby sth, let sby have sth *(fx* let him have your seat); *~ en gjøre noe* let sby do sth; *~ dem bare gjøre det!* let them! *~ meg se* let me see *(fx* let me see, where did I put them?); *~* oss gjøre det nå let's do it now; *ikke ~ oss spise middag enda* let's not have dinner yet; **2***(få gjort, bevirke)* have *(fx han lot huset rive* he had the house pulled down); cause to *(fx* we caused the roof to be mended); *(tvinge)* make *(fx* he made them pay a tribute to him); *forfatteren -r helten dø* the author makes *(el.* lets) the hero die; **3***(etterlate)* leave *(fx* this theory leaves many things unexplained); *han lot det ligge der* he left it there; *han lot døra stå åpen* he left the door open; *~ bli igjen* leave behind; *det -r meget tilbake å ønske* it leaves much to be desired; **4***(overlate)* leave; *~ meg om det* (ɔ: *overlat det til meg)* leave that to me; **5:** *se late; ~det* **bli** *(el. være) med det* leave it at that; *~* **falle** *(også fig)* drop, let fall *(fx* drop one's knife; drop a hint; let fall a remark); *~ noe* **fare** abandon sth, give up sth, let sth go; *jeg lot ham* **forstå** *at* ... I gave him to understand that; I intimated to him that; *man lot meg forstå at* I was given to understand that; *jeg har latt meg* **fortelle** *at* I have been told that; I have been given to understand that; *~* **gå!** all right! let it pass! *(mar)* let go! cast off! *nå ja, ~ gå med det* (ɔ: *la oss ikke diskutere det nærmere)* well, let it go at that; *~ det gå som best det kan* let things slide *(el.* take their own course); *~ det (,ham, etc) gå ustraffet*

let it (,him, *etc)* go unpunished;~ *gå at han er dyktig* granting that he is efficient; ~ **hente** send for *(fx* the doctor); *han lot det* **skinne** *igjennom at* he intimated that ...; ~ *døra* **stå** *(åpen)* leave the door open; ~ *en* **vente** keep sby waiting; ~ *ham* **vite** let him know; ~ **være** *(avholde seg fra)* refrain from *(fx* doing sth); *men jeg lot være* but I refrained; *han lot være å skrive (,sove, etc) (også)* he did not write (,sleep, *etc);* ~ *det heller være* better not! I shouldn't do that; ~ *være!* don't! stop it! stop that! **T** cut it! drop it! chuck it! come off it! *de kunne ikke* ~ *være* they could not help it *(el.* themselves); *jeg kan ikke* ~ *være å tro at* ...I cannot help thinking that ...; ~ *en (,noe) være i fred* leave sby (,sth) alone; *det -r seg* **forklare** it can be explained *(el.* accounted for); *det -r seg* **gjøre** it can be done; *det -r seg ikke gjøre* it cannot *(el.* can't) be done; it is impossible; *så godt det -r seg gjøre* as well as in any way possible; ~ *seg* **høre** make oneself heard; *det -r seg høre!* now you're talking! that's something like! ~ *seg* **merke** *med at* show that ..., show signs of (-ing); **T** let on that *(fx* don't let on that you are annoyed); ~ *seg* **narre** let oneself be fooled; *det -r seg ikke* **nekte** *at* there is no denying (the fact) that; it cannot be denied that; ~ *seg* **nøye** *med* be satisfied with; ~ *seg* **operere** undergo *(el.* have) an operation; ~ *seg* **overtale** let oneself be persuaded; allow oneself to be persuaded *(fx* to do sth *el.* into doing sth); *han lot seg overtale til å (også)* he was persuaded to ...; ~ *seg* **se** show oneself, **T** put in an appearance; ~ *seg* **trøste** be comforted, take comfort.

II. la *(vb): se lade.*

laban (young) rascal, scamp; *(jvf slamp).*

labank batten, crosspiece.

labb **1***(zool)* paw; **2 T** *(= hånd)* hand; *betale kontant på -en* pay cash down; *gi ~! (til hund)* give me a paw! *suge på -en* go on short commons, tighten one's belt; **3***(tekn)* lug.

labbe *(vb)* pad, trudge; lumber *(fx* he came lumbering in); ~ *av sted (også)* lump along.

labbelensk double Dutch, gibberish, gobbledygook; double-talk.

laber *(om vind):* ~ *bris* moderate breeze.

labil labile, unstable.

labilitet instability.

laborant laboratory assistant; *(også* **US***)* laboratory technician; *første* senior laboratory assistant; ~ *II* laboratory assistant; *(NB* 'junior technician' is a training grade).

laboratorieassistent laboratory assistant; scientific assistant; *(NB* the' laboratory attendant' is a lower grade concerned with menial cleaning tasks, mainly the washing of glassware, *etc).*

laboratorium laboratory; **T** lab.

labyrint labyrinth; *(som hageanlegg)* maze; *(fig)* labyrinth, maze. **-isk** labyrinthine.

ladd knitted oversock.

lade *vb (om våpen)* load; *(batteri)* charge; ~ *opp et batteri* recharge a battery.

ladegrep cock *(fx* of a gun, a pistol); *ta* ~ go through the loading motions; *ta ~!* load!

ladejarl *(hist)* earl of Lade.

lademester *(jernb)* running maintenance assistant.

ladestokk ramrod.

ladning **1.** *(vogn-)* load; *(skips-)* cargo; **2***(elekt)* charge.

laft cog joint, cogging joint; cogged joint; *(lag stokker i vegg)* log course.

lafte *(vb)* make a cogging joint; build with logs; ~ *sammen* join, notch *(fx* logs); *(se maskinlafte).*

laftehus log house.

lag layer, stratum; *(av maling, etc)* coat, coating; *(samfunns-)* class, social stratum, stratum of society; *(selskap)* company, party; *(fotball-, etc)* team, side *(fx* they have a strong s.); *(mil)* section; **US** squad; *(arbeids-)* gang; working party; *(båt-)* crew; *(forening)* association; *(i kryssfinér, bildekk, etc)* ply *(fx* a six-ply tyre); *de brede* ~ the masses, the common people, the lower classes; *de høyere* ~ the upper classes; *prisene er i høyeste (,laveste) -et* the prices are rather on the high (,low) side; the prices are rather high (,low); *i seneste (,tidligste) -et* rather *(el.* pretty) late (,early); *i lystig* ~ in merry company; *eie noe i* ~ own sth jointly; *i* ~ *med* in the company of; *gi seg i* ~ *med* tackle *(fx* I don't want to t. him; t. a project); start on *(fx* the new work); set about *(fx* sth *el.* doing sth); *gi sitt ord med i -et* say one's piece, put in one's oar; **US** put in one's two cents' worth; *det glatte* ~ *(mar)* a broadside; *gi ham det glatte* ~ *(fig)* give him a broadside; let him have it; *ha (godt)* ~ *med barn* have a way with children; *ha et ord med i -et* have a say *(el.* voice) in the matter; *han er kommet i* ~ *med noen spillere* he has fallen in with *(el.* got mixed up with) a gambling set; *gjerne ville komme i* ~ *med en* want to get to know sby; *om (el. på el. ved)* ~ almost; about, approximately; *han er om* ~ *så gammel som du* he is about your age; *skille* ~ separate, part company; *slå (seg i)* ~ *med* join; *stå ved* ~ stand *(fx* our agreement still stands; the Court order stood); remain in force; *(se også I. lage & lags).*

lag|deling stratification. **-delt** stratified; *(med tynne lag)* laminated. **-dommer** *(-mann)* presiding judge; **-dømme** judicial district.

I.lage *(subst): i* ~ in order; *bringe (el. få) i* ~ set right; **T** put *(el.* set) to rights; *komme ut av* ~ get out of order; *ute av* ~ out of order; *(om person)* in a bad mood; *verden er ute av* ~ the world is out of joint.

II. lage *(vb)* make; *(ofte)* do *(fx* he did a bust of Churchill); *(fabrikere)* make, manufacture; *(mat)* cook, prepare *(fx* food for sby); ~ *bråk* kick up *(el.* make) a row, kick up a shindy; **US** make a racket; ~ *mål* score a goal; ~ *røre* create *(el. cause el.* make) a stir; ~ *en scene* make a scene; **US** *(også)* kick up a fuss; ~ *skill i håret* part one's hair, make a parting; ~ *en kake* make a cake; *jeg -r min egen mat* I do my own cooking; *det burde -s et spesielt språkkurs* a separate language course ought to be drawn up *(el.* built up *el.* constructed); *-t* **av** made of *(fx* it is m. of steel, wood, *etc);* made *(el.* manufactured) from *(fx* steel is made from iron; cigarettes made from choice tobacco); ~ *noe* **på** *bestilling* make sth to order; *-t på bestilling* made to order; **US** custom-made; ~ **til** prepare. ~ **seg** *(ordne seg)* come right, be all right *(fx* that'll be all right); turn out all right; adjust itself *(fx* all this will a. itself in due course).

I. lager **1.** store *(el.* storage) room, storehouse; *(pakkhus)* warehouse; **2***(beholdning)* stock; **3** *(tekn)* bearing; **4***(lagerøl): se II. lager; ha et stort*~ be well stocked *(fx* we are well stocked in dark colours), have a large stock on hand, carry a large stock; *holde et* ~ keep a stock on hand, carry a large stock; *(se ndf: ha på ~); et* ~ *på 50 tonn* a stock of 50 tons; *ta inn et* ~ *av* stock, put in a stock of; **fra** ~ ex warehouse, ex store, from stock; *levere fra* ~ deliver from stock; supply from s.; *disse kan leveres fra* ~ these can be supplied from s.; *selge direkte fra* ~ execute orders from stock; **på** ~ in stock; **US** on stock; *ha på* ~ have in stock, keep in s., stock; **US** have on stock *(el.* hand); *da vi ikke har varene på* ~ owing to the goods not being in stock; *dette var de siste vi hadde på* ~ these were the last of our stock; .. *som vi for øyeblikket ikke har på* ~ which are at present out of stock; *på* ~ *i to størrelser* stocked in two sizes; *ikke på* ~ out of stock; *(se lagerforsyning; utsolgt; velassortert).*

II. lager *(øl)* lager (beer); beer brewed by bottom fermentation.

lager|arbeider warehouseman, storesman. **-avgift** warehouse charges, storage (charges). **-beholdning** stock (of goods); stocks; *(bokf)* trading stock; stock-in-trade; (NB *på eng. også fig, fx* that charm is part of his s.-in-t.); *han har kvittet seg med hele -en* he has disposed of his entire stock. **-betjent** *(jernb)* storesman, stores clerk. **-bygning** storehouse; *(pakkhus)* warehouse. **-ekspeditør** forwarding clerk. **-formann** *(jernb)* stores foreman. **-forsyning** stock; *så snart vi har fått inn nye -er* as soon as further stock comes to hand. **-fortegnelse** stock list. **-frakk** overall coat. **-kjøp** buying for stock; *(større)* stockpiling; *foreta* ~ stockpile. **-leie** warehouse rent. **-mester** *(jernb)* stores superintendent. **-parti** stock lot. **-personale** warehouse staff. **-plass** storage space. **-sjef** warehouse manager *(el.* keeper), storekeeper. **-vare** stock line *(fx* an ordinary s. l.); *-r* stock goods. **-øl** lager (beer), beer brewed by bottom fermentation.

lagesild *(høstsik)* vendace; *(i løst språkbruk, også)* powan; lake herring.

lag|kake layer cake. **-kamerat** *(sport)* team-mate. **-kaptein** *(sport)* (team) captain. **-leder 1.** team leader; **2**(*mil)* section leader; **US** squad l. **-mann** presiding judge. **-mannsrett** [court sitting with a jury]; **1**(*i straffesaker)* crown court; *(i London)* Central Criminal Court; **T** the old Bailey; **2**(*i sivile saker)* high court.

lagnad destiny, fate. **-stung** fateful, fatal.

lagre *(vb)* **1.** store; *(midlertidig)* warehouse; **2**(*for å forbedre kvaliteten)* season, mature *(fx* matured wines; seasoned timber; seasoned *(el.* ripe) cheese).

lagrett jury; *-ens kjennelse* the verdict (of the jury); *den ærede* ~ (the) gentlemen of the jury.

lagrettemann juror, juryman; *være* ~ *(også)* serve on the jury.

lagring 1. storage; warehousing; **2.** seasoning, maturing; *(se lagre).*

lagringskjøp *(i stor målestokk)* stockpiling.

lags: *gjøre en til* ~ please sby, satisfy sby; *det er vanskelig å gjøre alle til* ~ it's hard to please everybody.

lagsarbeid = committee work *(fx* c. w. takes up a lot of his time); *han er aktiv og positiv både i skole- og* ~ he is keen and active in both school and out-of-school activities.

lagting [smaller division of the Norwegian Storting].

lagune lagoon.

lagvis 1. inlayers, stratified; **2.** by teams, team against team; *(se lag).*

I. lake pickle; *(salt-, også)* brine; *legge i* ~ pickle.

II. lake *(fisk)* burbot, eelpout.

lakei footman; *(også neds)* flunkey, lackey.

laken sheet. **-lerret** (linen) sheeting. **-pose** sheet sleeping bag. **-staut** (muslin) sheeting.

lakk 1(*segl-)* sealing wax; *en stang* ~ a stick of sealing wax; **2**(*klar, for treverk)* sealer; *gulv-* floor sealer; **3**(*klar og blank)* lacquer; (clear) varnish; *båt-* boat varnish; *hår-* hair lacquer; *japan- (sort, blank lakk for tre el. emalje)* japan; black lacquer; *negle-* nail varnish; **4**(*bil-)* (car) enamel; **T** paint; spraying paint; **5**(*lakkert flate)* paintwork; *god* ~ good paintwork; *-en er matt* the (sealed) finish is dull; *bilen begynner å bli stygg i -en* the car is beginning to need respraying; *(se lakkere).*

I. lakke *vb (forsegle)* seal.

II. lakke *(vb): det -r mot kveld* night *(el.* dusk) is falling; evening is drawing near; *det -r mot slutten* the end is drawing near.

lakker|e *vb (sprøyte-)* spray *(fx* a car); *(om-)* re-spray; *(med pensel)* brush paint *(fx* one's car); *(kunstgjenstander, etc)* lacquer; *(med japanlakk)* japan *(fx* lacquer *(el.* japan) a tea tray); *(med klarlakk)* seal; treat with a sealer *(fx* treat the walls with a sealer); *(med møbellakk)* varnish; *(ofte også)* finish *(fx* f. the box in bright red); *få bilen sin -t om* have one's car resprayed; *rødlakkert* sprayed red; painted red; ~ *gulvet* seal the floor; treat the floor with a sealer.

lakkerings|arbeid spraywork; **T** paint job. **-verksted** spraying shop.

lakk|farge enamel (paint); lacquer, japan; varnish. **-ferniss:** *se -farge.* **-segl** (wax) seal. **-sko** patent-leather shoe. **-stang** stick of sealing wax.

lakmus *(kjem)* litmus. **-papir** litmus paper.

lakonisk laconic.

lakris liquorice; **US** licorice. **-stang** l. stick.

laks *(fisk)* salmon; *ung* ~ grilse; *(i sitt annet år)* smolt; *røke-* smoked s.; *en glad* ~ *(fig)* a live wire; a bright spark.

lakse|art species of salmon. **-elv** s. river. **-farget** salmon(-coloured), s.-pink. **-flue** s. fly. **-garn** s. net; *(bunngarn)* s. trap, trapnet. **-oppgang** salmon run.

laksere *(vb)* loosen the bowels, purge.

laksering purging.

laksermiddel laxative; *(sterkt)* cathartic.

lakserolje castor oil.

lakse|trapp salmon ladder *(el.* leap). **-yngel** s. fry; *(mindre)* alevin.

lakune lacuna; *fylle en* ~ fill *(el.* bridge *el.* stop) a gap, fill a void.

lalle *(tale usammenhengende)* ramble; drivel.

I. lam *subst (zool)* lamb.

II. lam *(adj)* paralysed; **US** paralyzed; *en* ~ a paralytic; *han er* ~ *i venstre arm* his left arm is paralysed.

lama 1(*zool)* llama; **2**(*prest)* lama.

lamell *(elekt)* lamella *(pl:* -e); *(kløtsj-)* disc, disk.

lamellkopling multiple-disc clutch.

lamhet paralysis.

I. lamme *(vb)* paralyse; **US** paralyze; *-t av skrekk* paralysed with fear.

II. lamme *vb (få lam)* lamb, bring forth lambs.

lammekjøtt 1(*jvf fårekjøtt)* lamb (meat); **2. S** (nice) little piece (of goods); *(neds)* bit of fluff; *(se for øvrig kjei).*

lammelse paralysis.

lammestek roast lamb; **US** lamb roast.

lammeull lamb's wool.

lampe lamp; *(pære)*bulb; *(radio)* valve; **US** (radio) tube.

lampe|feber stage fright. **-fot** lampstand. **-glass** lamp glass. **-kuppel** lamp globe. **-lys** lamplight. **-punkt** light point; *(se overledning).* **-skjerm** lamp shade. **-stett:** *se -fot.*

lampett bracket lamp, sconce.

lampe|veke, -veike lamp wick.

lamprett *(zool)* lamprey.

lamslå *(vb)* paralyse; **US** paralyze; *(også fig)* stun, stupefy; *være -tt (av forbauselse)* be dumbfounded, be stupefied; *(av redsel)* be paralysed with fear, be stupefied.

land *(rike; landet mots. byen)* country; *(poet & fig)* land *(fx* the Land of the Midnight Sun); *(mots. hav)* land; *(kyst)* shore; *by og* ~ town and country ; **fra** ~ from shore; *(mar)* off the land; **langt** *fra ~ (mar)* far out; *legge fra* ~ put away from the shore; **i**~ ashore; on shore; *~ i sikte! (mar)* land ho! *få ~ i sikte* make *(el.* sight) (the) land; *ha ~ i sikte* be within sight of land; *bringe i ~* bring ashore; *drive i ~* be washed ashore; *gå i ~* go ashore; land; *sette i ~* put ashore; land; *her i -et, (her) i vårt ~* in this country; *stå inn mot ~* sail in to land; *by* **inne** *i -et* inland town; *lenger inne i -et* further inland; **over** *hele -et* all over *(el.* throughout) the country; **på** ~ on land; *bo på -et* live in the country; *dra på -et* go into the country; *på sjø og ~* on land and at sea; by land and sea; *gå på ~* run ashore, ground; *sette på ~ (skip)* beach; *skipet står høyt på ~* the ship is high and dry; **under** *~ (kysten)* (close) inshore; *reise* **ut** *av -et* leave the country; **ute** *på -et* in the country, in the countryside; *her ute på -et* out here in the country.

landauer landau.

landavståelse cession of territory.

landbefolkning rural population.

landbruk agriculture; *(se jordbruk).*

landbruksdepartement ministry of agriculture; **UK** Ministry of Agriculture, Fisheries and Food; **US** Department of Agriculture.

landbruks|forhold agricultural matters. **-høyskole** agricultural college; *(jvf -skole (ndf)).* **-kandidat** graduate in agriculture.

landbruksminister minister of agriculture; **UK** Minister of Agriculture, Fisheries and Food; **US** Secretary of Agriculture.

landbruksprodukt agricultural product; *-er* a. products, a. *(el.* farm) produce.

landbruksskole agricultural school; *(i Engl. ofte)* farm institute; *(jvf landbrukshøyskole).*

landdag *(polit)* diet.

lande *(vb)* land, come down *(fx* the plane came down on the sea), touch down *(fx* the plane touched down), put down *(fx* on the runway).

landefred the King's peace.

landegrense frontier; *(mots. sjøgrense)* land frontier.

landeiendom landed property; *eier av ~* landed proprietor.

landemerke landmark.

lande|plage scourge *(fx* this tune is a positive s.); (public) nuisance, pest *(fx* the rabbits are a regular p. here). **-sorg** national mourning.

landevei highway; *den slagne ~ (fig)* the beaten track; *ta -en fatt* set out on fot.

landeveisrøver highwayman.

landfast connected with the mainland; *~ is* land ice; *Norge er ~ med Sverige* Norway and Sweden are geographically joined.

landflyktig exiled, in exile.

landflyktighet exile; *jage i ~* exile.

landgang 1. landing; raid, descent; *gjøre ~* effect a landing; **2.** gangway; **US** *(også)* gangplank. **-sbru** gangway.

land|handel general store *(el.* shop). **-handler** village shopkeeper.

landing *(flyv)* landing; *(landingsøyeblikk)* touchdown; *få klarsignal for ~ (flyv)* be cleared for let-down.

landingsavgift *(flyv)* landing charge; *(se avgift).*

landingsplass landing place; *(flyv)* landing ground.

landingsøyeblikk touchdown.

land|jorda: *på ~* on (dry) land. **-kart** map. **-kjenning** *(mar)* landfall; *få ~* make a l. **-kommune** administrative county; **-krabbe** *(zool)* land crab; *(om person)* landlubber.

landlig rural, rustic.

land|liv country *(el.* rural) life. **-lov** shore leave; *(kort)* liberty. **-lovsdag** liberty day. **-luft** country air. **-not** shore seine. **-måler** (land) surveyor. **-måling** surveying. **-område** area, tract of land; territory. **-postbud** rural postman; **US** rural carrier. **-reise** overland journey.

landsby village. **-boer** villager, village-dweller.

landsbygda the countryside; *på ~* in the country; *så å si på ~* (almost) in the breath of the country *(fx* cities were still so small that even the town-dweller lived almost in the b. of the c.); *flukten fra ~* the flight from the land; the rural exodus; *tilbake til ~!* back to the land!

landsdel part of the country.

landsens of the country, rural, provincial; *jeg er et ~ menneske* I'm a countryman born and bred.

landsetning landing, disembarkation.

landsette *(vb)* land, disembark; *(et skip)* run ashore, beach.

lands|faderlig paternal. **-forræder** traitor. **-forræderi** treason. **-forræder(i)sk** treasonable. **-forvise** *(vb)* exile, banish.

lands|kamp international match; national final; *(i cricket mellom England og Australia)* Test Match.

landskap landscape; scenery.

landskaps|bilde landscape. **-maler** landscape painter.

landskilpadde *(zool)* tortoise; *(se skilpadde).*

landskjent nationally known, of nation-wide fame.

land|skyld land rent. **-skyss** overland conveyance.

lands|lag national team; *det engelske -et* the All -England team; *det norske-et* the All-Norway team; *han kom på det engelske -et* he was capped for England; *(om hockeyspiller)* he won his hockey cap. **-lagsspiller** All-England (,All-Norway, *etc)* player; international.

lands|mann countryman, compatriot. **-manninne** countrywoman. **-mål** New-Norwegian. **-omfattende** nation-wide.

landsorganisasjon national organization; *Landsorganisasjonen i Norge (fk LO)* the Norwegian Federation of Trade Unions; **UK** the Trades Union Congress *(fk* TUC); **US** the Congress of Industrial Organizations *(fk* CIO); *leder i Landsorganisasjonen i Norge (fk LO-leder)* General Secretary of the Norwegian Federation of Trade Unions; **UK** General Secretary of the Trades Union Congress; TUC General Secretary.

landsted country house *(el.* cottage); *et lite ~* a little place in the country; *et stort ~ med tilliggende herligheter* a large country place with all the amenities *(el.* with the accompanying amenities); *(jvf I. hytte).*

landstryker tramp, vagabond; **US** *(også)* hobo.

landsulykke national calamity.

landsøl US near beer.

land|tunge isthmus, neck of land, tongue of land. **-tur** outing in the country *(fx* go for *(el.* on) an o. in the c.); *(med niste)* picnic *(fx* go on a p., go picnicking); *folk på ~* picnickers; *(se I. tur).*

landvern militia; territorial force. **-smann** militiaman; territorial.

landverts *(adv)* overland, by land.

landvinning land reclamation; *(erobring)* conquest.

lang *(adj)* long; *(høy)* tall *(fx* a t. man); *(langvarig)* long; *(langtrukken)* lengthy; *temmelig ~* longish; *i ~ tid* for a long time; *i så ~ tid* for such a long time, for so long a time; *i lengre tid* for some considerable time; *ikke i noen lengre tid* not for any length of time; *i det -e løp* in the long run; *et lengre (ɔ: ganske langt) brev* quite a long letter; *-t støt (i fløyte)* prolonged blast; *tiden faller ham ~* time hangs heavy on his hands; *han ble ~ i ansiktet* his face fell; *(se ansikt); falle så ~ man er* measure one's length (on the ground), fall full length; fall flat on the ground (,on the floor); **T** come a cropper; *(se også langt & I. sikt).*

lang|aktig elongated, longish. **-bent** long-legged.

langdrag: *trekke i ~ (vt)* spin out *(fx* an affair), drag out *(fx* a speech); *(vi)* drag on *(fx* the war dragged on); *den måte hvorpå våre forhandlinger trekker i ~* the protracted nature of our negotiations; the way in which our n. are dragging on.

langdryg long (and slow); long-lasting; protracted; *en ~ jobb* a long and slow process (*el.* affair); *en slitsom og ~ affære* **T** a long haul *(fx* it was a long haul to build up our business again).

I. lange *(fisk)* ling.

II. lange *(vb)* hand, pass; *~ seg etter ballen (fotb)* dive for the ball; *~ seg etter ballen og redde* make a flying catch; *~ i seg* put away *(fx* a lot of food); polish off *(fx* he polished off an apple), devour; *han -r innpå (el. i seg)* **T** he eats like a horse; *~ til en* fetch sby a blow; *~ ut* step out (briskly), stride along at a good steady pace.

langeleik *(mus)* Norwegian zither.

langemann middle finger.

langfart *(mar)* long voyage; *gå i ~* be engaged in overseas trade.

lang|finger middle finger. **-fingret** long-fingered; *(fig)* light-fingered.

langfredag Good Friday.

langgrun|n: *det er -t her* the bottom slopes very gradually here.

langhalset long-necked.

langkikkert telescope.

langkost 1. scrubbing brush with a long handle; **2.** broom; *(gatefeiers, etc)* besom.

langlivet 1. long-waisted; **2***(som lever lenge)* long -lived.

langmodig forbearing, long-suffering.

langmodighet forbearance, long-suffering.

langpanne *(i stekeovn)* roasting tin.

langperm *(mil)* extended leave.

langrenn 1. cross-country skiing; **2***(konkurranse)* cross-country (skiing) race; *han løper ~ for Norge* he represents Norway in cross-country skiing.

langrennski *(pl)* racing skis; *(se ski).*

langs along; *~ med* along; *~ siden av* alongside; *på ~* lengthwise, longitudinally.

langside long side; *(sport)* straight; *borte (,hitre) ~* back (,home) s.; *siste ~ (oppløpsside)* finishing straight; *på første ~* on the first straight; *på -ne* on the straights.

langsiktig: *~ kreditt* long-term credit; *~ politikk* long-range policy; *~ veksel* long(-dated) bill.

langsiktsveksel long(-dated) bill.

langsint relentless, implacable; *hun var aldri ~* she never nursed any resentment for long.

langskips fore-and-aft; *(langs siden)* alongside.

langsom slow.

langsomhet slowness.

langstekt *(brasert)* braised; *~ kalveschnitzel* braised veal schnitzel.

langstrakt long (and narrow), extended.

langstøvler *(pl)* rubber boots.

langsynt far-sighted, long-sighted; *(fig)* far-seeing.

langt *adv* **1.** far; *det er ~ til X* it is a long way to X; *er det ~ til ...?* is it far to ...? *da de ikke hadde ~ igjen (å gå, kjøre, etc) til X* when they were only a short distance away from X; when they were approaching X; when it wasn't far to X; when they hadn't much farther to walk to get to X; *jeg har nå kommet så ~ at jeg kan klare å stenografere 70 ord i minuttet* I have now reached the stage of being able to do 70 words of shorthand a minute; **2***(foran komparativ el. superlativ)* by far, much; *~* **bedre** far better, much better; *denne er ~ bedre* this one is better by far; *~* **den beste** *kvaliteten* the better quality by far, by far the best q.; *~* **mindre** far less; *(for ikke å snakke om)* let alone, not to mention, to say nothing of; *~* **den største** by far the largest; *~ den største delen* by far the greatest part; *~* **verre** far worse; **3***(med etterfølgende adv el. prep): ~* **bort,** *~ borte* far away, far off; *~ borte fra* from afar, from far away; *~* **etter** far behind; *~* **foran** far ahead *(fx* he is f. a. of his competitors); *~* **fra** far from; *han er ~ fra noen helt* he is far from being a hero; *det være ~ fra meg å ville klandre ham* far be it from me to blame him; *~ fra hverandre* far apart; *det er ~* **fram** we have still some considerable way to go; *(fig)* much remains to be done; *se ~ fram i tiden* look far into the future, look far ahead, take a long view; *~ fremme* well (*el.* far) advanced; *det er ikke ~* **igjen** *til jul* Christmas is not far off; *det er ~* **mellom** *ordrene* orders are few and far between; *~* **om** *lenge* at long last, at length, eventually; *~* **over** *(,under)* far above (,below); *han leste til ~* **på** *natt* he went on reading far into the night; **4***(forbindelser med vb)* **ha** *~ hjem* have a long way home; *vi har ~ å gå* we have a long way to walk; *vi har ~ til toget* we live a long way from the nearest station; *vi* **kommer** *ikke ~ med 10 kasser* ten cases will not go very far (*el.* will not last (us) very long); *det kommer vi ikke ~ med* that won't get us very far; *(se strekke: ~ seg så langt man kan).*

langtekkelig dull, tedious, irksome.

langtidsplan long-term project.

langtidsprogram longe-range programme.

langtidsvarsel long-range weather forecast.

langtrekkende far-reaching; *(om våpen)* long-range.

langtrukken lengthy, long-drawn(-out), long-winded.

langtur long journey, long tour (,tramp, walk, *etc) (fx* he went for a long tramp in the woods); *(med bil)* long run *(fx* go on a l. r.); *(se I. tur).*

langtømmer long-wood; *(se tømmer).*

langust *(zool)* rock lobster, spiny lobster, sea crayfish; *(se hummer).*

lang|varig long, protracted, long-lasting; *en ~ prosess* a long and slow process. **-veis:** *~ fra* from far away. **-viser** minute hand.

lanke *(barnespråk)* handy-pandy.

lanker *(person fra Sri Lanka)* Sri Lankian.

lanse lance; *bryte en ~ for* stand up for.

lansere *(vb)* launch *(fx* a new plan).

lansett *(med.)* lancet.

lanterne lantern.

Laos *(geogr)* Laos.

laot Laotian.

laotisk Laotian.

lapidarstil lapidary style.

lapis lunar caustic.

I. lapp *(tøy)* patch; *(papir)* scrap (of paper); *elevene kastet -er til hverandre* the pupils threw notes at each other; *rød ~ (på frontglasset for feil parkering)* **T** *(også* **US)** parking ticket; **US** *(også)* traffic ticket; *(jvf fuskelapp).*

II. lapp Laplander, Lapp.

lappe *(vb)* patch, mend; *~ på det verste (fig)* patch the worst bits (together); paper over the cracks.

lappekast *(ski)* kick-turn *(fx* do a k.-t.).
lappesaker *pl (for sykkel)* repair outfit.
lappeskomaker cobbler.
lappeteppe patchwork quilt.
lappisk Lapp, Lappish.
Lappland Lapland. **-sk** Lapland, Lappish.
lappverk patchwork; *et grotesk ~ av uforenlige elementer* a grotesque p. of incompatible elements.
laps fop, dandy; **US** *(også)* dude.
lapset foppish, dandified; **US** *(også)* dudish.
lapskaus stew, hot pot; *brun ~* gravy stew; (ↄ: *ikke av fugl, hare etc)* brown stew; *saltkjøtt-* salt beef stew.
lapskauskjøtt stewing meat *(el.* steak).
lapsus slip *(fx* of the tongue, of the pen); *(det å huske feil)* lapse of memory.
larm noise, din; *(se støy).*
larme *(vb)* make a noise *(el.* din).
larmende noisy.
larve *(zool)* caterpillar, grub, larva, maggot.
lasarett *(mil)* field hospital.
lasaron tramp; **US** *(også)* bum.
lasket flabby; obese.
lass load; *falle av -et (fig)* be unable to keep up *(fx* when you speak too fast, I can't keep up); *trekke -et* do all the hard work; bear the brunt; *de trekker ikke sin del av -et (fig)* they don't pull their weight; they don't do their share; *liten tue velter stort ~* little strokes fell great oaks.
lassevis *(adv)* by the load.
lasso lasso, lariat; *fange med ~* lasso.
I. last *(vanesynd)* vice; *en -ens hule* a cesspool of iniquity; *-enes sum er konstant* the sum of vices is constant.
II. last *(bør)* burden; *(ladning)* cargo; *(lasterom)* hold; *(trelast)* timber; **US** lumber; *høvlet ~* planed wood *(el.* goods); *rund ~ (forst)* round timber; *saget ~* sawn wood *(el.* goods); *brekke -en (mar)* break bulk; *legge en noe til ~* blame sby for sth; *stue -en* stow the cargo; *(se I. lik: partiet seiler med ~ i lasten).*
I. laste *(vb)* load; take in (,**US:** on) cargo; *skipet -r (*ↄ*: rommer) 800 tonn* the ship carries 800 tons; *dypt -t* deeply *(el.* heavily) loaded *(el.* laden); *-t med kull* with a cargo of coal; *så snart varene har blitt -t om bord* as soon as the goods have been loaded in the ship.
II. laste *vb (klandre)* blame, censure.
lasteavgift loading dues.
lastebil lorry; *(faglig, også* **US**) truck; *hjelpemann på ~* driver's mate; *-er fulle av politifolk* truckloads of police.
laste|båt cargo boat. **-dyr** beast of burden. **-evne** carrying capacity.
lastefull dissolute, depraved. **-het** depravity.
laste|klar ready to load. **-kran** derrick crane. **-manifest** *(mar)* manifest; list of goods (in a shipment). **-plan 1.** (truck) body; **T** *(også)* the back of a lorry; *~ med lemmer* dropside body; *~ uten lemmer* platform body; **2***(mar)* stowage plan. **-pram** lighter. **-rom** *(mar)* hold.
lasting *(tøy)* lasting.
lastokk ramrod.
lastverdig reprehensible, blameworthy.
lastverk: *hastverk er ~* more haste, less speed.
lasur glaze, glazing.
lat lazy, indolent.
I. late *(vi)* seem, appear; *(gi seg utseende av)* pretend, affect; *det -r til det* so it seems; *~ som ingenting* behave as if nothing had happened; *(ikke bli forbløffet)* not turn a hair; *(se uskyldig ut)* look innocent; *jeg lot som om jeg sov* I pretended to be asleep; *la oss ~ som om vi er* ... let's pretend we are ...; **T** let's play pretending we are; *~ som om man gjør motstand* make a show of resistance; *det -r til at* it looks as though; it would seem that; *~ til å* appear to, seem to; *han lot til å være meget interessert* he seemed very interested.
II. late *(vt): se la; ~ sitt liv* lay down one's life; *~ vannet* make water, urinate; **T** pump ship.
III. late *(vb): ~ seg: se dovne seg.*
latens latency.
latent latent.
lathet laziness, indolence.
latin Latin. **-er** *(nasjon)* Latin; *(studium)* Latin scholar, Latinist.
Latin-Amerika Latin America.
latinamerikansk Latin American.
latinlinje *hist (ved skole)* classical side.
latinsk Latin; *-e bokstaver* Roman letters; *(typ)* Roman type.
latinskole *(hist; kan gjengis)* grammar school.
latmannsbør [lazy man's burden].
latmannsliv idle life; **US** *(også)* life of Riley.
latrine latrine; **T** loo.
latside: *ligge på -n* be idle, do nothing.
latskap laziness, indolence.
latter laughter; *(enkelt latterutbrudd, måte å le på)* laugh *(fx* we had a good l.; he has a nasty l.); *(fnisende)* giggle; *en god ~ forlenger livet (svarer omtrent til)* laugh, and the world laughs with you; *briste i ~* burst out laughing; *han brøt ut i en hånlig ~* he burst into a laugh of derision; *få seg en god ~* have a good laugh; *gjøre en til ~* make sby look a fool; hold sby up to ridicule; **T** take the mickey out of sby; *gjøre seg til ~* expose oneself to ridicule, make oneself look ridiculous, make a fool of oneself; *han satte i en skrallende ~* he burst into a loud laugh; he went off into a fit of laughter; *rå ~* dirty laugh; *(se også le; vekke).*
latterdør: *han slo -a opp* **T** he burst into a loud laugh.
latterhjørne: *være i -t* be in a laughing mood.
latterkrampe convulsive laughter.
latterlig ridiculous, ludicrous. **-gjøre** *(vb)* ridicule, hold up to ridicule; **T** take the mickey out of. **-het** ridiculousness.
latter|mild easily provoked to laughter, given to laughter, risible. **-mildhet** risibility. **-salve** burst of laughter. **-vekkende** laughable, ludicrous.
Latvia *(geogr)* Latvia.
latvi|er, -sk Latvian.
laud(abilis) = first class (in a university examination); *(se haud (illaudabilis); immaturus; innstilling 5; non (contemnendus)).*
laug *(subst)* craft union; *(hist)* guild.
lauk *se løk.*
laurbær bayberry; *(fig)* bays, laurels; *hvile på sine ~* rest on one's laurels; *vinne ~* win *(el.* gain) laurels.
laurbærkrans laurel wreath; *(se æresrunde).*
lausunge **T** illegitimate child; **S** by-blow.
lauv *se løv.*
I. lav *(bot)* lichen.
II. lav *(adj)* low; *(uedel)* low, mean; *-t regnet* put at a low figure; at a low estimate *(fx* the damage is £100, at a low estimate); *spille -t* play softly, play (quite) low.
lava lava.
lavadel gentry.
lavalder minimum age; *den kriminelle ~* the age of consent.
lavangrep *(mil)* low-flying attack.
lavastrøm lava flow.
lave *vb (henge i mengde)* dangle, hang down (in clusters).
lavendel lavender.

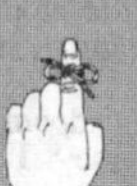

NYTTIGE UTTRYKK

le

Verb + preposisjon

They ***laughed at*** *him because he was so clumsy.*	De **lo av** ham fordi han var så klønete.
She ***laughed*** *the whole thing* ***off****.*	Hun so vekk hele saken.
He simply ***laughed in*** *my face.*	Han **lo** meg **rett opp** i ansiktet.

lavere *vb (mar)* tack, beat.
lavere|liggende lower, lower-lying. **-stående** inferior; lower *(fx* animals).
lavett (gun) carriage.
lavfrekvens low frequency.
lavine avalanche.
lavinehund mountain rescue dog.
lavkonjunktur (acute) depression, slump; *(jvf konjunktur).*
lavland lowland(s), low-lying country; *da vi kjørte nedover mot -et* as we were going down towards*(el.* to) the lowlands; on our way down towards the lowlands.
lav|loftet low-ceilinged. **-mælt** low-voiced; ~ *samtale* hushed conversation *(fx* they carried on a h.c.). **-mål** minimum; *nå et* ~ **T** reach an all-time low; *under -et* beneath contempt, too bad for words; unspeakable *(fx* those hotels are u.).
lav|pannet low-browed; *(fig)* stupid, dense. **-pullet** low-crowned. **-punkt** lowest point; *(fig)* nadir; low *(fx* these figures represent a new low). **-sinnet** low-minded, base.
lavslette lowland plain.
lavspent low-tension.
lavtliggende low-lying, low.
lavtrykk low pressure; *(meteorol)* low, depression, low-pressure area.
lavtrykksmaskin low-pressure engine.
lavtskummende: ~ *vaskepulver* low-suds (washing) powder.
lavtstående low, inferior.
lavvann low water; *(ebbe)* low tide, ebb; *neste* ~ next low tide; *(se I. fjære).*
lavvannsmerke low-water mark.
I. le *(subst)* shelter; *(mar)* leeward, lee; *en seiler i ~!* a sail to leeward! *ror i ~!* helm a-lee!
II. le *(vb)* laugh;~ *hjertelig* laugh heartily; ~ *høyt* laugh out loud; ~ *en rett opp i ansiktet* laugh in sby's face; ~ *av* laugh at; *bli -dd av* get laughed at; *han lo bittert* he laughed *(el.* gave) a bitter laugh; ~ *bort* laugh off *(fx* he laughed the matter off); *vi lo ham fra det* we laughed him out of it; *hun lo hele tiden (også)* she kept laughing while she spoke; ~ *til en (gjengis best med)* give sby a smile; *jeg må* ~ it makes me laugh; ~ *over hele ansiktet* grin broadly; *han lo så tårene trillet* he laughed until he cried; ~ *en ut* laugh sby to scorn; **US** laugh sby down; ~ *seg i hjel (el. fordervet)* split (one's sides) with laughter, die with laughter; ~ *i skjegget* laugh up one's sleeve; *det er ikke noe å* ~ *av* this is no laughing matter; *den som -r sist, -r best* he laughs best who laughs last; *(ofte)* he had the last laugh; *(se hjertelig; sted B: le på riktig ~).*
lealaus loose-jointed; *(om stol, etc)* rickety.
led *(grind)* gate; **US** *(også)* barway.
ledd joint; *(i kjede)* link; *(del av paragraf)* subsection; *(ætte-)* generation; remove; ... *forekommer som første* ~ *i et sammensatt ord* ... occurs as the first component of a compound; *av* ~ out of joint; dislocated; *jeg fikk armen ut av* ~ my arm was put out of joint; *sette i* ~ set *(fx* a dislocated limb), reset; *som et* ~ *i en allerede eksisterende forretningsforbindelse* in the course of an already existing connection.
leddannelse articulation.
leddbetennelse *(med.)* arthritis.
leddbånd *(anat)* ligament.
led|deling segmentation, articulation. **-delt** articulate(d).
leddgikt *(med.)* **1.** (articular) arthritis; **2.:** *revmatisk* ~ rheumatoid arthritis.
leddvann *anat (leddvæske)* synovia, synovial fluid; **T** joint oil.
leddyr*(zool)* articulate animal.
lede *vb (føre)* lead; *(veilede, styre)* guide; *(ved rør)* conduct; *(styre)* direct; *(fig)* lead, conduct, guide; ~ *forhandlingene* preside at *(el.* over) the meeting; ~ *bort (vann)* carry off; drain *(el.* draw) off; *X -r på Y med åtte poeng (sport)* X leads Y by eight points; ~ *samtalen hen på* turn the conversation on to; *(med en baktanke)* lead up to; *la seg* ~ *av* be governed *(el.* guided) by.
ledebånd leading-strings; *gå i ens* ~ be tied to sby's apron strings.
ledelse direction, management, guidance; *under* ~ *av* under the leadership *(el.* management) of; *overta -n av* take over the management of; take charge of; *ha den daglige* ~ be in charge of the day-to-day running; *ha -n (stå i spissen)* be at the head of affairs, be at the helm; **T** boss the show.
ledemotiv *(mus)* leitmotif.
ledende leading; *(fys)* conductive; ~ *grunnsetning* guiding principle; ~ *tanke* leading idea.
leder guide; *(fys)* conductor; *(i avis)* leader; **US** editorial.
lederplass *(spalte i avis)* editorial column.
lederskap leadership.
ledeskinne *(jernb)* check *(el.* guard) rail.
ledestjerne guiding star, lodestar.
lede|tone leading note *(el.* tone). **-tråd** clue, guiding principle.
ledig 1*(ubeskjeftiget)* idle, unoccupied; **2***(om stilling, bolig, etc)* vacant; **3***(om person, drosje)* disengaged, free; **4***(om tid)* spare, leisure; **5***(arbeids-)* unemployed, out of work; **6***(ikke i bruk)* idle *(fx* capital, tonnage); **7***(om klær)* loose, comfortable; *denne stolen er* ~ this chair is not taken; *er De ~? (til drosje)* are you free? are you engaged? *er du* ~ *i kveld?* are you free *(el.* doing anything) tonight? *løs og* ~ *(ugift)* single; ~ *stilling* vacancy, vacant post; *hvis du hører om noen* ~ *stilling, så vær så snill å la meg få vite det* **T** if you hear of any job going, please let me know; ~ *time* leisure hour, spare hour.

lediggang idleness; ~ *er roten til alt ondt* idleness is the root of all evil; an idle brain is the devil's workshop.
ledig|gjenger idler, loafer. **-het** *(arbeidsløshet)* unemployment . **-signal** *(tlf)* ringing tone; *(jvf summetone).*
ledning 1*(rør)* pipe; *(hoved-)* main *(fx* power main); line *(fx* telephone line); **2***(overføring)* transmission; *(fys)* conductor; *brudd på -en* (1) pipe burst, a burst pipe; *(se kraftledning).*
lednings|evne conductance, conductivity. **-mester** *(jernb; elektromester)* power supply engineer. **-nett** system of transmission lines; electric supply mains; overhead wires; *(i bil)* wiring. **-reparatør** *(jernb)* overhead traction lineman; *ekstra* ~ assistant o. t. l. **-tråd** conducting wire. **-vann** tap water. **-åk** *(jernb)* arched catenary support.
ledsage *(vb)* accompany; *forkjølelse -t av feber* a cold attended with fever.
ledsagelse accompaniment; attendance.
ledsager companion; escort; *(mus)* accompanist.
ledtog: *være i* ~ *med en* be in league with sby.
lee *(vb): ~på (røre på)* move (slightly), just move.
lefse [thin pancake of rolled dough, served buttered and folded]. **-klining** buttered and sugared *'lefse'*.
legal legal.
legali|sere *(vb)* legalize; authenticate. **-sasjon, -sering** legalization; authentication.
legasjon legation.
legasjonssekretær secretary of legation *(fx* first secretary of legation).
legat legacy, bequest.
legatar legatee.
legatskole foundation school; endowed school.
legatstifter legator; donor of a legacy.
legd *(glds): komme på* ~ come on the parish.
I. lege doctor, medical practitioner; *almenpraktiserende* ~ (general) practitioner *(fk.* G.P.); *gå til* ~ see *(el.* consult) a doctor *(fx* you ought to see a d. about your cough).
II. lege *(vb)* heal, cure; *-s* heal (up).
lege|attest medical certificate. **-behandling** medical treatment. **-besøk** doctor's call. **-bok** medical book. **-bulletin** medical bulletin *(el.* report). **-distrikt** medical district. **-drikk** potion. **-ektepar** husband-and-wife team of doctors; h. and w., both doctors. **-erklæring** medical *(el.* doctor's) certificate. **-hjelp** medical attention, medical treatment; medical help *(fx* no m. h. could be found for him); *søke* ~ consult a doctor. **-kunst** medicine. **-kyndig** with medical knowledge.
legeme body.
legemiddel remedy; *(medikament)* medicament, medicine.
legemlig bodily, corporal, physical; ~ *arbeid* manual *(el.* bodily) work.
legemlig|gjøre *(vb)* embody, incarnate. **-gjørelse** embodiment, incarnation.
legems|bygning build, physique, bodily constitution. **-del** part of the body. **-feil** bodily defect. **-fornærmelse** assault, (assault and) battery. **-stor** life-size(d). **-straff** corporal punishment. **-størrelse:** *et portrett i full* ~ a life-size portrait. **-øvelse** physical exercise.
legendarisk legendary; *en* ~ *skikkelse* a figure of legend.
legende legend.
I. legere *vb (testamentere)* bequeath.
II. legere *vb (kjem)* alloy.
legering *(kjem)* alloy.
lege|råd medical advice; *(konkret)* remedy. **-senter** health centre. **-standen** the medical profession. **-tilsyn** medical attention. **-undersøke** *(vb)* examine (medically). **-undersøkelse** medical examination; **T** m. check-up. **-urt** medicinal plant.
-vakt *(subst)* casualty clinic; casualty department; **US** *(også)* emergency ward. **-vitenskap** medical science, medicine. **-vitenskapelig** relating to medical science.
I. legg *(fold)* pleat; *(på klesplagg)* tuck.
II. legg *(anat)* calf; *(anker-)* shank.
III. legg *(det å legge håret): «bare* ~ *»* setting only; *«vask og* ~ *»* shampoo and set.
leggbeskytter *(cricket, fotball, etc)* pad.
legge *(vt & vi)* **1.** lay, put, place *(fx* a book on the table); deposit *(fx* one's luggage on the seat); **2***(henlegge m.h.t. tidspunkt)* put *(fx* the lectures at a later hour); time *(fx* one's visit so as to be sure of meeting him); **3***(=legge egg)* lay;
[*A: forb. med subst; B: med prep, adj & adv; C: med «seg»*]
A: ~ **barna** put the children to bed; ~ *et* **dekk** *(mar)* lay a deck;~ **egg** lay eggs; ~ *(sin)* **elsk** *på* take a fancy to; ~ **grunnen** *til* lay the foundation(s) of; ~ *et* **gulv** put down a floor; ~ *gulv i et værelse(også)* floor a room; ~ **hånd** *på* lay (violent) hands on; ~ *hånd på seg selv* attempt one's own life; ~ **håret** have one's hair done *(el.* set) *(fx* I want my hair shampooed and set); *«vask og legg»* (a) shampoo and set; *«bare legg»* setting only; ~ *en* **kabel** lay *(el.* run) a cable; ~ **merke** *til* notice, take notice of, observe; ~ *særlig merke til* take particular note *(el.* notice) of; *(jvf II. merke: ~ seg);* ~ *en* **ordene** *i munnen* put the words into sby's mouth; give sby his cue; *(også jur)* ask sby leading questions; ~ *en* **plan** make *(el.* lay) a plan; draw up a scheme; ~ *en noe på* **sinne** impress *(el.* urge) sth on sby; ~ **skill** *(i håret)* make a parting; part one's hair; ~ **vekt** *på* attach importance to, emphasize, emphasise, give weight to; *han har vært tilbøyelig til å ~ større vekt på ...* he has tended to give greater weight to ..; ~ **vinn** *på å* ... take special care to; apply oneself to (-ing);
B: ~ **an 1***(et våpen)* (take) aim; **2.** plan, organize, organise; *det må -s an på en fornuftig måte* it will have to be planned in a sensible way; it will have to be arranged sensibly; ~ *an på å* ...make a point of (-ing); aim at (-ing), make it one's aim to, make it a point to; *(gå inn for)* go in for; ~ *særlig an på å* ... make a special point of (-ing); make it one's particular aim to ...; ~ *an på å behage* try hard to please; ~ *an på en* (try to) flirt with sby; **T** make a pass *(el.* make passes) at sby; *hun la an på ham (også)* she was out to hook him; she made a dead set at him; *han la an på henne* he flirted with her; he courted her;
~ **av** *(legge til side)* put aside, put by; *(typ)* distribute; **T** dis; ~ *av satsen* distribute the (composed) type; *sats som skal -s av (typ)* dead matter; ~ *av noe til en* put sth by for sby; ~ *av seg* take off *(fx* take off one's rucksack); ~ *av (seg) en uvane* break oneself of a bad habit; drop a bad habit; get out of a bad habit; ~ *av sted* start off;
~ *noe* **bak** *seg* leave sth behind (one); ~ **bi** *(mar)* lay to, heave to; ~ **bort** put aside, put away; ~ **etter** *seg* leave behind; ~ **for** *dagen* display, manifest, show; *gutten la clairvoyante evner for dagen* the boy gave proof of clairvoyant power; ~ *for hat* begin to hate; ~ **fra** *(mar)* put off, set out; ~ *fra land* put away from the shore; ~ *noe fra seg* put sth down *(el.* away);
~ **fram** *noe* put out sth *(fx* will you put out a shirt for me?); display; *de brosjyrene som var lagt fram på bordet* the brochures displayed on the table; ~ *fram et forslag* put forward a proposal; ~ *fram en sak (ɔ: fremføre en sak)* state a case; ~ *saken fram for utvalget* put the matter before the committee;

L

~ **i** *bakken* get down (*fx* he got him down); ~ *i ovnen* lay the fire; *(tenne på)* light (*el.* start) the fire; start the stove; ~ *ansiktet i rolige folder* compose one's face; put one's face straight; ~ *i mørke (mørklegge)* darken, blackout; ~ *mye arbeid i noe* put in a great deal of work on sth; take great pains over sth; *det er lagt mye arbeid i den boka* a good deal of work has gone into the making of that book; ~ *(tøy) i bløt* put in soak; ~ *film i et apparat* load a camera; ~ *hendene i fanget (fig)* twiddle one's thumbs; let things take their course; ~ *en annen mening i det* put another interpretation on it; put another construction on it; put (*el.* read) sth else into it; ~ *for mye i det* put (*el.* read) too much into it; ~ *papir i en skuff* line a drawer with paper; ~ *penger i* spend money on (*fx* I don't want to spend so much (money) on an overcoat); ~ *i seg* put away (*fx* he put away a lot of cakes); ~ *i seng* put to bed; ~ *hele sin sjel i noe* throw the whole of one's soul into sth; ~ *i vei* set out, start off; ~ **igjen** leave behind; ~ *igjen beskjed* leave a message; ~ **inn** lay on (*fx* gas, electricity, water); install
(*fx* gas, electricity); ~ *inn lys i et hus* wire a house (for electricity), install electricity in a house; *vi har fått lagt inn elektrisk lys* we've had electricity laid on (*el.* installed); we've had electric light put in (*el.* installed); ~ *inn sentralvarme* install (*el.* put in) central heating; ~ *inn en billett* reply to an advertisement; ~ *inn en kjole* take in a dress; ~ *inn et godt ord for en* put in a word for sby; ~ *inn på sykehus* send to (a) hospital; *bli lagt inn på sykehus* be taken to hospital; *(se også under C);*

~ **ned** put down; lay down (*fx* arms); *(salte ned)* pickle; *(sylte)* preserve; *(hermetikk)* tin, can; **US** can; *(pakke ned fisk, etc)* pack; *(gjøre kjole, etc, lenger)* let down; ~ *ned arbeidet* stop work; *(streike)* strike work (*fx* the men have struck work); go out on strike; ~ *ned på flasker* bottle; ~ *masten ned (mar)* lower the mast;

~ **om** *(omlegge)* change, alter, reorganize, reorganise, rearrange; *administrasjonen ble forsterket og lagt om* the administration was reinforced and reorganised; ~ *om driften* reorganise (*el.* alter) production; ~ *om et hjul* change a tyre (,**US:** tire), change the tyre on a wheel; ~ *om kursen* alter one's (*el.* the) course; *få stemmen sin lagt om* learn voice production; ~ *om taktikken* change tactics; ~ *veien om* go round by; travel via; ~ *veien om Oslo* travel (*el.* go) via Oslo;

~ **opp** **1***(gjøre kortere)* shorten, take up (*fx* a skirt); **2.** lay up (*fx* lay up a ship; lay up reserves); **3***(spare)* save, put (*el.* lay) by (for a rainy day); provide against a rainy day; *(se også under C);* **4***(masker)* cast on (*fx* cast on 18 stitches); **5***(innstille driften, oppgi forretningen, etc)* close down, cease work, go out of business, give up business; **6***(stoff til eksamen)* offer (*fx* offer a play by Shakespeare); *de verker man har lagt opp* the books offered; the prepared books; *vi må ~ opp Hamlet* Hamlet is a prescribed text (*el.* a set book); **7***(mar): ~ roret opp* bear up the helm; **8***(planlegge)* plan; map out; ~ *opp en reiserute* map out an itinerary; ~ *opp en rute* plan a route;

~ **opp til 1.** prepare for (*fx* a strike); **2***(fotb)* send a ball to; ~ *opp til ham (fig)* play into his hands; *alt er lagt opp til ... (fig)* the scene (*el.* stage) is set for ...; *alt var lagt opp til en kamp mellom ...* the scene was laid for a struggle between ...;

~ *roret* **over** put the helm over; ~ *ansvaret over på* throw the responsibility on; *han la rattet hardt over til venstre* he turned the wheel hard over to the left;

~ **på** put on; *(maling, etc)* apply; *(forhøye prisen)* put up (*el.* raise) the price *(på noe* of sth); *er smøret lagt på?* has butter gone up? ~ *på £5* raise the price £5; put £5 on the price; ~ *på nye dekk* put on new tyres; ~ *på husleien* put up (*el.* raise) the rent; ~ *noe på hylla (ɔ: skrinlegge noe)* shelve, bury, abandon (*fx* a project); **T** give sth up; *han har lagt studiene på hylla* **T** he has given (*el.* thrown) up his studies; *høyden ble lagt på til 1,72 m (høydesprang)* the bar was raised for 1.72 m; ~ *noe på plass* put sth in place; *(tilbake igjen)* replace sth, put sth back; ~ *på prisene* put up (*el.* raise *el.* increase) prices; ~ *på prisene med 15%* raise prices by 15 per cent; ~ *på (røret) (tlf)* put down (*el.* replace) the receiver; hang up, ring off; **US** hang up; *ikke legg på!* hold the line, please! *han la på før jeg fikk snakket ut (tlf)* he hung up on me; ~ *en noe på sinne* impress sth on sby; *legg ham på sinneat ...* impress on him that ...; ~ *skatt på* put a tax on; **T** clamp a tax on; ~ *skjul på* make a secret of; ~ *på svøm* start swimming; ~ *vekt på: se A (ovf);* ~ *på ørene (om dyr)* put back its ears (*fx* the dog put back its ears); *en hest som -r på ørene* a horse that twitches its ears;

~ **på seg** put on weight, fill out; *-r babyen nok på seg?* is the baby putting enough weight on (*el.* putting on enough weight)?

~ **sammen** *(slå sammen)* fold (*fx* it folds with one easy movement); *(addere)* add up, sum up; cast (*fx* a column of figures); **T** tot up; ~ *sammen to og to* put two and two together;

~ **til** *(føye til)* add; go (*el.* come) alongside (the quay); dock; ~ *godviljen til* try (*el.* do) one's best; do the best one can; ~ *til grunn* use as a basis, use as a starting point; ~ *til grunn for* make the basis of (*fx* he made it the basis of his philosophy); *han har lagt disse forsøkene til grunn for en teori* he has based a theory on these experiments; ~ *en noe til last* blame sby for sth; ~ *til rette* arrange; adjust; order; ~ *til side* put aside, put on one side; *(spare)* put (*el.* lay) by; *(se ovf: ~ opp penger);*

~ **under** *seg* secure (*el.* gain) control of; *(erobre)* conquer; *(monopolisere)* monopolize; ~ **unna** *(el. til side)* put aside, put on one side; save (*fx* we must save some of the meat for tomorrow);

~ **ut** lay out (*fx* lay out food for the birds); *(gjøre videre)* let out (*fx* let out a dress); *(penger)* lay out; *(dosere; preke; neds)* hold forth; *han -r nå alltid ut i det vide og brede* he's always holding forth; *kan du ~ ut for meg til i morgen?* can you pay this sum for me till tomorrow? *jeg har lagt ut £20* I'm out of pocket by £20; *(jvf utlegg);* ~ *ut på* set out on, start out on (*fx* a journey); ~ **ved** *(i brev)* enclose; *(se vedlegge);* ~ **vekk** *noe* put sth away (*el.* aside); ~ *noe* **øde** lay sth waste;

C: ~ **seg 1.** lie down; *(gå til sengs)* go to bed; *(om en syk)* take to one's bed; *(om korn)* be lodged; **2***(spre seg som et lag)* settle (*fx* the soot settled all over the room); **3***(stilne av)* subside (*fx* the gale subsided); drop (*fx* the wind dropped); *(om sinne)* simmer down (*fx* his anger began to simmer down); *legg seg! (til hund)* down! *gå hjem og legg deg!* go on! get along with you! go and jump in the lake! *jeg går hjem og -r meg* I'm going home to bed; ~ *seg så lang man er* lie down full length;

~ **seg etter** go in for; apply oneself to (*fx* the study of philosophy); ~ **seg foran,** ~ *seg i spis-*

sen (i veddeløp) take the lead; ~ **seg imellom** *(megle)* intervene; *(blande seg i)* interfere, interpose; ~ **seg inn** *på et sykehus* go to *(el.* in) a hospital; ~ *seg inn på en* (ɔ: *utnytte en)* impose (up)on sby; *han har lagt* **seg opp** *penger* he has a little nest egg; he has put sth by for a rainy day; ~ **seg opp** *i* interfere *(el.* meddle) in; ~ **seg over** *mar (krenge)* heel (over); list; ~ **seg** *noe på sinne* bear sth in mind; make a mental note of sth; ~ **seg til** *briller* start wearing glasses; *han har lagt seg til hytte på fjellet* he has acquired *(el.* bought *el.* got himself) a cabin in the mountains; ~ *seg til skjegg* grow a beard; *han har lagt seg til en mengde unoter* he's got into a lot of bad habits; ~ *seg til vaner* form habits; ~ *seg til å dø* lie down and die; ~ *seg til å sove* **1.** settle down to sleep; compose oneself for sleep; **2***(falle i søvn)* go to sleep; ~ **seg ut** fill out, put on weight; run to fat; ~ *seg ut med en* quarrel *(el.* fall out) with sby; get into trouble with sby; **T** get in wrong with sby; *(se kant: komme på ~ med)*; ~ **seg ved** *(om mat i kjele)* catch (in the pan).

legge|brodd *(hos insekter)* ovipositor. **-høne** laying hen. **-tid** laying season; **T** *(på tide å legge seg)* bedtime. **-vann** *(for hår)* setting lotion.

leggmuskulatur lower-leg muscles, calf muscles.

legio legion, multitude.

legion legion. **legionær** legionary.

legitim legitimate, lawful.

legitimasjon legitimation. **-skort** identity card; **US** identification card.

legitimere *(vb)* legitimate; ~ *seg* establish *(el.* prove) one's identity; *kan De ~ Dem?* can you produce papers to prove your identity?

I. lei *(subst)* **1.:** *på lang ~* far and wide, from far off; **2***(seilløp)* channel, course, fairway; *den indre ~* the inshore channel.

II. lei *adj (ubehagelig)* awkward; *(vanskelig)* awkward, hard; *(slem)* wicked; *(bedrøvet)* sorry; *jeg er ~ for at ...* I am sorry that ...; *lut ~ det* sick and tired of it; fed up to the teeth with it; ~ *og kei av hele greia* **T** cheesed off, browned off; *hun ble aldri ~ av dem* she never tired of them; *bli ~ av det* get tired of it; *jeg har sett meg ~ på ham* he has got on my nerves; **T** he gets under my skin; **S** he gets my goat; *det var leit* that's too bad; *være ~ mot* be nasty to; *være ~ seg* feel sorry.

leide safe conduct. **-brev** letter of safe conduct.

leider *(mar)* ladder.

I. leie *(subst)* **1.** couch; **2***(geol)* layer, stratum; *(elve-)* bed; **3***(mus)* range *(fx* of a voice).

II. leie *(subst)* hire; *(hus-)* rent; *til ~* to let; **US** for rent; *betale i ~* pay in rent; *-n, kr. 500 pr. mnd., betales forskuddsvis for et kvartal om gangen* the rent, kr. 500 per month, is to be paid quarterly, in advance; *mot en ~ av* at a rent of.

III. leie *(vb)* hire; *(hus, jord)* rent; *huset er ikke mitt, jeg -r det* the house is not mine, I have rented it; ~ *bort* hire out; let, rent; *jeg -r hos dem* I have (taken) a room (,rooms) in their house; I lodge with them; ~ *seg inn hos* take a room (,rooms) with, get lodgings with; ~ *ut en bil* hire out a car, let a car out on hire; *-t arbeidshjelp* hired labour **(,US:** labor).

IV. leie *(vb)* lead (by the hand).

leie|avgift rent. **-bibliotek** lending library, circulating library. **-boer** lodger; tenant. **-forhold:** *oppsigelse av -et mellom X og Y* annulment of tenancy agreement between X and Y. **-gård** block of flats; **US** apartment house.

leiekontrakt tenancy agreement; *(for fast eiendom)* lease; *(for løsøre)* hire contract; *forlenge -en* prolong the period of tenancy, extend the tenancy.

leier 1. hirer; **2***(leieboer)* lodger; tenant.

leiesoldat mercenary.

leiesvenn hireling.

leietid (period of) tenancy; *(bygsel)* lease; *den i kontrakten fastsatte ~* the p. of t. fixed in the contract; *-ens utløp* the expiration of the tenancy; *-ens varighet er ett år fra leierens overtagelse av leiligheten* the p. of (the) t. is one year from the tenant's occupation of the flat (,house).

leie|tjener hired waiter; *(ved hotell)* hotel porter. **-tropper** *(pl)* mercenaries.

leik, leike: *se lek, leke.*

leilending tenant farmer.

I. leilighet *(beleilig tid el. øyeblikk)* opportunity, chance; *(anledning)* occasion; *benytte -en* take the opportunity; *gripe en ~* seize an opportunity; ~ *gjør tyv* opportunity makes the thief; *etter fattig ~* to the best of one's modest abilities; in a small way; *(se også anledning).*

II. leilighet *(bolig)* flat; **US** apartment; *(ungkars-, også)* rooms.

leilighets|arbeid *(tilfeldig arbeid)* odd jobs; *(det enkelte arbeid)* occasional job, casual job, odd job. **-arbeider** occasional worker, casual w., odd-job man. **-dikt** occasional poem. **-kjøp** chance bargain. **-skyss:** *han fikk ~ til Danmark* he had *(el.* got) the chance of a lift to Denmark. **-tilbud** special offer. **-tyv** casual thief, **T** walk-in thief. **-tyveri** casual theft.

leilighetsvis occasionally, on occasion.

leir camp; *ha et ben i hver ~* (try to) have a foot in both camps; *ligge i ~* camp; *slå ~* pitch (one's) camp.

leiravgift site charge; *(se avgift).*

leirbål camp fire; *(se bål).*

I. leire *(subst)* clay.

II. leire *(vb): ~ seg* camp, pitch (one's) camp.

leiret clayey.

leir|fat earthenware dish. **-grunn** clayey soil. **-gulv** dirt floor, earthen floor. **-holdig** containing clay, argilliferous. **-jord** clay *(el.* clayey) soil; *(kjem)* alumina. **-klint** mud-built *(fx* a m.-b. house). **-krukke** earthen jar, earthenware pot.

leirplass camping ground, camping site; *(mil)* barrack square, b. yard.

leirskole UK outdoor pursuits centre.

leirvarer *(pl)* earthenware, pottery.

I. leite *(omtrentlig tid)* approximate time; *ved dette ~* about this time.

II. leite *(vb): ~ på* tax *(fx* it taxed my strength); tell on *(fx* the strain told on him a good deal); *det -t på* **T** it took it out of me (,him, *etc).*

III. leite *(vb): se lete.*

leiv *(brød-)* chunk *(el.* hunk) of bread.

I. lek game, play; *det ble enden på -en* that was the end of it; *det gikk som en ~* it was child's play; it went swimmingly; *holde opp mens -en er god* stop while the going is good.

II. lek *(adj)* lay. **-bror** lay brother. **-dommer** *(i lagrett)* juror, juryman.

I. leke *(subst)* toy, plaything.

II. leke *(vb)* play *(med* with); ~ *med en pikes følelser* play fast and loose with a girl's feelings; ~ *med ilden* play with fire; ~ *med en tanke* toy with an idea; *-nde lett* child's play; **T** dead easy; *(se letthet).*

leke|alder: *barn i -en* children at the play stage. **-grind** playpen. **-kamerat** playfellow, playmate.

leken playful, frolicsome.

lekeplass playground.

leke|stue playroom. **-søster** playfellow.

leketøy toy. **-sbutikk** toyshop.

lekfolk the laity.

lekk *(subst)* leak; *(adj)* leaky; *springe* ~ spring a leak.
lekkasje leakage.
lekke *(vb)* leak; *(om fartøy også)* make water.
lekker delicious *(fx* cake); *(raffinert)* dainty *(fx* underwear). **-bisken** delicacy, titbit; **US** tidbit. **-munn** gourmet; *være en* ~ have a sweet tooth.
lekmann layman.
lekmanns|preken lay sermon. **-skjønn** lay opinion.
lekpredikant lay preacher.
I. lekse *(subst)* lesson; homework; **T** prep; *gi en en* ~ set sby a lesson, give sby homework (to do); *læreren har gitt oss mye i* ~ *i dag* the teacher has set *(el.* given) us (,**US:** assigned us) a lot of homework today; *kunne -n sin* know one's lesson; *lese på -ne* prepare one's lessons; do *(el.* prepare) one's homework; **T** do one's preps; *den gamle -n (fig)* the same old story.
II. lekse *(vb):* ~ *opp for en* give sby a good talking-to; lecture sby.
leksefri no homework *(fx* there is no h. the first day after the holidays).
leksehøring hearing pupils their homework, examining p. on their h., asking questions on pupils' h.; *det forutsettes at det vil bli lagt mindre vekt på* ~ *og karaktergiving* it is expected that less importance will be attached to examining pupils on their homework and giving marks.
lekselesing doing one's homework (,**T:** preps).
leksikalsk lexical.
leksik|ograf lexicographer. **-on 1.** dictionary; **2.** encyclopaedia; *han er et levende* ~ he is a storehouse of information.
leksing *(unglaks)* grilse.
leksjon *(subst)* lesson.
lekte *(subst)* lath.
lekter *(flatbunnet pram)* lighter, barge.
lekterskipper bargeman, bargee.
lektie *(rel)* lesson.
lektor 1[teacher of grammar-school streams, e.g. in a comprehensive school]; *(kan gjengis)* arts teacher; science teacher; secondary school teacher; *(jvf adjunkt);* **2**(*universitets-)* lecturer; **US** lecturer, instructor.
lektorat 1. teaching post at a secondary school; **2**(*universitets-)* lectureship.
lektoreksamen [final degree in humanities or science entitling successful candidate to degree of cand. philol. or cand. real. and qualifying for position as *'lektor'*]; *(svarer omtr. til)* M.A. degree; M.Sc. degree; *(jvf embetseksamen).*
lektorlag: *Norsk* ~ *(hist; kan gjengis)* Norwegian Association of Secondary School Teachers.
lektyre reading; *(se lesestoff; reiselektyre).*
lell *(adv)* **T** all the same; after all.
I. lem trapdoor; *(på lasteplan)* side; *(til å slå ned)* dropside; *bak-* tailboard, tailgate; *(til å slå ned)* downfold tailgate; *-mene kan slås ned under pålessing* the sides can be lowered for loading.
II. lem *(anat)* limb; *(se kjønnslem).*
lemen *(zool)* lemming.
lemfeldig lenient. **-het** lenience.
lemlest|e *(vb)* mutilate; maim, disable, cripple. **-else** mutilation; maiming.
I. lempe: *med* ~ gently; *med list og* ~ by hook or by crook.
II. lempe *(vb)* lift; *(en last)* trim *(fx* a cargo); ~ *kull* lift coal *(fx* into the furnace); ~ *seg etter* adapt *(el.* accommodate) oneself to; ~ *på* modify; ~ *på et forbud* relax a prohibition; *(se tillempe).*
lempelig *(adj)* gentle; *-e betingelser* easy terms.
lempelse modification; *(se tillemping).*
lemster stiff *(fx* in the legs) *(se støl).*
len *(hist)* fief; *(i Sverige og Finland)* county.
lende *(terreng)* ground; *i åpent* ~ in open country, in the open field(s).
I. lene *(subst)* rest; *arm-* arm rest; *rygg-* back rest.
II. lene *(vb)* lean; ~ *seg på* lean on; ~ *seg til* lean against.
lenestol armchair, easy chair.
lengde length; *(geogr)* longitude; *vestlig (,østlig)~* West (,East) longitude; *i -n (fig)* in the long run; *i sin fulle~* at full length.
lengde|grad degree of longitude. **-hopp** long jump; *(øvelse)* broad jump(ing); ~ *med tilløp* running broad jump. **-løpsskøyter** *(pl)* racing skates. **-mål** measure of length. **-retning** longitudinal direction; *i værelsets* ~ parallel to the length of the room *(fx* how many strips will be needed if the carpet is laid p. to the l. of the r.?). **-snitt** longitudinal section.
lenge *(adv)* long; *det varer* ~ *før han kommer* he is long in coming; *sitt ned så* ~ sit down while waiting; *adjø så* ~*!* so long! *han gjør det ikke* ~ he won't last long; *et stoff av denne kvalitet skal man lete* ~ *etter* a material of this quality will be hard to find; *for* ~ *siden* long ago; *jeg håper det blir* ~ *til* I hope it won't be for a long time yet; *det er* ~ *til guttene kommer igjen* it's a long time till the boys come back; *da han merket at han ikke hadde* ~ *igjen* when he felt he had not long to live; when he felt he was soon going to die; *så* ~ *du har vært!* what a (long) time you've been! *det er ikke* ~ *til jul* Christmas will soon be here, C. is not far off *(el.* away); *12 timer er* ~ *(også)* twelve hours is a good space of time; *det var ikke* ~ *til han kunne høste pærene* the time was not far off when he would be able to gather in the pears; it wouldn't be long before he could *(etc); (se også lete).*
lenger *(,lengre)* **1**(*adj: komp. av lang)* longer; *lengre forhandlinger* prolonged *(el.* protracted) negotiations; *(om avstand, også)* extended *(fx* start an e. tour of the US); *i lengre tid* for quite a long time, for a considerable period, for some length of time; *hvis han skulle bli i lengre tid* if he should stay for any length of time; *bli lengre* become *(el.* grow) longer, lengthen; *gjøre lengre* lengthen; **2**(*adv: komparativ av langt)* farther, further; ~ *borte* farther away; farther on, further on; ~ *nede* farther *(el.* lower) down *(fx* f. down the river; l. down on the page); *bussen går ikke* ~ *enn til X* the bus does not go further than *(el.* does not go beyond) X; *vi behøver ikke gå* ~ *enn til England* we need not go further than E.; **3**(*adv: komparativ av lenge)* longer; *bli* ~ stay longer; *ikke* ~ no longer, not any longer; no more *(fx* he is a schoolmaster no more); *det er ikke* ~ *siden enn igår at jeg så ham* I saw him only yesterday; *det er ikke* ~ *siden enn i går at han* ... only yesterday he ...
lenges *vb (bli lenger)* become longer, lengthen.
lengsel longing, yearning.
lengselsfull longing.
lengst 1(*adj: superlativ av lang)* longest; *(av to)* longer; *jeg har vært her den -e tiden* my stay is drawing to a close; *sette det -e benet foran* put one's best foot forward; *hvem brukte* ~ *tid på det?* who took the longest time over it? **2**(*adv: superlativ av langt)* farthest, furthest; ~ *borte* farthest off; ~ *nede i* at the very bottom of; **3**(*adv: superlativ av lenge)* for the longest time; *den av dem som lever* ~ the (last) survivor; *for* ~ a long time ago, long ago, long since; *vi er for* ~ *ferdige* we finished long ago; ~ *mulig* as long as possible.
lengt *se lengsel.*
lengte *(vb)* long *(etter* for); ~ *etter å* long to.

I. lenke *(subst)* chain; *(til bena, fotjern)* fetter; *legge i -r* put in irons, fetter; *ta -ne av* unchain.
II. lenke *(vb)* chain, fetter; *(sammenlenke)* link.
I. lens *(mar)* wind-astern course; running (before the wind); ~ *og kryss* beating and running; *jibbe på* ~ gybe on a run; *seile platt* ~ run *(el.* sail) with the wind dead aft.
II. lens *(tom)* empty; *(mar)* free (from water); ~ *for penger* **T** broke; *slå* ~ *(ɔ: urinere)* **T** pump ship, have a leak; *øse* ~ bale out *(fx* b. out a boat).
lensadel feudal nobility.
lensbesitter tenant-in-tail.
I. lense *subst (tømmer-)* timber boom.
II. lense *vb (tømme)* clear, empty, free; *(øse lens)* bale out.
III. lense *vb (mar)* run before the wind; *(i storm)* scud; ~ *for takkel og tau* run*(el.* scud) under bare poles.
lens|ed oath of fealty. **-herre** feudal overlord.
lensmann 1. *hist (vasall)* vassal; **2***(kan gjengis)* (police) sergeant; *(ved utpanting, etc)* sheriff.
lensmannsbetjent = country policeman.
lens|tid feudal age. **-vesen** feudalism.
leopard *(zool)* leopard.
lepe *(vb)* dip *(fx* the dress dips); come down on one side.
lepje *(vb)* lap; ~ *i seg* lap up *(fx* the cat lapped up the milk); *(se slurpe: ~ i seg).*
leppe lip; *bite seg i -n* bite one's l.; *ikke et ord kom over hans -r* not a word passed his lips; *det skal ikke komme over mine -r* my lips are sealed; *være på alles -r* be on everybody's lips.
leppe|blomstret *(bot)* labiate. **-lyd** *(fon)* labial. **-pomade** lip salve. **-stift** lipstick.
lerke 1*(zool)* lark; **2***(lomme-)* flask; *glad som en* ~ gay as a lark; happy as a sandboy.
lerketre *(bot)* larch tree.
lerret linen cloth; *(malers)* canvas; *det hvite* ~ the silver screen; *et langt* ~ *å bleke* an endless task.
les|e *(vb)*read; *han satt og -te* he sat reading, he was reading; *jeg satt nettopp og -te (også)* I was in the middle of reading; ~ *feil* make a mistake in reading; ~ *for en* read to sby; ~ *i en bok* read a book; *jeg kan* ~ *det i ansiktet ditt* I can read it in your face; ~ *opp av en bok* read from a book; ~ *til eksamen* read for one's examination; *det -es hardt nå* some hard work is going on now; ~ *ut* finish.
lesebok reader;~ *i engelsk, engelsk* ~ English reader.
lese|briller *(pl)* reading glasses. **-ferdighet** ability to read; reading proficiency; *oppøve -en både for morsmålets og fremmedspråkenes vedkommende* train in reading proficiency in both the mother tongue and foreign languages.
lesehest bookworm; *(som studerer flittig)* **T** swotter.
leseil *(mar)* studding-sail, stunsail.
lesekrets circle of readers.
leselekser *(pl)* reading *(el.* learning) homework.
leselig legible; *(leseverdig)* readable, worth reading.
lese|lyst love of reading. **-måte** manner of reading. **-plan** course of study; curriculum; *(se også pensum).* **-prøve** *(teater)* read-through.
leser reader. **-brev** letter to the editor, reader's letter. **-inne** reader.
lese|sal reading room. **-sirkel** reading circle. **-stoff** reading matter; *av* ~ *velger jeg helst faglitteratur og populærvitenskap, da særlig bøker om radio og romfart* my favourite r. m. is on technical subjects and popular science, particularly books on radio and space travel. **-stykker** *(pl)* selected passages. **-vaner** *(pl)* reading habits *(fx* the students are hampered by poor reading and study habits). **-verdig** readable, worth reading. **-værelse** reading room. **-øvelse** reading exercise.
lesiden *(mar)* the lee side.
lesjon injury, lesion.
leske *(vb)* slake, quench; ~ *kalk* slake lime.
leskedrikk refreshing drink, cooling drink; **T** thirst-quencher.
lesning reading.
lespe *(vb)* lisp. **lesping** lisping.
lesse *(vb)* load; ~ *av* unload, offload; ~ *ned en mann med pakker* load a man (down) with parcels; ~ *på* load; *(jvf laste).*
lesse|formann *(jernb)* supervisory foreman; *(som selv utfører manuelt arbeid)* working foreman. **-spor** loading siding.
lest *(subst)* last; *bli ved sin* ~ stick to one's last.
letar|gi lethargy. **-gisk** lethargic(al).
lete *vb (søke)* search, look *(etter* for); *det vil du måtte* ~ *lenge etter* you'll take a long time to find that; *det skal en* ~ *lenge etter (ɔ: det finner man knapt)* you'll have a long search for that; you'll take a long time to find that; *etter å ha lett temmelig lenge fant han det* after a considerable *(el.* long) search he found it; after searching for quite a long *(el.* for a considerable) time he found it; ~ *fram* hunt out *(el.* up);~ *høyt og lavt* hunt high and low.
leting *(se lete)* searching; looking for; search (operations); *gjenoppta -en* resume search operations.
letne *(vb)* lighten; *(om tåke)* clear away, lift.
I. lett *adj (mots. tung)* light; *(mots. vanskelig)* easy; *(ubetydelig, svak)* slight; *(hurtig, behendig)* nimble; *(om tobakk)* mild; ~ *til bens* lightfooted; *han ble* ~ *om hjertet* his heart grew light; *det ville gjøre saken -ere for oss* it would facilitate matters for us; *det er* ~ *å komme til X med fly* you can get to X quite easily by plane; *det er så* ~ *at jeg kunne gjøre det i søvne* I could do that with my eyes shut *(el.* standing on my head); *ruten (ɔ: stien) var forholdsvis* ~, *men svært bratt på sine steder* the track was relatively easy going, but very steep in some places; *(se hjerte; tråd).*
II. lett *(adv)* lightly; easily, readily; slightly; ~ *såret* slightly wounded; *blir* ~ ... is apt to be ...; *han har* ~ *for språk* he's good at languages; languages come easily *(el.* easy) to him; *han har* ~ *for å glemme* he is apt to forget; *ta* ~ *på* handle leniently; *han skriver* ~ he is a ready writer, he has a ready pen; *for å gjøre det -ere for våre engelske kunder* for the greater convenience of our English customers.
lett|antennelig combustible, inflammable. **-bedervelig** *(om varer)* perishable. **-bevegelig** easily moved, impulsive, impressionable; *han var* ~ *av natur* he was by nature easily moved.
lette *vb (gjøre mindre tung)* lighten, ease; *(gjøre mindre vanskelig)* facilitate; *(løfte)* lift; *(sin samvittighet)* disburden *(fx* one's conscience); *(om skip)* get under way; *(om tåke)* clear away, lift; *(om tyv):* ~ *en* pick sby's pocket; ~ *anker* weigh anchor; ~ *sitt hjerte (for noe)* get sth off one's chest; *(se også hjerte & lettet); været -r* it's clearing up; the weather is improving; ~ *på: se løfte:* ~ *på.*
lettelse lightening; facilitation; *(hjelp)* relief; *(trøst)* comfort; *(lindring)* alleviation; *med tydelig* ~ with obvious relief; *(se også lettet).*
letter *(innbygger i Lettland)* Latvian.
lettet *(fig)* relieved, eased; *føle seg* ~ feel relieved; *puste* ~ heave a sigh of relief; *(se også lette).*
lett|fattelig easily understood, plain. **-fengelig** inflammable. **-ferdig** loose, of easy virtue *(fx* a

woman of e. v.); *omgås ~ med* treat frivolously, not be too careful about (*fx* the truth). **-ferdighet** frivolity, frivolousness; loose morals, moral laxity. **-flytende** of low viscosity. **-fordøyelig** easy to digest, digestible, easily digested. **-fordøyelighet** digestibility. **-fotet** light-footed.

letthet lightness; *(mots. vanskelighet)* ease, facility; *med ~* easily, with ease; *med lekende ~* with effortless ease.

letthåndterlig easy to handle.

lettisk Latvian.

lettkjøpt cheap (*fx* a c. witticism).

Lettland *(geogr)* Latvia.

lett|lest easily read. **-livet** frivolous, irresponsible.

lettmatros *(mar)* ordinary seaman.

lettsindig frivolous; rash, reckless; irresponsible.

lettsindighet frivolity, frivolousness; loose morals; rashness, recklessness; irresponsibility.

lettsinn thoughtlessness, irresponsibility, rashness.

lettstyrt *(om bil)* light on the steering (wheel); *den er svært ~* the steering is quite light; the wheel can be spun with the little finger.

lett|troende credulous, gullible. **-troenhet** credulity, gullibility. **-vekt** lightweight. **-vint** handy, practical; *(om metode)* ready; *(om person)* agile, nimble.

Levant|en *(geogr)* the Levant. **-iner** Levantine.

I. leve: *utbringe et ~ for en* call three cheers for sby.

II. leve *(vb)* live, be alive; *lenge ~ kongen!* long live the King! *~ av* live by (*fx* the work of one's pen); *(spise)* live on; *~ av sine penger* have a private income; *ingenting å ~ av* no means of subsistence; *en lønn som er hverken til å ~ eller dø av* a starvation wage; *~ for* live for; *~ i sus og dus: se I. sus; ~ i uvitenhet om* be ignorant of; *~ seg inn i et dikterverk* get into the spirit of a writer's work; *han er i stand til å ~ seg inn i barnesjelen* he can get inside the mind of a child; he can put himself in the place of the child; *~ med i det som skjer* take an active interest in what is going on; *~ opp igjen* revive; *~ over evne* live beyond one's means; *~ på* live on; *~ på en stor fot* live in great style; *~ på en løgn* live a lie.

levealder age, duration of life.

levebrød means of livelihood, living; *(stilling)* job; **T** bread-and-butter (*fx* so that's the way he earns his b.-and-b.).

leve|dag: *aldri i mine -er!* never in all my born days! **-dyktig** capable of living. **-dyktighet** vitality.

leveforhold living conditions; *dra ned for å sette seg inn i -ene på stedet* go there to study (*el.* to make a study of) local conditions.

levekostnad cost of living; *(se lønnsgradering).*

levekostnadsindeks cost-of-living index.

leve|lyst enjoyment of life, zest for life. **-mann** man about town, fast liver. **-måte** mode of living.

leven *(støy, moro)* noise, uproar; *holde ~* skylark, have fun; *holde ~ med* tease; *(leke støyende med)* romp (*el.* frolic) about (*el.* around) with; *(se syndig).*

levende living; *(i live)* alive; *(især foran dyrenavn)* live; *de ~* the living; *dyr som føder ~ unger* viviparous animal; *~ hat* intense hatred; *han er et ~ leksikon* he's a storehouse of information; *~ lys* candlelight; *ikke et ~ ord* not a (blessed) word; *~ varme* open fire; *~ ønske* strong desire.

levendegjøre *(vb)* animate; *(legemliggjøre)* embody.

leveomkostninger cost of living; *(se lønnsgradering).*

lever liver; *snakke fritt fra -en* speak (*el.* talk) straight from the shoulder, speak one's mind.

leverandør supplier, contractor; *(av matvarer)* caterer; *(i stor målestokk)* purveyor; *~ til staten* government contractor(s).

leveranse delivery; supply; *(bestemt ved kontrakt)* contract; *vi har hatt (denne) -n i mange år* we have had this contract for many years; *overta ~ av* contract to supply, take the contract for, undertake the delivery of; *vi er avhengig av -r fra* ... we are dependent on supplies (*el.* deliveries) from ...

leveransedyktig able to deliver, able to supply goods as required.

levere *(vb)* hand over; give up (*fx* your ticket at the barrier); *(skaffe fram til kjøperen)* deliver, give (*el.* effect) delivery; *(om evnen til å levere, det å være leveringsdyktig)* supply (*fx* we can supply these hats in all sizes); *fritt levert London* f.o.b. London; delivered in L.; *~ innen avtalt tid* deliver within the agreed time (*el.* within the time agreed upon); *~ til Dem også* supply your needs also; *~ tilbake* return; *(om rettede skoleoppgaver)* hand back; *~ tilbake de rettede oppgavene* hand (*el.* give) the marked papers back.

leveregel rule (of conduct), maxim.

levering delivery; supply; *prompte ~* prompt delivery; *sen ~* delay in delivery; *~ må finne sted den 5. januar* delivery is required on 5th January; *~ vil skje som avtalt* delivery will be made (*el.* effected) as agreed; *~ skjer etter nærmere ordre (varene leveres etter nærmere ordre)* goods are deliverable on call; *bestilling for ~ etter nærmere ordre* order for goods to be delivered on demand (*el.* call); order with provision for staggered deliveries; **US** make-and-take order.

leveringsbetingelser *(pl)* terms of delivery.

leverings|dag day of delivery. **-dato** d. date.

leveringsdyktig able to deliver, able to supply goods as required. **-het** ability to deliver (the goods), ability to supply goods as required.

leveringsforsinkelse delay in delivery, delayed d.

leverings|frist, -tid delivery date; final date (*el.* deadline) for delivery; time of delivery; *den -frist De ber om, er nokså kort, og vi håper De kan forlenge den med f.eks. to uker* the delivery time you ask for is rather short and we hope you can extend this, say by two weeks; *vi må beregne to måneders -tid* we must allow for two months' delivery date; we must allow for two months' delivery (*el.* for two months to deliver); *få varene til fastsatt -tid* receive the goods within the time stipulated for delivery; *overholde -fristen* observe the t. of d., deliver on time, deliver at the appointed time; *vi må ha lengre -tid* we must have (*el.* allow) more time for delivery, we must have longer for delivery, we require more time to deliver (*el.* effect deliveries).

lever|postei liver paste. **-pølse** liver sausage. **-tran** cod-liver oil.

leve|sett mode of living. **-standard** standard of living, living standard; *redusere -en* bring down the s. of living.

leve|tid lifetime; *lang ~* long life, longevity. **-vaner** *(pl)* living habits. **-vei** business; career. **-vis** mode of living. **-år** years (of one's life).

levitt *(bibl)* Levite.

levkøy *(bot)* stock.

levne *(vb)* leave; *han -t ingenting til meg* he left nothing for me.

levnet life.

levnets|beskrivelse life, biography; *(som ledsager søknad)* personal history (*el.* data), curriculum

vitae. **-løp** career. **-midler** *(pl)* victuals, provisions.
levning remnant; *-er (av mat)* left-overs; *jordiske -er* mortal remains; *-er fra oldtiden* ancient remains, relics of antiquity.
levre *(vb)* coagulate, clot.
levret clotted *(fx* blood).
lev vel farewell, good-bye.
I. li *(subst)* (wooded, grassy) mountain side.
II. li *vi (om tid)* wear on; *det lakker og -r* it's getting late, time is getting on; *det led utpå dagen* the day wore on.
III. li *vt & vi: se lide.*
lian *(bot)* liane, liana.
libaneser Lebanese.
libanesisk Lebanese.
Libanon *(geogr)* the Lebanon.
libelle *(på vaterpass)* bubble tube; *(på nivellerkikkert)* level tube.
liberal liberal; *de -e* the Liberals. **-isme** liberalism. **-itet** liberality; generosity.
Liberia *(geogr)* Liberia.
liberier Liberian.
liberisk Liberian.
libertiner libertine.
Libya *(geogr)* Libya.
libyer Libyan.
libysk Libyan.
liddelig T awfully.
lidderlig *se liderlig.*
lide *vb (gjennomgå)* suffer, endure; *de led meget* they suffered a great deal; they fared badly; *pasienten led meget* the patient was in great pain; ~ *et tap* suffer *(el.* sustain) a loss; ~ *av* suffer from; *man må ~ for skjønnheten* pride must bear pain.
lidelse suffering.
lidelsesfelle fellow-sufferer; *vi er -r* we are (all) in the same boat.
lidelseshistorie tale of one's sufferings; *Kristi ~* the Passion.
lidenskap passion.
lidenskapelig passionate, impassioned; enthusiastic. **-het** passion.
lidenskapsløs dispassionate.
liderlig lewd, lecherous. **-het** lewdness, lechery.
liebhaber collector, fancier; *(jvf interessent).*
Liechtenstein *(geogr)* Liechtenstein; *(NB uttales 'liktən,stain).*
liechtensteiner Liechtensteiner.
liechtensteinsk Liechtenstein.
liflig delicious.
liga league.
ligge *(vb)* lie; *(om høne)* sit; *(om by, hus, etc)* stand, lie, be situated; ~ *og dra seg* laze in bed; ~ *og hvile* be lying down, be resting; *han -r og hviler akkurat nå* he is lying down (for a rest) just now; he is having a rest just now; *la ~* leave *(fx* I left the book on the table), let lie; *som forholdene nå -r* **an** as matters now stand; in the present state of things; under existing conditions; *på boligsektoren -r vi godt an i forhold til kommuner det vil være naturlig å sammenligne oss med* in the housing sector we compare (very) favourably with local authorities in a comparable position; ~ **bak** *(fig)* underlie *(fx* the idea underlying the poem); *det -r ikke* **for** *ham* it is not his strong point; *lønningene kommer derved til å bli -nde etter i kappløpet med prisene* this causes a time lag between the rise in prices and wages; ~ **foran** *(sport)* lead; *makten -r* **hos** the power lies with; *skylden -r hos ham* the fault is his; it is he who is to blame; *det lå* **i** *luften* it was in the air; *jeg forstår ikke hva som -r i den bemerkningen* I don't understand the implication of that remark; *jeg vet ikke hva som -r i det ordet* I don't know what that word implies; *deri -r at* this implies that; the implication is that ...; *det kan ~ så meget i et smil* a smile can convey so much; ~ *i sengen* be in bed; ~ **inne** *med* hold, have (on hand); ~ **innerst** *(,ytterst) (i en seng)* lie *(el.* sleep) on the inside (,outside); *jeg vil helst ~ helt innerst* I'd rather sleep right on the inside; ~ **lenge** *om morgenen* lie in bed till late in the morning; lie *(el.* stay) in bed late; ~ **med** *(ha samleie med)* sleep with, have intercourse with; *det -r* **nær** *å anta* it seems probable; ~ **på** *(om skihopper): han -r godt på* he has a good vorlage; *bilen -r godt på veien* the car holds the road well, the car has good roadholding; ~ **stille** lie still, be quiet; ~ **syk** be ill in bed; *det -r* **til** *familien* it runs in the family; *de lokale forhold -r til rette for en slik ordning* local conditions lend themselves to such an arrangement; ~ **tilbake** *(være tilbakeliggende) (fig)* be in a backward state; *(se underutviklet);* ~ **under** *for (en last)* be addicted to; *(falle for)* succumb to, yield to *(fx* a temptation); *det -r noe under* there is sth at the bottom of this (,it); *ligg* **unna** *ham!* **S** get off him! *huset -r* **ved** *elva* the house stands by *(el.* on) the river; *(se også liggende & søvnløs).*
ligge|dag *(om skip)* lay day. **-dagspenger** demurrage. **-høne** sitting hen, brood hen, brooder.
liggende: *bli ~* stay (where one is), remain (lying); *snøen blir aldri ~* the snow never stays; *han falt og ble ~* he fell and did not rise again; *de flaskene som ble ~ etter dem* the bottles left by them; *dette silkestykket var blitt ~ igjen i kassen* this piece of silk had been left (lying) in the case; *ha noe ~* have sth (in one's possession); *du må ikke ha den slags bøker ~* you must not leave that kind of book (lying) about; *jeg har et dressstoff ~* I have a suit-length stored *(el.* put) away; I have a s.-l. somewhere in the house; *(se også ligge).*
ligge|stol deck chair, folding sunbed. **-sår** bedsore.
ligne *(vb)* resemble, be like; look like; *(slekte på)* take after; *(om skatter)* assess; *be om at man blir -t hver for seg* ask for separate assessment; *portrettet -r ikke* the portrait is not a good likeness; *det -r ham!* that's just like him! that's him all over! *det kunne ~ ham å* he is very likely to; *det -r ingenting* it is too bad, it is absurd *(el.* unheard of); *dette -r ingenting (ɔ: er ubrukelig, etc)* this is impossible.
lignelse *(parabel)* parable; *(tankeuttrykk)* metaphor, simile.
lignende similar, like; *noe ~* sth of the sort, sth like that.
ligning 1 *(av skatt)* assessment; **2***(mat.)* equation; *løse en~* solve an equation.
ligningsdirektør = *-sjef.*
ligningsfunksjonær UK Inland Revenue officer; **US** tax adjuster.
ligningskontor tax office; **UK** (local *el.* district) office of the Inspector of Taxes; *(ofte)* tax office; *Oslo ~* Oslo Tax Office.
ligningsmyndighetene the taxation *(el.* taxing) authorities; **UK** the Inland Revenue; *(ofte refereres det til' Inspector' (= district tax inspector), dvs ligningssjefen); din arbeidsgiver sender disse opplysninger til ~* your employer supplies this information to the Inspector.
ligningsnemnd *(kan gjengis)* assessment board.
ligningsrevisor *(skatteinspektør)* **UK** tax inspector.
ligningssjef UK district tax inspector; *(jvf skattedirektør).*
liguster *(bot)* privet.

I. lik *(subst)* corpse, dead body; *blek som et* ~ deathly pale, (as) white as a sheet; *partiet seiler med* ~ *i lasten* there's a lot of deadwood in the party; the p. is carrying a lot of dead weight; *over mitt* ~*!* over my dead body!

II. lik *(mar)* bolt rope, leech.

III. lik 1*(adj)* like; *nøyaktig* ~ exactly like; identical; *(lignende)* similar; *(om størrelser)* equal (to); *hans innflytelse er* ~ *null* his influence is nil; *det er akkurat -t mannfolk!* that's men all over! *han er seg selv* ~ that's him all over! how like him! *nei, var det -t seg!* of course not! no indeed! 2 + 2 = *4* 2 plus 2 are *(el.* equals) 4; *dette mønstret er svært -t det bestilte* this pattern is very like the one ordered; *-t og ulikt* a bit of everything; ~ *lønn for likt arbeid* equal pay for equal work; *konkurrere under -e vilkår* compete on equal terms; *under ellers -e forhold* other things being equal; **2***(adv): behandle -t* treat in the same way; *dele -t* share alike *(el.* equally), share and share alike; *(se II. like; IV. like & likere).*

lik|blek white as a sheet. **-brenning** cremation. **-bærer** pall bearer. **-båre** bier.

I. like *(subst)* match; *(se likemann); De og Deres* ~ you and people like you, you and your like; **T** you and the likes of you; *uten* ~ unparalleled, unique, beyond *(el.* without) compare; *det fins ikke hans* ~ he is unrivalled; there is nobody to touch him; ~ *for* ~ tit for tat; fair is fair; measure for measure; *gi* ~ *for* ~ give as good as one gets; *med en frekkhet uten* ~ with unparalleled impudence; *(se uforskammethet:* ~ *uten like).*

II. like *(subst): holde ved* ~ keep in repair, maintain; *(se vedlikehold & vedlikeholde).*

III. like *(adj)* equal; *(mat.)* even *(fx* an e. number); *stå på* ~ *fot med* be on an equal footing with; ~ *og ulike tall* even and odd numbers; *(se III. lik).*

IV. like *(adv)* straight; *(i like grad)* equally; *(nøyaktig)* just, exactly; *gikk* ~ *bort til ham* went straight up to him; *han kom* ~ (ɔ: *helt) bort til meg* he came close up to me; ~ *etter* immediately after; ~ *for nesen på ham* under his very nose; ~ *fra (om stedet)* straight from; ~ *fullt* all the same, still, even so; nevertheless; ~ *før* immediately before; *de var* ~ *gale* they were equally mad; ~ *galt (som noensinne)* as bad as ever; ~ *gamle* of the same age; *jeg er* ~ *glad* it's all the same to me; I don't care; *en* ~ *god kvalitet* an equally good quality; just as good a q.; *se en* ~ *i ansiktet* look sby full in the face; ~ *lite* just as little; *i* ~ *høy grad* equally, in an equal degree; ~ *meget* just as much, the same quantity; ~ *meget som* as much as; ~ *ned* straight down; ~ *opp* straight up; ~ *overfor* right opposite (to), facing; *(fig)* in the presence of, in the face of, in view of; *stå* ~ *overfor hverandre* face each other; ~ *på nippen til å ...* on the very point of (-ing); ~ *siden* ever since; ~ *stor* of the same size; *to* ~ *store deler* two equal parts; ~ *til London* all the way to London; ~ *under* right under; ~ *ved* close by, near by; ~ *ved banken* just by *(el.* beside) the bank; close by *(el.* to) the b.; ~ *ved stasjonen* close to the station, near the s.; *vi er* ~ *ved stasjonen* we are quite close to the station.

V. like *(vb)* like; *ikke* ~ dislike; not like, not care for, hate; *jeg -r ikke å måtte ...* I dislike having to; *han -r seg ikke* he does not feel comfortable *(el.* happy); *jeg -r å danse* I enjoy dancing; *han likte det godt* he liked it very much; *han likte det ganske godt* he rather liked it; *han likte svaret så godt at ...* he liked the answer so much that ...; *jeg -r pærer bedre* I like pears better; I prefer pears; *det bildet -r jeg bedre og bedre* that picture grows on me; *jeg -r at folk sier sannheten* I like people to tell the truth; *det kan jeg* ~*!* that's the spirit! *jeg -r meg her* I like it here; *jeg -r meg her i England (også)* I am enjoying myself here in England; *jeg -r meg ikke riktig i dag* I don't feel quite well today.

like|artet homogeneous. **-artethet** homogeneity.

like|bent *(mat.)* isosceles. **-berettigelse** equal right, equality of rights. **-berettiget:** *være* ~ have an equal right *(el.* e. rights). **-dan** *(adv)* in the same manner; similarly. **-dannet** uniform; *(mat.)* similar. **-dannethet** uniformity; similarity.

likefrem *adj (direkte)* direct; *(liketil)* straightforward; *(åpenhjertet)* outspoken; *(oppriktig)* candid; *(formelig)* downright, simple; *(adv)* downright; simply; *(uten omsvøp)* straight out, roundly; bluntly, flatly, point-blank, outright.

likefremhet simplicity, straightforwardness.

like fullt all the same, still, even so; nevertheless.

likeglad happy-go-lucky; *(likegyldig)* indifferent; *jeg er* ~ I don't care; it's all the same to me; *jeg er* ~ *med hva du gjør* I don't care what you do.

likegyldig indifferent; unconcerned; careless; thoughtless; of no consequence.

likegyldighet indifference, unconcern; disregard *(for* of, concerning).

likeledes *(adv)* likewise; in the same way; also, as well: *(dessuten)* moreover, in addition.

likelig *(adj)* equal, even; *(adv)* proportionally, in equal proportions, equally, evenly.

like|lydende 1. homophonic; **2.** identical; *en* ~ *postering* a corresponding entry; *bokføre* ~ book in conformity. **-løpende** parallel. **-mann** equal, match *(fx* he has met his m.).

likere *(dial = bedre): ikke stort* ~ not much better.

likeretter *(elekt)* rectifier. **-rør** r. valve.

likesidet equilateral.

likesinnet similarly disposed, like-minded.

likestilling equality of status.

likestilt equal; ~ *med* of the same standing *(el.* status) as; on a basis of equality with.

likestrøm *(elekt)* direct current *(fk* D.C.).

likeså *(adv)* likewise, the same; *(ved adj)* as, equally; ~ ... *som* as ... as; ~ *lite* as little; ~ *gjerne* just as well.

liketil 1. easy, simple; **2:** *se likefrem.*

likevekt equilibrium, balance; *bringe ut av* ~ throw out of balance; *gjenopprette -en (fig)* restore balance; *holde i* ~ keep in equipoise; *miste -en* lose one's balance.

likevektslære statics.

likevektspunkt point of equilibrium.

likevel still, yet, notwithstanding, nevertheless, for all that, all the same.

lik|ferd funeral. **-følge** funeral procession.

likgift ptomaine; *(se kjøttforgiftning).*

likhet likeness, resemblance, similarity; *(i rettigheter)* equality; *(overensstemmelse)* conformity; *i* ~ *med* like, in conformity with.

likhets|punkt point of resemblance. **-tegn** sign of equation; *sette* ~ *mellom* consider equal, equate *(fx* they tend to e.' good' with' European').

lik|hus mortuary. **-kiste** coffin; **T** long box. **-kjeller** *(på hospital)* mortuary. **-klær** grave clothes. **-laken** winding sheet, shroud.

likne *(vb): se ligne.*

lik|røver grave robber. **-skjorte** shroud. **-skue** inquest.

liksom *(lik)* like; *(som om)* as if; *(så å si)* as it

were; *det var ~ jeg hørte noe* I seemed to hear sth; *(i noen grad)* somewhat, a little; **T** sort of *(fx* he sort of hinted that I was unwelcome); **US** kind of; *(se rar).*
lik|strå: *ligge på ~* lie dead, be laid out. **-svøp** shroud, winding sheet.
likså *se likeså.*
liktorn corn.
I. likvid *subst (fon)* liquid.
II. likvid *(adj)* liquid; *-e midler* liquid resources.
likvidasjon liquidation.
likvidere *(vb)* wind up, liquidate; *(drepe)* liquidate.
likvidering liquidation.
likvogn hearse.
likør liqueur; *konjakk-* liqueur brandy.
lilje *(bot)* lily. **liljekonvall** *(bot)* lily of the valley.
lilla lilac, mauve.
lille *se liten; den ~* baby *(fx* b. is crying).
Lilleasia *(geogr)* Asia Minor.
lillefinger little finger; *hun snor ham om -en sin* she twists him round her little finger.
lillehjernen *(anat)* the cerebellum, the lesser brain.
Lilleputt Lilliput.
lilleslem *(kort)* little slam.
lillesøster *(kjælenavn)* little sister, younger sister; **T** *(ofte)* baby.
lilleviser hour hand, little *(el.* short) hand.
lim glue, adhesive.
limbånd (sticky) tape; adhesive tape.
lime *(vb)* glue.
limett(sitron) *(bot)* lime; *(se sitron).*
limfarge distemper, colour wash.
liming gluing; *gå opp i -en* come unstuck; fall to pieces.
limonade lemonade.
limpinne: *gå på -n* swallow the bait; be taken in; **T** be led up the garden (path); be sold a pup; be (properly) had, be done brown; *de fikk ham til å gå på -n (også)* they played him for a sucker.
limpotte glue pot.
lin flax.
lind *(bot)* lime; *(især poet)* linden.
lindeblomst *(bot)* lime blossom.
lindete lime-blossom tea.
lindre *(vb)* relieve, alleviate, ease, assuage.
lindring relief, alleviation.
line line; *(til fiske)* longline; *løpe -n ut* go the whole hog; *la ham løpe -n ut* give him enough rope (to hang himself); *på slapp ~* on the slack rope. **-dans** tightrope walking. **-danser** tightrope walker.
linerle *(zool)* wagtail.
lin|farget flaxen. **-frø** flaxseed, linseed.
linjal ruler.
linje line; *(biapparat)* extension; *(i skole)* side; *elever på alle -r* pupils on *(el.* of) all courses; *(se engelsk-; real-); (jernb)* line, track; *(buss-)* line; *kan jeg få en ~ (ut)? (tlf)* can I have a(n outside) line, please? *på ~ med (fig)* on a level with; *stille på ~ med (fig)* place on the same footing as; treat on a par with; *over hele -n* all along the line, all round; all (the way) through, the whole way; *(uten unntak, som gjelder alle)* across the board; *de hadde hell med seg over hele -n* they were successful all the way *(el.*from start to finish); they were successful all along the line; they had uninterrupted success; *opptrukket ~ (på vei)* solid line; unbroken line; *prikket ~* dotted line; *rene -r (i en sak)* a clear-cut issue; *vi må ha rene -r (også)* we cannot have any compromises; *stiplet ~* dot-and-dash line; *(på veien)* broken line; *når disse -r skrives* at the time of writing; **US** at this writing; *still opp på to -r! (mil)* form two deep! *trekke en ~* draw a line; *etter de -r som ble trukket opp* along the lines mapped out; *(se også midtlinje; trekke).*
linjearbeider *(jernb)* lineman.
linje|avstand (line) spacing; *skrevet med enkel (,dobbel) ~* typed in single-spacing (,double-spacing). **-brudd** disconnection; *(tlf, etc)* line break; *det var ~ (tlf)* the wires were down. **-båt** liner.
linjedeling *(i skole)* division into sides *(fx* the junior forms at grammar school are not divided into sides; this only takes place in the senior school).
linje|dommer *(fotb)* linesman. **-ettersyn** *(jernb)* permanent way inspection, line *(el.* track) inspection. **-fag** special (course) subject. **-fart** *(mar)* regular trade, liner trade. **-kapasitet** *(jernb)* density of a line, traffic turnover on a line. **-nett** rail network, (rail) system; *Norges Statsbaners ~* the Norwegian State Railway system.
linjere *(vb)* line, rule.
linjeskip *(mil)* ship of the line.
linklede linen cloth.
linn *(adj)* soft, mild, gentle.
linne *se linnvær.*
linnea *(bot)* twinflower.
linnet linen. **-skap** linen cupboard.
linning *(på bukse, skjørt)* waistband, band; (skjorte-) neckband.
linn|saltet slightly salted. **-vær** thaw; mild weather.
linoleum linoleum; **T** lino.
linolje linseed oil.
linse **1***(slags belgfrukt)* lentil; **2***(glass-)* lens; *(se forsatslinse; telelinse);* **3**[small round cake of sweet short pastry with custard filling]; *(kan gjengis)* custard tart.
lintøy linen.
I. lire *(italiensk mynt)* lira.
II. lire *(vb): ~ av seg* reel off *(fx* sth one has learnt by heart).
lirekasse barrel organ, street organ; *spille på ~* grind an organ.
lirekassemann organ grinder.
lirke *(vb)* wriggle, worm; *~ med* cajole, coax; *~seg inn i* worm one's way into; *~ nøkkelen inn i låsen* coax the key into the lock; *~ seg ut av* wriggle out of.
lirype willow grouse (,**US:** ptarmigan).
Lisboa *(geogr)* Lisbon.
lisens licence; **US** license; *import-* import l.; *forlenge en~* extend a l.; *søke ~* apply for a l.
lisensavgift licence fee; *(av patent)* royalty; *(se avgift).*
lisse lace, string; *(se krok- & sko-).*
I. list *(lurhet)* cunning, stratagem, ruse; *bruke ~* employ a stratagem *(el.* a ruse); *med ~ og lempe* cautiously; *(på den ene eller annen måte)* by hook or by crook.
II. list *(av tre)* list; *(profil-)* moulding; *(ramme-)* picture-frame moulding; *(gulv-)* skirting (board); *(på høydestativ)* bar.
I. liste list; *sette seg på en ~* put one's name down *(for å få noe* for sth); *stå på ~* have one's name down *(for å få noe* for, *fx* he has his name down for a council house); *stå først på -n* head the list, be at the top of the list.
II. liste *(vb)* move gently, walk softly *(el.* stealthily), steal; *~ seg bort* slip *(el.* steal) away; *~ seg bakpå en* sneak up behind sby.
liste|bærer [person who hands out ballot papers for a political party outside polling station]. **-forbund** electoral pact *(fx* the two parties have entered into an e. p. *(el.* agreement)). **-fører** polling clerk; **US** poll clerk.

listig cunning, sly, wily.
listighet cunning, slyness.
I. lit trust, confidence; *feste* ~ *til* credit (*fx* there is no reason to c. this rumour); place confidence in; *sette sin* ~ *til* pin one's faith on, put one's trust in; *sette sin* ~ *til Gud* put one's trust in God.
II. lit: *i siste -en* at the last moment, at the eleventh hour; in the nick of time; *vente til siste -en* put it off till the last moment.
lit-de-parade: *ligge på* ~ lie in state.
litani litany.
Litauen *(geogr)* Lithuania.
litau|er, -isk Lithuanian.
lite *(vb):* ~ *på (stole på)* trust, depend on, rely on; *(se stole:* ~ *på).*
lite(n) little, small; *lite eller ingenting* little or nothing, next to nothing; *liten glede* small joy; *en liten forskjell* a slight difference; *de har lite kapital* they have little capital; *en penny for lite* a penny short; *det skal lite til for å* ... it would take very little to ...; *det er litt lite* it's a bit (too) little; it's rather little; *likeså lite som (om graden)* no more than; *(se litt).*
litenhet littleness, smallness.
liter litre (= 1.76 pints); **US** liter; *(svarer i praksis til)* quart (= 1.136 l; **US:** 0.946 l).
lito|graf lithographer. **-grafere** *(vb)* lithograph. **-grafi** lithography. **-grafisk** lithographic(al).
litt a little; some; ~ *bedre* a little better, slightly better; ~ *billigere* slightly (*el.* a little) cheaper; ~ *for kort* rather (*el.* a little too) short; ~ *etter* ~ little by little, gradually, by degrees; *om* ~ shortly, presently; *det var* ~ *om handlingen i stykket* so much for the plot of the play; ~ **til 1.** a little more; **T** a (little) bit more; **2**(*om tid*) a little (while) longer; **T** a little bit longer; for a bit longer; *han bestemte seg for å gå* ~ *til* he decided to walk on for a bit longer; (ɔ: *et stykke til)* he decided to walk a little further.
littera *(i poststempel)* code letter.
litterat literary man, man of letters.
litteratur literature. **-anmelder** literary critic; ~ *i* a l. c. of (*el.* on *el.* attached to). **-historie** literary history. **-historiker** literary historian. **-historisk** of the history of literature; *(kan ofte gjengis)* historical, critical.
litterær literary.
liturgi liturgy. **-sk** liturgic.
liv life; *-et* life; *(på klesplagg)* waist; *(kjoleliv)* bodice; *(midje)* waist; *(virksomhet)* activity; *(livlighet)* gaiety, spirit, animation, go, stir; ~ *og røre* hustle and bustle (*fx* of city, harbour, *etc*), goings-on (*fx* at a party); *det praktiske* ~ practical life; *-et i en storby* life in a city, city life, the activity of a large town; *det pulserende* ~ *i en storby* the throbbing life of a city; *-et utendørs* outdoor activities; *så lenge det er* ~ *er det håp* while there's life, there's hope; *det var ikke noe* ~ *der* **T** there was nothing doing there; *i -e* alive (*fx* keep sby a., be a.); *i levende -e* in his (,*etc*) lifetime; *bringe* ~ *i* put (*el.* infuse) life into, give life to; *bringe litt* ~ *i leiren (fig)* stir things up a bit; liven the place (,the company) up a bit; *komme inn på -et av et problem* come to grips with a problem; *greie å komme en inn på -et* (ɔ: *få kontakt med)* contrive to make contact with sby; *med* ~ *og sjel* (with) heart and soul; wholeheartedly; ... *og arbeidet gikk med* ~ *og lyst* ... and the work went with a swing; *han svever mellom* ~ *og død* his life hangs by a thread; *kamp på* ~ *og død* a mortal combat; *ta -et av* put to death; *ta -et av seg* take one's own life; commit suicide, do away with oneself; *du tar -et av meg (spøkef)* you will be the death of me; *ta en om -et* put one's arm round sby's waist; *sette en plan ut i -et* realize (*el.* execute) a plan, carry a plan into effect (*el.* into execution); *holde seg en fra -et* keep sby at arm's length; *kalle til -e* call into existence; *komme til -e igjen* come to life again, revive; *sette til -s* put away (*fx* an enormous amount of food); *(takk,) det står til* ~*! (spøkef)* I'll survive! I'm surviving; *ville en til -s* **T** have one's knife into sby; have it in for sby.
livaktig lifelike, vivid.
liv|aktighet lifelikeness, vividness. **-belte** life belt.
livberge *(vb):* ~ *seg* keep body and soul together, manage to keep alive.
liv|bøye life buoy. **-bånd** sash. **-båt** lifeboat.
live *(vb):* ~ *opp* cheer (up); **T** perk up.
I. livegen *(hist)* serf, bondsman, thrall, villein.
II. livegen *adj (hist)* in serfdom, in bondage; *(stavnsbundet)* adscript.
livegenskap serfdom, bondage, villeinage; *(stavnsbånd)* adscription.
livende: ~ *redd* in mortal fear, scared to death.
liv|full animated, lively. **-garde** life guard. **-gardist** life guardsman. **-givende** life-giving, fertilizing (*fx* the l.-g. (*el.* f.) power of the rain). **-gjord** girdle.
livkjole dresscoat, tails.
livlege personal physician.
livlig lively, vivacious, animated, spirited; *(også merk)* brisk; *(travel)* brisk, busy; *(beferdet)* busy.
livlighet liveliness, vivacity, animation.
livløs lifeless, inanimate. **-het** lifelessness.
livmor(*anat*) womb, uterus; *nedfallen* ~ prolapse (*el.* prolapsus) of the womb.
livmor|hals *(anat)* cervix (*el.* neck) of the womb. **-innlegg** *se spiral 2.* **-munn** *(anat)* mouth (*el.* orifice) of the uterus, os uteri.
livmorutskrapning *(med)* uterine curettage; *man foretok* ~ *på henne* she was curetted.
livne *(vb):* ~ *opp* revive; cheer up.
livnære *(vb)* keep alive; ~ *seg* subsist.
livré livery.
livredd T scared stiff, in a funk.
livredder *(på badestrand)* life saver; lifeguard.
livredning life saving.
livrem belt; *spenne inn -men (også fig)* tighten one's belt.
livrente annuity.
livrett favourite (,**US:** favorite) dish.
livsalig blessed, blissful.
livs|anskuelse view of life, attitude towards life. **-arving** heir (of the body), issue; *-er (pl)* issue. **-betingelse** vital necessity, sine qua non. **-drøm:** *ens* ~ the dream of one's life. **-eliksir** elixir of life. **-erfaring** experience (in life). **-fange** life prisoner; **T** lifer. **-fare** mortal danger; *utsette en for* ~ put sby's life at risk; *han var i* ~ his life was in danger. **-farlig** perilous; highly (*el.* mortally) dangerous. **-fjern** remote. **-form 1.** form of life; **2**(*livsstil)* lifestyle. **-fornødenhet** necessity of life.
livsforsikring life insurance, (life) assurance.
livsforsikrings|agent life assurance agent. **-selskap** l. a. company.
livs|førsel life, conduct of life. **-glad** light-hearted, happy, cheerful. **-glede** joy of life, *(oftest)* joie de vivre. **-grunnlag** basis of existence. **-historie** history of one's life. **-holdning** attitude towards life. **-kilde** source of life. **-kraft** vitality. **-kraftig** vigorous. **-lede** depression, ennui. **-ledsager, -ledsagerinne** life partner. **-lyst** joy of life, happiness.
livsmot courage to live; courage to go on living; *(lyst humør)* buoyancy; *få nytt* ~ find a new strength to live; *miste -et* lose all interest in life;

hennes ~ var ikke knekket her spirit remained unbroken.
livsmønster lifestyle *(fx* the American lifestyle).
livsoppgave business *(el.* mission) in life.
livsopphold subsistence.
livsstil way of life; *afrikanernes ~og tenkesett er i støpeskjeen* the Africans' way of life and thinking are in the melting pot.
livs|stilling position in life; walk of life; profession; career. **-tegn** sign of life. **-tid** lifetime; *på ~* for life. **-tre** tree of life. **-trett** weary of life, world-weary. **-tretthet:** *se -lede.* **-tråd** thread of life.
livstykke *(på kjole)* bodice.
livsvarig for life; *~ fengsel* imprisonment for life; **US** life imprisonment.
livsverk lifework.
livsytring manifestation of life.
livtak wrestling; *ta ~* wrestle.
livvakt bodyguard.
livvidde waist measurement.
ljom echo. **ljome** *(vb)* resound, ring, echo.
ljore *(ljorehull)* smoke vent.
ljå scythe; *mannen med -en* the old man with the scythe, Old Man Time, The Grim Reaper.
I. lo *(på tøy)* nap; *(grov)* shag; *(på gulvteppe, etc)* pile; *-en var slitt av* the pile was worn off; *sjalet hadde slik deilig ~* the shawl was so beautifully fluffy; *(se også loe & loet).*
II. lo *(utresket korn)* unthreshed grain.
lobbe *vt (fotb): ~ ballen* chip the ball.
loco *(merk)* on the spot, spot.
I. lodd *(skjebne)* lot, fate, destiny; *falle i ens ~* fall to the lot of sby, fall to sby's lot; *det falt i min ~ å ... (også)* it was my fate to; *en tung ~* a hard lot *(el.* fate).
II. lodd *(del)* share, portion; *(i lotteri)* lottery ticket; *kjøpe et ~* buy a (lottery) ticket; *det store ~* the big prize; *ta ~ på noe (ved utlodning)* buy a raffle ticket for sth; *trekke ~ om* draw lots for; *(ofte =)* toss (up) for; *vinne det store ~* win the big money *(el.* prize); *når jeg vinner det store ~ (spøkef)* when I come into the money; when my ship comes home; *han har vunnet det store ~* his ship has come home; *uttrukne -er* drawn lottery tickets.
III. lodd *(vekt-)* weight; *(loddemetall)* solder; *(mar)* lead; *metall- i snor* plumb bob; *bruke -et (mar)* sound, use the lead; *-et er kastet* the die is cast; *hive -et (mar)* heave the lead; *i ~ (loddrett)* plumb; *ute av ~* out of plumb.
I. lodde *(fisk)* capelin.
II. lodde *vb* **1***(måle havdybde)* sound; take soundings; **2***(fig)* fathom, plumb; *(en vegg)* plumb; **3***(bløtlodde metall)* solder; *(hardlodde)* hard solder, braze; *det er vanskelig å ~ dybden i det han sier* it is difficult to get to the bottom of what he says; *~ dybden i noe (fig)* sound the depths of sth.
III. lodde *(vb): ~ ut* raffle; **US** raffle off; *~ ut en dukke* raffle a doll.
loddelampe soldering lamp.
lodden shaggy; *(håret)* hairy; *(bot)* downy; **-het** shagginess; hairiness.
lodding **1***(peiling)* sounding; **2***(bløtlodding av metall)* soldering; *(hardlodding)* hard soldering; brazing; *(se kapillarlodding; sveiselodding).*
loddkast cast of the lead.
lodd|line *(mar)* leadline. **-linje** plumb line.
loddrett perpendicular, vertical.
loddretthet perpendicularity, verticalness.
loddseddel lottery ticket; *(ved utlodning)* raffle ricket.
loddskudd *(mar)* cast of the lead; *(dybdemåling)* sounding.
loddtrekning drawing lots; *(sport; ved å kaste krone og mynt)* toss-up *(fx* they won the toss-up), *(på basar)* raffle; *valgt ved ~ før kampen* chosen by drawing lots before the game; *som takk for hjelpen blir De med i en ~ om ...* as a token of our gratitude for your help we are including you in a raffle for ...
loe *(vb)* **1.** give off fluff, leave a fluff; **2.** pick up fluff *(fx* this coat is awful for picking up fluff); *~ av: se loe 1.*
loet *(om tøy)* nappy, with a nap; *(om vevet stoff)* with a pile; *(med lang* 'pile') shaggy; *(som har fått lo på seg)* fluffy; *(se loe).*
loff *(subst): en ~* a loaf of white bread, a white loaf; *spiral-* (white) barrel loaf.
loffe *(vb)* **1***(mar)* luff; **2***(drive omkring)* **T** bum, loaf around.
loft loft; attic.
lofts|bod storeroom, storage room, box room, lumber room. **-etasje** attic storey. **-luke** trapdoor (in a loft). **-rydding** turning out the attic, clearing up in the attic.
logaritme logarithm. **-tabell** table of logarithms.
logg *(mar)* log. **loggbok** *(mar)* logbook, (ship's) log.
logge *(mar)* heave the log.
logg|line *(mar)* log line. **-rull** log reel.
logiker logician.
logikk logic; *en brist i hans ~* a fault in his logic.
logisk logical; *en ~ brist i argumentasjonen* a lack of logic in the argument, faulty logic in the a.
logjerrig *(mar; seilsp): være ~* have a weather helm. **-het** weather helm.
logn *se lun.*
logoped speech therapist.
logopedi logopedics, speech therapy.
logre *(vb)* wag one's tail; *~ for en (fig)* fawn on sby.
lojal loyal. **-itet** loyalty.
lok *(fagl) = lokomotiv.*
lokal local; *de -e forhold* local conditions; *(se leveforhold).*
lokal|administrasjon local government administration. **-bedøve** *(vb)* apply a local anaesthetic (to); *bli -t* get *(el.* be given) a l. anaesthetic; *~ en tann* freeze a tooth.
lokale(r) premises *(fx* business (,office, shop) premises); *(forsamlings-)* assembly room *(el.* hall); *(i England ofte)* village hall.
lokali|sere *(vb)* localize. **-tet** locality.
lokal|kjennskap knowledge of local conditions *(el.* things), local knowledge. **-kjent** acquainted with the locality. **-patriot** local patriot. **-patriotisk** localistic, of local patriotism. **-patriotisme** local patriotism, regionalism, localism; *(neds)* parochialism. **-strekning** *se lokaltog.*
lokaltog local train, suburban train; *det skal settes inn flere tog på lokalstrekningen X–Y* more local trains are to be run on the X–Y service; (se tog 1).
lokaltrafikk local traffic.
I. lokk *(på gryte, eske, etc)* cover, lid.
II. lokk *(hår-)* lock; curl, ringlet.
III. lokk *(ku-)* call, cattle call.
I. lokke *(vb): ~ seg (om hår)* curl.
II. lokke *(vb)* allure, lure, entice, tempt, seduce; *(om fugl)* call; *~ fram* elicit; *~ noe fra en* coax sby out of sth; *jeg fikk -t ut av ham at* I wormed out of him that.
III. lokke *vb (bore hull)* punch.
lokke|due, -fugl decoy, stool pigeon.
lokkemat bait.
lokket curly.
lokomotiv locomotive, (railway) engine. **-formann** *(jernb)* running foreman. **-fører** *(jernb)* engine

l

driver; **US** (locomotive) engineer; *(på elekt tog)* motorman. **-inspektør** *(jernb)* district running and maintenance engineer. **-mester** *(jernb)* shed master. **-personale** *(jernb)* footplate staff. **-stall** engine shed; *(ringstall)* roundhouse; *(med reparasjonsmuligheter)* motive power depot. **-stallbetjent** engine cleaner; *(vognvisitør)* carriage and wagon examiner; **US** car inspector. **-stallformann** shed chargeman.

lom *(zool) (små-)* red-throated diver; **US** loon; *(stor-)* black-throated d.; **US** arctic loon; *(is-)* great northern diver; **US** common loon.

lombard Lombard. **Lombardia** *(geogr)* Lombardy.

lomm|e pocket; *putte i -a* pocket; *ha penger i -a* be flush.

lomme|bok wallet, note case; **US** billfold, wallet. **-format** pocket size. **-kalkulator** pocket calculator. **-kniv** pocket knife.

lommelykt (electric) torch; *(især* **US***)* flashlight.

lomme|ordbok pocket dictionary. **-penger** *(pl)* pocket money, spending money; *gode ~* adequate *(el.* plenty of) p. m.; a good spending allowance. **-rusk** pocket fluff. **-tyv** pickpocket. **-tyveri** pocket-picking; *begå ~* pick pockets; pick a pocket. **-tørkle** handkerchief. **-ur** (pocket) watch.

lomvi *(zool)* common guillemot.

I. loppe *(zool)* flea; *ha -r i blodet* have ants in one's pants.

II. loppe *(vb): ~ seg* rid oneself of fleas; **US** deflea oneself; *~ ham (for alt hva han har) (fig)* fleece him.

loppe|bitt fleabite. **-jakt** flea hunting. **-kasse T** bed, fleabag. **-marked** jumble sale *(el.* market). **-stikk** fleabite. **-torg** flea market, jumble market.

lorgnett pincenez; *(stang-)* lorgnette.

lort turd; *(smuss)* dirt, filth.

I. los *(jaktuttr.)* baying.

II. los pilot; *(se losoldermann)*. **-avgift** pilotage; *(se avgift)*. **-båt** pilot boat.

lose *(vb)* pilot.

los|fisk pilot fish. **-flagg** pilot flag.

losje *(i teater)* box; *(frimurer-)* lodge. **-plass** box seat. **-rad:** *første ~* dress circle; *annen ~* upper circle.

losjere *(vb)* lodge. **-nde** lodger.

losji lodging, lodgings.

losjihus *(også* **US***)* rooming house.

loslitt threadbare.

losoldermann pilot master.

loss *(mar)* loose; *kaste ~* cast off.

losse *(vb)* discharge, unload; *-t kvantum* outturn.

losse|bom cargo boom; derrick. **-dager** *(pl)* discharging days.

lossegjeng unloading team.

losse|plass place of discharge; *(brygge)* discharging berth. **-pram** lighter. **-rampe** *(jernb)* unloading platform. **-rulle** *(autorisert varefortegnelse)* list of goods.

lossing discharging, unloading.

los|stasjon pilot station. **-takst** rates of pilotage. **-tjeneste** pilotage (service), pilot service.

lostvang compulsory pilotage.

losvesen pilotage; pilotage authorities.

Lothringen *(geogr)* Lorraine.

lott portion, share.

lotte *(mil)* WRAC *(fk f.* Women's Royal Army Corps); *(flyv)* ACW *(fk f.* aircraftwoman).

lotteri lottery. **-gevinst** lottery prize. **-seddel** lottery ticket. **-spill** gamble, lottery.

lottfisker share fisherman.

I. lov *(tillatelse)* permission; *be om ~ til å* ask permission *(el.* leave) to; *få ~ til å* be allowed to, be permitted to; get permission to; *gi ham ~ til å gjøre det* permit *(el.* allow) him to do it; give him permission to do it; *får jeg ~?* may I? do you mind? *dog skal jeg få ~ til å si at* ... however, I beg to say that ...

II. lov *(ros)* praise, commendation; *Gud skje ~!* thank God!

III. lov *(jur)* law; *(en enkelt)* statute, Act (of Parliament); *-ens arm* the arm of the law; *~ og rett* (law and) justice *(fx* there is no j. in this country!); *håndheve ~ og rett* maintain *(el.* preserve) law and order; **etter** *-en* according to law; *etter -ens ånd og ikke etter dens bokstav* according to the spirit and not the letter of the law; *likhet* **for** *-en* equality before the law; *alle skal være like for -en* everybody is supposed to be equal before the law; **ifølge** *-en* according to the law; *ifølge norsk ~* under Norwegian law; *han har vært i konflikt* **med** *-en før* he has been in trouble before; **mot** *-en* against the law, contrary to the law; illegal; **uten** *~ og dom* without trial; **ved** *~* by Statute; *forpliktet ved ~* required by law *(fx* the local authorities are r. by l. to appoint a finance committee); *anvende -en galt* apply the law wrongly; misapply the Act; *bli ~* become law; *forvrenge -en* twist the law; *gi -er* make *(el.* enact) laws; *kjenne -en* know the law; *oppfylle -ens krav* comply with legal requirements; *oppheve en ~* repeal an Act; *vedta en ~* pass an Act; *(se også konflikt & rett)*.

lovart *se luvart*.

lov|bestemmelse legal *(el.* statutory) provision. **-bestemt** fixed by law, statutory, legal *(fx* rights, holidays); *(se lovfeste)*. **-bok** Statute Book; code of laws. **-brudd** violation of the law. **-bud** statute, enactment.

I. love: *på tro og ~* on one's honour (,**US:** honor).

II. love *vb (prise)* praise.

III. love *vb (gi et løfte)* promise; *~ bestemt* promise definitely; *~ godt* promise well *(fx* it promises w. for the future); *~ seg mye av* expect great things of *(el.* from); *å ~ er ærlig, å holde besværlig* saying and doing are two different things; *(se også forsverge; sinn)*.

lovende promising; *(ikke om person)* auspicious; *lite ~* unpromising; *situasjonen er ikke videre ~* the situation is not very hopeful *(el.* promising).

lovendring amendment of an Act.

lovere *(mar)* beat, tack.

lov|fast legal, regular. **-feste** *(vb)* legalize, establish by law; *-t fridag* legal holiday; *-de bestemmelser* statutory provisions; *-de regler* statutory rules.

lovformelig legal.

lovforslag bill.

lov|givende legislative; *~ forsamling* legislative assembly; *~ makt* l. power. **-giver** legislator. **-givning** legislation. **-givningsmakt** legislative power; *(riksdag, etc)* legislature.

lov|gyldighet validity (in law). **-hjemlet** authorized *(el.* warranted) by law. **-hjemmel** legal authority.

lovkyndig legally trained; *~ bistand* legal aid.

lovkyndighet knowledge of the law.

I. lovlig *(temmelig)* rather, a bit.

II. lovlig lawful, legal; *~ betalingsmiddel* legal tender; *han har ~ forfall* he has legitimate reason for being absent. **-het** lawfulness, legality.

lov|lydig law-abiding. **-lydighet** law-abidingness. **-løs** lawless. **-løshet** lawlessness. **-messig** according to the law, legal. **-messighet 1.** lawfulness, legality; **2.** inherent orderliness.

lovord *(subst)* word(s) of praise.

lovott *(subst)* mitten.

lovover|tredelse offence. **-treder** offender.

lovprise *(vb)* praise, laud, speak in praise of *(fx* sby).
lovprisning praising; praise.
lovsamling body of laws, code.
lovsang song of praise, hymn, paean.
lovskraft legal force, legal validity.
lov|stridig illegal, against the law, contrary to the law. **-stridighet** illegality.
lov|synge *(vb)* praise, sing the praises of. **-tale** eulogy, panegyric, encomium; *(se lovprisning).*
lov|tidende UK Law Reports. **-trekker** pettifogger. **-trekkeri** pettifogging, chicanery. **-utkast** draft bill.
lubben plump; tubby *(fx* he's a t. little man); chubby.
Ludvik Lewis, Louis.
I. lue *subst (flamme)* blaze, flame; *slå ut i lys* ~ burst into flames; *huset står i lys* ~ the house is in flames; the h. is ablaze.
II. lue *subst (hodeplagg)* cap.
III. lue *(vb)* blaze, flame; ~ *opp* spring into flame.
luffe *(zool)* flipper.
luft air; *i fri* ~ in the open air; *trekke frisk* ~ get some fresh air; *gi sin harme* ~ give vent to one's indignation; *gå i -en (ɔ: eksplodere)* blow up; **T** go up; *ha litt* ~ *i ringene* put some air in the tyres; *et slag i -en (fig)* a waste of effort *(fx* that would be a w. of e.), an abortive *(el.* ineffectual) attempt, an ineffectual gesture; *sprenge i -en* blow (up); *det ligger i -en* it is in the air; *grepet ut av -en* utterly unfounded; *leve av* ~ live on air; *være* ~ *for* be nothing to; not mean a thing to *(fx* she doesn't mean a thing to me).
luftavkjølt air-cooled.
luft|ballong *(leketøy)* balloon. **-blære 1***(zool)* bladder; **2***(i væske, etc)* (air) bubble; *(i maling, også)* blister. **-boble:** *se -blære* 2. **-bro** air lift. **-børse** air gun.
lufte *(vt)* air; ~ *bremsene (fx på bil)* bleed the brakes; *her må -s* the room needs an airing; *han er ute og -r hunden* he has taken the dog out; ~ *sine synspunkter* air one's views; ~ *seg* get some air; get a breath of fresh air; ~ *ut* ventilate *(fx* a room).
lufte|inspektør *(ved eksamen)* invigilator. **-tur** walk, airing. **-vindu** *(trekantet, i bil)* quarter-light.
luftfart aviation, flying; *(flytrafikk)* air-borne traffic, air t.; air services.
luftfartsdirektoratet [the Directorate of Civil Aviation]; **UK** the Civil Aviation Authority.
luftfilter air cleaner.
luft|flåte air fleet. **-forandring** change of air *(fx* he went to X for a c. of a.). **-fornyelse** ventilation. **-forsvar** *(mil)* air defence *(fx* the air defence of Britain); *Sjefen for L-et* = Marshal of the RAF; **US** Chief of Staff US Air Force; *L-ets stabsskole* = RAF Staff College. **-forurensning** air pollution. **-fotografering** air *(el.* aerial) photography. **-frakt** air freight. **-fraktgods:** *som* ~ by air freight. **-fyr** air navigation light.
luft|hamn, -havn airport.
lufthull airhole, vent(hole); *(flyv)* air pocket.
luftig airy; ~ *påkledd* scantily dressed.
luftighet airiness.
lufting airing.
luft|kamp air combat; *(mellom to, også* **T)** dog fight. **-kanal** air duct; *(i orgel)* wind trunk.
luft|kastell castle in the air. **-kjølt** air-cooled. **-korridor** *(flyv)* lane.
luftkrig air war.
luft|lag stratum of air. **-landeavdelinger** *(mil)* airborne troops. **-ledning** *(jernb)* overhead conductor, aerial conductor. **-linje** air line, air route; *i* ~ as the crow flies. **-madrass** air mattress, air bed. **-motstand** air resistance; *(flyv)* air drag.
luftning puff of air.
luft|post air mail. **-pute** air cushion. **-putefartøy** hovercraft. **-reise** journey by air, air journey *(el.* travel). **-rute** airline; *(jvf -linje).* **-rør** air pipe; ventiduct; *(i halsen)* windpipe, trachea.
luftskip air ship.
luft|slott castle in the air. **-speiling** mirage. **-staben** the Air Staff. **-strøm** air current. **-tett** airtight. **-tetthet** airtightness; *(luftens tetthet)* air density. **-tom:** *-t rom* vacuum. **-tomhet** vacuity.
lufttrafikk air traffic, airborne traffic.
lufttrykk (atmospheric) pressure; air pressure; *(etter eksplosjon)* blast; *-et i bilringene* the tyre pressures *(fx* test *(el.* check) the t. pressures).
lufttrykkmåler pressure gauge.
luftvei 1. airway; air lane; air(line) route; **2***(anat)* respiratory passage; air passage; airway; **3.:** *-en (ɔ: i luftlinje) er det 50 km til X* we're 50 kilometers from X as the crow flies.
luftventil air valve; *(i bilring)* valve.
luftvern air defence; anti-aircraft defence(s). **-artilleri** anti-aircraft artillery, A.A. artillery.
lugar *(mar)* cabin. **-dame** stewardess; *(jvf oldfrue);* **-passasjer** cabin passenger. **-pike** stewardess, cabin maid.
lugg forelock, tuft of hair.
lugge *(vb)* pull by the hair.
lugger *(mar)* lugger. **-seil** lug-sail.
Lukas Luke.
I. luke *(subst)* trapdoor; *(mar)* hatch; *(åpningen)* hatchway; *luft i luka* **T** activity, life; *(jvf liv: bringe litt* ~ *i leiren).*
II. luke *(vb)* weed.
lukekarm *(mar)* coaming.
lukesjakt *(i damanlegg)* gate shaft.
lukke *(vb)* shut (up), close; ~ *(igjen) døra* shut the door; ~ *døra forsiktig (igjen)* ease the door shut; ~ *døra for en* shut the door on sby; ~ *øynene for (fig)* refuse to see; ~ *en inn* let sby in; ~ *opp (åpne)* open; *(når det ringer)* answer the door *(el.* the bell); ~ *en ut* let sby out; ~ *en ute* shut sby out; exclude; ~ *seg* shut, close; ~ *seg inne (ɔ: isolere seg)* isolate oneself; *for -de dører* behind closed doors; *(jur)* in camera.
lukkemuskel *(anat)* sphincter *(fx* the anal s.); *(muslings)* adductor muscle.
lukker *(fot)* shutter.
luknings|tid closing time. **-vedtekter** *(pl)* (early) closing regulations.
lukrativ lucrative.
luksuriøs luxurious.
luksus luxury; *all tenkelig* ~ **T** every mortal luxury; *det er* ~ it is a l. **-artikler** articles of luxury, luxuries. **-kvinne** [pampered woman living in luxury]; *(ofte)* lady of leisure. **-tilværelse:** *en* ~ a plush way of life.
I. lukt smell; odour (,**US:** odor); *(bare om sansen)* smelling; *(duft, også)* scent; *brent* ~ burnt smell.
II. lukt *(adv = like)* straight.
lukte *(vb)* smell; ~ *godt* smell good; ~ *lunta* **T** smell a rat; ~ *av* smell of; *det -r litt av kjøttet* the meat smells a little;~ *på noe* smell sth *(fx* s. a flower); *(prøvende)* smell at *(fx* the dog smelt at the bone).
luktesans sense of smell; *(se skarp).*
lukt|fri, -løs odourless; **US** odorless.
lukullisk Lucullan, sumptuous.
lulle *(vb)* lull (to sleep).
lummer sultry, close.
lummerhet sultriness.
lumpe [thinly rolled-out potato cake].

lumpen mean *(fx* that was m. of him); shabby *(fx* a s. trick; he treated me rather shabbily).
lumpenhet meanness, shabbiness.
lumsk *(adj)* cunning, sly, deceitful; *(også om sykdom)* insidious.
lumskhet cunning, deceitfulness.
lun sheltered, warm, snug, cosy (,**US:** cozy); *(om person)* quiet, pleasant, good-natured; *den -e, pålitelige ovnsvarme* the warmth and dependability of a stove.
lund grove.
I. lune *(subst)* humour (,**US:** humor), mood, spirits; *(innfall)* whim, caprice; *være i godt (,dårlig)* ~ be in good (,bad) humour; *ved et skjebnens* ~ through a freak of chance; *reddet ved et skjebnens* ~ saved by a strange twist of fate.
II. lune *(vb)* shelter; warm.
lunefull, lunet capricious, whimsical.
lunge *(anat)* lung; *av sine -ers fulle kraft* at the top of one's voice.
lunge|betennelse pneumonia. **-kreft** lung cancer. **-mos** hashed lung, chitterlings.
lunhet warmth, genial heat.
I. lunk *(svak varme): det skulle vært hyggelig med en liten ~ i ovnen nå* a spot of heat in the stove would be nice now.
II. lunk *(langsomt trav)* jog trot.
I. lunke *(vb)* take the chill off, warm up; *~ på* warm up.
II. lunke *(vb): ~ av sted* jog along.
lunken lukewarm, tepid. **-het** lukewarmness, tepidity.
I. lunne *(subst)* pile of logs; *(på industritomt)* pile of pulpwood.
II. lunne *vb (i skogen)* skid, pile; *(på industritomt)* yard.
lunsj lunch, luncheon.
lunt|e fuse, (slow-)match; *han har kort (,lang)* ~ **T** he is quick (,slow) on *(el.* in) the uptake; *lukte -a* **T** smell a rat.
II. lunte *vb (gå langsomt)* jog along.
luntetrav jog trot.
lupe magnifying glass.
lupin *(bot)* lupine.
I. lur: *ligge på ~* lie in wait *(etter* for).
II. lur *(kort søvn)* snooze, forty winks; nap, cat-nap.
III. lur *(blåseinstrument)* lure.
IV. lur *(adj)* cunning, sly; knowing *(fx* he's a k. one); *det var jammen -t, må jeg si* that's clever, I must say; *han blunket -t* he winked knowingly.
I. lure *vb (blunde)* doze.
II. lure *vb* **1***(bedra)* fool, dupe; play (sby) a trick; **T** con *(fx* she was conned); *~ noe fra en* swindle sth out of sby; swindle sby out of sth, trick sby out of sth; *(se snyte); ~ en (ɔ: lage spillopper med en)* **T** lead sby up the garden path; pull a fast one on sby; **S** sell sby a pup; *han er lett å ~* he is easily taken in; *hun lurte ham ordentlig* he was properly taken in by her; *der ble jeg ordentlig lurt* I was badly caught there; *~ på en* spy on sby, watch sby secretly; *han -r på noe* he is up to some trick; *han lurte seg ned i en kurv* he slipped into a hamper; *en sjelden gang lurte de seg til en weekend sammen* on rare occasions they snatched a weekend together; **2***(spekulere)* wonder; *jeg -r på om* I wonder if.
lurendreier clever Dick, sly fox; **T** a knowing one.
lurendreieri tricks, trickery.
lureri trickery; *han trodde det måtte være noe ~ (ɔ: et trick) med det* he thought there must be some trick in it.
lurifas, luring clever Dick, sly fox; **T** knowing one; *han er en ~ (også)* he's (very) clever; he's a sly one; he's cunning; *en liten ~* **T** a young know-all.
lurv shock (of hair).
lurveleven hubbub, hullabaloo, uproar.
lurvet shabby. **-het** shabbiness.
lus *(zool)* louse *(pl:* lice); *hode-* (head) louse.
luse|kjører T crawler, middle-of-the-road driver. **-kofte** Norwegian sweater.
luset lousy.
lushatt *(bot)* aconite.
lusing box on the ear.
luske *(vb)* slink, sneak; *~ av sted* slink away, sneak off.
I. lut *(subst)* lye; *gå for ~ og kaldt vann* be neglected, be left to take care of oneself; *det skal skarp ~ til skurvete hoder* desperate diseases need desperate remedies.
II. lut *(krumbøyd)* bent, stooping.
lut doven T bone-lazy.
I. lute *vb (legge i lut)* soak in lye.
II. lute *vb (bøye seg)* stoop, bend, lean (forward); *han -t seg over mot henne* he leant over towards her.
lutefisk [dried codfish prepared in a potash lye].
lutende stooping.
lutfattig penniless, desperately poor.
lutheraner Lutheran. **luthersk** Lutheran.
lutre *(vb)* purify. **lutring** purification.
lutt *(mus)* lute.
lutter pure, sheer; *jeg er ~ øre* I'm all ears.
luv: *ta -en fra en (også mar)* take the wind out of sby's sails; *denne bilen tok -en fra alle de andre på utstillingen* this car stole the show.
luvart *(mar): til ~* to windward; *gå til ~ av et skip* get to windward of a ship; *holde seg til ~ av* keep to windward of.
Luxembourg Luxembourg.
luxemburger Luxembourger.
luxemburgsk *(adj)* Luxembourg *(fx* a Luxembourg bank).
ly shelter, cover; *være i ~* be sheltered; *søke ~* seek *(el.* take) shelter; *i ~ av* under shelter of.
lyd sound; *han ga ikke en ~ fra seg* he did not utter a sound; *slå til ~ for (fig)* advocate.
lyd|bølge sound wave. **-bånd** recording tape. **-båndopptak** tape recording; *(se opptak).* **-båndopptaker** tape recorder.
lyddemper silencer, exhaust box; **US** muffler.
I. lyde *(vb)* sound; *avsnittet skal ~ som følger* the paragraph is to read as follows; *slik lød ordene* these were the words; he spoke to this effect; *brevet -r slik* the letter reads as follows; *det -r ennå for ørene mine* it is still ringing in my ears; *passet -r på hans navn* the passport is made out in his name; *sjekken lød på 5 pund* the cheque was for 5 pounds; *obligasjonen -r på ihendehaveren* the bond is payable to the bearer.
II. lyde *vb (adlyde)* obey; *~ et navn* answer to a name *(fx* a. to the n. of Jeff).
lydelig *(adj)* audible, loud; *(adv)* audibly, loudly, aloud.
lydfilm sound film.
lyd|forhold acoustics. **-hermende:** *~ ord* onomatopoeia, onomatopoetic *(el.* onomatopoeic) word. **-hør** sensitive *(overfor* to); *(aktpågivende)* attentive, heedful *(overfor* to).
lydig obedient *(mot* to).
lydighet obedience.
lydisolasjon sound insulation.
lydlengde quantity, length of a sound.
lydlig phonetic.
lydlikhet phonetic similarity.
lydlære acoustics *(pl);* phonology; phonetics *(pl).*

lydløs *(uten lyd)* soundless; *(om maskin)* noiseless, silent.
lydløshet silence; soundlessness.
lydmur sound barrier.
lydpotte silencer, exhaust box; **US** muffler.
lydrike dependency.
lydskrift phonetic script *(el.* notation *el.* spelling); *(omskrevet tekst)* phonetic transcription.
lydstyrke sound intensity, loudness; *(i radio, etc)* volume; *regulere -n* govern *(el.* vary) the volume.
lyge *(vb): se lyve.*
lykke 1*(-følelse)* happiness; **2***(hell, medgang)* (good) fortune, (good) luck, success; **3***(gode)* blessing, godsend, piece *(el.* stroke) of (good) luck; **4***(personifisert)* fortune, Dame Fortune; *bedre ~ neste gang!* better luck next time! *en Guds ~* a godsend; *hell og ~!* good luck; *en -ns pamfilius* **T** a lucky dog; *enhver er sin egen -s smed* everybody is the architect of his own fortune; *det er en stor ~ at ...* it is very fortunate that ...; *bringe ~* (1) bring happiness; (2) bring luck; be lucky *(fx* four-leaved clovers are lucky); *forsøke -n* try one's luck; *gjøre ~ (om person)* be successful, achieve success; *(om ting)* be a success, score a s., be successful, make a hit, be a hit; *ha -n med seg* be fortunate *(el.* successful *el.* lucky), succeed, prosper; *~ på reisen* a pleasant journey! *på ~ og fromme* at random; in a haphazard way; *~ til!* good luck! *(iron)* I wish you joy of it! *til ~ med dagen!* many happy returns of the day! *til ~ med dagen og fremtiden!* best wishes for the day and the future! *jeg ønsker Dem til ~ med utfallet* I congratulate you on the result; *(jvf forstand; hell).*
lykke|hjul lottery wheel, wheel of fortune. **-jeger** fortune hunter.
lykkelig happy; *~ over* happy about. **-vis** fortunately, luckily, happily.
lykkeridder adventurer, soldier of fortune.
lykkes *(vb)* succeed; prove a success; *det lyktes ham å* he succeeded in (-ing); *forsøket lyktes for ham* he succeeded in the attempt; *noe som i høy grad har ~* and this has been highly successful.
lykke|skilling lucky penny, lucky coin. **-stjerne** lucky star. **-treff** stroke of good luck.
lykksalig happy, blissful. **-het** bliss.
lykkønske *(vb)* congratulate *(med* on). **-ning** congratulation; *(se ovf under lykke: til ~ med dagen).*
lykt lantern; *(bil-)* lamp, light; *(til gatebelysning)* street lamp; *lete med lys og -e* hunt high and low *(etter* for).
lykteglass *(for bil)* lamp lens *(el.* glass) *(fx* headlamp lenses); *innfatning for front-* bezel.
lykte|stolpe lamp post. **-tenner** lamp lighter.
lymfe *(anat)* lymph. **-kjertel** *(anat)* lymph gland. **-vev** *(anat)* lymphatic *(el.* lymphoid) tissue; *(se vev* 2).
lyn lightning; flash of lightning, lightning flash *(fx* a fearful l. f. tore the darkness); *(fig)* flash; *som (et) ~ fra klar himmel* like a bolt from the blue; *som et olja ~* **T** like greased lightning; *-et slo ned i huset* the house was struck by lightning.
lynavleder lightning conductor *(el.* rod).
lyne *(vb)* lighten, flash; *i -nde fart* with lightning speed; *-nde sint* furious.
lyng heather. **lyngbevokst** heathery.
lynglimt flash of lightning.
lyngmo heath, heathery moor.
lynild lightning.
lynne disposition, temperament; *det engelske ~* the English character.
lynnedslag (stroke of) lightning; *det ble meldt om fire ~* the lightning was reported to have struck four times.
lynsje *(vb)* lynch.
lynsjjustis lynch law, instant justice.
lynsnar quick as lightning.
lyr *(fisk)* pollack.
lyre *(mus)* lyre.
lyriker lyric poet. **lyrikk** lyrical poetry.
lyrisk lyric(al); *~ dikt* lyric, lyrical poem.
I. lys 1*(mots. mørke)* light; *(skjærende)* glare *(fx* the g. of the tropical sun); **2***(lyskilde)* light *(fx* electric l.); **3***(stearin-)* candle; **4***(belysning)* lighting *(fx* electric l.), illumination *(fx* the only i. was a candle); **5***(fig)* light *(fx* throw l. on a problem); **6***(begavet person)* luminary; shining light; *han er ikke noe ~* he's not on the bright side; he won't set the Thames on fire; **US** he's no shining light; *bart ~* naked light; *brutt ~ (fys)* refracted light; *elektrisk ~* electric light(ing) *(fx* cabin with e. l.); *hytte med elektrisk ~, koking og oppvarming* cabin with electricity laid on for lighting, cooking and heating; *(det elektriske) -et er borte* the electric light has failed *(el.* gone out); *(se også strøm); fullt ~ (på bil)* full (driving) lights *(fx* drive with full lights (on)); the main *(el.* high) beam; *sette på fullt ~* turn up the headlights; light up; switch on the lights; *skru av (,på) -et* switch off (,on) the light; *dagens~* daylight, the light of day; *bringe for dagens ~* bring into the light of day, bring to light; *(avsløre)* expose; *levende ~* candlelight *(fx* by c.); *føre bak -et* hoodwink, dupe, impose on, take in; **T** lead up the garden path; *-et gikk!* the light's gone! the light's fused; *(sikringen har gått)* the fuse has blown! *(om lyspæren)* the bulb's gone! *det gikk et ~ opp for meg* a light dawned on me; *gå over gata mot rødt ~* cross against traffic lights; *kjøre mot rødt ~* drive into the red; *kjøre (over) på gult ~* cross on the amber; *kjøre uten ~* drive without (one's) lights (on); *lete med ~ og lykte etter* hunt high and low for; beat the bushes for *(fx* new talents); *det var ~ i vinduet* the window was lighted *(el.* lit up); *se saken i et annet ~* see the matter in a different light; take a different view of the matter; *stille noe i et nytt ~* throw (a) new light on sth; put another complexion on sth; *det stiller ham i et pent ~* it places him in a favourable light; it speaks well for him; it puts a favourable complexion on his conduct; *det ville stille ham i et uheldig ~* it would (,might) show him up in an unfavourable light; *opplysninger som kunne stille ham i et uheldig ~ (også)* information that might reflect adversely on him; *stå i -et for seg selv* stand in one's own light; *(se blinke & I. møte).*
II. lys *(adj)* **1.** light, bright; **2***(lysende, skinnende)* bright, shining, luminous; **3***(om farge)* light, pale *(fx* a p. blue); *(om hår)* fair, blond(e); **4***(fig)* bright *(fx* b. hopes, a b. future); **5***(fon)* clear *(fx* vowels); *en ~ idé* a bright idea; *-ere forhold* brighter conditions; *et -t øyeblikk* a lucid interval; *se -t på tingene* take a cheerful view of things; *det begynner å bli -t* it's beginning to get light; *det var ikke -t ennå* it was not yet light.
III. lys *(adv): ~ levende* as large as life; *~ våken* wide awake.
lysalv elf of light, friendly elf.
lysanlegg lighting system.
lys|bilde slide. **-bildeapparat** projector. **-bryter** electric light switch; **T** switch. **-brytning** refraction. **-buesveising** electric-arc welding. **-bølge** light wave. **-bøye** *(mar)* light buoy.
lyse *(vb)* light, shine; *banne så det -r* swear like

a trooper; **US** swear a blue streak; *lampen -r godt* the lamp gives (a) good light; ~ *opp* illuminate, brighten, light up; ~ *til ekteskap* publish the banns (of marriage); ~ *velsignelsen* give the benediction; *gleden lyste ut av øynene på ham* his eyes beamed with joy; *iveren lyste ut av øynene på henne* her eyes shone (*el.* kindled) with excitement; ~ *en ut (,nedover trappene)* light sby out (,downstairs); *(se I. møte).*

lysende luminous, shining, bright; *(fig)* brilliant.

lyseblå light blue.

lysekrone chandelier.

lysekte *(adj)* sun-resisting, fast to light.

lyse|stake candlestick. **-stump** candle-end.

lysevne illuminating power.

lys|gass illuminating gas. **-glimt** gleam (of light).

lyshorn light hooter, headlamp flasher.

lyshåret fair-haired, blond(e).

I. lysing *se lysning.*

II. lysing *(fisk)* hake.

lyskasse window well.

lyskaster searchlight; *(på bil): -e (pl)* headlights; *dobbelte -e* dual headlights.

lyske *subst (anat)* groin; inguen.

lyskjegle beam of light.

lyskopi dyeline print; *(med blått trykk)* blueprint; *(se fotokopi).*

lyslett blond(e), fair.

lyslokket blond(e), fair-haired.

lysmast electric pylon.

lysmester *(jernb)* outdoor machinery assistant.

lysmåler (electric) light meter; *(fot)* exposure meter, photometer.

lysne *(vb)* brighten, become brighter; grow light(er); *(dages)* dawn; *det -r (om været)* it's clearing up.

lysnett (electricity) mains, light circuit; *kople en ringeklokke til -et* run a bell off the light circuit; connect a bell to the mains.

lysning 1. light; *(svak)* glimmer; *(i skog)* clearing, glade; *(åpning)* aperture, opening; internal diameter; **2**(*bedring)* improvement, brightening (up); **3**(*til ekteskap)* (publication of the) banns; *bestille* ~ *(til ekteskap)* ask the banns, give notice of the banns.

lysningsblad public advertiser, advertisement journal; *Norsk* ~ *(kan gjengis)* the Norwegian Gazette.

lys|punkt bright spot. **-pære** (light) bulb. **-reklame** illuminated advertising; *(skilt)* electric sign, neon sign; *(på tak)* sky sign. **-side** luminous side (*fx* of the moon). **-signal** light signal. **-skjær** gleam of light. **-sky** *(fig)* shady, fishy (*fx* methods). **-stripe** streak of light. **-stråle** ray of light. **-styrke** light brilliance.

lyst *(fornøyelse)* delight, pleasure; *(tilbøyelighet)* inclination, liking; *hver sin* ~ everyone to his liking; *kjødets* ~ the lust of the flesh; *-en driver verket* where there's a will there's a way; nothing seems hard to a willing mind; *få* ~ *til å* take a fancy to (-ing), take it into one's head to; *ha* ~ *til å* feel like (-ing); feel inclined to, have a (great) mind to; *gi en* ~ *til* make sby want to (*fx* do sth); *hver sin* ~ everyone to his taste; *så det er en* ~ (ɔ: *energisk)* with a will; *han arbeider så det er en* ~ *(også)* it's a treat to see him work; *med liv og* ~ with a will; ... *og arbeidet gikk med liv og* ~ and the work went with a swing; *ei blott til* ~ not for amusement only.

lystbetont *(psykol)* pleasurable, attractive, interesting; *det gjelder å gjøre oppgaven* ~ the task has to be made p. (*el.* a.); *(jvf ulystbetont).*

lyst|båt pleasure boat (*el.* craft). **-damper** pleasure steamer.

lystelig pleasant.

lysten desirous, covetous *(på* of); *(i seksuell bet.)* lascivious, lustful.

lystenhet lasciviousness, lust.

lyster *(fiskeredskap)* fish spear.

lyst|fartøy pleasure craft. **-fiske** angling. **-følelse** pleasurable sensation. **-hus** *(løvhytte)* arbour (,**US:** arbor), bower; **US** *(også)* garden pavilion.

lystig merry, jolly; *hun gjorde seg* ~ *over hans lettroenhet* she made fun of his credulity; *en* ~ *fyr* a jolly fellow.

lystighet mirth, merriment, gaiety, jollity, hilarity; *det var en god del enkel, støyende* ~ there was plenty of simple, noisy jollity.

lyst|jakt *(fartøy)* yacht. **-kutter** yacht. **-motorbåt** private motor-boat.

lystre *(vb)* obey; *(roret)* answer (the helm); ~ *ens minste vink* be at sby's beck and call.

II. lystre *(vb)* spear (fish).

lystreise pleasure trip.

lyst|seilas yachting. **-seiler** pleasure (*el.* private) sailing craft. **-slott** hunting lodge. **-spill** comedy. **-spillforfatter** writer of comedies. **-tur** pleasure trip.

lysverk *(elektrisitetsverk)* power station, power house; *Oslo -er* Oslo Electricity Board.

lysvirkning effect of light; light(ing) effect.

lysvåken wide awake.

lyte *(feil)* blemish, fault, defect.

lytefri faultless, flawless, without blemish.

lytt: *det er så* ~ *her* you hear every sound in this house; these walls let every sound through; one can hear every sound through these walls; this house is poorly soundproofed.

lytte *(vb)* listen; ~ *etter* listen for; ~ *til* listen to.

lyttepost *(mil)* listening post.

lytteravgift (listeners') licence; *løse* ~ *hvert år* buy an annual licence.

lytterkrets group of listeners (*fx* this programme caters for a clearly defined g. of l.).

lytter|lisens: *se -avgift.*

lytterpost *(radio)* (radio) listeners' correspondence.

lyve *(vb)* lie, tell a lie; ~ *for en* tell sby a lie; ~ *på en* tell lies about sby; ~ *oppad stolper og nedad vegger* lie up hill and down dale, lie like a trooper (*el.* gas meter *el.* lawyer); ~ *seg fra noe* get out of sth by a lie.

lær leather. **-aktig** leathery.

lærd learned, erudite, scholarly; *(subst)* scholar; *de -e* the learned; *de -e strides* doctors disagree.

lærdom learning, erudition, scholarship; *(undervisning)* instruction.

I. lære *subst (læresetning)* doctrine, dogma; *(forkynnelse, undervisning)* teaching(s) (*fx* the t. of the church); *(advarsel)* lesson; *(håndverks-)* apprenticeship; *sette en i* ~ *hos* apprentice sby to.

II. lære *vb (undervise)* teach; *(lære selv)* learn, be taught; *jeg har tenkt å* ~ *fransk* I'm going to take up French; ~ *å* learn (how) to; *du -r snart å gjøre det* you'll soon learn how to do it; you'll soon get into the way of doing it; ~ *ham å* ... teach him (how) to; ~ *en å kjenne* get to know sby, become acquainted with sby; *(møte, også)* meet sby; ~ *ham å kjenne som* find him to be, come to know him as; *en -r så lenge en lever* we live and learn; *en -r selv ved å* ~ *andre* one learns by teaching; ~ *seg å* ... learn to; ~ *av* learn from; ~ *av erfaring* learn by experience; ~ *fra seg* teach; ~ *opp* train; ~ *utenat* memorize, learn by heart, commit to memory.

lære|anstalt educational institution; *høyere* ~ institution of higher education. **-bok** textbook; *en* ~ *i geologi* a geology textbook; *nye lærebøker i tysk* new textbooks in German. **-gutt** ap-

prentice. **-lyst** desire to learn. **-mester** master (of an apprentice); teacher. **-midler** means of instruction; teaching aids.
lærenem quick to learn. **-het** quickness (of intellect).
lærepenge lesson; *få en* ~ learn a lesson; *gi en en ordentlig* ~ teach sby a sharp lesson; *la det være en* ~ *for deg* let this be a lesson to you.
lærer teacher (*fx* t. of English), master (*fx* our English m.); schoolmaster; schoolmistress; *lærer! (elevs tilrop)* Sir! Miss! ~ *i filologiske fag* arts teacher (NB *jvf formingslærer);* ~ *i realfag* science teacher; *landets egne -e* (the) native teachers.
lærer|dyktighet: *vitnemål for praktisk* ~ certificate of (practical) teaching competence. **-eksamen** teacher's certificate examination. **-gjerning** teaching. **-ektepar** husband *(el.* man) and wife, both teachers; *(se yrkes-).*
lærerhøyskole *(hist)* [extension college for primary school teachers]; *(svarer til)* post-graduate training college.
lærerik instructive, informative.
lærerinne woman teacher, schoolmistress.
lærerkollega fellow teacher; teacher (*el.* teaching) colleague.
lærer|kollegium teaching staff. **-lag:** *Norsk Lærerlag (svarer til)* the National Union of Teachers. **-post** teaching post **-råd** *(skoleråd)* staff meeting.
lærerskole *(hist; nå: pedagogisk høyskole)* college of education; **US** teachers college; *lektor ved* ~ college of education lecturer; **US** teachers college professor. **-kandidat** Bachelor of Education, B.Ed.
lærer|stand teaching profession. **-stilling** teaching post. **-utdannelse** teacher training. **-vikar** supply teacher. **-værelse** (teachers') common room, staff room. **-yrket** teaching, the teaching profession; *tvangsdirigere til* ~ conscript teachers.
læresetning doctrine, dogma.
læretid apprenticeship; *gjøre seg ferdig med -en sin* work out one's time; *han er nesten ferdig med -en* he has almost finished his time *(el.* apprenticeship).
lære|villig willing to learn. **-vogn** *(for øvelseskjøring)* learner-car, L-car; **US** driver-training car. **-år** (year of) apprenticeship.
lær|handel leather trade. **-rem** leather strap.
lærling (craft) apprentice; ~ *på billinjen* motor vehicle apprentice.
lærlingekontrakt contract of apprenticeship; **UK** indenture.
lærreim leather strap.
lø *(vb)* pile (up), stack.
lød *(farge)* hue, colour (,**US:** color).
lødig fine, pure. **-het** fineness, pureness; *(fig)* sterling worth, merit, value.
løe *(subst)* barn; **US** hay barn.
løft lift; *(fig)* big effort.
I. løfte *(subst)* promise; *høytidelig* ~ vow; *gi et* ~ make *(el.* give *el.* hold out) a p.; *gjøre alvor av et* ~ make good one's p., carry out one's p., act on one's p.; *holde (,bryte) et* ~ keep (,break) a promise; *ta det* ~*av en at* make sby promise that.
II. løfte *(vb)* lift, raise; ~ *arven etter en (fig)* carry on sby's work; ~ *i flokk* join forces, join hands, pull together; ~ *på* try the weight of; ~ *på hatten til* raise one's hat to; *han -t hånden til hilsen* he raised his hand in a salute; *-t stemning* mood of exhilaration; *han var i -t stemning (ɔ: bedugget)* he was lit up.
løfte|brudd breach of promise. **-rik** promising, full of promise.
løfte|stang lever. **-ventil** lift valve.
løgn lie, falsehood; *det er* ~ *fra ende til annen* it's a pack of lies; *liten* ~ fib; *uskyldig (el. hvit)* ~ white lie; *åpenbar* ~ palpable lie; *det er* ~ it's a lie; *gripe en i* ~ catch sby lying; *leve på en* ~ live a lie; *med fradrag av* ~ *og overdrivelser er det fremdeles en god historie* it's still a good story when stripped of lies and exaggeration; after making allowances for lies and e. it's still a good story.
løgnaktig lying, mendacious; *han er bevisst* ~ he is deliberately untruthful. **-het** mendacity.
løgner, løgnerske, løgnhals liar; *gjøre en til løgner* give sby the lie.
løk *(bot)* onion; *blomster-* bulb.
I. løkke *(subst)* **1.** enclosure (in a field), paddock; **2.** vacant lot.
II. løkke *subst (renne-)* loop, noose.
lømmel lout; scamp.
I. lønn 1(*arbeids-)* pay, wages *(pl); (med foranstående bestemmelse el. etterfulgt av* 'of' *ofte)* wage (*fx* an hourly wage of £5); **2**(*gasje)* salary; **3**(*belønning)* reward; *som* ~ *for* (3) as a reward for; *få* ~ *som forskyldt* get one's deserts; *det var* ~ *som forskyldt (også)* it served him right; he was asking for it; he deserved all he got; *hans* ~ *er £20 i uken* his wages are *(el.* his wage is) £20 a week; *fast* ~ a steady wage; regular pay; (2) a regular *(el.* fixed) salary; *jeg betaler ham en god* ~ I pay him a good wage *(el.* good wages); *en jobb med god, fast* ~ a job with a good steady wage; *høy* ~ high wages, a high wage, (a) high pay; (2) a high salary; ~ *etter avtale* (2) salary according to arrangement; *lik* ~ *for likt arbeid* equal pay for equal work; *utakk er verdens* ~ ingratitude is the way of the world; *få utakk til* ~ be repaid with ingratitude; *(se ligge: bli -nde etter).*
II. lønn *(bot)* maple.
III. lønn *(subst): i* ~ *(ɔ: hemmelig)* secretly, in secret, clandestinely.
lønndom *(subst): i* ~ secretly, in secret.
lønndør secret door.
lønne *vb (betale)* pay; *(gjengjelde)* repay; *(belønne)* reward; ~ *seg* pay; *(være umaken verd)* be worth while; *det -r seg å* it pays to; *få noe til å* ~ *seg* make sth pay; *forretningen har nå begynt å* ~ *seg* the shop has now become a paying concern.
lønngang secret passage.
lønning *(subst): se I. lønn.*
lønnings|dag pay day. **-konvolutt** pay envelope, pay packet. **-liste** wages list, pay sheet; **US** pay roll (*el.* list). **-pose** pay-packet.
lønnkammer private closet.
lønnlig secret.
lønnsavtale wage(s) agreement.
lønnsforhold: *undervisningskompetanse og* ~ *vil bli vurdert etter de retningslinjer som gjelder for* ... teaching qualifications and salary scales will be considered in accordance with the regulations regarding ...; *(se undervisningskompetanse).*
lønns|forhøyelse increase of wages (,salary). **-forlangende** salary required (*fx* applications, stating s. r., to be addressed to ...). **-gradering** grading of wages (,salaries); *spørsmålet om en* ~ *etter leveomkostningene* the question of grading wages and salaries in accordance with *(el.* on the basis of) the cost of living.
lønns|kamp wage war, wage conflict *(el.* dispute). **-klasse** salary class, (pay) grade (*fx* she is a Grade III clerk). **-konflikt** wage dispute. **-konto** salary account; *(se konto).* **-krav** pay claim (*fx* the nurses' p. c.), wages demand(s), wage claim(s), demand for higher wages. **-mottager**

wage earner (*fx* miners are wage earners, whereas teachers are salaried men). **-nedsettelse** wage (,salary) cut, reduction in (*el.* of) wages; *-r (pl)* wage (,salary) cuts, wage reductions, cuts in salaries. **-nemnd** wages board. **-nivå** wage level, level of wages; *en senkning av -et* a reduction in the wage levels.
lønnsom profitable. **-het** profitability.
lønnsomhetsmotiv profit motive.
lønnsoppgjør wages settlement.
lønnspålegg increase of wages (,salary), wage increase; **T** rise (*fx* he has promised me a rise at New Year).
lønns|regulativ scale of pay, wage (,salary) scale. **-regulering** wage adjustment, adjustment of wages. **-sats** wage rate, rate of pay.
lønnsskala 1. salary scale (*fx* he is paid within the same s. s.; s. scales vary in length from four to twelve years); **2.** scale of wages; *glidende ~* sliding scale (of wages).
lønns|slipp pay slip, salary slip. **-spørsmål** wages question. **-stopp** wage freeze; *tvungen ~* compulsory w. f. **-tariff** scale of pay, scale; *(se -trinn).* **-tillegg** increase of wages (,salaries); bonus; increment (*fx* annual increments). **-trinn** scale of pay (*fx* the lowest s. of p.), scale (*fx* he starts his career at a point in the scale which depends on age). **-utjevning** levelling of incomes (*fx* a great l. of i. has occurred since those days). **-økning:** *se -forhøyelse; planmessig.*
lønnvei secret way.
løp run, course; *(om en elv)* course; *(i børse, pistol)* barrel; *(om tiden)* course; *(mus)* run; *(vedde-)* race; *i det lange ~* in the long run; *X leder etter to ~ (skøyter)* over two distances X is leading; *i tidens ~* in the course of time; *i -et av* in, in the course of, within, during; *i -et av de nærmeste dager* (with)in the next few days; *i -et av 15 år* over a period of 15 years; *i -et av de årene reisen varte* during the years the journey lasted; *bryte -et* drop out of the race; *fullføre -et* complete the race; *(også fig)* stay the course.
løpe *(vb)* run; *(være i kraft)* be (*el.* remain) in force; *(om brunstig dyr)* be in heat; *han kom -nde* he came running along (*el.* up), he came up at a run; *~ hornene av seg (fig)* sow one's wild oats; *la munnen ~* jabber away; *~ sin vei* run away, cut and run, make off, decamp; *hissigheten løp av med ham* his temper got the better of him; *det fikk tennene til å ~ i vann på meg* it made my mouth water; *~ inn i en havn* put into a port; *det løp kaldt nedover ryggen på meg* cold shivers ran down my back; *~ på (møte tilfeldig)* run across; *noe å ~ på* a margin; *ha noe å ~ på* have something to fall back upon; *her -r trådene sammen* here the clues converge; *~ ut i en spiss* taper into a point; *hesten løp ut* the horse bolted.
løpe|bane 1(*et menneskes)* career; **2**(*del av idrettsbane)* running track. **-dag** *(om veksel)* day of grace. **-fot** *(zool)* cursorial foot. **-grav** trench. **-gutt** errand boy; *(i klubb, hotell)* **T** buttons; **US** bellhop. **-ild** ground fire; *bre seg som en ~* spread like wildfire. **-katt** *(jernb)* traverser carriage. **-kran** travelling crane.
løpende running; *~ konto* current account; *den ~ tilgang på sukker* the current supply of sugar, supplies of s. currently available; *det ~ år* the current year; *(se løpe).*
løpenummer serial number.
løpepass *(subst)* **T:** *få ~* be sacked, be fired, get the sack; **US** get one's walking papers; *gi en ~* sack sby, fire sby.
løper 1. runner; *(skøyte-)* skater; **2**(*i sjakk)* bishop; **3**(*bord-)* runner; *(trappe-)* (stair) carpet; stair runner; *rød ~* red carpet.
løpeskinne guide rail.
løpestreng 1. aerial cable (for transporting loads of hay, wood, *etc); **2**(for hund)* running line.
løpetid 1(*dyrs)* rutting season; *(hundyrs)* period of heat; **2**(*merk: for veksel)* term; currency; *(for lån)* term (of a loan); *en tispe i -en* a bitch on (*el.* in) heat.
løpsdommer *(sport)* track judge; *(se overdommer).*
løpsk: *hesten løp ~* the horse bolted; *en ~ hest* a run-away horse.
lørdag Saturday. **-sfri:** *ha ~* have Saturday off.
løs loose; *(slapp)* slack; *(løsaktig)* loose; *-e eksistenser* tramps, outcasts of society, waifs and strays; *fanden er ~* there's the devil to pay; *-e hunder* dogs without a leash (*el.* lead); unleashed dogs; *-t krutt* blank cartridges; *~ mave* lax bowels; *gjøre et -t overslag* estimate roughly; *-e rykter* vague rumours (,**US:** rumors); *-t skudd* blank shot; *-t snakk* idle talk; *nå går det ~!* now for it! *gå ~ på et problem* tackle a problem; *gå like ~ på saken* come straight to the point; *komme seg ~ fra* get free from; *(noe man henger fast i)* extricate (*el.* disengage) oneself from; *rive seg ~* break away, free oneself; *(voldsommere)* wrench oneself free; tear oneself away; *pengene sitter -t hos ham* he is free with his money; *slippe ~ (andre)* let (*el.* turn) loose; *(selv)* escape; *slå ~* knock loose; *slå ~ på* hammer away at; *slå seg ~ (fig)* let oneself go, have a fling; **S** let one's hair down; *~ og ledig (ugift)* single, unattached; *-t og fast* all sorts of things; *vi snakket om -t og fast* we talked of this, that, and the other.
løsaktig loose; *~ kvinne* loose woman, w. of easy virtue; **T** tart. **-het** (moral) looseness, loose living, (moral) laxity.
løsarbeid casual work. **-er** day labourer.
løsbryster *(pl)* **S** falsies.
løse *(vb)* loosen, unfasten; *(løse opp)* untie; *~ en knute* untie a knot; *~ billett* buy a ticket; *~ en gåte* solve a riddle; *~ en oppgave* solve (*el.* work out) a problem; *~ inn (noe pantsatt)* redeem. *~ opp (mat.)* resolve (*fx* a number into its prime factor); *~ opp parentesene (mat.)* remove the parentheses; *~ seg opp* dissolve; *~ seg opp i sine enkelte bestanddeler* disintegrate; *(se oppløse).*
løselig *adj (overfladisk)* superficial; perfunctory; *(hastig)* cursory; *(adv)* perfunctorily; superficially, cursorily (*fx* mention it c.); *etter ~ skjønn* at a rough estimate; *se ~ igjennom* run over.
løsen *(subst)* watchword; *(passord)* countersign; *dagens ~* the order of the day; *fremtidens ~* the coming thing.
løsepenger ransom; *forlange ~ for en* put sby to ransom; *kidnapperne forlangte £50 000 i ~ for ham* the kidnappers demanded £50,000 in ransom for him.
løs|gi *(vb)* release, set free. **-givelse** release. **-gjenger** tramp; *(jur)* vagrant. **-gjengeri** vagrancy.
løsgjøre *(vb)* loosen, disengage; *~ seg (fra noe man henger fast i)* extricate (*el.* disengage) oneself from.
løskjøpe *(vb)* ransom.
løslate *(vb)* release, set free; *løslatt på prøve* released on probation; *(umiddelbart etter rettssaken)* conditionally discharged.
løslatelse release; *~ på prøve* conditional release.
løsmunnet *(om person)* loose-tongued.
løsne *(vb)* loosen, relax; work loose (*fx* it has worked loose); *~ et skudd* fire a shot.
løsning loosening, slackening, relaxation; *(av oppgave)* solution; *da slo -en ned i ham* then

FATALE FELLER

låne

lend – borrow

lend	**låne ut**	*Could you lend me some money?*
borrow	**låne**	*Could I borrow your car?*

Noen ord og uttrykk er veldig like i betydning og kan lett skape problemer.

the s. struck him; *det er ingen lett ~ på problemet* there is no easy solution to the problem; *det er to mulige -er på forbrytelsen* there are two possible solutions of the crime.

løsrevet disconnected.

løsrive *(vb): ~ seg* break away; *(med et rykk)* shake oneself free from *(fx* sby's embrace), wrench oneself free from; *(se III. si: ~ seg løs fra).*

løsrivelse detachment, severance; *(polit)* secession, separation, severance, emancipation.

løssalg *(av avis, etc)* sale of single copies, sale to non-subscribers.

løssloppen *fig (ubehersket)* unrestrained, unbridled *(fx* passion); *(kåt)* wild, abandoned; *~ dans* wild *(el.* riotous) dance; *~ munterhet* uproarious hilarity.

løssloppenhet abandon, wildness; *(ubeherskethet)* lack of restraint.

løssnø loose snow; *ny ~* fresh loose snow; *han kom ut i ~og falt* he got into some loose snow and fell (,**T:** and had a spill); *(se I. snø).*

løsøre *(subst)* movables; *(jur)* chattels personal; *(se uavkortet).*

løv *(bot)* **1.** leaf *(pl:* leaves); **2.** foliage, leafage, leaves.

løvblad leaf *(pl:* leaves).

løve *(zool)* lion.

løve|brøl roar of a lion (,of lions). **-jakt** lion-hunt; *(det å)* lion-hunting. **-munn** *(bot)* snapdragon.

løve|skinn lion's skin. **-tann 1***(en løves tann)* lion's tooth; **2***(bot)* dandelion. **-unge** lion cub, young lion.

løvinne *(zool)* lioness.

løvrive lawn rake.

løvsag fretsaw; *elektrisk ~* jigsaw; power-driven fretsaw.

løvskog deciduous wood *(el.* forest), hardwood forest.

løvsprett leafing.

løvverk foliage.

løybenk couch.

løye *(vb) (mar)* drop, moderate; *~ av* calm, drop *(fx* the wind dropped); moderate.

løyer *pl (morskap)* fun, sport; *drive ~ med* make fun of, pull a fast one on.

løyerlig funny, droll; *(underlig)* queer, odd.

løyert *(glds: barnesvøp)* swaddling cloth; *(mar) (ring i kanten av et seil)* cringle.

I. løype *(oste-)* rennet.

II. løype *(ski-)* ski track, course; *ute i løypa* along the track *(el.* trail); *gå foran og brøyte ~* go ahead and break a (,the) track.

løypemage *(drøvtyggers)* rennet bag *(el.* stomach).

løype|sjef *(ski)* chief of the course. **-ski** *(pl)* touring skis. **-streng** *se løpestreng 1.*

løytnant *(mil)* **1.** lieutenant *(fk* Lieut); **US** first-lieutenant *(fk* 1 LT); **2***(mar)* lieutenant (RN); US lieutenant; *~ (M)* engineer-lieutenant; **3** *(flyv)* flying officer; **US** first-lieutenant *(fk* 1 LT).

I. løyve *(tillatelse)* permission, permit *(på, til* to).

II. løyve *(vb)* grant; allow, permit.

låghalt lame, limping.

lån loan; *personlig ~* personal loan; *personlige ~ ytes til kjøp av ...* personal loans are available for the purchase of ...; *få et ~* obtain a loan; *få ordnet et ~* negotiate a loan; *oppta et ~* raise a loan *(fx* on a house); *til -s, som ~* on loan; *få til -s* have the loan of; *han har den til -s* he has borrowed it; *leve på ~* live by borrowing; *takk for -et!* thank you; *takk for -et av boka* thank you for lending me *(el.* for the loan of) the book.

låne *(vb)* borrow *(av* of, from); *(låne ut)* lend; **US** loan; *det beløp De kan ~ og tilbakebetalingsfristen avhenger av ...* the amount you can borrow and the period of repayment is dependent on ...; *~ med hjem (fra bibliotek)* take out *(fx* a book); *hun er flink til å ~, men mindre flink til å gi igjen* she is good at borrowing, but bad at giving back; *kunne De ~ meg en fyrstikk?* may I trouble you for a match? *jeg er ute for å ~ (spøkef)* **T** I'm on a borrowing spree *(el.* expedition *el.* trip); *~ på kort sikt* borrow in the short term.

lånebeløp *(subst): hele -et* the full amount of the loan.

lånebil courtesy car.

lånekapital loan capital.

låne|kasse loan office; loan fund. **-kontor** pawnshop, money-lender's office. **-kort** *(biblioteks-kort)* (library) ticket. **-midler** *(pl)* borrowed capital *(el.*money). **-ord** loanword. **-rente** interest paid on a loan (,on loans); *(utlånsrente)* borrowing rate; *(pantelånsrente)* mortgage interest; *-n er 15%* the loan carries 15% interest. **-seddel** pawn ticket.

lån|giver lender. **-tager** borrower.

lår *(anat)* thigh; *(av slaktet dyr)* leg.

lårben *(anat)* thigh bone, femur.

lårhals *(anat)* neck of the femur.

låring *(mar)* quarter, buttock.

lårkort: *~ skjørt* miniskirt.

lårstek round steak.

lår|stykke *(av okse)* round of beef; *(av hjort)* haunch (of venison); *(av lam)* leg (of lamb); *(av kalv)* fillet of a leg (of veal); *(av fugl)* leg, drumstick. **-tunge** *(mat)* silverside.

lås lock; *(henge-)* padlock; *(på veske, armbånd, etc)* snap, catch, fastener; *sette ~ for* padlock; *døra falt i ~* the door latched itself; *gå i ~* lock; *(fig)* come off; *så sikkert som en ~* **T** as sure as fate, as sure as eggs is eggs; *under ~ og lukke* under lock and key.

låsbar *(adj)* lockable, lock-up *(fx* garage, shed).
låse *(vb)* lock; *(sette hengelås for)* padlock; ~ *av* lock; ~ *ned* lock up; ~ *opp* unlock.
låse|mutter lock nut. **-skive** lock washer.
låsesmed locksmith.
låt 1. sound, ring; **2***(mus)* number; tune.
låte *(vb)* sound, ring; *de syntes dette låt godt* they thought this had a pleasant ring.
låve barn; **US** grain (,hay) barn. **-bru** barn bridge. **-dør** barn door; *han er ikke tapt bak en* ~ **T** he's up to snuff; there are no flies on him; he knows how to help himself. **-gulv** threshing floor.
låvesvale *(zool)* barn swallow.

M, m M, m; *M for Martin* M for Mary.
m *(fk.f. meter)* metre *(fk* m); **US** meter.
maddik *(zool)* maggot.
Madeira Madeira.
madjar Magyar. **-isk** Magyar.
madonna Madonna. **-bilde** picture of the Virgin Mary.
madrass mattress.
magasin 1. storehouse, warehouse; **2***(i bibliotek)* stack (room); stockroom; *i -et (også)* in the stacks; **3***(blad)* magazine; **4***(for patroner)* cartridge clip.
magasinovn storage stove; **US** base burner.
mage *(anat)* **1.** stomach; **T** tummy; tum; **S** bread basket; **2***(underliv også)* abdomen; belly; **3.** paunch; pot belly; **T** bay window; *begynnelsen til en* ~ the start of a paunch; *han har vondt i -n* he has a pain in his stomach; he has indigestion; **T** he has tummy ache; *(lett vulg)* he has bellyache; *ha hard* ~ be constipated; *få* ~ *(bli tykk)* get paunchy; **T** put on *(el.* develop) spare tyres; *han begynner å få* ~ *(også)* **T** he's getting a bay window; *kaste seg på -n for (fig)* grovel before, kowtow to; *ligge på -n* lie flat (on one's stomach); *ligge på -n for* cringe to, kowtow to, grovel before; lick sby's boots; *(beundre)* idolize; *(se også rar & sult).*
mage- gastric, stomach.
mage|betennelse gastritis. **-dans** belly dance. **-katarr** gastric catarrh. **-knip** stomach ache; **T** tummy ache; *(lett vulg)* bellyache.
mage- og tarmlidelse gastrointestinal disease *(el.* disorder).
mage- og tykktarmbetennelse gastrocolitis.
mageplask T belly flop *(fx* take a b. f.), flatter.
mager *(mots. fet)* lean *(fx* bacon); *(om person)* thin, spare, lean; ~ *jord* thin *(el.* poor) soil; ~ *kost* scanty fare; ~ *trøst* poor consolation, cold comfort. **-het** leanness, thinness, spareness, meagreness.
mage|sekk *(anat)* stomach. **-sjau** *(vulg)* **T** tummy bugs. **-sår** gastric ulcer.
magi magic.
magiker magician.
magisk magic(al).
magister *(i humanistiske fag, omtr.* =) Master of Arts, M.A.; *(i naturvit. fag)* Master of Science, M.Sc. **-grad** = M.A. degree; M.Sc. degree.
magnat magnate; **T** tycoon.
magnesia *(avførende pulver)* magnesia.
magnesium *(min)* magnesium.
magnet magnet. **-isere** *(vb)* magnetize. **-isering** magnetization. **-isk** magnetic. **-isme** magnetism. **-nål** magnetic needle. **-ofon** tape recorder.
magnolia *(bot)* magnolia.
mahogni mahogany. **-tre** mahogany.
mai May; *i* ~ *måned* in the month of M.; *i begynnelsen av* ~ early in M., at the beginning of M., in the early days of M.; *i slutten av* ~ at the end of M.; *(se også I. først; II. først).*
maie *(vb):* ~ *seg ut* bedizen oneself, rig oneself out *(el.* up) *(med* in).
maigull *(bot)* golden saxifrage.
mais *(bot)* maize, Indian corn.
maisild *(fisk)* allis shad; *(se sild).*
mais|kolbe corncob. **-mel** maize flour; **US** corn meal; *(fint)* cornflour; **US** cornstarch.
majestet majesty; *Deres M.!* Your Majesty!
majestetisk majestic.
majestetsforbrytelse lese-majesty.
majones mayonnaise.
major *(mil)* **1.** major *(fk* Maj); **US** major *(fk* MAJ); **2***(flyv)* squadron leader *(fk* SqnLdr); **US** major *(fk* MAJ).
majoritet majority; *være i* ~ be in a *(el.* the) majority.
mak ease, quiet, leisure; *i ro og* ~ leisurely, in peace and quiet, at one's ease; *gjøre innkjøp i ro og* ~ *(annonsespråk, ofte)* shop in safety and comfort.
makaber macabre; ~ *humor* sick humour (,**US:** humor).
makadamisere *(vb)* macadamize.
makaroni macaroni.
make *(subst)* match, equal; *(om ting som utgjør et par)* fellow; *(han el. hun; ektefelle)* mate; *jeg har aldri sett -n* I never saw the like of it *(el.* anything like it); well, I never! *skulle du ha hørt på -n!* the idea of it! *jeg har aldri sett hans* ~ I never saw the like of him; *uten* ~ unparalleled; without parallel.
makelig *adj (om stol, etc)* comfortable; *(om person)* indolent; ~ *anlagt* easy-going; *gjøre seg det* ~ take it easy. **-het** ease, comfort; *(om person)* indolence; *dyrke sin egen* ~ consider *(el.* study) one's own comfort.
makeløs *(adj)* matchless, unparalleled, incomparable; *(uten like, enestående)* unexampled.
makeskifte *(subst)* exchange of properties; mutual transfer of properties by deed of exchange; **US** exchange of real estate.
makkabeerne *(pl)* the Maccabees.
makker partner. **-skap** partnership.
makko|trøye vest *(fx* a men's vest, a ladies' vest). **-undertøy** cotton interlock underwear.
makkverk bad job, scamped work, mess, botch.
makrell *(fisk)* mackerel. **-fiske** mackerel fisheries. **-sky** cirro-cumulus; *himmel med -er* mackerel sky. **-størje** *(fisk)* tunny; **US** *(også)* tuna.

NYTTIGE UTTRYKK

man

Man synes jo dette virker litt rart.	***One** finds it a bit strange.*	(best i skriftlig)
	***You'll** find it a bit strange.*	(best i muntlig)

På engelsk brukes **one** eller **you** i betydningen **man. You** er mindre formelt enn **one.**

makron *(kake)* macaroon.
maksimal maximum *(fx* speed; temperature); *være ~* be at a maximum; *utnytte noe -t* take maximum advantage of sth.
maksimalbelastning maximum load.
maksimalpris maximum price; **US** ceiling price.
maksime maxim.
maksimum maximum; *(høyst)* at (the) most; at the very most; *på ~ fem minutter* in a maximum of five minutes.
maksimums- maximum.
maksis: *hoppe ~ (om hund el. katt)* jump through a hoop formed by a person's arm.
maksvær moderate weather.
makt *(styrke, kraft)* force, power, strength; *(herredømme)* sway; power; *dømmende ~* judicial power; *eksemplets ~* the force of example; *kunnskap er ~* knowledge is power; *overnaturlige -er* supernatural forces; *av all ~* with all one's might; *bruke ~* use force; *ha -en* be in power; *med ~* by force, forcibly; *det står ikke i min ~* it is not in *(el.* is out of) my power; *ha ordet i sin ~* be eloquent; be a ready *(el.* good *el.* fluent) speaker; be articulate; **T** have the gift of the gab; *han har i høyeste grad ordet i sin ~* he's an extremely articulate man; *komme til -en* come into power; *det står ved ~* it is in force, it is valid; *vår avtale står fremdeles ved ~* our arrangement (still) stands.
maktbegjær lust for power.
makte *(vb)* manage; be able to, be equal to; cope with.
maktesløs powerless, impotent; *(ugyldig)* null and void.
makteslØshet powerlessness, impotency.
maktforholdene *(pl)* the power structure; *større likevekt i ~* a more balanced power structure.
makt|fullkommenhet absolute power. **-glad** eager for power. **-haver** ruler. **-menneske** power-hungry person. **-middel** instrument of power. **-område** domain, sphere. **-overtagelse** assumption of power.
maktpåliggende important, pressing, urgent; essential, imperative.
makt|språk dictatorial language. **-stilling** position of power. **-stjele** *(vb)* render powerless; *(forhekse)* bewitch.
maktsyk greedy for power; power-seeking.
maktsyke greed *(el.* lust) for power.
maktutfoldelse display of power.
makulatur waste paper; *(-ark)* waste sheet.
makulere *(vb)* make waste *(fx* these copies should be made waste); throw away; mark for destruction; obliterate *(fx* postage stamps).
I. male *(vb)* paint; *~ med olje* paint in oils; *~ med vannfarger* paint in water-colour; *~ etter naturen* paint from nature; *la seg ~* have one's portrait painted; *han -r på et landskapsbilde* he is painting a landscape; *~ det helt svart (fig)* paint a desperate picture; paint a totally black picture.
II. male *vb (på kvern)* grind, mill *(fx* corn); *(pulverisere)* crush, pulverize; *(om vann)* churn; *(om katt)* purr.
malemåte manner (of painting), touch *(fx* that's his t.).
malende *(adj)* graphic, vivid, expressive; *en ~ skildring* a graphic account *(av* of).
maler painter, artist; *(håndverker)* (house) painter. **-arbeid** painting. **-farge** artists' paint.
maleri painting, picture. **-handler** picture dealer, art dealer. **-kjenner** judge of pictures.
malerinne (woman) painter, (woman) artist.
maleri|ramme picture frame. **-samling** collection of paintings; picture gallery.
malerisk picturesque.
maleriutstilling picture exhibition *(el.* show), e. of paintings; *(løsere)* art exhibition.
maler|kasse paint box. **-kost** paint brush. **-kunst** (art of) painting. **-mester** master painter. **-pensel** paint brush. **-pøs** paint pot; paint tin. **-rull** paint roller. **-skole** art school; *(kunstretning)* school of painters. **-skrin** paint box. **-stokk** maulstick. **-svenn** journeyman painter. **-varer** *(pl)* paints and colours (,**US** colors).
I. maling painting; *(farge)* paint.
II. maling *(på kvern)* grinding; milling.
malingfjerner paint stripper *(el.* remover).
malingsboks paint tin, paint pot.
malje *(til hekte)* eye; *hekte og ~* hook and eye.
malm **1***(min)* ore; **2***(al)* heartwood, duramen.
malm|art species of ore. **-full** *(klangfull)* sonorous. **-holdig** metalliferous, ore-bearing. **-klang** metallic ring, clang. **-leie** ore deposit, ore-bed. **-rik** abounding in ore. **-røst** sonorous *(el.* ringing) voice. **-tung** deep, solemn. **-åre** lode (of ore); vein *(el.* streak *el.* lead) of ore.
malplassert ill-timed, ill-placed, untimely.
malstrøm whirlpool, maelstrom.
malt malt.
Malta *(geog)* Malta.
malte *(vb)* malt.
maltekstrakt malt extract.
malteser Maltese.
maltgrøpp grist; cleaned and cracked malt grains.
maltraktere *(vb)* maltreat, ill-treat; *(med kniv: rispe)* slash.
malurt *(bot)* wormwood. **-beger** cup of bitterness.
malva *bot (kattost)* mallow.
mamma mummy; mum, mam(m)a. **-dalt** mummy's *(el.* mother's) boy (,girl).
mammon mammon.
mammon|dyrkelse mammon worship. **-dyrker** m. worshipper.
mammut mammoth.
mammutklasse over-large class; enormous class.
I. man *subst (zool)* mane.
II. man *(ubest pron)* **1***(den tiltalte medregnet)* you; **2***(den talende medregnet, den tiltalte ikke)* one; we; **T** a fellow, a girl; **3***(om folk i alminne-*

m

lighet) one; *(mindre stivt)* they, people; **4***(ofte brukes passiv konstruksjon):* ~ *sier at* it is said that; ~ *så at han klatret over muren* he was seen to climb over the wall; *som* ~ *ser* as will be seen; ~ *lot meg forstå at* I was given to understand that; ~ *fant at* ... it was found that ...; **5***(andre konstruksjoner): når* ~ *betenker at* considering that; ~ *kan ikke vite hva* ... there is no knowing *(el.* telling) what ...; *ser* ~ *det!* really! indeed! *å dømme etter den måten han snakket på, skulle* ~ *tro jeg var en alminnelig tyv* from the way he talked anyone would have thought I was a common thief.

mandag Monday.

mandant principal.

mandarin mandarin (orange); *(oftest)* tangerine.

mandat **1***(oppdrag)* commission, task; *(komités, etc)* terms of reference; **2***(fullmakt)* authorization, authority; **3***(i Stortinget)* seat *(fx* get 50 seats); **4***(landområde, fullmakt til å styre et slikt)* mandate *(over* over, of) *(fx* the British m. of Tanganyika); *forlenge -et* (1) extend the term of office; *fornye -et* (1) renew the term of office *(el.* the appointment); *nedlegge sitt* ~ (3) resign one's seat.

mandatar *(jur & merk)* agent, authorized person, mandatory.

mandel almond; *(halskjertel)* tonsil. **-flarn** *(småkaker)* almond snaps. **-formet** almond-shaped. **-gresskar** vegetable marrow; **US** squash. **-masse** almond paste. **-tre** *(bot)* almond tree.

mandig manful. **-het** manfulness.

mandolin *(mus)* mandolin(e).

mane *vb (ånder)* conjure, raise ghosts; ~ *fram* conjure up; ~ *bort* exorcise, lay *(fx* a ghost); ~ *en til noe* (ɔ: *tilskynde)* urge *(el.* prompt) sby to do sth; *det -r til forsiktighet* it calls for caution.

maner manner; fashion; *avslepne -er* polished manners; *dårlige -er* bad manners, bad form.

manesje (circus) ring.

manet jellyfish; *brenn-* sea nettle, stinging jellyfish; *jeg brente meg på en* ~ I was stung by a nettle.

mang: ~ *en, mangt et: se mang en, mangt (ndf).*

mangan *(min)* manganese.

mange *(adj & pron)* many, a great many; a lot (of), lots (of), plenty (of); **T** heaps (of) *(fx* heaps of books; heaps of money); *(NB i bekreftende setninger erstattes* 'many' *stadig oftere av* 'a number of',' a lot of', *etc);*

[*A: forb. med subst; B: spørrende & nektende setninger; C: forb. med adj, adv, prep*]

A: ~ *forbehold* a lot of reservations, a number of reservations; *hans* ~ *forbehold* his many reservations; *et løfte med* ~ *forbehold* a promise with many ifs and buts; a carefully qualified promise; **klokka** *er* ~ it's late; it's getting late; ~ **mennesker** (quite) a lot of people, a number of people; *det er* ~ *mennesker her* **T** there's a lot of people here; *det var* ~ *mennesker til stede* quite a few *(el.* quite a lot of) people were there *(el.* were present); there were a great many people there; a crowd of people were there; ... *med* ~ *mennesker å se overalt* with many people out and about; *(se også B: ikke mange mennesker; C: svært mange mennesker; så mange mennesker);* ~ **møbler** a great deal of furniture; a lot of furniture; *(se også B: ikke mange møbler);* ~ **omveier** a devious route; ~ *lange omveier* many long and devious routes; *det ble svært* ~ *omveier av det* the route turned out to be very long and devious; ~ **penger** plenty of money, a lot of money, lots of money; **T** heaps of money; *(se også B: ikke mange penger);* ~ **takk!** thank you very much! thank you 'so much! many thanks! *(se II. takk); det lå* ~ **ting** *på bordet* there were lots of things on the table; there were many things on the table; *jeg har* ~ *ting å gjøre i dag* I have a good many things to do today;

B: *var det* ~ *mennesker på møtet?* were there many people at the meeting? *var det* ~ *av dem?* were there many of them? **hvor**~ *vil du ha?* **1.** how many do you want? how many would you like? **2***(hvor mange ville du like å ha?)* how many would you like to have? *hvor* ~ *er det?* **1.** how many are there? **2***(hvor mange er det av dem?)* how many are they? how many are there of them? *hvor* ~ *er klokka?* what's the time? what time is it? **ikke** ~ not many; not a great many, not very many; *jeg har noen, men ikke* ~ I have some but not many; *ikke* ~ *mennesker vet dette* few *(el.* not many) people know this; few people are aware of this; *ikke* ~ *møbler* not much furniture; not much in the way of furniture; not a great deal of furniture; only a few sticks of furniture; *ikke* ~ *penger* not much money, not a great deal of money, just a little money;

C: ~ **av** *dem (,oss)* many of them (,us); ~ *av oss gikk tidlig* many of us left early; *det er* ~ *av oss som har gjort det* a good many of us have done that; many of us have done that; ~ *av glassene var gått i stykker* many of the glasses were broken; *(se også ndf: det er for mange av dem);* ~ **flere** many more; *det er* ~ *flere av dem enn av oss* there are many more of them than of us; *vi trenger* ~ *flere* we need many more; **for** ~ **1.** to many, for many; **2***(altfor mange)* too many; *én for* ~ one too many *(fx* I wish Peter would go soon; he's one too many here); *du ga meg to for* ~ you gave me two too many; *for* ~ *mennesker* **1.** for (,to) a number of people; **2***(altfor mange)* too many people; *oppgavene blir lett for vanskelige for* ~ the questions may easily be too difficult for a number of people; *for* ~ *møbler* too much furniture; *det er for* ~ *av dem* there are too many of them; they are too numerous; *jeg visste hvor* ~ *han hadde* I knew how many he had; *(se B: hvor mange?);* ~ *hyggelige mennesker* a lot of nice people; many nice people; **i** ~ *hundre år* for many hundred years; for many centuries; **like** ~ as many; *like* ~ *som* as many as; *jeg har seks her og like* ~ *hjemme* I have six here and as many again at home; *han presterte ti stavefeil på like* ~ *linjer* he made ten spelling mistakes in as many lines; **svært** ~ very many, a great many, quite a lot of ..., quite a few; **svært** ~ **mennesker** a great many people, very many people, quite a lot of people, quite a few people; *svært* ~ *synes å mene at* ... very many people seem to think that ...; **T** a whole lot of people seem to think that...; *svært* ~ *ting kan være vanskelige å forstå* very many things may be hard to understand; *(se også A: det ble svært mange omveier av det);* **så** ~ so many *(fx* there are so many of them!); *så* ~ *De vil* as many as you like; *det var så* ~ *mennesker i butikkene* there were such a lot of people in the shops; *trenger du (virkelig) så* ~? do you (really) need so many? *det var* **umåtelig** ~ *av dem* there was an immense number of them.

mangel want, lack; *(knapphet)* scarcity; *(feil)* defect, flaw; shortcoming; *(ulempe)* drawback; *lide* ~ suffer want; *av* ~ *på* for want of; *i* ~ *av* in default of; for lack *(el.* want) of, in the absence of; *i* ~ *av det* failing that.

mangeleddet with many joints; *(mat.)* multinomial.

mangelfull defective, faulty, imperfect; *(utilstrek-*

kelig) insufficient. **-het** defectiveness, faultiness, imperfection.
mangelsykdom *(med.)* deficiency disease.
mangelvare article *(el.* commodity) in short supply, scarce product; *lærere er ~* teachers are in short supply, there is a shortage of teachers.
mangemillionær multimillionaire.
mang en, mangt many; *mang en gang* many a time, often; in many cases; *mangt et hus* many a house.
mange|sidet many-sided; *(fig også)* versatile. **-sidethet** many-sidedness, versatility. **-steds** in many places. **-stemmig** of many voices; *(mus)* polyphonic. **-årig** of many years, of many years' standing, long-standing, of long standing.
mangfold *(mangfoldighet)* diversity; variety; abundance; *(stivt)* multiplicity; *et ~ av ideer* an abundance of ideas; *naturens ~* the diversity of nature; *kulturell ~* cultural diversity; *det rike (el. store) ~ av* the large *(el.* great) variety of; *dette redskapet har et ~ av bruksmåter* this tool has a (large) variety of uses.
mangfoldig **1.** very many; a great many; *-e ganger* a great many times; *-e år senere* very many *(el.* many, many) years later; **2.** many-sided; of many parts; *(stivt)* manifold; *han er en ~ personlighet* he's a man of many parts; he's a manifold personality; *en ~ aktivitet* a many-sided activity.
mangfoldiggjøre *(vb)* **1.** multiply; **2***(kopiere)* duplicate. **-lse 1.** multiplication; **2.** duplication.
mangfoldighet *se mangfold.*
I. mangle *vb (ikke ha)* want, lack, be short of; *(ikke finnes)* be wanting, be missing; *vi -r absolutt alt mulig* we are terribly short of everything; *hun sørget for at hennes gjester ikke -t noe* she saw to it *(el.* made sure) that her guests wanted *(el.* lacked) nothing; *i hans hus -r det ingenting* his house has every comfort; *det skal ikke ~ penger til hans utdannelse* there will be money enough for his education; *~ idéer* be hard up for ideas; *det skulle bare ~!* certainly not! I should think not! surely that's not asking too much! but of course! it's a pleasure! *det skulle bare ~ at han ikke kom nå da vi har gjort alt i stand* it really would be nice if he didn't turn up now that we've made everything ready! shame on him if he doesn't come now that *(etc); den -r ti minutter på 5* it's ten minutes to five; *han -t 10 poeng på å vinne* he missed the prize by ten points; *det -t ikke meget på at han skulle vinne* he came very near to winning, he very nearly won *(fx* (the) first prize); *det -t ikke på* there was no lack of.
II. mangle *vb (rulle)* mangle.
manglende missing *(fx* the m. pages; supply the m. word); *~ aksept* non-acceptance; *i tilfelle av ~ aksept* in case of non-acceptance, in case of refusal to accept;*i tilfelle av ~ betaling* in case of non-payment; *det ~* what is wanting *(el.* missing), the deficiency; *det ~ stykke* the missing piece; *~ erfaring* inexperience, lack of experience; *hans ~ evne til å* his inability to; *etterlevere det ~* deliver the remainder later.
mangletre mangle; *(se II. mangle).*
mani mania, craze.
manifest manifesto. **-asjon** manifestation. **-ere** *(vb)* manifest.
manikyre manicure.
manikyrere *(vb)* manicure.
manikyrist manicurist.
manikyrsett manicure set.
maniodepressiv manic-depressive *(fx* patient).
manipulasjon manipulation.
manipulere *(vb)* manipulate; *~ med* manipulate.
manisk maniacal, manic.
manke *(zool)* mane; *(del av hesterygg)* withers. **-brutt** wither-wrung, saddle-chafed.
manko *(merk)* deficiency, deficit; shortage *(på* of).
mann man; *(ekte-)* husband; *~ og kone* man and wife; *alle ~(mar)* all hands; *alle som en ~* one and all; to a man; *(enstemmig)* with one voice, unanimously; *~ for ~* man for man; *være ~ for sin hatt* hold one's own (with anyone); *en kamp ~ mot ~* a hand-to-hand fight; *kjempe ~ mot ~* fight man to man; *~ over bord (mar)* man overboard! *pr.~* per person; per head; *til siste ~* to the last man.
manna manna.
mannbar sexually mature, nubile.
manndom manhood.
manndoms|alder (age of) manhood. **-kraft** manhood, the vigour (,**US:** vigor) of manhood.
mann|drap homicide; *(se drap).* **-draper** *(glds)* manslayer; *(se drapsmann).*
manne *vb (mar)* man; *~ rærne* man the yards; *~ seg opp* pull oneself together.
mannefall slaughter; (great) loss of life.
manne|keng, -quin mannequin; model.
mannevett human wisdom; common sense.
mannfolk male, man *(pl:* men); *han er et ordentlig ~ å se til* he's a fine figure of a man. **-hater** man hater. **-tekke** sex appeal, a way with men.
manngard body of men (or women); *gå ~* raise a posse *(se finkjemme).*
mannhaftig *(om kvinne)* mannish.
mann|jevning *(styrkeprøve)* trial of strength. **-jevnt** *(adv)* in a body.
mannkjønn male sex.
mannlig male.
mannsalder generation.
manns|arbeid a man's job; men's work. **-avdeling** *(på sykehus)* men's ward. **-drakt** male attire. **-emne** boy, lad, youth; *et godt ~* a promising lad.
mannshøy as tall as a man.
mannshøyde the height of a man.
mannskap *(tropper)* troops, men; *(skipsbesetning)* crew, ship's company.
manns|klær men's clothes. **-kor** male choir.
mannsling bit of a man, manikin.
mannsløft *(subst): det er et ordentlig ~* it's (quite) as much as a man can lift.
mannsmot courage; **T** pluck, guts.
mannsperson man.
mannsside *(i familie)* male line.
mannsstemme man's voice, male voice.
mannsterk strong in number, in large force; *møte -t opp* turn up *(el.* out) in large numbers *(el.* in force); muster a large crowd *(fx* we mustered a l. c.).
mannstukt discipline.
manntall census; *holde ~* take a census.
manntallsliste census paper; *(valgliste)* electoral *(el.* voters') register, register of electors; **US** registration list.
mannvond dangerous, vicious, likely to attack people.
manometer manometer.
mansjett shirt cuff; *støtt på -ene (fig)* piqued. **-knapp** cuff link, sleeve link.
mantilje mantilla.
manual dumbbell.
manudu|ksjon coaching. **-ktør** coach; *(universitets-)* tutor. **-sere** *(vb)* coach; *(ved universitet)* tutor.
manuell manual.
manufaktur *(manufakturvarer)* drapery goods; **US** dry goods, textiles.
manufaktur|handel *(butikk)* draper's shop; **US**

dry-goods store. **-handler** draper; **US** dry-goods dealer. **-varer** *(pl)* drapery (goods); **US** dry goods.
manus se *manuskript.*
manuskript manuscript, MS *(pl:* MSS); *(maskinskrevet)* typescript; *(til setteren)* copy; *lese boka i ~ (også)* read the book in typescript; *rettelser mot ~* author's corrections.
manuskriptsamling collection of MSS *(el.* manuscripts).
manøver manoeuvre; **US** maneuver.
manøvrere *(vb)* manoeuvre; **US** maneuver.
manøvrering manoeuvres; manoevring; **US** maneuvers; maneuvering.
mappe folder; *(i arkiv)* file; *(lær-)* briefcase.
marabu *(zool)* marabou.
mare nightmare; *flygende ~ (i bryting)* flying mare.
marehalm *(bot)* marram (grass).
marekatt *(zool)* guenon, cercopith.
mareritt nightmare.
I. marg *(i bok)* margin; *i -en* in the margin; *bruke ~* leave a m.; *bruk bredere ~!* leave a wider *(el.* bigger) m.! *alle linjene begynner med samme ~* all lines start at the same m.; *helt ut mot -en (uten innrykk)* against the m.
II. marg *(anat)* marrow; *(fig)* backbone, pith; *kulden gikk meg til ~ og ben* I was frozen to the marrow *(el.* to the bone).
margarin margarine; **T** marge.
marg|full marrowy, pithy. **-gresskar** *(bot)* vegetable marrow. **-løs** marrowless, pithless.
margin margin; *vinne med god ~* win by a wide margin; *(se rentemargin).*
marginalbemerkning marginal note.
marginalskatt tax differential.
Maria Mary, Maria; *jomfru ~* the (Holy) Virgin, the Virgin Mary.
Maria|bilde image of the Virgin. **-dyrkelse** worship of the Virgin Mary.
marihuana marihuana, marijuana; **T** maryjane; grass; weed; **S** shit.
mari|høne *(zool)* ladybird. **-hånd** *(bot)* orchis; *(se kongsmarihånd).* **-kåpe** *(bot)* lady's mantle.
marine navy; *-n* **UK** *(ofte)* the Senior Service. **-bilde** seascape. **-blå** navy blue. **-kikkert** binoculars. **-maler** marine painter.
marinere *(vb)* marinate, pickle.
marinesoldat marine.
marinøklebånd *(bot)* cowslip; paigle.
marionett puppet. **-spill, -teater** puppet show.
maritim maritime.
I. mark *(mynt)* mark.
II. mark *(zool)* maggot, worm; *full av ~* maggoty.
III. mark field; ground, land; *~ og eng* field and meadow; *-ens grøde* the growth of the soil; *i -en* in the field *(fx* studies in the f.); *arbeid i -en* field work *(fx* do f. w.); *føre i -en (fig)* advance, put forward *(fx* a new argument); muster *(fx* every argument he could m.); *notater gjort i -en* field notes; *rykke i -en* take the field *(mot* against); *slå av -en (fig)* beat, drive from the field.
markant marked, pronounced.
markblomst field flower, wild flower.
marked fair; fun fair; *(avsetningssted; avsetning av varer)* market; *det er godt ~ for kaffe* there is a good market for coffee; *lovende utenlandske -er* promising markets abroad; markets of good potential abroad; *på -et* on the market; *på det lokale ~* on the local market; locally; *bringe på -et* put *(el.* place) on the market; *komme på -et* come on the m.; *prøve å komme inn på et ~* try to get into a m.; *det hadde vært ~* there had been a fair; *kaste en ny vare inn på -et* launch a new product on to the market; *firmaet er allerede på dette -et* the firm is already operating on this market.
markeds|analyse market analysis. **-bod** (market) stall; *i -en* at the stall *(fx* they have china at that s.). **-føre** *(vb)* market. **-føringsapparat** marketing apparatus. **-plass** fairground(s); *(se munterhet).* **-pris** marketprice *(el.* quotation); *til full ~* at the full market value. **-situasjonen** the state of the market; *(se bilde).*
markere *(vb)* mark; indicate; *~ dagen (om bryllupsdag, etc)* mark the occasion; *et markert standpunkt* a well-defined position.
markeringslys *pl (på bil)* side (clearance) lights; **US** parking lights.
marketenter *(hist)* sutler. **-i** sutlery; canteen.
marki marquess, marquis.
I. markise *(tittel)* marchioness.
II. markise awning.
markjordbær *(bot)* wild strawberry.
markkryper *(om ball)* flat shot, daisy cutter.
markmus *(zool)* field mouse.
markskriker ballyhooer. **-sk:** *~ reklame* (advertising) ballyhoo.
markstukken worm-eaten.
Markus Mark.
marmelade marmalade.
marmor marble.
marmor|blokk marble block. **-bord** marble-topped table.
marmorere *(vb)* marble.
marmorplate marble slab; *(på bord)* m. top.
marodere *(vb)* maraud.
marodør marauder, straggler.
marokin morocco (leather).
marokkansk Moroccan. **Marokko** Morocco.
mars *(måned)* March; *(se mai).*
Mars Mars.
marsboer Martian.
marsipan marzipan.
marsj march; *på ~* on the march; *blåse en lang ~* disregard completely, not give a hang; *gjøre på stedet ~* mark time; *på stedet ~! (mil)* mark time! *(se II. rette: det -r seg i marsjen).*
marsjall marshal. **-stav** marshal's baton.
marsjandiser second-hand dealer.
marsjere *(vb)* march; *~ bort enkeltvis* file off; *~ i takt med* m. in step with.
marsjfart *(også mar)* cruising speed.
marsjkolonne *(mil)* column of march.
marsj|orden *(mil)* marching order. **-ordre** marching order. **-retning** line of march *(fx* we tried to discover the enemy's l. of m.). **-takt** march time.
marsk *(lavt kystland)* marsh; marshland.
marskalk *(mil)* marshal.
marskland marshland.
marsvin *zool (liten gnager)* guinea pig.
marter torture, agony.
martialsk martial.
martre *(vb)* torture. **-nde** excruciating.
martyr martyr; *gjøre til ~* martyrize; martyr. **-død** martyrdom; *lide -en* suffer martyrdom.
martyrium martyrdom.
marvpostei *(liten kake)* congress tart.
mas *(besvær, møye)* trouble, bother; *(gnål)* importunity; *~ og kav* hustle and bustle; *jeg hadde et farlig ~ med ham* he gave me a lot of trouble; *jeg håper De ikke betrakter dette som utidig ~, men ...* I hope you do not consider this unreasonably persistent, but ...
I. mase *vb (i stykker)* mash, crush, pound *(fx* to pieces).
II. mase *vb (gnåle)* be persistent; **T** nag; *han -r så fælt* he nags so much; *når dere låner noe av meg, får jeg det aldri igjen uten at jeg må ~ og ~ og ~!* when(ever) you borrow some-

thing from me I never get it back without having to nag and nag and nag! ~ *livet av en* worry the life out of sby; ~ *på en* worry sby (*fx* she's always worrying her mother for chocolate); be on to sby (*fx* he's always on to me to give him money); *(streve, gjøre bråk)* fuss (about), bother; ~ *med* have no end of trouble with.

masekopp nuisance; **T** *(om barn)* little pest; **US** fusser, fuss-budget.

mase|kråke = *-kopp.*

maset bothersome, fussy; importunate.

I. maske *(i nett)* mesh; *(i strømpe, etc)* stitch; *felle av en* ~ cast off a stitch; *legge opp en* ~ cast on a stitch; *slippe en* ~ drop a stitch; *strikke to -r sammen* knit two together; *ta opp en* ~ pick up a stitch.

II. maske *(for ansiktet)* mask; *(skuespillers)* make-up; *ta (el. rive) -n av* unmask; *(se stram: ~ i masken).*

maskeball fancy-dress ball; **US** masquerade ball.

maskepi collusion.

maskerade masquerade, fancy-dress ball.

maskere *(vb)* mask; ~ *seg* mask, put on a mask.

maskin machine; *(damp-)* engine.

maskinarbeid machine work.

maskinarbeider machinist.

maskin|avdeling mechanical engineering department; *(jernb)* [engineering department]: *(intet tilsvarende; se bane- & elektroavdeling).* **-bokholderi** machine accounting; machinebook-keeping. **-dagbok** *(mar)* chief engineer's log.

maskindeler *(pl)* machine parts, engine parts.

maskindirektør *(jernb): intet tilsvarende; se bane- & elektrodirektør.*

maskineri machinery; *(se sand).*

maskinfabrikk engine *(el.* machine) works.

maskingevær machine gun.

maskiningeniør mechanical engineer.

maskinist engineer; *(jernb: som betjener omformerstasjon)* control operator; *(teat)* stage mechanic.

maskinklipt *(om håret)* machine-cut, close-cropped.

maskin|kraft engine power. **-lafte** *(vb)* make a machined cogging joint; *-t tømmer* machine-jointed timber. **-lære** mechanical engineering; *(se bilmekanikk; maskinteknikk).* **-messig** like a machine, mechanical. **-mester** engineer. **-olje** engine oil, lubricating oil. **-rom** engine room. **-sjef 1.** engineer (class I); **2**(*mar)* chief engineer. **-skade** engine trouble, breakdown.

maskinskrive *(vb)* type; ~ *et stenogram* type back shorthand notes, transcribe s. notes; *(jvf stenogram).*

maskinskriver(ske) typist.

maskinskrivning typing, typewriting.

maskinteknikk engineering; *(se bilmekanikk; maskinlære).*

maskin|telegraf engine-room telegraph. **-verksted** engineering (work)shop, engine shop *(el.* works), machine shop. **-verktøy** machine tool(s).

maskot mascot.

maskulin masculine.

maskulinum the masculine (gender); masculine.

mas|omn, -ovn blast furnace.

massakre massacre.

massakrere *(vb)* massacre, slaughter.

massarin *(svarer til)* Bakewell tart *(el.* flan).

massasje massage.

masse mass; *(hoved-)* bulk (*fx* the b. of the cargo); *(boets)* assets, estate; *(papir-)* pulp; *(stor mengde)* masses (*fx* of snow); heaps (*fx* of beer, money); lots, a lot (*fx* lots of food, a lot of food); *en ~ (el. -r av) mennesker* a lot of people; lots *(el.* crowds *el.* heaps *el.* stacks) of people; a large crowd; *jeg har en ~ arbeid å gjøre* **T** I have heaps *(el.* loads *el.* stacks) of work to do.

masse|artikkel mass-produced article. **-avskjedigelse** large-scale *(el.* wholesale) dismissals. **-beregner** *(ingeniør som beregner masser og priser)* quantity surveyor. **-grav** mass grave, common g. **-herredømme** mob rule. **-mord** wholesale *(el.* mass) murder. **-morder** wholesale *(el.* multiple) murderer; *(især polit: om masseutryddelse)* mass murderer. **-møte** mass meeting. **-oppbud** large muster (*fx* of police); *(jvf storutrykning).*

masseproduksjon mass production.

massere *(vb)* massage.

masseturisme mass travel (*fx* ours is an age of mass travel).

masse|utnevnelse wholesale appointment. **-vis:** *i* ~ plenty of, lots of, any amount of; **T** heaps of (*fx* money).

massiv massive; *(ikke hul)* solid.

massør masseur. **massøse** masseuse.

mast *(mar)* mast; *kappe -en* cut away the mast; *et skip uten -er* a dismasted ship.

mastetopp *(mar)* masthead.

mastiks *(plante & stoff)* mastic.

mastodont *(zool)* mastodon.

masurka mazurka.

mat *(føde, næring)* food; *lage* ~ cook; *-en (middags-, aftens-) er servert* dinner (,supper) is on the table *(el.* is ready); *det er ~ for Mons* that's the stuff! **T** *(også)* that's his (,her, *etc)* cup of tea! *uten ~ og drikke duger helten ikke* nobody can fight (,work, *etc)* on an empty stomach; eat and be healthy!

matador matador.

matboks lunch box.

mate *(vb)* feed; ~ *krabbene (være sjøsyk)* feed the fishes.

matematiker mathematician.

matematikerhjerne a mind of mathematical cast.

matematikk mathematics *(pl);* **T** maths; **US** math; ~ *er vanskelig* m. is difficult; *han er svak i ~* **T** his maths is weak. **-lærer** mathematics teacher *(el.* master). **-oppgave** mathematical problem; *han holder på med -ne sine* **T** he's doing maths; he's doing his maths prep.

matematisk mathematical.

mateple cooking apple.

materiale material.

materialforvalter storekeeper; *(jernb)* assistant to supplies and contracts manager; *(se forrådsdirektør).*

materialisme materialism.

material|ist materialist. **-istisk** materialistic.

materiallære mechanics of materials.

materialprøveanstalt (material(s)) testing laboratory.

materie matter, substance; *(væske)* matter, pus; *(emne)* subject; *en bok i ~* a book in sheets; *ånd og ~* mind and matter.

I. materiell *(subst): rullende ~* rolling stock.

II. materiell *(adj)* material; *-e goder* m. benefits, physical comforts; *-e nytelser* material pleasures.

mat|fat dish (of (,for) food). **-fett** dripping. **-forgiftning** food poisoning. **-frieri** cupboard love. **-hus** a good house for food, a h. with plenty of good food.

matiné matinée, morning concert.

mat|jord humus, garden mould, top-soil; *(ofte)* loose soil. **-klokke** dinner bell, dinner gong. **-krok** hearty eater; **S** greedy-guts.

mat|lagning cooking, cookery; *hun er flink i ~* she is a good cook; *vi tar det ikke så nøye med -en* we don't fuss very much over the cooking.

mat|lagningsmaskin food mixer. **-lei** without appetite; *(fig)* blasé; lethargic, listless. **-leihet** lack

m

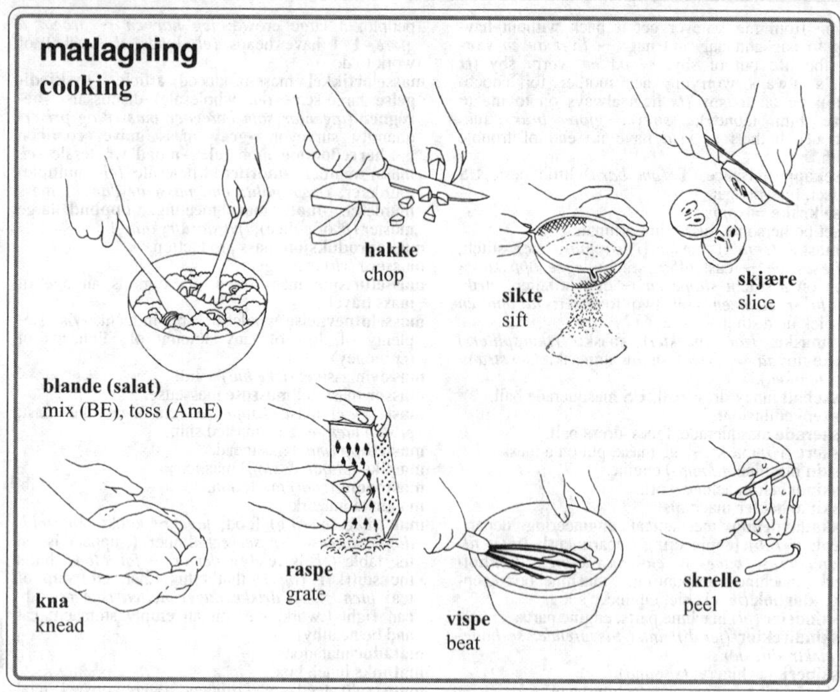

of appetite; *(med.)* inappetence, anoretic. **-lukt** smell of cooking; *(se I. lukt).* **-lyst** appetite; *det ga meg ~* it gave me an appetite. **-mor** mistress of the house. **-nyttig** edible, eatable, usable as food. **-olje** cooking oil. **-os** (unpleasant) smell of cooking, cooking fumes.

mat|pakke (packed) lunch; lunch packet; picnic *(el.* sandwich) lunch. **-pakkekjøring** *(kan gjengis)* individual use of private cars to get to work. **-papir** sandwich paper; **US** wax paper. **-rester** *(pl)* left-overs; *(i tennene)* food debris.

matriarkalsk matriarchal.

matrikkel land register.

matrikulering registration.

matrise matrix (NB *pl:* matrices, matrixes).

matro peace (and quiet) during a meal; *la oss få ~!* let us have our meal in peace!

matrone matron. **-aktig** matronly; *(neds)* stout; ripe *(fx* her ripe figure; her ripe charms).

matros sailor, able seaman; *(se fullbefaren).*

matrosdress *(for barn)* sailor suit.

mat|skap food cupboard. **-stasjon** refreshment stand. **-stell** cooking. **-strev** toil for one's daily bread; material concerns.

matt *(svak)* faint; *(ikke skinnende)* dim, dull, dead, not glossy; *(fot, om papir)* matt; *(i sjakk)* mate.

matte *(subst)* mat; *holde seg på matta* **T** toe the line.

mattere *vb (gjøre overflaten matt)* frost.

matthet faintness; *(tretthet)* languor; *(merk)* dullness, flatness.

mattskinnende dully gleaming.

mattslipt frosted, ground.

matvarer *(pl)* food, provisions, victuals.

matvei: *i -en* in the way of food, in the f. line; *han er vanskelig i -en* he's very particular *(el.* fussy) about his food.

matvett: *ha godt ~* know how to butter one's bread; know how to look after oneself; have an eye for a good opportunity; **US** know how to bring home the bacon; *(jvf næringsvett).*

matvin cooking wine.

maule *(vb)* munch; eat dry.

maur *(zool)* ant.

maur|er Moor. **-isk** Moorish.

maur|sluker *(zool)* ant bear, anteater.

maursur formic.

maursyre formic acid.

maurtue anthill.

mausergevær Mauser rifle.

mausoleum mausoleum.

mave: *se mage.*

I. med *(landmerke)* landmark; *uten mål og ~* aimlessly.

II. med *(prep)* **1***(sammen med)* with; *(især om mat)* and *(fx* steak and onions; sausage and mashed potatoes); **2***(om måte & ledsagende omstendighet)* with *(fx* with a threatening gesture; with his hands in his pockets); *(uttrykkes ofte ved absolutt konstruksjon, fx* he approached me, hat in hand; thumbs in belts, the policemen stood at the entrance); in *(fx* in a loud voice; in other words; the address is written in pencil; printed in capital letters); **3***(om midlet)* with *(fx* play with fire; write with a pen), by means of *(fx* kill him by means of poison); *(i visse forbindelser)* by *(fx* he amused himself by leaning out of the window; the machine is worked by hand; the chain by which he was fastened; elected by a large majority; win by two goals to nil; divide (,multiply) by seven; take it by force); (NB *ved enkelte verb oversettes «med»* *ikke, fx* the dog wagged his tail; he pointed his finger at me; he waved his hand); **4***(om befordringsmiddel)* by *(fx* arrive by train, go by steamer; send by ship, post, rail); on *(fx* he came on the train, tram, boat); in *(fx* he came in his own car); **5***(som har, som er utstyrt med)* with *(fx* a man with red hair; a chap with brains); having *(fx* an industrial concern having branch factories in many countries); *(uttrykkes ofte ved endelsen* -ed, *fx* rubber-soled boots; the moneyed classes; a three-bedroomed house); *(især psykisk egenskap)* of *(fx* a man of ability, ideas, imagination); *(om påkledning)* in *(fx* a lady in a big hat); with *(fx* the man with the black tie), wearing *(fx* a girl wearing sun-glasses and a straw hat); **6***(innbefattet)* including, counting *(fx* c. the driver, there were five of us in the car); **7***(om innhold)* of *(fx* a barrel of grapes); **8***(imot)* with *(fx* fight with them; we fought a war with Japan); against *(fx* we fought against France; his campaign against Cromwell); **9***(tross, til tross for)* with *(fx* with all his faults, he is a charming man); in spite of; **10***(i betraktning av)* with *(fx* with his talents he could have reached a high position);

~ *dette ber jeg Dem sende meg* I would ask you to send me ...; *vente på en ~ maten* keep dinner *(,etc)* waiting for sby; *bollen ~ suppe* the bowl with the soup in (it); the b. containing the s.; *~ Deres brev av* ... with *(el.* enclosed in) your letter of; *Deres brev ~ sjekk på £30* your letter enclosing cheque for £30; *arbeide ~ latinsk grammatikk* work at Latin grammar; *arbeide ~ grøfter og slikt* work at digging ditches and suchlike; *han sendte ham et brev ~ en sjekk i* he posted him a cheque in a letter; *hva er det ~ deg?* what's the matter with you? *(især* **US S***)* what's eating you? *hva galt er det ~ det?* what's wrong with *(el.* about) that? *hvis det ikke var (for) dette ~ pengene* if it wasn't for the money *(el.* for that business about the m.); *han er ikke ~ (på notene) (neds)* he is just not with it; *være ~ på det* join in it; **T** be in on it; *være ~ på hva som helst* be game for anything; *~ skikkelig opplæring vil de kunne* ... under proper training they will be able to ...; *(se ha: ~ det med å ...).*

medalje medal.

medaljong 1*(smykke)* locket; **2.** medallion.

medaljør 1. medal engraver; **2.** medallist (,**US:** medalist).

medansvar joint responsibility.

medansvarlig jointly responsible; *han er ~* he shares the responsibility.

medansøker fellow applicant, fellow candidate.

medarbeider co-worker, fellow worker, collaborator; *(i en avis)* contributor (to); *de faste -e (i avis)* the staff; *vår ~ i Paris* our (special) correspondent in Paris.

medarbeiderskap collaboration.

medarrestant fellow prisoner.

medarving joint heir (,heiress); co-heir(ess).

medbeiler, -ske rival.

medbestemmelsesrett voice *(fx* have a v. in the management); right to be consulted; *(merk)* codetermination, joint consultation, *(se III. rett).*

medbestemmende contributory *(fx* a c. factor); *(om årsak)* concurrent *(fx* a c. cause); *utenforliggende hensyn hadde vært ~ ved avgjørelsen* ulterior considerations had played their part in the decision.

medborger fellow citizen, fellow townsman; fellow countryman, compatriot.

medborgerskap fellow citizenship; *~ pålegger en også visse forpliktelser* being a fellow citizen (also) carries certain obligations.

medbringe *(vb)* bring (along with one).

medbringer *(i maskin)* carrier, dog.

medbør fair wind; *(fig)* success; *ha ~* be successful, prosper.

meddele *vb (underrette om)* inform *(fx* sby of sth), advise *(fx* sby of sth); *(gi)* give, grant *(fx* permission); *han -r at* he states that ...; he informs *(el.* advises) me that ...; *vi kan (el. skal få) ~ Dem at ...* we would inform you that; we wish to say *(el.* inform you) that; *som svar på Deres forspørsel -s at* in reply to your inquiry, we are able to inform you *(el.* we wish to say) that ...; *jeg kan ~ at* I am able to inform *(el.* advise) you that; I wish to i. you that; *vi må imidlertid ~ Dem at ...* we have to i. you, however, that ...; *jeg skal skrive til Dem og ~ Dem resultatet* I shall write to you informing you about the result; *~ sine kunnskaper* put one's knowledge across.

meddelelse information *(fx* this is a surprising piece of i.; this i. came as a complete surprise); message *(fx* a confidential m.); communication; *(merk)* advice; *gi ~ om (merk)* advise.

meddelsom communicative, expansive.

meddelsomhet communicativeness.

meddirektør co-director.

medeier joint owner, co-owner.

medfart treatment, handling; *boka fikk en hard ~ av kritikken* the book was roughly handled by the critics; *(se II. slem).*

medfødt inborn, native, congenital, innate; *det er ~* he (she, *etc)* was born with it.

medfølelse sympathy, pity *(fx* feel p. for); *ha ~ med* feel (sympathy) for, sympathize with, be sorry for; have *(el.* take) pity on; feel pity for.

medfølge *vb (om bilag)* be enclosed. **-nde** enclosed *(fx* the e. letter).

medfør: *i embets ~* officially; on official business; professionally; by virtue of one's office.

medføre *vb (fig)* involve, entail; bring *(fx* it brought protests from the workmen).

medgang prosperity, good fortune, luck, success; *~ og motgang* good and bad luck; *(litt.)* prosperity and adversity, **T** ups and downs; *(se motgang).*

medgi *vb (innrømme)* admit, grant.

medgift dowry, marriage portion.

medgjørlig manageable, amenable, complying.

medhjelper assistant, helper.

medhold approval, support; *i ~ av (jur)* pursuant to; *gi en ~* agree with sby; support sby.

medhustru concubine.

medikament medicament, medicine, remedy.

medinnehaver partner, joint owner; part-owner.

medinnstevnet *(i skilsmissesak)* corespondent.

medio in the middle of, mid- *(fx* in mid-June).

medisin medicine, remedy; *(legevitenskap)* medicine.

medisiner 1. medical student; **2***(lege)* physician.

medisin|flaske, -glass medicine bottle *(el.* phial).

medisinsk medical; medicinal *(fx* medicinal bath).

medisinskap medicine cupboard.

medister minced fat and lean pork. **-pølse** pork sausage.

medium medium.

medkjensle *se medfølelse.*

medkontrahent joint contractor, other contracting party.

medkristen fellow Christian.

medlem member; *~ av Unge Høyre* a Young Conservative.

medlemsbok membership card; *ha -a i orden* be a card-carrying member (of a political party).

medlemskort membership card; *(se medlemsbok).*

medlems|liste: *stå oppført på -n* be on the books.

-tall number of members, membership (*fx* a large m.; reach a m. of 2,000).
medlidende compassionate, pitying, sympathetic.
medlidenhet pity, compassion, sympathy; *ha ~ med* have pity on, pity.
medlyd *(gram)* consonant.
medmenneske fellow human being; fellow man.
medmenneskelig humane; compassionate: *ta -e hensyn* show humane consideration; show compassion.
medmenneskelighet humanity; compassion.
med mindre unless.
medredaktør co-editor, assistant editor.
medregent co-regent.
medregne *(vb)* count (in), include, take into account; *ikke -t* not counting (*fx* n. c. extra fees).
medreisende fellow traveller.
medsammensvoren (fellow) conspirator.
medsensor *(ved eksamen)* = second examiner; *være ~* = report as a second examiner.
medskapning fellow creature.
medskyld complicity.
medskyldig *(adj)* accessory (*i* to), implicated (*i* in), party (*i* to); *(jur: mots. hovedgjerningsmann)* principal in the second degree; *en ~* an accomplice.
medspiller fellow player; partner.
medta *(vb)* **1.** include; **2**(*se ta: ~ med); lakener og håndklær -s* sheets and towels not provided.
medtatt *(av støt)* battered; *(skadd)* damaged; *(slitt)* the worse for wear; *(av sykdom)* weak, worn out (by illness); *(trett)* exhausted.
medunderskrift countersignature.
medunderskrive *(vb)* countersign.
medutgiver joint editor.
medveksel *(jernb)* trailing points; **US** t. switches; *kjøre over -en* trail the point, pass the point trailing; *(se motveksel & I. veksel).*
medvind downwind, following wind, tail wind; *(fig)* success; *vi hadde ~ (også)* we had the wind behind us (*el.* in our backs); *(fig)* fortune smiled on us; we were favoured by fortune.
medvirke *(vb)* contribute, be conducive (*til* to, towards); *~ ved* co-operate in; *de -nde* the actors, the performers, those taking part.
medvirkning co-operation, participation, assistance; *under ~ av* assisted by, with the co-operation of.
medviten *(det å se gjennom fingrene med)* connivance.
medvitende privy; *være ~ om* be p. to, know of, connive at (*fx* an offence, a crime).
medynk pity, compassion, commiseration; *ha ~ med* have pity on; feel compassion for.
meg *(pron)* me; *(refleksivt)* myself; *det er ~* it's me; *en venn av ~* a friend of mine; *han vasker ~* he washes me; *jeg vasker ~* I wash (myself).
megafon megaphone.
megen *(se meget): med ~ møye* with great pains; *med ~ omhu* very carefully; *med ~ takt* very tactfully, with great tact.
I. meget *adj (= mye)* **1**(*adjektivisk bruk: i bekreftende setninger)* plenty of, a great deal of, a good deal of, a lot of, lots of; a large quantity of (*fx* there's plenty of food, work; they bought a large quantity of flour; that would mean a great deal of extra work); *(sjelden)* much;
2(*adjektivisk bruk: i nektende & spørrende setninger)* much (*fx* did you have much difficulty in finding the house? there isn't much food in the house); a lot of, a great deal of (*fx* was it a lot of bother? they didn't have a lot of (*el.* a great deal of) oil at the time);
3(*adjektivisk bruk: i forb. med* 'as',' how',' so', 'too') much (*fx* as much oil as possible; how much butter? only so much butter; that's too much meat);
4(*substantivisk bruk: i nektende & spørrende setninger)* much (*fx* did he eat much? not much); a lot, a great deal (*fx* he didn't say a great deal (*el.* a lot) about it; did he eat a lot? yes, he did give me some money, but not a lot); **T** an awful lot (*fx* he didn't really say an awful lot, did he?);
5(*substantivisk bruk: i bekreftende setninger)* a great deal, a lot (*fx* a great deal still remains to be done; that's a lot; this may seem a lot, but...); much (*fx* much was said by both of them that they were later to regret);
6(*substantivisk bruk: i forb. med* 'as',' how',' of', 'so',' too') much (*fx* as much as you like; how much? much of what he says is true; there's so much that needs to be done; that's too much);
7(*substantivisk bruk: etter* 'such') a lot, a great deal (*fx* there's such a lot that needs to be done; there's always such a lot (*el.* such a great deal) of work to be done on Mondays); a large quantity (*fx* why did he order such a large quantity?); large quantities (*fx* they always buy such large quantities);
[*A: forb. med «(alt)for»; B: med «hvor»; C: med «ganske»; «svært» & «så»; D: andre forb.*]
A [*forb. med «(alt)for»*] **(alt)for** ~ (far) too much; *jeg betalte for ~ for det* I paid too much for it; *han lot meg betale for ~* he overcharged me; *ville det være for ~ å be Dem om å ...?* would it be too much to ask you to ...? would it be going too far to ask you to ...? would it be too much of an imposition to ask you to ...? *gjøre for ~ av det (ɔ: overdrive)* overdo it; *vi må ikke gjøre for ~ ut av denne episoden* we mustn't make too much of this incident; *jeg har altfor ~ å gjøre* **T** I have too much on my plate; *spise for ~* eat too much; overload one's stomach; *jeg holdt på å si for ~ (jeg hadde nær sagt for meget)* I nearly said too much; *han kom i skade for å si et par ord for ~* he was unfortunate enough to say a few words too much; *for ikke å si for ~* to say the least of it; *det er (bare så) altfor ~! (når man mottar en gave)* (but)this is really too much! (but) that's more than generous! you are too kind! it's too much! *altfor ~ er av det onde* all excess does one harm;
B [*forb. med «hvor»*] **hvor** *~?* how much? *hvor ~ koster det?* how much is it? *hvor ~ koster det oksekjøttet pr. kilo?* how much a kilo is that beef? *hvor ~ jeg enn beundrer ham* much as I admire him; *hvor ~ han enn strever* no matter how much he exerts himself; however much he exerts himself;
C [*forb. med «ganske»; «svært»; «så»*] **ganske** ~ a good deal, quite a lot; **svært** ~ a lot, a great deal, very much; **T** a whole lot; **så** ~ so much; *så og så ~ pr. uke* so much per week, so much a week; *dobbelt så ~* twice as much; as much again; *halvannen gang så ~* half as much again; *tre ganger så ~* three times as much; *kan jeg få så ~ (som dette)?* can I have this much? can you let me have this much? *så ~ vil jeg si til hans fordel at ...* I will say this much in his favour that ...; *man sier så ~* people will talk, you know; you hear all sorts of things; *han sier ikke så ~* he doesn't say very much; *(neds)* he hasn't got very much to say for himself; *... hvilket ikke sier så ~ ...* which isn't saying much; *det sier meg ikke så ~* that doesn't tell (*el.* help) me very much; that doesn't convey very much to me; *ikke så ~ at det gjør noe* nothing worth mentioning; **T** nothing to write home about; *det gjør ikke så ~* it doesn't great-

ly matter; *det gjør ikke så ~fra eller til* it doesn't make much difference either way; *han hadde ikke så ~ som til billetten hjem* he hadn't so much as his fare home; he hadn't even the money for his fare home; **så ~ som mulig** as much as possible; *så ~ De vil* as much as you like; *han gikk* **uten så ~ som** *å si 'takk'* he left without so much as saying' Thank you';

D [*andre forb.*] ~ **av** *hva han sier, er sant* much of what he says is true; ~ *av smøret var blitt harskt* much of the butter had gone rancid; (quite) a lot of the butter had gone rancid; *de har* **ikke** ~ *å leve av* (ɔ: *m.h.t. penger)* they haven't much to live on; *ikke ~ å rope hurra for* not up to much *(fx* I don't think his work is up to much); **T** nothing to write home about; nothing to make a song and dance about; *han spiser aldri ~ til frokost* he never eats much breakfast; ~ *gjenstår enda å gjøre* a great deal still remains to be done; *ha ~ å gjøre* be very busy, have a lot of work to do, have a great deal to do; ~ *nyttig arbeid ble gjort* a lot of useful work was done; a great deal of useful work was done; very much useful work was done; **T** a whole lot of useful work was done;

II. meget *adv* **1**(*foran adj & adv i positiv)* very *(fx* that's very good; he was running very fast); *(ved enkelte adj også)* highly *(fx* a highly amusing film); **T** awfully, terribly, jolly *(fx* that's awfully kind of you; he's terribly good at it; I'm jolly tired; that's jolly good); *(ved perf. part. brukt som adj)* very, highly, greatly *(fx* he was very frightened; they were highly pleased; he is greatly changed);

2(*foran adj & adv i komp; = mye)* much *(fx* much nicer; much better); a great deal *(fx* a great deal better; a great deal worse); a good deal;

3(*ved vb)* very much *(fx* I like it very much), a great deal, a good deal, a lot *(fx* he knows a lot); *(i nektende & spørrende setninger)* much *(fx* he doesn't know much; he didn't talk much; do you read much?); a lot *(fx* do you read a lot?); **T** he didn't say an awful lot, did he? *(ved part. oppfattet som vb; jvf 1 ovf)* (very) much *(fx* was it much damaged? a much discussed book; he was enjoying himself very much); greatly *(fx* he was greatly amused by what you told him); highly *(fx* a highly educated person);

4(*ganske, temmelig)* quite *(fx* the play was quite good but the acting was poor; I suppose he's quite nice, really, but I don't like him);

[*forskjellige forb.*] *jeg er ~ glad i ham* I'm very fond of him; *de er ~ like* they are very much alike; ~ *redd* very much afraid; very afraid *(el.* frightened), badly frightened; **T** scared stiff; *han er ~ vennlig, vennligere enn du tror* he's very kind, much kinder than you think; *jeg ber så ~ om forlatelse!* I beg you a thousand pardons! *vi* **beklager** ~ *at* ... we very much regret that ...; we are very sorry that...; *la ham bare beklage seg så ~ (el. mye) han vil* let him complain all he likes; let him complain as much as he likes; *det* **bryr** *du deg ~ (el. mye) om! (iron)* a lot ˋyou care! **S** a fat lot ˋyou care! *det* **gleder** *meg ~* I'm very glad; *det vet han ~* **godt** he knows that very well; ~(el. mye) **heller** much rather, much sooner; *han* **ikke** *så ~ (el. mye) som svarte* he didn't so much as answer; he didn't even answer; *det er* **like** ~ *(el. mye) ditt ansvar som mitt* it is as much your responsibility as mine; *han er like ~ (el. mye) min venn som din* he's just as much my friend as yours; *han har det ~ (el. mye)* **med** *å skryte* he is given to bragging; he has a weakness for bragging; *et ~ nyttig arbeid* (some) very useful work; *jeg* **omgås** *ham* ~ I see him very *(el.* quite) often; **så** ~ *desto bedre* so much the better; all the better; *så ~ desto verre* so much the worse; the more's the pity; *så ~ (el. mye) mer som ...* the more so as ...; *det ergret ham temmelig ~* it annoyed him a good deal; ~ *(el. mye)* **verre** much worse.

megetsigende meaning, expressive; significant; knowingly *(fx* she looked k. at him).

megle *(vb)* mediate, act as mediator; *(ved arbeidskonflikt)* arbitrate; ~ *fred* negotiate a peace; *søke å ~ mellom partene* try to reconcile the parties, try to mediate between the p.

meglende mediatorial.

megler mediator; *(merk)* broker. **-forretning** broker's business. **-gebyr, -lønn** brokerage. **-rolle** the part of a mediator.

megling mediation, conciliation; arbitration; *frivillig ~* voluntary arbitration.

meglingsforslag (proposed) compromise.

meglingsforsøk attempt at mediation.

mehe spineless person; **T** *(også* **US***)* yes-man.

mei *subst (på kjelke, etc)* (sleigh) runner.

meie *vb (slå)* reap, mow (down).

meieri dairy; creamery. **-drift** dairy farming, dairying. **-produkter** *(pl)* dairy produce. **-smør** dairy butter.

meierist dairyman. **meierske** dairymaid.

I. meis 1. rucksack frame; **2.** willow basket.

II. meis *(zool)* titmouse; *(se blå-, kjøtt-, pung-, skjegg-, stjert-, talgtit).*

meisel *(subst)* chisel.

meisle *(vb)* chisel, carve.

meite *vb (fiske m. stang)* angle. **-mark** angleworm, earthworm.

mekaniker mechanic; *(se bil-; fin-).*

mekanikk 1. mechanics *(pl);* **2**(*mekanisme)* mechanism; *(se finmekanikk).*

mekanisk *(adj)* mechanical; automatic; ~ *verksted* engineering workshop.

mekanisme mechanism.

mekle, mekler: *se megle, megler.*

mekre *(vb)* baa, bleat.

meksikaner, -inne, meksikansk Mexican.

mektig *(adj)* mighty, powerful; *(stor)* vast, huge, enormous; *(om mat)* rich; *(adv)* immensely, greatly.

mel meal; *(især hvete-)* flour *(fx* fine white f.); *ha rent ~ i posen* have a clear conscience; *(se II. røre).*

melaktig mealy, farinaceous.

melankoli melancholy. **-ker** melancholiac.

melankolsk melancholy.

melasse molasses; *(jvf sirup).*

melde *(vb)* report, notify; *(forkynne)* announce; *(omtale, fortelle)* mention; *(kort)* bid, call; *(angi til politiet)* turn in, denounce, report *(fx* sby to the police); ~ *et barn inn på skolen* enter a child for school; *barna blir meldt inn på skolen i mai og begynner i august* the children are entered for school *(el.* have their names put down for school) in May and start in August; ~ *seg (stå fram)* come forward *(fx* if there is a straightforward explanation, we would like the people responsible to come forward); *det har meldt seg mange søkere* there are many applicants; *når behovet -r seg* when the need arises; *et spørsmål -r seg* a question arises *(el.* suggests itself); *vansker -r seg* difficulties present themselves *(el.* crop up *el.* arise); ~ *seg hos* report to; ~ *seg inn* register, enrol(l); *(i forening)* join, apply for membership; ~ *seg opp til en eksamen* enter for an exam; ~ *seg på et kurs* enter for a course; **T** go in for a course; ~ *seg på til et løp* enter for a race; ~ *seg syk* re-

m

port sick; ~ *seg til tjeneste (mil)* report for duty; ~ *seg ut* resign (membership) (*fx* he resigned from the society); *la seg* ~ send in one's card; *(se arving; respekt; skam).*

meldeplikt obligation to submit reports; *(som straff): få* ~ be placed under police supervision.

melding announcement; statement; *(innberetning)* report; *(kort)* bid; *jeg greide -en (kort)* I made my contract; *(i skole)* letter, note; *han ble knepet i røyking på toalettet og fikk* ~ *med hjem* he was caught smoking in the lavatory, and this was reported to his parents; *har du* ~*? (sagt til elev)* have you brought a note? *når elevene har vært fraværende, må de ha med* ~ *hjemmefra til klasseforstanderen* after absence pupils must bring a note to the form master; *Deres brev av 19. mars med* ~ *om at* ... your letter of March 19th, informing us (,me) that ...; *(se også uforberedt).*

meldingsfrihet *(for elever)* freedom to be absent without explanation; *det ble diskutert om elevene skulle ha adgang til* ~ the question was discussed whether the pupils should be free to be absent without explanation.

meldrøye *(bot)* ergot.

meldugg *(bot)* mildew.

mele *(vb)* meal, flour; ~ *sin egen kake* feather one's own nest; look after *(el.* take care of) number one.

melen *(om potet)* mealy.

melere *(vb)* mix.

melet mealy, floury.

melis icing sugar; **US** confectioner's sugar.

melisglasur icing; **US** frosting.

melk milk.

I. melke *(hos fisk)* milt.

II. melke *(vt)* milk.

melkeaktig milky, lacteous.

melke|bu dairy. **-butikk** dairy shop. **-fisk** milter. **-kapsel** milk-bottle cap. **-kjertel** mammary gland; milk gland. **-krakk** milking stool. **-ku** cow in milk; *(også fig)* milch cow. **-mann** milkman, milk roundsman. **-mugge** milk jug. **-prøver** lactometer. **-ringe** [dish of slightly curdled full cream milk, eaten with sugar and crumbs]; = milk rennets. **-sukker** lactose; sugar of milk. **-syre** lactic acid. **-tann** milk tooth.

melke|utsalg dairy, milk shop. **-vei** Milky Way. **-vogn** milk cart; **UK** *(melkemannens)* milk float.

melklister (flour) paste.

mellom between; *(blant)* among; ~ *barken og veden* between the devil and the deep (blue) sea; *er det noe* ~ *dem?* is there anything between them? *ha valget mellom to onder* have the choice of two evils; ~ *oss sagt* between ourselves, between you and me; *(se imellom & natt).*

mellomakt interval; **US** intermission.

mellomaksel intermediate *(el.* lay) shaft; *(i bil)* drive *(el.* propeller) s.; *(i girkasse)* countershaft.

Mellom-Amerika Central America.

mellomdekk between-deck; *(tredje plass)* steerage.

mellomdistanse|løp middle distance run. **-løper** m. d. runner.

mellomdør communicating door.

Mellom-Europa Central Europe.

mellomfag [each of the two or three examinations for the degree of *cand. mag.*, the third may be replaced by a basic subject]; intermediate subject; *hun har tatt to* ~ *og arbeider med det tredje* she has taken *(el.* done) two intermediate subjects and is at work on the third; *(jvf grunnfag & hovedfag).*

mellomfolkelig international.

mellomfornøyd not very pleased, disgruntled.

mellomgass: *gi* ~ *(om bilist)* double de-clutch (*fx* when changing down).

mellomgrunn *(på et maleri)* middle distance.

mellomgulv *(anat)* midriff, diaphragm; *et slag i -et* a blow on the midriff.

mellomhandel intermediate trade.

mellomhånd *(kort)* second hand.

mellomklasse middle class.

mellomkomst intervention, mediation.

mellomkrigs- inter-war (*fx* in the inter-war years).

mellomlanding *(flyv)* intermediate landing, stop.

mellomledd connecting link; *(person)* intermediary; *det manglende* ~ the missing link.

mellomlegg *(tekn)* shim; *(ved byttehandel): hvor meget får jeg i* ~ what will I get to make up the difference? *han fikk £5 i* ~ he got £5 into the bargain *(el.* thrown in).

mellomliggende lying between; ~ *havn* intermediate port; ~ *tid* intervening time, interval.

mellommann middleman, intermediary.

mellommat snack (between meals).

mellomproporsjonal mean proportional.

mellomrepos *(arkit)* half landing.

mellomrett side dish.

mellomriks- international.

mellomrom interval; *(lite)* interstice; *(typ & mus)* space; *med* ~ at intervals; *med lange* ~ at long intervals; *de døde med få dagers* ~ they died within a few days of each other.

mellomspill *(mus)* interlude.

mellomst: *den -e* the middlemost, the midmost.

mellomstasjon intermediate station, s. en route.

mellomstilling intermediate position.

mellomstor middle-sized, medium(-sized).

mellomstykke middle piece.

mellomstørrelse medium size.

mellomtid interval; *i -en* in the meantime, meanwhile.

mellomtilstand intermediate state.

mellomtime *(på skole)* free period.

mellomting something between.

mellomvegg partition wall.

mellomvekt *(i boksing &brytning)* middleweight.

mellomverk *(i håndarbeid)* insertion(s).

mellomværende **1**(*regning)* account; **2**(*strid)* difference; *gjøre opp et* ~ **1**(*regning)* settle accounts; settle *(el.* square) an account *(med en* with sby); **2**(*strid)* make up a difference; *til utligning av vårt* ~ *vedlegger jeg sjekk på £20,15* in payment of your account I enclose cheque for £20.15.

mellomøre *(anat)* middle ear.

melodi melody; *(til en sang)* tune; *på -en* to the tune of; *en fengende* ~ a catchy tune.

melodisk, melodiøs melodious.

melodrama melodrama.

melodramatisk melodramatic.

melon *(bot)* melon; **US** cantaloupe.

melrakke *zool (hvitrev)* arctic fox.

membran membrane.

memoarer *(pl)* memoirs.

memorandum memorandum.

memorere *(vb)* commit to memory, memorize.

I. men *(subst)* injury, harm; *varig* ~ injury of a permanent character.

II. men *(subst)* but; *ikke noe* ~*!* don't but me! *uten om og* ~ without ifs or ands; *(jvf aber).*

III. men *(konj)* but; ~ *så er han også* but then he is; ~ *det må likevel finnes en løsning* but still there must be some solution; ~ *vi skal gjøre vårt beste likevel* but we shall do our best; we shall do our best, however.

menasjeri menagerie.

mene *vb* **1**(*være av den mening)* think, be of (the) opinion;**2**(*ha i sinne, tenke på, sikte til, ville si)* mean; **3**(*tenke, tro, holde for)* think; *jeg -r nei* I

mengdeord

entall eller flertall?

TRICKY TALES

Ord	Flertall	Eksempler
Advice	*Pieces/bits of advice*	*I need your advice.*
Furniture	*Pieces/items of furniture*	*The room contained very few pieces of furniture.*
Information	*Pieces/bits of information*	*More information will be given later.*
Evidence	*Pieces/bits of evidence.*	*A few pieces of evidence were found during the investigation.*

think not; *jeg -r å ha hørt navnet hans* I seem to have heard his name; *jeg hadde ikke ment å fornærme deg* I had no thought of offending you; *hva -r De om dette?* what do you think of this? *hva -r folk om dette spørsmålet?* what is the general feeling on this question? *hva -r du om et slag kort?* what about a game of cards? *man -r at* it is thought that; *~ det godt med en* mean well by sby; *jeg mente ikke noe vondt med det* I meant no harm; *det var ikke slik ment* I didn't mean that; *det skulle jeg ~*I should think so; *~ det alvorlig* be in earnest; be serious about it; mean it seriously; **T** mean business; *du kan da ikke for alvor ~ det?* you can't be serious (about that)! you don't earnestly *(el.* seriously) mean that! *det var ikke alvorlig ment* that was not meant seriously; *disse truslene er alvorlig ment* these are no empty threats; *han -r det samme som jeg* he thinks the same (way) about it as I do; *jeg -r absolutt vi bør ...* I am absolutely in favour of (our) (-ing), I am all for (-ing); *han -r absolutt at jeg bør akseptere tilbudet* he is convinced that I ought to accept the offer.

mened perjury; *begå ~* commit perjury; perjure oneself.

meneder perjurer. **menedersk** perjured.

mengde quantity; multitude; *(overflod)* abundance; **T** lot *(fx* a lot of butter; a lot of people); *en ~ blomster* a great many flowers; *en ~ mennesker* a great many people; a great number of people, a lot of people; lots of people; a crowd (of people); *en hel ~* a lot of, a great many; *den store ~* the masses; *en ~ forskjellige* a variety of.

menge *(vb)* mix, mingle.

menig: *~ soldat* private; *(i Sjømilitære korps)* seaman; *-e* privates, men *(fx* officers and men); rank and file; *de -e (gruppebetegnelse)* the ranks, the rank and file; *(se befal & korporal).*

menighet *(i kirken)* congregation; *(sognefolk)* parishioners; *(sogn)* parish.

menighetsblad parish magazine.

menighetssøster district nurse; *(se helsesøster).*

menigmann the common man; the man in the street.

mening 1*(anskuelse)* opinion; **2***(betydning, logisk sammenheng)* meaning, sense; **3***(hensikt)* intention; *si sin ~* speak one's mind; *det er delte -er* opinions differ; *det er ikke ~ skapt i det* there is not a grain of sense in it; *han sa at det ikke ville være noen ~ i å la denne strenge forholdsregel komme til anvendelse (også)* he said it was out of all proportion to apply this rigorous measure; *det er det ingen ~ i* that is nonsense, there is no sense in that; *det er ingen ~ i det han sier* there is neither rhyme nor reason in what he says; *-en med denne ordningen er at ...* the idea of this arrangement is that ...; *hva er -en med* what is the meaning of; *være av den ~ at* be of opinion that; *det kan ikke være to -er om ...* there can be no two opinions as to; *det er min veloverveide ~ at ...* it is my considered opinion that; *etter min ~* in my opinion; *i beste ~* for the best *(fx* he did it for the best); *oppta i en god ~* put a good construction on; *den offentlige ~* public opinion; *få ~ i* make sense of; *gjøre seg opp en ~* form an opinion; *det ville glede oss å høre Deres ~ angående (el. om) dette* we should be pleased to hear *(el.* have) *(el.* we should appreciate hearing) your view(s) *(el.* opinion) on this *(el.* on this question *el.* on this matter *el.* concerning this); *(se slutte: ~ seg til ens mening; ytterst).*

menings|berettiget 1. entitled to give one's opinion (on sth); **2.** competent to judge. **-brytning** conflict of opinion. **-felle** person of the same opinion; fellow partisan; *være ens ~ (også)* share sby's views; *han har ingen -r* he stands alone (in his opinions); he is in a minority of one. **-forskjell** difference of opinion. **-frihet** freedom of opinion. **-full, -fylt** meaningful. **-løs** meaningless, absurd, senseless. **-måling** public opinion poll measurements *(pl);* Gallup poll.

menings- og ytringsfrihet freedom of opinion and expression.

meningsutveksling exchange of views.

menisk *(anat)* meniscus.

meniskoperasjon cartilage operation on the knee.

menneske man, human (being); person; *ikke ett ~* not a soul; nobody, no one; *alle -r* everybody; *hun er et fint og godt ~* she is a very decent person *(el.* woman); *unge -r* young people; *komme ut blant -r* meet people; *(især* **US)** get around; *-t spår, Gud rår* man proposes, God disposes; *hva er det for et ~?* what sort of a person is he (,she)?

menneske|alder *(slektledd)* generation. **-barn** mortal, human being; *(pl)* children of men. **-eter** cannibal; *(dyr)* man-eater. **-eteri** cannibalism. **-fiendsk, -fiendtlig** misanthropic. **-forstand** human intelligence; *(se I. alminnelig).* **-frykt** fear

m

of man. **-føde** human food. **-hat** misanthropy. **-hater** misanthrope.

menneskeheten mankind, humankind.

menneske|kjenner judge of character. **-kjærlig** humane, charitable; philanthropic; *(se mennes-kevennlig).* **-kjærlighet** philanthropy, charity, love of mankind. **-kjøtt** human flesh. **-kunnskap** knowledge of human nature.

menneskelig *(adj)* human; humane; *ta -e hensyn* take human factors into consideration; show humane consideration; *-e svakheter* human defects.

menneskelighet humanity.

menneske|liv human life; *tap av ~* loss of life. **-mengde** crowd. **-mylder** swarm of people. **-natur** human nature. **-offer, -ofring** human sacrifice. **-par** couple of human beings. **-rase** human race. **-rettighet** human rights; *(i eldre historie)* right of man. **-røst** human voice. **-silo** human anthill (*el.* beehive). **-sjel** human soul. **-skikkelse** human shape.

menneskesky shy.

menneske|skyhet shyness. **-slekt** mankind, human race, humanity.

menneketom deserted; *(ubebodd)* desolate.

menneske|venn philanthropist. **-vennlig** *(se -kjærlig): en ~ handling* a kind(-hearted) act. **-verd** (human) worth. **-verdig** fit for human beings, decent *(fx* live under d. conditions). **-verdighet** dignity as a human being.

menneske|verk work of man. **-vett** human intelligence. **-vrimmel** swarm (*el.* throng) of people. **-ånd** human spirit.

mens *(konj)* while.

menstruasjon menstruation, menses.

menstruere *(vb)* menstruate.

mental mental. **-hygiene** m. hygiene.

mentalitet mentality; *hans ~ (også)* the cast of his mind.

mentalundersøke *(vb): ~ en* examine sby's mental condition. **-lse** mental examination.

mente: *en i ~ (mat.)* carry one; *ha i ~ (fig)* bear in mind.

mentol menthol.

menuett minuet.

meny bill of fare, menu.

mer more; *inntekter på ~ enn £1000* incomes exceeding £1,000; *ikke ~ enn* not more than; *(ɔ: bare)* no more than; *ikke et ord ~!* not another word; *hva ~?* what else? *hva ~ er* moreover; *jeg ser ham aldri ~* I shall never see him again, I shall see him no more; *jeg kan ikke ~* I give it up, I can't go on; *en grunn ~* an additional reason; *jo ~, desto bedre* the more the better; *så meget ~ som* the more so as; *~ eller mindre* more or less; *hverken ~ eller mindre* neither more nor less.

mergel marl. **-gjødning** marling. **-grav** marl pit. **-grus** marly gravel. **-jord** marly soil. **-lag** layer of marl. **-stein** marlstone.

mergle *(vb)* marl.

merian *(bot)* marjoram.

meridian meridian.

merinntekt excess profits; additional (*el.* extra) income.

merino merino.

meritter *pl (gale streker)* escapades.

merkantil commercial, mercantile.

merkbar *(adj)* discernible, perceptible, appreciable, noticeable, marked.

I. merke *(subst)* mark, token, sign; *(fabrikat)* make; *(kvalitets-)* brand *(fx* of tobacco); *(sjømerke)* beacon; *bite ~ i* note; *legge ~ til* notice; *sette ~ ved* put a mark against *(fx* the names of the absent pupils); tick (off), check; *sett ~ ved det som passer* check (*el.* tick (off)) as appropriate; *verdt å legge ~ til* noteworthy, worthy of note.

II. merke *(vb)* mark; *(med bokstaver)* letter; *(med tall)* number; *(legge m. til)* note, notice; get *(fx* did you get that look on his face?); *(kjenne)* feel; *vel å ~* mind you; *~ seg* mark; *vi har -t oss hva De sier* your remarks have been noted; *la seg ~ med* show, betray; *la deg ikke ~ med at du er ergerlig* don't let on that you are annoyed; *~ opp* mark out *(fx* a lawn for tennis, a course for a race).

merke|blekk marking ink. **-dag** red-letter day. **-lapp** label; tag; *henge -er på varene* ticket the goods; *klebe ~ på bagasjen* label the luggage.

merkelig *adj (bemerkelsesverdig)* remarkable, notable; *(underlig, interessant)* curious; peculiar, odd, strange; *det var ~* how odd (*el.* strange *el.* peculiar *el.* funny); *~ nok* strange to say, strange as it may seem; *(se underlig; undersøke).*

merkenavn brand name.

merkepæl *(fig)* landmark, turning point.

merkesak *(polit)* leading issue, plank; *folkepensjonen var en ~ for partiet* the people's pension was one of the party's leading issues.

merkesalg sale of badges; **UK** sale of flags.

merke|seddel label. **-stein** boundary stone. **-verksted** *(for biler)* dealer's workshop; specialist workshop *(fx* repairs should preferably be carried out by a s. w.). **-år** memorable year, year to be remembered.

merknad remark, observation.

Merkur *(myt)* Mercury.

merkverdig remarkable, notable; *(underlig)* peculiar, curious; *(minneverdig)* memorable.

merle *subst (mar)* marl.

merlespiker *(mar)* marline spike.

merr 1 *(zool)* mare; **2***(skjellsord)* bitch.

mers *(mar)* top.

merse|fall *(mar)* topsail halyard. **-rå** *(mar)* topsail yard. **-skjøt** topsail sheet.

merskum meerschaum.

mersseil *(mar)* topsail.

mer|utbytte extra profit. **-utgift** additional expenditure. **-verdiavgift** value added tax *(fk* VAT); *(se avgift).*

mesallianse misalliance.

mesan *(mar)* spanker. **-mast** *(mar)* mizzen mast.

mesén patron of the arts (,of literature).

meske *vb (ved brygging)* mash; *~ seg* gorge, stuff oneself.

meslinger *pl (med.)* measles.

I. messe *(kjøpestevne)* fair.

II. messe *(høymesse, sjelemesse)* mass; *holde ~* celebrate mass; *høre ~* attend mass; *lese ~* say mass.

III. messe *(mil & mar)* **1***(felles bord)* mess; **2** *(om rommet)* messroom.

messebok missal

messegutt mess boy.

messehakel chasuble.

messekamerat messmate.

messe|serk, -skjorte surplice; *(katolsk)* alb.

Messias (the) Messiah.

messing brass; *i bare -en (spøkef)* in one's birthday suit; *på bare -en* on one's bare bottom.

I. mest most; *~ mulig* as much as possible; *det -e* most of, the greater part of; *for det -e* mostly, for the most part, mainly; *(i alminnelighet)* generally; *men aller ~* but most of all.

II. mest *se nesten.*

mestbegunstigelse most-favoured-nation treatment; *ha ~* enjoy m.-f.-n. treatment.

mestbegunstiget most-favoured; **US** most-favored.

mesteparten the bulk, the best (*el.* better *el.* greater) part *(av* of).

mester master; *(i sport)* champion; ~ *i svømming* champion swimmer; ~ *på ski* c. skier; *øvelse gjør* ~ practice makes perfect; *man blir ikke* ~ *på en dag* there is no royal road to proficiency *(el.* learning); *være en* ~ *i* be a master of, be a past-master in *(el.* at *el.* of); be a master cook (,player, *etc).*
mesterbrev master baker's (,builder's, *etc)* certificate.
mesterkokk master cook, (great) chef, master of the culinary art; *(se kokk).*
mesterlig masterly.
mesterlighet masterliness.
mesterskap *(i sport)* championship.
mesterskapstittel championship; *en farlig konkurrent til -en* a dangerous rival for the c.
mester|skudd masterly shot. **-skytter** crack shot. **-stykke** masterpiece; *(handlingen, etc, også)* masterstroke. **-svømmer** champion swimmer. **-trekk** masterly move; *(fig)* masterstroke. **-verk** masterpiece.
mestis *(blanding av hvit og indianer)* mestizo.
mestre *(vb)* master; manage.
meta|fysiker metaphysician. **-fysikk** metaphysics. **-fysisk** metaphysical.
metall metal; *koppermetaller* copper-base alloys; *motstandsmetaller (pl)* resistance alloys. **-aktig** metallic. **-arbeider** engineering worker, metalworker. **-glans** metallic lustre.
metallisk metallic.
metallsløyd *(i skole)* metalwork; *(se sløyd).*
metamorfose metamorphosis.
meteor meteor. **-olog** meteorologist; *(stillingsbetegnelse)* meterological officer; **T** met officer. **-ologi** meteorology. **-ologisk** meteorological; ~ *institutt* Weather Office; **US** Weather Bureau.
meteorstein aerolite, meteoric stone.
meter metre; **US** meter; *han kom inn som nr. 27 på 500-meter'n (skøyter)* he finished 27th in the 500 metres.
metersystemet the metric system.
metier trade, profession.
metning saturation. **-sgrad** degree of s.
metode method; *de spisse albuers* ~ using one's elbows *(fx* you'll have to use your elbows if you want to get on).
meto|dikk methodology. **-disk** methodical; *gå* ~ *til verks* proceed methodically.
metodisme Methodism.
metodist Methodist.
metrikk metrics *(pl),* prosody.
metrisk metrical.
mett satisfied; **T** full (up); *god og* ~ pleasantly satisfied, more than s.; **T** full (up); *er det helt sikkert at du er* ~ *?* are you quite sure you have done? are you quite sure you won't have any more? *takk, jeg er helt* ~ I've had quite enough, thank you; *se seg* ~ *på* gaze one's fill at; *spise seg* ~ get enough to eat, eat till one is satisfied; eat as much as one can *(på* off); *alle spiste og ble -e (bibl)* they did all eat and were filled; ~ *av år* full of years.
mette *(vb)* satisfy; *(kjem)* saturate; *det -r ikke* it's not satisfying; it doesn't satisfy one's hunger.
mettende satisfying, substantial; *(~ og styrkende)* sustaining.
metthet satiety, fullness.
Metusalem Methuselah.
mezzosopran *(mus)* mezzo-soprano.
midd *(zool)* mite; *(se blodmidd).*
middag noon, midday; *(måltid)* dinner; *spise* ~ have dinner, dine; *bli til* ~ stay for dinner; *hva skal vi ha til* ~? what are we going to have for dinner? *sove* ~ take a nap after dinner.
middags|bord dinner table; *ved -et* at dinner. **-hvil** rest after dinner, siesta. **-høyde** meridian altitude. **-lur** after-dinner nap. **-mat** dinner; *(se proppe).* **-måltid** dinner; *(midt på dagen, også)* midday meal. **-pause** lunch hour. **-pølse** sausage. **-servise** dinner set. **-stund** noon; *(ofte =)* lunch hour. **-tid** noon; *ved* ~ (at) about noon; **T** round dinner time. **-utgave** lunch *(el.* midday) edition. **-varme** midday heat, noonday heat.
middel means; *(i en knipe)* expedient; *(hjelpemiddel)* remedy; *offentlige midler* public funds; *statens midler* the resources of the state; *«egne midler» (i oppstilling)* own contribution; provided privately; *av egne midler* out of one's own money *(el.* means); *han betalte det av egne midler* he paid it out of *(el.* with) his own money; *han ville ikke ha kunnet kjøpe huset for egne midler* he would not have been able to buy the house with his own means *(el.* without financial aid); *(se uforsøkt).*
middel|alderen the Middle Ages. **-alderlig, -aldersk** medi(a)eval; *(foreldet)* antediluvian.
middelaldrende middle-aged.
middelbar indirect, mediate.
middelhastighet average speed.
Middelhavet the Mediterranean.
middelhøyde medium *(el.* average) height; *under* ~ under average height; *en mann under* ~ an undersized man.
middelklasse middle class; *-n* the m. classes.
middelmådig indifferent, mediocre.
middelmådighet mediocrity.
middelpris average price.
middelpunkt centre.
middels *(adj)* average, medium, middling; ~ *høy* of average height.
middelstand the middle classes; *(fys)* mean level.
middelstor of average size, medium(-sized).
middelstørrelse medium size.
middeltall (arithmetical) mean, average; *bestemme -et* strike an average.
middeltemperatur mean temperature.
middeltid mean time.
middelvei middle course; *den gylne* ~ the golden mean, the happy mean; *gå den gylne* ~ strike the golden *(el.* happy) mean; take *(el.* steer) a middle course; *det er stundom vanskelig å finne den gylne* ~ *mellom å gi for mye og for lite kreditt* it is sometimes difficult to arrive at the happy medium between giving too much or too little credit.
midje waist; *smal om -n* narrow-waisted, slim.
midlertidig *(adj)* provisional, temporary, interim; *(adv)* provisionally, temporarily; *det er bare noe* ~ *(noe) (ɔ: provisorisk)* it's only a makeshift; ~ *ansatt* = unestablished (NB the' unestablished' civil servant has no pension entitlement).
midnatt midnight; *ved* ~ at m.; *ved -stid* (at) about m.
midnatts|sola the midnight sun. **-time** midnight hour.
midt *(adv):* ~ *etter* along the middle (of); ~ *for(an)* right in front of; ~ *i* in the middle of; ~ *i bakken* halfway up the hill; *omtrent* ~ *i august* about the middle of August; ~ *iblant* in the midst of; ~ *igjennom* through the middle of; straight through; ~ *imellom* halfway between; *gå* ~ *over* break in two; ~ *på* in the middle of; ~ *på dagen* in broad daylight; at noon; in the middle of the day; ~ *på natten* in the dead of night; at dead of n.; in the middle of the night; ~ *på sommeren* in the middle of summer; at midsummer; *(litt.)* in midsummer; ~ *på vinteren* in the middle of winter; in the depth(s) of winter; *(litt.)* in midwinter; *til* ~ *på beinet* (reaching) halfway up the leg; ~ *under*

m

midlertidig

-ing or no **-ing? That's the question**

Vi bruker altså -ing-formen av verbet dersom en handling fremdeles pågår. Ønsker vi å uttrykke generelle forhold (noe som er permanent), bruker vi «vanlig» tid:

Midlertidig (nå)	**Permanent**
I am living in Bergen (now, I don't know for how long)	*I live in Bergen (and will continue doing so)*
I am watching tv (now)	*I watch tv every day for about two hours* (en vane)

immediately under *(el.* below), directly below; ~ *under arbeidet* in the middle of work; ~ *ute på havet* in mid-ocean; right out at sea.
midte middle; *i vår* ~ in our midst; among us.
midten the middle; ~ *av* the m. of; *på* ~ in the m.; *gå av på* ~ break in the m.
midterst middle, central, midmost; *den -e* the middle one.
midtfjords in the middle of the fjord.
midtgang *(i kino, etc)* gangway; *ved -en* on the g.
midt|linje centre line; *(fotb)* halfway line; *dobbelt* ~ *(på vei)* **UK** double white lines. **-parti** central part. **-punkt** centre; *når du kommer tilbake, blir du -et (fig)* **T** when you get back you'll be the whole show.
midtrabatt *(på vei)* centre strip; **US** median strip.
midtre middle.
midtskips midships.
midtsommer midsummer. **-s** in the middle of summer, at the height of summer.
midtspiller *(fotb)* midfield player.
midt|stykke central piece. **-time** midday break.
midtveis halfway, midway.
midtvinters in midwinter, in the middle of winter.
migrene migraine.
Mikkel: ~ *rev* Reynard the Fox.
mikkelsmess Michaelmas.
mikrobe microbe.
mikro|fon microphone; **T** mike. **-kosmos** microcosm. **-skop** microscope. **-skopisk** microscopic(al).
mikse *(vb)* **T:** *se fikse.*
mikstur mixture.
mil: *norsk* ~ *(10 km)* Norwegian mile (= 6.2 statute miles).
Mila|no Milan. **m-neser, m-nesisk** Milanese.
mild *(adj)* mild; *(lempelig)* lenient; *(blid, from)* gentle; ~ *bedømmelse (av skolearbeid)* lenient marking; *-e gaver* charities, benefactions; *-est talt* to put it mildly, to say the least of it.
mildhet mildness, gentleness; leniency.
mildne *(vb)* mitigate, alleviate; *(berolige)* soothe, appease.
mildvær mild weather.
mile charcoal kiln.
mile|lang miles long; *(fig)* endless *(fx* letters). **-pæl, -stolpe** milestone. **-vid:** *i* ~ *omkrets* for miles around. **-vidt** for miles; ~ *omkring* for miles around.
militarisme militarism.
militarist, -isk militarist.
mili(t)s militia.
militær *(adj)* military; *det -e* the military; **UK** the Services; *han er i det -e* **T** he's in the military.
militær|lege army surgeon. **-musikk** military music. **-nekter** conscientious objector *(fk* c. o.); **T** conchie. **-orkester** military band. **-parade** military display. **-politi** military police; *sjefen for -et* the provost marshal. **-politisersjant** *(fk MP-sjt)* provost sergeant. **-politisoldat** military policeman; **T** redcap. **-tjeneste** military service; *få utsettelse med -n* obtain deferment of recruitment.
miljø surroundings, environment; milieu; *-ets påvirkning* environmental influences *(fx* the importance of e. i. in a person's development).
miljø|bestemt determined by environment; environmental. **-skade** *(psykol)* maladjustment. **-skadet** maladjusted. **-skildring** description of social background.
miljøvern conservation *(el.* protection) of the environment, environment protection; *være aktivt interessert i* ~ be concerned about the conservation of the environment (and the avoidance of pollution); *(jvf naturvern).*
miljøverndepartement **UK** Department of the Environment.
miljøvernminister **UK** Secretary of State for the Environment; **T** Environment Secretary.
miljøvernpolitikk environment policy; *(se politikk).*
milliard billion; *(hist)* milliard.
million million. **milliontedel** millionth (part).
millionvis *(adv)* by the million.
millionær millionaire.
milt *(anat)* spleen. **-brann** *(med.)* anthrax.
mimikk expression; gestures; mimicry.
mimisk mimic, expressive; ~ *talent* acting talent.
mimose *(bot)* mimosa.
mimre *(vb)* quiver, twitch; *han -t* his lips quivered.
min, mi, mitt, mine *(adjektivisk)* my; *(substantivisk)* mine; *barnet mitt* my child; *barnet er mitt* the child is mine; *jeg skal gjøre mitt til det* I'll do my best.
minaret minaret.
mindre *komparativ* **1.** *adj (mots. mer)* less *(fx* less food, poverty, damage; this room has less sun); **2.** *adj (mots. større)* smaller; **3.** *adj (yngre)* younger; **4.** *adj (om betydning, verdi, etc)* minor *(fx* a factor of minor importance; a minor of-

ficial); **5.** *adj (ubetydelig)* slight *(fx* a slight difference of opinion); insignificant *(fx* only insignificant changes); **6.** *adv (mots. mer)* less *(fx* the heat grew less intense; you should eat less);
[*A: forb. med subst; B: med vb; C: andre forb.*]

A: *et ~ antall* a small number; *(ved sammenligning)* a smaller number; *~ barn* small (,young) children; *av ~ betydning* of little *(el.* minor) importance; *en ~ butikk* a small shop; a small-sized shop; *~ forandringer* minor changes; *folk med ~ inntekter* people in the lower income brackets; *~ mat* less food;

B: bli ~ become smaller, grow smaller; become less, lessen, diminish; *verden blir ~ og ~* the world is getting smaller and smaller; the world is getting ever smaller; *bli ~ merkbar* become less noticeable; *en valuta som har blitt ~ verdt* a currency that has diminished in value; **gjøre** ~ make smaller; lessen; *kan ikke ~ gjøre det?* can't you do with less? has it got to be as much as all that? **ha** *~ å gjøre* have less to do; be less busy; *har du ikke ~? ((veksle)penger)* haven't you anything smaller? haven't you got any smaller change? *han* **nøyde** *seg ikke med noe ~ enn en Jaguar* he wouldn't be content with anything) less than a Jaguar; nothing less than a Jaguar would do for him; *~ vil* **si** *lettere* less size means less weight;

C: *jeg vil ha ~* **av** *dette og mer av det der* I want less of this and more of that; ~ **behagelig** less agreeable; not very pleasant *(el.* agreeable); *jo ~ du beveger deg,* **desto** *~ vondt gjør det* the less you move, the less you feel the pain; the less you move, the less pain you'll feel; *ikke desto ~* nevertheless, none the less; *selv om han ikke kan forlate huset, er han ikke desto ~ travelt beskjeftiget* (al)though he cannot leave the house, he is none the less busy and active; **enda** ~ still less, even less; *han gjorde enda ~ enn John* he did even *(el.* still) less than John; *(se ndf: langt mindre);* ~ **enn** smaller than *(fx* Peter is smaller than John); less than *(fx* he works less than he used to); *vi kan komme dit på ~ enn (el. på under) to timer* we can get there in under *(el.* in less than) two hours; *på ~ enn (el. på under) et år* in less than a year; in under a year; *på litt ~ enn et år* in a little less than a year; in just under a year; *ikke ~ enn £200* **1.** not less than £200; **2***(ɔ: hele £200)* no less than £200; *ikke ~ enn seks ganger* as many as six times; no fewer than six times; *et tidsrom på ikke ~ enn en måned* a period of not less than a month; ~ **god** not very good, not quite good; inferior *(fx* of inferior quality); *(ved sammenligning)* less good *(fx* less good than ...); *i en ~ god forfatning* in a not very good condition; in a none too good condition; *i ~* **grad** in a less(er) degree; *i større eller ~ grad* in greater or less degree; *en ~* **heldig** *bemerkning* a rather unfortunate remark, rather an unfortunate remark, not a very happy remark; *hans ~ heldige oppførsel (el. opptreden)* his unfortunate manner; *det var et ~ heldig øyeblikk* the moment was not (very) well chosen; **ikke** ~ no less; *har du ikke ~? se B (ovf); dette er ikke ~ viktig fordi ...* this is not the less important because...; **intet** *~ enn et mirakel* nothing short of a miracle; nothing less than a miracle; *han er intet ~ enn en helt* he is nothing less than a hero; he's a real hero; ~ **kjent** less known, less well(-)known; *~ kjente metaller* lesser known metals; **langt** ~ far less *(fx* far less milk than wine); *jeg har ikke råd til å kjøpe en moped, langt ~ en bil* I can't afford to buy a moped, let alone a car; I can't afford to buy a moped, far less *(el.* still less *el.* not to mention) a car; **litt** ~ a little smaller; a little less *(fx* a little less heavy); *forsøk om du ikke kan være litt ~ utålmodig* try not to be so impatient; try to be less impatient; **med** ~ unless; **meget** *(el. mye)* ~ much smaller; much less, far less; *så meget ~* the less *(fx* I was (all) the less surprised as I had been warned); *så meget ~som* ... the less so as ...; *hvor meget (el. mye) ~?* how much less? **mer** *eller ~* more or less; *med mer eller ~ hell* with varying (degrees of) success; *det kommer ikke an på et pund mer eller ~* a pound more or less won't make any difference; ~ **passende** not quite the thing (to do); *(se passende);* ~ **tilfredsstillende** not very satisfactory.

mindre|tall minority. **-verdig** inferior, shameful. **-verdighet** inferiority. **-verdighetsfølelse** a feeling of inferiority, inferiority complex.

mindreårig under age; *være ~* be a minor, be under age; *(jvf lavalder: den kriminelle ~).*

mindreårighet minority.

I. mine *(uttrykk)* expression, air, look; *(litt.)* mien; *en barsk ~* a stern look, a frown; *uten å fortrekke en ~* without wincing *(el.* turning a hair); **T** without batting an eye(lid); *gjøre ~ til å* make as if to *(fx* he made as if to speak); *ingen gjorde ~ til å gripe inn* nobody made a move to interfere; *han gjorde ~ til å ville stille seg først i køen* he made (as if) to take the head of the queue; *gjøre gode -r til slett spill* put a good face on things, put the best face on it, grin and bear it; *uten sure -r* with a good grace *(fx* he did it with a good grace); *(se sette B: ~ opp en uskyldig mine).*

II. mine *(mil)* mine.

minebor drill for making blast holes.

mine|felt *(mil)* mine field. **-legge** *mil (vb)* mine.

minelegger *(mar)* minelayer.

mineral mineral. **mineralog** mineralogist.

mineralogi mineralogy. **-sk** mineralogical.

mineralolje mineral oil, petroleum.

mineral|rike mineral kingdom. **-samling** collection of minerals.

mineralsk mineral.

mineralvann mineral water.

minere *(vb)* mine, blast.

mineskudd blast, blasting shot.

minespill facial expression; play of (sby's) features.

minesprengning explosion of a mine.

minesveiper *(mar)* minesweeper.

miniatyr miniature; *i ~* in miniature. **-maler** miniature painter. **-utgave** miniature edition.

minibank cash dispenser; cashpoint.

minimal *(adj)* minimal, minimum, a minimum of *(fx* these flimsy clothes offer a m. of protection against the cold).

minimum minimum; *redusere til et ~* minimize.

minimumsgrense minimum level *(el.* limit), bottom level *(el.* limit), floor *(fx* set *(el.* fix) floors for wages; set *(el.* fix) minimum levels for wages).

minister minister; *(statsråd)* cabinet m.; **UK** secretary of state; cabinet minister; **US** minister; secretary *(fx handels-* s. of commerce).

ministeriell ministerial.

ministerium ministry; department; **US** department.

minister|krise ministerial crisis. **-president** premier. **-skifte** change of Government; *(enkelt(e) post(er))* ministerial reshuffle. **-taburett** ministerial office *(el.* rank).

ministrant acolyte.

I. mink*(zool)* mink.

II. mink *(svinn)* decrease, dwindling, reduction.

minke *(vb)* decrease; dwindle, shrink; *oljen be-*

m

gynte å ~ the oil was giving out; ~ *på farten* slow down; *det -t på provianten* provisions were running short *(el.* were giving out).
minkehval *zool (vågehval)* minke whale.
I. minne *(erindring)* memory, reminiscence, remembrance; *(hukommelse)* memory; *(erindringstegn, minnetegn)* memento, souvenir, remembrance; *(levning)* relic; *han gjenoppfrisket -ne fra skoledagene* he passed in review the memories of his schooldays; *ha i friskt* ~ remember clearly, have a distinct recollection of; *dette ga oss et* ~ *for livet* this (experience) gave us a memory for life; this gave us something to remember all our lives; *lyse fred over ens* ~ [pray for sby's soul to be at rest]; *vi lyser fred over hans* ~ = peace be with him; *det vil være et* ~ *om deg* that will be sth to remember you by; *til* ~ *om* in commemoration of, in memory of; as a souvenir of *(fx* visit, journey, *etc); til* ~ *om din venninne Ann* to remind you of your friend Ann; *til* ~ *om min reise* as a memento *(el.* souvenir) of my trip; *i manns* ~ within the memory of man, within living memory; *(jvf erindring).*
II. minne *(vb)* remind, put in mind *(om* of); *dette -t meg om noe* this rang a bell for me; *-r det ordet deg om noe?* does that word ring any bell? *det der -r deg om noe (ɔ: andre tider, etc) ikke sant?* this takes you back, doesn't it? ~ *en om noe (ɔ: stadig la en få høre noe)* never let sby hear the end of sth; *han -r meg stadig om at jeg glemte fødselsdagen hans* he keeps rubbing in the fact that I forgot his birthday; *minn ham på den artikkelen (også)* jog his memory about that article; *minn meg på at ...* remind me that ...; *dette året vil -s som* this year will go down in history as ...
minne|bok autograph album. **-dikt** courtly lovepoem. **-fest** commemoration. **-frimerke** commemorative stamp. **-gave** remembrance, souvenir, keepsake. **-gudstjeneste** commemoration service.
minnelig amicable; ~ *avgjørelse* a. settlement; *komme til en* ~ *overenskomst med* settle things amicably with.
minnelighet: *i* ~ amicably, in a friendly *(el.* amicable) way.
minnelse *(påminnelse)* reminder.
minneord obituary (notice).
minnerik rich in memories.
minnes *vb (erindre)* remember, recollect; *jeg* ~ *at jeg har truffet ham* I remember meeting him; *om jeg* ~ *rett* if my memory serves me.
minnesanger minnesinger.
minnesmerke monument, memorial; *kultur-* cultural monument.
minne|stein monumental stone. **-støtte** memorial column; *reise en* ~ *over hans grav* erect *(el.* raise) a memorial over his grave. **-tale** commemorative speech. **-tavle** memorial plaque.
minneutstilling commemorative exhibition.
minneverdig memorable.
minoritet minority; *være i* ~ be in a *(el.* the) minority.
minske *(vb)* diminish; lessen, reduce; ~ *seil* shorten sail.
minst *adj superlativ* **1***(mots. mest)* least *(fx* this room has the least sun; that is what pleased me least); **2***(mots. størst)* smallest; *(av to)* smaller *(fx* he is the smaller of the two); **3***(yngst)* youngest *(fx* the youngest child); *(av to)* younger *(fx* the younger of the two children); **4.** *adv (ikke mindre enn)* not less than *(fx* if you order not less than 1,000 cases); *(i hvert fall)* at least *(fx* it will cost at least £50); least *(fx* when we least expected it);
[*A: forb. med subst; B: andre forb.*]
A: *det -e av barna* the youngest of the children; *ved den -e berøring* at the slightest touch; *i de -e enkeltheter* down to the last detail; *den -e lyd ville være skjebnesvanger* the least sound would be fatal; *(den) -e lønn(en)* the lowest pay; *gi meg det -e stykket og behold det andre* give me the smaller piece and you keep the other; *hans -e ønske ble etterkommet* his slightest wish *(el.* his every wish) was complied with;
B. aller ~least of all; *ingen kan klage, aller* ~ *du* nobody can complain, you least of all; *det er det aller -e jeg kunne vente* that's the very least I could expect; ~ *av alle* least of all; ... *og du* ~ *av alle* you least of all; ~ **av** *alt* least of all *(fx* least of all did he want to hurt her); *det -e av barna* the youngest (,smallest) of the children; *det -e av de to barna* the youngest (,smallest) of the two children; *(stivt)* the younger (,smaller) of the two children; *av to onder velger man det -e* choose the lesser of two evils; **de -e 1** *(om ting)* the smaller ones; **2***(om barn)* the little ones; *barnetime for de -e* children's hour for the very young; *barnetime for de aller -e* children's hour for the very youngest; *dette er ikke noe (el. ikke egnet) for de store og halvstore barna, bare for de aller -e* this is only suitable for the very youngest children, (and) not the oldest or those in between; **det -e** the least *(fx* the least he can do is to apologize); *hvis du føler deg det -e trett* ... if you're the least (bit) tired; if you're at all tired; if you feel at all tired...; *ingen ante det -e* no one had the slightest suspicion; *`det har jeg ikke hørt det -e om* I haven't heard anything at all about that; **T** that's news to me; *søndag har jeg* ~ *å gjøre* Sunday is the day when I'm least busy; **i det -e** at least *(fx* you might at least be polite!); **ikke det -e** nothing at all; *(ikke på noen måte)* not in the least; *ikke det aller -e* not the least bit; not a bit; **ikke** ~ not least; *de gledet seg alle til ferien, ikke* ~ *barna* they all looked forward to the holidays, especially the children; *sist, men ikke* ~ last, (but) not least; *ikke* ~ *fordi* ... especially as ...; *ikke* ~ *p.g.a.* ... not least because of ...; *ikke* ~ *er dette tilfelle med (de) partiene som går over X* this is particularly true of shipments via *(el.* by way of) X; not least is this true of shipments via X; especially *(el.* particularly) is this so in the case of shipments via X; *ikke i -e måte* not in the least; ~ **mulig** as little as possible;~ *mulig bry* the least possible trouble; *det* ~ *mulige* a minimum *(fx* reduce the friction to a minimum); *med* ~ *mulig bagasje (,anstrengelse)* with a minimum of luggage (,effort).
minstelønn minimum wage.
minus minus; *(fratrukket)* less; ~ *fem grader* minus five degrees; five degrees below zero.
minusflyktning hard core refugee.
minuskel lower-case letter.
minutiøs minute.
minutt minute; *på -et* to the minute; *jeg skal være der på -et* I shall be there in a minute.
minuttsikker: *klokka går -t* the watch is to the minute.
minuttviser minute hand.
minør miner.
mirakel miracle; *gjøre mirakler* do *(el.* work) miracles.
mirakuløs miraculous.
misantrop misanthrope.
misantropi misanthropy.
misantropisk misanthropic(al).
misbillige *(vb)* disapprove (of); *-nde* disapproving; *-nde bemerkninger* deprecatory remarks; *snakke -nde om* speak in deprecatory terms of.

misbilligelse disapproval.
misbruk abuse, misuse *(av* of); *(gal bruk)* improper use; *seksuelt* ~ *(av mindreårig)* sexual abuse (of a minor); *(se ordning).*
misbruke *(vb)* abuse, misuse; *det kunne bli misbrukt* it might lend itself to abuse; *bli seksuelt misbrukt* be sexually abused.
misdanne *(vb)* deform, misshape.
misdannelse deformity, malformation.
misdeder, -ske *(glds)* malefactor, misdoer.
misère failure,unfortunate affair; wretched situation.
misforhold disparity; disproportion, incongruity; *stå i* ~ *til* be out ot proportion to; *et skrikende* ~ a crying disparity; *(se sosial).*
misfornøyd displeased, dissatisfied; *(i sin alminnelighet)* discontented.
misfornøyelse *se misnøye.*
misforstå *(vb)* misunderstand; *som lett kan -s* apt to be misunderstood; *hun er tunghørt og -r alt* she is hard of hearing and gets everything wrong *(el.* misunderstands everything one says to her); ~ *fullstendig* get it (all) wrong.
misforståelse misunderstanding; *(feiltagelse)* mistake; *(gal oppfatning)* misapprehension, misconception; *ved en* ~ by mistake; through a misunderstanding.
misfoster monster, stunted offspring; *(fig)* monstrosity.
misgjerning misdeed, crime, offence.
misgrep mistake, error, blunder.
mishag displeasure, disapproval.
mishage *(vb)* displease.
mishagsytring expression of disapproval *(el.* displeasure).
mishandle *(vb)* ill-treat, maltreat.
mishandling ill-treatment, maltreatment.
misjon mission; *(se indremisjon).*
misjonsarbeid mission(ary) work.
misjonsstasjon mission (post *el.* station).
misjonær missionary.
miskjenne *(vb)* misjudge, fail to appreciate; *et miskjent geni* an undiscovered genius.
misklang dissonance, discord, jar.
miskle *(vb)* be unbecoming, not become.
miskmask hotchpotch, medley, mishmash.
miskreditt discredit; *bringe i* ~ bring into discredit.
miskunn *(bibl)* mercy. **-elig** *(bibl)* merciful.
mislig *(utilbørlig, forkastelig)* objectionable, improper, irregular. **-het** *(utilbørlig forhold)* irregularity; *(bedragersk, også)* malpractice; *-er ved regnskapene* irregularities in the accounts.
misligholde *vb (ikke oppfylle)* **1***(kontrakt)* fail to execute, fail to fulfil, break; **2***(obligasjon)* fail to redeem *(el.* carry out), violate; **3***(veksel)* dishonour (,**US:** dishonor), fail to meet; **4***(betaling)* fail to pay, default (in payment); **5***(lån)* default on *(fx* they have defaulted on their past loans); *dersom kjøperen -r noen termin* should the buyer make default in any instalment.
misligholdelse non-fulfilment (of a contract), breach (of contract); non-payment *(fx* of a bill); *(se sikkerhet).*
misligholdsbeføyelser *pl (jur)* remedies for breach of contract; *gjøre* ~ *gjeldende* avail oneself of remedies for breach of contract.
mislike *(vb)* dislike.
mislyd dissonance, discord.
mislykkes *(vb)* fail, be unsuccessful, not succeed; *det mislyktes for ham* he failed; he did not succeed; *et mislyk(ke)t forsøk* an unsuccessful attempt; a failure.
mismodig despondent, dejected, dispirited.
misnøyd *se misfornøyd.*
misnøye displeasure, dissatisfaction.
misoppfatning misconception, misunderstanding.
misstemning *(misnøye)* dissatisfaction; *(forstemthet)* dejection, gloom; *(uoverensstemmelse)* discord, discordant feeling; *(uvennlig stemning)* bad feeling; *dagen endte med* ~ the day ended on a discordant note.
mistak error, mistake; *(se I. feil).*
mistanke suspicion; *-n falt på ham* he was suspected; *fatte* ~ *til* begin to suspect; *ha* ~ *til en* suspect sby; *ha* ~ *om* suspect; *(se skjellig).*
mistbenk hotbed, frame.
miste *(vb)* lose.
misteltein *(bot)* mistletoe.
mistenke *(vb)* suspect *(for* of); *han er mistenkt for å stjele* he is suspected of stealing.
mistenkelig suspicious.
mistenkeliggjøre *(vb)* render suspect, throw suspicion on.
mistenkelighet suspiciousness.
mistenksom suspicious; *se med -me øyne på* view with suspicion.
mistenksomhet suspiciousness, suspicion.
mistillit distrust, mistrust, lack of confidence *(til* in); *ha* ~ *til* distrust.
mistillitsvotum vote of no confidence, (vote of) censure.
I. mistro *(subst)* distrust, mistrust.
II. mistro *(vb)* distrust, mistrust.
mistroisk distrustful, mistrustful, suspicious.
mistroiskhet suspiciousness.
mistrøstig despondent.
mistrøstighet despondency.
mistyde *(vb)* misinterpret; misconstrue.
mistydning misinterpretation; misconstruction.
misunne *(vb)* envy, grudge; ~ *en noe* envy sby sth; ~ *en ens hell* grudge sby his success; *hun -r meg en drink nå og da* she grudges me an occasional drink.
misunnelig envious *(på* of); *være* ~ *på en for noe* envy sby sth; *han er bare* ~*! (også)* it's sour grapes to him!
misunnelse envy.
misunnelsesverdig enviable; *lite* ~ unenviable, not at all to be envied.
misvekst crop failure.
misvisende misleading, fallacious, deceptive; *det* ~ *i å* the fallacy of (-ing); ~ *kurs* magnetic course.
misvisning declination; **US** (magnetic) deviation; *(mar)* variation.
mitraljøse mitrailleuse; machine gun.
mitt *se min.*
mjau miaow; mew; **US** meow. **-e** *(vb)* miaow; mew; **US** meow.
mjød mead. **-urt** *(bot)* meadowsweet.
mjøl *se mel.*
mjølk *se melk.*
mjå *se smal, slank.*
mnemoteknikk mnemonics.
I. mo *(subst)* heath, moor; *(ekserserplass)* drill ground.
II. mo *(adj)* weak; ~ *i knærne* weak at the knees *(fx* I became w. at the knees); **T** seedy, wobbly *(fx* I felt quite w. with excitement).
III. mo: ~ *alene* all by oneself.
mobb mob.
mobbe *(vb)* mob; crowd *(fx* they crowded him).
mobil mobile.
mobiliser|e *(vb)* mobilize. **-ing** mobilization.
Moçambique *geogr (hist)* Mozambique.
modal modal; *-e hjelpeverb* defective auxiliary verbs.
modell model; pattern; type, design; *(levende)* model; *stå* ~ pose; sit for *(el.* to) an artist; *tegnet etter* ~ drawn from a model; *etter levende*

konstitusjonelt monarki

constitutional monarchy

The Constitution of 1814 states that Norway is a Christian monarchy with a king as Head of State. There is a division of power between the Executive (the king and his government), the Legislative (the Parliament) and the Judiciary (the courts). From the next generation on the throne is hereditary through succession of the first born. According to the existing rule at his birth, the Crown Prince is to become the next king.

~ from (the) life; *etter naken ~* from the nude.
modellere *(vb)* model.
modelljernbane model railway; miniature railway.
modell|kjole model dress. **-snekker** pattern maker. **-studie** study from life, painting (,drawing) from life.
modellør modeller.
moden ripe, mature; *etter ~ overveielse* after mature consideration; after thinking the matter well over; *en ~ skjønnhet* a ripe beauty; *tidlig ~* precocious *(fx* child), early *(fx* apples); *~ for* ripe for, ready for; *tiden er ikke ~ ennå* the time for it has not come yet; *(se skolemoden).*
modenhet ripeness, maturity; *tidlig ~* precocity; *(seksuelt)* sexual precocity.
modenhets|alderen maturity. **-prøve** test of maturity.
moderasjon moderation; *(avslag)* price reduction, discount.
moderat moderate, reasonable.
moderere *(vb)* moderate; *(om uttrykk)* tone down.
moderkirke Mother Church.
moder|kjærlighet maternal love, a mother's love. **-land** mother country.
moderlig maternal, motherly.
moder|mord matricide. **-morder, -morderske** matricide.
moderne modern, fashionable, up-to-date; *solide, ~ ski* strong, up-to-date skis.
modernisere *(vb)* modernize.
moder|selskap *(merk)* parent company. **-skip** mother ship; *(jvf hangarskip).*
modifikasjon modification; qualification; *en sannhet med -er* only a qualified truth.
modifisere *(vb)* modify; *(ved innskrenkning)* qualify.
modig courageous, brave, bold; **T** plucky; *gjøre ~* embolden; *gråte sine -e tårer* cry bitterly.
modist milliner, modiste.
modne *(vb)* make ripe; ripen; *-s* ripen; *(fig)* mature.
modningstid ripening period.
modulasjon modulation; *(av stemme)* inflection.
modulere *(vb)* modulate.
modus *(gram)* mood.
mokasin moccasin.
mokka(kaffe) mocha (coffee).
mokka|kopp demitasse (cup). **-skje** d. spoon.
molbakke sudden, steep shelf of sea or lake bottom; sudden deep; *(se brådyp).*
molbo fool; *-ene (svarer til)* the wise men of Gotham. **-aktig** stupid, dull-witted, dense; narrow, provincial.
mold mould; **US** mold. **-jord** mould; **US** mold.
moldvarp *(zool)* mole. **-arbeid** mole's work; *(fig)* underground work.
molefonken T dejected; **T** (down) in the dumps.
molekyl molecule.
molekylær molecular.
molest molestation. **molestere** *(vb)* molest.
moll *(mus)* minor; *i ~* in the minor key.
mollusk *(zool)* mollusc, mollusk.
molo mole, breakwater.
molte *(bot)* cloudberry.
molybden molybdenum.
moment *(tekn, fys)* moment; *(faktor)* element, factor; *irritasjons-* source *(el.* element) of irritation; irritant.
momentan momentary.
moms *se merverdiavgift.*
mon I wonder (if), I should like to know; *(se III. si B).*
monade monad.
Monaco *(geogr)* Monaco; *(se monegask(isk)).*
monark monarch. **-i** monarchy.
monarkisk monarchial.
mondén fashionable.
monegask(isk) Monegasque.
mongol Mongol.
Mongolia *(geogr)* Mongolia.
mongolsk Mongol, Mongolian.
monisme monism.
monn advantage, help, effect; bit, degree; *i noen ~* somewhat, to some degree; *alle -er drar* every little helps; *i rikt ~* in full measure; *ta sin ~ igjen* recoup oneself; even things up.
monne *(vb)* avail, help; *det er noe som -r* that makes all the difference; *det -r med innsamlingen* the collection is doing well; *det -r ikke* it doesn't get you anywhere; it's a drop in the ocean; *det -t lite* it was of little avail; it didn't do much good; it didn't help much; *slik at det -r* so that it really helps; *nå må du prøve å spise noe som -r* now you must try to eat sth that will keep you going; *først da begynte han å tjene penger som -t* it was only then he started earning enough money to make any difference; *tjene penger så det virkelig -r (sterkt)* earn money with a vengeance.
monogam monogamous. **monogami** monogamy.
monokkel monocle, (single) eyeglass.
mono|log monologue, soliloquy. **-man** monomaniac. **-mani** monomania.
monoplan *(flyv)* monoplane.
monopol monopoly *(på* of); *belegge med ~* monopolize.
monopolisere *(vb)* monopolize.
monoton monotonous; monotonical.
monotoni monotony.

monstrans *(rel)* monstrance, ostensory.
monstrum monster. **monstrøs** monstrous.
monsun monsoon.
montere *(vb)* mount; fit (up), instal; *(prefabrikkert hus, etc)* erect.
montering installation, mounting, fitting up; *(av prefabrikkert hus, etc)* erection.
monterings|arbeider assembly worker. **-hall** assembly plant. **-lag** *(som monterer prefabrikkert hus, etc)* erection team.
montre showcase.
montro *se mon.*
montør fitter; *(elekt)* electrician.
monument monument *(over* to).
monumental monumental.
moped moped.
mops *(zool)* pug, pug-dog. **-enese** pug-nose.
mor mother; *bli* ~ become a mother; *han er ikke -s beste barn* he is no angel; he is a bad lot; *her hjelper ingen kjære ~!* it's no use begging for help here!
moral 1*(av fabel), etc)* moral; *hvilken ~ kan utledes av denne historien?* what moral can (*el.* is to) be drawn from this story? **2***(kamp-)* morale; *-en var fortsatt god* morale was still high; *de trenger noe som kan høyne -en* they need something to raise their morale; *stive opp -en* boost (one's) morale; **3***(det som oppfattes som moralsk)* morality; morals; *forretnings-* business morals (*el.* ethics); *han har ingen ~* he has no morals; he has no sense of moral standards; *slapp ~* lax morals; *folks oppfatning av ~ varierer svært* different people's ideas of morality vary greatly; *med frynset ~* morally flawed; *i overensstemmelse med vedtatt ~ (el. vedtatte moralske normer)* in accordance with commonly accepted morals (*el.* norms); *det er bare et spørsmål om vanlig (god) ~* it's merely a question of common morals (*el.* morality); *(se seksualmoral).*
moralisere *(vb)* moralize.
moralist moralist; moralizer.
moralitet morality.
moral|lov moral law; moral code. **-lære** ethics. **-predikant** moralist, moralizer. **-preken** (moralizing) lecture; sermon.
moralsk *(adj)* moral; *(adv)* morally; *et ~ nederlag* a moral defeat; *gi en ~ støtte* lend sby moral support; *spille ~ forarget når det gjelder noe* take a high moral line about sth; *være ~ forpliktet (til å gjøre det)* be under moral obligation to do it; be morally bound to do it; *de oppfører seg alltid fryktelig ~* they always behave terribly morally; *betvile at ens handlinger er -e* question the morality of sby's actions; *folks oppfatning av hva som er ~, varierer svært* different people's ideas of morality vary greatly; *det strider mot det som oppfattes som ~* it offends against common morality.
morarente interest on overdue payments.
morass morass.
moratorium moratorium.
morbror mother's brother, maternal uncle.
morbær *(bot)* mulberry.
mord murder *(på* of); *overlagt ~: se drap: overlagt ~; begå et ~* commit (a) murder.
mord|brann arson *(el.* fire-raising) with intent to kill. **-brenner** incendiary, arsonist *(el.* fire-raiser) (who has set fire with intent to kill).
morder murderer. **-hånd:** *dø for ~* die at the hand of a murderer.
morderisk murderous.
morderske murderess.
mord|forsøk attempted murder; **T** murder bid; **-kommisjon** murder squad; **US** homicide division. **-våpen** murder weapon.
more *(vb)* amuse, divert, entertain; *~ seg* enjoy oneself, amuse oneself; *~ seg med* amuse oneself with; *han -t seg med å lene seg ut av vinduet* he amused himself by leaning out of the window; *~ seg over* be amused at.
morell *(bot)* (morello) cherry.
moréne moraine.
morfar mother's father, maternal grandfather.
Morfeus Morpheus.
morfin morphia, morphine.
morfinist morphine *(el.*morphia) addict.
morfinsprøyte 1*(redskap)* morphia (hypodermic) syringe; **2***(innsprøytingen)* morphia injection; **T** morphia shot, shot of morphia.
morfolo|gi *(språkv)* morphology. **-gisk** morphologic(al).
morganatisk morganatic.
morgen morning; *en ~* one m.; *en annen ~* another m.; *god ~* good morning; *i ~* tomorrow; *i ~ kveld* tomorrow evening; *i ~ tidlig* (early) tomorrow morning; in the morning; *til i ~ på denne tid* till this time tomorrow; *fra ~ til kveld* from morning till night; *om -en* in the morning; of a morning; *siden tidenes ~* since the beginning of time; *tidlig på -en* early in the morning; *i morges* this morning; *i går morges* yesterday morning.
morgenandakt morning prayers.
morgen|blad morning paper. **-blund** morning sleep. **-bønn** morning prayer. **-dag** morrow.
morgen|demring dawn, daybreak. **-fugl** early riser. **-gave** morning gift. **-gretten** grumpy in the morning. **-grettenhet** breakfast-table grumpiness. **-gry** dawn, daybreak. **-gymnastikk** early morning exercises; early morning P.T.; *ta ~ (især)* take setting-up exercises. **-kaffe** morning coffee. **-kjole** house coat.
morgenkvist: *på -en* in the early morning *(fx* are you hungry in the e. m.?); **T** bright and early *(fx* they set off b. and e.).
morgen|kåpe dressing gown. **-menneske** early riser; **T** early bird; **-røde** dawn, sunrise colours. **-side:** *på -n* towards morning; *komme hjem utpå -n* come home in the early hours, come h. with the milk. **-sol** morning sun. **-stjerne** morning star. **-stund** (the) early morning; *~ har gull i munn* the early bird catches the worm.
morgentemperatur *(pasients)* temperature taken in the morning, morning temperature.
morges *se morgen.*
morgne *(vb): ~ seg* get the sleep out of one's eyes.
morian Moor; blackamoor.
morild phosphorescence (of the sea).
morkake *(biol)* placenta.
morkel *(bot)* morel.
morken decayed, decaying, rotting; *morkne gulvplanker* decaying floorboards.
morkne *(vb)* decay, rot away.
morløs motherless.
mormon Mormon. **-isme** Mormonism.
mormor mother's mother, maternal grandmother.
mormunn *anat (livmormunn)* (external) mouth *(el.* orifice) of the uterus; os uteri.
morn good morning; hello; **US** *(også)* hi; *~ da* goodbye, bye-bye, cheerio; *~ så lenge* cheerio; see you (later).
moro fun, amusement, merriment; *for ~ skyld* for fun; for the fun of it; **S** for kick; *han liker ~* he is fond of fun; *han er full av ~* he is full of fun; *ha ~ med en* make fun of sby, poke fun at sby; *jeg sa det bare på ~* I said it only in *(el.* for) fun; *til stor ~ for* to the great amusement of; much to the entertainment of *(fx* the

m

TRICKY TALES

mot

towards – against

*She was leaning **against** the tree when he came towards her.*

Towards handler om bevegelse i **retning mot** noe, mens **against** er **mot** i betydningen **inntil.**

onlookers); *betale for -a* **T** pay the piper; foot the bill; *(jvf morsom & I. morskap).*
morsarv maternal inheritance.
morsdag Mothering Sunday.
morse *(vb)* morse. **-alfabet** Morse code.
morsinstinkt maternal instinct.
morsk fierce, gruff, severe.
I. morskap amusement, enjoyment, entertainment; *dans og ~ (ofte)* dancing and general merriment; *(se moro).*
II. morskap maternity, motherbood.
morskapslesning light reading.
morske *(vb): ~ seg* be fierce *(el.* gruff).
morskjærlighet maternal love, a mother's love.
mors|liv womb. **-melk** mother's milk; *få noe inn med -en* be imbued with sth from infancy. **-mål** mother tongue; native tongue *(el.* language); first language; *person som har engelsk som ~* person whose mother tongue is English, English native speaker, native speaker of English; person with English as his or her first language; *person hvis ~ ikke er engelsk* non-native English speaker.
morsom amusing, enjoyable; interesting; funny, droll, witty; *(hyggelig)* nice, pleasant; *et -t lite rom (også)* a jolly little room; *jeg ser ikke noe -t i å gjøre det* I don't see the fun of doing that; *det er -t å seile* sailing a boat is great fun; *så -t at du kunne komme!* I'm so glad you could come! *det skulle vært -t å kunne spansk* it must be *(el.* would be) great fun to know Spanish; *det skulle vært -t å vite om* ... it would have been fun to know if ...; *dette er ikke -t lenger!* this is getting beyond *(el.* past) a joke! *dette er ikke lett, men -t når det lykkes* this is not easy, but success brings satisfaction.
morsomhet *(vits)* joke; *si -er* be witty, say witty things, crack jokes.
morspermisjon maternity leave.
morssiden: *onkel på ~* maternal uncle.
morstrygd maternity benefit; maternity grant.
mort *(fisk)* roach.
mortalitet mortality.
Morten Martin.
mortens|aften Martinmas eve. **-dag** Martinmas. **-gås** roast goose (to be eaten on Martinmas).
morter *(til støtning)* mortar.
mortér *(slags kanon)* mortar.
mortifikasjon annulment.
mortifisere *(vb)* declare null and void, annul.
mos pulp, mash; purée; *eple-* apple purée, apple sauce.
mosaikk mosaic.
mosaikkarbeid mosaic (work); tessellation.
mosaisk Mosaic.
I. mose *subst (bot)* moss.
II. mose *(vb)* mash *(fx* potatoes, apples); *(bunte (tømmer))* bundle.
moseaktig mossy, moss-like.
mosebok [one of the books of the Pentateuch]; *de fem mosebøker* the Pentateuch; 1. ~ Genesis; 2. ~ Exodus; 3. ~ Leviticus; 4. ~ Numbers; 5. ~ Deuteronomy.
mose|dott tuft of moss. **-fly** moss-covered mountain plateau; *(se II. fly).* **-grodd** moss-covered, overgrown with moss; *(fig)* moss-covered. **-kledd** moss-covered; moss-clad.
Moseloven the Mosaic Law, the law of Moses.
moselvin moselle; *(se vin).*
moser potato masher.
mosjon exercise; *ta ~* take exercise (to keep fit); *(se sunn).*
mosjonere *(vb)* take exercise (to keep fit).
mosjonsgymnastikk keep-fit exercises; *(se gymnastikk).*
mosjonsparti: *han går på et ~ en gang i uken* he attends keep-fit classes once a week.
moské mosque.
moskito mosquito *(pl:* -es).
moskovitt, -isk Muscovite.
moskus *(zool)* musk. **-okse** musk ox. **-rotte** musk rat, musquash.
Moskva Moscow.
most *(eple-)* cider; *(drue-)* must.
moster mother's sister, maternal aunt.
I. mot *(subst)* courage; heart; **T** pluck; *fortvilelsens ~* the c. of despair; *friskt ~!* cheer up! never say die! courage! *(høytideligere)* be in good heart! *være ved godt ~* be of good cheer; *(høytideligere)* be in good heart; *ille til -e* ill at ease; *vel til -e* at ease *(fx* feel *(el.* be) at ease); **fatte** ~ take courage, take heart; *fatte nytt ~* pluck up fresh c.; *de fattet nytt ~* their courage revived; **gi** *en ~ (sette ~ i en)* encourage sby, cheer sby up; *gi en nytt ~* hearten sby, put new heart into sby; *(se ndf: sette nytt ~ i);* **ha** ~ have c., be courageous; *ha ~ til å* have the c. to; *jeg har ikke riktig ~ på det* I don't feel up to it; *ha sine meningers ~* have the c. of one's convictions; **holde** *-et oppe* keep up one's spirits; keep a stiff upper lip; **miste** *-et* lose heart, lose c.; *mist ikke -et!* cheer up! keep smiling! never say die! **samle** *alt sitt ~* pluck up c., take one's c. in both hands; *-et* **sank** his (,her, *etc)* courage ebbed away; his *(,etc)* heart sank; **sette** *(nytt) ~ i* encourage, cheer up, hearten, put some fight into, put new *(el.* fresh) heart into; infuse c. into; *medgangen gjorde i høy grad sitt til å sette nytt ~ i amerikanerne* the success greatly helped to revive the spirits of the Americans; *-et* **sviktet** *ham* his c. failed him; all his c. deserted him; **ta** *-et fra* discourage, dishearten; *ta ~ til seg* pluck up *(el.* summon one's) c., take heart; **tape** *-et: se miste -et (ovf).*
II. mot *(prep & adv)* **1***(henimot, i retning av)* towards, in the direction of; *~ slutten av året* towards the end of the year; **2***(om motstand; mots. «med»)* against *(fx* the wind); *forsikre ~* insure against; *enten med oss eller ~ oss* either with us or against us; *jeg vil ikke si hverken for*

eller ~ I have nothing to say one way or the other; *tre* ~ *to* three (to) two (*fx* two wanted the window shut, three wanted it open; so there they were, three (to) two); *to* ~ *to* two all; **3**(*på tross av, stikk imot)* against, contrary to, in opposition to (*fx* in o. to (*el.* against) my wishes); **4**(*overfor)* to; *snill* ~ kind to; *oppmerksom* ~ attentive to; *hensynsfull* ~ considerate towards; *hans oppførsel* ~ *meg* his behaviour (,**US:** behavior) towards me; **5**(*sammenlignet med)* (as) against, as compared with, in comparison with; *dette er ikke noe* ~ *hva det kunne vært* this is nothing to what it might have been; *seks stemmer* ~ *en* six votes to one; **6**(*som vederlag for)* against (*fx* payment against documents); ~ *kvittering* against (,**US:** in return for) receipt; ~ *kontant betaling* for cash; *bare* ~ *betaling av* only on payment of; ~ *5% provisjon* on the basis of a 5 per cent commission; **7**(*under forutsetning av, med forbehold av)* subject to (*fx* this offer is s. to cable reply); **8**(*jur & sport)* versus (*fk.* v.); *(se steil: stå -t mot hverandre).*

motarbeide *(vb)* counteract, oppose, work against.

motargument counter-argument; *det er vanskelig å ta standpunkt til disse påstandene, da man som legmann jo ikke kjenner -ene* it is difficult to judge these assertions; as a layman one is not familiar with the counter-arguments.

motbakke acclivity, uphill, up-gradient; *starte i* ~ start while on a slope; *i* ~ on an up-gradient, on an uphill slope, uphill.

motbevis proof to the contrary, counter-evidence.

motbevise *(vb)* disprove, refute.

motbydelig disgusting, loathsome, abominable; revolting (*fx* the baboons are r.); (NB *franskmennene gjør opprør* the French are in revolt *(og ikke:* ... are revolting)).

motbydelighet loathsomeness, disgust, abomination.

motbør contrary wind; *(fig)* adversity, opposition; *møte* ~ be opposed.

mote fashion, mode; *på -(n)* in fashion; *angi -n* set the fashion; *det er blitt* ~ it has become fashionable, it has become the fashion, it is in vogue; *bringe på* ~ bring into fashion; *gå av* ~ go out of fashion; *siste* ~ the latest fashion; the last word (*fx* in hats); *etter nyeste* ~ in the latest fashion; *komme på* ~ come into fashion; become the fashion.

moteartikler *(pl)* milliners' supplies; *de nyeste* ~ the latest (novelties) in millinery.

mote|blad fashion journal. **-dame** lady of fashion. **-dukke** *(fig)* fashion doll. **-forretning** milliner's shop. **-handel** milliner's trade; *(forretning)* milliner's shop. **-handler** milliner. **-journal** fashion journal (*el.* magazine).

mote|laps, -narr dandy, fop.

motepynt millinery.

motereklame fashion advertising.

mote|sak matter of fashion. **-slave** slave of fashion. **-tegner** fashion (*el.* dress) designer. **-verdenen** the world of fashion.

motfallen dispirited, dejected; *(jvf molefonken).*

motfallenhet dejection.

motforanstaltning counter-measure; *gripe til -er* resort to c.-measures; *(se motforholdsregel).*

motfordring counter claim (*fx* have a c. c. on sby for an amount).

motforestillinger *(pl)* remonstrances; objections; *(se motargument).*

motforholdsreg|el counter-measure; *ta -ler (sosialøkonomi: retaliere)* retaliate; *(se motforanstaltning).*

motforslag counterproposal, alternative proposal.

motgang adversity, hardship(s), reverse(s) of fortune; setback; *(ulykke)* misfortune; ~ *gjør sterk* adversity makes strong; *ha* ~ suffer (*el.* undergo *el.* endure) hardship; *hun har hatt mye* ~ she's seen a lot of hardship; she's been through a lot of hardship; she's had a great deal of adversity; *i medgang og* ~ in good times and bad; *(litt.)* in prosperity and adversity; *(se medgang).*

mot|gift antidote. **-hake** barb; *forsynt med -r* barbed.

motiv motive; *(mus)* motif, theme.

motiver|e *(vb)* **1**(*begrunne)* give (*el.* set out) (the) grounds (*el.* reasons) for, state the reason for; **2** *(være tilstrekkelig grunn til)* justify (*fx* nothing could j. such conduct); **3**(*psykologisk, fx i drama)* motivate; ~ *en avgjørelse med* base a decision on; *et utilstrekkelig -t forslag* a proposal resting on an insufficiently reasoned basis; *en -t henstilling* a reasoned request; *elever som er (sterkt) -t for videre skolegang* pupils with a strong motivation for staying on at school; p. who are motivated towards staying on at school.

motivering statement of reasons, explanatory statement; justification; motivation; *med den* ~ *at* on the ground(s) (*el.* plea) that; ~ *for skolegjerningen er det dårlig bevendt med over hele linjen* there is a general lack of motivation for teaching.

motkandidat rival candidate, opponent.

motklage countercharge.

motløs faint-hearted, disheartened; *(nedslått, forknytt)* dispirited; *jeg ble* ~ my heart sank (into my boots); I lost heart. **-het** faint-heartedness.

motmæle reply, retort.

motor *(bil-, etc)* engine; *(især elekt)* motor; *en feil ved -en* an engine fault; *(se boreferdig; svikte).* **-bank** knock (*fx* the engine has a k.); *(tennings-)* pinking (of the engine).

motorbåt motor boat; *(se passbåt).*

motorisere *(vb)* motorize.

motorisk *(adj)* motory, motor.

motorsag power saw; *(se sag).*

motor|skade engine trouble. **-stopp** engine trouble (*el.* failure); *vi fikk* ~ our car broke down, the engine of our car broke down; *vi prøvde ikke å tenke på* ~ *eller bremsesvikt* we tried not to think of engine trouble or failing brakes. **-sykkel** motor cycle. **-syklist** motor cyclist. **-varmer** (electric) engine heater; *(blokkvarmer)* block heater; *sette bilen på* ~ plug in the car. **-vask** engine wash (*el.* cleaning); *hva koster en* ~? how much is an engine wash?

motorvei motorway; **US** freeway; *(avgiftsbelagt)* **US** turnpike, parkway; *på -ene går det fort* you get on quickly on the motorways; *(se bilvei; vei).*

motorvogn 1. motor vehicle; *fører av* ~ driver of a vehicle; **2**(*jernb)* motorcoach; **US** motor car.

motorvogn|fører *(jernb)* motorman, railcar driver. **-sett** motor-coach train, motor train set, rail motor set; electric train set; multiple unit train.

motpart adversary, opponent, opposite party; *holde med -en* side with the opposite party; *-ens vitne* a hostile witness.

motpol opposite pole; *(fig)* opposite.

motregning set-off; *bli ført i* ~ be set off.

motsatt opposite, contrary; *(omvendt)* reverse; *i* ~ *fall* if not, otherwise; *nettopp det -e* the very opposite, quite the contrary (*el.* reverse); *uttale seg i* ~ *retning* express oneself to the contrary; *gjøre det stikk -e av* do the exact opposite of; *(se rekkefølge).*

motsetning contrast; difference; antagonism; *i* ~ *til* as opposed to, as distinct from; *i skarp* ~

til in sharp contrast with; *danne en ~ til* form a contrast to; *-er tiltrekker hverandre* there is a mutual attraction between opposites; opposites appeal to one another; *(se diametral).*

motsetningsforhold antagonism, clash of interests; *det er et ~ mellom dem* they are opposed; they are not on good terms; their interests clash.

motsette *(vb): ~ seg* oppose, be opposed to, resist, set oneself against, set one's face against; *han ble skutt idet han motsatte seg arrest* he was shot while resisting arrest.

motsi *(vb)* contradict, gainsay; *~ seg selv* contradict oneself.

motsigelse contradiction.

motsigende contradictory.

motsjø headsea.

motspill *(kort)* defence. **-er** opponent.

motstand resistance, opposition; *(elekt)* resistance; *spesifikk ~* specific resistivity; *gjøre ~ mot* oppose, resist, offer resistance, fight back; *ikke gjøre ~* offer no resistance.

motstander opponent, adversary.

motstandsdyktig capable of resistance, resistant *(overfor* to).

motstands|evne, -kraft power of resistance; *pasientens -kraft har med hensikt blitt svekket* the patient's r. has deliberately been weakened.

motstrebende *(adj)* reluctant; grudging; *(adv)* -ly.

motstrid *(subst): stå i ~ til* be inconsistent with; be contrary to.

motstridende *(adj)* incompatible; contradictory; conflicting *(fx* emotions, feelings).

motstrøm countercurrent; back current.

motstå *(vb)* resist, withstand.

motsvare *(vb)* correspond to; be equivalent to, be the equivalent of.

motsøksmål *(jur)* cross action.

motta *vb (få)* receive; *(ikke avslå, anta)* accept; *(hilse, reagere på)* receive, greet *(fx* the news was received with enthusiasm); *(ved ankomst)* welcome *(fx* he was there to w. the visitors); *(på stasjon, etc, også)* meet *(fx* there was nobody to m. him at the station); *(i sitt hjem)* receive; *-tt (på kvittering)* received with thanks; *~ som gave* receive as a gift, be made a present of; be given; *jeg kan ikke ~ hans tilbud* I cannot accept his offer; *jeg har -tt et brev* I have received a letter; *vi har -tt Deres brev* we have (received) your letter; we are in receipt of y. l.; *(mindre stivt)* we thank you for your letter; *når kan De ~ varene?* when can you take delivery of the goods? *(se bestilling).*

mottagelig: *~ for (dannelse, følelse, inntrykk)* susceptible to; *~ for fornuft* amenable to reason; *gjøre ~ for* predispose to; *være ~ for nye idéer* be receptive to *(el.* of) new ideas.

mottagelighet susceptibility; receptiveness.

mottagelse reception; *(av ting)* receipt; *(antagelse)* acceptance; *etter -n av Deres brev* on receipt of your letter; *løfte om levering innen seks uker fra -n av ordren* promise to deliver within six weeks of *(el.* from) receipt of order.

mottagelsesbevis receipt.

mottagelseskomité reception committee.

mottagelsesleir reception camp (for refugees).

mottager recipient; *(vare-)* consignee; *(i shipping)* receiver.

mottagerland receiving country, recipient; *(for flyktninger)* resettlement country.

mottagerstasjon *(radio)* receiving station; *(se stasjon).*

mottakelig, mottakelse *se mottagelig, mottagelse.*

motto motto.

mottrekk countermove.

motveksel *(jernb)* facing points (,**US:** switches); *kjøre over -en* pass the point facing, run over the facing point; *(se medveksel & I. veksel).*

motvekt counterweight, counterbalance; *(fig)* counterweight.

motverge *(subst): sette seg til ~* resist, offer resistance, fight back, put up a fight, defend oneself.

motvilje reluctance, repugnance *(mot* to); dislike *(mot* of, for); *fatte ~ mot* take a dislike to, form a distaste for; *den engelske ~ mot omfattende og systematisk nyordning er velkjent* the English dislike of comprehensive and systematic innovations is well known.

motvillig reluctant, grudging.

motvind contrary wind, headwind.

motvirk|e *(vb)* counteract, work against; counter *(fx* competition). **-ning** counteracting; counteraction.

motytelse return service; service in return; *de ventet ingen ~* they did not expect any benefit in return.

motøvelse *(gym)* complementary exercise.

mudder mud, mire; (**T** = *støy)* noise, row; *gjøre ~* kick up a row.

mudder|maskin dredger. **-pram** mud boat.

mudre *(vb)* dredge. **mudret** muddy.

muffe muff.

muffens T funny business *(fx* there was some f. b. going on yesterday); foul play *(fx* the police suspected f. p.); jiggery-pokery; skulduggery.

muffin cup cake.

I. mugg *(sopp)* mould; **US** mold.

II. mugg *(slags tøy)* twill.

I. mugge *(subst)* ewer, jug, pitcher.

II. mugge *vb (være sur)* grumble, fret.

muggen musty, mouldy (,**US** moldy); *(om lukt, også)* fusty; *(mutt)* sulky; *(mistenkelig)* **T** fishy; *det er noe -t ved det* there is sth fishy about it.

muggenhet mouldiness (,**US:** moldiness); mustiness, fustiness; *(se muggen).*

mugne *(vb)* mould, go mouldy; **US** mold.

Muhammed Mohammed. **muham(m)edan|er, -sk** Mohammedan, Moslem, Muslim.

mukk [sound, syllable, word]; *jeg forstår ikke et ~* I'm completely at sea; I don't understand a word (of it all); it's Greek to me.

mukke *(vb)* grumble; *(protestere)* bristle up, bridle up (in protest), get one's back up; **T** kick, jib.

mulatt mulatto.

muld *se mold.*

muldyr mule. **-driver** muleteer, mule driver.

mule *zool (munn)* muzzle.

mulepose nosebag.

mulegarn *(tekstil)* mule twist.

mulesel *(zool)* hinny.

mulig possible; *(gjørlig, gjennomførlig)* practicable; *all ~ hjelp* every possible help; *gjøre alt ~ for å* do everything possible to, make every effort to; *gjøre det ~ for oss å ...* enable us to, make it possible for us to; *meget ~* very likely, possibly *(fx* ''He is a gentleman.'' – ''Possibly, but he does not behave like one!''); *det er meget ~ at han ...* it may well be that he ...; *det er meget ~* it's quite possible; *om ~* if possible; *så snart som ~* as soon as possible; *mest (,minst) ~* as much (,as little) as possible; *snarest (el. tidligst) ~* at the earliest possible moment; *i størst ~ utstrekning* to the greatest possible extent; *det er meget ~ at han vet det* he very possibly knows; he very likely knows; *-e kjøpere* potential buyers; *det -e resultat* the possible result; *~ tap* any loss that may arise; *så vidt ~* as far as possible; *(jvf eventuell).*

muligens *(adv)* possibly.

muliggjøre *(vb)* make *(el.* render) possible.

mulighet possibility, chance *(for* of); *(eventuali-*

tet) contingency; *det er en ~ for at* it is just possible that; *han har en stilling med gode -er* he has a job with good prospects; *dette yrket byr overhodet ikke på noen -er for tiden* this profession offers no prospects whatsoever at present; **T** this p. is a dead end; *er det ingen ~ for at vi kan bli enige?* is there no prospect *(el.* possibility) of our coming to terms *(el.* to an agreement)? can't we possibly come to terms? *(se avvise).*
muligvis *se muligens.*
mulkt fine, penalty; *(se bot).*
mulktere *(vb)* fine.
mulm: *i nattens ~ og mørke* in the dead of night, at dead of night.
multiplikand multiplicand.
multiplikasjon multiplication. **-stegn** multiplication sign; (NB *på norsk brukes helst ·, på engelsk oftest ×, fx 4 × 5 = 20).*
multiplikator multiplier.
multiplisere *(vb)* multiply.
multiplum multiple *(av* of); *hele multipla* integer multiples.
mumie mummy. **-aktig** mummy-like.
mumle *(vb)* mutter, mumble; *~ i skjegget* mutter to oneself.
München Munich.
mundering, mundur *(glds)* uniform; **T** *(neds)* get-up; *i full mundur* in full uniform; wearing all the trappings of the trade.
munk monk, friar.
munke [raised, round cake fried in specially shaped pan]; *(se munkepanne).*
munke|drakt monk's habit. **-hette** cowl. **-kloster** monastery. **-kutte** cowl. **-løfte** monastic vow; *avlegge -t* take the vow. **-orden** monastic order. **-panne** [pan with small round wells in which to fry *"munker"*]. **-vesen** monasticism.
munn mouth; *bruke ~* scold; **T** jaw; *bruke ~ på en* scold sby; abuse sby; *få -en på glid* get talking; *holde ~* hold one's tongue; **T** shut up; *hold ~ !* **T** shut up! **S** shut your trap! *holde ~ med* shut one's mouth about; *legge ord i -en på en* put words into sby's mouth; *slå seg selv på -en* contradict oneself; *snakke en etter -en* play up to sby; echo sby; *han snakker alle etter -en* **T** *(også)* he's a yes-man; *snakke i -en på hverandre* speak all at once; *stoppe -en på en* silence sby; **T** shut sby up; *-en står ikke på ham* he talks incessantly; he is always chattering; *ta -en for full* exaggerate; draw the long bow; *ta bladet fra -en* speak one's mind; not mince matters; *være grov i -en* be foul-mouthed.
munn|bitt *(del av bissel)* bar. **-dask** slap on the mouth.
munn|full mouthful. **-hell** byword, (familiar) saying, adage. **-hoggeri** wrangling, bickering. **-hogges** *(vb)* wrangle, bicker; *~ med* have words with, quarrel with, wrangle with. **-hule** oral cavity.
munning mouth, outlet; *(større, ved havet)* estuary; *(på skytevåpen)* muzzle.
munnkurv muzzle; *sette ~ på* muzzle.
munnlær: *ha et godt ~* have the gift of the gab.
munn- og klovsyke foot-and-mouth disease.
munn|skjenk cupbearer. **-spill** mouth organ. **-stykke** holder *(fx* cigarette h.); *(på blåseinstrument)* mouth piece; *(på slange, etc)* nozzle.
munnsvær mere words, idle talk, hot air.
munn|vann mouthwash. **-vik** corner of the mouth.
munter merry; cheery; *det ga festen en ~ opptakt* that started the celebration on a joyful note; *i ~ stemning* in high spirits; *det var et -t syn* it was a funny sight; *(sterkere)* it was quite hilarious to watch.
munterhet gaiety, merriness; *i den støyende -en på markedsplassen forsvant snart hans dårlige humør* in the bustling gaiety of the fairground his bad mood soon passed off.
muntlig *(adj)* verbal, oral; *(adv)* verbally, orally, by word of mouth; *~ eksamen* viva voce examination, oral examination; *komme opp i tysk (,etc) ~* have an oral (exam) in German *(,etc); ingen kom opp i fransk (~), men ett parti kom opp i norsk* nobody had a French oral, but one group had Norwegian.
muntrasjonsråd provider of fun *(el.* amusement); life of the party.
muntre *(vb)* cheer, enliven; *~ seg opp* cheer oneself up.
mur wall.
murbolt stonebolt.
mure *(vb)* build (with bricks *el.* stones); lay bricks; do masonry work; *~ igjen* wall *(el.* brick) up; *~ igjen et vindu* block out a window.
murene *(fisk)* moray.
murer bricklayer; *(gråsteinsmurer)* mason. **-håndlanger** hodman, hod carrier, bricklayer's assistant. **-håndverk** bricklayer's *(el.* stonemason's) craft *(el.* trade).
murerlære: *sette i ~* apprentice to a bricklayer.
murersvenn journeyman bricklayer *(el.* mason).
mur|fast: *mur- og naglefaste innretninger (jur)* fixtures. **-hus** brick house, stone house.
mur|kalk mortar. **-krone** wallhead.
murmeldyr *(zool)* marmot.
mur|mester master bricklayer. **-puss** plastering.
murre *(vb)* grumble, murmur.
mur|skje trowel. **-stein** brick.
murverk brickwork, masonry.
mus *(zool)* mouse *(pl:* mice); *når katten er borte, danser -ene på bordet* when the cat is away, the mice will play; *skipet gikk under med mann og ~* the ship went down with all hands.
muse *(myt)* Muse.
muse|felle mousetrap. **-fletter** *(pl)* pigtails. **-hull** mousehole.
muselort mouse dirt; mouse droppings.
musereir mouse nest.
museum museum.
museumsarkivar *(i lønnsregulativet: administrasjonssekretær)* assistant keeper.
museumsdirektør keeper; *(jvf førstekonservator).*
museumsgjenstand museum piece *(el.* specimen).
musikalsk musical; *meget ~ som han er, deltok han i ...* with his great aptitude for music, he took part in *(fx* a number of musical activities at school).
musikant musician.
musiker musician.
musikk music; *~ på bånd* music on tape; recorded music; *plate-* music on records *(el.* discs); records, discs; *sette ~ til* set to music *(fx* set a song to m.); *med ~ av Brahms* to music by Brahms.
musikkanmelder music critic.
musikk|forening musical society. **-forretning** gramophone shop, music shop; **US** music store. **-forståelse** appreciation of music. **-handler** music dealer. **-høyskole** academy of music. **-korps** (brass) band; *han har vært med i et ~* he has been in a band *(el.* has been a bandsman). **-stykke** piece of music. **-undervisning** music instruction.
musikus musician.
musisere *(vb)* make music, play.
muskat *(bot)* nutmeg. **-blomme** mace.
muskedunder *(børse)* blunderbuss.
muskel muscle; *forstrekke en ~* strain a muscle; *la musklene spille* flex one's muscles. **-brist** sprain, rupture of a muscle. **-bunt** muscle bundle, b. of muscles. **-feste** muscular attachment.

m

-kraft muscular strength, (physical) strength; **T** muscle (*fx* that takes a lot of muscle). **-spenning** muscle tone. **-spill** play of the muscles. **-sterk** muscular. **-styrke** *se muskelkraft.* **-svinn** *(med.)* (progressive) muscular atrophy. **-trekning** muscle twitch. **-vev** muscular tissue.
musketer musketeer.
muskett musket.
muskulatur musculature.
muskuløs muscular.
musling *(zool)* mussel; clam.
muslingskall (sea) shell; cockleshell; scallop (shell).
musse *(fisk)* young herring; *(se sild).*
musselin muslin.
mussere *(vb)* effervesce; fizz, bubble.
mustang *(zool)* mustang.
musvåk *(zool)* common buzzard.
mutasjon mutation.
mutt sulky. **-het** sulkiness.
mutter *(møtrik)* nut; *dra en ~ godt til* tighten a nut up *(el.* down) hard.
mye *(adj & adv): se I. meget & II. meget 2.*
mygg *(zool)* gnat, mosquito *(pl:* -es); *gjøre en ~ til en elefant* make a mountain out of a molehill; *han var helt oppspist av ~* he had mosquito bites all over.
myggestikk gnat bite, mosquito bite.
myggesverm swarm of gnats *(el.* mosquitoes).
myggolje gnat *(el.* mosquito) repellent.
myhank *(zool)* crane fly, daddy-longlegs.
myk *(mots. hard)* soft; *(bøyelig)* pliable, flexible; *(smidig)* supple; *~ mann* caring man; *-e verdier* compassionate values; *de -e verdier i samfunnet* society's gentler face *(el.* values); the more caring aspects of society; *gjøre en ~ (fig)* bring sby to heel; *~ som voks* submissive as a lamb.
myke *(vb): ~ opp* soften up, make pliable; *~ opp våre støle lemmer* limber up *(el.* loosen up) our stiffened limbs.
Mykene *(hist)* Mycenae.
mykne *(vb)* become pliable, soften.
mylder throng, swarm, multitude.
myldre *(vb)* swarm, teem; *gatene -r av mennesker* the streets are swarming with people.
mynde *(zool)* greyhound.
myndig **1***(om alder)* of age *(fx* be of age); *fullfully* of age; *(jur, også)* of full age; *bli ~* come of age, attain one's majority; **2***(respektinngytende)* authoritative, masterful; *i en ~ tone* in a tone of authority.
myndighet **1***(makt)* authority, power; *han har ingen ~ til å gjøre det* he has no authority to do that; it's not within his powers to do that; *opptre med ~* act with a.; *tale med ~* speak with a.; *ha ~ til å* have a. to; *gjøre sin ~ gjeldende* make one's a. felt; **2***(pl): henvende seg til de rette -er* apply to the competent authorities; *de stedlige -er* the local authorities; *komme på kant med -ene* get on the wrong side of the authorities; cross swords with the authorities.
myndighets|alder age of majority. **-område** sphere of authority.
myndling ward.
mynt coin; *gangbar ~* current coin; *(valuta)* legal tender; *~, mål og vekt* money, weights and measures; *betale med klingende ~* pay hard cash; *betale en med samme ~* pay sby (back) in his own coin; *~ eller krone* head(s) or tail(s); *slå ~ og krone om* toss up for; *slå politisk ~ på* make political capital out of; *slå ~ på folks dumhet* trade on *(el.* exploit) people's stupidity; *slå ~ på en idé* cash in on an idea.
mynte *(vb)* coin, mint; *det var -t på Dem* that was meant for you; **T** that was a dig *(el.* hit) at you.
mynte *(bot)* mint.
mynt|enhet monetary unit. **-fot** standard (of coinage). **-kabinett** cabinet of medals and coins. **-kyndig** skilled in numismatics.
mynt|samler collector of coins. **-samling** collection of coins. **-sort** species of coin. **-system** monetary system. **-vitenskap** numismatics.
myr bog, marsh. **-aktig** boggy. **-bunn** boggy ground.
myrde *(vb)* murder.
myr|drag stretch of boggy land. **-hatt** *(bot)* marsh cinquefoil.
myrhauk *(zool)* hen harrier; **US** marsh hawk.
myriade myriad.
myr|jern bog iron. **-jord** boggy soil. **-klegg** *(bot)* lousewort. **-kongle** *(bot)* water arum. **-lendt** boggy, marshy, swampy. **-malm** bog iron.
myrra myrrh. **-essens** (tincture of) myrrh.
myrrikse *(zool)* spotted crake; *liten ~* little crake.
myrsnelle *(bot)* marsh horsetail.
myrsnipe *(zool) (også* **US***)* dunlin; *(jvf bekkasin); hun er en ordentlig ~ (kan gjengis)* she is very child-proud.
myrsoleie *(bot)* marsh marigold.
myrt *(bot)* myrtle.
myrtekrans myrtle wreath.
myrull *(bot)* bog cotton, cotton grass.
myse *(subst)* whey, serum of milk.
II. myse *vb (med øynene)* peer, squint, screw up one's eyes.
mysost [brown whey cheese].
myst|erium mystery. **-eriøs** mysterious.
mystifikasjon mystification.
mystifisere *(vb)* mystify.
mystiker mystic.
mystikk *(rel)* mysticism; *(gåtefullhet)* mystery, mysteriousness; *omgitt av ~* wrapped in mystery.
mystisisme mysticism.
mystisk mystic(al); *(gåtefull)* mysterious; *(mistenkelig)* suspicious.
I. myte *(subst)* myth.
II. myte *vb (felle hår el. fjær)* moult.
mytisk mythical.
mytologi mythology. **-sk** mythological.
mytteri mutiny; *gjøre ~* mutiny; *få i stand~* raise a mutiny; *deltagerne i -et* the mutineers.
mytterist mutineer.
Mähren *(geogr)* Moravia.
I. mæle *(subst)* voice; *miste munn og ~* become speechless, be bereft of speech.
II. mæle *(vb)* utter, speak, say.
møbel piece of furniture; *møbler* furniture; *noen få møbler* a few sticks of furniture.
møbel|arkitekt furniture designer. **-handler** f. dealer. **-lager** f. warehouse. **-lakk** f. varnish. **-plate** *(stavlimt)* laminboard; *(blokklimt)* blockboard. **-snekker** cabinetmaker. **-stoff** upholstery (material). **-tapetserer** f. upholsterer. **-trekk** *(løst)* loose f. cover. *(jvf varetrekk).*
møblement suite of furniture.
møblere *(vb)* furnish *(fx* a room).
mødrehygiene sex hygiene for mothers; *(svarer til)* family planning. **-kontor** family planning and maternity clinic.
mødrene maternal. **-arv** inheritance from one's mother, maternal inheritance.
møkk dung; *(vulg = skitt)* dirt, muck, filth; *(vulg = skrap)* rubbish, trash, muck, bilge, tripe.
møkkgreip dung fork.
mølje jumble.
møll *(zool)* moth; *det er gått ~ i frakken* the moths have been at the coat.
møll|e mill; *det er vann på -a hans* that is grist to his mill; *den som kommer først til -a, får først malt* first come, first served.

mølleanlegg milling plant.
mølle|arbeider mill hand. **-bekk** mill stream. **-bruk** 1. mill; 2*(det å)* milling. **-dam** millpond.
møller miller.
møllestein millstone.
møllspist moth-eaten; *(se møll).*
møne ridge of a roof.
mønje red lead, minium.
mønster 1*(tegning)* design, pattern; *(-prøve)* pattern; *lage etter* ~ make to p. *(el.* d.); *levere etter* ~ supply to p.; ~ *til* p. *(el.* d.) for *(el.* of); 2*(gram)* paradigm; 3*(eksempel, forbilde)* model, pattern; *ta ham til* ~ take him as one's model *(el.* example); follow his example; *stå som* ~ *for* serve as a model for; *passe inn i et* ~ *(fig)* conform to a pattern; *(se I. etter; samfunnsmønster; skjema 2).*
mønsterbeskyttelse protection of a patent (,of patents), protection of a design (,of designs).
mønsterbeskyttet (of) registered design, patented.
mønsterbesvarelse model answer.
mønster|bok pattern book. **-bruk** model farm.
mønstergyldig model, exemplary, ideal.
mønster|skole model school. **-verdig** exemplary. **-verk** standard work. **-vevd** figured.
mønstre *(vb)* muster, review, inspect; *(fig)* examine critically, inspect, scrutinize, take stock of; ~ *av (mar)* sign off; ~ *på (mar)* sign on, ship.
mønstret figured; patterned.
mønstring 1. muster, review, inspection; 2*(utstilling)* exhibition; *den norske -en av billedkunst i X* the exhibition of Norwegian pictorial art in X.
mønstringskontor **UK** the Mercantile Marine Office.
mønsås ridgepole; ridgebeam; ridgetree; **US** *(især)* ridgebeam.
mør 1*(om kjøtt)* tender; 2*(om muskler)* stiff, aching.
mør|banke *(vb)* 1. tenderize (by beating); 2. **T** beat black and blue, beat up. **-brad** (tender)loin, undercut; *(okse-)* undercut of sirloin, beef tenderloin. **-bradstek** *(kan gjengis)* roast sirloin *(el.* (tender)loin). **-deig** rich short-crust pastry.
mørje (glowing) embers.
mørk dark, gloomy; *før det blir -t* before (it gets) dark; *det ble -t* darkness fell *(el.* came on), it got *(el.* grew *el.* became) dark; *det begynte å bli -t* it was getting dark; *-e tider* hard times; *-e utsikter* a gloomy outlook; *se -t på fremtiden* take a gloomy view of the future; *det ser -t ut for ham* things are looking black for him; prospects are black for him.
mørke dark, darkness, obscurity; *(dysterhet)* gloom; *-t ble tettere* the darkness became denser; *i* ~ in the dark; *famle seg fram i* ~ grope one's way in the dark; *et sprang i* ~ a leap in the dark; *i nattens mulm og* ~ in the dead of night; at dead of night; *-ts gjerninger* dark deeds.
mørke|blå dark blue. **-brun** dark brown.
mørke|redd afraid of the dark; *jeg er veldig* ~ I'm a terrible coward in the dark. **-rom** darkroom. **-tid** *(polarnatt)* polar night; *(fig)* dark age(s).
mørk|hudet dark(-skinned), swarthy. **-håret** dark -haired.
mørkne *(vb)* darken.
mørkning nightfall; dusk, twilight; *i -en* at dusk, in the twilight, in the gathering darkness.
mørser mortar.
mørtel (pointing) mortar.
I. møte *(subst)* 1. meeting *(fx* he spoke at the m.); 2*(tilfeldig, også sammenstøt)* encounter; 3*(forsamling)* meeting, assembly, gathering; *(konferanse)* conference; 4*(retts-)* sitting, session, hearing; 5*(parlaments-, etc)* sitting, session; *komité-* committee meeting; *avtale et* ~ *med en* arrange to meet sby; make an appointment with sby; *heve et* ~ close a meeting; *(inntil videre)* adjourn a m.; *-t ble hevet (også)* the meeting terminated; the meeting came to an end; *(ofte)* the conference (,etc) rose; *(om retts-)* the Court rose; *-t ble hevet under alminnelig forvirring* the m. broke up in confusion; *-t er hevet* the meeting is closed (,adjourned); *erklære -t for hevet* declare the m. closed; *holde et* ~ hold a meeting; meet; *-t er satt* the meeting (,sitting) is called to order; *åpne et* ~ open a meeting; *jeg erklærer -t for åpnet* the sitting is open; the s. is called to order; **i** ~ towards; *komme en i* ~ come to meet sby; *(fig)* meet sby (half way); *løpe en i* ~ run to meet sby; *fra det fjerne blinket et lys ham i* ~ a distant light was winking at him; *lysene fra landsbyen blinket ham vennlig i* ~ the friendly lights of the village greeted him; *en kald vind blåste ham i* ~ a cold wind blew in his face; *en strålende vårmorgen lo ham i* ~ a bright spring morning greeted him; *ødsligheten i værelset stirret ham i* ~ he was met by the blank dreariness of his room; *se fremtiden engstelig i* ~ look to the future with apprehension *(el.* apprehensively); *vi går bedre tider i* ~ the outlook is brighter; *vi går en strålende fremtid i* ~ we have a dazzling future before us; *(se undergang);* **på** *et* ~ at a meeting.
II. møte *(vb)* meet; *(bli gjenstand for)* meet with *(fx* kindness); *(motstå)* face *(fx* danger without flinching); *(om motforanstaltning)* meet, counter; *(innfinne seg)* appear, attend, meet; *det er avtalt at X skal* ~ *(fram) kl. 14* it has been agreed that X is to come at 2 o'clock; it has been arranged for X to come at 2 o'clock; *(det) stedet hvor han skulle* ~ where he was to go for the meeting; ~ *en ansikt til ansikt* meet sby face to face; ~ *ens blikk* meet sby's glance; *jeg skal* ~ *ham kl. 6* I am to meet him at 6 o'clock; I have an appointment with him at *(el.* for) 6 o'clock; *vel møtt!* welcome! ~ *en* **etter** *avtale* meet sby by appointment; ~ **fram** appear; **T** show up; ~ **i** *retten* appear before the court;~ *i saken mot* appear in the court against; ~ **opp** appear; **T** show up; ~ *opp med* bring along *(fx* he brought all the papers along); bring forward *(fx* an argument).
møteleder chairman; *overta som* ~ take the chair; *være* ~ be in the chair; preside (over the meeting).
møteplager heckler. **-i** heckling.
møteplass *(på smal vei)* lay-by.
møtes *(vb)* meet; *vi* ~ *i morgen* **T** see you again tomorrow!
møte|plikt compulsory attendance; obligation to appear. **-referat** minutes; *lage* ~ draw up the minutes. **-sted** meeting place. **-tid** time of (a) meeting, the time fixed for a (,the) m.
møtrik nut.
møy maid, maiden, virgin.
møydom *(anat)* maidenhood; virginity.
møye pains, trouble; difficulty; *spilt* ~ a waste of energy; *det er spilt* ~*(også)* that's (so much) wasted effort; that's all for nothing.
møysommelig laborious, toilsome, difficult; *(adv)* with difficulty, laboriously.
møysommelighet trouble, difficulty.
må *se måtte.*
måfå *på* ~ at random, in a haphazard way.
I. måke *(zool) (subst)* gull.
II. måke *(vb)* clear away, shovel; ~ *vei* clear a road.
I. mål 1*(språk)* tongue, language, idiom; 2*(mæle)* voice, speech.

II. mål 1. measure; *(standardmål)* gauge; **2***(1000 m²)* 1/4 acre, 10 ares; *ett ~ selveiertomt* a freehold site of 10 ares; *400 ~ innmark* 100 crop acres; **3***(omfang)* dimension; **4***(hensikt)* goal, aim, objective, end, object; **5***(i fotball)* goal; *~ scoret på straffespark* penalty goal; *skyte ~* score a goal; *han står i mål* he's playing in goal; **6***(ved veddeløp)* winning post; **bak ~ T** *(ad krokveier; på uærlig vis)* by devious means (*el.* ways); using underhand means; *han fikset det bak ~* he fixed (*el.* organised) it by working a fiddle; *prosjektets endelige ~* the ultimate objective of the project; *største* **felles** ~ greatest common measure; *i* **fullt** ~ in full measure, to the full; **toppet** ~ heaped measure; *holde ~* be up to standard; be up to the mark; ... *men de holdt ikke ~ (også)* ... but they did not measure up to it; *nå et ~* attain a target; reach a goal; *nå sitt ~*reach one's goal; achieve one's aim; gain (*el.* attain *el.* achieve) one's end; attain one's objective; *nå det ~ man har satt seg* reach the goal one has set oneself; attain the end one has in view; *sette seg et ~* set oneself a goal; *ha satt seg et ~* have an end in view; *han satte seg høye ~ i livet* he set himself lofty (*el.* high) aims in life; *når han først har satt seg et ~, forfølger han det også* when he has set himself a goal, he pursues it to the end; *ta ~* **av** *en til klær* take sby's measurements; measure sby for clothes; *ta ~ av hverandre* **T** size one another up; give each other the once-over; *-et* **for** *hans bestrebelser* the object of his efforts; *~ for pilegrimsreiser* pilgrimage objective; *han glir i ~ (om skiløper)* he glides up to the finish; *hestene løp side om side i ~* the horses ran neck and neck past the post; *~ i livet* aim (*el.* goal) in life; *hans viktigste ~ i livet* his main aim (*el.* object) in life; *ha et ~ å streve mot* have a goal to strive for; *-et* **på** *hvor dyktig han har vært i sitt ordvalg, er at* ... the measure of how skilful he has been in his choice of words is the fact that ... *dette er en organisasjon som har* **som** *~ å* this is an organisation aiming at (-ing); *skyte* **til** *-s* fire at a target; *føre til -et* lead to the desired result; **uten** *~ og med* aimlessly; *nå er vi snart* **ved** *-et* the goal is within our reach (*el.* in sight); *(se flatemål; hulmål; krympemål; kvadratmål; lengdemål; I nett; rommål; selvmål; siktemål; standardmål).*

målbevisst *(adj)* purposeful, determined; *arbeide ~ (også)* work with a purpose.

målbevissthet singleness of purpose.

mål|binde *(vb)* nonplus, silence. **-bytte** *(fotb)* change of goals, changing ends; **T** changing round. **-dommer** finishing judge.

måle *(vb)* measure; *(innhold av fat, etc)* gauge; *~ opp (land)* survey; *kunne ~ seg med en* compare with, compare favourably (,**US:** favorably) with, come up to; *kan ikke ~ seg med* cannot hold a candle to; (simply) isn't in it with.

måle|brev 1. [surveyor's certificate of area measure]; **2***(mar)* certificate of tonnage. **-bånd** tape measure; measuring tape; **US** tape line. **-enhet** unit of measurement.

målegodslast *(mar)* measurement cargo (*el.* goods).

målepasser callipers; **US** calipers.

måler 1*(instrument)* meter; **2***(land-, etc, også fig)* measurer; *(se landmåler).*

målestokk standard; scale; *etter nåtidens ~ var det naturligvis ingen særlig prestasjon* by modern standards, of course, that was no special achievement; *et kart i -en 1:100,000* a map on the (*el.* with a) scale of 1:100.000; *i stor (,liten) ~* on a large (,small) scale; *i forminsket (,forstørret) ~* on a reduced (,an enlarged) scale; *bruke som ~* take as a standard; *som ~ for* as a standard of; *(se anlegge).*

målføre dialect.

mållag [association of adherents of New Norwegian].

mållinje *(fotb)* goal line; *(ved løp, etc)* finish(ing) line; *(ofte =)* tape.

målløs 1. speechless, dumbfounded; **2***(uten mål)* aimless.

I. målmann *(fotb)* goalkeeper; **T** goalie.

II. mål|mann adherent of the New Norwegian linguistic movement. **-reising** linguistic movement; *(i Norge)* movement to make New Norwegian the predominant language.

målsetting aim, purpose, goal, objective; *det kommer helt an på -en* it depends entirely on the aim *(el.* purpose); *det er -en som er forskjellig fra lærer til lærer* it's the aim *(el.* purpose) that varies *(el.* differs) from teacher to teacher.

mål|skyting target practice. **-snor** (finishing) tape. **-spark** goal kick. **-stang** *(fotb)* goal post. **-strek** finish(ing) line; *(også fig)* scratch.

mål|strev struggle carried on by or on behalf of the New Norwegian linguistic movement. **-strid** language dispute; conflict between adherents and opposers of New Norwegian.

måltid meal; *mellom -ene* between meals.

måltrost *(zool)* song thrush; *(poet)* mavis.

målvokter *(fotb)* goalkeeper; **T** goalie.

måne moon; *(på hodet)* bald spot; *-ns bane* the orbit of the moon; *-n er i avtagende* the moon is on the wane; *den tiltagende og avtagende ~* the waxing and the waning moon.

måned month; *august ~* the m. of August; *de -ene som har 31 dager* the odd months; *forrige ~* last m.; *i august ~* in the month of August; *i denne ~* this m.; *den første i denne ~* on the first of this m.; *i neste ~* next m.; *pr. ~* per m., a m.; *pr. 3 -er* at three months' date; *om en ~* in a m.; *-en ut* (for) the rest of the m.

månedlig monthly.

måneds|befraktning *(mar)* monthly charter. **-lov** (monthly) holiday. **-nota** *(-oppgave)* monthly statement *(el.* account); *(kontoutdrag)* statement of account *(fk* S/A). **-oppgjør** monthly settlement. **-penger** *(pl)* monthly allowance. **-skrift** monthly (journal, magazine, review). **-vis** by the month, monthly; *i ~* for months.

måne|fase phase of the moon, lunar phase. **-formørkelse** eclipse of the moon. **-klar** moonlit, moonlight. **-krater** lunar crater. **-landingsfartøy** lunar module *(fk* LM). **-lys** *(subst)* moonlight; *(adj)* moonlit, moonlight. **-natt** lunar night; *(månelys natt)* moonlit night. **-skinn** moonlight; *i ~* by moonlight. **-skinnsnatt** moonlight night. **-stråle** moonbeam.

måpe *(vb)* gape, stare open-mouthed; *sitte og ~* sit gaping; sit wool-gathering.

mår *(zool)* marten.

mårbjørn *(zool)* bearcat; *(se bjørn).*

måte 1*(form for handling)* way, manner; *(ofte neds)* fashion; **2***(måte å gjøre noe på)* way, method *(fx* of doing sth); **3***(henseende)* respect; **4***(måtehold)* moderation; *betalings-* mode of payment; *holde ~* (4) be moderate, keep within bounds, exercise moderation; *han kan ikke holde ~ (også)* he does not know where to stop; *det var ikke ~ på det* there was no end to it; **i** *alle -r* in all respects, in every respect; in every way; *i like ~! (svar på ønske)* the same to you! *(svar på skjellsord)* you're another!; *i så ~* in that respect; *(hva det angår)* on that score; **med** *~* moderately, in moderation; *drikke med ~* be a moderate drinker; only drink moderately *(el.* in moderation); *alkohol bør nytes med ~*

måte

way

FALSE FRIENDS

English	Norwegian
*Do it this **way**.*	Gjør det på denne **måten.**
*Take that **way**.*	Ta den **veien (retningen).**
*He lives down the **road**.*	Han bor nede i **gaten.**

alcohol should only be taken in moderation; *alt med* ~ there is a limit to everything; moderation in all things; you may have too much of a good thing; **over** *all* ~ beyond (all) measure, inordinately, excessively; *hans* ~ *å smile* **på** the way he smiles; *på alle mulige -r* in every (possible) way; *på en* ~ *(på sett og vis)* in a way; *(men ikke tilfredsstillende)* in *(el.* after) a fashion; *(til en viss grad)* in a manner, to a certain extent, in a certain degree; in a *(el.* one) sense; *på mer enn én* ~ in more ways than one; *det kan ikke gjøres på noen annen* ~ it cannot be done (in) any other way; *på en annen* ~ in another way, differently; *det samme på en annen* ~ the same thing in another way *(el.* in a different guise); *på en eller annen* ~ somehow (or other), (in) one way or another; in some way (or other); by some means; *(for enhver pris)* by hook or by crook; by fair means or foul; *på annen* ~ *enn* otherwise than, by other means than; *på* **beste** ~ in the best possible way; *Deres ordre vil bli utført på beste* ~ your order will have *(el.* receive) our best attention; *ordne alt på beste* ~ arrange everything for the best *(el.* in the best possible way *el.* as well as possible); *på* **den** *-n* (in) that way, like that *(fx* don't talk like that!); *på den antydede* ~ in the way indicated *(el.* suggested); *på* **denne** *-n* in this way, thus, like this; at this rate; *på* **enhver** ~ in every (possible) way; in every respect; *på en* **fin** *(ɔ: taktfull)* ~ discreetly; *det er* **flere** *-r å gjøre det på* there are several ways of doing it; *på foreskreven* ~ in the approved manner; *på* **følgende** ~ as follows, in the following way; *på* **hvilken** ~ *han enn ...* whatever way he ...; no matter how he; *på* **ingen** ~ by no means, not at all; not in the least; certainly not; *ikke på* **noen** *som helst slags* ~ **T** *(spøkef)* by no manner of means whatever; *på* **samme** ~ in the same way; *(innledende)* likewise, so also; *på samme* ~ *som* in the same way as *(el.* that); as, like *(fx* you don't hold the pen as I do *(el.* like me)); *på en* **slik** ~ *at* in such a way as to; so as to; *(se tilsvarende).*

måte|hold moderation; *(i nytelser)* temperance; *mangel på* ~ immoderation, lack of moderation; *(m.h.t. nytelser)* intemperance; *med et visst* ~ *(ɔ: i en viss utstrekning)* within limits, to a limited extent. **-holden** moderate; temperate; *en* ~ *person* a person who observes moderation.

måtelig *(adj)* mediocre, indifferent; *(karakter)* [a bad mark below pass level].

måtte *(vb)* have to; *jeg må* I must, I have to; *må vi skynde oss?* do we have to hurry? is there any need to hurry? *jeg* ~ I had to, I was obliged to; *han sa han* ~ he said he must *(el.* had to); *uten å* ~ without having to; *jeg beklager å* ~ I regret having to; *må jeg få lov til å ...?* may I ...? *(høfligere)* might I *(fx* m. I make a suggestion?); ~ *De aldri angre det* may you never regret it; *enhver ordre De* ~ *sende meg* any orders you may send me; *hva han enn* ~ *si* whatever he may say; *det må så være* it has to be; it can't be helped; *når det må så være* when needs must be; *det må til* it is essential; it can't be helped; it has got to be done; *vi 'må til* we shall have to do it; it's no good putting it off; we had better buckle to; *det må jeg si!* well, I never! *om jeg så må si* if I may say so; *jeg må komme meg av gårde* I must be off; I must be going; I must be getting off; *jeg må hjem* I must go home; *jeg 'må hjem* I've got to get home; *det må mange penger til* much money is needed; *han må ut på jordet* he must go into the field; *må vite (ɔ: vet du)* you know, don't you know; *det fins ingen steder, det* ~ *da i så fall være i Kina* it is nowhere to be found, except perhaps in China; *(se nødvendigvis).*

n

N, n N, n; *N for Nils* N for Nellie.

nabo neighbour; **US** neighbor; *nærmeste* ~ next-door neighbour; *de nærmeste -ene* the near neighbours.

nabo- neighbouring (,**US:** neighboring), next.

nabo|by neighbouring town. **-bygd** neighbouring parish. **-folk 1.** neighbouring nation(s); **2.** neighbours. **-hus** adjoining house, house next door; *han bor i -et* he lives next door. **-lag** neighbourhood (,**US:** neighborhood), vicinity; *fra -et* neighbouring *(fx* a n. farmer); *i -et* in the neighbourhood *(fx* live in the n.).

naboskap neighbourhood; **US** neighborhood; *godt* ~ neighbourliness; **US** neighborliness.
nabovinkel adjacent angle.
nachspiel follow-on party; *hva sier dere til et ~ hjemme hos meg?* how about following on with a party at my place afterwards? *vi var på ~ hos John* afterwards we went round to John's place and had a party.
nafse *(vb)* snatch at, nibble, munch.
nafta naphtha. **-lin** naphthalene.
nag grudge, resentment, rancour; *bære ~ til en* have *(el.* bear) a grudge against sby; *bærer du fremdeles ~ til ham?* **T** have you still got a chip on your shoulder against him?
nage *(vb)* gnaw; prey on, rankle; *-nde bekymring* gnawing anxiety; *-t av anger* stung by remorse.
I. nagle *subst (klink-)* rivet.
II. nagle *(vb)* rivet; *han satt som -t til stolen* he sat as if he were nailed to the chair.
naglefast: ~ *inventar* fixtures.
naglegap: *-ene i hans hender* the prints of the nails in his hands.
naiv simple(-minded), naïve, naive, ingenuous, artless.
naivitet simple-mindedness, naïveté, naivety, artlessness.
najade naiad.
naken naked, nude, bare; *nakne kjensgjerninger* hard facts.
naken|dans nude dance. **-danser** nude dancer.
naken|het nakedness, nudity; *hykleriet ble avslørt i all sin ~* the hypocricy was exposed *(el.* revealed) in all its baldness. **-kultur** nudism.
nakke back of the *(el.* one's) head, nape of the neck; *(av gris, hos slakteren)* back of bacon; pork back; *ha øyne i -n* have eyes at the back of one's head; *ta en i -n* take sby by the scruff of the neck; collar sby; *med skattemyndighetene på -n (fig)* with the Inland Revenue on one's back; *kaste på -n* toss one's head; *ta bena på -n* take to *(el.* pick up) one's heels, cut and run, take one's foot in one's hand, put one's best foot forward; *være på -n av en (fig)* be down on sby.
nakkedrag *(slag)* clout on the neck.
nakkegrop hollow of the neck.
nakkekotelett neck of pork (,lamb).
nakkeribbe *(på gris)* spare rib.
nakkestuss trim (at the back of the head).
nam *(jur)* attachment.
nam-nam *(int)* yum-yum.
napoleonskake vanilla slice; custard slice; *(se kake).*
Napoli Naples. **n-taner, n-tansk** Neapolitan.
napp 1. tug; *(av fisk)* bite, nibble; **2***(sport: aksje i vandrepokal, etc)* **T** leg; **3***(jernb* **T):** *se frakopling: ~ under fart.*
nappe *(vb)* snatch; *(fange)* nab; ~ *etter* snatch at.
nappetak set-to, tussle.
narhval *(zool)* narwhal; *(se hval).*
narkoman *(subst)* drug addict; **US** dope addict, narcotic; **S** junkie.
narkomani drug addiction, narcomania.
narkose narcosis, general anaesthesia (,**US:** anesthesia). **-lege:** *se anestesilege.*
narkotiker drug addict; **US** dope addict; narcotic; **S** junkie.
narkotisk narcotic; ~ *middel* narcotic.
narr fool; *(hoffnarr)* jester; *innbilsk ~* conceited idiot; **S** stuffed shirt; *gjøre ~ av* poke fun at, make fun of, ridicule, hold up to ridicule; **T** take the mickey out of; *holde for ~* make a fool of; *gjøre seg til ~* make a fool of oneself; *han gjør seg til ~ for hennes skyld* he is making a fool of himself about her.
narraktig foolish; conceited, vain. **-het** foolishness; conceit, vanity.
narre *(vb)* dupe, trick, take in, deceive, fool; ~ *en for* disappoint sby of; ~ *noe fra en* trick sby out of sth; ~ *en til å gjøre noe* trick sby into doing something; ~ *en til å tro* make sby believe.
narreri deception; fooling, foolishness.
narre|smokk comforter, dummy; *(også* **US***)* pacifier; *(se tåtesmokk).* **-strek** foolish prank, tomfoolery.
narrifas conceited fool.
narsiss *(bot)* narcissus *(pl:* -es *el.* narcissi).
narv grain side (of leather).
nasal nasal. **nasalere** *(vb)* nasalize.
nasjon nation; *Nasjonenes Forbund (hist)* the League of Nations; *De forente -er (FN)* the United Nations (UN); *hele -en* the whole nation; *hele den norske ~* all Norway; the whole of Norway; *(stivt)* the whole Norwegian nation.
nasjonal national.
nasjonal|bank national bank. **-drakt** national costume *(el.* dress). **-eiendom** national property. **-farger** *(pl)* national colours.
nasjonaliser|e *(vb)* nationalize. **-ing** nationalization.
nasjonal|isme nationalism. **-ist** nationalist.
nasjonalistisk nationalistic.
nasjonalitet nationality. **-smerke** n. sign.
nasjonal|sak matter of national importance. **-sang** national anthem. **-økonom** (political) economist. **-økonomi 1.** *se sosialøkonomi;* **2.** national economy. **-økonomisk** relating to national economy, politico-economic; *av ~ betydning* of importance to the national economy.
naske *(vb)* pinch, filch, pilfer. **-ri** pinching, filching; petty larceny.
nat *(mar)* seam.
natrium *(kjem)* sodium.
natriumbikarbonat *kjem (natron)* bicarbonate of soda, sodium bicarbonate.
natron *(kjem)* **1.** soda; **2***(til baking): se dobbeltkullsurt ~ (ndf); kullsurt ~* sodium carbonate; *dobbeltkullsurt ~* bicarbonate of soda, sodium bicarbonate; *(til baking)* baking soda.
natt night; *hele -en* all night; *ønske en god ~* wish sby a good night; *i ~ (foregående)* last night; *(kommende)* tonight; *i går ~* the night before yesterday; *i -ens stillhet* at dead of night, in the dead of night; *hele -en igjennom* all night, throughout the night; *om -en* in the night, at night, by night; *-en mellom den 6. og 7.* on the night of the 6th to the 7th; *sitte oppe om nettene* sit up nights; *-en over* all night; *bli -en over* stay the night; *bli der -en over (også)* make a night stop there; *-en falt på* night came (on), n. fell, darkness fell *(el.* came on); *langt ut på -en* late at night; *~ til søndag* (on) Saturday night, late (on) S. night; *til -en* tonight; at night *(fx* local coastal fog at n.); *gjøre ~ til dag* turn night into day; *(se ta A: ~ natten til hjelp).*
natt|arbeid night work. **-blind** night-blind; *(se blind).* **-bord** bedside table; *(med skap og/eller skuff)* bedside cabinet. **-buss** late night bus. **-drakt** nightwear; *(se pyjamas & nattkjole).*
nattedugg (night) dew.
natte|frier [nocturnal visitor]. **-frieri** [nocturnal visit by lover (in the country)]. **-frost** night *(el.* ground) frost. **-gjest 1.** over-night guest; house guest; **2.** = *-frier.* **-hvile** night's rest. **-kulde** cold of the night. **-leie** bed for the night; *et improvisert ~* a shakedown. **-liv** night life; *gå ut og se på -et (også* **US***)* go out on a round of the night spots, go round the n. s. **-losji** night's lodging, accommodation *(el.* lodging) for the night. **-luft** night air. **-ly** shelter for the night.

natte|løperi [nocturnal visits to girls (in the country)]. **-rangel** night revels. **-rangler** night bird.
nattergal *(zool)* nightingale.
natteravn *se nattmenneske.*
nattero night's rest, rest at night; *(se I. ro).*
nattesvermer *(person)* night bird.
natte|søvn night's sleep, sleep at night. **-tid** night -time; *ved* ~ at night. **-time** hour of the night. **-vakt 1.** night watchman; **2.** night watch; *(handlingen)* night watch(ing); n. duty, n. service; *(hos syke)* n. nursing; *holde* ~ keep n. watch. **-vandrer** night wanderer. **-våk(ing)** losing *(el.* missing) (one's) sleep; lying awake at night; sitting up all night; keeping late hours; *(det å våke)* vigil; *all -en (også)* all the sleep we (,they etc) lost *(el.* missed); *det ble meget* ~ *for dem p.g.a. babyen* they lost a lot of sleep on account of their baby; *(jvf barnevåk).*
natt|fiol *(bot)* night-smelling rocket. **-herberge 1.** night shelter; **T** doss house; **US** flophouse; **2.** casual ward (of public assistance institution). **-hus** *(mar)* binnacle.
nattjeneste night service; *(se nattevakt).*
natt|kafé all-night café, night spot. **-kikkert** night glass. **-kjole** night gown. **-klubb** night club, n. spot; *(med ublu priser)* clip joint.
nattlig nightly, nocturnal.
natt|lys 1. night light; **2**(*bot)* evening primrose. **-mat** midnight snack. **-menneske** night bird, fly-by-night; *være et* ~ *(også)* keep late hours. **-portier** night porter; **US** n. clerk. **-potte** chamber pot.
natt|signal night signal. **-skjorte** nightshirt. **-svermer** *(zool)* (night-flying) moth. **-syn** night vision. **-tjeneste** night service; *(jvf nattevakt 2).* **-tøy** nightwear, night clothes *(el.* things). **-verd:** *den hellige* ~ the Lord's Supper. **-verdbord** communion table.
nattøy night wear, nightclothes *(el.* things).
natur nature; *(landskap)* scenery; countryside; *(om mennesker)* nature, temperament, temper, disposition; *-en* nature; *-en går over opptuktelsen* nature will run its course; *den vakre* ~ the beautiful scenery; *av* ~ by n., naturally; *heftig* ~ impetuous disposition, violent temper; *han var en lettbevegelig* ~ he was by nature easily stirred *(el.* moved); he was apt to be easily stirred; *-ens gang* the course of nature; *-ens orden* the natural order of things; *det ligger i sakens* ~ it is in the nature of the case *(el.* of things); *det ligger i sakens* ~ *at denne kontrollen ikke kan bli svært effektiv* this control cannot in the nature of things be very effective; *ifølge sin* ~ by nature, naturally; *det lå ikke for hans* ~ it was not in his nature; *tegne etter -en* draw from nature; *godt utrustet fra -ens hånd* well endowed by nature; *en trusel mot -en* a threat to the countryside; *tre av på -ens vegne* answer a call of nature; **T** *(spøkef)* go behind a hedge; *(mil)* fall out to relieve nature.
natura: *betale in* ~ pay in kind.
naturalhusholdning barter economy.
naturalier *(pl)* products of the soil.
naturalisere *(vb)* naturalize.
naturalisering naturalizing, naturalization.
naturalisme naturalism.
naturalistisk naturalistic.
natur|anlegg natural talent. **-barn** child of nature. **-begavelse** natural endowment, innate ability; *han er en* ~ he is naturally gifted; he is a natural genius. **-drift** natural instinct, natural impulse.
natur|fag (branch of) natural science; *(skolefag)* nature study. **-forhold** nature, natural conditions. **-forsker** naturalist, natural scientist.
naturfrede: *-t område* nature reserve.
naturfredning the preservation of natural resources *(el.* amenities), nature conservation.
natur|frembringelse natural product. **-gass** natural gas, rock gas; *borehull som det strømmer* ~ *opp fra* gas well; *utstrømming av* ~ *(ofte som tegn på oljeforekomst)* gas show. **-historie** natural history. **-historiker** naturalist, natural historian. **-katastrofe** natural disaster. **-kraft** natural force; elemental force. **-kunnskap** knowledge of nature; *(se naturfag).* **-lege** nature healer.
naturlig natural; *(ikke affektert)* artless; *(medfødt)* innate, natural; *dø en* ~ *død* die a natural death; *det faller ikke* ~ *for meg* it does not come naturally to me; *det går ganske* ~ *til* there is nothing mysterious about it; *det går ikke* ~ *til* there is some supernatural agency at work; *i* ~ *størrelse* life-size(d); *ad* ~ *vei* naturally, by natural means; *som* ~ *var, ble han irritert* he was naturally irritated.
naturlighet naturalness.
naturligvis of course, naturally.
natur|lov natural law, law of nature. **-lyrikk** nature poetry. **-menneske** child of nature; *(-elsker)* nature lover. **-nødvendighet** physical *(el.* natural) necessity. **-sans** feeling for nature, appreciation of nature. **-skjønn** picturesque, remarkable for the beauty of its scenery. **-skjønnhet** beauty of scenery. **-stridig** contrary to nature, unnatural. **-tilstand** natural state. **-tomt** [site left in its natural state (,in its naturally wooded state)]. **-tro** true to nature, natural. **-troskap** naturalness, fidelity to nature. **-vern** the preservation of natural resources *(el.* amenities), nature conservation; *(jvf miljøvern).* **-vitenskap** (natural) science; *alt som har med teknikk og* ~ *å gjøre* everything (that has) to do with technical and scientific subjects. **-vitenskapelig** scientific.
natyrell nature, natural disposition.
naust boat-house.
naut *(fig)* fool, simpleton.
nautisk nautical.
nav *(hjulnav)* hub.
naver auger.
navigasjon navigation.
navigasjons|bok book of navigation. **-tabell** nautical table.
navigator navigator; *(se kartleser).*
navigere *(vb)* navigate.
navkapsel *(hjul-)* hub cap.
navle *(anat)* navel; **T** tummy button; *beskue sin egen* ~ contemplate one's own navel; be wrapped up in oneself. **-bind** umbilical bandage. **-brokk** *(med.)* umbilical hernia, omphalocele. **-streng** *(anat)* navel string, umbilical cord.
navn name; *(benevnelse)* appellation; name; *et annet* ~ *på* another name for ...; *hva er Deres* ~*?* what is your name? *hans gode* ~ *og rykte* his good name, his reputation; *sette sitt* ~ *under et dokument* put one's signature to a document; *ta ens* ~ (ɔ: *notere, om politimann, etc)* take sby's name; *vinne seg et* ~ make a name for oneself; *kjenne en av* ~ know sby by name; *fortjener* ~ *av* deserves the name of; *under* ~ *av* under the name of; *går under* ~ *av* goes by the name of; is known as; *i Guds* ~ in God's name; *kjært barn har mange* ~ a pet child gets many names; *(ofte* =) call it what you will; *Den industrielle revolusjon er -et på den store omveltning i næringslivet* ... the industrial revolution is the name given to the great upheaval in trade and industry ...; *pengene står på hans* ~ the money is banked in his name; *en mann ved* ~ *N.* a person by the name of N., a person by name N.; *kalle en ting ved dens rette* ~ call a thing by its right name; call a spade a spade;

n

-et skjemmer ingen what's in a name? *(se skape 2: ~ seg et navn).*
navne *(subst)* namesake.
navne|blekk marking ink. **-bror** namesake. **-dag** name day; saint's day. **-forandring** change of name. **-liste** list of names. **-opprop** call-over; roll call; *foreta* ~ make *(el.* take) a roll call. **-plate** name plate. **-skilt** name plate. **-trekk** signature.
navn|gi *(vb)* name, mention by name, **-gjeten, -kundig** celebrated, renowned, famous. **-kundighet** renown, celebrity, fame.
navnlig particularly, specially, notably.
navnløs nameless. **navnløshet** namelessness.
navnord *(gram)* noun.
ne wane (of the moon); *i ny og* ~ off and on, once in a while.
nebb *(zool)* beak, bill; *henge med -et* **T** be down in the mouth; hang one's head; *være blek om -et* be green about (,**US:** around) the gills; *med ~ og klør* tooth and nail.
nebbdyr *(zool)* duckbill.
nebbes *(vb)* **1***(om fugler)* peck at each other, bill; **2***(spøkef)* bill and coo; **3***(trette)* bicker, wrangle.
nebbet *(fig)* pert, saucy.
nebbetang (pair of) pliers; *(se tang).*
ned down; *få* ~ *(svelge): jeg får det ikke* ~ it won't go down; *gå* ~ go down, descend; *(om sol)* set, go down; *(om pris, temperatur, etc)* fall; *(om skip)* go down; ~ *i* (down) into; ~ *med* ... down with *(fx* the tyrant!); *slå* ~ knock down; *han slo mannen rett* ~ he knocked the man flat down; *jeg vil* ~ I want to get down; *(se gate).*
nedad *se nedover.* **-gående** declining, sinking; *(om pris, temperatur)* falling; *for* ~ going down. **-vendt** turned *(el.* facing) downwards; downcast *(fx* with d. eyes).
nedarv|es *(vb)* be transmitted. **-et** inherited, handed down; hereditary.
nedbetale *(vb)* pay off *(fx* a loan).
nedblending *(av billys)* dipping (of the headlights). **-skontakt** dipper *(el.* dimmer) switch.
nedbrent burnt down, burnt to the ground.
nedbrutt broken; ~ *på sjel og legeme* broken in body and mind.
nedbryte *(vb)* break down, demolish.
nedbrytende destructive; subversive, detrimental; *virke ~ på* have a detrimental effect on.
nedbør precipitation; rainfall; *sur* ~ acidic p.; *ubetydelig* ~ traces of rain (,snow).
nedbør|fattig dry. **-mengde** amount of precipitation. **-område** area of precipitation.
nedbøyd: ~ *av sorg* weighed down with grief.
neddykket *(om undervannsbåt, etc)* submerged.
neddynget: ~ *i arbeid* **T** snowed under with work.
nede *(adv)* down; *den ene bilringen er* ~ one of the tyres is down; *der* ~ down there; *være langt* ~ *(fig)* be in a very poor state; be in a very bad way; be run down; *(m.h.t. nervene)* be in a bad nervous state; *de som ernæringsmessig sett er langt* ~ those who have considerable leeway to make up in nutrition; *han er langt ~ pga. drikk* he's much the worse for drink.
neden|for *(prep & adv)* below; *(nederst på siden)* below, at the foot of the page; ~ *anført* undermentioned, stated below; *som* ~ *anført* as under. **-fra** *(adv)* from below; *sett* ~ *(om illustrasjon, etc)* underside view, view of underside.
nedenom *(adv)* round the foot *(el.* base) of; *hun gikk* ~ *steinrøysa* she walked down past the scree; *jeg gikk ~ i historie* **T** I came a cropper in history; *gå ~ og hjem* go to the bottom; go to the dogs, go to pot; *det gikk ~ med hele greia* the whole business went to pot *(el.* to the dogs).
nedenstående mentioned *(el.* referred to) below, given below; ~ *opplysninger* the following information; ~ *underskrift* the signature below.
nedentil *(adv)* below, in the lower parts; *hun har for lite på seg* ~ she's not wearing enough on the lower part of her body.
nedenunder *(adv)* beneath, underneath; *(i huset)* downstairs, below.
nederdrektig vile, base, villainous.
nederdrektighet vileness, baseness.
nederlag defeat; *lide* ~ be defeated, suffer defeat; *(bukke under)* go to the wall; *(se også nedenom: gå ~).*
Neder|land Holland, the Netherlands. **n-landsk** Dutch. **n-lender** Dutchman, Netherlander.
nederst lowest, bottom; *(adv)* at the bottom; ~ *på bildet* at the bottom *(el.* foot) of the picture; ~ *til høyre (på bildet)* at the bottom on the right; *fra øverst til* ~ from top to bottom; *(se øverst).*
nedertysk Low German.
nedetter downwards, down.
nedfall *(radioaktivt)* (radio-active) fall-out.
nedfallen: ~ *livmor (med.)* prolapse *(el.* prolapsus) of the womb.
nedfallsfrukt windfall, windfallen fruit.
nedfart descent.
nedfor 1. down; **2.** dejected, despondent; *(se nede: være langt ~).*
nedføring *(radio, etc)* lead-down.
nedgang going down; entrance *(fx* all entrances were blocked); *(fig)* decline *(fx* in prices); falling off.
nedgangstid 1*(økon)* slump, depression, crisis; **2***(åndelig)* period of decline *(el.* decadence).
nedgradere *vb (hemmelige dokumenter)* downgrade.
nedgrodd overgrown, overrun *(fx* garden).
nedgående descending, going down; *(om sola)* setting.
nedhengende hanging (down), pendulous.
nediset icebound, ice-covered.
nedjustere *(vb)* adjust downward *(fx* budget).
nedkalle *(vb)* call down, invoke.
nedkjempe *vt (mil)* put out of action.
nedkjørsel *(stedet)* way down *(fx* to the beach).
nedkomme *(vb)* be delivered *(med* of); ~ *med (også)* give birth to.
nedkomst *(fødsel)* delivery.
nedkriminalisere *(vb)* remove the stigma of crime from; decriminalize.
nedlate *(vb): ~ seg til* condescend *(el.* stoop) to.
nedlatende condescending; patronizing.
nedlatenhet condescension.
nedlegge *(vb)* **1***(arbeid, virksomhet)* stop; close (down), shut down *(fx* a factory); ~ *arbeidet* strike, strike work, go on strike, down tools; **2***(hermetisk)* preserve *(fx* fruit); pack, tin, can *(fx* fish); **3***(kapital)* invest *(fx* i. capital in a business venture); **4***(andre forb.): ~ befestninger* dismantle fortifications; ~ *forbud mot* prohibit, place a ban on *(fx* imports); ~ *innsigelse mot* put in *(el.* lodge) a protest against, protest against; ~ *en krans på en grav* place a wreath on a grave; ~ *en påstand (jur)* submit a claim; *aktor nedla påstand om 10 års fengsel for tiltalte* counsel asked for a 10-year sentence; ~ *vilt* bring down game, bag game.
nedleggelse closing (down), shutting down.
nedløpsrør downpipe.
nedover *(adv)* downwards, down; *(prep)* down; *seile ~ en elv* sail down a river; ~ *bakke* downhill, down the hill.
nedoverbakke *(subst)* downhill, declivity, downhill slope, down-gradient; descending stretch of the road; *i en* ~ on a downgrade, on a down-

hill slope; *(adv): det går ~ med landet* the country is going down the slippery slope.
nedpå *(adv)* down; *slenge seg ~* (**T** = *legge seg)* **T** kip down *(fx* he was dead tired and kipped down for half an hour).
nedrakke *(vb)* run down, abuse.
nedre lower; ~ *Donau* the lower Danube.
nedrent: *bli ~ av gjester* be overrun with guests.
nedrig base, mean. **-het** baseness, meanness.
nedringet low(-necked), décolletée, cut low.
nedrivning pulling down, tearing down, demolition.
nedruste *(vb)* disarm.
nedrustning disarmament.
nedsable *(vb)* **1.** cut down, massacre; **2.** criticize caustically *(el.* scathingly), cut to pieces, slate, excoriate.
nedsatt diminished, reduced; ~ *arbeidstid* short time; *-e bøker* books offered at r. prices; *til -e priser* at r. prices.
nedsette *(se også sette ned);* **1***(i verdi)* depreciate; **2***(i omdømme)* disparage; lower; **3***(oppnevne)* appoint *(fx* a committee); *(se også ovf: nedsatt).*
nedsettelse reduction *(fx* of prices); depreciation, disparagement; appointment; *(se nedsette & sette ned).*
nedsettende disparaging; derogatory; depreciatory.
nedsittet with sagging springs; worn out; *en ~ stol* a chair with a worn-out seat; *stoppe om et ~ sete* re-upholster a sagging seat.
nedskjær|e *(vb)* reduce, cut down, curtail *(fx* expenditure *(el.* expenses)). **-ing** reduction, curtailment *(fx* of expenses).
nedskrive *(vb)* put down (in writing), commit to writing; *(redusere)* reduce, write down; *~ pundet* devalue the £.
nedslag 1. fall, reduction *(fx* in prices); **2***(skihoppers)* landing *(fx* the l. should be supple with plenty of give); *ligge på helt til -et* maintain one's forward lean all the way on to the landing slope; *(se sleiv);* **3***(om prosjektiler)* impact, hit; **4***(stempels)* downstroke; **5***(mus)* down(ward) beat; **US** downbeat; *(taktdel)* thesis; **6***(kjem)* precipitation; **7***(i skorstein)* downdraft.
nedslags|distrikt fluvial basin; catchment area; **-felt** *(mil)* field of fire, beaten zone. **-område 1.** catchment area; water system. **2.** = *nedslagsfelt.*
nedslakte *(vb): se slakte.*
nedslakting killing, butchery.
nedslående disheartening, discouraging.
nedslått dejected, downcast, depressed; *(motløs)* dispirited.
nedsnødd snowed up, snowbound, covered with snow.
nedstamme *(vb)* descend, be descended; *(fig)* be derived *(fra* from).
nedstamning descent.
nedstemme *vb* **1***(begeistring, etc)* moderate, tone down; **2***(parl)* defeat, vote down; **3***(mus)* modulate, lower the pitch *(el.* tone) of.
nedstemt dejected, depressed, downcast.
nedstigende: *i rett ~ linje* in direct line of descent.
nedstigning *(også flyv)* descent *(fx* the descent from the mountain; the pilot started to let down upon the long descent at the flight end).
nedstyrtning *(flyv)* crash.
nedsunket: *~ i fattigdom* sunk in poverty; *~ i grublerier* deep in meditation.
nedsyltet: *~ i forkjølelse* drenched with cold; in the midst of a bad cold; *(jvf neddynget).*
nedtegne *(vb): se nedskrive.*
nedtelling countdown.
nedtrapping stepping down, de-escalation, gradual reduction.
nedtrykt depressed, dejected.
nedtrykthet depression; dejection.
nedtrådt trampled down; *-e sko* down-at-heel shoes.
nedtur trip down; *på -en* on the way down.
nedverdig|e *(vb)* degrade, debase; *~ seg* demean *(el.* degrade) oneself; *~ seg til å lyve* stoop to lying. **-else** degradation, debasement.
ned|votere *(vb)* defeat, vote down. **-vurdere** *(vb)* disparage, downgrade; **T** pull down. **-vurdering** disparagement; *dette innebærer en ~ av hans bok* this implies disparagement of his book.
nefritt *(min)* nephrite.
negasjon negation.
negativ *(subst & adj)* negative; *~ karakter (stryk-)* fail mark.
negativisme negativism.
negativist negativist.
neger negro, black; coloured person; *(neds)* nigger.
neger|arbeid drudgery; *gjøre alt -et* do all the dirty work. **-handel** slave trade. **-kvinne** negress, negro woman. **-slave** negro slave.
negerslaveri negro slavery; *motstander av -et (hist)* abolitionist.
negl *(anat)* nail; *bite -er* bite one's nails; *avklippede -er* nail parings.
neglebit(t) stinging *(fx* I've got a frightful s. in my left thumb).
negle|børste nail brush. **-bånd** *(anat)* nail fold. **-fil** nail file. **-lakk** nail varnish. **-rot** root of the nail; *betent ~* witlow. **-saks** nail scissors.
neglisjé undress, négligé.
neglisjere *(vb)* ignore, overlook, neglect.
nei *(subst & int)* no; *få ~* be refused, be rejected; *gi en sitt ~* refuse sby, reject sby; *si ~ til en innbydelse* refuse an invitation; *han vil ikke høre noe ~* he won't take' no' for an answer; *~ forresten* oh, no *(fx* I'll have coffee, please. – Oh, no, I think I'll have tea all the same); *~ og atter ~* no, and no again! emphatically no! *~ da!* really? indeed? is that so? *~ slett ikke* not at all! by no means! certainly not; *~ takk!* no, thank you! no, thanks; *(når en blir budt noe, også)* not for me, thanks! *(når en bys for annen gang, også)* no more, thanks! *~, vet De hva! (ↄ: det er da for galt)* really now! really, this is too bad; *(ↄ: nei, så menn)* oh dear, no!
neie *(vb)* curtsey, make *(el.* drop) a curtsey.
neigu *(ed)* indeed not; *~ om han det har* I'll be damned if he has.
neimen indeed not; *~ om jeg skal fortelle ham noe mer* catch me ever telling him anything again; *det vet jeg ~ ikke* I'm hanged if I know; *~ om jeg gjør som han sier* I'll be blessed if I'll do as he says.
nek sheaf *(pl:* sheaves).
nekrolog *(minneord)* obituary.
nekrologisk obituary.
nektar nectar.
nekte *(vb)* deny; *(avslå)* refuse; *~ å gjøre* refuse *(el.* decline) to do; *han -t blankt å* ... he refused point-blank to ...; he flatly refused to; *det kan ikke -s* it cannot be denied; there is no denying it; **T** there is no getting away from it; *jeg kan ikke ~ for at* ... I must admit that ...; I must say that; *jeg tør ikke ~ for at han har gjort det* I cannot say for certain that he did not do it; *hun kan ikke ~ sin sønn noenting* she can deny her son nothing; *han -r seg ingenting (om vellevnet)* he does himself well; *~ seg hjemme* refuse to see anybody.
nektelse denial; *(gram)* negative, negation.

n

nektende negative; *gi et ~ svar* answer in the negative.
nellik *(bot)* pink; carnation; *(krydder)* clove.
nellikspiker tack.
nemesis Nemesis.
nemlig **1***(foran oppregning el. nærmere forklaring; kan ofte sløyfes)* namely *(skrives ofte* viz., *fx* the price you quoted, [viz.] £50, is too high); that is to say *(fx* the rest of the crew, that is to say the deck hands and enginemen); **2***(begrunnende)* for, because, as, you see, the fact is that; (NB *oversettes ofte ikke); han var ~ svært trett* for he was very tired; (the fact is that) he was very t.; he was very t., you see; *byen var øde, det var ~ søndag* the town was deserted, it being Sunday.
nemnd committee; *(domsnemnd)* jury.
nennsom considerate, gentle; *med ~ hånd* with a gentle touch.
nennsomhet consideration, gentleness.
Nepal Nepal.
nepaler Nepalese.
nepalsk Nepalese.
nepe *(bot)* turnip. **-formet** turnip-shaped; *(faglig)* napiform. **-gress** turnip top.
nepotisk nepotic. **nepotisme** nepotism.
neppe hardly, scarcely; *~ nok* barely enough; *~ ... før* no sooner ... than, hardly ... when.
Neptun Neptune.
nerts mink.
nerve **1***(anat)* nerve; **2***(bot) (blad-)* vein; **3***(fig)* line of communication; feeling, spirit, temperament; *hun går meg på -ne* she gets on my nerves; *han vet ikke hva -r er* he does not know what nerves are; *gode -r* good *(el.* steady *el.* sound) nerves; *-r av stål* nerves of steel; *anspenne alle -r* strain every nerve; *det skal -r til å ...* it takes a lot of nerve to ...
nerve|anfall nervous attack. **-bunt** *(anat & fig)* bundle of nerves *(fx* she is one (quivering) b. of nerves). **-fiber** nerve fibre. **-knute** ganglion. **-lidelse** nervous disease; **T** nerve trouble. **-lære** neurology. **-marg** *(anat)* myelin. **-pirrende** exciting, breath-taking, hair-raising. **-påkjenning** a strain on the nerves. **-rystende** nerve-shaking. **-sammenbrudd** nervous breakdown; *hun hadde fått ~ (også)* her nerves had gone to pieces *(el.* were all to pieces). **-sentrum** nerve centre. **-slitende** nerve-racking. **-smerter** neuralgia. **-styrkende** tonic, bracing. **-svakhet, -svekkelse** neurasthenia, nervous prostration. **-system** nervous system. **-vrak** nervous wreck.
nervøs nervous; *hun var svært ~ (også)* she was in a bad nervous state.
nervøsitet nervousness.
nes headland, promontory.
nese *(anat)* nose; *få lang ~* be disappointed; *pusse -n* blow one's nose; *peke ~ av* thumb one's nose at; cock a snook at; *rynke på -n av* turn up one's nose at; *like for -n på en* under one's (very) nose; *slå døra igjen for -n på en* slam the door in sby's face; *kaste en noe i -n* throw sth in sby's teeth; *ligge med -n i været* (ɔ: *være død)* have turned up one's toes; *sitte med -n i en avis eller en bok* **T** have one's nose stuck in a paper or book; *stikke -n sin i alt mulig* poke one's nose into every corner; *holde -n sin vekk fra* keep one's nose out of; *det kan du bite deg i -n på!* you bet your boots; *ta en ved -n* take sby in, do sby, dupe sby; *(se hjemover).*
nese|ben *(anat)* nasal bone. **-blod** nose-bleeding; *blø ~* bleed at *(el.* from) the nose. **-bor** nostril. **-brusk** *(anat)* nasal cartilage. **-forkjølelse** cold in the head *(fx* he has a cold in his head).
nesegrus flat on one's face, prostrate, prone.
nese|lyd nasal sound. **-rot** *(anat)* root of the nose. **-rygg** bridge of the nose. **-sjø** head sea. **-styver** punch on the nose; *få en ~ (fig)* **T** get kicked in the teeth. **-tipp** tip of the nose; *han ser ikke lenger enn til sin egen ~* he can't see beyond his nose.
nesevis pert, saucy, impertinent.
neshorn *(zool)* rhinoceros, rhino.
nesle *(bot)* nettle.
neslefeber *(med.)* nettle rash, hives, urticaria.
I. nest *(subst)* tack; *ta et ~ på den skjorta, er du snill* (ɔ: *reparer litt på den)* **T** put a tack *(el.* stitch) in that shirt, will you?
II. nest *(adj & adv)* next; *~ best, den ~ beste* the next best, the second best; *den ~ eldste* the oldest but one; *~ eldste sønn* second son; *den ~ nederste* the second from the bottom; *den ~ siste* the last but one; *den ~ største* the largest but one; the next largest; *~ etter* next to, after *(fx* the most important office, next to that of the Presidency *(el.* second only to that of the P.)).
nest best next best, second best.
I. neste *(subst)* neighbour; **US** neighbor; *du skal elske din ~* thou shalt love thy neighbour; *-n (bibl)* our neighbour.
II. neste *(vb)* baste, tack together; *hun måtte ~ sammen et rift i skjorteermet hans* she had to tack a tear in his shirt sleeve.
III. neste *(adj)* next; *(følgende)* next, following; *~ dag (,år)* (the) next day (,year); the following day (,year); *~ gang* next time; *~ morgen* (the) next morning, the m. after, the following m.; *hele ~ måned* all next month, the whole of next month; *i ~ måned* next month; *den 3. i ~ måned* on the third of next month; *(merk, også)* (on) the 3rd proximo *(el.* prox.); *sist i ~ måned* at the end of next month; *på ~ side* on the next *(el.* following) page, overleaf *(fx* there is a note o.); *~ søndag (førstkommende)* next Sunday, on S. next; *(om åtte dager)* S. week; *den ~ som kom* the next to arrive; *den ~ igjen* the one after that (,him, *etc); det ~ vi må gjøre* the next thing to be done.
nesten *(adv)* almost, nearly, all but; *~ et år siden* almost a year ago; **T** just on a year ago; *~ ikke* hardly; scarcely *(fx* I s. know what to say); *~ aldri* scarcely *(el.* hardly) ever; almost never; *~ bare* almost exclusively, scarcely anything but; *~ ingen* scarcely any; *~ perfekt (også)* little short of perfect; *~ umulig* hardly *(el.* scarcely) possible; *jeg hadde ~ glemt* I had almost forgotten; *vi er ~ stivfrosne* **T** we're about frozen stiff; *det må ~ et mirakel til for å redde ham* little short of a miracle can save him; *(se skam; synes).*
nest flest: *X er den by i verden som har ~ barer pr. kvartal* X has the second largest number of bars per district of any city in the world; only one city in the world has a larger number of bars per district than X.
nest|formann deputy chairman; vice-president. **-følgende** the following. **-kommanderende** second in command.
I. nett *(subst)* net; *(innkjøps-)* string bag.
II. nett neat, nice; *du er en ~ en* **T** you're a fine fellow, you are!
netthendt handy, deft, dexterous.
netthet neatness.
netthinne *(i øyet)* retina.
netting wire, netting; *(hønse-)* chicken wire. **-gjerde** wire fence; *sette opp ~ rundt* wire off *(fx* a corner of the garden is wired off).
netto net; *tjene ~* net *(fx* we netted £50); *(spøkef = naken)* naked; *ganske (el. helt) ~* stark naked; *betaling pr. sju dager ~* our terms are net cash (with)in seven days. **-beløp** net amount.

-**fortjeneste** net profit, clear profit. **-inntekt** net income.
nettolønn take-home pay *(fx* I earn £90, but my take-home pay is only about £50 a week).
nettooverskudd (net) profit, **US** net income.
nettopp **1***(nøyaktig)* just, exactly, precisely; ~ *hva jeg sa* just what I said; *ikke* ~ not exactly; *om ikke* ~ though hardly, if not exactly *(fx* he is quite intelligent, though hardly brilliant); *det er* ~ *det som er saken* that is just the point; ~ *hva jeg trenger* the very thing I need; ~ *denne nyansen* this particular shade; *han sa ikke* ~ *det, men det var det han mente* he did not say that in so many words, but that is what he meant; **2***(akkurat): og så* ~ *han da, som ikke kunne et ord fransk* he, of all people, who could not speak a word of French; *han er* ~ *mannen for en slik jobb* he is the very man *(el.* 'the man) for the job; *hvorfor* ~ *Spania?* why Spain of all places? **3***(i det(te) øyeblikk)* just *(fx* I've just seen him); at the very moment (when) *(fx* at the very m. when the car stopped a shot was fired); just now; just then; ~ *som,* ~ *idet* just as; *jeg skulle* ~ *(til å)* I was just going to ...; **4***(ganske nylig)* just (now), only a moment ago, just this moment, only just *(fx* he had (only) just come); **5***(det har De rett i!)* exactly! quite (so)!
nettopris net price.
netto|saldo net balance. **-utbytte** net proceeds; net profit. **-vekt** net weight.
nettspenning *(elekt)* mains voltage.
nettverk network.
neuralgi *(med.)* neuralgia.
neuralgisk neuralgic.
neurokirurg neurosurgeon.
neurolog neurologist.
neurologi *(med.)* neurology.
neurose *(med.)* neurosis.
neurotiker neurotic.
neurotisk neurotic.
neve fist; *en* ~ *jord* a handful of earth; *fra han var en* ~ *stor* since he was a tiny boy; *knytte -n* clench one's fist; *der sitter et par gode -r på ham* he can use his hands; *true en med -n* shake one's fist at sby.
neve|drag blow with one's fist. **-kamp** boxing match.
neve|nyttig handy; *han er en* ~ *kar (også)* he can turn his hand to almost anything.
never birch bark.
neverett jungle law.
never|kont, -skrukke birch-bark knapsack.
nevertak birch-bark roof.
nevne *(vb)* name; *(omtale)* mention; *for ikke å* ~ not to mention; *nevn følgende setning i alle personer* put the following sentence into all the different persons; ~ *et verb a verbo* rehearse a verb.
nevneform *(gram)* nominative.
nevnelse: *med navns* ~ by name.
nevner *(mat.)* denominator.
nevneverdig worth mentioning.
nevø nephew.
New Zealand *(geogr)* New Zealand.
ni *(tallord)* nine.
nid *(glds)* envy; spite, malice.
nidel *(niendedel)* ninth.
niding villain; coward.
nidingsverk piece of villainy; cowardly deed.
nidkjær *(meget ivrig)* zealous; *jeg Herren din Gud er en* ~ *Gud* I the Lord thy God am a jealous God.
nidkjærhet zeal.
nidobbelt ninefold.
nidvise (verse) lampoon, libellous ditty *(el.* song).
niende ninth; ~ *(og tiende) bud (svarer hos anglikanerne til)* the tenth commandment.
niendedel ninth.
nier *(subst)* nine.
niese niece.
nifold, -ig ninefold.
nifs *(adj)* creepy, frightening.
Nigeria *(geogr)* Nigeria.
nigerian|er, -sk Nigerian.
niglane *(vb)* stare hard *(på* at).
nihalet: *den nihalede katt* the cat-o'nine-tails.
nihil|isme nihilism. **-ist** nihilist. **-istisk** nihilistic.
nikant *(mat.)* enneagon.
nikk *(subst)* nod; *være på* ~ *med* have a nodding acquaintance with.
nikke *(vb)* nod.
nikkedukke *(fig)* yes-man, puppet, marionette.
nikkel *(min)* nickel.
nikkers (knee) breeches; *(glds)* plus fours.
Nikolai, Nikolaus Nicholas.
nikotin nicotine. **-forgiftning** nicotine poisoning. **-slave** nicotine addict; heavy smoker.
Nildalen *(geogr)* the Nile valley.
Nilen *(geogr)* the Nile.
Nillandene *(geogr)* the Nile countries.
Nils Neil.
nimbus nimbus, halo.
I. nipp *(liten slurk)* sip.
II. nipp: *det var på nære -et* it was a near thing; it was a close thing *(el.* shave); that was touch and go! *være på -et til å* be on the point of (-ing), be within an ace of (-ing).
nippe *vb (ta små slurker)* sip; ~ *til vinen* sip the wine.
nippflo neap tide.
nips knick-knacks, bric-à-brac.
nips|gjenstand knick-knack, piece of bric-à-brac. **-saker** *(pl)* knick-knacks, trinkets.
nipugge *(vb)* swot (up).
nise *(zool)* porpoise.
nisidet *(mat.)* enneagonal, nine-angled.
nisje niche, recess.
I. nisse brownie, leprechaun, pixie, puck; *(ondskapsfull)* gremlin; *en gammel* ~ (ɔ: *mann)* an old fogey.
II. nisse *vb (barnespr)* pee, piddle.
nisselue red stocking cap.
I. niste *(subst)* travelling provisions, packet of sandwiches; *enhver smører sin egen* ~ *til turen* each person is to make a packet of sandwiches for the trip.
II. niste *(vb):* ~ *ut* supply *(fx* sby) with food, provision.
nistirre *(vb): se niglane.*
nitall (figure) nine; *(se sekstall).*
nite *(i lotteri)* blank.
nitid *(adj)* thorough(going); painstaking; neat and thorough; meticulous.
nitrat *(kjem)* nitrate.
nitrogen *(kjem)* nitrogen.
nitroglyserin *(kjem)* nitroglycerine.
nitte *(vb)* rivet *(fx* bolts); clinch *(fx* nails); butt *(fx* two plates together).
nitten *(tallord)* nineteen. **-de** nineteenth. **-(de)del** nineteenth (part). **-årig** nineteen-year-old, of nineteen (years).
nitti *(tallord)* ninety. **-ende** ninetieth. **-årig** nonagenarian. **-åring** nonagenarian.
nitute *vb (om bilist)* lean on the horn, blast one's horn; **T** drive on the horn.
nivellere *(vb)* level.
niveller|instrument levelling instrument. **-stang** levelling staff.
nivellør levelman.
nivå level; *(fig også)* standard *(fx* maintain a high s.; be of a high s.); *et høyt moralsk* ~ a

n

high moral standard *(el.* plane); *heve -et* raise the standard *(el.* level); *senke -et* lower the standard; *være på ~ med* be on a level with; *finne sitt eget ~ (om priser, etc)* find their own level, settle down, even out.

nivå|gruppering *(skolev)* streaming (according to ability); grouping (according to ability); setting.

nivå|krav: *pga. det høye -et i skolen* on account of the high standards demanded in school. **-senkning** a drop in standards.

niøye *(zool)* lamprey.

Nizza *(geogr)* Nice.

Noas ark Noah's ark.

nobel noble.

Nobelpris Nobel Prize. **n-tager** Nobel Prize winner.

noblesse nobility; upper classes.

noe *(adj: litt)* some; *(adj: noe som helst)* any; *(subst: et eller annet)* something; *(subst: noe som helst)* anything; *(adv: i noen grad)* somewhat, a little; *jeg har ~ øl* I have some beer; *jeg har ~ av det her* I have some of it here; *jeg har ikke ~ øl* I haven't (got) any beer; *~ usedvanlig var hendt* something unusual had happened; *kan jeg gjøre ~ for Dem?* can I do anything for you? *~ bedre* slightly better; *~ forandret* somewhat changed; *~ kort* rather short; *ikke ~* not anything, nothing; *hva for ~?* what? *hva er det for ~?* what's that? *De sier~!* a good idea! *det er ~ for meg* that's just the thing for me; **T** it's (in) my line; it's right up my street; that's (just) my cup of tea; *det var ~ for ham* (ɔ: *han nøt det)* it was meat and drink to him; *~ til stykke!* sth like a piece! *det var ~ til unge!* that 'is a baby! *det er ~ som har vasket seg!* **T** that's sth like! *eller slikt ~* or the like; *det blir nok ~ av ham* he will get on; *~ nær* all but, almost; *(se I. noen).*

noen, *noe; pl: noen (pron)* somebody, someone *(fx noen må ha hørt oss* somebody must have heard us); anybody, anyone *(fx var det noen i rommet?* was there anybody in the room? *han så ikke noen* he didn't see anybody); something; anything *(fx noe fryktelig har hendt* something terrible has happened; *har det hendt noe?* has anything happened? *jeg tror ikke det er noe av betydning* I don't think it's anything important); some; some (people) *(fx noe smør* some butter; *noen nye klær* some new clothes; *noen sier at ...* some (people) say that ...); any; any people *(fx han ville ikke ha noen* he did not want any; *var det noen (mennesker) der?* were there any people there?);

[*A: forb. med noe; B: med noen (sing); C: med noen (pl)*]

A noe 1*(litt, en viss mengde; foran subst el. med underforstått subst)* some, a little *(fx* may I have some tea? let me give you a little cream. Thank you, I've had some); *(foran adj)* something *(fx* drink something hot); **2***(noe som helst; foran subst el. med underforstått subst)* any *(fx* did you get any tea? No, they did noe give me any); *(substantivisk bruk)* anything *(fx* we couldn't do anything; has anything happened?) *(foran adj)* anything *(fx* I don't think it's anything important); **3.** *adv (i noen grad)* somewhat, a little; **T** a bit; *~ må gjøres* something must *(el.* has got to) be done; *jeg har ~øl* I have some beer; *det kostet ti pund og ~* it cost ten pounds odd; *~ usedvanlig har hendt* something unusual has happened;

~ å lese (i) something to read; *du sier ~* that's true! there's something in that! *(om forslag)* (that's) a good idea! *nå skal jeg si Dem ~!* look here; listen! I'll tell you what! *~ å spise* something to eat; *vil du meg ~? er det ~ (du vil meg)?* do you want me? **være** *~ (ɔ: bety noe)* be somebody *(fx* he thinks he's somebody); *han er ~ på et kontor* he has some job in an office; *~ er bedre enn ingenting* something is better than nothing; half a loaf is better than no bread; *hvis det ikke er ~, får jeg greie meg uten* if there isn't any, I shall have to do without; *det er ~ som heter å gjøre sin plikt* there is such a thing as (doing one's) duty; *det er ~ tøys* it's nonsense;

~ **av** *det* some of it *(fx* I have some of it here); *ikke slik å forstå at hun trodde ~ av det* not that she believed any of it; *~ av det verste* some of the worst, about the worst; the worst of it; *~ av en kunstner* something of an artist; *~ av en skuffelse* something of a disappointment; *han har ~ av sin fars energi* he has something of his father's energy; *det blir nok ~ av ham* he will get on (in the world); *~ av verdi* something of value; *det blir det ikke ~ av* that won't come off; *(truende)* not if I can help it! *(se bli: ~ av); kan jeg gjøre ~* **for** *Dem?* can I do anything for you? *hva for ~?* what? *hva er nå det for ~?* what's that? *(ɔ: hvor vil du hen med det?)* what's the (big) idea? *Hvorfor? – Å, ikke for ~* Why? – Oh, nothing! *(el.* Oh, for no particular reason!); *det er nettopp ~ for ham* that's just the thing *(el.* the very thing) for him; that's just what he likes; **T** that's right up his street; that's (in) his line (of business); that's (just) his cup of tea; *(ɔ: det passer i hans kram)* it suits his book; *(ɔ: han nyter det)* that's meat and drink to him; *kortspill er ikke ~ for meg* cards aren't my line; *han er ~ for seg selv* he is not like other people; *~* **før** a little earlier; some time before; *~ før han kom* some time before he arrived; *det er ~ (sant)* **i** *det De sier* there's something *(el.* some truth) in what you say; *det kan det være ~ i* there may be something in that; *~ i den retning* something of that sort; something like that; *eller ~ i den retning* or something (like that) *(fx* she's got a cold or something); *det er ~ i veien med ham* there's something the matter with him; *er det ~ i veien?* is anything the matter? *det var visst ~* **med** *Livingstone* it was something to do with Livingstone, I think; *er det ~* **mellom** *dem?* is there anything between them? *han er ~* **på** *et kontor* he has some job in an office; *bli* **til** *~* get on (in the world), succeed; *(ɔ: bli noe av)* materialize, come off *(fx* it didn't come off); *har du sett ~ til min bror i det siste?* have you seen anything of my brother lately? *dette er ~ til dag! (begeistret utrop)* this is something 'like a day! *det var ~ til dansing, det! (beundrende)* that's (something) 'like dancing! *det var ~ til unge!* that 'is a baby! *~ til stykke!* something 'like a piece! *det er ~ mistenkelig* **ved** *det* there is something suspicious about it;

det skjer **aldri** *~* nothing ever happens; *det er da* **alltid** *~* it's (,that's) something (at any rate *el.* at least) *(fx* it's something at least to be out of the rain; he knows a few words of Greek, that's something); *~* **annet:** *se II. annen B; ~* **bedre 1.** slightly *(el.* a little) better; **2***(noe som er bedre)* something better; *~* **forandret** somewhat changed; *hun er ~ forandret* she has changed a little; *~* **kort** rather short; *~, jeg vet ikke* **hva** an indefinable something; something I don't know what;

ikke *~* nothing, not anything; *(foran subst)* no *(fx* there was no house nearby); *(med underforstått subst)* not any *(fx* if there isn't any, I shall have to do without); *det gjør ikke ~* it doesn't matter; *var ikke det ~ (å tenke på)?*

what about that? *ikke ~ av det* none of it; not any of it *(fx* he wouldn't have any of it); *ikke ~ kunne vært bedre* nothing could have been better; *det er ikke ~ å gjøre ved det* it can't be helped; there's nothing we can do about it; there's nothing to be done about it; *vil du ha ~* **mer** *vin?* would you like some more wine? *jeg hadde ventet ~ mer av deg* I had expected more *(el.* better things) from you; *dette var ~ fint* **noe** *(iron)* this is a fine mess! *hva er det for ~ rødt noe?* what is that red thing? what are those red things? *det er ~ rart noe* that's odd; *~ nær* all but, almost; *(se nesten); i år 1800* **og** *~* in eighteen hundred and something; *det kostet ti pund og ~* it cost ten pounds odd; *fem pund, det var da også ~ (å komme med)!* five pounds indeed! *det var da også ~ å si!* what a thing to say! *~* **slikt** something like that; *jeg har aldri sett ~ slikt* I've never seen anything like it *(el.* that); *~slikt (el. slikt ~) må du ikke gjøre* you mustn't do things like that; *eller ~ slikt* or something; or the like; *og slikt ~* and things (like that); *~ slikt som* something like *(fx* he left something like a million pounds);*~ slikt som røyking* a thing like smoking; smoking for example; ... *~* **(som)** *jeg aldri kunne drømme om å gjøre* .., which (is something) I would never dream of doing; *~ som muligens vil innvirke på kvaliteten* which will possibly affect the quality; *~ som kan innvirke på innkjøpene av verktøy* a fact which may affect the purchase of tools; *~ som alltid har slått meg når jeg leser hans bøker, er at* ... something that has always struck me on reading his books is the fact that ...; *det er ~ (som) jeg alltid har lurt på i denne forbindelse, og som jeg gjerne skulle ha klarhet i: Er opptakene autentiske, eller er de «laget»?* something I've always wondered about in this connection, which I should like to clear up, is: are the recordings (really) authentic or are they staged? there's something I've always wondered about in this connection, which I should like to clear up: are the recordings authentic or are they staged? *~ som i høy grad har lykkes* and this has been highly successful; *~* **som helst:** *se ovf (A 2); jeg kan ikke se ~ som helst* I can't see anything at all; **T** I can't see a thing; *han hylte ~ så fryktelig altså!* he howled something awful;

B noen *(sing)* **1***(en eller annen; et visst kvantum; foran subst)* some *(fx* if some enemy should see this letter; they gave us some help); *(substantivisk)* somebody, someone *(fx* someone is coming); **2***(noen som helst; foran subst el. med underforstått subst)* any *(fx* I don't think any burglar could get over that wall; have you seen any newspaper about? – No, I haven't seen any); *(substantivisk)* anybody, anyone *(fx* did you see anybody?); *~ gang* at any time, ever; *i ~ grad* to some extent, somewhat *(fx* the plan has been modified to some extent; he seemed somewhat surprised); *de kunne ikke gi oss ~ hjelp* they could not give us any help; *er det ikke ~ som vil hjelpe meg?* isn't there anybody who will help me? *hvis det ikke er ~, får jeg greie meg uten* if there isn't any *(el.* one), I shall have to do without; *i ~ tid* for some time;

er det ~ her? is (there) anyone here? *det var ~ som fortalte meg om det* somebody told me about it; *det er ~ som vil snakke med deg* there is somebody to see you;

~ **av** (1) some of; (2) any of *(fx* he was not allowed to read any of the books; have any of you been there?); *(av to)* either of *(fx* has either of you ever been to London?); **uten** *~ til å oppvarte seg* without anyone *(el.* with no one) to wait on him (,her, *etc); jeg kjenner ikke ~ ved det navn* I don't know anybody of that name;

bedre **enn** *~ (annen)* better than anybody else; *han er høyere enn ~ jeg kjenner* he is taller than anyone I know; *mer enn ~ annen kvinne* more than any other woman; **hvis** *~* ... if anybody ...; **ikke** *~* nobody, not anybody; *(se ingen); ~ endelig avgjørelse er ennå ikke truffet* no final decision has yet been made; *ikke på ~ måte* not by any means, not at all; *du må ikke plage ham på ~ måte* you must not worry him in any way; *her har det ikke vært ~* nobody has been here; **så** *effektiv som ~* as effective as any; *så god som ~* as good as any; second to none; **T** as good as they come; as good as they make them;

C noen *(pl)* **1***(substantivisk bruk)* some; some (people); *(i nektende & spørrende setninger, samt i sammenligninger)* any; anybody, anyone; **2** *(adjektivisk bruk)* some; *(i spørrende & nektende setninger, samt i sammenligninger)* any; *~ bøker* some books; *Vil du ha bøker? – Her er ~* Do you want books? – Here are some; *det er ~ som er heldige!* some people have all the luck! *han har penger; har du ~?* he has money; have you any? *~ tror* ... some people think ...; *~ og femti (år)* fifty odd (years); *det kostet ~ og seksti tusen pund* it cost sixty odd thousand pounds; *~ ... andre ...* some ... some; some ... others *(fx* some have children, some have none); *~ enkelte, ~ få* a few, some few; *~* **av** *dem* some of them; *~ av bøkene* some of the books; **for** *-s vedkommende* as far as some people are concerned; as regards some of them; *hva er dere for ~* who are you? *jeg lurer på hva det er for ~?* I wonder who they are? I wonder what kind of people they are? *det er noen idioter!* they are fools!

noenlunde tolerably, fairly, passably; *(hist: karakter)* fair, fairly good; *en ~ god (el. bra) pris* a fair price; *folk med ~ inntekter (ofte)* reasonably well-paid people.

noensinne ever, at any time.

noensteds anywhere.

noenting *(noe)* something; anything.

nok enough, sufficient; plenty; *én er ~* one will do; *vi har mer enn ~* we have plenty; we've got enough and to spare; *vi har mer enn ~ tid* we have plenty of time; we have ample time; *han får aldri ~* he will never be satisfied; *det vil være ~ med noen ganske få* a very few will do; *seg selv ~* self-sufficient; *ikke ~ med det* that is not all; not only that; *la det være ~* enough of that; *det er ~ av dem som* there are plenty of people who; *~ om det, jeg hørte deg i hvert fall* be that as it may, I heard you; *det blir ~ regn* it will (most) probably rain; *det kan ~ være* that may be so; *han kommer ~ i morgen* he'll come tomorrow all right; he's sure to come t.; *du er ~ ikke riktig våken ennå* you are not quite awake yet, I see; *syk var han ~, men han gjorde arbeidet sitt likevel* he was indeed ill but he did his work all the same; *De vet ~ hva jeg mener* you know well enough what I mean; *det tenkte jeg ~* I thought as much; *(se ærlig: han var ~ nok til å ...).*

nokk *mar (rånokk)* yardarm.

noksagt: *han er en ~* he's a you-know-what.

noksom *(tilstrekkelig)* enough, sufficiently; *jeg kan ikke ~ takke Dem* I can't thank you enough.

nokså fairly; rather, tolerably.

nokturne *(mus)* nocturne.

nomade nomad. **-folk** nomadic people. **-liv** nomadism, nomadic life.
nominativ *(gram)* nominative; *i ~* in the n. (case).
nominell nominal. **nominere** *(vb)* nominate.
non *(tidspunkt)* hour of the afternoon meal; *(karakter) (omtr =)* third (class) *(fx* get a third).
nonchalanse nonchalance, off-hand manner.
nonchalant nonchalant, off-hand; casual *(fx* they are incredibly c. about these things).
nonne nun.
nonne|drakt nun's habit. **-kloster** convent. **-liv** life of a nun, convent life.
nonsens nonsense; *(se også vrøvl & vås).*
nord north; *rett ~* due north; *~ for* north of; *fra ~* from the north; *i ~* in the north; *i det høye ~* in the far north, right up in the north; *mot ~* north, northward(s).
norda|fjells north of the Dovre. **-for** *se nordenfor.*
Nord-Afrika North Africa.
Nord-Amerika North America.
nordamerikansk North American.
nordastorm northerly gale.
nordavind north wind, norther.
nordbo Northerner, Scandinavian.
norden|for to the north of. **-fra** from the north. **-om** (to the) north of.
nordfjording horse of the Nordfjord breed.
nordgrense northern frontier (,boundary, limit); frontier to the north; *(se grense).*
nordgående: *for ~* northward bound, northbound; *~ strøm* northerly current; *~ trafikk* northbound traffic.
Nordishavet the Arctic (Ocean).
nordisk northern, Scandinavian.
Nord|kapp (the) North Cape. **-kyst** north(ern) coast.
Nordland [county north of Trøndelag].
nordlig northern; *(retning)* northerly; in a northerly direction; *~ bredde* north latitude; *på -e breddegrader* in northern latitudes.
nord|lys northern lights, aurora borealis. **-mann** Norwegian. **-om** (to the) northward of. **-ost** north east. **-ostlig** north-easterly; north-eastern; to the northeast. **-over** northward.
nordpol north pole; *N-en* the North Pole.
nordpols|ekspedisjon arctic expedition, expedition to the North Pole. **-farer** arctic explorer.
nordpunktet the north (point).
nordpå up north; in the North; *(retning)* northward.
nordre northern.
nordside north side.
Nordsjøen the North Sea.
nordspiss northern(most) point.
Nordstatene *(geogr, i USA)* the Northern States (of the USA); the North.
nord|stjerne north star, pole star. **-tysk** North German. **N.-Tyskland** *(geogr)* Northern Germany. **-vestlig** north-westerly. **-vestpassasjen** the North-West Passage. **-vestvind** north-westerly wind, north-wester. **-østlig** north-eastern, north-easterly.
Norge *(geogr)* Norway.
norgesmester (Norwegian) national champion *(fx* national giant slalom champion).
norgesmesterskap Norwegian national championship *(fx* in giant slalom).
norm norm, standard; *anvende enhetlige -er* apply uniform standards.
normal normal; *(tilregnelig)* sane; *(mat.)* normal, perpendicular; *oppreise en ~ på en linje* erect a p. on a line.
normalarbeidsdag normal (working) day, standard hours.
normalisere *(vb)* normalize; standardize; regularize.
normalvekt standard weight.
Normandie *(geogr)* Normandy.
normanner, normannisk Norman.
normere *(vb)* regulate.
norne *(myt)* Norn.
norrøn Norse; *~ linje (ved gymnas) (hist)* Germanic *(el.* Norse) side.
norsk Norwegian; *(gammel-)* Norse; *en norsk-engelsk ordbok* a Norwegian-English dictionary.
norskamerikaner Norwegian-American.
norskfødt Norwegian by birth, Norwegian-born, born of N. parents; *en ~ nordmann* a native-born Norwegian.
norsk|het Norwegianness. **-sinnet** pro-Norwegian.
norvagisere *(vb)* Norwegianize.
norvagisme Norwegianism.
I. not *(fiske-)* seine, closing net.
II. not *(fure)* groove; *~ og fjær* tongue and groove.
nota *(merk)* account, statement; *(regning)* bill.
notabene (please) note (that), mark you.
notabilitet notability, VIP.
notam: *ta seg noe ad ~* make a note of sth, note sth, take note of sth, keep sth in mind; *ta deg det ad ~!* put that in your pipe and smoke it!
notarius publicus notary public.
notat note; *i form av -er* in note form; *gjøre -er* take *(el.* make) notes; *ta -er fra* make notes on *(fx* an interesting passage).
not|bas master seiner. **-bruk** seines.
I. note note, annotation; *(under teksten)* footnote; *(polit)* note; *utveksle likelydende -r* exchange notes in identical terms.
II. note (musical) note; *-r (musikalier)* music; *spille etter -r* play from music; *være med på -ne* enter into the spirit of the thing; play along; *han var med på -ne med én gang* he fell in with the idea at once; *skjelle ut etter -r* give him a proper dressing-down.
note|blad sheet of music. **-bok** music book. **-hefte** music book. **-lesning** music reading. **-linje** line. **-mappe** music case. **-papir** music paper. **-pult** music desk.
noter|e *(vb)* note, record; *(om pris)* quote; *alle priser er -t fob engelsk havn* all prices are (quoted) f.o.b. English port; *vi må ~ en leveringstid på to måneder* we must allow two months for delivery; *(se ordre).*
notering noting; quotation.
noteringsoverføring *(tlf)* reverse call; reversed -charge call; **US** *(& **UK** m.h.t. samtaler til utlandet)* collect call; *be om ~* have the call reversed.
note|skrift musical notation. **-skriver** copier of music. **-system** notation.
notfiske seining.
nothøvel (groove and) tongue plane.
notis note; notice; *(i blad)* paragraph; *ta ~ av* take notice of. **-blokk** (scribbling) pad; **US** scratch pad. **-bok** notebook.
not|kast cast of a seine. **-lag** seine gang.
notorisk notorious.
notsteng [enclosure of fish in a seine; fish so caught]; *(se sildesteng).*
nov corner (of a log house).
novelle short story. **-forfatter(inne)** writer of short stories.
novellistisk in the form of a short story.
november (the month of) November; *(se mai).*
novi|se novice. **-siat** noviciate.
Nubia *(geogr)* Nubia.
nudd brad, tack.
nudel noodle.

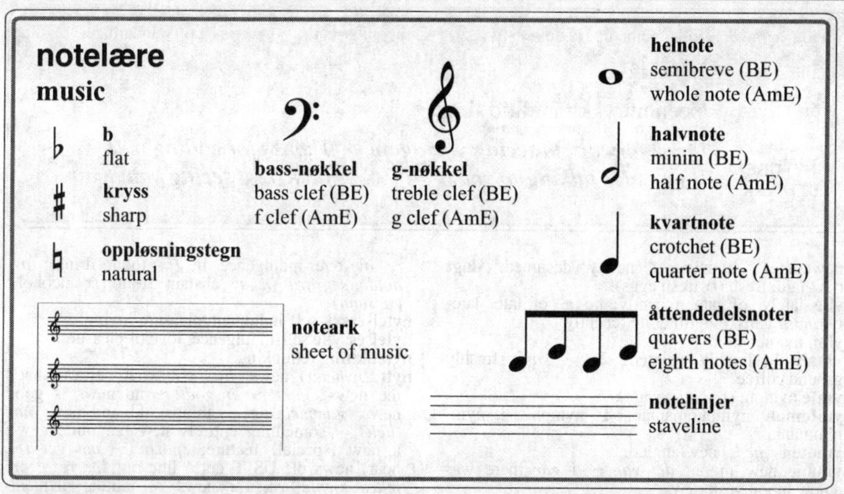

nud|isme nudism; *(evfemistisk)* naturism. **-ist** nudist; naturist. **-istisk** nudist.
null zero, nought, cipher; *(når man nevner sifrene i et tall, fx tlf)* 0 *(uttales som bokstaven' o');* *(om person)* nonentity; nobody; *(ingenting)* naught, nought; *(i spill & sport)* nil; love; *stillingen er 0–0* the score is love all; *stå på ~* be at zero; *er nesten lik ~* is almost nil; (NB *2,03 (skrives* 2.03 *og leses)* two decimal nought three; *0,07 (skrives* 0.07 *og leses)* decimal nought seven; nought point nought seven; *(se III. lik).*
nullitet nullity.
nullpunkt *(på termometer)* zero; *(ved oppmåling)* datum point.
numerisk numerical.
numismatik|er numismatist. **-k** numismatics.
numismatisk numismatic.
nummer number; *(fk* No. *el.* no.) (NB *~ 1 og ~ 4* Nos. 1 and 4); *(av blad)* issue *(fx* today's i. of The Times); *(et enkelt ~ av blad)* number; *(størrelse)* size *(fx* what s. do you take in shoes? what s. shoes do you take?); *(på program)* item, number, feature; *(post på liste, i katalog, etc)* item *(fx* an i. on the list); *(på auksjon)* lot; *(på basar, etc)* raffle ticket; *ta ~ på noe* buy a raffle ticket for sth; *slå et ~ (tlf)* dial a number; *et ~ for lite* a size too small; *gjøre et stort ~ av* make great play with.
nummerere *(vb)* number; *~ fortløpende* n. consecutively.
nummer|ering numbering. **-følge** numerical order. **-skive** *(tlf)* dial; *dreie på -n* turn the dial.
nuntius *(pavelig sendemann)* nuncio.
nupereller *(pl)* tatting; *slå ~* tat.
nupp *(fx i huden)* small nob.
nuppe *(vb)* pluck, snatch.
nupret *(om tøy)* burled.
nurk *(subst): et lite ~* a little poppet; *det vesle -et som lå der* the little poppet lying there.
nut mountain peak.
I. ny *(månefase)* change (of the moon), new moon; *i ~ og ne* off and on, once in a while.
II. ny new; *(og usedvanlig)* novel; *(frisk, av året, annen)* fresh; *~ i tjenesten* a new hand; *-e koster feier best* new brooms sweep clean; *den -ere historie* modern history; *i den -ere tid* in recent times; *fra -tt av* anew; *på -tt* again; anew, afresh; *(se også nytt).*
nyankommen new arrival, newcomer; newly arrived.
nyanse shade, nuance.
nyansere *(vb)* shade (off), vary.
nyanskaffelse new acquisition, recent acquisition.
nybakt new, fresh, newly baked; *(fig)* newly fledged.
nybarbert freshly shaven.
nybegynner beginner, novice, tiro; *(neds)* greenhorn.
nybrent recently burnt; *~ kaffe* freshly roasted coffee; *(se nymalt).*
nybrott newly cleared ground, new farm.
nybrottsmann backwoodsman; *(fig)* pioneer.
nybygd *(subst)* colony, settlement.
nybygg new building, house recently completed; house in the process of construction.
nybygger colonist, settler.
nybygning *(mar)* newbuilding.
nybær *(om ku)* which has recently calved.
nydelig nice, charming, lovely.
nyere *(komparativ)* newer; *(moderne)* modern.
nyervervet recently acquired.
nyest *(superlativ)* newest; *-e nytt* the latest news.
nyfallen: *hvit som ~ snø* white as (the) driven snow.
nyfiken curious, inquisitive. **-het** curiosity.
nyforlovet recently engaged; *de nyforlovede* the recently engaged couple.
nyfundlender *zool (hund)* Newfoundland dog.
nyfødt new-born.
nygift newly married; *et ~ par* a newly married couple; *de -e (også)* the newlyweds.
nygresk Modern Greek.
nyhet *(beskaffenheten)* newness, novelty; *(noe nytt)* news, novelty; *en ~* a piece of news; *(se interesse; nytt).*
nyhets|redaksjon *(radio)* news studio. **-redaktør** news editor.
nyhetssending *(radio)* news broadcast; *kort ~* headline news.
nying fire (built in the open).
nykjernet freshly churned.
nykk jerk, tug.
I. nykke *(subst): se innfall, lune.*
II. nykke *(vb)* jerk, pull.
nyklekt recently hatched.
ny|kokt fresh-boiled, freshly boiled. **-komling**

n

NYTTIGE UTTRYKK

nyttig

Noen uttrykk får alltid **-ing:**

I look forward to ***seeing*** *you again.* *It was nice* ***talking*** *to you.* *Thanks for* ***calling me.*** *It is great* ***seeing*** *you again.*

newcomer. **-konstruert** newly designed. **-lagt** new-laid, fresh *(fx* fresh eggs).
nylig lately, of late, recently; *nå ~* of late, lately; *inntil ganske ~* till quite recently.
nylon nylon.
nymalt 1. freshly painted; **2.** *~ kaffe* freshly ground coffee.
nymfe nymph; *(se badenymfe).*
nymfoman nymphomaniac; **T** nymph. **-i** nymphomania.
nymotens *(neds)* newfangled.
nymåne new moon; *det var ~ i går* there was a new moon yesterday.
nynne *(vb)* hum.
nynorsk 1. New Norwegian (one of Norway's two official written languages); **2***(norsk etter 1500)* Modern Norwegian.
ny|omvendt newly converted; *(subst)* new convert, neophyte. **-oppdaget** recently discovered. **-oppført** newly erected. **-ordning** rearrangement, reorganization; innovations; *(se motvilje).*
nyorientering reorientation.
I. nype *subst (bot)* hip.
II. nype *(subst)* pinch; *en ~ salt* a pinch of salt.
III. nype *(vb)* nip, pinch.
nype|rose *(bot)* dog rose; *(se I. rose).* **-torn** *(bot)* sweetbriar, (wild) briar.
nypløyd freshly ploughed.
nyre *(anat)* kidney. **-bark** renal cortex. **-bekken** renal pelvis. **-belte** *(for motorsyklist)* body belt. **-fett** kidney fat. **-grus** renal calculus.
nyrekruttering fresh recruitment.
nyre|stein *(med.)* kidney stone; *(faglig)* renal calculus. **-stek** *(hos slakteren, av gris)* kidney end of loin. **-sykdom** kidney disease.
Nuřnberg *(geogr)* Nuremberg.
nys *(nysing)* sneeze.
nyse *(vb)* sneeze.
nysgjerrig curious, inquisitive; *jeg spør fordi jeg er ~ (ofte)* I should like to know as a matter of curiosity.
nysgjerrighet curiosity, inquisitiveness; *(se forgå).*
nysilt new, fresh from the cow.
nysing sneezing, sneeze.
nyskapende creative; *~ evne* creativity.
nyslipt newly sharpened.
nyslått 1*(om gress)* new-mown; **2***(om mynt)* new-struck; *blank som en ~ toskilling* bright as a new penny.
nysnø new snow; *(se snø).*
I. nyss *subst (vink, antydning)* hint; *få ~ om* learn about, get wind of.
II. nyss *(adv): se nylig.*
nysølv German silver.
nyte *(vb)* enjoy; *(spise, drikke)* have; *~ godt av* benefit from *(el.* by), profit by *(el.* from), derive benefit from; *vi nøt oppholdet i Paris (også)* we enjoyed Paris; *~ livet* enjoy life (to the full); *~ tillit* enjoy confidence; *jeg har ikke nytt noe i dag* I have tasted no food today.
nytelse enjoyment; *en ~* a pleasure; *overdreven ~ av* over-indulgence in *(fx* food, drink); *avholde seg fra -n av* abstain from *(fx* alcohol); *(se sann).*
nytelsessyk self-indulgent, pleasure-loving.
nytelsessyke self-indulgence, love of pleasure.
nytenkning rethinking.
nytt *(nyheter)* news; *hva ~?* what news? what's the news? *intet ~ er godt ~* no news is good news; *gammelt og ~* things old and new; *noe (helt) ~* something entirely new *(el.* quite new); a new (special) feature; *spørre ~ om* get *(el.* hear) news of; **US T** get a line on; *spørre ~ om felles kjente* ask for news of mutual acquaintances.
I. nytte *(subst)* utility, use, benefit, advantage; *gjøre ~* be of use, be helpful; *dra ~ av* benefit from; *være en til ~* be of use to sby; *det er til ingen ~* it's (of) no use *(el.* of no avail); *hvis jeg kan være til noen ~* if I can be (of) any use; *det er til liten praktisk ~* it's of little practical use; *så sant det er til den minste ~, tar vi det med* if it's the smallest bit of use *(el.* if it's at all useful), we'll take it; *det gjorde samme -n* it did just as well, it served the same purpose; *det må gjøre -n* it will have to serve.
II. nytte *vb (gagne)* be of use (to sby), avail; *(utnytte)* turn to good account, make the most of; *det -r ikke* it's (of) no use; it's no good; *hva kan det ~?* what's the use (of that)? *hva kan det ~ å* what's the use of (-ing); *det -r ikke å prøve* it's no use trying; there's no point in trying; *~ høvet* take the opportunity, avail oneself of the opportunity; *~ tiden (være flittig)* make good use of one's time; *det gjelder å ~ tiden (godt)* it's a matter of making the most *(el.* the best use) of one's time; *han har -t tiden godt* **1.** he has made good use of his time; **2.** he has made the most of the opportunity.
nytte|betont practical *(fx* subjects). **-dyr** *(zool)* utility animal. **-effekt** effective output. **-hensyn** utilitarian consideration. **-last** maximum load, payload. **-løs** useless. **-moral** utilitarianism. **-vekst** useful plant. **-verdi** utilitarian value.
nyttig useful, of use, helpful, of service, serviceable; *~ for oss* of use *(el.* service) to us, useful to us; *~ til* useful for *(fx* a purpose); *det er ~ å vite* it's useful to know; it's worth knowing; *det viste seg å være (meget) ~ (også)* it came in useful; *gjøre seg ~ i huset* make oneself useful about the house.
nyttiggjøre *(vb): ~ (seg)* turn to account, utilize; *~ seg noe* turn sth to practical use *(fx* he turned his new knowledge to practical use); *~ seg sine evner* make use of one's abilities, turn one's a. to account; *mennesket lærte tidlig å ~ seg ilden* man learned the use of fire early on; man early learned the use of f.; *han kan ikke helt ut få nyttiggjort seg bruken av radioen* he cannot turn the use of the radio to full account; *han greier ikke å ~ seg oppgitte gloser*

nyttårsaften

Did you know that
people in Wales open up the back door on New Year's Eve to release the Old Year at the first stroke of midnight?

og uttrykk he can't manage to make use of words and expressions that are given.
nyttår New Year; *godt ~ !* Happy New Year;
nyttårs|aften New Year's Eve. **-dag** New Year's Day. **-salutt** New Year fireworks *(fx* the deafening sound *(el.* noise) of New Year fireworks); *(se saluttere).*
nyttårsønsker *(pl)* wishes for the New Year.
nyvalg: *utskrive ~* issue writs for a new election; appeal to the country.
nyverdiforsikring new-for-old insurance *(el.* policy).
nyvinning new development *(fx* n. developments in science and technology); fresh gain, step forward.
nyår *se nyttår.*
I. nær *adj (se også nærmere, nærmest);* **1.** near *(fx* the station is quite n.); **2***(fig)* intimate *(fx* they are i. friends); close *(fx* a close friend); *(bare som predikatsord)* at hand *(fx* the hour of victory is at hand); *komme i -t forhold til* become intimate with; *stå i ~ forbindelse med* be closely connected with; be in close connection with; *i ~ fremtid* in the near future, at an early date, very shortly; *-t samarbeid* close collaboration; *i ~ tilknytning til* closely connected with; *det var på -e nippet* that was a close shave; that was too close for comfort; that was a near one!
II. nær *adv (se også nærmere, nærmest);* near; *(nesten)* nearly; *(grad)* nearly, closely; *~ beslektet* closely related, closely akin; *fjern og ~* far and near; *for ~* too near; *~ forestående* approaching, coming, imminent *(fx* departure), near at hand; .. *antas å være ~ forestående* is thought to be imminent; *ganske ~* quite near; *ligge ~ (om sted)* be close to; *det ligger snublende ~* it stares you in the face; *det ligger ~ å anta* it seems probable; *det ligger ~ å gjøre det* it seems the obvious thing to do; *den tanke ligger ~ at ...* the idea naturally suggests itself that; *temmelig ~ det samme* pretty much *(el.* very nearly) the same (thing); *alle på to ~ (så ~ som to)* all but two, all except two; *stå en ~* be intimate with sby, be closely connected *(el.* associated) with sby; *ta seg ~ av noe* take sth (greatly) to heart; take sth (very) hard; *det skal du ikke ta deg ~ av* don't (you) worry; **T** not to worry; *grense ~ opptil* border on, be close to, adjoin; *(fig)* border on; *ikke på langt ~* not nearly; **T** not by a long chalk; *ikke på langt ~ så rik* nothing like as rich, not anything like as rich; *~ ved* close by, hard by, close at hand, near at hand, not far (away); *~ ved å ...* on the point of (-ing); *jeg var ~ ved å falle* I very nearly fell; I all but fell.
III. nær *(prep)* near (to), close to; *(se også II. nær: ~ ved); være døden ~* be at death's door, be dying.
nær|beslektet closely related. **-bilde** close-up.
nære *(vb)* nourish, feed; *(en følelse)* entertain, cherish; *~ avsky for* detest; *~ håp* entertain hope; *jeg -r ingen tvil om at* I have no doubt that; *jeg -r intet ønske om å ...* I have no wish to ...
nærende nutritious, nourishing.
nærgående aggressive *(mot* towards); *komme med ~ bemerkninger* indulge in personalities.
nærhet nearness; *(område)* neighbourhood; *i -en* in the neighbourhood; in the vicinity; *gatene i -en* the neighbouring streets; *i -en av* near to, close to.
næring *(føde)* nourishment, food; *(levevei)* industry, trade; *gå en i -en* poach on sby's preserves; *ikke la noen gå deg i -en (også)* let no one do you out of your rights; *ta ~ til seg* take nourishment; *sette tæring etter ~* cut one's coat according to one's cloth; *(se hente).*
næringsdrift trade, industry.
næringsdrivende in business, in trade; *de ~* people who are self-employed; tradesmen, tradespeople; *en selvstendig ~* a self-employed tradesman.
nærings|frihet freedom of trade. **-grunnlag** economic basis; the basis of (a country's) economy. **-kilde** means of subsistence. **-livet** economic life, trade, industry, trade and industry. **-middel** article of food. **-sorger** *(pl)* financial difficulties.
næringsvei industry, trade, business; *Norges viktigste -er* the principal industries of Norway; *jordbruk og andre -er* agriculture and other industries; agriculture and other occupations; (NB *jordbruk, fiske, etc er også* 'industries').
næringsverdi food value; nutritional value.
næringsvett economic know-how, a good business head; *ha ~* know on which side one's bread is buttered; know how to look after oneself; *her gjelder det å ha ~ !* (ɔ: *forsyne seg raskt)* it's a case of every man for himself here; *(jvf matvett).*
nærkamp hand-to-hand combat, fighting at close quarters; *(boksing)* infighting; *(mar)* close action; *(flyv)* dogfight; *komme i ~ med* come to grips with.
nærliggende adjacent, neighbouring; *av ~ grunner* for obvious reasons.
nærlys *(på bil)* dipped lights, low beam.
nærme *(vb)* bring *(el.* draw) near; *~ seg* approach, be approaching, draw near, near.
nærmere *(komparativ av nær)* nearer; *(ytterligere)* further; *~ opplysninger* further particulars, particulars; *tenke ~ over* consider further; *(se ordre).*
nærmest *(superlativ av nær)* nearest; *(om nabo)* next-door; *(adv: nesten)* rather; *(adv: særlig)* more particularly; *ens -e* those nearest to one; *mine -e naboer* my next-door neighbours; *de feiret forlovelsen sammen med noen få av sine -e* they celebrated their engagement at a small family gathering *(el.* within the immediate family circle *el.* with a few of their closest friends); *jeg har medlidenhet med henne, mens jeg ~ misunner ham* I pity her, while I rather envy him; *enhver er seg selv ~* charity begins at home; *den -e omegn* the immediate neighbour-

n

VOCABULARY

næringsveiene

the industries

*The **primary industries** are agriculture, forestry and fisheries.*
*The **secondary industries** are manufacturing, construction and mining.*
*The **tertiary industries** are trade and services.*

hood; *de -e dager* the next few days; *i løpet av de -e dager* (with)in the next few days.
nær|på *(adv)* nearly. **-stående** close, intimate. **-synt** short-sighted, near-sighted; *(fagl)* myopic. **-synthet** short-sightedness, near-sightedness; *(fagl)* myopia.
nærtagende touchy, (too) sensitive.
nærtrafikk local *(el.* suburban) traffic; *(tlf)* toll call.
nærvær presence; *i fremmedes ~* before company; *i vitners ~* in the presence of witnesses; *han behaget aller nådigst å beære oss med sitt ~* he deigned to favour us with the honour of his presence.
nærværende present; this; *~ bok* this book.
nød *(trang)* need, want, necessity, distress; *lide ~* suffer want; *~ bryter alle lover* necessity knows no law; *det har ingen ~* no fear (of that); *i -ens time* in the hour of need; *med ~ og neppe* by the skin of one's teeth *(fx* we got to the top of the hill by the s. of our t.); *med ~ og neppe slapp han derfra* he had a narrow escape; *han klarte eksamen, men det var med ~ og neppe* he passed the exam, but it was a narrow squeak; *til ~* in an emergency; **T** at a pinch; *det går til ~ an* it will just pass muster; it will just do.
nødanker *(mar)* sheet anchor.
nødbrems emergency brake.
nøde *(vb)* oblige, constrain, force, compel; *(overtale)* urge, press; *jeg er nødt til å ...* I'm obliged to ... *(fx* do it); *(se nødsaget).*
nødflagg signal of distress.
nødhavn harbour of refuge.
nødhjelp makeshift; temporary expedient; *Kirkens ~* the Norwegian Church Relief.
nødig *(ugjerne)* reluctantly; *jeg vil ~* I do not like to, I object to; *jeg gjør det ~* I do not like to do it, I would rather not; *jeg vil ~ uttale meg* I wouldn't like to hazard an opinion.
nødlande *(vb)* make a forced landing.
nødlanding *(flyv)* forced landing; *foreta en ~* make a forced landing; *(jvf buklanding).*
nød|lidende needy, destitute, distressed. **-løgn** white lie. **-mast** *(mar)* jury mast. **-rakett** distress signal rocket. **-rop** cry of distress. **-ror** *(mar)* jury rudder.
nødsaget compelled, obliged *(til å* to); *jeg ser meg ~ til å gjøre det* I find myself obliged *(el.* compelled) to do it, I am obliged to do it; *(lett glds)* I am under the necessity of doing it.
nødsfall: *i ~* in case of need, in an emergency; **T** at a pinch.
nød|signal *(mar)* distress signal. **-skrik** cry of distress.
nødstid time of need.
nødstilfelle emergency; *i ~* in case of need, in an emergency.
nødtvunget forced, enforced, compelled (by necessity).
nødtørft: *forrette sin ~ (glds)* relieve nature, r. oneself; *(se natur: tre av på -ens vegne).*
nødtørftig (strictly) necessary, scanty; *det -e* what is strictly necessary.
nødtørftighet necessity, scantiness.
nødvendig necessary; *(sterkt)* essential; *(som trengs i et el. annet øyemed)* requisite *(fx* the r. money); *det er strengt ~ å ...* it is absolutely essential to; *etter hvert som det blir ~* as and when it becomes necessary; *er det ~? (også)* is there any necessity? *det er ~ at du gjør det med en gang* it is necessary that you should do it at once; *hvis det blir ~* should the necessity arise; *~ for* necessary to *(el.* for); *kull, et ~ drivstoff for den industrielle produksjon* coal, a fuel necessary to industrial production; *mangle det -e* lack the necessaries of life; *(se innse).*
nødvendiggjøre *(vb)* necessitate, render necessary.
nødvendighet necessity, matter of necessity; *av ~* from necessity; *-en av å ...* the need to ...; the necessity of (-ing); *drevet av ~* under the pressure of necessity; *gjøre en dyd av ~* make a virtue of necessity; *dette er dessverre en ~* this is an unfortunate necessity.
nødvendighetsartikkel necessary, necessity.
nødvendigvis necessarily, of necessity; *disse skattene må ~ gripe inn i det økonomiske liv* these taxes cannot but react on economic life.
nødverge self-defence; *i ~* in self-defence.
nøff grunt, oink; *«~, ~!»* oink! oink!
nøff-nøff *(barnespråk)* piggy-wiggy.
nøgd *se fornøyd.*
nøkk river sprite, Nixie.
nøkkel key; *(mus)* clef; *(til gåte)* key; *-en til* the key to *(el.* of); *~ til hoveddøra* front-door key; latchkey; *sitte med -en til gåten* hold the key to the puzzle.
nøkkelbarn latchkey child.
nøkkelfigur keyfigure *(fx* in a novel).
nøkkel|hull keyhole. **-ord** key word. **-ost** (Dutch) clove cheese.
nøkkelroman roman à clef.
nøkkelspiller *(fotb)* key player.
nøkkelstilling key position; *sitte i en ~* hold *(el.* be in) a key position.
nøkle|ben *(anat)* collarbone, clavicle. **-blomst** *(bot)* cowslip. **-knippe** bunch of keys. **-ring** key ring.
nøktern sober; level-headed. **-het** sobriety; level -headedness.
nøle *(vb)* hesitate; *(gi et nølende svar, også)* falter *(fx* the witness faltered). **-nde** hesitating; *(adv)* -ly.
nøre *(vb): ~ opp* light a fire; *~ på varmen* feed the fire.
I. nøste *(subst)* ball (of thread, of cotton).
II. nøste *(vb)* wind up (thread) into balls.
nøtt *(bot, også fig)* nut; *en hard ~* a hard nut

to crack, a tough nut, a poser, a puzzler; *gi en en på -a* **T** give sby a crack on the nut.
nøttebrun nut-brown.
nøtte|hams husk of a nut. **-kjerne** kernel of a nut. **-knekker** (pair of) nutcrackers. **-olje** nut oil. **-skall** nutshell; *(båt)* cockleshell. **-skrike** *(zool)* jay.
nøyaktig *(adj)* **1.** exact, accurate; **2***(presis)* precise; **3***(om person)* accurate *(fx* in his work); *(ytterst nøyaktig)* punctilious; **4***(streng)* strict; **5***(samvittighetsfull)* scrupulous; *han er ~ i alt han foretar seg* he takes great pains in *(el.* with) everything he does; *(adv)* exactly, accurately; *på ~ samme måte* in precisely *(el.* just) the same way.
nøyaktighet exactness, accuracy, precision.
I. nøye *(vb): la seg ~* be content, content oneself *(med* with); *~ seg med å* be content to.
II. nøye *(se også nøyaktig)* **1.** *adj (nær, intim)* close; intimate; *(grundig, inngående)* close; *(streng)* strict; *(om person: kresen)* particular; *(gnieraktig)* close, stingy; *(omhyggelig)* careful, painstaking, scrupulous; *ved ~ ettersyn* on close inspection; *vise ~ overensstemmelse med* show close agreement with; *ha ~ kjennskap til* have an intimate *(el.* accurate) knowledge of; *være ~ med* be particular about *(el.* as to) *(fx* what one says); *det er det ikke så ~ med* that does not matter (so) very much; *så ~ er det vel ikke?* it can't matter all that much (,can it)? it doesn't really matter all that much, does it? **2***(adv)* closely, intimately; *(nøyaktig)* exactly, accurately; strictly; *våre priser er meget ~ beregnet* our prices are calculated very closely; *beløpet husker jeg ikke så ~* I forget the exact amount; *det vet jeg ikke så ~* I don't know exactly; I couldn't tell e., I can't say e.; *han er ~ inne i* he has an intimate knowledge of, he is intimately acquainted with; *det behøver du ikke ta så ~* you needn't bother so much about that; *vi må ikke ta det så ~ med det* we mustn't bother so much about that; we mustn't be too fussy *(el.* particular) about that; *passe ~ på* take great care; *passe ~ på en* watch sby closely; *holde ~ rede på* keep an accurate account of; *legge ~ merke til* note carefully; *se -re på* look more closely at.
nøyeregnende particular *(med* about); *(påholdende)* close, close-fisted; *han er ikke så ~* he is not particular.
nøysom easily satisfied; modest, unassuming; *(m.h.t. mat & drikke)* frugal.
nøysomhet moderation; *(m.h.t. mat & drikke)* frugality.
nøytral neutral; *holde seg ~* remain neutral, observe neutrality.
nøytralisere *(vb)* neutralize.
nøytralitet neutrality.
nøytralitets|brudd breach of neutrality. **-erklæring** declaration of neutrality. **-krenkelse** violation *(el.* infringement) of neutrality.
nøytralitetsvakt [frontier guard duty against infringement of neutrality]; *landet hadde en sterk ~* the country's frontiers were heavily guarded against infringement of n.; *han ble utkalt til ~* he was called up for frontier guard duty.
nøytrum *(gram)* the neuter (gender).
I. nå *(vb)* reach, get at; gain; *(oppnå)* attain, reach; *(innhente)* catch up with; *~ toget* catch the train; *ikke ~* miss *(fx* he jumped but missed the bank and fell into the water); *ikke ~ toget* miss the train; *det har ikke -dd hit* it has not reached here; *~ høyere enn noensinne* **T** reach an all-time high; *~ målet* reach one's goal; gain one's end; *~ opp til (fig)* reach, attain *(fx* prices have reached a high level); *skipet -dde havn* the ship made port; *du -r det fint* (ɔ: *du rekker det)* you can easily make it.
II. nå *adv (tid)* now, at present; *(spørrende)* well? *(oppmuntrende)* come, come; *(beroligende; irettesettende)* there, there! *~ da!* oh, bother! *akkurat ~* (ɔ: *for et øyeblikk siden)* a moment ago; *~ og da* now and again;*~ da* ... now that; *fra ~ av* from now on; *(høytideligere)* henceforth; *~ må han være der* he must be there by now; *er du først ~ ferdig med arbeidet?* have you only just finished your work? haven't you finished your work until now? *han er ~ snill likevel* he's nice, in spite of everything; *i dag skal du ~ få den* today you're going to get it, in any case; *~ som før* (now) as ever; *livet er det samme ~ som før* life is the same as it ever was.
nåda *(int)* now what? what next? oh, bother!
I. nåde *(subst)* grace, favour (,**US:** favor); *(mildhet)* clemency; *(barmhjertighet, medlidenhet)* mercy; *Deres ~!* your Ladyship (,Lordship)! your Grace! *nåde! nåde!* mercy! mercy on me! *(i skolespråk)* pax! *av Guds ~* by the grace of God; *finne ~ for ens øyne* find favour in sby's eyes; *la ~ gå for rett* temper justice with mercy; *få avskjed i ~* be honourably discharged; *be om ~* plead for mercy; ask for mercy; *leve på andres ~* live on charity; *overgi seg på ~ og unåde* surrender unconditionally; *ta til ~* take back into favour; *(litt. el. spøkef)* restore to favour; *uten ~* without mercy; *uten ~ og barmhjertighet* mercilessly.
II. nåde *(vb): Gud ~ dem!* God have mercy on them! ... *da Gud ~ deg!* then God have mercy on you! *(truende)* then God help you!
nådefull compassionate, merciful.
nådegave *(teol)* gift of grace; *frekkhetens ~* **T** the cheek of the Devil! **US** a talent for brass.
nådeløs merciless, ruthless.
nådemiddel means of grace.
nåderik gracious.
nådeskudd coup de grâce, finishing shot; *gi en -et* give sby the c. de g. (by shooting him), put an end to sby's misery (by shooting him).
nådestøt deathblow, coup de grâce.
nådig gracious; *Gud være oss ~!* God have mercy on us! *Gud være meg synder ~!* God be merciful to me, a sinner! *aller -st (iron)* graciously *(fx* he has been g. pleased to ...); *(se nærvær).*
nål *(synål, magnetnål)* needle; *(knappe-)* pin; *(bot)* needle; *(idretts-)* badge; *stå som på -er* be on pins and needles; *træ i en ~* thread a needle; *-a gikk dypt (el. langt) inn* the needle sank *(el.* went) in deep; *stikke en ~ i noe* stick *(el.* stab) a needle into sth; *stikke -a dypt inn* stick the needle in deep *(el.* right in *el.* in along way).
nåle|brev paper of needles (,pins). **-formet** needle -shaped. **-hus** needle case. **-pute** pin cushion. **-skog** coniferous forest. **-spiss** needle point, pinpoint. **-stikk** pinprick. **-tre** *(bot)* conifer.
nålevende (now) living, contemporary; *(se slekt).*
nåleøye eye of a needle.
når when, at what time; *(hvis)* if; *~ så er* if so, if that is the case, that being so; *~ bare* if only; *du tar feil ~ du tror at ...* you are wrong in thinking that ...; *~ det skal være* at any time; *~ jeg ikke har skrevet før, så skyldes det at ...* the reason I have not written you before is that ...; the fact that I have not written you before this is due to ...; *~ kan jeg tidligst vente deg?* how soon may I expect you? *~ som helst (konj)* whenever; *(adv)* at any time; no matter when.
nåtid present (time), present day; *(gram)* the present (tense); *-ens historie* modern history.
nåtidsmenneske modern *(fx* we moderns).

nåtildags nowadays.
nåtle *(vb)* stitch.
nåvel well (then).
nåværende present; prevailing, existing; ~ *konge* the present king; ~ *(,daværende) leieboer* sitting tenant.

O

O, o O, o; *O for Olivia* O for Oliver.
oase oasis *(pl:* oases).
obduksjon post-mortem (examination), autopsy.
obdusere *(vb)* perform a post-mortem on.
obelisk obelisk.
oberst *(mil)* **1***(i hæren):* ~ *I* brigadier *(fk* Brig); **US** brigadier-general *(fk* BG); ~ *II* colonel *(fk* Col); **US** colonel *(fk* COL); **2***(flyv)* group captain *(fk* Gp Capt); **US** colonel *(fk* COL).
oberstinne *(hist, som tittel)* colonel's wife.
oberstløytnant *(mil)* **1.** lieutenant-colonel *(fk* Lt-Col); **US** lieutenant-colonel *(fk* LTC); **2***(flyv)* wing commander *(fk* Wing Cdr); **US** lieutenant-colonel *(fk* LTC).
objekt *(gram)* direct object.
I. objektiv *(subst)* objective, lens.
II. objektiv *(adj)* objective, unbiased; *-t (adv)* objectively; *vi må se -t på det* we must look at it *(el.* the thing) objectively.
objektivitet objectiveness, objectivity.
objektivlokk *(fot)* lens cap.
objektivring *(fot)* lens ring.
objektspredikat *(gram)* objective complement.
oblat wafer.
obligasjon bond; *(stats-)* government bond; *(utstedt av bank, aksjeselskap, etc)* debenture; *pant-* mortgage bond; *(se premieobligasjon).*
obligasjonsinnehaver bondholder; debenture holder.
obligasjonsrett *(jur)* the law of contracts and torts.
obligat obligatory, inevitable; *(mus)* obligato.
obligatorisk compulsory, obligatory; ~ *fag* core subject *(mots: valgfritt fag* optional subject); *-e kurser* required courses.
obo *(mus)* oboe. **-ist** oboist.
observ|asjon observation. **-ator** observer; *(stillingsbet.)* (senior) observatory officer. **-atorium** observatory. **-atør** observer *(fx* diplomatic o.).
observere *(vb)* observe; *som kan -s* observable.
obskur obscure.
obskurant obscurant, obscurantist. **-isme** obscurantism.
obsternasig recalcitrant, refractory; stubborn.
obstruere *(vb)* obstruct.
obstruksjon obstruction.
odd *(spiss)* point.
I. odde *subst (pynt)* point, tongue of land, headland.
II. odde *adj (ulike)* odd, uneven. **-tall** uneven *(el.* odd) number.
odds *høy* ~ long odds.
ode ode.
odel allodial possession, allodium, freehold (land); *jeg gir deg det til ~ og eie* I make you a present of it.
odels|bonde freeholder, allodialist. **-gård** freehold (farm); ancestral farm; allodium. **-jord** freehold land; allodium. **-rett** allodial law; allodial privilege.
Odelstinget [the larger division of the Norwegian parliament]; the (Norwegian) Odelsting.
odiøs invidious *(fx* comparisons); unpleasant.
offensiv *(subst & adj)* offensive; *ta -en* take the offensive; *spille ~ fotball* play attacking football.
offentlig *(adj)* public; *(adv)* publicly, in public; *opptre ~* appear in public; *-e anliggender* public affairs; *(statsanliggender)* State affairs; *-e arbeider (el. anlegg)* public works; ~ *forbruk* public spending; *(også* **US***)* government spending; ~ *institusjon* public institution; ~ *straffesak* criminal case; **den -e administrasjon 1***(embetsverket)* the Civil Service; **2***(lokalt)* the local administration; *den -e mening* public opinion; **det -e** the (public) authorities; *(staten)* the Government, the State; *få støtte fra det -e* be supported by public funds *(el.* by the State); *på det -es bekostning* at the public expense; *det -e har oppnevnt høyesterettsadvokat Richard Doe som forsvarer* Richard Doe, Barrister-at-Law, has been officially appointed to appear for the accused; **i det -e liv** in public life *(fx* a man who has never taken (any) part in p. l.).
offentliggjøre *(vb)* publish, make public.
offentliggjørelse publication.
offentlighet publicity; *-en (almenheten)* the public, the general public; people at large.
offer 1*(til guddom)* offering, sacrifice; **2***(person)* victim; *bli ~ for* fall victim to; **3***(fig)* sacrifice; ~ *for* the *(el.* a) victim of; *bringe et ~* make a sacrifice.
offerere *(vb)* offer.
offer|lam sacrificial lamb. **-plass** place of sacrifice, sacrificial site. **-prest** sacrificial priest.
offerte offer; *(prisoppgave)* quotation.
offervilje spirit of self-sacrifice; generosity.
offervillig self-sacrificing, generous.
offiser *(mil)* officer; *-er og menige* officers and men; *være ~* be an officer; *(ofte)* hold a commission; ~ *(se menig).*
offiserskolleger *(pl)* brother officers.
offisersutnevnelse commission.
offisiell official.
offisiøs semi-official.
offside *(fotb)* offside.
ofre *(vb)* sacrifice; ~ *kvaliteten til fordel for hastigheten* sacrifice quality for the sake of speed; ~ *livet* sacrifice one's life; ~ *sin tid (,sitt liv) på* devote one's time (,one's life) to; ~ *det en tanke* give it a thought *(fx* he didn't give it a thought); ~ *seg* sacrifice oneself, devote oneself *(til* to).
ofte often; frequently; *hvor ~ må jeg si deg det?* how many times have I got to tell you? *titt og ~* time and again; *ikke -re (ɔ: aldri mer)* never again; *som -st* as a rule, usually, generally; more often than not, as often as not.
I. og *(konj)* and; ~ *så videre (fk osv.)* and so on *(fk* etc).

olympisk

Did you know that

Jesse Owens, a black American sprinter won four gold medals in The Olympics held in Berlin in 1936? Hitler disliked this very much. It did not fit in with his racial theories.

II. og *(adv)* too, also; *(se også).*

også also, too, as well; *ikke alene ... men* ~ not only ... but (also); *eller* ~ or else; *og han kom* ~ and he did come; *og han var da* ~ *den første som nådde byen* and he was in fact the first to reach the town; *det var* ~ *en måte å oppføre seg på* a pretty way to behave; *det var* ~ *et spørsmål* what a question! ... *og det gjorde du* ~ and so you did; *ja, det `gjorde jeg* ~ well, so I did; ~ *uten det* even without that.

ohm ohm.

oker ochre. **-aktig, -gul** ochraceous, ochreous, ochry.

okkult occult. **okkultisme** occultism.

okkup|asjon occupation. **-ere** *(vb)* occupy.

okse ox *(pl:* oxen); bull.

okse|bryst brisket of beef. **-filet** fillet of beef. **-halesuppe** oxtail soup. **-karbonade:** *se karbonade.* **-kjøtt** beef. **-kotelett** beefsteak (on the bone); *(se for øvrig kotelett).* **-rull** *(som pålegg)* beef roll. **-spann** team of oxen; ox-team. **-stek** roast beef; *(hel stek)* joint of beef.

Oksidenten the Occident.

oksyd oxide. **-ere** *(vb)* oxidize. **-ering** oxidation.

oktant 1 *(figur)* octant; **2***(instrument)* quadrant.

oktav *(format & bok)* octavo; *(mus)* octave. **-ark** octavo sheet. **-format** octavo.

oktober (the month of) October; *(se mai).*

okulere *(vb)* bud.

olabukse blue jeans.

oldefar great-grandfather.

oldenborre *(zool)* cockchafer.

oldermann master of a guild.

old|frue *(mar)* chief stewardess; *assisterende* ~ assistant chief stewardess; *(jvf lugardame).* **-funn** archaeological find. **-gransker** archaeologist. **-granskning** archaeology.

olding (very) old man.

oldingaktig senile.

old|kirke primitive church. **-kvad** ancient lay *(el.* poem).

oldnordisk Old Norse.

old|norsk Old Norwegian, Old Norse. **-saker** *(pl)* antiquities, objects of antiquity. **-saksamlingen** the University Museum of Antiquities. **-tid** antiquity. **-tidsminne** monument of antiquity. **-tidsvitenskap** archaeology.

Ole lukkøye the sandman.

oligarki oligarchy. **oligarkisk** oligarchic(al).

oliven olive. **-olje** olive oil.

I. olje *(subst)* oil; *helle* ~ *på ilden* add fuel to the fire; *den siste* ~ Extreme Unction; *jeg har nettopp vært inne og gitt mine tyskelever den siste* ~ *(spøkef)* I've just been in and given my German pupils Extreme Unction *(el.* a last desperate briefing).

II. olje *(vb)* oil.

oljeaktig oily.

oljearbeider oil worker; *(ofte)* oilman.

Oljeberget the Mount of Olives.

oljeboikott oil embargo; *utsatt for* ~ oil-embargoed *(fx* o.-e. Holland).

oljeboreplattform oilrig.

oljeboring (oil) drilling; drilling for oil.

olje|brenner oil burner; *(til oppvarming)* oil heater. **-fangring** *(simmerring)* oil seal. **-farge** oil colour; *male med -r* paint in oil(s). **-fat** oil drum. **-felt** oil field. **-flekk** *(på vann)* oil slick. **-forurensning** oil pollution. **-hyre** oilskins. **-inntekter** *(pl)* oil revenues. **-lerret** oilskin, oilcloth. **-maleri** oil painting. **-skift** oil change *(fx* he brought the car in for a complete oil change and grease-up). **-søl** oil spill. **-tre** olive (tree). **-trykk** *(bilde)* oleograph; *(trykning)* oleography.

olm angry, mad; *et -t blikk* a nasty *(el.* glowering) look *(fx* he gave me a n. look).

olsok *(29. juli)* St. Olaf's Day.

Olymp Olympus.

olympiade Olympiad, Olympic Games; *(alltid) når det er* ~ whenever Olympic games are held; whenever the Olympic Games are held; when the Olympics are on.

olympisk Olympic; *de -e leker* the Olympic Games.

I. om *(prep)* **1.** round *(fx* a necklace round her neck; it's just round the corner); *ha noe* ~ *halsen* wear sth (a)round one's neck; *(litterært)* wear sth about one's neck; **2***(angående)* about *(fx* a book a. gardening); of *(fx* an account of sth; convince him of sth; remind him of sth); on *(fx* his ideas on the subject; a debate on the Polish question; our talk ran on recent events); over *(fx* they quarrelled over their inheritance; **T** they had a row over it); *meldinger* ~ *at ...* reports to the effect that ...; **3***(for å oppnå noe)* for *(fx* fight for sth; apply to sby for information; ask for sth; compete with sby for sth); **4***(om tid)* in *(fx* in the morning; in (the) summer; in a day or two; in a few days); by *(fx* travel by day; attack by night); ~ *mandagene* on Mondays; *hva gjør du* ~ *søndagene? (også)* what do you do of a Sunday? *i dag* ~ *åtte dager* today week, a week today; ~ *åtte dager* in a week('s time); *i dag* ~ *et år* (in) a year from today, a year today; *nå* ~ *dagene* just now, just at present, these days; *en gang* ~ *året* once a year; *£3* ~ *uken* £3 a week; *år* ~ *annet* one year with another; ~ *ikke så mange år* in a few years, before many years have passed; ~ *kort tid* shortly; *det er først* ~ *to dager* it's not for two days (yet); *det er først* ~ *en halv time* it's not *(el.* it won'tbe) for another half hour yet; **5***(andre uttrykk): legge veien* ~ *Oslo* travel via Oslo; *det har vært flere* ~ *det* it's the work of several persons; *det må man være to* ~ that's a game for two; *la meg* ~ *det* leave that to me; *vi har vært mange* ~ *det* it has taken a good many of us to do it; a good many of us have been working together; *ham* ~ *det!* that's his affair *(el.* look-out)! **T** that's his funeral *(el.* headache); *være lenge* ~ *å gjøre noe* take *(el.*

O

be) a long time doing sth; *det har du vært lenge ~* you've been a long time about that; **være ~ seg 1**(*foretaksom*) be enterprising; **2**(*driftig*) be go-ahead; **US** be a go-getter; **3**(*egoistisk*) look after number one, have an eye to one's own interests; *være ~ seg etter* **T** be on the make for.

II. om *(adv): se seg ~ etter* look around for; *gjøre det ~ igjen* do it (over) again; do it once more; do it a second time; *~ og ~ igjen* again and again, over and over (again); repeatedly; *male veggen ~ igjen* repaint the wall; *lese boka ~ igjen* re-read the book; *jeg har lest boka ~ og ~ igjen* I have read and re-read the book.

III. om *(konj)* whether, if; *~* **enn** even if; *~ når* as to when *(fx* he said nothing as to when he would return); **selv** *~* even if *(el.* though); *(ɔ: skjønt)* although; **som** *~* as if; *jeg spurte ham ~ han kunne komme* I asked him whether he would be able to come; I asked him whether *(el.* if) he could come; *jeg vet ikke ~ ...* I don't know if *(el.* whether) ...; *~ jeg bare kunne!* how I wish I could! *(har du lyst til å være med?) `~ jeg har!* wouldn't I just! I should think I would; what do you think? *(likte du deg der, da?) ja, `~ jeg gjorde!* I should (jolly well) think I did! *(har du vin?) `~ jeg har! To flasker til og med!* haven't I just! Two bottles at that! *(om han er gjerrig?) `~ han er!* you bet he is! *(især* **US)** I'll say he is!

omadressere *(vb)* redirect, readdress, forward.

omarbeide *(vb)* recast, revise, rewrite, re-edit; *(for scenen)* adapt.

ombestemme *(vb): ~ seg* change one's mind.

ombestemmelse change of plan(s).

ombord on board; *~ i (el. på)* on board (of); *(se all 1).*

ombordbringelse taking on board.

ombordværende on board; *de ~* those on board.

ombrekke *vb (typ)* make up; *(linjere)* overrun.

ombrekker maker-up, make-up compositor.

ombrekning making up.

ombring|e *(vb)* deliver. **-else** delivery.

ombudsmann ombudsman, parliamentary commissioner.

ombygging rebuilding, reconstruction; **US** remodeling; *etter -en fremstår operaen i ny skikkelse* the old opera house, now rebuilt, presents a new appearance; *under ~* in process of (constructional) alteration.

ombytting exchanging; change; *(utskiftning)* replacement; *(mat. & merk)* conversion.

ombæring delivery; *under -en kl. 8 (postbudets)* on the 8 a.m. delivery. **-srunde** delivery (round) *(fx* begin on the second d. at ten o'clock).

omdann|e *(vb)* transform, convert *(til* into).

omdann|else, -ing transformation; conversion; meta-bolism *(fx* the metabolism of carbohydrates).

omdebattert under discussion; *et meget ~ spørsmål* a keenly debated question, a much debated q.

omdiktning rewriting, recasting; *(konkret)* new version, recast.

omdisputert disputed; *(se omstridt).*

omdreining turning, revolution, rotation.

omdømme judgment, opinion; *folks ~* public opinion; *stå høyt i folks ~* enjoy a good reputation; *ha sunt ~* be of sound judgment *(fx* he is a man of s. j.).

omegn neighbourhood (**,US** neighborhood), surrounding country, environs *(pl).*

omelett omelette.

omen omen.

omfakturere *(vb)* re-invoice.

omfang *(utstrekning)* size, dimensions, extent; *(omkrets)* circumference; *skadens ~* the extent of the damage; *av begrenset ~* of limited extent; *i begrenset ~* within certain limits; *restriksjonene vil kun bli gjort gjeldende i begrenset ~* the restrictions will have only a limited application; *-et av den forvoldte skade* the amount of the damage sustained.

omfangsrik extensive, bulky.

omfar *(bygg)* (log) course; *(se skift 3).*

omfatte *vb (innbefatte)* include, comprise, embrace, cover *(fx* our price list covers all our products).

omfattende comprehensive, extensive; *~ og systematisk nyordning* comprehensive and systematic innovations; *(se motvilje).*

omfavne *(vb)* embrace, hug.

omfavnelse embrace, embracing, hug.

omflakkende roving, wandering, roaming, vagrant; *føre et ~ liv* be a rolling stone.

omflytning exchange of places; moving.

omfordele *(vb)* redistribute.

omfordeling redistribution.

omforme *(vb): se omdanne.*

omformer *(elekt)* converter.

omgang round *(fx* of drinks, of a boxing match); *(i strikning)* row; *(fotb)* half time *(fx* the score at h. t. was 3–2); *(samkvem)* intercourse; *(behandling)* treatment; *en ordentlig ~* a tough *(el.* bad) time *(fx* the dentist gave me a bad time); *gi ham en ~ (pryl)* give him a beating; *i første ~* in the first round *(fx* of the match); *(foreløpig; inntil videre)* for the time being, for the moment, for now *(fx* you will have to make this do for now); *ha ~ med* associate with; *det går på ~* they do it by turns.

omgangs|krets (circle of) acquaintances, circle. **-skole** ambulatory *(el.* mobile) school. **-språk** colloquial language. **-syke** gastric flu; **T** tummy bugs. **-tone** (conversational) tone; social atmosphere. **-venn** friend, associate.

omgi *(vb)* encompass, surround, encircle; *~ seg med* surround oneself with.

omgivelser *(pl)* surroundings; *(miljø, levevilkår)* environment; habitat *(fx* have you ever seen Russians in their natural h.? animal life in its natural h.); *(se I. plage).*

omgjengelig companionable, sociable, easy to get along with.

omgjengelighet sociability.

omgjerde *(vb)* fence in.

omgå *(vb)* evade; *(spørsmål)* fence; *(mil)* outflank; *~ loven* evade *(el.* get round) the law; *(se omgås).*

omgåelse: *~ av loven* **1.** evasion of the law; **2.** way of getting round the law.

omgående promptly; immediately; *pr. ~* by return (of post); *~ levering* immediate *(el.* prompt) delivery; *~ levering (er) en forutsetning* prompt delivery (is) essential.

omgås *(vb)* associate with; *(behandle)* deal with; handle, treat; *si meg hvem du ~, og jeg skal si deg hvem du er* a man is known by the company he keeps; *jeg ~ dem ikke* I don't see much of them; *hun omgikkes tyskerne* she mixed with the Germans; *~ du noen av dem privat?* do you meet any of them socially? *~ med tanker om* be thinking about.

omhandle *(vb)* deal with, treat, treat of.

omheng curtain.

omhu care, concern; *gjort med stor ~* done with a lot of care; *(se velge).*

omhyggelig careful; painstaking; *(grundig)* thorough; *være meget ~* exercise great care; *være særlig ~ med* devote special care to; *neste setning er mer emfatisk og ~ avveiet* the next

sentence is more emphatically phrased and carefully balanced.
ominøs ominous.
omkalfatre *(vb)* **1***(mar)* recaulk; **2.** turn upside down, transform radically; make a radical change in.
omkalfatring **1***(mar)* recaulking; **2.** transformation, radical change; shake-up; ~ *i regjeringen* cabinet shake-up *(fx* the cabinet shake-up has to be confined largely to a reshuffle).
omkamp *(fotb)* play-off, replay; *spille* ~ play off.
om kapp *se kapp.*
om|kjøring diversion; **US** detour. **-klamre** *(vb)* clasp, cling to. **-komme** *(vb)* perish, be lost.
omkoplbar *(adj)* adaptable; convertible; having choice of coupling; having interchangeable couplings *(el.* connections); adapted to manifold coupling systems.
omkople *se kople; ~ om.*
omkopler change-over switch.
omkostning cost, expense, charge; *betale -ene* defray the expenses; *diverse -er* sundry expenses; *idømmes saksomkostninger* be ordered to pay *(fx* £100) costs; *etter at alle -er er trukket fra* deducting all charges; *uten -er for Dem* without cost to you; without any expense(s) on your part; free of cost to you; *(se utrede).*
omkostningsberegne *(vb): hele anleggsplanen er -t til £3 185 000* construction costs for the entire project are estimated at £3,185,000.
omkostnings|fritt cost free, free (of charge). **-konto** expenses account, expense sheet; charges account.
omkranse *(vb)* wreathe, encircle.
omkrets circumference; *i ti mils* ~ for ten miles round; within a radius of ten miles; *innsjøen er 40 miles i* ~ the lake is 40 miles about.
omkring *(prep & adv)* round, around, about; *(omtrent)* about; ~ *1550* in about 1550; *spasere* ~ walk about; *gå* ~ *i byen (,gatene)* walk about the town (,the streets).
omkring|boende neighbouring (,**US**: neighboring); *de* ~ the neighbours (,**US**: neighbors). **-liggende** surrounding. **-stående:** *de* ~ the bystanders, those standing by.
omkved refrain.
om lag about.
omlakkering respray; *hel* ~ full respray.
omland surrounding country.
omlaste *vb (varer til annet skip)* tranship; *(laste om)* reload.
omlastningsplass *(mil)* supply point; ~ *for jernbane (,fly, lastebil)* railhead (,airhead, truckhead).
omlegge *(vb)* change, alter, re-adjust; *(se legge: ~ om).*
omlegning change, alteration, re-adjustment; ~ *av arbeidstiden* rearrangement of working hours; *en* ~ *av driften* a reorganization of the works; *(se overveie).*
omlessing reloading.
omlyd *(språkv)* mutation, umlaut.
omløp circulation *(fx* put money into c.; the c. of the blood); *(astr)* revolution; revolving *(fx* the moon's revolving round the earth); *(i sport)* new race; *arrangere* ~ re-run a race; *sette rykter i* ~ circulate rumours, put about r., put r. in circulation; *ha* ~ *i hodet* have presence of mind, be quick(-witted).
omløpskapital working *(el.* circulating *el.* floating) capital.
omløpsmidler *pl (merk)* current assets.
omløpstid **1.** orbit(al) time *(fx* of spacecraft); **2***(forst)* rotation age.
omme *adv (til ende)* over, at an end; *tiden er* ~ time is up.
omn *se ovn.*
omordne *(vb)* rearrange.
omorganisere *(vb)* reorganize, reorganise.
omorganisering reorganization, reorganisation.
omplanting transplanting; replanting.
omramning *se kaminomramning.*
omredigere *(vb)* rewrite.
om|registrering *(av bil)* re-registration (of a car). **-regne** *(vb)* convert *(til* into); *-t til (beregnet som)* reckoned in terms of *(fx* r. in t. of full lectureships at kr. 120,000 per annum).
omreisende itinerant, travelling, touring.
omringe *(vb)* surround, encircle; close round *(fx* the men closed round him).
omriss outline, contour.
områ *(vb): ~ seg* reflect, consider.
område territory, region; *(fig)* field; *«forbudt ~» (mil)* ''out of bounds''; *«dette er forbudt ~ for både befal og menige»* ''this is out of bounds to all ranks''; *tillatt* ~ *(for) (mil)* in bounds (to); *på alle -r* in every field; in all fields; *spenne over et stort* ~ range over a wide field.
områdeplan regional plan.
omseggripende spreading, growing.
omsetning *(merk)* turnover, sales, trade *(fx* we do a large t. in paper); *fri* ~ freedom of trade; *det er liten* ~ there is not much business (doing); *-en pr. måned var gått ned med 5%* monthly sales *(el.* the m. turn-over) had gone down *(el.* fallen off *el.* decreased) by 5 per cent; *forretningen hadde en* ~ *på £50 forrige uke* the business turned over £50 last week; *opparbeide en ganske pen* ~ build up quite a good trade *(el.* turnover *el.* sale); *øke -en* increase the trade, expand one's sales, push the sale; *(se kapitalomsetning; pengeomsetning; svikt; årsomsetning).*
omsetnings|andel share of (the) sales. **-avgift** *(merk)* purchase tax; **US** salestax; *(se avgift).* **-beløp** *(merk)* turnover. **-struktur** *(merk)* distribution of turnover. **-svikt** *(merk)* shortfall in turnover; *vi kan godt forstå at dette må ha betydd en* ~ *for Dem* we can quite understand that this must have caused a gap in your business.
omsette *(vb)* **1***(avhende)* dispose of, sell; **2***(gjøre i penger)* realize; **3.** *= oversette; (jvf omsetning).*
omsettelig negotiable, realizable *(fx* securities); *et* ~ *papir* a negotiable document; *-e varer* marketable goods.
omsetting **1***(typ)* resetting; **2***(oversettelse)* translation; *(jvf oversettelse).*
omsider at length, at last, finally, eventually.
omsikt circumspection; forethought.
omsiktsfull circumspect.
omskape *(vb)* transform *(til* into).
omskifte *(subst)* change, alteration.
omskiftelig changeable. **-het** changeableness.
omskiftelse change, vicissitude; *livets -r* the ups and downs of life.
omskip|e *(vb)* tranship. **-ning** transhipment.
omskjær|e *(vb)* circumcise. **-ing** circumcision.
om|skolere *(vb)* re-educate. **-skolering** re-education.
omskrive *vb (uttrykke annerledes)* paraphrase; *(fon)* transcribe; *(skrive på nytt)* rewrite; *(mat.)* convert.
omskrivning paraphrase; transcription; rewriting.
omslag **1***(til bok)* cover; *(løst bok-)* (dust) jacket; **2***(til postforsendelse)* wrapper; *i* ~ in a w.; **3***(med.)* compress *(fx* a cold c.); *(grøt-)* poultice; *is-* ice pack; **4***(forandring)* (sudden) change; *det kom et* ~ (ɔ: *tendensen slo om)* the trend reversed; *(se væromslag).*

O

omslagstittel cover title.
omslutte *(vb)* enclose, envelop, surround.
omslynget: *tett* ~ locked in an embrace.
omsmelting remelting.
omsorg 1. care; *dra* ~ *for* take care of, look after; **2.** thoughtful consideration (*fx* he was full of thoughtful consideration for his elderly mother).
omsorgs|arbeid work of a caring nature. **-full** careful; considerate; thoughtful. **-funksjon:** *ha en* ~ be involved in work of a caring nature.
omspenne *vb (omfatte)* cover, extend over, embrace; *(se også II. spenne).*
omspent *(adj):* ~ *av flammer* completely enveloped in flames.
omspurt in question, inquired about.
omstemme *(vb):* ~ *en* make sby change his mind, bring sby round.
omstendelig *(adj)* circumstantial, detailed; *(unødig vidløftig)* long-winded.
omstendighet circumstance, fact; *(det særegne ved en begivenhet)* particular, detail; *den* ~ *at han har* the fact of his having; *-er (overdreven høflighet)* ceremony, a fuss; *etter -ene* according to circumstances; *(slik forholdene ligger an)* all things considered; taking everything into account; *formildende -er* extenuating circumstances; *inntrufne -er* unforeseen circumstances; contingencies; *ledsagende* ~ concomitant (circumstance); *de nærmere -er* the circumstances; *en rekke -er* a chain (*el.* series) of circumstances; *gjøre -er* stand on ceremony; *det kommer an på -ene* it depends on circumstances; that all depends; *hvis -ene tillater det* circumstances permitting; *når -ene tillater det* when circumstances permit; *under alle -er* at all events, in any case; *under normale -er* ordinarily, under ordinary circumstances; *under disse -er* in (*el.* under) the circumstances; *ikke under noen* ~ under (*el.* in) no circumstances, on no account; *uten ytterligere -er* without any more ado (*el.* fuss); *være i -er* be pregnant, be in the family way; *(se allerede; sammentreff; uheldig; ulykksalig).*
omstendighets|kittel maternity smock. **-kjole** maternity dress (*el.* frock).
omstigning change.
omstillbar reversible.
omstille *(vb)* readjust, rearrange; switch over; *ovnen kan -s til vedfyring* the stove can be converted into a wood-burning unit (*el.* can be adapted for w.-b.); ~ *seg til nye forhold* adapt oneself to new conditions; *(se håndgrep).*
omstreifende erratic, roaming, roving, vagrant.
omstreifer vagrant, tramp, vagabond.
omstridt at issue, in dispute, disputed.
omstrukturere *(vb)* restructure.
omstyrt|e *(vb)* overthrow, subvert. **-else, -ing** overthrowing, overthrow, subversion.
omstøpe *(vb)* recast.
omstøte *vb (fig)* subvert; *(oppheve)* annul, invalidate, set aside; *(gjendrive)* refute.
omstående: *de* ~ the bystanders; *på* ~ *side vil De finne en fortegnelse over* overleaf (*el.* on the next page) you will find a list of...; *se* ~ *side* see overleaf.
omsverme *(vb)* swarm round (*el.* about).
omsvermet *(adj)* fêted, much-courted; *(se sverme:* ~ *omkring en).*
omsving *(omslag)* sudden change.
omsvøp *(departementsmessig)* red tape; *(i alm.)* circumlocution; *gjøre* ~ beat about the bush; *uten* ~ plainly, without beating about the bush.
omsydd altered.
omsyn consideration. **-sledd** *(gram)* indirect object.
I. omtale *(subst)* mention, mentioning; report; *kjenne ham av* ~ know him by report; *jeg kjenner ham av* ~ *(også)* I have heard (a lot) about (*el.* of) him; *han fikk rosende* ~ he was praised; he received a great deal of praise; he was complimented; *han følger skarpt med i pressens* ~ *av saken* he reads everything written about it by the press; he reads everything the press prints (*el.* writes *el.* publishes) about it; *(se forhåndsomtale).*
II. omtale *(vb)* mention, make mention of, speak of; refer to; *den omtalte bok* the book in question.
omtanke forethought, thoughtfulness, reflection; *hun er alltid så full av* ~ *for andre* she is always so thoughtful of others.
omtappe *vb (vin, etc)* rack (off).
omtelling re-count.
omtenksom thoughtful. **-het** *se omtanke.*
omtrent about; *(nesten)* nearly; ~ *det samme* much the same; *så* ~ thereabouts.
omtrentlig approximate, rough; *(adv)* about, approximately.
omtumlet: *en* ~ *tilværelse* a stormy (*el.* unsettled) life.
omtvistelig debatable, disputable.
omtvistet disputed; controversial; *(se omstridt).*
omtåket *(uklar)* dim, hazy; *(drukken)* lit up; fuddled; *ett glass whisky er nok til å gjøre ham* ~ one glass of whisky is enough to muddle him.
omvalg re-election.
omvandrende itinerant, travelling.
omvei roundabout way, detour; *gjøre en* ~ make a detour; *på (el. ad) -er (fig)* by devious ways, by roundabout methods; *ad -er kom vi endelig fram* we finally got (*el.* arrived) there by an indirect route.
omveksling (currency) exchange; *man taper alltid på -en* you always lose something when you exchange currency.
omveltning revolution; upheaval.
omvende *vb (rel)* convert; ~ *seg* be converted; *(se omvendt).*
omvendelse conversion (*til* to).
omvendt inverted; the other way round; *en* ~ *(rel)* a convert; *det -e av* the opposite of; *og* ~ and conversely, and vice versa; *men i X var det* (ɔ: *forholdet)* ~ but in X the boot was on the other leg; *stå i* ~ *forhold til* be in reverse ratio to.
omverden surrounding world, surroundings.
omviser guide; *(se omvisning; reiseleder).*
omvisning guided tour (*fx* of a museum); *(se reiseleder).*
omvurder|e *(vb)* revalue. **-ing** revaluation.
onani masturbation.
ond bad, evil, wicked; *-e tider* hard times; *-e tunger* wicked tongues; *-e øyne* evil eyes; *en* ~ *ånd* an evil spirit; *den -e* the evil one, the devil; *med det -e eller med det gode* by fair means or foul; *med -t skal -t fordrives* desperate ills need desperate remedies; US one must fight fire with fire; *(se vond).*
ondartet ill-natured; *(om sykdom)* malignant, virulent.
onde *(subst)* evil; *(sykdom)* complaint; trouble; *et nødvendig* ~ a necessary evil; *av to -r velger man det minste* choose the lesser of two evils; *(se også mellom).*
ondsinnet ill-natured (*fx* gossip).
ondsinnethet ill-nature.
ondskap malice, wickedness, malignity, spite.
ondskapsfull malicious, malignant, spiteful.
ondulere *(vb)* wave.
onkel uncle; *(om lånekontor)* pawnbroker; *hos*

~ *(ɔ: pantelåneren)* **T** at (my) uncle's; **S** up the spout.
onn (work) season (on a farm); *(se høy-, vår-).*
onsdag Wednesday.
opal opal.
opera *(spill, bygning)* opera; *(bygning)* opera house. **-bygning** opera house. **-sanger, -sangerinne** opera singer. **-selskap** opera company. **-sjef** general manager of an (,the) opera.
operasjon operation; *foreta en* ~ undertake *(el.* perform) an o., operate *(fx* I'm afraid we shall have to operate); *foreta en* ~ *på en* operate *(el.* perform an o.) on sby; *en mindre (,større)* ~ a minor (,major) o.; *utføre en* ~ *(også mat. etc)* perform an o.; *underkaste seg en* ~ undergo an o.; **T** have an o.; *(se også operere).*
operasjons|basis operational base. **-bord** operating table. **-felt** field of operation; *(med.)* operative field. **-sal** operating theatre; *(mindre)* operating room. **-sjef** *(mil)* force commander. **-søster** theatre nurse *(el.* sister); **US** *(også)* operating sister.
operatekst book (of an opera), libretto.
operatør operator.
operer|e *(vi)* operate; *(vt)* operate on; ~ *bort* remove *(fx* I had my appendix removed *el.* I had my a. out); ~ *for* operate for *(fx* appendicitis); ~ *med* operate with *(fx et begrep* a concept), employ; *bli -t* be operated on, undergo *(el.* have) an operation; *la seg* ~*: se bli -t; som kan -es* operable; *som ikke kan -es* inoperable.
operette musical comedy.
opiat opiate.
opinion (public) opinion; *-en er på hans side* popular sympathies are on his side; he is backed up by public feeling; p. feeling is on his side; *skape en* ~ *for* create a public opinion in favour of.
opinionsytring expression of public opinion.
opium opium. **-sdråper** laudanum.
opp up; *(opp i en høyere etasje)* upstairs; *lukk* ~ *døra* open the door; *vinduet fløy* ~ the window flew open; ~ *gjennom årene* through the years; *stå* ~ *mot (fx en vegg)* stand against; ~ *ned* wrong way up; ~ *og ned* up and down; *vende* ~ *ned* turn upside down; ~ *av vannet* out of the water; ~ *av senga* out of bed; *ta steiner* ~ *av bakken* take stones out of the ground; *opp med deg!* get up! *(se II. få & ordne).*
oppadgående upward *(fx* move, tendency); *for* ~ on the upgrade.
oppad|strebende aspiring. **-vendt** upturned.
oppagitert worked up.
oppakning pack; *av med -en! (mil)* off packs! *på med -en! (mil)* sling on packs!
oppamme *(vb)* nurse, suckle.
oppankret anchored.
opparbeide *(vb)* work up, build up.
oppasser *(mil)* batman.
oppbevare *(vb)* keep.
oppblande *(vb)* mix; *(spe)* dilute.
oppblomstrende flourishing, prosperous.
oppblomstring flourishing; prosperity, growth, rise.
oppblussing fresh outbreak *(fx* of a fire); *(av følelser, også)* sudden outburst, flash; *en kort* ~ *(fig)* a flash in the pan.
oppbløte *(vb)* soften.
oppblø(y)tt soaked; sodden, soggy.
oppblåst 1. inflated; swollen; puffy *(fx* her face looked puffy); **2.** arrogant; conceited, pompous.
oppbrakt *(sint)* exasperated; *(se også oppbringe).*
oppbrakthet exasperation.
oppbrent *(om ved, etc)* burnt through.
opp|brett turn-up. **-brettet** rolled up; turned up.
oppbringe *vb (et skip)* seize, capture (a ship).
oppbringelse capture, seizure.
oppbrudd breaking up, departure; *det var alminnelig* ~ *(fra selskap, etc)* everybody was leaving.
oppbruddssignal signal for departure.
oppbrukt consumed, exhausted; *(om penger)* spent.
oppbrusende quick-tempered; hot-blooded; hot -tempered, fiery.
oppbud *(styrke)* force *(fx* a strong f. of police); posse; *(utskrevet)* levy; *med* ~ *av sine siste krefter* with a mustering of his (,her, *etc)* ebbing strength, mustering his (,her, *etc)* last ounces of strength, mustering his (,her, *etc)* last resources.
oppby *(vb)* use, exert, summon *(fx* all one's strength).
oppbygge *vb (virke moralsk oppbyggende på)* edify.
oppbyggelig edifying *(fx (iron)* that was e. to listen to!).
oppbyggelse *(rel)* edification.
oppbygging building up, construction; structure; composition; *(se pensum & bygge:* ~ *opp).*
oppbyggingsarbeid constructive work, work of construction.
oppdage *(vb)* discover; *(oppspore, komme på spor etter)* detect; *(få øye på)* catch sight of, see, spot; *(bli klar over)* find out, find.
oppdagelse discovery; detection.
oppdagelses|betjent *se kriminalbetjent.* **-reise** expedition; voyage of discovery. **-reisende** explorer.
oppdager discoverer.
oppdekning laying; *det var en praktfull* ~ the table was laid in a splendid way.
oppdel|e *(vb): se dele:* ~ *opp.*
oppdeling division, splitting up; ~ *av et tog* splitting up of a train.
oppdemme *(vb)* dam up.
oppdemningspolitikk containment policy.
oppdikte *(vb)* fabricate, invent, make up *(fx* a story); *en -t historie* a fabrication, an invention.
oppdiktet fictitious, imaginary, made up; *en* ~ *historie* a fabrication; an invention.
oppdisk(n)ing spread, sumptuous meal; *for en* ~*!* what a spread! what a marvellous meal!
oppdra *(vb)* educate, bring up.
oppdrag task, commission; *i hemmelig* ~ on a secret mission; *etter* ~ *fra* on the instructions *(el.* authority) of; *ha i* ~ *å* be charged with the task of (-ing); *fast* ~ *(banks for kunde)* standing order.
oppdragelse education, upbringing; *(det å være veloppdragen)* good manners; *mangle* ~ have no manners; *(se veloppdragen).*
oppdragelsesanstalt **UK** approved school; *(ofte)* Borstal institution; **US** reform school.
oppdragende educative, educational.
oppdrager educator.
oppdragsgiver principal; employer; *etter avtale med min* ~ by agreement *(el.* arrangement) with my employer.
oppdrett 1. breeding, rearing, raising (of cattle); **2**(*ungkveg)* young cattle.
oppdrette *(vb)* breed, raise.
oppdretter breeder.
oppdrettsanlegg *(for fisk)* fish farm.
oppdrift buoyancy; *(flyv)* lift; *(fig)* ambition, drive.
oppdriftsmidler *(mar)* emergency buoyancy.
oppdrive *vb (skaffe til veie)* obtain, procure; *det er ikke (til) å* ~ it's not to be had; *en godt oppdrevet gård* a well-cultivated farm; *i et høyt oppdrevet tempo* at a forced pace.
oppdynging heaping up, accumulation.
oppdyrke *(vb)* reclaim, bring under cultivation.

oppdyrking cultivation, culture.
I. oppe *(adv)* up; *(ikke lukket)* open; *(ovenpå i huset)* upstairs; *(ute av sengen)* up, out of bed; *(frisk igjen)* up (and about); *der* ~ up there; *her* ~ up here; ~ *fra* from above; ~ *fra taket* from the roof; *han er ikke* ~ *ennå* he is not out of bed yet; *han er tidlig* ~ *om morgenen* he is an early riser; *være* ~ *i årene* be getting on in years; *være* ~ *i fransk* be sitting for (*el.* be taking) an examination in French; *(se eksamen);* ~ *i et tre* up a tree; in a tree; *stå midt* ~ *i det (fig)* be in the thick of it; *hun var* ~ *i nesten 20 sigaretter pr. dag nå* she was up to nearly twenty cigarettes a day now; *prisen var* ~ *i* ... prices stood at ...
II. oppe *(vb):* ~ *seg* show off.
oppebie *(vb)* await, wait for.
oppebære *(vb)* receive, collect.
oppebørsel receipt, collection.
oppegående *(om pasient)* ambulatory, not confined to bed.
oppelske *vb (fig)* foster, nurture, cherish; encourage.
oppesen T *(frekk)* uppish (*fx* don't get uppish!).
oppetter up; upwards.
oppfange *(vb)* catch; pick up; *(oppsnappe)* intercept, pick up.
oppfarende fiery, hot-tempered, irascible, testy.
oppfarenhet irascibility, testiness.
oppfatning understanding, comprehension; apprehension; *(fortolkning)* interpretation, reading; *(mening)* opinion, view; *feil* ~ misconception; *etter min* ~ in my opinion, as I understand it; *være sen i -en* **T** be slow on (*el.* in) the uptake; be thick-headed.
oppfatningsevne (faculty of) perception; (power of) apprehension; *rask* ~ quickness of perception.
oppfatte *(vb)* understand, comprehend; apprehend, perceive; *(fortolke)* interpret, read; *(få tak i)* catch (*fx* I didn't catch what he said); ~ *galt* misunderstand, misapprehend; *jeg hadde ikke -t navnet hans* his name had escaped me; ~ *et vink* take a hint; *det kan ikke -s med sansene* it is not perceptible to the senses.
oppfinn|e *(vb)* invent; *han har ikke oppfunnet kruttet* he's no genius; he's no great brain; he will never set the Thames on fire. **-else** invention; *gjøre en* ~ invent sth. **-er** inventor. **-som** inventive. **-somhet** ingenuity, inventiveness, resourcefulness.
oppflamme *(vb)* inflame, fire.
oppflaske *(vb)* bring up on the bottle.
oppflytning remove; promotion.
oppflytte *vb (på skolen): se flytte:* ~ *opp; bli -t* get a remove.
oppfor up; ~ *bakke* uphill.
oppfordre *(vb)* call on; invite; encourage; *dette ville være å* ~ *til dovenskap* this would (be to) invite laziness; *det -r ikke til gjentagelse* it does not encourage repetition; *jeg -r alle til å støtte dette* I (would) call on everyone to support this; ~ *en til å ta en drink* encourage (*el.* urge) sby to have a drink; *han -t dem faktisk til å være dovne* he did in fact encourage them to be lazy.
oppfordring invitation, call; request; *på* ~ on (*el.* by) request, when requested; *på hans* ~ at his request; *rette en* ~ *til* appeal to.
oppfostre *(vb)* rear, bring up; *(fig)* foster.
oppfriske *(vb)* freshen up, touch up; *(fig)* revive; *(kunnskaper)* brush up; *(bekjentskap)* renew.
oppfylle *vb (fig)* fulfil (,**US**: fulfill); ~ *en bønn* grant a request; ~ *sine forpliktelser* meet one's engagements (,obligations, liabilities); ~ *en kontrakt* fulfil a contract; ~ *et løfte* fulfil a promise; ~ *et ønske* fulfil a wish, meet a wish; *få sitt ønske oppfylt* have one's wish granted; have one's wish come true; *oppfylt av beundring* filled with admiration.
oppfyllelse fulfilment; *gå i* ~ be fulfilled, come true.
oppfyring lighting afire (,fires).
oppfør|e *vb (bygge)* construct, erect; *(om skuespill)* perform, act; produce; *(i et regnskap)* put down, enter, specify; *to elever ble -t som fraværende* two of the pupils were marked absent; *-t i fakturaen* invoiced, charged in the invoice, stated on your *(,etc)* i.; ~ *på debetsiden* enter on the debit side; ~ *emballasjen med kr.* ... charge the packing at; ~ *seg* behave (oneself); *han -te seg (sånn noenlunde) bra* he behaved (reasonably) well; ~ *seg dårlig* behave badly; *oppfør deg ordentlig!* behave yourself! behave yourself properly! *slik -er man seg da ikke!* that's not the way to behave! *(se også).*
oppførelse *(av bygning)* construction; erection; *(av skuespill)* performance; *huset er under* ~ the house i being built (*el.* is in process of construction); *hus under* ~ houses in (*el.* under) construction.
opp|føring *se oppførelse.*
oppførsel behaviour (,**US**: behavior), conduct; manners; ~ *mot* behaviour to (*el.* towards); *hva er det for slags* ~? *(irritert)* where are your manners? what a way to behave!
oppførselskarakter *(hist)* conduct mark.
oppgang 1. ascent, rise; **2**(*i et hus)* stairs; staircase; entrance (*fx* entrance A); **3**(*forbedring)* rise, improvement.
oppgangstid boom period, p. of prosperity.
oppgave 1(*merk)* statement; **2**(*i detaljer)* specification; **3**(*til løsning)* problem, task; **4**(*stil-)* subject; *(eksamens-)* paper; question paper; **5**(*liste)* list; *en* ~ *over* a list of; **6.** business, job, task; *(ofte)* responsibility; *hans hoved- vil være å* ... his main responsibility will be to ...;
utvalgets ~ *er å* ... the purpose of the committee is to ...; *ikke noen lett* ~ not an easy job; *kandidaten må forsøke å besvare alle deler av -n* all sections of the paper should be attempted; *han har kommet til* ~ *nr. 3* he is on the third problem; *skrive en* ~ write a paper; *(stil-)* write an essay; *det er vår* ~ *å* it's our business to; *jeg ser det som min* ~ *å* ... I consider it my duty to; *være -n voksen* be equal to the task; *dette må være en intern* ~ *for den enkelte skole* this must be a (private) matter for the individual school; *det er en lærers* ~ *å hjelpe elevene* it's a teacher's business to help the pupils; *en trykkregulators* ~ *er å redusere gasstrykket* the function of a pressure regulator is to reduce a gas pressure; *ifølge* ~ *(merk)* as advised; *nærmere* ~ *over* particulars of.
oppgavesamling set of exercises.
oppgi *(vb)* **1**(*meddele)* state, give (*fx* give details; state name and address); ~ *en pris* state (*el.* quote) a price; *-tt glose* word provided (*fx* 3 words are provided in this translation); *forelese over -tt emne* lecture on an assigned subject; *den -tte pris* the price quoted (*el.* stated); *vennligst* ~ *oss Deres priser på følgende varer* ... will you please quote for the following items ...; kindly quoteus your prices for the goods listed below; ~ *uriktig* misstate; *han fikk -tt NN som kontaktperson* NN's name was given to him as a contact;
2(*gi fra seg)* give up, relinquish; *(la fare)* give up, abandon (*fx* a plan); ~ *kampen* give up the struggle; **T** throw up (*el.* in) the sponge; ~ *en plan (også)* drop a plan; *planen er -tt (også)* the project is off; ~ *en sak på halvveien* let a

matter drop halfway; ~ *mer av sin nasjonale suverenitet* renounce a larger measure of one's national sovereignty; ~ *ånden* give up the ghost.

oppgitt *(se også oppgi)* dejected, in despair; *(resignert)* resigned.

oppgivelse 1. statement; **2.** abandonment; giving up; *(stivt)* relinquishment; **3***(avkall)* renunciation; ~ *av suverenitetsrettigheter* delegation of sovereign rights; ~ *av deler av den nasjonale suverenitet* renunciation of part of one's national sovereignty.

oppgjør settlement; *(i forsikring)* adjustment; *be om* ~ ask for a s.; *jeg ba ham sende* ~ *for fakturaene av 2. og 6. oktober* I asked him to remit us for *(el.* send us a remittance in settlement of) the invoices dated October 2nd and 6th; *foreta* ~ make a s.; *ha et* ~ *med en (fig)* call sby to account; **T** have it out with sby; *(se lønnsoppgjør).*

oppgjøre *(vb): se gjøre:* ~ *opp; saken er oppgjort* the matter is settled; *saken er opp- og avgjort* the m. is settled and done with.

oppglødd *(fig)* enthusiastic *(over* about).

oppgravning digging-up, disinterment, exhumation.

oppgulp regurgitation.

oppgående rising; *for* ~ upward bound.

oppgått well-trodden *(fx* let's go along this path; it's more w.-t.); ~ *is (på bane)* chopped-up ice; *(se velbrukt 2).*

opphav origin, source.

opphavsmann originator, author.

oppheng(n)ing hanging, suspension.

oppheng(n)ingspunkt point of suspension.

opphengt hung, slung, suspended *(i, etter* by; *i, fra* from); *jeg er veldig* ~ *akkurat nå* **T** I'm terribly tied up just now.

opphete *(vb)* heat; ~ *for sterkt* overheat.

oppheve *(vb)* **1***(avskaffe)* abolish, do away with *(fx en tollavgift* a duty); *(kontrakt)* cancel; *(jur)* annul; *(et importforbud)* remove *(el.* lift *el.* raise) a ban on imports; *(en lov)* repeal (an act); *(midlertidig)* suspend; *(kjennelse)* quash *(fx* a verdict); **2***(en virkning)* neutralize, nullify *(fx* the effect of); ~ *hverandre* neutralize each other; ~ *en beleiring* raise a siege.

opphevelse *(se oppheve)* abolition; cancellation; annulment; repeal; suspension, neutralization; *uten -r* without further ceremony; *gjøre mange -r over* make a big fuss about.

opphisse *(vb)* excite, stir up, provoke; *(se hisse:* ~ *opp).*

opphisset excited; *(sint)* angry; **T** steamed up *(fx* he was quite steamed up about it); *bli* ~ *over noe* **T** get steamed up about *(el.* over) sth; get (all) worked up about *(el.* over) sth.

opphogging breaking up; cutting up *(fx* wood).

opphold stay; *(stans)* break; *(pause)* interval; *uten* ~ without a break, without intermission; *(nøling)* without delay, without loss of time; *det regnet en hel uke uten* ~ it rained a whole week without a let-up; *tjene til livets* ~ earn one's *(el.* a) living; make a living; *(se brød).*

oppholde *vb (hefte)* keep *(fx* I'm keeping you); *(sinke)* delay, hold up; *(la vente)* keep waiting; ~ *seg (midlertidig)* stay; *(på besøk)* be on a visit to; *(bo)* live; ~ *seg ved noe* dwell on sth.

oppholds|sted (place of) residence. **-tillatelse** residence permit.

oppholdsvær interval of fine weather, a dry spell.

opphope *(vb)* accumulate, amass, pile up.

opphoping accumulation.

opphovnet swollen. **opphovning** swelling.

opphør cessation, stop(page); *(avbrytelse)* interruption, discontinuance; *bringe til* ~ bring to a conclusion *(el.* close), put an end to, cause to cease; *uten* ~ incessantly, unceasingly, without a stop; *(se kontraktid).*

opphør|e *(vb)* cease, stop, come to an end; *firmaet er -t* the firm no longer exists; *ilden -er! (mil)* cease fire!

opphørssalg clearance sale; closing-down sale; **US** closing-out sale.

opphøye *(vb)* raise, elevate; exalt; ~ *et tall i 2. potens* square a number; ~ *i tredje potens* raise to the third power; cube *(fx* c. a number); ~ *en til ære og verdighet* raise sby to honour and dignity; *-t ro* sublime calm; *med -t forakt* with lofty scorn; *(se potens).*

opphøyelse raising, elevation; exaltation.

oppildne *(vb)* inflame, incite, rouse *(fx* sby to action).

oppimot 1. against; **2.** close to, approaching.

oppirre *(vb)* irritate, exasperate, provoke.

oppisket: *en bevisst* ~ *krigsstemning* a warlike atmosphere that has been deliberately whipped *(el.* stirred) up.

oppjaget jittery, harassed; *(om vilt)* flushed.

oppkalle *(vb)* name *(etter* after).

oppkappet: ~ *ved* logs of wood.

oppkast vomit; **T** puke, spew, sick *(fx* the cabin smells of sick).

oppkaste *(vb)* throw up; *(grave)* dig; ~ *seg til dommer* set oneself up as a judge; ~ *seg til kritiker* set up as a critic, pose as a critic; *(se også kaste:* ~ *opp).*

oppkavet bustling, flurried; *(jvf oppjaget).*

oppkjøp buying up (wholesale).

oppkjøpe *(vb): se kjøpe:* ~ *opp.*

oppkjøper (wholesale) buyer; *(spekulant)* speculator.

oppkjørsel 1. driving up; **2.** approach, drive; **US** driveway.

oppkjørt *(om vei)* cut up, rutty, rough; *en* ~ *vei* a badly cut-up road.

oppklare *(vb)* clear up.

oppklebning pasting, sticking, gluing, mounting; ~ *av plakater forbudt!* stick no bills!

oppklort full of scratches, badly scratched.

oppklossing *(mar)* deadwood.

oppknappet unbuttoned.

oppkok 1. parboiling; **2***(ny koking)* reboiling; **3***(fig)* re-hash *(fx* of old stories); *gi et lett* ~ parboil.

oppkomling upstart, new rich, parvenu.

oppkomme *(subst)* issue of water; spring, vein; *(fig)* source *(fx* of inspiration, of strength); *det er ikke noe* ~ *i ham* he offers little in the way of original ideas.

oppkomst origin, rise; *(fremgang)* development; *i* ~ rising.

opp|krav: *sende mot* ~ send C.O.D. *(fk.f.* cash on delivery). **-kravsbeløp** trade charge (amount), amount of the trade charge. **-kravsgebyr** cash on delivery fee. **-kreve** *(vb)* collect; *(fx* the amount will be collected on delivery); *(pålegge)* levy; *en avgift på 50p -s ved utleveringen* a fee of 50p is charged on delivery. **-krever** collector.

oppkveilet coiled up.

oppkvikke *(vb)* refresh, liven up.

oppkvikker 1. stimulant, tonic; **2***(alkohol)* pick-me-up.

opplag *(av varer)* stock, store; *(av en bok)* edition; *(opptrykk)* reprint, impression; *en avis med et* ~ *på ...* a newspaper with a circulation of ... copies; *boka kom i ti* ~ the book ran into *(el.* through) ten editions; *nytt* ~ reissue; *i* ~ *(på tollbod)* in bond; *skip i* ~ laid-up ships *(el.* tonnage).

opplagret stored; warehoused.

opplags|avgift storage, warehouse rent. **-bøye** *(mar)* mooring buoy (of laid-up ship); moorings (of laid-up ship); *forlate -ne* put back to sea after being laid up; cease to be laid up; *gå (el. havne) i -ne* be laid up; *et stort antall skip havnet i -ne* a large number of ships were relegated to the mooring buoys. **-plass** storage yard, depot; warehouse accommodation. **-sted** place of storage. **-tomt** stocking grounds; stock yard; timber yard; *(se også skraphandler: -s opplagstomt).* **-tonnasje** *(mar)* laid-up tonnage.

opplagt in a good mood, fit, in form; *(selvfølgelig)* obvious; *en ~ vinner (i hesteveddeløp)* a sure bet; *et ~ tilfelle av bestikkelse* a clear case of bribery; *~ og full av arbeidslyst* fit and full of *(el.* bursting with) energy; *han var ikke ~ på spøk* he was in no mood for joking; *~ til å* in the mood for (-ing); *jeg er ikke ~ til å ...* I don't feel like (-ing); *jeg føler meg ikke ~ til det i kveld* I don't feel up to it tonight.

oppland hinterland; catchment area *(fx* the c. area of a school); *Oslo har et stort ~* Oslo serves a large area.

opplantet *adj (bajonett)* fixed.

opplate *(vb): ~ sin røst* raise one's voice; speak.

opplegg laying up *(fx* of ships); *(i strikking)* casting on; *(elektrisk)* wiring; *skjult ~* concealed wiring; *(av fonds)* reserves; general arrangement *(fx* the plan and g. a. of the dictionary remain substantially the same); *det passer fint inn i vårt ~* that fits in very well; *de handlet etter et bestemt ~* they were acting on definite plans; *de to ordbøkene er vidt forskjellige i intensjoner og ~* the two dictionaries are widely different in purpose and arrangement; *-et for denne nye utgaven ...* the plan adopted for this new edition; *-et av en tale* the presentation of a speech; *(se røropplegg).*

oppleser reciter.

opplesning reading (aloud); recitation.

oppleve *vb (erfare)* experience, meet with; *(gjennomleve)* go through; *~ (å se)* live to see *(fx* he didn't live to see the liberation); *(se gjenoppleve).*

opplevelse experience, adventure; *vi ble en ~ rikere* this (experience) gave us a memory for life; *(se erfaring; gjenopplevelse).*

opplive *(vb)* revive, reanimate; *(oppmuntre)* enliven, cheer, exhilarate. **-nde** exhilarating, cheering.

opplosset landed, discharged.

opplys|e *(vb)* **1.** light up; illuminate; **2***(underrette)* inform; *etter hva han -er* according to him, as stated by him, according to his statement; *han -te at ...* he informed us that; he said *(el.* stated) that ...; he gave us the information that; *det ble -t at ...* they informed me (,etc) that ...; they stated that ...; *etter hva som blir -t, befinner han seg ikke lenger her i landet* he is, we understand, no longer in this country; *videre bes -t om ...* in addition, information is desired as to whether ...

opplysende *(forklarende)* explanatory, informative; *(lærerik)* instructive; *~ eksempel* illustration; *~ med hensyn til* illustrative of.

opplysning lighting; *(åndelig)* enlightenment; education; information; *-en (tlf)* directory inquiries *(fx* lift the receiver and dial XOX for' d. i.'); *en ~* a piece *(el.* item) of information; *en nyttig ~* a useful piece of i.; *andre -er* other i.; *hvis det ikke foreligger andre -er* failing i. to the contrary; *nærmere -er* particulars, further particulars; *etter de -er vi fikk fra ...* according to i. supplied by ...; *ifølge de -er han gir* as stated by him, according to him; *om meg selv kan jeg gi følgende -er* I should like to give the following information about myself; allow me to give *(el.* may I add) the f. i. about myself; *innhente -er* procure information; *samle inn -er bak de tyrkiske linjer* collect information behind the Turkish lines; *(se nedenstående).*

opplysnings|arbeid educational work. **-byrå, -kontor** inquiry office, information office.

opplysningsskilt *(trafikkskilt)* information sign; *(jvf orienteringstavle; veiviser).*

opplyst 1. lit (up), illuminated; **2.** well-informed, enlightened, educated; *det -e vinduet* the lit-up window, the lighted window; *gatene var godt ~* the streets were brightly lit up; *vinduene var strålende ~* the windows were ablaze with lights.

opplæring training; *-en skjer i arbeidet* training is on the job; *~ som skjer i arbeidet* on-the-job training.

opplært trained.

oppløfte *(vb): ingen -t sin røst* nobody spoke (up).

oppløftende heart-warming, uplifting, edifying; *et ~ syn* an edifying spectacle; *dette synet må virke ~ på enhver* this sight must have an uplifting *(el.* edifying) effect on everyone.

oppløp disturbance, riot; *(veddeløp, etc)* finish; *(fotball)* attack, run *(fx* they have had one or two runs); *i -et* at the finish; *det ville bli ~ hvis ...* a crowd would collect if ...

oppløpen overgrown, lanky.

oppløpssiden *(skøyter)* the home straight; *(jvf langside: siste ~).*

oppløse *vb (hær)* disband, demobilize; *(forsamling, vennskap, ekteskap)* dissolve; *(desorganisere)* disorganize; *(kjem)* resolve, decompose; *(mekanisk, tilintetgjøre sammenhengen)* disintegrate; *(konto)* close *(fx* your Deposit Account has now been closed at this office); *oppløst i tårer* dissolved in tears; *~ seg* dissolve, melt, resolve, be dissolved *(i* into); disperse; *forsamlingen oppløste seg* the assembly broke up.

oppløsning breaking up; dissolution; disorganization; *(kjem)* resolution, dissolution, decomposition; *(konkret)* solution; *fast ~ (kjem)* solid solution; *nasjonal ~* national disruption; *Stortingets ~* the dissolution of the S.; *(se storting).*

oppløsningsprodukt *(fys, kjem)* solubility product.

oppløsningstilstand state of decomposition; *(fig)* state of disintegration; *være i ~* be decomposed; be in a state of decomposition.

oppmagasinere *(vb)* store, warehouse.

oppmann umpire, arbitrator; *(sport)* referee; *(ved eksamen)* extra examiner, another examiner.

oppmannssensur [referring an examination paper to an extra examiner for a decision].

oppmarsj marching up; *(strategisk)* concentration.

oppmerke *(vb): se merke: ~ opp; dårlig -t vei* inadequately marked road.

oppmerking marking; *~ på vei* road markings; traffic markings.

oppmerksom 1*(aktpågivende)* attentive, observant; **2***(forekommende)* attentive; *(hensynsfull)* considerate *(mot* to, towards); *bli ~ på* notice, become aware of; *vi følger -t med i denne sak* we are following this matter with close attention; *gjøre ~ på* call *(el.* draw) attention to; *gjøre ~ på at ...* draw attention to the fact that ...; point out that ...; *gjøre en ~ på noe* call *(el.* draw) sby's a. to sth; *vi har gjort vår kunde ~ på dette* we have brought this matter to the attention *(el.* notice) of our customer; *jeg er blitt gjort ~ på at ...* I have been informed that ...; it has been brought to my notice that ...; it has come to my notice that ...; my attention has been drawn *(el.* called *el.* directed) to the fact that ...; *det ble uttrykkelig gjort ~ på dette forhold* this condition was expressly stated; *være ~ på* be aware of; realize, realise, notice; *vi*

oppnå

achieve or **obtain**

achieve: oppnå ved innsats, prestere — *She's a school* ***achiever*** (Hun **gjør det bra** på skolen).

obtain: oppnå, få — *As a school achiever she would usually* ***obtain*** *high marks* (AmE: *grades).*

må være ~ på at ... (ɔ: *ta i betraktning at)* we must bear in mind that ...; we must take into account that ...; *jeg var ikke ~ på at ...* I was unaware that ...; I had overlooked the fact that ...; *vi beklager at vi ikke var ~ på at ...* we regret having overlooked the fact that ...
oppmerksomhet 1*(aktpågivenhet)* attention; 2*(vennlighet)* attention; *(det å være forekommende, også)* attentiveness; 3*(gave)* present, token of esteem; *en ~ mot* an attention to, an act *(el.* mark) of a. to; *som en liten ~ tillater vi oss å overrekke Dem en flaske champagne* as a mark of our regard we are making you a small gift of a bottle of champagne; *(se overrekke); avlede -en fra noe* detract attention from sth; *ha sin ~ henvendt på* be aware of; *vi har vår ~ henvendt på saken* the question (,the matter) is receiving our attention; *henlede (ens) ~ på* draw *(el.* call *el.* direct) sby's attention to; *kreve ens ~* demand one's attention *(fx* there were a number of tasks on the farm that demanded his attention); *påkalle ~* claim attention; *vekke ~* attract a.; *vise en en ~* show sby an a.; *vise henne små -er* show her little attentions; *(se unndra; unngå; vie).*
oppmudring dredging.
oppmuntre *(vb)* cheer; *(gi mot)* encourage; *(fremme)* encourage, promote. **-nde** encouraging; *lite ~* discouraging.
oppmuntring encouragement, incentive; *mangel på ~* lack of encouragement.
oppmuntringspremie consolation prize.
oppmykningsøvelser *(pl)* limbering-up exercises.
oppmåling surveying.
oppmålingsfartøy surveying vessel.
oppmålingsforretning survey, surveying.
oppmålingssjef city surveyor; *(ofte slått sammen med kommuneingeniørstillingen)* city engineer and surveyor; *(se rådmann: teknisk ~).*
oppnavn nickname.
oppnevne *(vb)* appoint; *(oppstille)* nominate; *det offentlige har oppnevnt høyesterettsadvokat Richard Doe som forsvarer* Richard Doe, Barrister-at-Law, has been officially appointed to appear for the accused; *offentlig oppnevnt forsvarer* publicly appointed Defence Counsel.
oppnå *(vb)* attain, gain; *her -r fjellet en anselig høyde* the mountains rise here to a considerable height; *~ enighet* arrive at an agreement, obtain agreement; *~ en pris* obtain *(el.* get) a price *(fx* for an article); *~ et resultat* achieve a result; *han -dde det han ville (også)* he gained his point; *det -r vi ikke noe ved* **T** that won't get us anywhere; that won't do us any good; *~ å* manage to; *han -dde ikke å ...* he failed to ...; *du -r ikke noe hos meg med det der!* that won't get you anywhere with me.
oppnåe|lse attainment. **-lig** attainable; obtainable.
oppofre *(vb)* sacrifice.
oppofrelse sacrifice.
oppofrende self-sacrificing.
oppom *(adv)* up past, up to; *han la veien ~ Galdhøpiggen* he went up to the top of G.; *jeg kommer ~ i morgen* I'll come round tomorrow; *jeg kommer ~ deg når jeg er i byen* I'll look you up when I'm in town; *han stakk ~ oss i går* he popped *(el.* dropped) in to see us yesterday; **T** he blew in here *(el.* at our place) y.; he put in an appearance y.
opponent opponent.
opponere *(vb): ~ mot* oppose, raise objections to.
opportun expedient, opportune.
opportunist, opportunistisk opportunist.
opposisjon opposition; *i ~ til* in o. to; *stille seg i ~ til* oppose; *være i ~ til* oppose, be opposed to.
opposisjonell oppositional, given to contradiction.
opposisjons|lyst argumentativeness, contrariness. **-lysten** argumentative, disputatious. **-parti** opposition party.
oppover up *(fx* up the stairs); *(~ bakke)* uphill, up the hill.
oppoverbakke up-gradient, acclivity, ascending stretch of the road.
oppramsing rattling off, reeling off.
oppredd *(seng)* made.
oppregning enumeration.
oppreise *(vb)* erect *(fx* a perpendicular on a line); *~ fra de døde* raise from the dead.
oppreisning reparation, redress; *(æres-)* satisfaction; *forlange ~* demand satisfaction.
oppreist erect, upright.
oppreklamert boomed, boosted, played up.
opprenskningsoperasjoner *pl (mil)* mopping-up operations.
opprett upright, erect, straight.
opprette *(vb)* 1*(grunnlegge, sette i gang)* establish *(fx* an agency, a business); found *(fx* a university); *(få i stand)* make *(fx* a contract), conclude *(fx* a contract, an agreement), enter into *(fx* an agreement); *(la skrive)* draw up *(fx* a document); 2*(gjøre godt igjen)* make good *(fx* an error, the damage); repair *(fx* a loss, losses), make up for *(fx* a loss); **3.** *tekn (rette opp)* align, line up; true (up) *(fx* a plate).
opprettelse establishment, foundation.
oppretterverksted *(for biler)* panelbeater's (shop).
opprettholde *(vb)* uphold; maintain; keep up *(fx* he won't be able to k. up this extravagant way of life for long); *~ livet* make a living, earn one's *(el.* a) living; *(se straffeutmåling).*
opprettholdelse maintenance.
opprevet cut, torn up; *(om nerver)* shattered, shaken.

oppriktig sincere; candid; frank; ~ *talt* frankly speaking; to tell the truth.
oppriktighet sincerity; candour (,**US**: candor), frankness.
oppring(n)ing call.
opprinne *(vb)* dawn; *den dag -r aldri* that day will never come.
opprinnelig *(adj)* original; *(adv)* originally.
opprinnelighet originality.
opprinnelse origin, source.
opprinnelsespostverk administration of origin.
opprinnelsessertifikat certificate of origin.
opprivende agonizing, harrowing.
opprop *(navne-)* roll call; *(fig)* appeal.
opprulle *(vb): se rulle: ~ opp.*
opprulling rolling up; revelation, exposure *(fx* of a plot).
opprustning rearmament. **-skappløp** armaments race *(fx* a furious a. r.).
opprydding clearing.
oppryddingsarbeid clearance work.
opprykk advancement, promotion; *(se avansement & forfremmelse).*
opprykk|muligheter *(pl)* chances *(el.* prospects) of promotion; *«gode ~»* good prospects (of promotion). **-stilling** post for promotion.
opprykning promotion.
opprømt elated, in high spirits.
opprømthet elation, high spirits.
opprør *(uro)* uproar; *(oppstand)* rebellion; rising; revolt; sedition; insurrection; *(tumult)* riot; *(mytteri)* mutiny, revolt; *(i sinnet)* agitation, excitement; ~ *med utspring i folket eller i rivaliserende grupper* risings among the people or rival groups; *få i stand et ~* stir up a revolt; *gjøre ~* revolt, rebel; *franskmennene gjør ~* the French are in revolt (NB *ikke* 'are revolting'; *se motbydelig); de gjorde ~* they revolted; *slå ned et ~* put down a rebellion; *slå -et ned for fote* stamp out the rebellion.
opprøre *(vb)* rouse to indignation, make indignant, shock, disgust *(fx* his business methods d. me).
opprørende shocking; *(om behandling)* outrageous; *det er ~ å høre* it makes one's blood boil to hear; *et ~ syn* a shocking sight.
opprører rebel, insurgent.
opprørsk rebellious, seditious, mutinous.
opprørskhet rebelliousness, seditiousness.
opprørspoliti riot police.
opprørt *(om havet)* rough, troubled; *(fig)* indignant, shocked; *alle er ~ over det* **T** everybody is up in arms about it.
opprådd at a loss; perplexed; *vi er ~ for disse stolene* we are in urgent need of these chairs; we need these chairs urgently.
oppsaling saddling. **oppsalt** ready saddled.
oppsamling collection, accumulation.
oppsan *int (opp med seg)* up(s)-a-daisy.
oppsang work song; *(sjømanns-)* shanty.
oppsats *(på bordet)* centre-piece; cruet stand; *(se oppsett).*
oppsatt: ~ *på* bent (up)on, keen on *(fx* doing sth); ~ *avdeling (mil)* activated unit; ~ *hår* **1.** hair (put)on top; **2.** hair in curlers *(el.* rollers).
oppseiling: *være under ~* **1***(om skip)* be approaching; be drawing near; **2***(fig)* be under way, be in the air *(el.* wind); be in the offing; *et uvær er under ~* a storm is brewing.
oppsetsig refractory, stubborn, insubordinate; *bli ~* **T** kick over the traces, cut up rough.
oppsetsighet refractoriness, insubordination.
oppsett 1. layout *(fx* of a page, of an advertisement); **2***(måte å publisere noe på)* display *(fx* of an article); **3.** notice, news item *(fx* the Daily Mail had a 12-line news item about the matter); piece *(fx* there is a p. about it in the paper); *før vi går i detaljer når det gjelder -et av forretningsbrev* ... (1) before we go into the details of the composition of business letters ...
oppsette *vb (utsette)* put off, defer, postpone; *(se oppsatt).*
oppsettelse postponement, delay, deferment, putting off.
oppsi *vb (leier, leilighet)* give notice; *(stilling)* resign; give notice; *(kontrakt)* terminate a contract; *(lån)* call in; *bli oppsagt* get notice (to quit), be given notice; *(jvf si: ~ opp).*
oppsigelig terminable; *(obligasjon)* redeemable; *(om funksjonær)* subject to dismissal; *(om embetsmann)* removable; ~ *lån* loan at call *(el.* notice).
oppsigelse dismissal, notice (to quit); *(av kontrakt)* termination; *(av lån)* calling in; *en måneds ~* a month's notice; *3 måneders gjensidig ~ (om stilling)* the employment is terminable by either side giving three months' notice; *inngi sin ~* tender one's resignation; *uten ~* without giving notice.
oppsigelsesfrist: *3 måneders gjensidig ~* three months' notice on either side; *for stillingen gjelder 3 måneders gjensidig ~* the employment is terminable by either side giving three months' notice.
oppsigelseskonto notice (deposit) account; fixed(-term) deposit account; time deposit account; **UK** (*i* 'building society') term share account; *innskudd på ~* notice deposit; deposit in a fixed-term account.
oppsigelsestid term *(el.* period) of notice.
oppsikt attention; *(sterkere)* sensation; *vekke ~* attract attention, create a stir; cause a sensation; *(se oppsyn).*
oppsiktsvekkende sensational.
oppsitter tenant farmer; *(jur)* freeholder.
oppskak|ende upsetting, perturbing. **-et** perturbed, flustered, upset.
oppskjær *(pålegg)* cooked meats; **US** cold cuts.
oppskjørtet *(fig)* flustered, excited; bustling.
oppskremt alarmed, startled.
oppskrift recipe; ~ *på en omelett* recipe for an omelette; *(norm)* formula *(fx* a familiar f.); *etter god gammel ~ (fig)* in the good old way; on the good old lines; *det er ikke etter min ~ (fig)* it does not suit my book; **T** it's not my cup of tea *(el.* my ticket).
oppskrubbet abraded, scraped (up); *(jvf oppklort).*
oppskrudd: ~ *pris* exorbitant price.
oppskrytt overpraised, puffed up, blown up, overadvertised, ballyhooed, played-up.
oppskyting *(av rakett etc)* launching *(fx* of a rocket); blast-off.
oppskåret cut, sliced; *(flenget opp)* slashed.
oppslag *(på klesplagg)* cuff, lapel; *(jvf buksebrett); (kunngjøring)* notice; *(plakat)* bill, placard; *(av forlovelse)* breaking off; *(i ordbok)* entry.
oppslagsbok book of reference.
oppslagsord entry, entry word, head word, words for reference *(fx* in our choice of w. for r. ...).
oppslagstavle notice board; *(også* **US**) bulletin board.
oppslagsverk reference work *(el.* book).
oppsluke *(vb)* swallow up, absorb.
oppslå *(vb): se slå: ~ opp; en -tt bok* an open(ed) book; *-tt krage* turned-up collar; *med -tt paraply* with one's umbrella up.
oppsnappe *(vb)* **1***(brev)* intercept; **2***(fig)* catch.
oppsop sweepings.
oppspart: *-e penger* savings; *jeg har noen penger ~* I have some money saved up; I have something *(el.* some money) put by (for a rainy day).

oppspedd diluted, thinned.
oppspilt 1. distended; **2**(*fig*) worked up, wound up (*fx* the children were so wound up that we could scarcely get them to bed); *med ~ gap* with mouth wide open; *med -e øyne* wide-eyed.
oppspinn fabrication, an invention.
oppspist: *han er helt ~ av mygg* he has mosquito (*el.* gnat) bites all over.
oppspore (*vb*) track down, trace, run to earth.
oppspytt expectoration; sputum (*fx* a cough with blood-stained sputum).
oppstand rebellion, revolt, insurrection, rising; *gjøre ~* rise (in rebellion), rebel, revolt; *deltager i ~* insurgent; (*jvf opprør*).
oppstandelse (*fra de døde*) resurrection; (*røre*) excitement, hullabaloo, hubbub, stir, commotion.
oppstaset T dressed up to the nines, dressed to kill.
oppstemt (*i godt humør*) in high spirits.
oppstigende ascending, rising.
oppstigning ascent.
oppstille (*vb*) set up, put up; arrange; (*se også stille: ~ opp*).
oppstilling setting up, putting up; arrangement, disposition; layout (*fx* the l. of a business letter); (*kommando*) *~!* fall in! *ta ~* take up one's position; (*om soldat*) fall into line.
oppstillingssporgruppe (*jernb*) set of splitting-up sidings.
oppstiver *se oppstrammer.*
oppstoppernese snub nose, turned-up nose.
oppstrammer tonic, pick-me-up; (*skarp tiltale*) rating, talking-to, dressing-down, tick-off.
oppstuss hullabaloo, stir, commotion.
oppstykke (*vb*) divide, split up.
oppstyltet (*fig*) stilted.
oppstyr hullabaloo, stir, commotion.
oppstøt belch, burp; regurgitation; *ha ~* belch; (*om baby*) burp; *ha sure ~* have an acid stomach; suffer from acidity; *jeg får ~ av maten* my food repeats.
oppstå (*vb*) **1**(*bli til*) come into being (*el.* existence); (*hurtig*) spring up (*fx* new towns sprang up); (*om brann, epidemi*) break out; (*om brann, også*) originate; **2**(*melde seg*) arise (*fx* a conflict, a difficulty, a quarrel arose); *det oppsto en pause* there was a pause; *for at det ikke skal ~ noen tvil* in order that no doubt shall arise; to forestall any doubts about the matter; **3**(*fra de døde*) rise (from the dead); (*se forsinkelse*).
oppsuge (*vb*) absorb.
oppsummere (*vb*) sum up.
oppsummering summing up.
oppsving advance, progress; (*i næringslivet*) boom; (*etter nedgang*) (trade) recovery; *i sterk ~* rapidly improving, booming; *et ~ i eksporten* an export surge; *bruktbilsalget har fått et voldsomt ~* the sale of used cars has received (*el.* been given) a tremendous impetus; *få et ~* (*etter nedgangstid, også*) recover, revive.
oppsvulm|et swollen. **-ing** swelling.
oppsyn supervision, control; *under ~av* under the supervision of; *ha ~ med* look after, superintend, have charge of; *jeg liker ikke -et på ham* **T** I don't like the look of him.
oppsyns|fartøy patrol boat, inspection vessel; fishery protection vessel. **-havende** superintending, in charge. **-mann** supervisor, supervisory warder; attendant; (*ved idrettsplass*) groundsman; (*jernb: ved anlegg*): *intet tilsv., se banemester.* **-personale** (*fx ved museum*) warding staff.
oppsøke *vb* (*besøke*) go and see, look up, call on, visit; seek out (*fx* he sought out all the places where Goethe lived).
oppta *vb* (*plass, tid, oppmerksomhet*) take up, occupy; (*som kompanjong, medlem, etc*) admit (*fx* sby as a partner); *~ bestillinger* take (*el.* book) orders; *~ forhør over* examine; *~ forretningsforbindelse med* open up (*el.* form) a business connection with; *~ en fortegnelse over* draw up a list of, make a list of; *~ et lån* raise a loan (*på* on); *~ saken til ny behandling* rehear the case; *~ som en fornærmelse* take (*el.* look upon) as an insult; *spørsmålet -r oss* the question occupies our thoughts; *bankfolk er -tt av spørsmålet* the question is engaging the minds of bankers; (*se også opptatt*).
opptagelse taking (up), admission; adoption.
opptagelsesprøve entrance examination.
opptak 1(*bånd-, etc*) recording; **2**(*radio-*) broadcast commentary (*fx* a b. c. on the Derby from Epsom); **3**(*film-*) shot; (*det å*) shooting; **4**(*til skole, etc*) intake; entrance; *begrenset ~* a selective intake; *minstekrav for ~* minimum entrance requirements; *minstekrav for ~ ved universitetet* minimum university entrance requirements; *gjøre et ~* record, make a recording; (*film*) *gjøre ~ på stedet* shoot a scene; shoot location scenes; *~ på tid* (*fot*) time exposure; *nytt ~* (*film*) retake.
opptaksgrunnlag entrance requirements; *bredere ~* a broader intake of pupils *det bredere ~ til universitetsstudiene* the more broadly based entrance requirements for university courses; (*se grunnlag*).
opptaksprøve entrance exam(ination).
opptakt (*mus*) upbeat; (*i metrikk*) anacrusis; (*fig*) prelude (*til* to); preliminaries; *det ga festen en munter ~* that started the celebration on a joyful note; *-en til* (*også*) the opening of; *disse diskusjonene dannet -en til konferansen* these discussions formed the prelude to the conference.
opptatt (*om person*) busy, engaged; taken up (*av, med* with); preoccupied (*av* with); absorbed, engrossed (*av* in, by); (*om drosje, tlf, w.c.*) engaged; *~!* (*tlf*) line engaged! **US** line busy; *denne plassen er ~* this seat is taken; *alt ~* (*i hotell, etc*) full up, booked up; *noe av det rapporten er mest ~ av, er...* a major focus of concern in the report is ...; one of the main (*el.* chief) concerns of the report is ...; *~ med* taken up with (*fx* he was so t. up with the difficult questions which he worked at that ...); involved in (*fx* Red Cross work); *han er ~ med en pasient akkurat nå* he's engaged with a patient just now; *~ med å gjøre noe* busy doing sth, engaged in doing sth; *jeg er svært ~* I'm very busy; *er du ~ i kveld?* have you anything on for tonight? are you doing anything tonight? (*se også oppta*).
opptegnelse note, memorandum, record.
opp|telling counting, count; (*oppregning*) enumeration. **-tenningsved** kindling.
opptog procession; *barna var med i et ~* the children were in a p. (*el.* took part in a p.).
opptrapping stepping up (*fx* the s. u. of the war in X), escalation; (*jvf nedtrapping*).
opptre (*vb*) **1**(*vise seg*) appear, make one's appearance; *~ i radio* (*,i TV*) appear on the radio (,on TV); *~ i radio* (*også*) broadcast; *~ i retten* appear in court; (*på scenen*) appear, act, perform; (*om dresserte dyr*) perform; (*oppføre seg teatralsk*) pose, act a part; **2**(*oppføre seg*) behave (*mot, overfor* to); (*fungere*) act (*fx* act as host); *~ på egen hånd* act on one's own; *~ på ens vegne* act for sby, represent sby; *~ på Deres vegne* act on your behalf; *~ bestemt overfor en* be firm with sby; *~ som formynder for sin søster* play the part of guardian to one's

sister; ~ *under falsk navn* go by false name; **3**(*ytre seg, forekomme*) occur; (*se uverdig*).
opptreden 1. appearance, performance; (*se gjeste-opptreden*); **2.** behaviour (,US: behavior), conduct; (*handlemåte*) action; **3**(*forekomst*) occurrence; *første* ~ (1) first appearance, debut; *fast* ~ (ɔ: *handlemåte*) firm action; *hans* ~ *mot meg* his conduct towards me; *han har en høflig, dannet* ~ he is polite and courteous; *samlet* ~ joint action.
opptredende (*pl*): *de* ~ the performers; (*om skuespillere*) the actors.
opptrekkbar: *-t* (*om flys understell*) retractable.
opptrek|ker swindler. **-keri** swindling; extortion; *slike priser er det rene* ~ prices like that (*el.* those) are sheer robbery; such prices are simply extortionate.
opptrekksmotor clockwork motor.
opptrinn 1. scene; episode, incident; **2**(*i trapp*) riser; *trinn og* ~ treads and risers.
opptrukket (*flaske*) opened, uncorked; ~ *linje* full-drawn line; (*på ny*) touched-up line; (*mots. stiplet linje*) solid line; (*på landevei*) unbroken line; *innenfor den opptrukne ramme* within the framework established.
opptrykk impression, reprint.
opptråkket well-trodden; (*se oppgått*).
opptuktelse discipline; (*se natur*).
opptur journey up.
opptøyer (*pl*) riots, a riot, disturbances.
oppunder up under; ~ *fossen* just beneath (*el.* under) the waterfall; directly under(neath) the waterfall; ~ *land* near land; *støtte* ~ support.
oppussing decoration (*fx* of a flat), house decoration; renovation; touching up; (*se pusse:* ~ *opp*).
oppvakt bright, intelligent.
oppvakthet brightness, intelligence.
oppvarme (*vb*) heat, warm; (*om mat*) warm up, re-cook; **T** hot up (*fx* hotted-up food).
oppvarming heating; (*mindre sterkt*) warming; (*se I. lys*).
oppvarmingstid (*ovns*) heating (-up) period; *presse ovnen i begynnelsen av -en* force the stove when starting to heat up.
oppvarte (*vb*) wait on, attend on, serve; (*uten objekt*) wait, serve; ~ *ved bordet* wait at table; (*se også varte:* ~ *opp*).
oppvarter waiter.
oppvartning waiting, attendance; *gjøre en sin* ~ wait on sby, pay one's respects to sby.
oppvask washing-up; (*det som vaskes*) dishes; *hjelpe til med -en* lend a hand with the dishes; *la -en stå* leave the washing-up till later.
oppvask|balje washing-up bowl. **-benk** sink unit; **US** sink cabinet, cabinet sink. **-børste** dish brush. **-gutt** dishwasher, washer-up. **-klut** dishcloth. **-kum** sink, bowl (*fx* sink unit with stainless steel bowl). **-maskin** dishwashing machine, dishwasher. **-stativ** dish draining rack. **-vann** dishwater.
oppveie (*vb*) **1**(*erstatte, gjenopprette, etc*) compensate for (*fx* a disadvantage, a loss); make up for; make good; be an offset to, offset (*fx* in order to o. this disadvantage); counterbalance (*fx* the two forces c. each other); *mer enn* ~ outweigh (*fx* the advantages o. the drawbacks); **2**(*være like god som*) be as good as, be equal to, be a (good) substitute for; **3**(*nøytralisere*) neutralize (*fx* a force); *hans gode egenskaper -r hans mangler* his good qualities make up for (*el.* offset) his shortcomings; *vi har ingenting som kan* ~ *alle våre offer* (*også*) we have nothing to show for all our sacrifices.
oppvekke (*vb*): *se vekke;* ~ *fra de døde* raise from the dead.
oppvekst adolescence; *i* (*el. under*) *-en* during his (,her, *etc*) a.; during a.; while growing up; *med to barn i -en* with two growing youngsters; *hemmet i -en* stunted (in one's growth).
oppvekststed place where one grew up; *uansett* ~ irrespective of where you (,they, *etc*) grew (,grow) up.
oppvigl|e (*vb*) stir up; ~ *til voldshandlinger* instigate acts of violence. **-er** agitator. **-eri** incitement to riot; (*stivt*) sedition.
oppvind (*meteorol*) upwind; (*for seilfly*) up-current.
oppvise (*vb*) show, exhibit; (*med stolthet*) boast (*fx* the college boasts a beautiful garden); ~ *gode resultater* show good results.
oppvisning display, show.
oppvoksende: *den* ~ *slekt* the rising (*el.* coming) generation.
oppvåkning awakening.
opp|øve (*vb*) train; develop (*fx* an oral command of French); *det vil bli rik anledning til å* ~ *muntlig ferdighet i språket* there will be ample opportunity to develop an oral command of the language; (*se leseferdighet*). **-øvelse** training; developing.
oppå on, upon, on top (of).
optiker optician. **optikk** optics.
optimisme optimism; *det er grunn til behersket* ~ *på treforedlingsmarkedet* there is reason for mild (*el.* cautious) optimism on the wood products market; *han uttalte seg med behersket* ~ *om fremtiden* he was guardedly optimistic about the future.
optimist optimist. **-isk** optimistic.
optisk optical; ~ *bedrag* optical illusion.
or *bot* (*tre*) alder; (*se gråor*).
orakel oracle.
orakelsvar oracular reply.
orangutang (*zool*) orang-outang, orang-utan.
oransje orange. **-gul** orange.
oratorisk oratorical.
oratorium (*mus*) oratorio; (*rel*) oratory.
ord word; (*løfte*) word, promise; (*skriftsted*) text; *Ordet* (*bibl*) the Word;
[*A: forskjellige forb.; B: forb. med adj; C: med vb; D: med prep*]
A: *Guds* ~ the Word of God; *-ets tjenere* (*bibl*) the ministers of the Word; *-et ble kjød* (*bibl*) the Word was made flesh; *et par* ~ a few words (*fx* may I say a few words?); a word (*fx* can I have a word with you?); *si et par* ~ say (*el.* speak) a few words; make a short speech; ~ *og uttrykk* words and phrases; (*se nyttiggjøre:* ~ *seg*);
B: *det* **avgjørende** ~ (*i tekst, fx lov, traktat*) the operative word; *si det avgjørende* ~ say the (decisive) word; *det avgjørende* ~ *er ennå ikke sagt i denne saken* the last word has not yet been said on this subject (*el.* in this matter *el.* on (*el.* in) the matter); **bevingede** ~ familiar quotations; **fagre** ~ fair words; (*iron*) fine words; *det* **forløsende** ~ a timely word; *endelig sa X det forløsende* ~ at last X spoke the word which everyone had been waiting for; at last X gave expression to what we (,they) all felt; *-et er fritt* the meeting is open for discussion; everyone is now free to speak; the debate is opened; **US** the floor is open for discussion; *det er et* **gammelt** ~ *som sier at* .. there is an old saying that ...; *som et gammelt* ~ *sier* as the old saying goes; **godt** ~ *igjen!* (ɔ: *det var ikke ment som noen fornærmelse*) no offence (meant)! *hun hadde ikke et godt* ~ *å si om ham* she didn't have a good word to say for him; (*se også C: legge inn et godt* ~ *for en*); *for gode* ~ *og betaling* for love or money; **harde** ~ harsh words; *det falt harde* ~ harsh words were spoken; (*litt.*) an acrimonious tone was adopted;

det **levende** ~ the spoken word; the living word; *(rel)* the Word; *ikke et levende* ~ not a (single) word; *nettopp* **mine** ~! just what I said! my very words! *ikke mine* ~ *igjen!* (but) this is between us! don't let it go any further! **nytt** ~ new word; neologism; *det er* **rene** ~ *for pengene* that's plain speaking! **T** that's short and sweet; *(se også D: med rene* ~*); det er ikke (det* **rette)** *-et* that's not the word for it; *(se tid: et ord i rett(e)* ~*);* **sammensatt** ~ compound (word); *sammensatt* ~ *som skrives atskilt* open compound; *sammensatt* ~ *som skrives med bindestrek* hyphenated compound; *sammensatt* ~ *som skrives i ett* solid compound; *det er ikke et* **sant** ~ *i det* there isn't a word of truth in it; *få det* **siste** *-et* have the last word; *han skal alltid ha det siste -et* he always wants to have the last word; *hans siste* ~ **1***(før han døde)* his last words; his dying words; **2***(m.h.t. tilbud)* his last word; *det er mitt siste* ~ *i saken* I've said my last word on the matter; *det siste -et er ennå ikke sagt i denne saken* the last word has not yet been said on this subject *(el.* in this matter *el.* on *(el.* in) the matter); *føre det* **store** ~ dominate; be (the) cock of the walk; **T** be the big noise; throw one's weight about; **S** shoot one's mouth off; *store* ~ *(og fett flesk)* big words; **S** gas; *(se også C: føre -et); et* **stygt** ~ **1.** an ugly word *(fx* treason is an ugly word); **2***(grovt ord)* a coarse word, a dirty word; **tomme** ~ empty *(el.* idle) words; **velvalgte** ~ well-chosen words; *de har aldri vekslet et* **vondt** ~*med hverandre* there has never been a harsh word between them; *ikke et vondt* ~ *om ham!* not a word against him!

C: be *om -et* request leave to speak; catch the chairman's eye; *(parl)* try to catch the Speaker's eye; *jeg ber om -et! (el. må jeg få be om -et?)* I ask to speak; may I say a few words? **US** *(især)* I ask for the floor; *be om -et for en kort bemerkning* ask for permission to make a short statement; *er det flere som vil be om -et?* does anyone else wish to speak? any other speakers? *(se også ndf: forlange -et); forstå å* **belegge** *sine* ~ know how to put things; know how to choose one's words; *(være en god taler)* be a good *(el.* ready) speaker; be a fluent speaker; *(se talegaver);* **bryte** *sitt* ~ *(ɔ: løfte)* break one's word; go back on one's word *(el.* promise); *la* **falle** *et* ~ drop a hint; *(se vink); det falt noen* ~ some words were spoken; *jeg lot falle noen* ~ *om det* I let fall a few words about it; *det falt noen* ~ *om at ...* there were some remarks to the effect that ...; **finne** ~ find words; *jeg kan ikke finne* ~ words fail me; I can't find words *(fx* I can't find words to express my gratitude); *jeg kunne ikke få* **flettet** *inn et* ~ I couldn't get in a word edgeways; I couldn't get a word in edgeways; **forlange** *-et* **1.** = *be om -et;* **2.** demand a hearing; **frafalle** *-et* waive one's right to speak; stand down; **US** yield the floor; *jeg frafaller -et* I waive my right to speak; **frata** *en -et* order a speaker to sit down; stop a speaker; *jeg fratar taleren -et (formelt)* I direct the speaker to discontinue his speech; **føre** *-et* be the spokesman *(for* for); *(snakke meget)* do the talking; **få** *-et* be granted permission *(el.* leave) to speak; be called (up)on to speak; *(parl)* catch the Speaker's eye; *få* ~ *på seg for å ...* get the reputation of (-ing); *det var ikke et* ~ *å få ut av ham* one couldn't get *(el.* drag) a word out of him; he preserved a stubborn silence; **gi** *en -et* call (up)on sby to speak; call (up)on sby to address the meeting; **US** give sby the floor; *jeg gir -et til NN* I call on Mr NN; *jeg har gitt ham mitt* ~ *på det* I have given him my word (on it); *han har gitt meg sitt* ~ *på at han vil gjøre det* he has given me his word that he'll do it; he has promised me to do it; *-et ble gitt fritt* a general debate was opened; *gi en et* ~ *med på veien* give sby a piece of parting advice; **gjøre** *ens* ~ *til sine* say (exactly) the same as; *han gjorde mine* ~ *til sine* he said exactly the same (as I did); **gå** *fra sitt* ~ break one's word; **ha** *-et* be speaking; **US** have *(el.* hold) the floor; *NN har -et!* I now call on Mr NN to address the meeting; *jeg har hans* ~ *for at så er tilfelle* I have his word for it (that that's the case); *ha -et i sin makt* be a ready *(el.* good) speaker; be a fluent speaker; be articulate; **T** have the gift of the gab; *han har også et* ~ *med i laget* he too has a say in the matter; *ha* ~ *på seg for å ...* have the reputation of (-ing) *(fx* he has the reputation of being unreliable); *han har* ~ *på seg for å være feig (også)* he has a reputation for cowardice; *han har ikke det beste* ~ *på seg* he doesn't have the best of reputations; **holde** *sitt* ~ be as good as one's word; keep one's promise *(til* to); *han er en mann som holder sitt* ~ he's a man of his word; *det har jeg ikke* **hørt** *et* ~ *om* I haven't heard a word about that; *jeg* **kan** *ikke et eneste* ~ *av det diktet* I don't know a word of that poem; **legge** *en -ene i munnen* put the words into sby's mouth; give sby his cue; *(stille suggestive spørsmål)* ask leading questions; *legge inn et (godt)* ~ *for en* put in a good word for sby; **nekte** *en -et* refuse sby leave to speak; **nevn** *ikke et* ~ *om det!* don't say a word about it! keep it to yourself! don't let it go any further! **sette** ~ *til en melodi* write the words for a tune; *han kom i skade for å* **si** *et par* ~ *for meget* he was unfortunate enough to say a few words too much; *det sa hun ikke et* ~*om* she didn't mention that at all; *han har også et* ~ *han skal ha sagt* he too has a say in the matter; **stå** *ved sitt* ~ keep one's word *(el.* promise); be as good as one's word; **svikte** *sitt* ~ break one's word; go back on one's word; **ta** *-et (i forsamling)* rise (to speak); address the meeting; begin to speak; **US** take the floor; *det ene -et tok det andre* one word led to another; *ta sine* ~ *i seg igjen* withdraw one's remarks; withdraw *(fx* the speaker refused to withdraw); retract (what one has said); *de -ene skal han få ta i seg igjen!* I'll make him eat his words! *ta -ene ut av munnen på en* take the words out of sby's mouth; *ta til -de for* advocate *(fx* advocate reform); *ta til -e mot* oppose, speak up against; *ta sterkt til -e mot* argue strongly against; **veie** *sine* ~ weigh one's words; *vei dine* ~*!* think before you speak! mind what you say! **velge** *sine* ~ *(med omhu)* choose one's words (carefully); pick one's words (carefully); *før du* **vet** *-et av det* before you know where you are; *før de visste -et av det, var han borte* before they knew it he was gone; *før man visste -et av det (også)* **T** before you could say knife *(el.* Jack Robinson); *et* ~ **er** *et* ~ a promise is a promise; *sulten? det er ikke -et!* hungry isn't the word! *det er nettopp -et!* that's just the word for it! exactly! *er det flere som* **ønsker** *-et?* does anyone else wish to speak? any other speakers?

D: *en mann* **av** *få* ~ a man of few words; ~ **for** ~ word for word; verbatim; *det er ikke noe* ~ *for det* there is no word for it; *i -ets beste betydning* in the best sense of the word; *i få* ~ in (a) few words; briefly; *(se nøtteskall); i* ~ *og gjerning* in word and deed; *snuble i -ene* stumble *(el.* trip) over the words; *han har lett for å snuble i -ene* he tends to stumble over his words; *han var så ivrig at han snublet*

O

i -ene hele tiden he was so excited that he stumbled over his words all the time; **med** *andre* ~ in other words; *med disse* ~ *forlot han rommet* so saying he left the room; *med hans egne* ~ in his own words; *med rene* ~ plainly; bluntly; in so many words; *for å si det med rene* ~ to put it plainly *(el.* bluntly); without beating about the bush; not to put too fine a point on it; not to mince matters; *be* **om** *-et: se C; strid om* ~ dispute about mere words; quibbling; hair-splitting; *strides om* ~ quibble; split hairs; *et* ~ **på** *tre stavelser* a word of three syllables; *ta ham på -et* take him at his word; *jeg tar deg på -et* I'll take you up on it; *De kan tro meg på mitt* ~ you can take my word for it; ~ **til** *annet* word for word; verbatim; *-ene til en sang* the words of a song; *jeg kunne nesten ikke komme til -e* I could hardly make myself heard; *dette kommer til -e i noen amerikanske kommentarer* this is voiced in some American comments; *ta til -e for (,mot): se C;* **uten** *(å si) et* ~ without (saying) a word; *(se tid: et ord i rett(e)* ~*).*

ordavledning 1. derivation; **2***(avledet ord)* derivative.

ordbetydning literal signification.

ordbok dictionary; *merkantil-økonomisk* ~ dictionary of commerce and economics; ~ *for skole og næringsliv* dictionary for school and business; *en* ~ *som på et tilfredsstillende grunnlag dekker norsk dagligtale* a d. which covers Norwegian everyday speech in a basically sound way; *(se I. ramme & satse).*

ordboksartik|kel entry (in a dictionary); *-ler* entries (in dictionaries).

ordboks|forfatter dictionary-maker, lexicographer, the compiler of a dictionary. **-publikum:** *de krav et norsk* ~ *uvegerlig vil stille* the unfailing requirements of potential Norwegian purchasers of the dictionary (,of dictionaries). **-redaktør** editor of a dictionary.

ordbokssituasjonen: ~ *her i landet er fortvilt vanskelig* the position as regards dictionaries is desperately difficult in this country.

ord|bøyning inflection. **-dannelse** word formation.

orden *(i alle betydninger)* order; *for -s skyld* as a matter of form, to make sure; for the record, to keep the record straight; *i* ~ in order; **T** O.K.; okay; *det er i* ~ that's all right; **T** that's O.K.; *De kan således anse denne sak for å være i* ~ *(ɔ: avgjort)* you may thus regard this matter as settled; *alt er i* ~ *mellom dem igjen* everything is all right *(el.* back to normal) again between them; *få* ~ *på, bringe i* ~ put in order, put right, get straight *(fx* get one's affairs s.); *gå i* ~ be settled, be arranged; *det går nok i* ~ that will be all right; that will sort itself out; it will all work out; *i sin* ~ as it should be; *bli opptatt i en* ~ be admitted into an order; *i tur og* ~ one after the other; one after another; *det hører til dagens* ~ it's of everyday occurrence; that's an everyday occurrence; *kalle til* ~ call to order.

ordens|bror brother of a religious order. **-bånd** medal ribbon. **-drakt** habit (of an order). **-mann 1.** a person of regular habits, (very) methodical person; *han er en* ~ he is a very methodical man; *(lett neds)* he's a stickler for order; **2***(i skoleklasse)* monitor. **-menneske** *se -mann 1.* **-politi** uniformed police; **US** patrolmen, policemen on the beat; riot squad. **-prester** *pl (kat.)* regular clergy; *(se sekulargeistlighet.* **-promosjon** presentation ceremony (of royal orders). **-regel** *(rel)* rule (of an order); *-regler (i skole, etc)* (school) rules, house rules, regulations *(fx* observe the regulations). **-sans** sense of order; an orderly mind. **-tall** ordinal number. **-tegn** badge (of an order of chivalry).

I. ordentlig *(adj)* **1***(om renslighet, properhet)* orderly, well-ordered *(fx* home), well-regulated *(fx* business); *(pent, ryddig)* tidy *(fx* room, book shelves), neat; *det var pent og* ~ *i huset* the house was clean and tidy; the h. was nice and clean (and tidy); **2***(som har ordenssans)* orderly, methodical; **3***(stø, etc)* steady, of regular habits; *han fører et svært* ~ *liv* he leads *(el.* lives) a well-regulated life; *en* ~ *pike* a decent girl; **4***(punktlig, nøyaktig)* accurate, punctual, careful *(fx* he's very c. with his work); **5***(riktig, anerkjent)* regular, proper *(fx* doctor, nurse); *en* ~ *ferie* a regular *(el.* real) holiday (,**US:** vacation); *et* ~ *måltid* a real *(el.* square) meal; **6***(som forslår)* regular, thorough *(fx* give the engine a t. overhaul); **T** colossal *(fx* a c. celebration); terrible *(fx* I've got a t. cold); and no mistake *(fx* he's a fighter, and no m.); **S** some *(fx det var en* ~ *sigar!* some sigar (that)!); **7***(god)* good *(fx* a g. fire), decent; *han bestiller ikke noe* ~ he doesn't do any real work; *det er på tide han lærer noe* ~ it's (high) time he learnt sth useful; *en* ~ *dumhet* a colossal blunder; *De har sannelig hatt en* ~ *ferie* you (certainly) have had a holiday! what a h. you've had! *-e klær* decent clothes; *bli et* ~ *menneske (om forbryter, etc)* go straight, reform; *en* ~ *omgang (juling)* a sound beating; *vi spiller ikke på* ~ we're not playing for keeps; *ikke på* ~ not really.

II. ordentlig *adv (se I. ordentlig)* properly; tidily, neatly; decently; duly *(fx* a duly addressed and stamped letter); thoroughly *(fx* I got t. wet; we beat them t.); awfully *(fx* it hurt a.); **T** like anything *(fx* they worked l. a.); well *(fx* you must be able to speak the language w.); *du har arbeidet* ~ *i dag* you certainly have worked today; *betale* ~ pay well; pay a decent wage (,price); *det brenner ikke* ~ it doesn't burn properly; *oppføre seg* ~ behave properly; *oppfør deg* ~*!* behave yourself! *sitte* ~ sit properly; *det var* ~ *snilt av deg* that was really extremely nice of you; *bli* ~ *redd* be thoroughly frightened.

ord|fattig having a limited vocabulary; taciturn, of few words *(fx* he's a man of f. w.). **-flom** torrent of words. **-forklaring** definition *(el.* explanation) of a word (,of words). **-forråd** vocabulary *(fx* a rich v.).

ordfører 1*(i kommune)* chairman *(fx* the c. of the county council); **2***(i forsamling)* chairman; **3***(ved deputasjon, etc)* spokesman; *lagrettens* ~ foreman of the jury.

ordgyter windbag.

ordgyteri verbosity, verbiage.

ordholden as good as one's word, honest, reliable; *han er* ~ *(også)* he is a man of his word.

ordholdenhet fidelity to one's promises, honesty.

ordinasjon *(rel)* ordination.

ordinat *(mat.)* ordinate.

ordiner|e *(vb)* ordain; *(om lege)* prescribe; *la seg* ~, *bli -t* take (holy) orders, be ordained; *-t* in (holy) orders.

ordinær *(normal)* ordinary; *(simpel)* common, vulgar; ~ *generalforsamling* ordinary general meeting.

ordklasse *(gram)* part of speech.

ord|kløver hairsplitter. **-kløveri** hairsplitting, quibbling.

ordknapp taciturn, sparing of words, reticent; *en* ~ *mann* a man of few words.

ordknapphet taciturnity, reticence.

ordlyd *(uttrykksmåte)* wording; *(på veksel, etc)* tenor; *etter -en* literally; *etter kontraktens* ~ according to the terms of the contract.

ordne *(vb)* fix; arrange, put in order; *(i klasser)* classify; *(regulere)* regulate; *(en tvist)* adjust *(fx* a dispute); *(et lån)* negotiate; *la meg ~ det (ɔ: la det være mitt problem)* let me worry about that; *jeg skal ~ det* I'll take care of it; I'll fix it; I'll sort it out; *hvis De trenger et værelse, så kan jeg ~ det* if you need a room I can make the necessary arrangements *(el.* I can fix it up for you); *jeg håper De kan ~ saken for meg* I hope you will be kind enough *(el.* be able) to put the matter right for me *(el.* settle *(el.* arrange) this matter for me); *~* **seg** get oneself straight; *det -r seg (nok)* everything will be all right; *det -t seg til slutt* it came right in the end; *det beste syntes å være å la tingene ~ seg på sin egen måte* it seemed better to let things sort themselves out in their own way; *~* **med** attend to, see about *(fx* a matter); *~ med å få brakt varene om bord* arrange for putting the goods on board; *~ med betaling av fakturaen* arrange for settlement of the invoice; *~* **opp** put things straight, put matters right; *~ opp (i det)* sort it out; *hvis noe går galt, er han alltid på pletten for å ~ opp i det* if things go wrong, he's always there to sort them out; *~ (på) rommet sitt* put one's room straight; *han -t det* **slik** *at alle ble tilfreds* he so arranged matters as to please everybody; *jeg skal ~ det slik at varene blir sendt* I shall arrange for the goods to be sent; *~ forholdene slik at de blir i samsvar med vårt syn* adjust things to our point of view; arrange things to suit *(el.* fit) our point of view.

ordnet orderly; organized; *ordnede forhold* settled conditions; *et ~ samfunn* **1.** an organized community; **2***(velordnet)* a well-ordered c.; *ordnede skoleforhold* normal school routine; organized school life *(el.* routine).

ordning arrangement; *vi håper De er fornøyd med -en* we trust that the arrangements are satisfactory to you; *med mindre annen ~ er truffet* in the absence of other arrangement; *-en kan lett misbrukes* the system is open to abuse; *bli enige om en eller annen ~* agree on some arrangement (or other); *komme fram til en ~ som begge parter kan akseptere* arrive at an arrangement satisfactory to both parties; *(se mening).*

ordonnans *(mil)* orderly.

ordre *(også merk)* order, orders; *løpende ~* standing order; *effektuere (el. utføre) en ~* execute an order; carry out an order; fill an order; *vennligst underrett oss om De kan notere -n på disse betingelser* kindly inform us whether you can book the order on these terms; *etter ~* by order(s); according to order(s); *etter ~ fra meg* on orders from me; *etter ~ fra rederiet* by order of the owners; *etter høyere ~* by order from above; *~ på* order for; *til N. eller ~* to N. or order; *parere ~* obey; **T** toe the line; *(se bestilling; betinge; levering; såpass).*

ordreblankett order form, order sheet.

ordrebok order book.

ordreinngang: *vi kan love levering innen én uke etter ~* we can promise delivery within one week of receiving order *(el.* within one week of receipt of order).

ordreseddel order form, order sheet.

ordrekke series of words.

ord|rett literal, verbatim. **-rik** rich in words; *(vidløftig)* verbose, wordy. **-rikdom** richness in words; verbosity, wordiness.

ord|samling vocabulary. **-skifte** exchange of words, argument. **-skvalder** verbiage. **-spill** pun, play on words. **-språk** proverb; *som reven i -et* like the proverbial fox. **-språkslek** (game of) charades.

ord|stilling word order. **-strid** altercation, dispute, argument. **-strøm** torrent of words. **-styrer** chairman (of a meeting), moderator. **-tak** saying, adage. **-tilfang** vocabulary; *dagliglivets praktiske ~* the practical vocabulary of daily life. **-valg** choice of words. **-veksel** (brief) exchange of words.

ore *(på seletøy)* lug.

ore|kratt alder thicket. **-tre** *(bot)* alder tree.

organ *(del av legemet, stemme, avis)* organ; *(taleorgan)* organ of speech; *han har et vakkert ~* he has a fine voice.

organisasjon organization, organisation.

organisasjons|frihet freedom to organize. **-spørsmål** organization problem. **-talent** organizing ability. **-tvang** (the principle of) the closed shop; **US** union shop.

organisator organizer, organiser.

organisatorisk organizing, organising; *~ evne* o. ability.

organiser|e *(vb)* organize, organise; *-te arbeidere* trade-unionists, organized *(el.* union) labour; *ikke -te arbeidere* non-unionists, non-union *(el.* unorganized) labour; *bedrift som bare bruker -t arbeidskraft* closed shop.

organisk organic; *~ kjemi* organic chemistry.

organisme organism.

organist organist.

orge *(vb)* **T** steal; **S** flog.

orgel *(mus)* organ. **-brus** organ peal. **-konsert** organ recital. **-pipe** organ pipe. **-punkt** pedal point. **-spiller** organ player. **-verk** organ.

orgie orgy.

orient|aler, -alerinne Oriental. **-alist** orientalist. **-alsk** oriental.

Orienten the East, the Orient.

orienter|e *vb (rettlede)* direct, guide; brief *(fx* the parachutists were briefed about the features of the area in which they were to land); supply with information; *(især polit)* orientate; *(vende mot et bestemt verdenshjørne)* orient *(fx* the road system is oriented towards the strategic frontier); *~ kartet* set *(el.* orientate) the map; *~* **seg** find *(el.* get *el.* take) one's bearings; get an idea of the lie of the land; orientate oneself; *jeg kunne ikke ~ meg* I had lost my bearings; *~* **seg i** inform oneself on *(fx* a question); *~* **seg om** *noe* inform oneself about, acquaint oneself with, gather information about; *være -t* be informed *(i et spørsmål* on a question); *godt -t* well-informed, thoroughly briefed; *være godt -t* **T** be in the know; *dårlig -t i et emne* badly informed about a subject, unfamiliar with a s.; *-t i retningen øst-vest* east-west oriented; *-t mot sør (om hus)* facing south; *sosialistisk -t* of a Socialist outlook; sympathetic to Socialism; gravitating towards Socialism; *(se velorientert).*

orienterende *(adj): ~ bemerkninger* introductory *(el.* explanatory) remarks.

orientering **1***(m. h. t. retningen)* orientation; **2***(rettledning)* briefing, guidance, information; **3***(sport)* orienteering; *til Deres ~* for your information *(el.* guidance); *gi en kort ~* explain briefly; *taleren ga en grei ~ om den politiske situasjon (også)* the speaker explained the political situation in clearly defined terms; *som en kort ~ i forbindelse med* ... as a brief guide to ...

orienterings|evne sense of direction *(el.* locality); **T** bump of locality *(fx* he lacks the b. of l.). **-fag** *(i skole)* theoretical subject. **-kurs** briefing *(fx* we were given ten days of b.), briefing conference.

orienteringsløp [cross-country race in which the

runners must plot their own course by map and compass]; orienteering race; *(for bilister)* map-reading trial *(el.* run *el.* rally).
orienterings|sans sense of direction *(el.* locality); **T** bump of locality *(fx* he lacks the bump of locality). **-tavle** *(trafikkskilt)* direction sign, route sign; *(jvf opplysningsskilt; veiviser).*
I. original *(subst)* original *(fx* don't send the o., send a copy); *(i maskinskrivning)* top copy; *(om person)* character, eccentric; *han er litt av en ~* he's quite a character; *en langhåret ~* a long-haired freak.
II. original *(adj)* original; *(om person)* eccentric, queer, odd.
original|faktura original invoice. **-flaske** original bottle; *på -r* bottled by the brewer (,distiller, producer, *etc) (fx* wine bottled by producer).
originalitet originality; eccentricity.
originalpakning original package; *i ~* as packed by the producer.
orkan hurricane. **-aktig** hurricane-like; *~ bifall* a storm of applause.
ork effort, strain; *(jvf tiltak).*
orke *(vb)* be able to, be capable of, be good for; *hun spiste til hun ikke -t mer* she ate till she could eat no more.
orkester **1***(i konsertsal, etc)* orchestra; **2***(især mindre)* band; *et firemanns ~* a four-member band; *-et satte i* (2) the band struck up. **-dirigent** (orchestra) conductor; conductor (of an orchestra); bandleader, bandmaster. **-grav** *(teat)* orchestra pit.
orkestermusikk orchestral music.
orkidé *(bot)* orchid.
Orknøyene *(geogr)* the Orkneys, the Orkney Islands.
orlogs|flagg *(mar)* naval flag. **-gast** *(mar)* seaman; **T** bluejacket. **-kaptein** *(mar)* commander; *~ (M)* engineer-commander. **-stasjon** *(mar)* naval base.
orlov *mil (glds)* furlough; *(se landlov; permisjon).*
orm *zool (slange)* snake, serpent.
orme *(vb): ~ seg* wriggle along (like a snake).
orme|bol *(zool)* vipers' nest. **-gras** *(bot)* fern. **-ham** *(zool)* slough, cast-off skin of a snake.
ornament ornament. **-ere** *(vb)* ornament.
ornamentering ornamentation.
ornamentikk ornamentation, decoration(s), tracery.
ornat vestment(s).
ornito|log ornithologist. **-logi** ornithology.
ornitologisk ornithological.
orr|e *(zool)* black grouse. **-fugl** *(zool)* black grouse. **-hane** *(zool)* blackcock. **-høne** grey hen, heath hen.
ortodoks orthodox. **ortodoksi** orthodoxy.
ortografi orthography, spelling.
ortografisk orthographic, orthographical.
ortoped orthop(a)edist. **-i** orthop(a)edy.
ortopedisk orthop(a)edic; surgical *(fx* shoes).
orv handle of a scythe.
I. os *(røyk, damp)* smoke (of lamps, candles); strong odour, reek; *(se matos).*
II. os *(elve-)* mouth of a river, outlet.
ose *(vb)* smoke; *(om lampe)* burn black; *(lukte sterkt, også fig)* reek *(fx* of liquor).
osean ocean. **-damper** ocean liner.
oson ozone. **-holdig** ozonic. **-holdighet** amount of ozone.
osp *(bot)* aspen.
oss *(pers pron)* us; *(refleksivt)* ourselves; *han forsvarer ~* he defends us; *vi forsvarer ~* we defend ourselves; *en venn av ~* a friend of ours; *vi tok det med ~* we took it with us; *mellom ~ sagt* between ourselves; between you and me (and the gatepost).
I. ost *(øst)* East; *(se øst).*
II. ost cheese; *lage ~* make cheese; *revet ~* crumbled cheese; *smørbrød m/ost* (open) cheese sandwich; *(se ostesmørbrød).*
ostaktig cheese-like, cheesy, caseous.
oste *(vb): ~ seg* curdle.
oste|anretning (assorted) cheese. **-forretning** cheese shop, cheesemonger's. **-handler** cheesemonger. **-høvel** cheese slicer. **-klokke** cheese-dish with cover. **-løype** rennet; *(se melkeringe).*
ostentativ ostentatious.
oste|skorpe cheese rind. **-smørbrød:** *varmt ~* cheeseburger. **-stoff** casein.
Ostindia the East Indies.
ostindisk East Indian.
ostrakisme ostracism.
osv. *(fk. f. og så videre)* etc.
oter *(zool)* otter; *(fiskeredskap)* otter. **-fjøl** otter board. **-skinn** *(zool)* otter skin.
otium leisure; *nyte et velfortjent ~* enjoy a well-earned leisure (in retirement).
I. otte *(tidlig morgen)* early morning; *stå opp i otta* get up at the crack of dawn; rise with the lark; be up with the lark.
II. otte *(frykt)* fear.
ottesang matins.
ottoman ottoman.
outrere *(vb)* exaggerate, overdo.
outrigger outrigger.
outsider outsider.
ouverture ouverture.
ova- *se oven-.*
oval *(subst & adj)* oval.
ovarenn *(i skibakke)* in-run.
ovarium *(biol, zool)* ovary.
ovasjon ovation.
oven: *fra~* from above; *(fra himmelen)* from on high; *~ i kjøpet* into the bargain; *~ senge* out of bed; *~ vanne* afloat, above water.
oven|bords: *~ skade* damage to upper works. **-for** *(adv)* above, higher up (than); *(like) ~ fossen* (just *el.* directly) above the waterfall; **-fra** *(adv)* from above, from the top; *alt godt kommer ~* all good things are sent from heaven above; **T** you never know what's going to drop out of the sky; **S** it's a good job cows can't fly!
oven|nevnt above(-mentioned), above-named, mentioned above; *de -e tall for 19-* the above (quoted) figures for 19-. **-på** *(prep)* on, upon; on top of; *han er ~ (i en høyere etasje)* he is upstairs; *(fig)* he has the upper hand; **T** he is top dog; *(gunstig stilt)* he is well off; **T** he is in clover; *komme ~ (få overtaket)* come out on top; get the best of it.
oven|stående the above, the foregoing. **-til** above; in the upper parts; on the upper part of one's body; *(se nedentil).*
I. over *(prep)* **1***(utbredt over, loddrett over)* over *(fx* a rug lying over the sofa; pull a blanket over sby); **2***(hevet over, høyere enn)* above *(fx* the stars a. us; a general is a. a colonel in rank); over *(fx* the branch over *(el.* above) his head); *forelesningen lå ~ deres fatteevne* the lecture was above them *(el.* their heads); the lecture was beyond them; *~ middels* above the average; *~ pari* above par; **3***(mer enn)* over, above *(fx* over 5 miles long; above *(el.* over) 500 members; ten degrees above zero; he is over 50), more than *(fx* it will cost more than *(el.* over) £50); *en vekt på ikke ~ tre tonn* a weight not exceeding three tons; *Deres pris ligger langt ~ hva vi har betalt før* your price is far beyond what we have paid before; **4***(tvers over)* across, over *(fx* a bridge across *(el.* over) the river; run across the street; pass over the frontier); **5***(via)* via, by (way of); **6***(utover)* beyond *(fx* go b. that

price; far b. his expectations); **7**(*om tid)* past, after (*fx* it's a quarter past ten; it was past (*el.* after) ten o'clock); **US** after (*fx* ten after seven); *straks ~ jul* immediately after Christmas; *da høytideligheten var ~ (også)* on completion of the ceremony; **8**(*på grunn av)* at (*fx* annoyed, impatient, offended at sth); of (*fx* complain of sth; proud, glad of sth); *han var henrykt ~ det* he was delighted at it; **9**(*etter ord som fortegnelse, liste, katalog, oversikt, etc)* of (*fx* a list (,catalogue, survey) of); *et kart ~ Norge* a map of Norway; **10**(*andre tilfelle): ~ hele landet* throughout (*el.* all over) the country; *~ det hele* all over, everywhere; *bli natten ~* stay the night, stay overnight; *før mørket falt på, var snøstormen ~ ham* before dark the blizzard caught up with him (*el.* was upon him); *forelese ~ Dickens* lecture on Dickens; *vi fikk hele regnskuren ~ oss* we caught (*el.* had) the full force of the shower; we got the brunt of the shower; *få uværet ~ seg* get caught in a storm, be overtaken by a storm; *(se også overraske); han skalv ~ hele kroppen* he trembled all over; *skrive et skuespill ~ dette emnet* write a play round this subject; *vi er ~ det verste* we are over the worst; the worst is over; we have turned the corner; **T** we're over the worst hurdles; *det er noe nervøst ~ ham* there is sth nervous about him.

II. over *(adv)* over; *(om klokkeslett)* past; *(tvers over)* across (*fx* shall I row you a. (the river)?); *(i tu)* in two, to pieces; *arbeide ~* work overtime; *skjære ~* cut in two, cut across, cut over, cut through; *sette ~ kjelen* put the kettle on; *gå ~ til dem (ɔ: der hvor de bor)* go round to them; *(ɔ: til deres parti)* go (*el.* come) over to them.

overadjutant *(ved hoffet)* principal aide-de-camp; *(se adjutant)*.

overadministrert bureaucratized, tied up in red tape.

overall *(arbeidstøy)* overalls.

overalt everywhere; *(hvor som helst)* anywhere; *~ hvor* wherever; *har ~ vunnet anerkjennelse* has gained universal recognition; *~ i verden* in all parts of the world, all over the world.

overanstreng|e *(vb)* overwork, over-exert, overstrain;*~ seg* overstrain (*el.* over-exert) oneself, overwork, work too hard, overtax one's strength; **T** overdo it; *han -er seg ikke* he won't break his back working; he won't die of overwork; **T** he doesn't put himself out; *han har nå ikke akkurat -t seg, da* he hasn't exactly overexerted himself, has he? he hasn't exactly worked his fingers to the bone, has he?

overan|strengelse overwork, over-exertion. **-strengt** overworked.

overarm upper (part of the) arm.

overbalanse: *ta ~* overbalance; lose one's balance.

overbefolket over-populated.

overbefolkning over-population, excess of population.

overbegavet extraordinarily gifted; too clever; *han er ikke akkurat ~* he's not what you would call brilliant.

overbelaste *(vb)* overload; *(fig)* overtax.

overbeskatte *vb (fx fiskebestand)* draw too heavily on.

overbetjent **1**(*politi-)* (police) superintendent; **2**(*i fengsel)* chief officer, class II; *(se betjent)*.

overbevise *(vb)* convince *(om* of); *~ en om det motsatte* convince sby of the contrary.

overbevisende convincing.

overbevisning conviction.

overbevist convinced *(om* of); *han er fullt og helt ~ om sin egen fortreffelighet* he is totally (*el.* completely) convinced of his own excellence (*el.* superiority)

overbibliotekar *(ved universitetsbibliotek)* Librarian; **US** Chief Librarian; *(jvf bibliotekar; bibliotekssjef)*.

overbitt overbite, receding jaw; *(odont & vet)* overshot jaw.

overblikk (general) view, panorama; *(fig)* breadth of outlook (*el.* view); *(fremstilling)* survey; *(kortere)* outline *(over* of); *han mangler ~* his knowledge is fragmentary (*el.* scrappy); he loses himself in details; he lacks a broad view of things; *ta et ~ over situasjonen* survey the situation; *(se oversikt)*.

over bord overboard; *gå ~* go overboard; *kaste ~ (også fig)* throw overboard; *(last, for å bringe skipet flott; også fig)* jettison; *(fig)* throw (*el.* fling *el.* cast) to the winds (*fx* care, prudence).

overbrannmester assistant divisional (fire) officer; **US** battalion (fire) chief; *(se brannmester; brannsjef)*.

overbringe *(vb)* bring; deliver; *(unnskyldning, etc)* convey (*fx* we can only leave it to you to c. our sincere apologies to both firms); *hvis man ikke kan få overbrakt ham papirene i tide* ... if the papers can't be got to him in time ...

overbringer bearer.

overbud higher bid.

overby *(vb)* outbid, bid higher than.

overbygd covered, roofed over.

overbygning superstructure.

overbygningsdekk *(mar)* superstructure deck.

overbærende indulgent, lenient *(med* to).

overbærenhet indulgence, leniency.

overdekk upper deck.

overdel upper part.

overdenge *(vb)* load, heap on (*fx* h. abuse on sby).

overdimensjonert oversize(d).

overdra *(vb)* **1**(*rettighet, forpliktelse)* transfer, convey, make over; hand over, surrender; *(polise)* assign; *(myndighet)* delegate (*fx* one's power to sby); *som kan -s* transferable (*fx* securities); *som ikke kan -s* non-transferable; *~ en et verv* delegate a task to sby; *~ sine rettigheter til en annen (også)* relinquish one's rights to another; *når leiligheten etter skilsmissen -s hans kone* when the flat is settled on his wife after the divorce; **2**(*betro, overlate)* entrust *(en noe* sby with sth); *vi har -tt ham vårt eneagentur for Norge* we have given him our sole agency for Norway; *vi har -tt ham vårt agentur (også)* we have placed our agency in his hands; we have appointed him our agent.

overdragelse *(se overdra)* transfer, transference; conveyance (*fx* of real property), making over, handing over; assignment (*fx* of a policy); delegation; entrusting; *~ av eiendomsrett* transfer of ownership.

overdragelsesdokument *(især = skjøte)* deed of conveyance; *(om aksjer)* share-transfer.

overdrager transferor (*fx* the t. transfers to the transferee); assignor.

overdreven exaggerated, excessive, extravagant (*fx* praise); *(om pris)* excessive, extravagant, exorbitant; *(jvf pengeopptrekkeri); (ved visse adj)* over- (*fx* over-anxious, over-scrupulous); **US** *(også)* overly; *~ beskjedenhet* excessive modesty; *det er overdrevet* that is exaggerated.

overdrive *(vb)* exaggerate, overdo; overstate; **T** come it strong, draw the long bow; *(jvf overdreven)*.

overdrivelse exaggeration, overdoing; overstate-

O

ment; *forsiktig inntil* ~ cautious to a fault; *(se løgn).*

overdyne quilt; *(se dyne).*

overdynge *(vb)* shower, heap *(en med noe* sth on sby, *fx* heap kindness on sby); ~ *en med bebreidelser* shower *(el.* heap) reproaches on sby.

overdøve *(vb)* drown; ~ *samvittighetens røst* stifle the voice of conscience.

overdådig lavish, sumptuous, luxurious.

overdådighet sumptuousness, luxury.

overeksponert *(om foto)* over-exposed.

over ende: *gå* ~ fall flat; *kaste en* ~ throw sby down; *(se falle).*

overens: *stemme* ~ agree; *ikke stemme* ~ disagree; *komme* ~ *om* agree on, come to an agreement about; *(se enighet: komme til* ~*).*

overenskomst agreement; *(avtale)* arrangement; *(forlik)* compromise; *treffe en* ~ make an agreement; *etter felles* ~ by mutual consent; *muntlig* ~ verbal arrangement.

overenskomstlønn contract salary.

overensstemmelse accordance, agreement, conformity; *i* ~ *med* in accordance with; *handle i* ~ *med sine prinsipper (også)* square one's practice with one's principles; *(se II. nøye).*

overensstemmende: ~ *med* in accordance with, consistent with, in agreement with.

overernære *(vb)* overfeed.

overfall assault; *(se legemsfornærmelse; overgrep 3; sakesløs).*

overfalle *(vb)* fall upon; assault; attack; *hele gjengen overfalt ham (også)* they ganged up on him; *(jvf overgrep 3).*

overfallsmann assailant.

overfart passage, crossing.

overfladisk superficial, shallow. **-het** superficiality, shallowness.

overflate surface; *på (,under) -n* on (,below) the surface.

overflod abundance, plenty; *i* ~ in abundance, in profusion; *det er* ~ *på markedet (merk)* there is a glut on the market; *det er til* ~ *klart at* ... it is abundantly clear that ...

overflytte *(vb)* transfer; *bli -t* be transferred.

overflyvning *(mil)* overflight.

overflødig *(adj)* superfluous, redundant.

overflødighet superfluity.

overflødighetshorn cornucopia, horn of plenty.

overfor 1 *(prep)* facing *(fx* f. the station there is a hotel; he sat f. me), opposite (to); *(fig)* towards *(fx* their attitude towards the Government); to *(fx* his kindness to me); ~ *myndighetene inntok han en steil holdning* he adopted a rigid attitude towards the authorities; ~ *bokhandlerne har vi hevdet at* ... to the booksellers we have maintained that ...; *forpliktelser* ~ obligations to *(el.* as regards); *det er ikke riktig* ~ *piken* it is not fair on the girl; *hans følelser* ~ *meg* his feelings towards me; *være ærlig* ~ *seg selv* be honest with oneself; *like* ~ right *(el.* directly) opposite (to) *(fx* he lives right o. the church); faced with *(fx* difficulties); *på skrå* ~ diagonally *(el.* almost) opposite; **US** kitty-cornered to; *stå* ~ *(bokstavelig)* face, stand opposite to, stand facing; *(fig)* face, be faced *(el.* confronted) by *(el.* with); *vi står* ~ *å skulle reformere* we are faced by the necessity of reforming; **2***(adv)* opposite *(fx* the house o.; he lives o.); *huset* ~ *(også)* the house across the road (,street); *(se imøtekommenhet; innrømmelse: gjøre -r overfor).*

overforbruk *(elekt)* excess consumption *(fx* we have 500 kW at the fixed tariff, and pay 10 øre per kW in excess of that).

overforfinelse over-refinement.

overforfinet over-refined.

overformynder *intet tilsv.; se overformynderi.*

overformynderi UK Court of Protection; *(NB Denne instans utnevner en «receiver» (verge)).*

overfrakk overcoat.

overfuse *(vb)* abuse, shower abuse on; ~ *en (også)* jump upon sby; **US** bawl sby out, jump all over sby.

overfylt overcrowded, packed, crammed; *markedet er* ~ the market is glutted.

overfølsom hypersensitive; **US** oversensitive.

overføre *(vb)* **1***(flytte, transportere)* transport, convey; transfer *(fx* sby to another hospital; sby's name to another list); **2***(forflytte)* transfer *(fx* sby to another regiment); post *(til* to); *(midlertidig; om embetsmann)* second [si'kɔnd] *(fx* sby from the Foreign Office to the British Council); **3***(smitte, sykdom)* communicate *(fx* a disease to others); transmit; **4***(blod)* transfuse; **5***(kraft)* transmit *(fx* the power is transmitted by means of gears); **6***(merk; til ny side i regnskapet)* bring *(el.* carry) forward; *-s* (to be) carried forward; *overskuddet -s til neste år* the surplus is carried over to next year; **7***(bankv)* transfer; ~ *penger fra én bank til en annen* transfer money from one bank to another; have money transferred from one bank to another; ~ *mitt tilgodehavende samlet fra England* transfer what is owing to me in a lump sum from England; *dette siste beløpet må -s på annen måte* this last sum will have to be transferred in another way; **8***(overdra)* transfer *(fx* one's rights to sby else); ~ *aksjene til hans navn* transfer the shares to his name; *(se også overdra);* **9***(kopiere)* copy *(fx* a clay statuette in marble); transfer *(fx* the design to the wall); **10***(radio, TV)* transmit; **11.:** ~ *kopier pr. telefon* transmit copies by telephone.

overføring 1*(i radio)* transmission; *direkte* ~ live t. *(el.* programme); *(TV også)* live *(el.* direct) relay; *(av stevne)* commentary; *direkte* ~ running c. *(fx* the BBC is broadcasting a r. c. on the match); **2***(blod-)* transfusion; **3***(av sykdom, elektrisk kraft)* transmission; communication *(fx* of a disease); **4***(psykol)* transference *(fx* of affections); **5***(merk): se overførsel;* **6***(bru over vei)* flyover; overpass; **7***(overflytting; forflytning)* transfer.

overførsel *(merk)* transfer; balance brought forward; *(det å)* bringing*(el.* carrying) forward, carrying over; *en* ~ a carry forward.

overgang 1*(også om stedet)* crossing, passage; *(fjell-)* pass; **2***(til en annen religion)* conversion; *(til fienden)* desertion; **3***(forandring, utvikling)* transition, change; change-over *(fx* the c.-o. to a national hospital service); *(språkvitenskap)* change; **4***(mellomtilstand)* intermediate phase *(el.* stage), passing stage; link *(fx* this animal forms a l. between reptiles and birds); **5***(i skibakke)* change of gradient *(fx* in the in-run, in the landing slope); **6***(overføring)* transfer; ~ *til et annet kurs* transfer to another course; *det er bare en* ~ it won't last; it is only a passing phase; *det er bare en* ~, *sa reven, han ble flådd* ~ one gets used to it, like an eel to skinning; *som en* ~ for a while *(fx* we shall have to use this method f. a w.); *sørge for god* ~ *mellom avsnittene (i stil)* see that one paragraph leads on to the next.

overgangs|alder 1. (years of) puberty; **2.** change of life, climacteric, menopause; *hun er i -en* she is in the m. **-billett** transfer (ticket). **-foranstaltning** temporary *(el.* interim *el.* provisional) measure. **-form** transitional *(el.* intermediate) form; *(se også -stadium).* **-stadium** transition(al) *(el.* intermediate) stage, transitory stage; *(ofte* =) halfway house *(fx* a h. h. between capitalism

and socialism). **-tid** transitional period, time *(el.* period) of transition. **-tilstand** transition(al) state, intermediate state, transitory state, state of transition.
overgartner *(i botanisk hage)* curator (of the gardens).
overgi *(vb)* deliver, hand over; *(også mil)* surrender; ~ *seg* surrender.
overgitt despairing, despondent; *(utmattet)* exhausted, played out; *(forbløffet)* astonished.
overgivelse *(mil)* surrender.
overgiven hilarious, gay, light-headed; *(se munter).*
overgivenhet exuberant mirth, hilarity, gaiety; *(løssloppenhet)* abandon.
overgrep 1. encroachment, infringement; **2***(urettferdighet)* injustice; **3***(vold)* harassment; *politi-* police harassment; *seksuelt* ~ sexual (*el.* indecent) assault; sexual attack; *bli utsatt for et seksuelt* ~ be sexually assaulted; *den vesle jenta var blitt utsatt for et seksuelt* ~ *(euf)* the little girl had been interfered with.
overgrodd overgrown, overrun.
overgå *(vb)* exceed, outdo, surpass, outshine, eclipse; ~ *seg selv* surpass oneself; *(se virkelighet).*
overhaling overhaul; *(rulling)* lurch; **T** *(fig)* ticking-off, telling-off; *få en* ~ **T** get ticked off, get told off; *gi en en* ~ haul sby over the coals; *ta en* ~ *(krenge over)* lurch.
overhendig tremendous, violent; *det var* ~ *sjø* there was a very heavy sea; ~ *vær* a violent storm.
overhengende 1. projecting; overhanging; **2***(truende)* impending, imminent; *(sj)* overhanging.
overherredømme supremacy, hegemony.
overhode head, chief.
overhodet *(adv)* on the whole, in general, altogether, at all *(fx* he hasn't been here at all).
overhoffmesterinne Mistress of the Robes.
overholde *(vb)* observe, comply with, keep; ~ *fristen* keep to the time limit; **T** meet the deadline; *de overholdt ikke betalingsfristen* they did not keep to the date agreed upon for payment; ~ *leveringsfristen* meet the delivery date; ~ *reglene nøye* be strictly observant of the rules; obey the rules strictly; *(se også oversitte(lse); strengt).*
overholdelse observance *(av* of).
overhud cuticle, epidermis.
overhus Upper House; **UK** the House of Lords.
overhøre *(vb)* **1***(eksaminere)* examine, catechize; **2***(ikke høre)* miss, not hear; **3***(late uenset)* ignore.
overhøring *(eksaminasjon)* examination.
overhøvle *vb (fig)* dress down, rate, rebuke sharply; *bli -t* **T** get told off; get ticked off.
overhøyhet *se overherredømme.*
overhånd: *få* ~ *over* get the better of; *ta* ~ *(bli overmektig)* become predominant, get out of control, get the upper hand; *(bli utbredt)* become rampant.
overhåndtagende growing, spreading, rampant.
overilelse rashness.
overilt *(adj)* rash, precipitate, hasty.
overingeniør chief engineer; *(i kommune)* divisional engineer; district *(el.* area) e.; *(se ingeniør).*
overjordisk above ground; *(fig: overnaturlig)* supernatural; *(himmelsk)* celestial; *(eterisk)* ethereal.
overjordmor superintendent midwife; *(se jordmor).*
overkant top, upper edge; *i* ~ rather on the bigside, too big if anything; a little too much (,big, *etc); prisene ligger i* ~ the prices are on the high side.
overkasse *(støpe-)* top-half mould, cope.
overkikador *(spøkef)* self-appointed supervisor.
overkjeve upper jaw.
overkjørt: *bli* ~ get run over; *(se kjøre:* ~ *over).*
overklasse upper class; *-n* the upper classes.
overkokk chef.
overkommando 1. supreme *(el.* high *el.* chief) command; **2***(stedet, institusjonen)* General Headquarters, G.H.Q.; *ha -en* be in supreme command; *Hærens* ~ *(fk HOK)* Army Headquarters.
overkomme *(vb)* manage, cope with *(fx* I have more work than I can cope with).
overkommelig practicable; *(om pris)* reasonable.
overkonstabel (police) sergeant; *(se konstabel).*
overkropp upper part of the body; *med bar* ~ stripped to the waist.
overkurs: *til* ~ at a premium.
overkøye upper berth *(el.* bunk).
overlag *(adv)* exceedingly, extremely.
overlagt *(adj)* deliberate, premeditated; wilful; ~ *mord* wilful murder.
overland *(bakland)* [skyline as seen from the sea].
overlangsynt hypermetropic; extremely far-sighted.
overlapp *(omskjøt)* overlap.
overlappe *(vb)* overlap.
overlapping overlap.
overlappskjøt lap joint.
overlappsveis lap weld.
overlast molestation, injury; *lide* ~ suffer wrong.
overlate *(vb)* **1***(gi fra seg)* hand over *(fx* he handed over all his wages to his wife); *(la få)* let have *(fx* I will let you have the book when I have done with it); *(avse)* spare *(fx* could you spare me a cigarette?); **2***(betro)* entrust *(fx* we have been entrusted with this work; I hope you will e. the representation of your firm to me); *det -r jeg til Dem (å avgjøre, etc)* I leave *(el.* put) the matter in your hands; *i så fall må jeg* ~ *saken til min advokat* in that case I shall have to place the matter in the hands of my solicitor; *overlat det til meg!* leave it to me! **3***(ved å unndra sin hjelp): de overlot ham til sin skjebne* they left *(el.* abandoned) him to his fate; *overlatt til seg selv* left alone, thrown upon oneself, left to one's own devices; *man overlot intet til tilfeldighetene* nothing was left to chance.
overledelse chief direction; *(hovedkvarter)* headquarters.
overledning *(elekt)* current leakage, leakage (current), leak, sneak current; short circuit; **T** short; *undersøke om det er* ~ *i lampepunktet* test the light point for a short circuit (,**T:** for a short).
overlege chief physician, chief surgeon; **US** director of medicine; *(i fengsel)* principal medical officer; *administrerende* ~ (medical) superintendent; *assisterende* ~ *(tidligere: avdelingslege)* consultant (physician *el.* surgeon); **US** attending (physician *el.* surgeon).
overlegen superior; *(i vesen)* supercilious, haughty; *han var* ~ *mot (el. overfor) henne* he was haughty with her; he had a superior manner towards her; *være en fysisk* ~ be physically superior to sby; *vinne -t* win by a wide margin, win with ease, win easily.
overlegenhet superiority; *(arroganse)* haughtiness.
overlegg premeditation; reflection; *med* ~ deliberately.
overlegning deliberation; discussion.
overleppe upper lip.
overless|e *(vb)* overload *(fx* one's stomach); crowd *(fx* a room with furniture); ~ *med arbeid* overwhelm with work, overburden; *-et med møbler*

O

over-furnished; *-et stil (litt.)* florid *(el.* ornate) style. **-ing** overloading, overburdening.
over|leve *(vb)* survive; outlive; *de som overlevde (forliset)* the survivors (of the shipwreck).
overlevelse survival.
overlevelses|drakt survival suit. **-instinkt** instinct for survival.
I. overlevende *(subst)* survivor *(fx* the survivors of the shipwreck).
II. overlevende *(adj)* surviving.
overlevere *(vb)* deliver, hand over (to) *(fx* he handed it over to me); surrender.
overlevering delivery, handing over; surrender.
overligge|dag *(mar)* demurrage day. **-dagspenger** *(mar)* demurrage.
overliggende: ~ *varer* left-overs; (NB *se matrester).*
overligger 1*(over dør, vindu)* lintel *(fx* lintels of old timber); **2***(fotb)* cross bar; **3***(på høydehoppstativ)* (cross) bar; *komme over (-en)* clear the bar; *rive (-en ned)* dislodge the bar;
* Sometimes the bar rocks and falls after the competitor has landed. This is a failure. Sometimes a competitor dislodges the bar by hitting the upright, which is also a failure.
overligningsnemnd *(m.h.t. eiendomsskatt)* = (local) valuation court.
overliste *(vb)* dupe, outwit, take in.
overlydsknall (super)sonic bang.
overlys ceiling light.
overlær *(på sko)* upper; *(forreste del)* vamp.
overlærer headmaster, head; *(jvf rektor).*
overlæring over-learning.
overløper deserter; **T** rat.
overløping *(til fienden)* desertion; **T** ratting.
overmakt superior force; *bukke under for -en* be overcome by superior force; *kjempe mot -en* fight against (heavy) odds.
overmann superior; *han fant sin* ~ he found his match; *være hans* ~ be more than a match for him.
overmanne *(vb)* overpower, overwhelm.
overmaskinist *mar (inntil 1960: første-)* chief engineer; **T** chief.
overmektig superior (in power), overpowering.
overmenneske superman.
overmenneskelig superhuman.
overmoden overripe.
overmodenhet overripeness.
overmodig presumptuous, arrogant, insolent, overweening. **-het:** *se overmot.*
overmorgen: *i* ~ the day after tomorrow.
overmot presumption, arrogance, insolence, overweening pride *(el.* confidence).
overmunn upper part of the mouth; *ingen tenner i -en* no upper teeth.
overmål superabundance; excess; *til* ~ to excess, excessively.
overmåte *(adv)* exceedingly, extremely.
overnasjonal supranational.
overnatt|e *(vb)* stay overnight, stay *(el.* stop) the night, put up for the night, spend the night *(fx* at a hotel); *det ble -et på X hotell* an overnight stay was made at X hotel. **-ing** night stop, overnight stop.
overnattings|gebyr overnight fee. **-gjest** house guest; guest for the night. **-mulighet** (some) overnight accommodation. **-sted** overnight stop, night stop *(fx* B. was the next night stop).
overnaturlig supernatural, preternatural.
overoppsyn superintendence, supervision; *føre* ~ *med* superintend, supervise.
overordentlig *(adv)* extraordinarily, exceedingly, extremely.
overordnet superior; *en* ~ *stilling* a responsible position; *folk som i de fleste tilfelle er våre overordnede* people who are senior to us in most cases.
overpertentlig too meticulous; meticulous to a fault; too correct; too punctilious; **T** pernickety; finicky.
overpris overcharge; *jeg måtte betale* ~ I was overcharged; **T** I had to pay a fancy price.
overproduksjon over-production.
overprøve *(vb)* **1***(kontrollere)* check *(fx* the results); ~ *sine egne forskningsresultater* check the results of one's own research; **2***(om høyere instans)* reassess; review; ~ *en dom* review a sentence; ~ *en avgjørelse* review *(el.* reconsider) a decision.
overraske *vb (se også overrasket)* surprise, take by surprise; *det -r meg ikke* I'm not surprised; I don't wonder (at it); it is not to be wondered at; ~ *en* catch sby off his guard; come upon sby unexpectedly; *natten -t oss* (the) night overtook us; *bli -t* be surprised *(fx* be greatly s. at sth); *vi ble -t av regnvær* we were caught in the rain; *de ble -t av uværet før de nådde hjem* the storm caught them before they got home; *de ble -t av uværet (også)* the storm caught up with them; *(se også I. over 10); -t over* surprised at; *(se også overrasket).*
overraskelse surprise; *det kom som en stor* ~ *for oss* it came as *(el.* it was) a big surprise to us; *du kan vente deg en* ~ there is a surprise in store for you; *til min store* ~ to my great surprise; much to my surprise.
overraskelsesmoment element of surprise.
overraskende surprising; *et* ~ *godt resultat* a surprisingly good result.
overrasket *(se også overraske)* surprised, taken aback *(over noe* at sth; *over å høre* to hear); *behagelig* ~ pleasantly surprised; *meget* ~ very much surprised; *jeg så* ~ *på ham* I looked at him in surprise.
overreise passage, crossing.
overrekke *(vb)* hand; *(høytidelig)* present *(en noe* sby with sth); *det ble overrakt ham et gullur* he was presented with a gold watch; *(se også oppmerksomhet).*
overrekkelse presentation.
overrenne *vb (plage)* pester.
overrettssakfører *(hist): se advokat.*
overrisle *(vb)* irrigate. **overrisling** irrigation.
overrumple *(vb):* ~ *en* take sby by surprise; catch sby off his guard.
overrumpling surprise; surprise attack.
overs: *til* ~ left (over), remaining; *(overflødig)* superfluous; *(til å avse)* to spare; *få til* ~ have left; *ha til* ~ *for* like, have a liking for; be fond of; *(se klokkerkjærlighet).*
oversanselig supersensual, transcendental; *læren om det -e* metaphysics *(pl).* **-het** transcendentalism, transcendentality.
overse *vb (ikke se)* overlook, miss, pass over, fail to see *(el.* notice); *(ikke ense, neglisjere)* disregard, neglect, take no account of, pay no attention to; *(ignorere, ringeakte)* slight, disregard *(fx* a host must not d. any of his guests); neglect, look down on; *(bære over med)* overlook *(fx* I will o. your mistake this time); *(se gjennom fingrene med)* connive *(el.* wink) at; *det har jeg -tt (også)* that has escaped my notice.
oversende *(vb)* send, dispatch, transmit, submit; *de oversendte kvaliteter* the qualities sent you (,us, *etc*).
oversendelse dispatch, transmission.
oversette *(vb)* translate, turn, do *(til norsk* into Norwegian); render *(til* in) *(fx* a text in English); ~ *med* render by; translate by *(el.* as); ~ *galt* mistranslate; *ikke videre lurt oversatt* not very well *(el.* wisely) rendered; not very good!

til overs

(to) spare

English	Norwegian
We have all this room	Vi har hele denne plassen
*and still space **to spare.***	og enda noe **til overs.**
Nobody had any **spare** cash.	Ingen hadde kontanter **til overs.**

samvittighetsfullt oversatt ved hjelp av (en) ordbok conscientiously translated with the aid of a dictionary; ~ *det til norsk* translate it into Norwegian; turn it into Norwegian; render it in Norwegian; *(se forvirre).*

oversettelig translatable.

oversettelse translation; version; *skaffe translatøren helt dekkende engelske -r* provide the translator with accurate and workable equivalents in English.

oversettelsesfeil mistake in translation, error in t., mistranslation.

oversetter translator.

overside top.

oversikt survey (*over* of), general view; *kort* ~ summary, synopsis; *av hensyn til -en i de tabeller som skal lages* in order to make the tables that are to be drawn up clearer (*el.* easier to read); *for -ens skyld vil jeg* ... to simplify the matter, I will ...; in the interest of simplicity, I will ...; *for å lette -en* to facilitate a (general) survey; to facilitate matters for the reader; *jeg har ennå ikke ~ over hvor lang tid dette (arbeidet) vil ta* I'm unable to see yet how long this (work) will take; *(se også overblikk).*

oversiktlig surveyable; well arranged; clearly set out (*fx* the accounts are clearly set out); *(klar, om fremstilling)* lucid, perspicuous.

oversiktskart small-scale map.

oversitte *(vb)* fail to comply with; ~ *fristen* exceed the time limit.

oversittelse: ~ *av fristen* exceeding the time limit; **T** failure to meet the deadline; *(se overholde).*

oversivilisert over-civilized.

oversjøisk oversea, overseas.

overskap *(i kjøkken)* wall cupboard; kitchen wall unit.

overskjegg moustache; **US** mustache.

overskjønn revaluation, reappraisal; *(mar)* resurvey.

overskott *se overskudd.*

over skrevs astride, straddling.

overskrid|e *(vb)* **1***(gå over)* cross (*fx* a frontier); **2***(fig)* exceed, overstep, go beyond. **-else** exceeding, overstepping, going beyond; excess.

overskrift heading; *(i avis)* headline.

overskudd surplus, excess; *(fortjeneste)* balance; profit, margin (of profit); *gå med* ~ be run at a profit; *et ~ på* a surplus of (*fx* £100); *jeg har ikke ~ til å gjøre det* I haven't got the surplus energy to do it; *vise* ~ be in the black (*fx* Britain's balance of trade is now in the black); *(se også lønne: ~ seg).*

overskuddsmenneske: *han er et* ~ he's a person with plenty of surplus energy; he's an unusually energetic person.

overskue *(vb)* survey, take in; *jeg kan ikke riktig ~ situasjonen* I can't get it in the proper perspective.

overskuelig: *se oversiktlig; i en ~ framtid* in the foreseeable future, in the reasonably near future, in the not-too-distant future, within measurable time; **T** in the visible future.

overskyet cloudy, overcast.

overskygge *(vb)* overshadow.

overskylle *(vb)* flood, overflow.

overskytende surplus, excess; *det ~ beløp* the surplus, the excess; *for hver ~ dag* for each additional day.

overskåret: *et ~ wienerbrød* a slice of Danish pastry; *(se wienerbrød).*

overslag **1***(elekt)* sparkover; **2***(beregning)* estimate; *gjøre et* ~ make an estimate *(over* of); *(se riktig; virkelighet).*

overspent overwrought, highly strung, high-strung, excitable; *så ~ som han nå er* in his present overwrought state.

overspenthet overwrought state.

overspill *(fig)* exaggeration; overdoing it.

overspille *(vb)* exaggerate; overdo it.

oversprøyte *(vb)* sprinkle, spray; *(tilsøle)* bespatter.

overstadig *(adj)* **1***(lystig)* hilarious, giddy, bubbling (over with high spirits); **2***(lett beruset)* exhilarated, merry, elevated; **T** lit up; **3***(overdreven)* excessive; *(adv)* excessively; ~ *beruset* excessively drunk; *i ~ glede* bubbling with joy.

overstadighet exuberant spirits, hilarity, giddiness.

overstell top; upper part, top part.

I. overstemme *subst (mus)* upper part.

II. overstemme *(vb)* outvote.

overstemple *(vb)* overprint; *(frimerke)* cancel; surcharge.

overstige *(vb)* exceed (*fx* their production is exceeding the demand); surpass, be in excess of.

overstikk *(kort)* overtrick, trick over the minimum; *jeg fikk to* ~ I had two over the m.; **T** I'm two up.

overstrykning *(med maling)* coating; *(utstrykning)* crossing out, deletion.

overstrødd: ~ *med* strewn with (*fx* flowers); scattered with (*fx* a table s. with papers and books); sprinkled with (*fx* sugar).

overstrøket: *se stryke: ~ over, ~ ut.*

overstrømmende exuberant; profuse, effusive.

overstråle *(vb)* outshine, eclipse.

overstykke upper part, top part.

over styr: *gå* ~ fail, come to nothing; *sette* ~ squander, fritter away.

overstyre top management.

overstyring *(i bil)* oversteer.

overstyrmann *(inntil 1960: førstestyrmann)* chief officer, first officer; *(på mindre skip)* first mate.

overstå *(vb)* get over (*el.* through); *få det -tt* get it over; *det er -tt* it's over (and done with); *det*

O

verste er -tt the worst is over; we have turned the corner; *det var fort -tt* it was a quick business; it was quickly over.
oversvømme *(vb)* flood; inundate; *(fig)* flood, gut.
oversvømmelse flood(s), inundation.
oversykepleier unit nursing officer; *(inntil 1974)* assistant matron; *administrerende* ~ senior nursing officer; *(inntil 1974)* matron; *(jvf forstanderinne).*
oversøster *se oversykepleier; sjefsykepleier.*
oversådd strewn, sprinkled *(med* with).
overta *(vb)* take over *(fx* an agency, duties, responsibilities); *(påta seg)* undertake; ~ *dette firmaets agentur for Norge* take over the representation of this firm in Norway; *firmaer som kunne* ~ *vårt agentur* firms that might be interested in taking over our agency *(el.* the representation of our firm); ~ *en avdeling* take charge of a department; ~ *en arv* take possession of an inheritance; ~ *arv og gjeld* accept the inheritance with its assets and liabilities; take over an estate with its assets and liabilities; *han overtok huset for meg* he took the house off my hands; *(se uavkortet).*
overtagelse taking over *(av* of); take-over *(fx* the Persian t.-o. of oil wells); taking possession of *(fx* an inheritance); ~ *av makten* assumption of power; coming into p.; *(om kongemakten)* accession (to the throne); *(se maktovertagelse).*
overtak 1*(i bryting)* arm grip; **2.** *-et* the upper hand *(på* of), the whip hand *(på* of, over); *få -et på en* get *(el.* gain) the upper hand of sby, get the whip hand over sby, get the better of sby; *ha -et* have the upper hand; be on top; **T** be top dog.
overtakst revaluation; *(se takst).*
overtale *(vb)* persuade, induce, prevail upon, talk round *(fx* I succeeded in talking him round); ~ *en til å gjøre noe* persuade sby to do sth, p. *(el.* talk) sby into doing sth; *la seg* ~ allow oneself to be persuaded; let oneself be persuaded; *han lot seg* ~ *til å selge huset* he let himself be talked into selling the house; ~ *en til ikke å gjøre det* dissuade sby from doing it; persuade *(el.* prevail upon) sby not to do it.
overtalelse persuasion; *etter mange -r* after a lot of persuasion.
overtalelses|evne persuasive powers, powers of persuasion, persuasiveness. **-kunst** art of persuasion.
overtalende *(adj)* persuasive.
overtall majority; *være i* ~ be in the *(el.* a) m.
overtallig supernumerary, in excess *(fx* the women were in excess of the men), redundant, extra, spare; *-e eksemplarer* spare *(el.* extra) copies.
over|tann *(anat)* upper tooth. **-tegne** *vb (lån)* oversubscribe; *turen er -t* the tour is overbooked.
overtegning over-subscription; overbooking.
overtid overtime; *arbeide* ~ work o., put in o.; *stå på* ~ be on overtime.
overtidsarbeid overtime work.
overtidstillegg overtime pay *(el.* bonus).
overtime: *en* ~ an hour's overtime.
overtramp *(fig)* dropping a brick; putting one's foot in it.
overtre(de) *(vb)* break, infringe, transgress, violate, contravene; ~ *denne lovs bestemmelser* commit an offence under this Act.
overtredelse breach, infringement, transgression, violation, contravention *(av* of); offence *(av* against); ~ *av motorvognloven* motoring offence; ~ *vil bli påtalt* = trespassers will be prosecuted; *(oppslag på transportmiddel)* = infringement of this Regulation will render a passenger liable to prosecution.
overtreffe *(vb)* exceed, surpass.
overtrekk cover; *(lag)* coat, coating *(fx* of chocolate, paint, varnish); *(melis- på kake)* icing; **US** frosting; *(av konto)* overdraft.
over|trekke *(vb)* overdraw *(fx* an account); *jeg har -trukket min konto (med 50 kroner)* I have overdrawn my a. (by 50 kroner); I have an overdraft (of 50 kroner); **T** *(også)* I'm (50 kroner) overdrawn, I'm overdrawn by *(el.* to the extent of) 50 kroner.
overtrekksbukser *(pl)* pull-on trousers; **T** pull-ons.
overtren|e *(vb)* overtrain; *-t (også)* muscle-bound.
overtrett *(adj)* over-tired, exhausted; **T** deadbeat; *være* ~ *(også)* be dropping with fatigue; **T** be all in.
overtro superstition. **-isk** superstitious.
overtrukket overdrawn *(fx* an o. account); ~ *beløp* overdraft; *(se overtrekke).*
overtrumfe *(vb)* outdo, go one better than.
overtyde *(vb): se overbevise.*
overtøy: *se yttertøy.*
overvann surface water; *(i gruve)* flood water; *(mar)* water shipped; *ta* ~ *(mar)* ship water.
overvannsledning site drainage pipe.
overvei|e *vb (tenke over el. igjennom)* consider, think over; *(nære planer om)* contemplate, consider; ~ *på ny* reconsider; ~ *omhyggelig* consider carefully, give *(fx* a matter) one's careful *(el.* close) consideration; *vi har -d alle sider ved denne sak* we have considered this matter in all its aspects; *vi -er å legge om driften* we are contemplating a reorganization of our works; *vel -d* considered *(fx* my c. opinion), well-advised; deliberate *(fx* a d. step); *mindre vel -d* (rather) ill-considered, ill-advised, (rather) rash.
overveielse consideration, deliberation; contemplation, thought; *fornyet* ~ reconsideration; *etter moden* ~ after *(el.* on) careful *(el.* mature) consideration; after much thought; *etter (el. ved) nærmere* ~ on (further) consideration; on closer reflection; on second thoughts, on thinking it over, after thinking the matter well over; *det fortjener* ~ it is worth consideration *(el.* thinking over); *det krever nøye* ~ it needs careful consideration; *ha under* ~ be considering, be contemplating; *vi har under* ~ *å bygge* ... we contemplate building; we are considering the question of building; *vi har saken under* ~ the matter is under consideration; *ta under* ~ consider; *ta noe under alvorlig* ~ give serious consideration to sth, give sth one's careful c., consider sth carefully; *han må ta under alvorlig* ~ *om han skal* ... he must urgently consider whether to ...; *ta under fornyet* ~ reconsider; *(se moden & velvillig).*
overveiende 1*(adj)* predominant, prevailing, preponderant; *være* ~ *(i antall, etc)* preponderate, predominate; *det* ~ *antall av* the majority of; *den* ~ *del av* the best part of; *den langt* ~ *del av* by far the greater part of; **2***(adv)* chiefly, mainly, predominantly; *(i værvarsel)* mostly *(fx* m. dry), mainly *(fx* m. fair weather); *det er* ~ *sannsynlig at* it is highly probable that..., the odds are that..., there is every probability that...; *med* ~ *svensk kapital* with mainly Swedish capital; *(se sannsynlig).*
overvekt overweight, excess weight; *(fig)* preponderance; predominance; *få -en* get the upper hand; *med to stemmers* ~ by a majority of two.
overvektig *(adj)* overweight *(fx* the letter is o.); *betaling for* ~ *bagasje (flyv)* excess baggage charge.
overvelde *(vb)* overwhelm; overpower; overcome; *vi er helt -t (av glede)* **T** we're over the moon.
overveldende overwhelming; staggering; *et* ~

flertall a sweeping majority; *et ~ nederlag* a crushing defeat; *en ~ seier* a sweeping victory.
oververk *(på orgel)* swell-box.
overvettes *(adj)* excessive; *(adv)* excessively.
overvinne *(vb)* conquer, defeat, get the better of; overcome, surmount *(fx* difficulties); *(se stadium).*
overvinnelse conquest; *det koster meg ~* it goes against the grain with me; I have to force myself; *denne beslutningen har kostet meg ~* this decision has not been an easy one to make; this decision has been a difficult one to arrive at; this decision has cost me a great deal of inner conflict; *det koster ~ (også)* it requires an effort.
overvintre *(vb)* winter, spend the winter.
overvurdere *(vb)* over-estimate, overrate, overvalue.
overvurdering over-estimate; overrating.
overvær *se nærvær.*
overvære *(vb)* be present at, attend, witness, watch *(fx* a football match).
overvåke *(vb)* look after, watch over; *(føre tilsyn med)* oversee *(fx* a pharmacist should o. the sale of this drug); *han føler seg -t* he feels he's being watched; *(meget stivt)* he feels he's under surveillance.
overvåking control; inspection; supervision; *(ved sykehus)* intensive care; *(av politi, etc)* surveillance; *(radio)* monitoring.
overvåkingspolitiet = (MI 5 and) Scotland Yard Special Branch.
overvåkings-TV closed-circuit television.
overømfintlig over-sensitive *(for* to).
overøse *vb (fig)* heap upon, overwhelm with, shower upon.
ovn *(kakkelovn)* stove; *(baker-)* oven; *legge i -en* light a fire (in the stove); *(se også håndgrep).*
ovns|emaljert stove-enamelled. **-fyrt** stove-heated *(fx* room). **-krok** chimney corner, inglenook. **-rør** stovepipe. **-varme** stove heat; *(se lun).*
ozelot *(zool)* ocelot.
ozon *(kjem)* ozone.
ozonholdig ozonic.

p

P, p P, p; *P for Petter* P for Peter.
padde *(zool)* toad.
paddehatt *(bot)* toadstool; *skyte opp som -er (fig)* spring up like mushrooms.
paddetorsk *(fisk)* lesser forkbeard; *(se torsk).*
padle *(vb)* paddle.
padleåre paddle.
paff taken aback, dumbfounded, speechless; *jeg ble helt ~* **T** I was knocked all of a heap.
pagi|na page. **-nere** *(vb)* page, number the pages of *(fx* a book).
pagode *(indisk tempel)* pagoda.
pai pie.
Pakistan *(geogr)* Pakistan.
pakistaner Pakistani.
pakistansk Pakistani.
pakk *(pøbel)* rabble, riff-raff; *pikk og ~* bag and baggage.
pakkasse packing case; *(sprinkelkasse)* crate.
pakkbu warehouse.
I. pakke *(subst)* **1.** parcel *(fx* a p. containing his lunch; she made the shirts into a neat p.); **2***(mindre originalpakning)* packet; **US** *(også)* pack *(fx* a p. of cigarettes); *lage i stand en ~* make up a parcel.
II. pakke *(vb)* pack *(fx* a parcel; clothes into a suitcase); *(tett-)* cram, stuff; *(gjøre seg reiseklar)* pack *(fx* have you packed?); *temmelig dårlig -t* indifferently packed; *~ i bunter* bundle, make up in bundles; *~ i kasser* box, pack *(el.* put) in boxes; *~ inn* wrap up, do up, make a parcel of; *de -t ham inn i en drosje* they bundled him into a taxi; *~ seg godt inn (mot kulde)* muffle oneself (up) well; wrap (oneself) up well; *skal jeg ~ det inn?* shall I wrap it up? would you like me to do it up for you? shall I make it into a parcel? *~ ned* pack (away); stow away; *~ seilet ned i posen* stuff the sail into the container; *~ om* repack; *~ opp (el. ut)* unwrap, unpack; *~ sammen* pack up *(fx* the tent packs up easily); pack up and go *(fx* he may as well pack up and go after this last affair); *nå kan vi ~ sammen! ɔ: nå er alt spolert)* that's torn it! *vi -t oss av sted* we bundled off; *~ ut* unpack; *pakk deg ut!* get out! scram!
pakke|avdeling packing department; *(på postkontor)* parcel(s) section. **-løsning** *(som forhandlingsresultat)* package deal. **-nelliker** *(pl)* **T** traps, odds and ends, oddments. **-ombringelse** delivery of parcels. **-porto** parcel post rate. **-post** parcel post *(fx* by p. p.). **-postavregning** parcel post account. **-postkart** *(post)* parcel bill.
pakker packer, wrapper.
pakkesel pack ass; *(person)* beast of burden.
pakkestrikk rubber band.
pakketur package tour; *(med absolutt alt inkludert i prisen)* all-inclusive tour; *(se I. tur).*
pakkhus warehouse, storehouse; *lagre i ~* warehouse. **-leie** warehouse rent.
pakkis pack ice, ice pack.
pakk|mester *(post-) (omtr =)* sorter. **-papir** packing paper, wrapping paper. **-seddel** list of contents. **-strie** packing cloth.
pakkurv hamper.
pakning packing; *(skive)* washer.
pakt pact, treaty, agreement; *(bibl)* covenant; *slutte ~ med* make a pact with; *i ~ med (i samklang med)* in keeping with, in harmony with; *(i ledtog med)* in league with; *i ~ med tiden* in tune with the times.
pal *(mar)* pawl.
palass palace. **palassaktig** palatial.
palatal *(fon)* palatal.
palaver palaver, talk.
pale *(småsei)* young coalfish.
palé mansion.
paleografi *(studium av gamle håndskrifter)* pal(a)eography.
paleontologi *(forsteiningslære)* pal(a)eontology.
Palestina *(geogr)* Palestine.
palestiner Palestinian.
palestinsk Palestinian.

palett palette; *legge farger på -en* set the p.
palisade palisade, stockade.
palisander palisander, Brazilian rosewood.
paljetter *(pl)* spangles, sequins.
pall *(benk)* bench; *(forhøyet golv)* raised floor.
palla *(kat.: stivet serviett som dekker kalken)* pall.
palltosk *(zool)* stone crab.
palme *(bot)* palm; *stå med -r i hendene* come off with flying colours.
palmehage palm court.
palmesøndag Palm Sunday.
pamfilius: *være en lykkens ~* be born under a lucky star.
pamflett *(smedeskrift)* lampoon.
pamp *(kan gjengis)* trade-union careerist; *(se partipamp).*
pampevelde corrupt rule; tyranny of party bosses.
panegy|riker panegyrist. **-rikk** panegyric. **-risk** panegyric(al).
panel wainscot; *(se kledning).*
panele *(vb)* wainscot.
panelovn panel heater; *(se ovn).*
pang *(int)* bang.
pangermanisme Pan-Germanism.
panikk panic, scare; *få ~* get panicky; *det oppsto ~* (a) panic set in; there was a panic; a p. broke out; *bli grepet av ~* panic, get panicky; *grepet av ~* seized with panic, panic-stricken; *de flyktet i ~* they fled in a panic.
panikkartet panicky.
panisk panicky; panic; *~ skrekk* panic fear; *jeg har en ~ skrekk for hunder* **T** I'm scared stiff of dogs.
I. panne *(stekepanne)* frying pan; pan; *stekt i ~* pan fried; *være pott og ~* be the boss; be made much of.
II. panne *(ansiktsdel)* forehead; *(mest poet & fig)* brow; *rynke -n* knit one's brows, frown.
pannebånd headband, fillet; *(se hårbånd).*
pannefødsel brow presentation.
pannehår fringe.
pannekake pancake. **-røre** (pancake) batter.
pannelugg *se pannehår.*
panoptikon waxworks.
panorama panorama; *(utsikt, også)* view.
panorer|e *vb (med filmkamera)* pan. **-ing** pan shot.
panser *(på skip, etc)* armour(-plating); **US** armor; *(på dyr)* carapace, (protective) shell; *(motor-)* bonnet; **US** hood. **-bil** *(mil)* armoured (,**US:** armored) car. **-dør** steel door. **-granat** *(mil)* armour-piercing shell. **-hvelv** strong-room; **US** (walk-in) safe. **-spiss** *(mil)* armoured spearhead. **-vern** *(mil)* anti-tank defences. **-vogn** *(mil)* armoured car; tank.
pansre *(vb)* armour, armour-plate; **US** armor; *-t* armoured; **US** armored; *(hist)* mailed *(fx* m. knights); *den -de neve* the mailed fist.
pant *(konkret & fig)* pledge *(fx* a p. of goodwill); *(sikkerhet)* security; *(i fast eiendom)* mortgage; *(i pantelek)* forfeit; *(flaske-)* deposit (on the bottle); *betale ~ for flasken* pay a deposit *(fx* of 10p) on the bottle; *innløse et ~* redeem a pledge; *låne ut mot ~* lend on security; *sette i ~* give as security; mortgage; pledge.
pante *(vb)* pledge; *(fast eiendom)* mortgage; *~ en for skatt* distrain on sby for taxes.
pante|bok register of mortgages. **-brev** mortgage deed. **-gjeld** mortgage debt.
panteisme pantheism. **panteist** pantheist.
panteistisk pantheistic(al).
pantelek (game of) forfeits.
pantelån mortgage loan; *oppta ~* raise *(el.* take out) a mortgage; *oppta ~ på en eiendom* mortgage an estate, encumber an estate with a mortgage.
pantelåner pawnbroker; *hos -en* (,**T:** *hos onkel)* at the pawnbroker's; in pawn; **S** up the spout.
pantelånerforretning pawnshop; **T** popshop.
pantelånsrente mortgage interest.
panter *(zool)* panther.
pante|rett 1. law of mortgages and pledges; **2.** mortgage (right), lien; *(sjø-)* maritime lien; *~ for tollbeløpet* a lien of goods for the amount of duty. **-sikkerhet** security; mortgage.
panthaver pledgee; mortgagee.
pantobligasjon mortgage bond.
pantomime pantomime.
pantseddel pawnbroker's ticket.
pantsette *(vb)* pawn; *(fast eiendom)* mortgage.
papatasi|feber *(med.)* sandfly fever. **-mygg** sandfly; *(jvf sandloppe).*
papegøye *(zool)* parrot. **-aktig** parrot-like.
papel *(med.)* papule. **papiljott** curler.
papir paper; *-er* paper qualifications; references *(fx* good r.); *(se sikker: et -t papir).*
papir|fabrikant paper-maker, p. manufacturer. **-fabrikasjon** manufacture of paper. **-fabrikk** paper mill. **-forretning** stationer's (shop). **-handel** stationery business. **-handler** stationer. **-kniv** paper knife, paper cutter. **-krig T** paper warfare; **T** battle with red tape; paper-pushing; postal battle *(fx* for years now he has been engaged in a postal battle with the authorities about his pension). **-kurv** wastepaper basket; *havne i -en* be consigned to the w. b.
papirløs *(adj): -t ekteskap* common-law marriage; *(refereres også til som)* long-term relationship; *leve i -t ekteskap* cohabit; have a common -law wife (,husband); *kvinne (,mann) som lever i -t ekteskap* common-law wife (,husband); *(jvf samboer).*
papirmasse (paper) pulp.
papir|mølle paper mill; *(fig)* red tape; *la -a gå* spin much red tape. **-omslag** paper wrapper. **-penger** paper money. **-pose** paper bag. **-utløser** *(på skrivemaskin)* pressure release.
papisme papism, popery, papistry.
papist papist.
papistisk papistic(al), popish.
papp *(limet)* pasteboard; *(takpapp)* roofing paper; *(kartong)* cardboard.
pappa T daddy, dad.
pappagutt spoilt son of rich parents.
papparbeid pasteboard work.
pappbeger paper drinking cup.
pappenheimer: *jeg kjenner mine -e (spøkef)* I know what to expect of them.
papp|eske cardboard box. **-kartonnasje** boards. **-masjé** papier mâché.
papyrus papyrus.
par pair; couple; *et ~* **1.** a couple; a pair; **2** *(adjektivisk)* a couple of, one or two, two or three; *om et ~ dager* in a day or two; *et ~ hansker* a pair of gloves; *to ~ sko* two pairs of shoes; *et lykkelig ~* a happy pair *(el.* couple); *et elskende ~* a loving couple; a pair of lovers; *et nygift ~* a newly-married couple; **T** a pair of newlyweds; *et ~ og tjue* twenty-odd; *~ og odde* even and odd; *i siste ~ går X og Y (skøyteløp)* X and Y are the last pair to race; *vi kan ordne det slik at det blir ~ (ɔ: likt antall damer & herrer)* we can arrange for even numbers.
parabel parable; *(mat.)* parabola.
parade 1. parade; **2***(i fektning)* parry; **3***(ridning)* pulling up. **-antrekk** full dress. **-marsj** parade march; *(hanemarsj)* goose step.
paradere *(vb)* parade.
paradigma *gram (bøyningsmønster)* paradigm.
paradis paradise; *hoppe ~* play hopscotch. **-fugl** *(zool)* bird of paradise. **-hopping** hopscotch.

FALSE FRIENDS

paragraf

eller avsnitt?

English	Norwegian
clause, article	**paragraf**
paragraph	**avsnitt**

paradisisk paradisiac(al).
paradoks paradox.
paradoksal paradoxical.
parafere *(vt)* countersign.
parafin paraffin, kerosene. **-kanne** paraffin can.
parafrase paraphrase.
paragon *(merk)* sales slip.
paragraf *(lov-)* section; paragraph (*fk* para); *(i traktat, kontrakt, etc)* clause, article. **-tegn** section mark.
parallakse parallax.
parallell parallel *(med* to).
parallell|forskyve *(vb)* displace parallel to. **-forskyvning** parallel displacement.
parallellogram parallelogram.
parallellstag *(i bil)* track rod, tie rod.
paralyse paralysis.
paralysere *(vb)* paralyse; **US** paralyze.
paralytiker paralytic.
paralytisk paralytic.
paranøtt *(bot)* Brazil nut.
paraply umbrella; **T** brolly; *slå opp en ~* put up an umbrella; *slå ned en ~* close an umbrella.
parasitt parasite. **parasittisk** parasitic.
parasoll sunshade, parasol.
parat ready, in readiness; *~ til å* ready to; *holde seg ~* keep oneself ready, be prepared, stand by.
paratyfus paratyphoid (fever).
paravane *(mar)* paravane.
pardans couple dance; dance with a partner.
pardong quarter; *gi ~* give quarter.
pare *(vb)* **1***(ordne parvis)* match, pair (*fx* socks, horses); **2***(han og hun)* mate; pair; *-s, ~ seg* pair, mate, copulate; *(se parvis: ordne ~).*
parentes parenthesis *(pl:* parentheses); brackets *(pl); i ~* in p., parenthetic(al); *løse opp -ene (mat.)* remove the brackets.
parentetisk parenthetic(al); *(adv)* parenthetically.
parere *(vb)* parry; *(fig)* ward off; *(adlyde)* obey; *~ ordre* obey orders; **T** toe the line.
paret *(se pare)* (1) matched, paired; (2) mated, paired.
parforsejakt hunt, hunting, riding to hounds.
parfyme perfume.
parfyme|forretning perfumer's (shop). **-handler** perfumer, perfume dealer.
parfymere *(vb)* scent, perfume.
parfymeri perfumery, perfumer's (shop).
pargas T *(= bagasje)* luggage.
pari par; *i ~* at par; *over ~* above par, at a premium; *til ~* at par; *under ~* below par, at a discount.
paria pariah; social outcast.
pariser Parisian. **pariserinne** Parisienne.
parisienne *(kake)* palm leaf.
pariserloff French stick, (large) Vienna stick.
pariverdi par value.
park *(anlegg)* park; *(dyre-)* deer park; *(vilt-)* game park; (**T:** *se parkeringslys).*
parkamerat *(skøyter, etc)* opponent; *få som ~* be paired with.
parkering parking; *~ forbudt (trafikkskilt)* no waiting; *(se stoppforbud).*
parkerings|avgift parking charge. **-bot** parking fine; (NB *rød lapp (også* **US**) parking ticket); *(se forelegg).* **-fil** *(på motorvei)* lay-by. **-lomme** lay-by. **-lys** *(på bil)* parking light *(el.* lamp); *jeg kjørte med ~* (,**T:** *på park) hele veien* I had my parking lights on all the way. **-plass** parking place, p. space, p. ground; **US** p. lot; *(større)* car park.
parkett 1*(i teater)* stalls; **US** orchestra; **2***(gulv)* parquet (floor).
parklys *(på bil)* parking light *(el.* lamp); *(se parkeringslys).*
parkometer parking meter. **-vakt** parking meter attendant.
parktante [childminder in an outdoor day nursery]; *gå hos ~* **UK** go to a private playgroup; *være ~* **UK** be a playleader; be a playgroup leader; help out at a playgroup.
parkvakt park keeper.
parkvesen [municipal department for parks and recreation grounds]; *(se herreds- og bygartner).*
parla|ment Parliament. **-mentarisk** parliamentary. **-mentarisme** parliamentary system. **-mentere** *(vb)* parley, negotiate. **-mentering** parley, negotiation.
parlaments|medlem Member of Parliament, M.P. **-møte** sitting of Parliament. **-samling** session. **-valg** (Parliamentary) election, general election; *(jvf stortingsvalg).*
parlamentær negotiator.
parlamentærflagg flag of truce.
parløp *(skøyter)* pair skating. **-er** *(skøyteløper)* pair skater.
parlør phrase book.
parmesanost Parmesan cheese.
parnass Parnassus.
parodi parody.
parodiere *(vb)* parody; *(imitere, også)* take off.
parodisk parodic(al).
parole slogan, watchword; *(mil)* countersign, password; *(ordre)* order(s).
parsell lot (of ground).
parsellere *(vb)* parcel out (land into lots).
parsellhage allotment (garden).
part part, portion, share; *(jur)* party; side; *~ i en sak (jur) a* party to a case; *jeg for min ~* I for my part; I for one; *begunstige den ene ~ på en urimelig måte* favour one of the parties to an unreasonable extent; *få ~ i* get a share in; *hver av -ene* each party; either side (*fx* e. s. can appeal against this judgment to a higher court); *ingen av -ene ville fire* neither side *(el.* party) would give way; *takt kreves av begge -er* tact is required on both sides; *(se stridende).*
partere *(vb)* cut up, carve; *(en henrettet)* quarter.
parterr(e) pit.
parthaver part-owner.

parti 1. lot; consignment; shipment; order; *(post)* batch; *-er på minst 20 sendinger (post)* batches of at least 20 packets; *(se I. gjelde);* **2***(del, stykke)* part; **3***(politisk)* party; *(se I. lik);* **4***(giftermål)* match; catch *(fx* he's a damn good catch); **5***(mus)* part; **6***(spill)* game *(fx* of whist); **7***(motiv)* view *(fx* a v. of Dartmoor); **8***(gruppe elever ved muntlig eksamen)* group; *(se også muntlig); et godt* ~ (4) a good match; *gjøre et dårlig* ~ (4) throw oneself away; *det bestilte* ~ the goods ordered; the quantity ordered; *hvor stort* ~? what quantity? *meddel oss hvor stort* ~ *De trenger* inform us of the quantity required *(el.* needed); i. us how large a q. you require *(el.* need); *i -er på* ... in lots of ...; *i små -er* in small lots *(fx* pack the goods in small lots); *et* ~ *silkevarer (ofte)* silk goods; *det* ~ *sigarer som* ... *(ofte)* the cigars that ...; *det -et som ble sendt i går* the goods forwarded yesterday; *vi ønsker levering av hele -et* we require delivery of the entire order *(el.* lot *el.* quantity); *ta* ~ take sides; *ta* ~ *for en* side with sby; take sby's side *(el.* part); be on sby's side; *han tok* ~ *for sine venner* he sided with his friends; he was on his friends' side; he took his friends' part; *ta* ~ *mot* side against, take sides against.

parti|apparat party machine. **-ben** pickings, perquisites; **T** perks; *systemet med* ~ **US** the spoils system;
 * If one's membership of the party is in order it's easy to turn that to good advantage.

partibok: *se medlems-; han har -a i orden (polit)* he's a card-carrying member.

partiell partial.

parti|felle member of one's own party. **-fører** partyleader; **T** party boss. **-gjenger** party man. **-hensyn** party consideration; *(se partipolitisk).*

partikkel particle.

partikkelstrålevåpen particle beam weapon.

partikongress = party rally.

partikulær particular *(fx* p. average).

parti|løs independent, outside the parties. **-mann** party man. **-pamp** *(kan gjengis)* trade-union careerist; *-ene (i løsere språkbruk, også)* the party bosses; *(se pampevelde).*

parti|politikk party politics. **-politisk** party-political *(fx* pay attention to p.-p. considerations). **-program** party programme, platform.

partisan partisan.

partisipp *(gram)* participle; *nåtids-* the present participle; *fortids-* the past participle.

partisippkonstruksjon *(gram)* participle construction.

partisk partial, bias(s)ed.

partispørsmål party issue.

parti|stilling position *(el.* strength) of the parties. **-strid** party strife *(el.* conflict). **-traver** party hack.

partitur *(mus)* score.

partivesen parties, the party system.

partiånd party spirit.

partout: *han ville* ~ he insisted on (-ing). **-kort** (permanent) pass.

partsforhandlinger *(pl)* [negotiations between the parties involved].

partsinnlegg 1*(jur)* plea (made by one of the parties); **2.** bias(s)ed *(el.* one-sided) presentation; personal contribution *(fx* to the debate).

parveny upstart, parvenu.

parvis in pairs, in couples; *ordne* ~ group in pairs, pair off *(fx* the guests).

parykk wig.

pasient patient; *en tålmodig* ~ a good patient.

pasif|isere *(vb)* pacify. **-isme** pacifism. **-ist** pacifist. **-istisk** pacifist.

pasja pasha.

pasje page.

pasjon passion.

pasjonert ardent, keen *(fx* a k. golfer); ~ *røker* inveterate smoker; *en* ~ *sportsfisker* an angling enthusiast.

pasjonsblomst *(bot)* passion flower.

pasjonsskuespill passion play.

pasning 1*(passform)* fit; **2***(i fotb)* pass; *snappe opp en* ~ intercept a pass.

pasningsplate match plate.

I. pass *(reisepass)* passport; *få seg et nytt* ~ get a new passport; *kontrollere -ene* check *(el.* examine) the passports; *utstede (et)* ~ *til en* issue sby with a passport; *vise -et* show one's passport; *(se I. lyde).*

II. pass *(kort)* no bid, pass; *melde* ~ say no bid, pass; *(fig)* throw up the game *(el.* sponge), give (it) up.

III. pass *(fjellpass)* pass, defile.

IV. pass *(tilsyn, pleie)* attention, care; nursing.

V. pass: *det er til* ~ *for ham!* (it) serves him right! *han føler seg ikke riktig til* ~ he is not *(el.* does not feel) very well; he is out of sorts.

passabel passable, not too bad.

passasje passage, passageway; *fri* ~ a clear road; *fri* ~ *(ɔ: adgang) til* free access to; *gi fri* ~ give *(fx* emergency vehicles) the right of way; ~ *for luften (med.)* airway *(fx* in tracheostomy tubes are used to maintain an airway).

passasjer passenger; *(drosjesjåførs)* fare; ~ *i forsetet* front-seat p., p. in front; *-er som skal av (flyv)* disembarking passengers; *-er som skal av i Roma* passengers disembarking in Rome; *-er som skal videre med innenlandske ruter* passengers proceeding on domestic flights. **-båt** passenger ship. **-fly** passenger plane. **-gods** (passengers') luggage. **-liste** passenger list. **-skip** p. ship. **-trafikk** p. traffic.

passat trade wind.

passbåt speed boat, (outboard) runabout.

I. passe *vb (kort)* pass, say no bid.

II. passe *(vb)* fit; *(være passende)* be appropriate, be to the purpose; *(stemme overens)* agree, tally (with), correspond (with); *(egne seg)* suit, be suitable; *det -r (fint)* that's fine; *jeg skal* ~ *(ɔ: vokte) meg for å gjøre det en gang til!* **T** catch me doing that again! *pass Dem for hunden!* mind the dog! *kjolen -r godt* the dress fits well; ~ *sammen* go together, suit each other; fit together; ~ *sine forretninger* mind one's business; ~ *telefonen* answer the telephone; ~ *tiden* be punctual, be in time; *det -r meg ikke* it does not suit me; *«stryk det som ikke -r»* ''delete as required''; *det -r utmerket* that fits in very well; ~ *for* suit; *jeg håper at dette fremdeles -r for deg* I hope that still fits in with you; ~ **inn** fit in *(fx* f. in the holiday dates); *jeg er glad for at dere mener jeg vil* ~ *inn (i selskapet)* I'm (so) glad you think I'll fit in; ~ *inn i* fit in with; ~ *inn i et mønster (fig)* conform to a pattern; *ovnen -r inn i ethvert interiør* the stove blends easily with any scheme of furnishing; ~ **med** agree *(el.* tally) with; ~ *en opp* lie in wait for sby, waylay sby; ~ **på** take care of, look after; *pass på å spørre alle gjestene hva de heter* be careful to *(el.* don't forget to) ask all the guests their names; *pass på!* take care! beware! look out! ~ **til** go (well) with, match; *nøkkelen -r til låsen* the key fits the lock; *han -r ikke til å være lærer* he is not suited for teaching; he is not suited to be a teacher; ~ **seg** be fitting, be proper; *det -r seg ikke* it is not fitting *(el.* proper); it is not good form; *det -r seg ikke for ham å snakke slik* he shouldn't talk like that; *(litt.)* it ill becomes him to talk in that strain; ~ *seg selv* take care of oneself; *pass Dem selv!* mind your own business!

III. passe: ~ *stekt* done to a turn; ~ *stor* just the right size; *så ~ : se passelig: så ~*.

passelig fitting, suitable; *så* ~ just passable, tolerable; **T** so-so.

passende 1*(egnet, skikket)* suitable; appropriate *(fx* on an occasion); **2***(sømmelig)* proper, decent, correct; *(jvf ovf: passe seg);* **3***(rimelig)* suitable, reasonable *(fx* price, reward, salary); *med ~ mellomrom* at suitable intervals; *noen ~ ord* some appropriate words; *jeg anser det ikke for ~ å ...* I do not consider it the proper thing to ...; *mindre ~* not quite the thing (to do).

passer (pair of) compasses; *(stikk-)* dividers.

passerben leg of a pair of compasses.

passere *(vb)* **1.** pass, pass by, pass through; turn *(fx* the collection has turned the thousand dollar point; he has turned forty); **2***(overgå)* exceed; ~ *linjen* cross the line *(el.* equator); ~ *revy* pass in review; *han lot dagens begivenheter ~ revy* he ran over the events of the day in his mind; *la ~ (ɔ: godta)* pass *(fx* let it pass); *det kan ~ (ɔ: gå an)* it will just pass muster.

passerseddel pass, permit.

passfoto passport photograph.

pass|gang pace, amble, ambling. **-gjenger** pacer, ambler.

passiar talk, chat; *slå av en ~* have a chat.

passiare *(vb)* talk, chat, have a talk *(el.* chat) *(med* with).

passinnehaver passport holder.

I. passiv *(gram)* the passive (voice).

II. passiv *(adj)* passive; unresisting; *en ~ holdning* a passive attitude; passivity; *innta en ~ holdning* remain passive; stand *(el.* sit) back; remain a spectator.

passiva liabilities; *(se aktiva).*

passiviser|e *(vb)* make *(el.* render) passive; *ved å (måtte) sitte og høre på blir elevene bare -t* having to sit listening just makes the pupils passive.

passivitet passivity; passive attitude.

passkontroll passport check; passport examination; *-en (personene)* the passport officials.

pass|kort *(kort)* passing hand. **-lovene** *(i Sør-Afrika)* the pass laws. **-melding** bid of pass.

passtvang obligation to have *(el.* carry) a passport; compulsion to carry an identity card; *det er ~* passports are compulsory; *(se stavnsbundet).*

passus passage.

passutstedelse the issue of passports.

passvisering the visaing of passports.

pasta paste.

pastell pastel.

pastellmaler pastellist.

pasteurisere *(vb)* pasteurize.

pasteurisering pasteurization.

pastill pastil, pastille, lozenge; *(se halspastill).*

pastinakk *(bot)* parsnip.

pastor: ~ *B. (i omtale)* the Rev. John B.; *(på brev)* the Rev. Mr. B.; (NB *fornavn el.* Mr. *må tas med); (i tiltale)* Mr. B.; *-en* the Rector, the Vicar *(,etc; se prest).*

pastoral pastoral.

pastorat living benefice, cure.

patena *(katolsk)* paten.

I. patent *(subst)* patent; *(sertifikat)* certificate; commission; *ha ~ på sannheten* have a monopoly of the truth; *ta ~ på* take out a patent for.

II. patent *(adj)* dependable, first-class.

patentanmeldelse application for a patent.

patentbyrå patent agency.

patentere *(vb)* patent.

patent|haver patentee. **-ingeniør** patents engineer. **-kontor** patent agency. **-lov** Patents Act. **-løsning** **T** ideal solution; ideal way (of doing sth). **-smørbrød** (open) sandwich with fried egg and bacon.

Patentstyret UK the Patent Office.

pater Father.

patetisk *(følelsesfull)* emotional; *(høytidelig)* solemn; *(bombastisk)* high-flown; *(adv)* emotionally, with intense feeling; (NB pathetic *betyr «rørende»).*

patina patina.

patinere *(vb)* patinate.

patologi pathology. **patologisk** pathological.

patos pathos.

patriark patriarch. **patriarkalsk** patriarchal.

patriot patriot. **-isk** patriotic; *(se I. streng).* **-isme** patriotism.

patrisier patrician. **patrisisk** patrician.

I. patron cartridge; *(til kulepenn)* refill; *skarp ~* ball cartridge; *løs ~* blank cartridge.

II. patron *(beskytter)* patron.

patronat patronage.

patronhylse cartridge case.

patronramme cartridge clip.

patronvis: ~ *ild (mil)* single rounds.

patrulje patrol.

patruljere *(vb)* patrol.

I. patte *(subst)* nipple; *(på dyr)* teat.

II. patte *(vb)* suck.

patte|barn suckling. **-dyr** *(zool)* mammal. **-gris** sucking pig.

pauke *(mus)* kettledrum.

paulun *(glds)* pavilion, tent; *(spøkef)* abode, dwelling.

Paulus Paul.

pause pause, stop; *(mus)* rest; *(opphold)* lull *(fx* in the conversation); *(i forestilling, etc)* interval *(fx* there will be a short i. for refreshments; two minutes' i.); **US** intermission; *med -r innimellom* at intervals, intermittently; *det ble en ~* there wasa pause; a pause ensued; *ta en ~* pause, make a pause.

pausere *(vb)* pause, stop.

pausesignal *(radio)* interval sign.

pave pope.

pavedømme papacy.

pavelig papal.

pave|kirke the Church of Rome, the Roman Catholic Church. **-makt** papacy, papal authority. **-sete** papal see. **-valg** papal election.

paviljong pavilion.

peau-de-pêche-jakke velveteen jacket.

pedagog educationalist; educationist; *(sj)* pedagogue; **US** educator.

pedagogikk science of education, educational science; pedagogics, pedagogy; *sosial-* social education; *sosiologisk ~* sociology of education; *innføring i (praktisk) ~* training in education.

pedagogisk educational *(fx* writings, terms, method); *(sj)* pedagogic(al); ~ *høyskole* college of education; **US** teachers college; *lektor ved ~ høyskole* college of education lecturer; **US** teachers college professor; ~ *kvotient* educational quotient *(fk* E.Q.); ~ *psykologi* educational psychology; ~ *seminar* = University Department of Education *(fk* UDE); *(kurset)* Diploma of Education course; *eksamen fra ~ seminar* = Post-Graduate Certificate in *(el.* of) Education; Diploma in *(el.* of) Education; *har De (eksamen fra) ~ seminar?* have you got your Diploma of E.?

pedal pedal.

pedalsett: *dobbelt ~ (i bil)* dual control unit.

pedant pedant. **-eri** pedantry. **-isk** pedantic.

p

peile *vb (mar)* take a bearing, take bearings; *(om fyr)* bear *(fx* the light bears S.E.); *(bestemme væskehøyden i; lodde)* sound; *(se peiling).*
peiling bearing; *få ~ på* **T** learn about; *han har ikke ~* **S** he hasn't a clue; he's quite clueless; *ta ~ på* head for; aim at; *(mar)* take a bearing *(på noe* on sth).
peis *(ildsted)* open fireplace; *(lett glds el.* **US)** hearth; *ved -en* by *(el.* at) the fireside, by the fire; *nå skulle det vært deilig med fyr på -en* it would be nice to have a bit of fire now; *(se peisbål; hyttestemning).*
peisbål open fire; *kose seg ved -et* enjoy the open fire; *sitte foran et sprakende ~ (oftest)* sit before a crackling *(el.* blazing) fire; *(se peis; hyttestemning).*
peise *(vb): ~ på* go ahead, work hard; go very fast.
peisestue [room with an open fireplace].
peis|hylle mantelpiece. **-krakk** fireside stool. **-krok** fireplace corner, inglenook. **-varme** heat of a fireplace *(fx* the lively flames and pleasant heat of a fireplace).
pek: *gjøre ham et ~* play a trick on him.
peke *(vb)* point *(på* at, to); *~ fremover* point forward; *~ fingrer av* point derisively at; *~på* (ɔ: *gjøre oppmerksom på)* call attention to; *~ på et viktig moment (el. forhold)* raise an important point; *hun får alt hun -r på* she gets everything she asks for *(el.* wants); she only has to point at sth and she gets it *(el.* to get it); *~ ut* point out, select; *~ seg ut* suggest oneself (,itself, etc); *stedet -r seg naturlig ut som ...* the place naturally suggests itself as...
peke|finger forefinger, index finger; *det å skrive på maskin med -en* = hunt and peck; *det var Guds ~* that was a warning sign from heaven; that was the (warning) finger of God. **-pinne** *(fig)* hint, pointer. **-stokk** pointer.
pekuniær pecuniary.
pelagisk pelagic.
pelargonium *(bot)* geranium.
pelikan *(zool)* pelican.
Peloponnes *(geogr)* the Peloponnese.
pels fur; *(frakk el. kåpe)* fur coat; *få på -en* **T** get a beating.
pelsdyr fur-bearing animal.
pelsfôre *(vb)* fur-line.
pels|frakk fur coat. **-handler** furrier. **-jeger** trapper. **-kåpe** fur coat. **-verk** furs.
pemmikan pemmican.
pen *(adj)* nice *(fx* face, dress, girl, house); attractive *(fx* patterns); *(om person, også)* good-looking; *(pen og ordentlig)* neat *(fx* dress, handwriting); *(se kjekk & ordentlig); (om vær)* fine; *(om tanke)* kind *(fx* a k. thought); *(god, ganske god)* (quite) good *(fx* quite a good result), nice *(fx* a nice piece of work), fair *(fx* a fair amount of trade), tidy *(fx* a tidy sum of money), handsome *(fx* a h. trade); *(ærbar, anstendig)* respectable, decent *(fx* she is a d. girl); nice *(fx* no nice girl swears); *(veloppdragen)* nice *(fx* a nice young man; he has nice manners); *(vennlig)* nice, kind *(fx* how nice of you; it was kind of him to help me); *~ og ren* nice and clean; *~ i tøyet* neatly dressed; *-t (adv)* nicely, neatly, well, decently, fairly, tolerably; *motoren går -t* the engine is running smoothly *(el.* sweetly); *(se kjekk).*
penal pen-case, pencil case.
pence pence; $2^1/_2$ ~ $2^1/_2$ p; two and a half pence, two and a half p; *(se penny).*
pendant counterpart, match, companion piece (,picture, *etc).*
pendel pendulum. **-aksel** swing axle shaft.
pendelslag oscillation of a pendulum.
pendeltog shuttle-service train.
pendeltrafikk *(jernb)* shuttle service.
pendle *(vb)* **1.** oscillate; **2***(være pendler)* commute.
pendler *(person)* commuter.
pendress best suit.
penge *se penger; jeg fikk det for en billig ~* I picked it up cheap.
penge|anbringelse investment; *en ~ som forrenter seg godt* an investment that returns good interest. **-brev** [registered letter containing money].
pengeforbruk expenditure; spending *(fx* we must be more careful with our s.); *skjære ned på sitt ~* cut down on *(el.* limit) one's spending *(el.* expenditure).
penge|forhold: *han hadde god orden i sine ~* his finances were in good order *(el.* were in a good state). **-forlegenhet** pecuniary embarrassment; *(se også pengeknipe).* **-grisk** money-grubbing, avaricious. **-griskhet** avarice, rapacity, cupidity. **-hjelp** pecuniary aid. **-knipe** pecuniary difficulty *(el.* embarrassment), financial straits; *være i ~* be awkwardly placed over money matters, be short of money; **T** be hard up, be on the rocks.
pengekrise financial crisis.
pengelens penniless; **T** broke.
pengelotteri: *Statens ~* the State Lottery.
penge|mangel scarcity of money; lack of money; *-en er så stor at...* money is so short that... **-mann** moneyed man, capitalist. **-marked** money market. **-omløp** circulation of money. **-omsetning** turnover *(fx* the t. on the Stock Exchange ran into big figures); *(se omsetning & pengeomløp).* **-overføring** money transfer. **-puger** miser. **-pung** purse; *med slunken ~* with a slender purse; *(se II. ramme).*
penger *(pl)* money; *falske ~* bad money; *mange ~* a lot of money; much money; *vi har ikke mange ~, men vi greier oss* we haven't much money but we just manage; *(se II. greie: ~ seg); rede ~* ready money, cash; *det koster mange ~* that costs a great deal of m.; **T** that costs a packet (of m.); *tjene ~* make money; *tjene store ~* make a pile, earn a packet, make heaps *(el.* piles *el.* stacks *el.* pots) of money; *leve av sine ~* live on one's capital; have a private income; *det er ingen ~ blant folk* money is scarce; *det er så knapt med ~ at...* money is so short that...; *det er mange ~ blant folk* there's plenty of money about; *gjøre noe i ~* turn sth into money; *sette ~ i* invest money in; *han hadde best med ~ av alle kameratene* he had the most money of all his friends; *hvordan er det med ~?* (ɔ: *har du nok penger?)* how are you off for money? are you all right for money? *slå om seg med ~* spend money like water; *jeg har ingen ~ på meg* I have no money on *(el.* about) me; *slå ~ på noe (neds)* make money out of sth, trade on sth; *gifte seg til ~* marry money; *komme til ~* come into money; *hvor skal vi få ~ til det fra?* how are we going to find the money (for that)? *det er bare det at vi ikke har ~ til det* it's just that the money (for it) isn't there; *hvordan vil du ha pengene?* how will you take *(el.* have) the money? *(se II. bord; II. rulle; smør; strekke: ~ til; strø: ~ om seg).*
pengesaker *(pl)* money matters.
penge|seddel bank note; **US** (bank) bill. **-sekk** money bag. **-sending** remittance. **-skap** safe. **-skrin** money box. **-skuff** *(i en butikk)* till. **-sorger** pecuniary *(el.* financial) worries. **-stolt** purse-proud. **-stolthet** purse pride. **-stykke** coin. **-støtte** *(pengehjelp)* financial aid; *det er et økende behov for offentlig og privat ~* there is a growing need for public and private financial aid. **-tap** loss of money, financial loss. **-transak-**

sjon money transaction. **-understøttelse** financial support *(el.* backing). **-utlegg** *(pl)* financial outlays. **-utlåner** money-lender. **-utpresning 1.** blackmail; **2***(gangsterbandes, etc)* racket(eering); *drive* ~ (1) practise blackmail; (2) run a racket. **-utpresser 1.** blackmailer; **2***(gangster)* racketeer; *brev fra* ~ blackmailing letter. **-vanskeligheter:** *se -knipe.* **-velde** plutocracy. **-verdi** money *(el.* monetary) value. **-vesen** money matters; finances. **-økonomi** money economy; economy based on money.

penibel painful.

penn pen; *føre en god* ~ write well; *ta -en fatt* set pen to paper; put (one's) pen to paper; take pen in hand; *(se skarp).*

pennal pen-case, pencil case.

penne|feide literary controversy. **-skaft** penholder. **-skisse** pen-and-ink sketch. **-smører** *(neds)* quill-driver. **-splitt** nib; **US** penpoint. **-strøk** stroke of the pen. **-tegning** pen-and-ink drawing.

penny penny *(pl:* pence, pennies); *en halv* ~ a half penny, half a penny, half a p; *(se pence).*

pens *(jernb)* points; **US** switch.

pense *(vb)* shunt; **US** switch; *vi må* ~ *ham inn på andre tankebaner* we must start him thinking along different lines; *(se skiftekonduktør; sporskifter; sporskiftning).*

pensel brush; *(kunstmalers)* oil colour brush. **-strøk** stroke of the brush.

pensjon 1. pension; *selskapet har fri* ~ the company provides a non-contributory pension scheme; **2***(kost)* board and lodging; *full* ~ full b. and l.; *ha en i* ~ have sby as a boarder; *hun tar studenter i* ~ *(også)* she takes students as paying guests (into her home).

pensjonat boarding house. **-skole** boarding school.

pensjonere *(vb)* pension.

pensjonist pensioner, retirement pensioner.

pensjonsalder pensionable age; retirement age.

pensjonsberettiget entitled to a pension.

pensjons|fond pension fund. **-forsikring** pension insurance. **-innskudd** pension contribution. **-kasse** pension fund; *stå i -n* subscribe to the pension fund. **-lov** Pensions Act. **-ordning** pension scheme; *(jvf pensjon 1).* **-rettigheter** *(pl)* pension entitlement.

pensjonær *(kostgjenger)* boarder.

pensle *(vb)* paint, swab *(fx* a wound); brush *(fx* with soapy water).

pensum *(i et enkelt fag)* syllabus; *-ets oppbygning* the construction of the syllabus; *de prinsipper* ~ *er bygd opp etter* the principles governing the construction of the syllabus; *komme gjennom* ~ get through the syllabus; *eksamens-* examination requirements *(pl).*

pensum|bøker *(pl)* books prescribed for study, set books. **-liste** list of set *(fx* English) reading; list of set books. **-tekster** *(pl)* prescribed texts, set texts.

peon *(bot)* peony.

pepper pepper.

pepper|bøsse pepperbox. **-kake** gingersnap; *(jvf sirupssnipp).* **-mynte** peppermint. **-mø** old maid. **-svenn** bachelor.

pepre *(vb)* pepper.

pepsin pepsin. **peptisk** peptic.

Per Peter; ~ *og Pål* Tom, Dick, and Harry.

perfeksjonere *(vb)* perfect; ~ *seg i* improve one's knowledge of.

perfeksjonist perfectionist.

perfekt *(adj)* perfect *(i* in); *være* ~ *i fransk* have a thorough knowledge of French; know F. thoroughly; *han er* ~ *i fransk (også)* his F. is perfect; *han snakker* ~ *fransk* he speaks perfect F., he speaks F. perfectly; his F. is perfect; *han kan sine ting* ~ he knows his stuff to perfection.

perfekt|ibel perfectible. **-ibilitet** perfectibility.

perfektum *(gram)* the perfect (tense).

perforere *(vb)* perforate.

pergament parchment; *(fint)* vellum.

pergola pergola.

perifer 1*(avsidesliggende)* remote; **2***(anat)* peripheral *(fx* nerves).

periferi periphery.

periferisk peripheral.

periode period. **-dranker** dipsomaniac; **T** dipso. **-vis** *(adj)* periodical; *(adv)* periodically.

periodisk periodic.

periskop periscope.

peristalt|ikk peristalsis. **-isk** peristaltic.

perkusjon percussion.

I. perle *(subst)* pearl; *(av glass, etc)* bead; *(naturskjønt sted)* beauty spot; *kaste -r for svin* cast (one's) pearls before swine.

II. perle *(vb)* bead, form (in) beads; *svetten -t på hans panne* beads of perspiration covered his forehead.

perle|broderi beadwork. **-fisker** pearl diver, pearl fisher. **-gryn** pearled grain, pearl(ed) barley. **-halsbånd** pearl necklace. **-humør** excellent spirits; *han var i* ~ **T** *(også)* he was in bubbling spirits. **-høne** *(zool)* Guinea hen. **-kjede** string of pearls (,beads). **-mor** mother-of-pearl. **-musling** *(zool)* pearl oyster. **-rad** row of pearls (,beads). **-venner:** *de er* ~they are fast friends; *(se erteris).*

I. perm cover; *fra* ~ *til* ~ *(om bok)* from c. to c.; *mellom disse -er* between the covers of this book, between these covers; *(se stiv).*

II. perm *(mil)* **T:** *se permisjon.*

I. permanent *(subst)* permanent wave; **T** perm.

II. permanent *(adj)* permanent; perpetual.

permisjon leave (of absence); ~ *uten lønn over et passende tidsrom* an appropriate period of unpaid leave; *den med rektor avtalte -(stid) utløp* the leave allowed by the head expired; *(se tjuvperm).*

permisjonsantrekk *(mil)* walking-out dress; *(mar)* shore kit; **US** class A uniform.

permittent serviceman on leave; *-er (også)* leave personnel.

permitter|e *(vb)* **1.** grant leave (of absence); **2***(sende bort)* dismiss, send away; **3***(hjemsende)* disband, send home; *-t* on leave.

perpendik|kel pendulum. **-ulær** perpendicular.

perpleks taken aback, bewildered, nonplussed; **T** flummoxed.

perrong platform.

pers: *måtte til* ~ be in for it; go through it; face it; *du må nok til* ~ *du også* you'll have to face it too; you'll have to go through it too; *nå må han til* ~*!* now he's in for it!

I. perse *(subst)* press.

II. perse *(vb)* press.

perser Persian.

persesylte mock brawn, head cheese, collared head.

Persia Persia.

Persiabukta *(geogr)* the Persian Gulf.

persianer(skinn) Persian lamb.

persienne Venetian blind; **US** (window) shade.

persille *(bot)* parsley; *(se kruspersille).*

persisk Persian.

person person; *i egen* ~ in person; *uten -s anseelse* without respect of persons.

personalavdeling staff department; *administrasjons- og personalavdeling (jernb)* establishment and staff department; *(se personalkontor).*

personaldirektør *(post)* director of personnel;

p

administrasjons- og personaldirektør (jernb) chief establishment and staff officer; *(jvf personalsjef).*
personale personnel, staff; *teknisk* ~ technical staff; *butikk-* sales staff; *(se oppsynspersonale; rydde: ~ opp i personalet).*
personalforvaltning personnel management.
personalia biographical data, personalia.
personalkomité staff committee.
personalkontor personnel office; *(se søknad).*
personalkreditt personal credit; *(jvf realkreditt).*
personalsjef personnel manager; *(se også personaldirektør).*
personalstyrke staffing; *tilstrekkelig (,høyeste)* ~ adequate (,maximum) staffing.
personalunion *(polit)* personal union.
persondata personal data.
persongalleri *(i litt. verk)* (cast of) characters; *Dickens'* ~ the characters in Dickens.
personifikasjon personification.
personifiser|e *(vb)* personify; *han er den -te hederlighet* he is the soul of honesty; *han er den -te ondskap* he is evil personified.
personifisering personification.
personkrenkelse *(jur)* trespass to person; *(se eiendomskrenkelse).*
personlig *(adj)* personal; *en* ~ *bemerkning* a p. remark; ~ *frihet* individual liberty; *min -e mening* my p. *(el.* private) opinion; *(adv)* personally, in person; *jeg er ikke* ~ *interessert* I am not directly concerned; *(se seier).*
personlig datamaskin *(PC)* personal computer; PC.
personlighet personality; individuality; *(personlig hentydning)* personality; *en betydelig* ~ an important person(ality); *en meget betydelig* ~ an outstanding personality; *en fargerik* ~ a colourful personality; *han er en helstøpt* ~ he is a man of sterling personality.
personopplysninger personal information.
personskade personal injury.
personsøker bleep(er).
person|takst fare. **-tog** passenger train. **-vern** (protection of) privacy. **-verntiltak** measure to protect the privacy of the individual.
perspektiv perspective; *la oss se det hele i* ~ let's put the thing into perspective; *(se også avstand & uhildet).* **-isk** perspective.
perspektivlære science of perspective.
pertentlig correct, meticulous, punctilious; **T** pernickety; **US T** persnickety; *han er meget* ~ **T** *(også)* he likes everything just so. **-het** meticulousness, punctiliousness.
Peru *(geogr)* Peru.
peru|aner, -ansk Peruvian.
pervers perverse, perverted; *(seksuelt)* sexually depraved, perverted, unnatural *(fx* an u. crime, vice); *en* ~ *person* a (sexual) pervert.
perversitet sexual perversion, abnormality; pervertedness.
pese *(vb)* pant, puff.
pesk reindeer jacket.
pessar diaphragm, cap.
pessimis|me pessimism. **-t** pessimist.
pessimistisk pessimist, pessimistic.
pest pest, plague; *avsky som -en* hate like poison.
pestaktig pestilential.
pestbyll bubo *(pl:* buboes).
pestilens pestilence.
petit *(typ)* brevier, 8-point.
petitartikkel paragraph; **T** par.
petitjournalist columnist; par writer.
petrokjemisk petro-chemical *(fx* a petro-chemical works).
petroleum petroleum.

Pfalz *(geogr)* the Palatinate. **p-greve** Count Palatine.
pianist(inne) pianist.
I. piano *(subst)* piano; *hennes dyktighet ved -et* her proficiency at the piano.
II. piano *adv (sakte)* piano.
pianoforte piano, pianoforte.
piano|krakk music stool. **-stemmer** piano tuner. **-tråd** music wire.
piassava piassava.
pidestall pedestal; *rive ned av -en* **T** debunk.
piece piece; (short) play.
pietet respect; reverence; *(fromhet)* piety.
pietetsfull respectful; reverent; *-t bevarte samlinger* carefully preserved collections.
pietetshensyn: *av* ~ out of respect.
pietetsløs irreverent.
pie|tisme pietism. **-tist** pietist.
pietistisk pietistic.
pigg spike; *(på piggtråd)* barb; *(i piggdekk)* stud; *pinnsvinets -er* the quills of the hedgehog; *(fjell-)* peak; *(mar)* forepeak.
piggdekk *(også* **US**) studded tyre.
pigge *(vb)* spike, prod; ~ *av* **T** make oneself scarce; *(også* **US**) hop it; ~ *av gårde* **T** hurry off; **T** push off.
pigget prickly, spiky.
pigghalsbånd spiked collar.
pigghå *(fisk)* spiked *(el.* spiny) dogfish.
piggrokke *(fisk)* sting ray.
pigg|stav pikestaff. **-sveis** crew cut. **-tråd** barbed wire. **-trådgjerde** barbed wire fence.
piggvar *(fisk)* turbot.
pigment pigment. **-ering** pigmentation
pikant piquant, intriguing; spicy *(fx* stories, pictures).
pikanteri piquancy.
pike girl; *(hushjelp)* maid, servant girl, maid servant; *en -nes Jens* a ladies' man. **-barn** young girl; slip of a girl. **-dager** *(pl)* girlhood days. **-historie** affair. **-jeger** skirt chaser, girl chaser. **-luner** *(pl)* girlish whims. **-navn** maiden name; girl's name.
piké piqué.
pike|skole girls' school. **-speider** girl guide; *(se speider).*
pikett *(vaktpost)* picket.
pike|værelse maid's room. **-år** *(pl)* girlhood.
I. pikk *penis (vulg)* prick, cock, tool.
II. pikk: ~ *og pakk* bag and baggage.
pikke *(vb)* tap, knock.
pikkoline page girl.
pikkolo 1*(fløyte)* piccolo; **2***(hotellgutt)* page boy; buttons; **US** bellhop, bellboy.
piknik picnic; *dra på* ~ go on a picnic; go picnicking; *(se landtur).*
I. pil *(bot)* willow; *(kurvpil)* common osier.
II. pil *(til bue)* arrow; *(liten kaste-)* dart; *(fig)* dart, bolt, shaft; ~ *og bue* a bow and arrows *(fx* shoot with a bow and arrows); *(se bue).*
pilar pillar; *(bru-)* pier.
pilaster pilaster.
Pilatus Pilate.
pile *(vb)* hurry, run, scurry *(av sted* off).
pilegrim pilgrim.
pilegrims|ferd pilgrimage. **-vandring** pilgrimage.
pile|kogger quiver; *(se standkogger).* **-regn** shower of arrows. **-spiss** arrowhead. **-skudd** arrow shot; bowshot *(fx* within a b. of). **-tre** *(bot)* willow.
pilk *(fiskeredskap)* jig.
pilke *(vb)* jig.
I. pille *(subst)* pill; *en bitter* ~ *å svelge* a bitter pill to swallow; *sukre -n* gild the pill.
II. pille *vb (jvf plukke)* pick, pluck; shell *(fx* peas, prawns); ~ *seg i nesen* pick one's nose; ~ *fjærene av en fugl* pluck a bird; ~ *i maten*

pick at the food; *fuglen -r seg* the bird is preening itself; ~ *ved* finger, touch.
pillemisbruk excessive use of pills.
pillesluker pill-popper.
pillråtten rotten to the core.
pils(ner) *(øl)* Pils(e)ner (beer); light beer; *(se lagerøl).*
pimpe *(vb)* tipple, guzzle *(fx* he sat guzzling beer all evening).
pimpestein pumice, pumice stone.
pinaktig painful.
pinaktighet pain, distress.
I. pine *(subst)* pain, torment, torture; *død og ~!* by Jove!
II. pine *(vb)* **1.** torment, torture. **2.** *mar (seilsp)* pinch.
pine|benk rack; *bli spent på -en* be put on the rack. **-full** painful.
ping-pong ping-pong.
pingvin *(zool)* penguin.
pinje *(bot)* stone pine.
pinjong: *konisk ~* bevel pinion; *(se bakakseldrev; planetdrev).*
pinlig painful.
pinne stick; *(i bur)* perch; *(vagle)* roost; *(i cricketgjerde)* stump; *(strikke-)* knitting needle; *(om maskene på en pinne)* row; *(plugg)* pin, peg; *(i leken «vippe ~»* cat); **T** (= *dram)* nip *(fx* a nip (of whisky, *etc)),* shot; *felle en maske i slutten av -n* decrease a stitch at the end of the row; *ikke legge to -r i kors* not lift a finger *(fx* for sby); *skyte en hvit ~ etter noe* whistle for sth; *stiv som en ~* stiff as a poker *(el.* board); *stå på ~ for en* dance to sby's pipe; be at sby's beck and call; *''vippe ~'' (leken)* tipcat; *vippe ham av -n* **T** knock him off his perch; *(sørge for at han får sparken)* give him the push; *nyheten vippet ham nesten av -n (også)* **T** the news nearly bowled him over.
pinnekjøtt [salted and dried ribs of mutton].
pinneskrue screw stud.
pinne|stol spindleback chair. **-ved** kindling wood; *bli slått til ~* be shattered to bits.
pinnsvin *(zool)* hedgehog.
pinnsvinfisk *(zool)* sea porcupine; porcupine fish; globe fish.
pinol *(på dreiebenk)* (lathe) centre.
pinolrør *(på dreiebenk)* tail spindle.
pinse Whitsun; *(jødisk)* Pentecost.
pinseaften Whit Saturday, the day before Whitsunday.
pinsedag: *første ~* Whitsunday; *annen ~* Whit Monday.
pinseferie Whitsun holidays.
pinse|fest Pentecost. **-helg** *se pinse.*
pinsel torture, torment.
pinselilje *(bot)* white narcissus.
pinse|morgen Whitsunday morning. **-tid** Whitsuntide.
pinsett 1. (pair of) tweezers; **2***(med.)* forceps.
pinse|uke Whit Week. **-venn** Pentecostalite.
pion *(bot)* peony.
pionér pioneer.
pip *(lyd)* cheep, chirp, peep; *(int)* cheep! *(se pipp).*
I. pipe *(subst)* **1.** pipe; **2***(på bygning)* chimney; **3***(gevær-)* barrel; **4***(del av pipenøkkel)* socket; *danse etter ens ~* dance to sby's pipe; be at sby's beck and call; *da fikk -n en annen lyd* that made him (,her) change his (,her) tune; *-n hadde fått en annen lyd* the song had changed; *stikke -n i sekk* climb down, sing small, pipe down, change one's tune; *en ~ tobakk* a pipe(ful) of tobacco.
II. pipe *(vb)* cheep; *(om dør, stemme)* creak, squeak *(fx* the door squeaked badly on its hinges); *(om åndedrett)* wheeze, whistle; *kulene pep om ørene på oss* the bullets whistled past our ears; *vinden pep i riggen* the wind whistled through the rigging; ~ *en ut* boo sby, hiss sby (off the stage); *bli pepet ut* **S** get the bird.
pipe|brann chimney fire. **-hode** pipe bowl. **-konsert** hissing; catcalls. **-løk** spring onion, salad onion; green onion; scallion; *(jvf sjalottløk).* **-nøkkel** box spanner, socket spanner, socket wrench. **-nøkkelsett** socket set. **-renser** pipe cleaner. **-stilk** pipestem. **-veksling** framing around the chimney.
piple *(vb)* trickle.
piplerke *(zool)* red-throated pipit; *stor ~* Richard's pipit.
pipp *(kvitring)* chirp, cheep, peep; courage, strength; *ta -en fra en* **T** take it out of one; *det tok nesten -en fra oss (også)* it almost knocked us out.
I. pir *(liten makrell)* young mackerel.
II. pir *(utstikkerbrygge)* pier.
pirat pirate.
pirk 1*(pirkearbeid)* fiddling work; *det er noe ordentlig ~* it's f. w.; **2***(kritikk)* petty criticism.
pirke *(vb)* pick, poke *(i* in); fiddle, finger *(ved* at); ~ *seg i tennene* pick one's teeth; ~ *(ɔ: hakke) på en* carp at sby; **US** pick at sby.
pirkearbeid *se pirk 1.*
pirket pedantic; pin-pricking; *(om kunstverk)* niggling.
pirre *(vb)* stimulate; tickle, excite, titillate.
pirrelig irritable.
pirrelighet irritability.
pirringsmiddel stimulant.
piruett pirouette.
pisk whip; *(hårpisk)* pigtail; *få av -en* get a flogging; *være under ens ~* be under sby's thumb.
piske *(vb)* whip, lash, flog; *(egg, etc)* beat (up) *(fx* eggs, cream), whip; *regnet -r på rutene* the rain is lashing against the panes; *snøen -t oss i ansiktet* the wind was beating the snow into our faces; *han henger i som et -t skinn* he is working as if possessed; **T** he's working flat out; *stivpisket* whipped to a froth *(fx* three eggs whipped to a f.); ~ *opp en krigsstemning* stir *(el.* whip) up a warlike atmosphere; *(se I. skinn).*
piskeorm *(zool)* whipworm.
piskesmell crack of a whip; *et ~* the crack of a whip.
piskesnert whiplash; *(slag)* flick (of one's whip).
piss T piss, urine. **-e** *(vb)* **T** piss.
pissoar urinal.
pist *(av fugl)* chirp, cheep, peep.
pistol pistol. **-hylster** holster. **-kolbe** (pistol) butt.
pittoresk picturesque.
pjalt: *slå sine -er sammen (gifte seg)* **T** splice up.
pjatt 1. overdressed dandy; **2.** empty chatter; nonsense, twaddle.
pjatte *(vb)* chatter idly.
pjokk *(liten gutt)* little fellow *(el.* chap); toddler; *den vesle -en* that little chap; **T** that little nipper; **US** that little shaver; *(se nurk).*
pjolter whisky and soda; **US** highball.
pjuske *(vb)* tousle; rumple, ruffle, dishevel.
pjusket rumpled; dishevelled *(fx* hair); scruffy; *våt og med -e fjær (om fugl)* wet and with ruffled feathers; *han så ~ ut som vanlig* he was looking his usual scruffy self; *(se pjuske).*
pladask flop, plop, plump; *falle ~ på baken* fall smack on one's seat; *han falt ~ på gulvet* he fell smack on the floor.
plaff *(int)* bang!
plaffe *(vb)* shoot, pop; ~ *løs på* blaze away at; ~ *ned* pick off; **T** plug.
I. plage *(subst)* bother, worry, nuisance; *hver dag har nok med sin ~ (bibl)* sufficient unto the day is the evil thereof; *fluene er en sann ~*

p

the flies are an unbearable nuisance; *den ungen er en sann ~ for sine omgivelser* that child is a holy terror.
II. plage *(vb)* bother, pester, torment, worry; *(irritere)* niggle *(fx* I knew there was something niggling you this morning); **US** bug *(fx* stop bugging me! that's what's bugging him); *det var det som -t ham (også)* that's what was preying on his mind; *~ livet av en* worry sby to death.
plageånd nuisance, pest; tormentor.
plagg garment; *en slik jakke er et meget anvendelig ~* a jacket like that is a most useful garment.
plagiat plagiarism. **plagiator** plagiarist.
plagiere *(vb)* plagiarize.
plagsom annoying, troublesome.
I. plakat *(subst)* placard, bill, poster; *(teaterplakat)* playbill; *(forstørret fotografi brukt som veggdekorasjon)* photomural; *sette opp en ~* stick *(el.* post) a bill.
II. plakat *(adv): ~ full* **T** plastered, dead drunk.
plakat|farge poster colour. **-søyle** advertising pillar, advertisement display pillar.
I. plan *(subst)* **1***(flate)* plane; **2***(nivå)* level; *ligge i samme ~ som* be on the same level as, be on a level with; *på et annet ~* on a different level; *på det personlige ~* on the personal level; *på det praktiske ~* at *(el.* on) a *(el.* the) practical level; *det avhenger av hvilket stilistisk ~ man befinner seg på* it depends on what type of style one is operating with; **3***(tegning, kart)* plan *(over* of); **4***(prosjekt)* plan, scheme, project; *arbeids- (i skole)* scheme of work, work scheme; **5***(over arbeidets utførelse i bedrift, etc)* flow plan, flow sheet *(el.* chart); *(jvf prinsippskjema); det er liten balanse i -ene* it is not a very balanced framework; *eventyrlige -er* wildcat schemes; *ha en fast ~ i arbeidet sitt* work to a plan; work methodically; *man har -er om å bygge flere studenthjem* plans are under consideration for more halls of residence to be built; *jeg omgås med en ~* I'm nursing a scheme; *-er om* plans for; *på det indre ~* in the inner world of the mind; in the inner sphere; *handlingen foregår på det indre ~* the action takes place in the inner world of the mind; *på det ytre ~* in the sphere *(el.* world) of external circumstances; *på et høyere ~ (kulturelt, etc)* on a higher plane; *vi arbeider faktisk på to ~* we do, in fact, work on two levels; *sette en ~ ut i livet* carry a plan into effect *(el.* execution); *våre -er tegner bra* our plans are shaping well; *(se fadder; korthus; II. skulle 3; utarbeide).*
II. plan *(adj)* flat, level, plane.
planere *(vb)* level; plane; *~ en vei* level a road; *~ ut* level, even up *(fx* the ground); make even *(fx* m. the ground e.).
planet planet.
planetarisk planetary.
planetdrev planet pinion; *(se pinjong).*
planetsystem planetary system.
planfigur *(geom)* plane figure *(el.* shape).
planfri *se kryss: planfritt ~.*
plangeometri plane geometry.
planhusholdning economic planning.
plankart *(mar)* plane chart.
planke plank; *(av furu el. gran)* deal; *(jvf IV. bord).*
plankegjerde board fence, boarding; hoarding; *sette ~ rundt* board in *(fx* a building site).
planke|kapp deal ends. **-kjøring:** *det er bare ~ (fig)* that's only routine work; that's mere routine; that's child's play. **-kledning** planking.
plankelegge *(vb)* plank.
plankton plankton.
planlegge *(vb)* make plans for, plan.
planlegging planning; organizing; *~ på lang sikt* long-range *(el.* long-term) planning; *under den videre ~ av ordboksprosjektet* in working out further plans for the dictionary project.
planleggingsdag *(skolev)* planning session; *(i Canada)* non-instructional day; discretionary day.
plan|løs planless, aimless, unmethodical; **T** go-as-you-please. **-løshet** aimlessness, absence of method. **-messig** *(adj)* systematic; *(adv)* according to plan, systematically; *~ lønnsøkning* planned growth of wages. **-messighet** regularity, method.
planovergang *(jernb): se jernbaneovergang.*
plansje plate *(fx* in a book); wall chart. **-verk** book containing plates.
planskive *(på dreiebenk)* (lathe) face plate.
plansliping facing, grinding the surface; *(se sliping).*
plantasje plantation. **-eier** planter.
I. plante *(subst)* plant; *han er en fin ~* **T** he's a nice specimen; *du er meg en fin ~!* well, you're a nice one!
II. plante *(vb)* plant; *han -t de svære, skitne føttene sine på teppet* he planted his big dirty feet on the carpet; *~ om* transplant; replant; *~ til med* plant up with *(fx* softwoods); *~ ut* plant out, bed out; transplant; *~ seg foran en* plant oneself in front of sby.
plante|etende herbivorous. **-føde** vegetable food. **-geografi** geographical botany. **-liv** plant life. **-margarin** vegetable margarine. **-rike** vegetable kingdom. **-saft** sap, juice of plants. **-skole** nursery. **-verden** vegetable world. **-vev** plant tissue.
plantrigonometri plane trigonometry.
planøkonomi *(system)* planned economy.
plapre *(vb)* chatter away, gabble; *~ ut med noe* blurt out sth; *han -t ut med det hele* **T** he let the cat out of the bag; *(se plumpe; ~ ut med).*
plasere *(vb): se plassere.*
plask splash; *(lite)* plop.
plaske *(vb)* splash, plash; *(om enkelt lyd)* plop; *~ med armer og ben* thrash the water.
plaskebasseng paddling pool.
plaskregn heavy shower, pelting rain.
plaskvåt dripping wet, drenched, soaked; *(se våt).*
plass 1*(sted)* place; spot; *på ~* in p.; in its (right) p.; *(i rekke, serie, etc)* place, position; **2***(rom)* room, space *(fx* it takes up a great deal of s.); *(i bok, etc)* space; *dette problem inntar en bred ~ i hans forskning* this problem takes up *(el.* occupies) a large part of his research work; *merkantil engelsk inntar en bred ~ i ordboken* commercial English claims considerable space *(el.* takes up much space) in the dictionary; *gjør ~* stand back! make room! make way! *gjøre ~ for en* make room for sby; *vike -en for* give way to; **3***(sitteplass)* seat *(fx* this seat is taken); *det er ~ til 12 ved dette bordet* this table seats 12; *ta ~* take a seat; *(især* **US**) have a seat; *du har tatt -en min!* **T** you've bagged my place! *-er kan bestilles i forveien* seats are bookable in advance; **4***(mandat)* seat *(fx* in Parliament); **5***(stilling)* post, job; *(hushjelps, lett glds)* situation; *(se huspost);* **6***(husrom, havneplass, etc)* accommodation *(fx* a. for 50 guests); **7***(i veddeløp)* place; *han besatte 4. ~* he came in fourth; he was fourth; *bytte ~* change places *(fx* with sby); *innta -ene! (sport)* on your marks! *han kom inn på 13. ~ på 500 m* he finished 13th in the 500 metres; *(om skøyteløper også)* he skated 13th; *med 13. ~ blant 42* with 13th place out of 42; *spilte du på ham som vinner og på ~? (i hesteveddeløp)* did you bet (on) him each way *(el.* both ways)? **8***(mar) (posisjon)* position *(fx*

the lightship is not in p.); **9**(*høre hjemme, være berettiget): på sin ~* appropriate; suitable; *ikke på sin ~* out of place, inappropriate, misplaced; *var det ikke på sin ~ å advare ham?* might it not be well to warn him? *illustrasjoner er på sin ~ når det gjelder å holde et publikums oppmerksomhet fanget* illustrations have their place in keeping a lecture audience attentive; *sette en på ~ (ɔ: irettesette en)* put sby in his place; **T** tell sby where he gets off; *(se også åpen).*

plassangst fear of open spaces; *(med.)* agoraphobia.

plass|anviserske *(på kino)* usherette. **-besparende** space-saving. **-bestilling** seat booking, seat reservation. **-billett** *(jernb)* (seat) reservation ticket, reserved seat ticket.

plassere *(vb)* place; *(penger)* place, invest; *(vaktpost, etc)* place, station *(fx* a guard at the gate); *(om ting, også)* locate *(fx* the battery is located under the bonnet); *~ seg* place oneself, seat oneself; *bli plassert (i sport)* be placed; *hester som ikke oppnådde å bli plassert* unplaced horses; also-rans; *~ en ordre hos (merk)* place an order with; *jeg kan ikke riktig ~ ham (fig)* I can't place him.

plassering placing; *en hest som har fått ~* a placed horse; *hesten fikk ingen ~* the horse was not placed.

plass|hensyn considerations of space; *av ~* for reasons of space; *av ~ kan vi ikke gå i detaljer* a regard for space prevents us (from) going into detail. **-mangel** lack of space *(el.* room); *(på hotell, etc)* lack of accommodation; *på grunn av ~* owing to lack of space. **-oppsigelse 1.** discharge; **2.** walkout; *(se oppsigelse).* **-sjef** *(for turoperatør)* area *(el.* resort) manager.

plast plastic(s).

plaster plaster *(fx* put a p. over the wound, apply a p. to the w.); *som et ~ på såret (fig)* by way of consolation.

plastikk 1.: *se plast;* **2.** plastic art; **3.** plastic gymnastics *(el.* dancing).

plastisk *(adj)* plastic *(fx* p. surgery; a p. operation; p. clay).

platan *(bot)* plane tree.

plate 1(*metall-, tynn)* sheet; *(tykkere)* plate; *(bygnings-)* wallboard; *(av sten, etc)* slab *(fx* a s. of marble); *(glass-)* sheet *(fx* of glass); *(bord-)* table top; **2**(*grammofon-)* record, disc; **3**(*elekt: koke-)* hotplate; **4**(*løgn)* lie, fib; *legg på en annen ~!* **T** turn the record! change the record! *han er ikke så nøye på å slå en ~* (4) he is apt to tell fibs; he is casual about telling the truth; he is not too truthful; *han gnåler alltid på den samme gamle -n (fig)* he is always harping on one *(el.* on the same) string.

plate|bar melody-bar. **-blokk** *(tekn)* slab ingot. **-emne** slab. **-innspilling** disc recording. **-musikk** record music; *(i radio, som programpost)* record session. **-prater** disc jockey. **-spiller** *(automat)* record player. **-tallerken** *(på platespiller)* turntable. **-valseverk** slabbing mill; *(se valseverk).*

platina platina, platinum.

platonisk platonic.

platt flat; *(i tale el. stil)* vulgar, low; flat; *kaste seg ~ ned* throw oneself flat; *seile ~ lens* sail with the wind dead aft; run.

plattenslager swindler, cheat.

plattform platform; *overbygget ~* covered p.; *åpen ~* open p.

platt|fot flatfoot. **-fotet, -føtt** flatfooted.

platthet flatness; platitude; *fromme -er* pious platitudes.

plattysk Low German.

platå plateau *(pl: -x el. -s).*

platåsko *(pl)* platform shoes.

plausibel plausible.

plebeier, plebeiisk plebeian.

plebisitt *(polit.)* plebiscite.

pledd (travelling) rug; **US** lap robe, lap rug.

pledere *(vb)* plead.

I. pleie *subst (pass)* nursing; care; *etter sykdommen har hun trengt stadig ~* since her illness she has been in need of constant nursing.

II. pleie *vb (passe)* look after; nurse, take care of.

III. pleie *vb (være vant til)* be used to, be accustomed to, be in the habit of; *jeg -r å gjøre det* I usually *(el.* generally) do it; I am in the habit of doing it; *han pleide å komme hver dag* he used to come every day.

pleieassistent UK nursing assistant *(el.* auxiliary); *(ved syke- el. gamlehjem)* care assistant.

pleie|barn foster child. **-foreldre** foster parents. **-hjem** nursing home; *pleie- og aldershjem* nursing and old people's home. **-personale** nursing staff. **-plan** *(med.)* care study. **-trengende** *(adj)* in need of nursing.

plen *(gress-)* lawn.

plent *(adv): sette seg ~ ned* sit right down; *svare ~ nei* give a flat refusal.

plenum plenary.

plenumsbehandle *(vb)* discuss in plenary assembly *(,parl:* session).

plenumsbeslutning plenary decision.

plenumsmøte full meeting; *når kommunestyret har (,hadde) ~* at a full meeting of the council; at full council meetings.

pleonas|me pleonasm. **-tisk** pleonastic.

I. plett *se flekk; sette en ~ på hans rykte* stain his reputation; *en ~ på hans gode navn og rykte (også)* an imputation on his character; *på -en* on the spot; *hvis noe skulle gå galt, er han straks på -en for å ta seg av det* if things (do) go wrong, he's always there to sort them out.

II. plett plate *(fx* silver p.).

III. plett *(kake)* girdle (,**US:** griddle) snap.

plettfri spotless, immaculate.

plikt duty *(mot* to, towards); *en kjær ~* a pleasant duty, a privilege; *det er meg en kjær ~ å ...* it's a very pleasant *(el.* welcome) duty for me to ...; *en tung ~* a painful duty; *gjøre sin ~* do one's duty; *han har ~ til å* it is his duty to; he is in duty bound to; he is under an obligation to; *jeg har først og fremst -er overfor kone og barn* my duty is to my wife and children; *-en kaller* duty calls; *utover hva -en krever* beyond the call of duty.

plikt|arbeid duties; *(se hoveri).* **-dans** duty dance, obligatory dance.

plikte *(vb): han -r å* it is his duty to, he is in duty bound to.

plikt|forsømmelse neglect of duty, dereliction of duty; *grov ~* gross d. of d. **-følelse** sense of duty.

pliktig (in duty) bound, obliged.

pliktmessig conformable to duty, dutiful; as in duty bound.

pliktoppfyllelse fulfilment *(el.* discharge) of one's duty *(el.* duties).

pliktoppfyllende devoted (to duty); conscientious; *han er en interessert, ~ og flittig elev* he is an interested, conscientious and hard-working pupil *(el.* student).

pliktsak matter of duty.

plikt|skyldigst *(adv)* as in duty bound. **-tro** faithful (to one's duty), loyal, dutiful; conscientious. **-troskap** devotion to duty; conscientiousness.

I. pling *(subst)* ting.

II. pling *(int)* ding.

plir blink, squint.

plire *(vb)* blink, squint *(mot* at).
plissé pleating.
plog plough; **US** plow; *føre -en* guide the p.; *legge under -en* put *(el.* bring) under the p., clear the ground; *(se bakkeplog, bæreplog; vendeplog).* **-før** fit to draw *(el.* capable of drawing) a (,the) plough. **-får** (p.) furrow. **-lag** [ploughing pool]. **-skjær** plough share. **-sving** *(på ski)* snowplough turn. **-velte** sod turned up by the plough; furrow. **-ås** plough beam.
plombe 1. (tooth) filling; **2.** (lead) seal.
plombere *(vb)* **1.** stop, fill *(fx* a tooth); **2.** seal.
plombering 1. stopping; **2.** sealing.
I. plomme *(i egg)* yolk; *ha det som -n i egget* be in clover; be as snug as a bug in a rug.
II. plomme *bot (frukt)* plum.
plommetre *(bot)* plum tree.
pludder *(snakk)* jabber, gabble; *(babys)* prattle.
pludre *(vb)* jabber, gabble; *(om baby)* prattle.
plugg peg; plug; *en kraftig* ~ a sturdy fellow; *en kraftig, tettvokst liten* ~ a strong, sturdy little chap; *(se tennplugg).*
plukke *(vb)* pick; *(frukter, blomster)* pick, gather; *(en fugl)* pluck; *(en person)* fleece; ~ *av* pick off; *han har -t opp en god del tysk* he has picked up a lot of German; ~ *på* pick at *(fx* a wound, a scab); ~ *ut* pick out.
plukkfisk stewed codfish; *(fig)* hash *(fx* make hash of), mincemeat; *slå ham til* ~ make mincemeat of him.
plukkhogst *(forst)* selection felling *(el.* cutting).
I. plump *subst (dump lyd)* flop, plop; splash.
II. plump *adj (rå)* coarse, low, vulgar; *(klosset)* clumsy.
plumpe *(vb)* flop, plop, plump; ~ *ut med noe* blurt out sth; ~ *ut med det* **T** let the cat out of the bag; spill the beans; *så -t han ut med det hele (også)* then it all came out; ~ *uti en råk: se råk.*
plumphet coarseness, vulgarity; *(klossethet)* clumsiness.
plumpudding plum pudding.
plun|der bother, trouble. **-dre** *(vb)* toil, have no end of trouble.
pluralis *(gram)* the plural; *(se flertall).*
pluralitet plurality.
pluskvamperfektum *(gram)* the pluperfect (tense).
pluss plus; *et* ~ *(fordel)* an advantage.
plusse *(vb):* ~ *på* add.
plutselig *(adj)* sudden; *(adv)* suddenly, on *(el.* of) a sudden; ~ *forsto han at ... (også)* in a flash he realized that ...; *stanse* ~ stop short.
plutselighet suddenness.
plyndre *(vb)* plunder, pillage, rifle; *(erobret by)* sack, loot.
plyndring plundering, pillage, rifling; sack, loot.
plysj plush.
plystre *(vb)* whistle.
pløse 1. blister, swelling; *(etter slag)* weal; **2***(i sko)* tongue.
pløset bloated, swollen.
pløye *(vb)* plough; **US** plow; *pløyde bord* tongue -and-groove boards; ~ *gjennom (fig)* wade through, work one's way through *(fx* a book); ~ *ned* plough under; ~ *opp* turn up.
pnevmatisk pneumatic.
podagra *(glds)* gout.
I. pode *(subst)* graft; *(fig)* offspring; *håpefull* ~ young hopeful.
II. pode *(vb)* graft; *(med.)* inoculate; ~ *inn: se innpode.*
podekvist scion.
podium platform.
poeng point; *(kjernepunkt)* gist; *få 30* ~ score *(el.* get) thirty points; *-et ved historien* the point of the story; *tape (,vinne) på* ~ lose (,win) on points; *fjerne -et fra en anekdote* take the point out of an anecdote; *fikk du tak i -et?* **T** *(også)* did you get the message? *du har oppfattet -et riktig* you have grasped the point; *(se også utarbeidelse).*
poeng|beregning calculation of points. **-seier** victory on points. **-stilling** score; *hvordan er -en?* what's the score? **-sum** total number of points, grand total; *han fikk -men 100* he got a total of 100 points.
poengtere *(vb)* emphasize, stress; *han poengterte meget sterkt at ...* he emphasized very strongly that ...
poesi poetry.
poet poet.
pokal cup.
poker *(kort)* poker. **-ansikt** poker face.
pokker the devil, the deuce; *så for* ~*!* oh, bother! oh, hang it! *nei, så* ~ *om jeg det gjør!* I'll be damned *(el.* buggered) if I'll do it! *nei, så* ~ *om jeg det vil!* I'll be damned if I will! *hva* ~ *...* what the deuce, what the blazes; ~ *også!* hang it! blast! damn! *gå* ~ *i vold!* go and jump in the lake! go to blazes! *... og jeg ba ham dra* ~ *i vold* and I told him to take a running jump (at himself); ~ *ta den (,det)* damn and blast it! ~ *ta deg!* damn you! *som bare* ~ like blazes; *det var da som bare* ~*!* what a damned nuisance! *et -s leven* an infernal noise; *en -s jente* a devil of a girl; *han tror visst han er* ~ *til kar* he really thinks he's 'it; he thinks no small beer of himself; *de har et -s hastverk* they are in a devil of a hurry.
pokulere *vb (glds)* carouse.
pol pole; *negativ* ~ negative pole; *positiv* ~ positive pole; *Nordpolen* the North Pole; *Sydpolen* the South Pole.
polakk Pole.
polar polar.
polaregner *(pl)* polar regions; *de nordlige* ~ the arctic regions; *de sydlige* ~ the antarctic regions.
polarekspedisjon polar expedition.
polarforsker polar explorer.
polarforskning 1. polar exploration; **2.** polar research.
polarkrets polar circle; *(nordlige)* Arctic Circle; *(sydlige)* Antarctic Circle.
polarreise arctic voyage.
polemiker controversialist, polemist.
polemikk controversy; *(som begrep)* polemics.
polemisere *(vb):* ~ *mot* polemize *(el.* carry on a controversy) against.
polemisk polemic, controversial.
Polen *(geogr)* Poland.
polenta polenta.
polere *(vb)* polish; burnish.
polergarn wool waste, waste wool.
poliklinikk polyclinic, out-patients' department.
polise policy; *åpen* ~ open policy; *tegne en* ~ effect *(el.* take out) a policy.
polisk arch, sly. **-het** archness, slyness.
politi police.
politiadjutant *(omtr* =) chief superintendent.
politi|aspirant probationary police constable; **T** probationer constable. **-avdelingssjef** *se -stasjonssjef.* **-betjent** (police) inspector; *(ved kriminalpolitiet)* detective inspector; **US** (precinct) police sergeant. **-bil** police car, patrol car; *sivil* ~ unmarked police car; nondescript. **-etaten** the police service. **-forbund:** *Norsk* ~ *(svarer til)* the Police Federation. **-forhør** p. interrogation. **-forvaring:** *være i* ~ be in the custody of the police, be in p. custody. **-fullmektig 1***(ved mindre korps i egenskap av visepolitimester)* deputy chief constable; **US** deputy chief of police; **2***(ved*

politi

singular or **plural**

*The police **are** on the spot, and **they** will search the area.*
*Where **are** the scissors?*
***These** jeans **are** dirty, and **they** need to be washed.*
*Manchester United **are** playing against Newcastle today.*
*The Norwegian Government **are** working hard with the national budget.*

Some nouns in English take the verb and the pronoun only in the plural form.

større korps) chief superintendent; *(ved kriminalpolitiet)* detective chief superintendent; **US** police inspector. **-førstebetjent** chief inspector; **US** (precinct) police lieutenant; district lieutenant; *(se politistasjonssjef).* **-hund** police dog. **-inspektør** assistant chief constable; *(sjef for en* «division») chief superintendent; *(i London: sjef for et* «department») assistant commissioner; *(i London: sjef for en* «division») commander; **US** deputy commissioner; deputy chief of police, division commander.
politikammer police headquarters; police station.
politiker politician.
politikk *(framgangsmåte)* policy; *(statskunst)* politics; *det er dårlig ~* it is bad policy; *snakke ~* talk politics; *føre en barnevennlig ~* follow *(el.* pursue) a policy favourable *(el.* beneficial) to children *(el.* to large families); *en fremtidsrettet ~* a policy aimed at the future; *det er gått ~ i saken* it has become a political issue; *la det gå ~ i det* make a political issue of it.
politi|konstabel (police) constable. **-kølle** truncheon, baton. **-mester** chief constable; **US** police commissioner, chief of police; *-en i Oslo* the Commissioner of the Oslo Police; *vise-* deputy commissioner (of police); **US** deputy police commissioner, deputy chief of police; *(i London:* the Commissioner is assisted by a Deputy Commissioner and four Assistant Commissioners).
politimyndighet police authority; *gi en ~* invest sby with p. a.; .... *bes melde fra til nærmeste ~* .... is (,are) requested to inform *(el.* report to) the nearest police station *(el.* authority).
politi|overbetjent (police) superintendent; **US** senior police captain. **-overkonstabel** (police) sergeant; *(ved kriminalpolitiet)* detective sergeant; **US** (precinct) police corporal.
politisere *(vb)* talk politics.
politisk political; *slå ~ mynt på noe* use sth to political ends, make political capital out of sth.
politi|skilt police(man's) badge. **-skole** police training centre, police college. **-stasjon** police station; *bli trukket på -en* **T** be hauled up, be run in. **-stasjonssjef** (police) chief inspector; **US** (precinct) police captain, district captain; *(jvf politiførstebetjent).* **-styrke** police force. **-utrykning:** *en stor ~* a large muster of police *(fx* there was a large m. of p.); *(se storutrykning & utrykning).* **-vakt** police guard; *det var ~ ved inngangen* the entrance was guarded by police; *(se I. vakt).* **-vedtekt(er)** police regulation(s).
politur polish; *(fig)* veneer.

polka polka.
poll [round fjord with narrow inlet].
pollen *(bot)* pollen.
polonese polonaise.
polsk Polish.
polstre *(vb)* pad, stuff, upholster.
poly|gami polygamy. **-gamisk** polygamous. **-glott** polyglot. **-gon** polygon.
Polynesia *(geogr)* Polynesia.
polypp *(slags havdyr)* polyp; *(med.)* polyp|**us** *(pl:* -i); *(i nesen)* adenoids.
polyteisme polytheism. **polyteist** polytheist.
polyteknisk poly-technical; technological.
pomade pomade.
pomadisert pomaded.
pomerans *(bot)* bitter orange.
Pommern *(geogr)* Pomerania.
pommersk Pomeranian.
pomp pomp; *~ og prakt* pomp and circumstance.
pompøs pompous, dignified, stately.
pondus authority, gravity, weight.
pongtong pontoon. **-bru** pontoon bridge.
ponni *(zool)* pony.
poppel *(bot)* poplar.
popularisere *(vb)* popularize.
popularisering popularization.
popularitet popularity.
populær popular; *han har blitt riktig ~ hos tysklæreren* he's made quite a hit with his German teacher.
populærvitenskap popular science.
populærvitenskapelig popular science; *et ~ tidsskrift* a p. s. magazine.
pore pore.
porekar *(bot)* pitted vessel *(el.* duct).
porno T porn.
pornofilm T blue film.
pornografi pornography; **T** porn.
pornografisk pornographic; *~ film* **T** blue film.
pors *(bot)* sweet gale, bog myrtle.
porselen china, porcelain; *bein-* bone china.
porselens- china.
porselens|fat china dish. **-varer** *(pl)* chinaware.
porsjon *(tilmålt mengde)* portion, share; *(mat)* portion; helping; *i små -er* in small doses, in (small) instalments; *(om mat)* in small helpings; *en ~ juling* a good beating.
port gate, doorway; *jage på -en* send packing.
portal gateway, portal.
portefølje portfolio; *minister uten ~* minister without portfolio.

portemoné *(pengepung)* purse.
portforbud curfew; *(mil)* confinement to barracks; **T** C.B.; *han har* ~ he is confined to barracks; **US** he is restricted to quarters.
portier *(hotell-)* (hall)porter; *(jernb)* hall porter.
portiere (door) curtain, portière.
portklokke gate bell.
portner porter, doorman. **-bolig** porter's lodge.
portnøkkel gate key; front-door key.
porto postage; *hva er -en på et brevkort til N.?* how much is a postcard to N.? *hva er -en på brev til utlandet?* what is the postage on foreign letters? what is the overseas postage on a letter?
portofrihet free postage; *misbruke -en* abuse the franking privilege.
porto|fritt post-paid, post free. **-nedsettelse** reduction of postage. **-takst(er)** postal rate(s). **-tillegg** *(straffeporto)* (postal) surcharge.
portrett portrait. **-byste** portrait bust.
portrettere *(vb)* make (,paint, draw) a portrait of, portray.
portrettmaler portrait painter.
port|rom gateway. **-stolpe** gatepost.
porttårn gate tower; *(glds & hist)* barbican.
Portu|gal Portugal. **-giser(inne)** Portuguese; *portugiserne* the Portuguese.
portugisisk Portuguese.
portulakk *(bot)* purslane.
portvakt gatekeeper.
portvin port, port wine.
portør hospital orderly.
porøs porous. **-itet** porousness, porosity.
I. pose bag; pouch; *få både i ~ og sekk* have it both ways; *du kan ikke få både i ~ og sekk* you can't have your cake and eat it; *med -r under øynene* pouchy-eyed; *snakke rett ut av -n* speak straight from the shoulder, speak one's mind, not mince matters, speak plainly, speak out; *ha rent mel i -n* have a good *(el.* clear) conscience.
II. pose *vb (henge løst)* bag.
poselyng *(bot)* ling; *blomst av* ~ heather bell; *(se lyng).*
posere *(vb)* pose; strike poses.
poset *(løsthengende)* baggy.
posisjon position.
positiv *(subst & adj, også gram)* positive *(fx* the p. degree); *en ~ elev (kan gjengis)* a pleasant, interested and helpful pupil; *han er aktiv og ~ både i skole og lagsarbeid* he is keen and active in both school and out-of-school activities; *reagere -t* respond *(fx* the pupils responded well); *(se lagsarbeid).*
positiv|isme positivism. **-ist** positivist.
positur affected attitude, pose; *stille seg i ~* strike an attitude.
possessiv possessive.
post 1*(stilling)* post; *(hus-)* domestic post *(fx* take a d. p.); *ta ~ i England* take up employment in E.; take a post (,**T:** job) in E.; *begynne i ~ (også)* enter employment; **2***(postvesen)* post, mail; **US** mail; *jeg fikk det med -en* I got it by post; it was sent to me by post; *sende med -en* send by post *(el.* mail), send through the post; *med samme ~* by the same post *(fx* we are sending you by the same p.); *med vanlig ~* by surface mail; *er det noe ~ til meg?* (is there) any mail for me? *jeg fikk mye ~ i dag (også)* I had a heavy post today; **3***(i regnskap)* item; *(postering)* entry; *(beløp)* amount, sum; **4***(vareparti)* lot; parcel; **5***(vakt): stå på ~ (om vaktpost)* stand guard; *være på ~ (fig)* be on one's guard, be on the alert; *bli på sin ~* remain at one's post.
postadresse postal address; *oppgi nøyaktig ~* give exact p. a.

postal postal.
post|anvisning postal order. **-arbeid** *(post)* post-office work. **-assistent** *(kan gjengis)* postal assistant. **-behandling** *(post)* treatment of mails; *påskynde -en* accelerate the t. of m. **-bil** mail van. **-bud** postman; **US** mailman, mail carrier, letter carrier; *(se landpostbud).* **-datere** *(vb)* postdate.
postdirektør *(hist): se Postdirektoratet: generaldirektør i ~.*
Postdirektoratet = the Post Office; **avdelingssjef** *i ~* **1.** postal executive' A' (in charge of section of the Head Post Office administration). **2.** postal executive' B' (in charge of large sorting office); **3.** postal executive' C' (in charge of part of a sorting office); **generaldirektør** *i ~* = Chairman and Chief Executive (of the Post Office); *(se også personaldirektør; trafikkdirektør; økonomidirektør).*
poste *(vb)* post, mail; **US** mail; *~ et brev (også)* take a letter to the post.
postei pie; *(liten)* patty.
postekspeditør *(svarer omtr. til)* postal officer.
postere *(vb)* **1***(stille på post)* post, station; **2***(i regnskap)* post, enter.
poste restante poste restante; to be called for; left till called for; **US** general delivery; *(som oppslag over luken)* callers' letters.
postering *(se postere)* (1) posting, stationing; (2) posting, entry, item; *foreta en ~* enter an item, make an entry.
posteringsfeil misentry; error in the books.
post|forbindelse *se postgang.* **-fullmektig** *(hist): se Postdirektoratet: avdelingssjef i ~.* **-gang** postal service(s), postal communication. **-giro** postal giro; **UK** Girobank; *betale over ~* pay by postal giro. **-girokonto** postal giro account; **UK** (National) Girobank (deposit) account. **-hus** post office.
postkass|e post box; *(utenfor postkontor)* posting box; *(stor, rød; på fortau)* pillar box; *(privat)* letter box; **US** mailbox; (letter) drop; *(avtalt skjulested for meldinger til agent)* dead-letter box; *sitte med skjegget i -a* **T** be in the soup, be in a tight corner; **S** be in a tight *(el.* tough) spot; *bli sittende med skjegget i -a* **T** be left holding the baby.
post|kasserer *(intet tilsv.; kan gjengis)* [post-office cashier]. **-kontor** post office; *under-* suboffice, branch post office; *hente pakken på -et* get *(el.* fetch *el.* claim) the parcel at the post office. **-kort** postcard; **US** postal card. **-kunde** poster (NB 'posters are reminded that ...'). **-mann:** *se -bud.* **-mengde** volume of mail. **-mester** postmaster; postmistress; *(se postsjef).* **-nummer** postal code, post code; **US** ZIP code. **-ombringelse** delivery (of mail). **-oppkrav** cash (,**US:** collect) on delivery; C.O.D.; *sende mot ~* send C.O.D. **-oppkravsbeløp** trade charge; **US** (amount of) C.O.D. charge. **-ordreforretning** mail-order business. **-pakkmester** *(svarer til)* sorter. **-sending** item of mail, postal item; *avgående -er* outward traffic; *visse slags -er* certain classes of traffic. **-sjef** head postmaster; head postmistress; *(i London)* district postmaster; *(jvf postmester);*
* The Head Postmaster is assisted by from one to four Assistant Head Postmasters and a number of Postal Executives and Postmasters. **-sjåfør** postman driver. **-sparebank** post-office savings bank. **-stedsfortegnelse** directory of post offices. **-stempel** postmark.
Poststyret *(hist): se Postdirektoratet.*
postulat postulate.
postvesen post-office *(el.* postal) services.
postvogn mail coach; *(jernb)* mail van.
postyr *(glds)* fuss.

post|åpner sub-postmaster. **-åpneri** rural sub-office.
pote *(zool)* paw.
potens potency, sexual power; *(ofte* =) sexual prowess; *(mat.)* power; *opphøye i annen* ~ square *(fx* s. a number); *opphøye i tredje* ~ raise to the 3rd power, cube *(fx* c. a number); *a i fjerde* ~ a to the fourth (power).
potensial potential. **potensiell** potential.
potentat potentate.
potet potato; *-ene bør kokes med skrellet på* the potatoes should be boiled in their jackets; *ta opp -er* pick *(el.* dig) potatoes; *slå vannet av -ene* drain the potatoes; *(ved hjelp av dørslag)* strain the p.; *stekte -er* chips; **US** French fries.
potet|ferie autumn holiday (given to allow schoolchildren in country districts to help with the potato harvest). **-grateng** potatoes au gratin.
potetgull crisps; **US** (potato) chips.
potet|mel potato flour; *(i Engl. brukes)* cornflour (= *maismel);* **US** cornstarch. **-nese T** bulbous nose. **-opptaker** (rotary) potato digger, potato spinner. **-puré** creamed *(el.* mashed) potatoes. **-ris** potato tops *(el.* plants); *(vissent)* potato haulms. **-skrell** potato peel *(el.* peelings); skin (of a cooked potato). **-stappe** mashed potatoes. **-åker** potato field.
potpurri potpourri *(av* of).
pottaske potash.
potte pot; *(nattmøbel)* chamber pot.
pottemaker potter.
potteplante pot(ted) plant.
potteskår potsherd.
pottestol potty-chair.
pr. 1*(om sted)* near *(fx* n. Oslo); **2***(om middel)* by *(fx* by rail); **3***(om, i)* a; per; *£10* ~ *dag* £10 a *(el.* per) day; **4***(om tid)* per, a *(fx* per annum; a year); *betaling* ~ *30 dager* payment in *(el.* at) 30 days; ~ *kontant* for cash; *våre betingelser er 2 % pr. 30 dager* our terms are 2 per cent (discount) on payment within 30 days; our terms are 2 % (discount) at 30 days; ~ *i dag* as per today; as of today; today.
PR public relations, p.r.; *(se PR-mann).*
pragmatisk pragmatic.
Praha *(geogr)* Prague.
praie *(vb)* call, hail; ~ *en drosje* hail a taxi.
prakke *(vb):* ~ *noe på en* palm sth off on sby.
praksis 1*(øvelse, erfaring)* practice, experience; *med* ~ *i papirbransjen* with e. of the paper trade; *det fordres* ~ *i bokføring* previous e. of bookkeeping required; *med allsidig* ~ with all-round e.; *det er* ~ *som teller* p. is the important thing; *(se også øvelse);* **2***(handling): i* ~ in practice; *i teori og* ~ in theory and p.; *ugjennomførlig i* ~ impracticable; *føre ut i* ~ put into p.; **3***(leges, etc)* practice *(fx* sell a p.); *lege med alminnelig* ~ general practitioner *(fk* G.P.); **4***(sedvane)* practice, custom, usage; *hevdvunnen* ~ a p. sanctioned by usage; a time-honoured custom; *følge vanlig* ~ conform to the usual practice; *følge vanlig forretnings-* adhere *(el.* conform to) the usual business p.; *denne kunde, som ikke engang retter seg etter (el. følger) vanlig forretnings-* this customer, who does not even comply with the usual p. in business; *utarbeide en felles* ~ draw up a common code of practice: *(se søknad).*
praksisveileder *(for sykepleiere)* nurse tutor; (sister) tutor; **US** instructor nurse.
prakt pomp, magnificence, splendour.
praktbind de luxe binding.
prakteksemplar magnificent specimen, beauty; jewel *(fx* a j. of a wife), model *(fx* a m. husband).
prakt|elskende splendour-loving, fond of display. **-full** splendid, magnificent, gorgeous.
praktikant trainee, probationer. **-tjeneste** trainee service; *(se praktikum).*
praktiker practical man, practician.
praktikum *(for ingeniører)* industrial training; *(hospitering ved skole for prøvekandidat)* school practice; *(jvf hospitering).*
praktisere *(vb)* practise (,**US:** practice), put into practice.
praktisk *(adj)* practical; *dette er først og fremst et* ~ *kurs* this course is above all a practical one; *i det -e liv* in practical life; *for å gjøre det mer* ~ *for våre kunder på det norske marked* for the greater convenience of our Norwegian customers; *(adv)* practically; ~ *talt* practically, virtually; *(se regning & I. skjønn).*
praktkar first-rate chap; brick.
prakt|stjerne *(bot)* campion. **-stykke** showpiece, museum piece. **-utgave** de luxe edition.
pral boasting, swaggering.
pralbønne *(bot)* scarlet runner, runner bean.
prale *(vb)* boast, brag *(av* about); ~ *med* show off, flaunt.
pram (flat-bottomed) rowboat *(el.* rowing boat); *(lekter)* barge, lighter.
prange *(vb)* be resplendent; ~ *med* show off.
prat 1. chat, talk; **2.** nonsense.
prate *(vb)* chat, talk; ~ *seg bort* talk away without noticing the time; *han har det med å* ~ *seg bort* he's apt to forget the time when he's talking; *(se snakke).*
pratmaker loquacious person; *(neds)* windbag.
predestinere *(vb)* predestine.
predi|kant preacher; *en voldsom* ~ a tub-thumper. **-kat 1.** designation; **2***(gram)* predicate. **-katsord** *(gram)* predicative complement; *adjektiv som* ~ predicative adjective.
predisponert predisposed.
preferanse preference. **-aksje** preference share.
preg impression, stamp, impress; *sær-* distinctive character; *bære* ~ *av* be marked by, show signs of, bear evidence of; *sette sitt* ~ *på* leave one's mark on.
prege *(vb)* stamp, imprint, impress; *(kjennetegne)* mark, characterize, distinguish; feature *(fx* knolls and ridges which featured the landscape); ~ *seg inn i* make its mark on; *-t i hukommelsen* (indelibly) stamped on my *(,etc)* memory.
preging *(se prege); (i etologi)* imprinting *(fx* object imprinting; imprinting of motor pattern).
pregnans pithiness, pregnancy.
pregnant pithy, pregnant.
prek *se prat.*
preke *(vb)* preach.
preken sermon; *holde en* ~ deliver a sermon.
prekensamling book *(el.* collection) of sermons.
prekestol pulpit.
prektig splendid, magnificent, grand; *(utmerket)* excellent, noble, fine; *(se I. skue).*
prekær precarious.
pre|lat prelate. **-liminær** preliminary.
prelle *(vb):* ~ *av* glance off; ~ *av på (fig)* be lost on *(fx* it was lost on him).
preludium prelude.
premie premium; *(belønning)* reward; *(pris)* prize; *(se sette:* ~ *opp en premie).* **-liste** prize list.
premieobligasjon premium bond.
premiere *(vb)* award *(el.* give) a prize to; put a premium on *(fx* we don't want to put a premium on laziness).
première first night; *(films)* first performance.
premièrekino first-night cinema; *(se reprisekino).*
premierminister premier, prime minister.
premisser *(pl)* terms; *de argumenterer ut fra helt forskjellige* ~ they're arguing from widely *(el.* greatly) differing *(el.* different) premises; *basert*

på falske ~ based on false premises; *på giverlandets* ~ in accordance with the conditions laid down (*el.* the premises stated) by the donor (country).
prent print; *på* ~ in print.
prente *(vb)* print; ~ *inn i* imprint into.
preparant technician; **US** technical assistant; *første-* senior technician.
prepa|rat preparation. **-rere** *(vb)* prepare.
pre|posisjon preposition. **-rogativ** prerogative.
presang present, gift. **-kort** gift token.
presbyterian|er Presbyterian. **-isme** Presbyterianism. **-sk** Presbyterian.
presedens precedent; *det fins ingen* ~ *for* there is no precedent for.
presenning *(for bil)* car cover; *(mar)* tarpaulin.
presens *(gram)* the present (tense); ~ *partisipp* the present participle; ~ *konjunktiv* the present subjunctive.
present *(adj): jeg har det ikke* ~ it has slipped my memory.
present|abel presentable. **-asjon 1***(merk)* presentation (*fx* of a bill); *ved* ~ on p., when presented; **2***(forestilling)* introduction;
* ''May I introduce you to my friend ...?'' // ''This is Mr. X'' –' 'I'm so glad to meet you!''// ''I'm so glad to have the opportunity of meeting you (*el.* of making your acquaintance)''.
presentere *(vb)* introduce (*for* to); *presenter gevær!* present arms! ~ *en regning* present a bill.
preseptorisk *adj (jur):* ~ *lov* [law the operation of which cannot be dispensed with by agreement between the parties].
preservere *(vb)* preserve.
president president. **-valg** presidential election.
presidere *(vb)* preside (*ved* at, over).
presidium presidium; *(forsete)* chairmanship.
presis *(adj)* precise, punctual; ~ *kl. 1* at one o'clock sharp; *båten går* ~ the boat leaves on time (,**T:** bang on time).
presisere *(vb)* define precisely; amplify (*fx* a statement); *(poengtere)* stress, emphasize, emphasise.
presisjon precision.
press pressure; strain, stress; *det vil uvegerlig føre til* ~ *på prisene* it will inevitably lead to (*el.* result in) prices being strained; *legge i* ~ weigh (down) (*fx* bent (*el.* crumpled) pictures with a paperweight); *legge blomster i* ~ press flowers; *øve* ~ *på (fig)* apply pressure to; bring pressure to bear on.
I. presse *(subst)* press; *få god* ~ have a good press.
II. presse *(vb)* press, force; squeeze; ~ *ham hardt* press him hard; *se hvor langt man kan* ~ *kroppen sin* see how far you can push your body; ~ *prisene ned* force (the) prices down; ~ *ned prisen (ved å underby)* cut the price; ~ *på* press forward; *(drive opp farten)* press on, push forward; *(for å få betaling)* press for payment; *(for å få en avgjørelse, etc)* press the point; *jeg -t ikke på* I did not press the point; ~ *på for å få et svar (ɔ: kreve svar)* press the question; *han ville ikke* ~ *på (fig)* he did not want to push the matter (*el.* push things); ~ *en hel del fakta sammen på noen få linjer* crowd a great many facts into few lines; *tre familier ble -t sammen på et lite rom* three families were crowded into one small room; ~ *noe ut av en* extort sth from sby; ~ *penger av en* blackmail sby.
presse|byrå news agency. **-folk** pressmen.
pressefotograf press photographer, newspaper photographer.
pressefrihet liberty of the press.
pressemelding press release; **T** handout.
presseorgan press organ.
presserende urgent, pressing (*fx* the need for such experts is pressing and continuous); *den sak han nevner er ikke* ~ there is no immediate hurry in the matter to which he refers.
pressesjef publicity manager; (chief) public relations manager (*el.* officer).
pressgruppe pressure group.
presspasning force fit.
prest clergyman; **T** parson; *(katolsk & hedensk)* priest; *(sogne-)* rector, vicar; *(kapellan)* curate; *(fengsels-, sjømanns-, etc)* chaplain; *(mest i Skottl. og om dissenter-)* minister; *-ene* the clergy; *bli* ~ take (holy) orders; *(se regne).*
prestasjon performance, achievement, feat; *en bra* ~ *(om skolearbeid, etc)* a good effort; well done!
prestasjonsjag race to succeed; *de lider alle under -et* they're all suffering from the race to succeed.
prestasjonslønn *(økon)* reward of effort.
prestasjonspress pressure to achieve good results; pressure to produce results; *det økende -et i skolen* the growing pressure to achieve good results (*el.* marks) at school; the rising pressure on children to get higher marks; *hvis -et i skolen reduseres, vil nivået samtidig synke* if the pressure to achieve good results (*el.* marks) at school is reduced, standards will drop (*el.* fall) at the same time; *de fleste av oss føler nok at vi i større eller mindre grad står under et* ~ – *ikke bare på arbeidsplassen, men i hele vår livssituasjon* most of us presumably feel that we're exposed (*el.* subjected) to some degree of pressure to achieve – not only at work but in our whole daily life.
preste|gjeld parish. **-gård** rectory, vicarage, parsonage. **-kall** living, benefice. **-kjole** *(kan gjengis)* gown. **-krage 1.** clergyman's ruff; *(i England)* bands; **2***(bot)* oxeye daisy; **3***(zool)* ringed plover.
prestelig clerical, priestly.
prestere *(vb)* achieve, perform, do.
preste|stand clergy, priesthood. **-vie** *(vb)* ordain. **-vielse** ordination.
prestisje prestige; *(se øke).*
prestisjehensyn: *personlige* ~ *spiller også inn* considerations of personal prestige also play a (*el.* their) part.
pretendent pretender.
pretendere *(vb)* pretend (to), lay claim (to); *en bok som ikke -r noe i retning av stil* a book without any pretence to style.
pretensiøs pretentious.
pretensjon pretension.
Preussen *(geogr)* Prussia.
prevensjon contraception.
prevensjons|middel contraceptive (device). **-teknikk** (method of) contraception.
I. preventiv *(subst)* contraceptive; condom; **T** French letter; **US** safe.
II. preventiv *(adj)* preventive, prophylactic; *-e midler* contraceptives.
PR-fremstøt publicity-seeking effort.
prikk dot; point; *på en* ~ to a T; to a nicety; *sette* ~ *over i'en* dot the i; *til punkt og -e* to the letter, in every particular, exactly.
prikke *vb (punktere)* dot; *(stikke med en nål)* prick; *det -t i huden* his (,her, *etc*) skin tingled.
prikket dotted.
prikkfri *(fig)* excellent, faultless, perfect.
prim [soft, sweet, brown whey-cheese].
prima first-class, first-rate.
primadonna *(ved teater)* leading lady; *(ved opera & fig)* prima donna; **-nykker** *(pl): ha* ~ queen it.

primas primate.
primaveksel first of exchange.
primitiv primitive; *leve -t* lead *(el.* live) a primitive life.
primitivitet primitiveness.
primo in the early part of, early in *(fx* May).
primtall prime number.
primula *(bot)* primrose.
primus *(slags kokeapparat)* primus (stove).
primær primary.
primærnæring primary industry (*el.* activity).
primærvalg US primary election.
prins prince. **prinselig** princely.
prinsesse princess.
prinsgemal Prince Consort.
I. prinsipal employer; chief.
II. prinsipal *(adj)* principal, primary, chief.
prinsipalt *(adv)* in the first instance; alternatively, principally, primarily.
prinsipiell fundamental; in principle; ~ *enighet* agreement in p.; a. on fundamentals.
prinsipp principle; *av* ~ on principle; *i -et* in principle.
prinsippfast firm, of principle; *han er* ~ he is a man of principle.
prinsippfasthet firmness of principle.
prinsippløs unprincipled.
prinsipp|løshet lack of principle. **-rytter** doctrinaire; **T** a great one for principles. **-rytteri** doctrinarianism. **-skjema** flow chart (*el.* sheet); *(jvf I. plan 5).* **-spørsmål** question of principle.
prinsregent Prince Regent.
prior prior. **priorinne** prioress.
prioritere *(vb)* give preference to; *(jur)* give priority to; ~ *arbeidsoppgavene (ɔ: bestemme rekkefølgen)* decide work priority; *(se også prioritert & privilegere).*
prioritert secured *(fx* s. creditors); preferential; *en* ~ *fordring* a preferential claim; *være* ~ have (*el.* take) priority.
prioritet priority; *(jur)* mortgage; *første* ~ *i* first m. on; *(se sikkerhet).*
prioritets|aksje preferential share, preference share. **-gjeld** mortgage debt. **-haver** mortgagee. **-liste** priority (list) *(fx* the school was high on the p.). **-lån** *(pantelån)* mortgage loan.
prioritetsspørsmål: *det er utelukkende et* ~ it is solely a question of priorities.
prippen *(moralsk)* prudish, prim, priggish; *(pirrelig)* testy, touchy.
I. pris price, rate; *-ene hjemme og ute* prices at home and abroad; home and foreign prices; *(forlangt betaling)* charge; *faste -er* fixed prices; *nedsatte -er* reduced prices; *for enhver* ~ at any price; *(fig, også)* at all costs; *ikke for noen* ~ not at any price, not for (all) the world, not on any account; *barn under 14 halv* ~, *under 4 gratis* children under 14 half price, under 4 free; *med våre nåværende -er* at our present prices; *mot tillegg i -en* for an additional sum; *-en på* the price of; *spørre om -en på dem* ask the price (of them); ask their price; *oppgi Deres laveste* ~ *på (el. for)* .. quote your lowest price for ...; *vennligst oppgi Deres -er på følgende (varer):* ... will you please quote for the following items: ...; kindly quote us your prices for the goods listed below; *sette* ~ *på* value, appreciate; treasure *(fx* t. sby's friendship); *sette stor* ~ *på noe* set great store by sth, value sth very highly; *vi satte stor* ~ *på ditt brev* your letter was a great joy to us; *-en på kull steg med £2 pr. tonn* coal advanced £2 a ton; *til en* ~ *av* at the (*el.* a) price of; *til en billig* ~ at a low price; cheaply; *til nedsatt* ~ at a reduced price; *våre priser har allerede blitt skåret ned til et minimum* our prices have already been cut to the minimum possible; *-ene stiger* prices are rising *(el.* going up); *(se innbefatte; inklusive; kappløp; II. nøye; press; II. presse; skru:* ~ *opp; sterkt; til).*
II. pris *(belønning, premie)* prize; *vinne -en* win the prize, carry off the prize.
III. pris *(snus)* pinch (of snuff).
pris|avslag allowance, discount, rebate, reduction. **-avtale** price agreement; *(avtale om prisbinding)* price maintenance agreement; *(se prisbinding).* **-belønne** *(vb)* award a prize to. **-belønnet** prize *(fx* a p. novel). **-bevisst** price-minded. **-binding** price maintenance, price fixing; *(se prisavtale).*
I. prise *mar (oppbrakt skip)* prize.
II. prise *(vb)* praise, extol, celebrate; ~ *seg lykkelig* count oneself lucky.
III. prise *(vb)* price; *vi har -t oss ut av en rekke markeder* we have priced ourselves out of a number of markets.
pris|fall fall in prices; *nye* ~ *i treforedlingsindustrien* new drop in prices on the wood products market; *(se sterk).* **-forhøyelse** rise in prices. **-forlangende** asking price.
prisgi *(vb)* give up, abandon.
prisindeks price index; *lønningene er knyttet til -en* (the) wages are geared to the price index.
prisklasse price range *(fx* knitted goods at various price ranges; may I show you sth in a higher price range?).
priskrig price war.
pris|kurant price list. **-lapp** price tag *(el.* ticket), p. label. **-leie** *se prisnivå.* **-liste** price list.
prismatisk prismatic.
prisme prism.
prisnedsettelse reduction in *(el.* of) prices, price cut.
prisnivå price level; *på et lavere* ~ at a lower p. l., in a lower price bracket.
prisnotering quotation.
prisoppgave *(premie-)* prize subject; *(besvarelsen)* prize paper (*el.* essay).
prisstabilitet price stability.
prisstigning rise in prices; *(se sterk).*
prisstopp price freeze.
prissvingning fluctuation in prices.
pristakst estimated value *(fx* sell the house at its e. v.).
pristilbud *se prisnotering.*
prisverdig praiseworthy, commendable.
prisverdighet praiseworthiness.
privat private; personal; *(adv)* privately, in private; *det -e næringsliv* the private sector of the economy; *han kom til England på et* ~ *besøk* he arrived in E. for a private visit; *kan jeg få snakke med Dem* ~? can I talk to you about a personal matter?
privatadresse home (*el.* private) address.
privat|bil private car. **-bolig** private residence. **-brev** private (*el.* personal) letter. **-bruk:** *til* ~ for personal use. **-detektiv** private investigator, private detective; *(ofte)* inquiry agent; **T** private eye; **S** dick. **-detektivbyrå** inquiry agency, private detective's office. **-elev** private pupil. **-flyger** private pilot. **-flygersertifikat** private pilot's licence. **-forbruk** private consumption.
privatim privately, in private.
privatist [candidate for a public examination who has been educated privately or at an unauthorized school]; private (*el.* external) candidate; *han gikk opp (til eksamen) som* ~ he entered for the exam as an external candidate.
privatisteksamen [exam taken by a candidate not from a recognized school].
privatlivet private life; *-s fred (el. ukrenkelighet)* the sanctity of private life; *krenkelse av -s fred (jur)* invasion of privacy; *(se også krenkelse).*

P

privatskoler

private education

Private schools are rather rare in Norway, even though there has been an increase over the last ten years. Both Great Britain and the USA have long traditions of private education on all levels.

In Great Britain the so-called public schools, which are largely boardingschools, are private and prepare many of the pupils for university studies. These schools charge tuition and boarding fees.

privat|mann private individual. **-rett** civil law, private law. **-sak** private *(el.* personal) matter. **-skole** private school. **-undervisning** private tuition *(el.* coaching).

privileger|e *(vb)* privilege; *bli -t* get privileges; *han blir alltid -t* he is always getting privileges; he is always favoured unduly; he is always treated differently.

privilegium privilege; *kvinnens* ~ woman's prerogative.

PR-mann public relations officer *(fk* p.r.o.); p. r. man.

pro: ~ *anno* per annum *(fk* p.a.); ~ *og kontra* pro and con; ~ *persona* per person.

probat effective, unfailing, sure; *en* ~ *kur* an effective *(el.* efficacious) cure.

problem problem; *et stort* ~ a great problem; **T** a big problem; *komme inn på livet av et* ~ come *(el.* get) to grips with a problem *(fx* he's getting to grips with the problem); *(se innlate & vei A).*

problematisk problematic.

problembarn problem child.

problemfri problem-free; without problems.

problemstilling approach (to the problem), way of presenting the problem(s); *en interessant* ~ an interesting way of stating the problem *(el.* the question); *det er en helt gal* ~ that's an entirely wrong approach to the problem; that's the wrong way to look at the p.; that's a wrong way of looking at the p.; *(ofte)* that's asking the wrong questions.

produksjon production, manufacture; output; *gå i gang med -en* proceed with *(el.* start) production; *være i* ~ *(om film)* be on the floor; *mens -en pågår* while p. is in progress *(el.* is proceeding); *(se også ujevn).*

produksjons|evne productive *(el.* production) capacity; *beregnet* ~ production target. **-prosess** production process; *bli underkastet streng kontroll under hele -en* be carefully checked throughout the production process. **-utstyr** items required for production purposes. **-vekst** rise in production.

produkt product.

produktiv productive.

produktivitet productivity.

produsent producer.

produsentvarer *(pl)* producer *(el.* industrial) goods.

produsere *(vb)* produce.

profan profane.

profanasjon profanation.

profaner|e *(vb)* profane, debase. **-ing** profanation.

profesjon trade; occupation; profession; *av* ~ by profession; *(se også yrke).*

profesjonell professional.

profesjonist professional.

professor professor; ~ *i historie* p. of history.

professorat professorship *(fx* a p. in history); chair *(fx* a c. of history).

profet prophet. **profetere** *(vb)* prophesy.

profeti prophecy.

profetisk prophetic(al).

profil profile; *(omriss)* profile, outline; *halv* ~ three-quarter face; *i* ~ in profile *(fx* draw sby in p.); *(snitt)* section, profile; *(list)* moulding; *(på bildekk)* tread (pattern).

profilstål structural steel.

profilvalseverk structural mill; *(se valseverk).*

profitere *(vb)* profit *(av* by).

profitt profit; *med* ~ at a profit.

profitør profiteer.

proforma *(adj)* pro forma *(fx* a pro forma invoice); *(adv)* as a matter of form; *rent* ~ as a mere matter of form; *det er rent* ~ it's just a matter of form; it's merely a matter of form; *(ofte =)* it's a mere matter of routine.

profylakse prophylaxis.

profylaktisk prophylactic.

prognose prognosis; *stille en* ~ make a p., prognosticate.

prognostisere *(vb)* foretell, prognosticate.

program programme; *(i forb. m. computer; også* **US**) program; *et fyldig* ~ a very full p.; *legge et* ~ arrange *(el.* draw up) a p.; *alt gikk etter -met* everything went according to p.; *på -met* in *(el.* on) the p.; *har du noe på -met i kveld?* have you anything on for tonight? *ta det opp (el. med) i -met* embody it in one's p.

programdirektør director of programmes.

programleder producer; *(TV)* anchor-man.

program|messig according to the programme. **-post** item on the programme; **-serie** *(TV)* script show.

progresjon progression.

progressiv progressive; ~ *inntektsskatt* graduated income tax.

projeksjon projection.

projeksjonsskjerm projection screen.

projeksjonstegning descriptive geometry.

projektor *(film-)* projector; *lydfilm-* sound projector.

projisere *(vb)* project *(på* on).

proklama (legal) notice. **-sjon** proclamation.

proklamere *(vb)* proclaim.

prokura procuration; *pr.* ~ per procuration *(fk* p. p. *el.* per pro.).

prokurator *(glds)* attorney.

prokurist confidential clerk.

proletar proletarian.

proletariat proletariat(e).

prolog prologue.
prolongere *(vb)* prolong.
prolongering prolongation; extension.
promenade promenade.
promille per thousand *(fx* five per thousand);
* If the amount of alcohol in a drunken driver's blood is found to be more than 0.5 per thousand, he is' under the influence'.
promillegrense drink-drive limit.
promillekjører drink-driver; **T** over-the-limit driver; *(jvf fyllekjører).*
promillekjøring drink-driving; *(jur)* driving or attempting to drive while under the influence of drinks or drugs; **T** *(også)* driving under the influence; *(jvf fyllekjøring);*
* You commit an offence if you drive, attempt to drive or are in charge of a motor vehicle when the proportion of alcohol in your blood exceeds the prescribed limit, viz. 80 milligrammes in 100 millilitres of blood.
promosjon the conferring of degrees; *(seremonien)* degree-giving; *(dagen)* degree day; **US** commencement.
promovere *(vb): ~ en* confer a doctor's degree on sby.
prompe *(vb)* break wind, fart.
prompte prompt.
pronomen *(gram)* pronoun.
propaganda propaganda; *agitasjon og ~ (også)* agitprop; *drive ~ for* make propaganda for.
propell screw, propeller. **-strøm** slipstream.
proper tidy, clean.
properhet tidiness.
propor|sjon proportion. **-sjonal** proportional, proportionate *(med* to); *-t (adv)* -ly, in proportion *(med* to); *omvendt ~* inversely proportional, in inverse ratio *(med* to).
proporsjonalitet proportionality.
proporsjonert proportioned.
propp stopper; plug.
proppe *vb (stoppe)* stuff, plug; *~ i seg biff med løk (også)* tuck into steak and onions; *~ litt middagsmat i ham* stuff *(el.* push) a bit of dinner into him; *~ seg med mat* stuff oneself with food; *alt det sludderet folk lar seg ~ med nå for tiden* **T** *(også)* all the bunkum that goes down these days.
proppfull brimful, chock-full, crammed.
proppmett T full up (and fit to burst); *jeg er ~ (også)* I've had delicate sufficiency.
proprietær *(hist)* landowner, country gentleman.
pro rata pro rata, proportionately.
prosa prose; *på ~* in prose.
prosaisk prosaic; pedestrian; *(om person)* prosaic, unimaginative, banal, ordinary, trivial.
prosaist prose writer.
prosedere *vb (jur)* plead, conduct *(fx* a case); *(drive sak)* litigate; *~ på frifinnelse* ask for the case to be dismissed.
prosedyre 1*(fremgangsmåte)* procedure; **2***(rettslig fremgangsmåte)* (legal) procedure; **3***(sivil saksbehandling)* hearing, trial; **4***(kriminalsaks behandling)* hearing, trial; **5***(advokatens)* pleading, plea; *aktors og forsvarers ~* the final speeches of the prosecution and defence; *muntlig ~* (2) oral proceedings *(pl);* (5) oral pleading.
proselytt proselyte, convert.
prosent per cent *(fx* six per cent, 6 p. c., 6 %); *4 % av £200* 4 % on £200; percentage *(fx* a large, small, high, low p.); *betale visse -er av* pay a certain percentage of; *-en er meget høy* the percentage is a very high one; *hvor mange ~? hvor høy (el. stor) ~?* what percentage? how many per cent? *mange ~ bedre* a great deal better; *gi -er på (ɔ: rabatt)* give a discount on; *til 5 %* at 5 per cent; *4 ¾ % av £135* 4 ¾ % on £135; *uttrykt i ~* expressed as a percentage; *uttrykt i ~ av det hele* expressed in percentage of total.
prosent|del percentage. **-vis** per cent, percentage(s); *det blir foretatt ~ fordeling av utgiftene* the expenses are (to be) shared according to percentage; *~ fordeling av forskningsutgifter (overskrift i tabell, etc)* specification of expenditure on research, expressed in percentages.
prosesjon procession.
prosess 1*(rettssak)* lawsuit, suit, action (at law), case, (legal) proceedings; *(jvf rettssak, sak); føre ~ med, ligge i ~ med* be involved in a lawsuit with; *tape (,vinne) en ~* lose (,win) a case; **2***(rettergangsorden)* legal procedure; *straffe-* criminal procedure; **3***(utvikling)* process *(fx* a chemical p.); **4***(måte noe utføres på)* process *(fx* a new technical p.); *gjøre kort ~* settle the question out of hand; make no bones about it; *gjøre kort ~ med en* make short work of sby, give sby short shrift.
prosess|fullmektig *(advokat)* counsel; *klagerens (el. saksøkerens) ~* counsel for the plaintiff; *saksøktes ~* c. for the defendant. **-førsel** procedure, conduct of a case. **-omkostninger** *(pl)* costs of a lawsuit, costs of litigation *(el.* proceedings), costs (of the action). **-uell** procedural.
prosit *(int)* bless you! (NB *lite brukt på engelsk).*
prosjekt project, scheme; *-et ble drevet fram i forsert tempo* the project was hurried on at a forced rate; *(se satse).* **-ere** *(vb)* project, plan.
prosjektil projectile, missile.
prosjektør flood-light; *(teater-)* spotlight.
proskripsjonsliste proscription list.
prospekt prospectus.
prospektkort picture postcard.
prost 1*(dom-)* dean; **2**[rector in charge of several parishes]; *(kan gjengis)* senior rector.
prostata 1*(anat)* the prostate; **2***(med.)* prostatitis.
prosti 1. deanery; **2**[ecclesiastical area presided over by a *'prost'*].
prostituere *(vb)* prostitute.
prostituert *(subst)* prostitute; **T** pro; *mannlig ~* male prostitute; **T** rent-boy.
prostitusjon prostitution.
prote|gé protégé. **-gere** *(vb)* patronize.
proteksjon patronage; protection; *stå under ens ~* be under sby's protection. **-isme** protection(ism). **-ist, -istisk** protectionist.
protektorat protectorate.
protest protest; *(se skarp 2).* **-ant** Protestant. **-antisk** Protestant. **-antisme** Protestantism.
protestere *(vb)* protest *(mot* against); *~ en veksel* protest a bill; *~ mot noe* **T** *(også)* kick against sth, jib at sth, be up in arms against sth.
protestmøte protest meeting; *~ mot* ... meeting to protest against ...
protestnote *(polit)* protest note.
protestskriv letter of protest.
protokoll 1*(regnskaps-)* ledger; **2***(forhandlings-)* minute book; **3***(referat fra møte)* minutes *(pl),* record; **4***(diplomatisk; diplomatetikette)* protocol; *føre ~ over* (3) keep the minutes of *(fx* the meeting); *godkjenne -en* approve the minutes.
protokollere *(vb)* register, record.
protokollering registration.
protokoll|fører keeper of the minutes. **-tilførsel** entry into the minutes.
protokollutskrift extract from the records.
protoplasma protoplasma.
prov deposition, evidence; *(se vitneforklaring).*
proviant provisions, supplies; *(se I. niste).*
proviantere *(vb)* provision, take in supplies.
proviantforvalter *(mar)* purser.
provins province; *i -en* in the country.
provinsiell provincial.

provisjon commission; *fast* ~ flat c.; ~ *av salget* a c. on the sales (*fx* the agent receives a certain c. on the sales); *vår* ~ *av (dette) beløpet* our c. on this amount.
provisjons|basis: *på* ~ on a commission basis. **-oppgjør** commission (settlement) (*fx* you may deduct this amount when you remit me my commission for March).
provisor head dispenser.
provisorisk provisional, temporary; *det er bare (noe)* ~ it's only a makeshift.
provisorium provisional law; provisional measure.
provokasjon provocation.
provokatorisk provocative.
provosere *(vb)* provoke.
prr! *(til hest)* whoa!
PR-sjef head of the public relations department; *(se PR-mann).*
prunk pomp, ostentation, display.
prunkløs unostentatious.
prunkløshet unostentatiousness, lack of ostentation.
prust snort. **pruste** *(vb)* snort.
prute *vb (tinge)* haggle, bargain; ~ *ned prisen* beat down the price; ~ *ham ned ti pence* beat him down ten pence.
prutningsmonn margin (for haggling).
pryd ornament, adornment. **-busk** *(bot)* ornamental shrub. **-bønne** *(bot)* scarlet bean; runner bean.
pryde *(vb)* adorn, decorate.
prydelse decoration, ornamentation.
prydplante ornamental plant.
pryl *(bank)* a thrashing, a beating, a licking; *få* ~ get a beating *(,etc); få en ordentlig drakt* ~ get a good (*el.* sound) beating.
pryle *(vb)* beat, thrash; lick.
prylestraff corporal punishment.
prærie prairie.
I. prøve 1*(vare-)* trade sample; *(mønster-)* pattern; *(-eksemplar)* specimen; *en* ~ *av (på) (en vare)* a sample of; *(mønster-)* a pattern of; *nøyaktig lik -n* exactly like sample; exactly like our *(,etc)* pattern; *levering av blå sjeviot etter den -n De sendte oss* delivery of blue serge in accordance with (*el.* of the same quality as) the sample you sent us; *som vedlagte* ~ as per (*el.* according to) enclosed sample; *sende som* ~ *uten verdi* send by sample post; **2***(tekn, kjem)* test, testing; *(av edle metaller)* assay(ing); *(undersøkelse)* examination, trial, test, testing; *(eksperiment)* experiment; **3***(skole-)* test; examination; **4***(på forestilling, etc)* rehearsal; *(med henblikk på filmrolle)* test (*fx* she was given a test); **5***(det å prøve tøy)* fitting (*fx* I can come for a f. next week); *bestå -n* pass (*el.* stand) the test; *det har bestått -n (også)* it has met the test; *(se også stå:* ~ *sin prøve); bestille* **etter** ~ order from (*el.* by) sample; *kjøpe etter* ~ buy on (*el.* by) sample; *selge etter* ~ sell by sample; *på* ~ on trial; *bli flyttet opp* **på** ~ *(i skole)* get a conditional remove; *løslatt på* ~ released on probation; **US** released on parole; *sette på* ~ put to the test; try (*fx* he did it to t. me); *sette* ~ *på om noe er riktig* test whether sth is right; *sette* ~ *på om svaret er riktig* check (the result) back; *få gå opp til* **utsatt** ~ *(om elev)* be referred (for re-examination); **T** re-sit an exam; *(det å)* reference (*fx* r. is usually allowed in one subject only); *elev som er oppe til utsatt* ~ re-examinee; *inspisere* **ved** *utsatt* ~ *i engelsk* **T** invigilate at the re-sit in English; *(se også utsatt).*
II. prøve *(vb)* **1***(kjem, tekn)* test, try, give (sth) a trial; **2***(klær)* try on, fit on; **3***(konkursbo):* ~ *fordringer* examine claims; ~ *seg* try, have a go (*på noe* at sth); ~ *seg fram* proceed tentatively.
prøve|ark proof (sheet). **-ballong** *(fig)* kite, feeler; *sende opp en* ~ put out a feeler; fly a kite. **-boring** *(etter olje)* trial drilling; test drilling. **-boringsbrønn** exploratory well; wildcat well. **-drift** experimental operation. **-eksemplar** sample (copy). **-felt** test(ing) site, testing ground. **-fly** *(vb)* test, test-fly. **-kandidat** student teacher; **US** practice t. **-kjøre** *(vb)* test-drive (*fx* a car); ~ *en bil (også)* give a car a test (*el.* trial) run. **-kjøring** test-driving; *(en tur)* trial run, test run, road test. **-klut** *(fig)* guinea pig.
prøvelse trial; affliction, ordeal; *han er en* ~ **S** he's (*el.* he gives me) a pain in the neck.
prøvemanuskript 1. specimen manuscript (*fx* 10 pages of s. m.); **2***(utkast)* draft manuscript.
prøve|mønster pattern. **-nummer** (*fx av avis*) specimen copy.
prøveordre trial order.
prøvesamling collection of samples.
prøve|skilt *(for bil) (pl)* trade plates. **-start** trial start. **-stein** touchstone, acid test (*på* of). **-stykke** sample, specimen. **-tid** experimental (*el.* trial) period; *(jur)* period of probation. **-trykk** trial print (*el.* impression); proof impression. **-tur** trial trip; *(se tur).*
prøyss|er, -isk Prussian.
pr̊ås: *det gikk en* ~ *opp for ham* a light dawned on him.
psevdonym *(subst)* pseudonym.
psykiater psychiatrist.
psykiatri psychiatry. **-ker** psychiatrist.
psykiatrisk psychiatric(al); ~ *institusjon* mental institution; ~ *sykehus* mental hospital.
psykisk psychic(al); ~ *helsevern* mental health care.
psykoanalyse psychoanalysis.
psyko|log psychologist. **-logi** psychology.
psykologisk psychological.
psykose psychosis.
pubertet puberty. **-salder** (age of) puberty.
publikasjon publication; *-er i boktrykk* publications in print, printed publications.
publikum the public; *det store* ~ the general p.; *(tilhørerne)* the audience; *et takknemlig* ~ an appreciative audience; *hele det norske* ~ *elsker dem for dette* the entire Norwegian public loves (*el.* love) them for this.
publi|sere *(vb)* publish, make public, give publicity to; *(se utgi).* **-sitet** publicity.
puddel *(zool)* poodle.
pudder powder. **-dåse** powder box; *(liten)* compact. **-kvast** powder puff.
pudding pudding; *(se dessert; kjøttpudding).*
pudre *(vb)* powder.
pueril puerile.
I. puff *(støt)* push, shove.
II. puff *(til å sitte på)* pouffe.
III. puff *(på klær)* puff, pouf(fe).
puffe *vb (støte)* thrust, push, shove.
puge *(vb):* ~ *sammen penger* hoard up money.
pugg learning by heart; rote; **T** swotting, cramming. **-e** *(vb)* learn by heart; memorize; **T** swot (up), cram; mug up.
pugghest swot; **US** grind; *(som arbeider tungt, også)* plodder.
I. pukke *(vi):* ~ *på noe* insist on, stand on (*fx* one's rights).
II. pukke *(vt)* crush (*fx* stones).
pukkel hump, hunch; *få på -en* **T** get it in the neck; **S** cop it hot. **-rygget** hunch-backed.
pukkstein crushed stone, road metal; *(se II. pukke).*
pukkverk stamp mill, crushing plant; *(se II. pukke).*

pulje *(sport)* group; heat *(fx* they were in the same heat); *komme i ~ med (også)* be put up against; *i -r på tre og tre* by groups of three. **-inndeling** grouping. **-vis** by groups.
pulk pulka, pulk, reindeer sleigh.
pull *(på hatt)* crown.
pullover pull-over.
puls pulse; *føle en på -en* feel sby's pulse; *-en er svak* the pulse is feeble.
pulser|e *(vb)* beat, throb, pulsate; *det -ende liv i en by* the throbbing life of a city. **-ing** pulsation.
puls|slag pulsation, beat of the pulse. **-åre** artery.
pult desk.
pulterkammer lumber-room; box room, store-room; **T** glory-hole.
pultost [soft, sharp cheese].
pulver powder. **-heks** hag, old witch.
pulverisere *(vb)* pulverize, smash.
puma *(zool)* puma.
I. pumpe *(subst)* pump; *(se bensinpumpe; fotpumpe).*
II. pumpe *(vb)* pump; *(utfritte)* pump; *~ en* pump sby; *(for kunnskaper)* pick sby's brain(s); *~ opp ringene* pump *(el.* blow up *el.* inflate) the tyres (,**US:** tires); *~ magen* empty *(el.* pump out) the stomach, siphon the s.; *~ magen på en (især)* stomach-pump sby.
pumpet T *(utkjørt)* deadbeat, whacked *(fx* I'm absolutely whacked).
pumps *(sko)* court shoes.
punche *(vb)* punch. **-dame** punch girl.
pund pound; *et ~ sterling* one pound sterling; *-et står lavt i kurs for tiden* the rate of the pound is low at present; *-et synker* the pound sinks.
pundbeløp sterling amount.
pundkursen the rate of the pound; *den synkende ~* the falling rate of the pound; *~ er meget ugunstig i øyeblikket* the rate of the pound is very unfavourable at the moment.
puner *(hist)* Phoenician.
punerkrig Punic War.
pung purse; *(pose)* bag; *(hos pungdyr)* pouch.
pungdyr pouched animal, marsupial.
punge *(vb): ~ ut med* fork out.
pungmeis *(zool)* penduline tit.
punkt point; *(prikk)* dot; *(fig)* point, particular, head, item, article; *~ for ~* point by point *(fx* they went through this report p. by p.); *~ 6 (i oppregning, etc)* item 6; *på alle -er* on all points; *på enkelte -er* on some points; in some respects; *(se II. skille: de -r seg fra hverandre på vesentlige punkter; springende).*
punkter|e *(vb)* **1***(om ringen)* be punctured; **2***(om bilisten)* have a puncture; *jeg -te* I had a puncture; *jeg har -t (også)* **T** I've got a flat; *den -te (ɔ: prikkede) linje* the dotted line.
punktering puncture, (tyre) blowout; *(prikking)* dotting.
punkthus tower block.
punktlig *(adj)* punctual; *(adv)* punctually.
punktlighet punctuality.
punktsveising spot welding; *(se sveising).*
punktum full stop; **US** period; *(typ, også)* single stop *(fx* printed with a single stop instead of a colon).
punktvis point by point.
punsj punch.
punsjebolle punch bowl.
puntlærsmage cast-iron stomach.
pupill *(anat)* pupil.
pupp *(barnespr. = bryst)* teat, tit, titty.
puppe *(zool)* chrysalis, pupa *(pl:* pupae); *(kokong)* cocoon. **-hylster** cocoon.
pur *(ren, skjær)* pure; *av ~ ondskap* out of pure malice; *dette er det -e vrøvl* this is sheer nonsense; *(adv): ~ ung* very young.
puré purée.
purisme purism. **purist** purist.
puritaner 1. puritan; **2***(hist)* Puritan.
puritansk 1. puritan; *(neds)* puritanic; **2***(hist)* Puritan(ic).
purk T (= *politimann)* bobby; **S** copper; *(neds)* pig; **US T** cop.
purke *(grise-)* sow.
purpur purple.
purpur|farge purple colour. **-farget** purple.
I. purre *bot (subst)* leek.
II. purre *vb (vekke)* call, rouse, turn out; *(minne om)* remind, press *(på* for, *fx* press for payment); *firmaet har -t på svar (også)* the firm has repeated its request for a reply; *han -t opp i håret* he ran his fingers through his hair; *(jvf purring).*
purrebrev reminder; collection letter, dunning letter.
purreløk *se I. purre.* **-suppe** leek soup.
purring *(vedr. betaling)* reminder; application; *(jvf purrebrev); første ~* first application; *annen ~* second a.; *gjentatte -er* repeated applications; *til vår beklagelse må vi fastslå at De ikke har reagert på våre gjentatte -er* we regret to have to state that you have not responded to our repeated reminders; *~ på betaling* application for a settlement, request for payment.
pus pussy.
pusle *(vb)* potter (about) *(fx* in the garden); *han går alltid og -r med noe* he's always busying himself with sth.
pusle|arbeid fiddling work. **-spill** puzzle; *(til å legge sammen)* jig-saw puzzle; picture bricks.
puslet(e) delicate, frail; **T** groggy; *han ser litt ~ ut* he doesn't look very well; he looks a bit groggy.
pusling manikin.
I. puss *(materie)* pus.
II. puss *(pynt)* finery; *(mur-)* plaster (finish), plastering; *i full ~, i sin stiveste ~* in one's Sunday best; **T** dressed up to kill; dressed up to the nines; all spruced up; in one's best bib and tucker.
III. puss *(listig påfunn)* trick; *spille en et ~* play a trick on sby.
IV. puss: *~ ta'n (til hund)* at him! worry him! **US** sic' im! get him! grab him!
pussa *(adj)* slightly the worse for drink; **T** lit up; squiffy; tiddly.
I. pusse *(vb): ~ en hund på en* set a dog on sby.
II. pusse *(vb)* clean, polish; *(en mur)* plaster, render; *~ et gevær* clean a rifle; *~ nesen* blow one's nose; *~ et lys* snuff a candle; *~ støvler* clean boots; *~ av (tørke av)* wipe (off); *~ opp (leilighet, etc)* (re)decorate, renovate, do up *(fx* a house); *~ på engelsken* brush up one's English.
pusse|garn cotton waste. **-lanke** *(om barnehånd)* handy-pandy; (NB tootsy-wootsy = toe or foot). **-middel** polish.
pusseskinn wash leather, chamois leather, shammy (leather).
pusshøvel smoothing plane; *(se høvel).*
pussig droll, amusing, funny, odd.
pussighet funny thing; *det var enkelte små -er ved ham, som man ikke kunne la være å legge merke til* there were a few funny things one could not help noticing about him.
pussvisitasjon *(mil)* kit inspection.
pust *(vindpust)* puff, gust, whiff; *(ånde)* breath; *(pause)* breather, pause; *et ~ fra den store verden* a glimpse of the outside world; *ta -en fra en (fig)* take sby's breath away; *her oppe*

P

var det en frodighet som nesten tok -en fra en the vegetation was breathtakingly luxuriant up here.

puste *(vb)* breathe; *(tungt)* pant; *nå kan jeg ~ fritt igjen* now I can breathe again; *~ på varmen* blow on the fire; *(fig)* add fuel to the fire; *~ seg opp (fig)* puff oneself up, blow oneself out; **US** swell up, inflate oneself; *~ til en trette* fan a quarrel.

pusterom breathing space *(el.* spell) *(fx* get a moment's b. s.).

pusterør T blowgun; *(leketøy)* peashooter.

pusteøvelser *(pl)* breathing exercises.

pute pillow; cushion; pad. **-krig** pillow fight. **-var** pillow case, pillow slip.

putre *(vb)* bubble, simmer; *(om motor)* chug; **US** chuff, puff.

putte *(vb)* put *(fx* put sth in one's pocket; put a child to bed); *~ i lommen (også)* pocket.

pygmé pygmy.

pygméisk pygmy.

pyjamas pyjamas; **US** pajamas.

pyk|niker *(psykol)* pyknic. **-nisk** pyknic.

I. pynt *(odde)* point.

II. pynt *(stas)* finery.

pynte *(vb)* decorate; trim; *~ på* touch up; smarten up; *~ på regnskapet* doctor the accounts; *~ seg* dress up; spruce oneself up, make oneself smart; **T** tog *(el.* doll) oneself up, get oneself up (to the nines *el.* to kill); *-t til trengsel* **S** got up regardless *(fx* she was got up r.); *(se også påpyntet).*

pyntedukke *(fig)* doll.

pyntegjenstand ornament.

pyntelig proper, tidy; neat; *~ språk* proper language.

pynte|list *(for bilkarosseri)* chromium strip, decorative *(el.* belt) moulding. **-ring** *(for hjulfelg)* rim *(el.* wheel) embellisher, wheel trim *(fx* plastic wheel trims).

pyramidal pyramidal.

pyramide pyramid.

Pyrenéene *(geogr)* the Pyrenees.

Pyrenéerhalvøya The (Iberian) Peninsula.

pyroman pyromaniac; **US** firebug.

pyromani pyromania.

pyse *(subst)* sissy.

pytisk Pythian.

I. pytt *(subst)* puddle.

II. pytt *(int)* tut! pooh! *~ sann* it doesn't matter; that's all right.

III. pytt: *~ i panne* Norwegian hash.

pæl pole; stake; *(stolpe)* post; *(grunn-)* pile.

pæle|bru pile bridge. **-bygning** pile dwelling; lake dwelling.

I. pære *(bot)* pear; *(elekt)* (electric) bulb; **S** (= *hode): bløt på pæra* balmy (on the crumpet), soppy; *høy på pæra* stuck-up, high and mighty.

II. pære *(adv)* utterly, very; *~ dansk* out-and-out Danish; *~ full* dead drunk; **S** plastered.

pæretre *(bot)* pear tree.

pøbel mob, rabble; *ung ~* young rowdies *(el.* hooligans). **-aktig** vulgar.

pøbelherredømme mob rule.

pøl pool, puddle.

pøls|e sausage; *(wienerwurst)* frankfurter; *varme -er med brød* hot dogs; *det er ingen sak med den -a som er for lang* it's better to have too much than too little; *ei ~ i slaktetida* a drop in the ocean; *hva er vel ei ~ i slaktetida?* I might as well be hanged for a sheep as for a lamb; (ɔ: *la oss ikke være pedantiske)* don't let us fuss over trifles.

pølse|bod hot-dog stand, sausage stall. **-brød** *(avlangt rundstykke)* frankfurter roll, long roll; *varm pølse med brød* hot dog. **-gutt** hot-dog seller *(el.* vendor). **-maker** sausage maker. **-skinn** sausage skin *(el.* casing). **-snabb** end piece of sausage; piece of sausage. **-vev S** bullshit; *(se vås).*

pønse *(el. pønske) (vb)* ponder, muse, meditate; *~ på hevn* plan revenge; *han -r på noe* he's planning sth; **T** he's up to sth; *~ ut* devise, think out.

pøs bucket.

pøse *(vb): det -r ned* it's pouring down, it's coming down in sheets *(el.* buckets).

pøsregn pouring *(el.* pelting) rain, heavy downpour. **-e** *(vb): det -r* **T** it's raining (in) buckets; it's coming down in sheets *(el.* buckets).

I. på *(prep)* **1***(ovenpå, oppe på, med noe som bakgrunn el. underlag)* on, upon *(fx* on the floor, wall, chair; on a bicycle; on one's knees); *~ høyre hånd* on the right hand; *~ side 4* on page 4; *slå opp ~ side 50* open your book(s) at page 50; **2***(i, innenfor et område)* in; *(om øy)* in; *(om små el. fjerne øyer)* on, at; *(ved navn på bydeler, gater, plasser)* in; **US** on; *~ et bilde* in a picture; *~ flasker* in bottles; *~ gata* in (,også **US:** on) the street; *bo ~ en gård* live on a farm; *~ himmelen* in the sky; *~ hjørnet* at *(el.* on) the corner; *~ landet* in the country; *~ prekestolen* in the pulpit; *~ slagmarken* on the battlefield; *~ et sted* in *(el.* at) a place; *~ apoteket* at the chemist's; *~ apotek, i isenkramforretninger og hos Woolworth* in chemists, in hardware stores and in Woolworths; *drept ~ stedet* killed on the spot; *~ torget* in the market place; *~ hans værelse* in his room; **3***(om sted av liten utstrekning, punkt; stedet hvor noe skjer, adresse, etc)* at; *bo ~ et hotell* stay at a hotel; *~ en kafé* at a café; *~ kontoret* at *(el.* in) the office; *~ stasjonen* at the station; **4***(mål for bevegelse)* at *(fx* look at, shoot at; knock at the door), on *(fx* drop sth on the floor); into *(fx* put sth into a bottle); *(se også fylle: ~ på);* to *(fx* go to the post office, to the station); *dra ~ landet* go into the country; **5***(om tida som går med til noe)* in; *~ mindre enn 5 minutter* in less than 5 minutes; *han kommer ikke tilbake ~* (ɔ: *før om) en uke* he won't be back for a week; **6***(om tidspunkt)* at; *(dato, dag)* on; *~ denne tid av året* at this time of the year; *~ en søndag* on a Sunday; *~ søndag* next Sunday, on Sunday; **7***(om klokkeslett)* to *(fx* it's 5 (minutes) to 8); **US** of *(fx* a quarter of eleven); **8***(måte)* in *(fx* in this way); **9***(gjentagelse)* after *(fx* shot after shot); *gang ~ gang* time after time, again and again; **10***(beskrivelse, samhørighet)* of *(fx* a sum of £10; an army of 10,000 men; a girl of ten (years); the roof of the house; the leaves of the trees; he was captain of the' 'Eagle''); *mordet på fru X* the murder of Mrs. X; *prisen på sement* the price of cement; **11***(språk)* in *(fx* in Norwegian, in English); **12***(andre tilfeller): ~ hans anbefaling* on (the strength of) his recommendation; *~ betingelse av at* ... on condition that; *blind ~ ett øye* blind in one eye; *være rik ~* be rich in; *~ fe rie* on (a) holiday; *der gikk han fem ~* **T** he was badly taken in over that; *gå løs ~* go for, rush at; *jeg har ingen penger ~ meg* I have no money about *(el.* on) me; *jeg kjenner ham ~ stemmen* I know him by his voice; *~ én nær* except one; *ut ~ landet* out into the country; *skrive ~ en bok* be writing a book; *spille ~ fløyte* play the flute.

II. på *(adv)* on *(fx* the lid is on); *med frakken ~* wearing a coat, with a coat on; *noe å sove ~* sth to make you sleep; *gulvteppet er ikke ~* the carpet is not down; *turen kom brått ~* the trip came up very suddenly.

påbegynne *(vb)* begin, start, commence.
påberope *(vb): ~ seg noe* plead sth; invoke sth *(fx* Britain invokes the principle of...); *~ seg sin ungdom (og manglende erfaring)* plead the inexperience of youth; *begge parter vil kunne ~ seg at* .... both parties will be able to plead *(el.* urge) that ...
påberopelse: *under ~ av* pleading.
på|bud order, command. **-by** *(vb)* order, command; *påbudt kjøreretning* obligatory direction of traffic; *påbudte skipslys* regulation lights. **-dra** *(vb): ~ seg ansvar* incur responsibility; *~ seg en sykdom* contract a disease; *~ seg en forkjølelse* catch a cold; *~ seg gjeld* contract *(el.* incur *el.* run into) debt.
påbudsskilt mandatory sign, sign that gives orders.
pådutte *(vb): ~ en noe* impute sth to sby.
pådømt: *~ sak* res judicata.
påfallende *(slående)* conspicuous, striking.
påfriskende: *~ sørlig bris* freshening southerly breeze.
påfugl *(zool)* peafowl, peacock; *(hun)* peahen.
påfugl|fjær peacock feather. **-hane** peacock. **-høne** peahen.
påfunn device, invention.
påfyll: *skal det være litt ~? (mer kaffe, te, etc)* shall I warm it up *(el.* fill it up) for you? *(se også påtår).*
påfyllings|deksel *(for bensintank)* filler cap. **-rør** *(for bunkring, etc)* charge line, charging line. **-slange** *(for bensinpumpe)* filling tube.
påfølgende following, subsequent; *med ~ middag* with dinner to follow *(el.* on top of it).
påføre *vb (dokument)* insert in, add to; *~ fakturaen* charge on the invoice; *(forårsake)* cause *(fx* sby a loss), bring upon; *~ en utgifter* put sby to expense.
pågang influx *(fx* of tourists).
pågangsmot go-ahead spirit; push.
pågjeldende in question *(fx* the amount in question).
pågripe *(vb)* arrest.
pågripelse arrest.
pågå *(vb)* be proceeding, be in progress; *mens produksjonen -r* while production is in progress *(el.* is proceeding); *den undersøkelse som nå -r* the inquiry now in progress.
pågående 1. pushing; aggressive; **2***(som pågår): de ~ drøftelser* the discussions now proceeding *(el.* now in progress).
pågåenhet aggressiveness, importunity.
påheng *(fig)* hanging on; hanger(s)-on; **US** *(også)* heelers.
påhengelig *(om person)* clinging; importunate.
påhitt device, invention.
påholdende close-fisted.
påholdenhet close-fistedness.
påhvile *(vb)* be incumbent on, lie with, rest with.
påhør presence; *i hans ~* in his presence.
påk stick.
påkalle *(vb)* call on, invoke; *~ ens oppmerksomhet* attract sby's attention; *(se oppmerksomhet).* **-lse** invocation; *(bibl)* supplication.
påkjenne *vb (jur)* decide. **påkjennelse** *(jur)* decision.
påkjenning strain, stress; *(jvf belastning).*
påkjære *(vb)* appeal; *~ en dom* appeal against a sentence.
påkjør|e *(vb): hunden ble -t av en bil* the dog was hit by a car; *(se kjøre: ~ over, ~ på).*
påkjørsel 1*(det å ramme annet kjøretøy)* bumping; *(se også kjøre: ~ inn i hverandre);* **2***(det å ramme fotgjenger)* running *(el.* knocking) down; running over; *(se kjøre: ~ over, ~ på).*
påkledd dressed; fully clothed.
påkledning attire, clothes.
påkommende: *i ~ tilfelle* in case of need; in an emergency; if necessary; should the occasion arise.
påkrav demand; *etter ~* on demand.
påkrevet necessary, essential; *absolutt ~* imperative.
pålandsvind onshore wind.
pålegg 1*(forhøyelse)* increase, rise; **US** raise *(på* in); *få lønns-* get a rise; **2***(befaling)* injunction, order; *jeg skal etter ~ få meddele Dem* ... I am directed to inform you ...; **3***(avgift, skatt)* imposition; duty; **4***(smørbrød-)* meat; cheese; *(oppskjær)* cooked meats; **US** cold cuts; *(til å smøre på)* sandwich spread.
pålegge *(vb)* **1***(skatt, etc)* impose *(fx* a duty on sby); *(forhøye prisen)* advance; *husleien er pålagt* the rent has been raised; **2***(befale)* direct, instruct.
påleggpølse (continental) slicing sausage; German sausage; **US** *(ofte)* dry sausage.
påleggsveis (protective) overlay; *(se sveis).*
påleggsveising overlaying, wear-facing; *(se sveising).*
pålessing loading; *(se I. lem).*
påligge *(vb)* be incumbent on, lie with, rest with.
pålitelig reliable, dependable; *(vederheftig)* trustworthy, responsible.
pålitelighet reliability, dependability; trustworthiness. **-sløp** *(for biler)* reliability trial.
I. pålydende *(subst)* face value.
II. pålydende *(adj): ~verdi* face value.
påløp|e *vb (om rente)* accrue; accumulate; *det -er stadig renter* interest accumulates; *den -ne rente* the accrued interest; *(over flere terminer)* the accumulated i.; the amount accumulated in interest; *med -ne renter* with accrued interest; *-ne utgifter* expenses incurred; *omfanget av den -ne (el. forvoldte) skade* the amount of the damage sustained.
påløpende: *de ~ renter* the accruing interest.
påmelding registration; enrolment; *~ (til kurs) ved personlig fremmøte* application in person;
* Application in person takes precedence over postal application.
påmeldingsgebyr *(for kurs, etc)* registration fee *(fx* a r. fee of 50p); *(sport)* entrance fee *(fx* for a competition).
påmeldingsfrist *(sport)* time allowed for entries.
påminnelse admonition, warning; reminder.
påmønst|re *(vb): se mønstre: ~ på.* **-ring** engagement (of seaman); signing on.
pånøde *(vb)* press *(el.* force) on *(fx* press a gift on sby).
påpakning T dressing-down, ticking-off; telling-off; *få ~ (også)* be hauled over the coals; **S** be blitzed; be browned off; *(se overhøvling; røffel).*
påpasselig *(aktpågivende)* attentive, vigilant, watchful; *(omhyggelig)* careful; *mindre ~* remiss *(fx* in one's duties), careless, slack; *~ med* careful about; *~ med å* ... careful about (-ing).
påpasselighet vigilance, attentiveness, watchfulness; care, carefulness.
påpeke *(vb)* point out, indicate, call attention to; *~ overfor en at* ... point out to sby that ...
påpekende *adj (gram)* demonstrative; *~ pronomen* demonstrative pronoun.
påpyntet T (all) dressed up, dolled up, togged up, got up to the nines, got *(el.* done) up to kill.
påregne *(vb)* count on, reckon on.
pårørende relation, relative; *nærmeste ~* next of kin.
påsatt attached, put on; *(om brann)* intentional, incendiary.
påse *(vb)* see (to it) that, take care that, ensure that.

påseile *(vb)* run foul of, run into.
påseilet *(spøkef)* **T** three sheets in the wind; half-seas over.
påseiling *(mar)* collision, running foul of.
påske Easter; *-n* Easter; *i -n* at Easter; *til ~* next Easter. **-aften** Easter Eve.
påskebrun *(adj)* with an Easter tan; *det var bare -e fjes å se* every face we saw was tanned by the Easter sun.
påskedag Easter Sunday; *annen ~* Easter Monday; *første ~* Easter Sunday.
påskeegg Easter egg.
påske|ferie Easter holidays, Easter vacation. **-helg** Easter holidays. **-lam** paschal lamb.
påskelilje *(bot)* daffodil.
påske|tid Easter. **-tur** Easter trip. **-uken** Easter week.
påskjønne *(vb)* appreciate; *(belønne)* reward *(fx* sby with £10).
påskjønnelse appreciation; reward; *som en ~ av* in appreciation of.
påskrevet: *få sitt pass ~* **T** be hauled over the coals; be ticked off; *(se også påpakning).*
påskrift inscription; *(på veksel, etc)* endorsement; *(på bokomslag, arkivmappe, etc)* title; *(på frimerke)* print, legend; *(underskrift)* signature; *en sjekk med -en' up to Fifty Pounds'* a cheque marked *(el.* bearing the words)' up to Fifty Pounds'; a c. with the inscription ... on it; a c. with the words ... added in front.
påskudd pretext, pretence, excuse; *under ~ av* on (the) pretext of.
påskynde *(vb)* hasten, accelerate, quicken; *~ dette arbeidet* press *(el.* push) on with this work; *~ levering* expedite *(el.* push on) delivery.
påskyndelse hastening, acceleration.
påstand *(se påstå)* **1.** assertion, contention; *(uten bevis)* allegation; *bevise sin ~* establish *(el.* prove) one's case; *gjendrive en ~* refute an assertion; *imøtegå en ~* challenge an assertion; refute an assertion; *-en er så urimelig at den ikke behøver å bli imøtegått* the statement is so preposterous that it does not need refuting; *la -en stå uimotsagt* allow the assertion to pass unchallenged; refrain from answering the assertion; *sette fram en ~* make an assertion; *komitéen fant at -ene medførte riktighet* the committee found the allegations substantiated; *Deres ~ om at kassene var så dårlige* your assertion that the cases were so poor *(el.* were of such a bad quality); *er du enig i den ~ at ...?* do you agree with the statement that ...? are you in agreement with the statement that ...? **2***(jur)* plea; *(som nedlegges)* claim; *aktor nedla ~ om 10 års fengsel* counsel asked for a 10-year sentence; *saksøkerens ~* statement of claim; *saksøktes ~* defence; *saksøkeren fremsetter sin ~* plaintiff states the nature of his claim; *saksøkte fremsetter sin ~* defendant delivers his defence; *ta en ~ til følge* allow a claim; *ta saksøkerens ~ til følge* find for the plaintiff; *~ står mot ~* it's your word against his; *(jur)* there is a conflict of evidence; *støtte en ~ på* base an assertion on; (2) base a claim on; *(se II. stå B & nedlegge).*
påstemple *(vb): en sjekk -t 'up to Fifty Pounds'* a cheque marked 'up to Fifty Pounds'; *(se påskrift).*
påstigning: *stoppe for ~* stop to take up passengers; *av- og påstigning utenom holdeplassene forbudt* passengers may not enter *(el.* board) or leave the train except at the appointed stopping places; *(jvf overtredelse).*
påstøpt *(adj)* integrally cast *(fx* integrally cast flanges).
påstå *vb (bestemt uttale)* assert, declare, allege; *(uberettiget)* pretend; *(opponerende)* contend, argue; *(hevde)* maintain, hold; *det vil jeg ikke ~* I will not maintain that; *(det er jeg ikke sikker på)* I am not positive as to that; *han -r seg å være* he claims *(el.* pretends) to be; *han -r at han har vunnet en stor seier (også)* he claims to have won a great victory; *jeg tør ~* I venture to say; *det kan trygt -s at* it can confidently be asserted that; *det er ikke fullt så bra som det -s (å være)* **T** it's not all that it's cracked up to be.
påståelig (self-)opinionated, obstinate, stubborn, mulish, pig-headed. **-het** obstinacy, stubbornness; mulishness, pig-headedness.
påsveising overlaying, building up; **US** surfacing; *(se sveising).*
påsyn: *i alles ~* in public, publicly.
påta *(vb): ~ seg (ta på seg et arbeid)* undertake, take on *(fx* a job); *(forpliktelser)* undertake, take upon oneself; assume *(fx* a guarantee for sth), engage *(fx* I will e. to do it in a month); *(ved kontrakt)* contract; *~ seg å* undertake *(el.* engage) to; *~ seg for mye* undertake too much; *han har -tt seg for mye (også)* he has bitten off more than he can chew; *jeg har -tt meg en hel del ekstraarbeid* I've let myself in for a lot of extra work; *(se også ekstraarbeid); ~ seg ansvaret for noe* assume *(el.* take (on) *el.* undertake *el.* accept) (the) responsibility for sth; *~ seg en sak* take on a matter; take a m. in hand; *~ seg et verv* undertake *(el.* take on) a task; *(se også påtatt).*
på|tagelig, -takelig palpable, tangible; *(åpenbar)* obvious; *det er ~ at* ... it is obvious *(el.* manifest) that ...
I. påtale *(subst)* **1***(tilrettevisning)* censure; *hans oppførsel fortjener ~* his conduct is deserving of c.; **2***(jur)* complaint, charge; *(det å bringe for domstolen)* prosecution; *(se tiltale).* **-myndighet 1***(rett til å reise tiltale)* the power to institute prosecution; **2.** (public) prosecution; prosecuting authority; *representere -ene* appear for the Prosecution *(el.* the Crown). **-unnlatelse** withdrawal of the charge;
* the Attorney General entered a nolle prosequi.
påtatt assumed, put on, false; *under et ~ navn* under an assumed name; *være ~* (ɔ: *ikke ekte)* be put on, be assumed.
påteg|ne *(vb)* sign; *(til bekreftelse)* endorse. **-ning** signature; endorsement; *(merknad)* remark; *en anbefalende ~* a recommendatory endorsement.
påtenkt intended, contemplated, planned, projected *(fx* a p. dictionary).
påtrengende pushing; importunate; *~ nødvendig* urgently necessary; *~ behov* pressing *(el.* urgent) need; *~ nødvendighet* urgent necessity.
påtrengenhet importunity.
påtrykk pressure; *(tekst)* imprint; *etter ~ fra* under pressure from *(fx* he wrote the letter under p. from his boss); *(mildere)* at *(el.* on) the instigation of; *(se også I. trykk: øve ~ på).*
påtvinge *(vb)* force on, thrust on; *han ble påtvunget oss* **T** he was wished on us.
påtår T (another) drop; *(jvf påfyll).*
påvente: *i ~ av* in anticipation of; pending *(fx* p. his arrival *(el.* return)); in the event of *(fx* in the e. of further requirements).
påvirke *(vb)* affect, influence; *la seg ~ av* be influenced by; *han lar seg lett ~* he is easily influenced; *i -t tilstand* under the influence of drink; in liquor; **T** under the influence; *(se promille).*

påvirkning influence; *under* ~ *av* influenced by, under the influence of.
påvise *(vb)* point out, show; *(bevise) prove; (godtgjøre)* establish; *(demonstrere)* demonstrate. **-lig** demonstrable, provable; traceable; *uten* ~ *grunn* for no apparent reason.
påvisning pointing out, demonstration.

R, r R, r; *R for Rikard* R for Robert.
ra *se morene.*
rabagast wild type, madcap.
rabalder noise; uproar *(fx* there was a great *(el.* tremendous) uproar); **T** hullabaloo.
rabaldermøte noisy meeting; bear garden; rough house.
rabarbra *(bot)* rhubarb. **-grøt** stewed rhubarb. **-stilk** rhubarb stalk.
I. rabatt discount; *gi 5 prosent* ~ give *(el.* allow) a discount of 5 per cent; give *(el.* allow) a 5 per cent discount; *ved bestilling av større kvanta gis det* ~ discount is allowed for substantial quantities; *jeg er villig til å gi en spesiell* ~ *på dem på 5%* I am prepared to make a special allowance on them of 5%; *(se forhandlerrabatt; kvantumsrabatt).*
II. rabatt 1*(blomsterbed)* border; **2***(vei-)* verge; shoulder; *(midt-)* centre strip; *(på motorvei)* central reserve; **US** median strip; *bløte -er* soft verges.
rabattbeløp discount *(fx* he had a d. due to him).
rabattforretning *(lavprisforretning)* discount store.
rabattkort = ticket coupon.
rabattsats discount; *hvilke -er kan De gi meg?* what discounts can you allow me?
rabb(e) (barren) ridge, mound of rock; *(jvf fjellrabbe & åsrabbe).*
rabbel scribbling.
rabbiner rabbi.
rabiat rabid, raving.
rable *(vb)* scribble; ~ *ned* jot down; *hun -t ned stilen på ti minutter* she knocked *(el.* dashed) off the essay in ten minutes; *det -r for ham* **T** he's going off his head.
rabulist demagogue, agitator; **T** rabble-rouser. **-isk** agitatorial, demagogic.
rad *(rekke)* row; *i* ~ in a row; *tre dager på* ~ three days running *(el.* on end *el.* in succession); *det tredje år på* ~ the third successive year; *sistemann på hver* ~ *samler inn stilebøkene* the last person in each row will collect the exercise books.
radar radar.
radarkontroll radar speed check.
radbrekke *vb (person, som straff)* break on the wheel; *han -r det engelske språk* he murders the Queen's English.
radd fellow; rascal.
radere *(vb)* etch; *(skrape ut)* erase.
radergummi (ink) eraser.
radering 1*(bilde)* etching; **2***(utskrapning)* erasure.
rader|kniv eraser. **-nål** etching needle. **-vann** ink eradicator.
radialdekk radial (tyre); ~ *med stålinnlegg* steel -braced radial tyre.
radiator radiator.
radiatorvifte *(på bil)* (radiator) fan.
radig without a hitch, smoothly; *det gikk* ~ *med slåtten* the mowing was getting on like a house on fire; they were getting through the mowing like wildfire.
radikal radical; *-t (adv)* radically; *(se II. verk: gå radikalt til -s).*
radikalisme radicalism.
radio radio; **US** radio; *høre* ~ listen (in); listen to the radio; *høre noe i -en* hear sth on the radio; hear sth on the air; *det ble sagt i -en at ...* it was said *(el.* stated) on the radio that ...; *sette på -en* turn *(el.* switch) on the radio.
radio|aktiv radioactive; *(se nedfall).* **-amatør** short -wave radio amateur. **-antenne** aerial, radio antenna. **-apparat** radio. **-bil 1***(i fornøyelsespark)* bump-you car; joy car; dodgem (car); **2***(politiets)* radio car.
radiolytter listener.
radiometer radiometer.
radio|peilestasjon radio compass station. **-rør** valve. **-samband** radio link; *i* ~ *med* in r. l. with. **-sender** (radio) transmitter; *(rørsender)* valve transmitter.
radiostasjon radio station; *(sender)* transmitting station.
radiostøyfilter static filter; reducer; *verktøy med* ~ internally suppressed tool.
radiotelefoni radio telephony.
radio|telegrafering radio telegraphy, wireless t. **-telegram** radiogram.
radioutsendelse broadcasting; radio transmission; broadcast.
radium radium.
radius radius *(pl:* radii); *i en* ~ *av* within a r. of; within a range of.
radmager: *han er* ~ he's as thin as a rake; he has no flesh on his bones.
raffinade cube sugar; lump sugar; loaf sugar.
raffinement refinement, subtlety; studied elegance, sophistication.
raffinere *(vb)* refine *(fx* oil, sugar).
raffineri refinery.
raffinert refined, subtle; of studied elegance; sophisticated; ~ *grusomhet* refined cruelty.
raffinerthet refinement; subtlety; studied elegance; sophistication.
rafse *(vb):* ~ *til seg* grab; *(se grafse).*
raft *(takås)* purlin.
ragarn *(slags fiskegarn)* leader, range; *(se garn).*
rage *(vb):* ~ *fram* jut out, protrude, project; ~ *opp* rise; *(uklart)* loom; *(høyt)* tower; ~ *opp over* tower above; *(fig)* stand *(el.* be) head and shoulders above; *han -r langt opp over kollegene* he is head and shoulders above his colleagues; ~ *ut over* project over, overhang.
ragg goat's hair; shag.
raggarungdom *(tenåringer med scootere)* = **S** mods.
raggesokk thick woollen sock.
ragget rough-haired, shaggy.
raggmunk *(potetpannekake)* potato girdle (,**US:** griddle) cake.

ragnarokk *(myt)* the Twilight of the Gods; *(fig, fx om krig)* Armageddon.
ragu ragout.
raigress *(bot)* rye grass; *giftig* ~ darnel.
rajah rajah.
rak *(rett)* direct, straight, erect.
I. rake *vb (angå)* concern, regard; ~ *uklar med* fall out with; *hva -r det deg?* what's that to you? *det -r ikke deg* it's none of your business; it does not concern you.
II. rake *vb (røre)* stir, stir up; *(m. rive)* rake *(fx* r. the hay); ~ *i varmen* poke the fire; stir up the fire; ~ *sammen* rake together *(fx* hay); ~ *seg (barbere seg)* shave.
rakefisk half-fermented trout.
rake|kniv razor. **-rive** horse rake.
rakett rocket; *(missil)* (ballistic) missile.
rakettbase *(mil)* missile base.
rakettbombe *(mil)* rocket bomb; rocket missile.
rakett|drevet rocket-propelled, rocketed *(fx* a r. missile). **-drift** *(flyv)* rocket *(el.* jet) propulsion. **-motor** rocket engine. **-oppskytning** r. launching. **-sonde** spaceprobe. **-trinn** kick stage.
rakettvitenskap rocketry.
rakitis *(med.)* rickets.
rakitisk rickety.
rakk riff-raff, rabble.
rakke *(vb):* ~ *ned på* run down, throw dirt on, abuse; **T** drag one's name through the mud; ~ *til (gjøre skitten)* dirty, soil.
rakker *hist (bøddelens hjelper)* executioner's assistant; *(fig)* villain. **-pakk** rabble, riff-raff.
rakle *bot (hanrakle)* catkin.
rakne *vb (om søm, tøy)* come unsewn *(el.* unstitched); *(om damestrømpe)* ladder, run; *(fig)* go phut.
raknefri *(om strømpe)* ladder-proof; run-proof; **US** run-resistant.
rakrygget erect, upright.
rakørret half-fermented trout.
rallar navvy, casual labourer.
ralle *(vb)* rattle (in the throat).
ralling (death) rattle.
I. ram: *få* ~ *på en* get at sby; **T** catch sby bending.
II. ram *(om lukt, smak)* pungent, acrid, rank; *for -me alvor* in dead earnest; *det er mitt -me alvor* I am perfectly serious; ~ *til å ...* prone to ...
ramaskrik outcry *(fx* there was an o. against it).
rambukk pile driver.
ramle *(vb)* rumble, rattle; ~ *sammen* collapse, fall in, cave in; ~*over ende* fall.
I. ramme *(subst)* **1.** frame *(fx* of a door, of a picture); framework; framed structure; **2***(bils bunnramme)* chassis frame; *kasseformet* ~ box-girder frame; *(se kassebærer); sjekke -n (etter kollisjon for å se om den er blitt skjev)* check the frame alignment; **3***(typ)* chase; *(rammelinje)* border; **4***(om fortelling, etc)* framework *(fx* the friends' reunion provides the framework for the story); **5***(bakgrunn)* setting *(fx* the castle provided a magnificent setting for the gathering); **6***(omfang, grenser)* scope, framework, bounds, limits, confines;
dette spørsmålet sprenger -n **for** *diskusjonen* this question goes beyond the subject under discussion; the question goes beyond the confines of the discussion; *sette et bilde* **i** *(glass og)* ~ frame (and glaze) a picture; *i glass og* ~ framed and glazed;
ikke passe **inn i** *-n (om ting)* be *(el.* look) out of place; be unsuitable; be inappropriate;
holde prisen **innenfor** *en noenlunde rimelig* ~ keep the price within more or less reasonable limits; *innenfor denne lovs* ~ within the scope of this Act; *innenfor den opptrukne* ~ within the framework established; *det er foruroligende å måtte konstatere hvor utilstrekkelige disse ordbøkene er innenfor den* ~ *de gir seg selv* it is disquieting to discover the inadequacy of these dictionaries within their own limits; *innenfor -n av denne organisasjonen* within the framework of this organisation; *han holdt seg innenfor -n av sine fullmakter* he kept within the scope *(el.* bounds) of his authority; *dette problemet kan naturligvis ikke behandles utførlig nok innenfor -n av en artikkel* this problem cannot of course be dealt with adequately within the limits of an article; *innenfor -n av denne utbyggingsplanen er det regnet med nye skoler og sykehus* new schools and hospitals are planned as part of this *(el.* the) development programme;
storstilt ~ **omkring** *Stortingets oppløsning* (a) splendid setting for the dissolution of the Storting;
denne ordboken har gitt seg selv en altfor **snever** ~ this dictionary unduly restricts its terms of reference; *falle* **ut av** *-n (om person, ting)* be *(el.* look) out of place; **T** be the odd one out; *(kun om ting)* be unsuitable; be inappropriate; *(kun om person)* behave in an unsuitable *(el.* inappropriate) manner;
det faller **utenfor** *-n av denne boka* it falls *(el.* is) outside the scope of this book; *det faller utenfor -n av min oppgave* that is outside the scope of my task; *(se kostnadsramme).*
II. ramme *vb (treffe)* hit, strike *(fx* he was struck by a falling stone; the snowstorm struck London just before the evening rush-hour; he was stricken by infantile paralysis); *(hende)* overtake, befall *(fx* the disaster which befell him); *(berøre)* affect *(fx* many factories are affected by the strike); *(renne inn i)* ram; ~ *ned* drive in *(fx* piles); *(skildre treffende)* hit (off); *min bemerkning -t (også)* my remark went home *(el.* hit the mark *el.* took effect); *hardt -t* hard *(el.* badly) hit *(fx* this industry was hard hit); *det tap som har -t ham* the loss he has suffered; ~ *en på pengepungen* victimize sby financially.
ramme|antenne frame aerial. **-avtale** framework agreement. **-fortelling** frame story.
rammel clatter, noise.
rammelager: *se veivaksellager.*
ramme|list (picture-)frame moulding. **-lov** framework law. **-maker** maker of picture frames. **-sag** *(mask)* gang saw. **-verk** framework *(fx* of a bridge, of a house).
ramp hooligan(s); rowdies; mob.
rampe ramp; *(teater-)* apron.
rampegutt rude *(el.* ill-mannered) boy; really naughty boy; *han utviklet seg til en ordentlig* ~ he grew *(el.* turned) into a really naughty boy; *(se rampestrek).*
rampe|lys footlights; *(fig)* limelight *(fx* be in the l.); *være fremme i -et (fig, også)* be very much in the public eye. **-strek** trick; act of vandalism; *slike -er burde gutter i din alder holde seg for gode til* boys of your age ought to be above (playing) tricks like that.
rampet(e) rude, ill-mannered, badly behaved.
ramponere *(vb)* damage.
rams: *fremsi noe på* ~ recite sth parrot-like *(el.* in a mechanical fashion); *lære på* ~ learn by rote; learn by heart.
ramsalt *(fig)* caustic *(fx* remark, wit).
I. ramse *(subst)* long string of words (,names, *etc); (neds)* rigmarole; *(barne-)* jingle.
II. ramse *(vb):* ~ *opp* reel off, rattle off.
ran robbery; raid *(fx* a post-office raid; a raid on the bank).
rand *(stripe)* stripe; *(på glass)* brim; *(kant)* edge;

(på ski) groove; *(fig)* verge, brink *(fx* on the brink of ruin); *være på fortvilelsens ~ (også)* be at the point of despair; *(se II. nipp).*
randbebyggelse ribbon building *(el.* development); housing estate situated on the edge of a town.
randbemerkning marginal note.
randet(e) striped.
randskrift *(på mynt)* legend.
randstat border state.
rane *(vb)* rob; *~ noe fra en* rob sby of sth.
rang rank; *(forrang)* precedence; *av første ~* first-class; *av høy ~* of high rank, high-ranking; *gjøre en -en stridig* dispute sby's postition; *ha ~ blant* rank among; *ha ~ fremfor* rank before *(el.* above), take precedence of.
rangel booze; *gå på ~* **T** go boozing; *(el.* bust), go on a spree.
rangere *(vb)* rank; *(jernb)* shunt; **US** shunt, switch; *~ foran* take precedence of, rank above.
rangfølge order of precedence, ranking.
rangklasse rank.
I. rangle *subst (leketøy)* rattle.
II. rangle *vb (rasle)* rattle; *(gå på rangel)* **T** go boozing; go on a spree.
ranglefant T boozer.
rangliste *(sport)* table of ranking; *han er tredjemann på -n* he is third in the ranking; he is ranked third; he ranks third on the list.
rangsperson person of rank; dignitary.
rangstige hierarchy; social ladder.
rank straight, erect.
I. ranke: *ride ~* sit on the knee, ride a cock horse, be dandled; *la et barn ride ~* dandle a child.
II. ranke *(subst)* tendril; *(vinranke)* vine.
III. ranke *(vb)* straighten; *~ seg* **1.** straighten oneself (up), draw oneself up (proudly), stiffen one's spine; **2***(sno seg)* twine.
rankhet straightness, erectness.
ransake *(vb)* search, ransack; *~ en* search sby; **T** frisk sby.
ransel satchel.
ransmann robber.
ranunkel *(bot)* buttercup, crowfoot.
rap belch; *(babys)* (baby's) burp.
rape *(vb)* belch; *(om baby)* burp, bring up wind.
I. rapp *(subst)* rap, blow; *på røde -et* at once, this minute.
II. rapp *(adj)* quick, swift, brisk.
I. rappe *vb (en mur)* roughcast.
II. rappe *(vb): ~ seg* be quick about it, hurry; *~ til en* **T** take a smack at sby.
rapp|fotet *(litt.)* light-footed, nimble-footed, fleet -footed; *han er ~* he moves very quickly. **-hendt** nimble-handed, deft.
rapphøne *(zool)* partridge; **US** gray partridge.
rapp|kjefta T: *se rappmunnet.*
rappmunnet glib, quick.
rapport report; *avlegge ~* report, send in one's *(el.* a) report; *skrive en ~* draw up a r., make a r.
rapportere *(vb)* report.
rapptunget: *se rappmunnet.*
raps *(oljeplante)* rape.
rapse *(vb)* pilfer, pick and steal; **T** pinch, bone, hook; **S** whip.
raptus fit, craze; *når den -en kommer over ham* when the fit is on him.
rar odd, quaint, strange; funny *(fx* it made me feel quite f.); *jeg føler meg ~ i magen* I've got a funny feeling in my stomach (,**T:** tummy); I'm feeling funny in my s.; I've (got) a squeamish feeling in my s.; **T** I have butterflies in my tummy; *jeg føler meg ikke så ~ (ɔ: frisk)* **T** I'm not feeling so good; *(jvf frisk); de var ikke -e sjømenn* they weren't much in the way of sailors; *vil du se noe -t?* do you want to see something funny? *hva -t er det i det?* what's strange about that? what's so funny about that? *det blir ikke -t igjen* there won't be much left (worth having); the remainder isn't worth much; *det er -t med det, men* ... it's (a) funny (thing), but ...; *det er -t med det, men man synes ikke godt man kan si nei takk* it's a funny thing, but you feel you can't very well refuse; *det er så -t med det, men vi er jo liksom gamle kjente nå* it's a funny thing, but it's just as if we'd known each other for a long time now; *det er ikke så -t at* ... it's not to be wondered at that; *det var ikke så -t i betraktning av at* ... that was no wonder, considering that ...; *John var henrykt, og det var ikke så -t, for hun var en vakker kvinne* John was entranced, as indeed he might have been, for she was a beautiful woman; *det er da ikke så -t* there's nothing surprising about *(el.* in) that; *~ i hodet* queer in the head; *sette opp et -t ansikt* pull a funny face.
raring funny chap *(el.* bloke); odd character *(el.* oddbody; rum chap *(el.* customer); *John er en ordentlig ~! (ɔ: i grunnen en grei kar)* he's a funny old bugger, John is!
raritet curiosity, curio.
ras landslide, landslip; *(se snøras; steinras).*
I. rase *(subst)* race; stock *(fx* he comes of old English s.); breed *(fx* artists are a curious b.); *(dyre-)* breed; stock, race; *blandet ~* mixed breed, hybrid race; *av blandet ~* half-caste, half-breed; *(om dyr)* half-breed, hybrid, half-bred, crossbred; *ren ~ (om dyr)* pure breed; *av ren ~* thoroughbred, pure-bred.
II. ras|e *(vb)* **1***(være meget sint)* rage, be in a rage, rave, be furious, be in a fury, fume; **2***(om uvær, krig, etc)* rage; **3***(fare): ~ av sted* tear along; **4***(bruke munn)* rage *(mot* against), storm *(mot* at); *han -te av sted* he was tearing along; he rushed madly off; *få -t ut* cool off, calm down; *(om ungdommen)* sow one's wild oats, have one's fling; *han hadde -t ut* his fury was spent.
rase|biolog racial biologist. **-biologi** racial biology. **-biologisk:** *~spørsmål* question of racial biology; *~ undersøkelse* study in racial b. **-blanding** mixture of races, racial mixture.
rasediskriminering race *(el.* racial) discrimination, colour (,**US:** color) bar; *(m.h.t. boliger, skoler, transportmidler)* segregation; *(i Sør-Afrika)* apartheid.
rase|dyr thoroughbred (animal); *(ofte =)* pedigree animal. **-eiendommelighet** racial characteristic *(el.* peculiarity). **-fanatiker** racist. **-fanatisme** racism. **-felle** member of the same race. **-fellesskap** community of race. **-fordom** racial prejudice; *(ofte =)* racial feeling. **-hat** racial *(el.* race) hatred. **-hest** blood horse. **-hygiene** eugenics. **-kamp** racial struggle, race conflict. **-merke** racial characteristic, race mark.
rasende furious, in a rage; *i ~ fart* at a furious pace; *~ over* furious at; *~ på* furious with; *bli ~* fly into a rage.
raseopptøyer *(pl)* race riots, disturbances between white and coloured people.
rasere *(vb)* raze, level with the ground.
raseri rage, fury.
rase|skille (racial) segregation; colour bar. **-stolthet** pride of race.
rasfare danger of a landslide; *(se ras).*
rasjon ration; *hente -ene (mil)* draw rations; *sette på ~* ration.
rasjonal rational.
rasjonalisere *(vb)* rationalize.

r

rasjonalisering rationalization; *(som fag)* efficiency engineering, industrial efficiency.
rasjonaliseringsekspert (business) efficiency expert.
rasjonal|isme rationalism. **-ist** rationalist. **-istisk** rationalist(ic).
rasjonell *(adj)* **1***(filos)* rational; **2.** rational; efficient *(fx* working methods); ~ *viltpleie* rational game preservation; *(jvf urasjonell).*
rasjonere *(vb)* ration.
rasjonering rationing.
rasjonerings|kort ration card. **-system** rationing system.
I. rask *(subst)* lumber, rubbish; trash; *(se I. rusk).*
II. rask *(adj)* quick, fast, swift; *være ~ og rørig* be in the best of health; **T** be in the pink of condition; be fit as a fiddle; *(om eldre mennesker, også)* be hale and hearty; *~ i vendingen* quick off the mark; *være ~ til bens* be a good walker; move (very) quickly; *-t (adv)* fast, quickly; *gå -t* walk fast; *la det nå gå litt -t!* **T** get a move on!
raske *(vb): ~ med seg* snatch (up); grab; *~ på* hurry up; *~ sammen* scrape together.
raskhet quickness.
rasle *(vb)* rattle; *(om tørre blader, etc)* rustle.
rasp rasp.
raspe *(vb)* rasp; *(med rivjern)* grate.
rasper *(hestesykdom)* scratches.
rast halt, stop, rest; *holde ~* halt, stop, rest, take a breather.
raste *(vb)* rest, stop.
rasteplass picnic area.
rastested *(ved motorvei, med servicemuligheter)* service area; *(NB på skilt:* 'services', *fx* 'services 10 km').
rastløs restless, fidgety.
rastløshet restlessness.
ratata *(spøkef)* **T** behind.
rate instalment.
ratebetaling payment by instalments; *(se avbetaling).*
ratevis by instalments.
rati|fikasjon ratification. **-fisere** *(vb)* ratify.
ratt (steering) wheel; *bilen er tung på -et* the car is heavy on the (s.) w.; *(se også legge B; lettstyrt; tungstyrt).* **-gir** steering column mounted change *(el.* gear lever). **-kjelke** [toboggan equipped with steering wheel and brake]. **-kors** spider. **-stamme** steering column.
raudhå *(fisk)* common dogfish.
rauk *(av kornband)* shock.
raut *(av ku)* low. **raute** *(vb)* low.
I. rav *(subst)* amber.
II. rav *(adv): ~ ruskende gal* stark staring mad.
rave *vb (vakle)* totter, reel, stagger, lurch.
ravfarget amber(-coloured).
ravn *(zool)* raven; *stjele som en ~* steal like a magpie.
ravnemor negligent mother.
razzia raid.
re *(vb): ~ en seng* make a bed; *som man -der, så ligger man* you have made your bed and you must lie on it.
reagens reagent. **-glass** test tube. **-papir** test paper.
reagere *(vb)* react *(på* to, against); respond *(på* to, *fx* respond to a stimulus); *~ positivt* respond; adopt a positive attitude *(på noe* to sth); *~ på* (ɔ: *virke tilbake på)* react on; *elevene reagerte positivt (på dette)* the pupils responded well; *få en til å ~ (også)* get a rise out of sby; *(se purring).*
reaksjon reaction; response; *hennes ~ var skjellsord* her reaction was (to utter) words of abuse; *~ på* reaction to *(fx* a proposal); reaction against *(fx* strong r. by teachers against a 30-period week).
reaksjons|evne *(kjem, biol)* reactivity; *(persons)* powers of reaction; *han har en god ~* he has quick reactions. **-slengde** *(ved bremsing)* thinking distance; *(se bremselengde; stoppedistanse).*
reaksjonær reactionary; *de -e* the reactionaries.
reaktor reactor, pile.
real trustworthy, reliable, honest, fair; *~ behandling* fair treatment; *et -t mannfolk* a regular he-man; *det er ikke -t overfor piken* it's not fair to the girl; *få en ~ omgang juling* get a proper hiding; *et -t slagsmål* a really fine fight, a decent fight; a real slogging match; *et -t stykke kjøtt* a good-sized piece of meat.
real|artium [the Norwegian equivalent of the GCE (Advanced Level) on the science side]; *(jvf artium).* **-fag** science and mathematics; *et ~* a science subject; *(se anlegg 6).*
realisasjon realization, realisation.
realisasjonssalg clearance sale.
realisere *(vb)* realize, realise, dispose of.
realisme realism.
realist 1. realist; **2.** [holder of degree of *cand. real.* or *cand. mag.*]; *(kan gjengis)* holder of a science degree; science graduate; *(jvf filolog).*
realistisk realistic.
realitet reality; *i -en* in reality; *sakens ~* the real point.
realitets|behandle *(vb)* deal with *(el.* consider) the practical aspects of *(fx* aquestion); *~ et lovforslag* debate the factual aspects of a bill. **-spørsmål** question of fact.
real|kandidat science graduate; *(jvf realist 2).* **-kapital** real capital; *(fast investert)* fixed assets. **-kreditt** credit secured by mortgage on real property; *(jvf personalkreditt).* **-linje** *hist (på skole)* science side; *komme inn på -n (om elev)* get into the s. s. **-lønn** real income. **-lønnsnivået** the real income standards.
realpolitiker practical politician.
realpolitikk practical politics.
realskole *(omtr =)* [junior forms at grammar school]; **US** high school; *(se ungdomsskole).*
realskole|eksamen the ordinary level GCE, GCE (O); *(jvf artium).* **-vitnemål** = General Certificate of Education (Ordinary Level).
realunion *(polit)* legislative union.
reassur|andør reinsurer. **-anse** reinsurance.
reassuranseavdekning reinsurance cover.
reassurere *(vb)* reinsure.
rebell rebel.
rebelsk refractory; **T** boshy.
rebus picture puzzle, rebus. **-løp** *(billøp)* treasure hunt.
rectum *(anat)* rectum.
red *(mar)* roads, roadstead.
redaksjon 1*(kontoret)* editorial office(s); **2***(personale)* editorial staff; *(redaktører)* editors; **3***(det å redigere)* editing; *(avfattelse)* wording, drafting, framing.
redaksjonell editorial.
redaksjonsartikkel leading article, leader, editorial.
redaksjonskomité drafting committee.
redaksjonssekretær subeditor.
redaktør editor; *være ~ for (el. i el. ved)* have the editorship of; *mens han var ~* while he was (the) editor; during his editorship; *(se hovedredaktør).*
redaktørstilling editorship, editorial post.
redd frightened, afraid; *(av natur)* timorous; *meget ~* very much afraid; very frightened; *(jvf vettskremt); bli ~* get frightened; get scared; take fright; *han ble ordentlig ~ (også)*

he was thoroughly frightened; *gjøre en ~* frighten sby (*fx* it frightens him); *være ~* be (*el.* feel) afraid (*el.* frightened); be apprehensive; *du er (neimen) ikke ~!* you've got a nerve! *jeg var for ~ til å åpne døra* I was too scared to open the door; *være ~* **for 1.** be afraid of; *(svakere)* be frightened of; be scared of (*fx* she's scared of spiders); **2***(bekymret for)* be afraid for; be anxious about; *det er ingenting å være ~ for* there's nothing to be afraid of (*el.* frightened about); *du er ~ (for dette), ikke sant?* it frightens you, doesn't it? it does frighten you, doesn't it? *man er ~ for livet til ...* there are fears for the life of ...; *hun var ~ (for at) det skulle skje med henne* she was afraid it might happen to her; *jeg er litt ~ for at ...* I'm somewhat fearful that ... *det man er ~ for er at* the fear is that ...; *jeg er stygt ~ for at ...* I'm really afraid that ...

Redd Barna the Save the Children Fund; the SCF.

redde *(vb)* save; *(berge)* rescue; *vi er -t* we're in the clear; *~ stumpene (fig)* pick up the pieces.

reddhare funk; scare-cat; **US** fraidycat.

reddik *(bot)* radish.

I. rede nest.

II. rede: *få ~ på* find out, ascertain; *gjøre ~ for* explain, give an account of; account for; *(gi et overblikk over)* review (*fx* the chairman reviewed the situation); *han må gjøre ~ for hver øre han bruker* he must account for every penny he spends; *ha god ~ på* know all about; *holde ~ på (forstå, følge)* understand, grasp, follow; *(holde orden i)* keep in order; *jeg kan ikke holde ~ på disse tallene* I keep getting these figures mixed up; *holde nøye ~ på: se II. nøye.*

III. rede *(parat)* ready, in readiness; *~ penger* ready money, cash; *han har alltid et svar på ~ hånd* he's never at a loss for an answer; *~ til å dø* ready for death; *~ til hva som helst* ready for anything.

redegjøre *(vb)* give an account (*for* of); account for; *(se sak B).*

redegjørelse account; statement.

redelig *(adj)* upright, honest.

redelighet honesty, integrity.

reder (ship)owner; *(se partsreder).*

rederforbund shipowners' association; *Det internasjonale ~* the International Chamber of Shipping.

rederi shipping company; shipowners.

redigere *(vb)* edit; *(avfatte)* draft, draw up, formulate.

redning rescue; *(fotb)* save, catch (*fx* a flying c.); *det ble hans ~* that was his salvation; *det er ingen ~* there is no hope (of salvation); *den eneste ~* the only way out.

rednings|anker *(fig)* sheet anchor, last hope. **-apparat** life-saving apparatus. **-belte** lifebelt. **-bøye** lifebuoy. **-båt** lifeboat. **-dåd** life-saving exploit; *(ofte)* rescue (*fx* a spectacular r.). **-flåte** life raft.

rednings|korps salvage corps; *(se fjellsikringstjenesten).* **-løs:** *-t fortapt* irretrievably lost. **-mann** rescuer. **-mannskap** rescue party. **-medalje** lifesaving medal; **UK** the Royal Humane Society's medal. **-patrulje** *(i fjellet)* rescue squad. **-planke** last resort, last hope, one's only hope (*fx* that's my only hope). **-sentral** rescue centre (*el.* headquarters); *(flyv)* rescue co-ordination centre; *underordnet ~* rescue sub-centre. **-skøyte** lifeboat; rescue boat. **-vest** life jacket, safety jacket.

redoble *vb (kort)* redouble.

redsel fear, horror, terror; *inngyte ~* terrify, strike with terror; *i sanseløs ~* in blank terror.

redsels|budskap terrible news. **-full** terrible, horrible, dreadful, appalling; *en ~ unge* **T** a (holy) terror (*fx* he's three years old and a holy terror).

redselsherredømme reign of terror.

redselskabinett chamber of horrors.

redselslagen horror-struck, horror-stricken, in terror.

redskap tool; *(større)* instrument; *(fig)* tool, instrument.

redskaps|bu tool shed, garden shed. **-skur:** *se -bu.*

reduksjon reduction; *en ~ på 10 %* a reduction of 10 %

reduksjons|tabell conversion table. **-ventil** *(mask)* reduction valve; *(se ventil).*

redusere *(vb)* reduce, lower, bring down, cut (,**US:** cut down) (*fx* the price of an article); mark down (*fx* m. down (the price of) an article); *(skjære ned)* whittle down (*fx* this part of the story could be whittled down to advantage); *~ sterkt* reduce drastically; *(priser, også)* slash prices; *til reduserte priser* at reduced (*el.* cut) prices; *billetter til reduserte priser* tickets at reduced rates; reduced (*el.* cheap) tickets; *(se levestandard).*

reell real; genuine; honest, fair, trustworthy; *~ behandling* fair treatment; *ha -e hensikter* have honourable intentions; *(jvf real).*

referanse reference; *personlige -r* character references; *jeg har fått lov til å benytte salgssjef NNs navn som ~* I have obtained permission to use the name of NN, sales manager, as a reference.

referat report; *(møte-)* minutes (*fx* the minutes of the last meeting were read, adopted and signed by the chairman).

referatforbud *(jur)* reporting restrictions; *-et ble opphevet* reporting restrictions were lifted.

referent reporter.

referere *(vb)* report; give an account of; *~ en fotballkamp (radio, TV)* commentate on a football match; *~ seg til* relate to; *~* **til 1.** refer to, make reference to; refer back to (*fx* we often r. back to these exercises, especially for revision before tests); *(se repetisjon(slesning));* **2***(gjelde)* refer to, have reference to (*fx* the consignment to which this payment has reference).

refleks reflection; *(fysiol)* reflex.

refleksbevegelse reflex movement.

refleksbrikke = reflector disc.

refleksiv *adj (gram)* reflexive.

refleksjon reflection, thought.

reflektant applicant; prospective buyer, possible buyer.

reflektere *(vb)* reflect; *~ over* r. on; *~ på (svare på)* reply to, answer (*fx* an advertisement); *(ville kjøpe)* intend (*el.* offer) to buy; *(søke om)* apply for (*fx* a post); *(forslag, etc)* consider, entertain; *~på tilbudet* consider (*el.* entertain) the offer.

reflektor reflector; *(astr)* reflecting telescope.

reforhandle *(vb)* renegotiate (*fx* a contract).

reform reform.

reforma|sjon reformation. **-tor** reformer.

reformatorisk reformatory.

reform|ere *(vb)* reform; *den -erte kirke* the Reformed Church.

reformering reformation.

reformkostforretning health food store.

reformvennlig reformist.

refreng refrain; *det er vel på tide vi tenker på -et (ɔ: går hjem)* **T** it must be time to think of making a move.

refrengsanger crooner; *(se sanger).*

refse *(vb)* chastise, castigate, punish; reprimand.

refselse chastisement, castigation; reprimand.

refundere *(vb)* refund, reimburse; repay.

refusjon repayment, reimbursement.

TRICKY TALES

refleksiv

Norsk	Engelsk
føle **seg**	*feel*
gifte **seg**	*marry, get married*
forestille **seg,** tenke **seg**	*imagine*
kle **seg**	*dress*

Norsk har en rekke **refleksive verb,** men i engelsk er refleksive former et unntak.

regalier *(pl)* regalia.
regatta regatta; *(se kappseilas).*
regattajolle racing dinghy.
regel rule; *gjøre seg til ~ å* make it a rule to, make a point of (-ing); *mot reglene* against the rules, contrary to all rules; *i -en; som ~* as a (general) rule, usually, generally, ordinarily, normally. **-bundet** regular. **-bundethet** regularity. **-messig** *(adj)* regular; *(adv)* regularly. **-messighet** regularity. **-rett** regular, according to rule. **-verk** (set of) regulations; *studere -et grundig* make a thorough study of all the regulations.
regener|asjon regeneration. **-ator** regenerator. **-ere** *(vb)* regenerate.
regent ruler, regent, sovereign. **-skap** regency.
regi stage management; *(iscenesettelse)* direction, production, staging *(fx* of a film); *i N.N.'s ~* under N.N.'s direction.
regime regime, rule, government.
regiment *(mil)* **1.** regiment *(fx* two regiments of infantry); **2***(feltavdeling i infanteriet, svarer til)* infantry brigade; **US** infantry regiment.
regimente *(regjering)* rule, government.
region region.
regionalplanlegging regional planning.
regissør stage manager, producer; *(film-)* film director.
register register; *(innholds-)* index, table (of contents); *(i orgel)* stop; *med ~ (om bok)* indexed.
register|aksel *(kamaksel)* camshaft. **-kjede** timing chain. **-tonn** register ton.
registrere *(vb)* register; record; notice, take note of; *~ en bil* register a car.
registrering registration. **-snummer** *(fx bils)* registration number.
regjere *(vb)* govern, reign, rule.
regjering government; *(kongelig styre: regjeringstiden)* reign; *under denne konges ~* during *(el.* in) the reign of this king.
regjerings|advokat UK Attorney-General; *(dennes stedfortreder)* Solicitor-General; *(jvf riksadvokat).* **-dannelse** (the) formation of (a) Government. **-dyktig:** *~ flertall* working majority. **-fiendtlig** oppositional; anti-government. **-form** (form of) government. **-forslag** Government bill. **-kretser:** *i ~* in Government circles. **-krise** Cabinet crisis. **-makt** government, (supreme) power. **-organ** Government organ. **-sjef** prime minister; premier. **-tid** reign. **-vennlig** pro-government.
regle rigmarole, jingle; *(jvf I. ramse).*
reglement regulations. **-ert** regular, statutory, prescribed.
regn rain; *øsende ~* pouring rain; *det ser ut til ~* it looks like rain; *overveiende skyet, kan hende litt ~ av og til* mainly cloudy, possible occasional rain or drizzle.
regn|bue rainbow; *i alle -ns farger* in every colour of the rainbow. **-buehinne** *(anat)* iris. **-byge** shower. **-dråpe** raindrop.
I. regne *(vb)* rain; *det -r kraftig* it's pouring down; *det -t noe aldeles forferdelig* **T** it rained like billy-(h)o; it rained like oldboots; *det -t med æresbevisninger* honours were showered upon him; *det ser ikke ut til at det skal holde opp å ~ med det første* the rain looks like lasting; *når det -r på presten, drypper det på klokkeren* [when it rains on the vicar, some drops will fall on the parish clerk; i.e. when a prominent person obtains a great advantage, his subordinate gets a smaller one]; *(kan fx gjengis slik)* he benefited from what rained on the vicar (,on his boss, *etc); (se pøsregne & styrtregne).*
II. regne *(vb)* **1.** reckon, figure, calculate, compute, do arithmetic, do sums; **T** work out sums (,a sum); *han sitter og -r* he's doing sums; **T** he's working out a sum (,sums); *(jvf matematikkoppgave);* **2***(kalkulere)* calculate, compute; **3***(anslå)* estimate, reckon; *~ en oppgave* work out a problem in arithmetic; *~* **blant** reckon among *(fx* we r. him among our supporters), include among; *~* **etter** *(ɔ: om)* go over again, check up (on); *~* **feil** *(også fig)* miscalculate, make a miscalculation, make a mistake; (NB you've got all your sums wrong); *~* **for** consider, regard as, look (up)on as, count *(fx* c. oneself lucky); *han -s for å være rik* he is believed *(el.* supposed) to be rich; he is accounted rich; *det er for intet å ~* it's next to nothing; *det er for intet å ~ mot* it's nothing to *(el.* compared with); *~* **fra** *(ɔ: trekke fra)* deduct; *renter -t fra* interest deducted; *-t fra i dag* counting *(el.* reckoning) from today; as from today; *~* **galt:** *se ~ feil (ovf);* **høyt** *-t* at the outside, at (the) most, at the utmost; at the highest possible estimate; *man -r vanligvis at den middelengelske periode sluttet omkring 1450* the close of the Middle English period is generally put at about 1450; *~* **i** *hodet* make a mental calculation; *jeg -t det ut i hodet* I did it in my head; **lavt** *-t* at a low *(el.* conservative) estimate; at least; **løst** *-t* at a rough estimate, roughly;
~ **med 1***(innbefatte)* include *(fx* the wine is not included (in the bill)); count (in); **2***(ta med som faktor)* allow for, include in one's reckoning; *man -r med en periode på 3 år for opplæring av personale* a 3-year period is envisaged for the training of personnel; *planen -r med ansettelse av 100 000 personer* the plan envisages the employment of 100,000 persons; **3***(ta hensyn til, legge vekt på)* take into account, reckon with;

4*(gå ut fra, stole på)* count on *(fx* you can c. on immediate delivery); rely on, reckon on; **T** bank on *(fx* I had banked on their accepting my offer); *De kan ikke ~ med å ha varene til Deres disposisjon før tidligst om tre uker* you cannot count on having the goods at your disposal for another three weeks at the earliest; *dette viser at man -r med samme utbetalingsmåte som under mitt opphold i England* this shows that the same mode of payment is reckoned with as at the time of my stay in England; *-r De med at noen annen person eller båt er ansvarlig for havariet?* do you consider any other individual or craft responsible for the accident? *-r De med at De vil bli holdt ansvarlig for annen manns båt eller eiendom?* do you consider that you are likely to be held responsible for the craft or property of another party?

~ **om** *til* convert into *(fx* c. pounds into kroner); ~ **opp** enumerate *(fx* the articles enumerated in this list); ~ **over** check *(fx* have you checked these figures?); *(gjøre et overslag over)* calculate, make an estimate of; ~ **riktig** *(fig)* calculate correctly, be right in one's calculations; guess right; (NB he'd got all his sums right); ~ **sammen** add up, sum up, reckon up; **T** tot up; ~ **til** allow for *(fx* allow £10 for travelling expenses); *skaden -s til* the damage is estimated at; ~ **seg til** *(ɔ: slutte)* infer, think out (for oneself); deduce; ~ **ut** calculate, work out, figure out.

regne|bok arithmetic (book). **-feil** arithmetical error, miscalculation. **-kunst** arithmetic. **-maskin** calculating machine; calculator. **-mester** arithmetician. **-måte** method of calculation. **-oppgave** sum, arithmetical problem.

regne|stykke *se -oppgave; det er et enkelt ~ (fig)* it's a simple sum. **-tabell** arithmetical table. **-time** arithmetic lesson.

regn|frakk raincoat: **T** mac; mack. **-full** rainy. **-hette** rain hat *(fx* ladies' plastic r. hats).

regning *(fag)* arithmetic; *(regnskap)* account; *(på varer, arbeid, etc)* bill; *(beregning)* calculation, computation; *være flink i ~* be quick at figures; *ifølge ~* as per statement; *for egen ~* on one's own account, at one's own expense; for my *(,etc)* own account, at my *(,etc)* cost; *for firmaets ~ (også)* on the firm; *en stor (el. høy) ~* a heavy bill; **T** a stiff bill, a big bill; *en kjempestor ~* a huge bill; *strek i -en* disappointment; **føre** *noe i ~* place sth to account *(fx* place an item to a.); *føre ~ over* keep an account of; **gjøre** *opp en ~* settle an account; *gjøre ~ på* reckon *(el.* calculate) on; *gjøre ~ uten vert* reckon without one's host; **holde** *~ med* keep count of, keep track of *(fx* I just didn't keep t. of the time); **kjøpe** *i fast ~* buy firm *(el.* outright); buy on firm account; **sende** ~ send (in) one's bill; **sette** *(el. skrive) på -en* put down in the bill; charge in the bill *(fx* c. it in the bill); *skrive på ens ~* put down to sby's account; *skrive ut en ~* write *(el.* make) out a bill; **ta** *på ~* buy on credit; **T** buy *(el.* go) on tick.

regnings|art: *de fire -er* the four basic arithmetical operations. **-bilag** *(utgiftsbilag)* expense voucher. **-blankett** blank bill. **-bud** bill collector. **-svarende** remunerative, profitable; *drive skolen på ~ måte* run the school as a paying proposition *(el.* concern).

regn|kappe mac(k)intosh, raincoat; **T** mac. **-kløft** *(erosjonskløft)* gully. **-løs** rainless, dry. **-mengde** rainfall. **-måler** rain gauge, udometer.

regnskap account; *(i spill, sport)* score; *avlegge ~* give an account *(for* of), account for *(fx* you must a. to the schoolmaster for what you have done); *føre ~* **1.** keep accounts; **2***(spill, sport)* keep (the) score; *føre ~ over, holde ~ med* keep an account of; *gjøre opp et ~* settle an account; *-et pr. 31. des. i fjor* the balance sheet on 31st Dec. last year; *kreve en til ~* call sby to account; *stå til ~ for* account for; *(se mislighet; pynte; reise).*

regnskaps|analyse accounts analysis. **-analytiker** financial analyst. **-avdeling** accounts department. **-bok** account book. **-direktør** *(post)* director of finance and accounts. **-fører** accountant, bookkeeper, treasurer; *(i spill)* scorer; *(i hær, flåte)* paymaster; *(på passasjerskip)* purser. **-førsel** keeping of accounts; accounting, bookkeeping; *(som fag)* accountancy. **-kyndig** skilled in accounts. **-periode** accounting period. **-plikt** (statutory) obligation to keep accounts. **-utdrag** abstract of accounts. **-vesen** keeping of accounts, accounts, accountancy; bookkeeping. **-år** financial year; tax year.

regn|skur shower; *vi fikk hele -en over oss* we caught *(el.* had) the full force of the shower. **-skyll** heavy shower. **-tid** rainy season. **-tung** heavy with rain; ~ *(idretts)bane* soggy track. **-vann** rain water. **-vannstønne** water butt; barrel for collecting rainwater. **-vær** rainy weather. **-værsdag** rainy day.

regress (right of) recourse; legal remedy; *søke ~ hos* have recourse against.

reguladetri the rule of three.

regulares *(ordensprester)* regular clergy; *(se sekulargeistlighet).*

regu|lativ *(lønns-)* scale of wages, wage scale. **-lator** regulator. **-lerbar** adjustable.

reguler|e *(vb)* regulate; set, adjust; control; *(se innstille; tenning).* **-ing** regulation; *trafikk-* traffic control; *selv om -en (ɔ: betalingen) for tiden er sen* even if he is (,they are, *etc)* slow in settling up *(el.* in paying) at present.

reguleringssjef city planning officer; *(se teknisk rådmann).*

reguleringsskrue *(stillskrue)* adjustment screw.

regulær regular.

rehabiliter|e *(vb)* rehabilitate. **-ing** rehabilitation; *(se attføring).*

reie *(vb): se re.*

reim: *se rem.*

I. rein *subst (zool)* reindeer; **US** caribou.

II. rein *(adj): se ren.*

reindrift keeping reindeer; ~ *er ingen lønnsom næring(svei)* keeping reindeer is not a profitable business; *(se reindriftnæring).*

reindriftnæring keeping reindeer; *-en er i tilbakegang* there is a decreasing market for reindeer products.

reindriftsame reindeer herdsman.

reineclaude *bot (slags plomme)* greengage.

reinfann *(bot)* tansy.

reinmose *(bot)* reindeer moss.

reinsdyr *(zool): se I. rein.*

reinvestere *(vt)* reinvest; plough back; ~ *penger i industri* plough money back into industry; plough back money into industry.

reinvestering reinvestment; ploughing back; ~ *av fortjenesten* ploughing back profits.

reip *se rep.*

reir nest.

reis *(forst)* [pile of wood stacked in V-form].

I. reise *(subst)* **1.** journey *(fx* a long j.); **2***(sjø-)* voyage; sea journey; **3***(især kortere tur)* trip; **4***(overfart)* passage, crossing; **5***(rund-, fx turist-)* tour; **6***(som uttrykk for avstand)* journey *(fx* a day's j. from here); *(mar & om bil- og togreise, også)* run *(fx* it was a three days' run from X to Y); *foreta en ~* make *(el.* undertake) a journey (,voyage, *etc)*, journey, travel; *fri ~ (mar)* (a) free passage; *jeg fikk fri ~ for bryet* I had

r

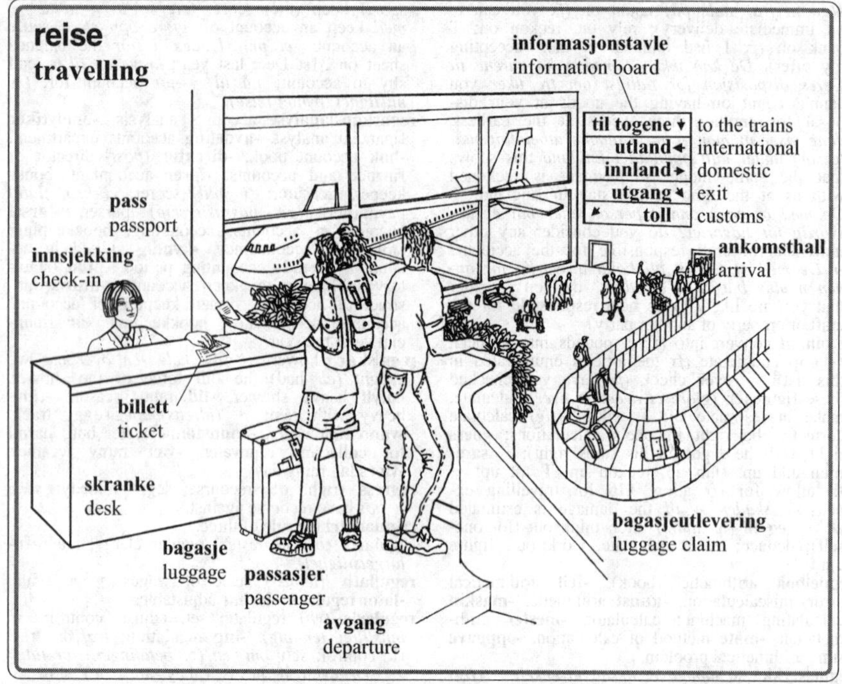

my journey for my trouble; *god ~ !* a pleasant journey! *ønske en god ~ (også)* wish sby godspeed; *han vil få en lang ~ til og fra messen* he will have quite a long way to go *(el.* quite a long journey) to and from the Fair.

II. reise *(vb)* **1***(fra ett sted til et annet)* go *(fx* go to England); **2***(dra av sted)* leave *(fx* when are you leaving?), start, depart, set out, go off, go away; **3***(være på reise)* travel, journey, make a journey; *(om handelsreisende)* travel; **T** be on the road; *han -r meget* he travels a lot; he gets about a great deal; *jeg var ute og reiste* I was away travelling; *han skal ut å ~ igjen* **T** he's off on his travels again; *ryk og reis!* go to hell! *~ sin vei* go away; *~ samme vei* travel by the same route; *~* **bort** go away, leave; *jeg skal ~ bort i ferien* I'm going away for my holidays; *når jeg må ~ bort i forretninger* when I have to be away on business; *~* **for** *et firma* travel for a firm; *~* **forbi** pass, go past; *~* **fra** leave; *~ fra byen* leave town; *~ fra hotell (idet man betaler sin regning)* check out *(fx* he checked out yesterday); *~ hjem* go home, go back; *~* **i** *forretninger* travel on business *(fx* he has to t. a lot on b.); *~ en i møte* (go to) meet sby; *han -r i tekstiler* he travels in textiles; *~* **inn til** *byen* go in to town; *(til London el. annen storby)* go up (to town); *~* **med** *båt* go *(el.* travel) by boat; *han reiste med båten til B.* he took the boat to B.; *~ med toget* go by train, travel by rail; *det er mange som -r med dette toget* many people take *(el.* go by *el.* travel by) this train; *~* **nordover** go (toward the) north; *~* **omkring** go about, travel about; *~* **over** *Bergen* go by (way of) B.; go via B.; *~ over land* go by land, travel by land, travel overland; *~ over til England* go over to E.; go across to E.; *~* **på** *3. klasse* go *(el.* travel) third (class); *~* **til** *utlandet* go abroad; *~* **viden om** travel far and wide.

III. reise *vb (stille opp, bygge)* erect, put up, raise; *~ et spørsmål* raise a question; *~ krav mot en (jur)* claim against sby; *~ seg* get up, rise; *han reiste seg for å gå* he got up to go.

reise|akkreditiv letter of credit. **-arrangør** *(turoperatør)* tour operator. **-beskrivelse** book of travel; travelogue. **-brosjyre** travel folder. **-byrå** travel agency, travel bureau. **-byråsjef** travel agent. **-effekter** *(pl)* travel goods; *~ og portefølje* travel and leather goods. **-ferdig** ready to start. **-fot:** *leve på ~* always be going (off) somewhere; live out of suitcases; *stå på ~* be about to leave. **-følge 1.** travelling companion(s); **2.** party of tourists.

reisegods accompanied luggage; **US** baggage; *skrive inn -et sitt* register one's luggage, have one's l. registered.

reisegods|ekspedisjon luggage room *(el.* office). **-forsikring** luggage insurance. **-godskvittering** luggage ticket. **-rampe** luggage platform. **-vogn** luggage van; **US** baggage car.

reise|håndbok guide (book). **-kamerat** fellow traveller, travelling companion. **-kasse** travel(ling) funds; travel pool. **-kledd** dressed for the journey, dressed for travelling. **-leder** travel guide.

reiselektor *(omtr =)* peripatetic teacher.

reiseliv travelling; *-ets farer* the dangers of travelling; the dangers incidental to travel; *-ets strabaser* the trials *(el.* hardships) of travelling *(el.* of a journey); the trials incidental to a journey.

reiselivsforening touring association.

reisende traveller; *(se også handelsreisende).*

reise|penger *(pl)* money for travelling; travelling funds; *(se reisekasse).* **-pledd** travelling rug; **US**

lap robe. **-rute** route. **-selskap** **1***(som arrangerer reiser)* tour operator(s); **2***(gruppe turister)* party of tourists. **-sjekk** traveller's cheque; **US** traveler's check. **-stipendium** travel grant. **-tid** travelling *(el.* journey) time. **-sykeforsikring** travel medical insurance. **-utgifter** *(pl)* travelling expenses. **-valuta** foreign travel (holiday) allowance. **-vant** used to travelling. **-vekkerur** travelling alarm clock.

reisning *(oppstand)* rising, revolt, rebellion; *(holdning)* carriage.

reisverk framework (construction), half-timbering.

reisverks|bygning half-timbered *(el.* framework) building. **-vegg** half-timbered wall, timber-framed wall.

I. rek *(subst)* drift, jetsam; trash.

II. rek. *(fk.f rekommandert)* Regd. *(fk.f* registered); *(se rekommandert).*

rekapitulasjon recapitulation, summing up.

rekapitulere *(vb)* recapitulate, sum up.

I. reke *(subst)* shrimp; prawn; *renske -r* shell shrimps.

II. reke *(vb)* loiter, drift, roam *(fx* he roams about town).

rekel: *(lang(t)* ~ tall, lanky fellow; **T** tall weed, tall weedy person, lamppost; *(om kvinne)* maypole.

I. rekke *(subst)* **1***(rad)* row; *(geledd, plass)* rank; *i rad og* ~ in a row *(mil)* in serried ranks, drawn up in ranks; *i første* ~ in the front rank; *(fig)* above all, primarily, first of all, in the first place; *komme i annen* ~ *(fig)* take second place, be a secondary consideration; *være i første* ~ (ɔ: *blant de beste)* be in the front rank, take front rank, lead the field; *innen våre -r (fig)* in our ranks; *still opp på to -r! (mil)* form two deep! *tett* ~ close column; **2***(antall)* number; *(serie)* series *(fx* of articles), succession *(fx* of kings, losses), range; *hele -n av produkter* the whole range of products; *en* ~ *begivenheter* a series *(el.* chain) of events; *en hel* ~ *av* a long list of, a large number of; *feilen ved en* ~ *av de eldre ordbøker* the weakness of so many of the older dictionaries; *prøver i en* ~ *kvaliteter* samples in a (wide) range of qualities; *en* ~ *år* a number of years; **3***(av tall under hverandre; tippe-)* column; **4***(zool)* phylum; **5***(mar)* (ship's) rail; *over rekka* overboard.

II. rekke *(vb)* **1***(nå)* reach; ~ *båten* catch the boat; **US** *(også)* reach the boat; *han kan ennå* ~ *å gjøre det* there is still time for him to do it; *du -r det fint* you have plenty of time; **T** you can easily make it; *(om skytevåpen)* have a range of *(fx* 1,000 yards); *(om stemme)* carry; ~ *opp til* touch, reach (to); **2***(være tilstrekkelig)* suffice, be enough, be sufficient; *dette beløpet -r ikke langt* this amount will not go far; **3***(strekke fram)* stretch, extend; *(levere)* hand, reach *(fx* he reached me the book); pass *(fx* pass me the salt, please; pass sth out through the window); ~ *en hånden* offer sby one's hand, shake hands with sby; ~ *hånden fram* hold out one's hand; ~ *hånden i været* put up one's hand; ~ *hånden ut etter noe* reach out for sth; ~ *tunge til en* put out one's tongue at sby; *så langt øyet -r* as far as the eye can reach.

III. rekke *(vb):* ~ *opp* unravel.

rekkefølge order, succession; *(sport)* standing, ranking; *endelig* ~ *(sport)* final ranking; *i* ~ in succession, in consecutive order; *i alfabetisk* ~ in alphabetical order; *i hurtig* ~ in rapid succession; *i omvendt* ~ in reverse order; *i samme* ~ *som* in the same order *(el.* sequence) as.

rekke|hus *(pl)* undetached houses, houses built together. **-motor** *(flyv)* in-line engine.

rekkevidde reach; *(skudd-)* range (of fire); *(fig)* range, scope; *(omfang)* extent *(fx* the e. of the damage); *innen(for)* ~ within reach; *utenfor (min)* ~ beyond (my) reach.

rekkverk rail; *(trappe-)* banisters; **US** banister; *(langs motorvei)* crash barrier.

reklamasjon **1***(klage, påtale av mangler)* complaint; **2***(krav)* claim; *avvise en* ~ repudiate a claim, decline to entertain a claim; *godta en* ~ allow a claim; *ordne en* ~ deal with *(el.* settle) a complaint; ~*på (el. over)* a complaint about *(el.* of).

reklamasjonsbrev letter of complaint; claim.

reklame advertising; *gjøre* ~ *for* advertise.

reklame|arbeid advertising. **-artikkel** advertising article. **-byrå** a. agency. **-kampanje** a. *(el.* publicity) campaign. **-knep** advertising stunt. **-plakat** poster. **-pris** special offer price, bargain price.

reklamer|e *(vb)* **1***(se reklamasjon)* complain; claim; ~ *over varer* complain about *(el.* of) goods; *vi har -t overfor rederiet* we have claimed against the shipowners *(fx* for short delivery); **2***(se reklame)* advertise; ~ *for et nytt produkt* advertise a new product; *opp-* puff, boost.

reklame|sjef advertising manager. **-skilt** advertising sign. **-tegner** advertising designer, publicity *(el.* commercial) artist.

rekognosere *(vb)* reconnoitre.

rekognosering reconnoitring, reconnaissance.

rekommandasjon *(av brev)* registration.

rekommander|e *(vb)* register; *-t brev* registered letter; *-t sending, rek.-sending* registered packet; *-t som tjenestesak* officially registered; *(se II. rek.).*

rekonstruere *(vb)* reconstruct.

rekonstruksjon reconstruction.

rekonvalesens convalescence.

rekonvalesent convalescent; *være* ~ be recovering.

rekord record; *sette en* ~ set up a record; *slå en* ~ beat *(el.* break) a record; *det slår alle -er!* that takes the cake! *slå sin egen* ~ beat one's (own) personal record; beat one's previous best (performance); *tangere en* ~ equal *(el.* touch) a record.

rekordinnehaver record holder.

rekordjag craze for record-breaking.

rekreasjon recuperation, rest; *(adspredelse)* recreation; *dra til X på* ~ go to X for one's health. **-shjem** rest home. **-ssted** health resort.

rekreere *(vb):* ~ *seg* recuperate, take a rest *(el.* a holiday).

rekrutt recruit; National Service man. **-ere** *(vb)* recruit. **-ering** recruiting.

rekrutteringsstillinger *(pl)* posts for recruitment.

rekruttskole drill school for recruits (infantry, *etc)* training school; *være på -n (også)* be on the square.

rekt|angel rectangle. **-angulær** rectangular.

rektifisere *(vb)* rectify. **rektifisering** rectification.

rektor headmaster; principal; *universitets- (omtr =)* vice-chancellor; **US** president.

rektorat headmastership.

rektømmer *(krabbas)* unidentified timber; *(se også tømmer).*

rekvirere *(vb)* requisition.

rekvisisjon requisition.

rekvisita *(pl)* accessories, equipment.

rekvisitt requisite; *(teater-)* property; *-er* **T** props.

rekvisitør property master, property man.

rekyl recoil.

rekylfri non-recoilimg.

relasjon relation.

relativ relative; *et -t begrep* a relative term; *alt er -t* everything is relative.

relativitetsteorien the theory of relativity.

relativsetning *(gram)* relative clause; *nødvendig (,unødvendig)* ~ restrictive (,descriptive) relative clause.
relé relay.
relegere *(vb)* expel, relegate, dismiss.
relé|ramme *(jernb)* relay rack. **-spole** relay coil. **-stillverk** *(jernb)* relay interlocking plant.
relieff relief; *stille dem i* ~ throw them into relief.
religion religion.
religions|filosofi philosophy of religion. **-frihet** religious liberty. **-krig** religious war. **-stifter** founder of a religion. **-strid** religious dispute. **-tvang** constraint in religious matters. **-undervisning** religious instruction.
religiøs religious; *-e brytninger* a religious crisis.
religiøsitet religiousness, piety.
relikvie relic.
reling rail; *(i åpen båt)* gunwale.
rem strap *(fx* a wrist-watch strap); *(smal)* thong; *(driv-)* driving belt.
remburs documentary credit, commercial (letter of) credit; *(u)bekreftet* ~ (un)confirmed credit; *(u)gjenkallelig* ~ (ir)revocable credit; *åpne ~ til fordel for* open a credit with a bank in favour of; *a vista* ~ sight credit.
remburs|avdeling commercial credits department. **-banken** the paying bank.
rembursere *(vb)* reimburse.
remfabrikk belting factory.
reminisens reminiscence; *(se erindring).*
remisse remittance.
remittent payee.
remittere *(vb)* remit.
remje *(vb)* howl.
remlås *(tekn)* belt fastener.
remontere *(vb)* remount.
remplassere *(vb)* replace.
remse 1. strip; **2.** string of words, jingle.
remskive pulley.
I. ren *(adj)* **1***(motsatt skitten)* clean; *gullende* ~ clean as a new pin, spotlessly clean; ~ *og pen* nice and clean; **2***(ublandet, uforfalsket, moralsk ~)* pure; *de -e av hjertet* the pure of heart; ~ *samvittighet* a clear conscience; *av -este vann* of the first (,**US:** purest) water; **3***(ren og skjær)* pure *(fx* nonsense), sheer *(fx* ignorance, impossibility, madness); *det er -e, skjære dovenskapen* it's laziness pure and simple; **4***(ubeskrevet)* clean, blank *(fx* a b. page); *et -t ark* a clean sheet of paper; **5***(om fortjeneste)* clear *(fx* a c. profit of £20); *et -t tap* a dead loss; **6***(om omriss)* clean-cut, clear; **7***(om språk)* pure, faultless; **8.** *mus (om tone)* true;
[*Forskjellige forbindelser*] ~ *for* free from; *gjøre -t i et værelse* clean a room; *rommet burde gjøres -t* the room could do with a clean-up; *holde -t i rommene* keep the rooms clean; *feie -t i rommet* sweep out the room; *-e barnet* a mere child; *jeg ga ham ~ beskjed* I gave him a piece of my mind; *gjøre -t bord* make a clean sweep of it; **US** *(også)* clear the decks; *av ~ nødvendighet* out of pure necessity; *det er -e ord for pengene* that's short and sweet; that's plain speaking; *med -e ord* plainly, bluntly, in so many words; *den -e sannhet* the plain truth; ~ *sjokolade* plain chocolate; ~ *skjønnhet* perfect beauty; ~ *smak* pure taste; *ved et -t tilfelle* by the merest chance, by sheer accident; *det -e vanvidd* sheer madness; *bringe på det -e* ascertain, clear up; *bringe brannårsaken på det -e* ascertain *(el.* establish *el.* find out) the cause of the fire; *bringe saken på det -e* clear up the matter; get to the bottom of the m.; *bringe forholdet på det -e* find out how matters stand, ascertain the facts of the case; *før vi har dette forhold på det -e, kan vi ikke* ... until this matter is made clear we cannot ...; *det er nå på det -e at* ... it is now certain *(el.* clear) that ...; it is now settled that ...; *det er helt på det -e at (også)* it has now been established beyond doubt that; *jeg er helt på det -e med at* I fully realize that ...; I am quite aware that; *(se også rent (adv); I. sti: holde sin ~ ren).*
rendyrk|e *(vb)* cultivate; *-et* in a state of pure cultivation, pure. **-ning** (pure) cultivation.
renegat renegade.
renessanse renaissance; *-n* the Renaissance.
rengjøring cleaning, clean-up. **-shjelp** cleaner *(fx* male, female cleaners).
renhet cleanness, purity.
renhold cleaning.
renholds|assistent, -betjent cleaner.
renholdsverk cleansing department *(fx* Oslo Cleansing Department). **-ssjef** director of public cleansing.
renke intrigue, plot; *smi -r* scheme.
renke|full intriguing, plotting, underhand, crafty. **-smed** intriguer, plotter.
renkultur cultivation; *(resultatet)* pure culture.
renn run; *(sport)* race, run; *det var et forferdelig ~ hele dagen* people kept running in and out all day; *vi har et ~ av tiggere* we are overrun by beggars.
I. renne *subst (tak-)* gutter; *(i farvann)* channel; *(i isen)* channel, lane; *(grøft)* ditch; *(fordypning)* groove; *(fjellsp)* gully.
II. renne *(vb)* run; *(flyte)* run, flow; *(lekke)* leak; ~ *hodet mot veggen (fig)* run one's head against a wall; ~ *på dørene hos en* pester sby with visits; ~ *sin vei* run away, take to one's heels; ~ *ut* run out, flow out, leak out; *(av sekk, etc)* run out, spill out; ~ *tom* run dry *(fx* the tank has run dry); *flasken -r tom* the bottle is leaking.
rennegarn warp.
renne|løkke, -snare running knot, noose.
rennestein gutter.
rennesteinsunge urchin, guttersnipe.
renning *(i vev)* basic fabric.
renn|ledelse *(ski)* race committee. **-sjef** *(ski)* race director.
renommé reputation, repute.
renons *(kort): være ~ i hjerter* be void of hearts; *gjøre seg* ~ clear one's hand *(fx* of hearts).
renonsere *(vb): ~ på* give up, renounce.
renovasjon removal of refuse.
renovasjons|mann dustman, scavenger. **-teknikk** sanitation engineering; waste disposal engineering; *vann-, avløps- og* ~ water, drainage and waste disposal engineering; **UK** municipal engineering; *varme-, ventilasjons- og* ~ heating, ventilation and sanitation engineering. **-vesen** refuse disposal service; *det kommunale* ~ the municipal refuse disposal service. **-vogn** dustcart.
rense *(vb)* clean; cleanse, purify; *(korn)* winnow; *(bær)* pick over *(fx* I'm just going to pick the berries over); *(om stikkelsbær, etc også)* top and tail *(fx* gooseberries must be topped and tailed); ~ *jordbær* top strawberries; ~ *luften (fig)* clear the air; ~ *for mistanke* clear of suspicion.
rensefjel chopping board.
rensekniv cleaning and trimming knife.
renselse cleaning; purification.
rensemiddel cleaning compound, cleansing agent.
renseri (dry-)cleaner's.
renseserviett tissue paper.
renske *(vb): se rense.*
ren|skrift fair copy. **-skrive** *(vb)* make a fair copy of; write out *(fx* the final version can be written out in ink); *(brev, etc på maskin)* type out; ~

et stenogram write out a shorthand note; extend a s. n.; *(jvf føre: ~ inn).*
renslig clean, cleanly; *(om hund, også spøkef om barn)* house-trained.
renslighet cleanliness.
renspille *vb (kort): ~ en farge* strip a suit.
rent *(adv)* cleanly; purely; *(helt, aldeles)* quite; *det hadde jeg ~ glemt* I had clean forgotten it; *snakke ~ (om barn)* speak properly; *synge ~* sing in tune, sing true; *~ tilfeldig* by pure chance, by sheer *(el.* pure) accident, accidentally; *~ ut sagt* to put it bluntly, not to mince matters, to use plain language; frankly; *nekte ~ ut å* ... refuse point-blank to ..., flatly decline to ...
rentabel profitable, remunerative; *være ~ (også)* pay its way *(fx* this airline does not pay its way); *drive skolen på en ~ måte* run the school as a paying proposition *(el.* concern).
rentabilitet profitability; remunerativeness.
rente interest *(fx* a small rate of i. is paid by the bank on money on deposit); *-r* interest; *-r og avdrag* interest and repayments; *-r beregnes av hele lånebeløpet* interest is charged on the full amount of the loan; *gi -r* bear interest; *gi en igjen med -r (fig)* pay sby back in his own coin, pay sby back for sth, get even with sby; *trekke -r* carry interest; *låne ut penger mot -r* lend money at interest; *(jvf påløpe).*
rente|bærende interest-bearing, bearing interest. **-fot** rate of interest. **-fri** free of interest, interest-free. **-frihet** exemption from interest.
rentegne *(vb)* convert *(fx* a sketch) into a finished drawing.
rente|nist gentleman of independent means, independent gentleman. **-margin** *(merk)* interest-differential. **-regning** calculation of interest.
rentesrente compound interest; *med renter og ~* at compound interest; *(fig)* with interest *(fx* pay the insult back with interest).
rentetap loss of interest.
rentrykk clean proof.
renvaske *(vb)* wash clean; *(fig)* clear *(fx* sby's name of suspicion); *-t* clean, shining with soap and water.
reol shelves *(pl); (bok-)* bookcase.
reorganisasjon reorganization, reorganisation; *(se omlegning).*
reorganisere *(vb)* reorganize, reorganise.
rep rope.
reparasjon repair(s); *(omfattende, av bil, etc)* overhaul; reconditioning *(fx* of an engine); *kompliserte -er* complicated repair operations; *trenge ~* be in need of repair; *være til ~* be undergoing repairs, be under repair.
reparasjonsarbeid repairs, repair work.
reparasjonssektoren the repair-work sector.
reparasjonsverksted repair workshop.
reparatør repairer, mender, repairman; *skrivemaskin-* typewriter mechanic.
reparere *(vb)* repair, mend; **T** fix up; *som kan -s* repairable; *den kan ikke lenger -s* it is past repair.
repertoar repertory, repertoire.
repetere *(vb)* repeat; *(pensum)* revise; *(vi)* do revision.
repetisjon repetition; *(av pensum)* revision. **-skurs(us)** refresher course. **-slesning** *(før eksamen)* revision; *holde på med ~* do revision.
replikk reply, retort, rejoinder; *(jur)* replication; *(teater)* speech, lines.
replikk|skifte exchange of words. **-veksel** = *-skifte; (se ordskifte).*
replisere *(vb)* reply, retort, rejoin.
reportasje reporting; reportage *(fx* he's doing reportage); *(det meddelte)* report, coverage; *(radio-)* (running) commentary.
reporter reporter.
repos *(trappe-)* landing.
represalier *(pl): ta ~* make *(el.* resort to) reprisals *(mot* against); start reprisals.
representant representative.
representantskap committee, board, council.
representasjon 1. representation; **2.** entertaining; entertainment; *hjemme-* entertaining at home; *ute-* entertaining outside the home *(fx* at restaurant, with visiting clients); *(se fradrag); reiser og ~* travelling and entertainment; *det ville glede oss om De er interessert i å overta -en på det britiske marked (merk)* we should be pleased if you would be interested in representing us on the British market; *(se overta).*
representasjonsgodtgjørelse entertaining allowance.
representasjonsutgifter entertaining expenses.
representativ representative.
representere *(vb)* **1.** represent *(fx* he represents the firm in some special article only); **2***(drive selskapelighet)* entertain; **3***(parl)* be member for, sit for.
reprimande reprimand; *gi en ~* reprimand; *få ~ (mil)* be checked *(fx* he was checked for not saluting); (jvf påpakning).
reprise 1*(om film)* re-issue, re-release; *som ~* on re-issue, on re-release *(fx* 'Mrs Miniver' turned up last week on r.-r.); **2***(byggetrinn)* stage *(fx* erect the factory in several stages).
reprisekino second-run *(el.* repertory) cinema.
reproduksjon reproduction.
reprodusere *(vb)* reproduce.
republikaner republican.
republikansk republican.
republikk republic.
reseda *(bot)* mignonette.
resepsjon *(i hotell)* reception (desk).
resepsjonist reception clerk; **US** room clerk.
resepsjonssjef receptionist.
resept prescription; *ekspedere en ~* make up a prescription; *gi en ~på noe* prescribe sth for sby; *det fås kun på ~* it is only obtainable by doctor's prescription.
reservasjon reservation, reserve.
reserve|del spare *(el.* replacement) part; *originale -er* genuine r. parts; *(se del).* **-fond** reserve fund; *(merk)* legal *(el.* statutory) reserve. **-hjul** spare wheel. **-lege** senior registrar; **US** senior *(el.* chief) resident. **-mannskap** spare hands.
reservere *(vb)* reserve; *~ seg* reserve; *~ seg imot* guard against; *(jvf bestilling & forbeholde).*
reserve|styrke *(mil)* reserve forces. **-tank** *(for bensin)* reserve tank, spare t., extra t. **-tropper** *(pl): se reservestyrke.*
reserveutgang emergency exit.
reservoar reservoir.
residens residence. **residere** *(vb)* reside.
resig|nasjon resignation. **-nere** *(vb)* resign.
resiprok reciprocal.
resitere *(vb)* recite.
reskontro *(merk)* (debtors' *el.* creditors') ledger *(el.* accounts); *debitor-* sales ledger, debtors' ledger *(el.* accounts).
resolusjon resolution; *vedta en ~* adopt *(el.* pass *el.* carry) a resolution.
resolusjonsforslag proposal for a resolution.
resolutt resolute, determined.
resonans resonance. **-bunn** sounding board, resonator.
resonnement reasoning, argumentation, (line of) argument, drift of an argument; *ut fra det ~ at det er bedre å tilby noe enn ikke noe* on the basis of it being better to offer sth than noth-

r

ing; based on the argument *(el.* reasoning) that it's better to offer sth than nothing; *(se skjev A).*
resonnere *(vb)* reason; *(diskutere)* argue, discuss; ~ *over et spørsmål* ponder a question, reason over a q.; *-nde stil* expository essay.
respekt respect *(for* for); *(aktelse)* esteem; ~ *for seg selv* self-respect, self-esteem; *handle slik at en mister -en for seg selv* lower oneself; *han var, med* ~ *å melde, nokså beruset* he was, with all due respect, somewhat intoxicated; *sette seg i* ~ make oneself respected; *læreren kan ikke sette seg i* ~ *i klassen* the teacher has no authority in the class.
respektabel respectable.
respektere *(vb)* respect.
respektiv respective; *-e (adv)* respectively *(fx* for loading and discharge r.).
respektløs disrespectful. **-het** disrespect.
respirator respirator.
respitt respite. **-dager** *(pl)* days of grace.
ressort province, department; *(se I. felt).*
ressurser *(pl)* resources; *(se ubenyttet).*
ressurspolitikk resource policy.
ressurssterk with plenty of resources; *(begavet)* gifted; *(velstående)* affluent; *hun er en* ~ *person og lar seg ikke avfeie* she's a strongminded person, who won't let herself be pushed aside.
ressurssvak *(adj)* socially deprived; *de -e* the socially deprived; *barn fra -e hjem* children from deprived backgrounds.
ressursutnytting resource exploitation.
rest rest, remainder; *(i glass)* heeltap; (NB no heeltaps! = *drikk ut!); -en av disse kassene* the remainder of these cases; *-er (levninger)* remnants; *(jvf matrester); for -en (for øvrig)* for the rest; *stå til* ~ be still due; *(om person, m. betalingen)* be in arrears.
restanse arrears *(pl); husleie-* arrears of rent; **T** back rent.
restaurant restaurant. **-faget** the catering trade.
restaurasjon *(gjenoppbygging)* restoration.
restauratør restaurant keeper.
restaurere *(vb)* restore.
restbeholdning stock in hand, balance.
restbeløp balance, remainder.
restemiddag scratch dinner.
resterende: *det* ~ *beløp* the remaining *(el.* outstanding) amount, the balance.
restesalg clearance sale.
restituere *(vb)* restore, restore to health.
restitusjon restitution; restoration.
rest|oppgjør *(merk)* balance. **-opplag** remaining copies. **-parti** remainder.
restriksjon restriction; *(se omfang).*
restskatt (income) tax arrears.
resultat result, upshot, outcome; *endelig* ~ final result; *gledelig* ~ pleasing result; *heldig* ~ success, successful result; *uten* ~ without result, to no purpose; *(forgjeves)* in vain; *avvente -et* see how it turns out, wait and see; abide the issue; *den krig som ble -et* the resulting war; *-et ble at* the result was that, the upshot of the whole matter was that; *komme til det* ~ *at* come to *(el.* arrive at) the conclusion that; decide that *(fx* he decided that it was too late); *det* ~ *utvalget kom til* the conclusions of the committee; *i et tidligere forsøk var man kommet til samme* ~ in an earlier *(el.* previous) experiment the same result had been obtained; *hvordan kommer du til det -et?* how do you work that out? *oppnå et* ~ obtain *(el.* achieve *el.* attain *el.* get) a result; *det heldige* ~ *som er oppnådd* the success achieved; *vise et godt* ~ *(også)* show good results; *regjeringen kan oppvise gode -er* the Government has considerable achievements to its credit; the G. can point to considerable achievements; *(se også oppvise).*
resultatløs without result, vain, fruitless.
resulter|e *(vb)* result; ~ *i* result in, lead to; *det -te bl.a. i at* ... one result of this was that ...
resymé summary, resumé.
resymere *(vb)* sum up, summarize, recapitulate.
retardasjon *(fartsreduksjon)* retardation.
retardasjonsfelt deceleration lane.
retardere *vb (sette ned farten, bremse)* retard.
retirere *(vb)* retreat, beat a retreat.
retning direction; *(ånds-)* movement, school (of thought), trend; ~ *fremad! (mil)* eyes front! ~ *høyre! (mil)* right dress! *i* ~ *av* in the direction of; *(fig)* in the way of; on the line of *(fx* a pattern more on the line of roses and lavender); *eller noe i den* ~ or something of the kind; *noe i* ~ *av* sth resembling; sth in the nature of; *(se uttale:* ~ *seg i samme retning).*
retningslinje *(fig)* line; *-r* directions, instructions, directive(s); *alminnelige -r* general lines; *etter de -r som er gitt av* ... on the lines laid down by ...; *jeg fortsetter etter disse -r inntil videre* I shall proceed on those lines until further notice.
retningsnummer *(tlf)* code number, dialling code; **US** area code.
retningsviser *(på bil)* direction indicator, traffic i., trafficator.
retorikk rhetoric. **retorisk** rhetorical.
retorsjon *(jur)* retaliation.
retorsjons- *(jur)* retaliatory *(fx* r. customs duties).
retorte retort.
retrett retreat; *gjøre* ~ retreat; *(se tilbaketrekning).*
I. rett *subst (mat)* dish; *(som del av større måltid)* course; *dagens* ~ today's special.
II. rett *subst (jur)* **1***(domstol)* court (of justice), law court; tribunal *(fx* a military tribunal); **2***(lov)* law *(fx* criminal law); **3***(rettslokale)* court, courtroom; *(se arverett; byrett; forhørsrett; herredsrett; husleierett; høyesterett; lagmannsrett; II. lov; odelsrett; rettspleie; rettsvesen; rettsvitenskap);*
folke- international law; *-ens gang* (the course of) justice; *lov og* ~ law and order; justice; *det må -en avgjøre* that is for the court to decide; *da -en ble hevet* when the court rose; *sette -en* open the proceedings; *-en er satt* the court is in session; *-en trer sammen i plenum, dvs. med alle sine medlemmer* the court sits in plenum, i.e. with all its members on the bench;
for *-en* in court, before the court; *forakt for -en* contempt of court; *bringe saken for -en* take the matter to court; bring an action; *hvis de bringer saken for -en (også)* if they take court action; *la nåde gå for* ~ temper justice with mercy; *innstevne en for -en* summon sby before the court; summon sby to appear in court; *(se ndf: stevne en for -en); komme for -en* **1***(om sak)* come to court; be brought before (the) court; come up for hearing; **2***(om person)* appear in court; *saken kom for -en (også)* the case was tried; *stevne en for -en* **1***(saksøke en)* take sby to court; sue sby; bring an action against sby; take legal action *(el.* proceedings) against sby; go to law against sby; **2***(la en innkalle som vitne)* summon sby to appear in court; *stille en for -en* take sby to court, bring sby to trial, put sby on trial; *bli stilt for -en* **1***(i sivilsak)* appear in court; **2***(i kriminalsak)* appear before *(el.* in) court; be committed for trial, be brought to trial, be put on trial, be taken to court; *han ble stilt for -en i X, tiltalt for ildspåsettelse* he was brought to trial *(el.* put on trial, *etc)* in X, charged with arson; *han ble stilt for -en anklaget for mordet på X og mordforsøk på Y* he was committed for trial on charges of murdering X and attempting to murder Y; *mens*

saken verserer for -en while the matter is sub judice; pending a decision of the court;

i *-en* in court, in the court-room; *(i bygningen, også)* at the courts; *møte i -en* appear in *(el.* before the) court; *hvis de går* **til** *-en med det* if they take court action; if they take the matter to court; if they bring an action; *ad* **-ens vei** through the process of the court *(fx* obtain payment through the process of the court); by (means of) legal proceedings; *gå -ens vei* take legal action *(el.* proceedings), take court action; go to law; *jeg tror hun ville få medhold i sitt krav hvis hun gikk -ens vei* I think her claim would stand up in court (if she pressed it that far).

III. rett *(subst)* **1***(det som er riktig)* right; **2***(rettferdighet)* justice, right; **3***(rettighet)* right *(fx* his right to the Throne); title *(til noe* to sth);

«tre -e» (spørrelek) 'three in a row'; *jeg er* **i min fulle** ~ I am (quite) within my rights; **med full** ~ with *(el.* in) perfect justice; *vi kan med full ~ si at ...* we are perfectly justified in saying that ...; *(jvf II. rette); med den sterkeres ~* by (right of) superior force; by brute force; *skjelne mellom ~ og urett* distinguish between right and wrong;

få ~ **1.** prove right; turn out to be right; **2***(få medhold)* carry one's point; **gi** *en* ~ agree with sby; fallin with sby's view; admit that sby is right; *tiden (,begivenhetene) ga ham rett* time (,events) proved him right; **gjøre** ~ *og skjel for seg* do the right thing; *De gjorde ~ i å komme* you were right in coming; you did right to come; *... og 'det gjorde De ~ i ...* and quite right too; **ha** ~ be right; *begge (to) har* ~ both are right; *det har du ~ i!* you're right (there)! how right you are! *De har aldeles ~* you are quite right; *han vil alltid ha ~ overfor sin bror* he always wants to be in the right with his brother; he always wants to be on top of his brother; *ha -en på sin side* be in the right; *ha ~ til noe* have a right to sth; be entitled to sth; *du har ingen ~ til å være her!* you have no right to be here! **T** *(også)* you've no business to be here! **komme til sin** ~ show to advantage; *komme bedre til sin ~* show to better advantage; *la hans evner komme til sin ~* provide scope for his ability; **kreve** *sin ~* demand *(el.* insist on) one's rights; *naturen krever sin ~* Nature will have her way; *-en må* **skje** *fyldest* justice must be done; ~ *skal* **være** ~ fair is fair; you must give the devil his due; *nei, ~ skal være ~, denne gangen har han gjort godt arbeid* fair is fair *(el.* let's be fair), he's done some good work this time; *(se II. rette; rimelig; stå B: ~ på sin rett).*

IV. rett *(adj)* **1***(ikke krum)* straight; *helt ~ (om linje, etc)* dead straight; *en ~ vinkel* a right angle; *på ~ kjøl* on an even keel; **2***(riktig, korrekt)* right, correct, proper; **3***(passende)* proper; *-e vedkommende* the person concerned; the proper authorities; the proper quarters; **den** *-e* the right man (,woman, *etc);* 'the man *(,etc); du er meg den -e!* I like that! *du er meg den -e til å komme med en slik bemerkning!* that remark comes strangely from you! *du er ikke den -e til å kritisere ham* it's not for you to criticize him; *der kom han til den -e* he came to the right address; he caught a tartar; *han er den -e mann* he is the right man; *~ mann på ~ plass* the right man in the right place; **det** *-e* the right thing; 'the thing; *det eneste -e* the only right thing; *langt fra det -e* wide of the mark; *det -e inntrykk* the right impression; *det -e ord* the proper word; *ikke mer enn* ~ **og rimelig** only fair; *alt på* **sin (-e) plass** everything in its proper place; *... eller, -ere sagt* or rather; or, to be more correct; or, to put it more exactly; *(se også sted B: på rette ~).*

V. rett *(adv)* **1***(direkte, uten omvei)* straight, direct *(fx* the boat runs d. to Hull; it goes there d.); ~ *forut* right ahead; ~ *fram* straight on; *vinden var ~ imot oss* the wind was dead against us; ~ *nord* due north; ~ *overfor* directly opposite; **2***(like):* ~ *før jul* shortly before Christmas; *treffe ~ i blinken* hit the mark, get home; ~ *og slett* merely, simply, purely; *han er ~ og slett en spekulant* he is a speculator pure and simple; ~ *som det var* **1***(plutselig)* all of a sudden, suddenly; **2***(ofte)* every now and again; *forstå meg ~* don't misunderstand me; **T** don't get me wrong; *gå ~ på sak* go *(el.* come) straight to the point; *jeg skal gå ~ på sak (også)* I shall come to the point at once; *om jeg husker ~* if I remember rightly; if my memory serves me right; *hvis jeg kjenner ham ~* if I know him (at all).

I. rette *(mots. vrangside)* right side *(fx* the right side and the reverse *(el.* wrong) side).

II. rette *(subst): gå i ~ med en* call sby to account; take sby to task; rebuke sby; **med** ~ rightly, justly, deservedly; *og 'det med ~* and rightly *(el.* justly) so; and quite right too; and with good cause; *med ~ eller urette* rightly or wrongly; *falle til ~; finne seg til ~* settle in *(el.* down); find one's feet; *finne seg til ~ (med)* reconcile oneself to; *(tilpasse seg)* accommodate oneself to; find one's legs; *(føle seg hjemme)* feel at home; *han har funnet seg godt til ~ her* he has settled down well here; *hjelpe en til ~* lend sby a helping hand, put sby on the right way; *legge til ~* arrange, order, adjust; *legge seg godt til ~ i senga* snuggle up in bed; *ligge godt til ~ for* be favourable for, offer favourable conditions for; *(se ligge: ~ til rette for); sette seg til ~* settle oneself *(fx* in an armchair); *snakke en til ~* bring sby to reason, make sby see *(el.* listen to) reason; *forsøke å snakke en til ~* reason with sby; *stå til ~ for* answer for, be called to account for; *ta seg selv til ~* take the law into one's own hands.

III. rette *(vb)* **1***(gjøre rett)* straighten (out); **2***(korrigere)* correct *(fx* a mistake, examination papers; proofs *(korrektur);* correct me if I am wrong!); *(for å sette karakterer)* mark *(fx* papers); **3***(regulere, justere)* adjust; **4***(stille inn)* direct *(mot* towards), turn *(mot* to), aim *(mot* at, *fx* aim a gun at sby), level *(mot* at, *fx* a gun at sby), play *(mot* on, *fx* play a hose on the fire); **5***(henvende)* address, direct *(fx* one's remarks to sby); **6***(glds = henrette)* execute; ~ *bena* stretch one's legs; ~ *manglene* correct the defects; ~ *oppgaver* correct exercises; *(med henblikk på karakterene)* mark papers; **US** grade papers; *levere tilbake de -de oppgavene* hand *(el.* give) the marked papers back; ~ *for hverandre (om elever)* correct each other's work; *slurvet (,dårlig) -t!* carelessly (,badly) corrected! ~ *ryggen* straighten one's back, draw oneself up; ~ *inn (gym & mil)* dress *(fx* the ranks); *rett inn! (mil)* pick up your dressing! *den kritikk som ble -t mot ham* the criticism levelled against him; ~ *sin oppmerksomhet mot* turn *(el.* direct) one's attention to; ~ *opp* right; ~ *opp en båt* right a (capsized) boat; ~ *på* correct; ~ *på forholdet* take remedial measures; *det er (det) lett å ~ på* that can easily be remedied; we can easily do sth about that; *det -r* **seg** *i marsjen* **T** things will right themselves in the end; the matter will straighten itself out (all right); ~ *seg opp (om seilbåt)* come upright; *skipet -t seg opp igjen* the ship righted itself; ~ *seg etter ens*

r

ønske comply with sby's wishes; *jeg må ha noe å ~ meg etter* I must have sth to go by; *~ seg etter vanlig forretningspraksis: se praksis.*
rettearbeid *(lærers)* marking.
rettelig *(adv)* by right(s), rightfully, justly.
rettelse correction; *(beriktigelse)* rectification.
rettenkende right-thinking, straight-thinking, right-minded.
rettere *(adv): eller ~ sagt* or rather.
rettergang legal procedure; *(se prosess; rettssak).*
rettersted place of execution.
rettesnor guide; rule (of conduct); *(jvf retningslinje).*
rettferdig just; *sove de -es søvn* sleep the sleep of the just.
rettferdiggjøre *(vb)* justify, warrant; *~ seg* exculpate *(el.* clear) oneself.
rettferdiggjørelse justification.
rettferdighet justice; *det er bare simpel ~ (ɔ: det er det ikke noe å si på)* it is only fair.
rettferdighetssans sense of justice; *(se krenke).*
retthaveri being (self-)opinionated; being very dogmatic.
retthaversk (self-)opinionated; very dogmatic.
rettighet right, privilege.
rett|lede, -leie *(vb)* direct, guide.
rettledning guidance; *dette ville være en viss ~ for oss* this would be some g. for us.
rettløs lawless.
rettmessig lawful, legitimate, rightful. **-het** lawfulness, legitimacy.
rettroende orthodox.
rettroenhet orthodoxy.
retts|akt legal document; *-er (pl)* papers of legal procedure. **-avgjørelse** court decision, d. of the c. **-begrep** idea *(el.* concept) of justice, legal conception.
rettsbelæring summing up, directions to the jury; *feilaktig ~* misdirection;
* the judge sums up the case for the benefit of the jury.
retts|betjent court usher; **US** bailiff. **-bevissthet** sense of justice. **-ferie** vacation (of the court), court vacation; *i -n* during the v. of the court. **-forfølgning** prosecution; legal proceedings. **-forhandling** legal *(el.* court) proceedings; hearing; trial. **-følelse** sense of justice. **-gyldig** valid in law. **-gyldighet** legal validity. **-handling** judicial act. **-historie** legal history, history of law.
rettshjelp legal aid; *få fri ~* receive legal aid free of charge; *(i England)* receive free legal aid and advice;
* the Legal Aid and Advice Act// A party to a civil case can sue in forma pauperis.
rettsside: *se I. rette.*
rett|sindig upright. **-sindighet, -sinn** uprightness, rectitude.
rettsinstans *(institusjon)* judicial authority; *vende seg til en annen (el. høyere) ~* go to a higher court.
rettskaffen upright, honest.
rettskaffenhet integrity, uprightness; honesty.
rettskjennelse 1. court ruling; decision; *(jurys)* verdict; **2**(*forbud el. påbud)* court injunction.
rettskraft legal force, legal efficacy.
rettskrivning orthography, spelling.
rettskyndig learned in the law, legally trained.
rettslig legal, judicial; *ta -e skritt mot* take legal action against; *(se etterspill).*
I. rettslærd *(subst)* jurist.
II. rettslærd *(adj)* learned in the law.
retts|lære jurisprudence; law. **-medisin** forensic medicine. **-medisiner** medical expert, e. on forensic medicine. **-medisinsk** medico-legal. **-middel** (legal) remedy. **-møte** (court) session. **-norm** rule of law. **-oppfatning** court ruling; *fravike en tidligere uttalt ~* quash a previous court ruling. **-ordning 1.** constitution of the courts; **2.** statutes governing the constitution of the courts. **-pleie** administration of justice. **-sak** case, lawsuit. **-sal** court(room). **-sikkerhet** legal protection. **-stat** constitutional (democratic) government. **-stilling** legal status.
retts|stridig contrary to law, illegal. **-stridighet** illegality. **-studium** study of law.
rettstilstand state of the law *(el.* of justice).
rettstrikking knitting.
retts|vern legal protection (of inventions and trade marks). **-vesen** administration of justice; judicial system. **-vitenskap** jurisprudence. **-virkning** legal effect. **-vitne** [court witness].
rettvinklet rectangular, right-angled.
rettvis fair, just.
retur return; *varer sendt i ~* goods returned; *tur ~* there and back; *på ~ (fig)* on the decline, on the downgrade, on the wane; *(i avtagende)* declining *(fx* his reputation is d.). **-billett** return ticket; **US** *(også)* round-trip ticket. **-frakt** return cargo; *(beløpet)* return freight, home freight.
returgods: *tomt ~* returned empties; *(jvf tomgods).*
returnere *(vb)* return.
retur|porto return postage. **-sperreventil** *(mask)* back-flow check valve. **-tast** *(på skrivemaskin)* backspace key, back spacer. **-veksel** redraft.
retusj retouch. **-ere** *(vb)* retouch, touch up.
I. rev *(lavt skjær)* reef.
II. rev *(zool)* fox; *ha en ~ bak øret* be up to some trick, have sth up one's sleeve; *(se overgang).*
III. rev *mar (i seil)* reef; *stikke ut et ~* shake out a reef; *ta inn et ~* take in a reef; *ta ~ i seilene (fig)* watch one's step, be more careful.
revaksinasjon revaccination.
revaksinere *(vb)* revaccinate.
revaktig foxy, fox-like, vulpine.
revansj(e) revenge; *få ~* have one's revenge.
reve *vb (mar)* reef; *~ et seil* reef a sail.
revebjelle *(bot)* foxglove.
revehule fox earth, (fox) burrow.
revelje *(mil)* reveille.
revepels 1. fox fur; **2**(*fig)* fox, clever Dick.
revers reverse (side); *sette bilen i ~* put the car in reverse.
reversdrev reverse *(el.* reversing) gear.
reve|saks fox trap. **-skinn** fox skin; *(pelsverk)* fox fur.
revidere *(vb)* revise; *(som revisor)* audit; examine.
revisjon revision; *(revisors)* audit(ing).
revisor auditor; *(yrkesbetegnelse)* accountant; *statsautorisert ~* authorised public accountant; **UK** chartered a.; **US** certified public a.; *statsautorisert ~ L. Fry* L. Fry, C. A.;
* Messrs Fry & Co., Chartered Accountants, have been appointed auditors to the Company.
I. revle *(sandbanke)* (sand) bar, longshore bar.
II. revle [piece of weaving, strip of cloth].
revmat|isk rheumatic. **-isme** rheumatism.
I. revne *(subst)* crack, chink, cranny, fissure, crevice; *(i tøy)* tear, rent.
II. revne *(vb)* crack, burst, part; *(om tøy)* tear, split.
revolte revolt. **revoltere** *(vb)* revolt.
revolusjon revolution. **-ere** *(vb)* revolutionize.
revolusjonær *(subst & adj)* revolutionary; *tenke -t* think in terms of revolution.
revolver revolver. **-mann** gunman.
revunge *(zool)* fox cub.
revy *(mønstring)* review; *(teater)* revue; *passere ~* file past; *(fig)* pass in review.
revynummer show number.

riksrett

The State versus Johnson and Nixon

In 1886, President A. Johnson was accused of violating the Constitution by removing the Minister of War. The Senate was one vote short to make President Johnson leave office.

In 1974 President R. Nixon resigned office before he was impeached in connection with the Watergate scandal. Mrs Hillary Clinton was one of the 43 lawyers in the Judiciary Committee's special group for that impeachment case.

Rhinen *(geogr)* the Rhine.
rhinskvin Rhine wine; hock.
Rhodos *(geogr)* Rhodes.
Rhône *(geogr)* the Rhone.
I. ri *subst (anfall)* fit, attack; spell; paroxysm *(fx* of laughter); *smertene kommer i -er* the pain comes intermittently.
II. ri *(vb)* ride; *(seilsp)* sit out; ~ *stormen av* weather *(el.* ride) out the gale; ~ *for ankeret* ride at anchor; *«Comet», -dd av Jones* Comet with Jones up; *han -r ikke den dag han saler* he's a slow starter; he takes his time; *den tanken -r meg som en mare* I'm haunted by that idea.
I. ribbe *(subst)* rib.
II. ribbe *subst (gym)* wall bar.
III. ribbe *(vb)* pluck *(fx* a chicken, a goose); **US** pick; *(plyndre)* rob *(en for noe* sby of sth).
ribben *(subst)* rib.
ribbet *(forsynt m. ribber)* ribbed.
ridder knight; *vandrende* ~ knight errant; *slå til* ~ knight.
ridderborg castle.
ridderkors cross of an order of chivalry.
ridderlig chivalrous.
ridderlighet chivalry, chivalrousness.
ridder|orden order of chivalry. **-roman** novel (,romance) of chivalry. **-skap** knighthood; chivalry. **-slag** accolade. **-spore** knight's spur; *(bot)* larkspur. **-stand** knighthood, chivalry. **-tiden** the age of chivalry. **-vesen** chivalry.
ride *(vb): se II. ri.*
ride|bane riding ground. **-drakt** riding dress; *(dames)* riding habit. **-hest** saddle horse. **-kunst** horsemanship. **-lærer** riding master. **-pisk** horsewhip. **-skole** riding school. **-støvler** riding boots. **-tur** ride; *(se I. tur).*
I. rifle *subst (gevær)* rifle.
II. rifle *subst (fure)* groove; flute; knurl.
III. rifle *(vb)* rifle *(fx* a gun); flute; *(mask)* chamfer.
rift tear *(fx* he has a t. in his shirt sleeve), rent; *(spalte)* crevice; *(på kroppen)* scratch; *det er stor* ~ *om det* there is a great demand for it; it is in great demand; *hvor det er stor* ~ *om plassene, kreves gode artiumskarakterer* where pressure on places is heavy, high A-level grades will be demanded.
rigg *(mar)* rigging.
rigge *(vb)* rig *(fx* a ship); ~ *i stand et måltid* get up a meal; ~ *opp* rig up *(fx* an apparatus); ~ *til* fix, prepare; equip with clothes.
rigger rigger.
rigorøs rigorous, severe, strict.
rik rich, wealthy, opulent; ~ *på* rich in, abounding in; ~ *anledning til å* ample opportunity for *(fx* practising French); every facility for *(el.* of) (-ing) *(fx* there is every f. for bathing and tennis); *den -e* the rich man;*de -e* the rich; *i -t mål* abundantly; amply; *et -t liv* a full life; *(se opplevelse).*
rikdom riches, abundance; wealth; *en* ~ *på* a wealth of, an abundance of.
rike kingdom; empire; realm; *komme ditt* ~ *(bibl)* thy kingdom come.
rikelig plentiful, abundant; *han har sitt -e utkomme* he is well off.
rikfolk rich people, the rich.
rikholdig rich, copious, abundant.
rikke *(vb)* move; ~ *seg* move, stir; *han -t seg ikke fra sofaen* he refused to budge from the sofa.
rikmann capitalist, rich man, plutocrat.
rikosjett ricochet, rebound.
rikosjettere *(vb)* ricochet, rebound, glance off.
riksadvokat UK Director of Public Prosecutions; *(i ikke-engelsktalende land)* Public Prosecutor; *(se statsadvokat).*
riks|antikvar Chief Inspector of Inspectorate of Ancient Monuments and Historic Buildings. **-antikvariatet** (NB *offisielt: Riksantikvaren)* the Inspectorate of Ancient Monuments and Historic Buildings (of the Department of the Environment). **-arkiv** Public Record Office; *(i Skottland)* Scottish Record Office. **-arkivar** keeper of public records; **US** archivist of the United States. **-bank** national bank.
riksdag Parliament; (imperial) diet; *-en i Worms* the diet of Worms.
riks|eple orb. **-forsamling** national assembly. **-grense** *(på kart)* international boundary. **-kansler** (imperial) chancellor *(fx* Bismarck assumed office as Imperial Chancellor in 1871). **-klenodier** *(pl)* regalia. **-kringkasting** state broadcasting system *(fx* the Norwegian Broadcasting System).
riksmeklingsmann *(svarer i England til)* National Arbitration Tribunal.
riks|mål standard Norwegian. **-regalier:** *se klenodier.* **-rett:** *bli stilt for* ~ *(svarer til)* be impeached.
riksrevisor Auditor-General.
rikstelefon trunk call, long distance call; **US** long distance call *(fx* make a l. d. c.); *bestille en -samtale med tilsigelse* book a person to person trunk call; *(se nærtrafikk).*
riktig 1*(adj)* right; *(nøyaktig)* exact, accurate; *(feilfri)* correct; *(virkelig, ekte)* real; *(sann)* true; *(passende)* right, proper, due; *ganske* ~ quite right; *... og ganske* ~ and sure enough; ~ *avskrift* a true copy; *en* ~ *sterk dosis* a good strong dose; *vi fant det -st å ...* we found it best to ...; *gjøre det -e* do the right thing; *begge deler er* ~ both are *(el.* would be) right *(el.* correct); *det var ikke* ~ *av Dem å ...* it was not right of you to ...; *det er ikke* ~ *mot ham* it's

r

not fair on him; *det er ~ at* it is true that; *overslaget er langt fra ~* the estimate is very wide of the mark; *han er ikke ~* he's not right in his head; he's crazy; **2**(*adv): gjette ~* guess right; *det går ikke ~ for seg* there's something wrong; there's more in this than meets the eye; *handle ~* act right (-ly); *skrive ~* write correctly; *jeg vet ikke ~* I don't exactly know; *jeg vet ikke ~ hva han vil gjøre* I do not quite know what he will do; ~ *livlig* quite lively; ~ *meget (el. mye)* quite a lot; *han er ikke ~ frisk* he's not quite well.

riktighet correctness; exactness, accuracy; *(berettigelse)* fairness, justness; *det har sin ~* it's quite correct; it's true, it's a fact.

riktignok certainly, to be sure, indeed; *~ har jeg* ... true, I have ...; it's true that I have ...; *~ kan jeg ha tatt feil* I may, indeed, be wrong; I admit that I may be mistaken.

rille groove.

I. rim *(rimfrost)* hoarfrost, white frost, rime; *det var ~ på vinduet* the window was rimed over, there was rime on the w.

II. rim *(i vers)* rhyme; *(se vrøvlerim).* **-brev** rhymed epistle.

I. rime *vb (av frost)* rime; *det -r på vinduet* the window is rimed over; there is rime on the window.

II. rime *vb (i vers)* rhyme; *~ på* rhyme with; *det -r ikke med (fig)* it does not tally with.

rimelig **1**(*fornuftig)* reasonable; *det fins ingen ~ grunn til at vi* ... there's no earthly reason why we ...; **2**(*rettferdig)* fair; *det er ikke mer enn (rett og) ~* it's only fair *(el.* reasonable); *han sa ja takk, som ~ var* he accepted, as well he might; *et ~ forlangende* a fair demand; **3**(*moderat)* reasonable, moderate; *en ~ pris* a reasonable price; *-e priser (også)* moderate prices; *til ~ pris* at a reasonable price; *et ~ krav* a reasonable demand (,claim); **4**(*sannsynlig)* likely; *det er ikke ~ at han kommer* he is not likely to come; it's not likely he will come; **5**(*forståelig): Siden ulykken i fjor går hun ikke gjerne ut alene. – Nei, det er ~* Since her accident last year she doesn't like going out by herself. – No, I'm sure she doesn't *(el.* No, I can (well) imagine *el.* No, I suppose not).

rimelighet reasonableness; fairness; moderation; likelihood; *innenfor -ens grenser* within (the limits of) reason; *alt innenfor -ens grenser* anything in reason.

rimeligvis *(adv)* most likely, as likely as not, in all probability; *det blir ~* ... there's likely to be ...

rimfri unrhymed; *(se II. rim).*

rim|frost hoarfrost, white frost. **-is** rime ice.

rimordbok rhyming dictionary.

rimsmed poetaster; *(neds)* rhymester.

rimtåke frosty mist; *(se tåke).*

ring ring; *(krets)* circle; *(bil-)* tyre; **US** tire; *kontrollere lufttrykket i -ene* check the tyres; *-er under øynene* circles round *(el.* under) one's eyes; *i denne leken går deltakerne rundt i en ~ og synger (også)* in this game the circle *(el.* ring) moves round singing; *følgene av denne uheldige episode spredte seg som -er i vannet* the consequences *(el.* effects) of this unfortunate incident were gradually felt further and further afield; *(se ringvirkninger).*

ringblomst *(bot)* marigold.

ringbom *(fløtning)* temporary storage boom, spool boom.

ringbrynje chain mail, byrnie.

ringdue *(zool)* wood pigeon; *(se due).*

I. ring|e *(vb)* ring; *det -er* the bell rings, there's the bell; there goes the bell; ~ **av** *(tlf)* ring off; *(især* US) hang up; ~ **etter** ring for *(fx* a servant; a cup of tea); *(tlf)* phone for; ~ **for** *siste runde: se I. runde;* ~ **inn** (ɔ: *omringe)* encircle; surround; *har det -t inn?* has the bell gone for the lesson? *da det -te inn til neste time* when the bell rang for the next period to begin; ~ **med** *en klokke* ring a bell; ~ **opp** *(tlf)* ring up; *ring meg opp igjen* **T** give me a ring back; ring *(el.* call) me back; call *(el.* phone) me up later; *kanskje du -er meg opp, så kan vi avtale et møte* **T** would you phone and we'll fix a meeting; *kan jeg få ~ Dem opp igjen om noen minutter?* can *(el.* may) I ring you back in a few minutes? may I give you a ring back? ~ **på** ring the (door)bell; *~ på hos en* ring sby's doorbell, ring the bell at sby's door; *ring på hos X* ring X's doorbell; *han -te på hos familien over gangen* he rang the bell across the landing *(el.* way *el.* hall); *vi hørte at noen -te på døra* we heard a ring at the door; *~ på tjeneren* ring for the servant; ~ **til** *en* ring sby up, (tele)phone sby, put a call through to sby; *den man -er til* the called person; *han -te til sin far og fortalte ham nyheten* he phoned the news to his father; *~ City 2023* phone *(el.* call) City 2023 *(uttales:* two o two three); *du er meg en hyggelig person å ~ til (bebreidende)* you're a cheerful *(el.* nice) person to ring up! *~ til begravelse* toll (the funeral bell); *~ til gudstjeneste* ring the bell(s) for divine service; ~ **ut** ring out; *har det -t ut?* has the bell gone for the end of the lesson? *det -te ut* the bell rang for break.

II. ringe *adj (ubetydelig)* small, slight, insignificant; *(om kvalitet)* poor, inferior; *etter min ~ evne* to the best of my humble ability; *ingen -re enn* no less a person than *(fx* he was no less a p. than the owner himself); *intet -re enn* nothing short of; *ikke den (aller) -ste interesse* not the slightest interest.

ringeakt contempt, disdain; scorn.

ringeakte *(vb)* despise, look down on; scorn.

ringeaktende contemptuous.

ringeapparat bell; *elektrisk ~* electric bell.

ringeledning bell wire.

ringer ringer.

ringfinger ring finger.

ringforlovet formally engaged.

ringformet annular.

ringle *(vi)* tinkle, jingle.

ringnot ring net.

ringorm *(zool)* ringworm; *(se orm).*

ringperm ring leaf book; ring leaf file; **US** loose-leaf binder.

ringrev **1.** atoll; **2**(*person)* (sly) fox; **T** clever Dick.

ringspill (game of) quoits.

ringstall *(jernb)* roundhouse.

ringvirkninger *(pl): dette vil få uheldige økonomiske ~* this will have unfortunate and spreading economic consequences; *de økonomiske ~ medførte stagnasjon* the economic effect was a vicious circle which resulted in stagnation; *(se ring).*

rinne *se renne.*

rip **1.** scratch; **2.** *mar (esing)* gunnel.

ripe *(subst & vb)* scratch.

ripost *(i fektning)* riposte; *(fig)* repartee.

ripostere *(vb)* riposte; *(svare)* retort.

rippe *(vb): ~ opp i gamle sår* open up old wounds, rip open *(el.* re-open) old wounds; **US** drag *(el.* rake) up old wounds; *~ opp i et gammelt sår (også)* revive an old sorrow; *la oss ikke ~ opp i det (også)* let bygones be bygones.

I. rips *(slags tøy)* rep.

II. rips *(bot)* currant *(fx* red currants). **-busk**

currant bush. **-gelé** currant jelly. **-saft** currant syrup.
I. ris *(papir)* ream.
II. ris *(kratt, kvist)* brushwood, twigs; *(til straff)* rod, birch (rod); *få ~* get a birching; *(med hånden)* be spanked; *gi ~* birch, thrash; *(med hånden)* spank; *han skulle ha ~* he wants a good smack; **T** he wants his behind smacking!
III. ris *(kornart)* rice; *japansk ~* puffed rice.
I. rise *(kjempe)* giant.
II. rise *vb (slå med et ris)* birch, flog; *(med hånden)* spank.
risengryn rice. **-sgrøt** rice pudding.
risikabel risky; **S** dicey.
risikere *(vb)* risk.
risiko risk, peril; *en helsemessig ~* a health hazard; a hazard to health; *for kundens regning og ~* for account and risk of customer; *sendt på kjøperens ~* sent (,shipped) at the risk of the purchaser; *på egen ~* at one's own risk; *løpe stor ~* take *(el.* run) a big risk.
risikomoment element of risk.
riskrem cream of rice, creamed rice (with red fruit sauce).
risle *(vb)* murmur, ripple.
rismel ground rice, rice flour.
risp slit, slash; scratch.
rispe *(vb)* slit, slash, tear; scratch; *(maltraktere med kniv)* slash.
riss **1***(tegning)* (thumbnail) sketch; *(grunn-)* ground plan; **2***(kontur)* contour, outline; **3***(risset merke)* mark, scratch; **4***(utkast)* outline, sketch, draft.
risse *(vb)* scratch; *~ opp* outline, sketch, draft.
rissebord marking-off table.
risse|fjær, -penn drawing pen. **-kurs** pattern cutting course.
I. rist *(på foten)* instep.
II. rist *(jernrist, i ovn)* grate; *(gitterverk)* grating *(fx* a g. over a drain; holes in the wall with gratings over them).
I. riste *vb (steke)* grill; **US** broil; *~ brød* toast bread; make toast *(fx* make a lot of toast); *-t brød* toast; *et stykke -t brød* a piece *(el.* slice) of toast.
II. riste *vb (skjære el. hogge inn)* carve, cut; *~ runer* carve runes.
III. riste *(vb)* shake; *~ på hodet* shake one's head; *~ av seg* shake off, fling off *(fx* one's pursuers); *(se også ryste; virre: ~ med hodet).*
risting shaking; *(skaking, vibrering)* judder, juddering.
ristropp *(seilsp)* toestrap; hiking strap.
ristsveiv *(til ovn)* grate crank; crank handle for the grate.
ritt ride.
rittmester *(glds)* captain (of horse).
ritual ritual, service.
ritus rite.
rival, -inne rival.
rivalisere *(vb)* rival.
rivalitet rivalry, competition.
I. rive *(subst)* rake.
II. rive *vb (flenge)* tear; *han rev i annet forsøk (om høydehopper)* he failed in his second attempt; *~ ost* grate cheese; *~ farger* grind colours; *revne grønnsaker* raw-grated vegetables; *revet skall av sitron* grated lemon rind; *~ av* tear off; *~ av en fyrstikk* strike a match; *~ av seg vitser* crack jokes; *~ i* **1.** tear at *(fx* sth); **2***(betale for)* pay for *(fx* he paid for it); *jeg -r i* (ɔ: *jeg spanderer)* I'll stand treat; **S** I'll pay the piper; *~ seg i håret* tear one's hair; *~ og slite i* tear at *(fx* sth); *~ i stykker* tear up, tear to pieces; *~ løs* tear off, pull off, detach; *~ seg løs fra* tear oneself away from, disengage oneself from; *la seg ~ med av* be carried away by; *hun rev publikum med seg* she carried the house; *leseren -s med av en rekke begivenheter* the reader is carried along (quickly) by a number of events; *~ ned* tear down, break down; *~ opp døra* fling the door open; *~ over* tear across *(fx* a piece of paper); *~ over ende* knock over; *~ seg på noe* scratch one's hands (,arms, *etc)* on sth; *~ ut av villfarelsen* disillusion, undeceive.
rivende: *i ~ fart* at a furious pace; *~ gal* stark staring mad; *(feil)* quite wrong, right off the mark; *gjøre ~ fremskritt* progress by leaps and bounds; *~ strøm* violent *(el.* rapid) current; *ha det ~ travelt* be in an awful rush; *en ~ utvikling* a violent process of change.
riveskaft rake handle.
Rivieraen the Riviera *(fx* on the R.).
rivjern grater; *(fig)* shrew.
rivning *(fig)* friction, discord; *det var -er mellom dem* there was a certain amount of friction between them.
I. ro *subst (hvile)* rest; *(stillhet)* quiet; *(rolighet)* tranquillity; *opphøyd ~* serenity; *~ i salen!* the meeting will come to order! *i fred og ~* in peace and quiet; *i ~ og mak* at (one's) leisure; *(om hastighet)* at a leisurely pace; *gjøre innkjøp i ~ og mak (også)* shop in safety and comfort; *falle til ~* compose oneself, calm *(el.* quieten) down; settle down; *etter at sinnene var falt til ~* after people had calmed down; *etter at huset var falt til ~ for natten* after the house had settled down for the night; *han har ingen ~ på seg* he is restless; *slå seg til ~* settle (down); *slå seg til ~ med* resign oneself to; *ta det med ~* take it *(el.* things) easy; **T** cool it; *(slappe av)* relax; *ta det med ~!* **1***(det haster ikke)* take it easy! there's no need to hurry! **2***(ikke hiss deg opp)* keep your hair *(el.* shirt) on! **3***(ikke kjør for fort)* do take it nice and steady! *(se skape 2).*
II. ro *subst (krok)* corner.
III. ro *(vb)* row; *(fig)* crawfish, try to back out *(fx* of an awkward situation); *nå er han ute og -r (fig)* now he's trying to backslide *(el.* slide out of it); now he's trying to dodge *(el.* crawl *el.* get) out of it; now he's trying to pull up the ladder; (NB *uttrykkes ofte kun ved)* Jack! *~ med raske tak* row a fast stroke.
robber *(i spill)* rubber.
robust robust, rugged, sturdy.
robåt rowing boat; **US** rowboat.
roe *(bot)* turnip, beet.
roer rower, oarsman.
roesukker *(bot)* beet sugar.
I. rogn *(av fisk)* hard roe; spawn; *legge ~* spawn.
II. rogn *(bot)* rowan. **-ebær** rowanberry.
rogn|fisk spawner. **-gyting** spawning.
rojalisme royalism.
rojalist royalist.
rojalistisk royalist.
rokade *(i sjakk)* castling.
rokere *(vb)* castle.
I. rokk spinning wheel; **S** (= *sykkel*) grid.
II. rok(k) *(sjø-)* sea spray.
I. rokke *subst (fisk)* ray; *pigg-* sting ray.
II. rokke *vb (rugge)* budge, move; *steinen er ikke til å ~* the stone cannot be moved; *(se også rikke).*
rokke|hjul wheel (of a spinning wheel); *(leketøy)* hoop. **-hode** distaff.
rokokko rococo.
rolig quiet, calm, tranquil; *(fredelig)* peaceful; steady *(fx* a s. flame, a s. market); *~ og fattet* calm and collected; *kald og ~* **T** cool as a cu-

r

cumber; *holde seg* ~ keep quiet; ~ *søvn* sound sleep; *han er* ~ *og stø* he has a quiet and steady manner; *det kan De være* ~ *for* you need not worry about that; *ta det* ~ take it easy; calm down; **T** not to worry! **S** keep your shirt *(el.* hair) on! *(se time).*

rolle part, character, rôle, role; *en takknemlig* ~ a rewarding part, a part offering scope to the actor; *bli i -n* keep up one's part; *falle ut av -n* forget one's part; *fylle -n* fill the role; *få legens* ~ play the physician; *spille en* ~ play *(el.* act) a part; *hun var den elskverdige vertinne og spilte sin* ~ *godt* she acted the gracious hostess and put it over well; *spille en aktiv* ~ *i* play a vigorous part in; *han spilte en svært ynkelig* ~ he cut a very pitiful figure; *det spiller ingen* ~ it does not matter; *penger spiller ingen* ~ money (is) no object; *hvilken* ~ *spiller det om vi er fattige?* what does it matter if we are poor? *(se gjesterolle).*

rollebesetning cast.

I. rom 1*(verdens-)* space; *-met* space; **2***(værelse)* room; **3***(plass)* room; **4***(avdelt)* compartment; **5***(laste-)* hold; *et lufttomt* ~ a vacuum; *det gir ikke* ~ *for tvil* it leaves no room for doubt.

II. rom *(spiritus)* rum.

III. rom *(adj)* roomy, spacious; *i* ~ *sjø* in the open sea; *holde seg i* ~ *sjø* keep out to sea; *seile med* ~ *vind* (ɔ: *romskjøts)* sail off the wind; run free.

Roma *(geogr)* Rome.

romalder space age.

roman novel; *-en er henlagt til en engelsk industriby* the novel is set in an English industrial town.

romanforfatter, -inne novelist.

romanse romance, ballad.

romansk Romance *(fx* language).

romantiker romantic.

romantikk romance; *(litteraturretning)* romanticism.

romantisk romantic.

rombe rhomb, rhombus.

rombisk rhombic.

rombuss space shuttle

romer Roman. **-bad** Turkish bath. **-inne** Roman lady.

romer|kirken the Roman (Catholic) Church, the Church of Rome. **-rett** Roman law.

romersk Roman.

romerskkatolsk Roman Catholic.

romertall Roman numeral.

rom|fang volume, cubic content. **-farer** astronaut, space traveller, spaceman. **-fart** space travel. **-fartssenter** space centre. **-ferd** space journey, space trip. **-forhold** proportion.

rom|helg, -jul days between Christmas and New Year's Eve.

rom|kake [small tart filled with rum-flavoured custard]. **-kapsel** space capsule.

romlig of space, relating to space.

I. romme *(vb)* contain; *(ha plass for)* hold, take; *(fig)* contain, convey.

II. romme *vb (mar): vinden -r* it's a freeing shift.

rommelig roomy, spacious; *(om tid)* ample.

rommelighet spaciousness.

romplattform space platform.

rompudding rum pudding.

romskip space ship, spacecraft.

romskjøts: *seile* ~ sail off the wind; run free.

romslig *se rommelig.*

romstere *vb (rote omkring)* rummage.

rop cry, call, shout.

rope *(vb)* call (out), shout; ~ *noe inn i øret på henne* shout sth in(to) her ear; ~ *opp navnene* call over the names; read *(el.* call) out the names; *han ble ropt opp* his name was called; *vente på at ens fly skal bli ropt opp* wait for one's flight to be called; ~ *på* call for, shout for *(fx* help); ~ *på en* call sby; ~ *på noe* (ɔ: *kreve)* call for; *(sterkere)* clamour for; *folket ropte på hevn over tyrannen* the people clamoured loudly for revenge on the tyrant.

ropert megaphone, loud-hailer.

roquefort(ost) Roquefort; Danish blue.

ror rudder, helm; *komme til -et (fig)* take over the helm, come into power; *lystre -et* answer the helm.

ror|benk thwart. **-bu** fishermen's shack *(el.* shed) (in a fishing village).

ror|gjenger helmsman. **-kult** tiller.

rors|folk rowers. **-kar** rower.

rortørn *(mar)* trick *(el.* turn) at the helm.

ros *(pris)* praise.

rosa, -farget pink, rose-coloured.

I. rose *subst (bot)* rose; *ingen -r uten torner* no rose without a thorn; *livet er ingen dans på -r* life is no bed of roses; **T** life is not all jam; life is not all beer and skittles.

II. rose *(vb)* praise, commend; ~ *seg av* pride oneself on; *-nde: se ndf: rosende.*

rosemaling [peasantstyle of painting for decorating furniture, etc, and consisting of floral designs].

rosemalt: *et* ~ *hjørneskap* a corner-cupboard decorated with painted floral pattern.

rosen *(sykdom)* erysipelas.

rosenbusk *(bot)* rose bush.

rosende commendatory, laudatory; *tale* ~ *om* speak highly of, speak in high terms of; *få* ~ *omtale* be praised, receive a great deal of praise, be complimented.

rosen|knopp *(bot)* rose-bud. **-krans** *(katolsk)* rosary; *be sin* ~ tell *(el.* say) one's beads. **-kål** (Brussels) sprouts. **-olje** rose oil, attar.

rosenrød rosy, rose-coloured, rose-red.

rosenskjær rosyhue.

rosett rosette.

rosettbakkels crullers *(pl).*

rosignal *(tappenstrek)* taps, tattoo *(fx* sound the t.); *(«lang tone»)* lights out.

rosin raisin; *-en i pølsen* the climax; the culminating treat; **T** the icing on the cake.

rosmarin rosemary.

rosse *(stormbyge)* squall; *(fallvind)* eddy-wind, sudden gust of wind.

rosverdig praiseworthy, commendable, laudable.

rosverdighet praiseworthiness.

I. rot root; *avling på* ~ standing crop; *rykke opp med -en* tear *(el.* pull) up by the roots; *(fig)* uproot, root out, wipe out, abolish root and branch; *slå* ~ strike root, take root, push out roots; *trekke ut -en* extract the root; *-en til alt ondt* the root of all evil; *uten* ~ *i virkeligheten* without foundation in reality.

II. rot mess; muddle, confusion; **T** mess-up; *(uorden)* disorder; ~ *og uorden* mess and disorder *(fx* I've never seen so much mess and disorder anywhere); *for et* ~ *!* what a mess!

rotasjon rotation.

rotasjonspresse rotary press.

rotbetennelse *(i tann)* periodontitis.

rotere *(vb)* rotate, revolve; *-nde* rotary, revolving.

rote *(vb)* rummage; make a mess of things; ~ *noe fram* dig sth out *(el.* up); ~ *opp* dig up, scrabble up *(fx* the dog scrabbled up a bone); ~ *opp i en sak* (ɔ: *rippe opp)* rake up a matter; ~ *seg bort i noe* get oneself involved *(el.* mixed up) in sth; get into trouble; ~ *til* mess up, clutter up.

rotebukk *se rotekopp.*

rotekopp messy *(el.* untidy) person; *(som forplumrer el. skaper rot)* bungler, muddler.
rotende *(av stokk)* butt-end.
roteskuff muddle drawer.
rotet(e) messy, untidy, mixed-up.
rotfeste *(vb):* ~ *seg* take root.
rotfestet rooted; *en -t fordom* a deeply ingrained prejudice; *(se forankre).*
rotfrukter *(pl)* roots; root crops; root vegetables.
rotfylling *(tannl)* root filling.
rot|hogge *(vb)* cut off at the roots. **-løs** rootless.
rotor *(i motor)* distributor rotor.
rotpris *(forst)* stumpage rate.
rotskudd *(bot)* sucker; *(se skyte:* ~ *rotskudd).*
rotstokk *(tømmer-)* butt log.
I. rotte *subst (zool)* rat.
II. rotte *(vb):* ~ *seg sammen* conspire *(mot* against); **T** gang up *(mot* on, *fx* the way you guys g. up on me).
rotte|fanger ratcatcher; *(fagl)* rodent officer. **-felle** rattrap. **-gift** rat poison. **-rumpe 1***(zool)* rat's tail; **2***(sag)* compass saw; **3***(bot)* pepper elder.
rotting rattan.
rotunde rotunda.
rotur row, boating; *ta en liten* ~ go for a little row; *de har vært ute på en liten* ~ they have been out rowing; *(se I. tur).*
rotvelte *(subst)* windfall; **US** wind slash.
rotøks *(forst)* grub axe; *(se øks).*
rov prey, spoil, plunder; *(røveri)* rapine, robbery; *gå ut på* ~ go in search of prey; *leve av* ~ live by rapine; *ute på* ~ on the prowl, in search of prey; in search of booty.
rovdrift overworking; ruthless exploitation; *(agr)* soil exhaustion; *drive* ~ exploit ruthlessly; *(agr)* exhaust the soil.
rovdyr *(zool)* beast of prey; predator.
rove *se hale.*
rover *(speider)* Venture Scout; *(hist)* Rover (Scout).
rov|fisk *(zool)* predatory fish. **-fiske** overfishing; *drive* ~ overfish, deplete *(fx* a lake). **-fugl** *(zool)* bird of prey. **-grisk** rapacious, predatory. **-hogst** overcutting; *skog hvor det har blitt drevet* ~ culled forest. **-lyst** rapacity. **-lysten** rapacious. **-mord** murder with intent to rob. **-morder** robber and murderer.
ru *(adj)* rough; *(om stemme)* hoarse, husky; ~ *å ta på* rough to the touch.
rubank jointer *(el.* jointing) plane; *(se høvel).*
rubb: ~ *og stubb* lock, stock, and barrel.
rubel rouble, ruble.
rubin ruby.
rubrikk column; space *(fx* state name and occupation in the space on the right); *(overskrift)* heading, title.
rubrisere *(vb)* classify; *(se bås).*
rudiment rudiment. **-ær** rudimentary.
ruff *(mar)* deckhouse, poop.
ruffer *(glds)* pimp, procurer. **-i** procuring. **-ske** *(glds)* procuress, pimp; *(se hallik).*
rug *(bot)* rye.
rugaks ear of rye.
rugbrød rye bread; *et* ~ a loaf of rye bread.
rugde *(zool)* woodcock. **-trekk** flight of woodcocks.
ruge *(vb)* brood, sit; ~ *over (fig)* brood over, pore over *(fx* one's books); ~ *ut* hatch (out).
ruge|høne sitting hen, sitter. **-kasse** sitting box, nest box. **-maskin** incubator. **-tid** brooding time; *(årstid)* breeding season.
rugg *se rusk.*
rugge *(vb)* **1.** move; *(se rokke);* **2.** rock.
rugle *vb (ligge ustøtt)* lie insecurely; *(rokke, ryste)* shake, move; *-te bokstaver* shaky letters.
rugmel rye flour; *siktet* ~ sieved rye flour.
ruhet roughness.
Ruhr *(geogr)* the Ruhr.
ruhåret rough-coated; *(om hund)* wire-haired.
ruin ruin; *økonomisk* ~ financial ruin; *-er* ruins, remains; *(etter brann, etc)* debris *(av* of); *(ofte =)* rubble; *ligge i -er* be in ruins; *bygningen lå halvveis i -er* the building was in (a) semi-ruinous condition; *et slott som ligger i -er* a ruined castle; *(se grus).*
ruinere *(vb)* ruin, destroy; *-nde for* ruinous to.
rujern *(råjern)* pig iron.
rukkel trash, junk, tripe, bilge, hogwash; *hele ruklet* **T** the whole damned thing.
rulade *(mat)* roulade; *(kake)* Swiss roll, jam roll.
rulett *(mus)* roulette, run; *(spill)* roulette; *(kål-)* stuffed cabbage leaf.
rull *(valse)* roller; *(noe sammenrullet)* roll; *(se kalve- & okse-); (tobakk)* twist *(fx* of chewing tobacco); *en* ~*metalltråd* a coil of wire.
I. rulle *(rullestokk)* roller; *(kles-)* mangle; *(mil)* register; *(gym)* roll; *en baklengs (,forlengs)* ~ a backward (,forward) roll.
II. rulle *(vb)* roll *(fx* the ship rolled badly); ~ *sigaretter* make one's own cigarettes; *la pengene* ~ make the money fly; spend (the) money like water; *tordenen -r* the thunder is rolling *(el.* rumbling); ~ **ned** roll down; turn down *(fx* one's collar); draw *(fx* the blind); ~ **opp** roll up; turn up *(fx* one's collar); *(illegal organisasjon)* roll up; destroy; *(forbrytelse)* unravel *(fx* a crime); ~ *opp gardinen* pull up the blind; *okkupasjonstiden -s opp i Oslo Byrett* the time of the Occupation is being recalled in the City of Oslo Stipendiary Magistrate's Court; attention is being focus(s)ed in the ... on the time of the German occupation; ~ **på** *r'ene* roll one's r's; ~ **seg** roll *(fx* in the grass); ~ *seg sammen* curl up, roll oneself up, roll oneself into a ball.
rulle|bane runway; *(jvf taksebane).* **-blad** record; *rent* ~ a clean record; *ha et* ~ *hos politiet* have a criminal record. **-data** *(mil)* personal data. **-fører** *(mil)* [officer in charge of a recruiting area]; *(kan gjengis)* registrar. **-gardin** (roller) blind; **US** *(også)* (window) shade. **-lager** roller bearing. **-skøyte** roller skate. **-stein** *(liten rund stein)* pebble. **-stol** invalid chair, wheeled chair; **US** wheelchair. **-sylte** brawn roll. **-trapp** escalator; moving staircase. **-tøy** *(tøy som skal rulles)* flatwork.
rumen|er, -sk Roumanian.
rumle *(vb)* rumble.
rummel rumble, rumbling noise.
rumpe behind, bottom, backside; *(jvf I. bak).*
rumpetroll *(zool)* tadpole.
run run; *det ble (el. var)* ~ *på banken* there was a run on the bank.
rund *(adj)* round *(fx* ball, table, sum, numbers); ~ *og god (om kvinne, ikke neds)* plump and pleasant; *et -t svar* a diplomatic answer; *-t (adv)* round; *døgnet -t* night and day, all the 24 hours; *reise jorda -t* go round the world; *sove døgnet -t* sleep the clock round; **US** sleep around the clock; *hele året -t* all the year round; *by -t* hand round; *flytte -t på møblene* move the furniture about; *han går -t og sier at ...* he goes about saying that ...; *det går -t for ham* his head is in a whirl; *(han er svimmel)* his head is swimming; *det går -t for meg i dag* my head is going round *(el.* is swimming) today; *han går alltid -t med revolver på seg* he always carries a gun about with him; *-t regnet* about, approximately, roughly, on a rough calculation *(el.* estimate); in round numbers; roughly speaking; *(gjennomsnittlig)* on an *(el.* the) average; *reise -t* travel about; *snurre -t* spin (round), whirl round, rotate; *vise en -t* show sby round *(el.* over the

r

place); *de viste meg -t i huset (også)* they took me over the house.
rund|aktig roundish. **-biff** rump steak; **T** best steak. **-brenner 1***(spøkef)* Casanova; **2***(ovnstype)* continuous *(el.* constant) burner. **-bue** *(arkit)* round arch; **UK** *(ofte)* Roman arch. **-buestil** Romanesque style; **UK** *(ofte)* Norman (style). **-dans** round dance.
I. runde *(subst)* **1.** round *(fx* the night watchman makes his rounds every hour; this had never happened to him before in his rounds on Saturday night); *(politikonstabels)* beat, round; **2***(i boksekamp)* round; **3***(tur)* turn *(fx* take a t. in the garden); **4***(rundt banen)* lap; *gå en ~ på 35 sekunder* cover a lap in 35 seconds; *siste ~ går!* last lap! *(i boksekamp)* last round! *han ledet i de to første -ne* he led during the first two laps; *når han om et øyeblikk passerer mål, ringes det for siste ~* when he passes the finish in a moment, the bell will sound for the last lap *(el.* the signal will be given for the last lap).
II. runde *(vb)* round; *han har -t de førti* he has turned forty; *~ en pynt* round a point; *~ av* round off; *~ av et beløp oppad* bring an amount up to a round figure, round an amount off to a higher figure.
runde|anviser *(sport)* lap scorer. **-bordsdebatt** panel discussion. **-bordskonferanse** round table conference.
rundelig *(rikelig)* abundant, ample.
rundetid *(jvf I. runde 4)* lap time.
rundflyging sight-seeing flight.
rundgang round, circuit, turn.
rundhet roundness, rotundity.
rundholt *(mar)* spar.
rundhåndet generous, liberal.
rundhåndethet generosity, liberality.
runding rounding.
rundjule *(vb)* thrash, lick, beat up thoroughly.
rundkast somersault; *gjøre et ~* turn a s.; do a handspring.
rundkjøring *(subst)* roundabout; **US** traffic circle; *i en ~* on a roundabout.
rundkysse *(vb)* kiss thoroughly.
rundorm *(zool)* roundworm.
rundpinne round(knitting) needle.
rundreise circular tour, round trip; *(se I. reise).*
rundreisebillett circular (tour) ticket, tourist ticket.
rundrygget round-shouldered, stooping.
rund|skrift round hand. **-skriv** circular.
rundsliping cylindrical grinding; *(se sliping)*
rundspørring poll *(av* of).
rundstjele *(vb): han ble rundstjålet* the thief (,thieves) cleaned him out *(el.* took all he had *el.* **T** took him to the cleaners).
rundstokk round timber; whole timber.
rundstykke roll; **US** bun; *halvt ~* an open roll, half a roll; *delt ~ med pålegg i midten* filled roll.
rundtjern rounds *(pl).*
rune rune, runic letter. **-innskrift** runic inscription. **-skrift** runic writing. **-stein** rune stone.
runge *(vb)* ring, resound, boom.
runolog runologist.
rus *(beruselse)* intoxication, inebriation; *få seg en ~* get drunk; *sove -en ut* sleep it off.
rusdrikk intoxicant.
I. ruse (fish) trap.
II. ruse *(vb): ~ motoren* race the engine.
rushtid: *i -en* during (the) peak *(el.* rush) hours.
I. rusk speck of dust; *få et ~ i øyet* get sth in one's eye; get a speck of dust in one's eye; *~ og rask* rubbish, trash.
II. rusk: *en svær ~* **T** a thumping big one; *en svær ~ av en stein* **T** a thumping big stone.
III. rusk *(adj)* **T** (= *fra sans og samling)* out of one's mind; *er du ~?* are you out of your mind?
ruske *(vb)* pull, shake; jerk; *~ en i håret* rumple sby's hair; *høre vinden ~ i trærne* hear the wind rustling *(el.* making a noise) in the branches of the trees; hear the w. shaking the b. of the trees.
ruskevær drizzly, unpleasant weather.
ruskomsnusk hotchpotch.
rusle *(vb)* potter, pad *(omkring* about); *han -t ut av rommet* he padded out of the room; *vi foretrakk å ~ rundt på egen hånd* we preferred to go round by ourselves.
russ sixth former; *-en* the sixth formers.
russeavis [newspaper published once in May by the sixth formers].
russefest [celebration party held by sixth formers].
russeformann [chairman of sixth formers].
russefrokost [sixthformers' breakfast party on Independence Day (May 17)].
russer, -inne Russian.
russetid [period when red (,blue) cap is worn, between higher school-leaving examination and the announcement of the results].
russisk Russian.
Russland Russia.
russlær Russia leather.
rust rust; *banke ~ av (mar)* chip *(fx* chip the deck).
rust|angrep corrosive attack. **-behandling** anti-rust *(el.* anti-corrosion) treatment; treatment against rust *(el.* corrosion). **-beskyttende** anti-corrosive *(fx* paint).
I. ruste *vb (bli rusten)* rust, become rusty; *~ fast (om mutter, etc)* rust in; *(se istykkerrustet).*
II. ruste *vb (væpne)* arm; *godt -t* (ɔ: *utstyrt)* well-equipped; *~ seg* arm; *~ seg til en reise* make preparations for a journey; get ready for a journey.
rusten rusty; *~ stemme* hoarse voice.
rustfjerner de-rusting liquid; *(olje)* penetrating oil.
rustflekk rust stain.
rustfri non-corrosive; *-tt stål* stainless steel; *(se innredning).*
rustifisert countrified.
rustikk *(adj)* rustic.
rustning *(til å ta på)* armour; **US** armor; *full ~* complete suit of armour; *i full ~* in complete armour; armed cap-à-pie; *-er (pl)* armaments.
rustnings|industri armament industry. **-kappløp** armament(s) race, arms race.
rustolje penetrating oil *(fx* use p. o. for obstinate nuts).
I. rute *(firkant)* square; *(rombe)* diamond, lozenge; *(vindus-)* window pane; *(i paradis)* compartment; *slå i stykker en ~* break a window.
II. rute 1*(vei)* route *(fx* travel by another r., they descended by an easier r.); *-n var forholdsvis lett, men svært bratt på sine steder* the track was relatively easy going, but very steep in some places; **2***(postbuds)* delivery *(fx* he has 300 houses in his d.); **3***(befordringstjeneste)* service *(fx* a weekly s., a regular s. between Oslo and Newcastle); run *(fx* there are no double-decker buses on that r.); route *(fx* they run Pullman cars on that route); *~ langs kysten (mar)* coastal route; *etter -n* according to schedule; *skal etter -n ankomme...* is due *(el.* scheduled) to arrive; *for sent etter -n* behind time *(el.* schedule), overdue; *i ~* in time; *gå i fast ~ mellom A og B* ply *(el.* run) between A and B; *på -n* en route *(fx* X and other ports en r.); *holde -n* maintain the schedule, keep schedule time, run on schedule; *ligge foran -n* be ahead of sched-

ule; *opprettholde fast* ~ maintain *(el.* run) a regular service; *sette inn i -n* put into service *(fx* the ship will be put into the Oslo–Newcastle service); *skipet ble tatt ut av -n* the ship was taken off its usual run; *(se også fart 3).*

rute|bil bus; *(især til lengre strekninger)* motor coach. **-bilsentral** bus (,coach) station. **-bok** railway (,bus) timetable; railway guide. **-båt** coastal steamer; *(linje-)* liner. **-fart** regular service; *(se fart 3).* **-fly** airliner. **-flyvning** air service(s). **-forbindelse** (regular) service, connection. **-nett** network *(fx* railway n.); *(på kart)* grid system. **-oppslag** *(på jernbanestasjon)* (train) indicator. **-papir** *(millimeter-)* graph paper, squared paper; *bok med* ~ graph book; exercise book with graph ruling.

ruter *(kort)* diamond; *en liten (,stor)* ~ a small (,high) diamond. **-konge** the king of diamonds. **-melding** diamond bid.

rutet check, checked; chequered; *(om papir)* cross-ruled, squared; *en rød- og hvitrutet duk* a red and white check(ed) tablecloth; *en* ~ *kjole* a check dress; *et skotsk- skjørt* a plaid *(el.* tartan) skirt.

rutine routine; *ha* ~ *i* be experienced *(el.* skilled) in; *det krever en viss* ~ it requires a certain amount of practice *(el.* skill *el.* experience); *(se rutinesak).*

rutinemessig routine.

rutinert practised, experienced, skilled; *(adv)* in a practised manner.

rutinesak: *det er en ren* ~ it is purely *(el.* solely) a matter of routine.

rutsje *(vb)* glide, slide.

rutsjebane switchback; **US** roller coaster.

rutte *(vb): det er ikke noe å* ~ *med* there is nothing to spare.

ruve *(vb)* bulk (large), loom, tower (up).

ry *(berømmelse)* renown, fame.

rydde *(vb)* clear; ~ *salen* clear the hall; ~ *av veien* remove, clear away; *rydd bort bøkene dine* put your books away; ~ *opp* tidy up *(fx* we must t. up after ourselves); *(i spillebuler)* clean up *(fx* gambling dens); ~ *opp i personalet* weed out the undesirables from the staff; ~ *opp i et værelse* tidy *(el.* straighten) up a room; ~ *(opp) på loftet* clear up in *(el.* turn out) the attic; ~ *veien for* clear the way for.

ryddegutt *(i restaurant)* table clearer; **US** bus boy.

ryddig orderly, tidy, clear.

rydning clearing. **-sarbeid** *(fig)* pioneer work. **-mann** pioneer.

rye *(teppe)* (floor) rug.

rygg back; *(fjell-, jord-, tak-)* ridge; *falle i -en* attack in the rear; *vende en -en* turn one's back on sby; *ha noe i -en* (ɔ: *penger)* have resources of one's own; *med denne styrke i -en kunne han* ... with this force at his back he could ...; *ha -en fri* have a retreat open; *la et barn sitte på -en* take a child on one's back; **T** give a child a pick-a-back; *(se skyte:* ~ *rygg).*

ryggcrawl backstroke.

rygge *(vb)* **1.** back, reverse *(fx* a car; do not r. from a side road into a main road); **2.** step back.

ryggelys *(på bil)* reverse lamp.

ryggesløs depraved, loose, dissolute, profligate.

ryggesløshet depravity, profligacy, loose living.

rygg|finne *(zool)* dorsal fin. **-marg** *(anat)* spinal marrow, spinal cord. **-positiv** *(mus)* choir organ. **-rad** *(anat)* spine; *(fig)* backbone. **-sekk** rucksack; ~ *med meis* (metal) frame rucksack; *ta alltid med* ~ always carry a rucksack; *gå aldri fra -en* never leave your rucksack. **-skjold** *(zool)* carapace. **-stø** back; *(fig)* backing, support. **-støtte** *(for bilfører)* back rest. **-tak** wrestling; *ta* ~ wrestle. **-virvel** *(anat)* dorsal vertebra.

ryke *(vb)* **1***(sende ut røyk)* smoke; *(ose)* smoke, reek; **2***(gå i vasken)* **T** go, go to pot; *planen røk* the plan came to nothing; ~ *uklar* fall out *(med* with); *de røk i tottene på hverandre* they came to blows, they set about each other, they had a set-to; ~ *over ende* fall over, be upset; ~ *i stykker* go to pieces; *og dermed røk vennskapet* and that put the lid on their friendship.

rykk tug, jerk; **T** yank; *med et* ~ with a jerk.

rykke *(vb)* pull, jerk; **T** yank; ~ *fram* advance; ~ *i marken* start a campaign; ~ *inn* insert *(fx* sth in a paper); *(typ)* indent; ~ *inn et avertissement* insert an advertisement; ~ *opp* advance, move up; be moved up, be promoted; ~ *nærmere* approach, draw nearer; ~ *sammen* sit closer, close up, move closer together; ~ *tilbake* retreat, draw back, move back, step back; ~ *et skritt tilbake* step back a pace; ~ *ut (ved alarm)* turn out; *(marsjere)* march off, move off, start off, set out; ~ *ut noe* pull (,jerk) sth out; *snøplogene står klare til å* ~ *ut* the snow ploughs are ready to go out; ~ *ut med (skille seg med)* part with; ~ *ut med en artikkel (,med sannheten)* come out with an article (,with the truth); ~ *ut med hemmeligheten* divulge the secret; **T** let the cat out of the bag.

rykkevis by fits and starts, in jerks, jerkily, spasmodically.

rykte 1*(forlydende)* rumour (,**US:** rumor), report; *løse -r* unfounded *(el.* baseless) rumours, vague *(el.* idle) reports; *avlive et hårdnakket* ~ scotch *(el.* put an end to) a persistent rumour; *det går det -t at* ... there's a rumour going about *(el.* around) that ...; there's a r. abroad *(el.* afloat) that ...; it is rumoured that; *-t har intet for seg* the rumour is without foundation; *jeg har hørt -r om at* I have heard it rumoured that ...; *-t har løyet* the rumour is untrue; *sette ut et* ~ spread *(el.* put about *el.* circulate) a rumour; *det -t spredde seg at* ... the rumour spread that; *spore -t tilbake til kilden* trace the rumour to its source; *-ne svirrer* the air is thick with rumours; **2***(omdømme)* reputation *(fx* he has not the best of reputations); *ens gode navn og* ~ one's good name, one's reputation; *han er bedre enn sitt* ~ he's not so black as he is painted; *han svarer til sitt* ~ he lives up to his reputation.

ryktes *(vb)* be rumoured (,**US:** rumored), get about; *det* ~ *at* it is (,was) rumoured that ..., the rumour has (,had) it that; *det* ~ *at han var død* there were rumours of his death.

ryktesmed rumour-monger.

ryllik *(bot)* milfoil, yarrow.

I. rynke *(subst)* wrinkle; pucker; *(på tøy)* fold; *(fure)* furrow.

II. rynke *(vb)* wrinkle, pucker; *(tøy)* gather; ~ *på nesen av* turn up one's nose at; ~ *pannen* knit one's brows, frown.

rynket wrinkled; furrowed, lined.

rype *(zool)* grouse; *(se kjei).* **-jakt** grouse shooting. **-kull** brood of grouse. **-kylling** grouse chick. **-stegg** cock grouse.

rysj ruche.

ryste *(el. riste) (vb)* shake; ~ *av seg* shake off; ~ *på hodet* shake one's head; *bli -t sammen (fig)* be thrown together *(fx* they were thrown together on the journey).

rystende shocking, appalling.

rystelse shaking; *(jord-)* tremor; *(forferdelse)* shock.

rystet shaken; ~ *helt inn i sjelen* shocked to the core; shaken to the depths of one's being; *se ikke så* ~ *ut!* don't look so shattered!

r

rytme rhythm; *fengende* ~ catchy rhythm. **rytmikk** rhythmics; movement and music, musical movement.

rytter horseman, rider.

rytteri horse, cavalry.

rytter|statue equestrian statue. **-veksel** accommodation bill.

rær: *pl av I. rå.*

ræv *(vulg)* arse, bum; *sette seg på -a* **T** take the weight off one's feet; *(vulg)* park one's arse; *kyss meg i -a! (vulg)* to hell with you! **S** balls to you! *sitte på -a hele dagen* spend the whole day sitting down; *(vulg)* sit on one's arse *(el.* bum) all day long.

rød red; *bli* ~ turn red, redden; *han ble både* ~ *og blek* his colour came and went; *-e hunder* German measles, rose-rash, roseola, scarlet rash; *(se tråd).*

rød|bete beetroot; **US** beet. **-brun** reddish brown; *(om hest)* bay; *(om hår)* auburn.

rød|flekket red-spotted. **-glødende** fiery red; *(også fig)* red hot. **-grøt** [red jelly-like sweet made of thickened fruit juice]; *(kan gjengis)* red jelly.

Rødhette Little Red Riding Hood.

rød|huder *(pl)* redskins. **-håret** red-haired. **-kinnet** red-cheeked. **-kjelke** *(zool)* robin redbreast.

rødkål *(bot)* red cabbage; *(se kål).*

rød|lett red-faced. **-lig** reddish.

I. rødme *(subst)* blush, flush.

II. rødme *(vb)* redden, blush, colour (up); ~ *av skam* blush with shame.

rødmusset red-cheeked, ruddy.

rød|neset red-nosed. **-rutet** red-check(ed); red -chequered; *(se rutet).*

rødspette *(fisk)* plaice.

rødsprengt florid, ruddy; *(om øyne)* bloodshot.

rødsprit methylated spirit.

rødstripet red-striped.

rødstrupe *(zool)* robin redbreast.

rød|topp *(om person)* redhead. **-vin** red wine; *(bordeaux)* claret; *(burgunder)* burgundy. **-vinstoddy** mulled claret. **-øyd** red-eyed.

røffel rebuke, reprimand; **T** ticking-off, telling-off; *få en* ~ be reprimanded; **T** get told off (properly); get ticked off; catch it; be hauled over the coals; **S** be bawled out.

røfte bit, lot; *(skåre)* strip, length.

røk, røke *se røyk, røyke.*

røkelse incense. **-skar** censer.

røkt care, tending.

røkte *(vb)* tend, take care of; ~ *sitt kall* stick to one's last; follow one's trade.

røkter animal technician; *(fjøs-)* cattleman.

røllik *(bot)* milfoil, yarrow.

rømling runaway.

I. rømme [heavy sour cream, esp. that formed on top of milk allowed to thicken].

II. rømme *(vi)* decamp, run away; desert; *(om fange)* escape; *(vb)* leave, quit; *(fjerne seg fra)* vacate, evacuate; ~ *hjemmefra* run away from home; ~ *til sjøs* run away to sea; ~ *fra fengslet* escape from prison, break jail; ~ *seg* clear one's throat, hum and haw.

rømmegrøt sour cream porridge; *(se I. rømme).*

rømmekolle [dish, consisting of clabbered milk, strewn with sugar and crumbs].

rømning flight, escape; desertion; evacuation.

rønne hovel, shack.

rønner *(spøkef)* (little) rascal.

røntgen **1***(-stråler)* X-rays; **2:** *se -behandling;* **3***(enhet)* roentgen; *behandle med* ~ treat with X-rays, X-ray. **-avdeling** radiotherapy department. **-behandling** X-ray treatment, radiotherapy. **-bestråling** X-raying. **-bilde** X-ray picture, radiograph; ~ *av piken viste at ...* X-rays on the girl showed that ...

røntgenfotografere *(vb)* X-ray.

røntgen|olog radiologist. **-sykepleier** radiographer. **-undersøkelse** X-ray examination, radioscopy.

røpe *(vb)* betray, disclose, give away, divulge *(fx* a secret); *(legge for dagen)* show, evince; ~ *seg* betray oneself; ~ *det hele* **T** give the show away.

I. rør pipe *(fx* stove p., water p.); *(kollektivt)* piping; *(glass-, metall-)* tube; *(radio-)* valve; **US** tube; *(kollektivt)* tubing; *(bambus-, sukker-)* cane; *(plante)* reed; *(suge-)* straw; *(tlf)* receiver; *legge på -et* hang up (the receiver); replace *(el.* put down) the receiver; ring off; *ta av -et* take off *(el.* lift) the receiver.

II. rør *(vås)* nonsense; *sludder og* ~*!* stuff and nonsense! rubbish!

rørchassis tubular chassis.

I. røre *(vaffel-, etc)* batter *(fx* b. for waffles); *(rot)* muddle; *(virvar)* confusion; *(oppstyr)* stir *(fx* create, cause, make a s.); excitement, commotion *(fx* there was a tremendous c.); *skape* ~ *(ɔ: sensasjon, oppstyr, også)* make a splash; *liv og* ~ life and movement, busy activity, hustle and bustle *(fx* he'll be struck by the h. and b. he sees and hears); *(se II. lage).*

II. røre *(vb)* **1***(berøre)* touch; *se, men ikke* ~ look, but don't touch; **2***(sette i bevegelse): uten å* ~ *en finger* without lifting *(el.* stirring) a finger; ~ *seg* move, stir; **3***(bevege, fig)* move, stir, touch *(fx* he was deeply stirred *(el.* moved) by the news); ~ *i grøten* stir the porridge; ~ *om i en kaffekopp* stir a cup of coffee; *rør sukker ut i melken* stir sugar in(to) the milk; *rør melet ut i vann* mix *(el.* blend) the flour with water; *rør smør og sukker hvitt* cream the fat and sugar until fluffy *(el.* until light and foamy); ~ *ved* touch; tamper with.

rørelse activity, stir, bustle; *(sinnsbevegelse)* emotion; *(se I. røre: liv og* ~*).*

rørende touching, moving, pathetic.

rør|fletning (split) canework. **-fløyte** reed pipe. **-formet** tubular. **-gate** *(i kraftverk)* penstock; *(oljeledning)* pipeline, pipe track.

rørig: *rask og* ~ *(om eldre mennesker)* hale and hearty.

rørighet vigour; **US** vigor.

rør|ledning pipeline. **-legger** plumber.

rørlig movable; ~ *gods* personal property.

rørmuffe pipe socket, pipe union.

røropplegg *(fx i hus): skjult* ~ concealed piping.

rør|post pneumatic dispatch. **-stol** cane chair. **-sukker** cane sugar. **-sete** cane seat.

røske *(vb): se rykke.*

røslig sturdy, husky, big and strong.

røsslyng *(bot)* heather; *(se lyng).*

I. røst voice; *(som) med én* ~ with one voice; *med høy* ~ in a loud voice; *med skjelvende* ~ shakily; *oppløfte sin* ~ raise one's voice; *(bibl)* lift up one's voice; *(se også oppløfte).*

II. røst *(på hus)* gable.

røve *(vb)* plunder, rob, steal; *-t gods* loot, spoils.

røver robber; *(sjø-)* pirate; *en halvstudert* ~ a half-educated bluffer. **-bande** gang of robbers. **-gods** loot, spoils. **-historie** cock-and-bull story.

røverhule den *(el.* nest) of robbers *(el.* thieves).

røveri robbery.

røver|kjøp a great bargain; *det er et* ~ it is dirt cheap. **-pakk** robbers. **-reir** den *(el.* nest) of robbers, den of thieves.

røver|stat predatory state. **-unge** scamp, rascal.

røy *(zool)* capercaillie hen; *(jvf tiur).*

røye *(fisk)* char.

røyk smoke; *det gikk som en* ~ it was done in a jiffy; *gå opp i* ~ be consumed by fire; *(fig)* end *(el.* go up) in smoke, come to nothing; **T** go phut, go to pot; *ta seg en* ~ have a smoke; *ingen* ~ *uten ild* (there is) no smoke without fire; where there is s., there is fire; *det er gutten i -en!* that's my boy! that's a boy!

røykaktig smoky.

røyke *(vb)* smoke; *(mot smitte)* fumigate; *(tobakk)* smoke; ~ *inn en pipe* season *(el.* break in) a pipe; ~ *ut* smoke out *(fx* an animal); *(fig)* force sby to tell the truth.

røykekupé smoking compartment, smoker.

røyker smoker; *passiv* ~ passive smoker; involuntary smoker.

røykesild kipper; **US** smoked herring.

røyket *(adj)* smoked, smoke-cured.

røykeværelse smoking-room, smoke-room.

røyk|fang smoke bonnet. **-fri** smokeless. **-fylt** smoky, smoke-filled. **-gass** flue gas, furnace gas. **-hatt** chimney pot.

røyking smoking; *(mot smitte)* fumigation; ~ *forbudt* no smoking.

røykkrage flue flange.

røyk|nedslag return smoke. **-sky** cloud of smoke. **-søyle** column of smoke. **-tut** flue.

røylstang *(mar): se bramstang; kryss* ~ mizzen royal mast.

røyne *(vb):* ~ *på* tell on; *når det -r på* at a pinch, in an emergency; **US** when things get tough.

røys *(stein-)* heap of stones.

røyskatt *(zool)* stoat; *(i vinterdrakt)* ermine.

røyte *(vb)* moult, shed.

I. rå *(pl: rær) subst (mar)* yard.

II. rå *(adj)* **1***(ukokt, ubearbeidet)* raw *(fx* meat, products); *en* ~ *biff* an underdone steak, a rare steak; *(ikke raffinert)* crude *(fx* oil, sugar, ore); *(fys)* unrefined, crude, raw; *(ugarvet)* raw, untanned; **2***(om luft)* raw *(fx* a raw foggy morning; raw air, weather, wind); damp; **3***(grov)* coarse, rude, gross; **4***(brutal)* brutal; **5***(om pris)* exorbitant, shameless; *(se opptrekkeri); -tt forarbeidet* roughly made, rough, rude; *sluke noe -tt (fig)* swallow sthraw *(el.* uncritically); **T** swallow sth hook, line and sinker.

III. rå *(vb)* **1.** advise *(til* to), recommend *(fx* we would r. that you accept this offer); ~ *fra* advise against; advise *(fx* sby) not to do *(fx* sth); *hva -r De meg til å gjøre?* what would *(el.* do) you advise me to do? **2***(bestemme, ha makt, herske)* be master, command, rule; *hvis han fikk* ~ if he had his will; ~ *seg selv* be one's own master; *hvis han får* ~ *seg selv* if he is left to himself; *jeg kunne ikke* ~ *for det* I could not help it; ~ *med* control, handle, manage; ~ *over (bestemme over)* have at one's disposal *(el.* command), have control of; *det skyldes forhold som jeg ikke -r over* it's due to circumstances beyond my control *(el.* over which I have no control); *la tilfellet* ~ let chance decide, leave it to chance; ~ *grunnen alene* hold the field; have it all one's own way; *(se I. grunn);* **3***(være fremherskende)* prevail, be prevalent; *de forholdene som -r* prevailing conditions; *de priser som nå -r* the prices now ruling; *det -r en meget trykket stemning* great depression is prevalent; there is a very strained atmosphere; *det -r tvil om hvorvidt* ... there is doubt (as to) whether ...; *det -r et godt forhold mellom dem* their relations are good; they are on good terms with each other.

rå|balanse *(merk)* trial balance. **-barket** coarse, rough; *(om lær)* undertanned. **-bukk** *(zool)* roebuck. **-bygg** shell (of a building); *-et er ferdig (også)* the house is structurally complete.

råd **1***(veiledning)* (piece of) advice *(fx* a p. of a.; his a. is sound; this is good a.; give sby some a.); *(høytideligere)* counsel *(fx* sage counsels); *mange gode* ~ much *(el.* a lot of) good advice; *(et godt (,dårlig)* ~ a piece of good (,bad) advice; *her er gode* ~ *dyre* good advice would be worth its weight in gold; this is where we could do with some really sound advice! now we're in a mess; *følge ens* ~ take *(el.* follow *el.* act on) sby's advice; *kommer tid, kommer* ~ time brings wisdom; time solves all problems; it's sure to be all right; *spørre en til -s* consult sby, ask sby's advice; *med* ~ *og dåd* in word and deed; **2***(økonomi): ha dårlig* ~ be badly off; **T** be hard up; *han har ikke* ~ *til det* he cannot afford it; *vi har ikke* ~ *til å holde bil* we can't *(el.* don't) run to a car; **3***(middel)* means, way (out) *(fx* I wish sby could think of a way out), expedient, resource; *(legemiddel)* remedy; *det blir vel en* ~ sth will be sure to turn up; I suppose it can be managed somehow; *jeg vet ikke min arme* ~ I'm at my wits' end; I'm quite at a loss; *det er ingen* ~ *med det* there's no help for it; it can't be helped; *jeg så ingen annen* ~ *enn å ...* I had no choice but to ...; there was nothing for it but to ...; *så snart* ~ *er* as soon as (in any way) possible; **4***(styre, forsamling)* council, board.

I. råde *subst (veivstang)* connecting rod, con-rod.

II. råde *(vb): se III. rå.*

rådebank *(i bilmotor)* big-end trouble.

rådelager big-end bearing.

rådelig advisable. **rådende** existing, prevailing.

råderom scope, liberty of action, latitude.

rådføre *(vb):* ~ *seg med en* consult sby; ask sby's advice.

rådgivende advisory, consultative; ~ *ingeniør* consultant engineer; *(især* **US)** consulting engineer.

rådgiver adviser.

rådhus town hall; *(i engelsk «city» og i USA)* city hall; *(i London)* London County Hall.

rådighet: *ha* ~ *over* have at one's disposal *(el.* command); *stå til ens* ~ be at sby's disposal.

rådløs perplexed, puzzled, at a loss what to do; helpless.

rådløshet perplexity; irresolution.

rådmann chief officer; **US** city manager; *teknisk* ~*: intet tilsv.; dennes underordnede – bygningssjef, kommuneingeniør, oppmålingssjef (se disse) – er i England alle rådmenn; (se bolig- & finans-).*

rådmannsfullmektig deputy chief *(fx* d. c. welfare officer).

rådsforsamling council, board; *(møte)* council *(el.* board) meeting.

rådsherre *(hist)* senator, councillor.

råd|slagning consultation, deliberation. **-slå** *(vb)* deliberate, consult *(med* with); *de rådslo* they consulted together. **-snar** resourceful; resolute. **-snarhet** resourcefulness.

rådspørre *(vb):* ~ *en* consult sby, ask sby's advice.

rådvill **1***(ubesluttsom)* irresolute; **2***(forvirret)* perplexed; puzzled; at a loss; *gjøre* ~ puzzle; perplex.

rådvillhet **1***(ubesluttsomhet)* irresolution; **2***(forvirring)* perplexity; puzzlement.

rådyr *(zool)* roe, roe-deer.

råemne raw material.

råflott *(adj)* extravagant.

råflotthet extravagance.

rågjenger **T** jay walker.

rågummi crepe rubber.

råhet rawness; *(fig)* crudity, rudeness, roughness; brutality.

råjern pig iron.

råk *(i isen)* **1.** lane through the ice; **2.** hole (in the ice); *gutten plumpet uti en* ~ the boy fell through a hole in the ice.

råkald *(adj)* cold and wet; raw *(fx* a raw day).

råkalkyle rough estimate.
råkjøre *(vb)* scorch; drive recklessly *(el.* dangerously).
råkjører speeder, speedhog; reckless *(el.* dangerous) driver; *(jvf bilbølle).*
rå|kost raw *(el.* uncooked) vegetables and fruit, raw food. **-kostjern** grater. **-malm** crude ore. **-melk** colostrum, first milk.
råne *zool (hangris)* boar; *(se gris).*
rånokk *(mar)* yardarm.
råolje crude oil; petroleum.
råprodukt raw product.
rårand *(i brød)* raw streak in the bread; *brødet hadde ~ og smakte ikke godt* the bread was partly raw and wasn't good to eat.
rå|seil *(mar)* square sail; *føre ~* be square-rigged. **-silke** raw silk. **-skap 1.** coarseness; vulgarity; **2.** brutality; violence; *all denne -en* all this brutality *(el.* violence); all this ugliness. **-skrelle** *(vb)* peel *(fx* potatoes) while raw. **-stoff** raw material *(for* for). **-sukker** unrefined sugar. **-tamp** rowdy, hoodlum.
råte rot, decay; *(tørr-)* dry rot.
råtne *(vb)* rot, decay, decompose.
råtten rotten, decayed; *(moralsk)* rotten, corrupt.
råttenskap rottenness, decay; corruption.
råvare raw material; *bearbeidede -r* semi-raw materials. **-industri** primary industry.
råvær raw weather.

S

S, s S, s; *s. (fk. f. side)* p. *(fk. f.* page); *S for Sigurd* S for Sugar.
Saar *(geogr)* the Saar.
sabb slow, slovenly person.
sabbat Sabbath; *bryte -en* break the S.; *holde -en* keep the S.
I. sabbe *subst (kvinne)* slattern, slut.
II. sabbe *(vb)* shuffle *(fx* along), pad *(fx* he padded across the floor).
sabel sword; *(rytter-)* sabre; *rasle med -en (fig)* rattle the sabre.
sabelrasling sabre-rattling.
sabla S 1. *adj (forbasket; fordømt)* blooming; flipping; flaming *(fx* those flaming dogs; you flaming idiot!); *(vulg)* fucking; **2.** *adj (veldig bra)* damn good; *han er en ~ kar!* he's a damn good chap! **3.** *adv (veldig)* damn(ed); *det var jamen ~ fine greier!* that was damn good stuff! *han spilte ~ godt i den kampen* he played damn well in that match; he played a damn good game in that match; *det var en ~ vrien jobb* that was a damn(ed) awkward job; that job was a real bastard.
sable *(vb): ~ ned* cut down; *(om kritikk av bok, etc)* cut to pieces, slate; *(jvf sønder: kritisere ~ og sammen).*
sabot|asje sabotage; *øve ~* sabotage, carry on sabotage (activities). **-ere** *(vb)* sabotage; *~ foretagendet* **T** throw a spanner in the works.
sabotør saboteur.
Sachsen *(geogr)* Saxony. **Sachsen-** Saxe *(fx* Saxe-Coburg-Gotha, Saxe-Meiningen, Saxe-Weimar).
sadel *se sal.*
sadisme sadism. **sadist** sadist.
sadistisk sadistic.
safir sapphire.
safran saffron.
saft 1. juice *(fx* lemon j., raspberry j.); *(med høyt sukkerinnhold)* syrup *(fx* raspberry syrup); **2**(*sevje)* sap; *~ og kraft (fig)* vigour (,**US:** vigor); pith; *uten ~ og kraft* insipid; *~ og vann* [fruit syrup and water]; *(kan gjengis)* juice, squash *(fx* a glass of s.).
saftfull *(adj): se saftig; saftrik.*
saftig juicy, succulent; *~ gress* lush grass; *~ historie* racy story; *~ uttrykk* juicy phrase.
saftighet juiciness, succulence; *(grovhet)* raciness.
saftrik 1. juicy, succulent; **2**(*rik på sevje)* sappy.
sag 1. saw; **2**(*-bruk)* sawmill.
saga saga; *det er snart en ~ blott* it will soon be but a memory; *det er en ~ blott* it's a thing of the past; it has had its day.
sag|blad saw blade. **-bruk** sawmill, timber mill. **-bue** saw frame; *(på bausag)* bow.
sage *(vb)* saw *(av* off; *over* through); *~ av den grenen man selv sitter på (svarer til)* cut off one's nose to spite one's face; bring about one's own downfall.
sagflis sawdust; *han har bare ~ i øverste etasje* **T** he's got nothing between the ears; his head is solid ivory; he's bone-headed.
sagkrakk sawhorse.
sagmester sawmiller.
sagmugg (fine) sawdust.
sagn legend, myth, tradition; *ifølge -et* according to (the) legend; according to tradition; *-et forteller at ...* tradition says that ...; *få syn for ~* see for oneself; obtain ocular proof *(el.* demonstration) of sth.
sagn- legendary, mythical, fabulous. **-figur** legendary *(el.* mythical) character *(el.* figure). **-omsust** wrapped in legends, storied *(fx* a country with a s. past); fabled. **-verden** mythical world.
sago sago.
sago|gryn pearl sago. **-mel** sago flour.
sagskur(d) 1. sawing; **2.** saw-cut.
sag|takket serrated, serrate, jagged, saw-toothed. **-tann** sawtooth. **-tømmer** saw timber; saw logs.
Sahara *(geogr)* the Sahara.
sak 1(*retts-)* case *(fx* a murder case; the Dreyfus case); *(søksmål)* (law)suit, action; *(kriminal-, også)* trial *(fx* spy trial); **2**(*anliggende)* matter *(fx* the m. I am speaking of; religious matters), business; *(emne)* subject; *(punkt på dagsorden)* item on *(el.* of) the agenda; *(spørsmål)* question, issue; **3**(*noe man kjemper for, samfunns-, etc)* cause *(fx* he fought for the cause of freedom); **4**(*oppgave)* concern, business, matter *(fx* an easy m.); **T** look-out, funeral *(fx* that's his f.), headache *(fx* that's his private h.); *(se også ndf: det blir min (,din) ~);* **5**(*i departement, etc)* business *(fx* this Minister is responsible for b. relating to civil aviation; who is in charge of that b.?); **6**(*akter)* file *(fx* get me the file relating to X); **7**(*det sanne forhold): -en er nemlig den at ...* the fact (of the matter) is that; *se -en*

som den er face the facts; **8.** *-er (pl: = effekter, ting)* things, belongings, gear; *pengesaker* money matters; *trykksaker* printed matter;

A [*Forb. med subst, adj & pron*] *en* **alvorlig** ~ a serious business *(el.* matter); *det er en* **annen** ~ that's another *(el.* a different) matter; that's different, that's another story; *det er en ganske (el. helt) annen* ~ that's quite another matter *(el.* thing); that makes all the difference; **T** that's another pair of shoes; that's a different kettle of fish altogether; *det er en annen ~ med deg* you are in a different case; yours is a different case; *det gjorde ikke -en* **bedre** it did not mend matters; *-ens* **behandling** (1) the proceedings *(pl); (om kriminal-)* the trial; (2) the way in which the matter has been handled *(el.* dealt with); the procedure; *det er* **din** *(hans, etc) ~: se 4 ovf; det blir min (,etc)* ~ **T** *(også)* that's my *(,etc)* pigeon; *det blir din ~ å* it's up to you to ...; *det må det bli din ~ å finne ut* that's for you to find out; *det er ikke* **enhvers** *~ å ...* it's not just anybody's business to ...; it's not everybody who can; it's not granted to everybody to ... ; it does not fall to the lot of everybody to ...; *det er en* **farlig** *~ å ...* it's a dangerous matter to ...; *så ble det* **fart** *på -en* then things began to move; *gjøre* **felles** *~ med en* join forces with sby; stand in with sby; make common cause with sby; cast *(el.* throw) in one's lot with sby; *gjøre felles ~* join forces; *det er* **fine** *-er!* that's something like! that's the goods! *(jvf I. greie); den foreliggende ~: se foreliggende; en* **fortrolig** ~ a confidential matter; *det er en* **frivillig** *~ om man vil gjøre det* one is free to do it or not; it is entirely voluntary; there is no compulsion; *en* **god** ~ a good cause, a worthy c.; *det er* **hele** *-en* that's all there is to it; that's the long and the short of it; *det er ikke* **hvermanns** ~ it's not just anybody's business; *det er* **ingen** ~ that's no problem; that's an easy matter; *det er ingen ~ å ...* it's easy enough to ...; *en* **lett** ~ an easy matter; *en rent* **personlig** ~ a purely personal matter; *-ens* **realitet** the real point; *han er* **sikker** *i sin ~* he is sure of his ground; he is certain that he is right; **sterke** *-er* spirits; **US** hard liquor; *det var sterke -er!* that was powerful stuff! *det er* **så** *sin ~* it's an awkward business *(el.* matter); *det er så sin ~å ...* it's an awkward business to ...; *det er en* **ærlig** ~ there's nothing to be ashamed of in that; that's no crime;

B [*Forb. med vb*] **anlegge** *~ mot* bring an action against, proceed against, sue (sby at law), institute proceedings against; *anlegge ~ mot en (også)* take sby to court, go to law with sby; **avgjøre** *en ~* decide a matter; *-en er ennå ikke avgjort* the matter has not yet been decided upon; *det avgjør -en* that settles it; *det* **forandrer** *-en* that alters the case; that makes all the difference; **T** that's another pair of shoes; *(se også ovf: det er en ganske annen ~); vi tror ikke det ville ha forandret -en om vi hadde ...* we do not think it would have made any difference if we had ...; **føre** *en ~* carry on a lawsuit; *(om advokat)* conduct a case; **gagne** *hans ~* benefit him; **gjøre** *ens ~ til sin* adopt *(el.* sponsor) sby's cause; *gjøre sine -er dårlig (,bra)* give a bad (,good) account of oneself; *det gjør ikke -en bedre at mange av våre ansatte er sykmeldt p.g.a. influensa* the position is not helped by the fact that we have quite a number of staff off with flu; *det gjør -en verre* that makes things *(el.* matters) worse; **holde** *seg til -en* keep to the point under discussion *(fx* ''I request the speaker to keep to the p. under d.''); **kunne** *sine -er* know one's stuff; *skal vi la -en* **ligge?** let's drop the subject! shall we leave it at that? **redegjøre** *for hvordan -en forholder seg* state the case; **reise** *en ~ (ikke jur)* bring up a matter; *(ofte =)* raise a point; *enhver ~ kan* **ses** *fra to sider* there are two sides to every question; **sette** *-en på hodet* get hold of the wrong end of the stick; **skade** *hans ~* harm him; *slik* **står** *-en* that is how matters stand; *slik som -ene står* as things are; as matters stand; as the case stands; as it is; in the (present) circumstances; **tape** *(,vinne) en ~* lose (,win) a case; *som* **vedkommer** *-en* relevant; *det vedkommer ikke -en* it's irrelevant; it's not to the point; it's beside the point; *mens -en* **verserer** *for retten* pending a decision of the court; while the matter is sub judice; *det er nettopp -en!* that's (just) the point! *-en er at ...* the fact is that ...; *det er -en* that's the question;

C [*Forb. med prep*] **for** *den -s skyld* for that matter; for the matter of that; if it comes to that; **T** come to that; *for -ens skyld* in the interest of the cause; *arbeide (,lide) for en ~* work for (,suffer in) a cause; *det er en ~ for seg* that's (quite) another matter *(el.* story); that's a thing apart; that's irrelevant (to this matter); **i** *-ens anledning* in this *(el.* the) matter *(fx* we hope to hear from you in this m. by return (of post)); *blande seg i andres -er* meddle in other people's business; **T** poke one's nose into other people's business; *ligge i ~ med* (1) be involved in a lawsuit with; *være inne i -ene* know all about it; **T** know the ropes; *part i -en* a party to *(el.* in) the case; *det blir en ~ dem imellom* they must settle that between them; *-en kommer* **opp** *neste uke* the case comes on *(el.* is coming on) next week; *etter å ha tenkt nærmere* **over** *-en har jeg kommet til at ...* on thinking it over I have come to the conclusion that ...; *gå rett* **på** ~ go *(el.* come) straight to the point; *jeg skal gå rett på ~* I shall come to the point at once; *vi har sett på -en* we have looked into the matter; *(se undersøke); enden på -en ble at ...* the end of the matter was that; **til** *-en!* let us come to the point! *kom til -en! (tilrop i forsamling)* question; *holde seg til -en* stick to the point; *anmode den talende om å holde seg til -en* request the speaker to keep to the point under discussion; *komme til -en* come to the point; get *(el.* come) to business; **T** get down to brass tacks; *gå* **utenom** *-en* wander from the subject *(el.* point); *det kommer ikke -en* **ved** that's beside the point; that's not the point at all; that's neither here nor there; *(se følelsessak; II. følge; ha B: ~ oppe; henlegge; henstå; II. knytte; konduitesak; I. lys; oppmerksom; oppta; orden; overveie; samfunnssak; sammenheng; sette B; II. skade; II. slå B; IV. stille; II. stå A; syn; trykksak; uforrettet; undersøke; utenfor; vanskelig; vende; II. vente; verden; vinne).*

sakarin saccharin.

sakbetegnelse *(i brev)* subject matter.

sake *vb (kort)* discard, throw away *(fx* one's useless cards); *~ hjerter* discard *(el.* throw away *el.* get rid of) one's hearts; clear one's hand of hearts, get rid of one's hearts.

sakesløs blameless, innocent; *overfall på ~ person* unprovoked violence.

sakfører *se advokat.*

sakførsel the conduct of a case.

sakke *(vb): ~ akterut* fall *(el.* drop) behind; *(om skip)* drop astern; *~ av* slow down; *~ på farten* slacken speed, ease (down) the speed.

sakkunnskap expert knowledge (of the subject); **T** know-how; *militær ~* expert knowledge of military affairs; *den militære ~* military experts; *-en (ɔ: de sakkyndige)* (the) experts *(fx* experts agree that ...); *uttale seg med* ~ speak with knowledge *(el.* authority); *(se sakkyndighet).*

sakkyndig expert *(fx* consult an e.; an e. botanist), competent; *en* ~ an expert; *de -e* (the) experts; those (who are) able to judge; ~ *bistand* expert advice *(fx* seek e. a.); skilled assistance; *(jvf bistand); innhente* ~ *uttalelse i spørsmålet* consult an expert opinion on the matter; seek expert advice on the m.; *fra* ~ *hold* from experts; in competent quarters; from competent persons.

sakkyndighet expert *(el.* special) knowledge, competence; *hva sier -en?* what do the experts say? *(se sakkunnskap).*

saklig *(nøktern)* matter-of-fact; *(ofte =)* businesslike; *(upartisk)* just, fair, unbias(s)ed *(fx* criticism), unprejudiced, impartial; *(objektiv)* objective, positive, founded on facts; *(som vedrører fakta)* factual *(fx* f. knowledge); *en* ~ *bedømmelse* an objective estimate; *en* ~ *(ɔ: rammende) bemerkning* a pertinent remark; *hans -e, ufølsomme beretterstil* his objective, unemotional narrative style; *en kort,* ~ *erklæring* a brief, factual statement; *av -e grunner* on grounds of fact; *(ofte =)* for technical reasons; *etter (el. ut fra) -e hensyn* objectively; on its (,his, *etc)* merits; *fremstille noe på en* ~ *måte* give an objective account of sth.

saklighet objectivity, impartiality.

sakliste **1***(jur)* court calendar; *oppta på -n* put on the calendar; **2***(sakregister)* subject index, table of contents.

sakn(e) *(vb): se savn(e).*

sakomslag *(mappe, perm)* jacket.

sakprosa factual prose; ~ *og skjønnlitterært stoff* factual (prose) and literary matter.

sakral consecrated, holy, sacred.

sakrament sacrament; *alterets* ~ the Eucharist, the Lord's Supper, Holy Communion, the Sacrament. **-al** sacramental.

sakregister subject index, table of contents.

sakristi sacristy.

sakristan sacristan.

saks scissors *(pl); (større)* shears *(fx* garden s., sheep s.); *(skihoppers)* crossed skis,' scissors'; *(se ndf); (fangstredskap)* trap; *(kort)* tenace (position); *en* ~ a pair of scissors (,shears); *-a* the scissors *(fx* the s. are blunt); the shears; *tre -er* three pairs of scissors (,shears); *-ene er sløve* the scissors (,shears) are blunt; *gå i -a (fig)* fall into the trap; *nå har vi ham i -a* now we've got him (by the short hairs); *sitte i -a (fig)* be in a cleft stick; *få* ~ *(om skihopper, også)* develop' scissors' *(fx* he developed' scissors' during the latter half of his jump *(el.* flight)); *han hadde* ~ *(også)* one of his skis sagged in flight *(el.* during the jump); *han hadde* ~ *i nedslaget* his skis opened like scissors as he came down; *han hadde* ~ *i begynnelsen av svevet, men tok den inn igjen* he had his skis crossed to begin with, but got them straight again; *han ble trukket for* ~ he was marked down for crossed skis; *(se for øvrig knipe; sakse).*

saksanlegg (legal) proceedings *(pl);* action; *gå til* ~ *mot* bring an action against; *(se sak: anlegge* ~ *mot).*

saksbehandler [official responsible for dealing with applications, *etc*]; executive officer; *(kan ofte gjengis)* official in charge, officer in charge; *(mil)* action officer; *(for sosialsaker, også* **US***)* (social) case worker; *jeg er ikke Deres* ~ I'm not the one who is in charge of your case.

saksbehandling **1.** (mode of) treatment; **2***(jur)* (form of) procedure; **3***(rettsforhandling)* court proceedings; trial; *-en (også)* the hearing of the case.

sakse *(vb)* cut out *(fx* cut an article out of a newspaper); *dette har vi -t fra* ... we have taken this from ...; *han -t i nedslaget (kan gjengis)* his skis were not parallel when he landed; his skis opened like scissors as he came down; *han -t under hele svevet (kan gjengis)* all through the jump his skis were parted like the blades of a pair of scissors; *(se også saks).*

sakse|dyr *(zool)* earwig. **-klo** *(zool)* pincers. **-krok** *(mar)* sister hook.

sakser *(geogr)* Saxon.

saks|forberedelse preparation of a case (for trial). **-forhold:** *et komplisert* ~ a complicated case.

saksifraga *(bot)* saxifrage.

saksisk Saxon.

saksofon saxophone; **T** sax.

saksomkostninger *(pl)* (legal) costs; **US** court costs; *dømt til å betale* ~ ordered to pay costs; ~ *ble ikke idømt* no order was made as to costs; *bli tilkjent* ~ be awarded costs *(fx* the defendant was awarded costs).

saksopplysning relevant piece of information; *en nyttig* ~ a useful and relevant piece of information.

saksøke *(vb)* bring an action against, take *(fx* sby) to court, proceed against, sue *(fx* sue sby for damages; sue sby for libel, *etc);* ~ *selskapet til betaling av skadeserstatning* sue the company for damages, bring an action for damages against the company.

saksøker *(jur)* plaintiff; *ta -ens påstand til følge* find for the plaintiff; *(se påstand).*

saksøkte *(jur)* the defendant; *(se påstand).*

sakte **1***(om fart)* slow; *ganske* ~ dead slow; *gå med* ~ *fart* go slow, run at a slow speed; ~ *men sikkert* slow and sure; slowly but steadily; *klokka går for* ~ the clock is slow; **2***(om lyd, tale)* soft(ly); quietly; in a low voice.

saktens no doubt, I dare say; *ja, du kan* ~ *le!* it's easy enough for you to laugh; it's all right for you to laugh; it's all very well for you to laugh; *det kan man* ~ that's quite all right.

saktmodig mild, meek, gentle.

saktne *(vt & vi)* **1***(gjøre langsommere)* slacken *(fx* one's pace); ~ *farten* slow down, reduce speed; **2***(om klokke)* lose (time).

sal **1***(stort rom)* hall; *forsamlings-* assembly room *(el.* hall); *-en (tilhørerplassene)* the floor *(fx* they refused to hear criticism from the floor); **2***(heste-)* saddle; *føle seg fast i -en (fig)* feel secure; *sitte fast i -en* have a sure seat; *(fig)* sit tight in one's saddle; be secure, be in a secure position; *sitte løst i -en* have a poor seat; *(fig)* be insecure, be in an insecure position; *hjelpe en opp i -en* help sby into the saddle; **T** give sby a leg-up; *holde seg i -en (også fig)* keep one's seat; *med en bedre jockey i -en* with a better jockey up *(fx* the horse might have won with a better jockey up); *svinge seg i -en* vault into the saddle; *legge* ~ *på en hest* saddle a horse; *ri uten* ~ ride bareback; *(se I. ro:* ~ *i salen!).*

salamander *(zool)* salamander.

salami(pølse) salami.

salat *(plante)* lettuce; *(rett)* salad; *grønn* ~ dressed lettuce; *italiensk* ~ Italian mayonnaise.

salat|bestikk salad set. **-fat** salad bowl. **-hode** (head of) lettuce.

sal|bom saddle tree. **-brutt** saddle-galled. **-dekken** saddle blanket.

saldere *(vb)* balance.

saldo balance; ~ *i vår favør* balance in our favour (,**US:** favor); *overføre -en* carry forward the balance.

sale *(vb)* saddle; ~ *av* unsaddle; ~ *om* change one's tactics, try another tack; change one's

policy; *(skifte parti)* change sides; *han rir ikke den dag han -r* he is a slow starter; he takes his time.
salg sale; *(omsetning)* (sales) turnover, sales *(fx* s. are up (,down) this year); *«kun kontant ~»* 'cash sales only', 'no credit given'; *han får en viss provisjon av -et* he receives a certain commission on the sales; *-et gikk bra* sales were good; *(om sesongsalg)* the sale went well; *-et gikk strykende* **S** the sale went swimmingly; *slutte et ~* close *(el.* conclude *el.* effect) a sale; *formidle -et av* arrange *(el.* negotiate) the sale of; *til -s* for sale; *fremby til -s* offer for sale; *være til -s* be for sale, be on sale.
salgbar salable, saleable, marketable *(fx* the less m. kinds of fish); *lite ~* hard to sell.
salgbarhet salability, sal(e)ableness; *(egenskaper)* selling features.
salgjord (saddle) girth; **US** cinch.
salgsargumenter *(pl)* sales talk.
salgs|analyse marketing analysis. **-apparat** marketing apparatus. **-arbeid** sales promotion. **-avdeling** sales department. **-betingelser** *(pl)* terms of sale, purchase conditions. **-brev** *(merk)* sales letter. **-budsjett** sales budget. **-fullmakt** power of sale. **-honorar** *(forfatters)* royalty. **-ingeniør** *(også* **US***)* sales engineer. **-konto** sales account. **-kvote** sales quota. **-messig:** *~ sett* from the point of view of sales; with regard to sales. **-nota** sales note. **-oppgave** description *(fx* it says in the d. that there is a road right up to the site). **-ordning** marketing scheme. **-overenskomst** agreement to sell. **-potensial** sales potential. **-pris** selling price *(fx* the s. p. barely covers the cost). **-provisjon** commission on sales. **-regning** account sales *(pl:* accounts sales); *(fk:* A/S). **-representant** sales representative. **-resultat** sales result, sales achievement. **-sjef** sales manager. **-statistikk** marketing statistics, statistics of sales; sale chart(s). **-sum** selling price. **-teknikk** salesmanship, sales technique. **-utbytte** sales proceeds *(pl).* **-vare** article, commodity, product; *en god ~* a marketable article, a good selling line, an a. of good merchantable quality. **-verdi** sales value, market *(el.* selling) value. **-vilkår** *se salgsbetingelser.*
salig blessed, saved; *(lykksalig)* blissful; **T** *(drukken)* gloriously drunk; *min ~ far* my late *(el.* poor) father; *enhver blir ~ i sin tro* let everyone keep his own convictions; let him (,her, *etc)* believe it if it makes him (,her, *etc)* happy.
salig|gjørelse salvation. **-gjørende:** *det eneste ~ (fig)* the only possible solution; the only thing that will help; *det er det eneste ~* it's absolutely the only thing.
salighet salvation, blessedness; bliss; *her er det (jammen) trangt om -en* **T** there is hardly room to turn round here; **T** there isn't room to swing a cat in here.
saling *mar (på skip)* cross trees *(pl); (lang-)* trestle trees.
salisyl *(kjem)* salicyl. **-syre** salicylic acid.
sal|knapp pommel. **-maker** saddler; *(bil-)* motor upholsterer.
salme hymn; *(især Davids)* psalm; *Salmenes bok* the (Book of) Psalms.
salme|bok hymn book. **-dikter** hymn writer; **US** hymnist. **-diktning** hymn writing. **-sang** hymn singing.
salmiakk *(kjem)* sal ammoniac, ammonium chloride.
salmiakkspiritus *(kjem)* ammonia water.
Salomo(n) Solomon. **salomonisk** Solomonic.
salong drawing-room; *(på hotell, skip)* lounge.
salong|bord coffee table, occasional table. **-gevær** saloon rifle. **-gutt** captain's boy.
salpeter *(kjem)* nitre, saltpetre. **-aktig** nitrous. **-holdig** nitrous. **-syre** nitric acid.
sal|pute saddle pad. **-rygget** sway-backed.
I. salt *(subst)* salt; *han tjener ikke til ~ i maten* he does not earn even a bare living.
II. salt *(adj)* salt.
saltaktig saltish, saline.
saltaske saddlebag.
saltbøsse saltcellar; saltshaker, salt sprinkler.
saltdannelse salification.
salte *(vb)* salt; *(i lake)* pickle; cure; *(lett-)* corn; *-t oksekjøtt* corned beef; *-t vann* brine; *lettsaltet vann* lightly-salted water.
salt|holdig saline. **-holdighet** salinity. **-kar** saltcellar; *(stort, til kjøkken)* salt box. **-kjøtt** salt meat; *(okse-, også)* pressed beef. **-kjøttlapskaus** salt beef stew. **-korn** grain of salt. **-lake** brine, pickle.
saltomortale somersault; *slå en ~* somersault, turn *(el.* make) a s.
saltpeter: *se salpeter.*
salt|støtte pillar of salt. **-sjø** salt lake. **-syre** *(kjem)* hydrochloric acid. **-vann** salt water; sea water. **-vannsfisk** salt-water fish.
salutt salute; *det lød en ~ fra 13 kanoner* 13 guns boomed; *(se nyttårssalutt).*
saluttere *(vb)* salute, fire a salute; let off fireworks *(fx* on New Year's Eve).
I. salve *(mil)* volley, salvo; *(fra maskingevær, etc, også)* burst; *(bifalls-)* round (of applause); *(se geværsalve).*
II. salve *(smurning)* ointment, unguent, salve; *(se brannsalve; sårsalve).*
III. salve *(vb)* anoint; *Herrens -de* the Lord's Anointed.
salvekrukke ointment jar.
salvelse *(fig)* unction; *preke med ~* preach with unction.
salvelsesfull unctuous; *(adv)* unctuously.
salvie *(bot)* sage.
salving anointing, anointment.
salær fee; *(jvf honorar).*
samarbeid working together, collaboration, co-operation; *knirkefritt ~* perfect collaboration; *-et knirket en smule* their collaboration was not entirely smooth.
samarbeide *(vb)* work together, co-operate, collaborate; *~ med (også)* work closely with *(fx* the other departments).
samarbeidstiltak: *praktiske ~ (pl)* practical measures of co-operation.
samarbeidsutvalg liaison committee; *det forutsettes nedsatt et ~ for å lette kontakten mellom lærerråd og elevråd* a liaison committee is to be set up to facilitate communication between the staff and pupils' councils *(el.* bodies).
samarbeidsvillig co-operative.
samarie *(prestekjole)* cassock, chasuble.
samaritan Samaritan; *den barmhjertige ~* the good Samaritan.
samaritt practical nurse. **-elev** practical nursing student.
samband **1.** communication, connection; *i ~ med* in connection with; *sett i ~ med* seen in association with; **2.** union; **3***(mil) : Hærens ~ (kan gjengis)* the Army Signal Corps; *(svarer til)* the Royal Corps of Signals *(fx* RCS); *være i -et (om soldat)* **T** be in the Signals; *(se radiosamband).*
sambands|kontor *(mil)* signal office. **-mann** *(mil)* signaller. **-nett** *(mil)* signals net; **US** communication network.
sambandssatellitt communications satellite.
sambandssenter communications headquarters; *Regjeringens ~* **UK** the Government Communications Headquarters; the GCHQ; *(jvf sikkerhetsbyrå).*

S

sambandssoldat: *menig* ~ signalman; *-ene* **T** the signals.
Sambandsstatene the United States (of America).
samboer live-in (boyfriend) (,girlfriend); *(stivt el. jur)* co-habitee; *være -e* live together.
sambygding fellow villager; *(se hjembygd).*
samdrektig harmonious, unanimous.
samdrektighet harmony, unanimity; *i skjønn* ~ in perfect harmony.
samdrift joint operation.
same Lapp.
sameie joint ownership; *(det som eies)* joint property; *(jvf særeie).*
samferdsel communication, transport.
samferdselsdepartement **UK** Ministry of Transport.
samfrukt *bot (frukt i stand)* syncarp.
samfull: *tre -e dager* three whole days; three days running.
samfunn community, society; *-et* society; *et religiøst* ~ *(også)* a religious body.
samfunns|bevarende conservative. **-borger** citizen, member of society. **-drama** (social) problem play. **-fag** social studies. **-faglinje** social studies side. **-farlig** dangerous to the community *(el.* to society). **-fiende** enemy of society, public enemy. **-fiendtlig** antisocial, inimical to society. **-forhold** social conditions. **-form** social system *(el.* organization *el.* structure). **-gagnlig** of public utility; socially beneficial. **-gode** social *(el.* public) asset, social benefit. **-hensyn** social considerations; ~ *krever at* ... the welfare of the community requires that ... **-hus** community centre. **-interesser** *(pl)* the interests of the community, public interest(s). **-kaken** the overall national cake; the cake. **-klasse** class (of the community); *de høyere -r* the upper classes. **-liv** social *(el.* community) life; the life of the community. **-kunnskap** social studies. **-lære** sociology; *(skolefag)* citizenship; **US** civics. **-maskineri** machinery of society. **-messig** social; *-e hensyn* social considerations.
samfunnsmønster pattern of society; *passe inn i -et* fit into the p. of s.
samfunns|nedbrytende subversive *(fx* activities). **-orden** social order. **-plikt** public duty; social duty; duty as a citizen. **-refser** strong critic of society. **-sak** social question; *kvinnesak er* ~ women's liberation is social liberation. **-stilling** social position; social status. **-strukturen** the fabric of society. **-tjeneste** community work. **-ånd** public spirit.
samfølelse fellow feeling, solidarity.
sam|handel commerce, trade *(fx* Anglo-Norwegian t.). **-hold** concord, union, unity; solidarity, team spirit, loyalty. **-hørig** interdependent, mutually dependent. **-hørighet** interdependence, solidarity.
samisk Lapp.
sam|kjensle *se samfølelse.* **-kjøre** *(vb)* co-ordinate *(fx* electric power stations).
sam|klang harmony, unison. **-kvem** intercourse; *ha* ~ *med* have contact *(el.* dealings) with; *(seksuelt)* have (sexual) intercourse with.
samle *(vb)* collect, gather; ~ *rikdommer* lay up riches; ~ *tankene* collect one's thoughts; get *(el.* gather) one's thoughts together; ~ *inn* collect *(fx* "Don't forget I'm collecting those maps from you on Thursday."); *sistemann på hver rad -r inn stilbøkene* the last person in each row will collect the exercise books; ~ *oppmerksomheten om* focus (one's) attention on; ~ *opp* catch *(fx* a barrel to catch rain water); *(ta opp)* pick up; ~ *på* collect; *ikke noe å*~ *på* not worth (while) having; **T** not worth much; ~ *sammen* gather (together), collect, pick up, get together; *(se også II. få);* ~ *seg* gather; assemble; *(ɔ: sine tanker)* collect oneself *(el.* one's thoughts); *-s* gather (together); assemble, meet, congregate; *mens Stortinget er -t* = while Parliament is sitting *(se storting); -t verdi* aggregate *(el.* total) value; *-t opptreden* joint action; *samlede verker* collected works; *-t (adv)* together, jointly, collectively.
samlebånd conveyor belt, assembly line.
samleie coitus, sexual intercourse; *(evfemistisk)* intimacy *(fx* he strangled her after i.); *ha* ~ have (sexual) intercourse, make love; **T** have sex; *de hadde* ~ **T** *(også)* they got down to it; *ha* ~ *med* have sexual intercourse with; **T** sleep with; go to bed with; **S** screw *(fx* he screwed her).
samler collector. **-mani** collection mania.
samling assembling; assembly; collection; *(av folk)* meeting; *(av planter)* collection; *(av Storting)* session; *med en slik* ~ *fiender* with a bunch of enemies like those; with such a bunch *(el.* collection) of enemies; *gå fra sans og* ~ lose one's senses; *har du gått fra sans og* ~*!* have you taken leave of your senses! are you out of your mind!
samlingsregjering coalition government.
samlingssted place of meeting, rendezvous.
samliv life together.
samlivsform way of living together; *ekteskap er en* ~ marriage is one way of living together.
samløp *(skøyter)* [race between two contestants]; *(kan gjengis)* heat; *X vant -et* X was *(el.* came out) the winner of the pair; *X vant -et med Y* X won his pair *(el.* heat) against Y.
sammalt ground whole; ~ *hvetemel* wholemeal flour, Graham flour; *fint* ~ *hvetemel* flour of patents grade, patent flour, patents flour.
samme *(adj)* the same *(fx* the same year); *en og* ~ one and the same; *det* ~ *om og om igjen* the same thing over and over again; *det går for det* ~ that's no extra trouble; *han mener det* ~ *som jeg* he thinks the same (way) about it as I do; *det er ikke det* ~ that is not the same thing; *det er det* ~ *for meg* it makes no difference to me; it's all the same to me; *det kan være det* ~ *når De kommer* it does not matter when you come; *med det* ~ *vi kom* **T** when we first arrived; *det kan være det* ~ *med de bøkene* never mind those books! ... *og det* ~ *var det!* and a good thing too! *det er det* ~ *som et avslag* it amounts to a refusal; *det er det* ~ *som å si* ... that's as good as saying; *i det* ~ just then; at the same moment; *med det* ~ straight away, at once; then and there; this instant; *med det* ~ *du driver (med det)* while you're about it.
sammen *(adv)* together; *(i fellesskap)* jointly; *arbeide* ~ work together; ~ *med* along with, in company with; *(også, så vel som)* together with; *hun ble alltid sett* ~ *med X* she was always seen about with X; *(se all; alle; alt; invitere).*
sammenbitt: *med* ~ *energi* doggedly, with relentless energy; *med -e tenner* with clenched teeth.
sammenblande *(vb)* mix (together), mingle (together), blend (together); *(forveksle)* mix up, confuse.
sammenbrudd breakdown, collapse; *nervøst* ~ nervous breakdown.
sammen|drag : ~ *av* summary of; *X leder i -et etter to løp (skøyter)* X is leading over two distances. **-fatte** *(vb)* sum up, summarize, give a summary of, recapitulate. **-filtre** *(vb)* tangle. **-føye** *(vb)* join. **-føyning** joint; *(det å)* joining; *gå opp i -en* come asunder *(el.* apart).
sammenheng *(forbindelse)* connection, relation; *(kontinuitet)* continuity; *(indre, logisk)* coher-

ence; *(i tekst)* context *(fx* a quotation detached from its c.); *«dårlig ~ her» (kommentar til stil)* disjointed here; *sakens rette ~* the true facts of the case; *i den store -en* in the big scheme of things; *kjenne hele -en* know the true facts of the case; know all about it; *sett i ~ med* seen in association with; *(jvf bakgrunn & I. lys); sett i korthet dette utdraget inn i sin ~ og forklar* ...briefly refer this extract to its context and explain ...; *ha ~ med* be connected with, have connection with, be bound up with; *mangel på ~* incoherence; *-en mellom årsak og virkning* the nexus of cause and effect; *(se tydelig).*

sammenhengende connected, coherent, continuous, consecutive; *(adv)* coherently; *en ~ ferie på fire uker* an uninterrupted 4-week holiday, an uninterrupted *(el.* a continuous) holiday of four weeks; *en ~ tekst* (ɔ: *tekstsammenheng)* a continuous context, a textual context.

sammenholde *(vb)* compare.

sammenhopning accumulation, piling up; *(jvf opphopning).*

sammenkalle *(vb)* call together, summon, convene; *~ et møte* call *(el.* summon *el.* convene) a meeting.

sammenklemt compressed, squeezed together. **-klumpe** *vb (om mennesker og dyr)* crowd, pack together, huddle, cluster together. **-komst** meeting, gathering; **T** get-together; *(av gamle kamerater, etc)* reunion; *selskapelig ~* social gathering; **T** social; *(se også samvær).* **-krøpet** crouching, crouched, huddled up *(fx* he lay h. up in bed). **-lagt** combined, put together; *(se sammendrag).*

sammenleggbar collapsible.

sammenligne *(vb)* compare; *~ med* c. with; *(især rosende el. billedlig)* compare to *(fx* as an orator he may be compared to X; c. wisdom to gold); liken to; *-t med* compared with, as compared with, as against; *han påsto at papiret var av avgjort dårligere kvalitet -t med tidligere sendinger* he maintained that the paper was of a quality decidedly inferior to (that used in) earlier *(el.* previous) shipments *(el.* ...was of a much poorer quality compared to *(el.* with) earlier shipments); *tannpine er ingenting -t med det* toothache is nothing by comparison; *dette er ingenting -t med hva jeg har sett* this is nothing to what I have seen; *som kan -s* comparable *(med* with *el.* to); *de kan ikke -s* they cannot be compared; they are not in the same class; *kommuner det vil være naturlig å ~ oss med* local authorities in a comparable position; *(se ligge: ~ godt an).*

sammenlignende comparative.

sammenligning comparison; *dra (el. trekke) en ~* make a comparison; *slik at du kan foreta dine -er* so that you can make a comparison; *i ~ med* in comparison with, (as) compared with; *uten ~* without c.; *(ved superl.)* by far, far and away *(fx* by far the best); *uten ~ for øvrig må man ha lov til å si at X er flinkere i fransk* without making invidious comparisons, one must be permitted to say that X is better at French; *(se I. sinke; tåle).*

sammenpakket packed together; *(fig)* crowded.

sammenpresset pressed *(el.* squeezed) together.

sammenrotte *(vb): ~ seg* conspire, plot *(mot* against).

sammensatt made up *(el.* composed) *(av* of); compound; *(innviklet)* complex; *~ ord* compound word; *~ (,usammensatt) tid (gram)* compound (,simple) tense; *ekte ~ verb* inseparable verb; *uekte ~ verb* separable verb; *regjeringen, slik den nå er ~* the Government as it is now constituted; *(se for øvrig sette: ~ sammen).*

sammensetning composition; *(konkret)* compound; *lagets ~* the personal composition of the team.

sammenskuddsfest Dutch treat; *(som overraskelse)* surprise party; *holde ~* go Dutch.

sammenslutning union; combination.

sammenslynget interwoven, intertwined, interlaced.

sammen|smelte *(vb)* melt together; *(fig)* amalgamate. **-smelt(n)ing** fusion; amalgamation.

sammenspart: *-e penger* savings; *en liten ~ sum* **T** a nest egg.

sammenstille *(vb)* place together; group; *(sammenligne)* compare.

sammenstilling placing together *(el.* side by side); juxtaposition, collocation; *(sammenligning)* comparison.

sammenstimling crowd; crowding together; *(jvf oppløp).*

sammenstuet crowded *(el.* huddled) together, closely packed (together).

sammenstøt collision; conflict; clash *(fx* violent clashes between Greeks and Turks); *frontalt ~* head-on collision; *(jvf kollisjon); naturligvis har vi hatt et ~ en gang iblant, men ...* **T** we've had the odd scrap, of course, but ...

sammensunket: *sitte ~* sit hunched up; *han lå ~ over rattet* he lay slumped over the wheel.

sammensurium mess, hotchpotch *(fx* of ingredients); jumble *(fx* of words, sounds); medley.

sammensveise *(vb)* weld (together); *(fig)* fuse; *(se sveise).*

sammensverge *(vb): ~ seg* conspire *(om å* to).

sammensvergelse conspiracy, plot.

sammensvor|en *(adj)* conspiring; *de -ne* the conspirators.

sammentelling summing-up.

sammentreff coincidence; *et heldig ~* a lucky chance, a fortunate coincidence; *et ~ av omstendigheter* a coincidence (of circumstances); *ved et ~ av omstendigheter har forsendelsen blitt forsinket* circumstances have conspired to delay the dispatch.

sammen|trekning contraction. **-trengt** condensed, concise. **-trykning** compression. **-trykt** compressed.

sammenvevd woven together.

sammenvokst grown together, coalesced, fused; *hans øyenbryn er ~* his eyebrows meet; *-e tvillinger* Siamese twins.

samme|steds in the same place. **-stedsfra** from the same place; *(jvf hjembygd).*

samnorsk pan-Norwegian.

samordn|e *(vb)* co-ordinate, coordinate. **-ing** co-ordination, coordination.

samrå *(vb): ~ seg* consult together, deliberate.

samråd (joint) deliberation; consultation; *i ~ med* in *(el.* after) consultation with; in agreement with.

sams: *se enig.*

samskipnad organization, organisation, association.

samspill *(mus)* ensemble (playing); *(sport; på teater)* teamwork; *(vekselvirkning)* interplay *(fx* a happy i. between road and rail traffic); interaction *(fx* of the heart and lungs); *et ~ av krefter* a harmonious combination of forces; *det var utmerket ~* they played together excellently.

samstemm|e *(vb)* harmonize, bring into harmony. **-ig** unanimous. **-ighet** general agreement, unanimity; *det er ~ om at ... (også)* the consensus of opinion is that ...

samsvar accordance, agreement, conformity; *i ~ med* in accordance with, in agreement *(el.* keeping) with; *(se også sammenheng).*

samsvarende corresponding.

S

samvelde

Samveldet – The Commonwealth of Nations

The Commonwealth of Nations er en organisasjon av stater som anerkjenner den engelske monark som organisasjonens overhode. Grunnlaget for organisasjonen var at flere engelske kolonier på 1800-tallet fikk internt selvstyre. Disse selvstyrte landene ble kalt **dominions.** Etter hvert som de engelske koloniene ble selvstendige, sluttet de fleste seg til Commonwealth. Medlemslandene avgjør selv om de vil ha den britiske monark som statsoverhode eller bare som overhode for Commonwealth.

Burma og Irland, sa for eksempel fra seg medlemskapet i henholdsvis 1948 og 1949.

samsyn *(fysiol)* binocular vision.
samt together with; and also, plus.
I. samtale *(subst)* conversation; talk; *en lavmælt* ~ a hushed c., a c. in low tones; *føre en* ~ carry on a conversation; *få -n i gang (også)* set *(el.* start) the ball rolling; *innlede* ~ *med* enter into conversation with; *komme i* ~ *med* get into conversation with; *(se innlate).*
II. samtale *(vb)* converse, talk *(med* with).
samtaleemne topic (of conversation).
samtid: *-en* the age in which we live, our own times; *(om fortiden)* that age, that time; *hans* ~ his own times; *(ofte også)* his contemporaries; *han vant ingen anerkjennelse i sin* ~ he received no recognition in his lifetime; he was not recognized by his contemporaries.
samtidig **1***(på samme tid)* simultaneous *(fx* events); **2***(som hører til samme tid)* contemporary, contemporaneous; **3***(adv)* at the same time, simultaneously; *hans -e* his contemporaries; *utrette forskjellige ærend* ~ do various errands at one go; get various errands done at the same time; ~ *vil jeg be Dem ...* at the same time I would ask you ...; I take this opportunity to ask you; ~ *sender vi Dem ...* by the same post we are sending you; *sende tratten* ~ *med fakturaen* send the draft along with the invoice; ~ *med denne utviklingen* side by side with this development; along with this d.; ~ *som* at the same time as.
samtlige (one and) all, each and all.
I. samtykke *(subst)* consent, approval, sanction; *få ens* ~ obtain sby's consent; *gi sitt* ~ *til* consent to (-ing), give one's c. to; *(se II. knytte).*
II. samtykke *(vb)* consent *(i* to); ~ *i at prisene blir satt ned* c. to prices being reduced; *nikke -nde* nod assent *(fx* he nodded a.).
samvirke *(subst)* co-operation, cooperation, joint action. **-lag** co-operative *(el.* cooperative) society.
samvittighet conscience; *en god (,ren)* ~ a quiet (,clear) conscience; *det kan du gjøre med god* ~ you can do it with a good c.; *ha dårlig* ~ *overfor en* feel guilty about sby; *(stivt)* be troubled by conscience in regard to sby; *en romslig* ~ an accommodating c.; *hvordan kan du forsvare det overfor din* ~*?* how do you square *(el.* reconcile) it with your c.? *så får du det på -en* then you will have that to answer for; *jeg ville ikke ha* ~ *til å gjøre det* I would not have the c. to do it; *(se overdøve & våkne).*
samvittighetsfull conscientious, scrupulous; *-t oversatt ved hjelp av en ordbok* conscientiously translated with the aid of a dictionary.
samvittighets|fullhet conscientiousness, scrupulousness. **-kval** pangs of conscience. **-løs** unprincipled, unscrupulous.
samvittighets|nag remorse, compunction, pangs *(el.* qualms) of conscience; *(se samvittighet).* **-sak** matter of conscience. **-spørsmål** question of c.; indiscreet question.
samvær being together; company; *(sammenkomst)* gathering; *vårt behagelige* ~ the pleasant time we spent together; *etter en times* ~ after one hour together; *kameratslig* ~ friendly gathering; *selskapelig* ~ social gathering; *takk for behagelig* ~ *(svarer til)* this has been a very pleasant party (,journey, *etc); til NN med takk for hyggelig* ~ *i året som gikk* to NN with thanks for pleasant collaboration in the past year *(se for øvrig takk).*
sanatorium sanatorium *(pl:* -ria *el.* -s).
sand sand; *løpe ut i -en (fig)* come to nothing, peter out, fizzle out; *strø* ~ *i maskineriet (fig)* throw a spanner (,**US** monkey wrench) in the works; *et eller annet sted må det være noen som har strødd* ~ *i maskineriet* somewhere in this machine the wheels are not turning smoothly; *strø* ~ *på (fig)* rubber-stamp; *strø* ~ *på veien* sand the road, sprinkle *(el.* spread) sand on the road.
sandal sandal.
sand|banke sand bank. **-bunn** sandy bottom.
sandeltre *(bot)* sandalwood tree.
sandet sandy, sanded.
sand|flyndre *(fisk)* dab; *(se flyndre).*
sandjord sandy soil.
sand|kake [cup-shaped shortbread biscuits]; *(kan gjengis)* shortbread patty. **-kakeform** small fluted tartlet tin, patty tin. **-kasse** sandbox. **-korn** grain of sand. **-lo** *(zool)* ringed plover. **-loppe** *(zool)* chigoe (flea), jigger (flea), sand flea. **-løper** *(zool)* sanderling.
sandpapir sandpaper; *slipe med* ~ sand down.
sandpåstrøing *(fig)* rubber stamp; rubber-stamping.
sand|stein sandstone, grit. **-strø** *(vb)* sand, sprinkle sand on.
sand|tak sand-pit. **-ørken** sandy desert.
sanere *vb (om foretagende)* reorganize, reorganise, reconstruct; restore *(fx* finances); *(bebyggelse)* effect slum clearance; *strøket skal -s* slum clearance is to be carried out in the district; the district is to be cleared of its slums.

sang song; *(det å)* singing; *(del av større dikt)* canto. **-bar** singable, melodious. **-barhet** melodiousness.
sangbunn sound board, sounding board.
sanger 1. singer, vocalist; **2***(fugl)* warbler; songbird. **-fest** choral festival.
sangerinne singer.
sang|forening choral society, glee club. **-fugl** songbird, warbler. **-kor** choir. **-lerke** *(zool)* skylark. **-lærer(inne)** singing master (,mistress).
sangstemme singing voice.
sangundervisning singing lesson.
sangviniker sanguine person.
sangvinsk sanguine.
sanitet *(mil)* medical service; *Hærens* ~ Army Medical Service; **UK** the Royal Army Medical Corps *(fk* the RAMC); **US** the Medical Corps.
sanitetsforening [women volunteer workers who provide non-professional care and services for the sick and convalescent].
sanitets|kompani *(mil)* medical company. **-soldat** medical orderly, hospital o.; **US** corpsman, medic.
sanitær sanitary; *-e forhold* sanitary conditions.
sanitæranlegg sanitary installation; plumbing.
sanke *(vb)* gather, collect; ~ *aks* glean; *han har -t erfaringer i livets skole* he has gathered experience in the school of life.
sanksjon sanction, assent.
sanksjonere *(vb)* sanction; approve of.
sanktbernhardshund St. Bernard dog.
sankthans|aften Midsummer Eve. **-bål** Midsummer Eve bonfire. **-dag** Midsummer Day. **-natt** Midsummer Night. **-orm** glowworm.
sanktveitsdans *(med.)* the St. Vitus('s) dance, chorea.
san|n true; *(virkelig)* real; *(naturtro)* true-to-life *(fx* give a t.-t.-l. picture of the farmer and his work); *det skal være meg en* ~ *glede* I shall be delighted to; *en* ~ *nytelse* a (great) treat, a real treat; *det kan være noe -t i det* there might be an element of truth in that; there might be something in that; *det var et -t ord* that's true (enough); **S & US** you said a mouthful; *det er så -t som det er sagt* that's for sure *(el.* certain); *-t å si* to tell the truth; *så -t* as sure as; *(hvis bare)* if only; provided; *så -t jeg står her* **T** as sure as I'm standing here; *så -t jeg lever* as I live; *så -t hjelpe meg Gud* so help me God; *det er -t (apropos)* by the way; *ikke et -t ord* not a word of truth; *det er godt, ikke -t?* it is good, isn't it? *han så det, ikke -t?* he saw it, didn't he?
sanndru veracious, truthful; *(se sannferdig).*
sanndruhet veracity, truthfulness; *(se sannferdighet).*
sanndrømt: *han er* ~ he has dreams that foretell the future.
sanne *(vb)* admit the truth of.
sannelig indeed, truly, in truth; *(glds & bibl)* verily; *det har De* ~ *rett i* you are dead right; *nei så* ~ *om jeg vil!* I'll be hanged if I do! *jeg vet* ~ *ikke* **T** I don't know, I'm sure.
sannferdig truthful; veracious; *han er ikke så* ~ *at det gjør noe* **T** he's not too truthful; he's casual about telling the truth.
sannferdighet truthfulness, veracity.
sannhet truth; *den rene* ~ the plain truth; *si -en* speak the truth; *når jeg skal si -en* to tell the truth; *(se holde:* ~ *seg; modifikasjon; I. skulle B).*
sannhets|kjærlig truth-loving, veracious. **-kjærlighet** veracity, love of truth.
sannhetsord word of truth; word of admonition, warning.
sanning *se sannhet.*
sannsi(g)er soothsayer.
sannspådd [prophesying truly or accurately]; *han er* ~ he predicts the truth; he forecasts the future accurately; *han var* ~ *(også)* his predictions came *(el.* proved to be) true.
sannsynlig likely; probable; *en* ~ *historie* a convincing story; *det var en lite* ~ *historie* that was not a very likely story; *en lite* ~ *forklaring* a not very plausible explanation; *det er* ~ *at* it is probable that; *det er ikke* ~ *at prisene vil falle* it is not probable that prices will fall; prices are not likely to fall; *det er høyst (el. meget)* ~ it's very *(el.* highly) probable; *det er høyst* ~ *at jeg treffer deg igjen* I shall very *(el.* most) likely see you again; *det er overveiende* ~ *at* there is every probability that; *det er neppe* ~ *at* it's hardly probable *(el.* likely *el.* to be expected) that; it's not very likely that; *det er neppe* ~ *(som svar)* I should hardly think so; *det -ste er at* the odds *(el.* chances) are that ...; *(se overveiende).*
sannsynlighet likelihood, probability; *etter all* ~ in all probability. **-sberegning** calculation of probability; *(mat.)* calculus of probability. **-sbevis** presumptive evidence; *føre* ~ *for* demonstrate *(el.* show) the probability of; *(jvf indisiebevis).*
sannsynligvis probably, in all likelihood; *han kommer* ~ he is likely to come, he will probably come.
sans sense; *sunn* ~ common sense; *-enes bedrag* the deception of the senses; *ha* ~ *for* have a sense of; *han har* ~ *for musikk* he's got a good ear for music; *han har ingen* ~ *for musikk* he has no ear for music; *han har en levende* ~ *for skjønnhet i naturen og i kunsten* he has a deep feeling for beauty in nature and art; *han har ingen større* ~ *for naturens skjønnhet* he has not much feeling for natural beauty; *det kan ikke oppfattes med -ene* it is not perceptible to the senses; *være fra* ~ *og samling* be out of one's senses *(el.* mind); *med alle -er våkne* with all senses alert; *(se stedsans).*
sanse *(vb)* perceive, notice, become aware of; *(huske)* remember.
sansebedrag deception (of the senses); sense illusion.
sansekake *(ørefik)* box on the ear.
sanselig *(legemlig)* physical, perceptible, material; *(som angår sansning)* sensuous; *(m.h.t. erotikk)* sensual, carnal; ~ *begjær* carnal desire; ~ *person* sensualist; *den -e verden* the material *(el.* external) world.
sanselighet sensualism, sensuality.
sanse|løs senseless; *i* ~ *redsel* in blank terror. **-løshet** senselessness. **-organ** sense organ. **-rus** intoxication of the senses. **-var** perceptive.
sanskrit Sanskrit.
sans(n)ing perception.
sara|sener, -sensk Saracen.
sardell anchovy.
sardin sardine *(fx* sardines in oil).
Sardinia *(geogr)* Sardinia. **sardinsk** Sardinian.
sarkasme sarcasm. **sarkastisk** sarcastic.
sarkofag sarcophagus *(pl:* -phagi).
sart delicate, tender.
Satan Satan.
satanisk satanic, fiendish, diabolical.
satans *(adj)* damned, blasted; *(grovt uttrykk)* bloody.
satellitt satellite; *plassere en* ~ *i bane* deploy a satellite; *skyte opp en* ~ launch a satellite; *(se sambandssatellitt; telesatellitt).*
sateng sateen.
satinere *(vb)* glaze.
satire satire *(mot* on); *en lett* ~ *over undervisningens mekanisering og bokas rolle i fremtidens*

TRICKY TALES

sau

'A foot loose . . .' – uregelmessig flertall

Den vanlig flertallsformen er tillegg av **-s** og **-es.** Men det er ingen regel uten unntak:

1. **Ingen ending**

sheep	*sheep*	*salmon*	*salmon*
deer	*deer*	*fish*	*fish*

2. **Spesielle ord**

works	*works*	*series*	*series*
craft	*craft*	*means*	*means*

kulturliv a light satire on the mechanisation of teaching and the role of books in the cultural life of the future. **satiriker** satirist.

satirisere *(vb)* satirize. **satirisk** satirical.

sats 1*(typ)* type *(fx* keep the t. standing); composition, (composed) matter *(fx stående ~* standing m.); *sette en ~* compose a piece of work; *~ som skal legges av* dead matter; *i ~* in type; **2***(takst, etc)* rate; *til fastsatt ~* at the appropriate rate *(fx* Customs duty at the a. r. is charged); *(opprett)holde de nåværende -er* hold the present rate; **3***(sand, sement og vann)* (concrete) mix *(fx* a 1:4 mix); **4***(mus)* movement *(fx* of a sonata); **5.** spring; *(ski)* take-off; *i -en* (ɔ: *i satsøyeblikket)* at take-off; *ta ~* take off (for a spring); *stående ~ (idrett)* standing jump; *helt vellykket ~* a perfectly timed spring; *svak ~* feeble spring; *for sen ~* late spring; *for tidlig ~* premature spring; *det ble litt for tidlig ~* the *(el.* his) s. was a little premature; **6***(most)* must; *han har en (brennevins)- stående (svarer til)* he's got a still going; **7***(tenn-)* friction composition, head *(fx* of a match); **8***(påstand)* assertion; proposition; thesis; **9***(mat.)* theorem; *(se stramme).*

satsbilde *(typ)* printed image.

satse *(vb)* **1.** stake *(på* on), put *(fx* p. a fiver on a horse), gamble *(på* on); *~ fem pund* bet a fiver; *det må -s mer på prosjektet* the project must be given more backing; *~ langt mer på å få utarbeidet en pålitelig ordbok* go much more in for the compilation of a reliable dictionary; *~ på å bygge opp ... (også)* direct one's efforts towards building up ...; *~ sterkt på* make a strong bid for *(fx* the German High Command made a strong bid for the Ardennes); **2***(ski)* take off.

satt *(adj)* sedate, staid; *i ~ alder* of mature years.

satyr satyr.

sau *(zool)* sheep; *(søye)* ewe; *(skjellsord)* blockhead, nincompoop, ninny.

saue|bukk *(zool)* ram. **-farm** sheep station. **-fjøs** sheep cot(e). **-flokk** flock of sheep. **-kjøtt** mutton. **-kve** sheep fold, sheep cot(e). **-skinn** sheepskin. **-skinnspels** sheepskin coat.

saumfare *(vb)* go over (critically), examine minutely.

saus sauce; *(av kjøttkraft)* gravy; *brun ~* gravy; brown s.; *sauce à la maître d'hôtel* melted butter with parsley and lemon juice.

sause|blokk [sauce tablet]. **-skål** sauceboat, gravy-dish *(el.* boat).

savn *(mangel)* want, lack; *(nød)* hardships *(fx* h. of the war period), want, privation; *(tap)* loss; *sult og ~* hunger and privation; *lide ~* suffer privation; *han etterlater seg et smertelig ~* he is sadly missed; he leaves a terrible void; *føle -et av noe* miss sth; *avhjelpe et ~* supply a want *(el.* need); *boka avhjelper et lenge følt ~* the book meets a long-felt want.

savne *(vb)* **1***(føle tapet av)* miss *(fx* I shall m. you); **2***(mangle)* lack, be without, want, be wanting in, be lacking in, be short of *(fx* money); **3***(trenge til)* want *(fx* they want discipline); **4***(konstatere at noe er borte, ikke kunne finne)* miss *(fx* the bicycle was missed an hour later; he missed his spectacles); *flere skip er -t* several ships are missing; *i tabellen -s oppgaver fra mange land* the figures for many countries are missing from this table; *jeg -r det ikke* I can do without it; *~ ethvert grunnlag* be entirely without foundation; be completely unfounded; *de -r ikke noe* they want for nothing; they have all they need; *vi -r ham sterkt* we miss him badly *(el.* sadly).

Savoia *(geogr)* Savoy.

scene scene; *(del av teater)* stage; *for åpen ~* with the curtain up; in full view of the audience; *(fig)* in public; *på -n* on the stage; **T** on the board; *gå til -n* go on the stage; *sette noe i ~ (fig)* stage *(el.* stage-manage) sth *(fx* a coup); engineer sth; *sette et stykke i ~* stage *(el.* produce *el.* get up) a play; *det kom til en ~* there was a scene.

scene|anvisning stage direction. **-arrangement** stage setting. **-forandring** change of scene. **-instruktør** (stage) director. **-kunst** acting, dramatic art. **-teppe** curtain; tabs. **-vant** experienced, practised, confident. **-vanthet** (stage) experience, confidence.

scenisk scenic, theatrical.

schizofren schizophrenic. **-i** schizophrenia.

Schlesien *(geogr)* Silesia. **schlesisk** Silesian.

schæfer(hund) Alsatian (dog).

se *(vt & vi)* **1.** see; *~ godt (,dårlig)* have good (,bad) eyes; *jeg er så sliten at jeg simpelthen ikke kan ~* I just can't see for tiredness; *det er ikke noe å ~* there is nothing to be seen; *man så at han klatret over muren* he was seen to climb the wall; *når en -r kassene, skulle en tro at ...* to see the cases one would think that;

der -r du I told you so; *han er en rik mann, -r du* you see, he's a rich man; *jeg -r gjerne at* ... I should be (very) glad if, I should appreciate it if; *jeg så helst at du lot være* I would rather you didn't; I should much prefer you not to (do it); *stort -tt* (taking it) by and large; ~ *selv* see for oneself; **2***(besøke som turist)* visit, see; **T** do *(fx* he did Oxford); **3***(se lysbilder, etc)* view *(fx* everyone has viewed the slides) ...

A [*Forb. med subst, pron & adj*] *-r man det!* indeed! really! *det var ingen å* ~ there was no one in view; *det gleder meg å* ~ *Dem* I'm very glad to see you; I'm pleased to see you; *nå har jeg aldri -tt så galt!* well I never! how extraordinary! wonders never cease! *vi -r med beklagelse at* ... we note with regret that ...; we regret to note that ...; *jeg -r tingene som de er* I look the facts in the face; I take a realistic view of things;

B [*Forb. med vb*] *vi* **får** ~ we shall see (about that); time will show; *som man snart vil få* ~ as will presently become apparent; *jeg* **gadd** ~ *den som kan gjøre det* I'd like to see the man *(,etc)* who can do that; *der* **kan** *du* ~*!* there you are! I told you so! what did I tell you? *det kan da enhver* ~ anyone can see that; **T** it sticks out a mile; *de kan ikke* ~ *skogen for bare trær* they can't see the wood for the trees; *ikke det jeg kan* ~ not that I can see; *jeg kan ikke* ~ *annet enn at du må gjøre det* I don't see how you can avoid doing it; *så vidt jeg kan* ~ as far as I can see; *jeg kan ikke* ~ *å lese* I can't see to read; **la** *en* ~ *noe* let sby see sth, show sth to sby, show sby sth; *han het – la meg* ~ *– nei, jeg har glemt det* his name was – let me see *(el.* think) – there, I've forgotten! *la meg nå* ~ *at du låser døra!* mind you don't forget to lock the door! *jeg* **skal** ~ *om jeg kan få tid* I'll try to find (the) time to do it; I'll see if I can spare the time; ~ *å bli ferdig!* do hurry up! look sharp about it! *jeg må* ~ *å komme meg av sted* I must be getting along;

C [**Forb. med prep & adv**] ~ *en* **an** size sby up; *man må* ~ *sine folk an* one must know who(m) one has to deal with; ~*tiden an* wait and see, bide one's time, play a waiting game; **US** *(også)* sit back and wait; *jeg -r* **av** *Deres brev at* ... I see *(el.* note) from your letter that; *vi -r til vår overraskelse av Deres brev at* ... we note with surprise from your letter that; *man -r av dette at* hence *(el.* from this) it will be seen that; from this *(el.* hence) it appears that; ~ **bort** look away, look the other way, avert one's eyes; ~ *bort fra (fig)* leave out of account; disregard; discount *(fx* the risk of invasion could not be discounted; he was not discounting the possibility that ...); ~ **etter** look *(fx* I looked in all the rooms); *jeg skal* ~ *etter* I'll look (and see); ~ *etter (ɔ: lete etter)* look for, search for; *(ɔ: passe på)* look after *(fx* the children), mind; *(ɔ: følge med blikket)* follow with one's eyes; ~ *bedre etter* look more closely; ~ *etter i boka* consult the book; *hvis De -r etter i vårt brev av* ... if you refer to our letter of...; ~ *etter om* see if; ~ *etter hvem det er som banker på døra (,som ringer på)* (go and) see who's at the door; *jeg så* **feil** *på klokka* I got the time all wrong; I mistook the time; *jeg så en time feil på klokka* I misread the time by one hour; ~ *noe* **for** *seg* visualize sth; *jeg -r det for meg* I can (just) see it; *jeg -r ham for meg* I can see him in my mind's eye; I can picture him;~ **fra** *den ene til den andre* look from one to the other; ~ **fram** *til* look forward to *(fx* sth; -ing); ~ **fremover** look ahead; ~ **gjennom** look through, look over; *(flyktig)* run through; ~ *en avgjørelse rolig* **i** *møte* await a decision calmly; *ikke* ~ *i boka! (lærer til elev)* don't look *(el.* you needn't look) at your book! ~ **innom** *en* look in on sby, look sby up, drop in on sby; come round and see sby; *jeg kan ikke* ~ *så* **langt** I cannot see as far as that; ~ *langt etter en* give sby a wistful *(el.* lingering) look; *det er det* **lett** *å* ~ that is easy to see; **T** it sticks out a mile; ~ **lyst** *på tingene* take a cheerful view of things; look on the bright *(el.* sunny) side of things; ~ **med** *en* share sby's book *(fx* Mary says she hasn't brought her book. Can she share yours?); *du kan* ~ *med Tom* you can share (book) with Tom; *vi -r med beklagelse at* ... we note with regret that; we regret to note that ...; ~ *noe med andres øyne* put oneself in sby else's place; *-tt med andres øyne* seen through other people's eyes; *-tt med (fx regjeringens) øyne* seen through the eyes of *(fx* the Government); ~ *det med egne øyne* see it with one's own eyes; ~ *med uvennlige øyne på* take an unfavourable view of; frown on; ~ **ned** look down; ~ *ned på* look down on; *(fig, også)* turn up one's nose at; ~ **om** see if *(fx* he's at home); ~ *om du kan hjelpe ham* do try and help him! see if you can't help him; ~ **opp** look up; *«~ opp for dørene!»* ''mind the doors!'',' 'stand clear of the doors!''; ~ *opp til en* look up to sby; ~ **på** *(også fig)* look at *(fx* look at him; an Englishman looks at Norway); *vi har -tt på saken* we have looked into the matter; *(se undersøke); hvordan -r De på saken?* what is your opinion of the matter? *hvordan man enn -r på det* no matter how you look at it; *man kan ikke* ~ *det på ham* he does not show it; you wouldn't think so to look at him; *jeg så det på ansiktet hans at* ... I could tell by his face that; ~ *godt på ham* take a good look at him; *vi -r alvorlig på saken* we take a grave view of the situation; we regard the s. as serious; ~ *lyst på saken* take an optimistic view of the matter; ~ *mørkt på situasjonen* take a gloomy (,**T:** dim) view of the situation; ~ *stivt på* stare at; *det -r vi stort på!* we don't worry about (a little thing like) that! ~ *svart på fremtiden* be pessimistic about the future; ~ *velvillig på en sak* give a matter sympathetic consideration; ~ *på det med andre øyne* see it in another *(el.* in a different) light; *(se også ovf under «med»); vi har ikke -tt noe* **til** *varene* we have seen nothing of the goods; ~ *til at* see (to it) that; take care that; ~ *til en* (go and) see sby, visit sby; *vi -r ikke stort til ham* we don't see much of him; ~ **tilbake** *på* look back on;~ **ut** look *(fx* happy, old); *(ɔ: kaste blikket ut)* look out *(fx* look out of the window); *hvordan -r varene ut?* what do the goods look like? *han bryr seg ikke om hvordan han -r ut* he does not bother about his appearance; ~ *annerledes ut* look different; *det begynner å* ~ *bedre ut* the outlook is brightening; things are looking up; ~ *godt ut (ɔ: være pen)* be good-looking; *(ɔ: være frisk)* look well, look fit; *hun -r godt ut* **T** she's a good-looker; **S** she's easy on the eye; *det -r slik ut* it looks like it; ~ **ut som** look like *(fx* he looks like a sailor); ~ *ut som et fugleskremsel* look a perfect fright; *det -r ut som om det er rotter som har vært på ferde* it looks like rats; *det -r ut som om han kommer til å vinne* he looks like winning; *hunden -r ut som om den biter* the dog looks like biting; *det -r* **ut til** *regn* it looks like rain; *det -r ut til at ingen visste hva som var hendt* it seems that nobody knew what had happened; *det -r ut til å gå dårlig* the outlook is none too bright; things seem in a bad way; things are looking bad; *det -r ut til å være en* *eller annen feil* there appears *(el.* seems) to be some mistake; *(se vei C & sees).*

D [*Refleksive forbindelser*] ~ *seg blind på noe* become hypnotized by sth; ~ *seg for* look where one is going; *Å, unnskyld! Jeg så meg ikke for!* I'm so sorry, (but) I simply wasn't looking (where I was going)! *hun så seg sint på ham* he got on her nerves; ~ *seg mett på* gaze one's fill at; feast one's eyes on; ~ *seg om* look round *(fx* don't look round!); *(reise omkring)* travel about; **T** get around; ~ *seg om etter (ɔ: lete etter)* look about for; look round for; *(for å oppnå gunstig kjøp)* shop around for; ~ *seg godt om* have a good look-round; ~ *seg om i værelset* look about *(el.* round) the room; ~ *seg tilbake* look back, look round; *uten å* ~ *seg tilbake* without a backward glance; ~ *seg ut* pick out for oneself; choose.

seanse séance.

sebra *(zool)* zebra; *(jvf fotgjengerovergang).*

sed *(skikk)* custom, usage; *gode -er* good morals.

sedat *se satt.*

sedativ sedative.

seddel slip of paper; *(pengeseddel)* (bank) note. **-bank** bank of issue. **-bok** wallet. **-utsendelse** issue of notes.

sedelig of good morals, moral; *(se undergang).* **-het** morality, moral conduct. **-hetsforbrytelse** sexual crime *(el.* offence). **-hetsforbryter** sex criminal; *(jur)* sexual offender.

sedelære ethics; moral philosophy.

seder *bot (tre)* cedar.

sedvane custom, usage, habit, practice, wont.

sedvanemessig customary.

sedvanerett common law; *(se II. rett).*

sedvanlig *(adj)* usual, ordinary, customary; *det er det -e* it is the usual thing; *som* ~ as usual.

sedvanligvis *(adv)* usually, generally, ordinarily.

seende seeing, with the power of sight.

seer seer, prophet.

seer|blikk prophetic eye. **-gave** gift of prophecy.

sees *(el. ses) vb (av se)* see one another *(el.* each other); meet; *vi sees på torsdag* **T** see you on Thursday; *hvis vi så(e)s oftere* if we saw more of each other; *(se se).*

sefyr zephyr.

seg *(pron)* **1***(i forb. med vb)* oneself *(fx* defend o.); himself, herself, itself *(fx* the animal defended i.); themselves *(fx* they defended t.); **2***(med prep)* one, him, her, it, them *(fx han så* ~ *om* he looked about him); *ha med* ~ have with one *(fx* he had some friends with him), bring with one, bring along, take along, bring; *har han boka med* ~*?* has he brought the book?

[*Forskjellige forbindelser*] *han slo* ~ he hurt himself; *døra har slått seg: se slå:* ~ *seg; redd av* ~ (naturally) timid, timid by nature; *for* ~ for oneself (,himself, *etc) (fx* everybody must answer for himself); *(atskilt)* separate *(fx* it was a s. room), by itself *(fx* it forms a class by i.); in itself *(fx* it is a whole science in i.); *holde piker for* ~ *og gutter for* ~ keep girls and boys apart; *pakk det for* ~ pack it separately; pack it in a separate case; *det er noe (helt) for* ~ that is sth (quite) special; that is in a class by itself; *han er noe for* ~ he is not like other people; *han holdt* ~ *for* ~ *selv* he kept himself apart; he kept himself to himself; *hver for* ~ separately, apart; independently *(fx* they reached the same conclusion i.); individually *(fx* address each person i.); *i og for* ~ in itself, per se; as far as it goes; *han er ikke dum i og for* ~ he is not actually stupid; ~ *imellom* among themselves; *nei, var det likt* ~*!* why, of course not! *opp med* ~ up! *(til barn)* ups-a-daisy! *være om* ~*: se om; (se for øvrig også selv).*

I. segl seal, signet; *min munn er lukket med sju* ~ wild horses wouldn't drag it out of me.

II. segl *se seil.*

segle *(vb) se seile.*

segllakk sealing wax.

segne *(vb)* sink down, drop; collapse.

segneferdig ready to drop (with fatigue); tired out; **T** dead-beat, dog-tired.

sei *(fisk)* coalfish, **US** pollack. **-biff** fried c. *(el.* p.).

seidel tankard; (NB' 'Straight glass or tankard?'').

seier victory; *hale -en i land* secure the victory; **T** come out on top; *vinne* ~ gain a victory; *(mindre)* score a success; *vinne en personlig* ~ score a personal triumph.

seierherre conqueror, victor.

seierrik victorious, triumphant; *han gikk* ~ *ut av kampen* he emerged victorious from the struggle.

seiersgang triumphal progress; *gå sin* ~ go from strength to strength; carry everything before it.

seiersikker confident of success.

seiers|krans triumphant wreath; **US** laurel w., victory w. **-pall** rostrum *(fx* on the r.). **-rus** intoxication of victory. **-vilje** determination to win.

seig tough; *lange, -e (åre)tak* long, steady pulls.

seig|het toughness. **-livet** tenacious of life. **-mann** *(slikkeri)* jelly baby. **-pine** *(vb)* put on the rack, torment.

seil *(mar)* sail; *berge* ~ take in sail; *heise et* ~ hoist a sail; *sette* ~ set sail; *ta inn* ~ furl the sails; *være under* ~ be under sail; *seile for fulle* ~ crowd all sail(s); *ta rev i -ene* reef the sails; *(fig)* watch one's step; be more careful.

seilas *(mar)* sailing, navigation; voyage; regatta.

seil|båt sailing-boat; **US** *(oftest)* sailboat. **-duk** canvas.

seile *(vb)* sail; *la en* ~ *sin egen sjø* leave sby to his own devices; *(se I. lik & sjø).*

seiler sailing-ship; *en* ~ *i sikte* a sail in sight; *en god* ~ a good sailer; *(se skarp 2).*

seilføring spread of canvas, canvas; *med full* ~ all sails set; *etter hvert som -en økte* under the steadying pressure of the sails.

seil|skip, -skute sailing-ship, sailing vessel.

seilskutetiden: *i* ~ in the days of sail *(el.* sailing ships); *i -s siste dager* during the last days of sail.

seilsport yachting; sailing.

sein *se sen.*

sein(ere), seinest, seint *se sen, etc.*

seire *(vb)* conquer, win, gain the victory, be victorious, be triumphant. **-nde** victorious.

seising *(mar)* seizing.

sekel century.

sekk sack, bag; *kjøpe katta i -en* buy a pig in a poke; *man kan ikke få både i pose og* ~ you cannot have your cake and eat it; you cannot have it both ways.

sekke|lerret sackcloth, sacking. **-løp** sackrace. **-paragraf** omnibus *(el.* umbrella) section, section that gathers up all the loose ends. **-pipe** *(mus)* bagpipe. **-post** omnibus item, item composed of odds and ends. **-strie** burlap.

sekret secretion.

sekretariat secretariat.

sekretær secretary; *(i offentlig administrasjon)* senior executive officer.

seks *(tallord)* six.

seksdobbelt sixfold, sextuple.

sekser six, number six.

seksfotet having six feet, hexapod; ~ *vers* hexameter.

seksjon section. **-smøbler** *(pl)* unit-furniture.

sekskant hexagon.

seks|kantet hexagonal, six-sided. **-løper** six-shooter. **-sidet** hexagonal, six-sided.
sekstall (figure) six; *et* ~ a six; *-et* the figure six.
sekstant sextant.
seksten *(tallord)* sixteen.
sekstende *(tallord)* sixteenth.
seksten(de)del sixteenth (part); *-s note (mus)* semiquaver.
sekstenårig of sixteen *(fx* a boy of sixteen); sixteen-year-old.
sekstett sextet.
seksti *(tallord)* sixty.
sekstiden: *ved* ~ (at) about six (o'clock).
seksual|angst sex phobia. **-drift** sexual urge *(el.* instinct). **-forbrytelse** sex *(el.* sexual) crime. **-forbryter** sex criminal; *(jur)* sexual offender. **-hygiene** sex hygiene.
seksualitet sexuality.
seksual|liv sex *(el.* sexual) life. **-moral** sexual morals; sexual morality. **-mord** sex murder. **-opplysning** sex guidance. **-organ** sexual organ. **-problem** sex *(el.* sexual) problem. **-undervisning** sex instruction.
seksuel|l *(adj)* sexual; *-t misbruk (av mindreårig)* sexual abuse (of a minor); *bli -t misbrukt* be sexually abused; ~ *opphisselse* sexual excitement; *-le problemer* sex *(el.* sexual) problems; ~ *tiltrekning* sexual attraction; sex appeal *(fk* S.A.); *-t underernært* sex-starved; *-le utskeielser* sexual excesses.
seks|årig, -års of six *(fx* a child of s.); six-year-old *(fx* a six-year-old child).
sekt sect, denomination.
sekterer sectarian.
sekterisk sectarian.
sektor sector; *(fig, også)* field; *(se visse).*
sekulargeistlighet secular clergy; *(se ordenspres-ter).*
sekund second; *på -et* immediately.
sekunda second, second-quality *(fx* goods).
sekundant second.
sekundaveksel *(merk)* second of exchange; *(se II. veksel).*
sekundere *(vb)* second.
sekundviser second hand.
sekundær secondary.
sekundærnæring secondary industry (*el.* activity).
sel *(zool)* seal.
I. sele *subst (seletøy)* harness; *(reim)* strap; *(for barn)* reins; *legge* ~ *på en hest* harness a horse; *legge seg i -n (fig)* put one's shoulder to the wheel; put one's back into it; exert all one's strength; put all one's strength into it; *-r (pl) (bukse-)* braces; **US** suspenders; *et par bukseseler* a pair of braces (,**US:** suspenders).
II. sele *(vb)* harness; ~ *av* unharness; ~ *på* harness (up).
selelaken [baby's sheet with shoulder straps attached].
sele|pinne shaft pin, thill pin, pole pin. **-tøy** harness.
sel|fanger *(person & skip)* sealer. **-fangst** sealing.
selge *(vb)* sell; *(avsette)* market; *(bli av med)* dispose of; ~ *billig* sell cheap; ~ *dyrt* sell dear, sell at a high price; ~ *sitt liv dyrt* sell one's life dear(ly); ~ *etter prøve* sell by sample; ~ *for et beløp* sell for an amount; ~ *igjen* resell; ~ *på avbetaling* sell under hire-purchase, sell on the hire-purchase system; ~ *noe til en* sell sby sth, sell sth to sby; ~ *til en høy pris* sell at a high price; ~ *ut* sell out, clear off *(fx* all one's stock); ~ *ved auksjon* sell by auction, auction; ~ *varer ved dørene* sell goods from door to door; hawk *(el.* peddle) goods; *den mest solgte ovn på det norske marked* the stove with the biggest sales on the Norwegian market; *det mest solgte vaskepulver i landet* **T** the biggest-selling washing powder in the country; *denne boka er det solgt mer enn 10 000 eksemplarer av* this book has sold more than 10,000 copies; ~ *skinnet før bjørnen er skutt* count one's chickens before they are hatched; *han er solgt* **T** he's done for; he's a goner; *hvis det kommer ut, er han solgt* if (*el.* once) that gets out, he's done for; *(se også utsolgt).*
selgelig saleable, marketable.
selger seller; *(av yrke)* salesman.
selgeryrket a salesman's job, salesmanship.
selhund *(zool)* seal.
selje *(bot)* sallow, goat willow.
selleri *(bot)* celery.
selot zealot. **selotisk** fanatical.
selskap company, society; *(selskapelig sammenkomst)* party; *(forening)* association, society; *holde en med* ~ keep sby company; *holde et* ~ give a party; **T** throw a party; *følg med til stasjonen for -s skyld* go with me to the station for company.
selskapelig social; *(som liker selskap)* sociable; *(om dyr)* gregarious; ~ *samvær* social gathering; **T** social; *det ble regnet som* ~ *å røyke* it was considered sociable to smoke.
selskapelighet sociability; entertainment; parties; *de har stor* ~ they entertain a good deal.
selskaps|antrekk evening dress. **-dame** (lady's) companion. **-kjole** evening gown. **-kledd** dressed for a party. **-livet** social life, society; parties. **-løve** social success. **-mann** diner-out, man about town. **-menneske** a pleasant man (,woman) to have at a party; *han er ikke akkurat noe* ~ he has no social graces *(el.* accomplishments). **-reise** conducted tour. **-skatt** corporation tax. **-veske** evening bag.
selskinn sealskin.
selsnepe *(bot)* cowbane.
selsom strange, singular, odd.
selspekk seal blubber.
selters seltzer (water).
selunge *(zool)* young seal.
I. selv *(pron)* myself, yourself, himself, herself, itself, ourselves, yourselves, themselves; *(omskrives ofte med)* own *(fx* he carried his own luggage; we bake our own bread); *det må du* ~ *bestemme* you must decide that for yourself; that's up to you; *døm* ~ judge for yourself; *han er hederligheten* ~ he is the soul of honour; *om jeg* ~ *skal si det* though I say it myself; *han vet ikke* ~ *hva han sier* he does not realize what he is saying; *hun er sunnheten* ~ she looks *(el.* is) the picture of health; *være seg* ~ be oneself *(fx* I'm not quite myself today); *han er ikke lenger seg* ~ he is not his old self; *være seg* ~ *nok* be self-sufficient; *for seg* ~ for oneself *(fx* work for o.); *han hadde et bord for seg* ~ he had a table to himself; *en hel liten by for seg* ~ a small town in its own right; *en verden for seg* ~ a world of its own; a w. in itself; *snakke med seg* ~ talk to oneself, soliloquize; *gå inn til deg* ~*!* go to your room! *komme til seg* ~ *(etter besvimelse)* come to, come round, recover consciousness; *tenke ved seg* ~ think to oneself.
II. selv *adv (endog, til og med)* even; ~ *hans venner* even his friends.
III. selv **1***(konj):* ~ *da* even then; ~ *når* even when; ~ *om* **1.** even if, even though; **2***(skjønt)* although.
selv|aktelse self-respect; *som har* ~ self-respecting. **-angivelse** (income) tax return; *(skjema)* (income) tax form; *sende inn sin* ~ file one's (in-

S

come) tax return; *innlevere en uriktig* ~ make a false return.
selv|antennelse spontaneous ignition. **-bebreidelse** self-reproach. **-bedrag** self-delusion, self-deception.
selvbeherskelse self-command, self-control.
selv|bekjennelse (voluntary) confession. **-berget** self-supporting; *være* ~ *med mat* be s.-s. in food, have enough food. **-berging** self-support.
selvbergingsjordbruk subsistence agriculture (*el.* farming); *(se jordbruk).*
selv|beskatning self-taxation, voluntary assessment. **-bestaltet** self-appointed, self-constituted; self-assumed. **-bestemmelse** self-determination. **-bestemmelsesrett** (right of) self-determination; (NB the right of a nation to self-determination).
selvbetjening self-service; *med* ~ self-service (*fx* a s.-s. café).
selvbetjenings|forretning self-service store. **-vaskeri** launderette.
selv|betjent automatic, self-worked. **-bevisst** self-conceited, self-opinionated. **-bevissthet** self-conceit, self-importance, arrogance. **-binder** reaper and binder. **-biografi** autobiography. **-bygger** [person who builds his house with his own hands]. **-bærende** *(om karosseri)* self-supported. **-drenerende** self-draining (*fx* site).
selvdød *(adj)* dead (from accident or disease); *-e dyr* dead beasts.
selve himself, herself, itself; ~ *kongen* the king himself; ~ *innholdet* the actual contents; the c. themselves; the c. proper; ~ *den luften hun innånder* the very air she breathes; *på* ~ *bakken* on the bare ground.
selv|eier freeholder. **-eiertomt** freehold site. **-erkjennelse** self-knowledge. **-ervervende** self-supporting, self-employed. **-ervervet** self-acquired. **-forakt** self-contempt. **-fornedrelse** self-abasement. **-fornektelse** self-denial. **-fornektende** self-denying. **-forskyldt** self-inflicted; *det er* ~ he has brought it on himself. **-forsvar** self-defence. **-forsynt** self-contained (*fx* campers must be fully self-contained). **-følelse** self-esteem, self-respect.
selvfølge matter of course; *ta noe som en* ~ take sth for granted.
selvfølgelig *(adj)* inevitable; *(adv)* of course.
selvfølgelighet matter of course.
selvgjort self-made; ~ *er velgjort* ['self-done is well done', i.e. if you want it done well you must do it yourself].
selvgod **1**(*innbilsk)* conceited. **2.**: ~ *og pedantisk* priggish.
selv|godhet conceit, priggishness. **-hevdelse** self-assertion. **-hjelp** self-help; helping oneself; *hjelp til* ~ helping people to help themselves. **-hjulpen** self-supporting, self-sufficient; *økonomisk* ~ *(om stat)* economically self-sufficient. **-innlysende** self-evident, obvious.
selvisk selfish; ~ *streben* selfish endeavour.
selviskhet selfishness.
selvklok opinionated, wise in one's own conceit.
selvkost *(merk)* full cost.
selv|kostende: *selge til* ~ sell at cost. **-kostpris** *(merk)* full cost price. **-kritikk** self-criticism. **-laget** of one's own making, home-made, self-made. **-lyd** vowel. **-lært** self-educated.
selvmord suicide; *begå* ~ commit suicide.
selv|morder(ske) suicide. **-mordersk** suicidal. **-mordforsøk** attempted suicide. **-motsigelse** self-contradiction; *(se innvikle).* **-motsigende** self-contradictory. **-nøyd** self-complacent.
selv om *(konj)* **1.** even if; even though; **2**(*skjønt)* although.
selvoppholdelsesdrift instinct of self-preservation.
selv|oppofrelse self-sacrifice. **-oppofrende** self-sacrificing. **-portrett** self-portrait, portrait of the artist. **-ransakelse** self-examination. **-ros** self-praise; ~ *stinker* self-praise is no recommendation. **-rådig** self-willed, wilful. **-rådighet** wilfulness.
selv|sagt *se -følgelig.* **-sikker** self-assured, self-confident; *(neds)* cocksure. **-skreven** *(til noe)* the very man; *han er* ~ *til stillingen* he is the very man for the post.
selv|skyldner surety. **-skyldnerkausjon** surety. **-starter** self-starter.
selvstendig independent; ~ *næringsdrivende* self -employed (tradesman); (NB a self-employed painter and decorator).
selv|stendighet independence. **-studium** private study; self-tuition. **-styre** self-government.
selvsuggesjon auto-suggestion.
selvsyn: *ved* ~ by personal inspection *(el.* observation).
selvtekt taking the law into one's own hands.
selvtilbedelse self-worship.
selvtilfreds self-satisfied, (self-)complacent, smug.
selvtilfredshet self-satisfaction, (self-)complacency, smugness.
selvtillit self-confidence, self-reliance; *mangel på* ~ diffidence, self-distrust, lack of self-confidence.
selvtukt self-discipline.
selvvirkende automatic, self-acting.
semafor semaphore.
sement cement. **-ere** *(vb)* cement; *(jvf støpe).*
semester term (of six months); **US** *(også)* semester; *i -et* during term(-time).
semesteremne *(univ)* one-term course; single-term course; one-term topic; **US** one-semester topic.
semikolon semicolon.
seminar seminar; *(presteskole)* seminary.
semitt Semite.
semittisk Semitic.
semske: *-t skinn* chamois leather; *-de sko* suede shoes.
semulegryn semolina.
sen *adj (langsom)* slow; *(om tid)* late; ~ *betaling* delayed *(el.* late) payment, postponed p.; *den -e betalingen* the delay in making payment; the delay in paying; the delayed settlement *(el.* payment); *han var ikke* ~ *om å komme* he was not long in coming; *bedre -t enn aldri* better late than never; *han kommer ofte -t hjem p.g.a. trafikken* the traffic often makes him late getting home; *han var ikke* ~ *om å starte bilen* he was not long in starting the car; *(se også senere, senest, sent).*
senat senate. **senator** senator.
sende *(vb)* send, dispatch, forward; *(også radio)* transmit; *(penger)* remit; post (*fx* he posted him a cheque in a letter); ~ *bud etter* send for; ~ *bud til en* send word to sby; ~ *direkte (radio, TV)* broadcast *(el.* transmit) live; ~ *opp en drage* fly *(el.* put up) a kite; ~ *noe i retur* return sth; *hans mor sendte ham i seng (også)* his mother bundled him off to bed.
sende|bud messenger. **-mann** ambassador.
sending *(vareparti)* consignment; **US** *(også)* shipment; *(med skip)* cargo, shipment; *(post, også)* item, parcel; article; *(radio)* broadcast; *direkte* ~ live broadcast *(el.* transmission); *gjøre i stand flere -er til* prepare more shipments for dispatch to ...; get more shipments ready for ...; get more goods ready for shipment to ...; get ready further shipments to ...
sendrektig slow; dilatory.
sendrektighet slowness; dilatoriness.
sene **1**(*anat)* sinew, tendon; **2**(*fortom)* gut; *(med*

flue på) cast; *(lang, istdf snøre)* trace *(fx* a nylon t.).

senebetennelse *(med.)* tendinitis; inflammation of a tendon; *(se senehinnebetennelse; seneskjedebetennelse).*

senehinne *(anat)* synovial membrane; *(øyets)* sclera.

senehinnebetennelse *(med.)* synovitis; *(i øyet)* sclerotitis, scleritis.

seneknute *(anat)* ganglion.

senere 1*(adj)* later; *(etterfølgende)* subsequent; *(kommende)* future; *et ~ tog* a later train; *i den ~ tid* lately, recently, of late; *i de ~ år* in *(el.* of *el.* during) recent years, of late years, in the last few years; *det er først i de ~ år at* it is not till the last few years that; **2***(adv)* later (on); *(etterpå)* afterwards; *før eller ~* sooner or later; *~ hen* later on; *ikke ~ enn* not later than; *litt ~* a little later, after a little while; some time later; *~ på året* later in the year; *ser deg ~!* **T** see you later; I'll be seeing you.

seneskjede *(anat)* synovial *(el.* tendon) sheath.

seneskjedebetennelse *(med.)* tenosynovitis, tenovaginatis; *(se senebetennelse; senehinnebetennelse).*

senest 1*(adj)* latest; *de -e meldinger* the latest reports; **2***(adv): ~ fredag* on or before Friday; not later than F.; *han kommer onsdag kveld eller ~ torsdag morgen* he is coming on Wednesday night or at the latest on Thursday morning; *~ 3. april* by *(el.* on) April 3rd at the latest; not later than April 3rd; on or before April 3rd; *~ fra 4. mai* from May 4th at the latest; *(tlgr & annonse)* from latest May 4; *~ en uke fra dato* not later than a week from today; within a w. from today; in a w. at the latest; *~ om tre uker* in three weeks' time at the latest; *~ i morges* only this morning.

senestrekk pulled ligament; straining of a tendon; *han fikk ~ i låret* he strained a tendon in his thigh; *(se forstuing; muskelbrist).*

seng bed; *~ til å slå opp* pop-up bed; *i ~* in bed; *bytte på -a* change the bedclothes; *re -a* make the bed; *gå i ~, gå til -s* go to bed; **T** turn in; **S** *(også* **US**) hit the hay; *(når man er syk)* take to one's bed; *nå vil jeg i ~* I'm for bed now; *holde -a* keep one's bed, be confined to one's bed; **T** be laid up; *jeg ble jaget opp av -a kl. 6 i dag morges (også)* they routed me out of bed at six this morning; *legge seg godt til rette i -a* snuggle up in bed; *ligge til -s med (med.)* be laid up with; *(se forte: ~ seg).*

senge|forlegger (bedside) rug. **-halm** bedstraw. **-hest** bedstaff *(pl:* bedstaves). **-himmel** tester. **-kamerat** bedfellow; bedmate; *hans lille ~ (ɔ: pike)* **T** his little bit of fluff. **-kant** edge of a bed *(fx* he sat down on the e. of the b.). **-plass** sleeping accommodation; *(se I. skaffe).* **-stige** bed-steps. **-stolpe** bedpost. **-teppe** *(som bres over senga)* bedspread, coverlet. **-tid** bedtime; *det er over ~ for deg* it's past your b. **-tøy** bedding, bedclothes. **-varme** the warmth of the bed, warmth in bed. **-væter** bed-wetter.

senhet slowness; *(sendrektighet)* slowness; dilatoriness.

senhøstes in late autumn.

senior senior.

seniorsjef senior partner.

senit zenith.

senk: *bore et skip i ~* sink a ship; *skyte i ~* sink (by gunfire); *snakke en i ~* talk sby down.

senke *(vb)* sink; let down, lower; *~ blikket* cast down one's eyes; *~ prisene* lower *(el.* reduce) prices; *~ et skip* sink a ship, kill a ship; *han -t stemmen til en hvisken* he sank his voice to a whisper; *~ seg* fall *(fx* night was falling); *med -t blikk* with downcast eyes; *~ ned (i vann)* submerge, immerse.

senke|kjøl centreboard; false *(el.* outer) keel. **-ror** drop rudder.

senking sinking; lowering, reduction; *en ~ av lønnsnivået* a reduction in the wage levels; *(se senkning).*

senkning 1*(i terreng)* hollow, dip, depression; **2.** = *senking.*

senkningsreaksjon *(med.)* (blood) sedimentation rate; *(jvf blodsenkning).*

senn: *smått om ~* gradually, little by little.

sennep mustard. **senneps|frø** mustard seed(s). **-krukke** mustard pot.

sensasjon sensation; *lage ~* cause *(el.* make) a s.

sensasjonell sensational.

sensasjonslysten sensation-seeking, avid for sensation.

sensibel sensitive, touchy; **T** thin-skinned.

sensibilitet sensitivity.

sensor 1. censor; **2***(til eksamen)* external examiner *(fx* e. e. in written English for O-level).

sensu|alisme sensualism. **-ell** sensual.

sensur 1. censoring; censorship; **2.** (list of) examination results; *-en faller i morgen* the results will be announced tomorrow; *sette under ~* (1) subject to censorship.

sensurere *(vb)* **1.** censor; **2***(gi karakter)* mark; grade; **US** grade; *(allerede rettede oppgaver, i England)* moderate;

* The Regional Board must approve the syllabus, and appoint external examiners to sample, or' moderate' the scripts.

sent *(adv)* late; *~ og tidlig* at all times; *for ~* too late; *to timer for ~* two hours late; *10 minutter for ~ ute* 10 minutes late; *komme for ~* be late, arrive too late; *komme for ~ til noe* be late for sth, miss sth *(fx* miss the train); *være ~ oppe* stay up late; *så ~ som* as late as *(fx* as l. as the 19th century); *så ~ som i går* only yesterday, as recently as yesterday; *så ~ på året* so late in the year; *som ~ skal glemmes* that will not soon be forgotten; *(se også sen).*

sentenkt slow-thinking, slow-witted.

sentens maxim, saying.

senter|bor centre (,**US:** center) bit. **-forward** *(fotb)* centre (,**US:** center) forward. **-half** centre (,**US:** center) half(-back).

sentimental sentimental; *tåredryppende ~* gushingly sentimental.

sentimentalitet sentimentality.

I. sentral *(subst)* central agency; *(tlf)* (telephone) exchange; **US** *(også)* t. central; *-en svarer ikke* I can't get through to the exchange. **-bord** switchboard; *(se sprenge).* **-borddame** telephonist; switchboard operator. **-fyring** central heating. **-fyringsanlegg** central heating plant; *(se fjernvarme).*

II. sentral *(adj)* central; *-t beliggende* centrally situated; *~ beliggenhet* central position; *vi bor -t* we live in a central *(el.* convenient) position; *vi bor -t, like ved X* **T** we're nice and near X.

sentrali|sasjon centralization. **-sere** *(vb)* centralize. **-sering** centralization.

sentralstillverk *(jernb)* (relay) interlocking plant; *(bygning)* control tower.

sentralstyre central board.

sentri|fugalkraft centrifugal force. **-fuge** centrifuge; *(til tøy)* spin drier; *tørke-* hydro-extractor.

sentring *(fotb)* pass; centre; *en ~ forover* a forward pass.

sentripetalkraft centripetal force.

sentrum *(pl: sentra)* centre; **US** center.

sentrumsbor centre (,**US:** center) bit.

sentrumspolitikk centre policy *(el.* policies); *drive ~* pursue a policy of the centre.

S

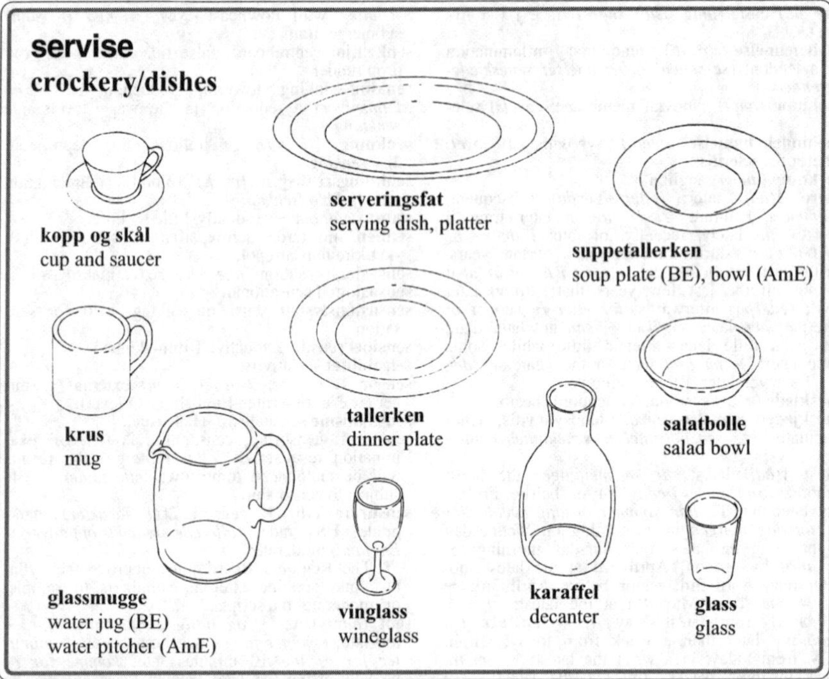

separasjon separation.
separat *(adj)* separate; *(adv)* separately; *(om postsending, også)* under separate cover.
separatfred separate peace.
separa|tisme separatism. **-tist** separatist. **-tistisk** separatist.
separator *(landbr)* cream separator.
separere *(vb)* separate.
september September; ~ *måned* the month of S.
septer sceptre.
septett septet.
septiktank septic tank, soil tank. **septisk** septic.
seraf seraph. **serafisk** seraphic.
serber Serbian, Serb.
Serbia *(geogr)* Serbia.
serbisk Serbian.
seremoni ceremony. **seremoniell** *(subst)* ceremonial; *(adj)* ceremonious, ceremonial.
seremonimester master of ceremonies, M.C.
serenade serenade.
serie series; (NB *pl:* series); set *(fx* a complete set of stamps); *(fotb)* league *(fx* match).
serieproduksjon batch production; production in batches *(el.* series).
serinakake [small tea cake]; *(se kake).*
seriøs serious *(fx* artist); *(bona fide; ekte; virkelig)* bona fide *(fx* applicant); *-t firma* reliable firm; ~ *musikk* classical music; ~ *opera* opera seria.
serk slip; *(glds)* shift; *brude-* bridal shift.
serpentin 1*(min)* serpentine; **2.** (paper) streamer.
sersjant *mil (også flyv)* sergeant *(fk* Sgt); **US** sergeant *(fk* SGT); *(se stabssersjant).*
sertifikat certificate; *skipsfører-* master's c.; *(førerkort)* driving licence; **US** driver's license.
sertifisere *(vb):* ~ *en bil* register a car.
sertifisering *(av bil)* **1.** registration (of a (new) car); **2***(periodisk kontroll)* vehicle (fitness) test *(fx* annual vehicle test on cars more than ten years old);
* Even after registration a car cannot be used on the roads until it is licensed.
serum serum.
servant washstand.
servelatpølse saveloy; polony (sausage); *(se pølse).*
server|e *(vb)* serve; *(varte opp)* wait (at table); *middagen er -t* dinner is served; *kom, det -es is* come along, there are ices going; ~ *en noe* serve sby with sth *(fx* the waiter served us with soup).
servering service; *(motsatt selvbetjening)* table service; *Hva slags ~ skal det være? – Det blir stående buffet* What kind of meal will be served? – There will be a (standing) buffet (,buffet lunch, *etc).* **-sdame** waitress. **-sluke** service hatch. **-stralle** serving trolley.
service service; *vi yter ~ på ...* we provide service for ...; we service ... **-bil** breakdown lorry *(el.* truck); S crash wagon; **US** tow truck; wrecker. **-mann** *(ved fx smørehall)* garage hand. **-stasjon** service station. **-tiltak** service; *rådgivning er et ~ overfor elever og foreldre* counselling is a service provided for pupils and parents.
serviett napkin, serviette; *rense-* tissue paper. **-ring** napkin ring.
servil servile. **servilitet** servility.
servise service, set *(fx* dinner s.).
servitrise waiter.
servitutt *(jur)* easement.
servitør waiter.
servostyring power steering.
sesjon session; attendance at (the) medical

board; *bli innkalt til ~ (mil)* come up before the medical board.

sesong season; *den stille -en* the dull *(el.* slack *el.* dead) s.; *den stille periode mellom -ene* the between-seasons lull; *den travle -en* the busy *(el.* rush) s.; *-en er snart forbi* the s. will soon be over; we are now at the end of the s.; *tiden mellom -ene* the off season; *så langt ute i -en* so late in the s.; *det er allerede langt ute i -en* the s. is already far advanced; *utenfor -en* in the off s.; *det er jordbær- nå* **T** strawberries are now in.

sesong|arbeid seasonal work. **-billett** season ticket. **-hjelp** (seasonal) casual *(fx* a Christmas c.).

sess seat; *tung i -en* slow-moving.

sete seat; *(legemsdel)* buttocks; *~ for* the seat of.

setebad hip bath, sitz bath.

setefødsel *(med.)* breech presentation.

seter 1. mountain (summer) pasture; alpine pasture *(el.* meadow); **2.** mountain *(el.* alpine) (dairy) farm.

seter|bruk mountain dairy farming; alpine d. f. **-bu** mountain *(el.* alpine) hut. **-drift** = *bruk.* **-hytte** = *bu.* **-jente** dairymaid (at a mountain farm). **-vang** [fenced-in meadow near mountain farm]. **-vei** cattle track, farm road. **-voll** = *vang.*

setning *(gram)* sentence; clause; *(mat.)* theorem; *(påstand)* thesis.

setnings|bygning sentence structure. **-lære** syntax. **-mønst|er** sentence pattern; *korrekte -re* patterns on which correct sentences are made.

setre *(vb)* keep cattle and sheep at a mountain farm.

sett 1*(subst)* set *(fx* of tools, of underwear); **2***(måte)* manner, way; *på ~ og vis* in a way; *(i grunnen)* in a sense; *(på en eller annen måte)* somehow (or other), in some way or other; **3.** jump, start; *det ga et ~ i henne* she gave a start; *med et ~* with a start *(fx* he awoke with a s.), suddenly; **4***(rekkefølge): i ett ~* all the time; *(se kjør: i ett ~)*; **5***(perf part av «se»): rent forretningsmessig ~* from a purely commercial point of view; *stort ~* broadly speaking, roughly speaking; *stort ~ pent (vær)* mainly fair; **6***(imperativ av sette 4): ~ at* ... suppose, supposing *(fx* s. he comes, what am I to say? s. it rains, what shall I do?); let us suppose that, granting *(fx* that this is true).

settbord nest of tables.

sette *vb* **1***(anbringe)* place, put, set *(fx* a cup on the table); **T** stick *(fx* just s. the vase over there); *(i sittende stilling)* seat *(fx* s. the patient on a couch); **2***(fastsette)* fix, set, appoint; **3***(anslå)* put, estimate *(til* at); **4***(anta, forutsette)* suppose *(fx* let us s. that what you say is true); *(se også oppslaget «sett» 6. ovf)*; **5***(som innsats)* put *(fx* a fiver on a horse), stake; **6***(typ)* compose, set (up) *(fx* a page); set up type; **7***(plante)* plant, sow; **8***(garn, trål, etc)* throw *(fx* the nets), cast *(fx* a net into the water); shoot;

[*A: Forb. med subst; B: med prep & adv; C: med «seg»*];

A: *artikkelen var allerede satt* the article was already in type; *~ barn på en pike* **T** get a girl with child; *~ barn til verden* bring children into the world; *jeg -r aldri mine ben der i huset mer* I'll never set foot in that house again; *~ farge på* add colour to; *~ farge på tilværelsen (også)* give *(el.* lend) zest to life; *~ en felle for* set a trap for; *~ en grense for* set *(el.* fix) a limit to, confine within a limit; set bounds to; *~ knopper* bud; *~ livet til* lose one's life; *møtet er satt* the sitting is open; the sitting is called to order; *~ punktum* put a full stop; *~ en stopper for* put a stop *(el.* an end) to; *~ en strek under noe* underline sth; *(se for øvrig under vedk. subst: blomst, bo, gang, rekord, skrekk, spiss, ære m.fl.)*;

B: *~* **av** *(passasjer)* put down, set down; discharge, deposit *(fx* a bus which has stopped to receive or d. passengers); **T** drop *(fx* I can drop you at the hotel); *~* **av** *til (et formål)* set apart *(el.* aside) for (a purpose); earmark *(fx* a sum for travelling expenses); *(om midler)* allocate to; *(til reserve)* set aside for the reserve fund *(el.* account); *(amputere)* amputate; *~* **av sted** set off; *~* **bort** *et barn (i pleie)* put a child out to nurse; *~ bort en (skole)time* hand a lesson over to a substitute *(el.* deputy); *~* **etter** set off in pursuit of, give chase to; *vi satte etter dem (også)* we cut after them; *de satte etter ham (også)* they gave chase; *~* **fast** *(arrestere)* arrest; **T** run in; *~ noe fast på noe* fix sth on sth *(fx* a lid on a box); *~ glasset* **for** *munnen* put the glass to one's lips; *~ en skjerm for* interpose a screen; *~* **fra** *(land)* shove off, push off; *~* **fram 1***(ting)* put out, set out; *~ fram mat til en* put out *(el.* get out) food for sby; *~ fram vin til en* set wine before sby; *~ fram stoler til gjestene* place chairs for the visitors; **2***(forslag)* put forward *(fx* a proposal); **3***(krav)* make, put in, put forward *(fx* a claim); *~* **høyt** value highly *(el.* greatly), rate highly, think much of, have a high opinion of; **T** think a lot of; *~* **i** *(investere)* invest in, put into *(fx* put one's money into houses); *~ i arbeid (merk: om bestilling)* put in hand; *vi skal ~ gardinene i arbeid med en gang* we will have work started on the curtains at once; *(merk)* we will put the c. in hand at once; *~ i avisen* put *(el.* insert) in the newspaper, print *(fx* the editor won't p. that); *orkesteret satte i* the band struck up; *hun satte et fiskebein i halsen* she got a fishbone (stuck) in her throat; a f. stuck in her t.; *~ i et hyl* let out a yell; *~ i å* (suddenly) begin *(el.* start) to *(fx* cry), start (-ing); *~ i å gråte (også)* burst into tears; *~ i å le (også)* burst out laughing; *~ i å synge (også)* burst into song, break into a song; *~* **igjennom** carry through *(fx* a scheme), carry into effect; effect *(fx* one's purpose *(sitt forehavende)); foreldrene har satt igjennom at* ... the parents have succeeded in *(fx* obtaining a week's holiday for their children); *vi har endelig fått satt igjennom hos sjefen at* ... we have at last succeeded in persuading the boss to *(fx* give us Saturday off); we have at last induced *(el.* prevailed upon) the boss to ...; *de fikk satt igjennom at ministeren ble avsatt* they succeeded in getting the minister relieved of his post; *~ igjennom en plan* get a plan carried out, put through a plan; *~ igjennom sin mening* gain acceptance for one's opinion; *~ sin vilje igjennom* get one's way; *~* **inn** put in *(fx* a new window pane), fit in, set in; insert *(fx* another word); coat, impregnate *(med* with); *(som innsats)* stake; *~ inn tropper* bring troops into action; *~ inn flere tog* run *(el.* put on) more trains; *det vil bli satt inn to dieselelektriske lokomotiv på Bergensbanen* two Diesel-electric locomotives will be put into service on the Oslo–Bergen line *(el.* will be added to the Oslo–Bergen service); *~ inn £5 på sparekonto* **1.** open a savings account with £5; **2.** put *(el.* place *el.* deposit) £5 in one's savings account; *det satte inn med frost* it started to freeze; *det satte inn med regn* it started to rain; it came on to rain; *det satte inn med tett tåke* (a) dense fog set in; *~ en inn i (embete)* install sby (in office); *(en sak)* give sby a briefing (about sth); *~ en inn i saken* put sby in the picture; show sby how matters stand; *~ alt inn på å* ... concentrate on (-ing), make *(el.* use) every effort to;

S

do one's utmost to; exert all one's influence to; *alle krefter må -s inn på å ...* no effort must be spared to ...; ~ *noe inn på å ...* make an effort to ...; ~ **mot** bet against (*fx* I'll bet my car against your horse); ~ *hardt mot hardt* meet force with force; ~ *skulderen mot* put one's shoulder to; ~ **ned** put down; set down; deposit; *(pris)* reduce, put down; ~ *ned prisen på en vare* lower the price of an article; ~ *ned farten* reduce speed; ~ *ned et utvalg* appoint a committee; ~ **om** *(typ)* reset; ~ *om til (oversette til)* translate into, turn into (*fx* turn it into English); ~ **opp** put up (*fx* a house, a tent, a fence); fit up; set up; *(pris)* put up, raise, advance; *det var vi som satte ham opp* (ɔ: *fikk ham til å gjøre det)* we put him up to it; ~ *opp et alvorlig ansikt* put on (*el.* pull) a grave face; ~ *opp et rart ansikt* pull a funny face; ~ *opp et uskyldig ansikt* assume an air of innocence; ~ *opp dampen* raise (*el.* get up) steam; ~ *opp farten* speed up, put on speed, accelerate; *det vil bli satt opp et ekstratog* they are running an extra train; (*jvf* ~ *inn (ovf)*); ~ *opp håret* **1.** put one's hair up; **2.** put one's hair in curlers; ~ *opp en liste* make up (*el.* draw up *el.* prepare) a list; ~ *opp en uskyldig mine* put on an innocent air, assume an air of innocence; *det er satt opp 1000 kroner i premier* prizes to the value of 1,000 kroner are offered; ~ *opp et (teater)stykke* put on a play; ~ *dem opp mot hverandre* turn (*el.* set) them against each other; make bad blood between them; *hans kone må ha satt ham opp til det* his wife must have put him up to that; ~ **over** leap (over), jump (over), clear (*fx* a ditch), take (*fx* the horse took the fence); cross (*fx* a river), ferry across (*el.* over); *(vann til kaffe, etc)* put the kettle on, put (the) water on to boil; *(tlf)* put through (*fx* I'm putting you through to the secretary); *«Er De der? – Nå -r jeg Dem over.» (tlf)* Are you there? I'm putting you through now; *(sette høyere enn)* put above (*fx* put Keats above Byron), rate higher than, prefer; *(som foresatt)* put over (*fx* put a younger man over me); ~ *partiets interesser over landets* put party before country; ~ *noe over alt* prize sth above everything; *vi -r Dem nå over til X (radio)* we now take you over to X; ~ **på** *(fastgjøre)* fix, fit on (*fx* a new tyre), affix; *det er satt hengsler på lokket* the lid is fitted with hinges; ~ *noe på noe* put sth on sth, fit sth to sth, fix sth on sth, affix sth to sth; ~ *på gata* throw out; *(om leieboer)* evict, throw (*el.* put) out on the street; ~ *en på plass* put sby in his place; **T** tell sby where he gets off; *(ublidt; med forakt)* snub sby; ~ *en på porten* throw (*el.* kick *el.* chuck) sby out; ~ *alt på ett kort* stake everything on one card (*el.* throw); put all one's eggs in one basket; ~ *hunden på en* set (*el.* sic) a dog on sby; ~ *på en kalv* raise a calf; ~ *en på tanken* suggest the idea to sby; ~ **sammen** put together (*fx* a letter, the parts of a mechanism), join (together); write, turn out (*fx* an article); draw up (*fx* a programme); *(maskin)* assemble; ~ *sammen et brukket ben* set a broken leg; reduce a (leg) fracture; ~ *sammen en god middag* put together a good dinner; ~ *sammen et togsett* marshal a train; **US** form a train; ~ **til** *(tilsette)* add; *(blande)* mix; *(om pris)* fix at (*fx* f. the price at £5); put at (*fx* I should put his income at £5,000 a year); estimate at; ~ *en til å gjøre noe* set sby to do sth, charge sby with doing sth; *to mann ble satt til å passe på ham (også)* two men were told off to watch him; *de som er satt til det* the people whose duty it is to do it; the people charged with doing it; ~ *ord til en melodi* write the words for a tune; ~ *til side* put aside (*fx* we have put the goods ordered aside in our warehouse; the goods ordered have been put aside); *(se* ~ *av til, tilsidesette);* ~ *en til veggs* get the better of sby, floor sby; *(med argumenter, også)* **T** blow sby sky-high; ~ **tilbake** put back, replace (*fx* a book); return to its place; *(i vekst, utvikling, etc)* delay, retard; *(økonomisk)* put back, check; *dette tapet har satt ham svært tilbake* this loss has hit him hard (*el.* has put him back a long way); *det har satt eleven flere måneder tilbake* it has made the pupil several months behindhand; ~ *sitt navn* **under** put (*el.* set) one's name to, set one's hand (*el.* signature) to; ~ **ut** put out (*fx* put a boat out); ~ *ut et barn* expose a child; ~ *ut skiltvakter* post sentries; ~ *ut et rykte* put about a rumour; ~ *ut av drift* put out of operation; *(se også drift);* ~ *ut av kraft* invalidate, annul, cancel; ~ *ut i livet* realize, realise, execute (*fx* a plan); launch (*fx* a programme); carry (*el.* put) into effect; put into practical operation (*fx* the people who actually put the council's decisions into practical operation); ~ *en* **utenfor** exclude sby (*fx* measures to e. foreign competitors); *han følte seg satt utenfor (fig)* he felt left out (of things); he felt out of it; ~ **utfor** *for første gang (på ski)* make one's first real downward run;

C: ~ **seg** *(ta plass)* sit down, take a seat, seat oneself; *(om fugl, etc)* perch (*fx* on a twig); settle (*fx* the butterfly settled on my hand); *(om fundament)* settle; subside; *(om støp)* set; *(bunnfelle seg)* settle (*fx* let the wine s.); ~ *seg* **bakpå** get (*el.* sit) up behind; ~ *seg* **bort** *til bordet* sit up to the table; ~ *seg* **fast** stick, get stuck; *(om maskindel, etc)* jam; *(få fotfeste)* get (*el.* gain *el.* secure) a foothold; *de satte seg fast i landet* they established themselves in the country; ~ *seg fast på* stick to (*fx* burrs stick to one's clothes); ~ *seg* **fore** *å* decide to, plan to, propose to, intend to, set oneself the task of (-ing), set out to; *han hadde satt seg fore å ...* he was concerned to; ~ *seg* **i** *bevegelse* start moving; ~ *seg i forbindelse med* get in touch with; ~ *seg i gjeld* run (*el.* get) into debt; ~ *seg i hodet at* take it into one's head that; ~ *seg i ens sted* put oneself in sby's place (,**T:** shoes); ~ *seg* **imot** oppose, protest against; resist, make a stand against; ~ *seg* **inn i** get up (*fx* get up the details of the case); study; acquaint (*el.* familiarize) oneself with; *kunne* ~ *seg inn i* enter into (*fx* sby's feelings (,ideas)); ~ *seg* **ned** sit down; ~ *seg* **opp** sit up; ~ *seg opp for natten* perch (*el.* roost) (for the night); ~ *seg opp mot* revolt against, rise against, rebel against; ~ *seg opp på* mount (*fx* a horse, a bicycle); ~ *seg* **plent:** *se plent;* ~ *seg* **på** sit down on (*fx* a chair); *(tilegne seg)* appropriate; **T** grab; ~ *seg på enden* sit down, fall on one's behind; ~ *seg på sykkelen* get on (*el.* mount) one's bicycle; ~ *seg* **til** settle down (*fx* for a talk), stay; *det ser ut som om han har tenkt å* ~ *seg til* it looks as if he intends to stay; ~ *seg til å gjøre noe* set about doing sth, set oneself to do sth; ~ *seg til bords* sit down at (the) table; ~ *seg til motverge* offer resistance, fight back, defend oneself, resist; ~ *seg til rette* settle oneself (*fx* in a chair); ~ *seg* **ut over** disregard, take no notice of (*fx* an objection, the way people talk); set aside, overrule (*fx* a decision, an objection); ignore (*fx* a prohibition); override (*fx* an objection); *(brutalt)* ride roughshod over (*fx* his objections).

sette|dommer *(jur)* substitute judge. **-fisk** [hatchery -produced fish for stocking]; *(kan gjengis)* young fish. **-garn** set net. **-kasse** *(typ)* (letter) case. **-ma-**

skin 1*(typ)* type-setting machine; linotype; **2***(for poteter)* potato planter. **-potet** seed potato.
I. setter *(hund)* setter.
II. setter *(typ)* compositor.
setteri composing room.
settskrue set screw.
severdig worth seeing.
severdigheter *(pl)* sights; *bese ~* go sightseeing.
sevje sap; *full av ~* sappy.
sex sex.
sexbombe sex bomb; *en blond ~ (også)* a blond bombshell.
sexpress sexual harassment.
sexy sexy; **S** hot; *~ kvinne* sexy woman; *ekstremt ~ kvinne* sexpot; sex kitten; *(se sexbombe).*
sfinks sphinx.
sfære sphere; *hun svever oppe i de høyere -r* she has her head in the clouds; she is up in the clouds; *(se innflytelsessfære; interessesfære).*
sfærisk spherical.
shampoo shampoo; *(se hårvask).*
sherry sherry.
shetlandsk Shetland.
Shetlandsøyene *pl (geogr)* the Shetland Isles, the Shetlands.
shetlender Shetlander.
shipping shipping.
shippingaktivitet shipping activity.
I. si: *på ~* on the side *(fx* earn money on the s.), in addition.
II. si *(pron): se sin.*
III. si *(vb)* **1.** say, speak, tell; **2***(fortelle)* tell; **3***(bety)* mean *(fx* it means a lot), signify; **4***(nevne, omtale)* mention *(fx* I had forgotten to m. that; I shall m. it to him); **5***(om ting: lyde)* go *(fx* crack went the whip);
[*A: forskjellige forb.; B: forb. med infinitiv: (å) si; C: med prep, adv, konj; D: sies; E: sagt*].
A: *~ en noe* tell sby sth; *~ en komplimenter* pay sby compliments; *så -er vi* **det!** *(ↄ: så er det en avtale)* that's settled, then! all right, then! *~ ikke det for sikkert* don't be too sure *(el.* certain) about that; *ja, det sa jeg det!* yes, that's what I said! *(reiser han?) – ja, han -er så (el. han -er det)* (is he leaving?) – so he says; *du -er ikke det!* you don't say; *(iron)* you're telling me! *det -er jeg Dem!* let me tell you! take it from me *(fx* t. it from me, you'll be sorry for this!); *hvem har sagt det?* who said that? who told you (that *el.* so)? *det -er meg ingenting* that doesn't mean anything to me; that means nothing to me; *(stivt)* that doesn't convey anything to me; *-er 'det navnet deg noe?* **T** *(også)* does that name ring a *(el.* any) bell? *~ meg det!* tell me! *jeg -er det til mor!* I'll tell mum! *det er 'det jeg alltid -er* that's what I always say; .. *og det -er ikke så lite ...* which is saying *(el.* which means) a good deal *(el.* a lot); *han sa han var* **enig** *i det alt vesentlige* he described himself as being essentially in agreement; **hva** *-er De? (ↄ: hva behager)* (I beg your) pardon; what did you say? *etter hva han -er* according to him *(el.* to what he says); *han vet ikke hva han selv -er* he does not realize what he is saying; *det var ikke godt å forstå hva hun sa, for hun lo hele tiden* one could not properly understand what she said, for she kept laughing while she spoke; *hva var det jeg sa? (ↄ: var det ikke det jeg (forut)sa?)* what did I tell you! didn't I tell you (so)? I told you so! *man kan ikke høre hva man selv -er (p.g.a. støy)* you can't hear yourself speaking; *nei, hva er det jeg -er (ved forsnakkelse)* no, what am I saying; no, listen to me; **man** *-er at* it is said that; they say that, people say that; they tell me that; *det -er man* that's what they say; *som man -er* as they say; as the saying goes; *(uttrykk for forbehold)* as you might say; *man -er så* **mangt** *(el.* **meget**) people will talk, you know! you hear all sorts of things; *han -er ikke så meget* he does not say very much; *(neds)* he has not got very much to say for himself; *hvilket ikke -er så meget* which isn't saying much; *det -er meg ikke så meget* that doesn't help *(el.* tell) me very much; that doesn't convey very much to me; *~ ikke* **mer!** say no more! *~* **sannheten** speak *(el.* tell) the truth! *~ en sannheten* tell sby the truth; *-er og skriver 10* ten – repeat ten; *~* **seg** *løs fra* dissolve one's connection with; break away *(el.* secede) from *(fx* the Commonwealth); *det -er seg selv (at)* it goes without saying (that); it stands to reason (that); it is an understood thing (that); **slikt** *-er man ikke!* **T** that's no way to talk! what a thing to say! *vel,* **som** *jeg sa, så ...* well, as I was saying ...; *som Shakespeare -er* as S. says *(el.* has it); *som ordspråket -er* as the saying goes; *gjør som jeg -er* do as I say *(el.* tell you); *jeg -er det som det er* I merely state facts; *~ en* **takk** thank sby, express one's gratitude to sby *(for* for); **unnskyld** *at jeg -er det* excuse *(el.* forgive) me saying so; *~ en* **veien** tell sby the way; **vi** *-er ti (ved fastsettelse av beløp, etc)* we'll make it ten; shall we say ten?
B: *for å ~ det som det er* to tell the truth, frankly; not to mince matters; not to put too fine a point on it; *for ikke å ~* not to say; *for ikke å ~ for meget* to say the least of it; *la meg imidlertid få ~ hvor verdifullt ...* may I say, however, how valuable ...; *hva har det å ~?* what does it matter? *jeg har ikke noe å ~* I have no say in the matter; *det har lite (,ikke noe) å ~* it counts for little (,for nothing); *det har så lite å ~* it means so little; *det har meget (el. mye) å ~* it counts for much; it means a great deal (to me, *etc); han har meget å ~ hos* he has great influence with; his word carries weight with; **T** he has (a) pull with; *det har mindre (el. ikke så meget) å ~* it does not matter so much; it does not much matter *(fx* whether you do it or not); *det hadde noe å ~ dengang* that counted *(el.* went) for sth in those days; *du har ikke noe å ~ over meg* I don't take my orders from you; *jeg har hørt ~ at* I have heard (it said) that; *du kan så ~* quite (so); yes, indeed! *hvordan kan du ~ det!* how can you say that! *ja, det kan 'du ~, det!* it's all right for 'you to say that! *du kan ~ hva du vil, men ...* you may say what you like, but ...; *jeg kan ikke ~ annet enn at ...* all I can say is that; *jeg kan ikke ~ Dem hvor det gleder meg* I cannot tell you how pleased I am; *kan De ~ meg veien til stasjonen?* can you tell me the way to the station? *det skal jeg ikke kunne ~ Dem* I wouldn't know; I couldn't tell; *jeg tør ikke ~ det bestemt* I can't say for certain; I don't know for certain; *det bedrøver meg mer enn jeg kan ~* it grieves me more than words *(el.* I) can say; it grieves me beyond expression; *(ja,) det kan man godt ~* well, in a way; *man kan ikke ~ annet enn at han gjør framskritt* there is no denying that he is making progress; you can't say that he is not improving; *ingen skal kunne si om oss at vi kaster bort tiden* nobody will be able to say that we are wasting our time; *jeg har latt meg ~ at* I have been told that; *det må jeg ~!* well, I never! good Lord! can you beat it! *(indignert)* I like that! can you beat it! *jeg må ~ jeg er overrasket* I must say I am surprised; I am surprised, I 'must say; *jeg må ~ han er ikke gjerrig* I 'will say that for him that he isn't stingy; *jeg må ~*

S

det var pent av ham (også) I call that handsome (of him); *om jeg så må* ~ if I may say so; *sant å* ~ to tell (you) the truth; if the truth must be told; as a matter of fact; *jeg skal* ~ *deg hva som hendte* I will tell you what happened; *det skal jeg* ~ *deg* I'll tell you; well, it's like this; *jeg traff ham i går, skal jeg* ~ *deg* I met him yesterday, you see; *jeg skal* ~*deg noe!* I'll tell you what! *nå skal jeg* ~ *deg en ting!* let me tell you one thing! I'll tell you what! *om jeg selv skal* ~ *det* though I say it myself (who shouldn't); *jeg skal* ~ *fra far at* ... father asked me to say that ...; *(jvf hilse fra); ja, hva skal man* ~ *til det?* well, what can one do about it? well, there it is! *skal vi* ~ shall we say ..., let us say ..., say ...; *vel, vel, la oss* ~ *£10!* all right, make it £10; *så å* ~ so to say, so to speak, as it were; *(ɔ: nesten)* practically, almost, as good as; *uten å* ~ *noe* without speaking; without saying anything; *det vil* ~ *(fk dvs.)* that is *(fk* i.e.), that is to say; that means *(fx* that means he must be ruined); *jeg kjenner ham, det vil* ~ *jeg har truffet ham noen ganger* I know him, at least I have seen him a few times; *du har å passe på, det vil jeg bare* ~ *deg!* you've got to be careful, let me tell you! *vil du* ~ *meg hvilken jeg bør ta? (også)* will you advise me which to take? *vil du dermed* ~ *at ...?* do you mean to say (*el.* do you imply) that ...? *hva mon han vil* ~*?* what will he say, I wonder? *det var nettopp det jeg ville* ~ that was just what I was going to say; *han vet hva det vil* ~ *å være fattig* he knows what it is (like) to be poor; *det er ikke godt å* ~ *når* ... there is no saying *(el.* telling) when ...; *det er ikke mer å* ~ there is nothing more to be said;

C: ~ **bort** give away *(fx* a secret); ~ **etter** repeat *(fx* r. it after me!); imitate *(fx* the parrot can i. everything you say); ~ **fra** *(gi beskjed)* say so *(fx* if you want anything, say so); say the word; *du må bare* ~ *fra* you have only to say the word; *(synge ut)* speak one's mind; speak up (in no uncertain manner), speak straight from the shoulder; ~ *fra hvis* ... let me know if ...; *gå (sin vei) uten å* ~ *fra* go without leaving word, leave without any warning; *han ville ikke* ~ *hverken til eller fra* he refused to *(el.* would not) commit himself; he would not say anything one way or the other; ~ *fra hvor du går* say where you're going; *hvis du ikke -er fra hvor du går ... (også)* if you fail to report where you're going; ~ **fram** recite *(fx* poetry); ~ **imot** contradict; *(se D);* ~ *det* **med** *blomster* say it with flowers; ~ **opp** give notice *(fx* the cook has given notice); *(jvf inngi & oppsigelse);* ~ *opp en avis* cancel *(el.* discontinue) one's paper; ~ *opp en kontrakt* terminate an agreement; ~ *opp en leieboer* give a tenant notice (to quit); ~ *opp leiligheten* give notice that one is giving up *(el.* is leaving) one's flat; *jeg har sagt opp stillingen til 1. mai* I have handed in my notice for the first of May; *ha noe å* ~ **på** *en* find fault with sby; *det eneste man kan ha å* ~ *på ham* the only thing that can be said against him; *ham er det ikke noe å* ~ *på* he is all right; *det er det ikke noe å* ~ *på* no one can object to that; that is only fair; fair enough; I don't blame you (,him, *etc);* ~ *noe* **til** *en* tell sby sth; ~ *til en at han skal gjøre noe* tell sby to do sth *(fx* tell him to come; he was told not to come); *jeg sa til ham at han skulle la være* I told him not to; *hva -er du til ...?* what do *(el.* would) you say to *(fx* having lunch now?), what about *(fx* w. about a drink?), how would it be if *(fx* we invited Smith?); *hva sa han til det?* what did he say to that? ~ *ja til* accept *(fx* an invitation); *han visste ikke hva han skulle* ~ *til det* he did not know what to make of it; ~ *til seg selv* say to oneself;

D: *det -es* that is what people *(el.* they) are saying; *det -es at* ... it is said that ..., they *(el.* people) say that; *han -es å være* ... he is said *(el.* reputed) to be ...; they say he is ...; *etter hva som -es* according to what people say; *det -es så mangt* people will talk (you know); you hear all sorts of things; *det samme kan -es om* the same holds good (in respect) of; *det kan -es at (ɔ: brukes som argument)* it is arguable that; *det kan -es meget både for og imot* there is a good deal *(el.* a lot) to be said on both sides; *det må -es å være billig* that must be said to be cheap; *det skal -es at ... (ɔ: innrømmes)* it must be admitted that ...; *så meget kan -es* this much may be said;

E: *det er blitt sagt til meg at* I have been told that; *dermed er alt sagt* that is all there is to be said about it; there is no more to be said; *dermed er det ikke sagt at* ... it does not follow that ...; *han kan få sagt det* he knows how to say these things; *han fikk sagt hva han ville* he had his say; *kort sagt* in short, briefly, to make a long story short; *det er lettere sagt enn gjort* it is easier said than done; *det er meget sagt* that is a big assertion to make; *det er for meget sagt* that is saying too much; that is putting it too strongly; that is overstating it; that is an exaggeration; I would not go as far as that; *det er ikke for meget sagt at* it is no exaggeration to say that; *mellom oss sagt* between ourselves; between you and me (and the gatepost); *jo mindre sagt om det, desto bedre* least said, soonest mended; *rent ut sagt* frankly; to tell the truth; *eller rettere sagt* or rather; *han har ikke noe han skal ha sagt* he has no say in the matter; he has no influence (on it); he doesn't matter *(el.* count); *har du mer du skal ha sagt?* is that all? *som sagt, det kan jeg ikke* as I told you, I cannot; *som sagt så gjort* no sooner said than done; it was the work of a moment.

Siam *(geogr)* Siam, Thailand. **siameser** Siamese.

siamesisk *(adj)* Siamese; *-e tvillinger* S. twins.

Sibir *(geogr)* Siberia. **sibirsk** Siberian.

Sicilia Sicily.

sicilian|er, -sk Sicilian.

sid 1*(vid)* ample *(fx* garment), full *(fx* skirt), loose-fitting *(fx* clothes; **2.** long (and loose); *(se fotsid);* **3***(om terreng)* (low and) swampy, marshy, boggy; **4:** *han er* ~ *til å drikke* **T** he's a heavy drinker.

sidde length (of garment).

side side; *(om dyr)* flank; *(i bok)* page; *(av en sak)* aspect; *han har sine gode -r* he has his good points; *jeg kjenner ham ikke fra den -n* I don't know that side of his character; *hans svake (,sterke)* ~ his weak (,strong) point; *se et spørsmål fra alle -r* examine a question in all its bearings *(el.* from all angles); study a q. from every side *(el.* angle); *fra begge -r* from both sides; by both sides *(el.* parties); *fra hvilken* ~ *man enn ser saken* whatever view one takes of the matter; *fra begge -r (om personer)* mutually; *med hendene i -n* with arms akimbo; ~ *om* ~ side by side; *legge til* ~ put aside, put on one side, put by; *ved -n av* beside, next to; *(foruten)* along with; *(like) ved -n av* next door *(fx* he lives next door to us); *(se sikker: det er best å være på den sikre siden).*

side|bane *(jernb)* branch line. **-be(i)n** rib; *dette er mat som legger seg på -a* this food sticks to the ribs. **-blikk** sidelong glance. **-bygning** annex; wing. **-dal** side valley *(fx* a s. v. off Hallingdal). **-flesk** *(ved partering)* belly (of pork); *røkt*

~ bacon; (NB *kvalitetsbenevnelser:* flank, prime streaky, thick (,thin) streaky). **-gate** side street; *en ~ til Strand* a street off the Strand, a street leading into the S. **-hensyn** ulterior motive. **-lengs** sideways. **-linje 1***(jernb)* branch line; secondary railway; **US** shortline railroad; **2***(på bane)* sideline; *(fotb)* touchline; *langs venstre ~* along the left touchline. **-lomme** side pocket.

sidelykt side light.

sidemann neighbour (,**US:** neighbor); person sitting next to one.

I. siden *(adv)* since; afterwards, subsequently; *(derpå, dernest)* then; *like ~* ever since; *lenge ~* long since; *ikke lenger ~ enn i går* only yesterday; *for et par dager ~* a couple of days ago; *for mindre enn en halv time ~* less than half an hour ago; within the last half hour.

II. siden *(prep & konj)* since; *~ hans død* since his death; *~ han ønsker å* since it is his wish to; seeing that it is his wish to; *det er tre år ~* it is three years ago; *(se også etter at).*

sidensvans *(zool)* waxwing.

sideordnende *adj (gram)* co-ordinating *(fx* conjunction).

sideordnet *adj (gram)* co-ordinate *(fx* clauses).

sider *(eplevin)* cider.

siderор *(flyv)* rudder.

siderorspedal *(flyv)* rudder pedal.

siderorstrim *(flyv)* rudder tab control.

sidespor *(jernb)* side track, siding.

sidesprang side leap; *(digresjon)* digression.

sidestille*(vb)* **1.** place side by side; juxtapose; **2***(sammenligne)* compare *(med* with, to), liken *(med* to); **3***(likestille)* put *(el.* place) *(fx* two people) on the same *(el.* on an equal) footing; *de kan ikke -s* (2) they are not comparable; *(se også sidestilt).*

sidestilling (1) juxtaposition; (2) comparison; (3) equality *(med* with).

sidestilt *(adj)* (3) co-ordinate *(fx* two c.-o. departments); on an equal footing *(med* with), (placed) on the same footing *(med* as); *(bot & zool)* lateral.

sidestykke side (piece); *(fig)* pendant, parallel, counterpart, companion (piece); *uten ~* without parallel, unparalleled, unprecedented; *dette er uten ~ i historien* there is no precedent to this in history; *(se presedens).*

side|vei byroad, branch road. **-vogn** *(til motorsykkel)* sidecar. **-værelse** adjoining room; *-t (også)* the next room.

sidlendt low-lying, swampy.

sidrikke *(vb)* drink hard, guzzle.

sidrumpa T with a seat in one's trousers.

siffer figure; *(skrift)* cipher. **-brev** letter in cipher. **-nøkkel** cipher key. **-skrift** cipher, cryptography.

sifong siphon; *(jvf hevert).*

sig *(subst)* slow motion, slight headway; *(sakteflytende væske)* gentle flow, ooze, trickle; *(bekke-)* trickle (of water); *et jevnt ~ av folk* a steady trickle *(el.* stream) of people; *et stadig ~ av vann* a steady *(el.* constant) trickle of water; *~ i knærne* giving at the knees; *gå med ~ i knærne* walk with knees slightly bent; *ha ~ forover* just move ahead; *komme i ~* begin to move, get under way; *være i ~* be in motion, be under way.

sigar cigar; **S** weed; *tenne en ~* light a cigar; *-en trekker ikke* the cigar does not draw.

sigaraske cigar ash.

sigarett cigarette; **S** fag; *~ med munnstykke* tipped c.; *~ med korkmunnstykke* cork-tipped c.; *~ uten munnstykke* plain c; *rulle en ~* roll *(el.* make) a c.

sigarett|etui cigarette case. **-munnstykke** c. holder. **-papir** c. paper. **-stump** c. end *(el.* stub); *(også* **US***)* c. butt. **-tenner** lighter.

sigar|etui cigar case. **-kasse** cigar box. **-munnstykke** cigar holder. **-spiss** cigar tip. **-stump** cigar end, stump of a c., c. stub; **US** c. butt.

sigd *(subst)* sickle.

sige *(vb)* just move; ooze, trickle; *~ fremover* move slowly (forward); *~ igjen* close slowly; *karene seig inn etter hvert* the men drifted in gradually; *stimen -r inn* the shoal gradually makes its way inshore; *~ inn over (om tretthet, etc)* steal upon; *~ ned* sag, settle slowly; *~ over ende* sink to the ground; *~ sammen* collapse; *~ tilbake* sink back; *isen har seget fra land* the ice has drifted away from the shore.

sigel *(i stenografi)* phonogram.

sigen *(sliten)* tired; exhausted.

sigende report, rumour (,**US:** rumor); *etter ~* from what I (,we, *etc)* hear; *etter eget ~* by his (,her, *etc)* own account.

signal signal; *gi ~* signal, give a signal.

signalbilde *(jernb)* signal aspect, s. indication.

signalement description.

signalere *(vb)* signal.

signalhorn horn.

signalisere *(vb)* signal.

signalskive *(jernb)* signal disc.

signalstiller *(jernb)* signal indicator.

signalsystem signalling system.

signalåk *(jernb)* signal gantry, signal bridge; *(se ledningsåk).*

signatur signature.

signe *(vb)* make the sign of the cross over; bless.

signekjerring wise woman.

signere *(vb)* sign; *(se undertegne).*

signet seal, signet.

sigøyner gipsy; *(især* **US***)* gypsy. **-aktig** gipsy-like, Bohemian. **-inne** gipsy (,**US:** gypsy) woman. **-liv** gipsy life. **-pike** gipsy girl. **-språk** gipsy language, Romany.

sik *(fisk)* gwyniad.

sikade *(zool)* cicada.

sikkativ siccative, drier, drying agent.

sikkel slobber, slaver, drivel.

sikker *adj (se også sikkert);* **1***(trygg, utenfor fare)* safe, secure; **2***(pålitelig, drifts-)* reliable, dependable; **3***(viss)* sure, certain; **4***(fast, uryggelig)* firm, positive; *(om person)* reliable, trustworthy; *(i sin opptreden)* confident, assured; **5***(som ikke slår feil)* sure, certain, reliable, unfailing, unerring; **6***(som holder, bærer)* safe *(fx* is the ice safe?); **7***(som ikke skjelver eller vakler)* steady *(fx* with a s. hand); *~ dømmekraft* unerring judgment; *sikre fordringer* good debts; *i ~ forvaring* in safe keeping; *(om fange)* in safe custody; *i den sikre forvissning at* in the certain assurance that; confident that; *~ fremtreden* confident bearing, confidence, poise, aplomb, self-possession; *på ~ grunn* on sure ground; *en ~ inntekt* an assured income; *et -t instinkt for* an unerring instinct for; *et -t papir* a good security; a safe investment; *(ofte =)* a gilt-edged security; *en ~ pengeanbringelse* a safe *(el.* sound) investment; *det er helt -t* that's a dead certainty; *så meget er -t* that *(el.* this) much is certain; *så meget er -t at ...* so much is certain that ...; *er det -t?* are you sure *(el.* certain) (of that)? is that a fact? *det er -t og visst* it's dead certain; there's no doubt about it; (ɔ: *det har du rett i)* yes indeed! how right you are! **US S** you said it! *det er så -t som jeg står her* it's dead certain; **T** it's as sure as eggs is eggs; *det er det sikreste* that will be the best plan; *det er best å være på den sikre siden* it is better to be on the safe side; it is better to play safe; *sikre stikk (kort)* sure win-

S

ners; *et -t tegn på at* a sure sign that; *ha en ~ tro på* have a firm belief in;
[*Forb. med prep*] ~ **for** secure from (*el.* against); safe from (*fx* attack); *være* ~ **i** *noe* master sth, be well up in sth; *han er ~ i sin sak* he is quite sure; he is sure of his ground; *et -t middel* **mot** a sure (*el.* certain) cure for; ~ *mot vann* proof against water, waterproof; *føle seg ~ på at...* feel confident (*el.* sure) that... feel reassured that...; *være* ~ **på** *noe* be sure of sth, be certain of sth, be positive of sth, be satisfied of sth (*fx* I am s. of his honesty); *hvis man forbyr ham det, kan man være helt ~ på at han (går hen og) gjør det* if it is forbidden him, he is absolutely certain to (go and) do it; *det er jeg nå ikke helt ~ på* I'm not so sure; *jeg er ikke så ~ på at (også)* I don't know that (*fx* I don't k. that I want to be rich); *være ~ på bena* be steady on one's legs; *(om atlet, hest, etc)* be sure-footed; *er du ~ på det?* are you sure (of that)? *være ~ på hånden* have a steady hand.

sikkerhet safety, security; *(visshet)* certainty; *(selvtillit)* assurance, confidence; *for -s skyld* for safety's sake, to be on the safe side, as a (matter of) precaution; *bringe i ~* carry into safety, remove out of harm's way, secure, make safe; *komme i ~* get out of harm's way, reach safety, save oneself; *med ~* with certainty, for certain; *vite med ~* know for certain, know for a certainty, know for a fact; *en 1. prioritet på £2000 med ~ i* a first mortgage of £2,000 secured on (*fx* the Company's property); *mot ~ (ɔ: garanti)* on security; *som ~ for* as security for (*fx* a debt); *som ~ for tilfelle av misligholdelse av leiekontrakten* as a guarantee against any breach of the tenancy agreement; *stille ~ for* guarantee, furnish security for.

sikkerhetsbelte seat belt; *feste for ~* seat belt anchorage.

sikkerhetsbyrå: *det nasjonale ~* **US** the National Security Agency; the NSA; *(jvf sambandssenteret).*

sikkerhets|foranstaltning precautionary measure; security step. **-lenke** safety chain. **-nål** safety pin. **-sele** *se -belte.* **-ventil** safety valve; *(se ventil 3).*

sikkerlig: *se sikkert.*

sikkert *adv (se også sikker)* **1**(*uten fare el. risiko)* safely; *han kjører ~* he is a safe driver; **2**(*utvilsomt)* for certain, for a certainty, for a fact (*fx* I know it for a fact), (most) certainly; *(uttrykkes ofte ved)* be certain to (*fx* he is c. to come), be sure to, be bound to (*fx* he is b. to turn up some time); *De vil ~ være enig i at* you will, I feel sure, agree that; **3**(*formodentlig)* probably, very (*el.* most) likely, I suppose (*fx* I s. he will do it); *(sterkere)* almost certainly, in all probability; *(uttrykkes ofte ved)* be likely to (*fx* he is l. to win); stand to (*fx* we s. to lose by it); I am sure (*fx* I am s. you will win); *det ville han ~ like enda mindre* he would like that even less; *De venter ~ at jeg skal* no doubt you expect me to; *De har ~ rett* you are no doubt right; **4**(*uten å vakle)* steadily (*fx* walk s.); *langsomt men ~* slowly but surely; (NB «slow and steady does it!»); **5**(*om opptreden)* self-confidently, with complete self-assurance, with aplomb.

sikle *(vb)* slobber, slaver, drivel; dribble (*fx* babies often d. at the mouth).

siklesmekke bib.

sikling (cabinet) scraper (*fx* dress sth with a s.).

sikori *(bot)* chicory; **US** curly endive.

sikre *vb* **1**(*beskytte)* secure (*fx* we are secured against loss); safeguard (*mot* against, from); secure the safety of; *(ved bevoktning)* guard; *(konsolidere)* consolidate (*fx* one's position); *(trygge økonomisk)* secure; guarantee; make provision for; **2**(*skaffe)* ensure (*fx* e. him enough to live on), secure (*fx* an advantage for a friend); **3**(*sørge for)* ensure (*fx* that the law is carried out), secure (*fx* a good sale); **4**(*skytevåpen)* apply the safety catch, half-cock (*fx* a rifle); put (*fx* a rifle) at safety; *-t (om skytevåpen)* at safety; *~ ens fremtid* provide (*el.* make provision) for sby; ~ **seg** provide for one's safety, protect oneself, take precautions; secure (*fx* we have secured a good agency), make sure of (*fx* you should m. sure of these 20 pieces; m. sure of his support); *~ seg at* make sure that; satisfy oneself that; *~ seg ens hjelp* enlist sby's help; get sby to help one; *~ seg ens person* secure sby's person; *~ seg mot noe* secure oneself against sth (*fx* interruption); provide against (*fx* accidents).

sikring **1**(*det å beskytte)* protection; securing (*mot* against, from), safeguarding; **2**(*elekt)* fuse; **3**(*på skytevåpen)* safety (catch) (*fx* he got the s. off his pistol and fired); **4**(*jur)* preventive detention (*fx* 5 years' p. d.); *få en ~ til å gå* (2) blow a fuse; *-en er gått* the fuse has blown; **T** the light has fused; *heve -en* (3) release the safety catch (*fx* of a rifle).

sikrings|anlegg *(jernb)* railway signalling plant (*el.* installation), interlocking plant; *(se stillverk).* **-anordning** safety device. **-anstalt** institution for preventive detention. **-boks** *(elekt)* fuse box. **-fond** guarantee fund. **-mekanisme** safety mechanism (*el.* device).

siksak zigzag; *bevege seg i ~* zigzag. **-linje** zigzag line. **-lyn** chain (*el.* forked) lightning; *(se lyn).*

I. sikt **1**(*merk)* sight; **2.** visibility; view; *dårlig ~* restricted view; *det er god ~* (2) visibility is good; **etter** ~ after sight (*fx* 30 days after s.); **på** *30 dagers ~* at 30 days' sight, at 30 d/s; **på kort** ~ at short sight; *(fig)* in the short term; on a (*el.* the) short view; *veksel på kort ~* short (-dated) bill; *bedømme noe på kort ~* take a short view of sth, take a short-range view of sth; *om ikke akkurat på kortere ~* though not in the near future, if not in the short term (*fx* home industry, which ultimately, if not in the short term, will have to compete with the emergent nations); **på lang** ~ *(fig)* on a (*el.* the) long view; far ahead (*fx* they are planning far ahead); *arbeide på lang ~* plan far ahead, take a long view, follow a long-term policy; **på lengre** ~ in the longer term; *virkningene av krisen på lengre ~* the long-range (*el.* long-term) effects of the crisis; *hans politikk på lengre ~* his long-view policy; *han har øyensynlig kommet hit på lengre ~* he has obviously come here with the idea of staying for a time; **ved** ~ at sight (*fx* payable at s.), on demand, on presentation.

II. sikt *(sil)* sieve; strainer.

siktbar clear.

siktbarhet visibility; *(se I. sikt 2).*

I. sikte *(subst)* **1.** sight; **2**(*mål)* aim; **3**(*på skytevåpen)* sight; *i ~* in sight; *få land i ~* sight land; *ha land i ~* be in sight of land, sight land; *ha i ~ (fig)* have in view; *en politikk som har de lange mål i ~* a long-term policy; *ute av ~* out of sight; *ta ~ på å* aim at (-ing); *med ~ på* with a view to.

II. sikte *(vb)* **1.** sift; pass through a sieve; *(mel; også)* bolt; *-t hvetemel* sifted white flour; **2** *(granske)* sift, screen (*fx* applicants are screened by a committee); *forfatteren burde ha -t sitt materiale bedre* the author ought to have sifted his material better.

III. sikte *vb (mot mål)* aim (*på* at), take aim; *(om landmåler)* sight, point, aim; *~ etter noe* aim at sth; *~ godt* aim straight, aim accurately, take accurate aim; ~ *høyt (også fig)* aim high; ~ *høyere (også)* look higher *(fx* she married a farm hand, but she might have looked higher); ~ *lavt (også fig)* aim low; ~ *mot (el. på)* aim at, draw a bead on *(fx* sby); ~ *på noe (også fig)* aim at sth; ~ *til (hentyde til)* allude to, mean, be talking about; *er det meg De -r til (,kanskje)?* are you (possibly) referring to me? *hva -r du til? (også)* what are you driving *(el.* getting) at?

IV. sikte *vb (jur):* ~ *for* charge with; *-t for* charged with, on a charge of *(fx* theft); *han er -t for* he is charged with, he is *(el.* stands) accused of; *han er -t for en forbrytelse* he is charged with a crime; he is on trial.

siktede *(jur): den* ~ the accused, the defendant.

sikte|korn *(på våpen)* foresight. **-linje** line of sight.

siktelse charge, indictment; *(jvf I. påtale).*

siktemel bolted flour.

siktepunkt purpose, aim; *ordboken har i første rekke et praktisk* ~ the dictionary is first and foremost practical in purpose *(el.* approach); *(se snarere).*

sikteskår *(på våpen)* notch of the rear sight.

sikttratte *(merk)* sight draft.

siktveksel *(merk)* sight bill, bill (payable) at sight; demand bill; sight draft.

sil strainer, filter.

sild *(fisk)* herring; *(så) død som en* ~ as dead as a doornail; *ikke verdt en sur* ~ not worth a brass farthing; *som* ~ *i (en) tønne* packed like sardines (in a tin).

silde|anretning assorted herrings *(pl).* **-be(i)n** *(også om mønster)* herringbone. **-fiske** herring fisheries. **-konge** *(fisk)* ribbon fish, oarfish; king of the herrings. **-lake** herring brine. **-mel** herring meal. **-not** herring seine. **-olje** herring oil.

silder purl, trickle; *(bekke-)* small brook.

silde|salat [salad of sliced pickled herring, beetroot, onion, etc]. **-steng** catch of herring *(fx* there has been a big c. of h. in the fjord); *(jvf notsteng).* **-stim** shoal of herrings, herring shoal.

I. sildre *(bot)* saxifrage.

II. sildre *(vb)* trickle, murmur.

silduk straining cloth.

sile *(vt)* strain, filter.

sileklede filtering cloth, straining cloth.

silhuett silhouette.

silke silk. **-aktig** silky. **-kubb** *(forst)* clean-barked pulpwood, sap-peeled pulpwood. **-fløyel** silkvelvet. **-kjole** silk dress. **-orm** *(zool)* silkworm. **-papir** tissue paper. **-tøy** silk fabric.

silo silo.

silregn steady, pouring rain.

silvev *(bot)* phloem.

simle *(zool)* female reindeer.

simmerring *(oljefjær, oljefangring)* oil seal.

simpel plain, simple; *(alminnelig)* common, ordinary; *(ringe, tarvelig)* poor, humble, ordinary; inferior, bad; vulgar; *-t flertall* a simple majority; *han er en* ~ *fyr* he is a common fellow; *det var -t gjort av deg* that was mean of you; *av den simple grunn at* for the simple reason that; *-t snyteri* **T** daylight robbery *(fx* £15 for this article is daylight robbery).

simpelhet plainness, simplicity; commonness, meanness.

simpelthen *(adv)* simply.

simplifi|sere *(vb)* simplify. **-sering** simplification.

simulant simulator; malingerer; **T** scrimshanker.

simulere *(vb)* simulate, feign.

sin, *sitt; pl: sine (pron)* his *(fx* he took his hat; each of them took his hat; each of us took his hat); her, *(substantivisk)* hers *(fx* she took her hat; she took my hat and hers); its *(fx* it has its own function); one's *(fx* hurt one's finger; do what one likes with one's own); *sine* their, *(substantivisk)* theirs *(fx* they took their books; they took my books and theirs);

[*Forskj. forb.*] *ernære seg og sine* support oneself and one's family *(el.* one's dear ones); *hver fikk sitt værelse* each was given a separate room; *gi enhver sitt* give everyone his due; *gjøre sitt (til noe)* do one's share (,**T:** bit) (towards sth); *dette gjør sitt til å ...* this helps *(el.* tends *el.* conduces) to ...; *gå sin vei* leave; go one's way *(fx* he went his way); *han gikk sin vei (også)* he left; *de gikk hver sin vei* they went their several *(el.* separate) ways; they separated; *det har sin sjarm* it has a charm of its own; there is sth attractive about it; *det (,han) har sine grunner* there are (,he has) good reasons for it; *han håpet engang å kunne kalle henne sin* he hoped to win her; *Herren kjenner sine (bibl)* the Lord knoweth them that are his; *passe sitt* mind one's own business; *det tar sin tid* it will take some time; it's not done in a hurry; *han tenkte sitt* he had his own ideas (on the subject); *han tjener sine femti tusen i året* he earns his fifty thousand a year; he makes (a cool) fifty thousand a year;

[*Forb. med prep*] **i** *sin og sine venners interesse* in his own interest and that of his friends; *i sin alminnelighet* in general, in a general way, generally; *i sin tid (fortid)* once, formerly, in the past, at one time; *(den gangen)* at the time; *vi mottok i sin tid ...* we duly received ... we received in due course; *de var venner i sin tid* they used to be friends (at one time); *ha sitt* **på** *det tørre* have nothing to worry about; *tenke på sitt* be occupied with one's own thoughts; *på sine steder* in places, here and there, sporadically; *holde på sitt* stick to one's point (,**T:** one's guns); *hjem* **til** *sitt* home; *de gikk hver til sitt* they went their several *(el.* separate) ways; they separated; *bli* **ved** *sitt: se ovf: holde på sitt.*

sinders patent coke; cinder.

sindig calm, careful; deliberate, steady, sober (-minded). **-het** calm, calmness (of mind); steadiness, soberness.

sinekyre sinecure. **-stilling** sinecure.

singaleser *(person fra Sri Lanka (Ceylon))* Singhalese.

singalesisk Singhalese.

singel *(grov sand)* coarse gravel, shingle.

sing(e)l *(singling)* jingling, tinkling *(fx* of falling glass).

single *(vb)* jingle, tinkle.

singularis *(gram)* (the) singular.

sink *(min)* zinc.

I. sinke *(subst)* backward *(el.* retarded) pupil; **US** reluctant *(el.* slow) learner; *jeg er en ren* ~ *i sammenligning med ham* I simply am not in it with him; I'm not a patch on him.

II. sinke *vb (forsinke)* delay, impede the progress of; *(utviklingen)* retard.

III. sinke *vb (snekkeruttrykk)* dovetail.

sink|etsing zinc etching. **-holdig** zinciferous. **-hvitt** zinc white. **-plate** zinc plate *(el.* sheet).

sinn mind; temper; disposition; *et lett* ~ a buoyant disposition; *skifte* ~ change one's mind; *i sitt stille* ~ inwardly, to oneself, secretly, in one's secret heart; *jeg lovte i mitt stille* ~ *at* I registered a vow that ...; *ha i -e* intend, mean, propose; *han har (v)ondt i -e* he means mischief; he means no good; *i sjel og* ~ to the core, through and through; *sette -ene i bevegelse* cause a stir; *(iron)* flutter the dovecotes; *etter at -ene var falt til ro* after people had calmed down; *(se sjel; III. stri; syk).*

sinna *se sint.* **-skrike** *vb (om barn)* have a scream-

S

ing fit. **-tagg:** *han er en* ~ he's hot-blooded; he's irascible; *(lett glds)* he's a hothead.
sinnbil(le)de symbol, emblem.
sinnbilledlig symbolic(al), emblematical.
sinne anger, temper; *fare opp i (fullt)* ~ flare up, fly into a passion; *svare i* ~ answer in a fit of temper.
sinnelag disposition, temper.
sinneri fit of anger.
-sinnet -phile *(fx* Anglophile); pro- *(fx* pro-German), with *(fx* Danish) sympathies.
sinnrik ingenious, clever. **-het** ingenuity, cleverness.
sinns|bevegelse emotion, excitement, agitation. **-forvirret** mentally deranged, unhinged, distracted, insane; **T** loony; *(se sprø)*. **-forvirring** mental derangement, distraction; *lettere* ~ mental aberration. **-lidelse** mental disorder. **-likevekt** mental balance, equanimity. **-opprør** tumult (of mind), (state of) agitation *(fx* be in a state of agitation).
sinnsro equanimity, calm, coolness, cool-headedness, imperturbability; *da stryk ikke forekommer, går de til eksamen med den største* ~ as it is impossible to fail, they sit for their examinations with the greatest confidence.
sinnsstyrke strength of mind.
sinnssvak 1. insane, mad; **2.** absurd, preposterous; *det var da helt -t (å bære seg at på den måten)* what a mad thing to do.
sinnssyk insane, mentally deranged; *(i lettere grad)* mentally disordered; *en* ~ an insane person, a mentally deranged person, a madman (,a madwoman), a lunatic.
sinnssykdom mental disease *(el.* disorder); *(som bevirker galskap)* insanity, mental derangement.
sinnstilstand state of mind, frame of mind.
sinober *(stoff)* cinnabar. **-rød** vermilion.
sint angry *(for* about, *på* with); **US T** mad *(fx* she is mad at me); *bli* ~ get angry; *han blir fort* ~ he's (got) a hot temper; he gets angry very quickly *(el.* easily); he soon gets angry; he's hot-tempered; ~ *som en tyrk* (as) angry as a bear with a sore head; *han blir* ~ *for ingenting* he gets angry over nothing; *god og* ~ good and angry.
sinus 1*(anat)* sine; **2***(mat.)* sinus.
I. sippe *(subst)* blubberer, sniveller; whiner.
II. sippe *(vb)* blubber, snivel.
sippet(e) whining.
sirat ornament.
siregn steady, pouring rain.
sirene siren; *(fabrikk-)* (factory) hooter.
sirenetone: *en stigende og fallende* ~ a rising and falling sound of sirens.
siriss *(zool)* cricket.
Sirius Sirius.
sirkel circle; *slå en* ~ describe a circle. **-bue** circular arc. **-formet** circular. **-periferi** circumference (of a circle). **-rund** circular.
sirkelsag circular saw; *(se sag)*.
sirkeltrening circuit training.
sirkulasjon circulation.
sirkulasjonsplate *(i ovn)* flue baffle.
sirkulere *(vb)* circulate.
sirkulærakkreditiv circular letter of credit.
sirkulære *(rundskriv)* circular; *meddele pr.* ~ circularize.
sirkumfleks circumflex.
sirkus circus.
sirkus|artist circus performer. **-direktør** circus manager *(el.* master). **-manesje** circus ring. **-telt** circus tent; *det store -et* the big top.
sirlig neat, tidy, orderly.
sirlighet neatness, tidiness, orderliness.
sirs print, printed calico.
sirup (golden) syrup; *mørk* ~ (black) treacle; **US** molasses; *(jvf melasse)*.
sirupssnipp [thin diamond-shaped biscuit made with syrup and spice]; *(kan gjengis)* syrup gingersnap; *(jvf pepperkake)*.
sisel|ere *(vb)* chase; *(bokbinderuttrykk)* tool; *-ert snitt* tooled edges.
siselør chaser.
sisik *(zool)* siskin.
sisselrot *(bot)* common polypody.
I. sist *(adj)* last; *(av to)* latter *(fx* the latter half of June); *(endelig, avsluttende)* last, final *(fx* put the f. touch to sth); *(nyest)* latest *(fx* the latest models; his latest book); **aller** ~ last of all; **de** *to -e* the last two; **den** *-e* the last (man, *etc); den -e som kom* the last to arrive, the l. who arrived, the l. comer; *den -e som så ham* the last who saw him, the l. to see him; *den aller -e* the very last; *(nyeste)* the very latest; *den nest -e* the last but one; **det** *-e* the last (thing); *det var det -e jeg ville gjøre* that is the last thing I should do; *ligge på det (el. sitt) -e* be near one's last, be at death's door; *til det -e* till *(el.* to) the last; *kjempe til det -e* fight to a *(el.* the) finish; *Deres -e brev* your last letter; *de -e dager før jul* the last few days before Christmas, the few days immediately preceding Christmas; *de -e dager i hver måned* the last days in *(el.* of) each month; *det har regnet de -e dagene* it has been raining for *(el.* during) the past *(el.* last) few days; **T** it's been raining these last few days; *de -e dagene i juni* the last days of June; *de -e dagers hellige* the Latter-Day Saints; *-e del av eksamen* the final part of the examination; (the) final(s) *(fx* he is studying for his finals); *-e frist: se frist; -e nytt* the latest news; *(om motenytt)* the latest fashions; *har du hørt -e nytt?* have you heard the latest? *-e uke* (ɔ: *forrige)* last week, the past week; *som en -e utvei* as a last resource; *hans -e vilje* his last will and testament; *(nå) -e vinter* during the past winter; *hans -e ønske* his dying wish, his last wish;
[*Forb. med prep*] ~ *i juli* late in July, in late July; towards the end of July; ~ *i måneden* late in the month, in the latter part of the m.; at the end of the m.; ~ *i tjueårene* in the late twenties; *i det -e* recently; *(især spørrende el. nektende)* lately; *vi har ikke fått noen ordrer fra Dem i det -e* we are without any recent orders from you; *i løpet av de* ~ *månedene* during the past *(el.* last) few months; *i et av de -e årene* in a recent year; ~ *på sommeren* late in the summer; *synge på -e verset (fig)* be on one's last legs.
II. sist *(adv) da jeg* ~ *så ham* when I last saw him; the last time I saw him; when I saw him last; *når var du* ~ *syk?* when were you last ill? *det er lenge siden* ~ it's a long time since we met *(el.* since I've seen you); it's been a long time since last we met *(el.* saw one another); **takk for** ~ **1.** [thank you for (your hospitality) the last time we were together]; **2**(ɔ: *like for like)* tit for tat; *(se for øvrig takk); komme* ~ come last; ~ *men ikke minst* last, (but) not least; *likeså godt først som* ~ just as well now as later; *fra først til* ~ from first to last; *til* ~ at last, finally, in the end; eventually, ultimately; *(langt om lenge)* at long last, at length; *(etter de andre)* last *(fx* he came last); *(i slutten)* at the end *(fx* of the letter); *gjemme noe til* ~ save sth till the last; *til syvende og* ~ finally, at last; *(fig)* when all is said and done; in the last resort *(fx* in the l. r. it is a question of energy); .. *og til* ~ *vil jeg nevne at* .. and finally *(el.* lastly) I will mention that ...; *stå* ~ *på listen* be the last on the list, be at the bottom of the list.

sistemann the last one; *vil ~ slukke lyset?* will the last one switch *(el.* turn) off the light? *~ på hver rad samler inn stilbøkene* the last person in each row will collect the exercise books; *(se også skanse).*
sisten *(lek)* tag; *leke ~* play tag, play he *(el.* it); *den som har ~* the tagger; *du har'n!* you're it *(el.* he)!
sist|leden last *(fx* in March last). **-nevnte** the last-mentioned; *(av to)* the latter. **-på** *(adv)* at last, finally.
sisu stamina, perseverance.
Sisyfos *(myt)* Sisyphus.
sisyfosarbeid Sisyphean labour *(el.* task).
sitadell citadel.
sitant *(jur)* plaintiff; *(se saksøker).*
sitar *(mus)* zither.
sitat quotation; *slå om seg med -er* throw quotations about.
sitere *(vb)* quote; *~ galt* misquote *(fx* an author, a passage).
sitre *(vb)* tremble, quiver; *(se skjelve).*
sitring trembling, quivering.
sitron *(bot)* lemon; *revet skall av ~* grated lemon rind; *(se II. rive).*
sitron|fromasj *(omtr =)* lemon mousse. **-gul** lemon-coloured. **-presse** lemon squeezer. **-saft** lemon juice. **-skall** lemon peel; *(se sitron).* **-skive** slice of lemon, lemon slice. **-syre** *(kjem)* citric acid.
sitt *se sin.*
sitte *vb (se også sittende)* **1.** sit, be seated; *(om fugl el. som en fugl, også)* perch *(fx* on the arm of a chair); *vil du ikke ~?* won't you sit down? **2***(om ting: være anbrakt)* be *(fx* the key was in the door); **3***(bli husket)* stick; **4***(om regjering)* be in office; **5***(ikke falle ut, fx om spiker)* stay in, stay put, hold; *en spiker som -r godt* a nail that holds well; **6***(om bemerkning: ramme)* go home *(fx* that remark went home); *den satt! (også)* that touched him (,her, *etc)* on the raw; that got under his (,her, *etc)* skin; **7***(i forb med vb)* be -ing *(fx ~ og lese* be reading); *(når den sittende stilling poengteres)* sit -ing *(fx* sit reading); *han satt og leste (også)* he was in the middle of reading; *de satt og snakket* they sat talking, they were talking, they were sitting talking;
[*Forb. med adv & prep*] *~* **dypt** *(om svulst, etc)* be deep-seated; *~* **dårlig** *(om klær)* be a bad fit, be ill-fitting; *(i kino, teater, etc)* have a bad seat, be badly seated; *~* **fast** stick, be stuck; *~ fast i isen (om skip)* be stuck in the ice, be ice-bound; *~ (modell)* **for** *en maler* sit for a painter; *~* **godt** *(i kino, teater, etc)* have a good seat; *(om fx spiker)* hold well; *(se ovf: 5); (om klær)* fit; *den -r godt (fx om jakke)* it's quite a good fit; *~ godt etter (om klær)* fit smoothly; *~* **hjemme** stay at home; *nøkkelen -r* **i** the key is in the lock; *korken -r i* the cork is in the bottle; *den platen skruen -r i* the plate in which the screw is fixed; *~* **dårlig i det** *(økonomisk)* be badly off, be in straitened circumstances; **T** be hard up. *~* **fint i det** *(iron)* be in a spot *(el.* fix *el.* mess), be in a pretty pickle; **S** be in the soup; *nå -r du fint i det!* **T** you've cooked your goose! *~* **godt i det** *(økonomisk)* be comfortably *(el.* well) off; *folk som -r godt i det* well-off people, well-to-do people; *~ trangt i det* be badly off, be in straitened circumstances; *~* **vanskelig i det** be in financial difficulties, be in embarrassed circumstances; **T** be in Queer Street; be hard up; *~* **i fengsel** be in prison *(el.* jail); *~* **i gjeld** *(til oppover begge ørene)* be (head over ears) in debt; *~* **i hell** *(i spill)* be in luck, have a run of luck; **T** have a break; *~ i en komité* sit *(el.* be) on a committee; *sykdommen -r i* **lungene** the disease is seated in the lungs; it is the lungs that are affected; *~* **i Parlamentet** sit *(el.* be) in Parliament; *~* **i regjeringen** hold ministerial rank; *så lenge han -r (,satt)* **i stillingen** during his tenure of office; *~ noe* **i stykker** break sth by sitting on it; *~* **i uhell** be in bad luck; have a run of bad luck; *~* **igjen** be left (behind) *(fx* she was left a widow with five children); *(på skolen)* be kept in, have to stay in *(fx* he had to stay in for an hour today), be detained *(fx* lazy pupils are sometimes detained at school to do extra work after ordinary lessons are finished); *hos meg har det blitt -nde igjen svært lite av den historien jeg lærte på skolen* very little of the history I learnt at school has stuck in my memory; *(se også sittende ndf); ~ igjen med det inntrykk at ...* be left with the impression that ...; *~* **inne** keep *(el.* stay) indoors, stay at home; *(være i fengsel)* be in prison *(el.* jail); *~ inne med* hold *(fx* hold shares; h. the key to the puzzle; h. a record); possess *(fx* a document), be in possession of, be possessed of *(fx* ample means); *vinduet satt svært* **lavt** the window was very low; *~* **løst** be loose *(fx* the stone (,the tooth) is l.); *(om klær)* be a loose fit; *~* **med** *noe* **1***(ɔ: være belemret med)* be saddled with; have sth on one's hands; **2***(ha)* have *(fx* have a large income); *~ med en stor gjeld* be deeply in debt; *~ med lav husleie* pay a low rent; *~ med nøkkelen til gåten* hold the key to the puzzle; *~ med ryggen til en* sit with one's back to sby; *~* **ned** *(ɔ: sette seg)* sit down, take a seat; *sitt ned!* please sit down! do sit down! **T** take a pew! *vinduet satt meget langt nede* the window was very low to the ground; *~* **oppe** sit up (late); *~ oppe og vente på en* sit *(el.* wait) up for sby *(fx* I don't know when I shall be back – don't wait up for me); *sitt* **ordentlig!** sit properly! behave yourself! *~* **over** *(i spill)* sit out *(fx* three people will have to sit out this time); *(kort)* be dummy; *~ over en dans* sit out a dance; *~* **overfor** *en ved bordet* face sby across the table; sit opposite sby; *~ over skrevs på noe* sit astride (on) sth, straddle sth; *sitt* **pent!** *(sagt til barn)* sit still and don't fidget! *(jvf ~ urolig);* sit properly! behave yourself! *(til hund)* beg! *~* **på** *noe* sit on sth *(fx* a bench, a chair); *(ikke ville gi det fra seg)* hold on to sth; *vil du ~ på?* would you like a lift? may I offer you a lift? *jeg lot ham ~ på et lite stykke* I gave him a lift (for) a little *(el.* short) way; *får jeg ~ på et lite stykke, da?* may I have a lift (for) a little way, please? *la en fornærmelse ~ på seg* pocket *(el.* sit down under) an insult, take an insult lying down; *det vil jeg ikke ha sittende på meg (også)* I won't have anybody believe that of me; *~ på huk* squat; *~ på spranget (om katt, tiger, etc)* crouch for a spring; *(fig)* be all alert; *~ som på nåler* be on tenterhooks; *~* **rett** be straight *(fx* your tie isn't straight); *(om person)* sit straight; *omsider fikk hun hatten til å ~* **riktig** at last she got the hat right; *~* **skjevt** be awry; *~* **stille** sit still, keep still, be still *(fx* he is never still for a minute); *sitt stille med bena!* keep your feet quiet! *~* **stramt** *(om tøy)* fit tightly, be a tight fit; *~ tett: se tett; ~* **til bords** sit *(el.* be) at table; *~ til doms over* sit in judg(e)ment on; *~ til hest* be on horseback, be mounted; *~ til rors* be at the helm; *~* **urolig** *(ɔ: virke nervøs)* fidget; *~ tiden* **ut** *(fx i et embete)* continue for the full period; *(i fengsel)* serve *(el.* do) one's time; *~* **ute** sit outdoors; *~* **uvirksom** be idle; **T** twiddle one's thumbs; *~* **ved** *bordet* be (sitting) at table; *det kan ~ 12 personer ved dette bordet* this table seats twelve; *~ ved middagsbordet* be at (one's) dinner; *frk. X satt ved pianoet* Miss X

was at the piano; ~ *ved peisen* sit by the fire(side).

sittende *(se også sitte)* **1.** sitting, seated; **2***(om regjering)* in office, holding office, in power; present *(fx* the p. Government); *(om stortingsrepresentant)* sitting *(fx* the sitting member); ~ *arbeid* sedentary work; **bli** ~ keep one's seat, remain sitting *(el.* seated), sit on; *(ikke komme videre)* be stuck *(el.* stranded) *(fx* the car broke down and we were stuck in X for three days); *(sitte fast)* stick; keep on *(fx* the lid won't keep on); *regjeringen blir* ~ the Government remains in office; *bli endelig ~!* don't get up! *bli* ~ *til det er over* sit it out; *bli* ~ *med skjegget i postkassa* **T** be left holding the baby (,**US:** the bag); *(se også under sitte ovf).*

sitteplass seat *(fx* we have seats); *-er* seats; *(til et visst antall)* seating capacity *(el.* accommodation); *40 -er (som oppslag)* Seating Capacity 40; To Seat 40; *det er -er til 500* the hall can seat 500; *ekstra -er* additional seating; *det er ikke flere -er!* standing room only.

situasjon situation; *-ens alvor* the gravity of the situation; *den* ~ *jeg befant meg i* my situation; *-en er flytende* the whole situation is in a state of flux; *denne forsinkelse fra Deres side setter oss i en kjedelig* ~ *overfor vår kunde* this delay on your part puts us in a very awkward position towards our customer; *-en er spent* the s. is tense; *-en voksen* equal to the occasion; *redde -en* save the situation; *vi ser alvorlig på -en* we take a grave view of the situation; we regard the s. as serious; *sette en inn i -en* show sby how matters stand; brief sby; *ta -en* handle the situation *(fx* he was uncertain how to handle the s.); *se hvordan -en utvikler seg* watch developments *(fx* in the Near East); *så meget om -en generelt (også)* so much for the general *(el.* overall) picture; *(se bilde; lovende; sette B; tåle; utvikle).*

situasjons|betinget situational *(fx* phrase). **-kart** sketch map; plan.

situert situated *(fx* how is he s. financially?); *godt* ~ well off.

siv *(bot)* rush, reed.

sivbukk *(zool)* reedbuck.

sive *(vb)* ooze, filter; percolate *(fx* water percolates through porous stone); *(dråpevis)* trickle; ~ *inn* ooze in; *(ved utetthet)* trickle in; ~ *ut (fig)* leak out; *la det* ~ *ut til pressen* leak it to the Press; *det har -t ut noe* there has been a leakage.

sivil civil; *-t antrekk* civilian clothes; plain clothes; *hva er du i det -e liv?* what are you in civil life? ~ *ulydighet* civil disobedience.

sivil|befolkning civilian population. **-flyver** commercial pilot. **-forsvar** civil defence *(fk* C.D.).

sivilingeniør *(som tittel intet tilsv.; kan gjengis)* graduate engineer *(fx* graduate civil engineer, g. electrical engineer); chartered engineer; (NB *en* 'graduate engineer' *vil av sin organisasjon bli tildelt tittelen* 'chartered engineer', *fx* chartered electrical engineer); *(se ingeniør & kjemiingeniør).*

sivilisasjon civilization.

sivilisere *(vb)* civilize. **sivilisering** civilization.

sivilist civilian.

sivil|kjøp *(jur)* contract of sale; (NB in Norway a contract between a commercial firm and a private citizen); *(jvf handelskjøp).* **-kledd** in civilian clothes; *(om politimann)* in plain clothes. **-ombudsmann** ombudsman. **-prosess** civil proceedings. **-rett** civil law. **-stand** *(ekteskapelig stilling)* marital status. **-økonom** Bachelor of Commerce, B. Com.

sivåt drenched, soaking wet.

sj. *(fk. f. sjelden) (adj)* rare; *(adv)* rarely.

sjablon template, pattern; *(til fargelegging)* stencil. **-messig** according to a set pattern, mechanical, stereotyped, routine.

sjah shah.

sjakal *(zool)* jackal.

sjakett morning coat; **US** cutaway.

sjakk chess; *~!* check! *si* ~ check, give check, say check; *holde i* ~ keep in check; *spille* ~ play chess.

sjakk|brett chessboard. **-brikke** chessman.

sjakkmatt checkmate; *gjøre* ~ checkmate; *være* ~ *(fig)* be knocked-up, be all in, be dead-beat.

sjakk|parti game of chess. **-spill 1.** = *-parti;* **2***(brikker)* set of chessmen. **-spiller** chessplayer.

sjakt shaft, pit.

sjal shawl.

sjalottløk *(bot)* shallot; **US** *(især)* scallion; *(jvf pipeløk).*

sjalte *(vb)* switch; ~ *inn* switch on, turn on; *(fig)* bring in *(fx* it looks as if the authorities will have to be brought in); ~ *ut* cut out, switch off, turn off; *(fig)* eliminate, leave out of account.

sjalu jealous *(på* of).

sjalupp *(mar)* barge. **-roere** bargemen.

sjalusi 1*(skinnsyke)* jealousy; **2.** roll top (of desk); **3.:** *se persienne.*

sjampinjong *(mark-)* field *(el.* edible) mushroom; *(liten)* button mushroom.

sjampo shampoo; *(se hårvask).*

sjamponere *(vb)* shampoo.

sjangle *(vb)* stagger, reel; *full så en -r* reeling drunk.

sjanse chance *(for* of); **T** break *(fx* give a man a b.); *en enestående* ~ a chance in a thousand; a unique opportunity; **T** the chance of a lifetime; *ha gode -r til å vinne* have a fair *(el.* good) chance of winning; stand to win *(fx* we stand to win); *der har du -n* there's your chance; *nå har du -n* now's your time; *det er alle tiders* ~ **T** that's really a grand chance; that's the chance of a lifetime; *ta ikke -n på at du ikke blir sett* don't take a chance on not being seen.

sjanse|seilas, -spill *(fig)* gamble.

sjapp *(neds)* shop; *stenge sjappa* **T** close up shop.

sjarlatan charlatan; *(kvakksalver)* quack.

sjarlataneri charlatanism, charlatanry.

sjargong jargon.

sjarm charm; *det har sin* ~ it has a charm of its own; there is sth attractive about it; *(se interesse).*

sjarmant charming.

sjarmere *(vb)* charm. **-nde** charming; *(se kjekk).*

sjarm|offensiv charm offensive. **-troll** *(kjæleord)* bundle of charm.

sjasket 1*(sjusket, uflidd)* slovenly, slatternly; **2.:** ~ *stoff* shabby, shapeless material.

sjasmin *(bot)* jasmine.

sjatte|re *(vb)* shade. **-ring** shade (of colour).

sjau T trouble *(fx* we had a lot of trouble getting him home).

sjaue *(vb)* **1.** work at loading or unloading; **2. T** toil, drudge.

sjauer *(brygge-)* docker.

sjef 1*(arbeidsgiver)* employer; **2***(overordnet)* superior; **T** boss; chief; **3***(mil)* commanding officer. **-lege:** *Sjeflegen for Hæren* Director-General of Army Medical Services. **-psykolog** principal *(el.* chief) psychologist. **-redaktør** chief editor; *(i avis)* editor-in-chief.

sjefsregulativet the top-grade salary scale; *stillingen er plassert øverst på* ~ the post heads the top-grade salary scale.

sjefsykepleier senior nursing officer.

sjeik sheik.

sjekk cheque *(på* for); **US** check; *han sendte*

oss £100 i ~ he sent us a cheque for £100; he sent us £100 by cheque; *skrive ut en* ~ write out a cheque; *en stor* ~ a large c. (*fx* she paid him a l. c. for a book to be published in a year's time); *-en er blitt avvist i banken grunnet manglende dekning* the c. has bounced; *(se også utstede).*

sjekkhefte cheque book; **US** checkbook.

sjekkonto cheque account; **US** checking account; *(se konto).*

sjekte [type of fishing boat, about 20 feet long pointed fore and aft, open or with washboards].

sjel 1. soul (*fx* pray for sby's soul); **2***(primus motor)* (life and) soul, moving spirit (*fx* of the enterprise); **3***(person)* soul (*fx* a good old soul; a kind soul); *ikke en levende* ~ not a (living) soul; *av hele sin* ~ with all one's heart; *det var ikke tvil i hans* ~ *om hvem som hadde rett* there was no doubt in his mind as to who was right; *tvilende -er (spøkef)* Doubting Thomases; *rystet i sin -s innerste* shaken to the core of one's soul (*el.* being); deeply shocked; *i* ~ *og sinn* to the core (*fx* English to the core); through and through; *med liv og* ~ heart and soul; *han gikk inn for arbeidet med liv og* ~ he put his heart and soul into his work; *frisk på kropp og* ~ *(el. på* ~ *og legeme)* sound in mind and body; *nedbrutt på legeme og* ~ broken in body and mind.

sjelatin *se gelatin.*

sjelden 1*(adj)* rare, scarce, uncommon, unusual, infrequent; *(merkelig)* remarkable, singular, exceptional; *(utmerket)* rare (*fx* beauty), outstanding (*fx* ability, bravery); *bli mer og mer* ~ grow rare(r); *slike bestillinger er sjeldne* such orders are few and far between; *en* ~ *gang* on rare occasions; once in a while, at rare intervals; *et -t menneske* a noble (*el.* sterling) character; *et -t tilfelle* a rare case; *en* ~ *vare (fig)* a rare thing; *i* ~ *grad* to an exceptional degree, exceptionally, unusually; **2***(tidsadv)* seldom, rarely, infrequently, at rare intervals; *det er* ~ *at en kunde* ... it is seldom that a customer ...; it is unusual for a c. to ...; it is a rare thing for a c. to ...; ~ *eller aldri* seldom or never, seldom (*el.* rarely) if ever; hardly ever; *ikke så* ~ not infrequently; **T** as often as not, more often than not; *kun* ~ seldom, only on rare occasions; *ytterst* ~ very infrequently indeed; **3***(gradsadv)* remarkably, unusually, exceptionally, outstandingly, uncommonly; *en* ~ *dyktig mann* a man of singular ability; *en* ~ *fin vare* an exceptionally fine quality, an exceptional quality.

sjeldenhet scarceness, scarcity, rarity, infrequency; *(sjelden begivenhet)* rare event, (event of) rare occurrence; *høre til -ene* be rare, be a rare thing (*fx* it is a rare thing for him to go out); *det hører ikke til -ene* it is by no means a rare thing.

sjeldsynt rarely seen; *noe* ~ a thing rarely seen.

sjele|fred peace of mind. **-glad** delighted *(over* at); overjoyed; *han kommer til å bli* ~ **S** he'll be tickled pink. **-kval** agony (of soul).

sjelelig mental; *(psykisk)* psychical; *-e lidelser* mental sufferings; ~ *tilstand* state of mind; *det -e* the spiritual (*el.* psychological) element (*el.* factor).

sjele|liv mental life, spiritual life. **-messe** requiem, mass for a departed soul; *kapell (el. alter) til -r* chantry. **-nød** mental agony. **-sorg** spiritual guidance. **-sørger** spiritual adviser, clergyman, pastor. **-trøst** spiritual comfort. **-vandring** transmigration of souls.

sjelfull soulful, expressive.

sjelfullhet soulfulness, expressiveness, spirit.

sjelløs soulless.

sjels|evner *(pl)* mental (*el.* intellectual) faculties; *han har varig svekkede* ~ he has permanently impaired mental faculties. **-styrke** strength of mind (*el.* character). **-tilstand** mental state, state of mind.

sjenere *(vb)* **1***(hemme)* hamper, handicap (*fx* he was handicapped by a stammer), interfere with (*fx* these clothes i. with my movements), bother (*fx* the heat bothers me); **2***(volde besvær)* inconvenience, incommode; **3***(plage)* trouble, be troublesome, annoy, be a nuisance to; *såret -r ham ennå* the wound is still giving him trouble; **4***(gjøre forlegen)* embarrass, be embarrassing to, make uncomfortable; **5***(forstyrre)* disturb, interfere with, bother (*fx* he is always bothering me with his interruptions); *-r det Dem at jeg røker?* do you mind if I smoke? do you mind my smoking? *sjener Dem ikke (også iron)* don't mind me; ~ *seg for å* ... not like to (*fx* I did not like to ask for another cup).

sjenerende embarrassing; troublesome (*fx* a t. cough); **T** bothersome; ~ *hårvekst* superfluous hair; *kulden føles ikke* ~ the cold does not cause any discomfort.

sjenert shy, (self-)conscious; bashful; *(brydd)* embarrassed.

sjenerthet shyness, bashfulness.

sjenerøs generous, liberal; *(se gavmild).*

sjenever hollands (gin), Dutch gin.

sjeselong chaise longue, couch, sofa.

sjette *(tallord)* sixth; *det* ~ *bud (svarer hos anglikanerne til)* the seventh commandment. **-del, -part** sixth (part); *fem -er* five sixths.

sjeviot *(stoff)* cheviot; *blå* ~ blue serge.

sjikane persecution; insults; pestering, harassing; *telefon-* insulting telephone calls (*fx* he was the constant recipient (*el.* victim) of insulting telephone calls); *han ble utsatt for grov* ~ *fra en av naboene* he was the victim of severe persecution by one of the neighbours.

sjikanere *(vt)* persecute; insult; pester; harass; badger; *han ble fetert i store taler ved bordet og sjikanert uten skånsel utover kvelden* he was celebrated in lavish terms at the table and mercilessly harassed as the evening proceeded; *en politimann ble sjikanert bort fra sin stilling* a policeman was harassed out of his job.

sjikanøs insulting.

sjikt layer, stratum; *det ledende* ~ *av politiske tillitsmenn* the top layer of political representatives.

sjimpanse *(zool)* chimpanzee.

sjiraff *(zool)* giraffe.

sjirting bookbinder's cloth; *innbundet i* ~ clothbound, in cloth.

sjirtingsbind cloth binding.

sjofel mean. **-het** meanness.

sjokk shock; **T** turn (*fx* the news gave me quite a turn); *få et* ~ get a shock; *det hele var litt av et* ~ **T** the whole thing was a bit of a shock.

sjokkbehandling *(med.)* shock treatment.

sjokke *(vb)* shuffle, shamble, pad.

sjokker|e *(vb)* shock; *-t over* shocked at (*el.* by).

sjokolade chocolate. **-butikk** sweetshop; confectioner's (shop); **US** candystore; *(jvf konfektforretning).* **-farget** chocolate-coloured. **-kake** c. cake. **-plate** tablet of c. **-pudding** chocolate blancmange. **-stang** bar of c.

sjokoladetrekk chocolate icing (,**US:** frosting); *med* ~ chocolate-iced.

sjongler|e *(vb)* juggle; ~ *med fakta* juggle the facts around; *han -te med en rekke tall* he juggled (*el.* operated) with a lot of figures.

sjonglør juggler.

sjt *int (husj)* shoo!

sju *(tallord)* seven.

sju|dobbelt *se -fold.*
sjuende *(tallord)* seventh; *det ~ bud (svarer hos anglikanerne til)* the eighth commandment; *til ~ og sist* at long last, ultimately; eventually; in the end; *i den ~ himmel* in the seventh heaven; *~ sans* pocket diary.
sju(ende)del seventh.
sjuer seven.
sjufold, sjufoldig sevenfold, septuple.
sjuk *se syk.*
sjukling T sickly person.
sjumilsstøvler *(pl)* seven-league boots.
I. sjuske *(subst)* slut.
II. sjuske *(vb)* scamp *(el.* botch) one's work; *~ med noe* scamp sth.
sjusket slovenly; *legge seg til -e vaner* get into slovenly habits.
sjusover stay-abed; *(litt.)* lie-abed; **US** sleepy-head.
Sjustjernen the Pleiades.
sju|tall (figure) seven; *(se sekstall).* **-tiden:** *ved ~* (at) about seven (o'clock). **-årig, -års** seven-year-old, of seven *(fx* a child of seven); *(som varer i sju år)* of seven years.
sjy *(kjøttsaft)* gravy.
Sjælland *(geogr)* Zealand.
sjø *(innsjø)* lake; *(hav)* sea, ocean; *(bølge)* sea, wave; *(sjøgang)* sea *(fx* there is not much (of a) sea); *på -en* at sea; *ved -en* at the seaside; by the sea(side); *et hus ved -en (også)* a house beside the sea; *svær (el. høy) ~* a heavy sea; *det er svær ~* there is a heavy sea, the sea is running high; *holde -en (om skip)* be seaworthy; *til -s* at sea; *dra til -s* go to sea; *hoppe til -s* jump overboard; *reise til -s (ɔ: sjøveien)* go *(el.* travel) by sea; *gutten stakk til -s* the boy ran away to sea; *stå til -s* stand (out) to sea; put (out) to sea; *i åpen (el. rom) ~* in *(el.* on) the open sea, on the high seas; *(et stykke fra land)* in the offing; *vi fikk svær ~ over oss* we shipped a heavy sea; *stikke i -en* put (out) to sea; *la ham seile sin egen ~* let him shift for himself; leave him to his own devices; **T** let him paddle his own canoe; *(se også seile).*
sjøassuranse marine insurance.
sjøbad *(subst)* **1.** swim in the sea, bathe (in the sea); **2***(stedet)* seaside resort.
sjøbilde seascape.
sjøbu warehouse; wharfside shed.
sjøby seaport, seaside town.
sjødyktig seaworthy. **-het** seaworthiness.
sjø|farende seafaring. **-farer** seafarer; *Sinbad -en* Sinbad the Sailor. **-fartsbok** discharge book.
Sjøfartsdirektoratet *(kan gjengis)* the Maritime Directorate; the Norwegian Directorate of Shipping and Navigation; **UK** the Department of Trade, Marine Division.
sjø|fartslov maritime law; Merchant Shipping Act. **-fly** seaplane; **US** floatplane. **-folk** seamen, sailors, mariners.
sjøforklaring maritime (statutory) declaration; *(forhøret)* (court of) inquiry; *avgi ~* make the statutory declaration; *det vil bli holdt ~ i forbindelse med dette forliset* an inquiry will be held into the loss of this ship; *la oppta ~ (etter meldt protest)* extend the protest; *(jvf sjøprotest).*
sjø|forsikring marine insurance. **-forsvar** naval defences; *generalinspektøren for Sjøforsvaret* Inspector General of the Royal Norwegian Navy; **UK** First Sea Lord; **US** Chief of Naval Operations.
sjøgang (heavy) sea; *det begynner å bli litt ~* the sea is getting up; *det var svær ~* there was a heavy sea running; *i aldri så lite ~ vil en slik farkost kullseile* in anything of a sea such a craft will capsize.
sjøgutt sailor boy.
sjøgående sea-going.
sjø|handel maritime trade. **-handelsby** seaport. **-helt** naval hero. **-hyre** sea-going kit.
sjø|kadett naval cadet. **-kaptein** sea captain. **-kart** chart. **-kartarkiv** hydrographic office. **-klar** ready for sea, r. to sail. **-krig** maritime war, naval war. **-krigshistorie** naval history. **-krigsskole** naval college; **US** naval academy. **-ku** *(zool)* sea cow.
sjøkyst sea-coast, seaboard.
sjøl *se selv.*
sjøluft sea air.
sjølve *se selve.*
sjøløve *(zool)* sea lion.
sjømakt naval force; *(stat)* naval power.
sjømann sailor; *(offisiell betegnelse)* seaman; *(i kunngjøringer ofte)* mariner.
sjømannsbedrift feat of seamanship, maritime exploit.
sjømannsdyktighet seamanship.
Sjømannsforbundet the Seamen's Union.
sjømannshjem sailors' home.
sjømannskap seamanship.
sjømannskirke seamen's church.
sjømanns|klær sailors' clothes; slops. **-liv** seafaring life. **-messig** seamanlike, sailorly. **-misjonen** the Missions to Seamen; **T** the Flying Angel Club. **-misjonær** missionary in the Missions to Seamen. **-prest** seamen's *(el.* sailors') padre, minister to seamen. **-skikk** maritime custom, sailor's usage. **-skole** seamen's school, navigation school;
*The Gravesend Sea School.
sjømannsspråk sailors' language, nautical l. **-standen** sailors, seamen, seafarers. **-uttrykk** nautical expression. **-vis:** *på ~* seaman-like, sailor-fashion. **-vise** sea shanty.
sjømerke seamark, beacon, navigation mark; buoy.
sjømil sea mile, nautical mile.
sjømilitær: *S-e korps (fk SMK)* Petty Officers' Schools and Depot.
sjø|offiser naval officer. **-ordbok** nautical dictionary. **-orm** sea serpent. **-pant** *(jur)* maritime lien, lien m. **-panthaver** maritime lienor.
sjøprotest (ship's) protest, sea protest.
sjøpølse *(zool)* sea cucumber, synaptid.
sjøreise (sea) voyage; *(se I. reise).*
sjørett *(domstol)* maritime court; *(i England oftest)* Admiralty Court; *(lovsamling)* maritime law. **-sbesiktigelse** maritime court survey. **-ssak** maritime case; *(i England)* Admiralty case.
sjørokk sea spray; *(se sjøsprøyt).*
sjørøver pirate.
sjørøveri piracy.
sjørøversk piratical.
sjørøverskip pirate (vessel).
sjørøyk spindrift, mist; *(jvf sjøsprøyt).*
sjøsette *(vt)* launch, set afloat.
sjøside: *på -n* on the seaward side, seaward; *fra -n* from the seaward side, from the sea.
sjøskadd damaged at sea.
sjøskade sea damage; *(i forsikring)* average loss; *(jvf havari).*
sjø|slag sea battle, naval battle. **-sprøyt** *(skumsprøyt)* sea spray; spray *(fx* we were drenched with spray whenever we went on deck); *-en sto over baugen* the sea splashed over the bows; *(jvf sjørøyk).*
sjøsterk: *være ~* be a good sailor; *bli ~* get *(el.* find) one's sea-legs; *han er ~* he's a good sailor; he's got his sea-legs; *ikke være ~* be a bad sailor.
sjø|stjerne *(zool)* starfish. **-styrke** naval force.
sjøsyk seasick; *ha lett for å bli ~* be a bad sailor.

sjø|syke seasickness. **-territorium** territorial sea *(el.* waters); *(jvf territorialgrense).* **-transport** carriage by sea. **-trefning** naval engagement. **-tunge** *(fisk)* sole. **-tur** sea voyage; trip to sea; *(se I. tur).*

sjøudyktig unseaworthy; *gjøre* ~ disable.

sjøulk old salt, (jack) tar, shellback *(fx* a real old s.).

sjøuttrykk nautical *(el.* sea) term.

sjøvann seawater.

sjøvant used to the sea.

sjøvei sea route; *-en (ɔ: med skip)* by sea *(fx* goods shipped by sea); by (the) sea route.

sjøvern shore defence; *(sjømakt)* naval force.

sjøverts by sea, by (the) sea route; ~ *forbindelse* sea communication.

sjøvesen maritime matters, naval affairs.

sjøørret *(fisk)* sea trout.

sjåfør driver; *(privat-)* chauffeur.

sjåfør|lærer driving instructor. **-skole** school of motoring, driving school.

sjåvin|isme chauvinism, jingoism. **-ist** chauvinist, jingo. **-istisk** chauvinistic, jingo.

skabb *(vet)* scab; *(især på hunder)* mange; *(med.)* the itch, scabies; *(jvf brennkopper).*

skabbet scabby, mangy.

skabelon *(legemsbygning)* figure, shape.

skaberakk monstrosity.

skadd damaged; *(om frukt)* bruised; *(se for øvrig II. skade).*

I. skade *(subst)* **1***(beskadigelse)* damage (NB *kun i entall) (fx* d. by fire); *(havari)* accident; *(se havari);* injury; *(legems-)* injury; *(maskin-)* (engine) breakdown; e. trouble *(el.* damage); **2***(tap, ulempe, uheldig virkning, ugagn)* harm, mischief; *(forringelse, det at noe går utover noe)* detriment *(fx* to the detriment of ...);

[*A: forb. med adj, subst, m.m.; B: med vb; C: med prep*]

A: *alvorlig (,betydelig)* ~ serious (,considerable) damage; *den forvoldte* ~ the damage (caused); *gammel* ~ *(ben-, etc)* old trouble *(fx* how is the old t.?); *dette var grunnen til -n* this was the reason for *(el.* the cause of) the damage; *materiell* ~ (material) damage; *-ns omfang* the extent of the damage; *store -r* great damage; *ubotelig* ~ irreparable damage *(el.* harm);

B: *anmelde en* ~ *(fors)* advise a claim, notify a loss; *anrette* ~ do *(el.* cause *el.* inflict) damage; *betale -n* pay for the damage; *(betale erstatning)* pay damages; *skipet har fått store -r* the ship has been badly damaged; *gjøre* ~*: se ovf: anrette; slike filmer gjør mer* ~ *enn gagn* such films do more harm than good; *slike rykter gjør stor* ~ such rumours work great mischief; *godtgjøre -n* make good the damage (,the loss); *komme i* ~ *for å* ... be unfortunate enough to...; *komme til* ~ get hurt *(el.* injured); *(se for øvrig C ndf); det er ingen* ~ *skjedd* there is no harm done; **T** there are no bones broken; *-n var skjedd* the damage was done; *ta* ~ *(om ting)* be damaged, suffer *(el.* sustain) damage; *det tar han ingen* ~ *av* that won't hurt him; that won't do him any harm; *han har ikke tatt* ~ *av det* he is none the worse for it; *han hadde tatt* ~ *på forstanden (også)* his brain had been affected; *tilføye en* ~ do harm to sby, injure sby; *vurdere -n* estimate the damage *(fx* the d. was estimated at £1,000);

C: *av* ~ *blir man klok* once bitten twice shy; *bli klok av* ~ learn by experience; *han er blitt klok av* ~ he has been taught by bitter experience; *klok av* ~ *besluttet han å* ... taught by (bitter) experience he decided to ...; ~ *på* damage to *(fx* the roof); injury to *(fx* the body); ~ *på grunn av hardt vær (mar)* damage by heavy weather; *til* ~ *for* to the injury *(el.* detriment) of; *(jur)* to the prejudice of; *til* ~ *for våre interesser* detrimental to our interests; *til stor* ~ *for meg* to my great damage; greatly to my detriment *(el.* prejudice); *komme til* ~ get hurt, hurt oneself, come to harm, be injured, come to grief; *uten* ~ *(ɔ: med fordel)* with advantage; *uten* ~ *for* without detriment *(,jur:* prejudice) to.

II. ska|de *(vb)* **1***(tilføye ytre skade)* damage *(fx brannskadd* damaged by fire); do damge to *(fx* the rain did some d. to the crops); bite *(fx* the frost will bite the fruit blossom); bite (into) *(fx* strong acids bite (into) metals); *(person)* hurt, injure *(fx* he hurt his back; the ship was damaged and two passengers were injured *(el.* hurt)); *han ble -dd i hodet (også)* he suffered injuries to the head; *varene er ankommet i -dd tilstand* the goods have arrived damaged; *(forderve)* spoil; *(svekke)* impair; be bad for *(fx* that light is bad for the eyes); ~ *sin helbred* injure *(el.* impair) one's health; ~ *seg* hurt oneself; ~ *seg i benet* hurt one's leg; **2***(fig)* damage, prejudice *(fx* p. one's chances of success, one's career), be detrimental to; *tiltak som -der våre interesser* measures detrimental to our interests; ~ *sitt rykte* damage *(el.* be damaging to) one's reputation; ~ *ens gode navn og rykte* damage sby's reputation; ~ *sin sak* damage *(el.* prejudice) one's case; *det -der ikke hans gode navn og rykte (også)* it does not detract from his reputation; *det vil* ~ *deg hos publikum (også)* that will go against you with the public; *det -der ikke å forsøke* there can be no harm in trying; where is the harm in trying? *det -der ikke å komme litt for tidlig* there is no harm in being a little before time; *det ville ikke* ~ *om De* ... it would do no harm if you ...; *litt sukker til puddingen ville ikke* ~ a little sugar with the pudding would not come amiss *(el.* will do no harm); *høflighet -der ikke* there is no harm in being polite.

skade|anmeldelse *(fors)* claim advice, advice of claim; *(jvf havarianmeldelsesskjema).* **-avdeling** *(fors)* claims department. **-bevis** *(mar)* certificate of damage. **-dyr** vermin, noxious animal, pest. **-forsikring** general insurance, non-life insurance. **-fri:** *godtgjørelse for -tt år (fors)* no-claim bonus. **-fro** [rejoicing in the misfortune of others]; malicious *(fx* a m. laugh); *være* ~ *over noe* gloat over sth. **-fryd** malicious pleasure, malice; *(mer uskyldig)* glee *(fx* the children laughed with glee). **-insekter** *(pl)* insect pests. **-lidende:** *den* ~ the sufferer, the injured party; *de* ~ *områder* the affected areas; *ingen ble* ~ no one sustained any loss.

skadelig bad *(fx* for the digestion, for the eyes); injurious, harmful, detrimental; *(meget)* pernicious; very harmful; *(giftig)* noxious; *(ond)* baneful; *en meget* ~ *innflytelse* a pernicious *(el.* baneful) influence; *-e damper* noxious fumes; *-e følger* harmful effects *(el.* consequences); *-e insekter (også)* insect pests; *-e luftarter* noxious gases; ~ *virkning* harmful effect; ~ *for* detrimental to, damaging to, prejudicial to *(fx* our interests); *virke* ~ *på salget* have a detrimental effect on the sales.

skadelighet harmfulness; noxiousness.

skademelding accident statement.

skadeserstatning compensation; *(jur)* damages *(pl); betale* ~ pay damages *(fx* pay d. to sby); *kreve* ~ claim damages; *(for retten)* sue *(fx* sby) for damages; *bli tilkjent* ~ recover damages; *få £100 i* ~ receive £100 as *(el.* in) compensation; *yte* ~ pay damages; *pliktig til å yte* ~ liable for damages; *(jur)* liable in damages.

S

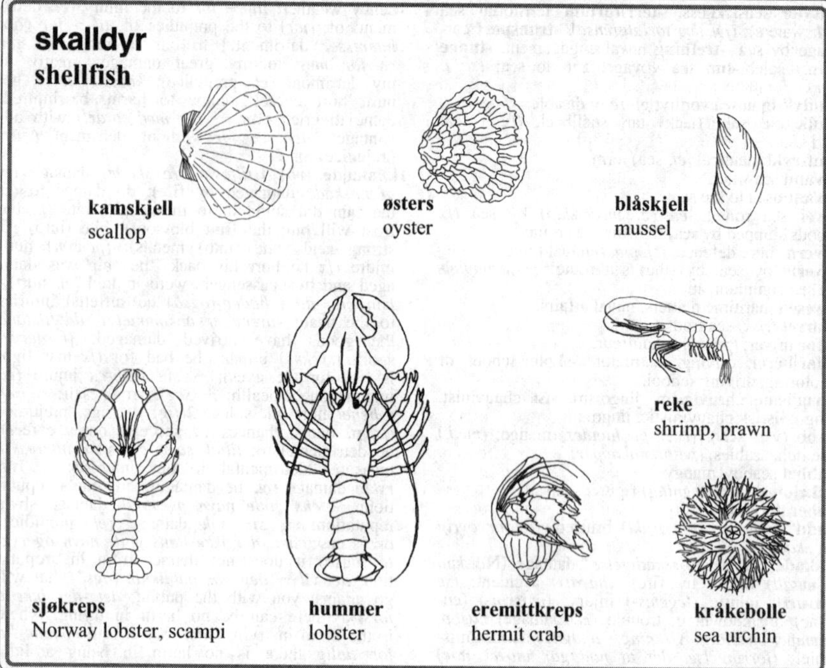

skadeskyte *(vb)* wound.
skadesløs: *holde* ~ indemnify; compensate *(fx* sby for a loss); protect from loss.
skadestue *(på sykehus)* emergency room.
I. skaffe *(vb)* **1***(bringe til veie)* get hold of, get, find *(fx* I must f. £500 by next Friday); obtain; **T** come by *(fx* this book is difficult to come by); secure *(fx* he tried to s. seats (,tickets)); provide, supply, get *(fx* get a taxi; could you get me a glass of water?); **T** fix up; *vi håper De kan ~ oss bestillingen* we hope you will be able to pass us the order; ~ *en en jobb* fix sby up with a job; ~ *en sengeplass for natten* fix sby up for the night; *den beste kvalitet som kan -s* the finest quality available; *vi tviler på at vi vil kunne ~ denne kvaliteten* we doubt being able *(el.* we doubt if we shall be able) to obtain this quality; ~ *til veie* obtain; ~ *av veien* get rid of, remove; ~ *en av veien* get sby out of the way; *(ɔ: drepe)* put sby out of the way; do away with sby; **S** bump sby off; ~ **seg** get (oneself); *(sikre seg)* secure; ~ *seg en ny bil* get (oneself) a new car; ~ *seg adgang* gain *(el.* secure) admission, gain access; *denne fremgangsmåten -t ham mange fiender* this procedure made him many enemies; ~ *seg kunnskaper* acquire knowledge, improve one's mind; *hans dristige tyverier -t ham en dom på 6 år* his audacious thefts brought him a jail sentence of six years; **2***(volde)* cause *(fx* it caused me endless worry); ~ *en bry* put sby to trouble *(fx* this has put us to *(el.* given us) a great deal of trouble).
II. skaffe *vb (mar)* eat, mess.
skaffetøy *(mar)* mess gear.
skafott scaffold.
skaft handle, haft; *(på søyle)* shaft; *(støvel- og strømpe-)* leg; *(økse-)* helve, axe handle.
skaftekasserolle (sauce)pan.
skaftestøvler *(pl)* top boots; *(politi-, militær-)* jackboots; *(se gummistøvler).*
Skagen *(geogr)* the Skaw.
skake *(vb)* shake, jolt; judder; ~ *av sted* bump *(el.* jolt) along; ~ *opp (fig)* disturb, agitate; *(se støkk).*
skaking shaking; *(risting, støt)* jolt, jolting; *(risting, vibrering)* judder, juddering.
skakk *se skjev.*
I. skakke *(subst): på* ~ aslant, tilted.
II. skakke *(vb):* ~ *på* slant; ~ *på hodet* cock one's head, put one's head on one side; *skakk ikke på bordet* don't wobble the table.
skakkjørt *(fig)* misguided; ~ *ungdom* misguided young people; young people who have gone off the rails.
skakt *se skakk.*
skal *presens av skulle.*
skala scale; *(på radio)* dial; *i stor* ~ on a large scale.
skald *(glds)* scald, skald.
skalde|dikt skaldic poem. **-kvad** skaldic lay.
skaldskap skaldic art, minstrelsy.
skalk *(brødskalk)* **1.** outside slice, first cut (of a loaf); **US** heel; **2.** bowler hat.
skalke *(vb):* ~ *lukene (mar)* batten down the hatches.
skalkeskjul blind; cover; *et* ~ *for* a (mere) blind for; *bare et* ~ just a blind.
skall shell; *(frø-)* hull; *(hakk)* chip *(fx* two of the glasses had chipped edges); *appelsin-* orange peel; *banan-* banana skin; **US** banana peel; *komme ut av sitt* ~ *(fig)* come out of one's shell; *trekke seg inn i sitt* ~ *(fig)* withdraw into oneself, retire into one's shell.
skalldyr *(zool)* shellfish; crustacian.

skalldyrsalat shellfish salad.
I. skalle *(subst)* **1.** skull; **2***(støt med hodet)* butt.
II. skalle *(vb)* **1***(støte hodet mot noe)* knock *(el.* bang *el.* bump) one's head against sth *(fx* he was so tall that he banged *(el.* bumped) his head as he went through the doorway); **2***(støte med hodet)* butt; ~ *til en* butt sby.
III. skalle *(vb):* ~ *av* peel (off); *(om maling)* scale off; *(se flasse).*
skallet bald(-headed).
skallethet baldness.
skallfrukt *(bot)* shell-fruit; caryopsis.
skalmeie *(mus)* shawm.
skalp scalp; *de er ute etter -en din (fig)* **T** they are after *(el.* out for) your blood.
skalpel scalpel.
skalpere *(vb)* scalp.
skalte *(vb):* ~ *og valte* manage things one's own way; do as one likes; *han -r og valter som han selv finner for godt* he does exactly as he likes; he manages everything his own way.
skam shame, disgrace, discredit *(for* to) *(fx* her untidy garden was a discredit to the whole street); *for -s skyld* out of common decency *(fx* he thought he had to do it out of c. d.); in decency *(fx* he could not in d. refuse); *jeg må med ~ melde at jeg glemte det* I'm ashamed to say that I forgot it; *det er nesten ~ å ta imot pengene* it seems a shame to take the money; *det er en ~ av deg å behandle ham slik* you ought to be ashamed of yourself treating *(el.* to treat) him like that; *det er stor ~ at* it is a great shame that; *(sterkere)* it's a crying shame that ...; *bite hodet av all ~* ignore the dictates of common decency; *eier han ikke ~ i livet?* has he no sense of shame *(el.* decency)? *han eier ikke ~ i livet* he is lost to all (sense of) shame; he is past shame; *våre forhåpninger ble gjort til -me* our hopes were baffled; our expectations were frustrated; *bli sittende med -men* **T** be left holding the baby.
skamben *(anat)* pubic bone, pubis.
skambite *(vt)* tear, savage *(fx* the horse savaged his arm), bite severely.
skam|bud ridiculous bid *(el.* offer); disgracefully low offer *(el.* bid). **-by** *(vb)* make a disgracefully low offer.
skamfere *(vb)* damage, spoil.
skamfile *(mar)* chafe.
skamfull ashamed. **-het** shame.
skamhogge *(vb)* cut severely, maim; spoil *(fx* a forest) by excessive cutting.
skamløs shameless, brazen; *en ~ tøs* a shameless type of girl (,woman); *(glds)* a brazen hussy.
skamløshet shamelessness, brazenness.
skamme *(vb):* ~ *seg* be ashamed of oneself; ~ *seg over* be ashamed of; *skam deg!* (for) shame! shame on you!
skammekrok corner; *gå i -en med deg!* stand in the corner! *i -en (ɔ: i unåde)* **S** in the doghouse.
skammel footstool.
skammelig disgraceful; infamous, scandalous; *en ~ situasjon* a disgraceful situation.
skam|plett stain *(fx* a s. on one's reputation). **-pris** absurdly low price.
skamrose *(vb)* praise extravagantly.
I. skamrødme *(subst)* blush of shame.
II. skamrødme *(vb)* blush with shame.
skamslå *(vt)* beat up, manhandle.
skandale scandal; *gjøre ~* create a scandal, cause a s.; make a scene; *der har vi -n!* there now, I was sure it would happen! **T** that's torn it!
skandalehistorie (piece of) scandal.
skandaløs scandalous, disgraceful.
skandere *(vt)* scan.
skandering scansion; *(det å)* scanning.
skandinav Scandinavian. **S-ia** Scandinavia. **-isk** Scandinavian. **-isme** Scandinavianism.
skank shank.
skanse entrenchment; redoubt; *(mar)* quarterdeck; *frihetens siste ~* the last bulwark *(el.* bastion) of freedom; *dø som sistemann på -n (fig)* die in the last ditch; *holde -n (fig)* hold the fort *(el.* field); *være sistemann på -n (fig)* be the last one to yield.
skansekledning *(mar)* bulwark.
skant *(forst)* measuring stick.
skap cupboard; *(finere)* cabinet; *(kles-)* wardrobe; *(mat-)* cupboard, safe *(fx* a meat safe); *(penge-)* safe; *det er hun som bestemmer hvor -et skal stå* she rules the roost; she wears the trousers; **US** she wears the pants.
skapaktig affected. **skapaktighet** affectation.
skapdranker [person who drinks on the sly].
skape *(vb)* **1***(forme, danne)* form, make; *(frembringe)* create, make *(fx* the cotton trade made Manchester), call *(el.* bring) into existence, bring about *(fx* a change), call into being *(fx* call new industries into being); establish *(fx* a tradition); **2***(forårsake)* create, give rise to, produce, bring about; ~ *bitterhet* cause *(el.* give rise to) bitterness; *klær -r folk* fine feathers make fine birds; clothes make the man; *ikke det -nde grann* not a blessed *(el.* damn) thing; not the least bit; *de ekstraordinære forholdene som krigen har skapt* the exceptional circumstances brought about by *(el.* arising out of) the war; ~ *hygge* create a pleasant atmosphere; ~ *interesse for* arouse an interest in; ~ *kontakt med* establish contact with; ~ *noe nytt* create sth new; break new ground; ~ *ro omkring saken* produce a calmer atmosphere (about the question); ~ *tillit* inspire confidence; ~ *utilfredshet* cause *(el.* give rise to) dissatisfaction; cause bad blood; ~ *uro (ved agitasjon, etc)* make trouble; ~ *uro omkring skolen* expose the school to criticism; ~ *vanskeligheter for en* cause *(el.* create) difficulties for sby, put d. in sby's way; ~ **seg** be affected, attitudinize; *(spille komedie)* put on an act *(fx* he is not hurt, he is only putting on an act); *(for å imponere)* show off; **T** carry on *(fx* I don't like the way she carries on); *(gjøre seg viktig)* give oneself airs; ~ *seg en fremtid* make *(el.* carve out) a career (for oneself); ~ *seg et navn* make a name for oneself.
skapelse creation.
skapelses|akt act of creation. **-historien** *(bibl)* Genesis.
skaper creator, maker.
skaperglede creative zest.
skaperi *(jåleri)* affectation.
skaper|makt creative power. **-verk** (work of) creation; *Guds ~* the Creation.
skapning creature; *(noe som er frembrakt)* creation.
skapsprenger safecracker, safeblower; **S** peterman; *(se sprenge).*
skapsprenging safeblowing; **S** peter-popping.
skar(d) *(i fjellet)* gap, pass.
I. skare *(uordnet mengde)* crowd; *(mindre)* band, flock, troop.
II. skare *(på snø)* (snow)crust; *det dannet seg ~ på snøen* the snow crusted over. **-føre** hard surface. **-snø** crusted *(el.* hard) snow; *(se også skavlesnø).* **-voks** *(skismøring)* crust wax.
skarevis *(adv)* in crowds.
skarlagen scarlet. **-rød** scarlet.
skarlagensfeber *(med.)* scarlatina, scarlet fever.
skarp *(adj)* **1***(som kan skjære, etc)* sharp *(fx* edge, knife, tooth); *(især poet)* keen *(fx* a k. sword); **2***(som munner ut i en spiss)* sharp *(fx* nose); pointed; **3***(tydelig)* sharp *(fx* image);

S

clear-cut *(fx* division, features, profile), distinct *(fx* outlines); **4***(om sansning)* sharp, keen, acute *(fx* hearing, sight); quick *(fx* these animals have very quick hearing); *(jvf 10);* **5***(i intellektuell henseende)* sharp *(fx* **T** he is (as) sharp as a sack of monkeys), keen *(fx* intelligence, mind, wits); penetrating *(fx* analysis); trenchant *(fx* reasoning, style); pungent *(fx* phrase, style); **6***(heftig, hard)* keen *(fx* competition, competitor, fight); **7***(streng)* sharp *(fx* a s. rebuke), severe *(fx* criticism); biting *(fx* satire); strong, drastic *(fx* measures); **8***(om klimatiske forhold)* keen; *(fx* the k. air of the mountains); **9***(mar, spiss for og akter)* fine *(fx* the boat has very fine ends); **10***(om smak, lukt)* pungent *(fx* taste, smell), sharp *(fx* taste); piquant *(fx* sauce), acrid *(fx* taste, smell, smoke); **-t** *(adv)* sharply, keenly, acutely *(,etc);* ~ *bemerkning* sharp *(el.* cutting *el.* biting) remark; *under ~ bevoktning* closely guarded; *ha en ~ hørsel (også)* have a quick ear; ~ *luktesans* sharp *(el.* keen) sense of smell; ~ *lyd* piercing *(el.* shrill) sound; *-t lys* glaring light; *en ~ måte å si det på* a cutting way of saying it; ~ *note (polit)* stiff note; ~ *ost* strong cheese; ~ *patron (mil)* ball *(el.* live) cartridge; *hans -e penn* his mordant style; *en av landets skarpeste penner* one of the keenest writers in the country; ~ *protest* energetic protest; ~ *seiler* fast sailer; *i -t trav* at a smart trot.

skarphet *(se skarp)* sharpness, keenness; acuteness, pungency; piquancy, acridness, acridity.

skarpklatring rock-face climbing.

skarpladd loaded (with live cartridges).

skarpretter executioner; hangman.

skarpseiler fast sailer.

skarpsindig acute, shrewd, discerning, keen, penetrating; *(stivt el. iron)* perspicacious.

skarp|sindighet acuteness, acumen, shrewdness, keenness, discernment; *(stivt el. iron)* perspicacity. **-skodd** roughshod; *(fig, om person)* extremely competent. **-skytning** firing (live cartridges). **-skytter** sharpshooter. **-skåre|n** clear-cut, sharp, sharp-cut; *et -t ansikt* a rugged face. **-slepet** sharp-edged. **-syn 1***(gode øyne)* sharp sight, sharp eyes; **2.** = *-sindighet.* **-synt** sharp-sighted, sharp-eyed. **-synthet** sharp-sightedness.

skarre *(vi):* ~ *(på r'en)* burr, use a uvular r.

skarring burr.

I. skarv *(zool)* cormorant.

II. skarv *(slyngel)* rogue, scoundrel.

skarve *(adj)* miserable, wretched.

skarvepakk rabble, riffraff.

skarvøks *(tverrøks)* carpenter's adze (,**US:** adz).

skatoll bureau, secretary.

I. skatt *(kostbarhet)* treasure; *(kjæleord)* darling, sweetheart; *(især* **US***)* honey.

II. skatt *(til staten)* tax; *(inntekts-)* income tax; *(til kommunen)* local taxes; *(i England)* rate(s) *(fx* the county rates; the rates on my house; the poor rate); (NB rates *brukes ikke i USA); -er pl (kollektivt)* rates and taxes; *-er og avgifter* taxes, duties and licences; ~ *av årets inntekt (systemet)* the Pay-As-You-Earn system, (the) PAYE (system); ~ *på utbetalt lønn* payroll tax; *ettergivelse av -(en)* tax remission, r. of taxation; *legge ~ på* tax, put (,**T:** clamp) a tax on; *sende inn klage på -en* appeal against an excessive assessment; *-en kommer til å sluke hele fortjenesten din* the tax office *(el.* the Inland Revenue) will swallow up all your profits.

skattbar taxable; rat(e)able; *antatt ~ inntekt* estimated taxable income; *(se skattetakst, skatteverdi).* **-het** taxability, ratability.

skatte *vb (verdsette)* estimate, value, appreciate, prize; *(yte skatt)* pay taxes *(til* to).

skatteansettelse assessment (of taxes);

* The assessment of income tax, corporation tax and capital gains tax is the responsibilfity of the Tax Inspectorate of the Inland Revenue. There are 750 tax districts, each headed by a district inspector who may have 50 staff under him.

skattebetaler taxpayer; ratepayer; **US** taxpayer; *(se skattyter).* **-byrde** burden of taxation; tax incidence; *den stadig økende ~* the ever increasing b. of t.; *en annen fordeling av -n* a shifting of the tax burden.

skattedirektorat UK Tax Inspectorate (of the Inland Revenue).

skattedirektør UK Inspector of Taxes; *(se ligningssjef; skatteinspektør).*

skatte|evne taxable capacity, taxability; ratability. **-fradrag** deduction *(fx* a d. of £60 in respect of one child and of £50 in respect of each subsequent child); allowance *(fx* a Life Assurance a.; an a. may be claimed for contributions to an insurance scheme); relief *(fx* small income r.; age r.; judges get no special tax relief and no special expense allowance); *sparing med ~* saving with tax deduction. **-fradragsregler** *(pl)* = allowances and reliefs.

skatte|fri tax-free; **US** tax-exempt; *-fritt fradrag* tax-free allowance. **-flyktning** tax refugee. **-fordel** tax advantage. **-frihet, -fritak** exemption from taxation; *(ofte =)* relief *(fx* a wife's earned income r.). **-graver** treasure hunter.

skatteinspektør *(ligningsrevisor)* **UK** tax inspector.

skattejuridisk [relating to, or concerned with, legal aspects of taxation]; ~ *ekspert* legal specialist in tax law; ~ *konsulent* tax consultant.

skatte|klage appeal against an excessive assessment *(fx* he has appealed against an excessive a. to the Revenue Authorities). **-lettelse** tax concession, reduction of taxation; *(se også -fradrag & utsikt).* **-ligning** assessment (of taxes); *(se ligning).* **-messig** from the point of view of taxation, from a fiscal point of view, fiscal; *(adv)* fiscally; *sakens -e side (også)* the taxation aspect. **-myndighetene** *se ligningsmyndighetene.* **-nedsettelse** tax reduction. **-nekter** tax refuser. **-objekt** object of taxation. **-omlegning** change *(el.* reform) of taxation, tax change. **-ordning** system of taxation. **-paradis** tax haven.

skatte|plikt tax liability. **-pliktig** liable to (pay) tax; *(om gjenstand el. verdier)* taxable *(fx* income); chargeable (with tax), subject to tax. **-politikk** fiscal policy; **-prosent** rate (of taxation), rate of tax; **US** tax rate. **-pålegg 1.** imposition of taxes, taxation; **2***(forhøyelse)* increase of taxation. **-restanse** back tax; unpaid (balance of) taxes; (income) tax arrears. **-rett** tax law(s). **-rettslig** concerned with tax law(s); *den -e side av saken* the tax-law side of the matter. **-seddel** notice of assessment; *(kravet)* income tax demand note; **US** tax bill. **-snyter** (income) tax evader; **T** tax dodger. **-snyteri** tax evasion; **T** tax dodging. **-system** tax structure; *forandre -et* change the tax structure.

skattetakst valuation of property for rating purposes; *(verdien)* rat(e)able value *(fx* of a house); *(jvf pristakst);*

* A special central government department of the Board of Inland Revenue, called the Valuation and Rating Department, has the job of assessing the rat(e)able value of every building and piece of land.

skattetrekk deduction of tax (at its source).

skatte|trykk *se -byrde.* **-unndragelse** tax evasion; **T** tax dodging; **-utjevning 1.** evening out of rates and taxes; **2.** even distribution of rates and taxes; **-verdi** *(skattbar verdi)* rateable value; *(se skattbar);*

* The rateable value of a property is based roughly on the annual rent it might be expected to command at an agreed date.

skatte|yter *se skattyter.* **-år** fiscal year, tax year.

skattkammer treasury; *(fig)* storehouse *(fx* of information).

skattland *(hist)* tributary country.

skattlegge *(vb)* tax.

skattyter taxpayer; ratepayer; *stor* ~ upper-bracket t. *(el.* r.); big t. *(el.* r.); *vanlig* ~ middle-bracket t. *(el.* r.).

skattøre *se skatteprosent.*

skaut headscarf; square; *(glds)* kerchief.

skav scrapings, shavings.

skavank fault, flaw, defect, shortcoming *(fx* he has his shortcomings).

skave *(vb)* scrape.

skavl (steep) snowdrift.

skavlesnø wind slab; *skare innimellom skavlene* wind crust.

skeie *(vb):* ~ *ut* kick over the traces; ~ *helt ut* go to the bad.

skeis T: *det gikk* ~ it went phut; it went to pot.

skeiv *se skjev.*

skepsis scepticism; **US** skepticism; *med en viss* ~ with a certain amount of s.

skeptiker sceptic; **US** skeptic.

skeptisisme scepticism; **US** skepticism.

skeptisk sceptical; **US** skeptical.

sketsj sketch.

skev S high; stoned.

ski ski; *(på fly)* aircraft skid; *med* ~ *(om fly)* mounted on skids; *stå (el. gå) på* ~ go on skis, go skiing; *han gikk dit på* ~ he went there on skis; *stå (på ~) ned en bakke* ski down a slope; *vi skal ut og gå på* ~ *i dag* we are going (out) skiing today; *(se beinfly; hoppski; langrennski; løypeski; slalåmski; solid; turski).*

skibakke ski hill; *(mindre, for begynnere)* nursery slope; *(hopp-)* (ski-)jumping hill.

skibbrudd shipwreck; *lide* ~ be shipwrecked; *(fig)* go on the rocks; fail; *lide* ~ *i livet* fail in life; *ha lidd* ~ *i livet* **T** *(også)* be on the rocks; *(NB' on the rocks' også = pengelens).*

skibbrudden shipwrecked, castaway *(fx* crew, sailor); *den skibbrudne* the shipwrecked man (,woman), the castaway.

skibinding ski binding.

skifer slate; *tekke med* ~ slate. **-stein** slate. **-tekt** slated.

skiflyvning ski flying.

skift 1*(arbeidsperiode)* shift *(fx* an eight-hour s.; we work in three shifts); *komme på* ~ come on shift, come on *(fx* he came on at half past ten); *spise på* ~ eat in relays; **2***(klær)* change *(fx* a change of underwear); **3***(bygg; av murstein)* course; *(se omfar).*

skiftarbeid shift work.

I. skifte *(subst)* change; *(arve-)* division of an inheritance (,of an estate).

II. skifte *(vb)* change; *(utveksle)* exchange; *(avløse hverandre)* alternate; ~ **farge** *(kort)* switch (on) to another suit; ~ **klær** change (one's clothes); ~ **olje** change the oil; ~ **på** *babyen* change baby's nappy, change baby; *-s om å gjøre det* take turns (doing it); *hun -t på med konen nedenunder om å vaske trappen* she took turns with the woman downstairs in washing the stairs; she and the w. d. washed the stairs in turn; ~ *på seg noen andre klær* change into some other clothes; ~ **til** *vinterolje* switch to *(el.* change (over) to) winter oil; ~ **ut** renew *(fx* a bulb).

skifteattest certificate of probate.

skiftebehandling administration of an estate.

skifte|formann *(jernb)* (passenger) yard foreman. **-konduktør** head shunter; *(NB lønnsklasseplassering som* 'senior railman'; *jvf sporskifter).* **-kontrollør** (passenger) yard inspector. **-lederplass** hump cabin. **-lokomotiv** shunting (,**US:** switching) locomotive. **-mester** (passenger) yard master.

skiftende changeable, changing, varying; *(se skydekke).*

skiftenøkkel (adjustable) spanner; **US** monkey wrench.

skifterett 1. the law of the administration of estates; **2***(domstol)* = probate court; *(i London)* Family Division of the High Court; *(sorterer utenfor London under)* county court; **US** surrogate's court; **3***(kontor)* probate registry; *dødsfallet må meldes til -en* his (,her) death must be reported to the Probate Registry; *-en har stadfestet testamentet* **UK** probate (of the will) has been granted by the County Court (,*i London:* by the Family Division of the High Court).

skiftesamling 1. meeting of all heirs and beneficiaries; **2***(merk)* creditors' meeting; meeting of creditors.

skifte|signal *(jernb)* shunting (,**US:** switching) signal, marshalling yard signal. **-spor** shunting (,**US:** switching) track; siding. **-sporgruppe** set of sorting sidings. **-stillverk** marshalling yard control office, control cabin. **-tomt** shunting *(el.* marshalling) yard; **US** classification yard; *flat* ~ flat yard.

skiftevis by turns, alternately.

skiføre skiing (surface); *godt* ~ good skiing (surface *el.* snow); *hvordan er -t i dag?* how is skiing today? *det var et elendig føre* the going was wretched.

skiføring control over *(el.* of) skis; *nydelig* ~ excellent c. of skis; *for bred* ~ skis too far apart.

skigard [rustic fence of diagonal design].

skigåing skiing.

ski|heis ski lift. **-holder** *(på bil)* ski rack. **-hopper** ski jumper. **-kjelke** sledge with skis as runners.

skikk custom, usage, practice; ~ *og bruk* the custom; customary; *ha for* ~ *å ...* be in the habit of (-ing); *få* ~ *på* get *(el.* lick) into shape.

skikke *(vb):* ~ *seg bra* shape well.

skikkelig decent, respectable; *et* ~ *måltid* a square meal; *beregn Dem en* ~ *timelønn* allow yourself proper *(el.* adequate) payment per hour; *sørg for at De blir* ~ *betalt* see that you are properly paid; *oppføre seg* ~ behave properly; *oppfør deg* ~*!* behave yourself!

skikkelse form, shape; guise *(fx* in the g. of an angel); *(i drama, maleri, etc)* figure *(fx* the central f. of the drama); *(person i roman, etc)* character; *ridderen av den bedrøvelige* ~ the Knight of the Sorrowful Countenance; *han smøg sin lange* ~ *gjennom døråpningen* he slid his long frame through the doorway; *en legendarisk* ~ a figure of legend; *etter ombyggingen fremstår operaen i ny* ~ the old opera house, now rebuilt, presents a new appearance.

skikket fit, suitable; ~ *for (el. til)* suitable for, suited for, fit(ted) for *(fx* the man best fitted for the post), cut out for *(fx* he is not cut out for that sort of work); *mindre* ~ *for* hardly suited for; *gjøre seg* ~ *til* qualify oneself for.

skiklubb skiing club.

skilderhus *(mil)* sentry box.

skilderi picture.

skildre *(vb)* portray, depict, describe.

skildrer portrayer.

skildring picture, description, portrayal; *(se malende).*

skill *(i håret)* parting; **US** part.

I. skille *(subst)* division; *vann-* watershed; *vei-*

S

crossroads (NB a crossroads); *(fig): se skillevei & veiskille; et skarpt* ~ a sharp distinction.

II. skille *(vb)* **1***(fjerne fra noe annet)* part, separate; *(voldsomt)* sever *(fx* the head from the body); ~ *at* separate; *til døden -r oss at* till death do us part; ~ *fra* separate from; ~ *noe ut (fra noe annet)* separate sth (from the rest), sort sth out; *(kjem)* disengage; *(felle ut)* precipitate; **2***(danne grense mellom)* divide *(fx* the river divides my land from his); **3***(vekke splid)* divide *(fx* we must not let such a small matter d. us); *det skal ikke ~ oss (også)* we won't quarrel over that; **4***(skjelne)* distinguish *(mellom* between); *for å ~ her blir deres stillinger omtalt som ...* to make this distinction their positions are referred to as ...; **5***(om person): ~ en av med noe* relieve sby of sth, take sth off sby's hands; ~ *lag* separate, part company; *-s som (gode) venner* part (good) friends; *de skal -s* they are going to be divorced; *(se skilles);*

[*Forb. med seg*] ~ *seg av med* part with *(fx* one's house, one's money); ~ *seg fra* (ɔ: *være forskjellig fra)* be different from, differ from; *han skilte seg (el. lot seg ~) fra sin kone* he divorced his wife; *de -r seg fra hverandre på vesentlige punkter* they have significant points of difference from each other; ~ *seg godt (,dårlig) fra noe* acquit oneself well (,ill); give a good (,bad) account of oneself; ~ *seg ut* stand out; be conspicuous; ~ *seg ut fra* be different from *(fx* other people), differ from; ~ *seg ut fra mengden* stand out from the crowd *(el.* the rest); lift oneself out of the ruck; ~ *seg ved* part with *(fx* one's house); *(se også hårfin & skilles).*

skille|linje dividing line, line of demarcation *(mellom* between). **-merke** distinguishing mark. **-mur** partition wall. **-mynt** small coin, (small) change. **-rom** partition.

skilles *(vb)* part *(fx* they parted the best of friends), part company *(fx* they parted c. for the night); separate; *(om selskap også)* break up *(fx* the party broke up at 12 o'clock); *(ved oppløsning av ekteskap)* be divorced; *(ved opphør av ekteskapelig samliv)* separate *(fx* they have decided to s.); *her ~ våre veier* this is where our ways part; *deres veier skiltes* their ways parted; *der hvor veiene ~* at the parting of the ways; *~ fra en* part from sby; *(se også II. skille 5).*

skilletegn punctuation mark.

skillevegg partition (wall).

skillevei crossroads, parting of the ways; *stå på -en* be at the parting of the ways, be at a crossroads.

skilling *(hist)* farthing; *spare på -en og la daleren gå* be penny-wise and pound-foolish.

skillinge *(vb): ~ sammen* club together, get up a subscription.

skilnad *se forskjell.*

skilpadde *(zool)* tortoise; *(hav-)* turtle; *forloren ~* mock turtle. **-skall** tortoise shell. **-suppe** turtle soup.

skilsmisse divorce; *begjære ~* start *(el.* institute) divorce proceedings; *(jur)* file a petition *(el.* a suit) for divorce; **US** file for divorce; *de ligger i ~* they have entered into divorce proceedings; *ligger han i ~?* is he involved in divorce proceedings? *oppnå ~* obtain *(el.* get) a divorce; *søke ~* institute divorce proceedings; **T** file a suit; **US** file for divorce; *(se overdra).*

skilsmisse|barn child of divorced parents; child of divorce. **-begjæring** petition *(el.* suit) for divorce. **-dom** decree of divorce, d. decree; *få ~* get a divorce. **-forhandlinger:** *innlede ~* institute divorce proceedings. **-grunn** ground(s) for divorce. **-prosess** divorce proceedings, d. suit. **-sak** divorce case; *(se -prosess).* **-søkende:** *den ~ ektefelle* the petitioner (for divorce).

I. skilt *(subst)* badge *(fx* a policeman's badge); plate *(fx* a keyhole plate); *(uthengs-)* (hanging) sign, signboard; *(navne-)* name plate.

II. skilt *adj (fraskilt)* divorced *(fx* she's divorced).

skilte *(vb)* signpost *(fx* a road); *en dårlig -t vei* an inadequately signposted road; ~ *med* display, parade, show off, make a show *(el.* parade) of *(fx* one's learning), make great play with.

skiltvakt *(mil)* sentry, sentinel; *stå ~* stand sentry, be on sentry duty; *(se sette B: ~ ut).*

ski|løper skier. **-løype** ski track; **US** ski trail; *(se løype).*

skimlet mouldy; **US** moldy; *(om hest)* dappled; *(hvit-)* roan; *(grå-)* dapple-grey.

skimmel *subst (hest)* dapple; *(grå-)* dapple-grey (horse); *(hvit-)* roan.

skimre *vb (skinne svakt)* shimmer, glimmer.

skimt glimpse; *(se glimt).*

skimte *(vb)* catch a glimpse of; see dimly.

skingrende shrill; ~ *falsk* painfully out of tune; *med ~ stemme* in a shrill voice, shrilly.

skinke ham; *(ved partering)* leg (of pork); ~ *med ben (hos slakteren)* fillet on the bone; *benfri ~ (hos slakteren)* boned fillet; *kokt ~* boiled ham; *ristet ~* fried ham; *saltet og røykt ~ (spekeskinke)* smoked, cured ham; gammon.

skinkeomelett roast pork omelette.

skinkestek roast (leg of) pork.

skinkestykke *(røkt)* = gammon hock, corner (,middle) gammon.

I. skinn *(hud)* skin, hide; *(dyrs pels)* coat; *(pelsverk)* fur; *(preparert)* skin *(fx* a zebra skin); leather; *(på frukt)* peel, rind; *det gylne ~* the Golden Fleece; *en skal ikke selge -et før bjørnen er skutt* don't count your chickens before they are hatched; *han er bare ~ og ben* he's a bag of bones; *gå ut av sitt gode ~* jump out of one's skin; *hva i djevelens ~ og ben!* what the hell! *holde seg i -et* control oneself; keep oneself in; *(ikke trosse forbud, etc)* toe the line; *gråte som et pisket ~* cry one's heart out; *han henger i som et pisket ~* he's working as if possessed; **T** he's working flat out; *løpe som et pisket ~* run like mad; *redde -et* **T** save one's bacon; *risikere -et (fig)* stick one's neck out; *våge -et sitt* risk one's life; *våt til -et* soaked to the skin.

II. skinn light; *(sterkt)* glare; *(fig)* appearance; *-et bedrar* appearances are deceptive; *bevare -et* keep up appearances; *bevare et ~ av nøytralitet* preserve an air of neutrality; *han har -et imot seg* appearances are against him.

skinn- mock, sham, pseudo.

skinnangrep mock attack, feint; mock charge.

skinnanlegg *(mil)* dummy installations.

skinnbarlig *(adj)* incarnate; *den -e djevel* the devil incarnate.

skinnbind leather binding; leather-bound volume; *boka har ~* the book is bound in leather.

I. skinndød *(subst)* asphyxia, suspended animation.

II. skinndød *(adj)* apparently dead, asphyxiated.

I. skinne 1*(jernbane-)* rail; *(pl ofte)* metals; *(løpe-)* guide rail; **2***(for brukket arm, etc)* (surgical) splint; **3***(del av rustning; ben-)* greaves; *(for lår)* cuisse; *(for arm)* arm guard; *gå av -ne* run off *(el.* leave *el.* jump off) the rails *(el.* the metals); be derailed; *gå på -r* run on rails; *legge -r* lay (down) rails.

II. skinne *(vb)* shine; *sola -r* the sun is shining, it is sunny, it is a sunny day; ~ *av* shine with *(fx* his face shone with happiness), sparkle with *(fx* his eyes sparkled with joy); ~ *igjennom* shine through; *(kunne ses gjennom)* show through *(fx* the old paint shows through); *det -r igjennom i beretningen at* one can read between the lines of the report that; *det skinte igjennom at han var skuffet* he was obviously disappointed; *la det ~ igjennom at* hint that, intimate that.

skinneben *(anat)* shin(bone); *(fagl)* tibia; *sparke en over -t* kick sby's shins; *(i fotball, også)* hack *(fx* h. an opponent).

skinnebensbrudd *(med.)* fracture of the tibia.

skinne|brems *(jernb)* rail brake; **US** (car) retarder. **-brudd** rail breakage. **-buss** railcoach; railcar; railbus. **-forbinder** rail bond. **-fot** base *(el.* foot) of the rail, rail base. **-gang** track, runway, rails. **-helling** rail cant *(fx* rail inward c.). **-hode** railhead. **-høyde** height of a rail. **-kant** running edge (of a rail). **-klemme** rail anchor, anticreeper. **-kontakt** rail contact. **-kropp** web of the rail. **-kryss** crossing, frog; *dobbelt ~* double frog, diamond crossing; *(se kryssveksel).* **-lask** fishplate. **-legger** platelayer. **-legning** track laying. **-løfter** rail lifter *(el.* jack). **-løs** trackless. **-presse** rail press *(el.* straightener), r. straightening machine. **-profil** rail form, r. section. **-rydder** guard iron, rail guard; **US** cowcatcher. **-skjøt** rail joint. **-skrue** coach screw, rail s. **-spiker** rail spike, dog spike, screw spike. **-spor** track. **-stol** rail chair. **-streng** rails *(pl).* **-støt** = rail joint. **-vandring** rail creep *(el.* motion), creeping of the rails. **-vei** *se -gang.*

skinnfektning sham fight *(el.* battle).

skinn|fell fur rug, fur bedcover; **US** *(også)* fell; *ikke strekke seg lenger enn -en rekker* cut one's coat according to one's cloth. **-fille** *(liten hudlapp)* patch of skin. **-foret** fur-lined.

skinnhanske leather glove.

skinnhellig hypocritical; sanctimonious; saintly; **T** goody-goody. **-het** hypocrisy; sanctimony.

skinninnbinding leather binding.

skinnjakke leather jacket.

skinn|kant fur edge. **-kåpe** fur coat.

skinnlue fur cap.

skinnmager skinny, lank-sided; *han er ~* he's a bag of bones.

skinnpels fur coat.

skinnskjerf *(for damer)* fur cravat.

skinnsyk jealous *(på* of). **skinnsyke** jealousy.

skinntryte *(bot)* bog whortleberry.

skinn|trøye leather jacket. **-tøy** furs.

skip ship, vessel; *(i kirke)* nave; *(typ)* galley; *brenne sine ~* burn one's boats; *forlate et synkende ~* desert a sinking ship; *få et ~ å føre* obtain the captaincy of a ship; get a ship; *føre et ~* command *(el.* be in command of) a ship; *«mitt ~ er ladet med...» (lek)* = «a name beginning with...»; *legge opp et ~* lay up a ship; *gå om bord i et ~* go on board a ship; *(for å reise)* take ship *(fx* he took ship for X); embark; *sende varer med ~* send goods by ship, ship goods; *varene sendes med norske ~* the goods are shipped *(el.* sent) in Norwegian bottoms; *om bord på et ~* on board *(el.* aboard) a ship, on a ship; *(stundom)* on shipboard *(fx* any excitement on s. is contagious); *pr. ~* by ship.

I. skipe *(vb)* ship *(fx* goods); *~ inn* take on board, embark; *~ seg inn til Oslo* take ship for Oslo; *~ ut* **1.** export by sea, export overseas; *(se utskiper & utskipning);* **2***(losse)* unload, discharge, unship *(fx* cargo).

II. skipe *(vb): ~ til* arrange; *~ seg vel* turn out well.

skipning shipping.

skipnings|advis advice of shipment. **-dagen** (the) date of shipment. **-oppgave** particulars of cargo. **-ordre** shipping instructions.

skipper master (of a vessel), shipmaster, skipper; *S-n (tegneserie)* Popeye (the Sailor).

skipper|eksamen examination for the master's certificate. **-skjønn** rule of thumb; rule-of-thumb methods. **-skrøne** tall story, cock-and-bull story; *fortelle -r* draw the longbow. **-tak** all-out effort, sudden effort; *ta et ~* make an all-out effort, make a spasmodic effort.

skips|aksje shipping share. **-apotek** ship's dispensary. **-assuranse** marine insurance. **-besetning** (ship's) crew. **-besiktelse** survey (of ships). **-besiktelsesmann** (ship)surveyor; *maskinkyndig ~* engineer s.; *sjøkyndig ~* nautical s. **-bygger** shipbuilder. **-byggeri 1.** shipbuilding (industry); **2***(verft)* shipbuilding yard, shipyard. **-bygging** shipbuilding. **-byggingsprogram** shipbuilding programme; *(se gang D).* **-dagbok** (ship's) log, log book. **-dokumenter** *(pl)* ship's papers. **-fart** shipping; *(seilas)* navigation. **-fartsforholdene** the state of the shipping trade. **-fører** master (of a ship), shipmaster. **-førereksamen** examination for the master's certificate; *han har ~* he holds a master's certificate. **-handel** ship chandler, marine store dealer. **-journal:** *se -dagbok.* **-kjeks** ship's biscuit, hardtack. **-kontroll** inspection of ships; *Den norske ~ (kan gjengis)* the Norwegian Shipping *(el.* Ships) Control; The Norwegian Shipping Authority; *(se Sjøfartsdirektoratet).* **-led** fairway, channel; *(gjennom pakkis)* lead. **-lege** ship's doctor. **-leilighet** shipping opportunity; *få ~ til* obtain a passage to; *med første ~* by the first ship. **-mannskap** (ship's) crew. **-megler** shipbroker. **-reder** shipowner. **-rederi** shipowners, shipping company *(el.* business). **-sekk** duffel bag, kitbag. **-side** ship's side; *fritt fra ~* free overside, free ex ship; *levere fritt ved ~* deliver free alongside ship. **-skrog** hull (of a ship). **-tømmermann** ship's carpenter; **T** chippy, chips. **-verft** shipbuilding yard, shipyard.

skirenn skiing competition *(el.* race *el.* contest), ski meet(ing).

skiskyting biathlon.

skisma schism. **skismatiker** schismatic.

skismatisk schismatic(al).

skismøring ski wax.

skispor ski track *(el.* trail).

skisse sketch. **-bok** sketchbook.

skissere *(vb)* sketch, outline.

skistav ski stick; **US** ski pole; *(jvf stav).*

skiterreng skiing country.

skitne *(vb): ~ til* dirty.

skitrekk ski tow.

skitt dirt, filth, muck; rubbish, trash; *~ i det!* to hell with it; *det er noe ~* it's no good, it's rotten; *(vulg)* it's no bloody good; *kaste ~ på en (fig)* smear sby, throw mud at sby.

skitten dirty, filthy; *(uanstendig)* smutty, obscene; *de skitneste og tyngste jobbene* the dirtiest and heaviest jobs; *han var ~ i ansiktet* his face was dirty, he was dirty in the face; *hele huset er -t* everything in the house is dirty; the h. is dirty all over; all parts of the h. are dirty; *han liker ikke å bli ~ på hendene* he doesn't like to get his fingers dirty.

skitten|ferdig dirty, slovenly. **-tøy** soiled *(el.* dirty) linen; washing; laundry. **-tøypose** washing bag.

skitt|unge T brat. **-viktig T** stuck-up.

skitur skiing trip; *(lengre)* skiing tour; *dra på ~* make *(el.* take *el.* go on) a skiing trip; go skiing; *dra ikke ut på ~ alene* never set *(el.* go) out on skis alone; *skal vi ta en liten ~?* shall we do a bit of skiing? *han liker å gå på -er* he likes cross-country skiing; *(se beinfly; I. tur).*

skive *(subst)* disk; disc; *(til skyting)* target; *(av*

brød, kjøtt) slice; *(på ur)* face, dial; *skyte på ~* shoot at a target.
skiveskyting target practice.
I. skje *(subst)* spoon; *(om kvantum)* spoonful; *gi ham det inn med -er* spoon-feed him; ... *men vi skal ha oss frabedt å få det inn med -er!* but we won't have it rammed down our throats! *ta -en i den andre hånden* mend one's ways.
II. skje *(vb)* happen, occur *(fx* a few minutes later the explosion occurred); come to pass; be done; *Gud ~ lov!* thank God! *betalingen -r gjennom banken* payment is effected through the bank; *betalingen -dde i dollar* payment was made *(el.* effected) in dollars; *det har -dd en ulykke* there has been an accident; *(se levering).*
skjeblad bowl of a spoon.
skjebne fate, destiny; fortune; *-n* fate; *-ns tilskikkelser* the dispensations of fate; *han forbannet sin ~* he cursed his lot; *finne seg i sin ~* be resigned to one's fate; *han fikk en trist ~* he came to a sad end; *la -n råde* leave everything to chance; let things drift; *takk ~!* that's just like my luck! *utfordre -n* ask for trouble *(fx* that's asking for t.); *(se I. lune & overlate).*
skjebnesvanger fateful; *(ødeleggende)* fatal, disastrous.
skjebnetro *(subst)* fatalism.
skjede scabbard, sheath; *(anat)* vagina.
skjefte *(subst)* stock (of a gun).
skjegg beard; *(på nøkkel)* bit; *ukegammelt ~* a week's growth of beard; *mumle i -et* mutter (to oneself); *le i -et* laugh up one's sleeve; *la -et vokse* grow a beard; *bli sittende med -et i postkassa* **T** be left holding the baby (,**US:** the bag).
skjeggape *(zool)* wanderoo; *(se I. ape).*
skjegget bearded; *(ubarbert)* unshaved, unshaven *(fx* he is unshaved; an unshaven person).
skjegg|løs beardless. **-meis** *(zool)* bearded titmouse. **-sopp** *(med.)* sycosis, barber's itch. **-stubb** stubble. **-torsk** *(fisk)* bib, pout; *(se torsk).* **-vekst** growth of beard.
skjel: *gjøre rett og ~* give everyone his due; do the right thing; *komme til -s år og alder* grow up, reach the age of discretion; *(se II. rett).*
skjele *(vb)* squint; *~ til* look askance at.
skjelett skeleton; *(fig)* framework *(fx* the f. of a novel).
I. skjell *(grense)* boundary, borderline.
II. skjell *(fiske-)* scale; *(muslingskall)* shell; *(musling)* shell, mussel.
skjellakk shellac.
skjell|dannet scaly. **-dekt** *se skjellet.*
skjelle *(vb): ~ og smelle* storm and rage; **T** blow one's top off; *~ en ut* abuse sby; **T** call sby names; blow sby up.
skjellet scaly, shelly.
skjellig just, reasonable; *~ grunn* good reason; *det foreligger ~ grunn til mistanke* there are adequate grounds for suspicion.
skjellsord invective, insult, term of abuse, word of abuse.
skjelm *(skøyer)* rogue, wag; *neste gang er en ~* take the chance while you have it; *ha en ~ bak øret* have sth *(el.* a trick) up one's sleeve.
skjelmsk roguish, waggish.
skjelne *(vb)* distinguish, discern, make out; *jeg kunne ikke ~ dem fra hverandre* I could not tell them apart.
I. skjelv shaking, trembling; *hun hadde nå fått -en i seg* she was now all of a tremble.
II. skjelv *(adj): han er ~ på hånden* his hand is unsteady.
skjelve *(vb)* tremble, shake, shiver; quake *(fx* the earth quaked); quiver; vibrate *(fx* the outlines vibrated in the heat); *~ av frykt* tremble with fear; *~ for (ɔ: av angst for)* tremble before *(fx* they trembled before him (,before his anger)); *~ i buksene (ɔ: være redd)* **T** shake in one's shoes; *~ som et aspeløv* tremble like an aspen leaf; *(se skjelvende).*
skjelvende *(se skjelve)* trembling, shaking, shivering; *med ~ stemme (el. røst)* with a quiver *(el.* shake) in his (,her *etc)* voice.
skjelving trembling, shaking, shivering; tremble, shake, shiver, quiver, quake.
skjeløyd squint-eyed, squinting; **T** cross-eyed.
skjema **1***(blankett)* form; **US** blank; *(spørre-)* questionnaire; *fylle ut et ~* fill up *(el.* in) a form, complete a form; **2***(fig)* pattern, scheme *(fx* his novels all conform to the same scheme); *gå fram etter et ~* act according to a fixed pattern.
skjemat spoon food, food eaten with a spoon; *(for barn el. syk)* pap.
skjematisere *(vb)* schematize.
skjematisk schematic *(fx* a s. survey of the pros and cons; his method is too s.); *~ fremstilling* schematic *(el.* general) outline.
skjemavelde rule of red tape; *(jvf papirmølle).*
skjemme *vb (vansire)* disfigure *(fx* the scars disfigured his face; these houses d. our countryside); mar *(fx* a few mistakes marred the performance); *(gjøre sløv)* dull *(fx* a knife); *stilen -s av en opphopning av fremmedord og sjeldne og vanskelige engelske ord* the style is marred by a superfluity *(el.* an accumulation) of foreign terms and uncommon and esoteric *(el.* difficult) English words; *~ bort* spoil *(fx* a child); *~ en bort etter noter* spoil sby completely; ruin sby thoroughly; *(se også II. skjemt).*
skjemmes *(vb): se skamme: ~ seg.*
I. skjemt banter; jest, joke; *på ~* in joke, in jest, for the fun of the thing, just for a joke *(el.* for a lark).
II. skjemt *(om mat)* bad *(fx* the meat is *(el.* has gone) bad); *kjøttet er litt ~* the meat is slightly off; *(om kniv, etc)* blunt, dull.
skjemte *(vb)* banter, jest, joke.
skjemte|dikt jesting poem. **-vise** comic song.
skjemtsom bantering, jocular; merry.
skjende **1***(vanhellige)* desecrate; **2***(voldta)* rape, ravish.
skjendig *(vanærende)* disgraceful, shameful; *(skammelig)* outrageous, gross; *(se skammelig).*
skjendighet disgracefulnes, shamefulness, outrageousness.
skjene *vb (om kyr)* stampede; *~ ut* swerve.
I. skjenk *(møbel)* sideboard.
II. skjenk *se gave.*
III. skjenk *(drikk)* a drink, drinks.
skjenke *vb* **1***(gi)* give, present with *(fx* p. sby with sth); donate *(fx* d. a fortune to charitable institutions); **2***(helle opp)* pour *(fx* I'll pour), pour (out) *(fx* pour (out) the tea; he poured himself (out) another glass of wine); *~ i* pour *(fx* tea); *~ vin i glassene* pour wine into the glasses; *~ glasset fullt* fill (up) the glass.
skjenke|rett licence (for retailing liquor); **US** (on-sale) liquor license. **-stue** taproom. **-vert** barkeeper.
skjenk(n)ing pouring; retailing liquor.
skjenn scolding; *få ~* be scolded, get a scolding; **T** be told off.
skjenne *(vi)* scold; *~ på* scold *(fx* sby for sth).
skjennepreken scolding; *(jvf påpakning).*
skjenneri quarrel; wrangle, bickering, squabble.
skjensel infamy, disgrace, dishonour, ignominy.
skjenselsgjerning infamous deed, outrage.
skjeppe bushel; *stille sitt lys under en ~* hide one's light under a bushel.
skjerf scarf *(pl:* scarfs *el.* scarves); *ull-* woollen *(el.* knitted) scarf, muffler; *(se skinn-).*

skjerm screen; *(for øynene; lampe-)* shade; *(på bil)* mudguard; wing; **US** fender; *(bot)* umbel.
skjermbilde X-ray *(fx* I've just been to the health centre to have a Pirqué and an X-ray).
skjerm|blomstret *(bot)* umbelliferous. **-brett** folding screen; *(foran ovn, kamin)* fire screen *(el.* guard).
skjerme *(vb)* shield, protect *(mot* from, against); *(elekt)* screen.
skjerp *(min)* prospect; *(utmålt felt)* claim; *merke opp -et (sitt)* peg one's claim, stake out a claim.
I. skjerpe *vb (søke etter malm)* prospect (for ore); drill for oil.
II. skjerpe *vb (gjøre skarp)* sharpen; *~ appetitten* give an edge to *(el.* whet) the (,one's) appetite; *~ bestemmelsene* make the rules more stringent; *(ofte)* tighten up the rules; *~ kontrollen over* tighten (up) the control of; *~ sine krav* raise *(el.* intensify) one's demands; *-nde omstendigheter* aggravating circumstances.
skjerpelse intensification, tightening (up) *(fx* the t. up of the control); *(av straff)* increase (of a sentence).
skjerpende aggravating; *det foreligger særdeles ~ omstendigheter* there are particularly aggravating circumstances attached to this.
skjerv mite; *yte sin ~* offer *(el.* contribute) one's mite.
skjev 1*(usymmetrisk, unormalt skrå)* wry *(fx* face, neck, nose); crooked *(fx* nose, legs); lopsided *(fx* window); skew *(fx* teeth); *(om skohæl)* worn down on one side; *(bøyd)* bent *(fx* the pedal is bent); **2***(skrå, ikke loddrett el. vannrett)* slanting *(fx* letters); oblique *(fx* line); **3***(fig)* lopsided *(fx* a l. version of the affair); crooked *(fx* reasoning), warped *(fx* a w. account of the event); maladjusted *(fx* system); *(ensidig)* one-sided, bias(s)ed. **-t** *(adv)* (1, 2) awry, askew *(fx* the blind was pulled up askew); aslant, slantingly, slantways, slantwise *(fx* cut sth s.); obliquely; (3) wrongly, lopsidedly, crookedly, one-sidedly;
A [*Forb. med subst*] *et -t bilde (fig)* a distorted view *(fx* of the situation); *-t blikk* oblique glance; *komme i et -t forhold til en* be placed in a false position as regards sby; *la tingene gå sin -e gang* let things slide, leave matters to settle themselves; drift along, muddle along; *det gikk sin -e gang* things were allowed to drift; *han er ~ i munnen* his mouth is awry; (NB make a wry mouth at sby: *geipe til en); ~ mur* wall out of plumb, sloping *(el.* leaning *el.* inclined) wall; *han har ~ nese* his nose is askew *(el.* crooked); *(etter beskadigelse)* he has a broken nose; *-t resonnement* unsound reasoning; *~ rygg (med.)* curvature of the spine; *-e sko* shoes worn down on one side; *det -e tårn i Pisa* the Leaning Tower of Pisa; *~ vinkel* oblique angle; *-e øyne* oblique *(el.* slanting) eyes; *med -e øyne (også)* slant-eyed;
B [*Forb. med vb*] *alt gikk -t* everything went wrong; *det går -t* things are going badly *(for ham* for him); *bildet henger -t* the picture is crooked *(el.* not straight); *gardinen hang -t* the curtain hung askew *(el.* crooked); *komme -t ut (i stiloppgave)* get off to a false start *(fx* you've got off to a f. s.); *han har kommet -t ut* he has had a bad start; he has manoeuvred himself into a false position; *se -t til en* cast a sidelong glance at sby, look sideways at sby, look at sby out of the corner of one's eye; *(med uvilje, etc)* look askance at sby; *myndighetene så -t til det* the authorities frowned on it; *hatten din sitter -t* your hat is awry *(el.* not straight); *smile -t* give a wry smile, smile crookedly.
skjevann *(kjem)* nitric acid.
skjevbent crooked-legged.
I. skjeve *(subst): på ~* aslant, askew, on the slant, slantwise, obliquely, on the skew; *hun hadde hatten på ~* she had her hat on askew; *det gikk på ~ med forretningen* the business went all wrong; *(se skjev B).*
II. skjeve *(vb): ~ skoene sine* wear the heels of one's shoes down on one side.
skjevhalset wrynecked.
skjevhet wryness, obliqueness, distortion; *(også fig)* obliquity.
skjevøyd with slanting *(el.* oblique) eyes, slant-eyed.
I. skjold *(flekk)* stain, discoloration, blotch.
II. skjold shield; buckler; *føre i sitt ~* have in mind, intend.
skjold|borg rampart of shields, testudo. **-brusk** *(anat)* thyroid cartilage. **-bruskkjertel** *(anat)* thyroid gland.
skjoldet discoloured (,**US:** discolored), stained, blotched.
skjoldlus *(zool)* scale insect, mealy bug; *(se lus).*
skjoldmøy female warrior, Amazon.
skjort|e shirt; *i bare -a* in his shirt; *han eier ikke -a på kroppen* he hasn't got a shirt to his back.
skjorte|bryst shirt front. **-erme** shirtsleeve; *i -ne* in (his) shirt sleeves. **-flak** shirttail. **-knapp** shirt button; *(løs)* stud. **-krage** shirt collar. **-linning** wristband; *(hals-)* neckband. **-stoff** shirting.
skjul cover, shelter; *(skjulested)* hiding place; *(ved-)* shed; *legge ~ på noe* make a secret of sth; *ligge i ~* be hidden.
skjule *(vb)* hide, conceal *(for* from); *~ seg* hide; *~ sine hensikter* disguise one's intentions.
skjulested hiding place.
skjult hidden; *(om feil, etc)* latent *(fx* defect, danger); *-e reserver* hidden reserves; *holde seg ~* keep out of sight.
skjæker: *pl av skåk.*
I. skjær *subst (lys)* gleam; glow *(fx* the g. of the fire); glimmer(ings) *(fx* the first glimmerings of dawn); *(fargetone)* tinge.
II. skjær *(plogskjær)* ploughshare; **US** plowshare; *(skøyte-)* stroke; *med lange, fine ~* with long gliding strokes.
III. skjær *(i sjøen)* rock, skerry; *~ i overflaten* rock awash; *et blind-* a sunken rock; *livet er fullt av ~* life is full of dangers.
IV. skjær *adj (ren)* pure; *(om kjøtt)* solid, meaty.
I. skjære *subst (zool)* magpie.
II. skjære *(vb)* cut; *~ ansikter* make faces; *~ av* cut off *(el.* away); *~ bort* cut away; *~ tenner* grind *(el.* grit *el.* gnash) one's teeth; *~ tømmer* convert timber; *~ hverandre (geom)* intersect; *~ for* carve; *~ i skiver* slice (up); *(med forskjærkniv)* carve; *~ noe i to* cut sth in two; *ord som -r en i øret* words that offend the ear; *~ i tre* carve in wood; *~ navnet sitt inn i et tre* carve one's name in a tree; *lyset -r meg i øynene* the light hurts my eyes; *det -r meg i hjertet* it breaks my heart; *~ ned* cut down, reduce, lower; *~ opp* cut open; *(i stykker)* cut up, cut to pieces; *~ over* cut, cut in two; *~ halsen over på en* cut sby's throat; *~* **seg** *(om melk)* turn; *melken -r seg* the milk is on the turn; *(om stempler)* seize up; *~ seg i fingeren* cut one's finger; *~ seg på en kniv* cut oneself with a knife; *~ til (tøy)* cut out *(fx* a blouse); *(se kam; lest).*
skjærende cutting; *(om lyd)* shrill, piercing, strident *(fx* voice); *~ ironi* scathing irony; *~ motsetning* glaring contrast.
skjæretann incisor.
skjærgård skerries *(pl).*
skjærgårdsidyll island idyll, idyll(ic scene) among the skerries.

S

skjæring cutting; *(jernb)* cutting.
skjærings|linje line of intersection; *(mat.)* secant. **-punkt** (point of) intersection.
skjærmyssel *(mil)* skirmish.
skjærsild purgatory; *(fig)* ordeal; *i -en* in purgatory.
skjærsliper (knife-and-scissors) grinder.
skjærtorsdag Maundy Thursday (NB *ikke fridag i England).*
skjød lap; bosom; *i familiens* ~ in the bosom of one's family; *hva fremtiden bærer i sitt* ~ what the future holds in store; *legge hendene i -et (fig)* fold one's arms, sit back, remain a (passive) spectator; *sitte med hendene i -et* be idle, twiddle one's thumbs.
skjødehund lap dog.
skjødesløs careless, negligent; *(om arbeid)* slapdash; *hans -e måte å være på* his offhand manner; ~ *med sitt utseende* careless of one's appearance *(el.* person).
skjødesløshet carelessness, negligence; nonchalance; *en* ~ a piece of carelessness.
skjøge *(bibl & glds)* harlot, whore.
skjølp gouge; *(mar)* score *(fx* in a block).
I. skjønn *(subst)* **1***(forstand, dømmekraft)* judg(e)ment, faculty of judgment; understanding, discernment; **2***(dom)* judg(e)ment, estimate; *(mening)* opinion; *(se uttalelse);* **3.** *jur (fastsettelse av beløp, etc)* valuation, appraisal; (official) assessment; *(mar): se besiktelse;* **4***(forgodtbefinnende)* discretion; *praktisk* ~ rule of thumb *(fx* work by r. of t.); *etter beste* ~ to the best of one's judgment *(el.* understanding); *etter et løst* ~ at a rough estimate; *(se skjønnsmessig); etter mitt* ~ in my opinion *(el.* judgment); *handle etter eget* ~ use one's own discretion; *basert på (et løst)* ~ based on a rough estimate; *jeg overlater det til Deres* ~ I leave the matter to your discretion; you must exercise your own discretion; (please) use your own d.; I leave it to you; *det overlates til den enkeltes* ~ it is left to individual judgment.
II. skjønn *(adj)* beautiful, lovely *(fx* colour, face, picture, woman); *(om mat)* delicious; *den -e* the fair (one); *det -e* the beautiful *(fx* a love of the b.); *de -e kunster* the (fine) arts; *-e løfter* fair promises; *i den -este orden* in perfect order; **T** in apple-pie order.
skjønne *(vb)* understand; see; *(om spebarn)* notice *(fx* baby notices everything now); take notice *(fx* baby is beginning to take notice); ~ *på* appreciate; *(se påskjønne);* ~ *seg på* know about *(fx* I know nothing about engines); be a judge of; *jeg -r meg ikke på ham* I can't make (,**US:** figure) him out; *jeg skjønte på ham at ...* I could tell by his manner that ...; I could see from his manner *(el.* expression) that ...; *-r du* you know, you see; *så vidt jeg -r (el. kan* ~*)* as far as I can see *(el.* make out), in my opinion; *så vidt man -r* to all appearance; as far as can be seen.
skjønner connoisseur; a good judge *(fx* of horses).
skjønnhet beauty; *hun er en* ~ she is a beauty; *man må lide for -en* pride must bear pain.
skjønnhetskonkurranse beauty contest.
skjønnhets|middel cosmetic, beauty preparation. **-plett** beauty spot; mole. **-salong** beauty parlour (,**US:** parlor). **-sans** sense of beauty. **-spesialist** beauty specialist. **-verdi** aesthetic (,**US:** esthetic) value. **-åpenbaring:** *en* ~ a marvel of beauty, a stunning beauty, a revelation of beauty.
skjønnlitteratur fiction, belles-lettres; imaginative writing; (NB fiction *omfatter ikke drama og poesi).*
skjønnlitterær fictional; ~ *forfatter* writer of fiction, fiction writer.
skjønnsforretning survey, valuation.
skjønnskrift copy-book writing; *(skolefag)* writing. **-sbok** writing book, copybook.
skjønns|mann surveyor, appraiser, valuer. **-messig** *(adj)* approximate, rough *(fx* a r. estimate); *(adv)* approximately, at a rough estimate. **-nemnd** commission of appraisers.
skjønnsom judicious, discriminating; *et -t utvalg* a judicious selection.
skjønnsomhet discretion, judiciousness, discrimination.
skjønnssak matter of judg(e)ment *(el.* opinion).
skjønnsvis at a rough estimate.
skjønnånd bel-esprit *(pl:* beaux-esprits).
skjønt *konj (enskjønt)* though, although.
skjør brittle, fragile; **T** crazy; *(jvf sprø).*
skjørbuk *(med.)* scurvy; *som lider av* ~ scorbutic.
skjørhet brittleness; fragility; **T** craziness.
skjørt skirt; *(neds = kvinne)* skirt.
skjørteregimente petticoat government.
skjørteveien: *gå* ~ use female influence.
I. skjøt *(på frakk)* tail.
II. skjøt *mar (tau)* sheet.
III. skjøt joint; *(film-)* splice; *uten* ~ in one piece.
I. skjøte *(jur)* deed (of conveyance).
II. skjøte *vb (overdra)* convey; deed *(fx* deed sth to sby).
III. skjøte *(vb)* join; *(film)* splice; *(forlenge)* lengthen; ~ *på* lengthen.
skjøteapparat *(for film)* (film) splicer.
skjøteledning *(elekt)* extension lead; **US** e. cord; ~ *med lampe i den ene enden* wandering lead.
skjøtlask *(skinnelask)* fishplate.
skjøtsel care, management.
skjøtte *(vb)* look after, attend to, mind; *la forretningen* ~ *seg selv* leave the business to take care of itself; *han -r ikke forretningen* he neglects his business.
skli *(vb)* slide *(fx* the boys are sliding on the ice); *(om hjul)* skid; *bilen skled tvers over veien* the car skidded right across the road.
sklie *(subst)* (ice) slide *(fx* we made slides on the road).
I. sko *(subst)* shoe; *over en lav* ~ wholesale; *vite hvor -en trykker* know where the shoe pinches *(fx* everyone knows best where his own shoe pinches).
II. sko *(vb)* shoe; ~ *seg* enrich oneself (at other people's expense).
skobesparer (shoe) cleat, stud.
skobørste shoe brush.
I. skodde mist; *(dis)* haze; *tykk* ~ fog.
II. skodde *(vindus-)* (window) shutter.
skoeske shoebox.
skoft *(fravær)* absenteeism; staying away from work, cutting work; *(jvf fravær).*
skofte *(vb)* absent oneself from work; cut *(el.* miss *el.* stay away from) work; shirk; *han -t* he cut work, he missed *(el.* stayed away from) work; *en som -r* absentee; *(som er arbeidssky)* shirker, slacker; *(se skulke).*
skog wood; *(stor)* forest; *(skogbevokst egn)* woodland; ~ *kommet etter urskog* second growth; *-ens avkastning* the forest yield, the wood harvest; *-ens nettoavkastning* the forest rental, the net yield from the forest; *dekket av* ~ (densely) wooded, dense-wooded, covered with (dense) forests; *(se skogbevokst); ferdes i* ~ *og mark* walk about the woods and fields; *som man roper ut i -en, får man svar* one gets the answer one deserves; *han ser ikke -en for bare trær* he can't see the wood for the trees; *Direktoratet for statens -er* [the Directorate of State Forests]; *(i England)* the Forestry Commission; *(i Canada)* the Federal Department of Forestry; *(se*

skogdirektoratet; skogdirektør; statsskogsjef; underdirektør).
skog-: *se også skogs-.*
skog|almenning common forest land, public forest. **-beskatning** forest taxation. **-bestand** forest stand. **-bevokst** wooded; well-wooded, well-timbered *(fx* country). **-bjørn** *(zool)* (wood) tick; dog tick. **-bonitering** classification of forest soils. **-brannbeskyttelse** forest fire protection. **-bruk** forestry. **-bryn** edge of a forest. **-bunn** forest *(el.* woodland) floor. **-bygd** *(el. -distrikt)* wooded country; woodland *(el.* forest) district *(el.* area).
skog|direktorat: *S-et* [the Forestry Directorate]; *(intet tilsvarende i England el. Canada; se skog: Direktoratet for statens skoger).* **-direktør** [Director of Forestry]; *(intet tilsv.; se statsskogsjef).*
skog|due *zool (ringdue)* wood pigeon. **-eier** forest owner. **-fattig** poorly wooded *(el.* forested). **-flora** woodland *(el.* sylvan) flora. **-fornyelse** reforestation, regeneration, reproduction. **-forvalter** district forest officer; *(i Canada)* supervisor of rangers. **-forvaltning** *(distrikt)* forest district; *(i Canada)* ranger district; *(se skogskjøtsel).*
skoggangsmann *(hist)* outlaw.
skogger|latter roar of laughter; *(neds)* guffaw, horselaugh. **-le** *(vb)* roar with laughter; *(neds)* guffaw.
skog|grense timber line. **-holt** grove; spinney. **-industri** forestry. **-inspektør** conservator; *(i Canada)* district forester. **-inspektørdistrikt** conservancy; *(i Canada)* forest district. **-kledd** wooded; *(poet)* wood-clad. **-kratt** thicket, copse, bushes. **-lendt** wooded. **-li** wooded slope. **-løs** treeless, unwooded, devoid of forests. **-mark** forest land; f. soil.
skognag sore feet, blistered feet (,heels), blisters *(fx* he got blisters on his feet; his shoes gave him blisters).
skogplanteskole forest nursery.
skogplanting forestation, forest work.
skogrik well forested *(el.* wooded) *(fx* a well-wooded district); heavily timbered.
skogs|arbeid forest labour; forestry work, forest *(el.* woods) operation; **US** *(også)* lumbering; *han er ute på ~* he is out working in the forest. **-arbeider** woodman, forest worker *(el.* labourer); lumberman; **US** lumberjack, busher. **-arbeidslære** science of forest labour. **-drift** forestry (work).
skogselskap: *Det norske ~* the Norwegian Forestry Society.
skogs|folk *(pl): se skogsarbeider.* **-fugl** *(zool)* woodland bird. **-kar** woodman; **US** lumberjack.
skogskjøtsel silviculture; *(se skogforvaltning).*
skog|skole school of forestry. **-slette** glade. **-snar** grove; spinney. **-snipe** *(zool)* green sandpiper. **-sti** forest (,woodland) path, path through the wood(s). **-stjerne** *(bot)* chickweed wintergreen. **-strekning** stretch of forests (,woods). **-stue** *(i Canada)* lumber camp.
skogsvei forest road, woodland road, road through the wood(s).
skogsvin litter lout; *(også* **US***)* litterbug.
skog|teig strip of wood. **-tekniker** forest technician. **-teknologi** forest technology. **-troll** woodland troll. **-tur** outing in the woods, picnic. **-tykning** thicket. **-vesen** forest service. **-vokter** forester; *(i Canada)* forest ranger; *(viltvokter, i England)* gamekeeper.
sko|horn shoehorn. **-hæl** heel (of a shoe).
skokk crowd, flock.
skokrem shoe polish.
skolastiker scholastic. **skolastikk** scholasticism.
skolastisk scholastic.
skole school; schoolhouse; *(også om elevene)* school *(fx* the whole s. knew it); *(barne-)* primary school; **US** grade school; *-ns utvalg* the school management board; *forsømme -n* miss school, be absent from s.; *(jvf skulke); -ns folk* educationists; *(se uttrykk; vie); skolen fikk fri* the school was given a holiday; *gjennomgå en hard ~* be schooled in hardship; go through a hard *(el.* rough) s.; go through the mill *(fx* they put him through the m.); *holde ~* give lessons; *videregående ~* upper secondary school; *dette kunne forandre radikalt den videregående ~ i 80-årene* this could radically alter the pattern of secondary studies in the eighties;
[*Forb. med prep & adv*] *en maler av Rafaels ~* a painter of the school of Raphael; *være av den gamle ~* be (a man (,lady, *etc*)) of the old school; *komme hjem fra -n* come home from school; *gå i ~ hos ham* be his pupil; study under him; *bli satt i ~ (glds)* be put *(el.* sent) to school; *ta en i ~ (fig)* take sby to task; *melde et barn inn på -n* enter a child for school; *barna blir meldt inn på -n i mai og begynner i august* the children are entered for school *(el.* have their names put down for school) in May and start in August; *(se innmelding); på -n* at school; *(m.h.t. undervisning også)* in class; *på -ns område* on the school premises; *begynne på -n* start school, go to school *(fx* he is old enough to go to s. now); *begynne på en ~ (også)* enter a school; *de begynner på denne -n når de er 7 år* they begin to attend this school at the age of 7; they start at this s. when they are 7; *gå på -n* **1.** go to school, attend school; **2.** walk to school *(fx* he walks to s.); *den -n hun går på* the school she attends; *hvilken ~ går du på?* what school are you at? what s. do you go to? what's your school? *han gikk på Harrow* he was at H.; he is an old Harrovian; *vi gikk på -n sammen* we were at school together; *dengang vi gikk på -n sammen* when we were boys (,girls) at school together; *hvordan går det på -n?* how goes school? *ta en ut av -n* take sby out of school; remove sby from (the) school; *(se almendannende).*
skole|alder school age *(fx* children of s. a.). **-arbeid** school work; *(som gjøres hjemme)* homework; *(se lagsarbeid).* **-attest:** *se -vitnesbyrd.* **-avis** school paper; school magazine. **-barn** school child; *(især større)* schoolboy; schoolgirl. **-benk** form; *som kommer rett fra -en* fresh from school; *(se pult).* **-bestyrer:** *se -styrer.* **-bok** schoolbook. **-bruk:** *til ~* for school purposes, for (the use of) schools. **-bygning** schoolhouse.
skoledag school day *(fx* in my school days); *-en er forbi* school is over; *det er siste ~ før ferien i dag* school breaks up today.
skoledemokrati democracy at school, school democracy.
skoleeksempel textbook example *(på* of), perfect illustration *(på* of), object lesson *(fx* she was an object lesson in how not to grow old).
skole|elev pupil, schoolboy, schoolgirl. **-fag** school subject. **-ferie** school holidays *(pl),* vacation; **US** vacation; *-n (ɔ: sommerferien)* the summer holidays; *han kom hjem i -n* he returned from school for the summer holidays.
skole|film educational film. **-fly** training plane. **-folk** *(pl)* educationists; *(se uttrykk; vie).* **-fri:** *ha ~* have a day off from school. **-frokost** = school lunch.
skolegang schooling, school attendance; *(undervisning)* schooling; *tvungen ~* compulsory school attendance; *denne eksamen tas etter ti års ~* this examination is taken after a ten-year course *(el.* after ten years of school); *etter endt ~ dro han til X* on leaving school he went to X.

S

skolegjerning teaching; *deres manglende interesse for -en* their lack of interest in teaching; *motivering for -en er det også smått bevendt med over hele linjen* there is also a general lack of motivation for teaching.
skole|gård schoolyard. **-hygiene** school hygiene. **-idrett** school athletics, school sports. **-idrettsstevne:** *et* ~ an inter-school sports.
skoleinspektør deputy education officer; deputy director (of education); *(se skolesjef);*
 * An' assistant education officer' is responsible for a specialist division. Next in rank are' administrative assistants' and' heads of sections'.
skole|jakke school blazer. **-kamerat** school friend; *vi er -er* we are (,were) at school together. **-kjøkken** school kitchen. **-kjøkkenlærerinne** domestic science teacher. **-kjøring** driving a learner's car. **-klasse** school class. **-korps** marching band. **-krets** school district. **-kringkasting** school radio, s. broadcast(s). **-landskap** open-plan teaching room. **-lege** school medical officer. **-lov** education act. **-lærer** teacher. **-mann** educationist; teacher.
skolemat (school child's) lunch packet, packet of sandwiches for school; *han hadde glemt -en* he had forgotten his p. of sandwiches.
skolemester *(glds): se skolelærer.* **-aktig** magisterial. **-tone** magisterial *(el.* hectoring) tone.
skolemoden ready for school *(fx* most children are not ready for s. before the age of six at the earliest).
skolemodenhet readiness for school.
skole|myndigheter *(pl)* education authorities. **-patrulje** *(i trafikken)* school crossing patrol. **-penger** *(pl)* school fees; **US** tuition; *skole hvor det betales* ~ fee-charging school. **-plikt** compulsory school attendance. **-pliktig** of school age; ~ *alder* compulsory school age; *forlengelse av den -e alder* the raising of the (compulsory) school age; *jeg har to barn i* ~ *alder (også)* I have two children at school. **-psykolog** school psychologist.
skolere *(vb)* train, school.
skoleråd *(lærerråd)* staff conference *(el.* meeting).
skolesammenheng: *i* ~ in a school context.
skolesending *(radio)* school broadcast.
skolesjef (chief) education officer; director of education; *(se skoleinspektør);*
 * He is assisted by a' deputy education officer' or a' deputy director (of education)'.
skoleskilt *(på lærevogn)* L-plate; *(se skolevogn).*
skole|skip *(mar)* training ship. **-stil** essay (,composition) written in class; composition (,essay) test at school. **-styre** school authorities; *-t* the Local Education Authority, L.E.A.; *-ts kontor* the education office. **-styrer** headmaster; *(se rektor).* **-system** school system; education(al) system; *(se skolevesen).*
skole|søster school nurse. **-tannpleie** school dental service *(el.* care). **-teater** theatrical performance especially for schools.
skoletid school hours *(fx* during (,out of) s. h.), school *(fx* after (,before) s.); *hele -en ut* right to the end of one's school career.
skoletime lesson, period *(fx* four periods a week are devoted to history).
skoletrett tired of school; *-e barn (også)* children disinclined to go to school.
skoletur school outing *(el.* excursion); *(lengre)* school trip; holiday tour (for school children); *det ble arrangert en* ~ *til Eidsvoll* a school outing to E. was arranged; *(se I. tur).*
skoletvang: *se skoleplikt.*
skole|ungdom school boys and girls, ~ *og annen ungdom* school boys and girls and other young people. **-utdannelse** schooling. **-utgave** school edition. **-vei** way to school *(fx* the way to school is often dangerous for the children); *gå -en (fig)* go in for teaching. **-venninne** school friend. **-vesen** education, educational matters; education(al) system; *få innblikk i det engelske* ~ gain insight into the English education system.
skole|veske schoolbag. **-vitnesbyrd** school certificate, s. report. **-vogn** learner car, L-car. **-år** school *(el.* scholastic) year.
skolisse shoe lace; **US** shoestring, shoelace.
skolm *(bot)* pod, shell.
skolopender *(zool) (tusenben)* scolopendra.
skolt (T: *hode)* noodle.
skomaker shoemaker; *(lappe-)* cobbler.
skonnert *(mar)* schooner.
skonrok ship's biscuit, hardtack.
skopuss shoeshine, shoe polishing.
skopusser shoeblack; bootblack.
skore(i)m shoe lace; **US** shoestring, shoelace.
skorpe crust; *(på sår)* crust, scab; *(oste-)* cheese rind; *danne en* ~ form *(el.* throw) a crust; *det har dannet seg en* ~ *på såret* a scab has formed on the wound.
skorpedannelse incrustation.
skorpet crusty; *(med.)* scabby.
skorpion *(zool)* scorpion.
skorsonerrot *(bot)* viper's grass.
skorstein chimney; *(på skip)* funnel, smokestack; *røyke som en* ~ smoke like a chimney.
skorsteins|feier chimney sweep(er). **-pipe** chimney pot.
skorte *(vb): det -r på* there is a lack *(el.* shortage) of.
skosverte shoe polish.
skosåle sole (of a shoe).
skotsk 1. Scottish *(fx* the S. Border, the S. chiefs); Scotch *(fx* terrier, whisky); *(især i Skottland)* Scots; **2***(språket)* Scotch *(fx* Lowland S.), *(især i Skottland)* Scots *(fx* talk S.).
skott *(mar)* (skillerom i skip) bulkhead.
I. skotte *(subst)* Scot, Scotsman, Scotchman; *-ne* the Scots.
II. skotte *(vb):* ~ *bort på en* steal a glance at sby, look at sby out of the corner of one's eye. **-historie** anecdote about stingy Scot(s). **-lue** *(båtlue m. bånd bak)* glengarry.
Skottetoget the Scottish Campaign (of 1612).
Skottland Scotland.
skotøy footwear.
skovl 1. shovel; **2***(på gravemaskin)* bucket, dipper; *(gripe-)* grab; *(på muddermaskin)* bucket; **3***(i turbin)* blade, vane; **4***(hjul-)* paddle; **5***(på vaskemaskin)* spinner.
skovlblad blade of a shovel.
skovle *(vb)* shovel, scoop.
skovlhjul paddle wheel.
skral poor; *(om vinden)* scant; *(syk)* poorly; *det er -t med ham* he is in a poor way; *det står -t til med helsa* his (,her, etc) health is only so-so; he (,etc) is in a poor way; *(se for øvrig dårlig).*
skrall bang, crash; *(torden-)* clap *(fx* of thunder); peal, crash; *(av blåseinstrument)* blare.
I. skralle *(vb)* peal, ring (out); *(om blåseinstrument)* blare; rattle; *en -nde latter* a roar of laughter.
II. skralle *vi (mar): vinden -r* it's a heading shift.
skramle *(vb)* clatter, rattle; ~ *med* rattle *(fx* the saucepans).
skramlekasse *(om bil)* rattletrap, (old) crock; **S** old heap.
skramleorkester children's percussion group.
skramme scratch *(fx* on the face; in the paint).
skrammel lumber, rubbish, junk; *(lyden)* clattering, rattling; clanking.
skrangel rattle, rumble.

skrangle *(vb)* jolt, lumber; rattle; *ei kjerre kom -nde forbi (også)* a cart came grinding past.
skranglekjerre: *se skramlekasse.*
skranglet **1.** rattling; rickety; **2.** thin and bony, skinny.
skranglevei bumpy road.
skranke **1**(*sperring)* barrier *(fx* tickets must be shown at the b.); bar *(fx* the bar of the House of Commons); *(i rettssal)* bar *(fx* at the b., appear at the b.); *(se advokat);* **2**(*gym)* parallel bars; **3**(*i bank, etc)* counter; *(lav, på tollbod)* (examination) bench; **4**(*fig)* barrier, bar; *sette -r for* set bounds to *(fx* sby's activities); *tre i -n for* enter the lists for, take up the cudgels for; champion *(fx* a cause); **T** stick up for.
skrankeadvokat barrister; **US** trial lawyer.
skranke|ekspedisjon counter business. **-ekspeditør** *(post)* counter officer. **-gjøremål:** *se -ekspedisjon.*
skrante *(vb)* be ailing, be in poor health.
skranten *(adj)* ailing, sickly.
skranting sickliness.
skrap *(rask)* rubbish, trash, junk; *(for omsetning)* salvage.
I. skrape *(subst)* reprimand; *(skramme)* scratch; *(redskap)* scraper; *(jvf sikling).*
II. skrape *(vb)* scrape *(fx* metal, a carrot, the bottom of a ship); scrape down *(fx* a wall); scale *(fx* fish); *(om dyr)* paw (the ground); *bukke og ~* bow and scrape; *~ av (el. bort)* scrape off *(el.* away), remove; *jeg hørte kjølen ~ mot skjærene* I could hear the keel grinding on the rocks; *~ sammen* scrape together; *~ pengene sammen på en eller annen måte* scrape the money together somehow; dig up the money somehow; *~ ut (med.)* curette; *en -nde lyd* a rasping sound.
skraphandelsbransjen: *han er i ~* he's in the junk business.
skrap|handler rag and waste dealer; *(også* **US***)* junkman; *(grossist)* junk merchant; *-s opplagstomt* salvage depot. **-haug** scrap *(el.* junk) heap; *kaste på -en* scrap. **-jern** scrap iron. **-kake** *(spøkef om yngstebarnet i en søskenflokk)* **T** afterthought.
skratt *(om fugler)* chatter; *(latter, neds)* guffaw.
skratte *vb (om fugler)* chatter; *(le skrattende)* cackle; guffaw; *en -nde latter* a roar of laughter; *(neds)* a cackle, a horselaugh, a guffaw.
skrattle *(vb)* roar with laughter; *(neds)* guffaw.
skraver|e *(vb)* hatch, hachure; *(meget tett)* shade; *dobbelt -t* cross-hatched; *loddrett -t* vertically hatched.
skravl *(snakk)* chatter, jabbering; **S** natter; *hold -a på deg!* shut your trap! *la -a gå* chatter away.
skravle *(vb)* chatter, jabber; **S** natter.
skravlebøtte chatterbox.
skred **1.** landslide; **2**(*snø-)* avalanche; **3**(*pris-)* collapse of prices; *det ble et voldsomt pris- (også)* the bottom fell *(el.* dropped) out of the market; *(se også valgskred).*
skredder tailor. **-sydd** tailored, tailor-made.
skredfare *(se skred 2)* danger of an avalanche (,of avalanches).
skrei *fisk (torsk)* (spring *el.* winter) cod.
skrekk fright, terror; *få seg en ~ i livet* get a fright; *jeg fikk en ~ i livet* it gave me quite a turn; *(se også redsel).*
skrekkelig terrible, dreadful; *(adv)* terribly, dreadfully; **T** awfully *(fx* it's a. hot in here); *en ~ hodepine* a splitting headache; *et ~ rot* a terrible mess.
skrekkinnjagende terrifying.
skrekkslagen terror-stricken, terrified.
skrekkvelde (reign of) terror.
I. skrell *(subst)* peel *(fx* of an apple), rind *(fx* apple r.); *appelsin-* orange peel; *potet-* potato peel; *(når det sitter på el. skrubbes av)* potato skin; *poteter kokt med -et på* potatoes boiled in their jackets; *(se for øvrig skall).*
II. skrell *subst (omlyd): se skrall.*
I. skrelle *(vb)* peel, pare; *~ av* peel off; *(jvf flasse).*
II. skrelle *(vb): se smelle.*
skremme *(vb)* scare; frighten, startle; *(med trusler, etc)* intimidate; *~ livet av en* frighten sby to death, scare sby to death *(el.* out of his wits); *~ bort* frighten *(el.* scare) away; *~ en fra å gjøre noe* scare sby out of doing sth; *~ opp (vilt)* flush *(fx* we flushed two cheetah cubs); start, unharbour; *(få til å fly)* start, put up *(fx* a partridge); *bli skremt opp (om vilt)* break cover.
skremme|bilde bugbear, bogey. **-skudd** warning shot.
skremsel fright, scare; *(fugle-)* scarecrow.
skrens skid *(fx* I got into a nasty skid on the corner); *kontrollert ~* controlled skid.
skrense *(vb)* swerve; skid; sideslip; *bilen -t borti gjerdet* the car swerved into the fence.
skrent steep slope.
skreppe *(subst)* **1.** bag, knapsack; **2. S** bird; *(også* **US***)* chick; piece; bint.
skreppekar *(kramkar)* pedlar, **US** peddler.
skrev *(anat)* crutch, fork; *(lyske)* groin.
skreve *(vb)* straddle; sit (,stand) with feet far apart; *med -nde ben* with legs far apart; *~ over* step over.
skrevs: *~ over* astride *(fx* sit a. a chair), straddle.
skribent writer; *-er (ofte)* poets and authors.
skrible *(vb)* scribble.
skribler scribbler.
skribleri scribbling.
skride *(vb): ~ fram* proceed, progress, advance; *arbeidet -r fram* the work is making good progress; the w. is getting on; *etter hvert som arbeidet -r fram* as the work proceeds; *arbeidet -r hurtig (,jevnt) fram* the work is progressing rapidly (,steadily); *(om tiden)* wear on *(fx* as the century wore on); *~ inn (ɔ: gripe inn)* intervene, interfere, take action; *~ inn mot* take action *(el.* measures) against, interfere with; *~ til handling* take action; *~ til verket* set to work.
I. skrift writing; *(typ)* type, letter, font; *S-en* Scripture; Holy Writ; the Scriptures.
II. skrift publication, pamphlet; *Det Kongelige Norske Videnskabers Selskabs Skrifter* Transactions of the Royal Norwegian Society of Sciences.
skriftart sort of type.
I. skrifte *(subst)* confession *(fx* go to c.); *(se skriftemål).*
II. skrifte *(vb)* confess; *(se skriftemål).*
skrifte|barn penitent. **-far** (father) confessor.
skriftekspert handwriting expert, graphologist.
skrifte|mål confession; *avlegge ~* confess; *motta ens ~* confess sby. **-stol** confessional.
skrift|fortolker exegete. **-fortolkning** exegesis. **-kasse** *(typ)* type case.
skriftklok *subst (bibl)* scribe.
skriftlig written, in writing; *(pr. brev)* by letter *(fx* inquiries should be made by letter); in black and white *(fx* I want your promise in black and white); *jeg har ikke noe ~ (bevis, etc)* I have got nothing in writing; I haven't got it down in black and white; *~ eksamen* written examination; *stryke i ~* fail (at) the written examination; *gi en ~ fremstilling av noe* write an account of sth; *~ henvendelse* application by letter; *rette en ~ henvendelse til* apply by letter to; *-e lekser* written homework; *meldinger må gis ~* all notices must be given in writing.
skrift|lærd: *se -klok.*
skrift|prøve specimen *(el.* sample) of handwrit-

S

ing. **-språk** written *(el.* literary) language. **-sted** (scripture) text. **-system** system of writing. **-tegn** character.

skrik cry, shriek; *(dyrs)* call; *(om hvinende brems)* screech *(fx* he braked with a s.); *siste ~* the latest thing *(fx* in hats).

skrike *(vb)* **1***(rope)* cry, call *(fx* for help); **2***(sterkere, uartikulert)* scream *(fx* with pain, for help; the baby screamed all night), shriek *(fx* with pain); *(hyle)* howl, yell; *(neds)* squall *(fx* he hates squalling babies); *(skingrende, også om hvinende bremser)* screech; *(om gris)* squeal; *(om høne, kylling)* squawk; *(om gris, gås, papegøye, ugle)* screech; *(om påfugl)* scream, screech; **3***(om farger)* scream (at you), be loud, be glaring; *(se skrikende); ~* **av full hals** scream at the top of one's voice, bawl, yell; *(se sult); ~* **opp** *om* **T** make a song and dance about *(fx* it is nothing to make a s. and d. about); ~ **på** roar for *(fx* the crowd roared for his blood); scream for *(fx* the baby was screaming for its milk); ~ **som en besatt** scream like mad; **T** yell blue murder; ~ **som en stukken gris** squeal like a stuck pig.

skrikende *(se skrike)* **1.** screaming *(,etc);* **2***(grell)* glaring *(fx* a g. contrast); *(om farge)* glaring, garish, gaudy, loud *(fx* a loud tie); *være kledd i ~ farger* be loudly dressed; *farger som står i en ~ motsetning til hverandre* colours that swear *(el.* shriek) at each other, colours that clash with each other; *en ~ stemme* a screaming *(el.* screechy) voice; *en ~ urettferdighet* a crying *(el.* flagrant) injustice; *(se misforhold).*

skrikerunge *(neds)* howling brat; *(om baby)* cry-baby.

skrikhals 1. person who cries or yells; loud-mouth; **2.** cry-baby; *(se skrikerunge).*

skrin *(smykke-)* jewel box; *(glds)* jewel casket; *(penge-)* money box; *(relikvie-)* reliquary, shrine.

skrinlegge *(vb)* abandon, shelve.

skrinn lean; scraggy; *(om jord)* poor, barren.

skritt 1. step, pace; *(langt)* stride; **2***(skrittgang)* walking pace *(fx* ride at a w. p.); **3***(fig)* step *(fx* a few steps nearer the grave; a s. in the right direction); *(foranstaltning)* step, move, measure; **4***(anat)* crutch, fork; *(lyske)* groin *(fx* kick him in the groin); **5***(i benklær)* crutch; length of inside seam; **6***(sjakk)* square *(fx* the king may move one square only); *neste ~ i utviklingen av skolesystemet* the next step in the development of the school system; *gå et ~* take a step, walk a step; *(se ndf: gå et ~ videre); det er det første ~ som koster* only the beginning is difficult; *ta ~ for å* take steps to *(fx* prevent it); *ta -et fullt ut* go the whole length; **T** go the whole hog; *ta det avgjørende ~* take the decisive step; bring matters to a head; *ta det første ~* make the first move *(fx* towards peace), take the first step; *ta de nødvendige ~* take the necessary steps *(el.* action); *ikke vike et ~* not budge *(el.* give way) an inch; stick to one's guns; *han viker aldri et ~ fra henne* he never lets her out of his sight.

[*Forb. med prep & adv*] ~ **for** ~ step by step; *følge en ~ for ~* dog sby's footsteps; *(fig)* follow sby step by step; *vike ~ for ~* fall back step by step; *for hvert ~* at each *(el.* every) step; *vi kunne ikke se et ~* **foran** *oss* we could not see a step before us; *noen ~* **fra** *huset* a few steps from the house; *et par ~* **herfra** a few steps away *(el.* from here); **i** ~ (2) at a walking pace; *det er et ~ i riktig retning* that's a step in the right direction; **T** that's sth like! *gå* **med avmålte** ~ walk with measured steps; *gå* **med lette** ~ step lightly; **med raske** ~ rapidly, apace *(fx* winter is coming on apace); *gå* **med slepende** ~ drag one's feet; *gå* **med tunge** ~ walk heavily; *et ~* **på** *veien* a stage on the way; an intermediary stage, a halfway house *(fx* to the Socialist state); *et første ~ på veien mot suksess* a first stepping stone to success; *det første ~ på veien til fred* the first step towards peace; the first step on the way *(el.* road) to peace; *gå et ~* **videre** *(fig)* go a *(el.* one) step further.

skritte *(vb): ~ opp* pace out *(el.* off) *(fx* a distance); *~ ut (ɔ: gå raskt)* step out (briskly).

skritt|gang walking pace. **-teller** pedometer.

skrittvis *(adj)* step-by-step, gradual; *(adv)* step by step, gradually.

skriv *(subst)* letter.

skrive *(vb)* write *(fx* w. a letter, this pen writes well); *(på maskin)* type; *(stave)* spell, write *(fx* the word is written *(el.* spelt) with a' p'); *~ falsk* commit forgery; *~ falsk navn* forge a signature; *han -r godt* he has *(el.* wields) a fluent pen; *~ pent* write neatly *(el.* nicely), have a nice handwriting, write a nice hand; *du -r pent (også)* your handwriting is nice; *skriv pent!* write neatly! *mens dette -s* at the time of writing; ~ **av** copy, take a copy of; *som straff ba jeg ham ~ av avsnittet tre ganger til neste engelsktime* I told him to write *(el.* copy) out the passage three times for his *(el.* the) next English lesson by way of *(el.* as a) punishment; *hvis elevene sitter for tett, -r de av etter hverandre* if the pupils sit too close together, they copy each other's work; *(se avskrive);* ~ **etter** write for *(fx* he wrote for more money); ~ **med** *blyant* write in *(el.* with a) pencil; *skrevet med blyant* written in pencil; ~ **ned** *pundet* lower the £; ~ **om igjen** re-write; ~ **om noe** write about sth; comment in detail on *(fx* ... the poet's powers of description); ~ **opp** *(notere)* write down, make a note of; *~ en opp (ɔ: ta ens navn)* take sby's name; *det kan du ~opp! (ɔ: det skal være sikkert)* you can say that again! ~ **over** *i kladden* write on top of the rough draft; ~ **til** *en* write (to) sby; *~ direkte til ham* write to him direct; write direct to him; *~ under* sign (one's name); *~ under på* sign, put one's name to *(fx* a document); *(fig)* endorse; *~ ut* finish *(fx* an exercise book); *du har ikke skrevet den ut ennå* you have not finished it yet; *~ ut en regning* make *(el.* write) out a bill; *~ ut en sjekk* write (out) a cheque; ~ **seg** *fra* date from; *(kan føres tilbake til)* be ascribed to; *(stamme fra)* arise from; *~ seg noe bak øret* make a mental note of sth.

skrive|arbeid writing, desk *(el.* paper) work. **-blokk** writing pad. **-bok** exercise book; *(til skjønnskrift)* copybook. **-bord** (writing) desk. **-bordsarbeid** *(kontorarbeid)* paper work, desk work. **-bordslampe** desk lamp. **-bordspolitiker** armchair politician. **-feil** slip of the pen, clerical error, error in writing; *(på maskin)* typing error. **-ferdighet** proficiency in writing. **-før** good at writing. **-klaff** *(på møbel)* drop-leaf writing surface. **-kløe** itch to write. **-krampe** writer's cramp; *(faglig)* mogigraphia. **-kunst** art of writing; *(det å skrive pent)* penmanship. **-kyndig** able to write; *(se skrivefør).*

skrive|lyst: *se -kløe.* **-lysten** itching to write. **-lærer** writing master. **-måte 1***(stavemåte)* spelling; **2***(stil)* style (of writing); *(mus)* style. **-mappe** *(med konvolutter og skrivepapir)* writing compendium.

skrivemaskin typewriter; *renskrive noe på maskin* type sth out *(fx* the handwritten manuscript was typed out).

skrivemaskin- typewriter *(fx* desk, table, cover).

skrivemaskin|dame typist; *(se stenograf).* **-papir** typing paper; *(se gjennomslagspapir).*

skrivepapir writing paper, notepaper.

skriveri *(neds)* scribbling *(fx* rude scribblings on the walls of lavatories).
skrive|saker *(pl)* writing materials, stationery. **-stell** writing set; inkstand. **-stilling** *(måte å sitte på)* writing posture. **-underlag** blotting pad. **-øvelse** *(i skjønnskrift)* writing exercise.
skrofulose scrofula. **skrofuløs** scrofulous.
skrog *(mar)* hull; *(på fly)* fuselage.
skrot *(skrap)* rubbish, trash; junk; *(se skraphandler).*
skrott carcass; *få noe i -en* **T** get sth to eat.
skru *(vb)* screw; *(dreie)* turn; *(om is)* be packed together, pack; ~ **av** screw off, unscrew *(fx* a bolt); loosen; turn off *(fx* the water); switch off *(fx* the light); ~ *ballen* give a twist *(el.* screw) to the ball; ~ **fast** screw up; screw on *(fx* a lid), fasten with screws; ~ *fast en lås på en dør* screw a lock on (to) a door; ~ **fra hverandre** unscrew; ~ **i** screw in; ~ **igjen** turn off *(fx* the water); ~ **inn** screw in; ~ *helt inn* screw home; ~ **løs** unscrew, loosen; *(skru av)* screw off; ~ **ned** turn down *(fx* the lamp); *skipet ble -dd ned av isen* the ship was pressed down by the ice; ~ *ned lønningene* force down wages; ~ **opp** open, turn up; *(åpne)* unscrew; *(forhøye)* raise *(fx* one's demands); ~ *opp prisene* raise *(el.* increase) prices, force *(el.* send) up prices; ~ *(ɔ: dreie)* **på** turn, screw; *(feste med skruer)* screw on *(fx* a lid); ~ *på lyset* switch on the light; ~ *på vannet* turn on the water; ~ *(ɔ: dreie) på krana* turn the tap; *jeg får ikke -dd på krana* the tap won't turn; ~ **sammen** screw together; ~ **seg** screw, twist, spiral; *isen -r seg opp* the ice packs; ~ *seg opp (fig)* work oneself up *(fx* into a rage); ~ **til** *(ɔ: fast)* screw up, tighten up *(fx* a nut, a bolt); *(lukke ved hjelp av skruer)* screw up, screw down *(fx* a box, a coffin); ~ *en skrue (godt) til* drive a screw (well) home; ~ *tiden* **tilbake** put back (the hands of) the clock.
skruball *(i sport)* screw(ed) ball, ball with a twist *(el.* break); *(fotb)* curler.
I. skrubb *(subst)* scrubbing brush.
II. skrubb *(subst): se ulv; sulten som en ~: se skrubbsulten.*
skrubbe *(vb)* scrub; ~ *av skitten* scrub off the dirt; ~ *med foten (under aking)* brake with one's foot (when sledging or tobogganing); ~ *seg på albuen* scrape (,**US:** skin) one's elbow; *han falt og -t (seg på) kneet sitt (også)* he fell and cut his knee open.
skrubbet *(ujevn)* rough, coarse, uneven.
skrubbhøvel rough plane; *(også* **US***)* scrub plane; *(se høvel).*
skrubbhøvle *(vb)* rough-plane.
skrubbsulten ravenously hungry; *jeg er ~ (også)* I'm starving; I could eat a horse.
skrubbsår graze.
skru|benk vice (,**US:** vise) bench. **-blyant** propelling pencil; **US** automatic pencil.
skrud garb; *mitt fineste ~ (spøkef)* my best bib and tucker.
skrue 1. screw; **2***(mar)* screw, propeller; *en underlig ~* an odd character; a funny chap; **S** a queer bird *(el.* card); **US** a queer duck.
skrue|fjær *(faglig: spiralfjær)* helical spring, spiral *(el.* coil) spring. **-gang** screw thread. **-hode** screw head. **-stikke** vice; **US** vise. **-tvinge** clamp, holdfast.
skruis pack ice.
skrujern screw driver.
skrukk *(subst)* wrinkle, line; *(se I. rynke).*
skrukke *(vb)* wrinkle; *(se II. rynke).*
skrukket wrinkled.
skrukketroll *(zool)* wood louse *(pl:* wood lice).
skrukork screw-on stopper, screw cap; *med ~* screw-capped.
skrull|et crack-brained, crazy. **-ing** crackbrain, crackpot; **US** *(også)* jerk.
skrulokk screw cap.
skrumpe *(vb): ~ inn (el. sammen)* shrink; shrivel (up). **skrumpet** shrivelled, shrunk.
skrumplever *(med.)* cirrhosis of the liver.
skrumpnyre *(med.)* contracted kidney.
skrunøkkel *se skiftenøkkel.*
skruppel scruple; *moralske skrupler* scruples of conscience, conscientious objections; *få skrupler* have scruples; *som lett får skrupler* squeamish *(fx* a s. person); *gjøre seg skrupler over* have scruples about; scruple *(fx* he had no scruples about taking the money; he did not scruple to take the money); *uten skrupler* without scruple.
skruskøyter *(pl)* Dutch skates.
skrutrekker screw driver.
skrutvinge clamp.
skryt 1. boasting; bragging; *(brautende oppførsel)* swagger; **2***(esels)* braying.
skryte *(vb)* **1***(prale)* boast, brag, talk big; *(braute)* swagger; **2***(om esel)* bray; ~ *av* boast of, brag of *(el.* about); *ikke noe å ~ av* **T** nothing to write home about; nothing to make a song and dance about; not up to much; **US S** not so hot.
skrytende boasting, bragging; *(brautende)* swaggering.
skrytepave T boaster, braggart.
skrytet(e) boastful; *han er så ~* he's always boasting and bragging.
skrømt *(spøkeri)* ghosts; uncanny things *(el.* goings-on).
I. skrøne *(subst)* **1.** fib, lie; **2.** cock-and-bull story, tall story; **3.** risky story *(el.* anecdote); *fortelle -r* (3) **T** tell spicy anecdotes *(el.* stories); *(se skipperskrøne).*
II. skrøne *(vb)* lie, tell a fib, tell fibs.
skrønemaker fibber, storyteller.
skrøpelig frail, ramshackle; *(helse)* fragile, frail *(fx* he is getting very frail), delicate *(fx* her d. health); *(fortjeneste)* poor *(fx* earnings); *hans -e engelsk* his poor English.
skrøpelighet frailty, fragility; *tiltagende ~ (med.)* increasing frailty.
I. skrå *subst (tobakk)* quid (of tobacco), plug.
II. skrå *vb (tygge skrå)* chew tobacco.
III. skrå *(vb): ~ over gaten* cross the street diagonally.
IV. skrå *(adj)* sloping, slanting, oblique, inclined; *på ~, skrått (adv)* aslant, slantingly; *de ~ bredder* the stage, the boards; ~ *kant* chamfered *(el.* bevelled *el.* sloping) edge, chamfer, bevel; *med ~ kant* chamfered, bevelled, beveledged; *kjøre på ~ ned en bratt bakke (ski)* traverse down a steep hill; *klippe et stoff -tt* cut a material on the bias; *han la hodet på ~* he put his head on one side.
skrå|bjelke 1*(heraldikk)* bend; *venstre ~* bend sinister; **2. = -bånd.**
skrå|bånd (diagonal) brace, cross brace, strut. **-kjøring** *(ski)* traversing; *(se IV. skrå: kjøre på ~).* **-klippe** *(vb)* cut *(fx* a material) on the bias.
skrål bawl, shout, howl, yell; *(babys)* howl(ing); *(neds)* squall; *skrik og ~* shouting and bawling, hullabaloo.
skråle *(vb)* bawl, shout, yell, howl, vociferate; *(om baby)* howl; *(neds)* squall; ~ *av full hals* bawl *(el.* yell) at the top of one's voice.
skrålhals loudmouthed person, bawler.
skråne *(vb)* slope, slant, tilt; ~ *jevnt* slope gradually *(el.* gently); ~ *nedover* slope downwards, slope down; dip *(fx* the road dips towards the plain); *terrenget -r nedover mot vannet* the

S

ground is sloping *(el.* slopes) downwards towards the lake.

skrånende sloping *(fx* street); shelving *(fx* shore).

skråning slope, declivity, incline; *(se nedoverbakke & oppoverbakke).*

skråplan inclined plane; *(fig)* downward path; *komme på -et* go off the straight path; **US** wander from the straight and narrow; *være på -et* be on the downward path; be going downhill; *hun var allerede på -et (også)* she was already below the hill.

skråpute *(i seng)* bolster.

skråsikker quite sure; absolutely certain; positive; *(neds)* cocksure.

skrå|snitt bevel cut. **-spikre** *(vb)* toe-nail. **-stilling** oblique position. **-stilt** tilted, angular, aslant, slantways. **-stiver:** *se -bånd.* **-strek** *(typ)* diagonal; oblique; **US** virgule. **-tak** slanting *(el.* pitched) roof; *(leskur)* lean-to roof, penthouse. **-tobakk** chewing tobacco.

skråttliggende sloping, slanting.

skråttstilt *se skråstilt.*

skubb push, shove; *gi en et ~* push sby, give sby a push.

skubbe *(vb)* push *(fx* sby aside); shove; *(i trengsel)* shove, jostle; *~ seg mot noe* rub against sth; *~ til en* give sby a push.

skudd **1***(med skytevåpen)* shot; *(jvf streifskudd);* **2***(i ballspill)* shot; **3***(bot)* shoot; *løst ~* (1) blank shot; *skarpt ~* (1) round (of live ammunition); ball *(el.* live) cartridge; *det falt et ~* (1) a shot was fired; there was a shot; *-et gikk av* (1) the gun (,pistol, *etc)* went off; *det siste ~ på stammen trives utmerket (spøkef)* the latest addition to the family tree is flourishing; *som et ~* (ɔ: *hurtig)* like a shot *(fx* he was off like a shot; he came like a shot); *komme i -et* become popular; *et ~ for baugen (mar)* a shot across the bows; *jeg ga ham et ~ for baugen (fig)* I fired a shot across his bow.

skudd|fri: *gå ~* get off scot-free. **-hold** range (of fire); *komme på ~* come *(el.* get) within range; *komme en på ~ (fig: greie å oppnå kontakt med)* contrive to make contact with sby; *utenfor ~* out of range. **-linje** *(også fig)* line of fire *(fx* be in the l. of f.); *han var i -n (fig, også)* he was in the danger zone; he was in an exposed position. **-penger** *(pl): se skuddpremie.* **-premie** reward for shooting; **US** bounty *(fx* put a b. on eagles). **-sikker** bullet-proof; bombproof; shell-proof. **-sår** bullet wound; gunshot wound. **-takt** rate of fire. **-veksling** exchange of fire *(el.* shots). **-vidde:** *se -hold.* **-år** leap year.

I. skue *(subst): stille til ~* expose to view, exhibit, display, show; *stille sine følelser til ~* wear one's heart on one's sleeve; *det var et prektig ~* it made a magnificent show.

II. skue *(vb)* behold, see; *det var herlig å ~ (poet)* it was a magnificent sight; *man skal ikke ~ hunden på hårene* appearances are deceptive *(el.* deceitful).

skuebrød *(bibl)* shewbread; *det er bare ~ (fig)* it's only window dressing.

skuelysten curious, eager (to see); *de skuelystne* the curious; **US T** *(også)* the rubbernecks.

skueplass scene *(for* of); *-en for* the scene of.

skuespill play; *(fig)* spectacle.

skuespiller actor; *(hist, også)* player; *bli ~* go on the stage.

skuespillerfaget the theatrical profession.

skuespillerinne actress.

skuespillerselskap theatrical company.

skuespillforfatter playwright, dramatist.

skuff *(i kommode, skap)* drawer; *av samme ~* of the same kind; *dra (el. trekke) ut en ~* pull out a d.; *skyve igjen en ~* push a d. shut *(el.* to); *-en går lett* the d. runs smoothly; *-en går ikke godt* the d. does not run easily; *-en går litt trangt* the d. is a little tight.

I. skuffe *(subst)* shovel; *(mindre)* scoop; *(jvf skovl).*

II. skuffe *(vb)* shovel; scoop; *~ i seg mat* shovel food into one's mouth; **S** scoff; *~ inn penger* scoop in money.

III. skuffe *vb (bedra, narre)* disappoint; **T** let down *(fx* he'll never l. d. a friend); *du har -t meg* I am disappointed in you; *-t kjærlighet* disappointed love; *være dypt -t* be deeply *(el.* greatly) disappointed; *være -t* **over** *noe* be disappointed with sth; *være -t over en* be disappointed in *(el.* with) sby; *jeg var -t over hennes mangel på forståelse* I was disappointed at her lack of understanding; *han var meget -t over ikke å ha blitt invitert* he was very disappointed at not having been invited.

skuffelse disappointment; *en alvorlig (el. stor) ~* a great *(el.* keen) d.; *hennes ~ over det var stor* her d. (at it) was great.

skuffende deceptive; *(slående)* striking *(fx* likeness).

skulder shoulder; *trekke på skuldrene* shrug (one's shoulders).

skulder|blad shoulder blade; *(faglig)* scapula. **-bred** broad-shouldered.

skuldertrekk *se skuldertrekning.*

skuldertrekning shrug (of one's shoulders); *han avviste tanken med en ~* he dismissed *(el.* rejected) the idea with a shrug of his shoulders; *bare ha en ~ til overs for* shrug at *(fx* he merely shrugged at their sufferings).

skule *(vb)* scowl, glower; *~ bort på* scowl at.

skuledunk swill tub.

skuler *pl (skyller)* swill.

skuling scowl; scowling.

skulke *(vb)* shirk (one's duty); *(om skoleelev)* play truant, shirk school; **US** *(også)* play hooky; *~ en forelesning* cut a lecture; *han -r timer i øst og vest* **T** he is missing lessons left, right and centre; *~ unna* shirk one's duty; **S** swing the lead; *en gutt som -r (skolen)* a truant boy.

skulke|syk malingering. **-syke** malingering, truancy.

skulking shirking (one's duty); *(i skolen, især)* truancy; *(se også unnaluring).*

I. skulle *vb (i hovedsetning)* **1***(futurum & kondisjonalis): jeg skal be ham komme* I shall ask him to come; *(jvf 2); de ~ komme neste dag* they would come next day; they were to come next day; *(jvf 8); skal 'du i kirken (nå) også?* **T** shall 'you be going to church too? **2***(løfte, trusel) (1. person)* will *(fx* I will send you the book soon); *(2. & 3. person)* shall *(fx* you shall have the money today); *dette skal han få betale for!* he is going to pay for this! *(glds)* he shall pay for this! *dette ~ han få betale!* he was going to (have to) pay for this; **3***(påbud)* must *(fx* you must do it at once); be to *(fx* he was to go to England); *(ved direkte ordre el. beskjed)* will *(fx* you will report to the headmaster at once; teachers will send in their reports by Friday); *du skal ikke ha det så travelt!* **T** you don't want to be in such a hurry! you mustn't be in such a hurry! **4***(råd, advarsel = burde)* ought to *(fx* you ought to have done that before), should *(fx* you (,they, *etc)* should not speak like that to him); *det ~ du ikke gjøre* you shouldn't do that; you'd better not do that; **T** I wouldn't do that, you know; *(se II. skulle 9);* **5***(spådom): du skal dø i morgen* you shall die tomorrow; **6***(om det ventede): de ~ være her nå* they ought to be here by now; *det ~ være rart om han ikke var kommet nå* it would be funny if he hadn't come now; *vi ~ nå (fram til) X før det blir mørkt* we ought to reach (,**T**: make) X before dark; *(se også under A);* **7***(forlydende): han skal være rik* he is said to be rich; they say he is rich; *tidligere skal det ha stått en romersk festning her* it is thought that there was once *(el.* formerly) a Roman fortress on this site; **8***(avtale, bestemmelse, hensikt, plikt)* be to *(fx* I am to meet him tomorrow; they told us that we were to receive extra rations); *det skal bygges en isbryter* an icebreaker will be built; *den tekniske utbygging skal foregå i fire etapper* technical construction work is planned to proceed by four different stages; *det skal dannes et selskap* a company is to be formed; *kassen ~ sendes straks* the case was to be sent at once; *hvordan skal kassen merkes?* how is the case to be marked? *det ~ være en overraskelse* it was meant to be a surprise; it was meant as a surprise; *det ~ være en spøk* it was meant as a joke; *skal De reise i morgen?* are you leaving tomorrow? **T** shall you be leaving tomorrow? *toget ~ (ha) gått for en time siden* the train was due *(el.* scheduled) to leave *(el.* the train should have left) an hour ago; *han ~ til England* he was going to E.; he was to go to E.; *jeg ~ si (Dem) at ...* I was to tell you that ...; *jeg ~ meddele Dem at ...(formelt)* I am directed *(el.* instructed) to inform you that ...; *ordren ~ til et annet firma* the order was meant *(el.* intended) for another firm; *skal vi snart spise?* are we going to eat soon? ~ **til å** *(ɔ: være i ferd med å)* be going to *(fx* we were going to telephone him); *vi ~ nettopp til å pakke* we were just going to pack; we were about to pack; *jeg ~ nettopp til å forlate London* I was on the point of leaving L.; I was just going to leave L.; **9***(i spørsmål, især om hva man skal gjøre)* shall *(fx* shall I tell him?); *skal vi bytte (tog) i X?* do we change (trains) at X? *hva skal vi gjøre?* what are we to do? what shall we do? **T** what do we do? *hva foreslår De at vi skal gjøre?* what do you suggest we should do? *hva skal man tro?* what is one to believe? *hvordan ~ det gjøres?* **1** *(fortidig)* how was that to be done? how would that have to be done? **2***(om eventualitet)* how would that have to be done? *hvordan ~ jeg vite det?* how was I to know? *når skal jeg komme tilbake?* when am I to come back? when shall I come back? when should I be back? *(se også 11);* **10***(i indirekte spørresetning): hvem ~ ha trodd at ...* who would have thought that ...? *hvem ~ ha trodd det?* who would have thought *(el.* believed) it? *kanskje det ~ (el. ville) hjelpe?* perhaps that would help? *(se også 14 & 20);* **11***(henstilling el. forslag)* shall *(fx* shall we take a taxi?); *skal jeg fortelle ham det?* shall I tell him? I'll tell him, shall I? *skal jeg bli med deg?* shall I come with you? would you like me to come with you? *skal vi tilby ham en belønning? (også)* how would it be if we offered him a reward? **12***(i forretning): jeg skal ha en flaske øl* I want a bottle of beer; could I have a bottle of beer (,please)? **US** I would like a b. of b.; **13***(om tidligere truffet avtale): var det i dag jeg ~ prøve den jakken jeg har bestilt?* is it today I'm supposed to try on the jacket I ordered? **14***(uttrykker nødvendighet): hva skal han med tre biler?* what does he want with three cars? *hva ~ han med så mange? (også)* what did he need so many for? ~ **til** be necessary; *det skal til* it is necessary; you've got to have it (,do it); *alt det som skal til* everything necessary; *det som skal til for en lang reise* what is needed for a long journey; *gjøre det som skal til (ɔ: ta de nødvendige skritt)* take the necessary steps (*el.* action); do the necessary; do what's needed (*el.* necessary); *det ~ lite til for å ...* it would take (*el.* require) very little to ...; very little would be needed to ...; *det skal så lite til for å glede et barn* it takes so little to make a child happy; *det skal ikke lite til for å imponere henne* it takes a lot to impress her; *det ~ to mann til for å holde ham* it took two men to hold him; *det skal mye til for å måle seg med ham* it takes a great deal to measure up to him; he takes a great deal of measuring up to; *det skal mye til for å gjøre ham tilfreds* he is hard to please; *det skal en meget god grunn til for å gjøre det* there wants some very good reason to do that; *det skal tid til å gjøre denslags* it takes time to do that sort of thing; **15***(om det skjebnebestemte)* be to *(fx* I was never to see him again); be fated to *(fx* the scheme was fated to fail); *det ~ vel så være* (well, well,) it was to be; **16***(ønske): jeg ~ (gjerne) treffe herr X* I wish to see Mr. X; *vi ~ gjerne* we should *(el.* would) like to; *vi ~ mer enn gjerne ...* we would gladly ...; **17***(ironisk tillatelse): han ~ bare prøve!* let him try! **18***(uttrykker forbehold): en ~ nesten tro at ...* one would think that; **19***(formodning): det ~ jeg tro* I should think so; I rather think so; *det er bare et sammentreff, ~ jeg tro* it is a mere coincidence I should say; *en ~ tro han var gal* one *(el.* anyone) would think he was mad; *dette ~ vel danne et utgangspunkt* this would appear to form a point of departure; **20***(mulighet): det ~ vel ikke være det at han er redd?* could it be that he is afraid? *du ~ vel ikke vite hans adresse?* you don't happen to know his address, do you? do you by any chance know his a.? *(jvf II. skulle 9);*

[*A: forb. med infinitiv; B: med prep, adv & pron; C: andre forbindelser*];

A: *jeg ~ be Dem om å ...* I was to ask you to ...; *hva skal dette bety?* what is the meaning of this? **T** what is the big idea? *det skal bli* as you wish; as you like; *det ~ bli enda verre* (15) there was worse (yet) to come; *det er ikke bare vi som skal like kjæledyret; kjæledyret skal også like oss* it's not only for us to like the pet; the pet must also like us; *det skal du få se* (2) you will see; *jeg skal si far er stolt!* and 'is daddy proud! *det skal jeg ikke kunne si* I couldn't tell *(el.* say); I wouldn't know; ~ *vi ikke se til å komme av sted?* hadn't we better be starting? *det skal jeg ikke kunne si* I couldn't tell *(el.* say); I wouldn't know; *hva var det jeg ~ sagt?* what was I going to say? *jeg skal ha skrevet to brev* **1.** I have two letters to write; **2***(det påstås at jeg har skrevet to brev)* I'm supposed to have written two letters; *det var ikke det vi ~ snakke om* that's not what we were supposed to talk about; *vi ~ tro kunden var klar over dette da han ga Dem ordren* one would think that the customer was aware of this *(el.* we think the c. must have been aware of this) when he gave you the order; *hvor ~ jeg vite det fra?* how should I know? *hva skal det være?* **1***(når man tilbyr en noe)* what will you have? *(om drink, også)* **T** what's yours? **2***(hva skal det forestille)* what is that supposed to be? *hva skal det være godt for?* what would be the use *(el.* the good) of that? what is the idea? *hvor det skal være* anywhere; no matter where; *nå ~ posten være her* (6) *(også)* the mail is due now; ~ *det være mulig?* is that possible? *skal det være, så skal det være* do the thing properly or not at all; *det skal du ikke være for sikker på* don't (you) be too sure (about that); *(se også II. skulle 5);*

B: *du skal nå også* **alltid** *kritisere* you are always criticizing; *jeg skal* **av** *her* I want to get

S

off here; this is where I get off; *hvor skal jeg gå av?* where do I get off? *sannheten skal* **fram** the truth has got to be told; *hvor skal du* **hen?** where are you going? *(jvf I. skulle C); hva skal du* **her?** what are you doing here? what do you want here? *jeg skal* **hjem** I'm going home; **hvorfor** *skal den være så tung?* why must it *(el.* why has it got to) be so heavy? *jeg skal* **i** *kirken* I am going to church; *det brevet skal i postkassen* that letter must be posted *(,især* **US:** mailed); *han skal til X, og jeg skal være* **med** he is going to X, and I am *(el.* shall be) going with him; *(jvf 11); hva skal jeg med det? (ɔ: det har jeg ikke bruk for)* what good *(el.* use) is that going to be to me? *jeg skal* **på!** *(trikk, buss, etc)* I want to get on! *jeg skal* **til** *middag hos dem* I'm having dinner with them; *(stivt)* I am dining with them; *(jvf I. skulle 14 & C); jeg skal* **ut** I'm going out; *jeg skal ut i kveld* I'm going out tonight; I shall be going out tonight; *jeg skal ut med en masse penger* **T** I (shall) have to fork out *(el.* part with) a lot of money; I shall have to pay out a lot of money; *han skal ut med pengene* **T** he will have to fork out;

C: *jeg* ˈ*skal (ɔ: på WC)* I want to go somewhere; *skal – skal ikke* = I'm in two minds what to do; *hva skal* ˈ*De?* what do ˈyou want? *hvor* ˈ*skal De? (når man vil hjelpe vedkommende på rett vei)* where do you want to go? *jeg skal til X (ɔ: jeg vil gjerne vite veien til X)* I want to get to X; *(se også I. skulle B); skal tro om ...* I wonder if ...

II. skulle *vb (i bisetning)* **1***(futurum & kondisjonalis): det er mulig at huset skal bygges neste år* it is possible that the house will be built next year; *vi begynte å bli engstelige for at du ikke ~ komme* we were beginning to be anxious *(el.* afraid) that you might not come; *vi trodde (at) han ~ dø* we thought he was going to die; *vi trodde (at) hun ~ komme* we thought she would come; *han visste (at) han ~ dø neste dag* he knew he was (going) to die the next day; **2***(indirekte tale) han (,jeg) sa han (,jeg) ~ komme* he (,I) said he (,I) would come; *jeg sa jeg ~ hjelpe ham* I said I would help him; I promised to help him; *han sa han ~ hjelpe meg* he said he would help me; he promised to help me; *han sa De ~ få varene i morgen* he said you should *(el.* would *el.* were to) have the goods tomorrow; *du sa vi ~ få se den i ettermiddag* you said we should see it this afternoon; *han sa jeg ~ vise henne inn* he told me to show her in; he said to show her in; **3***(etter vb som foreslå, forlange, kreve, ønske, etc oversettes «skulle» ofte ikke): han foreslo at prisen ~ settes ned* he suggested that the price (should) be reduced; *de foreslo at planen ~ settes i verk med én gang* they suggested that the plan be implemented at once; *de forlangte at han ~ skaffe opplysninger* they demanded that he supply information; *han holdt strengt på at det ~ gjøres* he insisted that it must be done; **4***(i hensikts- el. følgesetning)* might, should; *for at han ikke ~ tro at ...* so that he might *(el.* should) not think that; *for at båten ikke ~ synke* in order that *(el.* so that) the boat should not sink; *jeg telegraferte, slik at du ~ ha nyheten i god tid* I telegraphed so that you might have the news in good time; **5***(i forb. med spørreord som* what, which, who, where, when, how, whether*): jeg visste ikke hva jeg ~ gjøre* I did not know what to do; *han sa hva jeg ~ gjøre* he told me what to do; *vi viste ham hvorledes han ~ gjøre det* we showed him how to do it; *hva vil du at jeg skal gjøre?* what do you want me to do? *hun visste ikke om hun ~ le eller gråte* she did not know whether to laugh or cry; *jeg vet ikke hva jeg skal tro* I don't know what to think; **6***(indirekte spørsmål): jeg spurte ham når jeg ~ komme tilbake* I asked him when I was to return *(el.* when he wanted me to r.); *jeg spurte ham når han ~ reise* I asked him when he was leaving *(el.* when he was going to leave); *han spurte meg om han ~ skrive* he asked me if he should write; *han spurte meg om jeg ville at han ~ skrive* he asked me if I wanted him to write; he asked me if I would like him to write; **7***(= måtte): han sa at jeg ~ sende kassene straks* he said that I was to send the cases at once; he said that the cases were to be sent at once; *han ga ordre om at varene ~ sendes* he gave instructions for the goods to be sent; *kapteinen ga ordre til at båtene ~ låres* the captain ordered the boats to be lowered; the c. ordered that the boats should be lowered; **8***(norsk: at-setning med subjekt + skulle = eng: objekt + infinitiv etter en rekke vb som uttrykker ønske el. befaling): jeg sa til ham at han ~ være stille* I told him to keep *(el.* be) quiet; *si til ham at han skal gjøre det* tell him to do it; *jeg vil ikke at De skal tro at ...* I do not want you to think that ...; I would not have you think that ...; *han ville at vi ~* he wanted us to; *(formelt)* he wished us to; *jeg sa at han ~ vente noen dager* I told him to wait a few days; **9***(betingelsessetninger): hvis alt går som det skal* if everything goes according to plan; if it comes off *(fx* if it comes off we shall make a fortune); *hvis alt gikk som det ~, burde han arve eiendommen* by rights he ought to inherit the estate; *hvis vi skal selge disse varene* if we are to sell these goods; *hvis han ~ spørre deg* if he should ask you; *hvis noe ~ hende meg* if anything were to happen to me; *hvis jeg ~ (komme til å) glemme* if I do happen to forget; *hvis jeg ~ gi så lang kreditt, ville jeg snart være konkurs* if I were to give *(el.* grant) such long credit I should soon be bankrupt; *hvis jeg var i ditt sted, ~ jeg* if I were you, I should ...; *(jvf I. skulle 4); hvis jeg hadde penger, ~ jeg* if I had the money, I should *(el.* would) ... *(fx* give a lot to the poor); *selv om jeg ~ ...* even if I were to; **10***(i relativsetninger): de av oss som skal til Oxford* those of us who are going to Oxford; *de som ~ bli igjen* those who were to stay; *det er ikke bare vi som skal like kjæledyret, kjæledyret skal også like oss* it's not only for us to like the pet, the pet must also like us.

skulpe *(bot)* **1***(lang-)* silique; **2***(kort-)* silicle, silicule.

skulptur sculpture.

skulptør sculptor.

skuls: *være ~* be quits.

skum *(subst)* foam; *(såpe-)* foam, lather; *(på øl)* foam, froth, head *(fx* the head on a glass of beer); *(på hest)* foam, lather *(fx* the horse was all in a l.; the horse was lathered); *(fråde)* foam, froth.

skumaggregat foam extinguisher.

skumaktig foamy, frothy.

skumgummi foam rubber.

skumgummimadrass foam rubber mattress; *~ med trekk på* covered f. r. m., f. r. m. with a cover (on).

skumle *(vb)* make ill-natured remarks *(om* about).

skumleri ill-natured remarks, insinuation, innuendo.

I. skumme *(vi)* foam, froth; *såpa -r* the soap lathers; *~ av raseri* foam with rage.

II. skumme *(vt)* skim; *-t melk* skim milk.

skummel gloomy, dismal, sinister, eerie; shady

(fx a s. type followed me in the street); *skumle transaksjoner* dubious transactions; *(se type).*
skummelhet gloominess, gloom.
skump jolt.
skumpe *(vi)* bump, jolt; ~ *til hverandre* jostle each other.
skumre *(vb): det -r* night *(el.* twilight) is falling; night is closing in; it's getting dark.
skumring dusk, twilight; *i -en* in the dusk *(el.* twilight), at dusk.
skumristel plough jointer.
skum|skavl *(på bølge)* crest of foam. **-slokker** foam extinguisher. **-sprøyt** spray; *(se sjøsprøyt).* **-svett** *(om hest)* in a lather. **-topp** *(på bølge)* crest of foam.
skunk *(zool)* skunk.
I. skur shed; lean-to; shanty.
II. skur *(regn-)* shower (of rain); *vi fikk hele -a over oss* we caught *(el.* had) the full force of the shower; we got the brunt of the shower.
III. skur(d) *(korn-)* cutting; *(tømmer)* converted timber; sawn timber; *(se skurlast; skurtømmer).*
skurdfolk *se skurfolk.*
skurdonn *se skuronn.*
skure *(vt)* scrub, scour; *(skrape)* scrape; *vi (om fartøy)* scrape *(fx* against the bottom); grate, grind; *jeg hørte kjølen ~ mot skjærene* I could hear the keel grinding on the rocks; *la det ~* let things slide; **US** let it ride.
skure|børste scrubbing brush. **-bøtte** bucket, pail. **-fille, -klut** floor cloth. **-kone** cleaner, charwoman. **-pulver** scouring powder.
skurfolk harvesters, reapers.
skuring scrubbing, scouring; *det er grei ~* **T** that's plain sailing.
skuringsmerke *(geol)* stria *(pl:* striae).
skurk scoundrel, villain. **-aktig** villainous, scoundrelly. **-aktighet** villainy.
skurkefjes hangdog face.
skurkestrek (piece of) villainy, vile trick; **T** dirty trick.
skurlast sawn wood *(el.* timber); sawn goods; converted timber; *(se III. skur(d); skurtømmer).*
skuronn reaping *(el.* harvesting) season; harvest work, harvesting.
skurre *(vb)* grate, jar *(i ørene:* on the ear).
skurring grating, jarring.
skurtresker combine (harvester); ~ *med (påmontert) halmpresse* combine baler.
skurtømmer saw timber, saw logs; *(se III. skur(d); skurlast).*
skurv *(med.)* favus; *(glds)* scaldhead; *(vet: hos hester)* honeycomb ringworm.
skusle *(vb): ~ bort* waste, throw away.
skussmål reference; testimonial; recommendations; *(lett glds)* character; *som skolens rektor er det meg en fornøyelse å kunne gi X det aller beste ~* as head of the school I am pleased to be able to give X my very best recommendations; *han ga ham et godt ~ (også)* he spoke very highly of him.
skute *(mar)* vessel, ship; *(se skip).*
skutte *(vb): ~ seg* shake oneself, shrug.
skvadron *mil (flyv)* squadron; *(se ving).*
skval *(også fig)* dishwater; *(se skvip).*
skvalder babble, noisy talk, chatter.
skvaldre *(vb)* babble, chatter.
skvaldrebøtte babbler, chatterbox.
skvalp *se skvulp.*
skvalpe *(vb): se skvulpe.*
skvalpe|sjø choppy sea. **-skjær** rock awash; *(se III. skjær).*
skvatre *vb (om skjære)* chatter.
skvett splash; *(lite kvantum)* dash, drop.
skvette **1**(*vt)* splash; *(stenke)* sprinkle; **2.** *vi (fare sammen)* start, give a sudden start; *han skvatt høyt* he leapt into the air; ~ *opp* jump up; *det er som å ~ vann på gåsa* it's like water off a duck's back.
skvetten nervous, jumpy; skittish; *han er ikke ~ av seg* **T** he has plenty of spunk.
skvettgang *(mar)* washboard.
skvett|lapp *(på bil)* mud flap; **US** splash guard. **-skjerm** mudguard; **US** fender.
skvip dishwater, hogwash.
skvulp ripple, splash.
skvulpe *(vb)* ripple, lap, splash; ~ *over* splash over; **T** slosh over.
I. sky *(subst)* cloud; *bakom -en er himmelen alltid blå* every cloud has a silver lining; *-ene løser seg opp* clouds are breaking up; *-ene trekker sammen* the sky is clouding over; *heve til -ene* praise to the skies; *sveve oppe i -ene* be in the seventh heaven; have one's head in the clouds; *i vilden ~* at the top of one's voice; *jeg var som falt ned fra -ene* I was completely dumbfounded *(el.* flabbergasted); **T** you could have knocked me down with a feather.
II. sky *(vb)* avoid, shun, give *(fx* sby) a wide berth; *vi skal ikke ~ noen anstrengelse for å* we will spare no effort to; *ikke ~ noe middel* stick at nothing; *ikke ~ noen utgift* spare no expense; *brent barn -r ilden* once bitten twice shy.
III. sky *(adj)* shy, timid; *(se arbeidssky).*
skybanke bank of clouds.
skybrudd cloud-burst.
skydekke cloud cover; cloud base; *lavt ~* low cloud base; *skiftende ~, perioder med sol* variable cloud, sunny periods.
sky|dekket cloud-covered. **-dott** cloudlet.
skye *(vb): ~ over* cloud over.
skyet cloudy, overcast; *delvis ~* partly cloudy.
skyffel hoe, scraper.
skyfri cloudless, unclouded, without a cloud.
skyfull cloudy, overcast.
I. skygge *(subst)* shade; *(slagskygge)* shadow; *(på lue)* peak; **US** visor; *fortidens -r* shades of the past; *en ~ av seg selv* a shadow of one's former self; *ikke ~ av tvil* not a shade of doubt; *ligge i -n* lie in the shade; *stille i -n (fig)* throw *(el.* put) into the shade; outshine *(fx* sby); dwarf *(fx* this question dwarfs all other considerations); *bli stilt i -n av (også)* be overshadowed by; be dwarfed *(el.* obscured) by; *(se også bakgrunn).*
II. skygge *(vb)* shade; *(følge etter)* shadow; **T** tail; *han lar meg ~* **T** he has a tail on me; ~ *for en* stand in sby's light; ~ *for øynene* shade one's eyes.
skygge|aktig shadowy, shadowlike. **-bilde** shadow figure, silhouette. **-full** shady, shadowy. **-legge** *(vb)* shade *(fx* a drawing). **-lue** peaked cap; **US** cap with a visor. **-løs** without shade, shadowless, shadeless.
skyggeregjering shadow cabinet.
skygge|riss outline. **-side** shady side; *(fig: også)* dark *(el.* seamy) side; *(mangel)* drawback. **-tilværelse:** *føre en ~* lead a shadow life. **-verden** world of shades, shadow world.
skyhet shyness.
skyhøy sky-high.
skyhøyde *(meteorol)* height of cloud base *(el.* ceiling); cloud base; *lav ~* low cloud base.
skylag cloud layer.
skylapper *(pl)* blinkers; **US** blinders; *gå med ~* wear blinkers; be in blinkers.
skyld **1**(*brøde)* guilt; **2**(*daddel)* blame, fault; **3**(*gjeld)* debt; **bære** *-en* be to blame, be responsible; **frita** *for ~* exculpate; **få** *-en* get the blame; *få -en for* get the blame for; be blamed for; **gi** *en -en for noe* blame sby for sth; put *(el.* lay) the blame for sth on sby; **T** blame sth on sby *(el.* sth) *(fx* they blamed it on the war); *de*

S

gir hverandre -en they blame each other; *han ga nervene -en for det* he put it down to nerves; **ha** *-en* be to blame; *han har -en (også)* it's his fault; *du har den største -en* you are the most to blame; *han hadde ingen følelse av* ~ he had no sense of guilt; **legg** *-en på meg* blame it on me; blame me; **være** ~ *i* be to blame for; **for** *ens* ~ for the sake of sby, for sby's sake, on sby's account *(fx* I was nervous on his account); *han dummer seg ut for hennes* ~ he is making a fool of himself about her; *for Deres* ~ for your sake; *for familiens* ~ for the sake of one's family; *for noes* ~ for the sake of sth; *(ɔ: på grunn av)* for sth *(fx* he married her for her money); on account of sth; over sth *(fx* don't break your heart over that); *for Guds* ~ for God's sake; *for én* **gangs** ~ for (this) once; *for* **ordens** ~ as a matter of routine *(el.* form); for the record; to keep the record straight; *for den* **saks** ~ for that matter, for the matter of that; *for* **sikkerhets** ~ for safety's sake; to be on the safe side; as a (matter of) precaution; to make assurance doubly sure; *for et* **syns** ~ for the sake of appearances; *for alle* **tilfellers** ~ (just) in case; *for gammelt* **vennskaps** ~ for the sake of our old friendship; *for* **min** ~ for my sake, (just) to please me *(fx* have another cake just to please me); *for min* ~ *kan han dra pokker i vold* he can go to hell for all I care; *for min* ~ *behøver du ikke forandre det* as far as I am concerned you need not change it; *gjør deg ikke noe bry for min* ~ don't trouble yourself on my account; *spesielt for min* ~ especially for my benefit *(fx* we are having another show especially for my b. this evening); **uten** ~ blameless *(fx* he is b. in the matter); *uten egen* ~ through no fault of one's own; *(se sak C).*

skyld|betynget guilty, conscience-stricken. **-bevisst** conscious of guilt, guilty. **-bevissthet** consciousness of guilt, guilty conscience.

skylddele *(vb)* survey; *tomta må -s før den kan selges* the site must be surveyed before it can be sold; *(se tinglyse).*

skylde *(vb)* **1.** owe; ~ *(bort) penger (til en)* owe (sby) money; owe money (to sby); be in debt; *han betalte £8 a konto på de £16 han skyldte* he paid £8 on account of the £16 owing by him; *hvor meget -r jeg (Dem)?* how much do I owe you? how much am I in debt *(el.* indebted) to you? **T** what's the damage? *han -r penger i øst og vest* he owes money all round; *den respekt man -r sine foreldre* the respect due to one's parents; **2***(ha å takke for)* owe, be indebted to; *jeg -r Dem stor takk* I owe you my best thanks; I am greatly *(el.* deeply) indebted to you; *vi -r våre foreldre meget* we owe a great deal to our parents; *hva -r jeg æren av Deres besøk?* to what do I owe this honour? **3***(om plikt):* ~ *en respekt* owe respect to sby; owe sby respect; *jeg -r Dem en forklaring* I owe you an explanation; **4.:** ~ *en for noe: se beskylde:* ~ *en for noe;* ~ *på* put the blame on, blame; *han var sent ute og skyldte på de overfylte bussene* he blamed his lateness on the crowded state of the buses; ~ *på sin ungdom og manglende erfaring* plead the inexperience of youth; *han skyldte ingenting på huset* he owed nothing on the house; *(se skyldes).*

skyldes *(vb)* be due to *(fx* it was due to an oversight on his part; it was due to an accident); be owing to *(fx* it was o. to him that I got the job); *(kunne tilskrives)* be attributable to; *(bero på, være forårsaket av)* be due to, be the result of, result from, arise from, spring from *(fx* these differences spring mainly from the nature of the area); be caused by; *dette* ~ *at* ... this is due to the fact that ...; *hans død skyldtes et ulykkestilfelle* his death was owing to an accident; *døden skyldtes drukning* death was by drowning.

skyldfolk relatives.

skyldfri **1***(gjeldfri)* free from debt; *(om eiendom)* unencumbered; **2***(uskyldig)* innocent; blameless, guiltless. **-het** **1.** = *gjeldfrihet;* **2.** innocence, blamelessness, guiltlessness.

skyldig guilty *(i* of); *(tilbørlig)* due *(fx* he was treated with all due respect); *det -e beløp* the amount owing; *finne en* ~ *i alle tiltalens punkter (jur)* find sby guilty on all counts; *gjøre seg* ~ *i* be *(el.* render oneself) guilty of, commit *(fx* a fault); *gjøre seg* ~ *i en feiltagelse* be guilty of an error; fall into an error; *nekte seg* ~ assert one's innocence, deny the charge; *(for retten)* plead not guilty; *bli svar* ~ be at a loss for an answer; *han ble ikke svar* ~ he had a ready answer; *være en takk* ~ owe sby thanks, be indebted to sby; *(se også I. tiltale).*

skyldighet duty, obligation.

skyldner debtor; *gjøre ham til min* ~ place him under an obligation to me.

skyldsetning taxation, assessment.

skyldsette *(vb)* tax, assess.

skyldskap relationship.

skyldspørsmål question of guilt; *avgjøre -et* decide the verdict; *det ble anket over straffeutmålingen, men derimot ikke over -et* there was an appeal against the sentence but not the conviction.

skyll *(regn-)* downpour.

skylle *(vb)* rinse; *(om sjø)* wash *(fx* he was washed overboard); ~ *et glass* rinse out a glass; ~ *munnen* rinse one's mouth; ~ *i land* wash ashore; ~ *i seg* wash down; *regnet skylte ned* the rain poured down; ~ *ut* rinse (out), flush (out); *(med.)* irrigate.

skylle|bøtte **1.** flood of abuse; **2.:** *se -dunk.* **-dunk** garbage pail.

skyller *(pl)* swill.

skyllevann rinsing water; **US** rinse water.

skylling rinse; rinsing.

skynde *(vb):* ~ *på en* hurry sby, hustle sby; ~ *seg* hurry, hurry up, make haste; *skynd deg!* hurry up! get a move on! *(med å komme i gang)* get cracking! ~ *seg med arbeidet* press on with the work, hurry up with the work; *jeg skulle ønske du ville* ~ *deg med det brevet* I wish you would hurry up over that letter; *la oss* ~ *oss å komme i gang* **T** let's hurry and get cracking; *jeg må* ~ *meg (av sted)* **T** I must fly *(el.* scoot).

skyndsom hasty, hurried; *-t (adv)* hastily, in haste; *-st* in the greatest haste.

skypumpe waterspout.

skyseil *(mar)* skysail.

skyskraper skyscraper.

skyss conveyance; *få* ~ get a lift; *(især* **US)** get a ride; *takk for -en!* thank you for the lift *(el.* ride)! *reise med* ~ *(hist)* travel post, travel with post horses.

skyssbonde *(hist)* farmer conveying travellers; (NB in England: innkeeper).

skysse *(vb)* carry, convey, drive; ~ *en over vannet* ferry sby across the lake; *de -t ham av sted (el. av gårde)* they bundled him off; ~ *en ut av huset* bundle sby out of the house; *han prøvde å* ~ *dem ut så fort som mulig* he tried to get rid of them as quickly as possible.

skyssgodtgjørelse travel allowance; *skyss- og kostgodtgjørelse* travel and meals allowance.

skysshest post-horse.

skysspenger *(pl)* fare.

skysstasjon posting station, posting inn, coaching inn.
skyssvogn stagecoach; *(lettere)* post chaise.
skyte *(vb)* **1***(med skytevåpen)* shoot; *(gi ild)* fire; *(i fotball)* shoot; **2***(fare)* shoot, flash *(fx* it flashed past); **3***(bot)* put forth *(fx* leaves, roots); ~ *blader* come into leaf, leaf, put forth leaves; ~ *bom* miss (the mark); *(jvf treff);* ~ *fart* gather headway, put on speed; ~ *god fart* make good headway; ~ *knopper* bud, put forth buds; ~ *liggende med albuestøtte (mil)* fire from rest with elbow support; *hans øyne skjøt lyn* his eyes flashed; ~ *mål (i fotball)* score *(el.* shoot *el.* kick) a goal; send the ball into goal; ~ *rot* strike *(el.* take) root; ~ *rotskudd* throw out suckers, sucker; ~ *rygg (om katt)* put up *(el.* arch) its back; ~ *satsen (typ)* lead the lines; *skutt sats* leaded matter; ~ *en serie (mil)* fire a burst; ~ *et skudd* fire a shot; *(mil)* fire a round; ~ *spurver med kanoner* break a butterfly on a wheel; ~ *rask vekst* make rapid progress *(el.* headway); grow apace; ~ *seg en kule for pannen* put a bullet through one's head, blow one's brains out;
[*Forb. med prep*] ~ **bort** use up, shoot away *(fx* all one's ammunition); *(fjerne ved skudd)* shoot off; ~ **etter** shoot at, fire at; *det kan du ~ en hvit pinne etter* you may whistle for that; ~ **forbi** miss (the mark); miss (the goal); ~ **fra** *hoften* fire from the hip; ~ **i** *senk (mar)* sink (by gunfire); ~ *i været* shoot up *(fx* looking at her clothes I realize how quickly she has shot up; flames shot up from the wreck); ~ **inn** put in (,into), contribute, invest *(fx* money); ~ *inn en bemerkning* throw in *(el.* interject) a remark; ~ **inn** *et våpen* fire in a weapon; ~ *seg* **inn under** quote as an excuse; shelter behind; *han skjøt seg inn under bestemmelsen om at* ... he quoted as an excuse the provision that ...; ~ **med** *revolver* shoot with a revolver; use a r.; ~ **ned** shoot down; kill on the spot; *(flyv)* shoot down, bring down, account for; ~ **opp** *(ɔ: vokse raskt)* shoot up; ~ *opp som paddehatter* spring up like mushrooms; ~ **over** *(ɔ: for høyt)* overshoot the mark, aim too high, hit above the mark; ~ **på** *en* shoot at sby, fire at sby; ~ **sammen** *(spleise)* club together *(fx* they clubbed together to buy the house); ~ *en landsby sønder og sammen* shoot up a village; ~ **til** contribute, add; ~ **ut** *(ɔ: oppsette)* put off, postpone; *(i lagretten)* exclude; *som skutt ut av en kanon* like a shot; like a streak of greased lightning.
skyte|bane rifle range; *(på tivoli, etc)* shooting gallery. **-bas** dynamiter, blaster. **-bomull** guncotton. **-ferdighet** marksmanship. **-hull** loophole, embrasure. **-matte** blasting mat.
skyter *(hist)* Scythian.
skyte|skår: *se -hull.* **-skive** target; *(fig)* butt.
skyte|våpen *(pl)* firearms. **-øvelse** target practice.
Skythia *(hist & geogr)* Scythia.
skyts ordnance, artillery.
skyts|engel guardian angel; tutelary spirit. **-gud** tutelary god *(el.* deity), patron-deity. **-gudinne** tutelary goddess. **-helgen, -patron** tutelary saint, patron saint. **-ånd** guardian spirit.
skyttel *(veveredskap)* shuttle.
Skytten *(stjernebildet)* Sagittarius, the Archer.
skytter marksman; *en god (,dårlig)* ~ a good (,bad) shot. **-grav** trench. **-grop** slit trench; **US** foxhole. **-lag** (**UK**) rifle club. **-linje** **1***(mil)* line abreast formation; **2.** hunters posted to intercept game.
skyve *(vb)* push, shove; *(forsiktig)* ease *(fx* e. the door shut; e. the box into the corner); ~ *slåen for* draw the bolt; *førersetet lar seg ikke ~ langt nok fram* the driving seat won't go far enough forward; *setet lar seg ikke ~ lenger fram* the seat won't go any further forward.
skyve|dør sliding door. **-lære** slide caliper; ~ *med nonius* vernier caliper. **-tak** *(på bil)* slide-back top. **-vindu** sash window.
skøy fun, mischief; *på ~* for fun.
skøyer rogue *(fx* she's a little r.); rascal, mischief; *din ~!* you rogue! *din vesle ~!* you little mischief! *den -n John* that rogue *(el.* rascal) John.
skøyer|aktig roguish. **-strek** prank.
I. skøyte *(mar)* smack *(fx* fishing s.).
II. skøyte skate; *gå på -r* skate; *hurtigløp på -r* speed skating. **-bane** skating rink. **-jern** blade, runner. **-løp** skating; *hurtigløp på skøyter* speed skating; *(se spesialløp).* **-løper** skater; *(hurtigløper)* speed skater. **-stevne** skating event *(el.* meeting). **-tak** *(ski)* (ski-)skating.
skåk *(pl: skjæker)* shaft (of a carriage) *(fx* a horse in *(el.* between) the shafts).
skål *(bolle)* bowl; *(vekt-)* scale; *(til kopp)* saucer; *kopp og ~* a cup and saucer; *(som drikkes)* toast; ~! your health! **T** cheerio! chin chin! cheers! **S** down the hatch! (NB «To you, Joe!» he said. «To yourself, Mr. Blake!»); ~ *for oss selv!* here's to ourselves! *besvare en ~* respond to a toast; *drikke en ~* drink a toast *(el.* health); *vi drakk Kongens ~* we drank the King; (NB Gentlemen, (I give you) the King!); *drikke en ~ for herr X* drink (to) the health of Mr. X; *utbringe en ~ for* propose the toast of; (NB Ladies and Gentlemen, I give you Mr. X!).
skåld|e *(vb)* scald. **-het** scalding (hot).
I. skåle *subst (skur)* shed, woodshed.
II. skåle *(vb)* drink healths; ~ *for en* drink (to) the health of sby; ~ *med en* drink a toast with sby; ~ *med hverandre* drink to one another.
skål|harv disk *(el.* disc) harrow. **-rust** *(bot)* cluster cup. **-tale** toast (speech). **-vekt** balance, (a pair of) scales.
skåne *(vb)* spare, treat with lenience; ~ *seg* be careful of oneself; ~ *øynene* take care not to strain one's eyes.
skånsel mercy, leniency; *vise ~* show pity; *uten ~* merciless; *(adv)* mercilessly.
skånselløs merciless, remorseless; *-t* -ly.
skånsom gentle; lenient; considerate; *-t* gently, leniently. **-het** gentleness; leniency; consideration.
skår *(potteskår)* shard; *(hakk)* cut; incision; chip; *(i bildekk)* cutting; *lage ~ i* chip *(fx* who has chipped the edge of this glass? these cups chip easily); *et ~ i gleden ved utgangen av året var at debitormassen viste en ytterligere opphopning* our pleasure was marred at the end of the year by the further accumulation of accounts receivable; *det var et ~ i gleden* **T** *(også)* it was a fly in the ointment.
skåre *(i slåtten)* swath.
I. skåt|e *subst (for vindu)* shutter; *(for dør)* bar; *skyve -a fra* unbar.
II. skåte *(vb)* back the oars.
slabbe|dask lazy, good-for-nothing fellow; ne'er-do-well. **-ras** *se kaffeslabberas.*
sladder gossip; *fare med ~* spread gossip, gossip. **-aktig** gossiping; gossipy. **-hank** gossip; telltale; chattering busybody; *(skoleuttrykk)* sneak; **US** tattletale. **-historie** piece of gossip; (**T:** *som sverter en)* smear story.
sladre *(vb)* **1***(opptre som angiver)* tell tales *(på* about); **T** tell, split, peach *(på* on); blab; *(jvf tyste);* **2***(fare med sladder)* gossip, spread gossip, talk scandals; tittle-tattle; ~ *av skole* tell tales out of school; **S** spill the beans; ~ *på en (i skole)* sneak (,**T:** snitch) on sby; **US** tattle on sby; ~ *til rektor* tell the head; **T** peach to the head.

S

sladre|kjerring gossip, scandal-monger. **-speil** driving mirror, rear-view mirror.
slafs noisy chewing.
slafse *(vb)* eat noisily, slurp *(fx* ice cream); ~ *i seg maten* champ (one's food) noisily, gulp down one's food noisily; *han -t i seg en tallerken suppe (også)* he lapped up *(el.* down) a plate of soup.
slafseføre: *se slapseføre.*
I. slag *(handlingen)* blow, stroke, hit; *(med pisk)* cut, lash; *(av hest)* kick, fling; *(hjertets)* beat, throb; *(i krig)* battle, action, engagement; *(av klokke)* stroke; *(av fugl)* warbling; *(sykdom)* heart attack, stroke; *(mar; under kryssing)* tack; *(fig)* blow, shock; stroke; *et ~ kort* a game of cards; *i -et ved Waterloo* at the battle of W.; *~ i ~* in rapid succeccion, thick and fast *(fx* new reports arrived t. and f.), without intermission; *det var et ~ i luften* that blow missed entirely; *med ett ~* with one stroke *(fx* of the axe), at a (single) blow, at one blow; *(ɔ: brått)* all at once, in the twinkling of an eye, with a run *(fx* prices (,the temperature) came down with a run); *på -et (ɔ: presis)* on the stroke *(el.* dot) *(fx* he was there on the stroke); *på -et 3* on the stroke of 3; *hun følte et ~ i hodet* she felt a blow on the head; *få ~* have a heart attack; *slå et ~ for (fig)* strike a blow for *(fx* higher wages); *her sto -et* here the battle was fought.
II. slag *(sort)* description, kind, sort; *(se slags).*
slag|anfall (apoplectic) stroke, heart attack. **-benk** turn-up bedstead. **-bjørn** *(zool)* killer bear. **-bom** turnpike.
slag|en beaten, stricken; *en ~ mann* a defeated man; *den -ne landevei* the beaten track.
slager hit tune.
slagferdig quick-witted. **slagferdighet** ready wit.
slagg cinders, slag, scoria.
slaggaktig cindery, slaggy, scoriaceous.
slaggsamler sediment bowl.
slagkraft striking power; effectiveness.
slag|lengde (length of) stroke; *motor med stor ~* long-stroke engine. **-linje** line of battle. **-lodde** hard solder; braze.
slagmark battlefield.
slag|ord slogan, motto, watchword; *(især neds)* catchword. **-orden** order of battle, battle array. **-plan** plan of action; *legge en ~* devise a p. of a. **-regn** hard, lashing rain.
slags sort, kind, description; *alle ~* all kinds, every kind *(el.* sort) *(fx* of fruit), every description *(fx* of boots); *av alle ~* of all kinds, of every description; *varer av alle ~* every description of goods, g. of every d., goods of various kinds, v. kinds of g.; *forskjellige ~* of different *(el.* various) kinds; *det er mange ~ stoler i handelen* there are many *(el.* lots of) different kinds of chairs on the market; **den** *~ gjøres ikke blant oss* that sort of thing is not done by *(el.* among) people like us *(el.* is not done in our circle); *den ~ ting* that sort of thing; things like that; **en** ~ a sort of, some kind of *(fx* she was wearing a sort *(el.* some kind) of cloak); of sorts *(fx* we had some coffee of sorts; he is a politician of sorts); after a sort *(fx* a translation after a sort); *de snakket en ~ engelsk* they spoke English after a fashion; they spoke a sort *(el.* kind) of E.; they spoke in E. of sorts; *hva ~ menneske er han?* what sort of man is he?
slagsbror fighter, brawler.
slagside list *(fx* a list to port); *(fig)* lopsidedness; *ordbok med teknisk ~* dictionary with a technical bias; *få ~* take a list; *ha ~* list, have a list.
slagskip battleship.
slagskygge shadow.
slagsmål fighting, fight; *komme i ~* get into a fight; *det kom til ~* they came to blows; *han har vært i ~ (også)* he has been in the wars; *(se gateslagsmål; real).*
slagtilfelle (apoplectic) stroke, heart attack.
slag|verk striking mechanism *(el.* train) *(fx* of a clock); *(i orkester)* percussion. **-vol** beater *(el.* swingle) of a flail, swip(p)le. **-volum** piston displacement.
slakk slack; *(om kurve, etc)* gentle; *så gikk det slakt nedoverbakke til X* then the path (,road) slanted easily downhill to X.
slakke *(vb)* slacken; *~ av (fig)* relax, slacken; *~ på farten* slow down, slacken speed; *~ på roret* ease her helm.
slakne *(vb): se slakke.*
slakt animal to be slaughtered; *(ofte =)* (piece of) fat stock, (piece of) beef, cattle beef.
slakte *(vb)* **1.** kill, slaughter; **2.** massacre, butcher, slaughter; *~ gjøkalven* kill the fatted calf; *~ og rense et dyr* kill and dress an animal.
slaktehus slaughterhouse.
slakter butcher. **-benk** *(også fig)* shambles *(pl).*
slakte|ri *se slaktehus.* **-tid** killing season.
slakt(n)ing killing, slaughtering.
slalåm *(ski)* slalom; *stor-* giant slalom.
slalåmrenn *(ski)* slalom event;
* A slalom event normally consists of two runs, either over the same course or over two different tracks, the winner being the competitor with the fastest aggregate time for both runs.
slalåmski *(ski)* slalom ski; *(se ski).*
slam mud, ooze.
slamp lout. **-et** loutish.
slang slang; *bruke ~* talk slang.
I. slange *(zool)* snake.
II. slange *(hage-, etc)* hose; *(til bildekk, etc)* inner tube.
slange|agurk *(bot)* (snake) cucumber. **-bitt** snake bite. **-løs** *(om dekk)* tubeless. **-menneske** contortionist.
slangepost fire point *(el.* station);
* A' fire point' is a fire hydrant with equipment, such as hose, nozzles, etc.
slangeserum anti-snakebite serum.
slangetemmer snake charmer.
slank slim, slender.
slanke *(vb): ~ seg* slim, reduce.
slankekur reducing *(el.* slimming) treatment; *(se II -kur).*
slankhet slimness, slenderness.
slapp *(adj)* slack, relaxed, loose; flabby; *(ikke sterk, fx etter sykdom)* limp, listless *(fx* feel listless after an illness); *-e trekk* flabby features; *henge slapt ned* hang slack, sag.
slappe *(vb): ~ av* **1***(hvile)* relax; **2***(bli mindre energisk)* flag, slack off; backslide *(fx* you're doing excellent work now; I hope you won't b.); *vi må ikke ~ av* we must not slacken in *(el.* relax) our efforts *(el.* work); there must be no slacking off *(el.* no relaxation of our efforts).
slappelse relaxation *(fx* of discipline, muscles); falling off, flagging *(fx* of interest).
slappfisk slacker, spineless fellow.
slapphet slackness, looseness, flabbiness; *(mangel på energi)* spinelessness; *(etter sykdom)* limpness, listlessness.
slaps slush.
slapseføre slushy roads.
skapset slushy, sludgy, splashy, muddy and wet.
slaraffen|land land of milk and honey. **-liv:** *leve et ~* live on the fat of the land.
slark play; *~ på forhjulene* play of the front wheels; *det begynner å bli ~ i styringen* the steering is becoming sloppy; *(se kingbolt).*

slarke *(vb)* fit too loosely, be loose; *(om hjul, aksel, etc)* wobble; *begynne å ~* work loose.
slarket loose; wobbly.
slarv *(snakk)* idle gossip, tattle.
slarve *(vb)* gossip, tattle.
slask: *doven ~* **T** lazybones.
slaske *(vb)* flap, flop.
slasket loose, flabby, limp.
I. slave *(subst)* slave.
II. slave *(vb)* slave, toil, drudge.
slavebinde *(vb)* reduce to slavery, enslave.
slavehandel slave trade *(el.* traffic); *hvit ~* white-slave traffic.
slave|handler slave dealer *(el.* trader), slaver. **-hold** slave-holding.
Slavekysten *(geogr)* the Slave Coast.
slaver *(folkenavn)* Slav.
slaveri slavery; *født i ~* slave-born; *komme i ~* fall into slavery.
slaveskip slave ship; slaver; *(jvf slavehandler).*
slavinne (female) slave; slave girl.
slavisk **1***(adj til slave)* slavish; **2***(adj til slaver)* Slav, Slavonic.
slede **1***(især større)* sledge (,**US** sled) *(fx* reindeer s.; dog s.); sleigh; *(jvf dombjelle);* **2***(kjelke)* toboggan; *(se kjelke & sleid).*
slegge sledgehammer; *(sport)* hammer. **-kast** *(sport)* throwing the hammer.
sleid *(på fx dreiebenk)* slide; *(på dampmaskin)* slide valve.
sleide|aksel spline shaft. **-drev** sliding gears.
sleike *(vb): se slikke.*
sleip *(glatt)* slippery; *(glattunget)* mealy-mouthed, smooth-tongued, smooth-spoken, glib.
I. sleiv *(øse)* ladle.
II. sleiv: *~ i nedslaget* [sideways, skidding movement of the skis on touching the snow of the landing slope]; *han hadde ~ i nedslaget* his skis skidded as he landed (after the jump); *(jvf nedslag).*
sleivet careless, slovenly.
sleivkjeft gossipmonger; **US** flapjaw.
sleivkjeftet gossiping.
slekt **1***(familie)* family; **2***(beslektede)* relations *(pl),* relatives; *(især litt.)* kin; *(jvf pårørende); hans nærmeste ~* his nearest relations; **3***(avstamning)* stock *(fx* be of good s.; he came of Sussex peasant s.); *(især fornem)* lineage *(fx* his ancient l.); *bonde-* peasant *(el.* farming) stock; **4***(generasjon)* generation, age *(fx* from g. to g.; from a. to a.); *kommende -er* coming generations; generations to come; *den nålevende ~* the present g.; *den oppvoksende ~* the rising g.; **5***(bot & zool)* genus *(pl:* genera); *han er i ~ med oss* he belongs to our family; he is related to us; he is a relation of ours; *hvordan er han i ~ med Dem?* how is he related to you? what relation is he to you? *de er langt ute i ~ med hverandre* they are distantly related; *de er i nær ~ med hverandre* they are closely related; *~ og venner* friends and relatives, relations and friends.
slekte *(vb): ~ på en* take after sby *(fx* one's mother).
slektledd generation.
slektning relation, relative; *(især litt.)* kinsman; kinswoman; *fjern ~* distant relation.
slektsgård ancestral farm.
slektskap relationship; kinship; *(kjem)* affinity.
slektskapsforhold relationship, connection.
slektskjensle family feeling; *(sterk)* clannishness.
slektsledd *se slektledd.*
slekts|merke generic mark. **-navn** family name, surname. **-roman** family chronicle, (family) saga *(fx* the Forsyte Saga). **-tavle** genealogical table, table of descent. **-tre** genealogical *(el.* family) tree, pedigree; *(se skudd; stamtavle).*
I. slem *subst (kort)* slam; *bli store-* be grand slam.
II. slem *(adj)* **1.** bad *(fx* cold, cough, habit, mistake); severe *(fx* a s. cold), sad *(fx* a s. mistake); **2***(uoppdragen)* bad, naughty; *være ~ mot en* treat sby badly; *~ som en heks* bad as a witch; *komme i en ~ knipe* get into a bad fix; *være ~ til å* be given to, be prone to *(fx* lying); have a weakness for *(fx* boasting); *han er ~ til å bryte sine løfter* he has a nasty habit of breaking his promises; *få en ~ medfart* be roughly treated *(el.* handled); come in for some rough treatment; *det ser -t ut* it looks bad; *sitte -t i det* be in a bad way.
slemme *(vb)* wash.
slendrian jog-trot; *gammel ~* old jog-trot (way).
sleng swing, toss; *bukse med ~* flared trousers; *han har en egen ~ på kroppen når han går* he has an individual way of walking; *han har en egen ~ på uttalen* he has an individual way of speaking.
II. sleng *(flokk)* crowd, gang.
slengbemerkning casual remark.
slenge *(vt & vi)* **1***(om ting)* dangle, flop, swing; **2***(om mennesker): gå og ~* hang about, loaf; *han går og -r i byen hele dagen* he hangs about (the) town all day; *mange av dem bare -r omkring i gatene* many of them just wander *(el.* drift) about the streets. **3***(kaste)* fling; **T** pitch, chuck; *ligge og ~ (om ting)* lie about; **US** lie around; *han hadde det så travelt at han slengte på seg klærne* he was in such a hurry that he put his clothes on anyhow; *~ en noe i ansiktet* throw sth in sby's face; *~ igjen en dør* slam a door shut *(el.* to); *~ igjennom (til eksamen)* scrape through (an examination); *han kom -nde inn en time for sent* he sauntered in an hour late; *det -r en svær rusk iblant* now and then a big one comes along; *de ble slengt ut av setene* they were jerked out of their seats; *sleng hit et av de eplene* **T** chuck *(el.* pitch) me one of those apples; *han slengte av seg den tunge sekken* he flopped down the heavy bag; *jeg ville ikke ha det om jeg fikk det slengt etter meg* I wouldn't have it for all the tea in China; *~ med armene når en går* swing one's arms when one walks; *hun slengte ned stilen på 10 minutter* **T** she dashed off the essay in ten minutes; *(se rable: ~ ned); ~ seg nedpå* (**T** = *legge seg)* lie down; **T** kip down *(fx* he was dead tired and kipped down for half an hour).
slenge- **T** *(om klær: hverdags-, til daglig bruk)* for everyday wear, everyday, casual.
slengebruk: *jakken går godt an til ~* the jacket is all right for knocking about in *(el.* is all right for everyday wear).
slenge|jakke everyday jacket, casual j.; **T** j. for knocking about in. **-navn** nickname. **-sko** casual shoes; shoes for knocking about in.
slenget(e) loose-jointed; *(om gange)* lounging, slouching.
sleng|kappe (Spanish) cloak. **-kyss** blown kiss; *sende en et ~* blow sby a kiss. **-ord** *(finte, spydighet)* gibe; *(finte, hånlig tilrop)* taunt; *(pl også)* jeers; *(jvf gapord).* **-skudd** random shot.
slentre *(vb)* saunter, stroll, drift *(fx* down the street), lounge.
slep **1***(på kjole)* train; **2***(slit)* toil, drudgery; **3***(det å buksere)* tow; *slit og ~* toil and moil; *ha (,ta) på ~* have (,take) in tow.
slepe *(vb)* drag, haul, tow, tug; *~ på noe* drag *(el.* lug) sth about with one; *~ seg av gårde* drag oneself along; *~ seg hen (om tid)* wear on

S

(*fx* time wore on); *tiden slepte seg hen (også)* time dragged slowly by; *(se skritt).*

slepe|båt tug (boat) **-lanterne** *(mar)* towing light. **-line** *(mar)* towline, hauling line. **-lønn** towage. **-mål** *(mil)* aerial target.

slepen *(vesen)* polished, urbane.

slepenot drag net, townet.

slepepuller *(mar)* towing-bitts, t. post, t. bollards.

sleper tug (boat).

sleperist skid bank.

sleperive hay sweep.

slepe|tau tow(ing) rope. **-trosse** hawser.

sleping towing, towage.

slepphendt apt to drop things, butterfingered.

slesk oily, wheedling, fawning, smirking, obsequious; mealy-mouthed.

sleske *(vb)*: ~ *for* fawn on, make up to; **T** soap down, butter up (*fx* b. sby up); suck up to (*fx* sby).

sleskhet wheedling, fawning, obsequiousness.

Slesvig *(geogr)* Schleswig.

slesviger Schleswiger.

slesvigsk *(adj)* Schleswig.

slett **1**(*dårlig*) bad, poor; ~ *selskap* bad company (*fx* get into b. c.); *(ond)* bad, evil, wicked; *(adv)* badly, ill, wickedly; **2**(*flat*) flat; *(jevn)* level; *(glatt)* smooth; **3**(*forskjellige uttrykk*): *rett og* ~ pure and simple (*fx* it is envy pure and simple), downright (*fx* a d. swindler), sheer (*fx* it is s. robbery); *(simpelthen)* simply, purely; ~ **ikke** not at all (*fx* not at all surprised; not s. at all; he did not work at all); ~ *ikke dårlig* not altogether bad; **T** not so dusty; *det er* ~ *ikke vanskelig* it is not at all (*el.* not in the least) difficult; *en slik pris er* ~ *ikke for høy* such a price is not at all (*el.* is by no means) too high; *nei,* ~ *ikke!* not at all! by no means! ~ **ingen** none at all (*fx* any job is better than none at all); none whatever.

I. slette *(subst)* plain; level (*el.* flat) country; *(avslutning av hoppbakke)* out-run; *lav-* lowland plain; *på sletta* in the plain; *(på flatmark)* on the level (*el.* flat), along the level (*fx* skiing along the level), on the straight; *på sletta like før X (også)* on the straight just before X.

II. slette *(vb)* **1**(*jevne*) level; *(gjøre glatt)* smooth; **2.**: ~ *ut* delete, erase; *(utrydde)* wipe out; ~ *ut vanskene* smooth the difficulties away; *(se stryke (ut); utslette).*

sletteland level (*el.* flat) country.

sletthet badness, poorness; wickedness; *(jvf slett).*

sletthøvel smoothing plane; *(se høvel).*

slettvar *(fisk)* brill; *(se piggvar).*

slibrig **1**(*glatt*) slippery; **2.** dirty (*fx* language, story), smutty (*fx* joke, story); indecent, obscene (*fx* an o. book), salacious (*fx* speech, book, picture). **-het** (2) dirtiness, smuttiness; *en* ~ an obscenity; a smutty joke.

I. slik *(adj)* such (*fx* s. a firm); *en* ~ *artikkel (også)* this kind (*el.* that sort) of article; *-e artikler* articles of this kind; *-e artikler som ...* articles such as ...; articles like ...; *en* ~ *mann* such a man, a man like that; *-e firmaer som disse* firms such as these; such firms as these; firms like these; *hva koster en* ~ *maskin?* what does a machine like that cost? *et -t tap til (ɔ: enda et -t tap)* another such loss; ~ *er han* that's his way; he is like that; *noe -t* a thing like that; anything like that; *(omtrent slik)* sth like that; *jeg har aldri sagt noe -t* I never said anything of the sort; **noe -t som 1.** a thing like (*fx* smoking); **2**(= *omtrent)* sth like (*fx* he left sth like a million); *... og -t noe* and that kind of thing; and things like that; and things; and the like; *har du hørt -t!* did you ever hear the like (of it)! **US** have you ever heard the likes! *-e idioter!* the idiots! *(i tiltale)* idiots! ~ *en dårskap!* what folly! *-t sludder!* what nonsense! *-t vær!* what a day! ~ *som* like (*fx* I don't want to be like him); as (*fx* I want to get on, as you have done); *(vulg)* same as (*fx* the girl has to make a living same as everybody else); the way (*fx* she cannot live on her pension with prices the way they are now); ~ *som det blåste!* what a strong wind there was! *-t hender* such things will happen; *-t hender ofte* such things often happen; ~ *er det* that's the way it is; **T** that's the way the cookie crumbles; ~ *er det nå engang (her i verden)* that's the way things are; ~ *er livet!* such is life! ~ *er jeg (nå engang)* that's the sort of man (,woman) I am; I can't help being like that; I suppose I am made that way; ~ *er det alltid med ham* that's how he (always) is; *har han vært* ~ *lenge?* has he been like this long? ~ *er mennene!* that's the way men are! that's men all over! men are like that! ~ *er det å være berømt* this is what it's like to be famous; ~ *skal det være* good! that's it! that's right! **T** that's the stuff! that's the ticket! *(se også II. slik).*

II. slik *(adv)* like that, (in) that way; like this (*fx* you must do it like this), (in) this way; *(i en så høy grad)* so (*fx* her feet were so light and her eyes shone so); ~ **at** in such a way that; *send brevet lørdag,* ~ *at vi får det mandag morgen* post the letter on Saturday so that we may have it on Monday morning; *jeg forsto Dem* ~ *at* I understood you to say (,mean) that; ~ *at det ikke ruster* to avoid corrosion; ~ *at det ikke skal oppstå skade på ...* to avoid damage to ...; *ikke* ~ *å forstå at han var uærlig* not that he was dishonest; *det er ikke* ~ *å forstå at jeg vil ...* this must not be taken to mean that I will ...; *fabrikken ligger* ~ *til at...* the factory is so situated that ...; *han ordnet det* ~ *at* he so arranged matters that; he arranged matters in such a way that; *vi skal ordne saken* ~ *som De foreslår* we shall arrange the matter in the way suggested by you; ~ *saken nå står* as matters now stand; *det passer seg dårlig for ham å snakke* ~ *(litt.)* it ill becomes him to talk in that strain; *hvis du fortsetter* ~, *går det utover helsa* if you go on at that rate you will injure (*el.* ruin) your health.

I. slikk *(slam)* silt.

II. slikk: *for en* ~ *og ingenting* **T** for a song.

slikke *(vb)* lick (*på noe* sth); ~ *noe i seg* lap up sth; ~ *seg om munnen* lick one's chops (*el.* lips).

slikkerier *(søte saker)* sweets; **US** candy.

slikkmunn sweet-tooth; *han er en* ~ he has a sweet tooth.

slikkmunnet sweet-toothed.

slim mucus; *(av snegler, fisk)* slime.

slimet mucous; slimy.

slimhinne mucous membrane.

slimål *(fisk)* hagfish, borer.

slinger: *ingen* ~ *i valsen* **T** no nonsense, no dillydallying, no shilly-shally; *vi vil ikke ha noen* ~ *i valsen* **T** we won't have any nonsense; we don't want any spokes in the wheel.

slingre *vb (mar) (rulle)* roll; lurch; *(fig)* vacillate, waver; *(rave)* reel, lurch, stagger (*fx* about; to and fro).

slingre|brett *(mar)* fiddle. **-bøyle** *(mar)* gimbals. **-kjøl** *(mar)* bilge keel. **-køye** *(mar)* swing bay.

slingring rolling, roll, lurch; reeling, stagger(ing). **-smonn** tolerance. **-sstabilisator** *(på bil)* stabilizer bar, anti-roll bar, anti-sway bar. **-sstropp** *(i bil)* hand strap.

slintre fibre.

slip *se sliptømmer.*

slipe *(vb)* **1.** grind; *(fin-)* hone; *(edelsten, glass, etc)* cut; *(glatt-)* polish; ~ *inn* grind in; *(se ventil);* **2***(med papir)* rub (down); flat down; *(vann-)* wet rub; *(se ventil);*
* The dry stopper is rubbed as a wet operation; after a light flatting down, apply a second coat of paint.

slipe|papir rubbing-down paper; dry paper; *(faglig)* abrasive p.; *(vann-)* wet (abrasive) p. **-pasta** grinding compound *(el.* paste).

slipers *(jernb)* sleeper; **US** tie.

slipestein grindstone.

sliping *(se slipe)* grinding; honing; cutting; polishing; *innvendig* ~ internal grinding; *(se grovsliping; plansliping; rundsliping; ventilsliping).*

I. slipp *(mar)* slipway, slip; *(verksted)* boat yard.

II. slipp: *gi* ~ *på noe* let sth go, let go of sth.

slippe *(vb)* **1.** let go of; *(la falle)* drop; *slipp!* let go! *slipp meg!* let me go! **2***(bli spart for)* be spared from, be let off *(fx* he was to have been punished, but he was let off); *det kan man ikke* ~ there is no getting away from it; there is no escape from it; *han -r ikke operasjon* he will have to undergo an operation; *jeg hadde håpet jeg skulle* ~ *å bry Dem enda en gang* I had hoped I should not have to worry *(el.* bother) you yet again *(el.* once again); I had hoped not to have to bother you yet again; *jeg skulle ønske jeg kunne* ~ *å ...* I wish I could get out of (-ing); *la en* ~ let sby off *(fx* I'll let you off this time); *de lot ham* ~ *skolen* they let him off school; *la ham* ~ *å arbeide i hagen* let him off working in the garden; *ikke hvis jeg kan* ~ not if I can avoid it; not if I can get out of it; *får jeg* ~ *å spise det, da!* (please,) may I leave it? *kan jeg få* ~ *(å spise mer) nå?* (please,) may I leave the rest? *kan jeg få* ~ *å spise mer fisk nå?* (please,) may I leave the rest of the fish now? **3***(holde opp)* leave off *(fx* he began where his father left off); *hvor var det vi slapp sist?* where did we leave off (reading) last time? where did we stop last time? *hvor var det jeg slapp?* where was I? where did I leave off *(el.* get to)? *han stoppet, og hun tok over der han slapp* he paused, and she took up the tale; **4***(refleksivt):* ~ *seg løs* let oneself go; *(jvf slå:* ~ *seg løs);*
[*Forskjellige forb.*] ~ *billig* get off *(el.* be let off) cheaply *(el.* lightly *el.* easily); **US** get off easy; ~ *en (fjert) (vulg)* break wind; *(vulg)* fart; *kaken vil ikke* ~ *formen* the cake sticks to the tin; ~ *fri* escape; be let off *(fx* I was punished but he was let off); ~ *en fri* let sby go, let sby escape, release sby; *(se også* ~ *løs);* ~ *kløtsjen* let in the clutch; *la en* ~ let sby off *(fx* I'll let you off this time); *(se ovf under 2);* ~ *lett: se* ~ *billig; han fikk lov å* ~ he was let off; ~ **løs** **1***(vt)* let loose, turn loose *(fx* the horses), release *(fx* the prisoners); set free; ~ *(løs) kuene* turn out the cattle; **2***(vi)* break loose, get away, escape, make one's escape; ~ *taket i* let go one's hold of; ~ *en vind* break wind;
[*Forb. med adv & prep*] *han slapp henne ikke* **av** *syne* he did not let her out of his sight; he never took his eyes off her; ~ **bort** get away; *(flykte)* escape, succeed in escaping, make (good) one's escape; ~ *bort fra* get away from; ~ **forbi** get past; slip past; get by; ~ **fra** *en* get away from sby, escape from sby; **T** give sby the slip; ~ *levende fra katastrofen* survive the disaster; ~ *fra det med livet (i behold)* escape with one's life; survive; ~ *godt fra det* get away with it *(fx* he passed himself off as a Frenchman and got away with it); *(se for øvrig ovf:* ~ *billig);* ~ *heldig fra det* have a lucky escape; ~ *helskinnet fra det* escape unhurt; get off scot-free; *jeg er glad jeg slapp helskinnet fra det* I was glad to get off unhurt; I'm glad I got out of it; I'm well out of it; ~ *lett fra det (m.h.t. arbeid)* have an easy job of it; *(se for øvrig ovf:* ~ *billig); han slapp pent fra det (m.h.t. prestasjon, etc)* he gave a good account of himself; he acquitted himself well; ~ **fram** get by, get past; *han slapp det* (**i** *gulvet)* he dropped it (on the floor); *det slapp ham i pennen* it (just) slipped in; ~ **igjennom** slip through; *(eksamen)* get through; *(med nød og neppe)* squeeze through, scrape through; ~ **inn** get in, be admitted; *han slapp inn i (ɔ: kom seg inn i) huset uten å bli sett* he got *(el.* slipped) into the house without being seen; ~ *en inn* let sby in, admit sby; ~ **med** get off with, be let off with *(fx en advarsel* a caution); ~ *med en brukket arm* escape with a broken arm; ~ *med skrekken* be more frightened than hurt; *han slapp henne ikke med øynene* he never took his eyes off her; he did not let her out of his sight; ~ **ned** (manage to) get down; ~ **opp** *kløtsjen* let in the clutch; ~ **opp for** run out *(el.* short) of *(fx* we have run out of this article); give *(el.* run) out *(fx* supplies have run *(el.* given) out); *om man skulle* ~ *opp for olje* if oil supplies were to run out; *jeg -r snart opp for bensin* I'm running short of petrol; *vi -r snart opp for vann* the water supply is getting low *(el.* is coming to an end); *jeg har sloppet opp for bensin* I have run out of petrol; I'm out of petrol; I'm at the end of my petrol; *la ungdommen* ~ **til** give the young people a chance; ~ **unna** get off, get away, escape; ~ **ut** get out, escape; *(ved en forsnakkelse)* slip out; *(fra fengsel)* be released, be discharged; be set free; ~ *ut kuene* turn out the cattle; ~ *ut seilene* ease *(el.* let) out the sails; *ikke slipp ut vannet (ɔ: ikke la det renne ut)* don't let the water (run) out; *det slapp ut av hendene på meg* it slipped from *(el.* out of) my hands; it slipped through my fingers; *det slapp ut av munnen på meg* it just slipped out; *det (ɔ: hemmeligheten) slapp ut av ham* he let the cat out of the bag; *(se også unnslippe).*

slips tie; *knyte -et* knot one's tie.

sliptømmer (mechanical) pulpwood; *(se cellulosetømmer; tømmer).*

slire scabbard, sheath. **-kniv** sheath knife.

I. sliske *(subst)* skid.

II. sliske *(vb)* fawn *(for* on); *(se sleske:* ~ *for).*

slit **1***(hardt arbeid)* toil, drudgery; hard going *(fx* what with all this h. g. and the burden of our rucksacks it took us a good five hours to descend the scree); **T** slog. **2***(slitasje): medtatt av* ~ *og elde* showing signs of wear and tear.

slitasje wear and tear; *normal* ~ *(jur)* fair wear and tear; *som er beregnet på lett (,normal hard)* ~ designed for light (,medium, heavy) duty; light-duty (,medium-duty, heavy-duty) *(fx* a heavy-duty carpet); *det viser tegn på* ~ it shows signs of wear.

slite *(vb)* pull, tear *(i* at); *(klær)* wear; *(~ og slepe)* toil (and moil), drudge; ~ *(hardt)* work hard; ~ *for hardt (også)* burn the candle at both ends; *det -r på humøret* it puts one out (of humour); ~ *ut* wear out; ~ *seg i hjel* work oneself to death.

slitebane *(på dekk)* tread.

sliten tired, weary, fagged, worn out.

slitesterk durable, hard-wearing.

slitestyrke wear resistance.

slitsom hard, strenuous.

slitt worn; the worse for wear.

slodde *(vb)* drag.

slokke *(vb): se slukke.*

slokne *(vb): se slukne.*

S

slott palace.
slotts|bygning palace building. **-kirke** (palace) chapel. **-plass** palace square.
slu sly, crafty, cunning.
slubbert scamp; **T** bad hat, bad egg.
slubre *(vb): ~ noe i seg* gulp sth down, lap up sth *(fx* he lapped up *(el.* down) a plate of soup).
sludd sleet.
sludder (stuff and) nonsense, rubbish; **T** rot, bosh; *det er noe ~* **S** it's all balls.
sludre *(vb)* talk nonsense; *(passiare)* chat, have a chat; *de har nok å ~ om* **T** they have plenty to jaw about.
sluffe two-seated sleigh.
sluhet slyness, cunning, craftiness.
I. sluk *subst (fiskeredskap)* spinning bait; *(skje-)* spoon bait.
II. sluk *subst (avgrunn)* abyss; *(kloakk-)* gully.
sluke *(vb)* swallow, gobble up; gulp down; *(stivt el. litt.)* devour; *(la være å uttale)* swallow; *~ maten* bolt one's food; *bilen -r kilometerne* the car eats up the miles; *(se II. rå).*
slukhals glutton.
slukke *(vb)* **1.** put out *(fx* a candle, a fire), extinguish *(fx* a fire); *(lys)* switch off; *(gå ut)* go out; **2***(stille)* quench, satisfy *(fx* one's thirst); *så er den sorgen -t* so that's all right.
slukkøret crestfallen, dispirited, dejected; *se ~ ut* look small.
slukne *(vb)* go out *(fx* the light went out).
luknings|apparat (fire) extinguisher. **-arbeid** fire-fighting (operations).
slukningsmiddel extinguishing medium *(el.* agent); *apparat med ~ under trykk* stored pressure type (of) extinguisher;
* Water stored pressure extinguisher // water gas cartridge extinguisher.
slukt gorge, ravine; **US** canyon.
slum *(fattigkvarter)* slum; *(se sanering).* **-kvarter** slum area.
slummer slumber; doze, nap.
slump 1*(treff, tilfeldighet)* chance *(fx* it was by mere c. *(el.* accident) I discovered it; **2***(ubestemt)* some; *en ~ penger* some money; *en god ~ penger* **T** a tidy sum of money, a nice bit (of money); **3***(rest)* remainder, rest; *-en av pengene* the rest of the money; *på ~* at random; *(omtrentlig beregning)* roughly, at *(el.* on) a rough estimate; *velge på ~ (også)* choose in a haphazard way; *han lar alt gå på ~* he has a happy-go-lucky approach to things.
slumpe *(vb)* **1.** do (sth) at random; *~ i vei* set out without a definite plan; **2***(hende): det kunne ~ at* it might happen that; *han -t til å gjøre det* he chanced to do it; *jeg -t på en god metode* I hit on a good method.
slumpe|hell stroke of luck. **-skudd** random shot. **-treff** chance; *(hell)* stroke of luck; *ved et rent ~* by the merest chance.
slumre *(vb)* **1.** doze, slumber; **2.** lie dormant, be quiescent. **-nde** *(fig)* dormant *(fx* passions).
slumset careless.
slunken lean; *en ~ pung* a slender purse.
sluntre *(vb): ~ unna* shirk one's duty.
slupp *(mar)* sloop.
slure *(vb)* skid *(fx* the rear wheels were skidding (vainly) on the icy road).
slurk gulp, swallow, pull *(fx* he took a pull at the beer); *han tok en dyp ~* he took a deep swallow.
slurpe *(vb): ~ i seg* imbibe noisily, slurp, lap up *(fx* he lapped up the soup).
slurv carelessness, negligence; scamped work; *jeg retter ikke ~!* = what I can't read I shan't correct!
I. slurve *(subst)* slattern, slovenly woman.
II. slurve *(vb)* scamp one's work; rush through one's work.
slurvefeil careless mistake, slip (of the pen).
slurvet careless, negligent; *~ arbeid* sloppy *(el.* slapdash) work, slipshod work.
sluse lock; *(til vannstandsregulering)* sluice; *himmelens -r åpner seg* the rain is pouring down; *(litt.)* the heavens are opening.
sluse|mester lock keeper. **-penger** lockage. **-port** lock gate.
slusk rowdy.
I. sluske *(subst): se I. slurve.*
II. sluske *(vb): se II. slurve.*
sluskeri carelessness, negligence.
slusket slovenly; unkempt, untidy.
slutning 1*(avslutning)* close, conclusion; *fredsslutning* the conclusion of peace; **2***(konklusjon)* conclusion, inference; *trekke en ~* reach *(el.* come to *el.* arrive at) a c.; *trekke den ~ at* draw the conclusion that; *derav trekker jeg den ~ at* from this I conclude *(el.* infer) that; *trekke forhastede -er* jump to conclusions, draw hasty conclusions; *en falsk ~* a wrong conclusion, a fallacy.
slutt *subst & adj (avslutning)* close, conclusion; *(ende)* end; *(utgang)* issue, result; *en lykkelig ~* a happy ending; *det ble ~ på det* it came to an end; *få (el. gjøre) ~ på noe* finish sth, put an end to sth, bring sth to an end; *vi får aldri ~ på dette* we shall never see the end of this; *la oss få ~ på det* let us get done with it; *vi vil ha (en) ~ på det (også)* we want to get it over (with); *det nærmer seg -en* it's coming to an end; it's drawing to a close; *ta ~* end, come to an end; *møtet tok endelig ~* the meeting came to an end at last; *dette tar aldri ~* this seems endless *(el.* interminable); *forsyningene tok snart ~* supplies soon ran *(el.* gave) out; *varebeholdningen holder på å ta ~* stocks are getting low *(el.* are running out); *vår beholdning av denne varen tar snart ~* we are getting *(el.* running) short of this item; *nå må det være ~* this state of things must end; this cannot go on; this has got to be stopped; *sesongen er nesten ~* the season is nearly over; the s. is drawing to a close; the s. will soon be over *(el.* at an end); *før uken er ~* before the week is out; *begynnelsen er bedre enn -en (om stiloppgave)* the beginning is better than the end; the opening is better than the conclusion;
[*Forb. med prep*] **etter** *møtets ~* when the meeting was over; **i** *-en av* at the end of *(fx* the book, the letter, the month, the sentence); at the close of *(fx* the speech); *i -en av oktober* late in October, in late O.; *i -en av året* at *(el.* towards) the end of the year; *først (el. ikke før) i -en av oktober* not till the end of October; *senest (ɔ: ikke senere enn) i -en av* not later than the end of; *han er i -en av trettiårene* he is in the late thirties; *det er ~* **med** *min tålmodighet* I'm at the end of my patience; my p. is exhausted; *det ble fort ~ med pengene* the money was soon spent; *det er ~* **mellom** *oss* we have done with each other; **mot** *-en av* towards the end *(el.* close) of; at the closing stages of *(fx* the fight, the industrial revolution); *mot -en av hans liv* at *(el.* towards) the close of his life; *-en* **på** the end of; *(ɔ: siste rest av)* the last of; *gjøre ~ på: se ovf; -en på det hele ble at ...* the result *(el.* upshot) was that ...; it ended in *(fx* his apologizing); *se -en på noe* see the end of sth; *vi er nå på -en av sesongen* we are now at the end of the season; *det er på -en med provianten* provisions are beginning to run short *(el.* are running *(el.* giving) out); **til** *~* **1***(endelig)* at last, finally, in the end; eventually *(fx* e. he settled down in England), ultimately; *(jvf omsider);*

2*(som avslutning)* in conclusion, to conclude; *til ~ vil jeg nevne* finally I wish to mention ...; **til siste** ~ to the very last, to the end; *vi skal forfølge saken til siste* ~ we shall see the matter through to the bitter end; **ved** *arbeidstidens* ~ at the end of (the) working hours; *ved møtets* ~ at the end *(el.* close) of the meeting; *ved årets* ~ at the end of the year.

sluttakt final act.

sluttbehandle *vb (et spørsmål)* conclude the discussion of; *(treffe endelig beslutning om)* finalize.

sluttbemerkning closing *(el.* final) remark;
* In conclusion I want to make one more remark.

sluttdividende final dividend.

slutte *(vt & vi)* **1.** *vt (tilendebringe)* finish *(fx* one's work, a letter), finish off *(fx* a job, a piece of work); close, conclude, bring to an end *(el.* to a close), end *(fx* a letter); **2.** *vi (opphøre)* stop, end, finish *(fx* the examination finishes today), come to an end *(el.* close), terminate; **3***(utlede)* conclude *(fx* from this I conclude that ...), infer, deduce, draw the conclusion *(at* that); **4***(sitte stramt)* fit closely, fit tightly; *lokket -r ikke til* the lid does not fit; *vinduet -r ikke ordentlig til* the window does not shut tight; *disse bordene -r ikke til hverandre* these boards do not meet; **5***(elekt)* close *(fx* a circuit); **6***(inngå)* enter into, conclude *(fx* an agreement); **7***(frakt, certeparti)* close *(fx* a freight, a charter); **8***(samle): -t selskap* private party; *slutt rekkene! (mil)* close ranks! *i -t orden (mil)* in close(d) order; *i -t tropp* in close formation; ~ *opp (rykke nærmere)* close up, move up; *(fig)* come into line;
[*A: Forb. med subst & adj; B: med adv & prep; C: med «seg»*].

A: ~ *et* **bo** wind up an estate; ~ *et* **certeparti** close a charter; ~ *en* **handel** conclude a deal, put through a deal; ~ **kontakt** make contact; ~ **kontrakt** sign *(el.* make *el.* conclude) a contract *(med* with); enter into an agreement; **møtet** *-t* the meeting terminated *(el.* came to an end); ~ *et skip* fix a ship; ~ *(på)* **skolen** leave school; *han har nettopp -t på skolen* he has just left school; he is fresh from school; he comes straight from school; *skolen -r (for ferien)* school breaks up; ~ **vennskap** *med en* strike up *(el.* form) a friendship with sby; make friends with sby;

B: ~ **av** *(vi)* finish; *la oss ~ av med en sang* let us end up with a song; *(se avslutte); jeg -r av Deres merknader at* I conclude *(el.* infer) from your remarks that; ~ **brått** come to an abrupt end *(el.* termination); *vinduet -r* **dårlig** the window does not shut tight; *han har -t* **hos** *oss* he has left us; ~ *en* **i** *sine armer (poet)* clasp sby in one's arms; ~ *i en stilling* give up one's position; **T** chuck up one's job; ~ **opp:** *se 8 (ovf);* ~ **opp om** support, go in for *(fx* a cause); ~ *opp om en* support sby; give sby one's support; rally round sby; range ourselves (,themselves) on sby's side;

C: ~ **seg om** close round, grip; ~ **seg sammen** unite, join hands, join forces, combine; *(om firmaer)* become amalgamated, become merged, form a merger; amalgamate, merge; ~ *seg sammen med* unite with, join hands *(el.* forces) with; ~ *seg sammen mot* unite against, band together against; **T** *(neds)* gang up on; ~ **seg til** **1.** join *(fx* a party; I'll join you in a few minutes), come up with *(fx* they soon came up with the rest of the party); **2***(en handling, opptreden)* associate oneself with, join in *(fx* the protest, the singing); **3***(tenke seg til)* conclude, infer; *De kan ~ Dem til resten* you may infer *(el.* imagine) the rest yourself; *jeg -r meg fullt og helt til dette* I concur *(el.* agree) entirely; ~ *seg til flertallet* come into line with the majority; ~ *seg til et forslag (,ens ønsker)* accede to *(el.* fall in with) a proposal (,sby's wishes);~ *seg til ens mening* fall in with *(el.* come over to) sby's opinion; concur in sby's opinion; ~ *seg til en oppfatning* concur in *(el.* subscribe to) an opinion; come round to an opinion; adopt a view; ~ *seg til en uttalelse* endorse a statement.

sluttelig *(adv)* finally, in conclusion.

slutter *(glds)* gaoler, jailer, turnkey.

slutt|kamp final, finals. **-oppgjør** final settlement. **-resultat** final *(el.* ultimate) result.

sluttsats *(mus)* final movement.

sluttseddel contract note; *(utstedt av megler til kjøper)* bought note; *(utstedt av megler til selger)* sold note.

slutt|spurt final spurt. **-stein** keystone. **-strek:** *sette ~ under (fig)* conclude, finish, complete, bring to a close *(fx* b. sth to a close). **-sum** (sum) total, total amount. **-tid** finishing time.

slyng loop, winding.

I. slynge *subst (våpen)* sling.

II. slynge *vb (kaste)* fling, hurl; ~ *seg* wind *(fx* the road winds down the hill).

slyngel rascal; *(lett glds),* scoundrel. **-aktig** rascally, scoundrelly. **-alderen** the awkward age; the teens.

slyngelstrek dirty trick.

slyngkraft centrifugal force.

slyngning winding *(fx* the windings of the road).

slyng|plante *(bot)* creeper, rambler. **-rose** *(bot)* rambling rose. **-tråd** *(bot)* tendril.

sløke *(bot)* wild angelica.

I. slør *(subst)* veil.

II. slør *subst (mar; seilsp)* reaching (course); reach; *den andre -en* the second reach; *rom* ~ broad reach; *skarp* ~ close reach; *falle av til rom* ~ bear away towards a broad reach.

sløre *vb (mar; seilsp)* reach; ~ *mot bøya bare med fokka* reach towards the buoy under the jib only.

sløreleggen the reaching leg.

sløret: ~ *stemme* husky voice.

sløse *(vb):* ~ *(bort)* waste.

sløseri waste *(med* of).

sløset wasteful, extravagant.

sløv blunt; *(fig)* dull.

sløve *(vb)* blunt; *(fig)* dull, dim *(fx* her humdrum life had not dimmed her sense of humour).

sløvhet bluntness; *(fig)* lethargy, apathy, stupor.

sløyd woodwork; *(se metallsløyd).*

sløydbenk carpenter's bench.

sløydlærer woodwork teacher *(el.* master).

I. sløye *vb (fisk)* gut, clean.

II. sløye *(vb): se løye.*

I. sløyfe *(subst)* bow; *(buktet linje)* loop; *(mus)* slur, tie.

II. sløyfe *vb (utelate)* leave out, cut out, omit; *(hoppe over)* skip; *(mus)* slur *(fx* two notes); ~ *et tog* **1***(for en enkelt gang)* cancel a train; **2** *(for godt)* take a train out of service; *vi har -t uvesentlige detaljer* we have cut out unimportant details.

I. slå *subst (dør-)* bolt (of a door); *skyve -en for (,fra)* bolt (,unbolt) the door.

II. slå *vb* **1***(tildele slag)* beat; hit, strike; *(glds & bibl)* smite; **2***(støte)* knock *(fx* one's foot against a stone); strike, hit; *(beskadige ved støt)* hurt *(fx* one's knee); bump; **3***(beseire)* beat *(fx* Oxford beat Cambridge); defeat *(fx* an army, another candidate); get the better of; **T** lick; *(overlegent)* beat (sby) hollow; wipe the floor with (sby); *(glds & bibl)* smite *(fx* Israel was smitten); *(en brikke, i spill)* take *(fx* a pawn; the queen takes at any distance in a straight line);

capture; **4**(*overgå*) beat (*fx* you won't easily beat that); **T** lick (*fx* that licks everything); (*m.h.t. prestasjon, også*) better (*fx* we cannot better this performance); **5**(*falle en inn, gjøre et visst inntrykk på*) strike (*fx* it struck me that he was behaving very oddly); (*imponere*) impress (*fx* I was much impressed by the sight); *det slo meg (plutselig) at...* it (suddenly) flashed on me that...; it (suddenly) dawned on me that...; **6**(*virke lammende på*) stun, overcome, overpower (*fx* the heat overpowered me); **7**(*kaste, i terningspill*) throw (*fx* he threw three sixes); **8**(*helle*) pour, throw, dash (*fx* water on the fire); **9**(*tegne*) draw (*fx* a circle); **10**(*om klokke*) strike (*fx* the clock struck two; I heard the clock strike); **11**(*signalere*) (*mil*) beat (*fx* the reveille, the retreat); **12**(*gress, etc*) mow (*fx* the grass, the lawn), cut (*fx* the grass); **13**(*skrive på maskin*) strike (*fx* a single letter); ~ *ned noen få ord* type a few words; **14**(*om hest: sparke bakut*) kick, lash out; **15**(*i cricket*) bat; **16**(*om hjerte, puls*) beat, throb; **17**(*om sangfugl*) sing, warble; (*om nattergal, også*) jug; **18**(*daske*) flap (*fx* the sails were flapping against the mast); *vinden fikk seilene til å ~* the wind flapped the sails; **19**(*om dør, vindu*) be banging; *døra sto og slo* the door was banging; **20.** *mar (forandre halser på kryss)* tack; change tacks;

[*A: forskjellige forb.; B: forb. med prep & adv; C: med «seg»*].

A: *han behøver ikke å ~ to ganger* he never needs to hit twice; whoever he hits is out for good; ~ *en bevisstløs* knock sby senseless; ~ *blærer* blister (*fx* the paint blistered); ~ *en fordervet* beat sby into a jelly; thrash sby within an inch of his life; ~ *frynser* fringe, make fringes; ~ *gnister* strike sparks (*av* from); ~ *en både gul og blå* beat sby black and blue; *klokka har -tt hel* it has struck the hour; ~ *hull i* knock a hole in; ~ *hull på et egg* crack an egg; ~ *en virvel (på tromme)* beat a roll; *det ble -tt klart på maskintelegrafen* stand-by was rung on the engine-room telegraph; ~ *en knute* tie a knot; (*se knute*); ~ *penger på noe* make money on sth; ~ *en rekord: se rekord; det -r alle rekorder!* (*fig*) that beats everything! ~ *en strek over det* cross it out; (*fig*) cut it out; forget about it; ~ *takten* beat time; *avskjedens time har -tt* the hour of parting has come; (*se alarm; glass; hånd; kollbøtte; rot; saltomortale*);

B: ~ **an** (*tangent, tone*) strike (*fx* a key, a note); (*om vaksine*) take (*fx* the vaccine did not take); (*gjøre lykke*) catch on (*fx* the play did not catch on); get across (*fx* the play could not get across); be a success; make a hit; become popular; (*om vare, også*) find a ready market; ~ **an** *en advarende tone* sound a warning note; ~ *an en annen tone (fig)* change one's tune; ~ *an med en* make up to sby; pick up with sby; ~ **av** knock off (*fx* k. sby's hat off), strike off; (*skru av*) turn off, switch off (*fx* the radio); (*m.h.t. pris*) knock off, take off (*fx* k. (*el.* t.) a pound off the price); ~ *asken av en sigarett* flip (*el.* knock *el.* flick) the ash off a cigarette; ~ *av en handel* strike a bargain, make (*el.* do) a deal; *familien har -tt hånden av ham* the family has cut him off; ~ *av en prat* have a chat; ~ *vannet av potetene* drain (*,med dørslag:* strain) the potatoes; *bli -tt av* (5) be struck by (*fx* sby's beauty); be impressed by (*fx* his arguments); ~ **av på** *sine fordringer* reduce one's demands; ~ **etter** strike at, aim a blow at; ~ *'etter (i en bok)* look up (*fx* an address); ~ *det 'etter i en ordbok* look it up in a dictionary, consult a d.; ~ **fast** fix (*fx* a loose plank), nail down; (*fig = konstatere*) ascertain; (*påvise*) establish; (*uttale, bevitne*) record; (*se fastslå*); ~ **feil** fail, be a failure; fall through (*fx* his plans fell through); go wrong (*fx* my plan went wrong); *høsten har -tt feil* the harvest is a failure; *våre beregninger slo feil* we calculated wrongly; we made a miscalculation; ~ **fra** *seg* defend oneself, hit back, fight back; ~ *det fra deg* (ɔ: ~ *den tanken fra deg*) put the idea out of your head; ~ *slike tanker fra seg (også)* dismiss such thoughts (from one's mind); ~ *det* **hen** (ɔ: *bagatellisere det*) make light of it, wave it aside; ~ *det hen i spøk* pass it off as a joke; laugh it off, pass it off with a laugh; ~ **i** *en spiker* drive (*el.* knock *el.* hammer) in a nail; ~ *en spiker i veggen* drive a nail into the wall; ~ *en i ansiktet* slap sby's face, hit (*el.* slap *el.* strike) sby in the face; ~ *i bordet* thump the table; ~ *salget i kassen* ring up the sale (on the cash register); ~ **igjen** hit back (*fx* she hit me and I hit back), strike back; fight back; (*smelle igjen*) slam down, bang (*fx* the lid of a box); ~ *igjen en dør* bang a door (shut), shut a door with a bang, slam a door (to); ~ **igjennom** (*om væte, etc*) soak through; (*om blekk, etc*) come through on the other side; (*fig*) make a name for oneself, be successful, win one's way to recognition, win through, score a success; ~ *en* **i hjel** kill sby; ~ **inn** drive in, knock in, beat in, hammer in (*fx* a nail); (*knuse*) smash in, bash in (*fx* a door), smash (*fx* a window); (= ~ *ut*) knock in (*fx* two of his teeth); (*om sykdom*) strike inwards; *bølgene slo inn over dekket* the waves washed over the deck; ~ *inn på (beskjeftigelse, etc)* enter upon (*fx* a career), take up (*fx* gardening); go in for, embark (up)on (*fx* a policy of reconciliation); ~ *inn på noe nytt* break new ground, strike a new path; ~ *inn på forbryterbanen* turn criminal; take up a career of crime; (*se kurs*); ~ **lens** (*mar*) dry the hold; (*vulg: urinere*) have a leak; *han slo* **løs** he laid about him; he hit out (in all directions); ~ *noe løs* knock sth loose; ~ *løs på en* pitch into sby; *bli -tt* **med** *blindhet* be struck blind (*el.* with blindness); ~ *ham med en båtslengde* beat him by a (boat's) length; *fisken slo med halen* the fish flapped its tail; *hesten slo med halen* the horse flicked its tail; *tigeren slo rasende med halen* the tiger lashed its tail furiously; ~ *dem med 3-2 (fotb)* beat them (with) three goals to two; beat them three two; ~ **ned** knock down; (*motstand*) beat down (*fx* opposition); (*om lynet*) strike; *det slo ned i huset* the house was struck by lightning; (*ramme ned*) drive (in) (*fx en pæl* a pile); (*prisen*) put down (*el.* reduce) (*fx* the price); ~ *ned paraplyen* put down one's umbrella; ~ *ned prisene (som ledd i priskrig, også)* cut prices; ~ *ned en revolt* put down a revolt; (*stivt*) quell a revolt; ~ *ned på* swoop down on, pounce on (*fx* a mistake); **T** crack down on (*fx* the authorities cracked down on the illicit distillers); have a blitz on (*fx* the police are having a blitz on illegal parking in the village); ~ **om** (*forandre seg, også om været*) change; (*om vinden*) shift, veer round (*fx* the wind shifted (*el.* veered round) to the west); (*om fremgangsmåte*) shift one's ground, alter one's tactics; try another line; ~ *papir om noe* wrap up sth (in paper); ~ *et rep om grenen* hitch a rope round the branch; ~ *om seg* lay about one; hit out (in all directions); ~ *om seg med penger* splash one's money about; spend money like water; spend lavishly; ~ *om seg med latinske sitater* throw Latin quotations about; lard one's speech with Latin quotations; ~ *om til pent vær* change to fine (*el.* fair) (weather); ~ **opp 1.** throw open, fling open (*fx* a window); open (*fx* a book);

2(*ord*) look up, turn up (*fx* look up a word, an address; turn up a number in the telephone book, a word in the dictionary); **3**(*oppslag*) put up, post (up) (*fx* a notice); *artikkelen ble -tt stort opp* the article was displayed conspicuously; the a. was splashed; *begivenheten ble -tt stort opp* the event was front-page (*el.* headline) news; ~ *nyheten stort opp* splash the news; *saken ble -tt stort opp i alle avisene* the matter was given extensive coverage in all the newspapers; the matter was splashed all over the newspapers; ~ *opp paraplyen* put up one's umbrella; ~ *opp sengen* turn down the bed (*el.* the bed clothes); ~ *opp et stolsete (på klappstol)* tilt back a seat; ~ *opp i en ordbok* consult a dictionary; ~ *opp et ord i en ordbok* look a word up (*el.* look up a word) in a dictionary; ~ *egg opp i en bolle* break eggs into a bowl; ~ *opp med en* break off (one's engagement) with sby; *hun slo opp med ham* she jilted him; **T** she gave him his cards; **S** she packed him up (as a bad job); (*se båt: gi en på -en);* ~ *opp bøkene på side 11* open your books at page 11, please; ~ *opp et telt* pitch (*el.* put up) a tent; ~ *en* **over** *fingrene* rap sby over the knuckles; rap sby's knuckles; ~ **over i** break into (*fx* a gallop, a run, a trot); (*et annet språk*) change into, switch into (*el.* over to); *han slo lynsnart over i tysk* like a flash, he switched over to German; ~ *over i en annen gate (fig)* alter one's tactics; try another line; (*skifte tema*) change the subject; switch over to sth else; ~ *over i en annen tone (fig)* change one's tune; ~ **over til:** *se* ~ *over i;* ~ *over ende* knock down, knock over; (*fig*) overthrow; ~ **på 1.** strike (on) (*fx* the wall sounds hollow when struck); beat (on), knock (on); (*ganske lett*) tap (on); **2**(*med bryter*) switch on, turn on; **3**(*antyde*) hint at, throw out hints about; *han slo på at* ... he hinted that ...; *jeg skal* ~ *på det overfor ham* I will drop him a hint (about it); ~ *på bremsene* jam on the brakes; ~ *på flukt* put to flight, rout; ~ *på sitt glass (om bordtaler)* = call for silence; ~ *saus på duken* spill sauce over the tablecloth; *hun slo suppe på kjolen sin* she spilt soup down her dress; ~ *stort på (m.h.t. levemåte)* live on a grand scale; live in style; **T** make a splash; (*leve over evne*) live it up; (*foretagende*) start in (a) grand style; start an ambitious scheme; ~ *større på enn man kan makte* bite off more than one can chew; ~ *på tromme* beat a drum, drum; ~ *på tråden til en* **T** give sby a ring; ~ *vann på en* splash water on sby; ~ **sammen** (*folde sammen*) fold (up); (*forene*) combine, throw together; knock (*fx* two houses) into one, unite (*fx* two gardens); pool (*fx* they pooled their resources); (*merk*) merge, amalgamate; (*snekre*) knock together (*fx* k. sth together out of wood); ~ *hælene sammen* click one's heels; (*se* **C:** ~ *seg sammen med);* ~ **til 1.** hit (*fx* a ball), strike; **2**(*akseptere*) accept, close with (*fx* an offer, the terms); (*raskt*) jump at (*fx* he jumped at the offer at once); *jeg -r til!* all right! **3**(*vise seg å være riktig*) prove correct, come true; *spådommen har -tt til* the prophecy has come true; ~ *hardt til* strike hard; take severe measures; *fisket har -tt bra til* the fishery has given good results; the f. has turned out well; ~ **tilbake 1.** hit back (*fx* a ball); (*angrep*) beat off, repel; repulse; **2**(*sprette tilbake*) rebound; (*om fjær*) spring back, recoil; ~ **under** *seg* subjugate; (*fig*) gain control of, monopolize; ~ **ut** (*med slag*) knock down; (*i konkurranse*) beat, defeat, outstrip, worst, cut out; (*jvf jekke ut);* (*tømme ut*) empty; (*om utslett*) break out (*fx* he broke out in red spots); **T** come out (*fx* c. out in spots); (*om viser på måleapparat*) move; *røyk og ild slo ut av maskinen* smoke and flames poured out of the machine; ~ *ut i lys lue* burst into flames; ~ *ut med armene (gestikulere)* gesticulate, fling one's arms about; (*for å omfavne*) open (*el.* spread out) one's arms; ~ *vekk: se* ~ *det hen;* ~ *bena vekk under ham (fig)* bowl him over; knock him off his feet;

C: ~ **seg 1**(*om person*) hurt oneself; **2**(*om tre*) warp (*fx* the door has warped); ~ **seg for** *brystet* beat one's breast (*el.* chest); **T** thump one's chest; ~ **seg fordervet** be badly hurt; ~ **seg fram** make (*el.* fight) one's way (in the world), get on; ~ **seg igjennom** (*klare seg*) manage, rub along; (*krise, sykdom*) pull through; (*økonomisk, også*) make both ends meet; ~ *seg igjennom med £900 i året* manage on £900 a year; (*jvf B:* ~ *igjennom);* ~ **seg i hjel** be killed; ~ **seg løs** (*more seg*) enjoy oneself; **T** have one's fling, kick over the traces, go the pace; **S** let one's hair down; ~ **seg ned** settle (down); (*sette seg*) sit down; (*om fugl, også*) perch; (*bosette seg*) settle, make one's home (*fx* in Canada); ~ *seg ned hos* make one's home with; (*midlertidig*) (come to) stay with, establish oneself (*fx* much to my dislike he established himself in my home for two months); ~ **seg opp** rise in the world, make one's way, get on; ~ *seg opp på* make capital of; ~ **seg på** bump against, hurt oneself on; (*begynne med*) go in for, take up (*fx* he has taken up politics); (*om sykdom: angripe*) affect, attack; ~ *seg på flasken* take to drink; ~ *seg på lårene* slap one's thighs; ~ **seg sammen** unite, combine, join (forces); (*m.h.t. penger*) club together; go Dutch; (*se spleise);* ~ *seg sammen med* unite (*el.* combine) with; (*i kamp*) join forces with; ~ *seg sammen med en kvinne* take up with a woman; ~ *seg sammen mot en* join forces against sby; **T** (*neds*) gang up on sby; *alt slo seg sammen mot oss* everything conspired against us; (*se B:* ~ *sammen);* ~ **seg til** settle; *har han tenkt å* ~ *seg til her (for godt)?* does he intend to stay here for good? does he intend to settle down here? (*jvf ovf:* ~ *seg ned hos);* ~ *seg til ro* settle down; take it easy; (*se mynt; slag: slå et* ~ *for; strek: slå en* ~ *over).*

slåbrok dressing gown (NB *ordet betyr også morgenkåpe);* **US** robe.

slående striking (*fx* resemblance); *et* ~ *bevis på* a convincing proof of.

slåmaskin reaper.

slåpe (*bot*) sloe, blackthorn.

slåpen gaunt, lank, lean.

slåpetorn blackthorn, sloethorn.

slåss (*vb*) fight; ~ *med* fight (*fx* he fought a big boy); ~ *om* fight over (*el.* about); ~ *som ville dyr* fight tooth and nail; fight like cats.

slåsshanske knuckleduster.

slåsskjempe fighter; bully, rowdy.

I. slått (*mus*) (country) air.

II. slått haymaking (season); cutting, mowing; *han var kommet for å hjelpe til med -en* he had come to help with the haymaking.

slåtte|folk mowers, haymakers. **-kar** haymaker, mower. **-teig** strip of hayfield.

slåttonn 1. cutting (*el.* mowing) season; **2.** cutting (*el.* mowing) operation.

smadder: *slå i* ~ smash to pieces.

smadre (*vb*) **1.** smash to pieces; **2.** annihilate, destroy.

smak taste; (*velsmak*) relish; (*en kunstners, tidsalders*) manner, style; ~ *og behag er forskjellig* tastes differ; there is no accounting for tastes; *hver sin* ~ each to his taste; *dårlig* ~ (*også fig*) bad taste; *etter* ~ according to taste; to taste (*fx* add sugar to taste); *falle i ens* ~ be to

S

sby's taste *(el.* liking); *få -en på* acquire a taste for; *når de først har fått -en på det* when they have acquired a taste for it; *ha en vemmelig ~ i munnen* have a bad *(el.* nasty) taste in one's mouth; *kle seg med utsøkt ~* dress in perfect taste; *tilfredsstille moderne ~* cater for modern tastes.

smake *(vb)* taste; *det -r godt* it tastes good; *hvordan -r middagen Dem?* how do you like your dinner? *det -r meg ikke* I don't like it; *~ av* taste of; smack of; *det -r litt av løk* it has a faint taste of onions; it tastes faintly of onions; *det -r fat av denne vinen* this wine has a tang of the cask; *nå skulle det ~ med en kopp te* I feel like a cup of tea; *~ på* taste, try, sample.

smakebit sample, taste; *(se smaksprøve).*

smakfull in good taste, tasteful; *meget ~* in perfect taste.

smakfullhet good taste, tastefulness.

smakløs tasteless, in bad taste.

smakløshet bad taste; tastelessness.

smaksforvirring lapse of taste.

smaksnerve gustatory nerve.

smaks|organ taste organ. **-prøve** sample; *en liten ~ (også fig)* a small sample.

smaks|sak matter of taste. **-sans** sense of taste. **-stoff** taste-producing substance, taste substance.

smal narrow; *~ kost* short commons; *det er en ~ sak for ham* it's quite easy for him.

smale *(subst): se sau.*

smalfilm 8 mm cine film; **US** home movie. **-kamera** cinecamera.

smalfilming cine; 8 mm cine work.

smalfilmkamera (8 mm) cine camera; **US** (8 mm) movie camera.

smalhans: *det er ~ i dag* there's little to eat today.

smal|het narrowness. **-legg** small of the leg.

smalne *(vb): ~ (av)* narrow, taper.

smal|skuldret narrow-shouldered. **-sporet** *(jernb)* narrow-gauge.

smaragd emerald.

smart smart, clever.

smarthet smartness.

smask 1. noisy chewing; **2***(lyden av kyss)* smack.

smaske *(vb)* **1.** smack one's lips when eating; **2***(kysse)* smack.

smatte *(vb)* smack one's lips; *~ på hesten* click *(el.* cluck) to the horse; *~ på pipa* suck one's pipe.

smau alley, lane, narrow passage.

smed smith; *(grov-)* blacksmith; *passe på som en ~* keep a sharp look-out; keep all one's eyes about one.

smede|dikt lampoon. **-skrift** libel.

smekk rap, smack, flick; *slå to fluer i ett ~* kill two birds with one stone; *megler Smekk (i tegneserie)* inspector; *(se buksesmekk).*

I. smekke *subst (barne-)* bib.

II. smekke *(vb)* click, smack, snap; *~ med tungen* click one's tongue; *~ igjen en dør (slik at den faller i lås)* latch a door; *~ til en* **T** take a smack at sby.

smekker slender, slim; *(om båt)* elegant, trim. **-het** slenderness, slimness.

smekkfull chock-full, bung-full.

smekk|lås latch. **-låsnøkkel** latchkey.

smekte *(vb)* languish, pine.

smektende languishing *(fx* eyes, look), languorous; *synge ~* sing in a melting *(el.* lush) voice; *~ toner* melting *(el.* languorous *el.* lush) notes.

smell crack, smack; pop; bang, crack *(fx* of a rifle), report *(fx* of a gun).

smellbonbon firecracker.

smelle *(vb)* crack, smack; *(svakere)* pop; *(brake)* bang, slam; *-r det?* does it go bang? *en dør sto og smalt* a door was banging; *~ med en pisk* crack a whip; *~ igjen døra* slam *(el.* bang) the door; *skjelle og ~* fuss and fume, storm and rage; **T** blow one's top off; *(se også skjelle).*

smell|feit plump, very fat. **-kyss** smacking kiss, smack. **-vakker** stunningly beautiful; *(jvf skjønnhetsåpenbaring).*

smelte *(vi & vt)* melt; *(bare om erts)* smelt; *(fig)* melt; *jeg holder på å ~ (av varme)* I'm simply melting (with heat); *~ om* melt down, remelt; *~ sammen* fuse (together) *(fx* f. two wires); *(fig)* fuse, become fused; *~ sammen med* merge into, be merged with; *(jvf sveise: ~ sammen).*

smelte|digel crucible, melting pot. **-ovn** melting furnace; pig-iron furnace. **-punkt** melting point.

smergel emery. **-papir** emery paper. **-skive** emery wheel.

smergle *(vb)* polish *(el.* grind) with emery.

I. smerte *(subst)* pain, ache; *(sorg)* grief, affliction; *han har store -r* he is in great pain; *har du fremdeles -r i skulderen?* is the shoulder still giving you pain?

II. smerte *(vi)* hurt, ache; *(vt)* pain, grieve.

smertefri painless, without pain.

smertefrihet painlessness, absence of pain.

smerte|full, -lig painful; *et -lig tap* a grievous loss; *(se savn).*

smertensbarn enfant terrible, problem child.

smertensbudskap sad news; *(glds)* sad tidings.

smertestillende pain-stilling, analgesic; *~ middel* analgesic; *(også fig)* anodyne.

smette *(vb)* slip; *han smatt inn like foran meg* he nipped in just in front of me; *~ av seg* slip off; *~ i klærne* slip into one's clothes; *~ unna* slip away.

smi *vb (også fig)* forge; *~ mens jernet er varmt* strike while the iron is hot; make hay while the sun shines; go while the going is good.

smidig supple; pliable, flexible. **-het** suppleness; pliancy, flexibility.

smie *(subst)* forge, smithy. **-avle** *(esse)* (smith's) forge. **-belg** forge bellows.

smiger flattery.

smigre *(vb)* flatter; *jeg -r meg med at* ... I like to think that ...; I flatter myself that ...

smigrende flattering; *lite ~* hardly flattering, not very complimentary.

smigre|r flatterer. **-ri** flattery.

smijern wrought iron.

smil smile; *lite ~* faint smile; *skjevt ~* wry s.; *med et ~ om munnen* with a s. on his (,her, *etc.)* lips; *hun ønsket ham velkommen med et ~* she smiled a welcome to him; *(se innlatende).*

smil|e *(vb)* smile; *~ av noe* smile at sth; *~ bittert* s. a bitter smile; *~ gåtefullt* s. enigmatically; *hun -te for seg selv* she smiled to herself; *~ inne i seg* s. within oneself; *han -te over hele ansiktet* he was all smiles; he was wreathed in smiles; *~ svakt* give a faint s.; *~ til en* s. at sby, give sby a smile; *(især fig)* s. on sby; *hun -te strålende til ham (også)* she beamed on him; *lykken -te til ham* fortune smiled on him; *(se skjev B).*

smilebånd: *trekke på -et* smile.

smilehull dimple.

I. sminke *(subst)* paint, rouge, make-up.

II. sminke *(vb)* paint, rouge; *hun er svært -t* she is heavily *(el.* very much) made up.

sminkør make-up artist.

smiske *(vb): ~ for* try to ingratiate oneself with; toady to; make up to *(fx* the boss); fawn on; *(se sleske).*

smitt: *hver ~ og smule* every particle.

I. smitte *(subst)* infection, contagion.

II. smitte *(vb)* infect; *bli -t* catch the infection, catch a disease; *du har -t meg med den forkjølelsen din* you have given me your cold; ~ *av* rub off, come off.
smitte|bærer carrier (of infection). **-effekt** knock-on effect; rub-off effect. **-fare** danger of infection. **-farlig** infectious. **-fri** non-infectious. **-kilde** infection source, source *(el.* centre) of infection.
smittende infectious, contagious, catching, catchy *(fx* laughter).
smittsom infectious, contagious, catching.
smittsomhet infectiousness, contagiousness.
smoking dinner jacket; dinner suit; *(på innbydelse)* black tie; **US** tuxedo.
smokingskjorte evening shirt.
smokk *se finger- & tåte-.*
I. smug alley, lane, narrow passage.
II. smug: *i* ~ secretly, on the sly, on the quiet; **T** *(fk)* on the Q.T.
smugbrenner illicit distiller.
smugle *(vb)* smuggle, run *(fx* liquor, guns, *etc).*
smugler smuggler.
smuglergods smuggled goods, contraband.
smugling smuggling.
smukk pretty, handsome; *det -e kjønn* the fair sex.
smul smooth, calm; *i -t farvann* in calm waters.
smuldre *(vb)* crumble; ~ *bort* c. away.
I. smule *(subst)* particle, bit, scrap; *(av brød)* crumb; *en* ~ a little, a bit; *(adv)* slightly *(fx* s. nervous); *den* ~ *innflytelse han hadde* such influence as he had.
II. smule *(vb)* crumble; ~ *seg* crumble, fall into small pieces.
smult *(subst)* lard; *baking i* ~ *eller olje* deep-fat frying.
smult|ebolle doughnut. **-ring** dough ring; **US** doughnut.
smurning grease, lubricant; *(bestikkelse)* bribe(s), trimmings *(fx* there are sometimes trimmings attached to government contracts); *(se smøre).*
smuss dirt; *(sterkere)* filth. **-blad** gutter paper, mud-raking paper.
smussig 1. soiled, dirty; **2***(fig)* foul, smutty.
smuss|litteratur pornography; **T** porn. **-omslag** dust jacket; (book) jacket. **-presse** gutter press. **-tillegg** additional charge for dirty work. **-tittel** *(typ)* half title.
smutt: *kaste (el. slå)* ~ play ducks and drakes.
smutte *(vb)* slip, glide; ~ *bort* slip away; ~ *fra* slip away from, give *(fx* sby) the slip.
smutthull hiding place; *(fig)* loophole *(fx* find a l. in the law); *det er mange* ~ *i loven (også)* there are plenty of ways of getting round the law.
smyge *(vb)* slip, steel; creep; ~ *av seg* slip off *(fx* one's clothes); *barnet smøg seg inntil moren* the child snuggled *(el.* cuddled) up to its mother.
smygvinkel bevel square.
I. smykke *(subst)* jewel; trinket; *-r* jewels; jewellery (,**US** jewelry).
II. smykke *(vb)* adorn, decorate.
smykkeskrin jewel box, jewel case.
smør butter; *brunet* ~ brown(ed) butter; *smeltet* ~ melted butter; *ha tykt med* ~ *på brødet* spread (the) butter lavishly on the bread; *det er* ~ *på flesk* that's the same thing twice over; it's a tautology; *jammen sa jeg* ~*!* don't you believe it! *i et fritt land, jammen sa jeg* ~*! (iron)* in a free country, I don't think! *idealisme, jammen sa jeg* ~*!* idealism my foot! *han ser ut som om han har solgt* ~ *og ingen penger fått* he makes a face as long as a fiddle; he looks as if he's lost a shilling and found sixpence.
smørblid *(neds)* smirking.
smør|blomst *(bot)* buttercup. **-brød** open sandwich; ~ *m/kokt skinke* boiled ham sandwich. **-brødfat** dish *(el.* platter) of sandwiches.
smørbukk 1*(bot)* orpine; livelong; **US** live-forever; **2.** *zool (fisk)* black goby; **3***(om barn)* plump child; **T** fatty.
smøre *(vb)* smear; *(med fett)* grease; *(med olje)* oil; lubricate; *(bestikke)* bribe, tip; *(male dårlig)* daub; *det gikk som det var smurt* it went on swimmingly; ~ *smør på* butter; ~ *tykt på (fig)* lay it on thick; *(se hase & smør).*
smøreanvisning lubricating instructions.
smørebukk *(for biler)* greasing ramp.
smøregrop *(for biler)* (service) pit, greasing bay; *(især* **US***)* lubritorium.
smørekanal lubricating channel, lubricant groove.
smøre|kanne oil can. **-kopp** oil cup. **-middel** lubricant. **-nippel** grease nipple. **-olje** lubricating oil.
smører greaser, oiler.
smøreri scribble; *(maleri)* daub.
smørflyndre *(zool)* witch.
smøring *(av maskin)* lubrication, greasing, oiling; *(se bestikkelse).*
smørje T: *hele smørja* the whole caboodle.
smørkranser *(pl)* piped biscuits; **US** pressed cookies; *(se kake).*
smørpapir greaseproof paper; sandwich paper.
smør|side buttered side. **-spade** butter pat. **-tenor** lush tenor. **-øye** lump of butter (in the centre of a plateful of porridge).
små *(pl av liten)* small; *de* ~ the little ones; *i det* ~ on a small scale; *-en* the little one, the kid; *-tt (adv)* slowly; gradually; *-tt om senn* little by little; *med -tt og stort* including everything; *begynne -tt* start in a small way; *gjøre -tt (om barn)* do small jobs, do number two, tinkle, pee; *Har hunden gjort stort på gulvet i natt? – Nei, men den har gjort -tt så det forslår!* Has the dog dirtied the floor in the night? – No, but it has flooded it!
småbakker *(pl): i* ~ on gentle slopes.
små|barn little children. **-bonde** *se småbruker.* **-borger 1.** lower middle class person, petit bourgeois; **2***(spøkef)* baby. **-bruk** small farm *(el.* holding). **-bruker** small holder, small farmer, farmer in a small way. **-buss** minibus. **-by** small town. **-fisk** small fish; **T** tiddler. **-folk 1.** common people; **2***(barn)* little ones. **-forlovet** *(spøkef)* going steady.
småfyrster *(pl)* princelings, petty princes.
små|gater *(pl)* side streets. **-glimt** *(pl)* short glimpses. **-gutt** little boy. **-jente** little girl. **-kaker** *(pl)* = (sweet) biscuits; **US** cookies.
småkjekle *(vb)* bicker.
småkjeltring T fiddler; *(jvf småkriminell).*
småkoke *(vb)* simmer.
småkonge petty king.
små|kornet small-grained. **-krangel** bickerings. **-krangle** *(vb)* bicker.
småkriminalitet petty crime.
småkriminell *(subst)* petty criminal; *(jvf småkjeltring).*
småkryp T *(om insekter)* creepy-crawly *(fx* all these (little) creepy-crawlies).
småkupert: ~ *terreng* undulating *(el.* hillocky) country *(el.* ground); rolling country.
småkårsfolk *(pl)* people of humble means.
småle *(vb)* chuckle.
smålig 1. narrow-minded, petty; **2***(gjerrig)* niggardly, stingy, mean.
smålighet 1. narrow-mindedness, pettiness; **2.** meanness, stinginess.
smålom *(zool)* red-throated diver.
småmynt small coin(s).
småmønstret small-patterned.
små|ord *(pl)* particles. **-penger** *(pl)* (small) change. **-piker** *(pl)* little girls. **-plukk:** *det er* ~ that is

S

a (mere) trifle. **-prate** *(vb)* chat, make small talk. **-pussig** droll, amusing. **-regn** drizzle, light rain. **-regne** *(vb)* drizzle. **-rolling** toddler; tiny tot; *(se småtroll).* **-rutet** **1***(om vindu)* with small (window) panes; **2***(om stoff)* pin-checked; *(se rutet).* **-skjenne** *(vb)* grumble *(på* at). **-skog** coppice, copsewood.

småskole [the three lowest forms of Norwegian primary school] *(kan gjengis)* lower primary school.

små|skrammer *(pl): han slapp med noen ~* he got off with a scratch or two. **-skrifter** *(pl)* pamphlets. **-snakke** *(vb)* chatter; *~ med seg selv* mutter to oneself. **-spise** *(vb)* nibble (between meals). **-springe** *(vb)* jog along. **-stein** pebble. **-stumper, -stykker** *(pl)* small pieces *(el.* bits). **-summer** *(pl)* small sums, small amounts; trifling amounts *(el.* sums); *(neds)* paltry amounts. **-syre** *(bot)* field sorrel. **-ting** *(pl)* little things; trifles, small matters. **-torsk** codling.

småtroll *pl (spøkef)* kids, kiddies, tiny tots; *de yndige -ene (kjærlig)* the little poppets.

småtteri small matters, trifles; *£500 er sannelig ikke ~* £500 is quite a sum of money *(el.* is not to be sneezed at); £500, just think of that!

småtærende: *være ~* be a small eater, eat like a bird.

småutgifter *(pl)* petty expenses.

småvask smalls.

småved sticks for lighting a fire, kindling.

småvirke *(forst)* small dimensions, small thinnings.

småøyer *(pl)* islets, small islands.

snabb bit, end *(fx* of a sausage).

snabel **1***(på elefant)* trunk; **2***(på romerske krigsskip)* rostrum, peak.

snadde (short) pipe.

snadre *(vb)* chatter, cackle, jabber.

snakk talk; *å ~!* nonsense! *gi seg i ~ med* start *(el.* open) a conversation with, enter into conversation with.

snakke *(vb)* talk *(med* with, to; *om* about); *du -r!* well, I never! *~ fag* talk shop; *~ hull i hodet på en* talk till sby's head begins to go round *(el.* swim); *~ tull* talk nonsense; **S** talk through one's hat; *~ seg bort: se prate: ~ seg bort; ~ forbi hverandre* talk at cross purposes; *~ en fra noe* talk sby out of sth; *~ med* talk to; speak to; *(stivt)* talk with; *kan jeg få ~ litt med deg?* can I speak to you for a minute? can you spare me a moment? *kan jeg få ~ med sjefen?* can I see the manager? *~ frempå om* hint at; *vi kan jo ~ om det* let's talk it over; *~ (rundt) omkring saken* talk round the subject; beat about the bush; *~ over seg* be delirious, be wandering (in one's mind), rave; *~ til en (irettesette)* talk to sby, give sby a talking to; *du er ikke til å ~ til (bebreidende, til irritabel person)* **T** you're like a bear with a sore head; you're not fit to be with civilized people; *~ rett ut av posen* speak straight from the shoulder; *~ en rundt* put sby off with a lot of talk; *~ ut med en* have a good talk with sby; *(oppgjør)* have it *(el.* things) out with sby; *snakk vekk!* fire away! *(se også prate & II. vær).*

snakkehjørnet: *være i ~* be in the mood for a talk.

snakkesalig talkative, garrulous, loquacious.

snakkesalighet talkativeness, garrulity, loquacity.

snakketøy: *ha godt ~* have the gift of the gab.

snakksom *se snakkesalig.*

snappe *(vb)* grab, snatch, snap *(etter* at); *~ etter været* gasp for breath.

I. snar *(subst)* brushwood, scrub, thicket.

II. snar *(adj)* quick, swift; *(se snart).*

snare snare, trap.

snarere *adv (heller)* rather; *(nærmest)* if anything; *jeg tror ~ at ...* I am more inclined to think that ...

snarest *(adv)* as soon as possible; at the earliest possible date; as early as possible; *jeg ville bare stikke innom som ~* I just wanted to pop in for a moment.

snarlig: *Deres -e svar imøtesees; jeg imøteser Deres -e svar* I am looking forward to hearing from you *(el.* having your reply) soon; *(stivt)* your early reply would be appreciated.

snarrådig resourceful. **-het** resourcefulness, presence of mind.

snart soon, shortly, before long; presently; *meget ~* very soon, very shortly; *kom så ~ som mulig* come as soon as possible; **T** come as soon as may be; *så ~ jeg fikk Deres brev* as soon as I received your letter; *så ~ du viser tegn til frykt, vil hunden angripe deg* once you show any sign of fear, the dog will attack you; *~ varmt, ~ kaldt* now hot, now cold; *det er ~ gjort* **1.** that's quickly done; **2***(fig)* that (sort of thing) can easily happen.

snar|tenkt quick-witted. **-tur** flying visit, short visit; *ta en ~ til Bergen* pay a short visit to Bergen; *(se I. tur).* **-vei** short cut; back double; *ta en ~ (også)* cut off a corner.

snau scant, scanty; *(bar)* bare *(fx* rock); *en ~ måned* scarcely a month.

snaufjell bare *(el.* naked) rock.

snau|hogge *(vb)* clear-fell; **US** clear-cut. **-hogst** complete deforestation, clear-felling; **US** clear-cutting. **-klippe** *(vb)* crop close, close-crop; *de -t gutten* they cropped the boy's hair completely.

sne *se snø.*

snedig wily, cunning, crafty.

snedighet wiliness, cunning, craftiness.

I. snegle *(med hus)* snail; *(uten hus)* slug.

II. snegle *(vb): ~ seg av sted* go at a snail's pace; *(se tjærekost).*

snegle|fart: *med ~* at a snail's pace; *(se tjærekost).* **-hus** snail shell.

I. snei *(avskåret skive)* slice.

II. snei: *på ~ (på skrå)* aslant, askew; *(se I. skjeve).*

sneie *(vb): ~ borti* graze, brush against.

sneis *se snes.*

I. snekke *se sjekte.*

II. snekke *(mask)* worm, endless screw.

snekkedrev *(mask)* worm gear *(el.* drive).

snekkehus *(mask)* steering-box, steering-gear housing.

snekker joiner; *(kunst-)* cabinet maker. **-gutt** joiner's apprentice. **-lære:** *være i ~* be apprenticed to a joiner. **-mester** master joiner. **-svenn** journeyman joiner, joiner's mate. **-verktøy** joiner's tools.

snekkerbukse bib overalls.

snekkeutveksling *(mask)* worm gearing.

snekre *(vb)* do joiner's work, carpenter, do carpentering.

snelle *(også fiske-)* reel.

snerk skin.

snerp *(på korn)* awn.

snerpe *(subst)* prude, nice Nellie; *(jvf tertefin).*

snerperi prudery, prudishness.

snerpet prudish, prim.

snerre *(vb)* snarl, growl.

snert *(på pisk)* whiplash; *(fig)* sarcasm, sarcastic *(el.* cutting) remark; **T** crack; *(glimt)* glimpse *(av* of).

snerte *(vb)* **1.** flick; **2***(streife)* graze, touch.

snerten natty, neat.

snes score.

snesevis: *i ~* in scores, by the score.

snill

'Please, please me' synger The Beatles

Engelskmenn er høflige, og det kommer til uttrykk i ordvalget. Ordet **please** har du hørt svært ofte.

NYTTIGE UTTRYKK

Could you pass me the salt, please?
Could you speak up, please?
Will you excuse me, please?
Excuse me, could you help me, please?
Would you be quiet, please?

snev touch; suggestion, trace; *en liten ~ av influensa* a mere touch of influenza *(el.* flu).
snever narrow, restricted; *i snevrere forstand* in the more restricted sense (of the word); *i en ~ vending* at a pinch.
sneverhet narrowness; *(trangsynthet)* narrow-mindedness.
sneversyn narrow-mindedness, narrowness of view. **-t** narrow, narrow-minded.
snik *(subst)* sneak.
snike *(vb)* sneak, slink; *~ seg vekk* steal *(el.* slip) away; *(på en fordektig måte)* sneak *(el.* slink) away; *~ seg inn* steal *(el.* slip) in; *(om feil i tekst, etc)* creep in; *~ seg innpå en* steal upon sby.
snikksnakk nonsense, rubbish; *(utrop)* (stuff and) nonsense! fiddlesticks!
snik|mord assassination. **-morder(ske)** assassin. **-myrde** *(vb)* assassinate. **-skytter** *(mil)* sniper.
snill good-natured, kind; *(om barn)* good; *~ mot* kind to; *vær så ~ å la meg vite* please *(el.* kindly) let me know.
snipe *(zool)* snipe; *myr-* red-backed sandpiper. **-jakt** snipe shooting.
snipp 1(*om halsen)* collar; **2***(av et tørkle, etc)* corner, end.
snippkjole dress coat; tail coat; dress suit; **T** tails.
snippstørrelse neck size.
snirkel *(arkit)* scroll; *(med penn)* flourish.
snirklet scrolled; *(buktet)* tortuous.
snitt cut, incision; *(på bok)* edge; *han så sitt ~* he saw his chance; *(se lengdesnit).*
snitte *(vb)* cut, chip. **-bønner** *(pl)* chopped French beans; **US** string beans.
snittflate cut, edge of a (,the) cut *(fx* the edges of the cut were smooth).
I. sno *(subst)* biting wind.
II. sno *(vi)* blow cold.
III. sno *(vt)* twist, twine; *~ seg* twist, wind; *han vet å ~ seg* **T** there are no flies on him; he's a wily bird.
snobb snob. **-eri** snobbery, snobbishness.
snobbet snobbish.
snodig droll, funny.
snohale *(zool)* prehensile tail.
snok *(zool)* grass snake.
snor string; *(gardin-)* cord; *(kles-)* clothesline; *(WC)* chain *(fx* pull the chain); *(mål-)* tape; *(på fx slåbrok)* girdle, cord; *(besetning, fx på møbler)* braid; *(se I. perle).*
snorbesatt braided.
snork snore.
snorke *(vb)* snore.
snorksove *(vb)* lie snoring, sleep and snore.
snorrett straight as an arrow *(el.* line).
snu *(vb)* turn; *(vende om)* turn back; *han -dde hodet og så seg tilbake* he turned his head (round) and looked back; *~ opp ned på forholdene* turn things upside down; reverse the order of things; *~ ryggen til* turn one's back on; *~ seg* turn.
snubbe *vb (streife)* graze, touch.
snuble *(vb)* stumble *(over* over); *~ i sine egne ben* trip over one's own feet; fall over oneself; *det ligger -nde nær* it's not far to seek; **T** it sticks out a mile; it stares you in the face; *han -r i ordene* he trips over the words.
snue cold (in one's head).
snufs sniff.
snufse *(vb)* sniff, sniffle.
snurpe *(vb): ~ sammen* sew up anyhow; *~ munnen sammen* purse (up) one's lips.
snurpenot purse seine; *(se I. not).*
snurr: *på ~* at an angle, on one side; *på en ~ (ɔ: beruset)* **T** squiffy, lit up.
snurre *(vb)* buzz, whirr; *(om bevegelse)* spin, whirl, rotate.
snurrebass humming top.
snurrepiperier *pl (kruseduller)* frills; *(gjenstander)* curiosities; *(fig)* pedantic formalities.
snurrig droll, funny; *(se pussig & småpussig).*
snurt 1.: *se fornærmet;* **2.:** *jeg har ikke sett -en av pengene hans* I haven't seen the colour of his money.
snus snuff; *en klype ~* a pinch of snuff; *få -en i* get wind of.
snusdåse snuffbox.
snuse *(vb)* sniff; *(tobakk)* take snuff; *(spionere)* nose about, nose (a)round; **T** snoop; *~ etter* nose about for; **T** snoop about for; *~ opp* nose out *(fx* a secret).
snusfornuft matter-of-factness, stolidity, pedestrian outlook.
snusfornuftig matter-of-fact, stolid, pedestrian.
snushane snooper.
snusmalt: *~ kaffe (traktekaffe)* finely ground coffee, percolating coffee.
snustobakk snuff.
snute snout, nozzle; *(på skotøy)* toe.
snutebille *(zool)* weevil; *(se bille).*
snylte *(vb)* be a parasite; *(om menneske)* sponge *(fx* on sby).
snylte|dyr *(zool)* parasite. **-gjest 1***(zool)* parasite; **2***(fig)* sponger, hanger-on. **-liv** parasitism. **-plante** parasitic plant.
snylter parasite. **snylting** parasitism.
snyte *(vb)* cheat, swindle; **T** do *(fx* you've been done over that business); *~ en for noe* cheat sby (out) of sth, swindle sby out of sth, swindle sth out of sby; **T** diddle sby out of sth; *(se bedra).*

snytepave cheat, swindler.
snyteri cheating, fraud, swindle; *(jvf opptrekkeri).*
snyteskaft (**T** = *nese*) **T** snoot; **S** boko, conk, snitch.
I. snø *(subst)* snow; *avskåret fra omverdenen pga.* ~ snowbound *(fx* alone on a s. farm); cut off by snow *(fx* she was cut off on the farm by snow); *hvor er snøen som falt i fjor? (ordspråk)* where's the snow of yesteryear? *alt det der er -en som falt i fjor* that's all water under the bridge now; *(se nedsnødd; tilføket).*
II. snø *(vb)* snow; *det -r inn* (ɔ: *snøen trenger inn)* the snow is getting in.
snøball snowball.
snøbar snowless.
snø|blind snow-blind. **-bre** snowfield. **-briller** *(pl)* snow goggles. **-brøyting** snow clearing; *(jvf brøyte).* **-dekt** snow-covered, covered with snow. **-drev** drifting snow. **-drive** snowdrift. **-fall** snowfall.
snøfloke snowflake; *kjempestore -r dalte sakte mot jorden* huge snowflakes pussyfooted down.
snø|fnugg snowflake; *(se snøfloke).* **-fokk** drifting snow. **-fonn:** *se -drive.* **-freser** rotary snow cutter; *(se jordfreser).*
snøft snort.
snøfte *(vb)* snort.
snøgg quick.
snø|grense snow line. **-gås** snow goose. **-hvit** snow-white, snowy (white); *Snøhvit* Snow White. **-kam** *(på bre)* snow cornice. **-kjettinger** *(pl)* snow chains.
snøklokke *(bot)* snowdrop.
snø|mann snowman. **-mus** *(zool)* snow weasel. **-måking:** *se -brøyting.* **-plog** snowplough; **US** snowplow; *(jvf snøfreser).*
I. snøre *(subst)* cord, string; *(fiske-)* line; *(se sene 2).*
II. snøre *(vb)* lace (up); ~ *opp* unlace; ~ *sammen (el. til)* draw together; lace up; *hjertet mitt snørte seg sammen av skrekk* my heart jumped into my mouth; *strupen hans snørte seg sammen* his throat contracted; he had a choking sensation.
snøre|hull eyelet. **-liv** stays; *et* ~ a pair of stays.
snørr snot.
snørret *(adj)* snotty; with a running *(el.* runny) nose.
snørrunge 1. snotty brat; **2.** *neds (unge)* brat *(fx* he's only a little brat).
snørydding snow clearing; *(se brøyte).*
snøskavl snowdrift (with a sharp edge).
snø|skjerm *(jernb)* snow fence. **-skred** snowslide; *(lavine)* avalanche. **-slaps** slush. **-spurv** *(zool)* snow bunting. **-storm** snowstorm, blizzard; *(se himmel).* **-vann** water from melted snow.
snøvle *(vb)* snuffle, speak through one's nose.
snøvær snowy weather.
snål *(snurrig)* odd, droll; funny.
snåling character, oddbody.
soaré soirée.
sobel *(zool)* sable. **-skinn** sable.
soda soda. **-pulver** bicarbonate of soda. **-vann** soda (water).
sodd broth, soup.
sodomi sodomy; *(vulg, neds)* buggery.
sodomitt sodomite; *(vulg, neds)* bugger.
sofa sofa.
sofabenk [upholstered bench]; *(jvf sovesofa).*
sofis|me sophism. **-t** sophist. **-teri** sophistry.
sofistisk sophistic(al).
sogn parish.
sogne *(vb):* ~ *til (fig)* belong to.
sogne|barn parishioner. **-folk** parishioners. **-kall** living, incumbency. **-kirke** parish church. **-prest** rector, vicar, parson.
soignert neat, trim.
sokk sock.
sokkeholder (sock) suspender; **US** garter; *(se bukseseler).*
sokkel *(arkit)* pedestal; base, plinth; *slange-* hose socket.
sokkelest *se strømpelest.*
sokkeletasje basement; *hus med* ~ basement house.
sokne *(vb)* drag, sweep; ~ *i elva* drag the river.
sol sun; *(fyrverkeri)* Catherine wheel; *-a står opp* the sun is rising *(el.* rises); *-a går ned* the sun sets *(el.* is setting); the sun goes down; *ingen kjenner dagen før -a går ned* don't halloo till you are out of the wood; *når en snakker om -a, så skinner den* talk of angels (and you will hear the flutter of their wings); *stå opp med -a* rise *(el.* be up) with the lark; get up at the crack of dawn.
solaveksel *(merk)* sola (of exchange); sola bill; sole bill (of exchange).
solbad sun bath. **-olje** suntan oil.
solblender 1*(i bil)* sun visor; **2***(fot)* lenshood.
solbrent 1. sunburnt; **2***(brun)* tanned; *hun har lett for å bli* ~ she has a skin that burns easily; she is easily burnt by the sun; *(jvf påskebrun).*
solbrenthet 1. sunburn; **2.** tan.
solbriller *(pl)* sunglasses.
solbær *(bot)* black currant.
sold *(hist: soldats lønn)* pay; *(bibl)* reward.
soldat soldier.
sole *(vb)* sun; ~ *seg* bask in the sun, sun oneself.
solefall sunset.
soleie *bot (eng-)* upright meadow buttercup.
soleihov *bot (bekkeblom)* marsh marigold, king-cup of mayblob.
soleklar clear as noonday, crystal clear, obvious; *det er -t* **T** it hits you in the eye; it sticks out a mile.
soleksem sunrash; *(fagl)* solar dermatitis.
solemerke: *etter alle -r å dømme* to all appearance; in all probability.
sol|flekk sunspot. **-formørkelse** eclipse of the sun, solar eclipse. **-gangsvind** wind shifting with the sun's motion. **-gløtt** glimpse of the sun. **-gud** sun god. **-hjul** sun wheel. **-høyde** altitude of the sun.
solid solid; strong, substantial, sound; *(pålitelig)* trustworthy, reliable; *-e, moderne ski* strong, up-to-date skis; *-e kunnskaper i fransk* a thorough knowledge of French.
solidarisk solidary; *(adv)* jointly; ~ *ansvar* joint and several liability; *erklære seg* ~ *med* declare one's solidarity with.
solidaritet solidarity. **-sfølelse** (feeling of) solidarity.
soliditet *(se solid)* solidity, strength, soundness; trustworthiness, reliability.
solidum: *in* ~ jointly.
solist soloist.
soll *(bær-)* [soft fruit soaked in milk and with sugar].
solliv suntop.
I. sollys *(subst)* sunlight.
II. sollys *(adj)* sunny.
solnedgang sunset; *ved* ~ at sunset.
solo solo; *(alene)* alone, by oneself.
soloppgang sunrise; *ved* ~ at sunrise, at dawn.
solosanger solo singer, soloist.
sol|rik sunny. **-ring** halo round the sun. **-seil** *(mar)* awning. **-side** sunny side. **-sikke** *(bot)* sunflower. **-skinn** sunshine; *klart* ~ bright sunshine; *i -et* in the sunshine *(el.* sunlight); *det så ikke ut til at det skulle bli noe* ~ *med det første* it didn't look as if there was going to be any sunshine for a (good) while. **-skinnsdag** sun-

FATALE FELLER

som

which – witch

which	**som**
witch	**heks**

Av og til er ord i engelsk svært like i både skrivemåte og uttale.

ny day. **-skinnstak** *(på bil)* sun roof, sliding roof. **-skinnsvær** sunshine. **-stek** hot, broiling sun; *i -en* in the hot, broiling sun. **-stikk** sunstroke. **-stråle** sunbeam. **-strålefortelling** *(iron)* charming little story. **-tilbedelse** sun worship. **-tilbeder** sun worshipper. **-ur** sundial.

solusjon rubber solution *(fx* r. s. and patches).

sol|varm sunny. **-varme** warmth of the sun. **-vegg** sunny wall.

solvens solvency. **solvent** solvent.

solverv solstice.

solvervsdag day of solstice.

solår solar year.

I. som *(pron)* **1***(om personer)* who, that; *(som objekt)* who(m), that; *(etter prep)* whom *(fx* the man to whom I wrote); (NB *i unødvendige relativsetninger kun* who, *fx* ten Frenchmen, who formed the crew, were drowned); **2***(om ting)* that, which (NB *i unødvendige relativsetninger kun* which, *fx* the cargo, which was valuable, was lost); **3***(kan, som i norsk, sløyfes i nødvendig relativsetning, hvis det ikke er subjekt); det firma du nevner* the firm (that) you mention; **4***(etter* the same *og* such) as *(fx* the same books as I prefer; such goods as we have been able to send); *(om absolutt identitet etter* the same) that *(fx* this is the same revolver that I saw him buy); (NB he wished to be placed in the same grave with his parents); **den som** he (,she) who; he (,she) that; *(ubestemt relativ)* whoever *(fx* w. smashed the pane must pay for it); **de som** those who *(el.* that); *de som var til stede* those present; *var det deg som banket?* was that you knocking? *det som* that which; what *(fx* what he said was quite true; sitting in the sun is what she likes best).

II. som *(konj)* **1***(slik som, i likhet med)* like *(fx* speak like a fool); *(slik som, i overensstemmelse med)* as *(fx* as I said before); **2***(som om)* as if; **3***(som for eksempel)* such as, like, as for instance; **4***(i egenskap av)* as, in one's capacity as *(el.* of); **5***(som utgjør for)* as *(fx* as a punishment for their sins; as a reward), by way of *(fx* by way of reply she shook her head; by way of reward); **6***(som tjener et formål)* as, for *(fx* four teapots from which I selected one for *(el.* as) a wedding present); **7***(i form av)* as, in the shape of; **8***(utkledd som)* as; **9***(foran superlativ): ~ oftest* usually, generally; *~ snarest* for a moment *(fx* I just wanted to pop in for a m.); *da det regnet ~ verst* when the rain was at its worst *(el.* height); **10***(forsterkende): jøss, ~ du snakker* goodness, how you talk; **11***(hvor)* where *(fx* the places where he had been); **12***(= da): ... og nå ~ det er lørdag kveld (og allting)* just when it's Saturday night (and all that); *~ barn* as a child; when he (,she, *etc)* was a child; *~ barn pleide vi å ...* when we were children we used to ...

somali *(språket)* Somali.

Somalia *(geogr)* Somalia.

somalisk Somalian.

somle *(vb)* dawdle, be slow, waste time; *~ bort* manage to lose; *(forlegge)* mislay; *~ bort tiden* dawdle away *(el.* waste) one's time; *~ med noe* dawdle over sth *(fx* over one's work); *Hva er det dere -r med? Tror dere vi har evigheter å ta av?* what do you think you're doing? Do you think we've got a month of Sundays?

somle|bøtte dawdler, slowcoach; **US** *(også)* slowpoke. **-kopp, -pave:** *se -bøtte.*

somlete dawdling, slow.

somletog local train, slow t.; **US** milk train; *(se tog 1).*

somme *(pron)* some; *(se II. noen).*

sommel dawdling.

sommer summer; *om -en* in (the) summer; *i ~* this summer; *(når den er forbi)* during the summer *(fx* d. the s. we did some repair work); *i fjor ~* last summer; *til -en* next summer.

sommer|bolig summer cottage. **-bruk:** *til ~* for summer use; *(om klær)* for summer wear. **-dag** summer day. **-ferie** summer holidays; **US** s. vacation; *og så fikk vi ~ på skolen* then school broke up for the summer holidays; **-fugl** *(zool)* butterfly. **-halvår** summer half-year. **-hete** summer heat. **-kjole** summer dress *(el.* frock). **-kledd** wearing summer clothes. **-sol(h)verv** summer solstice. **-tid: 1.** *se sommer;* **2***(forandret tid)* summer time; *loven om ~* Daylight Saving Act. **-tøy** summer clothes; summer things. **-vær** summer weather.

sommesteds *(adv)* in some places.

sommetider *(adv)* sometimes.

I. somnambul *(subst)* somnambulist, sleepwalker.

II. somnambul *(adj)* somnambulistic.

somnambulisme somnambulism, sleepwalking.

sonate *(mus)* sonata.

sonde *(med.)* probe, sound.

sondere *vb (mus)* sound, probe; *(fig)* sound *(fx* he sounded the Minister); *~ mulighetene for* explore the possibilities of; *~ terrenget* reconnoitre; *(fig)* see how the land lies; make careful inquiries.

sondre *(vb)* distinguish *(mellom* between).

I. sone *(subst)* zone.

II. sone *(vb)* expiate, atone for; *~ en bot* be imprisoned for non-payment of a fine; **T** work out a fine; *~ en straff* serve a sentence.

sonett sonnet.

soning 1. atonement, expiation; **2.** serving (of a sentence).

sonoffer propitiatory sacrifice.

sonor *(adj)* sonorous.

sope *(vb)* sweep. **-lime** besom, broom; *(jvf feiekost).*

soper *(vulg = sodomitt)* bugger; *(se sodomitt).*

sopp *(bot)* mushroom; fungus *(pl:* fungi); *denne -en er spiselig* this mushroom is edible; *(se sjampinjong).*

sopran *(mus)* soprano.

S

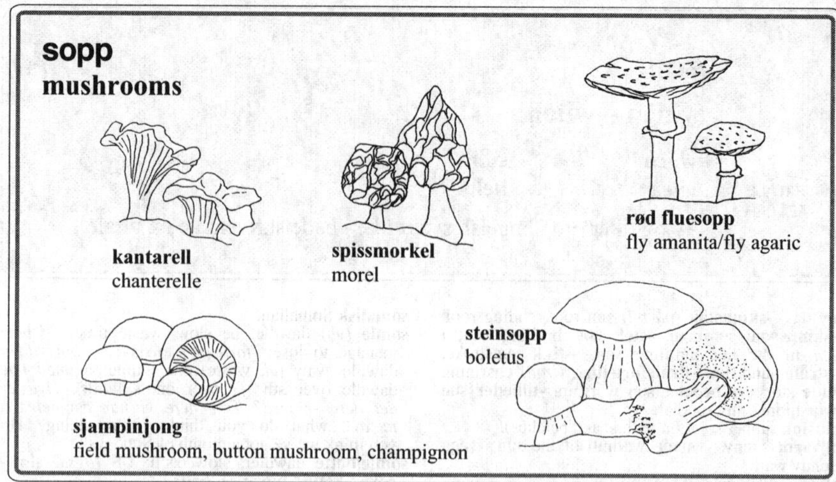

sordin *(mus)* mute, sordine.

sorenskriver district stipendiary magistrate; circuit judge.

sorg sorrow; grief; *(klededrakt)* mourning; *den tid, den* ~ I'll worry about that when the time comes; let's not cross that bridge until we come to it; *bære* ~ be in *(el.* wear) mourning; *-en er lettere å bære når man er to* = a trouble shared is a trouble halved; *ikke ta -ene på forskudd* don't cross your bridges before you come to them; *livet er fullt av små -er* life is full of small troubles. **-fri** free from care, carefree. **-frihet** freedom from care(s). **-full** sorrowful, sad, mournful. **-løs** careless, unconcerned. **-løshet** freedom from care(s). **-tung** grief-stricken, bowed down with sorrow.

I. sort *(subst)* sort, kind; *av beste* ~ (of the) best *(el.* finest) quality, high-grade, A1; *(se slag).*

II. sort *(adj): se svart.*

sortere *(vt)* sort; *(på harpe- el. skakebrett)* riddle; *(jvf II. harpe); (klassifisere)* classify; *(vi):* ~ *under* come under, belong to.

sorterings|spor *(jernb)* sorting siding, marshalling track. **-gruppe** *(jernb)* set of sorting sidings.

sorti exit.

sortiment assortment.

sosial social; *-e misforhold* social inequality.

sosialdemokrat social democrat. **-i** social democracy. **-isk** social democratic.

sosialdepartement Ministry of Social Affairs; **UK** Department of Health and Social Security; *(se helsedirektorat).*

sosialisere *(vb)* socialize, nationalize.

sosialisering socialization, nationalization.

sosialisme socialism.

sosialist socialist.

sosialistisk socialistic, socialist.

sosialklient (benefit) claimant; claimer.

sosialkomedie comedy of manners.

sosialkontor social security office.

sosialkurator social worker, welfare officer; *(på sykehus)* almoner.

sosialminister Minister of Social Affairs; **UK** Secretary of State for Social Services; **T** Social Services Secretary.

sosialpedagogikk social education; *(se pedagogikk).*

sosial|rådmann chief welfare officer; *(se rådmann).* **-sekretær:** *se -kurator.* **-sjef** *(i kommune)* director of social services. **-økonom** economist; *(se statsøkonom).* **-økonomi** economics; *(se statsøkonomi).*

sosietet high society; *omgås -en* move in high society.

sosiolog sociologist. **-i** sociology.

sosiologisk sociological.

sot soot. **sotbelegg** carbon deposit, deposit of soot.

sote *(vb)* soot.

sotet sooty.

sotfri sootless, sootfree, soot-proof.

soting *(på tennplugg)* carbon deposit *(el.* formation), sooting.

sotskraping decarbonizing, carbon (deposit) removal.

sott *(glds)* sickness, disease.

souvenir souvenir, memento, keepsake; *et hyggelig* ~ *fra vår ferie* a pleasant souvenir of our holiday; *fotografier er alltid hyggelige -er (også)* photos always make pleasant mementos.

sove *(vb)* sleep, be asleep; ~ *fast* sleep soundly, be fast asleep; ~ *godt* sleep well, have a good sleep; *(vanemessig)* be a sound sleeper; ~ *lett* sleep lightly; ~ *trygt* sleep soundly; ~ *som en stein* sleep like a log, sleep like a top; *jeg har ikke fått* ~ *på to dager* I haven't had (a chance to get) any sleep for two days; *legge seg til å* ~ go to sleep; *foten min -r* my foot is asleep; ~ *på noe* sleep on sth; ~ **ut** sleep late *(fx* you can s. l. tomorrow morning; s. l. on Sundays); ~ *ut på søndag* **T** have a good lie in on Sunday; *jeg fikk ikke* ~ *ordentlig ut i dag morges* I had to get up too early this morning; *jeg har ikke fått* ~ *ut noen morgen* I haven't been able to sleep late any morning; ~ *rusen ut* sleep it off.

sove|hjerte: *ha et godt* ~ be a sound sleeper. **-middel** soporific, sleeping medicine. **-plass** sleeping accommodation; berth.

sove|sal dormitory; **T** dorm. **-sofa** sofa bed, studio couch, bed couch *(el.* settee). **-syke** sleeping sickness. **-vogn** sleeping car, sleeper. **-vognskonduktør** sleeping car attendant. **-vognskupé** sleeping compartment, sleeper. **-værelse** bedroom. **-værelsesmøblement** bedroom suite.

sov-i-ro ear plugs.

sovjetborger Soviet; *-ne (sovjeterne)* the Soviets.
sovjetisk Soviet.
sovjetrussisk Soviet Russian.
Sovjetsamveldet the Soviet Union, the U.S.S.R.
sovne *(vb)* fall asleep; ~ *hen (el. inn) (ɔ: dø)* pass away.
spa *(vb)* spade; ~ *om hagen* dig (up) the garden.
spade *(subst)* spade; *(som mål)* spadeful; *bruke -n* ply *(el.* use) the spade.
spadeblad blade of a spade; *et* ~ the blade of a spade.
spade|skaft spade handle. **-stikk** spit *(fx* dig it two spit(s) deep); *ta det første* ~ cut *(el.* turn) the first sod; **US** break the first ground.
spagaten the splits; *gå ned i* ~ do the splits.
I. spak *(subst)* lever, handle; *(gir-)* gear lever; *(mar)* handspike; *(flyv)* control column, stick; **S** joystick.
II. spak *(adj)* meek, unresisting, submissive, mild *(fx* a m. protest); *gjøre en* ~ **T** make sby sing small; *-t (adv)* meekly, lamely, submissively; mildly.
spakferdig mild.
spakne *(vb)* **1.** become more amenable; **2***(om vinden)* moderate, drop *(fx* the wind has dropped), come down *(fx* the wind has come down a little this evening).
spalier espalier; *danne* ~ form a lane; line the street *(el.* route).
I. spalte *(subst)* **1.** split, slit, cleft, fissure; **2***(typ)* column.
II. spalte *(vb)* split.
spaltekorrektur galley proof.
spalteplass space; *avisen gir ham* ~ the columns of the newspaper are open to him.
spalt(n)ing splitting; *(fig)* division, rupture.
spandabel generous.
spandere *(vb)* stand treat *(fx* I'll stand treat); ~ *noe på en* treat sby to sth; ~ *noe på seg selv* treat oneself to sth.
spaner plain-clothes *(el.* undercover) policeman; undercover agent; *narkotika* ~ Drug Squad officer; **US** drug agent.
Spania *(geogr)* Spain.
spanier, -inne, spanjol Spaniard.
spankulere *(vb)* strut.
I. spann *(subst)* bucket, pail; *melke-* milk pail.
II. spann *subst (hester)* team; *de går godt i* ~ *(fig)* they pull well together; they make a good team.
spannevis: *i* ~ by the bucket.
spansk Spanish; ~ *flue* cantharides, Spanish fly; ~ *pepper* Guinea pepper; *han gikk omkring og brisket seg som en* ~ *hane* he pranced about as if he were cock of the walk; he stalked around like a cock on a dunghill.
spanskesyken the Spanish influenza.
spanskgrønt verdigris.
spanskrør cane. **-stokk** cane.
spant *(mar)* rib (frame) timber; *(flyv)* rib.
spar *(kort)* spades; *en* ~ a spade.
spardame queen of spades.
spare *(vb)* **1***(penger, tid, bry)* save *(fx* money, time, trouble); ~ *plass* save space *(el.* room); *(legge til side)* save (up), lay up, put by; *(være sparsom)* save, be economical, economize *(fx* on the fuel); *spinke og* ~ pinch and scrape; *den som -r, den har* waste not, want not; **2***(skåne, frita for)* spare *(fx* death spares no one); *han -r seg ikke* he doesn't spare himself; *det kunne man ha spart seg* all the trouble was for nothing; it was a waste of effort; *du kan* ~ *deg dine bemerkninger!* (I'll thank you to) keep your remarks to yourself! *du kan* ~ *deg dine forklaringer!* don't trouble to explain! *du kunne ha spart deg bryet* you might as well have saved yourself the trouble; *du kan* ~ *deg å komme hit oftere* you may save yourself the trouble of coming here again; ~ *en for noe* spare sby sth *(fx* spare me the details!); ~ *inn* save *(fx* we have saved three days; how much time is saved by this method of dispatch?); *man håper derved å kunne* ~ *inn 12 millioner tonn kull årlig* it is hoped that this will save 12 million tons of coal annually; ~ *inn på budsjettet* tighten the budget; make *(el.* effect) some savings *(el.* economies) in the b.; ~ *up* save (up), lay by, put by; ~ *på* cut down on, economize on *(fx* I must e. on the tobacco), save; **T** go easy on *(fx* go easy on the butter!); ~ *på kreftene* save one's strength (for later), save one's energy; *(sport, også)* conserve one's energy *(fx* he may conserve his energy for the greater heights); ~ *på kruttet (fig)* hold one's fire; ~ *på skillingen og la daleren gå* be penny wise and pound foolish; ~ *(sammen) til* save up to buy *(fx* I'm saving up to buy a car); save up for *(fx* Xmas, one's old age).
spare|bank savings bank. **-bøsse** savings box, money box. **-gris** *(også* **US***)* piggy bank. **-hensyn:** *av* ~ for reasons of economy. **-kasse** savings bank. **-kniven** the axe; *falle som offer for* ~ *(ɔ: bli avskjediget som følge av innsparing på statsbudsjettet)* **T** get the axe. **-konto** savings account *(fx* open a s. a.); *jeg skal sette inn 500 kroner på min* ~ I want to deposit *(el.* place *el.* put) 500 kroner in my (savings) account; *(se konto)*. **-penger** *(pl)* savings; **T** nest egg *(fx* he has a little n. e.). **-ventil** *(mask)* economizer valve; *(se ventil)*.
sparess *(kort)* ace of spades.
spark kick; *få -en (miste jobben)* **T** get the sack, get the push, be *(el.* get) sacked, be *(el.* get) fired; *ta et* ~ *på direkten (rugby)* punt.
sparke *(vb)* kick; ~ *en oppover (spøkef)* kick sby upstairs.
sparkebukse rompers; *(med ben)* romper suit.
sparkel **1***(stoffet)* stopper; **2***(redskapet)* stopping *(el.* filling) knife; putty knife.
sparke|pike chorus girl, show girl. **-sykkel** scooter.
sparkle *(vb)* stop (up).
sparkstøtting [chair sledge].
sparsom **1.** sparse, scanty, thin; **2.** = *sparsommelig*. **-het** sparseness.
sparsommelig economical, thrifty. **-het** economy; thrift; *vise* ~ practise economy.
spartaner, spartansk Spartan.
spas *se spøk.* **spase** *se spøke.*
spaserdrakt coat and skirt, (tailor-made) costume, suit.
spasere *(vb)* walk, take a walk.
spaser|stokk walking stick, cane. **-tur** walk, stroll; *(se I. tur)*.
spat *(min)* spar.
spatel spatula.
spatiere *(vb)* space out.
spatium *(typ)* space.
spatt *(sykdom hos hester)* spavin.
I. spe: *spott og* ~ derision, mockery, ridicule; *være til spott og* ~ *for hele byen* be the laughing stock of the whole town.
II. spe *(vb)*: ~ *opp* dilute, thin.
III. spe *(adj)* tender, delicate, slender, tiny.
speaker commentator; announcer.
spedalsk leprous; *en* ~ a leper. **-het** leprosy.
spedbarn baby; infant.
spedbarndød *(krybbedød)* cot death.
spedbarnkontroll (infant welfare) clinic check -up; *hun har vært på -en med barnet* she has been to the clinic with the baby.
spedbarn|kontrollstasjon infant welfare clinic. **-pleie** baby care. **-skrik** crying of babies.

spedbygd slight (in person); *hun var liten og* ~ she was small and slight in person.
spedisjon forwarding (of goods).
spedisjons|firma (firm of) forwarding agents. **-omkostninger** *(pl)* forwarding charges.
speditør forwarding agent; *(mar) (også)* shipping agent.
spedkalv sucking calf.
spedlemmet *se spedbygd.*
speedometer *(i bil)* speedometer.
speedometer|vaier, -wire speedometer cable.
speide *(vb)* scout, watch; reconnoitre.
speider boy scout; *(pike-)* girl guide; *i speider'n var han aktiv og energisk* in the Boy Scouts he was active and energetic.
speil 1. mirror; *(glds)* looking-glass; **2***(mar)* stern; *se seg i -et* look into the mirror, look at oneself in the glass (*el.* mirror).
speil|bilde reflection, image. **-blank** glassy, smooth as a mirror.
I. speile *(subst): se speil.*
II. speile *vb (egg)* fry; ~ *seg* be reflected *(el.* mirrored); *(se seg i speilet)* look at oneself in a mirror.
speilegg fried egg; *steke* ~ fry eggs.
speil|glass mirror glass; *(vindus-)* plate glass. **-glassvindu** plate-glass window. **-glatt:** *se -blank.* **-vendt** as if seen through a mirror, seen in reverse (*fx* a picture seen in reverse); the wrong way round (*fx* no, this is the wrong way round!).
speke *(vb)* cure.
speke|fjel chopping board. **-mat** cured (dried) meat(s). **-sild** salt herring. **-skinke** smoked, cured ham.
spekk blubber.
spekke *(vb)* stuff, lard; ~ *en tale med sitater* interlard a speech with quotations; *-t med nyheter* primed with news.
spekkhogger *(hvalart)* grampus.
spektralanalyse spectrum analysis.
spektroskop spectroscope.
spektrum spectrum.
spekul|ant speculator. **-asjon** speculation, venture; *på* ~ on speculation.
spekulativ speculative.
spekulere *(vb)* speculate *(i* in); ~ *på* speculate about; puzzle over *(el.* about); *(lett glds)* ponder (on); meditate on; **US** *(også)* mull over (*fx* a problem).
spene *anat (på dyr)* teat.
spenn *(i bru)* span; *(spark)* kick; *i* ~ tense, under tension.
spennbolt clamp(ing) bolt; *(se låsebolt).*
I. spenne *(subst)* buckle, clasp.
II. spenne *(vb)* stretch, strain, tighten; strap; *(ved spenner)* buckle; *(sparke)* kick; ~ *en fjær* bend a spring; ~ *noe fast* strap sth down; ~ *på seg* fasten on (*fx* one's skis); gird on (*fx* one's sword); ~ *seg fast* strap *(el.* buckle) oneself in *(el.* down), fasten one's seat belt; ~ *buen for høyt (fig)* aim too high; *spent gevær* a cocked gun; ~ *ens forventninger* raise one's expectations; ~ *ben for en* trip sby up; ~ *for (hest)* harness; ~ *fra (hest)* unharness; ~ *opp (i dreiebenk)* set up (*fx* a workpiece); ~ *over* cover (*fx* a wide field), embrace (*fx* the book embraces the whole field of Greek history); span (*fx* the bridge spans the river; his life spanned nearly a century); *(se også område);* ~ *på seg* fasten on (*fx* one's skis); *han -r mindre vidt enn ... (om forfatter)* he is narrower in range than.
spennende exciting, thrilling; ~ *(fortsettelses)-roman (el. valg) (ofte)* cliffhanger; *(se spenning).*
spennesko *(pl)* buckled shoes.
spenning tension; *(elekt)* voltage; *(sinnsstemning)* excitement; *holde i* ~ keep in suspense; *en handling som holder en i* ~ *fra begynnelse til slutt (også)* a plot which keeps the tension taut from start to finish; *det er stor* ~ *i Europa når det gjelder den franske francs og den tyske marks skjebne* it's a cliffhanger in Europe over the fate of the French franc and the German mark; *oppheve en* ~ *(psykol & kunstnerisk virkning)* resolve a tension; *en uutholdelig* ~ *(også)* an agony of suspense; *åndeløs* ~ breathless suspense.
spenningsmåler voltmeter.
spenningsregulert *(om dynamo)* with voltage control.
spennkraft elasticity; resilience; tension.
spenntak foothold; *ta* ~ *(også fig)* dig one's heels in.
spennvidde *(fig)* scope; span; ~ *i tankene hans* the scope *(el.* breadth) of his thought.
spenstig elastic; resilient, springy; *(smidig)* supple.
spenstighet elasticity; resilience, springiness; suppleness.
spent 1. tense, tight, taut (*fx* muscle, rope); **2***(oppfylt av spenning)* anxious, curious, in suspense; *(adv)* anxiously; *et* ~ *ansiktsuttrykk* a tense expression; *et* ~ *forhold til* strained relations with; *i* ~ *forventning* in tense expectancy, on tiptoe with expectation; agog with expectation; *være* ~ *på* be anxious *(el.* curious) to know *(om* if); be anxiously awaiting (*fx* the results).
sperma sperm.
spermasetthval *(zool)* sperm whale.
I. sperre *(subst)* rafter.
II. sperre *(vb)* bar, block (up); ~ *veien for en* bar sby's way; ~ *en inne* lock sby up; *-t konto* suspense account; ~ *opp* open wide (*fx* o. one's eyes wide).
sperre|gods bulky goods. **-ild** barrage. **-pakke** bulky *(el.* cumbersome) parcel. **-tak** raftered ceiling.
sperring *(hindring)* obstruction.
spesialfabrikk specialized factory.
spesialiser|e *(vb)* specialize, specialise. **-ing** specialization, specialisation.
spesialist specialist (*fx* a s. in the subject).
spesialitet speciality (,**US:** specialty); specialism; *(merk)* special line.
spesialkarakterer *(pl)* separate marks.
spesialklasse *(i skole)* special class.
spesialkonstruert specially designed (*fx* a s. d. car).
spesialløp *(på skøyter)* free skating; *(se skøyteløp).*
spesialskole special school (*fx* for handicapped children).
spesialtømmer special logs; *(se tømmer).*
spesiell special, particular.
spesielt *(adv)* **1***(særlig)* especially; specially; particularly; exceptionally; *han er en snill unge, men ikke* ~ *flink* he's a nice child, but not (e)specially *(el.* particularly) clever; **2***(især; særlig)* (more) especially; particularly (*fx* these insects are quite common, especially (*el.* particularly) in hot countries; please, telephone soon, especially (*el.* particularly) as we're leaving next week); **T** specially; **3***(ekstra)* especially; particularly (*fx* especially (*el.* particularly) thin materials for summer wear); **T** specially; **4.:** ~ *til (el. beregnet på) deg* specially for you; *(stivere)* especially for you; *en flott kake, bakt* ~ *for anledningen* a splendid cake, specially made for the occasion; *jeg kom hjem tidlig* ~ *for å se (el. nettopp fordi jeg ville se) det programmet* I came home early specially to watch that programme; *jeg kom* ~ *(el. ekstra) for å fortelle deg den gode nyheten* I came (e)specially to tell you the good news.

spesi|fikk specific. **-fikasjon** specification. **-fisere** *(vb)* specify, itemize, list separately *(fx* please list the various deliveries separately in the account).
spetakkel uproar, hullabaloo, row, racket; din *(fx* an awful d.); *holde* ~ kick up a row.
spetakkelmaker noisy person; *(se bråkmaker).*
I. spett *(jern-)* bar, crowbar.
II. spett *(el. spette) zool (fugl)* woodpecker.
spetteflyndre *(fisk)* plaice.
spettet *(adj)* spotted, speckled.
spidd spit; *sette på* ~ spit.
spidde *(vb)* spit *(fx* the animal tried to spit him with its straight, needle-sharp horns); *(om dyr med horn, også)* gore *(fx* g. sby).
spiker nail. **-slag** nailing strip; *(stolpe)* stud.
spikke *(vb)* whittle.
spikre *(vb)* nail; ~ *fast* nail down; *han satt som -t til stolen* he sat as if (he were) glued to his seat.
I. spile *(subst)* lath; *(i paraply)* rib; *(i korsett)* stay.
II. spile *(vb):* ~ *ut* stretch, distend; ~ *øynene opp* open one's eyes wide.
I. spill 1*(det å spille et ballspill)* play *(fx* rain interfered with the play); **2***(med kort, etc)* game *(fx* bridge is an interesting game); *(brett-)* board game; **3***(hasard-)* gambling; **4***(parti, omgang)* game *(fx* a game of cards, chess, cricket, tennis, billiards); **5***(match)* match; **6***(skuespillers)* acting *(fx* his acting was excellent); **7***(musikers)* execution *(fx* his poor execution); playing *(fx* I admire his playing); **8***(ballspillers)* play *(fx* their play was not so good as usual); **9***(århanes)* (mating) call; **10***(spillende bevegelser, etc)* play *(fx* the play of the eyes, of the muscles; the play of light and shade);
[*A: forskjellige forb.; B: forb. med prep & adv*]
A [*forskjellige forb.*] *det var avtalt* ~ it was a put-up job; *boksekampen (,spørrekonkurransen) var avtalt* ~ the boxing match (,the quiz) was fixed *(el.* rigged); **drive** *sitt* ~ *med en* play tricks on sby; **falsk** ~ cheating; *(med kort)* card sharping; *drive et* **farlig** ~ play a dangerous game; *drive et fordekt* ~ play an underhand game; *gi ham* **fritt** ~ give *(el.* allow) him free scope; give him a free hand *(el.* rein); *la sin fantasi få fritt* ~ give (a) free rein to one's imagination; *ha fritt* ~ have free scope; have a free hand; have free play; *-ets* **gang** (the course of) the game; **gi opp** *-et* throw up the game; **T** chuck up the game; *(fig, også)* throw in one's hand; *nå har vi -et (el. det) gående (om noe uønsket)* **T** that's done it! *de* **hadde** *hele -et for seg selv (i sport)* they had the game all to themselves; **høyt** ~ gambling; high play; (playing for) high stakes; *(fig)* a dangerous game; *spille høyt* ~ play for high stakes; gamble; *(fig)* play a dangerous game; play for high stakes; *med* **klingende** ~ (with) drums beating; with flags flying and drums beating; **kreftenes** ~ the play *(el.* interplay) of forces; *ha* **lett** ~ have the game all to oneself; have an easy job of it; *spille* **motstandernes** ~ play into the hands of one's opponents; **opplagt** ~ *(4, kort)* a lay-down hand; *-ets regler* the rules of the game; *holde seg til -ets regler* play fair, play cricket; *slik er -ets regler (også)* that's part of the play; *gjøre gode miner til* **slett** ~ make the best of a bad job; put the best face on it; **T** grin and bear it; *-et er* **tapt** the game is up; *et* **uavgjort** ~ a drawn game, a draw, a tie; **velte** *-et for en* upset sby's game; **vende** *-et* turn the tables (on sby); **vinne** *-et* win (the game); *vinne (-et) overlegent* win hands down; *med 10 punkter har man vunnet -et* ten points are game; **ærlig** ~ fair play; *spille ærlig* ~ play fair, play a straight game; *han spiller* **ærlig** ~ *(også)* he's on the level; *det er ikke ærlig* ~ that's not playing the game; that's not fair; that's not cricket;
B [*forb. med prep & adv*] *ved et* ~ **av** *tilfeldigheter* through a freak of chance; *ha en finger med* **i** *-et* have a hand in it; have sth to do with it; be involved; **T** have a finger in the pie; *det er sjalusi med i -et* there is an element of jealousy in it; jealousy enters into it; *være heldig i* ~ be lucky at cards; *uhell i* ~, *hell i kjærlighet* unlucky at cards, lucky in love; *tape i* ~ lose at cards; **være inne** *i -et* be up to the game; *et* ~ **med** *ord* a play on words; *(se ordspill);* ~ **om** *penger* playing for money; *sette* **på** ~ stake, hazard; *sette livet på* ~ risk one's life; *jeg setter (i så fall) min stilling på* ~ it's as much as my job is worth; *stå på* ~ be at stake; be involved *(fx* large sums (of money) are involved); *sette en* **ut** *av -et* put sby out of the running; eliminate sby; *(mil)* put sby out of action *(fx* Pearl Harbor put the Pacific Fleet out of action); *trekke seg ut av -et (fig)* pull out; *være* **ute** *av -et* be out of the running; *-et er ute* the game is up; *(se II. spill; III. spill).*
II. spill *mar (gangspill)* **1***(med loddrett aksel)* capstan; **2***(med vannrett aksel)* windlass, winch; *(se I. spill; III. spill).*
III. spill loss, waste; *et* ~ *av krefter* a waste of energy; *(ved å spre seg for mye)* the dissipation of one's energies; *gå til -e* go to waste.
spillbord *(på takrenne)* fascia board.
spilldamp waste steam.
I. spille *(vb)* play; *(oppføre)* act, perform; ~ *høyt* gamble, play for high stakes; ~ *fallitt* go bankrupt, fail; ~ *half back* play half back; ~ *hasard* gamble; ~ *en komedie* play a comedy; ~ *komedie (fig)* put on an act, be play-acting; ~ *kort* play cards; ~ *piano* play the piano; ~ *en et puss* play a trick on sby; ~ *av (musikkopptak)* play back; ~ *fra bladet* play at sight; sight-read; *personlige prestisjehensyn -r også inn* considerations of personal prestige also play a *(el.* their) part; ~ *om penger* play for money; ~ *opp* strike up; *de -r opp til hverandre* they play into each other's hands; ~ *på et lag* play in a team; play on a side; ~ *en melodi på pianoet* play a tune on the piano; ~ *på sin uvitenhet* play on one's ignorance; ~ *under dekke med en* act in collusion with sby; ~ *ut* lead; *(idet man åpner spillet)* open *(fx* open clubs); ~ *den ene ut mot den andre* play off one against the other; play both ends against the middle; play both sides against each other; *det at hun var så flink til å* ~ her musical skill; ~ **seg inn** get into practice (in sth); *(sport)* play oneself in; *(om lag, orkester, etc)* play *(el.* practise playing) together; learn to work together as a team; become co-ordinated; ~ *seg inn på et instrument* get the feel of an instrument (by playing it *el.* by practising on it).
II. spille *vb (miste)* spill, drop; *(forspille)* lose; *(ødsle bort)* waste; *det er spilt på ham* it is wasted on him.
spille|automat gambling machine. **-bord** card table. **-bule** gambling house, gambling den. **-dåse** musical box. **-film** feature film. **-gal:** *være* ~ be a compulsive gambler. **-mann** fiddler, musician. **-plan 1.** repertoire, repertory; **2***(sport)* fixture list.
spiller player; gambler; *(kort- også)* hand *(fx* we want a fourth h.).
spilleregel rule (of the game); game *(fx* he introduced them to the g.).
spillerom scope, play; margin, latitude; ~ *mellom tannhjul* backlash; *gi en fritt* ~ give sby

a free hand *(el.* rein), give sby free scope; *gi ham for meget* ~ give *(el.* allow) him too much rope.
spilletime music lesson.
spillfekteri make-believe, humbug, pretence.
spilljakt shooting during the mating season.
spillopper *(pl)* fun, pranks, monkey-tricks; *drive ~ med en* pull a fast one on sby, play tricks on sby.
spilloppmaker wag; little mischief.
spiltau *(i stall)* box, stall.
spinat *(bot)* spinach.
spindel spindle.
spindelvev cobweb, spider's web; gossamer.
spinett *(mus)* spinet.
spinke *(vb): ~ og spare* pinch and scrape.
spinkel slight, thin; *(skjør)* fragile.
spinn *(edderkopps)* web.
spinnaker *(seilsp)* spinnaker.
spinnakerbom *(seilsp)* spinnaker pole.
spinne *(vb)* spin; *(om katt)* purr.
spinne|maskin spinning machine. **-ri** spinning mill. **-rokk** spinning wheel.
spinnerske (female) spinner.
spinnesiden the distaff side; the female line of the family; *på* ~ on the mother's side.
spion spy.
spionasje espionage.
spionere *(vb)* spy.
spir spire.
spiral 1. spiral; *gardin-* spiral wire; **2.** *med. (livmorinnlegg)* intra-uterine coil, IUD coil, intra-uterine device, IUD;
* An IUD coil is fitted inside the womb, where it prevents a fertilised egg from being implanted.
spiralformig spiral, helical.
I. spire *(subst)* germ, sprout; *(fig)* germ.
II. spir(e) *subst (mar)* boom, spar.
III. spire *(vb)* sprout, germinate; *(komme opp av jorden)* sprout, come up; *det -r og gror i hagen* everything in the garden is doing splendidly.
spirea *(bot)* spiraea.
spiredyktig capable of germinating.
spirit|isme spiritualism, spiritism. **-ist** spiritualist, spiritist. **-ualisme** spiritualism. **-ualist** spiritualist. **-ualistisk** spiritualistic. **-ualitet** *(åndrikhet)* brilliancy, wit. **-uell** brilliant, witty. **-uosa** *(pl)* spirits, liquor; **US** hard liquor; *viner og* ~ wines and spirits.
spiritus spirits, alcohol.
spirrevipp titch *(fx* he's a little titch); squirt.
spise *(vb)* eat; *jeg tror ikke jeg kan ~ noe riktig ennå* I don't feel up to having another meal just yet; *~ frokost* have breakfast; *~ middag* have dinner; dine; *~ aftens* have supper; *~ seg mett* eat one's fill; *spis pent av tallerkenen din!* clear your plate! *~ for to* eat enough for two; *~ en av med noe* put sby off with sth; *~ opp* eat up, finish off *(el.* up), finish *(fx* we have finished the pie); *bli spist opp (fig)* be frittered away *(fx* the claimed benefit of devaluation would be frittered away); *~ sammen (på kafé, etc)* take meals together; **US** eat together; *(se orke).*
spise *(subst)* food, victuals.
spise|bestikk *(kollektivt)* cutlery; **US** flatwear; *et ~* a knife, fork and spoon. **-bord** dining table. **-brikke** place mat. **-kart** bill of fare, menu. **-krok** dining alcove; *(se boligkjøkken).*
spiselig eatable, edible.
spise- og drikkekalas T blowout.
spise|pinne chopstick. **-plikt** obligation to order food; *det er ~* you have to order food with wine. **-rør** *(anat)* aesophagus (,**US:** esophagus), gullet. **-sal** dining hall, refectory. **-seddel** bill of fare, menu. **-skje** tablespoon; *(som mål)* tablespoonful. **-smekke** feeder, bib. **-sted** café, restaurant; *et godt ~* a good place to eat; *et billig og godt ~ for sjåfører* **T** a good pull-up for carmen. **-stue** dining room. **-tid** meal time. **-vogn** dining car, diner; **US** diner.
spiskammer larder, pantry.
I. spiss *(subst)* point; *(fotb)* forward; *(finger-)* tip; *(penne-)* nib; *(fig)* head; leading member *(fx* of an organization); *-ene* **1. T** the top people; **2***(fotb)* the forwards; *gå i -en* lead the way; *i -en for* at the head of *(fx* a procession); *sette seg i -en for* put oneself at the head of; *sette ~ på* add zest to, add relish to; *sette en ~ på selskapet* give the party an extra something *(fx* do bring that film of yours; that would give the p. an extra something); *sette noe på -en* state sth in its extreme form; *satt på -en vil dette bety at* pushed to its logical conclusion, this would mean that; *sette saken på -en* push things to extremes.
II. spiss *(adj)* pointed; *(skarp)* sharp; *(om vinkel)* acute; *-e, forrevne fjell* craggy, sharp-pointed mountains; *(fig)* cutting, sarcastic, crisp; *.. sa hun litt -t ...* she said crisply.
spissborger narrow-minded bourgeois. **-lig** narrow -minded, matter-of-fact. **-lighet** narrow-mindedness.
spissbue ponted arch, ogive.
spissbuestil Gothic style.
spisse *(vb)* point; *(blyant)* sharpen; *(se I. øre).*
spissfindig subtle, hair-splitting, quibbling, sophistic, captious.
spissfindighet subtlety, hair-splitting, quibbling, captiousness, sophistry.
spiss|hakke pickaxe. **-ing:** *forhjulenes ~* the toein (of front wheels). **-kål** spring cabbage; *(se kål).* **-mus** *(zool)* shrew (mouse).
spissrot: *løpe ~* run the gauntlet.
spissteknologi leading-edge technology.
spissvinklet acute-angled.
Spitsbergen *(geogr)* Spitsbergen.
spjeld damper, throttle valve, butterfly valve.
spjeldventil throttle valve, choke; *(se ventil).*
spjelke *(vb)* reduce *(fx et brudd* a fracture); *det høyre benet hans var -t* he had his right leg tied up in splints; *(se I. skinne 2).*
spjære *(vb)* rend, rip, tear.
spjåke *(vb): ~ seg ut* rig oneself out grotesquely.
spjåket grotesque; **T** dolled up (like a Christmas tree).
spleis 1. splice; **2***(sammenskuddslag)* Dutch treat.
spleise *(vb)* splice; **(T:** *vie)* splice (up); *(skyte sammen)* club together *(fx* with sby), go Dutch; *bli -t* **T** *(også)* be hitched (up); *~ med en (også)* stand in with sby *(fx* let me stand in with you if it's expensive).
spleiselag Dutch treat.
splid discord, dissension; *så ~ innen partiet* sow discord (with)in the party.
splint splinter; *(tekn)* cotter (pin), split pin.
splinter: *~ ny* brand new.
splintre *(vb)* splinter, shatter, smash to smithereens; *-s* be shattered *(el.* smashed).
splitt split, rent; *(i skjørt)* slit; *(penne-)* nib.
splitte *vb (spre)* disperse, scatter; *(kløve)* split; *(skille at)* divide, separate; *splitt og hersk* divide and rule; *et -t folk* a disunited people; *fienden -t sin styrke ved å ...* the enemy dissipated his strength by (-ing).
splittelse *(uenighet)* discord, dissension, division; cleavage *(fx* in a party); *(oppdeling)* disruption *(fx* of an empire), split-up, break-up *(fx* of a party), disintegration *(fx* the d. of the Roman Empire).

splitter: ~ *gal* stark, staring mad; ~ *naken* stark naked.
I. spole *(subst)* spool; bobbin; *(film-)* spool; *(for projektor)* reel; *(elekt, radio)* coil.
II. spole *(vb)* spool, wind, reel; *(film)* reel.
spoleben *(anat)* radius.
spolere *(vb)* spoil, ruin, wreck *(fx* it wrecked the whole evening for her); *han har spolert det hele* he has spoilt *(el.* made a hash of) everything.
spolorm *(zool) (slags rundorm)* Ascaris lumbricoides; (NB *ingen eng. betegnelse, se rundorm).*
spon *(pl)* chips; *(høvel-)* shavings; *(fil-)* filings; *(tak-)* shingles.
sponplate chipboard; particleboard.
spontak shingle roof.
spontan spontaneous. **-itet** spontaneity.
spor 1(*fotspor, etc)* footprint, footmark, track *(fx* the police followed his tracks); trace *(fx* traces of an ancient civilization have been found; the trace of some heavy body was still visible); trail *(fx* we picked up his trail in the mud; a trail of blood); **2**(*fert)* scent *(fx* the hounds picked up (,lost) the scent); **3**(*fig)* clue *(fx* the police are following up several clues), lead *(fx* I have a lead); **4**(*skinnepar)* track; line; *dobbelt* ~ double track; *enkelt* ~ single track *(el.* line); *skifte* ~ *(jernb)* change the points; **US** throw the switches; *bli kastet av -et (jernb)* be thrown off the track; *bære* ~ *av* show traces of; *ikke* ~ *av tvil* not the slightest doubt, not the faintest (shadow of a) doubt; *ikke et* ~ *bedre* not a whit better; *komme av -et (jernb)* be derailed; *komme på -et av en (,noe)* get on the track of sby (,sth); *sette dype* ~ *etter seg (fig)* make a lasting impression; *være på -et* be (hot) on the scent; be following up a clue; *du er på feil* ~ *(også)* **T** you've got hold of the wrong end of the stick.
sporadisk sporadic.
spor|avstand distance between (the) tracks. **-bredde** (track) gauge. **-diagram** track diagram.
I. spore *(subst)* spur; *(fig)* stimulus, incentive.
II. spore *(bot)* spore.
III. spore *vb (anspore)* spur, urge on.
IV. spore *(vb)* trace, track; *(se rykte).*
sporedannelse *(bot)* formation of spores, sporulation.
sporenstreks *(adv)* there and then, straight away.
sporeplante *(bot)* spore plant.
spor|forbindelse *(jernb)* track connection *(el.* junction); *(sporsløyfe)* crossover. **-gruppe** set of tracks, group of lines.
sporhund tracker dog; *(fig)* sleuth(hound).
spor|krans *(på hjul)* flange. **-kryss** *(jernb)* crossing (of lines *el.* of tracks). **-leie** *(jernb)* track bed.
spor|løs trackless. **-løst** *(adv)* leaving no trace, without leaving a trace. **-mål** *(jernb)* gauge; **US** gage. **-nett** *(jernb)* network *(el.* system) of lines, grid. **-renser** *(jernb)* track cleaner. **-rille** *(jernb)* groove (of a rail).
spor|skifte: *se -veksel.*
sporskifter *(jernb)* shunter; **US** switchman; *(NB lønnsklasseplassering som* 'leading railman'; *jvf skiftekonduktør).*
sporskifting shunting; **US** switching.
spor|sløyfe *(jernb)* crossover. **-sperre** *(jernb)* scotch *(el.* stop) block.
sport sport(s); *drive* ~ go in for sports.
sports- sport; **US** sports *(fx* a sports car); sporting *(fx* his sporting interests); *(se sporty).*
sports|artikler *(pl)* sports accessories. **-fiske** angling. **-fisker** angler. **-forretning** sports dealer's. **-grener** sports. **-journalist** sports journalist; sports reporter; sports writer. **-mann** athlete, sportsman. **-nasjon** sporting nation. **-revyen** *(TV)* the Sports Review *(el.* News). **-stevne** sports meeting. **-strømper** *(pl)* knee-length socks.
sporty 1. sporty *(fx* he's a really sporty type); **2**(*real)* sporting *(fx* that was very sporting of him); sportsmanlike.
spor|vei tramway (line); **US** streetcar *(el.* trolley) line. **-veislinje** tram line; **US** streetcar *(el.* trolley) line.
sporveksel *(jernb)* points; **US** switches; *avvisende* ~ trap points (,**US:** switches); *fjærende* ~ spring points (,**US:** switches).
sporveksel|betjening *(jernb)* point (,**US:** switch) work, the working of points. **-bukk** switch-lever stand. **-hytte** pointsman's (,**US:** switchman's) house. **-lampe** (point) indicator lamp. **-sikring** point (,**US:** switch) locking. **-stang** point rod; **US** switch lever. **-stiller 1.** track indicator; **2**(*håndbetjent)* point (,**US:** switch) lever. **-tunge** switch blade *(el.* tongue).
sporvidde *(bils)* track *(fx* a wide t.), tread; *(jernb)* gauge; **US** gage.
sporvogn tramcar, tram; **US** streetcar, trolley.
spotsk mocking, derisive; *(adv)* -ly.
spott mockery, derision, scoffing, ridicule.
spotte *(vb)* scoff at, make fun of, deride, ridicule, mock (at), jeer at; *det -r all beskrivelse* it baffles *(el.* beggars) description.
spottefugl *(zool)* mocking-bird.
spottpris absurdly low price, bargain price; *få det til* ~ **T** get it dirt cheap.
spove *(el. spue) (zool)* curlew.
sprade *(vb)* show off, strut, swagger.
spradebasse dandy; *(glds)* fop; beau, blade.
spraglet variegated, parti-coloured.
sprake *(vb)* crackle, splutter.
sprang jump, leap, bound; *(gym)* vault; *dødt* ~ *(sport)* no-jump; *stå på -et* be on the point *(til å* of (-ing)); *våge -et* take the plunge.
spre(de) *(vb)* spread; *(til alle kanter)* scatter, disperse; *-s* scatter, disperse; ~ *seg for mye (fig)* spread oneself (too much); ~ *seg som ild i tørt gress* spread like wildfire; *følgene av denne uheldige episode spredte seg som ringer i vannet* the consequences *(el.* effects) of this unfortunate incident were gradually felt further and further afield.
spreder sprinkler; *(i forgasser)* spray(ing) nozzle, (spray) jet; *hoved-* high-speed nozzle.
spredning spreading; diffusion; dispersion; ~ *av ferien* the staggering of holidays; *forhjulenes* ~ *i sving* toe-out on turns; *få en god* ~ get a good spread.
spredt scattered *(fx* a s. population); *-e tilfelle av* isolated *(el.* sporadic) cases of; *bo* ~ live far apart.
sprek active, vigorous.
sprekk crack, crevice, chink, fissure; *slå -er* crack.
sprekke *(vb)* crack, burst; *(om hud)* chap; ~ *av latter* split one's sides with laughter; *sprukne hender* chapped hands. **-ferdig** nearly bursting.
sprell: *gjøre* ~ make a fuss; kick up a row.
sprelle *(vb)* squirm, wriggle, kick about; *(om fisk)* wriggle, flop *(fx* the fish were flopping in the bottom of the boat).
sprellemann jumping jack.
sprelsk unruly; frisky.
spreng 1(*tannl)* inter-dens; **2.:** *arbeide på* ~ work at high pressure; work against time *(fx* to finish the orders); work to capacity *(fx* we are working to c. to meet the demand); *lese på* ~ cram; **T** swot.
sprenge *(vb)* **1**(*bryte opp, briste, få til å briste)* burst *(fx* b. open a door; b. a water pipe); split *(fx* one's glove), break *(fx* a rope); *(med.)* rupture *(fx* a blood vessel), burst *(fx* an eardrum, a

S

blood vessel); *(minere)* blast; ~ *i lufta* blow up; ~ *i tusen stykker* shatter; **2***(splitte)* disperse, scatter, break up *(fx* a crowd); **3***(overbelaste): havnen er sprengt* the port is congested; *lagrene var sprengt* the warehouses were bursting with goods; *alle skoler er sprengt* all schools are crowded; *sentralbordet er sprengt* the switchboard is swamped; the lines are blocked; *(se bank);* **4***(lettsalte)* salt slightly.

sprengfly *(vb)* run for all one is worth, race along; *(jvf beinfly).*

spreng|granat high-explosive shell. **-kjøre** *(vb)* drive at breakneck speed. **-kraft** explosive force. **-kulde** severe cold. **-ladning** explosive charge. **-lærd** crammed with learning.

sprengning bursting, splitting, blowing up; dispersal, scattering; *(se sprenge).*

sprengnings|arbeid blasting; *«~ pågår»* ''Danger. Blasting in progress.'' **-forsøk** attempt at blasting. **-kommando** *(mil)* demolition party.

spreng|sats charge, explosive composition. **-skive** spring *(el.* elastic) washer. **-stoff** explosive.

sprett kick, bound, start; *(om ball)* bounce.

I. sprette *(vi)* bound, leap, kick; start; *(om trær)* come into leaf, put forth shoots, bud.

II. sprette *(vt):* ~ *av* rip off; ~ *opp* rip open, unstitch, unpick *(fx* a garment).

spretten frisky.

sprettert slingshot; catapult.

sprettkniv flick-knife.

sprik difference(s) of opinion.

sprike *(vb)* spread out, stand out stiffly; ~ *med armer og ben* sprawl.

spring *(vann-)* tap, water-tap; *(især* **US***)* faucet.

springar (Norway) roundel.

spring|brett springboard; *(fig)* stepping stone, jumping-off ground. **-brønn** *(i oljedistrikt)* gusher. **-dans** (Norway) roundel.

springe *(vb)* **1***(hoppe)* jump, leap; **2***(løpe)* run; **3***(eksplodere)* explode, burst; *(om kork)* pop; ~ *fram* jut out, project, protrude; *(fra skjulested, etc)* jump out; *skipet sprang i lufta* the ship blew up; *det -r en i øynene* it hits you in the eye; ~ **ut 1***(om tre)* burst into leaf; **2***(om blomst)* open, come out; **3***(om knopp)* burst, open; *en knopp som er i ferd med å ~ ut* an opening bud; *rosene har sprunget ut* the roses are out.

springende *(adj)* disconnected, incoherent; desultory *(fx* reading, remarks), discursive; *det ~ punkt* the salient point, the crux of the matter.

springer 1*(zool)* dolphin; **2***(i sjakk)* knight.

spring|fjær spring. **-flo** spring tide. **-hval** *(zool)* grampus. **-madrass** spring mattress. **-marsj** double march; *løpe ~* march at the double.

spring|stav jumping pole. **-vann** tap water.

sprinkel bar. **-kasse** crate. **-verk** trellis, lattice.

sprint sprint; *(sport; om distanse t.o.m. 400 m)* dash *(fx* the 400-metre dash).

sprinte *(vb)* sprint *(fx* he sprinted up the path).

sprintløp *(sport)* dash *(fx* the 400-metre dash).

sprit spirit, alcohol; *(spirituosa)* spirits, liquor; **US** hard liquor.

sprog *se språk.*

sprosse crosspiece, crossbar; *(på stige)* rung.

sprudle *(vb)* gush, well, bubble.

sprut squirt, gush, spurt.

sprut|bakkels: *se vannbakkels.*

sprute *(vb)* splash, squirt, spurt; *hold opp med å ~ vann* stop splashing water about; *ikke sprut på meg! hold opp med å ~ på meg!* stop splashing me!

sprutrød bright red.

sprø 1. crisp; **2***(skjør)* brittle, friable; **3.:** ~ *(på nøtta)* **S** bonkers; round the bend *(el.* twist); dotty, nuts, crackers, crazy.

sprøyt nonsense, rubbish; *filmen var noe søtladent ~* the film was a lot of sloppy rubbish.

I. sprøyte *(subst)* squirt; *(med.)* hypodermic; syringe; *(brann-)* fire engine; *(innsprøytning)* hypodermic, shot *(fx* morphia shots to ease the pain), injection; *han kjørte -n inn* he plunged the hypodermic home; *de ga ham en ~ i armen (også)* they jabbed a needle in his arm.

II. sprøyte *(vb)* squirt, spray; spurt; *(med.)* inject; ~ *vann på et brennende hus* play the fire hoses on a burning house.

sprøyte full dead drunk.

sprøytekur *(med.)* course of injections.

sprøyte|lakkere *(vb)* spray, spray-paint. **-narkoman** needle addict. **-pistol** spray gun. **-lakkeringsverksted** spraying shop.

språk language; *skriftspråket* the written language; *talespråket* the spoken language; *et fremmed ~* a foreign l.; *på et ~* in a language; *ut med -et!* speak out! out with it! *hun ville ikke ut med -et* she did not want to come out with it; *han bruker et forferdelig ~* he uses shocking language.

språk|bruk usage. **-feil** grammatical error, solecism. **-ferdighet** command of *(el.* proficiency in) a language. **-forderver** corrupter of the l. **-forsker** linguist, philologist. **-forskning** linguistics; philology. **-forvirring** confusion of languages. **-historie** language history, the h. of l.; *engelsk ~* the h. of the English l. **-kjenner** linguist. **-kunnskaper** *(pl)* language qualifications, knowledge of languages. **-kurs** language course; *lage et spesielt ~* draw up *(el.* build up) a separate l. c. **-kyndig** skilled in languages. **-kyndighet** knowledge of languages.

språklig linguistic; *være ~ begavet* have a gift for languages; *en ~-historisk embetseksamen* = an Arts degree (Honours), an Honours degree in Arts.

språk|lære grammar and history of a language. **-lærer** language teacher, teacher of languages. **-norm** linguistic norm. **-område** area in which a language is spoken; *det engelske ~* the English-speaking area. **-riktig** correct, grammatical. **-sans** linguistic instinct. **-stamme** family of languages. **-strid** language dispute. **-stridig** incorrect, ungrammatical. **-studium** study of a language (,of languages); linguistic studies. **-talent** talent for languages. **-undervisning** language instruction *(el.* teaching); ~ *til grunn- og mellomfag* l. teaching at elementary and intermediate level. **-vitenskap** linguistics; *almen ~* general linguistics. **-øre:** *han har et godt ~* he has a good linguistic ear.

spunning *(fuge i skipskjøl)* rabbet.

spuns 1*(i fat)* bung; **2***(tøm)* insert.

spunse *(vb)* bung up.

spunshull bunghole.

spurt spurt.

spurte *(vb)* spurt, put on a spurt.

spurv *(zool)* sparrow; *skyte -er med kanoner* break a butterfly on a wheel; use a steamroller to crack nuts. **-efugl** *(zool)* passerine bird.

spurvehauk *(zool)* sparrow hawk.

spy *(vb)* **1.** vomit; **T** throw up; spew; **2.:** ~ *ut (fig)* belch forth.

spyd spear; *(kaste-)* javelin.

spydig sarcastic; caustic.

spydighet sarcasm.

spyflue bluebottle, blow-fly.

spygatt *(hull i skipssiden)* scupper.

spyle *(vb)* wash; ~ *dekket* wash down the deck.

spytt spittle, spit, saliva. **-kjertel** *(anat)* salivary gland. **-slikker** lickspittle, toady. **-slikkeri** toadyism.

spytte *(vb)* spit; *(sprute)* splutter, sputter.

spytte|bakk spittoon. **-klyse** clot of spittle.
spøk joke, jest, pleasantry; *dette er ikke ~* this is no joking matter; *i (el. for) ~* as a joke, in jest, for fun; *en ~ med atskillig alvor i* a joke with considerable underlying seriousness; *~ til side* joking apart.
I. spøke *vb (skjemte)* joke, jest; crack a joke; *~ med noe* make a joke about sth; *jeg bare spøkte med deg* I was only joking with you; *han er ikke til å spøke med* he is not to be trifled with.
II. spøke *vb (gå igjen)* haunt (the house); *det -r i huset* the house is haunted; *det -r for forretningen hans* it's touch and go with his business; *den tanken -r stadig i min hjerne* I am haunted by that idea.
spøke|fugl joker, wag. **-full** playful, full of fun, jocose, jocular. **-fullhet** jocularity, jocoseness.
spøkelse ghost, spectre; **T** spook; *mane fram et ~* raise a ghost; *se -r ved høylys dag* be frightened by one's own shadow; be easily alarmed; *jeg trodde jeg så -r (fig)* I thought my eyes were deceiving me.
spøkelses|aktig ghostlike, spectral, weird; **T** spooky. **-historie** ghost story.
spøkeri ghosts *(pl)*.
spørger questioner.
spørre *(vb)* ask, ask questions, put a question to *(fx* sby); *~ dumt* ask a stupid question *(fx* ask a s. q. and you'll get a stupid answer); *en dåre kan ~ mer enn ti vise kan svare* a fool may ask more questions in one hour than a wise man can answer in seven years; *må jeg ~ (også iron)* may I ask; *(høfligere el. iron)* might I ask; *det spørs om ...* it is doubtful whether ...; ... the question is whether ...; *det kan -s om ..., man kan ~ om ...* it is open to question whether ...; *man spør seg om ...* one wonders whether ...; it may be asked whether ...; *~* **etter 1.** ask for *(fx* Mr. Brown has been asking for you); inquire for *(fx* a book at a bookseller's); **2***(m.h.t. velbefinnende)* ask after, inquire after; **3***(for å hente)* call for *(fx* a person, a parcel); *~* **seg for** make inquiries; *jeg skulle ~* **fra** *herr Smith om han kunne få låne ... (formelt, også)* Mr. Smith sends his compliments, and could he borrow ...; **T** Mr. Smith would like to know if he can borrow ...; *~* **om** ask *(fx* sby's opinion, the price; ask him when he will come); *~ ham om hans navn* ask (him) his name; *~ nytt om felles kjente* ask for news of mutual acquaintances; *~ en om råd* ask sby's advice; *~ en ut* question sby; *(se grave)*.
spørrekonkurranse quiz; *en som deltar i (en) ~* quizzee.
spørresetning *(gram)* interrogative sentence.
spørreskjema questionnaire.
spørresyk (very) inquisitive.
spørretime *(parl)* question time.
spørsmål question, query; *-et ble nå om mennesket kunne ...* the question became one of whether Man could ...; *stille en et ~* ask sby a question, put a question to sby; *ta opp hele -et på nytt* reopen the whole question; *(se omdebattert)*.
spørsmålsstilling: *en interessant ~* an interesting formulation of the question; an i. statement of the q. *(el.* problem).
spørsmålstegn question mark; *man må sette ~ ved alt han sier* you have to be careful about believing what he says; *sette ~ ved noe* query sth.
spå *(vb)* prophesy, predict, foretell; *(uten objekt)* tell fortunes; *~ en* tell sby his fortune; *bli -dd* have one's fortune told; *~ en i hånden* read sby's hand; *(se kaffegrut)*; *mennesket -r, Gud rår* Man proposes, God disposes; *dette -r godt for fremtiden* this augurs well for the future.
spådom prophecy, prediction.
spåkone fortune teller.
spåmann fortune teller.
sta obstinate, stubborn.
stab staff; *tilhøre -en* be on the staff.
I. stabbe *(subst)* stump; *(hogge-)* chopping block. *kort (bridge)* leg *(fx* a 90 leg).
II. stabbe *(vb)* toddle *(fx* the child toddled into the garden); *~ av sted* toddle along.
stabbestein (roadside) guard stone.
stabbur [storehouse on pillars].
stabeis: *gammel ~* old fogey, old codger.
stabel pile, stack; *(mar)* stocks; *på -en* on the stocks; *la et skip løpe av -en* launch a ship; *skipet løp av -en* the ship was launched.
stabelavløpning launching; launch.
stabil stable. **-isere** *(vb)* stabilize.
stabilisering stabilizing. **stabilitet** stability.
stable *(vb)* pile, stack.
stabskompani *(mil)* H.Q. company.
stabssersjant *mil* **1***(hist)* staff sergeant; *(NB nå: løytnant)*; **2***(flyv)* flight sergeant *(fk* FS); **US** *(følgende tre grader)* master-sergeant *(fk* MSGT); senior master-sergeant *(fk* SMSGT); chief master-sergeant *(fk* CMSGT).
stabssjef *(mil)* chief of staff.
stadfeste *(vb)* confirm; *~ en dom* dismiss an appeal.
stadfestelse confirmation; dismissal (of an appeal).
stadig *(adj)* steady; constant; *(stabil)* stable; *(om vær)* settled; *(adv)* constantly; *prisene stiger ~* prices are constantly rising; *det blir ~ vanskeligere å* it is becoming more and more *(el.* increasingly) difficult to; *i ~ stigende grad* to an ever-increasing extent.
stadighet steadiness; constancy; stability.
stadion stadium.
stadium stage, phase; *et overvunnet (el. tilbakelagt) ~* a thing of the past; *jeg har nådd det ~ da jeg kan stenografere 70 ord i minuttet* I have now reached the stage of being able to do 70 words of shorthand a minute.
stadsfysikus chief medical officer.
stafettløp relay race; *etappe i ~* leg *(fx* run the second leg).
stafettpinne baton.
staffasje ornaments, decor; *han er bare ~* he is *(el.* his functions are) purely ornamental.
staffeli easel; *(se feltstaffeli)*.
stag *(mar)* stay; *gå over ~* tack, put about.
stagge *(vb)* check, curb, restrain; *(berolige)* hush, soothe.
stagnasjon stagnation.
stagnere *(vb)* stagnate.
stag|seil *(mar)* staysail. **-vending** putting about, tacking.
stahet obstinacy, stubbornness.
I. stake *(subst)* pole, stake; *(lyse-)* candlestick; *(sjømerke)* spar buoy.
II. stake *(vb)* stake, pole; *~ seg fram* pole *(el.* punt) (a boat) along.
stakitt picket fence; *(jern-)* railing. **-port** wicket.
I. stakk *se høystakk.*
II. stakk *se skjørt.*
stakkar poor creature, miserable wretch.
stakkars *(adj)* poor, unfortunate, wretched; pitiable *(fx* their p. little collection of furniture); *(neds om pengesum)* wretched *(fx* a w. ten pounds); *~ deg!* poor you! *~ fyr!* poor fellow! *~ unger! (også)* poor little devils!
stakkato staccato.
stakkåndet breathless, out of breath, short of breath. **-het** breathlessness, shortness of breath.

stall stable; **US** *(også)* barn. **-gutt** stableboy. **-kar** groom; *hist (i vertshus)* ostler. **-trev** hayloft.
stam stammering; *være* ~ stammer.
stamaksje ordinary share, equity (share); founder's share.
stam|bane *(jernb)* trunk line. **-far** ancestor, progenitor. **-fisk** parent fish. **-gjest** regular customer. **-gods** family estate.
stamkafé one's regular café; *(ofte =)* local café.
stamkapital *(merk)* original capital.
I. stamme *subst (av tre)* trunk; *(folke-)* tribe; *(landbr)* race, breed; *(se skudd: siste ~ på stammen).*
II. stamme *(vb): ~ fra* be descended from, descend from, come of; originate from, stem from; *(komme fra et sted)* come from, hail from; *(skrive seg fra, om tid)* date from, date back to.
II. stamme *(vb)* stammer, stutter; ~ *fram* stammer out *(fx* he stammered out his tale to the captain).
stamming stammering, stuttering.
stammor (first) ancestress.
stamord root word, etymon.
stamp *(balje)* tub.
I. stampe *(subst): stå i ~* be at a standstill; *forhandlingene står i ~* negotiations have reached a deadlock; *saken står i ~ (også)* things are hanging fire; we're merely marking time.
II. stampe *(vb)* stamp; *(mar)* pitch; (**T:** *pantsette)* **T** pop; ~ *i jorda* stamp the ground; ~ *mot brodden* knock one's head against the wall; *(bibl)* kick against the pricks.
stampesjø head sea.
stamtavle genealogical table, family tree; pedigree; *(se skudd: siste ~ på stammen).*
stamtre pedigree, genealogical tree.
I. stand *(utstillings-)* stand.
II. stand 1*(tilstand)* condition, state, order; *i ~* in working order; *i god ~* in good condition *(fx* the goods arrived in g. c.); *(om bygning, etc)* in good repair, in a good state of repair; *(om maskin)* in good working order; *i utmerket ~* in perfect condition; **2***(samfunnsklasse)* (social) class; *rikets stender* the estates of the realm; **3***(ervervsgruppe)* profession; *(om handel, håndverk, etc)* trade; **4***(barometers, termometers)* reading, level, state; *(vann-)* water level, height of tide; *huset, i den ~ det nå er, vil bli ledig i mai* the house, such as it is, will be available in May; *få i ~ en forsoning* bring about *(el.* effect) a reconciliation; **gjøre i** ~ *(ordne)* arrange; put straight *(fx* put one's room straight); *(reparere)* repair, mend, put in order; *(gjøre ferdig)* prepare, get ready *(fx* please get my bill ready); *gjøre i ~ flere sendinger til ...* prepare more *(el.* further) shipments to; *få gjort i ~ leiligheten* have the flat redecorated; *få gjort i ~ noe (også)* have sth seen to; *holde ~* stand one's ground, stand firm; *holde ~ mot* hold one's own against; *holde i god ~* keep in good order *(el.* condition), keep up to scratch; keep in repair; *komme i ~* be arranged, be brought about; *(bli virkeliggjort)* be realized, be carried into effect; *(finne sted)* take place; *se seg i ~ til å* be in a position to, find oneself able to; see one's way to *(fx* help him); *sette en i ~ til å* enable sby to, put sby in a position to; *være i ~ til å* be able to, be capable of (-ing); *(se seg i stand til)* be in a position to; *være ute av ~ til å* be unable to, be incapable of (-ing); *jeg trodde ikke han var i ~ til å ...* I didn't think he had it in him to ...
standard standard.
standardisere *(vb)* standardize.
standart banner, standard.
stander *(vimpel)* pennant.
standfugl *(zool)* stationary bird.
standhaftig steadfast, unflinching, firm.
standhaftighet steadfastness, firmness.
stand|kvarter headquarters. **-plass** stand.
standpunkt *(synspunkt)* standpoint, point of view; *(nivå)* level; *(m.h.t. kunnskaper)* standard *(fx* his s. in mathematics is low); *(som man inntar)* attitude; *innta et klart ~: se ndf: ta et klart ~; ta ~ til* make up one's mind about, decide *(fx* a question; what to do), come to a decision on; *(søknad)* consider; *før en tar ~ til søknaden* before the application can be considered; *ta et klart ~ i dette spørsmålet* take a definite stand on this question; *han vil ikke ta noe ~ i saken* he refuses to take a (definite) stand in the matter; *(jvf synspunkt).*
standpunktkarakter [average mark, based on classwork, in one particular subject]; assessed attainment, assessment grade *(el.* grading).
standpunktprøve achievement test, assessment test.
standrett court-martial.
stands|fordom class prejudice. **-forskjell** difference of rank *(el.* station); *(se klasseforskjell).* **-messig** fitting one's position; **T** *(også)* elegant, high-class; *leve ~* keep up one's position.
standsperson person of rank.
stang bar; pole; *(stempel-)* rod; *(brille-)* side-bar, bow; *(metall-)* bar; *(på herresykkel)* top tube, cross-bar; *en syklist kjørte barnet hjem på -en* a cyclist took the child home on the cross-bar; *sitte på -en* sit on the c.-b.; *jeg fikk sitte på -en med ham* he gave me a lift on his c.-b.; *på halv ~* at half-mast; *en ~ lakk* a stick of sealing wax; *holde en -en* hold one's own against sby; keep sby at bay.
stang|bissel curb bit. **-bønner** *(pl)* climbing *(el.* pole) beans.
stange *(vb)* butt; gore; ~ *i hjel* gore to death.
stangfiske rod fishing, angling.
stang|jern bar iron. **-såpe** bar soap.
stank stench; **T** stink.
stankelben *(zool)* crane fly; daddy-longlegs.
stanniol tinfoil.
stans break, intermission, pause; stop, cessation.
I. stanse *(presse)* press, die, stamp; stamping machine.
II. stanse 1*(vi)* stop, pause; ~ *ved* stop at; **2***(vt)* stop, put a stop to; *(bil, etc)* stop, pull up; ~ *blodet* staunch the blood.
stansearbeider press operator.
stansemaker press toolmaker.
stansemaskin stamping machine.
stapelplass *(hist)* mart.
I. stappe *subst (potet-)* mashed potatoes.
II. stappe *(vb)* stuff, cram.
stappfull crammed full.
start start.
startbane *(for fly)* runway, airstrip.
starte *(vb)* start (up) *(fx* a car, an engine); *motoren vil ikke ~* the engine won't start; *(se konkurranse).*
starter starter.
startforbud: *få ~* be grounded; *pga. dårlig vær har alle passasjerfly fått ~* bad weather has grounded all passenger planes.
startkapital *(merk)* initial capital; *(se kapital).*
startklar ready to start; *(om fly)* ready to fly *(el.* take off), ready for take-off.
startperiode: *i -n* in the period of take-off.
stas finery; *hele -en* **T** the whole caboodle, the whole lot; *det ble stor ~ i familien da han kom* the family made a great fuss of him when he came; *gjøre ~ av* make a fuss of; *hun vil bare sitte på ~* she just wants to be a lady of leisure; *til ~* for show *(fx* an army for fighting

and not for show); *det var ingen* ~ it was no fun; *når våren kommer, er det* ~ everybody is pleased when spring comes; it's great fun when spring comes.
stasdrakt dress clothes.
staselig fine, handsome; *en* ~ *dame* a fine figure of a woman.
stasjon station; *fri* ~ board and lodging; all found.
stasjonere *(vb)* station.
stasjonsbetjent *(jernb)* porter.
stasjonsby [built-up area connected with country railway station].
stasjonselektriker *(jernb)* electrician; *ekstra* ~ electrician's mate.
stasjonsformann *(jernb)* **1.** leading porter; **2***(som kontrollerer billetter ved sperringen)* ticket collector; **3.:** ~ *i særklasse* station foreman; (NB a Ticket Collector ranks above a Leading Porter but below a Station Foreman).
stasjons|mester *(jerb)* station master; *(ved* British Rail *nå)* station manager. **-sjef** *se politistasjonssjef.* **-vogn** estate car; **US** station wagon.
stasjonær stationary.
stas|kar fine fellow. **-kjole** party dress. **-stue** drawing room; (best) parlour; **US** parlor.
stat state; *en* ~ *i -en* a state within the state; *-en* the State, the Government; ~ *og kommune* the State and local authorities; national and municipal authorities; *Direktoratet for -ens skoger (i England)* the Forestry Commission; *(i Canada)* the Federal Department of Forestry; *(se statsskogsjef); for -ens regning* at government expense.
statelig stately. **-het** stateliness.
statikk statics.
statisk static; ~ *sans (fysiol)* posture sense.
statist *(film)* extra; **T** super; *(ved teater)* walker-on, supernumerary; **T** super.
statistiker statistician.
statistikk statistics *(pl); -en viser at* ... statistics show that ...; *utarbeide* ~ compile s.; *utarbeide en* ~ *over* ... take *(el.* collect) s. of *(el.* relating to).
statistisk statistical; *Statistisk sentralbyrå (kan gjengis)* National Bureau of Statistics; **UK** Central Statistical Office *(fk* C.S.O).
statistrolle walking-on part, walk-on, supernumerary part.
stativ stand, rack; *(til kamera)* tripod.
statsadministrasjon 1*(det at noe administreres av staten)* state control; **2***(stats indre styre)* State administration, public a.; **-en** *(ɔ: myndighetene)* the State (administration), the Government Departments, the central authorities, the (public) authorities, the Executive, the Civil Service.
stats|advokat public prosecutor; **US** district attorney. **-almenning** Crown lands. **-anliggende** affair of state. **-ansatt** *(subst)* government employee; government official; *(se statstjenestemann).* **-autorisert** chartered; **US** certified; ~ *revisor* state authorized (public) accountant; **UK** chartered accountant; **US** certified public accountant.
statsbaner *(pl)* national railways; State railways; *De britiske* ~ British Rail; *Norges S-* the Norwegian State Railways; *Norges S-s hovedstyre* [the Norwegian State Railway Executive]; = the British Rail Board.
stats|bank national bank. **-bankerott** national bankruptcy. **-bidrag** government grant *(el.* subsidy). **-borger** citizen, subject. **-borgerbrev** naturalization papers. **-borgerlig** civic *(fx* rights); *-e rettigheter* civil *(el.* civic) rights; *(se fradømmelse).* **-borgerskap** citizenship; *få* ~ become naturalized; acquire *(fx* Norwegian) citizenship *(el.* nationality); *få britisk* ~ become a naturalized British subject. **-drift** State management. **-eiendom** State property. **-forfatning** constitution. **-forfatningsrett** *(jur)* constitutional law. **-form** form of government.
statsforvaltning public administration. **-slære** theory of public administration. **-srett** *(jur)* administrative law.
stats|funksjonær civil servant; *(høyere)* Government official. **-gjeld** national debt. **-hemmelighet** state secret, official secret. **-inntekter** *(pl)* revenue. **-institusjon** Government institution. **-kalender** [official yearbook]; **UK** Whitaker's Almanack. **-kassen** the public purse; *(institusjonen, dels)* the Treasury; *(dels)* the Exchequer. **-kirke** State church, established church. **-kupp** coup d'état. **-lån** Government loan.
statsmakt 1. [authority held or exercised by a state (in accordance with a valid constitution or theory) over its territory and subjects]; **2.** [each of the main branches (and the institutions connected with them) which are constitutionally fixed and independent of each other, and among which the collective authority of the State is distributed]; **-en 1***(statens makt)* the power of the State *(fx* he was crushed by the p. of the State); **2***(regjeringen)* the State, the Government, the Executive; *de tre -er (ɔ: regjering, storting og høyesterett)* = the three estates; *den fjerde* ~ *(spøkef)* the press, the fourth estate.
stats|mann statesman. **-mannskunst** statesmanship, statecraft. **-mannsmessig** statesmanlike. **-minister** prime minister, premier. **-obligasjon** government bond. **-religion** State religion. **-rett** constitutional law. **-rettslig** constitutional; *Islands -e forhold* the (international) status of Iceland.
statsråd 1. cabinet minister; **US** cabinet member; **2.** cabinet meeting; *konsultativ* ~ (1) minister without portfolio.
statssekretær 1. UK*(hos en Secretary of State)* Parliamentary Under-Secretary (of State); **2. UK** *(hos en minister)* Parliamentary Secretary *(fx* to the Minister of Agriculture).
stats|sjef head of State. **-skatt** tax. **-skog** Crown forest. **-skogsjef** *(i England)* director general (of forestry); *(i Canada: forskjellig for de forskjellige provinser, fx)* chief forester, director of forests *(el.* forestry), provincial forester, deputy minister of forests; *(se underdirektør).* **-tjeneste** Government service. **-tjenestemann** junior civil servant. **-tjenestemannsforbund** = Civil Service Alliance. **-vitenskap** political science. **-økonom** *(hist)* political economist. **-økonomi** *(hist)* political economy. **-økonomisk** concerned with political economy.
stattholder governor, vicegerent.
statue statue.
statuere *(vb):* ~ *et eksempel* set a warning example; **T** give a horrid warning; ~ *et eksempel (på en)* make an example of sby.
statuett statuette.
status status; *(skriftlig)* balance sheet; *gjøre opp* ~ strike a balance, draw up a balance sheet.
status quo the status quo; *bevare* ~ preserve the status quo.
status|jeger status seeker. **-symbol** status symbol.
statusverdi snob value *(fx* it has a snob value); snob appeal *(fx* it has a snob appeal; it has acquired a snob appeal).
statutt regulation, statute.
statuttmessig statutory.
staude *(bot)* perennial.
staup drinking cup, goblet.
staur pole.
I. staut *(subst)* sheeting.
II. staut *(adj)* fine, stalwart.
stav staff, stick; *bryte -en over* condemn, de-

S

nounce; *falle i -er (fig)* go off into a reverie; be lost in thought; *han hiver seg på -ene (om skiløper)* he pushes himself vigorously along with his sticks; *(se skistav).*

stavbakterie rod(-shaped bacterium), bacillus *(pl:* bacilli).

stave *(vb)* spell.

stavefeil spelling mistake.

stavelse syllable.

stavelsesdeling *(typ)* word division.

stavelsesgåte charade.

stavemåte spelling, orthography.

staving spelling.

stavkirke stave church.

I. stavn *(hjem-)* (native) soil; *(jvf hjemstavn(srett)).*

II. stavn *mar (for-)* stem; *(poet)* prow; *(bak-)* stern; *fra ~ til ~* from stem to stern.

stavnsbundet bound to the soil, adscript; *i Sør-Afrika er det passtvang for alle sorte borgere, hvilket vil si at de i virkeligheten er ~* in South Africa all black citizens are compelled to carry identity cards, which means that in reality they are confined to their place of residence.

stavnsbånd adscription; *(mindre presist)* villeinage, serfdom.

stavre *(vb)* stump (along *el.* about); *(om gamle, også)* dodder (along).

stavrim alliterative verse.

stavsprang *(sport)* pole vaulting; pole vault.

stavtak *(skiløpers): med kraftige, dobbelte ~ glir han i mål* using powerful double strokes of his sticks, he glides up to the finish; using both sticks simultaneously, he propels himself to the finish.

stearin *(kjem)* stearin. **-lys** stearin candle; *(oftest =)* (paraffin wax) candle.

stebarn stepchild; *samfunnets ~ (pl)* the underprivileged (in society).

sted place, spot; *(i bok)* passage *(fx* an obscure p. in Milton); *(lokalitet)* locality, place, spot *(fx* the people on the spot; the people of the locality); *(hytte, landsted, etc)* place *(fx* we have a little place in the country); *(gård)* homestead; *et rolig (,etc) ~ (også)* somewhere quiet *(,etc) (fx* let's go somewhere quiet); *-ets postmester* the local postmaster.

A [*Forskjellige forb.*] **alle** *-er (overalt)* everywhere; **US** *(også)* every place; *alle -er hvor* wherever; *et* **annet** *~* another place; in another place, somewhere else *(fx* look s. else); **US T** *(også)* someplace else; *et hvilket som helst annet ~* any other place; *(adverbielt)* anywhere else; *intet annet ~* no other place; *(adverbielt)* nowhere else; **andre** *-er* other places; *(adverbielt)* elsewhere; *alle andre -er* all other places; *(adverbielt)* everywhere else; *ingen andre -er* no other places; *(adverbielt)* nowhere else; *(på) mange andre -er* in many other places; **begge** *-er* (in) both places *(fx* both places are pleasant; there are hotels in both places); **dette** *~* this place; **et** *~* somewhere *(fx* he lives s. in Australia); *det er her et ~* it's here somewhere; *et visst ~ (WC)* somewhere *(fx* go s.); *jeg skulle vært et visst ~* where can I pay a call? **finne** *~* take place; happen, occur, pass off *(fx* the election passed off in comparative order); **T** come off *(fx* will it come off?); *levering må finne ~ den 5. januar* delivery is required on 5th January; *møtet fant ~ (også)* the meeting was held; *den dag da møtet fant (el. skulle finne) ~* (on) the day of the meeting; *når møtet finner ~ (også)* at the time of the meeting; **flere** *-er (på sine -er)* in (some *el.* various) places, here and there; *(på) atskillige -er* in several places; *-et* **hvor** the place where; (NB the scene of the murder); *dette er ikke noe ~ for deg (,for unge piker)* this is no place for you (,for young ladies); **ingen** *-er* nowhere; *det hører ingen -er hjemme* it's quite out of place; *(det vedkommer ikke saken)* it's neither here nor there; *et* **ømt** *~ (på kroppen)* a sore place *(el.* spot);

B [*Forb. med prep*] **av** *~* along *(fx* drive along); *av ~ med deg!* off you go! (be) off with you! **T** buzz off; *få varene av ~* get the goods off; *komme av ~* get off, get away, get *(el.* be) going; *la oss komme av ~* let us be off; *jeg må se til å komme av ~* I must be off *(el.* going); **T** I must get a move on; I must push off; I must scoot; *sende av ~* dispatch, send off; **fra** *det ~ hvor* from (the place) where *(fx* from where I stood I could see the house); *de kom alle -er fra* they came from everywhere; **i** *~ (ɔ: for litt siden)* a little while ago; *i -et* instead; *i -et for* instead of; in (the) place of; *sette noe i -et for det* put sth in its place; replace it with *(el.* by) sth; substitute sth for it; *sette seg i ens ~* put oneself in sby's place; *være i ens ~* be in sby's place; **T** be in sby's shoes; *i Deres ~* (if I were) in your place; if I were you; *være en i mors ~* be (like) a mother to sby, mother sby; **på** *et ~* in a place; *på -et* on the spot *(fx* the people on the spot; our representative on the spot; the police were on the spot five minutes later); local *(fx* our local representative); *(straks)* immediately, instantly, on the spot *(fx* he was killed on the spot); *på -et hvil! hvil!* stand easy! easy! *de drepte ham på -et (også)* they killed him out of hand; *bo på -et* live on the spot; *(i hus)* live on the premises; *(om tjenere, etc)* live in; *på -et marsj (også fig)* marking time; *nyte på -et* consume on the premises *(fx* licensed to retail beer, wine, spirits, and tobacco to be consumed on the premises); **på rette** *~ (fig)* in the proper quarter; *han har hjertet på rette ~* his heart is in the right place; *på rette tid og ~* at the proper time and place; *le på det riktige -et* laugh at the right place; *på samme ~* in the same place; *anbringe noe på et sikkert ~* put sth in a safe place; *på sine -er* in (some *el.* various) places; *gå på et visst ~* **T** go somewhere; (NB' 'Where can I pay a call?''); *enhver ting på sitt ~* everything in its proper place; **komme til** *et ~* arrive at a place; *komme til -e* come, arrive (on the scene) *(fx* he arrived on the scene from a neighbouring bar); **være til -e** be present; *(finnes, eksistere)* occur, exist; *(om person: for hånden)* be at *(el.* on) hand *(fx* when you need him, he's always on hand); *disse betingelser er ikke til -e* these conditions do not exist; *det var mange til -e (også)* there was a large attendance *(fx* at the meeting); *når andre er til -e (også)* before other people, in public, in the presence of others; *nevn det ikke når barna er til -e* don't mention it in front of *(el.* before) the children; *til -e var X, Y, Z, etc* there were present X, Y, Z, etc; *til -e var også X, Y, Z* also present were X, Y, Z; *(se også av sted).*

stedatter stepdaughter.

stedbunden attached to one (,to the) locality.

sted|egen local, peculiar to the locality; *(om sykdom)* endemic. **-fortreder** deputy, substitute; *stille en ~* provide a substitute; *være ~ for en (også)* deputize for sby; *(se også vikar & vikariere).*

stedig *se sta.* **-het** *se stahet.*

stedkjent acquainted with the locality.

stedlig local.

stedsangivelse indication of locality; information as to location; *nøyaktig ~ for havariet* precise location of (the) accident.

stedsans: *ha ~* have a sense *(el.* the bump) of locality.

stedsnavn place name; toponym.
stedsnavnsforskning toponomy.
stedstillegg cost-of-living bonus; *(departementalstil også)* weighting.
stedt: *være ille ~* be in a bad way.
stefar stepfather.
steg *(skritt)* step.
stegg *(zool) (hanfugl)* cock, male bird.
steik, steike: *se stek, steke.*
steil 1. (very) steep, abrupt; *(stivt)* precipitous; **2***(fig)* rigid, stiff-necked; *(stri)* stubborn, obstinate; *(prinsippfast)* uncompromising; *stå -t mot hverandre* be sharply opposed to each other; *overfor myndighetene inntok han en ~ holdning* he adopted a rigid attitude towards the authorities.
steile *(vb)* rear (up); *(fig)* be staggered; *(bli forarget)* bridle (up) *(fx* she bridled at this remark).
steilhet steepness; abruptness; obstinacy; uncompromising attitude.
steilskrift backhand.
stein stone; *(liten)* pebble; *(mur-)* brick; *det falt en ~ fra mitt hjerte* it was *(el.* it took) a load off my mind; I was greatly relieved; *han kunne erte en ~ på seg* he would drive a saint to distraction; *det kunne røre en ~* it would melt a heart of stone; *sove som en ~* sleep like a log.
steinaktig stony.
stein|alder stone age. **-bed** rock garden, rockery. **-bedplante** rock-garden plant, rockery p. **-bit** *(zool)* wolffish. **-brudd** stone quarry. **-brulegning** *(av kuppelstein)* cobble-stone pavement; *(ofte)* cobble stones. **-bukk** *(zool)* ibex; *S-en (stjernebilde)* Capricorn; *S-ens vendekrets* the Tropic of Capricorn.
steindød stone-dead.
steine *(vb)* stone *(fx* they stoned him).
steineik *(bot)* holm oak.
steinet stony, pebbly.
steinfrukt *(bot)* stone fruit.
steingjerde stone wall.
steinkast stone's throw.
stein|kol, -kull pit coal. **-mel** stone dust. **-purke** *(fisk)* ruff.
steinras rockslide; rock avalanche; *(se ras).*
steinrøys scree.
steinsprang 1. rock fall; falling rock; **2.** marks caused by small stones on car enamel.
steintrapp (flight of) stone steps.
steintøy stoneware, crockery.
steinull rock wool.
steinvender *(zool)* turnstone.
stek roast, joint; *et stykke av -en* a cut off the joint; *den som vil være med på leken, får smake -en* one must take the rough with the smooth.
steke *(vb)* fry; *(i ovn)* roast; bake *(fx* apples); *(på grill)* grill, broil; *(i fett el. smør i panne)* fry *(fx* fish, potatoes); chip *(fx* chipped potatoes *el.* **T** chips); *(i lukket beholder)* braise; *sola stekte* the sun scorched *(el.* beat down); *-nde hett* baking hot, sweltering; *~ noe i svak (,sterk) varme (i stekeovn)* cook sth in a gentle (,brisk) oven; *~ i sitt eget fett* **T** stew in one's own juice; *~ noe i olje* fry sth in oil; *kjøttet er ikke nok stekt* the meat is not done enough; *legg det inn i ovnen igjen og stek det litt til* put it back in the oven and do it a little longer; *jeg liker fisken brunstekt* I like my fish done brown; **godt stekt** *(om stek)* well done; **for lite stekt** underdone; **for meget stekt** overdone; *~ (brød) for lite* slack-bake (bread); *passe stekt* done to a turn.
steke|fett dripping. **-kniv** spatula. **-ovn** oven. **-ovnsplate** baking shelf. **-panne** frying pan; **US** fry pan. **-spidd** spit.
stekke *(vb)* clip (the wings of a bird).

stell management; *(redskaper)* gear, things; *(ramme, skrog, skjelett)* framework; *(servise, verktøy)* set; *te-* tea set, tea things *(pl); det er dårlig (el. smått) ~* things are in a poor way.
stelle *(vb)* **1***(pleie)* nurse, look after, care for, attend to; **2***(holde i orden)* keep in order; *~ pent med* treat well, care well for; *(ting)* handle with care; *~ (huset) for en* keep house for sby; **T** do for sby *(fx* a woman came every morning and did for him); *~ barnet for natten* make baby ready for bed; *han fikk stelt det slik at ...* he so arranged matters that ...; he fixed it so that ...; *~ i hagen (pusle med noe)* potter about one's *(el.* p. about in the) garden; *~ på (ɔ: reparere)* fix, repair; *~ til bråk* stir up trouble; **T** kick up a row; *~ seg* get ready *(fx* for the party).
stellebord = bathinette.
stemjern (wood) chisel.
I. stemme *(subst)* voice; *(mus)* part, voice *(fx* a song for three voices); *(ved valg)* vote; *med høy ~* in a loud voice; *avgi sin ~* vote, record one's vote, cast one's vote; *antall avgitte -r* the number of votes cast; *mot en ~* with one dissentient (vote); *(se overvekt; I. røst).*
II. stemme *vt (fon)* voice *(fx* a sound; voiced sounds).
III. stemme 1. *vi (avgi stemme)* vote, cast *(el.* record) one's vote; *(om parlament)* divide; *~ for* vote for, vote in favour of; *~ mot* vote against; *to stemte mot (også)* there were two dissentients *(fx* there were five in favour and two dissentients); *~ ned* vote down *(fx* a proposal); *~ over* vote on *(fx* a question); *~ over forslaget punkt for punkt* vote on the motion item by item *(el.* article by article); *~ over hele forslaget under ett* vote on the motion as a whole; *~ på* vote for; **2.** *vt (mus)* tune *(fx* a piano); *~ i* begin to sing, strike up *(fx* a song); *(se II. stemt);* **3.** *vt (person): ~ en til vemod* make sby sad; *(se III. stemt);* **4.** *vi (være riktig)* be correct *(fx* the accounts are c.); *(være i overensstemmelse)* agree *(fx* the totals agree; the accounts agree), tally; *(om regnestykke)* add up right *(fx* it adds up right); *det -r!* that's right! that's correct! quite so! *(ɔ: De kan beholde resten)* (you can) keep the change; *det -r ikke* that's not true *(el.* correct); *~ (overens) med* agree with *(fx* it agres with what he said), tally with, square with *(fx* the statement does not square with the facts), be in agreement *(el.* keeping) with, fit in with *(fx* this fits in with my theory); be suited to *(fx* a plan better suited to the demands of the situation).
IV. stemme *vb (stanse)* stem, stop; *~ føttene imot* thrust one's feet against; *~ strømmen* stem the tide.
stemmeberettiget qualified to vote; *en ~* an elector; *de stemmeberettigede* the electors.
stemmebruk voice production.
stemmebånd *(anat)* vocal chord; **US** vocal cord.
stemme|flertall majority of votes. **-gaffel** tuning fork. **-givning** voting. **-høyde** pitch. **-kveg** ignorant voters. **-likhet** an equality of votes, a voting tie; **US** tie vote. **-nøkkel** *(mus)* tuning key *(el.* hammer).
stemme|rett right to vote; the vote *(fx* women got the vote); *(polit)* franchise; *alminnelig ~* universal suffrage; *den alminnelige ~* the popular vote. **-seddel** voting slip; *(parl)* ballot paper. **-skifte:** *han er i -t* his voice is beginning to crack *(el.* break). **-tall** number of votes. **-tap 1***(med.)* loss of the voice; **2***(ved avstemning)* loss of votes *(fx* a great l. of v. to Labour). **-telling** counting of votes. **-urne** ballot box.
stemming *(mus)* tuning.

S

stemmerett

Did you know that
Norwegian women received the right to vote in 1913? The English had to wait till 1918 and then only women over the age of 30 were given the right to vote. In 1928 both men and women at the age of 21, finally got the right to vote. In the USA women were granted suffrage in 1920. In 1978 the voting age in Norway became 18.

stemning atmosphere; feeling; *(om sinnstilstand)* mood; *(lune)* whim; *-en i gater og butikker før jul* the gaiety of the streets and shops before Christmas; *-en i samfunnet* the general mood (*el.* attitude) of society; *-en på stedet* the atmosphere of the place (*fx* there was sth about the atmosphere of the place that he didn't like); the spirit (*el.* feel) of the place (*fx* he didn't like the feel of the place);
det var **bare en** ~ it was only a whim (*el.* the whim of the moment); *det hersket en* **begeistret** ~ *på møtet* there was a lot of enthusiasm at the meeting; the atmosphere at the meeting was enthusiastic; *det hvilte en* **dyster** ~ *over alt og alle på gården* a dark and gloomy atmosphere seemed to brood over everyone and everything on the farm; *en* **fiendtlig** ~ *overfor* a hostile attitude towards; *en* **forsonlig** ~ a conciliatory mood (*el.* atmosphere *el.* attitude); *det hersket en* **forventningfull** ~ *i rommet* there was an expectant atmosphere in the room; *(stivt)* an atmosphere of expectation prevailed in the room; *en* **hyggelig** ~ a friendly atmosphere; a cheerful atmosphere; *-en var* **høy** everybody was in high spirits cheerful; *(stivere)* high spirits prevailed; *en* **høytidelig** ~ a solemn atmosphere; a solemn mood; (an atmosphere of) solemnity; *en* **krigersk** ~ a warlike feeling (*el.* atmosphere *el.* mood); *en* **lys** ~ a cheerful atmosphere; an atmosphere of cheerfulness; *den lyse -en var med ett borte* the cheerful atmosphere was suddenly gone; **løftet** ~ exhilaration; *det var en løftet ~ først på dagen, men ...* early in the day there was an optimistic atmosphere, but ...; *han var i løftet ~ (ɔ: beruset)* he was merry (*el.* lit up); *brakt i* **mild** ~ *av et glass konjakk (også)* under the genial influence of a glass of brandy; *en* **mørk** ~ an atmosphere of gloom; a gloomy atmosphere; **opphisset** ~ agitation; *berolige den opphissede -en* calm the agitation; *-en var opphisset* feeling was running very high; feelings ran high; *han var i en opphisset ~* he was agitated; **T** his blood was up; he was worked up; *de høyere prisene har skapt en* **optimistisk** ~ the higher prices have given rise to optimism; **skiftende** ~ changing moods; *en* **trist** ~ a sad atmosphere; *det var en trist ~ i huset etter nyheten om dødsfallet* there was an atmosphere of sadness in the house after the news of the death; *-en var* **trykket** there was a strained atmosphere; *det rå(de)r en meget trykket ~* there is a very strained atmosphere; *(stivt)* great depression is prevalent; *den* **utmerkede** *-en blant troppene* the high morale (*el.* spirits) of the troops; *det er en slik* **vekslende** ~ *partiene imellom når det gjelder en forfatningsreform at ...* there is such a shifting attitude among the parties to constitutional reform that ...; **vennlig** *(,uvennlig)* ~ *overfor* friendly (,unfriendly) feelings (*el.* disposition) towards;
heve *-en* raise the spirits (of the party, *etc*); raise the temperature of the meeting; **komme i** ~ warm up (*fx* the speaker gradually warmed up); *man begynte å komme i ~ (ɔ: det begynte å bli stemning i selskapet)* the party began to warm up; *komme i den rette -en* get into the right mood; *han hadde -en* **mot seg** the mood of the people (,of the meeting) was against him; *regjeringen hadde -en mot seg i denne saken* public feeling was against the Government in this matter; *han fikk -en på sin side* he got people to respond sympathetically towards him; he met with a sympathetic response; the audience *(etc)* reacted sympathetically to him; *ha -en på sin side* be backed up by public feeling; **opparbeide** *en* ~ work up a feeling (*for* for); *det lyktes ikke å opparbeide noen ~ for forslaget* nobody succeded in creating any enthusiasm for the suggestion; **skape** *en* ~ create an atmosphere (*el.* feeling); *det viste seg å være vanskelig å skape noen ~ for forslaget* it turned out to be difficult to raise any support for the proposal; *-en på møtet* **steg** *flere grader* the temperature of the meeting rose several degrees; *-en* **stod** *høyt i taket* it was an animated party; everyone was having a great time; *-en* **vendte** *seg* there was a change of feeling; *pga. hans opptreden i denne saken vendte -en ute blant folk seg mot ham* his stand in this matter turned the people against him;
er *det ~ for å gå en tur?* who's for a walk? anybody for a walk? what about a walk? *det er ingen ~ (,***T:** *fart) her i kveld* this party doesn't get off the ground; *det var ingen ~ for forslaget i forsamlingen* the motion did not find favour with the meeting; *-en på møtet var avgjort imot ham* the meeting was definitely against him; *-en på møtet var imot taleren (også)* the mood of the meeting was against the speaker; *-en ute i folket er på hans side* popular (*el.* people's) sympathies are on his side; public feeling is on his side; *han* **ødela** *-en* he was a wet blanket; *(se børsstemning; feststemning; fremkalle; humør; julestemning; krigsstemning; morgenstemning).*

stemnings|betont emotional, sentimental. **-bølge** wave of public feeling; a wave of sentiment.

stemningsfull full of warmth, instinct with feeling, evocative, with an atmosphere of its own; *(ofte =)* poetic, lyrical.

stemningsmenneske impulsive person.

ste|moderlig unfair, unjust; *bli ~ behandlet* be treated unfairly. **-mor** stepmother.

stemorsblomst *(bot)* pansy.

stempel stamp; *(i motor)* piston.

stempel|avgift stamp duty. **-bolt** piston pin, gud-

geon pin; **US** wrist pin. **-fjær** piston spring. **-klaring** play *(el.* clearance) of the piston. **-merke** (documentary) stamp; *(på varer)* revenue stamp. **-pakning** piston packing, p. seal. **-papir** stamped paper. **-ring** piston ring. **-stang** piston rod.
stemple *(vb)* stamp, brand; *(med poststempel)* postmark; *(gull og sølv med kontrollmerke)* hallmark; *(kontrollkort på arbeidsplass)* clock on *(el.* in); *(når man går)* clock out; *(ved å slå hull gjennom)* punch; ~ *ham som* ... stamp *(el.* brand) him as; label him as ...
sten: *se stein.*
I. steng *(fangst)* catch, seine-full; *(se sildesteng).*
II. steng *(kort)* guard, covering card; *et snøtt ~ i spar* a bare guard in spades; *dame-* queen covered *(el.* guarded); ~ *i trumf* a stopper in trumps.
stenge *vb (lukke med tverrstang)* bar; *(med slå)* bolt *(fx* a door); *(en havn)* block, close; *(låse)* lock (up); *(med hengelås)* padlock; ~ *inne (,ute)* shut in (,out).
stengel *(bot)* stem, stalk.
stengsel bar, barrier.
stenk *(fig)* touch, sprinkling, dash.
stenograf stenographer, shorthand writer; *(på kontor)* shorthand typist.
stenografere *(vb)* write shorthand, take down in shorthand; ~ *etter sjefens diktat* take one's employer's dictation down in shorthand; take one's boss's dictation down in shorthand; ~ *70 ord i minuttet* do 70 words of shorthand a minute; (NB *se anslag).*
stenografi shorthand, stenography.
stenografisk shorthand, stenographic.
stenogram shorthand note (,report); *renskrive et ~* write out *(el.* extend) a shorthand note; *kan De (være så snill å) ta et ~ (for meg)?* could you (please) take sth down in shorthand (for me)?
stensil stencil; *skrive ~* type a stencil.
stensilere *(vb)* stencil, duplicate *(fx* a letter).
stentorrøst stentorian voice.
I. steppe *(subst)* steppe.
II. steppe *(vb)* tap dance.
stereo|metri stereometry. **-skop** stereoscope. **-typ** stereotyped. **-typere** *(vb)* stereotype. **-typi** stereotypy.
steril sterile. **sterilisere** *(vb)* sterilize.
sterilitet sterility.
sterk *adj (se også sterkt (adv))* **1.** strong; *(om lyd)* loud; ~ *emballasje* strong *(el.* substantial) packing; *det -e kjønn* the sterner sex; ~ *kulde* severe *(el.* intense) cold; *en ~ mistanke* a strong suspicion; *-e nerver* strong nerves; *et -t prisfall* a heavy *(el.* sharp) drop *(el.* fall) in prices, a heavy slump; *en ~ prisstigning* a steep *(el.* violent) rise in prices; ~ *i troen* of strong religious convictions, with s. religious beliefs, with a s. faith; *bruke -e uttrykk* use strong language; ~ *varme* intense heat; *(se side);* **2***(holdbar)* solid, lasting, durable; *(se slitesterk).*
sterkbygd strongly built.
sterkstrøm power current.
sterkstrømteknikk power engineering.
sterkt *adv (se også sterk (adj));* ~ *etterspurt* in great demand; ~ *fristet* greatly *(el.* strongly) tempted; ~ *interessert* keenly interested; ~ *krydret* highly seasoned; ~ *mistenkt* strongly suspected; ~ *overdrevet* greatly exaggerated; ~ *skadd* badly damaged; *vi beklager ~ at* we keenly regret that; *jeg tviler ~ på om* I greatly doubt whether; *prisene steg ~* prices rose sharply; *selge til ~ reduserte priser* sell at greatly reduced prices; *stå ~ (fig)* be in a strong position; ~ *økte arbeidsomkostninger* greatly increased working costs.
sterling sterling.
ste|sønn stepson. **-søster** stepsister.
steto|skop stethoscope. **-skopere** *(vb)* stethoscope.
stetoskopi stethoscopy.
stett stem (of a glass).
stev 1. [burden of an old Norse poem]; **2.** [short, improvised poem].
I. stevne *(subst)* rally, meeting; gathering; *sette en ~* make an appointment with sby.
II. stevne *vb (styre)* head *(mot* for).
III. stevne *vb (innkalle)* summon; ~ *en for retten* **1***(om den man saksøker)* take sby to court, sue sby, bring an action against sby; take legal proceedings *(el.* action) against sby; go to law against sby; **2***(la en innkalle som vitne)* summon sby to appear in court.
stevnemøte rendezvous; **T** date.
stevnevitne *(jur)* bailiff, sheriff's officer.
stevning *(innkallelse)* summons; writ; *forkynne ~ for motparten* serve a summons (,writ) on the defendant; *ta ut ~* issue a writ.
I. sti *(vei)* path; *holde sin ~ ren* keep to the straight and narrow path.
II. sti *(på øyet)* sty (on the eye(lid)) *(fx* he's got a sty on his eye).
I. stift pin, tack; *(grammofon-)* needle.
II. stift *se bispedømme.*
I. stifte *(vb)* found, institute, establish; *(volde)* cause, do; ~ *fred* make peace; ~ *gjeld* contract a debt (,debts), run into debt; ~ *hjem* marry and settle down.
II. stifte *vb (feste med stift)* tack, pin (up).
stiftelse 1*(etablering; innstiftelse)* establishment; founding; foundation; institution; ~ *av aksjeselskap* company formation; **2***(av lån)* flo(a)tation *(fx* the flotation of a loan); **3***(organisasjon)* institution; *(institusjon opprettet og finansiert ved et legat el. av et fond)* foundation; *velgjørende -r* charitable institutions; *Stiftelsen for industriell og teknisk forskning (fk SINTEF)* the Foundation for Scientific and Industrial Research.
stiftelses|brev deed *(el.* instrument) of foundation. **-dag** day of foundation, anniversary (of a foundation).
stiftemaskin stapler.
stifter founder; *(opphavsmann)* originator. **-inne** foundress.
stifteåpning *(i fordeler)* breaker point gap.
stifttann pivot tooth.
stig: *se II. sti.*
stigbrett running board.
stigbøyle 1. stirrup; **2.** *anat (i øret)* stapes.
I. stige *(subst)* ladder; *(på køyeseng)* bedsteps.
II. stige *(vb)* mount, rise, ascend; *(fig)* increase; *min engstelse steg* my anxiety mounted; I grew more and more alarmed; *hvis prisene fortsetter å ~* if prices continue to advance *(el.* go up); ~ *av* get out (of a car), alight (from a carriage), dismount (from a horse), get off; *stig ikke av toget i fart* do not alight from moving train; ~ *i ens aktelse* rise in sby's esteem; *det får ham til å ~ i min aktelse* it raises him in my e.; ~ *inn* get in; ~ *ned* come *(el.* go) down; descend; *bakom husene -r fjellet opp* behind the houses the mountains rise up; ~ *opp på en stol* step up on to a chair; ~ *til hest* mount (a horse); *en vin som -r til hodet* a heady wine; ~ *ut* get out, alight; *(se aktelse).*
stigebil *(brannbil)* turntable ladder.
stigende rising *(fx* ground, tide; the barometer is r.); increasing; *(om priser)* rising, advancing; *arbeidsløsheten er ~* unemployment is on the increase; *en ~ etterspørsel etter* a growing demand for; ~ *frakter* rising freights; *i ~ grad* increasingly, more and more, to an increasing extent; *under ~ munterhet* in the face of mount-

S

ing amusement; ~ *tendens* rising *(el.* upward) tendency; *prisene har en ~ tendens* prices have an upward tendency; *være i ~* be on the increase *(el.* up-grade).

stiger 1. foreman of miners; *(se overstiger);* **2***(støperiuttrykk)* riser, rising gate.

stigning rise, increase; *(på vei, etc)* (upward) gradient, rise, climb; *være i ~* be on the increase; be on the up-grade.

stignings|evne *(bils)* climbing ability. **-forhold** gradient; *et ~ på 1:12* a g. *(el.* rise) of one in twelve.

stigtrinn footboard, step; *«det er forbudt å gå ned i -et før vognen stanser»* ="wait until the train stops".

I. stikk *(subst)* stab; *(kort)* trick; *(se sikker); (mar)* hitch; *(av et insekt)* sting, bite; *holde ~* hold good *(fx* the rule does not hold good here); hold water *(fx* this theory does not hold water); *(om spådom)* come true; *dette (ɔ: disse beregningene) viste seg å holde ~* this worked out all right; *la en i -en* leave sby in the lurch.

II. stikk *(adv)* direct, right, due; *vinden var ~ øst* the wind was due east; *~ i stavn* right *(el.* straight) ahead; *~ imot* dead *(el.* right) against; *~ imot vinden* dead in the wind's eye.

stikkbrev 'wanted' circular; warrant (of arrest); *sende ~ etter en* put out a warrant for sby's arrest; *(ofte =)* circulate sby's description.

I. stikk|e *(subst)* stick, peg, pin; *-a (i fly)* **T** the joystick.

II. stikke *vb (gjennombore)* pierce, stab; *(med knappenåler; om torner)* prick; *(om insekter)* sting; *(om loppe el. mygg)* bite; *(kort)* take, cover; win (the trick); *sola -r* it is sultry, there is a sultry glare; *stikk den!* can you beat it! did you ever! *~ en gris* stick a pig; *skipet -r for dypt* the ship draws too much water; *~ nåla dypt inn* stick the needle right in; *ettersom det -r meg* as the fancy takes me; *~* **av** *(fortrekke)* make off, cut and run; **T** decamp; *stikk av!* hop it! hook it! **US** beat it! *dette -r av imot ...* this forms a contrast to...; *han ble stukket av en moskito* he was bitten by a mosquito; *~* **bort** *til ham (ɔ: besøke ham)* go round to him; *~* **etter** *en (med våpen)* stab at sby, jab at sby; *(løpe etter en)* run after sby; *~* **fram** jut out, stick out, project, protrude; *(kunne ses)* peep out; *(med objekt)* thrust out *(fx* one's chin), put out *(fx* one's hand), stick out *(fx* one's chest); *~* **seg fram** make oneself conspicuous, be pushing, push oneself forward; *sola -r meg* **i** *øynene* the sun hurts my eyes; *~ noe i lomma* put sth in one's pocket, pocket sth; *~ i brann* set on fire, set fire to; *~ seg i fingeren* prick one's finger; *~ nesen sin i* poke one's nose into; *jeg vet ikke hva det -r i* I don't know why; *~ en i hjel* stab sby to death; *han stakk* **inn** *på et konditori nettopp idet jeg fikk se ham* he dived into a teashop just as I caught sight of him; *stikk* **innom** *når du kommer her forbi* drop in when you come our way; *jeg kan ikke bare ~ innom dem* I can't just drop in on them; *jeg -r innom og hilser på deg* I'll come round and see you; *han stakk innom hos Peter* he looked in on Peter; *folk som -r innom (også)* callers; *~* **om** *en vin* siphon a wine; *stikk* **over til** *bakeren* **T** nip across to the baker('s); *~ hull* **på** *et fat* broach a cask; *~ hull på en byll* puncture an abscess; *~ noe* **til** *side* put sth by (for a rainy day); *~ til seg* pocket; *~ til sjøs (mar)* put (out) to sea; *~ et dokument* **under** *stol(en)* suppress a document; *det -r noe under* there is something at the bottom of this; *~* **ut** *en kurs* plot a course; *(fig, også)* mark out a course; *~ ut en jernbane* peg out *(el.* stake) a railway line, mark out a track; *~ ut i pausen* slip out in the interval.

stikkelsbær *(bot)* gooseberry. **-busk** gooseberry bush.

stikklaken draw sheet.

stikkontakt 1. wall outlet, electric outlet, socket (outlet); *(ofte =)* point *(fx* there are points in all the rooms); **2***(støpsel)* plug.

stikk|ord cue; *(oppslagsord)* entry, head word; *falle inn på ~* take one's cue. **-ordkatalog** *(i bibliotek)* catchword catalogue. **-passer** (pair of) dividers. **-pille** suppository; *(fig)* sneer, taunt. **-prøve** spot test. **-renne** subdrain. **-sag** compass saw. **-spor** *(jernb)* dead-end track *(el.* siding *el.* line).

stikleri sneer.

stikling *(bot)* cutting, slip.

stikning *(søm)* stitching.

stiknings|assistent *(jernb)* assistant surveyor. **-formann** *(jernb)* surveyor.

stil 1*(uttrykksmåte)* style *(fx* a clear style); manner of writing *(fx* the scientific m. of w.); writing *(fx* good w. should be clear and direct); touch *(fx* you can always recognize Eliot's touch); *(art, preg)* style *(fx* sth in the same style); *(skihoppers)* jumping style; **US** (the jumper's) form; *(i kunst)* manner, touch, style; **2***(skoleoppgave)* essay; *(med selvvalgt emne)* (free) composition; *(både om oppgaven og besvarelsen)* paper *(fx* the teacher set us an easy p.; he wrote a good paper on the Crusades); *beskrivende (el. skildrende) ~* descriptive essay; *fortellende ~* narrative essay; *norsk ~* Norwegian essay; *(som fag)* Norwegian composition; *resonnerende ~* expository essay; *få sving på -ene hans* improve the style of his essays; polish up his essays; *-en skjemmes av en opphopning av fremmedord og sjeldne og vanskelige engelske ord* the style is marred by a superfluity *(el.* an accumulation) of foreign terms and uncommon and esoteric *(el.* difficult) English words; *hun gjorde -en unna på ti minutter* she knocked *(el.* dashed) off the essay in ten minutes; *-en skal være ferdig innført til fredag* your essay must be copied out by Friday; *innholdet i besvarelsen hans er utmerket, men -en er elendig* the matter of his essay is excellent, but the style is deplorable; *bunden og ubunden ~* verse and prose; *i den ~* **T** on those lines *(fx* I want sth on those lines); *i stor ~* on a large scale; *(se også saklig).*

stilart style.

stildrakt period costume.

stile *(vb)* word, compose; *~ til* address to; *~ høyt* aim high, have great ambitions; *~ på* aim at; *~ henimot* make for.

stilebok exercise book; *(jvf innføringsbok).*

stilett stiletto. **-hæler** *(pl)* stiletto heels.

stilfull stylish, elegant, in good taste.

stilig elegant, smart, stylish.

stilisere *(vb)* conventionalize.

stilisert conventionalized, conventional.

stilist stylist.

stilistisk stylistic.

stilk stem, stalk.

stilkarakterer *pl (skihoppers)* style markings; **US** score for form.

stillas scaffolding; trestle.

stillbar adjustable.

I. stille *(subst)* calm; *i storm og ~* in calm and stormy weather.

II. stille *vb (tilfredsstille)* satisfy *(fx* one's hunger); *(berolige, lindre)* allay *(fx* pain, their uneasiness); alleviate, soothe; ease *(fx* morphia shots to e. the pain); *~ tørsten* quench one's thirst; *~ sorgen* lessen the grief; *(litt.)* quell the grief.

III. stille *vb (sette på plass)* put, place, set, stand *(fx* he stood his stick in a corner); *(justere)* adjust; ~ *betingelser* make conditions; ~ *krav (pl)* make demands *(til* on, *fx* this makes great demands on one's energy); ~ *et ur* set a watch *(etter* by); ~ *vitner* call witnesses; ~ *inn* set; *(fot)* focus, adjust; ~ *nøyaktig inn (radio)* tune in accurately; ~ *inn avstanden (fot)* focus the camera; ~ *inn på* tune (in) to *(fx* a radio station); ~ *inn på den ønskede stasjon* tune (in) to the required station, tune the r. s.; ~ *inn på uendelig (fot)* focus on *(el.* for) infinity, set at *(el.* to) infinity; *(se også innstille; regulere);* ~ *opp* set up, arrange; ~ *opp en regel* lay down a rule; ~ *opp en teori* put forward *(el.* advance) a theory; ~ *opp med et sterkt lag (i friidrett)* field a powerful team; *vi har intet å ~ opp* we have no remedy to suggest; there's nothing we can do (about it); *hva kan man ~ opp mot et slikt argument?* how can one argue with that? what can one say to an argument of that sort *(el.* an a. like that)? *det er ikke noe å ~ opp mot henne* there's nothing doing with her; *still opp på to rekker! (mil)* form two deep! *bli stilt overfor et problem* be faced with a problem; be up against a problem; ~ *sammen* compare; associate, combine; ~ *et ur tilbake* set back a watch; ~ *tilfreds* content, (keep) quiet; ~ *ut* exhibit, display; ~ *ut varer i vinduet* show *(el.* put) goods in the window; put goods on show; ~ *ut vaktposter* post sentries; ~ **seg** place oneself, take one's stand *(fx* near the door); *(om spørsmål, sak)* stand *(fx* that is how the matter stands at present); ~ *seg som kandidat (ved valg)* run as candidate for an election; ~ *en opp som kandidat til guvernørstillingen* run sby for Governor; *slik -r saken seg* these are the facts; the facts are these; *saken vil ~ seg annerledes hvis ...* it will be a different matter if ...; *han kom og stilte seg opp foran meg* he came and stood squarely before me; ~ *seg i kø* queue up, get in line; *(se kø);* ~ *seg opp* take one's stand; *(i kø)* queue up; *hvordan -r De Dem til saken?* where do you stand in the matter? *(ɔ: hva er Deres syn på saken?)* what are your views on the matter? *(se I. lys: stille noe i et nytt ~).*

IV. stille *adj (rolig)* still, quiet, tranquil; *(taus)* quiet; *(mar)* calm; *sitt ~!* sit still! *(til barn, også)* don't fidget! *stå ~* stand still; *(fig)* be at a standstill, be stagnant; *tie ~* be silent; *ti ~!* **T** shut up! *den ~ uke* Holy Week; *i mitt ~ sinn* inwardly, privately; *den ~ sesongen* the dull season; ~ *vann har dyp grunn* still waters run deep.

stillegående *(om motor)* quiet-running *(fx* a q.-r. engine).

Stillehavet the Pacific (Ocean).

Stillehavskysten the Pacific shore.

stillesittende sedentary *(fx* work).

stilleskrue adjusting screw.

stillestående stationary; *(om vann)* stagnant.

stillet: *være godt (,dårlig) ~* be well (,badly) off; be in a good (,bad) position; *slik er jeg ~* that's how things are with me; *uheldig ~* in an unfortunate *(el.* unfavourable) position.

stillferdig gentle, quiet-mannered; *det gikk ~ for seg* it *(el.* things) passed off quietly.

stillferdighet gentleness, quietness.

stillhet stillness, silence, calmness, quietness; *-en før stormen* the lull before the storm; *i (all) ~* privately, quietly; on the quiet; **T** on the q.t. *(el.* Q.T.); *(se storm).*

stilling 1*(geogr, mil, etc)* position; *i sammenlagt ~ tar det liten plass* in its folded position it takes a minimum of space; *gå i ~ (mil)* move into position; *holde -en (fig)* stand one's ground;

2*(yrke)* occupation; profession;

3*(post, arbeid)* post; position, appointment; *(embete)* office; **T** job; *en ~ man kan gifte seg på* a job to marry on; *-(er) for akademiker(e)* graduate employment; *en* **fast** ~ a permanent post; *(se ansettelse); De ansettes i* **full** ~ *f.o.m. 1. januar 19-* you are appointed in a full-time post (as) from January 1st, 19-; **ledende** ~ *(i annonse)* senior appointment *(fx* senior appointment in social sciences); *en* **ledig** ~ a vacant post, a vacancy; *fylle en (ledig) ~* fill (up) a post *(el.* vacancy); *to -er er ennå ledige* there are still two vacancies; two posts *(el.* places) are still vacant; *-er ledige for tiltredelse straks* immediate vacancies; *begynne i en (ny) ~* start *(el.* begin) in a (new) post; *før jeg begynte i min nåværende ~* before I started in my present post *(el.* job); before I joined my present employers; *-en er allerede* **opptatt** post has already been filed; *få en ~* get *(el.* obtain) a post; *den som får -en vil måtte ...* the successful candidate will be required to ...; *hun har en ~ hos* she has a post *(el.* job) with; *han har en ~ i regjeringen* he has a position in the Government; he's got a Government post; he's got a post *(el.* position) in the Government; *tidligere (inne)hadde han -en som handelsreisende hos firma(et) Gabrielsen & Co.* in the past he occupied the post of commercial traveller *(el.* travelling salesman) with (Messrs) Gabrielsen & Co.; in the past he was a commercial traveller with (Messrs) Gabrielsen & Co.; *skjønt jeg allerede har ~ ...* although already employed, I ...; *søke ~ ved en videregående skole* apply for a post at a sixth-form college; *det er ikke noe i veien for at disse lærerne kan søke ~ ved norske videregående skoler* there is nothing to prevent these teachers from applying for posts at Norwegian sixth-form colleges;

4*(økon, sosial, etc)* standing, status; *deres økonomiske ~ er så god at ...* their financial position is so good *(el.* sound) that ...;

5*(forhold, tilstand)* position; situation *(fx* the present economic situation); *-en på markedet* the state of the market; *hva er -en i Egypt nå?* **T** what's the set-up in Egypt now? *dette gjør meget til å forbedre -en* this goes a long way towards improving the position; this does a great deal to improve the position; *i en* **heldig** ~ in a fortunate position; *fabrikkeierne er i den heldige ~ at de også har et jernverk og en kullgruve i nærheten* the factory owners are in the fortunate position of also having an ironworks and a coal mine in the vicinity; *han kunne komme i en* **kjedelig** ~ it might put *(el.* get) him in an awkward position; **T** it might land him in a tight spot; *denne forsinkelsen fra Deres side setter oss i en meget kjedelig ~ overfor vår kunde* this delay on your part puts us in a very awkward position towards our customer; *i en* **lignende** ~ in a similar position, similarly placed; *en lite* **misunnelsesverdig** ~ an unenviable *(el.* invidious) position; *(slik)* **som** *-en er i dag* as things are today; *dette har satt oss i en* **uheldig** ~ *(også)* this has placed us at a (great) disadvantage; *være i en* **utsatt** ~ be in an exposed position; be in the danger zone; *komme i en* **vanskelig** ~ be placed *(el.* find oneself) in a difficult position; get into a difficult position; *denne forsinkelsen har satt oss i en vanskelig ~* this delay has placed *(el.* put) us in a difficult position;

6*(måte hvorpå noe er anbrakt)* position *(fx* a horizontal position; an uncomfortable position); attitude, posture *(fx* in a graceful posture; a reclining posture; she rose to a sitting posture);

pose (*fx* she assumed a languid pose; the young lady was sitting in a pose of studied negligence on the sofa);
7(*standpunkt, holdning)* attitude (*fx* the attitude taken up by the Government); *hva er selskapets ~ til dette spørsmålet?* what is the attitude of the company towards this question? where does the company stand in this matter? *ta ~ til noe* make up one's mind about sth; come to a decision as to (*el.* on) sth; *vi har ennå ikke tatt ~ til saken (el. spørsmålet)* we have not yet come to any decision on the question; *det spørsmål som det skal tas ~ til* the question under consideration; *(se bistilling; halvdagspost; hovedstilling; tiltre; tiltredelse).*
stillings|betegnelse designation of occupation; rank, (job) title; designation of post; *tre -r* three job titles; *(se gradsbetegnelse).* **-krig** trench warfare. **-struktur** appointments structure.
stilliss *(zool)* goldfinch.
stillongs long underpants; **S** long Johns; longjohns.
stillstand standstill; stagnation.
stilltiende tacit; *(adv)* tacitly.
stillverk *(anlegg)* (relay) interlocking plant; *(bygning)* control tower; *(se også blokkpost & skiftestillverk).*
stillverks|apparat interlocking frame. **-betjent** signalman; **US** towerman. **-formann** chief signalman (,**US:** towerman). **-mester** signal engineer; *(se elektromester).* **-montør** installer.
stilløs devoid of style.
stilne *(vb)* abate, calm, slacken, subside; *det -t helt av* it fell dead calm.
stiloppgave subject for composition; essay paper; *(se stil 2).*
stilren pure, in pure style.
stilretting marking of papers.
stilsans sense of style.
stilsikker with a sure touch, with a sure feeling for style.
stiløvelse composition exercise.
I. stim *(fiske-)* shoal; *(stimmel)* crowd, multitude, throng.
II. stim: *se tummel.*
stimann *(glds)* highwayman.
stime *vb (stimle sammen)* throng, crowd, swarm (together).
stimle *(vb)* crowd, flock, throng.
stimmel throng, crowd; *(mer litt.)* concourse.
stimulans stimulant; *(fig)* stimulus, stimulant, incentive.
stimulere *(vb)* stimulate, incite *(til* to).
stimulering stimulation.
sting stitch; *han har ~ i siden* he has a stitch in his side; *~ i brystet* a stabbing pain in one's chest.
stinkdyr *(zool)* skunk.
stinke *(vb)* stink; *(se selvros).*
stinn distended; stiff.
stipend: *se stipendium.*
stipendiat scholarship holder; scholarship recipient; *(se forsknings- & universitets-).*
stipendium scholarship; *(reise-)* travel grant.
stirre *(vb)* stare, gaze *(på* at); *~ olmt på en* glare at sby; *~ stivt på en* look (*el.* stare) hard at sby; *~ med store øyne* be all eyes.
stiv stiff, rigid; *(egensindig)* stubborn, obstinate; *(av vesen)* stiff, formal; *~ og kald (i døden)* stark and cold; *~ av kulde* numb (*el.* stiff) with cold; *~ pris* stiff price; **T** steep p.; *~ som en pinne* stiff as a poker; *en ~ time* a solid hour; *~ i* good at (*fx* history); *gjøre ~* stiffen; *(stramme)* tighten; *se -t på en* look hard (*el.* fixedly) at sby; *med -e permer (om bok)* in boards.
stivbent stiff-legged.
stivbind *(bok i stivt bind)* hardback.
stive *vb (med stivelse)* starch; *~stivetøy* starch linen.
stivelse *(til tøy)* starch; *(kjem)* amyl.
stiver prop, stay.
stive|skjorte dress shirt. **-tøy** starched linen; linen to be starched.
stivfrossen frozen stiff; *vi er nesten stivfrosne* **T** we're about frozen stiff.
stiv|het stiffness, rigidity; *(fig)* stiffness, formality, reserve. **-krampe** *(med.)* tetanus. **-nakket** *(fig)* stiff-necked.
stivne *(vb)* stiffen, get stiff; *(om gelé, etc)* set; *(koagulere)* coagulate; *settes på et kaldt sted til den -r* put in a cool place to set; *får blodet til å ~ i mine årer* makes my blood run cold.
stivpisket: *~ fløte* whipped cream.
stiv|sinn obstinacy, stubbornness. **-sinnet** obstinate, stubborn.
stjele *(vb)* steal *(fra* from); *ting som er blitt stjålet i butikker* things that have been shop-lifted.
stjeler: *heleren er ikke bedre enn -en* the receiver is no better than the thief.
stjerne *(også fig)* star; *(typ)* asterisk; *lese i -ne* read in the stars; *ha en høy ~ hos en* stand high in sby's favour; *full av -r* star-studded; *-ne på himmelen* the heavenly bodies; *(ofte =)* the stars in their courses.
stjerne|bane orbit of a star. **S-banneret** the Star -Spangled Banner; the Stars and Stripes. **-bilde** constellation. **-himmel** starry sky. **-idrett** sport for the champions. **-kikker** star-gazer. **-klar** starlit, starry; *det er -t ute* it's a starry night. **-lys** *(subst)* starlight. **-observasjon** stellar observation.
stjerne|skudd shooting star, falling star. **-tyder** astrologer. **-tydning** astrology. **-tåke** (stellar) nebula *(pl: -*ae).
stjert 1(*zool)* tail; **2.** *marit (tau)* lanyard.
stjertmeis *(zool)* long-tailed titmouse; *(jvf pungmeis & skjeggmeis).*
stjålen *(adj)* furtive, stealthy; *stjålne øyekast* furtive glances.
stoff 1(*fys)* matter, substance (*fx* chemical substances); *(motsatt: ånd)* matter; *(motsatt: form)* matter (*fx* form and m.); **2**(*tekstil)* fabric (*fx* silk and woollen fabrics; dress fabrics); (woven) material; **T** stuff (*fx* the s. her dress is made of); **3**(*fig, uten pl)* material (*fx* collect m. for a book); matter (*fx* reading m.; useless m.); *(journalistisk)* copy (*fx* murders are always good copy; this would make good copy); *(i en bok)* subject matter; *(emne)* subject, topic (*fx* the way in which the poet treats his subject); *(se forsidestoff).* **4**(ɔ: *narkotika)* **T** stuff, dope; drug (*fx* hard and soft drugs); **5**-*stoff (ofte =)* agent (*fx* contact agent); *brennbare -er* cumbustibles; *fast ~* solid (substance *el.* matter); *et flytende ~* a liquid; *vevede -er* woven fabrics; textiles; *han var gjort av et annet ~* he was made of sterner stuff; *komme gjennom -et (fx på skolen)* get through the syllabus; *~ til ettertanke* food for thought.
stoffbruker drug user.
stoffmisbruk drug addiction.
stoiker stoic.
stoisisme stoicism.
stoisk stoic.
stokk stick, cane; *(tømmer-)* log; *(rot-)* butt log; *over ~ og stein* over stock and stone, at full speed; *den faste -en (*ɔ: *arbeidsstokken)* the regular staff.
stokkand *(zool)* mallard.
stokkdøv stone-deaf, deaf as a post.
stokkfisk stockfish.
stokk konservativ ultra-conservative.
stokkrose *(bot)* hollyhock.

stokkskinne *(jernb)* stock rail.
stokkverk story, floor.
stol chair; *(uten rygg)* stool; *(på fiolin)* bridge; *den pavelige ~* the Holy See; *sette fram en ~* place a chair; *stikke noe under ~* conceal sth; keep sth back; *stikke et dokument under ~* suppress a document; *(se kirkestol; prekestol; vevstol).*
stol|arm arm of a chair. **-ben** leg of a chair.
stole *(vb): ~ på* rely *(el.* depend) on, trust; *(regne med)* count on; **T** bank on *(fx* a success); *du kan ~ på meg* you can rely on me; *De kan ~ på at vi skal gjøre vårt beste for å ...* you can rely on our doing our best to ...; you can rely on us to do our best to ...; *du kan ~ på at han forteller henne det! (iron)* trust him to tell her! *vi stolte fullt ut på Deres tidligere løfte om å ...* we had implicit confidence in *(el.* we relied confidently on) your previous promise to ...; *stol på det!* without fail *(fx* I'll be there at five o'clock w. f.); *ikke ~ på* distrust.
stoll (mining) drift, gallery; *(i fjellvegg el. åsside)* adit.
stolpe post; *snakke oppover vegger og nedover -r* talk nineteen to the dozen; talk and talk; talk a lot of nonsense.
stolpre *(vb)* totter, walk stiffly; blunder *(fx* she blundered on in her uncomfortable shoes).
stol|rygg back of a chair. **-sete** bottom of a chair, seat.
stolt proud; *(hovmodig)* haughty, supercilious; *~ av* proud of; *være ~ av* be proud of, take pride in; *en ~ bygning* a grand *(el.* magnificent) building.
stolthet pride; *(hovmod)* haughtiness; *det var hans ~ at* it was his boast that *(fx* he never forgot a name); *sette sin ~ i noe* take pride in sth, pride oneself on sth; *(se også svelge).*
stoltsere *(vb)* strut about.
I. stopp *(i pute, etc)* padding, stuffing.
II. stopp *(på strømpe, etc)* darn; *~ i ~* all darns.
III. stopp *(stans)* stop; *(i produksjon, etc)* stoppage; *~ forbudt (trafikkskilt)* no stopping; *(se parkering); si ~ (fig)* call a halt *(til* to, *fx* it is time they called a halt to these experiments); *nå må vi dessverre si ~* I'm afraid we shall have to stop (,call a halt) now; *si ~ (når det skjenkes i)* **T** say when.
stoppe *(vb)* **1.** fill, cram, stuff; *(salmakerarbeid)* upholster; **2***(stanse)* stop; come to a stop, pull up *(fx* let's pull up at the next village); *(om motor, også)* stall; **3***(strømper)* darn, mend; *~ munnen på en* silence sby; **T** shut sby up; *~ en pipe* fill a pipe; *stopp tyven!* stop thief! *~ igjen* stop up *(fx* a hole); *~ opp* stop, come to a stop; *~ ut (om dyr)* stuff.
stoppe|distanse overall stopping distance. **-garn** mending wool; *(av bomull)* darning cotton. **-klokke** stop watch. **-knast** stop. **-nål** darning needle.
stoppeplikt obligation to stop *(fx* at traffic signals).
stopper *(mar)* stopper; *sette en ~ for noe* put a stop to sth; *sette en ~ for planene deres (også)* scotch their plans.
stoppesignal 1. halt signal; **2***(jernb)* stop signal; *(se stoppsignal).*
stoppesopp darning egg.
stoppesplint cotter (pin), split pin.
stoppested 1. stop *(fx* bus stop; there is one more stop before Piccadilly); **2***(jernb)* manned halt; *(jvf holdeplass).*
stopp|forbud stopping restriction on vehicles; *(skilt)* 'no stopping'; *gate hvor det er ~* clearway. **-linje** *(veimerking)* stop line; **-lys** *(på bil)* stoplight. **-signal** stop signal; *(se stoppesignal).* **-skilt** *(trafikkskilt)* stop sign.
stor *adj (se også større & størst)* **1***(om omfang, mål)* large *(fx* building, car, garden); *(mer subjektivt)* big *(fx* what a big cigar! he has a big house of his own; a big dog ran after me); **2***(som angir at man har en egenskap i særlig høy grad)* great *(fx* he is a great coward); big *(fx* he is a big fool); **3***(beundrende, om åndelig etc storhet)* great *(fx* a great artist, author); **4***(voksen)* grown(-)up *(fx* when you are grown up); **5***(om barn)* big *(fx* you are quite a big girl for your age); **6***(tallrik)* large, numerous, great, big *(fx* family); **7***(megen, rikelig)* much *(fx* done with much care; with much difficulty); ample *(fx* resources), generous *(fx* a g. helping of pie); **8***(trykkende, svær)* heavy *(fx* losses, taxes); **9***(høy)* tall; **10***(om bokstaver)* capital; *(om størrelsen)* large, big; **11***(= til et beløp av)* for *(fx* a cheque for £10); **12***(kort)* high *(fx* a h. spade); *de -e barna* 1. the big children; 2. the older *(el.* bigger) children; *~ fart* great *(el.* high) speed, great *(el.* high) velocity; *i (el. med) ~ fart* at great speed, at a great velocity, at a great pace; *-e forpliktelser* heavy engagements; *-e kolli* bulky packages; *et -t kvantum* a large quantity; *en ~ regning* a big bill; **uhyre** *~* huge, vast; *uhyre -e kvanta* enormous quantities; *når han blir ~* when he grows up; *når jeg blir ~* **T** when I'm big; *så ~ han har blitt!* how he has grown! *gjøre -t (om barn)* do big jobs, do number two; *Aleksander den -e* Alexander the Great; *det helt -e* **S** the big thing; *i det -e og hele* on the whole, in general, taking it by and large, generally speaking, broadly (speaking) *(fx* b., it would be true to say that ...); on balance *(fx* on b. we stand to gain by it); *det -e flertall* the great majority, the greater part; a large majority *(av* of), the bulk *(av* of, *fx* the bulk of producers); *hvor ~ erstatning* what compensation; *nokså ~* biggish, largish, fair-sized, good-sized; *~ på det* **T** high and mighty; too big for one's boots; *til min store beklagelse (,forundring, etc)* much to my regret (,astonishment, *etc); -t anlagt* on a large scale, on a generous scale, large-scale; *ikke -t* not (very) much; *jeg bryr meg ikke -t om det* I don't care much about (,for) it; I don't much care about (,for) it; *se -t på det* take a liberal *(el.* broad) view of it; *det ser vi -t på* we don't worry about (a little thing like) that; *han utretter ikke -t* he does not do much; *vinne -t* win hands down, win big; *slå -t på* live on a grand scale; live in style, live it up, make a splash; *det er -t bare det at han snakker med Dem* it is a great thing that he condescends to speak to you; *det var -t at han kom seg* it's a wonder he recovered; *det er ikke -t ved ham* there is not much to him; **T** he's not up to much; he's no great shakes.
storartet grand, magnificent, splendid, marvellous, wonderful.
storbedrift 1. (large-scale) industrial concern; **2.** great achievement.
stor|blomstret with large flowers. **-bonde** large *(el.* big) farmer; well-to-do farmer.
Storbritannia *(geogr)* (Great) Britain.
storby city; *livet i en ~* city life, life in a city.
storbyvrimmel: *hun følte seg helt fortapt i -en* she felt completely lost in the hustle and bustle of the big town.
stor|båt longboat. **-dåd** great achievement.
storebror big brother.
storeslem *(kort)* grand slam.
stor|eter heavy eater. **-fag** *(univ)* major subject; *(jvf hovedfag).* **-familie** extended family. **-finansen** high finance. **-folk** great people; **T** big-

S

wigs, big guns, VIP's. **-forbryter** super-criminal; **US T** big-time criminal. **-fremmend** distinguished guest. **-fugl** *(tiur)* capercaillie, wood grouse.

stor|fyrste *(hist)* grand duke. **-fyrstedømme** *(hist)* grand duchy. **-gate** main street. **-gråte** *(vb)* cry loudly *(el.* outright), sob. **-hertug** *(hist)* grand duke. **-hertugdømme** *(hist)* grand duchy. **-hertuginne** *(hist)* grandduchess. **-het** greatness. **-industri** large-scale industry, big industry.

stork *(zool)* stork.

storkapitalen the big capitalists.

storkar bigwig; **S** *(også* **US)** big shot; **T** *(også* **US)** VIP, V.I.P. *(fk. f.* very important person).

storkenebb **1***(zool)* stork's beak; **2***(bot)* crane's bill.

storklokke *(bot)* giant campanula.

storkors *(av orden)* Grand Cross.

storkunge *(zool)* young stork.

storleik *se størrelse.*

storlemmet large-limbed.

storlom *(zool)* black-throated diver; **US** arctic loon.

storluke *(mar)* main hatch.

storm **1.** gale; storm; *(med uvær)* storm; *(på barometer)* stormy; **2***(meteorol): liten ~ (vindstyrke 9)* strong gale; *full ~ (vindstyrke 10)* storm; *sterk ~ (vindstyrke 11)* violent storm; **3***(fig)* storm *(fx* a s. of applause, indignation, protests); turmoil *(fx* of passions); **4***(mil)* storm, assault; *få ~ (mar)* meet with a gale; *det er en forrykende ~* **T** it's blowing great guns; *løpe ~ mot* assault *(fx* a position), make an assault on; *ri av en ~ (mar)* ride out a gale; *(fig også)* weather a storm; ride out a storm; *-en er stilnet av* the gale *(el.* the storm) has spent itself *(el.* blown itself out); *det er ~ i vente (mar)* a storm is gathering *(el.* brewing); *stillheten før -en* the lull before the storm; *en ~ i et vannglass* a storm in a teacup; *ta med ~* take *(el.* carry) by storm *(el.* assault); *ta ham med ~ (fig)* carry him off his feet; *melodien tok London med ~ (også)* the tune swept London; *-en på byen (mil)* the assault on the town; the storming of the town; *gå til ~ (mil)* proceed to an assault.

stor|makt Great Power. **-makts-** big-power, great -power *(fx* a b.-p. declaration).

stormangrep assault, storm.

stormannsgalskap megalomania; *(fagl)* delusions of grandeur; *en som lider av ~* a megalomaniac.

stormast *(mar)* main mast.

storm|dag stormy day. **-dekk** *(mar)* hurricane deck.

storme *vb (se også stormende)* **1***(vi)* storm, blow heavily; *det -r* a gale is blowing; **2.** *vi (fare)* rush, tear *(fx* along, in, out, downstairs); **3.** *vi (rase)* storm, rage, fume; **4.** *vt (løpe storm mot)* make an assault on, assault; *(om politiet)* raid *(fx* a gambling den); rush *(fx* our office was rushed by people wanting to buy; they rushed the barricades); *~ fram* dash forward; *~ inn i rommet* burst into the room; *~ løs på en* rush at sby, make a rush at sby; **T** go for sby; *mengden -t salen* the crowd broke into the hall; the crowd invaded *(el.* rushed) the hall.

stormende stormy; *(fig)* stormy, tempestuous, tumultuous; *~ begeistring* wild enthusiasm; *en ~ velkomst* a boisterous *(el.* rousing) welcome.

stormester Grand Master.

storm|flod storm surge; *(oversvømmelse)* flood (caused by high winds); *(ofte =)* flood(s). **-full** stormy. **-kast** gust of wind, squall. **-klokke** tocsin. **-kolonne** storm troops. **-krok** window hook. **-kur:** *gjøre ~ til* make furious love to; **T** make a dead set at. **-løp** *(mil)* assault, onslaught *(mot* on).

storm|signal storm signal. **-skritt:** *med ~* by leaps and bounds. **-svale** *(også* **US)** *Leach's petrel.* **-varsel** gale warning. **-vind** storm, gale. **-vær** stormy weather.

stor|mønstret large-patterned. **-nøyd** pretentious, exacting. **-politikk** high politics, high-level politics, international politics. **-politisk** high political. **-rengjøring** house cleaning, thorough cleaning *(el.* clean-down) *(fx* I've given the room a thorough clean-down); *(se vårrengjøring).*

storr(gras) *(bot)* sedge grass.

storrutet large-chequered.

stor|seil *(mar)* mainsail. **-sinn** magnanimity. **-skate** *(zool)* (common) skate, blue s., grey s. **-skog** big forest, deep woods. **-skolen** *(om folkeskolens øverste klasser, kan gjengis)* upper primary school. **-skratte** *(vb)* laugh uproariously. **-skrike** *(vb)* scream vociferously, bawl. **-skryter** boaster, braggart; show-off. **-slalåm** giant slalom. **-slegg|e** sledge hammer; *bruke -a (fig)* use one's big guns *(på noe* on sth). **-slått** grand, magnificent; *en ~ gave* a munificent gift. **-snutet** arrogant, haughty; **T** high and mighty. **-snutethet** arrogance, haughtiness. **-spove** *(zool)* curlew. **-stilet** large-scale, on a large scale; (planned) on generous lines; comprehensive, grandiose; *~ veldedighet* large-scale charitable work; large-scale work for charity; *(se også storting).*

stortalende grandiloquent, bombastic.

stortalenhet grandiloquence, bombast.

storting parliament, national assembly; *S-et* [the Norwegian Parliament]; the Storting; *S-ets oppløsning* the dissolution of the Storting; *storstilet ramme omkring S-ets oppløsning* splendid setting for the d. of the S.; *komme inn på S-et* become a member of the S., enter the S., be returned (as) a member of the S.; *(svarer til)* become a Member of Parliament, become an M.P.; *hvis det blir vedtatt i S-et* if the S. gives its assent; if Parliament passes it; **T** *(også)* if the S. gives its O.K.

stortings|bygning Parliament Building; *(i England)* Houses of Parliament; **US** the Capitol. **-debatt** debate in the Storting; parliamentary debate. **-kandidat** candidate for the Storting; *(svarer til)* candidate for Parliament, parliamentary c. **-kretser:** *i ~* in circles connected with the S.; in parliamentary circles. **-mandat** seat in the S. **-mann** member of the Storting; *(svarer til)* Member of Parliament, M.P. **-medarbeider** reporter at the S.; parliamentary reporter. **-møte** sitting of the Storting. **-president** president of the Storting. **-proposisjon** bill before the S.; *(svarer til)* parliamentary bill. **-referent:** *se -medarbeider.* **-representant:** *se -mann.* **-sesjon** session (of the Storting). **-tidende** [official report of the proceedings of the Storting]; *(svarer til)* Hansard; **US** *(omtr =)* Congressional Record. **-valg** general election; *han vil ikke stille seg som kandidat ved neste ~* he will not contest the next g. e. **-vedtak** resolution of *(el.* by) the S.; parliamentary resolution.

stortrives *(vb)* enjoy oneself very much; *han riktig ~ i sine nye omgivelser* he is in his element in his new surroundings; **T** he feels well away in his new surroundings.

stor|tromme *(mus)* bass drum, big drum; *slå på -tromma (fig)* bang *(el.* beat) the big drum; *(neds)* talk big. **-tå** *(anat)* big toe.

storutrykning *(brann-)* large turn-out, turn-out in force; *brannvesenet hadde ~ til en gård i X gt. i går* the fire brigade turned out in force yesterday in response to a call from *(el.* to deal with a fire in) X Street; *(se utrykning).*

stor|vask wash; washing day; *ha ~* have one's washing day. **-vei** highway, main road. **-veies**

(adj) grand, magnificent. **-verk** great achievement, monumental work. **-vilt** big game. **-visir** grand vizier. **-ættet** high-born. **-øyd** big-eyed, wide-eyed.

stotre *(vb): se stamme.*

strabaser *(pl)* hardships; hardship *(fx* avoid unnecessary h.); rigours *(fx* the r. of a forced march).

strabasiøs fatiguing.

straff punishment, penalty; *(dom)* sentence *(fx* he got a severe s.); *bli idømt strengeste ~* get the maximum sentence.

straff|ansvar liability to prosecution; *medføre ~* involve criminal liability; *det medfører ~ (også)* it's a criminal offence; *det er under ~ forbudt å ...* it is prohibited *(el.* forbidden) by law to ... **-arbeid** penal servitude, imprisonment with hard labour; **US** i. at hard labor.

straffbar punishable *(fx* a p. offence). **-het** **1***(persons)* liability to punishment; **2***(handlings)* criminal nature, criminality.

straffe *(vb)* punish; *(tukte)* chastise.

straffe|dom: *Guds ~* the judgment of God *(over* on). **-eksersis** *(mil)* punishment drill; *(ofte =)* kit drill *(fx* he is doing k. d.), pack drill; **US** punishment tour, fatigue drill. **-espedisjon** punitive expedition. **-forfølgning** criminal prosecution. **-lekse** imposition *(fx* get an i.). **-ligne** *(vb)* fine for tax evasion *(fx* he was fined 500 kroner for t. e.). **-lov** penal code. **-merke** *(fotb)* penalty spot. **-middel** (means of) punishment. **-preken** lecture, sermon; *holde en ~ for en* read sby a lecture. **-porto** surcharge.

strafferegister criminal records; *Strafferegisteret* the Criminal Record Office; *han står i -et* he has a criminal record.

straffe|renter *(pl)* penal interest(s). **-rett** criminal law.

straffe|sak criminal case; *det vil bli reist offentlig ~ mot N.N.* N.N. will be charged with *(fx* larceny); there will be a criminal case against N.N.

straffe|spark *(fotb)* penalty (kick); *dømme ~* award a p. (k.).

straffeutmålingen the (fixing of the) sentence, the apportioning of the sentence; *det ble anket over ~, men derimot ikke over skyldspørsmålet* there was an appeal against the sentence, but not the verdict (of guilty); *aktoratet anket til Høyesterett over ~* the prosecution appealed to the Supreme Court against the sentence; *Høyesterett opprettholdt ~* the Supreme Court upheld the sentence.

straffri unpunished; *(adv)* with impunity.

straffrihet impunity.

straffskyldig deserving of punishment, culpable, guilty.

strak erect, straight, upright; *på ~ arm* at arm's length *(fx* lift sth at arm's length).

straks at once, immediately, straight away, forthwith; *klokka er ~ tolv* it is close on twelve (o'clock); *~ etter* immediately after(wards); *~ etter at* immediately after.

stram tight; *(mar)* taut *(fx* haul a rope t.); *(stiv)* erect, upright, stiff; *(om lukt, smak)* rank, acrid; *en ~ knute* a tight knot; *bli ~ i masken (fig)* look disapproving; *bli ~ i munnen* be(come) tight-lipped; *gjøre ~ honnør (mil)* salute smartly *(el.* stiffly); *gå på ~ line* walk a tightrope; *holde en i -me tøyler* **T** keep a tight rein on sby; hold sby on a short leash.

stramhet tightness; *(mar)* tautness; *(om lukt, smak)* rankness, acridity.

stramme *(vb)* tighten; *~ opp* tighten up, draw tight; *et forsøk på å ~ satsene* an attempt to stiffen the rates; *~ en opp* buck sby up; *~ seg opp* pull oneself together; key oneself up *(fx* to do sth); *prisene -s* prices are hardening; *(se også strutte).*

stramtsittende tight-fitting.

strand shore, seashore; *(sand-)* beach; *(poet)* strand; *på -en* on the shore; on the beach; *(ved innsjø)* on the lake shore, by the lakeside; by the waterside; *(jvf vannkant).*

strandbredd beach, waterside; *(se strand).*

strande *(vb)* run aground, be stranded; be shipwrecked; *(fig)* fail, miscarry *(på* on account of), break down, come to nothing.

strandhogg *(hist)* (predatory) descent, raid, foray.

strand|kant waterside, water's edge *(fx* down by the water's edge). **-linje** shoreline, seaboard; private beach; *tomt med ~ til salgs* site with private beach for sale. **-nellik** *(bot)* thrift, armeria. **-promenade** esplanade, sea front, promenade; **T** prom. **-rett** access to (the) beach, shore rights; *(jur også)* riparian rights; *tomt med ~* site with access to beach; *(se båtfeste & strandlinje).*

strand|rug *(bot)* lyme grass. **-sette** *(vb)* beach. **-skjell** *(zool)* sea shells. **-snipe** *(zool)* common sandpiper. **-svin** *(person som etterlater seg avfall på stranden)* litter bug. **-tomt** site with private beach; *(se strandlinje).* **-tusse** *(zool)* natterjack. **-vipe** *(zool)* dunlin.

strangulasjon strangulation.

strangulere *(vb)* strangle.

strateg strategist. **strategi** strategy.

strategisk strategic.

stratenrøver *(glds)* highwayman.

strebe *(vb): ~ etter* strive for *(el.* after); aim at; aspire to *(fx* the throne); *~ en etter livet* seek sby's life; *(se også streve).*

streber climber; **US** *(også)* status seeker.

strede **1.** lane; **2***(sund)* strait(s).

streif **1.** gleam, ray *(fx* of sunshine); **2***(berøring)* graze; brush, light touch; **3***(antydning)* touch.

streife *(vb)* **1***(berøre)* graze, brush, touch lightly, just touch; *(om lys)* (just) touch; **2***(omtale flyktig)* touch (lightly) on; *kula -t halsen hans* the bullet grazed his neck; *~ om på gatene* roam (about) the streets; *tanken har aldri -t meg* the idea has never occurred to me; *tanken -t meg* the idea just crossed my mind; *en uforklarlig frykt -t henne* an inexplicable fear crossed her mind.

streif|lys gleam of light; *(fig)* sidelight *(fx* throw a s. on). **-skudd** grazing shot. **-sår** graze. **-tog** raid, incursion, inroad.

streik strike; *gå til ~* go on strike, strike (work); *avblåse en ~* call off a strike.

streike *(vb)* strike (work), go on strike.

streikebryter strikebreaker, blackleg; *(især* **US***)* scab.

streike|kasse strike fund. **-vakt** picket.

strek **1.** line, stroke; **2***(puss)* trick, prank; **3***(på kompass)* point; *slå en ~ over* cancel *(fx* a debt); *(fig)* wipe out, pass the sponge over; *(se også stryke: ~ ut); la oss slå en ~ over det* let's forget it; *gå over -en* go too far, overstep the mark; *dum ~* stupid trick; *gale -er* mad pranks; *(se også regning).*

streke *(vb)* rule, draw lines; *~ over* strike out, cross out, run a line through; *~ under* underline.

strekk tension; stretch; *i ett ~* at a stretch, on end *(fx* for two hours on end); without a break *(fx* I've been working without a break since seven o'clock).

strekkbar elastic, ductile, extensible. **-het** elasticity, ductility, extensibility.

strekkbukse skiing trousers; **US** ski pants.

strekke *(vb)* stretch, draw out; *armer oppad strekk!* arms upward stretch! *~ bena* stretch one's legs *(fx* I'm going out to s. my legs); *~ armen fram* stretch *(el.* reach) out one's arm;

~ *hånden fram* hold (*el.* put) out one's hand, stretch (*el.* reach) out one's hand *(etter noe* for sth); ~ *kjølen (til et skip)* lay (down) the keel (of a vessel); ~ *seg* **1***(utvide seg)* expand *(fx* the material expands when exposed to heat), stretch; *(ɔ: ~ lemmene)* stretch (oneself) *(fx* he yawned and stretched); **2***(nå: i tid el. rom)* stretch *(fx* the line stretches from A to B; the valley stretches for miles; the period stretches down to the fifteenth century); reach *(fx* his Empire reached from the Mediterranean to the Baltic); *(om rom, også)* extend *(fx* my garden extends as far as the river); **3***(ha retning)* trend *(fx* the coast trends to the east; mountains trending ENE); lie *(fx* the coast lies east and west); stretch *(fx* the plain stretches southward); ~ **seg etter** reach for; ~ *seg så lang man er* stretch oneself (out) at full length; ~ *seg så langt man kan (fig)* do the best one can; go to the greatest possible length *(fx* to meet your wishes); *jeg vil ~ meg langt (fig)* I am willing to go to considerable lengths; *jeg kan ikke ~ meg lenger (fig)* I can go no further than that; *(m.h.t. pris, også)* I cannot go beyond that price; **T** that's the best I can do; *jeg er villig til å ~ meg noe (fig)* I am willing to stretch a point; *vi -r oss ikke så langt som til å holde bil* we don't run to a car; *dalen strakte seg ut foran oss i flere kilometers lengde* the valley spread before us for miles; *et vakkert landskap strakte seg ut foran oss* a beautiful landscape unfolded before us; ~ **til** be enough, (be enough to) go round *(fx* there was not enough beer to go round); *disse pengene -r til en måned til (også)* this money will see me (,him, *etc)* through the next month; *pengene -r ikke til* the money won't go as far as that; *inntektene mine -r ikke til bilhold* my income does not run to a car; *mon kontantene -r til?* will the cash run to it? *få det til å ~ til* make it *(fx* the butter) go round; *(om penger)* make both ends meet; *tida -r ikke til for ham* **T** he's hard up for time; *slaget strakte ham til jorden* the blow sent him to the ground.

strekkmuskel *(anat)* extensor (muscle).

strekmåt marking gauge.

strekning **1***(det å)* stretching; **2***(av vei, elv, etc)* stretch; *(fagl)* section; *(se bane-);* **3***(distanse)* distance, way *(fx* it's a short (,long) way); *over en ~ på ti engelske mil* for (a stretch of) ten miles; *disse vognene brukes bare på korte -er (jernb)* these coaches are only used on short runs; *det skal settes inn flere lokaltog på -en X–Y* more local trains are to be run on the X–Y service; *tilbakelagt ~* distance covered; *tilbakelegge en lang ~* cover a long distance.

I. streng *(subst)* string, chord; *(poet & fig)* chord; *(klokke-)* bell-pull, bell wire; *slå på de patriotiske -er* appeal to patriotic feeling; touch patriotic chords; *han spiller på mange -er (også)* he has a foot in every camp; *han spiller alltid på samme ~* he is always harping on one *(el.* on the same) string.

II. streng *(adj)* severe, strict, stern; ~ *frost* severe frost, hard frost; *-e krav* stringent demands; ~ *kulde* severe cold; *hans -e moral* his strict morals; ~ *nøytralitet* strict neutrality; *tårnets -e skjønnhet* the severe beauty of the tower; *ta -e forholdsregler* take severe measures; *være ~ mot* be strict *(el.* severe) with; *være for ~ mot* be too hard on, treat too severely; *(se også strengt).*

strengeinstrument stringed instrument.

strenghet strictness, severity; hardness; rigour (,**US:** rigor); stringency; austerity.

strengt *(adv): behandle ~* treat severely, deal harshly with; ~ *bevoktet* closely watched *(el.* guarded); ~ *forbudt* strictly prohibited *(el.* forbidden); *han holdt ~ på at det skulle gjøres* he insisted that it must be done; *holde seg ~ til sannheten* keep strictly to the truth; *(ikke) mer enn ~ nødvendig* (no) more than strictly necessary; *det ~ nødvendige* what is strictly necessary; ~ *oppdratt* strictly brought up; *overholde noe ~* observe sth strictly *(fx* the terms must be strictly observed); ~ *rettferdig* scrupulously just; *straffe ~* punish severely; ~ *tatt* strictly *(el.* properly) speaking; in the strict sense of the word; ... *men alle disse er ~ underordnet hovedtemaet* all these, however, are strictly subsidiary to the main theme.

stress stress, strain.

stressende causing stress; stressful.

stresset in a state of stress; suffering from stress (and nerves); under stress.

strev toil, struggle; *etter meget slit og ~ fikk vi den opp trappen* after much lugging and tugging we got it upstairs; *(se også II. svare).*

streve *(vb)* work hard, strive, struggle; toil; ~ *med leksene (ɔ: arbeide langsomt og besværlig)* plod *(el.* plug) away at one's lessons; *de som hadde strevd slik med å arrangere utstillingen* those who had so painstakingly arranged the exhibition; those who had taken such great pains to arrange the e.; *(se II. stri: ~ med).*

strevsom hard-working, industrious, plodding; *(jvf streve).* **-het** industry, diligence.

I. stri *(subst)* toil; daily struggle; *(se jule-).*

II. stri *(vb): ~ for: se kjempe for; ~ med* work hard at, struggle with; *(jvf streve); ~ med døden* be in one's last throes; *ha mye å ~ med* have one's hands full; have many things to worry about; *-de mot loven* be contrary to the law; be illegal; *det -der mot våre interesser* it conflicts with our interests; *-de om* dispute *(el.* argue) about; *(se strides).*

III. stri *adj* **1***(strittende, stiv)* rough, wiry *(fx* hair); bristly *(fx* beard, hair); **2***(om strøm)* swift, rapid, stiff *(fx* current); torrential *(fx* river); **3***(hård, ubøyelig)* stubborn, obstinate; *et -tt sinn* a stubborn temper; *en ~ dag* a strenuous day; *jeg har hatt en ~ dag i dag* I've had a very trying day today; I 'have had a time of it today; *det regner i -e strømmer* it's pouring down; *(jvf striregn).*

stribukk *(neds)* pigheaded *(el.* mulish) person.

strid **1.** fight, struggle; **2***(uenighet)* discord, strife, dispute *(fx* about wages); *(vitenskapelig, litterær, etc)* controversy, polemic; **3***(mellom følelser, idéer, etc)* clash *(fx* the clash of opposing interests (,principles)); conflict *(fx* a c. between love and duty); *et -ens eple* a bone of contention; *bilegge en ~* settle a dispute; *yppe ~ med* pick a quarrel with; *i ~ med* at variance with *(fx* one's previous statement); contrary to *(fx* local custom, one's obligations); in defiance of *(fx* the law, the facts, common sense); against *(fx* the regulations); *som er i ~ med forfatningen* unconstitutional *(fx* methods); *stå i ~ med (også)* conflict with, be in conflict with; *stå i direkte ~ med* be in direct conflict with, be at complete variance with; *vekke ~* stir up strife, cause strife.

stridbar quarrelsome; *(stivt el. spøkef)* pugnacious. **-het** quarrelsomeness; *(stivt el. spøkef)* pugnacity, pugnaciousness.

stride *(vb): se II. stri & strides.*

stridende fighting, struggling; *(i ord, skrift)* contending, disputing; *de ~ parter* the contending parties; the parties to the dispute; *(i rettssak)* the litigants; *(mil)* the belligerents, the combatants, the combatant parties.

strides *(vb)* quarrel; *(disputere)* argue, dispute; ~

stripe

Stars and Stripes

Burning the American flag is considered a criminal offence in the USA. The flag is called the Stars and Stripes. There are 50 stars representing each present state, and 13 stripes symbolising the original states of the 18th century. People opposing American politics often provoke the USA by burning the flag.

The stripes in the flag represent the 13 original states which from the beginning were 13 British colonies. These states, strung out along the eastern seaboard of today's USA, declared their independence from their mother country in 1776 during the War of Independence. The war lasted for six years.

om quarrel *(el.* argue *el.* dispute) about; *(kappes om å oppnå)* contend for, contest *(fx* a prize), be rivals for; ~ *om pavens skjegg* quarrel about nothing; split hairs; *et spørsmål man kan* ~ *om* a question open to dispute, an open q., a moot point.

stridig *(sta)* headstrong, obstinate, stubborn; *gjøre en noe* ~ dispute sth with sby, contend for sth with sby; *gjøre en rangen* ~ contend for precedence with sby; *(fig)* emulate sby, run sby close.

stridighet *(stahet)* obstinacy, stubbornness; *(strid)* dispute, controversy.

stridsdyktig fit for (military) service, fit for active service.

strids|emne controversial question, (matter at) issue; *(jur)* point at issue. **-eple** bone of contention. **-hanske** gauntlet. **-innlegg** contribution to a (,the) controversy; *komedien føles som et alvorlig* ~ *i humoristisk form* the comedy is felt to be a serious contribution (in humorous form) to the controversy.

strids|krefter *(pl)* (military) forces, armed forces. **-punkt** point at issue, moot point, issue. **-skrift** polemic pamphlet. **-spørsmål** (matter at) issue, controversial question *(el.* issue); *(jur)* point at issue. **-øks** battle axe; *(indiansk)* hatchet; *begrave -a* bury the hatchet.

strie sacking; *(bær-)* tammy (cloth).

I. strigle *(subst)* currycomb.

II. strigle *(vb)* rub down, groom *(fx* a horse).

striglebørste currycomb.

stri|gråte *(vb)* weep floods of tears; **T** cry buckets; cry bucket fuls. **-håret** rough-haired; *(især om hund)* wiry-haired.

strikk elastic (band), rubber band.

strikke *(vb)* knit; ~ *rett* knit; ~ *vrangt* purl. **-garn** knitting wool. **-pinne** knitting needle.

strikkerske knitter.

strikketøy knitting; *et* ~ a piece of knitting.

strikking knitting; *(vrang-)* purling.

strikkmotor *(på leketøy el. modellfly)* elastic motor; *drevet med* ~ elastic band propelled.

striks strict.

strime stripe, streak.

strimet striped, streaked.

strimmel strip, ribbon, shred.

stringens cogency, stringency.

stringent cogent, stringent, closely reasoned *(fx* train of thought).

stripe stripe, streak. **stripet** striped, streaked.

strippe *(vb)* **T** strip.

stripønta S dressed to the nines, dressed to kill.

striregn lashing *(el.* pouring *el.* torrential) rain.

stri|regne *(vb)* pour down. **-renne** *(vb)* rush, gush; *blodet -rant fra et sår på kinnet* blood was gushing out of *(el.* was pouring from) a wound on his cheek.

striskjort|e: *begynne med -a og havrelefsa igjen* take up the toil and moil of everyday life; (NB *ofte* =) ''back to the salt mines''.

stritte *vb (stå stivt)* bristle; ~ *imot* resist; ~ *imot med hender og føtter (også fig)* resist tooth and nail. **-nde** *(om håret)* bristly, on end; *(se bust).*

strofe stanza; *(i gresk tragedie)* strophe.

stropp strap, strop; *(hekte)* loop.

struma *(med.)* goitre (,**US:** goiter), struma.

strumøs *adj (med.)* goitrous.

strunk: *stiv og* ~ stiff as a poker.

I. strupe *(subst)* throat; *skjære -n over på en* cut sby's throat; *sette en kniven på -n (fig)* give sby an ultimatum.

II. strupe *(vb)* throttle, choke.

strupe|hode *(anat)* larynx. **-hoste** croup. **-lyd** guttural sound. **-tak** stranglehold; *ta* ~ *på* throttle, strangle. **-tone** guttural accent.

struts *(zool)* ostrich.

strutsefjær ostrich-feather.

strutte *(vb)* burst, bristle; *buksen -r over enden* the trousers are too tight across the seat; her (,his) trousers are stretched across her (,his) seat *(el.* behind); ~ *av sunnhet* be bursting with health.

stry tow; *narre en opp i* ~ take sby in, dupe sby, hoodwink sby.

I. stryk *(pryl)* beating, drubbing.

II. stryk *(i elv)* rapid; run (of fast water) *(fx* runs and waterfalls follow in quick succession).

stryke *(vb)* **1***(streke over)* cross out, cut out, delete *(fx* a word); ~ *over noe (også)* run a line through sth; **2***(annullere, oppheve)* cancel *(fx* an order, a debt); ~ *en post (,postering)* cancel *(el.* strike out) an item (,entry); **3***(fjerne)* remove *(fx* an item from a list); cross off *(fx* cross a name off the list); ~ *en bevilgning* withdraw *(el.* discontinue) a grant; **4***(mar: hale ned)* strike *(fx* one's colours); **5***(med strykejern)* iron; *lommetørklærne var lettere og raskere å* ~ the handkerchiefs were quicker and easier to iron; it was a quicker and easier job to iron the h.; *Mary syntes hun måtte hjelpe til med å* ~ *noe* Mary thought she had better help with the ironing; **6.** *vi & vt (til eksamen)* fail *(fx* fail a candidate in an exam; the c. failed); *jeg strøk i historie* I failed (,**T:** was ploughed) in history; **T** I came a cropper in h.; *de strøk ham* **T** *(også)* they ploughed him; **7***(bevege seg hurtig)* rush *(fx* he

S

rushed off); *fuglen strøk henover vannflaten* the bird skimmed (across) the surface of the lake; **8**(*mus*) bow (*fx* one's fiddle); **9**(*la hånden gli henover*) stroke (*fx* he stroked his beard); ~ **av** wipe off, rub off, remove; ~ *av en fyrstikk* strike a match; ~ *ens navn av en liste* strike sby's name off a list, cross sby's n. off a list; *staten ble strøket av europakartet* the state was blotted off the map of Europe; ~ *av tavla* wipe (*el.* clean) the blackboard; ~ *av sted* **T** dash off; ~ *sin kos* **T** disappear; **T** clear out, beat it, decamp; ~ **bort** brush away (*fx* a tear, a strand of hair), brush off; *han strøk* **forbi** *meg* he brushed past me; *bilen strøk tett forbi ham* the car just shaved past him; ~ **med** be killed, die, lose one's life; (*bli feid bort*) be swept away; (*bli ødelagt*) be destroyed; ~ *en mot hårene* (*fig*) rub sby the wrong way; *katten strøk seg* **opp mot** *benet mitt* the cat rubbed itself against my leg; ~ **over** cross out (*fx* a word), delete; run a line through; (*se også ndf:* ~ *ut*); ~ *en over håret* stroke sby's hair; ~ *over noe med maling* give sth a coat of paint, coat sth with paint; ~ *seg over haken* stroke one's chin; *han strøk seg med hånden over munnen* he passed his hand across his mouth; ~ **til** *eksamen: se 6;* ~ *håret* **tilbake** brush one's hair back; ~ **ut** wipe off (*fx* a drawing from the blackboard), wipe out, rub out (*el.* off); (*med viskelær*) erase, rub out; (*sette en strek over*) cross out, delete, strike out; (*med strykejern*) iron out (*fx* a crease); ~ *ut ord eller forandre på ordstillingen* cross out words or change their order; (*se også strykende & strøken*).

stryke|bord ironing table. **-brett** ironing board. **-fjel** *se -brett.* **-flate** (*på fyrstikkeske*) striking surface. **-instrument** (*mus*) stringed instrument. **-jern** iron (*fx* an electric i.), flatiron. **-kandidat** possible failure (in examination). **-karakter** *se strykkarakter.* **-klede** ironing cloth. **-kvartett** (*mus*) string quartet.

strykende (*adj & adv*): *i en* ~ *fart* at a rattling pace; *hans forretning går* ~ he is doing a roaring trade; he is making money hand over fist; *det går* ~ it goes swimmingly; things are moving fast.

stryke|orkester string band. **-prosent** [percentage of candidates failing their exams].

stryker 1(*mus*) string (player); *-ne* the strings; **2.** = *strykekandidat.*

strykeri = laundry.

stryke|tørr ready for ironing. **-tøy** ironing.

strykgrensen: *han står på* ~ **T** he's a borderline case.

strykkarakter (*i skole*) fail mark.

stryknin (*kjem*) strychnine.

strykning ironing; crossing-out, striking-out; deletion; failure; (*se stryke*).

strø (*vb*) scatter, spread, strew; ~ *om seg med penger* splash money about; spend money like water; ~ *sand på* (*fig*) fall in with (*fx* appointments of this kind have to be approved by the Cabinet, but this will usually fall in with the recommendation of the Ministry); ~ *sand på veien* sand the road, sprinkle (*el.* spread) sand on the r.; ~ *sukker på kake* sprinkle (*el.* dust) a cake with sugar; *ligge -dd utover* lie scattered about; litter (*fx* newspapers littered the table).

strøbil (*for sand*) sand lorry.

strøk stroke; (*egn*) tract, region, neighbourhood (,**US:** neighborhood); part; (*maling-*) coat.

strøk|en: *tre -ne teskjeer salt* three flat teaspoonfuls of salt.

strøm river, stream; (*strømning*) current; (*elekt*) (electric) current (*fx* electric c. is obtained by using the waterfalls); **T** juice; (*som kraft*) power (*fx* Sweden supplies p. to Denmark); *-men er blitt borte* the electric light has failed (*el.* has gone out); *sterk* ~ (*i elv, etc*) a strong current; *en* ~ *av tårer* a flood of tears; *i -mer* in torrents (*fx* it rained in torrents); in streams (*fx* beer flowed in streams); *følge -men* (*fig*) follow the crowd.

strømavgift electricity charges (*fx* increase e. charges by up to 25p in the £); power prices; *går -en opp?* (*avisoverskrift*) power prices up? (*se avgift*).

strømbehov demand for electricity (*fx* cover the constantly growing d. for e.); (*se øke*).

strøm|brudd power failure (*fx* there is a p. f.), interruption of current. **-bryter** (*elekt*) circuit breaker, switch. **-forbruk** consumption of electricity (*el.* current), current consumption; ~ *ifølge måler* (*faglig*) current c. by the instrument. **-forbruker** (electricity) consumer. **-kantring** (*tidevannsskifte*) turn of the tide. **-kilde** power supply. **-krets** circuit. **-leder** conductor. **-linje** streamline. **-linjet** streamlined. **-løs** dead (*fx* a d. wire).

strømme (*vb*) stream; ~ *en i møte* (*om vann*) flow towards sby; (*om lukt, lyd*) meet sby; ~ *inn* stream in; pour in; rush in (*fx* people; water); (*om gass, damp, etc*) flow in; stream (*el.* pour) in; (*om lys*) stream in; *menneskemengden som -t inn* the crowd that came rushing in; the incoming crowd; *regnet har -t ned* the rain has been pouring down (in torrents); ~ *over av* overflow with; *blodet -t til hodet på meg* the blood rushed to my head.

strømmåler electric meter.

strømning 1. flow, current; **2**(*fig*) trend (*fx* literary trends).

strømpe stocking.

strømpebukse pantie-socks.

strømpebånd garter; (*se bukseseler*).

strømpe|holder suspender, stocking suspender; (*se bukseseler*). **-lest:** *på -en* in one's stockings.

strømpe|skaft leg of a stocking. **-stropp** (stocking) suspender; **US** garter.

strømskifte 1. turn of the tide; **2**(*fig*) reversal (*el.* shift) in public feeling.

strømstans: *se strømbrudd.*

strømstyrke amperage.

strøsukker castor sugar.

strøtanker (*pl*) aphorisms.

strå blade of grass, straw; *ikke legge to* ~ *i kors* not lift a finger; *trekke det korteste* ~ get the worst of it; come off second best; *trekke det lengste* ~ have the better of it; *være høyt på* ~ be a person of consequence; **T** be a bigwig.

strå|fletning straw plaiting; straw plait. **-gul** flaxen. **-hatt** straw hat.

I. stråle (*subst*) ray, beam; (*om vann*) jet; *en* ~ *av håp* a gleam of hope, a ray of hope.

II. stråle (*vb*) radiate, beam, shine; *diamanten -r* the diamond sparkles.

stråle|brytning refraction. **-bunt** pencil of rays.

stråle|formet radiate(d). **-glans** radiance, refulgence. **-hav** ocean of light.

strålehygiene radiation hygiene. *Statens institutt for* ~ the National Radiological Protection Board.

stråle|krans halo. **-mester** (*brannmann*) branchman; **US** nozzleman.

strålende beaming, radiant; (*fig*) brilliant, marvellous, wonderful; *er det ikke* ~! (*også iron*) isn't it marvellous! *den* ~ *innsatsen dere har gjort* the wonderful effort you have made; (*se innsats*).

stråleovn electric heater; (*se ovn; vifteovn*).

stråling|sfare radiation danger. **-sikker** radiation -proof. **-tåke** radiation fog.

strå|mann middleman, intermediary; *(især* **US***)* stooge. **-tak** thatched roof. **-tekke** *(vb)* thatch.
stubb stub; *(av korn)* stubble; *(om sang)* a little song; a few lines *(el.* notes) of a song, a snatch of song.
stubbe *(tre-)* stump.
stubbe|bryter stump puller. **-loft** double *(el.* framed) floor. **-loftsgulv:** *se -loft.*
stubbmark stubble field.
stud. *fk. f. studiosus;* (NB *titler med «stud.» har ingen ekvivalent på eng.); være ~ jur.* = be a law student; read for the bar; *være ~ med.* be a medical student, study medicine.
student undergraduate, (university) student; (NB *ved det enkelte universitet brukes ofte* undergraduate *om -er som ennå ikke har tatt sin* B.A.-*eksamen;* student *brukes mer generelt, også om ikke-akademiske studerende og ofte om ikke-engelske universitetsforhold); bli ~* matriculate; *kvinnelig ~* woman student *(pl:* women students); *(ung, også)* **T** girl student.
studenteksamen: *se artium.*
student(er)hjem students' hostel, hall of residence.
studenter|liv student *(el.* undergraduate) life. **-lue** student's cap. **-samfunn** students' association.
studere *(vb)* study; *la en ~* send sby to the university; *~ på noe (ɔ: spekulere på)* ponder sth *(fx* a problem), ponder over *(el.* on) sth, meditate on sth, speculate about sth, puzzle over *(el.* about) sth; *en studert mann* a university man; a graduate.
studerende student; *(se student).*
studerværelse study.
studie study.
studiebegrensning restricted entry; *(se studium).*
studie|gjeld study *(el.* student) debt(s); student's (,students') debt(s); *ha ~* have debts on one's education *(el.* training); *han sliter med en svær ~* he has a huge debt to pay off for his studies. **-gruppe** study group. **-leder** leader of a study group; group tutor. **-lån** loan for studies, student loan; *oppta et ~* raise a loan for one's studies. **-materiale** study material. **-opphold** stay for purposes of study; period of residence for studying. **-opplegg** curriculum *(pl:* curricula). **-ordning** curriculum *(fx* the curricula have been revised); *jeg kjenner ikke -en ved det universitetet* I'm not familiar with the curriculum at that university. **-plan** curriculum *(pl:* curricula). **-reise** study tour. **-retning** *(i skole)* branch of study; *~ for allmenne fag* the general studies branch. **-retningsfag** special (course) subject. **-semester** *(for universitetslærer)* sabbatical term. **-sirkel** study circle.
studie|tid period of study; *-en er lang for dette fagets vedkommende* this subject entails a long period of study; it takes a long time to qualify in this subject; *de må regne med en lang og kostbar ~* they have a long, expensive period of study to take into consideration; *i min ~* when I was a student; in my undergraduate days. **-veileder** tutor; careers adviser. **-øyemed:** *i ~* for purposes of study, for study purposes *(fx* visit London for study purposes).
studium study; *fem års ~* five years of study; *ta opp studiet av* take up the study of; *et lukket ~* a course with restricted *(el.* limited) entry; *medisin er et lukket ~ i Norge* medicine is a subject with restricted entry in Norway; the medical schools are hard to get into in Norway; *(jvf studiebegrensning; studietid; søkning).*
I. stue *(subst)* room; *(daglig-)* sitting-room; *(hytte)* cottage; *(på sykehus)* ward.
II. stue *vb (mat)* stew; *(grønnsaker)* cream; *-de grønnsaker* creamed vegetables.
III. stue *(mar) vb (om last)* stow.
stue|arrest house arrest. **-gods** stowed cargo. **-gris** stay-at-home. **-pike** housemaid. **-plante** indoor plant, room *(el.* house) plant.
stuer *(mar)* stevedore.
stueren *(spøkef om barn el. hund)* house-trained.
stuert steward. **-skole** training establishment for stewards.
stueseksjon living-room section.
stuetemperatur room temperature.
stueur wall clock.
I. stuing *(mat)* stew; *grønnsak-* creamed vegetables.
II. stuing *(mar)* stowing.
stukk stucco.
stukkatur stucco (work).
stulle *(vb): ~ omkring* potter about.
stum mute, dumb, speechless; *(som ikke uttales)* mute, silent.
stum|film silent (film). **-het** dumbness, muteness.
I. stump *(subst)* stump, fragment; *(rest, levning)* scrap, remnant; *(sigarett-)* stump, stub; **T** fag-end; *en hyssing-* a piece of string; *slå i -er og stykker* knock to pieces, smash; *redde -ene* save something out of the wreck, pick up the pieces.
II. stump *(adj)* blunt, dull; *(vinkel)* obtuse; *(kjegle)* truncated.
stumpevis bit by bit.
stump|halet short-tailed. **-het** bluntness. **-nese** snub nose. **-neset** snub-nosed.
stumtjener hat-and-coat stand.
stund while; *ledige -er* odd moments; *enda en ~* a while longer; *en liten ~ etter* after a little while, soon after(wards), shortly afterwards; *om en liten ~* in a little while; *all den ~ ...* considering ..; seeing that ...
stundesløs restless, fussy.
stundimellom occasionally.
stundom sometimes, at times.
stup 1. cliff, precipice, sheer drop; **2***(svømming)* dive; *rett ~* high *(el.* plain) dive; *kunst-* fancy dive; *svikt-* spring dive; *baklengs ~* back dive.
stupbratt precipitous.
stupbrems *(på fly)* air brake, dive brake.
stupe *vb (i vannet)* dive, plunge *(fx* into the water); *~ kråke* turn a somersault; *~ på hodet ut i vannet* plunge head foremost into the water; take a header: *(se også falle).*
stupebrett diving board; *10-meteren* the ten-metre board.
stupid stupid.
stupiditet stupidity.
sture *(vb)* mope. **-n** *(adj)* moping, sad.
stuss 1*(hår-)* (hair) trim; **2***(tekn)* connecting piece; end piece; pipe stub.
I. stusse *(vb)* trim *(fx* a hedge, a horse; have one's hair trimmed); crop *(fx* the mane of a horse); *~ et tre* prune a tree.
II. stusse *(vi)* be astonished, be startled; be taken aback; *dette beløpet fikk meg til a ~* this sum made me wonder; *~ over noe* **T** prick up one's ears at sth; *jeg har også -t litt ved postene X og Y* I was also a little surprised by items X and Y.
stusslig empty, sad.
stut bullock; ox; *(skjellsord)* boor, oaf.
stutteri stud farm.
stygg 1*(ubehagelig)* bad, nasty *(fx* habit, sight); ugly *(fx* wound, weather); foul *(fx* foul weather); **2***(slem)* naughty; bad; **3***(om utseende)* ugly *(fx* an ugly face); *en ~ ulykke* a bad accident; *det ser stygt ut* it looks bad; *det var stygt gjort* that was a dirty trick; *det var stygt av ham* that was mean of him; *være ~ mot en* be mean to sby; *han er ~ til å ...* he has a bad habit of (-ing); *snakke stygt (ɔ: bruke skjellsord)*

S

use bad language; *jeg er stygt redd for at* I'm really afraid that; *(se lakk).*
stygge|dom horror, abomination; devilry. **-lig** *(adv)* badly; *ta ~ feil* be grievously mistaken.
stygghet ugliness.
stygging ugly fellow, scarecrow.
stygg|sint furious. **-vær** bad *(el.* foul) weather.
I. stykke 1. piece *(fx* a piece of paper, cake, chalk, string, wood); bit *(fx* a bit of string); part *(fx* go part of the way on foot; part of the territory was annexed); *(stump, bruddstykke)* fragment, (broken) piece, scrap; *(av tale, sang)* snatch *(fx* a s. of a song); *(skive)* slice *(fx* a s. of bread, cake, melon); cut *(fx* a cut off the joint); *(tekst-)* passage; **T** bit;
2*(oppsett, avisartikkel)* piece *(fx* there is a p. about it in the paper); article; *(lese-)* passage *(fx* 30 passages have been selected);
3*(vei-)* distance *(fx* he lives a short d. away); way *(fx* the boy could only swim a little way);
4*(regne-)* problem; *(addisjons-)* sum;
5*(mus)* piece;
6*(skuespill)* play; **T** piece;
7*(i samling)* piece *(fx* the finest p. in the collection);
8*(jordlapp)* patch *(fx* a potato p., a p. of rye);
9*(henseende)* respect *(fx* in that r.);
et ~ (om avstand) some distance; *bilen stoppet et ~ borte i veien* the car stopped some way along the road; *han bodde et ~ fra X* he lived at some distance from X; he lived not far from X; *et godt ~ (om avstand)* a considerable distance, a good way *(el.* distance); *veien fulgte dalen et godt ~* the road followed the valley for some considerable distance; *et godt ~ borte (el. herfra) (også)* a good way off; *det er enda et godt ~ til stasjonen* it is still a good way (to go) to the station; the s. is still a good way off; *et lite ~* a short *(el.* little) way *(el.* distance) *(fx* a little way from X); *et lite ~ fra X (også)* a short distance from X; not far from X; *jeg fulgte ham et lite ~ på hjemveien* I walked part of the way back *(el.* home) with him; *(se også sitte: ~ på); han bestemte seg for å gå et (lite) ~ til* he decided to walk a little further; *hun bor et lite ~ unna* she lives a short distance away; *huset står et ~ unna veien* the house stands back from the road; the h. stands at some distance from the road; *et pent ~ arbeid* a neat *(el.* fine) piece of work; *et ~ kopperträd* a length of copper wire; *50 -r kveg* 50 head of cattle; *et ~ sukker* a lump *(el.* cube) of sugar; *hva får vi høre om i dette -t? (under eksaminasjon)* what's this story (,**T:** this bit) (all) about? *(stivt)* what do we hear about in this story? *et ~ ute i fortellingen* towards the middle of the story; **gå i -r** break, go to pieces, fall *(el.* come) to pieces; *(i to -r)* break in two, come in half; *noe gikk i -r i ham (fig)* sth broke in him; *glass går lett i -r* glass breaks easily; *motoren har gått i -r* the engine has broken down; **rive i -r** tear to pieces *(el.* to bits), tear up; **slå i -r** break, break to pieces, smash (up), smash to pieces; *(ved å la det falle)* break *(el.* smash) (sth by dropping it); *bli slått i -r (også)* break up *(fx* the wreck will soon break up); **være i -r** be broken, be damaged, be out of order; *klokka er i -r* the watch won't go, the w. is out of order *(el.* is damaged); *en klokke som er i -r* a watch that won't go, a broken w.; *skrivemaskinen er i -r* the typewriter is damaged *(el.* out of order); *stolen er i -r* the chair is broken *(el.* damaged); *radioen vår er i-r* **T** our radio has packed up *(el.* conked out); **US** our radio has gone on the blink; *pr. stk. (fk. f. ~)* apiece, each; *når det kommer til -t* when it comes to the crunch; when all is said and done; after all; when it gets down to brass tacks; *(jvf I. støkke).*
II. stykke *(vb): ~ opp* split up, divide; *~ ut* parcel out *(fx* land).
stykkevis by the piece, piecemeal.
stykkgods general cargo.
stykkgodsfart general cargo trade.
stylte *(subst)* stilt; *gå på -r* walk on stilts.
stymper poor devil, poor wretch.
stymperaktig wretched.
I. styr *(støy, uro)* hubbub; *holde ~* have a lark, romp, make fun; *er du helt på ~?* are you out of your mind?
II. styr: *gå over ~* come to nothing; *sette over ~* squander, squander away, run through; *holde ~ på* keep in check; *jeg kan ikke holde ~ på alle disse tallene* I keep getting all these figures mixed up.
styrbar capable of being steered; dirigible, guided *(fx* a g. missile).
styrbord *(mar)* starboard; *~ med roret!* starboard the helm! *om ~* on the s. side.
I. styre *(på sykkel)* handlebars; *(ledelse)* rule, management; *(direksjon)* board of directors; *(i forening)* executive committee; *i -t* on *(el.* a member of) the board, on the committee; *valg av ~* election of (executive) committee; election of officers; *bli valgt inn i -t* be elected to the committee; *stå for ~ og stell* be at the head of affairs.
II. styre *(vt)* **1.** steer; *(lede)* direct, guide, conduct, manage; **2***(beherske)* rule, control; *~ etter* steer by *(fx* the stars); *~ en kurs* steer a course; *~ mot* make *(el.* head *el.* steer) for; *skipet -r mot havn* the ship is heading for a port; *~ rett mot noe* head straight for sth; *~ utenom noe* steer round sth, avoid sth; *hun -r huset* she runs the house; *~ sitt sinne* control one's anger; *-r akkusativ* governs *(el.* takes) the accusative.
styre|apparat steering gear. **-arm** steering drop arm. **-egenskaper** *(pl)* steering characteristics. **-fart** steerage way. **-form** system of government. **-formann** chairman; *(se fratredende).* **-hus** *(mar)* wheel house. **-ledd** *(tekn)* steering joint. **-leie** *(tekn)* pilot bearing.
styrelse: *ved forsynets ~* by an act of Providence, thanks to Providence.
styre|medlem committee member, executive member *(fx* e. m. of the engineering union), officer, member of the board; board member; *(se I. styre).* **-møte** committee meeting; directors' meeting; board m. **-protokoll 1.** minute book; **2.** minutes of a board meeting.
styrer ruler, director; *(ord-)* chairman *(fx* of a meeting).
styreskinne guide rail.
styre|snekke *(tekn)* steering worm. **-stag** *(tekn)* steering rod, drag link.
styrevalg election of (executive) committee; e. of officers; election of directors.
styrevedtak resolution by the committee *(el.* board); *ifølge -et* in accordance with the committee's resolution *(el.* decision).
styring *(mar)* steering; *miste -en* lose control *(på* of); *(se også slark).*
styringsplakaten *(mar)* Regulations for Preventing Collisions at Sea; *(ofte omtalt som)* the Rules of the Road (at sea).
styringsverk (the) administration, government.
I. styrke *(subst)* strength; *(vindens, krigs-)* force; *hun brukte all sin ~* she put out all her strength; *gi ny ~* give fresh strength; *prøve ~ med en* try one's strength against sby; *han har ikke sin ~ i latin* Latin is not his strong point.

II. styrke *(vb)* strengthen, fortify.
styrkende bracing (*fx* the bracing mountain air); invigorating (*fx* air; climate); fortifying (*fx* drink); ~ *middel* tonic.
styrkeprøve trial of strength; test.
styrmann *(mar)* mate; *annen-* third *(,før 1960:* second) mate; *(på større skip)* third *(,før 1960:* second) officer; *første-: se førstestyrmann & overstyrmann.*
styrmannseksamen mate's examination.
styrmannssertifikat mate's certificate.
I. styrt *(dusj)* shower (bath).
II. styrt *(forhjulenes)* camber (of the front wheels).
styrte *(vi)* fall down, tumble down; *(om fly)* crash; *(fare)* dash, rush; *(vt)* overthrow (*fx* a government); ~ *en diktator (også)* topple a dictator; ~ *en i fordervelse* bring about sby's ruin; ruin sby; ~ *et land ut i krig* plunge a country into war; *han -t med hesten* the horse fell with him; *regnet -t ned* the rain poured down; ~ *seg over* fall upon; ~ *sammen* fall *(el.* tumble) down.
styrte|gods bulk cargo. **-renne** shoot, chute.
styrt|regn heavy downpour, pouring rain. **-regne** *(vb): det -r* it's pouring down; it's coming down in sheets *(el.* buckets); it's raining (in) buckets. **-rik:** *være* ~ be rolling in money, have tons of money. **-sjø** heavy sea, breaker.
styrvol: *se rorpinne.*
styver *(nese-)* punch on the nose.
I. stær *zool (fugl)* starling.
II. stær *med. (øyensykdom): grønn* ~ glaucoma; *grå* ~ cataract; *operere for* ~ couch a cataract.
stærblind purblind.
stærkasse starlings' nest box.
I. stø *subst (båt-)* landing place; *(se også ryggstø).*
II. stø *(adj)* steady; *han er rolig og* ~ he has a quiet and steady manner; *bordet står ikke -tt* the table is not *(el.* does not stand) firm.
støkk start, shock; *sette en* ~ *i en* give sby a turn (*fx* the news gave me quite a turn); *sette en* ~ *i ham* (ɔ: *skremme ham)* **T** *(også)* put the wind up him.
I. støkke S: *et bra* ~ a bit of jam, a (little) bit of all right; *(se kjei).*
II. støkke *(vb)* give a start; *det støkk i ham* he gave a start.
I. støl *(subst): se seter.*
II. støl *(adj)* stiff; muscle-bound; *stiv og* ~ very stiff indeed; *(se myke:* ~ *opp).*
stønn moaning, groaning, moan, groan.
stønne *(vb)* moan, groan.
støp cast; *(sats)* concrete mix.
støpe *(vb)* cast; *(i en form)* mould; *(i betong)* concrete (*fx* a floor); pour (concrete); *pilarene vil bli støpt på stedet* concrete for the pillars will be poured on the site; ~ *grunnmur* build *(el.* lay) the foundations of a house; ~ *en trapp opp til huset (ofte)* build a flight of steps up to the house; *sitte som støpt* fit like a glove.
støpearbeid concrete work.
støpe|form mould; **US** mold. **-gods** castings *(pl).* **-jern** cast iron.
støper caster, founder.
støperi foundry.
støperiindustri foundry *(el.* founding) industry.
støpeskje casting ladle; *afrikanernes livsstil og tenkesett er i -en* the Africans' way of life and thinking are in the melting pot.
støpestål cast steel.
støpning casting, founding; pouring; *av en annen* ~ *(fig)* of a different cast; *heltinner av den* ~ heroines of that cast.
støpsel *(elekt)* plug (*fx* a three-pin plug); *dobbelt-* (plug) adapter.
stør *(fisk)* sturgeon.
størje *(fisk)* tunny.
størkne *vb (om sement)* set, harden; *(om blod)* coagulate, congeal.
større *(komp. av stor)* **1.** larger, bigger, greater, taller *(,etc; se stor);* **2***(ganske stor)* largish, biggish, good-sized, fair-sized; considerable (*fx* a considerable number, a c. sum, a c. part of the country); substantial (*fx* amount, figure, sum); big (*fx* business, sum); major (*fx* undergo a m. operation; we are not strong enough to take part in a m. war); large-scale (*fx* investments, military operations); **3.** *adv (= meget)* much (*fx* he doesn't much care); *av* ~ *betydning* of major importance; *ikke av* ~ *betydning* of no great importance; *bli* ~ *(om person)* grow, grow taller; *(øke)* increase; grow larger; *(om kløft, etc)* widen, be widening (*fx* an ever widening circle; the gap widened); *en* ~ *del av* a large part of, a major p. of; *være født (,bestemt) til noe* ~ be born (,destined) for higher things; *gjøre* ~ make greater, increase, add to (*fx* this added to my difficulties); *gjøre en* ~ (ɔ: *få til å se* ~ *ut)* make sby look taller, add to sby's height; *en* ~ *kunde* a big *(el.* important) customer; ~ *mengder (også)* quantities (*fx* we can deliver q.); *en* ~ *ordre* a large *(el.* substantial *el.* good-sized) order; *en* ~ *remisse* a substantial remittance; *ikke noe* ~ not much; nothing much (*fx* I did not eat much for breakfast; I had nothing much to complain of); *jeg går ikke noe* ~ (ɔ: *ikke så ofte) i teatret* **T** I'm not much of a playgoer; *det er ikke noe* ~ it is no great matter; it is nothing of importance; it is nothing very much; *det er ikke noe* ~ *ved ham* he is not much good; he is not up to much; **T** he's no great shakes; *uten* ~ *vanskelighet* without much difficulty; *i* ~ *og* ~ *utstrekning* to an ever-increasing extent; *vise* ~ *iver enn noensinne før* be more zealous than ever; redouble one's zeal; *være* ~ *enn* be greater (,larger, *etc)* than; exceed (*fx* the assets exceed the liabilities); be in excess of; *(om antall, også)* outnumber; *(se også stor & størst).*
størrelse 1. size; **2***(om noe som opptar plass)* bulk (*fx* the b. of the parcel; its large (,small) b.); **3***(omfang)* extent (*fx* the e. of the damage); volume (*fx* the v. of sales depends on advertising; the v. of exports); **4***(pengebeløp)* amount (*fx* the a. of my expenses); *(ofte =)* figures (*fx* the f. for the export trade); *(aksjes, pengeseddels)* denomination; **5***(mat.)* quantity (*fx* a mathematical q.); **6***(format)* size, format; *av en* ~ of a size; *av middels* ~ medium-sized; *av* ~ *som* (of) the size of, about the size of; *av passende* ~ of a suitable *(el.* reasonable) size; *etter -n* according to size; *i full* ~ (in) full size; *portrett i hel* ~ full-length portrait; *i naturlig* ~ full size (*fx* drawn f. s.), as large as life, life-size; *på* ~ *med* the size of (*fx* it's the size of an egg); *han er omtrent på min* ~ he is about my size; *vi brukte samme* ~ *i skjorte* we took the same size (in) shirts; *jeg bruker* ~ *nr. 6 i hansker* I take sixes in gloves; *sko i* ~ *nr. 5* size five shoes; *stor* ~ *(om klær)* large size, outsize (*fx* outsize jackets, shoes); *en vinkels* ~ the size of an angle.
størrelsesforhold proportions; *tegningen viser ikke de faktiske* ~ the drawing does not indicate the actual proportions.
størrelsesorden size; ... *vil dekke kravene til et oppslagsverk i denne* ~ will satisfy the requirements of a reference book of this size.
størst *adj (se stor)* largest, biggest, greatest, tallest, maximum, maximal; *av den aller -e betydning* of prime *(el.* supreme) importance; *den*

-e (av to) the larger (,bigger, *etc*); *i den -e fare* in the utmost danger; *den -e forbauselse* intense surprise, the utmost s.; *til hans -e forbauselse (også)* to his utter s.; *med den -e fornøyelse* with the greatest pleasure; *med den -e letthet* with the greatest ease; *den -e interesse* the greatest (*el.* highest (*el.* most profound) interest; ~ *mulig* as large (,*etc*) as possible; *i ~ mulig utstrekning* to the greatest possible extent; ~ *mulig effektivitet* the maximum of efficiency; *(se også stor & større).*

største|delen: ~ *av* **1***(med entallssubst)* most of, the greater part of, the major part of, the bulk of *(fx* the population), the better *(el.* best) part of *(fx* his fortune); **2***(med flertallssubst)* most of, the greater part *(el.* number) of; *for* ~ for the most part; mostly. **-parten** *se størstedelen.*

støt push, thrust; *(med hodet)* butt; *(med dolk)* stab; *(ved sammenstøt & fig)* shock, blow; *(av vogn)* jog, jolt; *(elekt)* electric shock; *(vind)* gust, puff; *(i trompet)* blast; *avverge -et* ward off the blow; *korte ~ (pl) (i tlf)* pips *(fx* the pips go); *langt ~ (i fløyte)* prolonged blast; *(se også støyt).*

støtdemper shock absorber.

støte *vb (puffe)* push, thrust; *(fornærme)* offend, hurt; *(virke støtende på)* jar on; *(i morter)* pound, pestle; *(om gevær)* kick, recoil; *(om skip)* strike bottom, ground; *bli støtt* be offended, take offence; ~ *an* offend; *bli støtt over noe* take offence at sth; ~ *på* run into, come upon; ~ *sammen* collide; ~ *til (uhell, etc)* happen, supervene.

støtende *(fig)* offensive, objectionable; jarring.

støter *(i morter)* pestle.

støtfanger bumper.

støtfanger|arm bumper arm. **-horn** overrider. **-skinne** bumper bar.

støtpute buffer.

støtsikker *(fx om ur)* shock-proof.

støtstang *se ventilløfter.*

støtt *(stadig)* always, constantly; *(se II. stø).*

støttann *(zool)* tusk.

I. støtte *(subst)* support, prop; *(søyle)* column, pillar; *(billed-)* statue; *(stiver)* prop, support; *dette har ~ i virkelige forhold* this is borne out by actual facts; ~ *til utdanningsformål* education grant; training grant; *trykt med ~ fra* printed on a grant from.

II. støtte *(vb)* support, sustain, prop *(el.* shore) up, stay; *(fig)* back up, bear out; ~ *seg på (el. til)* lean upon *(el.* against); *(fig)* rely on.

støttebandasje supporting bandage, elasticised bandage.

støttefag [subsidiary subject for master's degree].

støttehåndtak *(for medpassasjer)* grab handle.

støttelån *(fin)* support loan.

støttepunkt point of support.

støttevev *(anat)* connective tissue; *(se vev 2).*

støttone *(fon)* glottal catch *(el.* stop).

støttropper *(pl)* shock troops.

støtvis by fits and starts; *(om vind)* in gusts.

støv dust; *hun har ~ på hjernen* she's got dust on the brain; *tørke* ~ dust; *virvle opp* ~ raise (the) dust; stir up (a lot of) dust; *(fig)* raise *(el.* make *el.* kick up) a dust; cause a great stir.

støv|bærer, -drager *(bot)* stamen.

støve *(vb)* raise (the) dust; ~ *av* dust; ~ *opp* track down *(fx* game); ferret out.

støve|klut duster. **-kost** duster, dusting brush.

støvel boot; *høye støvler (politi-, militær-)* jackboots; *dø med støvlene på (fig)* die in harness; die with one's boots on; *slå ned i støvlene (i konkurranse)* **T** beat hollow, beat all to nothing, beat into a cocked hat, lick.

støver *(zool)* hound; *en ~ til å ... (fig)* very good at (-ing).

støvet dusty, covered with dust.

støv|frakk dust coat. **-grann** speck of dust, dust particle. **-knapp** *(bot)* anther. **-lett** ankle boot. **-plage** dust nuisance; *bekjempelse av -n* dust abatement. **-regn** drizzling rain, drizzle. **-sky** cloud of dust, dust cloud. **-suger** vacuum cleaner. **-tråd** *(bot)* filament. **-vei** *(bot)* pistil.

støy noise; *lage* ~ make a noise; *(jvf bråk).*

støybegrenser (TV) noise suppressor.

støye *(vb)* make a noise; *(jvf bråke).*

støyende noisy, boisterous; *(se lystighet).*

støyfilter *(elekt)* static filter; reducer.

støyforurensende noise-polluting.

støykulisse *(teater, film)* sound effects.

støyskjerm (motorway) noise baffle.

støyt *(drikk)* drink; *ta seg en* ~ have a drink; **T** wet one's whistle; *ta -en* take one's medicine, take the rap *(fx* he let her take the rap); **T** carry the can; face the music; *jeg har skylden for alt, så nå får jeg ta -en* I'm to blame for everything and I must take what's coming to me; *(se også støt).*

I. stå *(subst): gå i* ~ come to a standstill *(fx* matters have come to a s.; the conference came to a s.), break down *(fx* negotiations have broken down), fail *(fx* all our plans have failed); come to a halt *(fx* the advance of the army has come to a halt); *(om urverk, etc)* run down; *(i tale, etc)* **T** be stuck, get stuck; *(om motor)* stop, fail, stall; **T** conk out; *ha gått i* ~ be at a standstill; *forhandlingene har gått i ~ (også)* (the) negotiations have reached a deadlock; *holde på å gå i ~ (også)* flag *(fx* the conversation flags; the whole campaign is flagging); *gå helt i* ~ come to a dead stop.

II. stå *vi* **1.** stand *(fx* I could hardly s.; I have been standing all day); stand up; *(det) å ~ lenge om gangen* standing for long periods;

2*(befinne seg, være)* be *(fx* the box is on the table; there is a big tree in front of the house); stand *(fx* in a corner stood a bookcase; the cups s. on the shelf); *(forbundet med «og» + et annet vb)* be (doing sth), stand (doing sth), stand and (do sth) *(fx* he was looking at the church; I stood looking at him; I stood for a while and looked at the building; don't stand there gaping!); *(forbundet med «og» + «skulle» = skulle nettopp til å)* be about to *(fx* we were about to wash up); be on the point of *(fx* I was on the point of leaving for London);

3*(om slag)* be fought *(fx* the battle was fought here);

4*(være oppført på liste, etc)* be *(fx* he is not on the list); stand *(fx* he stands first on the list);

5*(om kort)* be good *(fx* the nine is good);

6*(for en som skal hoppe bukk)* make a back *(for en* for sby);

7*(til eksamen)* pass (in) the examination; pass;

8*(være uvirksom)* be idle *(fx* all the machines are i.), be at a standstill; *en motor som -r (flyv)* a dead engine;

[*A: forskj. forb.; B: forb. med prep & adv; C: med «seg»*].

A [*Forskjellige forb*] ~ *alene* stand alone *(fx* no man is strong enough to stand alone); be alone *(fx* I was alone in the world); ~ *anklaget for mord* stand accused of murder; ~ *brud* be married; *når skal bryllupet ~?* when is the wedding to be? **den** *som -r (i gjemsel)* the blind man; **det** *-r at (i bok, brev, etc)* it says that; *det -r i avisen at* it says in the paper that; *det -r i avisen* it is in the paper; *det -r ikke noe om det i brevet* there is nothing about it in the letter; *mønstret -r ikke i katalogen* the pattern is not shown in the catalogue; *mitt navn må ikke ~ på kassene* my name must not appear on the cases; *et hus hvor det sto «lege» på porten* a house where it said' 'doctor'' on the gate; a h. which had the word doctor on the gate; *hva -r det på skiltet?* what does it say on the signboard? **døra** *-r ikke hele dagen* **T** people are in and out all day; *det hele -r og* **faller** *med ham* it all depends on him; *(om hovedperson i foretagende, også)* he is the kingpin of the whole undertaking; *det hele -r og faller med været* the success *(fx* of the picnic, *etc)* turns on the weather; *vi -r og faller med hverandre* we stand or fall together; ~ **full** *av* be full of *(fx* the ditch was full of water); be filled with; *kom som du -r og* **går** come as you are; *de klærne jeg -r og går i* the clothes I stand up in; **la** *noe ~* let sth stand *(fx* let the bottle s. in the sun); leave sth *(fx* you must not leave your bicycle in the rain); *(ikke stryke ut)* leave sth, keep sth; *la det ~* leave it; *han lot ordet ~ (strøk det ikke ut)* he left the word in; he kept *(el.* retained) the word; *la deigen ~ natten over* allow the pastry to rest overnight; ~ **oppreist** stand up; ~ **parat** stand *(el.* be) ready *(til noe* for sth); *hvordan -r* **regnskapet**? *(kort, etc)* what's the score (now)? *hans* **rekord** *-r ennå* his record still stands; *hans* **sak** *-r dårlig (jur)* he has no case; he hasn't (got) a leg to stand on; *se hvordan sakene -r* see how matters stand; *slik -r saken* that is how matters stand; *slik som saken nå -r* as things are now; in the present state of things; as the case now stands; as things are (now); as it is; **T** the way things are; ~ **vakt** stand guard;

B [*Forb. med prep & adv*] ~ **bak** stand behind; *(støtte)* support, back up, stand behind *(fx* the whole nation stands behind the Government); *(være den som trekker i trådene)* be behind *(fx* who is b. this movement?); be at the bottom of *(fx* he is at the b. of all this); *adverbet -r bak verbet* the adverb comes after *(el.* is placed behind) the verb; *firmaet -r* **dårlig** the firm is in a bad way; *han -r dårlig (fig)* he is in a weak position; *(se A: hans sak -r dårlig); så det -r* **etter** with a vengeance; **T** like anything; ~ **fast** stand firm; *(fig)* stand firm *(el.* fast), be firm; **T** dig one's toes in; *(se også ndf: ~ på sin rett);* ~ **for 1***(symbolisere)* stand for; **2***(forestå)* be in charge of *(fx* the arrangement, the house); **3***(stå i spissen for)* be at the head of; **4***(vise seg for ens indre): ~ for en* be before sby *(fx* his cold eyes are still before me); be present to sby's mind *(fx* the dream is still vividly p. to my mind); haunt sby *(fx* the dreadful spectacle will haunt me as long as I live); **5***(forekomme): det -r for meg at* ... I seem to remember that ...; it seems to me that ...; *det sto for meg som den lykkeligste dag i mitt liv* it seemed to me the happiest day of my life; **6***(motstå): han kunne ikke ~ for henne* he could not resist her; he fell for her; *~ for en nøyere undersøkelse* bear a close examination; ~ **foran** *noe* stand in front of sth; *(i tid)* be on the brink of sth *(fx* war); be on the eve of sth *(fx* of a revolution); face *(fx* they are facing a major war); *når det -r vokal foran* when preceded by a vowel; *men hvem vil ~* **fram** *og si det?* ... but who will stand up and say so? ~ **fritt** have a free hand; be a free agent *(fx* I am not entirely a free agent); *det -r deg fritt om du vil gjøre det eller ei* you can decide for yourself whether you will do it or not; *la saken ~* **hen** let the matter stand over; *det spørsmålet må vi la ~ hen* we must leave the question open for the present; *om det er sant eller ei, får ~ hen* whether it is true or not must remain undecided; *det -r hos* *Shakespeare* the quotation comes from Shakespeare; *sola -r* **høyest** *kl. 12 middag* the sun is highest at noon; ~ **høyt** stand high, be highly developed; *aksjene -r høyt* the shares are at a premium; *deres kultur sto høyt (også)* they were at a high level of civilization; *~ høyt i folks aktelse* stand high in popular esteem; *sola sto høyt på himmelen* the sun was high in the sky; *vannet sto fem fot høyt* the water was five feet deep; ~ **i** *(om kurs)* be at, be quoted at; *kjøpe for £2 noe som opprinnelig sto i £4* buy for £2 what was originally priced at £4; *(om penger: være investert i)* be (invested) in; *(om gram form)* be in *(fx* the plural); *han har mye å ~ i* he is very busy; he has a lot on; he has a great deal to do; he has his hands full; *~ i med en pike* carry on with a girl; *~ i veien for en* stand in sby's way; *-r jeg i veien for Dem? (ɔ: slik at De ikke kan se)* am I blocking your view? *verbet -r i flertall* the verb is in the plural; ~ **igjen** *(gjenstå)* be left, remain *(fx* how much is there left?); *de varer som -r igjen på tidligere ordrer* the goods left over from previous orders; *de poster som -r igjen (ubetalt)* the unpaid *(el.* outstanding) items; the items that remain unpaid; *mye -r igjen (fig)* much remains to be done; ~ **imot** resist; *få noe å ~ imot med* fortify oneself; *valget -r* **mellom** *A og B* the choice lies between A and B; *han -r* **midt** *i livet* he leads an active life; *interessene sto steilt* **mot** *hverandre* interests were sharply opposed; *påstand -r mot påstand* there is a conflict of evidence; *(to ville ha vinduet lukket, to åpent), så der sto de da to mot to* so there they were, two all; *de -r tre mot to* they're three (to) two; ~ **ned** *en liten bakke (ski)* ski down a short slope; *~ rett ned en bratt kneik* ski straight down a steep slope; ~ **opp** *(reise seg)* stand up, get up, rise (to one's feet), get on one's feet; *(av sengen)* get up, rise *(fx* r. with the sun); get out of bed; *han har ikke -tt opp ennå* he is not up yet; *~ opp fra de døde* rise from the dead; *~ sent opp* get up late; *(vanemessig)* be a late riser; *jeg er ikke videre glad i å ~ opp tidlig* I don't like getting up early; **T** I'm not much of a one for getting up early; ~ **over 1***(overvåke)* stand over *(fx* if I don't stand over him he does nothing); **2***(ha en høyere stilling)* be above *(fx* he's above me in rank); rank above *(fx* a colonel ranks above a captain); be senior to *(fx* sby); *~ over en (også)* be sby's senior; **3***(være bedre enn)* be superior to; ~ **overfor** be faced with, be confronted with, face *(fx* if we do that we shall have to face another difficulty); be confronted by *(fx* I am c. by many difficulties); be faced by *(fx* we are faced by the necessity of reforming the whole school system); *de vanskeligheter vi -r overfor (også)* the difficulties confronting us; *jeg -r overfor et alvorlig problem* I am up against a serious problem; *det virkelig store problem vi -r overfor er at ... (også)* the major problem confronting us is that...; *man må forestille seg at man faktisk -r overfor dette problemet* one has to imagine oneself actually faced by this problem; ~ **på** *(om radio, etc)* be on, remain on; *(gå for seg)* be going on, be proceeding, be in progress; *(henge i)* keep at it; *(vare)* last; *mens det sto på* while it lasted; *det -r på ham* it depends on him; it rests *(el.* lies) with him; *ja, det er bare å ~ på, det! (ɔ: henge i)* **T** yes, it's just a matter of keeping at it! *det skal ikke ~ på 'det* never mind about that; that need be no obstacle; *det skal ikke ~ på meg (ɔ: jeg skal gjøre mitt)* I shan't fail to do my share; *han kan ikke ~ på det vonde benet sitt* he can't stand *(el.* walk) on his sore foot;

~ *på hendene* do handstands; ~ *som på nåler* be on tenterhooks; ~ *på sin rett* insist on one's right(s); stick up for one's right(s); claim one's right(s); ~ *på sitt* be adamant; **T** stick to one's guns; ~ *fast på sitt krav* stand *(el.* hold) out for one's claim (,demand); stick up for one's claim (,demand); *(se ndf: ~ fast ved); ~ på ski* ski; ~ *på spill* be at stake, be involved; *viseren -r på tre* the hand points to three; ~ **sammen** stand together; *vi må ~ sammen* we must stick together; ~ **stille** stand still; *(fig, også)* stagnate; *(om kjøretøy)* be stationary, be at a standstill; ~ **sterkt** be in a strong position; be on strong ground; *(jur)* have a strong case; ~ **til** *(passe til)* go well with, harmonize with; *(m.h. t. karakter, etc)* stand to get; *han -r til 2,0 (også)* he has a 2.0 coming to him; *hvis det sto til ham* if he had his way; *det -r dårlig til med ham* he is in a bad way; *la det ~ til (fig)* take the plunge; take the risk *(el.* chance); *(være likeglad)* let things drift *(el.* slide); let matters take their course; *det -r til deg å ...* it's up to you to ...; *hvordan -r det til (med deg)?* how are you? *hvordan -r det til hjemme?* **T** how are things at home? *(takk,) det -r til liv! (spøkef)* I'm surviving! I'll survive! ~ **tilbake***(i utvikling)* be backward; *tilbake -r den kjensgjerning at* the fact remains that; *ikke ~ tilbake for noen* be second to none; *veien -r* **under** *vann* the road is under water; *beløp som -r* **ute** outstanding accounts; *vi kan ikke la disse beløpene ~ ute på ubestemt tid* we cannot allow these accounts to stand over indefinitely; *varene har -tt ute i regnvær* the goods have been left out in the rain; ~ **ved** stand by *(fx* I stand by what I have said; s. by one's promise); *jeg vil ikke si mer enn jeg kan ~ ved* I don't want to say more than I can vouch for; *vi kan derfor ikke ~ fast ved den prisen vi nevnte for Dem ...* for this reason we cannot keep to *(el.* maintain *el.* abide by) the price we mentioned to you ...;

[*Forb med «seg»*] ~ *seg i konkurransen* stand one's ground, hold one's own; ~ *seg godt med en* be on good terms with sby; *kunne ~ seg mot en* be a match for sby; *du kan ikke ~ deg mot ham* you are no match for him; ~ *seg på å ...* gain by (-ing); *du -r deg på å være overbærende med ham* it will pay you to be patient with him; *man -r seg best på å ...* it pays to; *(se uimotsagt).*

stående standing; *et ~ uttrykk* a set phrase; *bli ~* remain standing; *bli ~ ubetalt* remain unpaid; *bli ~ ved (bestemme seg for)* decide on, decide in favour of; *han ble ~ ved døra* he stopped at the door; *(se fot).*

ståhei T row, hullabaloo; fuss; *stor ~ for ingenting* a lot of fuss over a trifle; *(jvf bråk; ståk).*

ståk din, noise; fuss; *i -et og lystigheten på markedsplassen* in the bustling gaiety of the fairground; *(se ståhei).*

ståkarakter pass mark (*,om bokstavkarakter:* grade); **US** passing grade.

ståke *(vb)* make a noise; bustle, fuss.

ståkort *(kort)* winning card, master card.

stål steel; *rustfritt ~* stainless steel.

stålampe standard lamp, floor lamp; *(mots. hengelampe)* standing light.

stål|grå steel-grey. **-hjelm** steel helmet; **T** tin hat. **-legering** compound steel. **-orm** *(zool)* slow worm, slowworm; **US** blindworm. **-plate** steel plate. **-produksjon** steelmaking, steel production. **-rør** steel tube. **-rørsmøbler** *(pl)* tubular steel furniture. **-tråd** (steel) wire. **-trådgjerde** wire fence; *sette ~ rundt* wire off *(fx* a corner of the garden is wired off). **-ull** steel wool. **-verk** steelworks *(sing).* **-visp** spiral whisk.

ståplass standing place.

subb refuse; waste.

subbe *(vb)* sweep; *(med bena)* shuffle; ~ *inn penger* rake in money.

subbus quarry dust *(el.* waste).

subjekt *(gram)* subject; *foreløpig ~* provisional subject.

subjektantyder *(gram)* formal subject; **US** anticipatory subject.

subjektiv subjective. **-itet** subjectivity.

sublim sublime.

sublimat sublimate.

sublimere *vb* **1***(psykol)* sublimate; **2***(kjem)* sublime, purify, refine.

subordinasjon subordination.

subordinere *(vb)* subordinate.

subsidier *(pl)* subsidies.

subsidiere *(vb): ~ en* subsidize sby.

subsidiær subsidiary; *-t* alternatively.

subskribent subscriber.

subskribere *(vb)* subscribe *(på* to).

subskripsjon subscription.

subskripsjonsinnbydelse prospectus.

subskripsjonsliste list of subscribers.

substans substance.

substansiell substantial.

substantiv *(gram)* noun, substantive. **-isk** substantive, substantival.

substituere *(vb)* substitute.

substitusjon substitution.

substitutt substitute.

substrat 1. substrate; **2***(språkv)* substratum.

subtil subtle.

subtrahend *(mat.)* subtrahend.

subtra|here *(vb)* subtract. **-ksjon** subtraction.

Sudan *(geogr)* the Sudan.

sudaneser Sudanese.

sudanesisk Sudanese.

Suderøyene *(geogr)* the Hebrides.

Suezkanalen the Suez Canal.

suffiks *(gram)* suffix.

suffisanse self-importance, arrogance.

suffisant self-important, arrogant.

sufflere *(vb)* prompt.

sufflør prompter.

sufflør|bok promptbook. **-kasse** prompt(er's) box.

suffløse prompter.

sug suction; *han hadde (el. følte) et ~ i magen (el. mellomgulvet)* he had a sinking feeling *(el.* sensation); **T** he had butterflies in the stomach.

suge *(vb)* suck; *dette har han neppe -t av eget bryst* surely that wasn't his own idea? he surely can't have made that up himself; *har du -t dette av eget bryst?* have you thought of it all by yourself? ~ *i seg, ~ til seg* suck in, absorb; ~ *opp* suck up; ~ *på labben (fig)* tighten one's belt, live on nothing; ~ *seg fast* stick on, cling, adhere (by suction); ~ *seg fast til (om blodigle, etc)* fasten on to, cling to.

sugende: *ha en ~ fornemmelse i magen* have a sinking feeling *(el.* sensation); **T** have butterflies in the stomach.

suge|rør suction pipe; *(til drikk)* straw. **-skål** sucking disc. **-snabel** *(zool)* haustellum.

sugg (big) thumping fellow; *(se rusk).*

sugge 1*(zool)* sow; **2***(fig)* fat, sloppy woman.

suggerere *(vb)* suggestionize; *(ofte =)* hypnotize.

suggestibel suggestible.

suggestion (hypnotic) suggestion.

suggestiv suggestive; compelling; *(stemningsfremkallende)* evocative; *-t spørsmål (jur)* leading question; (NB suggestive *ofte = pornografisk).*

suging sucking, suction.

suite retinue, suite; *(rekke)* suite *(fx* of rooms).

sujett subject, theme.

sukat candied (lemon) peel.

sukk sigh; *trekke et* ~ heave *(el.* breathe *el.* fetch) a sigh; *(se dødssukk; elskovssukk).*
sukke *(vb)* sigh; ~ *dypt* fetch a deep sigh; ~ *lettet* heave *(el.* breathe) a sigh of relief; ~ *etter* sigh for.
sukker sugar; *brunt* ~ Demerara sugar, brown sugar; *(se farin & raffinade).*
sukkerbit lump of sugar.
sukkerbrød = sponge cake. **-bunn** sponge cake base. **-deig** sponge cake mixture.
sukkerert *(bot)* sugar pea.
sukker|holdig sugary, containing sugar, sacchariferous. **-kavring** sweet rusk. **-klype** sugar tongs *(pl).*
sukkerlake syrup; *epler og pærer kokes først i -n og hermetiseres derpå i laken* apples and pears are pre-cooked in syrup, in which they are then bottled; *(jvf saft).*
sukker|raffineri sugar refinery. **-roe** *(bot)* sugar beet. **-rør** *(bot)* sugar cane. **-skål** sugar bowl *(el.* basin). **-syk** *(med.)* diabetic. **-syke** *(med.)* diabetes. **-søt** sweet as sugar, sugary.
sukkertøy sweet; *(om «silkepute»)* cushion; **US** candy.
sukkerunge little darling.
sukle *(vb)* gurgle.
sukre *(vb)* sugar; sweeten *(fx* s. according to taste); ~ *ned* preserve in sugar.
suksesjon succession.
suksess success.
suksessiv successive; ~ *levering (merk)* staggered deliveries; *(se levering).*
sulamitten: *hele* ~ **S** the whole caboodle *(el.* lot).
sulfapreparat sulpha (,**US:** sulfa) drug.
sulfat sulphate; **US** sulfate.
sull lullaby.
sulle *(vb)* hum, croon.
sullik good-for-nothing, lay-about.
sult hunger; *magen min skriker av* ~ my stomach is rumbling with hunger.
sultan sultan. **-at** sultanate.
sulte *(vi)* hunger, starve, go hungry; *(vt)* starve; ~ *i hjel* die of starvation; *(med objekt)* starve to death; ~ *seg* starve oneself; ~ *ut* starve out *(fx* a town).
sulte|fore *(vb)* underfeed. **-grense:** *på -n* on the edge of subsistence, close to the subsistence level *(fx* people lived close to the s. l.); *(jvf eksistensminimum).* **-kur** starvation diet.
sultelønn starvation wages; a starvation wage.
sulten hungry *(etter* for); ~ *som en skrubb* ravenously hungry; *(lett glds)* (as) hungry as a hunter; *jeg er veldig* ~ I'm starving! I could eat a horse! *(se skrubbsulten).*
sultestreik hunger strike.
sum sum; *(beløp)* amount (of money), sum *(fx* spend a large sum *(el.* amount)); figure *(fx* I don't know why we settled on this f.); *(fig)* sum *(fx* the sum of human misery); *den samlede* ~, *hele -men* the (sum) total, the total amount; *han har en pen* ~ *i banken* he has got a nice (little) sum of money in the bank; *en rund* ~ a round sum; *i runde -mer* in lumps *(fx* give away £15,000 in lumps ranging from £500 to £2,000); *selges dags dato for en* ~ *av* ... (has been) sold (on) this day for the sum of ...
summarisk *(adj)* summary; *(adv)* summarily.
I. summe *(vb):* ~ *seg* collect oneself.
II. summe *(vb)* buzz, hum, drone; *det -r i hodet på meg* my head is buzzing.
summere *(vb):* ~ *sammen* sum up, add up; **T** tot up; ~ *sammen regningen* **US** total up the bill.
summetone *(tlf)* dialling tone; **US** dial tone.
sump swamp. **-aktig** swampy.
sund *(subst)* sound, strait(s); *fjorden er bare et smalt* ~ the fjord is just a narrow neck of water.
sunn *(frisk)* healthy; *(gagnlig for sunnheten)* wholesome, healthy, salutary, salubrious; ~ *fornuft* common sense; *sunt legeme* sound body; *en* ~ *sjel i et sunt legeme* a sound mind in a sound body; ~ *luft* healthy air; ~ *mat* wholesome food; ~ *menneskeforstand* common sense; *sunt omdømme* sound judgment; *jeg mener det er sunt med mye mosjon* I believe in getting plenty of exercise; *(se også helse & helsebringende).*
sunnhet health; wholesomeness; salubrity; *drikke på ens* ~ drink to sby's health; *strutte av* ~ be bursting with health; *(jvf helse).*
sunnhets-: *se helse-.*
sunnhetsapostel *(spøkef)* health fanatic.
sup *(subst)* sip; drink, nip, swig, shot.
supe *(vb)* imbibe, suck; *(drikke for mye)* tipple; **T** booze; **US T** hit the booze *(el.* bottle).
supé dinner; evening meal.
superb superb.
superfosfat *(kjem)* superphosphate.
superklok overwise.
superlativ *(gram)* superlative.
supinum *(gram)* (the) supine.
supp|e soup; *et hår i -a* a fly in the ointment; *hele -a* **S** the whole caboodle.
suppeben napbone.
suppe|blokk *(omtr =)* powder soup. **-boks** tin of soup.
suppedas: *en fin* ~ **T** a pretty kettle of fish.
suppe|gryte soup pot. **-kjøtt** stewing meat. **-sleiv** soup ladle. **-tallerken** soup plate. **-terrin** (soup) tureen. **-øse** soup ladle.
supple|ant deputy, substitute. **-ment** supplement.
supplements- supplementary.
supplere *(vb)* supplement, eke out; ~ *hverandre* complement each other.
suppleringsvalg by-election.
supplikant petitioner, supplicant.
sur sour, acid, acidic; *(om umoden frukt)* sour, sharp; *en* ~ *jobb* a stiff piece of work, a stiff *(el.* gruelling) task; **T** a tough job; *gjøre livet -t for seg* embitter one's own life; *hun gjorde livet -t for ham* she led him a dog's life; she made life a burden to him; *sette opp -e miner* frown, look surly; ~ *nedbør* acidic precipitation; *ha -e oppstøt* have an acid stomach, suffer from acidity; *det var et -t eple han måtte bite i* it was a bitter pill he had to swallow; *-t tjent* hard-earned *(fx* h.-e. money).
surdeig leaven; *av samme* ~ *(fig)* tarred with the same brush.
surfacer primer-surfacer.
surhet sourness; acidity.
surkle *(vb)* gurgle. **-lyd** gurgling sound; *(se surkling).*
surkling gurgling (sound); *barnet har en lei* ~ *i brystet* there's a nasty gurgling sound on the child's chest.
surkål *(kan gjengis)* cabbage à la norvégienne; *svinekoteletter m/surkål (på meny, kan gjengis)* Pork Chops and Cabbage à la norvégienne.
surl 1. murmur, ripple; **2.** buzz, drone *(fx* of voices).
surle *(vb)* **1.** murmur, ripple; **2.** buzz, drone *(fx* droning voices).
sur|lynt morose; surly. **-maget** *(fig)* cross; surly; grumpy; ~ *kritikk* surly criticism. **-melk** curdled milk. **-mule** *(vb)* sulk, mope.
surne *(vi)* turn sour, become sour.
I. surr: *det går i* ~ *for meg* I'm getting (all) mixed up; *jeg vil helst betale etter hvert, slik at det ikke går i* ~ I would rather pay when due, to keep things straight; .. *slik at det ikke*

S

går i ~ for oss so (that) we shan't get mixed up; then we shan't get into a muddle; *det gikk i ~ for ham med navnene* he got the names (all) mixed up; *(se også II. surr).*
II. surr buzz, hum, whir; *det går i ett ~ hele dagen* **T** we're in a whirl all day; the day passes ina whirl of activity; *(jvf surret(e)).*
I. surre *vb (summe)* hum, buzz, drone, whir; *(i stekepannen)* sizzle.
II. surre *(vb) (mar: binde fast med tau)* lash, secure, rope.
surret(e) muddle-headed, scatterbrained; *han har blitt så ~ i det siste* **T** he's got so scatterbrained lately.
surring *(mar)* lashing, roping.
surrogat substitute *(for* for).
sursild pickled herring.
surstoff oxygen. **-holdig** oxygenous.
sursøt sweet-and-sour, sour-sweet *(fx* sauce); *(fig)* subacid *(fx* a s. smile).
surøyd bleary-eyed, rheumy-eyed.
I. sus: *leve i ~ og dus* live in a whirl of pleasures; go the pace; *(især* **US)** live the life of Riley.
II. sus *(susing)* whistling; buzzing (in the ears).
suse *(vb)* whistle; whizz; *(fare av sted)* tear along, scorch (along); zip *(fx* zip in and out of the gates (in slalom)); *det -r for ørene mine* my ears are buzzing; *det -r i trærne* the wind sighs through *(el.* in) the trees; *i -nde fart* at top speed, at full speed; *la humla ~* **T** let things slide *(el.* drift).
suset(e) T absent-minded; confused; muddled.
suspekt *(fordektig)* suspicious.
suspendere *(vb)* suspend.
suspensjon suspension.
suspensorium suspensory bandage.
sut 1. care, concern; **2.** whimpering, whining.
suter *(fisk)* tench.
sutre *(vb)* whimper, whine, fret.
sutring whimpering, whining, fretting.
sutt *se narresmokk.*
sutte *(vb)* suck (at).
sutur *(med.)* suture.
suvenir *se souvenir.*
suveren 1. sovereign; **2. S** *(= finfin, kjempeflott, etc)* tops, the tops *(fx* he's the tops!); terrific, smashing *(fx* car, girl, *etc).*
suverenitet sovereignty; *(se oppgi; oppgivelse).*
sva 1.: *se svaberg;* **2***(fjellsport)* slab.
svaber swab.
svaberg bare rock-face, slope of naked rock.
svabergast swabber.
svabre *(vb)* swab down, swab.
svada claptrap, fustian; **T** hot air.
svai 1*(poet: smekker, bøyelig)* lissom(e), pliable, willowy; **2.** sway-backed; hollow-backed; *(om hest)* long-backed; *~ rygg* hollow back; *(med.)* lordosis.
svaie *(vb)* **1***(bøye seg)* sway *(fx* the trees were swaying in the wind); bend, swing; *(sterkt)* toss *(fx* tossing trees); **2***(mar)* swing *(fx* at anchor); **3.:** *~ med hoftene når man går* sway *(el.* swing) one's hips in walking; walk with swaying hips.
svairygget sway-backed; hollow-backed; *(om hest)* long-backed.
svak weak; *(i høyere grad)* feeble; *(ubetydelig)* faint, slight; *(om drikk)* weak; *~ farge (,lys, lyd)* faint colour (,light, sound); *~ helbred* delicate health; *et -t håp* a faint hope; *det -e kjønn* the weaker sex; *en ~ støy* a slight noise; *stå på -e føtter* be weak, be feeble, be in a precarious state; *jeg kjenner hans -e sider* I know his weak points; *~ i* weak at *(el.* in) *(fx* he is weak in maths); *(se utarbeidelse).*
svakelig sickly, infirm, delicate.
svakelighet weakliness, delicate (state of) health, infirmity.
svakhet *(legemlig & åndelig)* weakness, feebleness, infirmity; *(svake punkt)* weakness, weak point; *ha en ~ for* have a weakness for *(fx* a person, strawberries); have a liking *(el.* fondness) for.
svakstrøm low current, low voltage, low power; *(se sterkstrøm).*
svakstrøms- low-power *(fx* vibrator); communication *(fx* c. engineer); electronic *(fx* engineer, technique).
svaksynt weak-sighted.
I. sval *(subst)* hall, hallway; (external) gallery.
II. sval *(adj)* cool.
I. svale *subst (zool)* swallow; *en ~ gjør ingen sommer* one swallow does not make a summer.
II. svale *vb (kjøle)* cool.
svale|drikk cooling draught. **-stup** swallow dive.
sval|gang: *se I. sval.* **-het** coolness.
svalne *(vi)* become cool.
svamp sponge; *han drikker som en ~* he drinks like a fish. **-aktig, -et** spongy.
svane *(zool)* swan. **-fjær** swan's feather. **-hals** swan's neck; *(fig)* swan-like neck. **-sang** *(fig)* swan song. **-unge** young swan, cygnet.
svange *(på dyr)* flank.
svanger *(gravid)* pregnant. **-skap** pregnancy; *avbryte -et* induce an abortion.
svangerskaps|avbrytelse induced abortion; *ulovlig ~* criminal abortion. **-kontroll** *(svarer til)* maternity clinic check-up; *gå til ~ (ofte)* go to the ante-natal clinic. **-periode** pregnancy, period of gestation. **-tegn** symptom of pregnancy.
svans *(zool)* tail.
svar answer; *(gjensvar)* reply; *(gjenklang, etterkommelse av bønn, etc)* response; *skarpt ~* retort; *et bekreftende (,benektende) ~* an affirmative (,negative) answer; *~ betalt* reply prepaid; *~ utbes* r.s.v.p. *(fk. f* répondez s'il vous plaît); *få ~* receive *(el.* have) an answer *(el.* a reply); *som man roper i skogen, får man ~* one gets the answer one deserves; *gi en et ~* answer sby, give sby an answer, make a reply to sby, reply to sby; *gi en ~ på et spørsmål* answer sby's question; reply to sby's q.; *vi imøteser Deres snarlige ~* we look forward to (receiving) an early reply from you; we await your early reply; *når kan vi vente ~?* when may we expect a reply? *som ~* in reply; *som ~ på* in reply to; in answer to; *(på anmodning, etc)* in response to *(fx* in r. to your request for information); *som ~ på Deres brev kan vi meddele at ...* in reply to your letter we would *(el.* are able to) inform you that ...; *som ~ på Deres forespørsel meddeles at ...* in reply to your inquiry, we are able to inform you *(el.* we wish to say) that ...; *jeg fikk til ~ at* I received *(el.* got) the reply that; *(se bindende).*
svar|brev letter of reply. **-brevkort** reply postcard, prepaid *(el.* reply-paid) postcard.
I. svare *(vb)* answer, reply; respond; *(jvf svar); ~ toll* pay duty; *~ en* answer sby, reply to sby; *~ bekreftende (,benektende) på noe* return an affirmative (,negative) reply to sth; *han svarte ikke et ord* he did not say a word in reply; *det -r seg ikke* it does not pay; it is not worth while; *~ skarpt* answer sharply; *svar tydelig!* answer up! *~ unnvikende* give an evasive answer *(el.* reply); *~ for (garantere for)* answer for; be answerable for; *~ på et spørsmål* answer a question; reply to a question; *svar på mitt spørsmål!* answer my question! *~ til* correspond to *(fx* the sample), be equal to, be up to (the quality of) *(fx* the sample); meet *(fx* we hope the goods will m. your expectations); ~

til en beskrivelse answer to a description; *et pund -r til ca. 10 kroner* a pound is equal to about 10 kroner; *(se plent).*

II. svare *(adj): et ~ strev* a tough job, heavy going.

svar|hånd *(kort)* responding hand. **-kupong** reply (-paid) coupon. **-melding** *(kort)* response. **-sending** reply-paid letter. **-signal** reply signal. **-skriv** reply.

svart *(sort)* black; *(skitten)* dirty; *~ arbeidskraft* black labour; *en ~ dag* a black day; *ha en ~ dag (ɔ: da alt går på tverke)* have an off-day; *~ løgn* black lie; *-e penger* black money; money *(el.* cash) not declared for tax; undeclared income; *han kjøpte huset for -e penger* he bought the house with money he had not declared; **T** *(også)* he bought the house under the taxman's nose; *ha noe ~ på hvitt* have sth in black and white.

svartaktig blackish.

svartale reply; response, speech-in-reply; *(som imøtegår noe)* rejoinder; *(som svar på takketale, fx): i sin ~ takket tillitsmannen og uttalte ...* returning thanks, the shop steward said ...

svartalv *(myt)* malignant elf.

svarte|bok book of magic. **-børs** black market. **-børshai** black marketeer. **-børshandel** black marketeering, black-market transactions.

svartedauen the Black Death.

Svartehavet the Black Sea.

svartekunst black magic, necromancy.

svartekunstner sorcerer, necromancer.

svartelegram telegraphic reply, reply (telegram).

svarte|liste black list. **-marja** Black Maria; **US** *(også)* paddy wagon.

svarteper *(kort)* black man.

svart|farget dyed black. **-hå** *(zool)* spinax. **-hålke** black ice. **-håret** black-haired. **-kledd** (dressed) in black.

svartkopp [a cup of black coffee laced with spirits]; = cup of laced coffee.

svartkritt black chalk.

svartne *(vb)* blacken, grow dark; *det -t for øynene på meg* everything went black.

svart|or *(bot)* black alder. **-trost** *(zool)* blackbird.

sveis 1*(godt lag)* knack; *ha en egen ~ med noe* have a way with sth; **2***(hår-): så fin ~ du har!* your hair is looking very smart! **3***(skjøt)* weld, welded joint.

sveisbar weldable.

sveise *(vb)* weld; *han prøvde å ~ sitt folk sammen til en nasjonal enhet* he tried to fuse his people into a national unit *(el.* into one nation).

sveisen chic, stylish, smart.

sveiser 1. dairyman; **US** barnman, cow hand. **2.** welder; *(jvf sveise).*

sveising welding.

Sveits *(geogr)* Switzerland.

sveitser Swiss. **-hytte** chalet, Swiss cottage. **-ost** Swiss cheese, Emmentaler, Gruyère.

sveitsisk Swiss.

I. sveiv *subst (på sel)* flipper.

II. sveiv *subst (tekn)* crank, crank handle; (starting) handle.

sveive *(vb)* crank (up).

svekke *(vb)* weaken, enfeeble; impair *(fx* his health (,our credit) has been impaired); pull down *(fx* an attack of fever soon pulls you down); *sykdommen har -t ham* his illness has left him weak; *(se sjelsevne & ta C: ~ på).*

svekkelse weakening; impairment.

svekling weakling.

svelg 1*(anat)* pharynx; *(strupe)* throat; *(spiserør)* gullet; **2***(avgrunn)* abyss; **3***(slurk)* gulp.

svelge *(vb)* swallow; *~ sin stolthet* pocket one's pride; *~ i* revel in, wallow in; *hun -t tappert (ɔ: forsøkte å la være å gråte)* she choked *(el.* gulped) back her tears bravely.

svelle *(vb)* swell; *~ ut* bulge, swell out.

svenn *(håndverkssvenn)* journeyman *(fx* a j. carpenter); *farende ~ (spøkef om person som aldri slår seg til ro på ett sted for lengre tid)* bird of passage. **-ebrev** = craft certificate; *(mer videregående)* advanced craft certificate. **-eprøve 1.** (apprentices') final examination; **2.** specimen piece of work done by an apprentice (to qualify as a journeyman).

svensk Swedish. **svenske** Swede.

svepe whip. **-slag** lash of a whip. **-snert** whiplash.

sverd sword; *kvesse sitt ~ (fig)* sharpen one's sword. **-fisk** *(zool)* swordfish. **-lilje** *(bot)* iris, flag (flower). **-slag** sword blow; *uten ~ (fig)* without striking a blow, without firing a shot.

sverge *(vb)* swear; *~ falsk* perjure oneself; commit perjury; *~ på* swear to; *~ ved alt som er hellig* swear by all that's holy; *svorne fiender* sworn enemies.

Sverige *(geogr)* Sweden.

sverm swarm; *(av mennesker, også)* crowd.

sverme *(vb)* swarm; *~ for* **T** be crazy about; have a crush *(el.* pash) on; be gone on *(fx* sby).

svermer 1. dreamer; **2***(zool)* hawkmoth.

svermeri 1*(forelskelse)* infatuation; romance *(fx* a new romance); **T** crush, pash; *(personen)* flame *(fx* my old f.); **2***(rel)* fanaticism.

svermerisk 1. romantic *(fx* a r. young girl); **2***(upraktisk)* visionary *(fx* ideas, schemes).

I. sverte *(subst)* blacking.

II. sverte *(vb)* blacken; *(fig)* blacken, run down; **T** smear.

svett *(adj)* sweaty; *bli ~* begin to sweat; **T** get into a sweat; *unngå å bli ~* don't allow yourself to sweat; *han var drivende ~* he was running with sweat; **T** he was all of a sweat; *(se også I. svette).*

I. svette *(subst)* perspiration, sweat; *være badet i ~* be bathed in perspiration, be perspiring all over, be in a sweat; **T** sweat like a pig; be all of a sweat.

II. svette *(vb)* perspire, sweat; *~ blod* sweat blood; *~ sterkt* perspire profusely; be streaming with perspiration; *(jvf I. svette); ~ av angst* sweat with fear; *~ ut (en forkjølelse)* sweat out a cold; *du må ~ ut* you must sweat it out.

svettedrivende sudorific.

svettedråpe drop of perspiration.

svette|lukt sweaty smell. **-re(i)m** *(på hatt)* sweatband. **-tokt** attack of sweating; sweat *(fx* a good s. often cures a cold).

svev *(skihoppers)* flight; jump; *gjennom hele -et* all through the jump; *når en hopper først er i -et* once a jumper is airborne; *(se avslutning).*

I. sveve *(bot)* hawkweed.

II. sveve *(vb)* hover, float; *(gli)* glide; *~ mellom liv og død* be hovering between life and death; *(se sky & sfære).*

svevebåt hovercraft.

svevende 1. floating, hovering; **2***(usikker)* vague, uncertain.

svi 1*(vt)* burn, singe, scorch; **2***(vi)* smart, suffer; *han får ~ for det en dag* he'll be the worse for it some day; one fine day he'll have to pay for it; *dette skal han få ~ for!* he's going to pay for this! I'll see that he pays for it! he shall catch it from me! I'll let him have it! *dette skulle han få ~ for!* he was going to (have to) pay for this! *han måtte ~ for det (også)* he was left to foot the bill; **S** he was left holding the baby; he had to take the rap; *det kommer han til å måtte ~ for* the consequences will be unpleasant for him; **T** he will get it in the neck for that; *grønnsakene har -dd seg* the vegetables

S

have stuck to the pan; *kjøttet er -dd* the meat is burnt; *melken har -dd seg* the milk has caught; *røyken begynte å ~ ham i øynene* the smoke began to sting his eyes; *~ av et hus* burn a house down; *(se også sviende).*
svibel *(bot)* hyacinth.
svibrent: *~ meg! (når man leker gjemsel)* I'm home!
svie *(subst)* smarting *(el.* stinging) pain; *erstatning for tort og ~* damages for pain and suffering.
sviende scorching, biting; *(fig)* biting, pungent, scathing; *en ~ fornemmelse* a smart sensation; *~ hån* biting *(el.* scathing) sarcasm; *et ~ slag over fingrene* a smart rap over *(el.* on) the knuckles; *(se også svi & svie).*
sviger|datter daughter-in-law. **-far** father-in-law. **-foreldre** parents-in-law. **-inne** sister-in-law.
svik fraud, deceit. **-aktig** fraudulent, deceitful; *handle ~ (jur)* act with intent to defraud. **-aktighet** fraudulence, deceitfulness; *(jur)* fraud.
svike *(vb)* deceive, disappoint; *~ sitt fedreland* betray one's country; *~ sitt ord* break one's word.
svikt **1***(mangel)* shortage, deficiency; **2***(underskudd)* deficit; **3***(svakhet)* weakness; lapse *(fx* a l. of memory); **4***(det at noe skuffer; om tilførsler, etc: blir borte)* failure *(fx* the f. of the anti-aircraft defences; the f. of the coal supply; the f. of the spring rains); *ulykken skyldtes menneskelig ~* the accident was the result of *(el.* was caused by) a human error; *ulykken skyldtes teknisk ~* the accident was caused by a technical fault; *-en i tilførslene* the failure in supplies; *-en i stålleveransene* the shortfall in steel deliveries; *vi kan godt forstå at dette må ha betydd en ~ i Deres omsetning* we can quite understand that this must have caused a gap in your business.
svikte *(vi)* fail, be wanting; be absent; *(vt)* fail, forsake, abandon, desert, disappoint; *~ sin plikt* fail in one's duty; *motoren -t* the engine failed *(el.* stalled *el.* cut out); **T** the e. packed up; *motoren har -t (flyv) (også)* the engine is out of action; *motet -t ham* his courage deserted him; *(se også åndsnærværelse).*
sviktende *(se svikte)* failing *(fx* eyesight, memory); *~ helbred* failing health *(fx* he has been in f. h. for some time); *hans ~ hukommelse* his weak *(el.* failing) memory; *~ priser* declining *(el.* receding) prices; *aldri ~* never-failing *(fx* kindness); unflagging *(fx* energy, interest, strength); unremitting *(fx* attention); *med aldri ~ iver* with unfailing *(el.* unflagging *el.* unremitting) zeal; *på ~ grunnlag* on an unsound basis, on insufficient grounds; *saken ble reist på ~ grunnlag* the matter was raised on a shaky basis *(el.* foundation).
sviktstup spring(board) dive; *(kunststup)* fancy dive.
svill **1***(jernb)* sleeper; **2***(tøm)* sill; ground beam.
svime: *i ~* unconscious; *slå i ~* knock unconscious, knock out.
svime *(vi): ~ av* faint; *han var svimt av* he was out cold.
svimle *(vi)* be dizzy *(el.* giddy); *det -r for meg* I feel dizzy; my head is swimming.
svimlende dizzy, giddy; *~ fjelltopper* dizzy peaks *(fx* on all sides d. peaks were visible); *en ~ sum* a staggering sum.
svimmel dizzy, giddy; *bli ~* feel *(el.* become) dizzy *(el.* giddy); turn dizzy.
svimmelhet dizziness, giddiness.
svin hog, swine, pig; *(fig)* dirty beast; *ha sine ~ på skogen (fig)* have an axe to grind; feather one's own nest; *han har nok også sine ~ på skogen* he is probably one of those who have an axe to grind; *kaste perler for ~* throw pearls before swine.
svinaktig *(adv)* terribly, awfully.
svindel swindle.
svindelforetagende swindle; **S** ramp; *organisere et ~ (også)* work a racket.
svindle *(vb)* swindle. **-r** swindler.
svine *(vb): ~ til* dirty, make dirty, soil.
svinebinde *(vb)* hog-tie, bind hand and foot.
svine|be(i)st pig. **-blære** hog's bladder. **-bust** pig's bristles. **-fett** pork fat, lard. **-heldig:** *han er riktig ~* **T** he's a lucky dog. **-hell** stroke of good luck. **-kam** loin of pork; **-kjøtt** pork. **-kotelett** pork chop. **-lever** pig's liver. **-lær** pigskin. **-pels** filthy person; dirty dog; swine.
svineri swinishness, filthiness; smut; (**T:** *noe som ergrer en)* annoyance, nuisance; *det er noe ~* **T** it's a damn nuisance.
sving **1***(vei-)* bend, curve, turn; *i en ~* on a bend *(fx* on a left-hand b.), on *(el.* in) a curve; *en ~ i veien* a turn in *(el.* of) the road; *motorsyklisten falt av i -en* the motor-cyclist came off in *(el.* on) the bend *(el.* corner); *veien gjør en ~ på seg* the road makes a turn; *der hvor veien gjør en ~ (også)* where the road bends; *veien gjør en brå ~* the r. turns sharply *(el.* takes a sharp turn); *greie en ~ (om bilist)* negotiate *(el.* take) a corner; take a turning *(fx* he took the t. at full speed); *(også om skiløper)* hold the bend; *han tok -en for fort* he rounded the corner too fast, he came round the c. too fast; **2.** trip *(fx* he took a trip over to the table); **3***(gang)* swing *(fx* in full s.); *i ~* going, working; active; in the swing of things *(fx* in no time at all we were in the s. of things); *få ~ på, komme i ~* get started; *få ~ på stilene hans* improve the style of his essays; polish up his e.; *(gjøre dem livligere)* **T** ginger up his e.; *sette noe i ~* get *(el.* set) sth going, start sth; *sette fantasien i ~* appeal to the imagination; set one's i. going; **4***(stil)* form, style; **5:** *se sleng.*
sving|arm steering arm. **-bru** swing bridge.
svingdør swing door; *(som går rundt)* revolving door.
svinge *(vb)* **1.** swing, wave; brandish *(fx* a sword); **2***(som en pendel)* swing *(fx* the lamp swung to and fro); **3***(omkring en tapp, etc)* swing, swivel, pivot; **4***(forandre retning)* swing *(fx* the boat swung round; the car swung into the market place); turn off *(fx* he turned off to the right); *(om vei)* bend, curve *(fx* the road curves to the right); **5***(om priser, etc)* fluctuate;
der hvor veien -r where the road bends; *jeg svingte inn i Regent Street* I turned into *(el.* down) R. S.; *han svingte inn i en sidegate* he turned down a side street; *bilen svingte inn på gårdsplassen* the car turned into the courtyard; *~ inn på en smal vei* turn down a narrow road; *~ med noe* swing sth; wave sth; *(især truende el. triumferende)* brandish; *~ om hjørnet* turn the corner; *~ opp foran huset* pull up in front of the house; *~ rundt* swing round, turn round; *(plutselig el. voldsomt)* spin round; *~* **seg** *(danse)* dance; **T** shake a leg; *~ seg fra gren til gren* swing from branch to branch; *~ seg i dansen* dance; foot it; *~ seg i salen* vault into the saddle; *~ seg opp* get on (in the world), rise (in the world); *~ seg opp på muren* swing oneself onto (the top of) the wall; *~ seg opp til* attain *(fx* he attained the rank of colonel); rise to the position of *(fx* manager).
sving|hjul flywheel. **-kraft** *fys (kraftpar)* couple. **-kran** rotary crane, swing crane.
svingning swinging; swing, vibration; oscillation;

(pris-, etc) fluctuation, variation; *(dreining)* turn *(fx* a t. to the left).
svingnøkkel wheel brace; **US** speed wrench.
svingom dance; *få seg en* ~ **T** shake a leg.
svingstang *(gym)* horizontal bar; *(jvf skranke).*
svingstol swivel chair.
svingtapp pivot, trunnion.
svingteknikk *(ski)* turning technique.
svinn shrinking, waste, wastage; *(vekttap)* loss in weight.
svinne *vb (forsvinne)* vanish; *(forminskes)* dwindle; shrink; *håpet -r for de savnede arbeiderne* hopes fade for the missing workers; ~ *hen* fade away.
svinse *(vb):* ~ *omkring* bustle (about), scuttle about.
svinsk filthy *(fx* room, habits); smutty *(fx* story, talk).
svint quick, swift.
svipptur trip, flying visit, short visit; *ta en* ~ *til* pay a short visit to, run across to.
svir boozing.
svire *(vb)* booze; *(lett glds)* carouse.
svire|bror T boozer; *hans svirebrødre* his drinking companions. **-lag** boozing session; *(lett glds)* carousal.
svirre *(vb)* whir(r), buzz, whiz; *det -r med rykter* the air is thick with rumours.
sviske *(bot)* prune.
svoger brother-in-law.
svogerskap affinity, relationship by marriage.
svolk switch, stick; *(pryl)* beating, thrashing.
svolke *(vb)* beat, thrash, lick.
svor(d) *(fleske-)* (bacon) rind; *(stekt)* crackling.
svovel sulphur; **US** sulfur.
svovelaktig sulphurous; **US** sulfurous.
svovel|fri free from sulphur (,**US:** sulfur). **-holdig** sulphurous; **US** sulfurous. **-jern** ferrous sulphide (,**US:** sulfide).
svovelkis pyrite.
svovelpredikant fire-and-brimstone preacher.
svovelsur sulphuric; *-t salt* sulphate; **US** sulfate.
svovel|syre sulphuric acid. **-vannstoff** hydrogen sulphide (,**US:** sulfide).
svovle *(vb)* sulphur, treat with sulphur (,**US:** sulfur).
I. svull *se issvull.*
II. svull swelling.
svullen swelled, swollen.
svulme *(vb)* swell; ~ *opp* swell (out); ~ *av stolthet* swell with pride.
svulmende swelling, full; *hennes* ~ *barm* her swelling *(el.* full) bosom; the full curves of her bosom.
svulst *(sykelig hevelse)* tumour; **US** tumor.
svulstig bombastic, high-flown, turgid.
svulstighet *(oppstyltet tale)* bombast, turgidity.
svuppe *(vb)* squelch; squish.
svær *(adj)* heavy, ponderous; *(om person)* big, huge; *(fig)* hard, difficult; ~ *sjø* a heavy sea; *-e tap* heavy losses; *-t tømmer* massive timber; *han er* ~ *til å lese (,snakke, etc)* he is a great reader (,talker, *etc); det var -t!* well, I never! can you beat it! *(se også svært).*
svært *(adv)* extremely, very; ~ *mye* very much; ~ *overdrevet* greatly exaggerated.
sværvekt heavyweight.
svøm: *legge på* ~ start swimming.
svøm|me *(vb)* swim; *hun -te i tårer* she was bathed in tears; ~ *i blod* welter in blood.
svømme|basseng swimming pool. **-belte** swimming belt. **-blære** *(hos fisk)* swim bladder; air bladder; sound. **-dyktig** able to swim. **-finne** fin. **-fot** webbed foot. **-fugl** web-footed bird. **-føtter** *(dykkers)* frogman's feet, (underwater) flippers. **-hall** (indoor) swimming pool. **-hette** *(bade-)* bathing cap. **-hud** web; *med* ~ webbed. **-lærer** swimming instructor.
svømmer swimmer.
svømme|tak stroke (in swimming), swimming stroke. **-tur** swim *(fx* have *(el.* go for) a swim); *(se I. tur).*
svøp 1*(bot)* velum: **2***(glds)* swaddling clothes.
I. svøpe *(subst)* scourge, whip.
II. svøpe *vb (glds: om barn)* swaddle; *(om en hvilken som helst gjenstand)* wrap; ~ *inn* wrap up.
sy *(vb)* sew; ~ *en kjole* make a dress; ~ *i en knapp* sew on a button; ~ *igjen et hull* sew up a hole, mend *(el.* darn) a hole; ~ *om en kjole* alter a dress; ~ *sammen* stitch *(el.* sew) together.
syatelier dressmaker's shop.
sybaritt sybarite. **-isk** sybaritic.
sybord worktable.
syd south; *i* ~ in the south; *S-en* the South; *(i Europa)* the Mediterranean countries; *(se sør-).*
sydame *(kjolesyerske)* dressmaker.
syde *(vb)* seethe, boil.
sydfrukter *(pl)* tropical fruits.
sydlandsk southern. **sydlending** southerner.
sydlig: *se sørlig.*
Sydpolen the South Pole.
sydpolskalotten the icecap of the South Pole.
sydtysk South German.
sydvest *(mar)* **1***(hodeplagg)* sou'wester; **2.** *se sørvest.*
syerske *(på fabrikk)* sewer; machinist; *(jvf sydame).*
syfilis *(med.)* syphilis; **S** pox.
syk *(predikativt)* ill; sick; **US** sick; *(om legemsdel, etc)* diseased, disordered *(fx* liver, imagination); *(om legemsdel, også)* **T** bad *(fx* my bad foot); *en* ~ *mann* a sick man; *en meget* ~ *gammel mann* a very ill *(el.* sick) old man; ~ *på legeme og sjel* diseased in body and mind; ~ *på sinnet* mentally ill; *han er* ~ *på sinnet (også)* his mind is diseased; *-e* sick people; *en* ~ a sick person, a patient; *bli* ~ be taken ill, fall ill, become *(el.* get) ill; *hun ble alvorlig* ~ *av det* it made her seriously *(el.* very) ill; *føle seg* ~ feel ill; *ligge* ~ be ill in bed.
sykdom illness; disease; *(se svekke).*
sykdomsbilde clinical picture, pathological p., syndrome.
syke: *se sykdom; engelsk* ~ rickets (NB *entall).*
syke|attest medical certificate. **-besøk** visit to a patient; *(leges el. prests)* sick call; call *(fx* the doctor is out on his calls); *(om lege, også)* rounds *(fx* the doctor is out on his rounds); *legen er ute i et* ~ the doctor is out on a case *(el.* call). **-behandling** medical treatment. **-bil** ambulance. **-dager** *(i statistikk):* ~ *og sykdomstilfellenes gjennomsnittlige varighet* number of days off sick *(el.* number of days absent through illness) and average duration of absence. **-forsikring** sickness insurance; **US** health insurance. **-gymnast** physiotherapist, remedial gymnast. **-gymnastikk** remedial gymnastics, r. exercises, remedials. **-historie** *(pasients)* case history. **-hjem** nursing home. **-hus** hospital. **-husbehandling** hospital treatment. **-husdirektør** (medical) superintendent. **-husopphold:** *han får et lengre* ~ he will be in hospital for some considerable time. **-journal** case record; *(den enkelte pasients)* case sheet; medical record (card).
sykekasse sickness insurance fund (,**US:** plan); sickness insurance scheme; sick benefit association, health insurance society; **UK** *(siden 1946)* National Health Insurance; *stå i -en* be a member of the National Health Insurance; *han står ikke i noen* ~ he does not contribute to any

sickness insurance fund; *tannbehandling dekkes bare delvis av -n* the insurance scheme covers only part of the cost of dental treatment.
sykekasselege UK National Health doctor; panel doctor; *liste over -r* panel of National Health doctors.
sykeleie sickbed; *etter flere måneders ~* after several months of illness.
sykelig 1. sickly; **2**(*abnorm)* morbid.
sykelighet 1. sickliness; ill-health; **2.** morbidity.
syke|liste sick list. **-passer** male nurse; *(soldat)* hospital orderly. **-penger** sickness benefit; *(fra arbeidsgiver)* sick pay; *han fikk kr. 25.- pr. dag i ~* he received sickness b. to the amount of kr. 25.- a day. **-permisjon** sick leave (*fx* he is on s. l.). **-pleie** nursing; *vanlig ~* general nursing. **-pleiemedhjelper** nursing cadet. **-pleier** nurse; trained nurse; **US** graduate nurse.
sykepleierstudent student nurse.
syke|pleieskole school of nursing. **-sal** ward. **-stue** ward.
sykkel bicycle; **T** bike; **S** grid. **-slange** bicycle inner tube. **-sti** *(langs gate el. vei)* cycle lane (*fx* cycle lanes and footpaths along the main roads). **-styre** handlebars *(pl)*. **-tur** (bicycle) ride; run, spin (*fx* he went for a spin on his b.); *(lengre)* cycle tour, cycling tour; *(se I. tur)*. **-vei** cycle path; **US** bikeway.
sykle *(vb)* cycle, bicycle; **T** bike.
syklist cyclist.
syklon cyclone.
syklus cycle.
sykmelde *(vb)* report sick; *~ seg* report oneself sick; *(se sykmeldt)*.
sykmelding report that one is ill; excuse on account of illness; **T** sick note; *(se sykeattest)*.
sykmeldt reported sick (*fx* he is r. s.), off sick; *han er ~ pga. influensa* he's off with flu.
sykne *(vi)* sicken; *~ hen* waste away; *(om planter)* droop, wilt.
sykofant sycophant.
sykurv workbasket.
syl awl.
sylfide sylph.
sylinder cylinder. **-blokk** cylinder block. **-deksel** c. cover. **-diameter** bore. **-foring** cylinder liner, cylinder lining (*el.* sleeve); *(se bore)*. **-formet** cylindrical. **-volum** cylinder volume (*el.* capacity), cubic capacity, piston displacement.
sylindrisk cylindric.
syllogisme syllogism.
sylspiss *(adj)* pointed, sharply pointed.
I. sylte *subst (persesylte)* mock brawn, head cheese, collared head.
II. sylte *(vb)* preserve (with sugar), make jam; *(legge ned i eddik)* pickle (in vinegar); *1 dl hakket, -t appelsinskall* 2 oz. chopped, candied orange peel; *10 -de røde kirsebær* 10 red glacé cherries; *(jvf hermetisere)*.
syltelabber *(pl)* boiled pig's trotters.
syltesukker = granulated sugar; **T** jamming sugar.
syltetøy jam; *koke ~* make jam; *(jvf hermetisering)*.
syltetøy|glass preserving (*el.* bottling) jar, jam jar (*el.* pot); *~ med skrulokk* screwtop jar. **-skål** jam dish. **-snitter** *(pl)* Vienna fingers; *(se kake)*.
symaskin sewing machine.
symbol symbol.
symbolikk symbolism.
symbolisere *(vb)* symbolize.
symbolsk symbolic.
symfoni symphony.
symfonisk symphonic.
symmetri symmetry.
symmetrisk symmetrical.
sympati sympathy; *-er og antipatier* likes and dislikes.
sympatisere *(vb)* sympathize *(med* with); *de som -r med henne* her sympathizers.
sympatisk 1. sympathetic; *det -e nervesystem* the sympathetic nervous system; **2.** nice, likeable; *han virker ~* he seems a nice person (*el.* man), he looks a likeable person; **T** he seems a decent sort.
sympatistreik sympathy strike.
sympatiuttalelse expression of sympathy.
symptom symptom.
symre *(bot)* anemone.
syn 1(*synsevne)* sight (*fx* have a good (,bad) sight); eyesight, vision; *normalt ~* normal vision, normal sight; *med normalt ~* normal-sighted, with normal vision (*el.* sight); *ha skarpt ~* be sharp-sighted; *miste -et* lose one's eyesight; *det har skadet -et hans* it has impaired his vision;
2(*innbilt syn)* apparition; vision; *se -er* have visions; **T** see things; *du må ha sett -er* you must have been seeing things; *jeg trodde jeg så -er (også)* I thought my eyes were deceiving me; *(se synsevne)*;
3(*noe man ser el. betrakter)* sight, spectacle; *den fulle gamle mannen var et trist ~* the drunken old man was a sad sight; *det var et ~ for guder!* it was too funny for words; it was a sight for the gods; it was a hilarious (*el.* great) sight; it was quite hilarious to look at; *slipp ham ikke av -e* don't let him out of your sight; *han slapp henne ikke av -e (også)* he never took his eyes off her; *tape av -e* lose sight of; *Glitretind hadde vi snart tapt av -e* Glitretind soon dropped out of sight; *ute av -e* out of sight; *ute av -e, ute av sinn (ordtak)* out of sight, out of mind; *ved -et av* at the sight of;
4(*anskuelse, mening)* view(s), opinion, outlook; *fremlegge sitt ~ på en klar måte* present one's view(s) lucidly (*el.* clearly); *mitt ~ på saken* my view of the matter; **T** the way I look at it; **få** *et annet ~ på det* come to see it in another (*el.* a different) light; *vi* **har** *et annet ~ på det* we take a different view of it; *ha et lyst ~* **på** *tilværelsen* take a bright view of things, be an optimist; *jeg har samme ~ på saken som du (også)* I see eye to eye with you (in the matter); *vi har samme ~ på saken* we take the same view of the matter; we see eye to eye; *vi har ikke samme ~ på saken (også)* we don't see eye to eye (in the matter); *ha et uhildet ~ på saken* take an unprejudiced view of the matter; *jeg er ikke enig i det -et* I don't subscribe to that (view);
5(**T:** *ansikt)* face;
for -s skyld for the sake of appearances; **T** for the look of the thing;
komme til -e appear, come in(to) view, come in sight; *(mar, også)* heave into sight; emerge (*fx* a horseman emerged from the wood); *papiret var flere steder blitt revet, slik at innholdet kom til -e* the paper had been torn in several places, so that the contents were visible; *komme sterkt til -e (fig)* be strongly in evidence; *komme til -e igjen* reappear.
synagoge synagogue.
synd sin; *det er ~ (ergerlig, etc)* it's a pity; *det er ~ på ham* he is to be pitied; I'm sorry for him; **T** it's hard lines on him; it's tough on him; *ikke la en dø i -en* not let sby off too easily; *han skal ikke få dø i -en* he won't get away with it; he has not heard the last of it yet; *det er ~ å si at han er doven* it would be wrong to say (*el.* one can hardly say) that he is lazy; I'll say this for him: he isn't lazy.

synde *(vb)* sin.
synde|bukk scapegoat. **-fall** fall of man.
syndefull sinful.
synder sinner; *(se synderinne).*
synderegister list of (one's) sins.
synderinne (female) sinner; *både syndere og -r* sinners of both sexes; sinners, both men and women.
synderlig *(adj)* particular; *(adv)* particularly; *ikke* ~ not particularly.
syndflod deluge, flood.
syndfri free from sin, sinless.
syndig sinful, guilty; *holde et ~ leven* make an infernal racket; *(jvf bråk & leven).*
syndighet sinfulness.
syndikal|isme syndicalism. **-ist** syndicalist. **-istisk** syndicalistic.
syndikat syndicate.
syndsbekjennelse confession (of sins).
syndserkjennelse consciousness *(el.* realization) of guilt *(el.* sin).
syndsforlatelse remission of sins, absolution.
synes *(vb)* **1***(kunne ses)* be visible; show *(fx* the stain hardly shows); *~ det godt?* is it very noticeable? does it notice (much)? does it show (much)? is it conspicuous? **2***(forekomme, se ut)* seem, appear; *(etter tonefallet å dømme, også)* sound *(fx* he sounded quite offended); *(etter utseendet å dømme, også)* look *(fx* she looks quite pleased); **3***(like)* like *(fx* do as you like *(el.* please)); **4***(tro, innbille seg)* fancy, imagine; **5***(mene)* think *(fx* I think it's wrong; I thought I ought to warn him); *jeg ~ at* I think that; I find that; I consider that; it seems to me that; it strikes me that; *jeg er så glad for at dere ~ dere kan ha meg med (på turen) (også)* I'm so glad you think I'll fit in; *jeg ~ det* I think so; *jeg ~ hun er pen* I think she's pretty; I find her pretty; to my mind she is pretty; *jeg ~ nesten* I rather think *(fx* I r. t. you ought to do it); *jeg ~ (nesten) jeg må nevne at* ... I feel bound to mention that ...; *jeg ~ å ha hørt det før* I seem to have heard it before; *jeg ~ å huske at jeg har truffet ham* I seem to remember having met him; *jeg syntes jeg hørte noe* I seemed to hear sth; *~ De engelsk er et lett språk?* do you consider that English is an easy language? do you call E. an easy l.? *de syntes dette var et meget beskjedent ønske* they found this to be a very modest request; *hva ~ De?* what do you think? *hvis han ~ det* if he thinks so; *(ɔ: bryr seg om det)* if he likes; *(ja) hvis De ~ det* if you like; *~ De vel?* don't you agree? *gjør som De ~ (med den saken)* do as you like; do just as you think best in the matter; use your own discretion in the matter; *det ~ ganske klart at* it seems quite clear that; *det ~ umulig* it seems *(el.* appears) impossible; *det ~ å foreligge en eller annen feil* there seems *(el.* appears) to be some mistake; *kassene ~ å være i god stand* the cases are apparently *(el.* seem to be) in good order; *det ~ som om* it seems as if, it looks as though *(el.* if); *~ 'om (ɔ: like)* like, have a liking for; *jeg ~ bedre og bedre om det (også)* it grows on me; *jeg ~ ikke om det (også)* it is not to my liking; *jeg ~ ikke om at barn røker* I don't like children to smoke; I don't like children smoking; *(se også rar).*
synge *(vb)* sing; *~ av full hals* sing at the top of one's voice; sing with a full heart; *~ med* join in (the singing); *~ den på en annen melodi* sing it to another tune; *(se forsanger & vers).*
sy(n)ing sewing; *(søm)* seam; *gå opp i -en* come unsewn *(el.* unstitched).
I. synke *(vb): se svelgje; ~ maten* sink *(el.* digest) one's food.
II. synke *(vb)* sink *(fx* he sank like a stone); *(om skip, også)* go down; *(om vannstand)* sink; fall *(fx* the river is falling); *(om sola)* sink, go down, set; *(geol)* subside; *(om priser)* fall, drop, go down; *hans stemme sank* his voice dropped to a whisper; *motet sank* his (,her, *etc)* courage ebbed away; his (,her, *etc)* heart sank; *~ dypt* sink deep; *jeg hadde lyst til å ~ gjennom gulvet* I felt like sinking through *(el.* into) the floor; *~ i ens aktelse* sink in sby's estimation; *~ i kne* sink to one's knees; go down on one's knees; *~ ned i* sink into; *~ nedi (fx snø)* sink in; *~ ned på* drop *(el.* sink) on to *(fx* a sofa); subside on; **T** flop (down) on; *~ ned på midten* sag *(fx* the roof is sagging); *~ sammen* fall in *(fx* the building fell in); collapse *(fx* the bridge collapsed); subside *(fx* the earth subsided); *~ til bunns* sink to the bottom; *(se skip).*
synkeferdig in a sinking condition.
synkekum septic tank, cesspool.
synkende *adj (se II. synke): den ~ pundkurs* the declining rate of the pound.
synke|not sink seine; *(se I. not).* **-tømmer** sinkers, sunken logs; *(se berge).*
synkron synchronous.
synkrongir synchromesh (gear).
synkroniser|e *(vb)* synchronize; *-t girkasse* synchromesh gearbox; *usynkronisert girkasse* **T** crashbox.
synlig visible; *bli ~* come into view, come in sight, become visible; *han var ~ skuffet* he was visibly disappointed; *er det svært godt ~? se synes 1: ~ det godt?*
synode synod.
I. synonym *(subst)* synonym; *et ~ for* a synonym for.
II. synonym *(adj)* synonymous.
synsbedrag optical delusion; hallucination.
syns|evne faculty of vision, visual power, sight; *nedsatt ~* reduced sight; *med nedsatt ~ (også)* partially sighted *(fx* class for p. s. pupils). **-felt** field of vision. **-forretning** inspection, survey.
synsinntrykk visual sensation *(el.* impression).
synsk clairvoyant, second-sighted, visionary.
syns|måte view. **-nerve** *(anat)* optic nerve, visual nerve. **-organ** *(anat)* organ of vision *(el.* sight).
synspunkt point of view, standpoint, viewpoint; *ut fra det ~ at* from the standpoint that; *dette ville være umulig ut fra britisk ~ (også)* this would be impossible, in the British view; *hvis man krampaktig forfølger det ~ at* .. if one sticks *(el.* clings) at all costs to the view that ...; *(se også lufte & synsvinkel).*
syns|rand horizon; *(jvf himmelbryn).* **-sans** sight, vision, faculty of seeing. **-vidde** range of vision; *innenfor (,utenfor) ~* within (,out of) sight.
synsvinkel 1. visual angle; *(i geodesi)* angle of field; **2***(fig)* angle, aspect, point of view, viewpoint, standpoint; *betrakte noe fra enhver ~* consider sth from every angle *(el.* from all sides *el.* from all points of view), consider sth in all its aspects *(el.* bearings); *det kom helt an på hvilken ~ man så det (,dem) fra* it was all a matter of the angle of view.
syntaks syntax.
syntaktisk syntactic(al).
synte|se synthesis. **-tisk** synthetic(al).
synål (sewing) needle.
sypike *(fisk)* poor cod.
sypress *(bot)* cypress.
I. syre *(kjem)* acid; *~ i magen* acidity in the stomach; *(jvf sur).*
II. syre *(bot)* (common) sorrel; **US** *(også)* sour dock.
III. syre *(vb) ~ deigen* leaven the dough.
syrefast acid-proof.

S

syrefri non-acid.
syreholdig acidiferous, containing acid.
syrer Syrian.
Syria *(geogr)* Syria.
syrin *(bot)* lilac.
syrisk Syrian.
syrlig sourish, subacid, acidulous.
syrlighet acidity.
sy|saker *(pl)* sewing things. **-skrin** workbox.
sysle *(vb)* busy *(el.* occupy) oneself *(med* with).
syssel occupation, business; *feminine sysler* feminine pursuits.
sysselmann *(på Svalbard)* [district governor (of Svalbard)] (NB equal in rank to *'fylkesmann'* elsewhere).
sysselsette *(vb)* employ, occupy; *holde sysselsatt* keep employed.
sysselsett|else, -ing employment; *full* ~ full employment.
system system; *sette i* ~ reduce to a system. **-atisere** *(vb)* systematize. **-atisk** *(adj)* systematic(al); *(adv)* systematically, methodically.
systue (dressmaker's) workroom; dressmaker's shop.
syt whimpering, whining.
syte *(vb)* whimper, whine.
sytråd sewing thread, sewing cotton; *(for maskin)* machine twist *(fx* a reel of m. t.).
sytten *(tallord)* seventeen. **-de** seventeenth.
sytti *(tallord)* seventy. **-ende** seventieth.
syttiåring septuagenarian.
sytøy needlework, sewing.
syv *(tallord)* seven.
sæd seed; *(sperma)* semen, sperm; *(bibl)* offspring, progeny.
sæd|avgang ejaculation. **-celle** sperm cell.
sæl *adj (glds)* happy.
sælebot act of charity, humane deed.
sær *(gretten)* cross; *(vanskelig, umedgjørlig)* difficult; moody; *(nærtagende)* touchy; (too) sensitive; *(underlig; rar)* eccentric; strange.
sær- extra, special; *(tilleggs-)* additional.
sær|avgift special duty (,tax, charge, *etc). **-avtale*** special agreement. **-behandling** *(av et kolli, etc)* special handling *(fx* of a package); *gi visse kunder* ~ give preferential treatment to certain (types of) customers. **-beskatning** special assessment; surtax.
særdeles *(adv)* especially, particularly; most *(fx* a most dangerous man); exceedingly, extremely; *til* ~ *høye priser* at exceptionally high prices; *en* ~ *viktig sak* a matter of (e)special importance; *et* ~ *godt resultat* a highly *(el.* most) satisfactory result; an exceptionally good result; ~ *godt,* ~ *tilfredsstillende* excellent; **UK** = A; ~ *godt fornøyd med* highly satisfied with; *(jvf særlig).*
særdeleshet: *i* ~ especially, particularly, in particular *(fx* he disliked England in general and London in particular); *(se også særlig).*
særegen *(eiendommelig)* peculiar; *(underlig)* strange, odd, peculiar; ~ *for* peculiar to *(fx* this problem is not p. to Norway); *(typisk for)* characteristic of; *på en* ~ *måte* in a particular way; *det har en* ~ *smak* it has a flavour all its own; it is distinctive in flavour.
særegenhet peculiarity, distinctive characteristic *(el.* quality); property *(fx* rubber has the p. of being elastic).
særeie separate estate; *opprette* ~ make a marriage settlement. **-gjenstander** *pl (jur)* personal possessions *(fx* wife's p. p.).
særhensyn special consideration.
særinteresse special interest; *(samfunnsgruppes)* sectional interest; *nasjonale -r* national preferences.
særkjenne *(subst)* characteristic, distinctive feature.
særklasse special class; *i* ~ *(lønnsmessig)* with allowance *(fx* Higher Executive Officer with a.); *det står i en* ~ it is in a class by itself; *hun står i en* ~ *(også)* she stands in a category by herself.
særkostnader *pl (merk; direkte kostnader)* direct costs.
særlig 1*(adj)* special, particular; *en* ~ *anledning* a special occasion; *en sak av* ~ *interesse* a matter of particular interest; *en sak uten* ~ *betydning* a matter of no particular importance; *i* ~ *grad* particularly, especially; *ikke i noen* ~ *grad* not to any great extent; **2***(adv)* especially, particularly, notably *(fx* some members, n. Smith and Jones); above all; *(for størstedelen)* mostly *(fx* they m. come from London); ~ *likte han den første sangen godt* he particularly liked the first song; ~ *er det vanskelig å* it is especially *(el.* particularly) difficult to; ~ *gjelder dette forsendelser via X* especially is this so in the case of shipments *(el.* consignments) via X; this is particularly true of shipments *(el.* consignments) via X; *(se omhyggelig; spesiell).*
særling eccentric; crank.
I. særmerke *(subst)* characteristic, distinguishing feature, criterion.
II. særmerke *(vb)* be characteristic of, characterize.
særnorsk distinctively Norwegian; *-e ord og vendinger* idiomatic Norwegian words and phrases.
særoppgave project work, individual essay *(el.* piece of work); ~ *i historie* history project, individual piece of work in history.
sær|preg distinctive stamp. **-prege** *(vb)* characterize, stamp, distinguish; *det som -r det forløpne år* the outstanding feature of the past year. **-preget** distinctive. **-rettighet** (special) privilege.
særs special *(fx* there is sth special about him).
særskilt separate, distinct; *(adv)* separately.
særskole *(glds): se spesialskole.*
særstandpunkt: *han skal alltid innta et* ~ he always wants to be in a minority of one.
særstilling exceptional position; *innta en* ~ hold a unique position; *(være privilegert)* be privileged; *stå i en* ~ stand in a class by oneself.
sær|syn rare thing; exception. **-trykk** offprint.
sødme sweetness; bliss; *det første møtets* ~ the bliss of the *(el.* a) first meeting.
søke *(vb)* **1***(for å finne el. få)* seek *(fx* advice); ~ *havn* put into port; ~ *havn for å ta inn forsyninger* put in for supplies; **2***(se seg om etter)* look for *(fx* I'm looking for a job); *krake -r make* birds of a feather flock together; *jeg ser av Deres annonse i Aftenposten at De -r en agent i Norge for salg av Deres varer* I see from your advertisement in A. that you seek *(el.* require *el.* are seeking *el.* are looking for) an agent in Norway for your articles; *-s for snarlig tiltredelse* needed for early appointment; **3***(ansøke om)* apply for *(fx* a post); ~ *på en stilling (også)* put in for a job; **4***(oppsøke)* call on; **5***(jur)* sue; ~ *erstatning* sue for damages;
~ *seg bort* try to get away; apply for a job elsewhere; *(om embetsmann)* apply for a transfer; ~ *etter* look for, search for, seek; ~ *etter de rette ordene* grope for the right words; ~ *hjelp hos ham* apply to him for assistance; ask him to help me; ~ *hjelp hos en lege* consult a doctor; *stimene -r inn mot land* the shoals make for coast(al) waters; ~ *kontakt med* get in touch with; contact; ~ *om* apply for, put in (an application) for *(fx* a post); *(se ovf 2 & 3); (be inntrengende om)* solicit *(fx* help); ~ *om audiens* sol-

icit an audience; ~ *opplysninger* seek information; ~ *seg ut* pick, select (*fx* he carefully selected a cigar from the box); choose; ~ *seg utenlands* seek an opportunity (,opportunities) abroad; apply for a job abroad; ~ *å ...* try to, attempt to; *(se også søkt).*
søkelys searchlight; *(på teater)* spotlight; *i -et (fig)* in the limelight, in the public eye (*fx* people most in the p. e.); exposed to (public) scrutiny; *komme i -et (ɔ: bli mistenkt)* become the object of suspicion, come under (a cloud of) suspicion; *rette -et mot (fig)* bring (*fx* a problem) into focus; throw (*el.* focus) the spotlight on, bring (*fx* sth) into focus; highlight (*fx* a problem); *(se oppmerksomhet).*
søker seeker, searcher; *(på stilling)* applicant; *(på fotografiapparat)* viewfinder.
søkk hollow, depression.
I. søkke *(subst)* sinker; *bly-* lead weight.
II. søkke *(vb): se synke; senke.*
søkkemyr quagmire.
søkk|rik rolling in money; **T** loaded. **-våt** drenched, soaked.
søknad application; *sende inn ~ på* apply for, put in (an application) for; *vennligst send Deres ~ vedlagt papirer for utdannelse og praksis til vårt personalkontor* please apply, enclosing testimonials showing education and experience, to our personnel office; *(se velvilje).*
søknadsfrist closing date for applications (*fx* closing date for a. April 8th); *-en utløper den 31. mai (også)* applications must be sent in not later than May 31st.
søknadsskjema form of application, application form.
søkning *(det å søke)* search; *(til møte, etc)* attendance (*fx* there is a large a. at the lectures = the l. are well attended); *(til forretning, hotell)* custom, patronage, customers (*fx* a wide circle of customers); *det er stor ~ til dette studiet* there are many applicants for admission to this department.
søksmål (law)suit, action; *erstatnings-* damages action (*fx* he has started d. a. against X, alleging negligence); *anlegge ~ mot en* sue sby.
søkt *(om hotell)* patronized; *(om uttrykk)* far-fetched, artificial, strained, laboured.
søl dirt; mess.
I. søle *(subst)* mud, dirt; *trekke ens navn ned i søla* drag one's name into the dirt; **T** drag one's name through the mud.
II. søle *(vb)* soil, dirty; ~ *på duken* make a mess of the table cloth; ~ *te på duken* slop tea on the table cloth; ~ *vann utover gulvet* slobber water over the floor; ~ *på seg,* ~ *seg til* soil one's clothes; make a mess of oneself; ~ *suppe på seg* spill soup over one's clothes; *hun sølte suppe på kjolen sin (også)* she spilt soup down her dress; *barn som -r på seg* messy child; messy (*el.* dirty) eater.
søle|bøtte messy child; messy (*el.* dirty) eater. **-føre** dirty (*el.* muddy) walking. **-kopp:** *se -bøtte.* **-pytt** puddle. **-skvett** splash of mud.
sølet muddy, dirty.
sølevann slops *(pl)* (*fx* the slops were thrown out on to the ground behind the caravan).
sølibat celibacy.
sølje *(smykke)* filigree brooch.
sølv silver.
sølv- silver.
sølvaktig silvery.
sølv|alder silver age. **-arbeid** silver work.
sølv|barre silver ingot. **-beslag** silver mounting. **-beslått** silver-mounted.
sølvbrudepar husband and wife celebrating their silver wedding.
sølvbryllup silver wedding.
sølv|erts silver ore. **-fot** silver standard. **-gaffel** silver fork. **-glans** **1**(*kjem)* argentite, silver glance; **2.** silvery lustre. **-glinsende** silvery. **-holdig** containing silver, argentiferous. **-holdighet** silver content. **-kjede** silver chain. **-klar** *(vann)* limpid; *(lyd)* silvery. **-papir** silver paper; *(stanjol)* tinfoil. **-penger** *(pl)* silver, silver coins. **-plett** silver plate. **-rev** *(zool)* silver fox. **-servise** silver service. **-smed** silversmith. **-tøy** silver plate; silverware. **-verdi** silver value.
I. søm *(spiker)* nail.
II. søm *(sammensying)* seam; sewing; *(med.)* suture; *drive med ~* do sewing; *gå noe etter i -mene* examine sth closely, go over sth carefully.
sømfare *(vb)* examine minutely, go over critically.
sømme *(vb): ~ seg* be becoming, be proper; ~ *seg for en* become (*el.* befit) sby.
sømmelig decent, decorous, becoming, seemly.
sømmelighet decency, decorum, propriety.
søndag Sunday; *om -en* on Sundays, of a Sunday; *på ~* on Sunday, next Sunday; *forrige ~* last Sunday.
søndags|barn Sunday child. **-hvile** Sunday rest. **-kjører** *(bilist)* week-end motorist; middle-of-the-road driver; *(jvf lusekjører).* **-klær** *(pl)* Sunday clothes, Sunday best (*fx* in one's S. best). **-skole** Sunday school.
sønder *(i stykker): ~ og sammen* to bits, to pieces, to atoms, to fragments; *kritisere et stykke ~ og sammen* slash (*el.* cut up) a play; cut a play to pieces; write a slashing review of a play; *slå ~ og sammen* **T** beat hollow; knock into a cocked hat; knock the (living) daylight out of; lick; *bli slått ~ og sammen (i konkurranse, også)* be badly beaten; *(se skyte: ~ sammen).*
sønderjyde Schleswiger.
Sønderjylland (North) Schleswig.
sønderknus|e *(vb)* crush; *-t* crushed; *(fig)* broken -hearted; *(av anger, også)* contrite.
sønderlemme *(vb)* dismember.
sønderrive *(vb)* tear (to pieces), rend; pull to pieces.
søndre *(sydlige)* southern; southernmost.
sønn son.
sønna South, southern, southerly.
sønnadrag a breath of southerly wind.
sønna|fjells in the South (of Norway). **-fjelsk** southern and eastern. **-for** south of. **-fra** from the south.
sønna|storm southerly gale. **-vind** south wind.
sønnen|fra *se sønnafra.* **-om** south of.
sønne|sønn grandson. **-sønnsdatter** great-granddaughter. **-sønnssønn** great-grandson.
sønnlig filial.
søppel rubbish; house refuse (*fx* the cleaning of the streets and the removal and disposal of house refuse are included in the duties of local authorities); **US** *(især)* garbage; *kaste ~* drop litter; *gjenvinning av ~* recycling of rubbish.
søppelbil dustcart; **US** garbage truck.
søppel|brett dustpan. **-container** rubbish skip. **-dunk** *(,-spann)* dustbin; **US** garbage can. **-kjører** refuse collector; **T** dustman; **US** garbage man. **-sjakt** rubbish chute; *(især* **US***)* garbage chute (*el.* shoot). **-tømning:** refuse disposal service; «~ *forbudt»* 'shoot no rubbish',' tipping prohibited'.
sør south; ~ *for* south of; *fra ~* from the south; *(se også syd).*
Sør-Afrika-sambandet the Union of South Africa.
Sør-Amerika South America.
Sør-England the South of England.
søretter south, southwards.
sørfra from the south.

S

sørge *(vb)* grieve; *(kun i anledning dødsfall)* mourn; ~ *for (skaffe til veie)* provide *(fx* dinner; an opportunity for sby to do sth); get *(fx* get tea); see to *(fx* I'll see to the tickets); ~ *for mat til* provide food for, cater for; *det var ikke -t for skipsrom* no provision had been made for shiproom; *(ta seg av, dra omsorg for)* take care of *(fx* the necessary arrangements); attend to *(fx* I'll a. to that); provide for *(fx* one's children); *det er -t godt for nye skoler* ample provision is made for new schools; ~ *for at det blir gjort* see that it is done; arrange for it to be done; ~ *for at varene blir sendt* arrange for the goods to be sent; provide for the shipment of the g.; ~ *for å gjøre det* take care *(el.* be careful) to do it; *sørg endelig for å* be sure to; see to it that; *han -t for å gjøre alle tilfreds* he so arranged matters as to please everyone; ~ *over noe* grieve at *(el.* over) sth *(fx* sby's death); mourn sth *(fx* sby's death); ~ *over en* grieve over *(el.* for) sby; mourn for *(el.* over) sby; ~ *dypt over noe* be deeply grieved at sth.

sørge|bind mourning band (round one's arm). **-budskap** sad news, news of sby's death. **-dag** day of mourning. **-flor** black mourning crepe. **-høytidelighet** commemorative service. **-kledd** in mourning.

sørgelig sad, tragic; *det er* ~ *at* it is deplorable that; it is a great pity that; *i en* ~ *grad* sadly; *jeg ble* ~ *skuffet* I was sadly disappointed; ~ *få* pitifully few; *(se kapittel).*

sørgemarsj funeral march.

sørgende *(subst)* mourner.

sørge|pil *(bot)* weeping willow. **-rand:** *med* ~ black-edged; *negler med -render* dirty finger nails; **T** black finger nails. **-spill** tragedy. **-tog** funeral procession. **-år** year of mourning.

sørgmodig sad, sorrowful.

sørgmodighet sadness; sorrowfulness.

sørgående going south, south-going, southbound *(fx* train, ship).

sørkyst south coast.

Sørlandet [area along the south coast and immediate inland districts of Norway] *(kan gjengis)* the South coast (of Norway).

sørlandsidyll idyllic south coast scene, south coast idyll; *(jvf skjærgårdsidyll).*

sør|landsk pertaining to the south coast; southern. **-lending** *(kan gjengis)* southerner.

sørlig southerly, southern; *i det -e England* in the South of England; ~ *bredde* southerly latitude.

sørligst southernmost.

sør|ost southeast, SE. **-ostlig** southeastern, southeasterly, southeast. **-ostvind** southeast wind. **-over** southward(s).

sørpe slush, sludge.

Sørstatene *(geogr; i USA)* the Southern States (of the USA); the South; *(i borgerkrigen, også)* the Confederate States.

sørstatsmann *(i USA)* southerner; *(i borgerkrigen, også)* Confederate.

sørvest southwest, SW.

søsken brother and sister, brothers and sisters; *fem* ~ a family of five.

søskenflokk: *han var yngstemann i en stor* ~ he was the youngest of a large family (of children).

søster sister.

søsterlig sisterly.

søsterskip *(mar)* sister ship.

søstersønn sister's son, nephew.

søt sweet; *(især* **US)** cute *(fx* isn't she cute); *en* ~ *liten unge* a dear little thing; *en* ~ *gammel dame* a dear old lady; *så er du* ~ there's a dear.

søt|aktig sweetish. **-het** sweetness. **-laden** sweetish, sugary; *(fig)* sugary; *filmen var noe -t sprøyt* the film was a lot of sloppy rubbish.

søtsuppe 1. [soup made of sago *(,etc)* with fruit syrup, raisins, prunes, *etc*]; **2***(fig)* sweetish *(el.* sugary) stuff.

søvn sleep; *en lett* ~ a light sleep; *det ble lite* ~ *pga. babyen* they lost *(el.* missed) a lot of sleep on account of their baby; *falle i* ~ fall asleep; go to sleep; *falle i dyp* ~ fall fast asleep; *dysse en i* ~ lull sby to sleep; *vekke en av -en* rouse sby from his sleep; *gå i -e* walk in one's sleep; *snakke i -e* talk in one's sleep; *(se nattevåk(ing)).*

søvndrukken heavy *(el.* drugged) with sleep; drowsy.

søvndyssende soporific *(fx* this music is s.).

søvngjenger sleepwalker, somnambulist.

søvngjengeri sleepwalking, somnambulism.

søvngretten cross from sleepiness; cross when sleepy.

søvnig sleepy, drowsy.

søvnighet sleepiness, drowsiness.

søvnløs sleepless; *jeg ligger mye* ~ I'm a bad sleeper.

søvnløshet sleeplessness, insomnia.

søvntung heavy with sleep, drugged with sleep, drowsy.

søye *(zool)* ewe.

søyle pillar, column. **-fot** base of a column. **-gang** colonnade. **-hall** peristyle.

I. så *(subst)* [large wooden tub with handles].

II. så *(vb)* sow *(fx* the grass seed for a lawn).

III. så *(adv & konj)* **1***(om tid: deretter)* then; next *(fx* what shall we do next?); ~ *er det betalingen* then there is the question of payment; **2***(om følge: derfor)* so *(fx* he wasn't there, so I came back again); therefore; *(altså)* so; **3***(i så fall)* then *(fx* if you are tired then you had better stay at home); **4***(omtrent)* so *(fx* a month or so; during the last 75 or so years); thereabouts *(fx* it's three o'clock or t.; a thousand (kroner) a year or t.); **5***(om graden)* so *(fx* it's not so *(el.* as) easy as you think); as *(fx* three times as much); *(trykksterkt): det er ikke* '~ *lett* it's not as *(el.* so) easy as all that; '~ *enkelt var det* **T** it was that simple; *en* ~ *rik mann* such a rich man; *en* ~ *høy pris* such a high price, so high a price; *på* ~ *kort tid* in so short a time; *en* ~ *stor diamant er sjelden* a diamond of that size is rare; ~ *store bestillinger* such large orders; *i* ~ *små mengder* in such small quantities; *vi kan ikke betale* ~ *mye* we cannot pay as much as that; *det er ikke* '~ *mye å gjøre i et hus* there isn't all that much work *(el.* so much work) to be done in a house; ~ *mye kan sies* this much may be said; *fabrikken ble* '~ *skadd at* the factory was so badly damaged that; the f. was damaged to such an extent that; *eksplosjonen var* ~ *kraftig at* such *(el.* so great) was the force of the explosion that; *skaden er ikke* ~ *stor at det blir nødvendig å* the damage is not such *(el.* not so great) as to necessitate; **6***(ved sammenligning):* ~ *stor som* as big as; *ikke* ~ *stor som* not so *(el.* as) big as; **7***(om forhold): er det* ~ *at ...?* is it a fact that ...? *hvis det er* ~ if that is true; if what you say is true; *(jvf slik);* **8.:** ~ *at (slik at)* so that; **9***(andre uttrykk): han er klokere enn som* ~ he is wiser than that *(el.* than you think); *men* ~ *er han også* but then he is; ~ *å si* as it were, so to speak; *(jvf III. si); med hensyn til kull,* ~ *er det* as regards coal, it is; *gi meg en bok,* ~ *skal jeg lese for deg* give me a book, and I'll read to you; *jeg har bare tre roser igjen å plante,* ~ *er jeg ferdig* I have only got three more roses to plant, and I have finished; *(se sak: så sin* ~*).*

IV. så *(int)* really? indeed? yes? is that so? *(trøstende)* come, come! there, there! *(befalende)* now then *(fx* now then a little less noise there!); *(lettet)* there now! *(ergerlig)* there! *(fx* there! I broke my needle).
sådan such; *en ~ mann* such a man; *-ne folk* such people.
så|framt, -fremt provided (that) *(fx* I'll join you, p. (that) all is safe), providing (that), if.
såkalt so-called, as it is called.
såkorn seedcorn; **US** seed grain.
såld *(grovt)* coarse sieve, riddle.
I. såle *subst (fotsåle, såle på skotøy)* sole; *(se bindsåle; halvsåle; innleggssåle).*
II. såle *(vb)* sole; *~ og flikke* sole and heel; *(se II. halvsåle).*
således so, thus, in this manner, like this, like that; *(se II. slik & orden).*
såle|gjenger *(zool)* plantigrade. **-lær** sole leather.
så|mann sower. **-maskin** sowing machine.
sånn (= **slik**): *~ ja!* good! that's it! that's right! that's the spirit! that's the stuff! *(se for øvrig slik).*
såpass: *en ~ stor ordre* an order of this (,that) size; *men ~ meget vet vi* but this much we know; *planen var ~ vellykket at* the plan was so successful that; *jeg skulle ønske jeg hadde ~ meget* I wish I had even that much.
I. såpe *(subst)* soap; *grønn-* soft soap; *stang-* bar soap; *toalett- (håndsåpe)* toilet soap.
II. såpe *(vb): ~ inn* do the lathering; *~ en inn (før barbering)* lather sby's face.
såpe|aktig soapy. **-boble** soap bubble. **-pulver** soap powder. **-skure** *(vb)* scrub *(fx* a table) with soap. **-skål** soap dish. **-vann** soapy water; *(til vask)* soapsuds. **-vaske** *(vb)* wash with soap and water.
I. sår *(subst)* wound; *(snitt-)* cut; *(fig)* wound, sore; *forbinde et ~* dress a wound; *sette et plaster på -et* put a plaster over the wound; *(se brannsår; forkjølelsessår; plaster; rippe: ~ opp i).*
II. sår *(adj)* sore; painful; *(fig)* sensitive; *vi trenger det -t* we need it badly.
sår|bar vulnerable. **-be(i)nt** footsore.
I. såre *(vb)* wound; hurt, injure; *(fig)* hurt one's feeling; *~ en dypt* cut sby to the quick; *bli -t* get wounded.
II. såre *(adv)* very, greatly, exceedingly.
sårende wounding *(fx* to his pride); *(krenkende, også)* offensive, cutting *(fx* remarks).
sår|et wounded; injured; *lett -ede (mil)* light casualties; *hardt -ede* severe casualties; *livsfarlig ~* critically injured *(fx* in an accident); critically wounded *(fx* by a bullet).
sår|feber (a)septic (traumatic) fever. **-het** soreness; *(fig)* sensitiveness. **-salve** healing ointment. **-øyd** bleary-eyed.
såsiss chipolata; *(se pølse).*
I. såte *(subst)* haycock, haystack, hayrick.
II. såte *(vb)* stack *(fx* hay).
såtid seed time, sowing season.
såvel *(adv): ~ ... som* both ... and *(fx* b. here and elsewhere); alike *(fx* Socialists and Conservatives a. believe that ...); as well as *(fx* Conservatives as well as Liberals voted for the Bill).
så vidt *se vidt.*

t

T, t T, t; *T for Teodor* T for Tommy.
ta *(vt & vi)* **1***(med hånden)* take; *(velge)* choose; *(fjerne)* take *(fx* who has taken my pipe?);
2*(erobre)* take, capture;
3*(ha samleie med en kvinne)* take; *(jvf voldta);*
4*(anholde)* arrest, pick up; **T** pinch, get *(fx* the Gestapo have got Smith);
5.: *se stjele;*
6*(medisin, etc)* take;
7*(om mat og drikke)* have *(fx* a snack; is there time to have a drink?);
8*(vinne i spill, etc) (kort)* take *(fx* a trick); (**T** = *slå, beseire)* beat *(fx* we can't beat them in *(el.* at) football);
9*(overta)* take *(fx* command; he refused to take the responsibility); *(påta seg)* accept *(fx* I accept the responsibility);
10*(motta, etc)* take *(fx* take what is offered; you must take me as I am);
11*(eksamen)* pass; *(om grad)* take *(fx* take a degree in English); *(underkaste seg)* take *(fx* they take an examination, and it's a stiff one; if they pass, they're awarded a diploma);
12*(komme over)* take *(fx* a hurdle), jump (over), leap;
13*(mus) (om sanger)* take *(fx* take top C);
14*(behandle)* deal with, manage, take *(fx* he is all right when you take him the right way); handle *(fx* I know how to h. him); *(jvf D: ~ seg av);*
15*(om tid: vare)* take *(fx* it takes five minutes to go there; it won't take a minute); *(se A);*
16*(om sol & vind)* be strong *(fx* the sun is strong here);
17*(gjøre i stand, ta seg av)* **T** do *(fx* will you do the beds while I do the windows?);
18*(reagere)* take *(fx* how did he take the news? he took it calmly (,seriously)); *(se B);*
19*(gram: styre)* take *(fx* the dative);
20*(beregne seg)* ask, charge *(fx* he charged a high price for it);
21*(høre i radio)* get *(fx* we can't get England on our radio);
22*(fotografere)* take *(fx* a snapshot); *(filmopptak)* shoot *(fx* a scene); *(jvf C: ~ en scene om igjen);*
23*(reise)* go *(fx ut på landet* into the country), take *(fx med bussen* the bus);
24. *om betaling:* take; *hvor* **meget** *-r De? (om pris)* what do you charge? how much will it be? *(for konsultasjon, også)* what's your fee?
[*A: forb. med subst; B: med pron; C: med prep, adv & konj; D: med «seg» + prep el. adv*].
A [*Forb med subst*] *~ en bil* take a taxi; *~ bakken (om fly)* land (on the ground); *~ en brikke* take a piece; *~ bunnen* touch bottom; *~ del i* take part in; *(stivt)* participate in; *~ aktivt del i noe* take *(el.* play) an active part in sth; *~ noe for god fisk* swallow sth *(fx* the boy said he'd been ill, and the teacher swallowed it); buy sth; take sth for gospel truth;

man må ta sine forhåndsregler one must take precautions; ~ *følgene av sine handlinger* take the consequences for one's actions; ~ *første gate på høyre hånd* take the first turning (*el.* street) on the right; *ikke la det ~ knekken på deg (ɔ: mist ikke motet)* don't let it get on top of you; ~ *livet som det er* take life as it comes; face up to life; ~ *natten til hjelp (m. h. t. studier, etc)* burn the midnight oil; ~ *meget plass* take up a great deal of space (*el.* room); ~ *for høye priser* charge too much, overcharge; *det -r sin tid* it takes time; it will take some time; *arbeidet tok lang tid (også)* it was a slow job; *det vil ~ lang tid før de kan gjøre det* it will be a long time before they can do it; they won't be able to do so for å long time to come (*el.* for a long time yet); *det tok oss fire timer* it took us four hours; *det tok flere timer før vi var ferdige* it was several hours before we were ready; *(jvf 15); ~ timer i engelsk* take English lessons; ~ *tingene som de er* take things as they are (*el.* as they come); make the best of things; *(se for øvrig forbindelsens substantiv);*

B [*Forb. med pron*] ~ **alt** take everything; make a clean sweep; ~ **det** *med godt humør* grin and bear it; put up with it cheerfully; take it with a good grace; *det -r jeg lett (el. ikke tungt)* I don't let that worry me; *det kan du ~ lett* I shouldn't let that worry me; don't you worry! *han tok det virkelig riktig pent* he really took it rather well; ~ *det ikke så tungt!* don't take it so hard! *vi får ~ det som det kommer* we must take things as they come; it's no use meeting trouble halfway; *det er som man -r det* that is a matter of opinion; *(ɔ: det kommer an på)* it all depends; *(se også C: han tok ikke sin sønns død så hardt); ~ det opp med (ɔ: kunne måle seg med)* be a match for;

C [*Forb. med prep, adv el. konj*] ~ **av** take off (*fx* one's coat), remove, pull off (*fx* one's boots, one's gloves); *(bli magrere)* lose weight; *(ved avmagringskur)* reduce; take off (*fx* those holiday-gained pounds); *(om fly: lette)* take off; *(om vei)* branch off; *(se ndf: ~ av fra); (kort)* cut (*fx* your cut!); *(i strikking)* slip (*fx* slip one); *til å ~ av, som kan -s av* detachable; *det er nok å ~ av* there is plenty; there is enough and to spare; ~ *av bordet* clear the table, clear away; ~ *av sin formue* break into one's capital; ~ *av et teaterstykke* take a play off (the bill); *en gren tok av for fallet* a branch broke his (,her, *etc*) fall; ~ *av for vinden* break the wind (*fx* trees b. the w.); ~ *av fra en gate (el. en vei)* turn off a road; ~ *av fra hovedgata* turn off the main street; ~ *av til venstre* take the turning on the left; turn (*el.* bear) to the left; ~ *av til venstre nær bakketoppen* cut off (*el.* bear) to the left near the brow of the hill; *er det her vi -r av til X?* is this where we turn off to X? *(se også under A);*

~ **bort** take away, remove;

~ **etter** *(ligne)* be like, take after; *(gripe etter)* reach for (*fx* a book); *(famle)* grope for;

~ **fatt** *på arbeidet* get down to one's work; get started on one's work; *det er på tide vi -r fatt* it's time we got down to it; *(se fatt);*

~ **for** take for (*fx* I took him for his brother); ~ *ett pund for det* charge (*el.* ask) one pound for it; ~ *for seg (av)* help oneself (to); ~ *godt for seg av maten* do (ample) justice to the food (*el.* meal); ~ **for seg med hendene** *(beskyttende)* protect oneself with one's hands; put one's hands in front of one's face; put one's hands before one; *(famlende)* grope, put out one's hands; *han tok ikke for seg med hendene og slo seg stygt i ansiktet* he did not cover his face, and he hurt it badly (*el.* and it got badly hurt); ~ *en for seg (i anledning av noe)* tackle sby (about sth); *(for å irettesette)* take sby to task (over sth);

~ **fra** take from; ~ *noe* **fra** *en* take sth from (*el.* away from) sby; *(se frata); hvor skal vi ~ pengene fra?* where are we to get the money from? ~ *fra den ene og gi til den andre (iron)* rob Peter to pay Paul; ~ *fra hverandre* take to pieces; *(maskin)* dismantle, take down;

~ **fram** take out, get out, produce, bring out; *(fra lomme, etc, også)* pull out;

~ **hardt:** *han tok ikke sin sønns død så* **hardt** he did not take the death of his son too hard (*el.* so very hard); *(se også B);*

~ **i** *(anstrenge seg)* exert oneself; make an effort *(berøre)* touch; *(se ndf: ~ på); ~ i døra* try the door; ~ *for sterkt i (fig)* exaggerate, draw the long bow; ~ *i med en* give (*el.* lend) sby a hand; ~ *noe i seg igjen* take sth back; *det -r jeg i meg igjen* I take that back; **T** forget it;

~ **igjen** *(ta tilbake)* take back; *(gjøre motstand)* fight back, hit back; *(innhente)* catch up with (*fx* sby), catch (*fx* you may c. him if you run); *vi må ~ igjen de andre* we must catch up (with the others); *vi har meget å ~ igjen (ɔ: vi er på etterskudd med arbeidet)* we have a great deal of leeway to make (*el.* catch) up; *han har meget å ~ igjen (om elev, etc)* he has considerable leeway to catch up; he will have to work hard to catch up; ~ *igjen det forsømte* make up for what one has missed; catch up (again); ~ *igjen med en (ɔ: gjøre motstand)* resist sby;

~ **imot** *(gjest)* receive; *(gi nattelosji)* put up (*fx* put sby up); *(møte ved ankomst)* meet (*fx* meet sby at the station); *(si ja til)* accept (*fx* an invitation); *(bestilling)* take (*fx* a waiter came up and took their order); *(finne seg i)* stand for (*fx* I won't stand for that); *(rette seg etter)* take (*fx* I don't take orders from him); *(gripe)* catch; ~ *dårlig imot en* give sby a bad reception; *han ville ikke ~ imot meg* he refused to see me; ~ *imot fornuft* listen to reason; ~ *imot varene* take delivery of (*el.* receive) the goods;

~ **inn** take in, bring in; *(importere)* import; *(ansette)* take on (*fx* extra men); *(last)* ship, take in; ~ *inn årene* ship the oars; ~ *inn en kjole i livet* take in a dress at the waist; ~ *inn penger på noe* make money by sth; get large returns from sth; ~ *inn på et hotell* put up at a hotel; **US** register at a hotel; ~ **lett:** *se B;* ~ *lett på elevenes feil* be lenient with the errors of the pupils;

~ **med** *(til et sted)* bring (along) (*fx* why didn't you bring your friend? two of them brought their wives along); *(fra et sted)* take with one (*fx* I'm taking you with me to a place of safety); take (*fx* remember to take your umbrella); *(inkludere)* include; *(se også utstrekning); (regne med)* take into account; *denne muligheten tok vi ikke med i våre beregninger* this possibility did not enter into our calculations; ~ *ham med det gode* use kindness; *han må -s med det gode* he won't be driven; he is easier led than driven; ~ *med bussen (,etc): se 23;* ~ **med seg** take (away) with one (*fx* you can't take it with you), bring (*el.* take) (along) with one; ~ *ham med på politistasjonen* run him in; *politimannen tok ham med seg (også)* the policeman walked him off; *husk å ~ med deg nøkkelen* don't forget the key; *han tok med seg et pund sukker hjem* he brought back (*el.* took home) a pound of sugar; *han tok hemmeligheten med seg i graven* the secret was buried with him; *vinden tok med seg hatten hans* the wind blew off his hat; ~ *henne* **med ut** take her out;

~ **ned** take down (*fx* pictures, curtains); pull down, lower (*fx* a flag); ~ *ned teltet* strike the tent;

~ *en scene* **om** *igjen (film)* retake a scene; ~ *om en pike* put one's arm round a girl;

~ **opp** *(fra gulvet, etc)* pick up, take up; *(flere ting)* gather up (*fx* g. up all that paper); *(poteter)* pick, dig; *(av vannet)* pick up, fish out; ~ *opp et annet emne* take up another subject; ~ *opp kampen* give battle; ~ *opp kampen med noe (,noen)* go into battle against sth (,sby); ~ *opp en maske* pick up a stitch; ~ *opp ordrer* book (*el.* take) orders; ~ *opp en passasjer* pick up a passenger; *(om drosje)* pick up a fare; ~ *opp et vrak* raise a wreck; ~ *opp igjen* resume (*fx* negotiations, work, a subject), restart (*fx* work); ~ *saken opp igjen* take the matter up again; reconsider the matter; *(jur)* reopen (*el.* retry) the case; ~ *et teaterstykke opp igjen* revive a play; ~ *tråden opp igjen* take up (*el.* resume) the thread; ~ *opp konkurransen med* enter into competition with; ~ *hele spørsmålet opp på nytt* reopen the whole question;

~ **på 1**(*klær, etc*) put on (*fx* one's clothes); pull on (*fx* one's gloves); *jeg -r på meg brillene når jeg leser* **T** I stick on my specs when I read; (*jvf kle: ~ på seg); han -r på seg altfor meget (arbeid)* he takes on too much; *(se for øvrig påta: ~ seg);* **2**(*føle på*) touch, finger, handle; *dette stoffet er bløtt og deilig å ~ på* this material feels nice and soft; **3**(*svekke*) tell on; *det -r på kreftene* it takes it out of you; *sykdommen har -tt svært på ham* his illness has taken it out of him badly (*el.* has left him very low); *(se ovf: ~ lett på; jvf svekke);*

~ **til** *(begynne)* start, begin; *(øke)* increase; ~ *det til seg den som vil (iron)* if the cap fits, wear it! ~ *til seg et foreldreløst barn* take an orphan into one's home; *(adoptere)* adopt an orphan; *de tok til seg enda et barn (også)* they took another child to themselves as their own; ~ *henne til hustru* take her for a wife, take her to wife; ~ *næring til seg* take nourishment; ~ *øynene til seg* look away, avert one's eyes; *(se også stilling: ta ~ til);*

~ **tilbake** take back (*fx* goods, a statement, one's application); withdraw (*fx* one's application, an offer, a statement); retract (*fx* a promise, a statement); (*jvf ~ i seg igjen); (mil)* recapture, retake, take back; *varer som er -tt tilbake* returns;

~ **unna** *(bort)* take away; *(for å gjemme)* put on one side, put out of the way;

~ **ut** take out (*fx* take money out of the bank); ~ *et barn ut av skolen* take a child out of (*el.* away from) school, remove a c. from s.;

~ **vekk** remove, take away;

D [*Forb. med «seg» + prep el. adv*] ~ **seg** *(om dyr, også vulg om kvinne)* become pregnant, conceive; ~ *seg et bad (,en ferie, en kone)* take a bath (,a holiday, a wife);

~ **seg av** attend to, look after, take care of; concern oneself with (*el.* about); handle (*fx* Mr B. is handling this matter personally); take notice of (*fx* he never takes the slightest n. of his wife); *(m. h. t. oppdragelse: få skikk på)* take in hand; *hun -r seg ikke av barna sine* she neglects her children; *jeg skal nok ~ meg av det* I will see to it; I'll attend to that; *jeg skal ~ meg av ham (om vanskelig el. gjenstridig person)* I'll handle him all right; *det som alle skal ~ seg av, er det ingen som -r seg av* everybody's business is nobody's business; *vi takker for Deres ordre, som vi -r oss av på beste måte* we thank you for your order, which is receiving our best attention; *(Deres ordre,) som vi skal ~ oss av med en gang* (your order,) which shall have our immediate attention; to which we shall attend at once; ~ *seg av en* look after sby('s comfort); deal with sby, handle sby; *(jvf 14);* ~ *seg av ens sak* take up sby's case; ~ *seg særlig av noe* give sth one's special attention; *hagen tok hun seg særlig av (også)* the garden was her special care;

~ *seg* **betalt** get paid; reimburse oneself; ~ *seg godt betalt* charge a high price;

~ *seg* **for:** *se C: ~ for seg med hendene;*

~ seg **fram** get on (*fx* the road was so bad that we could not get on);

~ *seg* **i** *det* check oneself, pull oneself up, think better of it; *(gjenvinne fatningen)* collect oneself;

~ *seg (svært)* **nær** *av noe* take sth (greatly) to heart;

~ *seg* **opp** improve, change for the better; *(om virksomhet)* pick up, look up (*fx* business is looking up); *(om marked også)* recover; *salget har -tt seg voldsomt opp igjen* sales have recovered enormously (*el.* have risen sharply again);

~ *seg* **sammen** pull oneself together; make an effort; *jeg måtte ~ meg sammen for ikke å le (også)* it was all I could do to keep from laughing;

ikke ha noe å ~ **seg til** have nothing to do; be at a loose end; *hva skal du ~ deg til?* what will you do with yourself? *han tok seg til lomma* he put his hand to his pocket;

~ **seg ut** *(se godt ut)* look well, show up to (one's) advantage; *jo, det skulle ~ seg ut!* my word, that would be a calamity! **T** that would put the lid on it! ~ *seg bedre ut* look better; show up to greater advantage; *hun -r seg best ut om morgenen* she looks her best in the morning; *det skulle -tt seg fint ut om* ... that would have been a nice state of affairs if ...; it would have been a fine thing if ...; *han hadde ikke (på noen måte) -tt seg ut (om løper)* he had still a good deal of running in him; *(se også stilling; tørn; utstrekning).*

tabbe blunder; **T** howler.

tabell table (*over* of).

tabellarisk tabular.

tabellform: *i ~* in tabular form.

table d'hôte table d'hôte.

tablett tablet.

tablå tableau (*pl:* tableaux).

tabu taboo; *erklære for ~* taboo.

tabuord taboo words.

taburett stool; *(fig)* ministerial office.

tafatt perplexed, puzzled.

taffel (festively laid) table.

taffelmusikk table (*el.* dinner) music.

taffelur mantel(piece) clock.

tafs rag; tuft, wisp (*fx* of hair).

tafset ragged, tattered.

taft taffeta.

tagg spike, sharp point; *(på metalltråd)* barb.

tagget toothed, jagged, indented; barbed.

taggmakrell *(zool)* horse mackerel, scad; *(se makrell).*

tagl horsehair.

I. tak *(med hånd)* grasp, hold, grip; *(med klo)* clutch; *(med åre)* stroke; *(dyst)* scuffle; *få ~ i* **1.** get hold of; *fikk du ~ i hva det dreide seg om?* **T** did you get the message? **2**(*skaffe*) lay one's hands on; *få ~ på en rolle* get the feel of a part (*el.* role); **T** get under the skin of a part; *han har et godt ~ på sin yngre bror* he has a great hold over his younger brother; *han likte å ha et ~ på folk* he liked to have a hold on people; *ha et godt ~ på tilhørerne* have a good grip on the audience; *hogge ~ i noe* grab sth; *slippe -et* let go (one's hold); *den saken (,etc) må du ikke slippe -et i* you mustn't let go of that; *ta* ~ (*ɔ: ryggtak)* wrestle; *den jenta er det* ~ *i!* **T** that girl's got what it takes! that girl's made of the right stuff!

II. tak *(på hus)* roof; *(i værelse)* ceiling; *(innvendig, i bil)* ceiling, head lining, header panel; *fly i -et: se flint: fly i* ~.

takbelysning *(i bil)* dome lamp, interior light.

tak|bjelke rafter, ceiling girder. **-drypp** dripping from the roof. **-fall** slope (of the roof). **-grind** *(på bil)* roof rack. **-høyde** *(innvendig)* headroom.

I. takk *(på horn)* branch, point, prong; *(på tannhjul, etc)* cog, tooth; *(på stjerne)* point; *-er (hjorts)* antlers.

II. takk thanks *(pl);* ~*!* thank you; **T** thanks! *ja* ~*;* yes, please! yes, thanks; *(som svar på forespørsel)* yes, thanks! *(fx* have you had your tea? – Yes, thanks!) *nei* ~*!* no, thank you! no, thanks! *mange* ~*!* thank you very much! thank you so much; **T** thanks very much! *hils ham og si mange* ~ *fra meg* give him my best thanks; ~ *for besøket* = it was nice of you to come; thank you for coming! I'm glad you could make it! ~ *for meg (sagt av gjest)* = thank you for having me; *(adjø og)* ~ *for oss (el.* ~ *for i kveld) (idet man sier adjø etter selskap)* = (good-bye, and) thank you (very much); thank you for inviting us; we have had such a pleasant time; (NB' 'Good-bye, and thank you so much for a nice party, Mrs. Brown''); ~ *for sist* [thank you for the last occasion on which we met]; *på forhånd* ~ thanking you in advance; *det er en* ~ *for sist (fig)* he (,she, *etc)* is returning the compliment; *selv* ~*!* don't thank me! it should be me thanking you! *som* ~ *for* by way of thanks for, in return for; *som* ~ *for sist (fig)* by way of returning the compliment; ~ *i like måte!* thank you, the same to you! *(som svar på skjellsord)* you're another! *det er -en jeg får* that's all the thanks I get; that's my reward *(fx* for helping you!); *jeg har med* ~ *mottatt* ... I acknowledge with thanks the receipt of ...; *(mindre stivt)* I thank you for *(fx* your letter); ~ *skjebne!* just my luck! *rette en* ~ *til* address a few words of thanks to; *jeg skylder ham* ~ I owe him thanks; my thanks are due to him; I am under an obligation to him; *ta til -e med* put up with, be content with; *ta til -e med hva huset formår* take pot-luck; *(se også II. takke).*

takkammer attic, garret.

I. takke *subst (bakstehelle)* (cast-iron) griddle; ~ *med løftehank* griddle with handle (for lifting).

II. takke *(vb)* thank *(en for noe* sby for sth); *(høytidelig)* give *(el.* offer) thanks for sth *(en* to sby); *(besvare en tale)* return thanks; ... *vi vil gjerne få* ~ *Dem på det hjerteligste for Deres arbeid* ... we would like to thank you most sincerely for your work ...; *(høytideligere)* we wish to express *(el.* extend *el.* offer) our heartfelt thanks for your work ...; *ingenting (el. ikke noe) å* ~ *for!* don't mention it! not at all! **T** that's all right; not a bit; **S** forget it! *jeg har ham å* ~ *for dette* I'm indebted to him for this; ~ **for seg 1.** say good-bye, and thank one's host(s); **T** *(spøkef)* say' 'good-bye and thank you for having me''; **2***(= betakke seg)* say no to sth, say no thank you to sth; refuse (to take part); *De kan* ~ *Dem selv for det* you have only yourself to thank for it; it's no one's fault but your own; **T** you've been asking for it; *-t være* thanks to *(fx* your help); owing to; ~ *av* resign, retire; *nei,* ~ *meg til Oxford, da!* give me Oxford (every time)!

takke|brev letter of thanks; *(pliktskyldigst, til en man har bodd hos)* **T** bread-and-butter letter. **-bønn** prayer of thanksgiving. **-gudstjeneste** thanksgiving service. **-kort** printed (,written) acknowledgement.

takkel *(mar)* tackle.

takkelasje *(mar)* rigging.

takket notched, tooth-edged, jagged.

takketale speech of thanks; speech to return thanks; *(ofte =)* reply.

takknemlig 1. grateful, thankful; **2.** rewarding, promising; *en* ~ *oppgave* a rewarding *(el.* worthwhile) task; *et* ~ *publikum* an appreciative audience; *en* ~ *rolle* a rewarding part, a part offering scope to the actor.

takknemlighet gratitude, thankfulness.

takknemlighetsgjeld: *stå i* ~ *til en* owe sby a debt of gratitude.

takksigelse thanksgiving.

takkskyldig obliged, indebted.

takle *(vb)* **1.** tackle; **2***(mar)* rig.

takleilighet penthouse.

tak|luke roof hatch; *(ofte =)* trap door. **-lys** hanging light; *(i bil)* dome lamp. **-papp** roofing felt. **-renne** gutter; *(på bil)* drip moulding. **-rygg** *(møne)* ridge of a roof.

taksameter taximeter, fare meter; **T** clock.

taksebane *(flyv)* taxiway; taxi strip; peritrack; *(se rullebane).*

takser|e *(vb)* value, appraise, estimate; *(fig: ta mål av)* size up *(fx* they sized him up); *huset er -t til* the house is valued at. **-ing** valuation *(fx* of land for rating purposes); assessment, appraisal.

tak|skjegg eaves *(pl).* **-sperre** rafter, ceiling girder. **-spon** shingle.

takst 1*(fastsatt verdi)* estimated value; *(se taksering); ta* ~ *på eiendommen* have the property valued; **2***(pristariff)* rate; *(for passasjerer)* fare; *(se skattetakst).*

takstein tile; *få en* ~ *i hodet* be hit by a falling tile.

takstmann valuer, appraiser; *(ved bilskader)* engineer-assessor.

takstol roof truss.

taksvale *(zool)* martin; *(se I. svale).*

takt time; *(mus)* time, measure; *(finfølelse)* tact, discretion; *holde (,slå) -en* keep (,beat) time; *(under marsj)* keep step; *i* ~ in time, keeping time *(fx* with the band); *(under marsj)* in step *(fx* walk in step); *i* ~ *med tiden* in step with the times; *6/8* ~ 6/8 measure; *legge om -en, legge om til raskere* ~ *(om skøyteløper)* increase one's tempo; *skifte* ~ *(under marsj)* change step; *komme ut av* ~ get out of time; *(under marsj)* get *(el.* fall) out of step, break step.

taktangivelse *(mus)* measure signature.

taktekking roofing.

taktfast measured, rhythmic(al), in time.

taktfull discreet, tactful, *(adv)* discreetly, tactfully. **-het** tact, discretion.

taktiker tactician.

taktikk tactics *(pl); legge om -en* change one's tactics.

taktisk tactical; *av -e grunner* for tactical reasons.

taktløs indiscreet, tactless, having no tact.

takt|løshet want of tact, indiscretion. **-slag** beat. **-stokk** baton. **-strek** bar (line).

tak|vindu dormer window; *(i flukt med taket)* skylight. **-ås** roof beam, purlin.

I. tale *(subst)* speech; talk, address, discourse; *direkte* ~ *(gram)* direct statement; *den neste setningen går over i direkte* ~ the following sentence breaks into direct statement; *-ns bruk* (the power of) speech; *da han hadde gjenvunnet -ns bruk* having found his voice; *holde en* ~ make a speech, deliver an address; *hun holdt en hel* ~ she made quite a speech; *han er vanskelig å få i* ~ he is difficult of access;

det kan (det) ikke være ~ om that is out of the question; *(se trekke: ~ ut).*

II. tale *(vb)* speak, talk; *den -nde* the speaker; *~ sterkt mot (fig)* weigh heavily against *(fx* two factors weigh heavily against the effectiveness of scientific research in industry); *(se snakke).*

talefeil impediment (of speech), speech defect.

taleferdighet fluency.

talefot: *komme på ~ (med)* get on speaking terms (with); establish (personal) contact (with); get together (with); *være på ~ med* be on speaking terms with.

talefrihet freedom of speech, (the right of) free speech; *(se frihet).*

tale|gaver *(pl)* oratorical gifts, fluency, the gift of speech; *gode ~* **T** the gift of the gab. **-kunst** art of speaking, oratory; rhetoric.

talemåte mode of expression, manner of speaking; *bare -r* empty phrases, mere words.

talende *(adj): se megetsigende.*

talent talent, gift, aptitude; talented person; *nye -er* fresh talent; *han har ~* he has talent, he is talented; *ha ~ for* have a talent for.

talentfull talented, gifted.

talentløs untalented, incompetent; uninspired *(fx* an u. poem).

talentløshet lack of talent; lack of inspiration.

talentspeider talent scout, star spotter; **S** bush-beater.

taler speaker, orator.

taleredskap organ of speech.

taler|knep oratorical trick. **-stol** rostrum *(pl:* -s); (speaker's) platform.

talerør *(mar)* voice-tube, speaking tube; *(fig)* mouthpiece; spokesman *(fx* a s. of the Government).

talespråk spoken language; *det engelske ~* spoken English; *de mange aspekter ved norsk ~ er viet stor oppmerksomhet* a great deal of attention has been paid to the many aspects of spoken Norwegian.

talestasjon *(tlf)* public call office.

talestemme speaking voice.

taletid time allotted for speaking; *det ble innført begrenset ~* it was ruled that there would be a time limit *(el.* restriction) (for speeches).

taletrengt garrulous, talkative, loquacious.

taletrengthet talkativeness, garrulity.

talg tallow; sebaceous matter; *(nyre-)* suet.

talgaktig sebaceous.

talgkjertel *(anat)* sebaceous gland.

talg|lys (tallow) candle. **-syre** sebacic acid. **-tit** *(zool)* **T** *(= kjøttmeis)* great titmouse; **T** tomtit.

talisman talisman.

I. talje *(mar)* (block and) tackle.

II. talje *(liv)* waist.

talkum talcum powder.

tall number, figure; *(tegnet)* figure, numeral; *(siffer i flersifret tall)* digit; *~ som følger etter hverandre* adjacent numbers *(fx* 5 and 6 are a. n.); *like (el. jevne) ~* even numbers; *ulike (el. odde) ~* odd numbers; *i hundre-, i tusen-* by hundreds, by thousands; *jeg kunne ikke holde ~ på dem* I lost count of them; *skrive beløpet med både ~ og bokstaver* write the amount in both words and figures; *(se sjonglere).*

tallangivelse figure stated.

tallerken plate; *dyp ~* soup plate; *flat ~* (ordinary) plate; *en ~ suppe* a plateful of soup; *flyvende ~* flying saucer.

tallerkenrekke plate rack.

tall|forhold ratio. **-karakter** (numerical) mark; *(jvf bokstavkarakter).* **-kolonne** column of figures. **-løs** numberless, countless, innumerable. **-messig** numerical; *(adv)* numerically, in numbers; *være ~ underlegen* be (heavily) outnumbered; *være ~ overlegen* be superior in numbers.

tall|ord numeral. **-rekke** series of numbers.

tallrik numerous; *være -ere enn* outnumber.

tall|skive dial. **-størrelse** number, numerical quantity. **-system** system of notation; scale *(fx* the decimal s.). **-tegn** numeral character, figure. **-verdi:** *se -størrelse.*

talong *(på sjekk, etc)* counterfoil; **US** stub.

talsmann spokesman; *(forkjemper)* advocate; *gjøre seg til ~ for noe* advocate sth, be the advocate of sth; *(se talerør).*

tam *(også fig)* tame; *(bare om dyr)* domesticated; *den -me gåsa* the domestic goose.

tambak *(lommeur)* pinchbeck.

tambur *(trommeslager)* drummer.

tamburin *(håndtromme)* tambourine.

tamhet tameness.

tamp end, rope end; *-en brenner (lek)* you're getting warm; *(fig)* we are getting very near the mark.

tampong *(i sykepleie)* tampon, plug.

tandem *(sykkel for to)* tandem.

tander delicate.

I. tang *(redskap)* (pair of) tongs; (pair of) nippers; *(flat-, nebbe-)* (pair of) flat-nosed pliers; *(liten tang, avbiter-)* wire cutter, (pair of) pincers; *(leges)* forceps.

II. tang *(bot)* seaweed; kelp. **-art** *(bot)* species of seaweed. **-aske** kelp (ash).

tangbrosme *(fisk): treskjegget ~* three-bearded rockling.

tange spit, tongue (of land).

tangens tangent.

tangent tangent; *(på piano)* key.

tangere *(vb)* touch; *(mat.)* be tangent to; *~ en rekord* touch *(el.* equal) a record.

tangfødsel forceps delivery.

tangkutling *(fisk)* spotted goby.

tangkvabbe *(fisk)* shanny, common blenny.

tango tango.

tank *(beholder)* tank; *full ~, takk!* top *(el.* fill) her up, please! **-bil** (road) tanker, tank lorry; *(også* **US***) tank truck.* **-båt** tanker.

tanke 1 thought; idea; **2***(hensikt)* intention *(fx* my intention was to ...); idea *(fx* the idea behind it); **3***(lite kvantum)* thought, suspicion *(fx* just a suspicion of vanilla);

[A: forb. med adj; adv; subst; B: med vb; C: med prep]

A *[forb. med adj; adv; subst] hennes -r var* **annetsteds** *(el. langt borte)* her thoughts were elsewhere; **T** she was wool-gathering; *kjøttet er en ~* **bedervet** the meat is slightly off; **dystre** *-r* gloomy thoughts; *to sjeler og* **én** *~ (iron)* great minds think alike; *det var min* **eneste** *~* that was my only thought *(el.* preoccupation); *det var min* **første** *~* that was my first thought; *hennes første ~gjaldt barnet* her first thought was for her (,the) child; *hans -r var jordbundet* he never had a lofty thought; *en* **nærliggende** *~* an obvious idea; an idea which immediately suggests itself; *-n er* **tollfri** thoughts are free; one's thoughts are one's own; **tunge** *-r* black *(el.* gloomy) thoughts; *-ns* **verden** the world of ideas;

B *[forb. med vb] den -n* **falt** *meg inn at ...* the thought occurred to me that ...; the thought crossed my mind that ...; it occurred to me that ...; *den -n har aldri falt meg inn at ...* it never crossed my mind that ...; *hvis man skulle* **forfølge** *den -n at ...* if one were to pursue the line of thought that ...; *jeg bare* **fikk** *den -n* it just occurred to me; I got that idea; *jeg fikk den -n at det var ham* I had an idea it was him; it just occurred to me that it was him; *hvor* **hadde** *du -ne dine (hen)?* what (on earth) were you

t

thinking of? *hans -r* **kretset** *stadig om det* it was always in his thoughts; it was his constant preoccupation; he kept returning to the idea; **lese** *ens -r* read sby's mind *(el.* thoughts); **samle** *-ne sine* collect one's thoughts; get one's thoughts together; **sende** *ham en (stille)* ~ think of him; *hun sendte en stille ~ til sønnen sin der ute på slagmarken* she thought (silently) of her son out there on the battlefield; *sende ham en vennlig* ~ think kindly of him; remember him gratefully; *det* **skjenket** *jeg ikke en* ~ I didn't give it a thought; I never gave it a thought; .. *men -n* **var** *der, kan jeg forsikre deg!* but you must take the word for the deed! *det var min ~å gjøre det* I meant to do it; I intended to do it; *det var ikke min ~ å dra dit* I had no intention of going there; *det har aldri vært min ~ å såre deg* I never intended to hurt you; nothing was further from my mind than to hurt you; *-n var å få med så meget som mulig av det London hadde å by på (også)* we (,they, *etc)* started out with the idea of fitting in as much as possible of what London had to offer; *det var -n med det hele* that was the idea behind it;

C [*forb. med prep*] *han har bare ~* **for** he thinks of nothing else but ...; he's (quite) obsessed by (the thought of) ...; *han har ikke ~ for noe annet* he can't think of anything else; it's his only preoccupation; he's obsessed by it; *slå den -n* **fra** *deg* put the *(el.* that) idea out of your head; *slå slike -r fra seg (også)* dismiss such thoughts (from one's mind); **i** *dype -r* deep in thought, absorbed *(el.* lost) in thought; **T** in a brown study; *falle i -r* become lost in thought *(fx* he became lost in thought); *jeg gikk (,stod) i andre -r* I was thinking about something else; *(unnskyldende)* I wasn't thinking! *den (som) jeg har i -ne* the person I have in mind; *det han hadde i -ne* what he had in mind; *hensunket i -r* lost in thought; absorbed in thought; *stå i egne -r, stå der i sine egne -r* be lost in thought, be lost in one's own thoughts; *han er en stor mann i sine egne -r* he's a great man in his own opinion; *være klar i -n* think clearly, have a lucid mind; *hun er alltid i mine -r* she's always in my thoughts; she's never out of my thoughts; *i -ne var han allerede hjemme igjen* in his thoughts he was already home again; *i -ne hadde hun allerede møblert huset* in her mind's eye she had already furnished the house; *komme i -r om noe* remember (about) sth; (suddenly) think of sth; *han kom i -r om at* ... it occurred to him that ...; he remembered that ...; *hvordan kom De i -r om det?* what made you think of that? *men så kom han i -r om noe annet* but then something else occurred to him; *men det ble* **med** *-n* but it didn't come off; but it never came off; but it was never realised; *ha -ne med seg* have one's wits about one; *med ~ på å* ... with a view to (-ing); with the intention of (-ing); with the idea of (-ing) *(fx* study English with the idea of settling abroad); *med ~ på å få brakt på det rene om pakken ble levert* with a view to establishing whether the parcel was delivered; *depotnettet er forsterket med ~ på offshore-aktiviteten* the network of depots has been reinforced to cope with offshore activity; *arbeide med ~ på fremtiden* work with an eye to the future; *rette sine -r* **mot** turn one's thought(s) to; *gjøre seg -r* **om ...** think of; *han gjorde seg ingen -r om det* he didn't bother about it; he didn't give any thought to it; *jeg har mine egne -r om 'det* I have my own ideas about that; *ha høye -r om en* have a high opinion of sby, think highly of sby, think a great deal of sby; *han har svært høye -r om seg selv* he has a very high opinion of himself; he rather fancies himself; **T** he thinks a lot of himself; *ha høye -r om ekteskapet* have high ideals with regard to marriage; *ikke ha særlig høye -r om en* not think much of sby, have no great opinion of sby, have a poor *(el.* low) opinion of sby; **T** take a dim view of sby; *hun har ikke (videre) høye -r om ham* she doesn't think much of him; *han har store -r om alt han vil utrette senere i livet* he has big ideas of what he's going to do *(el.* achieve) later in life; *hans -r kretset stadig om det: se B (ovf); vekke -r om* suggest, be suggestive of; *-n* **på** *den fryktelige urett han hadde gjort (el. begått mot) sin kone, forlot ham aldri* the thought of the terrible wrong he had done his wife never deserted him; *han hadde i alle disse årene vært plaget av -n på den urett han hadde begått mot sin kone* all these years he had been tortured *(el.* plagued) by the thought of the wrong he had done his wife; *bare -n på* ... the mere *(el.* very) thought *(el.* idea) of...; *jeg blir syk bare ved -n på det* the very *(el.* mere) thought of it makes me sick; *bringe (el. få) ham på andre -r* get him to change his mind, make him change his mind; *hva fikk deg på den -n? hvordan kom du på den -n?* what put that into your head? what made you think of that? *få orden på -ne* sort out one's thoughts; *komme på andre -r* change one's mind *(med hensyn til noe* about sth); *jeg kom på den -n at* ... it occurred to me that ...; it struck me that ...; *sette en på -n* suggest the idea to sby; *slå det* **ut** *av -ne* put it out of your mind; dismiss it from your mind; *ut fra den ~ at* ... from the belief that ... *(fx* our worldwide organisation has developed from the belief that reliable service in many instances may be just as important as the equipment itself); **uten** ~ *på at det kan føre til ruin og elendighet* without a thought for the ruin and misery that may follow; *jeg grøsser* **ved** *-n på hva som kunne ha skjedd* I shudder to think what might have happened.

tankearbeid brainwork; thought *(fx* it takes a lot of thought).

tankebane range of (one's) ideas *(el.* mind); channel of thought *(fx* a new channel of thought); train of thought; *vi må pense ham inn på andre -r* we must start him thinking along different lines; we must get him to think along different lines: *det ligger utenfor hans ~* this is beyond the range of his mind.

tanke|eksperiment (mere) supposition; *som et ~* for the sake of argument. **-flukt** *(psykol)* flight of ideas; *(fig)* flight of thought, soaring thoughts; exalted thinking. **-forbindelse** association (of ideas). **-full** thoughtful, pensive. **-fullhet** thoughtfulness, pensiveness.

tankegang mentality, mind; way of thinking; *hans jordbundne* ~ the lack of any elevation in his thought; *en klar* ~ a lucid mind; *han har en klar* ~ he is a lucid thinker; *en skitten* ~ a dirty mind; *hvis man skulle forfølge den ~ at* if one were to pursue the line of thought that.

tanke|gymnastikk mental gymnastics. **-innhold** thought content. **-kraft** intellect; mental powers. **-leser** thought reader, mind reader. **-lesning** thought reading, mind reading. **-lyrikk** philosophical *(el.* intellectual) poetry, lyric poems charged with ideas, poetry of ideas. **-løs** thoughtless, unthinking, unreasoning, scatterbrained, featherbrained. **-løshet** thoughtlessness; *begå en ~* make a slip. **-overføring** telepathy, thought-transference. **-rekke** train of thought, chain of thought. **-rik** rich in thought, fertile. **-rikdom** fertility (of thought *(el.* ideas)). **-sprang** mental jump; sudden switch of thought; inconsequential jump from one idea to another. **-språk** apothegm, aphorism, maxim. **-strek** dash. **-tom** empty; vacuous; devoid of thought; *(om person)* empty-headed, vacant, vacuous. **-tomhet** emptiness, vacuity; *den rene ~* complete mental vacuity. **-vekkende** suggestive, thought-provoking.

tanke|verden world of thought, w. of ideas; *utenfor hans ~* outside the world of his ideas *(el.* thought(s)); *den greske ~* the world of Greek thought; the intellectual *(el.* mental) world of the Greeks. **-øvelse** mental exercise, exercise of thought.

tankskip tanker.

tann 1. tooth; **2**(*på kam, fil, etc)* tooth; *(på sag)* tooth; *(på gaffel)* prong; *(på rive)* tooth, prong; *(på hjul)* cog, tooth; *føle en på tennene* sound sby; see what sby is like; **S** give sby the once-over; *få tenner* cut one's teeth; teethe; *få blod på ~ (også fig)* taste blood; *jeg hakket tenner av redsel (,av kulde)* my teeth were chattering with fear (,with cold); *holde ~ for tunge* not breathe a word (about it); **T** keep mum; *trekke ut en ~* pull out a tooth; extract *(el.* draw) a tooth; *tidens ~* the ravages of time; *trosse tidens ~* defy the ages *(fx* the pyramids have defied the ages); *skjære tenner* grind *(el.* gnash) one's teeth; *tennene mine løper i vann* my mouth waters; it makes my mouth water; *(se blod & tett).*

tannbehandling dental treatment; *(se sykekasse).*

tann|byll gumboil. **-børste** toothbrush.

tanne *(på lys)* snuff.

tann|felling shedding of teeth. **-formet** tooth-shaped. **-gard** row of teeth.

tann|hjul *(mask)* gear (wheel), toothed wheel, cogwheel. **-hjulsutveksling** gear (system).

tannin *(garvestoff)* tannin.

tann|kitt tooth cement, temporary stopping *(el.* filling). **-kjøtt** gum. **-lege** dentist, dental surgeon; *(se kjevekirurg).* **-legehøyskole** dental college, school of dental surgery.

tannløs toothless.

tannløshet toothlessness.

tann|pasta toothpaste. **-pine** toothache. **-pulver** tooth powder, dentrifrice. **-puss** (the) brushing (of) teeth. **-rensning** scaling, tooth-cleaning. **-råte** (dental) caries, tooth decay. **-sett** set of teeth. **-stikker** toothpick. **-tekniker** dental mechanic. **-uttrekning** tooth-drawing, extraction of teeth.

tannverk toothache.

tant trumpery, vanity, nonsense.

tantaluskvaler *(pl)* the torments of Tantalus.

tante aunt.

tantieme bonus.

tap loss; *~ og gevinst* gain(s) and loss(es); *(merk)* profit and loss; *bære et ~* bear a loss; *dekke et ~* cover *(el.* meet) a loss; *(i form av erstatning)* make good a loss; *lide ~* suffer *(el.* sustain) a loss; *selge med ~* sell at a loss; *selge med stort ~ (også)* sell at a sacrifice; *det er et stort ~ for ham* it's a great loss for him; *det var et følelig ~* **T** that was a nasty one (in the eye); *det vil for meg si et ~ på £5* that sets me back £5 (**,T:** a cool £5); *(se sette B).*

tapbringende losing, unremunerative, unprofitable *(fx* concern).

I. tape *subst (limbånd)* (sticky) tape; adhesive tape.

II. tape *(vb)* lose; *~ motet* lose heart; *han tapte saken* the case went against him; *~ av syne* lose sight of; *~ (penger) på* lose money by, lose m. over *(el.* on); *denne transaksjonen har vi tapt meget på* this transaction is a dead loss to us *(el.* has involved heavy losses); *jeg tapte penger på det* I'm out of pocket by it; *gi tapt* give in *(el.* up); *gå tapt* be lost; *200 arbeidsplasser vil måtte gå tapt* 200 jobs will have to go; *~ seg (om toner)* die away; *(om farger)* fade; *(bli dårligere)* deteriorate; *hun har tapt seg svært* she has lost her (good) looks; **T** she has gone off very much; *den -nde* the loser.

tapet wallpaper; *bringe på -et* bring up *(fx* a subject, question); *være på -et* be under discussion.

tapetsere *(vb)* paper; *(om igjen)* repaper.

tapetserer paperhanger.

tapetsering papering.

tapir *(zool)* tapir.

tapp tenon; *(i sinking)* dovetail; *(løs del)* pin, peg; *(fig)* pivot *(fx* the p. on which everything turns).

tappe *(vb)* tap, draw; tap off, draw off, drain off *(el.* out) *(fx* drain out the oil and fill with new clean oil); *(snekkeruttrykk)* tenon, mortise; *landsbygda blir -t for unge menn* (the) country districts are drained of young men; *~ i badekaret* run the bath, run water into the bath tub, let the water run into the bath tub.

tappejern mortise chisel.

tappenstrek tattoo.

tapper brave; *holde seg ~* stand *(el.* stick) to one's guns; *ta det -t* be brave about it; bear up well *(fx* he bore up well when news came that his father had been killed).

tapperhet bravery.

tapsliste casualty list.

taps- og vinningskonto *(merk)* profit and loss account.

tapsprosent percentage of losses.

tapstall *(tall på omkomne)* casualty figures.

tara *(vekt av emballasje)* tare.

I. tarantell *zool (slags edderkopp)* tarantula.

II. tarantell *(dans)* tarantella.

tare *bot (blad-)* sea tangle.

tarere *(vb)* tare.

tariff tariff.

tariff|avtale wage agreement. **-bestemmelse** tariff regulation. **-brudd** breach of wage agreement. **-forhandlinger** *(pl)* tariff negotiations. **-forhøyelse** increase of the tariff (rates). **-krig** rate war. **-messig** according to the tariff, as per tariff; *~ lønn* standard wages. **-nedsettelse** reduction of the tariff (rates). **-sats** (tariff) rate; *(om lønn)* standard rate. **-stridig** not according to contract; constituting a breach of a (,the) wage agreement.

tarm bowel, gut, intestine. **-brokk** *(med.)* enterocele. **-kanal** intestinal canal. **-katarr** *(med.)* enteritis. **-parasitt** gut parasite. **-slyng** *(med.)* volvulus. **-streng** catgut.

tartar *(= tatar)* Tartar, Tatar. **-smørbrød** raw beef sandwich.

tarv requirements; good, benefit; *vareta ens ~* look after *(el.* attend to) sby's interests.

tarvelig *(i levnet)* frugal; *(i klesdrakt)* poor; *(sjofel)* mean, shabby; **T** low-down; meagre.

tarvelighet frugality; meanness.

taske bag, pouch, wallet.

taskenspiller conjurer, illusionist. **-kunst** conjuring, sleight of hand.

tasle *(vb)* pad; *~ omkring* pad about.

tass: *liten ~* tiny tot, little wisp of a boy; *(se nurk; pjokk).*

tasse *se tasle.*

tast *(tangent)* key.

tatar Tartar, Tatar; *(se tartar).*

tatarisk Tartarian.

tater gipsy; **US** gypsy. **-følge** band of gipsies. **-jente** gipsy girl. **-kvinne** gipsy (woman). **-språk** Romany.

tatover|e *(vb)* tattoo. **-ing** tattooing.

t

tau rope; *slepe-* tow(ing) rope; *(se III. lense).* **-bane** aerial cableway; *(for varer)* telpher (line); *(som går på skinner)* funicular (railway). **-båt** tug; tugboat; towboat.

taue *vb (buksere)* tow; take in tow; ~ *i gang en bil* tow a car to get it going; *la seg* ~ be taken in tow; *har De blitt -t før?* have you (ever) driven a car on tow before?

tau|ende rope end. **-kveil** coil of rope.

taus silent, hushed; *(av vane)* taciturn, silent, reticent; *(som ikke røper hemmeligheter)* discreet.

taushet silence; taciturnity; secrecy; *i andektig* ~ in religious silence; *en forventningsfull* ~ a hush of expectation; *bryte -en* break silence; *bringe til* ~ silence.

taushets|løfte promise of secrecy. **-plikt** professional secrecy; *han har* ~ he is bound to (observe professional) secrecy; *pålegge en* ~ bind sby to secrecy.

taustige rope ladder; *(fjellsport)* étrier.

tauto|logi tautology. **-logisk** tautological, redundant.

tautrekking tug of war.

tauverk cordage, ropes.

tavle *(skole-)* blackboard; *(apparat-)* switchboard. **-linjal** blackboard ruler.

tavlepasser (black)board compasses; *(se passer).*

tavleregning maths (,arithmetic) on the blackboard *(fx* we had *(el.* did) maths on the b. today).

taxi taxi; *(se drosje).*

I. te *(subst)* tea; *drikke* ~ have *(el.* drink) tea; *en kopp* ~ a cup of tea; **T** a cup of char; **S** a cup of Rosy Lee; *lage* ~ make tea; *skjenke* ~ pour out tea; *-en er på bordet* tea is ready.

II. te *(vb): ~ seg* behave (oneself).

teater theatre; **US** theater; *gå i -et* go to the theatre.

teater|billett theatre ticket. **-direktør** theatre manager. **-effekt** stage effect, dramatic effect. **-forestilling** theatrical performance; **T** show. **-gal** stage-struck. **-gjenger** theatregoer, playgoer. **-kikkert** opera glasses. **-kritiker** dramatic critic. **-maler** scene painter. **-plakat** playbill. **-sesong** theatrical season. **-sjef** *se teaterdirektør.* **-skurk** stage villain. **-stykke** (stage) play; *(se ta C: ~ opp igjen).*

teatralsk theatrical, stagy.

te|blad *(bot)* tea leaf. **-bord** tea table; *(på hjul)* tea wagon. **-boks** tea caddy. **-brett** tea tray. **-brød** [dry cake made in loaves about an inch thick and cut in diagonal strips]. **-busk** *(bot)* tea plant, tea shrub.

teddybjørn teddy bear.

teft scent; *få -en av* get wind of; *(om jakthund, etc)* scent; *ha en fin ~ for noe* have a good nose for sth.

tegl|stein brick. **-verk** brickworks *(sing),* brickyard.

tegn sign; mark; token; indication; symptom; *(forvarsel)* sign, presage, omen; *(som en bærer på seg)* badge; *(billett)* ticket, check; ~ *på* sign of; *på et avtalt* ~ *(ɔ: signal)* at a prearranged signal; *gjøre ~ til en* make a sign (,signs) to sby, motion sby, signal sby; *gjorde ~ til ham at han skulle sette seg* motioned him to take a seat; *være et ~ på* be a sign of; be indicative of; *dette var et ~ på at ...* this was a sign *(el.* an indication) that ...; *som ~ på, til ~ på* in token of; as a mark of; *vise ~ til* show signs of.

tegne *(vb)* draw; *(konstruere)* design; *(gi utsikt til)* promise; *våre planer -r bra* our plans are shaping well; ~ *forsikring* take out *(el.* effect *el.* cover) an insurance; ~ *en polise* take out *(el.* effect) a policy; *-t kapital* subscribed capital; ~ **etter** *naturen* draw from life *(el.* nature); ~ **inn** *(ɔ: avsette)* trace *(fx* a course on the map); *veien var ikke -t inn på det forrige kartet* the road was not shown on the previous *(el.* earlier) map; ~ **seg** put down one's name; *(som deltager, etc)* enrol(l); *(vise seg, komme til syne)* show, appear.

tegne|bestikk (case of) drawing instruments. **-blokk** drawing pad, sketchbook. **-bok** *(lommebok)* note case, wallet; **US** *(også)* billfold. **-bord** drawing table. **-brett** drawing board; *det er fremdeles bare på -et (fig)* it's still on the boards. **-film** cartoon (film), animated film. **-kontor** drawing office; **US** drafting room. **-kritt** drawing chalk. **-lærer** drawing master. **-papir** drawing paper.

tegner 1*(kunstner)* black-and-white artist; illustrator; *(mote-)* designer; *(tegnefilm-)* animator; **2***(på ingeniørkontor, etc)* draughtsman; *(også* **US**) draftsman.

tegne|sal classroom for drawing. **-serie** strip (cartoon), comic strip; *(også)* comics, funnies. **-stift** drawing pin; **US** thumbtack. **-time** drawing lesson. **-undervisning** drawing lessons *(pl).*

tegnforklaring *(på kart)* key to the symbols (used); *(også mar)* legend.

tegning drawing, sketching; draughtsmanship; *(konkret)* drawing, design, sketch; *(av abonnement, etc)* subscription; *arbeide etter* ~ work from a drawing (,from drawings); *ødelegge -en for en (fig)* queer sby's pitch, queer the pitch for sby, upset sby's apple cart.

tegnings|betingelser *(pl)* terms of subscription. **-blankett** form of application, application form. **-frist:** *-en utløper den 3. mai* the (subscription) list will be closed on May 3rd. **-innbydelse** prospectus; *sende ut* ~ issue a prospectus.

tegn|setning punctuation. **-språk** sign language. **-system** system of signs *(el.* signals).

tehandel tea trade.

teig strip of field. **-blanding** *(hist)* strip farming *(el.* cultivation).

tein spindle, distaff; *(se spinnesiden).*

teine fish pot; *(hummer-)* lobster pot.

teint complexion, colour (,**US:** color).

te|kanne teapot. **-kjele** tea kettle.

I. tekke *(subst)* charm; appeal; *han har barne-* he has a way with children.

II. tekke *(vb)* roof; *(med strå)* thatch.

tekkelig decent, nice, proper.

tekkes *vb (være til behag)* please.

tekniker technician; *(ofte)* engineer; *kjøle-* refrigeration service engineer; *(se tanntekniker; varmetekniker).*

teknikk technique; engineering *(fx* heating e.); *(se elektroteknikk).*

teknisk technical; ~ *direktør* technical director; *«~ feil» (TV)* ''technical incident''; ~ *konsulent* consultant engineer; *(især* **US**) *consulting engineer.*

teknolog technologist. **-i** technology.

teknologisk technological.

tekopp teacup.

tekst text; *lese en -en* tell sby off, lecture sby, give sby a piece of one's mind.

tekste *(vb)* write a text for; *(film)* subtitle.

tekstil|arbeider textile worker. **-fabrikk** textile mill. **-industri** textile industry. **-varer** *(pl)* textiles.

tekstkritikk textual criticism.

tekstsammenheng textual context.

teksttegner lettering artist; *(se tegner).*

tekst-tv teletext.

tekstur texture.

tekstuttale articulation.

tekstutvalg choice *(el.* selection) of texts.

tele ground frost, frozen ground; layer *(el.* crust) of frozen earth; *dyp* ~ thick *(el.* deep)

telefon

'Why don't you give me a call . . .?'

VOCABULARY

You want to make a phone call?
Ok, lift the receiver, insert coins or phone card in the slot and dial a number. Don't forget the dialling codes, both international and national. Have you checked the number in the phone book? Didn't find it there? Call the Directory Enquiries, they will help you. Remember to pronounce the numbers separately – 89567003 – eight – nine – five – etc.

Rrrrrrr! – Peter Jones, please. – The line is busy, would you like to hold?

layer of frozen earth; thick crust of frozen earth; *-en går av jorda* the ground is thawing; the frost in the ground is giving way; *-n var ennå ikke gått av jorda* the earth (*el.* ground) was still frozen beneath the surface; *-n er gått av jorda* the frost is out of the ground.
teledybde depth of frost (in the ground).
telefon telephone; **T** phone; *avlytte -en* tap the (tele)phone; *få lagt in ~* have the t. put in; *ha ~* be on the t.; *ta -en* pick up (*el.* lift) the receiver; *(gå bort til den når den ringer)* answer the t.; take the call; *hvem tok -en?* who took the call? *det er ~ til deg* there is a call for you; **T** you're wanted on the phone; *i -en* on (*el.* over) the t.; *jeg har nettopp hatt sekretæren i -en* I have just been on the line to the secretary; I've just had the secretary on the phone; *pr. ~* on (*el.* over) the t.; *hun sitter i -en i timevis* **T** she's stuck on the t. for hours; *vente i -en (ɔ: ikke legge på)* hold the line, hold on; *kan De komme til -en?* can you take the (,a) call? *(se tilkople).*
telefon|abonnement telephone subscription. **-abonnent** t. subscriber. **-anlegg** t. exchange. **-apparat** t. (apparatus), t. instrument. **-automat** slot t.; *(offentlig)* (public) call box; **US** pay station. **-avlytting** (tele)phone tapping. **-beskjed** t. message. **-boks** (public) call box; **T** phone box; **US** pay station, t. booth. **-dame** (telephone) operator.
telefonere *(vb)* telephone; **T** phone; *~ etter* t. for; *hvordan man skal ~* how to make a call; *(se ringe).*
telefonforbindelse telephone connection; *få ~ med* get through to.
telefoni telephony. **-isk** telephonic.
telefonist telephonist; telephone operator.
telefonkatalog telephone book; phone book; *-en for Essex* the Essex book.
telefon|kiosk (public) call box; **T** phone box; **US** pay station, telephone booth. **-montør** t. fitter. **-nummer** t. number. **-oppringning** t. call. **-rør** t. receiver. **-samband** t. connection.
telefonsamtale call (*fx* I pay for each call); telephone conversation; conversation over the telephone; *den avstand -n går over* the distance to which the call is made; *bestille en ~* book a call; **US** place a call; *bestille en riks- med tilsigelse* book a personal trunk call; *(se rikstelefon).*
telefon|sentral (telephone) exchange. **-sjikane** insulting telephone calls. **-svarer** (telephone) answering machine. **-takst** rate per call, call rate. **-uret** the speaking clock service (*fx* dial the speaking clock service).
telefri free of frost; *jorden er nå ~* the frost is out of the ground now; the ground is now free of frost.
telegraf telegraph; *pr. ~* by telegraph.
telegrafassistent *(jernb.): intet tilsv.; se telegrafist.*
telegrafbestyrer manager of a telegraph office.
telegrafere *(vb)* telegraph; wire; *(med undersjøisk t.)* cable.
telegrafi telegraphy.
telegrafisk telegraphic, by wire, by cable.
telegrafist 1. telegraphist, telegraph operator; **2**(*jernb*) junior (booking)clerk; *(ved mindre stasjon ofte)* (leading) porter; *(jvf jernbaneekspeditør; jernbanefullmektig).*
telegraf|kabel telegraph cable. **-linje** telegraph line.
telegrafmester *(jernb: elektromester, underlagt elektrodirektør 2)* telecommunications engineer.
telegraf|stasjon telegraph station. **-stolpe** telegraph pole. **-vesen** telegraph service.
telegram telegram, cable(gram); **T** wire. **-adresse** telegraphic address.
telegramblankett telegram form; **US** t. blank.
telegrambyrå news agency; **US** wire service; *Norsk T- (fk NTB)* the Norwegian News Agency.
telegramsvar telegraphic reply, wired (*el.* cabled) reply; *(se tilbud).*
tele|grop *(i vei)* hole (in road) caused by thaw; *(se telesyk).* **-hivning** frost heave. **-linse** *(fot)* telephoto lens, long lens.
teleks telex (machine); teleprinter; **US** teletype(writer).
teleløsning spring thaw.
telemarksving *(ski)* telemark turn.
teleobjektiv *(fot)* teleobjective; *(jvf telelinse).*
teleologi teleology. **-sk** teleological.
telepati telepathy. **-sk** telepathic.
telesamband telecommunications.
telesatellitt telecommunications satellite.
teleskop telescope. **-isk** telescopic.
teleskott frost heaving(s).
telesyk *(om vei)* in a state of thaw.
Televerket UK British Telecommunications; **T** British Telecom.
televisjon television; *(se TV).*

t

telgje *(vb)* whittle. **-kniv** sheath knife.
telle *(vb)* count; ~ *etter* count over; ~ *opp* count out *(fx* a hundred kroner), count (up) *(fx* the votes); *-r med ved beregning av pensjonen* counts towards the calculation of one's pension; ~ *på knappene: se knapp; det er praksis som -r* practice is the important thing; ~ *til tjue* count (up to) twenty.
telleapparat turnstile counter.
teller *(i brøk)* numerator.
telling counting; count; *han tok* ~ *til åtte (om bokser)* he went down to a count of eight.
telt tent; *holde seg hjemme ved -ene* keep the home fires burning; *slå opp et* ~ pitch a tent, put up a tent; *ta ned -et* strike the tent.
telt|by canvas town. **-duk** tent canvas. **-klaff** *(teltdør)* tent flap. **-leir** camp (of tents). **-plass** camp(ing) site. **-plugg** tent peg. **-slagning** tent-pitching. **-stang** tent pole. **-tur:** *dra på* ~ go camping, go on a camping trip; *(se I. tur).*
tema *(mus)* theme; *(emne)* subject.
temaskin tea urn.
temme *(vb)* tame; *(hest)* break (in); ~ *sine lidenskaper* control *(el.* curb) one's passions.
temmelig rather, fairly, pretty; tolerably; *(litt for)* rather; ~ *liten* rather small, smallish; ~ *god* fairly good; ~ *godt* pretty well, fairly well; ~ *kaldt* rather cold; ~ *mye* a good deal; *(om pris)* a pretty penny *(fx* it has cost a p. p.); pretty much; *(om kvantum)* a fairly large quantity; ~ *dårlige utsikter* rather a bad look-out; *jeg er* ~ *sikker på at* I feel pretty sure that.
tempel temple; *(poet)* fane. **-herre** (Knight) Templar, Knight of the Temple.
tempera tempera.
temperament temperament, temper.
temperaments|full temperamental; spirited. **-svingning** change of mood.
temperatur temperature; *høy* ~ high t.; *lav* ~ low t.; *måle ens* ~ take sby's t.
temperer|e *(vb)* temper; *-t klima* temperate climate.
tempo speed, rate; *(mus)* tempo; *(fig)* tempo, pace; *i et forrykende* ~ at a dizzy pace *(el.* speed), at breakneck speed; *fremskynde -et* quicken the pace; *fremskynde produksjonstempoet* step up production, speed up p.; *(se oppdrive).*
temporær temporary.
tempus *(gram)* tense.
tendens tendency; trend, move *(fx* there is at least a m. towards reducing the number of greasing points); inclination *(fx* he showed an i. to resent criticism); *(især sykelig el. forbrytersk)* propensity *(fx* a morbid p. to tell lies); proclivity *(fx* persons of criminal proclivities); *en synkende (el. fallende)* ~ a falling *(el.* downward) trend *(el.* tendency); *ha en* ~ *til å (ɔ: være tilbøyelig til å)* have a tendency to, tend to, be apt to.
tendensiøs tendentious, bias(s)ed.
tendensroman purpose novel.
tender *(jernb & mar)* tender; *lokomotiv med* ~ tender engine.
tendere *(vb)* tend; ~ *i retning av* show a tendency to; tend towards.
tenke *(vb)* **1.** think; **2***(tro, formode)* think, suppose, believe; **3***(akte å, ha i sinne)* intend, mean, think of *(fx* I thought of leaving England); *tenk at han bare er 20 år* to think that he is only twenty! *tenk at jeg skulle møte deg her!* fancy meeting you here! to think that I should meet you here! *tenk før du snakker* think before you speak; *tenk om* what if *(fx* what if we should fail); suppose *(fx* suppose he doesn't come back); *tenk hvor* just think how *(fx* just t. how it would have pleased her); *jeg kan ikke* ~ *i dag!* I can't think today! my head is going round *(el.* is swimming) today; *det fikk meg til å* ~ that set me thinking; ~ *så det knaker* rack *(el.* cudgel) one's brains; *det var nok det jeg tenkte* I thought as much; *vi har ikke tenkt å selge huset* we don't think of selling the house; *han har tenkt å reise i morgen (også)* he plans to leave tomorrow; *jeg tenkte halvveis å dra til Paris* I had some thought of going to Paris; *jeg -r hun er tilbake i Norge nå* I imagine she is back in Norway now; ~ *sitt* have one's own ideas *(el.* views) of the matter; *jeg tenkte mitt (ofte =)* I had my suspicions; I made my own reflections; *som tenkt så gjort* no sooner thought than done; ~ **etter** consider, think; *når jeg -r nærmere etter* **T** come to think of it; ~ *noe* **gjennon** think sth over, turn sth over in one's mind; ~ **klart** think clearly *(el.* straight); ~ **med** *seg selv* think to oneself; ~ **om** think of *(fx* I would not have thought it of him); ~ **over** think over *(fx* I want to think things over), consider; ~ *grundig over det* think it over carefully, give the matter careful consideration *(el.* a good deal of thought); *jeg har tenkt litt over det* I have given it a certain amount of thought; ~ **på** think of; think about; reflect on; *(huske)* think *(fx* did you think to bring the key?); *(ta hensyn til)* consider *(fx* the feelings of others); *(finne en utvei, etc)* think of; *(ha i sinne)* think of *(fx* getting married); *det lar seg ikke gjøre å* ~ *på alt* one can't think of everything; *jeg har aldri tenkt alvorlig på det* I have never thought seriously about it; I have never given it *(el.* the subject) serious thought; *det må jeg* ~ *på først* I shall have to think that over first; *det må jeg* ~ *(nærmere) på (også)* it needs thinking about; *ha annet å* ~ *på* have other things to think about; *hva -r du på?* what are you thinking of *(el.* about)? *jeg har tenkt meget på det* I have thought a good deal about it; I have given it a good deal of thought; *det eneste de kan* ~ *på i den alderen, er å få seg en motorsykkel* all they can think of at that age is getting (hold of) a motor cycle; *de -r bare på å* ... their only thought is to ...; *(se tid B: fordrive -en); jeg skal* ~ *på deg (fx når du er oppe til eksamen)* I'll keep my fingers crossed for you; ~**seg** imagine, fancy; *han kunne ikke* ~ *seg henne som tyv* he couldn't think of her as a thief; he could not imagine her being a thief; *som De nok kan* ~ *Dem* as you may suppose; *jeg kan ikke* ~ *meg hva du mener* I can't think what you mean; *jeg kunne godt* ~ *meg* I shouldn't mind *(fx* a holiday); I'm ready for *(fx* I don't know about you, but I'm ready for some lunch); *ja, jeg kan (godt)* ~ *meg det* (yes,) I can (well) imagine *(fx* The customer was getting impatient. – (Yes,) I can (well) imagine *(el.* I expect he was)); ~ **seg om** consider, reflect, think *(fx* I must have time to think; he considered for a moment); *etter å ha tenkt seg lenge om* after much thought; *uten å* ~ *seg om* without thinking, without stopping to think; ~ **seg til** guess *(fx* you may g. the rest), imagine; ~ *seg til å* ... fancy *(fx* f. doing a thing like that! f. having to wait all afternoon! f. her saying such a thing!).
tenkeboks *(TV)* isolation booth.
tenkeevne ability to think.
tenkelig imaginable, conceivable.
tenkemåte way of thinking; *(se tenkesett).*
tenker thinker.
tenkesett way of thinking, mind; *hans politiske* ~ his political ideas; *afrikanernes livsstil og* ~

er i støpeskjeen the Africans' way of life and thinking are in the melting pot; *(jvf tankegang).*

tenk(n)ing thinking; thought.

tenksom thoughtful, reflective, meditative.

tenksomhet thoughtfulness, reflectiveness.

tenne *(vb)* kindle, light, ignite; *(bli antent)* catch *(el.* take) fire; *(om motor)* fire; *denne fyrstikken vil ikke* ~ this match won't strike; ~ *opp* light *(el.* start) the fire; ~ *opp i ovnen* light the stove; ~ *(på) lyset* switch *(el.* turn) on the light; *pæren -r når tenningen skrus på* the bulb illuminates *(el.* glows) when the ignition is switched on.

tennerskjærende gnashing one's teeth.

tennhette percussion cap.

tenning ignition; *(det å, i forbrenningsmotor)* firing *(fx* the f. takes place too far in advance of top dead centre); *få -en regulert* have the ignition timed *(el.* adjusted); *høy (el. tidlig)* ~ advanced ignition; *lav (el. sen)* ~ retarded ignition; *skru av -en* switch *(el.* cut) off the i.; *skru på -en* switch *(el.* turn) on the i.

tennings|bank *se motorbank.* **-feil** ignition failure *(el.* trouble), spark trouble. **-fordeler** i. distributor. **-innstilling** i. tuning, i. timing, i. setting. **-kontakt** i. switch. **-kontroll** i. control, spark control. **-lås** i. switch. **-nøkkel** i. key. **-punkt** i. point. **-regulator** i. lever. **-rekkefølge** firing *(el.* i.) order.

tennis tennis. **-bane** tennis court. **-sko** gym shoes; plimsolls; **US** sneakers.

tenn|plugg spark plug; *(lett glds)* sparking plug; *skifte ut -ene* renew the plugs. **-sats** percussion cap; *(på fyrstikk)* match-head.

tenor *(mus)* tenor. **-basun** *(mus)* tenor trombone. **-nøkkel** *(mus)* tenor clef. **-parti** tenor part. **-sanger** tenor (singer).

tentamen mock exam(ination), terminal examination; ~ *i engelsk* mock exam in English.

tentamensoppgave mock exam paper *(fx* in English), paper set in the m. e.

tentamensstil 1. mock exam essay *(fx* in your mock exam essay); **2.** essay in the mock exam.

tenåring teenager.

teokrati theocracy.

teokratisk theocratic.

teolog theologian, divine.

teologi theology, divinity.

teologisk theologic(al); ~ *embetseksamen* (examination for a) degree in divinity.

teoretiker theorist.

teoretisere *(vb)* theorize.

teoretisk theoretical.

teori theory; *sette fram en* ~ put forward a theory; *ut fra den* ~ *at* on the theory that.

teosof theosophist.

teosofi theosophy.

teosofisk theosophic(al).

tepause tea break; *ta* ~ have a tea break; break for tea.

teppe *(gulv-)* carpet; *(til en del av gulvet)* rug *(fx* hearthrug); *(i teater)* curtain; *-t faller* the curtain falls *(el.* comes down).

teppebanker carpet beater.

teppeunderlag *(underlagsfilt)* underfelt.

terapeutisk therapeutic.

terapi therapy; *(som fag)* therapeutics.

tereksnipe *(zool)* Terek sandpiper; *(jvf strandsnipe).*

terge *(vb): se erte.*

termin period, term; *(avdrag)* instalment; *(se misligholde).*

terminforretninger *(pl)* deal in futures, futures.

terminologi terminology.

terminoppgjør *(i skole)* end-of-term reports *(el.* marks); quarterly report; *det leses hardt nå like før -et* some hard work is going on now, just before the quarterly marks are given *(el.* just before the quarterly report is made).

terminus *(uttrykk)* term; *termini* terms.

terminvis by instalments.

termitt *(zool)* termite.

termometer thermometer.

termosflaske thermos flask *(el.* bottle).

terne *(zool)* tern.

ternet chequered, check; *(især* **US**) *checked; (jvf rutet).*

terning die *(pl:* dice); *(mat.)* cube; *kaste* ~ throw dice. **-beger** dice box. **-kast** throw (of the dice). **-spill** game of dice.

terpe *(vb)* cram.

terpentin turpentine. **-olje** oil of turpentine. **-spiritus** spirits of turpentine.

terrakotta terra cotta.

terrasse terrace. **-formig** terraced. **-hus** [block built in terraces up a slope].

terreng country, terrain; *(også fig)* ground; *avsøke -et* scour the country; *vinne* ~ gain ground; *tape* ~ lose ground, fall behind; *i åpent* ~ in open country, in the open field(s); *kartet stemmer ikke med -et* the map and the country don't agree.

terrengløp *(sport)* cross-country run.

terrier *(zool)* terrier.

terrin tureen.

territorial|farvann territorial waters. **-grense** limit of territorial waters; *innenfor (,utenfor) norsk* ~ inside (,outside) Norwegian territorial waters.

territorium territory.

terror terror; *innføre* ~ establish a system of terror.

terrorisere *(vb)* terrorize.

terrorisme terrorism.

terrorist terrorist.

ters 1*(i fekting)* tierce; **2***(mus)* third; **3***(mar)* toggle.

tersett *(trestemmig syngestykke)* trio, terzet.

terskel 1*(dør-)* door sill; **2***(geol; i dal)* sill; **3***(fig)* threshold.

terte *(eple-)* apple puff, apple turnover; *(se tertedeig).* **-deig** puff pastry *(el.* paste); *kaker lagd av* ~ puff pastry; *lettvint* ~ short crust pastry.

tertefin: *hun er nå så* ~ *på det* **T** she's very prim and proper.

tertiaveksel third of exchange.

tertit: *se talgtit.*

tertiær tertiary.

te|sil tea strainer. **-skje** teaspoon; *(mål)* teaspoonful; *3 strøkne -er salt* 3 flat teaspoonfuls of salt. **-sorter***(pl)* teas.

tess: *lite* ~ not much good, not up to much; *ikke noe* ~ no good.

testamente (last) will, testament; *(bibl)* Testament; *gjøre sitt* ~ make one's will; *dø uten å ha gjort* ~ die intestate.

testament|arisk testamentary. **-ere** *(vb)* bequeath, leave (by will).

testamentsåpning reading of the will.

testa|tor, -triks testator, testatrix.

testell tea things.

testikkel *(anat)* testicle.

testimonium testimonial.

tête: *gå i -n* take the lead.

tetne *(vb)* become denser, thicken; condense.

tetning tightening.

tetnings|middel packing, jointing (compound). **-ring** packing ring, joint ring. **-skive** washer.

tett 1. dense *(fx* crowd, thicket, wood); thick *(fx* hedge, corn); close *(fx* formation of troops, print); **2***(mots. utett)* tight *(fx* cask, ship); impervious *(fx* to rain, to light); *(vann-)* watertight *(fx* boats, roofs, ship); waterproof *(fx* coat); *(luft-)*

t

NYTTIGE UTTRYKK

tidsuttrykk

Hun bodde der **i** mange år.	*She lived there* ***for*** *many years.*
Det hendte **for** mange år **siden.**	*It happened many years* ***ago.***

airtight; *(adv)* densely *(fx* populated); close up *(fx* write close up); ~ *bak* close behind; *gå så ~ at dere alltid kan se hverandre* keep close enough to see each other all the time; ~ *sammen* close together; *hvis elevene sitter for ~ (sammen), skriver de av etter hverandre* if the pupils sit too close together, they copy each other's work; *tennene hennes sitter for ~ sammen* her teeth are too close together *(el.* are rather crowded); *øynene hennes sitter for ~ sammen* her eyes are too close-set; ~ *sammenpakket* tightly packed; *holde ~: se tann: holde ~ for tunge; kan du holde ~?* can you keep a secret? *langs hovedveiene ligger bensinstasjonene ~ i ~* on the main roads there are frequent filling stations.

tettbebygd: *-e områder* densely built-up areas.

tettbefolket densely populated; **US** *(også)* thickly populated.

tette *(vb)* stop (up), tighten, pack *(fx* a joint).

tettegras *(bot)* butterwort.

tetthet *(se tett)* **1.** density; closeness; **2.** tightness; **3**(*fys, elekt)* density; *strøm-* current density.

tetting tightening.

tett|skrevet close, closely written. **-sluttende** tight-fitting. **-vokst** sturdy; stocky; *en ~, kraftig liten plugg* a strong, sturdy little chap; *hans vesle, -e skikkelse* his stocky little figure.

te|vann water for tea, tea-water. **-varmer** tea cosy.

tevle *(vb)* compete; *(se konkurrere).*

tevling competition, contest; *(se konkurranse).*

thai *(adj & språk)* Thai.

Thailand *(geogr)* Thailand.

thai|landsk, -lending Thai.

Themsen the Thames.

ti *(tallord)* ten.

tid 1 time; *(tidspunkt)* time, moment *(fx* an inconvenient moment); hour; *(tidsrom)* time, period (of time), space of time; *(tidsalder)* time(s), age, epoch; *(tjenestetid, etc)* term *(fx* for a term of three years); *(avtalt tid, fx hos lege)* appointment; *(se time 4); (mellomliggende tid)* interval *(fx* a long interval elapsed before he made another attempt); *(årstid)* season;

2(*gram)* tense; *sammensatt ~* compound tense; *usammensatt ~* simple tense;

[*A: forb. med subst, adj & pron; B: med vb; C: med adv & prep*]

A [*forb. med subst, adj & pron*]

-en time *(fx* time is the fourth dimension); *alle -ers* **T** great *(fx* he's great); *alle -ers sjanse* **T** the chance of a lifetime; a great chance; *(se B: ha det alle -ers);* **andre** *-er andre skikker* other times other manners; *det var andre -er den gangen* times have changed since then; *(ɔ: bedre enn nå)* those were the days! *astronomisk ~* astronomical time, clock time; *håpe (,vente) på* **bedre** *-er* hope (,wait) for better times; *kledd i -ens (ɔ: den tids) drakt* dressed in the costume of the period; **dårlige** *-er* bad times; hard times, times of adversity; **en** ~ some time, for a time; *det var en ~ da ...* time was when ...; ... *at økningen var større enn man en ~ hadde trodd* that the increase was greater than was at one time supposed; *helt fra de* **eldste** *-er* from *(el.* since) the earliest times; from time immemorial; *(den)* **fastsatt(e)** ~ the time fixed *(el.* agreed on); *(se C: innen en gitt (el. nærmere fastsatt) ~);* **gamle** *-er* ancient times; *(se C: i riktig gamle -er); -ens* **gang** the passage *(el.* march) of time; **gode** *-er* good times; times of prosperity; **harde** *-er* hard times; **hele** *-en* all the time, the whole time; all along *(fx* I thought so all along); **ingen** ~ no time; *det er ingen ~ å miste (el. tape)* there's no time to be lost; there's no time to lose; *hans ~ er* **knapp** he is busy; **kommende** *-er* times to come; *(se C: i kommende -er); -en er* **kostbar** there's no time to waste; every moment is precious; *det er min ~ for kostbar til* I can't (afford to) waste my time on things like that; **lang** ~ a long time; *etter lang -s sykdom* after a long illness; *(se C: i lang ~);* **lokal** ~ local time; *-ens* **løsen** the order of the day *(fx* teamwork is the order of the day); **noen** *~ : se C: i noen ~ ;* **nyere** *-er* modern times; *~ er* **penger** time is money; *-en og* **rommet** time and space; *kommer ~, kommer* **råd** = let's not cross that bridge until we come to it; we'll worry about that when the time comes; *en svunnen ~* a bygone age; *svunne -er* bygone days; *-ens* **tann** the ravages of time; *trosse -ens tann (om byggverk)* defy the ages *(fx* the pyramids have defied the ages); *et -ens* **tegn** a sign of the times; **urolige** *-er* times of unrest, troubled times; **vår** ~ the present time, today, our day, our time *(fx* peace in our time); *våre -ers England* England of today;

B [*forb. med vb*] *-en* **arbeider** *for oss* time is on our side; **avtale** *en ~* fix a time; make an appointment; *jeg kommer nå, da det* **blir** *dårlig ~ siden i dag* I'm coming now as there won't be time later in the day; *det blir ~ nok til det i morgen* there will be time enough for that tomorrow; **bruke** *sin ~ godt* make good use of one's time; make the most of one's time; put one's time to good use; *-en falt lang* time seemed to drag; *slik som -en* **flyr!** how time flies! *-ene har* **forandret** *seg* times have changed; **fordrive** *-en (ɔ: slå tiden i hjel)* kill time, while away the time; pass the time *(med å lese* reading); *de tenker bare på å fordrive -en på en måte som er mest mulig behagelig for dem selv* their only thought is to get the time to pass as pleasantly as possible for themselves; *jeg vil gjerne* **få** *~ til å tenke over det* I should like time to think it over; *hvis jeg får ~* if I get (the) time; if I can spare the time; *hvordan får du ~ (til det)?* where do you find the time? *når jeg får ~* when I have time; when I can spare the time; *vi fikk ikke nok ~ på matematikkprøven* we didn't get enough time for *(el.* to do) the Maths test; **gi** *seg (god) ~* take one's time, take it easy; *gi deg bare god ~!* take your time! don't hurry! *gi meg ~ til i morgen* give me till tomorrow; *hvis De bare ville gi meg ~* if you would only give me time; *gi seg ~ til å* *tenke* stop to think; *vi snakket og snakket og* **glemte** *-en* we talked and talked and forgot the time; *-en* **går** time passes quickly; time moves on very fast; *(ɔ: det haster)* time flies; *(ɔ: det begynner å bli sent)* it's getting late; *etter hvert som -en går* with the passage of time; *-en gikk* time passed; time marched on; *jeg kunne ha skrevet mye mer, men -en gikk for fort* I could have written a lot more but I ran out of time; *få -en til å gå* kill time; while away the time; *få -en til å gå med å lese* pass the time reading; *(se ovf: fordrive -en); få -en til å gå fortere for dere alle* help the time pass more quickly for all of you; *det gikk en ~ før han kunne gjøre det* some time passed *(el.* elapsed) before he could do it; *vi går bedre -er i møte* the outlook is brighter;

ha ~ have time, be able to spare the time; *ha det alle -ers* **T** enjoy oneself immensely; have no end of a good time; have the time of one's life *(fx* he had the time of his life at the party); *jeg har bedre ~ i morgen* I shall have more time tomorrow; *ha god ~, ha ~ nok, ha -en for seg* have plenty of time; **T** have heaps *(el.* lots) of time; *jeg har ikke ~* I have no time, I haven't got the time (for it *el.* to do it); I can't spare the time; *det har jeg ikke ~ til* I have no time for that; I have no time to do that; I can't spare the time (to do that); *Men det har vi da ikke ~ til? – Vi tar oss ~!* – But surely we don't have the time for that? – We'll make time! *jeg har ikke hatt ~ ennå* I haven't had the time yet; *ha ~ til overs* have time to spare; *jeg har ingen ~ til overs* I have no time to spare; *har De ~ et øyeblikk?* can you spare me a moment?

den ~ **kom** *da han skulle reise* the time came for him to leave; *kommer ~, kommer råd* let's not cross that bridge until we come to it; we'll worry about that when the time comes; *når -en kommer* in due time; *din ~ kommer nok* your time will come; *den ~ vil komme da* ... a time will come when ...; *-en* **leger** *alle sår* time heals all wounds; *-en er løpt fra ham* (ɔ: *han er gammeldags)* he is (hopelessly) behind the times; *-en var løpt fra meg* I had lost count of the time; *den ~* **nærmer** *seg da* ... the time is approaching when ...; **passe** *-en* be punctual; **se** *-en an* wait and see; *-en så på dette som noe mindreverdig* this was thought inferior (at that time *el.* in that age); **skru** *-en tilbake* put back (the hands of) the clock; **slå** *ihjel -en* kill time *(med å lese* by reading); *(se ovf: fordrive -en);* **spille** *-en* waste one's time; *det er ingen ~ å tape (el. miste)* there is no time to be lost; there is no time to lose;

det **tar** *(sin) ~* it takes time; it will take some time; *ta -en (ved veddeløp)* take the time; *ta -en på* time *(fx* he timed the horse); *det tar all min ~* it takes (up) all my time; *noe som tar all ens ~* a full-time occupation; *arbeidet tok lang ~ (også)* it was a slow job; *det vil ta lang ~ før de kan gjøre det* it will be a long time before they can do it; they won't be able to do so for a long time to come *(el.* for a long time yet); *det tar for lang ~* it takes too long; *hvor lang ~ tar det å ...?* how long does it take to ...? *det vil nødvendigvis ta en viss ~ (også)* there will inevitably be a time lag; *(se også ta A); det er ingen ~ å* **tape** *(el. miste)* there is no time to lose *(el.* to be lost);

tilbringe *-en med å lese* spend one's time reading; **trekke** *ut -en* drag out the time, play for time; *det bare trekker ut -en* it's a mere waste of time; *han prøvde å trekke ut -en med (løst) snakk* he tried to play for time by chatting; *han har* **valgt** *en heldig ~ for sitt besøk* he has timed his visit well; **vinne** ~ gain time; *forsøke å vinne ~* (try to) play for time, temporize; *det vil -en* **vise** time will show; it remains to be seen;

det **er** *ikke ~ nå* there's no time now; *det var en ~ da* ... time was when...; there was a time when ...; *hold opp mens det er ~* stop in time; **T** stop while the going is good; *nå er det ~* now is the time;

C [*forb. med adv & prep*] *den beste -en* **av** *året* the best time of the year; **etter** *en ~* after some time, after a time; *kort ~ etter* shortly after, soon after, not very long after; *etter forbløffende kort ~* after a surprisingly short time; **for** *en ~* for some time; for a time; *(nå) for -en* at present; for the time being, these days *(fx* I see very little of them these days); *for ~ og evighet* for ever, for all time; *for en ~ siden* some time ago; *for kort ~ siden* a short time ago; recently; *for lengre ~ om gangen* for long on end; *være forut for sin ~* be ahead of one's time(s); be born before one's time; *en utmerket maskin for sin ~* an excellent machine for its time; **fra** *den ~ av* from that time (on); *fra ~ til annen* from time to time, now and then, off and on; **før** *-en* ahead of schedule *(fx* the bridge was finished ahead of schedule); ahead of time *(fx* he finished the job ahead of time); *gammel før -en* prematurely old, old before one's time; *før i -en* in the past, formerly; **gjennom** *-ene* through(out) the ages; **i** *-e* in time; *(i) den -en jeg var i utlandet* while I was abroad; at the time when I was abroad; *i disse -er* in times like these; as things are at present; *i -ens fylde* in the full course of time; *i -ens løp* in the course of time; with the passage of time; *i -e og utide* in season and out of season; *i riktig gammel ~* in the remote past; *i* **god** *~* in good time *(fx* arrive in good time for the lecture), early, ahead of time *(fx* he finished the job ahead of time); *i meget god ~* in plenty of time; *i god ~ før* well in advance of, well ahead of; *i grevens ~* **T** in the nick of time; none too soon *(fx* I got out of the house none too soon); *i kritiske -er* in times of emergency; *i lang ~* for a long time; *i så lang ~* for such a long time, for so long a time; *i lengre ~* for some considerable time; *ikke i noen lengre ~* not for any length of time; *slik var det ikke i min ~* it wasn't like that in my time *(el.* day); *i noen ~* for some time; *jeg har i noen ~ ønsket å utvide mine kunnskaper i* ... it has been my wish for some time past to extend my knowledge of ...; *vi kommer hjem i pen ~* we shall be back at a respectable hour; *i rett(e) ~* in due time; *et angrep (etc) i rette ~* a well-timed attack *(etc); et ord i rette ~* a word in season; *i den senere ~* recently; for some time past, lately, of late; *i sin ~* once, formerly, at one time, in the past; *(fremtidig)* in due course; *her lå det i sin ~ et hus* there used to be a house here; *de var venner i sin ~* they used to be friends (at one time); *det har eksistert i uminnelige -er* it has existed time out of mind *(el.* from time immemorial); *i vår ~* in our time *(el.* day);

nå er -en **inne** *til å selge* now is the time to sell; **innen** *den ~* before then, by that time, by then; *innen en gitt (el. nærmere fastsatt) ~* within a specified period; before a specified date; **med** *-en* in time; in the course of time, in process of time, with time, eventually; *følge med -en* move with the times, keep abreast of events; *det er ~* **nok** there's plenty of time, there's time enough;

om *et års ~* in a year or so, in a year's time;

t

om kort ~ shortly, soon, before long; *-en er* **omme** time is up; *bli* **over** *-en* stay longer than permitted; outstay one's time; stay on; *det er vel ikke verdt å bli over -en (fx om visittid)* I suppose I'd better not stay too long; *det er over -en* it's late; *(om arbeid)* it's behind schedule;
på *en ~ da* ... at a time when ...; *på alle døgnets -er* at all hours; *på den -en* **1.** at that time, at the time; in those days; **2***(i løpet av den -en)* in that (space of) time *(fx* he can't have run a mile in that time); *på denne -en i fjor (,neste år, i morgen)* this time last year (,next year, tomorrow); *på Napoleon's* ~ at the time of Napoleon; *opptak på ~ (fot)* time exposure; *ta et bilde på ~ (fot)* take a time exposure; *det er på -e* it's (high) time; it's about time; *det er på -e du får det gjort* it's (about) time you got it done; *det er på høy* ~ it's high time; ... *og jamen er det på høy ~ også!* and about time too! *på kortest mulig* ~ in the shortest possible time; *på rette ~ og sted* at the proper time and place; *på samme* ~ at the same time; simultaneously; *på samme ~ som* at the same time as *(el.* that);
siden *den* ~ since then;
til *den* ~ by that time; *til -er (ɔ: stundom)* at times; *til alle -er* at all times; *til alle mulige -er (av døgnet)* at all hours; *til andre -er* at other times; *til bestemte -er* at fixed times; at fixed intervals; *til en bestemt* ~ at a specified time *(fx* the seller supplies goods to the purchaser on the understanding that payment will be made for them at a specified time); *til avtalt* ~ at the appointed time; when agreed; *til den ~ er vi blitt gamle* by then we shall have grown old; *til enhver* ~ at all times, at any time; *de til enhver ~ gjeldende bestemmelser* the rules in force at the time in question; *til evig* ~ for ever, eternally; *alt til sin ~!* all in good time! one thing at a time! *(dette er ikke det rette tidspunktet)* there's a time (and place) for everything; *til sine -er* at times; *bli -en* **ut** stay till it is over; *(se -tider).*
tidebolk era, period.
-tiden: *ved femtiden (,sekstiden, etc)* (at) about five (,six, etc) (o'clock).
tidende news; tidings.
-tider *(buss-)* times of buses, bus guide; *(båt-)* sailings; *(fly-)* flights; *(tog-)* times of trains, (railway) timetable.
tidevann tide; *-et stiger* the tide is coming up; *fallende (,stigende)* ~ falling (,rising) tide; *når -et er på sitt høyeste* at the top of the tide.
tidfeste*(vb)* date.
tidkrevende time-consuming; ... *det er forbundet med ~ undersøkelser* ... it involves t.-c. investigations.
tidlig *adj & adv (se også tidligere; tidligst) adj* **1.** early; **2***(for tidlig)* premature *(fx* his premature death); *adv* **3.** early *(fx* he arrived early); in good time; **4***(i ung alder)* early, at an early age *(fx* he began to write at an early age); **5***(på et tidlig stadium)* early, at an early stage; **6***(på et tidlig tidspunkt)* early, at an early date;
~ *alderdom* premature old age; ~ *død* early death; (2) premature death, untimely death; ~ *frukt* early fruit; *et meget ~ slag (bot)* a very early variety; ~ *moden* **1.** (intellectually) precocious; **2***(med.)* sexually mature at an early age; **3***(bot)* early; **for** ~ too early; (2) premature *(fx* the premature disclosure of the secret); *(adv)* prematurely; *bussen kom for* ~ the bus was early; *det var ikke et øyeblikk for* ~ it was not a moment too soon; *det var sannelig ikke for ~ at han betalte (iron)* it was about time he paid (up); *de kom ikke noe for* ~ they did not arrive any too soon; *det skader ikke å komme litt for* ~ there's no harm in being a little before time; **i dag** ~ early this morning; *i morgen* ~ tomorrow morning; ~ *i morgen* early tomorrow morning; ~ **om** *morgenen* early in the morning, in the early morning; ~ **på** *natten* early in the night; ~ *på året* early in the year; *han kommer alltid ~ på kontoret* he always arrives early at the office; *er du ikke litt ~ på'n* **T** aren't you a bit previous *(el.* premature)? *jeg kommer* **så** ~ *jeg kan* I'll come as early as I can; *så ~ som* as early as; *så ~ som kl. 10* as early as 10 o'clock; *så ~ som mulig* as early as possible; *(merk, også)* at your earliest convenience; *så ~ at skipet ikke forsinkes* in time to prevent delay to the ship; ~ **ute** early, in good time; *jeg er ~ ute med juleinnkjøpene i år* I am early *(el.* in good time) with my Christmas shopping this year; *du er jamen ~ ute i dag!* **T** you're bright and early this morning! *være for ~ ute* be early; *(fig = tjuvstarte)* **T** jump the gun; *jeg var 20 minutter for ~ ute* I was twenty minutes early; *det skader ikke å være litt for ~ ute* there's no harm in being a little before time.
tidligere *adj & adv (se også tidlig; tidligst) adj* **1***(som opptrer tidligere)* earlier *(fx* Easter is earlier this year); **2***(forutgående)* previous; **3***(forhenværende)* former *(fx* the former owner); *adv* **4***(før)* earlier, before *(fx* a week before); **5***(engang)* at one time, formerly; *(ofte konstruksjon med)* used to *(fx* he used to live in London); **6***(ved en tidligere anledning)* on a previous occasion, previously;
et ~ ekteskap an earlier marriage; ~ *elev* old pupil, former pupil; *hans ~ (ɔ: fraskilte) kone* his ex-wife, his former wife; *i ~ tider* in times past, in the past, formerly; *på et ~ tidspunkt* at an earlier date *(el.* time); ~ **enn** before, earlier than; *være ~ ute enn ellers* be earlier than usual; *som* ~ as before; *fortsette som* ~ go on as before; *som ~ nevnt* as previously mentioned; as mentioned above.
tidligst *adj & adv (se også tidlig; tidligere) (adj)* earliest; *(adv)* at the earliest; *det -e de kan sende oss varene er 1. juni* the earliest date they can send us the goods is June 1st; they cannot let us have the goods till June 1st; ~ *mulig* as soon as possible; *(merk, også)* at your earliest convenience; ~ *kl. 8* at 8 o'clock at the earliest; *fra de -e tider* from the earliest times; *ikke før ~ om tre uker* not for another three weeks at the earliest *(fx* we cannot let you have the goods for another three weeks at the earliest).
tidobbelt tenfold.
tidsadverb *(gram)* adverb of time.
tids|alder age, era. **-angivelse** date, indication of time. **-besparelse** saving of time.
tidsbesparende time-saving.
tidsbilde picture of the period.
tidseksponering *(fot)* time exposure.
tids|fordriv pastime. **-forhold** circumstances.
tidsfrist time limit; *overskride en* ~ exceed a deadline; *hvis -en blir overskredet* if the time stipulated is exceeded; *sette en* ~ fix a deadline; *(se frist & tilmålt).*
tids|følge chronological order. **-intervall** time lag *(fx* the t. l. between lightning and thunderclap). **-koloritt** period (colour) *(fx* the p. was beautifully caught); period feeling *(el.* flavour). **-messig** modern.
tidsnok in time, early enough; *det er ~ i morgen* tomorrow is quite soon enough; there will still be time tomorrow.
tids|nød: *være i* ~ be pressed for time. **-orden** chronological order. **-preg** period character. **-punkt** point of time; *på angjeldende* ~ at the

time in question, at the material time; *på et avtalt ~* at an agreed hour; *på et tidligere ~* at an earlier time *(el.* date). **-regning** era. **-rom** period *(fx* it lasted for a p. of ten years); *det tilsvarende ~ i fjor* the corresponding period of last year; *utover det ~ som er nevnt i ansettelsesbrevet* beyond the period stated in the letter of appointment. **-skjema** schedule. **-skrift** periodical. **-skriftslesesal** periodical room. **-spille** waste of time. **-spørsmål** question of time. **-svarende** *se -messig.* **-ånd** spirit of the times.
tidtaker *(sport)* timer; timekeeper; *oppmann for -e* chief timekeeper.
tie *(vb)* be silent, keep silent; hold one's tongue; *få til å ~* silence; *~ til* say nothing to, let pass in silence; *~ i hjel* kill by silence; *ti stille!* hold your tongue! be quiet! **T** shut up! *~ stille med det* say nothing about it; **T** keep mum about it; *den som -r, samtykker* [he who is silent, consents]; *den som -r, forsnakker seg ikke* = least said, safest.
I. tiende *(subst)* tithe.
II. tiende *(tallord)* tenth.
tiendedel tenth (part).
tier ten; *(mynt)* ten-kroner coin.
tiger *(zool)* tiger; *(huntiger)* tigress. **-sprang** tiger leap. **-unge** tiger cub.
tigge *(vb)* beg *(om* for); beseech, implore; *~ seg til noe* obtain sth by begging; *han tagg seg til et måltid* he begged a meal; *~ sammen* collect by begging.
tigger beggar; mendicant.
tigger|aktig beggarly. **-brev** begging letter. **-gang:** *gå ~* go begging.
tiggeri begging, beggary, mendicity.
tigger|munk mendicant friar. **-pose** beggar's wallet.
tiggerstav beggar's staff; *han er brakt til -en* he is reduced to beggary.
tiggerunge *(neds)* beggar's brat.
tikke *vb (om ur)* tick.
tikking ticking.
tikk-takk tick-tock.
I. til *(prep)* to; *reise ~ London* go to London; *en billett ~ London* a ticket for London; *sende ~* send to; *fra øverst ~ nederst* from top to bottom; *skrive ~* write to; *fri ~* propose to; *henfallen ~* addicted to; *lytte ~* listen to; *vant ~* accustomed to; *10 ~ 20* ten to twenty; *han gikk bortover ~ huset* he went towards the house; *~ jul* at Christmas; next C.; *hvor lenge er det ~ jul?* how long is it to *(el.* till) Christmas? *det er lenge ~ jul* it's a long time to *(el.* till) Christmas; *det er to måneder ~ jul* it's two months to Christmas; *(se også III. til); vent ~ i morgen* wait till tomorrow; *fra morgen ~ kveld* from morning till night; *det er brev ~ deg* there's a letter for you; *hva skal vi ha ~ frokost?* what are we to have for breakfast? *ta ~ kone* take for a wife; take to wife; *~ salgs* for sale; *avreise ~* departure for; *for stor ~* too large for; *god nok ~* good enough for; *her ~ lands* in this country; *~ inntekt for* in aid of; *~ tegn på* in token of, as a sign of; *forvandle ~* change into; *~ fots* on foot; *~ hest* on horseback; *~ alle sider* on every side; *~ høyre* on the right hand; *~ enhver tid* at all times; *~ lav pris* at a low price; *~ en pris av* at the *(el.* a) price of; *to (billetter) ~ £2* two tickets at £2 each; two at £2; two two pounds; *mor ~* the mother of; *jeg må ha det ~ jul* I must have it by Christmas; *ta ~ eksempel* take as an example; *gi meg litt saus ~ biffen* bring me some gravy with this steak; *~ all ulykke* unfortunately; *bli utnevnt ~ guvernør* be appointed governor; *bli valgt ~ konge* be chosen king; *det er ~ ingen nytte* it's no use; *se ~ en* go and see sby; *lese seg ~* read; *~* **å være** for *(fx* highly educated for a peasant); *hun er liten ~ å være tre og et halvt år* she is small for three and a half; she is small for her three and a half years; *ikke dårlig ~ å være meg* not bad for me, not bad considering it's me.
II. til *(adv)* more; additional; *av og ~* now and then; off and on; occasionally; sometimes; *fra og ~* to and fro; *(se fra: ~ og til); det gjør verken fra eller ~* that makes no difference; *en ~* one more; *en halv gang ~ så lang* half as long again; *~ og med* including; *hvor mange timer ~?* how many hours more? *to ~* two more; **litt ~ 1.** a little more; **T** a (little) bit more; **2***(om tid)* a little (while) longer; **T** a (little) bit longer; for a bit longer; **gå** *litt ~* walk on for a bit longer; *(ɔ: et stykke til)* walk a little further; **være** ~ exist.
III. til *(konj)* till, until; *vente ~ han kommer* wait until he comes; *det er lenge ~ guttene kommer igjen* it's a long time till the boys come back.
tilbake *(adv)* back; backward(s); *han ble ~* he remained behind; *la bli ~* leave behind; *fram og ~* forward and backward; *(se gi; sette B: ~ tilbake; stå).*
tilbakebetale *(vb)* pay back, repay.
tilbakebetaling repayment *(fx* of a loan); reimbursement *(fx* of contributions); *~ av skatt* repayment of taxes.
tilbakebetalingsfrist period of repayment; *(se låne).*
tilbakeblikk retrospect, retrospective glance; *(litt. & film)* flashback; *i ~* in retrospect, retrospectively; *kaste et ~ på* look back on.
tilbakefall *(om sykdom, etc)* relapse.
tilbakegang falling off, decline; decrease; *~ i befolkningen* fall *(el.* decrease) in population.
tilbake|holde *(vb)* hold *(el.* keep) back, retain; *(nekte å gå)* detain; *med -holdt åndedrett* with bated breath. **-holdelse** retention; detention.
tilbakeholden reserved, aloof; **T** stand-offish; *være ~ overfor en* be reserved with sby. **-het** reserve; **T** stand-offishness; *(i krav)* restraint.
tilbakekalle *(vb)* call back, recall; *(ytring)* retract, withdraw; *(en ordre)* cancel, countermand, annul *(fx* annul an order).
tilbakekallelse recall; retraction; withdrawal; annulment; *(se tilbakekalle).*
tilbakekomst return; *ved hans ~ til* on his return to.
tilbakelegge *(vb)* cover; *et tilbakelagt stadium* a thing of the past; *(se strekning & vei A).*
tilbakelent recumbent.
tilbakelevere *(vb)* return, hand back.
tilbakelevering return.
tilbakereise return journey, journey back; *(se I. reise).*
tilbakeskritt step backward, retrograde step.
tilbakeslag 1*(mask)* backkick; backlash; *(i motor)* backfire; **2***(fig)* reaction, setback.
tilbakestrøket: *~ vinge (flyv)* swept-back wing; *(se foroverstrøket).*
tilbakeslagsventil *(mask)* non-return valve; check valve; *(se ventil).*
tilbakestående backward, underdeveloped; *(se u-land).*
tilbaketog retreat, withdrawal; *(fig)* climb-down; *foreta et ~* execute a retreat *(el.* withdrawal); *-et foregikk i god orden* the retreat was effected in good order.
tilbaketredelse retirement, resignation; withdrawal *(fra* from).
tilbaketrekning 1. withdrawal; **2.:** *se tilbaketog.*
tilbaketrengt *(fig)* repressed, suppressed.

t

tilbaketrukkenhet retirement, seclusion, solitude; unobtrusiveness.
tilbaketrukket retired.
tilbaketur return trip *(el.* journey); *(mar)* return voyage *(el.* trip); *på -en* on the way back; on his (,her, *etc)* way back; *(se I. tur).*
tilbakevei way back; *de var på -en* they were on their way back, they were returning.
tilbakevendende recurrent, recurring.
tilbakevirkende retroactive; *(lov)* retrospective; *gi ~ kraft* give retrospective force *(el.* effect), make *(fx* an Act) retrospective; *det nye lønnsregulativ får ~ kraft* the new scale of pay will be back-dated.
tilbakevirkning retroaction, repercussion *(på* on); *ha alvorlige -er på* have serious repercussions on.
tilbakevise *(vb)* reject, turn down; *(beskyldning)* repudiate; *(angrep)* beat off; repel, repulse.
tilbakevisning repulsion, rejection; repudiation.
tilbe *(vb)* adore, worship.
tilbedelse adoration, worship.
tilbeder adorer, worshipper; *hennes -e* her admirers.
tilbehør accessories; appurtenances; *med ~* with accessories; *(fig)* with all the trimmings *(fx* roast turkey with all the trimmings).
tilberede *(vb)* prepare *(fx* food for sby).
tilberedelse preparation.
tilblivelse coming into existence; origin.
tilbrakt: *fritt ~* carriage free.
tilbringe *(vb): ~tiden* spend one's time *(fx med å* -ing).
tilbud offer; *der har du -et, vær så god!* **T** take it or leave it! *(pris-, notering)* quotation; *et fast ~* a firm *(el.* binding) offer; *mitt ~ står fast* my offer stands; *dette ~ er fast mot svar innen tre dager* this offer is firm *(el.* remains open) for three days; this o. is open for reply here within three days; this o. is subject to your reply within three days; *holde -et åpent mot telegramsvar* keep *(el.* hold) the o. open for (your) telegraphic reply; keep *(el.* hold) the o. open in expectation of a t. r.; *(merk, også)* keep *(el.* hold) the offer open against t. r.; *~ og etterspørsel* supply and demand; *(se betinge 1).*
tilby *(vb)* offer; *~ et firma varer (til en bestemt pris)* quote a firm for goods; *~ seg å* offer to.
tilbygg addition, annex.
tilbørlig due, proper; *holde seg på ~ avstand* keep at a safe *(el.* suitable) distance.
tilbørlighet propriety.
tilbøyelig inclined, disposed, apt, given *(til* to). **-het** inclination, disposition; tendency; *ha uærlige -er* be dishonestly inclined.
tildanne *(vb)* fashion, shape.
tildek|ke *(vb)* cover (up). **-ning** covering (up).
tildele *(vb)* allot; assign (to); award *(fx* sby a prize); mete out *(fx* punishment, rewards).
tildeling allotment, assignment; award *(fx* of a prize).
tildra *(vb): ~ seg (hende)* come to pass, happen.
tildragelse occurrence, event, happening.
tilegne *(vb): ~ en en bok* dedicate a book to sby; *(et enkelt eksemplar): se dedisere; ~ seg* appropriate *(fx* sth); acquire *(fx* a good knowledge of French); *~ seg korrekt intonasjon* pick up the correct intonation.
tilegnelse dedication; appropriation; acquirement.
tilende|bringe *(vb)* bring to a conclusion *(el.* end), finish. **-bringelse** conclusion.
tilfalle *(vb)* fall to; *(ved arv også)* devolve on; come to *(fx* several thousand pounds came to him from his uncle); *gevinsten tilfalt en fattig familie* the prize was won by a poor family; *når leiligheten etter skilsmissen -r hans hustru* when the flat is settled on his wife after the divorce.
til fals for sale.
tilfang material; *(se ordtilfang).*
tilfangetagelse capture.
tilfeldig accidental, casual, occasional, chance; *~ bekjentskap* chance acquaintance; *en ~ jobb* an odd job; *(se rent).*
tilfeldighet coincidence, chance, accidental circumstance; accident *(fx* it is no accident that ...); *mer enn en ~* no mere chance; *(se overlate).*
tilfeldigvis by chance, accidentally, as it happens; *du skulle vel ikke ~ vite hvor han bor?* do you by any chance know his address *(el.* know where he lives)?
tilfelle case, instance; occurrence; *(treff)* chance; *(sykdomsanfall)* fit, attack; *et* **isolert** *~* 1. an isolated instance *(el.* case), 2. a particular *(el.* special) case; *et* **hårdnakket** *~ (med.)* an obstinate case; *et* **opplagt** *~ av bestikkelse* a clear case of bribery; *enn hva ~ er i Norge* than is the case in Norway; **for** *det ~ at han ...* in case he ...; *for alle -rs skyld* to be prepared; **T** to be safe; to be on the safe side; *i alle ~* in any case; *i ~ av* in case of, in the event of; *i de enkelte ~* in the individual cases; *i ethvert ~* at all events, at any rate, in any case; *i så ~* in that case; *i verste ~* if the worst comes to the worst; *i påkommende ~* in an emergency; *i det foreliggende ~* in the present case; **ved** *et ~* by chance; *hvis det virkelig er ~* if that is really so; if that is really the case.
tilflukt refuge; *ta sin ~ til* have recourse to; take refuge in *(fx* take r. in silence; take r. in a cellar); resort to; *finne ~ hos* find shelter with; *(jvf ly: søke ~).*
tilfluktsrom air-raid shelter.
tilfluktssted refuge, retreat.
tilflyte *vb (om fordel, inntekter, etc)* accrue to; *de opplysninger som tilfløt ham* the information he received.
tilforlatelig reliable, trustworthy.
tilforordne *(vb)* appoint, order.
tilfreds content, satisfied; *(se ordne).*
tilfredshet satisfaction; content, contentment; *til min fulle ~* to my entire *(el.* complete) satisfaction; *ordren skal bli utført til Deres fulle ~ (også)* your order shall have our best attention; *(se uttrykke).*
tilfredsstille *(vb)* content, satisfy, give satisfaction; *(litt.)* gratify; *~ moderne smak* cater for modern tastes.
tilfredsstillelse satisfaction; *(litt.)* gratification.
tilfredsstillende satisfactory *(fx* we hope this will be s. for *(el.* to) you; s. to both parties); gratifying; *(adv)* satisfactorily; to *(fx* sby's) satisfaction; *en ordbok som på et ~ grunnlag dekker norsk dagligtale* a dictionary which covers Norwegian everyday speech in a basically sound way; *(se tilfredsstille).*
tilfrosset frozen (over), icebound.
tilføket: *veien er ~ (av snø)* the road is blocked by snowdrifts; the road is snowbound.
tilføre *(vb)* carry *(el.* convey) to; *(forsyne med)* supply with; *møbler, som hun har tilført boet* furniture contributed to the estate by her; *~ foretagendet ny kapital* put fresh capital into the undertaking; *~ partiet nytt blod* infuse new blood into the party.
tilførsel supply; *(av brennstoff, etc, i motor)* feed; *(skriftlig)* entry, addition; *rikelige tilførsler av* ample supplies of; *en jevn ~ av* an even flow of; *(se svikt & tilgang).*
tilføye *(vb)* **1.** add; *jeg bør kanskje ~ at...* I should add that...; *(se føye: ~ til);* **2***(forårsake)*

cause, inflict on; ~ *en et tap* inflict a loss on sby.

tilføyelse addition.

tilgang access, approach; *(av folk, av varer)* supply, influx; *-en på arbeidskraft* the labour market; *en jevn ~ på ordrer* a steady flow of orders; *den løpende ~ på sukker* the current supply of sugar, supplies of sugar currently available; *-en til faget* the rate of entry to the trade.

tilgi *(vb)* forgive, pardon *(en noe* sby sth *el.* sby for sth); *det skal jeg ~ deg* I shan't hold it against you.

tilgift addition; *få noe i ~* get sth thrown in.

tilgivelig pardonable, forgivable.

tilgivelse forgiveness, pardon; *be en om ~* ask (sby's) forgiveness.

tilgjengelig accessible; available; get-at-able; *lett ~* easy to get at; easily accessible; easy of access; *~ for* open to; accessible to; *(se vanskelig).*

tilgjengelighet accessibility; availability.

tilgjort affected, artificial. **-het** affectation.

til gode: *se gode.*

tilgodehavende outstanding debt *(el.* account); balance in sby's favour; amount *(el.* sum) owing *(el.* due) to sby; credit balance; *vårt ~* the balance due to us, what is owing to us, our account; *til utligning av vårt ~* in settlement *(el.* payment) of our account; *.. før De har betalt vårt ~ ifølge vår faktura av 15. januar, £213.50* until you have settled the balance of £213.50 outstanding as per our invoice of 15th January; until you have paid what is owing to us as per our invoice of 15th January, £213.50; until you have paid the balance due to us as per our invoice of 15th January, £213.50; until you have settled your account with us as per our invoice of 15th January, £213.50; *vi har ennå ikke fått dekning for vårt ~* we are still without *(el.* we have not yet received) a settlement of our (outstanding) account; *vi beklager at De bare har sett Dem i stand til å sende delvis dekning for vårt ~* we regret that you have only felt able to make partial payment of your account with us; *en utligning av den resterende del av vårt ~, som for lengst er forfalt til betaling* a settlement of the overdue balance of our account; *gjenstående rest av et ~ (også)* the balance of a sum owing; *vi har et ~ hos ham (også)* we have sth owing from him; we have an outstanding account against him; *vi har fremdeles et ~ på 1000 kroner hos Deres firma* we still have a claim for the sum of *(el.* to the amount of) 1,000 kroner on your firm; we are still owed 1,000 kroner by your firm; *(se utestående).*

tilgodese *(vb)* favour *(fx* sby with sth); *~ ens interesser* consider sby's interests; *bli -tt i et testament* be remembered in a will.

tilgrensende adjoining, adjacent.

tilgrodd overgrown.

tilheng *(påheng, neds)* hangers-on *(pl),* crowd, following.

tilhenger **1.** adherent, follower, supporter; **2** *(vogn)* trailer; *(camping-)* caravan; **US** trailer.

tilhengerfeste *(på bil)* tow bar; towing bracket.

tilhold *(tilfluktssted)* shelter; *(se tilholdssted).*

tilholdssted haunt, resort; **T** hang-out.

tilhylle *(vb)* cover; *(tilsløre)* veil.

tilhøre *(vb)* belong to; *(være medlem av)* be a member of.

tilhørende belonging to; *(jur)* appurtenant; *med ~ rettigheter* with appurtenant rights; *papir med ~ konvolutter* paper and envelopes to match; *et verksted med ~ maskiner* a workshop complete with machinery; *(se tilliggende).*

tilhører listener; *-e* audience; *ærede -e!* ladies and gentlemen!

tilhørerkrets audience; *en stor ~* a large audience.

tilhøvlet planed. **tilhøvling** planing.

tilintetgjøre *(vb)* annihilate, destroy; obliterate; *han følte seg tilintetgjort* he felt crushed *(el.* humiliated).

tilintetgjørelse annihilation, destruction; obliteration.

tilje *(i båt)* floorboard; *dansen gikk lystig over ~(kan gjengis)* the dancing went with a swing.

tiljevning levelling; *(fig)* adaptation.

tiljuble *(vb): ~ en* cheer sby.

tilkall|e *(vb)* call (in); summon. **-ing:** *en ~* a call, a summons.

tilkjempe *(vb): ~ seg* gain (by fighting); *(fig)* obtain, gain; *~ seg prisen* carry off the prize.

tilkjenne *(vb)* award; *bli tilkjent barnet* get custody of the child; *(se skadeserstatning).*

tilkjennegi *(vb)* make known, express, show; *(mer bestemt)* declare; *(bekjentgjøre)* notify, announce.

tilkjennegivelse notification, announcement; declaration.

tilkjennelse award.

tilkjørt: *fritt ~* carriage paid; *få varene ~* have the goods delivered by van (,by lorry, *etc).*

tilklint dirtied.

tilknappet *(fig)* reserved, aloof.

tilknappethet reserve, aloofness.

tilknytning connection.

tilknytningspunkt connection point, point of connection.

tilknytte *(vb): se knytte: ~ til; han er -t kontoret* he is attached to the office.

tilkomme *vb (skyldes)* be due to, be owing to; *(være ens plikt)* be one's duty; *det som -r meg* my due; *det -r ikke meg å ...* it is not for me to.

tilkommende future *(fx* his future wife); *hans ~ (også)* his fiancée; *hennes ~* her fiancé.

tilkople *(vb)* connect (up); *(jernb)* couple (up); *(se kople: ~ til); vi har nå fått telefon, men den er ikke -t ennå* we've got a telephone now, but it isn't *(el.* hasn't been) connected yet.

tilkopling connection; coupling; *~ for lysnettet (fx for reiseradio)* mains input.

tilkortkommer *(skolev)* underachiever.

tilkortkomming *(skolev)* underachievement.

tillagd prepared; *en vel ~ frokost* a well-cooked breakfast.

tillaging preparation *(av* of).

tillate *(vb)* **1.** allow, permit; *(med upersonlig subj)* permit (of), admit of; **2***(tolerere)* tolerate; *(litt.)* suffer; *hvis været -r (det)* weather permitting; *hvis tiden -r det* if time permits; *tillat meg å nevne* permit *(el.* allow) me to mention; *jeg -r meg å forespørre om* I take the liberty of inquiring; I venture to inquire; *(formelt)* I beg to inquire; *jeg -r meg å tilby Dem min tjeneste (i søknad)* I beg to offer my service; *jeg -r meg å meddele Dem at* I would inform you that; *mine inntekter -r meg ikke å holde bil* my income does not run to a car; *jeg vil ikke ~ at han ...* I will not let him ...; *jeg har tillatt meg å henvise til Dem* I have taken the liberty of referring to you; *jeg tillot meg å bemerke* I ventured to observe; *det må være meg tillatt å bemerke at ... (formelt)* I beg leave to state that ...

tillatelig allowable, permissible; *(lovlig)* lawful; *på grensen av det -e* near the line; **T** near the knuckle; *han beveger seg på grensen av det -e* he's sailing pretty close to the wind; he's moving on the razor edge of legality.

tillatelse permission; *ha ~ til å* be allowed to.

tillegg addition; *(til bok, etc)* supplement; *(til*

lønnsmottager) allowance; weighting (*fx* London weighting) *(til testament)* codicil; *et forklarende* ~ an additional (*el.* further *el.* supplementary) explanation; ~ *i lønn* increment, increase of salary; *for sang- og dansetimer betales et* ~ singing and dancing are extras; *mot* ~ *i prisen* for an additional sum (*fx* a stronger engine is available for an additional sum); extra (*fx* a stronger engine is extra); *i* ~ *til* in addition to; *(se tjeneste).*

tillegge *vb (tilregne)* ascribe to, attribute to, assign to; ~ *stor betydning* attach great importance to.

tilleggs- additional, supplementary.

tilleggs|avgift additional charge, surcharge. **-avtale** supplementary agreement. **-bevilgning** additional grant. **-eksamen** supplementary examination. **-frakt** extra (*el.* additional) freight. **-gebyr** extra (*el.* additional) charge, extra fee. **-klausul** *(i kontrakt)* supplementary clause. **-porto** surcharge, surtax. **-premie** additional premium; *(se betinge).* **-toll** extra duty, (customs) surcharge; an additional (import) duty.

tillempe *(vb):* ~ *etter* adapt to.

tillemping adaptation (to); modification.

tilliggende adjacent, adjoining; *med* ~ *herligheter* with accompanying amenities; *et stort landsted med* ~ *herligheter* a large country place with accompanying amenities (*el.* with all the amenities); *Oslo med* ~ *herligheter* Oslo with its surrounding (*el.* accompanying) amenities; *(se tilhørende).*

tillike also, too, as well. **-med** together with, along with.

tillit confidence (in), trust (in), reliance (on); *ha* ~ *til* have confidence in; *nyte alminnelig* ~ be universally trusted; *i* ~ *til* relying on, trusting to.

tillitsbrudd breach of trust (*el.* confidence).

tillits|erklæring vote of confidence. **-forhold** relationship of trust. **-full** confident, full of confidence; trustful. **-krise** crisis (*el.* lapse) of confidence. **-mann** (committee) representative, (elected) member of committee; *(i fagforening)* shop steward; *klassens* ~ the form (,**US:** class) representative, the form captain, the head of the form; *det ledende sjikt av politiske -menn* the top layer of political representatives.

tillitsmisbruk abuse of trust; *(se alkoholmisbruk; misbruk).*

tillitspost position of trust.

tillitsverv honorary post (*el.* function); position of trust; *ha formannsstillingen som* ~ be chairman in an honorary capacity.

tillitsvotum *se -erklæring.*

tillitvekkende inspiring confidence, confidence -inspiring; *være* ~ inspire confidence.

tillokkelse allurement, charm, attraction.

tillokkende alluring, attractive; *det* ~ *ved* the inducements of (*fx* a business career).

tillyse 1. *glds (kunngjøre)* publish, proclaim; **2** *(sammenkalle)* convene, summon.

tillært acquired, artificial.

tilløp 1. inflow, influx; **2***(til hopp)* (preliminary) run; *(ovarenn)* in-run; *(jvf tilsprang);* **3***(forsøk)* attempt *(til* at); ~ *til brann* a small fire; *et* ~ *til dobbelthake (også)* the (tiny) beginnings of a double chin; ~ *til værforandring* signs of a change in the weather; *det ble* ~ *til krangel blant de tilstedeværende* there were signs of disagreement among those present.

tilmåle *(vb)* measure out to; allot, apportion.

tilmålt allotted, apportioned; *innen den -e tidsfrist* within the required time.

tilnavn nickname.

tilnærmelse 1*(det å komme nærmere)* approximation (*fx* to the truth), approach; **2***(mat.)* approximation (*fx* solve an equation by a.); **3***(polit)* rapprochement *(til* with, *fx* the r. with France); **4.:** *-r (pl)* approaches (*fx* I did not encourage his a.), overtures; *(erotiske)* advances; *(neds)* improper advances; *gjøre -r til* make advances to; **T** make passes at (*fx* a girl).

tilnærmelsesvis approximate; *(adv)* approximately; *disse tall er bare* ~ *riktige* these figures are only approximately correct; *ikke* ~ *nok* not nearly enough; *ikke* ~ *riktig* far from correct; *dette er ikke* ~ *den samme kvalitet som De leverte tidligere* this is nothing like the quality you supplied before.

tilnærming *se tilnærmelse.*

til overs 1*(igjen)* left, left over, remaining; *(overflødig)* superfluous; *(som kan avses)* to spare; *føle seg* ~ feel unwanted, feel de trop; *få* ~ have left; **2.:** *ha* ~ *for* have a liking for, be fond of; **T** have a soft spot for; *jeg har ikke meget* ~ *for ham* I don't care much for him.

tilpasse *(vb)* adapt, adjust (*fx* oneself to new conditions).

tilpassing adaptation, adjustment, accommodation. **-sevne** adaptability.

tilplikte *(vb): bli -t å betale (jur)* be ordered to pay.

tilre(de) *(vb)* handle roughly; *ille tilredd* **T** roughed up; *han ble ille tilredd (også)* he was badly messed up.

tilregne *(vb)* impute, attribute, ascribe *(en noe* sth to sby).

tilregnelig *(om person)* sane, of sound mind; accountable for one's actions, in (full) possession of one's faculties.

tilregnelighet sanity, soundness of mind.

I. tilreisende *(subst)* visitor.

II. tilreisende *(adj)* visiting.

tilrettelegge *(vb)* arrange, organize, organise; prepare; *(tilpasse)* adjust, adapt; marshal; *med stor oppfinnsomhet tilrettela hun et interessant og variert dagsprogram for gjestene* with great ingenuity she arranged an interesting and varied daily programme for the guests.

tilrettevise *(vb)* reprimand, rebuke.

tilrettevisning reprimand, rebuke.

tilrive *(vb):* ~ *seg* seize (upon), usurp.

tilrop cry, shout; *(hånlig)* jeer, taunt; *(bifalls-)* cheering.

tilrå(de) *(vb)* advise, recommend.

tilrådelig advisable; *ikke* ~ inadvisable.

tilsagn promise; *gi* ~ *om hjelp* consent (*el.* promise) to help, undertake to help; *vi har ikke gitt ham noe* ~ *om slik hjelp* we have not consented to help him in such a way; *(se forhåndstilsagn).*

til sammen together, in all; *det blir* ~ *£5* it totals (*el.* adds up to) £5; *dette blir* ~ *£5* this makes a total of £5; ~ *tjener de £10.000 pr. år* between them they earn £10,000 per annum; *mer enn alle de andre* ~ more than all the others put together.

tilse *(vb): se se til.*

tilsendt: *jeg har fått det* ~ it was sent to me.

tilsetning admixture *(av* of); *(krydrende)* seasoning; *(anstrøk)* dash.

tilsette *(vb)* **1.** add (to); **2***(ansette)* appoint.

tilsettingsmyndighet appointing authority.

tilsi *vb (love)* promise; *(befale å møte)* summon, order to attend; *handle som fornuften -er* act according to the dictates of common sense.

tilsidesette *(vb)* disregard, ignore, neglect; *(person)* slight; *føle seg tilsidesatt* feel slighted.

tilsidesettelse disregard, neglect; slight, slighting.

tilsig trickle of water; *(også fig)* trickle; *innsjøen får* ~ *fra to elver* the lake is fed by two rivers.

tilsigelse: *bestille en rikstelefon(samtale) med ~* book a person to person trunk call; *(se tilsi & telefonsamtale).*
tilsikte *(vb)* intend, aim at, have in view; *ha den -de virkning* have *(el.* produce) the desired effect; *det har hatt en annen virkning enn -t* it has defeated its own end; *(se tilsiktet).*
tilsiktet intended; *(med vilje)* intentional, deliberate; *(se tilsikte).*
tilskadekommet injured; *den tilskadekomne* the victim (of the accident).
tilskikkelse dispensation of fate; decree (of Providence); *det var en skjebnens ~* it was (an act of) fate; *ved en skjebnens ~* as chance *(el.* fate) would have it; *livets -r (også)* the ups and downs of life.
tilskjærer (tailor's) cutter. **tilskjæring** cutting.
tilskjøte *vb (jur): ~ en noe* convey sth to sby; *han hadde -t seg gården (også)* he had had the place conveyanced to himself.
tilskjøting conveyance.
tilskott *se tilskudd.*
tilskrive *vb (gi skylden for)* attribute, ascribe, set *(el.* put) down (to); *det kunne ikke -s dem noen skyld* no blame whatever was attributable to them; *~ seg æren* claim the honour.
tilskudd *(bidrag)* contribution; *(av det offentlige)* subsidy, grant.
tilskuer spectator, onlooker.
tilskuerplassene the seats *(pl); (i teater)* the house.
tilskuersport spectator sport.
tilskynde *(vb)* prompt, stimulate, urge.
tilskyndelse incentive, stimulus, inducement; encouragement; incitement; *etter ~ av* at *(el.* on) the instigation of; *(jvf påtrykk).*
tilslag *(ved auksjon)* knocking down; *få -et* win the bid, have sth knocked down to one.
tilslutning *(bifall)* approval; *(støtte)* support; *(i form av fremmøte)* attendance; *(som svar på appell)* response; *(tilhengere)* following, adherents; *dårlig ~ (til forslag, etc)* lack of enthusiasm; *p.g.a. dårlig ~* because none of the members showed any enthusiasm for it; *finne (el. få) bred ~* gain *(el.* win) widespread support; be widely accepted; *appellen fikk stor ~* the appeal met with great response; there was a splendid response to the appeal; *planen fikk ~ fra* the scheme was approved by *(el.* gained the approval of *el.* met with support from); *den stigende ~ til klubben* the increase in the membership of the club; *gi sin ~: se slutte seg til; med ~ fra* supported *(el.* endorsed) by, with the support of; *det har vært stor ~ til utstillingen* **1.** the exhibition has been well attended (by the public); **2***(av utstillere)* the exhibition has attracted a large entry; *i ~ til* in connection with; *i ~ til mine tidligere bemerkninger* in *(el.* with) reference to my previous remarks.
tilsluttet affiliated *(fx* an a. company); *München og tilsluttede sendere* Munich and other stations relaying the (same) programme; *~ alle tyske sendere* (programme) relayed by all German stations.
tilslør|e *(vb)* veil; *-te bondepiker* brown Betty with whipped cream. **-ing** veiling.
tilsmurt smeared.
tilsnike *(vb): ~ seg* obtain by underhand means. **-lse** deliberate misrepresentation; (piece of) disingenuousness.
tilsnitt shape, form, stamp.
tilsnødd covered with snow, snowed up.
tilsnørt laced up.
tilspisse *(vb): ~ seg* become critical; come to a head; *situasjonen -t seg* things came to a head.
tilspisset acute *(fx* an a. energy crisis); *en ~ situasjon er oppstått* an acute situation has arisen.
tilsprang (preliminary) run; *lengdehopp med ~* running broad jump; *(se også tilløp).*
tilstand state, condition; *(se II. skade).*
tilstedekomst arrival.
tilstedeværelse 1. presence; **2.** existence.
tilstedeværende present; *de ~* the persons present, those present; *jeg hentyder ikke til noen av de ~* I'm not alluding to anybody present; *(se også tilløp).*
tilstelling arrangement.
tilstille *(vb)* send; render.
tilstoppe *(vb)* stop up, fill up; **T** bung up *(fx* bunged-up drains); *-t* clogged (up), choked, stopped up; **T** bunged up.
tilstrebe *(vb)* aim at.
tilstrekkelig sufficient, enough, adequate.
tilstrekkelighet sufficiency, adequacy.
tilstrømning influx; inrush *(fx* of new members, of sightseers); rush *(fx* a sudden r. of people who want to buy tickets).
tilstøte *(vb)* happen; *jeg er redd det har tilstøtt ham noe* I'm afraid he has had an accident.
tilstøtende adjacent, adjoining; *(omstendighet)* unforeseen, supervening.
tilstå *(vb)* confess; *(vedgå)* admit, own.
tilståelse confession; admission; *(innrømmelse, bevilling)* grant; *avlegge ~* make a confession; *(se avlokke).*
tilsvar reply.
tilsvarende corresponding; *(i verdi)* equivalent; *(som passer til)* suitable *(fx* if one has a large house one has to have s. furniture); *jeg godtar Deres forslag og har gjort ~ endringer i mine planer* I accept your suggestion and have altered my plans accordingly; *hvis man vil reise meget, må man ha ~ mange penger* if one wants to travel a lot one must have adequate means; *de satt i baren hele kvelden og drakk ~ meget* they sat in the bar all evening and drank accordingly; *en stor bil og en ~ stor garasje* a large car and a correspondingly large garage; *i ~ grad* correspondingly *(fx* this will increase our output c.); *på ~ måte* similarly, correspondingly.
tilsvine *(vb)* smear, sully; *(jvf tilsøle).*
tilsyn supervision; *ha ~ med* look after, inspect; *under ~ av* under the control *(el.* supervision) of; *(se også eksamenstilsyn; inspeksjon; oppsyn).*
tilsynekomst appearance.
tilsynelatende seeming, apparent; *(adv)* apparently, seemingly, to all appearance; *~ uten grunn* for no apparent reason, without any ostensible reason; *kassene var ~ i god stand* the cases appeared to be *(el.* were apparently) in good condition.
tilsynshavende 1. in charge; **2.** *=tilsynsmann.*
tilsynsmann inspector, supervisor.
tilsynsverge probation officer; *(se barnevernsnemnd).*
tilsøle *(vb)* soil, dirty; *(jvf tilsvine).*
I. tilta *vb (vokse)* grow, increase; *etterspørselen -r fra år til år* demand increases yearly.
II. tilta *(vb): ~ seg* assume, usurp.
tiltagende increasing; *i ~* increasing, on the increase.
tiltak attempt, effort; *(foretaksomhet)* enterprise; *(initiativ)* initiative; *avhjelpende ~* remedial action, relief measure(s); *drastiske ~ (pl)* drastic action *(fx* their demand for d. a.); *det er et slikt ~ å gå ut om kvelden* it's such an effort to go out in the evening; *(se II. skade).*
I. tiltale *(subst)* address; *(jur)* prosecution; *skyldig ifølge -n* guilty as charged; *-n lød på tyveri*

the charge was one of theft; he (,she, *etc)* was accused of theft; *beslutte å reise* ~ decide to prosecute; *reise* ~ *mot* bring a charge against; *frafalle* ~ withdraw the charge; *gi svar på* ~ give sby tit for tat, return the compliment; *(jvf I. anklage).*

II. tiltale *(vb)* address; speak to; *(jur)* prosecute; *(den) tiltalte* the accused, the defendant; *(jvf II. anklage).*

tiltalebenk *(jur)* dock; *sitte på -en* stand trial.

tiltalebeslutning *(jur)* (bill of) indictment.

tiltalende attractive, pleasing, pleasant, winning, engaging; *lite* ~ unsympathetic; *(jvf sympatisk).*

tiltaleord term of address.

tiltalepunkt|er *pl (jur)* counts (of an indictment), heads of a charge; *han erkjente seg skyldig i tre av -ene* he pleaded guilty to three counts.

tiltenkt intended for, meant for *(fx* the bullet was m. for me).

tiltre *vb (et embete)* enter upon, take up (one's duties); take over an appointment *(fx* when I took over the a. it turned out that...); *(en arv)* come into; *(et forbund, interessentskap)* enter, join; *(mening, ytring)* subscribe to, agree with; ~ *en reise* set out on *(el.* start on) a journey.

tiltredelse *(embete, etc)* taking up (one's duties); *(av en reise)* setting out *(fx* on a journey); ~ *av en arv* entering upon an inheritance; ~ *og lønn etter avtale* date of commencing and salary by agreement; *søkes for snarlig* ~ needed for early appointment; *(se tiltre).*

tiltredelses|godtgjørelse assignment grant; *(jvf etableringstilskudd).* **-tale** inaugural address.

tiltrekke *(vb)* attract; *planen -r ham ikke* the plan does not a. him; the plan has no attraction for him; *føle seg tiltrukket av en* feel attracted to sby, feel drawn to sby, feel a liking *(el.* a sympathy) for sby; ~ *seg* attract.

tiltrekkende attractive; **S** dishy; ~ *pike* attractive girl; **S** dish; *hun virker ikke* ~ *på ham* she does not attract him; he is not attracted to her; *(se tiltalende).*

tiltrekning attraction; *øve en sterk* ~ *på* exert a strong attraction on; attract *(fx* sby) strongly; have a strong attraction for *(fx* sby).

tiltrekningskraft attractive force; (power of) attraction.

I. tiltro *(subst)* confidence, trust, faith; *ha* ~ *til* have confidence in; trust; *jeg har ingen* ~ *til leger* I don't believe in doctors.

II. tiltro *(vb):* ~ *en noe* think *(el.* believe) sby capable of sth; *det kunne jeg godt* ~ *ham (neds)* I wouldn't put it past him.

tiltuske *(vb):* ~ *seg* obtain (by barter).

tiltvinge *(vb):* ~ *seg* gain by force; *(se adgang).*

tiltykning clouding over; *(meteorol)* increasing cloudiness; ~ *til snø eller sludd (værvarsel)* becoming overcast, snow or sleet later.

tilvalgsfag optional (subject); **US** elective; *(se fag).*

tilvant habitual, accustomed; *(jvf tilvenne).*

tilveiebringe *(vb)* provide, get (hold of), obtain, procure; *(penger)* raise; *(bevirke)* bring about, effect.

tilveiebringelse provision; procurement; obtaining; bringing about.

tilvekst growth; *(økning)* increase.

tilvende *(vb):* ~ *seg* obtain by underhand means, appropriate; *(jvf venne:* ~ *seg til & vende:* ~ *seg til).*

tilvending appropriation; *(se tilvenning).*

tilvenne *(vb)* habituate, accustom; *(herde, etc)* inure; *(jvf tilvende).*

tilvenning *(avhengighet, fx av narkotika)* habituation *(til* to); dependence *(til* on); *(til narkotika, etc, slik at virkningen blir mindre sterk)* tolerance *(til* to); *(bakteriers, til antibiotika)* (acquired) resistance *(til* to); *(jvf tilvending).*

tilvirke *(vb)* make, produce, manufacture; process.

tilvirkning manufacture, production; processing.

tilværelse existence; *hun forsuret -n for ham* she made life unbearable for him; *kampen for -n* the struggle for existence; *være på kant med -n* be at odds with life; *se lyst på -n* take a cheerful view of things; *denne oppfinnelsen vil virke revolusjonerende på hele vår* ~ this invention will have a revolutionary effect on our entire existence; *(se omtumlet; sette A:* ~ *farge på tilværelsen; ubemerket; usikkerhetsmoment).*

time 1. hour *(fk* hr., *fx* 3 hrs. 20 mins.); **2***(undervisningstime)* lesson, class; *(i undervisningsplan)* period *(fx* four periods of French per week); **3** *(tidspunkt)* hour, time; **4***(avtale)* appointment;

[*A: forb. med subst & adj; B: med vb; C: med adv & prep*]

A [*forb. med subst & adj*] *åtte -rs arbeidsdag* an eight-hour day; *i den* **ellevte** ~ at the eleventh hour; *en halv* ~ half an hour; *halvannen* ~ an hour and a half; **hver** ~ every hour, hourly; *hver* ~ *på dagen* at all hours of the day; *hver halve* ~ every half-hour; *hver hele og halve* ~ precisely at the hour and half-hour, every hour and half-hour; *det går buss herfra hver hele* ~ buses leave from here every hour on the hour; *jeg hadde ikke en* **rolig** ~ *mens han var borte* I kept worrying all the time (while) he was away; *ute i de* **små** *-r* well on into the small hours; *en* **stiv** ~ a full *(el.* solid) hour; *en -s* **tid** an hour or so, about an hour('s time); *med en -s* **varsel** at an hour's notice;

B [*forb. med vb*] **bestille** ~ *hos* make an appointment with *(fx* make an appointment with one's dentist for 3 o'clock); *jeg har bestilt* ~ *pr. telefon* I have an appointment by telephone; *jeg har bestilt* ~ *hos tannlegen* **T** *(også)* I have a dental appointment; *bruke flere -r på noe* take several hours over sth; **få** ~ *hos legen* make an appointment with one's doctor; **gi** *-r* give lessons; *(privat-)* give private lessons; *tannlegen ga meg* ~ *til kl. 11* the dentist gave me an appointment for 11 o'clock; *han* **har** ~ *(om lærer)* he's in class; he's teaching; he's giving a lesson; *hans* ~ *er kommet* his hour has come *(el.* struck); **ta** *-r i engelsk* take lessons in English; *ta en* ~ *i engelsk i en 3. gymnasklasse* take an upper sixth form class in English;

C [*forb. med adv & prep*] **etter** *en* ~ after an hour; **for** *hver* ~ every hour *(fx* it grew worse every hour); hourly; **fra** ~ *til* ~ hour by hour, hourly; **i** *-n* **1.** per hour, an hour *(fx* 80 kilometres an hour); **2***(i klassen)* in class; *i en* ~ (1) for an hour; (2) during a lesson; *i løpet av en* ~ within *(el.* in) an hour; **om** *en* ~ in an hour; **pr.** ~ per hour, an hour *(fx* £15 an hour); *betale en pr.* ~ pay sby by the hour; **på** *en* ~ in an hour *(fx* he finished the job in an hour); *på -n (ɔ: straks)* at once, right away; *(ɔ: presis)* on time; *det skal jeg gjøre på -n* I'll do it at once *(el.* right away); *jeg må gå* **til** ~ *(sagt av lærer)* I've got to take a class now; **utenom** *-ne (ɔ: utenfor klasseværelset)* out of class.

time|betaling payment by the hour; *beregn Dem en skikkelig* ~ allow yourself proper *(el.* adequate) payment per hour *(el.* hourly payment); *få* ~ be paid by the hour. **-betalt:** ~ *arbeid* time-work. **-glass** hourglass. **-lang** lasting for hours (,for an hour). **-lærer** part-time teacher (paid by the hour). **-lønn** hour's *(el.* hourly) pay; *få* ~ be paid by the hour; *(jvf timebetaling).* **-plan** timetable; *legge en* ~ draw up a timetable. **-planlegging** *(især)* timetabling.

timeskriver timekeeper; *(jvf tidtaker).*
times *vb (glds)* happen, befall.
timeslag striking (of) the hour(s); *slå ~* strike the hour(s).
timeter'n the ten-metre (diving) board.
timevis for hours.
timian *(bot)* thyme.
timotei *(bot)* timothy.
tind(e) peak; *(også fig)* summit, pinnacle; *(fig)* acme; *(murtind, på brystvern)* merlon; *på lykkens -e* at the peak *(el.* apex) of one's fortunes.
tindebestiger mountaineer.
tindre *(vb)* sparkle, twinkle; *det gir en -nde følelse av frihet å gå over uberørte vidder* it gives you a marvellous feeling of freedom to cross mountain plateaux untouched by the foot of man.
I. tine [round or oval bentwood box, with handle on lid, which is closed by being pressed between two upright pieces of wood]; *(kan gjengis)* wooden box.
II. tine *(vb)* thaw; melt; *~ bort* melt away.
I. ting thing, object; *(sak)* thing, matter; *et stort glass øl er -en!* a big glass of beer is the very thing! **T** a big glass of beer touches the spot! *det som gjør -en enda verre er ...* what makes things still worse is ...; *det er fine ~ jeg hører om deg!* nice things I hear about you! *kunne sine ~* know one's job *(el.* business); **T** know one's stuff; *pakke (de få) -ene sine* pack (up) one's few belongings; **T** pack up one's traps; *vent litt mens jeg pakker sammen -ene mine* **T** *(også)* wait a minute while I gather up my traps; *se lyst på -ene* take a cheerful view of things; look on the bright *(el.* sunny) side of things; *det er en ~ til vi må nevne* there is another matter *(el.* point) we must mention; *alle gode ~ er tre* all good things come in *(el.* by) threes; all good things go by threes; third time lucky! *ingen verdens ~* nothing at all; absolutely nothing; *de tjente penger så det var store ~* **T** they earned money hand over fist; *den lar seg bruke til mange ~* it has various uses; it answers various purposes; *(se også sak).*
II. ting 1*(hist)* thing; *(se storting);* **2***(jur)* court.
tinge *(vb)* **1:** *se prutte;* **2***(bestille)* book, reserve.
tingest little thing, thingummy (bob); *(især mekanisk)* gadget, gimmick; *en farlig ~* **T** *(også)* a hazard.
tingforsikring property insurance.
tingfred *(hist)* inviolability of the courts.
tinghus courthouse.
ting|lese *(vb): se -lyse.* **-lyse** *(vb)* register; *tinglyst fast eiendom* registered land; registered real property; *skjøtet må -s* the title deed has to be registered (NB *skjer i England hos* registrar of deeds); *(se grunnbok).* **-lysning** (land) registration; the registration of title to land when it is sold. **-reisedistrikt** circuit. **-skade** *(fors)* damage done to property.
tingsrett *(jur)* property law; (NB the Law of Property Act, 1925).
tinktur tincture.
tinn tin; *(tinnlegering)* pewter.
tinn|blikk tinplate. **-fat** pewter dish.
tinnfolie tinfoil.
tinning *(anat)* temple.
tinn|saker *(pl)* pewter(ware). **-soldat** tin soldier. **-støper** pewterer.
tinte *(zool)* bladder worm.
I. tip tip, end; *(se tips).*
II. tipp *(på lastebil)* dump body.
III. tipp- great-great *(fx* g.-g.-grandfather).
I. tippe *(vb)* **1.** tip *(fx* a waiter); **2.** do the pools; go in for the pools; *~ 12 rette* forecast 12 correct; *kontrollere hvor mange riktige man har -t* check the coupon; *har du -t denne uken?* **T** have you done the pools this week? *jeg har -t for to kroner* I've staked two kroner; **3***(gjette)* tip *(fx* I tip him to win).
II. tippe *(vb)* tilt, tip; *~ forgasseren* flood the carburettor.
tippe|kupong *(jvf I. tippe 2)* pools coupon; **US** betting slip, post coupon. **-midler** *(pl)* receipts from the State football pools. **-premie** pools prize; *(se tipping).*
tipper *(jvf I. tippe 2)* (pools) punter; **US** better (in pool).
tipping *(jvf I. tippe 2): han har vunnet i ~* he has won money on the pools; *når jeg vinner i ~ (spøkef)* when I win the pools; when the pools come up.
tippvogn tipcart; *(jvf II. tipp).*
tips *(vink)* tip; **T** tip-off; *(driks)* tip, gratuity.
tirade tirade; *(ordstrøm)* flow of words.
tiriltunge *(bot)* bird's-foot trefoil, babies' slippers.
tirre *(vb)* tease, provoke.
tirsdag Tuesday; *forrige ~* last Tuesday; *på ~* on Tuesday.
tiske *(vb)* whisper.
tispe 1*(zool)* bitch; **2***(neds)* bitch.
tiss *(barnespr)* wee-wee; pee.
tisse *(vb)* pee; piddle; tinkle; *(barnespråk)* wee -wee.
tissen [baby word for' penis'] =wee-wee.
tistel *(bot)* thistle.
titall ten; *(se sekstall).*
titallsystemet the decimal system.
I. titan *(myt.)* Titan.
II. titan *(kjem)* titanium.
titanisk titanic.
titel *se tittel.*
I. titt *(subst): ta en ~ på* take a look at.
II. titt *(glds = ofte)* often, frequently.
titte *(vb)* peep.
tittel title; *(overskrift)* heading, headline; *under ~ av* under the title of. **-bilde** frontispiece. **-blad** title page. **-innehaver** title holder. **-kamp** championship *(el.* title) match. **-rolle** title part, title rôle, name part; *spille -n (i drama)* play the lead.
titter Peeping Tom, voyeur.
titulatur form of address, title.
titulere *(vb)* address *(en som* sby as).
titulær titular.
tiur *zool (storfugl)* capercaillie, capercailzie, wood grouse. **-leik** capercailzie mating game.
tivoli fun fair; amusement park.
ti|år decade. **-årig, -års** of ten, aged ten; ten -year-old.
tjafs tuft, wisp; *(floke)* tangle.
tjafset shaggy, tangled, unkempt.
tjeld *(zool)* oyster catcher.
tjene *(vb)* serve; *(fortjene)* earn; *~ sitt brød (litt.)* earn one's livelihood; *~ penger* make money; *han -r £90 i uken (også)* he takes home £90 a week; *han -r godt* he has a good income; *~ store penger* make big profits; earn money hand over fist; *hva kan jeg ~ Dem med?* what can I do for you? how can I be of service to you? *det er jeg ikke tjent med* that won't do for me; *~ på noe* profit by sth; make a profit on sth; make money on *(el.* by) sth; *vi -r ikke noe på disse jakkene* we do not make anything *(el.* we get nothing) out of these coats; *vi håper å ~ 10% på denne motorsykkelen* we hope to make a ten per cent profit on this motorcycle; *han tjente godt på krigen* he did very well out of the war; *~ til livets opphold* make *(el.* earn) a living; earn one's living; *hva -r det til?* what's the good of that? *det -r ikke til noe som helst* **T**

it's not a bit of use; *det -r til unnskyldning for ham* it is some excuse for him; *(se opphold; utkomme).*
tjener servant.
tjenerskap servants *(pl).*
tjenerstanden the servant class.
tjeneste service; *aktiv* ~ *(mil)* service with the colours; regular service; *(jvf aktiv); be ham om en* ~ ask a favour of him; *gjøre* ~ serve; *gjøre* ~ *som* serve as; *(forestille)* do duty for; *gjøre en en* ~ do *(el.* render) sby a service; do sby a good turn; do sby a favour; *gjør meg den* ~ *å* do me the favour to; be good enough to; *ha* ~ be on duty; *den ene* ~ *er den annen verdt* one good turn deserves another; **T** you scratch my back and I'll scratch yours; *i utenlandsk* ~ on foreign service; *melde seg til* ~ attend for duty; *(mil)* report for duty; *hva kan jeg stå til* ~ *med?* what can I do for you? *med minst 10 års godkjent* ~ *(m.h.t. ansiennitet)* with at least 10 years' reckonable service; *det står til Deres* ~ it is at your disposal; *til* ~*!* at your service! *vi står gjerne til* ~ *med å* ... we shall be glad to *(fx* we shall be g. to furnish any further information); *tillegg for aktiv* ~ active service pay; *(se også post; huspost).*
tjeneste|anliggender *(pl): i* ~ on official business, on Government service. **-feil** *(i offentlig etat, etc)* (service) irregularity. **-folk** *(pl)* servants. **-forseelse** misconduct. **-fri** off duty, on leave. **-frihet** leave. **-frimerke** Government service stamp. **-lue** uniform *(el.* service) cap. **-mann** *(stats-)* = (junior) civil servant. **-pike** maid servant. **-plikt** duty to serve; *(embetsplikt)* official duty. **-reise** official journey *(el.* trip); *(ofte =)* journey on Government service. **-sak** official matter; *-er pl (også)* official business. **-skriv(else)** official letter. **-sted** place of work; duty station. **-tid** period of service; *-ens slutt* end of working hours *(el.* office hours); *etter -ens slutt* after work; after (office) hours. **-udyktig** unfit for (active) service.
tjenlig serviceable, useful; *(se anvendelig).*
tjenst|dyktig *(mil)* fit for service. **-dyktighet** fitness for service.
tjenstgjøre *(vb)* serve *(som* as); *-nde* in attendance *(fx* the Customs officer in a. on board the ship); *(mil)* on active duty.
tjenst|iver zeal. **-ivrig** keen, zealous.
tjenstlig official; *ad* ~ *vei* through official channels; ~ *er han underlagt stillverksmesteren* he is subject to the authority of the signal engineer; he is junior to the signal engineer.
tjenstvillig helpful, willing, obliging.
tjenstvillighet helpfulness, obligingness.
tjern tarn, small lake.
tjor tether.
tjore *(vb)* tether.
tjue *(tallord)* twenty.
tjuende *(tallord)* twentieth. **-del** twentieth part.
tjuepakning: *en* ~ *sigaretter* a 20-packet of cigarettes, a p. of 20 cigarettes.
tjukk *(se tykk);* ~ *i hue* **T** dense, thick.
tjukka *(om kvinne el. pike)* **T** fatty; **S** tub; **US** fatso; **S** *(også* **US***) baby blimp.*
tjukken *(om mann el. gutt)* **T** fatty; **US** fatso.
tjuv *se tyv.*
tjuvperm **T** absence without leave; *ta* ~ go absent without leave.
tjuvstart false start *(fx* make a f. s.).
tjuvstarte *(vb)* make a false start; **T** jump the gun.
tjuvtrene *(vb)* train in secret.
I. tjære *(subst)* tar.
II. tjære *(vb)* tar.
tjære|bre *(vb)* tar. **-brenner** tar maker. **-bånd** insulating tape *(el.* strips); **US** friction tape. **-kost** tar brush; *som lus på en* ~ at snail's pace. **-papp** tarred board, tarboard; (tarred) roofing felt.
I. to *(stoff): det er godt* ~ *i ham* he's made of the right stuff; there's good *(el.* the right) stuff in him; he's got what it takes.
II. to *(tallord)* two; *begge* ~ both; ~ *ganger* twice; ~ *og* ~ *(to om gangen)* by twos, two by two; *ett av* ~ one of two things; *det er så sikkert som at* ~ *og* ~ *er fire* **T** it's as sure as eggs is eggs.
toalett **1***(påkledning)* toilet; **2***(WC)* lavatory; toilet; **US** bathroom; *-et* **S** the loo; **US S** the john; *offentlig* ~ public convenience; **US** rest room; public (comfort) station; *gjøre* ~ dress, make one's toilet; *(se også fiffe:* ~ *seg).*
toalett|bord dressing-table. **-bordspeil** dressing-mirror. **-bøtte** slop pail. **-papir** toilet paper; *en rull* ~ *(klosettrull)* a toilet roll. **-saker** *(pl)* toilet requisites.
toarmet two-armed.
toast *(ristet brød)* toast; *et stykke* ~ a piece *(el.* slice) of toast; *lage en masse* ~ **T** make a lot of toast.
tobakk tobacco.
tobakksforretning tobacconist's (shop).
tobakks|pung tobacco pouch. **-røyker** smoker (of tobacco).
tobe(i)nt two-legged; *et* ~ *dyr* a biped.
toddi toddy.
todekker *(mar)* two-decker; *(buss)* double-decker; *(fly)* biplane.
todelt two-piece, in two parts; ~ *badedrakt* two -piece swimsuit; ~ *skole* two-class school, school with two classes.
toer two; *(kort)* two, two-spot, deuce.
toetasjes two-storey(ed).
tofte *(i båt)* thwart.
tog **1***(jernb)* train; **2***(opptog)* procession; *med* ~ by train; *betjene et* ~ start a train; *-et går kl. 7,15* the train leaves at 7.15; *når går -et til X?* when does the train leave for X? *-et som går litt over 4* the train that leaves soon after four *(el.* a few minutes past four); **T** the four something train; *gå av -et* get out (of the train), leave the train; a light; **gå i** ~ *(ɔ: opptog)* walk *(el.* go) in a procession; *på -et* on the train, on board the train, in the train; *(se godstog; hurtigtog; lokaltog; somletog).*
toga toga.
tog|avgang departure (of a train). **-avsporing** derailment (of a train). **-betjening** train crew. **-drift** **1.** train service, railway (,**US:** railroad) traffic; **2.** the operation of railways. **-driftsordning** train operational arrangement.
toge *(vb)* file *(fx* they filed through the streets); *alle sammen -t ovenpå* they all trooped upstairs.
togfløyte train whistle.
togforbindelse train service *(fx* there is a good t. s. to London); (train *el.* railway) connection; *er det* ~ *til X?* are there any trains to X? *det er dårlig* ~ there isn't a good connection; **T** the trains don't fit; *hvordan er -n med Bergen?* what trains are there for B.? *(mer generelt)* what's the railway connection like for B.?
tog|forsinkelse delay of the train. **-fører** (passenger train) guard. **-gang** train service, railway traffic. **-hall** platform canopy *(el.* roofing), covered platform area; *i -en* under the platform canopy. **-kontrollør** ticket inspector. **-krysning** passing of the trains; *(stedet)* passing point. **-ledelse** traffic control, operating control. **-leder** traffic controller. **-ledersystem** traffic control system. **-marsj** *(mil)* march at ease. **-melder** train announcer. **-melding** train announcing. **-rapport** guard's

journal. **-reise** journey by train. **-rute** railway timetable. **-sammensetning** train formation.
tog|sett set of coaches (,wagons), train set; *sette sammen et ~* marshal *(el.* make up) a train; **US** form a train. **-skifte** change of trains.
togstans breakdown (of the (,a) train), railway breakdown; *han kom for sent på arbeidet p.g.a. ~* he was late for work owing to the train breaking down *(el.* owing to a railway breakdown).
tog|stopper buffer stop; **US** bumping post. **-tabell** railway timetable.
tog|tetthet density of trains. **-tider** *(pl)* train times; *være på stasjonen til togtidene* meet the trains. **-ulykke** railway accident; *(alvorlig)* railway disaster. **-vei** route (in a station), routing through a station.
tohendig *(mus)* for two hands.
tokaier Tokay (wine).
tokammersystem bicameral system.
I. tokt *subst* **1***(flyv, mil)* sortie *(fx* they flew 1,500 sorties); **2***(mar)* cruise; *på ~* cruising.
II. tokt *subst (ri)* fit, spell.
toleranse tolerance.
tolerant tolerant *(overfor* to).
tolerere *(vb)* tolerate.
tolk interpreter.
tolke *(vb)* interpret; *(uttrykke)* express.
tolkning interpretation.
toll 1. (customs) duty; *import-* import duty; **2** *(lokalet)* customs *(fx* pass through the c.); *betale ~på* pay duty on; *~ betalt* duty paid; *det er høy ~ på denne varen* there is a heavy duty on this article; this a. is subject to a high duty; *hvor høy er -en?* how high is the duty? what is the duty? *legge ~ på* put *(el.* place *el.* impose) a duty on; *(se belegge).*
toll|angivelse (customs) entry; *(post)* (customs) declaration; *(dokument)* bill of entry. **-anmeldelse** custom-house declaration. **-assistent** clerical (customs) officer. **-avgift** customs duty; *(se avgift).*
tollbegunstigelse 1. favourable treatment, tariff reduction; **2***(preferanse)* (tariff) preference.
toll|behandle *(vb)* clear; *-de varer* goods examined and cleared; *(som er fortollet)* duty-paid goods. **-behandling** (customs) clearance. **-beskyttelse** protection, protective duties; *(prinsippet)* Protectionism.
tollbetjent 1*(= toller, ikke stillingsbetegnelse)* customs officer; **2***(som visiterer om bord)* preventive officer; *(jvf tolloverbetjent);* **3***(som har oppsyn med lasting)* export officer.
tollbu custom-house; *på -a* at the c.-h.
tolldeklarasjon bill of entry; *(post)* (customs) declaration.
toll|direktør *(i England)* Chairman of the Board of Customs and Excise. **-distrikt** collection; (NB *den by hvor distriktssjefen har sitt kontor, benevnes* head-port). **-distriktssjef** collector (of customs and excise). **-dokumenter** *(pl)* customs documents.
tollegang *(mar)* rowlock, oarlock, crutch.
tollekniv sheath knife.
toll|ekspedisjon *(det å)* clearance. **-embetsmann** customs official.
tollepinne *(mar)* tholepin.
toller 1. = *tollbetjent 1;* **2***(bibl)* publican *(fx* publicans and sinners).
toll|fri duty-free; *(som predikatsord, også)* exempt from duty, free of duty. **-frihet** freedom from duty, exemption from duty; duty-free status. **-funksjonær** customs officer; *tjenstgjørende ~* the (customs) officer in attendance.
toll|grense customs frontier; *(fig)* tariff barrier *(fx* erect t. barriers against a country). **-havn** bonded port, customs port.
toll|kasserer [deputy surveyor of customs and excise]; *(se tollstedssjef).*
tollklarerer custom-house broker.
tollklarering clearance (of goods); customs clearance.
tollkrets (customs and excise) district; *(mindre havneby som selvstendig krets)* sub-port; *(se tolldistrikt).*
toll|krig tariff war. **-mur** tariff wall *(el.* barrier). **-nedtrapping** de-escalation of customs tariffs. **-opplag** bonded warehouse; *holde tilbake i ~* keep in bond.
tolloppsynsmann 1*(som brygge- el. skurvakt, el. som assistent for tollstasjonsbestyrer)* watcher; **2** *(som visiterer om bord)* assistant preventive officer; *(jvf tollbetjent).*
tolloverbetjent 1*(som visiterer om bord)* preventive officer; **2***(som har oppsyn med lasting)* export officer; *(se førstetolloverbetjent).*
toll|pass (customs) permit. **-satser** *(pl)* (customs) tariff rates. **-stasjon** customs station. **-stasjonsbestyrer** officer of customs and excise. **-sted** custom-house. **-stedssjef** surveyor (of customs and excise). **-tariff** (customs) tariff. **-undersøkelse:** *se -visitasjon.*
tollvesen customs service; *-et* the Customs; *han er ansatt i -et* he is in the Customs; he is employed at *(el.* in) the Customs.
tollvisitasjon customs examination, customs search; custom-house examination.
tollvisitasjonslokale baggage hall, customs hall.
tolv *(tallord)* twelve.
tolvfingertarm *(anat)* duodenum; *sår på -en* duodenal ulcer.
tolvte twelfth.
tolv(te)del twelfth (part); *fem -er* five twelfths.
tolvårig, tolvårs twelve-year-old, (aged) twelve, of twelve.
I. tom *subst (tømme)* rein.
II. tom *(adj)* empty; *(fig)* void; *-me fraser* empty phrases; *-t snakk* idle talk; *renne ~* run dry *(fx* the tank has run dry).
tomannsbolig: *vertikaldelt ~* semi-detached house; **US** duplex.
tomaster *(mar)* two-master.
tomat tomato *(pl:* tomatoes). **-bønner** *(pl)* baked beans in tomato sauce.
tombola tombola.
tomflaske empty bottle; *(se tomgods).*
tomgang 1. idling, idle running, tickover; *på ~* at idling speed; *gå på ~* idle, run idle, tick over; *la motoren gå fort på ~* let the engine run at a fast idle; *ujevn ~* uneven tickover; **2***(spilt tid): det blir mye ~* there's a lot of time wasted *(fx* in this office); there are long periods with little to do.
tomgangs|dyse idling jet, idle jet, low-speed nozzle *(el.* jet). **-gass** idling gas *(el.* mixture). **-ising** freezing of the idling. **-justering** idler adjustment; idling jet. **-skrue** idler screw, throttle stop screw, idling jet adjustment. **-spenning** *(elekt)* open-circuit voltage; no-load voltage. **-system** idle system.
tomgods empties *(pl); (jvf returgods).*
tomhendt empty-handed.
tomhet emptiness; blankness; *(følelse)* void, blank.
tomme inch *(fk* in.); *~ for ~* inch by inch; *ikke vike en ~* not yield an inch.
tommelfinger thumb; *han har ti tommelfingre* **S** he's ham-handed.
tommeliten Tom Thumb.
tommel|tott thumb; *han har bare -er* he's all thumbs. **-tå** *(zool)* big toe.

tomme|skrue thumb screw. **-stokk** folding rule.
tomrom gap; void *(fx* she left a void; his death left a void).
tomset half-witted.
tomsing half-wit; fool; **T & US** jerk.
tomt *(byggegrunn)* (building) site; **US** lot; *byggeklar* ~ site ready for building, building site; *grave ut en* ~ dig (the) foundations (of a house); *sprenge ut en* ~ blast a site; (NB England is divided up into ordnance fields; sites are quoted as' field number',' parcel number').
tomtearbeider *(jernb)* labourer, yardman.
tomtegubbe brownie.
tomvekt empty weight, unladen weight.
I. tone *(subst)* tone; note *(fx* a high note); *angi -n (mus)* give the pitch; *(fig)* set the pace; set *(el.* give) the tone; give the lead; *slå an en (fx håpefull)* ~ strike a *(fx* hopeful) note; *slå an en annen* ~ *(fig)* change one's tune; *det er ikke god* ~ it is not good form; it is not done; *regler for god* ~ rules of etiquette, r. of good behaviour; *forsynde seg mot reglene for god* ~ commit a breach of etiquette; *lang* ~ *(mil)* lights out; *til -ne av* to the strains of.
II. tone *(vb)* sound; ~ *flagg* show oneself in one's true colours.
toneangivende who sets the tone, who leads the fashion.
toneart *(mus)* key; *(fig)* tone, strain, key.
tone|fall tone (of voice); accent. **-høyde** *(mus)* pitch. **-kunst** (art of) music. **-kunstner** musician. **-skala** *(mus)* scale, gamut.
tonika *(grunntone) (mus)* tonic.
tonløs toneless; *(uten ettertrykk)* unaccented, unstressed.
tonn ton; ~ *dødvekt* ton deadweight.
tonnasje tonnage.
tonsill *(anat)* tonsil.
tonsur tonsure.
topas topaz.
topograf topographer. **-i** topography.
topografisk topographic.
topolet bipolar.
topp top, summit; *(på fugler)* tuft, crest; *fra* ~ *til tå* from head to foot, from top to toe; *komme til -s (fig)* get to the top; *nå -en* get to the top of, top *(fx* we topped the rise and saw the valley before us); *være på* ~ *(om idrettsmann)* be on top; *det er -en!* that's the limit; *humøret var på* ~ *(i forsamlingen, etc)* high spirits prevailed; *(se humør & stemning).*
toppand *(zool)* tufted duck.
toppe *(vb):* ~ *ballen (golf)* top the ball; ~ *seg (om bølger)* comb, crest.
toppet heaped *(fx* two h. tablespoonfuls).
topp|fart top speed. **-figur** figurehead.
toppform: *være i* ~ be in peak condition, be in top form, be at the top of one's form; be in first-class fettle.
topp|hogge *(vb)* top. **-idrett** top-level athletics; olympic-standard athletics. **-idrettsmann** top athlete; top-ranking athlete. **-klasse:** *spiller i* ~ *(fx fotb)* top-class player. **-lanterne** masthead light. **-lerke** *(zool)* crested lark; *kortnebbet* ~ short-billed c. l. **-lokk** *(på ovn)* top cover; *(på bilmotor)* cylinder head; *høvle av -et* machine the c. h. **-lom** *(-dykker) (zool)* great crested grebe. **-lue** wollen *(el.* knitted) cap (with pompon).
topplønn maximum salary *(fx* salary £870 p.a., rising by five annual increments to £1,175 maximum; salary £500 per annum, with yearly increments of £100 to a maximum of £800).
toppløs topless.
topp|møte *(polit)* summit meeting. **-mål 1.** heaped measure; **2***(fig)* height *(fx* the h. of impudence). **-målt** *(se -mål 2); en* ~ *idiot* a prize idiot. **-notering** top price. **-olje** upper cylinder lubricant. **-nøkkel** box *(el.* socket) spanner; **US** socket wrench. **-pakning** cylinder head gasket. **-plassering** *(i veddeløp, etc)* top placing. **-punkt** summit, highest point; *(fig)* height, acme, summit. **-resultat** maximum result. **-spinn** *(golf): gi ballen* ~ top the ball. **-stilling 1** *(stemplers)* top dead centre, T.D.C. **2.** top position; *en mann i* ~ *(også)* a man on top; *de som bekler -ene* those *(el.* the men) at the top of the ladder, top people; people in the top bracket. **-ventilert:** ~*motor* overhead valve engine. **-vinkel** *(mat.)* vertical angle. **-ytelse** top *(el.* maximum) performance *(fx* of an engine).
toradet two-rowed.
torden thunder; *-en rullet inne i fjellet* thunder was rolling far off in the mountains; *(se II. rulle).*
torden|brak crash *(el.* clap) of thunder, thunderclap. **-røst** thunderous voice; *med* ~ in a voice of thunder. **-skrall** thunderclap, crashing thunder *(fx* the c. t. rent their ears).**-sky** thundercloud. **-tale** thundering speech. **-vær** thundery weather; *et* ~ a thunderstorm; *et* ~ *brøt løs* a thunderstorm broke.
tordivel *(zool)* dung beetle; *(se bille).*
tordne *(vb)* thunder; *(buldre)* thunder, boom, roar; *(rase)* thunder, fulminate; *-nde applaus* thunderous applause.
I. tore: *se torden.*
II. tore *vb (våge)* dare; *tør jeg spørre* may I ask; *det tør jeg ikke* I dare not (do it); *tør jeg be om oppmerksomheten? (på møte, etc)* may I have your attention? *tør jeg be om en fyrstikk?* might I trouble you for a light? *jeg tør ikke si det bestemt (el. sikkert)* I can't say for certain; I don't know for certain; *(se be:* ~ *om).*
toreador toreador.
torg market, market place; *dra til -s* go to market; *selge på -et* sell in *(el.* at) the market; *være ledig på -et* **T** *(ɔ: uforlovet)* be fancy-free.
torg|bu market stall. **-dag** market (day). **-hall** market hall.
torg|kone market woman. **-kurv** market basket. **-pris** market price.
torn thorn; *ingen roser uten -er* no rose without a thorn; *det er meg en* ~ *i øyet* it sticks in my gullet; it's a thorn in my flesh *(el.* side); *de er en* ~ *i øyet på folk* they are a public eyesore.
tornado tornado.
torneblad gorse, furze.
torne|busk wild rose bush; thornbush. **-full** thorny. **-hekk 1.** wild rose hedge; **2***(hagtorn-)* hawthorn hedge. **-kratt** wild rose thicket. **-krone** crown of thorns. **T-rose** the Sleeping Beauty.
tornestrødd thorny.
tornet thorny.
tornister knapsack.
torpedere *vb (også fig)* torpedo; ~ *en teori* explode a theory.
torpedo torpedo. **-båt** *(motortorpedobåt)* motor torpedo boat *(fk* M.T.B.).
torsdag Thursday; *forrige* ~ last Thursday.
torsjonsfjær torsion spring *(el.* bar).
torsk *(fisk)* cod; *sprengt* ~ salt cod.
torske|fiske cod fishing. **-hode** cod's head. **-levertran** cod-liver oil. **-munn** *(bot)* toadflax. **-rogn** cod roe.
tort injury, insult; ~ *og svie* tort *(fx* damages in tort).
tortur torture; *bruke* ~ *på* put to t. **-kammer** torture chamber. **-redskap** instrument of t.
I. torv *se torg.*
II. torv *(på myr)* peat; *(gress-)* turf; *han ligger under -en* **T** he's six foot under; he's pushing up the daisies.

torv|strø peat dust. **-tak** turfed roof; *hus med ~* turf-roofed building.
tosk fool. **-et** foolish, silly.
tostavelses of two syllables.
tostemmig *(mus)* for two voices; two-part *(fx* a t.-p. song).
total total. **-avhold** total abstinence, teetotalism. **-avholdsmann** total abstainer. **-entreprenør** property developer. **-forlis** *(mar)* total loss. **-forsvar** overall defence. **-inntrykk** general impression.
totalisator totalizator.
totalitet totality. **totalitær** totalitarian.
totall (figure) two; *(se sekstall).*
I. totalskade *(subst)* a total loss; total destruction.
II. totalskade *(vb)* destroy completely, damage beyond repair.
total|sum (sum) total, total sum. **-virkning** general effect.
totil *(barnespr. = tær, føtter)* tootsies, tootsy-wootsies.
totoms two-inch.
I. tott *(subst)* tuft; *komme i -ene på en (fig)* come into collision with sby; *de røk i -ene på hverandre* they set about each other; they had a set-to; they came to blows.
II. tott *(adj) (mar)* taut, tight.
touche *(fanfare)* flourish.
toverdig *(kjem)* bivalent, divalent; *(se valens).*
toårig, toårs two-year-old, of two, aged two.
tradisjon tradition. **-ell** traditional.
trafikant road-user; *myke -er* cyclists and pedestrians.
trafikert carrying a great deal of traffic; much used; busy, crowded.
trafikk traffic; *hurtiggående ~* fast-moving t.; *liten ~* little t. *(fx* the road carries little t.); *møtende~* oncoming t., t. coming towards one; *pass opp for møtende ~* 'caution: two-way traffic'; *uten å møte ~* without encountering on coming t.; *sterk ~* heavy t.; *gate med sterk ~ (også)* crowded street; *det er sterk ~ på veien* the road carries heavy t.; *tett ~* dense t., solid mass of t.; *trygg ~* road safety;' 'Safety First!'; *avvikle -en* handle the t., carry the t. *(fx* a new road to handle the northbound t.); *hindre -en* block *(el.* hold up *el.* obstruct) (the) t.
trafikk|avbrytelse interruption of traffic. **-avvikling** flow of traffic *(fx* greater speeds would facilitate the flow of traffic). **-djevelen** the Traffic Imp. **-direktør** *(post)* Managing Director (Posts); *(se Postdirektoratet).* **-døden** = the toll of the road. **-elev** *(jernb): intet tilsv.* **-flyver** airline pilot. **-forseelse** traffic offence. **-fyr** traffic light; *(se trafikklys).* **-knutepunkt** traffic centre (,**US:** center), nodal point. **-konstabel** policeman on point duty; *(patruljerende)* t. policeman; **US S** traffic-cop, speed cop. **-kultur** road manners, road sense; *ha ~* be road-minded. **-loven** *(jur)* the Road Traffic Act. **-lys** traffic light; *det er satt opp ~ i to av disse kryssene* traffic lights have been installed *(el.* put up) at two of these crossings. **-politi** t. police. **-regle(r)** *(pl)* t. regulations; *-ne (trykksak, også)* the Highway Code. **-regulering** regulation of t.; *gatekryss med ~* controlled crossing. **-revisor** *(jernb)* district auditor. **-sammenbrudd** t. breakdown, dislocation of t. services. **-signal** t. signal. **-sikkerhet** road safety. **-skilt** roadsign, t. sign. **-stans** t. jam, t. hold-up, t. stoppage. **-synder** traffic offender.
trafikkteknisk relating to traffic technicalities; *et ~ spørsmål* a technical question relating to traffic; *-e uttrykk* expressions relating to traffic; *bil- og trafikktekniske uttrykk er godt dekket (i ordboka)* terms connected with motoring and traffic are widely represented.
trafikktetthet density of traffic; *-en er størst om ettermiddagen* the traffic is densest in the afternoon; the density of traffic is greatest in the afternoon.
trafikk|uhell traffic *(el.* road) accident, accident *(fx* I have had an a. with my car). **-ulykke** road *(el.* traffic) accident; *(dødelig)* road fatality, fatal road accident; *offer for ~* road *(el.* t.) casualty; *drept i en ~* killed in a road crash. **-undervisning** the teaching of road sense; lessons in kerb drill. **-øy** traffic island, refuge. **-åre** t. artery, arterial road; *(gate)* thoroughfare.
tragedie tragedy.
tragikomedie tragicomedy.
tragikomisk tragicomic(al).
tragisk tragic.
trailer articulated lorry; trailer; **US** trailer truck, long haul truck.
trakassere *(vb)* badger, pester.
trakasseri badgering, pestering; *-er* pinpricks, persecution(s).
I. trakt *subst (egn)* region, tract; *på disse -er* in these parts.
II. trakt *(subst)* funnel.
traktat treaty; *(religiøs)* tract.
I. trakte *(vb)* filter.
II. trakte *(vb): ~ etter* aspire to, covet; *~ en etter livet* have designs on sby's life, try to kill sby, seek sby's life.
traktekaffe percolator coffee, drip coffee.
traktement treat; refreshments.
traktepose filtering bag.
traktere *(vb): ~ med* serve; treat to *(fx* treat sby to sth); stand *(fx* he stood me a glass of beer).
traktor tractor.
traktur *(på orgel): mekanisk ~* mechanical tracker action; **US** slider windchest.
I. tralle *(subst)* trolley; *(jernb)* truck.
II. tralle *vb (nynne)* hum; sing, troll.
tralt rut, routine; *han fortsatte i den gamle -en* he went on in the same old rut.
tram doorsteps; **US** stoop.
tramp tramp.
trampe *(vb)* tramp, trample; *~ på* trample on.
trampfart *(mar)* tramp trade.
trampoline springboard.
tran cod-liver oil, fish oil.
trance trance.
trane *(zool)* crane. **-bær** *(bot)* cranberry.
tranedans: *en spurv i ~* a sparrow among hawks.
I. trang *(subst)* want, need; *han føler ~ til å* he feels a need for, he wants to.
II. trang *(adj)* narrow; *-t bekken (anat)* contracted pelvis; *-e kår* straitened circumstances; *den -e port (bibl)* the strait gate; *-e tider* hard times; *være ~ i nøtta* **S** be slow on the uptake; *det er for -t her* we haven't enough room here; we are too crowded here; *døra går -t* the door sticks.
trangbodd: *være ~* live in close quarters.
trangbrystet narrow-chested; asthmatic.
tranghet narrowness.
trangsyn narrowness (of outlook), narrow-mindedness.
trangsynt narrow-minded, of narrow views.
transaksjon transaction; *(se skummel).*
transformator *(elekt)* transformer.
transformatorstasjon transformer station.
transformere *(vb)* transform.
transitiv *(gram)* transitive.
transitt transit. **transittgods** transit goods.
transitthandel transit trade.
translatør translator; *edsvoren ~* sworn translator.
translatøreksamen **UK** Translator's Diploma examination.

I. transparent (transparent) banner.
II. transparent *(adj)* transparent.
transpirasjon perspiration.
transpirere *(vb)* sweat; perspire.
transplantere *(vb)* transplant.
transport **1.** transport, conveyance; **2**(*i bokførsel)* carrying forward *(fx* to the next year); transfer; *(fra en konto til en annen)* transfer; *(beløpet)* amount brought forward, amount transferred.
transportabel transportable; *(som kan bæres)* portable.
transportbyrå transport agency.
transportere *(vb)* **1.** transport; **2.** transfer; bring forward; *(se transport).*
transport|middel means of transport *(el.* conveyance). **-omkostninger** charges for transport, carrying charges.
transportør *(vinkelmål)* protractor, semi-circle.
trapes *(gymn)* trapeze; *(geom)* trapezium; **US** trapezoid.
trapeskunstner trapeze artist.
trapp staircase, stairs; *(utenfor dør)* (door)steps; *nedover -en* downstairs *(fx* he fell d.); *slite -er* run about all day.
trappe|avsats landing. **-gelender** banisters. **-oppgang** stairway. **-steg** *(ski)* sidestepping *(fx* climb by s.). **-stige** stepladder. **-trinn** step. **-vange** string.
traske *(vb)* trudge, plod.
trass: *på* ~ in (sheer) defiance; ~ *i: se II. tross: til* ~ *for.*
trassat *(merk)* drawee.
trassent *(merk)* drawer.
trassere *vb (merk):* ~ *på* draw on.
trassig obstinate, stubborn. **-het** obstinacy, stubbornness.
tratte *(merk)* draft; *Deres* ~ *på £100 pr. 28/5 på Mr. Fry* your draft for *(el.* value) £100 per *(el.* due) May 28th on Mr. Fry.
trau trough.
traust firm, steady, sturdy.
trav trot; *rent* ~ regular trot; *i* ~ at a trot; *(se luntetrav; skarp 2).*
travbane trotting track.
trave *(vb)* trot; *(se trøstig & tråkke).*
travel busy; *en* ~ *dag* a busy day; *få det -t* become *(el.* get) busy; *ha det -t* be busy; *ha det svært -t* be very busy; **T** be in an awful *(el.* terrible) rush; be pushed; *det har vært usedvanlig -t på kontoret de siste ukene* the office has been extremely busy for the last *(el.* past) few weeks; *i de travleste timene* during the rush hours.
travelhet bustle, rush; *(se febrilsk).*
travesti travesty.
trav|hest trotting horse. **-løp** trotting race.
I. tre *(subst)* tree; *(ved)* wood; *av* ~ wooden; *bygd av* ~ built of wood; wooden-built; *i toppen av et* ~ in a tree-top, at the top of a tree; *skjære i* ~ do wood carving; *ta midt på -et (fig)* take *(el.* choose) the middle way; *de vokser ikke på trær (ɔ: de er ikke lette å få fatt i)* they do not grow on every bush; *(se skog).*
II. tre *(vb)* tread; step; ~ *av* retire, withdraw; ~ *av!* dismiss! ~ *av på naturens vegne* answer a call of nature; *(mil)* fall out to relieve nature; ~ *fram* step forward; ~ *istedenfor* replace, take the place of; ~ *i kraft* come into force; become operative; ~ *en imøte* come forward to meet sby; ~ *inn i Deres faste stilling igjen* resume your permanent post; ~ *sammen* meet; ~ *sammen igjen* reassemble; ~ *tilbake* draw back, stand back; ~ *til side* stand aside; ~ *under føtter* trample (up)on, trample under foot; ~ *ut av et firma* retire from a firm; *(se forretningsforbindelse; træ; I. trå).*
III. tre *(tallord)* three; ~ *ganger* three times; *(se I. ting).*
tre|art *(bot)* tree species. **-bar** treeless. **-be(i)n** wooden leg. **-beis** wood stain.
trebevokst wooded.
trebrisk plank bed; *(se brisk).*
trebukk **1**(*zool)* longicorn beetle; longhorned beetle; **2**(*sagkrakk)* sawhorse; **3.** stiff, unyielding person; *man kan ikke få talg av en* ~ = you can't get blood out of a stone.
tredemølle treadmill.
tredevte *(tallord): se trettiende.*
tredje *(tallord)* third; ~ *kapitel* the third chapter; *det ~bud (svarer hos anglikanerne til)* the fourth commandment.
tre(dje)del third; *to -er* two thirds.
tredjemann *(jur)* third party.
tredjesiste the last but two.
tredobbelt threefold, triple.
tredve *se tretti.*
treenig triune.
treenighet Trinity.
treenighetslæren the doctrine of the Trinity, Trinitarianism.
treer (number) three.
treet stiff, wooden.
trefarget *(med tre farger)* three-coloured.
treff chance, (lucky) hit; *(sammen-)* coincidence; *ti* ~ *og en bom* ten hits and one miss; *(se bombetreff).*
treffe *(vb)* hit; *(møte)* meet (with), come across; ~ *en hjemme* find sby at home; *det var synd jeg ikke traff deg hjemme* I was sorry to miss you when I called; *kula traff ham ikke* the ball missed him; *jeg følte meg truffet* I felt that the reproof was merited; *jeg føler meg ikke truffet* the cap doesn't fit me; ~ *en på det ømme punkt* touch sby's weak spot; ~ *forberedelser (,et valg)* make preparations (,a choice); ~ *på* come across; ~ *på en* run *(el.* bump) into sby; ~ *sammen* meet; *(om begivenheter)* coincide; *-s* meet; *han -s på sitt kontor* you can see him at his office; ~ *seg* happen.
treffende *(om likhet)* striking; *(om bemerkning)* appropriate, to the point, pertinent; apt *(fx* is this description apt?); *ordene er* ~ *valgt* the words are aptly chosen.
treffer hit; *(se treff).*
treffsikker accurate.
treffsikkerhet accuracy; *(om våpen)* accuracy of fire.
trefiberplate fibreboard; fibre building board; *hard* ~ *(4 mm tykk)* hardboard.
trefning *(slag)* action; *(mindre)* skirmish.
trefold threefold, triple.
trefoldig triplicate; *et* ~ *hurra* three cheers.
trefoldighet Trinity.
treforedling wood conversion, conversion of timber; **US** lumber manufacture.
treforedlings|industri wood-processing industry, timber-converting industry; wood products industry; **US** lumber(ing) industry. **-marked** wood products market; *nye prisfall på -et* new drop in prices on the wood products market; *(se optimisme).*
trefot *(med tre føtter)* tripod, trivet; *(se trebe(i)n).*
treg sluggish, slow, tardy.
treghet slowness, sluggishness, indolence.
tre|golv wooden floor. **-grense** timber line. **-hendt** awkward, clumsy. **-hjulssykkel** tricycle; *(se sykkel).*
trekant triangle; *(se likebent; likesidet).*
trekantet triangular; trilateral; three-cornered; *(jvf tresnutet).*
I. trekk **1.** pull; **2**(*ansikts-)* feature; **3**(*sjakk-, etc)* move; **4**(*fugls)* passage, flight; **5**(*karakter-)* trait

(of character); feature; **6**(*i lønn, etc)* deduction; *få ~ i lønnen* be docked (*fx* he was docked); *hun får ~ i lønnen for det hun slår i stykker* breakages come off her wages; **7**(*betrekk)* cover; upholstery; *~ til bilsete* car seat cover; **8**(*sport): få ~* have points deducted; be marked down, *i korte ~* briefly, in brief outline; *i store ~* in broad outline (*fx* he stated his views in b. o.); in its broad features; *3 ganger i ~* three times running *(el.* in succession); *en hel uke i ~* a whole week on end.

II. trekk *(luft-)* draught; *~ i øyet* a cold in the eye (*fx* I've got a cold in my eye); *det er ingen ~ i pipa* the chimney does not draw.

trekk|dyr draught animal; *(især* **US**) *draft animal.*

trekke *(vb)* draw, drag, pull; *(skihopper for dårlig stil, etc)* mark down (*fx* he was marked down for his untidy landing); *(i brettspill)* move; *(ur)* wind up; *(betrekke)* cover; *~ en tann* pull out (*el.* extract *el.* draw) a tooth; *få trukket en tann* have a tooth out; *det -r her* there's a draught in here; *~ fullt hus (teater)* fill the house; *han trakk kniv mot meg* he drew a knife on me; *~ lodd* draw lots *(om* for); *~ gardinene* **for** draw the curtains; *~* **fra** *(mat.)* deduct, take away, subtract; *jeg hverken -r fra eller legger til (fig)* I am neither overstating nor understating (the case); *~ fra gardinene* draw the curtains (back); *~ noe fra (i en regning)* deduct sth (from an account); *~* **i** *langdrag* spin out; *~* **inn** *aksjer* withdraw shares; *~ stolen sin* **inntil** *bordet* pull one's chair up to the table, sit up to the t.; *~ ham* **med** *seg i fallet (fig)* involve him in one's fall; *få hele bilen trukket* **om** have the car reupholstered; *~* **opp** pull up, draw up; *(klokke, etc)* wind up; *~ opp en grense* mark out (*el.* determine *el.* draw up)) a boundary; draw the line; *(fig)* set a limit *(for* to, *fx* sby's authority); *opp en linje* draw a line; *~ opp en sprøyte (med.)* draw an injection; *til å ~ opp (om leketøy)* clockwork (*fx* a c. railway); *det -r opp til uvær* a storm is coming on; *~ opp en flaske* uncork a bottle; *innenfor den opptrukne ramme har det lykkes å ...* within the framework established, it has been found possible to ...; *~* **på** *skuldrene* shrug (one's shoulders); *han trakk på seg klærne* he pulled on his clothes; *bli trukket på politistasjonen* be run in, be hauled up; *~ (en veksel) på* draw (a bill of exchange) on; *~ veksler på ens vennskap* presume on one's friendship; *~* **sammen** contract (*fx* a word); *~ seg sammen* contract; *~* **seg** (ɔ: *svikte)* back out; *~ seg (fra en eksamen)* withdraw (from an exam); drop out; **T** back out (*fx* he backed out from the English exam); *han har trukket seg fra konkurransen* he has dropped out of the competition; *~* **seg tilbake** draw back, retreat, retire, withdraw; *~* **til** *en mutter* tighten up a nut; *~ en mutter godt til* tighten a nut up (*el.* down) hard; *~ en skrue godt til* drive a screw well home; *~* **ut** draw out, pull out (*fx* a drawer); extract (*fx* a tooth); *det -r ut* it takes (a lot of) time; the end is not in view yet; progress is slow; *talene hans trakk ut i det uendelige* his speech es dragged on endlessly; *~* **seg ut av** withdraw from, back out of; **-s med** be troubled with; *-s med en dårlig helbred* suffer ill-health; *jeg har disse barna å -s med* I have these children on my hands; *(se lass; linje).*

trekkfri draught-proof; draft-proof.

trekkfugl *(zool)* bird of passage.

trekkfull draughty; drafty.

trekkline *(dragreim; del av seletøy)* trace.

trekkpapir blotting paper.

trekk|plaster blistering plaster, vesicant; *(fig)* attraction, draw; **US** *(også)* drawing card. **-spill** accordion; *strømpene dine henger i ~* **T** your stockings are wrinkled (round your legs); your stockings are sagging *(el.* are coming down).

treklang *(mus)* triad.

trekloss block of wood.

trekløver 1(*bot)* trefoil; **2**(*fig)* trio, triumvirate.

trekning drawing; *(i ansiktet)* twitch, facial spasm, mimic tic; *(i lotteri)* draw (*fx* when does the draw take place?).

treknings|dato day of the draw. **-liste** list of prizes.

tre|kol, -kull charcoal.

trekølle mallet.

trelast timber. **-handler** timber merchant. **-tomt** timber yard; **US** lumber yard.

trelerke *(bot)* wood lark.

I. trell *se I. træl.*

II. trell bondsman, slave, thrall.

trell|binde *(vb)* enslave. **-dom** bondage, slavery.

trema diaeresis *(pl:* diaereses).

tremaktsforbund triple alliance.

tremangel scarcity of wood.

tremannsbridge *(kort)* three-handed bridge.

tremark *(zool)* woodworm, wood borer.

tremasse wood pulp.

tremaster *(mar)* three-masted vessel.

tremenning second cousin.

tremilsgrensen the three-mile limit; *(jvf territorialfarvann, -grense).*

tremme bar; *(i tremmekasse)* slat; *(kryssende, i fx lysthus): se -verk.* **-kasse** crate.

tremmeverk trellis, lattice; *(gitterformet)* grating.

tremosaikk inlaid woodwork.

tren *mil (glds)* baggage train.

trene *(vb)* train, practise (,**US:** practice); *~ opp* train; fit (*fx* fit soldiers for long marches).

trener trainer; *(sportsinstruktør)* coach; *(for bokser)* trainer.

trenere *(vb)* delay, retard; *(jvf forhale & hale: ~ ut tiden).*

I. trenge *(vt)* press, force, drive, push; *(vi) ~ fram* advance, push on; *~ seg fram* press forward; *~ igjennom* penetrate; force one's way through; *(uten objekt, fig)* prevail; *~ inn (om væske, etc)* seep in (*fx* the damp is seeping in through all the cracks), penetrate, get in (*fx* the water had got in (*el.* penetrated) everywhere); *jeg håper at noe av det jeg sier, -r inn* (ɔ: *i hodet på elevene)* I hope something of what I say penetrates (*el.* is going in); *~ inn i* enter (into), penetrate into, make one's way into; *~ inn på en (fig)* urge sby, press sby hard; *~ seg inn på en* force oneself on sby; *~ på* push (forward); *~ sammen* telescope (*fx* telescope a five-day schedule into a three-day schedule); *~ seg sammen* crowd together, press together; *~ tilbake* force back; *~ ut* crowd out.

II. trenge *vb (mangle, behøve)* need, require, want; *de rom som -s* the rooms required *(el.* needed *el.* wanted); *jeg trengte ikke å bli minnet på (el. om) det* I didn't need to be reminded of it; *jeg -r det øyeblikkelig* I need it urgently; *hvis De skulle ~ mer (merk)* in the event of further requirements; *vi har bestilt det vi kommer til å ~ i kommende sesong (merk)* we have ordered our supplies for the coming season; *han kunne ~ barbering og hårklipp, ikke sant?* he could do with a shave and a haircut, couldn't he? *~ til* want, need, stand (*el.* be) in need of; *rommet kunne sannelig ha trengt ...* the room could certainly have done with ...; *jeg -r sårt til hans hjelp* I badly want his assistance.

trengende indigent, needy, necessitous.

trengsel *(av folk)* crowd, crush; *(motgang)* adversity, troubles (*fx* his troubles are over); *fylt til ~* overcrowded; *pyntet til ~ : se påpyntet.*

trengsels|tid, -år hour (,year) of distress.
trening training, practice; *i god ~* in fine *(el.* top) form; *holde seg i ~* keep in practice, keep one's hand in *(fx* at sth); *jeg ville måtte legge meg i ~ med en gang* I should at once have to put myself into training.
trenings|antrekk tracksuit; **US** *(også)* sweat suit. **-drakt:** *se -antrekk.* **-kamp** practice match. **-overall:** *se -antrekk.* **-program** training programme; *(idrettsmanns, også)* workout *(fx* he went through a vigorous w. after the meeting).
treorm *(zool)* woodworm, wood borer.
trepanel wainscot(ing), wood(en) panelling.
trepan|ere *vb (med.)* trepan. **-ering** *(med.)* trepanning.
tre|pinne wooden stick, peg. **-propp** wooden plug.
treradet three-rowed, having three rows.
treramme **1.** wooden frame; **2***(sprinkelkasse)* crate.
tresidet three-sided, trilateral.
tresk *(glds)* wily, crafty.
treske *(vb)* thresh.
treske|maskin, -verk threshing machine.
treskhet *(glds)* wiliness, craftiness.
tre|skjærer wood carver. **-sko** wooden shoe; *(sko med tresåle)* clog. **-skurd** wood carving. **-slag** (type of) wood. **-sliperi** pulp mill. **-sliping** wood grinding, grinding (up) of (pulp)wood. **-snitt** woodcut. **-snutet** three-cornered *(fx* hat). **-splint** splinter of wood. **-sprit** wood alcohol.
tress *(kort) (i poker)* three of a kind.
tresse braid, galloon.
trestamme trunk (of a tree).
trestavelses- trisyllabic.
tresteg *(sport)* triple jump; *(glds)* hop, step and jump.
trestemmig *(mus)* three-voice, three-part.
trestreks triply underlined; *en ~ feil* = a serious error, a bad mistake; **T** a howler.
tretall (figure) three; *(se sekstall).*
tretallerken wooden plate.
trett tired *(av* from, with); *(mer litt.)* weary *(av* of); *~ av (lei av)* weary of, tired of.
I. trette *subst (strid)* dispute, quarrel.
II. trette *vb (stride)* quarrel.
III. trette *vb (gjøre trett)* tire, fatigue; *(kjede)* bore; *~ ut en fisk* play a fish.
trettekjær quarrelsome, cantankerous.
trettelyst quarrelsomeness, cantankerousness.
tretten *(tallord)* thirteen. **-de** thirteenth.
trettende tiresome; *(kjedelig)* tedious.
trettendel thirteenth (part).
tretthet tiredness, fatigue; *(høytideligere)* weariness; *(mer permanent)* lassitude.
tretti *(tallord)* thirty. **-ende** *(tallord)* thirtieth.
treull wood wool; *(især* **US** *også)* excelsior.
trev loft, hayloft.
trevarefabrikk woodworking factory; *(jvf treforedlings***|industri & -marked).**
trevarer *(pl)* woodware; articles of wood, wood products; woodgoods.
treverdig *(kjem)* trivalent *(fx* a compound of trivalent iron); tervalent, *(se valens).*
tre|verk woodwork; *alt ~ er utført i eik* all the woodwork is in oak. **-virke** wood; *(grovere)* timber; **US** lumber.
trevl fibre; *(i tøy)* thread; *til siste ~* to the last thread; to the last ounce (of one's strength).
trevle *(vb): ~ opp* ravel, unravel; *mar (slå opp)* unlay *(fx* a rope).
trevlebunt bundle of fibres.
trevlet fibrous.
treårig **1***(som varer tre år)* triennial; **2.:** *se treårs.*
treårs three-year-old, aged three, of three *(fx* a child of three).
triangel triangle. **triangulær** triangular.
tribun tribune. **tribunal** tribunal.
tribune *(tilskuer-)* stand; *(sitte-)* grandstand.
tribunebillett stand ticket.
tribunesliter = sports fan.
tributt tribute; token of appreciation *(el.* respect).
trigonometri trigonometry.
trigonometrisk trigonometrical; *~ punkt* horizontal control point.
trikin trichina; *(NB pl:* -e *el.* -s).
trikinsykdom trichina *(pl:* trichinae).
I. trikk *(knep)* trick.
II. trikk *se sporvogn.*
trikke *(vb)* go by tram, take the tram.
trikkekonduktør tram conductor.
trikktrakk *(brettspill)* backgammon.
trikolor tricolour; **US** tricolor.
trikot **1***(stoff)* stockinet, jersey; **2***(drakt)* tights *(pl).*
trikotasjeforretning knitwear shop; *(glds)* hosier('s shop).
trill: *~ rund* round as a ball; *det gikk ~ rundt for ham* he was completely confused.
I. trille *(mus)* trill; *slå -r* trill; *(om fugl)* warble.
II. trille [four-wheeled horse-drawn carriage].
III. trille *(vb)* **1***(rulle)* roll *(fx* it rolled downhill); *(vt)* trundle *(fx* a cask, a hoop); roll *(fx* a ball); *(sykkel, etc)* wheel, trundle; **2***(kjøre)* wheel; bowl *(fx* they bowled up to the front door); **3***(slå triller)* trill; *(om fugl)* warble; *han lo så tårene -t* he laughed until he cried; *tårene -t nedover kinnene hennes* the tears ran *(el.* rolled *el.* trickled) down her cheeks; *en lav -nde latter* a low rippling laugh.
trillebår wheelbarrow.
trillehjul hoop.
trillepike pram-pusher.
trilling triplet.
trillion trillion; **US** quintillion.
trilogi trilogy.
trim *(mar)* trim; *i ~ (mar)* in trim; *(fig)* in (good) trim; *skipet er ikke i ~* the ship is out of trim.
trimme *(vb)* **1.** take exercise to keep fit; do keep -fit exercises; exercise *(fx* he exercises every day); **2***(mask)* trim; tune (up) *(fx* an engine; a highly tuned e.); **S** hot up *(fx* a car); *en spesialtrimmet motor* a specially tuned engine.
trimmingssett tuning kit; power conversion equipment.
trine *(vb)* step, tread.
I. trinn *(subst)* step; *(i stige)* rung; *(fig)* stage; *~ for ~* step by step; *stå på et høyt ~* stand high.
II. trinn *(adj)* round, plump; *(se trivelig 1).*
trinnvis *(adj)* gradual, successive, step by step; *(adv)* gradually.
trinse *(reimskive)* pulley; *(lite hjul)* castor; *(på skistav)* snow guard.
trio trio.
tripp (short) trip.
trippe *(vb)* trip; *(om småbarn)* toddle *(fx* along); *... spurte Nessie, som sto og -t av nysgjerrighet* ... asked Nessie, on her tiptoes with curiosity; *han -t affektert bortover* he moved mincingly.
trippelallianse triple alliance.
tripteller *(i bil)* trip meter.
tripp-trapp clip-clop *(fx* ''clip-clop'', said the bridge).
trisse pulley. **-blokk** (pulley) block.
trisseverk block and tackle.
trist melancholy, gloomy, dismal, sad; dreary, cheerless. **-het** gloom, sadness, dreariness.
tritt step, tread; *holde ~ med* keep pace with, keep up with.
triumf triumph; *i ~* triumphantly.
triumfator triumphator.
triumfbue triumph arch.

tro

Verb + preposisjon

NYTTIGE UTTRYKK

*I don't **believe in** him.*	Jeg har ikke **tro på** ham.
*I don't **believe** him.*	Jeg **tror** ikke **på** ham.

triumfere *(vb)* triumph, exult *(over* at sth, over sby); **T** crow *(over* over).
triumferende triumphant, exultant, jubilant.
triumftog triumphal procession.
triumvir triumvir. **-at** triumvirate.
trivelig 1. plump, stoutish; **T** plump and pleasant; **2.:** *en ~ unge* a likeable child, a nice child, an easy child (to deal with).
trivelighet *(se trivelig 1)* plumpness.
trives *(vb)* thrive, flourish; *(om plante)* thrive, do well; *(befinne seg vel)* feel *(el.* be) happy; feel comfortable, enjoy oneself; *jeg ~ her (også)* this place suits me; *han ~ i Oslo* he likes it in Oslo; *han ~ i jobben* he is happy in his job; he likes *(el.* enjoys) his work.
trivialitet triviality; *-er (om uttrykk)* commonplaces, truisms.
triviell commonplace, hackneyed, trite; *(kjedelig)* tedious, dull, boring.
trivsel vigorous growth; prosperous development, prosperity; *(velvære)* well-being; *~ i arbeidet* job satisfaction.
trivselsfaktor: *dette vil få stor betydning for -en* this will mean a great deal in terms of job satisfaction.
I. tro *(subst)* belief, faith; *den kristne ~* the Christian faith; *~, håp og kjærlighet (bibl)* faith, hope and charity; *det er min ~ at* it is my belief that; *det er en utbredt ~ at* it is widely believed *(el.* held) that; *avsverge sin ~* renounce *(el.* abjure) one's faith; recant; *-en kan flytte bjerge (bibl)* faith removes mountains; *miste sin ~* lose one's faith; *dø i -en* die in the Faith; *dø i -en på at* die in the belief that; *i den ~ at* in the belief that; thinking that; *være i den ~ at* be under the impression that; think that; *la ham bare bli i den -en* don't enlighten him; *leve i den ~ at* be firmly convinced that; *vi levde i den glade ~at* we fondly imagined that; *gjøre (,si) noe i god ~* do (,say) sth in good faith; *handle i god ~* act in good faith; *en kjøper (,etc) som er i god ~* a bona fide purchaser *(,etc); enhver blir salig i sin ~ (kan fx gjengis)* let everyone keep his own convictions; let him believe it if it makes him happy; *~ på* belief in; faith in *(fx* have (,lose) f. in sby); *ha ~ på framtida* have confidence in *(el.* be confident of) the future; *jeg har ingen ~ på ham (også)* I have no confidence in him; *(se sterk).*
II. tro *(vb)* **1***(mene)* think; *(anta)* suppose; *jeg -r det* I think so; **2***(tro sikkert, anse for sant)* believe *(fx* I b. what you say); *~ ham på hans ord* believe him on the strength of his word; take his word for it; *jeg har vanskelig for å ~ det om ham* I can hardly believe it of him; I can hardly b. him capable of doing such a thing; *... hvis man skal ~ ham (ɔ: hvis man skal forutsette at han snakker sant)...* assuming that he is telling the truth; **3***(innbille seg)* fancy, imagine; *jeg -r hun er tilbake i Norge igjen* I imagine she is back in Norway; *jeg -r nok De kjenner ham* I rather think you know him; *jeg -r nesten han er ute* I fancy he is out; *en skulle nesten ~ at* one would have thought that; *man skulle -dd man var i Frankrike* you might think you were in France; *det -r jeg nok* I can believe that all right; I believe you; I can well believe it; *man -r det man gjerne vil ~* the wish is father to the thought.
III. tro *(adj)* faithful *(fx* servant); loyal *(fx* subject); true *(fx* friend); *etter 40 års ~ tjeneste* after 40 years of faithful service.
I. troende *(subst): stå til ~* deserve credit.
II. troende *(adj)* believing; *en ~* a believer; *de ~* the faithful; *lite ~* of little faith.
trofast faithful, loyal *(mot* to).
trofasthet faithfulness, fidelity, loyalty.
trofé trophy.
trohjertig ingenuous, simple, trusting. **-het** simplicity, ingenuousness.
Troja Troy. **trojaner, trojansk** Trojan.
troké trochee. **trokéisk** trochaic.
trolig *(sannsynlig)* likely, probable; *(adv)* probably, presumably.
troll troll; ogre, monster; *~ i eske* Jack in the box; *(se skogtroll).*
troll|binde *(vb)* cast a spell on, spellbind. **-bær** *(bot)* baneberry.
trolldom witchcraft, sorcery.
trolldoms|kraft magic power. **-kunst** (art of) magic, necromancy, black art.
trolle *(vb)* practise (,**US:** practice) witchcraft, work magic.
trollet *(uskikkelig)* naughty, bad.
troll|folk *(pl)* trolls. **-garn** *(fiskegarn)* trammel net; *(se garn).* **-hegg** *(bot)* buckthorn. **-hummer** *(zool)* Norway lobster; *(se hummer).* **-kjerring 1.** female troll; **2.** sorceress; *(heks)* witch. **-krabbe** *(zool)* lithodes (crab). **-kyndig** skilled in magic. **-kyndighet** skill in magic. **-mann** sorcerer, wizard. **-pakk 1.** (pack of) trolls; **2.** naughty children. **-unge 1.** child of a troll; **2.** naughty child, (little) imp. **-øye** *(på radio)* magic eye.
trolsk magic, bewitching.
troløs faithless, perfidious; *(forrædersk)* treacherous *(mot* to).
troløshet faithlessness, perfidy, perfidiousness; *(forræderi)* treachery.
trombose *(med.)* thrombosis.
I. tromme *(subst)* drum; *slå på ~* beat the drum.
II. tromme *(vb)* drum, beat the drum; *vi håper vi kan få -t sammen en liten gruppe som kan dra sammen* we are hoping to organize a little party to go together.
tromme|hinne *(anat)* ear drum; *(fagl)* tympanic membrane. **-ild** drumfire, barrage; *en ~ av spørsmål* a running fire of questions.
trommel drum.
trommelbrems expanding brake.
trommelom *(int)* rat-a-tat.
tromme|skinn drumhead. **-slager** drummer. **-stikke** drumstick. **-virvel** roll of drums.
trompet *(mus)* trumpet; *blåse ~* blow the trumpet.

trompeter trumpeter.
trompetstøt trumpet blast.
tronarving heir to the Throne; *(jur)* heir apparent.
tronbestigelse accession (to the Throne).
I. trone *(subst)* throne; *bestige -n* come to the Throne; *komme på -n* come (*el.* accede) to the Throne; *støte fra -n* dethrone.
II. trone *(vb)* throne; **T** throne it, throne.
tron|frasigelse abdication. **-følge** order of succession; settlement. **-følgelov** Act of settlement. **-følger** successor (to the Throne). **-himmel** canopy. **-pretendent** pretender to the Throne. **-røver** usurper (of the Throne). **-skifte** accession of a new king.
trontale speech from the Throne.
trontaledebatt **UK** Debate on the Address, Address Debate.
tropehjelm sun helmet, pith helmet.
tropene *(pl)* the tropics. **tropisk** tropical.
tropp *mil (infanteri-)* platoon; *(artilleri-, kavaleri-, ingeniør-)* troop; *i sluttet ~* in a body; *slutte -en* bring up the rear; *-er* (ɔ: *troppestyrker)* troops; *(se troppestyrker).*
troppe *(vb): ~ opp* turn up, show up; *(se også anstigende: komme ~).*
troppe|styrker *(pl)* forces, troops; *store ~* large forces; large numbers of troops; *trekke sammen ~* concentrate troops. **-transport** *(det å)* transportation of troops.
troppssjef *(mil)* platoon leader; *(jvf tropp).*
tros|artikkel article of faith. **-bekjennelse** **1.** profession of faith; **2.** creed. **-felle** fellow-believer; co-religionist. **-frihet** religious freedom. **-iver** religious zeal.
troskap fidelity, faithfulness, loyalty.
troskyldig unsuspecting; innocent; simple-minded, naïve, naive; ingenuous.
troskyldighet simplicity, innocence; naïveté, naivety; ingenuousness.
I. tross *(subst, glds) (mar)* baggage (train).
II. tross *(subst)* defiance; obstinacy; *på ~* in (sheer) defiance; *til ~ for* in spite of, despite; *til ~ for vanskelighetene* in spite of the difficulties; *til ~ for at...* in spite of the fact that..., despite the fact that..., *til ~ for at han hadde sagt fra til dem på forhånd* in spite of his having told them beforehand.
III. tross *(prep)* in spite of; *~ alt* in spite of everything; *(se II. tross).*
tros|sak matter of faith. **-samfunn** religious community. **-sannhet** religious truth.
I. trosse *subst (mar)* hawser.
II. trosse *(vt)* defy, bid defiance to, brave; *det -r enhver beskrivelse* it baffles (*el.* beggars *el.* is beyond) description; (*NB* the hotels are unspeakable); *tross ikke været* don't (*el.* never) defy the weather.
trossetning (religious) dogma, article of faith, religious tenet.
trossig defiant; obstinate.
trossighet defiance; obstinacy.
trost *(zool)* thrush.
troverdig credible.
troverdighet credibility; *miste sin ~* lose one's credibility.
trubadur minstrel, troubadour.
true*(vb)* threaten; menace.
truge *(subst)* snowshoe.
trumf trump; trump card; *oppfordring til å spille ~* a call for trumps; *ha en ~ i bakhånden* have sth up one's sleeve; *jeg har enda en ~i bakhånden* I have still one string to my bow; I've still got a shot in the locker; *stikke med ~* play a trump card; *ta en med ~* drive one into a corner.
trumfe *(vb)* trump; play trump; *~ igjennom (fig)* force through.
trumf|ess *(kort)* ace of trumps. **-kort** trump card.
trumpet *se tverr.*
trupp band, company.
truse (pair of) pants; **T** *(også* **US**) (pair of) panties; *(merk; dame- el. herre-)* (pair of) briefs.
truseinnlegg panty shield (*el.* liner).
trusel *(trussel)* threat; menace; *tomme trusler* empty threats; *bruke trusler mot* use threats against; *~ om* a threat of; *gjøre alvor av en ~* carry out a threat; make good one's threat; act on one's threat; fulfil one's threat.
truselbrev threatening letter.
truser *se truse.*
trust trust. **-dannelse** formation of trusts. **-vesen** trust system.
trut **T** *(-munn)* chops; *en smekk på -en* **T** a smack in the chops; *gi henne en på -en* **T** clip her across the chops; *sette ~* pout.
trutne *(vb)* bulge, swell.
trutt *(adv)* steadily.
trygd **UK** national insurance; **US** public assistance; *(sosialtrygd)* social security; *(se barnetrygd; enketrygd; folketrygd; morstrygd; sosialtrygd; tilleggstrygd).*
trygde *(vb)* insure.
trygdebolig local authority housing for pensioners.
trygdekasse health insurance scheme; **UK** National Health (Service); *stå i -n* be a member of the health insurance scheme; be on the panel; *man får igjen en del i -n* you will get some of it back from the insurance; *(se kasse; sykekasse; sykepenger).*
* You can get your spectacles on the National Health – and a wig, too, if your doctor prescribes it.
trygdekasse|kort **UK** national (health) insurance card.
trygdekasselege **UK** panel doctor; *(se I. lege).*
trygdekassepasient **UK** National Health patient.
trygdekontor Social Security office; *Oslo ~ (kan gjengis)* the Oslo Social Security Office; *det stedlige ~* the local Social Security office; the local Social Services Department.
trygdepenger *(pl)* national insurance contribution; **UK** National Insurance contribution; *(gradert etter lønnsnivå)* graduated contribution; *trygdepengene utgjør et meget vesentlig fradrag i lønnen* national insurance contributions mean a real (*el.* marked) reduction in one's pay; *(se sykepenger & trygdepremie).*
trygdepremie *(se trygdepenger)* national insurance contribution; *han betaler kr 50 pr. mnd. i ~* he pays a contribution of kr 50 per month.
trygdesystem social security system; *(se system).*
trygdeytelser *(pl): sosiale ~* social security; social benefits.
trygg secure, safe *(for* from); *(i sinnet)* confident; *(se også trygt).*
trygge *(vb)* make safe, secure.
trygghet security, safety; *(tillit)* confidence.
trygghetsalarm safety alarm (for the elderly); safety alarm device.
trygghetsfølelse feeling of security; *gi ham en falsk ~* put (*el.* throw) him off his guard.
trygle *(vb)* beg, entreat, beseech; *~ om hjelp* implore help; *~ (en) om tilgivelse* beg (sby for) pardon on one's bended knees.
trygt *(adv)* safely; *(tillitsfullt)* confidently; *De kan ~ regne med betaling* you may safely count on payment; *det kan ~ sies at* it may safely be stated that; we may confidently say that; I am safe in saying that; *kan jeg ~ gjøre det?* should I be safe in doing so? *man kan ~ gå ut fra at* it is safe to assume that; *man kan ~ påstå at*

it can confidently be asserted that; *man ~si at* it is safe to say that....

I. trykk 1*(som utøves, mekanisk & fig)* pressure; *-et i bilringene* the tyre pressures; **2***(fon)* stress *(fx* the s. falls on the last syllable); *det økonomiske -et* the financial strain *(el.* stress); *føle -et* feel the pressure *(fx* of taxation); feel the stress *(fx* of severe competition); *legge ~ på* stress, emphasize, lay stress on; *øve ~ på en* put *(el.* exert) pressure on sby; bring p. to bear on sby; *(se lufttrykk & påtrykk).*

II. trykk *(typ)* print; *(avtrykk)* impression; *fin ~* small print *(mots.* large print); *kort med og uten ~* plain and printed cards; *i -en* in the press; *klar til å gå i -en* ready for printing; *på ~* in print *(fx* he likes to see himself in print); *hvordan har den artikkelen kunnet komme på ~?* how did that article ever get printed? how did that article find its way into print?

trykkammer air caisson.

trykkbokstav block letter.

I. trykke *(vb)* press; *(klemme)* squeeze; *stemningen var -t* there was a strained atmosphere; *er det noe som -r deg?* have you got anything *(el.* sth) on your mind? *det er der skoen -r (fig)* that's where the shoe pinches; *~ ned (fx pedal)* depress, press down, push down; *(tynge ned)* weigh down; *~ prisene ned* depress prices, force *(el.* press) prices down; *~ på* press, push *(fx* a button); *~ sammen* press together, compress; *barnet -t seg inntil moren* the child cuddled *(el.* snuggled) up to its mother, the child nestled to its mother; *vær så snill å ~ dere litt sammen da!* please crush up a little!

II. trykke *vb (typ)* print; *la ~* have printed, print *(fx* do you intend to print your lectures?); *~ om* reprint; *vi holder på å ~ katalogen på ny* we are (just) having the catalogue reprinted; we are just in the process of reprinting the c.; *boka foreligger trykt* the book is in print.

trykke|frihet freedom of the press; *(se frihet).* **-maskin** printing machine.

trykkeri printing works, printing office.

trykk|feil misprint, erratum *(pl:* errata). **-ferdig 1.** ready for publication; **2***(typ)* ready for (the) press, r. for printing; *(i sats, også)* in type.

trykkfeils|djevelen: *~ har vært ute* there are misprints. **-liste** list of errata.

trykkimpregnert pressure impregnated.

trykkluft compressed air; *drevet med ~* pneumatically operated *(el.* controlled).

trykklufthammer air hammer, pneumatic h.

trykknapp push button; snap fastener.

trykk|papir printing paper. **-saker** *(pl)* printed matter. **-seksten T** hard sock. **-side** printed page. **-svak** *(fon)* unaccented, unstressed; weakly stressed. **-sverte** printer's ink; *det er ikke verdt å spandere ~ på* it's not worth the ink to print it.

trykning printing; *under ~ av denne boka* while this book was in the press *(el.* was being printed); *vi går i gang med -en* we are going to press; *før vi går i gang med -en* before going to press.

trykningsomkostninger *(pl)* cost of printing.

trylle *(vb)* conjure; *~ bort* spirit away; *~ fram* conjure up.

trylle|drikk magic potion. **-fløyte** magic flute. **-formular** magic formula, charm, spell. **-krets** magic circle. **-kunst** conjuring trick. **-kunstner** conjurer; *(især* **US**) magician; *(som yrkesbetegnelse ofte)* illusionist. **-ord** magic word.

trylleri magic, witchcraft; *(fig)* charm, witchery.

trylle|skrift magic writing. **-slag:** *som ved et ~* as if by magic. **-stav** magic wand.

tryne 1. snout; **2***(vulg = ansikt)* **T** mug; *(det stygge) -t hans byr meg imot (vulg)* his ugly mug makes me sick; *få en (midt) i -t* **S** get one in the kisser; *gi ham en på -t!* **S** catch him one in the eye! give him a sock in the face! sock him one on the kisser!

træ *(vb)* thread *(fx* a needle); *~ perler på en snor* string *(el.* thread) beads; *de lengste stroppene -s under madrassen* the longest straps are passed under the mattress.

I. træl *(fortykket hud)* callosity; callus; *hender med -er* calloused hands *(fx* he had c. h. as a result of gardening).

II. træl *se trell.*

trøffel truffle.

trøst comfort, consolation; *(se mager).*

trøste *(vb)* comfort, console.

trøstebrev consolatory letter.

trøstepremie consolation prize.

trøster comforter, consoler.

trøsterik comforting, consoling.

trøstesløs inconsolable, disconsolate; *(håpløs)* hopeless; *(trist)* dreary, bleak, drab *(fx* life); dismal.

trøstesløshet disconsolateness; dreariness, bleakness, drabness.

trøstig*(adv)* confidently, without fear or hesitation; *han travet ~ videre* he trudged on sturdily; he walked sturdily onwards.

trøtt *se trett.*

trøye jacket; *(under-)* vest; *(se varm).*

I. trå *(vb)* tread, step; *~ feil* take a false step, slip; *~inn* depress *(fx* the clutch pedal); *~ på bremsen* step on the brake; *~ vannet* tread water.

II. trå *adj (harsk)* rancid; *(langsom, treven)* slow, unwilling; *det går -tt* it's slow going.

tråbil pedal car.

tråd thread; *(bomulls-)* cotton; *(metall-)* wire; *(fiber)* fibre, filament; *(fig)* thread; *tretrådet kamgarn* 3-ply worsted; *jeg har nettopp hatt X på -en (tlf)* I've just been on the line to X; *løs på -en* loose, of easy virtue; *ta opp -en* resume *(el.* pick up) the thread; *det er han som trekker i -ene* he pulls the wires *(el.* the strings); *rød ~* governing idea, leitmotif; *det går som en rød ~ gjennom ...* it runs like a scarlet thread through ...

tråd|aktig thread-like, filamentous. **-ende** bit of cotton *(el.* thread). **-glass** wired glass.

trådløs wireless; *vi hadde ~ om bord* we had a wireless (installation) onboard; *~ telegrafi* wireless telegraphy; *~ telefonering* wireless telephony.

trådorm *(zool)* threadworm.

trådsnelle (cotton) reel, bobbin; **US** spool; *en hvit ~* a reel of white cotton *(el.* sewing thread); *en tom ~* an empty reel *(el.* bobbin).

trådstift wire tack, wire nail.

trådtrekking *(fig)* string-pulling.

tråkk *(tram)* doorstep.

tråkke *(vb)* trample; *(ski)* side-step; *(i unnarenn)* pack the snow; *(traske, trave)* trudge, plod; *~ i hælene på en* trudge at sby's heels; *(fig)* follow sby slavishly; *la deg ikke ~ på tærne!* don't let yourself be put upon!

tråkle *(vb)* tack, baste. **-sting** tacking stitch. **-tråd** tacking thread.

trål trawl. **tråle** *(vb)* trawl.

tråler *(båt)* trawler.

tråsmak a rancid taste.

tsar czar. **tsardømme** czardom.

tsaristisk czarist.

tsjekker Czech. **tsjekkisk** Czech.

tsjekkoslovak Czechoslovak.

Tsjekkoslovakia Czechoslovakia.

tsjekkoslovakisk Czechoslovakian.

tuba *(mus)* tuba.

tube tube.

tuberkel *(anat)* tubercle.
tuberkulinprøve tuberculin test *(fx* a positive tuberculin test); *(det å)* tuberculin testing.
tuberkulose tuberculosis *(fk* t.b.); *få~* get *(el.* contract) tuberculosis.
tuberkuløs tuberculous.
tue *(av gress)* tuft of grass, tussock; *(maur-)* ant hill; *liten ~ velter stort lass* little strokes fell great oaks; small rain lays great dust; for want of a nail the shoe was lost; great events and small occasions.
tuff *(min)* tuff.
tufs 1. tuft (of hair); **2.** small, insignificant person; pip-squeak; poor fish; weed; *gammel ~ (ofte =)* old codger; **3***(tosk)* fool; *din ~!* you fool!
tufset 1. tangled, matted; shabby, messy; **2.** weak, sickly; depressed.
tuft site (of a house).
tuftekall brownie, goblin.
tuja *(bot)* thuja, arbor vitae.
tukle *(vb): ~ med* tamper with; **T** fiddle with; *(se II. tulle).*
tukt discipline; *(straff)* correction; *i ~ og ære* decently.
tukte *(vb)* correct, castigate, chasten; *(bibl)* chastise.
tuktelse correction, castigation; *(bibl)* chastisement.
tulipan *(bot)* tulip. **-løk** tulip bulb.
tull *(tøv)* nonsense, rot, rubbish, foolishness; **T** baloney, boloney; *~ og tøys* stuff and nonsense; *for noe ~!* **T** my foot! *snakke ~* talk nonsense, talk bosh; *det er noe ordentlig ~* **T** it's a load of rubbish; *(jvf tøys; vrøvl; vrøvle).*
I. tulle *(subst)* little girl, tot.
II. tulle *(vb): ~ inn, ~ sammen* bundle up; wrap up; *~ bort tiden* muddle *(el.* dawdle) away one's time; *hva er det du driver og -r med?* what are you messing about with? *guttene drev og -t (ɔ: tuklet) med utgangsdøra* **T** the boys were tampering (,**T:** fiddling) with the outer door; *~ noe om en* wrap sth round sby; *~ omkring* muddle about; fool about *(fx* waste time by fooling about during lessons); *~ seg bort* lose one's way, get lost; *(se også tøyse).*
tullekopp T twaddler, silly fool; **US** *(også)* goof.
tullet crazy; *bli ~* go crazy.
tulling *(subst)* fool, silly person.
tullprat T nonsense; **T** double talk.
tumle *(vb)* tumble, topple; *~ med* struggle with; *~ seg* play about.
tumleplass playground; *(fig)* arena.
tummel tumult, bustle.
tummelumsk giddy; *(jvf rundt: det går -t for ham).*
tumult tumult, disturbance, uproar.
tun country courtyard *(fx* fresh and green like a c. c.).
tundra tundra.
tunes|er, -isk Tunisian.
tung heavy, ponderous; *~ luft* heavy *(el.* sultry) air; *en ~ plikt* a heavy duty; *et -t sinn* a brooding disposition, a tendency to melancholy; *~ skjebne* a hard *(el.* cruel) fate; *et -t slag* a heavy *(el.* sad) blow; *-e tanker* gloomy *(el.* black *el.* dismal) thoughts; *jeg er ~ i hodet* my head feels heavy; *(se tungt (adv)).*
tungarbeid heavy work.
tunge tongue; *en belagt ~ (med.)* a coated tongue; *en ond ~* a wicked t.; *onde -r ymtet om at* it was maliciously whispered that; *han fikk -n på gli* it loosened his tongue; *holde -n rett i munnen* mind one's P's and Q's; watch one's step; *her gjelder det å holde -n rett i munnen (ɔ: være stø på hånden)* here you need a steady hand; *rekke ~ til en* put *(el.* stick) out one's tongue at sby; *rekke ut -n (til legen)* put out one's tongue; *være -n på vektskålen (fig)* hold the balance; be the deciding factor; tip the scales.
tungebånd *(anat)* frenum; *være godt skåret for -et* have the gift of the gab; have plenty to say for oneself; *(jvf tunge).*
tungeferdig voluble, glib.
tungeferdighet volubility; glibness; lingual dexterity.
tunge|lyd *(fon)* lingual sound. **-mål** language. **-rot** *(anat)* root of the tongue. **-spiss** *(anat)* tip of the tongue.
tunget tongued.
tunge|tale gift of tongues, glossolalia. **-taler** one who speaks in tongues; glossolalist; **US** pentecostalite.
tung|før heavy, slow. **-hørt** hard of hearing. **-hørthet** hardness of hearing. **-nem** dull, slow. **-nemhet** slowness, slow wits. **-pustet** asthmatic, short-winded. **-rodd 1.** hard to row; **2***(fig)* difficult to handle. **-sindig** melancholy, sad. **-sindighet** melancholy, sadness. **-sinn:** *se -sindighet.* **-styrt** *(om bil)* heavy on the steering (wheel); *den er litt ~* the steering is a bit heavy.
tungt *adv (jvf tung)* heavily; *ligge ~ på* lie heavy on; *det falt ham ~ for brystet* he resented it; *han hadde ~ for å lære* he was a slow learner; *latinsk grammatikk hadde han ~ for (å lære)* Latin grammar came hard to him; he found Latin grammar difficult; *han tar det ~ (også)* **T** he seems rather done in over it; *(se ta B).*
tungtrafikk heavy traffic, heavy motor vehicles.
tungtveiende weighty; *det er ~* it carries weight.
tungvekt heavyweight.
tungvint bothersome; **T** mucky *(fx* it's awfully m. having to drag all those books about wherever you go); *en ~ metode* a cumbersome method.
tunnel tunnel. **-bane** underground (railway); **T** tube; **US** subway; *(jvf fotgjengerundergang).*
tupere *(vb): ~ håret* back-comb one's hair.
tupp tip.
I. tur 1*(spaser-)* walk, stroll, ramble; *(fot-)* walking tour; **T** hike, tramp; *(se fottur);* **2***(utflukt)* outing, excursion, trip, jaunt; *(med medbrakt mat)* picnic; **3***(reise til lands)* journey, tour; *(især kort, fram og tilbake)* trip; *(til sjøs)* voyage; *(med turistskip)* cruise; *(overfart)* crossing, passage, trip *(fx* take *(el.* make) a trip to the seaside); I have never done the trip to Paris; the ship has made two trips to London; the trip across the water takes two hours; the 200-mile trip lasted *(el.* took) only 1 hour and 20 minutes); **4***(lengre biltur)* motor tour, motor trip; *(kortere)* drive; *(især kort & hurtig)* spin, run; *(især som passasjer)* ride; *(sykkel-)* (bicycle) ride; *(især kort & hurtig)* spin, (cycle) run; *(lengre)* cycling tour, cycle tour; **5***(rund-)* round *(el.* circular) tour, tour; *(også mar)* round trip; *(turné)* tour; **6***(konstrueres ofte med)* go -ing *(fx* go blackberrying, camping, climbing, fishing, hunting, rowing, sailing, skiing); **7***(ride-)* ride *(fx* take *(el.* go for) a ride). **8***(ro-)* row *(fx* go for a row); **9***(seil-)* sail *(fx* he took me for a short sail); **10***(i dans)* figure *(fx* there are five figures in the lancers); **11.** *tekn (omdreining)* turn;
få ~ *(om drosjesjåfør)* get *(el.* pick up) a fare; **gå** *en ~* go for *(el.* take) a walk *(el.* stroll); *gå en ~ i hagen* take a turn in the garden; *gå en ~ med hunden* take the dog for an airing *(el.* a walk *el.* a run); *han har gått ut en ~* he has gone out (for a walk); **ha** *~ (om drosje)* have a fare, be engaged; *(kort): se II. tur: sitte i ~ ;* **kjøre** *en ~* go for a drive (,run, spin, ride); *(se kjøretur); en* **lang** *~* a long walk

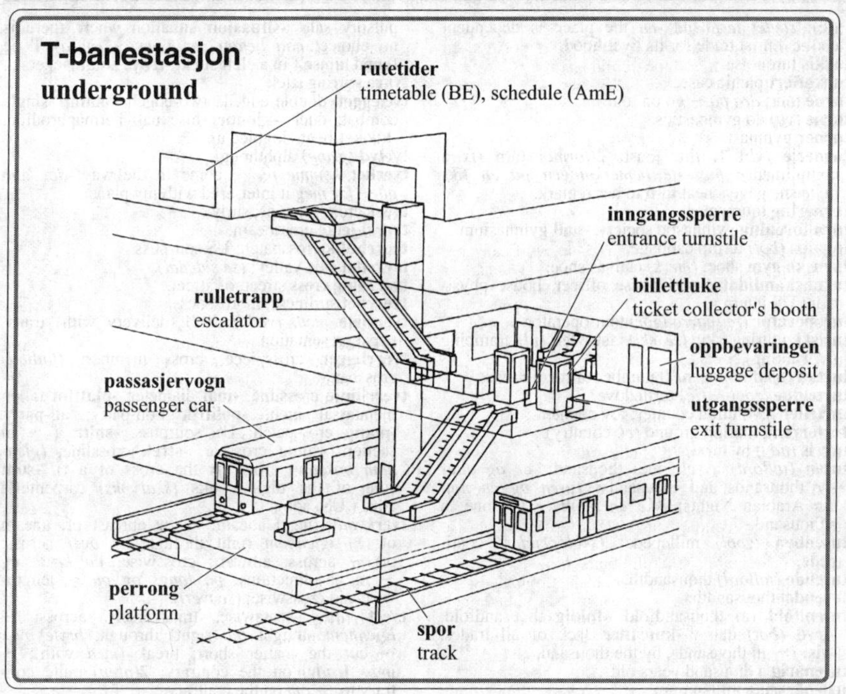

(,drive, ride, *etc); **på** *hele -en* during the whole trip; ~ - **retur** there and back; *(billett)* return (ticket) *(fx* one third return X); (**US**) round trip (ticket); *jeg* **skal** *ned i byen en* ~ I'm going downtown; *jeg skal en (liten) ~ (ut) i byen (også)* I'm going out (for a few minutes); *hvis det er mulig,* **start** *-en mot vinden* if possible, face the wind when you set out; **ta** *en ~ (bort) til X* run (,walk, *etc)* over to X; *ta (el. dra) en ~ (inn) til byen* go to town; *(om London el. universitetsby)* go up (to town); *ta en ~ i Jotunheimen (også)* embark on a tour of Jotunheimen; *han tok meg med til Margate en ~* he took me to Margate; *ta seg en ~ ut* go out *(fx* I'm going out); *(se fjelltur; fottur; sykkeltur; telttur).*

II. tur *(til å gjøre noe)* turn; *du må vente til din ~* **kommer** you must wait till your turn comes; you must wait your turn; you must take your turn with the others; *din ~ kommer nok* your turn will come; *(i uviss fremtid)* it will be your turn some day; *da -en kom til meg* when it was my turn, when it *(el.* the turn) came to me; *så kom -en til Frankrike* then it was the turn of France; then the turn came to F.; *De må* **passe** *-en Deres* you must watch your turn; **vente** *på ~* wait one's turn; *jeg sitter og venter på ~* I'm waiting (for) my turn; *nå* **er** *det din ~* now it's your turn; your're next; *(i sjakk, etc)* (it is) your move *(el.* your play); *(til å ta affære)* now it is your turn; now it's up to you; *nå er det hans ~ (til motgang, etc)* now the boot is on the other leg; the tables are turned; *nå var det hans ~ til å bli forbauset* now it was his turn to be surprised; now he was surprised in his turn; *nå er det din ~ til å holde tale (også)* now 'you make a speech! *han fikk lov til å gå inn før det var hans ~* he was allowed to go in before his turn *(el.* out of his turn);

[*Forb. med prep*] **etter** ~ *(hver og en)* in turn; by turns *(fx* they did it by turns *(el.* in turn)); *(i riktig orden)* by turns; by *(el.* in) rotation *(fx* customers will be served in strict rotation); in due *(el.* regular) order; *behandle spørsmålene etter ~* take *(el.* deal with) the questions in rotation; *gå av etter ~* retire by rotation *(fx* the directors retire by r.); *1/3 av styret går av etter ~* one third of the board retire by r.; *holde vakt etter ~* take turns to keep watch; *stå* **for** ~ be next (on the list); *hvem står nå for ~?* who's next? whose turn next? *han står for ~ til å bli forfremmet* he is due for promotion; he is next in turn for promotion; *i sin ~* in turn; *...og dette ville i sin ~ bety at...* and this, in turn, would mean that...

turban turban.

tur|befraktning *(mar)* voyage charter. **-billett** single ticket. **-buss** motor coach.

turbin turbine.

turbruk: *støvler til ~* boots for tramping, tramping *(el.* walking) boots.

turdans figure dance.

ture *(vb)* **T** booze; *(lett glds)* carouse; *(se rangle).*

turisme tourism, tourist trade; *(se turisttrafikk).*

turist tourist. **-forening** travel association. **-hytte** tourist hut. **-klasse** tourist class; *reise på ~* travel tourist class; *(billett)prisen for ~* the t. c. fare. **-klassefly** air coach. **-reise** tour; *alle -r skjer i samarbeid med ...* all tours are arranged *(el.* operated) in co-operation with ... **-reisevaluta** foreign travel holiday allowance *(fx* the £100 foreign travel holiday allowance). **-sesong** tourist season. **-trafikk** tourism, tourist trade *(el.* traf-

t

fic); *stedet lever på -en* the place is dependent on the tourist trade for its livelihood.
turkis turquoise.
turkoffert picnic case.
turné tour; *dra på* ~ go on tour.
turne *(vb)* do gymnastics.
turner gymnast.
turner|e *(vb)* **1.** tilt, joust; **2**(*forme*) turn (*fx* a compliment); *hun -te bemerkningen på en fiks måte* she gave a neat turn to her remark.
turnering tournament.
turn|forening gymnastic society. **-hall** gymnasium.
turnips *(bot)* turnip cabbage.
turnsko gym shoe; *(merk)* canvas shoe.
turnuskandidat *(lege)* house officer, house physician; **US** intern.
turoperatør *(reisearrangør)* tour operator.
tur|ski touring ski; *(se ski)*. **-støvler** *(pl)* tramping (*el.*walking) boots.
turtall *(omdreiningstall)* number of revolutions.
turteldue *(zool & fig)* turtledove.
turteller revolution counter; rev counter.
turterreng touring ground (*el.* country).
turvis *(adv)* by turns.
tusen *(tallord)* a (*el.* one) thousand; *-er og atter -er* thousands and thousands; *Tusen og en natt* the Arabian Nights; *ikke én blant* ~ not one in a thousand.
tusenben *(zool)* millepede; *(skolopender)* centipede.
tusende *(tallord)* thousandth.
tusendel thousandth.
tusen|fold (a) thousandfold. **-foldig** thousandfold. **-fryd** *(bot)* daisy. **-kunstner** Jack of all trades. **-vis:** *i* ~ in thousands, by the thousand.
tusenårig a thousand years old.
tusenårsrike millennium.
I. tusj *(mus): se touche.*
II. tusj *(fargestoff)* Indian ink.
tuske *(vb)* barter; ~ *bort noe* barter sth away; (*især* **US**) trade sth; *(se også tiltuske).*
tuskhandel barter.
tusle *(vb)* walk gently; ~ *omkring* pad about.
tuslet(e) (small and) weak, shaky.
tusmørke dusk, twilight.
tuss gnome, goblin.
tusseladd fool, poor wretch; *(jvf tufs 2).*
tusset crazy.
tust *(hår-)* wisp (of hair).
I. tut *(på kanne)* spout; *(jvf munnstykke).*
II. tut howl; *(av ugle)* hoot; *(i horn)* honk, toot.
tute *(vb)* howl; *(om ugle)* hoot; *(i horn)* honk, toot; *(gråte)* cry; blubber; ~ *en ørene fulle med noe* din sth into sby's ears.
tuting howling; hooting, honking; *(gråt)* crying.
TV TV; *på* ~ on television, on TV (*fx* he watched the match on TV); **T** on the telly; *se på* ~ watch television; **T** look at the telly; *en som ser meget på* ~ **T** a heavy viewer; *han ser altfor meget på* ~ **T** *(også)* he's square-eyed; *sende i* ~ televise (*fx* a football match).
TV-titter televiewer, viewer.
tvang force, compulsion, coercion; constraint, restraint; restriction; *en form for* ~ a form of restriction; *med* ~ by force; forcibly; *bruke* ~ *mot* use force against.
tvang|fri, -løs unrestrained, unconstrained; informal.
tvangløshet freedom from restraint; absence of formality.
tvangsakkord *(jur)* compulsory composition.
tvangs|arbeid hard labour. **-auksjon** forced sale, distraint sale. **-dirigere** *(vb):* ~ *til læreryrket* conscript teachers. **-forestilling** obsession. **-forholdsregel** coercive measure. **-middel** coercive means. **-neurose** obsessive neurosis. **-salg** compulsory sale. **-situasjon** situation where there is no choice; *han befant seg i en* ~ *(også)* **T** he found himself in a cleft stick. **-trøye** strait jacket.
tvare stirring stick.
tve|egget double-edged, two-edged. **-kamp** single combat; duel. **-kjønnet** bisexual, hermaphroditic. **-kroket** bent, doubled up.
tvelyd *(gram)* diphthong.
tverke: *komme på* ~ come in the way; *det kom på* ~ *for meg* it interfered with my plans.
tverr cross, morose, surly.
tverrbjelke crossbeam.
tverrbukk crosspatch; **US** sourpuss.
tverrdal side valley; *(se sidedal).*
tverrgate cross street, offstreet.
tverrhet surliness, moroseness.
tverrleie *med. (ved fødsel)* (delivery with) transverse presentation.
tverrligger crosspiece, cross member; *(fotball)* crossbar.
tverr|linje crossline. **-mål** diameter. **-plattfot** fallen metatarsal arch. **-politisk** non-party; all-party. **-pomp** crosspatch; **US** sourpuss. **-snitt:** *i* ~ in section. **-stang** crossbar. **-strek** crossline; *(gjennom bokstav)* cross (*fx* the cross of a t). **-sum** sum of the digits. **-øks** *(skarvøks)* carpenter's adze (**,US:** adz).
tvers *adv (mar)* abeam; ~ *av* abreast of; abeam of; ~ *igjennom* right through; ~ *over* across; *på* ~ across, athwart; crosswise; *på kryss og* ~ in all directions; *på langs og på* ~ lengthwise and crosswise; *(se tvert).*
tvert *(adv)* crosswise, transversely, across; ~ *igjennom* straight (*el.* right) through; *bryte over* ~ cut the matter short; break (*med* with); ~ *imot* **1**(*adv*) on the contrary; **2**(*prep*) quite contrary to; ~ *om* on the contrary.
Tveskjegg *(hist): Svein* ~ Svein Forkbeard.
tvetunget double-tongued, double-faced.
tvetungethet duplicity.
tvetydig equivocal, ambiguous; *(uviss, mistenkelig)* doubtful, questionable.
tvetydighet ambiguity; equivocation, duplicity; *(jvf dobbeltspill).*
tvibrent: ~ *meg! (i gjemsel)* I'm out! I'm home!
tviholde *(vb)* clutch with both hands, hold tight; ~ *på (fig)* insist on.
tvil doubt; *dra i* ~ call in question; question; *han ble grepet av* ~ a doubt sprang up (*el.* arose) in his mind; *nære* ~ *om* doubt; ~ *om at* doubt that; *være i* ~*om* be in doubt whether; *jeg er i* ~ *med hensyn til hva jeg skal gjøre* I'm in doubt as to what to do; *uten* ~ without doubt, doubtless, undoubtedly, no doubt; *det er hevet over all* ~, *det utelukker enhver* ~ that admits of no doubt; *(se oppstå; I. rom; III. rå).*
tvile *(vb)* doubt, call in question, question; *jeg -r ikke på det* I have no doubt about it; *jeg -r ikke på at* I have no doubt that; *(se sterkt).*
tvilende doubtful; dubious; *for å overbevise tvilende sjeler der hjemme (spøkef)* to convince Doubting Thomases at home; *stille seg* ~ *til noe* doubt sth, be in (some) doubt about sth; *han stilte seg* ~ *til nytten av et slikt tiltak* he doubted (*el.* was in doubt about) the usefulness of such a measure; *han stilte seg svært* ~ *til forslaget* he was very dubious about the suggestion.
tviler doubter, sceptic.
tvilling twin; *eneggete -er* identical (*el.* uniovular) twins. **-bror** twin brother. **-hjul** double-banked tyre. **-par** pair of twins.
tvilrådig in doubt, doubtful, dubious, irresolute, in two minds (*fx* I'm in two minds what to do).
tvilrådighet doubt, irresolution, hesitation.

tvilsom doubtful, questionable; *(ofte neds)* dubious *(fx* a d. undertaking); *et -t tilfelle* a doubtful case; *det er -t om* it is doubtful *(el.* uncertain) whether; *det er i høy grad -t om* it is open to the gravest doubt whether.
tvilsomhet doubtfulness; dubiousness.
tvilstilfelle case of doubt; *i* ~ in case of doubt, when in doubt.
tvinge *(vb)* force, compel; coerce; ~ *fram* force, enforce; ~ *sine planer igjennom* force one's plans through; *hvis du ikke vil, er det ingen som vil* ~ *deg* **T** if you don't want to, nobody is going to make you.
tvingende irresistible, cogent; *han hadde* ~ *grunner for å gjøre det* he had good (*el.* cogent) reasons for doing it; *det er* ~ *nødvendig* it is imperative; ~ *nødvendighet* absolute necessity.
tvinne *(vb)* twine, twist.
I. tvist *(uenighet)* dispute; disagreement, difference; *avgjøre en* ~ settle a dispute; ~ *om* dispute over *(fx* wages); *(se underkaste).*
II. tvist (cotton) waste.
tviste *(vb)* dispute *(om* about *el.* as to).
tvistemål dispute.
tvistepunkt controversial point; matter in dispute, point at issue.
TV-overvåket: *denne forretningen er* ~ TV monitoring is installed in this shop.
TV-skjerm TV screen.
tvungen compulsory; *(ikke valgfritt)* compulsory, obligatory; *(ikke naturlig)* forced, constrained; ~ *skolegang* compulsory school attendance; *med en rar,* ~ *stemme* in a queer, strained voice;~ *voldgift* compulsory arbitration.
ty *(vb):* ~ *til* **1.** have recourse to, resort to; turn to *(fx* sby); fall back on *(fx* the teacher will seldom have to fall back on stern measures); **2.** take refuge with *(fx* sby).
tyde *(vb)* interpret, decipher; ~ *på* indicate, point to, be indicative of; suggest, imply; *alt -r på at* there is every indication *(el.* sign) that ...; everything seems to indicate that ...; the indications are that ...
tydelig *(adj)* plain; *(å se, høre)* distinct; *(om fremstilling)* explicit; *klar og* ~ crisp and clean *(fx* the orchestral performance is crisp and clean); *klart og* ~ clearly and crisply; *et* ~ *vink* a broad hint; *med* ~ *lettelse* with obvious relief; *lese* ~ read distinctly; *snakke* ~ speak plainly, make oneself plain; *sammenhengen var* ~ the connection was obvious; *det var* ~ *at noe hadde skremt vettet av ham* something had clearly frightened him out of his wits.
tydelighet plainness; distinctness; clearness, clarity.
tydeligvis evidently, obviously.
tyfus *(med.)* typhoid fever.
tygga S kisser; *gi ham en på* ~ sock him one on the kisser.
tygge *(vb)* chew, masticate; ~ *på noe (fig)* turn sth over in one's mind; *nå har du fått noe å* ~ *på!* put that in your pipe and smoke it!
tygge|flate masticating surface. **-gummi** chewing gum. **-redskaper** *(pl)* masticatory organs.
tykk thick; *(om person)* corpulent, stout; *(kvapset)* tubby; *(tett)* dense; *-e ben* fat legs; thick legs; *-e lepper* thick lips; ~ *luft* stale *(el.* bad) air; *det er* ~ *tåke* there is a dense fog; *bli* ~ *(om melk)* curdle; *gjennom tykt og tynt (fig)* through thick and thin; *støvet ligger tykt på bordet* the table is thick with dust; *smøre tykt på (fig)* lay it on thick; *(jvf tjukk & tønne).*
tykkelse thickness; stoutness, corpulence.
tykkfallen (a trifle) on the plump side.
tykkhodet thick-headed, thick-skulled, dense.
tykk|hudet thick-skinned; *(fig)* callous; *(som intet lenger biter på)* past shame, lost to all (sense of) shame; **T** case-hardened; *han er* ~ *(også)* he has a thick skin *(el.* hide).
tykkpannet thick-skulled.
tykksak T fatty; **S** tub; *(se tjukken).*
tykktarm *(anat)* large intestine, colon.
tykne *(vb)* thicken; *(om melk)* curdle; *det -r til (om været)* it's clouding over.
tykning thicket.
tyktflytende thick, viscous.
tylft dozen.
tyll *(tøysort)* tulle.
tylle *(vb):* ~ *i seg* gulp down *(fx* a glass of whisky); **T** mop up, put away; ~ *noe i en* pour sth down sby's throat.
tyne *(vb): se plage.*
tyngde weight; *(det å være tung)* heaviness. **-kraft** force of gravity. **-lov** law of gravity. **-punkt** centre of gravity; *(hovedpunkt)* main point.
tynge *(vb)* weigh upon, weigh down *(fx* the fruit weighs the branches down; weighed down with sorrow).
tyngre *se tung.*
tyngsel burden, weight.
tyngst *se tung.*
tynn thin; *(spe)* slender; *(mots. sterk)* weak *(fx* coffee, tea, solution); *(om tøy)* light *(fx* light fabrics); ~ *luft* thin air; rarefied air; *tynt befolket* sparsely populated; *be tynt* plead *(fx* he pleaded with his father for more pocket money); **T** ask nicely; *han ba så tynt om å få bli med oss* he asked so pathetically to be allowed to come with us.
tynne *(vb)* thin; ~ *ut* thin out *(fx* the plants in a bed).
tynnhåret thin-haired.
tynning thinning.
tynningshogst *(forst)* thinning.
tynn|kledd lightly dressed, thinly dressed. **-slite** *(vb)* wear thin. **-slitt** worn thin.
tynntarm *(anat)* small intestine.
tynt *se tynn.*
type 1. type; *alle -r skip* all classes of vessels; *en* ~ *på* a type of; *-n på en streber* the typical climber; *være en* ~ *på (også)* typify; *han er ikke min* ~ **T** he's not my cup of tea *(el.* not my ticket); *din* ~ *er svært ettertraktet her* your sort is much in demand here; **2***(typ)* type; *trykke med små -r* print in small type; **3(T:** *om person)* overdressed dandy; *en skummel* ~ a shady type; an ugly customer.
typebetegnelse designation of type.
typegodkjenning type approval.
typegodkjent type approved.
typehus standard house.
typisk typical, representative *(for* of).
typo|graf typographer. **-grafi** typography.
typografisk typographical; *boka har fått et nytt* ~ *utstyr* the print is new.
tyr bull; *ta -en ved hornene* take the bull by the horns.
tyrann tyrant. **-i** tyranny.
tyrannisere *(vb)* tyrannize (over), bully.
tyrannisk tyrannical.
tyre|fekter bullfighter; toreador, matador. **-fektning** bullfight(ing).
tyri resinous pinewood. **-fakkel** pinetorch. **-rot** resinous pine root.
tyrk Turk.
Tyrkia *(geogr)* Turkey.
tyrkisk *(geogr)* Turkish.
Tyrol (the) Tyrol, (the) Tirol.
tyroler, -inne Tyrolese; **US** *(også)* Tyrolean.
tyrolsk Tyrolese; **US** *(også)* Tyrolean.
tysk German.
tyskbesatt German-occupied.

t

tysker German; **S** Jerry; **US S** Kraut.
tyskerhat anti-German feeling, Germanophobia.
tyskerhater anti-German, Germanophobe.
tyskertiden (the time of) the German occupation.
tyskertøs [girl or woman who, during the Occupation of 1940–45, consorted with German nationals and had sexual relations with them]; *(kan gjengis)* German tart *(el.* whore); **S** Jerry tart.
tyskervenn pro-German, Germanophile.
tyskfiendtlig anti-German. **-het** anti-German feeling.
tyskfilolog person with a degree in German; German scholar; specialist in German; *han er ~ (ofte)* he has taken a degree in German.
tyskhet Germanism.
tyskkunnskaper *(pl)* knowledge of German; *han har dårlige ~* he has a poor knowledge of German; his German is poor; he is weak at German; *det går jevnt fremover med hennes ~* her knowledge of German is steadily improving; *(jvf engelskkunnskaper).*
Tyskland *(geogr)* Germany.
tyskprøve German test *(fx* we're going to have a German test today); *(jvf gloseprøve).*
tysk|vennlig pro-German; Germanophile. **-østerriksk** Austro-German.
tyss *(int)* hush.
tyst silent, quiet.
tyste *(vb)* inform; **T** squeal; *(jvf sladre).*
tyster *(angiver)* informer; **T** squealer, jerk *(fx* some jerk has squealed).
tysthet silence, quiet, hush.
tystne *(vb)* grow silent; *~ hen* die away; *(se dø: ~ hen).*
tyte *(vb): ~ ut: se sive: ~ ut.*
tyttebær *(bot)* red whortleberry, cowberry, mountain cranberry.
tyv thief *(pl:* thieves); *(innbrudd-)* burglar; *stopp -en!* stop thief! *~ tror hver mann stjeler* = the jaundiced eye sees all things yellow; *gammel ~ gjør god lensmann* set a thief to catch a thief.
tyvaktig thievish.
tyvaktighet thievishness.
tyve *(tallord): se tjue.*
tyve|gods stolen goods, stolen property; **T** haul, loot, (the) swag. **-pakk** pack of thieves.
tyveri theft; *(jur)* larceny; *~ av hittegods* (a case of) stealing (an article of) lost property.
tyveriforsikring burglary insurance; *(se forsikring).*
tyv|perm, -start(e): *se tjuv-.*
tære *vb (forbruke)* consume; *(om rust, syre, etc)* corrode; *~ på* break *(el.* eat) into *(fx* one's capital); *~ på ens krefter* tax sby's energy; *dette -r sterkt på vår pengebeholdning* this is a heavy drain on our funds; *-s hen* waste away.
tærende corrosive.
tø *(vb)* thaw; *~ opp* thaw.
tøddel jot, iota.
tøff S tough *(fx* a tough fellow); *(jvf tøffing).*
tøffe *vb (om bil, motorbåt)* chug; *(om tog)* puff *(fx* the train puffed out of the station); *tøff-tøff!* choo-choo!
tøffel slipper; *stå under -en* be henpecked, be wife-ridden.
tøffel|blomst *(bot)* slipperwort. **-danser, -helt** henpecked husband.
tøffing S: *han er en ordentlig ~* he's as tough as they make them.
tøfle *(vb): ~ av sted* trot off, shuffle off.
tøler *(pl)* things, odds and ends.
tølper lout, boor. **-aktig** loutish, boorish. **-aktighet** loutishness, boorishness.
I. tømme *(subst)* rein; *holde en i ~* keep sby in check, restrain sby.
II. tømme *(vb)* empty; *~ landet for kapital* drain the country of capital; *~ over i* empty into, pour into *(fx* pour it into a mould or a serving dish).
tømmer timber; *(især* **US** *også)* lumber; *helt ~* trunk timber; *~ på rot* standing timber, growing stock; *binde sammen ~ for fløting* raft timber; *fløte ~* float timber; **US** drive logs; *hogge ~* fell timber; **US** log, cut; *(se gagnvirke; silkekubb; skurtømmer; sliptømmer; spesialtømmer; synketømmer).*
tømmer|fløter log driver, river driver. **-fløtning** floating timber; log running; log driving; river driving. **-flåte** log raft. **-hake** pike pole; **US** *(også)* peavey. **-hogger** feller, logger; **US** lumberjack, lumberman, woodcutter. **-hogst** (timber) felling, felling timber; **US** logging, woodcutting. **-hus** log house. **-hytte** log cabin. **-kjører** timber hauler; **US** log trucker. **-koie** log cabin; **US** logging camp, (lumber) camp, bunk house. **-kvase:** *se -vase.* **-lense** boom.
tømmer|mann carpenter; *-menn (etter rangel)* **T** a hangover. **-mannsblyant** timber crayon. **-mannssag** panel saw, half-rip saw, hand saw; *(se sag).* **-merker** timber marker; **US** timber cruiser. **-mester** master carpenter. **-renne** slide, chute, flume. **-sag** crosscut saw; *(se sag).* **-saks** lifting tongs. **-skjelme** raft. **-slede** timbersled(ge). **-stokk** log; *dra -er (ɔ: snorke)* saw them off; drive the pigs home; **US** saw wood.
tømmervase *(i elv)* jam of (floating) logs; *(midt i elv)* centre jam; *(ut mot den ene elvebredd)* wing jam; *løse opp en ~* break a jam (of floating logs); *det å løse opp en ~* jam-breaking.
tømmer|vei logging track. **-velte** pile of logs, log pile. **-øks** *(forst)* felling axe; *(se øks).*
tømming emptying; *(av postkasse)* collection.
tømre *(vi)* carpenter, do carpentry; *(vt)* build, make, put up.
tønder *(knusk)* tinder, touchwood.
tønne barrel; *(fat)* cask; *(av metall)* drum; *(mar)* mooring buoy; *hvis hun fortsetter å spise så mye, vil hun bli tykk som en ~* if she goes on eating so much, she'll get really tubby.
tønnebånd (barrel) hoop.
tønnestav barrel stave.
tønnevis by the barrel.
tør *(vb): pres av tore.*
tørk drying; *henge (opp) til ~* hang (up) to dry.
I. tørke *(subst)* drought, spell of dry weather, dry spell.
II. tørke *(vb)* **1.** dry; *~ inn* dry (up); *~ seg* dry oneself; **2***(tørre): ~ av* wipe off *(fx* a drawing from the blackboard); *~ av tavla* clean the blackboard; *~ opp* wipe *(el.* mop) up *(fx* water, spilt milk), clean up; *(oppvask)* dry up; *~ seg om munnen* wipe one's mouth.
tørke|anlegg drying plant. **-ovn** (drying) kiln. **-plass** drying ground, drying yard. **-stativ** drying stand, clotheshorse.
tørkle square; *(skaut)* headscarf.
tørn *(vakt)* shift; *en strid ~* a tough job; *jeg har hatt en strid ~ i dag* I have had a time of it today; I've had a very trying day today; *ta ~ (mar)* belay *(fx* a rope); *(fig)* restrain oneself; *nei, nå får du ta ~!* **T** oh, come on! *nei, nå får du ta ~; det der er det ingen som tror på!* come, come, no one is going to believe that; *Vil du ha 50 kroner for den? – Nei, nå får du ta ~; den er knapt verd 20* You want 50 kroner for that? – Get along *(el.* on) with you; it's hardly worth 20; *ta den tyngste ~ (ɔ: gjøre grovarbeidet)* do the dirty work.
tørne *(vb): ~ inn* turn in; **T** hit the hay; *~ mot* bump into, run into, hit, collide with; *(mar)* foul, run foul of; *~ sammen* collide; *~ ut* turn out.

tørr dry; *få tørt på kroppen* get dry clothes on; *ha sitt på det -e* be safe; *en ~ brødskive (ɔ: uten pålegg)* a piece of dry bread; *tørt brød* dry bread; *tørt brød og vann (fangekost)* dry bread and water; *uten vått eller tørt* without drink and food.
tørrdokk *(mar)* dry dock.
tørre *(vb)* dry; *~ bort* dry up, get dried up; *(om plante)* wither; *~ inn* dry up; *(se tørke 2).*
tørrebrett *(til oppvasken)* draining board.
tørr|fisk stockfish; *(om person)* dry stick, prosaic fellow. **-furu** dead pine tree. **-het** dryness.
tørr|legge *(vb)* drain; *(i stor målestokk)* reclaim; *(for alkohol)* make dry. **-legning** draining; *(i stor målestokk)* reclamation. **-lendt** dry.
tørrmelk dried milk, milk powder, powdered milk.
tørrpinne T bore, dry stick, dried-up person.
tørråte dry rot.
tørr|skodd dryshod. **-sprit** *(boksesprit)* methylated spirits; solid meths; *(varebetegnelse)* Metol. **-ved** dry wood. **-vittig** witty in a dry way; with a dry sense of humour. **-vittighet** (piece of) dry humour.
I. tørst *(subst)* thirst; *(se tår).*
II. tørst *(adj)* thirsty; *det er noe man blir ~ av* it's dry work.
tørste *(vb)* be thirsty; *~ etter* thirst for.
tørstedrikk thirst-quenching *(el.* thirst-slaking) drink; **T** thirst-quencher.
tøs *(neds)* tart; *(se skamløs).*
tøv nonsense, rubbish, rot, twaddle; *(jvf tull).*
tøve *(vb)* talk nonsense; *(jvf II. tulle).*
tøvekopp twaddler; silly fool; **US** *(også)* goof.
tøvær *(litt. & fig)* thaw; *(se mildvær).*
tøy cloth, fabric; *(klær; vask)* clothes.
tøye *(vb)* draw out, extend, stretch; *(sterkere)* strain; *~ seg* stretch; *~ seg langt for hans skyld* go a long way to oblige him.
tøyelig elastic; *(fig)* flexible; *en ~ samvittighet* an accommodating conscience.
I. tøyle *(subst)* rein; bridle; *gi sin fantasi frie -r* give free rein to one's imagination; *gi en frie -r (fig)* give sby a free hand; *han lot hesten få frie -r* he let the horse take its own way; he gave up trying to guide his horse; *holde en i stramme -r (fig)* keep a tight rein on sby; be firm with sby.
II. tøyle *(vb)* bridle, curb; *kunne ~ en hest* know how to control a horse.
tøylesløs unbridled, unrestrained; *(utsvevende)* dissolute *(fx* lead a d. life), licentious.
tøylesløshet lack of restraint, dissoluteness, licentiousness.
tøys nonsense, rubbish, rot; *(noe som irriterer)* bother *(fx* this timetable is an awful bother); *det er noe ordentlig ~ dette med arven* it's all nonsense about that inheritance; *sett i gang – og ikke noe ~!* do it – and no nonsense about it *(el.* and no messing about)! *(jvf tull & tøv).*
tøyse *(vb)* **1.** = *II. tulle;* **2:** *~ med (en pike)* trifle with, sport with, dally with *(fx* don't dally any more with that girl).
tøysekopp twaddler, silly fool; **US** *(også)* goof; *(se også vrøvlebøtte).*
tøyte *(neds)* tart.
tå *(anat)* toe; *fra topp til ~* from top to toe; *gå på tærne* (walk on) tiptoe; *på ~ hev!* heels raise!
tåbinding *(ski)* toe-iron binding.
tå|gjenger *(zool)* digitigrade. **-hette** *(på sko)* toecap.

tåke fog; *(lettere)* mist; *(astr)* nebula; *innhyllet i ~*shrouded *(el.* blanketed) in fog; *tett ~* dense *(el.* heavy *el.* thick) fog.
tåke|aktig foggy; misty; nebulous. **-banke** fog bank. **-legge** *(vb)* lay a smoke screen over; shroud *(el.* blanket) in fog *(fx* factory, area); *(fig)* obscure. **-lur** fog horn. **-lys** *(på bil)* fog lamp. **-signal** fog signal. **-slør** veil of fog *(el.* mist).
tåket foggy; misty; *(fig)* vague, dim, hazy, nebulous.
tål: *slå seg til -s med* be content with.
tåle *vb (utstå)* bear, stand, endure; *(finne seg i)* put up with, stand, tolerate; *vi er overbevist om at kassene vil ~ den mest hårdhendte behandling* we are confident that the cases will stand up to the toughest handling; *du skulle ikke drikke så mye hvis du ikke -r det* you shouldn't drink so much if you can't take it; *han -r godt å drikke* he can hold his drink well; *han -r ikke whisky* whisky disagrees with him; *situasjon som ikke -r noen utsettelse* situation that admits of *(el.* brooks) no delay; *det -r ikke sammenligning med* it will not bear *(el.* stand) comparison with.
tålelig *(adj)* tolerable, bearable, endurable; *(adv)* tolerably.
tål|mod patience. **-modig** patient; *en ~ pasient* a good patient; *vær ~!* be patient! **-modighet** patience; *ha ~ med* bear with, be patient with; *jeg begynner å miste -en* my patience is giving out *(el.* running out); *det er slutt med min ~* my p. is at an end *(el.* is exhausted); *fruktesløse forhandlinger har spent vår ~ til bristepunktet* fruitless negotiations have taken our patience to exhaustion point; *en engels ~* angelic patience; *ha en engels ~* have the p. of Job *(el.* of a saint), have endless p. *(fx* with sby); *(se bristepunkt).*
tålmodighetsarbeid patient work.
tålmodighetsprøve trial of (sby's) patience; *det var litt av en ~* it was a (real) trial to my patience; it (really) tried *(el.* tested) my p.
tålsom patient; tolerant. **-het** patience; tolerance, forbearance.
tåpe fool. **tåpelig** silly, foolish, stupid.
tåpelighet silliness, foolishness, stupidity.
tår drop; **T** drip, sup *(fx* a sup of tea); *ta en ~ over tørsten* have a drop too much.
tåre tear; *felle -r* shed tears; *hun fikk -r i øynene* it brought tears to her eyes; tears came into her eyes; she began to cry *(el.* weep); **T** she got tears in her eyes; *han lo så -ne trillet* he laughed until he cried; *(se III. trille).*
tåredryppende: *~ sentimental* gushingly sentimental.
tåre|full tearful. **-kanal** *(anat)* lachrymal canal *(el.* duct). **-kvalt:** *med ~ stemme* in a voice stifled by sobs. **-strøm** flood of tears. **-våt** wet with tears.
tårn tower; *(på kirke)* steeple; *(i sjakk)* rook, castle; *(mar & mil)* turret.
tårne *(vb): ~ seg opp* accumulate, pile up; *(ruve)* tower, rise.
tårn|fløy **1***(av bygning)* turret(ed) wing; **2***(værhane)* steeple vane. **-høy** towering; *(fig)* soaring *(fx* prices). **-klokke** **1.** tower clock; **2.** tower bell. **-seiler** *(zool)* swift; *alpe-* alpine swift; **-spir** spire. **-ugle** *(zool)* barn owl; *(se ugle).* **-ur** tower clock.
tåspiss tip of the toe; *på -ene* on tiptoe.
tåte|flaske feeding bottle. **-smokk** (rubber) nipple; *skrukork som holder -en på plass* bottle cap.

u

U, u U, u; *U for Ulrik* U for Uncle.
uaktet 1*(prep)* notwithstanding, in spite of; 2*(konj): se skjønt.*
uaktsom negligent, careless; *-t drap* involuntary manslaughter; *handle grovt -t* act with gross negligence.
uaktsomhet negligence, carelessness; *(handlingen)* piece of carelessness (,negligence), oversight; *av ~* through negligence; through *(el.* by) an oversight *(fx* through an o. on his part); inadvertently; *grov ~* gross negligence; *(se også utvise 2).*
uaktuell not of current interest, of no present interest; *det har blitt uaktuelt* it's no longer of (any) interest.
ualminnelig 1*(adj)* uncommon, unusual, exceptional; *(fremragende)* eminent, outstanding, out of the ordinary; 2*(adv)* exceptionally, uncommonly *(fx* good, bad); *en ~ god kvalitet (også)* an exceptional quality; *en ~ vanskelig tid* a period of exceptional difficulty.
uamortisabel irredeemable.
uan(e)t undreamt-of *(fx* possibilities), unsuspected, unlooked-for, unthought-of; *(om noe gledelig, også)* unhoped-for.
uanfektet unruffled *(fx* he was *(el.* remained) u.); *han var helt ~* **T** he didn't turn a hair; *~ av* unmoved by *(fx* threats), unaffected by.
uangripelig unassailable *(fx* the u. position of the company); unimpeachable *(fx* his u. honesty); *(ugjendrivelig)* irrefutable *(fx* an i. assertion); *(udadlelig)* irreproachable, spotless, above criticism.
uangripelighet unassailableness; unimpeachability; irrefutability; *hans stillings ~* the unassailable nature of his position.
uanmeldt unannounced, without being announced; *(om fordringer)* unnotified *(fx* claims).
uanselig insignificant. **-het** insignificance.
uansett 1*(prep)* irrespective of, without regard to, notwithstanding; *~ hvordan* no matter how; *~ hvem de er* no matter who they are *(el.* may be), whoever they may be; 2*(adv)* in any case.
uanstendig indecent; *(upassende)* improper.
uanstendighet indecency; impropriety.
uanstrengt effortless; *(utvungen)* unstrained; *(adv)* with effortless ease, effortlessly.
uansvarlig irresponsible.
uansvarlighet irresponsibility.
uan|tagelig, -takelig unacceptable.
uantastet unchallenged.
uanvendelig 1. unusable; useless; **2.** inapplicable *(på* to).
uanvendelighet 1. uselessness; **2.** inapplicability.
uanvendt unused.
uappetittlig unappetizing; *(sterkere)* repulsive, disgusting, unsavoury (,**US:** unsavory); *(se usmakelig).*
uartikulert inarticulate.
uatskillelig inseparable; *de er -e* **T** they're as thick as thieves.
uatskillelighet inseparability.
uavbrutt *(adj)* uninterrupted, unbroken, continuous; continual; *(adv)* continuously, uninterruptedly, without intermission.
uavgjort unsettled, undecided; *~ kamp* draw, tie; *kampen endte ~* the game was a draw; the match ended with' honours even'; *spille ~* draw, tie *(med* with) *(fx* the two teams drew); (NB Aston Villa have drawn five and won two of their last 11 matches at Burnley).
uavhendelig *(jur)* inalienable.
uavhendelighet *(jur)* inalienability.
uavhendet unsold.
uavhengig independent *(av* of). **-het** independence *(av* of).
uavhentet unclaimed *(fx* letter, ticket).
uavkortet unabridged; *(adv)* in full *(fx* printed in full); absolutely; *hvis avdøde etterlater seg hustru, overtar hun alt løsøre ~* if the deceased leaves a wife, she takes the personal chattels absolutely.
uavlatelig *se uavbrutt.*
uavsettelig 1*(uselgelig)* unsal(e)able, unmarketable; 2*(fra embete)* irremovable. **-het** *(fra embete)* irremovability.
uavvendelig inevitable. **-het** inevitability.
uavvergelig inevitable.
uavviselig not to be refused (,rejected), imperative *(fx* duty); urgent *(fx* necessity).
ubarbert unshaved *(fx* he is u.); unshaven *(fx* an u. man).
ubarket 1*(om huder)* untanned; 2*(om tømmer)* undressed.
ubarmhjertig merciless, remorseless.
ubarmhjertighet mercilessness, remorselessness.
ubearbeidet rough, undressed; *(råstoff)* raw; *(metall)* unwrought.
ubebodd uninhabited; *(om hus)* unoccupied, untenanted.
ubeboelig uninhabitable.
ubebygd not built on, unbuilt (on) *(fx* a plot of unbuilt ground); vacant *(fx* a v. site); uninhabited *(fx* regions).
ubedervet fresh, untainted *(fx* food); *(fig)* uncorrupted; unspoilt.
ubedt unasked, uninvited.
ubeferdet untravelled *(fx* road), with little traffic *(fx* a road with little traffic).
ubefestet open, unfortified; *(fig)* inexperienced; impressionable; *ung og ~* young and impressionable.
ubeføyd baseless, unfounded, groundless *(fx* accusation); unwarranted *(fx* anger); *(uberettiget)* unauthorized, unauthorised.
ubegavet unintelligent.
ubegrenset unbounded, boundless, unlimited *(fx* freedom, possibilities).
ubegripelig incomprehensible.
ubegrunnet groundless, unfounded.
ubehag distaste *(ved* for); *føle ~ ved synet* be unpleasantly affected by the sight.
ubehagelig unpleasant, disagreeable; *bli ~ (om person)* **T** get *(el.* turn) nasty; cut up rough; *han ble ~ (også)* he became rude; *et ~ oppdrag* an unpleasant *(el.* invidious) task.
ubehagelighet unpleasantness; disagreeableness; *han kan ikke få -er p.g.a. det* he can't get into trouble over that.
ubeheftet *(om eiendom)* unencumbered.
ubehendig clumsy. **-het** clumsiness.
ubehersket uncontrolled, unrestrained.

ubehjelp|elig, -som awkward, helpless, clumsy. **-elighet, -somhet** awkwardness, helplessnes, clumsiness.
ubehøvlet rude, boorish; *(jvf ubehagelig).*
ubekjent unknown; ~ *med* ignorant of; unacquainted with.
ubekreftet unconfirmed.
ubekvem uncomfortable; *(ubeleilig)* inconvenient.
ubekvemhet discomfort; *(ubeleilighet)* inconvenience.
ubekymret unconcerned, untroubled, unworried *(om* about); carefree. **-het** unconcern.
ubeleilig inconvenient, inopportune; unwelcome; *(kjedelig)* awkward; ~ *for Dem* inconvenient to you.
ubemannet unmanned; *(jvf holdeplass & stoppested).*
ubemerket unnoticed, unobserved; *føre en* ~ *tilværelse* live in obscurity, lead an obscure life.
ubemerkethet *(litt.)* obscurity.
ubemidlet of limited means; *(sterkere)* without means.
ubendig uncontrollable *(fx* desire, passion); ungovernable *(fx* rage); indomitable *(fx* strength).
ubendighet uncontrollable (,ungovernable) character; indomitableness.
ubenyttet unused; *ubenyttede ressurser* untapped resources.
uberegnelig unpredictable, capricious.
uberegnelighet capriciousness.
uberettiget unauthorized, unauthorised; unwarranted, unjustified *(fx* criticism); *(ugrunnet)* unfounded, groundless, baseless *(fx* suspicion).
uberørt untouched, virgin; *(upåvirket)* unaffected; *-e vidder* mountain plateaux untouched by the foot of man; *(se tindrende).* **-het** untouched condition; virginity; unconcern.
ubesatt unoccupied; *(om stilling)* unfilled; *(ledig)* vacant.
ubeseiret unconquered; *(sport)* unbeaten, undefeated.
ubesindig rash, hasty; *(uklok)* imprudent.
ubesindighet rashness; imprudence.
ubeskadiget unhurt, uninjured; undamaged.
ubeskjeden immodest; immoderate; *hvis det ikke er -t av meg, ville jeg gjerne* ... if it's not asking too much I should like to ...
ubeskjedenhet lack of moderation, immodesty.
ubeskjeftiget unemployed.
ubeskrevet blank; *han er et* ~ *blad* he is an unknown quantity.
ubeskrivelig indescribable; *det var* ~ *(også)* words cannot describe it; it beggars description; ~ *komisk (,etc)* indescribably funny *(,etc);* ~ *lykkelig* deliriously happy; *(se II. trosse: det -r enhver beskrivelse).*
ubeskyttet unprotected; unsheltered.
ubeskåret unabridged *(fx* novel); uncurtailed; *få beløpet* ~ get the whole amount.
ubesluttsom irresolute; indecisive.
ubestemmelig indeterminable, nondescript.
ubestemt indefinite *(fx* number), undetermined, indeterminate; *(ubesluttsom)* irresolute; indecisive; *(vag, svevende)* vague; ~ *artikkel (,pronomen)* indefinite article (,pronoun); ~ *størrelse (mat.)* indeterminate quantity;~ *uttalelse* vague statement; *komme med -e uttalelser* express oneself in vague terms; *vente i* ~ *tid* wait indefinitely; wait (for) an indefinite period; *i en* ~ *framtid* at some indefinite *(el.* unspecified) future date; *på* ~ *tid* indefinitely; for an unspecified period *(fx* the schools were closed down for an unspecified period on account of riots); *(se ubestemthet).*
ubestemthet indefiniteness; indecision, irresolution; indetermination; vagueness.
ubestikkelig incorruptible.
ubestikkelighet incorruptibility.
ubestridelig incontestable, indisputable.
ubestridt unchallenged; undisputed, uncontested.
ubesvart unanswered.
ubesørgelig undeliverable; dead *(fx* letter); *-e sendinger (post)* undeliverable items.
ubesørget undelivered *(fx* undelivered letters).
ubetalelig invaluable, inestimable, priceless *(fx* what a p. joke); ~ *komisk* screamingly funny; priceless.
ubetalt unpaid, unsettled *(fx* my invoice of the 8th May for £30 is still unsettled).
ubetenksom *(ikke omtenksom)* inconsiderate; *(tankeløs)* thoughtless; *(overilet)* rash; *(uklok)* imprudent.
ubetenksomhet inconsiderateness; thoughtlessness; rashness; imprudence.
ubetimelig inopportune; ill-timed, untimely.
ubetinget unqualified *(fx* praise, recommendation); implicit *(fx* faith, obedience); *et* ~ *gode* an unqualified blessing; ~ *og uten forbehold* unreservedly; ~ *den beste* absolutely *(el.* unquestionably) the best.
ubetont *(fon)* unaccented, unstressed *(fx* an u. syllable).
ubetvingelig indomitable, unconquerable.
ubetydelig insignificant; unimportant, trifling, slight.
ubetydelighet insignificance; *en* ~ a trifle.
ubevegelig immovable; *(ubøyelig)* inflexible; *(som ikke beveger seg)* immovable, motionless.
ubevegelighet immobility; inflexibility.
ubevisst unconscious; *(adv)* -ly.
ubevoktet unguarded; *i et* ~ *øyeblikk* in an unguarded moment; (when) off one's guard *(fx* he was caught off his guard).
ubevæpnet unarmed.
ubillig unreasonable, unfair, unjust.
ublandet unmixed; *(om drikkevarer)* neat; ~ *beundring* unqualified admiration; ~ *glede* unmixed joy.
ublid: *en* ~ *skjebne* an unkind *(el.* cruel) fate; *han fikk en* ~ *behandling av politiet* **T** he was manhandled by the police; *se med -e øyne på* frown on, regard with disfavour.
ublodig bloodless.
ublu: *en* ~ *pris* an exorbitant price.
bluferdig shameless, bold, unchaste.
ubluhet exorbitance; *(se ublu).*
ubotelig irreparable *(fx* damage).
ubrukbar *se ubrukelig.*
ubrukelig unserviceable, unfit for use; **T** no good; *gjøre* ~ render useless; *han er* ~ *som lærer* he is no good *(el.* impossible) as a teacher; *(jvf uanvendelig).*
ubrukelighet uselessness.
ubrukt unused; *nesten* ~ as a good as new.
ubrytelig unbreakable.
ubrøytet *(om vei)* uncleared.
ubuden uninvited, unbidden; *en* ~ *gjest (også om tyv)* an uninvited guest; an intruder; **T** a gate-crasher.
ubundet unfettered, unrestrained; ~ *stil* prose.
ubønnhørlig inexorable; *(adv)* inexorably.
ubønnhørlighet inexorableness.
ubøyelig inflexible; unbending, unyielding; *(gram)* indeclinable, uninflected. **-het** inflexibility.
ubåt submarine; *(fiendtlig)* U-boat.
udadlelig blameless, irreproachable; *(se uklanderlig).*
udannet uneducated; *(ubehøvlet)* rude, ill-bred; *det er* ~ *å* it is bad form to.
udelelig indivisible. **-het** indivisibility.
udelt entire, undivided; ~ *skole* one-class

school, school with (only) one class; *(især* **US***)* ungraded school.
udeltagende indifferent, cold.
udiplomatisk undiplomatic.
udisiplinert undisciplined.
udramatisk undramatic.
udrikkelig undrinkable, not fit to drink.
udrøy uneconomical.
udugelig incapable, incompetent. **-het** incapability, incompetence.
udyktig incompetent. **-het** incompetence.
udyr *(om person)* monster, brute.
udyrkbar *(om jord)* uncultivable.
udyrket uncultivated; ~ *jord (også)* undeveloped land.
udødelig immortal.
udødelighet immortality.
udøpt unchristened, unbaptized.
udåd misdeed, evil deed, atrocity, outrage.
uedel ignoble, base, vulgar.
ueffen: *det er ikke så -t* that's not bad.
uegennytte disinterestedness, unselfishness, altruism.
uegennyttig disinterested, unselfish, altruistic.
uegnet unsuitable *(fx* method); unfit *(fx* for national service).
uekte false, spurious, not genuine; *(imitert)* imitation; ~ *barn* illegitimate child; ~ *brøk* improper fraction; ~ *sammensatt verb* separable verb.
uekthet spuriousness; illegitimacy.
uelastisk *(også fig)* inelastic.
uelskverdig unamiable, unkind, unobliging.
uemballert unpacked.
uendelig *(adj)* infinite, endless, interminable; *(adv)* infinitely; *i det -e* indefinitely; *med* ~ *lettelse* with tremendous relief; ~ *nysgjerrig (også)* endlessly inquisitive.
uendelighet infinity, endlessness; *en* ~ *av* an infinity of *(fx* details); an infinite number (,quantity) of; **T** no end of *(fx* books).
uenig: *være* ~ *med en* disagree with sby; differ from sby; *bli* ~ disagree; *jeg er* ~ *med meg selv* I cannot make up my mind; *jeg er dypt* ~ *i det som er blitt sagt* I dissent strongly from what has been said.
uenighet disagreement, dissension, difference.
uens unlike. **-artet** heterogeneous, lack of uniformity.
uensartethet heterogeneousness.
uenset unheeded, unnoticed.
uer *(fisk)* Norway haddock.
uerfaren inexperienced. **-het** inexperience, lack of experience.
uerholdelig unobtainable; *(om gjeld)* irrecoverable; *-e fordringer* bad debts.
uerstattelig irreplaceable; irreparable; *et* ~ *tap* an irreparable *(el.* irretrievable) loss. **-het** irreparability.
uestetisk unsavoury.
uetisk unethical.
uetterrettelig negligent, careless; unreliable.
ufarbar impassable; *(elv)* unnavigable.
ufarlig safe; without risk *(fx* the trips are w. r. provided ordinary rules are followed); *det er helt* ~ *(å gjøre det)* it's quite safe to do that.
ufasong: *få* ~ *(om støvler, etc)* get out of shape, lose shape.
ufattelig incomprehensible, inconceivable.
ufeilbar(lig) infallible, unfailing, unerring.
ufeilbar(lig)het infallibility.
uferdig unfinished. **-het** unfinished state.
uff *(int)* oh, ugh.
uffe *(vb):* ~ *seg* complain; **T** moan *(over* about).
ufin tactless, rude, coarse, indelicate, vulgar; *en* ~ *bemerkning* a rude remark; *hunden gjorde seg* ~ *på teppet* the dog made a mess on the carpet; the dog dirtied the carpet.
ufinhet bad taste, tactlessness, coarseness, rudeness; indelicacy.
uflaks T bad luck, rotten luck; bad break; *ha* ~ *med noe* have no luck with sth; *det var* ~ *for deg* that was a bad break for you.
uflidd unkempt, untidy.
uforanderlig unchangeable, unalterable, immutable, constant, invariable; *en* ~ *regel* an invariable rule. **-het** unalterableness, immutability, constancy, invariability.
uforandret unchanged, unaltered.
uforarbeidet unmanufactured *(fx* material); unprocessed *(fx* goods); not worked up; rough.
uforbederlig incorrigible, inveterate, confirmed. **-het** incorrigibility.
uforbeholden unreserved, frank, open, unstinted *(fx* praise); *(se unnskyldning).*
uforbeholdenhet unreservedness, frankness, openness.
uforberedt *(adj)* unprepared; *Per møter* ~ *i dag, da han var syk i går* Per has not done his prep(aration) for today, as he was ill yesterday; *(jvf melding).*
uforberedthet (state of) unpreparedness.
uforbindtlig not binding, without obligation; non-committal *(fx* give a n.-c. answer).
uforblommet *(utvetydig)* unambiguous.
ufordelaktig unfavourable *(fx* position), disadvantageous; *(om handel)* unprofitable *(fx* an u. transaction); *(om utseende)* unprepossessing; *i et* ~ *lys* in an unflattering light; *(se I. lys); dette bringer oss i en* ~ *stilling (også)* this places us at a disadvantage; *gjøre seg* ~ *bemerket* attract unfavourable attention; *(se bemerke); jeg har ikke hørt noe* ~ *om ham* I've heard nothing to his disadvantage *(el.* discredit); *snakke* ~ *om* speak unfavourably of *(fx* his work); *man vet ikke noe* ~ *om ham* nothing is known to his prejudice; I (,we, *etc)* know nothing against him; *det -e ved* the disadvantage of.
ufordervet *(fig)* uncorrupted, unspoiled, unspoilt, innocent.
ufordragelig intolerable, unbearable.
ufordragelighet intolerableness.
ufordøyelig indigestible. **-het** indigestibility.
ufordøyd undigested.
uforen(e)lig incompatible, irreconcilable, inconsistent (with); *et grotesk lappverk av -e elementer* a grotesque patchwork of incompatible elements.
uforen(e)lighet incompatibility; inconsistency *(med* with).
uforfalsket unadulterated, genuine; *(jvf usminket).*
uforfalskethet genuineness.
uforferdet fearless, intrepid, undaunted; bold, brave; *(adv)* boldly, bravely, nothing daunted.
uforferdethet fearlessness, intrepidity.
uforgjengelig imperishable, indestructible, everlasting; *(udødelig)* imperishable, undying *(fx* fame); immortal.
uforgjengelighet imperishableness, indestructibility, indestructibleness; *(udødelighet)* immortality.
uforglemmelig unforgettable; memorable; never to be forgotten; haunting *(fx* a place of rare and h. beauty).
uforholdsmessig *(adj)* disproportionate; *(adv)* disproportionately; *et* ~ *stort lager* an unduly large stock; unduly heavy stocks.
uforholdsmessighet disproportion.
uforklarlig inexplicable, unaccountable; *av en eller annen* ~ *grunn* for no ascertainable reason; *på en* ~ *måte* unaccountably, inexplicably.

uforknytt undismayed, unabashed.
uforlignelig incomparable; *(makeløs)* matchless, unequalled, unmatched, unparalleled.
uforlikt: *være ~* differ, disagree.
uforlovet not engaged (to be married).
uformelig shapeless, formless; amorphous.
uformelighet shapelessness, formlessness; amorphousness.
uformell informal; *uformelt (adv)* informally.
uforminsket undiminished; *(usvekket)* unabated.
uformuende without (private) means.
uformuenhet lack *(el.* absence) of (private) means; lack of money.
ufornuft unreasonableness, foolishness; *(dårskap)* folly. **-ig** unreasonable; *(tåpelig)* foolish.
uforrettet: *komme tilbake med ~ sak* return unsuccessful, return empty-handed.
uforseglet unsealed.
uforsiktig **1***(skjødesløs)* careless; *(ikke varsom)* incautious *(fx* I was i. enough to leave the door open); **2***(uklok)* imprudent; **3***(ubetenksom)* indiscreet; rash *(fx* that was very rash of you).
uforsiktighet carelessness; incautiousness; imprudence; indiscretion; rashness; *(se uforsiktig).*
uforskammet impudent, insolent; *(nesevis)* impertinent; *uforskammede priser* exorbitant prices.
uforskammethet impudence, insolence; *(nesevishet)* impertinence; *dette er en ~ uten like; tenk å behandle folk på den måten!* this is unheard -of *(el.* unexampled) impertinence; fancy treating people like that!
uforskyldt undeserved, unmerited.
uforsonlig relentless; implacable; irreconcilable; uncompromising.
uforsonlighet relentlessness; implacability.
uforstand foolishness; imprudence.
uforstandig foolish; imprudent, unwise.
uforstilt unfeigned, sincere, genuine.
uforstyrrelig imperturbable, unruffled; *hans -e humør* his unfailing good humour.
uforstyrrelighet imperturbability.
uforstyrret undisturbed; *(uten å bli avbrutt)* uninterrupted.
uforstå(e)lig incomprehensible, unintelligible.
uforstående puzzled, uncomprehending; *(ikke forståelsesfull)* unsympathetic, unappreciative *(fx* an u. attitude).
uforsvarlig indefensible; *(utilgivelig)* inexcusable; *(forkastelig)* unwarrantable, unjustifiable.
uforsøkt untried; *ikke la noe middel ~* leave no stone unturned; leave no means untried; try everything.
uforsørget unprovided for.
ufortapelig *(rett)* inalienable *(fx* inalienable rights).
ufortjent undeserved, unmerited.
ufortollet uncustomed; not duty-paid; *(salgsklausul)* duty unpaid; *fortollet eller ~* duty paid or unpaid; *ufortollede varer (også)* goods on which duty has not been paid.
ufortrøden indefatigable; **-t** *(adv især)* steadily; *han gikk ~ videre* he walked sturdily onwards; *(jvf trøstig).*
ufortrødenhet indefatigableness, perseverance.
ufortært unconsumed.
uforutseende improvident.
uforutsett unforeseen, unlooked-for; *-e omstendigheter* unforeseen circumstances; *-e utgifter* unforeseen expenses; contingencies *(fx* allow £10 for c.); *med mindre noe ~ skulle inntreffe* if all goes according to plan; if nothing unforeseen happens; unless some unforeseen obstacle occurs; barring accidents.
uforvansket *(om tekst)* ungarbled, uncorrupted.
uforvarende *(adv)* unexpectedly, unawares; *det kom ~ på oss* it caught us unawares; we were caught napping.
uframkommelig impassable.
ufrankert unstamped, unpaid.
ufravendt *(adv)* fixedly, intently.
ufravikelig *(adj)* unalterable, invariable; *en ~ betingelse* an absolute condition; *en ~ regel* an invariable rule.
ufred discord, dissension, strife; *(krig)* war, strife; *(uro)* unrest.
ufri not free, unfree.
ufrihet restraint; *(slaveri)* bondage.
ufrivillig *(adj)* involuntary; *(ikke tilsiktet)* unintentional; *(adv)* involuntarily; unintentionally.
ufruktbar barren, sterile, infertile; *(plan, arbeid)* unproductive.
ufruktbarhet barrenness, sterility, infertility.
ufullbyrdet unaccomplished, unexecuted.
ufullbåret *(barn)* prematurely born, premature.
ufullendt unfinished.
ufullendthet unfinished state.
ufullkommen imperfect. **-het** imperfection.
ufullstendig incomplete; *(mangelfull, ufullkommen)* defective, imperfect; *~ forbrenning* imperfect combustion; *-e kunnskaper i faget* an imperfect knowledge of the subject; *~ verb* defective verb.
ufullstendighet incompleteness, defectiveness, imperfection.
ufundert unfounded; *-e rykter: se I. rykte: løse -r.*
ufyselig unappetizing, forbidding, uninviting, disgusting *(fx* the roads are in a disgusting state).
ufødt unborn.
ufølsom insensitive *(overfor* to, *fx* light, pain, poetry), insensible; callous, unfeeling; *(se saklig).*
ufølsomhet insensitiveness, insensibility; callousness, unfeelingness.
ufør *se arbeidsufør.*
uføre deadlock *(fx* we have reached a d.), impasse *(fx* we must get out of this i.); mess *(fx* he's got into a mess); *det brakte oss opp i et ~* that landed us in a mess.
uførhet *se arbeidsuførhet.*
ugagn mischief; *gjøre ~ (også fig)* make m.
ugagnskråke mischievous little thing, mischief itself, little monkey, little tinker.
ugalant ungallant, uncomplimentary.
ugarvet untanned.
ugg *(brodd, pigg)* sting; spike, barb; prickle.
ugiddelig *(lat, makelig)* indolent.
ugift unmarried, single; *~ mann* (ɔ: *ungkar)* bachelor; *~ kvinne* bachelor woman (,girl).
ugild *(jur)* disqualified.
ugjendrivelig irrefutable.
ugjenkallelig irrevocable; *~ tapt* irretrievably lost; *det er ~ (også)* there is no going back on it.
ugjenkallelighet irrevocability.
ugjenkjennelig irrecognizable.
ugjennomførlig impracticable.
ugjennomførlighet impracticability.
ugjennomsiktig opaque.
ugjennomsiktighet opaqueness, opacity.
ugjennomskuelig impenetrable *(fx* darkness, mystery); *(fig)* inscrutable *(fx* an i. person); *(se også ugjennomtrengelig).*
ugjennomtrengelig impenetrable *(fx* darkness, fog, forest) *(for* to, by); impervious *(for* to, *fx* to acids, to gas, to water); impermeable *(for* to, *fx* to water); *~ forsvar (mil)* impregnable defence; *~ mysterium* unfathomable *(el.* impenetrable) mystery.
ugjennomtrengelighet impenetrability, imperviousness, impermeability; *(mil)* impregnability.

ugjerne *(adv)* unwillingly, reluctantly.
ugjerning misdeed, outrage.
ugjerningsmann evil-doer, malefactor.
ugjestfri inhospitable.
ugjestfrihet inhospitability, inhospitableness.
ugjort undone; *la ~* leave undone.
ugjørlig impracticable, impossible.
uglad sad, unhappy.
ugle *(zool)* owl; *det er -r i mosen* there is mischief *(el.* sth) brewing; *(se kattugle; tårnugle).*
uglesett generally disliked; disliked (by everybody); looked askance at; frowned (up)on.
ugrei tangled; in a tangle *(fx* the string is all in a t.); *(om person)* recalcitrant; *det er helt -t (fig)* it's a hopeless tangle.
I. ugreie *(subst)* tangle; *(fig)* difficulty, hitch, trouble; *det var noe ~ med styreinnretningen* something went wrong with the steering gear.
II. ugreie *(vb)* tangle, mess up; *~ seg* become tangled.
ugress weed; *(jvf ukrutt).*
ugressdreper weed-killer, herbicide.
ugressfri weedless.
ugrunnet groundless, unfounded.
ugudelig impious, ungodly.
ugudelighet impiety, ungodliness.
ugunst disfavour; **US** disfavor.
ugunstig unfavourable (,**US:** unfavorable), adverse; *under svært -e vilkår* under very unfavourable conditions; under great disadvantages.
ugyldig invalid, (null and) void; *erklære ~* annul, declare null and void, nullify; *gjøre ~* invalidate, render invalid *(el.* void).
ugyldighet invalidity, nullity.
uharmonisk inharmonious, discordant; *~ ekteskap* ill-assorted *(el.* unhappy) marriage.
uhederlig dishonest.
uhederlighet dishonesty.
uhelbredelig incurable.
uheldig unfortunate, unlucky; *(som gjør et dårlig inntrykk)* invidious *(fx* it will be i. for the council to subsidize this festival when it does not subsidize others); *(malplassert)* ill-judged *(fx* measures), untimely *(fx* remarks); *hans -e sider* his shortcomings; his less engaging qualities; *~ stilt* placed at a disadvantage; *jeg var så ~ å* I had the bad luck to; *under så -e omstendigheter som vel mulig* under every (possible) disadvantage; *(se I. lys).*
uheldigvis unluckily, unfortunately, as bad luck would have it.
uhell ill luck; bad luck; *(enkelt)* misfortune, mischance, mishap, accident; *til alt ~* as bad luck would have it. **-svanger** fatal; ominous, sinister. **-varslende** ominous, sinister.
uhensiktsmessig unsuitable, unserviceable; *(uheldig)* inexpedient, inappropriate. **-het** unsuitability, unsuitableness, unserviceableness; inexpediency, inappropriateness.
uhevnet unrevenged, unavenged.
uhildet *(adj)* unbias(s)ed, unprejudiced; impartial; objective; *man må få begivenhetene litt på avstand for å være ~* one must get (the) events in their proper perspective in order to take a detached view.
uhildethet impartiality; *(se uhildet).*
uhindret unhindered, unimpeded, unobstructed; *~ adgang* free access *(til* to).
uhistorisk unhistorical.
u-hjelp development *(el.* foreign) aid; aid; *bilateral ~* bilateral (foreign) aid; *teknisk ~* technical assistance *(el.* aid); *(u)bundet ~* (un)tied (foreign) aid.
uhjelpelig past help, beyond help.
u-hjelper (overseas) aid officer; (foreign) aid officer; *(ofte)* foreign expert.
uhjemlet unauthorized, unauthorised, unwarranted.
uholdbar untenable; *(om matvarer)* perishable; *(om tøy)* not durable, that does not wear well; *en ~ hypotese* an untenable hypothesis.
uholdbarhet untenability; poor keeping qualities *(fx* of a product).
uhorvelig enormous, tremendous.
uhu! *(ugles tuting)* tu-whoo!
uhumsk filthy, corrupt.
uhumskhet filthiness, corruption.
uhygge 1*(mangel på hygge)* discomfort, want of comfort; **2***(urolig stemning)* uneasiness, uneasy feeling; **3***(uhyggelig, nifs stemning)* sinister atmosphere; eeriness, weirdness; **4***(trist stemning)* dismal atmosphere; **5***(gru)* horror *(fx* the situation in all its h.); *(jvf gru).*
uhyggelig 1*(trist, uten hygge)* comfortless, uncomfortable *(fx* room); cheerless, dismal; **2***(illevarslende)* sinister, ominous *(fx* an o. silence), grim *(fx* prospect); **3***(nifs)* weird, unearthly; uncanny, creepy *(fx* ghost story); ghastly *(fx* murder); grisly *(fx* all the g. details), horrifying; *det ga ham en ~ fornemmelse* it gave him a horrible *(el.* an uncanny) feeling; *i en ~ grad* to an alarming extent.
uhygienisk unhygienic, insanitary.
uhyklet unfeigned.
I. uhyre *(subst)* monster.
II. uhyre *(adj)* enormous, tremendous, huge; *(adv)* exceedingly, extremely, tremendously.
uhyrlig monstrous. **-het** monstrosity.
uhøflig impolite, uncivil, discourteous, rude *(fx* it's rude to stare); *det er ~ å stirre på folk (også)* it's bad manners to stare at people; *~ mot* impolite (,*etc)* to.
uhøflighet impoliteness, incivility, discourtesy, rudeness; *en ~* an act of discourtesy; a rude remark.
uhørlig inaudible; *(adv)* inaudibly.
uhørt unheard; *(enestående)* unheard-of, unprecedented; *(jvf uforskammethet).*
uhøvisk 1*(litt.)* indecent, improper; **2***(uhøflig)* discourteous.
uhøvlet *(ikke høvlet)* unplaned, undressed, rough.
uhøytidelig unceremonious; *(adv)* unceremoniously.
uhåndterlig unwieldy, unhandy.
uhåndterlighet unwieldiness.
uidentifisert unidentified.
uimotsagt unchallenged, uncontradicted; *la stå ~* allow to pass unchallenged.
uimotsigelig incontestable, indisputable.
uimotståelig irresistible.
uimotståelighet irresistibility.
uimottagelig impervious *(mot* to, *fx* i. to argument, criticism, reason); insusceptible *(for* to); proof *(mot* against). **-het** imperviousness *(for* to); insusceptibility; immunity *(fx* to a disease).
uinnbudt uninvited; *(se ubuden).*
uinnbundet unbound; *(heftet)* in paper covers; *~ bok* paperback.
uinnfridd, uinnløst unredeemed; *(veksel)* unpaid, dishonoured.
uinnskrenket unlimited, unrestricted, unbounded, absolute; *~ herre over* absolute lord of.
uinnskrenkethet absoluteness.
uinntagelig *(mil)* impregnable.
uinntagelighet impregnability.
uinnvidd *(jord)* unconsecrated; *(ikke innvidd i en viten)* uninitiated.
uinteres|sant uninteresting. **-sert** uninterested.
uinteresserthet lack of interest.
ujevn uneven, rough; *(om fordeling)* unequal *(fx* distribution); *(om strid)* unequal; *produksjonen*

har vært meget ~ the output has varied a good deal.
ujevnhet unevenness, roughness; inequality.
ukameratslig unsporting; *være* ~ be a bad sport, let down a pal.
uke week; *en -s ferie* a week's holiday; *annenhver* ~ every other week; *hver* ~every week; weekly *(fx* a publication issued w.); *i dag for en* ~ *siden* a week ago today; *torsdag for en* ~ *siden* a week last Thursday; *i tre -r* (for) three weeks; *i forrige* ~ last week; *i neste* ~ next week; *ikke (i) neste* ~*, men den deretter* the week after next; *i de siste tre -r* for the past *(el.* last) three weeks; **om** *en* ~ in a week; in a week's time; *i dag om en* ~ a week from today; *to ganger om -n* twice a week, twice weekly; *om en -s tid* in a week or so; *£5 om -n, £5 pr.* ~ £5 a week, £5 per week; **til** *-n* next week; *-n* **ut** to the end of the week; *(se sist; slutt).*
ukeblad weekly (paper).
ukedag day of the week; *(hverdag)* weekday.
ukekort weekly (season) ticket.
ukelang lasting a week (,for weeks); *-e drøftelser* discussions lasting for weeks.
ukelønn weekly wages *(el.* pay); *en bra* ~ a good weekly wage.
ukelønnet weekly paid.
ukentlig weekly.
ukeoversikt weekly review.
ukevis *(adv)* by the week; *i* ~ for weeks.
ukjennelig unrecognizable, unrecognisable; unidentifiable; *gjøre seg* ~ disguise oneself.
ukjennelighet: *forandret inntil* ~ changed beyond *(el.* out of all) recognition.
ukjent unknown; unacquainted *(med noe* with sth); *det var* ~ *for meg at ...* I was unaware that.
ukjærlig unkind *(mot en* to sby).
ukjærlighet unkindness.
uklanderlig blameless, irreproachable, above reproach.
uklar not clear, turbid, muddy; *(fig)* indistinct, obscure; *(forvirret)* confused; *ryke*~ *med* fall out with; *ha et -t begrep om* have some dim notion of; *ha en* ~ *fornemmelse av at* be vaguely sensible that; ~ *regel* ambiguously worded rule; ~ *tenkning* muddled thinking; woolly thinking; ~ *vin* cloudy wine.
uklarhet dimness; confusion; indistinctness, obscurity.
ukledelig unbecoming. **-het** unbecomingness.
uklok unwise, imprudent.
uklokskap imprudence, unwisdom; indiscretion.
ukomplett incomplete.
ukontrollert *(adj & adv)* unchecked *(fx* if the population explosion continues unchecked).
ukorrekt *(adj)* incorrect.
ukoselig *(lite hyggelig)* cheerless; grisly *(fx* it looks grisly).
ukrenkelig inviolable. **-het** inviolability.
ukrigersk unwarlike.
ukristelig unchristian.
ukritisk uncritical; *(adv)* uncritically.
ukrutt: ~ *forgår ikke* ill weeds grow apace; the devil looks after his own.
ukrysset *adj (om sjekk)* open.
ukuelig indomitable.
ukulele *(mus)* ukulele; **T** uke.
ukultivert uncultured.
ukunstlet artless, unsophisticated, unaffected.
ukunstlethet artlessness, unaffectedness, simplicity.
ukunstnerisk inartistic.
ukurant not in demand; *-e varer* unsalable goods, dead stock, old stock.
ukvemsord word of abuse; abusive language; *hun lot det regne med* ~ *over ham* she heaped *(el.* showered) abuse upon him.
ukvinnelig unwomanly.
ukyndig unskilled *(i* in), ignorant *(i* of).
ukyndighet lack of skill, ignorance.
ukysk unchaste.
ukyskhet unchastity.
ul *(hyl; ulvens, vindens)* howling, howl.
ulage disorder; *bringe i* ~ throw into disorder; upset *(fx* sth); *komme i* ~ be thrown out of gear; **T** get messed up.
u-land developing country; *Norge er et* ~ *når det gjelder...* Norway is an underdeveloped country as regards *(el.* when it comes to)...
ulastelig: ~ *kledd* immaculately dressed.
ule *(vb)* hoot, howl.
ulegelig incurable.
uleilige *(vb)* trouble, inconvenience; put to trouble; *(stivt el. spøkef)* incommode *(fx* I hope this arrangement will not i. you); ~ *seg* take trouble; trouble; ~ *seg med å* take the trouble to.
uleilighet inconvenience, trouble; *komme til* ~ cause inconvenience; *gjøre seg den* ~ *å* take the trouble to; *gjør Dem ingen* ~ *med det* don't trouble about it; *volde en* ~ put sby to trouble, give sby trouble.
ulempe inconvenience; drawback; disadvantage; *en liten* ~ a minor inconvenience.
ulende rugged ground; wilderness; *og så måtte han (kjøre) ut i -t igjen (ɔ: forlate veien)* and then he had to go *(el.* drive) right into the bush again *(el.* he had to leave the beaten track again).
ulendt rugged, difficult.
ulenkelig ungainly.
uleselig illegible; *(ikke leseverdig)* unreadable.
uleselighet illegibility; unreadableness.
ulesket *(om kalk)* unslaked *(fx* lime).
ulidelig intolerable, insufferable.
ulik unlike, different from.
ulike unequal; *et* ~ *tall* an uneven *(el.* odd) number; *like eller* ~ odd or even; *husene med* ~ *nummer* the odd houses.
ulike|artet heterogeneous. **-sidet** unequal-sided, with unequal sides, inequilateral; ~ *trekant* scalene triangle.
ulikhet difference; dissimilarity, disparity.
ulk *(sjø-)* old salt, (jack) tar.
ulke *(fisk)* sea scorpion; *(om flere arter)* sculpin.
ull wool; *av samme ulla* **T** of the same kind.
ullaktig *(adj)* woolly.
ullen *(adj)* woollen (,**US:** woolen), woolly; *et -t uttrykk* a woolly expression.
ull|garn woollen yarn, wool. **-madrass** flock bed; *seng med* ~ flock bed. **-spinneri** (wool) spinning mill. **-strømpe** woollen stocking. **-teppe** blanket. **-trøye** woollen vest. **-tøy** woollen goods; woollens. **-varefabrikk** woollen mill. **-varer** woollen goods, woollen garments, woollens *(pl).*
ulme *(vb)* smoulder.
ulogisk illogical; *(jvf logisk).*
ulovlig unlawful, illegal.
ulovlighet unlawfulness, illegality.
ulster *(ytterfrakk)* ulster.
ultimatum ultimatum; *stille et* ~ give an u.; *stille en overfor et* ~ present sby with an u.
ultimo *(merk)* at the end of the month; *(lett glds)* ultimo; *levering* ~ *mai* delivery at the end of May; *(telegramstil)* delivery end May; *den 5.* ~ on the 5th of last month; *(lett glds)* on the 5th ult(imo).
ultra ultra. **-lyd** ultrasound. **-marin** ultramarine.
ulv *(zool)* wolf *(pl:* wolves). **-aktig** *(adj)* wolfish.
ulve|flokk pack of wolves. **-hi** wolf's lair.
ulveskrei running pack of wolves.
ulv|inne *(zool)* she-wolf. **-unge** wolf cub.
ulyd discord, dissonance; unpleasant sound.

ulydig disobedient *(mot* to); *være ~ mot en* disobey sby.
ulydighet disobedience *(mot* to).
ulykke 1*(sviktende hell)* misfortune, ill fortune; **2***(uhell)* bad luck, ill luck; *(alvorligere)* calamity; **3***(motgang)* adversity, trouble; **4***(nød)* distress, trouble; *(sterkere)* misery; **5***(ulykkestilfelle)* accident *(fx* he had an a. with his car; he lost his leg in an a.); *(med dødelig utgang)* fatal accident; *(i statistikk, etc)* fatality *(fx* road fatalities increased by 10 per cent); *(mer omfattende)* disaster *(fx* the terrible d. on the Manchester line; it would be a national d.); *(katastrofe)* catastrophe; disaster; *en alvorlig ~* (1) a grave misfortune; (5) a serious accident; *en ~ kommer sjelden alene* troubles never come singly; it never rains but it pours (NB *kan også bety: «en lykke kommer sjelden alene»); det er ingen ~ skjedd* there is no harm done; *bringe en pike i ~* get a girl into trouble; *komme i -n (om pike)* get into trouble; *han har vært ute for en ~* he has had an accident; *stygg som en ~* as ugly as sin; *det er mange -r med motorsykler* there are many accidents involving motorcycles.
ulykkelig 1*(ikke lykkelig, bedrøvet)* unhappy *(fx* he was u. at leaving her); *(sterkere)* miserable, wretched, broken-hearted; **2***(uheldig)* unfortunate, unhappy; *være ~ i sitt ekteskap* be unhappily married, be unhappy in one's marriage; *han var ~ over det* he was unhappy about it; it distressed him; *(jvf ulykksalig).*
ulykkeligvis unhappily; unfortunately; as ill-luck would (,will) have it.
ulykkesbudskap sad *(el.* tragic) news.
ulykkes|forsikret insured against accidents. **-forsikring** accident insurance.
ulykkesfugl bird of ill omen; *(psykol om person)* accident-prone person; *(ofte)* potential victim; **T** Jonah; **US S** jinx.
ulykkestilfelle accident; *(se skyldes; ulykke 5).*
ulykksalig disastrous; unhappy; *det skyldtes den -e omstendighet at ...* it was due to *(el.* it was a result of) the most unfortunate circumstance that ...
ulyst disinclination; reluctance *(til* to); *gjøre noe med ~* do sth reluctantly.
ulystbetont unpleasant, tedious; of the nature of drudgery, done unwillingly; *et ~ arbeid* an unpleasant type of work; *et arbeid går ikke unna hvis det er ~* work doesn't get done if it's not attractive *(el.* pleasurable); *hvis arbeidet er ~, blir det heller ikke utført skikkelig* if the work is done unwillingly it won't be done properly either; *det må ikke være ~* it must not become a chore *(el.* a duty), it must not become a form of drudgery; *(jvf lystbetont).*
ulærd unlearned, unlettered, illiterate.
ulønnsom unprofitable, unremunerative.
ulønnet unpaid *(fx* secretary work); unsalaried *(fx* official).
uløselig insoluble; inextricable *(fx* difficulties); *en ~ knute* an inextricable knot.
uløst unsolved.
umak pains, trouble; *gjøre seg ~ for å* take pains to, go out of one's way to; *gjøre seg ~ med noe* take pains over sth; *han gjorde seg stor ~ med å* he went to *(el.* he took) great trouble to; he took great pains to; *du må gjøre deg mer ~ (også)* you must try harder; *han gjorde seg aldri den ~ å forsøke* he never took the trouble to try; *det er ikke -n verdt* it's not worth while.
umake *(adj)* odd *(fx* glove).
umalt 1. unpainted; **2.** unground, whole.
umandig unmanly, effeminate.
umandighet unmanliness, effeminacy.
umanerlig unmannerly.
umeddelsom incommunicative.
umedgjørlig unmanageable, intractable; stubborn; uncooperative.
umedgjørlighet intractableness, stubbornness.
umelodisk unmelodious.
umenneske monster, beast, brute.
umenneskelig inhuman; *(adv)* inhumanly; *et ~ hardt arbeid* an inhumanly hard piece of work; some inhumanly hard work. **-het** inhumanity.
umerkelig *(adj)* imperceptible, unnoticeable.
umerket unmarked.
umetodisk unmethodical.
umettelig insatiable.
umettelighet insatiability.
umettet *(kjem)* unsaturated; *umettede fettsyrer* unsaturated fatty acids.
umiddelbar immediate, direct; *(naturlig)* spontaneous; impulsive; *-t før* immediately before.
umiddelbarhet immediateness; spontaneity; impulsiveness.
umild harsh, unkind.
umildhet harshness, unkindness.
uminnelig immemorial; *i -e tider* time out of mind, from time immemorial.
umiskjennelig unmistakable.
umistelig inalienable *(fx* rights).
umistenksom unsuspecting, trusting, unsuspicious.
umoden unripe; *(fig)* immature. **-het** unripeness; *(fig)* immaturity.
umoderne out of fashion; old-fashioned, out of date; *bli ~* go out of fashion.
umoral immorality.
umoralsk immoral; *(især* **US***)* unethical *(fx* he thought that overcharging his customers was unethical).
umotivert unmotivated, gratuitous, unprovoked; *(adv)* without a motive, without cause; *helt ~* for no reason whatever.
umulig impossible; *gjøre seg ~* make oneself impossible; *vi kan ~* we cannot possibly; *forsøke det -e* attempt impossibilities *(el.* the impossible); try to put a quart into a pint pot; *(se også trebukk).*
umuliggjøre *(vb)* render impossible.
umulighet impossibility.
umusikalsk unmusical; *(om person)* with no ear for music; *han er ~* he has no ear for music; *(jvf musikalsk).*
umyndig minor, under age; *han er ~* he is a minor, he is not of age; *-es midler* trust funds; *gjøre en ~* declare sby incapable of managing his own affairs.
umyndiggjøre *(vb): ~ en* put sby under guardianship; declare sby incapable of managing his own affairs.
umyndighet minority.
umyntet uncoined.
umælende dumb; *~ dyr* dumb animal.
umøblert unfurnished.
umåteholden excessive, immoderate, intemperate.
umåtelig *(adj)* tremendous, immense, enormous; *(adv)* immensely, tremendously.
unatur *se unaturlighet.*
unaturlig unnatural; *(påtatt)* affected. **-het** unnaturalness; affectation.
I. under *(subst)* wonder, marvel, miracle.
II. under *(prep)* **1.** under *(fx* u. the bed; hide the money u. the floor; swim u. (the) water; just u. my window); *(like under overflaten)* underneath *(fx* there is water underneath the sand);
2*(lavere enn)* below *(fx* hit him b. the belt; b. the mountains; b. the surface; wounded b. the knee);
3*(fig)* beneath *(fx* beneath contempt);

4(*om tid*) during (*fx* d. my stay in Paris; d. his absence; d. the negotiations); at the time of (*fx* this furniture came into fashion at the time of the Great Exhibition); ~ *hele krigen* during the entire war, for the whole war; (*ved verbalsubst*) while -ing (*fx* while driving); (*på kortere tid enn*) under (*fx* I can't do it in under two hours); in less (time) than;
5(*underlagt (en)*) under (*fx* he has fifty men under him; it is under Government control);
6(*i rang*) below (*fx* a major is b. a general in rank);
7(*mindre enn*) under (*fx* children under six years of age; I won't do it under £5); less than (*fx* quantities less than 20lbs); not exceeding (*fx* incomes not e. £500);
8(*gjenstand for behandling*) under (*fx* under repair; die u. an operation; u. treatment); in course of (*fx* the dictionary is now in c. of preparation); in process of (*fx* a bridge in p. of construction);
9(*om ledsagende omstendighet*) amid(st), among (*fx* a. increasing hilarity; a. cheers and jeers); to the accompaniment of (*fx* cheers);
10(*ved rubrikkbetegnelse*) under, under the head(ing) of (*fx* this is dealt with under chemistry);
selge ~ **ett** sell in one lot; *skipe varene* ~ *ett* ship the goods all in one lot; send the goods in one shipment; *sett* ~ *ett* as a whole, taking it all round (*fx* taking it all round, the past year has been satisfactory); *vi må se på disse sakene* ~ *ett* we must consider these matters as a whole.
III. under (*adv*) below, beneath; *bukke* ~ *for* succumb to, be overcome by; *gå* ~ (*om skip*) go down, be lost, sink; (*se for øvrig forbindelsens annet ledd*).
underagent sub-agent. **-ur** sub-agency.
underansikt lower part of the face.
underarm forearm.
underart subspecies.
underavdeling subdivision; (*i bok, etc*) subsection.
underbalanse deficit; *en* ~ *på* a deficit of (*fx* the annual accounts show a deficit of £100).
underbefrakter (*merk*) recharterer.
underbenklær (*pl*) pants; (*også* **US**) underpants; *lange* ~ long underwear (*el.* underpants); **S** (*også* **US**) longjohns; *korte* ~ short underwear (*el.* underpants); (*merk*) briefs; (*se strømpebukse; truse; underbukser*).
underbeskjeftigelse under-employment.
underbevisst subconscious.
underbevissthet subconsciouness; *-en* (*især*) the subconscious.
underbinde (*vb*) tie, ligate.
underbitt (*med.*) underhung jaw; **US** undershot jaw.
underbrannmester sub-officer; (*i Skottland*) section (fire) leader; **US** fire lieutenant.
underbud lower bid.
under|bukser (*pl*) pants; (*også* **US**) underpants; *lange* ~ **S** longjohns; (*se -benklær*).
underby (*vb*) underbid, undercut, undersell.
underbygge (*vb*) support, substantiate; base; ~ *med* base (*el.* found) on, support (*el.* substantiate) with; *underbygd med kjensgjerninger* supported by facts; *en dårlig underbygd påstand* an ill-founded assertion; *godt underbygd* well supported.
underbygning substructure; (*fig*) substantiation.
underdanig subservient, submissive; (*ydmyk*) humble, obedient.
underdanighet subservience, submissiveness.
underdirektør 1. deputy (*el.* assistant) director; **2**(*i fengsel*) deputy (*el.* assistant) governor; **3**(*ved Direktoratet for statens skoger*) deputy director general (of forestry); (*i Canada: forskjellig for de forskjellige provinser, fx*) assistant chief forester; assistant director of forests; assistant deputy minister of forests.
underdommer stipendiary magistrate, recorder; judge of a city court.
underdomstol inferior court.
underdønning ground swell.
under|entreprenør subcontractor. **-entreprise** subcontract.
underernære (*vb*) underfeed, undernourish, nourish badly.
underernæring undernourishment; (*især på uriktig sammensatt kost*) malnutrition.
underetasje lower ground floor.
underforstå (*vb*) imply; *det var stilltiende -tt at* it was tacitly understood that; *være -tt med* consent to; accept.
underfrankert (*om brev*) understamped, underpaid; *dette brevet er* ~ **US** this letter has insufficient postage.
underfull wonderful, marvellous, miraculous.
underfundig cunning, crafty, wily, underhand (*fx* u. means).
underfundighet craftiness, cunning.
undergang destruction, ruin; (*fall*) fall, downfall; *redde barnet fra sedelig* ~ save the child from moral ruin; *dømt til* ~ doomed; *gå sin* ~ *i møte* be on the road to destruction; head straight for a fall.
undergi (*vb*): *være -tt* be subject to; *de lover vi er -tt* (*også*) the laws that govern us.
undergjørende wonder-working, miraculous.
undergrave (*vb*) undermine; (*også fig*) sap.
undergravingsvirksomhet (*polit*) subversive activity.
undergrunn 1(*geol*) subsoil; subsurface; **2**(*motstandsbevegelse*) underground (movement), resistance (movement); **3**(*jernb*) underground (railway); **T** tube; **US** subway.
undergrunns|arbeid (*se undergrunn 2*) underground work. **-bane** underground (railway); **T** tube; **US** subway; *ta -n* **T** go by tube (*fx* he went there by tube).
undergrunnsbevegelse underground (movement), resistance (movement).
undergå (*vb*) undergo, pass through; ~*en forandring* undergo a change.
underhandle (*vb*) negotiate.
underhandler negotiator.
underhandling negotiation.
underhold maintenance (*av* of), subsistence; (financial) support.
underholde (*vb*) **1.** maintain, support; **2**(*more*) entertain.
underholdende entertaining.
underholdning entertainment; *kunstnerisk* ~ cultural entertainment.
underholdningsbidrag alimony; maintenance (*fx* he does not want to give his wife any m.; he is willing to pay m. for his child).
underholdningslitteratur light reading.
underholdningsmusikk: *blandet* ~ musical medley.
underholdningsplikt duty to support (*fx* one's children).
underhus (*parl*) Lower House; *U-et* **UK** the House of Commons; the Commons.
underhånden privately; confidentially; secretly; *salg* ~ private sale; *snakke med ham* ~ have a private talk with him; *han fikk jobben* ~ he was given the job unofficially; ~ *hadde han fått vite at stillingen ikke ville bli utlyst* he had been told privately that the post would not be advertised.

U

Underhuset

Did you know that
no British monarch is allowed to set foot in the House of Commons? That was decided in the 1640s after king Charles I had marched into the House together with some soldiers to arrest some representatives who had refused to pay him tax. The king was later executed, by the way.

underjordisk subterranean, underground; *de -e* the little people, the fairies; *(ondsinnete)* the goblins.
underkant lower edge *(el.* side); *i ~* rather on the small side (,short side, *etc);* only just *(fx* Is the baby putting enough weight on? – Only just).
underkasse *(støpekasse)* bottom-half mould; drag.
underkaste *(vb)* **1.** subject to *(fx* these cables are subjected to severe tests; he was subjected to *(el.* put through) a long cross-examination); *tvisten ble -t voldgift* the dispute was submitted to arbitration; *være -t* be subject to *(fx* the settlement of this dispute is subject to English law); *bli -t streng kontroll under hele produksjonsprosessen* be carefully checked throughout the production process; **2.:** *~seg (gi etter)* submit; *~ seg kontroll* submit to control; *~ seg en operasjon* undergo an operation; **T** have an operation; *~ seg en prøve* submit to *(el.* undergo) a test.
underkastelse subjection, submission *(av* of; *for* to); capitulation, surrender; *tvinge en til ~* force sby to submit.
underkjenne *(vb)* disallow, not approve, reject; *(domsavgjørelse)* overrule *(fx* the judge overruled the previous decision); reverse, set aside *(fx* the decision of a lower court).
underkjennelse non-approval, disallowal; *(av dom)* overruling, reversal.
underkjole slip; *-n din er synlig* your slip is showing; *(se flesk).*
underkjøpe *(vb)* bribe; *(falske vitner)* suborn.
underklasse lower class.
underkropp lower part of the body; *(se nedentil).*
underkue *(vb)* subdue; subjugate; suppress.
underkuelse subjugation; suppression.
underkurs discount; *stå i ~* be at a discount.
underkøye lower berth.
underlag **1***(støtte)* support, base, foundation, bed; *(for last i skip)* dunnage; *(bygn)* base course, underlay; **2***(geol)* substratum; **3***(av maling, etc)* undercoating; priming; **4***(skrive-)* blotting pad; **5***(telt-)* ground sheet.
underlagsbrikke *(mask)* seating washer.
underlagsfilt *(for gulvteppe)* underfelt.
underlagskrem *(for ansiktet)* foundation.
underlagsmateriale *(dokumenter, etc)* case papers *(el.* documents).
underlagsplate *(for svilleskruer)* base (,**US:** tie) plate.
underlegen inferior (to).
underlegenhet inferiority.
underlegge *(vb): ~ seg* subjugate, subdue, conquer; *være underlagt* be placed under *(fx* the consulate is placed directly under the legation); be subject to *(fx* another state); *være underlagt en* be subordinate to sby; *(se også tjenstlig); vi er alle underlagt loven* we are all subject to *(el.* responsible to) the law.
underleppe *(anat)* lower lip.
underlig strange, odd, queer; *~ nok* strangely enough, strange to say, strange as it may seem; *føle seg ~ til mote* feel queer; *det er ikke så ~ at* it is not to be wondered at that; *det er da ikke så ~* there is nothing surprising about *(el.* in) that; *sett på bakgrunn av den holdning X har inntatt i denne sak, finner vi det ~ at* ... (viewed) in the light of the attitude X has taken in this matter, we find it remarkable that ...; *(se også merkelig).*
underliggende underlying; *de ~ årsaker* the underlying causes.
underliv *(anat)* abdomen.
underlivs|betennelse *med. (hos kvinne)* inflammation of the uterus (ovaries, etc). **-lidelse** *(hos kvinne)* gynaecological trouble *(el.* complaint). **-undersøkelse** *(av kvinne)* gynaecological examination.
undermast *(mar)* lower mast.
underminer|e *(vb)* undermine; *(fig, også)* sap; *hans helbred ble -t* his health was sapped.
undermunn *(anat)* lower part of the mouth.
undermåler nonentity, nobody; *(mildere)* second-rate mind; lightweight; **US** *(også)* second-rater.
undermåls below standard.
underoffiser non-commissioned officer *(fk* N.C.O.).
underordne *(vb): ~ seg* subordinate oneself to.
underordnet subordinate; *(uviktig)* minor; secondary; *de underordnede funksjonærer* the subordinate staff; *et ~ hensyn* a minor consideration; *av ~ betydning* of secondary importance; *.. men alle disse er strengt ~ hovedtemaet* all these, however, are strictly subsidiary to the main theme.
underordning subordination.
underovn *(til bryggepanne)* copper heater.
underpant mortgage.
underpostkontor branchpost office; **US** sub-station.
underpris: *selge til ~* sell at a loss *(el.* sacrifice).
underretning information; *til ~ for* for the information of; *jeg har mottatt ~ fra* ... I have been notified by ...
underrett *(jur)* lower court.
underrette *(vb)* inform *(om* of); *(varsle)* notify; *~ feil* misinform; *~en om at* inform sby that; *holde en -t om* keep sby posted as to; *galt -t* misinformed, ill-informed; *godt -t* well informed.
underrettsdommer judge of a lower court.
underseil *(mar)* course, lower sail.
underselge *(vb)* undersell, undercut.
undersetsig squat, thickset, stocky.
undersetsighet stockiness.
underside under side, underside.
undersjøisk submarine.
underskjørt underskirt, waist slip, half-slip.

underskog underbrush, undergrowth.
underskrift signature; *egenhendig* ~ one's own signature; autograph signature; *uten* ~ unsigned; *(se nedenstående & underskrive).*
underskriftmappe *(på kontor)* signature book.
underskrive *(vb)* sign; *(fig)* endorse; *i underskrevet stand* duly signed.
underskudd deficit, deficiency *(på* of); *gå med* ~ lose money *(fx* the hotel was losing m.); be run *(el.* worked) at a loss; be a losing concern; *(se betalingsbalanse; II. dekke; handelsunderskudd; underbalanse).*
underslag embezzlement, peculation; *gjøre* ~ embezzle; *dekke -et* repay the embezzled money.
underslå *(vb)* **1.** embezzle, misappropriate *(fx* private funds); **2.** conceal; intercept *(fx* a letter).
underspist: *være (godt)* ~ have eaten (well) in advance so that one is prepared.
underst bottom, lowest; *(av to)* lower, bottom; at the bottom.
understasjonsmester *(jernb)* assistant station master; *første* ~ relief station master; *(se stasjonsmester).*
understemme *(mus)* bass (voice); contra-part.
understell **1***(flyv)* landing gear, undercarriage; *opptrekkbart* ~ retractable landing gear; **2***(bils)* chassis; **3***(bagvogns)* carry-cot chassis; *(se bagvogn).*
understells|behandle *vb (bil mot rust)* underseal. **-behandling** undersealing; **US** undercoating.
understikk *(kort)* undertrick; *få to* ~ be *(el.* go) two down.
understreke *(vb)* underline, (under)score; *(fig)* emphasize, emphasise, stress, drive home *(fx* the Suez crisis of 1956 has driven home the importance of big tankers); *(se innlegg: -ene gikk i retning av å understreke ...).*
understrekning underlining, (under)scoring; *(fig)* emphasizing, stressing; *-ene er viktige* the underlinings are important.
understrøm undercurrent, underset; *(fra land)* undertow; *(fig)* undercurrent.
understøtte *(vb)* support, aid, subsidize.
understøttelse support, aid, assistance; *(se underholdningsbidrag).*
understøttelsesfond relief fund.
understå *(vb):* ~ *seg* dare, presume.
undersøk|e *(vt)* **1.** examine *(fx* the machine was examined; e. the goods; the doctor examined him); **2***(ta i øyesyn)* inspect; **3***(utforske)* explore; **4***(etterforske, granske)* investigate; **5***(ransake)* search; **6***(kjem)* test; *dette må -s* this must be looked into; *politiet -te hans forhold* the police checked up on him; ~ *en historie* check up on a story; ~ *et klagemål* investigate *(el.* look into) a grievance; ~ *nøye (el. grundig)* examine carefully *(el.* closely *el.* thoroughly); *da vi -te innholdet nærmere, fant vi at* on examining the contents more closely we found that; ~ *om* inquire whether; ~ *på nytt* re-examine; ~ *en sak* inquire *(el.* look) into a matter; go into a m.; *etter å ha -t saken* after having made investigations; having investigated the matter; having inquired into *(el.* gone into) the matter; *vi har fått saken -t* we have had inquiries made; *vi har -t saken nøye* we have made thorough inquiries in the matter; we have looked *(el.* inquired) into the matter thoroughly; *jeg skal* ~ *saken nærmere* I shall look more closely *(el.* closer) into the matter; I shall make further inquiries into the matter; ~ *terrenget (også fig)* reconnoitre the ground; ~ *årsaken til ulykken* investigate the cause of the accident; *(se undersøkende).*
undersøkelse *(jvf undersøke)* examination; inspection; exploration; investigation; search; test; inquiry; investigation; *lege-* medical examination; *vitenskapelige -r* scientific research *(el.* investigations); *ved en ny* ~ *på lageret fant jeg at* a new *(el.* fresh) search of the warehouse resulted in my finding that; on searching *(el.* looking over *(el.* through)) the w. again, I found that; *en nøye* ~ *av* a careful *(el.* close *el.* thorough) examination of *(fx* the engine); *en nøye* ~ *av årsaken til eksplosjonen* a careful inquiry into the cause of the explosion; a thorough investigation of the cause of the e.; *foreta en* ~ *av* examine *(fx* a painting), make an examination of; *foreta nærmere -r* make further inquiries; *foreta en nærmere* ~ *av noe* go (more closely) into sth; examine sth more closely; *sette i gang en* ~ institute an inquiry *(el.* an investigation); *det er gjenstand for -r* it is being inquired into; *ved nærmere* ~ on (closer) examination; on making a closer examination; on making further inquiries; on closer inspection; *sett på bakgrunn av den* ~ *som nå pågår, finner vi det merkelig at* ... in the light of the inquiry now in progress, we find *(el.* consider) it remarkable that ...; *(se granskning; husundersøkelse; legeundersøkelse; skjermbildeundersøkelse).*
undersøkelseskommisjon fact-finding committee; investigating committee.
undersøkende searching; *(adv)* searchingly; *se* ~ *på en* look searchingly at sby.
undersått subject.
undertallig deficient (in number); below the normal (,necessary) number; short.
undertann lower tooth.
undertegne *(vb)* sign, put one's name to; *-t* signed.
undertegnede the writer (of this letter), the undersigned; *(spøkef = jeg)* yours truly.
undertelne *fisk (på trål)* bottom rope.
undertiden *(adv)* sometimes, at times, occasionally.
undertittel subtitle; subheading.
undertrykke *vb (tilbakeholde)* restrain, repress; *(brev, bok)* suppress; *(opprør)* crush, suppress; *(underkue)* oppress.
undertrykkelse suppression; oppression.
undertrykker oppressor.
undertrøye vest; **US** undershirt; (NB *se vest).*
undertvinge *(vb)* subdue, subjugate.
undertvingelse subjection, subjugation.
undertøy underwear *(fx* boys' all wool underwear).
underutviklet underdeveloped.
undervanns- submarine. **-båt** submarine; *(især fiendtlig)* U-boat. **-skjær** sunken rock; *(se III. skjær).*
underveis on the way, on one's way; in transit, during transit *(el.* transport), en route.
undervekt underweight; *(om varer)* short weight.
undervektig underweight; *(om varer)* deficient *(el.* short) in weight.
underverden underworld.
underverk wonder, miracle; *gjøre -er* work *(el.* perform) miracles; *(fig, også)* do wonders.
undervis|e *(vb)* teach *(fx* t. a class; the school where she taught); ~ *i et fag* teach a subject; *han har -t i disse språk både i ungdomsskole og gymnas* he has been teaching these languages to both Ordinary and Advanced Level; ~ *en i engelsk* teach sby English; give sby E. lessons; *han -er klassen i engelsk* he takes the class for English.
undervisning **1***(som man gir)* teaching; instruction; tuition; lessons *(pl);* **2***(som man får)* training, education, instruction, tuition; schooling *(fx* he did not get much s.); *-en er gratis* tuition is free; *-en ble innstilt på ubestemt tid* the schools

were closed down for an unspecified period; *forstyrre -en (om elev)* interfere with the *(el.* one's) teaching; make a nuisance of oneself in class; disturb the classwork *(el.* the teaching *el.* the lesson); *det er ~ som vanlig i dag* school will be as usual today; s. will be open today as usual; *være til stede ved en kollegas ~* sit in on a colleague's class(es); *(se hjelpeundervisning; privatundervisning; undervisningskompetanse; vekt).*

undervisnings|anstalt educational establishment, school. **-bruk:** *til ~* for teaching *(el.* educational) purposes. **-byrde** teaching load *(fx* a t. l. corresponding to two weekly original lectures throughout the year).

undervisningsdepartement: *Kirke- og undervisningsdepartementet* The Ministry of Church and Education; **UK** Department of Education and Science; *(fk* DES).

undervisnings|fag subject taught. **-film** educational *(el.* teaching) film. **-form** form of instruction *(fx* the school has a flexible form of instruction, which will suit any pupil, regardless of previous knowledge).

undervisningskompetanse teaching qualifications; *~ og lønnsforhold vil bli vurdert etter de retningslinjer som gjelder for undervisning i norske skoler* teaching qualifications and salary scales will be considered in accordance with the regulations regarding teaching at Norwegian schools; *(jvf retningslinjer).*

undervisnings|leder [(chief) educational officer]. **-materiell** teaching material, educational material. **-metode** teaching method. **-middel** teaching aid. **-minister** Minister of Church and Education; **UK** Secretary of State for Education and Science; **T** Education and Science Secretary. **-plan 1.** timetable; **2.** curriculum *(pl:* -s, curricula); *(jvf fagkrets & pensum).*

undervisnings|plikt 1*(elevs)* compulsory education; **2***(lærers)* teaching load; *universitetslektorer har en ~ på 12 timer pr. uke* lecturers have to take 12 periods a week; l. have a weekly teaching load of 12 periods, l. have to teach for a minimum of 12 weekly periods. **-språk** medium of instruction; *skoler hvor -et er engelsk* English -medium schools. **-stilling** teaching post. **-stoff** teaching material; educational material. **-sykehus** teaching hospital. **-tid** class hours, class time; *i -en* during *(el.* in) class hours. **-time** lesson, period *(fx* English is taught for 7 periods a week).

undervurdere *(vb)* underrate, underestimate, undervalue.

undervurdering underrating, undervaluation; *en ~* an underestimate.

undre *(vb)* surprise, astonish; *dette -t meg* this surprised me; *det -r meg at* I wonder that, I am surprised that; *det -r meg at du kom* I'm surprised that you've come *(el.* that you came); *(stivt)* I wonder at your coming; *det skulle ikke ~ meg om* I shouldn't be surprised if; *jeg -s på om* I wonder whether; *det er ikke noe å -s over* it is not to be wondered at; it is no matter for surprise.

undrende *(adj)* wondering; *(adv)* wonderingly, in wonder *(fx* Really? he said in wonder).

undring wonder, astonishment; *med ~ i stemmen* with a note of surprise in one's voice; *(se undrende).*

undulat *(zool)* budgerigar; **T** budgie; **US** *(også)* budgiebird.

unektelig undeniable, indisputable; *(adv)* -ably, certainly, without a doubt.

unett dowdy; *den kjolen er ~* that dress looks dowdy.

unevnelig unmentionable.

unevnt unnamed, anonymous.

ung young, youthful; *i en ~ alder* at an early age; *en verdig representant for det -e Tanzania* a worthy representative of the young people of T. *(el.* of Tanzanian youth).

ungarer Hungarian.

Ungarn *(geogr)* Hungary.

ungarsk Hungarian.

ungdom youth; *(unge mennesker)* young people; *to -mer* two young people; *(unggutter)* two youths; *den akademiske ~* (the) young students; the student generation; *(se også ung).*

ungdommelig youthful, juvenile; *en ~ kjole* a young-making dress.

ungdommelighet youthfulness.

ungdoms|arbeid 1*(forfatters, etc)* early work; work done in one's youth; **2***(blant unge)* work among young people. **-bande** juvenile gang.

ungdomsfengsel youth custody *(fx* nine months' youth custody); *(for aldersgruppen 10–17)* community home; *(for aldersgruppen 15–21)* youth custody centre; *(hist el.* **T**) borstal (institution).

ungdoms|forening: *kristelig ~* religious youth club. **-herberge** youth hostel; (NB they went youth hostelling in England and abroad). **-klubb** youth club; *kristen ~* religious youth club; *starte en ~* start *(el.* form) a youth club. **-kriminalitet** juvenile crime *(el.* delinquency). **-lag** *se ungdomsklubb.* **-leder** youth leader.

ungdoms|opplevelse youthful experience; *hun hadde en fryktelig ~* she had a terrible experience when she was young; *en av mine lykkeligste -r* one of the happiest experiences of my youth. **-skole** *(kan gjengis)* comprehensive school up to fifth form, secondary modern school; **US** *(omtr =)* junior high school. **-venn** friend of one's youth. **-år** *(pl)* youth, years of one's youth, early years.

unge 1. child, kid; *(neds)* brat; **2***(av bjørn, rev, tiger, ulv)* cub; *en redselsfull ~* (1) a (holy) terror.

unge|flokk flock of children. **-mas** nagging (and fussing) of children; *hun tåler ikke ~* she can't stand children nagging. **-skokk** *(neds): en (hel) ~* a whole tribe of children. **-skrik** *se barneskrik.*

ung|fe young cattle. **-gutt** young boy.

ungkar bachelor. **-shule** bachelor's lair.

unglaks *(fisk)* parr; *(i sitt annet år)* smolt; *(ung sommerlaks)* grilse.

ungmøy *(poet)* young maiden.

ungpike|aktig girlish; *(om utseende)* girlish-looking. **-kjole** teenage dress.

ungsau *(zool)* young sheep; *hun er ingen ~ (fig)* she's no spring chicken.

ungskog *(forst)* seedling forest.

uniform uniform.

uniformere *(vb)* uniform; *(gjøre ensartet)* standardize.

uniformsgodtgjørelse uniform allowance.

uniformsjakke tunic.

union union.

unionell [in the nature of, resembling or pertaining to a union]; *-e spørsmål* questions relating to the Union *(fx* of Norway and Sweden).

unions|borger [citizen of two united states]. **-flagg** union flag; flag of the Union of Norway and Sweden; *(britisk)* Union Jack. **-konge** king of a union *(fx* king of the United States of ...). **-krig** [war between states formerly united]. **-merke** union emblem. **-politikk** union *(el.* Union) policy. **-strid** [conflict arising out of a (,the) union].

unisex unisex.

unison unisonous; unisonant; *-t* in unison.

unitar, unitarier, unitarisk Unitarian.

univers univserse.

universal universal.
universalarving residuary legatee, heir general.
universalmiddel panacea; **T** cure-all.
universell universal.
universitet university; *på -et* at the university; *professor ved et* ~professor at *(el.* in) a university; *han håper å komme inn på -et* he hopes to go *(el.* be admitted) to university; he hopes to get (in)to university; *begynne å studere ved -et* begin university studies; start one's studies at university.
universitets|bibliotek university library. **-bibliotekar** assistant (university) librarian; **US** (university) librarian. **-eksamen** university degree. **-forlag:** *U-et* Oslo University Press. **-lektor** lecturer. **-professor** university professor. **-rektor** vice-chancellor; *(om ikke -engelske forhold), også)* rector; **US** president. **-stipendiat** = fellow; *(jvf forskningsstipendiat).* **-utdannelse** university training *(el.* education).
unna **1***(prep)* away from; clear of; **2***(adv)* away, off *(fx* far off, far away); **3***(adv)* done, finished *(fx* get sth f.); aside, out of the way; ~ *bakke* downhill; ~ *vinden* before the wind *(fx* sail b. the w.); *han bor et lite stykke* ~ he lives a short distance away; *huset ligger (litt)* ~ *veien* the house stands back from the road; *det ligger et stykke* ~ *veien (også)* it's some way off the road; it's some distance back from the road; *få disse ordrene* ~ get these orders out of the way; *få (el. gjøre) arbeidet* ~ get the work done; *gå* ~ *(om varer)* be sold, sell *(fx* they are selling like hot cakes); *holde seg* ~ *en* keep clear of sby *(fx* I keep clear of him as far as possible); *(jvf utenom 2); komme* ~ escape; *(om ansvar, etc)* back out *(fx* he tried to b. out of it); *ta* ~ take away; *(legge til side)* put *(fx* sth) aside.
unna|bakke downhill slope; *(se nedoverbakke).* **-gjort:** *det verste er* ~ the worst is over. **-luring** shirking; **T** swinging the lead; *vi vil ikke ha noen* ~ *her!* we don't want *(el.* we won't have) any shirking here! **-renn** *(ski)* landing slope; *(se ovarenn).*
unndra *(vb)* withdraw, withhold from, deprive of;~ *en sin hjelp* withhold one's assistance from sby; ~ *seg* shirk *(fx* s. doing sth), dodge *(fx* d. paying taxes); ~ *seg oppmerksomheten* escape notice *(el.* observation), escape attention.
unne *(vb): det er Dem vel unt* you are quite welcome to it; ~ *alle mennesker godt* wish everybody well; ~ *seg* indulge in *(fx* a luxury I sometimes indulge in).
unnfallen yielding; weak. **-het** weakness.
unnfang|e *(vb)* conceive. **-else** conception.
unngjelde *(vb)* pay (dearly) for, suffer for; *dette vil han få* ~ *for* he'll pay for this; ~ *for sin dårskap* pay the penalty of one's folly.
unngå *(vb)* **1.** avoid; **2***(unnslippe)* escape; **3***(ved å narre, omgå)* elude, evade, dodge; ~ *fare* avoid danger; ~ *faren for* avoid the danger of; *saken har -tt min oppmerksomhet* the matter has escaped my notice *(el.* attention); *ingenting -r hans oppmerksomhet* nothing escapes him; he misses nothing; ~ *et spørsmål* evade a question; *som kan -s* avoidable; *som ikke kan -s* unavoidable; *slikt kan ikke -s (også)* such things cannot be helped; ~ *å gjøre noe* avoid doing sth; *jeg -r ham så godt jeg kan* I keep clear of him as far as possible; *det var ikke til å* ~ it was inevitable; *han unngikk så vidt å bli truffet* he just missed being hit.
unnkomme *(vb)* escape *(fx* from).
unnlate *(vb)* fail, neglect, omit *(fx* to do sth); *han unnlot å sende meg beskjed* he failed to let me know; *jeg skal ikke* ~ *å meddele Dem resultatet* I shall not fail to inform you of the result; *jeg vil ikke* ~ *å gjøre Dem oppmerksom på at (også)* I would point out that; *jeg vil ikke* ~*å tilføye at* I wish to add that; I may add that; I must not omit to add that; *idet tjue unnlot å stemme* with twenty abstentions.
unnlatelse omission, failure.
unnse *(vb):* ~ *seg for å* be ashamed to; scruple to *(fx* he did not scruple to suggest that ...); *han unnså seg ikke for å ...* **T** he had the nerve to.
unnseelse bashfulness, shyness.
unnselig bashful, shy.
unnselighet bashfulness, shyness.
unnsetning rescue; relief; *komme ham til* ~ come to his rescue.
unnsetningsekspedisjon relief expedition, search *(el.* rescue) party.
unnsette *(vb)* relieve.
unnskylde *vb (se også unnskyldende)* **1***(tilgi, forsvare)* excuse *(fx* sby's conduct); overlook *(fx* I will o. it this time); **2***(rettferdiggjøre, tjene som unnskyldning for)* excuse, serve as (an) excuse for, justify; **unnskyld! 1.** I'm sorry! **2***(tillater De)* excuse me! **US** pardon me!*(innleder spørsmål)* excuse me *(fx* e. me, are you Mr. Brown?); **US** pardon me; **3***(ɔ: et øyeblikk!)* just a moment! one moment! just a second! *å, unnskyld! jeg så meg ikke for* I'm so sorry, (but) I simply wasn't looking *(el.* paying attention)! I'm so sorry! I wasn't looking where I was going; *unnskyld at jeg beholder hansken på* excuse my glove; *unnskyld at jeg kommer så sent* excuse my being so late; *(sterkere)* I apologize for being so late; I'm sorry I am so late; *unnskyld at jeg sier det, men De har ...* excuse *(el.* forgive) my saying so, but you have ...; *unnskyld at jeg blander meg inn (i Deres samtale), men ...* excuse me for interrupting, but ...; **T** excuse my butting *(el.* chipping) in, but ...; *jeg håper De -r forsinkelsen* I hope you will excuse the delay; *vi ber Dem* ~ *at vi har unnlatt å ...* we must ask you to excuse us for omitting to ...; *De må* ~ *at vi bryr Dem med denne saken* you must forgive *(el.* excuse) us for troubling you in this matter; *De må ha meg unnskyldt* **1.** I'm so sorry I can't come; **2.** (if you'll excuse me) I'm afraid I must be going now; *det kan ikke -s* it's inexcusable; *han unnskyldte seg med at han var syk* he pleaded illness; *(se skyte:* ~ *seg inn under); være lovlig unnskyldt* have a valid excuse *(fx* for not paying); *(se forfall 3: ha lovlig* ~ *).*
unnskyldelig excusable, pardonable.
unnskyldende 1. apologetic *(fx* he wrote an a. letter); **2***(formildende)* extenuating *(fx* circumstances).
unnskyldning 1*(det å be om unnskyldning)* apology *(fx* make *(el.* offer) an a.); excuse *(fx* he stammered out an e.); **2***(rettferdiggjørelse, formildende omstendighet)* excuse, justification, extenuation; **3***(påskudd)* excuse, pretext; *en dårlig* ~ a poor *(el.* lame) excuse; *en tom* ~ an empty *(el.* blind) excuse; *en tynn* ~ a (very) flimsy excuse; *en uforbeholden* ~ an unreserved apology; *be om* ~ apologize; *be en om* ~ *for noe* apologize to sby for sth; *jeg ber så meget om* ~ *for dette sene svaret på brevet ditt* my very sincere apologies for the delay in replying to your letter; *jeg ber om* ~ *hvis jeg har fornærmet Dem* if I have offended you, I apologize; *jeg ba ham om* ~ I apologized to him; *vi vil be om* ~ *for at vi har ...* we should like to apologize for having ...; we would a. for having ...; may we a. for having ...; *hva har du å si til din* ~*?* what have you to say for yourself? *til min* ~ *kan jeg bare si at ...* the only excuse I have to offer is that ...; *(se anføre:* ~ *til sin unnskyldning); ta*

imot en ~ accept an excuse; *det tjener ham til* ~ it's some excuse for him; *det må tjene til min* ~ *at jeg ikke visste det* my excuse must be that I didn't know.

unnslippe *(vb)* escape; *han unnslapp med nød og neppe* he had a narrow escape; *det unnslapp ham en ed* an oath escaped him *(el.* escaped his lips).

unnslå *(vb):* ~ *seg* excuse oneself (from), decline, refuse.

unnta *(vb)* except; *når -s* except for *(fx* a useful book e. for a few mistakes); *alle -tt legen* all, with the exception of the doctor; all save the d.; *alt -tt krig* everything short of war.

unntagelse exception; *med* ~ *av* with the exception of; *en* ~ *fra* an exception to; *på få -r nær* with few exceptions; *uten* ~ without (any) exception; invariably; *ingen regel uten* ~*!* (there is) no rule without (an)exception; *-n bekrefter regelen* the exception proves the rule; *gjøre en* ~ make an exception; *det ble gjort en* ~ *for enkelte ords vedkommende* an exception was made for certain words.

unntagelses|tilfelle exceptional case, exception. **-tilstand** state of emergency. **-vis** *(adv)* as an exception; (only) in exceptional cases; *helt* ~ in a few exceptional cases; as a rare exception.

unntagen *se unnta.*

unntak *se unntagelse.*

unntatt *se unnta.*

unnvik|e *(vb)* escape. **-ende** evasive.

unnvære *(vb)* do without, dispense with; miss *(fx* I would not have missed that speech for anything in the world).

unnværlig dispensable. **-het** dispensableness.

unormal abnormal; irregular; *(anormal)* anomalous.

unote bad habit; *(se legge C:* ~ *seg til).*

unse ounce *(fk* oz.).

unytte: *til -s* uselessly, to no purpose.

unyttig useless, of no use; *(fåfengt)* futile, unavailing.

unødig unnecessary, needless; *(overflødig)* superfluous; *ta en* ~ *risiko* take an undue risk.

unødvendig unnecessary, needless; *(overflødig)* superfluous; *det er* ~ *å tilføye at vi* ... needless to say, we ...; *gjøre* ~make *(el.* render) unnecessary. **-het** needlessness.

unøyaktig inaccurate, incorrect; *(se uriktig).*

unøyaktighet inaccuracy, incorrectness.

unåde disgrace, disfavour (,**US:** disfavor); *falle i* ~ fall into disgrace; *være i* ~ be in disgrace; *jeg er i* ~ *hos ham (også)* I'm in his bad books; *(se I. nåde).*

unådig ungracious; *ta noe* ~ *opp* take sth in bad part.

uoffisiell unofficial; informal *(fx* pay an i. visit); **T** off the record *(fx* this remark is off the record!).

uomgjengelig unsociable, difficult to get on with; *(uunngåelig)* unavoidable; ~ *nødvendig* absolutely necessary. **-het** unsociableness; absolute necessity.

uomstøtelig incontestable, incontrovertible, irrefutable.

uomstøtelighet incontestability, incontestableness, irrefutability.

uomtvistelig indisputable, incontestable, incontrovertible.

uoppdragen ill-mannered, unmannerly; rude.

uoppdragenhet bad manners; rudeness.

uoppdyrket uncultivated.

uoppfordret unasked, of one's own accord, without being told; unsolicited.

uoppgjort *(merk)* unsettled, unpaid; *(ikke avsluttet)* not made up; *(om bo)* not wound up; *(jvf usnakket & utestående).*

uoppholdelig without delay, immediately.

uopphørlig *(adj)* incessant, unceasing, unremitting; *(adv)* incessantly.

uoppklart unsolved, unexplained.

uopplagt indisposed, not in form.

uopplyst 1. unlighted, unlit; **2**(*uvitende)* uneducated, ignorant.

uoppløselig *(kjem)* insoluble. **-het** insolubility.

uoppløst undissolved.

uoppmerksom inattentive *(mot* to). **-het** inattention.

uoppnå(e)lig unattainable. **-het** unattainableness.

uopprettelig irreparable, irremediable; irretrievable.

uopprettelighet irreparability, irretrievability.

uoppsagt *(om person)* not under notice; *(om avtale)* undenounced *(fx* an undenounced treaty); *i* ~ *stilling* still in employment.

uoppsettelig admitting of no delay, urgent, pressing.

uoppsettelighet urgency.

uoppsigelig *(om funksjonær)* irremovable; *(om traktat)* irrevocable; *(om obligasjon)* irredeemable; *(om kontrakt)* non-terminable.

uoppsigelighet irremovability; irrevocability.

uoppskåret uncut, unopened.

uoppslitelig imperishable; unfailing *(fx* good humour).

uorden disorder, muddle, mess; untidiness; *i* ~ out of order *(fx* the machine has got out of o.); in a mess *(fx* the room was in a m.); *(hær)* in confusion; *(affærer)* in disorder; *komme i* ~ get out of order; *bringe i* ~, *bringe* ~ *i* mess up, muddle up, throw into confusion.

uordentlig disorderly, untidy; messy; ~ *liv* irregular life. **-het** disorderliness, untidiness; messiness.

uorganisk inorganic.

uortodoks unorthodox.

uoverensstemmelse disagreement; *(avvik)* discrepancy.

uoverkommelig insuperable, insurmountable *(fx* difficulty); *(umulig)* impossible; *(ugjennomførlig)* impracticable; *(om pris)* prohibitive.

uoverlagt unpremeditated, rash.

uoversettelig untranslatable.

uoversiktlig *(om artikkel, etc)* difficult to follow, over-complex; ~ *kurve* blind corner, blind curve, blind bend *(fx* slow down before a blind or sharp bend).

uoverskuelig incalculable *(fx* damage, losses); immense, enormous; *(i tid)* indefinite; *i en* ~ *fremtid* for an indefinite period; *det kan få -e følger* it is impossible to foresee the consequences; it may have incalculable consequences.

uoverstigelig insurmountable *(fx* barrier, obstacle), insuperable *(fx* difficulty, obstacle); unbridgeable *(fx* there is an unbridgeable gulf between them).

uoverstigelighet insuperability.

uovertreffelig unsurpassable, unrivalled.

uovertreffelighet unrivalled superiority.

uovertruffet unsurpassed, unrivalled.

uoverveid unpremeditated; ill-considered, rash.

uovervinnelig invincible *(fx* an i. army); insurmountable, insuperable.

uovervinnelighet invincibility; insuperability.

uovervunnet unconquered, undefeated.

uparlamentarisk unparliamentary; *(udiplomatisk)* undiplomatic.

upartisk impartial; *(jvf fordomsfri & uhildet).*

upartiskhet impartiality.

upasselig *(indisponert)* indisposed, unwell; *(se uopplagt).*

uregelmessig

'A foot loose . . .' – uregelmessig flertall

TRICKY TALES

Den vanlig flertallsformen er tillegg av -s og -es. Men det er ingen regel uten unntak

1. **Flertall på -en**
   child *children*
   ox *oxen*
   brother *brethren* (religiøst, ellers brothers)

2. **konsonant + -y får -ies**
   candy *candies* *study* *studies*
   university *universities* *family* *families*

upasselighet indisposition.
upassende improper, unseemly.
upatriotisk unpatriotic.
upersonlig impersonal. **-het** impersonality.
uplassert: *de -e (i hesteveddeløp)* the also-rans.
uplettet spotless, unblemished, immaculate.
upolert unpolished.
upolitisk unpolitical.
upopulær unpopular.
upraktisk unpractical; *(om redskap, etc)* awkward; *(som passer dårlig)* inconvenient.
upresis imprecise, inaccurate, inexact; *(ikke punktlig)* unpunctual.
uprioritert unsecured; ~ *fordring* unsecured claim.
uprivilegert unprivileged.
uproduktiv unproductive.
uprøvd untried; *(jvf uforsøkt).*
upåaktet unheeded, unnoticed; disregarded.
upåanket not appealed against.
upåklagelig creditable, irreproachable.
upåkledd undressed.
upålitelig unreliable, undependable; not to be relied on; untrustworthy.
upålitelighet unreliability; untrustworthiness.
upåpasselig inattentive. **-het** inattentiveness.
upåtalt unchallenged; *la noe gå* ~ let sth pass; overlook sth; *jeg kan ikke la saken gå* ~ *hen* I cannot pass the matter by without protesting.
upåvirkelig 1*(som intet gjør inntrykk på)* impassive, stolid; **2***(ufølsom)* insensitive *(fx* to beauty), insusceptible *(fx* to her beauty); insensible *(fx* to pain); proof *(fx* he was proof against her attempts to charm him).
upåvirket unmoved, unaffected *(av* by); *han var ganske* ~ it made no impressionon him; it had no effect on him; **T** he didn't turn a hair; he didn't as much as twitch an eyebrow.
upåviselig untraceable, undemonstrable.
I. ur *(lomme-)* watch; *armbånds-* wrist watch.
II. ur *(stein-)* scree.
uraffinert unrefined.
uran *(min)* uranium; *anriket* ~ enriched uranium.
uransakelig inscrutable; *(se vei).*
urasjonell *(adj)* not rational; inefficient *(fx* working methods).
uravstemning ballot (among the members), referendum.
urbanisering urbanization.
urcelle primitive cell, primordial cell.
I. uredd *(om seng)* unmade.
II.uredd *(modig)* fearless, intrepid.
urede: *se uorden.*
uredelig dishonest; unfair.
uredelighet dishonesty; unfairness.
uregelmessig irregular.
uregelmessighet irregularity.
uregjerlig unruly, intractable, unmanageable; *bli* ~ *(om barn, også)* get out of hand; *hun er så* ~ *(om barn, også)* she's such a handful.
uregjerlighet unruliness, intractableness, intractability.
uren *(skitten)* dirty; *(om produkt)* impure; *(mar, om farvann)* foul. **-het** impurity; *(mar)* foulness.
urenset uncleaned; *(om kloakkvann)* untreated *(fx* they discharge sewage which is untreated, even mechanically).
urenslig uncleanly, dirty; *(ofte =)* unhygienic. **-het** uncleanliness.
I. urett *(subst)* wrong, injustice; *med -e* unjustly; *med rette eller -e* right or wrong; *man har gjort meg* ~ I have been wronged.
II. urett *(adv): handle* ~ do wrong.
urettferdig unjust, unfair.
urettferdighet injustice, unfairness; *(se skrikende).*
urettmessig unlawful, illegal.
urettmessighet unlawfulness, illegality.
urfolk aborigines *(pl).*
urform original form, prototype.
urglass watch glass.
Urias Uriah. **u-post** post of danger, exposed position.
uridderlig unchivalrous.
uriktig wrong, incorrect; *gi -e opplysninger til politiet* give false information to the police. **-het** incorrectness; inaccuracy.
urimelig absurd, preposterous; *(ubillig)* unreasonable. **-het** absurdity; unreasonableness.
urimt unrhymed.
urin urine. **urinal** urinal.
urinere *(vb)* urinate.
urin|glass urinal. **-prøve** urine specimen, specimen of urine. **-rør** *(anat)* urethra.
urkasse clock case.
urkjede watch chain.
urkraft primitive force.
urmaker watchmaker.
urmenneske primitive man.

U

urne urn; *(valg-)* ballot box; *(aske-)* cinerary urn.
uro **1***(polit, sosial)* unrest; commotion; **2***(engstelse)* anxiety, uneasiness, alarm; **3***(rastløshet)* restlessness; **4***(opphisselse)* excitement, agitation; *(se skape 2; urolighet).*
uroelement disturbing element *(el.* factor).
urokkelig unshak(e)able *(fx* conviction, loyalty); immovable, unyielding, firm; *være* ~ maintain a firm attitude.
urokket unmoved, unshaken; firm.
urolig restless, uneasy, anxious *(for* about); *(som ikke sitter stille)* fidgety; *(uharmonisk)* disharmonious; *(adv)* uncomfortably *(fx* is that all, he asked uncomfortably); *han følte seg* ~ *til sinns* he felt troubled; his mind *(el.* heart) misgave him.
urolighet disturbance; *-er (opptøyer)* disturbances, riots.
urostifter troublemaker; rioter; **US** hell-raiser.
urskive dial, face of a watch (,clock).
urskog virgin forest, primeval forest.
urspråk primitive language.
urt *(bot)* herb, plant.
urteaktig *(adj)* herbaceous.
urtebrygg herb beer.
urtete herbal tea.
urtid prehistoric times, the earliest times, the beginning of time.
urtilstand primitive state.
urund *(om bremsetrommel, etc)* out of round; *gjøre* ~ wear out of round. **-het** out-of-round.
urverk works (of a clock (,watch)).
urviser hand of a watch, hand of a clock.
uryddig disorderly, untidy; *han fikk et* ~ *nedslag (om skihopper)* he landed untidily.
uryddighet disorderliness.
urørlig immovable.
urørt untouched, intact; *(ubeveget)* unmoved; *(jvf uberørt).*
uråd *(umulighet)* impossibility; *ane* ~ **T** smell a rat; suspect mischief; *det er* ~ *å* it's impossible to; *råd for* ~ a way out of the difficulty.
USA *(geogr)* the US(A); the United States (of America).
usagt unsaid, not said.
usakkyndig incompetent.
usammenhengende incoherent, disconnected; *(om fremstilling)* disjointed.
usammensatt uncompounded, simple; ~ *tid (gram)* simple tense.
usams: *bli* ~ fall out.
usann untrue, false; *snakke usant* tell a lie (,lies).
usannferdig untruthful.
usannhet untruth, falsehood, lie; *(beretnings, etc)* falsity; *si en* ~ tell a lie; *(jvf sannhet).*
usannsynlig improbable, unlikely.
usannsynlighet improbability; unlikeliness.
usanselig incorporeal; *(som ikke kan sanses)* immaterial.
usedelig immoral;~ *forhold* gross indecency.
usedelighet immorality.
usedvanlig unusual, uncommon.
useilbar *(mar)* unnavigable.
uselgelig unsal(e)able, unmarketable. **-het** unsal(e)ableness.
uselskapelig unsociable. **-het** unsociability.
uselvisk unselfish *(fx* life, motive, person); disinterested, altruistic; *(sterkere)* selfless; *(adv)* -ly, altruistically.
uselviskhet unselfishness, disinterestedness, altruism; selflessness.
uselvstendig dependent (on others); weak; *(om arbeid)* unoriginal, imitative, derivative.
uselvstendighet dependence (on others); weakness; lack of originality.
usett unseen.
usigelig unspeakable, unutterable.
usikker **1***(som volder tvil, som tviler)* doubtful, uncertain; **2***(utrygg)* insecure; **3***(farlig)* unsafe, risky; **4***(ustø)* unsteady.
usikkerhet uncertainty; insecurity; unsteadiness.
usikkerhetsmoment element of uncertainty, uncertain factor; *til tross for disse -er fortonet tilværelsen i X seg som en idyll* in spite of these uncertain factors, life in (,at) X had an idyllic flavour.
usiktbar hazy; *-t vær* poor *(el.* low) visibility.
usivilisert uncivilized.
usjenert free and easy, unconstrained; at one's ease; unconcerned; *(uforstyrret)* undisturbed; *(frekk)* cool. **-het** ease, free and easy manner; *(frekkhet)* coolness.
uskadd unhurt, unharmed, uninjured; undamaged.
uskadelig harmless, innocuous.
uskadeliggjøre *(vb)* render harmless.
uskadeliggjøring rendering harmless; ~ *av bombe(r)* bomb disposal.
uskadelighet harmlessness, innocuousness.
uskattelig invaluable, priceless.
uskiftet undivided; *sitte i* ~ *bo* retain undivided possession of an (,the) estate.
uskikk bad habit, bad custom; nuisance.
uskikkelig naughty. **-het** naughtiness.
uskikket unfit, unqualified, unsuited *(til* for); *gjøre en* ~ disqualify sby; *(jvf ubrukelig).*
uskikkethet unfitness, unsuitability.
uskjedd undone, not happened.
uskjønn inelegant, ungraceful.
uskjønnhet inelegance, ungracefulness.
uskyld innocence; *(kyskhet)* chastity, purity, virginity; *bedyre sin* ~ protest one's innocence; *(se også uskyldighet).*
uskyldig innocent; *(kysk)* chaste; pure; *(se sette B:* ~ *opp et uskyldig ansikt).*
uskyldighet innocence; *spille krenket* ~ assume a pose of injured innocence; *(se for øvrig uskyld).*
uslepen rough, uncut *(fx* sapphire, emerald); *(om glass)* unground.
usling wretch; *feig* ~ (dastardly) coward.
uslitelig everlasting, indestructible.
uslukkelig inextinguishable; unquenchable *(fx* thirst).
uslåelig *(adj)* unbeatable.
usmak disagreeable taste.
usmakelig unsavoury; **US** unsavory *(fx* business, affair, story); *et* ~ *tema* an unsavoury subject.
usminket unpainted, without make-up; *(fig)* unvarnished *(fx* the unvarnished truth).
usnakket: *jeg har noe* ~ *med ham* I have a bone to pick with him; *jeg har ikke noe* ~ *med ham* I have nothing to say to him; I have no desire to meet him.
usolgt unsold.
usolid not strong; flimsy; thin; rickety; unsafe; *(om foretagende)* unsound.
usont unexpiated.
usortert unsorted.
uspiselig uneatable, inedible, not fit to eat.
uspurt unasked; uncalled-for *(fx* interference); uninvited.
ussel poor, wretched, miserable, paltry, pitiful; *i en* ~ *forfatning* in a miserable *(el.* wretched) state; *usle forhold* miserable conditions; *en* ~ *sum* a paltry sum.
usselhet misery, wretchedness, paltriness.
ustabil unstable; fluctuating *(fx* prices); unsettled. **-itet** unstableness, instability.
ustadig unsteady, unstable; *(om været)* unsettled, changeable, variable; fickle *(fx* a fickle girl).
ustadighet instability, inconstancy, unsteadiness; changeableness.

ustand: *i* ~ out of order; *(se uorden).*
ustanselig *se uavbrutt.*
ustelt unkempt, untidy; messy.
ustemplet unstamped.
ustemt untuned; *(fon)* unvoiced *(fx* an unvoiced s).
ustraffet unpunished, with impunity.
ustudert uneducated, without a university training.
ustyrlig unruly, ungovernable, intractable.
ustyrlighet unruliness, intractability.
ustyrtelig *(adv)* enormously; incredibly; ~ *mange penger* **T** heaps of money.
ustø unsteady; shaky; *(fig)* unstable; *reise seg -tt* stagger to one's feet.
ustøhet unsteadiness; *(fig)* instability.
usukret unsweetened.
usunn unhealthy; unwholesome; *(se sunn).*
usunnhet unhealthiness; unwholesomeness.
usurpator usurper. **usurpere** *(vb)* usurp.
usvekket unimpaired *(fx* vision); ~ *interesse* unflagging *(el.* unabated) interest.
usvikelig unfailing, sure; unfaltering.
usymmetrisk unsymmetrical.
usympatisk unattractive, unpleasant; *(ikke velvillig stemt)* uncongenial *(fx* in u. company); unsympathetic *(fx* an u. attitude).
usynlig invisible. **-het** invisibility.
usystematisk unsystematic.
usømmelig improper, unseemly; *(uanstendig)* indecent. **-het** impropriety, unseemliness, indecency.
usårlig invulnerable. **-het** invulnerability.
ut out; *uken* ~ to the end of the week; ~ *for (mar)* off; ~ *fra* from *(fx* from your point of view; reason from general principles and suppositions); on *(fx* act on a principle); ~ *fra, den teori at* on the theory that; *kjenne* ~ *og inn* know thoroughly; know all the ins and outs of *(fx* a problem); know *(fx* sth) from A to Z; *han kjenner det* ~ *og inn (også)* he knows all there is to know about it; *jeg vet hverken* ~ *eller inn* I'm at my wits' end; ~ *med deg!* get out! clear out! *jeg måtte* ~ *med £5* I had to pay £5; *han ville ikke* ~ *med det* he wouldn't say it; *år* ~, *år inn* year in and year out; ~ *over* beyond; *til langt* ~ *på natta* far into the night; *jeg forstår ikke hva det går* ~ *på* **T** I don't get the message.
utabords *(mar)* on the outside; outboard; *(fx* an outboard engine).
utad *(adv)* outwards. **-gående** outward bound *(fx* ships); outgoing *(fx* traffic).
utadvendt 1. out-turned; **2***(psykol)* extrovert.
utakk ingratitude; ~ *er verdens lønn* there is no gratitude in the world; one must not expect any gratitude in this world.
utakknemlig ungrateful, unthankful; *(arbeid)* thankless *(fx* job, task), ungrateful *(fx* task, soil), unrewarding *(fx* an unrewarding task).
utakknemlighet ingratitude, unthankfulness; thanklessness; *lønne en med* ~ repay sby with ingratitude.
utakt: *komme i* ~ *(mus)* get out of time; *(mil)* fall *(el.* get) out of step.
utall countless number, no end of.
utallig innumerable, numberless, countless.
utalt uncounted, untold.
utarbeide *(vb)* work out *(fx* a scheme); draw up *(fx* a document, a list, a scheme); make up *(fx* a list); prepare *(fx* a report); compose *(fx* a speech); ~ *en avtale* hammer out an agreement; *en fullt -t plan* a full-fledged scheme; ~ *en felles praksis* draw up a common code of practice; *(se også utarbeidelse).*
utarbeidelse preparation, compilation; *under* ~ *(fx om ordbok)* in course of preparation *(el.* compilation); *jeg har ti søknader under* ~ I have ten applications in various stages of completion; *du har oppfattet poenget riktig, men -n er svak* you have grasped the point, but failed to work it out properly.
utarmet impoverished.
utarte *(vb)* degenerate; ~ *til* degenerate into; develop into *(fx* a cold that developed into a catarrh).
utarting degeneration.
utbasunere *(vb)* trumpet, blazon abroad; proclaim *(el.* shout) from the house tops; broadcast, advertise *(fx* there's no need to a. that I'm ill); *det er da ikke noe å* ~ there's no need to shout it from the house tops.
utbe *(vb):* ~ *seg* request; *svar -s* we request the favour of a reply; *(på innbydelse)* R.S.V.P.; *Deres svar -s pr. telegram* your answer is requested by wire; please wire reply.
utbedre *(vb)* repair.
utbedring repair.
utbetale *(vb)* pay (out), disburse; *de vil så* ~ *meg et tilsvarende beløp her i Norge* they will then pay me the equivalent amount *(el.* a corresponding amount *(el.* sum)) in this country *(el.* in Norway).
utbetaling payment, disbursement; *inn- og* ~ *(på bankkonto)* paing in and drawing out; *foreta inn- og -er* pay in and draw out; *vekselen forfaller til* ~*neste onsdag* the bill falls due Wednesday week; *(se også anvise).*
utbetalingsmåte mode of payment; *dette viser at man regner med den samme* ~ *som under mitt opphold i England* this shows that the same mode of payment is reckonedwith as at the time of my stay in England.
utblåsing 1*(av forbrukt gass)* exhaust; **2***(oljeind)* blowout.
utblåsningsventil exhaust valve; *(se ventil).*
utbre *(vb)* spread; *(et rykte)* spread, circulate; ~ *seg om en sak* enlarge on a matter.
utbredelse spread, spreading, dissemination; diffusion; distribution; *vinne* ~ spread *(fx* the opinion is spreading; the rumour has spread); gain ground *(fx* this view is gaining ground).
utbredt widespread; *(se II. alminnelig).*
utbrent burnt-out; ~ *vulkan* extinct volcano.
utbringe *vb* **1***(brev)* deliver; **2.:** *se skål.*
utbrudd outbreak, breaking out; *(om vulkan)* eruption; *(vredes-, etc)* burst, outburst; *komme til* ~ break out.
utbrukt worn out, used up, spent.
utbryte *(vb)* break out; *(med uttrykk for sinnsbevegelse)* exclaim, burst out.
utbuet convex.
utby *vb (merk)* offer for sale.
utbygd *(subst)* out-of-the-way place; *(se bygd).*
utbygge *(vb)* develop; *(styrke)* strengthen; *inntil vassdraget er fullt utbygd* pending full development of the watercourse.
utbygging development; *(forsterkning)* strengthening; *(utvidelse)* expansion; *den tekniske* ~ *skal foregå i fire etapper* technical construction work is planned to proceed by four different stages.
utbyggingsfond: *Distriktenes* ~ = Regional Development Fund.
utbyggingsprogram development programme.
utbytning exploitation.
I. utbytte *(subst)* profit, proceeds, yield; dividend; *(fig)* benefit, advantage; *det avtagende -s lov (økon)* the law of diminishing returns; *med* ~ profitably, advantageously; *få fullt* ~ *av sin fritid* get full value out of one's leisure.

U

II. utbytte *(vb)* **1.** exploit; *(med sultelønn)* sweat *(fx* one's workers); **2.** *= bytte ut; (se II. bytte).*
utbyttereguleringsfond dividend (equalization) reserve.
utbytterik profitable.
utbytting *se utbytning.*
utbæring carrying out; *(av post)* delivery.
utdanne *(vb)* train, educate; ~ *seg i et fag* learn a subject (,a trade); ~ *seg som* qualify as *(fx* a typist); *fullt -t* fully qualified, fully trained.
utdannelse training, education; *i fem år etter endt* ~ for five years after they have completed their training; *han har en god* ~ he has a good education; he's well educated; *høyere* ~ higher education; university training *(el.* education); *med høyere* ~ with higher education; with a university degree, university trained; *fullføre sin* ~ get through with one's education; *støtte til* ~ education grant; training grant; *(se søknad).*
utdanning *se utdannelse.*
utdanningsformål: *støtte til* ~ education grant; training grant.
utdanningssektor: *ord og uttrykk fra -en* words and phrases connected with education; educational terms.
utdebattere *(vb)* exhaust *(fx* a subject); thrash out *(fx* a problem).
utdele *(vb)* distribute, share out, apportion; *(se dele: ~ ut).*
utdeling distribution.
utdrag extract; *(kort)* abstract, summary; ~ *av* extract of *(el.* from).
utdrikningslag 1. boozing session; **2***(for brudgom)* stag(-night) party.
utdunstning exhalation.
utdype *(vb)* deepen, make deeper; *(fig)* go thoroughly into *(fx* a question).
utdypning deepening.
utdø *(vb)* become extinct.
utdødd extinct.
ute out; *(forbi)* at an end, finished, over; *det er ~ med ham* he's done for; **T** his number is up; *han er ~ av seg (av glede)* he is beside himself (with joy); *de er ~ etter deg* they are after you; **T** they're after *(el.*out for) your blood; *hva er han ~ etter?* what's he after? *han er ~ etter pengene hennes* he is after *(el.* has designs on) her money; *han bor ~ i Ealing et sted* **T** he lives out Ealing way; *(se sesong).*
utearbeid outdoor work.
utebli *(vb)* stay away *(fx* from a meeting, from a lecture), fail to come, fail to appear; ~ *uten tillatelse* be absent without permission *(el.* leave); *hvis betaling(en) -r* failing payment.
uteblivelse staying away, non-appearance, non-attendance; *(fra retten)* default.
uteblivelsesdom *(jur)* judgment by default; *avsi* ~ deliver judgment by default.
utebruk: *til ~ (om klær)* for outdoor wear; outdoor *(fx* an outdoor sweater).
utedo pit privy.
uteglemt left out (by mistake).
utekkelig disagreeable; improper; offensive.
utelat|e *(vb)* leave out, omit. **-else** omission.
uteligger down-and-out; **US** hobo.
uteliv outdoor life.
utelukke *(vt)* **1***(lukke ute)* shut out; **2***(fig)* rule out; *(stenge ute)* exclude; *han ble -t fra det gode selskap* he was excluded from (good) society; *det ene -r det annet* the one rules out the other; *(stivt)* the one precludes the other; *to oppfatninger som gjensidig -r hverandre* two conceptions that are incompatible; two conceptions that are mutually exclusive; *det -r ham (ɔ: dermed kommer ikke han på tale som kandidat, mistenkt, etc)* that lets him out; **3***(fig) (forhindre; forebygge)* prevent; *(stivt)* preclude; *for å ~ enhver misforståelse* to prevent *(el.* preclude) all misunderstandings.
utelukk|else exclusion. **-ende** *(adv)* exclusively, solely.
utemmelig untam(e)able.
uten without *(fx* w. your help); ~ *at De hjelper meg* unless you help me; *alle ~ én* all except one; *være ~ arbeid* be out of work; ~ *at jeg visste det* without my knowing it; without my knowledge; ~ *at man kom til enighet* without any agreement being reached; ~ *med* except with; ~ *når* except when.
utenat by heart; *lære noe* ~ learn sth by heart, memorize sth, commit sth to memory.
utenatlæring learning by heart, rote-learning, memorizing.
utenbords *se utabords.*
utenbygds: ~ *fra* from another district; non-local *(fx* members).
utenbys outside the town, out of town; non-local; *reise* ~ leave town.
utendørs outdoor *(fx* outdoor advertising); *(adv)* outdoors; out of doors.
utenfor 1*(prep)* outside *(fx* the building); *(mar)* off *(fx* the coast); out of *(fx* danger); ~ *arbeidstiden* out of hours, out of working (,office) hours; *han er født ~ Norge* he was born out of Norway; *det ligger ~ spørsmålet* that is beside the question; *for en som står ~ det hele* for *(el.* to) the outsider; *stå ~ saken* have nothing to do with the matter; **2***(adv)* outside; *bli med ~* come outside; *jeg er helt ~ (ɔ: har ikke fulgt med)* **T** I'm out of the swim; *de er litt ~ etter ferien (om elever m.h.t. kunnskaper)* they haven't caught up after the holidays; they're a bit behind after the h.; **S** they're not quite with it yet; *(se sesong; sette B).*
utenfor|liggende *(uvedkommende)* irrelevant; *(som ligger utenfor)* external; ~ *hensyn* ulterior considerations. **-stående:** *en* ~ an outsider; *har noen ~ ytet assistanse i forbindelse med havariet?* did any third party render *(el.* give) assistance in connection with the accident?
utenfra from outside; *hjelp* ~ outside help; *åpne døra* ~ open the door from outside.
utenkelig unthinkable, inconceivable; *(utelukket)* (quite) out of the question; *på de mest -e steder* in the most unlikely places.
utenlands abroad; *dra* ~ go abroad.
utenlandsk foreign; *i ~ tjeneste* on foreign service.
utenlandskorrespondent foreign correspondence clerk *(el.* translator).
utenlands|opphold stay abroad. **-reise** journey abroad; *han har nettopp kommet tilbake fra sin* ~ he is just back from abroad.
utenom 1*(adv)* outside, on the outside; round *(fx* go r. it); *det er ingen vei* ~ there is no other way out *(fx* of this difficulty); there is no other course (open to us); there is no alternative; *hun tjener penger* ~ **T** she earns money on the side; **2***(prep)* (on the) outside of; ~ *dette* beyond this; *intelligent ~ det alminnelige* intelligent beyond the ordinary; *noe ~ det vanlige* sth out of the ordinary; *gå ~ saken* evade *(el.* shirk) the issue; **T** beat about the bush; *gå langt ~ noe* give sth a wide berth.
utenom|hensyn *(pl)* ulterior considerations. **-snakk** irrelevant remarks; **T** beating about the bush; *han kom først med en hel del* ~ he approached the subject in a roundabout way.
utenpå outside; on the outside (of).
utenpåskrift outside address.

utenriksdepartement Ministry of Foreign Affairs; **UK** Foreign Office; **US** State Department.
utenriks|fart foreign trade *(fx* ships engaged in f. t.). **-handel** foreign trade; *et stort underskudd i -en* a large foreign trade deficit. **-kronikk** *(i radio)* foreign affairs report. **-minister** Minister of Foreign Affairs, Foreign Minister; **UK** Foreign Secretary; **US** Secretary of State. **-politikk** **1.** foreign policy; **2.** foreign politics, foreign *(el.* international) affairs.
utenrikspolitisk relating to foreign politics; *Norsk ~ institutt* Norwegian Institute of International Affairs.
utenriksregnskap balance of payments; *(se betalingsbalanse).*
utenriksråd *(departementsråd i Utenriksdepartementet)* undersecretary of State at the Foreign Office; permanent undersecretary at the Foreign Office; *(jvf departementsråd).*
utenskjærs beyond the skerries; in open waters.
utenverden outside world.
uteske *(vb)* challenge, provoke. **-nde** provocative.
utestengt shut out.
utestående: *~ fordringer* outstanding *(el.* unpaid) accounts; *ha penger ~* have money owing to one; *ha noe ~ med en* have a bone to pick with sby; have an old score to settle with sby; *(jvf tilgodehavende).*
utetillegg expatriation allowance.
utetjeneste *(jernb)* outside service; *(på gods- el. skiftetomt)* yard service.
utett leaky; *~ sted* leak. **-het** leakiness; leak, crack.
utfall **1***(i fektekunst)* lunge; pass; **2.** outcome; result; issue *(fx* the issue of the war); *heldig ~* success; *få et dårlig ~* fail; *få et annet ~* turn out differently.
utfart *(i masse)* exodus *(fx* the Easter e. from Oslo).
utfarts|sted (popular) excursion spot, popular resort for day-trippers, road-house. **-vei** exit road.
utfattig destitute, penniless.
utferdige *(vb)* draw up, prepare; *(sende ut)* issue. **-lse** drawing up, preparation.
utflod discharge, flux.
utflukt excursion, outing, trip; *(unnskyldning)* excuse; *det er tomme -er* those are mere excuses; *komme med -er* quibble, shuffle; give an evasive answer, resort to equivocations; make shuffling excuses; *kom ikke med -er!* **T** don't beat about the bush! *når man spør ham om det, kommer han med -er* if you ask him about it he gives evasive answers (,**T:** he beats about the bush).
utflytende *(adj)* vague; indistinct; blurred; hazy; unsharp; poorly defined; indefinite; *~ konturer* blurred *(el.* indistinct) outlines *(el.* contours); *en ~ stil* a diffuse *(el.* inconsistent) style; *det er nokså ~* it's rather vague; *det hele er for ~ og må strammes inn* it's all too vague and needs tightening up; *svært løst og ~* very vague and indefinite; *planene hans er så ~* his plans are so vague.
utfold|e *(vb)* unfold; *(legge for dagen)* display; *(utvikle)* develop. **-else** development; display.
utfor *(adv & prep)* over; *falle ~* fall over; *~bakken* downhill; *sette ~ for første gang (på ski)* make one's first real downward run.
utforbakke downhill slope; *start i ~ (med bil)* start while moving downhill.
utfor|dre *(vb)* challenge; *(trosse)* defy, dare. **-drende** challenging, defiant; *den ~* the challenger.
utfordring challenge.
utfor|kjøring *(på ski)* descent; *(se utfor; utforrenn).* **-løype** *(ski)* downhill piste *(el.* course *el.* track).
utforme *(vb)* shape, model; *(avfatte)* frame.
utforming shaping *(fx* make valuable contributions to the s. of the work); framing.
utforrenn *(på ski)* downhill race; downhill (racing).
utforsk|e *(vb)* find out, investigate; *(et område)* explore. **-(n)ing** investigation; *(av område)* exploration.
utfritte *(vb)* question closely, cross-examine, pump.
utfylle *(vb)* **1.:** *se fylle: ~ ut;* **2.** supplement, complement *(fx* the two volumes c. one another).
utfylling filling in; supplementing; complementing.
utfyllingsoppgave filling-in exercise.
utfyllingsvalg by-election.
utføre *(vb)* **1***(eksportere)* export; **2***(ekspedere)* execute *(fx* an order); **3***(instruks, ordre)* carry out; **4***(om arbeid)* execute *(fx* a piece of work); *~ pakkingen* do the packing; *~ en plan* execute *(el.* carry out) a plan.
utførelse **1***(av bestilling)* execution *(fx* the e. of an order); *(av instruks)* carrying out *(fx* the c. o. of instructions); *(av arbeid)* execution; *(om plikter)* discharge, performance *(fx* of one's duties); **2***(konstruksjon)* design; **3***(om arbeids kvalitet)* workmanship, craftmanship; *fagmessig ~* first-class workmanship; *bringe til ~* carry into effect; *komme til ~* materialize *(fx* our plans did not m.); *er nå under ~* is now being executed; is now in hand *(fx* your order is now in h.).
utførlig **1***(adj)* detailed; *(meget detaljert)* elaborate; *(uttømmende)* exhaustive; *-e opplysninger* full particulars; *en ~ beretning* a full *(el.* detailed) report; **2***(adv)* fully, in detail *(fx* write in d.); *behandle ~* go *(el.* enter) into details, treat at length, treat in full detail; *behandle -ere* treat more fully; *forklare ~* explain at length; *temmelig ~* at some length; in some detail.
utførlighet fullness, completeness.
utførsel **1***(det å føre ut varer)* exportation, export *(fx* the e. of paper); export trade; **2.:** *-en (utførte varer)* exports; *norsk ~, -en fra Norge* Norwegian exports; *(jvf eksport).*
utførsels|angivelse specification of goods exported. **-artikkel** export, article for export. **-godtgjørelse** drawback.
utførselshavn port of exportation; *(se for øvrig eksport).*
utgammel very old.
utgang **1***(veien)* way out; *(stedet)* exit; **2***(slutt)* close, end; *ved årets ~* at the end of the year; **3***(utfall)* result, outcome, issue; **4***(kort)* game.
utgangs|dør outer door; *(i kinosal, etc)* exit (door) **-melding** *(kort)* game; *få ~* make a game.
utgangspunkt point of departure, starting point; basis; *finne et felles ~ for forhandlinger* find a common ground for negotiations; *ta sitt ~ i ...* take ... as one's starting point; *med ~ i* based on *(fx* we demand a revision of the building account, based on the chartered accountant's report); *med ~ i Deres skriv akter vi å ...* as a result of your communication, we intend to ...; *(se innbefatte; I. skulle 19).*
utgangsstilling initial position; *(gymn)* basic position; *(golf, cricket, boksing)* stance.
utgave edition; version *(fx* of a story); *boka foreligger i ny ~* a new edition of the book has appeared *(el.* is available).
utgi *(vb)* publish *(fx* a book); issue; *(redigere)* edit *(fx* a periodical); *(om forfatter)* bring out; *har De -tt noe? (sagt til forfatter, etc)* have you

had anything published? ~ *seg for noe* pass oneself off as something.

utgift expense, outlay, disbursement; *en* ~ an expense, a disbursement; *(en utgiftspost)* an item of expenditure; *direkte -er* actual *(el.* out-of-pocket) expenses; *diverse -er* sundry expenses, sundries, incidentals; *faste -er* overhead expenses, overheads; *løpende -er* current expenses; *det kom mange -er til* a lot of expenses arose; *offentlige -er* public spending; *samlede -er* total expenditure; *de samlede -er (også)* the total disbursed; *små -er* small expenses, petty expenses, a modest outlay; *store -er* heavy expenses, heavy expenditure; great *(el.* heavy) expense *(fx* this has put us to great expense); *vi har pådratt oss store -er* we have incurred great expense; *tilfeldige -er* incidentals; *uforutsette -er* unforeseen expenditure; contingencies; *bestride -ene* defray the expenses; pay; *få sine -er dekket* get back *(el.* recover) one's outlay *(el.* expenses); have one's expenses paid; *vi har hatt betydelige -er (også)* we have been at considerable expense; *denne forsinkelse har skaffet meg store -er* this delay has put me to great expense; *skaffe seg -er* put oneself to expense; *føre* **til** ~ *(i bokføring)* charge to expenditure; *-er til* expenses for; *-er til legehjelp* medical expenses *(el.* fees); **uten** *-er for Dem* without cost to you, without any expenditure on your part, free of charge (to you); *-ene* **ved** the expenses of, the cost of; the expenses connected with.

utgifts|konto charges account. **-post** item of expenditure. **-side** debit side; *(av budsjett)* expenditure side. **-økning** increase in expenditures.

utgivelse publication; *(redigering)* editing; *under* ~ in course of publication; *(se utgi).*

utgivelsesår year of publication.

utgiver publisher; *(redaktør)* editor.

utgjort: *det er som* ~ **T** just like my luck.

utgjøre *(vb)* constitute *(fx* 52 cards c. a pack); make *(fx* this volume made the last volume of his collected works); form; *(om beløp)* amount to, come to; *som utgjør Deres andel av utgiftene i forbindelse med fremstilling av verktøy* which represents your share of the cost of production of tools.

utglidning *fig (moralsk, etc)* backslide, backsliding.

utgløde *vb (herde)* temper *(fx* steel).

utgravd: ~ *masse (gravemasse)* waste bank.

utgravning digging out, excavation.

utgrunne *(vb)* fathom.

utgyte *(vb)* pour out; ~ *blod* spill blood; ~ *sitt hjerte (for)* unbosom oneself (to).

utgytelse effusion, outpouring.

utgå *(vb)* issue; *(utelates)* be omitted, be struck out; ~ *fra* emanate *(el.* come) from, have its origin in; *(fra person)* originate with.

I. utgående *(subst): for* ~ outgoing; *(mar)* outward bound.

II. utgående *(adj)* outgoing *(fx* trains); outward-bound *(fx* ships); ~ *post* outgoing mail; ~ *tidevann* ebb tide, outgoing tide.

utgått: *en* ~ *sko* a worn-out shoe; *-e vareslag (om tekstiler)* broken *(el.* discontinued) ranges; *(se også utslitt).*

uthaler rake, roué.

uthavn outport.

uthengseksemplar show number.

uthengs|skap showcase. **-skilt** signboard, (shop) sign.

utheve *(vb)* emphasize, stress; *(typ)* space out; *(kursivere)* italicize.

uthevelse: *-ne er gjort av oss* the italics are ours; our italics.

uthogd hewn, cut (out); *(om skog)* thinned (out).

utholde *(vb)* bear, stand, endure, sustain, go through with, bear up against.

utholdende persevering; *han er ikke* ~ he has no staying power.

utholdenhet perseverance, endurance.

utholdenhetsrekord endurance record.

uthule*(vb)* hollow, scoop (out); *(fig)* undermine; *(se underminere).*

uthungret starved.

uthus outhouse; *(driftsbygning)* outbuilding.

uthvilt rested *(fx* tomorrow when we are rested); refreshed *(fx* he woke up refreshed); *begynne reisen frisk og* ~ *(også)* start off fresh.

utid: *i -e* out of season, at the wrong time; *i tide og -e* in season and out of season.

utidig *(urimelig)* unreasonable, naughty *(fx* child); *jeg håper De ikke betrakter dette som* ~ *mas, men* ... I hope you do not consider this unreasonably persistent, but ...

utidighet unreasonableness.

utilbørlig *(adj)* improper, undue; *(adv)* improperly, unduly.

utilbørlighet impropriety.

utilbøyelig disinclined.

utilbøyelighet disinclination.

utilfreds dissatisfied; discontented;~ *med at* displeased that.

utilfredshet dissatisfaction, discontent; *(se skape 2).*

utilfredsstillende not satisfactory, unsatisfactory.

utilfredsstilt unsatisfied.

utilgivelig unpardonable, inexcusable, unforgivable.

utilgjengelig inaccessible.

utilgjengelighet inaccessibility.

utillatelig *(adj)* inadmissible; *en* ~ *feil* an unforgivable mistake.

utilnærmelig unapproachable, reserved, distant; **T** stand-offish.

utilpass: *være* ~ feel unwell.

utilregnelig irresponsible, not accountable for one's actions.

utilregnelighet irresponsibility.

utilslørt unveiled.

utilstrekkelig insufficient; inadequate; *det er foruroligende å måtte konstatere hvor -e disse ordbøkene er innenfor den ramme de gir seg selv* it is disquieting to discover the inadequacy of these dictionaries within their own limits; *et* ~ *motivert forslag* a proposal resting on an insufficiently reasoned basis.

utilstrekkelighet insufficiency, inadequacy.

utiltalende unattractive, unpleasant.

uting absurdity, nuisance.

utjenlig useless, unserviceable.

utjevne *(vb)* smooth out *(fx* difficulties); *(jevne)* even, level.

utjevning smoothing out; levelling, equalization; *en utjevnings- og tilpasningsprosess* a process of equalization and adaptation.

utkant outskirts *(fx* on the outskirts of the town).

utkast (rough) draft; sketch; design *(til* of); ~ *til rapport* draft report.

utkaster chucker-out; **US** bouncer; *(jvf innkaster).*

utkik(k) look-out; *holde (skarp)* ~ *etter* keep a (sharp) look-out for; *stå på* ~ be on the look-out *(etter* for).

utkjempe *vb (en strid)* fight out.

utkjørsel (exit) gateway; (exit) drive; *(fra motorvei)* exit (road).

utkjørsignal *(jernb)* departure *(el.* exit) signal, starting signal.

utkjørt T done in, dead-beat, bone-tired.

utklarer|e *(vb)* clear outwards. **-ing** clearance outwards.

utkledd dressed up, rigged out.
utklekke *vb (også fig)* hatch.
utklekning hatching.
utklekningsapparat incubator.
utklipp *(avis-)* cutting; **US** clipping.
utkommandere *(vb)* call out.
I. utkomme *(subst): ha sitt gode* ~ be comfortably off.
II. utkomme *vb (om bok)* be published, appear; *-t hos* published by; *magasinet -r én gang i måneden* the magazine comes out monthly.
utkople *(vb) se kople: ~ ut.*
utkopling *(elekt)* cutting off *(el.* out), interruption.
utkrystallisere *(vb): ~ seg* crystallize.
utkåre *(vb)* choose, elect; *hennes utkårne* the object of her choice.
utladet: *batteriet er ~* the battery has got run down *(el.* has gone flat).
utladning discharge.
utlandet foreign countries; *fra ~* from abroad; *i ~* abroad; *i det store utland* in the wide world; *handel med ~* foreign trade; *reise til ~* go abroad; *sende til ~* send abroad; *for alle forsendelser til ~* for all goods sent abroad; for all consignments (,shipments) (for) abroad; *(se innland).*
utlede *(vb)* deduce *(av* from); (se slutte 3).
utlegg outlay, disbursement; *(jur)* distress; distraint; *ta ~ i (jur)* distrain on; *få sine ~ dekket* recover one's expenses.
utlegge *vb (forklare)* explain, interpret; construe; *(se barnefar).*
utleggerbord *(typ)* delivery table.
utlegning explanation, interpretation.
utleie letting *(fx* boats); letting out on hire, hiring out.
utlendighet exile.
utlending foreigner; *(ofte)* foreign visitor; *(jur)* alien; *Statens -skontor* the Government Aliens Office.
utlevd decrepit, spent; *(fig)* effete *(fx* aristocracy).
utlever|e *(vb)* deliver; *(overgi)* hand over; surrender; *(gi fra seg)* part with; *(fordele)* distribute; *(forbryter)* extradite; *begjære en forbryter -t* demand the extradition of a criminal; *Norge vil prøve å få ham -t* Norway will seek extradition for him; *~ seg (kompromittere seg)* compromise oneself; *(røpe seg)* give oneself away.
utlevering delivery; surrender; *(av forbryter)* extradition; *begjære ~* demand extradition *(fx* it is, presumably, no use demanding extradition in this case); *Frankrike vil stille krav om ~ av forbryteren* France will demand the extradition of the criminal.
utleverings|ordre *(merk)* delivery order. **-traktat** extradition treaty.
utligne *(vb)* balance, offset; neutralize; *(også i fotb)* equalize; settle, balance *(fx* an account); *(skatter)* assess (taxes); *~ disse utgiftene på medlemmene* divide these expenses among the members.
utligning *(betaling)* settlement, payment; *(om skatt)* supplementary taxation; *til ~ av* in settlement *(el.* payment) of; *til ~ av vårt mellomværende* to balance our accounts; in settlement of our account; *til delvis ~ av* in part payment of.
utlodning raffle; *(se lodde: ~ ut).*
utlove *(vb)* offer, promise.
utlufting airing, ventilation.
utlyd *(fon)* final sound; *i ~* in a final position, when final.
utlydende *(fon)* final.
utlært having served one's apprenticeship; (fully) qualified; *hvor lang tid tok det deg å bli ~?* how long did you have to train before you knew the job?
utløe outlying barn.
utløp *(av elv)* outlet, issue, mouth; *(av tid)* expiration, expiry; *~ av en frist* expiration *(el.* expiry) of a term; effluxion of time; *innen fristens ~* within the prescribed period *(el.* term); *kontraktens ~* expiration of contract; *ved -et av den avtalte betalingsfrist* at the end of the agreed *(el.* appointed) period of credit; *ved -et av den avtalte frist på 10 år* at the end of the agreed *(el.* appointed) period of ten years; on the expiration of the term of ten years; *ved -et av hans funksjonstid* at the expiry *(el.* end) of his term of office; *(jvf kontrakttid: ved -ens opphør); han fikk ~ for sin harme i voldsomme angrep på regjeringen* his anger vented itself in violent denunciation of the Government.
utløp|e *vb (om tid)* expire; *min permisjon er -t* my leave is up.
utløper *(bot)* offshoot, runner; *(av fjellkjede)* spur, foothill; *Alpenes siste -e* the last foothills of the Alps; *verdensbyens -e* the fringes of the metropolis.
utløps|rør discharge pipe. **-tid** date of expiry. **-ventil** delivery *(el.* outlet) valve; exhaust valve; *(se ventil).*
utløse *vb (betale løsepenger for)* ransom; *(om følelser, etc)* provoke, call forth; start *(fx* this started a new train of thought in his mind); arouse *(fx* a feeling of relief; great enthusiasm among her audience); trigger off *(fx* a revolutionary movement); *(frigjøre)* release; *(pantsatte saker)* redeem.
utløsersnor *(til fallskjerm; manuell)* ripcord; *(automatisk, festet til flyet)* static line.
utløsning ransoming; releasing; redeeming; *seksuell ~* orgasm, sexual satisfaction; *få~* experience orgasm; **T** come off; *(se utløse).*
utlån loan.
utlåns|bibliotek lending library. **-frist** *(lånefrist for bøker, etc)* time limit. **-rente** interest on loans; *(se rente; rentemargin).* **-skranke** issue desk.
utmaiet dressed up, rigged out; *(jvf påpyntet).*
utmale *vb (i ord)* depict; *~ seg* picture (to oneself).
utmark outlying *(el.* isolated) field; *(som beite)* rough grazing; *(se innmark).*
utmarsj *(mil)* pack march, march with full equipment, route march; *(se marsj).*
utmattelse exhaustion.
utmattet exhausted, worn out; **T** dead-beat, done up, dog-tired.
utmeldelse, utmelding withdrawal.
utmeldingsbevis certificate of withdrawal.
utmeldingsformular withdrawal form.
utmeldt *se melde: ~ ut.*
utmerke *(vb)* distinguish; *~ seg* distinguish oneself, gain distinction.
utmerkelse distinction.
utmerket excellent; *jeg vet ~ godt at* I know quite *(el.* very) well that.
utmåling measuring out.
utnevn|e *(vb)* appoint, nominate; *han ble -t til minister* he was appointed minister.
utnevnelse appointment; *hans ~ til* his a. as.
utnytte *(vb)* turn to account, utilize; exploit, make the most of; employ to good purpose *(fx* this change was employed to g. p. by the inhabitants); cash in on *(fx* the favourable situation); *de -t ham (også)* they made crooked use of him.
utnyttelse utilization; exploitation.
utopi: *en ~* a Utopian idea (,scheme, *etc); (se framtidsutopi).*

U

utopisk Utopian.
utover **1***(adv)* outwards *(fx* the window opens o. *(el.* to the outside); turn one's feet o.); *en tid ~* for some time to come; **2***(prep) (hinsides)* beyond *(fx* not beyond that point); *(forbi)* past; *hele sommeren ~* throughout the summer; *gå ~ instruksen* exceed one's instructions; *sette seg ~* disregard, ignore *(fx* sby's orders); *~ et beløp på £100* a sum in excess of £100; *atskillige tonn ~ hva vi trengte* several tons over and above what we wanted; several tons in excess of our requirements; *(se også tidsrom).*
utoverhengende overhanging.
utpakking unpacking.
utpante *vb (jur)* distrain on; *(se utpant(n)ing).*
utpant(n)ing *(jur)* distraining (on a tenant's goods for non-payment of rent), levying of distress; *foreta ~ i* distrain on *(fx* the landlord has distrained on the furniture); *inndrive husleie ved ~* distrain for rent.
utparsellere *(vb)* parcel out (into lots).
utpeke *(vb)* point out; indicate, designate; *(utnevne)* appoint *(fx* he was appointed to succeed X).
utpensle *(vb)* elaborate, work out in detail.
utpensling elaboration.
utpine *(vb)* exhaust *(fx* the soil).
utpint impoverished, exhausted; *(utsuget)* bled white; *(jord)* exhausted.
utpiping hissing; booing, hooting; *~ og hånlige tilrop* hooting and scoffing.
utplukk *(pl)* excerpts, extracts, selections *(av* from).
utplyndre *(vb)* plunder, rob; fleece.
utplyndring plundering, robbing; fleecing.
utpost outpost.
utpreget marked, emphatic, pronounced; *et ~ industriområde* a typical industrial district.
utpresser blackmailer, extortioner.
utpressing *(av penger)* blackmail, extortion.
utprøve *(vb)* test, try out.
utpønse *(vb)* think out, devise, concoct *(fx* a scheme).
utradisjonell untraditional; unconventional *(fx* building methods); unorthodox *(fx* materials).
utrangere *(vb)* discard, scrap.
utrede *(vb)* **1***(forklare)* explain; *(klarlegge)* clear up, elucidate; *~ et spørsmål* consider *(el.* review) a question, discuss a q.; **2***(betale)* pay, defray, meet; *omkostningene -s av denne konto* (the) expenses are charged to this account.
utredning explanation; elucidation; *(fremstilling)* detailed statement *(el.* exposition); (committee) report; *spørsmålet er under ~* the question is under deliberation; a report is being drawn up on the subject; *en ~ av spørsmålet om hvorvidt* a report on the question as to whether; *det er vårt bestemte inntrykk at særlig dette trenger ~* we have the definite impression that this point, in particular, needs clarification; *til videre ~* for further consideration; *komme med en lengre ~* make a lengthy statement *(fx* on the subject); deal with *(fx* the subject) at some length.
utregning calculation.
utreise *(mar)* outward journey; outward voyage *(el.* passage), passage out; *(det å forlate landet)* leaving the country, departure; *(se I. reise).*
utreise|dag day of departure. **-forbud** the requirement of an exit permit (for leaving the country). **-tillatelse** permission to leave the country, exit permit. **-visum** exit visa.
utrengsmål: *i ~* needlessly.
utrens(k)e *vb (polit)* purge, clean out; cleanse; purify.
utrette *(vb)* do, perform; *~ et ærend* carry out an errand; *få -t flere ærender samtidig* get various errands done at the same time; do various errands at one go.
utrettelig indefatigable, untiring.
utrettelighet indefatigability.
utrigger outrigger.
utringet *(om kjole)* low, low-necked.
utringning *(hals-)* neck opening.
utrivelig uncomfortable; *(ubehagelig)* unpleasant, disagreeable; *(om vær)* nasty.
utro unfaithful; *(ulojal)* disloyal.
utrolig incredible; unbelievable; *(adv)* incredibly; unbelievably.
utrop outcry, exclamation, shout.
utrop|e *(vb)* proclaim; *bli -t til konge* be proclaimed king.
utroper herald, town crier.
utropsord *(gram)* interjection.
utropstegn exclamation mark; **US** exclamation point.
utroskap unfaithfulness *(fx* the u. of his wife), infidelity *(fx* marital i.); disloyalty.
utruge *(vb)* hatch; *(jvf utklekke).*
utrugning hatching; *(kunstig)* (artificial) incubation; *(se utklekning).*
utruste *(vb)* fit out, equip; furnish *(med* with).
utrustning equipment, outfit.
utrydde *(vb)* eliminate, wipe out, eradicate, exterminate, extirpate; *~ en sykdom* eradicate a disease; *~ rotter* exterminate rats.
utryddelse extermination, eradication, extirpation. **-skrig** war of extermination.
utrygg insecure, unsafe. **-het** insecurity.
utrykning *(av vakt, etc)* turn-out; *(ofte =)* alarm; *brannvesenet hadde to -er* the fire brigade was called out twice; *(se politiutrykning; storutrykning).*
utrykningsvogn emergency vehicle.
utrykt unprinted, unpublished.
utrørt mixed, stirred in.
utrøstelig inconsolable, disconsolate *(over* at).
utrøstelighet disconsolateness.
utsagn statement, assertion; *etter hans ~* according to what he says.
utsagnsverb *(gram)* verb of statement.
utsalg sale; *(butikk)* shop; *Birger Lie A/S er et ~ i samme by for Lie & Co. A/S* Messrs. Birger Lie A/S are retailers in the same town for Messrs. Lie & Co. A/S; *en som går på ~* a sale-goer; *kjøpe varer på ~* buy goods at the sales *(el.* in the sale).
utsalgs|pris retail price; *(nedsatt)* sale price. **-sted** shop. **-vare** sale item.
utsatt **1***(om sted)* exposed; *(sårbar)* vulnerable; **2.** postponed, put off; *~ prøve* reference *(fx* r. is usually allowed in one subject only); re-sit; **US** supplementary exam; **US T** sup *(fx* sit for a sup); *få gå opp til ~ prøve* be referred (for re-examination); *elev som går opp til ~ prøve* re-examinee; *inspisere ved ~ prøve i engelsk* invigilate at the re-sit in English; *(jvf utsette).*
utsatthet exposed position; exposure; vulnerability.
utse *(vb)* select, choose, pick out; *bli -tt til forfremmelse* be marked out *(el.* selected) for promotion.
utseende appearance, look; *(om person)* looks; *han har -t mot seg* his appearance is *(el.* goes) against him; *jeg kjenner ham av ~* I know him by sight; *å dømme etter -t* to judge by appearance; *gi seg ~ av* affect.
utsendelse dispatch, sending; *(radio-)* broadcast; *(TV)* telecast.
I. utsending *(subst): se utsendelse.*
II. utsending *(subst):* delegate.
utsette *vb* **1***(fx for fare)* expose (to); **2***(oppsette)* postpone, put off; **3***(dadle)* find fault with; *han*

har utsatt seg for fare he has exposed himself to danger; ~ *seg for å* run the risk of; *være utsatt for et uhell* meet with an accident; *(jvf utsatt).*

utsettelse 1*(for fare)* exposure; **2.** postponement, deferment, delay; *be om ~ med betalingen* ask for an extension (of time); ask for delay *(fx* customer asks for d. till June 10th); ~ *med innkallingen (mil)* deferment of call-up; *(se tåle).*

utsettelsesforslag motion for adjournment.

utsettelsestaktikk delaying tactics, stalling tactics.

utside outside.

utsikt 1. view *(over* of, over, *fx* a wonderful v. over the valley); vision *(fx* the helmsman has good vision through large windows); ~ *bakover (fx fra førersete i bil)* view to the rear; *god ~* a good view *(fx* there's a good view from the tower); *med ~* with a view *(fx* a room with a view); *med ~ over havet* with a sea view; overlooking the sea; *så bredte en herlig ~ seg ut foran oss* then a magnificent view opened out before us; **2***(mulighet)* prospect *(til* of, *fx* no p. of peace); chance *(til* of); outlook *(fx* the outlook for this industry appears to be very good); *han er uten arbeid og har ingen ~ til å få noe* he is out of work and has nothing in prospect; *værutsikter for morgendagen (,for de nærmeste dager)* further outlook; the outlook for tomorrow, tomorrow's outlook; *dårlige -er* poor prospects; a bad outlook; *han har gode -er* his prospects are good; *et yrke med gode -er* a profession in which one can go far; *dette yrket byr ikke på noen -er for tiden* this profession offers no prospects whatever (,**T:** is a dead end) at present; *han har alle -er til å* he has every prospect of (-ing); *det er ~ til en viss skattelettelse* some relief to the taxpayers is in prospect.

utsikts|bilde *(fot)* distance shot, vista shot. **-punkt** viewpoint; **US** lookout (point). **-salong** *(på skip)* observation lounge.

utsiktstomt (building) site with a view; *«Enebolig til salgs. Utsiktstomt. Høy standard og prisklasse.» (kan gjengis)* ''Detached house for sale. Good view. High standard and price.''

utsiktstårn observation tower.

utskiftbar replaceable; interchangeable; *maskin med -e deler* machine with interchangeable parts.

utskifte *vb (bytte om)* replace.

utskift(n)ing *(også polit)* replacement *(fx* the r. of Mr. X at the Department of Employment and Productivity); *de er for lengst modne for ~ (polit)* they are long overdue for change.

utskille *(vb)* separate; *(utsondre)* secrete; *(kjem)* liberate, set free.

utskillelse separation; *(utsondring)* secretion; *(kjem)* liberation; *(bunnfelling)* precipitation.

utskipe *vb (eksportere)* export, ship; *(losse)* unload, discharge; unship; *(landsette)* disembark.

utskiper shipper.

utskipning shipment; disembarkation.

utskipningshavn port of shipment.

utskjelle *(vb) se skjelle: ~ ut.*

utskjelling scolding; calling names; ~ *av en* calling sby names.

utskjemt spoiled; *(om kvinne)* ruined.

utskjæring cutting; *(kunstnerisk)* carving, sculpture; *(med.)* excision.

utskrapning *(med.)* curettage, curetting; *livmoruterine* curettage; *man foretok ~ på henne* she was curetted.

utskrevet 1*(fra sykehus)* discharged; **2***(om bok, etc)* finished, filled; **3***(mil): de utskrevne* the conscripts.

utskrift *(avskrift)* copy, transcript.

utskrive *vb (se også utskrevet)* **1***(fra sykehus)* discharge; **2***(mil)* conscript, recruit, draft *(fx* be drafted to a ship, a regiment); **US** draft (into the army); **3***(skatter)* levy, impose, raise *(fx* taxes); **4***(ekserpere)* write out; ~ *valg* issue writs for an election; ~ *nyvalg* issue writs for a new election; appeal to the country; *(jvf skrive: ~ av, ~ ut).*

utskrivning 1. discharge *(fx* on (his) d. from hospital, he ...); **2.** conscription, recruitment, drafting; draft *(fx* an annual d. of 50,000 men); **3.** levying *(fx* of taxes); levy, imposition *(fx* tax i.); **4***(ekserpering)* writing out; *(jvf avskrivning).*

utskudd *(pakk)* dregs *(fx* the d. of society), scum *(el.* sweepings) of society.

utskytning *(av rakett, etc)* launching; blast-off.

utskytningsrampe launching ramp, launch pad.

utskåret cut out; *(i tre)* carved.

utslag 1*(av pendel)* swing; *(av vektskål)* turn *(fx* a t. of the balance); *(av viser)* deflection; *pl (fig; svingninger)* fluctuations *(fx* of prices); **2***(virkning)* effect; result, outcome; reflection *(fx* the position of modern languages in the schools is a r. of the general regard in which they are held); **3***(ytring, tegn)* manifestation *(fx* this speech is a m. of our friendly attitude; the first m. of the disease); symptom; **4***(eksempel)* instance *(fx* as an i. of his malice I may mention ...); **5***(ski): se sleiv; gi seg ~* be reflected *(fx* the new policy was r. in a number of reforms); show itself; manifest itself; result *(fx* his policy resulted in new aggressions); *hans sjenerthet ga seg de merkeligste ~* his shyness made him do the oddest things; *gjøre -et* decide the matter; be the decisive factor; tip *(el.* turn) the scale(s); *det som gjorde -et for meg, var ...* what decided me was ...; *gjøre et ~ (om viser)* be deflected; *et tilfelle gjorde -et* an accident turned the scales.

utslagsgivende decisive, determining.

utslagsvask sink; **US** utility sink.

utslett rash, skin eruption; *hete-* prickly heat, heat rash; *få ~* break out in a rash; *han har ~* he has a rash.

utslette *(vb)* annihilate, wipe out, efface, obliterate.

utslitt worn out; *motoren er nesten ~* the engine is three quarters of the way gone *(el.* done).

utslynge *(vb)* hurl out, fling out.

utslått *(om hår)* hanging down, down, (hanging) loose *(fx* with her hair hanging loose).

utsmykke *(vb)* decorate, embellish.

utsmykning decoration, embellishment.

utsnitt cut, segment; *(avsnitt, del)* section *(fx* a s. of the population; a random section of English history).

utsolgt out of stock, sold out; *(om bok)* out of print;*vi vil snart bli ~* our stock will be cleared soon; *være ~ for* be out of stock of, be (sold) out of *(fx* we are out of this silk); *for ~ hus* to a crowded house.

utsondre *(vb)* secrete, excrete.

utsone *(vb)* atone for, expiate.

utsoning expiation.

utsortere *(vb)* sort out.

utsovet having had a good sleep *(el.* a good night's rest); *er du ~ nå?* have you had all the sleep you need now? have you had a really good sleep now?

utspark *(fotb)* kick-out; *(jvf avspark).*

utspeide *(vb)* spy on, keep (a) watch on.

utspekulert *(om person)* sly, artful, crafty; designing, scheming.

utspill lead; *(i fotball)* kick-off; *ha -et (fig)* have the initiative; **T** have the lead.

utspille *(vb): -s* take place *(fx* the events that took place in London); *annen akt -s på gaten* the second act is set in the street; *dramaet -s for øynene på oss* the drama unfolds before our eyes; *ha utspilt sin rolle* have had one's (,its) day, be played out.

utspilt *(adj)* distended, dilated, bloated; *(om vinger)* spread; *(se II. spile: ~ ut).*

utspionere *(vb)* spy on.

utspjåket overdressed, flashily dressed; **T** (all) dressed up, togged up, rigged out, dolled up (NB she was all dolled up like a Christmas tree); *(jvf påpyntet).*

utsprang (parachute) jump, (parachute) descent.

utspring source; head (of a river); *(opphav)* origin; *(fx på bygning)* projection; *~ (og øvre løp)* headwaters *(fx* the h. of the Nile).

utsprunget: *en ~ rose* a full-blown rose; *blåveisen er ~* the blue anemones are out; *trærne er ~* the trees are in leaf; *fullt ~* in full leaf; *(om blomst)* full-blown.

utspørre *(vb)* question; **T** pump.

utstaffere *(vb)* **T** dress up *(med* with), trick out *(med* in, with), rig out *(el.* up) *(med* in).

utstede *(vb)* issue, draw; *~ en sjekk* draw a cheque (,**US:** check) *(på en bank* on a bank); *~ en veksel* make out *(el.* issue) a bill; *(trekke på)* draw a bill *(fx* on sby); *den person sjekken er utstedt til* the person to whom the cheque is made payable; *(se sjekk).*

utstedelse issue.

utstedelses|dag date of issue. **-tid** time of origin.

utsteder drawer *(fx* of a cheque).

utstikkerbrygge pier.

utstikning marking out, staking out.

utstille *(vb)* exhibit, show, display.

utstiller exhibitor.

utstilling exhibition, display; **US** *(også)* exposition.

utstillingsdisk display counter; *(se kjøledisk).*

utstillingsfigur display dummy.

utstillings|gjenstand exhibit, object on display. **-kasse** showcase. **-vindu** show window.

utstopning stuffing.

utstoppet stuffed.

utstrakt 1. streched out, outstretched, (at) full length *(fx* he lay full length on the bed); **2***(stor)* extensive; **3***(fig)* extensive, wide *(fx* influence, powers), comprehensive *(fx* knowledge); far-reaching *(fx* influence); *finne ~ anvendelse* be extensively *(el.* widely) used; *gjøre ~ bruk av noe* make extensive use of sth.

utstrekning 1*(det å strekke noe ut)* stretching out, extension; **2***(omfang, størrelse)* extent; area *(fx* as large in area as Denmark); **3***(fig)* extent; *i den ~* to that extent; *poetiske ord tas kun med i den ~ de har glidd inn i språket, enten direkte eller i forbindelser som har det* poetical words are included only in so far as they have become part and parcel of the language, either direct or in conjunction with words that have; *i full ~* in full measure, to its full extent; *i hele sin ~* in its entirety; to the whole of its extent; *i hvilken ~* to what extent? *i samme ~ som tidligere* to the same extent as before; *i en slik ~* to such an extent; *i stor ~* to a great *(el.* large) extent, largely, extensively, in a large measure; *arbeidsvilje mangler i stor ~* there is a general absence of the will to work; the will to work is absent *(el.* lacking) in many cases; *ikke i noen større ~* not to any great extent; *i størst mulig ~* to the greatest possible extent; as extensively as possible; to the fullest extent; to the utmost limit.

utstryk(n)ing *(radering)* erasure; crossing out, striking out; *(typ)* deletion.

utstrykskultur *(biol)* streak culture.

utstrømning outflowing, flow; discharge *(fx* of gas, of steam), emanation *(fx* of gas); efflux.

utstråle *(vb)* radiate, emit.

utstråling radiation; emanation; emission.

utstykke *(vb)* parcel out.

utstyr equipment, outfit; appointments *(fx* the ship is fitted with the very latest a. for the comfort of passengers); *(kontor-)* office fittings; *(personlig)* outfit, kit *(fx* my travelling kit); *(til hus)* furnishings; *(møbler)* furniture; *(boks)* get-up; *(varens)* get-up, make-up, package; *(se typografisk).*

utstyre *(vb)* fit out, equip; *(møblere)* furnish; *(avisartikkel, bok, etc)* make up, get up; *~ med penger* furnish with money; *et skip er utstyrt med maskineri* a ship is fitted with machinery; *et velutstyrt hotell* a well-appointed hotel.

utstyrsforretning firm of soft furnishers; *møbelog ~* firm of house furnishers.

utstyrsstykke [play, revue, etc. in which the spectacle is the main attraction]; spectacular revue *(el.* musical); **T** spectacular.

utstøte *(vb)* expel, push out; eject, emit; *(fremkomme med)* utter, let out *(fx* a cry), give *(fx* he gave a little «oh» of surprise).

utstøtningstakt *(mask)* exhaust stroke.

utstå *vb (gjennomgå)* go through, undergo; *(tåle)* bear, stand; *jeg -r ham ikke* I can't stand him; *la saken ~* let the matter stand over.

utstående projecting, protruding; *han har ~ ører* his ears stick out.

utsuge *vb (fig)* fleece, bleed white; *(jord)* exhaust, impoverish; *(arbeidere)* sweat; *(jvf suge: ~ ut).*

utsugelse *se utsuging.*

utsuger fleecer, extortioner; **T** shark, cutthroat; *(av arbeidere)* sweater.

utsuging extortion; *(av arbeidere)* sweating; **2***(det å suge ut)* sucking out.

utsvevelser *(pl)* debauchery, excesses, dissoluteness, dissipation.

utsvevende debauched, dissolute.

utsyn 1. = *utsikt;* **2***(oversikt)* perspective; *~ over* review *(el.* survey) of.

utsøkt choice, select, exquisite. **-het** choiceness, exquisiteness.

utta *(vb)* select *(til* for); *~ stevning mot* summons sby; *(se ta: ~ ut).*

uttagning *se uttaking.*

uttaing *se uttaking.*

uttak *(av bank)* withdrawal.

uttaking selection.

uttakingskamp trial (game), trials *(pl).*

uttakingskomité *(sport, etc)* selection committee, selectors *(pl).*

uttakingsløp elimination *(el.* eliminating) heat; qualifying heat; *(se heat).*

uttakingsrunde qualifying heat.

uttak *(av bank)* withdrawal.

I. uttale *(subst)* **1.** pronunciation *(fx* the p. of a word); **2.** articulation; **3.** accent *(fx* he has a good (,bad) a.; a Yorkshire a.; that will improve your a.); *(se sleng).*

II. uttal|e *(vb)* **1.** pronounce *(fx* how do you p. this word?); articulate *(fx* he does not a. his words distinctly); *(en bokstav)* sound *(fx* he sounded the p in «Psyche»); **2***(si, erklære)* say, declare, state *(fx* the witness stated that ...); speak *(fx* when he spoke these words); observe *(fx* the French delegate observed that ...); **3***(uttrykke; se også dette)* express *(fx* one's thanks); state *(fx* one's opinion); put into words; *~ et ønske* put a wish into words; *p'en -es ikke* the p is not sounded; the p is silent *(el.* mute); *~ et ord galt* mispronounce a word; *~ et ord riktig* pronounce a word correctly; *~ tydelig* articulate clearly; *eksperten -te at maleriet var ekte* the expert declared *(el.* pronounced) the painting to be genuine; *jeg kan ikke ~ noe om dette* I am unable to express an opinion on this; *Deres brev, hvor De -er Deres forbauselse over at ...* your letter, in which you express some surprise that ...; your l. stating that you are surprised that ...; your l. in which you state *(el.* say) that you are surprised that ...; *~ håp om at* express the hope that; *~ sin mening* express one's opinion; *han -te som sin mening at* he gave as his opinion that; *~ tvil om* express doubt(s) concerning; *til slutt vil jeg ~ ønsket om at* in conclusion, may I express the wish that; ~ **seg** speak *(fx* he spoke at the meeting); express oneself *(fx* in guarded terms); give an *(el.* one's) opinion; give *(el.* make) a statement; *vente med å ~ seg (også)* suspend judgment; *er det andre som vil ~ seg?* any further remarks *(el.* observations *el.* comments)? *jeg ønsker ikke å ~ meg* I have no comment (to offer); I have no statement to make; I have nothing to say; *han nektet å ~ seg* he refused to give statement; ~ **seg for** speak in favour of, declare for *(el.* in favour of); ~ **seg fritt** speak freely; ~ **seg i samme retning** speak *(el.* express oneself) to the same effect; ~ **seg mot** declare *(el.* pronounce) against *(fx* a plan); oppose *(fx* a proposal); *(som vitne)* give evidence against; ~ **seg nærmere** go into details; give particulars; *han nektet å ~ seg nærmere om det punktet* he refused to elaborate the point; *kunne De ~ Dem litt nærmere om det De nettopp sa? (også)* could you amplify that statement a little? ~ **seg om** speak about *(fx* the situation), offer *(el.* express) an opinion on; pass an opinion on *(fx* I can't p. an o. on your work without examining it thoroughly); comment on *(fx* the proposal); pronounce on *(fx* the committee did not p. on this question); *(som vitne)* give evidence about; testify about; *det kan jeg ikke ~ meg om (ɔ: det vet jeg ikke)* I couldn't say; I wouldn't know; I have no idea; *~ seg skarpt om* pass severe censure on; *det er for tidlig å ~ seg om det* it is too early to express an opinion on this point; *(ofte =)* comment would be premature; *det tør jeg ikke ~ meg om* I venture no opinion about that; I would not like to venture an opinion on that point; **T** I wouldn't like to say; ~ **seg til fordel for** *en* speak for sby, declare oneself in favour of sby; *(som vitne)* give evidence in sby's favour; *(se også uttalelse; sakkunnskap).*

uttale|angivelse indication of (the) pronunciation. **-betegnelse** phonetic transcription; *(alfabet)* phonetic notation. **-feil** mispronunciation.

uttalelse statement; observation, utterance; *(sakkyndig)* expert opinion; *(offentlig ~, om politikk, etc)* pronouncement; *avgi en ~* make a statement; *forelegge til ~* submit for one's opinion; *innhente sakkyndig ~ om spørsmålet* consult an expert opinion *(el.* seek expert advice) on the matter; *ifølge hans egen ~* according to his own statement; on his own showing; *ifølge sakkyndiges ~* according to expert opinion; *(se også ubestemt).*

uttelling *(utbetaling)* disbursement, payment.

uttenkt invented, devised, thought out; *en godt ~ plan* a well thought-out scheme; *et omhyggelig ~ svar* a carefully thought-out answer.

uttilbens with one's toes pointing *(el.* turned) outwards, splayfooted.

uttjent 1. worn-out; **2.:** *se avtjen|e:* **-t verneplikt.**

uttog *(av bok)* extract *(av* of, from).

uttredelse retirement, withdrawal; secession *(fx* from the Commonwealth).

uttrekk *(på bord)* extension; *(i orgel)* stop; *(ekstrakt)* extract; *(i kokende vann)* infusion *(fx* an i. of camomile).

uttrykk expression; *(ansikts- også)* look; *en rekke av de spesielle ~ som skolens folk, så vel elever som lærere, daglig har bruk for* a number of the special terms in daily use among teachers and their pupils; *han hadde et vennlig ~ i ansiktet* there was a look of kindness about his face; *ord og ~* words and phrases; *et stående ~* a set *(el.* stock) phrase; *fag-* technical term; *et forslitt ~* hackneyed phrase; *et ~ for god vilje* a demonstration of goodwill; *gi ~ for* give voice to *(fx* one's indignation), give expression to *(fx* one's gratitude); *gi ~ for sitt syn* express *(el.* voice) one's view(s); *være et ~ for* express, reflect *(fx* this newspaper reflects the opinion of the middle classes); *komme til ~ i* find expression in, be reflected in.

uttrykke *(vb)* express, give expression to; *som han -r det* as he puts it; *jeg kan ikke ~ det i ord* I cannot put it into words; *vi vil gjerne få ~ vår tilfredshet med hans arbeid* we should like to express our appreciation of *(el.* satisfaction with) his work; ~ **seg** express oneself *(fx* badly, clearly); put it *(fx* he puts it nicely); *~ seg klart* present one's thoughts lucidly; *jeg håper jeg har uttrykt meg tydelig* I hope I have made myself *(el.* my meaning) clear; *evne til å ~ seg* fluency, readiness of speech; *han er i stand til å ~ seg* he speaks with considerable fluency.

uttrykkelig *(adj)* express; *(adv)* expressly, distinctly, in distinct terms, explicitly.

uttrykks|full expressive. **-løs** expressionless.

uttrykksløshet want of expression.

uttrykksmåte mode of expression; way of speaking; *(forfatters, etc)* medium of expression; style.

uttært emaciated.

uttømme *(vb)* exhaust.

uttømmende exhaustive, full, complete *(fx* a full *(el.* c.) report).

uttørke *(vb)* dry up; *(om myr)* drain.

uttørret: *~ elveleie* dried-up watercourse; dry channel; dry beck.

utukt fornication; *(jur)* gross indecency; *(ervervsmessig)* prostitution; *oppfordre menn til ~ (på gaten, om prostituert)* solicit.

utuktig 1*(om person)* immoral; **2***(om bøker, etc)* immoral, lewd, obscene; *~ atferd* immorality, loose living; *~ omgang* unlawful sexual intercourse; *han tiltvang seg ~ omgang med henne* he forced intimacy upon her; *~ omgang med mindreårige* sexual abuse of minors.

utur 1. = *uflaks;* **2***(kort): sitte i ~* have a run of bad luck; *han satt i ~ (også)* the cards were against him.

utvalg 1*(av varer, etc)* selection, choice; *(sortering)* assortment; *(serie)* range *(fx* a beautiful r. of colours); *et stort ~ i hatter* a large choice *(el.* selection) in *(el.* of) hats; a wide choice *(el.* range) of hats; *i godt ~* in a wide range; *gjøre et ~* make a selection; **2***(panel)* panel; *(komité)* committee; *skolens ~* the school management board; the governors of the school; *(se kontaktutvalg & samarbeidsutvalg);*

utvalgt chosen, selected; *-e folk* (hand-)picked men; *(se også velge).*

utvandre *(vb)* emigrate.

utvandrer emigrant.

utvandring emigration.

utvanne *(vb)* water (down), dilute; *(fig)* water down *(fx* a statement); *-s* become insipid, lose flavour; *-t* insipid *(fx* an i. style).

utvei way out (of a difficulty), expedient, course *(fx* it's the only course open to me).

utveksle *(vb)* exchange; ~ *erfaringer* tell each other of their *(,etc)* experiences; **T** compare notes; *de treffes for å ~ meninger* they meet to exchange ideas *(el.* views).

utveksling exchange; *(tekn)* gear.

utvekslingslærer exchange teacher.

utvekst outgrowth; excrescence,protuberance.

utvelge *(vb)* choose, select, pick out.

utvelgelse selection, choice.

utvendig *(adj)* outward, external, exterior; *(adv)* externally, (on the) outside; *det -e* the exterior; ~ *kledning (på hus, faglig)* outer skin; *(se kledning).*

utvetydig unequivocal, clear, plain, unambiguous, unmistakable. **-het** unequivocal character, unambiguousness; plainness.

utvide *(vb)* enlarge, extend, dilate, expand; *(gjøre bredere)* widen; ~ *eksporten* expand exports; ~ *sin interesse til å innbefatte* ... extend one's interest to (include) ...; ~ *seg* expand, dilate; widen.

utvidelse enlargement, extension, expansion.

utvikle *(vb)* develop, evolve *(fx* a plan, a new theory); ~ *seg* develop; evolve; move *(fx* events had moved rapidly); *barnet -r seg raskt* the child is developing (,**T:** is coming on) rapidly; *hun hadde -t seg til en flott pike* she had grown into a fine girl; *det kunne ~ seg til en kjedelig situasjon* that might grow into an awkward situation; *jeg var glad for den måten tingene -t seg på (også)* I was happy at this turn of events; *(se også utviklet).*

utviklet developed, advanced *(fx* more a. nations; a more a. type of civilization); *fullt (el. helt)* ~fully developed; full-grown *(fx* person, plant, tree); *(fig)* full-fledged; *høyt* ~ highly developed; at an advanced stage *(fx* of civilization); *tidlig* ~ **1.** (intellectually) precocious; **2***(seksuelt)* sexually mature at an early age; *vel* ~ well-developed *(fx* child); *(stor)* of considerable dimensions.

utvikling development; *(gradvis)* evolution; *(kjem)* emission, escape; *(forklaring)* explanation, exposition; *(se fremskritt; rivende; samtidig).*

utviklingsdyktig capable of development *(el.* improvement), perfectible.

utviklingshjelp development aid, aid to developing countries; *(ofte)* foreign aid; *Direktoratet for* ~ Norwegian Agency for International Development; *(fk* NORAD); ~ *bør gis på giverlandets premisser* development aid should be given in accordance with the conditions laid down *(el.* the premises stated) by the donor; *(se u-hjelper).*

utviklingsland developing country.

utviklingslæren (the doctrine of) Evolution.

utviklingsprosess evolutionary process; evolutionary phase; *(se prosess).*

utvilsom indubitable, undoubted;*-t (adv)* undoubtedly, indubitably, unquestionably.

utvinne *(vb)* extract *(fx* oil), win *(fx* metal from ore); process *(fx* bauxite is the raw material from which aluminium is processed); ~ *kull* work *(el.* win) coal; ~ *salt av sjøvann* obtain salt from sea water.

utvinning extraction, winning; working.

utvirke *(vb)* bring about, effect, obtain.

utvise *(vb)* **1.** expel, send out, order out, order to leave the country; *(fotb)* send off; *han ble utvist fra klasserommet* he was put out of the classroom *(fx* for being impudent); *han ble utvist fra skolen* he was expelled from (,**T:** kicked out of) school; **2***(utlending)* deport; **3***(legge for dagen)* exercise *(fx* caution, economy); show *(fx* motorists are warned to show the greatest care); ~ *grov uaktsomhet* be guilty of gross negligence.

utviske *(vb)* remove, obliterate *(fx* all traces of), efface *(fx* the address on the label had been effaced in transit).

utvisket blurred, dim, indistinct; smudged *(fx* fingerprint).

utvisning 1. expulsion; **2***(i ishockey)* penalty *(fx* two minutes' penalty for tripping); **3***(av utlending)* deportation.

utvisningsordre deportation order.

utvokst full-grown; full-sized.

utvortes *(adj)* exterior, outside, external; *til ~ bruk* for external use *(el.* application); *(påskrift)* 'not to be taken'.

utvungen free, unrestrained; *(naturlig, fri)* unconstrained, easy, free and easy *(fx* tone); *hun beveget seg fritt og -t* her movements were free (and assured); *(se også vesen).*

utvungenhet absence of restraint, ease (of manner); *(se utvungen).*

utvær outlying fishing village.

utvåket exhausted from *(el.* with) lack of sleep; exhausted from watching; *han så ~ ut* he looked exhausted from lack of sleep.

utydelig indistinct; *(uklar)* vague, dim, obscure.

utydelighet indistinctness, obscurity; vagueness.

utyske monster.

utørst: *drikke seg* ~ quench one's thirst.

utøse *(vb)* pour out; ~ *sitt hjerte (for)* unbosom oneself (to);~ *sin vrede (over)* vent one's anger (on) *(fx* on sby).

utøve *(vb)* exercise, practise (,**US:** practice); ~ *et yrke* carry on a profession; *(om håndverker, etc)* carry on a trade; *ville De være interessert i å ~ et yrke?* would you be interested in carrying on any professional activities?

utøvelse exercise; discharge; *-n av* the exercise of; *under -n av sine plikter* in the discharge of one's duties.

utøvende executive *(fx* power); creative *(fx* a c. artist); executant *(fx* musician); *den ~ makt* the Executive.

utøy vermin; (NB vermin *betyr også «skadedyr»).*

utøylet unbridled.

utålelig intolerable, unbearable; insufferable *(fx* insolence).

utålmodig impatient *(over* at; *etter* for; *etter å* to); *hun var~ etter å reise tilbake* she couldn't wait to go back.

utålmodighet impatience.

utålsom intolerant *(overfor* of; *(om person)* towards). **-het** intolerance.

utånde *vb (dø)* expire, breathe one's last.

uunngå(e)lig unavoidable, inevitable.

uunnværlig indispensable.

uunnværlighet indispensability.

uutforsket unexplored.

uutgrunnelig inscrutable *(fx* face, mystery); unfathomable; *et ~ ansikt* **T** a poker face.

uutholdelig unbearable *(fx* heat); unendurable, intolerable, insupportable; beyond endurance; ~ *smerte (også)* excruciating pain; ~ *spenning (også)* an agony of suspense; *gjøre livet ~ for ham* make life a burden to him.

uutnyttet unused *(fx* an unused source of labour); untapped, unexploited *(fx* resources).

uutryddelig ineradicable.

uutsigelig unutterable, unspeakable.

uutslettelig indelible *(fx* it made an indelible impression on me).

uutslukkelig inextinguishable *(fx* fire); unquenchable *(fx* hatred, thirst).

uuttømmelig inexhaustible.

uutviklet backward, underdeveloped; *(rudimentær)* rudimentary.
uvane bad habit; *legge seg til en* ~ get into a bad habit; *legge av seg en* ~ break oneself of a bad habit.
uvanlig unusual; uncommon; extraordinary; irregular; *(anomal)* anomalous; ~ *stor* unusually big.
uvant unaccustomed, unused *(med* to); *arbeidet var* ~ *for ham* the work was new to him; he was new to the work; ~ *med arbeidet* unfamiliar with the work.
uvarig not lasting, that won't last long; *(om tøy, etc): stoffet er* ~ the cloth wears badly *(el.* will soon wear out); there is not much wear in that cloth.
uvederheftig irresponsible, unreliable, untrustworthy.
uvederheftighet irresponsibility, unreliability, untrustworthiness.
uvedkommende irrelevant; ~ *hensyn* extraneous considerations; *det er saken* ~ that is irrelevant, that is beside *(el.* not to) the point; that has no bearing on the subject; *en meg* ~ *sak* an affair in which I am not concerned; ~ *(personer)* persons not concerned; intruders; ~ *forbys adgang* no admittance! *(se adgang; hensyn).*
uvegerlig *(adv)* inevitably.
uveisom trackless, pathless.
uvel unwell; *føle seg* ~ feel unwell; **T** feel under the weather.
uvelkommen unwelcome.
uvenn enemy; *bli -er* fall out.
uvennlig unfriendly, unkind.
uvennlighet unfriendliness, unkindness.
uvennskap enmity, hostility.
uventet unexpected, unlooked-for.
uverdig unworthy *(fx* I feel that I am quite u. of this honour); *(skammelig)* disgraceful, shameful; *behandle en* ~ subject sby to indignities; *være gjenstand for en* ~ *behandling* suffer *(el.* be subjected to) indignities; *oppførsel som er en gentleman* ~ conduct unworthy of a gentleman; *opptre* ~ be undignified; **T** behave infra dig; ~ *til* unworthy of, undeserving of; ~ *til å* unworthy to.
uvesen nuisance.
uvesentlig unessential, immaterial; *(se II. sløyfe).*
uvett folly, unwisdom.
uvettig foolish, senseless; crazy; mad.
uviktig insignificant, unimportant; *(uvesentlig)* immaterial.
uvilje ill will; *(mishag)* displeasure, indignation; *vekke ens* ~ *(ɔ: harme)* arouse one's indignation.
uvilkårlig *(adj)* involuntary, instinctive; *(adv)* involuntarily.
uvillig *(adj)* unwilling; reluctant; *(adv)* unwillingly, reluctantly, grudgingly; ~ *stemt* unwilling; *han er* ~ *til å* ... he is unwilling to *(el.* reluctant to) ...
uvillighet unwillingness; reluctance.
uvirkelig unreal.
uvirksom inactive, idle, passive; *forholde seg* ~ take no action, remain passive.
uvirksomhet inactivity, idleness, passivity.
uvisnelig imperishable, unfading.
uviss uncertain; doubtful; undecided; *det er -t om han kommer hit tidsnok* it's a toss-up (**,US:** toss) whether he'll get here in time; *alt er på det -e* everything is still uncertain; nothing definite is known.
uvisshet uncertainty; *(spenning)* suspense.
uvitende ignorant *(om* of).
uvitenhet ignorance.
uvitenskapelig unscientific; unscholarly.
uvurderlig invaluable, inestimable.
uvæpnet unarmed.
uvær storm, rough *(el.* bad) weather; *-et brøt løs* the storm burst; *vær rustet mot* ~ *og kulde, selv på korte turer* be equipped for storms and severe cold even on short trips; *-et er over oss* the storm is on us; *det trekker opp til* ~a storm is brewing.
uværs|front *(meteorol)* instability front (with thunderstorms). **-himmel** stormy sky; threatening sky. **-natt** stormy night.
uvøren reckless; bold, daring; ~ *kjøring* reckless driving.
uvørenhet recklessness; boldness, daring.
uærbødig disrespectful; irreverent *(mot* to).
uærbødighet disrespect; irreverence.
uærlig dishonest; *ha -e tilbøyeligheter* be dishonestly inclined.
uærlighet dishonesty.
uøkonomisk uneconomical, wasteful; *(som ikke svarer seg)* unprofitable, unremunerative.
uønsket unwanted *(fx* an u. child); unwished for; *(ofte =)* undesirable *(fx* produce an u. effect); *uønskede elementer* undesirable elements; *uønskede personer* undesirable persons, undesirables; *han ble erklært for* ~ *(polit)* he was declared persona non grata.
uønskverdig undesirable.
uøvd untrained, unpractised (**,US:** unpracticed), inexperienced; **T** green *(fx* he's too green for the job).
uøvet *se uøvd.*
uøvethet lack of training *(el.* practice); inexperience, rawness; **T** greenness.
uåpnet unopened.
uår bad year (for crops), crop failure.

V, v V, v; *enkelt-v* V for Victory.
va *(vb)* wade; ~ *over* wade across *(fx* a river).
vable blister.
vad *(not)* seine.
vade *(vb): se va.*
vadefugl *(zool)* wading bird; *(se fugl).*
vadere pl (skaftestøvler) waders.
vadested ford; *(i Sør- og Øst-Afrika)* drift.
vadmel frieze, homespun.
vadsekk *(glds)* valise, carpetbag, travelling bag.
vaffel waffle; *(se rømmevaffel).* **-hjerte** piece *(el.*

segment) of waffle. **-jern** waffle iron. **-plate** round of waffles. **-røre** batter (for waffles).
vag vague; *(se ubestemt & uklar).*
vagabond tramp, vagabond; *(jur)* vagrant.
vagabondere *(vb)* vagabondize; **T** be *(el.* go) on the tramp; **US** go on the bum.
vagge *vb (gå bredbent)* roll, straddle; *han hadde en -nde gange* there was a roll in his walk.
vaghet vagueness; *(se ubestemt & uklar).*
vagina *(anat)* vagina.
vagle *(til høns)* perch, roost.
vaie *(vb)* fly, float, wave.
vaier cable, wire.
vake *vb (om fisk)* jump, leap *(fx* the fish are jumping *(el.* leaping)).
vakker beautiful *(fx* a b. woman, garden); handsome *(fx* a h. man); fine *(fx* a fine specimen of Norman architecture).
vakle *(vb)* totter; *(være uviss)* waver, vacillate; *vi -t mellom å bli i X eller flytte til et annet distrikt* we were torn between staying in X or moving to a different district; *(se også vingle).*
vakling tottering; wavering, vacillation.
vaks T: on the ball; all there.
vaksinasjon vaccination, inoculation *(mot* against); *(se revaksinasjon).*
vaksinasjonsattest vaccination certificate.
vaksinasjonspustel vaccine pustule.
vaksine vaccine; *(serum)* serum; *(se forkjølelses-vaksine).*
vaksinere *(vb)* vaccinate, inoculate *(mot* against); *(ofte =)* immunize *(fx* against diphtheria); *bli vaksinert, la seg ~* get vaccinated; *-nde lege* vaccinator.
vaksinering **1**(*det å)* vaccinating, inoculating, immunizing; **2.** = *vaksinasjon.*
I. vakt *(subst)* watch; *(person)* guard; *(mar)* watch; *(ved fabrikk, etc)* night watchman; *(vaktmannskap)* guard; *(mar)* watch; *avløse -en* relieve the g. *(el.* w.); *ha ~* be on duty *(fx* Dr. Brown is on d. at the hospital); be on call *(fx* I'm on call tonight); *han har tidlig ~* he is on early duty; *holde ~* keep guard *(el.* watch), be on guard (duty); *holde ~ over noe (,noen)* guard sth (,sby); *stå på ~* be on guard, keep watch, watch *(fx* there is a policeman watching outside the building); *det sto ~ ved inngangsdøren* there was a guard on *(el.* at) the front door; *(se brannvakt; fanevakt; frivakt; hundevakt; kveldsvakt; livvakt; nattevakt; nøytralitetsvakt; politivakt; skiltvakt; streikevakt).*
II. vakt *adj (rel)* converted.
vaktarrest *(mil)* detention under guard; *(se kakebu).*
vaktavløsning *(mil)* relief of the guard.
vaktel *(zool)* quail.
vakthavende on guard, on duty; *(mar)* on watch; *~ offiser (mil)* officer on duty.
vakt|hund watchdog. **-journal** *(mil)* orderly book. **-kompani** *(mil)* guard company. **-leder** *(på politistasjon)* station officer. **-liste** *(turnusliste)* roster. **-mann** watchman; *(stillingsbetegnelse)* security officer. **-mannskap** guard; *(om nattvaktmannskap)* security staff; *(mar)* watch crew. **-mester** caretaker; *(i leiegård)* houseporter, porter; *(ved skole)* caretaker; *(ved skotsk skole)* janitor.
vakt|post *(mil)* guard; *(skiltvakt)* sentry; **-sjef** *(ved museum)* head attendant, head warder. **-skifte** changing (of the) guard; *(mar)* change (of) the watch.
vaktsom watchful, vigilant.
vaktsomhet watchfulness, vigilance.
vaktstue *(mil)* guardroom.
vakuum vacuum.
valen numb (with cold) *(fx* my fingers have gone numb *(el.* dead));.
valens *(kjem)* valency; *med ~ 6* sexivalent; *(se toverdig; treverdig).*
valfart pilgrimage.
valfarte *(vb)* make a pilgrimage.
valg **1.** choice; *(utvalg, det å ta ut)* selection; *(rett til å velge, valgfrihet)* option, choice; *(mellom to ting)* alternative; **2**(*ved avstemning)* election; *(valghandling)* poll; *(det at en velges)* election, return *(fx* the r. of Mr. Smith for Hull); *damenes ~!* ladies to choose their partners! *-et er bundet til de tre* the choice is limited to those three; *gjøre et godt ~* choose well; *hvis jeg hadde -et* if I were to choose; *jeg hadde intet ~* I had no (other) alternative; I was left no choice in the matter; *det er intet ~* there is *(el.*it leaves) no choice; there is no (other) alternative; **T** it's (a case of) Hobson's choice; *jeg har truffet mitt ~* I have made my choice; *etter eget ~* at one's own option; *etter kundens ~* at customer's option *(el.* choice); *gå til ~ (om regjering)* go to the country, appeal to the c., go to the polls; issue writs for an election; *stille til ~* be willing to stand for election; offer oneself as a candidate; *(parl)* stand *(fx* for Parliament); **US** run *(fx* for Congress); *stille til ~ som president* seek election as President; stand for election as President; run for the Presidency; *(se I. bølge).*
valg|agitasjon electioneering; *(fra dør til dør)* canvassing. **-agn** election bait. **-allianse** electoral pact. **-bar** eligible (for office). **-dag** polling day; election day, day of election; **US** election day. **-deltagelse** participation in the election, election turnout; **US** voter participation. **-distrikt** constituency; *(mindre)* ward; **US** *(også)* election district. **-fag** optional subject; **US** elective. **-flesk** *(neds)* election promise; a bid for votes; a sop to the electors; catchpenny promises of political parties; *det er bare ~* that's just a sop to the electors.
valgfri optional; *-tt fag* optional subject; **US** *(også)* elective *(fx* Spanish is an e.); *det gis to bundne og en ~ oppgave* candidates are set two papers and given one free option; candidates are given two set papers and one free option.
valgfrihet freedom of choice; *(fags, etc)* optional character *(fx* the o. c. of these subjects); *antyde ~ i oversettelsen* indicate *(el.* suggest) an optional element in the translation *(el.* rendering).
valg|fusk election fraud. **-handling** poll, polling; election. **-kamp** election(eering) campaign, electoral c. **-krets:** *se -distrikt.* **-lokale** polling station; **US** polling place. **-lov** election act. **-mann** **US** elector. **-program** election manifesto; *(se program).* **-protokoll** pollbook. **-rett** franchise, right to vote, suffrage. **-revy** election survey. **-seier** election victory, v. at the polls. **-skred** landslide; *~ til fordel for Arbeiderpartiet* Labour landslide. **-styre** election committee. **-svar** multiple choice. **-system** electoral system. **-tale** election speech; **US** campaign speech. **-urne** ballot box; *gå til -ne* go to the polls; *seier ved -ne* victory at the polls. **-uro** election unrest.
Valhall *(myt)* the Valhalla.
valiser Welshman. **valisisk** Welsh.
valk *(fett-)* roll of fat *(fx* she had rolls of fat under her skin); **T** spare tyres; *(jvf alderstillegg).*
valkyrje *(myt)* valkyrie.
vallak *(zool)* gelding, cut horse.
valle *se myse.*
vallon *(fransktalende belgier)* Walloon.
vallonsk Walloon.
valmtak hip roof.
valmue *(bot)* poppy. **-frø** poppy seed(s).
valnøtt *(bot)* walnut. **-tre** walnut.
valplass battlefield, field (of battle).

vals waltz; *danse* ~ waltz; *(se slinger).*
I. valse *(subst)* roller, cylinder; *(i valseverk)* roll; *(på skrivemaskin)* platen.
II. valse *(vb)* roll *(fx* metal into sheets); *-t jern* rolled iron; *-t stål* rolled steel.
III. valse *(vb)* waltz *(fx* I waltzed with her); *~opp med en* **T** give sby a dressing down; tell sby off.
valseharv rotary hoe.
valsetakt *(mus)* waltztime.
valseverk rolling mill.
valthorn *(mus)* French horn.
valurt *(bot)* comfrey.
valuta 1*(verdi)* value *(fx* get v. for one's money; these articles represent excellent v. for money); **2***(pengesort)* currency *(fx* to be paid in British currency); money; **3***(betalingsmiddel i forhold til utlandet)* exchange *(fx* exports provide exchange(s) by which imports are paid for); **4***(vekselkurs)* (rate of) exchange *(fx* abnormal imports have a harmful effect on exchanges); *fremmed* ~ (2) foreign currency *(el.* money); (3, 4) foreign exchange; *hard* ~ (2) hard currency *(mots.* soft currency); *knytte en* ~ *til en annen* link *(el* peg) a currency to another; *skaffe* ~ (3) provide foreign exchange; *utenlandsk* ~ *: se fremmed* ~; *stabilisering av -en* (2) currency stabilization; (3, 4) exchange stabilization; *få* ~ *for pengene* get value for one's money; get one's money's worth; *hos ham får man* ~ *for pengene* he gives you value for your money; *kunstig regulert* ~ managed currency; *søke om* ~ (2) apply for currency; *tildele* ~ (2) allocate currency.
valuta|avdeling *(i bank)* foreign exchange department. **-balanse** foreign currency balance. **-begrensning** currency restriction(s); exchange restriction. **-beholdning** foreign exchange reserves *(pl).* **-fond** exchange fund; *Det internasjonale* ~ the International Monetary Fund *(fk* IMF). **-forhold** currency situation; *ustabile* ~ unstable currency rates. **-handel** currency *(el.* exchange) transactions. **-kontroll** exchange control; *(av turisters valuta)* currency control. **-krise** currency crisis. **-kurs** (rate of) exchange, foreign exchange quotation; *de offisielle -er* the official rates of exchange. **-lisens** currency permit. **-marked** (foreign) exchange market. **-notering** foreign exchange quotation. **-overføring** currency transfer. **-politikk** currency *(el.* foreign exchange) policy. **-problemer** *(pl)* currency problems. **-reform** currency reform. **-regulering** currency regulation. **-reguleringsfond** exchange equalization fund. **-reserver** *(pl)* exchange *(el.* foreign) reserves; currency reserves *(fx* the heavy pressure on our currency reserves). **-tildeling** allocation of currency; currency allowance; *(jvf turistreisevaluta).* **-underskudd** (foreign) exchange deficit *(el.* gap). **-utlending** exchange foreigner.
valuter|e *(vb)* value-date. **-ingsdag** value date, date when interest begins.
valør value, nuance, shade.
vammel nauseous, sickly, sickly-sweet.
vammelhet nauseousness, sickliness.
vampyr vampire.
vanartet depraved, delinquent.
vandal Vandal; *(fig)* vandal. **-isme** vandalism.
vandel conduct; *handel og* ~ (everyday) dealings; *han har en plettfri* ~ he has a spotless reputation; he has an unblemished record.
vandelsattest certificate of good conduct; police certificate showing that the person concerned is not a legal offender; *(referanse)* character reference; *(tjeners, etc)* reference; character.
vandig watery.
vandre *(vb)* wander, ramble, roam; *(om dyr)* migrate, travel; ~ *heden (ɔ: dø)* **T** peg out; **S** kick the bucket; stuff it.
vandre|liv roving life. **-lyst** wanderlust, the call of the (open) road; *han ble atter grepet av~* he was overcome by wanderlust again.
vandrende itinerant, travelling, wandering.
vandre|nyre *(med.)* floating *(el.* wandering) kidney, nephroptosis. **-pokal** challenge cup; **US** traveling trophy. **-utstilling** travelling exhibition.
vandreår year(s) of travelling.
vandring wandering; *(befolknings, dyrs)* migration; *(stempels)* travel, stroke.
vandrings|mann wanderer, wayfarer, traveller. **-stav** staff, pilgrim's staff; *ta -en fatt igjen* set off on one's wanderings again.
vane custom, habit; *av* ~ from habit; *det er nærmest blitt en* ~ *at han ...* it's now the rule rather than the exception for him to ...; *det er bare en* ~ *jeg har* that's just a habit of mine; that's just habit with me; *gammel* ~ *er vond å vende* you can't teach an old dog new tricks; old customs die hard.
vane|dannende habit-forming; *(om rusgift)* addictive. **-dranker** compulsive drinker; *(lett glds)* habitual drunkard; *(se periodedranker).* **-dyr** *(fig)* slave of routine; **T** creature of habit *(fx* man is a c. of h.). **-forbryter** habitual criminal, recidivist. **-gjengeri:** *se vanetenkning.* **-kristen** conventional Christian. **-menneske** slave of habit *(el.* routine). **-messig** habitual, routine.
vanesak (matter of) habit.
vanetenkning thinking in grooves.
vanfør crippled, disabled; *(se yrkesvalghemmet).*
vang (enclosed) field; meadow.
vanhedre *(vb)* disgrace, dishonour (,**US:** dishonor).
vanhell misfortune, bad luck.
vanhellig profane.
vanhellige *(vb)* profane, desecrate.
vanhelligelse profanation, desecration.
vanhjulpen badly served.
vanilje vanilla.
vanke *(vb)* **1.** visit often, frequent; *han -r der (fx på kafe, etc)* he frequents the place; he goes there regularly; *han -r hos dem* he often visits them; he often goes to their house; he often goes to see them; *han har -t der i huset i årevis (også)* he has been in and out of the house for years; *han -r i de beste kretser* he moves in the best circles; **2.** *det -r* there will be *(fx* cakes for tea tomorrow); there is *(fx* there is roast beef and pudding every Sunday).
vankelmodig *(ustadig)* fickle *(fx* a fickle girl).
vankelmodighet fickleness.
vankundig ignorant. **-het** ignorance.
vanlig usual, customary, habitual; ordinary; *det er* ~ *at agenten sender ...* it is usual for the agent to send; *som* ~ as usual.
vanligvis usually, generally.
vann water; *(innsjø)* lake; *(urin)* urine, water; *(foster-)* amniotic fluid; water; *(se fostervann);*
[*A: forb. med adj & subst; B: med vb; C: med prep*]
A [*forb. med adj & subst*] **bløtt** ~ soft water; ~ *og* **brød** bread and water *(fx* be put on bread and water); *de ligner hverandre som to* **dråper** ~ they are as like as two peas (in a pod); **dypt** ~ deep water; *på dypt* ~ *(også fig)* in deep water(s); *et* **glass** ~ a glass of water; **grunt** ~ shallow water; **hardt** ~ hard water; **innlagt** ~ piped water *(fx* most houses have piped water); *huset har ikke innlagt* ~ the house has no water laid on; the house is not connected (up) to the water mains; *med innlagt* ~ *(også)* with running water *(fx* bedroom with running water); *(se også B: få lagt inn* ~*);* **kaldt** ~ cold water; *varmt og kaldt* ~ *på alle romme-*

V

ne hot and cold water in all (the) rooms; *(annonsespråk)* h. & c. in all rooms; *la barna gå for lut og kaldt* ~ neglect the children; *få kaldt~ i blodet* have one's enthusiasm *(el.* ardour) damped; *gi en litt kaldt* ~ *i blodet* damp sby's enthusiasm; **T** throw cold water on sby; *slå kaldt* ~ *i blodet!* don't get excited! keep cool! take it easy! T keep your shirt on! **rennende** ~ running water *(fx* hot and cold running water in all bedrooms); *lyden av rennende* ~ the sound of running water; *fiske i* **rørt** ~ *(fig)* fish in troubled waters; attempt to profit from an unsettled situation; **saltholdig** ~ saline water; *i* **smult** ~ in smooth waters; **stille** ~ *har dypest grunn (fig)* still waters run deep; **stillestående** ~ stagnant *(el.* standing) water; *blod er* **tykkere** *enn* ~ blood is thicker than water; ~, **varme** *og sanitær: se VVS;* **varmt** ~ hot water; *varmt og kaldt* ~ *på alle rommene* hot and cold water in all (the) rooms; *(annonsespråk)* h. & c. in all rooms;

B [*forb. med vb*] **bære** ~ carry water; ~ *og ved måtte bæres inn* water and wood had to be carried in; *(se innlagt; I. lys);* **fylle** ~ *i badekaret* fill up the bath tub; *fylle* ~ *i (el. på)* fill (up) with water; put *(el.* pour) water into; *bli fylt med* ~ *(om båt)* be swamped; **gi** *blomstene* ~ water the flowers; *-et* **gikk** *(ved fødsel)* the water broke; *(se fostervann);* **holde** ~ hold water; *holde på -et (om person)* contain oneself; **la** *-et renne (fra kran)* let the tap run; *la -et stå og renne* leave the tap running; **late** *-et* make water, pass water, urinate; *få* **lagt** *inn* ~ *(i hus)* have water laid on; *vi har nettopp fått lagt inn* ~ we have just had water laid on; **skru** *av -et* turn off the water; *skru på -et* turn on the water; **ta** *inn* ~ take in water; **tappe** ~ *i badekaret* fill up the bath tub; *(se badevann);* **trå** *-et* tread water;

C [*forb. med prep*] *bestående* **av** ~, *som består av* ~ aqueous; *full av* ~ full of water; *(om skip, etc)* water-logged; *fiske et lik opp av -et* fish out a body; *av reneste* ~ *(fig)* of the first *(el.* purest) water; *trekke en opp av -et* pull *(el.* fish) sby out of the water;

gå **gjennom** *ild og* ~ go through fire and water *(fx* for sby); ~ *i hodet (med.)* hydrocephalus; ~ *i kneet (med.)* water on the knee; housemaid's knee; *han hadde* ~ *i begge knærne* he had water on both knees; ~ *i lungene (med.)* hydrothorax; *falle i -et* fall in(to) the water, fall in; *gå i -et (fig)* be taken in, be fooled; **T** come a cropper; be led up the garden path; *få en til å gå i -et* **T** lead sby up the garden path; **US** play sby for a sucker; *som lever i -et* aquatic *(fx* animal, plant); *han stod i* ~ *til (midt på) livet* he was waist-deep in water;

blande **med** ~ mix with water; water down; *hva gjør man med* ~*?* (ɔ: *hvordan får man tak i vann?)* what do you do for water?

holde seg **oven** *-e (fig)* keep one's head above water; keep (oneself) afloat; *Guds ånd svevde* **over** *-ene (bibl)* the Spirit of God moved upon the face of the waters; *ta seg* ~ *over hodet* bite off more than one can chew;

på *-et* on the water *(fx* it is dangerous to be on the water when it's lightening); *det er* ~ *på hans mølle* it's grist to his mill;

til *-s* by sea *(fx* by land, by sea and in the air); *til lands og til -s* by sea and land;

under *-et* under water; *sette under* ~ submerge, flood; drown; *stå under* ~ be under water; be flooded *(el.* submerged); *svømme under -et* swim under water; *(se II. røre:* ~ *ut i vann; vannmasse).*

vannavgift water charge; *(kommunal)* water rate; *(se avgift).*

vann|avkjølt *(om motor)* water-cooled. **-avstøtende** water-repellent. **-bad** *(kjem)* water bath. **-bakkels** cream puff, choux; *(med sjokoladeovertrekk)* choc bun; *(avlang)* éclair. **-bakkelsdeig** choux paste *(el.* pastry). **-basseng** reservoir, tank. **-blemme** blister *(fx* on hand, *etc); (jvf skognag).* **-damp** water vapour, aqueous vapour; steam.

vann|farge watercolour; *en* ~ **1.** a cake of w.; **2***(plassert i skål)* a pan of w. **-forsyning** water supply. **-føring** flow of water; (rate of) flow, volume of discharge. **-glass** (drinking) glass, tumbler. **-holdig** watery; *(geol)* water-bearing. **-inntak** water intake.

vannkant water's edge; *helt nede ved -en* right down by the water's edge; *like ved -en* right beside the water, right by *(el.* quite close to) the water's edge; *(jvf elvebredd & strand).*

vann|karaffel water jug; water carafe. **-karse** *(bot)* watercress. **-kikkert** water glass. **-klar** limpid. **-klosett** water closet, w.c. **-kopper** *pl (med.)* chickenpox, varicella. **-kraft** water power; *utnytte -en* develop *(el.* harness) (the) water power **-kraftelektrisitet** hydroelectricity. **-kraftutbygging** development *(el.* exploitation *el.* harnessing) of water power. **-kraftverk** hydroelectric power station.

vannkran (water) tap; *(især* **US***)* faucet; *glemme å skru igjen -a* leave the tap open *(el.* running); *la -a stå og renne* let the tap run; *skru på -a (begynne å gråte)* **S** turn on the waterworks.

vannkur water cure, hydrotherapy.

vannlating urination; *ufrivillig* ~ incontinence (of urine).

vannledning (water) conduit; *(hoved-)* water main; *(rør)* water pipe.

vann|linje waterline; *under -n* below the water. **-lås** *(rørl)* (air) trap; drain trap; U-bend. **-mangel** shortage of water. **-mann** *(astr)* Aquarius, the Water Carrier. **-masse** mass *(el.* volume) of water; *-ne (også)* the onrush of water; *frådende -r* churning waters. **-melon** *(bot)* watermelon. **-merke** *(i papir)* watermark. **-mugge** water jug, ewer. **-mølle** water mill. **-orgel** *(mus)* hydraulic organ. **-pipe** hookah. **-pistol** squirt gun, water pistol. **-plante** *(bot)* aquatic plant. **-post** (water)-pump. **-pumpe** water pump. **-pumpetang** interlocking joint pliers. **-pytt** puddle. **-pøs** water bucket.

vannrett horizontal, level; *(i kryssord)* across.

vannrik abounding in water.

vann|rotte *(zool)* (water) vole, water rat. **-rør** water pipe; *(jvf vannledning).*

vannskadd damaged by water.

vann|skade damage by water, water damage. **-skille** watershed, divide.

vannskorp|e surface (of the water); *i -a* awash; *flyte i -a* float awash; *ligge og lure i -a (fig)* = lie low.

vann|skrekk hydrophobia; *ha* ~ be a water funk. **-slange 1***(zool)* water snake; **2.** (water) hose. **-slipepapir** wet (abrasive) paper; *slipe med* ~ wet rub. **-sprut** spurt of water. **-sprøyte** *(til hagebruk)* watering can.

vannstand height of (the) water; *(linjen)* water level; *høy* ~ high water; *lav* ~ low water; *-en i elva synker* the river is falling; *(se II. synke).*

vann|stoff *(kjem)* hydrogen. **-stoffhyperoksyd** hydrogen peroxide. **-stråle** jet of water.

vannsyk sour, swampy.

vanntett *(også fig)* watertight *(fx* his arguments were completely w.; he had no w. evidence for his assertion); *(om tøy)* waterproof; ~ *rom* watertight compartment.

vannverk waterworks *(pl); (se vannkran).*
vannverksvesen hydraulic engineering.
vannvogn water(ing) cart, water sprinkler; water truck; *gå på -a* **S** *(især* **US**) go on the water wagon.
vannåre vein of water (underground).
vanry ill repute, disrepute, discredit; *komme i ~* get into bad repute *(el.* disrepute), be brought into discredit *(el.* disrepute); *bringe skolens navn i ~* bring the good name of the school into disrepute.
vanrøkt neglect, mismanagement.
vanrøkte *(vb)* neglect, mismanage.
vansire *(vb)* disfigure.
vanskapning deformed creature, monstrosity, freak.
vanskapt deformed.
vanskapthet deformity.
vanskelig difficult, hard; *det er ~* it is difficult; *(om arbeidsoppgave, etc, også)* it takes a lot of doing; *dikt som språklig sett er spesielt -e* poems of particular language difficulty *(fx* poems of p. l. d., and from periods earlier than 1800, will not be set); *en ~ eksamen* a difficult *(el.* stiff) examination; *~ tilgjengelig* difficult to get at; *(ɔ: å forstå)* difficult *(fx* a difficult book); abstruse; *(m.h.t. atkomst)* difficult of access; *det er ~* it's difficult; *(om arbeidsoppgave, etc også)* it takes a lot of doing; *var det ~ å finne huset?* did you have much difficulty in finding the house? *det er en ~ sak* it is a difficult matter; the m. is d. to pull through; it's heavy going; *han er ~ å tilfredsstille* he is hard to please; he is a difficult man to please; *han er ~ å ha med å gjøre* he is a difficult man to deal with; *det var ~ å få drosje (også)* there was some snag over getting a taxi; *dette gjør det ~ for meg* this makes it difficult for me; *det er ~ for meg å ...* it is difficult *(el.* hard) for me to; *vi har ~ for å* we find it hard *(el.* difficult) to; we have difficulty in (-ing); *ha ~ for å lære* be slow (to learn); *jeg har ~ for å tro at* I find it difficult to believe that; *være ~ stillet* be in a difficult *(el.* awkward) position.
vanskeliggjøre *(vb)* complicate, make *(el.* render) difficult; *(sinke)* hinder, impede, hamper, interfere with.
vanskelighet difficulty; *(hindring)* obstacle; *(forlegenhet)* difficulty, embarrassment; *alvorlige -er* serious *(el.* grave) difficulties; *-en består i å komme tidsnok* the difficulty *(el.* the difficult thing) is to be in time *(el.* is to get there in time); the trouble is that it's difficult to be in time; *flyet fikk -er like etter start* the plane developed trouble immediately after take-off; *gjøre -er* make *(el.* raise) difficulties; raise objections; cause trouble; **T** (ɔ: *bråk)* cut up rough; *ha -er* be in difficulties; be in trouble; *ha -er med en* have trouble with sby; *ha -er med noe* have difficulties over sth; *vi har -er med motoren* the engine is giving trouble; *jeg hadde store -er med å løfte steinen* it was all I could do to lift the stone; I had my work cut out to lift the stone; **T** I had a job lifting the stone; *legge -er i veien for ham* throw difficulties in his way; *det er der -en ligger* that is the difficult point; that is where the difficulty comes in; **T** that's the snag; *mestre (el. klare) -ene* overcome the difficulties; **US** *(også)* make the grade; *vi er ennå ikke ferdig med -ene (også)* we are not yet out of the wood; *han er alltid i -er* he is always in trouble; *-en ved å gjennomføre planen* the difficulty of carrying the plan through; *støte på en (uventet) ~* strike a snag; *(se skape 2).*
vanskjebne misfortune.
vanskjøtsel mismanagement, neglect.
vanskjøtte *(vb)* mismanage, neglect.
vansmekte *(vb)* pine; *(litt.)* languish.
vanstell bad management; mismanagement.
vanstyre misrule.
I. vant *subst (mar)* shroud; *(på ishockeybane)* sideboards.
II. vant *(adj): ~ til* used to, accustomed to; *bli ~ til* get used to; *vi er ikke ~ til å bli behandlet på en slik måte* we are not used to being treated in such a manner.
vante woollen glove.
vantrives *(vb)* be unhappy; *(om plante, dyr)* not thrive; *han ~ i arbeidet* he is not at all happy in his work.
I. vantro *(subst)* **1.** disbelief, unbelief, incredulity; **2**(*rel)* infidelity.
II. vantro *(adj)* **1.** unbelieving, incredulous, without faith; **2**(*rel)* infidel; *(ikke-jødisk)* gentile; *en ~ (subst)* **1.** an unbeliever, a disbeliever, a doubter; **2**(*rel)* an infidel; a gentile; *en ~ Tomas* a doubting Thomas, a doubter.
vanvare: *av ~* inadvertently, by mistake, through an oversight.
vanvidd insanity, madness; distraction; *drive en til ~* drive sby mad; *drevet til ~* driven to distraction; *elske det til ~* love it to distraction; *det rene (el. glade) ~* sheer madness.
vanvittig insane, mad, deranged; *(tåpelig)* foolish; *~ forelsket* madly in love.
vanvøre *(vb)* disdain; neglect.
I. vanære *(subst)* dishonour (,**US:** dishonor), infamy, disgrace.
II. vanære *(vb)* dishonour (,**US:** dishonor), disgrace.
vanærende ignominious, disgraceful, infamous.
var wary; cautious, shy; *bli ~* become aware of, perceive, notice; *bedre føre ~ enn etter snar* better safe than sorry.
varabrannsjef deputy *(el.* assistant) chief (fire) officer; *(i Skottland)* assistant firemaster; **US** deputy fire marshal.
vara|formann deputy chairman; **US** vice-president. **-mann** deputy, substitute; *(i kommunestyre)* co-opted member; *skaffe ~* provide *(el.* get) a substitute.
varde *(subst)* cairn; *(sjømerke)* beacon.
varderute *(i fjellet)* cairned route.
vardøger *(kan gjengis)* double; doppelgänger.
I. vare *(subst)* commodity; *(produkt)* product; *(merk; ofte)* item; *(artikkel)* article; *(økon)* good *(fx* try to buy more of a good than is in fact available); *-r* goods; commodities; products; merchandise *(sing); jernvarer* ironware; *trevarer* woodware; *den ferdige ~* the finished article *(el.* product); *det er en god ~* it is a good quality; *en god salgs-* a good selling line; *en sjelden ~ (fig)* a rare thing; *(se I. prøve).*
II. vare *(subst): ta ~ på* take care of, look after; *ta seg i ~ for* be on one's guard against, beware of.
III. var|e *(vb)* last; *det -te og det rakk* a long time passed; *det -te lenge* **før** *han forsto* it was a long time before he understood; *det -te lenge før vi så ham igjen* it was a long time before we saw him again; *det skulle ~ mange år før han kom tilbake* it was to be many years before he returned; *krigen -te i fem år* the war lasted (for) five years; *filmen -er i nesten 4 timer* the film runs for nearly four hours; *dette kan ikke ~ i all evighet* this can't go on for ever; *det vil ~ vinteren ut* it will last (out) the winter; *vi hadde det bra så lenge det -te* we had a good time while it lasted; *som -er lenge* durable, lasting *(fx* material); *£5 -er ikke lenge* £5 does not go a long way; *ærlighet -er lengst* honesty is the best policy.

vareavsender consigner; *(mar)* shipper.
vare|balle bale. **-beholdning** stock (of goods); *(i regnskap)* stock(-in-trade); *(se slutt).*
varebil (delivery) van; **US** delivery truck, pickup truck, panel truck.
vare|bind *(på bok)* dust jacket. **-bytte** exchange of goods *(el.* commodities); exchange in kind; barter. **-deklarasjon** informative label. **-fakta** trade description. **-handel** commodity trade. **-handelsavtale** commodity agreement. **-heis** goods lift, parcel lift; **US** freight elevator. **-hus** department store. **-knapphet** shortage of goods. **-kreditt** trade credit. **-kunnskap** *(fag)* commodity study; *grundig ~* a thorough knowledge of the goods. **-lager 1***(bygning)* warehouse; **2***(varene)* stock (of goods). **-levering** supplying goods; *den risiko som er forbundet med ~ på kreditt* the risk which is inherent in supplying goods on credit. **-magasin** department store. **-marked** commodity market. **-merke** trademark. **-messe** industrial fair, industries fair; **US** trade fair. **-mottaker** consignee; *(mar)* receiver. **-ombringelse** delivery (of goods).
vareomsetning *(stats)* (volume of) trade *(fx* trade between England and Norway fell (off) by 10 per cent).
vare|opptelling stocktaking; *foreta ~* take stock. **-parti** consignment, shipment, lot (of goods), **-post** *(merk)* item (for goods). **-priser** *(pl)* commodity prices. **-prøve** sample. **-skur** warehouse; *(jernb)* goods depot *(el.* shed); **US** freight shed *(el.* house). **-salg:** *netto ~ i 1976 ble 92,5 millioner kroner* (the) net turnover in 1976 was *(el.* amounted to) 92.5 million kroner. **-sort** line (of goods), type of goods. **-sykkel** carrier cycle; *(se sykkel).*
vareta *(vb)* attend to, look after, take care of; *han har nok å ~* he has enough on his hands.
varetagelse: *~ av* attention to, care of; conduct of *(fx* affairs).
varetekt 1. care; custody; **2***(jur)* custody *(fx* he was remanded in c. for a week).
varetekts|arrest custody; *(celle)* remand cell. **-fange** prisoner in custody; *(etter kjennelsen)* remand(ed) prisoner, prisoner on remand.
varetrekk cover *(fx* put a c. round a book; we have bought new covers for the front seats of our car); *løse ~ (til bil, møbler)* loose covers.
varevogn (delivery) van; **US** delivery truck, pickup truck, panel truck.
vari|abel variable, changeable. **-ant** variant.
variasjon variation. **variere** *(vb)* vary.
varieté music-hall.
varietet *biol (avart)* variety.
varig lasting, permanent; durable.
varighet duration; permanence; *oppholdets ~* the duration of one's stay.
varm warm; *(relativt høy temperatur)* hot *(fx* a hot bath, a hot cup of tea); *(fig)* warm, hearty; ardent *(fx* admirer), fervent; *~* **aftens** hot supper, cooked tea; *(i Nord-England)* ham tea; **T** knife-and-fork tea; *-e* **pølser** hot dogs; **US** *(også)* wieners; **bli** *~* get *(el.* become) warm; *(om motor)* warm up; *når det blir -ere i lufta* when the weather gets warmer; *når man er blitt ~* **i trøya** (ɔ: *kommet inn i arbeidet, etc)* **T** when you've got the hang of things; *han ble ~* **om hjertet** his heart warmed; **gå** *~ (om motor)* overheat; *motoren har gått ~* the engine is overheating; **holde** *~ (mat)* keep hot *(fx* food which has been kept hot); *i den -este* **årstid** during the hot season; **være** *~* be *(el.* feel) warm (,hot).
varmblodig warm-blooded *(fx* animals); *(fig)* warm-blooded, hot-blooded, full-blooded.
I. varme *(subst)* warmth; *(sterkere)* heat; *(fig)* warmth; *10 graders ~* 10 degrees of heat, 10 degrees above zero; *avgi ~* give off heat *(fx* the gases give off the maximum amount of heat before entering the flue); *bundet ~ (fys)* latent heat; *en sunn, jevn ~ (fx fra ovn)* a healthy, even heat; *man får en særdeles behagelig ~* a particularly comfortable type of warmth is provided; *få -n i seg* get oneself warm; *for å få -n i seg (fx i bena, i kroppen)* to restore the circulation *(fx* beat goose to r. the c.); *(jvf II. floke); holde -n (om person)* keep warm; *holde -n i gang (fx i ovn)* keep the fire going; *lide av -n* suffer from the heat; *sett den (ɔ: kjelen) over (el. på) -n* put it on the heat; *sette på -n* turn on the heat; *slippe ut -n* let in the cold; *ta (kjele, etc) av -n* remove from (the) heat *(fx* boil ¼ pint of water in saucepan and remove from heat); *tilberede en rett over svak ~* cook a dish over a slow fire.
II. varme *(vb)* warm *(fx* he warmed his hands at the fire; the sun has warmed the air); heat *(fx* heat some water); warm up; *(avgi varme)* give off heat; *ovnen -r godt* the stove gives a good heat; *ovnen er stor og robust og -r godt* the stove is big and strongly built and capable of giving great heat; *~ opp* warm up *(fx* engine, food); *(om mat, også)* **T** hot up *(fx* a' hotted-up' lunch).
varme|anlegg heating plant; *sentral-* central heating plant. **-apparat** heater. **-avgivelse** transfer *(el.* emission) of heat; *dette sikrer en særdeles effektiv ~* this provides a particularly efficient transfer of heat. **-behandle** *vb (tekn)* heat-treat. **-behandling** *(med.)* thermotherapy, heat treatment; *(tekn)* heat treatment. **-blikk** *(jernb)* expansion piece. **-bølge** heat wave. **-dirrende** shimmering with heat. **-dis** heat haze. **-effekt** thermal power. **-element** heating element. **-grad** degree of heat, degree above freezing (point), degree above zero. **-isolasjon** heat *(el.* thermal) insulation. **-kapasitet** *(fx ovns)* heating capacity. **-kasse** heater. **-kilde** source of heat. **-leder** heat conductor. **-ovn** (electric) heater. **-rør** hot-water pipe.
varmeutstråling radiation of heat, heat radiation.
varmhjertet warm-hearted.
varmhjertethet warm-heartedness.
varmrulle electric mangle.
varmtvannsbereder water heater *(fx* electric water heater).
varmtvannsrør hot-water pipe.
varp 1*(mar)* warp; **2.:** *se kupp.*
varsel warning; notice *(fx* a month's n.); *(forvarsel)* omen, foreboding; *på kort ~* at short notice *(fx* they had to go abroad at short notice); *på et øyeblikks ~* at a moment's notice.
varsellampe *(kontrollampe)* pilot lamp *(el.* light).
varsellinje *(på vei)* warning line.
varselsskudd warning shot.
varselstrekant *(for bilist)* advance warning sign; warning *(el.* reflecting) triangle.
I. varsku *(subst)* warning.
II. varsku: *~ her!* look out!
III. varsku *(vb)* warn *(fx* I had been warned that they were after me); *~ meg når du vil ha mer* **T** sing out when you want more.
varsle *(vb)* **1***(gi melding om)* notify, give notice; *(varsku)* warn; **2***(advare)* warn; *(være et varsel om)* augur, bode, forebode *(fx* it bodes *(el.* augurs) no good); **3***(alarmere)* alert *(fx* a ship was alerted).
varsom cautious, careful; *et -t kyss* a gentle kiss; *lukke døra -t igjen* shut the door carefully; ease the d. shut; *vær ~ ved bruk av fyrstikker* be careful when you use matches.
varsomhet caution.
varte *(vb): ~ opp* wait (at table); *~ en opp* wait on sby *(fx* he waited on me hand and

foot); *han -t opp med* (ɔ: *ga til beste) noen muntre historier* he produced some funny stories; *han -t opp med sine sedvanlige historier* he retailed his usual stories; *han -t opp med en frekk løgn* he produced an impudent lie.

varulv werewolf.

vas nonsense, rubbish; *(jvf tull; tøv; tøys; vrøvl).*

vasall vassal. **-stat** satellite state; *(hist)* vassal state.

I. vase *(subst)* vase; *blomster i* ~ flowers in a vase.

II. vase *(subst)* tangle, tangled mass.

III. vase *(vb): ~ seg* become tangled.

vaselin vaseline.

vaset *(adj)* tangled.

vask 1. wash; washing *(av* of, *fx* a car, clothes, *etc);* laundry; **2***(utslags-)* sink; *gå i -en* come to nothing, fail, break down *(fx* all our plans broke down); *(se for øvrig fløyten: gå ~; gå: ~ i vasken); vi får igjen -en på lørdag* the wash comes back on Saturday; *gjestenes ~ mottas kun på lørdager* visitors' laundry is accepted only on Saturdays; *sende til* ~ send to the wash *(el.* laundry); have washed *(fx* we must have it washed); *det skal sendes til ~ (også)* that goes to the wash; *skjorta er til* ~ the shirt is in the wash; the shirt is being washed.

vaskbar washable; *er denne skjorta ~?* will this shirt wash? **-het** washability *(fx* all materials have been tested for w.).

vaske *(vb)* **1.** wash *(fx* a car, clothes, one's hands); clean; *(skylle)* rinse out, wash out *(fx* one's stockings); rinse *(fx* bottles); *vask rommet grundig* give the room a thorough clean-down; **2***(ha vaskedag)* wash *(fx* we are washing today); do the washing; *hun hadde -t klær* she had done the washing; *~ sitt eget tøy* do one's own washing; *~ opp* wash up; do the dishes; *~* **seg** wash oneself, wash *(fx* w. in cold water); **T** have a wash; *~ seg i ansiktet* wash one's face.

vaske|balje wash tub. **-bjørn** *(zool)* racoon. **-brett** washboard. **-dag** washing day, wash day, wash *(fx* we have wash once a month); *(se vaske 2).* **-ekte** washproof, washable; *~ farge* fast colour. **-hjelp** cleaner. **-kjeller** wash house (in the basement). **-klut** dishcloth, dishrag. **-kone 1.** cleaner, charwoman; **US** cleaning woman; **2***(som vasker tøy)* washerwoman. **-list** skirting (board), wash board. **-liste** laundry list. **-maskin** washing machine. **-pulver** washing powder.

vaskeri laundry.

vaske|rom wash room. **-seddel 1.** laundry list; **2***(forlagsomtale av bok; neds)* blurb. **-servant** washstand. **-skinn** washleather, chamois. **-tapet** washable wallpaper. **-tøy** washing *(fx* hang out the w.); laundry; *(jvf vask).* **-vann 1.** wash water; **2***(skittent)* slops *(fx* empty the slops). **-vannsfat** wash basin, washhand basin, washbowl.

vass|arv *(bot)* chickweed. **-blande** milk-and-water. **-bøtte** water-bucket. **-drag** watercourse; *Glommavassdraget* the course of the Glomma and its tributaries.

vassdragsvesen: *Norges vassdrags- og elektrisitetsvesen* Norway's Water and Electricity Authority.

vasse *(vb)* wade.

vassen watery.

vass|trukken water-logged, soaked. **-velling** watery gruel.

vater: *i* ~ level; *bringe ut av* ~ put out of level; *ute av* ~ out of level.

vaterpass spirit level.

Vatikanet the Vatican.

vatre *(vb)* level, make level; *(jvf vater).*

vatt cotton wool, cotton; *(i plater)* wadding; *(fx til vatttepper)* batting; *en plate* ~ a sheet of batting.

vattdott wad *(el.* swab) of cotton wool.

vatteppe quilt.

vatter|e *(vb)* pad, quilt, wad; *-te skuldre* padded shoulders.

vattersott *(med.)* dropsy.

I. ve 1*(poet)* woe, pain; **2.** *-er (fødsels-)* pains (of childbirth), birth pangs, labour; *ha -er* be in labour.

II. ve *(int): akk og ~ !* alas!

I. ved *(subst)* wood; wood fuel (,**US:** fuelwood), firewood; *(små-)* kindling; *legg litt mer~ på peisen (,på varmen)* put some more wood on the fire; *når -en er praktisk talt oppbrent* when the fuel is almost burnt through; *når det bare er glør igjen av -en* when the fire has burnt into embers; when only embers remain; *(se opptenningsved; tørrved).*

II. ved *(prep)* **1.** at *(fx* sit at the window); by *(fx* by the church, by the river, by the roadside); *(nær ved)* near *(fx* near the castle; the village of Iffley near Oxford); *(om beliggenhet ved geografisk linje)* on *(fx* a fort on the frontier; a house on the river (,on the main road)); *(om beliggenhet ved hav og sjø)* on *(fx* a port on the Baltic; Elsinore stands on the Sound); *(ofte =)* on the shores of *(fx* the Red Sea); on the banks of *(fx* a town on the banks of Lake Ladoga); (NB a Baltic port, a North Sea port); *røre* ~ touch; *sette kryss* ~ put a cross against *fx* a name); *~ siden av* beside; by the side of; *like ~ siden av banken* just by the bank; *sverge ~ alt som er meg hellig* swear by all that I hold sacred; *tenke ~ seg selv* think to oneself;

2*(om tidspunkt)* at *(fx* at the outbreak of the war; at his accession to the Throne; at his arrival; at daybreak, at sunset; at midnight; at noon; at his father's death; he spoke at the dinner); *(like etter)* on *(fx* on the death of his father he ascended the Throne; on his arrival he at once went to see the Ambassador); *(jvf I. etter 1); (senest ved)* by *(fx* by the end of the Middle Ages this style has already become extinct);

3*(om middel, årsak, etc)* by *(fx* by mistake; worked by electricity; you'll lose nothing by being polite), through *(fx* through an oversight on our part); *~ å ...* by (-ing); *~ hjelp av* by means of; with the aid of; *~ (hjelp av) hardt arbeid* by dint of hard work;

4*(om beskjeftigelse)* on *(fx* a job on the railway; a journalist on the local paper), on the staff of *(fx* a newspaper, a school); at *(fx* he is a history master at Eton);

5*(om egenskap)* about *(fx* there is sth about him that I like; what I admire about him is his generosity); *det verste ~ det* the worst thing about it; *(se også større: det er ikke noe ~ ved ham);*

6*(som hører til)* of *(fx* the teachers of that school, the officers of that regiment);

7*(om slag)* of *(fx* the battle of Waterloo);

8*(når det dreier seg om, i tilfelle av)* in the event of, in case of; *~ bruk av* when using; *~ sveising av bløtt stål* in *(el.* when) welding mild steel; *det er ikke noe å gjøre ~* it can't be helped;

III. ved *(adv): være ~* admit, let on *(fx* he never let on that he knew them); *han ville ikke være ~ at hans far var kelner* he was ashamed to admit that his father was a waiter.

vedbend *(bot)* ivy.

vedbli *(vb)* go on, continue, keep on *(fx* he kept on talking); *han vedble med å avbryte meg* he kept interrupting me; *... og det (el. slik) vil de helst~ å være* and they want to stay that way.

vedbrenne wood fuel (,**US:** fuelwood), firewood; *(se I. ved).*

V

vedde *(vb)* bet *(fx* I never bet; bet £5), make a bet, make *(el.* lay) a wager, wager; ~ *likt* lay even odds; **T** lay evens; ~ *sin siste daler* bet one's shirt; ~ *med en* bet with sby; *jeg skal* ~ *£5 med deg på at* ... I'll bet you £5 that ...; ~ *om noe* (have a) bet on sth; ~ *om hvem som vinner* bet who wins; ~ *ti mot en på at* bet ten to one that ...; *han -t £5 på at* ... he made a wager of £5 that; *jeg -r på at han ikke kommer* I bet he won't come; *jeg tør* ~ *£5 på at du ikke gjør det* I bet you £5 that you don't; *jeg skal* ~ *hva det skal være på at* I will bet you anything (you like) that.
veddeløp race; *(det å)* racing; *(stevne)* race meeting.
veddeløps|bane 1. (racing) track; **2***(heste-)* racecourse; *på -n (også)* on the turf *(fx* he lost a fortune on the turf). **-stall** racing stable *(el.* stud).
veddemål wager, bet; *et likt* ~ *(ɔ: med samme innsats)* an even bet.
vederbuk *(fisk)* ide, golden orfe.
vederfares *(vb)* befall; *la en* ~ *rettferdighet* do sby justice.
vederheftig responsible, reliable, trustworthy.
vederheftighet responsibility, reliability.
vederkvege *(vb)* refresh.
vederkvegelse refreshment, comfort, relief.
vederlag compensation, recompense; *(betaling)* consideration; *(honorar)* remuneration; *mot* ~ for a consideration; *som* ~ *for* as payment for; *(som erstatning)* as compensation for; *uten* ~ free of charge, gratuitously.
vederlagsfri gratuitous, free; *-tt (adv)* free of charge.
vederstyggelig abominable.
vederstyggelighet abomination.
ved|fange armful of firewood. **-favn** = cord of wood.
vedfyring wood-burning, burning wood, wood-firing, firing wood; *for* ~ *er magasinovnene utstyrt med trekkventil i øvre dør* for firing wood the storage stoves are equipped with draft valve in the top door.
vedføye *(vb)* attach, affix.
vedgå *(vb)* admit, own.
vedhefte *(vb)* attach.
vedheng appendage,appendix.
ved|hogger woodcutter, wood chopper. **-hogging 1.** = *-hogst;* **2***(av småved)* wood splitting. **-hogst** wood cutting, wood chopping.
vedholdende persevering, continuous, prolonged.
vedholdenhet perseverance, persistence.
vedkasse wood-box; *(jvf vedkurv).*
vedkjenne *(vb):* ~ *seg* recognise, recognize, own, acknowledge; *ikke* ~ *seg* disown, disclaim.
vedkjennelse recognition; acknowledg(e)ment.
vedkomfyr wood-burning kitchen stove **(,US:** cookstove).
vedkomme *(vb)* concern.
vedkommende the person (,persons) concerned *(el.* in question); *for noens* ~ as far as some people are concerned; *for vårt eget* ~ as for ourselves; speaking for ourselves; *for enkelte ords* ~ *(også)* for certain words *(fx* an exception was made for certain words); ~ *bank* the bank in question; ~ *dokument* the relevant document; ~ *myndighet* the relevant *(el.* proper *el.* competent *el.* appropriate) authority; *alle detaljer* ~ *saken* all the details relating to the matter; *oppøve leseferdigheten både for morsmålets og fremmedspråkenes* ~ train in reading proficiency in both the mother tongue and foreign languages.
vedkubbe log of (fire)wood.
vedkurv log basket.
vedlagt *(innlagt)* enclosed; *(medfølgende)* accompanying; *(vedheftet)* attached; *-e liste* the list enclosed, the e. list; *etter (el. ifølge) -e liste* as per list enclosed; *beløpet følger* ~ the amount is enclosed; ~ *følger katalog* a catalogue is enclosed, we enclose *(el.* are enclosing) a c.; *(lett glds)* enclosed please find c., please find c. enclosed; ~ *sender vi vår katalog (også)* we are sending you herewith our catalogue; ~ *samme brev* enclosed in the same letter; *jeg har den fornøyelse* ~ *å sende Dem* ... I am pleased to enclose...; enclosed I am pleased to send you ...; *(se II. følge 2 & kvittering).*
vedlegg enclosure *(fk* Enc, *pl* Encs); *Deres brev med* ~ *som spesifisert* your letter with enclosures as specified.
vedlegge *(vb)* enclose; *jeg -r* I enclose ...; I am enclosing; *(lett glds)* enclosed please find; *(se ovf: vedlagt; se også II. veksel).*
vedlikehold maintenance.
vedlikeholde *(vb)* keep in repair; maintain, keep up; *godt vedlikeholdt* in good repair.
vedlikeholdsfri maintenance-free.
vedovn wood fuel stove, wood-burning stove.
vedpinne stick of firewood.
vedrørende *se angående.*
ved|ski stick of firewood. **-skjul** woodshed. **-stabel** wood stack, woodpile.
vedstå *(vb)* ~ *seg* admit, acknowledge.
vedta *(vb)* agree to; *(godkjenne)* approve, adopt; *(lov, beslutning)* carry, pass; *beslutningen ble enstemmig -tt* the resolution was carried unanimously; *det ble enstemmig -tt å* ... it was decided on a unanimous vote to ...; *forslaget ble enstemmig -tt* the motion was put to the meeting and carried unanimously; ~ *å gjøre noe* agree to do sth.
vedtak resolution; decision; *(se beslutning).*
vedtakelse approval, adoption; carrying, passing *(fx* of a resolution).
vedtaksfør *se beslutningsdyktig.*
vedtekt by-law, rule, ordinance; *-er* regulations *(fx* police r.); *(se lukningsvedtekter).*
vedtre stick of (fire)wood.
vedvare *(vb)* continue, last. **-nde** continual, lasting; *(fortsatt)* continued; *(hardnakket)* persistent *(fx* the p. fall in prices).
veft woof.
veg *se vei.*
veget|abilsk vegetable. **-arianer** vegetarian. **-arisk** vegetarian.
vegeta|sjon vegetation; *her oppe var det en* ~ *så frodig at det nesten tok pusten fra en* the vegetation up here was breathtakingly luxuriant.
vegetativ vegetative.
vegetere *(vb)* vegetate.
vegg wall; *det er bort i alle -er* it's wide of the mark; it's a complete mistake; it's all wrong; *(se også bort); sette til -s* drive into a corner; **T** drive to the wall.
vegge|dyr, -lus *(zool)* bedbug.
veggfast: ~ *inventar* fixtures.
veggflis wall tile.
veggimellom from wall to wall.
vegg|kart wall map. **-lampe** wall lamp. **-maleri** mural (painting). **-plate** *(bygg)* wall panel. **-skap** wall cupboard. **-tavle** wall board *(fx* framed w. b. with black and green surface).
vegg-til-vegg-teppe wall-to-wall carpet; carpet from wall to wall; fitted carpet.
vegne: *på* ~ *av* on behalf of; *på hans* ~ on his behalf; *på selskapets* ~ on behalf of the company; *på klassens og egne* ~ *vil jeg få lov å takke Dem* ... on behalf of the whole class, and myself, I should like to thank you ...; *opptre på egne* ~ act on one's own behalf, act in one's own name; *snakke på egne* ~ speak for

oneself; *alle* ~ everywhere; *han skylder penger alle* ~ he owes money all round.

vegre *(vb):* ~ *seg* refuse, decline; ~ *seg for noe* shrink from sth.; ba(u)lk at sth.; *jeg -r meg for å tro det* I can hardly believe it; *(sterkere)* I refuse to believe it.

vegring refusal; *spise-* refusal to eat.

vei 1. road; *(se også kjørebane);* **2***(avstand)* way *(fx* it's a long way to X), distance; **3***(retning)* way *(fx* this is the way home); **4***(rute)* way, route *(fx* the route is 2,000 miles long); **5***(middel, fremgangsmåte)* way, road *(fx* to fame); *(jvf utvei);*

[*A: Forb. med subst, adj & pron; B: med vb; C: med prep*].

A: *se den* **andre** *-en* look the other way; *gå en* **annen** ~ take another route; go another way; *han gikk* **begge** *-er* he walked both ways; *den* **brede** ~ *(fig)* the primrose path; *-en var* **god** *å gå på* it was a good road for walking on; the r. was good for walking on; **Guds** *-er* the ways of God; **halve** *-en* half the distance; **hele** *-en* all the way *(fx* walk all the w.); *det er* **ingen** ~ it's no distance (away); *det er ingen* ~ *(å snakke om) til Oxford* it is no distance to speak of to Oxford; *det er ingen* ~ *tilbake (fig)* there is no going back; *det er ingen* ~ *utenom (fig)* there is no way out; there is no getting round it *(el.* out of it); *det er ingen* ~ *utenom dette problemet* there is no getting round this problem; this p. has to be faced; *en* **kortere** ~ a shorter way, a short cut; *ta korteste -en til* take the nearest road (,route) to; make a beeline for; *den* **lange** *-en (også)* all that way *(fx* have you come all that way?); *ha lang* ~ have a long way to go; *han har lang* ~ *(til kontor, skole, etc)* he has a long journey *(el.* a long way to go); *en mils* ~ about six miles; *det er 10* **minutters** ~ it is ten minutes away; it is ten minutes' walk (,ride, drive); it is ten minutes from here; **offentlig** ~ public thoroughfare; **pliktens** ~ the path of duty; *hvilken* ~ *er* **raskest** *til stasjonen herfra?* which is the best way to get to the station from here? *skal du* **samme** ~? are you going my way? **skjebnens** *-er er uransakelige* the ways of fate are inscrutable; *den* **smale** ~ *(bibl)* the (straight and) narrow way; **strake** *-en* the direct road; the direct line; *gå strake -en* **T** follow your nose; **tilbakelagt** ~ distance travelled *(el.* covered); **ujevn** ~ bumpy *(el.* rough) road;

B: **bane** ~ *for (fig)* pave *(el.* prepare) the way for; **brøyte** ~*: se brøyte;* **finne** *-en* find one's way *(fx* are you sure you can f. your w.? articles that f. their w. into the provincial press); **følge** *en* ~ follow a road; *den* ~ *vi må følge (fig)* the course to adopt; *alle -er* **fører** *til Rom* all roads lead to Rome; **gjøre** *(el. lage)* ~ *i vellingen* **T** get things done; make headway; make things move; get things moving; *denne -en* **går** *til stasjonen* this road leads *(el.* takes you) to the station; *hvor går denne -en?* where does this road lead to? where does this road go *(el.* lead)? *gå din* ~*!* go away! *(se ut); gå nye -er (fig)* break fresh ground; *den rette* ~ *å gå (fig)* the proper course to follow; **gå sin** ~ go, go away; *han reiste seg for å gå sin* ~ he got up to go; *han gjorde mine til(el. belaget seg på) å gå sin* ~ he began *(el.* made) to walk away; *gå sine egne -er* go one's own way; *de gikk hver sin* ~ they went in different directions; they parted; they went their separate ways; **jevne** *-en for (fig)* smooth the path for; **kjenne** *-en* know the way; *ikke* **komme** *noen* ~ get nowhere; *det kommer du ingen* ~ *med* that won't get you anywhere; *du kommer ingen* ~ *med ham* you won't get anywhere with him; *neste gang du kommer den -en* next time you pass *(el.* come) that way; **legge** *-en om* go round by, come by *(fx* I came by the fields); **løpe** *sin* ~ run off *(el.* away); **T** cut and run; cut it; beat it; *dårlig* **oppmerket** ~ inadequately marked road; **reise** *den -en* travel by that route; follow that route; *hvilken* ~ **skal** *du?* which way are you going? *skal du samme -en?* are you going my way? are you coming my way? *vi skal samme -en* we are going the same way; *den -en skal vi alle (fig)* we all come to that (sooner or later); that is the common lot; *her* **skilles** *våre -er* this is where our ways part; this is where we part; *deres -er skiltes (også)* they parted company; **sperre** *-en for en* bar *(el.* block) sby's way; **ta** *på* ~ make afuss; **T** take on, carry on *(fx* she carried on dreadfully); **vise** ~ *(fig: føre an)* lead the way; *vise -en* show the way; *vise en -en* show sby the way; *(det er) denne -en!* step this way!

C: **ad** *fredelig* ~ by peaceful means, peacefully; *ad naturlig* ~ by natural means, naturally; *(ɔ: med avføringen)* the natural way *(fx* the button Baby swallowed came out the n. w.); *ad overtalelsens* ~ by (means of) persuasion; *ad rettens* ~ through the courts, through the process of the Court; *ad vitenskapelig* ~ scientifically; **av** *-en!* stand back! stand off! *av -en for kabelen!* stand clear of the cable! *få en av -en* get *(el.* put) sby out of the way; *gå av -en* step aside, get out of the way; *gå av -en for en* get out of sby's way; *han går ikke av -en for noe* he is game for *(el.* not afraid of) anything; *(ɔ: har ingen skrupler)* he sticks at nothing; *ikke være av -en (ɔ: ikke skade)* not be amiss; not come amiss; not be out of place; *et glass øl ville ikke vært av -en* I could do with a glass of beer; a glass of b. would not come amiss; *hjelpe en (godt)* **i** ~ give sby a (good) start (in life); *kjøre midt i -en* drive in the middle of *(el.* on the crown of) the road; *komme i -en for en* get in sby's way; *komme i -en for hverandre* get in one another's way; *hvis noe skulle komme i -en* if anything should happen (to prevent it); *hver gang vi vil gå ut, kommer det noe i -en* whenever we want to go out sth always happens to stop us *(el.* sth always interferes with our plans); *jeg var fast bestemt på å skrive, men i siste øyeblikk kom det noe i -en* I had every intention of writing, but at the last moment sth prevented me; *vi har kommet godt i* ~ *(ɔ: har fått gjort en hel del) i dag* we have covered a good deal of ground today; *legge vanskeligheter i -en for en* put difficulties in sby's way; *stille seg i -en for en* stand in sby's way; bar *(el.* block) sby's way; *stå i -en* be in the way *(fx* am I in the way?); *stå i -en for* stand in the way of *(fx* your happiness); *hun satt der og snakket i* ~ she sat there talking away; *være i -en* be in the way *(fx* I hope I am not in the way); *hvis det ikke er annet i -en* if that is all (the difficulty); *være i -en for en* be in sby's way; *det er ikke noe i -en for at han kan gjøre det* there is nothing to prevent him from doing it; *hva skulle være i -en for det?* why not? *hva er i -en?* what is the matter? **T** what's up? *hva er det i -en med deg?* what's the matter with you? *(udeltagende)* what's come over you? **S** what's biting *(el.* eating) you? *han så ut som om det ikke var noen ting i -en* he showed no signs that anything was wrong; he appeared quite unconcerned; *er det noe i -en?* is (there) anything the matter? *det var ikke noe særlig i -en med ham* there was nothing very much the matter with him; *legen sa at det så ikke ut til å være noe særlig i -en med meg* the doctor said there did not look much the matter with me; ~ *med fast dekke* tarmac road; *spørre* **om** *-en* ask the (*el.* one's) way; *jeg spurte ham om -en* I asked him the way; I asked the way of him; **på** ~ *(ɔ: gravid)* pregnant; in the family way; *ta på* ~ make a fuss; **T** take on, carry on (*fx* she carried on dreadfully); *på -en* on the road; *på -en til* on one's way to (*fx* the town); *(se underveis); være på god* ~ *til å* be in a fair way to (*fx* ruin(ing) oneself); *skipet er på* ~ *mot havn* the ship is heading for a port; *(se II. kurs); han er på god* ~ *til å bli en forbryter* he is well on the way to becoming a criminal; *vi er på god* ~ *til å miste dette markedet* we are in a fair way to lose (*el.* losing) this market; *alle -er* **til** *stasjonen* all roads leading to the station; all approaches to the station; *-en til X* the road to X; *er dette -en til X?* is this the way to X? is this right for X? are we (,am I) right for X? *skaffe til -e* obtain, provide; put one's hands on (*fx* I can't put my hands on the necessary cash at present); find (*fx* I can't find the necessary cash); *ny kapital ble skaffet til -e (også)* fresh capital was forthcoming; **ved** *-en* by the roadside; *en kro ved -en* a roadside inn; a road-house; *(se benvei; bilvei; landevei; motorvei; skilles; skritt; sving; svinge; tilføket; tømmervei; ufyselig).*

vei|anlegg road construction (*el.* building), road -making. **-arbeid** road work, road repairs *(pl); under* ~ during road works; *her går det langsomt pga. alle -ene* progress is slow here because of all the road works; *her er det* ~ *igjen!* they're working on the road again here! **-avgift** *(bompenger)* toll; *(se avgift).* **-bane** road, roadway; *(jvf veidekke).* **-bok** *(med kart, etc)* road book. **-bom** road block; *(hvor det betales bompenger)* toll bar.

vei|bygging road-making, r. construction (*el.* building); *(som fag)* highway engineering. **-dekke** road surface; *vei med fast dekke* tarmac road. **-dele** road fork. **-direktorat** highways directorate; **UK** Ministry of Transport. **-direktør UK** Minister for Transport.

veie *(vb)* weigh (*fx* the parcel weighs two pounds; how much do you w.?); *(ha betydning)* carry weight; *hvor mye -r du? (også)* what weight are you? *alle spørsmålene -r like meget ved fastsettelse av den endelige karakter* all questions carry equal marks (*el.* weighting); all questions count as equal.

veiegenskaper *pl (bils)* roadability.

veifarende wayfarer, traveller; *(trafikant)* road user.

veiforbindelse road connection, (connecting) road; *er det* ~*?* is there a road?

veigrep *(om bildekk)* grip; *et slitt dekk har ikke lenger noe tilfredsstillende* ~ a worn tyre no longer grips the road satisfactorily.

veigrøft (roadside) ditch.

vei|høvel road grader. **-ingeniør** highway engineer.

veik *se svak.*

veikant roadside; edge of the road; *(se veirabatt).*

veikontroll *(av biler)* (roadside) spot check, spot road check.

veikryss crossroads (NB a crossroads); road intersection.

veilede *(vb)* guide, instruct.

veiledende guiding, instructive; *disse reglene skal bare være* ~ these rules are only intended as a guide; *noen få* ~ *ord* a few words of guidance, a few (introductory) hints; ~ *pris* recommended (*el.* suggested) price; ~ *utsalgspris* recommended retail price.

veileder guide; *(for prøvekandidat ved skole)* teaching supervisor.

veiledning guidance, instruction; *gratis* ~ free advice; *sakkyndig* ~ expert advice; *til* ~ *for* for the guidance of; *til* ~ *for Dem* for your guidance (*el.* information); *(se kyndig).*

veilegeme roadbed.

veilengde distance.

veimerking road marking; traffic marking.

veiovergang bridge; overpass.

veipenger *(pl)* toll; toll money; turnpike money.

veirabatt verge.

vei|signal *(jernb)* level-crossing signal. **-signalanlegg** *(jernb)* level-crossing protection plant. **-skatt** Road Fund tax; *(i England)* car excise licence. **-skille** road fork. **-skilt** road sign. **-skrape** *(-høvel)* road grader. **-sperring** *(mil)* roadblock. **-sving** bend (of a road); *(se også kurve & sving).*

veit ditch; *(smal gate)* alley, lane.

veiundergang road underpass.

veiv *(mask)* crank. **-aksel** *(mask)* crankshaft. **-lager** *(mask)* crank(shaft) bearing. **-tapp** *(mask)* crank journal.

veivalse road roller; *(damp-)* steam roller.

veive *(vb)* crank; swing, wave (*fx* one's arms).

veivesenet *(kommunalt)* the highways authority; *(kontoret)* [the Municipal Highways Office]; **UK** the Highways Department.

veivhus *mask (krumtapphus)* crank case.

veiviser **1***(person)* guide; *(bok)* guide (book); **2***(skilt)* signpost, road sign; *(orienteringstavle)* direction sign, route sign.

veivlager crank(shaft) bearing.

veivokter roadman.

veiv|stang *mask (råde)* connecting rod, con-rod. **-stangbolt** connecting rod bolt, big end bolt. **-stangfot** big end (of con-rod). **-stanghode** little (*el.* small) end (of con-rod). **-stanglager** big end bearing. **-tapp** crank(shaft) pin. **-tapplager** crank-pin bearing.

veke wick.

vekk *(borte)* away, gone; *(bort)* away, off; ~ *med fingrene!* hands off! *snakk* ~*!* speak away! fire away! *holde seg* ~ *fra* keep away from; *i ett* ~ incessantly; ~ *med* away with.

vekke *(vb)* wake (up) (*fx* he was woken up by Tom); *(etter avtale)* call; *(fig)* create, excite, arouse; ~ *forestilling om* suggest; ~ *den forestilling at* suggest that; *vær stille – du -r hele huset* be quiet – you're stirring up the whole house; ~ *latter blant dem* move them to laughter; *(se strid).*

vekkelse awakening; *(religiøs)* revival.

vekkelses|møte revival(ist) meeting. **-predikant** revivalist (preacher).

vekkerklokk|e alarm clock; *stille -a på sju* set the alarm for 7 o'clock; *vi sov ikke fordi vi var redde for ikke å høre -a* we didn't sleep as we were afraid of not hearing the alarm.

vekker|ur: *se -klokke.*

vekking calling; *bestille* ~ *til kl. 6* ask to be called at six.

I. veksel **1***(omskiftning)* change; **2***(jernb): se sporveksel; fjernstyrt* ~ *(jernb)* remote controlled points (**,US:** switches); *fjærende* ~ spring points (**,US:** switches); ~ *som kan kjøres opp (jernb)* trailable points (**,US:** switches); *kjøre opp en* ~ *(jernb)* force (*el.* burst) open the points (**,US:** switches).

II. veksel *(merk)* bill (of exchange); *(tratte)* draft; *dato-* period bill, term bill, time bill; *egen-* promissory note; *sikt-* sight bill; *utenlandsk* ~ foreign bill; *akseptere en* ~ accept a bill; *diskontere en* ~ discount a bill; *-en forfaller den 1. juni* the bill is payable (*el.* due *el.* matures *el.*

falls due) on June 1st; *innfri en ~* meet *(el.* take up *el.* honour) a bill; *trekke en ~ på* draw a bill on; *trekke for store veksler på (fig)* make too great demands on, overtax *(fx* his patience); draw heavily on, exploit; trade *(el.* presume) on *(fx* his kindness, his hospitality); *trekke veksler på ens vennskap* presume on one's friendship; *utstede en ~* make out *(el.* issue) a bill; *-en, som vi legger ved, ber vi Dem sende tilbake forsynt med Deres aksept* we are enclosing bill, which we request you to accept and return.

veksel|aksept *(merk)* acceptance (of a bill). **-akseptant** acceptor (of a bill of exchange). **-ansvar** liability on bills. **-arbitrasje** arbitrage. **-beholdning** bills in hand; bills receivable. **-blankett** bill form. **-bruk** *(landbr)* rotation of crops. **-debitor** *(merk)* party on whom a bill is drawn.

vekselér exchange broker, money changer.

veksel|falsk forging of bills, forgery. **-falskner** forger. **-kurs** rate of exchange, e. rate. **-kurtasje** bill brokerage. **-megler** bill broker. **-omkostninger** *(pl)* bill charges. **-protest** protest. **-provisjon** brokerage. **-rytter** kite flier. **-rytteri** kite flying. **-sang** *(mus)* antiphony; antiphonal singing; sung or spoken dialogue. **-spenning** A.C. *(el.* a.c.) voltage. **-spill** alternation, interaction, interplay *(fx* the i. between research and practical work). **-stiller** *(jernb)* point (,US: switch) operating apparatus.

vekselstrøm *(elekt)* alternating current *(fk* A.C.).

vekselutsteder drawer (of a bill).

vekselvirkning interaction, reciprocal action *(el.* influence).

vekselvis *(adj)* alternate, alternating; *(adv)* alternately, in turns, by turns.

veksle *(vb)* change; *(utveksle)* exchange; *med -nde hell* with varying success.

vekslepenger *(pl)* change; *du får ~ igjen på den (pengeseddelen)* there is some change to come on that; *(se I. få: ~ igjen).*

veksling change; *(utveksling)* exchange, interchange; *(på skøyter)* change-over, crossing.

vekslingsdommer *(ved skøyteløp)* crossing controller.

vekslingsside *(skøyter)* back straight, change-over straight.

vekst growth; *(høyde, skikkelse)* stature; *(økning)* increase; *(utvikling)* development; *(plante)* herb, plant; *skyte ~* grow; *en by i ~* a growing town; *(se skyte: ~ rask vekst).*

vekstfremmende growth-promoting *(fx* a growth-promoting substance).

veksthemmende growth-inhibiting.

vekst|liv *(bot)* flora, vegetation. **-rate** rate of growth.

vekt weight; *(veieinnretning)* (pair of) scales, balance; *(stor)* weighing-machine; *etter ~* by weight; *legge ~ på* lay *(el.* put) stress on; emphasize; make a point of *(fx* accuracy); attach importance to; attach weight to; *det legges liten eller ingen ~ på muntlig undervisning* little or no importance is attached to oral instruction; *det burde legges mindre ~ på det å vinne* there should be less emphasis on winning; *den store ~ man legger på ... (også)* the important place given to ...; *legge stor ~på riktig ortografi* place a great deal of stress on correct spelling; *han legger for stor ~ på å være pent kledd* he puts too much stress on dressing neatly.

vektenhet unit of weight, weight unit; *(lodd, etc)* unit weight; *en gassmengde kan måles i -er* a gas volume can be measured by weight.

vekter *(hist)* watchman.

vektfabrikant scale maker.

vektig weighty.

vektighet weightiness.

vekt|lodd weight. **-løfter** weight lifter. **-manko** short weight, deficiency in weight. **-skål** scale, scale pan, pan; *(se tunge).* **-stang** lever; *(på vekt)* beam.

vekttall *(systemet)* weighting; *har ~ 3* counts (as) 3; **US** gives three credits; *tysk muntlig på reallinjen har ~ 1, mens matematikk har ~ 3* oral German counts (as) 1 on the Science Side, while mathematics counts as 3; *(se også veie).*

vekttallsystem weighting, system of weighting.

vekt|tap loss of weight. **-økning** increase in weight; increased weight; *~ hos eldre mennesker* increased weight in the elderly.

I. vel *(subst)* **1.** welfare *(fx* have sby's w. at heart), good *(fx* for the good of the community); well-being; interests *(fx* the i. of the country demand ...); *samfunnets ~* the common good; the public welfare *(el.* weal); *Selskapet for Norges Vel* the Society for the Benefit of Norway; *hans ve og ~* his welfare; *som en som vil Deres ~* as a friend and well-wisher *(fx* I speak to you as a f. and w.-w.); **2.** community welfare association; (village) residents' association.

II. vel *(adj): alt ~ om bord* all well on board; *gid det var så ~!* I wish he was (,he did, *etc);* that would be good news indeed; no such luck *(fx* Is he gone? No such luck!), worse luck *(fx* I'm not a millionaire, worse luck!); if only that were true! *føle seg ~* be (feeling) very well; be fit, be *(el.* feel) quite the thing *(fx* I don't feel quite the thing this morning), be up to the mark; *han føler seg mest ~ når han er alene* he is happiest when alone; he is happiest on his own; *jeg føler meg ikke helt ~ ved det* I'm not quite happy about it; *han befant seg ~ ved det* it did him good.

III. vel *(adv)* **1.** well *(fx* be well received); **2***(utrop)* well! all right! *(innleder noe man vil si)* (well,) here goes; *~ som jeg sa, så ...* well, as I was saying ...; **3***(ganske visst)* to be sure *(fx* to be s. he is rich, but ...); it is true that *(fx* it is true that the goods are expensive but ....); no doubt *(fx* no doubt he is strong, but ...); admittedly *(fx* a. we are in a weak position, but nevertheless ...); *~ er han ung, men ...* yes, he is young, but ...; of course he is young, but ...; **4***(formodentlig)* I suppose *(fx* I s. I am to do all the dirty work); probably, presumably, I think; *han kan ~ være 40 år* he may be forty; *det ville ~ da bli i 1900* that would be in 1900; *ja, vi må ~ det* yes, I suppose we have to; *det kunne ~ være* that might well be; **5***(forhåpentligvis)* I hope *(fx* you received my letter, I hope), surely *(fx* s. you don't believe that?); **6** *(etter nektende spørsmål uttrykt ved hjelpeverbet (,verbet) + subjektet uten nektelse, fx* you don't care for him, do you? you are not angry with me, are you? you don't happen to know his address, do you?); **7***(i litt for høy grad)* rather *(fx* he is r. young); almost too; on the ... side *(fx* this car is on the small side); **8***(i mange spørsmål oversettes ordet ikke, fx) hvem skulle ~ ha trodd det?* who would have believed it? **9***(uttrykk for utålmodighet)* of course; *ned til hotellet, ~!* down to the hotel, of course! *(se også gjøre B);*

~ **hjem!** I hope you get home *(el.* back) all right; *(se også ndf);* **godt og** *~* upwards of *(fx* u. of twenty tons), rather more than; well over *(fx* well over five pounds); a good *(fx* it is a good two miles from here); **meget** *~* very well; *jeg vet meget ~ at* I know quite well that; I am well aware that; *det er så dårlig* **som** *~ mulig* it is as bad as can be; it could not (possibly) have been worse; *(se uheldig); så klart som*

V

~ *mulig* with all possible clearness; *jeg kunne ~ ikke få ...?* I wonder if I could have ...? could I have ...? *han håpet å komme ~ fram til byen før det ble mørkt* he hoped to reach the town safely *(el.* without hindrance) before nightfall; *i går kveld var vi endelig ~ hjemme i Oslo igjen etter vårt besøk i X* last night we arrived safely back in Oslo from our visit to X.

velansett well reputed; *et ~ firma* a firm of good standing *(el.* repute); *firmaet er ~ (også)* the firm enjoys a good reputation.

vel|anstendig proper, decorous. **-anstendighet** propriety, decorum. **-anvendt:** *-e penger* money well-spent. **-assortert** well assorted; *et ~ lager av* a rich assortment of. **-barbert** clean-shaven, well-shaven.

velbefinnende well-being, health.

velbeføyd just, legitimate.

velbegrunnet well-founded.

velbehag delight, enjoyment, zest; relish; *finne ~ i noe* take delight in sth, enjoy sth.

vel|behagelig pleasing; acceptable *(fx* a. to God). **-beholden** safe and sound. **-beregnet** well-calculated. **-berget 1.** safe; **2.:** ~ *med* well supplied with. **-berådd:** *med ~ hug* deliberately. **-betenkt** well-considered, well-advised.

velbrukt well-worn *(fx* a w.-w. book, track).

velde *(makt)* power, might, majesty *(fx* in all its m.).

veldedig charitable, benevolent; *i ~ øyemed* for charitable purposes, for charity; *(jvf velgjørende).*

veldedighet charity, benevolence; *storstil(e)t ~* large-scale charitable work, large-scale work for charity.

veldedighetsarbeid charitable work, work for charity; *(se veldedighet).*

veldedighets|basar charity bazaar; **US** kermess, kermis. **-institusjon** charitable institution, charity.

veldig powerful, mighty; enormous, huge, tremendous; *(adv)* extremely, tremendously.

veldisponert well-arranged; well-organized *(fx* lesson); *legg merke til hvor ~ denne beretningen er* note the orderly way in which this account is given.

veldisponerthet *(om stil, etc)* orderly and logical arrangement.

velferd welfare.

velferds|permisjon compassionate leave, emergency leave. **-sak** matter of vital importance; *det er en ~ for (også)* it is vitally important to.

velferdssamfunnet the welfare state.

velferdstap: *erstatning for ~* damages for tort.

vel|flidd trim, well-kept. **-forsynt** well supplied, well-stocked. **-fortjent** well-deserved, well-merited; well-earned *(fx* money); *det var ~* (ɔ: *det hadde han bare godt av)* **T** he was asking for it.

velge *(vb)* **1.** choose *(fx* an apple from the basket; you have chosen an unfortunate moment; the career he has chosen for himself); **2***(ta ut)* select *(fx* the books one wants); pick (out) *(fx* p. out all the best apples); **T** pick *(fx* you've picked the wrong time to come to Norway); **3***(ved avstemning)* elect *(fx* a chairman); choose *(fx* he was chosen as their representative); return *(fx* he was returned *(el.* elected) as Liberal member for X); (NB he became Conservative member for X); **4***(slå inn på, bestemme seg for)* adopt, take up, go in for *(fx* a career); embrace *(fx* a profession, a trade, a military career); elect *(fx* he elected to stay at home);
bli valgt (parl) be elected *(el.* returned); get in; *bli valgt med stort flertall* be elected (,returned) by *(el.* with) a large *(el.* big) majority; ~ *en fremgangsmåte* adopt a course; ~ *sine ord med omhu* pick *(el.* choose) one's words carefully; *velg selv!* choose for yourself (,yourselves)! take your choice! *han har valgt et heldig tidspunkt for sitt besøk* he has timed his visit well; *vi kan ikke ~ og vrake* we cannot pick and choose; *(ofte =)* beggars cannot be choosers; *øyeblikket er uheldig valgt* the moment is unfortunate *(el.* ill-chosen); ~ **blant** choose (,elect) from (among) *(fx* the committee elects a president from among its members); ~ *en* **inn** *i* elect sby to *(fx* the council); ~ **mellom** choose between *(fx* two evils); choose from *(fx* there are so many jobs to c. from); *de har nok å ~ mellom* they have enough to choose from; they have a wide choice; *de har ikke stort (el. meget) å ~ mellom* they have not much choice; *kunne ~ mellom (el. ha valget mellom)* have the choice of *(fx* have the choice of two careers); *valgt* **på livstid** elected for life; ~ *en* **til** *sin etterfølger* choose sby as one's successor; ~ *en til konge* elect sby king; ~ **ut** select; pick out; single out; *disse varene er blitt valgt ut med særlig omhu* special care has been devoted to the selection of these articles; *jeg skal ~ meg ut noe fint* I shall choose myself sth fine; ~ **ved** *håndsopprekning* vote (,elect) by show of hands *(fx* they decided to vote by s. of h.; he was elected by s. of h.).

velger elector, voter; *(til Stortinget, også)* constituent; *kommunale -e* local government electors.

velgermassen the electorate, the voters.

velgjerning good deed, kindness; benefit.

velgjort well done; *(se selvgjort).*

velgjørende *(sunn)* beneficial, salutary; *(veldedig)* beneficent, benevolent, charitable; *en ~ kontrast* a refreshing contrast; *i ~ øyemed* for charitable purposes, for a charity, for charities; *(jvf helsebringende).*

velgjørenhet beneficence, charity.

velgjører benefactor. **-inne** benefactress.

velgående: *i beste ~* in the best of health, in the pink of health; **T** alive and kicking.

velhavende well-to-do, prosperous, comfortably off, well off; *(se velstående).*

velhavenhet easy circumstances, ample means.

velin vellum (paper).

velinformert well-informed; **S** clued up.

velkjent familiar, well-known (NB *som predikatsord:* well known); *noen av de mest -e grønnsakene* some of the commonest *(el.* most familiar) vegetables; *stille det -e spørsmålet (også)* ask the proverbial question.

velklang harmony, euphony.

velkledd well-dressed; *(som predikatsord)* well dressed.

velklingende pleasant, melodious, euphonious, harmonious.

velkommen welcome; *hilse en ~* welcome sby, wish *(el.* bid) sby welcome; *ønske en ~* bid sby welcome *(fx* it's a great pleasure for me to bid you all welcome to Oslo); *vi ønsker Dem hjertelig ~* we are very glad to see you; *det gleder oss å ønske dem alle ~* we are very pleased to extend a hearty welcome to them all; *ønske en ~ med et smil* give sby a smiling welcome.

velkomst welcome; *han fikk en varm ~* he met with a warm reception; he found he had caught a Tartar; he got more than he bargained for.

velkomst|beger welcoming glass. **-hilsen** welcome. **-tale** speech of welcome.

velkonservert well-kept, in good condition.

vell spring; wealth, profusion, abundance; *et ~ av lys* a flood of light.

vellagret well-seasoned; *(som predikatsord* well seasoned); matured *(fx* tobacco, wine).

velle *vb (sprudle)* well, spring forth, issue forth.

vellevnet luxurious living, luxury.

velling gruel; *gjøre vei i -en* **T** make things move, get things moving; get things done; make headway.
vellukt fragrance; perfume, scent.
velluktende fragrant, perfumed, scented; sweet -scented.
vellyd euphony.
vellykket successful; *det var meget* ~ it was a great success.
vellyst (carnal) lust, sensual pleasure.
vellystig voluptuous, sensual, lustful, lascivious.
vellysting libertine; sensualist.
vellønt well-paid; *(som predikatsord)* well paid.
velmakt vigour (,**US:** vigor), strength; prosperity.
velmaktsdager *(pl)* days of prosperity, palmy days, prime *(fx* in his prime).
vel|ment well-meant, well-intended. **-nært** well-fed, well-nourished.
veloppdragen well-bred, well-behaved.
veloppdragenhet good manners.
vel|ordnet well-arranged, orderly. **-organisert** well -organized. **-orientert** well-informed; *(som predikatsord)* (well) informed *(fx* he is always well informed).**-overveid** well-considered, considered *(fx* it is my considered opinion that ...). **-proporsjonert** well-proportioned.
velprøvd established, proved, proven *(fx* remedy for influenza), old-established, well-tried, that has proved reliable *(fx* this cloth has proved a reliable material for raincoats).
vel|renommert reputable, of good repute. **-rettet** well-aimed, well-directed. **-sett** popular; *en* ~ *gjest* a welcome guest; *ikke* ~frowned (up)on.
velsigne *(vb)* bless.
velsignelse blessing; *vi har en guds* ~ *med bøker* **T** we have no end of books; *(se lyse).*
velsignelsesrik *(litt.)* rich in blessings; blessed; highly beneficial; *en stor og* ~ *fremtid* a great future, rich in blessings; a great and glorious future; *en* ~ *virksomhet* a highly beneficial activity; *for et -t deilig vær!* what gloriously fine weather!
I. velsignet *(adj)* **1.** blessed; **2***(forbasket; forbistret)* confounded *(fx* that confounded dog of yours!); **T** blessed; **3***(deilig; herlig)* wonderful; heavenly *(fx* what heavenly weather!); lovely *(fx* weather); *han har en* ~ *appetitt (han er velsignet med en god appetitt)* he's blessed with a hearty appetite; he's a hearty eater; *en ung man* ~ *med det velklingende navn Marmaduke* a young man who rejoices in the glorious name of Marmaduke; *en* ~ *mangel på konvensjoner* a refreshing lack of conventions; a refreshing unconventionality.
II. velsignet *(adv)* blessedly; *alt var så* ~ *fredfylt* it was all so blessedly peaceful; ~ *uformell* refreshingly informal; *også i dette henseende er hun ulik,* ~ *ulik, de fleste andre politikere* in this respect too, she's unlike, mercifully unlike, most other politicians.
vel|sittende well-fitting *(fx* a w.-f. coat). **-situert** well-to-do; *(som predikatsord)* well to do. **-skapt** well-made *(fx* figure, legs, person), shapely *(fx* legs); well-formed; *et sunt og* ~ *barn* a fine healthy child. **-skikket** well qualified *(til* for).
velsmak tastiness, good taste, savour (,**US:** savor).
velsmakende savoury (,**US:** savory), palatable.
velspekket: ~*pung* well-filled purse.
velstand prosperity.
velstandssamfunn prosperous *(el.* affluent) society; *i et* ~ *som vårt* in a prosperous society like ours.
vel|stekt well done. **-studert** well read.
velstående well-to-do, prosperous, comfortably off, well off; *være* ~ be well to do, be comfortably off, be in easy circumstances.
veltalende eloquent.
veltalenhet eloquence, fluency (of speech).
I. velte *(subst)* heap, pile.
II. velte *(vb)* upset, be upset, overturn *(fx* this lamp cannot overturn; the boat overturned; he jumped about and overturned the boat), knock down *(fx* a vase), overthrow *(fx* a bucket, a table, a vase); topple over, tip over; **T** have *(el.* take) a spill *(fx* I had a spill with my bicycle); ~ *seg i* roll in *(fx* the mud), wallow in; *bare synet av mat fikk det til å* ~ *seg i magen på ham* the mere sight of food turned his stomach; ~ *ansvaret over på en* shift the responsibility on to sby; *plogen -t opp jorda* the plough turned up the soil.
velte|fjel *(på plog)* mould board; **US** moldboard. **-plass** *(for tømmer)* piling site; **US** landing (place), landing depot, dumping ground.
veltilfreds well pleased, contented, satisfied. **-het** satisfaction, contentedness, content(ment); *(med seg selv)* self-satisfaction, complacency.
velunderrettet well-informed; *(som predikatsord)* (well) informed.
velur velour(s).
velutrustet well-equipped; *(som predikatsord)* well equipped.
velutstyrt well-equipped; *(som predikatsord)* well equipped; *et* ~ *hotell* a well-appointed hotel.
velvalgt well-chosen; *(som predikatsord)* well chosen.
velv *(i bank)* strongroom.
velvilje benevolence, kindness, goodwill; *jeg håper De vil se med* ~ *på min søknad* I hope my application will receive your favourable consideration.
velvillig kind, friendly, benevolent; *med* ~ *assistanse av X* with the kind assistance of X; *de var alle* ~ *stemt overfor ditt forslag* they were all in sympathy with your proposal; *ta under* ~ *overveielse* kindly consider *(fx* it is our hope that the Council will k. c. the above and inform us of its views).
velvoksen good-sized, big.
velvære well-being; *materielt* ~ material comforts *(fx* m. c. such as electricity, good houses, water supplies ...).
velynder patron, benefactor.
velærverdig reverend.
velærverdighet reverence.
veløvd practised (,**US:** practiced), well-trained.
vemmelig **1.** disgusting, repulsive, nasty, unpleasant; *(person)* repulsive, repellent, revolting, disgusting, nasty; *jeg synes han er* ~ I find him repulsive; **T** he gives me the creeps; *ha en* ~ *forkjølelse* have a beastly cold; *en* ~ *fyr* **S** a nasty piece of work; a rotter; ~ *vær* beastly *(el.* nasty *el.* foul) weather; **2***(tungvint)* **T** mucky *(fx* it's so m. having to walk about in the rain and the wind with a shopping basket and an umbrella).
vemmelse disgust, loathing, nausea.
vemmes*(vb)* be disgusted, be repelled *(over, ved* with, at).
vemod sadness, wistfulness; *med* ~ sadly; *(se III. stemme).*
vemodig sad, wistful.
vemodsblandet: *en* ~ *glede* a joy not untinged with sadness.
vemodsfylt: *en* ~ *melodi* a plaintive tune.
vend *(på vevde tøyer)* right side.
vendbar reversible *(fx* coat).
vende **1***(vt)* turn *(fx* one's car, one's head); *(mar)* bring *(fx* a ship) about; veer (round); **2***(vi)* turn; *(mar)* veer *(fx* the wind has veered round);

(ku-) wear; *(stag-)* tack *(fx* t. to port), put about, go about; *klar til å ~ (mar)* ready about! *vend!* p.t.o., *(ɔ: bla om)* please turn over; *som kan -s* reversible *(fx* coat); *~ blikket mot* turn one's eyes towards; *bilen vendte hjulene i været* the car turned turtle; *~ høyet* turn over the hay; *~ et kort (kort)* turn up a card; *man kan snu og ~ saken som man vil; den er og blir ubehagelig* you can look at the thing from whatever angle you like; it's still unpleasant; *hvordan man enn snur og -r på det* look at it whichever way you like; no matter how you look at it; *~ en ryggen* turn one's back on sby; *~ mot* face *(fx* the side facing the lake); *~ opp ned på forholdene* turn things upside down; reverse the order of things; *~ noe til ens fordel* turn sth to sby's advantage; *han forsøkte å ~ det hele til Johns fordel* he tried to turn it all to John's advantage; *~* **seg** turn *(fx* wherever I turn); turn round; *bladet har vendt seg (fig)* the tables are turned; the situation is reversed; things have taken a new turn; the boot is on the other leg now; *~* **seg av** *med en vane* break oneself of a habit; *~* **seg bort** turn away; *~* **seg mot** turn towards; *(aggressivt)* turn on, turn against; *~* **seg om** turn, turn round; *~* **seg til** turn to *(fx* sby for help), apply to; appeal to; *(med sak el. spørsmål)* approach *(fx* I shall a. him on the matter); *(om program)* cater for *(fx* the programme caters for a clearly defined group of listeners); *(om bok)* appeal to, be intended for, address itself to, cater for (the needs of); *~* **seg til det bedre** take a turn for the better; *~* **seg til det beste** turn out for the best (in the end); *alt vil ~ seg til det beste* it will all be for the best (in the end); everything will come right; everything will be all right; *hans kjærlighet vendte seg* **til hat** his love turned to hatred; *~* **tilbake** return, come back, turn back.

vendediameter turning circle (diameter) *(fx* a car with a 25-foot turning circle).

vende|krets tropic; *den nordlige ~* the Tropic of Cancer; *den sørlige ~* the Tropic of Capricorn. **-plog** reversible plough; *(av bæretypen)* mounted r. p.; *(bakkeplog)* r. hillside p.; *(slepevendeplog)* trailed r. p. **-punkt** turning point; *betegne et ~* mark a t. p.

vending turning, turn; *(i stil)* turn (of phrase), mode of expression; *i en snever ~* in an emergency, at a pinch; *rask i -en* quick (off the mark) *(fx* he's quick off the mark); *du skulle ha vært raskere i -en* you ought to have been quicker off the mark; *være sen i -en* be slow; *samtalen hadde tatt en uventet ~* the conversation had taken an unexpected turn; *jeg måtte gå to -er* I made two journeys; *jeg kunne ikke få med meg alt i én ~* I couldn't carry it in one journey.

vene vein. **-blod** veinous blood.

Venedig Venice.

venerisk venereal; *~ sykdom* venereal disease *(fk* V.D.).

venetianer Venetian. **venetiansk** Venetian.

Venezia Venice.

venn friend; *en ~ av meg* a friend of mine; *gode -er* great friends; *bli gode -er med en* **T** cotton up to *(el.* with) sby; *gjøre seg godvenner med* make friends with; *du kan ikke gå dit, min lille ~ (sagt til liten gutt)* you can't go there, my little man; *holde seg til -s med dem* keep on the right side of them; *(se barndomsvenn; ungdomsvenn).*

venne *(vb) ~ en av med noe* break sby of sth; *~ fra (brystet)* wean *(fx* a baby); *~ seg av med* break oneself of; *~ en til noe* accustom sby to sth; *~ seg til* accustom oneself to, get accustomed to; *~ seg til å* get into the habit of (-ing).

venne|hilsen friendly greeting. **-krets** circle of friends. **-løs** friendless. **-møte** meeting of friends. **-råd** friendly advice. **-sæl** *(glds)* popular, well-liked *(,som predikatsord:* well liked). **-tjeneste** act of friendship, friendly turn.

venninne friend; girl friend.

vennlig kind, kindly, friendly; *han hadde et ~ uttrykk i ansiktet* there was a look of kindness about his face; *hans -e vesen* his friendliness *(fx* his f. made him popular); *~ mot* kind to; *være ~ innstilt overfor en* be kindly *(el.* friendly) disposed towards sby; *(adv)* kindly, with kindness; *vær så ~ å underrette meg* please inform me; *han takker for at De vil være så ~ å møte opp på stasjonen* he thanks you for your kindness in meeting him at the station; *få rommet til å se meget -ere ut* make the room (look) much brighter, brighten up the room considerably.

vennlighet friendliness, kindness, kindliness.

vennligsinnet friendly *(el.* kindly) disposed *(mot* towards); friendly; *en ~ stamme* a friendly tribe; *være ~ overfor en* be well disposed towards sby.

vennligst *adj* **1***(superl)* kindest; **2.**: *~ sørg for å få skipet varene med én gang* please see to it that the goods are shipped at once.

vennskap friendship; *slutte ~* form a friendship *(med* with); *under dekke av ~* under the pretence of friendship; in *(el.* under) the guise of friendship.

vennskapelig friendly, amicable, kindly; *stå på en ~ fot med* be on friendly terms with.

vennskapelighet friendliness; *i all ~* amicably, in a friendly spirit; as a friend.

vennskapsbesøk *(polit, etc)* goodwill visit.

vennskapsbevis proof *(el.* token) of friendship.

vennskapsby twin town *(fx* Larvik has a twin town in England); *den skikk å ha -er* town-twinning *(fx* town-twinning has become very popular).

vennskapsmaske: *under ~* under the pretence of friendship.

I. Venstre *(subst)* the Liberal Party.

II. venstre left; *~ hånd* the left hand; *til ~ (på ~ side)* on the left; *(over til ~)* to the left; *~ om!* left turn! *på ~ side* on the left-hand side; on the left, on one's left.

venstre|ratt left-hand drive. **-sving** left-hand bend; *(se høyresving).* **-vridd** *adj (polit)* leftish; left -wing.

I. vente *(subst): i ~* in store *(fx* nothing but disappointments are in store for him *(el.* await him); in prospect *(fx* orders we have in prospect); *det er store begivenheter i ~* we are on the eve of great events; sensational developments are to be expected.

II. vente *(vb)* **1***(ha forventning om)* expect *(fx* I e. (to see) him today; I e. him to dinner; it is not so bad as I expected); anticipate *(fx* we did not a. this result); *vi -r svar i morgen* we expect an answer tomorrow; *når kan vi ~ levering?* when may we expect delivery? *jeg -r å være tilbake på mandag* I expect to be back on Monday; *du kan ~ meg ved nitiden (også)* look out for me at nine; *det var for meget å ~* that was too much to be expected; *skipet -s til Bergen i morgen* the ship is expected to arrive at B. tomorrow; *(om ruteskip, også)* the ship is due (to arrive) at B. tomorrow; *De -r for meget av ham* you expect too much of him; *vi har rett til å ~ oss meget av ham (også)* we have good reason to have great expectations of him; *man -t av ham at han skulle holde seg borte hele dagen* he

verb

Verb + preposition

The -ing form of the verb + preposition = true.

'President Johnson was accused **of violating** the Constitution **by removing** the Minister of War.'

of + violate = *of violating*
by + remove = *by removing*

There are two expressions of interest here: **of violating** and **by removing.** The rule is simple: when you have a preposition + a verb, the verb will always get the **-ing** added.

was expected to keep away all day; **2**(*tilbringe tiden med å vente)* wait (*fx* I shall w. till he is ready); *(i tlf)* hold on, hold the line; *(utålmodig, fx i forværelse)* kick one's heels; *det blir ikke lenge å* ~ we shall not have long to wait; *denne saken kan*~ this matter can wait (*el.* stand over); *vi -r litt til og ser om de kommer* we'll hang on for a little while and see if they come; *vent litt!* wait a little! wait a moment! one moment, please! *det kan kanskje ~ litt?* **T** *(også)* perhaps it'll keep? *vi -t og -t, men bussen kom ikke* we stood there waiting, but the bus just wouldn't come; **3**(*imøtese)* look forward to (*fx* we l. f. to receiving your (*el.* an) early reply), await (*fx* we a. your early reply); *la en* ~ keep sby waiting; let sby wait; *svaret lar ~på seg* the answer is long in coming; ~ *med noe* put off sth; delay (*el.* postpone *el.* defer) sth; *vent med det til senere* leave that till later; ~ *(på en) med middagen* wait dinner (for sby); *denne leksen -r jeg med til i morgen* I shall leave this homework until tomorrow; *hvis du ikke hadde -t så lenge med å bestille* if you hadn't left booking so late; *vent med å spise egget til toasten er ferdig* don't start eating your egg until the toast is ready; ~ *på noe* wait for sth; await sth; ~ *på en* wait for sby; *jeg -r på noen (ɔ: som også skal sitte ved dette bordet)* I'm waiting for someone (,some people) to join me; *store problemer -r på sin løsning* great problems still remain to be solved (*el.* are yet to be solved); *vi -r på at ordren skal bli bekreftet* we are waiting for the order to be confirmed; *vi måtte ~ lenge på toget (også)* we had a long wait for the train; *vent til det blir din tur* wait your turn; ~ *seg (ɔ: være gravid)* be expecting; ~ *seg noe* expect sth; *du kan ~ deg!* just (you) wait!
venteavgift waiting fee; *(se avgift).*
ventelig to be expected; *(adv)* probably.
venteliste waiting list; *de har ingen* ~ they don't maintain a waiting list; *sette seg på* ~ put oneself down on (*el.* put one's name on) a waiting list; *sette på* ~ **T** *(også)* wait-list (*fx* sby); *stå på* ~ be down on a waiting list; have one's name on a waiting list; (NB the city has a housing waiting list of 6,000 families).
ventende waiting, expectant.
ventepenger *(ved opphør av kontraktmessig ansettelse)* severance pay.
vente|sal waiting-room. **-tid** waiting time (*el.* period), period of waiting; wait (*fx* we had a long wait); *i den lange -en* during the long waiting period. **-værelse** waiting-room.
ventil 1. ventilator; **2**(*mar)* porthole; **3**(*tekn)* valve (*fx* safety valve); *(på dekk)* tyre (**,US:** tire) valve; *slipe en ~ (i bilmotor)* reface a valve; *stille -ene* set the valves; *(se enveisventil; forbipasseringsventil; fødeventil; kontraventil; reduksjonsventil; retursperreventil; sikkerhetsventil; spareventil; spjeld; spjeldventil; tilbakeslagsventil; utblåsningsventil; utløpsventil).*
ventilasjon ventilation.
ventilasjonsvindu vent(ilator) window; *(trekantet i bil, også)* quarter-light.
ventilator ventilator.
ventilere *vb (også fig)* ventilate.
ventil|fjær valve spring. **-føring** valve stem guide. **-gap** valve opening. **-gummi** valve rubber. **-klaff** valve flap. **-klapring** valve clatter. **-klaring** (valve) tappet clearance. **-løfter** (valve) tappet, valve lifter, cam follower. **-løfterstilleskrue** valve-tappet adjusting screw. **-nål** *(for bildekk)* valve core; *(i forgasser)* valve needle. **-sete** valve seat. **-skaft** valve stem (*el.* spindle). **-sliping** valve grinding; re-facing (*el.* re-grinding) (of) the valves; *(se sliping).* **-støtstang** (valve) push rod. **-vippearm** (valve) rocker arm.
ventrikkel *(anat)* ventricle; stomach.
venus|berg *(anat)* mount of Venus. **-hår** maidenhair. **-mål** *(pl)* the measurements of the Venus of Milo.
veps *(zool)* wasp.
vepsebol wasps' nest; *(fig)* hornets' nest; *stikke hånden i et* ~ stir up a hornets' nest.
vepse|stikk wasp sting. **-talje** wasp waist.
veranda veranda(h); **US** porch.
verb *(gram)* verb.
I. verbal *subst (gram)* predicate.
II. verbal *adj (gram)* verbal.
verbalsubstantiv *(gram)* verbal noun.
verbo *(gram): nevne et verb a* ~rehearse a verb, go through a verb.
verbum *se verb.*
I. verd *(subst)* worth, value.
II. verd *(adj)* worth; *det er pengene -t* it's worth the money; *det er -t £10* it's worth £10; *det er ikke -t (at du gjør det)* you had (*el.* you'd) better not; *et forsøk -t* worth trying; *umaken* ~ worth while; *(se tjeneste).*
verden *(også fig)* world (*fx* his world was a narrow one; the world of art);

V

en **annen** *og bedre* ~ another and better world; a better world; *av en annen* ~ **T** *(om noe imponerende, etc)* terrific, tremendous *(fx* it was a tremendous success); **T** no end *(fx* it was no end of a success); **bokens** ~ the world of letters *(el.* literature); **denne** ~ this world; *denne -s gleder* the pleasures of this world; *ikke av denne* ~ not of this world; *mitt rike er ikke av denne* ~ *(bibl)* my kingdom is not of this world; *frykt for -s dom* fear of what people may say; **drømmens** ~ the world of dreams; **dyrenes** ~ the animal world; *den* **elegante** ~ the world of fashion; *-s* **ende** **1***(stedlig)* the ends of the earth; **2***(i tid)* the end of the world; the end of all things; *den* **gamle** ~ **1***(mots. Amerika)* the Old World; **2***(oldtiden)* the Ancient World; Antiquity; *det er -s* **gang** that's the way of the world; *London er en* **hel** ~ *i seg selv* London is a world of its own; *hele* ~ all the world, the whole world; *over hele* ~ all over the world, the world over; *(se verdensomfattende); det er til* **ingen** *-s nytte, det er ikke til noen -s nytte* it's no earthly use; it's noe use whatever; it's not the slightest use; *ingen -s ting* nothing at all, absolutely nothing; **T** not a thing; ~ *er sannelig* **liten!** *(alle synes å kjenne hverandre)* how small the world is! it's a small world! *den* **litterære** ~ the literary world; the world of letters; **naturens** ~ the world of Nature; *den* **nye** ~ the New World; *all -s* **rikdom** all the riches in the world; *-s* **skapelse** the Creation, the creation of the world; *du* **store** *all ~!* my goodness me! good gracious! gosh! *så lenge* ~ **står** for ever, till the end of time; **ta** ~ *lett* take life easy; *ta ~ som den er* take things as they are; **-s undergang** the end of the world; *det er en* **underlig** ~ *vi lever i* it's a strange world; *den* **vide** ~ the wide world *(fx* go out into the wide world); *den* **ytre** ~the external world; *(se bedra: verden vil -s; bestå: så lenge verden -r);*

[*forb. med prep*] *den enkleste ting* **av** ~ the simplest thing in the world; *de beste venner av* ~ the best of friends; *med den beste vilje av* ~ with the best will in the world; *ikke av denne* ~ not of this world; *se noe av* ~see the world; get about (a little); *for god* **for** *denne* ~ too good for this world; too good to live; **i** ~ in the world *(fx* the happiest man in the world; nothing in the world); *aldri i ~ (som avslag)* never! **T** not on your life! not if I know it! *det går aldri i* ~ it won't work! it can't possibly come off! *hva i all ~?* what on earth? *hva i all ~ skal jeg gjøre?* whatever am I to do? *hvem i all ~?* whoever? *(fx* whoever told you that?); *hvor i all ~?* wherever? *(fx* wherever can he be?); *hvordan i all ~?* how on earth? how in (all) the world? *hvorfor i all ~ gjorde du det?* why on earth did you do that? whatever did you do that for? *hvorfor i all ~ gjør du det ikke?* why ever don't you do it? *være alene i* ~ be alone, be alone in the world; *ikke for alt i* ~ not for the world, not on any account, not for anything in the world; **T** not for all the tea in China; *du må ikke for alt i ~ la ham unnslippe* don't on any account let him escape; *komme fram i* ~ get on, make good, rise (in the world); *slik går det her i* ~ that's the way things are; *leve i sin egen* ~ move in a world apart; ~ *går (el. har gått) ham* **imot** he's down on his luck; *bringe* **til** ~ bring into the world; bring forth; *komme til* ~ be born; *saken er* **ute av** ~ the matter is settled and done with; *.. og dermed er saken ute av* ~ and that's the end of the matter; and that's an end of it; and that will be the end of the matter; and that will be that; and there's an end of it; and that's that; *han har vært litt* **ute i** ~ **T** he's been about the world a bit.

verdensbegivenhet event of world importance; *i sentrum for -ene* at the heart of world affairs.

verdensdel part of the world; continent.

verdenskrig world war.

verdens|krise world crisis. **-litteratur** world literature. **-mann** man of the world. **-mester** world champion. **-mesterskap** world championship; *-et i hurtigløp på skøyter* the world championship in speed skating. **-omseiler** circumnavigator of the globe. **-omseiling** circumnavigation of the world. **-omspennende** world-wide, world-embracing; *med ~ markeder* with markets that encompass the world. **-rekord** world record. **-rommet** space. **-språk** universal language; *(utbredt språk)* world language.

verdenstrett world-weary; world-worn.

verdensutstilling world exhibition; *(se utstilling).*

verdi value; *det har liten ~ for meg* it's of little value to me; *det har stor interesse og ~ for meg personlig i mitt arbeid* it is of particular interest and value to me personally in my work; *store -er* large sums (of money); *falle i* ~ fall in value, lose value, depreciate; *stige i* ~ rise (in value), increase in value; *til en ~ av £5* to the value of £5; valued at *(fx* the gunman got away with jewellery valued at £50,000).

verdi|angivelse statement of value. **-ansettelse** valuation, estimate, assessment. **-brev** insured (registered) letter; *dette skal gå som* ~ I'd like to have this letter insured. **-forringelse** depreciation. **-forsendelse:** *se -sending.* **-forøkelse** appreciation, rise *(el.* increase) in value; increased value.

verdifull valuable, of great value.

verdig worthy; *(om vesen)* dignified; ~ *til* worthy of; *som var en bedre sak* ~ deserving of a better cause; *en ~ representant for det unge Tanzania* a worthy representative of the young people of Tanzania *(el.* of Tanzanian youth).

verdige *(vb): han -t meg ikke et svar* he did not deign *(el.* condescend) to answer me.

verdighet dignity; *(til noe)* worthiness; *under ens* ~ beneath one's dignity; *det ville være under min ~ å gjøre det* **T** it would be infra dig for me to do that; *holde på sin* ~ stand on one's dignity.

verdigjenstand article of value; *(pl også)* valuables.

verdiløs valueless, of no value; worthless.

verdi|løshet worthlessness. **-pakke** insured parcel; *(se -sending).* **-papirer** *(pl)* securities; *(obligasjoner)* bonds; *(aksjer)* stocks and shares, stock. **-pose** *(post)* (enclosure) bag for insured items. **-post** insured mail. **-saker** *(pl)* valuables. **-sending** *(post)* insured item. **-stigning** increase in value, appreciation; increment. **-stigningsskatt** tax on unearned increment.

verdsette *(vb)* estimate, value; ~ *for høyt (,lavt)* overvalue (,undervalue).

verdsettelse valuation.

verdslig temporal, secular, worldly, mundane; *den -e makt* the secular power.

verdslighet secularity; worldliness.

verdsligsinnet worldly(-minded).

verft shipbuilding yard, shipyard.

I. verge *subst* **1**(formynder) guardian; *født* ~ natural guardian; *testamentarisk* ~ testamentary guardian; **2***(for lovovertreder)* probation (,children's) officer; *(se barnevernsnemnd);* **3***(bestyrer av myndlings gods)* trustee; *(oppnevnt av Court of Protection (overformynderiet))* receiver.

II. verge *(subst): se varetekt.*

III. verge *subst (glds & poet = våpen)* weapon; *vårt skjold og ~ (bibl)* our shield and buckler *(fx* the Lord, our shield and buckler).

IV. verge *(vb)* defend, protect *(mot* from); ~ *seg* defend oneself; ~ *seg mot en fare* guard against a danger.
vergeløs defenceless; **US** defenseless. **-het** defencelessness; **US** defenselessness.
vergeråd *se barnevernsnemnd.*
verifisere *(vb)* verify.
verifisering verification.
veritabel veritable, regular.
I. verk *(subst)* **1.** ache, pain; **2.** inflammation; matter, pus; festering wound; *det har (,hadde) satt seg ~ i såret* the wound is (,was) festering; *det satte seg ~ i såret* the wound festered; the wound went *(el.* turned) septic; the wound became infected; *(jvf verkefinger).*
II. verk *(subst)* **1***(arbeid)* work; **2***(fabrikk)* works (NB a works) *(fx* the glassworks is *(el.* are) near the station); *ved -et* at the works; **3***(tekn)* works, mechanism; **4***(bok, kunstverk, etc)* work *(fx* the works of Dickens); creation; *lysten driver -et* willing hands make light work; *samlede -er* collected works; *alt dette er ditt (,hans, etc)* ~ all this is your (,his, *etc)* (handi)work; *(især neds)* all this is your (,his, *etc)* doing; *sette i* ~ put *(el.* carry) into effect; start *(fx* inquiries); *gå besluttsomt til -s* take a firm line; *gå forsiktig til -s* proceed cautiously *(el.* with caution); *gå grundig til -s* be thorough; leave no stone unturned; *gå radikalt til -s* adopt drastic measures; *gå strengt til -s mot* deal severely with *(fx* sby); *skride til -et* set to work; go *(el.* set) about it.
verkbrudden *(bibl)* palsied.
verke *(vb)* ache, pain; ~ *etter å gjøre noe* be itching *(el.* bursting) to do sth; *han rent -t etter å få sagt dette* he was positively bursting to get this said; *gå og ~ med noe (fig)* have sth on one's mind.
verkefinger festering finger; swollen *(el.* infected) finger.
I. verken linsey-woolsey.
II. verken *(konj): se hverken.*
verks|betjent *(i fengsel)* foreman of works. **-eier** factory owner, mill owner. **-mester** works manager; *(ved mindre bedrift)* shop foreman; *(i fengsel)* senior foreman of works. **-sertifikat** *mar (for skip)* builder's certificate.
verksted workshop; *mekanisk* ~ engineering workshop; *(se også maskinverksted).*
verkstedarbeider shopman, engineering worker; *(jernb: montør)* engine fitter.
verkstedpraksis (work)shop practice, workshop training.
verktøy tool, implement; *(se radiostøyfilter).*
verktøykasse tool box. **-maker** toolmaker; *(se stansemaker).* **-maskin** machine tool. **-sett** kit of tools.
vermut vermouth.
vern defence (,**US:** defense), protection.
vernearbeid safety work.
vernehjem rehabilitation centre.
verneleder *oljeind (sikkerhetssjef)* safety supervisor.
verneombud safety deputy; *hoved-* safety overseer.
vernepleier UK Registered Nurse for the Mentally Subnormal *(fk* RNMS).
verneplikt compulsory military service; national service, conscription; *alminnelig* ~ general conscription; *avtjene sin* ~ serve one's time as a soldier.
verne|pliktforhold: *opplysninger om* ~ information regarding national service. **-pliktig** liable for military service; **US** liable to be drafted; *en* ~ a conscript; **UK** a (national) serviceman; ~ *befal* reserve officers.
verneskog protection forest.
verneskole UK school for severely maladjusted children.
vernet *(adj):* ~ *bedrift* sheltered workshop.
verneting legal venue; legal domicile *(fx* of person or firm).
vernetoll protective duty.
veronal *(kjem)* veronal.
verpe *(vb)* lay; *egget vil lære høna å* ~ teach one's grandmother how to suck eggs. **-høne** laying hen. **-syk:** ~ *høne* broody hen.
verre worse; *(vanskeligere)* harder, more difficult; *bli ~ og ~* go from bad to worse *(fx* things were going from bad to w.); become worse and worse; *gjøre galt* ~ make bad worse; ~ *enn ingenting* worse than useless; *så meget desto* ~ so much (the) worse; **T** *(også)* the more's the pity; *en forandring til det* ~ a change for the worse.
vers verse; stanza; *synge på siste -et (fig)* be nearly over, draw to its close, be on its last legs.
verskunst art of versification; metrical technique *(fx* his m. t.).
versere *(vb)* circulate, be current; *de rykter som -r* the rumours in circulation; ~ *for retten* be now before the court; *(se sak B).*
versifisere *(vb)* versify, put into verse.
verst worst; *vi frykter det -e* we fear the worst; *det -e gjenstår* the worst is still to come; the sting is in the tail; *hittil er alt greit, men det -e gjenstår (også)* it is all very well so far, but there is still a snag to come; *det -e han kan* **gjøre** the worst thing he can do; *vi har det -e bak oss* we have the worst part behind us; we are over the worst (of it); *det er det -e jeg har* **hørt** I never heard such nonsense (in all my life); *det er det -e jeg vet* I can't bear it; it's my pet aversion; *det -e jeg* **vet er å** I hate (-ing); I can't bear (-ing); *han er over det -e (om sykdom)* he has turned the corner; *vi er over det -e nå* the worst is behind us now; now we are over the worst; **T** now we're over the worst hurdles; now we can see daylight; *det blir ~ for ham selv* that's his look-out; **T** that's his funeral; **S** *(også* **US**) that will be his tough luck; *i -e fall* at (the) worst; in an extreme emergency; *ikke så* ~ not at all bad; **T** not half bad; not altogether bad; not so bad *(fx* How are you? - Not so bad).
vert 1. landlord; **2***(en som privat har gjester)* host; ~ *og leieboer* landlord and tenant; *gjøre regning uten* ~ reckon without one's host; *være ~ (el. vertinne)* do the honours (of the table (,of the house)); *jeg er visst ikke videre flink som ~ (også)* I'm not being the perfect host.
vertikal vertical; *(se tomannsbolig).*
vertinne 1. landlady; **2***(i selskap)* hostess; *(se vert).*
vertsfamilie host family; *innkvartering hos -r* accommodation with (host *el.* private) families.
vertsfolk *(pl)* host and hostess; landlord and landlady; *(se vert).*
vertshus public-house; **T** pub.
vertshusholder publican, innkeeper.
vertskap host and hostess; landlord and landlady; *(se vert).*
I. verv task, commission; *nedlegge sitt ~ (om offentlig verv)* resign office, resign (one's duties).
II. verv *(i håret)* (unruly) hairs that stick up; quiff.
verve *(vb)* enlist; recruit; ~ *stemmer* get votes; *(ved personlige henvendelser)* canvass (for votes); *la seg* ~enlist.
vervemateriale advertising material.
vesel *(zool)* weasel.
vesen 1*(personlighet)* being; creature; *(også neds)* thing; *(natur)* nature; *(sinnelag)* disposition,

character; *(måte å være på)* manner(s), ways; *(innerste natur)* essence; *ha et behagelig ~* have a pleasant manner; *hennes utvungne ~ (også)* the (light) ease of her manners *(fx* he was caught by the light ease of her manners); *(jvf fremtreden);* **2***(administrasjonsgren)* system *(fx* the educational s.); service *(fx* the postal s.); **3***(bråk, oppstyr)* fuss, to-do; *gjøre ~ av* make fuss about *(el.* over); *det er blitt gjort altfor meget ~ av denne episoden* far too much fuss has been made over this incident; *(se også vennlig & åpen).*

vesens|forskjell essential difference. **-forskjellig** essentially different *(fx* his position is essentially different from mine).

vesentlig essential; *(betydelig)* considerable, substantial, material; appreciable *(fx* an a. reduction); *(hovedsakelig)* principal, main; *(viktig)* important; *mindre ~* immaterial, non-essential; *for en ~ del* in a large measure, materially; *i ~ grad* to an essential degree, materially; *~ for* essential to; *på et ~ punkt* in one essential; in one essential respect; *de er forskjellige på -e punkter* they have significant points of difference from each other; *det -e* the essential thing, essentials *(fx* agree on e.); *i det -e* in the main, in essentials, essentially; *faller i det -e sammen med* is (,are) substantially identical with; *du har fått med det -e (fx om stiloppgave)* you have included the main points; *i alt ~* in all essentials, in all essential points; *(praktisk talt)* practically, to all intents and purposes; *ikke ~ bedre* not appreciably better; *bidra ganske ~ til* be largely instrumental in (-ing); contribute most materially to; *til ~ reduserte priser* at considerably reduced prices, at greatly reduced prices; *han er inne på noe meget ~ i sitt brev til ...* he raises an extremely important point in his letter to ...; *(se III. si A).*

veske bag, handbag; *(skole-)* satchel. **-napping, -tyveri** bag-snatching.

vesla little girl; **S** small; *(jvf småen).*

vesle little; *(se liten).* **-voksen** precocious.

I. vest *(klesplagg)* waistcoat; *(butikkspråk, også)* vest; **US** vest; *(jvf undertrøye).*

II. vest *(verdenshjørne)* west; *i ~* in the west; *~ for* west of; *mot ~* towards the west, westward; *vinden er slått om til ~* the wind has shifted to the west.

vesta|fjells *(adv)* west of the mountains. **-fjelsk** *(adj)* western. **-for** *(prep)* west of, to the west of.

Vest-Afrika West Africa.

vestalinne vestal virgin.

vestavind west wind, westerly wind.

Vesten the West; *det ville ~* the Wild West.

vestenfor *(prep)* west of, to the west of.

vestenfra *(adv)* from the west.

Vester|landene the Occident, the West, the Western World. **v-landsk** occidental, western.

vestetter *(adv)* (towards the) west, westward.

Vest-Europa Western Europe.

vesteuropeisk Western European.

vestgående westbound *(fx* train).

vestibyle hall, entrance hall, vestibule.

Vestindia the West Indies *(pl).*

vestindisk West Indian.

vestkant west side; *-en (som bydel)* the West End.

vestkyst west coast.

Vestlandet Western Norway.

vestlandsk western.

vestlending inhabitant of Western Norway.

vestlig *(adj)* western, westerly, west; *(adv)* towards the west, westwards.

vestmaktene the Western Powers.

vest|over *(adv)* to the west, towards the west. **-på** *(adv)* in the west; in the western part of the country.

vestre western; west.

Vesuv *(geogr)* Vesuvius.

veteran veteran *(fra* of).

veterinær veterinary (surgeon); **T** vet.

veterinærhøyskole veterinary college.

veto veto; *nedlegge ~ mot noe* veto sth; put a veto on sth. **-rett** right of veto.

vett brains, sense; wits; *han har ikke bedre ~* he knows no better; *har du ikke ~ nok til å søke ly for regnet?* haven't you sense enough to take shelter from the rain? *være fra -et* be out of one's senses *(el.* wits); be off one's head; *har du gått fra -et!* have you taken leave of your senses! *han sto sist i køen da -et ble delt ut* **T** he was on the wrong side of the door when (the) brains were handed out; *(jvf forstand).*

vette *(i folketroen)* genius, spirit.

vettløs foolish, stupid, witless.

vettskremt T scared stiff; scared to death.

vev 1*(vevstoff)* loom; *(det som veves)* texture, web, textile; **2***(anat)* tissue; *fremmed ~ (anat)* foreign tissue; **3***(fig)* network, web, tissue *(fx* a tissue *(el.* web) of lies); **4***(løst snakk)* nonsense, twaddle; *(se benvev; bindevev; bruskvev; epitelvev; hornvev; lymfevev; muskelvev; støttevev).*

veve *(vb)* weave.

I. vever *(subst)* weaver.

II. vever *adj (rask, livlig)* agile, nimble, active.

veveri weaving mill; textile factory.

vevkjerring *(zool)* harvest spider, harvestman.

vevning *(tilvirkning)* fabric *(fx* a cloth of exquisite fabric).

vev|skyttel weaver's shuttle. **-spole** spool. **-stol** handloom.

VFR-flyging VFR flight *(NB* VFR *fk.f.* visual flight rules); *(se instrumentflyging).*

vi *(pron)* we; *slik som ~ andre* like the rest of us; *vi ... selv* we ... ourselves; *~ alle* we all, all of us; *alle ~ som* all of us who.

via via, by way of, through.

viadukt viaduct.

vibrasjon vibration.

vibrasjonsdemper vibration damper *(el.* absorber).

vibrere *(vb)* vibrate; *-nde* vibratory.

vibrering vibration.

vid *(bred)* wide; *(rommelig)* spacious, ample; *(utstrakt)* extensive, vast; *den -e verden* the wide world; *-e benklær* wide trousers; *en ~ frakk* a loose coat; *i -e kretser* in wide circles; *på ~ vegg* wide open; *(se også videre & vidt).*

vidd wit; *skarpt ~* pungent wit; *gnistrende av ~* sparkling with wit.

vidde 1*(bredde)* width *(på* of); *(rommelighet)* width, looseness, fullness *(fx* of a garment); *(mål omkring noe)* width, circumferential measure, girth; *(spor-)* gauge; **US** gage; **2***(utstrakt flate, rom)* wide expanse, plain; *(fjell-)* mountain plateau *(pl:* -x *el.* -s); *de store -r* the (wide) open spaces; *komme ut på -ne (om taler)* run away from the issue; *(jvf tindrende).*

vide *(vb): ~ ut* broaden, widen; *~ seg ut* become wider, widen; *~ ut noe* stretch sth.

videre 1. *adj (bredere)* wider; *(rommeligere)* wider, ampler; **2.** *adj (ytterligere)* further, additional; *som ~ svar på Deres brev* in further reply to your letter; *i ~ forstand* in a wider sense; *under ~ henvisning til* with further reference to; *uten ~ besvær* (ɔ: *uten særlig besvær)* without much trouble; **3***(adv):* **arbeide** *~* go on working, continue to work; *det* **bringer** *oss ikke ~* that does not advance matters; *jeg* **bryr** *meg ikke ~ om ham* I don't care much for him; **føre** *~* carry on *(fx* the business); **gå** *~* go

on, proceed; *gå ~ med en sak* go on *(el.* proceed) with a case; *ikke gå ~ med det* (ɔ: *ikke fortell det)* don't let it go any further; **T** keep it under your own hat; mum's the word; **inntil** ~ until further notice; *(se også inntil);* **komme** ~ get on, proceed, make headway; (ɔ: *bli fortalt til andre)* go further; *vi må komme ~ med dette arbeidet* we must go on with this work; *vi må vel se å komme ~* (ɔ: *gå)* well, I suppose we must be getting along; *det* **meddeles** ~ *at* it is further stated that; **sende** ~ forward, send on *(fx* a letter); *(om beskjed, etc)* pass on *(fx* p. on this message to your friends); **og så** ~ and so on; and so forth; *og så ~ og så ~* and so on and so forth; **uten** ~ without (any) more ado *(el.* fuss), without any (further) ceremony.
viderebefordr|e *(vb)* send on, forward. **-ing** forwarding, sending on; reforwarding; *til ~* to be forwarded, for reforwarding.
viderebehandling further treatment.
videre|forsendelse: *se -befordring.*
videre|gående further, more extensive; *Rådet for ~ opplæring* the National Council of Secondary Education; ~ *skole* = the sixth forms of comprehensive school; **US** (junior) college; ~ *studier* more advanced studies; ~ *utdannelse* further education. **-kommet** advanced. **-komne** *(pl)* advanced pupils (,students).
videresende *(vb)* forward, send on.
videreutdannelse *se videreutdanning.*
videreutdanning *(etter endt videregående skole)* higher education; *(innbefatter ikke universitetsstudier)* further education; *(etter universitetseksamen)* postgraduate *(el.* post-graduate) studies.
videreutdanningskurs further education course; postgraduate course; refresher course; *(se I. kurs; videreutdanning).*
videreutvikling (further) development *(av* of, from).
viderverdighet adversity, trouble.
videst *se vid.*
vidje *(bot)* willow. **-bånd** withe, osier band; **US** withy band. **-fletning** wickerwork, basketwork. **-slank** willowy.
vidløftig *(omfattende)* extensive; *(utførlig)* elaborate; *(lang)* long, lengthy; *(langvarig)* protracted; *(omstendelig)* long-winded, prolix; *(for ordrik)* verbose; *(vanskelig å forstå)* complex.
vidløftighet lengthiness, prolixity; verbosity; complexity; *uten å innlate seg på -er* without going into tedious details.
vidstrakt extensive; wide; widely spread; wide-spread; *(litt.)* far-flung; *vårt -e land* our straggling country.
vidsynt far-seeing.
vidt *(adv)* far, widely *(fx* that's going too far; they are widely different); *drive noe for ~* carry sth *(fx* the joke) too far; go too far; *det går for ~* that's going too far; *for så ~* so far; as far as it goes; *for så ~ som* in so far as; *så ~* (ɔ: *knapt, neppe)* only just, scarcely, barely; *det er så ~ han kan lese* he can scarcely read; **T** it's as much as he can do to read; *det var så ~ jeg kunne løfte steinen* it was all I could do to lift the stone; *det var så ~ det holdt (om prestasjon)* it was only just good enough; *(til eksamen)* he (,etc) scraped through; *(om tiden)* we (,etc) had to cut it fine; *nå blir det akkurat så ~ vi når toget* we shall only just manage to catch the train; *så ~ jeg husker* as far as I remember; to the best of my recollection; *så ~ jeg vet* as far as I know; to the best of my knowledge.
vidt|bereist widely travelled. **-berømt** far-famed. **-forgrent** widely ramified. **-gående** extreme. **-rekkende** far-reaching. **-skuende** far-seeing, far-sighted *(fx* statesman).
vidunder wonder, marvel, prodigy.
vidunderbarn infant prodigy.
vidunderlig wonderful, marvellous.
vidundermedisin panacea; **T** cure-all.
vidvanke *(subst): komme på ~* go astray.
vidvinkelobjektiv wide-angle lens.
vidåpen wide open.
vie *(vb)* consecrate, dedicate; *(ektefolk)* marry; *(en prest)* ordain; *la seg borgerlig ~* go before the registrar; ~ *til* devote to; ~ *seg til* devote oneself to, give oneself up to; ~ *sine krefter til* devote one's efforts to; *skolens folk vil finne at deres spesielle sektor er -t behørig oppmerksomhet* the educationist will find that due attention has been devoted to his particular needs.
vielse wedding (ceremony); *foreta en ~ (om presten)* perform a marriage *(fx* in Scotland marriages can also be performed by ministers in a private home or in a hotel).
vielsesattest marriage certificate.
vielsesformular marriage formula.
vier *(bot)* willow, (common) osier. **-kjerr** willow thicket.
Vietnam *(geogr)* Vietnam.
vietnames|er, -isk Vietnamese.
vievann holy water.
vievannskar holy-water font.
vift: *gå på ~* go out to enjoy oneself; **T** go for a binge; *være opplagt til å gå på ~* **T** be in a gadding mood.
I. vifte *(subst)* fan; cooling fan.
II. vifte *(vb)* flutter, wave; *(med vifte)* fan; ~ *med hånden* wave one's hand.
vifte|blad fan blade. **-formet** fan-shaped. **-hus** fan casing. **-rem** fan belt.
vignett vignette.
vigsel *se vielse.*
vigør vigour; **US** vigor; *i full ~* **T** full of beans.
vik creek, cove, inlet; (NB **US** creek = *bekk).*
vikar substitute, deputy, stand-in; *(fast lærer-*supply teacher; *vi hadde ~ i fransktimen i går* we had a stand-in in French yesterday; *jeg tror vi får ~ i neste time, for X er syk i dag* I think we shall be having a stand-in (,supply teacher) next lesson, as X is away ill *(el.* off sick) today. **-iat** post as a deputy, deputyship; *et 3-måneders ~* a three-month deputyship; *(se lærervikar).*
vikariere *(vb)* act as a substitute *(for en* for sby), deputize *(for en* for sby); *(også om skuespillere, etc)* stand in *(for en* for sby).
I. vike *(vb)* yield, give way *(for* to); ~ *for fienden* retreat before the enemy; ~ *fra* depart, leave; ~ *tilbake* draw back, recede, retreat, flinch *(for* from); ~ *til side* step aside; *(se også vikende).*
vikelinje *(veimerking)* give way line.
vikende *(se vike):* ~ *marked (merk)* sagging market; *på ~ front* in (full) retreat.
vikeplass *(langs vei)* lay-by.
vikeplikt [duty to give way to approaching traffic]; *A har ~ for B* B has the right of way over A; A must give way to B; *skilt som angir ~* give way sign.
vikepliktskilt *(trafikkskilt)* give way sign.
viking viking; *fare i ~* go on a viking raid. **-skip** viking ship. **-tid** viking age. **-tog** viking raid.
vikke *(bot)* vetch.
vikle *(vb)* wrap, twist; ~ *inn i papir* wrap (up) in paper; ~ *seg inn i hverandre* get tangled (up); *hun kan ~ ham om lillefingeren* she can twist him round her little finger; ~ *sammen* roll *(el.*

V

wrap) up; ~ *seg om* twist (itself) round *(fx* the snake twisted (itself) round my arm); ~ *seg ut* extricate oneself.

viktig *(betydningsfull)* important, of importance; *(innbilsk)* conceited, self-important; **T** stuck-up; *(se også viktigst).*

viktig|het importance; *(innbilskhet)* conceit. **-makeri** giving oneself airs. **-per** conceited fellow; **T** squirt; show-off; *(jvf spirrevipp).*

viktigst most important; principal; *det -e* the main thing.

vilje will; *(ønske)* wish; *hans siste* ~ his last will and testament; *med sterk* ~ strong-willed; *få sin* ~ have one's way; *sette sin* ~ *gjennom* get one's own way; carry one's point; *ha den beste* ~ have the best intentions; *med den beste* ~ *av verden* with the best intentions in the world; **av** *egen fri* ~ of one's own free will, of one's own accord, voluntarily; **med** ~ on purpose, deliberately, purposely; *ikke med* ~ unintentionally; *jeg gjorde det ikke med* ~ *(også)* I did not mean to do it; **mot** *min* ~ against my will *(el.* wish); *(se II. vise).*

vilje|fast firm, determined, resolute. **-fasthet** firmness (of purpose). **-kraft** willpower; *ved ren og skjær* ~ by sheer force of will. **-løs** weak, weak-willed; *han er helt* ~ *(også)* he has no will of his own. **-løshet** lack of willpower, weakness. **-sak** matter of will.

viljesakt act of volition, act of will.

vilje|sterk strong-willed; *(jvf viljefast).* **-styrke** strength of will. **-svak** weak(-willed).

viljesytring expression of will.

vilkår condition, term; *(omstendigheter)* circumstances; *på disse* ~ on these terms; *(se betingelse & ugunstig).*

vilkårlig *(egenmektig)* arbitrary, high-handed.

vilkårlighet arbitrariness.

vill wild; *(usivilisert)* uncivilized, savage; *(glupsk)* fierce, ferocious; *en* ~ *gutt* a wild boy; *-e (mennesker)* savages; *-e dyr* wild animals; *(om løve, tiger, etc)* wild beasts; ~ *etter å gjøre noe* wild to do sth; *han er* ~ *etter henne* he is crazy *(el.* wild) about her; *han er* ~ *etter biler* he is crazy about cars; *fare* ~ lose one's way; get lost; *føre en* ~ lead sby astray, mislead sby; *i* ~ *fart* at a furious pace; *i* ~ *tilstand* in the wild state; when wild; *på* ~ *flukt* in full flight; *(mil. også)* in (full) rout; *vokse vilt* grow wild.

villa (private) house, detached house.

villabebyggelse housing estate.

villaklausul [ordinance prohibiting other than detached houses in a district]; *det hviler* ~ *på dette området* building is restricted to detached houses in this area; *i dette distriktet er det* ~ this district is reserved for (building) detached houses.

villakvarter residential district.

villamessig: ~ *bebyggelse* residential district.

villand *(zool)* wild duck.

villastrøk residential district.

villbasse madcap.

ville 1*(uttrykk for vilje)* want to, be willing to; *vil han?* is he willing? *han både vil og ikke vil* he is in two minds about it; *han vet ikke hva han selv vil* he does not know his own mind; *han vil gjøre det* he wants to do it; *han vil ikke gjøre det* he does not want to do it; he is not willing to do it; he won't *(el.* will not) do it; *han sier at han ikke vil gjøre det* he says he won't do it; *han* ~ *ikke gjøre det* he did not want to do it; he was not willing to do it; *han sa at han ikke* ~ *gjøre det* he said he would not do it; *jeg kunne ikke om jeg* ~ I couldn't if I would; *jeg* ~ *ikke om jeg kunne* I wouldn't if I could; *jeg kan ikke hjelpe ham om jeg aldri så gjerne* ~ with the best will in the world I can't help him; *jeg kunne ikke forstå ham om jeg aldri så gjerne* ~ I could not understand him however hard I tried; *jeg syntes jeg* ~ *prøve å treffe ham før jeg dro* I thought I would try to see him before I left; *jeg vil vite det* I want to know; *(sterkere)* I insist on knowing *(el.* on being told); *man kan hva man vil* where there's a will there's a way; *hva er det du vil?* what do you want? *hva vil du med ham?* why do you want to see him? what's your business with him? *hva vil han her?* what does he want here? *jeg vil hjem* I want to go home; *som du vil* as you like; *vi vil få uttrykke vår dypeste beklagelse over den forsinkelse som dette har forårsaket* we should like to express our sincere regrets for the delay which this has caused; *jeg vil at De skal gjøre det* I want you to do it; *jeg vil ikke at De skal tro at* I do not want you to *(el.* I wouldn't have you) think that;

2*(hjelpeverb for å uttrykke fremtid)* shall, will; should, would; *han vil snart være her* he will *(el.* he'll) soon be here; *jeg* ~ *gjøre det hvis det skulle bli nødvendig* I should do it if the necessity arose; *det* ~ *glede meg om De gjorde det* I should be glad if you would do it; *jeg* ~ *ikke gjøre det hvis jeg var deg* I should not do it if I were you; *han sier han vil hjelpe oss* he says he'll help us; *(uttrykk for vilje)* he says he will *(el.* is willing to) help us;

3.: ~ **ha** want *(fx* he wants money); *(insistere på)* insist on *(fx* he insisted on being paid at once); *hva vil De ha?* what will you have? what can I offer you? *(tilbud om drink)* **T** what's yours? *han vil ha £5 for den* he wants *(el.* asks) £5 for it; *vil De ikke ha en sigar?* won't you have a cigar? can I offer you a cigar? *vi vil gjerne ha* ... we should like to have ...; we should be glad to have *(fx* full details); we should appreciate *(fx* full particulars of this product); *(se også gjerne; heller; III. om; skulle).*

villelse delirium; *snakke i* ~ be delirious, rave, wander.

villeple *(bot)* crab apple.

villfarelse error, delusion; *rive ut av -n* undeceive; *sveve i* ~ be under a delusion.

villfaren having lost one's way; *(om dyr)* stray, lost.

villfremmed *(subst)* complete stranger.

villhet wildness; savageness, fierceness.

villig *(adj)* willing; ready; *(adv)* willingly, readily.

villighet willingness.

villkatt *(zool)* wild cat.

villede *(vb)* lead astray, mislead, misguide.

villedende misleading.

vill|mann savage. **-mark** wilderness, wilds. **-nis** tangle *(fx* the garden was a t. of old and ugly trees); *(villmark)* wilderness; *(fig)* jungle, chaos, mass.

villrede: *være i* ~ *med hensyn til* be perplexed *(el.* confused *el.* puzzled) as to.

villrose *(bot)* wild rose.

vill|skap wildness; savagery, savageness; ferocity; *(jvf vill).* **-skudd** *(bot)* sucker.

villspor wrong track *(el.* scent); *være på* ~ be on the wrong track *(el.* scent); *føre en på* ~ throw *(el.* put) sby off the scent.

villstrå: *komme på* ~ get lost.

villstyring madcap.

villsvin *(zool)* wild boar.

villvin *(bot)* Virginia creeper.

vilske: *i* ~ in delirium.

vilt game; *(dyrekjøtt)* venison; *(det jagede dyr)* quarry.

viltbestand stock of game; **US** game population.

vilter frisky, wild, boisterous; *hun synes å være*

langt viltrere enn den lille gutten som bor litt lenger borte i gata she seems to be much tougher and rougher than the little boy a few doors away; *hun er svært glad i skolen, særlig alt som måtte foregå av ~ lek* she loves school, particularly any rough and tumble that may be going; *hun er en riktig ~ unge* **T** she's a live wire of a child, isn't she? she's a real live wire; *(se krabat).*
vilt|handel 1. dealing in game; **2***(butikken)* poulterer's (shop), poultry shop. **-handler** poulterer. **-pleie** game preservation. **-saus** game sauce. **-smak** flavour of game, gamy flavour. **-tyv** poacher. **-tyveri** poaching. **-voksende** growing wild.
vimpel pennant, streamer.
vims *(subst)* scatterbrain; **US** *(også)* fussbudget.
vimse *(vb)* fuss, bustle *(omkring* about); *~ omkring* **S** muck about. **-bøtte, -kopp** scatterbrain; **US** *(også)* fussbudget.
vimset scatterbrained.
vin wine; *(se bordvin; hvitvin; matvin; rødvin).*
vin|avl wine growing, viticulture. **-ballong** *(i kurv)* carboy, demijohn. **-berg** vineyard.
vind *(subst)* wind; *(i magen)* flatulence, wind; *god ~* (a) fair wind; *dårlig ~* foul wind; *flau ~(vindstyrke 1)* light air; *kraftig ~* high *(el.* strong) wind; *svak ~ (v. 2)* light breeze; *svak, skiftende ~* light, variable breeze; *han dreier kappen* **etter** *-en (fig)* he trims his sails to the wind; **for** *-en (mar)* before the wind; *blåser -en* **fra** *den kant?* is that the way the wind blows? *se hvilken vei -en blåser (fig)* see which way the cat jumps *(el.* the wind blows); *være* **i** *-en (fig)* be in great request, be much sought after; *få ~ i seilene (mar)* catch the wind; *(fig)* receive a fresh impetus; get a good start; *ha ~ i seilene (mar)* have a fair wind; *(fig)* be riding on the crest of a wave; be on the highroad to success; **med** *-en* with the wind, down the wind; *fly med -en* fly down wind; **mot** *-en* against the wind; upwind; *fly mot -en* fly upwind; **unna** *-en* off the wind; *(se slippe).*
vindbar exposed (to the winds).
vinde *(subst)* windlass, winch; *(garnvinde)* reel.
vinde|bom *(mar)* capstan bar. **-bru** drawbridge.
vindegg wind egg.
vindeltrapp spiral staircase, winding stairs.
vind|fall windfall. **-fang** (small) porch.
vindjakke wind-proof jacket; **US** windbreaker (jacket).
vind|kast gust of wind. **-mølle** windmill. **-måler** wind gauge.
vind|pust breath of wind. **-pølse** wind sock.
vindranker wine-bibber.
vindrose 1*(på kompass)* compass card; **2***(meteorol)* wind rose.
vindrue *(bot)* grape. **-klase** bunch of grapes.
vind|ski gable board (,**US:** gableboard); bargeboard. **-skjev** warped.
vindstille calm; *ligge i vindstilla* lie *(mar) (el.* be) becalmed.
vindstyrke wind force, force of the wind; (NB 'Wind is force 4, sir').
vindstøt gust of wind.
vindtett windproof.
vind|tørke *(vb)* dry in the wind. **-tørket** air-dried. **-tørr** *(fig)* gaunt, shrivelled. **-tøy** wind-proof fabric; *(om klær)* weather wear.
vindu window; *(på hengsler)* casement window; *(skyve-)* sash window.
vindus|dekoratør window dresser. **-glass 1.** window glass; **2.** window pane; *dobbelt ~* double glazing; (NB the windows are double-glazed). **-hasp** (window) catch. **-karm** window frame. **-post** (window) sill. **-pusser 1.** window cleaner; **2***(på bil)* windscreen wiper; **US** windshield wiper. **-rute** window pane; *sette inn en ~* put in a pane of glass. **-spyler(anlegg)** windscreen (,**US:** windshield) washer, screenwasher. **-utstilling** window display.
vindyrker wine grower.
vin|fat wine cask. **-flaske** wine bottle.
vinge wing; *få luft under -ne (fig)* get a chance to show what one can do; *slå med -ne* flap its wings.
vingeben wing bone; *ta en ved -et* take sby by the scruff of his neck; collar sby *(fx* the policeman collared the thief).
vinge|brutt broken-winged. **-fang** wing span. **-mutter** wing nut, thumb nut. **-skutt** winged. **-slag** stroke *(el.* flap) of the wing(s). **-spenn** wing-span. **-spiss** wing tip. **-sus** whir *(el.* whirring) of wings; noise of wings.
vinget winged.
vingjær wine yeast.
vingkaptein *mil (flyv)* warrant officer *(fk* WO); *(NB denne grad omfatter også vingløytnant);* **US** chief warrant officer *(fk* CWO); *(se kaptein; vingløytnant).*
vinglass wineglass.
vingle *(vb)* **1.** walk uncertainly; *(jvf vagge);* **2***(fig)* vacillate, shilly-shally, be indecisive; *(se også vakle).*
vinglepave person who doesn't know his own mind; undecided person; **US** shilly-shallier.
vinglet(e) *(ustadig)* fickle, inconstant.
vingløytnant *mil (flyv)* warrant officer *(fk* WO); *(NB denne grad omfatter også vingkaptein);* **US** warrant officer *(fk* WO); *(se vingkaptein).*
vingsersjant *mil (flyv)* chief technician *(fk* Chf Tech); **US** technical sergeant *(fk* TSGT).
vingsoldat *mil (flyv) (svarer omtrent til)* senior aircraftman; **US** airman 2nd class.
vingspiller *fotb (ytterløper)* winger.
vin|gud god of wine. **-gård** vineyard.
vin|handel wine trade; *(butikken)* wine shop. **-handler** wine merchant. **-høst** wine *(el.* grape) harvest; vintage.
vink *(tegn)* sign, signal; *(antydning)* hint; *(opplysning)* hint; *gi en et ~* drop sby a hint; *oppfatte -et* take the hint; *på et ~ fra* at a hint from.
vinkart wine list.
vinke *(vb)* beckon; *~ til* beckon to; *jeg -t med hånden til dem* I waved my hand to them; *~ en av* wave sby away.
vinkel 1*(mat.)* angle; **2***(redskap)* square, try square; *(se skjevvinkel; smygvinkel; svaivinkel);* **3.** *mil (V-formet ermedistinksjon)* stripe, chevron; **4.** = *synsvinkel; en -s ben* the sides of an angle; *danne en ~ med* make *(el.* form) an angle with; *like ~ (ɔ: vinkel på 180°)* straight angle; *motstående vinkler* facing angles; *rett ~* right angle; *skjev ~* oblique angle; *spiss ~* acute angle; *stillbar ~*adjustable bevel (square); *stump ~* obtuse angle; **i** *~* square; *ikke i ~ (også)* out of square; *i rett ~ med* at right angles to; *i en ~ på 45°* at an angle of 45° *(el.* 45 degrees).
vinkelben *(mat.)* side of an angle.
vinkel|dannet angular. **-hake** (set) square; **US** triangle; *(typ)* composing stick. **-jern** angle iron.
vin|kjeller wine cellar. **-kjenner** connoisseur of wine. **-kjøler** wine cooler. **-land** wine country. **-legning** wine-making. **-løv** wine leaves *(pl).*
Vinmonopolet [the State wine and liquor monopoly]; *-s utsalg* = wine (and liquor) shop.
vinn: *legge ~ på* apply oneself to.
vinne *vb (ikke tape)* win; *(oppnå)* gain, obtain, win; *(erobre)* win, conquer; *~ det store lodd* win the big prize *(el.* money); *når jeg -r det sto-*

V

re lodd (spøkef) when I win the big money *(el.* prize); when I come into the money; when my ship comes home; ~ *en premie* **1.** win a prize; **2***(i lotteri)* draw a prize; ~ *terreng* gain ground; ~ *tid* gain time; *søke å* ~ *tid* play for time; ~ *i styrke* gather strength; *hvis klageren -r saken* if the plaintiff wins the case; *(jur)* if judgment is entered for the plaintiff; *han vant saken* the case went in his favour; he won the case; ~ *tilbake* win back, regain, recover; ~ *ved* gain by *(fx* there is nothing to be gained by it); ~ *seg ved nærmere bekjentskap* improve on acquaintance; *den som intet våger, intet -r* nothing venture, nothing win; *(se bifall; overlegen: vinne -t; stor).*

vinnende winning; *(fig)* prepossessing, attractive, engaging, winning.

vinner winner.

vinning *(inntekt)* gain, profit; *taps- og vinningskonto* profit and loss account; *for ussel -s skyld* for money *(fx* he only did it for money); *han er en* ~ *for skolen* he is a distinct gain to the school.

vinningsforbrytelse crime for profit.

vin|produksjon wine production. **-ranke** vine. **-sats** wine extract; *(gjærende)* must.

vinsj winch.

vin|smak vinous taste *(el.* flavour). **-sten** tartar. **-stokk** vine, grape vine. **-stue** = wine bar. **-syre** *(kjem)* tartaric acid. **-tapper 1.** wine bottler; **2***(glds)* tapster.

vinter winter; *i*~ this winter; *i fjor* ~ *(ɔ: for et år siden)* last winter; *om -en* in *(el.* during) the winter; *(nå) sist* ~ during the past winter; *(jvf i fjor* ~*); til -en* next winter; *-en over* throughout the winter; *midt på -en* in the depth of winter.

vinter|bruk: *til* ~ for winter use; *(om klær)* for winter wear. **-dag** winter('s) day *(fx* on a cold winter day). **-drakt** winter dress; *(dyrs)* w. coat; *(fugls)* w. plumage; *(jvf vinterskrud).* **-dvale** hibernation, winter sleep; *ligge i* ~ hibernate. **-ferie** winter sports holiday. **-frakk** heavy overcoat, greatcoat. **-føre:** *på* ~ on the snow, on the winter roads. **-hage** winter garden(s), conservatory. **-hi** winter lair. **-kåpe** (lady's) winter coat. **-landskap** wintry scenery.

vinterlig wintry.

vinter|morgen winter morning. **-opplag** winter storage; *sette bilen i* ~ lay the car up for the winter. **-skrud:** *i* ~ in its winter setting *(fx* mountain scenery in its w. s.). **-sol(h)verv** winter solstice. **-tøy** winter clothing.

vintervei: *vise en -en* send sby about his business.

vintervær wintry weather.

vipe *(zool)* lapwing.

vipp bob; flip, jerk, whip; *stå på -en* be balanced precariously, threaten to fall *(el.* topple over); *(om resultat, etc)* hang in the balance; *(om regjering, firma, etc)* be in a precarious position, be wavering on the edge of collapse; *i engelsk står han på -en* it is touch and go whether he will pass in English; he is a borderline case in English; *(se også II. vippe).*

I. vippe *(subst)* current limiter; *(i bil)* constant voltage control (unit), CVC unit, control box.

II. vippe *(vb)* tilt, tip; *(om fuglestjert)* bob, wag; ~ *en av pinnen* **T** knock sby off his perch; *(sørge for at en får sparken)* give sby the push; *(se også pinne); det står og -r (fig)* it hangs in the balance; *(se pinne).*

vippe|brett seesaw. **-huske** seesaw; **US** teetertotter. **-måler** *(elekt)* current limiter.

vips *(int)* pop! flip! **US** *(også)* presto! zip!

virak *(røkelse)* frankincense, incense; *(fig)* incense.

virakduft (perfume of) incense.

I. virke *(subst)* **1.** material; *tre-* wood; timber (,**US:** lumber); *skåret* ~ sawn timber (,**US:** lumber); **2.** activity, activities, work.

II. virke *(vb)* **1***(arbeide)* work; *(funksjonere)* work, act, operate; *(gjøre virkning)* work, be effective, have effect *(fx* the whisky began to have effect); **2***(synes å være)* seem, look, appear; feel *(fx* the room feels damp); *han -r sympatisk* he seems a nice person *(el.* man); he looks a likeable person; **T** he seems a decent sort; *bremsene -t ikke* the brakes did not work; *den -r bare når tenningen står på* it is only operative when the ignition is switched on; ~ *skadelig* have a harmful effect; *det -r ekte* it looks genuine; it strikes one as being genuine; ~ *for lagets beste* take an active interest in the club; ~*mot sin hensikt* defeat its own end, produce the reverse of the desired effect; ~ *på* affect, have an effect on; influence; *denne medisinen -r på hjertet* this medicine acts on the heart; ~ *uheldig på* have an adverse effect on; ~ *inn på* affect; *(jvf innvirke);* ~ *tilbake på* have repercussions on, react on; .. *hvor de lever og -r* where they live and work.

virke|dag weekday, workday. **-felt** field of activity *(el.* action), sphere, province; *finne* ~ *for* find scope for. **-kraft** efficacy; power, strength.

virkelig **1***(adj)* real; *(faktisk)* actual; *(ekte)* real, genuine; *(sann)* true, veritable; *(egentlig)* proper; *(effektiv)* effective; *(ikke i navnet, men i gavnet)* virtual *(fx* he is the v. head of the firm); *i det -e liv* in real life; ~ *verdi* real value; *det -e forhold* the fact(s); *det stemmer ikke med det -e forhold* it is not in accordance with fact; *det bygger ikke på det -e forhold* it has no foundation in fact; **2***(adv)* really; *(faktisk)* actually; *det gledet meg* ~ *å høre at* ... I was indeed pleased *(el.* very glad) to hear that ...; *det var* ~ *meget snilt av Dem å hjelpe* it was indeed very kind of you to help; *jeg er* ~ *svært glad* I am very glad indeed; *jeg håper* ~ *at* ... I do hope that ...

virkelig|gjøre *(vb)* realize, realise *(fx* a plan), carry *(fx* a plan) into effect; implement *(fx* a policy, a scheme); fulfil (,**US:** fulfill) *(fx* a wish); *bli -gjort (også)* materialize *(fx* if the project materializes). **-gjørelse** realization, realisation, fulfilment (,**US:** fulfillment) *(av* of); the carrying into effect *(av* of).

virkelighet *(subst)* reality; *(faktum)* fact, actuality; *(sannhet)* truth; *disse teorier har ingenting med -en å gjøre (også)* these theories have left the realm of reality; *slike optimistiske overslag har lite med -en å gjøre* such optimistic estimates have little foundation in fact; *-en overgår ofte fantasien* fact is often stranger than fiction; *bli til* ~ realize, realise, become a reality; *gjøre til* ~ *: se virkeliggjøre;* **i -en** really, in reality; *(faktisk)* actually, in actual fact, as a matter of fact; in point of fact *(fx* in p. of f., there is no such question at all); virtually, in effect *(fx* the Prime Minister is v. *(el.* in effect) the ruler of the country); *(se I. rot).*

virkelighets|fjern out of touch with real life, unrealistic. **-flukt** escape from reality. **-nær** in touch with real life, in touch with reality, realistic. **-sans** realism, sense of reality. **-tro** realistic. **-troskap** *(realisme)* reality; *gjengitt med forbløffende* ~ reproduced with startling reality.

virke|lyst activity, active mind, drive, energy. **-lysten** active, dynamic, energetic. **-middel** means, agent; *komiske virkemidler* comic effects. **-måte** mode of operation.

virkerom scope for action.

virkning effect, operation; *gjøre* ~ take effect,

tell; *romanen oppnår den tilsiktede ~ ved hjelp av en likefrem beskrivelse av personer og ting* the novel depends for its effect on straightforward descriptions of people and things.

virkningsǀfull effective. **-grad** efficiency; *(jvf II. vise).* **-løs** ineffective. **-løshet** ineffectiveness.

virksom active; *(om legemiddel)* effective.

virksomhet activity; *(arbeid)* work, operations; *i ~* in operation; at work *(fx* forces at w.); *i full ~*in full activity, in full action, in full swing; *tre i ~* be carried into effect; *henlegge sin ~ til et annet sted* transfer one's activity somewhere else.

virre *(vb): ~ med hodet* shake one's head (rapidly); *~ fortvilet med hodet* shake one's head in despair; *~ nervøst med hodet* shake one's head nervously; *han -t langsomt og bedrøvet med hodet* he shook his head slowly and sorrowfully.

virtuos master. **-itet** virtuosity, eminent skill.

virvar confusion, mess; tangle *(fx* the garden is a t. of bushes and overgrown flower beds);*et vilt ~* a complete muddle, a complete mess *(fx* everything was in a complete mess).

virvel whirl; *(i vannet)* whirlpool, eddy; *(knokkel)* vertebra *(pl:* -e); *en ~ av fornøyelser* a whirl of entertainments; *slå en (tromme)~* beat a roll (on a drum).

virvelǀdyr *(zool)* vertebrate (animal). **-løs** *(anat)* invertebrate; *-e dyr* invertebrates.

virvelstorm cyclone, typhoon.

virvelsøyle *(anat)* spinal column.

virvelvind whirlwind.

virvle *(vb)* whirl, swirl: *~* **opp** **1***(vt)* whirl up *(el.* into the air), send *(fx* dust, leaves, *etc)* whirling up(wards) *(el.* into the air); *(også fig)* stir up; *~ opp støv* raise the dust; **2***(vi)* whirl *(el.* fly) up(wards) *(el.* into the air).

I. vis *subst (måte)* way, manner; *på det -et* in that way; *på et ~* somehow *(fx* I shall manage s.); **T** after a fashion; *på lovlig ~* lawfully; *(jvf måte).*

II. vis *(adj)* wise.

vis-à-vis opposite; right *(el.* directly) opposite *(fx* he lives right o. the church); vis-à-vis.

visdom wisdom.

visdomsǀkilde source of wisdom. **-ord** word of wisdom, wise word. **-tann** wisdom tooth.

I. vise *(subst)* (comic) song; *(folke-, gate-)* ballad; *forstå en halvkvedet ~* take a hint; *den gamle visa* the same old story; *enden på visa* the end of the matter *(el.* story); *og hva ble enden på visa?* and what was the end of the story?

II. vise *(vb)* **1.** show; *(angi)* indicate; show, register *(fx* the thermometer showed *(el.* registered) three degrees of frost); *(om signal)* show *(fx* when the signal shows green); *(legge for dagen)* display, show, evince; *(røpe)* betray *(fx* his reply betrayed his ignorance); **2***(bevise)* prove, show, demonstrate; **3***(peke på)* point out; *jeg har vist ham de nye prøvene* I have shown him the new samples; *jeg viste kundene mine dem* I showed them to my customers; *~ ham døra* show him the door; turn him out; *dette -r at han er en pengeutpresser* this shows that he is *(el.* shows him to be) a blackmailer; *hvis de -r at de kan klare arbeidet* if they prove themselves to be capable of the work; **erfaringen** *-r at* experience shows *(el.* teaches us) that; *~ en* **film** show a film; *(kjøre den)* run a film; *~* **forakt** *for en* show contempt for sby; *~* **forsiktighet** show *(el.* exercise) caution; be careful; show care *(fx* he showed great care); *~* **interesse** *for* show *(el.* take) an interest in; display *(el.* manifest) an i. in; *BBC -r alle disse typer* **program** the BBC puts on all these types of programmes; *~* **tegn** *på (el. til)* show signs of, evince signs of; *~ en* **tendens** *til å* show *(el.* manifest *el.* evince) a tendency to; **tiden** *vil ~ det* time will show; it remains to be seen; *~ en* **tillit** trust sby, place confidence in sby; *den tillit man har vist meg* the confidence placed in me; the c. shown me; *~ en* **tiltro** place confidence in sby; *~ en* **veien** show sby the way; *~ sin gode* **vilje** show *(el.* demonstrate *el.* prove) one's good will; give proof of one's good will; *ovnen -r en meget høy* **virkningsgrad** the stove displays an extremely high degree of efficiency; *det -r* **best** *hvor dum han er* that just shows (you) how stupid he is; *~* **bort** *(avvise)* turn *(el.* send) away; *(utvise)* expel *(fx* sby from the school); *(nekte adgang)* refuse admittance to sby; *~* **fra** *seg* decline, refuse *(fx* a gift); *(vrake)* reject *(fx* a gift); *(med forakt)* spurn; *(om tanke, etc)* dismiss *(fx* all thoughts of revenge); *~* **fram** show *(fx* she shows her legs); *~ fram kortene (kort)* show one's hand; *jeg viste ham* **hvordan** *han skulle gjøre det* I showed him how to do it; *~ hvordan man virkelig er* show one's true character; *(især neds)* show oneself in one's true colours; *~ en* **inn** show sby in; *~ en inn i et værelse* show sby into a room; *~ en* **omkring** show sby round; *~ en omkring på fabrikken* show sby round *(el.* over *el.* through) the factory; *~ en* **rundt:** *se ~ en omkring; ~ en rundt i huset* take sby over the house; show sby round the house; *~ en* **til rette** **1**(ɔ: *veilede)* show sby his way about; **T** show sby the ropes; **2***(irettesette)* reprimand sby; **T** tell sby off; *~* **tilbake** *(fig)* reject; *~ tilbake på (gram)* refer to; *det et ord -r tilbake på* the referent;

~ **seg** **1***(komme til syne)* appear; show *(fx* a light showed in the kitchen); come into sight; become visible; come out *(fx* the stars began to come out); *(om skip)* heave into sight; **2***(la seg se)* show oneself; show one's face; *jeg ville ikke ~ meg for folk i den kjolen* **T** I wouldn't be seen dead in that dress; **3***(innfinne seg)* turn up; show up; make one's appearance, put in an appearance; **4***(vise seg å være)* prove (to be), turn out to be *(fx* he proved himself (to be) a coward; what you told me turns out *(el.* proves) to be right); **5***(braute, gjøre seg viktig)* show off, give oneself airs; **T** throw one's weight about; put on side; *en som -r seg* **T** a show-off; *det -r seg at* it appears that; it turns out that; *det viste seg i samtalens løp at* it came out *(el.* it transpired) in the course of the conversation that; *det vil snart ~ seg* we shall soon see; *det viste seg snart at ... (også)* it soon became apparent that; it was soon found that ...; *~* **seg for** *en* appear to sby *(fx* an angel appeared to him); *~* **seg fra** *sin beste side* show to best advantage, *la* **seg** *~* **fram** be on show; *~* **seg i** *slikt selskap* be seen in such company; *~* **seg igjen** appear again, reappear; *~* **seg som** show as *(fx* at first the fire showed as a dull red glow); *vis deg som en mann!* be a man! *~* **seg til** *sin fordel* show to advantage; look one's best; *det viste seg nødvendig* it was found to be necessary; it turned out to be n.; *hvis dette -r seg å være tilfelle* if this proves to be the case; *hvis varene -r seg å være tilfredsstillende* if the goods turn out to your *(,etc)* satisfaction; if the goods prove *(el.* turn out to be) satisfactory; *(jvf duge & utvise).*

vise- vice-, deputy. **-admiral** vice-admiral.

visedikter songwriter.

visekonsul vice-consul.

visekorporal *(mil)* **1.** lance corporal *(fk* Lance-Cpl); **US** private first class *(fk* PFC); **2***(flyv)* leading aircraftman *(fk* LAC); US: *intet tilsv.; (se korporal).*

V

viselig wisely.
viseoppmann *(sport)* assistant referee.
visepresident vice-president.
viser pointer, indicator; *(på ur)* hand.
visere *vb (pass)* visa.
visergutt errand boy; grocer's (,butcher's, *etc)* boy. **-sykkel** carrier cycle. **-kontor** express office.
visesamling collection of ballads (,songs).
vise|sanger singer, ballad-singer. **-stubb** snatch of a song.
visir *(på hjelm)* visor, beaver; *med åpent ~* with one's visor up.
visitas (bishop's) visitation.
visitasjon inspection, visit; *puss- (mil)* kit inspection.
visitasjonsgrav *(jernb)* inspection pit.
visitere *(vb)* inspect, search.
visitering inspection, examination.
visitt visit; *(lege- på sykehus)* round(s); *gå -en* go the rounds; *avlegge ~ hos* call on, pay a call on, pay sby a visit; *(jvf sykebesøk).*
visittkort (visiting) card; *(fig)* trade mark *(fx* the bird left its trade mark on the garden table).
visittid *(på sykehus)* visiting hours.
visjon vision.
visjonær visionary.
viske *(vb)* rub.
viskelær eraser, india rubber, indiarubber; **T** *(ofte)* rubber; **US** eraser.
visle *(vb)* hiss.
vislelyd hissing sound; *(fon)* sibilant.
vismann wise man, sage.
vismut *(kjem)* bismuth.
visne *(vb)* wither, fade.
visp (egg) whisk, beater.
vispe *(vb)* whip, whisk.
viss *(sikker)* certain, sure; *være ~ på* be certain *(el.* sure) of; *det er -t og sant* and that's a fact; *en ~ dr. N.* a certain Dr. N., one Dr. N.; *det er den -e død å ...* it is certain death to ...; *dette ville være en ~ rettledning for oss* this would besome guidance for us; *(jvf sikker(t) & visst).*
visselig *(adv)* certainly, surely, to be sure.
vissen withered.
vissenhet withered state.
visshet certainty; *få ~ for* ascertain; *skaffe seg ~ (om)* make sure (of); *ha ~* be sure; *en til ~ grensende sannsynlighet* a probability amounting almost to certainty; a moral certainty; *(jvf sikkerhet).*
visst *(adv)* certainly, surely, to be sure; *(formodentlig)* I think, I believe, I expect, I suppose; *Skal han reise bort? – Ja, han skal ~ det* Is he going away? – Yes, I believe he is; *ja ~* yes indeed; certainly; *jo ~* certainly, of course; *(iron)* indeed; *nei ~* no indeed; *ganske ~ har markedet ...* it is true that the market has ...; *~ er han sterk, men ...* of course he is strong, but ...; *~ skal De gjøre det* (ɔ: *det bør De endelig gjøre) (også)* you should do so by all means; *(se også sikker).*
visstnok *se visst.*
vista *(merk): a ~* at sight, on demand.
visuell *(psykol)* visile; *(jvf auditiv).*
visum visa.
visvas nonsense; rubbish; *(som utrop)* nonsense!
vital vital. **vitalitet** vitality.
vitamin vitamin; *A-vitamin* vitamin A.
vite *(vb)* know, be aware of *(fx* I was not aware of that); *man kan aldri ~* one never knows; you never can tell; *han vet alt som er å ~ om biler* he knows all there is to know about cars; *for alt hva jeg vet* for all I know; *han skulle bare ha visst at ...* he would have been surprised to know that; *du skulle bare ha visst hvor vanskelig det var* you would have been surprised if you had known how difficult it was; *det skulle du bare ha visst!* you'd like to know, wouldn't you? *hvis de bare visste* if they only knew; if only they knew; *jeg vet bare at* I only know that; all I know is that; *jeg 'vet at det forholder seg slik* I know it for a fact; *det vet jeg bedre enn noen* who knows that better than I! don't I know (it)! **S** you're telling me! *jeg vet bedre nå* I've learnt better since then; *jeg vet bedre enn som så* I know better (than that); *jeg vet ikke noe bedre enn å sitte i sola* there is nothing I like better than sitting in the sun; *jeg vet ikke hvordan det er med deg, men jeg kunne tenke meg et glass øl* I don't know about you, but I could do with a glass of beer; *jeg vil ~ ordentlig beskjed* I want to get to the bottom of this; I want to know where I stand; *det man ikke vet, har man ikke vondt av* what the eye doesn't see, the heart doesn't grieve; **få** *~* learn, come to know, get to know, hear (of *el.* about), be informed of; *jeg fikk ikke ~ noe* I was told nothing; *jeg fikk ikke ~ det tidsnok* I did not hear about it in time *(el.* soon enough); *når får vi ~ karakterene våre?* when are we going to be told our marks? *man fikk ~ det kl. 3* the news came out *(el.* it became known) at three o'clock; *få annet å ~* be undeceived, learn otherwise; *(om enkelt hendelse)* be disillusioned; *jeg* **gadd** *~* I wonder *(fx* I w. if he is still in London); I should like to know; *jeg vet* **godt** *at* I know (quite well) that; *(mer formelt)* I am well aware that; *det er ikke godt å ~* there is no knowing; who knows? *takk, det kan være greit å ~ til siden* thank you very much! It's nice to know for future reference. Thank you! It may come in useful later to know that. *det nytter ikke, det vet du meget godt* it's useless, and you know it; *er han rik? – (ja,)* **Gud vet** is he rich? – (well,) I wonder; *(jvf gud); vet De hva* I'll tell you what *(fx* I'll t. you what, let's have a drink); look here! I say! listen! *nei, vet De hva!* really now, that's a bit thick! not at all! *vet du hva, jeg tror han lyver* (do) you know, I think he's lying; *... og jeg vet ikke hva (ved oppregning)* ... and I don't know what all; and what not; *man vet hva man har, men ikke hva man får* a bird in the hand is worth two in the bush; *jeg vet ikke hva jeg skal tro* I don't know what to think *(el.* believe); *han vet ikke hva han vil* he doesn't know his own mind; *la ham ~* let him know; *det vet du (svært) lite om!* **T** a fat lot 'you know (about that)! *han vet alltid råd* he is never at a loss (what to do); *han visste ikke sin arme råd* he was at his wits' end; he was at a loss (what to do); *så vidt jeg vet* as far as I know; as far as I am aware; *ikke så vidt jeg vet* not that I know (of); not to my knowledge; *ville~* want to know; *jeg vil gjerne ~*I want to know; I should like to know; *(især merk)* I wish to know; *hvis du endelig må (el. vil) ~ det* if you 'must know;
[*Forb. med prep*] *jeg vet av erfaring* I know from experience; *jeg vet ikke av at jeg har fornærmet ham* I'm not aware of having offended him; I'm not aware that I have offended him; *jeg vil ikke ~ av det* I will have none of it; I won't have it! I won't hear of it; *han ville ikke ~ av henne* he wouldn't have anything to do with her; *før han visste ordet av det* before he could say Jack Robinson; before he could say knife; before he knew where he was; *jeg vet med meg selv at ...* I know that ...; *~ med sikkerhet* know for certain, know for a fact*(el.* certainty); *~ noe om noen (,noe)* know sth about sby (,sth); *han vet hverken ut eller inn* he is at his

wits' end; he's all at sea; *(se også forsverge; innlate; ufordelaktig).*
vitebegjærlig inquisitive, curious; eager to learn, avid for learning.
vitebegjærlighet inquisitiveness, thirst for knowledge; eagerness to learn.
viten knowledge.
vitende knowledge; *med mitt* ~ with my knowledge; with my consent; *uten mitt*~ without my knowledge; *med ~ og vilje* deliberately; *mot bedre* ~ in spite of one's knowledge to the contrary; against one's better judg(e)ment.
vitenskap science; branch of knowledge; *-ens historie* science in history.
vitenskapelig *(adj)* scientific; *(især ånds-)* scholarly *(fx* edition, work); ~ *assistent* (senior) research assistant; assistant keeper; ~ *konsulent* senior scientific adviser; ~ *fastslått kjensgjerning* established scientific fact; scientifically established fact; *ad ~ vei* scientifically.
vitenskaps|mann scientist; scholar. **-selskap** scientific society; learned society.
I. vitne *(subst)* witness; *motpartens* ~ a hostile witness; *føre et* ~ call a witness; *i -rs nærvær* before *(el.* in the presence of) witnesses; *ha ~ på* have a w. to; *han har -r på det (også)* he can bring witnesses; *være ~ til* witness, be a w. of; *(se fremstille; hovedvitne).*
II. vitne *(vb)* testify; *(i retten)* give evidence; *(under ed)* depose; ~ *mot* testify *(el.* witness) against; ~ *om* testify to, bear witness to.
vitne|avhøring hearing *(el.* examination) of witnesses; (the) taking (of) evidence. **-boks** witness box; **US** w. stand. **-fast** proved by evidence; well-attested; attested by witnesses. **-forklaring** evidence, testimony; *(skriftlig)* deposition; *beediget* ~ sworn testimony; *avgi en* ~ give evidence; depose. **-før** eligible to testify. **-førsel** the calling of witnesses.
vitnemål *(fra skole)* certificate; school report; *avgangs-* leaving certificate.
vitneprov testimony; *(jvf vitneforklaring).*
vitnesbyrd **1***(utsagn)* testimony; *(jvf vitneforklaring);* **2***(fra skole)* certificate; **3***(tegn, bevis)* mark, proof, token; *bære ~ om* bear testimony to, bear witness to.
vitne|utsagn: *se -forklaring.*
vitriol vitriol.
vits joke, witticism; *(gamle og) dårlige -er* corny jokes, stale jokes, hoary old chestnuts; *slå -er, rive av seg -er* crack jokes; *hva er -en ved det?* what's the good *(el.* use *el.* point) of that? what's the idea? *fikk du tak i -en?* (ɔ: *forsto du hva det hele gikk ut på?)* **T** did you get the message?
vitterlig *(adj)* known, notorious; on record *(fx* that is on record); *(adv)* notoriously.
vitterlighet: *til* ~ signed in the presence of; *underskrive til* ~ witness the signature.
vitterlighetsvitne witness to the signature; attesting witness; *underskrive et dokument som* ~ witness a document.
vittig witty.
vittighet **1***(egenskap)* wittiness; **2***(vits)* joke, witticism; *rive av seg -er* crack jokes.
vittighetsblad comic *(el.* humorous) paper.
viv *(glds & poet)* wife; spouse.
vivi|sekere *(vb)* vivisect. **-seksjon** vivisection.
vogge *(subst & vb): se vugge; gå hjem og vogg!* **S** run away and play trains! *(vulg)* go and take a running jump at yourself!
vogn carriage; wagon; *hest og* ~ a horse and carriage; *(jernbane-)* carriage; *(faglig)* coach; **US** car; *(jvf gods-); han er ikke tapt bak en* ~ he's no fool; he knows what's what; there are no flies on him; he's up to snuff; he knows all the answers.
vogn|bjørn *(jernb)* flatwagon; **US** flat freight car. **-bok** (car) owner's handbook, instruction book; *(jvf vognkort).*
vognfører driver; *(jvf lokomotiv-, motorvogn-, togfører).*
vognkort log book; (motor vehicle) registration book; *internasjonalt* ~ international car licence.
vogn|ladning *(jernb)* wagonload, truckload; **US** carload; *(jvf billass).* **-lass** *(kjerre-)* cartload; *(jvf billass).* **-mester** *(jernb)* carriage and wagon foreman. **-park** *(biler)* fleet of cars. **-rammel** the clatter of wagons (,carriages); the rumble of wheels. **-skriver** *(jernb)* numbertaker. **-stang** pole (of cart or carriage); *(se skåk).* **-trinn** step (of carriage); *(jvf stigtrinn).* **-visitør** *(jernb)* carriage and wagon examiner.
voile *(tynt stoff)* voile.
vokabular vocabulary.
I. vokal *subst (gram)* vowel.
II. vokal *adj (gram)* vocal.
vokalisere *(vb)* vocalize.
vokalisk *(gram)* vocalic.
vokal|lyd *(fon)* vowel sound. **-musikk** vocal music.
vokativ *(gram)* the vocative.
voks wax; *myk som ~ (fig)* submissive *(el.* meek) as a lamb; *hun ble som* ~ **US S** she went all goosey.
voks|avstøpning wax cast. **-avtrykk** wax impression.
voks|bønne *(bot)* wax bean. **-duk** oilcloth. **-dukke** wax doll.
I. vokse *vb (gni inn med voks)* wax.
II. vokse *(vb)* **1***(bli større)* grow; *(tilta, øke)* grow, increase; **2***(om planter: trives)* grow, thrive, flourish; **3***(om planter: forefinnes)* occur, grow; *nå -r han ikke mer* he has stopped growing; *frukttrærne dine -r godt* your fruit trees are growing well *(el.* nicely); ~ *fra noe* grow out of sth *(fx* one's clothes); *(om vane, interesse, etc)* outgrow, grow too old for; ~ *fram* grow up, spring up; ~ *i styrke* increase in strength, gain strength; *de vokste med oppgaven* the task added to their stature; ~ *opp* grow up; *(fig)* spring up, spring into existence; ~ *en over hodet (bli høyere enn)* outgrow sby; *(fig)* become too much for sby; get beyond sby's control; get out of hand; *en slik oppgave vil du ~ på* a task of this kind will add to your stature; *de -r ikke på trær* they do not grow on every bush; ~ *sammen* grow together; *(møtes)* meet *(fx* two vines meet over the door); *(om sår)* heal (over), close up, skin over; ~ *til (om barn)* grow up, grow; ~ *til med* become overgrown with *(fx* weeds); ~ *ut igjen* grow out again.
voksekraft power of growth.
voksen grown-up, adult; *de voksne* the adults; the grown-ups; *være en oppgave* ~ be equal to a job; **T** be up to a job. **-opplæring** adult education.
voks|farge wax colour. **-farget** wax-coloured. **-figur** wax figure.
voks|kabinett waxworks. **-kake** honeycomb. **-lys** (wax) candle. **-papir** wax(ed) paper.
vokte *(vb)* watch, guard; ~ *på* guard; ~ *seg for å* take care not to.
vokter keeper; guard; *fredens -e* the guardians of peace.
vold violence, force; *bruke* ~ use force; *med* ~ by force; *med ~ og makt* with brute force; *ta med* ~ (ɔ: *voldta)* rape, ravish; *gjøre ~ på* do violence to; *i ens* ~ in one's power; *gi seg Gud i* ~ commend oneself to God; *øve ~ mot språket* do harm to the language.
volde *vb (forårsake)* cause, occasion.
voldelig *(adj)* forcible; *(adv)* forcibly, by force.
voldgift arbitration; *avgjøre ved* ~ arbitrate; *la*

V

avgjøre ved ~ refer to arbitration; *(se også underkaste).*
voldgifts|domstol arbitration tribunal *(el.* court). **-kjennelse** award. **-mann** arbitrator. **-rett:** *se -domstol.*
volds|dåd, *(-gjerning)* act of violence, outrage. **-forbrytelse** crime of violence. **-forbryter** violent criminal. **-herredømme** despotism, tyranny, rule by force. **-mann** assailant, assaulter.
voldsom violent, vehement; harsh, intense, severe.
voldsomhet violence, vehemence; intensity, severity; *-er* violent actions *(el.* deeds).
voldta *(vb)* rape, ravish.
voldtekt rape; *fullbyrdet* ~ consummated rape.
voldtekts|forbryter rapist. **-forsøk** attempted rape; *(se også overgrep 3).*
voll *(jordvoll)* mound, dike; *(til festningsverk)* wall, rampart.
vollgrav moat.
volontør *(merk)* junior clerk.
volt *(elekt)* volt.
volte *vb (i fektning og ridning)* volt.
voltmeter *(elekt)* voltmeter.
volum volume.
voluminøs voluminous; *(om kolli som opptar stor plass)* bulky.
vom paunch, belly; *kaptein Vom (i tegneserie)* captain; *fru Vom* mama.
vomfyll filling.
vond 1. difficult, hard; **2.** bad *(fx* a bad smell), unsavoury (,**US:** unsavory) *(fx* food); **3***(smertefull)* painful; **4***(ond)* evil; malicious, spiteful; **5***(sint)* angry *(fx bli ~ på* get angry with); *en ~ finger* a bad finger; *det gjør -t* it hurts; *det gjør -t i fingeren (min)* my finger hurts; *det gjør -t når jeg svelger* it hurts me to swallow; *gjør det -t når De svelger?* do you find it painful to swallow? *gjøre -t verre* make bad matters worse; *det gjør meg -t å høre at...* I'm sorry to hear that...; *ha -t i halsen* have a sore throat; *ha -t i hodet* have a headache; *ha -t i magen* have a pain in the stomach; have (a) stomachache; *ha -t for å gjøre det* find it difficult to do it; have difficulty in doing it; *ha det -t* have a hard (,T: bad) time; be unhappy; *lide -t* suffer; suffer hardship; *sette -t blod* cause *(el.* make) bad blood; *gammel vane er ~ å vende* you can't teach an old dog new tricks; *man må ta det -e med det gode* one must take the rough with the smooth; *det man ikke vet, har man ikke -t av* what the eye doesn't see, the heart doesn't grieve; *(se gjøre B; ond; samvittighet).*
vondord *(pl)* angry words.
vorden: *i sin ~* in embryo, in its infancy.
vordende future, prospective; *~ mor* expectant mother.
vorte wart; *(bryst-)* nipple.
vorteaktig wart-like.
voter|e *(vb)* vote. **-ing** voting; *en ~* a vote; *moden(t) for ~* ready to be voted on; *(jvf avstemning).*
voteringstema question to be voted on.
votiv- votive.
vott mitten.
votum vote.
vovet *(adj)* risky; **T** spicy *(fx* stories); *(grovkornet)* broad *(fx* humour; be broad in one's conversation).
vrak wreck; *(hjelpeløst skip)* disabled ship; *er fullstendig ~* is a total loss; *kaste ~ på* reject; *et menneskelig ~* a human wreck; *(se ta C: ~ opp).*
vrake *vb (forkaste)* reject; discard; *(sortere)* sort, grade; *velge og ~ blant* pick and choose from (among); *hun -t ham til fordel for en gutt hjemme* **T** she passed him over for a boy back home; *(jvf velge).*
vrakgods wreckage; *drivende (el. flytende) ~ (mar)* flotsam; *~ kastet over bord (mar)* jetsam; *~ var skylt i land* wreckage had washed up.
vrakstump piece of wreckage; flotsam; *blant -ene* in the wreckage.
vralte *(vb)* waddle; *(jvf vagge).*
vrang 1*(vanskelig, innviklet)* intricate, awkward; *en ~ floke å løse* a tangled web to unravel; **2***(om person: ikke imøtekommende)* disobliging; *(vanskelig)* difficult to deal with; *(sta)* stubborn, obstinate; **3***(vrengt)* (turned) inside out; *rett og -t (i strikking)* ribbed knitting, ribbing; *slå seg ~* be stubborn; refuse to budge; *(om hest, motor, skuff)* jib *(fx* on seeing the gate the horse jibbed; my car sometimes jibs at a steep hill); *skuffen har slått seg ~ (især)* the drawer has jammed; *strikke -t* purl; *strikk to rette og to -e* knit two purl two; *(jvf vrange).*
vrangbord ribbing, rib, ribbed border.
vrange 1.: *-n* the wrong side *(fx* of the material), the reverse, the back; *på -n* on the wrong side, on the back; *vende -n ut* turn the wrong side out; reverse the material; *(fig)* **T** cut up rough; *vende -n ut på noe* turn sth inside out; **2.:** *få noe i -n* swallow sth the wrong way; *han fikk det i -n* it went the wrong way; it stuck in his throat; he choked on it.
vrangforestilling delusion, wrong idea.
vranglære false teaching; false doctrine; heresy.
vranglærer false teacher.
vranglås: *døra gikk i ~* the lock caught.
vrangmaske purl stitch, purl.
vrangside 1.: *se vrange;* **2.:** *livets ~* the seamy side of life.
vrangstrupe *se vrange 2.*
vrangvilje unwillingness; ill-will; contrariness, obstinacy.
vrangvillig disobliging, contrary, unwilling, obstinate.
vred angry; *(se sint).*
vrede anger, wrath.
vrenge *(vb)* turn inside out, reverse; *~ lommene sine* turn out one's pockets.
vrengebilde caricature, travesty; distorted picture.
I. vri *(subst)* twist.
II. vri *(vb)* twist, wring; *~ sine hender* wring one's hands; *~ av (el. løs)* wrench off; *~ seg* writhe *(fx* with agony); twist, wriggle; *(søke utflukter)* shuffle, prevaricate; *(slå seg, om trematerialer)* warp; *(om jernplate)* buckle; *~ seg fra noe* wriggle *(el.* shuffle) out of sth; *han kan ~ seg ut av enhver vanskelighet* he can wriggle out of any difficulty; *~ opp tøyet* wring out the clothes; *~ rundt* turn.
vridning twist, twisting; *(fys)* torsion.
vrien *(om person)* difficult; uncooperative; *(om ting)* difficult, intricate, hard.
vrier *(på dør)* door handle.
vrieri *(flisespikkeri)* hair-splitting.
vrikk 1. turn, twist; **2.** sprain; *(se vrikke).*
vrikke *(vb)* **1.** turn, twist; wriggle *~ på rumpa* wriggle one's bottom; **2***(mar)* scull; **3.** sprain *(fx* an ankle).
vrikkeåre *(mar)* scull.
vrimaskin wringer.
vrimle *(vb)* swarm, teem *(av* with).
vrimmel swarm.
vrinsk neigh, whinny.
vrinske *(vb)* neigh, whinny.
vriompeis difficult person to deal with; wronghead.
vrist *(anat)* instep *(fx* a high instep).
vriste *(vb)* wrest, wrench; *(jvf fravriste).*

vræl roar, bawl.
vræle *(vb)* roar, bawl.
vrøvl nonsense, rubbish, rot, bosh; *det er noe ~* that's all nonsense; *sludder og ~!* stuff and nonsense! *det er det verste ~ jeg har hørt!* of all the nonsense! *gjøre ~* make trouble *(el.* difficulties); *(om protest, etc)* raise needless objections.
vrøvle *(vb)* talk nonsense; *(se tøyse).*
vrøvlebøtte jabbering fool.
vrå *(krok)* nook, corner.
I. vugge *subst (også fig)* cradle; *fra -n til graven* from the cradle to the grave.
II. vugge *(vb)* rock *(fx* a cradle; a child in one's arms; the boat was gently rocking on the waves); *~ et barn i søvn* rock a child to sleep.
vuggegave: *han hadde fått det i ~ (fig)* he had been born with the gift.
vuggende rocking; *~ hofter* swaying hips.
vugge|sang, -vise cradle song, lullaby.
vulgarisere *(vb)* vulgarize.
vulgarisme vulgarism.
vulgær vulgar.
vulkan volcano.
vulkanisere *(vb)* vulcanize.
vulkanisering vulcanization.
vulkansk volcanic; *~ utbrudd* volcanic eruption.
vurdere *(vb)* assess; evaluate; value; appraise; estimate *(til* at); *(skatte)* appreciate, value; *~ etter fortjeneste* do justice to; appreciate at its true value; *(jvf undervisningskompetanse).*
vurdering assessment; appraisal; appraisement; appreciation; evaluation; *gi en detaljert ~ av ... (også)* comment in detail on *(fx* the poet's powers of description in the following poem).
vurderingssak matter of judgment.
vy *(litt.)* view, vista.
væpne *(vb)* arm; *~ seg* arm (oneself), take up arms.
væpner *(hist)* esquire.
I. vær *(zool)* ram.
II. vær 1*(fiske-)* fishing village; **2***(fugle-)* nesting place.
III. vær *(subst)* **1.** weather *(fx* cold, dry, hot w.); *(uttrykkes ofte ved* day, morning, *etc, fx* the day was fine; it was a perfect morning; he went out to see what sort of a day it was); **2***(ånde)* breath; **3.** scent, wind *(fx* of an animal, a person); **byge-** showery weather; **dårlig** *~* bad w.; **fille- T** (real) military w. *(fx* this is real m. w.); **fint** *~* fine w. *(fx* it's fine w.), a fine day; *vi får fint ~* the w. *(el.* it) is going to be fine; *hvis vi er heldige med -et* if the w. is kind; *jeg var så heldig å få litt fint ~ (på reisen)* **T** I was fortunate to strike a good patch of w.; *det* **fuktige** *-et vi har hatt i det siste* the damp w. which has prevailed of late; *be om* **godt** *(el. pent) ~ (fig)* beg for mercy, ask to be forgiven; **T** eat humble pie; *være ute i* **hardt** *~* have a rough time; *han er alltid ute i hardt ~* **T** he's always in trouble; *du ser ut som om du har vært ute i hardt ~ (ɔ: slagsmål)* **T** you look as if you had been in the wars; *dette var ikke noe spørsmål* **hen** *i -et* this was no idle question; *snakke hen i -et (fable, fantasere)* talk wildly *(om* about, *fx* t. w. about conquering the whole world); *prisene går* **i** *-et* prices are going up; *drive prisene i -et* force prices up; **pent** *~: se fint ~; «stort sett pent ~»* 'mainly fine'; *ta -et fra en (fig)* take sby's breath away; *komme under ~ med noe* get wind of sth; *til -s* into the air, up; *(mar)* aloft.
værbitt weather-beaten.
I. være *vb (lukte)* scent *(fx* the hounds scented a fox); nose out, scent out *(fx* a scandal).
II. være *(vb)* be, exist; *boka er spennende lesning* the book makes exciting reading; *det kan ~ til i morgen* that can wait till tomorrow; *det kan godt ~ jeg tar feil* I may indeed be wrong; *det kan så ~* that may be; *.. eller hva det nå kan ~* or whatever the case may be; *det får ~ som det vil* be that as it may; *til et første forsøk å ~* for a first attempt; *ja, det var nå det da* yes, that's the question; *det måtte da (el. i så fall) ~* unless; *dette er vel Hyde Park, ikke sant?* this will be Hyde Park, I suppose? *~* **av** *med* be rid of; *~* **for,** *~ stemt for* be for, be in favour of; *det er jeg ikke videre stemt for (også)* I don't quite like the idea; *det er noe for meg* **T** that's my cup of tea *(el.* my ticket); **hva** *skal du ~? (på kostymeball)* what are you going as? *han har vært* **i** *London* he has been to L.; *jeg har aldri vært i Bergen* I have never been to B.; I have never done the trip to B.; *~* **imot** *noe* be opposed to sth, be against sth *(fx* I'm against the idea); be averse to sth *(fx* I'm averse to doing anything in a hurry); *jeg er absolutt imot at så skal skje* I'm absolutely *(el.* decidedly *el.* **T:** dead) against letting such a thing happen; *~* **med** accompany, come along; *han skal (el. vil) absolutt ~ med overalt* he always wants to join in; he always wants to be there; *~* **med på** *noe* take (a) part in sth *(fx* the conversation); have a hand in sth; **T** be in on sth; *jeg var ikke med på det (også)* I had no art or part in it; *det er det verste jeg har vært med på* it is the worst I have been through; *stilen er* **på** *6 sider* the essay fills *(el.* takes up) six pages; *boka er på 300 sider* the book has 300 pages; *hva skal det ~* **til?** what's that for? what's the good of that? *~* **ved** admit; **vær så god!** *(når man rekker en noe, sies vanligvis ingenting; for å påkalle den annens oppmerksomhet kan dog sies)* here you are! *(ekspeditørs spørsmål)* can I help you? what can I do for you? *(som uttrykk for samtykke, tillatelse)* by all means; certainly; (yes) do; *vær så god og forsyn Dem!* please help yourself! *vær så god og kom inn!* please come in! *vær så god og sitt ned!* please sit down! please take a seat! *vær så snill og send meg sukkeret!* please pass me the sugar! *vær så snill og gå ut! (befalende)* please leave the room! *du får ~ så snill å huske på at ... (irettesettende)* you will kindly remember that ...
værelse room; *dele ~ med en* share a room with sby; *en fireværelses leilighet* a four-room(ed) flat (,**US:** apartment); *(se bestille; innrede; ordne).*
værelses|kamerat roommate, person one shares a room with. **-pike** chambermaid. **-temperatur** room temperature.
væremåte manner, ways; *(jvf vesen).*
værfast weather-bound, wind-bound, detained by weather.
værforandring weather change, change of *(el.* in the) weather; break in the weather; *(jvf vårvær).*
vær|forhold *(pl)* weather conditions. **-gud** the Clerk of the Weather; *hvis -ene er nådig stemt* weather permitting; *(spøkef)* if the Clerk of the Weather is amenable. **-hane** weathercock, wind vane. **-hard** exposed, unsheltered.
værhår *(zool)* whisker.
-væring inhabitant of ...
værkart weather chart.
værlag climate; weather conditions.
værmelding (weather) forecast, w. report; *(jvf værvarsel).*
vær|omslag: *se -forandring.* **-profet** weather prophet. **-syk** affected by the weather.
vær så god: *se II. være.*
værutsikt (weather) forecast *(fx* what's the f. for

tomorrow?); *-er* further outlook; *-er for morgendagen* the outlook for tomorrow.

værvarsel (weather) forecast, w. report; *«~ som gjelder til i morgen natt»* weather forecast up to tomorrow night.

I. væske *(subst)* liquid, fluid; *(i sår)* pus, matter.

II. væske *vb (om sår)* suppurate, run.

væskeform: *i ~* in fluid form.

væsketilførsel *(pasients)* fluid intake.

væsking *(om sår)* suppuration.

I. væte *(subst)* moisture, humidity, damp(ness) *(fx* injured by (the) damp); wetness, wet *(fx* the watch must not be exposed to wet); water, rain.

II. væte *(vb)* moisten, wet; *~ seg* wet oneself.

I. vøle *subst (mar)* float, marker.

II. vøle *(vb)* fix, repair.

III. vøle *(vb): se vør(d)e.*

vør(d)e *(vb)* **1.** esteem, respect, value; **2.** pay attention to; *ikke ~ farene* make light of the dangers; *du skal bare ikke ~* just don't bother.

vørter (beer) wort. **-kake** = malt loaf. **-øl** =malt beer.

vådeskudd accidental shot.

våg *(bukt)* bay.

vågal reckless, daring; *en ~ kar* a reckless fellow; a daredevil.

våge *(vb)*dare, venture; *(sette på spill)* risk, hazard, venture; *(vedde)* bet, stake, wager; *den som intet -r, intet vinner* nothing venture, nothing win; *han -r ikke å gjøre det* he dare not do it; he does not dare to do it; *jeg -r å si at* I venture to say that; *jeg vil ~ det* I will *(el.* I'll) risk it; *~ spranget (fig)* take the plunge; *du kan bare ~!* just you dare! *våg ikke å gjøre det igjen!* don't dare to do that again! *hvordan kan du ~ å si noe slikt!* how dare you say such a thing; *~ seg* venture; *~ seg for langt* venture too far; *~ seg til å gjøre det* venture to do it, risk doing it, take the risk of doing it; *det får ~ seg* we'll have to risk it; we shall have to take the chance.

vågehals daredevil, reckless fellow.

vågehval *(zo)* minke whale.

vågelig risky, hazardous *(fx* undertaking); venturesome *(fx* action); daring *(fx* deed).

vågemot daring, intrepidity.

våge|spill daring *(el.* bold) venture, risky business; *det var litt av et ~* it was sth of a gamble. **-stykke** daring deed, risky thing.

våget *se vovet.*

vågsom bold, hazardous, risky.

våke *(vb)* wake, be awake; *~ over* watch (over); *~ hos en syk* sit up with a patient.

våken awake; *(fig)* awake; watchful, alert, vigilant; **T** all there; on the ball; *en ~ ung dame* a wide-awake young lady; *politisk ~* politically alert; *vi må være våkne* we must be on the alert; we must keep our eyes open; *vi er våkne for situasjonens alvor* we are (keenly) alive to the gravity of the situation; *få en ~* (manage to) wake sby up; *ha et -t øye med* keep a watchful eye on, watch closely; *holde en~* keep sby awake; *holde seg ~* keep awake; *i ~ tilstand* when awake, in the waking state.

våkenatt sleepless night; *mens hun var syk, hadde vi tre våkenetter på rad* during her illness we kept watch *(el.* sat up) for three nights running.

våkne *(vb)* wake (up) *(fx* from a long sleep; from inaction, from a trance; wake up with a start); *(mer litt.)* awake; *(komme til seg selv igjen)* come round, come to; *hun -t av en lyd fra kjøkkenet* a noise from the kitchen woke her up; she woke from *(el.* was woken up by) a noise in the kitchen; *~ opp* wake up *(fx* it is time for the nation to wake up); *hans samvittighet begynte å ~* his conscience began to stir; *en -nde interesse for* an incipient interest in.

vånd *(zool)* vole, water rat.

vånde distress, anguish, pain.

våningshus dwelling house, farmhouse.

våpen weapon; arms *(pl); (heraldikk)* arms, coat -of-arms, escutcheon; *du gir ham et ~ mot deg* you are giving him a handle against you; *gripe til ~* take up arms, rise (up) in arms; *med blanke ~ (fig)* in a fair fight.

våpen|bilde device (of a shield), bearing. **-bror** brother-in-arms. **-brorskap** brotherhood in arms. **-bruk** the use of arms.

våpendrager armour bearer; *(fig)* supporter.

våpen|fabrikk arms factory. **-ferdighet** skill in the use of arms. **-før** fit to bear arms, fit for military service, able-bodied. **-gny** *(poet)* din of battle. **-herold** herald. **-hvile** cease-fire. **-kappløp** arms race. **-klirr** the rattle of arms. **-løs** unarmed.

våpenmakt armed force; *med ~* by force of arms.

våpen|skjold coat-of-arms, escutcheon. **-smugler** arms smuggler; *(i stor stil)* gun-runner. **-stillstand** armistice; *(midlertidig)* truce. **-øvelser** *(pl)* military drill *(el.* training).

I. vår *(subst)* spring; *det blir ~* spring is coming *(el.* is on the way); *i livets ~* in the springtime of life; *(jvf vinter & vårvær).*

II. vår *pron (adjektivisk)* our; *(substantivisk)* ours; *vi skal gjøre -t* we shall do our part *(el.* share); **T** we shall do our bit.

vår|aktig vernal. **-bløyte** spring thaw. **-bud** harbinger of the spring. **-bær:** *~ ku* cow that is due to calve in spring. **-drakt** (lady's) spring costume; *(fugls)* spring plumage. **-flom** spring flood. **-frakk** topcoat.

Vårherre the Lord, Our Lord.

vår|jevndøgn the vernal equinox. **-lig** vernal. **-løsning** spring thaw; the change from winter to spring; spring break-up. **-messe** spring tradefair. **-onn** spring farming, spring work (on the farm). **-parten:** *på ~* in the spring. **-rengjøring** spring cleaning; *(jvf storrengjøring).* **-semester** spring term; **US** *(især)* spring semester. **-sild** spring herring. **-slapphet** spring lassitude; tiredness *(el.* lassitude) one feels in spring. **-sæd** spring-sown cereals *(pl),* spring corn. **-vær** spring weather; *vi venter fremdeles på det varme -et* we are still looking for a break into warmer, spring-like weather; *(se også I. vår).*

vås nonsense, rubbish; **S** bullshit; *(se vrøvl).*

våse *(vb)* talk nonsense *(el.* rubbish); *(se vrøvle).*

våsekopp driveller, twaddler.

våset nonsensical, silly.

våt wet; *bli ~* get wet; get a ducking *(fx* it rained heavily and we got a d.); *gjøre ~* wet; *bli ~ på bena* get one's feet wet; *uten å smake hverken -t eller tørt* without food or drink.

våt|lende marshy land. **-lendt** marshy, swampy.

W, w W, w; *dobbelt-W* W for William.
Wales Wales.
waleskringle *(slags tertestang)* Welsh bread.
Warszawa Warsaw.
watt *(elekt)* watt.
W.C. water closet; w.c.; *(rommet, også)* lavatory; *(evfemistisk)* cloakroom; plumbing *(fx* the p. is out of order);
* Shall I show you the geography of the house? // Where can I wash my hands?
whisky whisky; *(især irsk)* whiskey. **-pjolter** whisky and soda; **US** highball.
whist *(kort)* whist; *et parti* ~ a game of whist.
Wien Vienna.
wiener Viennese.
wienerbrød Danish pastry; Belgian bun; *et overskåret* ~ a slice of Danish pastry; *da skal de fattige ha* ~ then the fat will be in the fire.
wienerbrødstang a bar of Danish pastry.
wienerinne Viennese (woman).
wiener|kringle Danish pastry plait. **-schnitzel** (Wiener)schnitzel, veal escalope. **-vals** Viennese waltz. **-wurst** frankfurter.
wiensk Viennese.

X, x X, x; *X for Xerxes* X for X-ray.
xantippe shrew, vixen, termagant.
X-krok hook nail, picture hook; *(selve stiften)* wall pin, picture nail.
xylofon *(mus)* xylophone.
xylograf xylographer, wood engraver.
xylografere *(vb)* engrave on wood.
xylografi xylography, wood engraving.
xylografisk xylographic.

Y, y Y, y; *Y for Yngling* Y for Yellow.
yacht yacht. **-klubb** yacht club.
yankee Yankee.
ydmyk humble.
ydmyke *(vb)* humble, humiliate; ~ *seg for en* humble oneself before sby.
ydmykelse humiliation.
ydmykende humiliating.
ydmykhet humility.
Yemen *(geogr)* Yemen.
yemenitt Yemenite; Yemeni.
yemenittisk Yemenite; Yemeni.
ymse *(se forskjellig); det er så* ~ *med det* **1.** that's according to the circumstances; **T** that's as may be; **2.** it's up and down; it's only so-so.
ymt hint, inkling, whisper.
ymte *(vb)* hint; ~ *om at* drop a hint that.
I. ynde *(subst)* grace, charm.
II. ynde *(vb)* like, be fond of.
yndefull charming, graceful.
ynder admirer, lover; *jeg er ingen ~av* I am no admirer of; I do not care for.
yndest favour (,**US:** favor), good graces; *i* ~ *hos en* in sby's good graces.
yndet popular, favourite (,**US:** favorite); *en* ~ *sport* a popular sport.
yndig graceful; *(deilig)* charming, delightful; *en* ~ *liten unge* a little darling.
yndighet charm, grace; *hennes -er* her charms.
yndling favourite (,**US:** favorite), darling, pet.
yndlings- favourite (**US:** favorite), pet.
yndlings|beskjeftigelse favourite occupation; hobby. **-tema** pet subject; *få ham penset inn på hans* ~ set him off on his pet subject.
yngel brood; *(fiske-)* fry, spawn; *slippe ut* ~ *i en elv* stock a river with fry.
yngle *(vb)* breed, multiply, propagate.
yngling youth, young man.
yngre younger; *(temmelig ung)* youngish; *(av senere dato)* later.
yngst youngest; *den -e (av to)* the younger; *(se yngstemann).*
yngstemann youngest man, junior; ~ *på et kontor* junior clerk; *han var* ~ *i en stor søskenflokk* he was the youngest of a large family (of children).
ynk: *det var en* ~ *å se* it was a pitiful sight.

ynke *(vb): ~seg* moan, complain; *-s over* feel sorry for, pity.
ynkelig pitiful, pitiable; *(dårlig)* miserable; *føle seg ~* feel small; *se ~ ut* look small; *gjøre en ~ figur* cut a sorry figure; *i en ~ forfatning* in a pitiful state.
ynkelighet misery, wretchedness; *(feighet)* cowardice.
ynkverdig pitiable, pitiful. **-het** pitiableness.
yppal aggressive, quarrelsome.
yppe *vb (vekke)* stir up; *(hisse, egge)* incite, instigate; *~ kiv (trette)* stir up a quarrel, pick a quarrel; *~ slagsmål med* pick a fight with; *~ seg* **1.** pick a quarrel; **2.** show off; *(se strid).*
ypperlig excellent, superb; **T** great.
ypperst best, most outstanding; *den er den -e* it ranks first; it holds pride of place.
yppersteprest high priest.
yppig *(frodig)* luxuriant, exuberant; *(overdådig)* luxurious; *hennes -e former* her ample curves; her opulent charms; *(se vegetasjon).*
yppighet luxury; luxuriance, exuberance.
I. yr *(duskregn)* drizzling rain, drizzle.
II. yr *(adj)* giddy, dizzy; *(se ør).*
I. yre *vb (duskregne)* drizzle.
II. yre *vb (kry)* teem, swarm; *~ av utøy* crawl with vermin.
yrhet giddiness, dizziness; *(se ørhet).*
yrke occupation; *(håndverk)* trade, craft; *(akademisk)* profession; *(kall, profesjon, også)* calling *(fx* it is a c. that is born in a man; mining is a horrible c.); *jordbruk og andre -r* agriculture and other industries; *(se næringsvei); en utøver av de frie -r* a professional man; *tekniske -r* technical professions and skilled trades; *snekker av ~* joiner by trade; *drive et ~* carry on a trade (,profession); *hva er Deres ~?* what do you do for a living? *videreutdanning i -t* extended vocational training; *(jvf utøve).*
yekesaktiv working; *-e kvinner* women who go out to work; *(ofte)* career women.
yrkes|betegnelse word designating occupation; *ordet x brukes ikke som ~* the word x is not used to designate occupation. **-betont** vocationally oriented; *~ undervisning* education with a vocational slant. **-dag** workday. **-ektepar** working couple; professional couple. **-fag** occupation. **-flyver** professional pilot; *(sivilflyver)* commercial pilot. **-gren** (branch of) industry. **-gruppe** occupational group. **-hygiene** industrial hygiene. **-interesser** *(pl)* trade interests.
yrkeskvinne woman who goes out to work, working woman; professional woman; *-r (i statistikk)* gainfully employed women; *gifte -r* married women in employment.
yrkeslivet trade (conditions), economic life *(el.* conditions); general business conditions; *ingen tegn til bedring i ~* no indication of an improvement in general business conditions.
yrkes|lærer *(i fengsel)* officer instructor (vocational training), civilian instructional officer (vocational training). **-messig** occupational; professional. **-nevrose** occupational neurosis. **-offiser** *(mil)* regular officer. **-opplæring** vocational training; *(i håndverksfagene)* craft training. **-organisasjon** professional body; *(bransje-)* trade organization. **-register** *(i tlfkatalog)* classified telephone directory. **-rettleiing:** *se -veiledning.* **-sjåfør** professional driver. **-skole** technical college *(el.* school). **-statistikk** labour (,**US:** labor) statistics. **-sykdom** occupational disease. **-tegning** *(fagtegning)* technical drawing. **-teori** craft theory; *~ for bilmekanikere* motor vehicle craft studies. **-terapi** occupational therapy.
yrkes|utdannelse, -utdanning 1. vocational training; **2.** (professional) training; *universitetet skulle ikke bare tilgodese -en* the university should not only provide for vocational training.
yrkes|utsikt: *-ene for lærere er for øyeblikket gode* the prospects in the teaching profession are favourable at present. **-utøvelse:** *fri ~* freedom of trade. **-valg** choice of career *(el.* occupation).
yrkesvalghemmet restricted in choice of occupation, not capable of full employment; *en ~* a person restricted in choice of occupation, a person not capable of full employment; *de yrkesvalghemmede (også)* the handicapped (in the choice of career); *(jvf arbeidsufør).*
yrkes|veileder (youth) employment officer; *(på skole)* careers master (,mistress); **US** vocational-guidance counselor. **-veiledning** vocational guidance.
yrkesøkonomi *(bedriftslære)* business studies.
yrregn drizzle.
yrsnø drizzling snow.
yste *(vb)* make cheese; *~ seg* curdle.
ysteri cheese factory.
yte *(vb)* yield, render, produce; *~ assistanse* render *(el.* give) assistance; *~ bidrag til* contribute to, make a contribution to; *(ved innsamling, som medlem)* subscribe to; *~ motstand* offer resistance; *~ ham rettferdighet* do him justice; *~ sitt beste* do one's best; pull one's weight *(fx* every one of us must pull his weight); *(se skadeserstatning).*
yte|dyktig productive. **-dyktighet** productivity. **-evne** *(maskins)* capacity, output; *(effektivitet)* efficiency; *(fabrikks)* (productive) capacity.
ytelse *(avkastning)* yield; *(bidrag)* contribution; *(trygde-)* benefit; *(prestasjon)* performance; *(utbetaling)* payment; *(yteevne)* efficiency; *(tjeneste)* service; *en maskins ~* the output of a machine; *lønn etter ~* payment by results, efficiency wage; *(se gjenytelse).*
I. ytre *(subst): det ~* the exterior, the outside; *i det ~* outwardly, externally; on the face of it.
II. ytre *(adj)* outward, exterior, external; *~ tegn på* outward sign(s) of; *den ~ verden* the external world.
III. ytre *(vb)* utter, say, express; *~ seg* express oneself; *(fig)* manifest itself; *~ seg som* appear as *(fx* varicose veins appear as large twisted veins, usually found on the legs and thighs); *~ tvil* express doubt; *~ ønske om at* express a wish that.
ytring expression, statement; remark, utterance; manifestation, revelation *(av* of); *frimodige -er* plain talk.
ytringsfrihet freedom of speech; *menings- og ~* freedom of opinion and expression.
ytter|dekke outer covering. **-dør** outer door. **-ende** extreme end. **-frakk** overcoat. **-grense** extreme limit; border, boundary. **-kant** extreme edge *(el.* border); *på -en av* on the fringe of.
ytterlig **1***(adj)* extreme; *(overdreven)* excessive; **2***(adv)* far out, near the edge; extremely, exceedingly; *glasset sto så ~ at det ville falle ned for et godt ord* the glass was standing so near the edge that it might fall over at the slightest breath.
ytterligere **1***(adj)* further, additional; *et ~ prisfall* a further *(el.* fresh) fall in prices; *send meg ~ 20 kasser* send me another *(el.* a further) 20 cases; send me 20 cases more; *vi kan innrømme Dem ~ 10%* we can allow you an additional 10% *(el.* a further 10%); **2***(adv)* further, in addition.
ytterliggående extreme; *en som er ~* an extremist.
ytterlighet extreme; *gå til -er* go to extremes; *(om forholdsregler)* take extreme measures; *gå til den motsatte ~* go to the other *(el.* oppo-

site) extreme; *la det komme til -er* carry matters to extremes; let matters come to a head.
ytterløper *fotb (vingspiller)* winger.
ytter|plagg outer garment; *(jvf yttertøy).* **-punkt** extreme point, extremity. **-side** outside; outer side.
ytterst 1*(adj)* outermost; *(lengst borte)* extreme, utmost; *de -e gårdene* the outermost farms; *med den -e forsiktighet* with the utmost care, with extreme care; *til det -e* to the utmost; *jeg skal anstrenge meg til det -e* I shall do my utmost *(el.* my very best); **2***(adv)* furthest *(el.* farthest) out *(el.* away); *(om grad)* extremely, exceedingly *(fx* extremely cautious); *ligge ~ (i seng)* lie *(el.* sleep) on the outside; *helt ~ (i seng)* right on the outside *(fx* I'd rather sleep right on the o.); *~ pinlig* most embarrassing; *et ~ sjeldent tilfelle* an extremely rare case; *en ~ vanskelig sak* an extremely *(el.* exceedingly) difficult matter; *det er ~ forskjellige meninger om denne saken* there is a wide difference of opinion on this question; *(se sjelden 2).*
yttertøy outer wear *(el.* clothing), outdoor things; *ta av -et* take off one's things; *uten ~* without a coat (on).
yttervegg outer wall; outside wall; *(se kledning).*

z

Z, z Z, z; *Z for Zakarias* Z for Zebra.
Zaire *(geogr)* Zaire.
zairer Zairean.
zair(i)sk Zairean.
Zambia *(geogr)* Zambia.
zambi|er, -sk Zambian.
Zevs Zeus.
zircon zirconium.
zirconlegert zirconiated, alloyed with zirconium, with added zirconium.
zoolog zoologist.
zoologi zoology.
zoologisk zoological; *~ hage* zoological gardens; **T** Zoo.
zulu, -kaffer Zulu.
Zürich *(geogr)* Zurich.

æ

Æ, æ Ae, ae; *Æ for Ærlig: intet tilsvarende; æ bæ! (barns hånlige tilrop)* sucks (to you)!
ær *(zool)* eider duck.
æra era; *betegne en ny ~* mark a new era *(el.* epoch), be a new departure; *begynne en ny ~* enter (up)on a new era; *innlede en ny ~* inaugurate a new era.
ærbar modest; chaste; decent.
ærbarhet modesty; chastity; decency.
ærbødig respectful, deferential; *på ~ avstand* at a respectful distance.
ærbødighet respect, deference; *vise ~* show respect *(fx* show sby respect); show deference to, treat with deference, be deferential to.
ærbødigst *(brevstil)* Yours faithfully, ...; *(hvis brevet innledes med'* Dear Mr. X',) Yours sincerely, ...; *(især* **US**) Yours (very) truly, ...; (Very) truly yours, ...; Yours cordially, ...
ærdun eider down.
I. ære *(subst)* honour (,**US:** honor); respect; *(heder)* honour, glory; *(ros)* praise; *all ~ verd* praiseworthy, commendable; *en mann av ~* a man of honour; *til ~ for dagen* in honour of the day *(el.* occasion); **anse** *det for en stor ~* esteem *(el.* consider) it a great honour; **avslå** *en ~* refuse (to accept) an honour; *(glds el. spøkef)* decline an honour; **falle** *på -ns mark* be killed in action; die for one's country; **gjøre** *en den ~ å* do sby the honour of (-ing); *(ofte)* do sby the pleasure of (-ing); *gjøre ~ på* do credit to; do justice to *(fx* the dinner); *gjøre ~ på sitt land* be an honour *(el.* a credit) to one's country; *det* **går** *på -n løs* my (,his, *etc)* honour is at stake; **ha** *den ~ å* have the honour of (-ing); have the h. to; *han har stor ~ av det* it does him great credit; it is greatly to his credit; *jeg har ikke den ~ å kjenne henne (iron)* I have not the pleasure of her acquaintance; *han har -n av å ha oppfunnet dette* he must be given the credit of having invented this; to him must go the honour of this invention; **holde** *i ~* honour, respect; **innkassere** *-n for* take credit for; *han* **kom** *fra det med -n i behold* he came out of it with credit *(el.* with flying colours); **sette** *sin ~ i* take pride in; *det må sies til deres ~ at* it must be said to their credit that; *hva* **skylder** *vi -n av Deres besøk?* what is the occasion of your being here? **strebe** *etter ~* aspire to honours; *det* **tjener** *denne industri til stor ~ at den har* this industry deserves great credit for having; *det tjener ham til ~ (også)* it reflects credit on him; it adds to his credit; *dette resultatet tjener alle dem til stor ~ som har hatt med det å gjøre* this result reflects great credit on all concerned; *(se tilskrive).*
II. ære *(vb)* honour (,**US:** honor), respect; venerate, revere; *-s den som -s bør* give honour *(el.* credit) where honour *(el.* credit) is due *(fx* I'm simply giving honour where honour is due).

ærefrykt awe, veneration; *ha ~ for* venerate, reverence, revere.
ærefryktinngytende awe-inspiring.
ære|full honourable (,**US:** honorable); creditable; *et ærefullt verv* a great honour (,**US:** honor); *~ fred* peace with honour. **-kjær** high-spirited, proud. **-krenkelse** defamation, libel, slander. **-krenkende** defamatory, libellous. **-løs** ignominious, infamous. **-løshet** ignominy, infamy.
ærend errand; *gå ~* do errands, run errands *(for en* for sby); *gå noens ~ (fig)* play sby's game; play into sby's hands; *han er her i lovlig ~* he is here on lawful business; *sende en et ~* send sby on an errand; *jeg skal i butikken et ~* I'm going round to the grocer's (,butcher's, *etc); mange er ute i samme ~ (fig)* many others are at the same game; *(se også samtidig & utrette).*
æresbegrep concept *(el.* idea) of honour (,**US:** honor); *-er (også)* code of honour.
æresbevisning mark of respect; honour *(fx* honours were heaped upon him); *bli begravet med militære -er* be buried with full military honours.
æresborger honorary citizen.
æres|doktor honorary doctor; doctor of honoris causa. **-følelse** sense of honour. **-gjeld** debt of honour. **-gjest** guest of honour.
æres|legion legion of honour. **-medlem** honorary member. **-oppreisning** satisfaction. **-ord** word of honour; *på ~* on my word (of honour). **-premie** honorary prize.
æresrunde *(skøyteløpers)* triumphal progress (round the track); *seierherren går -n med laurbærkransen om skuldrene* the victor makes a triumphal progress with the laurel wreath about his shoulders.
æres|sak point of honour; matter of honour. **-tap** loss of honour.
ærfugl *(zool)* eider duck.
ærgjerrig ambitious. **ærgjerrighet** ambition.
ærlig *(adj)* honest; *(rettskaffen)* upright; *(i kamp & spill)* fair; *i ~ kamp* in a fair fight; *han var ~ nok til å innrømme* he was perfectly honest in admitting *(fx* the difficulty of the problem); *~ talt* honestly; *mene det ~ med en* mean well by sby; *som han ~ fortjener* as he amply *(el.* richly) deserves; *(se III. love; sak A).*
ærlighet honesty; *~ varer lengst* honesty is the best policy.
ærstegg *(zool)* eider drake.
ærverdig venerable; august. **-het** venerableness; augustness.
æsj *(int)* ugh.
ætling descendant *(av* of).
ætt family, race; *av gammel ~* of (an) ancient lineage; *av høy ~* high-born.
ætte|far ancestor. **-gård** family farm. **-saga** family saga. **-tavle** genealogical table, family tree.

Ø, ø Ø, ø; *(kalles ofte* modified o); *Ø for Østen: intet tilsvarende.*
I. øde *adj (forlatt)* deserted, desolate; *(udyrket)* waste; *legge ~* lay waste; ruin.
II. øde *(vb)* waste, squander.
ødelegge *(vb)* ruin, destroy; *(legge øde)* lay waste; *(forarme)* ruin, impoverish; *ferien ble ødelagt* the holiday was spoilt *(el.* ruined); *~ moroa for ham* **T** spoil his fun *(fx* I wouldn't like to spoil his fun); *ungen -r alt (slår i stykker, etc)* the child ruins everything; *(se stemning & tegning).*
ødeleggelse destruction, ruin; *(kun entall)* devastation, havoc; *(jvf anrette).*
ødeleggelseslyst destructive urge.
ødeleggende ruinous, destructive; devastating; *~ for* destructive to.
ødemark wilderness, wilds.
ødipuskompleks *(psykol)* Oedipus complex.
ødsel wasteful, extravagant; *(rundhåndet)* lavish *(med* of); *(overdådig)* profuse *(med* in, of).
ødselhet wastefulness, extravagance; lavishness; profuseness; *(overdådighet)* profusion.
ødsle *(vb)* be wasteful, be extravagant; *~ bort* squander; *~ med* waste, be lavish of, be wasteful with.
ødslig bleak, desolate, dreary.
ødslighet dreariness, desolation; *-en i rommet* the blank dreariness of the room.
øgle *(zool)* lizard.
øk *(neds): gammelt ~* old nag.
øke *(vb)* add to, increase; *~hans prestisje* enhance his prestige; *~ produksjonen* increase *(el.* step up) production; *det stadig -nde strømbehov* the constantly growing demand for electricity.
økenavn nickname.
øk(n)ing increase, growth.
økologi ecology.
økologisk ecological.
økonom economist.
økonomi *(læren)* economics, political economy; *(sparsommelighet)* economy; *(i husholdning)* domestic economy; *hans ~* his financial position *(fx* his f. p. is sound). **-avdeling** *(jernb)* accountants' department. **-direktør** financial director; *(jernb)* chief accountant. **-løp** *(billøp)* economy run. **-minister UK** Minister of State for Economic Affairs.
økonomisere *(vb)* economize, cut down expenses; *~ med noe* economize on sth.
økonomisjef *(ved teater)* business manager; **US** treasurer.
økonomisk 1. economic; financial; **2***(sparsommelig)* economical; *den -e* **drift** the financial aspects of running the establishment *(,etc); når mor arbeider, gir dette -e* **fordeler** when mother works economic advantages accrue; *~* **gymnas** *hist (linje ved vanlig gymnas)* the economics side of grammar school; *(jvf handelsgymnas); elev ved ~ gymnas* pupil on the economics side of a grammar school; pupil doing *(el.* specializing in) commercial subjects; *han går på ~ gymnas (ofte)* he is specializing in commercial subjects; *landets -e* **liv** the e. life of the nation; *sakens -e* **side** the financial aspect of the matter *(el.* question); the economics of the question;

i ~ henseende financially, economically; **~ sett** from an e. point of view *(el.* standpoint); **~ støtte** financial support; *han er ~* **uavhengig** he is financially independent; *(se også klima & selvhjulpen).*

økosystem eco-system; *-et i strandbeltet* the beach eco-system.

øks axe; **US** ax; *(se I. bile; blinkeøks; brannøks; bøkkerøks; diksel; rotøks; skarvøks; tverrøks; tømmerøks).*

økse|hode axe head. **-hogg** blow of an axe. **-skaft** axe handle.

økt between-meal spell of work; spell (of work).

økumenisk ecumenical.

øl beer; ale; *vise ham hvor David kjøpte -et* **T** show him where he gets off; (NB *engelsk ordtak:* when ale is in wit is out *(når ølet går inn, går vettet ut)).*

øl|brygger brewer. **-bryggeri** brewery.

øl|fat beer cask. **-flaske** beer bottle. **-gjær** brewer's yeast. **-glass** tumbler. **-kasse** beer crate. **-kjører** drayman.

ølrøyk *(varmedis)* heat haze.

øltønne beer barrel.

ølvogn dray.

øm loving; gentle; tender; *(som gjør vondt)* sore; tender; *~ for berøring* sore (*el.* tender) to the touch; *røre ved det -me punkt* touch a sore point; *han ble øm i stemmen* his voice took on a tender note.

ømfintlig sensitive *(for* to). **-het** sensitiveness.

ømhet soreness; *(fig)* tenderness.

ømhjertet tender-hearted.

ømskinnet thin-skinned, sensitive.

ømskinnethet sensitiveness.

ømtålig delicate, sensitive; *et ~ emne* a delicate subject.

I. ønske *(subst)* **1.** wish *(om* for), desire; **2***(forlangende)* request; *de syntes dette var et meget beskjedent ~* they found this to be a very modest request; *de beste -r* best wishes; all good wishes; *hennes høyeste ~* her greatest wish; **etterkomme** *ens -r* comply with *(el.* meet) sby's wishes; **nå** *sine -rs mål* reach *(el.* attain) the object of one's desire(s); realize one's most ambitious dreams; **oppfylle** *et ~* comply with *(el.* meet) a wish; *vi kan ikke oppfylle Deres ~* we cannot grant your wish; *du skal få ditt ~ oppfylt* you shall have your wish; **uttale** *et ~* express a wish; *(jvf ndf: uttale ~ om at);* **etter** *~* as desired; according to your (,my, *etc)* wishes; *etter ens ~* (ɔ: *på ens anmodning)* at sby's request; *alt gikk etter ~* everything went off satisfactorily, everything went *(el.* turned out) as he (,we, *etc)* wished it; *rette seg etter ens -r* comply with sby's wishes; *han forlot vårt firma etter eget ~* he left our employ of his own accord *(el.* at his own request); he left us of his own free will; **ifølge** *Deres ~* in accordance *(el.* in compliance) with your wishes; **med** *alle gode -r* with every good wish; with my *(etc)* very best wishes; *til X med ~ om god fremgang i studiet av det norske språks mysterier* to X, with every good wish for your further progress in the study of the mysteries of the Norwegian language; to X, wishing you every success in your further study of the mysteries of the Norwegian language; *med de beste -r for et godt nyttår* with best wishes for a happy New Year; **mot** *mitt ~* against *(el.* contrary to) my wishes; *dette gjorde han mot sine foreldres ~* this he did in opposition to the wishes of his parents; *meget mot mitt ~ måtte jeg ...* I was reluctantly compelled to ...; *nære ~* **om** *noe (,om å gjøre noe)* have a desire for sth (,to do sth); *jeg nærer intet ~ om å* I have no desire *(el.* wish) to; *uttale ~ om at* express the wish that; *hans ~ om ikke å* his unwillingness to, his reluctance to; *(se også sist: hans -e ønske & II. uttale).*

II. ønske *(vb)* wish, wish for *(fx* wealth); desire, be desirous of; *(gjerne ville)* want to *(fx* he wanted to meet me); be anxious to; *(gjerne ville ha)* want *(fx* what do you want?); *-s (i annonser)* wanted *(fx* furnished room w.); *~ en alt godt* wish sby well, wish sby every happiness; *~ en god bedring* wish sby a speedy recovery; *X -r ikke gjenvalg* X does not seek re-election; **T** X is standing down; **US T** X is not running again; *jeg -r intet heller* there is nothing I should like better; I could not wish for anything better; I could wish for nothing better; *jeg skulle ~* I wish *(fx* I w. I were *(el.* was) in your place; I w. I knew); *jeg skulle inderlig ~ det ikke var sant* I wish to God it was not true; *~ en smilende velkommen* give sby a smiling welcome; *det var å ~ at mange lærere ville benytte anledningen til å undervise ved utenlandske skoler* it would be an advantage *(el.* a good thing) if many teachers would avail themselves of the opportunity to teach at schools abroad; *hva -r du deg til fødselsdagen (,til jul)?* what do you want for your birthday (,for Christmas)? *jeg -r meg en sykkel* I should like a bicycle *(fx* for my birthday); *(se også levende; velkommen).*

ønske|drøm wish dream; *(utopi, også)* pipe dream *(fx* that project is only a pipe dream of mine). **-hatt** wishing cap. **-hytte** dream cottage; *(se hytte).* **-kjøkken** dream kitchen. **-kvist** (dowser's hazel) twig, dowsing rod, divining rod; *gå med ~* work the twig, dowse; *en som går med -en* a dowser.

ønskelig desirable, to be desired; required; *det er ~ at han stiller garanti* it is desirable that he should give security; *det er i høy grad ~ at han gjør det* it is highly desirable that he should do it. **-het** desirability; *-en av* the desirability of; *-en av å gjøre en forandring* the desirability of making a change.

ønskeliste list of wants; *det står på vår ~* it is on our list of wants.

ønske|mål desired end, goal, hope, wish, desidera|**tum** *(pl: -*ta); *-et for fremtidige utgavers vedkommende må derfor være langt flere henvisninger* thus many more references are desirable in future editions. **-oppgave** ideal task, ideal assignment. **-stilling** ideal job *(el.* post).

ønsketenkning wishful thinking.

ør giddy, dizzy; *jeg blir ~ i hodet av det* it makes my head swim *(el.* go round); *jeg ble helt ~* I felt quite dizzy *(el.* giddy); *hun ble ~ (også)* her head began to swim *(el.* go round).

I. øre *(anat)* ear; *spisse -ne* prick up one's ears; *holde -ne stive* listen attentively; have all one's wits about one; *være lutter ~ (spøkef)* be all ear(s); *han har en rev bak -t* he is up to mischief; *skrive seg noe bak -t* make a (mental) note of sth; *han hører ikke på 'det -t (fig)* he is deaf as far as that subject is concerned; *(jvf høre); komme en for ~* reach one's ears, come to one's knowledge; *det er å snakke for døve -r* it's like talking to the wind; *ha ~ for* have an ear for; *lukke -ne for* shut one's ears to; *holde en i -ne* keep sby in order; *gjøre ham het om -ne* **T** put the wind up him; *forelsket oppover -ne* head over ears *(el.* heels) in love; *være i gjeld til oppover -ne* be head over ears in debt; *låne ~ til* listen to; *(se I. gryte; tute).*

II. øre [Norwegian coin worth $^1/_{100}$ of a krone]; *nå for tiden bruker jeg hver ~ jeg tjener* nowadays I spend right up to the hilt.

ørebeskytter ear protector, ear guard, ear pad.

ørebetennelse *(med.)* inflammation of the ear, otitis.
øre|døvende deafening. **-fik** box on the ear. **-flipp** earlobe. **-flukt:** *se -verk.* **-gang** *(anat)* auditory canal.
øreklokke *se ørebeskytter.*
øre|kyte *(fisk)* minnow. **-lapp:** *se -flipp.*
ørelappstol wing chair, grandfather chair, ear chair.
øre|lege ear specialist. **-nerve** *(anat)* auricular nerve.
ørenslyd: *her er ikke ~ å få for alt levenet* it's impossible to hear with all that noise.
ørering earring.
øre|sus buzzing in the ears. **-telefon** *(radio)* earphone, headphone. **-tvist** *(zool)* earwig. **-varmer** earflap. **-verk** earache; *jeg har ~* my ear aches.
ørevoks earwax; *(fagl)* cerumen.
ørfin very fine; *(fig)* subtle.
ørhet giddiness, dizziness.
ørken desert.
ørkensand sands of the desert, desert sand.
ørkesløs idle; futile; *-e dager* days of idleness.
ørkesløshet idleness; futility.
ørliten infinitesimal; puny, tiny.
ørn *(zool)* eagle. **-aktig** aquiline.
ørne|blikk keen glance, eagle eye. **-flukt** eagle's flight. **-klo** eagle's talon, eagle's claw. **-nebb** eagle's beak. **-nese** aquiline nose, hawk nose. **-reir** eagle's nest.
ørnunge *(zool)* eaglet.
ørret *(fisk)* trout. **-yngel** trout fry.
ørsk *(adj)* confused, dazed.
ørsk|e *(subst): gå i ~* walk about dazedly; *svare i -a* answer at random; *(se villelse).*
I. øse *subst (til suppe)* ladle; *(øsekar)* scoop, baler, bailer.
II. øse *(vb)* bale, bail; scoop; *(av brønn & fig)* draw; *~ lens* bale out; *regnet øste ned* the rain poured down; *~ opp suppen* ladle out the soup; *et -nde regn* pouring rain; *~ ut penger* ladle out money by the handful, pour out money (like water).
øsekar baler, bailer, scoop.
øsregn pouring rain, downpour.
øsregne *(vb): det -r* it's pouring down, it's pouring with rain.
øst east; *han skulker timer i ~ og vest* **T** he's missing lessons left, right, and centre; *han skylder penger i ~ og vest* **T** he owes money all round; *(se vest).*
Østen the East.
østenfor east of. **østenom** (to the) east of.
østerlandsk oriental.
Østerrike *(geogr)* Austria. **østerriker** Austrian.
østerriksk Austrian.
østerriksk-ungarsk *(adj)* Austro-Hungarian.
østers *(zool)* oyster; *dum som en ~* crassly stupid; **T** dense, thick(-headed).
østersbanke oyster bed.
Østersjøen the Baltic. **østersjøisk** Baltic.
østers|skall oyster shell. **-skraper** oyster dredge. **-tiden** the oyster season. **-yngel** spat.
Øst-Europa Eastern Europe.
østfra from the east.
østfronten the East Front.
østgrense eastern frontier.
østgående eastbound *(fx* vessel).
øst|kant eastern side; *-en (bydel)* the East End. **-kyst** east coast.
Østlandet *(i Norge)* Eastern Norway.
østlig east, easterly; *det -e England* the East of England.
østnordøst east-north-east.
øst|over *(adv)* (to the) east, eastwards. **-på** eastward; in the east.
østre eastern, easterly, east.
I. østrogen *subst (biol)* oestrogen.
II. østrogen *adj (biol)* oestrogenic.
østron *subst (biol)* oestrone.
øst|side east side. **-sørøst** east-south-east.
øve *(vb)* **1.** practise (,**US:** practice) *(fx* he practises every day for several hours); **2***(utøve)* exercise, exert *(fx* influence on); *~* **kontroll** *med (el. over)* exercise control over; *~* **kritikk** *mot* criticize; *~* **press** *på* apply pressure to; **T** put on the screw; *~* **trykk** *på* bring pressure to bear on; *~* **vold** use violence; *~* **opp** train; *~* **seg** practise; *~ seg i* practise; *~ seg på* practise on; *(se også tiltrekning & øvet).*
øvelse practice; exercise; *(trening)* training; *(erfaring, praksis)* experience, practice; *(sports-)* event *(fx* what events take place during the Holmenkollen Ski Meet?); exercise; *man får tre forsøk, hvorav de to beste -r teller* you have three tries *(el.* attempts) and only the two best count; *poengsummene for hver enkelt ~ legges sammen* the (total) scores for each individual exercise are added up; *~ gjør mester* practice makes perfect; *hvis De har ~ fra skotøyforretning* if you have had experience in a shoe shop; *~ i maskinskriving* typing experience; *jeg har ~ i maskinskriving* I have experience *(el.* am experienced) in typewriting; I have experience of t.; *det krever lang ~* it takes a lot of practice; *jeg mangler ~* I lack *(el.* have little) experience; I have had very little practice; *(ɔ: er ute av trening)* I am out of practice; *dame med ~ i norsk stenografi og vanlig kontorarbeid* woman experienced in Norwegian shorthand and routine office work; *med ~ i å undervise* with experience of *(el.* in) teaching; with teaching experience; *~ ikke nødvendig* experience unnecessary; *-r som læreren finner på (el. lager) selv* exercises of the teacher's invention; *(se også øvet).*
øvelseskjøring *(bilists)* driving practice.
øverst top *(fx* the top button of his coat; the top drawer); upper *(fx* the u. branches); uppermost, topmost *(fx* the t. branch); *(fig)* supreme; *(adv)* on top; at the top; *legge de beste eplene ~* put the best apples on top; *fra ~ til nederst* from top to bottom; *(om person)* from top to toe; *mønstre en fra ~ til nederst* look sby up and down; *~ i annen spalte* at the top of the second column; *i -e venstre hjørne* in the top left-hand corner; *~ på bildet* in the top part of the picture; at the top of the picture; *stå ~ på dagsordenen* be the first item *(el.* point) of the agenda; *(fig)* be a top priority; *~ på listen* at the head of the list; *stå ~ på listen (også)* head *(el.* top) the list; *~ på rangstigen* at the top of the ladder *(fx* the men at the top of the l.); *~ på siden* at the top of the page; *en av de -e stillingene* one of the top posts; *~ til høyre (på bildet)* in the top right-hand corner (of the picture); at the top on the right; *~ ved bordet* at the head of the table.
øverst|befalende, -kommanderende *(mil)* commander-in-chief.
øvet *(se også øve)* practised (,**US:** practiced) *(i noe* in sth); experienced *(fx* speaker, teacher); *(faglært)* skilled; trained *(fx* t. soldiers); *~ stenograf* experienced stenographer *(el.* shorthand typist); *må være ~* experience required; experience necessary; experience essential; *et ~ øye* a practised *(el.* trained) eye; *lite ~* inexperienced, without practice.
øving *se øvelse.*
øvre upper.
øvrig remaining; *det -e* the rest, the remainder; *en av døtrene er gift, de -e ...* one of her daugh-

ters has married, the others ...; *for ~ (hva det -e angår)* for the rest; *(dessuten)* moreover, besides; *(i andre henseender)* in other respects.

øvrigheten the authorities.

øvrighetsperson public officer.

øy island; *-a Man* the Isle of Man; *på en ~* on an island; *(meget stor, bebodd)* in an island.

øye **1***(anat)* eye; **2***(på kort, terning)* pip; **3***(hull el. ring som snor el. krok kan træs gjennom)* eye, eyelet; **alles** *øyne* all eyes; *gjøre noe for alles øyne* do sth in (plain) sight of everybody; *se på det med* **andre** *øyne* see it in another *(el.* in a different) light; *ikke se med* **blide** *øyne på* take a stern view of, frown on, look askance at, regard with disfavour; *synlig for det* **blotte** ~ visible to the naked eye; *med det blotte* ~ with the naked eye; *han har* **blå** *øyne* he has blue eyes; his eyes are blue; he is blue-eyed; *han gjør det ikke bare for dine blå øynes skyld* he is not entirely disinterested; *(sterkere)* he has an axe to grind; *et blått ~ (etter slag)* a black eye; *han har* **dårlige** *øyne* his eyes are bad; his eyes are weak; **fire** *øyne ser mer enn to* two pair of eyes see better than one; two heads are better than one; *under fire øyne* confidentially, in private; ~ **for** ~ an eye for an eye; *se på noe med* **friske** *øyne* get sth into perspective; *(fordi man kommer utenfra)* come fresh to a problem; *hun er en* **fryd** *for -t* (**T** = *pen)* **T** she's easy on the eye; *ha* **gode** *øyne* have good eyes, have a good eyesight; *ha et godt ~ til* have an eye on, covet; *(ɔ: stadig kritisere)* be down on; *(ɔ: være forelsket i)* be gone on *(fx* sby); *det kan man se med et* **halvt** ~ you can see that with half an eye; it hits you in the eye; it sticks out a mile; **lovens** *øyne (spøkef)* the eye of the law; *han ble* **mindre** *og mindre i øynene* his eyelids grew heavier and heavier; *han satt der med øynene på* **stilk** he sat there with his eyes popping out; **store** *øyne* large eyes; *gjøre store øyne* open one's eyes wide; stare; *se på noe med store øyne* watch sth wide-eyed; **ute** *av ~ ute av sinn* out of sight, out of mind; *et* **øvet** ~ a practised *(el.* trained) eye; **åpne** *øyne* open eyes; *ha et åpent ~ for noe* have a keen eye for sth; *med åpne øyne* with one's eyes open *(fx* you went into this with your eyes open);

[*Forb. med verb*] **bruke** *øynene (godt)* use one's eyes, keep one's eyes open (,**T:** skinned *el.* peeled); **få** ~ *for noe* become alive to sth; become aware of sth; begin to appreciate sth; have one's eyes opened to sth; *få ~ på* catch sight of; **ha** ~ *for noe* have an eye for sth; *ikke ha øyne for noen annen* have no eyes for anyone else; *ha for ~* have in view; *jeg har da øyne i hodet (lett fornærmet)* I've got eyes in my head! *har du ikke øyne i hodet?* where are your eyes? *ha øyne i nakken* have eyes at the back of one's head; *ha øynene med seg* keep one's eyes open; be wide-awake; be observant; **holde** *øynene åpne* keep one's eyes open; *holde ~ med* keep an eye on; have one's eye on *(fx* I've had my eye on you for a long time); *holde skarpt ~ med* watch keenly; keep a sharp watch on; **knipe** *øynene sammen* screw up one's eyes; **lukke** *øynene* shut *(el.* close) one's eyes; *lukke øynene for* refuse to see, shut one's eyes to; *(se gjennom fingrene med)* connive at; wink at; **se** *noe i øynene* face sth; *se en like i øynene* look sby straight in the face; **slå** *øynene ned* look down, cast down one's eyes; *slå øynene opp* open one's eyes; **sperre** *øynene opp* open one's eyes wide; *hva er det som først* **springer** *en i øynene i forholdet mellom X og Y* what is it that first strikes you *(el.* what strikes you first) in the relationship between X and Y? *han* **tok** *ikke øynene fra henne* he did not take his eyes off her; *ta øynene til seg* look away; avert one's eyes; **tro** *sine egne øyne* believe (the evidence of) one's (own) eyes; *(se for øvrig vedkommende subst, verb, prep, etc, fx bind; pose; ring; II. følge; skjære; sluke; våken).*

øye- *(i sms): se også øyen-.*

øyeblikk moment, instant; *et ~* just a moment; one moment; *(tlf)* hold the line (please); *et ~* **etter** a moment after *(el.* later); *han kom ikke et ~* **for** *tidlig* he came not a moment too soon; *for -et* at the moment, at present; *(for tiden)* for the time being, for the moment; *for et ~ siden* a moment ago; **fra** *første ~* from the (very) first (moment); from the very start; from the outset; *fra det ~ da* from the moment when; *han kan komme* **hvert** ~ he may be here any moment; **i** *-et* at the moment, just now; *i dette ~* at this moment; *i det ~ da* the moment *(fx* she fainted the m. they tried to raise her to her feet); *i hans lyse ~* in his bright moments; *(om sinnssyk)* in his lucid intervals; *i det rette (el. riktige) ~* at the right moment; *avvente det rette ~ (el. et gunstig ~)* wait for the right moment; bide one's time; *i siste ~* at the last moment; *det var i siste ~* it was only just in time; **T** it was in the nick of time; *en avgjørelse i siste ~* a last-minute decision; *i det avgjørende ~* at the critical moment; *i samme ~* at the same moment; *i selvsamme ~* at that very moment; *i samme ~ som (ɔ: med det samme)* the (very) moment *(fx* the (very) moment he saw her); the (very) instant; as soon as; *i et svakt ~* in a moment of weakness; **om** *et ~* in a moment; in a minute; **på** *et ~* in (less than) no time, in the twinkling of an eye; in a flash; *det var gjort på et ~* it was the work of a moment; *straks på -et* this moment, this instant, at once; *det var hans livs* **store** ~ it was the moment of his life; **uten** *et -s betenkning* without a moment's hesitation; *(se II. lys & velge).*

øyeblikkelig **1.** immediate *(fx* there is no i. danger; i. help; an i. reply); *det har ingen ~ hast* there is no immediate hurry; **2***(om hendelse, virkning, etc)* instantaneous *(fx* death was i.; the poison had an i. effect); **3***(nåværende)* present *(fx* the p. situation); **4***(forbigående)* momentary *(fx* a m. embarrassment); **5***(adv)* immediately, instantly, instantaneously; *vi må handle ~* we must take immediate action; we must act at once *(el.* without delay); *vi trenger hjelp ~* we are in urgent need of help; *vi trenger det ~* we need it urgently.

øyeblikksbilde snapshot; **T** snap.

øye|bryn *(anat)* eyebrow. **-eple** *(anat)* eyeball. **-hule** *(anat)* eye socket, orbital cavity, orbit (of the eye). **-hår** *anat (pl)* eyelashes. **-kast** glance; *ved første ~* at first sight. **-lokk** *(anat)* eyelid.

øyemed object, aim, end; *i det ~ å* for the purpose of (-ing); *(se formål; studieøyemed).*

øyemål visual estimate, measure taken with the eye; judgment by the eye; *etter ~* (as) judged by the eye *(fx* length as judged by the eye); *ha et godt ~* have a sure eye.

øyen- *(i sms): se også øye-.*

øyen|betennelse *(med.)* inflammation of the eyes. **-dråper** *(pl)* eye drops. **-klinikk** eye clinic; eye hospital *(fx* Bristol Eye Hospital). **-kurtise:** *hun drev ~ med ham* she made eyes at him; she gave him the glad eye. **-lege** eye specialist, oculist, ophthalmologist. **-skrue** eyelet screw. **-stikker** *(zool)* dragonfly. **-sverte** mascara.

øyensynlig evident, obvious; *(adv)* evidently, obviously; *han hadde ~ arbeidet for hardt* he

had obviously *(el.* evidently) been working too hard.
øyen|tann *(hjørnetann)* eye tooth. **-tjener** time server. **-vipper** *anat (pl)* eyelashes. **-vitne** eyewitness *(til* of).
øye|operasjon operation on the eye. **-par** pair of eyes. **-speil** ophthalmoscope.
øyesten *(fig): ens* ~ the apple of one's eye.
øyesykdom *(med.)* eye disease.
øyesyn eyesight; *ta i* ~ view, inspect, have a (good) look at; *ta noe grundig i* ~ subject sth to a thorough *(el.* close) inspection.
øygard skerries *(pl); han bodde helt ute i -en* he lived far out in the skerries.
øy|gruppe group *(el.* cluster) of islands; archipelago. **-klima** insular climate.
øyne *(vb)* see; discern; catch sight of.
øyr sandbank, sands at the mouth of a river.
øyrike island kingdom.
øyværing islander.

I. Å, å Å, å; *Å for Åse: intet tilsvarende.*
II. å river, stream; *(se bekk).*
III. å *(int)* ah, oh; oh well; *å ja* oh yes; *(nølende)* yes, in a way; well, yes; *å, jeg ber* don't mention it; not at all, that's all right; *å pytt!* pooh! bah! *å, gi meg boka!* please give me the book! give me the book, will you?
åbor *(fisk)* perch.
åger usury; *drive* ~ practise (,**US:** practice) usury. **-aktig** usurious. **-forretning** usury. **-kar** usurer. **-pris** exorbitant price. **-rente** usurious rate of interest, extortionate interest.
ågre *(vb)* practise (,**US:** practice) usury; ~ *med sitt pund* make the most of one's talents.
åk yoke; *kaste -et av* shake off *(el.* fling off) the yoke; *bringe under -et* subjugate; *bøye seg under -et* bow one's neck to the yoke; *(se ledningsåk; signalåk).*
åker (tilled) field.
åker|flekk small field, patch of field. **-land** arable land. **-lapp:** *se -flekk.* **-rikse** *(zool)* corncrake. **-rull** drum roller. **-sennep** *(bot)* charlock. **-snelle** *(bot)* horsetail. **-tistel** *(bot)* creeping thistle.
åkle **1**(*glds)* bedspread, coverlet; **2**[hand-woven tapestry used as a wall hanging]; *(se teppe).*
ål *(fisk)* eel; *så glatt som en* ~ as slippery as an eel.
åle|dam eel pond. **-fangst** eel fishing, eeling. **-hode** eel's head. **-kiste** eel trap. **-kone** *(fisk)* viviparous blenny. **-slank** slinky *(fx* a slinky blonde); *(stivt)* svelte. **-teine** eelpot.
åletrang *(om klesplagg)* clinging; slinky *(fx* a slinky dress).
åleøgle *(zool)* dolichosaur.
åmot confluence (of two rivers).
ånd **1**(*mots. legeme)* spirit, mind; **2**(*åndelig kraft, genialitet)* genius *(fx* a man of g.); **3**(*stor personlighet)* spirit, intellect, mind *(fx* the great minds of the world); **4**(*overnaturlig vesen)* spirit; *(i østerlandske eventyr)* genie *(fx* the g. of the lamp); *(spøkelse)* ghost, spirit; **5**(*tenkemåte)* spirit *(fx* the s. of the 18th century); **6**(*i hær, etc)* morale, spirit; **7**(*tone, retning)* tone, spirit, tenor, general tenor, drift *(fx* the general tenor of the document; the drift of what he said); **8**(*indre prinsipp)* spirit *(fx* the s. of the age); genius *(fx* the g. of the language);
beslektede -er kindred souls, congenial spirits; *hans gode (,onde)* ~ *(fig)* his good (,evil) genius; *den Hellige Å-* the Holy Ghost, the Holy Spirit; *mane -er* conjure up *(el.* raise) spirits; *(bort)* lay ghosts; exorcise; *en ond* ~ an evil spirit; ~ *og materie* mind and matter; *oppgi -en* give up the ghost, expire, breathe one's last; *en stor* ~ a great mind; a great spiritual force; *en av sin tids største (,edleste) -er* one of the greatest (,noblest) minds of his day; *tidens* ~ the spirit of the age; *tjenende* ~ servant, menial; *-ens verden* the spiritual *(el.* intellectual) world; *fortolke bestemmelsen* **etter** *dens* ~ interpret the rule according to its general spirit; *etter lovens* ~ according to the spirit of the law; *etter lovens* ~ *og ikke etter dens bokstav* according to the spirit, not the letter, of the law; **i** *-en* in (the) spirit *(fx* the poor in spirit); *-en i brevet* the tone of the letter; *jeg skal følge deg i -en* I will be with you in spirit; *man må forstå dette i den* ~ *det er skrevet* one must understand *(el.* take) this in the spirit in which it was written; *jeg ser ham i -en* I see him in my mind's eye; **på** *-ens vinger* on the wings of the spirit; *(se III. lov).*
I. ånde *(subst)* breath; *dårlig* ~ foul breath; *holde en i* ~ **1.** keep sby busy; **T** keep sby on the trot; **2.** hold sby's interest.
II. ånde *(vb)* breathe, draw one's breath, respire; *han levde og -t for denne forretningen* this business was his whole life; *(jvf puste).*
åndeaktig ghostly, ghostlike, spectral.
ånde|besvergelse **1.** necromancy; **2.** exorcism; *(jvf ånd: mane -er).* **-besverger** **1.** necromancer; **2.** exorcist.
ånde|drag, -drett breath, breathing, respiration; *med tilbakeholdt -drett* with bated breath; *til siste -drag* to his (*,etc)* last breath; **i** *samme -drag* in the same breath.
åndedrettsbesvær difficullty in breathing; respiratory trouble.
åndedrettshull breathing hole; blowhole; *(zool)* spiracle.
åndedrettsoragan *(anat)* breathing organ, respiratory organ.
åndedrettssystem respiratory system.
åndelig intellectual, mental, spiritual; ghostly; ~ *anstrengelse* mental effort; ~ *føde* food for the mind, intellectual food; *i* ~ *henseende* intellectually; mentally; *-e interesser (pl)* intellectual interests; ~ *likevekt* mental balance; ~ *størrelse* **1.** intellectual greatness; greatness of mind; **2**(*person)* great mind, master mind, intellectual giant.
åndelighet spirituality.
åndeløs breathless, out of breath; ~ *spenning* breathless suspense.
ånde|maner: *se -besverger.*

åndenød difficulty in breathing, respiratory trouble, *(faglig)* dyspnoea.
åndeverden ghost world, invisible world.
åndfull *se åndrik.*
åndløs dull, uninspired; *(flau)* inane, insipid.
åndløshet dullness; inanity, insipidity.
åndrik brilliant, witty.
åndrikhet brilliancy; witty remark, stroke of wit.
ånds|arbeid intellectual work, brain work. **-arbeider** intellectual worker; brainworker. **-aristokrat** intellectual aristocrat. **-aristokratisk** highbrow. **-arv** spiritual heritage. **-beslektet** kindred *(fx* spirits), congenial *(fx* they are c. spirits). **-dannelse** culture. **-evner** *(pl)* intellectual talents; mental faculties *(el.* ability). **-fattig** dull, uninspired. **-felle** congenial spirit, kindred spirit *(el.* soul). **-fellesskap** mental *(el.* spiritual) communion, community of spirit, congeniality. **-forlatt** dull, uninspired; boring. **-fraværende** absent -minded, preoccupied. **-fraværenhet** absent -mindedness; absence of mind; preoccupation. **-frihet** intellectual freedom. **-frisk** alert, of sound mind, of unimpaired mental faculties. **-friskhet** unimpaired mental faculties, sound mind. **-føde** food for the mind, intellectual food. **-gaver** *(pl)* intellectual gifts *(fx* a man of high i. g.). **-historie** intellectual history. **-høvding** spiritual leader. **-kraft** mental power, strength of mind; a strong mind; *det gikk nedover med hans* ~ his mental powers were declining. **-kultur** culture; cultural life.
åndsliv **1***(tankevirksomhet)* intellectual life, thought; **2***(kultur, etc)* culture, cultural life.
ånds|nærværelse presence of mind, resourcefulness, composure; *hans ~ sviktet ham* his presence of mind deserted him. **-nærværende** resourceful, composed, having presence of mind. **-oppløftende** exalting, full of uplift. **-produkt** intellectual product *(el.* achievement); *-er pl (spøkef)* lucubrations. **-retning** school of thought. **-rett** (the law of) copyright. **-sløv** dull-witted, feeble-minded, stupid. **-snobb** intellectual snob. **-svak** mentally retarded, mentally deficient, feeble-minded. **-svakeomsorg** care of the mentally retarded. **-svakhet** mental retardation, mental deficiency, feeble-mindedness. **-utvikling** mental development. **-verk** intellectual achievement. **-verkslov** copyright act. **-virksomhet** mental activity. **-vitenskapene** *(pl)* the humanities. **-ytring** manifestation of the mind.
åpen 1. open; **2***(ubeskyttet)* open, exposed; **3***(oppriktig)* open, frank, candid; **4***(utilslørt)* open, unconcealed, undisguised; **5***(ikke utfylt)* (in) blank; *(om regnskapspost)* unpaid, outstanding *(fx* item); *(om vevning)* open (work), openweave; *ha et -t* **blikk** *for* have a keen eye for; be keenly alive to; ~ **båt** open boat; *den åpne* **dørs** *politikk* (the policy of) the open door; *for åpne dører* with the doors open; *(fig)* in public; *(jur)* in open court; *på det åpne* **hav** on *(el.* in) the open sea; out at sea; *på det åpne* **marked** in the open market *(fx* the price which he could obtain in the o. m.); *under* ~ **himmel** in the open (air), outdoors; *sove under ~ himmel* sleep out of doors, sleep out; *i* ~ **kamp** in a fair fight; ~ **kreditt** open *(el.* blank) credit; *med* ~ **munn** open-mouthed; gaping; *et -t* **sinn** an open mind *(fx* keep an o. m. as regards ...); *i* ~ **sjø** on *(el.* in) the open sea; *et -t* **spørsmål** an open question; *et -t* **svar** a frank answer; *-t* **vann** *(mar)* open *(el.* clear) water; *et -t* **vesen** a frank manner; *sove for åpne* **vinduer** sleep with the windows open; **holde -t** keep open; *(om forretning)* open *(fx* it is not usual for shops to open on Sundays); be open *(fx* they are o.); *la plass* **stå** ~ *til navnet* leave the name blank; leave a blank for the name; *la det mellomrommet stå -t* leave that space blank; *da Tom gjorde den franske oversettelsen sin, lot han de ordene han ikke kunne, stå åpne* when Tom was doing his French translation, he left blanks for all the words he didn't know; *la noe (ɔ: en sak) stå -t* leave sth *(fx* a matter) open; ~ *for nye idéer* receptive to *(el.* of) new ideas; *jeg er ~ for et tilbud* I am open to an offer; ~ *og ærlig* frank and honest; *(om foretagende, etc)* open and above-board.
åpen|bar clear, evident, obvious. **-bare** *(vb)* reveal, disclose, discover, manifest; ~ *en hemmelighet for en* reveal a secret to sby; ~ *seg* appear *(for* to). **-barelse, -baring** revelation; *Johannes -baring* Revelations.
åpenhet openness; *(fig)* frankness, candour (,**US:** candor).
åpen|hjertig open-hearted, frank, candid. **-hjertighet** open-heartedness, frankness, candour (,**US:** candor). **-lys** open, undisguised. **-lyst** *(adv)* openly. **-munnet** talkative, indiscreet.
åpne *(vb)* open *(for* to); ~ *igjen* reopen; ~ *en butikk* open a shop; ~ *et fat* broach a cask; ~ *ild (mil)* open fire *(mot* on); ~ *en kreditt* open a credit *(på et beløp* to an amount; *hos en* with sby); *dørene -s kl. 7* doors open at seven; *jeg har -t en konto for Dem* I have opened an account for you; ~ *nye markeder* open up new *(el.* fresh) markets; ~ *en strid (,en feide)* take up a quarrel (,start a feud); ~ *seg* open *(for* to); ~ *seg igjen* reopen; *(se sluse).*
åpning 1. opening; **2***(konkret)* opening, hole, aperture; gap; *(smal sprekk)* slit; **3***(i skog)* clearing; **4***(innvielse)* opening; *(høytideligere)* inauguration.
åpningsavskrivning *(økon)* initial depreciation (on a new project).
åpnings|gnist break spark, spark at breaking contact. **-høytidelighet** opening ceremony, inauguration. **-melding** *(kort)* original bid. **-tale** inaugural address. **-tid** opening time; hours *(fx* we don't do business after hours).
år year.
[*A: Forb med subst; B: med adj & pron; C: med tallord; D: med prep & adv*].
A: ~ *og dag* ages *(fx* it's ages since he left); *mange -s erfaring* many years of experience; the e. of many years; *i det Herrens* ~ in the year of grace; *komme til skjels ~ og alder* grow up, reach the age of discretion; *70 er støvets* ~ threescore and ten is the age of men;
B: *i sine beste* ~ in the prime of life, in one's prime; *et dårlig (,godt)* ~ a bad (,good) harvest year; a bad (,good) year for the crops; *et godt ~ for sildefisket* a good year for the herring fisheries; *forrige* ~ last year; *(-et i forveien)* the previous year; *et halvt* ~ six months; *hele -et* throughout the year, the whole year; *hele -et rundt* the whole year round; all the year round; **US** all year round; *hvert* ~ every year; annually; *hvert annet* ~ every second *(el.* other) year; *for hvert ~ som gikk* with every passing year; *så lang som et vondt* ~ **T** as long as a month of Sundays; *neste* ~ next year; *i de siste -ene* in the last *(el.* past) few years; in recent years, during late years, in these last years; *i de siste ~ av hans liv* in the last years of his life; *(se også dag); i yngre* ~ in my (,his, *etc)* youth; when I *(,etc)* was younger;
C: *bli 20* ~ be twenty *(fx* I shall be twenty next Wednesday), complete one's twentieth year, reach twenty; *fylle 20* ~ complete one's twentieth year; *den høsten da han fylte 42* in the autumn of his 42nd year; *han er 10 ~ gammel* he is ten (years old);

D: *på den tiden* **av** *-et* at that time of the year; ~ **etter** ~ year after year, one year after another; *etter et* ~ after a year; *etter 10 -s forløp* after the lapse of ten years, at the end of ten years; *-et etter* the year after, the following year; ~ **for** ~ year by year, annually, yearly, with every year; *-et for hans fødsel* the year of his birth; *for hvert* ~ *som gikk* with every year that passed; *for mange* ~ *siden* many years ago; **fra** ~ *til* ~ from year to year, from one year to the next; *opp* **gjennom** *-ene* through *(el.* over) the years; in the course of the years; **i** ~ this year; *i -et 1815* in (the year) 1815; *i -et som gikk* in the past year; *i mange* ~ for many years; ~ **inn** *og* ~ *ut* year in, (and) year out; **med** *-ene* with the years, in the course of time, gradually; *hennes sjenerthet vil gi seg med -ene* she will get over her shyness as she gets older; ~ **om** *annet* from one year to another; ~ *om annet kommer det en del turister til stedet* a number of tourists visit the place from one year to another; *om et* ~ in a year; in a year's time; *om -et* a year, per annum, annually; *et barn* **på** *fire* ~ a child of four, a four-year-old child; *trekke på -ene* be getting *(el.* growing) old; **til** *-s* well on in years, advanced in years; *-et* **ut** the rest of the year; till the end of the year; *(se senere).*

årbok yearbook, annual (publication); *(hist)* annals, chronicle.

årbukk *(fisk)* chub.

I. åre *(subst)* **1***(anat)* vein; *(puls-)* artery; **2***(bot & zool)* vein; **3***(dikterisk)* vein; **4***(trafikk-)* arterial road, traffic artery; **5***(malm-)* vein, lode; *(om kull)* seam; *en poetisk* ~ a gift for writing poetry, a poetic vein.

II. åre *subst (til å ro med)* oar; *akterste* ~ stroke oar; *hvile på -ne* rest on one's oars; *legge inn -ne* boat the oars.

III. åre *subst (hist)* open hearth.

åre|betennelse *(med.)* phlebitis. **-blad** oar blade, blade of an oar. **-forkalket** *(med.)* suffering from arteriosclerosis; senile, mental *(fx* she's going a bit mental with old age); *han er svært* ~ *(ofte)* he is in his second childhood. **-forkalkning** arteriosclerosis; *(se åreforkalket).*

åreknute varix *(pl:* varices), varicosity; *(lidelsen)* varicose veins.

årelang lasting several years, of several years; *ved -t arbeid* by the labour of years; ~ *erfaring* years of experience.

årelat|e *(vb)* bleed. **-ing** bleeding, blood-letting.

åremål term of years; *på* ~ for a term of years.

årestue *(hist)* open-hearth room.

året veined.

åre|tak stroke (of an oar). **-toll(e)** thole-pin.

årevis: *i* ~ for years.

årfugl *se orrfugl.*

årgang **1***(av aviser, etc)* volume *(fx* old volumes of Punch); **2***(av årsskrift)* (annual) volume; **3***(aldersklasse)* age group, year *(fx* the students of my year); **4***(av vin)* vintage *(fx* of the vintage of 1964); year.

årgangsvin vintage wine.

århane *se orrhane.*

århundre century.

århundreskifte turn of the century *(fx* at the turn of the century).

århøne *se orrhøne.*

-årig -year-old; *den ni-årige Karl* nine-year-old Charles.

-åring -year-old; *en tolvåring* a twelve-year-old.

årlig yearly, annual; ~ *rente* annual interest *(fx* an a. i. of 5%).

årrekke series *(el.* number) of years; *i en* ~ for a number of years, for many years.

årring *(bot)* annual ring, growth ring.

-års -year *(fx* a five-year plan); *100-årsjubileum* centenary; *på hans 70-årsdag* on his 70th birthday.

årsak cause; ~ *og virkning* cause and effect; *sammenhengen mellom* ~ *og virkning* the nexus of cause and effect; *ha sin* ~ *i* be due to; *hva var -en til tretten?* what brought about the quarrel? *ingen* ~! don't mention it! not at all! **T** that's all right! not a bit! **S** forget it! *(se også grunn).*

årsaks|begrep concept of causation. **-forbindelse** causal connection. **-forhold** causality, causal relation; *-et* the question of cause(s); *se nærmere på hele -et* look more closely at the whole question of causes. **-konjunksjon** *(gram)* causal conjunction. **-sammenheng** causal connection, causality, causal relation. **-setning** **1***(gram)* causal clause; **2***(filos)* law of causation.

års|avslutning *(i skole)* end-of-term celebration; *(ofte =)* speech day; **US** commencement. **-balanse** *(merk)* annual balance sheet. **-beretning** annual report. **-bidrag** annual subscription. **-dag** anniversary *(for* of). **-eksamen** end-of-year examination. **-fest** annual celebration. **-forbruk** annual consumption. **-gammel** one-year-old *(fx* a one-year-old child). **-inntekt** annual income. **-karakterer** *(pl)* annual mark *(,om bokstavkarakter:* grade); mark for the year's work. **-klasse** *(mil)* age group, class *(fx* the 1950 class was called up). **-kort** *(jernb)* annual (season) ticket. **-kull** class, year. **-lønn** yearly wages (,salary); *med £1500 i* ~ at a salary of £1,500 per annum. **-melding** annual report. **-møte** annual meeting. **-omsetning** annual turnover *(se omsetning).* **-oppgjør** **1.** annual *(el.* yearly) settlement; annual balance of accounts; **2***(i skole)* [staff meeting to discuss and decide on annual marks (,grades)]. **-oversikt** annual survey; yearly review. **-overskudd** annual surplus, the year's profits. **-prøve** *se årseksamen.* **-regnskap** annual accounts; *avslutte -et* wind up the year's accounts, balance the (,one's, my, your, *etc)* books. **-skifte** turn of the year, (commencement of a) new year; *ved -t* at the turn of the year. **-skrift** annual; yearly publication. **-tall** date, year; *hvilket* ~ what year; *lære* ~ learn dates.

årstid season, time of the year; *på denne* ~ at this time of the year; *det er kaldt etter -en* it's cold for the time of the year; *det henger sammen med -en* it's due to seasonal factors.

årsvekst the year's crop; *-en* the crops.

årsverk man-labour year.

år|tier *(pl)* decades. **-tusen** a thousand years, millennium.

årviss annual, yearly; certain, regular; unfailing.

årvåken vigilant, watchful, alert, on the alert.

årvåkenhet vigilance, watchfulness, alertness.

I. ås **1.** (mountain) ridge; **2***(arkit)* purlin; **3***(plog-)* beam.

II. ås *(pl: æser)* Old Norse god.

åsgårdsrei [company of ghosts who ride through the air on horseback (esp. at Christmas-time), sweeping human beings along with them].

ås|lendt ridgy. **-rabbe** [ridge, esp. stony, dry and treeless]; *(jvf fjellrabbe).* **-rygg** ridge (of a hill), crest (of a hill). **-røste** *(arkit)* ridge purlin.

åsted scene (of the crime); place in question; *besøke -et* visit the scene of the crime.

åstedsbefaring *(jur)* on-the-spot inquiry *(el.* investigation), local inquiry; inspection of the ground; *det ble holdt* ~ an on-the-spot inquiry was held.

åsyn *(glds)* countenance; *for Guds* ~ in the sight *(el.* presence) of God; before God.

åte bait; *(åtsel)* carcass, carcase.

åtsel carcass, carcase; carrion.
åtselfugl carrion bird.
åtselgribb *(zool)* vulture.
åtte *(tallord)* eight; *om en ~ dagers tid* in about a week's time; *~ timers arbeidsdag* eight-hour day.
åttekant octagon.
åttekantet octagonal, eight-sided.
åttende *(tallord)* eighth; *det ~ bud (svarer hos anglikanerne til)* the ninth commandment.
åtte(nde)del eighth part, eighth; *-s note* quaver, eighth; *tre -s takt* three-eighth time.
åttesidet eight-sided, octagonal.
åttetall (figure) eight, figure of eight; *et ~* an eight; *-et* the figure eight.
åtte|fold octuple, eightfold. **-årig, -års** of eight years, eight-year-old *(fx* an eight-year-old child).
åtti *(tallord)* eighty. **-ende** eightieth.
åttiårene: *i~* in the eighties.
åttiåring octogenarian.
åttring [boat with 4 pairs of oars].

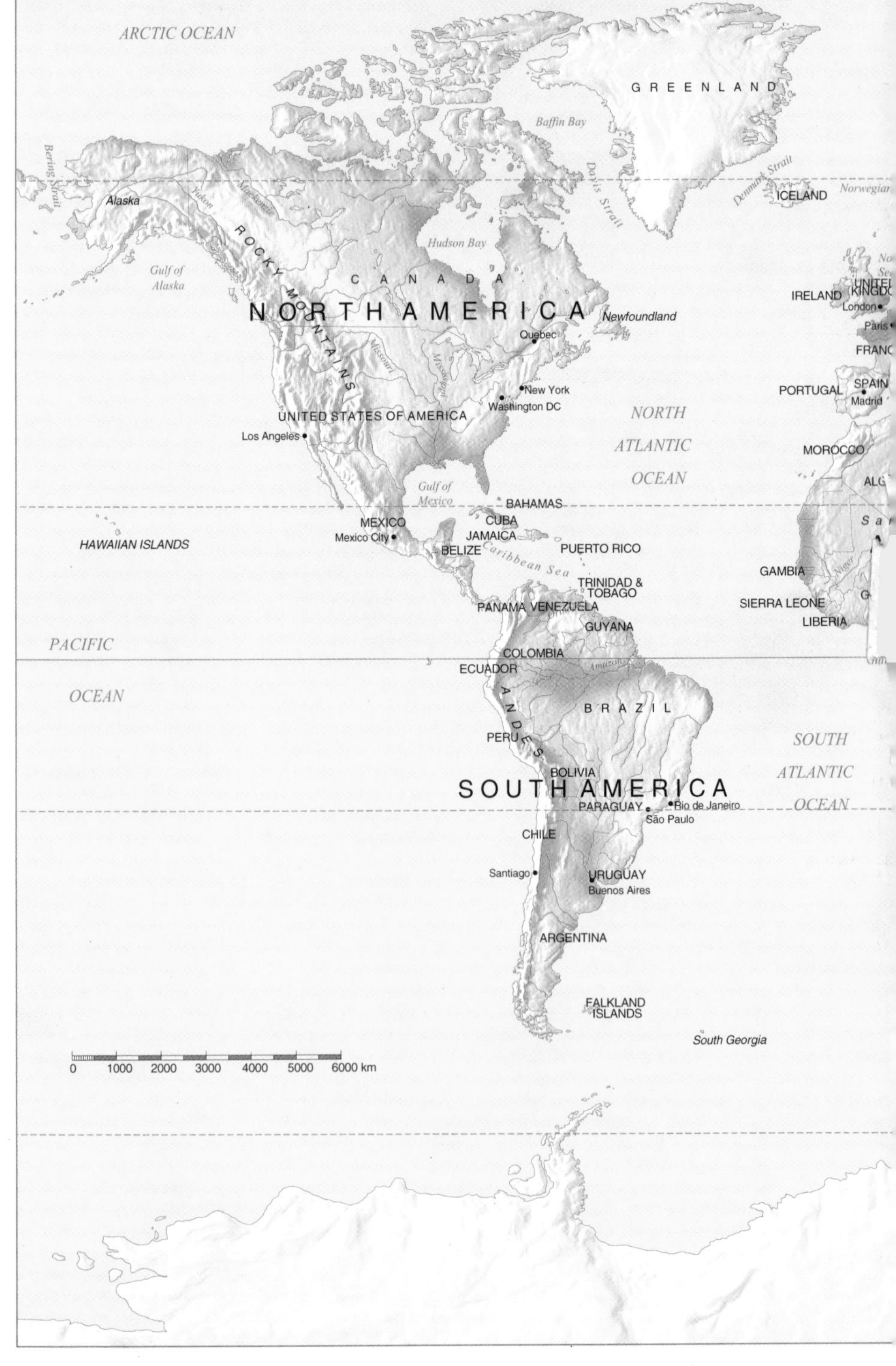
ARCTIC OCEAN
GREENLAND
Baffin Bay
Bering Strait
Davis Strait
Denmark Strait
ICELAND
Norwegian
Alaska
Yukon
Mackenzie
ROCKY MOUNTAINS
Hudson Bay
Gulf of Alaska
CANADA
NORTH AMERICA
Newfoundland
IRELAND
London
Paris
Quebec
Missouri
Mississippi
New York
Washington DC
PORTUGAL
SPAIN
Madrid
NORTH
ATLANTIC
OCEAN
UNITED STATES OF AMERICA
Los Angeles
MOROCCO
Gulf of Mexico
BAHAMAS
MEXICO
Mexico City
CUBA
JAMAICA
HAWAIIAN ISLANDS
BELIZE
PUERTO RICO
Caribbean Sea
GAMBIA
TRINIDAD & TOBAGO
PANAMA
VENEZUELA
SIERRA LEONE
LIBERIA
GUYANA
PACIFIC
COLOMBIA
ECUADOR
Amazon
OCEAN
ANDES
BRAZIL
PERU
SOUTH
ATLANTIC
OCEAN
BOLIVIA
SOUTH AMERICA
PARAGUAY
Rio de Janeiro
São Paulo
CHILE
Santiago
URUGUAY
Buenos Aires
ARGENTINA
FALKLAND ISLANDS
South Georgia
0 1000 2000 3000 4000 5000 6000 km